Rechtsanwälte
Kamin+Wilke
Schaartor 1 - 20459 Hamburg

Schönke/Schröder
Strafgesetzbuch

Strafgesetzbuch

Kommentar

begründet von

Dr. Adolf Schönke
weiland Professor
an der Universität Freiburg i. Br.
(1. bis 6. Auflage)

fortgeführt von

Dr. Horst Schröder
weiland Professor
an der Universität Tübingen
(7. bis 17. Auflage)

26., neu bearbeitete Auflage

von

Dr. Theodor Lenckner
Professor
an der Universität Tübingen

Dr. Dres. h. c. Albin Eser
Professor an der Universität Freiburg i. Br.
Direktor des Max-Planck-Instituts
für ausländisches und internationales Strafrecht

Dr. Dr. h. c. Peter Cramer
Professor an der Universität Gießen
Rechtsanwalt in Frankfurt/Main

Dr. Walter Stree
Professor
an der Universität Münster

Dr. Günter Heine
Professor an der Universität Gießen

Dr. Walter Perron
Professor an der Universität Mainz

Dr. Detlev Sternberg-Lieben
Professor an der Universität Dresden

Verlag C. H. Beck München 2001

Die Deutsche Bibliothek – CIP-Einheitsaufnahme

Schönke, Adolf:
Strafgesetzbuch : Kommentar / begr. von Adolf Schönke
(1.–6. Aufl.). Fortgef. von Horst Schröder (7.–17. Aufl.). –
26., neubearb. Aufl. / Von Theodor Lenckner ... –
München : Beck, 2001
  ISBN 3 406 45865 3

ISBN 3 406 45865 3

© 2001 Verlag C. H. Beck oHG
Wilhelmstraße 9, 80801 München
Druck: Druckerei C. H. Beck Nördlingen
(Adresse wie Verlag)

Gedruckt auf säurefreiem, alterungsbeständigem Papier
(hergestellt aus chlorfrei gebleichtem Zellstoff)

Vorwort

Wenn auch Gesetzeskommentare ihre „Geschichte" haben, so stellt für den „Schönke/Schröder" die hier vorgelegte 26. Auflage einen weiteren Markstein dar. Im Jahre 1942 von *Adolf Schönke* in Freiburg mit der Absicht begründet, mit einem „etwas ausführlicheren Kommentar zum Strafgesetzbuch, der den gegenwärtigen Stand der Gesetzgebung, der Rechtswissenschaft und der Rechtsprechung wiedergibt", eine damals vorhandene Lücke zu schließen, vermochte „der Schönke" bereits vor mehr als einem halben Jahrhundert mit seinen sechs Auflagen eine festen Platz in der strafrechtswissenschaftlichen Standardliteratur zu finden. Seit dem Jahre 1954 fortgeführt von *Horst Schröder* (Tübingen) mit dem erklärten Ziel, als „Mittler zwischen Wissenschaft und Praxis" zu wirken, war „der Schönke/Schröder" schon fast zur Institution geworden, als mit der 18. Auflage seine vier Schüler *Theodor Lenckner* (Tübingen), *Peter Cramer* (Gießen), *Albin Eser* (Tübingen, später Freiburg) und *Walter Stree* (Münster) die Weiterführung übernahmen. Auch wenn es dabei sein Lebenswerk „zu erhalten und fortzuführen" galt, dürfte im Zuge der Einarbeitung von umfassenden Gesetzesänderungen – so schon durch den im Jahr 1975 in Kraft getretenen neuen Allgemeinen Teil – und der immer stärker anschwellenden Rechtsprechung und Literatur vom ursprünglichen Wortlaut des „Schönke/Schröder" kaum noch etwas übrig geblieben sein.

Nun, nachdem inzwischen auch die dritte Autorengeneration des „Schönke/Schröder" in eine Lebensphase eintritt, in der sie einen Teil der immer größer gewordenen Belastung auf jüngere Schultern legen möchte, konnten dankenswerterweise die Kollegen *Günter Heine* (Gießen), *Walter Perron* (Mainz) und *Detlev Sternberg-Lieben* (Dresden) für die Mitarbeit am Kommentar gewonnen werden. Über die von ihnen zur Bearbeitung übernommenen Partien gibt der Überblick auf Seite IX Auskunft. Zudem wird die redaktionelle Gesamtverantwortung, die bisher allein in den Händen von *Theodor Lenckner* lag, nunmehr von *Albin Eser* mitgetragen. Auch wenn das bisherige Bestreben, den Schönke/Schröder „als eine in sich geschlossene Einheit zu erhalten", mit jeder Erweiterung des Autorenkreises nur noch mit Einschränkungen möglich ist, bleibt dies doch weiterhin unser erklärtes Ziel.

Doch nicht nur in personeller Hinsicht, sondern auch was den Inhalt betrifft, stellt die 26. Auflage eine erhebliche Zäsur dar. War es bei der 18. Auflage ein völlig neuer Allgemeiner Teil des StGB, der neben nicht wenigen anderen Neuerungen vordringlich der Neubearbeitung bedurfte, so war mit dieser Auflage durch das 6. Strafrechtsreformgesetz von 1998 vor allem der Besondere Teil betroffen, wobei nicht nur zahlreiche geänderte Tatbestände zu überarbeiten, sondern zum Teil auch neue Tatbestände erstmals zu kommentieren waren. Neben diesem Reformgesetz und weiteren strafrechtlichen Änderungsgesetzen nicht zu übersehen sind auch die zahlreichen gesetzlichen Neuerungen außerhalb des StGB mit Folgewirkungen für die Reichweite strafrechtlicher Tatbestände. Einzelheiten zu den davon betroffenen Bestimmungen sind der Einführung (RN 14) zu entnehmen. Von selbst versteht sich, daß wie schon bisher über die durch Gesetzesänderungen gebotenen Neukommentierungen hinaus auch die übrigen Partien durchgehend aktualisiert und zum Teil völlig neu bearbeitet wurden.

Was den Stand der Bearbeitung betrifft, so konnten die Gesetzesänderungen bis einschließlich des Strafverfahrensänderungsgesetzes 1999 vom 2. 8. 2000 berücksichtigt werden. Hinsichtlich der Einarbeitung von Rechtsprechung und Schrifttum hingegen ließ sich, wie schon bei der Vorauflage, wegen der durch immer wieder neue Gesetzesänderungen bedingten Unterbrechungen und Verzögerungen ein einheitlicher Redaktionsschluß nicht festlegen. Nachdem der größte Teil der fertiggestellten Manuskripte dem Verlag schon Mitte des Jahres 1999 vorlag, konnte die danach erschienene Rechtsprechung und Literatur, soweit überhaupt bereits erreichbar, nur noch je nach dem Stand der Drucklegung und somit ohne Anspruch auf Vollständigkeit eingearbeitet werden. Der Auswertung des Schrifttums waren ohnehin auch dadurch Grenzen gesetzt, daß die Publikationsflut unserer Tage eher noch größer geworden und bei einem Kommentar dieses Formats immer schwerer zu bewältigen ist. Soll die dabei immer notwendiger werdende Brückenbildung zwischen Theorie und Praxis nicht einer rein quantitativen Registrierung alles Erschienenen zum Opfer fallen, so ist dies nicht ohne qualitative Selektion zu vermeiden. Daß dabei der eine oder die andere die Auswahlkriterien vielleicht anders setzen würde, sei zugleich als Anstoß zur kritischer Auseinandersetzung vorbehaltlos zugestanden.

Auch das äußere Erscheinungsbild eines Kommentars kann von stetig ansteigender Gesetzes- und Publikationsflut nicht unberührt bleiben. Den erneut erwogenen Übergang zur Zweibändigkeit hat der Verlag dadurch abzuwenden versucht, daß die bisherigen zwei Schriftgrößen durch eine einheitliche Schrift ersetzt wurden, wobei die bisherige größere Schrift etwas kleiner und dafür die bisherige kleinere Schrift etwas größer wurde. Wie lange sich Kompromisse dieser Art noch werden durchhalten lassen, wenn der „Schönke/Schröder" nicht nur optisch lesbar, sondern auch Gesprächsvermittler zwischen Theorie und Praxis bleiben soll, wird weiter zu überdenken sein.

Auch diese Auflage hätte nicht ohne die dankbar anerkannte Hilfe, die wir – in teils unterschiedlicher Funktion und zeitlicher Sequenz – durch unsere Mitarbeiterinnen und Mitarbeiter erfahren haben, zustandekommen können. Da diese inzwischen zu einer stattlichen Zahl geworden sind, bitten wir um Nachsicht dafür, wenn nachfolgend – zugleich stellvertretend für alle – nur folgende Damen und Herren namentlich genannt werden können: aus Tübingen *Jochen Herkle*, aus Freiburg *Tobias*

Vorwort

Frische, Diana Illing, Alexander Schöpsdau, Thomas Winter, aus Gießen *Heiko Schreier, Christoph Ringelmann, Lars Witteck*, aus Mainz *Kyra Dreher, Martin Hengstler*, Dr. *Harald Jänicke, Alexander Stenner*, aus Dresden *Nadine Queck* und *Irene Sternberg-Lieben*. Ein besonderes Wort des Dankes gilt auch unseren Sekretärinnen, die durch ihre unermüdliche Mithilfe wesentlich zum Entstehen dieser Auflage beigetragen haben. Nicht zuletzt ist dem Verlag für die vertrauensvolle Zusammenarbeit und die zügige Herstellung zu danken.

Im November 2000

Theodor Lenckner, Tübingen	*Albin Eser*, Freiburg
Peter Cramer, Gießen	*Walter Stree*, Münster
Günter Heine, Gießen	*Walter Perron*, Mainz
Detlev Sternberg-Lieben, Dresden	

Aus dem Vorwort zur 1. Auflage

Ein etwas ausführlicher Kommentar zum Strafgesetzbuch, der den gegenwärtigen Stand der Gesetzgebung, der Rechtswissenschaft und der Rechtsprechung wiedergibt, ist zur Zeit nicht vorhanden. Die hier bestehende Lücke wird um so fühlbarer, je weiter sich der Abschluß der in Angriff genommenen Gesamtreform des Strafrechts hinauszögert. Es muß daher versucht werden, diese Lücke auszufüllen. Ich hoffe, mit dem vorliegenden Werk der Praxis und der Ausbildung des juristischen Nachwuchses dienen zu können. Ich war bestrebt, durch Anführung der Rechtsprechung und durch Hinweise auf das Schrifttum ein weiteres Eindringen zu ermöglichen. Auf die Reformarbeiten wurde bei allen wichtigeren Fragen hingewiesen.

Freiburg i. Br., Februar 1942   Schönke

Aus dem Vorwort zur 7. Auflage

Am 1. Mai 1953 hat Adolf Schönke, der Begründer dieses Kommentars, in Freiburg die Augen für immer geschlossen.

Es enspricht einem persönlichen Wunsche Adolf Schönkes, daß sein Werk von dem Unterzeichneten weitergeführt werden möge. Diesem Wunsche nachzukommen, entspricht auch der Überzeugung, daß dieses Werk in besonderem Maßt verdient, fortzubestehen und weiterzuwirken als ein hervorragender Mittler zwischen Wissenschaft und Praxis, als dessen Verdienst es nicht zuletzt zu werten ist, daß wissenschaftliche Diskussionen nicht mehr nur im akademischen Bereich geführt werden, sondern den praktischen Juristen in seiner täglichen Arbeit erreichen.

Kiel, im September 1954   Schröder

Aus dem Vorwort zur 18. Auflage

Horst Schröder, der den „Schönke/Schröder" von der 7. bis zur 17. Auflage bearbeitet und geprägt hat, ist am 12. September 1973 Adolf Schönke, dem Begründer des Kommentars, im Tode gefolgt.

Geblieben ist neben dem Andenken an zwei große Gelehrte und leidenschaftliche Juristen ein Werk, das inzwischen schon fast zur Institution geworden ist. Die Entwicklung des „Schönke/Schröder" nachzuzeichnen, ist hier nicht der Ort. Ohne daß damit die Leistung Adolf Schönkes geschmälert würde, wird man jedoch sagen dürfen, daß der „Schönke/Schröder" mit der fortschreitenden Zahl seiner Auflagen immer mehr zur Schöpfung Horst Schröders geworden ist. Ein Mittler zu sein zwischen Theorie und Praxis, mit dem Ziel – so Schröder im Vorwort zur 7. Aufl. –, „daß wissenschaftliche Diskussionen nicht mehr nur im akademischen Bereich geführt werden, sondern den praktischen Juristen in der täglichen Arbeit erreichen", war die Lebensaufgabe, die er sich gestellt hatte. An ihr arbeitete er unablässig, bis ein tragisches Geschick sein Leben beschloß, nachdem er noch kurz vor seinem Tode das Manuskript für die 17. Aufl. fertiggstellt hatte. Wenn deshalb mit der 18. Aufl. nunmehr die Schüler Horst Schröders an die Stelle ihres Lehrers treten, so geschieht dies in der Verpflichtung gegenüber seinem Lebenswerk, welches es zu erhalten und fortzuführen gilt.

Tübingen, Gießen und Münster, Im November 1975   Die Verfasser
Lenckner, Eser, Cramer, Stree

Vorwort

Aus dem Vorwort zur 25. Auflage

Die 25. Auflage des „Schönke/Schröder" folgt der vorangegangenen in dem ungewöhnlich langen Zeitabstand von fast sechs Jahren. Zu erklären ist dies nicht nur damit, daß die „Lasten eines Kommentators" (F. C. Schroeder) angesichts des Umfangs einer kaum noch überschaubaren Literatur und Rechtsprechung schwerer denn je zuvor geworden sind. Ein wesentlicher Grund für die Verzögerung ist vielmehr auch darin zu sehen, daß der Gesetzgeber mit einer nicht abbrechenden Kette von Gesetzesänderungen – andere sprechen hier auch von einer „wahren Gesetzesflut" – die Verfasser immer wieder vor neue Situationen stellte.

Daß die Neuauflage trotz der beträchtlichen inhaltlichen Erweiterungen in ihrem äußeren Umfang hinsichtlich der Seitenzahl über den der Vorauflage nicht hinausgeht, kann allenfalls auf den ersten Blick überraschen. Die Grenzen, die einem einbändigen Werk gesetzt sind, zeichneten sich bereits bei der 24. Auflage ab. Sie wären unter Beibehaltung des bisherigen Schriftbilds mit der jetzt vorliegenden Auflage überschritten worden, was Verlag und Autoren vor die Entscheidung stellte, entweder mit einer langen Tradition in Gestalt des dem Benutzer vertrauten einbändigen und deshalb handlichen „Schönke/Schröder" zu brechen oder auf einen kleineren Druck überzugehen. Sie sahen in letzterem das kleinere Übel und bitten dafür um Verständnis.

Gewahrt werden soll mit dieser Auflage die Tradition des „Schönke/Schröder" aber auch in anderer Hinsicht: Sie will, wie es Horst Schröder bereits im Vorwort der 7. Auflage formulierte, nach wie vor „Mittler zwischen Theorie und Praxis" sein. Dabei war dies, weil auch die Theorie von der Praxis „lebt", nie einseitig zu sehen, und noch weniger konnte es darum gehen, sie als „l'art pour l'art" zu betreiben. Dem Bemühen, dem Leser auf gedrängtem Raum die notwendigen Informationen darüber zu vermitteln, wie Lehre und Rechtsprechung Fragen des materiellen Strafrechts beantworten, sind heute allerdings Grenzen gesetzt. Der Publikationsflut unserer Tage – im Schrifttum mit immer neueren Systemkonzeptionen – zwang zu Einschränkungen, dies nicht nur aus Raumgründen, sondern auch um den Dialog aufrechtzuerhalten, der in einer Zeit einer immer größer werdenden Distanz zwischen Theorie und Praxis notwendiger ist denn je.

Im November 1996

Theodor Lenckner, Tübingen *Peter Cramer,* Gießen
Albin Eser, Freiburg *Walter Stree,* Münster

Es haben bearbeitet:

(soweit nicht besonders angegeben, jeweils einschließlich der Vorbemerkungen)

Einführung und §§ 1–12	Eser
Vorbem. 1–133 vor § 13	Lenckner
Vorbem. 134–164 vor § 13 und § 13	Stree
§ 14	Lenckner/Perron
§§ 15–18	Cramer/Sternberg-Lieben
§§ 19–21	Lenckner/Perron
§§ 22–24	Eser
§§ 25–31	Cramer/Heine
Vorbem. vor § 32	Lenckner
§§ 32–37	Lenckner/Perron
§§ 38–72	Stree
§§ 73–76 a	Eser
§§ 77–101 a	Stree/Sternberg-Lieben
§§ 102–121	Eser
§§ 123–131	Lenckner
§§ 132–144	Cramer
§§ 145–152 a	Stree/Sternberg-Lieben
§§ 153–173	Lenckner
§§ 174–174 b	Lenckner/Perron
§ 174 c	Perron
§§ 176–184 c	Lenckner/Perron
§§ 185–206	Lenckner
§§ 211–223	Eser
§§ 224–233	Stree
§§ 234–256	Eser
§§ 257–262	Stree
§§ 263, 263 a	Cramer
§§ 264	Lenckner/Perron
§ 264 a	Cramer
§ 265	Perron
§§ 265 a–266 b	Lenckner/Perron
§§ 267–282	Cramer
§§ 283–283 d	Stree/Heine
§§ 284–290	Eser/Heine
§ 291	Stree/Heine
§§ 292–297	Eser/Heine
§§ 298–302	Heine
§§ 303–305 a	Stree
§§ 306–306 f	Heine
§§ 307–312	Cramer/Heine
§§ 313, 314	Heine
§ 314 a	Cramer/Heine
§§ 315–323 c	Cramer/Sternberg-Lieben
§§ 324, 324 a	Cramer/Heine
§§ 325, 325 a	Stree/Heine
§ 326	Lenckner/Heine
§§ 327, 328	Cramer/Heine
§ 329	Eser/Heine
§§ 330–330 d	Cramer/Heine
§§ 331–353	Cramer
§§ 353 a–355	Lenckner/Perron
§§ 356–358	Cramer

Zitiervorschlag:
Lenckner, in: Schönke/Schröder 20 vor § 32
oder abgekürzt:
S/S – Eser § 211 RN 6

Inhaltsübersicht

	Seite
Bearbeiterverzeichnis	IX
Abkürzungsverzeichnis	XIII

Strafgesetzbuch

Einführung	1

Allgemeiner Teil

1. Abschnitt. Das Strafgesetz	11
1. Titel. Geltungsbereich (§§ 1–10)	11
2. Titel. Sprachgebrauch (§§ 11, 12)	120
2. Abschnitt. Die Tat	140
1. Titel. Grundlagen der Strafbarkeit (§§ 13–21)	140
2. Titel. Versuch (§§ 22–24)	392
3. Titel. Täterschaft und Teilnahme (§§ 25–31)	453
4. Titel. Notwehr und Notstand (§§ 32–35)	540
5. Titel. Straflosigkeit parlamentarischer Äußerungen und Berichte (§§ 36, 37)	676
3. Abschnitt. Rechtsfolgen der Tat	678
1. Titel. Strafen (§§ 38–45 b)	678
2. Titel. Strafbemessung (§§ 46–51)	720
3. Titel. Strafbemessung bei mehreren Gesetzesverletzungen (§§ 52–55)	762
4. Titel. Strafaussetzung zur Bewährung (§§ 56–58)	806
5. Titel. Verwarnung mit Strafvorbehalt, Absehen von Strafe (§§ 59–60)	861
6. Titel. Maßregeln der Besserung und Sicherung (§§ 61–72)	871
7. Titel. Verfall und Einziehung (§§ 73–76 a)	957
4. Abschnitt. Strafantrag, Ermächtigung, Strafverlangen (§§ 77–77 e)	1003
5. Abschnitt. Verjährung	1019
1. Titel. Verfolgungsverjährung (§§ 78–78 c)	1020
2. Titel. Vollstreckungsverjährung (§§ 79–79 b)	1020

Besonderer Teil

Vorbemerkungen zum 1. und 2. Abschnitt	1039
1. Abschnitt. Friedensverrat, Hochverrat und Gefährdung des demokratischen Rechtsstaates (§§ 80–92 b)	1041
2. Abschnitt. Landesverrat und Gefährdung der äußeren Sicherheit (§§ 93–101 a)	1075
3. Abschnitt. Straftaten gegen ausländische Staaten (§§ 102–104 a)	1105
4. Abschnitt. Straftaten gegen Verfassungsorgane sowie bei Wahlen und Abstimmungen (§§ 105–108 e)	1108
5. Abschnitt. Straftaten gegen die Landesverteidigung (§§ 109–109 k)	1119
6. Abschnitt. Widerstand gegen die Staatsgewalt (§§ 111–121)	1133
7. Abschnitt. Straftaten gegen die öffentliche Ordnung (§§ 123–145 d)	1163
8. Abschnitt. Geld- und Wertzeichenfälschung (§§ 146–152 a)	1300
9. Abschnitt. Falsche uneidliche Aussage und Meineid (§§ 153–163)	1319
10. Abschnitt. Falsche Verdächtigung (§§ 164, 165)	1362
11. Abschnitt. Straftaten, welche sich auf Religion und Weltanschauung beziehen (§§ 166–168)	1372
12. Abschnitt. Straftaten gegen den Personenstand, die Ehe und die Familie (§§ 169–173)	1386
13. Abschnitt. Straftaten gegen die sexuelle Selbstbestimmung (§§ 174–184 c)	1409
14. Abschnitt. Beleidigung (§§ 185–200)	1536
15. Abschnitt. Verletzung des persönlichen Lebens- und Geheimbereichs (§§ 201–206)	1596
16. Abschnitt. Straftaten gegen das Leben (§§ 211–222)	1668

Inhaltsübersicht

17. Abschnitt. Straftaten gegen die körperliche Unversehrtheit (§§ 223–231) 1796
18. Abschnitt. Straftaten gegen die persönliche Freiheit (§§ 234–241 a) 1855
19. Abschnitt. Diebstahl und Unterschlagung (§§ 242–248 c) 1908
20. Abschnitt. Raub und Erpressung (§§ 249–256) 1969
21. Abschnitt. Begünstigung und Hehlerei (§§ 257–262) 1991
22. Abschnitt. Betrug und Untreue (§§ 263–266 b) 2044
23. Abschnitt. Urkundenfälschung (§§ 267–282) 2213
24. Abschnitt. Insolvenzstraftaten (§§ 283–283 d) 2267
25. Abschnitt. Strafbarer Eigennutz (§§ 284–297) 2296
26. Abschnitt. Straftaten gegen den Wettbewerb (§§ 298–302) 2328
27. Abschnitt. Sachbeschädigung (§§ 303–305 a) 2341
28. Abschnitt. Gemeingefährliche Straftaten (§§ 306–323 c) 2356
29. Abschnitt. Straftaten gegen die Umwelt (§§ 324–330 d) 2475
30. Abschnitt. Straftaten im Amte (§§ 331–358) 2568

Anhang: 2646
   I. Strafrechtsrelevante Bestimmungen des Einigungsvertrages – Fortgelten des DDR-Strafrechts 2646
   II. Transnationale Strafvorschriften 2655

Stichwortverzeichnis 2659

Abkürzungsverzeichnis

Oberlandesgerichte sind in Entscheidungsnachweisen durch Angabe des Landes bzw. des Ortes bezeichnet, in bzw. an dem das Gericht seinen Sitz hat.

A.	Auflage
aA	andere Ansicht
aaO	am angegebenen Ort (bezieht sich in der Regel auf die im jeweiligen Schrifttum vor oder bei dem betreffenden § angegebene Fundstelle)
AbfG	Gesetz über die Vermeidung und Entsorgung von Abfällen (Abfallgesetz) vom 27. 8. 1986, BGBl. I 1410, letztes ÄndG vom 12. 9. 1996, BGBl. I 1354, 1356. Mit Wirkung vom 6. 10. 1996 aufgehoben durch Art. 13 des Gesetzes zur Vermeidung, Verwertung und Beseitigung von Abfällen vom 27. 9. 1994, BGBl. I 2705, s. auch KrW-/AbfG
AbfVerbrG	Gesetz über die Überwachung und Kontrolle der grenzüberschreitenden Verbringung von Abfällen (Abfallverbringungsgesetz) vom 30. 9. 1994, BGBl. I 2771, letztes ÄndG vom 25. 8. 1998, BGBl. I 2455
abgedr.	abgedruckt
abheb	abhebend
Abk.	Abkommen
abl.	ablehnend
ABl.	Amtsblatt
Abs.	Absatz
Abschn.	Abschnitt
abw.	abweichend
AbwAG	Abwasserabgabengesetz vom 3. 11. 1994, BGBl. I 3370, letztes ÄndG vom 25. 8. 1998, BGBl. I 2455
AcP	Archiv für die civilistische Praxis (zit. nach Band u. Seite)
AdVermiG	Gesetz über die Vermittlung der Annahme als Kind und über das Verbot der Vermittlung von Ersatzmüttern (Adoptionsvermittlungsgesetz) vom 27. 11. 1989, BGBl. I 2016, idF vom 26. 11. 1998, BGBl. I 164, 187
AE	Alternativ-Entwurf eines Strafgesetzbuches, 1966 ff.
AE	am Ende
ähnl.	ähnlich
ÄndG	Änderungsgesetz
ÄndVO	Änderungsverordnung
aF	alte Fassung
AFG	Arbeitsförderungsgesetz vom 25. 6. 1969, BGBl. I 582, letztes ÄndG vom 16. 12. 1997, BGBl. I 2970
AfP	Archiv für Presserecht (zit. nach Jahr u. Seite)
AG	Amtsgericht bzw. Aktiengesellschaft
AHK	Alliierte Hohe Kommission
AK	Kommentar zum StGB (Reihe Alternativkommentare, hrsg. von Wassermann). Bd. 1 (§§ 1–21), 1990, bearb. von Hassemer, Lemke, Marxen, Neumann, Ostendorf, Paeffgen, Schild, Seelmann, Sonnen, Wassermann; Bd. 3 (§§ 80–145 d), 1986, bearb. von Jung, Ostendorf, Schild, Sonnen, Wolter und Zielinski
AktG	Aktiengesetz vom 6. 9. 1965, BGBl. I 1089, letztes ÄndG vom 16. 7. 1998, BGBl. I 1842
Allfeld	Allfeld, Lehrbuch des Deutschen Strafrechts, 9. A., 1934
allg.	allgemein
Alt.	Alternative
AMG	Arzneimittelgesetz idF vom 11. 12 1998, BGBl. I 3586, letztes ÄndG vom 26. 7. 1999, BGBl. I 1666
amtl.	amtlich
and.	anders
Angekl.	Angeklagte(r)
Anl.	Anlage
Anm.	Anmerkung

XIII

Abkürzungen

AnwBl.	Anwaltsblatt (zit. nach Jahr u. Seite)
AO	Abgabenordnung vom 16. 3. 1976, BGBl. I 613, letztes ÄndG vom 22. 12. 1999, BGBl. I 2601
AöR	Archiv des öffentlichen Rechts
AP	Arbeitsrechtliche Praxis (Nachschlagewerk des Bundesarbeitsgerichts)
AR	Arztrecht (zit. nach Jahr u. Seite)
ArchPF	Archiv für Post- und Fernmeldewesen (zit. nach Jahr u. Seite)
ArchPT	Archiv für Post und Telekommunikation (zit. nach Jahr u. Seite)
ArchVR	Archiv des Völkerrechts (zit. nach Band u. Seite)
ARSP	Archiv für Rechts- und Sozialphilosophie (zit. nach Band u. Seite)
Art.	Artikel
Arzt III	Arzt, Strafrecht, Bes. Teil, Lehrheft 3, 1978
Arzt/Weber bzw. AW-Arzt, AW-Weber I, II, III, IV, V	Arzt/Weber, Strafrecht, Bes. Teil, Lehrheft 1, 3. A., 1988; Lehrheft 2, 1983; Lehrheft 3, 2. A., 1986; Lehrheft 4, 2. A., 1989; Lehrheft 5, 1982
AsylVfG	Asylverfahrensgesetz idF vom 27. 7. 1993, BGBl. I 1361, letztes ÄndG vom 29. 10. 1997, BGBl. I 2584
AT	Allgemeiner Teil des StGB
AtomG	Gesetz über die friedliche Verwendung der Kernenergie und den Schutz gegen ihre Gefahren (Atomgesetz) idF vom 15. 7. 1985, BGBl. I 1565, letztes ÄndG vom 6. 4. 1998, BGBl. I 694
AÜG	Arbeitnehmerüberlassungsgesetz idF vom 3. 2. 1995, BGBl. I 158, letztes ÄndG vom 29. 6. 1998, BGBl. I 1694
Auff.	Auffassung
aufgehob.	aufgehoben
AuR	Arbeit und Recht (zit. nach Jahr u. Seite)
ausdrückl.	ausdrücklich
ausführl.	ausführlich
AusfVO	Ausführungsverordnung
ausl.	ausländisch
AuslG	Ausländergesetz vom 9. 7. 1990, BGBl. I 1354, letztes ÄndG vom 15. 7. 1999, BGBl. I 1618
ausschl.	ausschließlich
AV	Allgemeine Verfügung
AVG	Angestelltenversicherungsgesetz idF vom 18. 12. 1989, BGBl. I 2261, letztes ÄndG vom 22. 12. 1999, BGBl. I 2534
A/W	Achenbach/Wannemacher (Hrsg.), Beraterhandbuch zum Steuer- und Wirtschaftsstrafrecht, Loseblattausgabe, Stand 1999
AWG	Außenwirtschaftsgesetz vom 28. 4. 1961, BGBl. I 481, letztes ÄndG vom 22. 12. 1999, BGBl. I 2822
AWG/StÄG	Gesetz zur Änderung des Außenwirtschaftsgesetzes, des Strafgesetzbuchs und anderer Gesetze vom 28. 2. 1992, BGBl. I 372
b	bei
BA	Blutalkohol, Wissenschaftliche Zeitschrift für die medizinische und die juristische Praxis (zit. nach Jahr u. Seite)
BÄK	Bundesärztekammer
BÄO	Bundesärzteordnung idF vom 16. 4. 1987, BGBl. I 1218, letztes ÄndG vom 27. 4. 1993, BGBl. I 512
BAG	Bundesarbeitsgericht
BAK	Blutalkoholkonzentration
BAnz.	Bundesanzeiger
v. Bar	v. Bar, Gesetz und Schuld im Strafrecht, Bd. I–III, 1906–09
BauGB	Baugesetzbuch idF vom 27. 8. 1997, BGBl. I 2141, letztes ÄndG vom 17. 12. 1997, BGBl. I 3108
Baumann-FS	Festschrift für Jürgen Baumann zum 70. Geburtstag 1992
Baumann/Weber/Mitsch bzw. B/W-Weber, B/W-Mitsch	Baumann, Weber und Mitsch, Strafrecht, Allgemeiner Teil, 10. A., 1995
Bay	Bayerisches Oberstes Landesgericht; ohne Zusatz: Entscheidungen des Bayerischen Obersten Landesgerichts in Strafsachen (neue Folge zit. nach Jahr u. Seite, alte Folge zit. nach Band [Bd.])
BayBS	Bereinigte Sammlung des Bayerischen Landesrechts
BayLSG	Bayerisches Landessozialgericht
BayVBl.	Bayerische Verwaltungsblätter (zit. nach Jahr u. Seite)

Abkürzungen

BayVerfGHE	Entscheidungen des Bayer. Verfassungsgerichtshofes, Teil II der Entscheidungssammlung des Bayer. Verwaltungsgerichtshofes (zit. nach Band u. Seite)
BayVGH	Bayerischer Verwaltungsgerichtshof
BB	Betriebs-Berater (zit. nach Jahr u. Seite)
BBG	Bundesbeamtengesetz idF vom 31. 3. 1999, BGBl. I 675
BBodSchG	Gesetz zum Schutz vor schädlichen Bodenveränderungen und zur Sanierung von Altlasten (Bundes – Bodenschutzgesetz) vom 17. 3. 1998, BGBl. I 502
Bd.	Band
BDH	Bundesdisziplinarhof
BDSG	Bundesdatenschutzgesetz idF vom 20. 12. 1990, BGBl I 2954, letztes ÄndG vom 17. 12. 1997, BGBl. I 3108
BE	Bochumer Erläuterungen zum 6. Strafrechtsreformgesetz, hrsg. von Ellen Schlüchter, 1998
Bearb.	Bearbeitung
BegleitG zum TKG	Begleitgesetz zum Telekommunikationsgesetz vom 17. 12. 1997, BGBl. I 3018
Begr.	Begründung
Beisp., bspw.	Beispiel(e), beispielsweise
Beiträge	Deutsche Beiträge zum VII. Internationalen Strafrechtskongreß in Athen, Sonderheft der ZStW 69
Beling.	Beling, Die Lehre vom Verbrechen, 1906
Bemman-FS	Festschrift für Günter Bemmann zum 70. Geburtstag, 1997
bes.	besonders
Bespr.	Besprechung
bestr.	bestritten
betr.	betreffend
BewH	Bewährungshilfe (zit. nach Jahr und Seite)
BezG	Bezirksgerichte
BFH	Bundesfinanzhof
BG	Bundesgericht
BGB	Bürgerliches Gesetzbuch vom 18. 8. 1896, RGBl. 195, letztes ÄndG vom 21. 7. 1999, BGBl. I 1642
BGBl. I, II, III	Bundesgesetzblatt Teil I, II, III
BGE	Entscheidungen des schweizerischen Bundesgerichts (Amtliche Sammlung)
BGH	Bundesgerichtshof; ohne Zusatz: Entscheidungen des Bundesgerichtshofs in Strafsachen (zit. nach Band u. Seite)
BGH-FS	25 Jahre Bundesgerichtshof, hrsg. von Krüger-Nieland, 1975
BGHR	BGH-Rechtsprechung Strafsachen, hrsg. von Richtern des Bundesgerichtshofs (zit. nach Paragraph, Stichwort und Nummer)
BGHZ	Entscheidungen des Bundesgerichtshofes in Zivilsachen (zit. nach Band u. Seite)
BG Pr.	Die Praxis des Bundesgerichts (Entscheidungen des schweizerischen Bundesgerichts)
BImSchG	Bundes-Immissionsschutzgesetz vom 14. 5. 1990, BGBl. I 880, letztes ÄndG vom 19. 10. 1998, BGBl. I 3179
BImSchVO	Bundes-Immissionsschutzverordnung
Binding Grundriß	Binding, Grundriß des Deutschen Strafrechts, Allgemeiner Teil, 7. A., 1907
Binding Handb.	Binding, Handbuch des Strafrechts, 1885
Binding Lehrb	Binding, Lehrbuch des gemeinen Strafrechts, Besonderer Teil, 1902–1905 (1. Band und 2. Band, 1. Hälfte in 2. A.)
Binding Normen	Binding, Die Normen und ihre Übertretung, 2. A., 4 Bände, 1890–1919
BJagdG	Bundesjagdgesetz idF vom 29. 9. 1976, BGBl. I 2849, letztes ÄndG vom 26. 1. 1998, BGBl. I 164
BKA	Bundeskriminalamt
Blau-FS	Festschrift für Günter Blau zum 70. Geburtstag, 1985
Blei I, II	Blei, Strafrecht I, Allgemeiner Teil, 18. A., 1983, Strafrecht II, Besonderer Teil, 12. A., 1983
BMI, BMJ	Bundesminister(ium) des Inneren bzw. der Justiz
BNatSchG	Gesetz über Naturschutz und Landschaftspflege (Bundesnaturschutzgesetz) idF vom 21. 9. 1998, BGBl. I 2995
BNotO	Bundesnotarordnung vom 24. 2. 1961, BGBl. I 98, letztes ÄndG vom 19. 12. 1998, BGBl. I 3836. Für das Gebiet der neuen Bun-

Abkürzungen

	desländer findet die BNotO keine Anwendung, statt dessen gilt die VO über die Tätigkeit von Notaren in eigener Praxis vom 20. 6. 1990, BGBl. I 475
Bockelmann II/1, 2 bzw. 3	Bockelmann, Strafrecht, Besonderer Teil/1, Vermögensdelikte, 2. A., 1982; Besonderer Teil/2, Delikte gegen die Person, 1977; Besonderer Teil/3, Ausgewählte Delikte gegen Rechtsgüter der Allgemeinheit, 1980, s. auch B-Volk
Bockelmann-FS	Festschrift für Paul Bockelmann zum 70. Geburtstag, 1979
Böhm-FS	Festschrift für Alexander Böhm zum 70. Geburtstag, 1999
Boujong-FS	Festschrift für Karlheinz Boujong zum 65. Geburtstag: Verantwortung und Gestaltung, 1996
BR	Bundesrat
BRAGebO	Bundesgebührenordnung für Rechtsanwälte (BRAGO) vom 26. 7. 1957, BGBl. I 907, letztes ÄndG vom 20. 12. 1999, BGBl. I 2491
BRAK	Bundesrechtsanwaltskammer
Brandner-FS	Festschrift für Hans Erich Brandner zum 70. Geburtstag, 1996
BranntwMG	Branntweinmonopolgesetz idF vom 8. 4. 1922, RGBl. I 405, BGBl. III 612–7, letztes ÄndG vom 26. 5. 1998, BGBl. I 1121
Brauneck-FG	Ehrengabe für Anne-Eva Brauneck, 1999
BRAO	Bundesrechtsanwaltsordnung vom 1. 8. 1959, BGBl. I 565, letztes ÄndG vom 17. 12. 1999, BGBl. I 2448. Für das Gebiet der neuen Bundesländer findet die BRAO aufgrund des EV vom 31. 8. 1990 (BGBl. II 889, 921) keine Anwendung
BRD	Bundesrepublik Deutschland
BR-Drs.	Bundesratsdrucksache
BReg	Bundesregierung
BRep.	Bundesrepublik
BRRG	Beamtenrechtsrahmengesetz vom 31. 3. 1999, BGBl. I 654
BRStenBer.	Verhandlungen des Bundesrats, Stenographische Berichte (zit. nach Sitzung u. Seite)
Brunner/Dölling	Brunner/Dölling, Jugendgerichtsgesetz, 10. A., 1996
Bruns-FS	Festschrift für Hans-Jürgen Bruns zum 70. Geburtstag, 1978
Bruns Leitf	Bruns, Leitfaden des Strafzumessungsrechts, 2. A., 1985
Bruns StrZR	Bruns, Strafzumessungsrecht, Allgemeiner Teil, 2. A., 1974
BSeuchG	Bundes-Seuchengesetz idF vom 18. 12. 1979, BGBl. I 2262, letztes ÄndG vom 24. 3. 1997, BGBl. I 594
BSG	Bundessozialgericht
BSHG	Bundessozialhilfegesetz idF vom 23. 3. 1994, BGBl. I 646, letztes ÄndG vom 22. 12 1999, BGBl. I 2671
Bsp., bspw.	Beispiel, beispielsweise
BStBl.	Bundessteuerblatt
BT	Besonderer Teil des StGB bzw. Bundestag
BT-Drs.	Bundestagsdrucksache
BtMG	Betäubungsmittelgesetz idF vom 1. 3. 1994, BGBl. I 358, zuletzt geändert durch Verordnung vom 24. 9. 1999, BGBl. I 1935
BT-ReA	Bundestagsrechtsausschuß
BTStenBer.	Verhandlungen des deutschen Bundestags, Stenographische Berichte (zit. nach Wahlperiode u. Seite)
BVerfG	Bundesverfassungsgericht
BVerfGE	Entscheidungen des Bundesverfassungsgerichts (zit. nach Band u. Seite)
BVerfGG	Bundesverfassungsgerichtsgesetz idF vom 11. 8. 1993, BGBl. 1473, letztes ÄndG vom 16. 7. 1998, BGBl. I 1823
BVerwG	Bundesverwaltungsgericht
BVerwGE	Entscheidungen des Bundesverwaltungsgerichts (zit. nach Band u. Seite)
B-Volk bzw. Bockelmann/Volk	Bockelmann/Volk, Strafrecht, Allgemeiner Teil, 4. A., 1987
BVwVfG	(Bundes-)Verwaltungsverfahrensgesetz idF vom 21. 9. 1998, BGBl. I 3050
BVwVG	(Bundes-)Verwaltungsvollstreckungsgesetz vom 27. 4. 1953, BGBl. I 157, letztes ÄndG vom 17. 12. 1997, BGBl. I 3039
BW	Baden-Württemberg
bzgl.	bezüglich
BZR	Bundeszentralregister

Abkürzungen

BZRG	Bundeszentralregistergesetz idF vom 21. 9. 1984, BGBl. I 1229, letztes ÄndG vom 17. 12 1999, BGBl. I 2662
bzw.	beziehungsweise
Carstens-FS	Einigkeit und Recht und Freiheit. Festschrift für Karl Carstens zum 70. Geburtstag, 1984
ChemG	Gesetz zum Schutz vor gefährlichen Stoffen (Chemikaliengesetz) idF vom 25. 7. 1994, BGBl. I 1703, letztes ÄndG vom 14. 5. 1998, BGBl. I 950
Coimbra – Symposium	Bausteine des europäischen Strafrechts, Coimbra – Symposium für Claus Roxin, 1995
CR	Computer und Recht (zit. nach Jahr u. Seite)
Cramer	Cramer, Straßenverkehrsrecht, Bd. 1 StVO, 2. A., 1977
Cramer OWiG	Cramer, Grundbegriffe des Rechts der Ordnungswidrigkeiten, 1971
CWÜAG	AusführungsG zum Chemiewaffenübereinkommen (CWÜ-AG) vom 2. 8. 1994, BGBl. I 1954
DA	Deutschland Archiv (zit. nach Jahr und Seite)
DÄBl.	Deutsches Ärzteblatt (zit. nach Jahr u. Seite)
dagg.	dagegen
Dallinger-Lackner	Dallinger-Lackner, Jugendgerichtsgesetz, 2. A., 1965
DAR	Deutsches Autorecht (zit. nach Jahr u. Seite)
DAR/B	b. Bär in DAR
DAR/M	b. Martin in DAR
DAR/R	b. Rüth in DAR
DAR/S	b. Spiegel in DAR
DAV	Deutscher Anwaltsverein
DB	Der Betrieb (zit. nach Jahr u. Seite)
DDR	Deutsche Demokratische Republik
DDR-Kommentar	Kommentar zum (DDR-)Strafgesetzbuch, 5. A., 1987
DDR-Lehrbuch	Strafrecht der DDR, Lehrbuch 1988, Bes. Teil 1981
DDT-G	Gesetz über den Verkehr mit DDT vom 7. 8. 1972, BGBl. I 1385, letztes ÄndG vom 24. 6. 1994, BGBl. I 1416
DepotG	Gesetz über die Verwahrung und Anschaffung von Wertpapieren (Depotgesetz) idF vom 11. 1. 1995, BGBl. I 34, letztes ÄndG vom 8. 12. 1999, BGBl. I 2384
ders.	derselbe
Deutsch-FS	Festschrift für Erwin Deutsch zum 70. Geburtstag, 1999
dgl.	dergleichen/desgleichen
DGVZ	Deutsche Gerichtsvollzieherzeitung (zit. nach Jahr u. Seite)
dh.	das heißt
di.	das ist
dies.	dieselbe
Diff.	Differenzierung
diff.	differenzierend
Diss.	Dissertation
DJ	Deutsche Justiz (zit. nach Jahr u. Seite)
DJT	Deutscher Juristentag
DJT-FS I, II	Festschrift zum hundertjährigen Bestehen des Deutschen Juristentages, Bd. I und II, 1960
DJZ	Deutsche Juristenzeitung (zit. nach Jahr u. Seite)
DMW	Deutsche Medizinische Wochenschrift (zit. nach Jahr u. Seite)
DÖV	Die Öffentliche Verwaltung (zit. nach Jahr u. Seite)
DR	Deutsches Recht, Wochenausgabe (vereinigt mit Juristische Wochenschrift); zit. nach Jahr u. Seite
Dreher	Strafgesetzbuch, erläutert von Dreher (bis zur 37. Aufl.)
Dreher-FS	Festschrift für Eduard Dreher zum 70. Geburtstag, 1977
Dreier	Dreier, Grundgesetz, Kommentar, Bd. II, 1998
DRiB	Deutscher Richterbund
DRiZ	Deutsche Richterzeitung (zit. nach Jahr u. Seite)
DRiZ/H.	b. Hürxthal in DRiZ
DRM	Deutsches Recht, Monatsausgabe (vereinigt mit Deutsche Rechtspflege); zit. nach Jahr u. Seite
DRpfl.	Deutsche Rechtspflege (zit. nach Jahr u. Seite)
DRZ	Deutsche Rechts-Zeitschrift (zit. nach Jahr u. Seite)
DSB	Datenschutzberater (zit. nach Jahr u. Seite)

Abkürzungen

DSM-IV	Diagnostisches und statistisches Manual psychischer Störungen, übersetzt nach der vierten Auflage des Diagnostic and statistic manual of mental disorders der American Psychiatric Association, deutsche Bearbeitung und Einführung von Henning Saß, 2. A., 1998
DSNS-Autor	Dencker/Struensee/Nelles/Stein, Einführung in das 6. Strafrechtsreformgesetz, 1998
DSteuerR	Deutsches Steuerrecht (zit. nach Jahr u. Seite)
DStR	Deutsches Strafrecht (zit. nach Jahr u. Seite)
DStZ	Deutsche Strafrechtszeitung (zit. nach Jahr u. Seite)
DStZ A	Deutsche Steuerzeitung, bis Jg. 67 [1979]: Ausgabe A (zit. nach Jahr u. Seite)
dt.	deutsch
D-Tröndle	Strafgesetzbuch, erläutert von Dreher (23.–37. A.), fortgeführt von Tröndle, s. auch Tröndle bzw. Tröndle/Fischer
DtZ	Deutsch-Deutsche Rechts-Zeitschrift (zit. nach Jahr u. Seite)
Dünnebier-FS	Festschrift für Hanns Dünnebier zum 75. Geburtstag, 1982
DuR	Demokratie und Recht (zit. nach Jahr u. Seite)
DVBl.	Deutsches Verwaltungsblatt (zit. nach Jahr u. Seite)
DVO	Durchführungsverordnung
DVP	Deutsche Verwaltungspraxis (zit. nach Jahr u. Seite)
DVR	Datenverarbeitung im Recht (bis 1985, danach vereinigt mit IuR; zit. nach Jahr u. Seite)
E	Entscheidung bzw. Entwurf
E 27	Entwurf eines Allgemeinen Deutschen Strafgesetzbuchs nebst Begründung (Reichstagsvorlage) 1927
E 62	Entwurf eines Strafgesetzbuchs mit Begründung, Bonn 1962
EAO	Entwurf einer Abgabenordnung, BT-Drs. VI/1982, 7/79
EB	Eser/Burkhardt, Strafrecht I, 4. A., 1992
ebd.	ebenda
ebso.	ebenso
EEGOWiG	Entwurf eines Einführungsgesetzes zum Gesetz über Ordnungswidrigkeiten, BT-Drs. V/1319
EEGStGB	Entwurf eines Einführungsgesetzes zum Strafgesetzbuch (EGStGB), BT-Drs. 7/550
EFG	Entscheidungen der Finanzgerichte (zit. nach Band u. Seite)
EG	Erinnerungsgabe bzw. Einführungsgesetz bzw. Europäische Gemeinschaft(en)
EG-FinanzschutzG bzw. EGFinSchG	Gesetz zum Übereinkommen vom 26. 7. 1995 über den Schutz der finanziellen Interessen der Europäischen Gemeinschaften vom 10. 9. 1998, BGBl. II 2322
EGH	Entscheidungen der Ehrengerichtshöfe der Rechtsanwaltschaft des Bundesgebiets und des Landes Berlin (zit. nach Band u. Seite)
EGKS	Europäische Gemeinschaft für Kohle und Stahl
EGMR	Europäischer Gerichtshof f. Menschenrechte
EGOWiG	Einführungsgesetz zum Gesetz über Ordnungswidrigkeiten vom 24. 5. 1968, BGBl. I 503, letztes ÄndG vom 2. 3. 1974, BGBl. I 469, 633
EGStGB	Einführungsgesetz zum Strafgesetzbuch vom 2. 3. 1974, BGBl. I 469, letztes ÄndG vom 26. 1. 1998, BGBl. I 160
EGV	Vertrag zur Gründung der Europäischen Gemeinschaft
EheG	Ehegesetz vom 20. 2. 1946, KRG Nr. 16, ABl. 77, 294, letztes ÄndG vom 16. 12. 1993, BGBl. I 2054
ehem.	ehemalig
Einf.	Einführung
eingeh.	eingehend
einschl.	einschließlich
einschr.	einschränkend
Eisenberg	Eisenberg, Jugendgerichtsgesetz, 8. A., 2000
EKMR	Europäische Kommission für Menschenrechte
EMRK	Europäische Menschenrechtskonvention vom 4. 11. 1950, BGBl. 1952 II 685; zuletzt geändert durch Prot. Nr. 11 vom 11. 5. 1994, ETS No. 155
Engisch-FS	Festschrift für Karl Engisch zum 70. Geburtstag, 1969
entgg	entgegen

Abkürzungen

entspr.	entsprechend
Erbs/Kohlhaas	Erbs/Kohlhaas, Strafrechtliche Nebengesetze, Loseblattsammlung Stand: 135. Ergänzungslieferung, November 1999
Erg.	Ergebnis
Erl.	Erläuterung
Erw.	Erwiderung
ESchG	Embryonenschutzgesetz vom 13. 12. 1990, BGBl. I 2746
Eser I, II, III, IV	Eser, Juristischer Studienkurs, Strafrecht I u. II, 3. A., 1980; III, 2. A., 1981; IV, 4. A., 1983
Eser/Burkhardt I	Eser/Burkhardt, Juristischer Studienkurs, Strafrecht I, 4. A., 1992
Eser-FG	Festgabe für Albin Eser zum 60. Geburtstag, 1996
EStG	Einkommensteuergesetz idF vom 16. 4. 1997, BGBl. I 821, III 611–1, letztes ÄndG vom 6. 8. 1998, BGBl. I 2026
etc.	et cetera
Ethik Med.	Ethik in der Medizin (zit. nach Jahr u. Seite)
EU	Europäische Union
EUBestG	Gesetz zum Protokoll vom 27. 9. 1996 zum Übereinkommen über den Schutz der finanziellen Interessen der Europäischen Gemeinschaften (EU-Bestechungsgesetz) vom 10. 9. 1998, BGBl. II 2340 (im Anhang abgedruckt)
EuGH	Europäischer Gerichtshof
EuGH-Slg	Europäische Gemeinschaften/Gericht erster Instanz. Sammlung der Rechtsprechung
EuGRZ	Europäische Grundrechte-Zeitschrift (zit. nach Jahr u. Seite)
EuR	Europarecht (zit. nach Jahr u. Seite)
europ.	europäisch
EuropolG	Europol-Gesetz vom 16. 12. 1997, BGBl. 1998 II 2150
EUV	Vertrag über die Europäische Union
EuZW	Europäische Zeitschrift für Wirtschaftsrecht (zit. nach Jahr u. Seite)
EV	Vertrag zwischen der Bundesrepublik Deutschland und der Deutschen Demokratischen Republik über die Herstellung der Einheit Deutschlands – Einigungsvertrag – vom 31. 8. 1990 mit Einigungsvertragsgesetz vom 23. 9. 1990, BGBl. II 885, 889
EV I bzw. II	Anlage I bzw. II zum EV (s. dort), BGBl. II 907 bzw. 1148
evtl.	eventuell
EWiR	Entscheidungen zum Wirtschaftsstrafrecht (zit. nach Jahr u. Seite)
EWiV	Europäische wirtschaftliche Interessenvereinigung
EWR	Schriftenreihe zum europäischen Weinrecht
EzSt	Entscheidungssammlung zum Straf- u. Ordnungswidrigkeitenrecht, hrsg. von Lemke (zit. nach Paragraph u. Nummer)
f., ff.	folgende, fortfolgende
FAG	Gesetz über Fernmeldeanlagen idF vom 3. 7. 1989, BGBl. I 1455, letztes ÄndG vom 20. 12. 1999, BGBl. I 2491
FamRZ	Ehe und Familie im privaten und öffentlichen Recht. Zeitschrift für das gesamte Familienrecht (zit. nach Jahr u. Seite)
FG	Finanzgericht
FGG	Gesetz über die Angelegenheiten der freiwilligen Gerichtsbarkeit vom 20. 5. 1898, RGBl. 771, letztes ÄndG vom 19. 12. 1998, BGBl. I 3836. Für das Gebiet der ehem. DDR beachte zum FGG aufgrund des EV vom 31. 8. 1990 (BGBl. II 889, 932) geltende Maßgaben
FGO	Finanzgerichtsordnung vom 6. 10. 1965, BGBl. I 1477, letztes ÄndG vom 18. 6. 1997, BGBl. I 1430
FG-Autor	Franzen/Gast-de Haan/Joecks, Steuerstrafrecht, 4. A., 1996
fin.	finanziell
Fischerhof	Fischerhof, Deutsches Atomgesetz und Strahlenschutzrecht, Bd. I, 2. A., 1978
FlaggenRG	Flaggenrechtsgesetz idF vom 26. 10. 1994, BGBl. I 1342, letztes ÄndG vom 6. 6. 1995, BGBl. I 778
FN	Fußnote
For.	Forensia, interdisziplinäre Zeitschrift für Psychiatrie, Psychologie, Kriminologie und Recht (zit. nach Band u. Seite)
Forster	Praxis der Rechtsmedizin, hrsg. von B. Forster, 1986
fragl.	fraglich
Frank	Reinhard Frank, Das Strafgesetzbuch für das Deutsche Reich, 18. A. 1931

Abkürzungen

Frank-FG I, II	Festgabe für Frank, Bd. I und II, 1930
Freund	Freund, Strafrecht, Allgemeiner Teil, 1998
FS	Festschrift
G bzw. Ges.	Gesetz
GA	Archiv für Strafrecht, begründet von Goltdammer (zit. nach Bänden (Bd.), seit 1953 nach Jahr u. Seite)
GA-FS	140 Jahre Goltdammer's Archiv für Strafrecht. Eine Würdigung zum 70. Geburtstag von Paul-Günter Pötz, 1993
GA/H	b. Herlan in GA
GA/W	b. Wagner in GA
Gallas-FS	Festschrift für Wilhelm Gallas zum 70. Geburtstag, 1973
GBA	Generalbundesanwalt
GBG	Gesetz über die Beförderung gefährlicher Güter vom 6. 8. 1975, BGBl. I 2121, letztes ÄndG vom 6. 8. 1998, BGBl. I 2037
GBl.	Gesetzblatt
GebFra	Geburtshilfe und Frauenheilkunde (zit. nach Band u. Seite)
GedS	Gedächtnisschrift
Geerds-FS	Festschrift für Friedrich Geerds zum 70. Geburtstag, 1995
Geiger	Geiger, EG-Vertrag, Kommentar, 2. A., 1995
gem	gemäß
GenG	Gesetz betreffend die Erwerbs- und Wirtschaftsgenossenschaften idF vom 19. 8. 1994, BGBl. I 2202, letztes ÄndG vom 19. 12. 1998, BGBl. I 3836
GenStA	Generalstaatsanwalt
Germann-FS	Festschrift für Oscar Adolf Germann zum 80. Geburtstag, 1969
GeschlKG	Geschlechtskrankheitsgesetz vom 23. 7. 1953, BGBl. I 700, letztes ÄndG vom 19. 12. 1997, BGBl. I 3158
GeschO	Geschäftsordnung
gesetzl.	gesetzlich
GewArch	Gewerbearchiv, Zeitschrift für Gewerbe- u. Wirtschaftsverwaltungsrecht (zit. nach Jahr u. Seite)
GewO	Gewerbeordnung idF vom 22. 2. 1999, BGBl. I 202, letztes ÄndG vom 24. 3. 1999, BGBl. I 385
gg	gegen
GG	Grundgesetz für die Bundesrepublik Deutschland vom 23. 5. 1949, BGBl. I 1, letztes ÄndG vom 16. 7. 1998, BGBl. I 1822. Wegen der Fortgeltung des GG beachte Art. 5 EV vom 31. 8. 1990 (BGBl. II 889, 891)
ggf	gegebenenfalls
GjS	Gesetz über die Verbreitung jugendgefährdender Schriften idF vom 12. 7. 1985, BGBl. I 1502
gl.	gleich
Gleispach-FS	Festschrift für Graf Gleispach, 1936
GmbHG	Gesetz betr. die Gesellschaften mit beschränkter Haftung idF vom 20. 5. 1898, RGBl. 846, letztes ÄndG vom 22. 6. 1998, BGBl. I 1474
GmbHRdSch	GmbH-Rundschau (zit. nach Jahr u. Seite)
Göhler	Göhler, Ordnungswidrigkeitengesetz, 12. A., 1998
Göppinger-FG	Festgabe für Hans Göppinger zum 70. Geburtstag, 2. A., 1990
Göppinger Krim	Göppinger, Kriminologie, 5.A, 1997, bearbeitet von Michael Bode und Alexander Böhm
Gössel I, II	Gössel, Strafrecht, Besonderer Teil, Bd. 1, 1987, Bd. 2, 1996
grdl.	grundlegend
grds.	grundsätzlich
Gropp	Gropp, Strafrecht, Allgemeiner Teil, 1998
Gropp Sonderbeteiligung	Gropp, Deliktstypen mit Sonderbeteiligung, 1992
GrS	Großer Senat
Grünhut-EG	Erinnerungsgabe für Max Grünhut, 1964
Grünwald-FS	Festschrift für Gerald Grünwald zum 70. Geburtstag, 1999
Grützner-GebG	Festschrift für Heinrich Grützner zum 65. Geburtstag, 1970
GRUR	Gewerblicher Rechtsschutz und Urheberrecht (zit. nach Jahr u. Seite)
GS	Der Gerichtssaal (zit. nach Band u. Seite)
GV	Grundlagenvertrag vom 21. 12. 1972, BGBl. 1973 II 421
GVBl.	Gesetz- und Verordnungsblatt
GVG	Gerichtsverfassungsgesetz idF vom 9. 5. 1975, BGBl. I 1077, letztes ÄndG vom 22. 12. 1999, BGBl. I 2598. Für das Gebiet der ehem.

Abkürzungen

	DDR beachte zum GVG aufgrund des EV vom 31. 8. 1990 (BGBl. II 889, 922, 938) geltende Maßgaben
GWB	Gesetz gegen Wettbewerbsbeschränkungen idF vom 26. 8. 1998, BGBl. I 2547, letztes ÄndG vom 22. 12. 1999, BGBl. I 2626
GwG	Gesetz über das Aufspüren von Gewinnen aus schweren Straftaten (Geldwäschegesetz) vom 25. 10. 1993, BGBl. I 1770, letztes ÄndG vom 4. 5. 1998, BGBl. I 845
Haft	Haft, Strafrecht, Allgemeiner Teil, 8. A., 1998
Hanack-FS	Festschrift für Ernst-Walter Hanack zum 60. Geburtstag, 1989 bzw. Festschrift für Ernst-Walter Hanack zum 70. Geburtstag, 1999
HannRpfl.	Hannoversche Rechtspflege (zit. nach Jahr u. Seite)
HansRGZ	Hanseatische Rechts- und Gerichtszeitschrift (zit. nach Jahr u. Seite)
Hassemer-FS	Kritische Vierteljahresschrift für Gesetzgebung und Rechtswissenschaft, Sonderheft zum 60. Geburtstag von Winfried Hassemer, 2000
Hbs.	Halbsatz
Hdb.	Handbuch
Hdb. IR	Kröger/Gimmy, Handbuch zum Internet-Recht, 2000
Hdb.MMR	Hoeren/Sieber (Hrsg.), Handbuch Multimedia Recht, 1999 (zit. nach Abschnitt und Randnummer)
Heidelberg-FS	Richterliche Rechtsfortbildung. Festschrift der Juristischen Fakultät zur 600-Jahr-Feier der Universität Heidelberg, 1986
HeilPrG	Gesetz über die berufsmäßige Ausübung der Heilkunde ohne Bestallung (Heilpraktikergesetz) vom 17. 2. 1939, RGBl. I 251, letztes ÄndG vom 2. 3. 1974, BGBl. I 469
Heinitz-FS	Festschrift für Ernst Heinitz zum 70. Geburtstag, 1972
Helmrich-FS	Festschrift für Herbert Helmrich zum 60. Geburtstag, 1994
Henkel-FS	Grundfragen der gesamten Strafrechtswissenschaft. Festschrift für Heinrich Henkel zum 70. Geburtstag, 1974
v. Hentig-FS	Kriminologische Wegzeichen. Festschrift für Hans v. Hentig, 1967
HESt	Höchstrichterliche Entscheidungen, Sammlung von Entscheidungen der Oberlandesgerichte in Strafsachen (zit. nach Band u. Seite)
HFR	Höchstrichterliche Finanzrechtsprechung (zit. nach Jahr u. Seite)
Hg. bzw. Hrsg. bzw. hrsg.	Herausgeber bzw. herausgegeben
HGB	Handelsgesetzbuch vom 10. 5. 1897, RGBl. 219, letztes ÄndG vom 19. 12. 1998, BGBl. I 3836
hins.	hinsichtlich
Hinw.	Hinweis
v.Hippel I, II	von Hippel, Deutsches Strafrecht, Bd. I 1925, Bd. II 1930
E.Hirsch-FS	Berliner Festschrift für Ernst E. Hirsch zum 65. Geburtstag, 1968
H.-J.Hirsch-FS	Festschrift für Hans-Joachim Hirsch zum 70. Geburtstag, 1999
hL, hM	herrschende Lehre, herrschende Meinung
HLKO	Haager Abkommen betr. die Gesetze und Gebräuche des Landkriegs vom 29. 7. 1899, RGBl. 1901, 423, 482
HöchstRR	Höchstrichterliche Rechtsprechung auf dem Gebiete des Strafrechts, Beilage zur Zeitschrift für die gesamte Strafrechtswissenschaft (1 zu Bd. 46, 2 zu Bd. 47, 3 zu Bd. 48)
Honig-FS	Göttinger Festschrift für Richard M. Honig zum 80. Geburtstag, 1970
HRR	Höchstrichterliche Rechtsprechung, bis 1927: Die Rechtsprechung, Beilage zur Zeitschrift Juristische Rundschau (zit. nach Jahr u. Nummer)
Hruschka	Hruschka, Strafrecht nach logisch-analytischer Methode, 2. A., 1988
Hübner-FS	Festschrift für Heinz Hübner, 1984
HuSt	Hochverrat und Staatsgefährdung (Urteile des BGH)
HWiStR	Krekeler, Tiedemann, Ulsenheimer u. Weinmann (Hrsg.), Handwörterbuch des Wirtschafts- und Steuerstrafrecht, Loseblattsammlung, Stand November 1988 (zit. nach Verf. u. Stichwörtern)
i.allg. S.	im allgemeinen Sinn
ICD-10	International classification of diseases, deutsche Ausgabe, herausgegeben vom Deutschen Institut für Medizinische Dokumentation und Information für die Zwecke des SGB V, 10. A., 2000
idF	in der Fassung

Abkürzungen

idR	in der Regel
idS	in diesem Sinne
iE	im Ergebnis
ieS	im engeren Sinn
iglS	im gleichen Sinn
i.Grds.	im Grundsatz
IHK	Industrie- und Handelskammer
i. H. v.	in Höhe von
ILC	International Law Commission
IM	Innenminister(ium)
IMT	International Military Tribunal (Nürnberg)
inl.	inländisch
insb.	insbesondere
insges.	insgesamt
InsO	Insolvenzordnung vom 5. 10. 1994, BGBl. I 2866, letztes ÄndG vom 8. 12. 1999, BGBl. I 2384
IntBestG	Gesetz zur Bekämpfung internationaler Bestechung vom 10. 9. 1998, BGBl. II 2327 (im Anhang abgedruckt)
inzw.	inzwischen
IPBPR	Internationaler Pakt über bürgerliche und politische Rechte vom 19. 12. 1966, BGBl. 1973 II 1534
iRd	im Rahmen der/des
iRv	im Rahmen von
IStR	Internationales Strafrecht
iS	im Sinne
iSd	im Sinne der/des
iSe	im Sinne einer(s)
IStGH	ständiger Internationaler Strafgerichtshof in Den Haag
iSv	im Sinne von
i.techn. S.	im technischen Sinne
iU	im Unterschied
IuKDG	Informations- und Kommunikationsdienstegesetz vom 22. 7. 1997, BGBl. I 1870
IuR	Informatik und Recht (zit. nach Jahr u. Seite)
iVm	in Verbindung mit
iw	im wesentlichen
iwS	im weiteren Sinn
iZm	im Zusammenhang mit
JA	Juristische Arbeitsblätter (zit. nach Jahr u. Seite)
Jakobs	Jakobs, Strafrecht, Allgemeiner Teil, 2. A., 1991
Jauch-FS	Festschrift für Gerd Jauch zum 65. Geburtstag, 1990
Jescheck-FS I, II	Festschrift für Hans-Heinrich Jescheck zum 70. Geburtstag, Bd. I und II, 1985
Jescheck/Weigend	Jescheck/Weigend, Lehrbuch des Strafrechts, Allgemeiner Teil, 5. A., 1996
jew.	jeweils bzw. jeweiliger, -e, -es
JFGErg.	Entscheidungen des Kammergerichts und des Oberlandesgerichts München in Kosten-, Straf-, Miet- und Pachtschutzsachen
JGG	Jugendgerichtsgesetz idF vom 11. 12. 1974, BGBl. I 3427, letztes ÄndG vom 26. 1. 1998, BGBl. I 160. Für das Gebiet der ehem. DDR beachte zum JGG aufgrund des EV vom 31. 8. 1990 (BGBl. II 889, 957, 958) geltende Maßgaben
J/Hentschel	Jagusch/Hentschel, Straßenverkehrsrecht, 35. A., 1999
JK	Jura-Kartei
JM	Justizminister(ium)
JMBlNW	Justizministerialblatt für das Land Nordrhein-Westfalen (zit. nach Jahr u. Seite)
Joecks	Joecks, Strafgesetzbuch, Studienkommentar, 1999
JÖSchG	Gesetz zum Schutze der Jugend in der Öffentlichkeit vom 25. 2. 1985, BGBl. I 425, letztes ÄndG vom 28. 10. 1994, BGBl. I 3186
JOR	Jahrbuch für Ostrecht (zit. nach Jahr u. Seite)
J/P	Jarass/Pieroth, Grundgesetz, Kommentar, 4. A., 1997
JR	Juristische Rundschau (zit. nach Jahr u. Seite)
JRE	Jahrbuch für Recht und Ethik (zit. nach Jahr und Seite)
JurA	Juristische Analysen (zit. nach Jahr u. Seite)
Jura	Juristische Ausbildung (zit. nach Jahr u. Seite)

Abkürzungen

JurBl. bzw. JBl.	Juristische Blätter (zit. nach Jahr u. Seite)
JuS	Juristische Schulung. Zeitschrift für Studium und Ausbildung (zit. nach Jahr u. Seite)
Justiz	Die Justiz. Amtsblatt des Justizministeriums von Baden-Württemberg (zit. nach Jahr u. Seite)
JuV	Justiz und Verwaltung (zit. nach Jahr u. Seite)
JVA	Justizvollzugsanstalt
JW	Juristische Wochenschrift (zit. nach Jahr u. Seite)
JWG	Jugendwohlfahrtsgesetz idF vom 25. 4. 1977, BGBl. I 633, letztes ÄndG vom 25. 7. 1986, BGBl. I 1142. Aufgehoben mit Wirkung vom 3. 10. 1990 in den neuen bzw. 1. 1. 1991 in den alten Bundesländern. Ab diesem Zeitpunkt gilt das Kinder- und Jugendhilfegesetz, SGB VIII idF vom 8. 12. 1998, BGBl. I 3546
JZ	Juristenzeitung (zit. nach Jahr u. Seite)
JZ-GD	Juristenzeitung – Gesetzgebungsdienst (zit. nach Jahr u. Seite)
Kaiser-FS I,II	Internationale Perspektiven in Kriminologie und Strafrecht, Festschrift für Günther Kaiser zum 70. Geburtstag, Bd. I und II, 1998
Kaiser Krim.	Kaiser, Kriminologie, 10. A., 1996
KastrG	Gesetz über die freiwillige Kastration vom 15. 8. 1969, BGBl. I 1143, letztes ÄndG vom 26. 1. 1998, BGBl. I 164
A.- Kaufmann-FS	Festschrift für Arthur Kaufmann zum 65. Geburtstag: Jenseits des Funktionalismus, 1989 bzw. Festschrift für Arthur Kaufmann zum 70. Geburtstag 1994
Armin Kaufmann-GdS	Gedächtnisschrift für Armin Kaufmann, 1989
H. Kaufmann-GdS	Gedächtnisschrift für Hilde Kaufmann, 1986
H. Kaufmann Krim.	Hilde Kaufmann, Kriminologie, 1971; Bd. III, Strafvollzug und Sozialtherapie, 1977
Kern-FS	Tübinger Festschrift für Eduard Kern, 1968
Kfz.	Kraftfahrzeug
KG	Kammergericht bzw. Kommanditgesellschaft
KGJ	Jahrbuch für Entscheidungen des Kammergerichts (zit. nach Band u. Seite)
Kindhäuser II	Kindhäuser, Strafrecht, Besonderer Teil, Bd. II, Teilband 1, 2. A., 1999
KJ bzw. KritJ	Kritische Justiz
KK	Karlsruher Kommentar zur Strafprozeßordnung, hrsg. von G. Pfeiffer, 4. A., 1999
KK-OWiG	Karlsruher Kommentar zum Gesetz über Ordnungswidrigkeiten, hrsg. von K. Boujong, 1989 bzw. 2. A., 2000
Kleinknecht-FS	Strafverfahren im Rechtsstaat, Festschrift für Theodor Kleinknecht zum 75. Geburtstag, 1985
Klug-FS	Festschrift für Ulrich Klug zum 70. Geburtstag, 2 Bände, 1983
K/Meyer-Goßner	Kleinknecht/Meyer-Goßner, 44. A., 1999
KMR	Müller/Sax/Paulus (KMR), Kommentar zur Strafprozeßordnung, Stand: 21. Aktualisierungslieferung Oktober 1999
KO	Konkursordnung idF vom 20. 5. 1898, RGBl. 612, letztes ÄndG vom 25. 8. 1998, BGBl. I 2489, aufgehoben mit Wirkung vom 1. 1. 1999 (BGBl. I 2911), ab diesem Zeitpunkt gilt die Insolvenzordnung vom 5. 10. 1994 (BGBl. I 2866), s. auch InsO
Koch-FG	Festgabe für Ludwig Koch, 1989
Köhler	Köhler, Strafrecht, Allgemeiner Teil, 1997
Köln-FS	Festschrift der Rechtswissenschaftlichen Fakultät zur 600-Jahr-Feier der Universität zu Köln, 1988
Kohlrausch-FS	Festschrift für Eduard Kohlrausch, 1944
Kohlrausch/Lange	Kohlrausch/Lange, Strafgesetzbuch, 43. A., 1961
Kohlrausch Kriminalpolitik	Kohlrausch, Kriminalpolitik und Strafrecht, in: Die Rechtsentwicklung der Jahre 1933–35/36, herausgegeben von Volkmar u. a. (1937) S. 353
KorrBG	Gesetz zur Bekämpfung der Korruption vom 13. 8. 1997, BGBl. I 2038
K&R	Kommunikation und Recht (zit. nach Jahr u. Seite)
F.-W. Krause-FS	Festschrift für Friedrich-Wilhelm Krause, 1990
H. Krause-FS	Festschrift für Hermann Krause zum 70. Geburtstag, 1975
KreditwesenG bzw. KWG	Gesetz über das Kreditwesen idF vom 9. 9. 1998, BGBl. I 2776, letztes ÄndG vom 8. 12. 1999, BGBl. I 2384

Abkürzungen

Krey I, II	Krey, Strafrecht, Besonderer Teil, Bd. 1, 11. A., 1998; Bd. 2, 12. A., 1999
KRG	Kontrollratsgesetz
KrG	Kreisgericht
KrimAbh.	Kriminalistische Abhandlungen, herausgegeben von Exner
KrimGwFr	Kriminologische Gegenwartsfragen (zit. nach Band u. Seite)
krit.	kritisch
KritJ	Kritische Justiz (zit. nach Jahr u. Seite)
KritV	Kritische Vierteljahresschrift für Gesetzgebung und Rechtsprechung (zit. nach Jahr u. Seite)
KrW-/AbfG	Gesetz zur Förderung der Kreislaufwirtschaft und Sicherung der umweltverträglichen Beseitigung von Abfällen (Kreislaufwirtschafts- und Abfallgesetz) vom 27. 9. 1994, BGBl. I 2705, letztes ÄndG vom 25. 8. 1998, BGBl. I 2455
Küchenhoff-GdS	Gedächtnisschrift für Günther Küchenhoff, 1987
Kühl	Kühl, Strafrecht – Allgemeiner Teil, 2. A., 1997 bzw. 3. A., 2000
Küper bzw. Küper BT	Küper, Strafrecht, Besonderer Teil, 3. A., 1999
Küpper	Küpper, Strafrecht, Besonderer Teil 1, 1996
KUrhG	Kunsturhebergesetz vom 9. 1. 1907, RGBl. 7, letztes ÄndG vom 2. 3. 1974, BGBl. I 469
KuT	Konkurs-, Treuhand- und Schiedsgerichtswesen (zit. nach Jahr u. Seite)
K+V	Kraftfahrt u. Verkehrsrecht, Zeitschrift der Akademie für Verkehrswissenschaft, Hamburg (zit. nach Jahr u. Seite)
KWG	siehe KreditwesenG
KWKG	Gesetz über die Kontrolle von Kriegswaffen idF vom 22. 11. 1990, BGBl. I 2506, letztes ÄndG vom 8. 1. 1998, BGBl. I 59
Lackner	Lackner, Strafgesetzbuch, bis zur 20. A., 1993 bzw. Lackner/Kühl, 23. A., 1999, in der Bearbeitung von Lackner
Lackner/Kühl	Lackner/Kühl, Strafgesetzbuch, 23. A., 1999
Lackner-FS	Festschrift für Karl Lackner zum 70. Geburtstag, 1987
Lagodny	Strafrecht vor den Schranken der Grundrechte, 1996
Lange-FS	Festschrift für Richard Lange zum 70. Geburtstag, 1976
Laun-FS	Festschrift für Rudolf Laun zum 70. Geburtstag, 1953
LdR	Lexikon des Rechts, herausgegeben von Ulsamer, 2. A., 1996
Leferenz-FS	Kriminologie-Psychiatrie-Strafrecht, Festschrift für Heinz Leferenz zum 70. Geburtstag, 1983
Lenckner	Strafe, Schuld und Schuldfähigkeit, in: Göppinger/Witter, Handbuch der forensischen Psychiatrie, Band I, Teil A, 1972
Lenckner-FS	Festschrift für Theodor Lenckner zum 70. Geburtstag, 1998
LG	Landgericht
v. Liszt Aufsätze	v. Liszt, Strafrechtliche Aufsätze und Vorträge, Bd. I und Bd. II, 1905
v. Liszt/Schmidt	v. Liszt/Schmidt, Lehrbuch des deutschen Strafrechts. Im Allgemeinen Teil ist angeführt: Bd. I Allgemeiner Teil, 26. A., 1932. Im Besonderen Teil ist angeführt: 25. A., 1927
Lit.	Literatur
LK	Strafgesetzbuch, Leipziger Kommentar, herausgegeben von Jähnke, Laufhütte, Odersky, 1.–28. Lieferung der 11. A. (Einl., §§ 1–21, 25–35, 44–67, 68–72, 77–92 b, 102–122, 125–141, 174–184 c, 242–262, 263 a–266 b, 283–287, 302–314, 317–335 a), 1992–1999, im übrigen 10. A., herausgegeben von Jescheck, Ruß, Willms, 1978 – 1989
LM	Nachschlagewerk des Bundesgerichtshofs, herausgegeben von Lindenmaier/Möhring (zit. nach Paragraph u. Nummer)
LMBG	Lebensmittel- und Bedarfsgegenstandegesetz idF vom 9. 9. 1997, BGBl. I 2296, letztes ÄndG vom 25. 2. 1998, BGBl. I 374
LR	Löwe/Rosenberg, Die Strafprozeßordnung und das Gerichtsverfassungsgesetz mit Nebengesetzen, Großkommentar in fünf Bänden, 24. A., 1987–1989, hrsg. von Rieß, bearb. von Dahs, Gössel, Gollwitzer, Hanack, Hilger, Lüderssen, Rieß, G. Schäfer, K. Schäfer, Wendisch
LRA	Landratsamt
LS	Leitsatz
lt	laut
LT	Landtag

Abkürzungen

LuftVG	Luftverkehrsgesetz idF vom 27. 3. 1999, BGBl. I 550
LZ	Leipziger Zeitschrift (zit. nach Jahr u. Seite)
m.	mit
Madrid-Symposium	Bausteine des europäischen Wirtschaftsstrafrechts, Madrid-Symposium für Klaus Tiedemann, 1994, siehe auch Tiedemann-FS
Mahrenholz-FS	Festschrift für Ernst Gottfried Mahrenholz zum 65. Geburtstag, 1994
Maihofer-FS	Rechtsstaat und Menschenwürde. Festschrift für Werner Maihofer zum 70. Geburtstag, 1988
Mallmann-FS	Festschrift für Walter Mallmann zum 70. Geburtstag, 1978
v. Mangoldt/Klein	v. Mangoldt/Klein, Das Bonner Grundgesetz, Kommentar, 2. A.: Bd. I 1957, II 1964, III 1974; 4. A.: Bd. I 1999, bearb. v. Starck
m. Anm.	mit Anmerkung
Mat.	Materialien zur Strafrechtsreform (1954). Band I: Gutachten der Strafrechtslehrer. Band II: Rechtsvergleichende Arbeiten (Allg. Teil). Band II BT: Rechtsvergleichende Arbeiten (Bes. Teil)
Mattern-Raisch	Mattern-Raisch, Atomgesetz, Kommentar, 1961
Maurach AT	Maurach, Deutsches Strafrecht, Allgemeiner Teil, 4. A., 1971
Maurach BT	Maurach, Deutsches Strafrecht, Besonderer Teil, 5. A., 1969 mit Nachtrag 1970 und 1971
MDStV	Staatsvertrag über Mediendienste vom 20. 1.–12. 2. 1997 (u. a. GBl. für Baden-Württemberg 181)
M-Gössel II bzw. M-Zipf II	Maurach/Gössel/Zipf, Strafrecht, Allgemeiner Teil, Teilband 2, 7. A., 1989
M-Maiwald I bzw. II	Maurach/Schroeder/Maiwald, Strafrecht, Besonderer Teil, Teilband 1, 8. A., 1995, Teilband 2, 8. A., 1999
M-Schroeder I bzw. II	Maurach/Schroeder, Strafrecht, Besonderer Teil, Teilband 1, 8. A., 1995, Teilband 2, 8. A., 1999
M-Zipf I	Maurach/Zipf, Strafrecht, Allgemeiner Teil, Teilband 1, 8. A., 1992
Maurach-FS	Festschrift für Reinhart Maurach zum 70. Geburtstag, 1972
maW	mit anderen Worten
H. Mayer	H. Mayer, Das Strafrecht des deutschen Volkes, 1936
H. Mayer AT	H. Mayer, Strafrecht, Allgemeiner Teil, 1953
H. Mayer-FS.	Beiträge zur gesamten Strafrechtswissenschaft, Festschrift für Hellmuth Mayer, 1966
H. Mayer StuB.	H. Mayer, Strafrecht, Allgemeiner Teil (Studienbuch), 1967
m. Bespr.	mit Besprechung
MdB, MdL	Mitglied des Bundestages bzw. Landtages
MD-Bearbeiter	Maunz/Dürig/Herzog/Scholz, Grundgesetz, Kommentar, Stand Oktober 1999, Loseblattsammlung
MDR	Monatsschrift für deutsches Recht (zit. nach Jahr u. Seite)
MDR/D	b. Dallinger in MDR
MDR/H	b. Holtz in MDR
MDR/He	b. Herlan in MDR
MDR/S	b. Schmidt in MDR
MedR	Medizinrecht (zit. nach Jahr u. Seite)
Merz-FS	Festschrift für Franz Merz zum 65. Geburtstag, 1992
Meyer-GdS	Gedächtnisschrift für Karlheinz Meyer, 1990
Mezger	Mezger, Strafrecht. Ein Lehrbuch, 3. A., 1949
Mezger-FS	Festschrift für Edmund Mezger zum 70. Geburtstag, 1954
Mezger Krim.	Mezger, Kriminologie. Ein Studienbuch, 1951
Mezger, Moderne Wege	Mezger, Moderne Wege der Strafrechtsdogmatik, 1950
MG-Autor	Müller-Gugenberger/Bieneck (Herausgeber), Wirtschaftsstrafrecht, 3. A., 2000
Middendorf-FS	Festschrift für Wolf Middendorf zum 70. Geburtstag, 1986
MiStra	Anordnung über Mitteilungen in Strafsachen idF vom 15. 3. 1985, BAnz 3053
mißverst.	mißverständlich
Mitsch I	Mitsch, Strafrecht, Besonderer Teil, Teilband 1, 1998
Miyazawa-FS	Festschrift für Koichi Miyazawa, 1995
MMW	Münchner Medizinische Wochenschrift (zit. nach Jahr u. Seite)
MonKrimBiol.	Monatsschrift für Kriminalbiologie und Strafrechtsreform (zit. nach Jahr u. Seite)
MonKrimPsych.	Monatsschrift für Kriminalpsychologie und Strafrechtsreform (zit. nach Jahr u. Seite)

Abkürzungen

MRK	Europäische Konvention zum Schutz der Menschenrechte und Grundfreiheiten vom 4. 11. 1950, beachte hierzu Gesetz über die Konvention zum Schutz der Menschenrechte und Grundfreiheiten vom 7. 8. 1952, BGBl. II 685, 953
MSchrKrim.	Monatsschrift für Kriminologie und Strafrechtsreform (zit. nach Jahr u. Seite)
Mühlhaus/Janiszewski	Mühlhaus/Janiszewski, Straßenverkehrsordnung, 15. A., 1998
Müller	Müller, Straßenverkehrsrecht, 22. A., Bd. I 1969 m. Nachtrag 1969, Bd. II 1969, Bd. III 1973
Müller-Dietz-FG	Das Recht und die schönen Künste. Festgabe für Heinz Müller-Dietz zum 65. Geburtstag, 1998
mwN	mit weiteren Nachweisen
Nachw.	Nachweis
Narr-FS	Arzt und Kassenrecht im Wandel. Festschrift für Helmut Narr, 1988
Nawiasky-FS	Festschrift für Hans Nawiasky zum 75. Geburtstag, 1956
NdsRpfl.	Niedersächsische Rechtspflege (zit. nach Jahr u. Seite)
NEhelG	Gesetz über die Rechtsstellung der nichtehelichen Kinder vom 19. 8. 1969, BGBl. I 1243, letztes ÄndG vom 6. 4. 1998, BGBl. I 666
nF	neue Fassung
Niederschr.	Niederschriften über die Sitzungen der Großen Strafrechtskommission
Niethammer	Niethammer, Lehrbuch des Besonderen Teils des Strafrechts, 1950
Nishihara-FS	Festschrift für Haruo Nishihara zum 70. Geburtstag, 1998
NJ	Neue Justiz (zit. nach Jahr u. Seite)
NJW	Neue Juristische Wochenschrift (zit. nach Jahr u. Seite)
NJW-RR	NJW-Rechtsprechungs-Report Zivilrecht (zit. nach Jahr u. Seite)
NK-Bearbeiter	Nomos Kommentar zum Strafgesetzbuch, Bd. 1, Allgemeiner Teil, Bd. 2, Besonderer Teil, 1995, Stand: März 2000
NKrimP	Neue Kriminalpolitik (zit. nach Jahr u. Seite)
Noll-GedS	Gedächtnisschrift für Peter Noll, 1984
NStE	Neue Entscheidungssammlung für Strafrecht, hrsg. von Rebmann, Dahs und Miebach
NStZ	Neue Zeitschrift für Strafrecht (zit. nach Jahr u. Seite)
NStZ/D	b. Detter in NStZ
NStZ/E	b. Eser in NStZ
NStZ/G	b. Göhler in NStZ
NStZ/J	b. Janiszewski in NStZ
NStZ/K	b. Körner in NStZ
NStZ/M	b. Mösl in NStZ
NStZ/Mie	b. Miebach in NStZ
NStZ/Mü	b. Müller in NStZ
NStZ-RR	NStZ-Rechtsprechungs-Report
NStZ-RR/Ja	b. Janssen in NStZ-RR
NStZ-RR/P	b. Pfister in NStZ-RR
NStZ/S	b. Schoreit in NStZ
NStZ/T	b. Theune in NStZ
NTS	Nato-Truppenstatut vom 19. 6. 1951, BGBl. 1961 II 1190
NuR	Natur und Recht (zit. nach Jahr u. Seite)
NVwZ	Neue Zeitschrift für Verwaltungsrecht (zit. nach Jahr u. Seite)
NZA	Neue Zeitschrift f. Arbeits- und Sozialrecht (zit. nach Jahr u. Seite)
NZG	Neue Zeitschrift für Gesellschaftsrecht (zit. nach Jahr u. Seite)
NZS	Neue Zeitschrift für Sozialrecht (zit. nach Jahr u. Seite)
NZV	Neue Zeitschrift für Verkehrsrecht (zit. nach Jahr u. Seite)
NZWehrR	Neue Zeitschrift für Wehrrecht (zit. nach Jahr u. Seite)
o.	oben
ob. dict.	obiter dictum
OBGer	Obergericht (Schweizer Kantone)
Odersky-FS	Festschrift für Walter Odersky zum 75. Geburtstag, 1996
öffentl.	öffentlich
Oehler-FS	Festschrift für Dietrich Oehler zum 70. Geburtstag, 1985
ÖJZ	Österreichische Juristenzeitung (zit. nach Jahr u. Seite)
Öst OGH	Österreichischer Oberster Gerichtshof; ohne Zusatz: Entscheidung des Öst OGH in Strafsachen (zit. nach Band u. Seite)
og	oben genannt

Abkürzungen

OG	Oberstes Gericht der Deutschen Demokratischen Republik; ohne Zusatz: Entscheidungen des Obersten Gerichts der Deutschen Demokratischen Republik in Strafsachen (zit. nach Band u. Seite)
OGH	Deutscher Oberster Gerichtshof für die britische Zone; ohne Zusatz: Entscheidungen des Obersten Gerichtshofes für die Britische Zone in Strafsachen (zit. nach Band u. Seite)
OHG	Offene Handelsgesellschaft
OLG	Oberlandesgericht
OLG Celle-FS	Festschrift für das Oberlandesgericht Celle, 1961
OLGSt	Entscheidungen der Oberlandesgerichte zum Straf- u. Strafverfahrensrecht (zit. nach Paragraph u. Seite, nF nach Paragraph u. Nummer)
Olshausen	Olshausen, Kommentar zum Strafgesetzbuch, 12. A., bearbeitet von Freiesleben, Hörchner, Kirchner, Niethammer, 1942 ff. (angeführt bis § 246); ab § 247 ist angeführt: 11. A., bearbeitet von Lorenz, Freiesleben, Niethammer, Kirchner, Gutjahr, 1927
Olshausen Nachtrag	Strafgesetzbuch für das Deutsche Reich in der seit dem 1. September 1935 gültigen Fassung. Bearbeitet von Freiesleben, Kirchner, Niethammer, 1936
OrgK	Organisierte Kriminalität
OrgKG	Gesetz zur Bekämpfung des illegalen Rauschgifthandels und anderer Erscheinungsformen der Organisierten Kriminalität vom 15. 7. 1992, BGBl. I 1302
Ostendorf	Ostendorf, Jugendgerichtsgesetz, 4. A., 1997
Otto I, II	Otto, Grundkurs Strafrecht, Bd. I, Allg. Strafrechtslehre, 5. A., 1996; Bd. II, Die einzelnen Delikte, 5. A., 1998
OVG	Oberverwaltungsgericht
OWiG	Gesetz über Ordnungswidrigkeiten idF vom 19. 2. 1987, BGBl. I 602, letztes ÄndG vom 25. 8. 1998, BGBl. I 2432. Für das Gebiet der ehem. DDR beachte zum OWiG aufgrund des EV vom 31. 8. 1990 (BGBl. II 889, 958) geltende Maßgaben
Palandt	Palandt, Bürgerliches Gesetzbuch, Kommentar, 59. A., 2000
Pallin-FS	Festschrift für Franz Pallin zum 80. Geburtstag, 1989
ParteiG	Gesetz über die politischen Parteien (PartG) idF vom 31. 1. 1994, BGBl. I 149, letztes ÄndG vom 17. 2. 1999, BGBl. I 146
PartGG	Partnerschaftsgesellschaftsgesetz vom 25. 7. 1994, BGBl. I 1744, letztes ÄndG vom 22. 7. 1998, BGBl. I 1878
PatG	Patentgesetz vom 16. 12. 1980, BGBl. 1981 I 1, letztes ÄndG vom 22. 12. 1999, BGBl. I 2598
Peters-FS	Einheit und Vielfalt des Strafrechts. Festschrift für Karl Peters zum 70. Geburtstag, 1974
Pfeiffer-FS	Strafrecht, Unternehmensrecht, Anwaltsrecht. Festschrift für Gerd Pfeiffer, 1988
PflanzenSchG	Gesetz zum Schutz der Kulturpflanzen (Pflanzenschutzgesetz) idF vom 14. 5. 1998, BGBl. I 971
Platzgummer-FS	Festschrift für Winfried Platzgummer zum 65. Geburtstag, 1995
PolG	Polizeigesetz
polit.	politisch
PolVO	Polizeiverordnung
Ponsold Lb	Ponsold, Lehrbuch der gerichtlichen Medizin, 3. A., 1967
PostG	Postgesetz vom 22. 12. 1997, BGBl. I 3294
Preisendanz	Preisendanz, StGB, 30. A., 1978
Prot.	Protokolle über die Sitzungen des Sonderausschusses für die Strafrechtsreform
Pr. OT	Preußisches Obertribunal
Prot. BT-RA	Protokolle des Rechtsausschusses des Deutschen Bundestages, zitiert nach Nummern
PrOVG	Preußisches Oberverwaltungsgericht
PStG	Personenstandsgesetz idF vom 8. 8. 1957, BGBl. I 1125, letztes ÄndG vom 15. 7. 1999, BGBl. I 1618. Für das Gebiet der ehem. DDR beachte zum PStG aufgrund des EV vom 31. 8. 1990 (BGBl. II 889, 914) geltende Maßgaben
psych.	psychisch
PsychThG	Gesetz über die Berufe des psychologischen Psychotherapeuten und des Kinder- und Jugendlichenpsychotherapeuten vom 16. 6. 1998, BGBl. I 1311

Abkürzungen

qualif.	qualifizierend
R	Rechtsprechung des Reichsgerichts in Strafsachen (zit. nach Band u. Seite)
Radbruch-GedS	Gedächtnisschrift für Gustav Radbruch, 1968
RAO	Reichsabgabenordnung vom 13. 12. 1919, RGBl. 1993, idF vom 22. 5. 1931, RGBl. I 161, aufgehoben durch AO vom 16. 3. 1976, BGBl. I 613
RdA	Recht der Arbeit (zit. nach Jahr u. Seite)
RdJ	Recht der Jugend, Zeitschrift für Jugenderziehung, Jugendpflege und Jugendschutz, für Jugendfürsorge und Jugendstrafrecht (zit. nach Jahr u. Seite)
RdJB	Recht der Jugend und des Bildungswesens (zit. nach Jahr u. Seite)
RdK	Das Recht des Kraftfahrers, Unabhängige Monatsschrift des Kraftverkehrsrechts (zit. nach Jahr u. Seite)
Rdschr.	Rundschreiben
RDV	Recht der Datenverarbeitung (zit. nach Jahr u. Seite)
Rebmann-FS	Festschrift für Kurt Rebmann zum 65. Geburtstag, 1989
Rebmann/Roth/Herrmann	Rebmann/Roth/Herrmann, Kommentar zum Gesetz über Ordnungswidrigkeiten, 3. A., Stand April 1998
RechtsM	Rechtsmedizin
rechtspol.	rechtspolitisch
RechtsTh	Rechtstheorie (zit. nach Jahr u. Seite)
rechtsvergl.	rechtsvergleichend
Redeker-FS	Festschrift für Konrad Redeker zum 70. Geburtstag, 1993
Rehberg-FS	Strafrecht und Öffentlichkeit. Festschrift für Jörg Rehberg zum 65. Geburtstag, 1996
rel.	relativ
Rengier I, II	Rengier, Strafrecht, Besonderer Teil Bd. 1, 4. A., 2000, Bd. 2, 2. A., 1999 bzw. 3. A., 2000
RfStV	Rundfunkstaatsvertrag
RG	Reichsgericht; ohne Zusatz: Entscheidungen des Reichsgerichts in Strafsachen (zit. nach Band u. Seite)
RGBl.	Reichsgesetzblatt I = Teil I, II = Teil II
RG-FG V	Festgabe zum 50jährigen Bestehen des Reichsgerichts, Bd. V 1929
RGRK	Das Bürgerliche Gesetzbuch, Kommentar, hrsg. von Mitgliedern des Bundesgerichtshofs, 12. Aufl., 1974–1999
RGZ	Entscheidungen des Reichsgerichts in Zivilsachen (zit. nach Band u. Seite)
RHilfeG/RHG	Gesetz über die innerdeutsche Rechts- und Amtshilfe in Strafsachen vom 2. 5. 1953, BGBl. I 161; aufgehoben durch Anl. 1 Kap. III Sachgeb. C Abschn. II Nr. 5 des Einigungsvertrags vom 31. 8. 1990, BGBl. II 889, 957
RIDP	Revue internationale de droit pénal
RiStBV	Richtlinien für das Strafverfahren und das Bußgeldverfahren vom 1. 1. 1977 in der ab 1. 7. 1998 bundeseinheitlich geltenden Fassung
Rittler-FS	Festschrift für Theodor Rittler zum 80. Geburtstag, 1957
RKG	Entscheidungen des Reichskriegsgerichts (zit. nach Band u. Seite)
RKnappschG	Reichsknappschaftsgesetz vom 1. 7. 1926, RGBl. I 369, letztes ÄndG vom 22. 12. 1999, BGBl. I 2534
RMG	Entscheidungen des Reichsmilitärgerichts (zit. nach Band u. Seite)
RN	Randnote
RöntgVO	Röntgenverordnung vom 8. 1. 1987, BGBl. I 114, letzte ÄndVO vom 25. 7. 1996, BGBl. I 1172
Rotberg	Rotberg, Gesetz über Ordnungswidrigkeiten, neu bearbeitet von Kleinewefers/Boujong/Wilts, 5. A., 1975
ROW	Recht in Ost und West. Zeitschrift für Rechtsvergleichung und interzonale Rechtsprobleme (zit. nach Jahr u. Seite)
Roxin I	Roxin, Strafrecht Allgemeiner Teil, Band I, 3. A., 1997
Roxin TuT	Roxin, Täterschaft und Tatherrschaft, 7. A., 2000
Rpfleger	Der Deutsche Rechtspfleger (zit. nach Jahr u. Seite)
Rspr.	Rechtsprechung
RuP	Recht und Politik. Vierteljahreshefte für Rechts- und Verwaltungspolitik (zit. nach Jahr u. Seite)
RVO	Reichsversicherungsordnung idF vom 15. 12. 1924, RGBl. I 779, letztes ÄndG vom 22. 12. 1999, BGBl. I 2626

Abkürzungen

s.	siehe
S.	Seite oder Satz
s.a.	siehe auch
SA	Sonderausschuß für die Strafrechtsreform
SaarRZ	Saarländische Rechts- und Steuerzeitschrift (zit. nach Jahr u. Seite)
Sack	Sack, Umweltschutz-Strafrecht, Stand Oktober 1999, Loseblattsammlung
Salger-FS	Festschrift für Hanskarl Salger zum Abschied aus dem Amt als Vizepräsident des Bundesgerichtshofes, 1995
Sarstedt-FS	Festschrift für Werner Sarstedt zum 70. Geburtstag, 1981
Sauer AT	Sauer, Allgemeine Strafrechtslehre, 3. A., 1955
Sauer BT	Sauer, System des Strafrechts, Besonderer Teil, 1954
Sauer-FS	Festschrift für Wilhelm Sauer zu seinem 70. Geburtstag, 1949
Schäfer-Dohnanyi	E. Schäfer, von Dohnanyi, Die Strafgesetzgebung der Jahre 1931–35. Nachtrag zu Frank, Das Strafgesetzbuch für das Deutsche Reich, 1936
Schäfer – FS	Festschrift für Karl Schäfer zum 80. Geburtstag, 1980
Schaffstein-FS	Festschrift für Friedrich Schaffstein zum 70. Geburtstag, 1975
Schewe-FS	Medizinrecht – Psychopathologie – Rechtsmedizin. Festschrift für Günther Schewe, 1991
SchG	Scheckgesetz vom 14. 8. 1933, RGBl. I 597, letztes ÄndG vom 17. 5. 1985, BGBl. I 1507
SchKG	Gesetz zur Vermeidung und Bewältigung von Schwangerschaftskonflikten (Schwangerschaftskonfliktgesetz) vom 27. 7. 1992, BGBl. I 1398, III 404
SchlHA	Schleswig-Holsteinische Anzeigen (zit. nach Jahr u. Seite)
SchlHA/E-J	b. Ernesti-Jürgensen in SchlHA
SchlHA/E-L	b. Ernesti-Lorenzen in SchlHA
SchlHA/L	b. Lorenzen in SchlHA
SchlHA/L-G	b. Lorenzen/Görl in SchlHA
SchlHA/L-T	b. Lorenzen/Thamm in SchlHA
Schlüchter-FS	Freiheit und Verantwortung in schwieriger Zeit. Kritische Studien aus vorwiegend straf(prozeß)rechtlicher Sicht zum 60. Geburtstag von Ellen Schlüchter, 1998
Schmid-FS	Recht, Justiz, Kritik. Festschrift für Richard Schmid zum 85. Geburtstag, 1985
Schmidhäuser	Schmidhäuser, Strafrecht, Allgemeiner Teil, Lehrbuch, 2. A., 1975
Schmidhäuser I, II	Schmidhäuser, Strafrecht, Allgemeiner Teil, Studienbuch, 2. A., 1984; Besonderer Teil, Studienbuch, 2. A., 1983
Eb. Schmidt-FS	Festschrift für Eb. Schmidt zum 70. Geburtstag, 1961
Eb. Schmidt, StPO	Eb. Schmidt, Lehrkommentar zur StPO, Teil I, 2. A., 1964, Teil II 1957 mit Nachträgen und Ergänzungen 1967 und Nachtragsband II 1970, Teil III 1960
R. Schmidt-FG	Festgabe für Richard Schmidt zu seinem 70. Geburtstag, Bd. I 1932
Schmidt-Leichner-FS	Festschrift für E. Schmidt-Leichner zum 65. Geburtstag, 1977
Schmitt-FS	Festschrift für Rudolf Schmitt zum 70. Geburtstag, 1992
Schneider-FS	Festschrift für Hans Joachim Schneider zum 70. Geburtstag, 1998
Schölz/Lingens	Schölz/Lingens, Wehrstrafgesetz, Kommentar, 4. A., 2000
Schröder-GedS	Gedächtnisschrift für Horst Schröder, 1978
Schüler-Springorum-FS	Festschrift für Horst Schüler-Springorum zum 65. Geburtstag, 1993
Schultz-FG	Festgabe zum 65. Geburtstag von Hans Schultz, 1977
SchwangUG	(DDR-)Gesetz über die Unterbrechung der Schwangerschaft vom 9. 3. 1972 (DDR-GBl. I 89)
Schwartländer-FS	Festschrift für Johannes Schwartländer zum 70. Geburtstag, 1992
schweiz.	schweizerisch
SchwJZ	Schweizerische Juristen-Zeitung (zit. nach Jahr u. Seite)
SchwZStr.	Schweizerische Zeitschrift für Strafrecht (zit. nach Band u. Seite)
Seelig	Seelig, Lehrbuch der Kriminologie, 3. A., 1963
Sen.	Senat
Sendler-FS	Festschrift für Horst Sendler zum Abschied aus seinem Amt: Bürger – Richter – Staat, 1991
SFHÄndG	Gesetz zur Änderung des SFHG vom 21. 8. 1995, BGBl. I 1050
SFHG	Gesetz zum Schutz des vorgeburtlichen/werdenden Lebens, zur Förderung einer kinderfreundlicheren Gesellschaft, für Hilfen im Schwangerschaftskonflikt und zur Regelung des Schwangerschaftsabbruchs (Schwangeren- und Familienhilfegesetz) vom 27. 7. 1992, BGBl. I 1398

Abkürzungen

SGB I, IV, V, VIII, X, XI	I: Sozialgesetzbuch, Allg. Teil vom 11. 12. 1975, BGBl. I 3015, letztes ÄndG vom 16. 12. 1997, BGBl. I 2998. – IV: Sozialgesetzbuch, Gemeinsame Vorschriften für die Sozialversicherung vom 23. 12. 1976, BGBl. I 3845, letztes ÄndG vom 22. 12. 1999, BGBl. I 2601. – V: Sozialgesetzbuch, Gesetzliche Krankenversicherung vom 20. 12. 1988, BGBl. I 2477, letztes ÄndG vom 22. 12. 1999, BGBl. I 2657. – VIII: Sozialgesetzbuch, Kinder- und Jugendhilfe idF vom 8. 12. 1998, BGBl. I 3546. – X: Sozialgesetzbuch, Verwaltungsverfahren vom 18. 8. 1980, BGBl. I 1469, letztes ÄndG vom 6. 8. 1998, BGBl. I 2022. – XI: Soziale Pflegeversicherung vom 26. 5. 1994, BGBl. I 1014, letztes ÄndG vom 22. 12. 1999, BGBl. I 2626
SGb.	Sozialgerichtsbarkeit (zit. nach Jahr u. Seite)
SGG	Sozialgerichtsgesetz idF vom 23. 9. 1975, BGBl. I 2535, letztes ÄndG vom 22. 12. 1999, BGBl. I 2659
Simson/Geerds	Simson u. Geerds, Straftaten gegen die Person und Sittlichkeitsdelikte in rechtsvergleichender Sicht, 1969
SJZ	Süddeutsche Juristen-Zeitung (zit. nach Jahr u. Seite, ab 1947 Spalte)
SK	Systematischer Kommentar zum Strafgesetzbuch, bearbeitet von Günther, Horn, Hoyer, Rudolphi, Samson, Bd. I, Allgemeiner Teil, 7. A., Stand März 2000, Bd. II, Besonderer Teil, 6. A., Stand Oktober 1999, Loseblattsammlungen
SK-StPO	Systematischer Kommentar zur Strafprozeßordnung und zum Gerichtsverfassungsgesetz, bearbeitet von Frisch, Paeffgen, Rogall, Rudolphi, Schlüchter, Wolter, Stand Oktober 1999, Loseblattsammlungen
S/L-Autor	Schomburg/Lagodny, Internationale Rechtshilfe in Strafsachen, 3. A., 1998
sog.	sogenannt
SoldatG	Gesetz über die Rechtsstellung der Soldaten idF vom 15. 12. 1995, BGBl. I 1737, letztes ÄndG vom 29. 6. 1998, BGBl. I 1666
Sonderausschuß	Sonderausschuß des Bundestags für die Strafrechtsreform, Niederschriften zit. nach Wahlperiode und Sitzung
SozVers	Die Sozialversicherung (zit. nach Jahr u. Seite)
Spann-FS	Medizin und Recht. Festschrift für Wolfgang Spann, 1986
Spendel-FS	Festschrift für Günter Spendel zum 70. Geburtstag, 1992
spez.	speziell
SprengstoffG	Gesetz über explosionsgefährliche Stoffe idF vom 17. 4. 1986, BGBl. I 577, letztes ÄndG vom 23. 6. 1998, BGBl. I 1530
SRÜ	Gesetz zum Seerechtsübereinkommen der Vereinten Nationen vom 2. 9. 1994, BGBl. II 1798
StA	Staatsanwaltschaft
StÄG	Strafrechtsänderungsgesetz
StA-Schleswig-FS	Festschrift z. 125-jährigen Bestehen der Staatsanwaltschaft Schleswig-Holstein, 1992
StAZ	Das Standesamt (zit. nach Jahr u. Seite)
Stepán-FS	Festschrift für Jan Stepán zum 80. Geburtstag, 1994
StFG	Straffreiheitsgesetz
Stock-FS	Festschrift für Ulrich Stock zum 70. Geburtstag, 1966
StPO	Strafprozeßordnung idF vom 7. 4. 1987, BGBl. I 1074, letztes ÄndG vom 20. 12. 1999, BGBl. I 2491. Für das Gebiet der ehem. DDR beachte zur StPO aufgrund des EV vom 31. 8. 1990 (BGBl. II 889, 933) geltende Maßgaben
str.	strittig
StrAbh.	Strafrechtliche Abhandlungen
StraffreiheitsG	Gesetz über Straffreiheit vom 9. 7. 1968, BGBl. I 773, III 450–12–1 bzw. vom 20. 5. 1970, BGBl. I 509, III 450–12–2
StraFo	Strafverteidigerforum (zit. nach Jahr u. Seite)
strafr.	strafrechtlich
Stratenwerth	Stratenwerth, Strafrecht, Allgemeiner Teil, 3. A., 1981 bzw. 4. A., 2000 (zit. nach Seite bzw. Randnummer)
Stree/Wessels-FS	Festschrift für Walter Stree und Johannes Wessels zum 70. Geburtstag, 1993
StrEG	Gesetz über die Entschädigung für Strafverfolgungsmaßnahmen vom 8. 3. 1971, BGBl. I 157, letztes ÄndG vom 29. 10. 1992, BGBl. I 1814

Abkürzungen

StrlSchVO	Strahlenschutzverordnung vom 13. 10. 1976, BGBl. I 2905, BGBl. 1977 I 184, 269, letzte ÄndVO vom 18. 8. 1997, BGBl. I 2113
StrRG	Gesetz zur Reform des Strafrechts
st. Rspr.	ständige Rechtsprechung
StS	Strafsenat
StuR	Staat und Recht (zit. nach Jahr u. Seite)
StV	Strafverteidiger (zit. nach Jahr u. Seite)
StVE	Straßenverkehrsentscheidungen, hrsg. v. Cramer, Berz, Gontard, Loseblattsammlung, Stand April 2000 (zit. nach Paragraph u. Nummer)
StVG	Straßenverkehrsgesetz vom 19. 12. 1952, BGBl. I 837, letztes ÄndG vom 28. 4. 1998, BGBl. I 810. Für das Gebiet der ehem. DDR beachte zum StVG aufgrund des EV vom 31. 8. 1990 (BGBl. II 889, 1099) geltende Maßgaben
StVJ	Steuerliche Vierteljahresschrift
StVK	Strafvollstreckungskammer
StVO	Straßenverkehrsordnung vom 16. 11. 1970, BGBl. I 1565, letzte ÄndVO vom 25. 6. 1998, BGBl. I 1654. Für das Gebiet der ehem. DDR beachte zur StVO aufgrund des EV vom 31. 8. 1990 (BGBl. II 889, 1104) geltende Maßgaben
StVollstrO	Strafvollstreckungsordnung vom 15. 2. 1956, BAnz. Nr. 42, zuletzt geändert durch AV vom 20. 6. 1991, BAnz Nr. 117
StVollzÄndG	Gesetz zur Änderung des Strafvollzugsgesetzes vom 20. 12. 1984, BGBl. I 1654
StVollzG	Strafvollzugsgesetz vom 16. 3. 1976, BGBl. I 581, letztes ÄndG vom 26. 8. 1998, BGBl. I 2461
StVZO	Straßenverkehrs-Zulassungs-Ordnung idF vom 28. 9. 1988, BGBl. I 1793, zuletzt geändert durch VO vom 3. 2. 1999, BGBl. I 82. Für das Gebiet der ehem. DDR beachte aufgrund des EV vom 31. 8. 1990 (BGBl. II 889, 1100) geltende Maßgaben
s. u.	siehe unten
SubvG	Subventionsgesetz, s. Art. 2 1. WiKG vom 29. 7. 1976, BGBl. I 2037
SV	Sachverhalt
tats.	tatsächlich bzw. tatsächlicher, -e, -es
TDG	Gesetz über die Nutzung von Telediensten idF von Art. 1 IuKDG, siehe IuKDG
Tiedemann I, II	Tiedemann, Wirtschaftsstrafrecht und Wirtschaftskriminalität, Bd. 1, Allgemeiner Teil, Bd. 2, Besonderer Teil, 1976
Tiedemann – FS	Madrid-Symposium für Klaus Tiedemann, Bausteine des europäischen Wirtschaftsstrafrechts, 1994, siehe auch Madrid-Symposium
TierschutzG	Tierschutzgesetz idF vom 25. 5. 1998, BGBl. I 1105. Für das Gebiet der ehem. DDR beachte aufgrund des EV vom 31. 8. 1990 (BGBl. II 889, 1015) geltende Maßgaben
Tjong-GedS	Gedächtnisschrift für Zong Uk Tjong, 1985
TKG	Telekommunikationsgesetz vom 25. 7. 1996, BGBl. I 1120, letztes ÄndG vom 26. 8. 1998, BGBl. I 2521
TPG	Transplantationsgesetz vom 1. 12. 1997, BGBl. I 2631
Triffterer – FS	Festschrift für Otto Triffterer zum 65. Geburtstag, 1996
Tröndle	Tröndle, Strafgesetzbuch, bis zur 48. A., 1997 bzw. Tröndle/Fischer, 49. A., 1999, in der Bearbeitung von Tröndle
Tröndle/Fischer	Tröndle/Fischer, Strafgesetzbuch, 49. A., 1999
Tröndle-FS	Festschrift für Herbert Tröndle zum 70. Geburtstag, 1989
Trusen-FS	Festschrift für Winfried Trusen zum 70. Geburtstag, 1994
Tüb. FS	Tradition und Fortschritt im Recht. Festschrift zum 500 jährigen Bestehen der Tübinger Juristenfakultät, 1977
TÜ-BRD-FS	Juristische Fakultät der Universität Tübingen. 40 Jahre Bundesrepublik Deutschland 1990 (Festschrift)
TV	Truppenvertrag v. 26. 5. 1952, BGBl. II 321
u.	unten bzw. und
ua	und andere bzw. unter anderem
Übereink.	Übereinkommen
ÜbergangsAO	Übergangsanordnung

Abkürzungen

UFITA	Archiv für Urheber-, Film-, Funk- und Theaterrecht (zit. nach Jahr u. Seite)
U-Haft	Untersuchungshaft
UmwRG	Umweltrahmengesetz der DDR vom 29. 6. 1990, GBl. I Nr. 42 S. 649
UNO	Vereinte Nationen
UPR	Umwelt- und Planungsrecht (zit. nach Jahr u. Seite)
UrhG	Urheberrechtsgesetz vom 9. 9. 1965, BGBl. I 1273, letztes ÄndG vom 17. 12. 1999, BGBl. I 2448. Für das Gebiet der ehem. DDR beachte zum UrhG aufgrund des EV vom 31. 8. 1990 (BGBl. II 889, 963) geltende Maßgaben
UStG	Umsatzsteuergesetz idF vom 27. 4. 1993, BGBl. I 565, letztes ÄndG vom 24. 3. 1999, BGBl. I 402
usw.	und so weiter
UTR	Umwelt- und Technikrecht, Schriftenreihe des Instituts für Umwelt- und Technikrecht der Universität Trier, hrsg. von Rüdiger Breuer u. a.
uU	unter Umständen
UVNVAG	Ausführungsgesetz zum Nuklearversuchsverbotsvertrag vom 23. 7. 1998, BGBl. I 1882
UWG	Gesetz gegen den unlauteren Wettbewerb vom 7. 6. 1909, RGBl. 499, letztes ÄndG vom 17. 12. 1999, BGBl. I 2448
UzwG	Gesetz über den unmittelbaren Zwang bei Ausübung öffentlicher Gewalt durch Vollzugsbeamte des Bundes vom 10. 3. 1961, BGBl. I 165; letztes ÄndG vom 22. 6. 1998, BGBl. I 1485
UZwGBw.	Gesetz über die Anwendung unmittelbaren Zwanges und die Ausübung besonderer Befugnisse durch Soldaten der Bundeswehr und zivile Wachpersonen vom 12. 8. 1965, BGBl. I 796, letztes ÄndG vom 2. 3. 1974, BGBl. I 469
v.	von, vom
VAE	Verkehrsrechtliche Abhandlungen und Entscheidungen
VAG	Versicherungsaufsichtsgesetz idF vom 17. 12. 1992, BGBl. I 93, letztes ÄndG. 22. 12. 1999, BGBl. I 2626
VBlBW	Verwaltungsblätter für Baden-Württemberg (zit. nach Jahr u. Seite)
VDA bzw. VDB	Vergleichende Darstellung des deutschen und ausländischen Strafrechts, Allgemeiner bzw. Besonderer Teil
VE	Vorentwurf
VereinsG	Vereinsgesetz vom 5. 8. 1964, BGBl. I 593, letztes ÄndG vom 16. 1. 1998, BGBl. I 164
VerglO	Vergleichsordnung vom 26. 2. 1935, RGBl. I 321, aufgehoben mit Wirkung vom 1. 1. 1999 durch Art. 2 Nr. 1 EGInsO vom 5. 10. 1994, BGBl. I 2911
VerjährG	Gesetz über das Ruhen der Verjährung bei SED-Unrechtstaten vom 26. 3. 1993, BGBl. I 1657
2. VerjährG.	Gesetz zur Verlängerung strafrechtlicher Verjährungsfristen vom 27. 9. 1993, BGBl. I 1657
VerkProspektG	Gesetz über Wertpapier – Verkaufsprospekte und zur Änderung von Vorschriften über Wertpapiere vom 13. 12. 1990, BGBl. I 2749
vermitt.	vermittelnd
VerschG	Verschollenheitsgesetz vom 15. 1. 1951, BGBl. I63, letztes ÄndG vom 16. 12. 1997, BGBl. I 2942. Für das Gebiet der ehem. DDR beachte aufgrund des EV vom 31. 8. 1990 (BGBl. II 889) geltende Maßgaben
VersG	Gesetz über Versammlungen und Aufzüge (Versammlungsgesetz) idF vom 15. 11. 1978, BGBl. I 1789, letztes ÄndG vom 11. 8. 1999, BGBl. I 1818
VersR	Versicherungsrecht, Juristische Rundschau für die Individualversicherung (zit. nach Jahr u. Seite)
VerwArch	Verwaltungsarchiv
VGH	Verwaltungsgerichtshof
vgl.	vergleiche
VGS	Vereinigte Große Senate
VM	Verkehrsrechtliche Mitteilungen (zit. nach Jahr u. Seite)
VO	Verordnung
VOBlBrZ	Verordnungsblatt für die britische Zone

Abkürzungen

VOR	Zeitschrift für Verkehrs- und Ordnungswidrigkeitenrecht (zit. nach Jahr u. Seite)
vorangeh.	vorangehend
Vorbem.	Vorbemerkung
vorgen.	vorgenannt
VRS	Verkehrsrechts-Sammlung, Entscheidungen aus allen Gebieten des Verkehrsrechts (zit. nach Band u. Seite)
VVDStRL	Veröffentlichungen der Vereinigung deutscher Staatsrechtslehrer (zit. nach Heft u. Seite)
VVG	Gesetz über den Versicherungsvertrag vom 30. 5. 1908, RGBl. 263, letztes ÄndG vom 5. 10. 1994, BGBl. I 2911
VwGO	Verwaltungsgerichtsordnung idF vom 19. 3. 1991, BGBl. I 686, letztes ÄndG vom 31. 8. 1998, BGBl. I 2600
VwVfG	Verwaltungsverfahrensgesetz idF vom 21. 9. 1998, BGBl. I 3050. Beachte für das Gebiet der ehem. DDR zum VwVfG die aufgrund des EV vom 31. 8. 1990 (BGBl. II 889, 914) geltenden Maßgaben
WaffenG	Waffengesetz idF vom 8. 3. 1976, BGBl. I 432, letztes ÄndG vom 21. 11. 1996, BGBl. I 1779
R. Walter-FS.	Festschrift für Robert Walter zum 60. Geburtstag, Wien 1991
WarnRspr	Sammlung zivilrechtlicher Entscheidungen des RG, hrsg. von Warneyer (zit. nach Jahr u. Nummer)
Wassermann-FS	Festschrift für Rudolf Wassermann zum 60. Geburtstag, 1985
W-Beulke	Wessels/Beulke, Strafrecht, Allgemeiner Teil, 29. A., 1999
W-Hettinger	Wessels/Hettinger, Strafrecht, Bes. Teil, Teil 1, 23. A., 1999 bzw. 24. A., 2000
W-Hillenkamp	Wessels/Hillenkamp, Strafrecht, Bes. Teil, Teil 2, 22. A., 1999
WDO	Wehrdisziplinarordnung idF vom 4. 9. 1972, BGBl. I 1665, letztes ÄndG vom 21. 11. 1997, BGBl. I 2742
v. Weber-FS	Festschrift für Hellmuth von Weber zum 70. Geburtstag, 1963
WehrpflG	Wehrpflichtgesetz idF vom 15. 12. 1995 BGBl. I 1756, letztes ÄndG vom 25. 3. 1997, BGBl. I 726
Weißauer-FS	Ärztliches Handeln. Festschrift für Walther Weißauer zum 65. Geburtstag, 1986
weitergeh.	weitergehend
Welzel	Welzel, Das Deutsche Strafrecht, 11. A., 1969
Welzel-FS	Festschrift für Hans Welzel zum 70. Geburtstag, 1974
Welzel, Neues Bild	Welzel, Das neue Bild des Strafrechtssystems, 4. A., 1961
WHG	Gesetz zur Ordnung des Wasserhaushalts (Wasserhaushaltsgesetz) idF vom 12. 11. 1996, BGBl. I 1695, letztes ÄndG vom 25. 8. 1998, BGBl. I 2455
WiB	Wirtschaftsrechtliche Beratung (zit. nach Jahr u. Seite)
1. WiKG	1. Gesetz zur Bekämpfung der Wirtschaftskriminalität vom 29. 7. 1976, BGBl. I 2034
2. WiKG	2. Gesetz zur Bekämpfung der Wirtschaftskriminalität vom 15. 5. 1986, BGBl. I 721
WiStG	Gesetz zur weiteren Vereinfachung des Wirtschaftsstrafrechts (Wirtschaftsstrafgesetz 1954) idF vom 3. 6. 1975, BGBl. I 1313, letztes ÄndG vom 21. 7. 1993, BGBl. I 1257
wistra	Zeitschrift für Wirtschaft, Steuer, Strafrecht (zit. nach Jahr u. Seite)
WJ-Autor	Wabnitz/Janovsky (Hrsg.), Handbuch des Wirtschafts- und Steuerstrafrechts, 2000
WK	Wiener Kommentar zum (österreichischen) Strafgesetzbuch, hrsg. von Foregger und Nowakowski, 1979 ff.
WM	Wertpapier-Mitteilungen (zit. nach Jahr u. Seite)
E. Wolf-FS	Festschrift für Erik Wolf zum 70. Geburtstag, 1972
E. A. Wolff-FS	Festschrift für E. A. Wolff zum 70. Geburtstag, 1998
WoM	Wohnungswirtschaft und Mietrecht (zit. nach Jahr u. Seite)
WPg	Die Wirtschaftsprüfung (zit. nach Jahr u. Seite)
WpHG	Gesetz über Wertpapierhandel idF vom 9. 9. 1998, BGBl. I 2708
WRP	Wettbewerb in Recht und Praxis (zit. nach Jahr u. Seite)
WStG	Wehrstrafgesetz idF vom 24. 5. 1974, BGBl. I 1213, letztes ÄndG vom 26. 1. 1998, BGBl. I 164
Würtenberger-FS	Kultur, Kriminalität, Strafrecht. Festschrift für Thomas Würtenberger zum 70. Geburtstag, 1977
WuV	Wirtschaft und Verwaltung (zit. nach Jahr u. Seite)

Abkürzungen

WV	Verfassung des Deutschen Reichs (sog. „Weimarer Verfassung") vom 11. 8. 1919, RGBl. 1383
WZG	Warenzeichengesetz idF vom 2. 1. 1968, BGBl. I 29, letztes ÄndG vom 25. 10. 1994, BGBl. I 3082, aufgehoben durch Art. 48 Gesetz zur Reform des Markenrechts und zur Umsetzung der ersten Richtlinie 89/104/EWG des Rates vom 21. 12. 1988 zur Angleichung der Rechtsvorschriften der Mitgliedstaaten über die Marken vom 25. 10. 1994, BGBl. I 3082
z.	zur, zum
(Z)	Entscheidung in Zivilsachen
ZAkDR	Zeitschrift der Akademie für deutsches Recht (zit. nach Jahr u. Seite)
ZaöRV	Zeitschrift für ausländisches öffentliches Recht und Völkerrecht (zit. nach Jahr u. Seite)
zB	zum Beispiel
ZBernJV	Zeitschrift des Bernischen Juristenvereins
ZDG	Gesetz über den Zivildienst der Kriegsdienstverweigerer (Zivildienstgesetz) idF vom 28. 9. 1994, BGBl. I 2811, letztes ÄndG vom 22. 12. 1999, BGBl. I 2534
ZfBR	Zeitschrift für deutsches und internationales Baurecht
ZfJ	Zentralblatt für Jugendrecht (zit. nach Jahr u. Seite)
ZfRV	Zeitschrift für Rechtsvergleichung (zit. nach Jahr u. Seite)
ZfS	Zeitschrift für Schadensrecht (zit. nach Jahr u. Seite)
ZfW	Zeitschrift für Wasserrecht (zit. nach Jahr u. Seite)
ZGR	Zeitschrift für Unternehmens- und Gesellschaftsrecht (zit. nach Jahr u. Seite)
ZHR	Zeitschrift für das gesamte Handelsrecht (zit. nach Jahr u. Seite)
Zif.	Ziffer
ZIP	Zeitschrift für Wirtschaftsrecht und Insolvenzpraxis (zit. nach Jahr u. Seite)
Zipf – GS	Gedächtnisschrift für Heinz Zipf, 1999
ZMR	Zeitschrift für Miet- und Raumrecht (zit. nach Jahr u. Seite)
ZollG	Zollgesetz idF vom 18. 5. 1970, BGBl. I 529, letztes ÄndG vom 21. 12. 1992, BGBl. I 2125
ZPO	Zivilprozeßordnung idF vom 12. 9. 1950, BGBl. I 533, letztes ÄndG vom 17. 12. 1999, BGBl. I 1026
ZRP	Zeitschrift für Rechtspolitik (zit. nach Jahr u. Seite)
ZSchwR	Zeitschrift für Schweizerisches Recht (zit. nach Jahr u. Seite)
ZStW	Zeitschrift für die gesamte Strafrechtswissenschaft (zit. nach Band u. Seite)
zT	zum Teil
ZUM	Zeitschrift für Urheber- und Medienrecht/Film und Recht (zit. nach Jahr u. Seite)
zusf.	zusammenfassend
zust.	zustimmend
ZustG	Zustimmungsgesetz
zutr.	zutreffend
ZVG	Gesetz über die Zwangsversteigerung und die Zwangsverwaltung idF vom 24. 3. 1897, RGBl. 713, letztes ÄndG vom 18. 2. 1998, BGBl. I 866. Für das Gebiet der ehem. DDR beachte zum ZVG aufgrund des EV vom 31. 8. 1990 (BGBl. II 889, 934) geltende Maßgaben
zw	zweifelhaft bzw. zweifelnd
zZ	zur Zeit
ZZP	Zeitschrift für Zivilprozeß (zit. nach Band u. Seite)

Einführung

I. Mit der am 1. 1. 1975 in Kraft getretenen **Neufassung** des StGB hat die deutsche Strafrechtsreform einen ersten Abschluß gefunden. Durch einen neuen Allgemeinen Teil (AT) aufgrund des 1. und 2. Strafrechtsreformgesetzes von 1969 (u. 5 ff.) und durch zahlreiche Änderungen im Besonderen Teil (BT) aufgrund des EGStGB von 1974 (u. 9.) haben sich Inhalt und Form des ursprünglichen **Strafgesetzbuches für das Deutsche Reich** vom 15. 5. 1871 (zu dessen Quellen Schubert GA 82, 191) in einem Ausmaß gewandelt wie nie zuvor in seiner nun mehr als hundertjährigen Geschichte. Auch die vor allem den BT betreffenden Modifizierungen durch das 6. StrafrechtsreformG von 1998 (vgl. u. 14) sind nach Umfang und Auswirkung schwerlich mit den Umgestaltungen durch die beiden ersten Strafrechtsreformgesetze zu vergleichen. Um das Ausmaß dieses Wandels erfassen zu können, ist vorauszuschicken, daß das RStGB in seiner auf das Preußische StGB von 1851 zurückgehenden Urfassung noch maßgeblich vom Vergeltungsdenken des deutschen Idealismus beherrscht war und mehr eine vorangehende Entwicklung abschloß, als eine zukunftsweisende zu eröffnen; daher war das StGB – jedenfalls in kriminalpolitischer Hinsicht – im Grunde „bereits bei seiner Geburt veraltet". Doch trotz dieser Feststellung Franz v. Liszts, der mit seinem spezialpräventiv orientierten „Marburger Programm" von 1882 vor allem für eine Reform des strafrechtlichen Sanktionssystems wegweisende Impulse gegeben hatte, ließen die ersten größeren Änderungen des StGB noch bis zum JGG von 1923 und der Geldstrafengesetzgebung von 1924 auf sich warten. Auch die schon seit längerem geforderte Zweispurigkeit von Strafen und Maßregeln fand erst Ende 1933 – wenngleich aufgrund entsprechender Vorarbeiten in der Weimarer Zeit – gesetzliche Verwirklichung. Immerhin waren aber dann bereits bis zum EGOWiG von 1968, mit dem die erste Reformphase im wesentlichen eingeleitet wurde, bereits mehr als 70 **Novellierungen** zu verzeichnen, durch die das Gesicht des StGB mehr oder weniger stark verändert wurde (vgl. im einzelnen Eb. Schmidt, Geschichte der deutschen Strafrechtspflege[3] (1965) 343 ff., Eser Maihofer-FS 111 ff., Jescheck LK Einl. 44 ff., Roxin I 70 ff.). Eine sowohl chronologisch als auch nach Paragraphen geordnete Tabelle aller Änderungen des StGB findet sich bei Tröndle/Fischer LXIII–LXXVII (bis zur Neubekanntmachung v. 13. 11. 1998; zu den nachfolgenden Änderungen vgl. u. 14).

Soweit es sich bis zu den ab der 60er Jahre einsetzenden Reformphasen (u. 3 ff.) um die Einführung *neuer Tatbestände* handelte, war das meist auf aktuelle Ereignisse (so etwa beim Vorgänger des jetzigen § 30, ferner §§ 181, 239 a, 353 a) oder auf neuartige soziale Schutzbedürfnisse (zB bei den Wuchertatbeständen der §§ 302 a ff.) zurückzuführen. Soweit *Änderungen* von der NS-Ideologie beeinflußt waren (vgl. Rüping GA 84, 297, Bibliographie 68 ff.), wie etwa die Zulassung der Analogie oder Verschärfung bei Staatsschutzdelikten, wurden sie teils bereits durch das KontrollratsG von 1946 wieder aufgehoben, im übrigen durch das 3. StÄG von 1953 (BGBl. I 735) wieder bereinigt. Als dauerhafter erwiesen sich etwa die Einfügung des § 330 c (1935; jetzt § 323 c) sowie die Umgestaltung der §§ 211, 212 (1941). Von bleibenden Änderungen nach dem 2. Weltkrieg sind insbes. die Abschaffung der Todesstrafe durch Art. 102 GG (1949), die Einführung der Fahrerlaubnisentziehung (1952) und der Strafaussetzung zur Bewährung bei Erwachsenen (1953) sowie in der kurzen Reformwelle von 1964 die Übernahme der neugefaßten Sprengstoffdelikte in das StGB, die Neufassung der Organisationsdelikte durch das Vereinsgesetz sowie die Umgestaltung der Straßenverkehrstatbestände mit Einführung des Fahrverbots zu nennen (vgl. Jescheck LK Einl. 51 ff.; krit. zu dieser fraglich gebliebenen „Befreiung vom nationalsozialistischen Denken" Wolf JuS 96, 189 ff.).

II. Alle nachfolgenden Novellen sind bereits als Teil eines neuen **Gesamtreformversuches** zu begreifen, der in den Jahren 1954 bis 1959 durch die *Große Strafrechtskommission* vorbereitet wurde und schließlich in einem amtlichen **Entwurf eines Strafgesetzbuchs** von 1962 seinen Niederschlag fand. Doch so sehr sich dieser **E 62** durch Vollständigkeit und Exaktheit in der Ausformulierung der allgemeinen Strafbarkeitsvoraussetzungen wie auch in der Präzision seiner Tatbestandsumschreibungen auszeichnete, so sehr fehlte es ihm vor allem im Rechtsfolgesystem an einer modernen kriminalpolitischen Konzeption. Da er sich inhaltlich im wesentlichen darauf beschränkte, Lücken des alten StGB zu füllen, Mißdeutungen zu klären und gewachsenes Richterrecht in Gesetzesform zu bringen, wurde er bald Zielscheibe wachsender Kritik. Das schien auch den *Sonderausschuß für die Strafrechtsreform* (SA), der zur weiteren Beratung vom Bundestag eingesetzt worden war, immer mehr zu lähmen. Neuen Auftrieb erhielt das Reformvorhaben durch den von einem privaten Arbeitskreis deutscher und schweizerischer Strafrechtslehrer vorgelegten *Alternativ-Entwurf eines StGB* **(AE),** dessen AT 1966 erschien und dem auch in weiteren Bereichen des BT (Politisches Strafrecht, Sexualdelikte, Straftaten gegen die Person) bald weitere Entwürfe folgten. Bei größerer Zurückhaltung in dogmatischen Fragen ging es dem AE vor allem um eine konsequente Ausrichtung des Sanktionssystems am Resozialisierungsgedanken und um bewußte Restriktion des Strafrechts auf sozialschädliches Verhalten. Mit Einbeziehung des AE in die parlamentarischen Beratungen ergab sich für den SA die Möglichkeit, durch Synthese verschiedener Reformgedanken wenigstens in Teilbereichen einige Reformgesetze vorzulegen, die über eine bloße Festschreibung des bereits Bestehenden hinauswiesen. Auch hatte man zwischenzeitlich zu Recht die Hoffnung auf eine geschlossene Totalrevision des

Strafrechts aufgegeben, um stattdessen durch eine „Reform in Raten" jeweils bestimmte Teilbereiche neu zu regeln (näher Eser Maihofer-FS 114 ff.).

4 Erste Ergebnisse dieser Reformphase schlugen sich bereits im Ges. z. strafrechtl. Schutz gegen den Mißbrauch von Tonaufnahme- und Abhörgeräten v. 22. 12. 67 (BGBl. I 1360; jetzt § 201) sowie im EGOWiG v. 24. 5. 68 (BGBl. I 503) nieder, wobei letzteres nicht nur eine Neugestaltung der Einziehungsvorschriften brachte, sondern erstmals auch die seit langem geforderte **Entkriminalisierung** bestimmter Bagatelldelikte durch Herabstufung zu Ordnungswidrigkeiten in Angriff nahm, so insbes. im Bereich des Verkehrsstrafrechts. Auch das 8. StÄG v. 25. 6. 68 (BGBl. I 741) war für den Bereich der Staatsschutzdelikte um eine Restriktion des Strafrechts bemüht (vgl. 1 f. vor § 80). Ähnlich ist das KastrationsG v. 15. 8. 69 (BGBl. I 1143) durch großzügige Ermöglichung freiwilliger Eingriffe gekennzeichnet, während das 9. StÄG v. 4. 8. 69 (BGBl. I 1065) durch Verlängerung bzw. Aufhebung der Verjährungsfristen bei Mord und Völkermord eine Verschärfung brachte, ebenso die durch aktuelle Ereignisse veranlaßte Neufassung der Schutztatbestände gegen Entführung und Geiselnahme durch das 11. und 12. StÄG v. 16. 12. 71 (BGBl. I 1977, 1979). Entsprechendes gilt für die Einfügung einer Sondervorschrift gegen Mietwucher (§ 302 f, jetzt § 302 a) durch das Ges. v. 4. 11. 71 (BGBl. I 1745).

5 **III.** Sieht man vom OWiG und EGOWiG von 1968 ab, die auf einer mehr generellen Basis um eine Entkriminalisierung bemüht waren, so beschränkten sich die vorgenannten Novellen im wesentlichen auf kleinere Einzelbereiche. Im Unterschied dazu haben die sog.**Gesetze zur Reform des Strafrechts** (StrRG), von denen inzwischen 6 vorliegen, einschließlich des EGStGB die Neuregelung größerer Teilbereiche zum Gegenstand. Dabei sind die beiden ersten StRGe, die am 25. 6. 69 bzw. 4. 7. 69 (BGBl. I 645, 717) verabschiedet wurden, insofern als Einheit zu betrachten, als sie – wenn auch mit zeitlich unterschiedlicher Inkraftsetzung – die umfassende Neuregelung des AT beinhalten.

6 Dem **1. StrRG** kam dabei lediglich die Aufgabe zu, die dringlichsten Reformforderungen vorzuziehen und ohne weiteren Verzug in Kraft zu setzen. Zu diesen Änderungen gehörte vor allem die resozialisierungsfreundlichere Ausgestaltung des Sanktionsrechts durch eine einheitliche Freiheitsstrafe anstelle von Zuchthaus und Gefängnis, die Eindämmung kurzfristiger Freiheitsstrafen, die Erweiterung der Strafaussetzung zur Bewährung, die Bindung der Sicherungsmaßregeln an den Verhältnismäßigkeitsgrundsatz sowie die Einschränkung der sog. Ehrenstrafen. Darüberhinaus wurden im Bereich des BT ua die Tatbestände des Ehebruchs und der einfachen Homosexualität abgeschafft, die Entführungstatbestände neu geregelt und die starre Kasuistik bei schwerem Diebstahl durch eine flexiblere Regelbeispieltechnik ersetzt. Vgl. im einzelnen (teils auch kritisch) Baumann DRiZ 70, 2, Corves JZ 70, 156, Horstkotte NJW 69, 1601, JZ 70, 122, 152, F. Kunert NJW 69, 1229; 70, 542, 734; K. H. Kunert MDR 69, 705, Lackner JR 70, 1, Sturm NJW 69, 1606, JZ 70, 81, Wulf NJW 69, 1611, JZ 70, 160.

7 Der Kern der bisherigen Reformgesetzgebung ist im **2. StrRG** zu erblicken, das ursprünglich zum 1. 10. 73 in Kraft treten sollte, doch wegen nicht rechtzeitiger Anpassung notwendiger Folgeregelungen erst zum 1. 1. 75 in Kraft gesetzt werden konnte. Soweit Vorschriften des AT nicht einfach aufgrund ihrer Neufassung durch das 1. StrRG übernommen werden konnten, hat das 2. StrRG die früheren Einleitenden Bestimmungen (§§ 1 bis 12) sowie den Ersten Teil des StGB (§§ 13 bis 79) **8** durch einen neuen und nunmehr auch ausdrücklich so bezeichneten **Allgemeinen Teil** ersetzt. Auch wenn sich zahlreiche Änderungen, so vor allem im Bereich der Strafbarkeitsvoraussetzungen, auf Wortlautkorrekturen oder systematische Umstellungen beschränken, brachte doch auch das 2. StrRG zahlreiche Neuerungen von inhaltlichem Gewicht: so etwa im Internationalen Strafrecht die Rückkehr zum Territorialitätsprinzip (§ 3), ferner die Legalisierung des Verbotsirrtums (§ 17) sowie des rechtfertigenden und entschuldigenden Notstands (§§ 34, 35). Weitaus bedeutsamer waren jedoch auch hier die Neuerungen im Rechtsfolgensystem: so die Anhebung der Freiheitsstrafe auf ein Mindestmaß von 1 Monat, die Umgestaltung der Geldstrafe nach dem skandinavischen Tagessatzsystem (§§ 40 ff.), die Einführung der Verwarnung mit Strafvorbehalt (§§ 59 ff.), die Ersetzung der Polizeiaufsicht durch eine neugestaltete Führungsaufsicht (§§ 68 ff.), die früher nur vereinzelt vorgesehene Abschöpfung rechtswidriger Tatvorteile durch Generalisierung des Verfalls (§§ 73 ff.), nicht zuletzt aber die Einführung der sog. sozialtherapeutischen Anstalt (§ 65), die indessen allerdings bereits das Opfer einer Gegenreform geworden ist (vgl. u. 10). Zu weiteren Einzelheiten vgl. Eser Maihofer-FS 118 f., Hassemer JuS 69, 597; 70, 97, Hirsch aaO, Hohler NJW 69, 1225, Jescheck SchwZStr 75, 1 ff., Lange-FS 365 ff., Müller-Emmert/Friedrich DRiZ 69, 273, Roxin/Stree/Zipf/ Jung, Einführung in das neue Strafrecht[2], 1975.

9 Im Unterschied zu dem somit vollständig erneuerten AT wurde der **Besondere Teil** zunächst nur in Teilbereichen reformiert: so der Komplex der Landfriedens- und Demonstrationsdelikte durch das **3. StRG** v. 20. 5. 70 (BGBl. I 505, dazu Dreher NJW 70, 1153 sowie 1 ff. vor § 110), die früher sog. Sittlichkeitsdelikte durch das neue Sexualstrafrecht des **4. StrRG** v. 23. 11. 73 (BGBl. I 1725; dazu Dreher JR 74, 45, Hanack NJW 74, 1, Sturm JZ 74, 1 sowie 1 ff. vor § 174), ferner die Neugestaltung des Schwangerschaftsabbruchs durch das hart umkämpfte **5. StrRG** v. 18. 6. 74 (BGBl. I 1297; dazu 1 ff. vor § 218). Eine gewisse Generalbereinigung brachte schließlich das **EGStGB** v. 2. 3. 74 (BGBl. I 469), das sich nicht nur auf notwendige Anpassungen des BT an den neuen AT beschränkte, sondern darüberhinausgehende Reformen vornahm: teils durch punktuelle Änderungen (zB bei den §§ 120, 121, 132, 136, 250 f., 275), teils auch durch Umstellungen oder Neuregelungen ganzer Tatbestandskomplexe (zB bei den §§ 145–152, 201–205, 247, 248 a, 257–262, 331–358). Vor allem aber wurde durch das EGStGB im Zeichen weiterer Entkriminalisierung der gesamte Übertretungsteil aufgehoben und – soweit nicht zu Ordnungswidrigkeiten herabgestuft (zB der „grobe Unfug" durch § 118 OWiG) bzw. ausnahmsweise zu Vergehen aufgewertet (zB der Mundraub zu einem Antragsdelikt nach § 248 a) – ersatzlos gestrichen (vgl. im einzelnen Göhler NJW 74, 825; krit. zu diesem Verfahren Baumann ZRP 74, 77, Armin Kaufmann JZ 73, 494, dazu aber auch Blei JA 73, 969). Zu dem vom Gesetzgeber intendierten „weitgehenden Abschluß" der Reform des BT durch das 6. StrRG v. 26. 1. 98 (BGBl. I 164) s. u. RN 14.

10 Daß damit zunächst noch kein Schlußstrich unter die Reform des BT gezogen war, sondern etappenweise noch weitere **Einzelreformen** zu erwarten waren, zeigte bereits die Neugestaltung des § 142 durch das **13. StÄG** v. 13. 6. 75 (BGBl. I 1349, dazu Müller-Emmert/Meyer DRiZ 75, 176) sowie das **14. StÄG** v. 22. 4. 76 (BGBl. I 1056), durch das namentlich der Förderung von Gewaltdelikten entgegengewirkt werden soll (vgl. Laufhütte MDR 76, 441, Sturm JZ 76, 347, Stree NJW 76, 1177 sowie 1 f. vor § 110); gleichgerichtete antiterroristische Tendenzen verfolgt das Ges. z. Änd. des StGB, der StPO usw. v. 18. 8. 76 (BGBl. I 2181, dazu Sturm MDR 77, 6 ff., aber auch Dahs NJW 76, 2147 ff.). Nachdem das Fristenmodell des 5. StrRG durch BVerfG-Urteil v. 25. 2. 75 für verfassungswidrig erklärt worden war, blieb nur noch Raum für ein erweitertes Indikationsmodell durch das **15. StÄG** v. 18. 5. 76 (BGBl. I 1213; dazu Lackner NJW 76, 1233, Laufhütte/Wilkitzki JZ 76, 329, Müller-Emmert DRiZ 76, 164 sowie 1 ff. vor § 218). Schließlich wurde mit dem **1. WiKG** v. 29. 7. 76 (BGBl. I 2034) ein erster Schritt zur längst überfälligen Reform der Wirtschaftsdelikte getan (dazu Müller-Emmert/Maier NJW 76, 1657 ff. sowie § 264 RN 1 ff.). Zu den politischen Hintergründen dieser Reformphase vgl. auch H.-J. Vogel, F. Vogel u. Klug, jeweils ZRP 76, 211 ff. Stark umstritten war dann der Ausschluß der Verjährbarkeit von Mord und Völkermord durch das **16. StÄG** v. 16. 7. 79 (BGBl. I 1046; dazu Jung JuS 79, 832, Lüderssen JZ 79, 449), kontrovers auch die Reform der Amtsverschwiegenheit durch das **17. StÄG** v. 21. 12. 79 (BGBl. I 2324; dazu Möhrenschlager JZ 80, 161), während die Einstellung von Umwelttatbeständen in das StGB durch das **18. StÄG** v. 28. 3. 80 (BGBl. I 337; dazu Laufhütte/Möhrenschlager ZStW 92, 912, Sack NJW 80, 1424) zwar einmütig verabschiedet wurde, ohne jedoch sachlich voll geglückt zu sein (vgl. 1 ff. vor § 324). Die Abschaffung der §§ 88 a, 130 a durch das **19. StÄG** v. 17. 8. 81 (BGBl. I 808) ist, obgleich verfolgungsstatistisch kaum bedeutsam, als politisches Signal nicht ohne Widerspruch geblieben (vgl. 2 vor § 123, Tröndle[48] § 130 a RN 1 f.) und hinsichtlich § 130 a denn inzwischen auch wieder rückgängig gemacht worden (vgl. u. 11). Dagegen war die praktisch folgenreiche Restaussetzbarkeit der lebenslangen Freiheitsstrafe, wie sie als Konsequenz von BVerfGE **45** 187 (dazu § 211 RN 10 a) mit § 57 a durch das **20. StÄG** v. 8. 12. 81 (BGBl. I 1329) eingeführt wurde, abgesehen von Einzelheiten im Grundsatz weithin unbestritten (dazu Kunert NStZ 82, 89). Internationalstrafrechtlich verdient schließlich auch das an die Stelle des DAG getretene **IRG** v. 23. 12. 82 (BGBl. I 2071) Erwähnung (dazu Jung JuS 83, 234, Vogler NJW 83, 2114).

11 Im übrigen gab es seit Mitte der 80er Jahre auch bereits eine gegenläufig auf eine **„Reform der Reform"** ausgerichtete Entwicklung: Ein erstes Opfer war die seinerzeit mit viel kriminalpolitischem Enthusiasmus konzipierte „Sozialtherapeutische Anstalt" (§ 65), deren allgemeine Invollzugsetzung ohnehin immer wieder (zuletzt bis zum 1. 1. 85) hinausgeschoben worden war und die nunmehr aufgehoben wurde (**StVollzÄndG** v. 20. 12. 84, BGBl. I 1654), immerhin aber ihrem Grundgedanken nach im Rahmen einer sog. Vollzugslösung fortentwickelt werden soll (vgl. BT-Drs. 10/309 S. 8). Auch die nachfolgenden Novellen haben überwiegend Strafrechtserweiterungen gebracht: so das **JugendschutzneuregelungsG** v. 25. 2. 85 (BGBl. I 425) durch Umgestaltung der §§ 131, 184 (vgl. Jung JuS 85, 565), sodann das vor allem gegen rechtsextremistische Bestrebungen („Auschwitzlüge") gerichtete **21. StÄG** v. 13. 6. 85 (BGBl. I 965) durch Änderung der §§ 86 a, 194 (vgl. Ostendorf NJW 85, 1062, Vogelsang u. Köhler NJW 85, 2386 bzw. 2389 sowie Vorbem. zu § 194), ferner die Einschränkung des Strafantragserfordernisses bei Sachbeschädigung (§ 303 III, jetzt § 303 c) durch das **22. StÄG** v. 18. 6. 85 (BGBl. I 1510) sowie die Erweiterung des Landfriedensbruchs (§ 125) durch das **ÄndG z. StGB/VersammlungsG** v. 18. 7. 85 (BGBl. I 1511; dazu § 125 RN 1). Demgegenüber eher sanktionseinschränkend ist der vorsichtige Ausbau der Strafaussetzung zur Bewährung (vgl. insbes. §§ 56, 57) sowie die Aufhebung der Rückfallverschärfung (§ 48) durch das **23. StÄG** v. 13. 4. 86 (BGBl. I 393) einzustufen (dazu Dölling NJW 87, 1041 ff., Greger JR 86, 353, Jung JuS 86, 741). Dagegen brachte das **2. WiKG** v. 15. 5. 86 (BGBl. I 721; dazu eingeh. Schlüchter, 2. WiKG-Komm., 1987) wiederum einen Neukriminalisierungsschub vor allem im Bereich des Scheckverkehrs (§§ 152 a, 266 b), der Computerkriminalität (§§ 202 a, 263, 269, 270, 303 a, 303 b) und des Kapitalanlagebetrugs (§ 264 a; vgl. zum ganzen auch Achenbach NJW 86, 1835, Albrecht aaO 193 ff., Haft NStZ 87, 6, Knauth NJW 87, 28, Lenckner/Winkelbauer CR 86, 483, 824, Möhrenschlager wistra 86, 123, Tiedemann JZ 86, 865, Weber NStZ 86, 481). Nach den mehr marginalen Änderungen des § 315 c („Geisterfahrer") durch das **OWiGÄndG** v. 7. 7. 86 (BGBl. I 977) und des § 327 (Einbeziehung von Abfallentsorgungsanlagen) durch das **AbfallG** v. 27. 8. 86 (BGBl. I 1410), ferner der vielleicht langfristig bedeutsamen Hervorhebung des Ausgleichsgedankens als Strafzweck in § 46 II 2 durch das **OpferschutzG** v. 18. 12. 86 (BGBl. I 2496, dazu Weigend NJW 87, 1170 ff.), was alsdann durch Erleichterung des Täter-Opfer-Ausgleichs in dem durch das VerbrechensbekämpfungsG von 1994 eingeführten § 46 a (vgl. u. 13) einen besonderen Anwendungsbereich fand, beschloß der BT seine 10. Wahlperiode noch mit einer modifizierten Wiedereinführung des § 130 a und gewissen

Verschärfungen des § 129 a durch das **TerrorismusG** v. 19. 12. 86 (BGBl. I 2566; dazu Dencker StV 87, 117 ff., Kühl NJW 87, 737 ff.) sowie mit einer Erweiterung des § 168 auf die tote Leibesfrucht durch das **24. StÄG** v. 13. 1. 87 (BGBl. I 141; dazu Jung JuS 87, 251), schließlich mit einer auf Offenhalten von Aussöhnung gerichteten Einführung des Ruhens der Strafantragsfrist (§ 77 b V) durch das **StVÄG** v. 27. 1. 87 (BGBl. I 475, dazu Meyer-Goßner NJW 87, 1161 ff.). Angesichts dieser vielfältigen Änderungen schien dem Gesetzgeber eine am 1. 4. 87 inkraftgetretene **Neubekanntmachung** des StGB v. 10. 3. 87 (BGBl. I 945 mit Berichtigung in BGBl. I 1160) angezeigt.

12   Die Tendenz zur Ausdehnung und Verschärfung der im StGB enthaltenen Strafnormen hat sich auch mit der ersten Novelle nach der Neubekanntmachung, dem **ÄndG z. StGB, z. StPO** usw. v. 9. 6. 89 (BGBl. I 1059, dazu K. H. Kunert/Bernsmann NStZ 89, 449, Jung JuS 89, 1025; vgl. auch schon Dencker StV 88, 262, Amelung/Hassemer/Rudolphi StV 89, 72) fortgesetzt. Namentlich enthält diese Novelle Erweiterungen der §§ 239 a, 239 b, die Ausdehnung des Regelbeispielkatalogs des § 243 auf den Diebstahl von Schuß- und Kriegswaffen sowie eine Erhöhung der Strafdrohung des § 316 b für näher gekennzeichnete besonders schwere Fälle. Auch die Aufhebung des § 125 II stellt keine Entkriminalisierung dar, nachdem an seine Stelle der erheblich weitergehende § 27 II Nr. 3 VersammlG tritt. Eine echte – freilich auch in ihrer zeitlichen Beschränkung nicht unbedenkliche – Entpönalisierung ergibt sich allerdings aus der in Art. 4 des Gesetzes enthaltenen „Kronzeugenregelung bei terroristischen Straftaten" (dazu Bernsmann NStZ 89, 456 ff., Lammer ZRP 89, 248, Schlüchter ZRP 97, 65), die zunächst bis Ende 1992 galt und durch die Ges. z. Änd. des ÄndG z. StGB usw. (**Kronzeugen-VerlängerungsG**) v. 16. 2. 93 [BGBl. I 138]) bzw. 2. Kronzeugenverlängerungs G v. 19. 1. 96 [BGBl. I 58] zunächst bis Ende 1995 und dann noch einmal bis Ende 1999 verlängert wurde (wobei die Diskussion über eine weitere Verlängerung derzeit noch zu keinem konkreten Ergebnis geführt hat). Demgegenüber wiederum mit Pönalisierungstendenz will das **25. StÄG** v. 20. 8. 90 (BGBl. I 1764) bei § 201 dadurch eine Lücke schließen, daß auch die Veröffentlichung des illegal aufgenommenen oder abgehörten nichtöffentlich gesprochenen Wortes strafbar sein soll. Lediglich um strafrechtliche Anpassungen an die neue Figur des den Vormund teilweise ersetzenden „Betreuers" ging es in den – als letzten in der 24. A. berücksichtigten – Änderungen der §§ 77, 247 durch das **BetreuungsG** v. 12. 9. 90 (BGBl. I 2002).

13   Nach einer nahezu eineinhalbjährigen Reformpause fanden die sich verstärkenden Bedrohungen durch organisierte Kriminalität in zwei Gesetzen ihren Niederschlag: Zunächst im **ÄndG z. AWG, des StGB und and. Ges.** v. 28. 2. 92 (BGBl I 372), mit dem der Gesetzgeber durch eine – wenig glückliche – Neufassung der §§ 73, 73 b beabsichtigte, beim Verfall vom Nettoprinzip zum Bruttoprinzip überzugehen (vgl. § 73 RN 2, 17); dabei wurden auch im Rechtsfolgensystem der AT neue Akzente gesetzt, wie vor allem durch die – verfassungsrechtlich nicht unbedenkliche – Einführung der Vermögensstrafe (§ 43 a) und des Erweiterten Verfalls (§ 73 d); vgl. zu beiden Perron JZ 1993, 918 ff. sowie § 43 a RN 1 bzw. § 73 d RN 1 f. Sodann wurden durch das Ges. z. Bekämpfung der Organisierten Kriminalität (**OrgKG**) v. 15. 7. 92 (BGBl. I 1302; dazu im Überblick Hassemer WM Beil. 3/1995, S. 10 ff., Rieß NJ 92, 491) – neben zahlreichen strafprozessualen Änderungen (vgl. Hilger NStZ 92, 457, 523), wie namentlich hins. besonderer Ermittlungsmethoden und der Verbesserung des Zeugenschutzes, sowie strafverschärfenden Ausdifferenzierungen bei Straftaten nach dem BtMG – die Tatbestände des schweren Bandendiebstahls (§ 244 a), der Bandenhehlerei (§ 260 I Nr. 2) und des gewerbsmäßigen Glücksspiels (§ 284 III) eingeführt. Die Anwendbarkeit des durch das OrgKG ebenfalls eingeführten Tatbestands der Geldwäsche (§ 261) will der Gesetzgeber durch Identifizierungs- und Anzeigepflichten insb. für Banken nach dem GeldwäscheG v. 25. 10. 93 (BGBl I 1770) erreichen (dazu Lampe JZ 94, 123 ff.). Nicht zuletzt auch gegen organisierte Kriminalität ist das **26. StÄG** (Menschenhandel) v. 14. 7. 92 (BGBl. I 1255) gerichtet, durch das die Strafbarkeit wegen Menschenhandels (§§ 180 b, 181) ausgedehnt und verschärft wurde, um den Schutz vor allem ausländischer Mädchen und Frauen vor sexueller Ausbeutung und Zwangsprostitution zu verbessern. Sowohl weltanschaulich wie politisch höchst umstritten war die durch den Einigungsvertrag dem Gesetzgeber aufgegebene Herstellung von Rechtseinheit im Bereich des Schwangerschaftsabbruchs, woran es wegen vorläufiger Fortgeltung der unterschiedlichen Strafbarkeit in den alten und neuen Bundesländern noch fehlte (vgl. u 14). Die weitgehende Straffreiheit in der ehemaligen DDR aufgrund einer „Fristenregelung" einerseits und die wesentlich engeren Straffreiheitsgrenzen der bundesdeutschen „Indikationsregelung" bei Drittbeurteilungsbasis" andererseits sollte durch das **Schwangeren- und FamilienhilfeG** (SFHG) v. 27. 7. 1992 (BGBl. I 1398) auf dem Mittelweg eines (notlagenorientierten) Beratungsmodells überwunden werden. Aufgrund einer einstweiligen Anordnung des BVerfG konnte das SFHG jedoch zunächst nicht in Kraft treten und wurde schließlich am 28. 5. 93 teilweise für verfassungswidrig erklärt (BVerfGE 88 203). Aufgrund einer gleichzeitigen einstweiligen Anordnung des BVerfG (aaO 209 ff.) ist iVm der verfassungsmäßigen Teilen des SFHG war zwar die Rechtseinheit auch im Bereich des Schwangerschaftsabbruchs hergestellt (vgl. 7 vor § 218); doch stand eine abschließende gesetzliche Regelung vorerst weiterhin aus, nachdem das zunächst vom BT am 26. 5. 94 mit knapper Mehrheit verabschiedete Schwangeren- und Familienhilfeänderungsgesetz (SFHÄndG; BT-Drs. 12/6643, 12/7660) im BR nicht die erforderliche Zustimmung fand und schließlich der Diskontinuität von Gesetzgebungsvorhaben durch die BT-Wahl vom 16. 10. 1994 zum Opfer fiel. Schließlich konnte aber mit dem **SFHÄndG** v. 21. 8. 95 (BGBl. I 1050) nach langer parlamentarischer Diskussion eine parteiübergreifende Lösung gefunden werden, wobei das Gesetz über Aufklärung, Verhütung, Familienplanung und Beratung v. 27. 6. 92 (BGBl. I 1398) substantiell

geändert und in **SchwangerenkonfliktG** (SchKG) umbenannt wurde; ferner wurden im StGB die §§ 170 b, 203 Nr. 4 a, 218 b, 240 I geändert, die §§ 218 a I–III, 219 neugefaßt und § 218 c neu eingefügt; zu weiteren Einzelheiten dieser Schwangerschaftsabbruchsreformphase vgl. 8 vor § 218 mwN). Obgleich nur die Verfolgbarkeit durch Änderung von Verjährungsfristen betreffend, sind – neben der mehr marginalen Änderung des § 78 b IV durch das **RechtspflegeentlastungsG** v. 11. 1. 93 (BGBl. I 50) – doch sowohl das Ges. über das Ruhen der Verjährung bei SED-Unrechtstaten **(VerjährungsG)** v. 26. 3. 93 (BGBl. I 392) wie auch das Ges. z. Verlängerung strafrechtlicher Verjährungsfristen **(2. VerjährungsG)** v. 27. 9. 93 (BGBl. I 1657) für DDR-Alttaten von beträchtlicher Bedeutung (näher dazu 110 ff. vor § 3). Neupönalisierungen brachte wiederum das **27. StÄG** v. 23. 7. 93 (BGBl. I 1346) im Bereich der Kinderpornographie und des sog. Sextourismus durch Erweiterung bzw. Verschärfung des § 184 iVm §§ 5 u. 6 (vgl. Schroeder NJW 93, 2581 ff.). Während es bei Ergänzung des § 261 I Nr. 2 durch das **AusführungsG Suchtstoffübereinkommen 1988** v. 2. 8. 93 (BGBl. I 1407) lediglich um eine Anpassung ging, hat das **28. StÄG** v. 13. 1. 94 (BGBl. I 84) die schon länger geforderte Strafbarkeit der Abgeordnetenbestechung (§ 108 e) gebracht (dazu Barton NJW 94, 1098 ff.). Sowohl der Herstellung von Rechtseinheit als auch in Reaktion auf veränderte Sexualvorstellungen, aber auch neuartige sexuelle Bedrohungen wurden durch das **29. StÄG** v. 31. 5. 94 (BGBl. I 1168) einerseits die einfache Homosexualität (§ 175) aufgehoben und andererseits die Schutzvorschriften gegen sexuellen Mißbrauch von Jugendlichen (§ 182) verschärft (dazu Schroeder NJW 94, 1591). Dem gleichen Anliegen dient auch die bis zum 18. Lebensjahr eines Sexualopfers hinausgeschobene Verjährbarkeit durch das **30. StÄG** v. 23. 6. 94 (BGBl. I 1310). Eine Verbesserung des Umweltschutzes erhofft sich ein zweites Ges. zur Bekämpfung der Umweltkriminalität **(31. StÄG – 2. UKG)** v. 27. 6. 94 (BGBl. I 1440) teils von der Änderung bestehender und teils von der Einfügung neuer Vorschriften (zu Einzelheiten vgl. 2, 7 a vor § 324). Nur marginale Bedeutung für das StGB haben die Änderungen durch das **Ges. zur Vermeidung, Verwertung und Beseitigung von Abfällen** v. 27. 9. 94 (BGBl. I 2705), das den Wortlaut von § 327 II Nr. 3 an das Kreislaufwirtschafts- und AbfallG anpaßt, ferner das abfallrelevante AusführungsG z. Basler Übereink. v. 30. 9. 94 (BGBl. I 2771), das **EinführungsG zur Insolvenzordnung** v. 5. 10. 94 (BGBl. I 2911), das mit Wirkung vom 1. 1. 99 die Überschriften der 24. Abschnitts sowie der §§ 283, 283 d auf den Begriff der „Insolvenzstraftaten" umstellt, sowie das **GrundstoffüberwachungsG** v. 7. 10. 94 (BGBl. I 2835), dessen § 29 I Nr. 1 in § 261 I Nr. 2 (nunmehr: § 261 I Nr. 2 b) eingefügt wurde. Weitaus größere Bedeutung hingegen haben die noch vom 13. BT durch das **VerbrechensbekämpfungsG** v. 28. 10. 94 (BGBl. I 3186) verabschiedeten umfangreichen Änderungen in zahlreichen Gesetzen, die namentlich für das StGB neben Erleichterungen der Täter-Opfer-Ausgleichs durch Schadenswiedergutmachung (§§ 46 a, 56, 56 b, 59 a) vor allem Strafschärfungen (wie insbes. bei Volksverhetzung und Körperverletzung) sowie eine leichtere Bekämpfung von Ausweismißbrauch (§§ 276, 276 a) gebracht haben (vgl. zum Ganzen Bandisch StV 94, 153, Dahs NJW 95, 953, König/Seitz NStZ 95, 1, Neumann StV 94, 273), wobei aber selbst diese Maßnahmen noch nicht das letzte Wort im Kampf gegen ausländerfeindliche oder sonstige rechts- oder linksextreme Bedrohungen sein dürften. Einige noch nachfolgende Änderungen betrafen nur marginale Punkte: so die Aufhebung des damaligen § 44 II bzw. Neufassung des jetzigen 69 b I durch das **32. StÄG** v. 1. 6. 95 (BGBl. I 747), die Änderung und Ergänzung des § 5 Nr. 1 durch das **AusführungsG z. Seerechtsübereink.** v. 6. 6. 95 (BGBl. I 778) sowie die Erstreckung der Sicherungsverwahrung nach § 66 auf die Beitrittsgebiete durch Änderung von Art. 1 a EGStGB durch das **SicherungsverwahrungsvereinheitlichungsG** v. 16. 6. 95 (BGBl. I 818). In völkerstrafrechtlicher Hinsicht ist schließlich noch der **Jugoslawien-StrafgerichtshofG** v. 13. 4. 95 (BGBl. I 485) erwähnenswert (vgl. dazu 22 f. vor § 1).

Seit dem Abschluß der 25. A. (Mitte 1996) hat zunächst das **33. StRÄndG** v. 1. 7. 97 (BGBl. I 1607) zu einer substantiellen Reform des Sexualstrafrechts geführt: Im Mittelpunkt steht die fragwürdige Zusammenfassung der §§ 177, 178 zu einem Tatbestand sowie die rechtspolitisch jahrzehntelang umstrittene, gleichwohl überfällige Pönalisierung der „Vergewaltigung in der Ehe" (Lenckner NJW 97, 2801, krit. Schünemann GA 96, 307: „folgenlose feministische Demonstration"); eine im Parlament diskutierte „Widerspruchsklausel" des Opfers – zum durchaus sinnvollen Schutz einer lebensfähigen Ehe vor dem Einbruch der Strafjustiz – wurde nicht in § 177 aufgenommen, da diese einer fraktionsübergreifenden Lösung im Wege stand; die aufgehobenen §§ 178, 237 sind im wesentlichen im neuen § 177 aufgegangen. Mit dem **Informations- u. KommunikationsdiensteG** (IuKDG) v. 22. 7. 97 (BGBl. I 1870) reagierte der Gesetzgeber auf die Verbreitung jugendgefährdenden Materials mittels des Internet, indem man den Schriftenbegriff des § 11 II auf Datenspeicher erweitern und die Anwendung des § 184 ermöglichte (vgl. Weitzel DRiZ 97, 424). Umfassende Änderungen brachte das **KorruptionsbekämpfungsG** v. 13. 8. 97 (BGBl. I 2038) mit sich (König JR 97, 397, Korte NStZ 97, 513, Wolters JuS 98, 1100): Mit Loslösung der Amtsträgereigenschaft von der Organisationsform durch § 11 Nr. 2 c setzte sich eine funktionale Betrachtungsweise durch (and. noch BGH **38** 203), was den Anwendungsbereich der §§ 331 ff. erheblich erweiterte; erfaßt wird nunmehr in Abkehr von einer st. Rspr. (etwa BGH **35** 133) auch die Erlangung von Drittvorteilen; zudem wurde neben der Änderung und Verschärfung der §§ 331 ff. und der Einfügung des § 335 mit den §§ 302, 338 auch die Anwendung des erweiterten Verfalls und der Vermögensstrafe ermöglicht; gänzlich neu eingefügt ist der 26. Abschnitt „Straftaten gegen den Wettbewerb", wobei nach langer Diskussion der Submissionsbetrug durch § 298 unter Strafe gestellt wird; ferner wird zur Verdeutlichung des sozialschädlichen Unrechts der § 12 UWG als § 299 in das Kernstrafrecht aufgenommen. Das **Trans-**

Einf 14

plantationsG (TPG) v. 5. 11. 97 (BGBl. I 2631) erstreckt mit dem neuen § 15 Nr. 15 das aktive Personalitätsprinzip auf den Organhandel. Durch das **KindschaftsrechtsreformG** (KindRG) v. 16. 12. 97 (BGBl. I 2942) wird § 11 I Nr. 1 dem Prinzip der biologischen Abstammung angepaßt. Das **BegleitG** zum TelekommunikationsG v. 17. 12. 97 (BGBl. I 3108) vollzieht die Umstrukturierung im Post- und Telekommunikationswesen auch im StGB nach (Welp Lenckner-FS 624), hebt den § 354 auf und fügt ihn als § 206 in den 15. Abschnitt ein. Erneut verlängert, nunmehr bis zum 2. 10. 2000, wurde die Verjährungsfrist für Straftaten iSd Art. 315 a II EGStGB durch das **3. VerjährungsG** v. 22. 12. 97 (BGBl. I 3223). Besonderen rechtspolitischen Aktionismus offenbart das **Ges z. Bekämpfung von Sexualdelikten u. a. gefährl. Straftaten** v. 26. 1. 98 (BGBl. I 160), welches unter dem Eindruck der Empörung der Öffentlichkeit über 2 Sittlichkeitsverbrechen an Kindern entstand (krit. Schäfer NJW 97, 1288; vgl. zum Ganzen auch Otto Jura 98, 210, Schöch NJW 98, 1257, Schroeder JZ 99, 827): Erklärtes Ziel war die vermehrte Verhängung der Sicherungsverwahrung, welches durch die Hinzufügung des § 66 III und Ergänzung des § 66 IV erreicht werden soll, wobei vor allem die Abschaffung der Höchstfrist für die erste Sicherungsverwahrung in § 67 d im Hinblick auf den Verhältnismäßigkeitsgrundsatz nicht unbedenklich erscheint (vgl. Ullenbruch NStZ 98, 326, aber hins. der Verfassungsmäßigkeit auch Peglau NJW 00, 179 ff.). Verschärft wurden für alle Straftäter die prognostischen Anforderungen an die Aussetzung der Restfreiheitsstrafe zur Bewährung (§ 57 I 1 Nr. 2), die Führungsaufsicht (§§ 68 c ff.) wurde erweitert und außerdem soll zum ersten Mal eine Therapieeinweisung ohne Einwilligung des Betroffenen möglich sein (§ 56 III Nr. 1). Während es sich bei den vorangehenden Novellen mehr um Einzeländerungen gehandelt hatte, wurde mit dem **6. StrRG** v. 26. 1. 98 (BGBl. I 164) nach einem ungemein hastigen – und vor allem auch auf die sonst übliche Einbeziehung der Rechtswissenschaft verzichtenden (vgl. Freund ZStW 109, 455) – Gesetzgebungsverfahren der **BT** des StGB einer flächendeckenden Reform unterzogen (vgl. dazu Bussmann StV 99, 613, DSNS 1 ff., Fischer NStZ 99, 13, Mitsch ZStW 111, 65, Sander/Hohmann NStZ 98, 283, Schroeder GA 98, 571, Schroth NJW 98, 2861, Wolters JZ 98, 397). Auch wenn es sich dabei zweifellos um die seit den Reformbemühungen der 60er Jahre (vgl. o. 3 ff.) umfassendsten und teils auch recht einschneidenden Änderungen handelt, sind sie doch meist nur von punktueller Natur; von substantiellen Änderungen kann daher allenfalls bei den Straftaten gegen die körperliche Unversehrtheit, das Eigentum und Vermögen sowie bei der Brandstiftungsdelikte die Rede sein. Wenn im übrigen in Anknüpfung an die vorangegangenen StrRGe nunmehr die Reform des BT zum Abschluß gebracht werden sollte, indem die Strafrahmen harmonisiert, die Sprache den Anforderungen der Zeit angepaßt, der Strafrechtsschutz verbessert und die Rechtsanwendung erleichtert werden sollten (so BT-Drs. 13/8487 S. 1 f., 18 ff.), so muß insbes. Letzteres als zum großen Teil mißlungen bezeichnet werden (vgl. statt aller Tröndle Einl. 11 mwN); denn nicht nur, daß viele Regelungen, wie etwa der neu gefaßte 28. Abschnitt, teils systemwidrig und lückenhaft sind sowie drängende Probleme (wie etwa der ärztliche Heileingriff, dazu Cramer Lenckner-FS 761, Eser Hirsch-FS 465 ff.) ungelöst bleiben; vielmehr wurden auch neue Probleme zT auf Terrain geschaffen, das (wie etwa im Bereich des § 250 I Nr. 1) als von der Rspr. weitgehend befriedet gelten konnte; selbst die überfällige Reform des § 217 war mit dessen ersatzloser Streichung nicht voll überdacht (vgl. 13 vor § 211, § 213 RN 15 ff.). Als positiv bleiben aber immerhin die Einbeziehung der Drittzueignungsabsicht in die §§ 242, 246 sowie – wenngleich mit Vorbehalt – die Änderung des § 246 iSd „großen berichtigenden Auslegung (vgl. dort RN 21) zu vermerken, ebenso wie mit Harmonisierung der Strafrahmen durch eine Akzentuierung des Schutzes der höchstpersönlichen Rechtsgüter ein gesellschaftlicher Wertewandel nachzuvollziehen war, wobei man sich eine Aufwertung der Personendelikte allerdings auch durch eine – politisch freilich nicht durchsetzbare – Absenkung des Strafrahmens für Eigentumsdelikte hätte denken können. Das **StVGÄG** v. 24. 4. 98 (BGBl. I 747) beinhaltet sachliche und terminologische Anpassungen an die EU-Richtlinie über den Führerschein, verkürzt die Sperrfrist des § 69 a VII und § 69 b neu. Das Gesetz zur Verbesserung der Bekämpfung der Organisierten Kriminalität (**OKVBG**) v. 4. 5. 98 (BGBl. I 845) verschärft § 261, indem es den Anwendungsbereich durch Erweiterung der Vortaten ua um die Fiskaldelikte des §§ 373 f. ausdehnt (vgl. Hetzer ZRP 99, 245). § 132 a wurde mit dem **PsychoThG** v. 16. 6. 98 (BGBl. I 1311) um den Berufsstand des Psychotherapeuten und verwandter Berufe ergänzt. Das **AGNuklearversuchsV** v. 23. 7. 98 (BGBl. I 1882) ergänzte § 5 um Nr. 11 a sowie § 328 b II um Nr. 3 und 4 und korrigiert § 330 b. Terminologisch klarstellend ist die Änderung des Flaggenprinzips in § 4 durch das **LuftverkehrsÄndG** v. 25. 8. 98 (BGBl. I 2585). § 203 erfuhr in Abs. 1 Nr. 3 eine Ergänzung durch das **BRAOÄndG** v. 31. 8. 98 (BGBl. I 2600) und in Abs. 3 Änderungen durch das **3. BNOÄndG** v. 31. 8. 98 (BGBl. I 2585). Die Transformation internationaler Übereinkommen führte zu den bislang letzten größeren Änderungen: Das **EU-BestechG** v. 10. 8. 98 (BGBl. II 2340), erweitert die deutsche Strafgewalt durch § 5 Nr. 14 a, unterwirft der deutschen Strafgewalt auch Auslandstaten hinsichtlich §§ 332, 334–336 und stellt hinsichtlich §§ 332, 334–336, 338 Amtsträger der EU-Mitgliedstaaten deutschen Amtsträgern gleich; auch für Gemeinschaftsbeamte und Kommissionsmitglieder gelten nunmehr die §§ 263 III 2 Nr. 4, 264 II 2 Nr. 2. Das **EU-FinanzschutzG** v. 10. 9. 98 (BGBl. II 2322) ergänzt § 264 I und ändert § 264 IV und VII. Schließlich bringt das **IntBestechG** v. 10. 9. 98 (BGBl. II 2327) eine Einführung des aktiven Personalitätsprinzips für die Bestechung ausländischer Amtsträger und die Gleichstellung ausländischer mit inländischen Amtsträgern im Rahmen der §§ 334, 261, wie das zuvor auf europäischer Ebene geschehen ist (vgl. Gänßle NStZ 99, 543). Angesichts dieser umfangreichen Gesetzesänderungen sah sich der Gesetzgeber zu einer **Neubekanntmachung** des StGB v. 13. 11. 1998

(BGBl. I 3322) veranlaßt. Inzwischen gibt es jedoch bereits zwei Änderungen: zum einen durch Abschaffung des § 106 a StGB durch das **VerfassungsorganeschutzG** v. 11. 8. 99 (BGBl. I 1818), so daß Bannkreisverletzungen nur noch über das VersammlungsG (§ 29 a) als Ordnungswidrigkeit zu ahnden sind (vgl. BT-Drs. 14/1147 S. 6); zum anderen indem durch das **StVÄG 1999** v. 2. 8. 00 (BGBl. I 1253) nunmehr auch bestimmte Mitbeteiligte an Forschungsvorhaben der Verschwiegenheitspflicht nach § 203 II 1 Nr. 6 unterworfen werden.

IV. Einen besonders hervorzuhebenden, weil folgenreichen Entwicklungsschritt hat natürlich auch für das Strafrecht die **Herstellung der Einheit Deutschlands** durch Beitritt der ehemaligen DDR zur BRD mit Wirkung vom 3. 10. 1990 bedeutet. Nachdem die deutsche Strafrechtseinheit spätestens durch die Reformgesetzgebung der 60er Jahre in der Bundesrepublik einerseits (o. 5 ff.) und des völlig neuen StGB der DDR v. 12. 1. 68 (GBl. I 1) anderseits verlorengegangen war (vgl. Eser Maihofer-FS 120 f.) und diese Auseinanderentwicklung sogar noch in dem 1988 erschienenen, von einem Autorenkollektiv herausgegebenen und daher gleichsam offiziösen Lehrbuch „Strafrecht der DDR" eher polemisch verschärft denn abgebaut worden war (vgl. Lekschas/Buchholz aaO, insb. 24 ff., 102 f., 172 sowie dazu Rodenbach ROW 89, 443 ff., Schroeder JR 90, 89 ff.), hatte die „Wende" vom Oktober/November 1989 auch die Strafrechtswissenschaft und -praxis völlig unvorbereitet getroffen. Obgleich dann 1990 die politische Entwicklung immer stärker auf eine Wiedervereinigung der DDR mit der BRD zulief, glaubte man in der DDR zunächst noch darauf hoffen zu dürfen, das eigene StGB – trotz aller Kritik nicht zuletzt hinsichtlich der mißbräuchlichen Praxis (vgl. Buchholz/Gerats StuR 90, 750 ff., Haney StuR 90, 179 ff., Müller KritJ 90, 177 ff., NJ 90, 233 ff., Reuter NJ 90, 188 ff., NKrimP 90, 20 ff., Röhner KritJ 90, 178 ff., Weber 90, 185 ff.) – in ein neues gesamtdeutsches StGB einbringen zu können (vgl. DDR-Arbeitsgruppe „Rechts- und Justizreform" NJ-Beilage zu Heft 6/1990 S. IX, DDR-Juristentag DtZ 90, 83, Ewald ROW 90, 215 ff., NJ 90, 134 ff., Müller KritJ 90, 171 ff.), wobei solche Hoffnungen auch in der BRD mehr oder weniger starken Rückhalt gefunden hatten (vgl. Roggemann JZ 90, 363 ff., 371 bzw. Lilie NStZ 90, 153 ff., 159). Demgegenüber liefen auf ministerialer und politischer Ebene auch für den Bereich des Strafrechts die Angleichungsverhandlungen alsbald immer stärker auf eine Erstreckung des bundesdeutschen Rechts auf die damalige DDR hinaus (vgl. Engelhard DtZ 90, 129 ff.). Nach heftigem Streit um die von der bundesrepublikanischen Indikationsregelung fundamental abweichende Fristenlösung der DDR beim Schwangerschaftsabbruch wurde schließlich im **Einigungsvertrag (EV)** v. 31. 8. 90 mit der Zusatzvereinbarung vom 18. 10. 90 und dem Einigungsvertragsg v. 23. 9. 90 (BGBl. II 885) mit Wirkung vom 3. 10. 90 das bundesdeutsche StGB einschließlich des Nebenstraf- und Ordnungswidrigkeitenrechts auf die Beitrittsgebiete iSv Art. 3 EV (dh die fünf neuen Bundesländer sowie Ost-Berlin) erstreckt (Art. 8 EV), wenngleich mit gewissen einschränkenden Maßgaben und teilweisem Fortgelten von DDR-Strafrecht (Art. 9 EV); zu weiteren Einzelheiten des Einigungsprozesses im Strafrecht vgl. 63 ff. vor § 3, zu fortbestehenden Aufgaben für die Zukunft vgl. Eser/Arnold in Eser/Kaiser/Weigend, Von totalitärem zu rechtsstaatl. Strafrecht (1993) 604 ff., NJ 93, 245 ff., 289 ff. Die in den Anlagen I und II des EV enthaltenen Beschränkungen des bundesdeutschen StGB bzw. **fortgeltende DDR-Strafvorschriften** sind auszugsweise im *Anhang* wiedergegeben. Die wesentlichen Abweichungen zwischen dem Strafrecht in den alten und neuen Bundesländern sind in den Vorbem. 72 ff. vor § 3 kurz vorgestellt, ebenso wie die *interlokalrechtlichen* Fragen, die sich aus der teilweisen Rechtsverschiedenheit zwischen der alten Bundesrepublik und der ehemaligen DDR und dem dadurch entstehenden *partikulären Bundesrecht* ergeben (79 vor § 3). Soweit es aufgrund des früheren Sonderstatus von **West-Berlin** gewisse Geltungsvorbehalte bei bestimmten Strafvorschriften gab (wie namentl. bei den politisch einschlägigen §§ 84 ff.; vgl. die jeweiligen Vorbem.), sind diese ebenfalls mit Wirkung vom 3. 10. 90 durch **6. ÜberleitungsG** v. 25. 9. 90 (BGBl. I 2106 iVm mit der Bek. über dessen Inkrafttreten v. 3. 10. 90, BGBl. I 2153) aufgehoben. Soweit sich also in der nachfolgenden Kommentierung der einzelnen StGB-Vorschriften keine einschränkende oder sonstwie modifizierende *Vorbem.* findet, gilt das **StGB einheitlich für die gesamte Bundesrepublik Deutschland.**

V. Auch im letzten Jahrzehnt dieses Jahrtausends hat sich einmal mehr bestätigt, daß die Geschichte des Strafrechts eine Geschichte seiner nie endenden Reform ist. Auch wird aus **kritischem** Blickwinkel nicht zu übersehen sein, daß Reformen dieses Ausmaßes und solcher Vielfältigkeit, die – durch unterschiedliche geistige Strömungen beeinflußt – in eine politisch ambivalente Zeit hineingestellt sind und teilweise, wie insbes. die Reform der Demonstrationsdelikte und des § 218, zT nur von knappen Mehrheiten getragen waren, vielfältigen Belastungen und Anfechtungen ausgesetzt sind und wohl auch weiterhin noch manche Schwächen und Widersprüchlichkeiten zu erkennen geben werden. Nicht zuletzt erscheint es im Hinblick auf die Wiedervereinigung Deutschlands noch verfrüht, von einem wirklich gelungenen Übergang wie auch von einer allseits befriedigenden „Vergangenheitsbewältigung" sprechen zu können. Doch bei aller Kritik, die aus rechtspolitischer oder dogmatischer Sicht so manche Reformen notwendig und berechtigt sein mag, wird man dem deutschen Gesetzgeber jedenfalls das Bemühen nicht absprechen können, für die Rechtsanwendung durch die Praxis und deren Vor- und Nacharbeitung durch die Lehre jeweils eine gesetzliche Grundlage verschaffen zu wollen, auf der Veränderungen der Gesellschaft und damit einhergehender Kriminalität begegnet werden kann. Stellvertretend dafür mögen die mit der Fortentwicklung der Technik notwendig gewordenen Tatbestände des Computerbetrugs und Abhörens genannt werden, ebenso wie auch die Verbesserungen im Bereich des Umweltschutzes und der Bekämpfung der Wirtschaftskrimi-

Einf 17

nalität erwähnenswert erscheinen. Im übrigen bleibt jedenfalls gegenüber dem Hauptreformwerk der 60/70er Jahre anzuerkennen, daß diese Modernisierung als Ganzes gesehen das deutsche Strafrecht auf seinem Weg zu einer Selbstbeschränkung auf wirklich sozialschädliches Verhalten wie auch zu weiterer Rationalisierung und Humanisierung des Sanktionssystems ein beträchtliches Stück vorangebracht hat, ohne dabei seine soziale Schutzfunktion oder seine rechtsstaatlichen Grundlagen aufzugeben. Vielleicht sind in Überschätzung der selbsterzieherischen „Mündigkeit" des heutigen Menschen und in Unterschätzung des sozialethischen Fundaments, dessen auch staatliches Strafen auf Dauer nicht entraten kann, die Reduktion und „Entmythologisierung" gelegentlich etwas zu weit gegangen (vgl. zum ganzen auch Achenbach JuS 80, 81, Eser Maihofer-FS 130 ff., Hirsch aaO 165, Lenckner aaO, Roxin JA 80, 545). Trotzdem bleibt – und dies sei gerade auch im Hinblick auf neueste Kriminalisierungstendenzen und Sanktionsformen (wie etwa der rechtsstaatlich problematischen Vermögensstrafe) betont – der Versuchung zu widerstehen, unter akutem Eindruck des Mißbrauchs rechtsstaatlicher Freiheit die Strafrechtsschraube wiederum übermäßig anzuziehen (vgl. Dahs NJW 76, 2145 ff., Ebert JR 78, 136 ff.); denn wie eine englische Erfahrung sagt: „Hard cases make bad laws". Auch Strafgesetze, aus Empörung oder Furcht vor wenigen geboren, taugen nur schlecht für die vielen. Auch der Versuchung zu rein „symbolischem Strafrecht" bleibt zu widerstehen (vgl. Hassemer NStZ 89, 553, ZPR 92, 378 ff., StV 94, 333 ff., Albrecht StV 94, 265 ff.).

17 Materialien und Schrifttum zur Reform des StGB. Materialien zur Strafrechtsreform in der NS-Zeit finden sich bei *Schubert ua* (Hrsg.), Quellen zur Reform des Straf- und Strafprozeßrechts, II. Abteilung. NS-Zeit (1933–1939) – Strafgesetzbuch, 1988, Band 2.2, 1989 (Protokolle der Strafrechtskommission des Reichsjustizministeriums). Aus den neueren *Gesetzesmaterialien* ua: Alternativ-Entwurf eines Strafgesetzbuchs. Allg. Teil 2. A. 1969; Entwurf des Allgemeinen Teils eines StGB mit amtl. Begründung, Bonn 1958. – Entwurf (I) eines Strafgesetzbuchs, Bonn 1959; Entwurf (II) eines Strafgesetzbuchs, Bonn 1959. – Entwurf eines Strafgesetzbuchs, E 1960, mit Begründung, Bonn 1960 (BT-Drs. III/2150). – Entwurf eines Strafgesetzbuchs, E 1962, mit Begründung, Bonn 1962 (BT-Drs. IV/650; V/32). – Niederschriften über die Sitzungen der Großen Strafrechtskommission Bd. 1 bis 13. – Materialien zur Strafrechtsreform, Bd. I Gutachten der Strafrechtslehrer, Bd. II Rechtsvergleichende Arbeiten zum AT (1. Teil). – *Protokolle* über die Sitzungen des Sonderausschusses für die Strafrechtsreform 4. und 5. Wahlperiode (Prot. IV und V). – *Ausschußberichte* zu den beiden StrRG (BT-Drs. V/4094 und 4095). – *Protokolle* über 2. und 3. Beratung der Reformgesetze im Bundestag (230. Sitzung Prot. S. 12103 ff., 232. Sitzung; Prot. S. 12827 ff.). – *Protokolle* über Beratung der Reformgesetze im Unterausschuß des Rechtsausschusses des Bundesrates vom 9. 5. 69 (R 42/69), im Plenum dieses Ausschusses vom 14. 5. 1969 (R 0055 – R 44/69) sowie im Plenum des Bundesrates vom 30. 5. 69 (339. Sitzung). –

Aus dem *neueren Schrifttum* zur Reform im *allgemeinen* (zum *älteren* Schrifttum vgl. die Nachw. in der 19. A., zum *speziellen* Schrifttum die Angaben bei den einzelnen Bestimmungen): *Achenbach,* Kriminalpol. Tendenzen in den jüngeren Reformen des Besonderen Strafrechts und des Strafprozeßrechts, JuS 80, 81. – *P.A. Albrecht,* Das Strafrecht auf dem Weg vom liberalen Rechtsstaat zum sozialen Interventionsstaat, KritV 88, 182. – *ders.,* Das Strafrecht im Zugriff populistischer Politik, StV 94, 265. – *P.A. Albrecht* ua, Strafrecht – ultima ratio. Empfehlungen der Niedersächsischen Kommission zur Reform des Strafrechts und des Strafverfahrensrechts 1992. – *P.A. Albrecht/Hassemer/Voß,* Rechtsgüterschutz durch Entkriminalisierung. Vorschläge der Hessischen Kommission „Kriminalpolitik" zur Reform des Strafrechts, 1992. – *Baumann,* Entwurf eines StGB, Allg. Teil, 1963. – *ders.,* Kleine Streitschriften zur Strafrechtsreform, 1965. – *ders.,* Weitere Streitschriften zur Strafrechtsreform, 1969. – *ders.* (Hrsg.), Mißlingt die Strafrechtsreform?, 1969. – *ders.,* Die große Reform im Strafrecht, Tü-BRD-FS 293. – *Blau,* Die Kriminalpolitik der deutschen Strafrechtsreformgesetze, ZStW 89, 511. – *Dencker,* Gefährlichkeitsvermutung statt Tatschuld?, StV 88, 262. – *Dreher,* Berichte über die Arbeitstagungen der Strafrechtskommission, ZStW Bd. 66 ff. – *Dahs,* Das kommende Strafgesetzbuch, NJW 58, 1161. – *Ebert,* Tendenzwende in der Straf- und Strafprozeßgesetzgebung?, JR 78, 136. – *Eser,* Hundert Jahre deutscher Strafgesetzgebung, Maihofer-FS 109. – *Eser/Cornils,* Neuere Tendenzen der Kriminalpolitik, 1987. – *Frey,* Die kriminalpolitischen Aufgaben der Strafrechtsreform, Referat zum 43. DJT, 1960. – *Gallas,* Der dogmatische Teil des AE, ZStW 80, 1. – *Geilen,* Die deutsche Strafrechtsreform in der Kritik, FamRZ 68, 285. – *Germann,* Grundlagen der Strafbarkeit nach dem Entwurf eines AT eines deutschen StGB von 1958, ZStW 71, 157. – *Grünhut,* Rechtsvergleichende Bemerkungen zum deutschen Srafgesetzentwurf, ZStW 71, 522. – *Grünwald,* Die Strafrechtsreform in der BRD und in der DDR, ZStW 82, 250. – *Hassemer* (Hrsg.), Strafrechtspolitik, Bedingungen der Strafrechtsreform, 1987. – *ders.,* Symbolisches Strafrecht und Rechtsgüterschutz, NStZ 89, 553. – *ders.,* Das Schicksal der Bürgerrechte im »effizienten« Strafrecht, StV 90, 328. – *ders.,* Kennzeichen u. Krisen des mod. Strafrechts, ZRP 92, 378. – *ders.,* Vermögen im Strafrecht, WM Beil. 3/1995. – *Heinitz,* Der Entwurf des Allg. Teils des StGB vom kriminalpolitischen Standpunkt aus, ZStW 70, 61. – *Heinitz/Würtenberger/Peters,* Gedanken zur Strafrechtsreform, 1965. – *Hirsch,* Bilanz der Strafrechtsreform, H. Kaufmann-GedS 133. – *Horn,* Neuerungen der Kriminalpolitik im deutschen StGB 1975, ZStW 89, 547. – *Gropp,* Landesbericht Deutschland, in: *Eser/Huber,* Strafrechtsentwicklung in Europa, 1985, 21. – *Horstkotte/Kaiser/Sarstedt,* Tendenzen in der Entwicklung des heutigen Strafrechts, 1973. – *Jelowik,* Zur Geschichte der Strafrechtsreform in der Weimarer Republik, 1983. – *Jescheck,* Das Menschenbild unserer Zeit und die Strafrechtsreform, 1957. – *ders.,* Schweizerisches Strafrecht und deutsche Strafrechtsreform, SchwZStr 78, 172. – *ders.,* Die weltanschaulichen und politischen Grundlagen des Entwurfs eines StGB (E 1962), ZStW 75, 1. – *ders.,* Strafrechtsreform in Deutschland, Allg. Teil, SchwZStr 91 (1975) 1. – *ders.,* Deutsche und österr. Strafrechtsreform, Lange-FS 365. – *ders.,* Die Krise der Kriminalpolitik, ZStW 91, 1037. – *ders.* (Hrsg.) Strafrechtsreform in der BRD und in Italien, 1981. – *ders.,* Strafrechtsreform in Dtld., SchwZStr 100, 1. – *ders.,* Neue Strafrechtsdogmatik u. Kriminalpolitik in rechtsvergleichender Sicht, ZStW 98, 1. – *Jung,* Fortentwicklung des strafr. Sanktionssystems, JuS 86, 741. – *G. Kaiser*, Zur kriminalpolitischen Konzeption der Strafrechtsreform, ZStW 78, 100. – *ders.*, Kriminalpolitik ohne kriminologische Grundlage?, Schröder-GedS 481. – *ders.*, Kriminalisierung u. Entkriminalisierung in Strafrecht. Kriminalpolitik, Klug-FS II 579. – *Armin Kaufmann*, Die Dogmatik im AE, ZStW 80, 34. – *F. Kunert,* Der 1. Abschnitt der Strafrechtsreform NJW 69, 1229. – *ders.*, Der 2. Abschnitt der Strafrechtsreform, NJW 70, 537. – *Lackner,* Der AE und die praktische Strafrechtspflege, JZ 67, 513. – *Lang-Hinrichsen,* Die kriminalpolitischen Aufgaben der Strafrechtsreform, Gutachten zum 43. DJT, 1960. – *Leferenz,* Der Entwurf des Allg. Teils eines StGB in kriminologischer Sicht, ZStW 70, 25. – *Lenckner,* Strafgesetzgebung in Vergangenheit und Gegenwart, in Tradition und Fortschritt im Recht (Tüb. FS), 1977, 239. – *ders.*, 40 Jahre Strafrechtsentwicklung in der Bundesrepublik Deutschland, TÜ-FS, 325. – *Lüderssen,* Neuere Tendenzen der deutschen Kriminalpolitik, StV 87, 163. – *Lüttger,* Strafrechtsreform und Rechtsvergleichung, 1979. – *Madlener/Papenfuß/Schöne,* Strafrecht und Strafrechtsreform, 1974. – *Maiwald,* Wege zur Strafrechtsreform, 1976. – *ders.*, Dogmatik und Gesetzgebung im Strafrecht d. Gegenwart, in: Behrends/Henckel (Hrsg.), Gesetzgebung und Dogmatik, 1989, 120 ff. – *Mannheim,* Betrachtungen zum Entwurf des AT eines StGB, ZStW 71, 181. – *Maurach,* Die kriminalpolitischen Aufgaben der Strafrechtsreform, Gutachten zum 43. DJT, 1960. – *H. Mayer,* Strafrechtsreform für heute und morgen, 1962. – *Mueller,* Amerik. Stellungnahme zum Entwurf eines deutschen StGB, ZStW 73, 297. – *Müller-Emmert/Friedrich,* Die Strafrechtsreform, DRiZ 69, 319. – *Naucke,* Tendenzen in der Strafrechtsentwicklung, 1975. – *Peters/Lang-Hinrichsen,* Grundfragen der Strafrechtsreform, 1959. – *Müller-Dietz,* Aspekte u. Konzepte der Strafrechtsbegrenzung, R. Schmitt-FS 95. – *Pfenninger,* Die Reform des deutschen Strafrechts, SchwJZ 64, 353. – *Rautenberg,* Die Reform des strafr. Sanktionssystems, GA 99, 449. – *Reigl,* Sinn der Strafe und Strafrechtsreform, ZStW 73, 634. – *Reinisch* (Hrsg.), Die deutsche Strafrechtsreform, 1967. – *Richter,* Zur Strafgesetzgebung in unserer Zeit, AnwBl. 88, 440. – *Rogall,* Stillstand oder Fortschritt der Strafrechtsreform?, ZRP 82, 124. – *Roxin,* Zur Entwicklung der Kriminalpolitik seit den Alternativ-Entwürfen, JA 80, 545. – *Rüping,* Strafjustiz im Führerstaat, GA 84, 297. – *ders.*, Bibliographie zum Strafrecht im Nationalsozialismus, 1985. – *Sax,* Dogmatische Streifzüge durch den Allg. Teil eines StGB nach den Beschlüssen der GrStrK, ZStW 69, 412. – *E. Schmidt,* Kriminalpolitische und strafrechtsdogmatische Probleme in der deutschen Strafrechtsreform, ZStW 69, 539. – *Schöch,* Empfehlen sich Änderungen und Ergänzungen bei den strafrechtlichen Sanktionen ohne Freiheitsentzug?, 59. DJT-Gutachten, 1992. – *Schröder,* Die kriminalpol. Aufgaben der Strafrechtsreform, Referat zum 43. DJT, 1960. – *Schroeder,* Die neuere Entwicklung der Strafgesetzgebung in Deutschland, JZ 70, 393. – *Schubert,* Die Quellen zum StGB von 1870/71, GA 82, 191. – *Schüler-Springorum,* Kriminalpolitik für Menschen, 1991. – *Schultz,* Kriminalpol. Bemerkungen zum Entwurf eines StGB, JZ 66, 113. – *Schwalm,* Die kriminalpol. Bedeutung des Entwurfs eines StGB, GA 64, 257. – *Simson,* Strafrechtsentwicklung und Strafgesetzentwurf Deutschlands in schwedischer Sicht, ZStW 75, 682. – *Stratenwerth,* Die Definitionen im AT des E 1962, ZStW 76, 669. – *Stratenwerth/H. Schultz,* Leitprinzipien der Strafrechtsreform, 1970. – *Sturm,* Grundlinien der neueren Strafrechtsreform, Dreher-FS 513. – *Vogler,* Möglichkeiten und Wege einer Entkriminalisierung, ZStW 90, 132. – *Weigend,* Sanktionen ohne Freiheitsentzug, GA 92, 345. – *Woesner,* Gesamterneuerung oder Einzelgesetzgebung in der großen Strafrechtsreform?, NJW 65, 417. – *ders.*, Grundgesetz und Strafrechtsreform, NJW 66, 1729. – *Wolf,* Befreiung des Strafrechts vom nationalsozialistischen Denken, JuS 1996, 189. – *Würtenberger,* Strafrechtspflege und Strafrechtsreform, ZStW 75, 98. – *ders.*, Kriminalpolitik im sozialen Rechtsstaat, 1970. – Vgl. ferner die jeweiligen Landesberichte Deutschland in den laufenden Sammelbänden von *Eser/Huber,* Strafrechtsentwicklung in Europa, Bd. 1 (1985); Bd. 2/1 (1988); Bd. 3/1 (1990); Bd. 4 (1993); Bd. 5.1 (1997); Bd. 5. 2. (1999). – Spez. zum Schrifttum zum *Übergang vom DDR-Strafrecht zur bundesdeutschen Rechtseinheit* s. die Angaben u. 63 vor § 3.

Strafgesetzbuch

Vom 15. Mai 1871
in der Fassung der Bekanntmachung vom 13. November 1998 (BGBl. I 3322)
mit Änderung durch das Strafverfahrensänderungsgesetz 1999 (StVÄG 1999)
vom 2. August 2000 (BGBl. I 1253)

Allgemeiner Teil

1. Abschnitt. Das Strafgesetz

Erster Titel. Geltungsbereich

Vorbemerkungen vor § 1

Übersicht

I.	Gegenstand und Aufbau des StGB	1–8	IV. Strafrecht und Verfassungsrecht	27–35
II.	Geltungsbereich des StGB	9–21	V. Bundesstrafrecht und Landesstrafrecht	36–57
III.	Staatliches Strafrecht – Europ. Strafrecht – Völkerstrafrecht	22–26	VI. Inkrafttreten, Übergangsregelungen	58

I. Gegenstand und Aufbau des StGB

Schrifttum: Burkhardt,, Zur Abgrenzung von Versuch u. Wahndelikt im Steuerstrafrecht, wistra 82, 178. – *Dedes,* Die Einteilung der Straftaten im BT, Oehler-FS 265. – *Eser,* Verhaltensregeln u. Behandlungsnormen, Lenckner-FS 25. – *Fincke,* Das Verhältnis des Allgemeinen zum Besonderen Teil des Strafrechts, 1975. – *Kaiser,* Strategien und Prozesse strafrechtlicher Sozialkontrolle, 1972. – *Krüger,* Der Adressat des Rechtsgesetzes, 1969. – *Kühl,* Probleme der Verwaltungsakzessorietät des Strafrechts, Lackner-FS 815. – *Lüderssen,* Die strafrechtsgestaltende Kraft des Beweisrechts, ZStW 85, 288. – *Perron,* Die Stellung von Rechtfertigung u. Entschuldigung im System der Strafbarkeitsvoraussetzungen, in Eser/Nishihara, Rechtfertigung u. Entschuldigung IV, 1995, 67. – *Peters,* Die strafrechtsgestaltende Kraft des Strafprozesses, 1963. – *Rittler,* Gesetztes und nichtgesetztes Strafrecht, ZStW 49, 451. – *Schroeder,* Rückkehr zur Kasuistik in der Strafgesetzgebung?, GA 90, 97. – *Tiedemann,* Zum Verhältnis von Allg. u. Bes. Teil des Strafrechts, Baumann-FS 7. – *Volkmann,* Qualifizierte Blankettnormen, ZRP 95, 220. – *Wach,* Legislative Technik, VDA VI 1. – *Wolf,* Gesetzgebungskompetenz u. Blankettstrafrecht, DVBl. 62, 663.

1. Gegenstand des *Strafrechts* ist die *Kriminalität*; dies freilich weniger als *gesellschaftliches* Phänomen, **1** wie es Gegenstand der Kriminologie als sog. Wirklichkeitswissenschaft ist (Göppinger, Kriminologie 1), als vielmehr in Gestalt des *individuellen* Verbrechens; auch soweit dieses ebenfalls empirisch für die Handlungswissenschaft von Interesse ist, erhält es durch die Frage nach seiner strafrechtlichen Zurechenbarkeit und Sanktionierung einen stark normativen Zug (vgl. Hassemer NK 1 ff., Neumann, Wissenschaftstheorie in der Rechtswissenschaft, in Kaufmann ua, Einführung in Rechtsphilosophie u. Rechtstheorie der Gegenwart 356 f.). Selbst unter Beschränkung auf das individuelle Verbrechen hat das StGB davon nur einen Teilausschnitt zum Gegenstand: Es enthält den Kernbereich des sog. **materiellen Strafrechts.** Versteht man unter Strafrecht iwS die Gesamtheit der Normen, durch der der Vorgang staatlichen Strafens geregelt wird (Schmidhäuser 3), so sind als *materielles* Strafrecht jene Rechtsnormen zu begreifen, durch die für ein bestimmtes menschliches Verhalten („Tat") eine bestimmte Sanktion („Rechtsfolgen der Tat") angeordnet wird (B/W-Weber 8). Demgemäß werden durch das materielle Strafrecht nicht nur die Voraussetzungen umschrieben, unter denen ein Verhalten als strafrechtlich sanktionierbar anzusehen ist *(Tatvoraussetzungen),* sondern auch Art und Umfang der Sanktionen, mit denen eine derartige Tat geahndet werden darf *(Tatfolgen).* Dabei kommt den Strafvorschriften eine in sich zusammenhängende dreifache Bestimmungs-, Bewertungs- und Gewährleistungsfunktion zu (vgl. 49 vor § 13). Dementsprechend kommt als Adressat des Strafgesetzes nicht nur der „Rechtsstab" in Gestalt der staatlichen Strafverfolgungsbehörden in Betracht (so jedoch einseitig Schmidhäuser, Form u. Gehalt der Strafgesetze, 1988, passim, JZ 89, 419; ablehnend auch Alwart, Recht u. Handlung, 1987, 146 ff.); vielmehr richten sich die Strafgesetze (iSe „zweigliedrigen" Adressatentheorie) sowohl als **Verhaltensregeln** mit Ge- und Verboten an den Bürger (vgl. BVerfGE **90** 146, Krüger aaO 63 f., Perron aaO 75) wie auch als *Behandlungsnormen* an das zuständige staatliche Strafverfolgungsorgan (näher zu dieser – sonst meist mit Verhaltens- und Sanktionsnormen bezeichneten – Differenzierung Eser Lenckner-FS 25 ff., 39 ff.; vgl. auch Hoerster JZ 89, 10, 425).

Im Unterschied dazu wird durch das **formelle** Strafrecht lediglich das Verfahren geregelt, das bei **2** Ermittlung und Aburteilung einer Straftat (Strafverfahrensrecht: insbes. StPO, GVG) sowie bei

Vollstreckung einer strafrechtlichen Sanktion (Strafvollstreckungsordnung, Vollzugsrecht) einzuhalten ist.

3 a) Freilich ist im StGB selbst lediglich der **Kernbereich** des materiellen Strafrechts geregelt. Und zwar dadurch, daß im „Allgemeinen Teil" (AT) die allgemeinen „Grundlagen der Strafbarkeit" (§§ 13–37 iVm §§ 1–12) und im „Besonderen Teil" (BT) der weitaus größte Teil der einzelnen Tatbestände (§§ 80–358) umschrieben sowie die (zum AT gehörenden) Rechtsfolgen der Tat (§§ 38–76 a) benannt werden (allg. zu dieser Aufteilung Fincke aaO). Im übrigen jedoch sind StGB und materielles Strafrecht keineswegs deckungsgleich: So ist einerseits der Regelungsbereich des StGB insofern weiter, als dieses Materien enthält, die (zumindest auch) *prozessualen* Charakter haben: wie zB die Bestimmungen über Strafantrag, Ermächtigung und Strafverlangen (§§ 77–77 e; vgl. § 77 RN 8) bzw. die Verjährungsvorschriften (§§ 78–79 b; vgl. 3 vor § 78). Andererseits wird das materielle Strafrecht durch das StGB insofern nicht voll erfaßt, als sich auch in anderen Gesetzen und Rechtsbereichen Normen strafrechtlichen Charakters finden. Das gilt nicht nur für sonstige *„strafrechtliche Hauptgesetze"* (M-Zipf I 102, Naucke aaO 108 ff.), wie etwa das JGG, das WehrStG oder das WiStG, sondern auch für den bedenklich ausufernden Bereich des sog. *Nebenstrafrechts* (krit. zu der darin liegenden Verharmlosungsgefahr Hassemer NK 370 ff. mwN), wo sich der Gesetzgeber anstelle abschließend ausformulierter Straftatbestände überwiegend mit bloßen **Blankettstrafgesetzen** begnügt. Für diese Gesetzgebungstechnik, die sich vereinzelt auch im StGB findet (so etwa in §§ 184 a, 315 c I Nr. 2 a sowie neuerdings verstärkt in den Umweltschutztatbeständen der §§ 324 ff.), ist charakteristisch, daß durch die Strafnorm lediglich eine Strafdrohung aufgestellt und diese an einen Tatbestand angeknüpft wird, der durch einen anderen – bislang meist (zu eng) als „Ausfüllungs*norm*" bezeichneten – Rechtsakt näher umschrieben ist (Jescheck/Weigend 111, Krey, Studien zum Gesetzesvorbehalt im Strafrecht 33, 126 f. mwN). Bei diesem (meist verwaltungsrechtlichen) *„Ausfüllungsakt"* kann es sich um eine Vorschrift des deutschen Rechts, um einen Verwaltungsakt oder auch um eine EG-Verordnung handeln (BGH **41** 127; vgl. § 1 RN 8). Das strafbegründende Gesetz besteht also aus der Verbindung von (strafrechtlicher) Blankettsanktionsnorm und (außerstrafrechtlichem) Blankettausfüllungsakt (BGH **6**, 30, Bay VRS **96** 190), wobei sich zT sogar erst aus letzterem die Entscheidung über das „ob" der Strafbarkeit ergibt (näher zu solchen „qualifizierten Blankettnormen" Volkmann ZRP 95, 220 ff.); auch durch sog. „Verweisungsbegriffe" können derartige Verbindungen entstehen (dazu Burkhardt wistra 82, 179). Der Vorteil der Blankettechnik liegt darin, daß die Verwaltung flexibler auf Veränderungen reagieren kann als der schwerfälligere Gesetzgeber. Auf der anderen Seite wirft diese Gesetzgebungstechnik zahlreiche Probleme auf, so vor allem im Hinblick auf das Gesetzlichkeitserfordernis (§ 1 RN 18 a; § 2 RN 26 f., am Bsp. des Umweltstrafrechts 4 vor § 324; zum Analogieverbot § 1 RN 33, Roxin I 112), aber auch hins. Gesetzgebungskompetenz (Volkmann aaO 221 f.; Schünemann Lackner-FS 371 ff.) und Irrtum (Burkhardt wistra 82, 178 ff., Roxin I 412). Vgl. zum Ganzen auch Jescheck/Weigend 111; M-Zipf I 103; insbes. zu den sog. Rückverweisungsklauseln Kühl Lackner-FS 819 ff. Abzugrenzen ist die Blankettechnik von der reinen Binnenverweisung, wie sie vor allem im Nebenstrafrecht zu finden ist, wobei die Strafvorschriften am Ende des (außerstrafrechtlichen) Gesetzes im Unterschied zu Blankettgesetzen auf Regelungen innerhalb eines Gesetzes verweisen, so daß sich die Strafvoraussetzungen aus einem einzigen Gesetz ergeben (Kühl Lackner-FS 823; vgl. Bay VRS **96** 190 zu § 22 a StVG). Hins. der Kompetenzfragen ist die Binnenverweisung unproblematisch. Kein Blankett ist ebenfalls die reine Akzessorietät der Strafvorschriften von außerstrafrechtlichen Rechtsbegriffen, weswegen insoweit das Analogieverbot nicht eingreift (§ 1 RN 33, Roxin I 112). Zum weitergehenden, insbes. auch sog. „dynamische Verweisungen" erfassenden Blankettverständnis von Schünemann Lackner-FS 370 ff. vgl. 25. A. RN 3 a.

4 Über Umfang und Vielfalt strafrechtlicher Nebengesetze vgl. die Sammlung von Erbs-Kohlhaas. Selbst in der StPO sind Vorschriften zu finden, die ihrem Regelungsgehalt nach materiellen Charakter haben, wie etwa die Verfahrenseinstellung bei Geringfügigkeit (§§ 153 ff. StPO), wo ähnliche Strafbedürftigkeitsgedanken durchgreifen wie bei dem (in § 60 StGB geregelten) Absehen von Strafe (vgl. B/W-Weber 42 f. sowie Cramer, Eser und Naucke, jeweils Maurach-FS 487 ff., 257 ff. bzw. 197 ff., Peters, aaO 7).

5 b) Trotz derartiger Überschneidungen mit anderen Rechtsbereichen bildet das StGB jedoch unzweifelhaft sowohl das tragende Fundament als auch den maßgeblichen **Orientierungsrahmen** des materiellen Strafrechts. Das hat sowohl einengende wie auch ausweitende Konsequenzen: *Einengende* insofern, als nur solche Verhaltensweisen, die im StGB selbst oder zumindest in einer auf das StGB bezogenen Norm – gleich ob unmittelbar (wie nach § 369 II AO) oder mittelbar (wie bei Blankettgesetzen) – tatbestandlich umschrieben und strafbewehrt sind, als „strafbar" ieS angesehen werden dürfen. Dadurch wird nicht nur das sog. Polizei- und Verwaltungsunrecht, sondern vor allem auch das gesamte *Ordnungswidrigkeitenrecht* aus dem Bereich des materiellen Strafrechts ausgegrenzt (vgl. aber dazu auch 35 vor § 38), ganz zu schweigen von Rechtsbrüchen oder Normverstößen, die nur durch privatrechtliche Vertrags-, Verbands- oder Betriebsstrafen geahndet werden (dazu 37 vor § 38) oder gar nur *nichtstaatlichen* „*Sozialkontrollen"* unterliegen (vgl. Kaiser, Kriminologie 94 ff.). Denn ungeachtet der etwaigen Bezeichnung solcher Sanktionen als „Strafen" und bei aller Anerkennung der Bedeutung, die nichtstrafrechtlichen Sanktionssystemen für das Funktionieren des gesamtgesellschaftlichen Kontrollmechanismen zukommt (dazu Kaiser, Strategien 1 ff., 20 ff. mwN), können zum Strafrecht ieS nur solche Tatbestände und Tatfolgen gerechnet werden, die am Verbrechens- und Sanktionssystem des StGB ausgerichtet sind (vgl. Roxin I 1 ff.).

Das hat zugleich auch *ausweitende* Wirkung; denn bestimmt sich der Bereich des materiellen **6** Strafrechts nach dem StGB, so erlangen damit über die „Strafen" im traditionellen Sinne (Freiheitsstrafe, Geldstrafe) hinaus auch solche Sanktionen strafrechtlichen Charakter, die nicht als „Strafen" ieS begriffen werden können, sondern präventionsrechtlichen Ursprung und Charakter haben. Und das trifft nahezu für alle *Maßnahmen* iSv § 11 I Nr. 8 zu, namentlich also für die „Maßregeln der Besserung und Sicherung" (§§ 61–72; vgl. 1 ff. vor § 61) wie auch für die in ihrem Charakter ambivalente Einziehung (vgl. 12 ff. vor § 73). Indem das StGB diese Sanktionen als Rechtsfolgen einer Straftat vorsieht, legt es ihnen – ungeachtet ihrer möglichen Herkunft aus einem anderen Rechtsgebiet – auch strafrechtlichen Charakter bei. Insofern hat das StGB für die Umgrenzung des materiellen Strafrechts konstitutive Bedeutung, und zwar sowohl in einengender als auch in ausweitender Richtung. Zur besonderen Funktion des „Strafgesetzes" als Grundlage und Grenze staatlichen Strafens vgl. auch § 1 RN 8 ff.

2. In seinem **Aufbau** folgt das StGB der seit dem preußischen ALR von 1794 im kontinental- **7/8** europäischen Rechtsbereich üblich gewordenen Grundaufteilung in einen *Allgemeinen Teil* (AT) und einen *Besonderen Teil* (BT); allg zu dieser Aufteilung Fincke aaO. Während im BT (§§ 80–358) die einzelnen Tatbestände der verschiedenen Arten von Straftaten umschrieben und mit einer bestimmten Strafdrohung versehen werden (vgl. Dedes aaO), enthält der AT (§§ 1–79 b) die gleichsam vor die Klammer gezogenen allgemeinen, dh gattungsmäßig für jede Art von Straftat geltenden Grundsätze über die Tatvoraussetzungen und Tatfolgen (vgl. o. 3). An dieser Grundaufteilung hat sich – von gewissen Umstellungen innerhalb des AT einmal abgesehen – auch durch das 2. StRG nichts geändert (vgl. im einzelnen 19. A. RN 8).

II. Geltungsbereich des StGB

Der dem „Geltungsbereich" gewidmete Eingangstitel des 1. Abschn. des StGB läßt bereits erken- **9** nen, daß es sich dabei um ein *mehrdimensionales* Problem handelt. Versteht man hier Geltungsbereich iSd *Anwendbarkeit* von Recht – im Unterschied zu seinem „Inkraftsein" (dazu Schmidhäuser 126 f.) –, so bedarf der Anwendungsbereich des StGB sowohl in zeitlicher, örtlicher und persönlicher als auch in sachlicher Hinsicht einer gesetzlichen Umgrenzung.

1. In der Voranstellung des Grundsatzes „keine Strafe ohne Gesetz" (§ 1) liegt freilich nicht nur **10** eine Aussage zum Geltungsbereich, sondern zu der noch vorgelagerten Frage der **Geltungsvoraussetzung** von Strafrecht überhaupt; denn durch den Grundsatz „nullum crimen sine lege" wird vorab jeder zeitlichen, räumlichen und personalen Dimension statuiert, daß die Deklarierung und Sanktionierung menschlichen Verhaltens als „Straftat" ein entsprechendes *Strafgesetz* voraussetzt, diesem also sowohl nach Grund wie nach Umfang *konstitutive* Bedeutung für die Annahme einer Straftat zukommt (vgl. näher § 1 RN 8 ff.). Insofern enthält der nullum crimen-Grundsatz mehr als nur prozessuales „Strafanwendungsrecht", wie offenbar ein Teil der Lehre meint (vgl. Baumann, Summum ius 123, MD-Schmidt-Aßmann Art. 103 RN 191).

2. Das hat auch Bedeutung für die **zeitliche** Geltungsdimension: Da die Strafbarkeit die Existenz **11** eines bestimmten Gesetzes voraussetzt, bedürfen sowohl der Geltungs*zeitpunkt* als auch die Geltungs*dauer* des Gesetzes einer Regelung; dies vor allem dann, wenn zwischen Tatbegehung und richterlicher Entscheidung eine Gesetzesänderung eintritt. Die für dieses *„intertemporale Strafrecht"* (M-Zipf I 156) maßgeblichen Grundsätze finden sich in § 2. Ergänzend dazu gibt § 8 eine nähere Bestimmung des *Zeitpunktes,* zu dem im Einzelfall eine Tat als *begangen* anzusehen ist.

3. Dem **räumlich-örtlichen** Geltungsbereich des deutschen Strafrechts sind die §§ 3–7 gewidmet. **12** Dabei geht es sowohl um den innerdeutschen Geltungsbereich und die damit zusammenhängenden Fragen des sog. *interlokalen* Strafrechts, als auch um die Anwendbarkeit des deutschen Strafrechts bei Taten mit transnationalem Einschlag, also um Fragen des heute sog. *internationalen* Strafrechts (vgl. aber auch 2 vor § 3). Besondere Bedeutung haben diese Geltungsprobleme für Taten, die in der ehemaligen DDR sowie nunmehr noch in den Beitrittsgebieten im Rahmen von partikulärem Bundesrecht begangen wurden (näheres dazu 63 ff., 70 f. vor § 3). Der für den Anwendungsbereich maßgebliche *Ort* der Tat wird durch § 9 bestimmt.

Über diese allgemeinen räumlichen Geltungsgrenzen des deutschen Strafrechts hinaus sind be- **13** stimmte Tatbestände des BT, so vor allem im Bereich der Staatsschutzdelikte, noch weitergehend in ihrem Geltungsbereich eingeschränkt (vgl. näher 18 vor § 3 sowie 12 ff. vor § 80).

4. Für den **persönlichen** Geltungsbereich des StGB fehlt es zwar an einer zusammenfassenden **14** Regelung. Da es auch keine Einschränkung enthält, gilt es **grundsätzlich für jeden Menschen.** Doch ist hinsichtlich des *altersmäßigen* Anwendungsbereichs in § 10 durch Verweis auf das JGG klargestellt, daß für Taten von Jugendlichen (14–18 Jahre) und Heranwachsenden (18–21 Jahre) das StGB nur insoweit gilt, als durch das JGG nichts anderes bestimmt ist, dieses also Vorrang hat. Kinder (bis zu 14 Jahren) gelten nach § 19 ohnehin ausnahmslos als schuldunfähig. Über daraus ergebende Beschränkungen für die Anwendbarkeit des AT vgl. die Anm. zu § 10 bzw. § 19.

Dagegen kann bei der sog. *Indemnität* (§ 36) bestimmter Straftaten von Parlamentariern von einer **15** Einschränkung des persönlichen Geltungsbereichs des StGB wohl ebensowenig die Rede sein wie bei der (eng mit der internationalstrafrechtlichen Exemtion zusammenhängenden) **Exterritorialität** von Diplomaten (vgl. 38 ff. vor § 3); denn da in solchen Fällen sonst gar kein Bedürfnis für einen

Vorbem zu § 1   16–21   Allg. Teil. Das Strafgesetz – Geltungsbereich

Ausschluß (lediglich) der Strafbarkeit bestünde, setzen sie ihrerseits die Geltung des StGB geradezu voraus. Daher werden in derartigen Freistellungen vom Zugriff der (deutschen) Strafgerichtsbarkeit nur persönliche Strafausschließungsgründe (allg. dazu 127 ff. vor § 32) bzw. prozessuale Immunitäten (vgl. § 36 RN 1) zu erblicken sein.

16   5. Der **sachliche** Geltungsbereich des StGB kann sowohl in vertikaler als auch in horizontaler Hinsicht in Frage stehen: Vertikal kann es einerseits durch *höherrangiges* Recht verdrängt bzw. beschränkt werden: so etwa durch Völkerstrafrecht (u. 23 ff.) bzw. Verfassungsrecht (u. 27 ff.); andererseits kann das im StGB geregelte Strafrecht *nachrangigem* Recht vorgehen: so grundsätzlich gegenüber etwaigem Landesstrafrecht (u. 32 ff.). Auf horizontaler Ebene geht es um das Verhältnis des StGB zu *gleichrangigem* Bundesrecht.

17   6. Die für das **Verhältnis des StGB zu sonstigem Bundesrecht** maßgeblichen Regeln finden sich nicht im StGB selbst, sondern im EGStGB v. 2. 3. 1974 (Anh. 18. A.), durch das zugleich das bis dahin geltende EGStGB des Norddt. Bundes v. 31. 5. 1870 (Anh. 17. A.) aufgehoben und ersetzt wurde (Art. 287 Nr. 23 EGStGB). Danach wird die Anwendbarkeit des StGB je nach AT bzw. BT von unterschiedlichen Prinzipien bestimmt (vgl. Göhler NJW 74, 825):

18   a) Soweit es um **Materien des AT** geht, sind die Vorschriften des StGB auch für sonstiges (bereits bestehendes wie auch zukünftiges) Bundesrecht verbindlich, es sei denn, daß ausnahmsweise etwas anderes vorgesehen ist (Art. 1 I EGStGB). Damit ist die unter der Herrschaft des § 2 I EGStGB aF umstrittene Frage, inwieweit das StGB auch für sonstiges Reichs- bzw. Bundesstrafrecht verbindlich ist, heute im Interesse größtmöglicher Einheitlichkeit zugunsten einer *Allgemeinverbindlichkeit des AT des StGB* beantwortet. Dadurch ist insbes. auch klargestellt, daß gemäß § 15 Fahrlässigkeit nur noch insoweit strafbar ist, als dies von der betreffenden Strafvorschrift ausdrücklich vorgesehen wird.

19   Soweit Art. 1 I EGStGB für gewisse Ausnahmen von der Verbindlichkeit des AT des StGB noch Raum läßt, bedürfen diese freilich einer ausdrücklichen Regelung. Dies ist etwa in WiStG 1954 geschehen, nach dessen § 8 IV 1 (idF des Art. 149 Nr. 5 EGStGB) die Verfallsregeln der §§ 73 ff. StGB durch die Abführung des Mehrerlöses verdrängt werden.

20   b) Für **Materien des BT** hingegen gilt das umgekehrte Prinzip, nämlich daß andere bundesrechtliche Strafvorschriften vom StGB unberührt bleiben (Art. 4 I EGStGB). Damit gehen Tatbestände des StGB auch auf Konkurrenzebene etwaigen sondergesetzlichen Tatbeständen nicht unbedingt vor; vielmehr wird nach Spezialitätsgrundsätzen das Zurücktreten des StGB-Tatbestandes die Regel sein (vgl. u. 110 vor § 52). Im Verhältnis zu *Bußgeldtatbeständen* gehen Straftatbestände regelmäßig vor: vgl. § 21 OWiG.

21   c) Zwecks Anpassung des **Strafen- und Maßnahmensystems** an die Konzeption des neuen AT wird durch Art. 10–17 EGStGB die Änderung bzw. Außerkraftsetzung abweichenden Bundesrechts angeordnet (zu Einzelheiten vgl. 21. A. RN 19). Davon ausgenommen werden lediglich das WehrStG sowie das ZivildienstG (Art. 10 II EGStGB), da dort „zur Wahrung der Disziplin" für etwa notwendige Sonderregelungen Raum bleiben sollte (BT-Drs. 7/550 S. 204). Über eine entsprechende Angleichung landesrechtlicher Strafvorschriften vgl. u. 56.

III. Nationales und transnationales Strafrecht: Völkerstrafrecht – Europäisches Strafrecht

Aus dem neueren Schrifttum (zum älteren vgl. 19. A.): *Ambos*, Nuremberg revisited, StV 97, 39. – *ders.*, Zur Rechtsgrundlage des IStGH, ZStW 111 (1999), 175. – *Bassiouni*, The Statute of the Intern. Crim. Court (1998). – *Becker*, Der Tatbestand des Verbrechens gegen die Menschlichkeit (1996). – *Berber*, Lehrb. d. Völkerrechts Bd. I 2. A. (1975), Bd. II 2. A. (1969), Bd. III 1964). – *Bleckmann*, Die Überlagerung des nationalen Strafrechts durch das Europ. Gemeinschaftsrecht, Stree/Wessels-FS 107. – *Böse*, Strafen u. Sanktionen im europ. Gemeinschaftsrecht (1996). – *Dahm*, Die Stellung des Menschen im Völkerrecht unserer Zeit (1961). – *Dannecker*, Die Bekämpfung des Subventionsbetrugs im EG-Bereich (1993). – *ders.*, Strafrecht der EG, in: Eser/Huber, Strafrechtsentwicklung in Europa 4.3 (1995). – *ders.*, Strafr. Schutz der Finanzinteressen der EG gegen Täuschung, ZStW 108 (1996), 577. – *ders.*, Das Strafrecht in der EG, JZ 96, 869. – *ders.*, Die Entwicklung des Strafrechts unter dem Einfluß des Gemeinschaftsrechts, Jura 98, 79 – *Eser*, Wege u. Hürden transnat. Strafrechtspflege in Europa, BKA-Vortragsr. 37 (1992) 21. – *ders.*, Funktionen, Methoden u. Grenzen der Strafrechtsvergleichung, Kaiser-FS II, 1499. – *ders.*, Basic Issues of Transnational Cooperation in Criminal Cases, in: Wise, Criminal Science in a Global Society (Mueller-FS), 1994, 3. – *Gleß*, Zum Begriff des mildesten Gesetzes, GA 00, 224. – *Gröblinghoff*, Die Verpflichtung des dt. Strafgesetzgebers z. Schutz der fin. Interessen der EG (1996). – *Hankel/Stuby*, Strafgerichte gegen Menschheitsverbrechen (1995). – *Heitzer*, Punitive Sanktionen im europ. Gemeinschaftsrecht (1997). – *Hoffmann*, Strafrechtl. Verantwortung im Völkerrecht (1962). – *Hollweg*, Das neue Intern. Tribunal der UNO u. der Jugoslawienkonflikt, JZ 93, 980. – *Jescheck*, Strafrecht im Dienste der Gemeinschaft (1980) S. 455–628. – *ders.*, Entwicklung, gegenwärtiger Stand u. Zukunftsaussichten des intern. Strafrechts, GA 81, 49. – *Johnson*, Zur Angleichung des Straf- u. Strafprozeßrechts in der EWG, ZStW 83, 531. – *Johnson*, The Internat. Tribunal for Rwanda, Rev. Internat. de Droit Pénal 96, 211. – *Kühl*, Die Europäisierung der Strafrechtswissenschaft, ZStW 109 (1997) 777. – *Lagodny*, Die Aktivitäten des Europarats auf strafr. Gebiet, in: Eser/Huber, Strafrechtsentwicklung in Europa 4.2 (1994), 1679. – *Moll*, Europ. Strafrecht durch nationale Blankettstrafgesetzgebung? (1998). – *Mueller/Wise*, International Criminal Law (1965). – *Nill-Theobald*, „Defences" bei Kriegsverbrechen am Beispiel Deutschlands u. der USA (1997). – *Oehler*, Internationales Strafrecht[2] (1983). – *ders.*, Fragen zum Strafrecht der Europ. Gemeinschaft, Jescheck-FS II 1399. – *ders.*, Der europ. Binnenmarkt u.

Geltungsbereich des StGB **22, 23** **Vorbem zu § 1**

sein strafr. Schutz, Baumann-FS 561. – *Pabsch*, Der strafr. Schutz der überstaatl. Hoheitsgewalt (1965). – *ders.*, Auswirkungen der europ. Integrationsverträge auf das deutsche Strafrecht, NJW 59, 2002. – *Pache*, Der Schutz der finanziellen Interessen der Europ. Gemeinschaften (1994). – *Roggemann*, Die intern. Strafgerichtshöfe, 2. A. 1998. – *ders.*, Geschichte der Strafgerichtshöfe (1998). – *ders.*, Der Ständ. Internat. Strafgerichtshof u. das Statut v. Rom 1998, NJ 98, 505. – *Sieber*, Europäische Einigung u. Europäisches Strafrecht (1993). – *ders.* (unter gleichem Titel), ZStW 103 (1991) 957. – *ders.*, Memorandum für ein europ. Modell-StGB, JZ 97, 369. – *ders.*, in: Delmas-Marty, Corpus Juris der strafr. Regelungen z. Schutz der fin. Interessen der EU (1998). – *Thomas*, Die Anwendung europ. materiellen Rechts im Strafverfahren, NJW 91, 2233. – *Tiedemann*, Allg. Teil des europ. supranationalen Strafrechts, Jescheck-FS II 1411. – *ders.*, Der Strafschutz der Finanzinteressen der Europ. Gemeinschaft, NJW 90, 2226. – *ders.*, Europ. Gemeinschaftsrecht u. Strafrecht, NJW 93, 23. – *ders.*, Die Europäisierung des Strafr., in Kreutzer ua, Die Europäisierung der mitgliedsstaatl. Rechtsordnungen in der EU (1997), 133. – *ders.*, Grunderfordernisse eines ATs für ein europ. Sanktionenrecht, ZStW 110 (1998) 497. – *Trautwein*, Das Intern. Jugoslawientribunal u. das Völkerrecht, ZRP 95, 87. – *Triffterer*, Dogmat. Untersuchungen zur Entwicklung des materiellen Völkerstrafrechts seit Nürnberg (1966). – *ders.*, Völkerstrafrecht im Wandel?, Jescheck-FS II 1477. – *ders.*, Commentary on the Rome Statute of the Intern. Criminal Court, 1999. – *Tsolka*, Der allg. Teil des europ. supranation. Strafrechts i. w. S. (1995). – *Vogel*, Wege zu europ.-einheitl. Regelungen im AT des Strafrechts, JZ 95, 331. – *Vogler*, Die strafrechtl. Konventionen des Europarates, Jura 92, 586. – *Weigend*, Strafrecht durch intern. Vereinbarungen – Verlust an nationaler Strafrechtskultur?, ZStW 105 (1993) 774. – *Werle*, Menschenrechtsschutz durch Völkerstrafrecht, ZStW 109 (1997), 808. – *Wilkitzki*, Die völkerrechtl. Verbrechen u. das staatl. Strafrecht (BR Deutschland), ZStW 99 (1987), 455. – *Wolffgang ua*, Schutz der fin. Interessen der EG, EuR 98, 616. – *Zuleeg*, Der Beitrag des Strafrechts zur europ. Integration, JZ 92, 761.

1. Das innerstaatlich-nationale Strafrecht kann auch durch *transnationales Strafrecht* (näher zu dessen **22** verschiedenen Ebenen Eser Mueller-FS 4 ff. sowie 2 vor § 3) ergänzt und geprägt sein: so vor allem durch sog. **Völkerstrafrecht,** zu dem iwS alles Völkerrecht mit strafrechtlichem Inhalt gerechnet werden kann (vgl. zur Begriffsgeschichte Jescheck/Weigend 119; enger auf unmittelbare Geltung für das Individuum abheb. Triffterer aaO 34), nicht hingegen die sog. *Internationale Rechtshilfe in Strafsachen*, die nicht der Schaffung von materiellem und formellem Strafrecht dient, sondern lediglich den nationalen oder (durch Völkerstrafrecht geschaffenen) internationalen Strafanspruch durchzusetzen hilft (wie insbes. durch internationale Auslieferungsabkommen; näher dazu S/L-Lagodny Einl. 15 ff.). Gegenüber *Einzelpersonen* ist völkerrechtliches Strafrecht freilich erst möglich geworden, seitdem auch natürlichen Personen (und nicht nur Staaten bzw. vergleichbaren Völkerrechtssubjekten) grundsätzlich die Fähigkeit zuerkannt wird, unmittelbares Rechts- u. Pflichtsubjekt des Völkerrechts zu sein (so die Entwicklung seit dem Ende des 1. Weltkrieges: vgl. Berber I 170 ff.; Dahm aaO 30 ff., Jescheck aaO 492 ff., 545 ff.; zur völkerrechtl. Verantwortlichkeit von Staaten vgl. 120 vor § 25). Freilich waren bis vor kurzem – neben den Tokiotern – die Nürnberger Prozesse, die auf der Grundlage des Londoner Abk. v. 8. 8. 45 der damaligen vier Großmächte durch einen internationalen Militärgerichtshof gegen die Hauptkriegsverbrecher des 2. Weltkrieges geführt wurden, der einzige Fall geblieben, in denen Verurteilungen von Einzelpersonen unmittelbar auf überstaatlich geschaffene Strafnormen gestützt wurden. Neuerdings geschieht dies nun wieder durch die Errichtung der Internationalen Gerichtshöfe für Jugoslawien (IStGHJ; BGBl 1995 I 485; Hankel/Stuby aaO 525 ff., Hollweg JZ 93, 980 ff., Roggemann ZRP 94, 297 ff. mwN, Trautwein ZRP 95, 87 f.) und Ruanda (IStGHR; BGBl. 1998 I 483; Johnson aaO); zu deren Geschichte und Grundlagen vgl. Roggemann aaO 60 ff. Ungeachtet der nach wie vor umstrittenen Frage, ob es sich in diesen Fällen um eine rückwirkende und damit dem Rückwirkungsverbot zuwiderlaufende Schaffung und Anwendung von Strafrecht gehandelt hat (zu Nürnberg vgl. Jescheck/Weigend 120 ff. u. Ambos StV 97, 39 ff. jeweils mwN; zu Rückwirkungsverbot und Menschenrechtsschutz Werle ZStW 109, 826 f.), herrscht hins. Art. 25 GG heute Einigkeit, daß jedenfalls im Verhältnis zum bundesdeutschen Strafrecht etwaige völkerrechtliche Strafnormen nur dann Vorrang und unmittelbare Verbindlichkeit für Bewohner des Bundesgebiets haben, wenn sie als *„allgemeine Regeln des Völkerrechts"* Bestandteil des Bundesrechts geworden sind (zur Stellung zwischen Verfassung und einfach-gesetzlichem Bundesrecht BVerfGE **6** 363). Solche entstehen erst durch eine gefestigte Übung (BVerfGE **46** 367 mwN) und gehören zum Völkergewohnheitsrecht (J/P-Jarass Art. 25 RN 2). Gewohnheitsrechtliche Anerkennung genießen zumindest die sog. *Kernverbrechen* Völkermord, Verbrechen gegen die Menschlichkeit und Kriegsverbrechen (so auch Werle ZStW 109, 814; Roggemann NJ 98, 507). Ihre direkte tatbestandliche Anwendbarkeit scheitert jedoch an Art. 103 II GG. Soweit ausreichend bestimmte und gewohnheitsrechtlich anerkannte völkerrechtliche Strafnormen nicht existieren, bedarf Völkerstrafrecht gem. Art. 59 II GG der *Transformation* in staatliches Recht.

Der Kern für ein unmittelbar anwendbares Völkerstrafrecht könnte durch das auf der UN-Rom- **23** Konferenz von 1998 beschlossene Statut zur Errichtung eines **IStGH** (vom 17. 7. 98, abgedr. in EuGRZ 98, 618) geschaffen worden sein. Dieses IStGH-Statut eröffnet nach langjähriger Vorbereitung (dazu Bassiouni aaO 1 ff.) und unter Verarbeitung der Erfahrungen bei den IStGHJ und IStGHR (vgl. o. 22) die Möglichkeit, Völkerstrafrecht nicht nur zu schaffen, sondern auch wirksam und allgemein anerkannt zu verfolgen. Anders als beim IStGHJ werden vor dem IStGH nur Verbrechen bestraft, die nach Inkrafttreten von dessen Statut begangen worden sind; demzufolge braucht der IStGH zur Geltungsbegründung des Völkerstrafrechts nicht auf Gewohnheitsrecht zurückgreifen. Neben der Strafverfolgung durch dt. Gerichte entsteht durch den IStGH ein weiteres zuständiges

Strafgericht, wobei freilich – im Unterschied zum IStGHJ – die Zuständigkeit des nationalen Gerichts vorrangig ist, es sei denn dieses will bzw. kann nicht strafen oder verhängt nur eine völlig unangemessen milde Strafe (Art. 17, 20 Nr. 3 IStGH-Statut). Vgl. die Analyse des IStGH-Status bei Ambos ZStW 111, 175 ff., ferner Triffterer, Commentary.

24   Im IStGH-Statut wurde auch **materielles Völkerstrafrecht geschaffen,** wobei allerdings nur vier Delikte, die sog. Kernverbrechen, unter Strafe gestellt wurden: Völkermord, Verbrechen gegen die Menschlichkeit, Kriegsverbrechen und Aggression. Die ersten drei Straftatbestände wurden zwecks einheitlicher und effektiver Anwendung umfassend definiert (Art. 6 ff. IStGH-Statut). In einem – freilich noch recht rudimentären – „AT" werden rechtsstaatliche Grundsätze, Täterschaft und Teilnahme, Versuch, Unterlassen, subjektiver Tatbestand sowie Strafausschließungsgründe iwS geregelt. Das IStGH-Statut selbst ist auch ein Beitrag zur Rechtsvereinheitlichung, welche künftig möglicherweise durch die Versammlung der Teilnehmerstaaten gem. Art. 112 IStGH-Statut weiterentwickelt wird. Bisher beschränkten sich die Bemühungen zur Kodifizierung von materiellem Völkerstrafrecht auf Entwürfe für ein *Internationales StGB* (vgl. Übersicht über Entwürfe u. dahinterstehende Organisationen bei Nill-Theobald aaO 29 ff.) und völkerrechtliche Abkommen mit strafrechtlichem Inhalt, wie zB die Intern. Konv. zur Verhütung und Bestrafung des Völkermords von 1948 und der daraufhin eingeführte § 220 a sowie der sog. Friedensverrat (§§ 80, 80 a). Weitere Einzelheiten in 25. A. sowie bei Jescheck/Weigend 124 f., GA 81, 59 ff., Oehler aaO 605 ff., Wilkitzki aaO 464 ff. sowie in den von Eser GA 88, 279 ff. referierten Sammlungen von Bassiouni. Für die genannten Straftatbestände gilt zT das Weltrechtsprinzip (vgl. § 6).

25   Umgekehrt können sich aus der Übernahme völkerrechtlicher Vereinbarungen auch gewisse **Beschränkungen des innerstaatlichen Strafrechts** ergeben, so etwa, wie zT vertreten, für die Grenzen der Notwehr aus der EMRK (vgl. § 32 RN 62) oder aus dem IPBPR für Beschränkungen der Grenzsicherung, wie insb. bedeutsam in den Mauerschützenprozessen (vgl. BGH **39** 24 sowie 103 vor § 3 mwN).

26   2. Nationales Strafrecht wird auch durch europ. Recht, vor allem durch Rechtsakte des Europarats und der EU mitgeprägt. Auf der Ebene des **Europarats** geschieht dies mittels völkerrechtlicher Konventionen, denen freilich idR nicht alle Mitgliedstaaten beitreten (vgl. den Überblick von Lagodny aaO 1679 ff., zu einem StGB-Modell Sieber JZ 97, 369 ff. sowie zur strafr. Wirkung des Europarats insges. Jescheck/Weigend 183 u. Appel aaO 245 ff. jew. mwN). Im Vergleich dazu ist die EU-Zusammenarbeit wesentlich intensiver. So haben iRd **Europäischen Gemeinschaften** (EG, EAG, EGKS), der sog. Ersten Säule der EU, die Mitgliedstaaten sogar Hoheitsrechte übertragen, was ihr auf dieser über das Völkerrecht hinausgehenden Ebene eine *supranationale,* – wenn auch nicht allgemeine – zum Erlaß unmittelbar geltender Kriminalstrafgesetze ermächtigende, vielmehr beschränkte Sanktionierungskompetenz einbrachte (BGH **25** 193 f.; Böse aaO 78, Gleß aaO). Eine solche Kompetenz ist für *Verwaltungsunrecht* ohne kriminellen Gehalt (vgl. o. 5) unstreitig gegeben (vgl. EuGH NJW **93,** 47 m. Anm. Tiedemann); zB im Primärrecht der Art. 34 III iVm 37 II EGV und 83 II a EGV (zT wird ein strafr. Charakter der Geldbußen aus Art. 83 EGV behauptet (vgl. Dannecker in Eser/Huber 41 mwN; z. Ganzen Böse, Tsolka, Heitzer, jew. aaO), im Sekundärrecht die VO z. Schutz der fin. Interessen der EU von 1995 (dazu Dannecker ZStW 109, 604). Zur Diskussion um Notwendigkeit und Ausgestaltung eines AT des Verwaltungssanktionenrechts, welcher als Vorbild für den Bereich des Kriminalstrafrechts dienen soll, vgl. Vogel JZ 95, 331 ff., Tiedemann ZStW 110, 497. Weiterhin ist von einer begrenzten Kompetenz zur unmittelbaren Setzung von *Kriminalstrafrecht zum Schutz der fin. Interessen der EG* gegen Betrug aufgrund des durch den Amsterdamer Vertrag eingeführten Art. 280 IV EGV auszugehen (vgl. auch Tiedemann ZStW 110, 499, Wolffgang EuR 98, 644 f.). Ihre Grenzen findet diese Kompetenzgrundlage – ebenso wie die bisherigen rein verwaltungsrechtlichen (zB Art. 94 f. u. 308 EGV) – im Wortlaut, im Subsidiaritäts- und vor allem im Demokratieprinzip (dazu Böse aaO 61 ff., Gröblinghoff aaO 111 ff.). Ein derart starker Eingriff wie das Kriminalstrafrecht bedarf der demokratischen Legitimation, weshalb in Art. 280 EGV das Mitbestimmungsverfahren gem. Art. 251 EGV, welches dem Parlament erhebliche Mitspracherechte einräumt, vorgesehen ist. Außerdem sind die Mitgliedstaaten im Fall einer Kollision von nationalem Strafrecht mit EG-Recht, aber auch bei der Ausfüllung von Generalklauseln (dazu Moll aaO 12 mwN) zur *europarechtskonformen Auslegung* verpflichtet (grds. dazu Heise aaO 42 ff.; vgl. zu verfassungskonformer Auslegung u. 30). Ein Unterfall ist die „richtlinienkonforme" Auslegung, wo nationales Strafrecht hins. einer noch nicht umgesetzten (und deshalb eigentlich noch nicht wirksamen) Richtlinie ausgelegt wird (so BGH **37** 175 m. Anm. Franzheim/Kreß JR 91, 402; Hugger NStZ 93, 421; vgl. auch BGH(Z) JR **99,** 194 m. Anm. Staudinger). Problematisch wird die Auslegung, wenn sie vor dem Hintergrund des dt. Verfassungs- u. Strafrechts zu unvereinbaren Ergebnissen gelangt (dazu Dannecker JZ 96, 872 f. u. Heise aaO 106 ff.). Der vom EuGH behauptete Vorrang des EG-Rechts vor dem Verfassungsrecht ist nämlich strittig (BVerfGE **73** 339 ff.; **89** 175 m. Anm. Streinz EuZW 94, 329 ff.). Die EG kann auch nationales Strafrecht für anwendbar erklären *(Assimilierungsprinzip),* zB die Bestrafung der Eidesverstöße in Art. 27 EuGH-Satzung. Eine Rechtssetzungspflicht der Mitgliedstaaten kann sich aus einer konkreten Anweisung zur Rechtssetzung durch einen Rechtsakt der EG *(Anweisungskompetenz)* oder aus der Generalklausel des Art. 10 EGV ergeben (grdl. EuGH-Slg. **89** 2965, 2984 f. m. Anm. Tiedemann EuZW 90, 99 f.). In der Vergangenheit wurde von der Anweisungskompetenz mehrfach und meist im Wege der Richtlinie Gebrauch

gemacht, was zB zur Einführung des Geldwäsche-Straftatbestandes (§ 261) führte. Der EGV sieht zwar keine ausdrückliche Rechtsgrundlage für eine derartige Anweisungskompetenz vor, jedoch wird diese in der Lit. teils in einer Annexkompetenz zu den jeweiligen Spezialvorschriften, teils in Art. 94 f. EGV gesehen (dazu Dannecker in Eser/Huber 59 mwN). Die Ausfüllung von nationalen *Blankettgesetzen* durch europarechtliche Normen ist lt. BVerfGE **29** 210 ebenso möglich wie durch eine nationale VO. Dabei sind aber Rechtsstaats- u. Demokratieprinzip wie bei Verweisungen innerhalb des nationalen Rechts zu beachten (o. 3). Einschränkend verlangt BGH **41** 127 ff., daß der ausfüllende Rechtsakt aufgrund einer im Hinblick auf die Blankettausführung getroffenen Entscheidung vom zuständigen dt. Organ im BGBl. oder Bundesanzeiger veröffentlicht werden, um dem Rechtsstaatsprinzip zu genügen (diff. Moll aaO 80 f.). Im Hinblick auf das Demokratieprinzip und mangels allgemeiner Kompetenz der EG zur Setzung von unmittelbar geltendem Strafrecht, muß der nationale Gesetzgeber alles Wesentliche regeln (zum Ganzen Moll aaO, insbes. 75 ff.). Weitere Schritte in Richtung einer Teilharmonisierung weist die von der EU-Kommission und auf Wunsch des Parlaments in Auftrag gegebene Erarbeitung eines auf die Delikte gegen die fin. Interessen der EU beschränkten europ. StGB mit materiellrechtlichem AT u. BT sowie prozessualem Teil (sog. Corpus Juris; dazu Sieber in Delmas-Marty 9). Zum strafr. Integrations- u. Harmonisierungsprozeß im Ganzen vgl. Dannecker JZ 96, 869 ff., Eser, Sieber, Weigend, Zuleeg, jew. aaO. Aufgrund des generellen Anwendungsvorrangs des Gemeinschaftsrechts (st. Rspr. seit EuGH-Slg. **64** 1269 ff.), aber auch aufgrund europarechtskonformer Auslegung kann das EG-Recht auf nationaler Ebene *strafrechtsbegrenzend* wirken (Bsp. jew. bei Dannecker in Eser/Huber 75 ff.), was unter kompetenzrechtlichen Gesichtspunkten weit weniger problematisch ist als sein *strafrechtsschaffender* Charakter. Die „intergouvernementale" Zusammenarbeit in den Bereichen Justiz und Inneres (ZBJI), welche sich nicht mehr auf der (supranationalen) Ebene der EG abspielt, sondern die sog. Dritte Säule der EU bildet, prägt gem. Art. 31, 34 EUV quasi-völkerrechtlich das nationale Strafrecht. Zur ZBJI gehören zB Europol, das Schengener Abkommen, welches durch den Amsterdamer Vertrag in die EU einbezogen wurde (dazu Hailbronner EuR 98, 583 ff.; zur Rechtshilfe iRd ZBJI Schomburg NJW 99, 540 ff.), sowie das ratifizierte u. durch das EG-FinanzschutzG (BGBl. II, 2322) umgesetzte Übereink. z. Schutz der fin. Interessen der EU (dazu Wolffgang EuR 98, 639 ff.).

IV. Strafrecht und Verfassungsrecht

Schrifttum: Appel, Verfassung u. Strafe (1998). – *Bogs*, Die verfassungskonforme Auslegung von Gesetzen (1966). – *Eckardt*, Die verfassungskonforme Auslegung (1964). – *Eilsberger*, Rechtstechn. Aspekte der verfassungskonformen Strafrechtsanwendung, JuS 70, 321. – *Erb*, Legalität u. Opportunität (1999). – *Eser*, Wahrnehmung berechtigter Interessen als allg. Rechtfertigungsgrund (1969). – *Hamann*, Grundgesetz u. Strafgesetzgebung (1963). – *Herdegen*, Gewissensfreiheit u. Strafrecht, GA 86, 97. – *Hill*, Verfassungsr. Gewährleistungen gegenüber der staatlichen Strafgewalt, in: Isensee/Kirchhof, HdB. d. StaatsR, Bd. VI (1989), 1305. – *Kau*, Verfassungsrechtl. Grenze der Strafandrohung, Kriele-FS, 761. – *Lagodny*, Strafrecht vor den Schranken der Grundrechte (1996). – *Paulduro*, Die Verfassungsgemäßheit von Strafrechtsnormen (usw.) (1992). – *Sax*, Grundsätze der Strafrechtspflege, in Bettermann/Nipperdey/Scheuner, Die Grundrechte, III/ 2, 909 ff. (1959). – *Schack/Michel*, Die verfassungskonforme Gesetzauslegung, JuS 61, 269. – *Schlehofer*, Die Menschenwürdegarantie des GG, GA 99, 357. – *Spanner*, Die verfassungskonforme Auslegung in der Rspr. des BVerfG, AöR 91, 503. – *Seetzen*, Bindungswirkung u. Grenzen der verfassungskonformen Gesetzesauslegung, NJW 76, 1997. – *Steinberg*, Verfassungsr. Umweltschutz durch Grundrechte u. Staatszielbestimmungen, NJW 96, 1985. – *Sternberg-Lieben*, Die obj. Schranken der Einwilligung im Strafrecht (1997). – *Stree*, Deliktsfolgen u. Grundgesetz (1960). – *Tiedemann*, Tatbestandsfunktionen im Nebenstrafrecht (1969) 25 ff. – *ders.*, Verfassungsrecht u. Strafrecht (1991). – *Weigend*, Der Grundsatz der Verhältnismäßigkeit als Grenze staatl. Strafgewalt, Hirsch-FS 917. – *Woesner*, Grundgesetz u. Strafrechtsreform, NJW 66, 1729. – *Wolter*, Verfassungsrechtliche Restriktion u. Reform des Nötigungstatbestandes, NStZ 86, 241. – *ders.*, Verfassungsrecht im Strafprozeß- u. Strafrechtssystem, NStZ 93, 1. – *Würtenberger*, Kriminalpolitik im sozialen Rechtsstaat (1970). – *Zippelius*, Verfassungskonforme Auslegung von Gesetzen, BVerfG-FG II 108.

Wie alles staatliche Recht, das mit Zwangsreaktionen ausgestattet ist, findet auch das Strafrecht sein Fundament und seinen Rahmen im GG und insb. in dessen Grundrechtskatalog, wobei dies unabhängig davon gilt, ob man in den Grundrechten eine „objektive Wertordnung" verkörpert sieht (so BVerfGE **7** 198 ff. und die – vorwiegend ältere – st. Rspr.) oder (der Sache nach zutreffender) lediglich von einem objektiv-rechtlichen Gehalt der Grundrechte ausgeht (vgl. dazu Hesse, Verfassungsrecht[20] (1995) RN 299 ff.; eingeh. Jarass AöR 110, 363 ff.). Diese **verfassungsrechtliche Fundierung und Limitierung des Strafrechts** hat sowohl für seine Zielsetzung wie auch für seine Auswirkungen maßgebliche Bedeutung. Einerseits obliegt dem Strafrecht die Aufgabe, die von der Rechtsgemeinschaft als schutzwürdig anerkannten „Rechtsgüter" durch Androhung und Verhängung von Sanktionen vor Beeinträchtigungen zu schützen (o. 1): Insofern darf die strafrechtliche Rechtsgüterordnung zwar keinesfalls kurzschlüssig mit einer angeblichen verfassungsrechtlichen Wertordnung identifiziert werden, da sich bei den Rechtsgütern der einzelnen Tatbestände neben solchen, die wie das menschliche Leben grundgesetzlichen Wertentscheidungen entsprechen, auch zahlreiche eigenständig mediatisierte Güter finden (insofern zutr. Tiedemann, Tatbestandsfunktionen 28; Verfassungsrecht 53); doch beeinflußt die Verfassung die Aufgabenstellung des Strafrechts zumindest insoweit, als dieses von vornherein nur zur Sanktionierung solcher Güter legitimiert ist, die den grundgesetzlichen Wertentscheidungen jedenfalls nicht zuwiderlaufen (vgl. auch Roxin I 15 ff., Sax aaO 911 ff., Sternberg-

Lieben aaO 362 ff., 379 ff.). Andererseits hat diese mit Zwangsmitteln durchsetzbare Schutzaufgabe zur Folge, daß bereits durch Aufstellung der strafrechtlichen Schutztatbestände die Entfaltungsfreiheit des Einzelnen eingegrenzt wird, noch mehr aber, daß durch Verhängung und Vollzug von Strafen und Maßnahmen in grundgesetzlich garantierte Freiheiten und Rechte des Beschuldigten eingegriffen wird. Dieses Spannungsverhältnis zwischen dem wertorientierten Schutzauftrag des Strafrechts einerseits und damit zwangsläufig verbundenen Freiheitsbeschränkungen andererseits in erträglichen Grenzen zu halten, stellt sich nicht nur dem Gesetzgeber bei Schaffung von Strafnormen, sondern auch dem Richter bei ihrer Anwendung als ständige Aufgabe (zur verfassungsrechtl. Fundierung von Legalitäts- u. Opportunitätsprinzip bei der Rechtsanwendung vgl. Erb aaO). Zum Verhältnis Verfassungsrecht u. Strafrecht im Ganzen vgl. Appel, Kau, Lagodny, jew. aaO, Sternberg-Lieben aaO 33 ff., 350 ff.). Über die *strukturelle* **Wechselbezüglichkeit** von Verfassungsrecht und Strafrecht hinaus sind vor allem drei Ebenen zu beachten, in denen das Verfassungsrecht in das Strafrecht hineinwirkt bzw. umgekehrt das Strafrecht auf grundrechtliche Freiheiten zurückwirkt:

28   1. Um **unmittelbare Einwirkung** handelt es sich bei einigen *grundgesetzlichen* Normen mit spezifisch *strafrechtlichem Gehalt*. Das gilt namentlich für die (ausnahmsweise) Zulassung von Zwangsarbeit aufgrund einer gerichtlich angeordneten Freiheitsstrafe nach Art. 12 III GG (näher Stree aaO 184 ff.), für den (inzwischen durch Einführung der §§ 80, 80 a im wesentlichen verwirklichten) Verfassungsauftrag des Art. 26 I GG zur Pönalisierung des Angriffskrieges, ferner für die Abschaffung der Todesstrafe durch Art. 102 GG, für den nullum-crimen-Grundsatz des Art. 103 II GG (§§ 1, 2) und das Verbot der Doppelbestrafung nach Art. 103 III GG sowie für die besonderen Rechtsgarantien bei Freiheitsentzug nach Art. 104 GG. Zum Inhalt der Justizgrundrechte aus verfassungsrechtlicher Sicht zusammenfassend Hill aaO 1330 ff.

29   2. Nicht weniger bedeutsam ist die **mittelbare Einwirkung** des GG durch allgemeine, auch auf das Strafrecht durchschlagende *Verfassungsprinzipien:* so vor allem durch den aus dem Rechtsstaatsprinzip (Art. 20 GG) begründeten Schuldgrundsatz (BVerfGE **20** 323/331, vgl. auch 103 vor § 13) sowie den aus dem gleichen Gedanken hergeleiteten Verhältnismäßigkeitsgrundsatz (BVerfG NJW **57**, 865; **77**, 1532, **87**, 2156), der sowohl für die Tat- und Schuldangemessenheit von Strafen (vgl. § 46 RN 74) als auch – wie durch §§ 62, 74 b ausdrücklich anerkannt – für die Proportionalität von Maßnahmen Bedeutung hat. Über die Verbindlichkeit des dem GG zugrundeliegenden Menschenbildes für das Strafrecht sowie die sich aus der Wahrung der Menschenwürde ergebenden Beschränkungen bei Art und Ausmaß von Sanktionen im allg. vgl. Zipf, Kriminalpolitik[2] (1980) 45 mwN, spez. zur Verfassungsmäßigkeit der lebenslangen Freiheitsstrafe § 38 RN 3 u. § 211 RN 57 jew. mwN). Teils wird aus der Verfassung sogar ein Auftrag zur Schaffung bestimmter Schutztatbestände hergeleitet: so insbes. aus dem in Art. 2 II GG garantierten „Recht auf Leben" zugunsten des ungeborenen Lebens die Pflicht zur grundsätzlichen Pönalisierung des Schwangerschaftsabbruchs (BVerfGE **39** 1/47 ff., **88** 204, 257 f.); näher dazu Vorbem. 3 vor § 218; zur Ausdehnung des Pönalisierungsgebots auf die Pränidationsphase vgl. Vorbem. 6 vor §§ 218 ff., zum Pönalisierungsgebot aus Art. 20 a GG vgl. Steinberg NJW 96, 1988 f.). Von solchen eher seltenen Fällen einer spezifisch strafrechtlichen Schutzpflicht abgesehen wird dem Gesetzgeber ein Ermessen bei Anerkennung eines Rechtsguts und dessen Bewehrung idR nicht zu bestreiten sein (vgl. BVerfG NStZ **85**, 173, ferner Hassemer NK 199, Sternberg-Lieben aaO 350 ff., 402 ff.). Über strafrechtliche Auswirkungen des Sozialstaatsprinzips u. insbes. Würtenberger, aaO 124 ff., 204 ff., zu Auswirkungen der Gewissensfreiheit vgl. Herdegen aaO.

30   3. Rechtstechnisch vollzieht sich eine solche mittelbare Einwirkung des GG auf das Strafrecht meist im Wege sog. **verfassungskonformer Auslegung**. Dieser für die gesamte Rechtsordnung verbindliche Interpretationsgrundsatz (Tröndle LK[10] § 1 RN 51 mwN) besagt im wesentlichen zweierlei: Zum einen, daß bei Mehrdeutigkeit einer Rechtsnorm jene Deutung zu wählen ist, die mit der Verfassung noch vereinbar ist; zum anderen, daß ein Gesetz nicht als verfassungswidrig behandelt werden darf, solange ihm eine der Verfassung nicht zuwiderlaufende Deutung gegeben werden kann (grdl. Eckardt aaO, ferner Schack/Michel JuS 61, 269). Eine solche interpretative „Anpassung" der Norm an die Verfassung ist allerdings immer nur dort möglich und geboten, wo nach allgemeinen Auslegungsregeln (§ 1 RN 36 ff.) für eine Deutung im Sinne der Verfassung überhaupt Raum ist. Ist dies der Fall – und ist es namentlich bei wertausfüllungsbedürftigen Tatbestandselementen und Rechtfertigungsklauseln anzunehmen (wie zB „verwerflich" bei § 240 II bzw. „unbefugt" bei §§ 201–204) –, so ist lediglich von sekundärer *rechtstechnischer* Bedeutung, ob die Verfassungskonformität durch entsprechende Tatbestandsverengung oder durch entsprechende Ausweitung eines Rechtfertigungsgrundes hergestellt wird (vgl. Eilsberger JuS 70, 321/323 ff. sowie spez. zu § 193 Düsseldorf NJ **99**, 3215). Soweit die Norm jedoch, weil unzweideutig, keine Auslegung zuläßt, die verfassungskonforme „Auslegung" daher zu einer Rechtsfortbildung oder gar Gesetzesberichtigung gegen Wortlaut oder Zweck des Gesetzes führen würde, kann der Strafrichter der Verfassung nur dadurch Geltung verschaffen, daß er gem. Art. 100 I GG die Entscheidung des BVerfG einholt (vgl. BVerfGE **8** 28, BayVerfGH NJW **83**, 1601, Eckardt aaO 71; abw. Eilsberger JuS 70, 325). Allgemein zur verfassungskonformen Auslegung Larenz/Canaris, Methodenlehre der Rechtswissenschaft[3] (1995) 159 ff., Zippelius BVerfG-FG II 108 ff. Zur Bindungswirkung verfassungsgerichtlicher Entscheidungen vgl. Seetzen

31   NJW 76, 1997 ff. sowie speziell zu § 218 dort Vorbem. 4 f. Zur (verfehlten) Unterschreitung einer Mindeststrafdrohung durch LG Mannheim JZ **69**, 436 vgl. 25. A.

32 Als Beispiel *tatbestandsbeschränkender* verfassungskonformer Auslegung vgl. BVerfGE **32** 98 (m. Anm. Deubner NJW 72, 814, Händel NJW 72, 327, Peters JZ 72, 85) zur Ausstrahlung der Glaubensfreiheit (Art. 4 GG) auf die unterlassene Hilfeleistung (§ 323 c), sowie BGH **37** 55 (m. zust. Anm. Maiwald JZ 90, 1141 u. methodenkrit. Anm. Jean d'Heur StV 91 165) zum Konflikt von Kunstfreiheit und Jugendschutz (§ 184). Vgl. ferner BVerfGE **45** 187/259 ff. zur Einschränkung des Mordtatbestandes nach Verhältnismäßigkeitsgrundsätzen, der in BGH **30** 105 durch eine von der Zielsetzung her verständliche, aber verfassungsrechtlich fragwürdige „Rechtsfolgenlösung" Rechnung getragen wird (näher § 211 RN 10 a, b), ferner BVerfGE **73** 206/233 ff. zu der ebenfalls der Gewährleistung von Verhältnismäßigkeit dienenden Verwerflichkeitsklausel des § 240 II (vgl. dort RN 15 ff. sowie § 1 RN 50, ferner Wolter aaO). Zu § 193 als „Einbruchsstelle" für *rechtswidrigkeitsausschließende* Berufung auf Grundrechte vgl. Eser aaO, insbes. 40 ff., zum Schuldprinzip vgl. BayVerfGH NJW **83**, 1600. Über grundrechtl. bedingte Beschränkungen von *Strafen*, Maßnahmen und Vollzugsrechten vgl. Stree aaO insb. 83 ff., 137 ff. sowie BVerfGE **45** 187, BGH **30** 105 zur Relativierung der absoluten lebenslangen Freiheitsstrafe bzw. BVerfGE **86** 288 zu den verfassungsrechtlichen Anforderungen an das Aussetzungsverfahren m. krit. Anm. Geis zur Reichweite der verfassungskonformen Auslegung NJW 92, 2938.

33 4. Umgekehrt gibt es aber auch ein **Rückwirken des Strafrechts auf das Verfassungsrecht**. Teils geschieht dies aufgrund ausdrücklicher Grundrechtsvorbehalte, wie namentlich bei Art. 5 GG, nach dessen Abs. 2 die Meinungs- und Pressefreiheit ihre Schranken „in den Vorschriften der allgemeinen Gesetze", den gesetzlichen Bestimmungen zum Schutze der Jugend und in dem Recht der persönlichen Ehre" findet; und dazu gehören neben den Ehrenschutztatbeständen der §§ 185 ff. insb. auch die Staatsschutzbestimmungen (§§ 93 ff.) sowie die Schutzvorschriften gegen Pornographie (§ 184) und jugendgefährdendes Schrifttum nach dem GjS (näher MD-Herzog Art. 5 Abs. 1, 2 RN 242 ff.). Nicht auf Dauer durchzusetzen vermochte sich allerdings die namentlich von Dürig begründete Auffassung, welche die strafrechtlichen Ge- und Verbote allgemein als „immanente Schranken" aller Grundrechte deutet (MD-Dürig Art. 2 I RN 76; ihm folgend noch die 19. A. Vorb. 153; dagegen schon früh Krüger NJW 55, 201; für die heute ganz hM vgl. J/P-Jarass 30 vor Art. 1 Sternberg-Lieben aaO 404 ff.) und so zu einem sehr weitgehenden Rückwirken kommt. Eine solche ergibt sich vielmehr nur aufgrund ausdrücklicher Grundrechtsvorbehalte. Aber auch insoweit ist es geboten, freiheitsbeschränkende Strafgesetze ihrerseits im Lichte der Grundrechte zu sehen und notfalls durch verfassungskonforme Auslegung (o. 30) entsprechend einzuschränken. Nach dieser

34 „*Wechselwirkungstheorie*" ist der Verweis auf die Schranken der „allgemeinen Gesetze" keinesfalls so zu verstehen, als ob damit die Grundrechte von vornherein auf den Bereich beschränkt blieben, der ihnen von den „allgemeinen Gesetzen" belassen wird; vielmehr findet eine Wechselwirkung zwischen Grundrecht und „allgemeinen Gesetzen" in dem Sinne statt, daß die „allgemeinen Gesetze", zu denen ja auch das Strafrecht gehört, zwar dem Wortlaut nach dem Grundrecht Schranken setzen, ihrerseits aber aus der Erkenntnis der wertsetzenden Bedeutung dieses Grundrechts ausgelegt und so in ihrer das Grundrecht begrenzenden Wirkung selbst wieder einzuschränken sind (BVerfGE **7** 207 ff., **12** 124 f.).

35 Über die Auswirkung einer derartigen „praktischen Konkordanz" einer „verhältnismäßigen Zuordnung von Grundrechten und grundrechtsbezogenen Rechtsgütern" (Hesse, Verfassungsrecht[20] (1995) RN 72) spez. im Bereich des Staatsschutzrechts vgl. BVerfGE **20** 177 f., **21** 242, **27** 78 ff., 109.

V. Bundesstrafrecht und Landesstrafrecht

Schrifttum: Weber, Zum Verhältnis von Bundes- u. Landesrecht auf dem Gebiet des straf- u. bußgeldrechtlichen Denkmalschutzes, Tröndle-FS 337.

36 1. Für das Verhältnis von Bundes- und Landesstrafrecht sind vor allem die Art. 31 und 74 GG von grundlegender Bedeutung: Nach dem Verfassungsprinzip „*Bundesrecht bricht Landesrecht*" (Art. 31 GG) hat das **Bundes-StGB grundsätzlich Vorrang** gegenüber etwaigem Landesrecht, und zwar gleichgültig, ob das eine früher oder später als das andere geschaffen wurde (über umgekehrte Rangverhältnisse in früheren Rechtsepochen vgl. Jescheck/Weigend 113). Aus Art. 74 Nr. 1 GG ergibt sich die *Gesetzgebungskompetenz* des Bundes auf dem Gebiet des Strafrechts. Obgleich es sich dabei lediglich um eine *konkurrierende* Kompetenz handelt, die nach Art. 72 II GG von einem bestimmten bundesgesetzlichen Regelungsbedürfnis abhängt, spielt dieser Vorbehalt praktisch keine nennenswerte Rolle, da die Bedürfnisprüfung als Sache gesetzgeberischen Ermessens angesehen wird und als solche richterlicher Nachprüfung entzogen sei (vgl. BVerfGE **2** 213/224 f., **4** 115/127, **13** 230/233; krit. MD-Maunz Art. 72 RN 17 ff.). Über das eigentliche Strafrecht hinaus erfaßt die Gesetzgebungskompetenz des Bundes gem. Art. 74 I Nr. 1 GG auch das Ordnungswidrigkeitenrecht (BVerfGE **27** 18/32). Demzufolge bleibt für ergänzendes oder gar abweichendes Landesstraf- oder -ordnungswidrigkeitenrecht schon von Verfassungs wegen insoweit kein Raum mehr, als der Bundesgesetzgeber von seiner Regelungskompetenz Gebrauch macht. Dies hat er durch das EGStGB v. 2. 3. 74 (Anh. 18. A.) in weitreichender Weise getan. Denn während das früher geltende EGStGB des Norddt. Bundes (vgl. Anh. 17. A.), das durch Art. 287 Nr. 33 des neuen EGStGB ersatzlos aufgehoben wurde, für Landesrecht noch größeren Raum ließ (vgl. Jescheck[2] 89 f.), wird dieses im Interesse größtmöglicher Rechtseinheitlichkeit (BT-Drs. 7/550 S. 197) gegenwärtig noch weiter zurückgedrängt, und zwar in dreifacher Hinsicht:

37 a) Einmal dadurch, daß nach Art. 1 II EGStGB der **Allgemeine Teil des StGB** grundsätzlich sowohl für bereits bestehendes als auch für künftiges Landesstrafrecht verbindlich ist. Insoweit ist der früher dem Landesrecht eingeräumten Autonomie in Fragen des AT (vgl. 19. A. RN 33 f.) heute die Grundlage entzogen.

38 b) Zum anderen wurde die **Strafandrohungsbefugnis** des Landesgesetzgebers dadurch noch weiter beschränkt, daß er nur bestimmte Sanktionsarten androhen darf, und zwar Freiheitsstrafen bis zu 2 Jahren, Geldstrafen bis zu dem nach § 40 StGB zulässigen Höchstmaß sowie die Einziehung von **39** Gegenständen (Art. 3 I EGStGB). Damit ist insb. auch der früher mögliche Entzug der Amtsfähigkeit im Landesstrafrecht ausgeschlossen. Dies wird damit begründet, daß eine derart einschneidende Sanktion bei dem auf weniger gewichtige Straftaten beschränkten Landesrecht ohnehin nicht veranlaßt sei (BT-Drs. 7/550 S. 198). Auch dürfen in Anpassung an das StGB (vgl. Göhler NJW 74, 826) Freiheits- und Geldstrafen nicht mehr je für sich allein, sondern nur noch wahlweise nebeneinander verhängt werden (Art. 3 II Nr. 1, ferner Art. 12, 290 EGStGB). Zudem ist bei Freiheitsstrafen das nach § 38 II vorgesehene Mindestmaß von 1 Monat auch für Landesstrafrecht verbindlich, ähnlich wie umgekehrt zwecks Zurückdrängung kurzzeitiger Freiheitsstrafen deren Höchstmaß 6 Monate nicht unterschreiten darf (Art. 3 II Nr. 2 EGStGB). Diese Sanktionsbeschränkungen sind zB bei Erstreckung der §§ 107 bis 108 d auf Wahlen an den Arbeitnehmerkammern nach § 28 a des BremG v. 3. 7. 56 idF v. 17. 9. 79 (BremGBl. 371) nicht beachtet (vgl. Lenzen JR 80, 133 f.).

40 c) Schließlich sind im Rahmen des **Besonderen Teils** dem Landesgesetzgeber alle Materien verschlossen, die bereits im StGB *abschließend geregelt* sind (vgl. Art. 4 II EGStGB). Dies ist heute auf nahezu allen strafrechtlich relevanten Gebieten der Fall. Denn da eine „Materie" nicht nur insoweit als „geregelt" gilt, wie ein etwaiger Einzeltatbestand reicht, sondern dadurch die gesamte, am gleichen Rechtsgut orientierte Deliktsgruppe erfaßt wird (vgl. BT-Drs. 7/550 S. 199, LG Kreuznach NJW **78**, 1931), wird bereits durch einzelne Tatbestände des StGB ergänzendes oder abweichendes Landesrecht, das auf den Schutz des gleichen Rechtsgutes gerichtet wäre, ausgeschlossen, und zwar auch insoweit, als das StGB dabei Strafbarkeitslücken läßt, vorausgesetzt freilich, daß daraus im Sinne „stillschweigend negativer Regelung" (Jescheck/Weigend 114) geschlossen werden kann, daß die **41** offengelassenen Fälle straffrei bleiben sollen (M-Zipf I 100 f.). Demzufolge könnte zB durch Landesrecht weder die fahrlässige Fruchtabtreibung noch das furtum usus unter Strafe gestellt werden, da sowohl der Leibes- und Lebensschutz als auch die Eigentums- und Vermögensdelikte durch das StGB abschließend geregelt sind. Daher war auch für Verschärfungen des § 218 b aF durch Landesrecht kein Platz (vgl. BVerfG NJW **99**, 841 u. 24. A. § 218 b RN 8). Gleiches gilt für Sexualdelikte, so daß für eine landesstrafrechtliche Pönalisierung des Konkubinats, wie dies in dem (inzwischen aufgehobenen) Art. 25 BayLStVG vorgesehen war, kein Raum mehr ist (Maurach AT[4] 89 f. mwN; and. Blei JZ 57, 605). Ebenso enthält § 304 I eine abschließende Regelung des strafrechtlichen Schutzes von Denkmälern gegen Beschädigung und Zerstörung, so daß die Pönalisierung dieser Handlungen durch § 34 Niedersächs. DenkmschG nichtig ist (Weber aaO 344 ff.). Weitere Beispiele ausgeschlossenen Landesrechts bei Jescheck/Weigend 114, Schmidhäuser 88 f. Zur Fortgeltung von früherem Reichsrecht als Landesrecht (Schutz der Wälder, Moore und Heiden gegen Brände) vgl. KG NJW **76**, 1465.

42 Soweit danach Landesstrafrecht ausgeschlossen ist, bleibt auch für landesrechtliche *Bußgeldtatbestände* kein Raum mehr (vgl. Art. 4 II EGStGB), da sonst das Bundesstrafrecht durch Landesordnungswidrigkeitenrecht unterlaufen werden könnte (vgl. BT-Drs. 7/550 S. 199 f.). Denkbar ist allerdings, daß sich einer Strafbarkeitslücke im StGB eine „stillschweigend negative Regelung" nur im Hinblick auf **Straf**tatbestände entnehmen läßt, wohingegen für landesrechtliche **Bußgeld**tatbestände weiterhin Raum bleiben soll (so Weber aaO 348 ff. für das Verhältnis von § 304 StGB zu denkmalschützenden Bußgeldtatbeständen des Landesrechts).

43 2. Trotz dieses grundsätzlichen und weitreichenden Vorrangs des Bundesrechts ist damit aber **Landesstrafrecht** nicht völlig ausgeschlossen. Vielmehr ist ihm teils durch ausdrückliche, teils durch konkludente **Vorbehalte** noch ein gewisser Raum belassen:

44 a) In **Fragen des AT** allerdings nur insoweit, als das Bundesrecht den Landesgesetzgeber zu *besonderen Vorschriften* ermächtigt und dieser davon Gebrauch macht (Art. 1 II 2 EGStGB). Eine solche Ermächtigung findet sich bereits in Art. 2 EGStGB, wonach bei einzelnen landesrechtlichen Straftatbeständen, die natürlich für sich wiederum zulässig sein müssen (o. 40), der räumliche Geltungsbereich abweichend von den §§ 3–7 geregelt (Nr. 1) bzw. unter besonderen Voraussetzungen Straf- **45** losigkeit eingeräumt werden darf (Nr. 2). Der Ermächtigungsfall von Art. 2 EGStGB ist namentlich für *Staatsverträge* von Ländern bedeutsam, wenn dabei besondere Geltungsregeln opportun erscheinen (vgl. 62 vor § 3). Durch Nr. 2 soll den Ländern ermöglicht werden, auch im Landesstrafrecht etwa über die allgemeinen *Rücktritts*regeln des § 24 hinaus tätige Reue zuzulassen oder bei sonstigem Wegfall des Strafbedürfnisses von Strafe abzusehen. Zur (durch den SA fallengelassenen) Vorbehaltsklausel für **Verjährungsverkürzung** vgl. 21. A. 42 vor § 1.

46 b) Hinsichtlich der **Strafandrohungsbefugnis** ist der Landesgesetzgeber zwar auf die in Art. 3 EGStGB genannten Sanktionsarten beschränkt (vgl. o. 38). Doch ist er innerhalb des damit gezogenen Rahmens frei, eigenen kriminalpolitischen Wertungen durch eine entsprechende Sanktionsart bzw. -höhe Ausdruck zu verleihen.

Geltungsbereich des StGB   47–56   **Vorbem zu § 1**

c) Für Landesrecht im **Bereich des BT** bedarf es an sich – anders als in Fragen des AT (o. 44) – **47** keiner ausdrücklichen Ermächtigung durch Bundesrecht, da nach Art. 4 II EGStGB landesrechtliche Straf- und Bußgeldvorschriften insoweit unberührt und damit auch solange möglich bleiben, als eine Materie im StGB nicht abschließend geregelt ist, wie zB das Pressestrafrecht. Da diese negative Ausgrenzung von Landesstraf- und -ordnungswidrigkeitenrecht aber sehr weit geht (vgl. o. 40 ff.), sah sich der Bundesgesetzgeber gezwungen, auf bereits bundesrechtlich abschließend geregelten Gebieten durch *ausdrückliche Vorbehalte für Landesrecht* Raum zu schaffen. Und das ist für bestimmte Straftaten in 2 Bereichen geschehen: für das Steuer- und Abgabenrecht (Art. 4 III EGStGB) und das Feld- und Forstschutzrecht (Art. 4 IV, V EGStGB). Einzelheiten dazu in 19. A. 45–47 vor § 1.

d) Schließlich bleibt für strafrechtsgestaltendes Landesrecht noch **kraft Sachzusammenhanges** **48** mit einer außerstrafrechtlichen Gesetzgebungskompetenz ein gewisser Raum. Das kommt für solche Fälle in Betracht, in denen die Länder nach der Kompetenzverteilung der Art. 70 ff. GG zur materiellen Regelung des fraglichen Lebensbereiches ausschließlich oder konkurrierend befugt sind. Obgleich die damit aufgeworfenen Fragen, die namentlich im Bereich des Blankettstrafrechts (o. 3) praktisch werden, noch keineswegs voll geklärt sind (vgl. M-Zipf I 98 mwN), erscheint folgende Differenzierung notwendig:

α) Soweit den Ländern eine *materielle Regelungskompetenz* auf dem betreffenden Lebensbereich **49** zusteht (zB im Bauwesen), sind sie kraft ihrer konkurrierenden Strafrechtskompetenz (Art. 74 Nr. 1 GG) grundsätzlich auch zum Erlaß von Strafnormen befugt, die der Absicherung jener außerstrafrechtlichen Regelungen dienen sollen. Ob sie dies gesetzestechnisch durch Aufstellung selbständiger Straftatbestände oder aber – wie dies meist der Fall sein wird – durch blankettmäßige Strafbewehrung außerstrafrechtlicher Regelungen tun, ist ohne Belang.

β) Die vorgenannte Strafbewehrungskompetenz des Landes gilt nach den allgemeinen Zuständig- **50** keitsgrundsätzen natürlich nur solange, als nicht der Bund seinerseits von seiner konkurrierenden Strafrechtskompetenz Gebrauch gemacht hat (vgl. o. 36). Denn aufgrund dieser Kompetenz ist es dem Bund möglich, auch solche Sachregelungen mit Strafdrohungen zu bewehren, für die den Ländern eine (konkurrierende oder gar ausschließliche) außerstrafrechtliche Regelungskompetenz zusteht: *bundesgesetzliches Strafblankett* für landesgesetzliche Ausfüllungsnorm. Dies kann sowohl dadurch **51** geschehen, daß bereits bestehende landesgesetzliche Regelungen mit einer bundesrechtlichen Strafnorm versehen werden (vgl. BVerfGE **13** 367), als auch dadurch, daß in Form eines bundesrechtlichen Blankettstrafgesetzes die Zuwiderhandlung gegen eine vom Landesgesetzgeber noch zu erlassende Regelung mit Strafe bedroht wird (vgl. BVerfGE **26** 257 f., Leibholz/Rinck/Hesselberger GG Art. 74 RN 36; zu Bedenken gegen derartige Blankettpönalisierungen vgl. Lenzen JR 80, 133, wobei freilich essentielle Kompetenzerfordernisse und mehr legislatorisch-opportune Standortüberlegungen nicht hinreichend auseinandergehalten sind). In beiden Fällen bleibt es dem Landesgesetzgeber unbenommen, die Ausfüllungsnorm je nach Bedarf inhaltlich anders auszugestalten (BVerfGE **13** 367/373). Das gilt etwa auch für landesrechtliche Neuregelungen des Fischereirechts, an das die Strafdrohung des **52** § 293 anknüpft (M-Zipf I 98). Soweit aber dem Bund auf dem fraglichen Gebiet die eigene materielle Regelungskompetenz fehlt, ist er über sein Sanktionierungsrecht hinaus selbstverständlich nicht befugt, auf dem Umweg über seine allgemeine Strafrechtskompetenz eine der Länderkompetenz unterliegende Materie selbst inhaltlich zu regeln (BVerfGE **26** 258).

e) Eine **Ausnahme** von diesen primären Sachregelungskompetenzen der Länder wird allerdings **53** dort gemacht, wo durch die **bundesrechtliche** Pönalisierung die betreffende Materie als **abschließend geregelt** anzusehen sei. Dies soll nach BVerfGE **23** 113/124 jedenfalls bei den herkömmlicherweise im StGB geregelten Materien der Fall sein; denn wenn der Bundesgesetzgeber im Rahmen solcher Materien ein Verhalten für strafwürdig erachtet, müsse er zur Schaffung von Straftatbeständen befugt sein, ohne dabei an die ihm sonst durch die Zuständigkeitskataloge des GG gezogenen Grenzen gebunden zu sein (so Schröder 17. A. 155 sowie v. Mangoldt/Klein/Pestalozza, GG³, Art. 74 RN 80 ff., Jescheck/Weigend 113). Diese nicht unbedenkliche, weil die Länderkompetenzen unter- **54** laufende Auffassung (vgl. M-Zipf I 98), ist inzwischen durch ersatzlose Streichung des § 367 I Nr. 15 (Art. 19 Nr. 206) praktisch obsolet geworden (vgl. 25 A.). Daß der *Datenschutz* durch das BDSG bereits abschließend geregelt sei (so LG Kreuznach NJW **78**, 1931), wird von Dammann (ebda 1906, Haft NJW 79, 1195) wohl zu Recht bestritten.

f) Soweit bei bundesgesetzlicher Straf- oder Bußgeldbewehrung die inhaltliche Sachregelungskom- **55** petenz dem Land verbleibt (o. 44 ff.), hängt bei etwaigen **Änderungen** die Kompetenz dazu jeweils davon ab, ob dadurch lediglich das *Sanktions*blankett (dann Bundessache) oder die *Ausfüllungsnorm* (dann Ländersache) betroffen ist. Hinsichtlich der strittigen Verjährungsfristen bei Pressedelikten, deren inhaltliche Ausgestaltung nach Art. 75 Nr. 2 GG primär den Ländern zusteht, hat BVerfGE **7** 41 den zutr. Standpunkt eingenommen, daß das Presserecht herkömmlich und kraft Sachzusammenhangs auch die Verjährung umfasse und diese daher von den Ländern abweichend von §§ 78 ff. geregelt werden kann (vgl. auch § 76 a RN 8 a zu Frankfurt NJW **83**, 1208).

3. Soweit nach den vorangehenden Grundsätzen eine **Anpassung** bereits bestehenden **Landes- 56 rechts an Bundesrecht** notwendig ist, könnte das an sich durch das jeweils betroffene Land selbst geschehen. Doch aus Gründen der Rechtsklarheit wie auch einer beschleunigten Rechtsvereinheitlichung glaubte der Bundesgesetzgeber einen Teil der notwendigen Anpassungen bereits selbst vornehmen zu sollen (BT-Drs. 7/550 S. 451). Ähnlich wie abweichendes Bundesrecht (o. 17 ff.) werden daher kraft Art. 31 GG durch Art. 288–292 EGStGB auch zahlreiche landesrechtliche Vorschriften unmittelbar geändert, so vor allem durch Anpassung landesrechtlicher *Strafdrohungen* an den Sanktionsrahmen des Art. 3 EGStGB (vgl. o. 38) durch Art. 289 f. EGStGB. Damit wurde insb. die landesrechtliche Androhung von Polizeiaufsicht oder von Verfall unwirksam. Ferner wurden landesrechtliche Vorschriften über die Rücknahme eines Strafantrags bzw. die Zuerkennung einer Buße an den Verletzten außer Kraft gesetzt (Art. 291 EGStGB) sowie alle landesrechtlichen Straf- und Bußgeldvorschriften für nicht mehr anwendbar erklärt, soweit sie nach Art. 4 EGStGB (vgl. o. 47 ff.) durch Bundesrecht verdrängt werden (Art. 292 I EGStGB). Das Ausmaß dieser Zurückdrängung von Landesrecht zeigt sich an dem umfangreichen, aber keineswegs erschöpfenden Katalog landesrechtlicher Vorschriften, die in Art. 292 II Nr. 1–80 EGStGB ausdrücklich für nicht mehr anwendbar erklärt wurden.

57   4. Zum **räumlich-örtlichen** Geltungsbereich von **Landesrecht** wie auch von **partikulärem Bundesrecht** (insb. Fortgeltung von DDR-Recht) vgl. 48, 79 vor § 3.

58   **VI. Inkrafttreten, Übergangsfassungen.** Das StGB idF seiner Neubekanntm. v. 2. 1. 1975 (BGBl. I 1) trat gem. Art. 326 I EGStGB am **1. 1. 1975** in Kraft. Soweit nach Art. 326 III–VI EGStGB davon abweichende Zeitpunkte des Inkrafttretens bzw. nach Art. 298 bis 311 EGStGB sonstige **Übergangsregelungen** materiellen Charakters vorgesehen sind, wird darauf jeweils bei den davon betroffenen Vorschriften des StGB hingewiesen. Die derzeitige Fassung des StGB beruht auf der Bekanntmachung vom 13. 11. 1998 (BGBl. I 3322) mit Änderung durch Ges. v. 11. 8. 1999 (BGBl. I 1818). Zu früheren Sonderregelungen für **Berlin** (Art. 324, 325 EGStGB) vgl. Einf. 13 vor § 1.

§ 1 Keine Strafe ohne Gesetz

Eine Tat kann nur bestraft werden, wenn die Strafbarkeit gesetzlich bestimmt war, bevor die Tat begangen wurde.

Stichwortverzeichnis zu § 1 und § 2

Fettgedruckte Zahlen bedeuten die Paragraphen, die übrigen die Randnoten

Analogie, allgemein **1**, 6, 24 ff.
  bei außerstrafrechtlichen Vorschriften **1**, 33
  Gesetzesanalogie **1**, 26
  Grenzen der – **1**, 29, 35, 55 f.
  bei Nebenfolgen **1**, 28
  Rechtsanalogie **1**, 24
  bei Rechtfertigungsgründen **1**, 31
  bei Regelbeispielen **1**, 29
  bei Strafausschließungsgründen **1**, 31
  Strafbegründung durch – **1**, 24 f.
  Strafmilderung durch – **1**, 31
  Strafschärfung durch – **1**, 28
  bei verfahrensrechtl. Vorschriften **1**, 34
  Verhältnis zur Auslegung **1**, 55
  Wandel des Analogieverbots **1**, 29
  zugunsten des Täters **1**, 7, 24, 30 ff.
  zuungunsten des Täters **1**, 7, 24 ff.
Auslegung, allgemein **1**, 36 f.
  ausdehnende – (extensive) **1**, 51
  einschränkende – (restriktive) **1**, 13
  Notwendigkeit der – **1**, 36
  objektive – **1**, 43
  Sinnauslegung **1**, 37
  subjektive – **1**, 41
  verfassungskonforme – **1**, 50
  Verhältnis zur Analogie **1**, 55
  Wortauslegung **1**, 37
  Zulässigkeit der – **1**, 36 ff.

Bestimmtheit der Straffolgen **1**, 17, 28
  s. ferner Tatbestandsbestimmtheit
Blankettgesetz **1**, 8, 18 a, **2**, 26, 27, 37

Disziplinarmaßnahmen **1**, 4, **2**, 4

Einziehung **2**, 5, 44
Extensive Auslegung s. Auslegung

Gesetzesanalogie s. Analogie
Gewohnheitsrecht **1**, 9 ff.

In dubio mitius **1**, 53
In dubio pro reo **1**, 53, 108

Lex certa **1**, 6, 17 ff.
Lex praevia **1**, 6, **2**, 3 ff.
Lex scripta **1**, 6, 8 ff.
Lex stricta **1**, 6, 24 ff.

Maßregeln der Besserung und Sicherung
  Rückwirkung bei – **2**, 41 f.

Nebenstrafen u. -folgen **2**, 34
Nulla poena sine lege **1**, 1, 23, 28
Nullum crimen sine lege s. auch Tatbestandsbestimmtheit, Tatbestandsmäßigkeit **1**, 1, 5

Objektive Auslegung s. Auslegung

Parteispenden, s. Steuerrecht

Rechtsanalogie s. Analogie
Restriktive Auslegung s. Auslegung
Rückwirkungsverbot, allgemein **2**, 1 ff.
  Ausnahmen **2**, 6 f.
  bei Maßregeln der Besserung und Sicherung **2**, 41 ff.
  bei Verfall, Einziehung, Unbrauchbarmachung **2**, 5
  und Änderung der Rspr. **2**, 8
  und Strafbegründung **2**, 3

Schutzobjekt **1**, 48
Sinnauslegung **1**, 37
Steuerrechtsänderungen **2**, 2, 23, 27, 37 f.
Strafausschließungsgründe s. Analogie

Keine Strafe ohne Gesetz

§ 1

Strafbestimmung s. Analogie
Strafmilderung s. Analogie
Strafschärfung s. Analogie
Subjektive Auslegung s. Auslegung

Tatbestandsbestimmtheit **1**, 18 ff.
Tatbestandserweiterung **1**, 24 ff.

Unbrauchbarmachung **2**, 5, 44

Verfahrensvorschriften, Analogie bei – **1**, 34
Verfall **2**, 5, 44
Verfassungskonforme Auslegung s. Auslegung
Verfassungsschranken **1**, 18 ff., 50, **2**, 1

Wahlfeststellung **1**, 58 ff.
Wortauslegung **1**, 37

Zeitgesetz **2**, 36 ff.

Bestimmtheitsgrundsatz, Gewohnheitsrecht, Analogie und Auslegung

Schrifttum: Arzt, Dynamisierter Gleichheitssatz u. elementare Ungleichheiten im Strafrecht, Stree/Wessels-FS 49. – *de Asua*, Nullum crimen, nulla poena sine lege, ZStW 63 (1951), 166. – *Bahlmann*, Rechts- oder kriminalpol. Argumente innerhalb der Strafgesetzauslegung u. -anwendung, 1999. – *Baumann*, Die natürl. Wortbedeutung als Auslegungsgrenze im Strafrecht, MDR 58, 394. – *ders.*, Dogmatik u. Gesetzgeber, Jescheck-FS I 105. – *Berz*, Die entsprechende Anwendung von Vorschriften über die tätige Reue am Beispiel der Unternehmensdelikte, Stree/Wessels-FS 331. – *Bindokat*, Teleologie und Analogie im Strafrecht, JZ 69, 541. – *Blei*, Die Regelbeispieltechnik der schweren Fälle und §§ 243, 244 StGB, Heinitz-FS 419. – *ders.*, Strafschutzbedürfnis und Auslegung, Henkel-FS 109. – *Bohnert*, Paul Johann Anselm Feuerbach und der Bestimmtheitsgrundsatz im Strafrecht, 1982. – *ders.*, Das Bestimmtheitserfordernis im Fahrlässigkeitstatbestand, ZStW 94, 68. – *Bringewat*, Gewohnheitsrecht und Richterrecht im Strafrecht, ZStW 84, 585. – *Bruns*, Die sog. „tatsächliche" Betrachtungsweise im Strafrecht, JR 84, 133. – *ders.*, Zur strafrechtlichen Relevanz des gesetzesumgehenden Täterverhaltens, GA 86, 1. – *Cadus*, Die faktische Betrachtungsweise, 1984. – *Calliess*, Der strafr. Nötigungstatbestand u. das verfassungsrechtl. Gebot der Tatbestandsbestimmtheit, NJW 85, 1506. – *Claß*, Generalklauseln im Strafrecht, Eb. Schmidt-FS 122. – *Courakis*, Die Möglichkeiten einer kriminalpolitischen Anwendung von Umgehungsbegriffen, FS f. A. Ligeropoulos (Athen 1985) 215. – *Degener*, Strafgesetzl. Regelbeispiele u. deliktische Versuche Stree/Wessels-FS 305. – *Dopslaff*, Wortbedeutung u. Normzweck als die maßgebl. Kriterien für die Auslegung von Strafrechtsnormen, 1985. – *Engisch*, Die normativen Tatbestandselemente, Mezger-FS 127. – *ders.*, Der Begriff der Rechtslücke, W. Sauer-FS 65. – *ders.*, Die Idee der Konkretisierung in Recht und Rechtswissenschaft unserer Zeit², 1968. – *Faller*, Das rechtstaatl. Bestimmtheitsgebot in der Rechtsprechung des BVerfG, Merz-FS 61. – *Frisch*, Ermessen, unbestimmter Rechtsbegriff und „Beurteilungsspielraum" im Strafrecht, NJW 73, 1345. – *Germann*, Auslegung und freie Rechtsfindung, SchwZStr. 55, 134 (= Germann, Auslegung). – *ders.*, Probleme u. Methoden der Rechtsfindung², 1967. – *ders.*, Zum sog. Analogieverbot nach schweiz. Strafgesetzbuch, SchwZStr. 61, 119. – *Gössel*, Strafrechtsgewinnung als dialektischer Prozeß, Peters-FS 41. – *Grasmann*, Die verfassungsrechtl. Wiederauferstehung der Analogie sowie des Umkehrschlusses im Differenzierungsverbot usw., Trusen-FS 561. – *Graven*, Les principes de la légalité de l'analogie et de l'interpretation, SchwZStr. 66, 377. – *Grünhut*, Begriffsbildung u. Rechtsanwendung im Strafrecht, 1926. – *ders.*, Methodische Grundlagen der heutigen Strafrechtswissenschaft, Frank-FestG I 1. – *Grünwald*, Bedeutung u. Begründung des Satzes „Nulla poena sine lege", ZStW 76, 1. – *ders.*, Die Entwicklung der Rspr. zum Gesetzlichkeitsprinzip, A. Kaufmann-FS 433. – *Haft*, Generalklauseln u. unbestimmte Begriffe im Strafrecht, JuS 75, 477. – *Haft/Hilgendorf*, Juristische Argumentation u. Dialektik, A. Kaufmann-FS 93. – *Hafter*, Lücken im StGB, Lückenausfüllung, SchwZStr. 62, 133 (= Hafter, Lücken). – *Hassemer*, Tatbestand u. Typus, 1968. – *Herzberg*, Kritik der teleolog. Gesetzesauslegung, NJW 90, 2525. – *Hirsch*, Rechtfertigungsgründe u. Analogieverbot, Tjong-GedS 50. – *Höpfel*, Zu Sinn u. Reichweite des sog. Analogieverbots, JurBl. 79, 505, 575. – *Hugger*, Zur strafbarkeitserweiternden richtlinienkonformen Auslegung dt. Strafvorschriften, NStZ 93, 421. – *Kaschkat*, Verfassungsrechtl. Grenzen strafrechtswirksamer Legislativtechnik, Krause-FS 123. *Arth. Kaufmann*, Analogie u. „Natur der Sache"², 1982. – *Kausch*, Der Staatsanwalt – Ein Richter vor dem Richter?, 1980. – *Kleinheyer*, Vom Wesen der Strafgesetze in der neueren Rechtsentwicklung, 1968. – *Kohlmann*, Der Begriff des Staatsgeheimnisses u. das verfassungsrechtl. Gebot der Bestimmtheit von Strafvorschriften, 1969. – *Kortgen*, Probleme des Gewohnheitsrechts, 1993. – *Krahl*, Die Rspr. des BVerfG u. des BGH zum Bestimmtheitsgrundsatz im Strafrecht, 1986. – *Kratzsch*, § 53 StGB u. der Grundsatz nullum crimen sine lege, GA 71, 65. – *ders.*, Verhaltenssteuerung u. Organisation im Strafrecht, 1985. – *Krey*, Studien zum Gesetzesvorbehalt im Strafrecht, 1977. – *ders.*, Zur Problematik richterl. Rechtsfortbildung contra legem, JZ 78, 361, 428, 465. – *ders.*, Keine Strafe ohne Gesetz, 1983. – *ders.*, Parallelitäten u. Divergenzen zwischen strafrechtl. u. öffentlichrechtl. Gesetzesvorbehalt, Blau-FS 123. – *ders.*, Gesetzestreue u. Strafrecht, ZStW 101 (1989) 838. – *Lackner*, Zu den Grenzen der richterl. Befugnis, mangelhafte Strafgesetze zu berichtigen, Heidelberg-FS 39. – *Lemmel*, Unbestimmte Strafbarkeitsvoraussetzungen u. der Grundsatz nullum crimen sine lege, 1970. – *Lenckner*, Wertausfüllungsbedürftige Begriffe im Strafrecht u. der Satz „nullum crimen sine lege", JuS 68, 249, 304. – *Llompart*, Es la estricta legalidad un principio del derecho positivo?, Beristain-FS 555. – *Loos*, Bemerkungen zur histor. Auslegung, Wassermann-FS 123. – *H. Ch. Maier*, Die Garantiefunktion des Gesetzes im Strafprozeß, 1991. – *Maiwald*, Bestimmtheitsgebot, tatbestandliche Typisierung u. die Technik der Regelbeispiele, Gallas-FS 137. – *ders.*, Zur Problematik der „bes. schweren" Fälle im Strafrecht, NStZ 84, 433. – *Mangakis*, Über die Wirksamkeit des Satzes „nulla poena sine lege", ZStW 81, 997. – *H. Mayer*, Das Analogieverbot im gegenwärtigen dt. Strafrecht, SJZ 47, 12. – *Mittermaier*, Über Analogie im Strafrecht, SchwZStr. 63, 403. – *Müller-Dietz*, Verfassungsbeschwerde u. richterl. Tatbestandsauslegung im Strafrecht, Maurach-FS 41. – *ders.*, Abschied vom Bestimmtheisgrundsatz im Strafrecht?, Lenckner-FS 179. – *Naucke*, Der Nutzen der subjekt. Auslegung im Strafrecht, Engisch-FS 274. – *ders.*, Über Generalklauseln u. Rechtsanwendung im Strafrecht, 1973. – *ders.*, Gesetzlichkeit u. Kriminalpolitik, JuS 89, 862. – *Neuner*, Die Rechtsfindung contra legem,

1992. – *Nickel*, Die Problematik der unechten Unterlassungsdelikte im Hinblick auf den Grundsatz „n. c. s. l.", 1972. – *Noll*, Prinzipien der Gesetzgebungstechnik, Germann-FS 159. – *Ransiek*, Gesetz u. Lebenswirklichkeit, 1989. – *Robinson*, Legality and Discretion in the Distribution of Criminal Sanctions, Harv. J. on Legislation 25 (1988) 393. – *Rüping*, Nullum crimen sine poena, Oehler-FS 27. – *E. v. Savigny* u. a., Juristische Dogmatik u. Wissenschaftstheorie, 1976. – *Sax*, Das strafrechtliche „Analogieverbot", 1953. – b *ders.*, Grundsätze der Strafrechtspflege, in: Bettermann-Nipperdey-Scheuner (= BNS), Die Grundrechte III/2 S. 909. – *Schlüchter*, Mittlerfunktion der Präjudizien, 1986. – *Schick*, Bestimmtheitsgrundsatz u. Analogieverbot, R. Walter-FS 625. – *Schmidhäuser*, Über die Praxis der Gerichte, Henkel-FS 229. – *ders.*, Teleologisches Denken in der Strafrechtsanwendung, Würtenberger-FS 91. – *ders.*, Strafgesetzl. Bestimmtheit, Martens-GedS 231. – *ders.*, Form u. Gehalt der Strafgesetze, 1988. – *R. Schmitt*, Der Anwendungsbereich von § 1 StGB, Jescheck-FS I 223. – *H. P. Schneider*, Richterrecht, Gesetzesrecht u. Verfassungsrecht, 1969. – *Schöne*, Fahrlässigkeit u. Strafgesetz, H. Kaufmann-GedS, 649. – *Schreiber*, Gesetz u. Richter, 1976. – *Schroeder*, Der BGH u. der Grundsatz „nulla poena sine lege", NJW 99, 89. – *Schroth*, Theorie u. Praxis subjektiver Auslegung im Strafrecht, 1983. – *ders.*, Philosophische Hermeneutik u. interpretationsmethodische Fragestellungen, in: Hassemer, Dimensionen der Hermeneutik, 1984, 77. – *Schünemann*, Nulla poena sine lege?, 1978. – *ders.*, Methodolog. Prolegomena zur Rechtsfindung im BT des Strafrechts, Bockelmann-FS 117. – *ders.*, Die Gesetzesinterpretation, Klug-FS I 169. – *Schürmann*, Unterlassungsstrafbarkeit u. Gesetzlichkeitsgrundsatz, 1986. – *Schwalm*, Der objektivierte Wille des Gesetzgebers, Heinitz-FS 47. – *Schwinge*, Teleologische Begriffsbildung im Strafrecht, 1930. – *Seebode*, Zur Rückwirkung von Strafgesetzen, Trusen-FS 425. – *Sternberg-Lieben*, Die obj. Schranken der Einwillig. im Strafr., 1997. – *Strangas*, Methodol. Überlegungen zum Begriff der „Regelbeispiele für bes. schwere Fälle", RTh 85, 466. – *Stratenwerth*, Zum Streit der Auslegungstheorien, Germann-FS 257. – *Stree*, Deliktsfolgen u. Grundgesetz, 1960. – *Süß*, Vom Umgang mit dem Bestimmtheitsgebot, in: Instit. f. Kriminalwiss. Frankfurt (Hrsg.), Vom unmögl. Zustand des Strafrechts, 1995, 207. – *Tiedemann*, Tatbestandsfunktionen im Nebenstrafrecht, 1969. – *Velten/Mertens*, Zur Kritik des grenzenlosen Gesetzesverstehens, ARSP 76, 516. – *Völkmann*, Qualifizierte Blankettnormen, ZRP 95, 220. – *v. Weber*, Zur Geschichte der Analogie im Strafrecht, ZStW 56, 653. – *Wessels*, Zur Problematik der Regelbeispiele für „schwere" u. „bes. schwere" Fälle, Maurach-FS 295. – *Woesner*, Generalklausel u. Garantiefunktion der Strafgesetze, NJW 63, 273. – *Würtenberger*, Vom Rechtsstaatsgedanken in der Lehre der strafrechtl. Rechtswidrigkeit, Rittler-FS 125. – *Yi*, Wortlautgrenze, Intersubjektivität u. Kontexteinbettung, 1992. – Vgl. auch das Schrifttum zu § 2.

Aus dem allg. Schrifttum vgl. – neben den Angaben u. 54 – vor allem: *Betti*, Allgemeine Auslegungslehre als Methodik der Geisteswissenschaften, 1967. – *Bydlinski*, Jur. Methodenlehre², 1991. – *Canaris*, Die Feststellung von Lücken im Gesetz², 1983. – *Engisch*, Einführung in das jur. Denken⁹, 1997. – *Esser*, Vorverständnis u. Methodenwahl in der Rechtsfindung², 1972. – *ders.*, Bemerkungen zur Unentbehrlichkeit des juristischen Handwerkszeugs, JZ 75, 555. – *Hegenbarth*, Juristische Hermeneutik u. linguistische Pragmatik, 1982. – *Heller*, Logik u. Axiologie der analogen Rechtsanwendung, 1961. – *Herberger-Koch*, Juristische Methodenlehre u. Sprachphilosophie, JuS 78, 810. – *Heusinger*, Rechtsfindung u. Rechtsfortbildung im Spiegel richterl. Erfahrung, 1975. – *Hruschka*, Die Konstitution des Rechtsfalles, 1965. – *ders.*, Das Verstehen von Rechtstexten, 1972. – *Koch/Rüssmann*, Juristische Begründungslehre, 1982. – *Kriele*, Theorie der Rechtsgewinnung², 1976. – *Langhein*, Das Prinzip der Analogie als jur. Methode, 1992. – *Larenz*, Methodenlehre der Rechtswissenschaft⁶, 1991. – *Lippold*, Reine Rechtslehre u. Strafrechtsdoktrin, 1989. – *Meier-Hayoz*, Der Richter als Gesetzgeber, 1951. – *Mennicken*, Das Ziel der Gesetzesauslegung, 1970. – *F. Müller*, Juristische Methodik⁷, 1997. – *Schiffauer*, Wortbedeutung und Rechtserkenntnis, 1979. – *Wank*, Grenzen richterlicher Rechtsfortbildung, 1977. – *Zielinski*, Das strikte Rückwirkungsverbot gilt absolut (usw.), Grünwald-FS 811. – *Zippelius*, Philosophische Aspekte der Rechtsfindung, JZ 76, 150. – *ders.*, Verfassungskonforme Auslegung von Gesetzen, BVerfG-FG II 1976.

Gesetzesmaterialien zu §§ 1 u. 2: E 1962; SA-Prot. 5. Wahlperiode S. 5, 17 ff., 67 ff., 2344, 2346, 2619, 3118, 3128; RegE eines EGStGB, BT-Drs. 7/550 S. 206, 459; Bericht des SA, BT-Drs. V/4095 (2. StrRG) 4.

I. Das Gesetzlichkeitsprinzip im allgemeinen

1 1. In den §§ 1 und 2 wird eines der Hauptprinzipien des Strafrechts an die Spitze des StGB gestellt: das *Gesetzlichkeits*erfordernis, und zwar sowohl hinsichtlich der *Strafbarkeit* des Verhaltens („nullum crimen sine lege") als auch nach hM (vgl. BVerfGE **45** 371 ff., Jescheck/Weigend 139, Roxin I 97; and. Welzel 19 f.) der dafür angedrohten strafrechtlichen *Sanktionen* („nulla poena sine lege"). Nach diesem erstmals von Feuerbach (Lehrb. des peinl. Rechts, 1801, § 20) in diese lateinischen Formeln gebrachten Prinzip (dazu Bohnert aaO) setzt ein auf Strafe lautendes Urteil voraus, daß bereits im Tatzeitpunkt ein Gesetz vorhanden war, durch das gerade dieses Verhalten unter Strafe gestellt ist (§ 1). Die sich daraus ergebenden *zeitlichen* Geltungsprobleme werden in § 2 näher konkretisiert und auch noch anderen Zielsetzungen angepaßt. Insofern stehen die beiden Bestimmungen in einem untrennbaren sachlichen Zusammenhang, dem in § 2 aF durch eine einheitliche Bestimmung auch formal Ausdruck verliehen war.

1 a Das Gesetzlichkeitsprinzip läßt sich seinerseits aus vier Grundsätzen herleiten: zum einen aus der *Bindung der Exekutive und Judikative an Gesetze* (vgl. Jescheck/Weigend 128, Roxin I 102), soweit es um Vertrauensschutz, die Vorhersehbarkeit und die Berechenbarkeit des Strafrechts (BVerfGE **85** 73, **87** 224, **92** 12), die Vermeidung nachträglicher einzelfallorientierter Willkür (Jakobs 65) oder um den Schutz invidueller Freiheit vor richterlicher Willkür (BVerfGE **64** 393; Krey, Studien 206 ff.) geht; zum zweiten aus dem Prinzip der *gewaltenteilenden Demokratie* (BVerfGE **71** 114, **73** 235, **87** 223 f., Grünwald ZStW 76, 13 f., Jescheck/Weigend 128, Schünemann, Nulla poena 9 ff., Roxin I 102; allein diesen Entstehungsgrund gelten lassend Zielinski aaO 818), wonach sich Strafe als Beschränkung der Freiheit des Bürgers durch Gesetze des Parlaments, welches das Staatsvolk unmittelbar repräsentiert, legitimiert; zum dritten entwickelt sich das Gesetzlichkeitsprinzip aus dem Prinzip der *Generalprävention* (Schünemann, Nulla poena 11 ff., Roxin 103), wonach der potentielle Täter durch die gesetzliche Festlegung der verbotenen Tat abgeschreckt werden soll; zum vierten kommt auch dem *Schuldprinzip* (Sax BNS 999, 1001, MD-Schmidt-Aßmann Art. 103 II RN 165, Roxin I 101 ff.) hier insoweit Bedeutung zu, als Schuld Unrechtsbewußtsein voraussetzt, von dem nur dann ausgegangen werden kann, wenn der Täter das entsprechende Gesetz kennt oder kennen kann. And. zum Ganzen Köhler 74 f., der das Gesetzlichkeitsprinzip hins. des Bestimmtheitsgebots aus dem Begriff des Strafgesetzes und hins. der Rückwirkungsverbots aus der Verhaltensbestimmungsfunktion des Rechts erklärt.

2. Der gesteigerten Bedeutung entsprechend, die dem „Gesetz" gerade im Strafrecht zukommt, sind die rechtsstaatlichen Grundprinzipien von nullum crimen, nulla poena sine lege durch Art. 103 II GG heute auch **verfassungsrechtlich** verankert und damit der Disposition des (einfachen) Gesetzgebers entzogen (näher MD-Schmidt-Aßmann Art. 103 II RN 178 ff.). Die Verletzung von § 1 kann iVm Art. 103 II GG mit der Verfassungsbeschwerde gerügt werden (Art. 93 I Nr. 4 a GG). 2

Über die Absicherung im GG hinaus findet sich das Gesetzlichkeitsprinzip auch in **Art. 7 EMRK**: „Niemand kann wegen einer Handlung oder Unterlassung verurteilt werden, die zur Zeit ihrer Begehung nach inländischem oder internationalem Recht nicht strafbar war. Ebenso darf keine höhere Strafe als die im Zeitpunkt der Begehung der strafbaren Handlung angedrohte Strafe verhängt werden". Aufgrund Ges. v. 7. 8. 1952 (BGBl. II 689) ist diese Bestimmung auch für deutsches Recht geworden, jedoch nur mit Rang und Wirkung eines einfachen Bundesgesetzes (BayVerfGH NJW **61**, 1619). Sie enthält keine über Art. 103 II GG hinausgehenden Verbürgungen (vgl. LR-Gollwitzer Art. 7 EMRK 4). Über die Anerkennung (und teils auch Durchbrechung) des Gesetzlichkeitsprinzips in anderen intern. Abmachungen bzw. ausländischen Rechten vgl. Jescheck/Weigend 133). 3

Der **Geltungsbereich** des Gesetzlichkeitsprinzips erfaßt nicht nur das **Kriminalrecht** iSd StGB, sondern auch die **Ordnungswidrigkeiten** (vgl. § 3 OWiG; BVerfG NJW **86**, 1671). Ferner bezieht es sich auf Disziplinarstrafen und ehrengerichtliche Strafen jedenfalls insoweit, als sich aus dem Charakter jener Rechtsgebiete keine Einschränkungen ergeben (vgl. BVerfGE **26** 203, **45** 351: Berufspflichten dürfen in einer Generalklausel zusammengefaßt werden; vgl. ferner BGH **28** 333, **29** 124, MD-Dürig Art. 103 II RN 116 sowie § 2 RN 4; and. MD-Schmidt-Aßmann Art. 103 II RN 196 und BK-Rüping Art. 103 II RN 78, die Disziplinar- und Berufsrecht zugunsten einer Rückführung von Art. 103 II auf strenge Bestimmtheitsmaßstäbe aus dessen Anwendungsbereich ausklammern wollen). Zur (teilweise unterschiedlichen) Behandlung von Tatbestands*voraussetzungen* und Tat*folgen* vgl. u. 6, 14 ff., 23, 25 ff. 4

Zur **geschichtlichen** Entwicklung des Gesetzlichkeitsprinzips bzw. seiner Mißachtung insbes. in der NS-Zeit vgl. 19. A. RN 3, ferner Schreiber, Gesetz und Richter, Jescheck/Weigend 131 ff., Krey, Keine Strafe, Roxin I 99 ff., Rüping Oehler-FS 27 ff., Seebode aaO. Zum heutigen Einfluß der **Kriminalpolitik** auf das Gesetzlichkeitsprinzip krit. Naucke JuS 89, 362, zu seiner vergleichsweise geringen Bedeutung im **Kirchenstrafrecht** krit. Eser Mikat-FS (1989) 507 ff.; zu seiner rechtsphil. Begründung vgl. Llompart aaO. 5

3. Den §§ 1, 2 lassen sich im wesentlichen **vier Einzelprinzipien** (Jescheck/Weigend 133 ff., Rudolphi SK 5) entnehmen, die aus deren Zusammenwirken mit der Garantiefunktion des Strafgesetzes als einer „magna charta des Verbrechers" (v. Liszt Aufsätze II 80) ergibt: a) das Erfordernis einer *lex scripta*, woraus insbes. das Verbot der Strafbegründung bzw. Strafschärfung durch (ungeschriebenes) Gewohnheitsrecht folgt (u. 8 ff.); b) das Erfordernis einer *lex certa*, woraus sich das Verbot unbestimmter Strafgesetze ergibt (vgl. aber M-Zipf I 105, der in diesem Bestimmtheitsgebot lediglich einen Ausfluß der lex scripta sieht; u. 17 ff.); c) das Erfordernis einer *lex stricta*, wodurch sich eine Strafbegründung bzw. Strafschärfung durch Analogie verbietet und damit insbes. eine Abgrenzung gegenüber bloßer Auslegung notwendig wird (u. 24 ff.); d) das Gebot einer *lex praevia*, aus dem sich vor allem das Rückwirkungsverbot ergibt (dazu § 2 RN 3 ff.). Daß diese Prinzipien jedenfalls hinsichtlich der **Tatbestandsvoraussetzungen** des BT Gültigkeit haben, ist einhellige Meinung. Dagegen ist ihre Reichweite im übrigen (nämlich bzgl. der weiteren allgemeinen Strafbarkeitsvoraussetzungen sowie insbes. der **Tatfolgen**) umstritten: dazu 14 ff., 23, 25 ff. 6

4. Da es sich dabei durchweg um Schutzprinzipien **zugunsten des Täters** handelt, greifen sie grds. nur dann ein, wenn ihre Verletzung zu einer Schlechterstellung des Täters führen würde. Dagegen stehen sie täterbegünstigenden Lösungen im allgemeinen nicht im Wege (vgl. B/W-Weber 134, 147 f., 153, Jescheck/Weigend 133 ff.), zB bei Analogie zugunsten des Täters (u. 24, 30 ff.) oder rückwirkender Strafmilderung (§ 2 RN 1). Ihrer Schutzrichtung nach wenden sich das Bestimmtheitsgebot und das Rückwirkungsverbot primär an den *Gesetzgeber*, indem dieser zu entsprechender Gestaltung strafrechtlicher Vorschriften verpflichtet werden soll (BVerfG NJW **86**, 1671, **87**, 44; vgl. aber auch § 2 RN 8 zu rückwirkender Änderung von **Rechtsprechung**). Dagegen sind das Verbot gewohnheitsrechtlicher bzw. analoger Schaffung oder Schärfung von Strafrecht primär an die Adresse des *Richters* gerichtet (vgl. auch Grünwald ZStW 76, 2 ff.; and. Schroeder JuS 95, 876). **Im einzelnen** wirkt sich das Gesetzlichkeitsprinzip hinsichtlich seiner vier Einzelprinzipien in folgender Weise aus: 7

II. Lex scripta: Gesetzesvorbehalt und Gewohnheitsrecht

8 1. Als Grundvoraussetzung jeglicher Strafbarkeit ist die Existenz einer **lex überhaupt** erforderlich. Zu den **Gesetzen,** durch die eine Handlung für strafbar erklärt werden kann, sind alle geschriebenen Normen zu rechnen, die aus einer verfassungsmäßig anerkannten Rechtsquelle fließen und mit verbindlicher Kraft ausgestattet sind, wobei eine die Strafnorm ausfüllende Gesetzeskette lückenlos sein muß (Stuttgart NStZ-RR **99**, 379). Auch Rechtsverordnungen kommen dafür in Betracht, sofern sie von einer Behörde erlassen sind, die in einer dem Art. 80 I GG entsprechenden Weise dazu ermächtigt ist (vgl. BVerfGE **14** 185, 251, 257, **22** 25, BK-Rüping Art. 103 II RN 42, Hassemer AK 15, Jescheck/Weigend 115 f., MD-Dürig Art. 103 II RN 106, M-Zipf I 122, Sax BNS 1001, Rudolphi SK 4; and. MD-Schmidt-Aßmann Art. 103 II RN 183, H. Mayer AT 85). Für *Freiheitsstrafen* jedoch ist nach Art. 104 GG ein förmliches Gesetz erforderlich (BVerfGE **14** 174, 186, 254, Hamburg GA **64**, 56, MD-Dürig Art. 104 RN 14; and. Düsseldorf NJW **61**, 1831, Köln NJW **62**, 1214). Dies schließt allerdings nicht aus, daß die nähere Spezifizierung des Straftatbestandes, wie dies für *Blankett*strafgesetze typisch ist (3 vor § 1, u. 18 a), durch den Gesetzgeber an den Verordnungsgeber delegiert wird (BVerfG NJW **79**, 1981 f.; Karlsruhe NJW **87**, 3175 f.; M-Zipf I 122 f; zur Verweisung auf EG-Verordnungen in Blankettstrafgesetzen vgl. Koblenz NStZ **89**, 188, Krey EWR 81, 169 sowie o. 26 f. vor § 1; zu DIN-Normen vgl. Hamburg MDR **79**, 604, Backherms ZRP 78, 261; abl. für die Verweisungstechnik in § 1 BtmG Kaschkat aaO; allg. zur Tatbestandsbestimmtheit bei *Verwaltungsakzessorietät* MD-Schmidt-Aßmann Art. 103 RN 198 ff.). Zu den Anforderungen an die Bestimmtheit derartiger Ermächtigungen vgl. BVerfG NJW **72**, 860, Karlsruhe OLGSt 13 ff. zu § 2. Danach müssen schon aus der gesetzlichen Ermächtigung die möglichen Straftatbestände sowie Art und Höchstmaß der Strafen für den Bürger hinreichend deutlich erkennbar sein. Auch *völker*strafrechtliche Normen bedürfen grds. der nach Art. 25 GG erforderlichen Transformation, um ein förmliches Gesetz iSv Art. 104 GG zu sein (vgl. MD-Dürig Art. 25 RN 23 ff. sowie spez. zu EG-VO BGH **41** 127, Stuttgart NStZ-RR **99**, 379. Vgl. zum Ganzen 22 f. vor § 1).

9 2. Aus dem Erfordernis einer lex scripta folgt zwangsläufig der *Ausschluß von* **Gewohnheitsrecht** *zu Lasten des Täters* (BVerfG NJW **86**, 1672). Das bedeutet, daß gewohnheitsrechtlich weder neue Straftatbestände geschaffen noch irgendwelche Strafschärfungen eingeführt werden dürfen. Daher wäre es beispielsweise ausgeschlossen, lesbische Liebe mit Mädchen unter 18 Jahren aufgrund allgemeiner sittlicher Mißbilligung zu bestrafen (vgl. Stratenwerth 47) oder einen Exhibitionisten gegen seinen Willen Maßnahmen zu unterwerfen, die zwar psychiatrisch allgemein als bewährt gelten, aber strafrechtlich nicht zugelassen sind. Abgesehen von derart klaren (aber ohnehin kaum praktischen)

10 Fällen belastenden und damit verbotenen Gewohnheitsrechts ist die *Möglichkeit von Gewohnheitsrecht im Strafrecht* keineswegs ausgeschlossen, wenngleich in seiner Bedeutung umstritten. Das beruht nicht zuletzt darauf, daß schon der Begriff des Gewohnheitsrechts als solcher unsicher geworden ist (vgl. Nörr Felgentraeger-FS 353). Versteht man in seinem ursprünglichen Sinne unter Gewohnheitsrecht eine längere Zeit hindurch tatsächlich überwiegend befolgte Regel zwischenmenschlichen Verhaltens, die im Bewußtsein befolgt wird, damit einem Gebot des Rechts nachzukommen (Larenz, Methodenlehre 356), so spielt es heute (auch außerhalb des Strafrechts) praktisch keine Rolle mehr. Die Frage ist vielmehr, ob und inwieweit eine durch richterliche Rechtsfortbildung geschaffene „ständige Rechtsprechung", die einer allgemeinen Rechtsentwicklung entspricht und praktisch unangefochten ist, den Geltungsgrad von Gewohnheitsrecht, iSd normative Verbindlichkeit, erlangen kann (vgl. dazu Amberg, Divergierende höchstrichterl. Rspr. [1998] 299 ff., Bringewat ZStW 84, 595 ff., Rudolphi SK 21, Stratenwerth 48 ff.). Das wird man, sollen nicht gegenwärtig vorherrschende Ansichten einer Änderung – etwa durch einen Wandel in der Auslegung – entzogen sein, nur in beschränktem Umfang annehmen können (Roxin I 115 f., Rudolphi SK aaO). **Im einzelnen** kann von einer gewissen Bedeutung des Gewohnheitsrechts oder genauer: von gewohnheitsrechtlichen Verfestigung der Rechtsprechung im Strafrecht, vor allem in folgender Hinsicht gesprochen werden:

11 a) Möglich und nahezu allgemein anerkannt ist die *Beseitigung bestehender Strafgesetze* durch sog. **desuetudo** (vgl. Tröndle 9, Frank § 2 Anm. I 1 b, M-Zipf I 107; Rudolphi SK 19; i. Grds. ebenso Köln NJW **51**, 974, Braunschweig NJW **55**, 355). Soweit es sich dabei um täterbegünstigende desuetudo handelt, steht solchem Gewohnheitsrecht jedenfalls nicht § 1 entgegen. Jedoch kann von einer verbindlichen Beseitigung des Gesetzes erst dann die Rede sein, wenn sich eine dahingehende einheitliche Rechtsüberzeugung gebildet hat; eine nur vorübergehende Nichtanwendung von Vorschriften genügt dafür noch nicht (BGH **5** 23, **8** 381, Braunschweig aaO; ähnl. Hassemer AK 65).

12 Im Bereich des allgemeinen Strafrechts wird derogierendem Gewohnheitsrecht freilich nur geringe praktische Bedeutung zukommen, da seiner Entwicklung idR bereits das Legalitätsprinzip (§ 152 StPO) entgegenwirken dürfte (vgl. aber etwa zum Züchtigungsrecht § 223 RN 20). Dagegen kann es für die strafrechtliche *Nebengesetzgebung* größere Bedeutung erlangen (Rudolphi SK 19). So ist für den 1. Weltkrieg die Zahl der Kriegsstrafverordnungen auf über 40 000 geschätzt worden, von denen ein großer Teil gewohnheitsrechtlich außer Kraft getreten ist; and. Hassemer AK 66, Jakobs 87.

13 b) Wichtiger ist die gewohnheitsrechtlich verfestigte Tatbestands-**Einengung durch milde Auslegung:** so zB wenn für den Begriff des Glücksspiels iSv § 284 Gewinne von nicht ganz unbedeutendem Wert verlangt und Unterhaltungsspiele um geringwertige Gegenstände nicht als Glücksspiele angesehen werden (RG **6** 74) oder wenn der zu weit gefaßte Treubruchtatbestand des § 266 auf Fälle typischer Vermögensfürsorge und wirtschaftlicher Selbständigkeit beschränkt wird (BGH **1** 189, **4**

172; vgl. § 266 RN 23). Auch im AT können sich gewohnheitsrechtliche Milderungen bilden, so zB durch den – neuerdings freilich von BGH **40** 138 nahezu wieder aufgegebenen – Begriff der fortgesetzten Handlung, mit dem die für den Täter uU weniger günstige Realkonkurrenz ausgeschlossen werden kann (näher dazu 31, 64 ff. vor § 52), wobei freilich einzuräumen ist, daß die inhaltliche Ausfüllung des Begriffes der fortgesetzten Handlung, selbst wenn grds. gewohnheitsrechtl. anerkannt, nicht den Verbindlichkeitsgrad von Gewohnheitsrecht erreicht und damit einem Wandel der Rechtsprechung nicht entzogen ist (vgl. BGH **40** 167 f.). Vgl. auch Bringewat ZStW 84, 585, der freilich nicht von Gewohnheitsrecht, sondern von einer „materiell verbindlichen Richterrechtsnorm" spricht, ohne aber damit über den Verbindlichkeitsgrund größere Klarheit zu gewinnen.

c) Ebenso haben sich **Straffreistellungsgründe** schon gewohnheitsrechtlich gebildet, wie zB der praktisch sehr bedeutsame *Rechtfertigungsgrund* des „übergesetzlichen Notstandes" (RG **61** 247, 252), der durch § 34 auch für das StGB gesetzlich anerkannt wurde (vgl. ferner zur rechtfertigenden Pflichtenkollision 71 ff. vor § 32 sowie Bay wistra **83,** 37 zu umweltbelastenden Gewohnheitsrechten; zur anachronistisch, wenn auch nicht undenkbar erscheinenden Rechtfertigung durch gewohnheitsrechtlich verfestigtes regionales Brauchtum krit. Lorenz MDR 92, 630). Obgleich sich eine derartige Schaffung von Gewohnheitsrecht durchwegs zugunsten des Täters auswirkt, ist sie freilich insofern nicht unproblematisch, als es zugleich auch nachteilige Rückwirkungen auf den Schutzbereich anderer Tatbestände haben kann. Erkennt man etwa die Rechtfertigung von Züchtigungen durch Gewohnheitsrecht an (BGH **11** 241; vgl. § 223 RN 16 ff.), so wird damit insoweit eine Gegenwehr des Betroffenen unzulässig und dadurch faktisch dessen Strafbarkeitsbereich erweitert. Dennoch folgt aus solchen Rückwirkungen kein verfassungsrechtliches Verbot gewohnheitsrechtlicher *Schaffung und Erweiterung von Rechtfertigungsgründen,* da Art. 103 II GG derartige *mittelbare* Strafbarkeitserweiterungen nach seinem auf die Konstituierung der Strafbarkeitsvoraussetzungen beschränkten Sinn und Zweck nicht erfaßt (dazu Suppert, Studien zur Notwehr [1973] 297, Hirsch LK 36 vor § 32, Rogall KK OWiG § 3 RN 23). Denn sowohl seinem historischen Entstehungsgrund als auch seiner unrechtskonstitutiven Funktion nach geht es beim nullum crimen-Prinzip weniger um ein Gesetzlichkeitserfordernis für Erlaubnisnormen als vielmehr um den Schutz von nichtgesetzlicher Bildung oder Verschärfung bestimmter *Deliktstypen.* Während für solche Tatbestandsbildungen genaue Verhaltensanleitungen und Handlungsbeschreibungen erforderlich sind, haben Rechtfertigungsgründe – und Entsprechendes würde für *Entschuldigungsgründe* zu gelten haben – eine mehr generelle Natur und sind von daher schon einer abschließenden Umschreibung nur schwer zugänglich (vgl. Roxin, Kriminalpolitik und Strafrechtssystem[2] [1973] 29 f.). Das soll nicht heißen, daß die Gesetzgebung nicht auch bei Schaffung oder Modifizierung von Rechtfertigungsgründen auf größtmögliche Präzision und etwaige Rückwirkungen auf andere Strafrechtsnormen Bedacht nehmen müßte (vgl. Eser/Burkhardt I 20); durch die Gesetzlichkeitsgarantie des Art. 103 II GG jedoch sind sie nach dem derzeitigen Stand der Diskussion nicht voll erfaßbar (vgl. auch 25 f. vor § 32 sowie Amelung JZ 1982, 620, Dreher Heinitz-FS 222, Jescheck/Weigend 134, Lenckner GA 68, 9, JuS 68, 252, Rudolphi SK 20). Dem entspricht es, daß der Gesetzgeber gerade im AT zahlreiche Fragen bewußt unvollständig geregelt hat, um sie der Rspr. und Lehre zur weiteren Entwicklung zu überlassen. Vgl. zum Ganzen auch Germann, Auslegung 172 ff., Hirsch aaO.

Weitaus problematischer ist dagegen die auf einer richterlichen Rechtsfortbildung beruhende gewohnheitsrechtliche *Einengung eines strafgesetzlich geregelten Rechtfertigungsgrundes* ebenso wie seine teleologische Reduktion (abl. namentl. Engels GA 82, 109 ff., Engisch Mezger-FS 131, Frister GA 88, 315, Hirsch LK 37 vor § 32, Tjong-GedS 55 ff., Kratzsch GA 71, 72, Rogall KK-OWiG § 3 RN 24; vgl. auch Rudolphi SK 25 a, ferner Bay NJW **79,** 1372 zu den Anforderungen bei Beseitigung eines gewohnheitsrechtl. Züchtigungsrechts [dazu allg. § 223 RN 17 ff.]). Soweit dies für zulässig gehalten wird (wie ua von Lenckner GA 68, 9, JuS 68, 252, Krey, Studien 233 ff., JZ 79, 712, Roxin I 113, ZStW 93, 80, Amelung JZ 82, 620), so muß sich dieser bis zur noch u. 25 vor § 32 vertretene Auffassung aufgrund des heutigen Diskussionsstandes in der Tat entgegenhalten lassen, nicht genügend zu berücksichtigen, daß eine derartige Restriktion der Rechtfertigungsmöglichkeiten den Strafbarkeitsbereich unmittelbar zu Lasten des Täters erweitert und eine die Wortlautgrenze mißachtende Ausdehnung der Strafbarkeit unabhängig davon gegen Art. 103 Abs. 2 GG verstößt, ob sie strafrechtsdogmatisch als Erweiterung des Tatbestandes oder als Einengung einer Erlaubnisnorm darstellt. Auch wird man gegen die unterschiedliche Einengbarkeit gewohnheitsrechtlicher Rechtfertigungsgründe einerseits und die Nichteinengbarkeit von gesetzlichen andererseits schwerlich das Prinzip der Einheit der Rechtsordnung (vgl. Hirsch Tjong-GedS 59 ff.) ins Feld führen bzw. den Willküreinwand (so aber Roxin I 114) erheben können, ergibt sich diese Differenzierung doch schon daraus, daß außerstrafrechtliche und gewohnheitsrechtliche Rechtfertigungsgründe bereits von vornherein dem Schutzbereich des Art. 103 II GG nicht unterfallen und an den Strafgesetzgeber strengere verfassungsrechtliche Anforderungen gestellt sind (näher Hirsch LK 39 vor § 32). Rein praktisch dürfte dieser Meinungsstreit freilich ohnehin nicht überzubewerten sein, da speziell die Notwehr durch das gesetzliche Gebotenheitserfordernis (aber auch § 34 durch die Interessenabwägung) als immanent beschränkbar erscheint (vgl. Geilen Jura 81, 371, Roxin ZStW 93, 78 f.; iE deshalb überzeugend Kratzsch GA 71, 65 ff., Engels GA 82, 109 ff.). In gleicher Weise ist bei Strafausschließungsgründen zu differenzieren (daher problem. BGH **43** 356 ff.; krit. dazu auch Paul u. Seebode JZ 98, 739 bzw. 781).

15 d) Denkbar ist eine Bildung von Gewohnheitsrecht ferner dadurch, daß bestimmte, vom Gesetz selbst nicht definierte Begriffe (wie etwa der Schuldbegriff) oder **allgemeine Zurechnungsgrundsätze** durch st. Rspr. eine gewohnheitsrechtliche Verfestigung erfahren. Danach können etwa das Kausalitätserfordernis oder die (nunmehr durch § 13 legalisierte) Gleichstellung der unechten Unterlassungsdelikte mit den Begehungsdelikten oder auch die Haftung aufgrund von actio libera in causa jedenfalls dem Grundsatz nach als gewohnheitsrechtlich anerkannt gelten (vgl. M-Zipf I 107, Tröndle LK[10] 26 f., krit. Schmitt Jescheck-FS I 225, Schürmann aaO 127 ff.; abl. für die actio libera in causa Salger/Mutzbauer NStZ 93, 561 sowie jedenfalls bzgl. Straßenverkehrsgefährdung und Fahren ohne Fahrerlaubnis BGH **43** 245; vgl. aber demgegenüber auch BGH JR **97** 391 m. Anm. Hirsch sowie Dietmeier ZStW 110, 400 ff.). Hinsichtlich des Umfangs der Gültigkeit ist freilich Vorsicht geboten. Angesichts der Meinungsverschiedenheiten, die über Inhalt und Grenzen dieser Begriffe bzw. Zurechnungsgrundsätze noch bestehen, kann keinesfalls eine bestimmte Interpretation als gewohnheitsrechtlich verbindlich gelten. Jedenfalls dürften derartige Verfestigungen einer anderweitigen Auslegung nicht entgegenstehen (zur rückwirkenden Änderung einer solchen Rspr. vgl. auch § 2 RN 8). Gewohnheitsrecht zum **Nachteil des Täters** (wie namentlich durch die Gleichstellung der unechten Unterlassungsdelikte oder die actio libera in causa) kann freilich nur insoweit zulässig sein, als es sich um Haftungsgrundsätze handelt, die als der (geschriebenen) Rechtsordnung immanent aus dieser entwickelt werden können. Daran würde es etwa fehlen, wenn bislang unbekannte Garantenstellungstypen durch Richterrecht neu geschaffen würden oder wenn § 30 auch auf die erfolglose Beihilfe erstreckt würde (vgl. Stratenwerth 47; ferner Rudolphi SK 18; MD-Dürig Art. 103 II RN 112).

16 e) Schließlich kann auch durch Heranziehung gewohnheitsrechtlicher Sätze **anderer Rechtsgebiete** Gewohnheitsrecht Eingang in das Strafrecht finden (vgl. RG **46** 111, Tröndle LK[10] 25). Wenn etwa im bürgerlichen Recht gewohnheitsrechtlich anerkannt ist, daß der Stellvertreter ohne Hinweis auf das Vertretungsverhältnis mit dem Namen des Vertretenen unterschreiben darf, so folgt daraus für das Strafrecht, daß in diesem Umfang beim Zeichnen mit fremdem Namen keine Urkundenfälschung vorliegt (vgl. § 267 RN 56 ff.). Auch die gewohnheitsrechtliche Abänderung von Vorschriften über das Eigentum kann für das Strafrecht beachtlich werden: vgl. zB im Rahmen der Einziehung § 74 RN 24. Im **Verfahrensrecht** wird man die Anwendung von Gewohnheitsrecht insbes. im Hinblick auf den allgemeinen öffentlich-rechtlichen Gesetzesvorbehalt nur sehr zurückhaltend zulassen dürfen (vgl. Kortgen aaO 242 ff.).

III. Lex certa: Bestimmtheitsgebot

17 Das Strafgesetz kann seine Aufgabe, maßgebliche Grundlage der Strafbarkeit zu sein, nur dann erfüllen, wenn es sowohl die kriminalisierte *Tat* wie auch deren *Folgen* mit hinreichender **Bestimmtheit** umschreibt. Über die Gewährleistung gleicher Rechtsanwendung hinaus dient dies einem doppelten Zweck (BVerfG NJW **86**, 1671, **87**, 44): Zum einem dem (individuellen) Schutz des *Normadressaten* durch Vorausberechenbarkeit des Rechts (vgl. BVerfGE **14** 252, **25** 285, **26** 42, NJW **87**, 3175, **93**, 1458); denn nur wenn dieser auf Grund entsprechender Fassung bzw. Auslegung des Gesetzes wissen kann, was strafrechtlich verboten ist und mit welcher Art von Sanktion er bei etwaiger Verletzung rechnen muß, kann die Norm eine verhaltens*determinierende* Wirkung entfalten (BVerfGE **37** 207; vgl. auch Eser Lenckner-FS 25 ff., Eser/Burkhardt I 19, Rogall KK-OWiG § 3 RN 28, Rudolphi SK 11, Schünemann, Nulla poena 11 ff.; krit. Ransiek aaO 13 ff. sowie Grünwald A. Kaufmann-FS 435 f., der wohl zu einseitig auf eine „Objektivitätsgarantie" [Jakobs 73] abhebt). Zum anderen soll damit auch die (staatsorganisationsrechtliche) Entscheidungszuständigkeit des *Gesetzgebers* über die Strafbarkeit sichergestellt werden (BVerfG NJW **86**, 1671, **87**, 44, 3175, Calliess NJW **85**, 1512, Ransiek aaO 40 ff., Sternberg-Lieben aaO 301 ff.). Abw. vor allem Nickel aaO 178, der die Existenz des Bestimmtheitsgrundsatzes gänzlich leugnet; gegen ihn zutreffend Ransiek aaO 7 ff., (näher dazu 25. A. RN 17 a). Wenn danach an dem herrschenden Verständnis des Bestimmtheitsgebotes festzuhalten ist, so ergeben sich aus diesem folgende **positive Forderungen** (vgl. Würtenberger Rittler-FS 129, Lemmel aaO, insbes. 72 ff.; allg. zur Entwicklung der Bestimmtheitsanforderungen in der BVerfG-Rspr. Faller Merz-FS 61 ff. sowie krit. Krahl aaO):

18 1. Hinsichtlich der **Tatbestandsvoraussetzungen** besteht für den Gesetzgeber die Pflicht, Tatbestände so zu formulieren, daß sie ihrer Aufgabe, eine zuverlässige und feste Grundlage der Rechtsprechung zu bilden, gerecht werden können (BGH **23** 171, B/W-Weber 125, Grünwald ZStW 76, 16, H. Mayer Mat. I 271, Welzel 23). Unbestimmte und inhaltsleere Tatbestände, die alles dem Richter überlassen, würden nur einen anderen Weg bilden, um das Schwergewicht der Ausformung der Strafrechtssätze aus der Gesetzgebung in die Rechtsprechung zu verlagern und das Rückwirkungsverbot illusorisch zu machen, da der Richter seine Auslegung jederzeit ändern kann (vgl. aber auch § 2 RN 8 f.). Deshalb wurde zB der Tatbestand, „wer gegen die öffentliche Ordnung verstößt", vom BayVerfGH **51** II 194 zu Recht mangels Bestimmtheit für verfassungswidrig erklärt. Gleiches hätte – entgegen BVerfGE **26** 41 – mit § 360 Nr. 11 aF („wer groben Unfug verübt, . . .") geschehen müssen (vgl. Lenckner JuS 68, 305, Roxin I 123, Rudolphi SK 14, Schroeder JZ 69, 775, Schröder JR 64, 392, JZ 66, 649 sowie 17. A. § 360 RN 57 ff. mwN). Auch gegen § 118 I OWiG bestehen entsprechende Bedenken (vgl. Göhler OWiG § 118 RN 3), nicht aber gegen „Vertrieb" nach dem BtmG (and. Schrader NJW 86, 2874 f.; bzgl. Handeltreibens nach § 29 BtMG Paul StV 98, 623). Auch § 240 wurde – entgegen mannigfacher Kritik (vgl. insbes. Calliess aaO, Wolter NStZ 85, 193 ff.

mwN) – iE zu Recht für noch hinreichend bestimmt befunden (BVerfGE **73** 206 m. Anm. Calliess u. Otto NStZ 87, 209, 212, Kühl StV 87, 124), und zwar selbst in BVerfGE **92** 1, 13 f., da dort lediglich die *erweiternde* strafrichterliche *Auslegung* des Gewaltbegriffes als unvereinbar mit Art. 103 II GG befunden wurde (aaO 14 ff.), wobei dies jedoch weniger auf mangelnder Bestimmtheit (vgl. Altvater NStZ 95, 278 ff., Schroeder JuS 95, 875) beruhen dürfte, als wohl eher mit verbotener Analogie zu begründen wäre (so auch die Deutung von Krey JR 95, 268), dies iE aber schwerlich begründet erscheint (vgl. Scholz NStZ 95, 418 ff., aber auch Amelung NJW 95, 2586 f., Gusy JZ 95, 782 f., Lesch JA 95, 889; and. Jean d'Heur NJ 95, 466). Auch § 185 (vgl. Ignor, Der Straftatbestand der Beleidigung [1995] 149 ff.; and. Ritze JZ 80, 92) und § 263 a (vgl. Yoo, Codekartenmißbrauch [1997] 82 ff., zw. LG Köln NJW **87**, 669) wird man ebenso wie § 284 (dazu BGH **34** 178), § 107 a (dazu BVerfG NVwZ **93**, 55) und § 131 (vgl. BVerfG NJW **93**, 1457, aber auch u. § 131 RN 9) noch als hinreichend bestimmt ansehen können, ebenso § 370 AO (Steuerhinterziehung; vgl. BVerfG NJW **95**, 1883) und § 261 (dazu BGH **43** 158 ff., vgl. Bernsmann StV 98, 46, Leip/Hardtke wistra 97, 281). Zu § 17 LMBG vgl. Düsseldorf und KG NStE **Nr. 1** bzw **6** sowie BVerfG ZLR **88**, 632.

Speziell bei **Blankettnormen** (o. 8) hat schließlich BVerfG NJW **87**, 3175 auch die Verweisung **18 a** des § 327 II 1 auf das BImSchG als mit dem Bestimmtheitsgebot vereinbar angesehen. Vgl. ferner BVerfG NJW **79**, 1982 (zur StVZO), **84**, 39 (zu Zollvorschriften), **92**, 2624 (zu § 33 I AWG; vgl. auch Achenbach NStZ **93**, **428**), **93**, 1909 (zu § 34 I Nr. 3 AWG aF), **93**, 1911 (zu § 180 a I Nr. 2), BVerfG NJW **95**, 1883 (zu § 370 AO), BGH **24** 61 (zu § 1 GWB), **38** 121 f. (zu § 263 a, krit. dazu Ranft NJW 94, 2577), **41** 127 ff. (zu § 34 IV AWG), **42** 219 ff. (zu §§ 30 a, 30 I Nr. 3 BNatSchG), BGH wistra **82**, 108 (zur AO), NStZ **96**, 342 f. (zu § 70 I Nr. 1 LGNW m. Anm. Günther NStZ **96**, 343), Düsseldorf JMBlNW **82**, 260 (zum Katastrophenschutz), Celle NStZ **86**, 411 (zur Landtagsgeschäftsordnung), BGH **41** 127 (zu EG-Embargo), aber auch Koblenz NStZ **89**, 188 (zu unzureichendem Verweis auf EG-Verordnungen von WeinG) sowie grdl. zur Bedenklichkeit von sog. „qualifizierten Blankettnormen" Volkmann ZRP 95, 220 ff. Zu Unrecht bezweifelt Kohlmann Köln-FS 450 ff. die Bestimmtheit von § 370 AO im Zusammenhang mit der Parteispendenproblematik (BVerfG wistra **91**, 75, BGH **37** 272 ff., wonach auch § 4 IV EStG als Ausfüllungsnorm hinreichend bestimmt ist); soweit das BVerfG freilich einen Steuertatbestand für verfassungswidrig erachtet, ist diesbezüglich die Bestimmtheit von § 370 AO bedenklich (vgl. Kohlmann/Hilgers-Klautzsch wistra 98, 161 ff.). Zu unbestimmt war jedenfalls § 15 II lit. a FAG, der ohne normative Konkretisierung die Zuwiderhandlung gegen die einer Genehmigung zum Betrieb einer Sprechfunkanlage beigefügten „Verleihungsbedingungen" pönalisierte und es damit den Postbehörden überließ, durch Verwaltungsakt die normativen Voraussetzungen einer Straftat zu bestimmen (BVerfG NJW **89**, 1663 ff.). Allgemein zur Tatbestandsbestimmtheit bei „Verwaltungs*akts*akzessorietät" Kühl Lackner-FS 834 ff., MD-Schmidt-Aßmann Art. 103 RN 216 ff. Zur Neufassung der Blankettnorm ohne Anpassung der Ausfüllungsnorm (RhPfLandespflegeG) vgl. Koblenz NJW **99**, 3136. Zu der für § 145 c erforderlichen Bestimmtheit eines Berufsverbots vgl. Karlsruhe NStZ **95**, 446 m. Anm. Stree. Zum Ganzen Lohgerber, Blankettstrafrecht (1969) 82 ff., 113 ff., Otto Gitter-FS 715 ff., Tiedemann aaO 239 ff.

Freilich dürfen die Bestimmtheitsforderungen auch nicht überspannt werden, und zwar weder hin- **19** sichtlich der Deliktsfolgen (dazu u. 23) noch bezüglich der Tatbestandsvoraussetzungen und noch weniger hinsichtlich (täterbegünstigender) tatbestandsregulierender Korrektive, wie etwa der Verwerflichkeitsklausel des § 240 II (BVerfGE **73** 206). Wie von der Theorie seit langem anerkannt, kommt man selbst bei sog. rein *deskriptiven* Begriffen ohne eine Wertung nicht aus, dh auch sie sind mehr oder weniger unbestimmt (vgl. Esser, Vorverständnis 42, Heller aaO 93, Krey, Studien 45, 71, 101). Genuin *normative* Begriffsmerkmale und **generalklausel**artige Ermächtigungen unterscheiden sich davon nur durch ihren größeren Grad an Wertausfüllungsbedürftigkeit. Übertriebene Bestimmtheitsforderungen bzw. ein völliger Verzicht auf normative Begriffsmerkmale und Generalklauseln müßten dazu führen, daß die Gesetze zu starr und kasuistisch würden und damit der Vielgestaltigkeit des Lebens, dem Wandel der Verhältnisse oder der Besonderheit des Einzelfalls nicht mehr gerecht werden könnten (BVerfGE **37** 208, **45** 363, **47** 109, **48** 48). Weil sie insofern „unentbehrlich" (BVerfGE **4** 358), wenn nicht sogar bis zu einem gewissen Grade sachlogisch unvermeidbar sind, wie etwa hinsichtlich der Unmöglichkeit, Fahrlässigkeitsdelikte durch die Aufzählung von Sorgfaltspflichten zu konkretisieren (Jescheck/Weigend 564; abw. Bohnert ZStW 94, 71 ff.; gegen ihn Schöne aaO 656 ff.), kann auch ihre Verwendung im Strafrecht nicht schlechthin verfassungswidrig sein (vgl. auch BGH I 377, **18** 362, **37** 273 f., B/W-Weber 127, Henkel, Recht und Individualität (1958) 24 ff., Lenckner JuS 68, 246, MD-Dürig Art. 103 II RN 107, Roxin I 125, Sax BNS 1006 ff., Rudolphi SK 13 sowie BVerfG NJW **69**, 1164; insbes. krit. zu § 240 Calliess aaO), und zwar selbst dann nicht ohne weiteres, wenn in einem Tatbestand auslegungsbedürftige Merkmale in gehäufter Weise auftreten (vgl. BVerfG NJW **93**, 1458). Zu weitgehend aber Haft JuS 75, 477, 481, 483 f., wonach die Tendenz zur Kasuistik – zu der neuerdings auch Schroeder GA 90, 97 eine Rückkehr konstatiert – eher mit Art. 103 II GG zu kollidieren drohe, als dies bei Generalklauseln zu befürchten wäre (zust. Rogall KK-OWiG § 3 RN 32). Vgl. dazu auch 25. A.

Angesichts des Spannungsverhältnisses zwischen dem Bestimmtheitsgebot einerseits und der Not- **20** wendigkeit flexibler und damit auch Gerechtigkeitserfordernissen Rechnung tragender Regelungen andererseits läßt sich die Frage, wann ein Tatbestand iSd § 1 „gesetzlich bestimmt" ist, kaum allgemein und eindeutig beantworten. So sieht die Rspr. die Verwendung von Allgemeinbegriffen solange als unbedenklich an, als sich „mit Hilfe der üblichen Auslegungsmethoden, insbes. durch Heranziehen anderer Vorschriften desselben Gesetzes, durch Berücksichtigung des Normenzusammenhanges oder aufgrund einer gefestigten Rspr. eine zuverlässige Auslegung und Anwendung der Norm gewinnen läßt, so daß der einzelne Bürger die Möglichkeit hat, den durch die Strafnorm geschützten Wert sowie das Verbot bestimmter Verhaltensweisen zu erkennen und die staatliche Reaktion vorauszusehen" (BGH **28** 313; vgl. auch BVerfGE **45** 371 f., NJW **81**, 1719 zu § 99), oder „wenigstens das Risiko einer Bestrafung" zu erkennen (was bspw. aufgrund einer bereits gefestigten Gewalt-Auslegung bei § 240 von BVerfGE **73**, 206 ff. bejaht und auch von BVerfGE **92** 1, 13 f. jedenfalls hins. des Gewaltbegriffs als solchen [nicht aber dessen Auslegung durch die Strafgerichte: aaO 14 ff.; näher dazu 10 vor § 234] bestätigt wurde), wobei „in erster Linie der für den Adressaten erkennbare und verstehbare *Wortlaut* des gesetzlichen Tatbestandes maßgebend" ist (BVerfG NJW **86**, 1672 mwN; krit. Hanack NStZ 86, 263) und Maßstab für die Erkennbarkeit eines Bestrafungsrisikos nicht erst die Auslegung durch die Gerichte, sondern die Norm sein muß (BVerfGE **92** 12, 18 m. zust. Anm. Amelung NJW 95, 2587; krit. Altvater NStZ 95, 278, Scholz NStZ 95, 421 f.). Die damit zwangsläufig verbundene Ersetzung von Bestimmtheit durch bloße Bestimmbarkeit darf jedoch keinesfalls dazu führen, daß die Weiterverweisung auf allgemeine Rechtsüberzeugung, Rechtsprechung und Schrifttum das Erfordernis der lex certa schlechterdings substituiert, wie dies in BGH **30** 285/7 f. anklingt (vgl. insbes. den krit. Rspr.-Überblick von Krahl aaO 104 ff., ferner Calliess NJW 85, 1506 ff., Lampe JR 82, 430 f., Krey, Keine Strafe 126 ff., Wolter NStZ 86, 241 ff.). Es bleibt jedenfalls zu fordern, daß der Gesetzgeber *soweit wie eben möglich bestimmte* Begriffe verwendet (Lenckner JuS 68, 305; ähnl. Jakobs 78, Kohlmann aaO 252 ff., während Krahl (aaO, insbes. 5, 81 ff.), ohne freilich damit einen höheren Grad von Differenzierungskraft zu erreichen, aufgrund eines „komparativen" Bestimmtheitsverständnisses zwischen „genauen" und „weniger genauen" Strafgesetzen unterscheiden will; krit. zu diesen Konkretisierungsversuchen Ransiek aaO 55 ff., der den Weg einer Beschränkung des formellen Bestimmtheitsgrundsatzes durch materielle Gesichtspunkte – wie die „Unvermeidbarkeit" der Verwendung bestimmter Begriffe – nicht für gangbar hält). Das bedeutet, daß der Gebrauch wertausfüllungsbedürftiger Begriffe und Generalklauseln spätestens dann verfassungswidrig wird, wenn diese Gesetzestechnik vermeidbar wäre (vgl. Löwer JZ 79, 625, Naucke, Generalklauseln 3 ff.), so namentlich dort, wo der Gesetzgeber die ihm auferlegte Wertentscheidung an den Richter abschiebt, obgleich ihm eine weitere Konkretisierung möglich wäre (so ua zu § 13 Schürmann aaO 147 ff.), oder wo es eine weniger unbestimmte, aber gleichermaßen funktionsfähige Regelungsalternative gibt (vgl. Kausch aaO 157, 165 ff., Loos Remmers-FS 565 ff. zum staatsanwaltschaftl. Sanktionierungsermessen nach § 153a StPO, Schmidhäuser I 32). Ein solches Versagen liegt etwa bei § 228 vor (vgl. Roxin I 128, JuS 64, 373, 379, R. Schmitt Schröder-GedS 265, Sternberg-Lieben aaO 136 ff., Woesner NJW 63, 275 und 64, 3). Dieses **Präzisierungs-** bzw. **Konkretisierungsgebot** ist um so größer, je schwerer die angedrohte Strafe ist (BVerfGE **14** 251, **26** 42, BGH NJW **78**, 652, Rudolphi SK 13; and. Hassemer AK 26). Vgl. zur allg. Kritik bzgl. der Nichtbeachtung des Bestimmtheitsgebots auch Krahl aaO 279 ff., 294 ff., Müller-Dietz Lenckner-FS 182, Naucke, Generalklauseln 12, Schünemann, Nulla poena 4 ff., Süß aaO 207 ff.

21   Im übrigen ist dabei aber auch die *Verhältnismäßigkeit* zwischen der Notwendigkeit eines auf (bestimmtere) Weise nicht zu erreichenden *Rechtsgüterschutzes* einerseits und der *Intensität des Eingriffs* in Art. 103 II GG andererseits zu beachten. Das kann dazu führen, daß zum Schutz höherwertiger Rechtsgüter auch ein größerer Spielraum notwendig und zulässig sein kann. Umgekehrt wird ein Tatbestand nicht etwa deshalb wegen Verletzung des Gleichheitsgrundsatzes verfassungswidrig, weil infolge einer scharf umrissenen und möglichst konkret abgegrenzten Strafnorm an sich strafwürdige Fälle nicht erfaßbar sind (BVerfG NJW **79**, 1445/8 zu § 170). Im übrigen kann auch der **Adressat** der Vorschrift von Bedeutung sein (vgl. BVerfGE **48** 48), wie ja überhaupt stets der Normzweck und der Normzusammenhang heranzuziehen sind (vgl. auch u. 37 sowie zum Ganzen auch Eser/Burkhardt I 22 f.). Demgegenüber ist zwar Schünemann (Nulla poena, insbes. 29 ff.) zuzugeben, daß alle diese Aspekte noch keine befriedigende Konkretisierung des Bestimmtheitsgebotes ergeben. Mit seiner „50%-Richtlinie" dürfte sich aber eine solche Konkretisierung ebenfalls nicht erreichen lassen (krit. etwa auch Rogall KK-OWiG § 3 RN 32, Roxin I 127).

22   Die Wertausfüllungsproblematik stellt sich in verstärktem Grade dort, wo es um die Anwendung von Generalklauseln oder Begriffen geht, die den Richter zur Berücksichtigung von *Sitte und Anstand* verpflichten (vgl. BVerfG NJW **87**, 44, 49 f. zur Verwerflichkeitsklausel des § 240, ferner dort RN 15 ff.). Hier fragt es sich, unter welchen Voraussetzungen in einer pluralistischen Gesellschaft, in der **verschiedene Wertvorstellungen** toleriert werden, ein sicheres positives oder negatives Urteil über ein menschliches Verhalten abgegeben werden kann (vgl. Tröndle LK[10] 15). Mit der Verweisung auf **außerrechtliche Normenkomplexe** hat der Gesetzgeber auf eine eigene Entscheidung verzichtet. Er muß daher die Existenz abweichender Wertvorstellungen in Kauf nehmen. Der Richter ist in derartigen Fällen weder legitimiert, seine eigene ethische Überzeugung der Entscheidung zugrunde zu legen, noch darf er die Existenz einer beachtenswerten abweichenden Überzeugung ignorieren. Er kann vielmehr eine Verurteilung, zB in Fällen des § 228, nur dann aussprechen, wenn sich ein eindeutiges negatives moralisches Urteil über die Tat feststellen läßt (Jescheck/Weigend 130; enger Roxin I 126, der eine Konkretisierung des Mißbilligungsurteils anhand anderer *gesetzlicher* Vorschriften verlangt; zur Problematik der legitimierenden Wirkung eines Konsenses vgl. auch Lüderssen, Generalklauseln als Gegenstand der Sozialwissenschaften, 1978, insbes. 53 ff.). Ist dies nicht der Fall, dh stehen sich beachtenswerte unterschiedliche Wertmaßstäbe in der sozialen Gemeinschaft gegenüber, so muß Freispruch erfolgen (vgl. § 228 RN 6); und zwar mangels materieller Strafbarkeit und nicht etwa (wie in BGH **30** 285/8 anklingend) wegen „in dubio pro reo". Zu ähnlichen Wertungsproblemen hinsichtl. der Verpflichtung eines Taxifahrers zu „rücksichtsvollem", „besonnenem" und „höflichem" Verhalten Stuttgart NJW **74**, 2014 bzw. zum Inverkehrbringen von – nach med. Meßstäben zu beurteilenden – „bedenklichen" Arzneimitteln vgl. BGH NStZ **99**, 625. Ggf. kann auch eine **verfassungskonforme Auslegung** von Wertbegriffen mit sozialethischem Bezug deren gesetzliche Bestimmtheit in diesem Rahmen garantieren (vgl. BVerfGE NJW **93**, 1458 für das Tatbestandsmerkmal „in einer die Menschenwürde verletzenden Weise" in § 131; vgl. auch dort RN 2). Vgl. zum Ganzen auch krit. Köhler 86 ff., diff. Lenckner JuS 68, 308 ff. sowie Schmidhäuser Henkel-FS 229 ff.

2. Auch auf Seiten der **Deliktsfolgen** ist eine hinreichende Bestimmtheit des Gesetzes zu verlangen, damit das Wie der strafrechtlichen Reaktionen festgelegt ist (BVerfGE **25** 269, 286, BGH **18** 140). Jedoch werden hier weniger strenge Maßstäbe an die Bestimmtheit angelegt (Schröder, 41. DJT, Bd. I/2 S. 76; für eine Annäherung der Bestimmtheitsanforderungen auf Seiten der Tatbestandsvoraussetzungen und der Deliktsfolgen im angloamerikanischen Rechtskreis Robinson aaO 393 ff.; and. und insoweit gegen die hM verneint Peters in DJT aaO 19 die Geltung des Art. 103 GG für Deliktsfolgen generell; vgl. aber demgegenüber Kausch aaO 159 f.). Daraus wurde gefolgert, daß etwa die Anordnung von Geldstrafen in unbeschränkter Höhe durch Art. 103 GG nicht verboten sei (BGH **3** 262; Sax BNS 1012 f., Schröder aaO 80, Stree aaO 24; and. MD-Dürig Art. 103 II RN 108). Diese nicht unbedenkliche Meinung ist durch Art. 12 II EGStGB gegenstandslos geworden. Der zugegebenermaßen weite Spielraum, wie er im jetzigen Tagessatzsystem durch einen Gesamtrahmen von DM 10 bis 7 200 000 eröffnet ist (§§ 40 I 2, II 3, 54 II 2), ist zwar problematisch (vgl. Jescheck/Weigend 131), aber wohl noch als zulässig anzusehen (and. Roxin I 129 f., Stratenwerth 45), nachdem das richterliche Ermessen durch die §§ 46 II, 40 II 2 erhebliche Einschränkungen erfährt (Rudolphi SK 16; vgl. auch Jakobs 74). Im übrigen ist zu bedenken, daß bei ebenso großen Unterschieden in den Vermögensverhältnissen eine gerechte und präventiv wirksame Strafe nur durch weite Geldstrafrahmen ermöglicht werden kann. Auch tatbestandlich nicht näher charakterisierte Strafenhöhungen („besonders schwerer Fall": dazu etwa BVerfGE **45** 363, JR **79**, 28 m. Anm. Bruns), gleichgültig ob etwa durch Regelbeispiele (u. 29) exemplifiziert oder nicht, sind demnach statthaft. Als unzulässig ist aber die Androhung einer willkürlichen Strafe anzusehen, dh einer Strafe, die nach Art und Maß ganz dem richterlichen Ermessen überlassen ist; erforderlich ist zumindest die Androhung bestimmter Straf*arten* (and. wohl BGH **13** 190). An hinreichender Bestimmtheit fehlt es deshalb auch dann, wenn sich aus einer Anordnung der Verwaltungsbehörde nicht erkennen läßt, ob eine Zuwiderhandlung als Straftat oder Ordnungswidrigkeit geahndet wird (BGH **28** 72). Auch das gegen die neue Vermögensstrafe wegen ihrer Unbeschränktheit erhobene Bedenken mangelnder Bestimmtheit (vgl. ua Barton/Park StV 95, 17, Eser Stree/Wessels-FS 841, Krey/Dierlamm JR 92, 353, Park JR 95, 343, Schmidt JuS 95, 746, Tröndle/Fischer § 43 a RN 3 b; ab. Horn SK **9**, v. Selle StV 95, 582) ist durch die st. Rspr. (BGH **41** 23 ff.; 279, NJW **96**, 136, NStZ **94**, 429, StV **95**, 16; 17; 521) nicht eingeräumt. Keine Bedenken hingegen bestehen bzgl. des in § 18 TPG ohne nähere Spezifizierung eingeräumten Absehens von Strafe (and. Schroth JZ 97, 1151), da das Bestimmtheitsgebot vor unvorhersehbaren Benachteiligungen, nicht aber vor unvorhersehbaren Begünstigungen schützen soll.

Erfaßt werden von Art. 103 II GG außer Hauptstrafen ua auch Nebenstrafen und Nebenfolgen (eingeh. u. 28), während **vollstreckungsrechtliche** Tatbestandsmerkmale nicht in dessen Schutzbereich fallen sollen (so für § 57 I 1 Nr. 2 BVerfGE **86** 310 f.; krit. hierzu wegen der sich nicht aus dem Gesetz ergebenden und damit das Analogieverbot tangierenden Heranziehung der Maßstäbe des § 46 durch den Senat zu Recht die abw. Meinung von Mahrenholz aaO 342; abl. wegen des materiellen Gehalts von § 57 a auch Geis NJW 92, 2939); für diese gilt aber das allgemeine rechtsstaatliche Bestimmtheitsgebot gem. Art. 20 III GG (BVerfG aaO; ebenso für den **vollzugsrechtlichen** Tatbestand des § 13 StVollzG BVerfGE **64**, 280; vgl. auch MD-Schmidt-Aßmann Art. 103 II RN 197). Wegen ihrer grundsätzlichen Ähnlichkeit mit einer eigenständigen strafrechtlichen Sanktion (vgl. § 56 RN 4) dürfte hingegen die Regelung der Strafaussetzung zur Bewährung (§§ 56–56 g) an Art. 103 II GG zu messen sein (MD-Schmidt-Aßmann aaO, BK-Rüping Art. 103 II RN 74; offengelassen für den Bewährungswiderruf gem. § 56 f I in BVerfG NJW **92**, 2877 und für Auflagen gem. § 56 b in BVerfGE **83** 119, 128). Zu den von Art. 103 II GG erfaßten Tatfolgen gehören schließlich auch die **jugendstrafrechtlichen** Sanktionen, was wegen des Ahndungscharakters der **Zuchtmittel** (vgl. Brunner § 13 JGG RN 2, Eisenberg § 13 JGG RN 8, abl. Ostendorf 4 vor §§ 13–16 JGG) und der **Jugendstrafe** (vgl. Brunner § 17 JGG RN 1) für diese unproblematisch ist, aber auch für die **Erziehungsmaßregeln** gem. §§ 9–12 JGG als formelle Reaktionen auf schuldhaftes Verhalten (vgl. Brunner § 9 JGG RN 2) gelten muß (offengelassen in BVerfGE **74** 126 für die Arbeitsweisung nach § 10 I 3 Nr. 4 JGG).

IV. Lex stricta: Analogieverbot und Auslegung

1. Aus § 1 bzw. Art. 103 II GG folgt ferner das Verbot straf*begründender* bzw. straf*schärfender* **Analogie** (BVerfGE **25** 269 ff., NJW **86**, 1672). Unter Analogie ist dabei die Übertragung einer (für einen oder mehrere untereinander ähnlichen Tatbestände bestehenden) gesetzlichen Regel auf einen gesetzlich nicht geregelten Einzelfall zu verstehen. Es handelt sich daher um eine Methode richterlicher Rechtsfortbildung zur Auffindung und Ausfüllung von (planwidrigen und nicht schon durch Auslegung schließbaren) Regelungslücken (eine solche zB bei Codekartenmißbrauch vernein. Bay NJW **87**, 664; allg. Canaris aaO 71 ff., Engisch, Einführung 180 ff., Larenz, Methodenlehre 381, der mit Recht darauf hinweist, daß zT ein weiterer Begriff der Analogie zugrundegelegt wird; zur neueren Methodengeschichte vgl. Langhein aaO). Methodisch kann die Lückenfüllung sowohl durch **Gesetzesanalogie** wie auch durch **Rechtsanalogie** erfolgen (vgl. B/W-Weber 146, M-Zipf I 125; einschr. nur für Gesetzesanalogie Maurach AT[4] 111). Beide Formen unterscheiden sich lediglich darin, daß der von einem geregelten auf einen nicht geregelten Fall zu übertragende Rechtsgedanke einmal aus einer einzelnen Gesetzesnorm (Einzelanalogie), im anderen Fall aus einem sich aus mehreren Tatbeständen ergebenden „allgemeinen Rechtsgedanken" (Gesamtanalogie) entnommen wird (Larenz, Methodenlehre 383 ff.). Da durch § 1 eine täter*begünstigende* Analogie nicht verboten wird, bleiben insoweit die allgemeinen Fragen nach Voraussetzungen und Grenzen analoger Rechtsanwendung auch für das Strafrecht bedeutsam (vgl. u. 35). Soweit dagegen täter**belastende** Auswirkungen in Frage stehen, stellt sich das Problem des Anwendungsbereichs des Analogieverbots bzw. der Grenzziehung zwischen zulässiger (belastender) Auslegung und verbotener Analogie. Letzteren steht eine *objektiv willkürliche Auslegung* des materiellen Strafrechts zuungunsten des Täters gleich, da auch eine solche gegen einen in Art. 103 II GG enthaltenen Grundgedanken der Vorausberechenbarkeit des Rechts (o. 17) verstößt (vgl. BVerfGE **64** 394 mit Hinweis darauf, daß sich damit Art. 103 II GG auch als eine spezielle Ausprägung des verfassungsrechtlichen Willkürverbots darstellt; krit. zu diesem Kontrolltopos MD-Schmidt-Aßmann Art. 103 II RN 175). Davon abgesehen führt das Verbot täterbelastender Analogie materiell betrachtet notwendig zu einer *Ungleichbehandlung* ähnlich gelagerter Sachverhalte, was wegen der fragmentarischen Natur des Strafrechts grundsätzlich hinzunehmen ist (vgl. Arzt Stree/Wessels-FS 53 ff.) und in der Konsequenz der freiheitssichernden Funktion des Gesetzlichkeitsprinzips liegt (gerade umgekehrt uU im Privatrecht, wo aus Art. 3 I GG ein Analogie**gebot** folgen kann; vgl. Grasmann aaO). Näher zur Zielsetzung des Analogieverbots Grünwald ZStW 76, 13 f., Jescheck/Weigend 134 f., Krey, Studien 27 ff., 199 ff., 215 ff., aber auch Sax, Analogieverbot 94 ff. sowie u. 30 ff., 55. Zur geschichtlichen Entwicklung M-Zipf I 125 ff.

25   2. Der **Anwendungsbereich des Analogieverbots** erstreckt sich grundsätzlich sowohl auf die Strafbarkeitsvoraussetzungen als auch auf die Tatfolgen. Ohne Rücksicht darauf, ob als „Analogie" im rechtstheoretischen Sinne zu verstehen oder als solche bezeichnet, ist damit jede Rechts-„Anwendung" (zu Lasten des Täters) verboten, „die über den Inhalt einer gesetzlichen Sanktionsnorm hinausgeht" (BVerfG NJW **86**, 1672).

26   a) Auf Seiten der **Strafbarkeitsvoraussetzungen** umfaßt das Analogieverbot zunächst alle *unrechts- und schuldbegründenden* Merkmale. Dies gilt unstreitig jedenfalls für die Tatbestände des **BT**. Demzufolge darf eine nicht tatbestandsmäßige Handlung nicht durch analoge Anwendung in den Bereich des Strafbaren gezogen werden. So etwa wäre es unzulässig, § 123 auf Fälle anzuwenden, in denen der Hausfriede durch belästigende Anrufe gestört wird (vgl. dort RN 14). Ebenso wäre es unzulässig, die §§ 22, 33 KunstUrhG bereits auf die eigenmächtige Herstellung eines Bildnisses anzuwenden (Hamburg NJW **72**, 1290) oder die Grundsätze der mittelbaren Täterschaft entsprechend heranzuziehen, um entgegen der Akzessorietätsregel zu einer Bestrafung des Gehilfen aus § 211 zu gelangen (vgl. dort RN 51). Vgl. auch RG **32** 165, wo eine (analoge) Anwendung des § 242 auf die Entziehung von Elektrizität abgelehnt wurde (§ 248 c RN 1), ferner Stuttgart NJW **76**, 2224 zum Begriff des „Rückwärtsfahrens" iSv § 315 c I Nr. 2 f. (zur heutigen Rechtslage dort RN 22 a). Doch auch für den **AT** gilt das Verbot täterbelastender Analogie. Soweit demgegenüber jedenfalls Gesetzesanalogie für zulässig erklärt wird (so Maurach AT[4] 111, Tröndle LK[10] 38, m. gl. Tendenz Schmitt Jescheck-FS I 231 f.), ist kein überzeugender Grund ersichtlich, warum im AT von dem seit langem anerkannten Prinzip (vgl. Frank § 2 Anm. I 2, Höpfel JurBl. 79, 584) abzuweichen sei, daß dem Täter nachteilige Entscheidungen materiell-strafrechtlicher Art wegen der Analogie nicht getroffen werden dürfen (ebenso ua B/W-Weber 148, Engels GA 82, 119 ff., Hassemer AK 72, Jescheck/Weigend 134 f., Kratzsch GA 71, 68 ff., Krey, Studien 228 ff., M-Zipf I 125 f., Sternberg-Lieben aaO 317 f.); einschr. für die Rechtfertigungsgründe Roxin I 112 f.); vgl. zum Ganzen auch Fincke, Das Verhältnis des Allgemeinen zum Besonderen Teil des Strafrechts (1975) 13 ff. Über die eigentlichen Unrechts- und Schuldvoraussetzungen

27   hinaus gilt das Analogieverbot jedoch auch für **sonstige** strafbegründende bzw. straferhöhende Umstände, wie sie das Gesetz bei bestimmten Tatbeständen für eine Ahndung voraussetzt: so zB für sog. objektive Bedingungen der Strafbarkeit; spez. zur Problematik einer teleologischen Reduktion eines Rechtfertigungsgrundes vgl. u. 14 a. Näher zur Garantiefunktion des Tatbestandes 44 vor § 13. Zur gesetzlichen Bestimmtheit der Garantiemerkmale vgl. § 13 RN 5.

28   b) Auf Seiten der **Tatfolgen** ist es unzulässig, Strafen in analoger Anwendung zu schärfen (zum Verbot der Überschreitung der gesetzlichen Grenzen der Geldstrafe vgl. BGH **3** 259, Bay NJW **52**, 274), oder eine nicht vorgesehene Strafe zusätzlich zu verhängen. Ob es sich dabei um Hauptstrafen (§§ 38, 40), die Vermögensstrafe (§ 43 a), Nebenstrafen (§ 44), Nebenfolgen (§ 45) oder sonstige strafvertretende Sanktionen (Verwarnung mit Strafvorbehalt, Absehen von Strafe: §§ 59 ff.) handelt, ist gleichgültig. Entsprechendes muß für Maßregeln der Besserung und Sicherung (§ 61 ff.) wie auch für sonstige Maßnahmen (Verfall, Einziehung, Unbrauchbarmachung: vgl. § 11 I Nr. 8) gelten (so zu Recht bereits der IV. AIDP-Kongreß, Revue 1937, 750 f.). Soweit dies früher verneint wurde (so zB Liepmann VDB IV 34 hinsichtl. der öffentlichen Bekanntmachung des Strafurteils), ist eine solche Einschränkung des Analogieverbots aufgrund von § 1 iVm § 2 I nicht mehr haltbar. Selbst wenn die letztgenannte Vorschrift in erster Linie eine Konkretisierung des Rückwirkungsverbots bezweckt, liegt ihr doch auch der sich bereits aus § 1 ergebende Grundsatz der Sanktionsbestimmtheit zugrunde.

Anders als in § 2 II aF ist aber nicht mehr nur von Bestimmtheit der Strafe, sondern auch von der „ihrer Nebenfolgen" die Rede. Soweit es um das Analogieverbot geht, ist weder ersichtlich noch wäre es verständlich, daß unter „Nebenfolgen" nur solche i. techn. S. der §§ 45 ff. gemeint sein sollten. Vielmehr muß das Analogieverbot für alle Tatfolgen gelten. So schon bisher BGH **18** 136, Jescheck/Weigend 136; vgl. ferner Karlsruhe NStZ **91**, 302, Hassemer AK 72, Tröndle LK[10] 35, Rudolphi SK 23; iE ebenso Stree aaO 33 ff., 79 f., MD-Dürig Art. 103 II RN 117 f.; Krey, Studien 218 ff., die zwar die Anwendbarkeit des Art. 103 II GG auf Maßregeln der Besserung und Sicherung verneinen, ein diesbezügliches Analogieverbot aber aus dem Gesetzesvorbehalt des öffentlichen Rechts ableiten. Daher wäre es etwa unzulässig, bei Verletzung von Luftsperrgebieten (§ 62 LuftVG) die Entziehung einer Luftfahrerlaubnis (§ 4 LuftVG) auf § 69 StGB zu stützen.

c) In einem Grenzbereich gleichsam „legalisierter" Analogie steht die zunehmende Technik straferhöhender **Regelbeispiele** (zB §§ 113 II, 218 II, 243, 330 I 2). Hier ist nicht zu verkennen, daß das Analogieverbot einem Wandel unterworfen ist. Als das StGB geschaffen wurde, maß es dem Gedanken der Rechtssicherheit eine wesentlich größere Bedeutung bei als heute. Nicht nur alle **verbotenen** Handlungen, sondern auch alle *straferhöhenden* Gründe waren vom Gesetz abschließend durch eigene Tatbestände bestimmt. In einem solchen Rechtssystem war für eine Analogie zulasten des Täters kein Raum. In der Zwischenzeit mißt der Gesetzgeber der Forderung nach Einzelfallgerechtigkeit größeres Gewicht bei und regelt deshalb die straferhöhenden Momente in der Regel nicht mehr durch abschließende Tatbestände, sondern durch allgemeine „besonders schwere Fälle", oder aber – wie in § 243 – zunehmend durch sog. Regelbeispiele (vgl. – teils kritisch – zu dieser Tatbestandstechnik Arzt JuS 72, 385 ff., 515 ff., 576 ff., Blei Heinitz-FS 419, 425 f., Degener aaO 323 f., Dietmeier ZStW 110, 408, Gribbohm LK[11] 63 f., Maiwald aaO 151 ff., NStZ 84, 433 ff., MD-Schmidt-Aßmann Art. 103 II RN 231, Strangas aaO, Wessels aaO 309 f.). In diesen Fällen kann nicht geleugnet werden, daß der Richter auf der Suche nach anderen als den im Gesetz aufgeführten Regelbeispielen – durch das Gesetz legitimiert – den Weg einer Analogie beschreitet, da nur die Gleichwertigkeit mit den Regelbeispielen eine Anwendung des erhöhten Strafrahmens rechtfertigt; vgl. dazu Bindokat JZ 69, 541, Tröndle/Fischer § 243 RN 5, Krey, Studien 237, der zutr. von erlaubter „innertatbestandlicher Analogie" spricht. Gleiches gilt zB für die Verweisung auf einen „ähnlichen" Eingriff in § 315 b I Nr. 3. Ob hingegen Hassemer AK 73 f. zu anderen Ergebnissen gelangt, wenn er die „exemplifizierende Methode" des Gesetzgebers in § 243 I 2 oder auch § 46 II zwar für zulässig erachtet, aber das Analogieverbot bei der „Ausgestaltung" der Regelbeispiele anwenden will, ist zweifelhaft, da die Grenzziehung zwischen zulässiger und gesamtabwägender Strafzumessung am Exempel von Regeltatbeständen und verbotener Wortsinnüberschreitung bei deren Auslegung praktisch kaum durchführbar sein dürfte. Vgl. im übrigen auch u. 55 f.

3. Soweit es weder um Strafbegründung noch um Strafschärfung geht, bleibt auch im Strafrecht durchaus **Raum für Analogie** (vgl. B/W-Weber 147 f., Tröndle/Fischer 10, Germann, Analogieverbot 131, Jescheck/Weigend 136). Auch die Rspr. hat sie insoweit stets für zulässig erklärt (vgl. RG **2** 257, **56** 168, BGH **7** 193, **9** 311, BGE **87** IV 4, LG Schweinfurt NJW **73**, 1809). Im einzelnen kommt danach eine analoge Rechtsanwendung in folgenden Bereichen in Betracht:

a) So im Bereich des **AT** insbes. bei *Strafmilderungs-, Strafausschließungs- und Strafaufhebungsgründen* (vgl. Höpfel JurBl. 79, 585 f.): wie zB die analoge Anwendung der Rücktrittsregel des § 31 auf ähnliche Fälle, für die eine entsprechende Regelung fehlt, wie etwa auf § 234 a III (vgl. BGH **6** 85, NJW **56**, 30, Tröndle/Fischer § 234 a RN 16). Ferner sind die Rücktrittsregelungen der §§ 31, 83 a im Wege der Gesamtanalogie auf die unechten Unternehmenstatbestände entsprechend anwendbar (vgl. § 11 RN 55; dagegen aber Berz aaO 336, Burkhardt JZ 71, 372, Tröndle LK[10] § 11 RN 77). Entsprechendes muß für die §§ 145 d, 164 gelten; hier ist die Regelung des § 158 als sachgerechteste analog heranzuziehen. Die Rspr. hat freilich diesen Weg bisher nicht eingeschlagen (BGH **14** 217 für § 323 c). Auch bei *Rechtfertigungsgründen* ist eine Erweiterung durch Analogie (vgl. RG **61** 247, 252 zum „übergesetzlichen Notstand" sowie AG Groß-Gerau StV **83**, 247 zur Anwendung von § 193 auf § 18 FAG) nicht ausgeschlossen (zu einer teleologischen Reduktion von gesetzlich geregelten Rechtfertigungsgründen vgl. dagegen o. 14 a, aber auch 25 vor § 32); auch insoweit gilt grds. Glcichcs wie zur gewohnheitsrechtlichen Bildung von Rechtfertigungsgründen (o. 14; vgl. ferner 25 vor § 32). Zur Verjährung vgl. u. 34.

b) Möglich ist ferner eine entsprechende Anwendung von Vorschriften des **BT,** soweit dies (im weitesten Sinne) zu einer Einschränkung von Strafe bzw. Strafbarkeit führt. So kann zB ein *Absehen von Strafe* auf analogem Wege begründet werden bei § 323 a aufgrund von dessen Abs. 2 und 3, wenn diese Möglichkeit auch bei der Rauschtat eingeräumt ist, wie etwa bei § 174 IV (vgl. Stuttgart NJW **64**, 413). Entsprechendes gilt für eine analoge Straffreierklärung nach §§ 199, 233 im Falle von § 323 a. Dagegen ist eine analoge Anwendung der §§ 243 II, 263 IV, 266 III auf Raub oder raubgleiche Delikte nicht möglich, weil es insoweit an einer *planwidrigen* Regelungslücke fehlt (vgl. § 248 a RN 4; and. Burkhardt NJW 75, 1687). Zu einer analogen Heranziehung der Strafsätze des § 113 im Rahmen von § 240 bei Widerstand gegen eine vermeintliche Vollstreckungshandlung oder eine Privatfestnahme nach § 127 II StPO vgl. § 113 RN 53, 68. Vgl. auch BVerfG NJW **87**, 43, 45, 48 zu (täterbegünstigenden) Tatbestandskorrektiven, wie etwa die Verwerflichkeitsklausel des § 240 II (vgl. dort RN 15 ff.).

33 c) Andere Fälle, in denen Analogie Eingang in das Strafrecht findet, ergeben sich vor allem auch bei **Verweisungen** strafrechtlicher Begriffe auf *andere Teile der Rechtsordnung,* in denen Analogie uneingeschränkt zulässig ist. Soweit zB bei zivilrechtlichen Begriffen wie Eigentum, Anspruch, Unterhaltspflicht analoge Erweiterungen gemacht werden, sind diese auch für das Strafrecht verbindlich (Höpfel JurBl. 79, 585).

34 d) Auch **verfahrensrechtliche** Vorschriften werden grds. für analogiefähig gehalten (BVerfG NStZ **95**, 399; so etwa die von BGH **28** 53, 56 als Verfahrenshindernis verstandene Verjährung), und zwar auch zu Lasten des Täters (RG **53** 226, Jescheck/Weigend 136, krit. B/W-Weber 130 f., 148), es sei denn, daß es sich um Vorschriften mit Ausnahmecharakter handelt, wie zB § 230 (vgl. BGH **7** 256, Tröndle LK[10] 37). Demgegenüber wird jedoch bei analoger Anwendung von Verfahrensrecht in ähnlich zurückhaltender Weise zu verfahren sein, wie dies neuerdings gegenüber rückwirkender Anwendung von prozessualen Vorschriften und Institutionen geschieht (vgl. § 2 RN 6, ferner Krey, Studien 238 f., Maier aaO 38 ff.; grds. gegen analoge Anwendung von Verfahrensrecht in malam partem Mertens, Strafprozessuale Grundrechtseingriffe [1995] 147 ff.). Klärungsbedürftig ist allerdings noch, inwieweit derartige Beschränkungen spezifisch auf Art. 103 II GG (hiergegen Merstens aaO 53 ff.) oder allgemein auf das Rechtsstaatsprinzip aus Art. 20 III GG gestützt werden können (offengelassen in BVerfG NJW **91**, 559).

35 4. **Kein Raum für Analogie** ist sowohl dort, wo es an einer analogiefähigen Regel fehlt, wie auch da, wo der betreffenden Vorschrift der Wille des Gesetzes zu entnehmen ist, daß eine über bloße Auslegung hinausgehende Einengung oder Erweiterung nicht zulässig sein soll (vgl. BGH **7** 194), es sich mithin um keine planwidrige Regelungslücke handelt. Allg. dazu Canaris aaO insbes. 31 ff., 71 ff., Larenz aaO, insbes. 370 ff., sowie u. 55 f. Zur Frage, inwieweit in diesen Fällen eine *„Fehlerkorrektur"* (dazu Jähnke Spendel-FS 542 ff.) bzw. eine **Rechtsfortbildung contra legem in bonam partem** zulässig ist, vgl. Krey ZStW 101, 861 ff. mwN. Eine derartige gesetzesübersteigende Rechtsfortbildung wird man grds. auf die (eher seltenen) Fälle eines gesetzlichen Wertungswiderspruches beschränken müssen (wie zB vormals zum Verhältnis von § 217 aF und § 221 III aF; dazu zutr. Krey aaO 869).

36 5. Im Unterschied zu der durch das Gesetzlichkeitsprinzip beschränkten Analogie (o. 6) ist die **Auslegung im Strafrecht** ebenso möglich und notwendig wie auf anderen Rechtsgebieten (vgl. B/W-Weber 138 ff., Jescheck/Weigend 150 ff.). Denn nicht nur, daß die im Gesetz verwendeten Begriffe ohnehin nur selten eindeutig sind (vgl. Koch/Rüssmann 188 ff. sowie spez. zu Begriffsunterschieden in verschiedenen Rechtsgebieten Fuhrmann Tröndle-FS 145 ff.), auch ist die Feststellung von Eindeutigkeit ihrerseits bereits das Ergebnis einer Auslegung (Rüthers JZ 85, 521). Demzufolge tauchen bei jedem strafrechtlichen Tatbestand Auslegungsfragen der verschiedensten Art und von größter Tragweite auf: Wann ein Eid falsch geschworen (§ 154) oder eine Schrift pornographisch (§ 184) ist, ein Tun eine körperliche Mißhandlung (§ 223) darstellt oder eine Verletzung fremder Vermögensinteressen (§ 266) enthält, ist nur durch Auslegung festzustellen; das gleiche gilt für die Umgrenzung des Kreises der Handlungen, die ein „unmittelbares Ansetzen" zur Tatbestandsverwirklichung (§ 22) darstellen. Ziel der Auslegung ist die „Sinnermittlung von Rechtssätzen zum Zwecke ihrer Anwendung auf konkrete Sachverhalte" (M-Zipf I 110), wobei freilich diese Sinnermittlung bereits von einem bestimmten Vorverständnis geleitet wird (vgl. Otto Jura 85, 299 f.); hierbei sollen namentlich die Vorstellungen der deutschen Rechtsgemeinschaft maßgeblich sein, da andernfalls § 3 unterlaufen werde (BGH NStZ **95**, 79, **96**, 80, StV **96**, 26). Zur Erreichung dieses Ziels bedient man sich gegenwärtig folgender Auslegungsregeln, wobei diese jedoch nicht als für sich selbständige „Methoden" vereinzelt werden können (vgl. F. Müller aaO RN 359 ff., Larenz, Methodenlehre 343, Zippelius JZ 76, 150 f.; and. wohl Kriele aaO 25 f.), sondern in ihrem Zusammenwirken gesehen werden müssen (vgl. Kratzsch aaO 125 ff. sowie u. 54):

37 a) Im ersten Schritt geht die Gesetzesauslegung vom **Wortsinn** aus (Jescheck/Weigend 159 f., Larenz, Methodenlehre 320 ff., 343 f., Zippelius JZ 76, 151, BGH **3** 262, **14** 118, **18** 152, **19** 307, Stuttgart NJW **76**, 530). Allerdings steht dieses – herkömmlicherweise als *grammatische* Methode bezeichnete – Interpretationsmittel auch im zeitlich frühesten Arbeitsstadium nicht allein (F. Müller aaO RN 359), sondern bedarf uU zusätzlicher Interpretamente (vgl. zu AG Alsfeld u. 56, ferner Höpfel JurBl. 79, 514 ff. sowie spez. zum Einfluß von Präjudizien Schlüchter aaO, insbes. 21 ff.). Unter Wortsinn ist die Bedeutung nach dem *allgemeinen* (vgl. etwa BGH **22** 14 zum Begriff des „Verlassens" in § 16 I WehrStG) oder – falls vorhanden – nach dem *besonderen gesetzlichen* Sprachgebrauch zu verstehen. Der mögliche Wortsinn bildet zugleich die *Grenze* der Auslegung (BVerfGE **92** 12; vgl. aber dazu auch u. 52, 55 aE). Daher ist er nicht nur der Ausgangspunkt für die richterliche Sinnermittlung, sondern steckt zugleich die nicht zu überschreitende Grenze der Auslegungstätigkeit ab (vgl. BVerfG NJW **87**, 55, BGH **3**, 303, **10**, 157, Oldenburg NJW **66**, 1135, Stuttgart NJW **76**, 1224, München GA **82**, 225, ferner Meier-Hayoz aaO 42, Larenz, Methodenlehre 322 f., Krey, Studien 127 ff., 172, F. Müller aaO RN 310 ff., Neuner aaO 138, inzw. M-Zipf I 117; großzügiger aber Jescheck/Weigend 160, der auch die Berichtigung sog. „sekundärer Redaktionsfehler zulassen will; dagegen zu Recht Lackner Heidelberg-FS 58), wobei – ähnlich wie hinsichtlich der Bestimmtheit (o. 20) – auch hinsichtlich der noch möglichen Wortbedeutung in erster Linie auf die Erkennbarkeit und Verstehbarkeit für den Normadressaten abzuheben ist (vgl. Düsseldorf NJW **00**, 1129, AG Münster NStZ **99**, 574 sowie o. 21). Auch für *verfassungskonforme Auslegung* bildet der Wortlaut sowohl

den Ausgangspunkt wie auch die Grenze (vgl. Zippelius BVerfG-FG II 108, 115 f. mwN. zur BVerfG-Rspr.; gleiches dürfte auch für eine *richtlinienkonforme* Auslegung in Umsetzung von EWG-Richtlinien zu gelten haben; vgl. Hugger NStZ 93, 421 ff. sowie o. 26 vor § 1). Wo diese Grenze verläuft, ist allerdings oft nicht leicht zu bestimmen, zumal auch die Tragfähigkeit der hier zugrundegelegten Abgrenzungskriterien umstritten ist; vgl. u. 55 f. sowie 30 vor § 1.

Entgegen der hier vertretenen Ansicht klingt in einigen Entscheidungen die Auffassung durch, daß **38** die Auslegung von Strafrechtsnormen nicht ausnahmslos durch den möglichen Wortsinn begrenzt werde. Nach KG NJW **77**, 1786 kann etwa eine vom „klaren Gesetzestext" abweichende Auslegung allenfalls (?) dann in Betracht kommen, wenn die Gesetzesgeschichte hierfür spricht oder wenn der Wortsinn des Gesetzestextes dem wirklichen Willen des Gesetzgebers und den eigentlichen durch die Gesetzgebung verfolgten Zwecken völlig zuwiderlaufen würde (vgl. auch BGH **8** 62 ff. zu Asylschranken bei politischen Tötungsdelikten bzw. BGH **10** 375 zum Forstdiebstahl mittels Kfz). Ein Beispiel für eine den Wortlaut des Gesetzes sprengende verfassungskonforme „Auslegung" findet sich in BayVerfGH NJW **83**, 1601 zu § 11 III 1 BayPresseG. Derartigen Tendenzen muß widersprochen werden, weil sie das strafrechtliche Analogieverbot unterlaufen (vgl. auch Krey, Studien 140 ff. sowie u. 55).

b) Darüberhinaus ist meist der **Systemzusammenhang,** in dem ein Begriff verwendet wird **39** (gesetzlicher Kontext), mitzuberücksichtigen, da der Wortsinn gemäß dem allgemeinen bzw. einem besonderen gesetzlichen Sprachgebrauch die Bedeutung eines Ausdrucks oft nicht annähernd festzulegen vermag (vgl. etwa BGH **15** 33 zum „Wenden auf der Autobahn") und zudem die vom jeweiligen Rechtsgebiet abhängige Relativität von Rechtsbegriffen zu beachten ist (vgl. Bruns JR 84, 133 ff.). Auch der Sinn eines *Rechtssatzes* erschließt sich meist erst dann, wenn man ihn als Teil der Gesamtregelung sieht (Larenz, Methodenlehre 324 ff.). Zu beachten ist deshalb ua die Stellung einer Vorschrift im Gesetz (BVerfGE **64** 394 f., BGH **3** 245), die Auswirkung einer bestimmten Interpretation auf den Gehalt anderer Regelungen (BGH **23** 268) und die Bedeutung gleichlautender Ausdrücke in anderen Vorschriften (BVerfG NJW **86**, 1672, BGH **4** 305, **44** 177). Eine solche Heranziehung des Systemzusammenhanges zur Sinnermittlung wird herkömmlicherweise als *logisch-systematische* (oder auch nur logische oder systematische) Methode bezeichnet (vgl. Engisch, Einführung 90 f., 94, Jescheck/Weigend 155, Tröndle LK[10] 45). Obgleich sie unentbehrlich ist, darf sie jedoch nicht überschätzt werden, weil sich viele Regelungen dem begrifflichen System nicht vollständig einordnen lassen (vgl. Larenz, Methodenlehre 343 f., ferner Burkhardt JZ 71, 352 spez. zum Versuchsbegriff in § 11 I Nr. 6).

c) Soweit der mögliche Wortsinn und der Bedeutungszusammenhang des Gesetzes Raum für **40** verschiedene Auslegungen lassen, ist unter Berücksichtigung der Entstehungsgeschichte nach **Sinn und Zweck** der Vorschrift zu fragen (vgl. RG **58** 314, **62** 372, **77** 177, OGH **3** 47, BGH **1** 75, 158, 296, **6** 396, **10** 83, **24** 40, BVerfGE **64** 396). Insoweit gelten für das Strafrecht die gleichen Auslegungsgrundsätze wie für das Zivilrecht. Die Notwendigkeit und Zulässigkeit derartiger zweckbezogener „**teleologischer**" Auslegung wird heute i. Grds. allgemein anerkannt (vgl. Jescheck/Weigend 156, Schmidhäuser 106, Tröndle LK[10] 46; krit. aber Lippold aaO 166 ff.; vgl. auch Bahlmann aaO zur Problematik „kriminalpolitischer" Argumentation). Fraglich ist jedoch, auf welchem Wege und nach welchen Kriterien der Gesetzeszweck zu ermitteln ist.

aa) Nach der sog. **subjektiv-historischen** Methode soll der Entstehungsgeschichte und dem **41** Willen des historischen Gesetzgebers maßgebliche Bedeutung zukommen. Danach sind die gesetzlichen Begriffe so zu interpretieren, wie es dem wirklichen Willen des Gesetzgebers bei Schaffung des Gesetzes entsprach. Daher ist jeweils zu fragen, was ein Gesetz, das bestimmte soziale Probleme in einer bestimmten Weise geregelt hat, damit vernünftigerweise bezwecken wollte, welche Werturteile der damaligen Kulturgemeinschaft damit zum Ausdruck gebracht sind (in diesem Sinne zB v. Savigny, System des heutigen röm. Rechts I (1840) §§ 32 ff., Windscheid-Kipp, Pandekten[9] (1906) I, §§ 20 ff., Heck AcP 112, 138, Enneccerus-Nipperdey, Allg. Teil des bürgerl. Rechts[15] (1959) § 54 Anm. II, Naucke Engisch-FS 274; grds. abl. auf dem Boden der Reinen Rechtslehre Lippold aaO 161 ff.). Ein derartiges einseitiges Abstellen auf den historisch-psychologischen Willen des Gesetzgebers ist jedoch nicht akzeptabel. Denn konsequent durchgeführt müßte es zur Folge haben, daß eine Entwicklung des Gesetzes durch Wissenschaft und Praxis ausgeschlossen ist, daß das Gesetz unfähig ist, auf neue rechtspolitische Fragen, die zur Zeit seiner Entstehung nicht bestanden, eine Antwort zu geben, und daß insbes. der Praxis der höchsten Gerichte verwehrt wäre, eine inhaltliche Fortentwicklung der Gesetzesbegriffe vorzunehmen. Dies müßte in einer Zeit rapider gesellschaftlicher und wirtschaftlicher Entwicklung zu einer klaren Überforderung des Gesetzgebers führen, da er zu ständigen Korrekturen seiner Kodifikation gezwungen wäre – ein Unterfangen, dem er nicht gewachsen ist und das im Interesse der Stabilität des Rechts auch nicht wünschenswert wäre. Auch stellt sich bei Bezugnahme auf den Willen des (historischen) Gesetzgebers jeweils die schwierig zu beantwortende Frage, wer die Person und Gremien sind, auf deren Normvorstellungen es dabei entscheidend ankommen soll (dazu Larenz, Methodenlehre 328 ff., Wank aaO 61 ff.; vgl. auch Loos Wassermann-FS 123 ff.). Zu den Mindestanforderungen historischer Auslegung und zu den Gefahren, die aus der Nichtbeachtung dieser Grundsätze folgen, vgl. Esser JZ 75, 555.

Ein einseitiges Abstellen auf den historisch-psychologischen Willen des Gesetzgebers kann auch **42** nicht unter Berufung auf Art. 103 II GG gefordert werden, wie dies von Naucke, Zur Lehre vom strafbaren Betrug (1964) und im Anschluß daran von Krahl aaO 40 ff. vertreten wird. Wenn Naucke meint, daß die verfassungsrechtlich geforderte Tatbestandsbestimmtheit der Strafgesetze nur durch eine dem Willen des historischen Gesetzgebers entsprechende Auslegung zu gewährleisten sei, so wird verkannt, daß dieser weder imstande ist, allen von ihm verwendeten Begriffen einen eindeutig bestimmten Inhalt zu geben, noch eine solche Absicht in jedem Falle hat, sondern die Entwicklung bestimmter Begriffe nicht selten sogar bewußt der Rspr. und Lehre zu überlassen sucht. Ferner wird verkannt, daß unser Rechtssystem keine konstante Größe bildet, sondern der ständige Wandel in den einzelnen voneinander abhängigen Teilen des Ganzen den Richter immer wieder vor die Aufgabe stellt, die strafrechtlichen Begriffe neu zu durchdenken, um sie in Einklang mit gesetzgeberischen Entscheidungen in anderen Teilen der Gesamtrechtsordnung zu halten. Nicht zuletzt verbietet sich auch durch die Forderung nach „verfassungskonformer" Auslegung aller Gesetze (vgl. u. 50), Gesetzesnormen und gesetzliche Begriffe mit einem bestimmten Zeitpunkt zu konservieren und dadurch eine Rechtsentwicklung unmöglich zu machen. Gegen Naucke auch Cramer, Vermögensbegriff und Vermögensschaden (1968) 28 ff., Stratenwerth Germann-FS 258.

43 bb) Um demgegenüber der „Gegenwartsaufgabe der Strafsatzung" (M-Zipf I 117) gerecht werden zu können, ist nach der **objektiv-teleologischen** Auslegungsmethode auf einen von den Inhaltsvorstellungen des historischen Gesetzgebers abgelösten objektiven Gesetzeswillen abzuheben. Danach ist das Gesetz als „objektivierter Wille des Gesetzgebers" (BVerfGE **1** 312, **6** 75, **11** 129 f.) iS einer konstanten, in der Rechtsgemeinschaft lebendig wirkenden Kraft zu begreifen (vgl. Schwalm Heinitz-FS 47 ff., ferner Schmidhäuser Würtenberger-FS 91 ff.). Das ist nicht so zu verstehen, als habe das Gesetz selbst einen objektiven Willen, in dem schon alles vorbedacht und der nur noch aufzufinden sei. Daher hilft auch das Abheben auf den historischen Regelungszweck (so Krey, Studien 182 ff.) meist nicht weit genug (vgl. 21. A. RN 47 a). Vielmehr geht es bei der zentralen Auslegungsfrage darum, was mit einem Gesetz bzw. mit bestimmten Tatbeständen angesichts der *gegenwärtigen* Fragen und Interessen vernünftigerweise bezweckt sein kann (vgl. BGH **10** 159, Schmidhäuser 106 f.; krit. zur Leistungsfähigkeit des Normzweckkriteriums Herzberg NJW 90, 2525). Anhand welcher Elemente diese Gegenwartsaufgabe in einem bestimmten Einzelfall zu ermitteln ist, dürfte sich kaum allgemeingültig sagen lassen (vgl. auch F. Müller aaO RN 362, 442 ff.; zum Desiderat einer juristischen Argumentationstheorie u. 54). Jedenfalls kann auch eine derart „objektiv" orientierte Auslegung nicht darauf verzichten, den Prozeß der Entstehung des Gesetzes und damit die Vorstellungen des historischen Gesetzgebers mit in Betracht zu ziehen (Betti aaO 600 ff.; vgl. auch Schroth in Hassemer aaO 87 f.). Nur auf diese Weise läßt sich feststellen, ob und in welchen Grenzen es gerechtfertigt ist, veränderten gesellschaftlichen Verhältnissen bzw. vom historischen Gesetzgeber nicht vorausgesehenen Fallgestaltungen Rechnung zu tragen. Dabei kann im einen oder anderen Fall die subjektive Methode durchaus eine restriktive Interpretation stützen (vgl. auch Baumann NJW 69, 1280).

44 cc) Demnach kann weder die subjektiv-historische noch die objektiv-teleologische Auslegung je für sich absolute Geltung beanspruchen. Vielmehr ist zwischen beiden eine **Synthese** zu suchen, wobei freilich das *Schwergewicht* bei einer richtig verstandenen *objektiven Auslegungstheorie* liegt; dies insbes. bei älteren Gesetzen, bei denen der Wille des historischen Gesetzgebers mehr und mehr an Gewicht verliert (vgl. BVerfGE **34** 288 f., Heusinger aaO 97). In gewisser Weise kann der objektivierte Wille des Gesetzgebers sogar als der richtig verstandene Ausdruck des Willens des historischen Gesetzgebers begriffen werden, da er idR ein Gesetz nicht nur zu dem Zweck erläßt, eine gegenwärtige und von ihm ins Bewußtsein gehobene Situation gesetzlich zu gestalten, sondern damit zugleich, wie vor allem bei den großen Kodifikationen, die Absicht verfolgt, Entscheidungen zu treffen, die auch nach hundert Jahren noch als sinnvoll angesehen werden. In diesem Sinne für eine mehr objektive Theorie auch B/W-Weber 142 (vgl. aber auch Baumann Jescheck-FS I 105 ff.), Bokkelmann/Volk I 20 ff., Jakobs 76 f., Jescheck/Weigend 156 f., M-Zipf I 117, Mezger 81, 85, Schwalm JZ 70, 488, Schwinge aaO 55; weit. Nachw. bei Krey, Studien 176 f. Für einen Vorrang der „subj.-teleologischen" Methode hingegen Rogall KK-OWiG § 3 RN 72 ff., 80 mwN. Vgl. zum Ganzen auch Engisch, Einführung 106 ff., Larenz, Methodenlehre 328 ff.

45 Auf dieser Linie verfährt auch die **Rspr.** schon seit längerem. So wird etwa in RG **37** 334 der Entstehungsgeschichte verhältnismäßig wenig Bedeutung beigemessen, weil jedes Gesetz nach seiner Verkündung „eine durchaus selbständige Rechtsquelle darstellt, deren Wesen und Wirkungskreis im Zweifel aus ihr selbst heraus und unabhängig von den bei Einbringung und Beratung des Entwurfs geschehenen Kundgebungen einzelner Mitglieder der gesetzgebenden Gewalten zu beurteilen sind"; iglS etwa RG **77** 138, 177, BVerfGE **1** 312, BGH **1** 76, 163, 167, 316, NJW **58**, 1788, Stuttgart NJW **80**, 2089; vgl. auch BGH **1** 76, **10** 157, **13** 8, OGH **2** 372, DOG Köln NJW **50**, 651. Wiederholt wurde anerkannt, daß unter einen Tatbestand auch spätere, zZ des Erlasses des Gesetzes noch unbekannte technische Entwicklungen erfaßt werden können (vgl. bereits RG **12** 372/3): So etwa die bei Gesetzeserlaß noch unbekannte Schallplatte als „Darstellung" (RG **47** 407) oder das Filmvorführen als „Ausstellen einer Abbildung" (RG **39** 183). Ähnlich ist bei Abgrenzung des „umschlossenen Raumes" nach § 243 die wirtschaftliche Entwicklung mitberücksichtigt (BGH **1** 167). Neben diesen oft programmatischen Bekenntnissen zur „objektiven" Theorie gibt es aber auch eine Reihe von Entscheidungen, in denen der Entstehungsgeschichte und dem Willen des (historischen) Gesetzgebers erhebliche Bedeutung beigemessen wird; vgl. zB BGH **24** 41 f., **25** 99, **27** 28, 47, 54, **28** 230, **44** 239 ff., Bremen NJW **50**, 280. Über die bei subjektiv-historischer Auslegung zu beachtenden Anforderungen vgl. die Nachw. o. 41 aE, über bedenkliche Anwendungsfälle dieser Methode wie zB in BVerfGE **92** 16, NJW **95**, 2776 vgl. u. 55 aE.

dd) Zur Ermittlung des Gesetzeszweckes kann insbes. auch den **Entwürfen** maßgebliche Bedeutung zukommen, da in ihnen die in der Rechtsgemeinschaft vorherrschenden Vorstellungen zum Ausdruck gelangen (vgl. BGH **1** 166, **14** 47, aber auch **12** 30; grds. abl. M-Zipf I 118). Dies kann jedoch nicht bedeuten, daß jeweils „im Zweifel wie der Entwurf" zu entscheiden sei (so Kantorowicz, Tat und Schuld (1933) 306). Vielmehr bleibt in jedem Falle zu berücksichtigen, inwieweit und mit welchem Grad von Realisierungsaussicht sich im Entwurf bereits ein gewandeltes Rechtsbewußtsein niederschlägt; idR unbedenklich daher die auslegungsweise Heranziehung von neuen Gesetzen, die – wie das 2. StrRG bis Ende 1974 – bereits erlassen, aber noch nicht in Kraft sind (vgl. Hamm NJW **70**, 1982, Dahs ZRP **70**, 3; ferner BGH **11** 324, **13** 95, **14** 47, 73, 96, 357, **15** 324, **16** 126, **18** 104, 277, 285, **19** 126, 133 sowie Tröndle GA 73, 292 und LK[10] 56 f.). Zur umgekehrten Konstellation, daß eine tradierte Zweckerwägung keinen Eingang in das Gesetz findet, vgl. BGH NStZ **99**, 614. **46**

d) Neben diesen allgemeinen Auslegungsgrundsätzen sind für die Auslegung im Strafrecht jeweils zwei **besondere Orientierungspunkte** zu berücksichtigen (hierzu Germann, Auslegung 162, Grünhut Frank-FG I 8): **47**

aa) Da die strafrechtlichen Tatbestände jeweils dem Schutz eines bestimmten Rechtsgutes dienen, ist die Feststellung dieses **Schutzobjektes** die wichtigste Voraussetzung für die sinngemäße Auslegung und Anwendung des Gesetzes (vgl. B/W-Weber 140, 153, v. Hippel I 15, Jescheck/Weigend 157 f., Mezger 81). Dabei ist sowohl nach dem zu schützenden Rechtsgut als auch nach der Art und Weise, wie diesem unter Berücksichtigung der gegenwärtigen Verhältnisse der bestmögliche Schutz verschafft werden kann, zu fragen (vgl. Blei Henkel-FS 109 ff.). Denn nur durch stete Vergegenwärtigung des geschützten Rechtsguts bleibt die Auslegung vor dem Verfall in Formalismus bewahrt (v. Liszt, Aufsätze I 223). Auf diesem Wege läßt sich zB bei § 303, der dem Schutz des Eigentums dient und den Eigentümer davor bewahren soll, daß seine Sache in ihrem Wert herabgesetzt oder völlig vernichtet wird, begründen, daß auch schon eine erhebliche Beeinträchtigung der Brauchbarkeit eine Sachbeschädigung darstellt (vgl. § 303 RN 8 ff.; krit. hierzu Kargl JZ 97, 283 ff.); ähnl. zu schutzzweckorientierter Auslegung von „Eltern" in § 235 RG 37 2; weitere Bsp. bei Schwinge aaO 34; vgl. auch Sax JZ 76, 1 ff., 80 f.; zur Einbeziehung soziologischer Erkenntnisse bei Bestimmung der Rechtsgutsfrage aufschlußreich Schall, Die Schutzfunktionen der Strafbestimmung gegen den Hausfriedensbruch (1974); krit. dazu Schroeder JZ 77, 39. Wenn Schünemann (Bockelmann-FS 118, 129 ff. und Faller-FS 357 ff.) im Abheben auf das geschützte Rechtsgut den Hauptgrund für die „Strafbarkeitshypertrophien im BT" sieht, so ist dies nicht nur einseitig, weil sich die Feststellung des Schutzobjektes durchaus auch restringierend auswirken kann (vgl. zB BGH **25** 262, **30** 328, **43** 404 ff.), sondern letztlich auch zirkulär; denn daß aufgrund einer „viktimologischen Maxime" Strafeinschränkung geboten sei, wenn das Opfer keinen Schutz verdient und eines solchen nicht bedarf, hängt doch, sofern man nicht außerrechtlichen Vorurteilen nachgeben will, seinerseits von einer Auslegung und dabei insbes. von der vorgängigen Umschreibung des Schutzgutes ab. Im übrigen sollte selbstverständlich sein, daß mit dem Hinweis auf den Rechtsgüterschutz die Auslegungsschranken (insbes. des Wortsinns) nicht überspielt werden dürfen (daher unhaltbar Racz JR 84, 234). Dies war etwa von BGH **31** 226, MDR **83**, 590 bei Zulassung der selbständigen Sicherungseinziehung trotz Verfolgungsverjährung mißachtet worden (vgl. u. 55 f. sowie § 76 a RN 8 a). Noch weitergehend wird von Schmidhäuser ein derartiges Vorgehen sogar zur Methode erhoben, wenn er – ausgehend von seinem Verständnis des Strafgesetzes als einem (nur) an die staatlichen Verfolgungsorgane gerichteten Befehl (vgl. 1 vor § 1) – für eine Erkenntnis der materialen Unwertstruktur einer Straftat auch *gegen* den Gesetzeswortlaut plädiert (Schmidhäuser, Form insbes. 58 ff.). **48**

bb) Auch die **angedrohten Strafen** und ihr gegenseitiges Verhältnis zueinander können einen wichtigen Anhaltspunkt für die Auslegung bieten, und zwar insbes. als Maßstab für die gesetzgeberischen Wertungen (vgl. BVerfGE **25** 286, BGH **25** 262, ferner BGH **19** 191, **22** 114 zu § 316 a). So ist etwa bei der für rechtfertigenden Notstand erforderlichen Güterabwägung „von den Wertungen auszugehen, die in den zum Schutze der Rechtsgüter erlassenen Strafdrohungen des geltenden Rechts ihren allgemeinen Ausdruck gefunden haben" (RG **61** 225; vgl. aber auch § 34 RN 23, 25). **49**

e) Auch die Auslegung des Strafrechts ist an den Normen der Verfassung zu orientieren, muß also **verfassungskonform** sein. Dies bedeutet, daß Rechtsbegriffe und -institute, die einer mehrdeutigen Auslegung zugänglich sind, so interpretiert werden müssen, daß ihre Anwendung sich im Rahmen der Verfassung hält (vgl. B/W-Weber 140 f., Stree aaO 58, 123). Vgl. zum Ganzen 30 ff. vor § 1 mwN. **50**

f) Streitig ist, ob im Strafrecht **nur einschränkende** (so zB Geerds Engisch-FS 420; vgl. auch Bay NStZ **99**, 564 iSv einschränkend bei Meinungsstreit) oder auch **ausdehnende Auslegung** zulässig ist. Diese Unterscheidung ist jedoch, wie vor allem von W. Burckhardt, Methode u. Systeme des Rechts (1936) 286 ff. gezeigt, sehr wenig klar und innerlich nicht begründet; auch im strafrechtlichen Schrifttum wird eine nur einseitige einschränkende Auslegung vielfach abgelehnt (zB M-Zipf I 112, Tröndle LK[10] 50), zumal da es „gar keine ‚extensive', sondern nur eine richtige Interpretation" gibt (Germann, Auslegung 154; vgl. auch BGE 87 IV 118). Will man dennoch zwischen einschränkender und ausdehnender Auslegung unterscheiden, dann kann man die ausdehnende Auslegung auf dem Gebiete des Strafrechts nicht ausschließen (Grünhut Frank-FG I 28, Welzel 22); dies jedenfalls solange nicht, **51** als dadurch nicht die Grenze des möglichen Wortsinnes überschritten wird (daher bedenkl. BVerfGE **92** 16 m. krit. Anm. Scholz NStZ 95, 418 f.; vgl. auch u. 55). Eine ausdehnende Auslegung ist es zB, wenn unter die Gewaltanwendung iSd § 249 auch die Betäubung durch narkotische Mittel gerechnet wird; es ist nicht erforderlich, daß die Beibringung der narkotischen Mittel selbst gewaltsam erfolgt (so zB Binding Lehrb. I 313). Vgl. noch RG **17** 163, BGH **6** 133, Hamburg NJW **58**, 1246. Auf jeden Fall sollte das Unterscheidungsbemühen Anlaß für den Richter sein, Bestimmungen mit schwerwiegenden Folgen, wie es Straftatbestände sind, besonders vorsichtig auszulegen (zu eng aber Baumann MDR 58, 394).

52 g) Mit der eben behandelten Frage verwandt, aber nicht mit ihr identisch ist die weitere, ob für das Strafrecht als besondere Auslegungsregel **in dubio mitius** gilt, wie im Anschluß an die Digesten „in poenalibus causis benignius interpretandum est" namentlich noch von v. Bar I 17 angenommen. Von der heute hM wird dieser Grundsatz abgelehnt, da „bei der Auslegung der Richter nicht an den nur für die Beweiswürdigung in Frage kommenden Grundsatz in dubio pro reo gebunden (ist); er darf und muß vielmehr etwa auftauchende Zweifel, wenn nötig mit Hilfe aller Auslegungsregeln erfordern, auch in einem dem Angeklagten ungünstigen Sinne lösen" (so bereits RG **62** 372); iglS BGH **6** 133, 394, **9** 370, **14** 73, Hamburg NJW **58**, 1246, Hamm JMBlNRW **64**, 203, Baumann MDR 58, 396, Jescheck/Weigend 154, Rittler I 33, weiter etwa Germann SchwZStr. 49, 279 FN 1; unzutr. LG Köln MDR **60**, 241, Bleckmann JZ 95, 688. Vgl. aber zu § 2 III RN 16 ff.

53 h) Ob zwischen den einzelnen Auslegungsregeln bzw. Orientierungsgesichtspunkten eine feste **Rangfolge** besteht und gegebenenfalls welche, ist umstritten (vgl. die Nachw. bei Rahlf in v. Savigny aaO 14 ff.). Eine allgemeingültige Ordnung des interpretativen Befragungsschemas dürfte sich jedoch kaum finden lassen (Bydlinski aaO 553 ff., Kriele aaO 85 ff., Larenz, Methodenlehre 343, Esser, Vorverständnis 121 ff.), ganz abgesehen davon, daß die Auslegungs*ziel*bestimmung nicht zuletzt auch von dem jeweiligen rechts- und staatsphilosophischen Grundverständnis abhängt (vgl. Loos Wassermann-FS 129 ff.). Festzuhalten ist aber, daß der grammatischen Methode im Hinblick auf die Funktion des Wortlauts als Ausgangspunkt und äußerste Auslegungsgrenze ein gewisser Vorrang zukommt (vgl. auch o. 37). Die Frage nach dem Rangverhältnis der übrigen Konkretisierungselemente ist demnach *innerhalb* des möglichen Wortsinns angesiedelt (vgl. F. Müller aaO RN 310, 362, 445, Roxin I 106 f.), wobei das Schwergewicht bei der Fragestellung der objektiv-teleologischen Methode liegt (o. 43). Wie aber der Gegenwartssinn des Gesetzes in einem bestimmten Einzelfall zu ermitteln ist, ist ein offenes Problem, zu dessen Lösung es einer umfassenden (und noch ausstehenden) juristischen Argumentations- und Interpretationstheorie bedarf. Zu Bemühungen in dieser Richtung vgl. etwa auch Alexy, Theorie der juristischen Argumentation[3] (1996), Busse, Juristische Semantik (1993), Clemens, Strukturen juristischer Argumentation (1977), Dopslaff aaO, Haft/Hilgendorf aaO 106 ff., Kratzsch aaO, insbes. 395 ff., F. Müller aaO RN 433 ff., Struck, Zur Theorie juristischer Argumentation (1977), Schünemann Klug-FS I 169 ff.

54 i) Fraglich ist die besondere Berücksichtigung der sog. **folgenorientierten Auslegung**, wonach die sozialen Auswirkungen einer Entscheidung zu beachten sind (vgl. Deckert JuS 95, 480 ff., Hassemer Coing-FS 504 ff., Lübbe-Wolf, Rechtsfolgen u. Realfolgen [1981], Sambuc, Folgenerwägungen im Richterrecht [1977], Wäldle, Jur. Folgenorientierung [1979]; abl. Luhmann, Rechtssystem u. Rechtsdogmatik [1977], 5 ff.). Danach wird, soweit bestehende Regeln in einer Entscheidung angewandt werden, die Folgenprognose bei der Regelauslegung bedacht, wobei die Folgenbewertung durch den Gesetzgeber vorgegeben ist. Soweit durch eine Entscheidung Regeln gebildet werden, wird die Folgenprognose sowie die Folgenbewertung bei der Regelbildung berücksichtigt. Diese Auslegungsmethode ist freilich im Hinblick auf die Gesetzesbindung der Judikative (Art. 20 III GG) verfassungsrechtlich nicht unbedenklich.

55 6. Die **Grenze zwischen (zulässiger) Auslegung und (verbotener) Analogie** ist nach alledem nicht immer leicht zu bestimmen. Denn ungeachtet konkreter Abgrenzungsprobleme im Einzelfall stehen bereits die allgemeinen Grenzkriterien in Streit. Während etwa B/W-Weber 14 entscheidend auf die „natürliche Wortbedeutung, Wortzusammenhangsbedeutung und Satzbedeutung" abheben (wohl iglS Roxin I 104 durch Abheben auf den „möglichen umgangsprachlichen Wortsinn"), stellt nach hM der „noch mögliche Wortsinn" die äußerste Auslegungsgrenze dar (vgl. BVerfGE **92** 12, BGH **4** 148, **10** 160, **28** 230 [„Gegensatz zum Wortsinn"], Herzberg GA 97, 252, Jescheck/Weigend 159 mwN); iglS haben auch BVerfG NJW **84**, 225, **86**, 1672 die Strafgerichte den Gesetzgeber „beim Wort zu nehmen" (vgl. aber auch o. 38). Demgegenüber wird geltend gemacht, daß das Kriterium „möglicher Wortsinn" nicht nur vage, sondern unbrauchbar sei (Kriele aaO 223; krit. auch Herberger/Koch JuS 78, 810 ff., Höpfel JurBl. 79, 514, Kaufmann aaO 4 ff., Hanack NStZ 86, 263; dagegen treff. Engels GA 82, 121 ff.). Wieder andere leugnen die Möglichkeit einer Abgrenzung zwischen Auslegung und Analogie überhaupt und sehen stattdessen die eigentliche Aufgabe darin, die grundsätzlich nicht verbotene Analogie von unzulässiger freier Rechtsfindung abzugrenzen (so Sax, Analogieverbot 94 ff., 142 ff.) bzw. innerhalb der Analogie die rechtsstaatlich notwendigen Grenzen zu ziehen (vgl. Arth. Kaufmann aaO 52 ff.); im Grds. ähnl. Stratenwerth 49; vgl. auch Grünwald A. Kaufmann-FS 440 f., Hassemer aaO 160 ff., AK 78 ff., 95 ff., Hegenbarth aaO 117 ff., Schroth, Auslegung 106 ff., Schmidhäuser 112, der zwischen analogiefähigem „Wortlauttatbestand" und nicht analogiefähigem „Auslegungstatbestand" differenziert und dementsprechend lediglich ein „Gebot der *relativen* Bestimmtheit des Strafgesetzes anerkennt (Martens-GedS 231) sowie Yi aaO. Allg. zum

Meinungsstand Krey, Keine Strafe 120 ff. Dieser Kritik, der freilich zT ein sehr weiter Analogiebegriff zugrundeliegt, ist sicherlich darin zuzustimmen, daß die Grenze zwischen Analogie und extensiver Auslegung nicht an „exakten" oder konstanten Größen ablesbar, sondern von Fall zu Fall unter wertender Betrachtung nach dem „Maß der graduellen Abweichung vom Gesetz" zu bestimmen ist (Heller aaO 142; vgl. auch Canaris aaO 23). Doch selbst wenn richtig ist, daß insofern alle Rechtsanwendung auf dem Prinzip der Ähnlichkeit aufbaut (weshalb Jakobs 82 den Begriff des Analogieverbots durch jenen des „Generalisierungsverbots" ersetzen will), schließt dies nicht aus, einen grundsätzlichen Unterschied zwischen Auslegung und Analogie anzuerkennen (auch wenn man sich nicht wie Krey ZStW 101, 846 f. für die Möglichkeit der Unterscheidung schlicht auf die Bindungswirkung der Entscheidungen des BVerfG gem. § 31 I BVerfGG berufen will): *Auslegung* bleibt noch innerhalb des durch den Tatbestand gezogenen begrifflichen Rahmens, während durch *Analogie* das Gesetz auf einen von diesem nicht geregelten Fall ausgedehnt wird (vgl. BGH **8** 70, ebenso Larenz, Methodenlehre 322 f., Krey, Studien 146 ff., Schünemann, Nulla poena 17 ff., Rogall KK-OWiG § 3 RN 53, Sternberg-Lieben aaO 320 f.; vgl. auch Schlüchter aaO 126 ff., wonach die Abgrenzung mittels induktiver Methode im Hinblick auf die extensionale Ausprägung der Norm zu erfolgen habe, ferner Velten/Mertens aaO 518, 528 ff., wonach die Auslegungsgrenze in der Normbedeutung, die sich bei Annahme korrekter Sprachverwendung aus dem Kontext des gesetzlichen Tatbestands entnehmen läßt, zu sehen sei). Gegenüber rein normativen, wie vor allem analogieimmanenten Grenzziehungen bietet die Beschränkung von Auslegung auf die durch den Alltagsgebrauch eines Wortes gezogenen Bedeutungsgrenzen, sofern nicht das Gesetz selbst erkennbar eine besondere Wortbedeutung eingeführt hat, den im Hinblick auf die Vertrauensfunktion des Analogieverbots wesentlichen Vorteil, daß diese Grenzen grundsätzlich jedem zugänglich sind, der die deutsche Sprache beherrscht (treff. dazu Hruschka XIII f.). Deshalb bildet die nach dem Wortlaut äußerste begriffliche Grenze einer Strafnorm zugleich die Grenze für die interpretative Eigenwertung des Richters. Daraus verbietet sich insbes. eine dem Wortlaut widersprechende Berichtigung (versehentlich) mangelhafter Gesetze (Lackner Heidelberg-FS 54 ff.) oder auch Analogie durch exzessiv-ausdehnende Auslegung zuungunsten des Täters, selbst wenn sie die kriminalpolitischen Grundwertungen nicht verletzt (vgl. aber Schick aaO 640 ff.). Damit ist jedoch – entgegen der zu pauschalen und angesichts ihrer Neuartigkeit erstaunlich lapidaren Feststellung in BVerfGE **92** 16 – eine tatbestandsausweitende Auslegung nicht prinzipiell, sondern nur bei Überschreiten der vorgenannten Grenzen unzulässig (iglS Scholz NStZ 95, 418; vgl. aber auch o. 18 sowie u. 56 aE).

Dieser mögliche Wortsinn und damit der Bereich der (bloßen) Auslegung ist **beispielsweise** dort **56** überschritten, wo ein Lkw als „bespanntes Fuhrwerk" iSd § 3 I Nr. 6 preußForstdiebstahlsG angesehen wird (so aber BGH **10** 375 unter Berufung auf den Sinn der Vorschrift; dagegen mit Recht Krey, Studien 163, Schünemann, Nulla poena 22) oder wo von jemandem, der gegen seinen erklärten Willen vom Unfallort entfernt wurde, angenommen wird, „sich entfernt" zu haben (so Bay NJW **82**, 1059; krit. Stein JZ 83, 511). Auch in der Ausdehnung von Pflichten zur Übernahme eines Wahlamtes auf Pflichten, die lediglich die Art und Weise der Amtsausübung betreffen, wurde zu Recht eine unzulässige Analogie erblickt (BVerfG NJW **86**, 1671 m. Anm. Hanack NStZ 86, 263), desgleichen in der Erfassung einer Kettenbriefaktion als Glücksspiel (BGH **43** 178), wie wohl auch in der Subsumtion der Bezahlung einer Geldstrafe durch Dritte unter Vollstreckungsvereitelung nach § 258 II (BGH **37** 230 [m. zust. Anm. Krey JZ 91, 889 u. abl. Anm. Wodlicka NStZ 91, 487]; vgl. aber demgegenüber auch u. § 258 RN 28). Ebenso wäre bei § 246 aF der Verzicht auf jegliches Gewahrsamserfordernis, da dem Wortlaut sogar zuwiderlaufend, verbotene Analogie gewesen (vgl. 25. A. § 246 RN 1), wie dies bei Gleichsetzung des Begriffs „Mensch" in § 131 I (vgl. dort RN 9) mit menschenähnlichen Wesen (BVerfG NJW **93**, 1457) der Fall wäre. Dasselbe gilt für die Gleichsetzung der ersten beiden Strophen des Deutschlandliedes mit „Hymne" der BRD in § 90 a I Nr. 2 (BVerfGE **81** 309) oder die Erstreckung des § 241 auf die Bedrohung einer nur in der Vorstellung des Täters existierenden Person (BVerfG NJW **95**, 2776) sowie nach AG Münster wistra **99**, 114 für die Gleichbestellung einer „unvollständigen" mit einer „unrichtigen" Buchung iSv § 379 I AO oder nach Köln NStZ-RR **99**, 270 für die Behandlung einer auflagenwidrig betriebenen oder nur anzeigepflichtigen Anlage als „genehmigungspflichtig" iSv § 327 II. Zur Fristdeutung für Anmeldung von „Altwaffen" vgl. BVerfG NJW **84**, 225, zur Einziehung trotz Verjährung o. 48 aE sowie zur Überschreitung der Grenzen der Verwaltungsakzessorietät bei Anwendung von § 311 vgl. Bamberg MDR **92**, 687. Auch die Interpretation der Verwendung von Salzsäure als Gebrauch einer „Waffe" iSv § 223 a (BGH **1** 3) liegt bereits hart an der Grenze, wenngleich noch im Bereich zulässiger Auslegung (Larenz, Methodenlehre 324; zw. Engisch, Einführung 195, Reinicke NJW 51, 683; abl. Arth. Kaufmann aaO 69), ebenso die Subsumtion einer Radar-Warnanlage als „Fernmeldeanlage", da die Warnung durchaus eine Nachricht enthält (verkannt von LG Tübingen NJW **79**, 1839; vgl. BGH NJW **81**, 831). Hingegen verbietet sich die Einordnung einer dem öffentlichen Betrieb dienenden Radaranlage als geschützte Anlage iSv § 316 I Nr. 3 (Stuttgart NStZ **97**, 342; vgl. auch § 316 b RN 5), wie auch die Anwendung des § 370 VII AO auf dessen Abs. VI (LG Kiel NStZ **98**, 200) bzw. die Erfassung von leichtfertiger Steuerverkürzung (§ 378 AO) als mittelbare Täterschaft durch § 377 II AO iVm § 14 OWiG (Braunschweig NJW **97**, 3254 f.). Dagegen handelt es sich bei der vor allem für die strafrechtliche Erfassung von Scheinhandlungen und sonstigen gesetzesumgehenden Täterverhalten entwickelten **„tatsächlichen Betrachtungsweise"** – entgegen Tiedemann NJW 1980, 1558 ff. – jedenfalls solange nicht um verbotene Analogie, als der Wortlaut – wie etwa der für § 264 relevant gewordene Begriff der „Bestellung" iSv § 4 b InvZulG 1975 – nicht eindeutig und daher nicht ohne Rückgriff auf den Gesetzeszweck auslegbar ist (verkannt von AG Alsfeld NJW **81**, 2588; vgl. auch § 264 RN 46) und dieser ersichtlich weniger auf die Einhaltung einer bestimmten Rechtsform als vielmehr auf die Vermeidung einer bestimmten unerwünschten Folge abhebt, wobei es zudem gleichgültig ist, ob sich der gesetzlich bezweckte Durchgriff auf die tatsächlichen Verhältnisse bereits aus dem infragestehenden Tatbestand oder erst iVm allgemeinen Umgehungsklauseln (wie zB § 4 SubvG) ergibt, vorausgesetzt, daß diese ihrerseits dem Bestimmtheitsgebot genügen (grdl. Bruns JR 84, 133 ff., GA 86, 1 ff.; spez. zum „faktischen Organ" Fuhrmann Tröndle-FS 145 ff.; grds. abl. Cadus aaO, insbes. 98 ff.; vgl. auch Courakis aaO, Stöckel ZRP 77, 134 ff.). Zum weiten Gewaltbegriff des § 240 (RN 1 b) und dessen Einschränkung vgl. o. 20, ferner 10 f. vor § 234. Im übrigen wird aber der in der heutigen Rspr. spürbaren Tendenz zu erweiternder – wenn auch deswegen nicht ohne weiteres unzulässiger (vgl. o. 52, 55 aE) – Strafauslegung (vgl. Grünwald ZStW 76, 1 ff., A. Kaufmann-FS 440 f., Schünemann, Nulla poena) möglichst entgegenzuwirken sein, wenn nicht die Grenze unversehens in den Analogiebereich verschoben werden soll (vgl. o. 55).

57 V. Über das **Rückwirkungsverbot,** das sich aus dem Gedanken der **lex praevia** ergibt (o. 6), vgl. im einzelnen die Erläuterungen zu § 2.

Anhang: Wahlfeststellung

Schrifttum: Beulke/Fahl, Prozessualer Tatbegriff u. Wahlfeststellung, Jura 98, 266. – *Blei,* Wahlfeststellung zwischen Vorsatz u. Fahrlässigkeit, NJW 54, 500. – *Deubner,* Die Grenzen der Wahlfeststellung, JuS 62, 21. – *Dreher,* Im Irrgarten der Wahlfeststellung, MDR 70, 369. – *Endruweit,* Die Wahlfeststellung usw., 1973. – *Eschenbach,* Vom unklaren strafrechtl. Sachverhalt zur Unsicherheit in der Lösung, Jura 94, 302. – *Fuchs,* Die Wahlfeststellung zwischen Vorsatz u. Fahrlässigkeit im Strafrecht, GA 64, 65. – *ders.,* Die rechtsethische u. psychologische Vergleichbarkeit bei der Wahlfeststellung, DRiZ 67, 16. – *ders.,* Zur Wahlfeststellung, DRiZ 68, 16. – *Grünhut,* Alternative Wahlfeststellung im Strafprozeß, MonKrimPsych 1934, 327. – *Günther,* Verurteilungen im Strafprozeß trotz subsumtionsrelevanter Tatsachenzweifel, 1976. – *ders.,* Wahlfeststellung zwischen Betrug u. Unterschlagung, JZ 76, 665. – *Heinitz,* Die Grenzen der zulässigen Wahlfeststellung im Strafprozeß, JZ 52, 100. – *ders.,* Zum Verhältnis der Wahlfeststellung zum Satz „in dubio pro reo", JR 57, 126. – *Eike v. Hippel,* Zum Problem der Wahlfeststellung, NJW 63, 1533. – *Hruschka,* Zum Problem der „Wahlfeststellung", MDR 67, 265. – *ders.,* „Wahlfeststellung" zwischen Diebstahl u. sachlicher Begünstigung, NJW 71, 1392. – *ders.,* Zur Logik u. Dogmatik von Verurteilungen aufgrund mehrdeutiger Beweisergebnisse, JZ 70, 637. – *ders.,* Alternativfeststellung zwischen Anstiftung u. sog. psychischer Beihilfe, JR 83, 177. – *Jakobs,* Probleme der Wahlfeststellung, GA 71, 257. – *Joerden,* Dyadische Fallsysteme im Strafrecht, 1986. – *ders.,* Postpendenz- u. Präpendenzfeststellungen im Strafverfahren, JZ 88, 847. – *Küper,* Probleme der „Postpendenzfeststellung" im Strafverfahren, Lange-FS 65. – *ders.,* Wahlfeststellung und Anwendung des § 158 StGB usw., NJW 76, 1828. – *ders.,* Probleme der Hehlerei bei ungewisser Vortatbeteiligung, 1989. – *Löhr,* „In dubio pro reo" u. Wahlfeststellung, JuS 76, 715. – *Montenbruck,* Wahlfeststellung u. Werttypus im Strafrecht u. Strafprozeßrecht, 1976. – *Nowakowski,* Verkappte Wahlfeststellung, JurBl. 58, 380. – *Nüse,* Das Problem der Zulässigkeit von Alternativ-Schuldfeststellungen im Strafprozeß, 1933. – *ders.,* Die Zulässigkeit von wahlweisen Feststellungen, GA 53, 33. – *Otto,* „In dubio pro reo" u. Wahlfeststellung, Peters-FS 373. – *Richter,* Die Postpendenzfeststellung, Jura 94, 130. – *Sax,* Wahlfeststellung bei wahldeutiger Verurteilung mehrerer Taten, JZ 65, 745. – *Schaffstein,* Die neuen Voraussetzungen der Wahlfeststellung im Strafverfahren, NJW 52, 725. – *Schlüchter,* Zur Teilanfechtung bei ungleichartiger Wahlfeststellung, JR 89, 48. – *Schmoller,* Alternative Tatsachenaufklärung im Strafrecht, 1986 (dazu *Montenbruck,* Wahlfeststellung – und kein Ende? GA 88, 531). – *Schneidewin,* Vollrausch u. Wahlfeststellung, JZ 56, 324. – *Schorn,* Die Problematik wahlweiser Feststellung im Strafprozeß, DRiZ 64, 45. – *Schröder,* Wahlfeststellung u. Anklageprinzip, NJW 85, 780. – *Schulz,* Wahlfeststellung u. Tatbestandsreduktion JuS 74, 535. – *ders.,* Wahlweise Feststellung einer nicht verwirklichten Straftat? NJW 83, 265. – *Schwarz,* Rauschtat u. Wahlfeststellung, NJW 57, 401. – *Tröndle,* Zur Begründung der „Wahlfeststellung", JR 74, 133. – *Walper,* Aspekte der strafr. Postpendenz, 1998. – *Willms,* Zum Begriff der Wahlfeststellung, JZ 62, 628. – *Wolter,* Alternative u. eindeutige Verurteilung u. mehrdeutige Tatsachengrundlage im Strafrecht, 1972. – *ders.,* Wahlfeststellung u. in dubio pro reo, 1987 (= Überarb. v. JuS 83, 363, 602, 769; 84, 37, 530, 606). – *Zeiler,* Die Verurteilung auf Grund wahldeutiger Tatsachenfeststellung, ZStW 40, 168; 42, 665; 43, 596; 64, 156; 72, 4.

I. Grund und Grenzen der Wahlfeststellung im allgemeinen

58 1. Das **Bedürfnis für sog. Wahlfeststellung** erwächst aus dem Spannungsverhältnis rechtsstaatlich gebotener Ausdifferenzierung straftatbestandlicher Verbotsnormen und der praktischen Begrenztheit menschlicher Erkenntnisfähigkeit (vgl. Tröndle LK[10] 61 ff., Wolter, Wahlfeststellung 21 ff., Günther aaO 166, 184 mwN): Auf der einen Seite setzt nach dem Gesetzlichkeitsprinzip eine Verurteilung grundsätzlich voraus, daß dem Angeklagten die Begehung einer bestimmten Tat und die Erfüllung aller ihrer gesetzlichen Merkmale nachgewiesen ist; bleiben Zweifel, so ist er nach dem Grundsatz „in dubio pro reo" freizusprechen (vgl. K/Meyer-Goßner § 261 RN 26 ff.). Auf der anderen Seite kann sich nach Ausschöpfung aller richterlichen Beweis- und Erkenntnismittel (§ 244 II StPO) ergeben, daß zwar nicht der Nachweis einer *bestimmten* Tat erbracht werden kann, wohl aber zur Überzeugung des Gerichts feststeht, daß von zwei (oder mehreren) in Betracht kommenden Straftaten der Angeklagte notwendigerweise *eine* begangen haben muß: So etwa in dem Fall, daß er die in seinem Besitz

befindliche Sache entweder durch Diebstahl oder durch Hehlerei erlangt haben muß. Unzweifelhaft ist daher die Tatsache, *daß* er auf jeden Fall eine Straftat verwirklicht hat; zweifelhaft bleibt also lediglich die Frage, *welcher* von zwei oder mehreren möglichen Sachverhalten einer Verurteilung zugrunde gelegt werden kann. In solchen Situationen stellt sich die Frage, ob das Gericht trotz der „mehrdeutigen" – genauer: mehrere eindeutige Alternativen offenlassenden – Beweislage zu einer Verurteilung, dh zu einer „Wahlfeststellung" iSe *(alternativen) Verurteilung auf mehrdeutiger Tatsachengrundlage* gelangen kann.

Ob und inwieweit dies zulässig sein soll, ist schon seit Inkrafttreten des StGB umstritten. Obgleich **59** eine zwischenzeitliche gesetzliche Zulassungsregelung in § 2b (und § 267b StPO) idF des Ges. v. 28. 6. 35 durch KRG Nr. 11 v. 30. 1. 46 wieder aufgehoben wurde, wird weiterhin von der grundsätzlichen Zulässigkeit ausgegangen, wobei im wesentlichen auf die schon früher entwickelten Grundsätze zurückgegriffen wird (näher zur **Dogmengeschichte** 21. A. RN 68, Frister NK 2ff. nach § 2, Gribbohm LK 100ff.). Da diese Grundsätze und Anwendungsvoraussetzungen jedoch nach wie vor umstritten sind, sieht sich auch der **Begriff** der „Wahlfeststellung", da ungenau und unterschiedlich verwendbar (vgl. Endruweit aaO 22 ff., 103, Hruschka MDR 67, 265), vielfältiger Kritik ausgesetzt (vgl. Tröndle LK[10] 64ff. sowie die Angaben bei Günther aaO 23). Da er sich jedoch eingebürgert hat und ein klarerer, ebenso knapper Begriff nicht zur Verfügung steht, wird er im folgenden beibehalten. Dabei ist jedoch zu beachten daß er erst nach Klärung der damit verbundenen Problemfelder (u. 60 ff.) sowie der von der „Wahlfeststellung" abzugrenzenden Fallgruppen (dazu u. 89 ff.) schärfere Konturen erhält.

2. Im wesentlichen sind es **drei Fallgruppen,** in denen sich das Problem einer Wahlfeststellung **60** stellt, wobei die Unterscheidung maßgeblich von der jeweiligen Behandlungsart abhängt (zu weiteren Auffächerungen vgl. Wolter, Wahlfeststellung 87 ff.).

a) Um eine **reine Tatsachenalternativität** handelt es sich dort, wo das Gericht nicht mit der für **61** eindeutige Verurteilung notwendigen Sicherheit feststellen kann, durch welche von zwei (oder mehreren) alternativ infragestehenden Handlungen nach Überzeugung des Gerichts auf jeden Fall verwirklichter Tatbestand erfüllt wurde (vgl. Sax JZ 65, 747, der freilich von „Tatalternativität" spricht; zur Möglichkeit von Wahlfeststellung bei mehr als zwei Alternativen vgl. BGH **15** 63, **16** 187). Klassisches Beispiel dafür sind die einander widersprechenden Aussagen eines Zeugen in zwei verschiedenen Gerichtsinstanzen, wobei zwar feststeht, daß eine der Aussagen falsch ist, aber nicht geklärt werden kann, welche (BGH **2** 351, **13** 70), wo der Täter andere zweifelsfrei mit AIDS infiziert hat, aber nicht aufklärbar ist, bei welchem von zwei Sexualkontakten (BGH **36** 264, 269), oder wenn sicher ist, daß jedenfalls eine von zwei rechtlich selbständigen Körperverletzungshandlungen die Todesfolge herbeigeführt hat, und nur nicht feststellbar ist, welche (BGH NStZ **94**, 339). Aber auch moderne Probleme der Opferindividualisierung etwa nach der Feststellung genereller Kausalität toxischer Substanzen für kollektiv aufgetretene Schäden lassen sich mit dieser Kategorie lösen (vgl. Tiedemann R. Schmitt-FS 146 ff.). Teils wird bei derartiger bloßer Tatsachenalternativität auch von *unechter* bzw. *gleichartiger Wahlfeststellung* gesprochen, und zwar zum einen formal deshalb, weil der frühere § 2b ausdrücklich eine Gesetzesalternativität voraussetzte, zum anderen aber auch materiell deshalb, weil die Tatsachenalternativität die Eindeutigkeit des Schuldspruchs nicht berührt bzw. die Frage nach den materiell-rechtlichen Voraussetzungen einer Wahlfeststellung deshalb nicht stellt (vgl. BGH **2** 351, MDR/D **51**, 464, VRS **62** 274, Hamm NJW **81**, 2269, Rudolphi SK 16 nach § 55, Wolter, Alternative 24 ff.). Dies schließt jedoch nicht aus, die reine Tatsachenalternativität bereits als Wahlfeststellung zu begreifen (vgl. Sax JZ 65, 746 f., Tröndle LK[10] 68, 79; and. Karlsruhe NJW **80**, 1859, Eb. Schmidt StPO § 244 RN 18; vgl. auch u. 62); denn andernfalls besteht die Gefahr einer Ausdehnung von Verurteilungen auf wahldeutiger Grundlage, ohne dabei die rechtsstaatlichen Zulässigkeitsschranken der Wahlfeststellung (u. 82ff.) hinreichend beachtet würden. Zu weiteren Fällen, in denen die Alternativfeststellung den Schuldspruch nicht berührt (zB wenn sie sich lediglich auf Regelbeispiele oder verschiedene Modalitäten oder Qualifikationen bezieht), vgl. u. 87.

b) Als Folge der Tatsachenalternativität kann sich eine **Tatbestandsalternativität** ergeben, wenn **62** zweifelhaft bleibt, welche von zwei (oder mehreren) alternativ in Betracht kommenden Handlungen tatsächlich vorgelegen haben *und* – daraus resultierend – welcher Tatbestand erfüllt ist: So wenn zur Überzeugung des Gerichts feststeht, daß der Angeklagte eine in seinem Besitz befindliche fremde Sache auf strafbare Weise erlangt hat, jedoch offenbleibt, ob er sie selbst gestohlen oder vom Dieb hehlerisch erworben hat (vgl. RG **68** 257, BGH **1** 302). Dies wird auch als *echte* oder *ungleichartige Wahlfeststellung* bezeichnet und zT als die einzige Fallgruppe von Wahlfeststellungen „im Rechtssinne" begriffen (vgl. etwa Eb. Schmidt StPO § 244 Anm. 18 aE; gegen diese Einschränkung vgl. o. 61).

c) Umstritten ist schließlich, inwieweit auch in sog. **Postpendenzfällen** die Grundsätze der Wahl- **63** feststellung eingreifen. Dabei handelt es sich um Konstellationen, in denen die Ungewißheit hinsichtlich eines bestimmten Geschehensablaufs deswegen einen anderen – in tatsächlicher Hinsicht regelmäßig feststehenden – Geschehensablauf (vgl. aber auch Küper, Probleme 20 ff. zu „atypischen Postpendenzsituationen") erfaßt, weil die strafrechtliche Relevanz des zweiten (feststehenden) Sachverhalts davon abhängt, ob die erste Alternative vorliegt, Fälle also, in denen „ein Nachtatverhalten erwiesen ist und die Strafbarkeit wegen der Nachtat nur deshalb fraglich bleibt, weil der Angeklagte *möglicherweise* auch die vorangegangene Haupttat verwirklicht hat und er in diesem Fall nicht (auch) wegen der Nachtat verurteilt werden könnte" (Schmoller JR 93, 247; iglS Gribbohm LK 121): so wenn zB feststeht, daß der Angeklagte Diebesgut zum Zwecke des späteren Verkaufs an einen anderen fortgeschafft hat (ein Verhalten, das an sich nach § 257 I strafbar ist), jedoch ungewiß ist, ob er nicht auch als Mittäter bereits an der Vortat beteiligt war und demzufolge nach § 257 III nicht auch noch wegen Begünstigung strafbar sein könnte (vgl. BGH JZ **71**, 141 m. Anm. Schröder). Hier schlägt die Ungewißheit hinsichtlich der Tatbeteiligung an der Vortat aufgrund von § 257 III auf den in tatsächlicher Hinsicht feststehenden zweiten Sachverhalt durch. – Denkbar ist aber auch die umgekehrte Fallkonstellation einer sog. **Präpendenz,** wenn „ein bestimmtes ‚Vortatverhalten' *erwiesen* ist und die Strafbarkeit wegen dieser Vortat nur deshalb fraglich bleibt, weil der Angeklagte *möglicherweise* anschließend ein *weiteres* strafbares Verhalten gesetzt hat, durch das die Strafbarkeit wegen der Vortat verdrängt würde" (Schmoller JR 93, 247): so wenn eine Verbrechensverabredung (§ 30) feststeht und lediglich ungewiß bleibt, ob es dann auch noch zu der (die Verbrechensverabredung verdrängenden) gemeinschaftlichen Tatausführung kam (vgl. auch Bauer wistra 90, 220 ff., Joerden JZ 88, 852). Näher zur Behandlung dieser Fallgruppen u. 96 ff.

64　d) Dagegen handelt es sich bei reiner **Rechtsalternativität,** wie etwa dort, wo bei einer tatsächlich erwiesenen unsittlichen Annäherung an die Frau lediglich zweifelhaft ist, ob darin nur eine Beleidigung nach § 185 oder bereits eine „sexuelle Handlung von einiger Erheblichkeit" nach § 184c Nr. 1 zu erblicken ist, um *keinen* Fall von Wahlfeststellung, da dort der Sachverhalt eindeutig feststeht und lediglich Zweifel hinsichtlich seiner rechtlichen Würdigung bestehen; denn Rechtsfragen müssen eindeutig entschieden werden (BGH **14** 68, 73, Tröndle LK[10] 65, ferner Günther aaO S. 20 mwN).

65　3. Die **grundsätzliche Zulässigkeitsfrage** hängt mangels gesetzlicher Regelung entscheidend davon ab, wie innerhalb der miteinander *kollidierenden Prinzipien* die Gewichte zu verteilen sind. Ungeachtet abweichender Nuancen im einzelnen besteht heute weithin Einigkeit darüber, daß bei Wahlfeststellung *Rechtssicherheit* einerseits und *Einzelfallgerechtigkeit* in Verbindung mit kriminalpolitischen *Bedürfnissen* andererseits miteinander in Konflikt geraten (vgl. Jescheck/Weigend 149, Rudolphi SK 5 nach § 55, Tröndle LK[10] 63, Wolter, Alternative 47 sowie Günther aaO insbes. 166, 184). Das Rechtssicherheitsprinzip, das in dem materiellrechtlichen Grundsatz „nullum crimen, nulla poena sine lege" (Art. 103 II GG) iVm dem Prozeßgrundsatz „in dubio pro reo" (vgl. Art. 6 II EMRK) seine besondere Ausformung erfahren hat und seinerseits im Rechtsstaatsprinzip verankert ist, wird insofern tangiert, als eine Verurteilung grundsätzlich den Nachweis einer *bestimmten* Tat voraussetzt und bei Zweifeln an der Erfüllung eines Strafbarkeitsmerkmals freizusprechen wäre. Müßte dies jedoch selbst dort geschehen, wo feststeht, daß der Angeklagte von zwei oder mehreren (alternativ) in Betracht kommenden Straftaten notwendig eine begangen haben muß, so widerspräche der Freispruch nicht nur präventiven Erwägungen, sondern auch dem Gedanken materieller Gerechtigkeit (vgl. Günther aaO 130 ff., 164 ff., 219, Rudolphi SK 5 nach § 55 sowie Tröndle LK[10] 63 zu weiteren Gefahren, die eine völlige Ablehnung der Wahlfeststellung mit sich brächte; zur abw. Auff. von Endruweit aaO 17 ff. [Wahlfeststellung als Folge sozialen Wandels] vgl. 19. A. RN 70). Aus diesem Interessenwiderstreit werden jedoch unterschiedliche Folgerungen gezogen:

66　a) Soweit der *Rechtssicherheit* auf Kosten materieller Einzelfallgerechtigkeit der Vorrang eingeräumt wird, kommt man konsequenterweise zur **Unzulässigkeit** jeder Wahlfeststellung. Nach dieser vor allem von Endruweit aaO 293 ff., 338, 343, Köhler 96, Krahl aaO 45 ff., Maurach AT[4] 114 (and. M-Zipf I 129 f.), Schmidhäuser 113 (weit. Nachw. bei Günther aaO 164 ff., Wolter, Alternative 47 ff.) vertretenen Auffassung ist bei subsumtionsrelevanten Tatsachenzweifeln eine Verurteilung grundsätzlich ausgeschlossen. Denn eine solche führe immer in die Nähe eines unerträglichen Verdachtsurteils (Schmidhäuser aaO). Auch werde mit alternativer Verurteilung in Wahrheit aus einem allgemeinen Tatbestand bestraft, den das Gesetz gar nicht kenne (H. Mayer 417; ähnl Köhler 96). Daher sei Wahlfeststellung nur auf dem verbotenen Weg analoger Rechtsanwendung zu erreichen (Endruweit aaO, Köhler 96). Demzufolge werde bei Wahlfeststellung sowohl gegen die §§ 261, 267 StPO wie auch gegen den nullum crimen-Grundsatz verstoßen (krit. dazu Wagner GA 76, 376 f.).

67　b) Wäre umgekehrt dem *kriminalpolitischen Bedürfnis* unbedingter *Vorrang* einzuräumen, so könnte dies zu einer nahezu **unbegrenzten Zulassung** der Wahlfeststellung führen. Nach dieser vor allem von Zeiler ZStW 64, 156 u. 72, 4, E. v. Hippel NJW 63, 1533 und Nüse aaO 63 vertretenen Auffassung (weit. Nachw. bei Günther aaO 179 ff., Wolter, Alternative 50 ff.) werde bei Verurteilung auf mehrdeutiger Grundlage auch nicht das Rechtsstaatsprinzip tangiert: Der nulla-poena-Grundsatz finde nur Anwendung, wenn der Täter überhaupt kein Strafgesetz verletzt habe; gegen den in dubio pro reo-Grundsatz werde nicht verstoßen, solange der Täter stets aus dem milderen Gesetz bestraft werde. Insoweit könne sich der Täter auch nicht diffamiert fühlen.

68　c) Demgegenüber ist von einer **begrenzten Zulassung** auszugehen, da die vorgenannten Extrempositionen weder im Ergebnis noch in ihrem Ansatz befriedigen können (zur Einzelkritik vgl. Günther aaO 164 ff., Wolter, Alternative 47, je mwN). Denn einerseits würde eine schrankenlose und gesetzlich nicht geregelte Zulassung der Wahlfeststellung gegen elementare Rechtsstaatsprinzipien verstoßen; andererseits würde eine völlige Ablehnung der Wahlfeststellung legitime kriminalpolitische Bedürfnisse, wie insbes. das Streben nach Einzelfallgerechtigkeit, unbefriedigt lassen. Im Hinblick auf diese kriminalpolitischen Bedürfnisse ist der Unterstellung von Frister (NK 96 ff. nach § 2), daß der alternativen Verurteilung aufgrund ungleichartiger Wahlfeststellung der Gedanke zweckfreien Schuldausgleichs iSd absoluten Straftheorien (ggf. kombiniert mit der Verfolgung eines bloß undifferenzierten Abschreckungszweckes ohne Bezug auf konkrete Norminhalte) zugrundeliege, entgegenzuhalten, daß einer alternativen Verurteilung nicht die Aussage entnommen werden kann, daß der Angeklagte allein schon deshalb, weil er in jedem Fall Schuld auf sich geladen habe, bestraft werden müsse. Vielmehr werden mit Blick auf die verschiedenen Tatbestandsalternativen in ihnen gesetzlich bestimmten Verhaltensnormen für den Fall ihres Verletztseins gegenüber dem Beschuldigten in ihrem Geltungsanspruch stabilisiert, so daß der spezialpräventive Bezug zu konkreten Normaussagen vorhanden ist und keineswegs eine Bestrafung aus einem vom Gesetzesanwender aus unbestimmten Gerechtigkeitsvorstellungen geschaffenen allgemeinen Unrechtstatbestand (in diese Richtung aber auch Köhler 96) erfolgt, welche die vom Gesetzgeber durch die Bildung verschiedener Straftatbestände getroffene Ausdifferenzierung und Unterscheidung strafwürdigen Unrechts überspiele (so die Kritik von Frister NK 102 ff. nach § 2). Diese konditionale Normstabilisierung ist unter den weiteren Voraussetzungen der Wahlfeststellung insofern gerechtfertigt und bedeutet kein unzulässiges Verdachtsurteil (so aber Frister NK 106 nach § 2), als im Rahmen der exklusiven Alternative des Geschehens sicher ist, daß der Angeklagte gegen eine der jeweils konkret bestimmten Verhaltensnormen verstoßen hat (zu den Begrenzungen zugunsten des Angeklagten u. 70 ff.). Bei dem Versuch, die Kollision des Prinzips der Rechtssicherheit mit den dargestellten kriminalpolitischen Erwägungen jeweils einseitig auf Kosten des gegenläufigen Interesses zu beseitigen, wird verkannt, daß es sich bei der Rechtssicherheit einerseits und der materiellen Einzelfallgerechtigkeit andererseits nicht um antinomische, sondern um zusammenwirkende und sich gegenseitig ergänzende Komponenten des Rechtsstaatsprinzips handelt: Ein Verlust an Rechtssicherheit geht zugleich auch auf Kosten der materiellen Gerechtigkeit und umgekehrt. Deshalb hat schon Tröndle LK[10] 63 zu Recht darauf hingewiesen, daß die Rechtssicherheit nicht nur *gegen,* sondern auch *für* die Zulässigkeit der Wahlfeststellung sprechen kann. Ähnlich wie bei Grundrechtskollisionen muß daher auch hier die Lösung in einer optimalen „praktischen Konkordanz" von Rechtssicherheit und Einzelfallgerechtigkeit gesucht werden (vgl. Hesse, VerfassungsR[20] (1995) RN 317): Anstelle einer absoluten Durchsetzung der einen Prinzips auf Kosten des anderen soll durch verhältnismäßige Beschränkung des einen zugunsten des anderen jedem zu optimaler Wirksamkeit verholfen werden. Das führt im Sinne einer *mittleren Lösung* zu einer begrenzten Zulassung der Wahlfeststellung, wie sie im wesentlichen auch von der heute hM gefordert wird (vgl. die Nachw. u. 70 ff.).

69 Da durch diesen Kompromiß sowohl der materiellrechtliche nullum-crimen-Grundsatz wie auch der verfahrensrechtliche in dubio pro reo-Grundsatz eine gewisse Modifizierung erfahren muß, handelt es sich bei der Wahlfeststellung um ein **gemischt sachlich-verfahrensrechtliches Rechtsinstitut** (vgl. Jescheck/Weigend 145, Rudolphi SK 6 nach § 55, Tröndle LK[10] 61, Wolter, Alternative 38 ff., 45 ff.). Gegenteilige Versuche, die Wahlfeststellung entweder einseitig rein materiellrechtlich (vgl. etwa Günther aaO 136 ff., 219 f., wonach der Grundsatz in dubio pro reo hier in seiner Primärfunktion nicht eingreife) oder rein prozessual (so etwa Dreher JZ 53, 424, Otto Peters-FS 373) deuten zu wollen, verkürzen die Problematik, ohne die Sachprobleme zu erleichtern (vgl. auch Rudolphi SK 6 nach § 55).

70 **4.** Demzufolge verschiebt sich die Wahlfeststellungsproblematik auf **Maßstabs- und Begrenzungsfragen** (vgl. Gribbohm LK 99). Dazu wurden bereits zahlreiche, zT nur in Nuancen voneinander abweichende Vorschläge gemacht, ohne daß es jedoch bisher gelungen wäre, eine allseits befriedigende Grenze bzw. brauchbare Grenzkriterien zu finden. Unter Vernachlässigung der prozessualen Seite (krit. dazu Tröndle LK[10] 81 aE) konzentriert sich dabei die Kontroverse hauptsächlich auf die Frage nach dem **materiellrechtlichen** Verhältnis, in dem die wahlweise festgestellten Straftaten zueinander stehen müssen (zu den sonstigen Zulässigkeitsvoraussetzungen vgl. u. 82 ff.). Dazu werden innerhalb der für eine beschränkte Zulassung der Wahlfeststellung eintretenden hM (o. 68) gegenwärtig im wesentlichen folgende **Grundpositionen** vertreten (vgl. auch Wolter, Wahlfeststellung 98 ff.):

71 a) Nach st. BGH-Rspr. ist für eine echte (vgl. u. 104) Wahlfeststellung im Anschluß an RG **68**, 257 und unter teilweiser Billigung der Lehre erforderlich, daß die in Betracht kommenden Verhaltensweisen „**rechtsethisch und psychologisch vergleichbar**" oder „gleichwertig" sind (vgl. BGH **9** 394, **11** 28, **16** 187, **20** 101, **21** 153, **22** 156, **23** 204, 360, **25** 182, NStZ **85**, 123, MDR/H **89**, 112, Hamm NJW **74**, 1957; weit. Nachw. bei Endruweit aaO 76, Günther aaO 77, Wolter, Alternative 74 f.). Der Bezugspunkt des Vergleichs ist dabei freilich nicht immer klar (vgl. Schulz JuS 74, 637 mwN); idR wird es aber um einen Vergleich abstrakter Deliktstypen gehen (so wohl BGH **11** 28, **20** 101, and. Wolter, Alternative 107 ff., 119, 143, Karlsruhe NJW **76**, 902 ff., wo die konkreten Geschehensweisen in den Vergleich einbezogen werden; vgl. ferner Saarbrücken NJW **76**, 65 ff. m. krit. Anm. Günther JZ 76, 665 sowie u. 109). Dabei soll unter *rechtsethischer* Gleichwertigkeit nicht nur die **72** annähernd gleiche Schwere der möglichen Schuldvorwürfe, dh die gleiche Strafwürdigkeit zu verstehen sein; erst recht genüge nicht die Gleichheit der gesetzlichen Strafdrohungen. Entscheidend sei vielmehr, daß den möglichen Taten im allgemeinen Rechtsempfinden eine gleiche oder doch ähnliche sittliche Bewertung zuteil wird (BGH **9** 394, **21** 153). *Psychologische* Gleichwertigkeit erfordere eine einigermaßen gleichgeartete seelische Beziehung des Täters zu den mehreren infragestehenden Verhaltensweisen (BGH aaO; vgl. ferner Saarbrücken NJW **76**, 67 f.). Unter diesen Voraussetzungen wurde Wahlfeststellung etwa zugelassen zwischen Diebstahl und Hehlerei (BGH **1** 302), schwerem Diebstahl, Unterschlagung und Hehlerei (BGH **16** 184), Raub und räuberischer Erpressung (BGH **5**

280); weit. Nachw. bei Gribbohm LK 115, Tröndle LK[10] 84 ff. sowie u. 110. In allen diesen Fällen habe der Täter entweder *dasselbe Rechtsgut* oder doch in ihrem Wesen ähnliche Rechtsgüter verletzt; die in Frage stehenden Verhaltensweisen verdienten die gleiche sittliche Mißbilligung; die innere Beziehung des Täters zu ihnen sei im wesentlichen gleichartig.

73 Dieser Rspr. steht – unbeschadet von Abweichungen in Detailfragen und trotz Kritik an der Vergleichbarkeitsformel (dazu u. 75) – auch ein Teil der Lehre nahe. Dabei wird teilweise auf die **Gleichwertigkeit des Unrechtsgehalts** abgestellt und verlangt, daß „die wahldeutig festgestellten Straftaten sich in ihrem kriminellen Unrechtsgehalt nach Art und Umfang wesentlich gleichen" (so Henkel, Strafverfahrensrecht[2] (1968) 354, Rudolphi SK 42 nach § 55), oder daß „die Handlungsmodalitäten nicht so erheblich voneinander abweichen, daß sie eine Verschiebung des Unrechtskerns bewirken" (Fleck GA 66, 336). Trotz seiner Kritik daran nimmt auch Wolter, Alternative 114 ff. seinerseits die „Gleichartigkeit der Handlungsmodalität und die Gleichwertigkeit der Rechtsgutsverletzung" zum Ausgangspunkt, will diese aber nur dann bejahen, wenn zwischen den alternierenden Delikten in ihrer konkreten Form bei kumulativem Vorliegen Fortsetzungszusammenhang bejaht werden könnte, wobei nicht nur die abstrakten Deliktsfolgen verglichen, sondern die konkreten Besonderheiten des jeweiligen Einzelfalles einbezogen werden (krit. dazu Günther aaO 206 ff., dort 187 ff. mwN zu weit. ähnl. Formeln; vgl. auch JZ 76, 667 f.). Im übrigen zeigt sich bei diesen Formulierungen auch eine flüssige Grenze zu jenen Auffassungen, die im Unterschied zur Rspr. auf die „Identität des Unrechtskerns" abstellen wollen (dazu u. 78 ff.).

74 Teilweise wird in der jüngeren Rspr. auch eine **Präzisierung** *der Formel von der rechtsethischen und psychologischen Vergleichbarkeit* versucht (Hamm NJW **74**, 1957, Saarbrücken NJW **76**, 65, Karlsruhe NJW **76**, 902): Für die „rechtsethische Vergleichbarkeit" sei sowohl maßgeblich als auch genügend, daß durch die in Betracht kommenden Verhaltensweisen dieselben oder in ihrem Wesen ähnliche Rechtsgüter verletzt werden (Hamm aaO, Karlsruhe aaO); „psychologische Vergleichbarkeit" liege vor, wenn die Einstellung des Täters zu den Rechtsgütern und die Motivationslage ähnlich seien (Hamm aaO); das Kriterium der psychologischen Vergleichbarkeit verweise auf die Bedeutung auch der subjektiven Unrechts- und Schuldelemente für den Vergleich (Karlsruhe aaO; vgl. ferner Saarbrücken aaO, wo die Frage nach der Entbehrlichkeit der psychologischen Vergleichbarkeit aufgeworfen wird). Hamm hat auf dieser Basis Wahlfeststellung zwischen Betrug und Unterschlagung zugelassen (NJW **74**, 1957), wobei es dem Unterschied zwischen Vermögens- und Eigentumsdelikten keine die Vergleichbarkeit ausschließende Bedeutung beimißt (ebenso Saarbrücken für Unterschlagung und *Sachbetrug*). Von Karlsruhe wurde unter Modifikation seiner Entscheidung in Justiz **73**, 57 Wahlfeststellung zwischen Betrug und Trickdiebstahl zugelassen (NJW **76**, 902; vgl. aber demgegenüber BGH NStZ **85**, 123): die Vergleichbarkeit wurde durch eine *konkretisierende Betrachtung* gewonnen (krit. dazu Günther JZ 76, 665 f.).

75 Die **Haupteinwände** gegen die von der Rspr. verwendete Vergleichbarkeitsformel sind im wesentlichen folgende (vgl. dazu namentl. Günther aaO 107 ff., Tröndle LK[10] 95 ff., Wolter, Alternative 79 ff.): α) Da eine inhaltslose *Leerformel,* werde der Rechtsunsicherheit und Rechtsunklarheit Tür und Tor geöffnet (Günther aaO 115 ff., Rudolphi SK 36 nach § 55, Wolter, Alternative 83 ff.). Auch könne die *sittliche* Bewertung der Taten bzw. das allgemeine Rechtsempfinden der Bevölkerung kein verbindlicher Maßstab sein (Rudolphi aaO 37). Dies wird ua mit Differenzierungen der Rspr. begründet, die auf der Basis der Vergleichbarkeitsformel kaum begründbar sein dürften: So ist es in der Tat schwer verständlich, weshalb Wahlfeststellung bei Betrug und Untreue (BGH 5 StR 125/62) bzw. bei Betrug und Hehlerei (BGH NJW **74**, 805) und bei Betrug und Unterschlagung (Hamm NJW **74**, 1958, Saarbrücken NJW **76**, 65) zugelassen, bei Untreue und Hehlerei (BGH 15 267) bzw. Betrug und Diebstahl (Karlsruhe Justiz **73**, 57; einschr. dann aber in NJW **76**, 902) dagegen abgelehnt wird. Diese Inkonsequenzen dürften jedoch zumindest nicht unmittelbar mit der Vergleichbarkeitsformel zusammenhängen; auch ist nicht auszuschließen, daß bei Abstellen auf die „Identität des Unrechtskerns" (u. 78) ähnliche Wertungsunsicherheiten offenbar würden. β) Weiter wird auf die *Unpraktikabilität* der Vergleichbarkeitsformel hingewiesen: Eine wesentliche Gleichwertigkeit könne so gut wie nie – nicht einmal zwischen Diebstahl und Hehlerei – bejaht werden; die Rspr. habe deshalb ihr eigenes Kriterium stets überdehnt (Günther aaO 116 ff., Tröndle LK[10] 97 je mwN.). Ohnehin sei das Kriterium der psychologischen Vergleichbarkeit nie ernst genommen worden; es gehe in der rechtsethischen Gleichartigkeit auf oder diene allenfalls dazu, auch subjektive Unrechts- und Schuldmerkmale in die Vergleichbarkeitsprüfung einzubringen (Wolter, Alternative 82 f.). – Diese Einwände stehen jedoch in gewissem Widerspruch zu dem Einwand, daß es sich beim Vergleichbarkeitskriterium um eine Leerformel handele; denn bei einer solchen bestünde kein Zwang zur Überdehnung. Daher läßt sich der Rspr. allenfalls vorwerfen, das zu enge Kriterium der rechtsethischen und psychologischen Vergleichbarkeit dadurch zu einer Leerformel gemacht zu haben, daß sie nie ernsthaft daran festgehalten, sondern Wahlfeststellung – wie das auch ausdrücklich gefordert wird (vgl. auch Tröndle LK[10] 104) – iE bereits dann für zulässig erklärt hat, wenn die in Betracht kommenden Verhaltensweisen ähnliche Rechtsgüter verletzen. γ) Ferner sei die Vergleichbarkeitsformel ungeeignet, die *„Sicherheit der Urteilsfindung"* zu untermauern (Günther aaO 108 f., Wolter, Alternative 84 ff. mwN.) bzw. eine „Bemakelung" des Täters in Fällen wahldeutiger Verurteilung zu verhindern (Günther aaO 112 ff.). δ) Schließlich gelange die Rspr. nur deshalb zu einigermaßen befriedigenden Ergebnissen, weil sie neben der Wahlfeststellung mit zweifelhaften Hilfskonstruktionen, wie etwa der Lehre vom sog. *Auffangtatbestand,* arbeite (Tröndle LK[10] 98 ff., ferner Löhr JuS 76, 717, Wolter, Alternative 85; näher dazu u. 92).

Trotz dieser heftigen Kritik hat der BGH bisher keinen Anlaß gesehen, vom Kriterium der rechts- **76**
ethischen und psychologischen Vergleichbarkeit abzugehen (ausdrückl. BGH **25** 184). Das ist schon
insofern verständlich, als dieser Rspr. auch von ihren Kritikern zugebilligt wird, meist zu **befriedigenden Ergebnissen** zu gelangen (vgl. Tröndle LK[10] 95). Im übrigen gibt das Kriterium der „rechtsethischen und psychologischen Vergleichbarkeit" gerade wegen seiner geringen inhaltlichen Faßbar-
keit und Ausdeutung Raum für eine *flexible* Behandlung von Einzelfällen. Die an seiner Stelle
vorgeschlagenen Formeln (vgl. etwa o. 73) sind – jedenfalls zum großen Teil – kaum präziser. Sie
lassen sich austauschen, ohne daß damit notwendig andere Ergebnisse erzielt würden. Das Haupt-
problem liegt deshalb jeweils darin, die Kriterien mit dem Ziel einer Optimierung des Rechtsstaatsprinzips zu präzisieren, was letztlich nur in bezug auf einzelne Fallgruppen möglich sein dürfte. Zur
eigenen Auffassung, welche an das Kriterium der rechtsethischen und psychologischen Vergleichbarkeit **77**
anknüpft, jedoch dieses näher zu präzisieren versucht, vgl. u. 105 ff.

b) Stattdessen versucht eine vordringende Lehre auf die **„Identität des Unrechtskerns"** abzu- **78**
stellen (Deubner JuS 62, 21 ff., NJW 62, 94 u. 67, 738 u. 69, 157, Hardwig GA 64, 147, Jescheck/
Weigend 150, Tröndle LK[10] 104, JR 74, 135; m. Einschr. auch Otto Peters-FS 390 ff.). Auch dieses **79**
Kriterium wird allerdings nicht einheitlich gedeutet (vgl. Rudolphi SK 39 f. nach § 55). Seine
Limitierungsfunktion ist unterschiedlich, je nachdem, ob die Identität des Unrechtskerns allein nach
den geschützten *Rechtsgütern* bemessen oder ob der *Handlungsunwert* miteinbezogen wird (im letzteren
Sinne etwa Fleck GA 66, 336; wohl iglS auf die Angriffsweise abhebend Jescheck/Weigend 150).
Zum Teil bestehen auch fließende Übergänge zur Vergleichbarkeitsformel der Rspr. (vgl. o. 71 f.):
Der gleiche Unrechtskern soll dann gegeben sein, wenn sich die Angriffe gegen das gleiche Rechtsgut
(Deubner NJW 67, 738), gegen das gleiche oder ähnliche Rechtsgüter (Tröndle LK[10] 104), gegen ein
Rechtsgut derselben Art oder Gattung (Otto Peters-FS 390) richten bzw. wenn sich die in Betracht
kommenden Handlungsmodalitäten nicht erheblich unterscheiden, daß sie eine Verschiebung des
Unrechtskerns bewirken (Fleck GA 66, 336). – Ob jedoch mit diesem Kriterium *bessere Ergebnisse* zu **80**
erzielen sind, ist sehr *zweifelhaft.* Nicht nur, daß etwa Hamm NJW **74**, 1958 die rechtsethische
Vergleichbarkeit von der Verletzung gleicher oder ähnlicher Rechtsgüter abhängig machen konnte
und schon daran deutlich wird, daß sich dieser Begriff von dem der Identität des Unrechtskerns –
zumindest auf abstrakter Ebene – nicht wesentlich unterscheidet (vgl. auch Saarbrücken NJW **76**, 67);
auch ergeben sich damit kaum geringere Abgrenzungsschwierigkeiten (wie auch Tröndle LK[10] 104
selbst einräumt). Zwar könnte der Bereich zulässiger Wahlfeststellung klarere Konturen dann erhalten,
wenn man die Identität des Unrechtskerns allein nach der Verletzung gleicher oder ähnlicher Rechtsgüter beurteilen würde. Jedoch könnte die darin liegende Vernachlässigung des Handlungsunwertes
eher zu einer Ausdehnung der Wahlfeststellung führen, bei der eine ungerechtfertigte Bemakelung des
Täters nicht mehr auszuschließen wäre, wie etwa mit dem Hinweis auf die Identität des Unrechtskerns
die Annahme von Wahlfeststellung zwischen § 154 und § 164 (so aber Bay JZ **77**, 570, zust. Tröndle
LK[10] 86, 104; vgl. auch Hruschka JR 78, 27). Bezieht man jedoch andererseits den Handlungsunwert
mit ein, so verliert die „Identität des Unrechtskerns" wiederum ihre ursprüngliche Klarheit und
unterscheidet sich kaum mehr vom Vergleichskriterium der Rspr. (vgl. auch o. 73; krit. auch
Rudolphi SK 39 ff. nach § 55, Günther aaO 191 f., 249 f., Wolter, Alternative 100 ff.).

c) Ein von der hM abweichendes Abheben auf **graduelle Unwertverschiedenheit** und ein Zu- **81**
rückgehen auf einen **Rumpftatbestand** wird von Günther aaO 219 ff., JZ 76, 665 ff. vertreten. Doch
auch damit sind kaum befriedigendere Lösungen zu erzielen, ganz davon abgesehen, daß weitgehend
ähnliche Ergebnisse auch mit der Lehre vom sog. Auffangtatbestand bzw. vom normativen Stufenverhältnis (u. 89 ff.) zu gewinnen sind. Näher zur Darstellung und Kritik dieser Auffassung 21. A. RN
86 f.

II. Vorbedingungen tatsächlicher und prozessualer Art

Infolge einseitiger Betonung der Gleichwertigkeitsproblematik wird häufig verkannt, daß zunächst **82**
einmal bestimmte Voraussetzungen *tatsächlichen und prozessualen* Characters gegeben sein müssen,
bevor sich die *materielle* Vergleichbarkeitsfrage (dazu III.) überhaupt stellen kann.

1. Erst dann, wenn eine **eindeutige Feststellung unmöglich** ist, kann eine Verurteilung auf **83**
mehrdeutiger Tatsachengrundlage überhaupt in Betracht gezogen werden. Das bedeutet, daß der
Richter verpflichtet ist, zunächst einmal alle verfügbaren Erkenntnisquellen zu nutzen, um nach
Möglichkeit zu einer eindeutigen Feststellung zu gelangen (BGH **12** 388, **21** 152, **25** 183, NJW **83**,
405 m. Anm. Kratzsch JA 83, 338, NStZ **86**, 373, KG VRS **35** 390). Daher wäre es unzulässig, im
Hinblick auf die Möglichkeit von Wahlfeststellung die weitere Aufklärung des Tatsachenstoffes zu
unterlassen (RG JW **39**, 221, BGH MDR/H **85**, 285, Willms DRiZ 69, 248; and. Zweibrücken
NJW **66**, 1828 f. bei Bagatellfällen in der RevInstanz, wenn das rechtliche Interesse an einer restlosen
Sachaufklärung so gering erscheint, daß eine Belastung mit den Kosten einer weiteren Instanz nicht
gerechtfertigt wäre; abl. Rogall KK-OWiG 32 vor § 1). In den Urteilsgründen muß dargetan sein,
weshalb eine weitere Sachaufklärung nicht möglich erschien (Hamburg NJW **55**, 920, Tröndle LK[10]
80).

2. Weiter muß feststehen, daß sich der Angeklagte durch **jede der beiden** (oder mehreren: BGH **6** **84**
84, **15** 63) in Betracht kommenden **Verhaltensweisen strafbar** gemacht hätte (BGH **12** 386, Hamm

NJW **74**, 1958). Daher muß die Möglichkeit, daß eine der Handlungsvarianten nicht bestraft werden kann – sei es mangels Tatbestandsmäßigkeit des fraglichen Verhaltens oder sei es, weil der einen der möglichen Taten ein Verfahrenshindernis entgegensteht (vgl. Braunschweig NJW **51**, 38, LR-Gollwitzer § 261 StPO RN 125 ff.) –, ausgeschlossen sein (BGH NStZ **81**, 33), ebenso wie eine dritte (oder weitere) nicht strafbare Variante (vgl. Celle NJW **88**, 1225). Dementsprechend kommt Wahlfeststellung auch dann nicht in Betracht, wenn nachträglich eines der alternativen Strafgesetze wegfällt (Bay MDR **74**, 685 [wobei jedoch in casu verkannt wird, daß das durch die falsche Anschuldigung einmal verwirklichte Unrecht von der Straffreierklärung des angeschuldigten Verhaltens unberührt blieb: dazu § 2 RN 26 f.]). Aus diesen Gründen muß sich die Sachaufklärung in Fällen der Wahlfeststellung auf zwei oder mehrere Taten erstrecken. Für die Überzeugungsbildung gelten dabei grundsätzlich die gleichen Regeln wie bei eindeutigen Fällen (BGH NJW **54**, 932, Rudolphi SK 9 nach § 55, Tröndle LK[10] 79 f.). Die Feststellung muß so eindeutig sein, daß die Möglichkeit einer Straffreiheit ausscheidet, wie etwa wegen Fehlens eines Strafantrags (vgl. München DJ **36**, 1499) oder Selbstbegünstigung (vgl. BGH MDR/H **81**, 99). Daher kann ein Verdächtiger nicht verurteilt werden, wenn er möglicherweise nur an einer der alternativ in Betracht kommenden Taten beteiligt war (BGH MDR/H **82**, 970, Tröndle LK[10] 119). Besteht bei mehreren Verdächtigen die Möglichkeit, daß einer von ihnen nicht an der Tat beteiligt war, ohne daß feststeht, wer dies ist, so sind alle freizusprechen (Oldenburg NdsRpfl. **50**, 44, Rudolphi SK 10 nach § 55; vgl. auch u. 112). Dagegen ist bei Mittäterschaft wegen der gegenseitigen Zurechnung die Feststellung, daß einer der beiden Angeklagten, wenngleich ungewiß welcher, den tödlichen Schlag geführt hat, innerhalb desselben Tatbestandes zulässig (OGH **1** 111). Bei Fahrlässigkeitstaten müssen alle denkbaren Alternativen eine Strafbarkeit ergeben (BVerfG GA **69**, 246).

85 3. Ferner ist eine **exklusive Alternativität der in Betracht kommenden Sachverhalte** in der Weise erforderlich, daß das Gericht bei gedanklicher Ausschaltung der einen Möglichkeit vom Vorliegen der anderen überzeugt ist (BGH **12** 386, **38** 85, NStZ **81**, 33, **86**, 373, NStZ-RR **99**, 106, Stuttgart NJW **96**, 2879, Rudolphi SK 9 nach § 55, Tröndle LK[10] 66; vgl. aber auch zu dieser Wahlfeststellungsvoraussetzung Frister NK 14 nach § 2 sowie 15 ff. zur beweistheoretischen Problematik, Günther aaO 50 ff., Hruschka NJW 71, 1392, Wolter, Wahlfeststellung 96 f.). Zunächst darf „exklusiv" dabei nicht so verstanden werden, als habe Wahlfeststellung auszuscheiden, wenn zusätzlich die Möglichkeit besteht, daß *beide* Sachverhalte vorliegen, zB möglich ist, daß der Angeklagte sowohl am Diebstahl beteiligt war wie auch Hehlerei begangen hat bzw. daß bei zwei sich widersprechenden Aussagen eines Zeugen beide falsch sein können. Exklusiv bedeutet vielmehr, daß weitere (straflose bzw. strafmildernde) Möglichkeiten ausscheiden (vgl. BGH MDR/H **81**, 267, DAR/S **81**, 187) und daß – iSe (ersetzbaren) Mindestvoraussetzung für den Fall beidseitiger Sachverhaltsungewißheit – die Ungewißheit, welcher von zwei Sachverhalten sich zugetragen hat, nur darauf beruht, daß eine dritte Möglichkeit nicht ausgeschlossen werden kann (daher wäre mit „erschöpfender Alternativität" das Gemeinte besser getroffen; vgl. dazu vor allem Küper Lange-FS 85 ff., Probleme 29 f.; zur Postpendenzproblematik u. 96).

86 Während die so verstandene exklusive Alternativität der *Sachverhalte* zwingende Voraussetzung für eine (echte oder unechte) Wahlfeststellung ist, ist es hingegen nicht notwendig, daß die Sachverhaltsalternativität auch zu exklusiv alternativen (oder im Ergebnis anzuwendenden) *Tatbestände* führt (vgl. o. 62). Soweit es sich jedoch um Fälle sog. (reiner) Tatsachenalternativität handelt (o. 61), bestehen hinsichtlich der materiellen Zulässigkeitsvoraussetzungen für Wahlfeststellung (u. 104 ff.) keine Probleme, weil der verwirklichte Tatbestand derselbe bleibt, welche Alternative auch immer zugrundegelegt wird. Dagegen erfordern die prozessualen Voraussetzungen – insbes. was das Problem der Tatidentität betrifft (u. 100 ff.) – auch bei der Tatsachenalternativität Beachtung. Liegen die prozessualen Voraussetzungen vor, so ist ungeachtet der terminologischen Fragen zwar *eindeutig*, aber auf mehrdeutiger Tatsachengrundlage zu verurteilen (iE hM; vgl. Rudolphi SK 16 nach § 55, Wolter, Alternative 24 ff.). **Im einzelnen** gilt danach folgendes:

87 a) Die Frage nach der materiellen Zulässigkeit einer Wahlfeststellung stellt sich jedenfalls dann, wenn die exklusiv alternativen Sachverhalte unterschiedliche *exklusiv alternative* **Tatbestände** erfüllen. Entsprechendes hat jedoch auch dort zu gelten, wo sich die Alternativität lediglich auf **verschiedene Modalitäten** oder **Qualifikationen** einer Straftat bezieht (Sax JZ 65, 747, Tröndle LK[10] 70): so wenn sich zB nicht aufklären läßt, welche der Modalitäten des § 211 (vgl. dort RN 5, 13, BGH MDR/H **92**, 632, NStZ-RR **99**, 106) bzw. des § 1 StVO (dazu Neustadt MDR **56**, 312, Hamm VRS **8** 155, Köln GA **60**, 221) vorliegt, oder wenn zweifelhaft bleibt, ob der Diebstahl nach § 244 I Nr. 1 a oder nach dessen Nr. 1 b qualifiziert ist (weit. Beisp. bei Günther aaO 273 ff., Wolter, Alternative 66 ff.). Entsprechendes gilt für die Art der Tatbeteiligung im Rahmen von Einheitstäterschaft nach § 14 OWiG (Koblenz NJW **86**, 1003; and. Bay DAR/R **83**, 255, Hamm NJW **81**, 2269, Wolter, Wahlfeststellung 33 f.; für ein normatives Stufenverhältnis von (Allein-)Täterschaft und Beteiligung iSv § 14 OWiG Rogall KK-OWiG 39 vor § 1). Zwar bewegt sich hier die Alternativität im Rahmen eines einheitlichen Straftatbestandes und kommt daher – ähnlich wie bei reiner Tatsachenalternativität – im Schuldspruch nicht zum Ausdruck. Auch werden die verschiedenen Verwirklichungsmöglichkeiten eines einheitlichen Straftatbestandes einander in den meisten Fällen gleichwertig sein, so daß die materiellrechtlichen Voraussetzungen einer Wahlfeststellung (u. 104 ff.) idR gegeben sind. Dies kann jedoch kein Grund dafür sein, die engen Zulässigkeitsvoraussetzungen der Wahlfeststellung von

vorneherein außer acht zu lassen; denn sonst kann die Verurteilung auf wahldeutiger Grundlage uU von der Zufälligkeit abhängen, ob der Gesetzgeber für verschiedene Begehungsweisen nur eine oder mehrere Bestimmungen gebildet hat (Günther aaO 273 ff.). Vgl. aber auch Rudolphi SK 27 ff. nach § 55, der danach differenzieren will, ob die verschiedenen Begehungsweisen bzw. Qualifikationen in ihrem Unrechts- oder Schuldgehalt übereinstimmen: Nur wenn dies nicht der Fall ist, stelle sich die Frage, ob die verschiedenen Qualifikationen einer Wahlfeststellung zugänglich sind. Eine derartige Differenzierung ist jedoch überflüssig: Stimmen die verschiedenen Begehungsweisen in ihrem Unrechts- und Schuldgehalt überein, so liegen die materiellen Zulässigkeitsvoraussetzungen vor. Besteht dagegen zwischen den verschiedenen Modifikationen bzw. Qualifikationen keine „rechtsethische und psychologische Vergleichbarkeit" (dazu u. 105 ff.), so kommt nur eine eindeutige Verurteilung nach dem Grundtatbestand in Betracht (zust. Rogall KK-OWiG 24 vor § 1). – Entsprechendes hat auch für eine Alternativität zwischen **Regelbeispielen** zu gelten. Auch hier kommt eine Mehrdeutigkeit der Tatsachengrundlage – ähnlich wie bei reiner Tatsachenalternativität (vgl. LR-Gollwitzer § 261 RN 137 ff.) – im Schuldspruch nicht zum Ausdruck, sondern hat, falls nicht einmal die Verurteilung wegen eines besonders schweren Falles in die Tenorierung aufgenommen wird (vgl. § 243 RN 60), lediglich Bedeutung für die Strafzumessung. Dies ist jedoch kein Hinderungsgrund, in diesen Fällen von Wahlfeststellung zu sprechen; jedenfalls beruht die Möglichkeit, von einem erhöhten Strafrahmen auszugehen, auf wahldeutiger Grundlage (vgl. Lackner § 46 RN 20, Tröndle § 46 RN 51). Deshalb sollte sie auch an die engen Zulässigkeitsvoraussetzungen der Wahlfeststellung gebunden sein (wie hier B/W-Weber 162 f, Wolter, Alternative 139 f.). Liegen diese Zulässigkeitsvoraussetzungen nicht vor, so ist eine Verurteilung zwar möglich, doch darf dabei nicht von einem besonders schweren Fall ausgegangen werden. **88**

b) Dagegen ist auf jeden Fall eine Wahlfeststellung ausgeschlossen, wenn es an der *exklusiven Alternativität der Sachverhalte fehlt* (vgl. o. 85). Dies ist inbes. dann der Fall, wenn die in Betracht kommenden Taten im Verhältnis des „mehr oder weniger" zueinander stehen. Bei einem solchen **Stufenverhältnis** ist der Täter *in dubio pro reo* auf eindeutiger Tatsachengrundlage **(eindeutig) aus dem leichteren Gesetz** zu verurteilen, so daß sich eine Wahlfeststellung erübrigt (vgl. BGH **11** 100 ff, **15** 65, **22** 156, **31** 137, Bay NJW **67**, 361, Dreher MDR **70**, 369, Otto Peters-FS 375 ff., Rudolphi SK 17 ff. nach § 55, Wolter, Wahlfeststellung 44 f.); so etwa zwischen den §§ 242 und 244 (wenn nicht festgestellt werden kann, ob der Täter eine Waffe mitgeführt hat), zwischen §§ 246 und 242 (vgl. Schleswig SchlHA/E-L **84**, 81, Tröndle 14 a; and. aber Köln GA **74**, 121 f., wohl auch BGH **25** 182 m. krit. Anm. Tröndle JR 74, 133, wo ein Stufenverhältnis zwischen §§ 246 und 249 verneint und auf mehrdeutiger Grundlage zwischen „Diebstahl oder Unterschlagung" verurteilt wird), ferner zwischen §§ 248 b und 242, zwischen §§ 223 I, 226, 22 und §§ 212, 211, 22 (vgl. BGH NJW **91**, 990: Verurteilung aufgrund von „Mindestfeststellungen"), zwischen §§ 212 und 211 (vgl. BGH MDR/H **92**, 632, Schaffstein NJW 52, 728), zwischen §§ 153 und 154 (BGH MDR/D **57**, 396), zwischen §§ 182 und 177, 178 aF (vgl. BGH **11** 100, **22** 154; krit. Löhr JuS 76, 715, Wolter, Wahlfeststellung 67 f.: allenfalls wertmäßiges Stufenverhältnis), sowie zwischen *Versuch und Vollendung* (RG **41** 352, BGH **23** 205, **35** 306, **36** 268 [vgl. aber auch u. 99], Düsseldorf NJW **76**, 579, Frister NK 49 nach § 2). Entsprechendes gilt für das Verhältnis von *Regelbeispiel und Grundtatbestand* (Tröndle 14 a) sowie zwischen *Tateinheit und Tatmehrheit* (BGH MDR/D **72**, 923, MDR/H **92**, 632; vgl. aber auch u. 95, 111); etwas anderes ist auch nicht aus BGH **10** 294 zu entnehmen, weil dort Wahlfeststellung zwischen §§ 212, 218, 52 und §§ 212, 22, 218, 53 in Frage stand (vgl. auch u. 93). Ebenfalls unzulässig ist Wahlfeststellung zwischen einem in allen Sachverhaltsgestaltungen erfüllten Tatbestand einerseits und diesem in Tateinheit oder -mehrheit mit einer nur in einer Variante hinzutretenden Tatbestand andererseits (BGH GA **84**, 373, Hamm VRS **53** 136). **89**

c) Von diesen Fällen, in denen es an der exklusiven Alternativität der *teilidentischen* Sachverhalte fehlt, sind jene Konstellationen zu unterscheiden, in denen zwar exklusiv alternative Sachverhalte gegeben sind, aber die jeweils anzuwendenden *Tatbestände* und/oder *Erscheinungsformen* der Straftat in einem Stufenverhältnis stehen. Hier erfolgt iE eine **eindeutige Verurteilung auf wahldeutiger Tatsachengrundlage** (vgl. o. 61). **90**

α) Hierher gehören nach richtiger Auffassung zunächst die sog. **normativen Stufenverhältnisse** (vgl. Wolter, Wahlfeststellung 68). Ein solches besteht insbes. zwischen **Vorsatz und Fahrlässigkeit**. Zwar ist hier kein Stufenverhältnis in dem Sinne, daß die Fahrlässigkeit im Vorsatz als ein Weniger bereits enthalten wäre. Das schließt indes die Annahme eines Stufenverhältnisses nicht aus, da dieses nicht ausschließlich als ein logisches, sondern als ein im Wege juristisch wertender Betrachtung zu ermittelndes „*normatives*" Stufenverhältnis zu begreifen ist (vgl. Rudolphi SK 20 nach § 55, ferner Dreher MDR 70, 369 f., Fuchs NJW 67, 739, Otto Peters-FS 377 f., Peters, Strafprozeß[4] (1985) 288 f., Schröder JZ 70, 423). Dafür mag genügen, daß es sich bei Vorsatz und Fahrlässigkeit um unterschiedliche Zurechnungsgrade handelt (vgl. B/W-Weber 159 f., Rudolphi SK 21 f. nach § 55; mit teils and. Begr. ebenfalls für Stufenverhältnis Wolter, Alternative 172 ff., 201, 214, ferner Jakobs GA 71, 260 f.). Eine (eindeutige) Verurteilung des Täters, den jedenfalls der Vorwurf sorgfaltspflichtwidrigen Verhaltens trifft, aus dem Fahrlässigkeitsdelikt (so iE LR-Gollwitzer § 261 RN 134, Heinitz JZ 52, 102, Blei JR 57, 126, Jescheck/Weigend 146, Rudolphi SK 20 nach § 55, Tröndle LK[10] 101, wohl auch Düsseldorf NVZ **94**, 486 f.) erfolgt hier (and. als in den o. 89 behandelten Fällen) auch nach Anwendung des Grundsatzes in dubio pro reo nur auf wahldeutiger Tatsachengrundlage. Davon **91**

92

abw. hatte BGH **4** 343 zunächst Wahlfeststellung zwischen Vorsatz- und Fahrlässigkeitsdelikt für möglich gehalten, was aber zumindest ein Abgehen vom Kriterium der psychologischen Vergleichbarkeit bedingt hätte. Inzwischen jedoch gelangt die Rspr. ebenfalls zu eindeutiger Verurteilung, wobei BGH **17** 210 dieses Ergebnis noch über die Figur des **Auffangtatbestandes** erreichen wollte, während BGH **32** 57 inzwischen ein Stufenverhältnis anerkennt (vgl. auch BGH MDR/H **82**, 103). Jene Figur ist ohnehin dogmatisch bedenklich (vgl. Blei JA 74, 383, Tröndle JR 74, 134, Wolter, Alternative 86 ff. mwN) und zudem für ihren Hauptanwendungsbereich bei § 323 a weithin entbehrlich geworden, nachdem aus dessen nF auch dann zu verurteilen ist, wenn nicht ausgeschlossen werden kann, daß der Angeklagte nur vermindert schuldfähig war (vgl. § 323 a RN 8). Ist jedoch sogar das (schuldhafte) Sichberauschen zweifelhaft, so ist – entgegen BGH **32** 57 (diff. BGH MDR/H **93**, 407) – auch über ein Stufenverhältnis nicht zu einer Verurteilung zu kommen, nachdem der Vollrauschtatbestand als abstraktes Gefährdungsdelikt ein aliud darstellt (vgl. § 323 a RN 1, 28, ferner Frister NK 58 nach § 2, Schuppner/Sippel NStZ 84, 67, Wolter, Wahlfeststellung 75 ff.; vgl. auch u. 107).

93   Auch **Begehungs- und Unterlassungsdelikte** stehen in einem derartigen normativen Stufenverhältnis (vgl. Schröder JR 64, 227, Wolter, Alternative 274): so etwa wenn der Täter § 222 entweder durch eigene Trunkenheitsfahrt oder durch Überlassen des Fahrzeugs an einen Nichtfahrberechtigten verwirklicht hat (vgl. Karlsruhe NJW 80, 1859 sowie u. 109). Ein solches Stufenverhältnis besteht ferner zwischen § **227** und §§ **211/212** sowie zwischen § 227, 212/211, 22, 52 und §§ 212/211 (BGH **35** 305, MDR/H **77**, 282, NJW **90**, 131). Demgegenüber wird bislang zwischen § **218 und** § **212** Wahlfeststellung für zulässig gehalten (vgl. BGH **10** 294, Jähnke LK § 218 RN 67, Tröndle § 218 RN 6). Das ist jedoch nicht nur wegen der fragwürdigen psychologischen Vergleichbarkeit bedenklich, sondern auch, weil selbst der erhöhte Strafrahmen des § 218 bereits da endet, wo der des § 212 beginnt. Deshalb ist zu erwägen, ob nicht auch zwischen diesen Delikten richtigerweise ein normatives Stufenverhältnis anzunehmen wäre. Dies umso eher, als ein qualitativer Unterschied zwischen dem in beiden Vorschriften geschützten Rechtsgut Leben nicht besteht (vgl. 1 vor § 211, 5 vor § 218). Wenn also nicht nachweisbar ist, ob das Kind im Mutterleib oder erst durch nachgeburtliche Einwirkung den Tod fand, ist nach in dubio pro reo eindeutig aus § 218 zu verurteilen (and. Wolter, Wahlfeststellung 65). Dementsprechend hätte in BGH **10** 294, sofern man richtigerweise davon ausgeht, daß lediglich die Alternativen §§ 212, 22, 218, 53 oder §§ 212, 218, 22, 53 bestanden (vgl. Eser III 58 f. unter Aufgeben der dort S. 61 noch vertretenen Wahlfeststellung), eine eindeutige Verurteilung nach §§ 212, 22, 218, 53 erfolgen müssen.

94   Ferner kommt zwischen **Täterschaft oder Teilnahme** ein solches Stufenverhältnis in Betracht. Zwar wurde bei Täterschaft oder *Beihilfe* ein „mehr oder weniger" von BGH **23** 203/6 verneint, weil zwischen diesen Begehungsformen ein wesensmäßiger Unterschied bestehe, der in der psychologischen Andersartigkeit der Tatbeziehung zum Ausdruck komme (vgl. auch Bay **66** 137 m. Anm. Fuchs NJW 67, 740); dennoch hat der BGH unter entsprechender Anwendung des in dubio-Grundsatzes dem nicht weiter aufklärbaren Vorgang die dem Täter günstigere Deutung gegeben und eindeutig wegen „Beihilfe als der minderschweren Teilnahmeform" verurteilt (iE ebso BGH **43** 53, NStZ-RR **97**, 297; grds. zust. Schröder JZ 70, 421: die unmittelbare Anwendung des in dubio pro reo-Grundsatzes sei auf Fälle der Spezialität beschränkt; iE ebenso Bay NJW **67**, 361, auch wenn dort Beihilfe gegenüber der Täterschaft als „Auffangstrafdrohung" bezeichnet wird). Dem ist mit der Maßgabe zuzustimmen, daß der in dubio-Grundsatz bereits unmittelbar anwendbar war und damit Wahlfeststellung ausgeschlossen ist (RG **61** 364, B/W-Weber 158, Jakobs GA 71, 264, Jescheck/Weigend 146; diff. u. iE zT and. Frister NK 60 ff. nach § 2; abl. hingegen Blei JA 76, 800, Fuchs NJW 70, 1053 u. Wolter, Alternative 91 ff., 110, 142 [and. aber dann Wolter, Wahlfeststellung 62], da die analoge Anwendung der in dubio-Regel mit der Konstruktion eines normativ-ethischen Stufenverhältnisses Wahlfeststellung bleibe und unter Verstoß gegen § 261 StPO den in dubio-Grundsatz in sein Gegenteil verkehre; ebenfalls abl. Löhr JuS 70, 715 ff., die aber – jedenfalls hinsichtlich der Tenorierung – zum gleichen Ergebnis gelangt). Auch zwischen Täterschaft und *Anstiftung* ist bei wertender Betrachtung exklusive Alternativität zu verneinen, um stattdessen eindeutig wegen Anstiftung als der minderschweren Beteiligungsform zu verurteilen (offengelassen in BGH **23** 208). Der geringere Unwertgrad zeigt sich daran, daß Anstiftung gegenüber täterschaftlicher Begehung subsidiär ist (vgl. Günther aaO 258; wie hier iE auch B/W-Weber 158, Dreher MDR 70, 370, Jescheck/Weigend 146, Rudolphi SK 20 f. nach § 55; and. BGH **1** 127, MDR/D **53**, 21, Düsseldorf NJW **76**, 579 f., Frister NK 63 nach § 2, Wolter, Alternative 91 ff. [wie hier aber in Wahlfeststellung 62]). Gleichermaßen kommt zwischen *Alleintäterschaft* und *Verbrechensverabredung* nach § 30 ein normatives Stufenverhältnis mit Verurteilung wegen letzterem in Betracht (vgl. BGH **38** 83 m. Anm. Schmoller JR 93, 247 ff.). Auch zwischen *Anstiftung oder Beihilfe* ist inzwischen nach BGH **31** 136 aufgrund Stufenverhältnisses wegen letzterer zu verurteilen (zust. Hruschka JR 83, 116, krit. Hruschka JR 83, 177). Zur Alternativität innerhalb *Einheitstäterschaft* vgl. u. 87.

95   β) Eine **Kombination** von **exklusiver Alternativität** zwischen den in Betracht kommenden Sachverhalten mit einem **Stufenverhältnis** zwischen den anzuwendenden Tatbeständen kann sich auch dann ergeben, wenn bei einer exklusiven Alternativität der möglichen Handlungen die in Frage kommenden Tatbestände in einem *begriffslogischen* Stufenverhältnis stehen. Auch in diesem Fall wird die (gleichartige) Wahlfeststellung erst durch die Anwendung des in dubio-Grundsatzes ermöglicht: so wenn zB widersprechende eidliche oder uneidliche Aussagen vorliegen: Wahlfeststellung in tatsächlicher Beziehung, aufgrund des in dubio-Grundsatzes aber nur Verurteilung aus § 153 (BGH NJW **57**, 1886, MDR/D **57**, 396, Bay NJW **65**, 2214, NJW **76**, 860 m. Anm. Küper NJW 76, 1828 f., Stree JR 76, 470), oder wenn nicht sicher feststeht, ob der Täter den Betrug mit einem voll ausgefüllten Formular begangen (§ 263) oder ein abgeschwindeltes Blankett gefälscht hat (§§ 263, 267, 52): Verurteilung nur aus § 263 (Braunschweig NdsRpfl. **58**, 22). In der jüngeren BGH-Rspr. (vgl. etwa MDR/H **80**, 628, **82**, 102, **92**, 632, NStZ **83**, 365, StV **84**, 242, **87**, 195, NStE **Nr. 5, 8** zu § 52) findet sich in derartigen Fällen sogar eine doppelte Anwendung des in dubio-Grundsatzes, bevor der Angeklagte auf wahldeutiger Tatsachengrundlage verurteilt wird. So soll etwa dann, wenn nicht feststeht, ob der Angeklagte einen Raub oder eine Körperverletzung in Tatmehrheit mit einem Diebstahl begangen hat, nach §§ 242, 223, *52* zu verurteilen sein (vgl. BGH StV **84**, 242 sowie § 52 RN 48). Dabei ist allerdings die Tendenz zu beobachten, daß der BGH, wenn das Instanzgericht in einem derartigen Fall wegen mehrerer Taten verurteilt hat, trotz Änderung des Schuldspruchs den Strafausspruch hält (vgl. NStE Nr. **5, 8** zu § 52). Nach dieser Rspr. hätte in BGH **10** 294 statt der dort ausgesprochenen Wahlfeststellung zwischen §§ 212, 218, 52 und §§ 212, 22, 218, *53* eine eindeutige Verurteilung nach §§ 212, 22, 218, *52* erfolgen müssen (zutr. Wolter, Wahlfeststellung 73; vgl. aber auch o. 93). Zum Ganzen auch Wolter, Alternative 38 ff.

d) Dagegen ist im Falle sog. **Postpendenzfeststellungen** (vgl. o. 63; zum Begriff Hruschka JZ 70, 641, NJW 71, 1392, Küper Lange-FS 65, 68 ff., Otto Peters-FS 374, Wolter, Wahlfeststellung 38; eingeh. Joerden aaO, insbes. 120 ff.) wiederum bereits das Erfordernis der exklusiven Alternativität der *Sachverhalte* – und damit das Vorliegen einer Wahlfeststellungssituation überhaupt (vgl. o. 85) – problematisch. Dabei geht es um die Frage, ob und inwieweit Wahlfeststellung auch dann in Betracht kommt, wenn die *tatbestandliche Alternativität* nicht von einer beidseitigen Sachverhaltsungewißheit herrührt, sondern von daher, daß die rechtliche Bewertung eines in tatsächlicher Hinsicht feststehenden Verhaltens von der (nicht möglichen) Klärung eines zeitlich früher liegenden Verhaltens abhängt. Wenn man das Erfordernis exklusiver Alternativität der Sachverhalte jedoch lediglich als Mindestvoraussetzung für den Fall beidseitiger Sachverhaltsungewißheit begreift, kommt auch in Postpendenzfällen, in denen der Nachtatsachverhalt ja sicher feststeht, der Vortatsachverhalt dagegen *unabhängig vom Nachtatsachverhalt ungewiß* bleibt, eine Wahlfeststellung grundsätzlich in Betracht (vgl. o. 85 sowie Küper Lange-FS 85 ff., Probleme 29 f.). Den nachfolgenden Grundsätzen entsprechend sind auch die umgekehrten Fälle der sog. **Präpendenz** – wenngleich selbstverständlich mit etwaiger Verurteilung aus der „Vortat" – zu behandeln (vgl. dazu auch Bauer Wistra 90, 220 ff., Joerden aaO 122 ff., Schmoller JR 93, 247).

Beispiele: Der Angeklagte hilft einem Betrüger, die Betrugsbeute abzusetzen (an sich § 259 erfüllt), wobei nicht geklärt werden kann, inwieweit er schon als Mittäter am Betrug beteiligt war (vgl. Hamm JMBlNW **67**, 138, BGH NJW **74**, 804, ähnl. NJW **89**, 1867); der Angeklagte hilft einem Dieb beim Weitertransport des Diebesgutes (an sich nach § 257 strafbar), wobei aber nicht geklärt werden kann, ob er bereits am Diebstahl beteiligt war (vgl. BGH **23** 360); die zur Verwirklichung einer Unterschlagung notwendige Zueignungshandlung steht in tatsächlicher Hinsicht fest, doch kann nicht ausgeschlossen werden, daß der Angeklagte die Sache bereits durch einen vorausgegangenen Betrug erlangt hat (vgl. Hamm NJW **74**, 1957, Saarbrücken NJW **76**, 65).

Teilweise wird bei solchen Postpendenzfeststellungen das Vorliegen einer „echten" Wahlfeststellung (o. 62) deshalb verneint, weil die vorrangige Möglichkeit einer Verurteilung wegen eines in tatsächlicher Hinsicht feststehenden Verhaltens (§§ 246, 257, 259 bzw. 261) bestehe (so BGH **35** 86, 89 (i. Anschl. an Hruschka JZ 70, 637, 640 f.), NJW **89**, 1868, NStZ **89**, 574, **95**, 500 m. Anm. Körner wistra 95, 312, ferner Hamburg MDR **94**, 712, B/W-Weber 164, Rudolphi SK 25 f. nach § 55, wobei eine Ausnahme lediglich veranlaßt sei, wenn eine Strafbarkeit wegen Begünstigung bzw. Hehlerei deshalb zweifelhaft bleibt, weil der Angeklagte möglicherweise Alleintäter ist; noch and. Wolter GA 74, 164 ff., Wahlfeststellung 38 ff., wonach eine postpendenziale Verurteilung nur dann möglich sei, wenn eine Wahlfeststellung mangels Gleichwertigkeit der Delikte im Einzelfall ausscheidet; krit. gegenüber diesen Auff. Günther JZ 76, 666, Küper, Probleme 28 ff., Tröndle LK[10] 67). Demgegenüber ist jedoch danach zu **differenzieren,** ob das – nicht feststehende – zeitlich früher liegende Verhalten für die rechtliche Beurteilung des späterliegenden Verhaltens „tatbestandsrelevant" oder nur „konkurrenzrelevant" ist (für eine derartige Unterscheidung bereits Hamm NJW **74**, 1957 f., Schröder JZ 71, 141 f.; vgl. ferner Blei JA 71, 648 f., Eschenbach Jura 94, 306, Günther JZ 76, 665 f., Küper Lange-FS 73 ff., i. Grds. auch Hruschka JZ 70, 640 u. Wolter GA 74, 161 ff., die aber dieser Unterscheidung iE kaum Bedeutung zumessen; grds abl. B/W-Weber 164): α) Ist das zeitlich früher liegende Verhalten nur **konkurrenzrelevant,** so fehlt es an einer exklusiven Alternativität der *Tatbestände.* Demzufolge ist statt Wahlfeststellung *eindeutig* aufgrund des in tatsächlicher Hinsicht feststehenden späteren Verhaltens zu verurteilen, und zwar deshalb, weil eine (aus Konkurrenzgründen) straflose Nachtat regelmäßig dann voll strafbar ist, wenn der Täter wegen der Haupttat mangels Beweises nicht verurteilt werden kann (allg. Auff.; vgl. etwa Hamm NJW **74**, 1957 f., ferner BGH **39** 166 f., Küper Lange-FS 75 mwN; daher iE zutr. Hamburg MDR **94**, 712 für den Fall der Untreue an möglicherweise zu diesem Zwecke betrügerisch erlangtem Geld; zur Konkurrenzrelevanz vgl. § 266 RN 54). β) Ist das zeitlich früherliegende Verhalten hingegen **tatbestandsrelevant,** so kommt – vorbehaltlich der weiteren Zulässigkeitsvoraussetzungen – nur eine alternative Verurteilung auf *wahldeutiger Grundlage* in

98 a Betracht. Der weiteren (sonst durchaus beachtenswerten) Differenzierung von Küper Lange-FS 79 ff. danach, ob die tatbestandliche Einschränkung ihrerseits nur konkurrenzregulierend ist, dürften Praktikabilitäts- und Einfachheitserwägungen entgegenstehen (dagegen Küper, Probleme 50 f., dessen nachfolg. Auseinandersetzung mit den Auff. von Joerden und Schmoller über den konkurrenzregulierenden Charakter einzelner Merkmale des § 259 [aaO 52 ff.] die hier entstehenden Probleme aber sehr deutlich werden lassen). Dennoch hat BGH **35** 86 im Anschluß an Küper eine eindeutige Verurteilung wegen Hehlerei zugelassen, wenn zweifelhaft bleibt, ob der Angeklagte an einer schweren räuberischen Erpressung als Mittäter beteiligt war, jedoch feststeht, daß er seinen Beuteanteil – in Kenntnis der Vortat – erst vom Täter der schweren räuberischen Erpressung erhalten hat (vgl. Anm. von Joerden JZ 88, 847, Wolter NStZ 88, 446 sowie eingeh. Küper aaO; zust. iE auch Richter Jura 94, 132 ff. unter Heranziehung des Rechtsgedankens der mitbestraften Nachtat). Nach der hier vertretenen Auffassung kommt in diesem Fall dagegen – wenn unter problematischer Vergleichbarkeit mit einem auch freiheitsbeeinträchtigenden Vermögensdelikt überhaupt (vgl. u. 108) – allenfalls eine Wahlfeststellung zwischen einfacher (Sach-)Erpressung und Hehlerei in Betracht. Speziell für ein Postpendenzverhältnis von *Betrug und Unterschlagung* (o. 97) ergibt die Differenzierung zwischen tatbestands- und konkurrenzrelevanter Postpendenz folgendes: Akzeptiert man den Ausgangspunkt von BGH **14** 38 ff. (dazu § 246 RN 19, 33), so ist eine (möglicherweise) vorausgegangene deliktische Zueignung für eine weitere Betätigung des Herrschaftswillens, die „an sich" die Voraussetzungen des § 246 erfüllt, grds. tatbestandsrelevant und daher wahlfeststellungsfähig (so auch Hamm NJW **74**, 1957 f.). Tatbestandsrelevant sind regelmäßig ferner: eine mögliche Vortat-Mittäterschaft für § 259 (vgl. BGH NJW **74**, 804 f. unter Bezugnahme auf BGH **7** 134, wonach die wesentlichen Elemente des Hehlereitatbestandes mit einer täterschaftlichen Vortatbeteiligung logisch-begrifflich unvereinbar sind; and. inzwischen BGH **35** 86, NJW **89**, 1868, NStZ **89**, 574) sowie eine (mögliche) Vortatbeteiligung für § 257 (arg. § 257 III 1; vgl. Blei JA 71, 649, Schröder JZ 71, 141 f.; iE ebenso BGH **23** 360, NJW **89**, 1490; iE and. Richter Jura 94, 133) und § 258 (arg. § 258 V, vgl. BGH **30** 77, BGH MDR/H **81**, 99 sowie MDR **89**, 111 in Abgrenzung von BGH **35** 86; zust. Richter aaO 133 f.). Dasselbe muß für eine mögliche Vortatbeteiligung bei § 261 I 1 gelten (arg. § 261 IX Nr. 2; and. wohl Kreß wistra 98, 125). In all diesen Fällen besteht eine exklusive Alternativität der Tatbestände, so daß für eine Verurteilung die materiellen Voraussetzungen für eine Wahlfeststellung erfüllt sein müssen.

98 b Den Sonderfall einer **Kombination** eines **Stufenverhältnisses** zwischen Täterschaft und *Beihilfe* (vgl. o. 94) mit **Postpendenz** bei Tatbestandsrelevanz der unsicheren Vortat (vgl. o. 98 a) hatte BGH MDR/H **91**, 482 zu entscheiden. Nach den tatrichterlichen Feststellungen war nur gesichert, daß der Angeklagte die in seiner Wohnung vorgefundene Diebesbeute sich ebenfalls zueignete, nicht aber, ob er bereits bei seiner objektiven Mitwirkung an dem vom Mitangeklagten begangenen Diebstahl selbst schon Zueignungsabsicht hatte. Während auf der Basis von BGH **35** 86/90 unter Heranziehung der Grundsätze von BGH **23** 203/6 (vgl. o. 94) wohl auch in diesem Fall eindeutig wegen §§ 259 und 242, 27 (§§ 52 oder 53, vgl. BGH **13** 403) zu verurteilen wäre, wendet der BGH im vorgen. Fall den Zweifelsgrundsatz zweifach an und gelangt unter Ausschluß von § 259 wegen möglicher Mittäterschaft an der Vortat allein zur Verurteilung aus §§ 242, 27. Nach der hier vertretenen Auffassung (o. 98 a) wäre demgegenüber eine (echte) Wahlfeststellung zwischen §§ 242, 25 II einerseits und §§ 259; 242, 27 (im Zweifel iVm § 52; vgl. o. 95 zu BGH StV **84**, 242 und § 52 RN 48) andererseits (wogegen materiell keine Bedenken bestehen, vgl. u. 110) der richtige Weg gewesen; denn dadurch, daß zur Nachtat im Zweifel angenommene Beihilfehandlung zur Vortat hinzutritt, kann sich an der *exklusiven Alternativität* zwischen Hehlerei und Mittäterschaft an der Vortat nichts ändern. Auch erfaßt auf diesem Hintergrund eine bloße Verurteilung wegen Beihilfe zum Diebstahl schon wegen der zwingenden Strafmilderung nach § 27 II 2 nicht den vollen Unrechtsgehalt des Tatgeschehens. Der Täter, dem bei möglicher Mittäterschaft an der Vortat zumindest Beihilfe dazu nachgewiesen werden kann, wird also nach der Lösung von BGH MDR/H **91**, 482 ohne sachlichen Grund gegenüber demjenigen privilegiert, bei dem ceteris paribus ein Beihilfenachweis entfällt. Ein solches Ergebnis könnten allenfalls wiederum in dubio pro reo die – freilich weder vom BGH noch von der hL geteilten – Erwägungen bei § 259 RN 55 f. rechtfertigen.

99 e) Besteht die Möglichkeit einer **eindeutigen Bestrafung,** sei es auf eindeutiger Tatsachengrundlage wie bei den begriffslogischen Stufenverhältnissen (o. 89) und den konkurrenzrelevanten Postpendenzverhältnissen (o. 98 zu α) oder sei es auf wahldeutiger Tatsachengrundlage wie bei den normativen Stufenverhältnissen (o. 90 ff.), so ist diese **vorrangig** und demzufolge für (echte) Wahlfeststellung kein Raum (vgl. auch Rogall KK-OWiG 36 vor § 1; and. Wolter, Wahlfeststellung 90 ff.). Die Möglichkeit einer eindeutigen Verurteilung auf wahldeutiger Tatsachengrundlage besteht aber dann, wenn der innerhalb zweier Tatmöglichkeiten feststehende Tatteil eine strafrechtliche Verantwortlichkeit ergibt (so auch Nowakowski JurBl 58, 382). Hat daher der Angeklagte von zwei Schüssen nur einen mit Tötungsvorsatz abgegeben, ohne daß jedoch festgestellt werden könnte, welcher von beiden tödlich war, so ist für Wahlfeststellung kein Raum, weil jedenfalls – welche Alternative auch unterstellt wird – versuchter vorsätzlicher Totschlag und fahrlässige Tötung vorliegen. Daher ist hier eindeutig wegen Totschlagsversuchs in Tateinheit mit fahrlässiger Tötung zu verurteilen (so zutr. Frister NK 53 f. nach § 2, Gribbohm LK 126, Wolter, Alternative 221 ff.; and. Peters GA 58, 97 ff. für eindeutige Verurteilung wegen vollendeter Tötung). Die abw. von Schröder (vgl. 18. A. RN 85) und iE auch von BGH NJW **57**, 1643 vorgeschlagene eindeutige Verurteilung allein wegen Totschlagsversuchs vernachlässigt ohne Grund den jedenfalls fahrlässig verursachten Todeserfolg, der – bei normativer Betrachtung (vgl. o. 91) – in einem Stufenverhältnis zum vorsätzlich verursachten Todeserfolg steht und insofern in beiden Alternativen enthalten ist (vgl. Wolter MDR 81, 441 gegen BGH MDR/ H **79**, 279 [zust. aber Hruschka JuS 82, 322 ff., dagegen wiederum Wolter StV 86, 318]; wie hier für den Fall, daß beide Handlungen in Tateinheit stehen, inzw. aber BGH **35** 305; vgl. auch schon BGH NStZ **84**, 214, StV **86**, 200). Erst recht ist eine Berücksichtigung des Todeserfolgs dann möglich, wenn feststeht, daß beide Schüsse vom Täter vorsätzlich abgegeben wurden und nur nicht festgestellt werden kann, welcher Schuß den Todeserfolg verursacht hat. Auch hier handelt es sich um den Fall einer reinen Tatsachenalternativität (o. 61), die eine eindeutige Verurteilung wegen Totschlags in Tatmehrheit mit versuchtem Totschlag erlaubt, wobei letzterer allenfalls auf Konkurrenzebene als mitbestrafte Vor- bzw. Nachtat zurücktritt (so iE auch Frister NK 55 nach § 2, Hruschka JuS 82, 322; hins. des Versuchs abw. BGH **36** 268 f. m. krit. Anm. Prittwitz/Scholderer NStZ 90, 387, Rudolphi JZ **90**, 199, da – mit Verweis auf BGH NJW **57**, 1643 – die Verurteilung wegen Vollendung auf wahldeutiger Tatsachenfeststellung beide Geschehnisse „verbrauche", wie in BGH NStZ **94**, 339 für das Verhältnis zwischen § 227 und § 224 [vgl. o. 61] ausdrückl. bestätigt).

4. Prozessual ist strittig, ob und inwieweit **Tatidentität iSd §§ 155, 264 StPO** für Wahlfeststellung erforderlich ist. Dies ist insbes. bei zeitlich weit auseinanderliegenden Vorgängen bedeutsam, wie etwa bei sich widersprechenden Aussagen eines Zeugen in verschiedenen Gerichtsinstanzen (vgl. Bay NJW **65**, 2211, wo zwischen den Aussagen 1½ Jahre lagen), aber auch für den klassischen Wahlfeststellungsfall zwischen Diebstahl und Hehlerei; denn auch hier liegen die alternativen Handlungen notwendig zeitlich und oft auch räumlich auseinander, so daß, selbst wenn man die Grenzen eines historischen Vorgangs weit ausdehnt (vgl. RG **72** 340, BGH **23** 141), das Erfordernis der Tatidentität oft nicht mehr gewahrt sein wird.

a) Nach der strengsten Auffassung ist Wahlfeststellung auf solche Fälle zu beschränken, in denen sich die in Betracht kommenden Handlungen als **einheitliche Tat** iSv § 264 I StPO darstellen (so O. H. Schmitt NJW 57, 1886, offenbar auch BGH NStZ **81**, 33 [vgl. aber inzw. BGH **32** 146, u. 103]; vgl. ferner H. Mayer JW 34, 300, Koffka JR 65, 430; mwN Wolter, Alternative 34). Ist das nicht der Fall, so soll eine Wahlfeststellung unabhängig davon unzulässig sein, ob die mehreren Taten infolge wahldeutiger Anklage sogleich oder erst aufgrund nachträglicher Einbeziehung der Alternativat in das Verfahren zum Prozeßgegenstand gemacht werden (Sax JZ 65, 749). Diese Auffassung erweist sich aber selbst dann als zu eng, wenn man einen weiteren prozessualen Tatbegriff genügen ließe, unter den Alternativaten bereits dann fallen würden, wenn sie in engem zeitlichen und räumlichen Zusammenhang stehen. Denn auch danach muß eine Wahlfeststellung in vielen Fällen scheitern, in denen sie aus Gerechtigkeitsgründen geboten erscheint (vgl. Rudolphi SK 12 nach § 55, Wolter, Alternative 34 mwN).

b) Andererseits würde es zu weit gehen, bei **fehlender Tatidentität** (ohne Nachtragsanklage) eine Verurteilung auf wahldeutiger Grundlage selbst dann zuzulassen, wenn nur wegen einer von zwei alternativ in Betracht kommenden Taten angeklagt wurde (so Bay NJW **65**, 2211). Dies glaubt man damit begründen zu können, daß § 264 StPO nicht den Fall erfasse, daß das Gericht einen weiteren Handlungsvorgang deswegen einbezieht, weil er mit dem ihm durch die Anklage unterbreiteten Sachverhalt in einem Zusammenhang steht, der die einheitliche Aburteilung notwendig mache. Diese Argumentation enthält jedoch nicht nur einen Zirkelschluß, sondern führt auch zu einer unangemessenen Ausweitung des prozessualen Tatbegriffs und damit zu einer Aushöhlung des Akkusationsprinzips. Daher kann ihr selbst dann nicht gefolgt werden, wenn nur auf diese Weise ungerechte Freisprüche völlig zu vermeiden wären (ebso inzw. auch BGH **32** 146; ferner krit. Fuchs NJW 66, 1110 f., Koffka JR 65, 428, Rudolphi SK 13 nach § 55, Sax JZ 65, 745 ff., Stein JR 80, 448, Tröndle LK[10] 79).

c) Eine Lockerung des Tatidentitätserfordernisses iSv § 264 StPO ist daher nur insoweit vertretbar, als sie prozessual abgesichert bleibt und zu keiner Aushöhlung des Akkusationsprinzips führen kann. Das bedeutet, daß entweder **beide** für eine Verurteilung heranzuziehenden **Alternativen zur Anklage** gebracht werden bzw. vom Eröffnungsbeschluß erfaßt sein müssen oder daß Nachtragsanklage nach § 266 StPO zu erheben ist (BGH **32** 151 m. zust. Bspr. Schröder NJW 85, 780, Celle NJW **88**, 1225 m. zust. Anm. Kröpil 1188, Düsseldorf NStZ-RR **99**, 304, vgl. ferner BGH NJW **55**, 1240, **57**, 1887, **89**, 1867, Hamm GA **74**, 84, Gribbohm LK 134 f., Jakobs GA 71, 266, Rudolphi SK 14 nach § 55, zu Einzelheiten ferner Wolter, Alternative 35 ff., Wahlfeststellung 132 ff.). Freilich ist nicht zu verkennen, daß dieser Weg zu ungerecht erscheinenden Freisprüchen führen kann, und zwar selbst dann, wenn man eine Nachtragsanklage auch in der Berufungsinstanz noch für möglich hält (vgl. KK-Engelhardt § 266 RN 5, aber auch K/Meyer-Goßner § 266 RN 10, Stein JR 80, 448 f.; ausführl. zu prozessualen Problemen in Berufungs- u. Revisionsinstanz Beulke/Fahl Jura 98, 267 ff.); denn verweigert der Angeklagte seine für die Nachtragsanklage notwendige Zustimmung – und dies wird er tun, wenn seine Verurteilung davon abhängt –, so bleibt nur die Möglichkeit einer Aussetzung der Hauptverhandlung, um der StA Gelegenheit zu einer neuen selbständigen Anklage zu geben und dieses neue Verfahren mit den bereits anhängigen nach §§ 2, 4, 13 StPO zu verbinden (vgl. Beulke/Fahl Jura 98, 266, Frister NK 121 nach § 2, aber auch Montenbruck GA 88, 541). Das ist aber nicht in allen Fällen möglich (vgl. etwa BGH **4** 152, **18** 130), in denen eine Verurteilung aus Gerechtigkeitsgründen geboten erscheint. In diesen Fällen ist es auch nicht möglich, das gesamte Verfahren nach § 260 III StPO durch Urteil einzustellen, um so den Weg für eine wahldeutige Anklage freizumachen (so aber Celle NJW **88**, 1226; wie hier Frister NK 122 nach § 2); denn das Verfahrenshindernis der fehlenden Anklage besteht nur hins. der nicht angeklagten Alternative, so daß das Verfahren nur *insoweit* eingestellt werden kann (vgl. auch BGH NStZ **81**, 299, worauf sich Celle aaO beruft), während hins. der angeklagten Alternative *freizusprechen* ist. Doch solche Einbußen an Einzelfallgerechtigkeit müssen gegenüber unverhältnismäßigen Rechtssicherheitsrisiken zurücktreten.

103 a d) Derartige Rechtssicherheitsrisiken sprechen auch gegen die Ansicht, daß die **Wahlfeststellung** ihre Alternativen stets **zu einer prozessualen Tat verbinde** (so Schlüchter JR 89, 50 ff.; ähnl. Bauer wistra 90, 221 für Postpendenzfeststellungen; vgl. auch schon Celle NJW **68**, 2390, **79**, 228 [and. aber NJW **88**, 1225]; Schöneborn MDR **74**, 529). Denn diese Auffassung steht nicht nur in einem ausdrücklichen Gegensatz zum faktischen prozessualen Tatbegriff der hM (abl. deshalb etwa BGH **32** 148 f., LR-Gollwitzer § 264 RN 9), sondern ist auch als Versuch einer Normativierung desselben abzulehnen, zumal sie zur Folge hätte, daß in Wahlfeststellungsfällen, in denen nicht schon die Anklageschrift eine wahldeutige Verurteilung anstrebte, der Prozeßgegenstand nicht mehr durch die Anklageschrift, sondern durch das Ergebnis der Beweisaufnahme bestimmt würde. Das aber ist weder mit dem Gesetz (§ 155 StPO) noch mit dem Rechtsstaatsprinzip vereinbar.

III. Materielle Wahlfeststellungskriterien: Vergleichbarkeit

104 Über die vorangehenden *tatsächlich-prozessualen* Vorbedingungen hinaus müssen für den Fall einer echten Wahlfeststellung auch noch bestimmte *materielle* Bedingungen erfüllt sein. Dies betrifft jedoch nur die auch als „ungleichartige" Wahlfeststellung bezeichnete *„Alternativität von Tatbeständen"* (o. 62) sowie die *tatbestandsrelevanten Postpendenzverhältnisse* (o. 98 zu β), da überhaupt nur in solchen Fällen die Vergleichbarkeit verschiedener Tatbestände in Frage stehen kann. Dagegen ist bei „reiner Tatsachenalternativität", da ohnehin auf den gleichen Tatbestand bezogen (vgl. o. 61), eine wahldeutige Verurteilung schon aufgrund der tatsächlich-prozessualen Voraussetzungen zulässig (vgl. u. 109 zu Karlsruhe NJW **80**, 1859), während sich die Fälle „konkurrenzrelevanter" Postpendenzfeststellungen bereits durch eindeutige Verurteilung erledigen lassen (o. 98 zu α).

105 Damit bei einer aus Gerechtigkeitsgründen geboten erscheinenden Verurteilung auf wahldeutiger Grundlage der Angeklagte vor ungerechtfertigten und überzogenen Vorwürfen geschützt und dem Rechtssicherheitsbedürfnis in größtmöglichem Umfang Rechnung getragen wird (vgl. o. 68), ist die Wahlfeststellung auf Tatbestände zu beschränken, die sowohl nach ihrem Unrechts- und Schuldgehalt als auch nach ihrem Stigmatisierungseffekt eine hinreichende Vergleichbarkeit miteinander aufweisen. Von allen Abgrenzungsversuchen, die dazu bereits unternommen wurden (vgl. die Übersicht o.

106 70 ff.), vermag das Erfordernis **rechtsethischer und psychologischer Vergleichbarkeit** bei entsprechender *Präzisierung* noch am ehesten zu überzeugen. Denn ganz abgesehen davon, daß in der Rspr. keine Anzeichen für ein Abrücken von dieser Formel in Sicht sind (vgl. etwa BGH **25** 184, **30** 78 m. Anm. Günther JR 82, 81 sowie o. 80), ist dieses Kriterium keineswegs so unbrauchbar, wie dies teilweise behauptet wird, jedenfalls aber nicht unbrauchbarer als die an seiner Stelle vorgeschlagenen Kriterien (vgl. o. 73 ff., 80 f.). So kommt zum einen darin zum Ausdruck, daß die in Verhältnis exklusiver Alternativität zueinander stehenden Straftatbestände in bestimmter Weise *vergleichbar* bzw. *gleichwertig* sein müssen. Zum anderen enthält es die Aussage, daß die *Ähnlichkeit der alternativ verletzten Rechtsgüter* zwar eine notwendige, aber keine hinreichende Voraussetzung für Vergleichbarkeit ist (insoweit abw. die Lehre von der „Identität des Unrechtskerns", die sich zT mit einer Vergleichbarkeit der verletzten Rechtsgüter begnügt; vgl. o. 79); dh, daß die Vergleichbarkeit sich auf den *tat- und täterbezogenen Handlungsunwert* erstrecken muß (grds. zust. Wolter, Wahlfeststellung 115 f., 117 ff.; eine weitergeh. Einengung erhofft sich Schmoller aaO 60 ff., 115 f. davon, daß die Alternativen aufgrund desselben sozialen Sinngehalts „rechtlich völlig gleichwertig" sein müssen). **Im einzelnen** setzt die rechtsethische und psychologische Vergleichbarkeit der alternativen Tatbestände folgendes voraus:

107 1. Die **rechtsethische Vergleichbarkeit** erfordert zunächst, daß – iSe Mindestvoraussetzung – die in Betracht kommenden Verhaltensweisen zumindest *ähnliche Rechtsgüter* verletzt haben (BGH **30** 78). Insofern ist der Lehre von der „Identität des Unrechtskerns" (o. 78) zuzustimmen (ebenso Saarbrücken NJW **76**, 67). Eine solche Ähnlichkeit besteht grundsätzlich zwischen Eigentum und Vermögen (vgl. Hamm NJW **74**, 1958 f., ferner Saarbrücken aaO hinsichtl. der Alternative Unterschlagung oder *Sachbetrug*, hingegen nach BGH NStZ **85**, 123 offenbar nicht, wenn dem Vermögen Eigentum *und* Gewahrsam gegenüberstehen). Soweit dennoch Wahlfeststellung zwischen Diebstahl und Betrug (Karlsruhe Justiz **73**, 57, vgl. aber auch die erhebl. Modifikation in NJW **76**, 902 ff.: dazu u. 109) bzw. Betrugsbeihilfe (BGH NStZ **85**, 123) abgelehnt wird, wird dadurch lediglich bestätigt, daß die Verletzung ähnlicher Rechtsgüter lediglich eine *Mindestvoraussetzung* darstellt, die zwar geeignet ist, (negativ) Fälle unzulässiger Wahlfeststellung auszusondern, die aber für sich allein noch nichts Abschließendes über die materielle Zulässigkeit besagt. Zu verneinen ist die Vergleichbarkeit jedenfalls zwischen Vermögen und ungeborenem Leben (BGH MDR/D **58**, 739), zwischen der Sicherheit des Straßenverkehrs und der staatlichen Vollstreckungstätigkeit (Hamm VRS **20** 347 f.) sowie zwischen Vollrauschtatbestand und Rauschdelikt (BGH **9** 392, **32** 48/50, Tröndle Jescheck-FS I 684 ff.; vgl. aber auch o. 92).

An der Vergleichbarkeit der Rechtsgüter kann es insbes. auch dort **fehlen,** wo bei der einen **108** Alternative neben vergleichbaren Rechtsgütern zusätzlich *nichtvergleichbare* mitverletzt werden: so zB bei der Alternative von schwerem Raub und Hehlerei (vgl. BGH **21** 152), aber auch bei der Alternative von Diebstahl und gewerbsmäßiger Hehlerei. Dies ist idR auch dann der Fall, wenn nicht der Grundtypus eines Delikts, sondern eine tatbestandliche Abwandlung zur Alternative stünde. Zwar hat die Rspr. teilweise auch insoweit Wahlfeststellung zugelassen (vgl. BGH **13** 65, **16** 184 zu §§ 243 aF und 259, BGH **11** 26 zu §§ 242 und 260 aF; gegen Wahlfeststellung zwischen §§ 249, 250 aF und § 259 aber BGH **21** 152). Dem kann nicht gefolgt werden, wenn die tatbestandliche Abwandlung zu einer Veränderung des Deliktscharakters führt (Verbrechen statt Vergehen) und damit die rechtsethische Vergleichbarkeit entfällt (insoweit and. Wolter, Wahlfeststellung 123). Das bedeutet nicht, daß in diesen Fällen Freispruch erfolgen müßte (diese Konsequenz ist auch nicht aus BGH **21** 152 zu entnehmen); vielmehr ist die nichtwahlfeststellungsfähige (dh die *nicht vergleichbare*) Komponente gemäß in dubio pro reo zu *eliminieren*. Statt Raub oder Hehlerei stehen sich dann etwa Diebstahl oder Hehlerei (BGH MDR/H **86**, 793), statt Raub oder Unterschlagung Diebstahl oder Unterschlagung gegenüber (vgl. BGH **25** 182, wobei allerdings − insoweit entgegen BGH − keine Wahlfeststellung zwischen Diebstahl und Unterschlagung, sondern wegen des Stufenverhältnisses eine eindeutige Verurteilung wegen Unterschlagung zu treffen gewesen wäre (vgl. o. 89, ferner Rudolphi SK 44 nach § 55, Schulz JuS 74, 635, Wolter, Alternative 75 ff., 119 f.; and. dagegen etwa Deubner JuS 62, 22, weil die dubio-Regel in ihr Gegenteil verkehrt werde, wenn man damit erst eine Voraussetzung für eine zulässige Wahlfeststellung schaffe; krit. gegenüber der „Eliminierungsmethode" auch Günther JZ 76, 667 f., Blei JA 76, 799 f.). Im Verhältnis von §§ 255, 253 und § 259 hingegen würde einer Reduktion auf § 253 noch dessen freiheitsverletzende Komponente einer Vergleichbarkeit mit § 259 entgegenstehen (so wohl inzident auch BGH **35** 89 m. Anm. Joerden JZ 88, 849).

2. Im Zusammenhang mit der **psychologischen Vergleichbarkeit** bedeutet die *rechtsethische* Ver- **109** gleichbarkeit ferner, daß sowohl die äußeren Modalitäten des Verhaltens (Art und Weise der Beeinträchtigung) wie auch die in der Person des Täters liegenden Umstände (täterbezogener Unwert bzw. subjektive Unrechtselemente iwS) vergleichbar sind. Das entspricht bis zu einem gewissen Grad der Forderung, bei einem Vergleich der alternativ in Betracht kommenden Delikte auch deren *Handlungsunwerte* mit heranzuziehen (vgl. etwa Fleck GA 66, 336, Jescheck/Weigend 150, Rudolphi SK 41 nach § 55, Wolter, Alternative 106 ff.). Da damit jedoch lediglich auf die Bedeutung auch der subjektiven Unrechts- und Schuldelemente verwiesen sein soll (Karlsruhe NJW **76**, 903), sind insoweit an die psychologische Vergleichbarkeit keine allzu strengen Forderungen zu stellen (vgl. etwa Saarbrücken NJW **76**, 68). Auch mit diesem Kriterium läßt sich zunächst eher *negativ* sagen, in welchen Fällen Wahlfeststellung *nicht* in Betracht kommt: An einer psychologischen Vergleichbarkeit bzw. an einer Ähnlichkeit der Handlungsunwerte fehlt es etwa zwischen eigener Vorsatz- und Fahrlässigkeitsdelikt (unrichtig daher BGH **4** 340 ff.) bzw. zwischen eigener Täterschaft (§ 316) und der Gestattung fremder Täterschaft (§ 21 I Nr. 2 StVG durch Überlassen des Fahrzeugs an einen Nichtfahrberechtigten; demgegenüber wird von AG St. Wendel DAR **80**, 53 − mit an sich zutreff., aber unvollständigen Feststellungen − ledigl. die rechtsethische Vergleichbarkeit dargetan; and. Hamm NJW **82**, 192 m. Anm. Schulz NJW 83, 265, Wolter, Wahlfeststellung 75). Dagegen geht es in dem scheinbar gleichgelagerten Fall von Karlsruhe NJW **80**, 1859 nicht um eine Tatbestands-, sondern lediglich um eine Tatsachenalternativität hinsichtlich der gleichermaßen zu § 222 führenden Pflichtwidrigkeit, so daß wahldeutige Verurteilung unbedenklich ist (vgl. o. 104), sofern nicht ein Stufenverhältnis anzunehmen wäre (vgl. o. 93). Problematisch ist hingegen, und zwar insbes. im Bereich der Eigentums- und Vermögensdelikte, wann die Handlungsunwerte *positiv* vergleichbar sind: Statt mit generalisierenden Formeln dürfte sich dies idR jeweils nur hinsichtlich bestimmter Tatbestandspaare entscheiden lassen, wobei auch hier der Frage, ob eine Verurteilung eine nicht zu rechtfertigende Verrufswirkung haben kann (vgl. o. 105), maßgebliche Bedeutung zukommt. *Bezugspunkt des Vergleichs* müssen dabei nicht notwendig die abstrakten Delikttypen als Ganzes sein. Vielmehr ist eine Wahlfeststellung bereits dann zulässig, wenn bei bestimmten Untergruppen eines abstrakten Delikttypus, sofern sie ihrerseits Typen darstellen, Vergleichbarkeit besteht (iglS Wolter, Wahlfeststellung 115 f., 117 ff.): so zB zwischen Trickdiebstahl und Betrug (vgl. Karlsruhe NJW **76**, 902), zwischen Sachbetrug und Unterschlagung (Saarbrücken NJW **76**, 65; ähnl. Hamm NJW **74**, 1857) sowie zwischen Veruntreuung iSv § 246 II und dem Treuebruchtatbestand iSv § 266 I 2. Alt. (Braunschweig JZ **51**, 235 f.), nicht dagegen zwischen gemeinschaftlichem Diebstahl und bloßer Beihilfe zum Betrug (BGH NStZ **85**, 123). Gegen eine Berücksichtigung konkreter Geschehensweisen jedoch Günther JZ 76, 665.

IV. Zusammenfassende Übersicht (vgl. auch die umfassende Dokumentation von Wolter, Wahlfeststellung 172–206).

1. Nach diesen (prozessualen und materiellen) Grundsätzen kann **beispielsweise Wahlfeststel- 110 lung bejaht** werden zwischen: Allein- und Mit*täterschaft* (BGH **11** 18), Mittäterschaft und mittelbarer Täterschaft (BGH **1** 67, **15** 65, Düsseldorf DAR **70**, 190), verschiedenen *Modalitäten* des § 211 (BGH **22** 12, MDR/H **92**, 632; dazu o. 87), *§§ 242 und 257* (BGH **23** 361, NJW **89**, 1490. Schröder JZ 71, 141 f., und. – eindeutige Verurteilung wegen § 257 – Hruschka, Wolter, vgl. o. 98), *§§ 242 und 259* (RG **68** 257, OGH **2** 93, BGH **1** 304, **11** 28, **15** 63, 266, **16** 184, **18** 187, NJW **52**, 114, MDR/D **70**, 13, **75**, 367, MDR/H **85**, 285, BGHR StGB § 259 I Wahlfeststellung **2**, Schaffstein NJW 52, 727,

B/W-Weber 168; and. Heinitz JZ 52, 101; vgl. ferner o. 96 ff.), *§§ 242 und 260* (vorausgesetzt, daß der möglicherweise begangene Diebstahl ebenfalls gewerbsmäßig ausgeführt wäre: BGH **11** 28, NJW **74**, 805; weit. Nachw. b. Tröndle LK[10] RN 85), *§§ 242 und 263* (vgl. o. 109; zust. für die Alternative Betrug – Trickdiebstahl Karlsruhe NJW **76**, 902; offen in BGH NJW **74**, 805; abl. Karlsruhe Justiz **73**, 57, BGH NStZ **85**, 123), *§§ 242 und 289* (Düsseldorf NJW **89**, 116), *§§ 246 und 259* (BGH **16** 187, wistra **83**, 29), *§§ 246 und 263* (Hamm NJW **74**, 1958, Saarbrücken NJW **76**, 65, jedenfalls für das Verhältnis Sachbetrug – Unterschlagung; ferner B/W-Weber 168; Bedenken bei Deubner NJW **62**, 94 f.; abl. Günther JZ **76**, 668, Rudolphi SK 25 nach § 55, Wolter GA 74, 166 f.; vgl. ferner o. 96 ff.), *§§ 246 II und 266 I 2. Alt.* (Braunschweig JZ **51**, 235 f. m. zust. Anm. Schönke; offen in BGH GA **70**, 24), *§§ 249 und 255* (BGH **5** 280, NStZ **84**, 506), *§§ 249 und 259* (vgl. aber dazu o. 108: Reduktion auf das Verhältnis von §§ 242 und 259; ebso. B/W-Weber 168; mit gleicher Tendenz BGH **25** 182; and. aber BGH **21** 152 m. Anm. Oellers MDR 67, 605, Deubner NJW 67, 738, Fuchs DRiZ 68, 16), *§§ 253 und 263* (B/W-Weber 168), *§§ 259* bzw. *260 und 263* (BGH NJW **74**, 805), wohl auch zwischen *§§ 263 und 263 a* (vgl. aber auch Lenckner, Computerkrim. u. Vermögensdelikte [1981] 40 ff.), ferner zwischen *§§ 263 und 266* (BGH GA **70**, 24, Hamburg JR **56**, 28; and. Wolter, Alternative 132), Herstellen und Gebrauchmachen in § 267 (Celle HE **1** 3), *Steuerhinterziehung* und Steuerhehlerei (BGH **4** 128, NJW **74**, 805, Dresden NStZ-RR **99**, 370; and. aber zw. Kundenbetrug u. Steuerhinterziehung/hehlerei BGH MDR/H **84**, 89), § 1 RN 1 d u. § 9 *OpiumG* (Bay JR **74**, 209 m. zust. Anm. Fuhrmann), §§ 1 u. 9 I *StVO* (Zweibrücken NJW **66**, 1828), verschiedene Ausführungsarten von § 1 StVO (vgl. o. 87).

111 2. Dagegen ist Wahlfeststellung zu **verneinen** zwischen: Tun und *Unterlassen* (Stufenverhältnis, vgl. o. 93; BGH NJW **64**, 732 m. Anm. Schröder JR 64, 227), Vollendung und *Versuch* (Stufenverhältnis, vgl. o. 89), Täterschaft und *Beihilfe* bzw. *Anstiftung* (Stufenverhältnis, vgl. o. 94), Alleinbegehung und *Verbrechensverabredung* (Stufenverhältnis, vgl. o. 94), Vorsatz- und *Fahrlässigkeits*delikt (Stufenverhältnis, vgl. o. 91), Tat*einheit* oder Tatmehrheit (Stufenverhältnis: vgl. o. 89), *Einzeltat* oder Fortsetzungstat (für Wahlfeststellung Hamburg NJW **55**, 920), während im Falle mehrerer Einzeltaten bei mangelndem Nachweis von Gesamtvorsatz von Handlungsmehrheit auszugehen sei (BGH **35** 322, MDR/H **80**, 984; vgl. aber auch o. 95 sowie 63 vor § 52); *§§ 113 und 315 c* (keine Vergleichbarkeit: Hamm VRS **20** 347), *§§ 138 und 211, 27* (Stufenverhältnis; nach BGH **36** 174, **39** 167, MDR/H **86**, 794 f. keine Vergleichbarkeit zwischen § 138 I Nr. 9 aF und strafbarer Tatbeteiligung, ebso. bzgl. § 138 I Nr. 4 aF BGH StV **88**, 202), *§ 145 d und Versuch* von *§ 242* (Köln NJW **82**, 347), *§§ 153 und 154* (Stufenverhältnis, eventuell iVm Tatsachenalternativität, vgl. o. 95, ferner BGH NJW **57**, 1886; and. Bay NJW **65**, 2211), *§§ 153 und 163* (Stufenverhältnis; ähnl. BGH **17** 210 über die Konstruktion des Auffangtatbestandes, dazu o. 92; für Wahlfeststellung hingegen BGH **4** 340, dagegen Dreher MDR 57, 179, Heinitz JR 57, 129, Lange JR 57, 246, Schwarz NJW 57, 401); *§§ 153 und 164* (keine Vergleichbarkeit; and. BGH **32** 149, Braunschweig NJW **59**, 1144, Bay JZ **77**, 570 m. Anm. Hruschka JR 78, 26; vgl. o. 80), *§§ 154 und 156* (Stufenverhältnis, bei gleichzeitigem Vorliegen von Tatalternativität eindeutige Verurteilung auf wahldeutiger Grundlage möglich; and. Hamm GA **74**, 84), *§§ 211, 212 und § 218* (Stufenverhältnis: o. 93; and. BGH **10** 294), *§§ 212 und 241* (keine Vergleichbarkeit: Karlsruhe MDR **81**, 430), *§§ 212, 211, 22 und 223 I, 226, 22* (Stufenverhältnis; vgl. o. 89, BGH NJW **91**, 990), *§§ 242 und 246* (Stufenverhältnis, vgl. o. 89; diff. Wolter, Alternative 131; für Wahlfeststellung Köln GA **74**, 121 f., wohl auch BGH **25** 186 m. Anm. Hruschka NJW 73, 1804), *§§ 242 und 253* (BGH DRiZ **72**, 30; vgl. auch Blei JZ 72, 241 f., 313 f., 379 ff., Wolter GA 74, 161), *§§ 246 und 249* (Stufenverhältnis, dh eindeutige Verurteilung aus § 246; vgl. o. 89, aber auch Eschenbach Jura 94, 307, der über unechte Wahlfeststellung zum gleichen Ergebnis gelangt; stattdessen für Wahlfeststellung zwischen §§ 242, 246 BGH **25** 182; ebso. Schulz JuS 74, 635; krit. Tröndle JR 74, 113, Hruschka NJW 73, 1804), *§§ 258 und 249, 27* (keine Vergleichbarkeit, BGH MDR/H **89**, 111), *§ 258 und Drogendelikt* (ungleiche Rechtsgüter: BGH **30** 77 m. Anm. Günther JR 82, 81), *§§ 263 und 267* (keine Vergleichbarkeit, Düsseldorf NJW **74**, 1833), *§§ 263 und 332* aF (keine Vergleichbarkeit, BGH **15** 100), *§§ 263 und 218* (keine Vergleichbarkeit, BGH MDR/H **58**, 793), *§ 316 und § 21 I Nr. 2 StVG* (keine psychologische Vergleichbarkeit; vgl. o. 109). Zu *§ 323 a* vgl. o. 92, 107.

112 3. Sind bei einem nur wahldeutig feststellbaren Vorgang **Mehrere beteiligt**, so muß für jeden Beteiligten gesondert geprüft werden, ob für ihn die Voraussetzungen einer Wahlfeststellung gegeben sind (vgl. o. 84) und welches Strafgesetz für ihn (unter Berücksichtigung persönlicher Strafschärfungs- oder -milderungsgründe) am günstigsten ist (vgl. Tröndle LK[10] 119 sowie u. 114).

V. Für Schuldspruch und Strafwahl gilt im Falle einer Wahlfeststellung folgendes:

113 1. Die **Fassung der Urteilsformel** ist umstritten. Bedeutsam wird dies allerdings nur in Fällen sog. echter Wahlfeststellung, bei der die Tatsachenalternativität eine Tatbestandsalternativität zur Folge hat (vgl. o. 62). Die wohl hM ist für eine dem sachlichen Ergebnis der Wahlfeststellung entsprechende *alternative Fassung des Schuldspruchs* (BGH NJW **52**, 114, Hamm SJZ **50**, 57, Frister NK 89 nach § 2, Gribbohm LK 138, LR-Gollwitzer § 261 RN 167 f., K/Meyer-Goßner § 260 RN 27, Rudolphi SK 45 nach § 55, Schaffstein NJW 52, 727, Tröndle 20, Wolter, Wahlfeststellung 137 mwN; vgl. auch BGH **15** 66, **25** 186). Demgegenüber glaubt die Gegenauffassung von der Aufnahme der Wahlfeststellung in die Urteilsformel absehen zu müssen, um stattdessen den Angeklagten durch einen *eindeutigen Schuldspruch nach dem mildesten Gesetz* zu verurteilen (so BGH **4** 343, NJW **59**, 1140, Bay JZ **65**, 775, Hamburg NJW **50**, 57, Deubner NJW 67, 738, Günther aaO 222 f., Jescheck/Weigend 149,

Tröndle LK[10] 115). Obgleich die letztgenannte Auffassung von dem an sich berechtigten Anliegen getragen ist, von dem Verurteilten den Verdacht einer schwereren Straftat fernzuhalten, vermag sie iE nicht zu überzeugen. Denn ganz abgesehen davon, daß die mögliche schwerere Tat jedenfalls in den Urteilsgründen auftauchen kann und auch auftauchen muß (vgl. u. 114 sowie Endruweit aaO 90, Schorn DRiZ 64, 49, Tröndle LK[10] 118), ist gerade im Kernbereich der Wahlfeststellung (§§ 242, 257, 259, 263, 266) der Unterschied der Strafdrohungen der einzelnen Delikte so gering, daß sich auch bei konkreter Betrachtungsweise der mildere Tatbestand nur schwer ermitteln läßt (vgl. auch u. 114), so daß die eindeutige Tenorierung zum Zufallsergebnis werden kann (vgl. Wolter, Alternative 104). Auch braucht das (nach konkreter Betrachtungsweise) mildere Gesetz tatsächlich nicht unbedingt das mit der geringeren Verrufswirkung sein. Unter diesen Umständen dürfte es dem Prinzip der materiellen Wahrheit und Gerechtigkeit mehr entsprechen, das Zustandekommen der wahldeutigen Verurteilung durch **alternative Fassung** des Schuldspruchs auch im Tenor offenzulegen. Zur etwa erforderlichen Ermittlung von Rückfallvoraussetzungen vgl. 23. A. 117.

2. Ungeachtet der etwaigen alternativen Fassung des Schuldspruchs ist unstreitig die **Strafe aus** **114** **dem mildesten Gesetz** zu entnehmen (RG **68** 263, **71** 43, BGH **25** 186, Tröndle LK[10] 110). Die Ermittlung des mildesten Gesetzes erfolgt nach denselben Grundsätzen wie bei § 2 (vgl. dort RN 30). Maßgebend ist auch hier nicht ein Vergleich der abstrakten Strafdrohungen, vielmehr kommt es darauf an, welche Vorschrift für den *konkreten* Fall die mildeste Beurteilung zuläßt (vgl. BGH MDR/D **57**, 397). Nebenstrafen und Nebenfolgen dürfen nur verhängt werden, wenn sie nach beiden Alternativtatbeständen zulässig sind; Art und Umfang richten sich nach dem mildesten Gesetz (Rudolphi SK 46 nach § 55). Da es sich bei der Heranziehung des mildesten Gesetzes ohnehin um eine Fiktion handelt, dürfen auch Milderungsmöglichkeiten des an sich strengeren Tatbestandes berücksichtigt werden (BGH **13** 70 zu § 157, Wolter, Alternative 40). Bei der Strafzumessung wäre ferner zu berücksichtigen, daß der Täter im Falle eines Eigentumsdelikts für die gesamte Beute, im Falle von Hehlerei hingegen nur für einen Teil derselben haften würde; zu seinen Gunsten ist dann vom geringeren Schadensumfang auszugehen (BGH **15** 266). Auch im übrigen ist die Strafe so zu bemessen, als ob der Täter nur den Tatbestand des milderen Gesetzes verwirklicht hätte (Tröndle LK[10] 112).

3. Zu sonstigen **verfahrensrechtlichen** Einzelfragen bei alternativer Anklage oder Verurteilung **115** (Zuständigkeit, Rechtskraft, Wiederaufnahme) vgl. Gribbohm LK 140 ff., Rudolphi SK 47 ff. nach § 55. Zur Unzulässigkeit einer **Teilanfechtung** bei wahldeutiger Anklage und eindeutiger erstinstanzlicher Verurteilung vgl. Karlsruhe JR **89**, 82 m. Anm. Schlüchter JR 89, 48.

§ 2 Zeitliche Geltung

(1) **Die Strafe und ihre Nebenfolgen bestimmen sich nach dem Gesetz, das zur Zeit der Tat gilt.**

(2) **Wird die Strafdrohung während der Begehung der Tat geändert, so ist das Gesetz anzuwenden, das bei Beendigung der Tat gilt.**

(3) **Wird das Gesetz, das bei Beendigung der Tat gilt, vor der Entscheidung geändert, so ist das mildeste Gesetz anzuwenden.**

(4) **Ein Gesetz, das nur für eine bestimmte Zeit gelten soll, ist auf Taten, die während seiner Geltung begangen sind, auch dann anzuwenden, wenn es außer Kraft getreten ist. Dies gilt nicht, soweit ein Gesetz etwas anderes bestimmt.**

(5) **Für Verfall, Einziehung und Unbrauchbarmachung gelten die Absätze 1 bis 4 entsprechend.**

(6) **Über Maßregeln der Besserung und Sicherung ist, wenn gesetzlich nichts anderes bestimmt ist, nach dem Gesetz zu entscheiden, das zur Zeit der Entscheidung gilt.**

Vorbem. Bei Straftaten, die vor dem 3. 10. 90 in der damaligen DDR begangen wurden, sind die Überleitungsregelungen der Art. 315–315c EGStGB zu beachten (vgl. Anhang sowie 80 ff. vor § 3).

Stichwortverzeichnis u. Schrifttum: vgl. die Angaben zu § 1. Ferner: *Bergmann*, Zeitl. Geltung u. Anwendbarkeit von Steuerstrafvorschriften, NJW 86, 233. – *de Boor/Pfeiffer/Schünemann*, Parteispendenproblematik, 1986. – *Dannecker*, Das intertemporale Strafrecht, 1993. – *Diefenbach*, Die verfassungsrechtl. Problematik des § 2 IV StGB [aF], 1966. – *Felix*, Steuerstrafr. Perspektiven der Parteispenden, 1984. – *Flämig*, Strafrecht als Dauerrecht, 1985. – *Gleß*, Zum Begriff des mildesten Gesetzes (§ 2 III StGB), GA 00, 224. – *Groß*, Über das „Rückwirkungsverbot" in der strafr. Rspr., GA 71, 13. – *Grunsky*, Grenzen der Rückwirkung bei einer Änderung der Rspr., 1970. – *Hardwig*, Berücksichtigung der Änderung eines Strafgesetzes in der Revisionsinstanz, JZ 61, 364. – *Hassemer*, Zeitgesetze u. Gelegenheitsgesetze in strafrechtstheor. u. kriminalpol. Perspektive, in: Lüderssen u. a., Modernes Strafrecht u. ultima-ratio-Prinzip, 1990, 201. – *Hecker*, Das Verbot rückwirkender Strafgesetze im amerik. Recht, 1971. – *Jung*, Rückwirkungsverbot u. Maßregel, Wassermann-FS 875. – *Kochanowski*, Zur Problematik der Verkündung von Zeitgesetzen in Polen, JOR 86, 337. – *Kunert*, Zur Rückwirkung des milderen Steuerstrafgesetzes, NStZ 82, 276. – *Laaths*, Das Zeitgesetz gem. § 2 IV StGB unter Berücksichtigung des Blankettgesetzes, 1991. – *Matill*, Zeit u. materielles Strafrecht, GA 65, 129. – *Mazurek*, Zum Rückwirkungsverbot gemäß § 2 III StGB, JZ 76, 233. – *Mohrbotter*, Garantiefunktion

u. zeitl. Herrschaft der Strafgesetze am Beispiel des § 250 StGB, ZStW 88, 923. – *Neumann*, Rückwirkungsverbot bei belastenden Rspr.-Änderungen der Strafgerichte?, ZStW 103 (1991) 331. – *Pawlowski*, Zur Rückwirkung von Gesetzen, NJW 65, 287. – *Pföhler*, Unanwendbarkeit des strafr. Rückwirkungsverbots im Strafprozeß, 1988. – *Pieroth*, Grundlagen u. Grenzen verfassungsrechtl. Verbote, Jura 83, 122, 250. – *Rittau*, § 2 u. die Kriegsverbrecherprozesse, NJW 60, 1557, 2184. – *Robbers*, Rückwirkende Rspr.-Änderung, JZ 88, 481. – *Rüping*, Blankettnormen als Zeitgesetze, NStZ 84, 450. – *Samson*, Möglichkeiten der legislat. Bewältigung der Parteispendenproblematik, wistra 83, 235. – *Schick*, Zeitgesetze, JurBl. 69, 639. – *Schöckel*, Die Entwicklung des strafr. Rückwirkungsverbots bis zur Französ. Revolution, 1968. – *Schreiber*, Die Zulässigkeit der rückwirkenden Verlängerung der Verjährungsvorschriften, ZStW 80, 348. – *ders.*, Rückwirkungsverbot bei einer Änderung der Rspr. im Strafrecht, JZ 73, 713. – *Schroeder*, Der zeitl. Geltungsbereich der Strafgesetze, Bockelmann-FS 785. – *Seiler*, Die zeitl. Geltung von Strafgesetzen, Platzgummer-FS 39. – *Silva*, Blankettstrafgesetze u. die Rückwirkung der lex mitior, in: Schünemann, Bausteine des europ. Wirtschaftsstrafrechts, 1995, 135. – *Sommer*, Das „mildeste Gesetz" iSd § 2 III StGB, 1979. – *Spotowski*, Das Rückwirkungsverbot im poln. Recht, Jescheck-FS I 235. – *Tiedemann*, Zeitl. Grenzen des Strafrechts, Peters-FS 193. – *ders.*, Der Wechsel von Strafnormen u. die Rspr. des BGH, JZ 75, 692. – *ders.*, Die gesetzl. Milderung im Steuerstrafrecht, 1985. – *ders.*, Das Parteienfinanzierungsgesetz als strafr. lex mitior, NJW 86, 2475. – *ders.*, Art. Zeitgesetz, HWiStR. – *Traeger*, Die zeitl. Herrschaft des Strafgesetzes, VDA VI 317. – *Tröndle*, Rückwirkungsverbot bei Rspr.-Wandel?, Dreher-FS 117. – *Ullenbruch*, Verschärfung der Sicherungsverwahrung auch rückwirkend, NStZ 98, 326. – Speziell zur rückwirkenden Verlängerung der Verjährung vgl. die Angaben in der 19. A., zu Änderungen der Promillegrenze vgl. die Angaben in der 21. A. sowie u. 8 f.

1 **I. 1.** Mit der geläufigen Kennzeichnung als **Konkretisierung des Rückwirkungsverbots** werden Zweck und Inhalt dieser Vorschrift zwar in ihrer wesentlichen Auswirkung, aber doch nicht erschöpfend erfaßt; denn als **intertemporales Strafanwendungsrecht** will sie der Tatsache Rechnung tragen, daß sich das zur *Tatzeit* geltende Recht bis zum Zeitpunkt der (tatrichterlichen oder revisionsgerichtlichen) *Entscheidung* – unter Umständen mehrfach – geändert haben kann, und zwar sowohl zu Gunsten als auch zu Lasten des Täters. Für diesen Fall bedarf es einer Klarstellung des anzuwendenden Rechts, und zwar entweder seiner rückwirkenden Anwendung, soweit es um zur Tatzeit noch nicht bestehendes Recht, oder um seine weitere Fortgeltung, soweit es um im Zeitpunkt der Entscheidung an sich nicht mehr geltendes Recht geht. Gegenstand dieser Vorschrift ist somit die Regelung des zeitlichen Geltungsbereichs des Strafgesetzes, indem im Falle mehrerer zeitlich miteinander konkurrierender Strafgesetze dem einen vor dem anderen Geltung verschafft wird (vgl. auch Jakobs 92 ff., Schroeder aaO 785 f.; und. Dannecker aaO 226 ff., der § 2 aus staatsrechtl. Sicht als reine Rechtsanwendungsregel begreift). Durch Abs. 1 geschieht dies zunächst einmal zugunsten des Tatzeitrechts. Das darin liegende **Rückwirkungsverbot** ist im Grunde bereits durch das in § 1 verkörperte nullum crimen-Prinzip vorgezeichnet; denn nach dem daraus gefolgerten Erfordernis einer lex *praevia* (§ 1 RN 6) verbietet sich sowohl eine straf*begründende* als auch straf*schärfende* Anwendung *nachträglich* ergangenen Rechts. Das läßt sich nicht nur aus dem Rechtsstaatsprinzip (so aber einseitig Jung aaO 884; m. gl. Tendenz BVerfGE **13** 271, **18** 439, **25** 290, Jescheck/Weigend 138, Rudolphi SK § 1 RN 7) und der Wahrung der Menschenwürde iVm dem Schuldgrundsatz begründen (vgl. MD-Dürig Art. 103 II RN 104, Sax BNS 999), sondern hat auch eine kriminalpolitische, positiv-generalpräventive Funktion; denn die von Strafrechtsnormen erwartete Determinierung des Einzelnen zu einem bestimmten Verhalten kann naturgemäß immer nur über die vertypten Normen ausgehen; rückwirkende Normen würden insoweit in die Leere gehen (vgl. auch Krey, Keine Strafe 133 f., M-Zipf I 157, Stratenwerth 42, Rogall KK-OWiG § 3 Rn 43). Diese teilweise Herleitung aus verfassungsrechtlichen Schuld- und Rechtsstaatsaspekten ist zudem dadurch abgesichert, daß dem Rückwirkungsverbot durch Art. 103 II auch ausdrücklich **Verfassungsrang** eingeräumt ist, so daß es nicht nur den Richter bindet, sondern auch dem Gesetzgeber den Erlaß rückwirkender Gesetze verwehrt (§ 1 RN 2). Diese Sperre gilt jedoch immer nur für Änderungen **zu Lasten des Täters**. Damit wird Raum für die zwar vom Tatzeitprinzip abweichende, damit aber den Täter begünstigende Regel des *milderen Gesetzes* (Abs. 3; u. 16 ff.), die freilich ihrerseits für sog. *Zeitgesetze* wieder zurückgenommen ist (Abs. 4; u. 36 ff.). Während diese Regeln auch für die Eigentumssanktionen entsprechend gelten (Abs. 5), werden Maßregeln der Besserung und Sicherung grds. dem im Entscheidungszeitpunkt geltenden Recht unterworfen (Abs. 6).

2 **2.** Zu dem den Einzelregeln zugrundeliegenden **Regelungsmechanismus,** der vor allem durch die steuerstrafrechtliche Parteispendenproblematik (dazu de Boor, Felix, Flämig, Laaths aaO 114 ff., Tiedemann aaO je mwN; grdl. Dannecker aaO 189 ff., 226 ff., vgl. auch Hassemer AK 33 ff.) in Streit geraten war, darüber hinaus aber allgemein für die eine Milderung ermöglichende (Abs. 3) bzw. eine solche wegen Zeitcharakters ausschließende (Abs. 4) Behandlung von Blankettstrafgesetzen (u. 26) bedeutsam ist, bleibt vorweg folgendes klarzustellen: Da es bei § 2 nicht um eine nachträgliche Neubewertung von bereits verfahrens- und vollzugsrechtlich voll abgewickelten Taten, sondern um Fälle geht, in denen die Tat zwar bereits begangen, aber noch nicht rechtskräftig abgeurteilt ist, kann nicht von „echter" (retroaktiver), sondern allenfalls von „unechter" (retrospektiver) Rückwirkung die Rede sein (grdl. zu dieser Unterscheidung BVerfGE **11** 139, 145 f., **36** 73 ff., **89** 66, MD-Herzog Art. 20 VII RN 68 ff.), dies aber immerhin in dem Sinne, daß bei einer nach Tatbegehung eingetretenen Gesetzesänderung zumindest die Sanktionierung aufgrund des späteren Rechts erfolgt; denn wie namentlich von Tiedemann Peters-FS 197, 203 ff., Milderung 13 f. und Dannecker aaO 211 ff. insoweit zu Recht betont, hat hier nach dem allgemeinen staatsrechtlichen Prinzip „lex posterior derogat legi priori" (Jescheck/Weigend 138) der Richter jeweils das im Entscheidungszeitpunkt geltende – und damit grundsätzlich das neue – Recht anzuwenden (B/W-Weber 128). Dadurch braucht jedoch das frühere Recht weder zwangsläufig noch ausnahmslos jegliche Geltungskraft zu verlieren; denn sowohl spezialgesetzlich dadurch, daß sich ein neues Gesetz nur für "Neufälle" Geltung beilegen will (vgl. u. 22 f.), als auch generell nach Art des Tatzeitprinzips (Abs. 1) kann der Gesetzgeber für (bereits begangene) "Altfälle" die Weitergeltung des früheren Rechts vorsehen (vgl. M-Zipf I 158, Schroeder aaO 788), wobei es sich ohnedies nur genetisch um "früheres", seiner Geltungskraft nach jedoch um durchaus "gegenwärtiges", weil immerhin zur Aburteilung von "Altfällen" noch verbindliches Recht handelt (vgl. auch Jakobs 92 ff.). So gesehen liegt im Tatzeitprinzip des Abs. 1 eine Durchbrechung des allgemeinen lex posterior-Prinzips, indem es sektoral für bereits begangene Taten die weitere Anwendbarkeit des ansonsten außer Kraft getretenen Tatzeitrechts verfügt. Von dem sich daraus ergebenden Verbot einer nachträglichen Andersbeurteilung durch das neue Recht macht nun das lex mitior-Prinzip des Abs. 3 seinerseits eine Ausnahme, indem es dem jeweils mildesten Gesetz Geltung verschaffen will; selbst bei diesem "Meistbegünstigungsprinzip" (Schroeder aaO 790) wird man jedoch nur mit Vorbehalt von einer Wiederherstellung des lex posterior-Prinzips sprechen können, nachdem das lex mitior-Prinzip keineswegs zwingend zur Anwendung der im Urteilszeitpunkt geltenden lex posterior, sondern auch zur Anwendung eines milderen "Zwischengesetzes" führen kann (vgl. u. 29). Eine solche Berücksichtigung nachträglicher gesetzlicher Milderungen bis hin zu völliger Straffreistellung wird jedoch ihrerseits für sog. "Zeitgesetze" (Abs. 4) ausgeschlossen (wobei es rechtstechnisch von sekundärer Bedeutung sein dürfte, ob darin eine echte "Rück-Ausnahme" vom lex mitior-Prinzip durch Wiederherstellung des Tatzeitprinzips liegt oder ob lediglich eine Klarstellung des im Grunde bereits dem generellen Tatzeitprinzip vorausliegenden Satzes bezweckt ist, daß sich die Nachwirkung eines Gesetzes auch aus dessen spezieller Zielsetzung ergeben kann; vgl. auch Schroeder aaO 789 f.). Soweit man diesem Regelungsverständnis und dabei vor allem dessen – wenngleich partieller so doch recht weitgehender – Fortgeltung früheren Rechts dadurch zu begegnen versucht, daß man – ausgehend von der grundsätzlichen Anwendbarkeit des zur Urteilszeit geltenden Rechts – dem Tatzeitprinzip (Abs. 1) lediglich eine das neue Recht *begrenzende* Funktion beilegt, indem jenes – soweit strenger – auf das Tatzeitrecht "zurückzuschneiden" sei und demzufolge die lex mitior keine Ausnahme vom Rückwirkungsverbot, sondern nicht mehr als eine Bestätigung des (vorrangigen) lex posterior-Prinzips darstelle (in diesem Sinne namentlich Tiedemann aaO 9 f., 17 f., Dannecker aaO 226 ff.; ähnl. bereits Sommer aaO 65 ff., mit Vorbehalt auch Jakobs 93 f.), kann dem trotz einer gewissen Plausibilität letztlich doch nicht gefolgt werden: So wenig sich zu dieser Frage – wie insoweit auch von Tiedemann aaO 17 eingeräumt (insoweit and. Dannecker aaO 229 f.) – der offenbar von Zufälligkeiten nicht freien Wortwahl des § 2 zwischen "gelten", "anzuwenden", "sich bestimmen" bzw. "entscheiden" Maßgebliches entnehmen läßt (vgl. auch Schroeder aaO 787 f.), so wenig vermag die lex posterior für sich allein ohne eine gewisse – und zwar nicht nur limitierende, sondern auch konstitutive – Weiterwirkung des Tatzeitrechts auszukommen (vgl. Rogall KK-OWiG § 4 RN 3, der insoweit von einer "komplementären Funktion" des Tatzeitrechts spricht); denn anders als im außerstrafrechtlichen Bereich, wo möglicherweise sowohl die Rechtsfolge als auch deren tatbestandliche Voraussetzungen dem Recht der Entscheidungszeit entnommen werden können, steht im Strafrecht zwar der retrospektiven Anwendung einer (milderen) Sanktionsnorm nichts im Wege (Abs. 3); doch selbst für einen solchen Fall bedarf es der Weitergeltung der zur Tatzeit geltenden Verbotsnorm, da sich eine zur Tatzeit noch nicht vorhandene Strafbarkeitsgrundlage schon nach § 1 verbietet (vgl. dort RN 1, 8) und somit selbst eine mildere lex posterior als alleinige Urteilsgrundlage nicht in Betracht kommt (vgl. auch Jakobs 92 ff.; auch Dannecker aaO 231 anerkennt insoweit eine "Weitergeltung" des Tatzeitrechts in strafrechtl. Sinne, wobei er in § 2 III eine "Eingriffsermächtigung" für die Anwendung der milderen lex prior sieht). Dies gilt naturgemäß umso mehr bei nachträglicher Strafschärfung, wo es zudem recht gekünstelt wirkt, in einem Erstschritt die lex posterior sowohl konstitutiv wie inhaltlich für maßgeblich zu erklären, sodann in einem zweiten dem Tatzeitrecht begrenzte Geltung zu verschaffen, dies aber schließlich doch "nicht wirklich anzuwenden", sondern darin lediglich "Maßstäbe zur Begrenzung des neuen Rechts" zu erblicken (so Tiedemann aaO 17). Im übrigen läßt sich eine derart das frühere Recht zum bloßen Limitierungsfaktor abwertende Prädominanz der lex posterior nicht einmal in der dafür noch am nächsten liegenden Fallgruppe der lex mitior (Abs. 3) voll durchhalten; denn im Falle eines im Vergleich zum Recht der Entscheidungszeit noch milderen Zwischengesetzes bleibt diesem Vorrang gegenüber der lex posterior eingeräumt (vgl. u. 29). Entgegen der vor allem in der Parteispendendiskussion artikulierten Tendenz, in der (tatsächlich oder vermeintlich milderen) lex posterior den "Normalfall" zu erblicken, um dann an den dafür abweichenden "Ausnahmefall" einer Berücksichtigung des Tatzeitrechts – insbes. aufgrund eines "Zeitgesetzes" – besonders strenge Anforderungen zu stellen (vgl. Tiedemann aaO 26 f., 30 mwN; vgl. aber auch Dannecker aaO 229, der die Entscheidung über den Regelungsmechanismus von § 2 für ergebnisneutral hält), läßt sich für eine solche, gleichsam mit "Beweislastfolgen" verbundene Vorrangregel dem § 2 nichts Verbindliches entnehmen. Bei der **praktischen Handhabung** ist daher grundsätzlich vom Tatzeitprinzip (Abs. 1) auszugehen. Falls es relevant erscheinende Gesetzesänderungen gibt, ist – wie vor allem bei Blankettstrafgesetzen – nach allgemeinen Auslegungsgrundsätzen zu prüfen, inwieweit die in Frage stehende Tat nach Art und Umfang ihrer Strafbarkeit wie auch hinsichtlich ihrer Strafdrohung davon betroffen sein kann (u. 20 ff.). Ergibt für diesen Fall der Gesetzesvergleich eine Milderung, so ist diese anzuwenden (Abs. 3; u. 16 ff.). Andernfalls verbleibt es beim Tatzeitrecht (Abs. 1). Gleiches gilt für den Fall, daß es sich beim verwirklichten Tatbestand um ein „Zeitgesetz" (Abs. 4) handelt (u. 36 ff.), was ebenfalls nach allgemeinen Auslegungsgrundsätzen zu ermitteln ist. Speziell zur Parteispendenproblematik vgl. auch u. 23.

3 **II. 1. Anwendungsbereich des Rückwirkungsverbots (Abs. 1)**

a) Dieses gilt bereits gegenüber nachträglicher **Strafbegründung;** denn obgleich Abs. 1 nur von der Strafe und ihren Nebenfolgen spricht, ist doch iVm § 1 davon auszugehen, daß weder eine nachträgliche Schaffung einer neuen Strafnorm für bislang straffreies Verhalten noch dessen nachträgliche Einbeziehung in einen bereits bestehenden Tatbestand zulässig ist (Jescheck/Weigend 137). Dies ist unbestritten, soweit eine derartige Strafbegründung bzw. Strafbereichserweiterung durch nachträgliche Änderungen im **BT** beabsichtigt wäre. Doch auch für eine Strafausdehnung im **AT,** wie etwa durch nachträgliche Ausweitung der Teilnahme oder des Versuchs bzw. durch Aberkennung oder Einschränkung von Rechtfertigungs- oder Entschuldigungsgründen, kann iE nichts anderes gelten, vorausgesetzt natürlich, daß der zunächst eingeräumte Strafausschlußgrund rechtsgültig war (vgl. Schünemann Bruns-FS 226 ff. zu NS-Tötungsbefehlen); denn die dem Rückwirkungsverbot zugrunde liegende Zielsetzung (o. 1) ist nur dann zu erreichen, wenn alle allgemeinen und besonderen Strafbarkeitsvoraussetzungen, also das „gesamte sachliche Recht" (Tröndle LK[10] 3), soweit es für den Strafbarkeitsbereich bestimmend ist, unter dem Rückwirkungsverbot steht (B/W-Weber 130, Dannecker aaO 279, Jescheck/Weigend 139, M-Zipf I 158 f.). Demzufolge kann es für eine (unzulässige) Begründung oder Ausdehnung der Strafbarkeit auch nicht darauf ankommen, ob dies durch nachträgliche Tatbestandserweiterung oder durch Aufhebung oder Einschränkung eines Rechtfertigungsgrundes geschieht (BGH **39** 27 f.).

4 b) Auch für **Tatfolgen** gilt das Rückwirkungsverbot, und zwar sowohl gegenüber einer *nachträglichen Zulassung* von zuvor nicht vorgesehenen Sanktionen (zB Erstreckung des Fahrverbots auf Taten, die im Tatzeitpunkt noch nicht unter den Anwendungsbereich von § 44 fielen bzw. durch Einführung völlig neuartiger Sanktionen), als auch gegenüber der *Verschärfung* bereits angedrohter Sanktionen (zB durch Anhebung des Strafrahmens oder Einführung von Strafschärfungsgründen). Ob es sich dabei um Hauptstrafen (Freiheitsstrafe, Geldstrafe), die Vermögensstrafe oder um Nebenstrafen (Fahrverbot) handelt, ist gleichgültig. Auch etwaige *Nebenfolgen* werden der Strafe nunmehr ausdrücklich gleichgestellt. Darunter sind nicht nur solche i. techn. S. des § 45 zu verstehen, sondern auch sonstige Nebenfolgen, wie zB die Urteilsbekanntmachung nach § 200 (Baumann/Weber[9] 86) oder die Mehrerlösabführung nach § 8 WiStG. Entsprechendes gilt für sonstige Rechtsfolgen, die an die Stelle der Strafe treten können (zB Verwarnung unter Strafvorbehalt oder Absehen von Strafe: §§ 59 ff.) bzw. für die Voraussetzungen, Fristen oder den Widerruf von Strafverschonungen (wie zB Strafaussetzung zur Bewährung oder bedingten Straferlaß: §§ 56 ff.; i. Grds. ebenso Düsseldorf NStE **Nr.** 22 zu § 56 f., Hamm MDR **88,** 74, NStZ-RR **96,** 357; zw. Hamburg StV **89,** 212 m. krit. Anm. Geiter/Walter; diff. Dannecker aaO 282 ff.). Fraglich könnte insoweit allenfalls sein, ob auch bei Regelungen, die etwa § 57 V an ein Nachtatverhalten anknüpfen, das Tatzeitprinzip des § 2 I bereits für die (der Verurteilung zugrunde liegende) Ersttat gilt oder ob es insoweit nur auf den Zeitpunkt des nachtatlichen Verhaltens ankommt (so LG und OLG Hamburg StV **89,** 210, 212). Aber auch wenn für letztere Lösung teleologische Erwägungen wie das Fehlen eines schutzwürdigen Vertrauens sprechen könnten, handelt es sich hier doch jedenfalls *auch* um Nebenfolgen der *Tat,* für die es nach dem Wortlaut des § 2 I eben auf das zur Zeit der Tat (§ 11 I Nr. 5) geltende Gesetz ankommt. Dies läßt sich auch sachlich damit rechtfertigen, daß die möglichen Folgen einer Straftat eben generell zur Tatzeit bereits feststehen sollen. Dementsprechend muß auch für die Anwendbarkeit von § 56 f I 2 nicht nur die neue Straftat nach dem 1. 5. 86 begangen sein (wie es wohl nach Düsseldorf NStE **Nr.** 22 zu § 56 f, Hamm StV **87,** 69, MDR **89,** 74 genügen soll), sondern auch die Straftat, für die die Strafaussetzung zur Bewährung nun widerrufen werden soll (vgl. auch BGH NStE **Nr.** 4 zu § 56 f). Über Kriminalstrafen hinaus unterliegen zudem auch sonstige hoheitliche Sanktionen, die eine Mißbilligung schuldhaften Verhaltens zum Ausdruck bringen, dem Rückwirkungsverbot: so insbes. *ehrengerichtliche* Maßnahmen (BGH **28** 336 f., NJW **91,** 1241, Tröndle LK[10] 33), aber auch die *jugendstrafrechtlichen* Sanktionen (vgl. § 1 RN 23 a).

5 Danach gilt auch für *Verfall, Einziehung* und *Unbrauchbarmachung* das Rückwirkungsverbot an sich bereits aufgrund von Abs. 1. Daher kommt dem Abs. 5 (u. 44) insoweit, als der Verfall oder die Einziehung im Einzelfall Strafcharakter haben, nur deklaratorische Bedeutung zu. Daher hätte allenfalls bei quasi-konditionellem Gewinnausgleich bzw. bei sicherungsbedingter Einziehung oder Unbrauchbarmachung die Geltung des Rückwirkungsverbots deshalb zweifelhaft sein können, weil in Abs. 6 die *Maßregeln der Besserung und Sicherung* vom Rückwirkungsverbot ausgenommen werden (u. 41 ff.). Diese Zweifel sind dadurch ausgeräumt, daß durch Abs. 5 der Verfall, die Einziehung und Unbrauchbarmachung ungeachtet ihrer Zielsetzung und Rechtsnatur im Einzelfall (dazu 3, 12 ff. vor § 73) ausnahmslos den Strafen und ihren Nebenfolgen gleichgestellt werden (vgl. E 62 Begr. 107 f.).

6 c) Strittig ist hingegen, inwieweit das Rückwirkungsverbot auch für **Verfahrensrecht** gilt, und zwar namentlich für prozessuale Strafverfolgungsvoraussetzungen bzw. -hindernisse. Von der bislang hM wird dies grds. verneint (nach BGH **26** 289 eine „Selbstverständlichkeit"; vgl. auch BVerfGE **24** 33, 55, **25** 269, BGH **26** 231, Zweibrücken NJW **99,** 1124, ferner Pföhler aaO), mit der Folge, daß zB bei prozessualem Verständnis des Strafantrags ein Antragsdelikt nachträglich in ein Offizialdelikt umgewandelt werden darf (RG **77** 106, vgl. auch BGH **20** 27) oder auch der Fristverlängerung einer (prozessual verstandenen) Verjährung nichts im Wege stünde (RG **76** 159, BGH **2** 305, **4** 385, Düsseldorf VRS **96** 284, ebenso Gribbohm LK 6, Krey, Keine Strafe 50 f., JA 83, 234, M-Zipf I 158, Roxin I 120; vgl. ferner RG **75** 311 [m. Anm. Bockelmann DR 41, 2182], **77** 183, BGH NJW **99**, 1647, Köln NJW **53**, 1156). Demgegenüber gewinnt die Auffassung an Boden, daß auch Verfahrensvoraussetzungen jedenfalls insoweit dem Rückwirkungsverbot zu unterstellen sind, als ihnen Strafwürdigkeits- oder Strafbedürftigkeitserwägungen zugrunde liegen, wie dies insbes. bei Strafantrag und Verjährung der Fall ist (Jescheck² 110, vgl. ferner B/W-Weber 130 f., Grünwald MDR 65, 522 ff., JZ 76, 771, Jakobs 67 f., 95 f., Maier aaO 43 ff., 54 ff., Pieroth Jura 83, 124, Welzel 24 f., Schreiber ZStW 80, 364 ff. mwN; and. diff. Dannecker aaO 332 ff.). Dieser Auffassung ist zuzugeben, daß das Rückwirkungsverbot nicht einfach von der ohnehin meist recht zweifelhaften Einordnung einer Norm als materiell oder prozessual abhängig gemacht werden kann. Vielmehr ist auf den Zweck des Rückwirkungsverbots abzustellen: Da dieses auch dem rechtsstaatlichen Gedanken des Vertrauensschutzes und der Berechenbarkeit staatlichen Handelns dient (vgl. o. 1 sowie Stratenwerth 43), hängt die Entscheidung maßgeblich vom Vertrauensschutzgehalt der betreffenden Norm ab (vgl. Eser/Burkhardt I 26 f.). Bei rein prozeßleitenden Regeln oder Zuständigkeitsnormen wird ein solcher ebenso zu verneinen sein wie etwa bei *Verjährung*, auf deren Eintritt der Täter wegen der Möglichkeit jederzeitiger Unterbrechung weder hoffen kann noch legitimerweise hoffen darf (grds. ebenso Hassemer AK 62). Daher ist BVerfGE **25** 269 i. Grds. zuzustimmen, wenn dort die rückwirkende Verlängerung der Verjährungsfrist für Mord mangels einer schutzbedürftigen Vertrauensposition für zulässig erklärt wird (iE zust. Stratenwerth 43 sowie insoweit auch Hassemer AK 63; vgl. ferner Gribbohm LK 8; Schmidhäuser I 31, and. Dannecker aaO 332 ff., Maier aaO 64 f.; diff. Roxin I 121). Dagegen ist bei einem *Strafantragsdelikt* ein Vertrauen darauf, daß die Strafverfolgung vom Antrag eines bestimmten, dem Täter nahestehenden Personenkreises (vgl. etwa § 247) abhängig bleibt, nicht ohne weiteres auszuschließen (vgl. Jescheck/Weigend 139 f., Maier aaO 49, Roxin I 121, aber auch – insoweit and. – Hassemer AK 63, ferner u. § 77 RN 8). Zur Anwendung der am 1. 1. 75 inkraftgetretenen Vorschriften über Strafantrag, Ermächtigung und Strafverlangen auf bereits vorher begangene Taten vgl. Art. 308 EGStGB. Zur (verneinten) Anwendbarkeit des Rückwirkungsverbots auf Auslieferungsvorschriften vgl. Frankfurt in Eser/Lagodny, Intern. Rechtshilfe in Strafsachen (1989) 389. Zur Anwendung des Rückwirkungsverbots auf die Verfahrenseinstellung nach §§ 153 ff. StPO (diff.), die Untersuchungshaft (grds. abl.) und das Beweisrecht (diff.) vgl. Dannecker aaO 338 ff., der als Kriterium die „Neubewertung der Tat" durch die Änderung einführt.

d) Strittig ist ferner, ob und inwieweit das Rückwirkungsverbot einer **rückwirkenden Änderung** **8** **der Rechtsprechung** entgegensteht. Da § 2 jeweils nur auf den Geltungszeitpunkt des *Gesetzes* abhebt, wird die richterliche Rechtsanwendung vom Rückwirkungsverbot im Grundsatz nicht erfaßt. Insofern sind durch Art. 103 II GG nicht das Vertrauen in den Fortbestand einer bestimmten Staats- und Auslegungspraxis geschützt (BVerfG NJ **00**, 139, BGH **41** 111). Ändert daher die Rspr. ihre Auslegung, so kann diese nach hM auch auf Taten bezogen werden, die *vor* der Änderung begangen wurden (BVerfGE **18** 240, BGH MDR/D **70**, 196, Bay NJW **90**, 2833, Köln VRS **49** 424, implizit auch BGH **37** 89). Demzufolge ist dem Richter nicht verwehrt, eine Tat zu bestrafen, obwohl die zur Tatzeit praktizierte Rspr. dies nicht getan hätte (zB das anfänglich für straflos erklärte Rechtsüberholen auf der Autobahn). Dies wird daraus gefolgert, daß nur das Gesetz, nicht aber der Richterspruch maßgeblich dafür ist, was verboten sein soll (näher dazu Bockelmann Niederschr. III 289, M-Zipf I 159, Roxin I 121 f., Schmidhäuser I 31, Stree aaO 80 f., Tröndle § 1 RN 11 c sowie LK¹⁰ 161 ff.). Danach kann das Vertrauen auf die bisherige Rspr. allenfalls bei der Frage des Verbotsirrtums berücksichtigt werden (vgl. Karlsruhe NJW **67**, 2167, Bremen MDR **82**, 772 sowie § 17 RN 20). Auf der anderen Seite ist aber nicht zu verkennen, daß der für § 2 zentrale Gedanke des *Vertrauens-* **9** *schutzes* durch eine rückwirkende Änderung der Rspr. in gleicher Weise tangiert sein kann wie durch eine rückwirkende Gesetzesänderung (allg. für die Beurteilung rückwirkender Rechtsprechungsänderungen am Maßstab des verfassungsrechtlichen Grundsatzes des Vertrauensschutzes Robbers JZ 88, 485 ff.). Gesetz und richterliche Rechtsanwendung stellen eine Einheit dar, aus der sich erst die Grenzen zwischen erlaubt und verboten ergeben. Daher ist ein Rückwirkungsverbot jedenfalls in Erwägung zu ziehen, wenn und solange eine völlig konforme höchstrichterliche Rspr. ihre Entscheidung zu bestimmten Fragen formelhaft festgelegt hat. Das ist natürlich nicht als Rechtsprechungsänderungsverbot zu verstehen, wohl aber als Verbot, einer (täterbelastenden) Rechtsprechungsänderung eine auf die Tatzeit *rückwirkende Kraft* beizulegen. Wenn zB die Rspr. den im StGB nicht näher definierten Begriff der Fahrunsicherheit (§§ 315 c, 316) nicht nach den Umständen des Einzelfalles beurteilt, sondern sich aus Gründen der Praktikabilität an eine bestimmte BAK bindet, so erlangt dieser Satz damit eine gesetzesergänzende Bedeutung, die vom Vertrauensschutz des § 2 erfaßt sein sollte (vgl. MD-Dürig Art. 103 II RN 112 FN 2 [„der Täter müsse sonst an der Wirksamkeit des Art. 103 II GG irre werden"], Gross GA 71, 19, Hassemer AK § 1 RN 51 ff., Kohlmann aaO 268 ff., Naucke NJW 68, 758, 2321, M-Zipf I 159, Müller-Dietz Maurach-FS 50, Stree aaO 81 f.; iglS LG Düsseldorf NJW **73**, 1054; and. BGH VRS **32** 229, Bay NJW **90**, 2833, Düsseldorf MDR **91**, 171, KG NJW **67**, 1766, Karlsruhe NJW **67**, 2167 m. zust. Anm. Eckert NJW 68, 1390, Celle NdsRpfl. **68**, 90, Frankfurt NJW **69**, 1634, Köln VRS **49** 422, Bremen aaO, Jakobs 104 ff., Riese NJW 69, 549, Roxin I 122, Rudolphi SK § 1 RN 8). Im Zusammenhang mit der Herabsetzung der für §§ 315 c, 316 maßgeblichen BAK (vgl. BGH **37** 89) stützt BVerfG NJW **90**, 3140 die Nichtannahme einer

Verfassungsbeschwerde auf die (fragwürdige) Unterscheidung zwischen einer bloßen Änderung der Erkenntnisgrundlagen für die Rechtsanwendung, die auch rückwirkend zulässig sei, und einem geänderten strafrechtlichen Unwerturteil. Immerhin erscheint damit für den Fall des Vorliegens der 2. Alt. auch nach Meinung des BVerfG eine Bindung der Rechtsprechung an das Rückwirkungsverbot nicht als ausgeschlossen (vgl. MD-Schmidt-Aßmann Art. 103 II GG RN 241). Diese wird man aber kaum damit begründen können, daß die Festlegung des BAK-Wertes gewohnheitsrechtlichen Charakter habe (so aber Krahl NJW 91, 809), da hieraus ein Verbot der Rechtsprechungsänderung folgen würde (vgl. § 1 RN 10, Neumann aaO 334 f.). Für eine Auswertung des in Art. 103 II GG enthaltenen Vertrauensschutzgedankens auf Änderungen höchstrichterlicher Rechtsprechung der oben bezeichneten Art spricht aber schon die (begrenzte) normative Relevanz von Präjudizien (vgl. Neumann aaO 339 f., iglS Bernreuther MDR 91, 829, Ranft JuS 92, 470), wie sie insbes. durch das Institut der Vorlagepflicht nach §§ 121 II, 132 II, III GVG verstärkt wird (vgl. Grunsky aaO 15 f., Neumann aaO 349 ff.; iE abl. Dannecker aaO 388 ff.). Allerdings ist einzuräumen, daß ein Rückwirkungsverbot bei Rechtsprechungswandel erhebliche Folgeprobleme (nicht zuletzt prozessualer Art) nach sich zieht, für die es noch keine befriedigende Lösung gibt (dazu insbes. Neumann aaO 352 ff., Tröndle Dreher-FS 117 ff., Schreiber JZ 73, 713 ff.). Spez. zur Berücksichtigung der *systemimmanenten* Auslegung des *DDR-Rechts* vgl. Arnold wistra 94, 323 ff. sowie 100 f. vor § 3.

10 2. Im Rahmen des vorgezeichneten Anwendungsbereichs ist nach dem **Tatzeitprinzip (Abs. 1)** für die Beurteilung der Strafbarkeit und ihrer Rechtsfolgen grundsätzlich das *zur Zeit der Tat geltende Recht* entscheidend. Somit hindert bei Blankettnormen § 2 die Bestrafung nicht, wenn die Ausfüllungsnorm, zB ein Steuergesetz, *vor der Tatbegehung* rückwirkend geändert wird (BGH NStE **Nr. 1**). Zur umgekehrten Konstellation vgl. Koblenz NJW **99**, 3136.

11 a) Das hat zur **Folge,** daß in Abweichung von dem sonst geltenden Grundsatz, wonach der Richter das jeweils im Entscheidungszeitpunkt geltende Recht anzuwenden hat (o. 2), im vorbezeichneten Rahmen etwaige *nachträgliche Rechtsänderungen außer Betracht* zu bleiben haben. Allerdings hat der Gesetzgeber dieses Tatzeitprinzip selbst durchbrochen, indem er in bestimmten Fällen dem im Entscheidungszeitpunkt geltenden Recht Vorrang einräumt: dazu u. 14 ff.

12 b) Die für die Strafbarkeit entscheidende *Tatzeit* ist die ihrer **Begehung** (vgl. § 1). Dazu gehört nach der Legaldefinition des § 8 die Zeit, zu welcher der Täter oder der Teilnehmer gehandelt hat bzw. im Falle des Unterlassens hätte handeln müssen. Demgemäß kommt es allein auf den Zeitpunkt der *Handlung* (bzw. Pflichtversäumung), nicht dagegen auf den Erfolgseintritt an; näheres bei § 8 RN 2 ff.

13 c) Eine Sonderregelung ist für den Fall einer **Gesetzesänderung innerhalb des Begehungszeitraums (Abs. 2)** vorgesehen. Das kann insbes. bei *Fortsetzungstaten* (soweit nicht obsolet: vgl. 31 vor § 52) und *Dauerdelikten* praktisch werden, wenn Einzelakte bzw. die Begründung des rechtswidrigen Zustandes und seine Aufhebung in den Geltungsbereich verschiedener Strafgesetze fallen. Dabei ist folgendermaßen zu differenzieren:

14 α) Soweit es lediglich um Änderungen der *Strafdrohung* geht, ist das bei Beendigung der Tat geltende Recht anzuwenden (BGH **29** 124, NJW **91**, 1310, NStZ **94**, 124, Stuttgart NStZ-RR **96**, 76), und zwar gleichgültig, ob sich dies strafmildernd oder strafschärfend für den Täter auswirkt. Dazu gehört auch der Fall, daß sich (lediglich) der Deliktscharakter (Auf- oder Abstufung zwischen Übertretung, Vergehen oder Verbrechen) ändert (vgl. Stuttgart 3 Ss 694/78), während der Wechsel von (BGHR § 2 II OWi 1) oder zu einer Ordnungswidrigkeit strafbegründende Bedeutung (u. 15) hat (näher Rogall KK-OWiG § 4 RN 17). Letzteres läßt sich damit begründen, daß die als einheitlich zu verstehende Tat jedenfalls auch unter der Geltung des strengeren Gesetzes begangen wurde und daher der Strafe auch entsprechend schärfere Strafe rechnen mußte (vgl. RG **43** 356, **56** 54, **68** 338, Tröndle LK[10] 27 f.; vgl. aber auch Jähnke GA 89, 387 ff.). Jedoch dürfen die Teilakte der Fortsetzungstat (soweit nicht aufgrund von BGH **40** 138 obsolet geworden; vgl. u. 31 vor § 52), die zur Zeit der Geltung eines milderen Gesetzes vorgenommen worden sind, bei der Strafbemessung nur mit dem Gewicht in Ansatz gebracht werden, das sie zur Zeit der Handlung hatten (BGH NStZ **95**, 92, Bay NJW **96**, 1422, Jakobs 96 f., Rudolphi SK 4; vgl. auch BVerfG NStZ **96**, 192).

15 β) Soweit es dagegen um *strafbegründende* Gesetzesänderungen geht, werden davon jeweils nur solche Teilakte erfaßt, zu deren Begehung das neue Gesetz bereits in Kraft war. Waren also Teilakte im Zeitpunkt ihrer Begehung noch straflos, so dürfen sie in den etwaigen Fortsetzungszusammenhang nicht einbezogen und daher auch bei der Strafzumessung nicht mitberücksichtigt werden (vgl. RG **62** 3, BGH NStZ **94**, 124 zu § 73, Köln MDR **74**, 251). Dementsprechend kommt es bei Dauerdelikten darauf an, daß der vom Täter aufrechterhaltene rechtswidrige Zustand bis in die Geltungszeit des neuen Gesetzes hineinreicht (Jescheck/Weigend 138, M-Zipf I 160).

16 III. Abweichend vom Tatzeitprinzip ist nach dem **Vorrang des mildesten Gesetzes (Abs. 3)** bei *täterbegünstigenden Gesetzesänderungen* zwischen Tatbegehung und letztinstanzlicher Entscheidung das jeweils mildeste Gesetz anzuwenden. In dem darin liegenden Gebot rückwirkender Anwendung späteren Rechts ist jedoch weder eine Durchbrechung des verfassungsrechtlichen Rückwirkungsverbots zu erblicken, da dieses nur Rückwirkung zulasten, nicht aber zugunsten des Täters verhindern will (vgl. BGH NJW **99**, 1647, B/W-Weber 134 sowie § 1 RN 7), noch braucht dies ohne weiteres zur Anwendung des im Entscheidungszeitpunkt geltenden Rechts zu führen, da stattdessen uU auch ein noch milderes „Zwischengesetz" (u. 29) zum Zuge kommen kann (vgl. auch o. 2). Über diese in

einer Art „Meistbegünstigungsprinzip" (Schroeder aaO 790) wurzelnden Gründe hinaus käme es auch einer „Vergewaltigung der materiellen Gerechtigkeit" gleich (M-Zipf I 160), wenn der Richter noch ein Gesetz anwenden müßte, zu dessen Existenzberechtigung bzw. Strenge der Gesetzgeber sich im Entscheidungszeitpunkt nicht mehr bekennt (idS bereits RG **21** 294f., ferner Rüping NStZ 84, 54; diff. Hassemer AK 21ff.; vgl. zum ganzen auch Dannecker aaO 407ff., Sommer aaO 34ff.). Das heißt aber nicht, daß dem in § 2 III enthaltenen Rückwirkungsgebot Verfassungsrang zukäme mit der Folge, daß eine in einem Änderungsgesetz enthaltene Anordnung der Fortgeltung des bisherigen Rechts für „Altfälle" verfassungswidrig wäre (zu Art. 15 I S. 3 IPBPR vgl. Rogall KK-OWiG § 3 RN 3). Vielmehr ist eine derartige Derogierung des einfachgesetzlichen § 2 III durch den *Gesetzgeber* als lex posterior verfassungsrechtlich unbedenklich (vgl. Stuttgart NStZ-RR **99**, 380), solange sie nicht als willkürlich anzusehen ist (vgl. u. 22 f.) Mangels verfassungsrechtlicher Absicherung des in § 2 III enthaltenen Begünstigungsprinzips kann daher auch bei Ahndung einer Tat, die in der Zeit zwischen ihrer Begehung und der Entscheidung vorübergehend nicht strafbedroht war, allenfalls ein einfacher Gesetzesverstoß (von § 2 III), nicht aber eine Verletzung von Art. 103 II GG erblickt werden (BVerfG NJW **90**, 1103; vgl. auch u. 29).

Die **Anwendbarkeit dieses „Meistbegünstigungsprinzips"** setzt im wesentlichen voraus, daß **17** (a) überhaupt eine *berücksichtigungsfähige Gesetzesänderung* vorliegt (u. 18ff.), daß (b) diese im Vergleich zum Tatzeitrecht als *milder* anzusehen ist (u. 28ff.) und daß (c) im Tatzeitrecht *kein* (gegenüber nachfolgenden Änderungen vorrangiges *„Zeitgesetz"* (u. 36ff.) zu erblicken ist, wobei man sich in der **praktischen** Handhabung jedenfalls den Milderungsvergleich, wenn nicht sogar schon die Feststellung einer Gesetzesänderung ersparen kann, falls der Zeitgesetzcharakter des verwirklichten Tatbestandes klar zutage liegt, ebenso wie sich umgekehrt eine Prüfung als „Zeitgesetz" erübrigt, wenn es bereits an einer berücksichtigungsfähigen Gesetzesänderung fehlt (vgl. LG Hamburg NJW **86**, 1885). Das bedeutet **im einzelnen:**

1. Zwischen Tatzeit und Entscheidungszeitpunkt muß eine **Gesetzesänderung** eingetreten sein. **18**

a) Hinsichtlich des zur **Tatzeit** geltenden Rechts kommt es auch hier auf die Tat*beendigung* an (o. **19** 12ff.). Von da an kommen alle **vor der Entscheidung** eintretenden Gesetzesänderungen in Betracht, wobei auch solche Rechtsänderungen zu berücksichtigen sind, die erst nach dem letzten tatrichterlichen Urteilsspruch, aber noch vor der Revisionsentscheidung eintreten (§ 62 Begr. 107, Koblenz NStZ **83**, 82, Hassemer AK 25, Rudolphi SK 7, Sommer aaO 103ff.; ebso. schon BGH **5** 208). Allerdings soll nach BGH **26** 94 dem RevGericht die Berücksichtigung einer nach § 2 bedeutsamen Gesetzesänderung nur dann möglich sein, wenn eine *Sachrüge* erhoben wurde (mit Recht krit. Küper NJW 75, 1329 sowie eingeh. in Pfeiffer-FS 425). Im übrigen ist eine Gesetzesänderung auch dann zu beachten, wenn das Urteil im Schuldspruch bereits rechtskräftig geworden war (BGH **20** 117, BGHR § 2 III Ges.änd. 7, Bay NJW **61**, 688, Düsseldorf NJW **91**, 710, Hardwig JZ 61, 364, Tröndle LK[10] 43; and. RG **47** 382) oder nur noch über eine Strafaussetzung zu entscheiden ist (BGH **26** 1, Tröndle 12). Dagegen können erst *nach* der letztinstanzlichen Entscheidung eintretende Gesetzesänderungen allenfalls auf dem Gnadenweg berücksichtigt werden (Rudolphi SK 7).

b) Ob und inwieweit eine relevante Gesetzesänderung vorliegt, ist unter Berücksichtigung des **20** **gesamten Rechtszustandes** zu bestimmen, von dem das Ob und Wie der Strafbarkeit abhängt (so – entgegen dem RG – BGH **20** 181, NStZ **83**, 80, 268, Düsseldorf NJW **91**, 711, KG JR **50**, 404, Frankfurt NJW **65**, 264, Hamm MDR **74**, 593, Bay JZ **76**, 249 m. krit. Bspr. Mohrbotter JZ 77, 53, Tröndle LK[10] 3 sowie spez. zum Vergleich BRD-DDR-Recht BGH NJW **95**, 2861; vgl. aber auch u. 26). Dazu zählt das gesamte materielle Strafrecht, einschließlich des räumlichen Geltungsbereich umschreibenden Strafanwendungsrechts der §§ 3–7 (BGH **20** 22, **38** 89, Düsseldorf NJW **79**, 61) wie auch etwaiges suspendierendes Recht (spez. zu europ. Recht vgl. Gleß aaO), nicht dagegen das Strafverfahrensrecht (Rudolphi SK 8 a). Dabei ist nach dem lex posterior-Prinzip grundsätzlich davon auszugehen, daß, sofern kein gegenteiliger gesetzlicher Wille erkennbar ist, durch den Erlaß des späteren Rechts davon abweichendes früheres Recht außer Kraft bzw. entsprechend modifiziert wird (vgl. M-Zipf 158 sowie u. 2).

α) Danach ist unzweifelhaft eine **Änderung anzunehmen,** wenn ohne ausdrücklichen oder sonst **21** erkennbaren gesetzlichen Vorbehalt ein Straftatbestand ersatzlos gestrichen, ein neuer Straffreistellungsgrund eingeführt bzw. ein bereits vorhandener erweitert oder eine Strafdrohung eingeschränkt wird (vgl. Köln NStZ **91**, 498, Tröndle LK[10] 30; entfällt eine Strafvorschrift während des Strafverfahrens, verbietet überdies idR Art. 2 I GG iVm dem staatsrechtl. Gesetzesvorbehalt die Verurteilung, vgl. BVerfG NJW **93**, 2168 sowie Dannecker aaO 230). Entsprechendes hat für die Herabstufung einer Straftat zu einer bloßen Ordnungswidrigkeit zu gelten (vgl. BGH **12** 148, Bay **53** 116, **59** 47, **61** 81, Celle GA **53**, 184, Düsseldorf NJW **69**, 1221, Hamm NJW **53**, 274; and. Köln NJW **53**, 1156), nicht aber ohne weiteres bei Modifizierung eines Verbrechens zu einem Vergehen mit erschwerenden Regelbeispielen (vgl. BGH NStZ **99**, 33). Hins. WiStG 1954 vgl. 25. A.

β) Umgekehrt ist danach bereits eine berücksichtigungsfähige **Änderung zu verneinen,** wenn das **22** an sich geänderte Recht nur für (künftige) „Neufälle" Geltung beanspruchen will und demzufolge auf (bereits geschehene) „Altfälle" das bisherige Recht anwendbar bleiben soll, wobei diese Feststellung natürlich ihrerseits uU erst das Ergebnis einer Auslegung ist (vgl. FGS-Samson § 369 RN 25 a), und zwar (entgegen Tiedemann NJW 1986, 2476) nicht aus einer Auslegung des (doch gerade verdrängten) § 2 III, sondern aus der Auslegung des Änderungsgesetzes, wobei (entgegen Dannecker in de Boor 94 FN 9) eine *ausdrückliche* Fortgeltungsanordnung nicht unbedingt erforderlich erscheint.

23 Um einen solchen Fall handelt es sich namentlich beim sog. ParteiFinG v. 22. 12. 1983 (BGBl. I 1577), wonach die steuerlich günstigere Behandlung von **Parteispenden** ausdrücklich „erstmals für den Veranlagungszeitraum 1984" anzuwenden ist (§ 52 XVII a EStG, § 54 XIV KöStG): Ohne daß es daher überhaupt erst auf dessen strittigen „Zeitgesetzcharakter" ankäme (vgl. einerseits vernein. Felix aaO 27 ff., Friauf u. Dannecker in de Boor 34, 98 ff., Laaths aaO 131, Tiedemann aaO 30 ff., 60 ff., Ulsenheimer NJW **85**, 1934, andererseits bejah. AG Köln NJW **85**, 1040, AG Bochum NJW **85**, 1969, AG Düsseldorf NJW **85**, 1971), ist der Weg zu Abs. 3 bereits dadurch verschlossen, daß das ParteiFinG diesen durch seine auch für das Strafrecht relevante Fortgeltungsanordnung versperrt (iE ebenso BGH NJW **87**, 1276 [m. abl. Anm. Tiedemann 1247], LG Hamburg NJW **86**, 1885 [m. Anm. Bruns MDR 87, 16, Bergmann NJW 86, 233], Tröndle 13 c, Engelhardt DRiZ 86, 88, Lackner 4, Rudolphi SK 8 c, Ipsen u. Schünemann in de Boor 19, 121). Demgegenüber können die Einwände von Tiedemann NJW **86**, 2475 ff. schon deshalb nicht verfangen, weil es in seinen Beispielen durchwegs an einem dem ParteiFinG vergleichbaren Fortgeltungswillen fehlt. Und selbst wenn ein „Auseinanderfallen von außerstrafrechtlicher und strafrechtlicher Rechtslage" nicht grundsätzlich ausgeschlossen ist, braucht damit eine solche noch nicht ohne weiteres gewollt zu sein, wäre also seinerseits erst eines Beweises bedürftig. Ist aber ein solches Auseinanderfallen von Steuer- und Strafrecht ohnehin schon bei nachträglicher Beurteilung von reinen „Altfällen" wenig erfreulich, so wird dies nachgerade widersinnig, wenn – wie in diesen Parteispendenfällen – selbst für noch zu erstellende (und bewußt unrichtige) Steuererklärungen für die Zeit vor 1984 die Berufung auf die heutige lex mitior möglich bliebe (vgl. Ipsen in de Boor 19). Vgl. zum ganzen auch o. 2 sowie u. 27, 38.

24 c) Besondere Probleme stellen sich bei **Änderung von Tatbestandselementen und Qualifizierungsmerkmalen.** Während die ersatzlose Streichung eines Tatbestands – vom Ausnahmefall des Abs. 4 abgesehen – unstreitig zum nachträglichen Wegfall der Strafbarkeit führt (vgl. o. 21), stellt sich bei bloßer Modifizierung der Tatbestandsbeschreibung die Frage, ob dies, nachdem die Tat als solche nach wie vor strafbar ist, unbeachtlich sein soll (idS früher etwa noch Oppenhoff, StGB[8], 1881, § 2 Anm. 9) oder ob der Täter, da einerseits in der Tatbestandsänderung eine Aufhebung der bisherigen Strafgesetzes und andererseits im neu umschriebenen Tatbestand ein zur Tatzeit noch nicht geltendes Strafgesetz zu erblicken sei, auch insoweit straffrei ausgehen soll (so im Anschluß an Schroeder aaO 796 ff., Hassemer AK 32, Rudolphi SK 10 u. wohl auch Schünemann, Nulla poena 26 f.). Gegenüber diesen beiden Extremen stellt die hM zu Recht darauf ab, ob trotz Änderung der neue mit dem alten Tatbestand aufgrund der **Kontinuität des Unrechtstyps** im wesentlichen noch identisch ist (grdl. BGH **26** 172 f., ferner GA **78**, 147, JZ **79**, 77, Tröndle 5, Loos JR 75, 248, Mazurek JZ 76, 234 f., Tiedemann Peters-FS 202 ff., JZ 75, 693; and. diff. Dannecker aaO 514 ff., Jakobs 101 ff. (ihm folg. Rogall KK-OWiG § 4 RN 26), Sommer aaO 135 ff.): Ist dies zu bejahen, so ist der Täter aus dem milderen Tatbestand zu bestrafen (vgl. BGH **26** 174 sowie u. 25). Andernfalls entfällt die Anwendbarkeit des alten Rechts, weil nicht mehr geltend, während der Anwendung des neuen dem Rückwirkungsverbot entgegensteht (vgl. Loos aaO, Mohrbotter ZStW 88, 935 ff., Tröndle LK[10] 29). Eine solche *Diskontinuität* ist auch bei Qualifizierungsmerkmalen denkbar: In diesem Fall kommt nur eine Bestrafung aus dem Grunddelikt in Betracht (vgl. Tiedemann JZ 75, 693).

25 Streitig ist allerdings der für die Kontinuität des Unrechtstyps erforderliche **Identitätsgrad:** Während Köln NJW **74**, 1830 im Verhältnis von § 180 aF (Schutz der öffentl. Sittlichkeit vor Kuppelei) zu § 180a I Nr. 2 nF (Schutz der Prostituierten vor Ausbeutung) ungeachtet des veränderten Schutzzwecks genügen ließ, daß die konkrete Tat im Hinblick auf beide Rechtsgüter nach Art und Intensität eine sozial nicht mehr hinnehmbare Beeinträchtigung darstellt, von KG NJW **76**, 813 (im Anschluß an Loos JR 75, 248) hingegen das gleiche Ergebnis mit dem Gleichbleiben des unmittelbaren Regelungseffekts begründet werden, mißt BGH **26** 173 der Änderung von qualifizierenden Tatmodalitäten weniger Bedeutung bei, solange nur der Schutzzweck davon unberührt bleibt; demzufolge sei ein Straßenraub auch dann nach § 250 strafbar, wenn diese Qualifikation (Abs. 1 Nr. 3 aF) nach der Tat weggefallen ist, sofern nur, wie etwa durch Mitführen von Waffen, eine andere Qualifikation des neugestalteten § 250 erfüllt ist; denn beiden Fassungen sei als „gemeinsamer Unrechtskern" der gewaltsame Angriff auf Eigentum und Freiheit anderer eigen (wohl zust. B/W-Weber 134; ebso. im Verhältnis von nächtl. Raub u. Waffenraub BGH JZ **75**, 702). Auf den „gemeinsamen Unrechtskern" wird im Verhältnis von § 263 und § 266 b auch von Hamm MDR **87**, 514, KG JR **87**, 258 und Weber JZ 87, 216 abgehoben (iE ebso. BGH JZ **87**, 208; vgl. auch u. § 266 b RN 16). Dabei wird jedoch verkannt, daß für den Unrechtstypus sowohl das Schutzgut als auch die Angriffsmodalität konstitutiv sind (vgl. Mohrbotter ZStW 88, 942 ff., Tiedemann JZ 75, 693) und der Tatbestand seiner wesentlichen Funktionen beraubt würde, wenn es für die dem Rückwirkungsverbot zugrundeliegende Voraussehbarkeit des Unrechtsvorwurfs (vgl. o. 1) lediglich auf den rechtsgutsbezogenen Verletzungserfolg, nicht aber auch auf deren Modalität ankäme. Daher ist eine Kontinuität des Unrechtstyps nur solange annehmbar, als sich das geänderte Tatbestands- oder Qualifikationsmerkmal noch im gleichen Schutzbereich und in gleicher Angriffsrichtung bewegt. Das mag noch im Verhältnis von § 180 aF zu § 180a I Nr. 2 nF der Fall sein, da es auf den Wandel gesetzgeberischer Motive nur dann ankommen kann, wenn sich dies in einer für die Vorhersehbarkeit erheblichen Weise in der Tatbestandsformulierung unverkennbar niederschlägt. Auch zwischen § 239 I Nr. 1 KO aF und § 283 I Nr. 1 aF bestand eine solche Kontinuität

Zeitliche Geltung   26, 27 § 2

(vgl. BGH JZ **79**, 77). Dagegen kann im Verhältnis von Straßen- oder nächtlichem Raub einerseits, wo das Orts- und Zeitmoment im Vordergrund steht, und dem Waffenraub andererseits, wo der Gefährlichkeit des Tatmittels qualifizierende Bedeutung zukommt, von gleichgerichtetem Schutz keine Rede mehr sein (insoweit gegen BGH auch Blei JA 76, 25 ff., Tröndle 5, Herdegen LK § 250 vor 1, Lackner 5, Mazurek JZ 76, 235, Mohrbotter aaO 949 ff., JZ 77, 53, Roxin I 123, Schroeder aaO 793 ff.). Auch im Verhältnis von § 70 I AWVO aF zu § 34 I Nr. 1 AWG wird die Kontinuität zu Recht verneint (BGH GA **78**, 147; vgl. auch Saarbrücken OLGSt 1 ff.). Zu den spezifischen Problemen der Bestimmung der Unrechtskontinuität, wenn die vor dem 3. 10. 90 begangene Tat allein nach mit dem Beitritt außer Kraft getretenem *DDR-Recht* strafbar war, vgl. 96 ff. vor § 3.

    d) Auch die Frage, inwieweit in der **Änderung von blankettausfüllenden Normen** (dazu 3 vor 26
u. 8 zu § 1) oder in sonstigen **mittelbaren Rechtsänderungen** eine für § 2 III beachtliche Gesetzesänderung liegen kann, bedarf weiterer Klärung. Zwar besteht mit BGH **20** 177 Einigkeit darüber, daß zu dem zu berücksichtigenden gesamten Rechtszustand (o. 20) auch (außerstrafrechtliche) Ausfüllungsnormen von Blankettstrafgesetzen gehören, zumal da sie praktisch deren „Tatbestand" bilden, und daher mit ihrer gänzlichen oder teilweisen Auswechslung auch das Strafgesetz eine Änderung erfährt (BVerfG NJW **95**, 316, BGH **40** 381, Bremen NJW **64**, 2261, Blei I 51, Gribbohm LK 34, Jescheck/Weigend 140, Lackner 5, Rudolphi SK 8 a, Schmidhäuser I 45; Seiler aaO 45 f.; and. noch BGH **7** 294 und die RG-Rspr.). Dies braucht freilich nicht bei jedweder Änderung einer Bezugsnorm, auf die sich ein Straftatbestand oder eine Blankettstrafdrohung bezieht, der Fall zu sein (so aber generell Dannecker in de Boor 96 ff., Tiedemann aaO 19 f., NJW 86, 2476, Rogall KK-OWiG § 4 RN 9 bzgl. Blanketten, ferner Rüping NStZ 84, 451 bzgl. Steuervorschriften; tendenziell hins. mittelbarer Rechtsänderungen auch BGH **14** 156 zu § 257 aF, Düsseldorf NJW **69**, 1679 zu § 145 d, Bay MDR **74**, 685 zu § 164 sowie allg. Gribbohm LK 33, Mazurek JZ 76, 235 ff.); vielmehr werden solche Rechtsänderungen auszuscheiden sein, die – ähnlich wie bei Änderung von rein strafrechtlichen Tatbestandsmerkmalen (o. 24) – den *Schutzzweck* und die *Angriffsrichtung* des (Blankett-)Tatbestandes und damit auch das verwirklichte Unrecht im wesentlichen unberührt lassen, also gleichsam nur das vom Rechtsgut zu unterscheidende Tatsubstrat oder nur sonstige auswechselbare Tatumstände betreffen (ähnl. Seiler aaO 52 ff. mit der Unterscheidung, ob eine mit einem Schutzzweck verbundene Wertaussage oder bloß eine wertneutrale Regelung von der Änderung betroffen ist, sowie Silva aaO 146 ff., 149 durch Abheben auf Fortbestehen oder Fehlen des Strafbedürfnisses, wofür maßgeblich sei, „ob die in der Vergangenheit begangene Tat nach wie vor als rechtsgutgefährdend angesehen werden kann und muß"). Wenngleich terminologisch schwer nachvollziehbar, so doch wohl iglS Jakobs 100 f., Rudolphi SK 8 b ff. mit Differenzierung zwischen (beachtlicher) Änderung von verbots- und gebotsnormierenden Ausfüllungsnormen, zu deren unmittelbarer *Gehorsamssicherung* die Strafdrohung dient, und der (unbeachtlichen) Änderung von mittelbaren *Regelungseffekten* von Ausfüllungsnormen, an die das Blankett anknüpft (vgl. auch Laaths aaO 109 ff., Samson wistra 83, 237); ähnlich wie hier Tröndle LK¹⁰ 6, Hassemer AK 37 ff., K. Meyer JR 75, 70, Mohrbotter ZStW 88, 956 f., Wenner MDR 75, 162. Vgl. auch Stuttgart NJW **90**, 657 zur mangelnden Transformation von EG-Vorschriften durch den deutschen Gesetzgeber.

    Dementsprechend entfällt bei den §§ 145 d, 164 und § 258 – entgegen der zu diesen Tatbeständen 27
o. 26 angeführten Rspr. – die Strafbarkeit nicht etwa deshalb, weil die jeweilige *Bezugstat* nachträglich entkriminalisiert wird; denn davon bleibt das nun einmal verletzte Schutzgut dieser Tatbestände unberührt (Jakobs 84, Tröndle LK¹⁰ 6; vgl. auch § 145 d RN 25, § 164 RN 9, § 258 RN 11; and. Gribbohm LK 33; and. bezgl. § 258 Rudolphi SK 8 d, Seiler aaO 58). Ähnlich verliert ein mit Verdeckungsabsicht begangener Totschlag seinen Mordcharakter nicht schon dadurch, daß hinterher die Strafbarkeit der verdeckten Tat aufgehoben wird (K. Meyer JR 75, 69; and. Gribbohm LK 33, der aber auf „sonst" niedrige Beweggründe rekurrieren will). Ebensowenig würde der Schutzzweck des Vorfahrtsrechts dadurch berührt, daß die zur Tatzeit bestehende rechts-vor-links-Regelung in eine solche links-vor-rechts geändert wird (Jakobs 100 f.; vgl. auch Hamm NJW **54**, 1735 zur nachträgl. Entfernung von Verkehrszeichen; allg. zur Tatbestandswirkung von Verwaltungsakten Arnhold, Die Strafbewehrung rechtswidriger Verwaltungsakte, 1978, sowie speziell zu Steuerbescheiden Schünemann in de Boor 60 f.). Ähnlich bleibt die Strafbarkeit einer Banknotenfälschung (§ 146) davon unberührt, daß diese nachträglich außer Kurs gesetzt werden (Jakobs 100 f.). Gleiches gilt für eine außerstrafrechtliche Änderung der Voraussetzungen, unter denen ein Eid zu leisten ist, wie etwa die Ersetzung des Offenbarungseids durch die eidesstattliche Versicherung (vgl. BGH MDR/H **78**, 280). Wird dagegen eine Geschwindigkeitsbeschränkung nach der StVO ersatzlos aufgehoben, so liegt darin eine schutzgutrelevante Änderung (Jakobs 100, Rudolphi SK 8 b). Gleiches gilt für den Fall, daß bei Anknüpfung der Schutzgrenze an die Volljährigkeit (zB § 301 aF) durch deren Herabsetzung auch der Schutzumfang eingeschränkt wird (Tröndle LK¹⁰ 5). In gleicher Weise wie bei solchen mittelbaren Änderungen bloßer Bezugsnormen von Straftatbeständen ist auch bei echten Blankettstrafgesetzen eine Differenzierung geboten: Zwar wird durch die Änderung von Ausfüllungsnormen, weil als Verhaltenskonkretisierung meist überhaupt erst unrechtskonstitutiv, auch der Schutzzweck und die Angriffsrichtung berührt, weswegen darin idR eine für § 2 III relevante Strafgesetzänderung zu erblicken ist (so zum MinÖStG BGH **20** 177, zum AsylVfG NJW **91**, 711, zu Bewirtschaftungsvorschriften Kassel SJZ **49** 649, Schleswig HESt **2** 183, KG JR **50** 404; and. RG **46** 396, **49** 410; vgl. auch Saarbrücken OLGSt 7); dementsprechend kann auch in Steuerentlastungen, indem beispielsweise

Parteispenden der Charakter von Betriebsausgaben zuerkannt und damit der Steueranspruch gegenüber staatspolitischen Zwecken hintangestellt wird, eine strafrechtsrelevante Schutzzweckänderung liegen. Sofern es dagegen lediglich um die mehr technische Änderung von Abrechnungszeiträumen oder sonstige Modalitäten geht, durch die auf den Steueranspruch als solcher unberührt bleibt, kann dies kaum anders behandelt werden als eine für § 2 III unbeachtliche Änderung des Beeidigungsverfahrens oder die Änderung einer rechts-vor-links-Regelung (iglS BGH NJW **87**, 1276 zu Steuerdelikten; demgegenüber bei solchen Delikten eine mögliche Gesetzesänderung einerseits zu pauschal verneinen. Jakobs 101, Lackner 4, Rudolphi SK 8 d, Samson wistra 83, 237, Schünemann in de Boor 121 ff., andererseits zu pauschal bejah. Dannecker u. Tiedemann aaO o. 26, wobei spez. hins. der Parteispenden selbst bei Annahme einer schutzgutrelevanten Änderung noch zu beachten bleibt, ob nicht eine Fortgeltung des bisherigen Rechts gewollt bzw. ein Zeitgesetz anzunehmen ist; dazu o. 22 f. bzw. u. 38).

28   2. Liegt eine berücksichtigungsfähige Gesetzesänderung vor, so ist in einem **Milderungsvergleich** das für den Täter günstigste Gesetz zu ermitteln (spez. zu den im Vergleich zum früheren *DDR-Recht* anzuwendenden Grundsätzen bei sog. „*Alttaten*" vgl. 96 vor § 3).

29   a) Dabei sind auch sog. **Zwischengesetze,** die einerseits bei Tatbegehung noch nicht galten und andererseits im Entscheidungszeitpunkt schon nicht mehr gelten, mitzuberücksichtigen (E 62 Begr. 107, Jescheck/Weigend 141, M-Zipf I 162, Tröndle LK[10] 29); zwar würde in deren Nichtberücksichtigung, da ja an sich bereits außer Kraft getreten, keine – ihrerseits dem Rückwirkungsverbot unterliegende – rückwirkende „Aufhebung" liegen (insofern mißverständl. Rudolphi SK 6), läßt sich aber sowohl aus dem Wortlaut des Abs. 3 (M-Zipf I 162) wie auch aus dem darin enthaltenen Meistbegünstigungsprinzip (o. 16) entnehmen. Daher genügt also nicht schon ein Vergleich zwischen dem zur Tatzeit und dem im Entscheidungszeitpunkt geltenden Recht; vielmehr sind auch etwaige nur zwischenzeitlich geltende Gesetze mitzuberücksichtigen und, falls milder als das vorherige oder nachherige Recht, anzuwenden (insofern erweist sich auch der auf Anwendung des zur „Entscheidungszeit" geltenden Gesetzes abhebende Fassungsvorschlag von Schroeder aaO 788 als unvollständig). Deshalb steht dort, wo eine Tat zwischen ihrer Begehung und der Entscheidung vorübergehend nicht strafbedroht war, wenn auch nicht Art. 103 II (vgl. o. 16 zu BVerfG **81** 132 m. krit. Bespr. Grünwald A. Kaufmann-FS 433), so doch § 2 III einer Bestrafung entgegen (vgl. BGH NStZ **92**, 535 m. Anm. Achenbach NStZ 93, 427 f., Roxin I 123), es sei denn, daß diese Meistbegünstigungsklausel, weil disponibel, gesetzlich ausgeschlossen werden konnte (Stuttgart NStZ-RR **99**, 379 f.; vgl. o. 16). Im übrigen gilt diese Berücksichtigung einer zwischengesetzlichen Milderung natürlich immer unter der Voraussetzung, daß sie nicht ihrerseits verfassungswidrig ist (vgl. Tiedemann NJW 86, 2478, Schünemann in de Boor 120 gegen Dingeldey NStZ 85, 337, 340).

30   b) Ob ein Gesetz – und gegebenenfalls welches – **milder** ist, läßt sich nicht durch einen abstrakten Vergleich der Tatbestände und Strafdrohungen ermitteln; dieser wäre vielfach auch unmöglich, zB bei gleichzeitiger Erhöhung der Höchst- und Herabsetzung der Mindeststrafe (vgl. etwa RG **75** 310). Entscheidend ist vielmehr, welches Gesetz für den **konkreten Fall** die mildeste Beurteilung zuläßt (RG **71** 43, **75** 310 m. Anm. Bockelmann DR 41, 2182, BGH **20** 75, **28** 337, LM **Nr. 2** zu § 2 a, MDR **64**, 160, NStZ **83**, 80, 268, **99**, 615, StV **83**, 281, NJW **87**, 1276, **95**, 2861, **99**, 1041, BGHR § 2 III Ges.änd. **11**, NStZ-RR **98**, 295, Bay JZ **74**, 393, Koblenz VRS **49** 350, Gribbohm LK 20, Hassemer AK 24, 42, Jescheck/Weigend 140, Rudolphi SK 11; vgl. auch 25. A. § 52 RN 37). Unrichtig ist es deshalb, zwei Fassungen eines Gesetzes im ganzen miteinander zu vergleichen, etwa die StVO in aF und nF (vgl. RG JW **36**, 49). Der Vergleich ist nicht auf die Regelstrafdrohung zu beschränken, sondern hat auch etwa weggefallene Straferschwerungsgründe zu berücksichtigen (Koblenz NStZ **83**, 82) und ist im übrigen auf den gesamten, für die konkrete Tat erheblichen Rechtszustand zu erstrecken, also uU einschließlich des – heute insgesamt milderen – Internationalen Strafrechts (vgl. 12 vor § 3, § 7 RN 1, Düsseldorf NJW **79**, 61). Auch kann eine Tatbestandsänderung insofern eine Milderung darstellen, als gem. § 46 III ein bestimmter Umstand des konkreten Falles bei der Strafzumessung nicht mehr zum Nachteil des Angeklagten ins Gewicht fallen kann (BGH NStZ-RR **96**, 33). Umgekehrt kann eine Verschärfung darin liegen, daß strafschwerende Regelbeispiele eines Vergehens in eine Qualifikation mit Aufstufung zum Verbrechen umgestaltet werden (BGH NJW **99**, 1647). Vgl. aber auch BGH NStZ **99**, 556, **00**, 93, wonach trotz Herabstufung eines Verbrechens (§ 265 aF) zum Vergehen (§ 265 nF) ersteres gegenüber einem durch erschwerende Regelbeispiele aufgeweiteten vorrangigen Tatbestand (§ 263 III nF) milder sein kann. Über Tatbestandsänderungen hinaus, wie zB durch Erweiterung des Diebstahls auf Drittzueignung (vgl. BGH NStZ **99**, 510), ist auch die Änderung von allgemeinen Regeln, wie etwa über Irrtum, Rechtfertigung oder Verjährung, zu berücksichtigen (vgl. M-Zipf I 161). Ferner kann ein in den Tatfolgen verschärfter Tatbestand dadurch milder sein, daß aufgrund der nF im konkreten Fall nur Versuch (mit der Strafmilderungsmöglichkeit aus § 23 II) in Betracht kommt (dies im Verhältnis von § 257 aF zu § 258 nF übersehen vom LG Hannover NJW **76**, 978 m. krit. Anm. Schroeder). Entsprechendes gilt bei Einräumung von Differenzierungsmöglichkeiten (BGH **28** 337, NJW **91**, 1241; vgl. auch BGH NStZ **94**, 232 zur mögl. Berücksichtigung von schuldmindernden Umständen bzw BGH NStZ **00**, 49 zur Anhebung des Täteralters bei § 176a nF). Auch Änderungen der Strafaussetzung zur Bewährung (vgl. BGH NJW **53**, 1800, 1833, NStE **Nr. 4** zu § 56 f, ferner zum Vergleich BRD-DDR BGH NJW **95**, 2861, Brandenburg NStZ **95**, 407) sind von Bedeutung, nicht aber Änderungen bei rein verfahrensrechtlichen Sätzen (vgl. aber dazu o. 6). Bei Umwandlung einer Straftat in eine Ordnungs-

widrigkeit ist letztere auch dann das „mildere Gesetz", wenn die Geldbuße höher ist als die ehemals angedrohte Geldstrafe (Bay NJW **69**, 2296, Düsseldorf NJW **69**, 1221; and. Sommer aaO 114 ff.; vgl. auch Saarbrücken NJW **74**, 1009).

Beim **Vergleich verschiedener Strafdrohungen** kann problematisch sein, wie sich Änderungen 31 in der Strafart zu Änderungen in der Strafhöhe und wie sich Änderungen in den Hauptstrafen zu Änderungen in den Nebenstrafen und Nebenfolgen verhalten (vgl. Schröder JR 66, 68). Im einzelnen gilt folgendes:

α) Innerhalb **derselben Strafart** kann die Milderung sowohl in einer Herabsetzung der Höchst- 32 als auch in der Herabsetzung der Mindeststrafe liegen (vgl. BGH **20** 121, NStZ-RR **99**, 263, Hamm GA **75**, 26, ferner LG Hannover NJW **76**, 979, aber dazu auch o. 30). Wird der Strafrahmen nach oben und unten verändert, so ist konkret zu entscheiden. Je nachdem, ob ein leichter oder schwerer Fall vorliegt, entscheidet die obere oder untere Grenze des neuen Strafrahmens (vgl. RG **75** 310). Dies gilt erst recht, wenn die Strafrahmen durch Abschichtung besonders schwerer Fälle oder durch allgemeine mildernde Umstände erweitert werden (vgl. BGH StV **98**, 546, BGHR § 46 II Verf.verzög. 12). Insofern kann die aF einer Vorschrift bei konkreter Betrachtungsweise auch dann milderes Gesetz sein, wenn die nF aufgrund ihrer Gesamtkonstruktion die Möglichkeit der bisher in der Praxis üblichen Annahme eines minder schweren Falles deutlich einschränkt (so zu § 250 I aF u. § 250 II Nr. 1 nF BGH NStZ **98**, 354, NStZ-RR **98**, 268; vgl. § 250 RN 2 mwN). Bei unterschiedlichen Strafrahmenobergrenzen ist für den gebotenen konkreten Vergleich auch das Verschlechterungsverbot nach § 358 II 1 StPO zu beachten (vgl. BGH **38** 67).

β) Nach der Rspr. ist **Geldstrafe** stets milder als **Freiheitsstrafe** (RG **46** 430, **57** 122, 198, **59** 98, 33 **65** 230, Bay MDR **72**, 884, Tröndle LK[10] 38; and. Jakobs 104). Ist aber in beiden oder einem der beiden zu vergleichenden Gesetze Freiheitsstrafe mit Geldstrafe gekoppelt, so hat der Richter die kombinierten Freiheits- und Geldstrafen in ihrer Gesamtheit einander gegenüberzustellen und für den Einzelfall eine Wertentscheidung zu treffen, welches Gesetz milder ist (vgl. Tröndle LK[10] 38, Sommer aaO 130 ff.). Dementsprechend wird von Frankfurt NJW **75**, 354 eine Freiheitsstrafe von 2 Jahren und/oder Geldstrafe als milder angesehen als eine 3jährige Freiheitsstrafe.

γ) **Nebenstrafen und Nebenfolgen** berücksichtigt die hM (Tröndle 10, Rudolphi SK 12) nur 34 dann, wenn die Entscheidung über die Rangordnung der Strafen im Bereich der Hauptstrafen nicht getroffen werden kann. Ergibt dagegen ein Vergleich der Hauptstrafen, daß ein Gesetz sich als das mildere darstellt, so sollen damit alle Nebenstrafen und Nebenfolgen anzuordnen sein, die in dem milderen Gesetz vorgesehen sind (BGH NJW **65**, 1723 m. abl. Anm. Schröder JR 66, 68 für das Verhältnis von §§ 42, 47 BVerfGG zu § 90 a II aF StGB). Dies beruht auf dem von der Rspr. aufgestellten Grundsatz „strikter Alternativität" (BGH **37** 322, NStZ **00**, 136), wonach immer nur *ein Gesetz im ganzen* angewendet werden könne, es also unzulässig sei, teilweise das alte und teilweise das neue Gesetz anzuwenden (RG **61** 77, **74** 133, **75** 57, **77** 221, BGH **20** 30, **24** 97, **37** 322, NJW **95**, 2861, **97**, 951, NStZ-RR **98**, 104, Bay NJW **98**, 3366 f., Gribbohm LK 21, Lackner 3, M-Zipf I 161, Tröndle 9). Demgegenüber ist davon auszugehen, daß jede einzelne Deliktsreaktion ihr eigenes Gewicht und, insbes. im Verhältnis Haupt- und Nebenstrafen, ihre eigene Zielsetzung hat. Richtigerweise ist deshalb *getrennt für jede einzelne Deliktsreaktion* festzustellen, ob das alte oder das neue Recht milder ist (zust. Hassemer AK 45, Jakobs 104, Rogall KK-OWiG § 4 RN 29, Sommer aaO 92 ff.). So darf zB eine Nebenstrafe, die das neue Recht vorsieht, die jedoch dem alten unbekannt ist, trotz Milderung der Hauptstrafen im neuen Recht nicht zur Anwendung kommen (vgl. Schröder JR 66, 68; and. Gribbohm LK 26, 55, Rudolphi SK 12).

3. Sofern dem Tatzeitrecht nicht als „Zeitgesetz" Vorrang zukommt (u. 36 ff.), ist das **mildeste** 35 Gesetz anzuwenden, und zwar **zwingend;** insofern verbleibt auch dem RevG kein Anwendungsermessen (vgl. § 354 a StPO, BGH **20** 77, **44** 106, NStZ-RR **98**, 235, 270, 295, StV **98**, 485, 486, Saarbrücken NJW **74**, 1009, Tröndle LK[10] 30, 43). Insbes. ist die Anwendung des milderen Gesetzes auch nicht davon abhängig, ob die Gesetzesänderung auf einer geläuterten Rechtsauffassung oder auf einer Änderung der Verhältnisse beruht, zu deren Schutz das Gesetz gedient hat (vgl. BGH **6** 32, **20** 181). Führt das mildeste Gesetz zur *Straffreiheit*, so hat dies nicht nur Verfahrenseinstellung zur Folge (so aber Celle GA **53**, 184, Gribbohm LK 58, M-Zipf I 160), sondern Freispruch des Täters zur Folge (vgl. Bay NJW **61**, 688, Jescheck/Weigend 140). Blieb zwar die Strafbarkeit der Tat grundsätzlich aufrechterhalten, waren aber die *Tatfolgen* zwischenzeitlich gemildert worden, so ist jenes Gesetz anzuwenden, aus dem sich die für den Täter insgesamt mildeste Anwendbarkeit ergibt (über die dabei anzulegenden Maßstäbe vgl. o. 30 ff.).

IV. Bei Tatbegehung während der zeitlich begrenzten Geltung eines **Zeitgesetzes (Abs. 4),** ist die 36 Anwendung nachträglicher Strafbestimmungen oder Milderungen (Abs. 3) ausgeschlossen. Würde etwa ein für besondere Verhältnisse geschaffenes Devisenbewirtschaftungsgesetz oder ein zur Überwindung einer Energiekrise für eine bestimmte Zeit erlassenes Sonntagsfahrverbot nach Ablauf der vorgesehenen Geltungsfrist nicht mehr anwendbar sein, könnte der Täter allzu leicht darauf spekulieren, daß bei Aburteilung seiner Tat das Gesetz bereits wieder außer Kraft getreten ist und er damit nach dem Vorrang des milderen Gesetzes (Abs. 3) straffrei bliebe (o. 16 ff.). Damit müßten derartige Gesetze jedenfalls gegen Ende ihrer Geltungsdauer praktisch jede Autorität verlieren (vgl. BGH **6** 38, Jescheck/Weigend 141, Roxin I 124; grds. abl. Flämig aaO 53 ff., 74 ff., 125). Um dies zu verhindern, läßt Abs. 4 auf Zeitgesetze den Grundsatz des milderen Gesetzes nicht zu, so daß hier praktisch das *Tatzeitprinzip* des Abs. 1 wieder zur Geltung gelangt (vgl. auch o. 2). **Im einzelnen** gilt folgendes:

37   1. Zu den **Zeitgesetzen** gehören unstreitig solche, die entweder schon von vornherein oder aufgrund einer späteren Rechtsnorm (vgl. Bay 61 149, Karlsruhe NStZ **81**, 264) in ihrer Geltung kalendermäßig befristet bzw. nur für eine Zeit bemessen sind: sog. *Zeitgesetze ieS* (OGH **2** 268). Darüberhinaus fallen in den Anwendungsbereich des Abs. 4 jedoch auch solche Gesetze, deren Geltungsdauer zwar nicht auf einen bestimmten Zeitpunkt fixiert ist, bei denen sich jedoch aus Inhalt und Zielsetzung ergibt, daß sie nur für bestimmte Zeitverhältnisse gelten und mit deren Wegfall oder Änderung außer Kraft treten sollen: sog. *Zeitgesetze iwS* (BGH NJW **52**, 72, wistra **98**, 306; vgl. auch Seiler aaO 50). Diese schon früher anerkannte Ausweitung (vgl. 17. A. § 2 RN 55 mwN, ferner Schick JurBl. 69, 639; krit. aber Tiedemann Peters-FS 200 ff., Jakobs 98, Rüping NStZ 84, 451, mit Vorbehalt auch Hassemer aaO 201 ff.) läßt sich auch daraus entnehmen, daß das im 2. StrRG vorgesehene Abheben auf einen bestimmten „Zeitpunkt" durch das EGStGB bewußt wieder rückgängig gemacht wurde und es damit nur auf die Geltung für eine bestimmte „Zeit" ankommen soll (vgl. BT-Drs. 7/550 S. 206 sowie krit. zur Entwicklung Kunert NStZ 82, 276 ff.). Eine solche zeitlich beschränkte Geltung kann freilich immer nur bei solchen Gesetzen angenommen werden, aus deren Inhalt sich ergibt, daß sie nach Ablauf der zeitlich bedingten Sonderverhältnisse (wie zB aufgrund der Teilung Deutschlands: vgl. BGH **40** 381 ff. zum Interzonenhandel [insoweit iglS BGH NJW **96**, 625, wistra **95**, 192; vgl. auch GrS MDR **96**, 953 f.]; zur Ausnahmesituation des Serbienembargos vgl. BGH wistra **98**, 306) von selbst gegenstandslos werden oder sich nach Beendigung eines Ausnahmezustandes von selbst erledigen (enger Hassemer AK 53). Das Hauptanwendungsfeld des Abs. 4 bilden somit vor allem die im Nebenstrafrecht besonders häufigen **Blankettgesetze** (o. 26 f.), deren Zweck meist gerade darin besteht, durch elastische Auswechselbarkeit der blankettausfüllenden Norm akuten Bedürfnissen (zB Wirtschafts- bzw. Versorgungskrisen) oder sich wandelnden Zeitverhältnissen (zB bei Besteuerungen oder Einfuhrbeschränkungen) Rechnung zu tragen, ohne daß sich dabei die Erreichung des gesteckten Zieles von vornherein zeitlich schon genau vorhersehen und fixieren ließe. Doch kommt es bei solchen Ausfüllungsnormen auf ihren jeweiligen konkreten Inhalt und Zweck an, so daß nicht etwa die Steuergesetze im ganzen (oder vergleichbare Rechtsgebiete in ihrer Gesamtheit) als zeitgesetzliche Regelungen behandelt werden können (Kunert aaO 278, Lackner 8, Rüping NStZ 84, 450, Rudolphi SK 15, Tiedemann aaO 35 ff., Ulsamer/Müller wistra 98, 5 f.; and. Franzheim NStZ 82, 138; vgl. auch Samson wistra 83, 238 ff. sowie u. 38 aE). Gleiches gilt zB auch für die Aufhebung der Sanktionierung von Tarifverstößen zur Verwirklichung des europäischen Binnenmarktes (Bay **94** 143).

38   Zeitgesetze wurden in der **Rspr. beispielsweise** in folgenden Fällen angenommen: Zeitlich begrenzte PolizeiVO (Bay NJW **62**, 825, vgl. schon RG **56** 186 zum EntwaffnG), das MinöStG (BGH **20** 182), das WohnraumbewirtschG (Hamm JMBlNW **65**, 270), §§ 10, 30 des AWG (Karlsruhe NJW **62**, 825, NStZ **81**, 264), ErstattungsVOen der EG-Komm. (BGHR § 2 IV Zeitgesetze 1); zu Höchstpreis- bzw. preisregelnden Vorschriften, bei denen es idR um Zeitgesetze handelt (BVerwG DVBl. **62**, 490), vgl. insbes. BGH **2** 30 (Zigaretten), NJW **55**, 1406 (Ausführungsvorschriften der §§ 8, 18 WiStG), NJW **52**, 72 (GebrauchtwagenVO u. zu anderen preisregelnden Vorschriften von vor der Währungsreform), Hamburg MDR **49**, 700 (KaffeebewirtschVO), vgl. ferner RG **49** 388, **50** 291, 401; and. Kassel MDR **49**, 58, OGH **2** 259, 267, wo preisregelnde Vorschriften nicht als Zeitgesetze behandelt wurden. Zu sonstigen Bewirtschaftungsvorschriften vgl. RG **52** 172, **53** 255, **57** 384, **61** 222, **74** 301, zu militärrechtl. Vorschriften zum Interzonenhandel vgl. BGH **40** 378 ff., NJW **96**, 605, MDR **96**, 953 f., zu polizeil. Vorschriften vgl. RG **59** 197, **71** 41. **Keine Zeitgesetze** waren nach der Rspr. die Geschwindigkeitsbegrenzung nach § 9 StVO idF von 1939 (BGH **6** 30, Bremen NJW **53**, 1642, Frankfurt NJW **54**, 208; and. Oldenburg NJW **53**, 1642), die Devisenstrafbestimmungen des MRG 53 und des AHKG 33 (BGH **18** 12; and. Bay **62** 117), das Ges. Nr. 14 des AHK (BGH LM **Nr.** 1 zu AHKG 37), der Anh. A zum Truppenvertrag (BGH MDR **64**, 160; and. Bay MDR **63**, 1025, Bremen NJW **64**, 2363), EG-VOen über Weinherstellungsverfahren (Stuttgart NJW **90**, 658), Aufenthaltsbeschränkungen nach AsylVfG (Düsseldorf NJW **91**, 711) sowie Tarifbindungen im Güterverkehr (Bay **94** 143). Zum umstrittenen ParteiFinG vgl. einerseits den Zeitgesetzcharakter bejah. AG Köln NJW **85**, 1037, AG Bochum NJW **85**, 1968, AG Düsseldorf NJW **85**, 1971, Franzheim NStZ 82, 138, Samson wistra 83, 238 f., Schäfer wistra 83, 171, Schünemann in de Boor 124 f., andererseits vernein. Dannecker in de Boor 98 ff.; Felix aaO 32 ff., Flämig aaO 86 ff., Tiedemann aaO 30 ff., Ulsenheimer NJW **85**, 1929 ff., während in BGH NJW **87**, 1276 zu Recht für unerheblich erklärt; vgl. auch o. 2, 23, 27. Zu den nach BVerfGE **93** 121 ff. ab 1. 1. 97 nicht mehr geltenden Vorschriften des VermögStG vgl. BGH NJW **00**, 372, Ulsamer/Müller wistra 98, 3 f.; zu Embargovorschriften nach AWV den Zeitgesetzcharakter bejah. BGH wistra **98**, 306, Löffeler wistra 91, 126 f.; unzutr. Lütke wistra 97, 207.

39   2. Die Begehung einer Tat während der Geltung eines Zeitgesetzes hat zur Folge, daß der Täter auch dann strafbar bleibt, wenn das Gesetz nach der Tat *außer Kraft* tritt. Auf Grund dieser „**Nachwirkung" des Zeitgesetzes** findet praktisch das zur Tatzeit geltende Recht Anwendung, und zwar ungeachtet etwaiger nachheriger Strafbefreiungen oder Strafmilderungen (vgl. RG **21** 294, **32** 112, **55** 172, **56** 286). Freilich steht diese Nachwirkung immer unter dem Vorbehalt, daß das Zeitgesetz nicht wegen Änderung der dem Gesetz zugrunde liegenden Rechtsauffassung, sondern lediglich wegen Ablaufs der vorgesehenen *Geltungsfrist* bzw. wegen Wegfall oder Änderung der dem Gesetz zu Grunde liegenden *Verhältnisse* außer Kraft getreten ist (Jescheck/Weigend 141, Tröndle LK[10] 47; krit. zu dieser Diff. Tiedemann Peters-FS 198 ff.). Hierin liegt einer der grundlegenden Unterschiede gegenüber nachträglichen Änderungen von „unbefristeten" Gesetzen (vgl. o. 16).

3. Diese „Nachwirkung" findet freilich dort eine **Grenze,** wo das Zeitgesetz über seinen ursprünglich nur vorübergehend gedachten Zweck hinaus **Dauercharakter** erlangt (BGH **6** 30 hins. Höchstgeschwindigkeiten nach StVO aF, AG Köln NJW **85**, 1040, Tröndle 13 a, Tiedemann aaO 31). Sobald dies anzunehmen ist (worauf jedoch nicht schon ohne weiteres aus einer langen Geltungsdauer geschlossen werden kann: vgl. BGH **40** 383), richtet sich jedenfalls die Beurteilung weiterer Verstöße gegen dieses Gesetz nicht mehr nach Abs. 4, sondern nach Abs. 3. Dieser kann auch bei vorherigen Verstößen in Betracht kommen, wenn dem Verlust des Zeitcharakters des Gesetzes nicht nur eine Änderung der tatsächlichen Verhältnisse, sondern auch ein *Wandel der Rechtsauffassung* zugrunde liegt. Ferner kann eine *Nachwirkung* des Zeitgesetzes ausdrücklich *ausgeschlossen* sein (Abs. 4 S. 2; vgl. bereits BGH NJW **54**, 1406 zu § 15 WiStG 1954). Entsprechendes ist für Fälle anzunehmen, in denen sich aus dem Inhalt eines Gesetzes ergibt, daß es keine oder nur eine beschränkte Nachwirkung haben soll. In diesem Fall findet bei etwaigen nachträglichen Gesetzesänderungen der Grundsatz des milderen Gesetzes (Abs. 3) Anwendung. Gleiches gilt für den Fall, daß ein Zeitgesetz durch ein *neues Zeitgesetz* ersetzt oder gemildert wird. Hier kommt im Verhältnis der betreffenden Zeitgesetze zueinander in entsprechender Anwendung des Abs. 3 das jeweils mildeste zum Zuge (so bereits in st. Rspr. RG **64** 399, **65** 68; vgl. Tröndle LK[10] 50). Vgl. auch BGH **40** 383 ff. zur Vermeidung unbilliger Härten infolge der mit der Spaltung und Wiedervereinigung Deutschlands verbundenen Änderungen bei Verstößen gegen Interzonenhandelsvorschriften. 40

V. Bei den **Maßregeln der Besserung und Sicherung (Abs. 6)** findet sich eine echte Ausnahme vom Rückwirkungsverbot (zur Vorgeschichte Jung aaO 876 f.). 41

1. Soweit vom Gesetz nicht anders vorgesehen (dazu u. 43), ist bei Maßregeln der Besserung und Sicherung das im **Entscheidungszeitpunkt** geltende Recht anzuwenden, und zwar selbst dann, wenn auf diesem Wege eine Maßregel zum Zuge kommt, die zur Tatzeit entweder überhaupt noch nicht oder noch nicht in dieser Strenge zulässig war. Die gegen eine solche Rückwirkung erhobenen verfassungsrechtlichen Bedenken (Diefenbach aaO 113 ff., Jung aaO 884 ff., offengelassen in BVerfG NJW **99**, 634; vgl. auch B/W-Weber 136 f., Gribbohm LK 56, § 1 RN 15 ff., Hassemer AK 60 f., Jakobs 95, Köhler 98, Roxin I 120, Rudolphi SK 18, Stratenwerth 43 f., Ullenbruch NStZ **98**, 330 f. sowie § 1 II AE und § 1 öStGB) lassen sich allenfalls damit unterdrücken, daß es bei Maßregeln nicht um Schuldausgleich, sondern um präventive Gefahrenabwehr geht und dazu die jeweils zweckmäßigsten Maßnahmen möglich sein sollen (vgl. Dannecker aaO 309, Jescheck/Weigend 139, M-Zipf I 163, MD-Schmidt-Aßmann Art. 103 II RN 244, Tröndle LK[10] 53; kaum überzeug. hingegen die formale Argumentation in BGH **24** 106). Da es sich dabei aber immerhin um eine Durchbrechung des Rückwirkungsverbots handelt, sind an die Anwendung des Abs. 6 strenge Maßstäbe anzulegen. Daher ist Abs. 6 grds. auf die als solche bezeichneten „Maßregeln der Besserung und Sicherung" iSd § 61 zu beschränken, so daß es bei sonstigen maßregelähnlichen Sanktionen beim Tatzeitrecht des Abs. 1 verbleibt (vgl. Schroeder JR 71, 379; diff. u. noch enger Köhler 98; zum früheren Recht weitergeh. BGH **24** 103). Dies dürfte auch gegenüber einer Zuordnung des § 57 nF zu den Maßregeln der Besserung und Sicherung (wie von Schneider StV 99, 398 ff., wenngleich iE kritisch, gedeutet) zu gelten haben. Auch wird Abs. 6 dort auszuschließen sein, wo im Einzelfall der Maßregelcharakter hinter den strafähnlichen Zielen oder Wirkungen der Sanktion derart zurückbleibt, daß dem den Abs. 6 beherrschenden Gedanken optimaler Prävention nur noch untergeordnete Bedeutung zukommt (vgl. Schmidhäuser 97). 42

2. Eine Anwendung des im Entscheidungszeitpunkt geltenden Rechts kommt jedoch auch bei Maßregeln der Besserung und Sicherung nur insoweit in Betracht, als in etwaigen Sondervorschriften nichts anderes bestimmt ist (Abs. 6 Halbs. 2). Solche **Ausnahmen** waren zunächst in Abs. 6 S. 2 idF des 2. StrRG bei Einweisung in die sozialtherapeutische Anstalt (§ 65 aF), bei Sicherungsverwahrung (§ 66) und Führungsaufsicht (§ 68) vorgesehen, und zwar mit der Maßgabe, daß diese Maßregeln nach den für Strafen geltenden Grundsätzen der Abs. 1 bis 3 zu behandeln seien. Durch das EGStGB wurde diese teilweise Wiederherstellung des Tatzeitprinzips jedoch ohne nähere Begründung wiederum gestrichen und durch den jetzigen allgemeinen Gesetzesvorbehalt ersetzt (krit. dazu B/W-Weber 136 f. sowie eingeh. Ullenbruch NStZ **98**, 326 ff. [krit. dazu Peglau NJW 00, 179 ff.] m. spez. Bezug auf die Sicherungsverwahrung u. die wegen Art. 1 a III EGStGB nF auch rückwirkend geltende Streichung der zuvor in § 67 a I aF festgelegten Verwahrungshöchstfrist von 10 Jahren durch das Ges. z. Bek. v. Sexualdelikten v. 26. 1. 98, BGBl. I 160). Solange der Gesetzgeber davon keinen Gebrauch gemacht hat – und dies ist bislang nur übergangsweise geschehen (vgl. Art. 301 aaO, 303, 305 EGStGB: Anh. 18. A.) –, sind somit auch die genannten Maßregeln nach dem Prinzip des Entscheidungsrechts zu behandeln. 43

VI. Zu den in ihrer Rechtsnatur ambivalenten Maßnahmen des **Verfalls** (vgl. BGH NStZ **94**, 124), der Einziehung (vgl. BVerfG NJW **93**, 321) und **Unbrauchbarmachung** (vgl. 12 ff. vor § 73) ist durch **Abs. 5** klargestellt, daß die für die Strafe und ihre Nebenfolgen geltenden Grundsätze der Abs. 1 bis 3 anzuwenden sind. Abweichend von der früheren Praxis, wonach bei sicherungsbedingter Einziehung und Unbrauchbarmachung das im Urteilszeitpunkt geltende Recht anzuwenden war (vgl. BGH **16** 56, **19** 69), findet somit bei diesen Maßregeln Abs. 6 selbst dann keine Anwendung, wenn im Einzelfall der Sicherungscharakter überwiegen sollte (vgl. § 11 RN 64 f.). 44

Vorbemerkungen zu den §§ 3–7 (sog. Internationales Strafrecht)

Übersicht

I. Funktion und Wesen des „internationalen" bzw. „transnationalen" Strafrechts	1–3	3. Ausland	33
		4. Deutscher	34–36
		5. Ausländer	37
II. Anknüpfungspunkte – Prinzipien	4–12	V. Exterritoriale	38–45
1. Territorialprinzip – Gebietsgrundsatz	4	VI. Besatzungsrecht	46
		VII. Interlokales Strafrecht	47–59
2. Flaggenprinzip	5	VIII. Konkurrenz mehrerer Strafrechtsordnungen – intern. Rechtshilfe	60
3. Aktives Personalprinzip	6		
4. Passives Personal- und Schutzprinzip	7	IX. Irrtum über Anwendungsbereich	61
5. Universal- bzw. Weltrechtsprinzip	8	X. Anwendbarkeit auf partikuläres Bundesrecht bzw. Landesrecht	62
6. Stellvertretende Strafrechtspflege	9	XI. Wiedervereinigungsbedingte Strafanwendungs- und Übergangsprobleme – Behandlung von „DDR-Alttaten"	63–124
7. Strafverfolgungszuständigkeit aufgrund zwischenstaatlicher Abkommen	10	1. Entwicklungsphasen	65–71
8. Auswahlprinzip – Ubiquitätsgrundsatz	11, 12	2. Anzuwendendes Recht seit Herstellung der deutschen Einheit	72–79
III. Vorfrage: Schutzbereich des deutschen Straftatbestandes	13–24	3. Vor dem 3. 10. 1990 begangene „Alttaten"	80–107
1. Inländische Rechtsgüter – Individualrechtsgüter	15	4. Modifizierungen bei Sanktionierung von „Alttaten"	108
2. Ausländische Rechtsgüter – Staatliche Interessen	16–21	5. Verfolgungsvoraussetzungen – Verjährungsverlängerung	109–120
3. Inzidentfragen	22, 23	6. Rehabilitierungsmaßnahmen	121
4. Grenzüberschreitende Umweltbeeinträchtigungen	24	7. Weiterverfolgung von bis 1. 7. 1990 eingeleiteten Strafverfahren	122, 123
IV. Inland – Ausland, Deutscher – Ausländer	25–37	8. Rechtshilfe in Strafsachen	124
1. Inland	26–31		
2. „Räumlicher Geltungsbereich dieses Gesetzes"	32, 32 a		

Schrifttum: Arzt, Zur identischen Strafnorm, SchweizJurTag-FG (1988) 417. – *Cornils*, Die Fremdrechtsanwendung im Strafrecht, 1978. – *dies.*, Leges in ossibus?, in: Arnold ua, Grenzüberschreitungen, 1995, 211. – *Dahm*, Zur Problematik des Völkerstrafrechts, 1956. – *Dannecker*, Die Bekämpfung des Subventionsbetruges im EG-Bereich, 1993. – *ders.*, Strafrecht der europ. Gemeinschaft, in: Eser/Huber, Strafrechtsentwicklung in Europa, Bd. 4/3, 1995. – *Dieblich*, Der strafrechtl. Schutz der Rechtsgüter der Europ. Gemeinschaften, 1985. – *Eser*, Die Entwicklung des Intern. Strafrechts, Jescheck-FS II (1985) 1353. – *ders.*, Grundsatzfragen transnat. Kooperation in Strafsachen, in: Bundesmin. der Justiz, Verbrechensverhütung u. Behandlung Straffälliger, 8. Kongreß der Ver. Nationen, 1990, 15. – *ders.*, Grundlagen u. Grenzen „stellvertretender Strafrechtspflege" (§ 7 II Nr. 2 StGB), JZ 93, 875. – *Eser/Lagodny*, Principles and Procedures for a New Transnational Criminal Law, 1992. – *Eser/Lagodny/Wilkitzki*, Intern. Rechtshilfe in Strafsachen, 1992. – *Gardocki*, Über den Begriff des Intern. Strafrechts, ZStW 98 (1986) 703. – *Henrich*, Das passive Personalitätsprinzip im dt. Strafrecht, 1994. – *Holthausen*, Die Strafbarkeit von Auslandstaten Deutscher u. das völkerr. Interventionsverbot, NJW 92, 214. – *Hugger*, Zur strafbarkeitserweiternden richtlinienkonformen Auslegung dt. Strafvorschriften, NStZ 93, 424. – *Jedamzik*, Das rundfunkr. Sonderdelikt als Anwendungsfall interlokalr. Grundsätze, 1979. – *Jescheck*, Zur Reform der Vorschriften des StGB über das internat. Strafrecht u. Diplomatie (IRuD) 56, 75. – *ders.*, Gegenstand u. neueste Entwicklung des Intern. Strafrechts, Maurach-FS 579. – *ders.*, Entwicklung, gegenwärtiger Stand u. Zukunftsaussichten des intern. Strafrechts, GA 81, 49. – *ders.*, Möglichkeiten u. Probleme eines Europ. Strafrechts, Kim-FS (1991) 947. – *Klages*, Meeresumweltschutz u. Strafrecht, 1989. – *Knittel*, Strafanwendungsrecht u. Rechtshilferecht als Gegenstände des intern. Strafrechts, Jura 89, 581. – *Kunig/Uerpmann*, Der Fall des Postschiffes Lotus, Jura 94, 186. – *Lagodny*, Grundkonstellationen des intern. Strafrechts, ZStW 101 (1989) 987. – *Langrock*, Der bes. Anwendungsbereich der Vorschriften über die Gefährdung des demokratischen Rechtsstaates (§§ 84 bis 91 StGB), 1972. – *Li*, Die Prinzipien des internat. Strafrechts, 1991. – *Liebelt*, Zum dt. intern. Strafrecht (usw.), Diss. Münster 1978. – *Lüttger*, Strafrechtsschutz für nichtdt. öffentl. Rechtsgüter, Jescheck-FS I 121. – *Marenbach*, Aktuelle Probleme des Nato-Truppenstatuts, NJW 74, 1598. – *Martin*, Strafbarkeit grenzüberschreitender Umweltbeeinträchtigungen, 1989. – *ders.*, Grenzüberschreitende Umweltbeeinträchtigungen im dt. Strafrecht, ZRP 92, 19. – *Mattil*, Zur Problematik des interlokalen Strafrechts, GA 58, 142. – *Mayer*, Völkerrecht u. internat. Strafrecht, JZ 52, 609. – *Mendelsohn-Bartholdy*, Das räuml. Herrschaftsgebiet des Strafrechts, VDA VI 85. – *Merkel*, Universale Jurisdiktion bei völkerr. Verbrechen, in: Lüderssen, Aufgeklärte Kriminalpolitik (usw.), 1999, III 237. –

Mezger, Der Geltungsbereich des dt. Strafrechts, DR 40, 1076. – *Morgenstern*, Vereinbarkeit von Strafgesetzen der DDR mit rechtsstaatl. Grundsätzen, 1983. – *Niemöller*, Zur Geltung des inländ. Strafrechts für Auslandstaten Deutscher, NStZ 93, 171. – *Nowakowski*, Anwendung des inländ. Strafrechts u. außerstaatliche Rechtssätze, JZ 71, 633. – *Obermüller*, Der Schutz ausländ. Rechtsgüter (usw.), 1999. – *Oehler*, Grenzen des aktiven Personalitätsprinzips im intern. Strafrecht, Mezger-FS 83 ff. – *ders.*, Theorie des Strafanwendungsrechts, Grützner-GebG 110. – *ders.*, Internat. Strafrecht (IStR)², 1983. – *ders.*, Zur Rückwirkung des Begriffs des Deutschen im geltenden dt. intern. Strafrecht, Bockelmann-FS 771. – *ders.*, Die internat.-strafr. Bestimmungen des künftigen Umweltstrafrechts, GA 80, 241. – *ders.*, Strafrechtl. Schutz ausländ. Rechtsgüter, JR 80, 485. – *ders.*, Neuerer Wandel in den Bestimmungen über den strafr. Geltungsbereich in den völkerr. Verträgen, Carstens-FS 435. – *ders.*, Auslieferungsersuchen, Einlieferung u. der Geltungsbereich des Strafrechts, Köln-FS 489. – *Pappas*, Stellvertretende Strafrechtspflege, 1996. – *Pottmeyer*, Die Strafbarkeit von Auslandstaten nach dem Kriegswaffenkontroll- u. dem Außenwirtschaftsrecht, NStZ 92, 57. – *Reissfelder*, Zur Strafbarkeit von Verkehrsübertretungen Deutscher in Österreich, NJW 64, 637. – *Reschke*, Der Schutz ausländ. Rechtsgüter durch das Strafrecht, Diss. Freiburg, 1962. – *Rittler*, Die Abgrenzung der Geltungsgebiete (usw.), ZStW 62 (1944) 65. – *Roggemann*, Die Grenzen der Strafgewalt zwischen beiden dt. Staaten, ROW 74, 185. – *ders.*, Strafrechtsanwendung u. Rechtshilfe zwischen beiden dt. Staaten, 1975. – *ders.*, Strafverfolgung von Balkankriegsverbrechen aufgrund des Weltrechtsprinzips, NJW 94, 1436. – *Roßwog*, Das Problem der Vereinbarkeit des aktiven u. passiven Personalitätsprinzips mit dem Völkerrecht, 1965. – *Rüping*, Die völkerr. Immunität im Strafverfahren, Kleinknecht-FS 397. – *Rumpf*, Das Recht der Truppenstationierung in der Bundesrepublik, 1969. – *Satzger*, Die Anwendbarkeit des dt. Strafrechts auf grenzüberschreitende Gefährdungsdelikte, NStZ 98, 112. – *Schlüchter*, Zur teleologischen Reduktion im Rahmen des Territorialitätsprinzips, Oehler-FS 307. – *Schmitz*, § 7 II Nr. 2 StGB (usw.), Grünwald-FS 619. – *Schnorr von Carolsfeld*, Straftaten in Flugzeugen, 1965. – *Scholten*, Das Erfordernis der Tatortstrafbarkeit in § 7 II Nr. 2 StGB, NStZ 94, 266. – *ders.*, Das Erfordernis der Tatortstrafbarkeit in § 7 StGB, 1995. – *Schomburg/Lagodny*, Neuere Entwicklungen im Recht der intern. Rechtshilfe in Strafsachen, StV 94, 393. – *Schönke*, Gegenwartsfragen des intern. Strafrechts, Mezger-FS 105 ff. – *Schröder*, Die Teilnahme im intern. Strafrecht, ZStW 61 (1942) 57. – *ders.*, Der Geltungsbereich der Teilstrafrechte im Dt. Reich, DR 42, 1115. – *ders.*, Grundlagen u. Grenzen des Personalitätsprinzips im intern. Strafrecht, JZ 68, 241. – *Schroeder*, Der „räuml. Geltungsbereich" der Strafgesetze, GA 68, 353. – *ders.*, Schranken für den räuml. Geltungsbereich des Strafrechts, NJW 69, 81. – *ders.*, Die Übertragung der Strafvollstreckung, ZStW 98 (1986) 457. – *ders.*, Urkundenfälschung mit Auslandsberührung, NJW 90, 1406. – *H. Schultz*, Neue Entwicklungen im sog. intern. Strafrecht, v. Weber-FS 305. – *ders.*, Neue Probleme des intern. Strafrechts u. des Auslieferungsrechts, SchwJZ 64, 81. – *ders.*, Zur Regelung des räuml. Geltungsbereiches durch den E 1962, GA 66, 193. – *Schultz*, Internat.-strafr. Gedankenspiele, Tröndle-FS 895. – *Staubach*, Die Anwendung des ausländ. Strafrechts durch den inländ. Richter, 1964. – *Sternberg-Lieben*, Intern. Musikdiebstahl u. dt. Strafanwendungsrecht, NJW 85, 2121. – *Triffterer*, Völkerstrafrecht im Wandel, Jescheck-FS II 1477. – *Uhlig/Schomburg/Lagodny*, Ges. über die internat. Rechtshilfe in Strafsachen, 2. A., 1992. – *Vogler*, Geltungsanspruch u. Geltungsbereich der Strafgesetze, Grützner-GebG 149. – *ders.*, Entwicklungstendenzen im Intern. Strafrecht, Maurach-FS 595. – *ders.*, Die Ahndung im Ausland begangener Verkehrsdelikte, DAR 82, 73. – *ders.*, Zur Rechtshilfe durch Vollstreckung ausländ. Strafurteile, Jescheck-FS II 1379. – *v. Weber*, Der Schutz fremdländ. staatl. Interessen im Strafrecht, Frank-FG II 269. – *ders.*, Das interlokale Strafrecht, DStR 40, 182. – *Wengler*, Völkerrechtl. Schranken des Anwendungsbereichs von Strafgesetzen, JZ 77, 257. – *ders.*, Tierschutz u. intern. Strafrecht, JR 80, 487. – *Wilkitzki*, Die Regionalisierung des intern. Strafrechts, ZStW 105 (1993) 821. – *Witzsch*, Dt. Strafgerichtsbarkeit über die Mitglieder der US-Streitkräfte, 1970. – *Zieher*, Das sog. Intern. Strafrecht nach der Reform, 1977. – Zur Reform: *Kielwein* GA 54, 211 sowie Jescheck o. IRuD. – Rechtsvergleich.: *Straub* Mat. II 25. – Vgl. ferner zu *innerdeutschen* Anwendungsproblemen die Angaben u. 63. – Weitere *Spezial*angaben bei §§ 4, 9, sowie insb. zu europaspezif. Fragen bei 22 ff. vor § 1. – Zum *älteren* Schrifttum vgl. die Angaben in der 19. A.

Gesetzesmaterialien: §§ 3–6 E 62 m. Begr. 108 ff.; schriftl. Bericht des SA zum 2. StrRG, BT-Drs. V/4095 S. 4, RegEntwürfe zum EGStGB, BT-Drs. VI/3250 S. 6, 7/550 S. 207 ff., schriftl. Bericht des SA zum EGStGB, BT-Drs. 7/1261 S. 4 mit 7/1232, Prot. des SA IV/553, IV/584, IV/591 und V/70, 2346.

I. Gegenstand der §§ 3 bis 7 ist das sog. **Internationale Strafrecht (IStR),** das für Taten mit internationalem Einschlag bedeutsam ist: wie etwa bei nichtdeutscher Nationalität des Täters, bei Tatbegehung im Ausland, bei deutscher Nationalität des im Ausland Verletzten oder aufgrund sonstiger grenzüberschreitender Bezüge. Da in solchen Fällen das deutsche Strafrecht weder selbstverständlich anwendbar noch prinzipiell ausgeschlossen ist (vgl. Jescheck/Weigend 163, Oehler IStR 123 ff.), wird durch das IStR der räumliche und persönliche Bereich umschrieben, für den sich das deutsche Strafrecht *materielle Geltung* beimißt. Dagegen lassen sich – allenfalls abgesehen von § 6 Nr. 9 – den §§ 3 ff. keine Aussagen zur *gerichtsverfassungsrechtlich-prozessualen Zuständigkeit* und Ausübung der deutschen Strafrechtspflege entnehmen (vgl. Karlsruhe Justiz 80, 478), welche als Ausfluß der deutschen Staatsgewalt grundsätzlich an das deutsche Staatsgebiet gebunden sind (vgl. Jescheck/Weigend 165 f. mwN). Auch wird in diesen Vorschriften nicht das Verhältnis des deutschen Strafrechts zu *anderen Strafrechtsordnungen* geregelt; denn ob ein in Deutschland begangener Diebstahl eines Ausländers auch noch dessen Heimatstrafrecht unterfällt, wird durch die §§ 3 ff. weder ausgeschlossen noch gefordert, vielmehr richtet sich dies nach dem IStR von dessen Heimatstaat (zu dadurch entstehenden Konkurrenzen mehrerer Strafrechtsordnungen vgl. u. 60). Schon deshalb ist die in Parallele zum „Internationalen Privatrecht" übliche Bezeichnung als „Internationales Strafrecht" eher irreführend; denn im Unterschied zu den Kollisionsnormen des IPR enthalten die §§ 3 ff. keine – oder allenfalls „einseitige" (Lackner 1) – Kollisionsnormen (daher mißverständl. Gardocki aaO 703), sondern umschreiben lediglich die Voraussetzungen und Sachverhalte, auf die das deutsche Strafrecht

Vorbem §§ 3–7 2–4   Allg. Teil. Das Strafgesetz – Geltungsbereich

seine Geltung begründet bzw. erstreckt (Zieher 29 f.). Daher ist das IStR nicht nur für den *Umfang der innerstaatlichen Strafgewalt* bedeutsam (vgl. Jescheck/Weigend 163 f., Gribbohm LK 3, wobei Scholten aaO 11 von „Strafgewaltsrecht" spricht), sondern auch **Strafanwendungsrecht** in dem Sinne, daß es dem deutschen Strafrecht überhaupt erst Geltung und Anwendbarkeit verschafft (vgl. Eser Jescheck-FS II 1357 ff., ferner Mezger DStR 41, 18, Oehler IStR 123 f., Roggemann, Strafrechtsanwendung 12 ff., Schmidhäuser 133, Welzel 26; vgl. aber auch Jakobs 107 f. u. Schmitz aaO 621 f., [IStR als geltungsverengend], M-Zipf I 137 f., H. Schultz v. Weber-FS 309, GA 66, 193 f., Zieher 28 ff., 56 ff.). Insofern sind die internationalstrafrechtlichen Bestimmungen nicht bloße „Sekundärnormen", sondern bereits konstitutiver Teil der primären Strafrechtsnorm (vgl. Rogall KK-OWiG § 5 RN 2, ferner Henrich aaO 9 ff.). Näher zur Begriffsgeschichte Gardocki aaO, Triffterer aaO 1480 ff.

2   Dieser Geltungsanspruch ist nicht erst aus internationalen Abmachungen herzuleiten, sondern ergibt sich aus der nationalen Souveränität des Strafgesetzgebers (vgl. aber auch u. 3). Daher handelt es sich beim IStR nicht um Völkerrecht, sondern um **internes staatliches Recht** (Gribbohm LK 2), weswegen die Bezeichnung als „internationales" Strafrecht – insoweit gleichermaßen wie die des „internationalen" Privatrechts (vgl. Kegel, IPR⁶, 1987, 5; and. Bleckmann, Die völkerr. Grundlagen des int. Kollisionsrechts (1992), das IPR dem Völkerrecht zuordnend) – einmal mehr irreführend ist (vgl. o. 1 sowie Eser, Grundsatzfragen 16 ff.). Das gilt selbst für solche Regeln, die – wie zB § 6 Nr. 9 – lediglich den Vollzug internationaler Vereinbarungen beinhalten (vgl. M-Zipf I 137) oder ausnahmsweise auf die – heute allerdings seltene – Anwendung ausländischen Rechts verweisen (vgl. Jescheck/Weigend 164). Somit erlangt das materielle Strafrecht überhaupt erst aufgrund der §§ 3–9 seine Anwendbarkeit auf die konkrete Tat bzw. den konkreten Täter. Insofern ist das IStR sowohl *Geltungsvoraussetzung* als auch *Teil des nationalen materiellen Strafrechts:* Erst aus der Verbindung beider entsteht ein nationaler Strafanspruch, der durch den deutschen Strafrichter realisiert werden kann. Ist aber ein solcher Anspruch entstanden, so kann er auch nicht durch Urteil ausländischer Gerichte ohne weiteres verdrängt werden. Vielmehr bedarf es dazu entweder eines einseitigen nationalen Strafverzichts oder einer internationalen Vereinbarung über die Anerkennung bzw. Anrechnung eines ausländischen Strafurteils (dazu u. 60 bzw. § 51 RN 28 f.). Da es sich somit bei den §§ 3–7, 9 um Vorschriften handelt, durch die dem nationalen Strafrecht grenzüberschreitend auch für Auslandstaten Geltung verschafft wird, ohne daß es für die Ausdehnung des *nationalen* Geltungsanspruchs unbedingt einer zwischenstaatlich-*inter*nationalen Abmachung bedürfte, erscheint es – über die bereits zuvor monierte Mißverständlichkeit der traditionellen Terminologie hinaus – angebracht, anstelle von „internationalem" besser von **transnationalem Strafrecht** zu sprechen (vgl. dazu bereits Eser, Grundsatzfragen 15 ff., Eser/Lagodny, Transnational Criminal Law V, ferner Scholten aaO 7 ff.). Im übrigen ist ungeachtet seines materiellen Charakters die Anwendbarkeit des deutschen Strafrechts eine **Verfahrensvoraussetzung** (Tröndle 2), so daß ihr Nichtvorliegen nicht zu einem Freispruch, sondern infolge eines Prozeßhindernisses zur *Einstellung* führt (BGH 34 3, Saarbrücken NJW 75, 506, LG Frankfurt NJW 77, 508, B/W-Weber 85, Lackner 10).

3   Von **völkerrechtlicher** Bedeutung ist somit erst die Frage, ob und inwieweit der nationale Strafgesetzgeber in der Ausdehnung seiner eigenen Strafgewalt im Verhältnis zu anderen (ausländischen oder übernationalen) Strafhoheiten überhaupt frei ist. Im Unterschied zur älteren Lehre, die dem souveränen Einzelstaat unbeschränkte Autonomie in der Ausdehnung seines eigenen Strafrechts einräumte (vgl. Binding Hb. 372, aber auch Mendelssohn-Bartholdy VDA VI 106, 316), sieht man heute die innerstaatliche Strafhoheit des Einzelstaates zu Recht durch *entgegenstehendes* Völkerrecht *beschränkt* (BGH 44 57 ff., Bay NJW 98, 393 [m. Anm. Ambos NStZ 98, 138 u. Lagodny JR 98, 473], Germann SchwZStR 69, 237 ff., Jescheck/Weigend 164 f., Martin aaO 135 ff., Oehler IStR 124 f., H. Schultz v. Weber-FS 308 ff.; weitergeh. Roggemann, Strafrechtsanwendung 13 f., wonach mit Ausnahme des Territorialitätsprinzips alle sonstigen Anknüpfungsprinzipien sogar der völkerrechtlichen Begründung bedürfen; iglS Köhler 102; eingeh. Henrich aaO 12 ff., Klages aaO 9 ff.; ferner Kunig/Uerpmann Jura 94, 192 f.). Im Hinblick darauf wurden namentlich gegen die Übersteigerung des Personalitätsprinzips in den §§ 3 ff. aF völkerrechtliche Bedenken erhoben (H. Mayer JZ 52, 609, Schorn JR 64, 205; and. aber die h. M.: BGH NJW 51, 769, 69, 1542, Dahm aaO 25 f., Gribbohm LK 50; vgl. auch Roßwog aaO). Nach Rückkehr der neuen §§ 3 ff. zum Territorialgrundsatz als Hauptprinzip des deutschen IStR (vgl. u. 4) ist solchen Bedenken die Grundlage entzogen (vgl. auch BVerfGE 92 320 f., BGH 44 56, Lackner 3, Zieher 67 f.). Zu völkerrechtlichen Schranken des Weltrechtsgrundsatzes durch das Nichteinmischungsprinzip vgl. die Nachw. u. 8 sowie § 6 RN 1.

4   **II. Anknüpfungspunkte – Prinzipien:** Für die Entscheidung, an welchen *Lebenssachverhalt* (wie Tatort) oder welches *Rechtsverhältnis* (wie Staatsangehörigkeit des Täters, Schutzgut u. dgl.) die Geltung des nationalen Strafrechts anknüpfen soll, sind an sich verschiedene Prinzipien denkbar (rechtsvergl. Oehler IStR 130 ff., Schultz Tröndle-FS 896 ff.).

1. Das Territorialprinzip (Gebietsgrundsatz) knüpft an den *Tatort* an. Danach findet das inländische Recht auf alle im *Inland* begangenen Taten Anwendung, ohne Rücksicht auf die Nationalität des Täters oder des Verletzten. Umgekehrt hat dies negativ zur Folge, daß selbst die von Inländern begangene Auslandstat nicht erfaßt ist (vgl. Hoyer SK 9). Zu diesem Prinzip, das bereits bis zur GeltungsbereichsVO v. 6. 5. 40 (RGBl. I 754) primär galt (zu seinen geschichtl. Wurzeln vgl. Oehler IStR 155 ff., Lemke AK § 3 RN 1), ist nach Abkehr von dem damals eingeführten Personalitätsprinzip (u. 6) auch das deutsche Strafrecht mit Neufassung des § 3 zurückgekehrt. Näher dort RN 1 f.

2. Nach dem mit dem Territorialgrundsatz verwandten **Flaggenprinzip** kann ein Staat sein Straf- **5** recht auf alle Taten anwenden, die an Bord eines *Schiffes* oder *Luftfahrzeugs* seiner Staatsangehörigkeit begangen werden, und zwar unabhängig vom Standort des Schiffes oder der Nationalität des Täters bzw. des Opfers. Anknüpfungsgrund dieses dem § 4 zugrundeliegenden Prinzips ist die Schutz- und Ordnungsfunktion, die dem Staat für die bei ihm registrierten Schiffe oder Luftfahrzeuge zukommt (vgl. § 4 RN 1; demgegenüber einseitig auf den Territorialaspekt abhebend die hL; vgl. Lemke NK § 4 RN 2 mwN). Durch das Flaggenprinzip wird weder die völkerrechtliche Gebietshoheit eines Staates erweitert noch eine solche Erweiterung fingiert (so aber Tröndle LK¹⁰ § 4 RN 1). Einzelheiten in den Anm. zu § 4.

3. Das **aktive Personalprinzip** knüpft an die *Staatsangehörigkeit des Täters* an. Danach ist jeder **6** Inländer seinem nationalen Strafrecht unterworfen, gleichgültig, wo er die Tat begeht. Während eine solche grundsätzlich personale Ausrichtung der seit 1940 geltenden Fassung der §§ 3 ff. zugrunde lag (vgl. 17. A. 4 vor § 3, § 3 RN 1, Mezger u. Lange DStR 41, 6, 18), sind nach Rückkehr zum Territorialprinzip in der jetzigen Fassung der §§ 3 ff. nur noch sporadische Ausprägungen des aktiven Personalprinzips – und selbst dies meist nur in Verbindung mit weiteren Anknüpfungsfaktoren – erkennbar. Vgl. § 5 Nrn. 3 a, 5 b, 8, 9, 11 a, 12, 13, 14 a, 15 (dort RN 1) sowie § 7 II Nr. 1 (dort RN 1). Zu weiteren Anknüpfungen an dieses Prinzip im Kriegswaffenkontrollrecht (§ 21 KWG, §§ 34, 45 b III AWG) vgl. Holthausen NJW 92, 214, NStZ 92, 268 (unter Ablehnung der völkerrechtl. Bedenken von Pottmeyer NStZ 92, 57). Zur Bedeutung des Prinzips bei Weltraumfahrzeugen vgl. Lemke NK 20 f. mwN.

4. Dem **Schutzprinzip** liegt der Gedanke zugrunde, daß jeder Staat legitimiert sein muß, seinen **7** Strafrechtsschutz auf alle *Inlandsgüter* zu erstrecken, gleichgültig von welchem Täter und an welchem Ort sie verletzt werden. Dieser Strafstreckungszweck ist im wesentlichen unbestritten, soweit es um den *Selbstschutz des Staates* durch das sog. **Realprinzip** geht (vgl. BVerfGE **92** 321, 323, Oehler IStR 133 f.), wie es vor allem in § 5 Nrn. 1, 2, 3 b, 4, 5 a, 10–13, 14 a zum Ausdruck kommt (vgl. zB zum Schutz gegen Embargo-Verstöße gegen DDR-Bürger BVerfG NJW **99**, 3325). Soweit es dagegen um *Individualschutz* von Inländern im Ausland durch das sog. **passive Personalprinzip** geht (wie vor allem im jetzigen § 7 I, aber auch in § 5 Nrn. 6–9, 14 und wohl 15 [and. bzgl. Nrn. 7, 14 als Realprinzip Henrich aaO 42 f.]), wird die Berechtigung einer derart weiten Strafausdehnung immer stärker in Zweifel gezogen (vgl. Schultz GA 66, 200, Vogler Maurach-FS 605, Zieher 77, Eser Jescheck-FS II 1371 f.).

5. Das **Universal-** bzw. **Weltrechtsprinzip** beruht auf dem Gedanken, daß das inländische Straf- **8** recht für alle Taten gelten soll, durch die gemeinsame, in allen Kulturstaaten anerkannte Rechtsgüter verletzt werden (Gribbohm LK 135; vgl. auch Zieher aaO 79 ff.). Nach diesem aus dem Gedanken *internationaler Solidarität* zu erklärenden Prinzip (Oehler IStR 147 f.) hat das inländische Strafrecht die Sanktionierung aller durch seine Tatbestände erfaßten Taten zu übernehmen, und zwar gleichgültig, ob diese von In- oder Ausländern gegen in- oder ausländische Interessen begangen werden. Damit soll die Anwendbarkeit des am Ergreifungsort des Täters geltenden Strafrechts ermöglicht werden. Doch trotz gewisser universaler Kulturgrundsätze kann dieses Prinzip im Hinblick auf die unterschiedlichen sozialen Grundlagen der einzelnen Rechtsordnungen und auch deren verschiedene Wertmaßstäbe nur begrenzt sowie unter Respektierung des Nichteinmischungsprinzips verwirklicht werden. Ausprägungen des Weltrechtsprinzips finden sich vor allem in § 6 Nrn. 1–8, wobei dies im Falle von Nr. 5 bedenklich extensiv (vgl. Kunig JuS 78, 595), aber wohl noch völkerrechtlich zulässig geschehen ist (vgl. BGH **27** 30 m. Anm. Oehler JR 77, 424, **34** 2 m. Anm. Herzog StV 86, 474, BGH **34** 334 m. krit. Anm. Rüter/Vogler JR 88, 136, BGH MDR/S **93**, 199, Wengler JZ 77, 257, Gribbohm LK § 6 RN 45 f., aber auch Roggemann NJW 94, 1437). Gleiches gilt für § 6 Nr. 9 (vgl. Bay NJW **98**, 392 m. Anm. Ambos NStZ 98, 138, Lagodny JR 98, 473). Zu Bedenken gegen die (allerdings durch § 5 Nr. 11 wiederum eingeschränkte) Erstreckung des Umweltschutzes auf das Meer (§ 330 d Nr. 1) vgl. grdl. Klages aaO sowie Oehler GA 80, 242 f. Soweit der BGH aus dem Nichteinmischungsprinzip das Erfordernis eines legitimierenden **Inlandsbezugs** ableiten will (BGH **45** 62 [m. Anm. Ambos NStZ 99, 404, Werle JZ 99, 1181], NStZ **94**, 232, **99**, 236), mag dies zwar außenpolitisch wünschenswert, aber schwerlich aus dem Völkerrecht zu begründen sein (näher dazu demnächst Eser in BGH-FS). Vgl. auch u. § 6 RN 1 mwN.

6. Dem Grundsatz der sog. **stellvertretenden Strafrechtspflege** liegt der *Subsidiaritätsgedanke* **9** zugrunde, welcher sich seinerseits aus dem Gedanken internationaler Solidarität bei der Verbrechensbekämpfung (o. 8) begründen läßt (grdl. Pappas aaO, insbes. 1 ff., 91 ff.). Danach hat die inländische Strafgewalt überall dort einzugreifen, wo die an sich territorial zuständige *ausländische* Strafjustiz aus tatsächlichen oder rechtlichen Gründen an der Durchsetzung ihres Strafanspruches *gehindert* ist (Grotius: aut dedere aut punire; einschr. Köhler 103). Anders als bei den bisher genannten Prinzipien setzt die stellvertretende Strafrechtspflege voraus, daß die Tat am Tatort, soweit dieser einer Staatsgewalt unterliegt, mit Strafe bedroht ist (Oehler IStR 512 f.). Praktische Bedeutung hat dieses jedenfalls in § 7 II Nr. 2 durchschlagende Prinzip vor allem dann, wenn eine Auslieferung im konkreten Fall nicht möglich ist oder tatsächlich nicht stattfindet (vgl. § 7 RN 1, auch mN zu Erklärung des ganzen § 7 II aus dem Stellvertretungsprinzip, ferner Eser JZ 93, 881 f., Zieher aaO 85 f., and. Scholten NStZ 94, 267 f.). Zu den Konsequenzen aus dem Subsidiaritätsgedanken de lege ferenda vgl. Lagodny ZStW 101, 992, Lagodny/Pappas JR 94, 162).

10 7. Ähnliche Ausprägungen internationaler Solidarität liegen auch der **Strafverfolgungszuständigkeit aufgrund zwischenstaatlicher Abkommen** zugrunde, wie dies heute in § 6 Nr. 9 vorgesehen ist. Da dem in neuerer Zeit zutage getretenen Bedürfnis nach größerer Effektivität und Vereinfachung bei der internationalen Verbrechensbekämpfung durch die vorgenannten Prinzipien nicht hinreichend Rechnung getragen werden kann (vgl. E 62 Begr. 110), soll durch die Blankettnorm des § 6 Nr. 9 ermöglicht werden, daß das deutsche Strafrecht unabhängig vom Tatort auf alle Taten Anwendung findet, zu deren Verfolgung sich die Bundesrepublik durch zwischenstaatliche Abkommen verpflichtet hat. Vgl. im einzelnen § 6 RN 10, Gribbohm LK 138 sowie Henrich aaO 72 ff.

11 8. Schon die Unterschiedlichkeit der Interessen zeigt, daß keines der vorgenannten Prinzipien als exklusiv oder gar absolut verstanden werden kann. Vielmehr liefern sie jeweils nur mögliche Anknüpfungspunkte für Grund und Umfang der innerstaatlichen Strafgewalt (Gribbohm LK 139 f.). Von welchem **Auswahlprinzip** sich der einzelne Staat bei der Gestaltung des damit vorgezeichneten Rahmens leiten läßt, hängt entscheidend von den Aufgaben ab, denen er sich nach seinem eigenen Selbstverständnis wie auch der Völkergemeinschaft gegenüber verpflichtet weiß (vgl. Eser Jescheck-FS II 1359 f.). Erblickt er aufgrund seiner *nationalen* **Kompetenz-Kompetenz** (Zieher aaO 61 ff.) seine primäre Aufgabe darin, innerhalb seines eigenen Hoheits- und Funktionsbereichs den ihm obliegenden Rechtsgüterschutz zu gewährleisten (vgl. Roggemann ROW 74, 185), so ist es folgerichtig, den *Territorialgrundsatz* mit der daraus folgenden Unterscheidung zwischen Inlands- und Auslandstaten zum *Ausgangsprinzip* des IStR zu machen (§ 3). In ähnlicher Weise dienen auch das Flaggenprinzip (§ 4) und der Schutzgrundsatz (§ 5) diesem **Selbstschutz des Staates** (Oehler IStR 130 ff.; vgl. aber auch § 3 RN 1 f.). Dagegen werden alle weiteren Anknüpfungsgründe maßgeblich von der **Solidarität der Staaten** mitbestimmt (Oehler IStR 137 ff.). Dies gilt nicht nur für die Weltrechts- und Stellvertretungsprinzipien (§§ 6, 7; vgl. o. 8–10), sondern auch für das aktive Personalprinzip (o. 6): Selbst wenn dieses historisch aus dem nationalen Gedanken der Treupflicht des Bürgers gegenüber seiner heimischen Rechtsordnung entstanden sein mag (vgl. Olshausen § 3 Anm. A 1, hier die 1. A. § 3 Anm. I sowie für den Fall uneingeschränkter Verwendung derzeit noch Lackner 2, Lemke NK 18, Tröndle LK[10] 9 f.), ist heute der Gedanke internationaler Solidarität bei der Verbrechensbekämpfung jedenfalls insoweit vorherrschend, als sich ein Staat in bestimmten Fällen für das rechtsgetreue Verhalten seiner Bürger auch im Ausland für verantwortlich erklärt (näher Schröder JZ 68, 241 f.; vgl. ferner Jescheck/Weigend 169, Oehler IStR 142 f., Zieher 88 ff.). Schon angesichts dieser Relativität und Interdependenz der verschiedenen Anknüpfungszwecke erscheint es (entgegen Schlüchter aaO) bereits problematisch, daraus verbindliche Leitlinien für eine teleologische Reduktion von einzelnen Tatbeständen zu entnehmen (so aber Pottmeyer NStZ 92, 60, dagegen Holthausen NJW 92, 214, NStZ 92, 268). Zur völkervertragsrechtlichen Anerkennung dieser Prinzipien vgl. Oehler Carstens-FS 435 ff.

12 Zieht man die Summe aus diesen sich gegenseitig ergänzenden Anknüpfungspunkten, so kann unter Berücksichtigung des in § 9 legalisierten **Ubiquitätsgrundsatzes** (zu völkerrechtl. Bedenken hiergegen vgl. Kunig/Uerpmann Jura 94, 192 f.) kein Zweifel sein, daß auch die Neuregelung dem deutschen Strafrecht einen nicht gerade bescheidenen Geltungsbereich bewahrt hat (vgl. auch die Kritik von H. Schultz GA 66, 195 ff., Zieher 176 f. sowie Eser Jescheck-FS II 1369 ff.). Desungeachtet sind die neuen §§ 3–9 insgesamt als *milderes Gesetz* iSv § 2 III anzusehen (Düsseldorf NJW 79, 61; vgl. auch § 3 RN 1).

13 III. **Vorfrage: Schutzbereich des deutschen Straftatbestandes.** Der Anwendung der §§ 3–7 noch vorgelagert ist die jeweils tatbestandsimmanente Frage, ob die konkrete Tat überhaupt vom Schutzbereich des deutschen Straftatbestandes erfaßt wird (vgl. v. Bubnoff LK 7 vor § 110, Mezger DStR 41, 22 ff., Oehler Grützner-GebG 116). Dies fragt sich insbes. bei Auslandstaten, deren Tatbestand ein Handeln oder den Erfolgseintritt in der Bundesrepublik voraussetzt (wie zB bei §§ 84 ff.) oder die ausschließlich gegen ein ausländisches Rechtsgut gerichtet sind (wie Meineid vor einem ausländischen Gericht). Ähnlich kann bei *Qualifizierungen* fraglich sein, ob sie auch ausländische hoheitliche Interessen erfassen wollen (vgl. u. 18). Derartige schutzbereichsbezogene Fragen haben logischen Vorrang vor der Anwendung der §§ 3 ff. (Lemke NK 23, Nowakowski JZ 71, 634, Oehler JR 78, 382, Schröder JZ 68, 244, Vogler Grützner-GebG 149 f.; and. Hoyer SK 31, Schroeder NJW 90, 1406). Denn falls die Auslegung eines Tatbestandes ergibt, daß er nur Rechtsgüter schützen will, die dem inländischen Schutzbereich angehören, findet er auf Taten, die nicht in dessen eigenen Schutzbereich eingreifen, selbst dann keine Anwendung, wenn im übrigen ein Anknüpfungspunkt iSd §§ 3 ff. gegeben ist (vgl. BGH **21** 280, **29** 88, **40** 81, m. Anm. Rengier JR 96, 34, Frankfurt ROW **85**, 236, Hamburg NJW **86**, 336, Karlsruhe NJW **85**, 2905, Köln StV **82**, 471, Saarbrücken NJW **75**, 507, Stuttgart NJW **77**, 1602, Justiz **86**, 199). Zum umgekehrten Fall einer bereits tatbestandlichen Schutz*ausdehnung* auf ausländische Rechtsgüter vgl. Vogler Grützner-GebG 152 sowie u. 21.

14 Dementsprechend unterscheidet man zwischen sog. „*inländischen*" Rechtsgütern (vgl. die Überschrift von § 5), die ohne Rücksicht auf den Tatort oder die Nationalität des Verletzten dem betreffenden Tatbestand unterfallen, und sog. „*ausländischen*" Rechtsgütern, die im Regelfall schon tatbestandlich nicht erfaßt werden und daher bereits auf dieser Ebene aus dem Schutzbereich des deutschen Strafrechts herausfallen (vgl. BGH **22** 285, Jescheck/Weigend 176 f.). Wenn das Gesetz darüber hinaus nun auch noch von „*international geschützten*" Rechtsgütern spricht (§ 6), so ist diese Kategorie für die infragestehende Tatbestandsmäßigkeit der Tat ohne Bedeutung, sondern dient lediglich als Sammelbezeichnung für die nach dem Weltrechtsprinzip dem deutschen Strafrecht unterstellten (in- oder ausländischen) Rechtsgüter. Ein ähnlich überstaatlicher Charakter ist für *„supranationale"* Rechtsgüter typisch, wie sie vor allem im Zuge der europäischen Einigung an Bedeutung gewinnen (vgl. zB BGH NStZ **96**, 229, ferner 26 vor § 1), im Unterschied zu den „internationalen" Rechtsgütern jedoch (welt-)regional beschränkt sind und idR gemeinschaftsrechtliche (wie zB durch die EU) oder jedenfalls eine supranational abgestimmte Gesetzgebung verschiedener Vertragsstaaten voraussetzen (vgl. Dieblich aaO, Oehler IStR 547 ff. sowie u. 21). Gewiß mag terminologisch die Unterscheidung von in- und ausländischen Rechtsgütern insofern nicht frei von Mißverständlichkeiten sein, als eine Differenzierung idR nur bei solchen Tatbeständen praktisch wird, bei denen es um staatliche Belange geht (vgl. Gribbohm LK 162). Dies ändert jedoch nichts daran, daß dieses für die Tatbestandsauslegung maßgebliche Differenzierungsprinzip im Grunde für das gesamte Strafrecht gilt.

1. Inländische Rechtsgüter in dem Sinne, daß sie grds. durch den einschlägigen deutschen **15** Straftatbestand geschützt werden, sind unstreitig alle **Individualrechtsgüter** ohne Rücksicht auf die Nationalität des Rechtsgutinhabers oder die Belegenheit seines Rechtsguts. Entgegen der mißverständlichen Kennzeichnung als „inländisch" (vgl. o. 14) ist daher die Verletzung von Leben, Freiheit, Vermögen und Ehre jedenfalls *tatbestandsmäßig* iSd StGB, und zwar gleichgültig, ob es sich beim Rechtsgutträger um einen Inländer oder Ausländer handelt oder an welchem (in- oder ausländischen) Ort sich die betroffene Sache befindet (vgl. Karlsruhe NStZ **85**, 317 [zu § 283 b], ferner Jescheck/Weigend 176, Oehler Mezger-FS 98 f., Schröder NJW 68, 283, JZ 68, 244, Schultz SchwJZ 64, 82; dagegen sollen Urheber- u. Gewerbeschutzverletzungen im Ausland nach Sternberg-Lieben NJW 85, 2123 f. vom Schutzbereich des dt. Rechts nicht erfaßt sein). Auch Betrug zum Nachteil ausländischen Staatsvermögens ist danach grds. tatbestandsmäßig (vgl. u. 21), so daß sich ein Ausschluß des deutschen Strafrechts allenfalls noch aus den Strafanwendungsregeln der §§ 3 ff. ergeben kann. Gleiches gilt für den Fall, daß ein Tatbestand zugleich auch dem Schutz von Individualrechtsgütern dient, wie zB in § 164 (vgl. dort RN 1 f., 25, ferner BGH NJW **52**, 1385, Schlüchter aaO 315; and. RG **60** 317; wie hier für das schweiz. Recht BGE 89 IV 204, Schultz ZBernJV 65, 33) oder in § 123, soweit bei ausländischen Botschaftsgebäuden nicht die Dienst- sondern private Wohnräume betroffen sind (zu pauschal Köln StV **82**, 471 m. krit. Anm. Bernsmann 578; vgl. auch Stuttgart NStZ **87**, 121 m. Anm. Lenckner JuS 88, 349). Dagegen erstreckt sich etwa § 170 nicht auf Unterhaltspflichtverletzungen gegenüber im Ausland lebenden Ausländern, da ihr Schutz wie auch der des öffentlichen Fürsorgesystems nur im Interesse des Aufenthaltsstaates liegt (vgl. § 170 RN 1; BGH **29** 85 m. Anm. Oehler JR 80, 381; so bereits Saarbrücken NJW **75**, 506 m. Anm. Oehler JR 76, 292, Stuttgart NJW **77**, 1601, Frankfurt NJW **78**, 2460, LG Frankfurt NJW **77**, 509, Lackner § 170 RN 2, Gribbohm LK 189; and. Karlsruhe Justiz **79**, 104, NJW **78**, 1754 m. abl. Anm. Oehler JR 78, 381, Blei JA 75, 588, Kunz NJW 77, 2004 u. 80, 1201, Krey in Zieger/Schroeder 237 ff.), und zwar gleich, ob der Täter selbst In- oder Ausländer ist (Bay MDR **82**, 165; vgl. auch Kunz NJW 87, 881; bzgl. ehemaliger DDR-Bürger vgl. u. 71).

2. Als ausländische Rechtsgüter in dem Sinne, daß sie schon tatbestandlich außerhalb des **16** Schutzbereichs des deutschen Strafrechts liegen, gelten die **staatlichen Interessen ausländischer Hoheitsträger.** Daher werden Angriffe gegen einen fremden Staat, soweit es dabei um seine innere Ordnung, seine Verwaltungs- und Fiskalinteressen oder sonst um seine hoheitliche Tätigkeit geht, von den deutschen Straftatbeständen grds. nicht erfaßt (BGH **29** 89, Bay NJW **80**, 1057, Düsseldorf NJW **82**, 1242, Jescheck/Weigend 176, Gribbohm LK 164; grdl. Lüttger aaO; insgesamt enger Obermüller aaO). Dies ergibt sich schon daraus, daß die interne Staatsgewalt nicht dazu berufen sein kann, **17** ausländische Staatseinrichtungen und deren Belange zu schützen (Oehler Mezger-FS 98 f.). Auch muß Staatsschutz vom Vertrauen in die Integrität der fraglichen Staatstätigkeit getragen sein. Ob Einrichtungen eines fremden Staats derart beschaffen sind, daß zB ihre Rechtspflege gegen Meineid oder Strafvereitelung mit den Mitteln des deutschen Strafrechts geschützt werden könnte oder sollte, kann – auch wegen der möglichen außenpolitischen Bedeutung der Entscheidung – nicht dem einzelnen Richter überantwortet werden (näher Schröder JZ 68, 244, NJW 68, 283; vgl. ferner RG **14** 128, Hamm JZ **60**, 576 m. Anm. Schröder, Lange DStR 41, 8; demgegenüber sollen nach v. Weber aaO 281 ff. auch solche staatl. Interessen tatbestandlich erfaßt werden, „die für die zivilisierten Rechtsstaaten einen gemeinsamen Rechtswert darstellen"). Der hier vertretene Standpunkt schließt selbstverständlich nicht aus, daß sich der Schutz ausländischer Rechtsgüter, wie insbes. auch der Rechtspflege, uU aus zwischenstaatlichen Übereinkommen ergeben kann; dazu u. 21 sowie § 6 RN 10 f.

a) Im einzelnen hat das zur Folge, daß namentlich die **Staatsschutz**tatbestände der §§ 80 ff. **18** Angriffe gegen ausländische Staatstätigkeit grds. nicht erfassen (hM; and. RG **8** 56). Denn der zum Teil äußerst spezialisierte Schutz der Staats- und Regierungsgewalt hat offensichtlich nur inländische staatliche Einrichtungen im Auge (Gribbohm LK 166); auch folgt dies aus dem Gegenüber zu §§ 102 ff., wo es speziell um „Straftaten gegen ausländische Staaten" geht. Ebensowenig finden die §§ 105–109 k (soweit nicht ausdrücklich auf europ. Institutionen erstreckt, wie nach §§ 108 d, e; vgl. aber dazu auch 2 vor § 105, § 108 d RN 2 sowie § 108 e RN 5) bzw. die §§ 113 f., 120, 121, 129, 331 bis 357 Anwendung (zu § 113 vgl. Hamm JZ **60**, 576, KrG Dresden MDR **91**, 659, aber auch u. 104; zu § 120 Vogler NJW 77, 1867, zu §§ 333 f. BGH **8** 355). Entsprechendes hat für etwaige

Qualifizierungen zu gelten, die den verstärkten Schutz öffentlicher Interessen bezwecken. Deshalb erfaßt zB § 304 nicht die Beschädigung von Hinweiszeichen, die primär ausländischen Hoheitsinteressen dienen; daher war bzgl. Ost-Berliner Grenztafeln die in BGH NJW **75**, 1610, KG und LG Berlin JZ **76**, 98 f. vertretene Position nur haltbar, wenn damit zumindest auch der Schutz der Bevölkerung vor versehentlichen Grenzüberschreitungen bezweckt war (vgl. Blei JA 75, 659 f.; grds. abl. Schroeder JZ 76, 99 ff., Schultz MDR 76, 636). Ähnliche Differenzierungen sind bzgl. § 123 bei Botschaftsbesetzungen geboten (vgl. o. 15 zu Köln aaO). Dagegen ist bei § 111 der Charakter der Straftat entscheidend, zu der aufgefordert wird. Zur Anwendbarkeit der Rechtspflege- und Eidestatbestände vgl. u. 21. Auch die deutschen Steuer- und Zollstraftatbestände haben einen auf deutsche Fiskalinteressen beschränkten Schutzbereich (vgl. RG **14** 128, Hamburg NJW **64**, 937 m. Anm. Schröder JR **64**, 350 sowie Bay NJW **80**, 1057 m. Anm. Oehler JR 81, 485 bzgl. ital. Benzingutscheine, Krehl NJW 92, 604 zu ausl. Zollplomben; zu ausl. Wertzeichen (§ 152) vgl. Schlüchter aaO, insbes. 312 ff., aber auch o. 11 aE). Auch bei Umweltgütern soll sich nach BGH **40** 79 (m. zust. Anm. Michalke StV 94, 428, Otto NStZ 94, 437) der Schutzbereich auf das Inland beschränken.

19 b) Strittig ist die Erstreckung deutscher **Straßenverkehrsvorschriften** auf Verkehrsverstöße im Ausland. Zwar hat diese infolge der modernen Touristik bedeutungsmäßige Frage insofern an praktischer Brisanz verloren, als die früheren Verkehrsübertretungen durchwegs in *Ordnungswidrigkeiten* umgewandelt wurden und für solche nach § 5 OWiG grds. das Territorialprinzip gilt (vgl. Bay JR **82**, 159). Daher kommt eine Ahndung von Verkehrsordnungswidrigkeiten im Ausland nur auf der Grundlage von internat. Verträgen in Betracht (vgl. Frankfurt VRS **37** 377, Lemke NK 31), die erst vereinzelt in Gestalt bilateraler Verträge zum Europ. Übereink. ü. die Rechtshilfe in Strafsachen v. 20. 4. 59 (BGBl. 1964 II 1369, 1386; 1976 II 1799) vorhanden sind (vgl. für das ehem. Jugoslawien Art. 6 Ges. v. 23. 8. 74 – BGBl. II 1165, 1975 II 228; für die Schweiz Art. 6 Ges. v. 20. 8. 75 – BGBl. II 1169, 1976 II 1818; vgl. auch u. 20). Soweit es freilich um die vorgelagerte Frage der Anwendbarkeit des deutschen Rechts und zwar speziell um die Vorfrage nach dem Schutzbereich der verkehrsrechtlichen *Straf*tatbestände (wie namentl. der §§ 315 ff. sowie der §§ 21 ff. StVG) geht, bleiben auch weiterhin die in BGH **21** 277 entwickelten Grundsätze bedeutsam (and. Tröndle 7). Danach kann das ausländische Verkehrswesen nicht schlechthin als „ausländisches" und demgemäß dem Schutzbereich des deutschen Strafrechts entzogenes Rechtsgut angesehen werden (so aber i. Grds. Bay NJW **65**, 2166, Frankfurt NJW **65**, 508; vgl. auch Isenbeck NJW 68, 309, Lackner JR 68, 269, Oehler JZ 68, 189, Reissfelder NJW 64, 637); vielmehr kommt es auf die Schutzrichtung des fraglichen Verkehrstatbestandes an: Dient dieser auch dem Schutz von *Individualinteressen*, wie dies vor allem für die eine Individualgefahr voraussetzenden §§ 315 ff. typisch ist (Tröndle JR 77, 4), so ist er tatbestandlich auch auf Auslandsverstöße erstreckbar (näher Schröder NJW 68, 284 ff.; vgl. auch Gribbohm LK 194). Dementsprechend besteht bei § 142 hins. des Unfallgeschädigten keine Inlandsbeschränkung (Bay VRS **26** 100, Vogler DAR 82, 75). Das ist letztlich auch bei § 316 anzunehmen; denn obgleich dort, da abstraktes Gefährdungsdelikt (RN 1), nicht unbedingt ein anderer gefährdet worden sein muß (RN 9), geht es dabei doch um Individualschutz, und zwar gegenüber einem Verhalten, das – im Unterschied zu mehr technischen Regeln mit etwaigen nationalen Besonderheiten – gleichsam verkehrs- und auslandsrechtlich indifferent individualgefährlich ist, zumal in § 316 nicht auf – national möglicherweise unterschiedliche – formale Promille-Grenzen, sondern auf die materielle Fahruntüchtigkeit abgehoben und dabei ein praktisch weltweit sanktionierter Tatbestand erfaßt wird (iE ebenso Karlsruhe

20 NJW **85**, 2905). – Eine ganz andere Frage ist, ob bei einem nach den vorangehenden Grundsätzen an sich tatbestandsmäßigen Verkehrsdelikt im Ausland eine **Ahndung** nach deutschem Strafrecht möglich ist. Bei dieser nach den Regeln der §§ 3 ff. zu beurteilenden Frage ist zu beachten, daß nach Verdrängung des aktiven Personalprinzips durch das Territorialprinzip (vgl. o. 4) auf Verkehrsdelikte deutscher Staatsangehöriger im Ausland das deutsche Strafrecht praktisch nur noch im Rahmen des § 7 bzw. aufgrund von zwischenstaatlichen Abkommen iSv § 6 Nr. 9 Anwendung finden kann (vgl. o. 19). Erst wenn weitere Verträge solcher Art folgen (über derartige Bestrebungen vgl. Jescheck Maurach-FS 584 ff., Oehler IStR 13 ff.; vgl. auch Vogler DAR 82, 75, Wilkitzki GA 81, 361), wird einem dem modernen Massentransit gerecht werdende Lösung erreichbar sein. Denn auch über § 7 ist auf ein gegen einen Deutschen begangenes Verkehrsdelikt das ausländische Straßenverkehrsrecht nur insoweit anwendbar, als der deutsche Straftatbestand in einer die gleiche Pflichtenlage betreffenden Norm des Tatortrechts eine Entsprechung findet (vgl. BGH **21** 279, ferner § 7 RN 7 ff.). Diese kann uU auch darin liegen, daß eine bereits dem deutschen Strafrecht immanente Pflicht durch die ausländische Verkehrsvorschrift sinngemäß konkretisiert wird (vgl. Bay NJW **72**, 1722, VRS **59** 292). Für eine solche Ausfüllung ist freilich dort kein Raum mehr, wo bereits das deutsche Recht das fragliche Verhaltensgebot bereits abschließend konkretisiert hat, wie zB durch das Rechtsfahrgebot in § 315 c I Nr. 2 e. Gilt stattdessen am Tatort etwa das Linksfahrgebot, so dürfte die gegenteilige Pflicht des deutschen Tatbestandes auch über § 7 nicht entsprechend umdeutbar sein, so daß insoweit das deutsche Strafrecht keine Anwendung finden kann.

21 c) Trotz dieser grundsätzlichen Beschränkung auf inländische staatliche Belange können ausnahmsweise auch **Rechtsgüter ausländischer Staaten** deutschen Strafrechtsschutz genießen (Oehler Mezger-FS 97, Vogler Grützner-GebG 152; vgl. aber auch Hamburg JR **67**, 350 m. Anm. Schröder; grds. strenger Lüttger aaO): so unzweifelhaft dort, wo die ausländischen Interessen weniger Ausfluß von Hoheitsgewalt sind, als vielmehr den Charakter von *Individualrechtsgütern* haben, wie zB bei

Vermögensdelikten gegen ausländisches Staatseigentum (vgl. o. 15). Doch selbst bei Angriffen gegen *Hoheitsinteressen* des ausländischen Staates kommt uU eine Anwendung des deutschen Tatbestandes in Betracht: so wenn er zugleich inländischen Interessen dient, wie das etwa hins. ausländischer öffentlicher *Urkunden* der Fall sein kann (vgl. Bay NJW **80**, 1057 [ital. Benzingutscheine], KG JR **81**, 516 [Reisepaß] m. Anm. Oehler ebd. 485; grds. and. Schroeder NJW **90**, 1406; vgl. ferner o. 15, 18). Darüber hinaus kann sich die Erstreckung auf ausländische Rechtsgüter auch aus dem betreff. Gesetz ergeben (wie zB nach Art. 101 des Schweiz. StVG v. 19. 12. 58 hins. ausl. Verkehrsregeln; vgl. Schultz v. Weber-FS 314 ff.) oder auf Staatsverträgen beruhen (wie etwa zum Schutz von nichtdeutschen NATO-Truppen durch Art. 7 II Nr. 5, 7 des 4. StÄG [vgl. 17 ff. vor § 80, ferner Stuttgart NStZ **87**, 121 zu § 123] oder die Anwendung der §§ 1 III, 16, 19 WStG und der Verleitung von amerikanischen Soldaten zur Desertion gemäß Art. 7 III des 4. StÄG oder auch Art. 37 I EWGVO Nr. 222/77, Übk. EWG-EFTA v. 20. 5. 1987 für ausl. Zollplomben [Krehl NJW 92, 604]); vgl. auch KG JR **81**, 37 zu § 267 zwecks Täuschung damaliger DDR-Verkehrsbehörden. Auf diesem Wege können auch die *Rechtspflegetatbestände* (§§ 145 d, 153 ff., 258), die an sich nur dem Schutz der deutschen Rechtspflege dienen (vgl. BGH NStZ **84**, 360 zu § 145 d), zugunsten einer nichtdeutschen Gerichtshoheit jedenfalls dort zur Anwendung kommen, wo es sich um Verfahren vor supra- oder internat. Gerichtshöfen handelt und die BRD Vertragstaat ist (vgl. Düsseldorf NJW **82**, 1242 zu § 145 d, ferner Gribbohm LK 183), nicht aber schon dann, wenn in einem ausl. Verfahren deutsche Behörden in die Ermittlungen eingeschaltet werden könnten (Düsseldorf MDR **82**, 515). Soweit dagegen die hM die §§ 153 ff. generell oder jedenfalls dort auch zum Schutz der ausländischen Rechtspflege erstrecken will (vgl. RG 3 72, BGH LM **Nr. 2** zu § 3, Jescheck IRuD 56, 78, Welzel 27), gilt das Bedenken Schröders, daß der Richter überfordert würde, wenn er jeweils über die Schutzwürdigkeit der ausländischen Gerichtshoheit zu befinden hätte (JZ 68, 244). Nach den vorgenannten Grundsätzen sind auch Schutzinteressen und Einrichtungen der **Europäischen Union** (EU) zu beurteilen (allg. dazu Oehler Jescheck-FS II 1409 f., Dieblich aaO). Danach werden insbes. Finanzinteressen der EU grundsätzlich durch die Vermögenstatbestände geschützt sein (vgl. Tiedemann NJW **90**, 2226, Thomas NJW **91**, 2237, aber auch Oehler Baumann-FS 562 ff., ferner Dannecker aaO). Vgl. auch 26 vor § 1, § 108 e RN 5.

3. Eine wiederum andere Frage ist die der Heranziehung von **ausländischem Tatortrecht**. Auch dieses Problem ist der Anwendung der §§ 3 ff. prinzipiell vorgelagert und stellt sich insbes. bei zivil- oder verwaltungsrechtlichen **Inzidentfragen.** So richtet sich zB die Frage, ob bei einem Diebstahl im Ausland die weggenommene Sache „fremd", ob bei einem Eingehungsbetrug ein „Vermögensschaden" für den Vertragspartner entstanden, ob eine Sache „ordnungsgemäß gepfändet" (§ 288) oder ob eine Buchführungspflicht (§ 283 b) verletzt ist, nicht nach den einschlägigen deutschen Vorschriften, sondern nach den jeweiligen Regeln des ausländischen Rechts (Schleswig NJW **89**, 3105 zu § 246, teils and. zu Konkursdelikten Karlsruhe NStZ **85**, 317 m. krit. Anm. Liebelt NStZ 89, 182) bzw. nach IPR (vgl. Hamm MDR **82**, 1040 zum Sorgerecht bei § 235), wobei es im Falle mehrerer ausländischer Anknüpfungspunkte idR auf den Tatort ankommen wird (weswegen es bei § 172 nicht auf den Ort der ersten, sondern der zweiten – bigamischen – Eheschließung ankommt; so iE zu Recht StA München I NStZ **96**, 436, Liebelt NStZ 93, 544, GA 94, 36 f. gegen LG Hamburg NStZ **90**, 280). Entsprechendes gilt bei § 74 hinsichtlich der Wirksamkeit einer im Ausland vorgenommenen Übereignung (vgl. BGH **33** 233 m. Anm. Eberbach NStZ 85, 557). Wo ein solches Bedürfnis für die Heranziehung des Tatortrechts im Einzelfall vorliegt, ist jeweils durch Auslegung zu ermitteln. So kann sich zB bei Fahrlässigkeitsdelikten die Verletzung der Sorgfaltspflicht aus ausländischen Normen ergeben, wie zB bei § 222 aus der Mißachtung der ausl. Verkehrsregeln durch den Kraftfahrer (vgl. Bay NJW **72**, 1722, VRS **59** 292, o. 20). Ähnlich wird im gesundheits- und lebensmittelrechtlichen Bereich die „Bedenklichkeit" von reinen Exportwaren nach den besonderen Schutzbedürfnissen und Sicherheitsstandards der Ziellandes auszurichten sein (vgl. Nowakowski JZ 71, 634 f., ferner Jakobs 117 f. zum Bewertungsmaßstab des „erlaubten Risikos" bei Transfer ins Ausland). Nach gleichen Grundsätzen sind auch strafprozessuale Maßnahmen, wie etwa Festnahmerechte im Ausland, zu beurteilen (verkannt von Köln MDR **73**, 688: vgl. Blei JA 73, 170; grdl. zum prozessualen Bereich Nagel, Beweisaufnahme im Ausland, 1988). Jedoch sind in allen Fällen, in denen ausländisches Recht heranzuziehen ist, die Grundsätze des „ordre public" zu beachten (u. 56). Allg. zu derartiger **„Fremdrechtsanwendung"** Cornils und Liebelt aaO u. GA 94, 20 ff.

4. Bei **grenzüberschreitenden Umweltbeeinträchtigungen,** die im Ausland verursacht werden, ist zunächst zu prüfen, ob nach allg. Regeln (Erfolgseintritt im Inland, vgl. § 9 RN 6; spez. zu §§ 324 ff. auch Martin aaO 191 ff., ZRP 92, 19 ff.) oder besonderen Vorschriften (§§ 5 Nr. 11; 6 Nr. 2) deutsches Recht gilt. Ist dies der Fall, so ist hins. der Frage, wie sich die Verwaltungsakzessorietät des Umweltstrafrechts auf die strafrechtliche Beurteilung auswirkt, zu **differenzieren:** a) Soweit eine *Zuwiderhandlung gegen Verwaltungsakte* erforderlich ist, ist angesichts des grds. auf das Gebiet der BRD beschränkten Geltungsanspruchs des Umweltverwaltungsrechts schon wegen des strafrechtlichen Bestimmtheitsgebots auf die *Rechtslage am Handlungsort* abzustellen (Martin aaO 290 ff., 306 ff.). Ist eine derartige Tätigkeit am Handlungsort erlaubt, scheidet Strafbarkeit somit aus. b) Setzt der Tatbestand hingegen, wie insbes. bei § 324, *keinen* (Verstoß gegen einen) *Verwaltungsakt* voraus, so ist die Strafbarkeit auch bei Vorliegen einer *ausländischen Genehmigung* nicht ausgeschlossen, da zum einen nach dem Wortlaut der Vorschrift eine Fremdrechtsanwendung nicht zwingend ist und zum anderen ausländische Hoheitsakte nach allg. Grundsätzen des Völkerrechts nicht ohne weiteres Wirkungen auf das Recht in einem anderen Staat entfalten (vgl. BVerwGE 75 257 f., BGH DVBl. 79, 227, Martin aaO). Jedoch ist zu berücksichtigen, daß sich aus dem völkerrechtlichen Grundsatz der beschränkten territorialen Integrität und Souveränität in gewissem Umfang eine Pflicht zur Duldung grenzüberschreitender Umweltbeeinträchtigungen ergibt (vgl. Rauschning Schlochauer-FS (1981) 557 ff., Martin aaO 215 ff. mwN). Angesichts der Völkerrechtsfreundlichkeit der deutschen Rechtsordnung sollten derartige Beeinträchtigungen zumindest als nicht rechtswidrig gelten. Um dies zu erreichen, wird zT unmittelbar auf das Völkerrecht abgestellt (Fröhler/Zehetner, Rechtsschutzprobleme bei grenzüberschreitenden Umweltbeeinträchtigungen (1981) III 129 ff., Wegscheider DRiZ 83, 60; vgl. auch Lackner 14 vor § 324, Tiedemann/Kindhäuser NStZ 88, 346). Sachgerechter erscheint jedoch, ausländischen Gestattungen (wie im Zivilrecht, vgl. Roßbach NJW 88, 592) über den Weg der *Anerkennung ausländischer Hoheitsakte* gleiche Wirkungen beizumessen wie inländischen, wenn die Beeinträchtigungen am Erfolgsort völkerrechtlich hinzunehmen sind (näher zu den anzulegenden Kriterien Martin aaO 329 ff., ZRP 92, 24 ff.; vgl. auch SPD-E eines 2. UKG, BT-Drs. 11/6449, S. 35 f., Siehr RabelsZ 45 (1981) 387). Liegen diese Voraussetzungen einer Anerkennung nicht vor, so ist die Tat strafbar. Vertraute der im Ausland handelnde Täter darauf, daß die am Handlungsort erteilte Genehmigung die Strafbarkeit auch nach deutschem Recht ausschließe, kann dies allerdings einen Verbotsirrtum begründen. c) Ist die *grenzüberschreitende Umweltbeeinträchtigung* nach dem Recht des *Handlungsortes unzulässig*, so ist die Tat in beiden Fallgruppen auch dann strafbar, wenn die Beeinträchtigung unterhalb der Schwelle der Völkerrechtswidrigkeit liegt (Martin aaO 316; and. Wegscheider DRiZ 83, 60). Spez. zum Meeresumweltschutz vgl. § 5 RN 18 a.

IV. Inland – Ausland, Deutscher – Ausländer

25 Ähnlich wie das Personal- und Schutzprinzip eine Unterscheidung zwischen „Deutschen" und „Ausländern" erforderlich machen (vgl. § 5 Nrn. 3 a, 5 b, 6, 8, 9, 11 a, 12, 13, 14 a, 15, § 7 I), zwingt das Territorialprinzip zu einer räumlichen Abgrenzung zwischen Taten im „Inland" einerseits und im „Ausland" andererseits (vgl. §§ 3, 5–7, 9). Während diese Begriffspaare im Verhältnis des alten Deutschen Reiches zu anderen Staaten zu brauchbaren Abgrenzungen führten, warfen sie im Verhältnis zur DDR Fragen auf, die auch nach Herstellung der deutschen Einheit im Hinblick auf die noch nicht abgeschlossene Aburteilung von „DDR-Alttaten" nicht völlig obsolet geworden sind. Daher bleiben die schon zur aF vertretenen Grundsätze (vgl. 17. A. 14 ff. vor § 3) teilweise weiterhin von Bedeutung.

26 **1.** Der Begriff des **Inlands** umfaßt einen unterschiedlich weiten Bereich, je nachdem, ob man ihn in seinem staatsrechtlichen Sinne oder nach seiner spezifisch strafrechtlichen Funktion versteht.

27 a) Nach dem **staats- und völkerrechtlichen** Inlandsbegriff, wie er früher vorherrschend auch für das Strafrecht für verbindlich gehalten wurde (vgl. BGH **5** 364, **8** 170, Frank § 8 Anm. 1, Kohlrausch-Lange IV, Olshausen 5, Welzel 28; i. Erg. ebenso noch Dreher[37] § 3 RN 3, Maurach AT[4] S. 120 und offenbar auch Schroeder NStZ 81, 181), war als Inland iSd §§ 3 ff. das gesamte **Staatsgebiet des Deutschen Reiches** in seinen Grenzen vom 31. 12. 1937 zu verstehen. – Nach dieser

28 völkerrechtlichen Betrachtung waren die **polnisch** verwalteten Gebiete jenseits der Oder-Neiße-Linie noch als Inland zu betrachten (vgl. BGH **8** 170) und gleiches wurde – bis zur Kehrtwendung in BGH **30** 1 (vgl. u. 67) – auch für das Gebiet der **DDR** angenommen (BGH **7** 55, **15** 72, **20** 5, BVerfGE **1** 441, **11** 158, **12** 65; ebso. noch Braunschweig GA **77**, 309, KG JR **77**, 344 [vgl. aber auch u. 67], dagegen offengelassen von BGH **27**, 5, NJW **75**, 1610; verfehlt KG JR **81**, 38: vgl. u. 53). Daß dies jedenfalls hinsichtlich des durch die Ostverträge von 1970 (BGBl. 1972 II 353, 361) den Polen überlassenen Gebietes nicht mehr haltbar war, wurde dann selbst von Vertretern jener Auffassung eingeräumt (Dreher[37] § 3 RN 3, Maurach AT[4] 120). Dagegen wurde in dieser völkerrechtlichen Auffassung das Gebiet der DDR trotz des Grundlagenvertrages (GV) von 1972 weiterhin als Inland behandelt (vgl. je aaO sowie Schroeder NStZ 81, 181), und zwar nicht nur deshalb, weil mit dem GV keine völkerrechtliche Anerkennung der DDR verbunden gewesen sei (BVerfGE **36** 17), sondern weil sonst auch die neben dem Inlandsbegriff im StGB gelegentlich verwandte Formel des „räumlichen Geltungsbereichs dieses Gesetzes" (vgl. u. 32) praktisch leergelaufen wäre. Dementsprechend waren in der DDR begangene Taten nicht nach den Regeln des Internationalen, sondern nach denen des sog. Interlokalen Strafrechts zu behandeln (dazu u. 47 ff.).

29 b) Demgegenüber versucht der sog. **funktionelle Inlandsbegriff** den besonderen Bedürfnissen des IStR dadurch Rechnung zu tragen, daß als Inland nur jenes Gebiet gilt, in dem das bundesdeutsche Strafrecht aufgrund hoheitlicher Staatsgewalt seine Ordnungsfunktion geltend macht (so bereits v. Liszt-Schmidt 127; grds. ebenso Jescheck/Weigend 180, Lackner 4, Lemke NK 40, Schmidhäuser 129, Tröndle JR 77, 3 f. sowie zuletzt auch BGH **30** 1, **32** 297; vgl. ferner BGH **38** 89 f., Herrmann aaO 61, Wengler Nawiasky-FS 49 ff.; vgl. aber auch Jakobs 113). Dieser Raum wird sich regelmäßig mit dem Staatsgebiet iSd Völkerrechts decken, mit Ausnahme jener Gebiete, in denen die Ausübung der internen Staatsgewalt für längere Zeit ruht. Solche Bereiche noch zum Inland zu rechnen, würde dem Sinn des Territorialprinzips widersprechen; denn Grundlage dieses Prinzips und damit auch des Inlandsbegriffes ist einerseits die *primäre Verantwortlichkeit* für die Ahndung aller im eigenen Hoheitsbereich begangenen Handlungen und andererseits der Strafverzicht bei Auslandstaten,

der auf der Annahme beruht, daß sie in Gebieten begangen werden, in denen fremde Staatsgewalt und damit auch fremde Strafgewalt ausgeübt wird. Diese Voraussetzungen bestanden schon bislang in den **polnisch verwalteten Gebieten** jenseits der Oder-Neiße-Linie nicht mehr (vgl. Wengler aaO 67 ff.); durch Anerkennung dieser Linie als „westliche Staatsgrenze der Volksrepublik Polen" in Art. 1 I des Warschauer Vertrages v. 7. 12. 70 hat dieser Zustand lediglich seine formale Bestätigung gefunden. Demgemäß können Taten in jenem Gebiet *nicht* mehr als *Inlandstaten* behandelt werden. Insoweit zust. auch die Gegenansicht o. 28. Nach diesen Grundsätzen war seit dem GV von 1972 auch das Territorium der **DDR** *wie Ausland* zu behandeln; vgl. des weiteren u. 32 f., 67.

c) Im einzelnen gehören zum Inland das **Landgebiet** samt seiner **Binnengewässer,** die dem **30** Festland vorgelagerten **Eigengewässer** (wie Meeresbuchten und Seehäfen), das sich anschließende **Küstenmeer** mit mindestens einer Dreimeilenzone (ab Niederwassergrenze) sowie über den vorgenannten Gebieten befindliche **Luftraum** (vgl. Gribbohm LK 228 ff., Schnorr v. Carolsfeld aaO 9). Problematisch ist die Zuordnung des über das Küstenmeer hinausreichenden **Festlandsok- 31 kels.** Dazu gehört nach der (von der BRD zwar nicht ratifizierten, jedoch insoweit völkergewohnheitsrecht kodifizierenden) Genfer Festlandsockel-Konvention v. 29. 4. 58 „der Meeresboden und der Untergrund der unterseeischen Gebiete, die der Küste außerhalb des Küstenmeeres vorgelagert sind, bis zu einer Tiefe von 200 m oder jenseits dieser Grenze bis dorthin, wo die Tiefe der darüber befindlichen Wasser die Ausbeutung der Bodenschätze der besagten Gebiete zuläßt". Zwar besitzt über diese Gebiete der Küstenstaat gewisse Hoheitsrechte zur Erforschung und Ausbeutung der Bodenschätze (vgl. §§ 132–137, 175 Nr. 5 BBergG, BGBl. 1980 I 1310, u. Festlandsockel-BergVO, BGBl. 1989 I 554); dennoch gilt dieser Bereich *nicht* als Inland (vgl. Klages, aaO 36 ff., Oehler IStR 294, 305 ff., Gribbohm LK 320, Wengler NJW 69, 965; vgl. § 5 RN 18 a; ferner Lemke NK 42 f. zur Zulässigkeit von strafproz. bzw. pol. Maßnahmen), so daß die Ausdehnung der Strafgewalt auf diesen Bereich nicht auf dem Territorialprinzip beruhen kann (so aber Jakobs 110, 114, dagegen Klages aaO 113 ff.). Bei **Brücken** reicht die Staatsgewalt, sofern nichts Besonderes vereinbart ist, bis zur Brückenmitte (RG 9 378), bei **Grenzflüssen** bis zur Flußmitte bzw. bis zur Mitte der Hauptschiffahrtsrinne (Talweg). Der *Bodensee* ist kein Kondominat der Anrainerstaaten, sondern durch die Mittellinie räumlich getrennt (RG 57 369; vgl. v. Bayer-Ehrenberg DÖV 57, 38), wobei freilich der Grenzverlauf auf dem Obersee umstritten ist (vgl. BayVGH ArchVR 12 [1964–65] 224, Strätz JuS 91, 902 ff.). Auch **Schiffe** sind, und zwar ungeachtet von § 4 und gleich ob in- oder ausländischer Nationalität, als Inland zu betrachten, solange sie sich im Küstenmeer oder in einem Hafen der BRD befinden (vgl. Mettgenberg DJ 40, 642, Oehler IStR 295 f.). Das schließt jedoch nicht aus, daß auch das ausländische Recht seine Zuständigkeit für diese Fahrzeuge erklären und als sein „Inland" behandeln könnte (vgl. zum Ganzen Oehler IStR 326 ff.). Für den umgekehrten Fall vgl. § 4 RN 9. Diese Grundsätze gelten an sich gleichermaßen für *Privat*schiffe wie auch für (ausländische) *Kriegs-* und *Staatsschiffe*, nachdem die Vorstellung von Staatsschiffen als „schwimmendem Gebietsteil" des Flaggenstaates kaum noch haltbar ist (vgl. § 4 RN 4). Soweit sich jedoch ein ausländisches Kriegs- oder Staatsschiff in deutschen Eigengewässern und damit im Inland befindet, wird ihm (ebenso wie umgekehrt deutschen Schiffen in ausländischen Gewässern) regelmäßig Immunität gegenüber der deutschen Strafgewalt eingeräumt (Oehler IStR 333 ff., Gribbohm LK 260 f., § 4 RN 9). Gleich den Schiffen sind auch **Luftfahrzeuge** zu behandeln: Sie gelten als Inland, solange bzw. sobald sie sich im deutschen Luftraum befinden (vgl. Oehler IStR 340 ff.). Auch die Dienst- und Wohngebäude der sog. **Exterritorialen** (u. 38 ff.) gehören zum Inland (RG 69 55, Köln StV 82, 471), während umgekehrt **dt. Botschaften im Ausland nicht** zum Inland gehören (Köln NStZ 00, 40, Gribbohm LK 292). Hingegen gelten für den Bereich der Zoll- und EinfuhrGe auch solche **Zollstellen,** die ins Ausland vorgeschoben sind, noch als Inland (RG 57 61), und zwar ohne Beschränkung auf die Geschäftsräume der Zollstelle (RG 66 195). Umgekehrt sind dementsprechend deutsche Zollausschlüsse, wie insbes. die Freihäfen von Hamburg und Bremen, hins. Zollvergehen als Ausland zu betrachten (vgl. RG 56 44, 287, 57 357, 59 170; vgl. aber auch BGH 31 252 m. Anm. Schwenn/Strate StV 83, 151). Entsprechendes gilt für vorgeschobene Grenzdienststellen (Bay NJW 83, 529, M-Zipf I 141; vgl. auch BGH 31 217 [m. Anm. Bick StV 83, 331], 31 377, Köln NStZ 84, 321, 322 sowie Hübner JR 84, 82). Zu weiteren Einzelheiten Gribbohm LK 228 ff.

2. Anstelle von Inland spricht der Gesetzgeber gelegentlich vom **„räumlichen Geltungsbereich 32 dieses Gesetzes"** (so zB in §§ 66 IV, 84 I, 85 I, 86 I, 87 I, 88, 91, 100 I, 109 f, 234 a I). Gemeint waren damit die in der Präambel des GG genannten Länder und das Saarland, praktisch zum bis Beitritt der fünf neuen Bundesländer und der Einbeziehung von Ost-Berlin aufgrund des EV mit dem 3. 10. 90) das damalige **Bundesgebiet,** sowie **(West-)Berlin,** soweit dem betreffenden Gesetz aufgrund eines entsprechenden Überleitungsgesetzes auch dort Geltung verschafft wurde; daran fehlte es zB an den durch das 4. StÄG (v. 11. 6. 57) bzw. bei einem Teil der durch das 8. StÄG (v. 25. 6. 68) eingetretenen Änderungen (dazu 13 vor § 80); vgl. Langrock aaO 39 ff., Gribbohm LK 207 ff.

Folgte man dem hier vertretenen funktionellen Inlandsbegriff (o. 29), so war der „räumliche **32 a** Geltungsbereich dieses Gesetzes" praktisch mit jenem deckungsgleich (vgl. Hoyer SK 24, Gribbohm LK 210 ff., Schroth NJW 81, 500) und demgemäß nur noch bei etwaigen Geltungsvorbehalten gegenüber (West-)Berlin von einer gewissen eigenständigen Bedeutung. Daraus aber schließen zu wollen, daß eben der Inlandsbegriff in seinem weiterreichenden staatsrechtlichen Sinne zu verstehen sei (so die o. 28 Genannten), hätte die Tatsache verkannt, daß in dieser verschleiernden Terminologie

Vorbem §§ 3–7 33–41   Allg. Teil. Das Strafgesetz – Geltungsbereich

in der Hauptsache wohl das Eingeständnis des Gesetzgebers zu erblicken war, daß sich der Geltungsanspruch des StGB für seinen ursprünglichen gesamtdeutschen Bereich nicht mehr aufrechterhalten ließ (vgl. Krey JR 80, 49). Daher hätte auf einen dieser Begriffe durchaus verzichtet werden können. Nach dem Beitritt der ehemaligen DDR einschließlich Ost-Berlin zur BRD am 3. 10. 90 aufgrund Art. 1, 3 EV (vgl. 12 vor § 1) ist der „räumliche Geltungsbereich dieses Gesetzes" sowohl mit dem funktionell-strafrechtlichen als auch mit dem staatsrechtlichen Inlandsbegriff deckungsgleich (vgl. Lemke NK 37).

33   3. **Ausland** ist jedes Gebiet außerhalb des Inlands. Neben den nicht zum Inlandsbereich des deutschen Strafrechts gehörenden fremden Staatsgebieten sind demnach Ausland auch das offene Meer und Gebiete ohne Staatshoheit (Tröndle 18).

34   4. In **personaler** Hinsicht kann der Begriff des **Deutschen** bedeutsam werden, und zwar sowohl durch aktive Anknüpfung am *Täter* (§ 5 Nrn. 3 a, 5 b, 8 b, 9, 11 a, 12, 14 a, 15, § 7 II Nr. 1) als auch durch passive Anknüpfung am *Verletzten* (§ 5 Nrn. 6, 8 a, 14 a, § 7 I), ja gelegentlich müssen sogar der Täter und das Opfer Deutsche sein (§ 5 Nr. 8 a). Dabei ist von folgenden Grundsätzen auszugehen:

35   a) Grundlage für die Beurteilung als Deutscher ist zunächst das **Reichs- und StaatsangehörigkeitsG** v. 22. 7. 13 sowie Art. 116 I GG, wonach deutsche Volkszugehörige den Deutschen gleichzustellen sind (BVerfGE **36** 30 f., vgl. ferner BGH **11** 63, Karlsruhe NJW **51**, 118, Tröndle § 7 RN 2 f. mwN). Nach Anerkennung der Oder-Neiße-Linie als Westgrenze Polens (vgl. Vertrag v. 14. 11. 90, BGBl. 1991 II 1328) sind die zu jenen Gebieten gehörenden Bürger als Ausländer zu behandeln. Zu Rückwirkungsfragen bei Änderung der Staatsangehörigkeit vgl. Oehler Bockelmann-FS 771 ff.

36   b) Diese staatsrechtliche Betrachtung hatte jedoch ähnlich wie beim Inlandsbegriff (o. 29) einer **funktionellen Differenzierung** bedurft. Das war vor allem bei Taten von oder gegenüber **DDR-Bürgern** bedeutsam: näher dazu u. 69 ff.

37   5. Der Begriff des **Ausländers** spielt sowohl in den ausdrücklich darauf abhebenden Vorschriften (zB § 5 Nr. 13, § 7 II Nr. 2) als auch dort eine Rolle, wo Deutschen besonderer Schutz gewährt wird bzw. besondere Pflichten auferlegt werden (vgl. o. 34, u. 69 ff.) und damit Ausländer stillschweigend davon ausgenommen sind. Ausländer ist jeder, der nicht Deutscher ist, also auch der Staatenlose (§ 1 II AuslG); vgl. aber auch Oehler Bockelmann-FS 780 ff. Ist jemand (aufgrund doppelter oder mehrfacher Staatsbürgerschaft) sowohl Ausländer wie Inländer, so ist er iSd §§ 5, 7 als Deutscher zu behandeln (Tröndle § 7 RN 5; Lemke NK 52).

38   **V. Ausnahmen von der deutschen Strafgewalt** gibt es für sog. **Exterritoriale**.
1. Nach §§ 18–20 GVG (iVm mit WÜD u. WÜK, vgl. 39) erstreckt sich die deutsche Strafgerichtsbarkeit nicht auf die Leiter und Mitglieder der bei der BRD beglaubigten **diplomatischen** Missionen und konsularischen Vertretungen sowie auf andere Personen, die nach den allgemein

39   anerkannten Regeln des Völkerrechts oder nach einem Staatsvertrag hiervon befreit sind. Zu diesen „Exterritorialen" rechnen neben fremden Staatsoberhäuptern (so zum damaligen DDR-Staatsratsvorsitzenden BGH **33** 97 m. abl. Anm. Blumenwitz JZ 85, 614) die beim Empfangstaat ständig akkreditierten Botschafter und Diplomaten (nicht hingegen die nur bei einem Drittstaat akkreditierten: vgl. BVerfG NJW **98**, 50 mit krit. Anm. Faßbender NStZ 98, 144), ferner durchreisende Gesandte (vgl. Art. 40 WÜD), Vertreter fremder Staaten auf internat. Konferenzen, Staatenvertreter bei internat. Organisationen, wie auch höhere Beamte internat. Organisationen, sowie die Mitglieder konsularischer Vertretungen. Deren Exterritorialität erstreckt sich jeweils auch auf ihre Familienmitglieder und privaten Hausangestellten. Vgl. im einzelnen das Wiener Übereink. über diplomat. Beziehungen (WÜD) v. 18. 4. 61 (BGBl. 1964 II 957; 1965 II 147) u. das Wiener Übereink. über konsular. Beziehungen (WÜK) v. 24. 4. 63 (BGBl. 1969 II 1585) sowie das RdSchr. des BMI v. 17. 8. 93 über „Diplomaten u. andere bevorrechtigte Personen" (GMBl. 591 ff.), auszugsw. (freilich in aF) abgedr. bei K/Meyer-Goßner § 18 GVG 11, ferner Nr. 193 ff. RiStBV, Rüping Kleinknecht-FS 397 ff. Zu ad-hoc-Sonderbotschaftern vgl. BGH **32** 275, Düsseldorf MDR **83**, 512, NJW **86**, 2204.

40   2. Auch die in der BRD stationierten **ausländischen Truppen** sind partiell der deutschen Strafgerichtsbarkeit entzogen. Während sie jedoch nach dem Truppenvertrag (TV) v. 26. 5. 52 (BGBl. II 1955 321) grds. als Exterritoriale zu behandeln waren (Art. 6, vgl. LR[20] Anh. C z. GVG, Jescheck ZStW 65, 291 ff.), ist nach den Zusatzvereinbarungen zum NATO-Truppenstatut (NTS) v. 19. 6. 51 (BGBl. 1961 II 1190) u. v. 3. 8. 59 (BGBl. 1961 II 1218), die aufgrund des Ges. v. 18. 8. 61 (BGBl. II 1183) am 1. 7. 63 in Kraft traten (BGBl. II 745) und den TV abgelöst haben, folgendermaßen zu differenzieren:

41   Nach Art. VII Abs. 2 a NTS steht dem *Entsendestaat* die *ausschließliche* Gerichtsbarkeit über die seinem Militärrecht unterstehenden Personen – und damit Exterritorialität vom deutschen Strafrecht – nur für solche Handlungen zu, die lediglich nach dem Recht des Entsendestaates, nicht aber nach dem Recht des Aufnahmestaates, dh der BRD, strafbar sind, wobei unter Strafbarkeit auch die Ahndung als Ordnungswidrigkeit fällt (Schwenk JZ 76, 581). Im umgekehrten Falle (Strafbarkeit nur nach deutschem Recht) übt die BRD die ausschließliche Gerichtsbarkeit aus (Art. VII Abs. 2 b NTS). In den übrigen Fällen (Strafbarkeit nach dem Recht beider beteiligter Staaten) besteht *konkurrierende* Strafgerichtsbarkeit (Art. VII Abs. 1 NTS), wobei den ausländischen Militärbehörden insoweit ein *Vorrecht* zukommt, als die strafbare Handlung in Ausübung des Dienstes begangen ist oder sich nur gegen den Entsendestaat bzw. eine der dem Truppenstatut unterstehenden Personen richtet (Art. VII

Abs. 3a NTS; zu Abgrenzungsproblemen bei fahrlässiger Körperverletzung vgl. Marenbach NJW 74, 1598). Bei allen sonstigen Straftaten steht der BRD das Vorrecht zu (vgl. Art. VII Abs. 3b NTS), so daß insoweit Exterritorialität zu verneinen ist. Auf die Ausübung des Vorrechts kann jede Seite im Einzelfall *verzichten*. Die BRD kann dies auch *generell* tun, wenn ein Entsendestaat darum ersucht (vgl. Art. VII Abs. 3c NTS i. V. m. Art. 19 des Zusatzabkommens [ZusAbk] z. NTS v. 3. 8. 59 [BGBl. 1961 II 1218]). War ein Entsendestaat zu einem derartigen Ersuchen bereits bei Inkrafttreten des ZusAbk (1. 7. 63; s. o. 40) entschlossen, so wurde der Verzicht der BRD auf ihr Vorrecht für den gleichen Zeitpunkt wirksam (vgl. Unterzeichnungsprot. z. ZusAbk. v. 3. 8. 59, BGBl. 1961 II 1313, Teil II zu Art. 19); dies trifft zB im Verhältnis zu Großbritannien zu (vgl. Celle NJW **65**, 1673). Durch den Verzicht wird jedoch lediglich das Vorrecht, nicht aber die deutsche Gerichtsbarkeit als solche beseitigt (Nürnberg NJW **75**, 2151, Stuttgart NJW **77**, 1020, Gribbohm LK 364). Deshalb kann diese sowohl bei (schriftlicher oder auch nur mündlicher) Rücknahme des Verzichts nach Art. 19, III ZusAbk (dazu BGH **30** 377, NJW **66**, 2280) wie auch dann wieder aufgenommen werden, wenn die Militärbehörden ihrerseits innerhalb angemessener Zeit nicht tätig werden (Stuttgart aaO, Gribbohm aaO; and. Frankfurt b. Marenbach NJW **74**, 395). Treffen diese freilich eine Entscheidung (und sei es auch nur durch Einstellung), so ist eine weitere deutsche Verfolgung durch „ne bis in idem" ausgeschlossen (Stuttgart aaO, Gribbohm aaO; and. bei Ordnungswidrigkeiten Bay NJW **97**, 335). Zu vorläufigen Maßnahmen während eines nichtzurückgenommenen Verzichts vgl. Zweibrücken NJW **75**, 2150, Stuttgart MDR **76**, 1043, Marenbach NJW 78, 2434. Zu weiteren Einzelheiten vgl. Schwenk NJW **63**, 1425 ff., JZ 76, 581 ff., ferner Rumpf aaO, insbes. 17 ff., Witzsch aaO. Zur verfassungsrechtl. Problematik des Art. VII Abs. 7a NTS (Todesstrafe) vgl. Calliess NJW **88**, 849 u. Ballhausen NJW **88**, 2656.

Der *persönliche Anwendungsbereich* des Truppenstatuts umfaßt nicht nur die Mitglieder der „Truppe" **42** (militärisches Personal), sondern auch deren Angehörige sowie das zivile Gefolge und dessen Angehörige (vgl. Schwenk aaO). *Deutsche Staatsangehörige*, soweit sie nicht Mitglieder der ausländischen Truppe sind (vgl. Art. VII Abs. 4 NTS), unterstehen ausschließlich der deutschen Gerichtsbarkeit, da sie auch als bei den fremden Streitkräften Beschäftigte nicht zu dessen zivilem Gefolge zählen (vgl. Art. I Abs. 1b NTS). Eine Ausnahme besteht nach Art. III b des Überleitungs V v. 30. 3. 55 (BGBl. II 405) ua für Angehörige deutscher Dienstkommandos bei ausl. Streitkräften für Taten, die in Erfüllung von Pflichten oder Leistung von Diensten für die Besatzungsbehörden begangen wurden (vgl. BGH **14** 138). Durch vorübergehenden Heimaturlaub wird die Zugehörigkeit zu dem in der BRD stationierten Truppenverband nicht ohne weiteres aufgehoben (Hamm MDR **81**, 870).

3. Hinsichtlich der **Wirkung derartiger Ausnahmen** von der deutschen Strafgerichtsbarkeit ist **43** zu differenzieren (ebenso M-Zipf I 149 ff.):

a) Bei echter *Exterritorialität* (o. 38 f.) sind die betreffenden Personen iSe **materiellrechtlichen** **44** **Exemtion** von der Geltung des deutschen Strafrechts ausgenommen (v. Hippel II 82, v. Liszt-Schmidt 137, Oehler IStR 361 f., Schönke Mezger-FS 109, Welzel 59, ebenso bereits R **10** 85), also nicht nur iSe prozessualen Immunität vom deutschen Strafgewalt entzogen (so aber BGH **32** 276, Düsseldorf NJW **86**, 2204, ferner ua B/W-Weber 80, Gribbohm LK 338 f., Hoyer SK § 3 RN 7, Jescheck/Weigend 190, Rüping Kleinknecht-FS 406, wohl auch BGH **14** 139, **21** 33; iE wie hier Bloy, Die dogm. Bedeutung der Strafausschließungsgründe (1976) 38 ff. mwN zum Streitstand). Denn aufgrund des überkommenen Völkerrechts und der Staatenpraxis besteht bei keiner der genannten Personengruppen die Möglichkeit, sie bei einer etwaigen Rückkehr ins Inland nach Beendigung ihrer Dienste wegen früher begangener Inlandstaten zu bestrafen (vgl. BVerfG NJW **98**, 51 f.); vielmehr können sie auch nach Verlust ihrer exterritorialen Stellung wegen der in dieser Zeit begangenen Handlungen nur von einem ausländischen, nicht aber von einem deutschen Gericht bestraft werden (vgl. v. Hippel II 83, ebenso Lemke NK 56 mwN; and. B/W-Weber 80, Tröndle 20). Entsprechendes dürfte auch für ausländische NATO-Angehörige zu gelten haben, soweit dem Entsendestaat die *ausschließliche* Gerichtsbarkeit zusteht (o. 41). Da die Exemtion jedoch lediglich die Wirkung eines **persönlichen Strafausschließungsgrundes** für den Exterritorialen zukommt (Welzel 59; abl. Gribbohm LK 339), bleibt die *Tatbeteiligung* daran durch einen Deutschen strafbar (Lemke NK 57; insoweit ebenso bei Deutung der Exterritorialität als bloßem Verfahrenshindernis B/W-Weber 81, Tröndle 20). Ebenso bleibt demzufolge Notwehr gegen die rechtswidrige Handlung eines Exterritorialen möglich, und zwar selbst dann, wenn die nach deutschem Tatortrecht strafbare Handlung nach dem Heimatrecht des Exterritorialen nicht strafbedroht ist. Stiftet zB ein Deutscher einen fremden Botschaftsangehörigen zu einer Unterhaltspflichtverletzung (§ 170) an, so ist er auch dann strafbar, wenn das für den Angestifteten geltende Recht die Unterhaltspflichtentziehung nicht mit Strafe bedroht (vgl. aber auch o. 15). Insofern gilt Entsprechendes wie bei der inländischen Teilnahme an einer Auslandstat, die ihrerseits nach §§ 3 ff. nicht der Geltung des deutschen Strafrechts unterliegt (vgl. § 9 II 2).

b) Dagegen hat bei NATO-Angehörigen das nur auf *konkurrierender* Gerichtsbarkeit beruhende **45** Vorrecht des Entsendestaates keine materielle Exemtion, sondern nur **prozessuale Immunität** zur Folge (BGH **28** 98, Hoyer SK § 3 RN 8, Lemke NK 58): Da es sich insoweit nur um verfahrensrechtliche Zuständigkeitsverteilungen handelt (vgl. M-Zipf I 151), läßt der Verzicht auf das Vorrecht die subsidiäre Geltung des deutschen Strafrechts unberührt (vgl. o. 41). Demzufolge steht auch der Strafverfolgung eines aus der fremden Streitmacht ausgeschiedenen Soldaten durch deutsche Gerichte jedenfalls materiellrechtlich nichts im Wege (BGH **28** 96 m. Anm. Oehler JR 80, 126).

46 VI. Zu den besonderen Problemen, die sich bei **besatzungsgerichtlichen Urteilen** oder sonstigen Strafermittlungen im Anschluß an den 2. Weltkrieg gestellt, jedoch mit fortschreitender Zeit an praktischer Bedeutung verloren haben, vgl. die 24. A. 44–46 vor § 3 sowie Gribbohm LK 367 ff.

VII. Interlokales Strafrecht

47 1. Ähnlich wie im Verhältnis zwischen völkerrechtlich selbständigen Staaten kann es auch **innerhalb desselben Staates unterschiedliche Strafrechtsordnungen** geben, die jeweils nur für einen bestimmten räumlichen Bereich gelten. Derartiges *partielles* oder meist sog. *partikuläres Strafrecht* ist vor allem innerhalb von Bundesstaaten, wie der BRD, bedeutsam. Soll hier eine Tat, die im Bereich des einen Teilrechts begangen wurde, im Bereich eines anderen abgeurteilt werden, so stellt sich die Frage, welches Teilrecht dabei anzuwenden ist. Einer Lösung nach den Regeln des IStR steht hier entgegen, daß es sich sowohl beim Tatortrecht als auch beim Recht des Gerichtsortes jeweils um inländisches Recht handelt und demzufolge jede Auslandsbeziehung fehlt (vgl. Gribbohm LK 376). Insofern geht es hier auch weder um den Geltungsbereich noch um die Anwendbarkeit des deutschen Strafrechts, sondern um die Lösung *innerstaatlicher Kollisionen;* deshalb handelt es sich hier um echtes Kollisionsrecht (Jescheck/Weigend 190, M-Zipf I 152; vgl. aber auch Jakobs 119 f.). Diesen Besonderheiten soll durch die – leider bislang immer noch nur gewohnheitsrechtlich entwickelten – Regeln des **Interterritorialen** (M-Zipf I 152) bzw. meist sog. **Interlokalen Strafrechts** Rechnung getragen werden (allg. dazu Oehler IStR 37 sowie zur Kritik u. 51).

48 a) Daß jedenfalls **partielles Bundesrecht** nach Interlokalem Strafrecht zu behandeln ist, steht heute außer Frage (Jescheck/Weigend 192); zu solchen Fällen, die sich aufgrund von Art. 125 GG vor allem aus der Fortgeltung von früherem Landesrecht als Bundesrecht, aber neuerdings auch aus der teilweisen Fortgeltung ehemaligen DDR-Strafrechts in den Beitrittsgebieten (vgl. u. 72 ff.), ergeben können (vgl. BGH 4 396, **11** 365). Gleiches muß jedoch auch für **unterschiedliches Landesrecht** gelten (Kohlrausch-Lange III A; vgl. auch Jescheck/Weigend 192; and. M-Zipf I 152, H. Mayer AT 90 f.); denn auch das Landesrecht beruht letztlich auf Bundesrecht, sei es, daß es kraft der durch das GG eingeräumten Gesetzgebungsbefugnis (Art. 72 I, 74 Nr. 1) oder aufgrund einer Ermächtigung des **49** Bundesgesetzgebers (zB § 2 II EGStGB aF bzw. jetzt Art. 1 EGStGB nF) entstanden ist. Allerdings spielten derartige interlokalrechtliche Kollisionen innerhalb der (alten) Bundesrepublik nur eine geringe Rolle, da die Gesetzgebungskompetenz der Bundesländer auf dem Gebiet des Strafrechts keine große praktische Bedeutung hatte (vgl. im einzelnen 36 ff. vor § 1, aber auch Jedamzik aaO 5 ff. zu unterschiedlichem Landespresse- und Rundfunkstrafrecht; über frühere zahlreiche Anwendungsfälle innerhalb des Deutschen Reiches vgl. Jescheck/Weigend 192 mwN).

50 b) Zu Besonderheiten im **Verhältnis zur DDR** sowie zu den sich aus dem **Fortgelten von DDR-Strafrecht** ergebenden Strafanwendungsproblemen vgl. u. 63 ff.

51 2. Soweit das eigentliche Interlokale Strafrecht in Betracht kommt, können nach heute hM die Regeln der §§ 3 ff. weder unmittelbar noch analog zur Anwendung kommen (vgl. BGH **7** 55, B/W-Weber 93, Jescheck/Weigend 190); denn jene Bestimmungen gehen von einer grundsätzlichen Antithese zwischen dem deutschen und dem ausländischen Recht aus, während das Interlokale Strafrecht grundsätzlich eine von gegenseitigem Vertrauen beherrschte Anerkennung der verschiedenen Teilrechtsgebiete für den gesamten Bereich voraussetzt (vgl. Gribbohm LK 377). Daher ist das Interlokale Strafrecht nach **eigenen – bislang ungeschriebenen – Regeln** zu behandeln (vgl. BGH **7** 55, NJW **60**, 395, Jescheck/Weigend 191; rechtshist. u. -vergl. Schultz JR 68, 42 ff.), wofür jedoch nicht zuletzt im Hinblick auf Art. 103 II GG eine gesetzliche Regelung erwünscht wäre (vgl. D-Tröndle[44] § 3 RN 10). Nachdem eine solche Regelung bereits bei der Gesamtreform des AT letztlich bewußt vermieden worden war (vgl. einerseits E 62 § 3 FN 2, andererseits BT-Drs. 7/1261 S. 4), hätte eine neue Chance dazu bei den Wiedervereinigungsverhandlungen bestanden, als der EV-Entwurf in einem neu einzufügenden Art. 1 a EGStGB das Tatortprinzip (u. 52) – wenngleich mit Ausnahmen zugunsten des Wohnsitzprinzips bei Sicherungsverwahrung, Homosexualität und Schwangerschaftsabbruch (vgl. u. 54) – festzuschreiben gedachte (vgl. Eser GA 91, 249 f., Helgerth/König JR 91, 178, Schneiders MDR 90, 1050); diese Chance zu einer nicht zuletzt verfassungsrechtlich (Art. 104 GG) gebotenen Regelung (vgl. Tröndle 33, Samson NJ 91, 64) wurde jedoch vertan, da das Wohnsitzprinzip zugunsten der bundesdeutschen Schwangerschaftsabbruchsregelung politisch nicht durchsetzbar war (vgl. 24 A. 45 vor § 218) und mit diesem – aus weder bekannten noch verständlichen Gründen – die vorgesehene Regelung insgesamt fallengelassen wurde. Daher ist weiterhin nach folgenden Grundsätzen zu verfahren:

52 a) Auszugehen ist nach dem **Tatortprinzip** vom Recht des Tatorts (RG **74** 219, **75** 104, BGH **4** 399, **7** 55, **27** 5, 7, NJW **52**, 1146, **60**, 395, GA **55**, 178, **61**, 24, KG VRS **31** 367, Jescheck/Weigend 191, Lemke NK 66, M-Zipf I 153; ferner Samson NJ 91, 144, Wasmuth NStZ 91, 161; ebenso der im EV-Entwurf vorgesehene § 1 a I EGStGB; vgl. o. 51). Demzufolge ist eine Handlung auch dann nach dem Strafrecht des Tatorts zu beurteilen, wenn dieses für das erkennende Gericht ein fremdes Recht **53** ist. Der *Tatort* bestimmt sich nach § 9, dem eine über den Bereich des IStR hinausgehende Verbindlichkeit zukommt. Ist danach eine Tat im Geltungsbereich mehrerer Teilstrafrechte begangen, wie dies insbes. bei Distanzdelikten der Fall sein kann (vgl. § 9 RN 3), so können damit, auch unabhängig vom Wohnsitz des Täters, schon nach dem Tatortprinzip mehrere Teilstrafrechte anwendbar sein. Da der Täter durch die mehrfachen Tatorte unter mehreren Strafrechtsordnungen steht, ist das nach *konkreter* Betrachtung **strengste Gesetz** anzuwenden (RG 75 385, Gribbohm LK 38, Hoyer SK 64, Jakobs 120, Schröder DR 43, 1123, ebenso BGH NJW 75, 1610 hins. DDR [vgl. aber dazu o. 28 f., u. 65 ff.] sowie KG JR **81**, 38 [wodurch konkludent denn doch eine Anwendung inter*lokalen* Strafrechts vorliegt: vgl. u. 60]). Demgegenüber für Anwendung des am Handlungs- bzw. Unterlassungsort geltenden Rechts RG **75** 107, Jedamzik aaO 34 (vgl. auch Oehler IStR 37 f.).

b) Strittig ist, ob neben dem Tatortrecht mit gleichem Rang auch das **Wohnsitzprinzip** zur **54** Anwendung kommen kann. Ein derartiger Gleich- bzw. Vorrang des gegebenenfalls strengeren Wohnsitzrechts, wie dies in dem im EV-Entwurf vorgesehenen Art. 1 a II EGStGB – in Form des „Lebensgrundlageprinzips" (vgl. u. 57) – für die §§ 175 aF, 218 beabsichtigt war (vgl. o. 51), und für die Sicherungsverwahrung in Art. 1 a EGStGB normiert wurde (vgl. 25. A. RN 79), war seinerzeit von Schröder (17. A. 26 vor § 3) damit begründet worden, daß andernfalls der Täter auf ein milderes Tatortrecht ausweichen könne (iE ebenso für Gleich- bzw. Vorrang des Wohnsitzrechts Kohlrausch-Lange III B 3 sowie zeitweilig Jescheck[1] 131). Dies wird jedoch überwiegend deshalb abgelehnt, weil der räumliche Geltungsbereich des Landesstrafrechts auf das Gebiet des betreffenden Bundeslandes beschränkt sei und es einen besonderen persönlichen Geltungsbereich mangels eigener Landesangehörigkeit nicht gebe (Blei I 49, Gribbohm LK 381, Hoyer SK 58, Jakobs 120, Stratenwerth 55; vgl. auch BGH **4** 399, Jedamzik aaO 37, Vormbaum StV 91, 181 f.). Daran ist sicher richtig, daß das Wohnsitzrecht grds. nur innerhalb seines eigenen Geltungsbereichs Anwendung finden kann. Soweit jedoch Landesrecht aufgrund von Art. 2 Nr. 1 EGStGB zulässigerweise abweichend vom Tatortprinzip des § 3 an den Wohnsitz des Täters anknüpft, muß auch dieses geltende Recht neben dem Tatortrecht anwendbar sein und, wenn weitergehende Pflichten enthaltend als jenes, zum Zuge kommen (so inzw. auch Jescheck/Weigend 191, ferner Helgerth/König JR 91, 180, Samson NJ 91, 144, Schneiders MDR 90, 1050; vgl. aber dazu auch nachf. 55).

c) Eine Ergänzung bzw. Einschränkung des Tatortprinzips scheint ferner dort veranlaßt, wo eine **55** Tat **ohne Rücksicht auf den Tatort** und dessen Recht strafbar ist, wie in den Fällen der §§ 5, 6; denn wenn ein Straftatbestand ohne Rücksicht auf das Tatortrecht weltweite Geltung für sich in Anspruch nimmt, wäre es schwer verständlich, wenn von diesem an sich universalen Anwendungsbereich ein bestimmtes innerstaatliches Territorium ausgenommen wäre (insofern zutr. Helgerth/König JR 91, 180; Schneiders MDR 90, 1050; and. Gribbohm LK 381), wie dies seinerzeit aufgrund des unterschiedlichen Schwangerschaftsabbruchsstrafrechts in den alten Bundesländern einerseits und den Beitrittsgebieten andererseits die Folge war, wenn eine Schwangere mit Lebensgrundlage in der alten BRD nach dem Tatortprinzip in der ehemaligen DDR nach dort fortgeltenden Fristenlösung straffrei abbrechen konnte (vgl. 5, 47 f. vor § 218), während sie bei einem Abbruch an irgendeinem anderen Ort der Welt gemäß § 5 Nr. 9 nach den strengeren §§ 218 ff. zu beurteilen gewesen wäre (vgl. § 5 RN 17). Solche Ungereimtheiten zwischen beanspruchter Weltgeltung eines partikulären (Bundes- oder Landes-)Rechts einerseits und einem sich davon abhebenden innerstaatlichen Territorium andererseits scheint man dadurch beheben zu können, daß man Tatbestände, die nach internationalstrafrechtlichen Bestimmungen (wie nach §§ 5, 6) tatortunabhängig strafbar sind, auch interlokalrechtlich zur Anwendung bringt (so die 23. A.), und sei es auch nur dadurch, daß man neben dem Tatortprinzip nach dem Prinzip **lex fori** auch das am Gerichtsort geltende (möglicherweise schwerere) Recht zum Zuge kommen läßt (so allg. Jescheck/Weigend 191; igS für Taten nach § 175 aF BGH **40** 64 und die heute geltende Fassung der §§ 218 ff., Tröndle 35, Günther ZStW 103, 862 ff., Helgerth/König JR 91, 177, Schneiders MDR 90, 1050, 91, 585, Schünemann ZRP 91, 381 f., Strömer NJ 90, 541 f.). Jedoch sind damit kaum alle Friktionen zu beseitigen; denn ganz abgesehen davon, daß letzterenfalls die Strafbarkeit von der Zufälligkeit des Aburteilungsortes abhängt, wird der dem interlokalen Strafrecht zugrundeliegende Gedanke einer Respektierung abweichender Strafbarkeitsvorstellungen eines (wenngleich zum selben Gesamtstaat gehörenden) anderen Territoriums von Grund auf in Frage gestellt, wenn ein Teilstaat für einen bestimmten Straftatbestand Weltgeltung in Anspruch nimmt. Deshalb wird derartigen Wertungswidersprüchen wohl nur dadurch Rechnung zu tragen sein, daß bei Tolerierung von territorial abweichendem Strafrecht (auch) auf die Auslandserstreckung verzichtet wird (vgl. näher Eser GA 91, 254 f.; iE ebenso Fischer MDR 91, 582 ff., Samson NJ 91, 144, Wasmuth NStZ 91, 161 f., wohl auch Vormbaum StV 91, 181 f., Wilms ZRP 90, 474). Demzufolge wäre angesichts der Zulassung von unterschiedlichem Schwangerschaftsabbruchsrecht durch den EV (5, 47 ff. vor § 218) § 5 Nr. 9 nicht nur für den Bereich der ehemaligen DDR von der Geltung auszunehmen, sondern auch für den Bereich der alten Bundesrepublik zurückzunehmen gewesen.

d) Ein weiterer Anwendungsfall für die **lex fori** erscheint dort veranlaßt, wo das Tatortrecht dem **56** **ordre public** des am Gerichtsort geltenden Rechts widerspricht: Wenn in einem solchen Fall (zu Recht) letzteres zur Anwendung kommen soll (Hoyer SK 57, Jescheck/Weigend 191), so ist damit freilich der Boden und Rahmen, wie er dem Interlokalen Strafrecht aufgrund eines trotz partieller Divergenzen einheitlichen, von einem gemeinsamen Grundkonsens getragenen Staatsgebildes zugrundeliegt (vgl. o. 47), eigentlich bereits verlassen. Denn bezeichnenderweise ging es bei dieser Fallgruppe um die Bewältigung von Situationen, wie sie bis zur Wiedervereinigung im Verhältnis der BRD zur DDR bestanden. Solange nämlich letztere als Inland betrachtet wurde (so eine bis zuletzt abw. Meinung o. 28, u. 66), war jeweils im Einzelfall zu prüfen, wie weit das Tatortrecht mit der für den

Vorbem §§ 3–7   57–60   Allg. Teil. Das Strafgesetz – Geltungsbereich

Gerichtsort verbindlichen Grundordnung vereinbar war (vgl. BGH **7** 55, NJW **52**, 1146, GA **55**, 178, **61**, 25, Braunschweig GA **77**, 308, v. Weber JZ 54, 578). Zudem kann bei einem derartigen antagonistischen Verhältnis zwischen zwei Teilstaaten, bei dem es den Strafverzicht des anderen uU gerade nicht zu respektieren gilt, die o. 55 angesprochene Tatortunabhängigkeit eines Straftatbestandes, wie sie sich idR aus dessen Auslandserstreckung ergibt, dann doch bedeutsam werden. Daher konnten zB landesverräterische Handlungen (vgl. § 5 Nr. 4) auch dann bestraft werden, wenn in dem Teilgebiet, in dem sie begangen sind, eine entsprechende Strafrechtsnorm fehlt (so zB hinsichtlich der damals als Inland zu betrachtenden SBZ KG NJW **56**, 1570). Entsprechend hat auch BGH **10** 163 entgegen dem sonst von der Rspr. befolgten Prinzip der lex loci einen Angehörigen der BRD aus § 100 d aF bestraft, der in Ostberlin gehandelt hatte, obwohl dort eine entsprechende Bestimmung fehlte. Vgl. auch Mattil GA 58, 148.

   3. Weitere **Einzelfragen,** die sich im Zusammenhang mit Interlokalem Strafrecht stellen können:

57   a) Bei **Auslandstaten von Inländern** handelt es sich primär nicht um ein Problem des Interlokalen, sondern des Internationalen Strafrechts, da es in solchen Fällen nach Tatortprinzip an einer territorialen Beziehung zu einer bestimmten inländischen Rechtsordnung fehlt. Soweit jedoch nach den §§ 3 ff. inländisches Strafrecht zur Anwendung kommen kann und entsprechendes partikuläres Bundes- oder Landesstrafrecht besteht, war man – mangels gesetzlicher Regelungen – bislang davon ausgegangen, daß je nach dessen Geltungsbereich nach den Regeln des Interlokalen Strafrechts das Wohnsitzrecht bzw. die lex fori zur Anwendung komme (vgl. Schröder DR 42, 1120). Diese Frage ist heute insoweit gesetzlich geklärt, als im Falle von partikulärem Strafrecht nach dem (durch EV I B III C II Nr. 1 a neu eingeführten) Art. 1 b EGStGB bei Auslandstaten das Recht des Ortes anzuwenden ist, „an dem der Täter seine Lebensgrundlage hat"; zu diesem **Lebensgrundlageprinzip** (BT-Drs. 11/7817 S. 51), das auf frühere bereits aufgrund des 2. StrRG gebildete (§ 5 Nrn. 3 a, 5 b, 8, 9), vgl. § 5 RN 9, 11, 14, 17 sowie 49 ff. vor § 218. Entsprechend ist bei **Auslandstaten von Ausländern** *mit Lebensgrundlage in einem partikulären Strafrechtsbereich* zu verfahren. Soweit es dagegen bei einem (in- oder ausländischen) Täter an einer **inländischen Lebensgrundlage fehlt,** wird nach wie vor das am inländischen Ort der Aburteilung geltende Recht anzuwenden sein (zust. Hoyer SK 61; vgl. auch Kohlrausch/Lange III B 3); das natürlich nur insoweit, als es nach seiner eigenen Geltungsregelung derartige Taten erfaßt (vgl. o. 54).

58   b) Für die **Teilnahme** gelten im Interlokalen Strafrecht die gleichen Grundsätze wie im IStR der §§ 3 ff. Näher dazu Gribbohm LK 384 ff. sowie u. § 9 RN 11 (and. Hoyer SK § 3 RN 64).

59   c) Eine **Amnestie,** die in einem Teilgebiet erlassen wird, muß, soweit dessen Recht auch unter Berücksichtigung des ordre public allein anzuwenden ist, in allen übrigen Landesteilen berücksichtigt werden (vgl. Mattil GA 58, 147, Gribbohm LK 388; and. hinsichtl. des (damaligen) interzonalen Bereichs Hamm MDR **49,** 700; vgl. ferner OGH **2** 253, KG JR **50,** 565, Tröndle 27).

60   **VIII.** Wie bei **Konkurrenz mehrerer anwendbarer Strafrechtsordnungen** zu verfahren ist, wird von den §§ 3 ff. offengelassen: da diese Vorschriften nicht als Kollisionsnormen (daher insoweit verfehlt das Abheben auf das strengste Gesetz in KG JR **81,** 38; vgl. o. 53), sondern als Strafanwendungsrecht zu verstehen sind (o. 1), legen sie lediglich den Geltungsbereich des deutschen Strafrechts fest. Da auch die ausländischen Strafrechtssysteme ähnlich verfahren (vgl. Oehler IStR 573 f.), kann sich aufgrund (zulässiger) Konkurrenz gleichberechtigt nebeneinanderstehender Anknüpfungspunkte ergeben, daß eine Straftat verschiedenen (in- oder ausländischen) Strafgesetzen unterfällt, so zB dadurch, daß bei der Inlandstat eines Ausländers aufgrund des (deutschen) Tatortprinzips sowohl das deutsche wie aufgrund des aktiven Personalitätsprinzips (seines Heimatrechts) auch das ausländische Strafrecht anwendbar ist oder etwa eine Mehrheit von Tatorten (vgl. § 9) zur Anwendbarkeit verschiedener Gesetze führt (spez. zu Konkurrenzproblemen bei Luftfahrzeugen Lenzen JR 83, 183). Anders als nach IPR wird bei solchen Konkurrenzfällen das eine durch das andere Strafrecht nicht verdrängt; vielmehr ist das für die Aburteilung zuständige Gericht jeweils zur Anwendung des *eigenen inländischen Rechts* verpflichtet (BGH **6** 176; vgl. aber auch o. 22 f.). Selbst wenn dies zu einer strengeren Beurteilung als nach konkurrierendem ausländischem Recht führt, kann in dieser Handhabung weder ein Verstoß gegen strafrechtliche noch gegen staatsrechtliche oder rechtsstaatliche Prinzipien erblickt werden (zust. BVerfGE **92** 324). Auch kann hiergegen nicht eingewandt werden, daß der im Ausland handelnde Täter von einer ihm unbekannten Rechtsordnung „überfallen" werde (vgl. Schroeder NJW 69, 81). Ebensowenig steht demzufolge einer ausländische Verurteilung einer erneuten im Inland entgegen (vgl. BGH NStZ **98,** 150, Köln NStZ **84,** 322); insbes. liegt darin kein Verstoß gegen „ne bis in idem" nach Art. 103 III GG (BVerfGE **12** 62, BGH **34** 340, NJW **69,** 1542, Frankfurt NJW **97,** 1937, Stuttgart Justiz **68,** 313, Tröndle § 51 RN 16 a; vgl. ferner 24. A. 44 ff.), auch nicht gegen Völkerrecht (BVerfG NJW **87,** 2155). Der unverkennbaren Härte und Unbilligkeit derartiger faktischer „Doppelbestrafungen" versucht man jedoch in steigendem Maße durch (ganze oder teilweise) Anerkennung bzw. Anrechnung ausländischer Urteile oder sonstiger internationaler Rechtshilfe zu begegnen; vgl. dazu § 51 III sowie zu internationalen Abmachungen (bzw. Bemühungen) Jescheck GA 81, 49, 66 ff., Oehler IStR 571 ff., Schroeder ZStW 98, 457 ff., Vogler Jescheck-FS II 1379 ff. sowie BGH NStZ **98,** 149, Saarbrücken NStZ **97,** 245, ferner die Beiträge zum XIII. Intern. Strafrechtskongreß Kairo 1984 in ZStW 96, 505–638; 97, 724 ff. Vgl. auch Lagodny ZStW 101, 1004 u. Oehler Köln-FS 489 ff. zu bislang vernachlässigten Zusammenhängen zwischen den

materiellen Strafanwendungsprinzipien der §§ 3 ff. mit dem Auslieferungs- und Rechtshilferecht, sowie de lege ferenda Schultz Tröndle-FS 895 ff.

IX. Bei **Irrtum über den Anwendungsbereich** ist zu beachten, daß sich der **Vorsatz** des Täters **61** nicht auf die Anwendbarkeit einer bestimmten Strafrechtsordnung zu erstrecken braucht; denn obgleich es sich bei den Regeln des IStR um materielles Strafanwendungsrecht handelt (o. 1 ff.), gehören sie nicht zu den Merkmalen der gesetzlichen Tatbestands, sondern stellen lediglich objektive Strafbarkeitsbedingungen dar (Jescheck/Weigend 180). Daher ist ein Irrtum darüber grds. unbeachtlich (BGH **27** 34, Tröndle 57, Nowakowski JurBl. 72, 21; and. RG **1** 276, **25** 426; diff. Jakobs 112, Oehler IStR 392; vgl. zum Ganzen auch Zieher aaO 45 ff.). Dies schließt natürlich Verbotsirrtum wegen mangelnden Unrechtsbewußtseins nicht ohne weiteres aus (vgl. BGH **44** 60, Düsseldorf NStZ **85**, 268, AG Grevenbroich NJW **83**, 528 sowie § 9 RN 15), was jedoch im Falle BGH NJW **99**, 2908 zu Recht verneint wurde. Zu weiteren Einzelheiten vgl. Gribbohm LK 415 ff.

X. Die §§ 3–7 gelten grds. auch für die (internationale) Anwendbarkeit von **partikulärem Bun- 62 desrecht und Landesrecht.** Jedoch sind den Ländern davon abweichende Regelungen durch Art. 2 Nr. 1 EGStGB vorbehalten (vgl. 45 vor § 1), was namentlich für etwaige Staatsverträge von Bedeutung ist (vgl. BT-Drs. 7/550 S. 198). Zudem bleibt Art. 1 b EGStGB zu beachten (vgl. o. 57). – Zu **international-strafrechtlichen** Vorschriften **außerhalb des StGB** vgl. mwN Gribbohm LK 428 ff.

XI. Wiedervereinigungsbedingte Strafanwendungs- und Übergangsprobleme – Behand- 63 lung von „DDR-Alttaten"

Schrifttum: Albrecht, Das BVerfG u. die strafr. Verarbeitung von Systemunrecht, NJ 97, 1. – *Albrecht/ Kadelbach*, Zur strafr. Verfolgung von DDR-Außenspionage, NJ 92, 137 u. KritV 92, 83. – *Alexy*, Mauerschützen, 1993. – *Ambos*, Nuremberg revisited, StV 97, 39. – *ders.*, Zur Rechtswidrigkeit der Todesschüsse an der Mauer, JA 97, 983. – *ders.*, Tatherrschaft durch Willkürherrschaft kraft organisatorischer Machtapparate, GA 98, 226. – *Amelung*, Strafbarkeit von „Mauerschützen", JuS 93, 637. – *ders.*, Die strafr. Bewältigung des DDR-Unrechts durch die dt. Justiz, GA 96, 51. – *Arndt*, Das GG u. die Strafverfolgung von Angehörigen der HV Aufklärung, NJW 91, 2566. – *Arnold*, Die Berücksichtigung der Systemimmanenten Auslegung des DDR-Rechts, wistra 94, 323. – *ders.*, Die „Bewältigung" der DDR-Vergangenheit (usw.), in: Frankfurter kriminalwissenschaftl. Studien, Vom unmögl. Zustand des Strafrechts, 1995. – *ders.*, Strafrechtsprobleme der dt. Vereinigung, in: Eser/Huber Strafrechtsentwicklung in Europa 5. 1. 1997, 157. – *ders.*, Die Normalität des Strafrechts der DDR, Bd. 2 1996. – *ders.*, Überpositives Recht (usw.), Grünwald-FS 31. – *Arnold/Keppler*, Die Normalität des Strafrechts der DDR, Bd. 1 1995. – *Arnold/Kühl*, Zur strafr. Beurteilung von Wahlfälschungen in der DDR, NJ 92, 476. – *dies.*, Probleme der Strafbarkeit von „Mauerschützen", JuS 92, 991. – *Baumann/Kury*, Politisch motivierte Verfolgung, 1998. – *Bemmann*, Zu aktuellen Problemen der Rechtsbeugung, JZ 95, 123. – *Biermann*, Gesetzl. Unrecht in der DDR u. Rückwirkungsverbot (usw.), 1998. – *Blumenwitz*, Zur strafr. Verantwortlichkeit ehemal. Mitglieder des SED-Politbüros (usw.), Kriele-FS 717. – *Bohlander*, Hexenjagd – oder: Rechtsbeugung durch Verletzung überpositiven Rechts?, DRiZ 91, 445. – *Breymann*, Zur Auslegung der Verjährungsregelung in Art. 315 a EGStGB, NStZ 91, 463. – *Brunner*, Neue Grenzregelungen der DDR, NJW 82, 2479. – *ders.*, Was bleibt übrig vom DDR-Recht nach der Wiedervereinigung?, JuS 91, 353. – *Buchholz*, Verjährung ruhte 40 Jahre, DuR 93, 57. – *Buchner*, Die Rechtswidrigkeit der Taten von „Mauerschützen" im Lichte von Art. 103 II (usw.), 1996. – *Classen*, Artikel 103 II GG – ein Grundrecht unter Vorbehalt?, GA 98, 215. – *Cramer*, Zur Strafbarkeit der DDR-Außenspionage, NJ 93, 102. – *Dannecker*, Zur Strafbarkeit der Schüsse an der innerdt. Grenze (usw.) Jura 94, 585. – *Dannecker/Stoffers*, Rechtsstaatl. Grenzen für die strafr. Aufarbeitung der Todesschüsse an der innerdt. Grenze, JZ 96, 490. – *Dencker*, Vergangenheitsbewältigung durch Strafrecht?, KritV 90, 299. – *Doehring*, Zur Ratio der Spionageabstrafung (usw.), ZRP 95, 293. – *R. Dreier*, Gesetzl. Unrecht im SED-Staat?, Arth. Kaufmann-FS 57. – *ders.*, Jur. Vergangenheitsbewältigung, 1995. – *ders.*, Gustav Radbruch u. die Mauerschützen, JZ 97, 421. – *Dreier/Eckert/Mollnau/Rottleuthner*, Rechtswissenschaft in der DDR 1949–1971, 1996. – *Drobnig*, Die Strafrechtsjustiz in der DDR, 1998. – *Ebert*, Strafr. Bewältigung des SED-Unrechts (usw.), Hanack-FS 501. – *Engelhard*, Stand u. Perspektiven der strafr.-dt. Rechtsangleichung nach Inkrafttreten des Staatsvertrages, DtZ 90, 129. – *Eser*, Dt. Einheit: Übergangsprobleme im Strafrecht, GA 91, 241. – *ders.*, Schuld u. Entschuldbarkeit von Mauerschützen u. ihren Befehlsgebern, Odersky-FS 337. – *Eser/Arnold*, Strafrechtsprobleme im geeinten Deutschland: Die dt. Strafrechtswissenschaft vor neuen Herausforderungen, NJ 93, 245, 289. – *Franßen*, Der Denunziant u. sein Richter, NJ 97, 169. – *Frisch*, Unrecht u. Strafbarkeit der Mauerschützen, Grünwald-FS 133. – *Frommel*, Die Mauerschützenprozesse, Arth. Kaufmann-FS 81. – *Frowein/Wolfrum/Schuster*, Völkerrecht. Fragen der Strafbarkeit von Spionen aus der ehemal. DDR, 1995. – *Geiger*, Verjährungsprobleme in der ehemal. DDR begangenen Straftaten, JR 92, 397. – *Geppert*, Probleme der Strafrechtsanwendung im Zeichen der dt. Einheit, Jura 91, 610. – *Gropp*, Die Mitglieder des Nationalen Verteidigungsrates als „Mittelbare Mit-Täter hinter den Tätern"?, JuS 96, 13. – *ders.*, Naturrecht oder Rückwirkungsverbot?, NJ 96, 393. – *Grünwald*, Die strafr. Bewertung in der DDR begangener Handlungen, StV 91, 31. – *ders.*, Zur Frage des Ruhens der Verjährung von DDR-Straftaten, StV 92, 333. – *Günther*, Strafrechtsdogmatik u. Kriminalpolitik im Vereinten Deutschland, ZStW 103 (1991), 851. – *Heine*, Geltung u. Anwendung des Strafrechts in den neuen Bundesländern am Beispiel der Umweltdelikte, DtZ 91, 423. – *Heinecke/Hirsch*, Quo vadis Justitia? Der Fall Stoph, DuR 92, 133. – *Heitmann*, Justizpraktische u. justizpolitische Probleme der dt. Einheit, NJW 92, 2177. – *Herrmann*, Menschenrechtsfeindl. u. menschenrechtsfreundl. Auslegung des § 27 des Grenzgesetzes der DDR, NStZ 93, 118. – *Herzog*, Zur strafr. Verantwortlichkeit von Todesschützen an der innerdt. Grenze, NJ 93, 1. – *ders.*, Die strafr. Verantwortlichkeit von Todesschützen an der innerdt. Grenze, 1993. – *Heuer/Lilie*, Laßt verjähren, was verjährt?, DtZ 93, 354. –

Hillenkamp, Offene oder verdeckte, JZ 96, 179. – *Höchst*, Unrechtskontinuität zwischen ost- u. bundesdt. Strafnormen, JR 92, 360. – *Hohmann*, Zur Rechtsbeugung durch DDR-Staatsanwälte, NJ 95, 128. – *ders.*, Die strafr. Bewältigung der Rechtsanwendung durch Richter u. Staatsanwälte der DDR, DtZ 96, 230. – *Hruschka*, Die Todesschützen an der Berliner Mauer vor Gericht, JZ 92, 665. – *Ignor/Müller*, Spionage u. Recht, StV 91, 573. – *Jakobs*, Vergangenheitsbewältigung durch Strafrecht?, in: Isensee, Vergangenheitsbewältigung durch Recht (1992) 37. – *ders.*, Untaten des Staates – Unrecht im Staat, GA 94, 1. – *Jordan*, Die Regelung des 2. Verjährungsgesetzes zur „Vereinigungskriminalität", NJ 96, 294. – *Karpenstein*, Bestrafung nach sozialistischem Strafrecht im Rechtsstaat?, JuS 91, 1005. – *Kasper*, Staatsschutz u. Völkerrecht, NJ 92, 432. – *ders.*, Die Strafbarkeit von DDR-Geheimdienstmitarbeitern, MDR 94, 545. – *Arth. Kaufmann*, Die Radbruch'sche Formel vom gesetzl. Unrecht u. vom übergesetzl. Recht (usw.), NJW 95, 81. – *Keppler*, Die Leitungsinstrumente des Obersten Gerichts der DDR, 1998. – *Kinkel*, Wiedervereinigung u. Strafrecht, JZ 92, 485. – *Klein*, Die Bedeutung der Nürnberger Prozesse für die Bewältigung des SED-Unrechts, ZRP 92, 208. – *Kinzig*, Die Einführung der Sicherungsverwahrung in den neuen Bundesländern, NJ 97, 63. – *Kirchner*, DDR-Unrecht in Fallbeispielen aus der höchstrichterl. Rspr., Jura 98, 46. – *H. König*, Jur. Feinheiten auf pol. Glatteis, Leviathan 97, 445. – *P. König*, Zur Verfolgungsverjährung von SED-Unrechtstaten, NStZ 91, 566. – *Körtning*, Ist (Straf)Recht ein geeignetes Mittel zur Aufarbeitung der Geschichte?, NJ 99, 1. – *Krajewski*, Mauerschützen u. Menschenrechte, JZ 97, 1054. – *Kramer*, Zur Verjährungsproblematik bei SED-Unrechtstaten, NJ 92, 233. – *Kraut*, Rechtsbeugung? Die Justiz der DDR auf dem Prüfstand des Rechtsstaates, 1997. – *Krehl*, Die Verjährung der in der ehemal. DDR begangenen Straftaten, DtZ 92, 13. – *Krey*, Zum innerdt. Strafanwendungsrecht, 1969. – *Küpper*, Strafrechtsprobleme im vereinten Deutschland, JuS 92, 723. – *Küpper/Willms*, Die Verfolgung von Straftaten des SED-Regimes, ZRP 92, 91. – *Kuhlen/Gramminger*, Der Mauerschütze u. der Denunziant, JuS 93, 32. – *Kusch*, gespaltenes Sexualstrafrecht im vereinten Deutschland, MDR 91, 99. – *Lampe*, Die Verfolgung von Regierungskriminalität der DDR nach der Wiedervereinigung, 1993. – *Lamprecht*, Der Sündenfall. Über die Schüsse an der Mauer u. das Rückwirkungsverbot, DRiZ 97, 140. – *Lehmann*, Recht muß Recht bleiben, NJ 96, 561. – *Lemke*, Das 2. Verjährungsgesetz, NJ 93, 529. – *ders.*, Stand der Aufarbeitung von DDR-Unrecht durch die Strafjustiz, NJ 95, 237. – *Lemke/Hettinger*, Zur Verjährung von in der ehemal. DDR begangenen Straftaten (usw.), NStZ 92, 21. – *Letzgus*, Unterbrechung, Ruhen u. Verlängerung strafr. Verjährungsfristen (usw.), NStZ 94, 57. – *ders.*, Die strafr. Verantwortlichkeit von Richtern, Staatsanwälten u. Untersuchungsorganen (usw.), Helmrich-FS 73. – *Liebig*, Anwendbarkeit bundesdt. Straf- u. Ordnungswidrigkeitenrechts auf Alttaten in der DDR, NStZ 91, 372. – *Limbach*, Recht u. Unrecht in der Justiz der DDR, ZRP 92, 170. – *dies.*, Vergangenheitsbewältigung durch die Justiz, DtZ 93, 66. – *Lippold*, Die Strafbarkeit des DDR-Spionage u. ihre Verfassungsmäßigkeit, NJW 92, 18. – *Lorenz*, Zum „Beitrittsprinzip" u. zur Strafbarkeit von DDR-Wahlfälschungen, NStZ 92, 422. – *Lüdersen*, Zu den Folgen des „Beitritts" für die Strafjustiz der BRD, StV 91, 482. – *ders.*, Kontinuität u. Grenzen des Gesetzlichkeitsprinzips (usw.), ZStW 104 (1992), 735. – *Luther*, Zur Anwendung des Strafrechts nach dem Einigungsvertrag, NJ 91, 395. – *ders.*, Der Einigungsvertrag u. die strafr. Behandlung von DDR-Alttaten nach der Einigung Deutschlands, DtZ 91, 433. – *ders.*, Zum Gesetzlichkeitsprinzip im Strafrecht, Bemmann-FS 202. – *Maiwald*, Rechtsbeugung im SED-Staat, NJW 93, 1881. – *Marxen/Werle*, Die strafr. Aufarbeitung von DDR-Unrecht, 1999. – *Mitsch*, Der Geltungsbereich des StGB u. „DDR-Alttaten", NJ 92, 294. – *Möller-Heilmann*, Die Strafverfolgung von Richtern u. Staatsanwälten der ehemal. DDR wegen Rechtsbeugung, 1999. – *W. Müller*, Erfahrungen u. Gedanken zum dt. Strafrecht (usw.), ZStW 103 (1991), 883. – *Naucke*, Die strafjur. Privilegierung staatsverstärkter Kriminalität, 1996. – *Nissel*, Fortgeltendes DDR-Recht nach dem Einigungsvertrag, DtZ 90, 330. – *Ott*, Die Staatspraxis an der DDR-Grenze u. das Völkerrecht, NJ 93, 337. – *Otto*, Grundsätze der Strafverfolgungsverjährung von Straftaten auf dem Gebiet der ehemal. DDR, Jura 94, 611. – *Pawlik*, Strafrecht u. Staatsunrecht, GA 94, 472. – *Peter/Volk*, Zur partiellen Weitergeltung alten DDR-Strafrechts, JR 91, 89. – *Pieroth*, Der Rechtsstaat u. die Aufarbeitung der vorrechtstaatl. Vergangenheit, VVDStRL 51, 91. – *Pieroth/Kingreen*, Die verfassungsrechtl. Problematik des Verjährungsgesetzes, NJ 93, 385. – *Polakiewicz*, Verfassungs- u. völkerrechtl. Aspekte der strafr. Ahndung des Schußwaffeneinsatzes an der innerdt. Grenze, EuGRZ 92, 177. – *Quaritsch*, DDR-Verbrechen vor dem BVerfG, Roellecke-FS 221. – *Rautenberg/Burges*, Anfangsverdacht wegen Rechtsbeugung gegen Staatsanwälte u. Richter der früheren DDR, DtZ 93, 71. – *Renzikowski*, Zur Strafbarkeit des Schußwaffengebrauchs an der innerdt. Grenze, NJ 92, 152. – *ders.*, Vergangenheitsbewältigung durch Vergeltung?, JR 92, 270. – *Riedel*, „Schießbefehl" u. Verjährung, DtZ 92, 162. – *Rittstieg*, Strafr. Verantwortlichkeit von Grenzsoldaten der DDR, DuR 91, 404. – *ders.*, Zur Strafbarkeit der Spionage für die ehemal. DDR, NJW 94, 912. – *Roggemann*, Zur Strafbarkeit der Mauerschützen, DtZ 93, 10. – *ders.*, Richterstrafbarkeit u. Wechsel der Rechtsordnung, JZ 94, 769. – *ders.*, Die strafr. Aufarbeitung der DDR-Vergangenheit (usw.), NJ 97, 226. – *Rosenau*, Tödl. Schüsse im staatl. Auftrag, 2. A. 1998. – *Rotsch*, Die Rechtsfigur des Täters hinter dem Täter (usw.), NStZ 98, 491. – *Saliger*, Radbruchsche Formel u. Rechtsstaat, 1995. – *Samson*, Geteiltes Strafrecht im vereinten Deutschland, NJ 91, 143. – *ders.*, Die strafr. Behandlung von DDR-Alttaten nach der Einigung Deutschlands, NJW 91, 335. – *ders.*, Auslands- u. Inlandstheorie bei DDR-Alttaten, NJ 91, 236. – *ders.*, Zur Straflosigkeit von DDR-Wahlfälschungen, StV 92, 141. – *Sauter*, Verjährung von DDR-Unrecht, DtZ 92, 169. – *Schaefgen*, DDR-Regierungskriminalität, RuP 92, 191. – *Schlink*, Rechtsstaat u. revolutionäre Gerechtigkeit, NJ 94, 433. – *Schlüchter/Duttge*, Spionage zugunsten des Rechtsvorgängerstaats (usw.), NStZ 96, 357. – *Schneiders*, Die Regelungen über das materielle Strafrecht im Einigungsvertrag, MDR 90, 1049. – *Scholten*, Die Bedeutung von § 7 für Verfolgung von Straftaten des SED-Regimes, ZRP 92, 476. – *Schroeder*, Der sexuelle Mißbrauch von Jugendl. nach § 149 DDR-StGB, DtZ 91, 240. – *ders.*, Zur Strafbarkeit von Tötungen in staatlichem Auftrag, JZ 92, 990. – *ders.*, Die Rechtswidrigkeit der Flüchtlingserschießungen zwischen Transzendenz u. Immanenz, JR 93, 45. – *ders.*, Rückwirkung milderen Rechts u. Wiedervereinigung, NStZ 93, 216. – *ders.*, Zur Verjährung von DDR-Unrechtstaten, ZRP 93, 244. – *ders.*, Geschichtsbewältigung durch Strafrecht?, DRiZ 96, 81. – *ders.*, Der BGH u. der Grundsatz „nulla poena sine lege", NJW 99, 89. – *Schulz*, Die Rspr. des BGH zur Rechtsbeugung unter dem SED-Regime, StV 95, 206. – *Schünemann*, Dogm. Sackgassen bei der Strafverfolgung der vom SED-Regime zu verantwortenden Untaten, Grünwald-FS 657. – *Schulze-Fielitz*, Der Rechtsstaat u. die Aufarbeitung der vorrechtsstaatl. Vergangenheit, DVBl. 91, 893. – *Schuster*, Verfassungs- u. völkerrechtl. Fragen der Bestrafung von DDR-Spionen (usw.), ZaöRV 91, 651. – *Seebode*, DDR-Justiz vor Gericht, Lenckner-FS 585. – *Sendler*, Über Rechtsstaat, Unrechtsstaat u. anderes, NJ 91, 379. – *ders.*, Die DDR ein Unrechtsstaat – ja oder nein?, ZRP 93, 1. – *Siegert*, Zum Widerruf der durch Gerichte der DDR bewilligten Strafaussetzung zur Bewährung, NStZ 92, 118. – *Simma/Volk*, Der Spion, der in die Kälte kam, NJW 91, 871. – *Spendel*, Bundesgerichtshof u. „Mauerschützen"-Prozeß, RuP 93, 61. – *ders.*, Der Bundesgerichtshof zur Rechtsbeugung unter dem SED-Regime, JR 93, 221. – *ders.*, Rechtsbeugung u. BGH, NJW 96, 809. – *ders.*, DDR-Unrechtsurteile in der neueren BGH-Judikatur, JR 96, 177. – *Sprenger*, 50 Jahre Radbruchsche Formel für Juristen: Von der Sprachnot der Juristen, VVDStRL 51, 7. – *Tröndle*, Verjährungsprobleme bei der strafr. Verfolgung von SED-Unrechtstaten, GA-FS 241. – *Vormbaum*, Probleme der Strafrechtsanwendung im vereinigten Deutschland, StV 91, 176. – *ders.*, Zur strafr. Verantwortlichkeit von DDR-Richtern wegen Rechtsbeugung, NJ 93, 212. – *ders.*, Der strafr. Schutz von Institutionen der DDR (usw.), Posser-FS 153. – *Vultejus*, Verbrechen gegen die Menschlichkeit, StV 92, 602. – *Wasmuth*, Straf- u. Strafverfahrensrecht nach dem Einigungsvertrag, NStZ 91, 160. – *Wassermann*, Unrecht durch DDR-Rechtsprechung, Spendel-FS 629. – *ders.*, Die strafr. Aufarbeitung der DDR-Vergangenheit, RuP 92, 121. – *ders.*, Verbrechen unter totalitärer Herrschaft, NJW 93, 895. – *ders.*, Die DDR-Denunzianten u. der Bundesgerichtshof, NJW 95, 931. – *Weber*, Die Verfolgung des SED-Unrechts in den neuen Ländern, GA 93, 195. – *Weber/Piazolo*, Eine Diktatur vor Gericht, 1995. – *Widmaier*, Strafbarkeit der DDR-Spionage gegen die BRD, NJW 90, 3169. – *ders.*, Verfassungswidr. Verfolgung der DDR-Spionage, NJW 91, 2460. – *ders.*, Verhandlungs- u. Verteidigungsfähigkeit, NStZ 95, 361. – *K. M. Wilke*, BRD u. DDR, 1976 . – *Wilms/Ziemske*, Gesetzl. Unrecht u. übergesetzl. Recht?, ZRP 94, 170. – *Wolf*, Rechtsbeugung durch DDR-Richter, NJW 94, 1390. – *Wolff*, Geschichtsbewältigung durch Strafrecht? DRiZ 92, 88. – *Wullweber*, Die Mauerschützen-Urteile, KritJ 93, 49. – *Zielinski*, Das strikte Rückwirkungsverbot gilt absolut (usw.), Grünwald-FS 811. – Weit. Nachw. zu ält. Schrifttum in 25. A.

Die **Herstellung der Einheit Deutschlands** durch Beitritt der DDR zur BRD nach Art. 1 Einigungsvertrag (EV) mit Wirkung v. 3. 10. 1990 (vgl. Einf. 15 vor § 1) ist mit mannigfachen **strafrechtlichen Folgen** verbunden, wobei teils bisherige Probleme beseitigt, teils neue geschaffen wurden (ausf. Arnold in Eser/Huber 15 ff.). Ohne einen Rückblick auf die bisherige Behandlung der DDR im Bereich des Strafrechts (u. 65 ff.; vgl. auch Blumenwitz Kriele-FS 717 ff.) und einen Überblick über die Ausnahmen von der generellen Wiederherstellung der Strafrechtseinheit und den sich daraus ergebenden interlokalrechtlichen Folgen (u. 72 ff.) nicht zu verstehen. Von weiterer Aktualität ist die strafrechtliche Beurteilung der vor dem Wirksamwerden des Beitritts begangenen „DDR-Alttaten" (u. 80 ff.; zu alternativen Formen der Aufarbeitung vgl. Roggemann NJ 97, 228). Neben der vergleichsweise unproblematischen Modifizierung von Sanktionen (u. 108) stehen hinsichtlich der Überleitungsregeln für Verfolgungsvoraussetzungen insb. Verjährungsverlängerungen in der Diskussion (u. 109 ff.). 64

1. Die **Behandlung der DDR im Strafrecht,** und zwar sowohl im Hinblick auf Taten, die auf dem Territorium der DDR, als auch solche, die andernorts gegen die DDR bzw. von oder gegenüber DDR-Bürgern begangen wurden, hatte **verschiedene Phasen** durchlaufen. 65

a) Zunächst glaubte vor allem die Rspr. vom Fortbestehen eines deutschen Gesamtstaates ausgehen zu können und demzufolge auch im Verhältnis des Strafrechts der BRD zu dem der DDR **interlokales Strafrecht** (o. 47 ff.) anwenden zu müssen: Danach waren Straftaten in der DDR grundsätzlich nach deren Strafrecht zu beurteilen, wenn auch mit gewissen Modifikationen unter Beachtung des *ordre public* der BRD (so ua BGH **7** 53, GA **61** 24, Braunschweig GA **77**, 309, Maurach AT[4] 132 f., Schroeder NStZ 81, 181; vgl. auch o. 56). Dies hätte jedoch vorausgesetzt, daß es sich bei den beiden deutschen Strafrechtsordnungen nur um Teilregelungen handelt, die noch von einer einheitlichen Gesamtrechtsordnung überwölbt werden, wovon jedoch spätestens seit dem neuen StGB der DDR v. 12. 1. 68 keine Rede mehr sein konnte (vgl. 23. A. 63 mwN). 66

b) Demgegenüber wurde, zumal die DDR nicht mehr zum Staatsverband der BRD gehörte, in steigendem Maße zumindest eine *analoge Anwendung des internationalen Strafrechts* für möglich und notwendig gehalten (so namentlich Dreher[37] § 3 RN 11, Jescheck[4] 171, M-Zipf I[7] 149 f., Oehler IStR 284) und schließlich auch von der Rspr. anerkannt (aufgrund der Kehrtwende in BGH **30** 3 f.). Noch weitergehend hielt die hL jedenfalls seit dem *Grundlagenvertrag* (GV) v. 21. 12. 72 auf dem Boden des *„funktionellen Inlandsbegriffs"* (o. 29) sogar eine **unmittelbare Anwendung der §§ 3 ff.** für geboten (vgl. ua Baumann/Weber[9] 82, Jakobs 121, Krey aaO 70 ff.), wenngleich die DDR deswegen nicht zwingend „als", sondern lediglich „wie" Ausland zu behandeln war (vgl. 23. A. 62 f. mwN; so auch noch KG JR **88**, 345; vgl. auch BGH **38** 89 f.; zusf. Biermann aaO 56 ff). An dieser Beurteilung hatte sich auch durch die *Wende vom Oktober/November 1989* nichts Wesentliches geändert. Zwar schien es da damit einsetzende Rückkehr unter das gemeinsame Dach eines wiederum einheitlichen Staatsgebildes nahezulegen, anstelle des *internationalen* wiederum die Regeln des *interlokalen* Strafrechts zur Anwendung kommen zu lassen (so Wessels I[20] 17). Solange jedoch diese Einheit nicht wiederhergestellt war, standen sich in den Einigungsverhandlungen – ungeachtet des unterschiedlichen politischen Gewichts und Durchsetzungsvermögens – die BRD und die DDR gerade als zwei selbständige Staaten gegenüber (iglS Jakobs 121). Da die DDR zudem mit den Wahlen v. 18. 3. 1990 Defizite ihrer demokratischen Legitimation abbauen konnte und somit auch frühere ordre public- 67 68

Vorbehalte (o. 56) an Gewicht verloren, stand der Anwendung des internationalen Strafrechts noch weniger im Wege als zuvor (so iE auch Tröndle 44). Daran hatte sich auch durch die Schaffung einer Währungs-, Wirtschafts- und Sozialunion durch den *Staatsvertrag* v. 18. 5. 90 (BGBl. II 537) jedenfalls in strafrechtlicher Hinsicht nichts Grundlegendes geändert.

69   c) Demgemäß waren DDR-bezogene Taten **bis zum Beitritt am 3. 10. 1990** im wesentlichen nach folgenden Grundsätzen zu behandeln (zu Einzelheiten vgl. 23. A. 64 ff. mwN): Ähnlich wie der Inlandsbegriff war auch der für das (aktive und passive) Personalprinzip relevante Begriff des **Deutschen** *funktionell* zu deuten; dabei war jedoch – unter Berücksichtigung der Tatsache, daß Bürger der DDR weder durch deren eigene Staatsangehörigkeit noch durch den GV ihre eigentliche Volkszugehörigkeit iSv Art. 116 GG verloren hatten (BVerfGE **36** 30 f.) – eine bruchlose einheitliche Behandlung von DDR-Bürgern als Inländer oder wie Ausländer nicht möglich, sondern danach zu **differenzieren,** ob die Anwendbarkeit des bundesdeutschen Strafrechts an *Deutsche* als *Täter* oder *Opfer* anknüpft:

70   α) Soweit DDR-Bürger als **Täter** in Betracht kamen und damit uU bereits durch das Strafrecht ihres eigenen (Teil-)Staates in *Pflicht* genommen wurden, waren sie grundsätzlich nicht als Deutsche iSd §§ 3 ff., sondern zu ihren Gunsten *wie Ausländer* zu behandeln (vgl. 23. A. 65 mwN): so namentlich überall dort, wo das deutsche Strafrecht iSd aktiven Personalprinzips auf die deutsche Staatsangehörigkeit anknüpft (wie in § 5 Nrn. 3 a, 5 b, 9, ferner § 7 II Nr. 1); diese Auffassung erfuhr dann auch eine Bestätigung durch den EV, da andernfalls die Vorbehaltsklausel des Art. 315 IV EGStGB für die in Art. 315 I–III EGStGB getroffene Regelung praktisch keinen Raum mehr ließe (vgl. BezG Meiningen NStZ **91**, 491, Bohnert Jura 93, 453, Kuhlen/Gramminger JuS 93, 35, Lemke/Hettinger StV 91, 422, Polakiewicz EuGRZ 92, 177 f., Samson NJW 91, 336; and. Hruschka JZ 92, 669, Küpper/Wilms ZRP 92, 91 f., Wilms/Ziemske ZRP 94, 170 f.: vgl. auch u. 83 bzw. 96).

71   β) Soweit dagegen auf **Opfer**seite den Deutschen durch das Strafrecht der BRD ein besonderer *Schutz* gewährt wird, wie namentlich in Fällen des passiven Personalprinzips (vgl. § 5 Nr. 6, § 7 I sowie o. 34), waren DDR-Bürger internationalstrafrechtlich zwar nicht allgemein, wohl aber insoweit als Deutsche zu behandeln, als sie ihre Lebensgrundlage in der BRD (einschließlich West-Berlin) hatten oder sich sonst in deren Schutzbereich aufhielten (vgl. BVerfGE **36** 30 f., **37** 64, BGH **32** 293 sowie 23. A. 66 mwN). Zu daraus zu ziehenden Konsequenzen für *Straftaten gegen DDR-Bürger in der DDR* oder im übrigen *Ausland* einerseits bzw. für *Auslandstaten von DDR-Bürgern* andererseits vgl. 23. A. 67 bzw. 68.

72   2. Solche Divergenzen in der Anwendung bundesdeutschen Strafrechts wurden bereits **mit Herstellung der deutschen Einheit am 3. 10. 1990** weitgehend ausgeräumt und sind inzwischen fast vollständig verschwunden.

73   a) Grundsätzlich hat mit dem Beitritt nach Art. 8 EV (auch) das **bundesdeutsche Strafrecht für die Beitrittsgebiete einheitlich Geltung** erlangt.

74   b) Von diesem Grundsatz wurden jedoch nach Art. 9 EV bestimmte Delikte und Sanktionen ausgenommen und damit für **fortgeltendes DDR-Strafrecht** (u. im Anhang abgedruckt) Raum gelassen (vgl. zum ganzen Brunner JuS 91, 357 f., Eser GA 91, 250 ff., Geppert Jura 91, 611 f., Nissel DtZ 90, 332 f., Samson NJ 91, 143 f., Schneiders MDR 90, 1049, Wasmuth NStZ 91, 160). Dies geschah auf dreifache Weise:

75   α) Zum einen durch Fortgeltung von DDR-Straftatbeständen *ohne Parallele im bundesdeutschen StGB:* so der gegen Beeinträchtigung der richterlichen Unabhängigkeit gerichtete § 238 DDR-StGB (EV II B III C I Nr. 1), der freilich erst durch das 6. DDR-StÄG v. 29. 6. 90 (DDR-GBl. I 526) eingefügt worden war und daher gerade für frühere Justizmißbräuche nicht mehr praktisch werden kann (vgl. Tröndle 31, Eser GA 91, 251, Roggemann NJ 97, 229, Schneiders MDR 90, 1052), zumal er durch das am 1. 4. 98 in Kraft getretene **6. StrRG** aufgehoben wurde, ferner der mit Verbesserungen aufrechterhaltene Umweltstraftatbestand des § 191 a DDR-StGB zum Schutz des Bodens (EV II B III C II, dazu Eser GA 91, 252, Heine DtZ 91, 423 f., Müller ZStW 103, 902, Schneiders MDR 90, 1052, Wasmuth NStZ 91, 163), der jedoch durch das **31. StÄG** v. 27. 6. 94 (BGBl. I 1440) in **76** eine einheitliche Vorschrift übergeleitet wurde (vgl. § 324 a RN 1). – β) Dem Gedanken der Rechtseinheit noch stärker zuwider lief die Fortgeltung von DDR-Recht *unter Verdrängung von Bundesrecht.* So wurden zum einen im Sexualstrafrecht die bundesdeutschen Straftatbestände für homosexuelle Handlungen (§ 175 einschl. § 5 Nr. 8), Verführung (§ 182) und Entführung mit Willen der Entführten (§ 236) von der Erstreckung des StGB auf die Beitrittsgebiete ausgenommen (EV I B III C III Nr. 1), um stattdessen den Tatbestand des Sexuellen Mißbrauchs von Jugendlichen (§ 149 DDR-StGB) fortgelten zu lassen (EV II B III C I Nr. 1). Die Frage der Vereinbarkeit dieses Rechtszustandes mit Art. 3 GG geriet alsbald in Streit, namentlich soweit es um die unterschiedliche strafrechtliche Behandlung der Homosexualität ging. Diese Auseinandersetzung (dazu BGH NStZ **92**, 383, **40** 65 sowie 25.A. mwN) ist jedoch mit dem **29. StÄG** v. 31. 5. 94 (BGBl. I 1168) durch die nunmehr bundeseinheitliche Jugendschutzvorschrift des § 182 (neu), welche die §§ 175, 182 (alt) einerseits sowie § 149 DDR-StGB andererseits ersetzt, obsolet geworden. Zum anderen war beim Schwangerschaftsabbruch die bundesdeutsche Indikationslösung (5. StrRG, §§ 218–219 d einschl. § 5 Nr. 9) nicht auf die Beitrittsgebiete erstreckt worden (EV I B III C I Nr. 1 bzw. III Nr. 1), um dort stattdessen die Fristenlösung (§§ 153–155 DDR-StGB mit Ausfüllungsbestimmungen) bis zu einer Neuregelung nach Art. 31 IV EV vorläufig aufrechtzuerhalten (EV II B III C I Nrn. 1, 4, 5). Eine

Vereinheitlichung gelang endlich durch Art. 13 **SFHG** v. 27. 7. 92 (BGBl. I 1398) idF des Art. 8 **SFHÄndG** v. 21. 8. 95 (BGBl. I 1050), die am 1. 10. 95 in Kraft trat (vgl. 1 ff. vor §§ 218 ff. mwN). – γ) Schließlich sieht der EV noch die *Weitergeltung* der §§ 8–10 des 6. StÄG/DDR (o. 75) vor (EV II **77** B III C I Nr. 2; näher dazu u. 121 ff.). – δ) Umgekehrt gab es auch auf die bisherige BRD **78** beschränkte StGB-Bestimmungen *ohne Parallele im DDR-Strafrecht:* so die von der Erstreckung auf die Beitrittsgebiete ausgenommene Sicherungsverwahrung (vgl. Art. 1 a EGStGB idF des EV I B III C II Nr. 1 a, Hanack LK[11] 103 f. vor §§ 61 ff., Müller ZStW 103, 904), wobei aber diese Ausnahme inzwischen mit Wirkung v. 1. 8. 95 bereits weitgehend zurückgenommen wurde (vgl. Art. 1 a EGStGB idF des SichVG v. 16. 6. 95, BGBl. I 818; krit. dazu Kinzig NJ 97, 66 f.), sowie der ebenfalls in EV I B III C III Nr. 1 ausgenommene Auswanderungsbetrug des § 144, der jedoch durch das **6. StrRG** v. 26. 1. 98 (BGBl. I 164) auch für die alten Länder weggefallen ist. Zu Bemühungen der Bundesregierung, die Sicherungsverwahrung auch auf die Beitrittsgebiete zu erstrecken, vgl. BT-Drs. 12/4338 sowie Eser/Arnold NJ 93, 291. – ε) Zur besonderen Problematik des Wegfalls von *Militärregierungsgesetzen* als „Zeitgesetzen" vgl. BGH **40** 378 ff. sowie § 2 RN 36 ff.

c) Soweit nach dem Vorangehenden Strafvorschriften nur für ein Teilgebiet der BRD – wie für die **79** bisherigen Bundesländer einschließlich West-Berlin einerseits (seinerzeit meist als „räumlicher Geltungsbereich dieses Gesetzes" umschrieben: o. 32) bzw. für die nach Art. 1, 3 EV neu beigetretenen Bundesländer der ehemaligen DDR einschließlich Ost-Berlin andererseits – gelten, sind *zwei unterschiedliche Rechtsgebiete* entstanden (vgl. Engelhard DtZ 90, 134), auf denen das jeweils geltende Recht als **partikuläres Bundesrecht** gilt (Art. 9 IV 2 EV iVm Art. 74 I Nr. 1 GG; vgl. Tröndle 33, Lackner § 3 RN 4 ff., Schneiders MDR 90, 1049). Da es sich jedoch trotz dieser räumlichen Rechtsverschiedenheit nunmehr wiederum um Teilrechte innerhalb desselben Gesamtstaates handelt, bestimmt sich deren Anwendung (jetzt wieder) nach den (nach wie vor ungeschriebenen) Regeln des **interlokalen Strafrechts** (näher dazu o. 47 ff. sowie Tröndle 33 ff.). Zu Besonderheiten der Sicherungsverwahrung vgl. o. 78 sowie 25. A. RN 79.

3. Besondere Probleme stellen sich bei der heutigen Aburteilung von bereits **vor dem 3. 10. 1990** **80** **begangenen „Alttaten"**, da hier neben dem *räumlichen* noch das *zeitliche* Moment **intertemporaler** Rechtsänderungen zwischen der Begehungs- und der Aburteilungszeit hinzukommt. Gewiß ist bei etwaigen zwischenzeitlichen Strafrechtserweiterungen oder Sanktionsverschärfungen einerseits und Strafbarkeitseinschränkungen oder Sanktionsmilderungen andererseits nach allgemeinen Grundsätzen das dem Täter jeweils günstigere Recht anzuwenden (*Vorrang des mildesten Gesetzes* nach § 2 III; vgl. u. 96). Da dessen Feststellung jedoch schon bei Änderung innerhalb desselben Strafrechtssystems schwierig sein kann (vgl. § 2 RN 16 ff.), wird dies natürlich noch schwieriger, wenn ein Strafrechtssystem durch ein fundamental anderes verdrängt wird (vgl. Tröndle 47, Höchst JR 92, 360) und zudem dabei sichergestellt sein soll (wie zur „Bewältigung" von DDR-Unrecht bei den EV-Verhandlungen offensichtlich beabsichtigt), daß bestimmte Straftaten über das Ende der DDR hinaus – und zwar selbst wenn die betreffenden Tatbestände zuvor noch aufgehoben wurden – weiterhin verfolgbar bleiben sollen. Die zur Lösung dieser Fragen in den EV aufgenommenen **Überleitungsregelungen** (**§§ 315–315 c EGStGB**) sind jedoch weder einheitlich klar noch problemerschöpfend, so daß die **81** praktische Anwendung mannigfache Fragen aufwirft. Deren Beantwortung ist schon deshalb schwierig, weil sie nicht selten von unterschiedlichen rechtspolitischen und -philosophischen Vorverständnissen beeinflußt erscheint (vgl. Lackner § 2 RN 12 mwN, außerdem Bisky, „Unrechtsstaat?", 1994, König Leviathan 97, 445, Lamprecht DRiZ 97, 140, Schroeder DRiZ 96, 81, gegen diesen Wolff DRiZ 96, 88). Zudem wird der Durchblick durch den Meinungsstreit noch dadurch erschwert, daß in einschlägigen Stellungnahmen oft nicht hinreichend unterschieden wird zwischen der Ausgangsfrage nach der weiteren Verfolgbarkeit von „Alttaten" überhaupt, sodann (aber nicht wie oft fälschlich schon vorher) der Frage, welche Auswirkungen sich aus dem Vorrang des „mildesten Gesetzes" (§ 2 III) ergeben, ferner welcher Maßstab bei Anwendung des jeweiligen Rechts zugrundezulegen ist (nur systemimmanente Interpretation des DDR-Rechts oder auch Messung am nationalen ordre public, an internationalem Recht oder gar an überpositiven Grundsätzen), sowie nicht zuletzt der Frage, ob und inwieweit eine Alttat auch schon vor dem Beitrittszeitpunkt nach bundesdeutschem Recht strafbar war (ähnl. diff. Höchst JR 92, 360; vgl. auch Amelung GA 96, 53). Selbst der BGH versucht sich über eine klare Differenzierung dieser verschiedenen Fragen immer wieder dadurch hinwegzuhelfen, daß er unvermittelt auf den Gesamtvergleich nach § 2 III zusteuert (vgl. insb. BGH **40** 8, NStZ **94**, 232, Stuttgart NJW **93**, 1406, aber auch BGH **37** 321, **38** 1 ff., 20, **39** 173, **40** 32 f., 275, NStZ **95**, 286, wo es jeweils an einer klaren Begründung des grundsätzlich anzuwendenden Rechts fehlt; selbst in BGH **39** 6 ff. ist dies lediglich im Hinblick auf eine – schließlich zu Recht verneinte – Anwendbarkeit von Art. 315 IV EGStGB geschehen). Mehr Klarheit in diesen Fragen dürfte im übrigen nur dadurch zu gewinnen sein, daß man bei Interpretation der besonderen Überleitungsregelungen jeweils mitbedenkt, von welcher Rechtsfolge ohne deren Sonderregeln auszugehen wäre; denn dabei läßt sich auch leichter ermitteln, inwieweit diese lediglich deklaratorischen Charakter haben oder eine Änderung der sonst gegebenen Folgen bezwecken. In diesem Sinne erscheint zur Beurteilung von Alttaten folgendes Vorgehen angebracht:

Eine erste Differenzierung ist bei Alttaten im Hinblick auf ihre mögliche Strafbarkeit vor dem **82** 3. 10. 90 nach **DDR- und/oder BRD-Strafrecht** vorzunehmen. Daraus ergeben sich drei Fallgruppen: einerseits Alttaten, die zur Tatzeit *nur* nach *BRD*-Recht strafbar waren (dazu a), andererseits

Vorbem §§ 3–7 83–85   Allg. Teil. Das Strafgesetz – Geltungsbereich

Alttaten, die zur Tatzeit *nur* nach DDR-Recht strafbar waren (dazu c), sowie dazwischen eine Gruppe von Alttaten, die zur Tatzeit *sowohl* nach DDR- *als auch* nach BRD-Recht strafbar waren (dazu b).

83   a) Soweit eine Alttat bereits vor dem 3. 10. 90 **nur nach BRD-Recht strafbar** war, ist schon nach allgemeinen Grundsätzen kein Grund ersichtlich, warum diese Strafbarkeit allein wegen des DDR-Beitritts in Wegfall kommen sollte, handelt es sich doch dabei jedenfalls insoweit, als es nicht um eine stellvertretende Strafrechtspflege geht (dazu o. 9, § 7 RN 1, aber auch u. 88), um originär (alt)bundesdeutsche Strafbarkeit. Insofern scheint der allgemeinen **Vorbehaltsklausel des Art. 315 IV EGStGB,** wonach die in Art. 315 I–III EGStGB vorgesehenen Modifizierungen bei Alttaten keine Anwendung finden sollen, „soweit für die Tat das Strafrecht der Bundesrepublik Deutschland schon vor dem Wirksamwerden des Beitritts gegolten hat", nur deklaratorische Bedeutung zuzukommen (idS wohl BVerfGE **92** 313 ff.). Gleichwohl erscheint diese ausdrückliche Klarstellung der über den Beitrittszeitpunkt unveränderten Verfolgbarkeit einer einmal begründeten Strafbarkeit nach BRD-Recht in zweifacher Hinsicht als nicht überflüssig (vgl. auch BGH **39** 319): Einerseits deshalb, weil damit sowohl der *„DDR-Lösung"* von Luther (NJ 91, 395 ff., DtZ 91, 433 ff.) als auch der *„Inlandslösung"* von Samson (NJW 91, 335, NJ 91, 236, StV 92, 141) der Boden entzogen ist. Während nach ersterer Alttaten grundsätzlich nach DDR-Recht zu beurteilen seien, da von diesem dem Art. 315 EGStGB zugrundeliegenden Prinzip in den Abs. I–III nur Ausnahmen für die Sanktionen vorgesehen seien und Abs. IV an sich überflüssig sei (vgl. demgegenüber u. 96), sollen umgekehrt nach der letztgenannten Auffassung mit dem Beitritt der DDR nicht nur deren Strafansprüche auf die BRD übergegangen sein (dazu u. 96, 116), sondern die bisher aus der Sicht der BRD als Auslandstaten betrachteten DDR-Alttaten aufgrund des Beitritts zu Inlandstaten gewandelt seien; dies hätte zur Folge, daß anstelle der internationalstrafrechtlichen §§ 5–7 die Regeln des interlokalen Strafrechts zum Zuge kämen und damit das Tatortstrafrecht anzuwenden wäre, mit der Konsequenz, daß gerade bei dieser Fallgruppe von nur nach BRD-Recht strafbaren Alttaten mangels Strafbarkeit am Tatort diese nun gänzlich entfiele. Doch ganz abgesehen von der problematischen Vermengung von temporalen und lokalen Aspekten, wie sie dieser Auffassung entgegengehalten wird (Schünemann in Lampe 177), kann ein solches Ergebnis vom EV nicht gewollt gewesen sein, würde doch damit das von Art. 315 IV EGStGB offensichtlich verfolgte Interesse, die bereits vor dem DDR-Beitritt nach BRD-Recht begründete Strafbarkeit einer Alttat unberührt zu lassen, in sein Gegenteil verkehrt (daher zu Recht abl. Albrecht/Kadelbach NJ 92, 137 f., König JR 93, 208, Lackner § 2 RN 23, Lippold NJW 92, 19, Tröndle 40; iglS BGH **39** 7 f.; vgl. auch BVerfG NStZ **95**, 490; einschr. Schlüchter/Duttge NStZ 96, 460, die Art. 315 IV EGStGB bei Spionagedelikten [dazu u. 93 f.] als unvereinbar mit dem Schuldprinzip nicht anwenden wollen, dabei aber diese Strafanwendungsvorschrift mit mat.-rechtl. Überlegungen überlagern; krit. zu Art. 315 IV auch Arnold NJ 97, 120). Um das zu verhindern, wird der Vorbehalt des Art. 315 IV EGStGB sogar dahin zu verstehen sein, daß eine mögliche Strafbarkeit nach *(alt)bundesdeutschem Recht stets vorab zu prüfen* und ggf. auch mit *Vorrang zu behandeln* ist (ebenso Lackner § 2 RN 22; iglS BGH **39** 6 ff., 59 ff.; näher mwN u. 89; allenfalls aus der damit eröffneten Anknüpfung an die §§ 5–7 [u. 86 ff.] mag die fragwürdige Charakterisierung dieses vorzugsweisen Abhebens auf Art. 315 IV als *internationalstrafrechtliche „Auslandslösung"* vertretbar sein; vgl. Tröndle 40, Weber GA 93, 203 mwN, aber auch Lackner § 2 RN 13). Andererseits ist aber damit dem „Soweit"-Vorbehalt des Art. 315 IV EGStGB auch die einschränkende Aussage zu entnehmen, daß nicht schlechthin alle Alttaten kurzerhand dem BRD-Recht unterfallen sollen, sondern *„soweit"* sie danach schon vor dem Beitritt strafbar waren. Demzufolge ist weder eine undifferenzierte Erstreckung des BRD-Strafrechts auf Alttaten nach Stellvertretungsüberlegungen, wie von Liebig NStZ 91, 373 f. in nachträglicher Anwendung von § 7 II (und ohne offenbar dazu des § 315 IV zu bedürfen) vorgeschlagen, annehmbar, noch wäre eine Globalerstreckung des BRD-Rechts mittels Art. 315 IV in der Weise vertretbar, daß man DDR-Alttäter als „Neubürger" iSv § 7 II Nr. 1 Alt. 2 versteht (so Mitsch NJ 92, 295 ff., Vormbaum StV 91, 178); denn ganz davon abgesehen, daß diese „Neubürgerklausel" an der individuell gewollten Einbürgerung ehemaliger DDR-Bürger ausgerichtet ist (BGH **39** 320, Arnold/Kühl NJ 92, 476, JuS 92, 993, Breymann NStZ 91, 464, Mitsch NJ 92, 296 f.; and. Lackner NStZ 94, 236), geht Art. 315 IV EGStGB von bereits vor dem Beitritt bestehender und nicht erst dadurch begründeter Strafbarkeit nach BRD-Recht aus (iglS BGH **39** 60 f., 320 m. Anm. Lackner NStZ 94, 235; ferner Tröndle 45, Lackner § 2 RN 13; König NStZ 91, 568, Laufhütte LK 37 vor § 80, Samson NJW 91, 337, iE auch Breymann NStZ 91, 464). Zudem würden bei derart pauschalen Erstreckungen des BRD-Rechts auf DDR-Alttaten die in Art. 315 I–III EGStGB vorgesehenen Modifizierungen praktisch leerlaufen (vgl. o. 70 sowie BGH **39** 61, Gribbohm LK § 2 RN 60 b, König JR 93, 208, Lemke/Hettinger StV 91, 422). Gleiches gilt gegenüber dem Versuch (wie namentl. von Küpper/Wilms ZRP 92, 92; ähnl. Hruschka JZ 92, 665), das bundesdeutsche Strafrecht über § 7 I global zur Anwendung zu bringen, indem DDR-Bürger auf Opferseite als Deutsche verstanden werden (vgl. demgegenüber bereits o. 71 sowie zu Recht abl. BGH **39** 8 mwN).

84   Demzufolge kommt über Art. 315 IV EGStGB eine Aburteilung von DDR-Alttaten nach (alt)bundesdeutschem Strafrecht nur, aber auch immer insoweit in Betracht, als nach den allgemeinen Strafanwendungsregeln der §§ 3–7, 9 aufgrund eines entsprechenden **Anknüpfungspunktes** schon vor dem DDR-Beitritt die Strafbarkeit nach BRD-Recht begründet war:

85   α) Dies ist unstreitig der Fall, wenn der tatbestandsmäßige Erfolg (wie zB der Tod oder eine weitere Verletzung eines bei der Flucht über die Grenze angeschossenen DDR-Bürgers) nach **§ 9 I** auf

bundesdeutschem Gebiet eintrat und es sich demzufolge um eine *Inlandstat* handelt (vgl. BVerfGE **92** 324 sowie NJW **95**, 2706 zu § 99, BGH **39** 262 zu § 94; insoweit and. Schlüchter/Duttge NStZ 96, 460, dazu o. 83). In diesem Fall ist die Tat allein nach BRD-Recht zu beurteilen, ohne daß es auf eine „identische Tatortnorm" (wie nachf. bei γ) oder auf einen „Milderungsvergleich" zwischen DDR- und BRD-Recht (wie nachf. bei Fallgruppe c: u. 96 ff.) ankäme. – β) Gleiches gilt bei den in den **86** §§ **5, 6** aufgeführten Taten gegen *inländische* bzw. *international geschützte Rechtsgüter*, die unabhängig vom Tatortrecht sanktioniert sind (wie etwa Staatsschutz- oder Drogendelikte; vgl. BGH **37** 309), es sei denn, daß die Anwendbarkeit des bundesdeutschen Strafrechts von besonderen Voraussetzungen abhängt (wie bei Verschleppung oder politischer Verdächtigung nach Wohnsitz oder gewöhnlichem Aufenthalt des deutschen Tatopfers im Inland nach § 5 Nr. 6); zu weiteren Einzelheiten vgl. u. 92. – γ) Demgegenüber hängt in Fällen des **§ 7** die Strafbarkeit nach BRD-Recht auch von einer entspre- **87** chenden *Tatortstrafbarkeit* nach DDR-Recht ab, so daß sich auf diesem Weg letztlich die gleichen Probleme stellen wie dort, wo eine Alttat vor dem Beitritt allenfalls nach DDR-Recht strafbar war (wie nachf. bei c: u. 96 ff., verkannt von Kirchner Jura 98, 46). Da bei der hier infragestehenden Fallgruppe nach den Regeln des „funktionellen Inlandsbegriffs" (o. 29, 67) die DDR wie Ausland bzw. die DDR-Bürger auf Täterseite wie Ausländer und allenfalls auf Opferseite wie Deutsche zu behandeln waren (o. 69 ff.), kommt das bundesdeutsche Strafrecht praktisch nur für folgende Fälle in Betracht: wenn es sich nach § 7 I beim Opfer um einen DDR-Bürger handelt, der sich bereits vor der Tat in den Schutzbereich der BRD begeben hatte (vgl. o. 71, 83 aE), ferner wenn ein DDR-Täter ohne Übersiedlungsabsicht im Bundesbereich betroffen wurde und seine Zulieferung nach § 7 II Nr. 2 an die DDR ausgeschlossen war (vgl. 23. A. RN 68 zu b), ferner wenn der damalige DDR-Täter iSd der Neubürgerklausel des § 7 II Nr. 1 Alt. 2 nach der DDR-Tat, aber noch vor dem Beitritt in die BRD übergesiedelt war (vgl. 23. A. RN 68 zu a, ferner zuletzt noch LG Bamberg ROW **89**, 186). Speziell gegen den letzten Fall läßt sich nicht einwenden, daß eine Globalerstreckung des bundes- **88** deutschen Strafrechts auf DDR-Alttäter mittels der „Neubürgerklausel" gerade abzulehnen war (vgl. o. 83); denn während dort dem Versuch entgegenzutreten war, DDR-Alttäter schon allein aufgrund des DDR-Beitritts zur BRD zu „Neubürgern" werden zu lassen und damit erst zu diesem Zeitpunkt eine Strafbarkeit nach BRD-Recht zu begründen, geht es hier um den „klassischen" Fall, daß ein DDR-Täter seinen Ausländerstatus schon vor und unabhängig vom DDR-Beitritt aufgegeben und sich der Strafgewalt der BRD nach § 7 II Nr. 1 Alt. 2 unterstellt hatte (dieser Unterschied scheint von Polakiewicz EuGRZ 92, 178 verkannt). Die auf diese Weise schon vor dem DDR-Beitritt begründete Strafbarkeit von Übersiedlern etwa deshalb abzulehnen, weil ihnen damit die Vergünstigungen des Art. 315 I–III EGStGB, wie sie über § 2 den erst durch den DDR-Beitritt zu Bundesbürgern gewordenen DDR-Alttätern zugute kommen können, vorenthalten würden und darin eine nicht rechtzufertigende Schlechterstellung vorheriger Übersiedler liege (Laufhütte LK 37 vor § 80, Samson NJW 91, 337 f.; vgl. auch Arnold NJ 97, 120 zu § 9), oder weil es für die von der Neubürgerklausel bezweckte stellvertretende Strafrechtspflege nach dem Beitritt keine Grundlage mehr gebe (so Lackner § 2 RN 26, NStZ 94, 235 f.), kann nicht überzeugen. Denn nicht nur, daß solche Restriktionsversuche mit der insoweit klaren Regelung des EV schwerlich zu vereinbaren sind (BGH **39** 320 f.), erscheinen sie auch materiell keineswegs zwingend geboten, ist doch ein sachgerechter Anknüpfungspunkt für die monierte „Ungleichbehandlung" in der individuellen und freiwilligen Unterwerfung des Übersiedlers unter die Hoheitsgewalt und Rechtsordnung der BRD zu sehen (vgl. die diesbezügl. Nachw. o. 83).

b) Auch für Alttaten, die **sowohl nach DDR- als auch nach BRD-Recht strafbar** sein konnten **89** (wie zB bei einem noch auf DDR-Seite auf einen Flüchtling abgegebenen Schuß, der erst auf BRD-Seite zum Erfolg führt, oder im Falle einer Übersiedlung des DDR-Täters bereits vor dem Beitritt in die BRD, vgl. o. 85, 87), ist dem Art. 315 IV EGStGB ein **Anwendungsvorrang** für das *bundesdeutsche* Strafrecht zu entnehmen (BVerfGE **92** 315, Tröndle 40, Geiger JR 92, 403, Lackner § 2 RN 22, Lemke/Hettinger NStZ 92, 24, Renzikowski JR 92, 274, Riedel DtZ 92, 167; and. Scholten ZRP 92, 476 sowie folgerichtig wohl auch die Vertreter einer DDR- bzw. Inlandslösung: o. 83); denn der „Soweit-Vorbehalt" des Art. 315 IV EGStGB kann sinnvollerweise nicht nur für den Fall mangelnder DDR-Strafbarkeit gemeint sein, sondern will offensichtlich gerade auch für den Fall konkurrierenden DDR-Rechts Vorrang beanspruchen. Deshalb ist bei DDR-Alttaten zunächst immer eine mögliche Strafbarkeit nach (alt)bundesdeutschem Recht mit Vorrang zu prüfen (vgl. o. 83). Im übrigen wird etwaigen Härten aufgrund Nichtbeachtung günstigerer Tatortnormen durch deren Berücksichtigung bei der Strafzumessung Rechnung zu tragen sein (vgl. § 7 RN 21 mwN, ebenso BGH **39** 321 f. m. Anm. Lackner NStZ 94, 236), nicht aber schon deren Einschränkung oder Ausschluß des Anwendungsbereichs von Art. 315 IV EGStGB (vgl. auch Liebig NStZ 91, 373). Zu Auswirkungen von „doppelten Strafansprüchen" auf die Verjährungsfrage vgl. u. 116 ff.

Zu a) und b) Nach den vorangehenden Grundsätzen kommt eine Anwendung des bundesdeutschen **90** Strafrechts vor allem in folgenden **Fallgruppen** in Betracht:

aa) Bei einem zur Tötung führenden **Schußwaffengebrauch** im Grenzbereich der DDR (wie **91** bei Freischießen des Fluchtwegs durch einen Flüchtling einerseits oder dessen Fluchtverhinderung durch einen Grenzbeamten andererseits) kann zunächst der Begehungsort von Bedeutung sein: Hat einerseits der erfolgreich Geflohene noch von der BRD-Seite zurückgeschossen und einen Grenzbeamten verletzt oder ist anderseits der auf DDR-Seite angeschossene Flüchtling erst auf BRD-

Seite gestorben, so handelt es sich in beiden Fällen nach § 9 I um eine Inlandstat, die weiterhin nach bundesdeutschem Recht verfolgbar ist (BGH **40** 51, Tröndle 40, Lackner § 2 RN 16, Renzikowski NJ 92, 153, Riedel DtZ 92, 163, Roggemann DtZ 93, 14). Hat sich dagegen alles auf DDR-Territorium abgespielt, so kann das bundesdeutsche Strafrecht allenfalls über § 7 zur Anwendung kommen (o. 87), mit der Folge, daß aufgrund des Erfordernisses einer „identischen Tatortnorm" auch etwaige DDR-Rechtfertigungs- oder Entschuldigungsgründe mitzuberücksichtigen sind, wobei deren Anerkennung nach den gleichen Maßstäben zu beurteilen ist wie dort, wo das DDR-Recht unmittelbar oder über einen Milderungsvergleich nach § 2 III zum Zuge kommt (wie in Fallgruppe c: u. 96).

92 bb) Auch **Verschleppungen** und **politische Verdächtigungen** nach §§ 234 a, 241 a sind – unabhängig vom DDR-Recht – nach § 5 Nr. 6 weiterhin verfolgbar, soweit es sich bei dem Opfer um einen Deutschen mit Wohnsitz oder gewöhnlichen Aufenthalt im Inland handelt. Sofern man dabei der (abzulehnenden) weiten Auslegung des § 5 Nr. 6 durch den BGH folgt, der in diesem Fall den Begriff des „Inlands" entgegen der funktionellen Betrachtungsweise (o. 29, 32 f., 67) auch auf die DDR erstreckt (BGH **30** 5 ff., **32** 298, **40** 130 ff., NJ **96**, 650, NStZ **97**, 435 m. insoweit zust. Anm. Schroeder; and. Grünwald StV 91, 34, Kramer NJ 92, 235, Renzikowski JR 92, 271 f., Seebode JZ 95, 417), bleiben sogar Taten, die in der DDR gegen DDR-Bürger verübt wurden (wie zB Denunziationen durch Stasi-Mitarbeiter: vgl. Renzikowski JR 92, 270 ff.), nach wie vor strafbar. Von der in BGH **32** 298 f. angenommenen, über § 7 I noch weitergehenden Erfassung von Delikten, in denen sich die mit der politischen Verdächtigung (oder Verschleppung) verbundene und von diesem Tatbestand vorausgesetzte Gefährdung verwirklichte (wie insbes. bei Freiheitsberaubungen oder Nötigung), ist der BGH hingegen inzwischen abgerückt (**40** 130, 132 f., NStZ **95**, 288; dies abl. Wassermann NJW 95, 931; vgl. auch Tröndle 41).

93 cc) Besonders umstritten ist die weitere Verfolgbarkeit wegen **Landesverrats** und **geheimdienstlicher Agententätigkeit** ehemaliger Mitarbeiter der Hauptverwaltung Aufklärung des Ministeriums für Staatssicherheit (MfS) der DDR, sofern sich deren Aktivitäten auf dem Boden der DDR abspielten und auf den Bereich der „klassischen" Spionage beschränkt waren. Weniger problematisch ist dabei zunächst die *strafrechtliche* Erfassung solcher Fälle durch das bundesdeutsche Recht überhaupt; denn soweit Spionageaktivitäten gegen die BRD nicht bereits über den Territorial- und Ubiquitätsgrundsatz (§§ 3, 9) erfaßbar waren (wie in den Fällen BGH **39** 260, NJW **91**, 2498, KG NJW **91**, 2502 [soweit § 94 betr.]; vgl. auch Bay NStZ **92**, 282, ferner allg. § 3 RN 3 f. iVm § 9 RN 3 f., 6, 11 f.), kann sich eine tatortunabhängige Strafbarkeit aus dem Schutzprinzip nach § 5 Nr. 4 (vgl. dort 1, 10) ergeben (wie im Fall BGH **37** 309 m. Anm. Classen JZ 91, 717, Simma/Volk NJW 91, 871, sowie bzgl. § 99 KG NJW **91**, 2502; vgl. auch Geppert Jura 91, 614, Laufhütte LK **39** vor § 80, Widmaier NJW 91, 2461; ausführl. hierzu Neumann in Lampe 163 ff.; abw. Cramer NJ 93, 102 ff., Ridder aaO 25, Schlüchter/Duttge NStZ 96, 460, Wilke NJW **91**, 2465), so daß seit dem Wirksamwerden des Beitritts lediglich die faktische Möglichkeit zur Verfolgung der Täter hinzugekommen ist (BGH **37**
94 314); zur abw. Auffassung von Arndt NJW 91, 2467; 95, 1803 vgl. 25. A. Höchst strittig ist aber, inwieweit diese von der DDR gesteuerten Aktivitäten auch *nach dem Beitritt zur BRD* **noch verfolgbar** sein sollen: Auch wenn dies gesamtpolitisch unerwünscht sein mag, können die gegen eine weitere Strafverfolgung von DDR-Spionen erhobenen *verfassungs- und völkerrechtlichen* Bedenken letztlich doch kaum – jedenfalls aber nicht pauschal – durchschlagen. Soweit man eine Freistellung für ehemalige DDR-Spione aus einem *kriegsgefangenenähnlichen Status* meint herleiten zu können (so mit Berufung auf Art. 31 HLKO Widmaier NJW 90, 3172 f., im folg. KG NJW **91**, 2501 m. Anm. Volk JR 91, 431, ähnl. Kasper NJ 92, 435, Lüdersen StV 91, 483, ZStW 104, 736), wird bereits verkannt, daß dieser Grundgedanke einer speziell auf Kriegsverhältnisse zugeschnittenen Norm nicht ohne weiteres auf den freiwillig und friedlich vollzogenen sowie im Wege detaillierter Vertragsverhandlungen herbeigeführten Beitritt der DDR zur BRD übertragen werden kann (BGH **37** 309 f., NJW **91**, 2500, Bay NStZ **92**, 282, Albrecht/Kadelbach NJ 92, 139 f., Arndt NJW 91, 2467, Classen JZ 91, 718, Lippold NJW 92, 20, Schuster ZaöRV 91, 666 ff., Simma/Volk NJW 91, 873), zumal es auch auf der Rechtsfolgenseite an der nötigen Parallelität fehlt (hierzu Schünemann in Lampe 181). Doch selbst bei Überwindung dieser Hürde wird man in einem solchen (erstmalig vorgeschlagenen) Analogieschuß schwerlich bereits eine „allgemeine Regel des Völkerrechts" iSv Art. 25 GG erblicken können (BVerfGE **92** 321 f., Albrecht/Kadelbach NJ 92, 140, Lippold NJW 92, 20; ausf. Frowein/Wolfrum/ Schuster aaO 8 ff.). Ebensowenig lassen sich aus dem Friedensvölkerrecht etwa aufgrund *Staatenimmunität* (dazu BGH **39** 5 ff., 175 f., 263 ff.) bzw. für den Fall einer *Staatensukzession* derartige strafbarkeitshindernde gewohnheitsrechtliche Regeln ableiten (BGH **37** 310 ff., **39** 265 ff., Bay NStZ **92**, 283, Albrecht/Kadelbach NJ 92, 141 f., Simma/Volk NJW 91, 873, eingeh. Schuster ZaöRV 91, 660 ff.; and. Kasper MDR 94, 545 f.; vgl. auch BVerfGE **95** 129 ff. m. Anm. Faßbender NStZ 98, 144 ff.). Auch von Verfassungs wegen läßt sich nicht etwa der vom KG NJW **91**, 2502 ff. bemühte *Gleichbehandlungsgrundsatz* (ebenso Ignor/Müller StV 91, 576, Widmaier NJW 90, 3171 f.) erfolgreich gegen eine Weiterverfolgung von DDR-Spionage ins Feld führen. So verständlich das „Unbehagen" darüber sein mag, daß DDR-Spionage gegen die (alte) BRD verfolgbar bleiben soll, während Angehörige der gegen die DDR gerichteten BRD-Aufklärungsdienste nicht belangt werden (vgl. Geppert Jura 91, 614, Lackner § 2 RN 23, Schünemann in Lampe 189, Schuster ZaöRV 91, 675), läßt sich dem doch nicht mit einer Verwerfung von Art. 315 IV EGStGB wegen angeblicher Verletzung des Gleichheits-

grundsatzes begegnen (ebenso iE BVerfGE **92** 318 f., BGH **37** 313 ff., **39** 266 ff. m. zust. Anm. Träger NStZ 94, 282, BGH NJW **91**, 2500, Bay NStZ **92**, 283, Stuttgart NJW **93**, 1406 m. Anm. Lampe, Albrecht/Kadelbach NJ 92, 142 ff., Arndt NJW 91, 2467, Gehrlein aaO 27 ff., Jakobs in Isensee 61, Lippold NJW 92, 20 ff., Neumann u. Schünemann in Lampe 167 bzw. 182 ff., Schuster ZaöRV 91, 669, Starck VVDStRL 51, 30, Volk JR 91, 432). Zwar wird man Gleichheitsbedenken nicht schon damit abwehren können, daß die DDR-Agenten einen aggressiven Auftrag zur aktiven Destabilisierung der BRD erfüllt hätten, während die Spionage der BRD defensiv ausgerichtet gewesen sei (so aber BGH NJW **91**, 2500, Bay NStZ **92**, 283, Schroeder JR 95, 442); denn der „offensive" Charakter der Agententätigkeit oder gar ihre Einbindung in die gesamte sozialistische Herrschaftsordnung der DDR (vgl. Stuttgart NJW **93**, 1406, Arndt NJW 91, 2467, Lippold NJW 92, 21 f., Quaritsch Roellecke-FS 231, Starck VVDStRL 51, 30) ist nicht Teil des von §§ 93 ff. verbotenen Verhaltens (vgl. 1 vor § 93) und läßt sich daher im Hinblick auf Art. 3 GG „rechtlich nicht fassen" (insoweit zutr. KG NJW **91**, 2503, Neumann in Lampe 166, Widmaier NJW 91, 3172, mit Hinw. auf den völkerr. Grundsatz der Staatengleichheit Doehring ZRP 95, 294). Gleichwohl wird man dem EV letztlich nicht vorhalten können, durch die Unterlassung einer ausdrücklichen Befreiung der DDR-Spione von weiterer Strafverfolgung die Grenzen des Willkürverbots überschritten zu haben, unterliegen doch nachträgliche Straffreistellungen im Lichte rechtlicher und tatsächlicher Veränderungen einem prinzipiell sehr weiten Ermessensspielraum (BGH **37** 314 f., **39** 267 f., Bay NStZ **92**, 283, Albrecht/Kadelbach NJ 92, 144 mwN, ähnl. Träger NStZ 94, 282, Wilke NJW 91, 2466); denn selbst wenn Überlegungen wie die, daß eine Gefährdung der äußeren Sicherheit der BRD durch die früheren DDR-Agenten möglicherweise fortbestehe (so BGH **37** 315, **39** 267, NJW **91**, 2500, Bay NStZ **92**, 283, Lampe NJW 93, 1407, Schuster ZaöRV 91, 673, Träger NStZ 94, 282; krit. Ignor/Müller StV 91, 577) und auch eine weitere Strafbedürftigkeit bejaht werden könne (so BGH **39** 268; and. Jakobs in Isensee 62), vielleicht doch gänzlich übertragen mögen, sind sie doch jedenfalls nicht als völlig sachwidrig und willkürlich zu bewerten. Ebensowenig vermag die Berufung auf das *Rückwirkungsverbot* (so aber mit zT unterschiedl. Begründungen Classen JZ 91, 718 f., NStZ 95, 371, Lorenz NStZ 92, 426 f., Neumann in Lampe 168 ff., Rittstieg NJW 94, 912 f., Widmaier NJW 91, 2460 ff.) oder den dem Rechtsstaatsprinzip (Art. 20 III GG) zu entnehmenden allgemeinen *Vertrauensschutz* (so aber KG NJ **94**, 36, Albrecht/Kadelbach NJ 92, 146 f.) weiterzuhelfen. Auch wenn zuzugeben ist, daß die MfS-Mitarbeiter nicht damit zu rechnen brauchten, für ihre in der DDR entfalteten und dort erlaubten Tätigkeiten jemals in Realisierung eines bundesdeutschen Strafanspruchs zur Verantwortung gezogen zu werden, vermag dies doch nichts daran zu ändern, daß – zum einen – der beitrittsbedingten Erweiterung der *faktischen* Zugriffsmöglichkeit auf die Täter keinesfalls *normative* Qualität iSe rückwirkenden „Gesetzes" zukommt (BVerfGE **92** 323 ff., BGH **39** 268 ff. m. abl. Rittstieg NJW 94, 912, Bay NStZ **92**, 282, Stuttgart NJW **93**, 1406, Gehrlein aaO 47 ff., Gribbohm LK § 2 RN 60 a, Kinkel JZ 92, 488, Lippold NJW 92, 23 f., Renzikowski JR 92, 272, Schünemann in Lampe 187 f.) und – zum anderen – das Vertrauen auf den faktischen Schutz vor fremdstaatlich begründeten Strafbefugnissen durch die eigenstaatliche Hoheitsgewalt gerade im Hinblick auf die Bestimmungen des internationalen Strafrechts grundsätzlich nicht schutzwürdig erscheint (BGH **39** 269 ff.). Im Ergebnis wird daher auch in der grdl. Entscheidung des 2. BVerfG-Senats einmütig von der fortbestehenden materiellen Strafbarkeit von DDR-Spionage-Alttaten ausgegangen (BVerfGE **92** 277, 316, 341 ff. = NJW **95**, 1811, 1812, 1817 ff. [m. – unterschiedl. krit. – Anm. Arndt NJW 95, 1803, Classen NStZ 95, 371, Doehring ZRP 95, 293, Volk NStZ 95, 367, Widmaier NJ 95, 345]; ebenso BGH **43** 334 f.). Auf prozessualer Ebene hingegen soll mit Rücksicht auf die wiedervereinigungsbedingte Einmaligkeit, daß von den beiden wechselseitig Spionage betreibenden und erleidenden deutschen Staaten die DDR unterging und damit einerseits die Strafbarkeit der gegen sie betriebenen Spionage entfiel, während anderseits DDR-Spione des bis dahin für sicher gehaltenen Verfolgungsschutzes verlustig gingen, nach Meinung der Senatsmehrheit der Verhältnismäßigkeitsgrundsatz in Form eines Übermaßverbotes einer Verfolgung entgegenstehen (BVerfGE **92** 335; ihm unter teilw. Aufgabe seiner vorherigen Rspr. folg. BGH **41** 293 f., **42** 321 f. [dieses Verfolgungshindernis aber eher als mat.-rechtl. Strafanschlußgrund anseh.], NStZ-RR **96**, 129; dag. ausschließl. prozessual argument. Bay NJW **96**, 670 f. m. Anm. Schmidt JR 96, 430). Dabei seien drei Tätergruppen zu unterscheiden: DDR-Bürger, die a) Spionagestraftaten gegen die BRD allein vom Boden der DDR aus begangen haben (sofern nicht zugunsten des sowj. KGB: vgl. Celle NdsRpfl. **99**, 172) und dort im Zeitpunkt des Wirksamwerdens der deutschen Einheit ihren Lebensmittelpunkt hatten, oder die b) Spionagestraftaten gegen die BRD zwar nicht ausschließlich vom Boden der DDR aus, aber nur von solchen anderen Staaten aus begangen haben, in denen sie vor Strafverfolgung wegen solcher Taten aus Rechtsgründen sicher waren und diese Sicherheit auch für sie erst durch die Wiedervereinigung entfallen ist, soll ein *generelles Verfolgungshindernis* zugute kommen (BVerfGE **92** 335 f.), während c) bei Spionagestraftaten von DDR-Bürgern, die im Gebiet der BRD begangen wurden, die vorgenannten wiedervereinigungsbedingten Umstände im Rahmen einer *Einzelfallabwägung* zu einem Verfolgungshindernis führen können (aaO 336 f.; vgl. auch BGH **42** 327 f.). So verständlich das dahinterstehende Differenzierungsbemühen auch sein mag, sieht sich der dafür gewählte Weg doch schwerwiegenden Bedenken ausgesetzt: angefangen von dem von der Senatsminderheit erhobenen Vorwurf verfassungsgerichtlicher Kompetenzüberschreitung (aaO 341, ebneso Huber Jura 96, 306, Schmidt JR 96, 431 f.), über die strafprozessualen Inkonsistenzen eines solchen Verfahrenshindernisses (vgl. insbes., Schroeder JR 95, 443, Tröndle 5, Volk NStZ 95, 369 ff.) bis hin zur gleichheitswidrigen Bevorzugung der sich auf DDR-Gebiet beschränkenden Spionageplaner und -leiter zulasten der vor Ort tätigen „kleinen Chargen" (Classen NStZ 95, 373, 375, Doehring ZRP 95, 293, Quaritsch Roellecke-FS 236, Ridder aaO 31 ff.). Da freilich auch der von der Senatsminderheit vorgeschlagene Weg einer verstärkten Berücksichtigung des Verhältnismäßigkeitsgrundsatzes im Rahmen der traditionellen Einstellungsmöglichkeiten nach §§ 153 ff. StPO (aaO 362 ff.) das rechtspolitische Unbehagen an einer pauschalen Verfolgung von DDR-Spionageaktivitäten nicht zu beheben vermag, wäre eine befriedigende Lösung nach wie vor in einem Straffreiheitsgesetz zu suchen (vgl. Eser GA 91, 266, Hillenkamp JZ 96, 179), wie es bereits vor dem Beitritt erwogen worden war (vgl. BT-Drs. 11/7762 [neu], 11/7871, BR-Drs. 585/90), aber dann doch nicht zur Realisierung kam (für eine Amnestie auch schon BGH **37** 315, Grünwald StV 91, 32 f., Lackner § 2 RN 23, Schulze-Fielitz DVBl. 91, 902, Schuster ZaöRV 91, 676 f., Simma/Volk NJW 91, 874 f. sowie weiterhin Classen NStZ 95, 375, Widmaier NJ 95, 346 u. wohl auch Volk NStZ 95, 367; abl. Doehring ZRP 95, 297, skept. Leutheusser-Schnarrenberger ZRP 95, 309 f.). Zur Wiederaufnahme bereits vor dem Urteil des BVerfG abgeschlossener Verfahren vgl. BGH **42** 314 ff., 324 ff.

95   dd) Schließlich können auch **Telefonüberwachungen** als typische Aktivitäten des MfS über Art. 315 IV EGStGB nach § 201 strafbar sein, wenn dadurch Gesprächspartner im alten Bundesgebiet betroffen wurden und es sich damit nach § 9 I um eine Inlandstat handelt (vgl. KG JR **93**, 388, aber auch – einen inländischen Erfolgsort fragwürdig verneinend – BGH **40** 10 f. sowie allg. § 9 RN 11 a).

96   c) Soweit Alttaten zur Tatzeit **nur nach DDR-Recht strafbar** sein konnten, ist zunächst folgendes zu beachten: Sofern der fragliche DDR-Tatbestand über den Beitrittszeitpunkt hinaus fortgilt (dazu o. 74 ff.), ist auch eine bereits vor dem 3. 10. 90 begangene Alttat weiterhin nach diesem Tatbestand zu beurteilen, es sei denn, daß nach allgemeinen Grundsätzen (§ 2 III) eine zwischenzeitliche Milderung zu beachten ist. Fehlt es dagegen an einer solchen Fortgeltung über den Beitrittszeitpunkt hinaus, so ist zu prüfen, ob und inwieweit die nach DDR-Recht strafbare Tat bis zum Beitrittszeitpunkt in gleicher Weise straf- und verfolgbar blieb; dies kann insbes. infolge der Strafbarkeitsbeschränkungen durch das 6. DDR-StÄG fraglich sein (vgl. u. 121): Ist dies zu verneinen, so ist bei dieser Fallgruppe jeder weiteren Strafverfolgung der Boden entzogen. War dagegen die zur Tatzeit geltende DDR-Strafvorschrift bis zum Beitrittszeitpunkt in Kraft geblieben, so kommen folgende **Grundsätze** zum Zug: In einem ersten Schritt ist davon auszugehen, daß am 3. 10. 90 mit Erstreckung des (alt)bundesdeutschen Strafrechts auf das Beitrittsgebiet nach Art. 8 EV das DDR-StGB außer Kraft getreten ist (soweit nicht bestimmte Vorschriften nach Art. 9 EV iVm EV II B III C I aufrechterhalten wurden, was aber nur für die o. 74 ff. genannten Einzelbereiche zutrifft). Damit sind einerseits an sich die zur Tatzeit geltenden DDR-Straftatbestände weggefallen; da jedoch andererseits mit dem BRD-StGB auch dessen § 2 für das Beitrittsgebiet Wirksamkeit erlangt und nach § 2 I die zur Tatzeit geltenden Bestimmungen anzuwenden sind, bleiben insoweit die betreffenden DDR-Tatbestände als Strafbarkeitsgrundlage erhalten. Würde sich dieser zweite Schritt nicht ohnehin schon aus § 2 I iVm Art. 8 EV ergeben, wäre er doch jedenfalls aus der Gesamtkonzeption des Art. 315 EGStGB zu entnehmen; denn nicht nur, daß es in dessen Abs. IV eines ausdrücklichen Vorbehalts zugunsten einer bundesdeutschen Strafbarkeit von Alttaten nicht bedurft hätte, wenn man nicht ansonsten vom DDR-Strafrecht als weiterhin bedeutsamer Beurteilungsgrundlage ausgegangen wäre; auch lassen sich die an sich nur von Sanktionsmodifizierungen sprechenden (und gewiß auch sonst wenig glücklich formulierten) Abs. I–III durchaus dahin verstehen, daß sie bei diesen Ausnahmen im übrigen als gleichsam selbstverständlich von den entsprechenden DDR-Tatbeständen als Strafbarkeitsgrundlagen ausgehen (daher schon im Ansatz verfehlt Liebig NStZ 91, 373 f.; iE wie hier BGH **39** 60 f., 319 f.). Da nun freilich nach dem (zudem auch in Art. 315 I EGStGB ausdrücklich genannten) § 2 gemäß dessen Abs. III das jeweils mildeste Gesetz anzuwenden und dabei fraglos auch die durch Erstreckung des BRD-Rechts auf das Beitrittsgebiet dort eingetretene neue Rechtslage mitzuberücksichtigen ist, ist in einem dritten Schritt ein „Milderungsvergleich" zwischen der zur Tatzeit geltenden DDR-Vorschrift und der zur Aburteilungszeit geltenden BRD-Vorschrift (einschließl. etwaiger zwischenzeitlicher täterbegünstigender Rechtsänderungen) vorzunehmen, wobei das im konkreten Einzelfall tätergünstigste Gesetz unter Berücksichtigung des gesamten strafbarkeitsrelevanten Rechtszustandes zu ermitteln ist (§ 2 RN 20, 28 ff.; vgl. auch BGH **38** 20, 67, **40** 275, Brandenburg NStZ **95**, 407), wobei die bei DDR-Alttaten häufig auftretende Verjährungsfrage auszuklammern bleibt (BGH **40** 48). Soweit es bei diesem „Gesamtvergleich" lediglich um die jeweils mildeste *Sanktion* (allg. dazu § 2 RN 31 f., vgl. auch BGH **37** 322, NStZ **94**, 232) geht, werden, wie bereits in der Art. 315 I–III EGStGB vorgesehenen Umwandlungsregeln mitzuberücksichtigen. Soweit es dagegen um Grundlage und Umfang der *Strafbarkeit* geht, erfordern vor allem zwei Fragen besondere Aufmerksamkeit: zum einen die auf Tatbestandsebene erforderliche *Kontinuität des Unrechtstyps* zwischen der DDR- und der bundesdeutschen Strafnorm (allg. dazu § 2 RN 24 f. sowie Amelung GA 96, 53, Höchst JR 92, 360 ff., Schroeder NStZ 93, 216 mwN; grds. krit. zur Kontinuitätsformel Schünemann Grünwald-FS 662 ff.), zum anderen die Berücksichtigung von etwaigen in der DDR rechtlich oder faktisch gewährten *Straffreistellungen* (dazu u. 99 ff.). Soweit bei diesem Vergleich die Unrechtskontinuität zu verneinen ist und/oder ein Straffreistellungsgrund durchgreift, hat dies die Straflosigkeit der Alttat zur Folge (BGH **39** 8, **40** 8; and. wohl nur Luther NJ 91, 396 f., DtZ 91, 434; vgl. dazu 25. A.). Soweit der Vergleich hingegen ergibt, daß die Alttat auch im Entscheidungszeitpunkt noch als strafbar anzusehen ist, ist für deren Beurteilung von der mildesten Strafnorm auszugehen. Im übrigen ist zu besonders umstrittenen **Fallgruppen** noch folgendes zu bemerken:

aa) Bei Straftatbeständen, die unmittelbar und ausschließlich die **staatliche Ordnung der DDR** 97 zu schützen bestimmt waren, ist eine Unrechtskontinuität zu den entsprechenden bundesdeutschen Strafnormen von vornherein ausgeschlossen (Tröndle 48, Höchst JR 92, 363, Lackner § 2 RN 17, Laufhütte LK 41 vor § 80, Lüderssen StV 91, 484, Vormbaum StV 91, 179), weil es sich bei den Belangen der sozialistischen DDR einerseits und der demokratisch-rechtsstaatlich verfaßten BRD andererseits nicht um im Kern artgleiche Rechtsgüter handeln kann (BGH **39** 68, Weber GA 93, 206; diff. Schroeder NStZ 93, 218). Wer also zB im Jahr 1988 eine gegen die Verhältnisse in der DDR gerichtete politische Parole auf eine Autobahnbrücke geschrieben hatte („Staatsfeindliche Hetze" nach § 106 I Nr. 2 DDR-StGB aF), bleibt nunmehr straflos.

bb) Bei Delikten gegen **Individualrechtsgüter** hingegen kann grundsätzlich von der erforderli- 98 chen Kontinuität des Unrechtstyps ausgegangen werden (Lackner § 2 RN 15, einschr. Roggemann NJ 97, 228), und zwar auch dann, wenn es nicht um ideologiefreie Straftatbestände wie Mord und Totschlag, Körperverletzung, Freiheitsberaubung oder Beleidigung (vgl. insbes. DDR-StGB BT, 3. Kap., Vormbaum NJ 93, 213), sondern etwa um gegen „sozialistisches Eigentum" gerichtete Vermögensdelikte geht (vgl. insbes. DDR-StGB BT, 5. Kap., 1. Abschn.). Die Abschaffung des Strafrechtsschutzes für „sozialistisches Eigentum" durch das 6. DDR-StÄG (o. 75) hat keineswegs zur Folge, daß Angriffe gegen die von diesem DDR-spezifischen Rechtsgut erfaßten und sowohl faktisch als auch in ihrer Zuordnung zu bestimmten Rechtsträgern fortbestehenden Vermögenswerte überhaupt nicht mehr pönalisiert wären; vielmehr unterfallen sie auch dem einheitlichen, nicht zwischen verschiedenen Eigentumsformen differenzierenden bundesrepublikanischen Vermögensschutz (vgl. BGH NStZ **94**, 232 [m. Anm. Baumann 546], 542 [m. Anm. Wolfslast], wistra **99**, 383, 420, LG Berlin NJ **91**, 466 f., Lackner § 2 RN 15, ferner m. Hinw. auf Art. 15 GG Höchst JR 92, 363 f., Tröndle 51).

cc) Indes kann auch bei Individualrechtsgütern selbst bei grundsätzlicher Kontinuität des Unrechts- 99 typs die weitere Verfolgbarkeit einer DDR-Alttat insofern problematisch sein, als ihr zur Tatzeit eine von der DDR-Rechtsordnung und/oder der tatsächlich geübten Staatspraxis eingeräumte **Straffreistellung** zugute kam, so daß sich die Frage stellt, ob eine nunmehrige Bestrafung dieser während der SED-Herrschaft nicht verfolgten Tat gegen das *Rückwirkungsverbot* verstoßen würde, nachdem dieses grundsätzlich auch der nachträglichen Aberkennung von Rechtfertigungs- und Entschuldigungsgründen entgegensteht (§ 2 RN 3). Zum Kristallisationspunkt diesbezüglicher Auseinandersetzungen mit einer kaum noch zu überblickenden Literatur ist die Beurteilung des **Schußwaffengebrauchs an der innerdeutschen Grenze** geworden (zu den bereits von Art. 315 IV EGStGB erfaßten Fällen vgl. o. 91). Die dahinter stehende Grundsatzproblematik stellt sich indes in ähnlicher Weise auch bei anderen Delikten wie zB Körperverletzungen, Nötigungen oder Freiheitsberaubungen, die im Rahmen der Repressionstätigkeit der Stasi verwirklicht wurden (Jakobs in Isensee 55 f.). — Im wesentlichen werden folgende *Grundpositionen* vertreten: Nach einer extrem positivisti- 100 schen Auffassung, wie namentlich die von Jakobs (in Isensee 43 ff., 51 ff., GA 94, 3 ff., ebenso Isensee ebd. 105 ff., Dannecker Jura 94, 593, Dannecker/Stoffers JZ 96, 493, Pieroth VVDStRL 51, 103 f., Schlink NJ 94, 433 f., tendenziell ähnl., wenngleich nur auf die NS-Zeit bezogen Dencker KritV 90, 304 ff.; gegen Jakobs aber Schroeder JZ 92, 990 ff.), soll zur Beurteilung der Strafbarkeit zur Tatzeit ausschließlich auf die *faktisch gelebte Verfassung* abzustellen sein, mit der Folge, daß weder die Schüsse an der Mauer noch andere Verletzungen von Individualrechtsgütern und sogar nicht einmal brutalste Exzeßhandlungen ohne Verstoß gegen das Rückwirkungsverbot bestraft werden könnten, sofern nur diese Taten von der politischen Führung angeordnet oder geduldet und aus Gründen der Staatsräson nicht verfolgt wurden. Dieser Auffassung kann der Vorwurf nicht erspart bleiben, die voneinander zu trennenden Kategorien von „Recht" und „Politik" vollständig gleichzusetzen (vgl. Lüderssen ZStW 104, 744, aber auch Pawlik GA 94, 476 f.), auf diese Weise den resignativen Rückzug des Strafrechts gerade aus dem Bereich der schwersten, die Dimensionen einer systematisch betriebenen „Politik" erreichenden Kriminalität einzuläuten (zutr. Schroeder JZ 92, 992) und damit zugleich die positive strafrechtliche Aufarbeitung der NS-Vergangenheit im nachhinein zu diskreditieren (vgl. dazu Jäger KritV 93, 269, Wassermann NJW 93, 897). — Demgegenüber sollen nach einer gemäßigte- 101 ren Form von Positivismus, wonach man sich strikt am geschriebenen Recht der DDR orientieren, diese aber durchaus mit ihren Gesetzen „beim Wort nehmen" müsse (so namentl. Lüderssen StV 91, 484 ff., ZStW 104, 739 ff., 747 f., ferner mit unterschiedl. Akzentuierungen Grünwald StV 91, 36, Kuhlen/Grammiger JuS 93, 37, Renzikowski NJ 92, 154 f., Rittstieg DuR 91, 412, Roggemann DtZ 93, 16, JZ 94, 776 ff., NJ 97, 231, Schultz StV 95, 209 f., Schreiber in Lampe 63 f.; krit. zu diesem gesetzespositivistischen Ansatz aber Herzog NJ 93, 4, Naucke aaO 42; darüber hinaus auch für Berücksichtigung der „systemimmanenten Auslegung" Arnold wistra 94, 326 f., KritV 94, 201), lediglich Handlungen, die auch von inhaltlich möglicherweise mißbilligenswerten, aber kodifizierten Rechtssätzen der DDR nicht mehr gedeckt waren, der strafrechtlichen Ahndung zugänglich bleiben („*Exzeßtaten*"). Für die Beurteilung des Schußwaffengebrauches zur Verhinderung der Flucht aus der DDR hingegen hätte auch diese Sichtweise zur Konsequenz, daß ohne Rücksicht auf etwaige übergeordnete Rechtsprinzipien eine Strafbarkeit dann entfiele, wenn sich das Verhalten des Schützen im Rahmen der Vorgaben des § 27 DDR-GrenzG v. 25. 3. 1982 (DDR-GBl. I 197) bewegt hat (so neben den bereits Genannten auch Ambos JA 97, 988, Arnold/Kühl JuS 92, 994 ff., Dreier Arth. Kaufmann-FS 68, Frisch Grünwald-FS 134 ff., Gropp NJ 96, 397, Heinecke/Hirsch DuR 92, 137,

Polakiewicz EuGRZ 92, 189 f.). Nach jener Grenzvorschrift war die Anwendung der Schußwaffe erlaubt, „um die unmittelbar bevorstehende Ausführung oder die Fortsetzung einer Straftat zu verhindern, die sich den Umständen nach als ein Verbrechen darstellt", sofern diese Maßnahme sich als ultima ratio erweist (§ 27 I, III DDR-GrenzG) und das Leben von Personen „nach Möglichkeit" geschont wird (§ 27 V DDR-GrenzG). Inwieweit diese für eine Straffreistellung der Grenzsoldaten maßgeblichen Grundsätze auch für die Zeit *vor* Inkrafttreten des DDR-GrenzG Geltung beanspruchen, als lediglich Verordnungen und Dienstvorschriften den Schußwaffengebrauch regelten, wird indessen von den Befürwortern einer Bindung an § 27 II DDR-GrenzG als Rechtfertigungsgrund nicht einheitlich beurteilt (für die Unbeachtlichkeit der früheren untergesetzl. Regelungen Renzi-kowski NJ 92, 154; für die Heranziehung „inhaltlich entsprechender Maßstäbe" dagegen Roggemann
102 DtZ 93, 16 wohl auch Grünwald StV 91, 35 ff. u. Polakiewicz EuGRZ 92, 180 ff., ohne freilich diesbezügl. zu differenzieren). – Auf der anderen Seite des Meinungsspektrums steht das Bemühen, DDR-Rechtfertigungsgründe schlichtweg mit dem am Grundrechtsschutz orientierten *nationalen „ordre public"* der BRD zu messen (Küpper/Wilms ZRP 92, 93 f., Wilms/Ziemske ZRP 94, 171 f., Wassermann RuP 92, 124), mit der Folge, daß vor allem den Grenzvorschriften der DDR eine rechtfertigende Wirkung praktisch versagt bleibt (noch weitergeh. auf naturrechtl. Basis gegen Rechtfertigung tödl. Schußwaffengebrauchs Alexy aaO 22 f., Hruschka JZ 92, 665, Wassermann RuP 92, 124 f.; zusf. Arth. Kaufmann NJW 95, 81 ff.). Auf dem Boden des „funktionellen" Inlandsbegriffs (o. 29, 32 a, 67) bedeutet diese Sichtweise eine unzulässige Pauschalübertragung der materiell-rechtsstaatlichen Wertordnung des GG auf ein insoweit fremdes Rechtssystem, welche sich zudem zu Lasten des Täters auswirkt (gegen Küpper/Wilms auch BGH **39** 15, Scholten ZRP 92, 477 ff., Zimmermann ZRP 95, 152).

103 Vorzugswürdig ist eine *mittlere Linie,* die jedenfalls den schon vom DDR-GrenzG nicht gedeckten „Exzeßtaten" (vgl. o. 101) die Rechtfertigung versagt, den Grenzregeln selbst hingegen nicht jeglichen rechtfertigenden Charakter abspricht, sondern nur insoweit, als sie in unverhältnismäßiger Weise bedingt (wenn nicht gar gezielt) tödliche Schüsse auf unbewaffnete Flüchtlinge erlaubten (zur Flucht eines bewaffneten Fahnenflüchtigen vgl. BGH **42** 361), wobei aber selbst bei Ablehnung von Rechtfertigung im Hinblick auf eine etwaige Desinformation des Täters über die wahre Rechts- und Befehlslage im Einzelfall die Frage eines Entschuldigungsgrundes oder unvermeidbaren Irrtums einer besonderen Prüfung bedarf (vgl. BGH **41**, 14 f., NStZ **95**, 286, aber auch BGH NJW **95**, 2729/2732, 2733). Als menschenrechtlich skandalös und schon zur *Tatzeit* unhaltbar ist nämlich nicht schon die Vorschrift des § 27 DDR-GrenzG als solche zu bewerten, da sie isoliert betrachtet durchaus materiell-rechtsstaatlichen Anforderungen genügt und entsprechenden Regelungen in freiheitlich organisierten Staaten vergleichbar ist (LG Berlin NStZ **92**, 494, Alexy aaO 9 f., Brunner NJW 92, 2482, Dreier Arth. Kaufmann-FS 60, Grünwald StV 91, 37, Miehe Gitter-FS 661, Polakiewicz EuGRZ 92, 184 f., Rittstieg DuR 91, 418 f., Zielinski Grünwald-FS 822 ff.; vgl. auch Frommel Arth. Kaufmann-FS 82). Sein unmenschliches Gepräge hatte dieser Rechtfertigungsgrund aber jedenfalls durch das Zusammenspiel mit §§ 213, 1 III DDR-StGB erhalten, da nach der weiten Fassung des § 213 III DDR-StGB und seiner extensiven Handhabung durch die Rechtspraxis der DDR (dazu BGH **39** 9 f., Amelung JuS 93, 639, Arnold/Kühl JuS 92, 994, Buchner aaO 121 ff., Frommel aaO 85 f., Grasemann in Weber/Piazolo 68 ff., Polakiewicz aaO 179) fast jeder Fall des „ungesetzlichen Grenzübertritts" als ein „schwerer" und damit als „Verbrechen" iSv 1 III DDR-StGB eingestuft werden konnte, sowie durch die Einbettung dieser Normenkette in die restriktive Ausreisepolitik der DDR, die es für erforderlich hielt, ihren Bürgern mit Hilfe seines in seinem inhumanen Perfektionismus seinesgleichen suchenden Grenzregimes das Recht auf Freizügigkeit weitgehend vorzuenthalten (vgl. BGH **39** 19, **41** 108 f., Herzog NJ 93, 3 f.; für die Zeit vor Inkrafttreten des GrenzG vgl. BGH **39** 366 f., **40** 242 f., **41** 103 ff., LG Neuruppin NStZ **96**, 327 ff. sowie o. 101. Vor diesem Hintergrund ist der gefestigten und iE auch vom BVerfG [u. aE] gebilligten **BGH-Rspr.** – ungeachtet möglicher argumentativer Schwächen (vgl. namentl. Amelung JuS 93, 643, Dreier Arth. Kaufmann-FS 61, Fiedler JZ 93, 206, Günther StV 93, 18 f.), auch hins. der zumindest sinngemäßen Anwendung der „Radbruchschen Formel" (eingeh. dazu Arnold Grünwald-FS 38 ff., Dreier JZ 97, 427, Arth. Kaufmann NJW 95, 81, Saliger aaO, Sprenger NJ 97, 3) – jedenfalls insoweit zuzustimmen, als sie die DDR-Grenz- und Schußwaffenregeln im Lichte der auch von der DDR anerkannten Menschenrechte sieht und entsprechend beschränkt (grdl. BGH **39** 1, 14 ff., 181 ff., 241, **41** 101 ff., vgl. ferner BGH **39** 199, 353, **40** 48 [m. Anm. König JR 94, 339], 218, NStZ **93**, 488, NJW **95**, 2732, 00, 443, NStZ-RR **96**, 324; iE zust. Amelung GA 96, 58, Blumenwitz Kriele-FS 728, Dreier aaO 31, wohl auch Erb ZStW 108, 281, Eser Odersky-FS 339, Fiedler JZ 93, 206, Lackner § 2 RN 16, Spendel RuP 93, 61, wohl auch Schroeder JR 93, 45, Tröndle 52 ff., Wullweber KritJ 93, 49; krit. Ambos JA 97, 988, Arnold in Frankfurter krim.-wiss. Studien 307, Biermann aaO 87 ff., Danecker/Stoffers JZ 96, 493, Gropp NJ 96, 397, Günther StV 93, 18, Herrmann NStZ 93, 188, 487, Luther Bemman-FS 225, Miehe Gitter-FS 656 f., Ott NJ 93, 337, Zielinski aaO; m. diff. Begr. gegen volle Rechtfertigung auch schon LG Berlin JZ **92**, 691 ff., NStZ **92**, 493 f., NJ **94**, 588 m. krit. Anm. Zimmermann; vgl. ferner BGH **41** 14 f., NStZ-RR **96**, 323 zum Schuldausschluß wegen Handelns auf Befehl bei bloßem Körperverletzungsvorsatz sowie LG Magdeburg DtZ **95**, 380 m. zweifelh. Diff. zw. vorsätzl. u. fahrl. Tötung; zum Vorsatz mehrerer Schützen vgl. BGH **41** 150, **42** 363, zum Rücktritt vom Tötungsversuch BGH **41** 10). Soweit hiergegen die tatsächliche Nichtverfolgungspraxis der DDR ins Feld geführt wird, mußte sich diese bereits zur Tatzeit als Teil ihrer publizistischen und daher auch potentiellen Tätern bekannten Praxis ihre nachdrückliche öffentliche Berufung auf Respektierung der Menschenrechte und dabei namentlich des von ihr ratifizierten IPBPR mit der darin garantierten Ausreisefreiheit entgegenhalten lassen, wobei Gleiches im Hinblick auf die Allg. Menschenrechtserklärung v. 1948 auch schon für die Zeit vor Inkrafttreten des IPBPR am 23. 3. 76 (GBl-DDR II 1974 S. 57) zu gelten hat (BGH **40** 241 [m. krit. Anm. Amelung NStZ 95, 29], **41** 105, NJW **95**, 2733). Obwohl daher die etwaige „Rechtfertigungspraxis" der DDR-Staats- und Justizorgane der Strafbarkeit nicht entgegengehalten werden kann, weil das Rückwirkungsverbot grundsätzlich nur für Gesetzes-, nicht aber für nachträgliche Rechtsprechungsänderungen gilt (vgl. § 2 RN 9), ist in Mauerschützenfällen – entgegen kaum durchweg pauschalen Praxis (vgl. etwa BGH **39** 33 ff., NJW **95**, 2729/2732, 2733) – im Einzelfall jeweils genauer die Möglichkeit eines *Verbotsirrtums* zu prüfen und dabei hinsichtlich dessen (Un-)Vermeidbarkeit zwischen den verschiedenen Befehlsrängen zu unterscheiden: Was die Befehlsgeber an der Spitze über die Menschenrechtswidrigkeit des tödlichen Grenzregimes gewußt haben, braucht nicht ohne weiteres dem „einfachen" Befehlsempfänger an der Grenze bewußt gewesen zu sein (näher zu einer die Individualisierung zu ermöglichenden Schuldebene Eser Odersky-FS 339 ff.; diff. jetzt auch BVerfGE **95** 142, BGH NStZ-RR **96**, 324 f.; vgl. ferner Arnold JuS 97, 403, Ebert Hanack-FS 530 f., Miehe Gitter-FS 663 ff., Quaritsch Roellecke-FS 242). Die Zugehörigkeit zu den verschiedenen Befehlsrängen begründet auch eine Differenzierung hinsichtlich der *Tatbeteiligung:* Die Befehlsgeber der politischen und militärischen Führung sind als mittelbare Täter zu strafen (grdl. BGH **40** 218, 236 ff., bestät. von BVerfGE **95** 96; vgl. auch BGH **42** 66 f., NJW **00**, 443; grds. zust. Blumenwitz Kriele-FS 730, iE ebenso Schulz JuS **97**, 111 [„Nötigungsherrschaft"], auch Gropp JuS 96, 16, diff. Ambos JA 97, 989, GA 98, 226, krit. Rotsch NStZ 98, 493, abl. Arnold NJ 97, 119), während die vor Ort zusammenwirkenden Truppenangehörigen Mittäter sein können (so schon BGH **39** 30 f., vgl. ferner BGH **39** 194; **42** 66, NJW **94**, 2708, NJW **95** 2729, aber auch BGH **41** 151: erforderlich ist gemeinsames arbeitsteiliges Vorgehen, bloße Truppenzugehörigkeit reicht nicht aus; diff. insoweit auch BGH **42** 364; bedenkl. LG Neuruppin NStZ-RR **96**, 327). – Die BGH-Rspr. hat iE auch die Billigung des BVerfGE **95** 96 (NJW **97**, 929), NJ **00**, 139, gefunden, wobei dieses in seiner Begründung allerdings nur darauf abstellt, daß das strikte Rückwirkungsverbot des Art. 103 II GG seine rechtsstaatliche Rechtfertigung in der besonderen Vertrauensgrundlage, welche die Strafgesetze tragen, finde, wenn sie von einem an die Grundrechte gebundenen demokratischen Gesetzgeber erlassen werden (aaO 132). An dieser Vertrauensgrundlage fehle es aber, wenn der Träger der Staatsmacht für den Bereich schwersten kriminellen Unrechts die Strafbarkeit durch Rechtfertigungsgründe ausschließe, indem er über die geschriebenen Normen hinaus zu solch schwerstem Unrecht auffordere, es begünstige und so die in der Völkergemeinschaft anerkannten Menschenrechte in schwerwiegender Weise mißachte (aaO 133). Dann müsse nämlich der strikte Schutz von Vertrauen, den Art. 103 II GG gewähre, zurücktreten (diese einseitige Argumentation jedoch – zT mit dem Hinweis auf den Vorbehalt der BRD hinsichtl. Art. 7 II EMRK – zu Recht abl. Albrecht NJ 97, 1, Arnold NJ 97, 115, JuS 97, 402, Biermann aaO 172 ff, Classen GA 98, 215, Dreier JZ 97, 432, Ebert Hanack-FS 529 f., Frisch Grünwald-FS 165 f., Krajewski JZ 97, 1054, Zielinski Grünwald-FS 821, 828; diff. Ambos StV 97, 42; zust. hingegen Starck JZ 97, 147; iE für eine Einschränkung des Art. 103 II GG auch Alexy aaO 21 f., Buchner aaO 265 ff. u. Rosenau aaO 219 ff., noch weitergeh. Nauke aaO 57).

dd) Bei den zwischen den reinen Staatsschutzdelikten einerseits und den Tatbeständen zum Schutz **104** von Individualrechtsgütern andererseits angesiedelten **Strafnormen mit Gemeinschaftsbezug** kann vor allem das Erfordernis der Unrechtskontinuität (o. 96, § 2 RN 24 f.) fraglich sein (vgl. zum Streitstand Höchst JR 92, 363, Liebig NStZ 91, 374 f., Maiwald NJW 93, 1883 f., Samson NJW 91, 338 f., Vormbaum Posser-FS 153). Vergleichsweise unproblematisch sind dabei noch solche Straftatbestände, die gemeinschaftsbezogene Rechtsgüter ohne unmittelbaren inneren Zusammenhang mit der spezifischen staatlichen Verfaßtheit der DDR schützen: Dazu gehören nicht nur gegen Belange des Gemeinwohls gerichtete *Umwelt-* (eingeh. Heine DtZ 91, 427 f.), *Straßenverkehrs-* (Lackner § 2 RN 18) oder *Btm-Delikte* (BGH **38** 3, Tröndle 48 b, Schroeder NStZ 93, 217; ebenso Lackner § 2 RN 24 m. allerdings beachtl. Krit. am Lösungsweg des BGH), sondern zB auch *Steuerhinterziehungen* (Tröndle 48 b, Liebig NStZ 91, 374, Höchst JR 92, 363) und *gewaltsame Widerstandshandlungen gegen Vollstreckungsbeamte* (Arnold/Kühl NJ 92, 479, Tröndle 48 a, Höchst JR 92, 363, 365, Lackner § 2 RN 18, Liebig NStZ 91, 374 f.; and. aber KrG Dresden MDR **91**, 659, Niewerth NJW 73, 1219 f., Vormbaum StV 91, 179; weit. Fallgruppen bei Höchst JR 92, 363, Liebig NStZ 91, 374 f.). Denn da weite Bereiche der Verwaltungs- und Vollstreckungstätigkeit im „SED-Unrechts-Regime" (Art. 17 EV) auch vom rechtsstaatlichen Standpunkt der BRD aus nicht zu beanstanden sind und daher durchaus schützenswert erscheinen (vgl. Tröndle 48 a, Liebig NStZ 91, 375; grds. hierzu Sendler NJ 91, 380 f., ZRP 93, 3 f. mwN), kann aufgrund hinreichender Unrechtskontinuität von fortbestehender Strafbarkeit solcher Alttaten ausgegangen werden (vgl. Höchst JR 92, 363, Lackner § 2 RN 18).

ee) Einen schwer zu beurteilenden Grenzfall stellt die weitere Verfolgbarkeit von **Wahlfälschungen** **105** dar. Während die höchstrichterliche Rspr. die erforderliche Unrechtskontinuität zwischen § 211 DDR-StGB und § 107 BRD-StGB gewahrt sieht (BVerfG NStZ **93**, 432 m. Anm. Lorenz MDR 93, 705, BGH **39** 54 m. Anm. König JR 93, 207, Schroeder NStZ 93, 216; vgl. auch BGH **40** 307 m. Anm. Weber JR 95, 403), wird von Kritikern teils auf die große Diskrepanz zwischen den völlig verschiedenen Staats- und Wahlsystemen hingewiesen, weswegen weder von einem im wesentlichen identischen Unrechtsgehalt noch von einem fortwirkenden Schutzinteresse ausgegangen werden könne (Arnold/Kühl NJ 92, 478 f., ähnl. Liebig NStZ 91, 375), sowie teils der mehr formale Aspekt hervorgehoben, daß § 108 d den Geltungsumfang des Wahlstrafrechts explizit auf bestimmte, im einzelnen aufgezählte Wahlen und Abstimmungen beschränkt (vgl. § 108 d RN 2) und deshalb schon vom Wortlaut her einer Einbeziehung von Wahlvorgängen in der DDR in den Schutzbereich des § 107 a entgegenstehe (Samson StV 92, 142, ihm folg. Lüderssen ZStW 104, 760 f., Arnold/Kühl NJ 92, 480; iE noch weitergeh. Vormbaum Posser-FS 159). Diesen Einwänden wird jedoch von der überwiegenden Auffassung zu Recht entgegengehalten, daß neben der Möglichkeit, den üblichen gemeinsamen Wahlvorschlag der „Nationalen Front" (vgl. § 16 I 2 DDR-WahlG aF) abzulehnen oder aber Stimmenthaltung zu üben (BGH **39** 70, König JR 93, 209, Lackner § 2 RN 20, Laufhütte LK 1 vor § 107, Schroeder NStZ 93, 218; ähnl. Lorenz NStZ 92, 425, Weber GA 93, 207), Schutzgut des § 211 DDR-StGB auch das Recht des einzelnen Bürgers gewesen sei, sein Wahlverhalten im Wahlergebnis realitätsgetreu wiederzufinden (so BezG Dresden NStZ **92**, 440 m. zust. Anm. Höchst JR 92, 433, Bottke in Lampe 229, Tröndle 50, Lorenz NStZ 92, 427 f.). Diese Gewährleistung der den Wählern „verbliebenen rudimentären Elemente freier parlamentarisch-demokratischer Wahlen" (BGH **39** 70) durch § 211 DDR-StGB (hierzu auch BezG Leipzig DtZ **91**, 31) reicht aber durchaus aus, um die erforderliche Kontinuität des Unrechtstyps zwischen DDR- und bundesdeutschen Normen zu bejahen. Gegenteiliges läßt sich auch nicht aus der Legaldefinition des § 108 d (vgl. dort 1) ableiten, da Art. 315 I EGStGB mit seinem ausdrücklichen Verweis auf § 2 gerade bezweckt, den Faktor des naturgemäß beschränkten räumlichen Geltungsbereichs der (alt)bundesrepublikanischen Bestimmungen als für den anzustellenden Normenvergleich von vornherein irrelevant auszuscheiden (BVerfG NStZ **93**, 432, BGH **39** 65 f., **40** 33, Tröndle 50, Heine DtZ 91, 428, Höchst JR 92, 434, Weber GA 93, 206; and. Vormbaum Posser-FS 158).

106   ff) Auch bei den **Rechtspflegedelikten** ist die Kontinuität des Unrechtstyps umstritten, erscheinen doch die Unterschiede zwischen der durch richterliche Unabhängigkeit geprägten bundesdeutschen Rechtspflege einerseits und der in starkem Maße politisch instrumentalisierten Justiz der DDR andererseits (ausf. dazu BGH **40** 35 ff. mwN) als recht gravierend. Zudem kommt gerade bei der besonders stark diskutierten **Rechtsbeugung** die tatbestandliche Divergenz hinzu, daß in § 244 DDR-StGB seit 1968 mehr formal auf die „gesetzwidrige" Entscheidung zugunsten oder zuungunsten eines Verfahrensbeteiligten abgehoben wurde, während § 339 mehr material von der „Beugung des Rechts" zugunsten oder zum Nachteil einer Partei spricht (zu dieser tatbestandl. Abw. eingeh. Brandenburg NJ **94**, 377, Maiwald NJW 93, 1883 f., Roggemann JZ 94, 772 f.; vgl. auch Breymann NStZ 91, 464, Rautenberg/Burges DtZ 93, 72 f.). Gleichwohl wird man auch unter Berücksichtigung dieser Bedenken letztlich von einer Unrechtskontinuität ausgehen können (st. Rspr. seit BGH **40** 39, 174 m. Anm. Hohmann NJ 95, 128, vgl. auch BGH **40** 275 f., **41** 160, 248, 320, **43** 187, NStZ-RR **96**, 66, LG Leipzig NJ **94**, 114, Bemmann JZ 95, 124 f., Tröndle 49 a, Lackner § 2 RN 19, Letzgus Helmrich-FS 78 f., Schroeder in Lampe 112 f., Schulz StV 95, 207 f., Seebode Lenckner-FS 594, Spendel JR 94, 222, Weber GA 93, 207; iE auch Roggemann JZ 94, 772 f.; diff. Höchst JR 92, 363; zw. Heine DtZ 91, 427 f.; and. Hohmann DtZ 96, 232 f., Vormbaum Posser-FS 160). Denn zum einen ist durchaus eine funktionelle Vergleichbarkeit der geschützten Rechtsgüter insofern gegeben, als auch die Rechtspflege in der DDR ungeachtet ihrer vielfältigen externen Beeinflussung zum Zwecke der Durchsetzung der sozialistischen Staatsideologie dazu diente, in Konfliktfällen verbindliche Entscheidungen zu treffen und so für einen friedenstiftenden Interessenausgleich zu sorgen (BGH **40** 39, 176; zust. Schulz StV 95, 208, Spendel JR 94, 222). Und zum anderen sind auch die Wortlautabweichungen zwischen den jeweiligen Straftatbeständen nicht derart gravierend, daß man bereits von „artverschiedenem Unrecht" sprechen müßte (BGH **40** 276, Letzgus Helmrich-FS 82, Maiwald NJW 93, 1884, Rautenberg/Burges DtZ 93, 73), betreffen doch beide trotz der restriktiven DDR-Fassung grundsätzlich vergleichbare Tathandlungen eines im wesentlichen identischen Täterkreises (BezG Potsdam NJ **94**, 87 m. Anm. Rautenberg; insoweit zutr. auch Vormbaum NJ 93, 213). Zu diesem Kreis zählen auch ehem. Militärstaatsanwälte der DDR (BGH **40** 174 ff.; and. Hohmann NJ 95, 130). Vgl. zum Ganzen auch Horskotte u. Spendel in Drobnig aaO 63 ff., 101 ff.

107   Eine weitere Frage ist jedoch, in welchen **Fallkonstellationen** überhaupt die weiteren Voraussetzungen der Rechtsbeugung vorliegen. Dabei ist zunächst zu entscheiden, ob § 339 oder § 224 DDR-StGB anzuwenden ist. Diese Frage läßt sich nicht allgemein, sondern nur im Einzelfall beantworten, denn trotz engerer subjektiver Voraussetzungen des § 244 DDR-StGB kann § 239 aufgrund der restriktiven Auslegung seines objektiven Tatbestands durch den BGH für den Täter günstiger sein (BGH **41** 248; vgl. auch Seebode Lenckner-FS 594; dageg. pauschal auf § 244 DDR-StGB abstell. Tröndle 49 a). Rechtsbeugung kommt danach nur in Betracht, wenn eine bewußte und schwerwiegende Entfernung von Recht und Gesetz vorliegt (§ 339 RN 5 b). Hinsichtlich einer Entscheidung von DDR-Richtern und Staatsanwälten (zur Einbeziehung letzterer krit. Hohmann DtZ 96, 234) kommt einschränkend hinzu, daß sie offensichtlich und in schwerwiegender Art und Weise die Menschenrechte verletzt hat und daher als Willkürakt zu werten ist (BVerfG NStZ **98**, 456 f., BGH **40** 41 f. [m. krit. Anm. Bandel NStZ 94, 439], 169, 179 [abl. Spendel NJW 96, 811], **41** 163 f. [m. abl. Anm. Schroeder NStZ 95, 546], eingeh. **41** 253 ff., vgl. auch BVerfG NJW **98**, 2585, BGH NStZ **97**, 128, NJ **96**, 153, LG Berlin DtZ **93**, 157 f., Dresden NJ **95**, 601, zust. Lehmann NJ 96, 564; diese

Rspr. aus unterschiedl. Gründen abl. Hohmann NJ 95, 131, Spendel JR 94, 223, JR 96, 177, Wassermann Spendel-FS 646 f., Wolf NJW 94, 1390 f.; krit. auch Körtning NJ 99, 3, Meinerzhagen in Weber/Piazolo 134; zusf. Amelung GA 96, 59 u. Weber GA 93, 216), wie namentlich in den Fällen, in denen Straftatbestände „unter Überschreitung des Gesetzeswortlauts oder unter Ausnutzung ihrer Unbestimmtheit" unvertretbar überdehnt wurden (vgl. BGH **41** 261, JZ **98**, 910 [m. krit. Anm. Schroeder], NStZ **98**, 172), verhängte Strafen „in einem unerträglichen Mißverhältnis" zur abgeurteilten Tat standen (vgl. BGH **41** 323 ff., NStZ **96**, 387, **99**, 455, 562, NStZ-RR **97**, 359, **99**, 361, LG Berlin NJ **95**, 211, **97**, 37), oder ein Verfahren unter grober Verletzung prozessualer Garantien bzw. mit dem Ziel der „Ausschaltung des politischen Gegners oder einer bestimmten sozialen Gruppe" durchgeführt wurde (BGH **40** 42 f., **41** 321, **43** 190 f., NJ **99**, 327, NStZ **00**, 91), wobei die Übergänge fließend sind und eine Gesamtbetrachtung der Elemente aller drei Fallgruppen geboten sein kann (BGH NJ **99**, 321 m. krit. Anm. Arnold ebd. 286). Bei einer den vermeintlichen Straftäter begünstigenden Nichtverfolgungsentscheidung ist auf den offensichtlichen Willkürakt abzustellen, der für das Zusammenleben der Menschen ein gewisses Gewicht nach einer Menschenrechtsverletzung entsprechen muß (BGH **40** 181, **43** 191). Es geht der Sache nach also um etwas Ähnliches wie bei der o. 99 ff. behandelten Reichweite der Anerkennung von Erlaubnissätzen (Lackner § 2 RN 19; eingeh. zu dieser argumentativen Verknüpfung Rautenberg/Burges DtZ 93, 71 ff., Schulz StV 95, 210 ff.; vgl. auch LG Berlin NJ **92**, 421), wobei der BGH aber einschränkend darauf abstellt, daß bei der Verhängung und Vollstreckung von Freiheitsstrafen anders als bei der Legalisierung der Tötung unbewaffneter Flüchtlinge unter Abwägung der widerstreitenden Gebote von Gerechtigkeit und Rechtssicherheit kein schlechthin unerträgliches Unrecht vorliege, weil den betroffenen Rechtspositionen nicht die elementare Bedeutung der Unantastbarkeit menschlichen Lebens zukomme. Bei der rechtlichen Würdigung von DDR-Entscheidungen sei weiter zu berücksichtigen, daß es bei der Auslegung der DDR-Gesetze auf die Auslegungsmethoden der DDR, nicht auf die der BRD ankomme (BGH **40** 40 f., 178 f., **41** 260, NStZ **99**, 562, NStZ-RR **96**, 66 ff.; LG Cottbus NJ **99**, 603; iglS Roggemann JZ 94, 775 f., NJ 97, 230 f.; abl. Bemmann JZ 95, 125, Schroeder NJW 99, 91, Spendel NJW 96, 810 f., Wassermann NJW 95, 2965; zur Einflußnahme des OG-DDR ausf. Keppler aaO 21 ff. und 353 ff.). An dieser Rspr. (zusammengefaßt in BGH **44** 275, 298 m. Anm. Schroeder NStZ 99, 620) hält der BGH auch für den Bereich des politischen Strafrechts fest (grdl. BGH **41** 255; zur Auswirkung dieser Rspr. auf die Instanzgerichte vgl. LG Halle NJ **96,** 489; so daß Verurteilungen allein wegen der Anwendung des „Republikfluchtparagraphen" § 213 DDR-StGB (BGH **41** 259, 265, NJ **97**, 376, iE ebenso Bohlander DRiZ 91, 445 f., Bottke in Lampe 228, Letzgus Helmrich-FS 83 ff., Lüderssen StV 91, 486, Rautenberg NJ 94, 89, Rautenberg/Burges DtZ 93, 74 f., Roggemann JZ 94, 777, Schroeder in Lampe 118 f.; diff. Limbach ZRP 92, 172 f., DtZ 93, 69) oder des § 214 DDR-StGB (BGH **41** 265 ff., NStZ **96**, 387, NStZ-RR **96**, 67, NJ **96**, 153, NStZ **98**, 301) ausscheiden, sofern keines jener zusätzlichen Belastungsmerkmale hinzutritt, wie es bei einem Freiheitsentzug aufgrund des § 214 DDR-StGB als Folge bloßer Paßvorlage ausreisewilliger DDR-Bürger aber regelmäßig der Fall sein wird (so schon BGH **41** 274 f., vgl. auch BGH NJW **98**, 2616, NStZ **98**, 301, **99**, 562, **00**, 91, NJW **98**, 2616, NStZ-RR **97**, 359, **98**, 171, NJ **98**, 547, LG Berlin NJ **97**, 37; abl. Seebode Lenckner-FS 615; vgl. auch BGH NJ **00**, 101). Eine letzte Einschränkung gewährt die Rspr. dadurch, daß bei Einklang der Rechtsanwendung mit üblicher Praxis oder mit obergerichtlicher Orientierung in der DDR selbst in Fällen objektiver Rechtsbeugung der direkte Vorsatz gefehlt haben kann (BGH **41** 261, 267, NJ **96**, 152, NStZ **97**, 128, **99**, 245, 562, NStZ-RR **97**, 36, NJ **97**, 36, aber auch BGH **41** 336, NStZ-RR **97**, 360, NJW **98**, 2616). Zum Schuldvorwurf bei Rechtsbeugung durch DDR-Richter u. -Staatsanwälte vgl. Arnold in Baumann/Kury 478.

4. Auch für die **Sanktionierung von Alttaten** sah der EV gewisse *Modifizierungen* der sich aus **108** dem allgemeinen Milderungsprinzip (§ 2) ergebenden Grundsätze vor, und zwar durch **Art. 315 EGStGB** in vierfacher Hinsicht: a) durch **Absehen von Strafe** in Fällen, in denen nach dem zur Tatzeit geltenden DDR-Recht weder eine Freiheitsstrafe noch eine Verurteilung auf Bewährung noch eine Geldstrafe *verwirkt* gewesen wäre (Art. 315 I 1); dies ist vor allem für jene zahlreichen Vergehen bedeutsam, bei denen eine „Beratung und Entscheidung durch ein gesellschaftliches Organ der Rechtspflege" in Betracht gekommen wäre (vgl. §§ 1, 23, 28 DDR-StGB; krit. dazu Eser GA 91, 257 f., vgl. ferner Tröndle 55, Geppert Jura 91, 613, Schneiders MDR 90, 1050); b) durch **Ausschluß der Sicherungsverwahrung und Führungsaufsicht** (§ 315 I 2 EGStGB; vgl. aber o. 79); c) durch Anwendung des *Tagessatzsystems* auf **Geldstrafen** mit gewissen Höchstgrenzen (Art. 315 II EGStGB); sowie d) durch Ermöglichung der **Strafrestaussetzung** wie auch des **Aussetzungswiderrufs** bei Verurteilungen auf Bewährung nach § 33 DDR-StGB und bei Freiheitsstrafen unter vorrangiger Berücksichtigung der lex mitior (Art. 315 III EGStGB), deren Ermittlung im Einzelfall freilich durchaus schwierig sein kann (näher Lackner § 2 RN 31, Siegert NStZ 92, 118; vgl. auch BGH **41** 277, NJW **95**, 2861 f., Celle NdsRpfl. **92**, 241, Brandenburg NJ **94**, 535, NStZ **94**, 510, **95**, 102). In allen Fällen ist jedoch der Grundsatz der strikten Alternativität von StGB und DDR-StGB zu beachten (BGH NJW **95**, 2862).

5. Zudem waren für bestimmte **Verfolgungsvoraussetzungen und -hindernisse** gewisse Über- **109** leitungsregeln erforderlich, um die weitere Verfolgbarkeit bestimmter DDR-Alttaten sicherzustellen.

a) Zu diesem Zweck war insbes. einer politisch unerwünschten **Verjährung von DDR-Alttaten** **110** entgegenzuwirken, wobei sich die vom EV vorgesehene Regelung (Art. 315 a EGStGB) bald als

Vorbem §§ 3–7 111–114   Allg. Teil. Das Strafgesetz – Geltungsbereich

höchst zweifelhaft und unpraktikabel erwies, was den Gesetzgeber zu weiteren, freilich ihrerseits nicht immer glücklichen Korrekturen durch drei VerjährGe (v. 26. 3. 93, BGBl. I 392, v. 27. 9. 93, BGBl. I 1657 bzw. v. 22. 12. 97, BGBl. I 3223) veranlaßte. Im einzelnen ist folgendes anzumerken:

111 aa) Soweit Taten nach DDR-Recht **unverjährbar** waren, verbleibt es durch Fortgeltung des § 84 DDR-StGB (EV II B III C I Nr. 1) weiterhin dabei. Da diese Vorschrift freilich nur für „Verbrechen gegen den Frieden, die Menschlichkeit und die Menschenrechte und Kriegsverbrechen" gilt, kommt ihr für die Beurteilung von DDR-Alttaten nur marginale Bedeutung zu (vgl. Braunschweig NStZ **92**, 184, LG Berlin DtZ **92**, 335, Geiger JR **92**, 398 ff., Klein ZRP **92**, 213, Lemke/Hettinger NStZ **92**, 22, Müller ZStW 103, 903 f., Schmidt NStZ **95**, 264; abw. jedoch König NStZ **91**, 571, NStZ **92**, 187 u. Vultejus StV **92**, 606 f., die von einem größeren Anwendungsbereich ausgehen; offenlass. BGH **40** 119; vgl. auch Jähnke LK § 78 c RN 38). Zur Unverjährbarkeit von Mord vgl. u. 115.

112 bb) Im übrigen ist als **Grundregel** nach Art. 315 a EGStGB in der (Ursprungs)Fassung des EV (EV I B III C II Nr. 1 c) davon auszugehen, daß für die **nach DDR-Recht** zu beurteilenden Straftaten (o. 96), die am 3. 10. 1990 *noch nicht verjährt* waren, die Verfolgungsverjährung als an diesem Tage unterbrochen gilt und eine neue Frist nach Maßgabe der §§ 78 ff. unter Beachtung der sog. absoluten Verjährung (§ 78 c III 2) zu laufen begann (vgl. BGH NStZ **98**, 36, Naumburg NStZ **98**, 411, LG Berlin NJ **95**, 381, Geiger JR **92**, 398, Heuer/Lilie DtZ **93**, 354, Jähnke LK § 78 c RN 43, König NStZ **91**, 566 f., Lemke/Hettinger NStZ **92**, 22, Letzgus NStZ **94**, 57 f., Riedel DtZ **92**, 164, Tröndle/Fischer 9 vor § 78; zT restriktiver Küpper/Wilms ZRP **92**, 96, Schneiders MDR 90, 1051, hiergegen aber BGH **39** 356 f., Bottke in Lampe 235). Wenn man die Verlängerung noch nicht abgelaufener Verjährungsfristen grds. für zulässig hält (dazu § 2 RN 6 f. mwN), handelt es sich um eine verfassungsrechtlich unbedenkliche Regelung (so auch BGH **39** 357). Umgekehrt folgt daraus, daß in Übereinstimmung mit anerkannten rechtsstaatlichen Grundsätzen (vgl. nur Jähnke LK § 78 c RN 47, Jescheck/Weigend 911 f.) nach DDR-Recht bereits verjährte Straftaten auch nach dem Beitritt nicht mehr verfolgt werden können (BGH **43** 125, aber auch **43** 2; vgl. ferner Naumburg NJ **93**, 425, Bottke in Lampe 235 f., Geiger JR **92**, 398, Heuer/Lilie DtZ **93**, 354, König NStZ **91**, 567, Kuhlen/Gramminger JuS **93**, 39, Lemke/Hettinger NStZ **92**, 22, Letzgus NStZ **94**, 57, Tröndle/Fischer 9 vor § 78).

113 cc) Da es hiernach für die weitere Verfolgbarkeit von Straftaten, die nicht bereits vor dem 3. 10. 90 vom bundesdeutschen Strafrecht erfaßt waren, zunächst ausschließlich auf die Verjährung nach dem Recht der DDR ankommt (vgl. Krehl DtZ **92**, 14 f.), stellt sich insbes. für weiter zurückliegende und aus politischen Gründen nicht geahndete Handlungen die Frage, inwieweit man von einem **Ruhen der Verjährung** „aus gesetzlichem Grunde" nach § 83 Nr. 2 DDR-StGB bzw. § 69 I 1 aF ausgehen

114 kann. Dies wird – zT unter Berufung auf die entsprechende Rspr. zu NS-Verbrechen (BVerfGE **1** 418, BGH **18** 367, NJW **62**, 2309; hierzu auch § 78 b RN 5) – weithin für möglich gehalten (vgl. BVerfG NStZ **98**, 456, BGH **40** 55 f., 113 m. zust. Anm. König JR **94**, 339, **41** 76 ff. [m. krit. Anm. Widmaier NStZ **95**, 364 f.], 248, 320, KG NStZ **93**, 240 f., Naumburg NJ **93**, 424, NJ **96**, 208, LG Dresden NStZ-RR **97**, 200 f. [zum Endpunkt des Ruhens], Geiger JR **92**, 400 f., Heitmann NJW **92**, 2181 f., Kinkel JZ **92**, 488, König NStZ **91**, 570 f., NStZ **92**, 186, Kramer NJ **92**, 235 f., Krehl DtZ **92**, 15, Lemke/Hettinger StV **91**, 422 f., NStZ **92**, 22, Letzgus Helmrich-FS 88 ff., Liebig NStZ **91**, 374, Riedel DtZ **92**, 166 f., Sauter DtZ **92**, 170, Schaefgen RuP **92**, 200, Tröndle GA-FS 243 f., Weber GA **93**, 208; zw. Breymann NStZ **91**, 465; dag. aber hins. minderer Kriminalität Jena NJ **97**, 268; and. auch Küpper JuS **92**, 725, Küpper/Wilms ZRP **92**, 96, Roggemann DtZ **93**, 15). Dagegen werden jedoch Einwände vorgebracht, die zumindest teilweise durchaus gewichtig sind (s. auch Eser/Arnold NJ **93**, 251 f. mwN). So ist zum einen die in Bezug genommene Rspr. bei näherer Betrachtung durchaus nicht eindeutig (ausf. Grünwald StV **92**, 334 f., Pieroth/Kingreen NJ **93**, 388 f.; and. König JR **94**, 339). Zum anderen leidet diese Auffassung an dem Grundwiderspruch, daß der „Führer"- bzw. „Parteiwille" im Hinblick auf das Rückwirkungsverbot zwar nicht als strafbarkeitsausschließendes „Gesetz" anerkannt, ihm aber andererseits hinsichtlich der Verjährung doch wieder normative Wirkung zugesprochen wird (zutr. LG Berlin DtZ **92**, 336, Bottke in Lampe 238, Grünwald StV **92**, 335 f., Jakobs NStZ **94**, 333, Pieroth/Kingreen NJ **93**, 389, Schroeder ZRP **93**, 245; vgl. auch Roesen NJW **64**, 134; dieser – auch von Geiger JR **92**, 401 als einem Vertreter dieser Auffassung – Widerspruch erscheint auch durch den Verweis von BGH **40** 118, König JR **94**, 339 f. u. Jähnke LK § 78 c RN 48 auf die insoweit kaum relevante Wesensverschiedenheit von materiellem Recht u. Verjährungsregelung nicht behoben). Schließlich ist auch die These von der Übertragbarkeit jener Rspr. auf die entsprechenden DDR-Normen jedenfalls nicht unproblematisch (offengelass. von Naumburg NJ **96**, 208, vgl. auch LG Berlin DtZ **92**, 336, Bottke in Lampe 237 f., Breymann NStZ **91**, 465, Eser/Arnold NJ **93**, 252, Grünwald StV **92**, 335 f., Pieroth/Kingreen NJ **93**, 389 f.; and. König JR **94**, 340, Jähnke LK § 78 c RN 48, Schroeder ZRP **93**, 245, Tröndle/Fischer 11 vor § 78), zumal in der DDR selbst ein derartiges Ruhen der Verjährung während der NS-Zeit gerade nicht aus §§ 83 Nr. 2 DDR-StGB bzw. § 69 I 1 aF hergeleitet wurde (dazu Geiger JR **92**, 400 f., Heuer/Lilie DtZ **92**, 355 f.). Ein Ruhen der Verjährung ließe sich daher allenfalls insoweit begründen, als ein durch faktische Nichtverfolgung hervorgerufener „Stillstand der Rechtspflege" nach überpositiven Maßstäben nicht hingenommen werden kann (vgl. Klein ZRP **92**, 213, Schroeder ZRP **93**, 245, Starck VVDStRL 51, 31 sowie zu NS-Verbrechen Jähnke LK § 78 b RN 9).

Diese Fragen wurden durch das (1.) VerjährG (o. 110) insoweit klargestellt, als für die Zeit vom **115** 11. 10. 49 – 2. 10. 90 ein **Ruhen der Verjährung** für die Fälle vorgesehen ist, in denen entsprechend dem Willen der Staats- und Parteiführung „aus politischen oder sonst mit wesentlichen Grundsätzen einer freiheitlichen rechtsstaatlichen Ordnung unvereinbaren Gründen" keine Strafverfolgung stattfand; zur (nur deklaratorischen) Bedeutung dieser Vorschrift vgl. u. 119, zu ihren einzelnen Voraussetzungen vgl. § 78 b RN 9 a. Zu dieser Hinausschiebung des Verjährungseintritts ist eine weitere **Verlängerung der Verjährungsfrist** hinzugekommen, indem nach einem durch das 2. VerjährG (o. 110) dem Art. 315 EGStGB angefügten Abs. 2 zum einen Taten, die vor dem 31. 12. 92 im Beitrittsgebiet begangen wurden und mit höchstens 1–5 Jahren Freiheitsstrafen bedroht sind, frühestens Ende 1997, und zum anderen Taten, die vor dem 2. 10. 90 begangen und mit Freiheitsstrafe bis zu 1 Jahr oder Geldstrafe bedroht sind, frühestens Ende 1995 verjähren (zu den einzelnen Voraussetzungen vgl. u. § 78 RN 9 a). Ferner wurden in dem (ebenfalls durch das 2. VerjährG neu eingefügten) Art. 315 a III EGStGB Tötungen nach § 112 DDR-StGB, die ein Mordmerkmal des § 211 II erfüllen, gleichermaßen für unverjährbar erklärt wie nach § 78 II 2. Alt. (vgl. BT-Drs. 12/5637 S. 4 f.). Inzwischen hat das 3. VerjährG (o. 110) die Frist für die in Art. 315 a II erfaßten Taten erneut **bis zum 2. 10. 2000** verlängert.

dd) Ist eine **Alttat nach DDR- und BRD-Recht** strafbar (o. 89), so erweist sich das Verhältnis von **116** Art. 315 a zu Art. 315 IV EGStGB in den Fällen als problematisch, in denen ein bundesdeutscher Strafanspruch bereits verjährt war, während ein gleichzeitig begründeter Strafanspruch der DDR – ggf. aufgrund der „Ruhenskonstruktion" (o. 113) – im Zeitpunkt des Beitritts noch bestand und somit noch verwirklicht werden könnte. In solchen Fällen eines „*doppelten Strafanspruchs*" soll wegen des „Anwendungsvorrangs" des bundesdeutschen Strafrechts (o. 89) nach einem Teil der Lit. ein Rückgriff auf den normalerweise nachgeordneten, aber noch unverjährten Strafanspruch der DDR dann nicht mehr möglich sein (Grünwald StV 92, 336 f., Jakobs NStZ 94, 333 f., Kinkel DRiZ 91, 464, Lackner § 2 RN 27, Lemke/Hettinger NStZ 92, 24, Pieroth/Kingreen NJ 93, 390, Renzikowski JR 92, 372 f.; zw. auch Otto Jura 94, 612 f.). – Gegen eine derartige exklusive Priorität des Art. 315 IV **117** EGStGB sprechen jedoch sowohl die systematische Stellung von Art. 315 a EGStGB als verjährungsbezogene lex specialis (BVerfG NStZ **98**, 456, BGH **40** 56 f., 115, KG NStZ **92**, 542, Geiger JR 92, 398, Jähnke LK § 78 c RN 53, Riedel DtZ 92, 167) als auch der Sinn und Zweck des einigungsvertraglichen Regelungsgefüges, eine ungerechtfertigte Besserstellung von DDR-Tätern möglichst zu vermeiden. Dem läßt sich auch kein schutzwürdiges Vertrauensinteresse der betroffenen Tätergruppe entgegensetzen, ist doch nicht recht einzusehen, warum ausgerechnet bei den Taten, die *zusätzlich* bereits vor dem 3. 10. 90 bundesdeutschem Strafrecht unterfielen, trotz ihrer Nichtverjährung nach DDR-Recht eine weitere Strafverfolgung nur deshalb mit dem Beitritt unmöglich geworden sein soll, weil der entsprechende bundesdeutsche Strafanspruch bereits verjährt war (so iE auch BGH **40** 48 [m. abl. Anm. Jakobs NStZ 94, 332], 115, KG NStZ **92**, 542 f., Geiger JR 92, 402, Jähnke LK § 78 c RN 53, König NStZ 92, 186 f., Riedel DtZ 92, 167 f., Sauter DtZ 92, 171, Schaefgen RuP 92, 200, Schroeder ZRP 93, 246, Tröndle GA-FS 244 ff.). – Auch dieses Problem wurde durch das **118** (1.) VerjährG (o. 110) insoweit klargestellt, als Art. 315 a EGStGB für *noch nicht verjährte* DDR-Straftaten (o. 111 f.) auch dann für anwendbar erklärt wird, wenn „für die Tat vor dem Wirksamwerden des Beitritts auch das Strafrecht der BRD gegolten hat".

Die VerjährGe sind allerdings nicht ohne **Kritik** geblieben (vgl. insbes. Schünemann Grünwald-FS **119** 667 ff. mwN). Zwar wird man den 1. VerjährG keine bewußt *konstitutive* (und damit rechtsstaatswidrige) Wiedereröffnung bereits abgelaufener Verjährungsfristen (daher überzogen die Kritik von Buchholz DuR 93, 61 ff.), sondern lediglich eine *deklaratorisch* die geltende Rechtslage untermauernde Absicht entnehmen dürfen (BT-Drs. 12/3080 S. 7, 9; vgl. auch BGH **40** 58 f., 115, NJW **95**, 2729, Jena NJ **97**, 267, Naumburg NJ **93**, 425, LG Leipzig NJ **94**, 115, Heuer/Lilie DtZ 93, 355, König JR 94, 339, Letzgus NStZ 94, 58 f., Helmrich-FS 89, Riedel DtZ 92, 169, Tröndle vor I vor § 78; and. offenbar Bohnert Jura 94, 458). Das ist jedoch keineswegs selbstverständlich, da etwaige Zweifel an der Ruhensthese (o. 114) zwangsläufig auch zu Zweifeln am bloß deklaratorischen Charakter des Gesetzes führen (Grünwald StV 92, 336, Jakobs NStZ 94, 334, Pieroth/Kingreen NJ 93, 388 ff.). Aber selbst wenn man das (1.) VerjährG sachlich für richtig hält, drängt sich doch die Frage auf, welchen Sinn ein rein deklaratorisches Gesetz ohne eigenständige Regelungsgehalt haben sollte (zu Recht krit. Pieroth/Kingreen NJ 93, 388; vgl. auch Jähnke LK § 78 c RN 47). Auch das 2. VerjährG ist jedenfalls insoweit rechtspolitischen und möglicherweise auch verfassungsrechtlichen Bedenken ausgesetzt, als es infolge seiner Geltungsbegrenzung auf Tatorte im Beitrittsgebiet entgegen allen Vereinheitlichungsbestrebungen zu einer neuerlichen Rechtsspaltung und dabei im Einzelfall zu einer kaum mehr nachvollziehbaren rechtlichen Ungleichbehandlung je nach bewertender Sachverhalte führt (vgl. Lemke NJ 93, 532 f.; krit. auch Heuer/Lilie DtZ 93, 356 f., Jordan NJ 96, 296; zur prakt. Bedeutung Lemke NJ **95**, 238 f.). Mit der bloßen Anknüpfung an das Strafmaß ohne Eingrenzung auf eine politische Motivation (and. noch Bündnis 90/Die Grünen-E BT-Drs. 12/5628) einerseits und der auf die sog. „Vereinigungskriminalität" abzielenden Ausdehnung des betroffenen Begehungszeitraums bis Dezember 1992 bei der mittleren Kriminalität (BT-Drs. 12/5701 S. 6, Letzgus NStZ 94, 61 ff.) andererseits ist zudem der Bezugsrahmen des „SED-Unrechts" verlassen (Lemke NJ 93, 531 f.). Dies gilt erst recht für die nochmalige Verlängerung durch das 3. VerjährG, zumal am Erfolg weiterer Strafverfahren ernste Zweifel angebracht sind (vgl. Tröndle/Fischer 17 vor § 78; krit. auch Braun NJ 98, 75).

Vorbem §§ 3–7 120–124   Allg. Teil. Das Strafgesetz – Geltungsbereich

120 b) Als weitere verfolgungserhebliche Überleitungsregel ist für ein etwaiges **Strafantragserfordernis** des StGB vorgesehen, daß es auch für vor dem 3. 10. 90 in der DDR begangene Straftaten (Art. 315 b idF des EV I B III C II Nr. 1 c) gilt, wobei die Antragsfrist frühestens am 31. 12. 90 endete (S. 5). War auch nach DDR-Recht bereits ein Strafantrag erforderlich, so bleibt es dabei (S. 2), wobei ein bereits vor dem DDR-Beitritt gestellter Antrag seine Wirksamkeit behielt (S. 3) bzw. eine bis zu diesem Zeitpunkt bereits abgelaufene Strafantragsfrist nicht mehr auflebt (S. 4; verkannt von AG Chemnitz NJ **97**, 94 m. abl. Anm. Rautenberg).

121 6. Während die vorgenannten Überleitungsbestimmungen, weil für jede der betroffenen Tatbestände und Strafdrohungen geltend, allgemeiner Natur sind, gibt es zudem auch noch mehr spezifische Fortgeltungsregeln für bestimmte Tatbestände und/oder Strafverfahren, wobei diese Sonderregeln teils rehabilitierenden Charakter haben, teils aber auch die weitere Verfolgbarkeit bestimmter Straftaten sichern sollen. So soll der **Rehabilitierung** vor allem die (in EV II B III C I Nr. 2 angeordnete) Fortgeltung des § 8 des 6. DDR-StÄG (o. 75) dienen, durch den die weitere Verwirklichung von Strafen gesperrt wurde, die für gleichzeitig abgeschaffte Straftatbestände verhängt worden waren. Davon waren vor allem die bis zur Wende ungemein häufig angewendeten Straftatbestände der Republikflucht (§ 213 DDR-StGB), der Verletzung von Aufenthaltsbeschränkungen (§ 238 DDR-StGB) und des asozialen Verhaltens durch Arbeitsscheu (§ 249 DDR-StGB) betroffen (vgl. Reuter NJ 90, 190). Mit gleicher Tendenz wurde durch den weiterhin fortgeltenden § 9 des 6. DDR-StÄG eine Reihe von Maßnahmen aufgehoben, mit denen Rechte der Betroffenen teils exzessiv eingeschränkt werden konnten. Weitere auf Wiedergutmachung früheren Staats- und Justizunrechts gerichtete Vorschriften finden sich in Art. 17, 18 EV iVm EV II B III C I Nr. 2 zum RehaG v. 6. 9. 90 (GBl. I 1459), in den Überleitungsbestimmungen für anhängige Verfahren in EV I B III A III Nr. 14 sowie im Strafrechtl. Rehabilitierungsgesetz (StrRehaG) v. 29. 10. 92 (BGBl. I 1814); hierzu Bruns/Schröder/Tappert, Komm. z. StrRehaG (1993), ferner KG NJ **96**, 40, LG Berlin DtZ **96**, 155, Richter NStZ 93, 174. Ergänzt wird die Regelung des StrRehaG inzwischen durch das Ges. z. Verbess. rehabilitationsrechtl. Vorschriften v. 1. 7. 97 (BGBl. I 1609), das insbes. die Antragsfrist nach dem StrRehaG bis zum 31. 12. 99 verlängert. Zum Vertrauensschutz bei DDR-*Amnestien* vgl. BVerfG NStZ **95**, 205 m. Anm. Alex 615 u. Lemke NStZ 95, 198, BGH DtZ **96**, 393, Miehe Gitter-FS 648 f.

122 7. Umgekehrt soll durch Aufrechterhaltung von § 10 des 6. DDR-StÄG (EV II B III C I Nr. 2) ermöglicht werden, bei bestimmten volkswirtschaftsschädlichen Tatbeständen ein bei Inkrafttreten des 6. DDR-StÄG (dh am 1. 7. 90) **eingeleitetes Strafverfahren weiterzuverfolgen**. Zu diesen insoweit weiterhin anwendbaren (obgleich ansonsten abgeschafften) Tatbeständen, wie sie namentlich bestimmten Mitgliedern der früheren Staats- und Parteiführung angelastet werden, gehören der Vertrauensmißbrauch (§ 165 DDR-StGB), die Wirtschaftsschädigung durch Beeinträchtigung von Produktionsmitteln und anderen wirtschaftsdienlichen Sachen (§ 166 DDR-StGB), die Wirtschaftsschädigungsdelikte der §§ 167–171 DDR-StGB, die Spekulation (§ 173 DDR-StGB) sowie die Beeinträchtigung staatlicher und gesellschaftlicher Tätigkeit (§ 214 DDR-StGB in der bis zum 6. DDR-StÄG geltenden Fassung; zu dieser Bestimmung krit. Lüderssen ZStW 104, 761 f., Karpenstein JuS 91, 1008 f.). – Bei der weiteren Verfolgung ist freilich folgendes zu beachten: Während sich
123 die *Strafbarkeit* nach den bisherigen DDR-Tatbeständen bestimmt, treten auf der *Sanktionsseite* aufgrund der in Art. 315 c EGStGB (EV I B III C II Nr. 1 c) vorgesehenen Anpassung der Strafdrohungen an die Stelle der bisherigen DDR-Strafdrohungen die des StGB, mit der Folge, daß anstelle des vielfältigeren Sanktionsinstrumentariums des DDR-Strafrechts (vgl. §§ 23 ff. DDR-StGB, Lehrbuch 309 ff.; ferner Eser/Arnold NJ 93, 294 mwN) nur noch Freiheits- und Geldstrafe in Betracht kommen. Immerhin sollte aber bei verbrecherischem Vertrauensmißbrauch (§ 165 iVm § 1 III DDR-StGB) eine Vermögenseinziehung nach § 57 DDR-StGB zunächst weiterhin zulässig sein (§ 10 S. 2 des 6. DDR-StÄG), wobei es sich aber um eine sanktionsstaatlich gerade besonders problematische Sanktion handelte (vgl. Eser, Die strafrechtlichen Sanktionen gegen das Eigentum (1969) 1 ff., 13 ff., 103 ff., 187 ff., 194 f.). So löblich und politisch verständlich es daher auch sein mag, schweren Mißbrauch von Staatsmacht durch die ehemaligen DDR-Spitzen strafrechtlich nicht unsanktioniert zu lassen, darf dieses Ziel doch nicht mit ihrerseits rechtsstaatswidrigen Mitteln verwirklicht werden. Gleiches gilt für die vielfach geäußerten verfassungsrechtlichen Bedenken gegen die Fortgeltung von § 10 S. 1 des 6. DDR-StÄG. Selbst wenn der Vorwurf eines unzulässigen „Einzelfallgesetzes" (so LG Berlin DtZ **91**, 218 f., NJ **92**, 176, Geppert Jura 91, 614, Grünwald StV 91, 32, Karpenstein JuS 91, 1007 f.) letztlich nicht durchschlagen sollte (Baumann NStZ 94, 546), so wurden doch jedenfalls keine überzeugenden Sachgründe ersichtlich, welche die durch § 8 und § 10 dieses Gesetzes bewirkte Benachteiligung der am 1. 7. 90 entdeckten, aber noch nicht rechtskräftig verurteilten Täter einerseits bei gleichzeitiger Privilegierung der bereits rechtskräftig Verurteilten (deren Strafen nach § 8 I nicht weiter verwirklicht werden) und der am Stichtag noch nicht Entdeckten andererseits vor dem Willkürverbot des Art. 3 I GG rechtfertigen könnten (vgl. neben den Vorgen. auch Luther DtZ 91, 434, Schneiders MDR 90, 1053 sowie – mit zusätzl. Einwänden – Classen JZ 91, 719, Karpenstein JuS 91, 1008 f., Peter/Volk JR 91, 89 ff.; für Verfassungswidrigkeit auch Tröndle 31, vorsichtiger Lackner § 3 RN 5, offenlass. Gribbohm LK § 2 RN 63; and. aber LG Rostock NJ **93**, 426, Baumann NStZ 94, 546, Laufhütte LK 38 vor § 80 bei FN 7).

124 8. Für die **Rechtshilfe in Strafsachen,** die wegen des umstrittenen außenpolitischen Verhältnisses zwischen der BRD und der DDR nicht über das Ges. ü. die internat. Rechtshilfe in Strafsachen

(IHG), sondern über ein besonderes Ges. ü. die innerdt. Rechts- u. Amtshilfe in Strafsachen (RHG) abgewickelt wurde, aber dennoch mannigfaltige Probleme offenließ (vgl. 23. A. RN 71 sowie zuletzt noch Stuttgart NJW **90**, 197), galt das RHG zum Zwecke der Abwicklung anhängiger Verfahren noch beschränkt weiter (vgl. EV I B III C I Nr. 2, II Nr. 5 sowie BT-Drs. 11/7817 S. 52). Nunmehr sind auf Straftaten, die in einem der neuen Bundesländer begangen werden, die gleichen Rechts- und Amtshilferegeln anwendbar wie in den alten Bundesländern (§ 156 ff. GVG).

§ 3 Geltung für Inlandstaten

Das deutsche Strafrecht gilt für Taten, die im Inland begangen werden.

Schrifttum: Vgl. die Angaben zu 1, 63 vor § 3.

I. Durch diese Vorschrift wird der **Territorialgrundsatz** (4 vor § 3) zum Haupt- und Ausgangsprinzip des IStR der BRD erhoben (zur Gesetzgebungsgeschichte vgl. Eser Jescheck-FS II 1362 ff.). Alle nachfolgenden, auf andere Anknüpfungsgründe abstellenden Regeln (§§ 4–7) haben lediglich den Zweck, den Anwendungsbereich des deutschen Strafrechts auch auf solche Taten zu erstrecken, die durch den auf Inlandstaten beschränkten Gebietsgrundsatz nicht erfaßt wären, die aber entweder zum „Selbstschutz des Staates" und seiner Bürger oder im Interesse „internationaler Solidarität der Staaten" erfaßt werden sollten (vgl. 11 vor § 3). – Mit dieser Abkehr von dem 1940 eingeführten aktiven Personalprinzip, das sich zwar auch aus dem Gedanken internationaler Solidarität bei der Verbrechensbekämpfung erklären läßt (vgl. 6, 11 vor § 3), bei uneingeschränkter Verwendung aber unverkennbar auch auf der Überbetonung nationaler Treupflicht gegenüber dem Heimatstaat beruht (vgl. Oehler IStR 142 ff., 443 ff. sowie 11 vor § 3), findet das deutsche IStR zu einem Grundsatz zurück, der durch grds. Beschränkung des Strafhoheitsanspruchs auf das *eigene Staatsgebiet* nicht nur im Zuge eines restriktiveren Souveränitätsdenkens liegt, sondern auch der Tatsache Rechnung trägt, daß infolge verstärkter grenzüberschreitender Mobilität der Bevölkerung Loyalitätskonflikte zwischen Heimatrecht und Gastlandrecht sehr viel häufiger auftreten können. Mit Rücksicht darauf soll der Einzelne nach dem ihm jeweils nächsten Recht, nämlich dem seines Gastgeberlandes, leben können (vgl. E 62 Begr. 105). Daher zu einseitig die Zielbeschreibung des Territorialprinzips auf den Selbstschutz des Staates beschränkend Schlüchter Oehler-FS 309.

II. Die Anwendbarkeit des deutschen Strafrechts hat nach dem Gebietsgrundsatz lediglich zur Voraussetzung, daß die **Tat im Inland begangen** wird.

1. Über das als **Inland** zu verstehende Gebiet vgl. 26 ff. vor § 3. Unter **Tat** ist eine täterschaftliche Begehung zu verstehen, da sonst § 9 II 2 überflüssig wäre (Mitsch Jura 89, 194; and. Gribbohm LK 6). Ob sie im Inland **begangen** ist, bestimmt sich nach § 9; näher dort RN 4 ff.

2. **Unerheblich** ist die **Staatsangehörigkeit** des Täters. Daher werden auch die Inlandstaten von *Ausländern* (vgl. 4 vor § 3) ohne jeden Vorbehalt bereits nach dieser Vorschrift erfaßt (Köhler 103).

3. Unter dem auf Inlandstaten anwendbaren **deutschen Strafrecht** ist die *Gesamtheit aller Normen* der BRD und ihrer Länder zu verstehen, welche die Voraussetzungen und Folgen rechtswidriger Taten iSv § 11 I Nr. 5 regeln, also einschließlich etwaiger Rechtfertigungs-, Schuld- oder Strafausschließungsgründe (Lemke NK 5; vgl. auch Köln MDR **73**, 688, wo jedoch der prozessuale Inzidentcharakter des Festnahmerechts verkannt wird; vgl. Blei JA 73, 170 sowie 23 vor § 3).

III. Zur partiellen **Exemtion der Exterritorialen** vgl. 38 ff. vor § 3.

§ 4 Geltung für Taten auf deutschen Schiffen und Luftfahrzeugen

Das deutsche Strafrecht gilt, unabhängig vom Recht des Tatorts, für Taten, die auf einem Schiff oder in einem Luftfahrzeug begangen werden, das berechtigt ist, die Bundesflagge oder das Staatszugehörigkeitszeichen der Bundesrepublik Deutschland zu führen.

Vorbem. Sprachl. neugefaßt durch das 11. LuftVÄndG v. 25. 8. 98 (BGBl. I 2432).

Schrifttum: Jescheck, Die an Bord von Luftfahrzeugen begangenen Straftaten (usw.), Sonderheft der ZStW zum 7. Intern. Strafrechtskongreß, 1957, 195. – *Mankiewicz,* Die Verfolgung der in einem Luftfahrzeug begangenen Straftat, GA 61, 193. – *Mettgenberg,* Die Geltung der dt. Strafrechts im dt. Seebereich u. im dt. Luftraum, DJ 40, 641. – *ders.,* Internat. Strafrecht auf See, ZStW 52, 802. – *Rudolf,* Anwendungsbereich u. Auslegung von § 5 StGB, NJW 54, 219. – *Schnorr von Carolsfeld,* Straftaten in Flugzeugen, 1965. – *v. Weber,* Internat. Luftstrafrecht, Rittler-FS 111. – *Wille,* Die Verfolgung strafbarer Handlungen an Bord von Schiffen u. Luftfahrzeugen, 1974. – *Zlataric,* Erwägungen zum Abk. über strafbare Handlungen an Bord von Luftfahrzeugen, Grützner-GebG 160. Vgl. ferner die Angaben zu 1 vor § 3.

I. Durch das dieser Vorschrift zugrundeliegende **Flaggenprinzip** soll iSd *Schutzprinzips* sichergestellt werden, daß jeder, der sich einem deutschen Schiff oder Luftfahrzeug anvertraut, den deutschen Strafrechtsschutz soll in Anspruch nehmen können, gleich, ob der Angriff von einem Deutschen oder Ausländer herrührt (vgl. E 62 Begr. 109; zum weitgeh. inhaltsgleichen Vorläufer in § 5 aF vgl. 24. A. RN 2). Dies geschieht dadurch, daß die auf einem derartigen Fahrzeug begangene Tat genauso behandelt wird, als sei sie im Inland begangen (vgl. 5 vor § 3). Völkerrechtliche Bedenken hiergegen

§ 4 3–10

können auch aus Art. 25 GG nicht erhoben werden (vgl. Jescheck ZStW 69, 202, Kunig/Uerpmann Jura 94, 193 f., aber auch Rudolf NJW 54, 220).

3 **II.** Das Flaggenprinzip findet auf **Schiffe** und **Luftfahrzeuge** Anwendung, die zur Führung der **Bundesflagge** bzw. des Staatszugehörigkeitszeichens der Bundesrepublik berechtigt sind.

4 1. Ob es sich bei dem **Schiff** um ein See- oder Binnenschiff handelt, ist gleichgültig. Befindet es sich in Seenot, so gilt § 4 auch für das Wrack, die Rettungsboote oder Flöße (Rietzsch DJ 40, 565). Auch zwischen Staats- oder Privatschiffen ist kein Unterschied zu machen, nachdem die auch hier früher vertretene Lehre von einer fiktiven Erweiterung des Staatsgebietes auf Kriegs- und Staatsschiffe als „wandelnden" oder „schwimmenden Gebietsteilen" (vgl. Mettgenberg ZStW 52, 823, 825, Rudolf NJW 54, 219) mit der Entwicklung des Völkerrechts kaum mehr vereinbar ist (vgl. Dahm/Delbrück/Wolfrum, Völkerrecht[2], I (1989), 317, 475 f., v. Münch, Intern. Seerecht (1985) 82, ferner Oehler IStR 313 f., Rogall KK-OWiG § 5 RN 3, Wille aaO 28 ff.). Demzufolge ergibt sich bei einem in fremden Gewässern liegenden deutschen Schiff die Anwendbarkeit des deutschen Strafrechts nicht bereits aus § 3, sondern erst aus § 4, mit der Folge, daß damit die Strafgewalt des Aufenthaltsstaates konkurrieren kann (dazu 60 f. vor § 3). Soweit es sich jedoch um ein deutsches *Kriegs-* oder *Staatsschiff* handelt, wird es nach völkerrechtlicher Praxis idR von der Strafgewalt des ausländischen Aufenthaltsstaates befreit sein (vgl. Dahm/Delbrück/Wolfrum aaO sowie 31 vor § 3).

5 Im Unterschied zu § 5 aF muß das Schiff kein „deutsches", sondern lediglich **zur Führung der Bundesflagge berechtigt** sein. Durch diese Verweisung auf das FlaggenRG v. 8. 2. 51 (BGBl. I 79, III 9514-1) ist klargestellt, daß nicht nur Schiffe deutscher Eigentümer, sondern auch solche, die in der BRD gebaut (§ 10 FlaggenRG) bzw. von einem deutschen Ausrüster gechartert worden sind (§ 11 FlaggenRG), unter § 4 fallen (Gribbohm LK 15 ff.). Dagegen werden Schiffe, deren Berechtigung zur Führung der Bundesflagge nach § 7 IV FlaggenRG nicht ausgeübt werden darf (wie seinerzeit bei DDR-Schiffen), durch § 4 nicht erfaßt (vgl. BT-Drs. 7/550 S. 207, Gribbohm LK 32). Schiffe, die die Bundesflagge nicht führen bzw. zu deren Führung nicht berechtigt sind, sind als Ausland zu behandeln (Lemke NK 7), sofern sie sich nicht im Inlandsbereich befinden (vgl. dazu 31 vor § 3 sowie u. 10).

6 2. Zu den **Luftfahrzeugen** zählen neben Flugzeugen und Luftschiffen jeder Art auch Frei- und Fesselballone oder Weltraumfahrzeuge (vgl. § 1 II LuftVG, Lemke NK 8 f.). Anders als bei Schiffen (o. 5) hängt die für § 4 vorausgesetzte Berechtigung zur Führung des Staatsangehörigkeitszeichens der BRD davon ab, daß das Luftfahrzeug im ausschließlichen *Eigentum deutscher* Staatsangehöriger steht (§§ 2 V, 3 LuftVG). Eingeh. zum Ganzen Wille aaO. Für Staatsluftfahrzeuge gilt das o. 4 zu Staatsschiffen Gesagte entsprechend.

6 a 3. **Begangen** an Bord ist die Tat, und damit das Schiff oder Luftfahrzeug der **Tatort,** vom Verschließen der Außentüren bis zu deren Öffnung nach dem Anlegen oder Landen zum Aussteigenlassen, unabhängig davon, ob sich das Fahrzeug in der Zwischenzeit bewegt oder stillsteht (Gribbohm LK 33); vgl. auch BGH NJW **91,** 3104, insbes. zum Fall einer erzwungenen Landung.

7 **III.** Für Taten an Bord eines solchen Schiffes oder Luftfahrzeugs gilt das **deutsche Strafrecht unabhängig vom Tatortrecht** (vgl. Schleswig wistra **98,** 30 m. Anm. Döllel wistra 98, 70). Deshalb ist völlig gleichgültig, ob das Schiff die hohe See befährt, sich in fremden Küstengewässern oder Häfen, in fremdem Hoheitsgebiet befindet, oder ob das Luftfahrzeug fremdes Gebiet überfliegt bzw. auf einem ausländischen Flughafen gelandet ist (vgl. v. Weber Rittler-FS 115, Zschr. f. Luftr. 52, 84). Rechtsvergleich. dazu Revue intern. dr. pen. 56, 361 ff., Zschr. f. Luftr. 58, 87 ff. Soweit sich das Fahrzeug jedoch außerhalb des räumlichen Geltungsbereichs dieses Gesetzes (dazu 32 vor § 3) befindet, kann nach § 153 c I Nr. 1 StPO von der Strafverfolgung abgesehen werden (vgl. Mankiewicz GA 61, 193). Befindet sich das Fahrzeug hingegen im Inland, so zB innerhalb des zum Inland gehörenden Küstengewässer (vgl. 30 vor § 3) bzw. innerhalb des inländischen Luftraumes, so sind darauf begangene Straftaten (bereits nach § 3) als Inlandstaten (und daher nicht nach § 4) zu behandeln (vgl. 31 vor § 3 sowie o. 4). Zu Flugzeugentführungen vgl. Jescheck GA 81, 65 f., zum Mitführen von Schußwaffen durch Sicherheitsbeamte vgl. Lenzen JR 83, 181 ff.

8 **IV. Ausgenommen** von § 4 sind Taten, die auf **ausländischen Schiffen** bzw. Luftfahrzeugen begangen werden.

9 1. Daher ist auf solche Taten das deutsche Strafrecht nur nach den **allg. Regeln** anwendbar. Soweit also nicht einer der in §§ 5–7 vorgesehenen Anknüpfungspunkte vorliegt, wie zB bei einem Angriff auf den Luftverkehr (§ 316 c) nach § 6 Nr. 3 (vgl. aber auch BGH NJW **91,** 3104), kann auch die Tat eines deutschen Staatsangehörigen auf einem ausländischen Schiff nur dann nach deutschem Strafrecht abgeurteilt werden, wenn sich das Fahrzeug zur Tatzeit im *Inland* (so zB in dt. Eigen- oder Küstengewässer bzw. auf einem dt. Flughafen) befindet und es sich somit um eine Inlandstat iSv § 3 handelt (vgl. 26 ff. vor § 3). Dies gilt gleichermaßen für Privat- wie auch für Staatsschiffe und -luftfahrzeuge (vgl. 31 vor § 3, Gribbohm LK 47). Soweit jedoch Fahrzeuge im Hoheitsdienst eines ausländischen Staates stehen, wird die BRD idR Immunität vom deutschen Strafrecht gewähren (vgl. o. 4 sowie Hoyer SK 4). Vgl. im übrigen auch Schnorr v. Carolsfeld aaO 13 ff., Meyer, Intern. Luftfahrtabk. V (1964) sowie BT-Drs. V/3266.

10 2. **Ausländisch** sind in Umkehrung des Flaggenführungsprinzips (o. 5, 6) alle Schiffe und Luftfahrzeuge, die nicht zur Führung der Bundesflagge bzw. des Staatsangehörigkeitszeichens der BRD berechtigt sind. Demzufolge waren auch Fahrzeuge mit der Flagge (bzw. dem Abzeichen) der damaligen DDR als ausländisch zu betrachten, so daß sie nicht nach den Regeln des Interlokalen (so aber Dreher[37] § 4), sondern nach den in 29, 67 vor § 3 erörterten Grundsätzen wie Ausland und demzufolge nach IStR zu behandeln waren. Soweit Schiffe keine Flagge führen, kommt auch § 7 I Alt. 2 zum Zuge (vgl. dort RN 14).

3. Bei der von einem **Ausländer** auf einem ausländischen Schiff im *Inland* begangenen Tat, auf die an sich § 3 Anwendung findet, kann nach § 153c I Nr. 2 StPO von der Strafverfolgung abgesehen werden; vgl. Mankiewicz GA 61, 193, zu völkerrechtlichem Verfolgungszwang vgl. Gribbohm LK 49 ff.

§ 5 Auslandstaten gegen inländische Rechtsgüter

Das deutsche Strafrecht gilt, unabhängig vom Recht des Tatorts, für folgende Taten, die im Ausland begangen werden:
1. Vorbereitung eines Angriffskrieges (§ 80);
2. Hochverrat (§§ 81 bis 83);
3. Gefährdung des demokratischen Rechtsstaates
    a) in den Fällen der §§ 89, 90a Abs. 1 und des § 90b, wenn der Täter Deutscher ist und seine Lebensgrundlage im räumlichen Geltungsbereich dieses Gesetzes hat, und
    b) in den Fällen der §§ 90 und 90a Abs. 2;
4. Landesverrat und Gefährdung der äußeren Sicherheit (§§ 94 bis 100a);
5. Straftaten gegen die Landesverteidigung
    a) in den Fällen der §§ 109 und 109e bis 109g und
    b) in den Fällen der §§ 109a, 109d und 109h, wenn der Täter Deutscher ist und seine Lebensgrundlage im räumlichen Geltungsbereich dieses Gesetzes hat;
6. Verschleppung und politische Verdächtigung (§§ 234a, 241a), wenn die Tat sich gegen einen Deutschen richtet, der im Inland seinen Wohnsitz oder gewöhnlichen Aufenthalt hat;
6a. Entziehung eines Kindes in den Fällen des § 235 Abs. 2 Nr. 2, wenn die Tat sich gegen eine Person richtet, die im Inland ihren Wohnsitz oder gewöhnlichen Aufenthalt hat;
7. Verletzung von Betriebs- oder Geschäftsgeheimnissen eines im räumlichen Geltungsbereich dieses Gesetzes liegenden Betriebs, eines Unternehmens, das dort seinen Sitz hat, oder eines Unternehmens mit Sitz im Ausland, das von einem Unternehmen mit Sitz im räumlichen Geltungsbereich dieses Gesetzes abhängig ist und mit diesem einen Konzern bildet;
8. Straftaten gegen die sexuelle Selbstbestimmung
    a) in den Fällen des § 174 Abs. 1 und 3, wenn der Täter und der, gegen den die Tat begangen wird, zur Zeit der Tat Deutsche sind und ihre Lebensgrundlage im Inland haben, und
    b) in den Fällen der §§ 176 bis 176b und 182, wenn der Täter Deutscher ist;
9. Abbruch der Schwangerschaft (§ 218), wenn der Täter zur Zeit der Tat Deutscher ist und seine Lebensgrundlage im räumlichen Geltungsbereich dieses Gesetzes hat;
10. falsche uneidliche Aussage, Meineid und falsche Versicherung an Eides Statt (§§ 153 bis 156) in einem Verfahren, das im räumlichen Geltungsbereich dieses Gesetzes bei einem Gericht oder einer anderen deutschen Stelle anhängig ist, die zur Abnahme von Eiden oder eidesstattlichen Versicherungen zuständig ist;
11. Straftaten gegen die Umwelt in den Fällen der §§ 324, 326, 330 und 330a, die im Bereich der deutschen ausschließlichen Wirtschaftszone begangen werden, soweit völkerrechtliche Übereinkommen zum Schutze des Meeres ihre Verfolgung als Straftaten gestatten;
11a. Straftaten nach § 328 Abs. 2 Nr. 3 und 4, Abs. 4 und 5, auch in Verbindung mit § 330, wenn der Täter zur Zeit der Tat Deutscher ist;
12. Taten, die ein deutscher Amtsträger oder für den öffentlichen Dienst besonders Verpflichteter während eines dienstlichen Aufenthalts oder in Beziehung auf den Dienst begeht;
13. Taten, die ein Ausländer als Amtsträger oder für den öffentlichen Dienst besonders Verpflichteter begeht;
14. Taten, die jemand gegen einen Amtsträger, einen für den öffentlichen Dienst besonders Verpflichteten oder einen Soldaten der Bundeswehr während der Ausübung ihres Dienstes oder in Beziehung auf ihren Dienst begeht.
14a. Abgeordnetenbestechung (§ 108e), wenn der Täter zur Zeit der Tat Deutscher ist oder die Tat gegenüber einem Deutschen begangen wird;
15. Organhandel (§ 18 des Transplantationsgesetzes), wenn der Täter zur Zeit der Tat Deutscher ist.

Vorbem. Bei Nr. 5 ist der frühere Berlin-Vorbehalt durch das 6. ÜberleitungsG (vgl. Einf. 12 vor § 1) entfallen.
Nr. 6a eingefügt durch das 6. StrRG v. 26. 1. 98 (BGBl. I 164).

§ 5 1–6 Allg. Teil. Das Strafgesetz – Geltungsbereich

Nr. 8 war zunächst hins. § 175 in den Beitrittsgebieten iSv Art. 3 EV nicht anzuwenden (EV I B III C III Nr. 1; vgl. 76 vor § 3); im Vorgriff auf Aufhebung des § 175 durch das 29. StÄG v. 31. 5. 94 (BGBl. I 1168) wurde er durch das 27. StÄG v. 23. 7. 93 (BGBl. I 1346) mit Wirkung v. 1. 9. 93 neugefaßt u. im Zuge des 6. StrRG v. 26. 1. 98 (BGBl. I 164) erneut geändert.

Nr. 9 war zunächst ebenfalls in den Beitrittsgebieten nicht anzuwenden (vgl. zuvor zu Nr. 8), gilt aber, wenn nicht bereits (weil stillschweigend miterfaßt) mit Aufhebung der DDR-Vorschriften zur „Schwangerschaftsunterbrechung" durch das SFHG v. 27. 7. 92 (BGBl. I 1398) seit dem 28. 7. 92; vgl. aber dazu D-Tröndle 9), so jedenfalls aufgrund Art. 10 SFHÄndG v. 21. 8. 95 (BGBl. I 1050) mit Wirkung v. 1. 10. 95 für die ganze BRD.

Nr. 11 eingefügt durch das 18. StÄG v. 28. 3. 80 (BGBl. I 373), geänd. durch Ges. zur Ausführung des UN-Seerechtsübereink. (SRÜ) v. 6. 1. 95 (BGBl. I 778). In Ergänzung zur Nr. 11 ist aus diesem Gesetz noch folgende Vorschrift zu beachten:

Art. 12 Erweiterung des Geltungsbereichs des deutschen Strafrechts
Das deutsche Strafrecht gilt für Straftaten gegen die Umwelt in den Fällen der §§ 324, 326, 330 und 330a des Strafgesetzbuches, die von einem Schiff aus in der Nordsee oder Ostsee außerhalb der deutschen ausschließlichen Wirtschaftszone durch Einleiten von Stoffen unter Verletzung verwaltungsrechtlicher Pflichten (§ 330d Nr. 4, 5 des Strafgesetzbuches) begangen werden, welche der Durchführung völkerrechtlicher Übereinkommen zum Schutz des Meeres dienen. Soweit die Tat in den Hoheitsgewässern eines anderen Staates begangen wird, gilt dies, wenn die Tat nach dem Recht dieses Staates mit Strafe bedroht ist. Für die Abgrenzung der Nordsee ist Artikel 2 des Übereinkommens zur Zusammenarbeit bei der Bekämpfung der Verschmutzung der Nordsee durch Öl und andere Schadstoffe vom 13. September 1983 (BGBl. 1990 II S. 70) maßgebend.

Nr. 11a eingefügt durch das AusführungsG zum Vertrag vom 24. 9. 96 über das umfassende Verbot von Nuklearversuchen v. 23. 7. 98 (BGBl. I 1882).
Nr. 14a eingefügt durch das EUBestG v. 10. 9. 98 (BGBl. II 2340).
Nr. 15 eingefügt durch das TPG v. 5. 11. 97 (BGBl. I 2631).

Schrifttum: Vgl. die Angaben zu 1, 63 vor § 3.

1   I. Die Vorschrift enthält Konkretisierungen des **Schutzprinzips** (7, 11 vor § 3; vgl. BGH NJW 91, 2498 zu Nr. 4), beruht aber teilweise auch auf dem **aktiven Personalprinzip** (6 vor § 3), so in Nrn. 9, 11a, 12 und 15, wohl auch in Nr. 8 (Lackner 1), Nr. 13 (Gribbohm LK 1) und zT Nr. 14a. So soll die nach dem Territorialprinzip des § 3 grundsätzlich auf Inlandstaten beschränkte deutsche Strafgewalt zugunsten bestimmter *inländischer Schutzgüter* (dazu 7, 14f. vor § 3) bzw. gegenüber bestimmten, dem deutschen Recht durch Staatsangehörigkeit oder Amtsstellung besonders verpflichteten *Tätern* auch auf **Auslandstaten** erstreckt werden, und zwar selbst dann, wenn die fragliche Tat nach Tatortrecht überhaupt nicht strafbar wäre (vgl. E 62 Begr. 109, BT-Drs. V/4095 S. 4f.). Vgl.
2   zum Ganzen auch Zieher aaO 103 ff. sowie zur Entstehungsgeschichte Eser Jescheck-FS II 1369 ff. – Die Vorschrift hat ein Vorbild in § 4 III aF. Doch während jene Bestimmung auf der Grundlage des früher vorrangigen aktiven Personalprinzips (§ 3 aF) nur bei Auslandstaten von *Ausländern* zum Zuge kam, bildet das Schutzprinzip des jetzigen § 5 auch für Auslandstaten von *Inländern* praktisch den einzigen Anknüpfungsgrund. Zwar mag zweifelhaft sein, ob der Anwendungsbereich, der durch den langen Katalog des § 5 dem deutschen Strafrecht auch im Ausland eröffnet ist, nicht etwas zu weit geraten ist (vgl. demgegenüber etwa den sehr viel maßvolleren § 5 AE; vgl. auch Gallas ZStW 80, 14, Schultz GA 66, 201); dennoch dürften hiergegen weder völkerrechtliche noch staatsrechtliche Bedenken bestehen (vgl. BGH 37 307, 314, Jescheck/Weigend 169, aber auch Oehler IStR 137, 143 f. [sowie speziell zu Nr. 11 GA 80, 242 ff.], Hoyer SK 1).

3   II. Die auch bei Begehung im Ausland **erfaßten Tatbestände** lassen sich in **3 Hauptgruppen** einteilen:

4   1. Dem Schutz *inländischer staatlicher Interessen* (dazu 14 ff. vor § 3) dienen insbes. die in den Nrn. 1 bis 5 genannten Staatsschutzdelikte, die Rechtspflegedelikte der Nr. 10, die Umweltdelikte der Nr. 11 (vgl. Oehler GA 80, 245 sowie Nr. 14a hins. der aktiven Abgeordnetenbestechung). Auch die in Nr. 6 genannte Verschleppung bzw. politische Verdächtigung haben ebenso einen öffentlichen Schutzbezug wie die gegen einen deutschen Amtsträger bzw. Soldaten gerichteten Taten der Nr. 14.

5   2. Auch in den Fällen der Nrn. 12, 13 und 14a (im Falle der passiven Abgeordnetenbestechung) ist die Wahrung *öffentlicher Interessen* nicht zu verkennen; doch bildet hier das aktive Personalprinzip den maßgeblichen Anknüpfungsgrund (vgl. o. 1).

6   3. Dagegen geht es in den Fällen der Nrn. 6a, 7–9 und 15 primär um den Schutz von *Individualrechtsgütern* (wobei in Nr. 7 das öff. Interesse am Funktionieren der dt. Volkswirtschaft mitschwingen dürfte; einseitig in diesem Sinne des Realprinzips Henrich aaO 42), die nach allgemeinen Grundsätzen an sich gegenüber jedermann und überall in der Welt strafrechtlichen Schutz verdienen (vgl. 15 vor § 3), jedoch aufgrund der Selbstbeschränkung des deutschen Strafrechts durch das Territorialprinzip nur gegen Inlandstaten geschützt wären (vgl. § 3 RN 1). Diese Beschränkung wird bei den hier in Frage stehenden, als besonders schutzwürdig angesehenen Fällen praktisch wieder rückgängig gemacht.

III. Im einzelnen ist jeweils noch folgendes zu beachten:

Nr. 1: Erfaßt wird nur die **Vorbereitung eines Angriffskrieges** (§ 80), nicht dagegen das Aufstacheln zum Angriffskrieg (§ 80 a). Vgl. Zieher aaO 108.

Nr. 2: Unter **Hochverrat** sind alle in den §§ 81–83 erfaßten Formen hochverräterischer Unternehmungen bzw. Vorbereitungen dazu zu verstehen. Soweit dabei der Erfolg im Inland eintritt, ergibt sich die Anwendbarkeit des deutschen Strafrechts bereits aus § 3 iVm § 9 (vgl. Bay NJW **57**, 1328).

Nr. 3: Bei **Gefährdung des demokratischen Rechtsstaates** ist zu unterscheiden zwischen den Fällen der **Nr. 3 b** (§§ 90, 90 a II) einerseits, bei denen das deutsche Strafrecht *uneingeschränkt* gilt, und den Fällen der **Nr. 3 a** (§§ 89, 90 a I und 90 b) andererseits, in denen nur die Tat eines *Deutschen,* der seine *Lebensgrundlage im räumlichen Geltungsbereich* dieses Gesetzes (dazu 32 vor § 3) hat, erfaßt wird. Zum Begriff des Deutschen vgl. 34 ff. vor § 3. Die weitere Einschränkung auf solche Deutsche, die ihre *Lebensgrundlage* in der BRD haben, läßt sich daraus erklären, daß nur von ihnen die in den betreffenden Tatbeständen vorausgesetzten Treue- und Achtungspflicht erwartet werden kann (vgl. Langrock aaO 93 ff., Krauth u. a. JZ 68, 592, Zieher aaO 114 ff. sowie u. § 100 RN 10). Eine solche Eingliederung in die staatliche Gemeinschaft der BRD bzw. die „lebensmäßige Verbundenheit" mit ihr (Tröndle 3) kann idR bei ausschließlichem Wohnsitz oder ständigem Aufenthalt in diesem Bereich angenommen werden, wenn auch nicht ausnahmslos (vgl. Prot. V/1922). Bei Doppelwohnsitz oder wechselndem Aufenthalt kommt es maßgeblich darauf an, wo er Täter seinen persönlichen, familiären und wirtschaftlichen Mittelpunkt hat (vgl. BT-Drs. V/2860 S. 23 f.). Die praktische Bedeutung der Einschränkung in Nr. 3 a (mit ihrem Vorbild in § 91 Nr. 3 aF) liegt vor allem darin, daß derartige *Auslandstaten eines Ausländers* selbst dann *straflos* bleiben, wenn dieser seine Lebensgrundlage in der BRD hat, während umgekehrt ein Deutscher auch dann strafbar bleibt, wenn seine innere Beziehung zur BRD durch häufigeren Auslandsaufenthalt gelockert erscheint. Teils abw. Hoyer SK 8 f., wonach durch Abstellen auf die Lebensgrundlage Umgehungssachverhalte unterbunden werden sollen (vgl. dagegen Gribbohm LK 11). Bedeutsam war die Vorschrift ferner vor allem für jene Auffassung, die vor der Wiedervereinigung auch DDR-Bürger nach wie vor als Deutsche iSd IStR behandelte (vgl. 36 vor § 3); diese blieben dann jedenfalls straffrei, wenn sie ihre Lebensgrundlage nicht in der BRD hatten.

Nr. 4 erfaßt alle Formen des **Landesverrats** und der Gefährdung der äußeren Sicherheit der BRD iSd §§ 94–100 a (zur Spionagetätigkeit gegenüber einem Nato-Partner vgl. BGH **38** 75 ff.). Wird die Tat von einem *Ausländer* begangen, sind etwaige völkerrechtliche Rechtfertigungsgründe, wie vor allem das (freilich umstrittene) Recht zur sog. Friedensspionage (näher dazu Volk/Simma NJW 91, 871 mwN) zu beachten (Gribbohm LK 14; vgl. auch BGH **37** 307 f., Düsseldorf NJW **83**, 1277). Zur Strafbarkeit ehem. DDR-Spionage vgl. 93 vor § 3.

Nr. 5: Straftaten gegen die **Landesverteidigung** werden in den Fällen der §§ 109, 109 e bis 109 g ausnahmslos erfaßt (Nr. **5 a**), in den Fällen der §§ 109 a, 109 d und 109 h (Nr. **5 b**) hingegen nur unter den dort genannten einschränkenden Voraussetzungen wie bei Nr. 3 a (vgl. o. 9). Zum (damaligen) Geltungsbereich in Berlin vgl. die Vorbem. zu § 5.

Nr. 6: Auf **Verschleppung und politische Verdächtigung** findet bei Auslandsbegehung das deutsche Strafrecht (§§ 234 a, 241 a) nur dann Anwendung, wenn sich die Tat *gegen* einen *Deutschen* richtet (vgl. Düsseldorf NJW **79**, 61, **83**, 1277), der im *Inland* seinen Wohnsitz (Ort, an dem eine Person melderechtlich dokumentiert ist, und zwar gleich, ob Erst- oder Zweitwohnsitz: Lemke NK 9), oder gewöhnlichen Aufenthalt (Ort der tatsächlich und nicht nur vorübergehend genutzten Wohnung) hat (Lackner 3), wobei im übrigen unerheblich ist, wo sich die berufliche oder wirtschaftliche Lebensmittelpunkt des Täters befindet (insoweit and. Lemke NK 9). Krit. zu diesen gesetzlichen Beschränkungen Zieher aaO 126 ff. Daß durch die Tat möglicherweise auch Ausländer mitbetroffen sind, ist ebenso unerheblich wie ein etwaiger Zweitwohnsitz des Deutschen im Ausland.

Problematisch war jedoch die Anwendung auf Taten, die *in* der DDR bzw. *gegen* DDR-Bürger begangen wurden. Soweit dem staats- und völkerrechtlichen Inlands- bzw. Staatsangehörigkeitsbegriff gefolgt wurde (vgl. 27 f., 35 vor § 3), stand die Erfassung auch solcher Taten außer Frage (vgl. Schroeder NStZ 81, 179). Doch auch bei „funktioneller" Betrachtung konnte dies angenommen werden. Denn nicht nur, daß der Schutzzweck der §§ 234 a, 241 a gerade auch auf Verschleppung in die oder aus der DDR abzielte (vgl. KG NJW **56**, 1570, Wagner MDR 67, 629, ferner Endemann NJW 66, 2386, aber auch Krey aaO 51); auch schlug die mit dem funktionellen Staatsangehörigkeitsbegriff bezweckte Beschränkung der Täterpflichten unter Schutzgesichtspunkten *zugunsten Deutscher* gerade nicht durch (vgl. 23. A. 64, 66 vor § 3). Demgemäß war der allen deutschen Volkszugehörigen durch Art. 116 GG gewährleistete und hier durch Nr. 6 eröffnete Auslandsschutz grds. auch den damaligen DDR-Bürgern zu erhalten (iE ebenso Gribbohm LK 30; and. offenbar Samson SK (11. Lief. 1988) 15 f., Grünwald StV 91, 34). Freilich konnte dieser der Nr. 6 nur dann zugute kommen, wenn sie (zB als Korrespondenten einer ostdeutschen Zeitung) ihren Wohnsitz bzw. gewöhnlichen Aufenthalt in der BRD hatten. Soweit BGH **30** 5 ff., **32** 298 diese (zweifellos bedauerliche) Einschränkung dadurch vermeiden wollte, daß er in Abweichung von dem ansonsten auf das Bundesgebiet beschränkten Inlandsbegriff diesen bei § 5 Nr. 6 auch auf die DDR erstrecken und dies im wesentlichen mit der darin beabsichtigten Schutzausweitung begründen wollte (bestät. in BGH **40** 125 [m. Anm. Seebode JZ 95, 417], NStZ **95**, 288, ebso. Jakobs 115; vgl. auch Gribbohm LK 31,

Tröndle 6), wurde verkannt, daß durch § 5 Nr. 6 der Schutzbereich gerade *nicht* unbeschränkt (auf *jeden* Deutschen) ausgedehnt, sondern zugleich auch wieder (auf Deutsche *mit Lebensgrundlage im Inland*) eingeschränkt wurde (abl. auch Abendroth StV 81, 175, Krey/Arenz JR 85, 407 f., Lemke NK 11, Renzikowski JR 92, 271, Schroth NJW 81, 500, Wengler JR 81, 207). Keinesfalls wurde § 5 Nr. 6 dadurch anwendbar, daß der als Opfer betroffene DDR-Bürger nach der Tat in die BRD flüchtete (so Düsseldorf NJW 79, 62, Lackner 3 [aber auch § 2 RN 25]): Dem stand entgegen, daß es bei den §§ 3 ff. als materiellen Strafbarkeitsvoraussetzungen auf das Vorliegen zur Tatzeit ankommt (vgl. 1 vor § 3) und es eine der „Neubürgerklausel" vergleichbare stellvertretende Strafrechtspflege (vgl. § 7 II Nr. 1 Alt. 2 m. RN 1, 20) auf Opferseite nicht gibt (insoweit ebenso BGH **30** 9; vgl. auch Schroeder NStZ 81, 180 sowie 92 vor § 3).

12 b Nr. 6 a will die durch den neuen § 235 II Nr. 2 vertatbestandlichte **Entziehung Minderjähriger im Ausland** dem deutschen Strafrecht unterwerfen, und zwar unabhängig, davon, ob der Täter Deutscher oder Ausländer oder die Tat nach dem Tatortrecht strafbar ist. Dabei muß sich jedoch die Tat gegen eine Person richten, die ihren Wohnsitz oder ihren gewöhnlichen Aufenthalt im Inland hat, wobei der geschützte Personenkreis insbes. die Eltern oder den sorgeberechtigten Elternteil, aber nach dem Willen des Gesetzgebers auch das vorenthaltene Kind umfaßt (BT-Drs. 13/7164 S. 27).

13 Nr. 7 stellt **Betriebs- und Geschäftsgeheimnisse** (nicht dagegen Steuergeheimnisse als solche, vgl. BT-Drs. V/4095 S. 5) gegen eine Verletzung (zB durch §§ 202 a, 203, 204, ferner § 20 a UWG iVm §§ 17, 18, 20 UWG) unter Auslandsschutz, jedoch beschränkt auf folgende Fälle: Geschützt werden einmal *Betriebe,* die im räumlichen Geltungsbereich dieses Gesetzes (dazu 32 vor § 3) liegen, also dort nicht nur eine „Briefkastenadresse" haben, sondern tatsächlich ihre Produktions- bzw. Geschäftstätigkeit ausüben; zum anderen *Unternehmen,* die in dem genannten Bereich ihren Firmen- bzw. Geschäftssitz haben (vgl. § 106 HGB, § 5 AktG, §§ 3, 7, 10, 11 GmbHG). Schließlich sind es *Unternehmen,* die zwar ihren Sitz im *Ausland* haben, jedoch (zB als Tochtergesellschaft) von einem Unternehmen mit Sitz in der BRD abhängig sind und mit diesem einen Konzern bilden. Eine solche Abhängigkeit bzw. konzernmäßige Verbundenheit zwischen dem (zu schützenden) ausländischen Tochterunternehmen und dem deutschen Mutterunternehmen besteht freilich nicht schon bei einem sog. Gleichordnungskonzern (§ 18 II AktG), sondern erst bei einem *„einheitlichen Konzern"* iSv § 18 I AktG. Ebensowenig werden ausländische Unternehmen schon allein deshalb erfaßt, weil sie sich in den Händen deutscher Anteilseigner befinden (BT-Drs. V/4095 S. 5). Zu Hintergründen dieser Auswahl vgl. Zieher aaO 131 f.

14 Nr. 8 erstreckt die Auslandsgeltung des deutschen Strafrechts auf bestimmte **Sexualdelikte**, wobei zwei Fallgruppen zu unterscheiden sind: Bei dem durch Nr. **8 a** erfaßten „mittelschweren" *Sexuellen Mißbrauch von Schutzbefohlenen* nach § 174 I, II müssen sowohl die *Täter* als auch das *Opfer Deutsche* mit *Lebensgrundlage im Inland* (dazu 32 vor § 3) sein. Bei den durch Nr. **8 b** erfaßten sexuellen Übergriffen nach den §§ 176–176 b, 182, die zum besseren Schutz ausländischer Kinder und Jugendlicher gegen den sog. *Sextourismus* durch den 6. StrRG neugefaßt wurden (vgl. BT-Drs. 13/9064 S. 8 f.), muß lediglich der *Täter* zur Tatzeit (dazu § 8 u. Tröndle 8) Deutscher sein, wobei die frühere Einschränkung auf die Lebensgrundlage im Inland weggefallen ist. Auch hier kommt es auf die Strafbarkeit nach Tatortrecht nicht an (krit. dazu Hoyer SK 22). Zu den sich aus bis zum 29. StÄG v. 31. 5. 1994 fortbestehenden Rechtsverschiedenheiten zwischen DDR und BRD vgl. die 24. u. 25. A.

15 *Nicht* von Nr. 8 erfaßt werden einerseits die einfachen *Kuppelei-* und *Zuhältereifälle* der §§ 180 u. 180 a (zu § 180 b u. § 181 vgl. aber § 6 Nr. 4), andererseits die schweren Fälle der *Vergewaltigung* und des sexuellen Mißbrauchs (§§ 177–179). Trotz des unterschiedlichen Bezugs dieser nicht ohne weiteres einleuchtenden Einschränkungen des Auslandsschutzes liegt ihnen eine gemeinsame *Zielsetzung* zugrunde: Da man bei leichten Sexualdelikten auf Auslandserstreckung glaubt verzichten zu können, die schwereren hingegen schon durch das ausländische Recht für hinreichend geschützt hält, sieht man in einem besonderen Schutzbedürfnis durch deutsches Recht nur für die in Nr. 8 umschriebenen und nicht universal in gleicher Weise sanktionierten Bereiche der Sexualkriminalität gegen Minderjährige und der „mittleren" Sexualkriminalität, für letztere bei § 174 I, III nur insoweit, als es sich bei Täter und Opfer um Deutsche handelt; denn auf diese Weise soll lediglich unterbunden werden, daß der Täter zwecks Ausnutzung eines etwaigen „Strafrechtsgefälles" mit seinem Opfer ins Ausland reist (BT-Drs. V/4095 S. 5; zur Entstehungsgeschichte Eser Jescheck-FS II 1370, 1372 f.) – ein Perfektionismus freilich, der an kriminologischer Naivität schwerlich zu überbieten sein dürfte (vgl. Zieher aaO 134 ff., Lemke NK 15, Schomburg/Lagodny StV 74, 395, Gribbohm LK 41).

16 *Mittäterschaft* eines Deutschen genügt, nicht dagegen bloße Teilnahme (Tröndle 8; and. Gribbohm LK 44). Soweit es um die Eigenschaft als **Deutscher** geht, ist die frühere Differenzierung zwischen *Täter-* und *Opfer*seite (vgl. 23. A.) aufgrund der Wiedervereinigung obsolet geworden (vgl. auch Lemke NK 17).

17 Nr. 9 erfaßt lediglich den **Schwangerschaftsabbruch iSv § 218,** nicht dagegen die bloße Verletzung von Indikationsfeststellungs- oder sonstigen ärztlichen Pflichten nach §§ 218 b, c und ebensowenig die Vorbereitungshandlungen der §§ 219 a und 219 b. Auch muß der *Täter* zur Tatzeit *Deutscher* sein und seine *Lebensgrundlage* in der BRD haben (wobei seinerzeit innerdeutsch die Exemtion der Beitrittsgebiete von der Geltung der damaligen §§ 218–219 d einschließlich des § 5 Nr. 9 zu berücksichtigen war: näher dazu 47 ff. vor § 218 sowie speziell zu der damals international-interlokal widersprüchlichen Auslandserstreckung der §§ 218 ff. durch § 5 Nr. 9 einerseits und deren Nichterstreckkung auf bestimmte Inlandsgebiete andererseits vgl. 55 vor § 3). Insofern gilt das zu Nr. 3 a (o. 9) bzw. Nr. 8 (25. A. RN 14) Gesagte hier entsprechend. Demzufolge ist ein im Ausland (33 iVm 25 ff. vor § 3) vorgenommener Schwangerschaftsabbruch – und zwar unabhängig vom (möglicherweise straffreien) Tatortrecht – nach deutschem Strafrecht gemäß § 5 Nr. 9 in zwei Fallkonstellationen strafbar: Zum einen, wenn eine deutsche Schwangere ohne eine der in § 218a genannten Voraussetzungen eine Selbstabtreibung vornimmt bzw. eine Fremdabtreibung an sich vornehmen läßt; zum anderen, wenn ein deutscher Arzt einen nicht gemäß § 218a zulässigen Schwangerschaftsabbruch an einer Ausländerin vornimmt (Tröndle 9). Dagegen greift Nr. 9 *nicht* ein, wenn ein Deutscher zum Schwangerschaftsabbruch eines Ausländers an einer Ausländerin lediglich *Beihilfe* leistet (Lemke NK 19; insofern and. Dreher[37] 10); denn ähnlich wie bei Nr. 8 muß auch hier zumindest ein (Mit-)Täter (Arzt bzw. Schwangere) Deutscher sein (Gribbohm LK 53 f.). Ist dies aber der Fall, so ist auch die bloße Beihilfe eines Deutschen mit Lebensgrundlage in der (alten) Bundesrepublik strafbar (AG Albstadt MedR **88**, 261 m. Anm. Mitsch Jura 89, 193 ff.). Aufgrund dieser Anknüpfung an die deutsche Staatsangehörigkeit des Täters handelt es sich bei Nr. 9 weniger um einen Fall des Schutzprinzips als vielmehr um Reste des aktiven Personalprinzips (vgl. o. 1), um auf diese Weise dem durch Fahren ins Ausland befürchteten „Reichenprivileg" entgegenzuwirken (vgl. BT-Drs. V/4095 S. 5 f., Hoyer SK 24, Zieher aaO 136 ff.). Darüberhinaus kann aber nach § 7 I auch das Schutzprinzip zur Anwendung kommen, soweit die Abtreibung nach Tatortrecht strafbar ist und an einer Deutschen vorgenommen wird (dazu § 7 RN 3, 6, 11). Vgl. zum Ganzen auch 42 ff. vor § 218 mwN sowie speziell zu den sich aus der Fortgeltung der bisherigen DDR-Fristenlösung in den Beitrittsgebieten ergebenden Problemen 55 vor § 3, 5, 47 ff. vor § 218.

Nr. 10 erfaßt die nach den §§ 153–156 strafbaren **Falschaussagedelikte** vor einem ausländischen oder zwischenstaatlichen Gericht bzw. einer zur Entgegennahme eidesstattlicher Versicherungen zuständigen Stelle (zB Konsulat), vorausgesetzt jedoch, daß das *Verfahren,* in dem die Falschaussage gemacht wird, *im räumlichen Geltungsbereich* dieses Gesetzes (dazu 32 vor § 3) bei einem Gericht oder einer anderen deutschen Stelle *anhängig* ist, die zur Abnahme von Eiden (§ 154 RN 6 ff.) bzw. eidesstattlicher Versicherungen (§ 156 RN 3, 6 ff.) zuständig ist. Die praktische Bedeutung dieser Bestimmung liegt bei Falschaussagen vor ausländischen Stellen im Zuge von Rechtshilfeverfahren. Vgl. aber auch § 6 Nr. 9 sowie 21 vor § 3, Zieher aaO 118 ff. Auf Falschverdächtigung (§ 164) vor einer ausländischen Behörde ist Nr. 10 nicht anwendbar; doch kann über § 9 eine Inlandstat iSv § 3 in Betracht kommen, wenn zB das verdächtigende Schreiben von deutschem Boden ausging (vgl. auch 53 vor § 3).

Nr. 11 erstreckt bestimmte **Umwelttatbestände** (§§ 324, 326, 330, 330 a) über das Inland hinaus nunmehr auf den *Bereich der deutschen ausschließlichen Wirtschaftszone* (die freilich noch zu proklamieren ist). Mit dieser nF des § 5 Nr. 11 aufgrund Art. 11 des Ges. z. Seerechtsüberk. (SRÜ) ist einerseits eine Erweiterung des bisher auf den Festlandsockel (31 vor § 3) beschränkten Geltungsbereichs (dazu 24. A.) verbunden, andererseits aber insofern auch eine Einschränkung erfolgt, als die Strafverfolgung durch ein völkerrechtliches Übereinkommen gestattet sein muß (vgl. BT-Drs. 13/193 S. 23). Im übrigen erfährt der Geltungsbereich des deutschen Strafrechts durch Art. 12 des Ges. z. SRÜ (s. Wortl. in der Vorbem. zu § 5 Nr. 11) über die deutsche ausschließliche Wirtschaftszone hinaus auch noch auf bestimmte Umweltdelikte im Bereich der *Nord- oder Ostsee* (zu deren Begriff vgl. BT-Drs 13/193 S. 24) eine Ausdehnung, und zwar auf von einem Schiff aus begangene Straftaten nach den §§ 324, 326, 330 und 330 a unter Verletzung verwaltungsrechtlicher Pflichten nach § 330 d Nr. 4, 5. Sofern freilich die Tat in Hoheitsgewässern eines anderen Staates begangen wird, muß nach dortigem Recht die Tat mit Strafe bedroht sein (zu diesem Erfordernis vgl. § 7 RN 7 f.). Da es sich sowohl bei § 5 Nr. 11 wie auch bei Art. 12 Ges. z. SRÜ lediglich um Ergänzungen zum allgemeinen Anwendungsbereich des deutschen Strafrechts handelt, bleiben sonstige Anknüpfungspunkte nach §§ 3 ff. im übrigen unberührt (vgl. auch § 330 d RN 1 sowie Laufhütte/Möhrenschlager ZStW 92, 927, Rogall JZ-GD 80, 106, ferner Wegscheider DRiZ 83, 56 ff.). Ob in Nr. 11 das Schutzprinzip zum Ausdruck kommt (so – unter Ablehnung des zunächst geplanten Weltrechtsprinzips – Oehler GA 80, 241 ff., auch Lemke NK 21; dagegen Klages aaO 146 ff.), ist ebenso zweifelhaft wie die Frage, ob es sich dabei um eine Einschränkung des schon von vorneherein das gesamte Meer umfassenden § 330 d Nr. 1 handelt (so Tröndle 11, Lemke NK 21) oder nicht doch eher um eine *Ausdehnung* deutscher Strafgewalt, und zwar dergestalt, daß durch den § 330 d Nr. 1 als solchen das Meer zunächst zum Gewässerbegriff aufgenommen und damit in den Schutzbereich der Gewässerverschmutzungstatbestände einbezogen wird (BGH **40** 82 f. m. Anm. Michalke StV 94, 428), um sodann durch § 5 Nr. 11 diesen Bereich – über die §§ 3, 4 hinaus – unabhängig vom Tatort oder Nationalität des Täters oder Schiffes – dem Schutz des deutschen Strafrechts zu unterwerfen (so wohl zu Recht Klages aaO 3 f., Hoyer SK 27). Vgl. zum ganzen auch Oehler, Intern. Umweltstrafrecht, Hdwb. d. Umweltsrechts I (1994) 1135 ff.

Nr. 11 a unterwirft in Erfüllung der im Vertrag über Nuklearversuche (s. Vorbem. zu Nr. 11 a) übernommenen Verpflichtungen die **Verursachung einer nuklearen Explosion** nach § 328 II 2 Nrn. 3 und 4 unabhängig vom Tatortrecht dem deutschen Strafrecht, falls der Täter zur Tatzeit Deutscher ist.

§ 6 Allg. Teil. Das Strafgesetz – Geltungsbereich

19 **Nr. 12** betrifft Taten von **deutschen Amtsträgern** (§ 11 I Nr. 2) und für den öffentlichen Dienst besonders Verpflichteten (§ 11 I Nr. 4: näher dort RN 14 ff.), und zwar Straftaten jeder Art, also nicht nur Amtsdelikte (Lemke NK 22, Zieher aaO 122). Jedoch muß die Tat entweder *während* eines *dienstlichen Aufenthaltes* oder in *Beziehung auf* den *Dienst* begangen sein. Bei der 1. Alt. ist ein nur zeitlicher Zusammenhang der Tat mit dem Dienst ausreichend (zB sexuelle Nötigung einer ausländischen Konferenzteilnehmerin), während die 2. Alt. auch während eines Privataufenthaltes, aber in Beziehung auf den Dienst denkbar ist (zB Gewerbeaufsichtsbeamter läßt sich durch Unternehmer seines Bezirks am Urlaubsort bestechen). Dies kann bei bestimmten Tatbeständen (zB §§ 203 II, 353 b) auch im Hinblick auf den früheren Dienst des Amtsträgers geschehen (BT-Drs. 7/550 S. 207). Den Amtsträgern gleichgestellt sind durch § 1 a II WStG die *Soldaten* der Bundeswehr.

20 **Nr. 13** erstreckt die Amtsträgerklausel der Nr. 12 auch auf **Ausländer.** Anders als dort genügt jedoch nicht schon eine während oder in Bezug auf den Dienst begangene Straftat, vielmehr muß der Ausländer in seiner Eigenschaft *als* Träger eines deutschen staatlichen Amtes (zB als Honorarkonsul; vgl. § 177 BBG, §§ 20 f. KonsularG v. 11. 9. 74) oder als öffentlich besonders Verpflichteter (§ 11 I Nr. 4) gehandelt haben. Dies wird idR ein Amtsdelikt sein, muß es aber nicht (Lackner 3, Lemke NK 23, Gribbohm LK 90; and. Tröndle 13). Ähnlich wie bei Nr. 12 schlägt auch hier noch das aktive Personalprinzip durch (vgl. o. 1 sowie Zieher aaO 122 ff., aber auch Hoyer SK 30).

21 **Nr. 14** erfaßt aufgrund des Schutzprinzips Taten jeglicher Art und jedes (in- oder ausländischen) Täters **gegen einen deutschen Amtsträger** (§ 11 I Nr. 2), einen öffentlich besonders Verpflichteten (§ 11 I Nr. 4) oder einen Soldaten der Bundeswehr, sofern sich der Verletzte *in Ausübung* seines *Dienstes* (zB bei einer internationalen Behörde) befindet oder die Tat *in Beziehung* auf dessen Dienst begangen wird (zB durch Falschverdächtigung einer Amtspflichtverletzung); vgl. auch o. Nr. 12. Ob dies im Ausland oder Inland geschieht, ist an sich gleichgültig (Gribbohm LK 95); doch kommt letzterenfalls (zB bei einem daraufhin in Deutschland eingeleiteten Disziplinarverfahren) das deutsche Strafrecht aufgrund von § 9 bereits nach § 3 zum Zuge. Da es nur um den Schutz der Person des Amtsträgers geht, werden Taten, die sich gegen staatliche Rechtsgüter richten, auch dann nicht erfaßt, wenn der Amtsträger mittelbar in die Tat verwickelt ist, zB als ein zur Fahnenflucht Angestifteter (vgl. Lemke NK 25).

22 **Nr. 14 a** stellt bei **Abgeordnetenbestechung** nach § 108 e sicher, daß sowohl der Kauf einer Stimme eines deutschen Abgeordneten als auch deren Verkauf unabhängig vom Recht des Tatorts strafbar ist. Dies war insbes. im Hinblick auf deutsche Abgeordnete des Europ. Parlaments angezeigt, da der entsprechenden Verpflichtung aus dem Übereink. über den Schutz der fin. Interessen der EG § 7 II Nr. 1 allein, weil es an der dort erforderlichen Strafbarkeit am Tatort fehlen kann, nicht genügen würde (vgl. BT-Drs. 13/10 424).

23 **Nr. 15** gewährleistet, daß **Organhandel** durch *Deutsche* auch dann dem deutschen Strafrecht unterliegt, wenn der Täter im Ausland handelt, was gerade bei Vermittlungstätigkeiten eine Rolle spielen kann (vgl. BT-Drs. 13/4355 S. 32).

24 **IV.** Eine der in Nrn. 1–15 genannten **im Ausland begangenen Tat** ist **unabhängig vom Tatortstrafrecht** nach deutschem Recht strafbar (vgl. Zieher aaO 140 f.). Das schließt selbstverständlich nicht aus, daß das Tatortrecht uU zur Beurteilung von Inzidentfragen herangezogen werden kann oder gar muß (vgl. 23 f. vor § 3, Tröndle 1). Zum Begriff des *Auslands* vgl. 33 vor § 3, zum Ort der *Begehung* § 9. Ist danach die Tat zugleich auch im *Inland* begangen, so kommt das deutsche Strafrecht bereits aufgrund von § 3 zur Anwendung. Als Begehung im Ausland genügt auch ein dortiger *Versuch* (vgl. Lemke NK 26), im Prinzip auch Teilnahme (§§ 26, 27) oder versuchte Beteiligung (§ 30). Soweit die fragliche Klausel allerdings wesentlich vom aktiven Personalprinzip mitbestimmt ist und demgemäß an die deutsche Staatsangehörigkeit des *Täters* anknüpft, muß ein Deutscher zumindest als Mittäter (und nicht nur als Teilnehmer) beteiligt sein, so bei Nrn. 8 und 9 (vgl. o. 16, 17). Dagegen macht § 5 das deutsche Strafrecht nicht anwendbar auf eine ausschließlich im Ausland begangene Begünstigung oder Strafvereitelung, die zu einer der in Nrn. 1 bis 15 genannten Taten geleistet wird (ebenso Gribbohm LK 98). Zu Besonderheiten bei Tatbegehung in den Beitrittsgebieten der **(ehemaligen) DDR** in Fällen der **Nrn.** 8 und 9 vgl. o. 14, 17.

25 **V.** Zur **Lockerung des Verfolgungszwangs** bei Auslandstaten vgl. § 153 c I Nr. 1 StPO.

§ 6 Auslandstaten gegen international geschützte Rechtsgüter

Das deutsche Strafrecht gilt weiter, unabhängig vom Recht des Tatorts, für folgende Taten, die im Ausland begangen werden:
1. Völkermord (§ 220 a);
2. Kernenergie-, Sprengstoff- und Strahlungsverbrechen in den Fällen der §§ 307 und 308 Abs. 1 bis 4, des § 309 Abs. 2 und des § 310;
3. Angriff auf den Luft- und Seeverkehr (§ 316 c);
4. Menschenhandel (§ 180 b) und schwerer Menschenhandel (§ 181);
5. unbefugter Vertrieb von Betäubungsmitteln;
6. Verbreitung pornographischer Schriften in den Fällen des § 184 Abs. 3 und 4;

Auslandstaten gegen international geschützte Rechtsgüter 1–6 **§ 6**

7. **Geld- und Wertpapierfälschung** (§§ 146, 151 und 152), **Fälschung von Zahlungskarten und Vordrucken für Eurochecks** (§ 152a Abs. 1 bis 4) sowie deren Vorbereitung (§§ 149, 151, 152 und 152a Abs. 5);
8. **Subventionsbetrug** (§ 264);
9. Taten, die auf Grund eines für die Bundesrepublik Deutschland verbindlichen zwischenstaatlichen Abkommens auch dann zu verfolgen sind, wenn sie im Ausland begangen werden.

Vorbem. Nr. 2 angepaßt durch das 6. StrRG v. 26. 1. 98 (BGBl. I 164), Nr. 3 idF des Ges. v. 13. 6. 90 (BGBl. II 494), Nr. 7 idF des 2. WiKG v. 15. 5. 86 (BGBl. I 721), geändert durch das 6. StrRG v. 26. 1. 98 (BGBl. I 164); Nr. 6 mit Abs. 4 von § 184 ergänzt durch das 27. StÄG v. 23. 7. 93 (BGBl. I 1346); Nr. 8 eingefügt durch das 1. WiKG v. 29. 7. 76 (BGBl. I 2034).

Schrifttum: Vgl. die Angaben 1, 63 vor § 3.

I. Die Vorschrift enthält in den Nrn. 1 bis 8 eine Konkretisierung des **Weltrechtsprinzips**, indem sie 1 die Anwendung des deutschen Strafrechts auf Tatbestände erstreckt, die international zu schützende Rechtsgüter zum Gegenstand haben (vgl. 8, 14 vor § 3, diff. Gribbohm LK 2 ff., krit. Merkel aaO 240 ff.). Die dabei getroffene Auswahl erfaßt keineswegs alle denkbaren Fälle (vgl. Oehler IStR 519 ff.), sondern beruht vornehmlich auf zwischenstaatlichen Abkommen, in denen sich die BRD im Interesse *internationaler Solidarität bei der Verbrechensbekämpfung* zur strafrechtlichen Verfolgung der betreffenden Schutzgüter verpflichtet hat (Lackner 1). Daneben kommt der Generalklausel der Nr. 9 wachsende Bedeutung zu, da hier der BRD iS **stellvertretender Strafrechtspflege** eine umfassende Verfolgungszuständigkeit eröffnet wird (vgl. 10 vor § 3 sowie u. 10; krit. Gribbohm LK 25). Soweit der BGH neuerdings – wie im Falle von Nr. 1 – voraussetzt, daß über das Vorliegen einer der in § 6 genannten Tatbestände hinaus der Anwendung des deutschen Strafrechts *kein völkerrechtliches Verbot* entgegenstehen dürfe (insoweit ebso. Bay NJW **98**, 392 m. Anm. Ambos NStZ 98, 138, Lagodny JR 98, 473) und zudem durch einen *legitimierenden Anknüpfungspunkt* im Einzelfall ein unmittelbarer Bezug der Strafverfolgung zum Inland (wie zB längerer Aufenthalt und/oder Ergreifung in der BRD) bestehen müsse (BGH **45** 64, 66, 68, NStZ **94**, 232 [m. Anm. Oehler ebda. 485], **99**, 236, StV **99**, 240), wobei Roggemann NJW 94, 1437 von einem völkerr. *Rechtfertigungsgrund* spricht, so wird sich zwar ersteres aus dem allgemeinen Völkerrecht ableiten, für letzteres hingegen jedenfalls in § 6 keine gesetzliche Stütze und aus dem Völkerrecht keine zwingende Begründung finden lassen (vgl. BGH **27** 32, **34** 336, Lüder NJW 00, 269 ff. gegen Staudinger NJW 99, 3099; krit. auch Ambos NStZ 99, 227). Vgl. auch o. 8 vor § 3, u. 10.

II. **Im einzelnen** ist folgendes zu beachten:
Nr. 1 erfaßt den **Völkermord** iSv § 220a (und zwar ohne die in § 5 I Nr. 6 E 62 vorgesehene 2 Beschränkung auf deutsche Täter; vgl. BT-Drs. V/4095 S. 6, BGHR § 220a Tatverdacht **1**, Zieher aaO 142 ff.). Die Vorschrift steht im Einklang mit den Regelungen der Völkermordkonvention v. 9. 12. 48 und erlaubt die Anwendung dt. Strafrechts auch dann, wenn im Heimatstaat keine Strafverfolgung zu erwarten ist oder eine konkurrierende internationale Gerichtsbarkeit vorgesehen ist (BGH **45** 64). Daneben werden die mit einem Völkermord tateinheitlichen Verbrechen gemäß §§ 211, 212 von Nr. 1 miterfaßt (BGH **45** 64, 69 f.: Annexkompetenz). Zu ähnlichen Erfordernissen und Anwendungsvoraussetzungen vgl. auch o. 1 zu BGH NStZ **94**, 232 u. Bay NJW **98**, 393 m. Anm. Ambos NStZ 98, 138 u. Lagodny JR 98, 475.

Nr. 2 erfaßt die in den §§ 307, 308 I–IV, 309 II und 310 geregelten **Kernenergie-, Sprengstoff-** 3 **und Strahlungsverbrechen,** also einschließlich der früher im AtomG geregelten Fälle (krit. Oehler IStR 536, 541 f.).

Nr. 3 erfaßt den **Angriff auf den Luft- und Seeverkehr** iSv § 316c, und zwar in Ausführung 4 des Haager Übereink. v. 16. 12. 70 z. Bekämpfung der widerrechtl. Inbesitznahme von Luftfahrzeugen (Ges. v. 6. 11. 72, BGBl. II 1505; vgl. auch BGH NJW **91**, 3104: eine mit § 316c tateinheitliche Tötung wird vom Abk. nicht erfaßt); ferner das Übereink. zur Bekämpfung widerrechtl. Handlungen gegen die Sicherheit der Zivilluftfahrt v. 23. 9. 71 (ZustG v. 8. 12. 77, BGBl. II 1229) sowie das Übereink. z. Bekämpfung widerrechtl. Handlungen gegen die Sicherheit der Seeschiffahrt v. 10. 3. 88 (ZustG v. 13. 6. 90, BGBl. II 494). Vgl. Zieher aaO 149 ff., Jescheck GA 81, 65 f.

Nr. 4 betrifft den **Menschenhandel** (§ 180b) und den **schweren Menschenhandel** (§ 181). 5 Durch die Unterstellung unter das Weltrechtsprinzip soll die Strafverfolgung des Menschenhandels vor allem im Bereich organisierter Kriminalität effektiviert und damit ein besserer Schutz besonders von – auch ausländischen – Mädchen und Frauen vor den mit der Prostitution für sie und ihre persönliche Freiheit verbundenen Gefahren gewährleistet werden (BT-Drs. 12/2046 S. 4). Über die Grundlage in intern. Abmachungen vgl. u. 11 sowie Zieher aaO 153 ff.

Nr. 5 erfaßt mit dem unbefugten **Vertrieb von Betäubungsmitteln** (§ 1 BtMG) jede Tätigkeit, 6 durch die ein solches Mittel entgeltlich in den Besitz eines anderen gebracht werden soll (§ 29 I Nrn. 1, 5–11 iVm II–VI, § 30 BtMG; vgl. Hamm NJW **78**, 2346, Knauth NJW 79, 1084), nicht aber den bloßen Besitz (BGH StV **84**, 286, LG Krefeld StV **84**, 517), ebensowenig – und zwar ungeachtet seiner Entgeltlichkeit – den Erwerb zu ausschließlichem Eigenverbrauch (BGH **34** 1, StV **90**, 550, **92**, 65, Düsseldorf NStZ **85**, 268; eingeh. Körner NStZ 86, 906, MDR 86, 717; grds. zweif. an der Bestimmtheit des „Vertriebs" Schrader NJW 86, 2874). Soweit „Einfuhr" vorausgesetzt wird (§ 30 I

Nr. 4 BtMG), ist dieses Erfordernis nicht etwa mit Berufung auf das Weltrechtsprinzip ersetzbar (BGH NStZ **00**, 150). Zur Grundlage der Auslandserstreckung im Einheitsabk. über Suchtstoffe von 1961 (Ges. v. 4. 9. 73, BGBl. II 1353, in Kraft seit 2. 1. 74, BGBl. II 1211) vgl. BGH **34** 2 f., 336 m. krit. Anm. Rüter/Vogler JR 88, 136, Zieher aaO 155 ff. Zur Vereinbarkeit mit Völkerrecht und GG vgl. 8 vor § 3. Zur Strafzumessung eines im ausländ. Dienst stehenden Provokateurs vgl. BGH StV **88**, 296.

7   **Nr. 6** erfaßt lediglich die Verbreitung sog. „harter" **Pornographie** iSv § 184 III und IV (vgl. dort RN 52 ff.).

8   **Nr. 7** erfaßt **Geld-, Zahlungskarten- und Wertpapierfälschung** sowie deren Vorbereitung (§§ 146, 149, 151, 152, 152 a), und zwar aufgrund des intern. Abk. z. Bekämpfung der Falschmünzerei v. 20. 4. 29 (RGBl. 1933 II 913). Der durch das 2. WiKG (vgl. o. Einf. 10) verbesserte Strafrechtsschutz für den *Euroscheckverkehr* (§ 152 a) ließ eine vom Recht des Tatorts unabhängige Anwendbarkeit des deutschen Strafrechts angezeigt erscheinen, da die Herstellung von Falsifikaten im Ausland auch zur Gefährdung des inländischen Zahlungsverkehrs geeignet ist (vgl. BT-Drs. 10/5058 S. 25); nach der Änderung des § 152 a durch das 6. StrRG gilt dies ebenso für Zahlungskarten. Vgl. im übrigen Zieher aaO 163 ff. sowie 6 vor § 146.

9   **Nr. 8** will durch Erstreckung des **Subventionsbetrugs** (§ 264) auf Taten, die im Ausland von einem Deutschen oder Ausländer begangen werden, der recht häufigen internationalen Verflechtung derartiger Delikte, wie vor allem bei sog. Kreisverkehr (vgl. § 264 RN 45), Rechnung tragen. Ob es sich bei den betroffenen Subventionen um deutsche handelt, ist dabei gleichgültig, sofern sie nur unter den Subventionsbegriff des § 264 VII fallen. Damit wird der internat. Strafrechtsschutz, wie er bereits durch § 31 II MarktorganisationsG v. 31. 8. 72 (BGBl. I 1617) begründet wurde, auf das Erschleichen weiterer Subventionen ausgedehnt (vgl. BT-Drs. 7/3441 S. 22). Spez. zu EU-Subventionen vgl. Thomas NJW 91, 2236, Tiedemann NJW 90, 2226 f. sowie allg. Dannecker aaO (1993).

10   **Nr. 9** ermöglicht generalklauselartig die Erstreckung des deutschen Strafrechts auf alle Taten, zu deren Verfolgung sich die BRD in einem **zwischenstaatlichen Abkommen** verpflichtet hat (krit. Oehler IStR 537; zur Vereinbarkeit mit dem Völkerrecht vgl. Bay NJW **98**, 392 m. Anm. Ambos NStZ 98, 138, Lagodny JR 98, 473). Durch diese Blankettausweitung soll der Gesetzgeber dem Zwang zur jeweiligen Anpassung des Katalogs des 6 auf etwaige neue Abkommen enthoben werden (vgl. E 62 Begr. 110). Obgleich die Vorschrift nur von der „Verfolgung" einschlägiger Taten durch die BRD spricht, handelt es sich bei Nr. 9 nicht nur um eine zuständigkeitsbegründende Prozeßnorm, sondern um eine den *materiellen* Geltungsbereich erweiternde *Strafrechtsnorm* (Zieher aaO 165 ff.). Das bedeutet, daß die deutsche Strafrechtspflege bei Erfüllung einer Verfolgungspflicht iSv Nr. 9 nicht nur ausländische Interessen verfolgt, sondern damit auch einen deutschen Strafanspruch realisiert. Dies auch deswegen, weil internationale Verträge ohne Transformation nicht geeignet sind, mit Verbindlichkeit für das deutsche Strafrecht neue Tatbestände zu schaffen oder geltende zu erweitern. Vielmehr beschränkt sich die Funktion der Nr. 9 darauf, bereits bestehende (oder in Ausführung des Abkommens neu zu schaffende) deutsche Straftatbestände auch dann auf einschlägige Auslandstaten anzuwenden, wenn das Tatortrecht einen entsprechenden Tatbestand noch nicht enthält (vgl. Tröndle 9). Soweit die in einem internat. Abkommen übernommene Verfolgungsverpflichtung bereits transformiert ist, handelt es sich ohnehin bereits um innerstaatliches, unmittelbar geltendes Recht, so daß insoweit Nr. 9 nur klarstellende Funktion hat (insoweit zutr. Jakobs 116 f). Nicht sachgerecht ist es hingegen, Nr. 9 nur dann anzuwenden, wenn das betr. Übereinkommen das Weltrechtsprinzip festlegt (so aber Tröndle 9); denn die Funktion der Nr. 9 als „Transformationshebel" würde leerlaufen, würde man von vornherein alle durch andere Prinzipien erklärbaren Übereinkommen dem Anwendungsbereich der Nr. 9 entziehen (iE ebenso Lemke NK 13). Dies gilt umso mehr, als Nr. 9 selber nicht ausschließlich dem Weltrechtsprinzip zugeordnet werden kann (vgl. Henrich aaO 73 ff.).

11   Als *zwischenstaatliche Abkommen* iSv Nr. **9** kommen, soweit nicht ohnehin bereits durch die vorgenannten Nrn. erfaßt, insbes. folgende in Betracht: Abk. z. Gewährung wirksamen Schutzes gegen den Mädchenhandel v. 18. 5. 1904 idF des Änderungsprot. v. 4. 5. 49 (BGBl. II 1972, 1479), zur Bekämpfung des Mädchenhandels v. 4. 5. 10 idF des Änderungsprot. v. 4. 5. 49 (BGBl. II 1972, 1482) und zur Unterdrückung des Frauen- und Kinderhandels vom 30. 9. 21 idF des Änderungsprot. v. 12. 11. 47 (BGBl. II 1972, 1489); das Abk. betr. die Sklaverei v. 25. 9. 26 idF des Änderungsprot. v. 7. 12. 53 (BGBl. II 1972, 1473); das Abk. über strafbare und bestimmte andere an Bord von Luftfahrzeugen begangene Handlungen v. 14. 9. 63 (BGBl. II 121 ff., vgl. dazu Schedlberger ZfRv 89, 268); die 4 Genfer Rotkreuz-Abk. v. 1949 (BGBl. 1954 II, 783, 813, 838, 917); der Vertrag v. 18. 4. 51 über die Gründung der EGKS m. Art. 45 des Ges. v. 29. 4. 52 (BGBl. II 445, 482), betr. Meineide vor dem EuGH; Art. 27 der Satzung des EuGH v. 17. 4. 57 (BGBl. II 1166), das Eur. Übereink. z. Bekämpfung des Terrorismus v. 27. 1. 77 (ZustG v. 28. 3. 78, BGBl. II 321, 907), das Intern. Übereink. gegen Geiselnahme v. 18. 12. 79 (ZustG v. 15. 10. 80, BGBl. II 1361), die Diplomatenschutzkonv. v. 14. 12. 73 (ZustG v. 26. 10. 76, BGBl. II 1745), das Umweltkriegsübereink. v. 18. 5. 77 (ZustG v. 21. 2. 83, BGBl. II 125), das Übereink. gegen Folter u. andere grausame, unmenschl. o. erniedrig. Behandlung oder Strafe v. 10. 12. 84 (ZustG v. 6. 4. 90, BGBl. 1990 II 246). Vgl. ferner Oehler IStR 413 ff., 520 ff., Grützner/Pötz, Intern. Rechtshilfeverkehr in Strafsachen, z. Ä. (Loseblattsammlung). Vgl. auch Rebmann NJW 85, 1735 ff. zur Terrorismusbekämpfung sowie BayNJW **98**, 392 [m. Anm. Ambos NStZ 98, 138, Lagodny JR 98, 475] und BGHR § 220 a Tatverdacht **1**, Roggemann NJW 94, 1436 ff. zur Verfolgbarkeit von Balkankriegsverbrechen.

Geltung für Auslandstaten in anderen Fällen　　1–5 § 7

III. Wird eine der in den Nrn. 1–9 genannten Taten **im Ausland begangen,** so ist sie **unabhängig vom Tatortrecht** nach deutschem Strafrecht zu ahnden, und zwar selbst dann, wenn das Tatortrecht die Tat milder strafbedroht oder überhaupt nicht unter Strafe gestellt hat (Gribbohm LK 82). Insoweit gilt das zu § 5 RN 1, 22 Gesagte hier entsprechend, wobei jedoch zu beachten ist, daß § 6 – im Unterschied etwa zu § 5 Nrn. 3 a, 8, 9, 11 a, 14 a oder 15, – keine täter- oder opferbezogenen Einschränkungen kennt. Daher spielt in den Fällen des § 6 die Staatsangehörigkeit des Täters oder Teilnehmers ebensowenig eine Rolle wie sein Wohnsitz. 12

IV. Zur **Lockerung des Verfolgungszwanges** bei Auslandstaten vgl. § 153 c I Nr. 1 StPO sowie spez. zu dessen Bedeutung bei Balkankriegsverbrechen Roggemann NJW 94, 1438. 13

§ 7 Geltung für Auslandstaten in anderen Fällen

(1) **Das deutsche Strafrecht gilt für Taten, die im Ausland gegen einen Deutschen begangen werden, wenn die Tat am Tatort mit Strafe bedroht ist oder der Tatort keiner Strafgewalt unterliegt.**

(2) **Für andere Taten, die im Ausland begangen werden, gilt das deutsche Strafrecht, wenn die Tat am Tatort mit Strafe bedroht ist oder der Tatort keiner Strafgewalt unterliegt und wenn der Täter**
1. **zur Zeit der Tat Deutscher war oder es nach der Tat geworden ist oder**
2. **zur Zeit der Tat Ausländer war, im Inland betroffen und, obwohl das Auslieferungsgesetz seine Auslieferung nach der Art der Tat zuließe, nicht ausgeliefert wird, weil ein Auslieferungsersuchen nicht gestellt oder abgelehnt wird oder die Auslieferung nicht ausführbar ist.**

Schrifttum: Vgl. die Angaben zu 1, 63 vor § 3.

I. Auch diese Vorschrift erstreckt das deutsche Strafrecht über den Inlandsbereich des § 3 hinaus auf bestimmte **Auslandstaten** (immerhin aber enger als nach § 3 I aF), dies jedoch nicht katalogartig wie bei den §§ 5, 6, sondern durch **generelle** Ausweitung auf bestimmte opfer- bzw. täterbezogene Situationen. Es geht dabei weniger um den spezifischen Schutz bestimmter inländischer (vgl. § 5 RN 1) bzw. internationaler Rechtsgüter (vgl. § 6 RN 1), sondern eher rechtsgutsneutral um die *Kombination verschiedener Ziele:* Bei Erfassung von Taten, die *gegen Deutsche* gerichtet sind (Abs. 1), ist das **passive Personalprinzip** bestimmend (E 62 Begr. 112, Henrich aaO 36 f., und zwar nicht nur bei strafgewaltfreiem Tatort (Abs. 1 Alt. 2), sondern auch im Falle des Strafbedrohtheitserfordernisses am Tatort. Abs. 1 Alt. 1); denn obgleich letzternfalls auch der Gedanke *stellvertretender Strafrechtspflege* mitzuschwingen scheint (wie von Jescheck/Weigend 174 und ähnl. Jakobs 115 angenommen), geht es in Abs. 1 doch weniger um den für das Stellvertretungsprinzip maßgeblichen Subsidiaritätsgedanken (vgl. 9 vor § 3), sondern um den Schutz deutscher Staatsangehöriger im Ausland (grdl. Henrich aaO 25 ff.; zur Entstehungsgeschichte Eser Jescheck-FS II 1371). Demgegenüber ist bei Auslandstaten von Ausländern im Fall des Scheiterns einer Auslieferung (Abs. 2 Nr. 2) der Gedanke **stellvertretender Strafrechtspflege** bestimmend (BGH NStZ **85**, 545, Gribbohm LK 2; and. Scholten NStZ 94, 268 ff.: auch hier Verfolgung innerstaatl. Interessen, ebenso Pappas aaO 102, ihr folg. Ambos NStZ 98, 140), während bei Auslandstaten *von Deutschen* (Abs. 2 Nr. 1) das **aktive Personalprinzip** vorherrschend ist, wobei sich der Fall des *Neubürgers* (Alt. 2), bei dem – anders als in der Fallgruppe des bereits zur Tatzeit deutschen Täters (Alt. 1) – kein originärer Anknüpfungspunkt besteht, zudem aus ähnlichen Stellvertretungserwägungen erklärt, wie sie für die Erfassung von ausländischen Tätern nach Abs. 2 Nr. 2 maßgeblich sind (vgl. auch u. 19 f., ähnl. diff. Tröndle 1, Krey JR 80, 49 ff., Lemke NK 2, Otto I 33; abw. stellt nach Jescheck/Weigend 174 f., Lackner 1, Hoyer SK 9 f. der Abs. 2 einheitl. eine Konkretisierung der stellvertretenden Strafrechtspflege dar, während M-Zipf I 143 f., Niemöller NStZ 93, 172, Gribbohm LK 2, Tröndle JR 77, 2 mwN in Abs. 2 Nr. 1 insgesamt eine Ausprägung des aktiven Personalprinzips sehen). Zu den Konsequenzen dieser Zuordnung für die Interpretation der identischen Norm vgl. u. 9, 11, 17, 23.). Zur Vereinbarkeit von § 7 II Nr. 2 mit dem Völkerrecht vgl. Bay NJW **98**, 392 m. Anm. Ambos NStZ 98, 138, Lagodny JR 98, 473. 1

II. Im einzelnen wird durch § 7 das deutsche Strafrecht in **drei Fallgruppen** auf Auslandstaten erstreckt, und zwar in Ergänzung zu den bereits durch die §§ 4–6 erfaßten Fällen (vgl. E 62 Begr. 112). Dieses *Ergänzungsverhältnis* wird von Düsseldorf NJW **79**, 61/2 (und wohl auch Tröndle 1) durch Annahme von Spezialität des § 5 Nr. 6 gegenüber § 7 verkannt (so auch Gribbohm LK 154 v. 3); denn die in BT-Drs. V/4095 S. 5 angesprochene Beschränkung auf „Opferseite" betrifft nur den jetzigen § 5 Nr. 6, ohne damit die von anderen Prinzipien geleitete Strafrechtserweiterung des § 7 auszuschließen. Das ist insbes. auch für Schwangerschaftsabbruch (§ 5 Nr. 9) und sexuellen Mißbrauch von Kindern (§ 5 Nr. 8) bedeutsam (iglS Henrich aaO 76 f.); vgl. u. 6, 11. 2 3

1. Gegen Deutsche gerichtete Auslandstaten (Abs. 1) sind strafbar, wenn sie entweder auch am Tatort mit Strafe bedroht sind (Alt. 1: u. 7 ff.) oder der Tatort keiner Strafgewalt unterliegt (Alt. 2: u. 14). 4

a) In beiden Alt. muß sich die Tat *gegen einen Deutschen* richten. Zum Begriff des **Deutschen** vgl. 34 ff. vor § 3. Zur Behandlung der ehem. DDR-Bürger als **Opfer** vgl. 71 vor § 3, ferner 5

Eser　　　　111

6 25. A. RN 5 a, 23. A. RN 66 f. vor § 3. **Gegen** einen Deutschen ist eine Tat gerichtet, wenn er gemäß § 77 I *verletzt* ist bzw. (bei Versuch) verletzt werden sollte (vgl. § 77 RN 10 ff.). Das ist der Fall, wenn durch die Tat ein Rechtsgut beeinträchtigt ist (bzw. werden soll), dessen Inhaber Deutscher ist (vgl. Gribbohm LK 52). Dabei muß es sich jedoch um einen bestimmten oder zumindest **bestimmbaren Einzelnen** handeln (BGH **18** 283 m. Anm. Oehler JZ 64, 382, Lackner 3). Nicht hinreichend dafür sind primär die Allgemeinheit schützende Tatbestände, wie etwa die Einfuhr von Betäubungsmitteln nach § 29 I Nr. 1 BtMG (Oehler JR 77, 425) oder die Wahlfälschung, sofern nicht das persönliche Wahlrecht beeinträchtigt, sondern der Ausgang der Wahl insgesamt verfälscht wird (BGH **39** 60). Im übrigen aber ist die personenrechtliche Stellung des Geschützten unerheblich. Daher ist auch der Foetus einer deutschen Schwangeren geschützt (Tröndle 6, Jähnke LK § 218 RN 66, Mitsch Jura 89, 195; abl. Oehler IStR 426 u. m. beachtl. Arg. Henrich aaO 114 ff.). Auch eine juristische Person mit Sitz im Inland kommt in Betracht (Tröndle 6; wohl verkannt von Sternberg-Lieben NJW 85, 2125 bzgl. Gema; abl. Lemke NK 15 u. eingeh. Henrich aaO 108 f.). Ebenso sind nach Neufassung der §§ 180–181 a die Verkuppelte bzw. Prostituierte mitgeschützt (Tröndle 6; and. zur aF BGH **18** 283).

7 b) Zudem muß nach **Alt. 1** von Abs. 1 die Tat **am Tatort mit Strafe bedroht** sein. Durch dieses Erfordernis einer „**identischen Norm**" soll verhindert werden, daß sich das deutsche Strafrecht auch für solche Gebiete Geltung anmaßt, in denen der territorial primär zuständige Auslandsstaat strafrechtlichen Schutz für nicht geboten hält (vgl. E 62 Begr. 112 f.). Zu Funktion und diff. Interpretation des Strafbedrohtheitserfordernisses grdl. Scholten aaO, insbes. 77 ff., ferner Eser JZ 93, 875 u. Henrich aaO 79 ff. bzgl. § 7 I.

8 α) Die Auslandstat muß nach Tatortrecht durch einen entsprechenden **Straftatbestand** erfaßbar sein (allg. dazu Scholten aaO 125 ff.), darf also nicht nur als Ordnungswidrigkeit eingeordnet sein (BGH **27** 5 m. zust. Anm. Blei JA 77, 135, Bay DAR **81**, 228, JR **82**, 159 m. Anm. Oehler [jew. zu DDR-Ordnungswidrigkeit], Gribbohm LK 19, Schröder JZ 68, 243, Vogler DAR 82, 74; and. noch Tröndle JR 77, 1 ff. mwN für die Zeit vor Inkrafttreten des IRG; vgl. auch KG JR **77**, 335). Für den Nachweis einer „identischen Norm" genügt jedoch nicht schon die Feststellung, daß zB auch das Tatortrecht einen Betrugstatbestand kennt. Erforderlich ist vielmehr, daß die *konkrete Tat* auch unter die Deliktsvoraussetzungen dieser Norm gebracht werden kann (vgl. Köln MDR **79**, 251, Mezger DStR 41, 21, Schröder aaO), also zB nicht nur den Vertrieb, sondern auch den (nach deutschem Recht strafbaren) Besitz von Drogen erfaßt (vgl. LG Krefeld StV **84**, 517). Dagegen braucht der ausländische Tatbestand weder notwendig mit dem deutschen zu decken (vgl. RG **54** 249 zu § 218, Karlsruhe Justiz **80**, 478 zu § 223) noch denselben Rechtsgedanken zu verfolgen (vgl. RG **5** 424, BGH **2** 161, Niemöller NStZ 93, 172 mwN, Gribbohm LK 22; enger Hoyer SK 4: gleiche Schutzrichtung, bzw. Arzt aaO 424 f.: Schutz vergleichbarer Rechtsgüter vor vergleichbaren Angriffen); zB könnte, was nach deutschem Recht Unterschlagung ist, nach ausländischem Recht Untreue sein (vgl. aber auch 23 f. vor § 3). Auch Konkurrenzfragen des ausländischen Rechts sind hier unerheblich (vgl. RG **42** 330). Dagegen kann es an einer Strafdrohung durch Tatortrecht dort fehlen, wo die deutsche Strafnorm nur ein spezifisch inländisches Rechtsgut und umgekehrt die ausländische nur ein entsprechendes ausländisches Rechtsgut schützt (dazu 16 ff. vor § 3). In solchen Fällen kann das deutsche Strafrecht nicht über § 7, sondern allenfalls über §§ 5 oder 6 zur Anwendung kommen.

9 β) Zweifelhaft ist, inwieweit **Rechtfertigungs- und Entschuldigungsgründe** des Tatortrechts zu beachten sind (grds. bejah. Arzt aaO 419 f., Scholten aaO 144 ff.; generell verneinen Woesner ZRP 76, 250). Da Abs. 1 auf dem Schutzprinzip beruht (vgl. o. 1), müssen Straffreistellungen durch Tatortrecht – und zwar gleich, ob rechtfertigend, entschuldigend oder sonstwie strafausschließend – jedenfalls dort ihre Grenze finden, wo sie mit universal anerkannten Rechtsgrundsätzen in Widerspruch geraten (BGH **42** 279 m. zust. Anm. König JR 97, 321, Düsseldorf NJW **83**, 1278 m. Anm. Kilian 2305, Hoyer SK 4, Krey JR 80, 49, Scholten StV 92, 477; nach Küpper/Wilms ZRP 92, 93, Wilms/Ziemske ZRP 94, 171 f. sogar schon bei Verstoß gegen das GG), wie zB bei Straflosigkeitserklärung der Vernichtung von Minderheiten oder bei Ausführung rechtswidriger Befehle (vgl. E 62 Begr. 113; iglS bereits Jescheck IRuD 56, 92, Nowakowski JZ 71, 636; gegen jede Einschränkung nach ordre

10 public-Gesichtspunkten Roggemann ZRP 76, 246 f.; dagegen Woesner ebd.). Zum sog. „**Schießbefehl**" an den Grenzen zur ehemaligen DDR vgl. 91, 96, 99 ff. vor § 3.

11 γ) Dagegen sind prozessuale **Verfolgungshindernisse** des Tatortrechts (wie zB Verjährung, Amnestie oder mangelnder Strafantrag) unerheblich (vgl. RG **40** 402, **54** 249, BGH NJW **54**, 1086, JR **94**, 161 mit abl. Anm. Lagodny/Pappas, Gribbohm LK 32, Scholten aaO 149 ff., 159). Die gegenteilige Auffassung von Schröder JZ 68, 243 (ebenso Hoyer SK 5 sowie Lemke AK 9 bei faktischer Straflosigkeit) vermag zwar gegenüber dem Stellvertretungsprinzip von § 7 II Nr. 1 Alt. 2, Nr. 2 (vgl. u. 17, 23), nicht aber gegenüber dem Schutzgedanken von § 7 I durchzuschlagen (näher Eser JZ 93, 880 f., Henrich aaO 97 f., Lackner 2). Dementsprechend entfällt auch die Strafbarkeit eines Schwangerschaftsabbruchs an einer Deutschen (vgl. o. 6) durch einen Ausländer in einem Land, das einen entsprechenden Abtreibungstatbestand kennt, nicht etwa deshalb, weil praktisch auf Strafverfolgung verzichtet wird (wie zeitweilig in den Niederlanden), wohl aber, soweit Straflosigkeit eingeräumt ist (wie dort heute für Selbstabbruch: vgl. Mitsch Jura 89, 195). Vgl. im übrigen auch § 5 RN 17 sowie 42 vor § 218. Auch die **Gerichtsstandsfrage** ist für die Anwendbarkeit des deutschen Strafrechts unerheblich (vgl. Karlsruhe Justiz **80**, 478 sowie 1 vor § 3).

δ) Die Strafdrohung nach Tatortrecht muß **zur Tatzeit** (§ 8) bestehen (RG **55** 267, Tröndle 7). **12** Daher ist bei nachträglicher Einführung einer Strafdrohung durch §§ 1, 2 auch die Anwendung des deutschen Strafrechts ausgeschlossen. Auch für die Frage, ob der Tatort als *Ausland* zu betrachten ist (dazu 25 ff. vor § 3), ist der Tatzeitpunkt entscheidend.

ε) **Fehlt die Tatortstrafdrohung**, so kommt Alt. 1 selbst dann nicht zum Zuge, wenn die **13** Straflosigkeit allein in besonderen Verhältnissen des Tatorts (wie etwa andersartigen Handelsbräuchen oder niedrigerer Schutzgrenze bei Sexualdelikten in Südländern) ihren Grund hat. Die für solche Fälle gedachte Regel des § 3 II aF wurde schon zu ihrer Geltungszeit für bedenklich gehalten (vgl. 17. A. § 3 RN 6 mN) und zu Recht fallengelassen.

c) Alternativ kommt aber deutsches Strafrecht zum Schutz von Deutschen auch dann zur Anwen- **14** dung, wenn der **Tatort keiner Strafgewalt unterliegt** (Abs. 1 Alt. 2). In diesem Fall ist insbes. auch keine Kollision mit etwa entgegenstehendem Tatortrecht zu befürchten. Das gilt nicht nur bei Taten im sog. *Niemandsland* (zB bei Polarexpeditionen), sondern auch für Schiffe auf hoher See, die keine Flagge führen und demgemäß nicht bereits durch § 4 erfaßt werden (vgl. Oehler IStR 310).

d) Die **Staatsangehörigkeit des Täters** ist in den Fällen des Abs. 1 **unerheblich.** Insofern unter- **15** scheiden sie sich von den nachfolgenden Fällen des Abs. 2.

2. Auslandstaten Deutscher (Abs. 2 Nr. 1) werden im wesentlichen als Konsequenz des *Aus-* **16** *lieferungsverbots* erfaßt: Da infolge von Art. 16 II GG der Deutsche als Täter dem Zugriff des Tatortstrafrechts entzogen ist, soll das deutsche Strafrecht auch stellvertretend tätig werden (vgl. o. 1).

a) Die Auslandstat muß auch hier entweder durch das **Tatortrecht mit Strafe bedroht** sein (vgl. **17** BGH NJW **97**, 334 zu Drogenbesitz in der Schweiz, Bay VRS **59** 293 zu fahrl. Tötung in Österreich, Hamm NJW **78**, 2346, Köln MDR **79**, 251 u. Düsseldorf NStZ **85**, 268 zu Drogenhandel in Holland, Karlsruhe NStZ **85**, 317 m. Anm. Liebelt NStZ 89, 182 zu Konkursdelikt in der Schweiz, Karlsruhe NJW **85**, 2906 zu § 316, StA München NStZ **96**, 436 zu Mehrehe in Syrien) **oder** es darf der **Tatort keiner Strafgewalt** unterliegen. Insofern gilt das zu Abs. 1 Ausgeführte (o. 7 ff. bzw. 14) entsprechend, so daß insbes. etwaige Verfahrenshindernisse des Tatortrechts (zumindest) bei Auslandstaten von Deutschen (Abs. 2 Alt. 1) der Anwendung des deutschen Strafrechts nicht entgegenstehen; denn da das hier mitbestimmende aktive Personalprinzip (o. 1) eine originäre Aufgabe der deutschen Strafrechtspflege begründet, deren Ausübung durch die identische Norm lediglich eingeschränkt werden soll, muß bereits die materielle Strafbarkeit der Tat am Tatort ausreichen, während das Vorliegen prozessualer Verfolgungsvoraussetzungen oder -hindernisse nicht erforderlich ist (näher Eser JZ 93, 881; wie hier RG **40** 404 [zu § 4 II Nr. 3 aF], BGH **20** 23, Düsseldorf NStZ **85**, 268, KG JR **88**, 346 [zur Neubürgerklausel], Tröndle 7, 9, JR 77, 2, der allerdings Verfahrenshindernisse generell für unerheblich hält; weitergeh. Jescheck/Weigend 175, Lackner 2, Lemke NK 16, die im gesamten Abs. 2 einen Fall stellvertretender Strafrechtspflege sehen und daher – ebenso wie im Falle von § 7 II Nr. 2 [vgl. u. 22] – auch bei § 7 II Nr. 1 StGB insgesamt Verfolgungshindernisse für beachtlich halten). Zur Auslegung der identischen Norm im Falle des Neubürgers vgl. § 7 II Nr. 1 Alt. 2 vgl. u. 20.

b) Nur Auslandstaten **Deutscher** werden durch Abs. 2 Nr. 1 erfaßt. Das ist unproblematisch, **18** soweit es um Bürger der Bundesrepublik Deutschland geht. Zur Problematik von ehem. DDR-Bürgern als *Täter* vgl. 70 vor § 3 sowie 24. A. RN 18 a, 23. A. RN 68 vor § 3.

c) War der Täter **zur Tatzeit** (§ 8) Deutscher (Abs. 2 Nr. 1 **Alt. 1**), so wird die Anwendung des **19** deutschen Strafrechts nicht dadurch ausgeschlossen, daß der Täter nach der Tat die deutsche Staatsangehörigkeit aufgibt oder sonstwie verliert (Gribbohm LK 62); denn immerhin war hier der deutsche Strafanspruch bereits durch die Tat begründet worden.

d) Weitaus problematischer hingegen ist die Gleichstellung des sog. **Neubürgers** (Abs. 2 Nr. 1 **20** Alt. 2), bei dem – da erst nach der Tat Deutscher geworden – zur Tatzeit noch keine Bindung an das deutsche Recht bestand. Diese Erfassung läßt sich nur damit rechtfertigen, daß auch ihm als Neubürger das Auslieferungsverbot des Art. 16 II GG zugute kommt und damit eine Bestrafung durch den ausländischen Staat praktisch ausgeschlossen ist. Insofern muß hier das deutsche Strafrecht iS stellvertretender Strafrechtspflege tätig werden können (so auch Krey JR 80, 49, Gribbohm LK 63). Zur seinerzeitigen Übersiedlung von DDR-Bürgern in die BRD vgl. 25. A. RN 18 a. mwN. Zur Frage der Anwendbarkeit der „Neubürgerklausel" nach der Wiedervereinigung über § 315 IV EGStGB vgl. 87 f. vor § 3. Zur Auslegung der „identischen Norm" s. u. 23. – Freilich darf der Täter, da er hier der **21** Geltung des inländischen Rechts erst nachträglich unterstellt wird, dadurch nicht schlechter gestellt werden, als er nach dem an sich maßgeblichen Tatortrecht stehen würde (vgl. Art. 103 II GG, § 2 I). Zwar zwingt dies nicht zu einer Anwendung des ausländischen Rechts; zumindest aber muß der Richter bei Bestimmung der Straffolgen auf Art und Maß des Tatortrechts Rücksicht nehmen (BGH **39** 321 m. Anm. Lackner NStZ 94, 235, KG JR **88**, 346, Stree, Deliktsfolgen u. Grundgesetz (1960) 33, Gribbohm LK 63; vgl. auch § 7 III AE, Eser Jescheck-FS II 1376, Hoyer SK 11; weitergeh. will Cornils, Leges 224 dies auch bei Nr. 2 berücksichtigen). Nur bei einer solchen Vorgehensweise kann mit BGH **20** 23 ein Verstoß gegen Art. 103 II GG verneint werden.

3. Auslandstaten von Ausländern (Abs. 2 Nr. 2) werden vom deutschen Strafrecht erfaßt, **22** wenn der Täter im Inland betroffen und trotz grundsätzlicher Zulässigkeit der Auslieferung aus bestimmten Gründen nicht ausgeliefert wird (ebenso bereits § 4 II Nr. 3 aF; krit. dazu Oehler JZ 64,

§ 8 1

383, Henrich aaO 98 f., Lagodny/Pappas JR 94, 162 sowie insbes. auch aus völkerr. Sicht Pappas aaO 91 ff., 177 ff., Schmitz aaO). Auch hier soll die deutsche Strafrechtspflege stellvertretend tätig werden, wenn *bei Nichtauslieferung* eine Verfolgung des Täters durch das Tatortstrafrecht bzw. den Heimatstaat nicht in Betracht kommt.

23   a) Auch bei dieser Fallgruppe ist Voraussetzung für die Anwendbarkeit des deutschen Strafrechts, daß es entweder an einer **Tatortstrafgewalt fehlt** (o. 14) oder die Tat auch durch das **Tatortrecht mit Strafe bedroht** ist. Letzterenfalls gilt das bereits o. 7 ff. zur identischen Tatortstrafnorm Ausgeführte entsprechend, jedoch mit dem Vorbehalt, daß hier – im Unterschied zu den Fällen von Abs. 1 und Abs. 2 Nr. 1 Alt. 1 – etwaige Verfahrenshindernisse des Tatortrechts auch der Anwendung des deutschen Strafrechts entgegenstehen; denn nimmt man das den Abs. 2 Nr. 2 – wie im wesentlichen auch den Abs. 2 Nr. 1 Alt. 2 – bestimmende Stellvertretungsprinzip (o. 1, 20) wirklich ernst, so darf die deutsche Strafgewalt nur dann eingreifen, wenn auch nach Tatortrecht eine Verfolgung zulässig und nicht etwa wegen Verjährung oder Amnestie ausgeschlossen wäre (eingeh. Eser JZ 93, 881 ff., ebenso für Abs. 2 Nr. 2 Düsseldorf MDR **92**, 1161, Henrich aaO 95 ff., Lagodny ZStW 101, 993, Schomburg/Lagodny StV **94**, 395, ferner – unter Einbeziehung der ganzen Nr. 1 von Abs. 2 [vgl. o. 17] – auch Lemke NK 24, 16, Liebelt aaO 245 f., M. Mayer aaO 176; hingegen offengelassen von BGH NJW **92**, 2775 f., JR **94**, 161; and. – ohne aber zwischen den Alt. des § 7 zu differenzieren – BGH **2** 161, GA **76**, 242, KG JR **88**, 346, Gribbohm LK 32; abl. auch Scholten aaO 154 ff., NStZ **94**, 268 wegen innerstaatl. Interessen an der Strafverfolgung; grdl. zum Ganzen Pappas aaO, insbes. 27 ff., 177 ff.). Entsprechendes dürfte bei tatsächlicher Nichtverfolgungspraxis der Tatortjustiz zu gelten haben (ebenso Lemke NK 18; and. Hoyer SK 6, Oehler JR 77, 425), zumindest wenn dem Strafverfolgungsverzicht bei Taten der betreffenden Art eine hinreichend manifestierte kriminalpolitische Grundsatzentscheidung der Verfolgungsorgane zugrunde liegt. Ein (rechtlicher oder tatsächlicher) Verfolgungsverzicht des Tatortstaates könnte allerdings dann unbeachtlich sein, wenn er universal anerkannten Rechtsgrundsätzen widerspräche (vgl. Eser JZ 93, 876, 882 sowie o. 9).

24   b) Ferner muß der Täter zur Tatzeit (§ 8) **Ausländer** gewesen sein (dazu 37 vor § 3) und nach der Tat **im Inland** (26 ff. vor § 3) **betroffen**, dh seine Anwesenheit festgestellt worden sein (Gribbohm LK 70).

25   c) Die **Auslieferung** muß nach Art der Tat an sich **zulässig** sein. Ob dies der Fall ist, ist nicht nach den einzelnen Auslieferungsverträgen, sondern nach dem deutschen Auslieferungsrecht (DAG bzw. seit 1. 7. 1983 nach dem IRG v. 23. 12. 1982, BGBl. I 2071), also nach innerstaatlichem Recht zu beurteilen (vgl. BGH **18** 286, Oehler JR 77, 425). Unzulässig ist die Auslieferung namentlich bei geringfügigen und rein militärischen oder politischen Taten (vgl. §§ 3 II, 6 I, 7 IRG). Über die seinerzeitige Zulieferung von DDR-Bürgern vgl. 124 vor § 3 sowie 23. A. 68, 71 vor § 3.

26   d) Es muß feststehen, daß der Ausländer **tatsächlich nicht ausgeliefert** wird (BGH NStZ **96**, 277, München StV **98**, 271). Die dafür maßgeblichen Nichtauslieferungsgründe sind heute im Gesetz abschließend aufgezählt. Neben der *Nichtstellung eines Auslieferungsersuchens* durch den Heimat- oder Tatortstaat (vgl. BGH GA **76**, 243, MDR/H **86**, 969, JR **94**, 161 m. abl. Anm. Lagodny/Pappas, Düsseldorf MDR **92**, 1161, LG Kempten NJW **79**, 225) bzw. dessen *Ablehnung* durch die deutschen Instanzen (zB weil kein Auslieferungsverkehr mit jenem Staat besteht; vgl. auch den Fall Hamadi BGH NJW **91**, 3104), kommt insbes. der *tatsächlichen Nichtausführbarkeit* der Auslieferung besondere Bedeutung zu. Ob diese Voraussetzungen vorliegen, hat nicht das Gericht, sondern die nach Auslieferungsrecht zuständige Verwaltungsstelle zu entscheiden. Falls dies noch nicht geschehen ist, hat das Gericht vor Anwendung des deutschen Strafrechts bei der nach §§ 12 f., 74 IRG zuständigen Stelle eine verbindliche Feststellung darüber herbeizuführen, daß der Täter nicht ausgeliefert wird (vgl. BGH **18** 287 f., NJW **95**, 1844, NStZ **85**, 545, Bay GA **58**, 244, Karlsruhe Justiz **63**, 304, AG Mannheim NJW **69**, 997).

27   III. Bei Erfüllung der vorgenannten Voraussetzungen ist die Auslandstat **nach deutschem Strafrecht** (und nicht etwa nach der „identischen Norm" des Tatortrechts) zu ahnden (BGH NJW **97**, 334, vgl. aber auch § 5 RN 22). Ist die Tat (auch nur) *teilweise im Inland* begangen (wie zB hinsichtlich des Erfolgseintritts), so ist sie ohnehin bereits nach § 9 insgesamt als Inlandstat iSv § 3 zu behandeln, mit der Folge, daß das deutsche Strafrecht auch ohne die besonderen Voraussetzungen des § 7 zur Anwendung kommt.

28   IV. **Verfahrensrechtlich** ist § 153 c I Nr. 1 StPO zu beachten, wonach bei Auslandstaten von der Strafverfolgung abgesehen werden kann **(Opportunitätsprinzip)**, und zwar gleichgültig, ob es sich beim Täter um einen In- oder Ausländer handelt (vgl. auch Gribbohm LK 78 f.)

§ 8 Zeit der Tat

Eine Tat ist zu der Zeit begangen, zu welcher der Täter oder der Teilnehmer gehandelt hat oder im Falle des Unterlassens hätte handeln müssen. Wann der Erfolg eintritt, ist nicht maßgebend.

1   I. Die Vorschrift regelt für die Bestimmung des **Begehungszeitpunkts** maßgebliche Kriterien. Dies ist nicht nur für die Beurteilung des zur Tatzeit geltenden Rechts (§ 1) und dabei namentlich für

das sog. intertemporale Strafrecht (§ 2, vgl. dort RN 10 ff.) von Bedeutung, sondern auch für das Vorhandensein bestimmter Täterqualitäten (vgl. zB § 5 Nr. 9, § 7 II Nr. 1, § 19), ferner für die Bestimmung von Fristen und Zeitabläufen (vgl. §§ 59 II, 66 III) wie auch für den zeitlichen Anwendungsbereich von Amnestierungen.

II. Die Tatzeit bestimmt sich allein nach der Zeit der **Handlung** (S. 1). Anders als beim Tat*ort,* der sich sowohl nach dem Ort der Handlung als auch dem des Erfolgseintritts bestimmt (§ 9 RN 3), wird für die Tatzeit der *Erfolg* in Übereinstimmung mit der früheren Praxis (vgl. RG 57 196, BGH 11 121) ausdrücklich für *unerheblich* erklärt (S. 2). Diese sog. *Tätigkeitstheorie* rechtfertigt sich daraus, daß das Gesetz als Bestimmungsnorm nur das Handeln des Täters regulieren kann, während der Erfolgseintritt oft nicht mehr beeinflußbar ist (vgl. M-Zipf I 159, Gribbohm LK 1, Hoyer SK 2). Zur abw. Behandlung der Verjährungsbeginns nach § 78 a vgl. dort RN 1.

III. 1. Im einzelnen ist bei **positivem Tun** der Zeitpunkt bzw. Zeitraum entscheidend, in dem der Täter die auf die Tatbestandsverwirklichung gerichtete(n) Handlung(en) vornimmt, nämlich das tut, was (im Falle eines schlichten Tätigkeitsdelikts) tatbestandlich verboten ist bzw. was (bei einem Erfolgsdelikt) den tatbestandlichen Erfolg verwirklichen soll (ohne daß dieser aber überhaupt oder zum geplanten Zeitpunkt eintreten müßte). Entsprechendes hat für den *Versuch* zu gelten (vgl. BGH NStZ **99**, 409), da durch das „unmittelbare Ansetzen" (ausschl. darauf abheb. Tröndle 3, Lemke NK 5) nur dessen Beginn, nicht aber das gesamte Handeln markiert ist. Bei *Mittäterschaft* gilt die Tat als zu jenem Zeitpunkt begangen, zu dem ein gegenseitig zurechenbarer Tatbeitrag geleistet wird (BGH NJW **99**, 1979). Ähnlich gilt bei *mittelbarer* Täterschaft nicht nur das Einsetzen des Tatmittlers als Tatzeit, sondern auch dessen tatbestandsverwirklichende Ausführungshandlung (Tröndle 3; and. Hoyer SK 5). Zur Tatzeit bei *Teilnahme* vgl. u. 5. Bei *objektiven Strafbarkeitsbedingungen* kommt es nicht auf deren Eintritt, sondern auf die Tatbestandshandlung ieS an; demzufolge ist zB im Falle von § 323 a nicht der Zeitpunkt der Rauschtat, sondern der des Sichberauschens als maßgeblich anzusehen (Stree Jus 65, 473, Gribbohm LK 9; and. Braunschweig NJW **66**, 1878). Vgl. aber auch § 78 a RN 13 zu dem davon abw. Verjährungsbeginn.

2. Bei **Unterlassungsdelikten,** und zwar sowohl bei echten (§§ 138, 323 c) als auch bei unechten (134 ff. vor § 13), ist entscheidend die Zeit, zu der der Täter *hätte handeln können und müssen.* Soweit ihm dafür ein gewisser Zeitraum zur Verfügung stand, endet dieser zu dem Zeitpunkt, von dem an die gebotene Handlung aussichtslos oder unmöglich wird: so etwa, weil der Erfolg ohnehin nicht mehr abgewendet werden konnte (Tröndle 4) bzw. die Handlungspflicht nicht mehr deliktisch verletzt wurde (vgl. BGH **11** 119, 124 m. Anm. Schröder JZ 59, 30).

3. Bei Anstiftung und Beihilfe kommt es allein auf die jeweilige **Teilnehmerhandlung** an. Anders als beim Tatort (vgl. § 9 RN 11) hat daher hier die Haupttat, zu der angestiftet bzw. Beihilfe geleistet wurde, außer Betracht zu bleiben (BGH NStZ **00**, 198). Somit ist bei Teilnahme mehrerer die Tatzeit jeweils selbständig nach dem betreffenden Tatbeitrag zu bestimmen (Gribbohm LK 14). Bei Teilnahme durch *Unterlassen* (98 ff. vor § 25) ist die Zeit entscheidend, zu der der Teilnehmer durch Verhinderung der Haupttat hätte tätig werden müssen; im Falle von § 30 beginnt sie zu dem Zeitpunkt, in dem die Strafbarkeitsgrenze erreicht wird (Hoyer SK 4).

4. Über den mit dem Handeln als solchem verbundenen Zeitaufwand (o. 3) hinaus kann sich auch aus anderen Gründen das deliktische Geschehen über einen **längeren Begehungszeitraum** erstrecken. Soweit es sich dabei um sog. *Dauerdelikte* handelt, bei denen (wie zB bei § 239) die Tatbestandsverwirklichung über eine bestimmte Zeit hin aufrechterhalten wird (vgl. 81 ff. vor § 52), ist das gesamte Dauerverhalten als Tatzeit anzusehen (vgl. auch Lemke NK 7). Entsprechendes gilt für *Fortsetzungstaten* und ähnliche rechtliche Bewertungseinheiten (vgl. 31 ff., 64 vor § 52). Bei *Zustandsdelikten* hingegen, bei denen mit Schaffung des rechtswidrigen Zustandes das deliktische Handeln als solches abgeschlossen ist (§§ 169, 171; vgl. 82 vor § 52), ist die Tat bereits mit dem zustandsbegründenden Handeln begangen (Tröndle 3).

IV. Fällt die Tat durch verschiedene Begehungszeitpunkte oder aufgrund eines längeren Begehungszeitraumes unter den Geltungsbereich **mehrerer Strafgesetze,** so ist § 2 II zu beachten (dort RN 13 ff.).

§ 9 Ort der Tat

(1) **Eine Tat ist an jedem Ort begangen, an dem der Täter gehandelt hat oder im Falle des Unterlassens hätte handeln müssen oder an dem der zum Tatbestand gehörende Erfolg eingetreten ist oder nach der Vorstellung des Täters eintreten sollte.**

(2) **Die Teilnahme ist sowohl an dem Ort begangen, an dem die Tat begangen ist, als auch an jedem Ort, an dem der Teilnehmer gehandelt hat oder im Falle des Unterlassens hätte handeln müssen oder an dem nach seiner Vorstellung die Tat begangen werden sollte. Hat der Teilnehmer an einer Auslandstat im Inland gehandelt, so gilt für die Teilnahme das deutsche Strafrecht, auch wenn die Tat nach dem Recht des Tatorts nicht mit Strafe bedroht ist.**

§ 9   1–5   Allg. Teil. Das Strafgesetz – Geltungsbereich

Schrifttum: vgl. die Angaben zu 1, 63 vor § 3, ferner: Bergmann, Der Begehungsort im internat. Strafrecht Deutschlands, Englands und der Vereinigten Staaten von Amerika, 1966. – *Bleisteiner,* Rechtl. Verantwortlichkeit im Internet, 1998. – *Cornils,* Der Begehungsort von Äußerungsdelikten im Internet, JZ 99, 394. – *Graf,* Internet: Straftaten u. Strafverfolgung, DRiZ 99, 281.– *Heinrich,* Der Erfolgsort beim abstrakten Gefährdungsdelikt, GA 99, 72. – *Hilgendorf,* Überlegungen zur strafr. Interpretation des Ubiquitätsprinzips im Zeitalter des Internets, NJW 97, 1873. – *Jung,* Die Inlandsteilnahme an ausländ. strafloser Haupttat, JZ 79, 325. – *Lehle,* Der Erfolgsbegriff u. die dt. Strafrechtszuständigkeit im Internet, 1999. – *Lüttger,* Lockerung des Verfolgungszwanges bei Staatsschutzdelikten, JZ 64, 570. – *Schnorr v. Carolsfeld,* Die mitbestrafte Nachtat im Internat. Strafrecht, Heinitz-FS 765. – *Sieber,* Internat. Strafrecht im Internet, NJW 99, 2065.

1 I. Die Vorschrift regelt den **Begehungsort** einer Tat. Durch Rückkehr des deutschen Strafrechts zum Territorialprinzip (vgl. § 3 RN 1) kommt der naturgemäß gesteigerte Bedeutung zu. Darüber hinaus gilt sie jedoch für das gesamte Strafrecht, insbes. auch für die Bestimmung des Gerichtsstandes **2** nach §§ 7 ff. StPO (BGH NStZ **96**, 502). Gewisse Einschränkungen finden sich bei bestimmten Staatsschutzdelikten durch § 91 (vgl. u. 10, 13, 14). Durch Abs. 2 haben die zum früher nicht geregelten Teilnahmeort entwickelten Grundsätze (vgl. 17. A. § 3 RN 9 ff.) gesetzliche Anerkennung gefunden (zur Kritik vgl. u. 14 mwN). Der „Ort der Handlung" bei Ordnungswidrigkeiten ist in entsprechender Weise geregelt (§ 7 OWiG). Zu Grenzen der Tatbegehung auf *Schiffen* oder *Luftfahrzeugen* vgl. § 4 RN 6 a; zum Zusammenwirken von § 9 mit § 4 vgl. LG Kiel NStZ **98**, 201 (bestät. von Schleswig wistra **98**, 71).

3 II. Dem § 9 liegt das sog. **Ubiquitätsprinzip** zugrunde, das iSd „Einheitstheorie" auf einer Verbindung der von der Rspr. entwickelten „Tätigkeits"- und „Erfolgstheorie" beruht (BGH **44** 56, Jescheck/Weigend 177). Anders als die ausschließlich *handlungs*bezogene Bestimmung der Tat*zeit* (§ 8) gilt in örtlicher Hinsicht die Tat sowohl dort als begangen, wo ein Tatbeteiligter *gehandelt* hat bzw. hätte handeln müssen, als auch da, wo ein tatbestandsmäßiger *Erfolg* eingetreten ist bzw. nach Vorstellung des Beteiligten hätte eintreten sollen. Demgemäß gelten bei sog. **Distanzdelikten,** bei denen der Ort der Handlung und der des Erfolgseintritts auseinanderfallen, beide als Tatort. Das läßt sich damit begründen, daß das Schwergewicht der Tat weder einseitig auf die Handlung noch auf den Erfolg gelegt werden darf, sondern beide eine Einheit bilden, wobei jedem dieser Tatbestandsteile gleiches Gewicht zukommt (vgl. Oehler IStR 211 ff.; ferner insbes. bzgl. Fahrlässigkeitsdelikten Kunig/Uerpmann Jura 94, 193). Demgemäß gilt als an jedem Ort begangen anzusehen, an dem auch nur eines ihrer Tatbestandsmerkmale verwirklicht worden ist (zu den Konsequenzen bei *internat.* Distanzdelikten vgl. u. 12 ff.). Dagegen ist der Ort der Entdeckung bzw. Kenntniserlangung von der Tat unerheblich (vgl. RG DR **43**, 1101, Gribbohm LK 16). Besteht eine strafbare Handlung aus *mehreren Einzelakten* oder *Einzelerfolgen,* so können damit uU mehrere in- oder ausländische Tatorte gegeben sein. Über die sich daraus ergebenden Konsequenzen für die Anwendung des deutschen Strafrechts vgl. u. 12 ff.

III. Im **einzelnen** kommen folgende **Tatorte** in Betracht:

4 1. Der an erster Stelle genannte **Tätigkeitsort (Abs. 1 Alt. 1)** ist überall da gegeben, wo der Täter gehandelt, dh eine auf die Tatbestandsverwirklichung gerichtete Tätigkeit, und sei es nur bis zum Versuch (vgl. BGH **34** 106, KG JR **81**, 38, Stuttgart NStZ-RR **00**, 26), vorgenommen hat, zudem aber auch dort, wo sich diese Handlung zugleich entfaltet. Das kann bei telekommunikativer Übermittlung auch an den Ort, an dem eine Kundgabehandlung optisch oder akustisch wahrgenommen werden kann, der Fall sein (KG NJW **99**, 3500). Dementsprechend ist bei Äußerungs- und Verbreitungsdelikten im Internet Tätigkeitsort nicht nur dort, wo der Täter körperlich anwesend ist, sondern auch am Standort des Servers, auf dem der Täter eine Datei gezielt und kontrolliert speichert (Cornils JZ 99, 396); iE weitgeh. gleich Sieber NJW 99, 2068 ff. durch Abheben auf den Ort des „Tathandlungserfolgs"; zu abw. Auffassungen vgl. u. 6 aE). Daß durch die Handlung bereits im Inland gewisse Wirkungen zwingend eintreten müßten, kann entgegen Schroeder NJW 76, 490 nicht gefordert werden (insoweit zutr. BGH NJW **75**, 1610; krit. Lemke NK 7; zu unbestimmt hingegen die von Schnorr v. Carolsfeld Heinitz-FS 766 ff. vorgeschlagene „Gesamtbetrachtung"). Handlungen, die erst der *Beendigung* dienen, genügen dafür nicht, auch wenn sie eine Fortsetzung oder Intensivierung des Angriffs darstellen (vgl. u. 6; and. Düsseldorf MDR **88**, 515), ebensowenig rein *vorbereitende* Handlungen, es sei denn, daß sie tatbestandlich verselbständigt sind (dazu 13 f. vor § 22), wie zB als Verbrechensverabredung nach § 30 II (BGH **39** 88, 89 m. Anm. Küpper JR 93, 291), oder etwa nach Mittäterschaftsregeln als Tatanteil zugerechnet werden können (BGH **39** 88, 90, NJW **91**, 2498, NStZ **97**, 286, Lackner 2, Gribbohm LK 8), wie hins. § 99 im Fall BGH **38** 75, 77 zu Recht verneint. Demgemäß ist etwa ein durch den Mittäter im Inland vorbereiteter Raubmord, der vom Komplizen im Ausland ausgeführt wird, auch im Inland begangen (RG **57** 145, **75** 386; vgl. aber auch Bergmann aaO 36 f.). Ähnlich ist bei mittelbarer Täterschaft dem Hintermann die vom ihm veranlaßte Tätigkeit des Werkzeugs auch in örtlicher Hinsicht zuzurechnen; Tatort des mittelbaren Täters ist daher nicht nur der Ort seiner eigenen Betätigung, sondern auch der seiner Mittelsperson (RG **67** 138, BGH wistra **91**, 135, Bergmann aaO 73 f.; and. Hoyer SK 5). Zu sonstigen Formen der Tatbeteiligung vgl. u. 11. Bei mehraktigen (zB Raub) oder *fortgesetzten* Delikten ist jeder Ort, an dem ein Einzelakt verwirklicht wird, Tätigkeits-, ggf. auch Erfolgsort (vgl. RG **49** 425, BGH NStZ **86**, 415 mwN). Spez. zum Begehungsort bei früherer *DDR*-Agententätigkeit vgl. u. 11 a.

5 2. Dem Tätigkeitsort entspricht bei **Unterlassungs**delikten der Ort, an dem der Täter *hätte handeln müssen* **(Abs. 1 Alt. 2).** Das ist nicht allein der jeweilige Aufenthaltsort, sondern zunächst einmal

116   Eser

jener, von dem aus der Unterlassende zur rechtzeitigen Abwendung des tatbestandsmäßigen Erfolges (§ 13 RN 3) hätte handeln können und müssen (vgl. RG **9** 353, Bay MDR **87**, 514, Frankfurt ROW **85**, 236, Hamburg NJW **86**, 336, KG GA Bd. **45** 60, Stuttgart NJW **77**, 1602, LG Frankfurt NJW **77**, 509), ferner der Ort, zu dem er sich zur Abwendung des Erfolgs begeben müßte (einseitig so Hoyer SK 4, gerade umgekehrt Jakobs 119; wie hier Tröndle 4, Lemke NK 10), zB um als Lotse einem in Havarie geratenen Schiff zu Hilfe zu kommen.

    3. Tatort ist ferner der **Erfolgsort (Abs. 1 Alt. 3)**, wie zB im Falle von § 258 die vom Ausland her 6 bewirkte (auch nur teilweise oder verzögerte) Vereitelung einer von deutschen Gerichten zu verhängenden Strafe (BGH **44** 52, NJW **99**, 2908). Wenn des weiteren das Gesetz dafür nicht nur auf den Eintritt des „Erfolgs" (so § 3 III aF), sondern spezifischer auf den „zum Tatbestand gehörenden Erfolg" abhebt, so ist damit iSd früherer Praxis (BGH **20** 51) klargestellt, daß Tatwirkungen, die für die Tatbestandsverwirklichung nicht mehr relevant sind, keinen Tatort begründen können (Frankfurt NJW **89**, 676, M-Zipf I 141; daher bedenkl. Wengler JR **77**, 258; vgl. Kunig JuS **78**, 594). Zum einen gilt dies für Erfolge, die lediglich für die *Beendigung* der Tat (4 ff. vor § 22) von Bedeutung sind (Bay NJW **92**, 1248, Lackner 2, Martin aaO 126; daher insoweit bedenkl. BGH NStZ **97**, 286; and. auch Düsseldorf MDR **88**, 515, Stuttgart NJW **74**, 914): Tritt zB bei einer im Ausland durch Täuschung herbeigeführten Vermögensschädigung lediglich die erstrebte Bereicherung im Inland ein, so handelt es sich insgesamt um eine reine Auslandstat (Frankfurt wistra **90**, 271; and. Jescheck/Weigend 178). Entsprechendes gilt für fortwirkende Schmerzen einer im Ausland begangenen Körperverletzung (Karlsruhe Justiz **80**, 478). Dementsprechend wird auch bei Weiterveräußerung einer im Ausland durch Hehlerei erlangten Sache an einen gutgläubigen Käufer im Inland damit kein inländischer Begehungsort begründet (RG **1** 281, München GA **91**, 504). Gleichermaßen können auch *mittelbare* Vermögensnachteile für das inländische Mutterunternehmen nur dann einen Erfolgsort begründen, wenn es sich dabei noch um einen tatbestandlichen Vermögensschaden handelt (Frankfurt NJW **89**, 675, Martin aaO 127; ähnl. Lemke NK 21; bedenkl. Koblenz wistra **84**, 79). Zum anderen ist auch bei *Gefährdungsdelikten* der Ort, an dem eine tatbestandsmäßige Gefährdung eintritt, Erfolgsort (insoweit hM; vgl. Bay NJW **57**, 1328, Köln NJW **68**, 954, VRS **62** 472; vgl. aber auch Hilgendorf NJW **97**, 1876); zu spez. Konsequenzen für ehem. *DDR*-Spione vgl. u. 11 a. Soweit es sich jedoch um *abstrakte* Gefährdungsdelikte handelt, wird neben dem Ort der abstrakt gefährlichen Handlung nicht auch noch jener Ort zum Tatort, an dem die abstrakte Gefahr in eine (tatbestandlich nicht mehr relevante) konkrete Gefahr umschlägt (Saarbrücken NJW **75**, 507, Gribbohm LK 20, Lackner 2, Tröndle 3; and. Schröder 17. A. § 3 RN 13, Heinrich GA **99**, 77 ff., Hoyer SK 7; diff. Martin aaO 79 ff., 118 ff., ZRP **92**, 19 ff., der zwar ebenfalls den Eintritt einer konkreten Gefahr für irrelevant hält, jedoch mit beachtlichen Gründen davon ausgeht, bei räumlich wirkenden Gefahrquellen sei jeder Ort innerhalb des verursachten Gefahrenkreises Erfolgsort; iglS BGH NStZ **90**, 37 bzgl. Verjährung: bereits Eintritt der Gefährdung als Erfolg; gegen Martin Satzger NStZ **98**, 115). Ebenso ist bei *schlichten Tätigkeitsdelikten* nur der Ort der Handlung maßgebend, an dem die Beeinträchtigung des geschützten Rechtsguts eintritt (RG **1** 281, München StV **91**, 505 zur Hehlerei; wohl iglS Köln NStZ **00**, 39 zum AuslG). Schließlich können auch bei sog. **Transitverbrechen,** bei denen eine in Gang gesetzte Kausalkette zwischen Tätigkeits- und Erfolgsort auch noch andere Länder durchläuft, jene mitberührten Orte allenfalls dann als Tatort gelten, wenn sie nicht nur ungefährdete Durchgangsstationen sind, sondern ihrerseits zumindest iSd betreffenden Tatbestands gefährdet werden. Das mag zwar bei dem von Rom nach Stockholm versandten Sprengstoffpaket, das auf seinem Weg durch Deutschland explodieren könnte, noch der Fall sein, nicht dagegen bei einem durch Deutschland expedierten beleidigenden Brief von Paris nach Warschau (ähnl. einschr. bereits v. Hippel II 176, ebenso Bergmann aaO 49 ff., M-Zipf I 142, Hoyer SK 7 sowie Blei I 45, Lemke NK 11, Gribbohm LK 22; vgl. auch Martin aaO 128; and. Jescheck/Weigend 178), ebensowenig bei einer während einer Zwischenlandung nicht erreichbaren Betäubungsmittel im Gepäck (BGH **31** 377, NStZ **84**, 365, krit. Körner MDR **86**, 717; vgl. auch Prittwitz NStZ **83**, 350 u. Lemke NK 9 zu vorrangigen Tatbestandsproblemen beim BtMG) oder bei einem nach inländischem Recht ordnungsgemäß hergestellten, im übrigen unter völligem Ausschluß des inländischen Marktes ins Ausland verbrachten und erst dort möglicherweise verbotenen Exportartikel. Zu besonderen Tatortproblemen bei Presse- und Rundfunkdelikten vgl. Jedamzki aaO 19 ff., ferner Weigend ZUM **94**, 133 zu pornograph. TV-Sendungen im Ausland; spez. zu „Piratensendern" vgl. Oehler, Das deutsche Strafrecht und die Piratensender, 1970, sowie zu solchen Sendern auf hoher See in Hübner-FS 753, 758 f. Für die umstrittene Erfassung von durch **Internet** vermittelten Delikten ergibt sich im wesentlichen folgendes: Soweit ein Anknüpfungspunkt für das deutsche Strafrecht nicht bereits aus den §§ 5, 6 (wie im Fall der Verbreitung kinderpornographischer Darstellungen nach § 6 Nr. 6 oder der Vermittlung von Organhandel nach § 5 Nr. 15) oder durch die Kenntnisnahme des Inhalts mittels Abrufung im Inland den tatbestandsmäßigen Erfolg (wie im Falle der Beleidigung) begründet, läßt sich bei abstrakten Gefährdungsdelikten ein inländischer Tatort nicht schon allein damit begründen, daß ein im Ausland ins Internet gestelltes Angebot im Inland abgerufen wird bzw. abrufbar wäre; vielmehr ist eine Mittellinie zwischen einer zu befürchtenden globalen Anwendbarkeit des deutschen Strafrechts einerseits und der gebotenen Abwehr von grenzüberschreitenden „Push-Technologien" andererseits dadurch anzustreben, daß neben dem körperlichen Handlungsort auch der virtuelle Standort des Servers zum Tätigkeitsort zu rechnen ist (vgl. o. 4; eingeh. zu abw. Einschränkungsversuchen ua

§ 9 7–11 a   Allg. Teil. Das Strafgesetz – Geltungsbereich

Hilgendorf NJW 97, 1873 ff., Lehle aaO, Sieber NJW 99, 2065 ff.; vgl. auch Graf DRiZ 99, 281 f., Lackner 5 mwN).

7   Andererseits ist aber der „zum Tatbestand gehörende Erfolg" nicht auf die Tatbestandsmäßigkeit ieS zu beschränken: da es dem Gesetz lediglich darauf ankommt, Folgewirkungen der Tat auszuschließen, die für die Strafbarkeit aus dem betreffenden Gesamttatbestand irrelevant bzw. straftatbestandlich nicht faßbar sind, haben über die ohnehin bereits unrechtssteigernden **erfolgsqualifizierenden** Folgen hinaus auch **objektive Strafbarkeitsbedingungen** eine tatortbegründende Wirkung (vgl. RG **16** 188, **43** 85, Jedamzik aaO 15 ff., Jescheck/Weigend 179, Gribbohm LK 23; and. Satzger NStZ 98, 117, der auf die strafeinschränkende Wirkung der objektiven Strafbarkeitsbedingung abstellt; zB bei § 227 der im Inland eingetretene, aber bereits durch Körperverletzung im Ausland verursachte Tod (Lemke NK 22), oder bei § 323 a die im Inland begangene, aber auf die Berauschung im Ausland zurückzuführende Rauschtat (BGH **42** 242; dagg. Gottwald JA 98, 344; insofern and. auch Stree JuS 65, 474).

8   Diese Grundsätze gelten auch für **Unterlassungs**delikte entsprechend. Neben dem Ort der möglichen und gebotenen Pflichterfüllung (o. 5) ist daher auch der des eingetretenen Erfolgs Tatort, so zB bei § 170 der Wohnsitz des Unterhaltsgläubigers (vgl. Köln MDR **68**, 686, BGE 87 IV 153, Lemke NK 23 mwN) oder der Ort der Auswirkung einer Kontrollversäumnis (vgl. Köln NJW **80**, 1241).

9   Erfolgsort ist ferner auch jener, an dem der (tatsächlich) ausgebliebene Erfolg nach Vorstellung des Täters hätte eintreten sollen (BGH **44** 54 zu § 258, NStZ **96**, 177 zu § 239 a). Dies ist insbes. für **Versuch**, aber auch für Vorbereitungshandlungen bedeutsam, so zB im Falle von § 30 sowohl hins. des im Ausland verabredeten, aber im Inland durchzuführenden Raubmordes als auch eines im Inland verabredeten Drogenhandels im Ausland (vgl. BGH NJW **99**, 2684), ebenso bei § 149 hins. der im Ausland angeschafften, aber für Verwendung im Inland bestimmten Fälschungswerkzeuge.

10 Anderes gilt jedoch dort, wo der betreffende Tatbestand die Strafbarkeit von einer Tätigkeit im Inland bzw. im räumlichen Geltungsbereich dieses Gesetzes (dazu 32 vor § 3) abhängig macht **(§ 91)**; so etwa würde eine Agententätigkeit iSv § 87 in der Schweiz selbst dann keinen inländischen Tatort begründen, wenn dadurch Sicherheitsinteressen in der Bundesrepublik gefährdet würden (vgl. § 91 RN 5).

11 4. Für den Teilnehmer ist Tatort sowohl jener der *Haupttat* (vgl. RG **74** 59, Bay NStZ **92**, 282, Oehler JR 77, 426) als auch der **Teilnahmeort (Abs. 2)**, und zwar ohne Rücksicht auf die Strafbarkeit der Haupttat an deren ausländischem Tatort (Abs. 2 S. 2; BGH NJW **99**, 2683; zur Kritik vgl. u. 14). Teilnahmeort ist sowohl dort, wo der Teilnehmer tatsächlich gehandelt hat, als auch da, wo er im Falle pflichtwidrigen Unterlassens hätte handeln müssen (vgl. o. 5 sowie Mitsch Jura 89, 194), bei versuchter Beteiligung (§ 30) ferner dort, wo nach Vorstellung des Teilnehmers die Haupttat begangen werden sollte. Anders als für den Haupttäter, für den nur der Tätigkeits- oder Erfolgsort iSv Abs. 1, nicht aber ein Teilnahmeort iSv Abs. 2 als Begehungsort gilt (vgl. Oehler IStR 269 f.), ist etwa Anstiftung sowohl da begangen, wo sie selbst vorgenommen wird, wie auch dort, wo sie zur Wirksamkeit gelangt, dh wo der Entschluß im Angestifteten hervorgerufen wird bzw. wo dieser die Haupttat begeht (RG **25** 426). Entsprechend ist die Beihilfe sowohl am Ort des Förderungsaktes begangen (BGH **4** 335) als auch dort, wo dieser zur Wirksamkeit gelangt (RG **11** 23, JW **36**, 2655). Zu mit- und mittelbar täterschaftlicher Zurechnung vgl. o. 4. Vgl. zum Ganzen auch Bergmann aaO 43 ff., Schröder ZStW 61, 129, Gribbohm LK 25 ff.

11 a 5. Speziell zur Feststellung eines inländischen Begehungsorts bei früherer **DDR-Agententätigkeit** (sofern tatbestandlich überhaupt erfaßbar [dazu 13 ff. vor § 3] wie auch mit verfassungs- und völkerrechtlichen Grundsätzen vereinbar [dazu 93 f. vor § 3]) ergeben sich aus den vorgenannten Grundsätzen folgende Konsequenzen: a) Soweit es sich um ein Verletzungs- oder Gefährdungsdelikt handelt (wie im Falle von § 94 Nr. 1) und durch die Tat die BRD gefährdet wurde, liegt für alle Tatbeteiligten, gleich ob in der BRD oder ausschließlich vom DDR-Territorium aus agieren, schon wegen des Erfolgsortes in der BRD ein inländischer Begehungsort vor, und zwar für Täter nach § 9 I (Fall G von KG NJW **91**, 2502; zu mittelbarer und mittäterschaftlicher Zurechnung bei § 99 [Fall BGH **39** 260 m. Anm. Träger NStZ 94, 282] vgl. o. 4 sowie Loos/Radtke StV 94, 565 ff.), für bloße Teilnehmer nach § 9 II 1 1. Alt. (Fall BGH NJW **91**, 2498 m. Bspr. Hassemer JuS 92, 81; vgl. o. 11), ohne daß es also insoweit einer Heranziehung des § 5 Nr. 4 bedürfte (BGH NJW **91**, 2498, KG aaO; undiff. BGH **39** 262). Entsprechendes hat etwa auch für Telefonabhören nach § 201 zu gelten, wenn ein bundesdeutscher Gesprächsteilnehmer mitbetroffen war (KG JR **93**, 388), es sei denn, daß man § 201 mit BGH **40** 10 f. als reines Tätigkeitsdelikt begreift (vgl. aber demgegenüber § 201 RN 2). b) Soweit es sich (wie bei Agententätigkeit nach § 99) um ein abstraktes Gefährdungsdelikt handelt, für dessen Vollendung es nicht auf den Eintritt einer Gefährdung der Bundesrepublik ankommt und daher der DDR als Begehungsort ausscheiden (vgl. o. 6, ferner BGH **20** 52), ist die Anwendbarkeit der betreffenden Tatbestandes über die §§ 3, 9 nur insoweit begründbar, als entweder in der BRD täterschaftlich gehandelt wurde (§ 9 I; vgl. BGH **38** 77) oder eine mit- oder mittelbar täterschaftliche Zurechnung von DDR-Aktivitäten mit denen auf BRD-Territorium in Betracht kommt (wie wohl im Fall Stuttgart NJW **93**, 1406 m. Anm. Lampe; vgl. o. 4) oder für einen DDR-Teilnehmer auch der BRD-Haupttatort nach § 9 II als Begehungsort gilt (vgl. o. 11). c) Blieb die Agententätigkeit (wie im Falle von § 99) hingegen auf DDR-Territorium beschränkt, so kann der Tatbestand allenfalls über § 5 Nr. 4 zum Zuge kommen (Fall BGH **37** 307, Fälle D, F, S und K von KG NJW **91**, 2502; wohl

verkannt von Stuttgart NJW **93**, 1406). Grds. abl. gegen Heranziehung der §§ 5 und 9 auf MfS-Agenten Arndt NJW 91, 2466 f., der jedoch offenbar die Funktion der Geltungsbereichsnormen als materielle Strafrechtsausweitung verkennt (vgl. 1, 93 vor § 3).

IV. Für die Anwendung des deutschen Strafrechts auf **internationale Distanzdelikte** (vgl. o. 3) haben diese Grundsätze folgende Konsequenzen:

1. Ist auch nur ein Handlungs*teil* bzw. (Teil)erfolg im *Inland* begangen, eingetreten bzw. beabsichtigt **12** gewesen, so ist die Tat in jeder Hinsicht als **Inlandstat** zu behandeln und demzufolge nach § 3 dem deutschen Strafrecht unterworfen (BGH NStZ **86**, 415; zu der dadurch möglichen Konkurrenz mit anderen – im Falle von **Transitverbrechen** (o. 6) uU sogar mit mehreren – Strafrechtsordnungen vgl. 60 vor § 3). Demgemäß findet etwa § 253 auf eine schriftliche Erpressung sowohl dann Anwendung, wenn der Drohbrief im Ausland geschrieben und ins Inland gesandt ist, wie auch dann, wenn er im Inland geschrieben und ins Ausland gesandt wurde (RG **30** 99). Entsprechendes gilt für einen Betrug, der gegen ein Opfer im Ausland gerichtet ist, aber durch Absendung der Angebote im Inland begonnen wurde (vgl. RG HRR **39** Nr. 397). Vgl. auch o. 6. Zu dem bei *interlokalen* Distanzdelikten anzuwendenden Recht vgl. 51 ff. vor § 3.

2. Diese einheitliche Behandlung als Inlandstat gilt auch für eine – soweit nicht nach BGH **40** 138 **13** ohnehin obsolet gewordene (vgl. 31 u/o § 52) – **fortgesetzte** Handlung, deren Einzelakte teils im Inland, teils im Ausland ausgeführt wurden (RG **50** 425, **71** 288, DJ **37**, 1004, HRR **39** Nr. 480, BGH MDR/H **92**, 631, Bergmann aaO 38, Gribbohm LK 41, Lemke NK 13). Anderes hat allerdings dort zu gelten, wo die Strafbarkeit gerade eine Tatbegehung im Inland bzw. im räumlichen Geltungsbereich dieses Gesetzes voraussetzt, wie bei § 91, wo nur solche Einzelakte zu einer fortgesetzten Handlung zusammengesetzt werden können, die jene Voraussetzungen erfüllen (vgl. Langrock aaO 111 f., ferner § 91 RN 7).

3. Auch die im Inland begangene **Teilnahme** (o. 11) beurteilt sich allein nach deutschem Straf- **14** recht. Daher kommt es bei Anstiftung und Beihilfe nicht darauf an, wie die Auslandshaupttat vom Tatortrecht bewertet wird (vgl. o. 11); selbst wenn diese dort nicht mit Strafe bedroht ist, bleibt die Teilnahme nach der durch Abs. 2 S. 2 bestätigten Praxis (RG JW **36**, 2655, BGH **4** 335) strafbar (vgl. auch Schröder ZStW 61, 70 ff.), wie etwa bei Anstiftung einer Deutschen zu einem in den Niederlanden ausgeführten, nach dortigem Recht straflosen Abbruch (vgl. Koch in Eser/Koch, Schwangerschaftsabbruch im intern. Vergleich I (1988) 110). Zu problem. Konsequenzen dieses Grundsatzes vgl. Hoyer SK 11 ff., Jung JZ 79, 325 ff., Gribbohm JR 98, 177, Lemke NK 16 f., Nowakowski JZ 71, 633, Oehler IStR 267 ff. Zu den sich aus § 91 ergebenden Besonderheiten vgl. dort RN 5 f.

V. Da der Tatort kein Bestandteil des Unrechtstatbestandes ist, braucht er *nicht* vom **Vorsatz** umfaßt **15** zu sein (Endemann NJW 66, 2382, Gribbohm LK 49, Lackner 1; and. RG **25** 426, Herrmann aaO S. 88). Insofern gilt Entsprechendes wie für die Regeln des Internat. Strafrechts (vgl. 61 vor § 3). Jedoch können uU Fehlvorstellungen über die räumliche Reichweite des Handelns den Vorsatz beseitigen (vgl. Karlsruhe Justiz **84**, 434, Lemke NK 25), so vor allem bei Staatsschutzdelikten (vgl. D-Tröndle 3).

VI. Verfahrensrechtlich ist zu beachten, daß nach § 153 c II StPO bei Straftaten, die im Ausland **16** begangen sind, deren Erfolg aber im Inland eingetreten ist, der Verfolgungszwang gelockert ist **(Opportunitätsprinzip).**

§ 10 Sondervorschriften für Jugendliche und Heranwachsende

Für Taten von Jugendlichen und Heranwachsenden gilt dieses Gesetz nur, soweit im Jugendgerichtsgesetz nichts anderes bestimmt ist.

Schrifttum: Albrecht, Jugendstrafrecht², 1993. – *Brunner*, JGG⁹, 1991. – *Eisenberg*, JGG⁴, 1991. – *Ostendorf*, JGG², 1991 – *Schaffstein/Beulke*, Jugendstrafrecht¹³, 1998.

I. Die Vorschrift regelt das Verhältnis des StGB zu den materiell-rechtlichen Bestimmungen des **1** JGG. Dessen § 2 entsprechend wird hier der **Vorrang des JGG** als eines eigenständigen Teilbereichs des Strafrechts erneut bestätigt (vgl. E 62 Begr. 114). Demgemäß kommen die Vorschriften des StGB auf Taten von Jugendlichen und Heranwachsenden nur insoweit zum Zuge, als im JGG nichts anderes bestimmt ist (vgl. Brunner § 2 JGG 1 f., Schaffstein/Beulke aaO 48 f.).

II. Das hat im wesentlichen folgende **Konsequenzen:**

1. Die strafrechtliche Verantwortlichkeit von **Jugendlichen** (14–18 Jahre; § 1 II JGG) setzt die **2** ausdrückliche Feststellung der dafür erforderlichen sittlichen und geistigen Reife voraus (§ 3 JGG). Läßt sich dies nicht erweisen, so bleibt der Jugendliche mangels Schuldfähigkeit straffrei (Schaffstein/Beulke aaO 55 ff.). Die früher in § 1 III JGG aF gesetzlich vermutete Schuldunfähigkeit von Kindern (bis zu 14 Jahren) findet sich nunmehr in § 19 StGB.

2. Heranwachsende (18–21 Jahre; § 1 II JGG) werden zwar generell bereits als schuldfähig **3** angesehen und dementsprechend grds. dem Erwachsenenstrafrecht unterworfen. Doch ist nach § 105 JGG jeweils im Einzelfall zu prüfen, ob der Heranwachsende seinem Reifegrad nach noch einem Jugendlichen gleichstand (Abs. 1 Nr. 1) oder ob es sich um eine typische Jugendverfehlung gehandelt hat (Nr. 2). Ist dies der Fall, so kommt nicht das Sanktionssystem des allgemeinen Strafrechts, sondern das des JGG (u. 5) zur Anwendung. Doch selbst soweit es beim Erwachsenenstrafrecht verbleibt, sind bei Heranwachsenden bestimmte Strafen (lebenslange Freiheitsstrafe) bzw. Maßnahmen (Sicherungsverwahrung, Verlust der Amtsfähigkeit) regelmäßig ausgeschlossen (§ 106 JGG). Näher Brunner § 106 JGG 1, Eisenberg § 106 JGG 3, Schaffstein/Beulke aaO 61 ff.

4 3. Ob eine **Straftat** vorliegt bzw. wie diese deliktisch einzuordnen ist, entscheidet sich ausschließlich nach **allgemeinem Strafrecht** (vgl. §§ 1 I, 4 JGG). Demgemäß gilt auch für Taten von Jugendlichen und Heranwachsenden global der BT des StGB. Dementsprechend gelten auch aus dem AT alle Bestimmungen, die für die Strafbarkeit des Verhaltens von Bedeutung sind (Brunner § 1 JGG 1, Schaffstein/Beulke aaO 52 f.). Im übrigen ist eine gleichzeitige Anwendung von Jugend- und Erwachsenenstrafrecht ausgeschlossen (BGHR JGG 32 Schwergewicht **4**, **5**).

5 4. Hinsichtlich des **Sanktionssystems** hingegen ergeben sich wesentliche Einschränkungen und Modifizierungen des allgemeinen Strafrechts. Denn nicht nur, daß das JGG ein selbständiges, die Hauptstrafen (§§ 38–43, nicht dagegen das Fahrverbot nach § 44) des StGB völlig verdrängendes System jugendadäquater Reaktionen (Erziehungsmaßregeln, Zuchtmittel, Jugendstrafe) vorsieht (§§ 5, 9–32); auch werden bestimmte Nebenfolgen (Verlust der Amtsfähigkeit, Bekanntmachung des Urteils) völlig ausgeschlossen (§ 6) bzw. nur bestimmte Maßregeln der Besserung und Sicherung (Unterbringung in einem psychiatrischen Krankenhaus oder einer Entziehungsanstalt, Führungsaufsicht, Fahrerlaubnisentzug) zugelassen (§ 7). Vgl. im einzelnen Albrecht aaO 116 ff., Eisenberg § 6 JGG 1 ff.

Zweiter Titel. Sprachgebrauch

Vorbemerkungen zu §§ 11, 12

Schrifttum: Noll, Zur Gesetzestechnik des E eines StGB, JZ 63, 297. – *Stratenwerth*, Die Definitionen im Allg. Teil des Entwurfs (1962), ZStW 76 (1964) 669.

Gesetzesmaterialien: E 62 §§ 10, 11 m. Begr. 114 ff.; BT-Drs. V/4095; SA-Prot. V/7, 237, 541, 835, 857, 883, 942, 995, 2442, 3128, 3254, 3282; BT-Drs. 7/550 S. 208 u. 7/1261 S. 11; SA-Prot. VII 159; BT-Drs. 13/7385 S. 36, 13/7934 S. 2, 13/9742 S. 2.

1 I. Die unter einem eigenen Titel „Sprachgebrauch" vorangestellte Zusammenfassung von **Legaldefinitionen** verfolgt den **Zweck**, häufiger wiederkehrende Begriffe um eines einheitlichen Verständnisses willen mit einer gewissen Allgemeinverbindlichkeit zu umschreiben und durch die Möglichkeit von Verweisungen darauf andere Bestimmungen von Begriffsumschreibungen zu entlasten. Mit diesem Bemühen um eine Präzisierung des Sprachgebrauchs und eine Vereinfachung der Gesetzestechnik trägt der jetzige AT einem Anliegen Rechnung, das bereits seit dem VE 1909 alle folgenden Entwürfe **2** durchzogen hatte und sich auch auf ausländische Vorbilder berufen könnte. Indes ist der **praktische Wert** dieses Definitionskatalogs nicht zu überschätzen. Nicht nur, daß er eine mehr oder weniger willkürliche Auswahl von Personenbegriffen (Angehöriger, Amtsträger, für den öffentlichen Dienst besonders Verpflichteter) und Sachbegriffen (rechtswidrige Tat, Unternehmen einer Tat, Entgelt) enthält, wobei zu letzteren auch die wegen ihrer besonderen Bedeutung in einem eigenen § 12 geregelte Einteilung der Straftaten in Verbrechen und Vergehen zu rechnen ist. Auch bringen Legaldefinitionen nur dann eine wirkliche Begriffsschärfung, wenn die definierenden Begriffe genauer sind als die definierten (Noll JZ 63, 299), was etwa bei den „für den öffentlichen Dienst besonders Verpflichteten" (§ 11 I Nr. 4) zu bezweifeln ist, oder wenn über die bloße Gleichstellung von Begriffen hinaus auch diese selbst inhaltlich näher definiert werden, woran es bspw. bei der Gleichstellung des Gerichts mit der (als solche nicht näher umschriebenen) „Behörde" (§ 11 I Nr. 7) fehlt. Vor allem aber ist auch bei einer Legaldefinition der jeweilige **Normzusammenhang** zu beachten, in dem sie gebraucht wird (vgl. Sonnen AK 7). Denn selbst soweit sie einen in sich gleichbleibenden Inhalt hat (so jedenfalls für den Bereich des StGB Lackner § 11 RN 1), kann sich doch aus Funktion und Zusammenhang der Norm, in die eine Legaldefinition einbezogen ist, eine engere oder weitere Erfassung der von der betreffenden Norm angesprochenen Personen oder Sachen ergeben (vgl. Gribbohm LK § 11 RN 1, Stratenwerth ZStW 76, 672 ff., sowie allg. zur Definitionsproblematik Puppe A. Kaufmann-GedS 15 ff. u. spez. zur Relativität von Rechtsbegriffen Bruns JR 84, 133 ff., Lenckner ZStW 106, 507 ff.). Vgl. dazu etwa § 11 RN 4, 6, 11, 14, 61, ferner § 14 RN 8.

3 II. Die Zusammenstellung von Legaldefinitionen in den §§ 11, 12 ist auch **nicht erschöpfend**. Vielmehr finden sich solche über das ganze StGB verstreut. Teils handelt es sich um ausdrücklich so bezeichnete Begriffsbestimmungen (wie zB beim Versuch nach § 22; vgl. auch den Notwehrbegriff nach § 32 II). Teils werden sie durch einen entsprechenden Klammerzusatz näher kenntlich gemacht, wie etwa hinsichtlich der „besonderen persönlichen Eigenschaften" (§ 14 I), des „Mittäters" (§ 25 II), des Anstifters und Gehilfen als „Teilnehmer" (§ 28 I) sowie des Täters und Teilnehmers als „Beteiligter" (§ 28 II); zur Legaldefinition der „Wahl" bei den Wahlschutztatbeständen vgl. § 108d RN 1. Vgl. auch Stratenwerth aaO 696 ff. zu Legaldefinitionen durch Umschreibung der Voraussetzungen einer bestimmten Rechtsfolge.

§ 11 Personen- und Sachbegriffe

(1) Im Sinne dieses Gesetzes ist
1. Angehöriger:
   wer zu den folgenden Personen gehört:
   a) Verwandte und Verschwägerte gerader Linie, der Ehegatte, der Verlobte, Geschwister, Ehegatten der Geschwister, Geschwister der Ehegatten, und zwar auch dann, wenn die Ehe, welche die Beziehung begründet hat, nicht mehr besteht oder wenn die Verwandtschaft oder Schwägerschaft erloschen ist,
   b) Pflegeeltern und Pflegekinder;
2. Amtsträger:
   wer nach deutschem Recht
   a) Beamter oder Richter ist,
   b) in einem sonstigen öffentlich-rechtlichen Amtsverhältnis steht oder
   c) sonst dazu bestellt ist, bei einer Behörde oder bei einer sonstigen Stelle oder in deren Auftrag Aufgaben der öffentlichen Verwaltung unbeschadet der zur Aufgabenerfüllung gewählten Organisationsform wahrzunehmen;
3. Richter:
   wer nach deutschem Recht Berufsrichter oder ehrenamtlicher Richter ist;
4. für den öffentlichen Dienst besonders Verpflichteter:
   wer, ohne Amtsträger zu sein,
   a) bei einer Behörde oder bei einer sonstigen Stelle, die Aufgaben der öffentlichen Verwaltung wahrnimmt, oder
   b) bei einem Verband oder sonstigen Zusammenschluß, Betrieb oder Unternehmen, die für eine Behörde oder für eine sonstige Stelle Aufgaben der öffentlichen Verwaltung ausführen,
   beschäftigt oder für sie tätig und auf die gewissenhafte Erfüllung seiner Obliegenheiten auf Grund eines Gesetzes förmlich verpflichtet ist;
5. rechtswidrige Tat:
   nur eine solche, die den Tatbestand eines Strafgesetzes verwirklicht;
6. Unternehmen einer Tat:
   deren Versuch und deren Vollendung;
7. Behörde:
   auch ein Gericht;
8. Maßnahme:
   jede Maßregel der Besserung und Sicherung, der Verfall, die Einziehung und die Unbrauchbarmachung;
9. Entgelt:
   jede in einem Vermögensvorteil bestehende Gegenleistung.

(2) Vorsätzlich im Sinne dieses Gesetzes ist eine Tat auch dann, wenn sie einen gesetzlichen Tatbestand verwirklicht, der hinsichtlich der Handlung Vorsatz voraussetzt, hinsichtlich einer dadurch verursachten besonderen Folge jedoch Fahrlässigkeit ausreichen läßt.

(3) Den Schriften stehen Ton- und Bildträger, Datenspeicher, Abbildungen und andere Darstellungen in denjenigen Vorschriften gleich, die auf diesen Absatz verweisen.

Vorbem. Abs. 1 Nr. 1 idF des AdoptG v. 2. 7. 76 (BGBl. I 1749) u. des KindRG v. 16. 12. 97 (BGBl. I 2942), Abs. 1 Nr. 2c idF des KorrBG v. 20. 8. 97 (BGBl. I 2038), Abs. 3 idF des IuKDG v. 22. 7. 97 (BGBl. I 1876).

Schrifttum: Vgl. die Nachw. zu den Vorbem. vor § 11 sowie nachfolgend zu den einzelnen Abschnitten.

I. Die Vorschrift regelt den **Sprachgebrauch** einiger häufiger wiederkehrender *Personen*begriffe (Nrn. 1–4) und *Sach*begriffe (Nrn. 5–9). Letzteren sind auch die in Abs. 2 und 3 vorgesehenen *Gleichstellungen* zuzurechnen. Ein innerer Zusammenhang zwischen den einzelnen Begriffen ist nicht ersichtlich (vgl. 2 vor § 11). Obgleich diese Legaldefinitionen an sich nur für „dieses Gesetz" (Abs. 1 Halbs. 1), nämlich das StGB, Verbindlichkeit beanspruchen wollen, reicht ihr **Anwendungsbereich** doch weit darüber hinaus; denn da nach Art. 1 EGStGB die Vorschriften des AT grundsätzlich für das gesamte Bundes- und Landesstrafrecht gelten (18, 37 vor § 1), ist § 11 als Teil des AT auch für strafrechtliche Vorschriften außerhalb des StGB bedeutsam (Tröndle 1). Allerdings wird es dort in verstärktem Maße darauf ankommen, den Normzweck und -zusammenhang zu beachten, in dem die Legaldefinition zur Anwendung kommen soll (vgl. 2 vor § 11 sowie Gribbohm LK 1, Lackner 1). 1

2

II. Angehöriger (Abs. 1 Nr. 1)

Das StGB kennt zahlreiche Bestimmungen, in denen einerseits bei Taten *zugunsten* eines Angehörigen der Täter entlastet (§§ 35, 139 III, 157 I, 213, 258 VI) oder er andererseits bei Taten *zum Nachteil* eines Angehörigen in irgendeiner Weise privilegiert wird (§§ 247, 263 IV, 266 II, 294). Ersteres deshalb, weil beim Handeln zugunsten eines Angehörigen die Motivationslage für den Täter 3 genau die gleiche sein kann, wie wenn er selbst betroffen wäre, zB bei Notstandshilfe (§ 35). Das andere deshalb, weil bei Straftaten zwischen Angehörigen der Familienfriede unter Umständen leichter wieder hergestellt wird, wenn sich die Strafjustiz zurückhält; daher das Strafantragserfordernis beim Familiendiebstahl (vgl. § 247 RN 1). Zur Berücksichtigung derartiger gegenläufiger Zielsetzungen vgl. RG 34 421, **48** 198, BGH **7** 246 sowie u. 6, 11. Allg. vgl. Brückner, Das Angehörigenverhältnis der Eltern, 2000.

4 Der Angehörigenbegriff des § 11 ist immer nur insoweit verbindlich, als die betreffende Norm allgemein auf „Angehörige" verweist. Sind diese dagegen *näher* spezifiziert (wie zB in §§ 77 II, 173, 225; vgl. auch § 52 StPO), so kommen nur die jeweils genannten Personen in Betracht (Gribbohm **5** LK 3). Der in den Begriff des Angehörigen nach Abs. 1 Nr. 1 einbezogene Personenkreis stimmt inhaltlich weithin mit dem in § **52 aF** erfaßten überein (vgl. 25. A.). Die jetzige gesetzestechnische **Aufteilung** der Angehörigen in *Verwandtschafts-* und *Schwägerschaftsverhältnisse* einerseits (Nr. 1 a), zu denen aufgrund des AdoptG nun auch die angenommenen Kinder zählen (vgl. u. 12), und der *Pflegeelternschaft* andererseits (Nr. 1 b), ist wegen der Gleichbehandlung beider Gruppen ohne jegliche Bedeutung.

6 **1. Verwandtschaft gerader Linie (Nr. 1 a)** ist sowohl *aufsteigend* wie *absteigend* zu verstehen, und zwar ohne gradmäßige Beschränkung (vgl. § 1589 BGB; zur Verwandtschaft aufgrund *Adoption* vgl. u. 12). Demzufolge bedarf es nach § 247 sowohl bei Diebstahl des Sohnes gegen den Vater oder Großvater wie auch im umgekehrten Fall eines Strafantrags des Verletzten. Die zwischenzeitliche Klarstellung in § 11 I Nr. 1 a, daß auch bei *Nichtehelichkeit* Verwandtschaft besteht (vgl. 25. A.); wurde durch das KindRG v. 16. 12. 97 (BGBl. I 2942), das die Unterscheidung von ehelichen und nichtehelichen Kindern aufhebt und ihre Gleichstellung auch ohne ausdrückliche Erklärung bezweckt (vgl. BT-Drs. 13/8511 S. 64), gestrichen. Demgemäß kommt es primär auf die *blutsmäßige* Abstammung an (§ 62 Begr. 114 zu § 10 Nr. 3, Tröndle 3), womit die schon frühere hM (BGH **7** 246) bestätigt wird. Im übrigen kann es je nach dem Zweck der Norm, in der das Angehörigenverhältnis eine Rolle spielt, geboten sein, auch Verwandtschaft i. bürgerlichrechtl. S. ausreichen zu lassen, so etwa gegenüber dem sog. Scheinvater, der nicht durch Anfechtung das Nichtbestehen der Vaterschaft hat feststellen lassen (vgl. §§ 1599 ff. BGB); wenn dieser etwa aufgrund seiner rechtlichen Stellung nach § 266 zur Vermögensfürsorge gegenüber dem Kind verpflichtet ist, sollte angesichts dieser engen Beziehung auch ihm gegenüber das Antragserfordernis des § 266 II anwendbar sein (zust. Gribbohm LK 5, Wassermann AK 3).

7 **2.** Da die vorangehend erörterten Verwandten nur in gerader, *nicht* dagegen in der *Seitenlinie* erfaßt werden, bedurften die **Geschwister** der ausdrücklichen Erwähnung. Dazu zählen alle Personen, die mindestens einen Elternteil gemeinsam haben. Daher gelten die von je einem Elternteil in die Ehe eingebrachten Kinder untereinander nicht als Geschwister (Tröndle 8). Im übrigen hingegen ist unerheblich, ob es sich um sog. vollbürtige oder halbbürtige Geschwister handelt (vgl. Düsseldorf NJW **58**, 394, Rudolphi SK 1). Auch durch Adoption kann ein Geschwisterverhältnis begründet werden (vgl. u. 12). Dagegen werden sonstige Verwandte in der Seitenlinie, wie Onkel oder Nichte, aus dem Angehörigenbegriff ausgeschlossen (RG JW **35**, 3467). Daher ist der Diebstahl des Neffen gegenüber dem Onkel, selbst wenn dieser eine Art „Vaterstelle" einnimmt, nicht durch das Antragserfordernis nach § 247 privilegiert (es sei denn, daß ein Pflegeelternverhältnis iSv Nr. 1 b besteht: u. 13). Dies ist wenig einleuchtend, wenn man damit das Angehörigenverhältnis zu Schwiegereltern oder Schwiegergroßeltern vergleicht. Krit. auch Stratenwerth ZStW 76, 675.

8 **3. Verschwägerte** in gerader (auf- und absteigender) Linie sind vor allem Schwiegereltern und -kinder, Stiefeltern und -kinder. Schwägerschaft bedeutet auch hier das Verhältnis der Verwandten eines Ehegatten zum anderen Ehegatten. Es genügt eine formell gültige Ehe. Zum Fall einer aufhebbaren Ehe vgl. u. 9 aE. Die Geschwister des Ehegatten sind ebenso in den Kreis der Angehörigen einbezogen wie umgekehrt die Ehegatten der Geschwister. Dagegen werden die Ehegatten zweier Geschwister im Verhältnis zueinander nicht durch Nr. 1 a erfaßt. Zur Schwägerschaft aufgrund *Adoption* vgl. u. 12.

9 **4. Ehegatten** sind die Personen, die miteinander in einer formell gültigen Ehe leben. Daß dieses Verhältnis möglicherweise materiell vernichtbar oder aufhebbar ist (vgl. §§ 1313 ff. BGB), ist jedenfalls solange unbeachtlich, als die Ehe nicht gerichtlich aufgelöst ist (vgl. RG **60** 246, **61** 199). Zweifelhaft ist hingegen, wie sich die **Auflösung einer Ehe** auf das Ehegatten- bzw. Schwägerschaftsverhältnis (o. 8) auswirkt. Zwar läßt das Gesetz das Angehörigenverhältnis auch dann fortbestehen, wenn die Ehe, die die Beziehung begründet hat, nicht mehr besteht (wobei sich freilich auch in dieser Hinsicht aus dem konkreten Normzusammenhang des einzelnen Tatbestandes ergeben kann, daß die Ehe noch bestehen muß: so zB bei § 181 a III, vgl. dort RN 21). Demzufolge läßt jedenfalls die *Scheidung* (entgegen BGH **7** 383, Celle NJW **58**, 471) das Angehörigenverhältnis grundsätzlich ebenso unberührt wie der Tod eines Ehegatten im Verhältnis des Überlebenden zu den Verschwägerten. Fraglich könnte allenfalls der Fall der *Nichtigkeit* oder *Aufhebbarkeit* sein, da dort die auf der Ehe beruhende Beziehung von Anfang an materiell nicht „begründet" war. Stellt man jedoch mehr auf das faktische Bestehen ehelicher Beziehungen ab, so wird man – entgegen der früheren hM (17. A. § 52 RN 21) – auch nach Aufhebung einer Ehe das Angehörigkeitsverhältnis als fortbestehend behandeln müssen (B/W-Weber 448, Wassermann AK 6 mwN). Und zwar gilt das sowohl für das Verhältnis zwischen den Ehegatten selbst als auch gegenüber Verschwägerten (Gribbohm LK 10).

5. Auch **Verlobte** gelten im Verhältnis zueinander als Angehörige (Nr. 1 a). Unter Verlöbnis ist ein **10** von beiden Seiten ernstgemeintes, nicht gegen das Gesetz oder die guten Sitten verstoßendes Eheversprechen zu verstehen (verneint von RG **25** 156 hins. Konkubinat). Auf dessen zivilrechtliche Gültigkeit kommt es nicht an; daher können auch beschränkt Geschäftsfähige, die nicht die Einwilligung des gesetzlichen Vertreters erlangt haben, iSd StGB verlobt sein (RG **38** 243); ebensowenig schließt ein Eheverbot gem. § 1308 BGB eine strafrechtlich wirksame Verlobung aus. Voraussetzung ist jedoch stets die beiderseitige Ernsthaftigkeit des Eheversprechens; daran wird es etwa auf seiten des Heiratsschwindlers regelmäßig fehlen (BGH **3** 215, JZ **89**, 256). Auch daß der eine Partner noch verheiratet ist, steht dem Zustandekommen eines Verlöbnisses entgegen (RG **61** 270, JW **37**, 3302, Jescheck/Weigend 483, Lackner 2), es sei denn, daß er bereits mit Aussicht auf Erfolg die Scheidung betreibt (vgl. LG Duisburg NJW **50**, 714, Tröndle 7; offengelassen von BGH NStZ **83**, 564 m. krit. Anm. Pelchen; selbst dann ein Verlöbnis verneint. Bay NJW **83**, 831 m. krit. Anm. Strätz JR 84, 127; diff. Füllkrug StV 86, 38, Pelchen Pfeiffer-FS 292 f.). Entsprechendes wird beim Eheversprechen eines bereits Verlobten angenommen (RG **71** 154). Ist aber ein Verlöbnis wirksam zustandegekommen, so endet es nicht dadurch, daß der eine Teil seine Heiratsabsicht innerlich aufgibt, solange er dies dem anderen nicht kundgetan hat (RG **71** 154, Kiel DStR **37**, 63, Wassermann AK 7; and. RG **75** 291, BGH **3** 216, Koblenz NJW 58, 2027, Gribbohm LK 11, Rudolphi SK 3).

Dagegen werden außerhalb von Ehe oder Verlobung **sonstige neue Formen** des Verbundenseins **11** oder Zusammenlebens (zB Kommunen, Zweiergemeinschaften unter Ablehnung der „bürgerlichen Ehe") nicht als Angehörigeneigenschaft anerkannt (eingeh. Skwirblies, Nichtehel. Lebensgemeinschaft u. Angehörigenbegriff im Straf- u. Strafprozeßrecht, 1990, 67 ff.). Doch ähnlich wie in § 35 auch sonstige dem Täter „nahestehende Personen" in den Kreis notstandsfähiger Dritter einbezogen oder in § 247 auch Entwendungen innerhalb der „häuslichen Gemeinschaft" durch ein Strafantragserfordernis privilegiert werden, kann auch bei anderen Privilegierungen angehörigenbezogener Motivationslagen, sofern diese nicht als abschließend zu verstehen sind, im Einzelfall eine Erstreckung auf Gemeinschaften mit ehe- oder familienähnlichem Zusammenhalt in Betracht gezogen werden (ähnl. Gribbohm LK 16, Skwirblies aaO 101 ff. bzgl. §§ 139 III 1, 157 I, 213, 258 VI, Wassermann AK 8 sowie de lege ferenda Konrad, Probl. eheähnl. Gemeinschaft im Strafrecht, 1986, 44 ff., 71 f.), so zB bei § 213 (vgl. §§ 150, 179 E 62); dagegen zu § 157 verneint von Bay NJW **86**, 203 [m. zu Recht krit. Anm. Krümpelmann/Hensel JR 87, 41 f.] sowie Braunschweig NStZ **94**, 344 [m. krit. Anm. Hauf NStZ **95**, 35], Celle NJW **97**, 1084; vgl. auch BGH **34** 254.

6. Auch durch **Adoption** wird die Angehörigeneigenschaft begründet, da bei der (seit 1. 1. 77 **12** möglichen) Volladoption aufgrund des AdoptG v. 2. 7. 76 das angenommene Kind die volle rechtliche Stellung eines ehelichen Kindes des Annehmenden bzw. die Stellung eines gemeinschaftlichen Kindes der Ehegatten erlangt, wenn diese es annehmen bzw. ein Ehegatte das Kind des anderen annimmt (§ 1754 BGB), und damit als verwandt iSv o. 6 anzusehen ist (vgl. BR-Drs. 691/74 S. 42, 61). Soweit es sich dabei um ein minderjähriges Kind handelt, tritt dieses in die gleichen Verwandtschafts- und Schwägerschaftsverhältnisse wie ein leibliches Kind des Annehmenden ein, wird also sowohl Angehöriger der Großeltern des Annehmenden wie auch Stiefkind von dessen Ehegatten. Dagegen bleibt bei Annahme eines Volljährigen das Verwandtschaftsverhältnis auf den Annehmenden beschränkt (vgl. § 1770 BGB). Andererseits hat die Volladoption zur Folge, daß das Verwandtschaftsverhältnis des Angenommenen zu den bisherigen Verwandten und demzufolge auch etwaige Schwägerschaften erlöschen (vgl. §§ 1755 f. BGB). Auf die strafrechtliche Angehörigeneigenschaft bleibt dies jedoch, wie durch den letzten Halbs. von Nr. 1 a ausdrücklich klargestellt, ohne Einfluß, da das den § 1755 BGB bestimmende Zuordnungsinteresse die besonderen angehörigenbezogenen Schutz- bzw. Privilegierungsaspekte des Strafrechts nicht aufzuheben vermag (vgl. BR-Drs. 691/74 S. 43, 61). Daher bleibt das adoptierte Kind mit seiner leiblichen Mutter ebenso verwandt, wie es mit deren Ehemann, der nicht sein leiblicher Vater ist, verschwägert bleibt (vgl. Gribbohm LK 7).

7. Das **Pflegeeltern-** und -kindesverhältnis, das nach **Nr. 1 b** Angehörigeneigenschaft begründet, **13** ist nicht iSd § 33 SGB VIII zu verstehen, sondern bezeichnet ein tatsächliches Verhältnis, das ähnlich dem natürlichen Eltern- und Kindesverhältnis auf Dauer berechnet ist und ein gleichwertiges Band zwischen den Verbundenen herstellt (RG **58** 61, **70** 324). Dies gilt auch nach Beendigung des eigentlichen Pflegeverhältnisses, wenn die persönlichen Beziehungen weiterbestehen (Gribbohm LK 14, Rudolphi SK 5; vgl. auch RG **13** 148). Zwischen Lehrherrn und Lehrling hingegen besteht selbst bei häuslicher Gemeinschaft kein Pflegekindschaftsverhältnis (RG **27** 132, Wassermann AK 10).

III. Amtsträger; Richter; öffentlich besonders Verpflichteter (Abs. 1 Nrn. 2–4)

Schrifttum: Haft, Freiberufler sind keine Amtsträger, NJW 95, 113. – *ders.,* Absprachen bei öffentl. Bauten u. das Strafrecht, NJW 96, 238. – *Hartmann,* Zur Frage der Strafbarkeit der Gemeinderatsmitglieder, DVBl. 66, 809. – *Jessen,* Können Angehörige privatrechtlicher Versorgungsunternehmen strafrechtlich als Beamte zur Verantwortung gezogen werden?, MDR 62, 526. – *König,* Neues Strafrecht gegen die Korruption, JR 97, 397. – *Korte,* Der Einsatz des Strafrechts zur Bekämpfung der internat. Korruption, wistra 99, 81. – *Lenckner,* Privatisierung der Verwaltung u. „Abwahl des Strafrechts"?, ZStW 106 (1994) 502. – *Otto,* Amtsträgerbegriff innerhalb zivilrechtl. organisierter Daseinsvorsorge, Jura 97, 47. – *Paeffgen,* Amtsträgerbegriff u. die Unabhängigkeit des Datenschutzbeauftragten, JZ 97, 178. – *Rohlff,* Die Täter der Amtsdelikte, 1995. – *Traumann,* Die Anwendung der Bestechungsdelikte auf die Inhaber privater Ingenieur- u. Planungsbüros,

1997. – *Wagner*, Amtsverbrechen, 1975. – *ders.*, Die Rspr. zu den Straftaten im Amt seit 1975, JZ 87, 594. – *Weiser*, Die Amtsträgereigenschaft der Mitarbeiter von staatlich beauftragten Planungsbüros, NJW 94, 968. – *Welp*, Der Amtsträgerbegriff, Lackner-FS 761. – *Wiedemann*, Unanwendbarkeit des § 359 StGB auf Angestellte usw., NJW 65, 852. – *Zechlin*, Öff.-rechtl. Probleme des Verpflichtungsgesetzes, BB 82, 439. – *Zeiler*, Einige Gedanken zum Begriff des Amtsträgers iSd § 11 I Nr. 2 c StGB, MDR 96, 439. – *Zieschang*, Das EU-Bestechungsgesetz u. das Ges. z. Bekämpfung internat. Bestechung, NJW 99, 105.

14   1. An die Stelle der globalen, aber unvollständigen Umschreibung des Beamtenbegriffs in § 359 aF und ergänzender Sonderregeln (§ 353 b II aF, § 1 [der durch Art. 287 Nr. 3 EGStGB aufgehobenen] BestechungsVO; vgl. insgesamt zur alten Rechtslage Rohlff aaO 7 ff., Traumann aaO 23 ff.) sind die kasuistisch **differenzierenden Legaldefinitionen** von § 11 I Nrn. 2 bis 4 getreten (vgl. zur Entstehungsgeschichte auch Lenckner ZStW 106, 517 f.). Da sie die zum früheren Beamtenbegriff bzw. zu den entsprechend Verpflichteten entwickelten Grundsätze materiell im wesentlichen unberührt lassen (vgl. BT-Drs. 7/550 S. 208 ff., BGH **31** 268, **34** 149), hat die umfangreiche Rspr. dazu nicht jede Bedeutung verloren, wird aber jeweils an der neuen Aufteilung und Umgrenzung auszurichten sein. Noch deutlicher als beim Beamtenbegriff iSv § 359 aF, dem trotz seines Standorts im BT für das ganze StGB Geltung zukam (RG **29** 18), wird durch die gegenwärtige Voranstellung in den AT klargestellt, daß diese Legaldefinitionen nicht nur für die *von* Amtsträgern begangenen Delikte (namentlich also die Amtsdelikte nach §§ 331 ff. sowie §§ 120 II, 133 III, 201 III, 203 II, 258 a), sondern auch für die *gegen* Amtsträger gerichteten Delikte (§§ 113, 114, 194 III, 230 II) verbindlich sind. Vgl. ferner §§ 77 a, 97 b II. Das schließt freilich nicht aus, daß der Kreis tauglicher Täter bzw. Verletzter gelegentlich bereits durch den Wortlaut der fraglichen Normen selbst auf bestimmte Amtsträger eingeschränkt wird (vgl. §§ 113, 339; vgl zu § 336 aF Düsseldorf NJW **97**, 2124). Das ist insbes. im Bereich des Nebenstrafrechts zu beachten, für das nach Art. 1 EGStGB grundsätzlich auch § 11 I Nrn. 2–4
15   verbindlich ist. Während bei § 359 aF unter *Beamten* sowohl solche im *staatsrechtlichen* als auch in einem (erweiterten) *strafrechtlichen* Sinne verstanden wurden (vgl. 17. A. § 359 RN 3 ff.), wird heute zwischen Amtsträgern (Nr. 2), Richtern (Nr. 3) und „für den öffentlichen Dienst besonders Verpflichteten" (Nr. 4) unterschieden, wobei jedoch der Richter ähnlich dem Beamten lediglich als Unterfall des Amtsträgers zu begreifen ist (vgl. Nr. 2 a). Demgemäß verläuft die **Haupttrennungslinie** zwischen den **Amtsträgern** einerseits (Nr. 2 und 3) und den **öffentlich besonders Verpflichteten** andererseits (vgl. Nr. 4 vor a), wobei sich der durch den Begriff des Amtsträgers erfaßte Personenkreis im wesentlichen mit dem des § 359 aF deckt, während die sonstigen besonders Verpflichteten weitgehend den der früheren BestechungsVO erfaßten Personen entsprechen. Dabei ist auf Nr. 4 erst dann zurückzugreifen, wenn nicht Amtsträgerschaft nach § 11 I Nr. 2 in Betracht kommt (BGH NStZ 94, 277). Im einzelnen ist zu den verschiedenen Personengruppen folgendes zu beachten:

16   2. Den **Amtsträgern** (Nrn. 2 und 3) ist gemeinsam, daß sie in einem bestimmten Dienst- oder Auftragsverhältnis zu einer öffentlichen Stelle stehen und diese Bestellung auf **deutschem Recht** beruht. Dabei ist es gleichgültig, ob der Amtsträger im Dienst des Bundes, eines Landes, einer Gemeinde oder Gemeindeverbandes, einer Körperschaft, Anstalt oder Stiftung des öffentlichen Rechts tätig ist. Entscheidend für die Amtsträgerschaft ist jeweils nur das *Bindungsverhältnis* zum Dienstherrn, nicht dagegen der Charakter der im Einzelfall ausgeübten Tätigkeit (Rudolphi SK 18; vgl. auch u. 19).

16 a   Zunehmend werden auch **ausländische Amtsträger** erfaßt, und zwar vorwiegend aufgrund von deutschen Vertragsgesetzen zu internat. Übereinkommen, die nationale Gleichstellungsklauseln enthalten und einer effektiven Bekämpfung internationaler Korruption dienen sollen (vgl. BT-Drs. 13/10 428, 13/10 973; Korte wistra 99, 82). So werden zum einen durch das EUBestG v. 10. 9. 98 (BGBl. II 2340) in Umsetzung des Prot. v. 27. 9. 96 z. Übereink. über den Schutz der fin. Interessen der EG (ABlEG Nr. C 313/1 v. 23. 10. 96) die Nrn. 2 und 3 von § 11 I hinsichtlich künftiger richterlicher oder Diensthandlungen iSd §§ 332, 334–338 auf Richter eines anderen Staates der EU und eines Gerichts der EU sowie auf mit nationalen Recht vergleichbare Amtsträger eines anderen Mitgliedstaates der EU, auf Gemeinschaftsbeamte und Mitglieder der Kommission und des Rechnungshofs der EG ausgedehnt (Art. 2 § 1 EUBestG, vgl. BT-Drs. 13/10 424, S. 12 f., Korte wistra 99, 83 ff., Zieschang NJW 99, 105 f.). Zum zweiten ist das IntBestG v. 10. 9. 98 (BGBl. II, 2327) in Umsetzung des OECD-Übereink. z. Bekämpf. der Bestechung ausländ. Amtsträger im internat. Geschäftsverkehr v. 17. 12. 97 (abgedr. m. amtl. Untersetz. in BT-Drs. 13/10 428, S. 9 ff.) noch weitergehend, indem das Übereinkommen eine autonome Definition des Amtsträgerbegriffs vornimmt, Amtsträger in allen Staaten der Welt und internationalen Organisationen (Art. 2 § 1 IntBest, BT-Drs. 13/10 428, S. 20 ff.), insbes. auch – anders als im deutschen Recht – Parlamentarier (Art. 2 § 2 IntBestG) erfaßt (vgl. Korte wistra 99, 85 ff., Zieschang NJW 99, 106), wobei allerdings andererseits eine Gleichstellung nur bei einer entsprechenden subjektiven Absicht (Art. 2 § 1 IntBestG) und nur für die aktive Bestechung (also für § 334) gilt, so daß eine Bestrafung des beteiligten Amtsträgers auch nicht wegen Anstiftung oder Beihilfe zur Bestechung möglich ist (vgl. Korte wistra 99, 86). NATO-Mitarbeiter sind durch besondere Übereinkunft aufgrund von Art. 7 II Nr. 10 des 4. StÄndG (vgl. BGH NStZ **94**, 277) deutschen Amtsträgern gleichgestellt.

17   Je nach Art und Dauer des Dienst- bzw. Auftragsverhältnisses zerfallen die Amtsträger in *drei Hauptgruppen:*

a) Mit den an erster Stelle genannten **Beamten (Nr. 2 a)** sind solche im *staatsrechtlichen* Sinne 18
gemeint (BT-Drs. 7/550 S. 209, Tröndle 12). Dazu zählt jeder, der nach den einschlägigen beamtenrechtlichen Vorschriften durch eine dafür zuständige Stelle in ein Beamtenverhältnis berufen ist (BGH 2 120). Unerheblich ist, ob die Anstellung auf Lebenszeit, auf Widerruf oder auf Probe erfolgt ist. Eine nur vorläufige Amtsenthebung läßt die Beamteneigenschaft unberührt (RG **72** 237). Unerheblich ist ferner, ob es sich bei dem Amtsträger um einen **unmittelbaren** Bundes- oder Landesbeamten handelt, oder nur um einen sog. **mittelbaren** Beamten, der zu einer dem Staat nachgeordneten Gemeinde oder Gemeindeverband, Körperschaft, Anstalt, Stiftung oder einem sonstigen Subjekt des öffentlichen Rechts in einem Dienstverhältnis steht (vgl. Wolff-Bachof-Stober, Verwaltungsrecht II^5 (1987) 535 ff.). Zu kirchlichen Beamten vgl. u. 26.

Soweit ein Beamtenverhältnis im vorbezeichneten Sinne vorliegt, kommt es auf die *Art der konkreten* 19
Tätigkeit des Beamten *nicht* an, ebensowenig, ob er in einem gewerblichen Betrieb des Staates oder eines Hoheitsträgers verwendet wird. Auch wer nur fiskalische, mechanische oder vorbereitende Dienste leistet, kann daher Beamter idS sein (vgl. RG **67** 300: StraßenbahnAG; RG **68** 70: Postkrankenkasse). Auch verlieren solche Beamte ihre Amtsträgerschaft nicht schon dadurch, daß sie im staatlichen Interesse an ein Privatunternehmen abgeordnet werden oder dort Dienste leisten (Gribbohm LK 25). Erforderlich ist nur, daß sie Dienste verrichten, die nicht völlig außerhalb des Aufgabenbereichs ihrer Behörde liegen (vgl. RG JW **34**, 2149, HRR **40** Nr. 874, Tröndle 13; krit. Rohlff aaO 162).

b) Das **sonstige öffentlich-rechtliche Amtsverhältnis (Nr. 2 b)** setzt Beziehungen zwischen 20
den Beteiligten voraus, die einem öffentlich-rechtlichen Dienst- und Treueverhältnis vergleichbar sind, ohne daß es sich um ein Beamtenverhältnis handelt (Welp Lackner-FS 764; krit. Rohlff aaO 167). Dies gilt insbes. für die (früher ausdrücklich genannten) *Notare* und Notarassessoren (vgl. §§ 1, 7 III BNotO), ferner für Minister (vgl. § 1 BMinG idF v. 27. 7. 71, BGBl. I 1166) sowie für den Wehrbeauftragten des BT (vgl. § 15 I Ges. idF v. 16. 6. 82, BGBl. I 677), *nicht* dagegen für Abgeordnete (vgl. u. 23) oder Anwälte (vgl. § 14 Nr. 3 BRAO), ebensowenig für Soldaten, die jedoch durch § 48 WStG in zahlreichen Fällen den Amtsträgern gleichgestellt sind. Auch die nur kurzfristige ehrenamtliche Wahrnehmung einer öffentlichen Aufgabe (zB die des Wahlvorstehers) dürfte kaum genügen (and. Tröndle 18, Lackner 5, Wassermann AK 14); doch kann in solchen Fällen uU Amtsträgerschaft nach Nr. 2 c in Betracht kommen (vgl. u. 27 f.).

c) Mit den **sonst dazu Bestellten (Nr. 2 c),** *bei* einer Behörde oder sonstigen Stelle (1. Alt.) oder 21
in deren *Auftrag* (2. Alt.) **Aufgaben der öffentlichen Verwaltung wahrzunehmen,** sollen vor allem die früheren sog. *Beamten im strafrechtlichen Sinne* erfaßt werden (BGH **31** 267 f., Hamm NJW **81**, 695, Samson SK 14; da Nr. 2 c letztlich auch die Fälle der Nrn. 2 a und b erfasse, für deren Streichung Rohlff aaO 169, 177, 185). Anders als bei den staatsrechtlichen Beamten iSv Nr. 2 a, wo die Amtsträgerschaft ohne besondere Rücksicht auf die Art der Tätigkeit bereits aus dem Beamtenverhältnis gefolgert wird (o. 19), kommt es hier weniger auf den Charakter des Anstellungsverhältnisses als auf die *konkrete öffentliche Aufgabenstellung* der betreffenden Stelle an (Wassermann AK 15, Weiser NJW 94, 969). Diese Ausweitung findet ihre Berechtigung zwar darin, daß über das — manchmal zufällige — Innenverhältnis zum Staat hinaus alle tatsächlichen Inhaber von Staatsgewalt in den Begriff des Amtsträgers einbezogen werden sollen. Wenn jedoch die durch die 2. Alt. von Nr. 2 c (Handeln im Auftrag) ermöglichte Einbeziehung verwaltungsexterner Personen — insbesondere vor dem Hintergrund der immer weiter fortschreitenden „Privatisierung der Verwaltung" — nicht jegliche Konturen verlieren soll, wird man diese Alt. auf verwaltungsspezifische Handlungsformen beschränken müssen (grdl. dazu Lenckner ZStW 106, 530 ff.). And. nun BGH **43** 102 ff., der die drohende Uferlosigkeit des Amtsträgerbegriffs mit dem Kriterium des Bestellungsakts einzugrenzen versucht, dadurch aber eher Fälle der 1. Alt. erfaßt; auch erscheint das von ihm aufgestellte Erfordernis der „längerfristigen Tätigkeit" ähnlich konturenlos (krit. auch Schramm JuS 99, 335 ff., s. u. 27). Ferner ist nach BGH **43** 374 f. (u. 22) nicht — wie hier aufgrund einer eingeschränkt funktionellen Betrachtungsweise vorgeschlagen — nötig bzw. zulässig, den Begriff der Aufgaben der „öffentlichen Verwaltung" eigenständig strafrechtlich zu bestimmen (gegen eine derartige „Verwaltungsakzessorietät" aber auch Lenckner ZStW 106, 510 ff., Traumann aaO 83). Demnach ist zwar ein Beliehener, nicht aber ohne weiteres ein von der Behörde privatrechtlich beauftragter freiberuflicher Prüf- und Planungsingenieur, Architekt oder dgl. als Amtsträger anzusehen (trotz anderer Begründungen darin übereinstimmen. BGH **43** 105, StV **98**, 368; vgl. auch Frankfurt NJW **94**, 2242, Haft NJW 95, 1117, Otto Jura 97, 49, Schramm JuS 99, 339, Traumann aaO 125, Zeiler MDR 96, 442; and. Weiser NJW 94, 970 f.). Im übrigen wird für nach Nr. 2 c erfaßte Amtsträger dreierlei vorausgesetzt:

α) Der Funktion der Tätigkeit nach muß es sich um die Wahrnehmung von **Aufgaben der** 22
öffentlichen Verwaltung handeln. Dazu gehören sowohl hoheitsrechtliche Funktionen, wie sie in der Ausübung staatlicher Anordnungs- und Zwangsgewalt ihren Ausdruck finden, als auch die sog. schlicht-hoheitliche Verwaltung, wie sie namentlich für den sich ständig ausweitenden Bereich der Daseinsvorsorge typisch ist (vgl. BGH **12** 90, **38** 201 ff.; Lenckner ZStW 106, 525 ff., Weiser NJW 94, 970). Dazu zählen auch die Aufgaben einer Sparkassenzentralbank, ohne daß dabei deren Tätigkeit als Geschäftsbank auszugliedern wäre (BGH **31** 271 ff. m. zust. Anm. Geerds JR 83, 466 u. Dingeldey NStZ 84, 503, Hamm NJW **81**, 695; zust. auch Wagner JZ 87, 597); enger Hamburg NJW **84**, 625 (m. abl. Anm. Schröder NJW 84, 2510; vgl. auch Wagner aaO 595 f.), wonach es auf ein konkretes

Über- und Unterordnungsverhältnis ankommen soll. Selbst die Tätigkeit als Chefarzt eines Kreiskrankenhauses soll dazu zählen (Karlsruhe NJW **83**, 352 m. Bspr. Wagner aaO 596 f.). Soweit eine öffentliche Verwaltungsaufgabe besteht, ist im übrigen die Art der verwaltungstechnischen Durchführung ebenso unerheblich wie die häufig privatrechtliche Form der Abwicklung (vgl. KG NStZ **94**, 242); entscheidend ist lediglich, daß die Tätigkeit in den Aufgabenbereich öffentlicher Verwaltung fällt. Diese Ansicht wird nun ausdrücklich durch den Zusatz aufgrund des KorrBG (vgl. Vorbem.) bestätigt, so daß eine Rspr. wie die in BGH **38** 199 (m. abl. Anm. Ossenbühl JR 92, 474) nun auch dem Wortlaut widersprechen würde. Durch die nF ist nun klargestellt, daß auch die Fälle der Organisationsprivatisierung eine Amtsträgerschaft nicht ausschließen, das Wahrnehmen öffentlicher Aufgaben also auch in privatrechtlicher Form geschehen kann (vgl. BGH **43** 377 [m. krit. Anm. Ransiek NStZ 98, 564] zur Amtsträgereigenschaft von Angestellten der in Form einer GmbH betriebenen GTZ; and. aber BGHSt **45** 16 hins. Flughafenangestellten, die sich hingegen nach Frankfurt NStZ **97**, 200 aufgrund der zur staatlichen Daseinsvorsorge zählenden Aufgaben ungeachtet der privatrechtlichen Organisationsform des Betriebs als Amtsträger qualifizieren ließen (krit. dazu Otto NStZ 97, 202, der sich in Jura 97, 49 f. gegen eine solche Gesetzesänderung ausgesprochen hat; zur Gesetzesbegründung vgl. BT-Drs. 13/5584 S. 9, 12; Dölling, 61. DJT – Gutacht. I C 59, Ransiek NStZ 97, 520). Maßgebend ist demnach die (materielle) Funktion der Aufgabe und nicht ihre (formelle) Organisationsform (vgl. König JR 97, 398, Rudolphi SK 24). Soweit die Tätigkeit in den Aufgabenbereich öffentlicher Verwaltung fällt, kann auch eine erwerbswirtschaftlich-fiskalische Betätigung Amtsträgerschaft begründen, wie etwa die Verwaltung einer staatlichen Domäne (vgl. RG **74** 105, 253; and. Welp Lackner-FS 782 ff., der auf die verwaltungsrechtl. Bedeutung des Begriffs öff. Verwaltung abstellt; ihm zust. Lackner 9 a; eine erwerbswirtschaftl. Betätigung des Staates ausschließ. Rudolphi SK 23). Auch daß die wahrgenommene öffentliche Aufgabe monopolartigen Charakter haben müsse (wie etwa bei kommunalen Versorgungsbetrieben), wird man entgegen der früher vertretenen Auffassung (vgl. Wiedemann NJW 65, 852, 17. A. § 359 RN 8) nicht mehr verlangen können; denn während nach dem früheren Verständnis des strafrechtlichen Beamten die fraglichen Dienstverrichtungen „aus der Staatsgewalt abgeleitet" sein mußten (RG **70** 236, **72** 290, BGH **8** 22, **11** 349; so aber auch jetzt noch Rudolphi SK 23), ist nunmehr in weiterem Sinne nur noch von „öffentlicher Abwaltung" die Rede, und zwar in Abweichung vom auch von dem früher vorhandenen engeren, auf „hoheitliche" Aufgaben beschränkten § 10 Nr. 4 b E 62 (vgl. BT-Drs. 7/550 S. 208/9, Tröndle 22; ausführl. zur Gesetzgebungsgeschichte Welp Lackner-FS 767 ff., Jutzi NStZ 91, 105 f.). Eine solche aber ist nicht schon dadurch ausgeschlossen, daß sich der Staat dabei im Wettbewerb mit privatwirtschaftlichen Unternehmen befindet (vgl. Gribbohm LK 36). Eine Grenze wird vielmehr erst dort zu ziehen sein, wo der fraglichen Betätigung jegliche öffentliche Zielsetzung fehlt (KG NStZ **94**, 242, Wassermann AK 17), wie dies etwa beim Betrieb eines städtischen Wochenmarktes anzunehmen wäre. Vgl. zum Ganzen auch Wagner aaO 119 ff.

23 Da es sich um Aufgaben der *Verwaltung* handeln muß, vermögen **sonstige staatliche Funktionen,** wie insbes. die der *Gesetzgebung* oder *Rechtsprechung,* eine Amtsträgerschaft iSv Nr. 2 c **nicht** zu begründen (Lackner 11; and. Wagner aaO 136 ff.). Daher bedurfte es für ehrenamtliche Richter der Sonderregel in Nr. 3 (u. 32). Da es für *Abgeordnete* hingegen eine solche besondere Einbeziehung nicht gibt, sind sie rechts. keine Amtsträger im vorliegenden Sinne (so bereits BGH **5** 106, Schulze JR 73, 485). Dies gilt auch insoweit, als ein Abgeordneter innerhalb der gesetzgebenden Körperschaft, zB als Bundes- oder Landtagspräsident, Funktionsträger ist (Lackner aaO, Wassermann AK 16; vgl. auch Paeffgen JZ 97, 181 f., der in LT-Präsidenten in funktionaler Betrachtung als Amtsträger qualifiziert). Soweit bei kommunalen Körperschaften (Gemeinderäten, Stadträten u. dgl.) Abgeordneten- und Verwaltungstätigkeit zusammenfließt (vgl. Hartmann DVBl. 66, 809), wird jeweils im Einzelfall zu prüfen sein, ob sich die konkrete Tätigkeit mehr als Gesetzgebung oder mehr als Verwaltung darstellt (vgl. Braunschweig MDR **50**, 629, Celle NdsRpfl. **62**, 156, Stuttgart NJW **66**, 679, Justiz **89**, 198; iglS Gribbohm LK 37, Rudolphi SK 21; pauschal für Amtsträgerqualität von Gemeinderäten aber LG Krefeld NJW **94**, 2037; vgl. auch Kühne, Die Abgeordnetenbestechung (1971) 19 ff.). Ähnliche Differenzierungen können bei *Rechtsprechungsorganen* notwendig sein, so etwa bei der Beurkundungstätigkeit der hessischen und rheinland-pfälzischen Ortsgerichte, wo es sich materiell um Verwaltungstätigkeit handelt (vgl. BT-Drs. 7/550 S. 209, Wassermann AK 16). Entsprechendes gilt für die Vollzugs- und Vollstreckungstätigkeit des Gerichtsvollziehers (vgl. § 154 GVG; v. Bubnoff LK § 113 RN 5, 9). *Militärische* Aufgaben scheiden zwar insofern nicht begrifflich aus, als für die Wehrverwaltung der insoweit die Spezialregelung der §§ 48 WStG vor (vgl. o. 20).

24 Soweit sich nach den vorangehenden Kriterien die Tätigkeit im Aufgabenbereich öffentlicher Verwaltung hält, kommt es auf deren **Ranghöhe** nicht an. Daher ist gleichgültig, ob der Bedienstete selbständig und in eigener Verantwortung zu handeln hat oder ob die Tätigkeit höherer oder niederer, geistiger oder mechanischer Art ist (enger Weiser NJW 94, 971: selbständige u. eigenverantwortl. Tätigkeit). Ebensowenig sind innerhalb des wahrgenommenen öffentlichen Aufgabenbereichs etwaige rein privatwirtschaftliche Tätigkeiten (wie etwa geschäftsbankmäßige) abzusondern (BGH **31** 273 f., 276, Dingeldey NStZ 84, 503). Jedoch wird bei einer Reinemachefrau ein Zusammenhang mit dem Aufgabenbereich der Behörde nicht mehr anzunehmen sein (RG JW **31**, 63, Bremen NJW **50**, 198, Kassel HE **2** 179). Im übrigen aber braucht sich die Tätigkeit weder nach außen hin als Verwaltungshandeln darzustellen (vgl. RG DJ **39**, 227) noch in der Öffentlichkeit bemerkbar zu sein (vgl. RG **70** 235). Auch eine Gutachter- oder Referententätigkeit kann genügen (vgl. RG **74** 253).

β) Die zuvor erörterten Aufgaben müssen **bei einer Behörde oder sonstigen Stelle** (1. Alt) oder 25
in deren **Auftrag** (2. Alt) wahrgenommen werden. Zu den *Behörden* iSv Ämtern und ähnlich selbständigen organisatorischen Einheiten von Personal- und Sachmitteln zählen nach Nr. 7 an sich auch die Gerichte; doch vermag eine dort ausgeübte Tätigkeit Amtsträgerschaft iSv Nr. 2c allenfalls insoweit zu begründen, als es sich nicht um Rechtsprechung, sondern um Justizverwaltung handelt (Gribbohm LK 35), wie zB bei einer Justizkasse. Als *sonstige Stellen* kommen Körperschaften oder Anstalten des *öffentlichen Rechts* in Betracht (wie etwa Staats- oder Kommunalbanken: BGH **31** 269, oder die ehem. Treuhandanstalt mitsamt ihren privatrechtl. organisierten Tochtergesellschaften: KG NStZ **94**, 242), aber auch andere Einrichtungen oder Zusammenschlüsse, die ungeachtet ihres Organisationsgrades zur Erledigung bestimmter öffentlicher Aufgaben berufen sind, wie zB Vereinigungen, Ausschüsse oder Beiräte, die bei der Ausführung von Gesetzen mitzuwirken haben (vgl. etwa §§ 23, 28, 29 SchwerbeschädG); nicht dagegen staatl. beauftragte priv. Planungsbüros (Haft NJW 95, 1114, Lenckner ZStW 106, 514 ff., Schramm JuS 99, 334). Dienst bei **kirchlichen** Stellen kommt für eine Amtsträgerschaft nur insoweit in Betracht, als es dabei um die Wahrnehmung besonderer öffentlicher Aufgaben unter staatlicher Aufsicht geht (vgl. BGH **37** 194 f., Tröndle 23, Rohlff aaO 84 ff.). Inwieweit dies der Fall ist, hängt entscheidend von der Ausgestaltung des Rechtsverhältnisses ab, aufgrund dessen die Aufgabe zu vollziehen ist. So wurde etwa Beamteneigenschaft i. strafr. S. v. § 359 aF bejaht bei Verwaltern von Kirchenvermögen (and. für Beamte der Ev. Landeskirche Baden BGH **37** 196 ff., Karlsruhe NJW **89**, 239 f.) und kirchlichen Kassenbeamten (BGH **8** 273, LM **Nr. 1** zu § 359 aF; vgl. ferner RG **71** 149, JW **34**, 2070, **35**, 3391, HRR **41** Nr. 459, aber auch HRR **39** Nr. 273; zw. Karlsruhe NJW **89**, 238). Doch können Geistliche und Religionsdiener auch unmittelbar Staatsbeamte und damit Amtsträger iSv Nr. 2a sein, wenn sie etwa als Lehrer an öffentlichen Schulen bedienstet sind (Gribbohm LK 40). 26

γ) Schließlich muß der Amtsträger dazu bestellt sein, die Aufgabe *bei* der Behörde (1. Alt.) bzw. *in* 27
deren Auftrag (2. Alt.) wahrzunehmen, also in einem **Zugehörigkeits- bzw. Auftragsverhältnis** zu der Behörde stehen. Anders als beim Beamten iSv Nr. 2a kommt es dafür weder auf die Art der Anstellung (BGH **31** 277) noch auf deren Dauer an; denn da sogar Handeln im Auftrag der Behörde genügen soll, ist weder ein festes Beschäftigungsverhältnis noch eine förmliche Ernennung (etwa durch Aushändigung einer Urkunde) erforderlich (vgl. RG JW **31**, 3671, **37**, 759; Weiser NJW 94, 969 f. mwN). Nicht einmal einer „förmlichen Verpflichtung", wie sie Nr. 4 verlangt (u. 39), bedarf es hier (Tröndle LK¹⁰ 23; aufgrund des Vergleichs mit Nr. 4 aber eine konstitutive Bedeutung des Bestellungsakts für Nr. 2c annehm. BayObLG NJW **96**, 270 [m. krit. Anm. Haft ebda 238], Ransiek NStZ **97**, 523). Entscheidend ist lediglich, daß die ausgeübten Funktionen nicht angemaßt sind, sondern aufgrund Bestellung bzw. Beauftragung durch die dafür zuständige Behörde wahrgenommen werden (vgl. OGH **2** 370, NJW **50**, 436, Schleswig SchlHA **49**, 297). Demgegenüber wird neuerdings von BGH **43** 96 (m. Bspr. Otto JR 98, 73) dem **öffentlich-rechtlichen Bestellungsakt** für beide Alternativen des § 11 Nr. 2c eine besondere Bedeutung beigemessen (zust. Ransiek NStZ 97, 525, abl. Haft NStZ **98**, 29 f.), wobei die Bestellung zwar formlos sein könne, aber von den Betroffenen aber entweder zu einer über den einzelnen Auftrag hinausgehenden längerfristigen Tätigkeit (was in etwa dem Kriterium der „generellen" Bestellung nach Haft NJW 95, 1116 zu entsprechen scheint; ähnl. auch Zeiler MDR 96, 442) oder zu einer organisatorischen Eingliederung in die Behördenstruktur führen müsse (vgl. auch BGH NJW **98**, 2373 [m. krit. Anm. Ransiek NStZ 98, 564], StV **98**, 368). Während gegen das (erste) zeitliche Kriterium spricht, daß die „Längerfristigkeit" der Tätigkeit weder besonders konturenscharf noch unbedingt ausschlaggebend ist, da der Einzelne von durch die Wahrnehmung nur einer einzelnen Aufgabe Amtsträger sein kann (so auch Lackner 6), kann das (zweite) institutionelle Kriterium nicht überzeugen, da es keine Abgrenzung zur 1. Alt. des § 11 Nr. 2c erkennen läßt (vgl. Schramm JuS 99, 335 ff., o. 21). Demnach ist weiter daran festzuhalten, daß es im Gegensatz zur 1. Alt. des § 11 Nr. 2c, wo die Amtsträgereigenschaft schon aufgrund der institutionellen Eingliederung in die Behördenstruktur („*bei* der Behörde") konstituiert ist, für die 2. Alt. maßgebend auf die Art der Aufgabe, die wahrgenommen werden soll, ankommt (funktionelle Betrachtungsweise, o. 20; vgl. auch Traumann aaO 66 f.; and. Lackner 6, der zwar die gleiche Prüfung, aber anhand des Kriteriums des Bestellungsakts vornehmen will).

Ob es sich im übrigen um eine **hauptamtliche oder nebenamtliche,** planmäßige oder nur 28
vertretungsweise, vorübergehende Beauftragung handelt, ist unerheblich (vgl. RG HRR **33** Nr. 1901, DR **39**, 1311, 1982, Tröndle 15). Daher kommen auch Personen in Betracht, die lediglich einen Vorbereitungs- oder Probedienst ableisten, wenn ihnen im Einzelfall Aufgaben der genannten Art übertragen werden (vgl. RG HRR **34** Nr. 1174, JW **36**, 327; vgl. auch RG **72** 362: Kassenlehrling eines Arbeitsamtes, der einmal beauftragt war, selbständig Unterstützungen auszuzahlen). Unerheblich ist ferner, ob die Tätigkeit freiwillig oder aufgrund hoheitlicher Anordnung ausgeführt (Kassel HE **2** 179; vgl. aber auch BGH **12** 109) oder ob eine Vergütung dafür gezahlt wird (vgl. RG **29** 232, **34** 236, **52** 350). Dagegen fehlt es bei Konkursverwaltern, Zwangsverwaltern oder Testamentsvollstreckern idR an einem derartigen öffentlichen Auftragsverhältnis. Soweit die Aufgabe aufgrund der 29
Bestellung bzw. Beauftragung wahrgenommen wird, ist Amtsträgerschaft nicht dadurch ausgeschlossen, daß das Bestellungsverhältnis **unter Verletzung von Rechts- oder Verwaltungsvorschriften** zustande kam. Auch Minderjährigkeit steht nicht entgegen; vgl. RG HRR **40** Nr. 711: Verpflichtung der 15jährigen Tochter eines Postagenten zur Vertreterin ihres Vaters durch die Postverwaltung (vgl.

auch RG DR **40**, 1520). Selbst in der Aberkennung der Fähigkeit zur Bekleidung öffentlicher Ämter sah RG **50** 18 keinen Hinderungsgrund. Zur Nichtigkeit der Anstellung vgl. im übrigen auch 9 b vor § 331.

30 δ) **Beispielsweise** wird aus der umfangreichen **Rspr.** zum Beamtenbegriff iSv § 359 aF *Amtsträgerschaft* nach Nr. 2 c bei folgenden Personen zu **bejahen** sein: Im Bereich der (seinerzeit staatl. Struktur von) *Post* und *Bahn* für Postagenten und ihre Vertreter (RG HRR **40**, 711), Markenverkäufer im Schalterdienst (RG HRR **29**, 677), Postaushelfer, denen der Zustelldienst übertragen ist (RG **51** 65, **52** 310, JW **31**, 3671) oder die Briefkästen zu leeren haben (RG HRR **40**, 1424), Postfacharbeiter (RG **74** 341, Bremen NJW **50**, 198 mit Anm. Döll), Hilfspaketzusteller (RG JW **39**, 625), Bahnarbeiter bei Überwachung der Tierverladung (RG DJ **38**, 1497 mit Anm. Gährs), Bahngehilfen (RG HRR **40**, 264), Bahnsteigschaffner (RG HRR **33**, 1901), Bahnjunghelfer als Schalterbeamter (Oldenburg JR **50**, 409). Im übrigen wurde zB die Beamteneigenschaft bejaht bei Angestellten der Universitäten (RG **74** 251), eines Arbeitsamts (RG **70** 235) oder Straßenbauamts (RG HRR **40**, 964), einem städtischen Wiegemeister (RG HRR **39**, 62, BGH LM **Nr. 12**), aber auch bei einem Täter, der nur tatsächlich auf der Gemeindewaage Verwiegungen vorzunehmen und darüber Bescheinigungen auszustellen hat (BGH MDR/D **58**, 141), bei Angestellten des Wohnungsamts (RG **56** 367), beim Kontrolleur eines städtischen Bauamtes (Hamm NJW **73**, 716), bei einem städtischen Überwacher von Straßenarbeiten (Frankfurt NJW **90**, 2074), Mitgliedern einer städtischen Wohnungskommission (RG **57** 366, BGH **8** 21), Angestellten und Arbeitern von städtischen Licht- und Wasserwerken und städtischen Verkehrsunternehmen (RG JW **35**, 2433, **36**, 1606, 3005, RG **75** 356 mit Anm. Bruns DR 41, 2660, Bay HE **2** 360), und zwar auch dann, wenn diese Unternehmen privatwirtschaftlich organisiert sind, aber überwiegend in staatlichem Eigentum stehen (KG JR **61**, 228; iE nicht aber Hamburg NJW **84**, 624; zum Ganzen Wagner JZ 87, 595 f.), beim Fahrscheinverkäufer einer Staatsfähre (Oldenburg NdsRpfl. **50**, 178), beim Verwalter eines städtischen Friedhofs (RG DR **40**, 792), bei Aushilfskräften von Wirtschafts- und Ernährungsämtern (RG DJ **42**, 514, HRR **42**, 451, 828), bei leitenden Angestellten von Überwachungsstellen (RG **73** 30), bei Vorstandsmitgliedern einer Landesbank (BGH **31** 264), beim Leiter der Annahmestelle einer Kreissparkasse (RG HRR **40**, 1161), beim Geschäftsleiter, der von einer Bankaufsichtsbehörde als Aufsichtsperson eingesetzt worden ist (BGH **9** 204), beim Leiter und Kassierer einer Ortskrankenkasse (RG **74** 269 mit Anm. Mezger DR 40, 2060, Richter ZAkDR 40, 360, **76** 107, BGH **6** 17, München HE **2** 364, Neustadt DRZ **50**, 522, OG **1** 189), ebenso beim Leiter einer Betriebskrankenkasse (BGH LM **Nr. 13**), bei den Angestellten der Ersatzkassen (Hamm JMBlNRW **52**, 157) oder einer Berufsgenossenschaft (RG **76** 211, BGH **6** 276, Stuttgart MDR **50**, 627), Geschäftsführern von Industrie- und Handelskammern früh. preuß. Rechts (BGH **11** 345), öffentlichen Fleischbeschauern (RG **73** 169, Karlsruhe Justiz **67**, 152). Zum Chefarzt eines kommunalen Krankenhauses vgl. Karlsruhe NJW **83**, 352. Vgl. auch die Kasuistiken bei Tröndle LK 33 ff. und Welp aaO 776 ff.

31 Dagegen wurde die Beamteneigenschaft – und entsprechendes dürfte auch für Nr. 2 c gelten – **verneint** bei dem mit Fahrkartenverkauf betrauten Angestellten einer Privatbahn (RG DR **40**, 2062 m. Anm. Boldt DR 41, 49; and. aber wohl zu Recht bzgl. Ordnungsgruppenmitgliedern eines staatlich kontrollierten Verkehrsbetriebes Hamburg NJW **84**, 624), bei Postfacharbeitern, die regelmäßig mit Reinigungsaufgaben betraut sind (BGH GA **53**, 49), beim Vormund eines Minderjährigen (RG **39** 204), beim Krankenwärter (R **6** 711). Soweit dagegen auch beim Innungsobermeister (RG **72** 290) und beim vertragsmäßig in einer Strafanstalt beschäftigten Arzt (RG **28** 29) die Beamteneigenschaft verneint wurde, wäre heute wohl Amtsträgerschaft nach Nr. 2 c *anzunehmen* (vgl. Lenckner, ZStW 106, 523), ebenso wie bei dem mit der Durchführung der Wahl beauftragten Wahlvorsteher (vgl. aber BGH **12** 108) oder dem ehrenamtlichen Verwalter einer bayer. Gemeindekasse (Tröndle 24, Wassermann AK 22 entgegen BGH **25** 204 m. Anm. Pelchen LM Nr. 1 zu § 359 aF). Dagegen sind Ärzte, Apotheker oder Vertreter sonstiger Berufe, wenn sie nicht in besonderen Ehrengerichtsbarkeit unterstehen, nicht bereits deswegen Amtsträger iSv Nr. 2 c (vgl. RG **19** 86). Die Amtsträgerschaft eines V-Manns der Polizei versucht BGH NJW **80**, 847 mit der Erwägung zu verneinen, daß dieser „nur ein Informant und Gehilfe" der Kriminalpolizei gewesen sei (zu Recht krit. Wagner JZ 87, 595). Auch der Dolmetscher bei einer Fahrprüfung sei kein Amtsträger, da seine Zulassung bzw. Hinzuziehung keine Bestellung sei und er allein im individuellen Interesse des Bewerbers handele (vgl. BGH **42**, 232).

32 3. Auch der **Richter (Nr. 3)** gehört bereits nach Nr. 2 a zu den Amtsträgern (o. 15, 17). Wenn er dennoch eigens umschrieben wird, so um damit seine besondere verfassungsrechtliche Stellung als Träger der rechtsprechenden Gewalt (Art. 92, 97 GG) hervorzuheben und dem vom Beamtenverhältnis zu unterscheidenden Richterverhältnis Rechnung zu tragen, aber auch, um damit klarzustellen, daß der Richterbegriff sowohl die Berufsrichter als auch die ehrenamtlichen Richter umfassen soll (Gribbohm LK 67; vgl. auch Rohlff aaO 164). *Berufsrichter* sind die nach Bundes- oder Landesrecht in das Richteramt durch Aushändigung einer Ernennungsurkunde berufenen Personen, und zwar gleichgültig, ob es sich hierbei um eine Berufung auf Lebenszeit oder nur auf Probe handelt. Zu den (meist als „Laienrichter" bezeichneten) *ehrenamtlichen Richtern* gehören namentlich die Schöffen der Strafgerichtsbarkeit, die Beisitzer in der Zivil-, Verwaltungs-, Finanz-, Arbeits- und Sozialgerichtsbarkeit (vgl. §§ 44–45 a DRiG, ferner die Mitglieder der Ehrengerichtsbarkeit für Rechtsanwälte nach §§ 92, 100, 106 BRAO sowie die Beisitzer bei Disziplinargerichten (Gribbohm LK 69). Dagegen wurden sonstige zur Wahrnehmung von Aufgaben der rechtsprechenden Gewalt bei einem Gericht bestellte Personen (wie etwa Rechtspfleger) abw. von § 10 Nr. 5 b E 62 in den jetzigen Richterbegriff

bewußt nicht aufgenommen, um die hohen Strafdrohungen für Richterdelikte nicht auf einen unangemessen großen Personenkreis anwendbar zu machen (BT-Drs. 7/550 S. 210) – eine zwar verständliche Erwägung, die jedoch im Hinblick auf die zT richterähnlichen Funktionen von Rechtspflegern langfristig nicht unproblematisch ist. Immerhin ist der Rechtspfleger idR aber nach Nr. 2a erfaßbar (Tröndle 28).

Auch *Schiedsrichter* fallen *nicht* unter den Richterbegriff. Soweit sie streitentscheidend tätig sind, beruht dies auf Rechtsgeschäft, nicht aber auf der rechtsprechenden Gewalt des Staates (Wassermann AK 23). Allerdings wird bei bestimmten Tatbeständen die Strafbarkeit ausdrücklich auch auf Schiedsrichter ausgedehnt, so in den §§ 331 ff. 33

4. Den Amtsträgern sind die **für den öffentlichen Dienst besonders Verpflichteten (Nr. 4)** gegenübergestellt. Neu daran ist allerdings nur der Begriff; denn der damit angesprochene Personenkreis deckt sich inhaltlich weitgehend mit dem bereits durch die frühere BestechungsVO und ähnliche Vorschriften erfaßten Bediensteten (vgl. o. 14). Die Erstreckung bestimmter Strafvorschriften auf diese Personengruppen spielt vor allem beim Schutz vor Geheimnisverrat (§§ 201 III, 353b I, 355 II) und Bestechlichkeit (§§ 331 ff.) eine Rolle. Damit soll der Tatsache Rechnung getragen werden, daß der Staat zur Erfüllung seiner Aufgaben in steigendem Maße auf die Einschaltung nichtstaatlicher Organisationen und die Dienste von Angestellten und Arbeitern angewiesen ist, die nach Stellung und Funktion keine Amtsträger sind, jedoch uU in gleicher Weise Einblick und Einflußmöglichkeiten auf Verwaltungshandeln haben wie jene (vgl. BT-Drs. 7/550 S. 210, Tröndle 29 m. weit. Mat.). Für die Umgrenzung der durch Nr. 4 erfaßten Personen kommt es im wesentlichen auf vier Kriterien an: 34

a) In negativer Hinsicht darf der besonders Verpflichtete **nicht bereits Amtsträger** iSv Nr. 2 sein (Nr. 4 vor a; BGH NStZ **94**, 277). Damit sind neben den Beamten vor allem auch solche Bedienstete ausgesetzt, die nach Nr. 2c mit der Wahrnehmung staatlicher Aufgaben betraut sind (vgl. BGH aaO). Das bedeutet, daß unter Nr. 4 von vornherein nur solche Personen fallen können, die selbst keine öffentlichen Funktionen wahrnehmen, insbes. also Büro- und Schreibkräfte, Boten, Reinemachefrauen und ähnliche technische Hilfskräfte. – Doch können *ausnahmsweise* auch *Amtsträger* unter Nr. 4 fallen, und zwar dann, wenn sie von ihrer Anstellungsbehörde an eine andere Stelle abgeordnet werden, bei der sie selbst keine Verwaltungsfunktionen wahrnehmen, sondern Dienste der hier in Frage stehenden Art verrichten (vgl. Gribbohm LK 72). Ähnliches ist bei neben- oder ehrenamtlicher Tätigkeit eines Amtsträgers für eine andere Stelle denkbar. Hier wird jeweils im Einzelfall zu prüfen sein, ob es sich um eine von der Eigenschaft als Amtsträger unterscheidbare Tätigkeit handelt (dann Nr. 4) oder ob ein innerer Zusammenhang mit der Amtsstellung fortbesteht (dann Nr. 2). Bei *Abordnungen* wird idR letzteres anzunehmen sein, da diese meist gerade mit Rücksicht auf die amtlichen Funktionen erfolgt; vgl. § 27 BBG sowie Schnellenbach, Beamtenrecht in der Praxis[2] (1987) 50 ff., ferner RG **31** 294, **73** 30. 35

36

b) Die Stelle, für die der Verpflichtete tätig ist, muß *Aufgaben der öffentlichen* **Verwaltung** in dem bei 22 ff. umschriebenen Sinne wahrnehmen. Auch darin zeigt sich ein Unterschied gegenüber dem Amtsträger iSv Nr. 2: Während jener in eigener Person öffentliche Aufgaben wahrnehmen muß, wird bei den Nichtamtsträgern iSv Nr. 4 der öffentliche Bezug dadurch hergestellt, daß auf jeden Fall *die Stelle, für die* der Bedienstete tätig ist, ihrerseits mit Verwaltungsaufgaben betraut sein muß (Lenckner ZStW 106, 541 f.). Werden diese Aufgaben *unmittelbar* von der dafür zuständigen Behörde selbst erledigt, so liegt ein Fall von **Nr. 4a** vor. Weitaus häufiger wird jedoch der Fall sein, daß sich die zuständige Behörde zur Erfüllung ihrer Aufgaben einer anderen Organisation bedient; diese *mittelbare* Aufgabenerledigung soll durch **Nr. 4b** erfaßt werden. Wie die Aufzählung von Verbänden, sonstigen Zusammenschlüssen, Betrieben oder Unternehmen zeigt, kommen dafür Erfüllungsgehilfen jeglicher Art ungeachtet ihrer Rechtsnatur oder Organisationsstruktur in Betracht, zB auch Beiräte und Ausschüsse (vgl. Gribbohm LK 74, Lackner 16). Auch ist abw. von § 1 BestechVO kein Bezug zur staatlichen Wirtschaftslenkung mehr erforderlich. Entscheidend ist vielmehr nur, daß die betreffende Organisation für eine Behörde oder sonstige Stelle iSv Nr. 2c (o. 25f.) gleichsam als deren verlängerter Arm öffentliche Aufgaben der Verwaltung wahrnimmt. Häufig werden dies wirtschaftsbezogene Aufgaben sein (wie zB bei Einschaltung von Industrie- u. Handelskammern, Marktvereinigungen, Wirtschaftsverbänden, Landesbanken oder berufsständischen Organisationen); doch ist auch bei sozialpolitischen und kulturellen Aufgaben die Zwischenschaltung von nichtstaatlichen Einrichtungen (zB Wohlfahrtsverbände, Kirchen, Stiftungen) nicht selten. Nicht erfaßt sind dagegen Angehörige von bloßen Lieferfirmen oder Arbeiter von Handwerksbetrieben, die in oder für eine Behörde tätig sind (Tröndle 30), wohl aber ein für eine Daseinsvorsorgeeinrichtung beauftragtes Planungsbüro (Haft NJW 95, 1117, Lenckner ZStW 106, 542 f., Schramm JuS 99, 338, Traumann aaO 128 f.; abl. Weiser NJW 94, 972). 37

c) Der Verpflichtete muß *bei* einer solchen Behörde bzw. zwischengeschalteten Organisation im vorgenannten Sinne **beschäftigt oder für sie tätig** sein (vgl. BGH **42** 234). Danach mag ein Dauerbeschäftigungsverhältnis zwar die Regel sein, ist jedoch nicht unbedingt erforderlich; vielmehr genügt auch schon die gelegentliche oder vorübergehende Tätigkeit für eine Behörde, zB aufgrund eines Sonderauftrags als Gutachter oder als Mitglied eines Beratungsgremiums. 38

d) Schließlich muß der Bedienstete auf die gewissenhafte Erfüllung seiner Obliegenheiten **förmlich verpflichtet** worden sein (wobei Rohlff aaO 181 in der förml. Verpflichtung den Nachweis des 39

Vorsatzes bzgl. der Dienststellung des Betroffenen sieht). Dafür maßgeblich ist das seinerzeit neu eingeführte VerpflichtG idF von Art. 42 EGStGB (dazu Zechlin BB 82, 439). Zu Formerfordernissen vgl. BGH NJW **80**, 846, Petri NStZ 91, 471 f. Inhaltlich stimmt es weitgehend mit der im früheren § 1 BestechVO vorgesehenen Verpflichtung überein. Wer bereits danach verpflichtet worden ist, steht einem besonders Verpflichteten im vorliegenden Sinne gleich (§ 2 VerpflichtG). Freilich genügt nicht schon die förmliche Verpflichtung zur gewissenhaften Erfüllung von Obliegenheiten, wesentlich ist vielmehr die Verpflichtung im Hinblick auf die *öffentlichen Verwaltungsaufgaben*. Daran fehlt es zB bei den nach § 36 GewO öffentlich bestellten, freiberuflich tätigen Sachverständigen (Gribbohm LK 78). Daher bedürfen solche Verpflichtete, wenn sie in einen Straftatbestand einbezogen werden sollen, der besonderen Erwähnung (wie zB in § 203 II Nr. 5). Doch nicht jeder, der förmlich auf die Erfüllung seiner Obliegenheiten verpflichtet wurde, fällt unter Nr. 4.

IV. Rechtswidrige Tat (Abs. 1 Nr. 5)

Schrifttum: Achenbach, „Tat", „Straftat", „Handlung" u. die Strafrechtsreform, MDR 75, 19.

40 Nachdem die Definitionsversuche des E 62 für den Begriff der „Straftat" bzw. der „rechtswidrigen Tat" (dort § 11 I Nr. 1 und 2) auf harte Kritik gestoßen waren (vgl. insbes. Stratenwerth ZStW 76, 682 ff.), wurde bereits im 2. StrRG auf jede inhaltlich dogmatische Umschreibung dieser Begriffe zu Recht verzichtet (vgl. Prot. V 237 f., 2442 f.); denn da ihr Begriffsinhalt entscheidend vom jeweils zugrundeliegenden Verbrechenssystem abhängt, wäre eine inhaltliche Definition ohne Festlegung auf eine bestimmte Verbrechenslehre – einschl. daraus folgender Präjudizierung anderer dogmatischer Streitfragen – nicht möglich. Daher beschränkt sich die erst durch das EGStGB eingefügte Legaldefinition (vgl. BT-Drs. 7/550 S. 211) zu Recht auf eine **Formalabgrenzung** der rechtswidrigen Tat.

41 1. Ihrem Wortlaut nach (Verwirklichung des „Tatbestandes eines Strafgesetzes") zielt Nr. 5 primär darauf ab, **strafrechtswidrige** von **nichtstrafrechtlichen** (wenngleich möglicherweise sonstwie öffentlich- oder zivilrechtlich rechtswidrigen) Handlungen abzugrenzen (Tröndle 33, Samson SK 22; dagegen mehr iSv u. 42 offenbar Lackner 18). Danach ist die „rechtswidrige Tat" lediglich als Parallelbegriff zur „rechtswidrigen Handlung" iSv § 1 OWiG zu verstehen. Im Sinne einer solchen Beschränkung auf strafrechtswidrige Handlungen ist die Vorschrift namentlich bedeutsam für die §§ 145 d und 164, wo demnach die Vortäuschung von bzw. die Falschverdächtigung wegen nichtstrafrechtlicher Rechtsverletzungen oder Ordnungsverstößen (unerlaubten Handlungen, Disziplinarverfehlungen, Ordnungswidrigkeiten uä) nicht genügt (vgl. Gribbohm LK 84).

42 2. Über diese Ausgrenzung strafrechtlich irrelevanter Handlungen hinaus ergibt sich aus dem Zusammenhang mit anderen Bestimmungen, in denen auf eine „rechtswidrige Tat" verwiesen wird (vgl. ua §§ 12, 26, 27 I, 35, 63 f., 67 d II, 67 g II, 69, 70, 70 a, 73, 74 d, 111, 140, 258, 259, 323 a, 357), daß dieser Begriff nicht nur für das (Außen-)Verhältnis von strafrechtlichen und nichtstrafrechtlichen Handlungen von Bedeutung ist (allein in diesem engen Sinne aber wohl Sax ZStW 90, 958), sondern auch für das *(Innen-)Verhältnis* der rechtswidrigen Tat zu *sonstigen Begriffen der Straftat*. Im Sinne eines derartigen Teilausschnitts aus dem umfassenderen Begriff der vollstrafbaren Tat enthält Nr. 5 insofern eine positive Aussage, als für die „rechtswidrige Tat" zumindest die Verwirklichung eines *Straftatbestandes* erforderlich ist. Doch ist diese Formulierung nicht so zu deuten, als ob damit für die Annahme einer rechtswidrigen Tat bereits die Tatbestandsmäßigkeit der Handlung genügte; denn wie sich etwa aus § 35 ergibt, besteht für entschuldigenden Notstand überhaupt erst dann ein Bedürfnis, wenn die zu entschuldigende Tat nicht nur tatbestandsmäßig, sondern mangels eines Rechtfertigungsgrundes auch rechtswidrig ist, ähnlich wie eine freiheitsentziehende Maßregel gegen Schuldunfähigen erst dann zulässig ist, wenn die Handlung über ihre Tatbestandsmäßigkeit hinaus auch rechtswidrig ist. Somit ergibt sich zwar nicht aus dem Wortlaut der Nr. 5, wohl aber auch aus dem Zweck der sich auf eine „rechtswidrige Tat" beziehenden Normen, daß damit jeweils eine **tatbestandsmäßig-rechtswidrige, nicht** aber notwendig **schuldhafte** Tat gemeint ist (vgl. Achenbach MDR 75, 20, Gribbohm LK 85, M-Zipf I 167, Wassermann AK 26). Das gilt auch für die Einteilung der Straftaten in Verbrechen und Vergehen nach § 12, für die schuldhafte Tatbegehung ebenfalls ohne Belang ist (vgl. E 62 Begr. 121 f.). In diesem Sinne ist die rechtswidrige Tat gleichbedeutend mit dem früheren Terminus der „mit Strafe bedrohten Handlung" (vgl. die aF der §§ 40 III, 42 b, 48, 49, 111,
43 330 a) bzw. mit Bezeichnungen wie „objektive Straftat", „unvollständiges Verbrechen" u. dgl. Dem steht nicht entgegen, daß in anderen Bestimmungen anstelle von „rechtswidriger Tat" von einem **„Handeln ohne Schuld"** die Rede ist (so in §§ 74, 101 a, 109 k zur Sicherungseinziehung; vgl. Tröndle LK[10] 66 f.). Worin hier freilich eine „sprachliche Verbesserung" (so BT-Drs. 7/550 S. 215) liegen soll, ist unerfindlich, ganz zu schweigen davon, daß durch Umschreibung gleichartiger Tatverwirklichung mit unterschiedlichen Formeln die beabsichtigte Eindeutigkeit der Legaldefiniton wieder in Zweifel gezogen wird.

44 Hingegen ist zur **inhaltlichen** Frage nach den einzelnen **Elementen,** die zur Tatbestandsmäßigkeit bzw. Rechtswidrigkeit der Tat gehören, aus Nr. 5 *keinerlei Aussage* zu entnehmen. Das gilt namentlich auch für den systematischen Standort der Vorsätzlichkeit. Selbst wenn man Nr. 5 mit solchen Vorschriften vergleicht, in denen eine *vorsätzliche* Begehung der *rechtswidrigen Tat* verlangt wird (§§ 26, 27), wäre es ein Fehlschluß zu meinen, daß jenes besondere Vorsätzlichkeitserfordernis überflüssig wäre, wenn rechtswidrig ohnehin immer nur die vorsätzlich (bzw. fahrlässig) begangene Tat sein könne. Denn mit einem solchen (aus der Sicht der „klassischen" Handlungslehre naheliegenden) Einwand würde verkannt, daß es bei dem Verweis auf die Vorsätzlichkeit der Haupttat in den §§ 26, 27 nicht um eine Aussage zum Begriff der rechtswidrigen Tat geht, sondern lediglich der Klarstellung, daß strafbare Anstiftung bzw. Beihilfe nur zu vorsätzlich, nicht aber zu fahrlässig begangenen Haupttaten möglich sein soll. Daher kann auch aus einer Verbindung mit den §§ 26, 27 weder die Ablehnung noch die Anerkennung der einen oder anderen Handlungslehre herausgelesen werden; vielmehr spricht die zurückhaltende Formulierung der Nr. 5 gerade dafür, daß sich der Gesetzgeber aus dem Streit um den systematischen Standort der Vorsätzlichkeit bzw. Fahrlässigkeit bewußt heraushalten wollte (vgl. BT-Drs. 7/550 S. 211, BVerfG NJW **84**, 1294, Lackner 18). Demzufolge hängt die inhaltliche Erfassung der rechtswidrigen Tat jeweils von dem zugrundeliegenden Verbrechensbegriff ab (näher dazu 45 f. vor § 13).

3. Da die „rechtswidrige Tat" somit nur einen Teilausschnitt der strafbaren Handlung ausmacht (o. 42), kann eine **Abgrenzung** von verwandten bzw. komplementären Begriffen wie „**Tat**", „**Straftat**", „**Handlung**" oder „**Verbrechen**" erforderlich sein. Eingeh. dazu 19. A. RN 48–57, Eser/Burkhardt I 31 ff. sowie speziell zum „Verbrechen" u. § 12 RN 5, 18 ff. **45**

V. Unternehmen einer Tat (Abs. 1 Nr. 6)

Schrifttum: Berz, Formelle Tatbestandsverwirklichung u. materialer Rechtsgüterschutz, 1986. – *Ders.*, Die entsprechende Anwendung von Vorschriften über die tätige Reue am Beispiel der Unternehmensdelikte, Stree/Wessels-FS 331. – *Günther*, Der „Versuch" des räuber. Angriffs auf Kraftfahrer, JZ 87, 16. – *Burkhardt*, Das Unternehmensdelikt u. seine Grenzen, JZ 71, 352. – *Fincke*, Das Verhältnis der Allg. zum Bes. Teil des Strafrechts, 1975. – *Jescheck*, Die Vorverlegung des Strafrechtsschutzes durch Gefährdungs- u. Unternehmensdelikte, 1987. – *Livos*, Grundlagen der Strafbarkeit wegen Hochverrats, 1984. – *Schröder*, Die Unternehmensdelikte, Kern-FS 457. – *Sowada*, Das „unechte" Unternehmensdelikt, GA 88, 194.

1. Gemäß § 23 ist nur der Versuch von Verbrechen sowie von solchen Vergehen strafbar, bei denen **46** dies ausdrücklich bestimmt ist. Daneben ergibt sich aus der **Legaldefinition** des § 11 I Nr. 6 die Versuchsstrafbarkeit auch für die Tatbestände, bei denen das StGB den Begriff des *Unternehmens* verwendet (zB in §§ 81, 82, 184 I Nr. 4, 8, 9, III Nr. 3, 307, 309, 316 c I Nr. 2, 357; vgl. auch Berz aaO 14, 126 mwN, ferner Mitsch ZStW 111, 109 ff. zu den Konsequenzen, die sich aus der Herausnahme des § 316 a aus dem Bereich des § 11 I Nr. 6 ergeben). Die Bedeutung dieser Vorschrift liegt vor allem darin, bei allen Delikten – auch soweit es sich um Verbrechen handelt, bei denen der Versuch nach § 23 I strafbar wäre – die fakultative Strafmilderung nach § 23 II für den Versuchsbereich auszuschließen (Jakobs 706 f.; vgl. u. 50). Sinnvoll ist dies freilich nur beim Hochverrat, der, wenn er gelungen ist, den Richter nicht mehr erreichen wird (vgl. Frank § 82 Anm. IV, Livos aaO 193 ff.), während bei den übrigen Delikten sachliche Gründe hierfür nicht ersichtlich sind (and. Tröndle LK¹⁰ 75). Die Verwendung des Begriffes „Unternehmen" beruht bei diesen Tatbeständen mehr oder weniger auf Zufall (vgl. etwa für § 114 aF RG **42** 272 f.). Zur Entwicklung vgl. krit. Fincke aaO 52 ff.

2. Aus der **Gleichstellung von Vollendung und Versuch** (vgl. BGH **33** 381 m. Anm. Günther **47** JZ 87, 17) und der Verwendung des Begriffes „Versuch" als terminus technicus ergibt sich die Frage, inwieweit die allgemeinen Versuchsgrundsätze auf die Unternehmensdelikte übertragen werden können, soweit es sich materiell um Versuche handelt.

a) Der **Bereich der Strafbarkeit** ist bei den Unternehmensdelikten weder enger noch weiter **48** gezogen als bei anderen Tatbeständen mit Versuchsstrafbarkeit (vgl. Berz aaO 128 f., Schröder aaO 459 f., Rudolphi SK 41; and. Burkhardt JZ 71, 352, der den Versuch iSd § 11 I Nr. 6 restriktiv iSe handlungsbezogenen Versuchs interpretiert; dem dürfte jedoch der Wortlaut des Gesetzes entgegenstehen; so auch Weber in Jescheck aaO 8). Für die Abgrenzung zwischen Vorbereitung und Versuch gilt also dasselbe wie bei § 22 (vgl. dort RN 23 ff.).

b) Auch die Grundsätze über den **untauglichen Versuch** (vgl. § 22 RN 60 ff.) sind auf Unternehmenstatbestände anwendbar (RG **39** 323, **56** 226, **72** 81, Günther JZ 87, 18, Gribbohm LK 90, Jescheck/Weigend 526, Rudolphi SK 41). Dies schon deswegen, weil sie zum Teil Verbrechen sind und damit schon unmittelbar über § 23 I der Versuch in vollem Umfang, also auch der untaugliche Versuch strafbar wäre (vgl. auch Schröder aaO 460 f.). **49**

c) Die Hauptbedeutung des § 11 I Nr. 6 liegt im **Ausschluß des (fakultativ) strafmildernden** **50** § 23 II (vgl. o. 46). Der Richter darf also die Mindeststrafen der einzelnen Tatbestände nicht unterschreiten; bei der Strafzumessung kann jedoch berücksichtigt werden, daß die Tat nicht zur (materiellen) Vollendung gelangt ist (Berz aaO 131, Gribbohm LK 90).

d) Problematisch ist dagegen, ob die Gleichstellung von Vollendung (dazu Berz aaO 127 f.) und **51** Versuch und damit die Behandlung des materiell nur versuchten Delikts als eines vollendeten die **Möglichkeit eines Rücktritts** ausschließt. Da es sich um ein formell vollendetes Delikt handelt, ist § 24 insoweit nicht anwendbar (Gribbohm LK 91; and. nur Kohlrausch/Lange § 46 Anm. IV 1; vgl. näher Schröder aaO 462). Der Gesetzgeber hat jedoch bei einem Teil der Unternehmenstatbestände (wie bei den §§ 81, 82) eine selbständige Rücktrittsregelung vorgesehen (so in § 83 a). Dies hat offenbar seinen Grund in einer geläuterten Rechtsauffassung; es bestehen deshalb keine Bedenken dagegen, auf alle Unternehmenstatbestände, die keine Rücktrittsregelung enthalten (zB § 184 I Nr. 4, 8, 9), diejenige der § 83 a **analog** zu übertragen (vgl. § 24 RN 116, 119, Schröder aaO 462 f.;

zust. Jescheck/Weigend 526 sowie jedenfalls de lege ferenda Berz aaO 131 f., 137 ff.; abl. Burkhardt JZ 71, 357, Gribbohm LK 91, Jakobs 707, Rudolphi SK 47, Schmidhäuser 640; diff. Weber in Jescheck aaO 9 ff., ferner Berz Stree/Wessels-FS 333 ff. unter Hinweis auf die zT unterschiedlichen Rechtsfolgen der analog herangezogenen §§ 83 a, 84 V, 311 c und 316 a II, jew. aF). Die Rspr. hat freilich eine solche allgemeine Analogie bisher nicht zugestanden, sondern nur punktuell entschieden; so wurde zB im Rahmen des § 234 a III der § 49 a III, IV aF (jetzt § 31) entsprechend angewandt (BGH **6** 85), die Anwendung des § 82 aF auf § 122 II aF aber abgelehnt (BGH **15** 198; vgl. dazu Schröder aaO 463 FN 18).

52 3. Während die bisher erörterten Tatbestände durch die Verwendung des Begriffs „Unternehmen" im Gesetzestext als Unternehmenstatbestände im technischen Sinne (**„echte Unternehmensdelikte"**) qualifiziert sind, gibt es im StGB eine Reihe von Delikten, bei denen das Gesetz eine objektiv ambivalente Handlung deswegen unter Strafe stellt, weil der Täter mit ihr bestimmte deliktische Absichten verfolgt. So erhält etwa das Nachstellen in § 292 seine Bedeutung erst durch die Tendenz des Täters, Wild zu erlegen oder sich zuzueignen (vgl. § 292 RN 5). In diesen Zusammenhang gehören ferner die §§ 333 und 334, soweit diese verlangen, daß der Täter den Beamten zu der betreffenden Diensthandlung zu veranlassen strebt (vgl. § 333 RN 5, § 334 RN 8). Ähnliches gilt für das Vortäuschen gem. § 145 d und Verdächtigen gem. § 164, für das Widerstandleisten nach § 113 (vgl. dort RN 2, 40, 49) sowie das Ausüben einer Vermittlungstätigkeit nach § 236 II Nr. 2 (vgl. dort RN 8, 13). Auch die Begünstigung ist jedenfalls dann hierher zu rechnen, wenn man dafür ein nicht notwendig objektiv erfolgreiches, aber subjektiv von Begünstigungstendenz getragenes Hilfeleisten genügen läßt (so Schröder Kern-FS 464 f.; vgl. aber demgegenüber jetzt § 257 RN 15, 27). Ferner ist nach der nF des § 316 a der räuberische Angriff auf Kraftfahrer dieser Gruppe zuzurechnen (vgl. Mitsch ZStW 111, 110). Wegen ihrer versuchsähnlichen Struktur bezeichnet man diese Deliktsgruppe im Anschluß an Schröder aaO als **„unechte Unternehmensdelikte"** (vgl. Berz aaO 132 ff., Gribbohm LK 93 ff., Jescheck/Weigend 267, Rudolphi SK 44; für die Bezeichnung als „Versuchsdelikte" schon früher Bockelmann NJW 51, 622, Armin Kaufmann, Dogmatik der Unterlassungsdelikte (1959) 230, Waider GA 62, 176 ff.; vgl. ferner § 323 c RN 15). Es fragt sich allerdings, ob es gerechtfertigt ist, diese „unechten Unternehmensdelikte" in vollem Umfang denen des § 11 I Nr. 6 gleichzustellen (dazu Burkhardt JZ 71, 352, Schröder aaO 465). Zum Ganzen grds. krit. Alwart, Strafwürdiges Versuchen (1982) 109 ff., Sowada GA 88, 211 ff.

53 a) Eine solche Gleichstellung kann einmal hinsichtlich der Strafbarkeit des **untauglichen Versuchs** problematisch sein: eine Frage, die zwar bei Verbrechen keine Rolle spielen könnte, wohl aber bei Vergehen, die hier ausnahmslos vorliegen. So sehr nun auch die strukturelle Verwandtschaft zwischen den Tatbeständen, in denen das Wort „Unternehmen" auftaucht, und den hier behandelten eine rechtliche Gleichordnung nahelegt, wird man doch wegen der Tatbestandsgarantie des Art. 103 II GG

54 davon absehen müssen, sie in jeder Beziehung den echten Unternehmensdelikten gleichzustellen. – Das Phänomen, das zu der Entdeckung solcher unechter Unternehmenstatbestände geführt hat, ist die Tatsache, daß gewisse Tatbestände des StGB eine finale Handlungsbeschreibung besitzen, die von der bloßen Zielrichtung des Täters – also ohne Rücksicht auf irgendeinen Erfolg – getragen ist. Aus diesem Grunde können auch die Versuchsgrundsätze nur in bezug auf die **Handlung** als solche übertragen werden, nicht dagegen auf andere Umstände, insbes. nicht auf die rechtliche Qualität des Handlungsobjektes (Schröder Kern-FS 465 f., iglS Burkhardt JZ 71, 355, Rudolphi SK 45). Sofern die Begünstigung zu diesen Delikten gerechnet wird (so Schröder aaO 464 f., vgl. aber o. 52), wäre danach zB strafbar, wer den Vortäter mit einem völlig untauglichen Mittel zu begünstigen sucht, nicht dagegen, wer irrtümlich davon ausgeht, der Begünstigte habe eine Vortat iSd § 257 begangen (and. Bockelmann und Kaufmann aaO o. 52). Entsprechendes gilt für § 292 (and. Waider GA 62, 183 f., der hier den untaugl. Versuch in vollem Umfang bestrafen will) sowie bei § 113 hins. der Rechtmäßigkeit der Amtsausübung (vgl. dort RN 18 ff., insbes. 20 a). Wieder anders Rudolphi SK 46, der die Strafbarkeit bei unechten Unternehmensdelikten grundsätzlich auf taugliche Handlungsversuche beschränken will. Vgl. auch Günther JZ 87, 19 sowie § 323 c RN 2.

55 b) Auch für die unechten Unternehmensdelikte stellt sich das Problem des **Rücktritts**, da die Vornahme einer Handlung mit bestimmter Tendenz bereits die formelle Vollendung der Tat begründet. § 24 ist deswegen unanwendbar. Jedoch besteht keinerlei Anlaß, diese Fälle anders zu behandeln als die echten Unternehmenstatbestände, die denen der Gesetzgeber das Problem gesehen und jedenfalls zT geregelt hat. Die hier bestehende Lücke muß durch analoge Anwendung der einzelnen gesetzlichen Regelungen geschlossen werden (Jescheck/Weigend 526; dagegen Berz aaO 136 f. [and. aber in Stree/Wessels-FS 335 ff.], Burkhardt JZ 71, 352, Gribbohm LK 97, Jakobs 708, Rudolphi SK 47; diff. Weber in Jescheck aaO 14 f.), wobei § 83 a das Modell für eine solche Rücktrittsregelung darstellen kann (vgl. Schröder aaO 467 f.). Entsprechendes muß bei §§ 145 d, 164 gelten; hier ist die Regelung des § 158 als sachgerechteste analog heranzuziehen. Die Rspr. hat freilich bisher diesen Weg nicht eingeschlagen (BGH **14** 217 für § 323 c).

56 4. Für **Täterschaft und Teilnahme** gelten auch bei Unternehmensdelikten die allgemeinen Grundsätze. Nicht jeder, der sich an einem Unternehmen beteiligt, ist automatisch Täter. Die Art seiner Beteiligung hängt vielmehr davon ab, welche Rolle er im Rahmen der Durchführung des geplanten Unternehmens spielen sollte. Anstiftung und Beihilfe zu Unternehmensdelikten sind daher uneingeschränkt möglich.

VI. Behörde, Gericht (Abs. 1 Nr. 7)

1. Der Aussagehalt dieser Bestimmung ist gering; denn sie sieht lediglich die *Einbeziehung des* 57 *Gerichts* in den **Behördenbegriff** vor, läßt aber diesen selbst (zu Recht) undefiniert. So wenig es bislang im öffentlichen Recht gelingen konnte, einen allseits abschließenden und einheitlich verwendbaren Begriff der Behörde zu finden (vgl. die verschiedenartigen Definitionsversuche bei Wolff/Bachof, VerwaltungsR II⁴ [1976] 81 ff.), so wenig kann dies im Strafrecht gelingen. Dies schon deshalb nicht, weil in den fraglichen Vorschriften die Behörde oft nur als Hauptfall der möglicherweise betroffenen Stellen genannt wird und deren Umgrenzung maßgeblich vom Zweck der Norm abhängt (Tröndle LK 83). Wenn etwa beim Fahrverbot in § 44 von dem von einer deutschen Behörde erteilten Führerschein die Rede ist, so steht dahinter die Vorstellung von einem mit spezifischer Zuständigkeit ausgestatteten Amt, während demgegenüber für eine Beleidigung von Behörden iSv § 194 III weitaus weniger formal jedwede organisatorische Einrichtung in Betracht kommt, die mit Aufgaben öffentlicher Verwaltung betraut ist. – Ähnliche Unterschiede ließen sich in den Vorschriften feststellen, in 58 denen teils ausdrücklich von *Behörde* (so in §§ 11 I Nr. 2 c, 4, 90 a II, 138 II, 156, 203 I Nr. 4, 277 ff.) oder iwS von *sonstigen Stellen* (so §§ 11 I Nr. 2 c, 4, 145 d, 153, 158 III, 219 II) gesprochen wird oder diese näherhin als *Dienststelle* (§ 77 a III) oder *Vollstreckungsbehörde* (§ 79 b) spezifiziert sind oder sich lediglich eine mittelbare Verweisung auf den Behördenbegriff findet, wie etwa im Begriff der *amtlichen Bekanntmachung* (§ 134), des *dienstlichen* Siegels (§ 136), der durch eine entsprechende Stelle ausgestellten *öffentlichen Urkunde* (§ 271), oder wo von behördlicher *Erlaubnis* (§ 284), behördlichen *Anordnungen* (§§ 44 III, 174 a I, 174 b I) bzw. behördlichem *Auftrag* (§ 266) die Rede ist. Immerhin 59 dürfte aber diesen verschiedenartigen Behörden soviel gemeinsam sein, daß es sich jeweils um eine von der Person des Inhabers unabhängige, mit bestimmten Mitteln für eine gewisse Dauer ausgestattete Einrichtung handeln muß, die unter (unmittelbarer oder mittelbarer) staatlicher Autorität für öffentliche Zwecke tätig wird (vgl. RG **33** 383, **54** 150, BGH NJW **57**, 1673, Frankfurt NJW **64**, 1682, Tröndle 35, Lackner 20). Je nach dem Zweck der Einzelnorm kann dabei das Schwergewicht mehr auf dem einen oder dem anderen Merkmal liegen bzw. durch eine besondere Aufgabenstellung näher spezifiziert sein.

Danach wurden in der **Rspr.** zB als *Behörden* angesehen: Dienststellen der Gemeinden (RG **40** 161, 60 Frankfurt NJW **64**, 1682, LG Köln JZ **69**, 80), Oberbürgermeister u. Stadtrat (R **4** 135), Verwaltung der Stadtsparkasse (RG **6** 247, **39** 391), öff. Sparkassen (BGH **19** 21), Krankenkassen u. Berufsgenossenschaften (RG **74** 268, **76** 105, 211; and. BGH **25** 86), Fakultäten von Universitäten (RG **17** 208, **75** 112), Präsidenten von Rechtsanwaltskammern (RG **47** 394, JW **36**, 1604), Industrie- u. Handelskammer (RG **52** 198). Dagegen sind Kirchenbehörden *nicht* ohne weiteres öff. Behörden (vgl. RG **47** 49, **56** 399), während Gerichtskassen (R **10** 23) und Vollzugsanstalten (BGH GA **69**, 84) schon bisher als Behörden angesehen wurden. Auch die Gutachterstellen iSv § 219 aF hatten im Hinblick auf ihre öffentliche Kontrollfunktion Behördeneigenschaft (BT-Drs. 7/1981 [neu] 17), während dies sowohl bei den Beratungsstellen iSv § 219 wie auch beim indikationsfeststellenden Arzt iSv § 218 b zu verneinen ist.

2. Durch die ausdrückliche Einbeziehung der **Gerichte** in den an sich schon recht weiten Behör- 61 denbegriff sollen die Zweifel ausgeräumt werden, die daraus entstehen könnten, daß das allgemeinsprachliche Verständnis von „Behörde" primär an Verwaltungstätigkeit orientiert ist und daher die Träger rechtsprechender Gewalt nicht mitrefaßt wären. Freilich bleibt zu beachten, daß die Gleichstellung von Gericht und Behörde nicht zugleich auch eine Gleichstellung der jeweils dafür tätigen Personen bedeutet; denn ähnlich wie in den Nrn. 2 a bzw. 3 zwischen Beamten und Richtern unterschieden wird, kommt es auch für die Eigenschaft als Amtsträger iSv Nr. 2 c bzw. den öffentlich besonders Verpflichteten iSv Nr. 4 darauf an, daß Verwaltungs- und nicht nur Rechtsprechungsaufgaben wahrgenommen werden (vgl. o. 23). Auch der *Begriff* des Gerichts ist vom Gesetz *nicht* näher 62 *definiert*. Grds. ist darunter ein Organ der rechtsprechenden Gewalt in der Bundesrepublik zu verstehen (Gribbohm LK 101). Dies kann idR sowohl eine gesamte organisatorische Gerichtseinheit (BGH, OLG usw.) als auch der zuständige Spruchkörper eines bestimmten Gerichts (6. Strafsenat des BGH: vgl. BGH **9** 23) bzw. der Einzelrichter sein. Im übrigen ist auf den jeweiligen *Normzweck* zu achten. So könnten etwa hinsichtlich einer falschen Beleidigungsfähigkeit bzw. der Einleitung eines behördlichen Verfahrens nach § 164 auch Disziplinar- und Ehrengerichte oder sonstige gerichtsähnliche Schiedsstellen oder Spruchausschüsse (zB des Arbeitsamtes) als Gerichte anzusehen sein (Wassermann AK 31). Soweit andererseits der Schutzzweck der Norm auf *bestimmte Funktionen* oder *Qualifikationen* des Gerichts abstellt, ist auch dessen Begriff entsprechend enger zu fassen: so zB bei §§ 153, 154, wo nur solche Rechtsprechungsorgane gemeint sein können, die für die Abnahme von Eiden zuständig sind. Schon kann etwa ein privates Schiedsgericht jedenfalls nicht Gericht iS dieser Vorschriften sein (vgl. Tröndle/Fischer § 154 RN 3).

3. Soweit in bestimmten Vorschriften zwar nicht von Behörden, wohl aber von behördlichen 63 Verfahren, Erlaubnissen und Anordnungen die Rede ist (o. 58), gilt dies nach Nr. 7 auch für **gerichtliche Verfahren und Erlaubnisse** entsprechend (Gribbohm LK 102). Demgemäß kann falsche Verdächtigung nach § 164 auch durch Herbeiführung eines Strafverfahrens begangen werden, bzw. behördliche Verwahrung iSv § 44 III kann auch die gerichtlich angeordnete U-Haft oder der Vollzug einer Freiheitsstrafe sein.

VII. Maßnahme (Abs. 1 Nr. 8)

64 1. Auch bei diesem Begriff handelt es sich *nicht* um eine *Legaldefinition* der Maßnahme, sondern lediglich um ein *verweisungstechnisches* Hilfsmittel. Dazu werden unter der **Sammelbezeichnung** der Maßnahme bestimmte Rechtsfolgen der Tat zusammengefaßt, die trotz unterschiedlicher Rechtsnatur teilweise nach gleichen Grundsätzen behandelt werden. Allerdings sind die Anwendungsfälle nicht sonderlich zahlreich; denn neben den Konkurrenzen (§§ 52 IV, 53 III, 55 II) und der Verjährung (§ 78 I) werden im wesentlichen nur bei Strafvereitelung (§§ 258, 258 a) und der Verfolgung bzw. Vollstreckung gegen Unschuldige (§§ 344, 345) die in Nr. 8 genannten Rechtsfolgen gleichbehandelt, ja selbst bei § 344 noch mit der Einschränkung, daß es sich um freiheitsentziehende Maßnahmen (wie zB die Unterbringung in einer Entziehungsanstalt) handeln muß.

65 Angesichts ihrer rein gesetzestechnischen Funktion hat somit die Maßnahme *keine inhaltliche Eigenbedeutung*; ebensowenig wird durch diese Zusammenfassung die Rechtsnatur der betreffenden Rechtsfolgen irgendwie berührt. Daher bestimmen sich Inhalt und Umfang der fraglichen Rechtsfolgen jeweils allein nach den für sie vorgesehenen Regeln. Diese finden sich für die *Maßregeln der Besserung und Sicherung* im wesentlichen in den §§ 61–72, für den *Verfall* in §§ 73–73 e (zu dessen Verstärkung durch Verbindung mit der Einziehung vgl. BT-Drs. 13/9742 S. 2), für die *Einziehung* in §§ 74–76 a
66 und für die *Unbrauchbarmachung* in § 74 d. Andere als die in Nr. 8 genannten Rechtsfolgen, wie zB Auflagen und Weisungen (§§ 56 b, c), Verbot der Tierhaltung (§ 20 TierSchG) oder Mehrerlösabführung (§§ 8–10 WiStG), können *nicht* in diesen formalen Begriff der Maßnahme einbezogen werden (Wassermann AK 32), jedenfalls nicht zu Lasten des Täters. Daher bedurfte es für die Ausweitung des § 345 auf die unzulässige Vollstreckung eines *Jugendarrestes* bzw. einer *Geldbuße* der ausdrücklichen Nennung dieser Sanktionen, ähnlich wie umgekehrt die Vereitelung solcher Rechtsfolgen mangels besonderer Anführung nicht durch § 258 erfaßt wird (vgl. Rudolphi SK 49).

67 2. Allerdings ist der Begriff der Maßnahme nur bei **ausdrücklicher Verweisung** auf Nr. 8 in jenem engen Sinne zu verstehen (wie in den o. bei 64 genannten Bestimmungen), bzw. wo sich dies aus dem Normzusammenhang ergibt (so zB bei § 258 V iVm I). Wo dies nicht der Fall ist, wie etwa bei § 164, kommen daher auch sonstige behördliche Maßnahmen, denen der falsch Verdächtige ausgesetzt werden könnte, in Betracht (vgl. Gribbohm LK 104 ff.).

VIII. Entgelt (Abs. 1 Nr. 9)

68 1. Die Vorschrift gibt eine **Legaldefinition** des Entgelts mit dem Ziel, aus der denkbaren Vielfalt von Vorteilen, die aus einer Tat gezogen, bzw. von Belohnungen, die dafür gegeben werden können, den Entgeltbegriff auf Leistungen von *wirtschaftlichem* Wert einzugrenzen. Die praktische Bedeutung ist allerdings nicht mehr sonderlich groß, nachdem im Hauptanwendungsbereich des Verfalls statt auf Entgelt und Gewinn (so § 109 E 62) nun auf den allgemeineren Begriff des Erlangten abgehoben wird (§ 73; vgl. dort RN 6). Im übrigen spielt das Entgelt teils als Tatbestandsmerkmal (so in §§ 184 I Nr. 7, 265 a), teils als Strafschärfungsgrund bei Gegenleistung für eine Tat (§§ 180 II, 203 V) eine Rolle.

69
70 2. a) Für den Begriff des Entgelts ist wesentlich, daß es in einer **Gegenleistung** besteht, dh daß es für etwas gegeben bzw. vom Täter für etwas verlangt sein muß, und zwar idR für die Tat. Anders naturgemäß dort, wo im Strafgrund darin liegt, daß der Täter das eingehende Entgelt vorenthält, wie in § 265 a. Das bedeutet, daß in den Fällen, in denen der Straf(schärfungs)grund im Empfang einer Leistung liegt (§§ 180 II, 184 I Nr. 7, 203 V), diese nicht nur gelegentlich, sondern gerade *für* die Tatbegehung gegeben wird (vgl. Gribbohm LK 107 f.).

71 b) Ferner muß die Gegenleistung in einem **Vermögensvorteil** bestehen, so daß etwa der Geheimnisträger, der sich den Verrat eines Privatgeheimnisses durch geschlechtliche Hingabe entlohnen läßt, keine Strafschärfung nach § 203 V zu gewärtigen hat. Insofern ist das Entgelt enger als der Vorteil iSd §§ 331 ff., da dort auch immaterielle Gunsterweise Bestechlichkeit begründen können (vgl. näher § 331 RN 21).

72 c) Unerheblich für den Entgeltbegriff ist hingegen, daß dadurch ein *Gewinn* erlangt oder eine *Bereicherung* erstrebt wird (Tröndle 37). Deshalb kann anders als bei § 41, wo die Verhängung einer Zusatzgeldstrafe eine Bereicherung bzw. Bereicherungsabsicht des Täters voraussetzt und dafür ein Vergleich von Vor- und Nachteilen vorzunehmen ist (vgl. dort RN 3), das Entgelt nicht mit eigenen Aufwendungen des Täters oder etwaigen Ersatzansprüchen seines Opfers aufgerechnet werden (Wassermann AK 33). Entscheidend ist vielmehr nur, daß für die Tat eine Gegenleistung erlangt bzw. bei § 265 a die dem Täter obliegende Leistung vorenthalten wurde. Zu weiteren Einzelheiten vgl. die einschlägigen Vorschriften (o. 68, 70) sowie die Erläuterungen zu §§ 41, 73 und 331.

IX. Gleichstellungsklausel für Vorsatz-Fahrlässigkeitskombination (Abs. 2)

Schrifttum: Cramer, Das Strafensystem des StGB, JurA 70, 183. – *Krey/Schneider,* Vorsatz-Fahrlässigkeits-Kombination nach geltendem u. künftigem Recht, NJW 70, 640. – *Miseré,* Die Grundprobleme der Delikte mit strafbegründender bes. Folge, 1997. – Vgl. ferner die Angaben zu § 18.

73 1. Die Vorschrift versucht Zweifelsfragen auszuräumen, die aus der tatbestandlichen Kombinierung von *vorsätzlicher Handlung* mit dadurch herbeigeführter *fahrlässiger Gefährdung* entstehen. Solche gemischt vorsätzlich-fahrlässigen Tatbestände finden sich namentlich im Staatsschutzrecht (§§ 97 I, 109e V, 109g IV), bei Explosions- und Verkehrsgefährdungsdelikten (§§ 308 V, 315 V, 315a III Nr. 1, 315b IV, 315c III Nr. 1) sowie beim Dienstgeheimnisverrat (§ 353b I 2). Obgleich den sog. **erfolgsqualifizierten Delikten** iSv § 18 nicht unähnlich, unterscheiden sich diese beiden Arten von Vorsatz-Fahrlässigkeitskombinationen doch insofern, als bei den erfolgsqualifizierten Delikten bereits das (meist) vorsätzliche Grunddelikt für sich allein schon eigenständig strafbar ist, aber ein dadurch (mindestens fahrlässig) herbeigeführter besonderer Erfolg mit verschärfter Strafe bedroht wird (vgl. etwa §§ 226, 227, ferner § 18 RN 2), während bei den hier infragestehenden sog. **eigentlichen Vorsatz-Fahrlässigkeitskombinationen** das vorsätzliche Handeln (zB die Herbeiführung einer Explosion) für sich allein grds. nicht strafbar ist (anders nur die eine Vorsatz-Fahrlässigkeitskombination enthaltenden sog. gefahrerfolgqualifizierten Delikte wie § 315c I Nr. 1a iVm § 315c III Nr. 1; zu diesen näher Rengier, Erfolgsqualifizierte Delikte 273 ff.), sondern ua erst dann, wenn dadurch fahrlässigerweise eine konkrete Individualgefahr verursacht wird (näher zur Abgrenzung Krey/Schneider NJW 70, 640 ff.; die Unterscheidung in erfolgsqualifizierte u. „erfolgsbegründende" Vorsatz-Fahrlässigkeitskombination ablehnen. Miseré aaO 19 f.; zu sonstigen Vorsatz-Fahrlässigkeitskombinationen vgl. Eser III 113 ff.). Da hier das strafauslösende Gewicht auf der fahrlässigen Gefährdung liegt, zu der das vorsätzliche Handeln nur eine straflose Vorstufe darstellt, war der Charakter dieser Mischtatbestände lange umstritten. Während sie von der seinerzeit wohl hM wie *Fahrlässigkeitstaten* behandelt wurden, haben sie andere als *erfolgsqualifizierte Delikte* bzw. als *Vorsatztaten* behandelt (vgl. 20. A. RN 85 mN). In dieser vor allem für Teilnahme bedeutsamen Frage hat sich der Gesetzgeber für die letztgenannte Auffassung entschieden und durch Abs. 2 die gemischt vorsätzlich-fahrlässigen Delikte den **vorsätzlichen gleichgestellt.** Diese Entscheidung ist zwar als Klarstellung zu begrüßen, aber *kriminalpolitisch* dort nicht unbedenklich, wo es sich um Kombinationen handelt, in denen die vorsätzliche Grundhandlung als solche unrechtsneutral ist (wie zB bei Herbeiführung einer Explosion durch einen Sprengmeister), die eigentliche Unrechtsschwelle erst durch die Gefährdung überschritten wird (vgl. Cramer NJW 64, 1837). Da dort das Schwergewicht eindeutig auf dem fahrlässigen Gefährdungsteil liegt, wäre die Behandlung des Mischtatbestandes als Fahrlässigkeitsdelikt angemessener (vgl. auch die Krit. von Gössel Lange-FS 235 f., Schroeder LK § 18 RN 5 [aber auch 33], Wassermann AK 34). In allen anderen Fällen jedoch, in denen bereits das vorsätzliche Handeln Unrechtsqualität besitzt, und sei es auch nur als Ordnungswidrigkeit oder Disziplinarunrecht, würde eine formalistische Trennung zwischen vorsätzlicher Grundhandlung und fahrlässiger Anschlußgefährdung bei völliger Ignorierung der ersteren deren materiellem Unrechtsgehalt nicht voll gerecht (vgl. Jescheck/Weigend 571; weil sich nach Miseré aaO 20 f., 48 aus den strafbaren zugrundeliegenden Verhaltensweisen keine Beurteilung des Gesamtcharakters entnehmen lasse, spricht er von „qualifizierten Fahrlässigkeitstatbeständen"). In diesen Fällen (wie insbes. bei §§ 315a, 315c) lassen sich Mischtatbestände ihrem Unrechtsgehalt nach durchaus einem Vorsatzdelikt gleichstellen, wobei in der auf die nur fahrlässige Gefährdung abgestellten Strafdrohung kein Strafausdehnungsgrund, sondern – im Vergleich zu voll vorsätzlichen Taten – ein *Strafherabsetzungsgrund* zu erblicken ist. Daher zu weitgehend in ihrer undifferenzierten Ablehnung von Abs. 2 Krey/Schneider NJW 70, 645 f. (vgl. Tröndle LK[10] 97).

2. Die Gleichstellung von Vorsatz-Fahrlässigkeits-Kombinationen durch Abs. 2 hat insbes. folgende **Konsequenzen:**

a) Die Möglichkeit von **Teilnahme** an einem Mischdelikt: Wird zB ein Kraftfahrer, der um seine Fahruntüchtigkeit iSv § 315c I Nr. 1b weiß, aber angesichts geringen Verkehrs glaubt, ohne Gefährdung anderer nach Hause zu kommen, zu einer derartigen Fahrt angestiftet, so bliebe nach der Fahrlässigkeitsauffassung (o. 73) der Anstifter selbst dann, wenn er mit einer Verkehrsgefährdung durch den Angestifteten rechnete, straflos, da es an einer vorsätzlichen Haupttat fehlte. Ist dagegen aufgrund der Gleichstellungsklausel auch der Mischtatbestand als Vorsatzdelikt zu begreifen, so bildet er selbst bei nur fahrlässiger Gefährdung eine teilnahmefähige Haupttat iSd §§ 26, 27 (vgl. Stuttgart NJW 76, 1904, Gribbohm LK 115, Jescheck/Weigend 571, Lackner 25, Rudolphi SK 52, Wassermann AK 34; and. M-Gössel II 352 f.). Freilich wird nach allg. Teilnahmeregeln (insbes. § 29) der Teilnehmer nur dann strafbar sein, wenn er seinerseits im Hinblick auf die Gefährdung fahrlässig gehandelt hat, zB hätte voraussehen können, daß der fahruntüchtige Haupttäter eine konkrete Individualgefahr iSv § 315c I herbeiführt. Insofern gilt für die Voraussetzungen auf Teilnehmerseite ähnliches wie bei den erfolgsqualifizierten Delikten (vgl. § 18 RN 7 sowie Cramer JurA 70, 196 f., Tröndle/Fischer § 315 RN 19, Rudolphi SK 52). Abw. hält Gössel Lange-FS 225 ff. lediglich fahrlässige (Neben-)Täterschaft des Teilnehmers für möglich. Vgl. auch Miseré aaO 65 ff. sowie zum Ganzen § 18 RN 7.

b) Auch der **Versuch** eines als vorsätzlich zu behandelnden Mischdelikts ist an sich in der Weise denkbar, daß eine Grundhandlung versucht wird, die, falls erfolgreich, zu einer fahrlässigen Gefährdung führen würde. Strafbar ist ein solcher Versuch allerdings immer nur dann, wenn gerade auch hinsichtlich des Mischdelikts der Versuch unter Strafe gestellt ist. Doch daran fehlt es in den meisten Fällen, so inbes. bei §§ 315a, 315b und 315c, weil dort das Mischdelikt erst hinter der Versuchsklausel des jeweiligen vollvorsätzlichen Tatbestandes geregelt ist und daher von dieser nicht miterfaßt wird (vgl. § 315c RN 37, ebenso Düsseldorf VRS **35** 29, NVZ **94**, 486). Dagegen wird bei § 353b auch das Mischdelikt durch die Strafbarerklärung des Versuchs mitumfaßt (vgl. Oldenburg NdsRpfl. **80**, 227, Tröndle/Fischer § 353b RN 14); daher sind dort die gegen den Versuch des Mischdelikts sprechenden Bedenken (Krey/Schneider NJW 70, 644; abl. auch Rudolphi SK 36) durch Abs. 2 ausgeräumt (iE ebenso Gribbohm LK 116).

77 c) Auch hinsichtlich der **Rechtsfolgen** ist das gemischt vorsätzlich-fahrlässige Delikt insgesamt als vorsätzliches zu behandeln. Daher hatte es nicht nur *rückfallbegründende* Kraft iSd (inzwischen aufgehobenen) § 48, sondern kann auch für den *Widerruf des Straferlasses* (§ 56 g II) bzw. für *Sicherungsverwahrung* (§ 66) bedeutsam werden (vgl. Rudolphi SK 54). Auch *Fortsetzungszusammenhang* ist – soweit nicht nach BGH **40** 138 ohnehin obsolet geworden (vgl. 31 vor § 52) – zwischen bzw. uU auch mit Mischdelikten denkbar.

X. Schriften, Ton- und Bildträger, Datenspeicher, Abbildungen und andere Darstellungen (Abs. 3)

78 1. Die Vorschrift gibt keine Legaldefinition der genannten Gegenstände, sondern bezweckt lediglich deren *verweisungstechnische* Zusammenfassung unter dem **Sammelbegriff der Schrift** als dem praktisch häufigsten Anwendungsfall von Darstellungen (vgl. E 62 Begr. 121; allg. zu den Schriftenverbreitungstatbeständen Franke GA 84, 452 ff.). Obgleich somit die *Schrift* stellvertretend für die übrigen Medien steht, bildet doch den eigentlichen **Oberbegriff** die **Darstellung** (vgl. 19. A. RN 91 sowie Gribbohm LK 131). Dieser Auffangfunktion entsprechend sind unter Darstellung jegliche Arten stofflicher Zeichen zu verstehen, die sinnlich wahrnehmbar sind und einen Vorgang oder einen sonstigen gedanklichen Inhalt vermitteln sollen, wobei die stoffliche Verkörperung von gewisser Dauer sein muß; daher scheiden rein schauspielerische Aufführungen von vorneherein aus (vgl. Rudolphi SK 56). Dabei ist unerheblich, ob die Wahrnehmung unmittelbar oder nur durch Einsatz von Hilfsmitteln möglich ist. Je nach Art der Wahrnehmbarkeit bzw. Vergegenständlichung handelt es sich um eine Schrift oder eines der anderen Medien. Dabei sind unter **Schriften** solche stofflichen Zeichen zu verstehen, in denen eine Gedankenäußerung durch Buchstaben, Bilder oder Zeichen verkörpert ist und damit vor allem durch Gesichts- oder Tastsinn wahrgenommen werden kann (vgl. BGH **13** 375); auch Geheim-, Kurz- oder Bilderschriften kommen dafür in Betracht. Für **Abbildungen** ist die optische Wiedergabe körperlicher Gegenstände oder Vorgänge der Außenwelt in Fläche und Raum kennzeichnend, wie zB bei Gemälden, Fotos, Dias oder Filmen (RG **39** 183). Bei **Tonträgern** handelt es sich um Gegenstände, die mittels technisch gespeicherter Laute (Sprache, Musik) enthalten und durch Wiedergabegeräte für das Ohr wahrnehmbar machen; dazu rechnen neben Walzen und Schallplatten (dazu Düsseldorf NJW **67**, 1142) insbes. auch Tonbänder (vgl. RG **47** 406). Bei **Bildträgern** sind anstelle von Tonfolgen Bilder oder Bildfolgen gespeichert, die durch Hilfsmittel dem Auge wahrnehmbar gemacht werden können, zB Magnetbänder oder -platten für Video-Recorder oder ähnliche Kassetten für privates Fernsehen (vgl. Koblenz NStZ **91**, 45, LG Duisburg NStZ **87**, 367 sowie zu Btx-Verfahren Stuttgart NStZ **92**, 38, Walther NStZ 90, 523). Im übrigen sind im einzelnen die Grenzen fließend. So etwa könnte man Plastiken oder Handstickereien zu den Abbildungen zählen; jedenfalls gehören sie aber zu den Darstellungen (zu Porzellanfiguren vgl. RG GA Bd. **57** 400). Den Schriften sind aufgrund des IuKDG (vgl. Vorbem.) nun ausdrücklich **Datenspeicher** gleichgestellt, nachdem diese einerseits nicht schon als solche Schriften darstellen (so mißverständl. Pelz wistra 99, 53) und andererseits unter Schriften nur Darstellungen in Form von körperlichen Gebilden von gewisser Dauer verstanden werden könnten (vgl. Löhnig JR 97, 496 f.). Aufgrund dieser nunmehr gesetzlichen Klarstellung (vgl. dazu auch AG München NJW **98**, 2837) werden somit alle elektronischen, elektromagnetischen, optischen, chemischen oder sonstigen Datenspeicher, die gedankliche Inhalte verkörpern, erfaßt, auch wenn sie nur unter Zuhilfenahme technischer Geräte wahrnehmbar werden, wobei es gleichgültig ist, welcher Art diese Geräte sind (weswegen insbes. die Anzeige auf einem Bildschirm ausreicht). Sowohl Inhalte in Datenträgern (Magnetbänder, Festplatten, CD-ROMs etc.) als auch nur vorübergehend bereitgehaltene Inhalte in Arbeitsspeichern, nicht aber kurzfristige Zwischenspeicherungen, sind mitumfaßt (vgl. BT-Drs. 13/7385 S. 36). Bei den sog. Schriftenverbreitungs-Delikten (§§ 130 I Nr. 1 b, IV, 130 a I, II Nr. 1, 131 I Nr. 2, 184 II Nr. 2) ist zu beachten, daß durch die Klarstellung in § 11 III Objekt dieser zwar auch Datenspeicher sein, diese aber weiterhin nur durch eine körperliche Übergabe „verbreitet" werden können (vgl. Frankfurt wistra **98**, 31 m. Anm. Rückert, Nürnberg NStZ-RR **99**, 238), nicht aber durch einen elektronischen Transport des Dateninhaltes selbst (vgl. Cornils JZ 99, 397). Dieser kann aber zumindest mit der Alternative des „Zugänglichmachens" erfaßt werden (vgl. Pelz wistra 99, 54).

79 2. Eine Gleichstellung der vorgen. Darstellungen mit den Schriften kommt jedoch nur bei **ausdrücklicher Verweisung auf § 11 III** (meist durch Klammerzusatz) in Betracht (Gribbohm LK 132), wie bei Einziehung und Unbrauchbarmachung (§ 74 d), so daß danach iVm § 184 I etwa auch Schallplatten pornographischen Inhalts eingezogen werden können, ferner in den §§ 86 II, 86 a I Nr. 1, 90 I, 90 a I, 90 b I, 103 II, 111, 166, 187 a. Dagegen findet auf Urkunden, Aufzeichnungen, Darstellungen, Bücher oder Register iSd §§ 267 ff. die Gleichstellungsklausel des Abs. 3 ebensowenig Anwendung wie auf schriftlich verkörperte Geheimnisse iSd §§ 93 ff. Denn aus § 353 b II. In diesen Fällen ist jeweils aus dem Zweck der Norm die Art der erfaßten Gegenstände näher zu bestimmen (vgl. dazu § 93 RN 3 bzw. 353 b RN 6, Wassermann AK 36). Soweit eine Verweisung auf § 11 III fehlt, sind nur die jeweils genannten Schriftstücke (wie zB bei § 202) gemeint (Rudolphi SK 55).

§ 12 Verbrechen und Vergehen

(1) **Verbrechen sind rechtswidrige Taten, die im Mindestmaß mit Freiheitsstrafe von einem Jahr oder darüber bedroht sind.**

(2) **Vergehen sind rechtswidrige Taten, die im Mindestmaß mit einer geringeren Freiheitsstrafe oder die mit Geldstrafe bedroht sind.**

(3) **Schärfungen oder Milderungen, die nach den Vorschriften des Allgemeinen Teils oder für besonders schwere oder minder schwere Fälle vorgesehen sind, bleiben für die Einteilung außer Betracht.**

Schrifttum: Calliess, Die Rechtsnatur der „bes. schweren Fälle" (usw.), JZ 75, 112. – *Dreher*, Zur Systematik allg. Strafschärfungsgründe, GA 53, 129. – *Engisch*, Die neuere Rspr. zur Trichotomie der Straftaten, SJZ 48, 660. – *Furtner*, Der „schwere", „bes. schwere" u. „minder schwere" Fall im Strafrecht, JR 69, 11. – *Heinitz*, Empfiehlt sich die Dreiteilung der Straftaten auch für ein neues StGB?, Mat. I 55. – *Krümpelmann*, Die Bagatelldelikte, 1966. – *Mattes*, Untersuchungen zur Lehre von den Ordnungswidrigkeiten, 1. Hbd. 1977, 2. Hbd. 1982. – *Maurach*, Zur Entwicklung des mat. Verbrechensbegriffes im sowj. Strafrecht, ROW 57, 137. – *Sessar*, Zum Verbrechensbegriff, Kaiser-FS 427. – *Wahle*, Zur strafrechtl. Problematik „bes. schwerer Fälle", GA 69, 161. – *Zipf*, Kriminol. u. strafrechtl. Verbrechensbegriff, MDR 69, 889.

I. Die Vorschrift enthält **Legaldefinitionen** für die Begriffe des *Verbrechens* und des *Vergehens* und nennt die dafür maßgeblichen Abgrenzungskriterien. Zugleich liegt darin konkludent die Aussage, daß es neben diesen beiden Kategorien keine sonstigen Arten von Straftaten mehr gibt (vgl. BGH **28** 95). 1

1. Damit ist an die Stelle der früheren *Trichotomie* der Straftaten in Verbrechen, Vergehen und Übertretungen (§ 1 aF), die der französischen Dreiteilung in crimes, délits und contraventions nachgebildet war (näher zur Geschichte Heinitz Mat. I 55), eine **Dichotomie von Verbrechen und Vergehen** getreten. Die damit notwendig gewordene Aufhebung der die Übertretungen enthaltenden 29. Abschn. des StGB aF durch Art. 19 Nr. 206 EGStGB bedeutet jedoch nicht, daß die davon betroffenen Tatbestände gänzlich sanktionslos geworden wären. Vielmehr hat die mit der Abschaffung der Übertretungen erhoffte „Entkriminalisierung" von Bagatellkriminalität allenfalls insofern stattgefunden, als ein Teil der Taten, die früher als Übertretungen „strafbar" waren, zu (nichtkriminellen) *Ordnungswidrigkeiten* herabgestuft wurden (Einzelheiten u. 15 ff.). Ungeachtet der (ohnehin zweifelhaften) materiellen Wesensverschiedenheit von Straftaten und Ordnungswidrigkeiten (dazu 35 vor § 38) lebt jedenfalls neben den Verbrechen und Vergehen ein sich ständig ausweitender Bereich bußgeldbewehrter Ordnungswidrigkeitstatbestände fort (vgl. Göhler Einl. 11 sowie 4 f. vor § 1). 2

Da somit der eigentlich entscheidende Graben mehr und mehr zwischen **Straftaten** und **Ordnungswidrigkeiten** verlaufen wird, stellt sich die Frage, ob daneben eine Aufteilung der Straftaten in Verbrechen und Vergehen überhaupt noch sinnvoll bleibt oder ob nicht die Charakterisierung einer Tat als „Verbrechen" aus Resozialisierungsgründen völlig aufgegeben werden sollte (so Baumann[8] 97). Wie jedoch selbst der um Zurückdrängung der Verbrechen bemühte AE (vgl. dessen § 11 I) einräumen muß, schafft die Differenzierung zwischen Verbrechen und Vergehen immerhin eine gewisse Abstufbarkeit der Straftaten nach ihrer Schwere und damit einen Ansatzpunkt sowohl für materiell- wie auch verfahrensrechtliche Regelungen (AE/AT 47 § 11). Daß das Strafrecht ohne gewisse Abstufungen, wie sie bereits in der mittelalterlichen Differenzierung zwischen causae majores und minores zum Ausdruck kam, schwerlich auskommt, zeigte sich nicht zuletzt im Strafrecht der ehemaligen DDR, wo zwar die Übertretungen abgeschafft wurden, sich aber zwischen die (teils neu abgegrenzten) Verbrechen und Vergehen einerseits und die Ordnungswidrigkeiten andererseits sogar noch eine neue Gruppe sog. „Verfehlungen" geschoben hatte. Vgl. Schmidt/Weber NJ 67, 110 ff., Hildebrand JOR 68 I 7 ff., ferner Tröndle LK[10] 6. 3

2. Trotz solcher materieller Unterscheidungsfaktoren handelt es sich bei § 12 doch um eine rein **formale Zweiteilung.** Und zwar einmal insofern, als die Unterscheidung allein nach Art und Höhe der *Strafdrohung* (und nicht nach materiellen Kriterien der Tat selbst) vorgenommen wird (u. 5 ff., 19 ff.), wobei die Strafart nach Einführung der Einheitsstrafe ohnehin nahezu jegliche Differenzierungskraft verloren hat (vgl. 17. A. § 1 RN 1 sowie Stöckl GA 71, 236). Zum anderen insofern, als sich die **gesetzestechnische Funktion** der Zweiteilung praktisch darin erschöpft, durch Bezugnahme auf die Deliktsart Verweisungen zu erleichtern und damit das Gesetz kürzer fassen zu können (vgl. Hoyer SK 2). So etwa läßt sich die unterschiedliche Strafbarkeit des Versuchs dadurch regeln, daß dieser bei Verbrechen durch einen einzigen Satz in § 23 I generell für strafbar erklärt wird, bei Vergehen hingegen nur in den jeweils ausdrücklich so geregelten Tatbeständen (zB § 242 II). Eine ähnliche Globalverweisung findet sich für den Versuch der Beteiligung an einem Verbrechen (§ 30) sowie für den Verlust der Amtsfähigkeit (§ 45 I), während die Verjährung nur noch von der Strafhöhe abhängt (§ 78). Im BT spielt die Unterscheidung bei § 126 und § 241 eine Rolle. Dagegen werden *verfahrensrechtlich* Verbrechen und Vergehen noch in zahlreichen Fällen unterschiedlich behandelt: so etwa bei den Haftgründen (§ 112 II StPO) und der Verfahrenseinstellung nach §§ 153 f. StPO. Vgl. ferner §§ 140 I Nr. 2, 397 a I 1, 407 StPO, § 25 GVG, § 1 II Nr. 2 OEG (dazu BSG NStZ-RR **96**, 225). 4

II. 1. Für die **Abgrenzung** zwischen Verbrechen und Vergehen ist nur die **Mindeststrafe** des jeweiligen Regelstrafrahmens entscheidend, wobei nach § 12 die maßgebliche Zäsur bei 1 Jahr Frei- 5

§ 12 6–11   Allg. Teil. Das Strafgesetz – Sprachgebrauch

heitsstrafe liegt. **Verbrechen** sind danach rechtswidrige Taten, die mit einer *Mindestfreiheitsstrafe von 1 Jahr* bedroht sind (Abs. 1), also ohne Rücksicht darauf, welche Höchstdauer im einzelnen festgesetzt ist. Dementsprechend sind **Vergehen** *alle sonstigen Straftaten,* nämlich solche, „die im Mindestmaß mit einer geringeren Freiheitsstrafe oder die mit Geldstrafe bedroht sind" (Abs. 2). Diese ausdrückliche positive Umschreibung ist zwar an sich überflüssig, vermag aber immerhin klarzustellen, daß etwaige Ersatzstrafen, Nebenstrafen, Maßnahmen oder sonstige Nebenfolgen für die Deliktseinteilung unbeachtlich sind. Auch etwaige Multiplarstrafen iSv § 27 III aF (näher Tröndle LK[9] § 1 RN 9) haben ebenso jede Bedeutung verloren wie etwaige andersartige Hauptstrafen nach Landesrecht (Tröndle LK[10] 14); denn nach Anpassung des gesamten Bundes- und Landesstrafrechts an das Sanktionssystem des neuen AT (vgl. 22, 38 f. vor § 1) kommen als Hauptstrafen bei Straftaten nur noch Freiheits- und Geldstrafe in Betracht.

6   2. Für die Einordnung eines Tatbestandes als Verbrechen oder Vergehen ist in **abstrakt generalisierender** Weise auf den jeweiligen *Regelstrafrahmen* abzustellen. Nach dieser durch Abs. 3 ausdrücklich bestätigten abstrakten Betrachtungsweise kommt es für die Einordnung weder auf die im *konkreten* Einzelfall erkannte Strafe (so KG DRZ **47**, 99) noch *spezialisierend* auf die Berücksichtigung etwaiger Erschwerungs- oder Milderungsgründe an (so etwa Engisch SJZ 48, 660), sondern allein darauf, welche Mindeststrafe der fragliche Tatbestand vorsieht (krit. Jakobs 180, Stratenwerth 59).

7   3. Dieses Abheben auf den Regelstrafrahmen ist vor allem bei etwaigen **Strafschärfungs-** bzw. **Milderungsmöglichkeiten** bedeutsam. Solche haben nach **Abs. 3** in folgenden Fällen bei der Klassifizierung **außer Betracht** zu bleiben:

8   a) Soweit Vorschriften des **Allgemeinen Teils** eine Strafschärfung bzw. Strafmilderung vorsehen, und zwar gleichgültig, ob dies fakultativ geschehen kann, wie bei verminderter Schuldfähigkeit (§ 21) und Versuch (§ 23 II), oder ob dies zwingend vorgeschrieben ist, wie bei Beihilfe (§ 27 II; vgl. aber auch Triffterer NJW 80, 2052).

9   b) Unbeachtlich sind ferner allgemein umschriebene Strafänderungsgründe, die bei bestimmten Einzeltatbeständen für „besonders schwere" bzw. „minder schwere" Fälle eine Schärfung bzw. Milderung vorsehen. Denn auch bei diesen sog. **unbenannten Strafänderungsgründen,** bei denen das Gesetz die Voraussetzungen der Modifizierung nicht oder jedenfalls nicht abschließend bestimmt, sondern dem Richter die Wahl läßt, ob er die modifizierte Strafdrohung anwenden oder aus besonderen in der Strafzumessung liegenden Gründen nicht anwenden will, handelt es sich lediglich um eine Änderung des Strafrahmens, nicht aber des Deliktscharakters. Wenn etwa in § 306 II in minder schweren Fällen eine Freiheitsstrafe von 6 Monaten bis zu 5 Jahren vorgesehen ist, so wird eine minder schwere Brandstiftung trotzdem nicht zum Vergehen, da die Regelstrafe für Brandstiftung, nämlich Freiheitsstrafe von 1 bis zu 10 Jahren, im Verbrechensbereich liegt und die Strafminderungsmöglichkeit auf den Deliktscharakter keinen Einfluß hat. Das gleiche gilt für die in § 49 II zusammengefaßten Fälle, in denen das Gericht die Strafe nach seinem Ermessen mildern darf, wie zB in §§ 83 a, 113 IV. Vgl. auch BGH **2** 181, **3** 47, **4** 227, Hamm NJW **56**, 682, ferner Furtner JR 69, 11, Tröndle 8 f. Ebenso ist unerheblich, ob das Gesetz (wie früher üblich) von „mildernden Umständen", „besonders leichten Fällen" oder stattdessen zusammenfassend nur noch von „minder schweren Fällen" spricht (vgl. BGH **26** 97 m. Anm. Zipf JR 76, 24, Schleswig SchlHA **77**, 177, Tröndle LK 21 f.). Zu den inhaltlichen Kriterien des besonders schwere. minder schweren Falles vgl. 47 f. vor § 38.

10   c) Entsprechendes gilt für sog. **Regelbeispiele**, in denen das Gesetz zwar typische Erschwerungs- bzw. Milderungsumstände aufzählt, aber nicht in einer abschließenden, den Richter bindenden Weise (vgl. § 1 RN 29). Wenn etwa nach § 213 aF bei Tötung aufgrund einer Provokation die Mindestfreiheitsstrafe auf 6 Monate herabgesetzt, dies aber auch für sonst minder schwere Fälle vorgesehen war, so blieb die Tat nach § 212 ein Verbrechen, weil die Provokation lediglich als Beispielsfall für die allgemein mögliche Berücksichtigung mildernder Umstände dient (vgl. auch RG **69** 53, BGH **11** 241, **20** 184, NJW **67**, 1330 sowie MDR/H **77**, 984 zu § 265 II). Zum umgekehrten Fall einer in den Verbrechensbereich führenden Strafschärfung, die mangels abschließender Benennung gleichwohl keine Änderung der Deliktsnatur zur Folge hat, vgl. § 241 a I, IV. Die gleichen Grundsätze gelten auch für die *Regelbeispieltechnik neuer Art,* bei der selbst bei Vorliegen eines Regelfalles die Anwendung des verschärften Strafrahmens von einer Gesamtbewertung der Tat durch den Richter abhängt (vgl. etwa §§ 243, 253 IV sowie 44 vor § 38, ferner Gribbohm LK 20; vgl. auch BT-Drs. V/4094 S. 4). Demgemäß bleibt das mit einer Mindeststrafe von 1 Jahr bedrohte Offenbaren von Staatsgeheimnissen in einem besonders schweren Fall (§ 95 III) wegen der geringen Strafdrohung von Abs. 1 bloßes Vergehen.

11   4. **Beachtlich** sind dagegen sog. **benannte Strafänderungsgründe,** durch die nicht nur der Strafrahmen des gleichbleibenden Tatbestandes nach oben oder unten erweitert wird, sondern durch Hinzufügung bestimmter Merkmale ein neuer Tatbestand mit neuer Strafdrohung entsteht (BGH NJW **99**, 1674). Das ist namentlich bei tatbestandlichen Abwandlungen eines Grunddelikts der Fall (allg. dazu M-Zipf I 289 ff.). Wird hier durch abschließende gesetzliche Normierung von Erschwerungs- bzw. Milderungsgründen eine weitere Wahlmöglichkeit des Richters derart ausgeschlossen, daß er bei Vorliegen der zusätzlichen Merkmale den modifizierten Strafrahmen anwenden *muß,* so kann diese Tatbestandsänderung auch eine **Änderung der Deliktsnatur** zur Folge haben. Dies natürlich nur dann, wenn durch den Strafrahmen des abgewandelten Tatbestandes die für die Ein-

ordnung maßgebliche Mindeststrafe überschritten (dann Verbrechen) bzw. unterschritten wird (dann Vergehen), wie im Verhältnis von § 212 zu § 216, wobei letzterer durch Unterschreiten der Verbrechensgrenze von Abs. 1 zum Vergehen herabgestuft wird (vgl. Gribbohm LK 25 ff.). Zur umgekehrten Aufstufung zum Verbrechen im Fall von § 179 IV vgl. BGH NJW **99**, 1677.

Ob die Abschichtung lediglich zu einer (unselbständigen) *Privilegierung* (wie nach hL im Falle von §216) bzw. *Qualifizierung* (wie im Verhältnis von § 223 zu § 226) führt, oder ob dadurch ein eigenständiges *delictum sui generis* (wie unstreitig im Verhältnis von § 242 zu § 249) entsteht, ist ebenso unbeachtlich (weswegen das Verhältnis von § 356 I zu II von BGH StV **88**, 388 offen gelassen wird) wie die Frage, ob es sich bei den strafmodifizierenden Umständen um unrechts- oder schuldbezogene Merkmale handelt bzw. ob sie tat- oder täterbezogenen Charakter haben (vgl. Gribbohm LK 26, Lackner 3, M-Zipf I 174 f.). Entscheidend für eine die Deliktsnatur ändernde Wirkung ist nur, daß es sich um eine abschließend benannte und damit tatbestandsändernde Modifizierung handelt. 12

5. Anstiftung und **Beihilfe** haben den gleichen Deliktscharakter wie die Haupttat, soweit für sie nach Akzessorietätsgrundsätzen derselbe Tatbestand und Strafrahmen anzuwenden ist (wie bei § 28 I). Das gilt auch für *verselbständigte,* in das Vorbereitungsstadium vorgelagerte Teilnahmeformen, wie vor allem in Fällen von § 30 (Gribbohm LK 25). Dagegen kann sich bei § 28 II eine unterschiedliche Deliktsqualität für die einzelnen Tatbeteiligten ergeben (Hoyer SK 7, Jakobs 179), so etwa, wenn der Teilnehmer an einem als Verbrechen eingeordneten unechten Amtsdelikt seinerseits nur ein Vergehen begeht (vgl. BGH **6** 309 zu § 347 aF im Verhältnis zu § 121). 13

6. Auch für die Einordnung von Straftaten, die nach **Jugendstrafrecht** mit anderen Sanktionen geahndet werden, ist nach § 4 JGG abstrakt auf den Regelstrafrahmen und das nach § 12 entscheidende Mindeststrafmaß abzustellen (vgl. BGH **8** 80, Gribbohm LK 10). 14

III. Durch die **Abschaffung der Übertretungen** (vgl. o. 1 f.) sind die davon betroffenen Tatbestände keineswegs gänzlich sanktionslos geworden. Vielmehr wurden sie überwiegend zu Ordnungswidrigkeiten *herabgestuft,* teils aber auch zu Vergehen *aufgewertet.* Vor allem letzteres ist zu Recht auf Kritik gestoßen, da dies dem Bemühen um eine „Entkriminalisierung" der Bagatellkriminalität eher zuwiderläuft (vgl. Baumann JZ 72, 2 ff., Dencker JZ 73, 144 ff., ferner Stöckl GA 71, 236; zu dem Bemühen, durch Einfügung einer dem § 13 StGB-DDR ähnlichen, prozeßrechtlichen Maßnahmen entlehnten Geringfügigkeitsklausel in den § 12 die Bagatellkriminalität aus dem Bereich der Vergehen herauszunehmen, vgl. BT-Drs. 13/10 272 S. 5, 11). Vgl. zum Ganzen auch Hirsch Lange-FS 826 ff. 15

Doch auch der Begriff der **Ordnungswidrigkeiten,** der ursprünglich aus dem Polizei- und Verwaltungsrecht erwachsen war (vgl. insbes. E. Wolff Frank-FG II 516 ff.; grdl. Mattes aaO), erfährt durch Einbeziehung von Delikten, die sowohl ihrer Sozialschädlichkeit als auch ihrem sozialethischen Unwertgehalt nach dem traditionellen Kriminalstrafrecht kaum nachstehen (vgl. etwa die KartellOwi nach §§ 38 ff. GWB), eine derartige Umorientierung, daß die an sich beabsichtigte Unterscheidung zwischen Straftaten und Ordnungswidrigkeiten immer stärker eingeebnet und demzufolge auch die unterschiedliche Behandlung immer weniger gerechtfertigt sein wird (vgl. auch 35 vor § 38). Über Einzelheiten z**Umwandlung der Übertretungen** durch das EGStGB vgl. 24.A. RN 18 f. 16

17

IV. Neben der *formalen* Aufteilung der Straftaten im Hinblick auf den Strafrahmen (o. 4 ff.) gibt es zahlreiche Unterscheidungen der Straftaten anhand *materieller* Kriterien (näher 128 ff. vor § 13). Auch der **Verbrechensbegriff** wird in **unterschiedlicher Bedeutung** verwendet: 18

1. Einerseits in einem **allgemeinen** Sinne, indem Verbrechen als Synonym für Straftat, strafbare Handlung oder ähnlich unspezifisch als Umschreibung strafrechtlich relevanten Verhaltens verwendet wird. Näher hier auch zum Begriff der „rechtswidrigen Tat" § 11 RN 41 ff. 19

2. Andererseits wird Verbrechen in einem engeren Sinne auf die schwereren Formen der Straftaten beschränkt und dazu den Vergehen gegenübergestellt: in diesem **gesetzestechnisch** formalen Sinne die oben erörterte Aufteilung nach § 12. 20

3. Jedoch gibt es einen *formalen* Verbrechensbegriff auch noch in dem Sinne, daß darunter die Erfüllung aller wesentlichen Straftatelemente (Tatbestandsmäßigkeit – Rechtswidrigkeit – Schuld) verstanden wird – im Unterschied zu einem **materialen** Verbrechensbegriff, der über jene abstrakt formalisierten Straftatelemente hinaus auch den jeweiligen materiellen Gehalt von Unrecht und Schuld in den Blick nehmen will: Verbrechen als strafwürdige und strafbedürftige Verletzung rechtlich geschützter Interessen (vgl. etwa Sax in Bettermann-Nipperdey-Scheuner, Grundrechte III/1 919 ff., Schmidhäuser 26 ff., Jescheck/Weigend 49 ff., Wassermann AK 4). Noch stärker in Richtung einer „Materialisierung" des Verbrechens durch „Entjuridisierung" des Strafrechts die défense sociale: vgl. Ancel, Die neue Sozialverteidigung (1970), insbes. 179 ff., 214 ff. Zu einer rechtsgutsorientierten Verbrechenslehre vgl. Hassemer, Theorie und Soziologie des Verbrechens, 1980. 21

4. Bezieht man die kriminologischen Erscheinungsformen von Delinquenz mit ein, so kann man dem *normativ-strafrechtlichen* Verbrechensbegriff (iSe tatbestandsmäßig-rechtswidrigen und schuldhaften Handlung) einen **kriminologischen** Verbrechensbegriff gegenüberstellen, für den weniger die strafrechtliche Vertypung als vielmehr der Verstoß gegen bestimmte sozialethische Normen Gegenstand der Betrachtung ist: vgl. Göppinger Krim 2 ff., Kaiser Krim 184 ff., M-Zipf I 166 ff.; zum strafrechtlichen und kriminologischen Verbrechensbegriff, verbunden mit dem Kriminalitätsbegriff, vgl. auch Sessar Kaiser-FS 430 ff. 22

Zweiter Abschnitt. Die Tat

Erster Titel. Grundlagen der Strafbarkeit

Vorbemerkungen zu den §§ 13 ff.

Übersicht

A. Tatstrafrecht und Täterstrafrecht

I. Das Tatstrafrecht des StGB	3	II. Täterpersönlichkeit und Deliktsfolgen	6

B. Wesen des Verbrechens und Aufbau des Verbrechensbegriffs

I. Verbrechen als Rechtsguts- und Pflichtverletzung	8	II. Der Aufbau des Verbrechensbegriffs	12

C. Die Handlung

I. Der Streit um den Handlungsbegriff	23	III. Die negative Funktion des Handlungsbegriffs	37
II. Die einzelnen Handlungslehren	25		

D. Rechtswidrigkeit und Unrecht; der Unrechtstatbestand

I. Die verschiedenen Tatbestandsbegriffe; der Unrechtstatbestand im besonderen	43	V. Sog. offene Tatbestände und spezielle Rechtswidrigkeitsmerkmale	66
II. Rechtswidrigkeit und Unrecht	48	VI. Prinzipien der Tatbestandsbegrenzung (soziale Adäquanz u. a.)	68
III. Bestandteile des Unrechtstatbestands	61	VII. Kausalzusammenhang und objektive Zurechnung	71
IV. Terminologie des Gesetzes	65		

E. Vorwerfbarkeit und Schuld; der Schuldtatbestand

I. Das Schuldprinzip	103	V. Vorsatz- und Fahrlässigkeitsschuld	120
II. Tat- und Persönlichkeitsschuld	105	VI. Gesinnungsmerkmale	122
III. Funktionen des Schuldbegriffs	107	VII. Objektiv gefaßte Schuldmerkmale	123
IV. Der normative Schuldbegriff	113		

F. Objektive Bedingungen der Strafbarkeit

I. Begriff	124	III. Praktische Bedeutung	126
II. Einzelfälle	125		

G. Die Einteilung der strafbaren Handlungen 127

H. Die Unterlassungsdelikte im besonderen

I. Echte und unechte Unterlassungsdelikte	134	IV. Zumutbarkeit	155
II. Strukturelle Beschaffenheit der Unterlassung	139	V. Rechtswidrigkeit	157
		VI. Abgrenzung von Tun und Unterlassen	158
		VII. Unterlassen durch Tun	159
III. Tatbestandsmäßigkeit der Unterlassung1	46	VIII.–XII. Sonstiges (Versuch, Vorsatz usw.)	161

Stichwortverzeichnis

Absichts- und Tendenzdelikte 22
Adäquanztheorie 87 f.
Äquivalenztheorie → Bedingungstheorie
Alternative Kausalität → Kausalzusammenhang
Automatisierte Verhaltensweisen 41

Bedingungstheorie 73 ff.
Behandlungsnorm 49
Bestimmungsnorm 49
Bewertungsnorm 49
Bewußtlosigkeit 39

Conditio sine qua non 73 ff.

Deliktstypus 18, 45
Doppelkausalität → Kausalzusammenhang

Erfolgsunwert 11, 30, 52, 57 ff.
Erfolgszurechnung objektive 42, 71 ff., 91 ff.
Erlaubnisnorm 49

Fahrlässigkeit 30, 52 f.

Fahrlässigkeitsschuld 120 f.
Finale Handlungslehre → Handlungsbegriff

Gefährdungsdelikte 129 f.
Geringfügigkeitsprinzip 70 c
Gesamtunrechtstatbestand 15, 44
Gesetzmäßige Bedingung, Formel der – 75
Gesinnungsmerkmale 122
Gesinnungsunwert 11, 119 ff.
Gewährleistungsnorm 49, 57

Handlungsbegriff 23 ff.
– finaler 28 ff.
– kausaler 26 f.
– kybernetischer 28 f.
– negative Funktion des – 37
– negativer 36
– personaler 36
– sozialer 33 ff.
Handlungsunfähigkeit 38 ff.
Handlungsunwert 11, 30, 52 ff.

Individualrechtsgüter 10

Kausalitätstheorien 73 ff.
Kausalzusammenhang 71 ff.
– Abbrechen des – 78
– Alternative Kausalität 74, 82
– Doppelkausalität 74, 82
– Hypothetische Kausalverläufe 80
– Kumulative Kausalität 83, 92 a
– Überholende Kausalität 80
– Unterbrechung des – 77

Nichthandlungen 37 ff.

Objektive Bedingungen der Strafbarkeit 124 ff.
Offene Tatbestände 66

Persönlichkeitsschuld 105 f.
– als Dispositionsschuld 106
– als Lebensführungsschuld 106
– als Lebensentscheidungsschuld 106
Rechtfertigungsgründe 15 ff., 18, 46
– Irrtum über tatbestandliche Voraussetzungen der – 19, 60
– umgekehrter Rechtfertigungsirrtum 60
Rechtsfahrlässigkeit 121
Rechtsgut 9
Rechtsgutsbegriff, methodischer 9
Rechtsgutsverletzung, Verbrechen als – 9
Rechtspflichtmerkmale → Spezielle Rechtswidrigkeitsmerkmale
Rechtswidrigkeit
– als allgemeines Verbrechensmerkmal 12, 48 ff.
– formelle und materielle – 50
– und Schuld 20
– und Tatbestandsmäßigkeit 15 ff., 46
– und Unrecht 51
Reflexbewegung 40
Regreßverbot 77
Relevanztheorie 90
Risiko, rechtlich relevantes 70 c, 92 f.

Sanktionsnorm 49
Schlichte Tätigkeitsdelikte 130
Schuld 12, 20, 107 ff.
– als Schuldidee 108 ff.
– als Strafbegründungsschuld 107, 111
– als Strafmaßschuld 107, 112
– und Prävention 117
Schuldbegriff, funktionaler 117, komplexer 114, normativer 113, psychologischer 113,

sozialer 109, 118, ausschließlich wertender 14
Schuldgrundsatz 103
Schuldmerkmale
– objektiv gefaßte 123
– subjektiv gefaßte 123
Schutzzweck der Norm 95 f.
Sonderdelikte 132 f.
Sozialadäquanz 69
Spezielle Rechtswidrigkeitsmerkmale 67
Strafbedürftigkeit 13
Strafwürdigkeit 13

Tatbestand 46
– als Deliktstatbestand 43 f.
– als Erlaubnistatbestand 44
– als Garantietatbestand 44
– als Gesamttatbestand 43 f.
– als Gesamt-Unrechtstatbestand 44
– als Schuldtatbestand 44, 114
– als Unrechtstatbestand 18, 43 ff.
Tatbestandseinschränkungsprinzipien 68 ff.
Tatbestandsmäßigkeit 12
– und Rechtswidrigkeit 15, 46
Tatbestandsmerkmale 62 ff.
  deskriptive – 64
  negative – 15 f.
  normative – 64
  objektive – 62
  subjektive – 63
Tatschuld 105
Tatverantwortung, Lehre von der – 21
Täterschuld → Persönlichkeitsschuld
Täterstrafrecht 3
Tatstrafrecht 3
Tätertyp, kriminologischer 4
–, normativer 5
Tendenzdelikte → Absichtsdelikte

Unrecht 51
– personales 52 ff.
Unrechtselemente, subjektive 22, 30, 52 ff., 63
Unrechtstypus 18, 45
Unterlassungsdelikte 134 ff.
– Begehung durch positives Tun 159
– echte 134, 137
– Möglichkeit der Handlung 140 ff.
– strukturelle Beschaffenheit 139
– Tatbestandsmäßigkeit 146 ff.
– und Zumutbarkeit 155
– Unterscheidung von Tun und Unterlassen 158

Verantwortungsprinzip 100 ff.
Verbotsirrtum 121
Verbrechen als Rechtsgutsverletzung 9
– als Pflichtverletzung – 11
Verbrechensbegriff 12
– dreistufiger – 15
– zweistufiger – 15 ff.
Verhaltensnorm 49
Verletzungsdelikte 129
Viktimodogmatisches Prinzip 70 b
Vis absoluta 38
Vis compulsiva 38
Vorsatz 52 ff.
Vorsatzschuld 120 f.
Vorsatztheorie 121
Vorwerfbarkeit 113 ff.

Willensfreiheit 108 ff.

Zumutbarkeit und Unterlassungsdelikte 117, 155
Zurechnung des Erfolgs → Erfolgszurechnung

Vorbem §§ 13 ff. 1–6   Allg. Teil. Die Tat – Grundlagen der Strafbarkeit

1 Im 1. Titel dieses die allgemeinen Merkmale der Straftat behandelnden Abschnitts regelt das Gesetz einige Grundvoraussetzungen der Strafbarkeit. Dabei besteht zwischen den einzelnen Vorschriften zT freilich nur ein recht loser systematischer Zusammenhang, wie überhaupt die „dogmatischen" Bestimmungen des 2. Abschnitts insgesamt kein erschöpfendes und in sich geschlossenes Verbrechenssystem ergeben, sondern nur einzelne Elemente zu einem solchen beitragen. So läßt das Gesetz zwar erkennen, daß es von der überkommenen Verbrechenslehre ausgeht, nach der Rechtswidrigkeit und Schuld allgemeine Verbrechensmerkmale mit verschiedenem Inhalt sind (vgl. zB §§ 32, 34 einerseits, §§ 17, 19, 20, 35 andererseits; wesentlich zurückhaltender hier noch das StGB von 1871). Nicht entschieden ist damit aber zB – was das Gesetz bewußt (vgl. E 62, S. 123) und mit Recht offengelassen hat –, ob Vorsatz und Fahrlässigkeit lediglich Schuldformen sind oder ob sie – zumindest auch – bereits das Unrecht der Tat kennzeichnen. Die §§ 13 ff. beschränken sich vielmehr darauf, solche Fragen zu regeln, die für die Rechtsanwendung besonders bedeutsam sind.

2 Der 1. Titel beginnt mit zwei Bestimmungen (§ 13: Begehen durch Unterlassen, § 14: Handeln für einen anderen), welche den im Bes. Teil beschriebenen Tatbestandshandlungen in gewisser Hinsicht erweitern. Der folgende § 15 stellt zwar klar, daß nur vorsätzliches Handeln strafbar ist, wenn die fahrlässige Begehung nicht ausdrücklich mit Strafe bedroht ist, läßt aber offen, was unter Vorsatz und Fahrlässigkeit zu verstehen ist; die in §§ 16–18 E 62 und §§ 17, 18 AE enthaltenen Definitionen wurden vom Gesetz nicht übernommen, um die weitere dogmatische Entwicklung nicht zu behindern (BT-Drs. V/4095, S. 8). In einem gewissen inneren Zusammenhang dazu, weil gleichfalls die innere Tatseite betreffend, stehen die §§ 16, 17 (Irrtum) und 18 (erfolgsqualifizierte Delikte). Ausschließlich um Fragen der Schuld handelt es sich in den §§ 19–21 (Schuldunfähigkeit bzw. verminderte Schuldfähigkeit). Diesen – nur sehr fragmentarisch behandelten – „Grundlagen der Strafbarkeit" folgen im 2. und 3. Titel Regelungen über die besonderen Tatformen des Versuchs und der Beteiligung mehrerer. Den Abschluß bilden Vorschriften, die – wenn auch keineswegs erschöpfend – den Ausschluß von Unrecht, Schuld oder Strafe behandeln, wobei die 4. Titel einige aus besonderen Notsituationen sich ergebende Rechtfertigungs- und Entschuldigungsgründe betrifft, während der 5. Titel eine Sonderregelung für parlamentarische Äußerungen und Berichte enthält.

A. Tatstrafrecht und Täterstrafrecht

3 I. Das StGB knüpft die Strafe an ein **bestimmtes Verhalten** an, das in den Tatbeständen des Bes. Teils umschrieben und dem Täter zum Vorwurf gemacht wird („Tatschuld"; vgl. auch u. 105). Nur die Tat als konkretes Geschehen und nicht eine bestimmte Struktur der Täterpersönlichkeit begründet die Strafbarkeit. Insofern ist das geltende Strafrecht **Tatstrafrecht** und **nicht Täterstrafrecht,** bei dem der Täter für sein So-Sein oder So-Gewordensein haftbar gemacht wird (heute allg. Meinung, vgl. statt aller zB Jescheck LK 3, ders./Weigend 54).

4 1. Dies gilt auch dort, wo die Strafbarkeit nicht schon durch die Vornahme einer einzelnen Handlung, sondern erst durch die Verwirklichung einer negativ bewerteten sozialen Rolle begründet bzw. erhöht wird (zB bei gewerbs-, geschäfts- oder gewohnheitsmäßiger Begehung nach §§ 152a II, 180a I, 243 I Nr. 3, 260 ff., 291 II Nr. 2, 292 II Nr. 1; zum früheren Recht vgl. auch § 361 Nr. 3 [„Landstreicher"] und § 181a aF [„Zuhälter", RG **73** 184]). Denn auch hier sind es nicht bestimmte **„kriminologische Tätertypen",** die als solche bestraft werden, vielmehr dienen die fraglichen Merkmale lediglich der Kennzeichnung eines bestimmten Verhaltens, das über die einmalige oder wiederholte Begehung hinaus durch eine besondere Beziehung des Täters zu seiner Tat gekennzeichnet ist (vgl. Roxin I 139, Schmidhäuser 184 f., Stratenwerth 89 f.; and. zB noch Baumann/Weber, 9. A., 102 [„reines Täterstrafrecht"], Welzel 126; vgl. auch Jescheck/Weigend 54 f.). Selbst dort, wo dies Ausdruck einer bestimmten, zur Kriminalität neigenden Persönlichkeitsstruktur ist, wird der Täter nicht dafür bestraft, was er ist, sondern dafür, was er getan hat. Erst recht gilt dies für Delikte, deren Tatbestandsmäßigkeit sich durch eine bloße Addition von Einzelhandlungen ergibt; vgl. dazu Schröder JZ 72, 651.

5 2. Keine Bedeutung mehr hat die Lehre vom **„normativen** (tatbestandlichen) **Tätertyp"** (vgl. zB Dahm, Der Tätertyp im Strafrecht [1940] 28 ff., Mezger ZStW 60, 360, Schaffstein DStR 42, 38). Nach ihr sollte zu allen oder jedenfalls gewissen Tatbeständen ein besonderer Tätertyp („typischer Täter einer bestimmten gearteten Tat") gehören und die Strafbarkeit deshalb nicht schon durch die in dem betreffenden Tatbestand umschriebene Tat, sondern erst dadurch begründet werden, daß der Täter dem Leitbild des „im Volksbewußtsein lebenden Typus" (zB des Mörders, Diebes usw.) entspricht. In Wahrheit handelte es sich dabei jedoch nur um eine bestimmte Interpretationsmethode, die am Tatprinzip als solchem nichts ändern wollte und die vor allem bei der Einschränkung der weit gefaßten Tatbestände des Kriegsstrafrechts Bedeutung hatte (vgl. Schmidhäuser 183 f.; für einen beschränkten Nutzen bei der Strafbarkeitseinschränkung auch heute noch Roxin I 137). Ein Relikt dieser Lehre findet sich jetzt noch in §§ 211, 212 („Mörder", „Totschläger"), ohne daß dies praktische Konsequenzen hätte (vgl. auch 6 vor § 211).

6 II. Von erheblicher Bedeutung ist die **Täterpersönlichkeit** dagegen bei der **Auswahl und Bemessung der Deliktsfolgen.** Freilich kann auch insoweit von einem Täterstrafrecht nicht gesprochen werden, da dies ein Sanktionssystem voraussetzen würde, das ausschließlich oder jedenfalls überwiegend täterbezogen ist. Dies trifft jedoch nur für die Maßregeln der Besserung und Sicherung zu, die den Täter in seiner Gefährlichkeit erfassen wollen. Dagegen ist die Strafe nach geltendem Recht in erster Linie Tatstrafe und nicht Täterstrafe, weil spezialpräventive Zwecke nur im Rahmen der tatschuldangemessenen Strafe verwirklicht werden dürfen (vgl. 6 ff., 17 vor § 38); nur im Fall der §§ 56, 59 tritt der Tätergedanke so deutlich in den Vordergrund, daß hier von einem „täterstrafrechtlichen Zug" (Schmidhäuser 185) gesprochen werden kann. Im übrigen aber hat zwar schon das 1. StrRG (§ 13 aF) die Persönlichkeit des Täters als einen wichtigen Faktor bei der Strafzumessung besonders hervorgehoben; aus guten Gründen haben die Reformgesetze jedoch auch davon abgesehen, die Strafe in eine ausschließlich spezialpräventiv-orientierte Täterstrafe umzugestalten.

Nur soweit bei den Deliktsfolgen die Täterpersönlichkeit zu berücksichtigen ist, kann auch eine Typenbildung (die mit der Frage eines kriminologischen oder normativen Tätertyps nichts zu tun hat) praktische Bedeutung haben. Sie kann hier ein wichtiger Orientierungsbehelf für die Erfassung der Persönlichkeit sein und damit wesentlich zur kriminalpädagogisch richtigen Behandlung des Täters beitragen. Insgesamt handelt es sich hier um Fragen, für welche die Kriminologie zuständig ist; vgl. dazu Göppinger, Krim. 437 ff. mwN.

B. Wesen des Verbrechens und Aufbau des Verbrechensbegriffs

Schrifttum: Altpeter, Strafwürdigkeit und Staffelsystem, 1990. – *Amelung*, Rechtsgüterschutz und Schutz der Gesellschaft, 1972. – *ders.*, Zur Kritik des kriminalpolitischen Strafrechtssystems von Roxin, JZ 82, 617 (auch in: Schünemann, Grundfragen des modernen Strafrechtssystems, 1984, 85). – *ders.*, Rechtsgutsverletzung und Sozialschädlichkeit, in: Jung, Müller-Dietz, Neumann (Hrsg.), Recht und Moral (1991) 269. – *Bacigalupo*, Unrechtsminderung und Tatverantwortung, A. Kaufmann-GedS 459. – *Baretta*, Jenseits der Strafe – Rechtsgüterschutz in der Risikogesellschaft, A. Kaufmann-FS 393. – *Baumann*, Implizierte Rechtswidrigkeit bei Tatbestandsfassungen, JZ 60, 8. – *Beling*, Die Lehre vom Verbrechen, 1906. – *Engisch*, Der Unrechtstatbestand im Strafrecht, DJT-FS I, 401. – *ders.*, Logische Überlegungen zur Verbrechensdefinition, Welzel-FS 343. – *Eser*, Rechtsgut und Opfer: zur Überhöhung des einen auf Kosten des anderen, Mestmäcker-FS 1005. – *Eser/Fletcher* (Hrsg.), Rechtfertigung und Entschuldigung. Rechtsvergleichende Perspektiven, Bd. I 1987, Bd. II 1988. – *Fluri*, Zur Lehre von der Tatverantwortung, 1973. – *Frisch*, An den Grenzen des Strafrechts, Stree/Wessels-FS 69 ff. – *ders.*, Wesentliche Strafbarkeitsvoraussetzungen einer modernen Strafgesetzgebung, in: Eser, Kaiser, E. Weigend (Hrsg.), Vom totalitären zum rechtsstaatlichen Strafrecht (1993) 201 (zit.: aaO). – *ders.*, Straftat u. Straftatsystem, in: Wolter/Freund, Straftat, Strafzumessung u. Strafprozeß im gesamten Strafrechtssystem, 1996, 135 (zit.: in Wolter/Freund). – *Gallas*, Zum gegenwärtigen Stand der Lehre vom Verbrechen, ZStW 67, 1. – *ders.*, Zur Kritik der Lehre vom Verbrechen als Rechtsgutsverletzung, Graf Gleispach-FS 50. – *Gimbernat-Ordeig*, Hat die Strafrechtsdogmatik eine Zukunft?, ZStW 82, 379. – *Gössel*, Das Rechtsgut als ungeschriebenes strafbarkeitseinschränkendes Tatbestandsmerkmal, Oehler-FS 97. – *Hassemer*, Tatbestand und Typus, 1968. – *ders.*, Theorie u. Soziologie des Verbrechens, 1973. – *Herzberg*, Erlaubnistatbestandsirrtum und Deliktsaufbau, JA 89, 243 u. 294. – *Hirsch*, Die Lehre von den negativen Tatbestandsmerkmalen, 1960. – *ders.*, Die Diskussion über den Unrechtsbegriff in der deutschen Strafrechtswissenschaft und das Strafrechtssystem Delitalas, in: Studi in memoria di G. Delitala, 1984, Bd. 3, 1933. – *Hünerfeld*, Zum Stand der deutschen Verbrechenslehre aus der Sicht einer gemeinrechtlichen Tradition in Europa, ZStW 93, 989. – *Jescheck*, Die Entwicklung des Verbrechensbegriffs usw., ZStW 73, 179. – *ders.*, Neue Strafrechtsdogmatik und Kriminalpolitik in rechtsvergleichender Sicht, ZStW 98, 1. – *Armin Kaufmann*, Lebendiges und Totes in Bindings Normentheorie, 1954. – *ders.*, Tatbestandseinschränkung und Rechtfertigung, JZ 55, 37. – *Arthur Kaufmann*, Die Lehre von den negativen Tatbestandsmerkmalen, JZ 54, 653. – *Koriath*, Grundlagen strafrechtlicher Zurechnung, 1994. – *ders.*, Zum Streit um den Begriff des Rechtsguts, GA 99, 561. – *Kuhlen*, Strafrechtsbegrenzung durch einen materialen Straftatbegriff, in: Wolter, Straftat, Strafzumessung u. Strafprozeß, 1996, 77. – *Lampe*, Rechtsgut, kultureller Wert und individuelles Bedürfnis, Welzel-FS 151. – *ders.*, Gedanken zum materiellen Straftatbegriff, Schmitt-FS 77. – *Lang-Hinrichsen*, Bemerkungen zum Begriff der „Tat" im Strafrecht usw., Engisch-FS 353. – *Lenckner/Schittenhelm*, Gründe u. Grundlagen des strafrechtlichen Verbots, in: Eser/Kaiser, Viertes deutsch-sowjetisches Kolloquium über Strafrecht und Kriminologie, 1989. – *Marx*, Zur Definition des Begriffs „Rechtsgut", 1972. – *Maurach*, Schuld u. Verantwortung im Strafrecht, 1948. – *Müller-Dietz*, Aspekte u. Konzepte der Strafbegrenzung, Schmitt-FS 95. – *Müssig*, Schutz abstrakter Rechtsgüter u. abstrakter Rechtsgüterschutz, 1994. – *Naucke*, Wissenschaftliches Strafrechtssystem u. positives Strafrecht, GA 98, 263. – *Oehler*, Wurzel u. Wandel der strafrechtlichen Legalordnung, 1950. – *Otto*, Rechtsgutsbegriff und Deliktstatbestand, in: Müller-Dietz, Strafrechtsdogmatik u. Kriminalpolitik (1971) 1. – *ders.*, Strafwürdigkeit u. Strafbedürftigkeit als eigenständige Deliktskategorien?, Schröder-GedS 53. – *Paeffgen*, Anmerkungen zum Erlaubnistatbestandsirrtum, A. Kaufmann-GedS 399. – *Perron*, Hat die deutsche Strafatsystemik eine europäische Zukunft?, Lenckner-FS 227. – *Rödig*, Zur Problematik des Verbrechensaufbaus, Lange-FS 39. – *Roxin*, Offene Tatbestände und Rechtspflichtmerkmale, 2. A., 1970. – *ders.*, Kriminalpolitik und Strafrechtssystem, 1970. – *Rudolphi*, Die verschiedenen Aspekte des Rechtsgutsbegriffs, Honig-FS 151. – *ders.*, Der Zweck staatlichen Strafrechts und die strafrechtlichen Zurechnungsformen, in: Schünemann, Grundfragen des modernen Strafrechtssystems (1984), 69. – *Schild*, Die „Merkmale" der Straftat und ihres Begriffs, 1979. – *ders.*, Der Straftatbegriff als Argumentationsschema, Arch. f. Rechts- u. Sozialphilosophie, Beiheft, N. F. Nr. 14, 213. – *Schmidhäuser*, Gesinnungsmerkmale im Strafrecht, 1958. – *ders.*, Zur Systematik der Verbrechenslehre, Radbruch-GedS 268. – *ders.*, Der Unrechtstatbestand, Engisch-FS 433. – *ders.*, Über einige Begriffe der teleologischen Strafatlehre, JuS 87, 373. – *Schünemann*, Einführung in das strafrechtliche Systemdenken, in: Grundfragen des modernen Strafrechtssystems (1984) 1. – *ders.*, Die deutschsprachige Strafrechtswissenschaft

Vorbem §§ 13 ff. 8–10   Allg. Teil. Die Tat – Grundlagen der Strafbarkeit

nach der Strafrechtsreform usw., GA 85, 341. – *Schweikert*, Die Wandlungen der Tatbestandslehre seit Beling, 1957. – *Sina*, Die Dogmengeschichte des strafrechtlichen Begriffs „Rechtsgut", 1962. – *Stratenwerth*, Zum Begriff des „Rechtsguts", Lenckner-FS 377. – *Suhr*, Zur Begriffsbestimmung von Rechtsgut u. Tatobjekt im Strafrecht, JA 90, 303. – *Tiedemann*, Der Allgemeine Teil des Strafrechts im Lichte der europäischen Rechtsvergleichung, Lenckner-FS 411. – *Volk*, Entkriminalisierung durch Strafwürdigkeitskriterien jenseits des Deliktsaufbaus, ZStW 97, 871. – *v. Weber*, Zum Aufbau des Strafrechtssystems, 1935. – *ders.*, Negative Tatbestandsmerkmale, Mezger-FS 183. – *Weigend*, Über die Begründung der Straflosigkeit bei Einwilligung des Betroffenen, ZStW 98, 44. – *Welzel*, Die deutsche strafrechtl. Dogmatik der letzten 100 Jahre u. die finale Handlungslehre, JuS 66, 421. – *ders.*, Zur Dogmatik im Strafrecht, Maurach-FS 3. – *Wolter*, Objektive und personale Zurechnung von Verhalten, Gefahr und Verletzung in einem funktionalen Straftatsystem, 1981 (zit.: aaO). – *ders.*, Strafwürdigkeit und Strafbedürftigkeit in einem neuen Strafrechtssystem, GA-FS 269. – *ders.*, Zur Dogmatik u. Rangfolge von materiellen Ausschlußgründen, Verfahrenseinstellung, Absehen u. Mildern von Strafe, in: Wolter/Freund, Straftat, Strafzumessung u. Strafprozeß im gesamten Strafrechtssystem, 1996, 1 (zit.: in Wolter/Freund). – *Zielinski*, Handlungs- und Erfolgsunwert im Unrechtsbegriff, 1973. – Zum älteren Schrifttum vgl. im übrigen die 24. A.

8   I. Seinem Wesen nach ist die Straftat **Rechtsgutsbeeinträchtigung** – bzw. eine bestimmte Art einer solchen (zB § 263) – und **Pflichtverletzung** (vgl. BGH 2 368, Jescheck LK 5, 9 ders./Weigend 8, W-Beulke I 5).

9   1. Im Unterschied zum allgemeinen, auch außerstrafrechtliche Güter umfassenden Begriff des **Rechtsguts,** wie er zB in § 34 vorkommt (vgl. dort RN 9), geht es hier nur um solche als sozial wertvoll erkannten Lebensgüter, die speziell unter dem besonderen Schutz des Strafrechts stehen (zur Vor-, Entstehungs- u. Entwicklungsgeschichte des „Rechtsguts" vgl. Amelung aaO 15 ff., Eser aaO 1006 ff., Sina aaO). Da materieller Kern und Bezugspunkt aller rechtlichen Verbote und Gebote irgendwelche zu schützenden Güter und Werte sind, liegt auch den strafrechtlichen Tatbeständen immer ein Rechtsgut zugrunde, gleichgültig, ob es zu Recht oder Unrecht (s. u. 10) in den Rang eines solchen erhoben wurde; Strafvorschriften ohne einen solchen Rechtsgutsbezug gibt es daher nicht (zB M/Zipf I 270, Roxin I 11 ff., Schall JuS 79, 107; vgl. aber auch Jakobs 41 ff., Jescheck LK 8 [FN 5], Stratenwerth, Lenckner-FS 377, 386 ff., ZStW 105, 692 f.). Zu unterscheiden sind die Rechtsgüter (Schutzobjekte) von dem körperlich-konkreten Angriffs- oder Tatobjekt (zB bei § 303 die konkrete Sache, vgl. näher dazu Suhr JA 1990, 306, 308 mwN), wie überhaupt die Rechtsgüter nicht als ein greifbares Etwas der Außenwelt, sondern als gedankliche Gebilde zu begreifen sind. Eine andere und auch heute noch ganz unterschiedlich beantwortete Frage ist es, wie man den Rechtsgutsbegriff inhaltlich zu bestimmen hat und wie weit er je nach dem Abstraktionsniveau, auf dem dies geschieht, zu „vergeistigen" ist (wovon es zB abhängen kann, ob es auch ohne die Gefährdung eines Rechtsguts oder nur eine solche des Angriffsobjekts gibt; vgl. dazu Suhr aaO 306 ff.). Abgestellt wird hier zT auf das ideell gesehene Objekt als solches, so wenn das Rechtsgut definiert wird als „werthafter Zustand" (Frisch, Stree/Wessels-FS 370), „objektiven Wert, den das geschützte Gut in sich schließt" (Blei I 89), „vergeistigter ideeller Wert" (W/B-Weber 13), „rechtlich geschützter abstrakter Wert der Sozialordnung" (Jescheck/Weigend 257) oder als der „von wertvollen Sachverhalten ausgehende Achtungsanspruch" (Schmidhäuser 37, I 84); zur Kritik an einer allein auf das normative Moment abstellenden Betrachtungsweise vgl. Stratenwerth aaO 382 f. Gesehen wird das Rechtsgut vielfach aber auch als eine Beziehung zu dem Objekt, dies zB iS eines „rechtlich anerkannten Interesses an bestimmten Gütern als solchen in ihrer generellen Erscheinungsart" (M-Zipf I 269; vgl. auch Hassemer NK 287 vor 1; and. Stratenwerth aaO 379 f.), als eine zugleich die Wirkungsmöglichkeit der Person betonende werthafte „Funktionseinheit" (zB Jakobs 41, Otto I 7, aaO 8, Rudolphi SK 8 vor § 1, Honig-FS 163; vgl. auch Weigend ZStW 98, 51); zu weiteren Rechtsgutsdefinitionen vgl. Köhler 25 sowie die Übersicht b. Stratenwerth aaO 378 u. zum Ganzen ferner Koriath GA 99, 561 ff; vgl. krit. aber auch Eser aaO 1020 ff., wonach – so im Anschluß an Sessar – das Opfer „heute hinter dem Rechtsgut nahezu vollkommen verschwunden" sei (S. 1021/22; vgl. auch S. 1023 zu der Einbeziehung des Opfers bereits in den Verbrechens- und Strafbegriff). Nicht betroffen von diesen unterschiedlichen Sichtweisen ist die praktische Leistungsfähigkeit des – hier „positivistisch" (u. 10) verstandenen – Rechtsgutsbegriffs: Er ermöglicht die – im geltenden Recht nur unvollkommene – Systembildung des Bes. Teils (vgl. dazu Oehler aaO), auch ist er ein wichtiges Hilfsmittel bei der Auslegung der einzelnen Strafvorschriften (vgl. § 1 RN 48 u. speziell zu seiner tatbestandseinschränkenden Funktion Gössel aaO), wo die Gleichsetzung mit deren Sinn und Zweck oder der „Abbreviatur des Zweckgedankens" (Honig, Die Einwilligung des Verletzten [1919], 94, Grünhut, Frank-FG I 8; sog. methodologischer Rechtsgutsbegriff) freilich schon deshalb ungenau ist, weil Rechtsgüter vielfach nur gegen bestimmte Angriffe geschützt sind (zB § 263). Von Bedeutung kann ferner die Unterscheidung sein, ob Rechtsgüter dem einzelnen oder der Allgemeinheit zugeordnet sind (Individual- bzw. Universalrechtsgüter; zu dem hier bestehenden Meinungsstreit zwischen „monistischen" und „dualistischen" Lehren vgl. Hassemer NK 270 ff. vor § 1, Theorie usw. 68 ff.) und bei Individualrechtsgütern, ob es sich um höchstpersönliche Güter oder um Vermögensgüter handelt: Erstere spielt zB bei der Notwehr (vgl. § 32 RN 8) und bei der Einwilligung (vgl. 35 a vor § 32) eine Rolle, letztere zB in der Konkurrenzlehre (vgl. 23 ff., 42 f. vor § 52).

10   Zu unterscheiden von diesem „systemimmanenten" („positivistisch-dogmatischen") Verständnis des Rechtsgutsbegriffs ist dessen **„systemkritische"** Funktion (vgl. Hassemer NK 259 vor § 1, Theorie usw. 19 ff.; zu den Grenzen einer solchen Unterscheidung vgl. Baretta aaO 395 ff.) Hier geht es um die der Strafgesetzgebung vorgegebene Frage, welche Güter strafrechtlich schutzwürdig sind und damit um Inhalt und Grenzen des staatlichen ius puniendi und eines materiellen Verbrechensbegriffs. Grundforderung hat hier neben dem ultima ratio-Prinzip zwar zu sein, daß sich das Strafrecht auf in besonderem Maße sozialschädliches Verhalten zu beschränken hat und daß deshalb nur die elementaren und eindeutig substantiierbaren Lebensinteressen des einzelnen oder der Gesellschaft in den Rang strafrechtlich geschützter Rechtsgüter erhoben werden dürfen. Mehr als eine allgemeine Maxime ist dies jedoch nicht, die, je komplexer die Lebenssachverhalte und je diffuser die einem immer rascheren Wandel unterworfenen Wertvorstellungen in der Gesellschaft werden, letztlich mehr Fragen aufwirft als sie beantwortet. Auch die Verfassung, auf die hier häufig rekurriert wird, ist als Erkenntnisquelle nur von begrenztem Wert, weil ihr hinreichend sichere Aussagen darüber, was mit den Mitteln des Strafrechts geschützt werden darf oder muß, vielfach nicht entnommen werden können. Dem Gesetzgeber wird deshalb nach wie vor ein nicht unerheblicher Beurteilungs- und Entscheidungsspielraum bleiben. Näher zum Ganzen vgl. u. a. Amelung aaO, Baretta aaO, Eser aaO 1018 ff., Frisch in: Eser/Kaiser usw. aaO, Stree/Wessels-FS 69 ff. u. in Wolter/Freund 135 ff., Graul, Abstrakte Gefährdungsdelikte usw. [1991] 41 ff., Hassemer, Theorie usw. (m. Bspr. Amelung ZStW 87, 132 ff.), AK 255 ff. vor § 1, Hohmann GA 92, 76 ff., Koriath GA 99, 576 ff., Kuhlen aaO, Lampe, Welzel-FS 151 ff., Schmitt-FS 77 ff., Lenckner/Schittenhelm aaO, Marx aaO, Müller-Dietz, Schmitt-FS 95 ff., Müssig aaO 9 ff., 25 ff., Otto aaO, 15 ff., Roxin I 10 ff., Rudolphi, Honig-FS 149 ff., SK 3 ff. vor § 1, Sina aaO, Suhr JA 90, 303 ff., Stratenwerth Lenckner-FS 389 ff., Weigend ZStW 98, 49 ff.

2. Das Verbrechen ist zugleich **Pflichtverletzung** (vgl. die Nachw. o. 8, aber auch Roxin I 29). **11** Durch die Rechtsgutsverletzung allein kann die Straftat noch nicht hinreichend gekennzeichnet werden. Denn einmal kann ein Verhalten auch strafbar sein, obwohl es im Einzelfall an der Verletzung oder Gefährdung eines Rechtsguts fehlt (untauglicher Versuch). Zum anderen genügt umgekehrt für das Strafrecht in keinem Fall schon die bloße Rechtsgutsverletzung iS der Verursachung eines negativ bewerteten Zustandes (and. im Zivil- und öffentlichen Recht, wo schon die Verursachung einer Verletzung oder Gefährdung Rechtsfolgen auslösen kann). So hat zB auch der völlig korrekt fahrende Kraftfahrer, dem ein Kind in das Auto läuft, ein Rechtsgut verletzt; gleichwohl fehlt es hier an einer wesentlichen Verbrechensvoraussetzung. Entscheidend ist für das Strafrecht vielmehr immer auch das „Wie" der Rechtsgutsverletzung: Ausgehend davon, daß es bestimmte Güter durch die Sanktionierung von Verhaltensnormen schützen will, die zu einem im Hinblick auf die Rechtsgüter richtigen Verhalten motivieren sollen, ist es vielmehr gerade die in der Mißachtung der Norm liegende Pflichtverletzung, welche die bloß kausale Herbeiführung der Rechtsgutsverletzung zum Verbrechen macht. Dabei wird diese Pflichtverletzung sowohl durch den besonderen „*Handlungsunwert*" (u. 52 ff.) als auch durch den besonderen „*Gesinnungsunwert*" (u. 119 f.) charakterisiert, die beide das *Verhalten* des Täters als sozialethisch besonders verwerflich erscheinen lassen und damit strafwürdig machen.

II. Um die Straftat als Ganzes durch allgemeine Merkmale theoretisch zu erfassen, wird sie – **12** zurückgehend auf Beling (Die Lehre vom Verbrechen [1906], 7), im Sinngehalt seitdem aber vielfach verändert – üblicherweise als eine **tatbestandsmäßige, rechtswidrige und schuldhafte Handlung** bestimmt, eine Definition, die auch Eingang in die Gesetzgebung (§ 1 OWiG) und Rspr. gefunden hat (zu dieser vgl. zB RG **61** 247, **66** 397, BGH **1** 132, **2** 195, **9** 375; krit. aber zB Freund 22 f., Puppe NK 3; zur Entwicklung der Verbrechenslehre vgl. zB Gallas ZStW 67, 2 ff., Jescheck LK 12 ff., ZStW 73, 179 ff., 934 ff., Jescheck/Weigend 199 ff., Koriath aaO 254 ff., Roxin I 149 ff., Schmidhäuser 162 ff., Schünemann aaO 1 ff., Schweikert aaO; zum Ausland vgl. mwN. zB Hünerfeld ZStW 93, 979, Jescheck ZStZ 98, 7 f., Tiedemann, Lenckner-FS 420 ff.). Dabei bedeutet die *Tatbestandsmäßigkeit* der Handlung, daß sie mit den vom Gesetz umschriebenen Merkmalen eines bestimmten Deliktstypus übereinstimmt; die *Rechtswidrigkeit* bezeichnet das den Widerspruch zu den generellen Sollens-Anforderungen des Rechts ausdrückende negative Werturteil über die Tat, während die *Schuld* den Sachverhalt meint, aufgrund dessen dem Täter aus seiner Tat ein Vorwurf gemacht werden kann. Damit wird der Verbrechensbegriff zwar äußerlich in einzelne Elemente „zerlegt", doch ändert sich nichts daran, daß das deliktische Geschehen immer in seiner Gesamtheit zu sehen ist, wenn auch unter dem veränderten Blickwinkel der jeweiligen Verbrechenskategorie. Daraus ergibt sich zB, daß ein bestimmtes Deliktsmerkmal an einer späteren Stelle im Deliktsaufbau nicht deshalb keine Bedeutung mehr haben kann, weil es bereits an früherer Stelle in Erscheinung getreten ist (vgl. zum Ganzen auch Roxin I 177 f., Radbruch-GedS 260, Kriminalpolitik usw. 42, ferner Schild, Die „Merkmale" usw. 32 ff. u. pass., wonach die Straftatmerkmale nur als „Momente" des Ganzen und im Ganzen der Einheit der Straftat gedacht werden können).

Umstritten ist, ob es zwischen der tatbestandsmäßigen, rechtswidrigen und schuldhaften Handlung **13/14** und ihrer Strafbarkeit noch weitere Systemstufen in Form der **Strafwürdigkeit** und/oder der **Strafbedürftigkeit** gibt, wobei diese Begriffe zT allerdings mit unterschiedlichem Inhalt versehen werden (vgl. zB Altpeter aaO, Bloy, Die dogmatische Bedeutung der Strafausschließungsgründe usw. [1976] 242 ff., Die Beteiligungsform als Zurechnungstypus usw. [1985] 30 ff., Frisch, Stree/Wessels-FS 77 ff. u. in: Wolter/Freund 152, 162 ff., Langer, Das Sonderverbrechen [1972] 275 ff., 327 ff., Otto, Schröder-GedS 53, Roxin I 905 ff., Schmidhäuser 482 ff., Schünemann ZSchwR 78, 147, Volk ZStW 97, 871, Wolter GA-FS 269, GA 96, 208 ff. u. in Wolter/Freund 1 ff.; vgl. auch – zugleich zum ausländischen Schrifttum – Luzón Peña in: Schünemann, Figueiredo Dias, Bausteine des europäischen Strafrechts, 1995, 97 ff., Romano ebd. 107 ff., Costa Andrade ebd. 121 ff.). Für die Strafwürdigkeit ist

Vorbem §§ 13 ff. 15, 16   Allg. Teil. Die Tat – Grundlagen der Strafbarkeit

dies jedoch schon deshalb zu verneinen, weil sie nur mit Inhalten angefüllt werden könnte, die sachwidrig dem – per se schon strafwürdigen – Unrecht und der Schuld entzogen werden (vgl. näher zB Otto aaO, Volk aaO; and. zB Langer aaO). Ebenso ist mit der Strafwürdigkeit idR auch die Strafbedürftigkeit iS der Notwendigkeit einer Bestrafung gegeben (vgl. zB Rudolphi SK 12 vor § 19). Ausnahmsweise anders ist dies lediglich bei einem Teil der jenseits von Unrecht und Schuld liegenden **objektiven Bedingungen der Strafbarkeit** und der **Strafausschließungs- und Strafaufhebungsgründe** (näher dazu u. 124 ff. sowie 127 ff. vor § 32). Weil unter den Strafbarkeitsbedingungen usw. aber auch solche sind, die nicht auf dem ausnahmsweisen Fehlen der Strafbedürftigkeit, sondern darauf beruhen, daß eine bestehende Strafbedürftigkeit im Konflikt mit anderen außerstrafrechtlichen Interessen zurücktreten muß (u. 124 u. 128 vor § 32), kann auch die Strafbedürftigkeit nicht das gemeinsame Dach für eine eigene Deliktskategorie sein. Gleichwohl sind auch die objektiven Strafbarkeitsbedingungen usw. insofern zusätzliche Straftatmerkmale, als sie – i. U. zu den Prozeßvoraussetzungen – gleichfalls die materiellen Voraussetzungen für das Entstehen des staatlichen Strafanspruchs betreffen (daher auch bei ihrem Fehlen bzw. Vorliegen); sie in einer weiteren Deliktsstufe „sonstiger Strafbarkeitsvoraussetzungen" zusammenzufassen, wäre daher die systematische Konsequenz. Zu bezweifeln ist dagegen der Gewinn eines neuen Straftatsystems mit den Deliktsstufen der „Strafwürdigkeit des schuldhaften Unrechts (Bestrafungsmöglichkeit)", dessen „Strafbedürftigkeit (präventive Bestrafungsnotwendigkeit)" und „Strafbarkeit (Bestrafungsbefugnis)" einschließlich der entsprechenden Ausschließungsgründe (vgl. Frisch in: Wolter-FS gegend ebd. 156 ff. gegen Wolter ebd. 4 ff., 13 f., GA-FS 269 ff., 288 ff., 316 f.). – Außerhalb des Deliktsystems bleiben die Fälle fehlender Strafbedürfigkeit, in denen, anders als bei den objektiven Strafbarkeitsbedingungen usw., lediglich ein **Absehen von Strafe** – hier iVm einem den Täter gleichfalls in seinen Grundrechten berührenden Schuldspruch! (54 vor § 38; vgl. dazu auch Schild, Lenckner-FS 310 f.) – oder eine **Verfahrenseinstellung** gem. §§ 153 ff. StPO die Folge ist (vgl. Roxin I 915; zum Bagatellprinzip vgl. auch u. 70 a). Selbst wenn deren Einbeziehung in das Straftatsystem oder dessen „Verlängerung" in das Prozeßrecht im Hinblick auf die Strafgesetzgebung der Gegenwart ein gangbarer Weg sein sollte (vgl. mit Unterschieden im einzelnen zB Frisch, Stree/Wessels-FS 98 ff. u. in Wolter/Freund 201 ff., Freund ebd. 44 ff. u. pass., Naucke, Maurach-FS 203 [zu § 153 StPO], Schild AK 72, Wolter, in Wolter/Freund 5 ff.), blieben Tatbestandsmäßigkeit, Rechtswidrigkeit und Schuld doch immer die Grundbausteine eines solchen Systems; „überaltert" (Naucke GA 98, 263) ist dieses deshalb nicht. Was die Grundzüge dieses Systems betrifft, so ist folgendes hervorzuheben:

15 1. Keine Einigkeit besteht über das **Verhältnis von Tatbestandsmäßigkeit und Rechtswidrigkeit.** Während die wohl h. M. entsprechend der Definition des Verbrechens als einer tatbestandsmäßigen, rechtswidrigen und schuldhaften Handlung einen „**dreistufigen**" Verbrechensbegriff vertritt, bei dem die Rechtswidrigkeit zu der Tatbestandsmäßigkeit hinzukommen muß, geht die **Lehre von den negativen Tatbestandsmerkmalen** von einem „Gesamt-Unrechtstatbestand" aus: Danach ist der Tatbestand nicht nur „ratio cognoscendi", sondern „ratio essendi" der Rechtswidrigkeit, d. h. er bestimmt für den konkreten Fall abschließend die Grenzen von Recht und Unrecht, indem er nicht nur die deliktstypischen, sondern alle die Rechtswidrigkeit betreffenden Merkmale umfaßt. Da dazu aber auch das Fehlen von Rechtfertigungsgründen gehört, das für die Unrechtsbewertung die gleiche Bedeutung hat wie das Vorliegen eines unrechtsbegründenden („positiven") Tatbestandsmerkmal, gehört nach dieser Lehre das Nichtvorliegen eines rechtfertigenden Sachverhalts bereits zum Tatbestand iS eines „Gesamtunrechtstatbestands", weshalb zB eine Körperverletzung in Notwehr in diesem Sinne schon nicht „tatbestandsmäßig" ist. Tatbestandsmäßigkeit und Rechtswidrigkeit werden auf diese Weise zu einer einheitlichen Wertungsstufe verbunden, was zu einem „**zweistufigen**" Deliktsaufbau führt. Da der Tatbestand neben der Umschreibung eines Deliktstypus auch schuldtypisierende Merkmale enthalten kann (vgl u. 122 f.), kann diese Verschmelzung freilich nur solche Merkmale des „positiven" Tatbestands erfassen, die ihrerseits unrechtstypisierend sind. Bedeutung hat diese Lehre beim Irrtum über rechtfertigende Tatumstände (zB Putativnotwehr) erlangt: Sind diese lediglich „negative" Merkmale des Tatbestands, so soll die irrtümliche Annahme solcher Umstände unmittelbar zur Anwendung des § 16 (Vorsatzausschluß) führen (vgl. aber auch u. 19), während bei einem „dreistufigen" Verbrechensaufbau die Behandlung solcher Irrtumsfälle zunächst offenbleibt (Vorsatzausschluß analog § 16, Rechtsfolgenverweisung iS des § 16, bloßer Verbotsirrtum; vgl. § 16 RN 14 ff.).

16 Im Schrifttum wird mit Nuancierungen im Detail ein *dreistufiger Deliktsaufbau* unter Ablehnung der Lehre v. d. neg. Tbm. u. a. vertreten von B/W-Weber 176, B-Volk I 36 ff., Dreher, Heinitz-FS 217 ff., Gallas ZStW 67, 19, 27, Gropp 157, Günther SK 1 vor § 32 (formaler Verbrechensbegriff), Herzberg JA 86, 192, Hirsch aaO 371 bzw. 1935 ff., LK 5 ff. vor § 32, Jescheck LK 3, ders./Weigend (viergliedrige Verbrechensdefinition wegen des Erfordernisses einer „Handlung"), Armin Kaufmann, Normentheorie 158, 248, JZ 55, 37, Kühl 7 ff., 119 ff., Lackner/Kühl 6, 17, M-Zipf I 333, Perron, in: Eser/Nishihara, Rechtfertigung u. Entschuldigung IV, 1995, 70, Roxin I 233 ff. [and. noch Offene Tatbestände usw. 121 ff., 173 ff., ZStW 74, 536], Schild AK 162 ff., Stratenwerth 71 ff., Tiedemann, in: Eser/Fletcher aaO 1008 ff., Tröndle 27, Welzel 49 ff., W-Beulke 128 f.; iE widerlegt auch Jakobs 175 ff.; für einen *zweistufigen Deliktsaufbau* bei Anerkennung der Rechtfertigungsgründe als neg. Tbm. zB Engisch, ZStW 70, 583 ff., DJT-FS I 406 ff., Arthur Kaufmann, Das Unrechtsbewußtsein in der Schuldlehre des Strafrechts (1949) 66 f., 170 f., 178 ff., JZ 54, 563 u. 56, 353, 393, ZStW 76, 564 ff., Lange JZ 53, 9, Otto I 46, Rödig aaO 48, Schaffstein ZStW 72, 386 ff., OLG Celle-FS 185, Schröder hier 17. A., 6 vor § 1, Schroth, A. Kaufmann-FS 598 ff. (mit Modifikationen), Schünemann GA 85, 348 ff., v. Weber, Mezger-FS 183 u. iE wohl auch Eser, Lenckner-FS 53. Für die Lehre v. d.

neg. Tbm. ferner Koriath aaO 322 ff., gegen diese und gleichwohl für einen zweistufigen Deliktsaufbau dagegen Schmidhäuser, weil die zwischen Unrechts- und Schuldtatbestand eingeschobene Rechtswidrigkeit lediglich eine „Station praktisch prüfenden Vorgehens" sei, wo gefragt werde, „ob die Rechtsgutsverletzung aufgrund einer Gutsbeachtung erlaubt war" (Engisch-FS 454, ferner I 132 ff.; krit. dazu Roxin ZStW 83, 383 ff.).

Bei einer **kritischen Würdigung** dieser Lehren ist im wesentlichen auf folgendes hinzuweisen: **17** Zuzustimmen ist der Lehre v. d. neg. Tbm. insofern, als es für die strafrechtliche Bewertung eines Verhaltens nur *zwei Wertkategorien* geben kann: die Rechtswidrigkeit, in der das Werturteil über die im Widerspruch zur Rechtsordnung stehende Tat liegt, sowie die mit der Schuld begründete persönliche Vorwerfbarkeit, die ein Unwerturteil über den Täter enthält (vgl. auch Puppe NK 10 ff.). Demgegenüber hat die Tatbestandsmäßigkeit nicht die Bedeutung einer besonderen Wertungsstufe (vgl. zB Schild AK 164, Schünemann GA 85, 349, Wolter aaO 143; vgl. aber auch Jakobs 155 ff., W-Beulke 38). Zwar ist der Tatbestand nicht lediglich, wie die ältere Lehre angenommen hat, eine wertfreie Beschreibung objektiver Eigenschaften von Handlungen (vgl. zB Beling aaO 147, 178 ff.), und ebensowenig kann die tatbestandsmäßige Handlung selbst wegen der darin liegenden Rechtsgutsverletzung als wertneutral angesehen werden. Ein *rechtliches* Werturteil ist damit jedoch noch nicht verbunden, denn ob die Handlung im Einzelfall tatsächlich dem Recht widerspricht, ergibt sich erst, wenn auch die Frage nach dem Vorliegen von Rechtfertigungsgründen entschieden ist (vgl. auch Paeffgen aaO 408: nur „bedingtes Werturteil"; and. Gropp 159). Daran ändert sich auch nichts, wenn man davon ausgeht, daß die dem Tatbestand zugrunde liegende Norm nicht die endgültige, durch Rechtfertigungsgründe schon inhaltlich von vornherein begrenzte Verhaltensnorm ist („Du sollst nicht töten, außer im Fall der Notwehr usw."), sondern lediglich eine zunächst noch allgemeine, nicht durch entsprechende Erlaubnisvorbehalte eingeschränkte Verbots- oder Gebotsnorm („Du sollst nicht töten"). Denn auch eine mit der Tatbestandsmäßigkeit gegebene „Normwidrigkeit" (Hirsch LK 6 vor § 32, Welzel 50, 80; krit. zB Otto I 47) dieser Art hat für sich allein noch kein sachliches Gewicht, vielmehr ist es hier erst das Zusammenspiel mit den neben die generellen Verbotsnormen tretenden Erlaubnissätzen (Rechtfertigungsgründe), das zu der für das Recht allein maßgeblichen Wertkategorie „rechtswidrig" bzw. „rechtmäßig" führt.

Gleichwohl ist die Lehre v. d. neg. Tbm. iS einer generellen Aussage über das Verhältnis von **18** Tatbestand und Rechtswidrigkeit abzulehnen. Zwar gibt es gesetzliche Tatbestände, die bereits alles enthalten, was endgültig auch die Rechtswidrigkeit des fraglichen Verhaltens ausmacht und wo deshalb Umstände, die sonst erst zur Rechtfertigung führen würden, bereits den Tatbestand ausschließen, weil dieser andernfalls seinen Sinn völlig verlieren und nicht einmal mehr „unrechtsindizierend" wirken würde (vgl. zB zu § 240 II u. 66, Roxin I 233 u. näher dazu m. weit. Beisp., die freilich nur zT hierher gehören, Herzberg JA 86, 194 f. u. 89, 245 f., 296). Die Regel ist dies aber nicht. Hier widerspricht vielmehr die Lehre v. d. neg. Tbm. allgemeinen systematischen Erwägungen und der Methode des Gesetzes, das bei der Umschreibung deliktischen Verhaltens in den Tatbeständen des Bes. Teils zunächst von bestimmten „Leitbildern" oder „Deliktstypen" ausgeht (vgl. Gallas ZStW 67, 17, ferner zB Dreher, Heinitz-FS 219, Jescheck LK 48, ders./Weigend 244 ff., Lackner/Kühl 17, M-Zipf I 333, Roxin I 233, W-Beulke 126; Wolter aaO 144 f., Tiedemann, in: Eser/Fletcher aaO 1009). Soweit diese durch Unrechtsmerkmale geprägt werden, ist der Tatbestand daher „Unrechtstypus", d. h. er faßt die Umstände zusammen, die für das Unrecht einer bestimmten Deliktsart spezifisch sind (u. 45). Im wesentlichen auf dasselbe läuft es hinaus, wenn stattdessen vielfach gesagt wird, der Tatbestand umschreibe die „Verbotsmaterie" (vgl. Welzel 49 und im Anschluß daran zB Hirsch LK 6 vor § 32, Jescheck/Weigend 245, Stratenwerth 70, Tiedemann aaO 1008, Wolter aaO 148, Tröndle 8), ein Begriff, der zwar mißverständlich ist (u. 51), gegen den aber nichts einzuwenden ist, wenn damit in der Sache nichts anderes als bestimmte „negative Verhaltensmuster" (Welzel 49) und damit gleichfalls typisierte Verhaltensweisen gemeint sind. Von solchen Verhaltenstypen muß nun aber auch die Lehre v. d. neg. Tbm. ausgehen, d. h. auch nach ihr müssen die „positiven" den „negativen" Tatbestandsmerkmalen vorangestellt werden, weil über die Ausnahmen vom Verbot erst entschieden werden kann, wenn das Verbot als solches feststeht (vgl. auch Stratenwerth 72). Da es sich dabei jedoch um zwei Wertungsvorgänge handelt, sollte dem auch durch eine entsprechende Systembildung Rechnung getragen werden (so auch Tiedemann aaO 1010), zumal diese Wertungen durchaus eigenen Gehalt haben. Dies zeigt sich schon daran, daß die mit einer Einschränkung des „positiven" Tatbestands – etwa durch Herausnahme einzelner Personengruppen oder Handlungen – verbundene Erweiterung des strafrechtlichen Handlungsspielraums nicht notwendigerweise auf der Anerkennung vorrangiger Werte beruhen muß, sondern auch ganz andere Gründe haben kann, dies u. U. sogar mit dem Ergebnis, daß das fragliche Verhalten außerstrafrechtlich rechtswidrig bleiben kann (auf dieser Möglichkeit beruht zB die durch BVerfGE 88 203, 273 f. verfassungsrechtlich als zulässig angesehene „Fristenlösung" bei § 218; vgl. dazu jetzt § 218 a I u. dort RN 12 ff.). Dagegen liegt den Rechtfertigungsgründen immer eine positive und auf das gesamte Recht „durchschlagende" Wertentscheidung in dem Sinne zugrunde, daß entweder in sozialen Konfliktsituationen ein bestimmtes Gegeninteresse höher bewertet wird oder daß in gewissen Grenzen das fehlende Interesse des Verletzten als hinreichender Grund für die Preisgabe des geschützten Rechtsguts anerkannt wird (vgl. auch BVerfG aaO, Jescheck LK 48, ders./Weigend 250, Roxin I 234; and. Rödig aaO 51). Hinzu kommt, daß Einschränkungen des „positiven" Tatbestands immer auf eine entsprechende Beschränkung der gerade diesem Tatbestand zugrundeliegenden Verbotsnorm zurückzuführen sind, während Rechtfertigungsgründe in aller Regel in den Bereich verschiedener Verbote und Tatbestände hineinwirken (vgl. auch Roxin I 227; sind sie speziell für einen bestimmten Tatbestand geschaffen, so handelt es sich aber auch dort im Grunde immer nur um Ausprägungen eines allgemeinen, übergreifenden Rechtfertigungsgrundes, so zB die zu § 218 anerkannten Indikationen im Verhältnis zu § 34). Auch dies spricht dafür, daß die Rechtfertigungsgründe nicht nur „negative Tatbestandsmerkmale" sind, sondern daß sie in Gestalt besonderer Erlaubnissätze mit eigenem Gehalt zu den abstrakten, zunächst nur an den typischen Unrechtssachverhalten orientierten Verbotsnormen hinzutreten. Mit der Lehre v. d. neg. Tbm., welche die Rechtfertigungsgründe als bloße Ausnahmen von einem Verbot begreift, wäre ferner nicht zu begründen, daß und warum der von der tatbestandsmäßigen Handlung Betroffene bei Vorliegen eines Rechtfertigungsgrundes zur Duldung des Eingriffs in seine Rechtsgüter verpflichtet sein kann, was bei einem tatbestandslosen Verhalten nicht der Fall zu sein braucht (vgl. W-Beulke 126, Wolter aaO 145 f.; zu den durch Rechtfertigungsgründe geschaffenen Duldungspflichten vgl. 10 f. vor § 32). – Zu weiteren Einwänden gegen die Lehre v. d. neg. Tbm. vgl. die 25. A. Bei alledem ändert es auch nichts, daß die Unterscheidung zwischen Unrechtstypus und atypischer Erlaubnissituation mitunter zweifelhaft ist (vgl. zB 61 vor § 32, 12 ff. vor § 324) und daß sie es u. U. sogar notwendig machen kann, vom Gesetz zur Umschreibung des deliktischen Sachverhalts benutzte Begriffe aufzulösen und sie teils dem Tatbestand, teils dem allgemeinen Deliktsmerkmal der Rechtswidrigkeit zuzuschlagen (vgl. etwa zu der gelegentlichen Doppelbedeutung des Begriffs „unbefugt" u. 65).

19 Im umgekehrten Verhältnis zum theoretischen Aufwand steht **die praktische Bedeutung** des Streits um einen „zwei"- oder „dreistufigen" Deliktsaufbau – nach dem Gesagten handelt es sich um einen „dreistufigen Deliktsaufbau mit nur zwei Wertkategorien" (Wolter aaO 148) –, wenn man nicht System- über Sachfragen entscheiden läßt. Insbes. kann auch beim **Irrtum über die tatbestandlichen Voraussetzungen eines Rechtfertigungsgrundes,** wo die Lehre v. d. neg. Tbm. vor allem praktische Bedeutung erlangt hat, die Entscheidung nicht von der Frage abhängen, ob der Verbrechensaufbau in zwei oder drei Stufen zu gliedern ist (vgl. Roxin I 236 f., Stratenwerth 72 f., 153, der mit Recht davon spricht, daß hier „die eigentlichen Sachfragen durch sekundäre Dogmen und Theoreme verdunkelt werden", ferner Tiedemann, in: Eser/Fletcher aaO 1010 f.; and. Schünemann GA 85, 350 f.). Einmal ist schon zweifelhaft, ob nach dieser Lehre § 16 bei irrtümlicher Annahme eines rechtfertigenden Sachverhalts wirklich bereits unmittelbar anwendbar ist, da dies voraussetzen würde, daß der „gesetzliche Tatbestand" des § 16 auch ein teilweise nur gewohnheitsrechtlich geregelter sein kann, dort nämlich, wo Rechtfertigungsgründe nur durch Gewohnheitsrecht anerkannt sind; zum andern betrifft § 16 I den Fall, daß der Täter „irrig einen Umstand nicht kennt", während es sich hier – entsprechend dem in § 16 II geregelten Irrtum über strafmildernde Umstände – darum handelt, daß er „irrig Umstände annimmt", welche die Voraussetzungen eines Rechtfertigungsgrundes erfüllen würden. Streng genommen kann deshalb auch die Lehre v. d. neg. Tbm. nur zu einer – für sie allerdings zwingenden – analogen Anwendung des § 16 kommen (vgl. auch Grünwald, Noll-GedS 187 f.; and. Paeffgen aaO 401 mwN). Umgekehrt ist eine solche – entgegen der sog. strengen Schuldtheorie (§ 16 RN 14 ff.) – aber auch bei einem „dreistufigen" Verbrechensaufbau durchaus möglich. Zwar unterscheidet sich der Irrtum über die Voraussetzungen eines Rechtfertigungsgrundes vom gewöhnlichen Tatbestandsirrtum nach § 16 dadurch, daß die Kenntnis der Tatbestandsmerkmale, weil sie bereits das typische Unrecht des fraglichen Delikts charakterisieren, dem Täter „die Impulse gibt oder geben sollte, die Annahme eines rechtfertigenden Sachverhalts nachzuprüfen" (Welzel 68; sog. Appellfunktion des Tatbestandes). Entscheidend ist jedoch, daß für die Feststellung der Rechtswidrigkeit bzw. Rechtmäßigkeit als der für das Recht maßgeblichen Wertkategorie zwischen Tatbestandsmerkmalen und Rechtfertigungsgründen kein qualitativer Unterschied besteht (o. 17), zumal es Delikte gibt, bei denen eine Differenzierung zwischen beiden nicht mehr möglich (zB § 240, vgl. o. 18) oder zumindest zweifelhaft ist (vgl. Herzberg JA 86, 195 ff. u. 89, 245 f.). Die Folge davon kann nur sein, daß auch der Irrtum über die Voraussetzungen eines Rechtfertigungsgrundes qualitativ der gleiche ist wie ein Tatbestandsirrtum und daher auch ebenso zu behandeln ist wie dieser (dazu, daß eine unterschiedliche Behandlung auch nicht mit der „Appellfunktion" des Tatbestandsvorsatzes zu begründen ist – diese „funktioniert" hier gerade nicht –, vgl. zB Engisch ZStW 70, 591, Kuhlen, Die Unterscheidung von vorsatzausschließendem usw. Irrtum [1987] 317; and. Paeffgen aaO 407). In beiden Fällen fehlt es am Handlungsunwert *vorsätzlichen Unrechts*, und es bleibt allenfalls Fahrlässigkeitsunrecht: Beim Tatbestandsirrtum wird der Handlungsunwert vorsätzlicher Tat aufgehoben, weil der Täter schon die Rechtsgutsverletzung nicht will; beim Rechtfertigungsirrtum will er diese zwar, doch fehlt hier der sonst durch den Vorsatz begründete Handlungsunwert, weil der Täter davon ausgeht, daß er das Rechtsgut infolge einer rechtfertigenden Sachlage verletzen dürfe und sein Wille deshalb ebensowenig auf die Verwirklichung eines Erfolgsunwerts iS eines den Gegenstand rechtlicher Mißbilligung darstellenden Sachverhalts gerichtet ist wie beim Tatbestandsirrtum (vgl. mit Unterschieden im einzelnen zB Eser/Burkhardt I 186, Dieckmann Jura 94, 178, Freund 251, Frisch, Vorsatz u. Risiko [1983] 244 ff. sowie in: Eser/Perron [wie u. vor 43] 268 ff., Herzberg JA 89, 296, Stree/Wessels-FS 205 ff., Arthur Kaufmann, Lackner-FS 192, Köhler 324 ff., Kuhlen aaO 304 ff., Puppe, Stree/Wessels-FS 183, Roxin I 526 ff., Rudolphi SK § 16 RN 12, Maurach-FS 58 f., Scheffler Jura 93, 617 ff., Schild AK 123, Schroth, A. Kaufmann-FS 597 ff., Stratenwerth 153 f. u. in: Eser/Fletcher aaO 1064, 1071, Wolter aaO 134, 165 ff. und auf der Basis eines streng finalen Unrechtsbegriffs Zielinski aaO 224 ff.,

310, ferner u. 60, § 16 RN 18 sowie 21 vor § 32; and. sowohl die „strenge" als auch die lediglich „rechtsfolgeneinschränkende" Schuldtheorie, vgl. § 16 RN 14 ff.). Zur entsprechenden Problematik beim Handeln in Unkenntnis eines rechtfertigenden Sachverhalts vgl. 15 vor § 32.

2. Im wesentlichen unbestritten ist heute die Notwendigkeit einer **Trennung von Rechtswidrigkeit und Schuld** (vgl. aber auch Koriath aaO 258 ff. u. krit. dazu Neumann ZStW 109, 596 ff.). Darin liegt nicht, wie früher gelegentlich eingewandt wurde, eine unnatürliche Zerreissung von Systemzusammenhängen (vgl. die Nachw. in der 17. A., 16 f. vor § 1), sondern eine von materiellen Kategorien her vorgegebene Mehrdimensionalität bei der Bewertung eines einheitlichen Geschehens. Auch stehen Unrecht und Schuld nicht beziehungslos nebeneinander, denn es gibt zwar Unrecht ohne Schuld (zB die Tat eines Geisteskranken), nicht aber umgekehrt strafrechtliche Schuld ohne kriminelles Unrecht, vielmehr setzt erstere das letztere immer voraus. Daß das Gesetz ebenfalls zwischen Rechtswidrigkeit und Schuld unterscheidet, zeigt u. a. schon ein Vergleich der §§ 32, 34 („. . . handelt nicht rechtswidrig") mit den §§ 17, 20, 35 („. . . handelt ohne Schuld"). Damit kommt zum Ausdruck, daß in den Fällen der §§ 32, 34 das Verhalten des Täters schon nicht im Widerspruch zu rechtlichen Sollensnormen steht, sondern objektiv „richtig" ist, während im Falle der §§ 17, 20, 35 dem Täter ein rechtlich objektiv falsches Verhalten lediglich nicht persönlich zum Vorwurf gemacht wird. 20

Inzwischen in den Hintergrund getreten ist die von Maurach entwickelte Lehre einer zusätzlichen Wertungsstufe zwischen Rechtswidrigkeit und Schuld in Gestalt der **„Tatverantwortung"**, die zusammen mit der Schuld die „Zurechenbarkeit tatbestandsmäßig-rechtswidrigen Verhaltens" ergeben soll (aaO 38 ff. u. zuletzt M-Zipf I 424 ff.; ebenso Deutsch, Fahrlässigkeit und erforderliche Sorgfalt [1963] 251 f., Rehberg, Zur Lehre vom „Erlaubten Risiko" [1962] 185, Rittler JurBl. 55, 634; vgl. auch Bacigalupo aaO 461 ff., Arthur Kaufmann, Maurach-FS 328 ff. u. zum Ganzen Fluri aaO). Dabei wird das Wesen der Tatverantwortung als einer „Vorstufe der Schuld" (M-Zipf I 439) in dem Einstehenmüssen für die „eigene Tat" gesehen, begründet durch „den Abfall vom rechtlich praesumierten Können des Durchschnitts" (aaO 437); der Unterschied zum Schuldurteil soll darin liegen, daß erst dieses einen persönlichen Vorwurf enthalte. Ihre Richtigkeit sieht diese Lehre u. a. in den §§ 33, 35 bestätigt, weil die hier erfolgte „Standardisierung" dem Wesen eines Entschuldigungsgrundes widerspreche und deshalb nur zum Ausschluß der Tatverantwortung führen könne (M-Zipf I 446). Die praktische Bedeutung der Lehre von der Tatverantwortung soll vor allem darin liegen, daß beim schuldunfähigen Täter der Ausschluß der Tatverantwortung auch die Verhängung einer Maßregel nach §§ 63, 64, 69, 70 ausschließe. Als Konsequenz für die Teilnahmelehre soll sich ergeben, daß die Teilnahme die Begehung der Haupttat durch einen tatverantwortlich Handelnden voraussetze (M-Zipf I 441; zu den für den Bes. Teil gezogenen Folgerungen vgl. 441 f.). Die h. M. hat diese Lehre mit Recht abgelehnt (zur Kritik vgl. die 25. A., u. dort auch 109 vor § 32, ferner zB Hirsch LK 186 vor § 32, Jakobs 492 f., Jescheck, 3. A., 348, Armin Kaufmann, Unterlassungsdelikte [1959] 159 ff., Maihofer, Rittler-FS 161 f., Roxin I 749, JuS 88, 429, Schmidhäuser 462 FN 6, I 243, Stratenwerth 156 f.). Entgegen Bacigalupo aaO besteht für die Bildung einer besonderen Zwischenstufe zwischen Unrecht und Schuld schließlich auch nicht deshalb Anlaß, weil die Entschuldigungsgründe *auch* (aber nicht nur!) auf einer Unrechtsminderung beruhen (vgl. 111 vor § 32). 21

3. Vielfach umstritten ist schließlich auch die **inhaltliche Ausfüllung** der einzelnen **Verbrechenselemente.** Nachdem die ursprüngliche Annahme der „klassischen" Verbrechenslehre von Beling u. a., wonach alles Objektive dem Unrecht und alles Subjektive der Schuld zuzurechnen sei, bereits durch die mit dem „neoklassischen" Verbrechensbegriff erfolgte Anerkennung besonderer „subjektiver Unrechtselemente" bei den Absichts- und Tendenzdelikten (u. 63) eine Korrektur erfahren hatte, hat die Entwicklung inzwischen zwar zu einer in ihrem Ergebnis von der h. M. weithin übernommenen „personalen Unrechtslehre" geführt, für die Vorsatz und Fahrlässigkeit nicht erst Schuldmerkmale sind (u. 52 ff.). Immer noch unentschieden, wenngleich heute in den Hintergrund getreten, ist aber zB der die Strafrechtsdogmatik lange Zeit beherrschende Meinungsstreit über einen dem Verbrechenssystem zugrunde liegenden allgemeinen Handlungsbegriff (u. 23 ff.). Aber auch sonst gehen die strafrechtlichen Zurechnungsmodelle der Gegenwart nicht nur in Einzelfragen, sondern teilweise schon in ihren Ansätzen und unter Ausbildung neuer Argumentationsmuster (vgl. dazu Neumann ZStW 99, 568 ff. mwN) zT erheblich auseinander. Unrecht und Unrechtsausschluß, Schuld und Schuldausschluß sind davon – zT auch in ihren Grundlagen – gleichermaßen betroffen (vgl. zB u. 56 ff., 109, 115 ff., sowie 8, 108 ff. vor § 32). Dabei ist die neuere Entwicklung nicht nur durch eine verstärkte Normativierung strafrechtlicher Begriffe gekennzeichnet (vgl. zB zur objektiven Erfolgszurechnung u. 91 ff.), sondern zunehmend auch durch Bemühungen um ein teleologisches, betont auf die Strafe und kriminalpolitische Zwecksetzungen bezogenes Strafrechtssystem (vgl. dazu, wenngleich mit erheblichen Unterschieden, insbes. Roxin, Kriminalpolitik usw. sowie die Lehrbücher von Jakobs, Roxin und Schmidhäuser [vgl. auch JuS 87, 373], ferner zB Rudolphi, Der Zweck usw.). Daß damit für die strafrechtlichen Systemkategorien von Tatbestand und Rechtswidrigkeit Wesentliches gewonnen ist, muß jedoch bezweifelt werden (mit Recht krit. zB Amelung JZ 82, 617), und bei der Schuld bestehen sogar erhebliche Bedenken, diese von den Strafzwecken her auszufüllen (u. 117 f.). Daß eine „kriminalpolitische Anreicherung" von Unrecht und Schuld zu deren Auflösung „im Einheitsgebräu der Strafzwecklehre" führen könnte, ist eine Gefahr, die immerhin auch von den Vertretern dieser Richtung gesehen wird (vgl. Schünemann GA 86, 302). Die Aufgabe kann daher nicht sein, das 22

Vorbem §§ 13 ff. 22 Allg. Teil. Die Tat – Grundlagen der Strafbarkeit

Straftatsystem an mehr oder weniger vagen präventiven Bedürfnissen zu orientieren, sondern die vorgegebenen Sachstrukturen ausfindig zu machen, die diese legitimieren und begrenzen (vgl. als Beispiel dafür etwa Hassemer zu den Grundlagen u. Grenzen eines den Täter entlastenden Drittverhaltens im Längschnitt des gesamten Deliktssystems, Lenckner-FS 97). Dies gilt umso mehr, wenn „die Normadressaten die Kategorien der Zurechenbarkeit vor aller Prävention im Kopf haben" (Lüderssen StV 87, 168, Neumann ZStW 99, 589). Im übrigen ist die Diskussion der Gegenwart insgesamt durch eine außerordentliche, zT kaum noch überschaubare Differenzierung und Verfeinerung des dogmatischen Instrumentariums gekennzeichnet (vgl. etwa den Überblick b. Jescheck/Weigend 214), wobei dann allerdings mehr denn je auch gefragt werden muß, ob die Praxis dieser Entwicklung noch folgen wird und folgen kann (vgl. dazu auch Lackner GA-FS 149 ff. u. die Bemühungen um einen übergreifenden Konsens b. Wolter ebd. 287 ff.). Aufs Ganze gesehen aber noch drängender ist die Frage nach der Zukunftsfähigkeit des deutschen Straftatsystems in einem europäischen Strafrecht (vgl. dazu die recht unterschiedliche Einschätzung von Perron, Lenckner-FS 227 ff.).

C. Die Handlung

Schrifttum: Baumann, Hat oder hatte der Handlungsbegriff eine Funktion?, A. Kaufmann-GedS 181. – *Behrendt*, Die Unterlassung im Strafrecht, 1979. – *ders.*, Zur Synchronisation von strafrechtlicher Handlungs-, Unrechts- u. Zurechnungslehre, GA 93, 67. – *Bloy,* Finaler u. sozialer Handlungsbegriff, ZStW 90, 609. – *Brammsen*, Inhalt und Elemente des Eventualvorsatzes usw., JZ 89, 71. – *v. Bubnoff*, Die Entwicklung des strafrechtlichen Handlungsbegriffs von Feuerbach bis Liszt unter besonderer Berücksichtigung der Hegel-Schule, 1966. – *Busch*, Moderne Wandlungen der Verbrechenslehre, 1949. – *Donatsch*, Sorgfaltsbemessung und Erfolg beim Fahrlässigkeitsdelikt, 1987. – *Franzheim*, Sind falsche Reflexe der Kraftfahrer strafbar?, NJW 65, 2000. – *Fukuda*, Die finale Handlungslehre Welzels und die Japanische Strafrechtsdogmatik, Welzel-FS 251. – *Gimbernat Ordeig*, Handlung, Unterlassen und Verhalten, A. Kaufmann-GedS 159. – *Gössel*, Wertungsprobleme des Begriffs der finalen Handlungslehre usw., 1966. – *Herzberg*, Die Unterlassung im Strafrecht und das Garantenprinzip, 1972. – *ders.*, Das Wollen beim Vorsatzdelikt und dessen Unterscheidung vom bewußt fahrlässigen Verhalten, JZ 88, 573. – *ders.*, Gedanken zum strafrechtlichen Handlungsbegriff u. zur „vortatbestandlichen" Deliktsverneinung, GA 96, 1. – *Hirsch*, Der Streit um Handlungs- u. Unrechtslehre usw., ZStW 93, 831 u. 94, 239. – *ders.*, Die Diskussion über den Unrechtsbegriff in der deutschen Strafrechtswissenschaft u. das Strafrechtssystem Delitalas, in: Studi in memoria di G. Delitala, 1984, Bd. 3, 1933. – *Hruschka*, Strukturen der Zurechnung, 1976. – *Jakobs*, Vermeidbares Verhalten und Strafrechtssystem, Welzel-FS 307. – *ders.*, Der strafrechtliche Handlungsbegriff, 1992. – *Jescheck*, Der strafrechtliche Handlungsbegriff, Eb. Schmidt-FS 139. – *Kargl*, Handlung und Ordnung im Strafrecht usw., 1991. – *Armin Kaufmann*, Die Dogmatik der Unterlassungsdelikte, 1959. – *ders.*, Lebendiges und Totes in Bindings Normentheorie, 1954. – *ders.*, Zum Stand der Lehre vom personalen Unrecht, Welzel-FS 393. – *ders.*, Strafrechtsdogmatik zwischen Sein und Sollen, 1982, 21 ff. – *Arthur Kaufmann*, Die ontologische Struktur der Handlung, H. Mayer-FS 79. – *ders.*, Die finale Handlungslehre und die Fahrlässigkeit, JuS 67, 145. – *Kindhäuser*, Intentionale Handlung. Sprachphilosophische Untersuchungen zum Verständnis von Handlung im Strafrecht, 1980. – *ders.*, Kausalanalyse und Handlungszuschreibung, GA 82, 477. – *Klug*, Der Handlungsbegriff des Finalismus als methodologisches Problem, Emge-FS (1960) 33. – *Koriath*, Grundlagen strafrechtlicher Zurechnung, 1994. – *Küpper*, Grenzen der normativierenden Strafrechtsdogmatik, 1990. – *Maihofer*, Der Handlungsbegriff im Verbrechenssystem, 1953. – *ders.*, Der soziale Handlungsbegriff, Eb. Schmidt-FS 156. – *Maiwald*, Abschied vom strafrechtlichen Handlungsbegriff, ZStW 86, 626. – *H. Mayer*, Vorbemerkungen zur Lehre vom Handlungsbegriff, v. Weber-FS 137. – *Mezger*, Die Handlung im Strafrecht, Rittler-FS 119. – *Michaelowa*, Der Begriff der strafrechtswidrigen Handlung, 1968. – *Moos*, Die finale Handlungslehre, Strafrechtl. Probleme der Gegenwart, Bd. II (1974) 5. – *Niese*, Finalität, Vorsatz, Fahrlässigkeit, 1951. – *Noll*, Der strafrechtliche Handlungsbegriff, Kriminologische Schriftenreihe, Bd. 54 (1971) 21. – *Nowakowski*, Probleme der Strafrechtsdogmatik, JBl. 72, 19. – *Oehler*, Das objektive Zweckmoment in der rechtswidrigen Handlung, 1959. – *Otter*, Funktionen des Handlungsbegriffs im Verbrechensaufbau, 1973. – *Radbruch*, Der Handlungsbegriff in seiner Bedeutung für das Strafrechtssystem, 1904. – *Reyes*, Theoretische Grundlagen der objektiven Zurechnung, ZStW 105, 108. – *Roxin*, Zur Kritik der finalen Handlungslehre, ZStW 74, 515. – *ders.*, Ein „neues Bild" des Strafrechtssystems, ZStW 83, 369. – *Schewe,* Reflexbewegung, Handlung, Vorsatz, 1972. – *Schild*, Strafrechtsdogmatik als Handlungslehre ohne finalen Handlungsbegriff, GA 95, 101. – *Schmidhäuser*, Willkürlichkeit und Finalität als Unrechtsmerkmal im Strafrechtssystem, ZStW 66, 27. – *ders.*, Was ist aus der finalen Handlungslehre geworden?, JZ 86, 109. – *ders.*, Begehung, Handlung und Unterlassung im Strafrecht, A. Kaufmann-GedS 131. – *ders.*, Gedanken zum strafrechtlichen Handlungsbegriff, GA 96, 303. – *Eb. Schmidt*, Soziale Handlungslehre, Engisch-FS 338. – *Spiegel*, Die strafrechtliche Verantwortlichkeit des Kraftfahrers für Fehlreaktionen, DAR 68, 283. – *Stratenwerth*, Die Bedeutung der finalen Handlungslehre für das Schweiz. Strafrecht, SchwZStr 81, 179. – *ders.*, Unbewußte Finalität?, Welzel-FS 289. – *Struensee*, Der subjektive Tatbestand des fahrlässigen Delikts, JZ 87, 53. – *v. Weber*, Bemerkungen zur Lehre vom Handlungsbegriff, Engisch-FS 328. – *Weidemann*, Die finale Handlungslehre und das fahrlässige Delikt, GA 84, 408. – *Welzel*, Aktuelle Strafrechtsprobleme im Rahmen der finalen Handlungslehre, 1953. – *ders.*, Kausalität und Handlung, ZStW 51, 703. – *ders.*, Studien zum System des Strafrechts, ZStW 58, 491. – *ders.*, Um die finale Handlungslehre, 1949. – *ders.*, Das neue Bild des Strafrechtssystems, 4. A., 1961. – *ders.*, Wie würde sich die finalistische Lehre auf den Allgemeinen Teil eines neuen StGB auswirken?, Mat. I 45. – *ders.*, Vom Bleibenden und vom Vergänglichen in der Strafrechtswissenschaft, 1964. – *ders.*, Ein unausrottbares Mißverständnis? Zur Interpretation der finalen Handlungslehre, NJW 68, 425. – *ders.*, Zur

Die Handlung 23/24–27 **Vorbem §§ 13 ff.**

Dogmatik im Strafrecht, Maurach-FS 3. – *E. Wolf*, Die Lehre von der Handlung, AcP 180, 181. – *E. A. Wolff*, Der Handlungsbegriff in der Lehre vom Verbrechen, 1964. – *ders.*, Das Problem der Handlung im Strafrecht, Radbruch-GedS 291. – *Zielinski*, Handlungs- und Erfolgsunwert im Unrechtsbegriff, 1973. Zum älteren Schrifttum vgl. im übrigen zu 24. A.

I. Nach der Definition des Verbrechens als einer tatbestandsmäßigen, rechtswidrigen und schuld- **23/24**
haften Handlung (o. 12) ist **Voraussetzung der Straftat** zunächst das Vorliegen einer **Handlung**. Diese ist damit Ausgangspunkt des Systems und Strafanknüpfungspunkt. Noch nicht gesagt ist damit freilich, ob eine dem Tatbestand vorgelagerte Handlung „an sich" oder die *tatbestandsmäßige* bzw. tatbestandsmäßig-rechtswidrige Handlung am Anfang des Verbrechenssystems steht. Sieht man in der Handlung den systematischen Oberbegriff der Verbrechenslehre, so stellt sich das weitere Problem, wie ein allgemeingültiger, für alle Erscheinungsformen deliktischen Verhaltens brauchbarer Handlungsbegriff auszusehen hat. Diese Fragen standen lange Zeit im Mittelpunkt der strafrechtsdogmatischen Diskussion, wobei die Auffassungen vor allem darüber auseinandergingen, ob von einem ontologischen oder einem bereits an rechtlichen Kategorien orientierten „juristischen" Handlungsbegriff auszugehen ist und welche Bedeutung dem Handlungswillen im Deliktssystem zukommt (u. 25 ff., näher zur Entwicklung zB v. Bubnoff aaO, Gallas ZStW 67, 1 ff., Otter aaO 30 ff., Schmidhäuser, Radbruch-GedS 284 ff., A. Kaufmann-GedS 136 ff.; zum Ausland vgl. Jescheck ZStW 98, 10 f.). Inzwischen ist der Streit um den Handlungsbegriff, wenngleich noch keineswegs beendet, in den Hintergrund getreten. Heute wird die Frage gestellt, ob der Handlungsbegriff „eine Funktion hatte oder hat" (so Baumann aaO 186) und zunehmend die Auffassung vertreten, daß es einen als Oberbegriff alle Formen strafrechtlich relevanten Verhaltens – positives Tun wie Unterlassen, vorsätzliche wie fahrlässige Begehung – umfassenden Handlungsbegriff nicht gibt oder daß er jedenfalls so allgemein bleiben muß, daß er dogmatisch unergiebig ist (u. 37). Das Gesetz selbst, das ursprünglich vielfach von der strafbaren oder mit Strafe bedrohten „Handlung" gesprochen hatte (vgl. zB §§ 1, 37, 42 b, 42 m, 48 ff., 51 ff. aF), benutzt seit dem 2. StRG in diesen Fällen jetzt einheitlich den Terminus „Straftat" bzw. „rechtswidrige Tat" (vgl. § 11 I Nr. 5). Dort, wo nur von einem „Handeln" die Rede ist, hängt es vom Sinn der einzelnen Bestimmung ab, ob damit nur das positive Tun (zB §§ 8, 9) oder auch das Unterlassen gemeint ist (zB §§ 14, 20). Eine Stellungnahme zum Handlungsbegriff in seiner dogmatischen Bedeutung ist damit nicht verbunden.

II. Während sich die Rspr. an den Bemühungen um einen strafrechtlichen Handlungsbegriff kaum **25**
beteiligt hat, haben in der wissenschaftlichen Auseinandersetzung vor allem drei **Handlungslehren** Bedeutung gewonnen, die ihrerseits freilich zT wieder verschiedene Spielarten aufweisen: Die kausale, die finale und die soziale Handlungslehre (vgl. näher dazu den Überblick bei Otter aaO 59 ff.); über weitere Handlungsbegriffe vgl. u. 36.

1. Nach den **kausalen Handlungslehren** *(kHl)* ist primär auf die Ursächlichkeit der Willens- **26**
betätigung abzustellen. Handlung ist danach „gewollte Körperbewegung" bzw. die „gewollte Regungslosigkeit" (Beling, Lehre vom Verbrechen 9) bzw. „ein vom Willen getragenes menschliches Verhalten, einerlei, worin es besteht, einerlei, wohin der es meisternde Wille zielte" (Beling aaO 17; ebenso ähnlich in neuerer Zeit zB noch B/W-Weber 190, 192 ff., Gimbernat Ordeig aaO, Heimann-Trosien, LK⁹ Einl. 31, 33, 35, Kohlrausch-Lange, Syst. Vorbem. II B, Spiegel DAR 68, 283). Wesentlich für die kHl ist, daß sie sich mit der Willkürlichkeit eines bestimmten Verhaltens begnügen (insoweit and. Gimbernat Ordeig aaO 163 ff.), wobei der Wille nur in seiner verursachenden, die Handlung auslösenden Eigenschaft gesehen wird, nicht aber in seiner das Handlungsgeschehen auf ein bestimmtes Ziel hin steuernden Funktion. Der Inhalt des Wollens, d. h. das, was der Täter gewollt hat, ist daher für den Handlungsbegriff selbst noch ohne Bedeutung. Die vorsätzliche Tötung ist danach ebenso eine „Tötungshandlung" wie zB das unwissentliche Beibringen des tödlichen Gifts. Dabei wird heute allerdings keineswegs verkannt, daß menschliches Handeln zugleich „final" ist, weil der Handlung immer ein „zweck- und zielgerichteter" Willensakt zugrundeliege, der „den Gang der äußeren kausalen Vorgänge in der Form einer Vorstellung vorwegnimmt und wie sie in ihrem Ablauf bestimmt" (vgl. noch Mezger/Blei I, 15. A., 58, ferner Mezger LK⁸ Einl. II u. II 6 a vor § 51). Entscheidend ist nach dieser Lehre jedoch, daß nicht der ganze Willensgehalt der Handlung seine abschließende normative Bewertung schon in der Handlungslehre erfährt, sondern, soweit es um den Inhalt des Handlungswillens geht, erst an späterer Stelle (Rechtswidrigkeit, Schuld) zu berücksichtigen ist.

Zur **Kritik**: Gegen die kHl wird u. a. eingewandt, daß sich mit der Umdeutung aller willens- **27**
getragenen Verhaltensweisen in Kausalvorgänge das Wesen der echten Willenshandlungen nicht erfassen lasse, weil die Handlung damit zur „blinden Willensverursachung" denaturiert werde (vgl. zB Jescheck LK 27, ders./Weigend 219 f., Rudolphi SK 27 vor § 1, Welzel 39 ff.). Doch trifft diese Kritik die kHl nicht, solange sie nicht behauptet, mit ihrem Handlungsbegriff die ontologische Struktur der Handlung richtig wiederzugeben, sondern sich darauf beschränkt, einen „juristischen" Handlungsbegriff zu vertreten. Zwar kann der Gesetzgeber an den ihm vorgegebenen „sachlogischen Strukturen" im Objekt seiner Regelung nichts ändern (Welzel, Naturrecht und materiale Gerechtigkeit, 2. A., 197), und er kann deshalb auch den – von den Vertretern der kHl übrigens nicht bestrittenen – seinsgesetzlich finalen Charakter menschlichen Handelns nicht leugnen. Dies schließt jedoch nicht aus, daß es für die Zwecke rechtlicher Bewertung sinnvoll sein könnte, die kausalen und finalen Elemente der Handlung verschieden zu betrachten und deshalb einen eigenen rechtlichen Hand-

lungsbegriff zu bilden, der zunächst nur den kausalen Aspekt in sich aufnimmt, während ihm der finale erst in einer späteren Wertungsstufe wieder zugefügt wird. Ob so zu verfahren ist, hängt letztlich davon ab, wie Unrecht und Schuld bestimmt werden: Wäre das Unrecht rein kausales Erfolgsunrecht (was freilich abzulehnen ist, vgl. 52 ff.), so könnte es in der Tat naheliegen, einen kausalen Handlungsbegriff als gemeinsames Grundelement vorsätzlicher und fahrlässiger Begehung gleichsam „vor die Klammer" zu setzen. Berechtigt ist dagegen der Einwand, daß der kausale Handlungsbegriff die Unterlassung nicht in sich aufzunehmen vermöge (vgl. Gropp 107 f., Jescheck/Weigend 220 mwN, ferner Köhler 125, Roxin I 188). Zwar hat die kHl dem Unterlassen zT dadurch Rechnung zu tragen versucht, daß als Oberbegriff von Tun und Unterlassen von einem „willkürlichen Verhalten" gesprochen wird (vgl. die Nachw. o. 26). Doch ist damit nichts gewonnen, da ein Unterlassen jedenfalls nicht notwendig durch einen Willensimpuls ausgelöst wird, wie schon der Fall des – rechtlich gleichwohl relevanten – unbewußten Unterlassens zeigt; hier von einer „Zurückhaltung motorischer Nerven" zu sprechen (Beling, Lehre vom Verbrechen 15), läuft deshalb auf eine reine Fiktion hinaus. Modernere Vertreter der kHl versuchen diesen Schwierigkeiten deshalb dadurch zu entgehen, daß sie die Handlung als ein „generell vom Willen beherrschbares Verhalten" definieren (Heimann-Trosien LK[9] Einl. 31). Aber auch dies führt nicht weiter, da der Begriff der Handlung iS einer Körperbewegung und sein kontradiktorisches Gegenteil nicht einem gemeinsamen Oberbegriff des „Verhaltens" unterstellt werden können (so schon Radbruch aaO 141 f.; and. Gimbernat Ordeig aaO); auch wird hier, wenn die bloße Beherrschbarkeit genügen soll, auf das Merkmal der Willentlichkeit letztlich verzichtet (Roxin I 188). Entscheidend spricht gegen den kausalen Handlungsbegriff jedoch, daß er völlig sinnentleert ist und ins Uferlose führt, indem er an sich auch solche Verhaltensweisen einbeziehen muß, die mit der Tat in keinem sinnvollen Zusammenhang mehr stehen (zB die Zeugung des Mörders als Voraussetzung für den Mord; vgl. zB Jescheck/Weigend 220, Arthur Kaufmann, H. Mayer-FS 93, Stratenwerth 61, aber auch Roxin I 188). Damit verliert der kausale Handlungsbegriff seine praktische Brauchbarkeit, es sei denn, er würde durch zusätzliche Elemente ergänzt werden, womit dann aber auch der Handlungsbegriff kein rein „kausaler" mehr wäre.

28/29 2. Nach der vor allem von Welzel (Ansätze schon bei v. Weber, Zum Aufbau des Strafrechtssystems, 1935) entwickelten und im Laufe der Jahre immer weiter ausgebauten **finalen Handlungslehre** *(fHl)* ist Handlung nicht nur der von einem Willensimpuls ausgelöste äußere Kausalvorgang, sondern „Ausübung der Zwecktätigkeit" (Welzel 33 ff., Neues Bild 3 ff.). Davon ausgehend, daß es „sachlogische Strukturen" gibt, die jeder rechtlichen Regelung vorgegeben sind, gelangt die fHl unter Verwertung der Erkenntnisse der neueren Psychologie über den Ablauf seelischer Akte (Welzel, Neues Bild IX) zu einem Handlungsbegriff, der – nach ihrer Auffassung – streng ontologisch ist. Grundlegendes Merkmal der Handlung ist danach ihre Finalität, d. h. ein „bewußt vom Ziel her gelenktes Wirken" (Welzel 33), wobei die finale Steuerung der Handlung in zwei Stufen verlaufe: Die eine gehöre der gedanklichen Sphäre an und umfasse die Vorwegnahme des Ziels, die Auswahl der für dessen Erreichung notwendigen Mittel sowie die Berücksichtigung von Nebenfolgen; die zweite vollziehe sich in der realen Welt und bestehe darin, daß die in der gedanklichen Sphäre vollzogene Zweck-Mittelbestimmung verwirklicht werde (Welzel 34 f.). Auf diese Weise wird der das Kausalgeschehen lenkende Wille zum „Rückgrat der Handlung": Während Kausalität „blind" sei, sei die Finalität „sehend" (Welzel 33 ff.). Um Einwänden gegen seine Lehre zu begegnen, sprach Welzel zuletzt statt von „finaler" von „kybernetischer" Handlung, d. h. von der Handlung „als einem vom Willen gesteuerten äußeren Geschehen" (Maurach-FS 8; vgl. auch Hirsch ZStW 93, 863, der die Bezeichnung „vorgegebener Handlungsbegriff" vorschlägt). – Die fHl hat in der strafrechtsdogmatischen Diskussion jahrzehntelang eine zentrale Rolle gespielt und ein in seinem Umfang kaum noch überschaubares Schrifttum pro et contra hervorgebracht (zusfass. Hirsch ZStW 93, 831 u. 94, 239, Küpper aaO 44 ff.). Zu ihren Vertretern gehören außer Welzel – mit Unterschieden im einzelnen – insbes. Busch, Hirsch, Armin Kaufmann, Küpper, Maurach (für eine Ergänzung durch die soziale Handlungslehre dagegen M-Zipf I S. 210 ff.), Niese, Schaffstein, Stratenwerth, Struensee und Zielinski (aaO; umfassende Nachw. b. Hirsch ZStW 93, 838 FN 35). Doch blieb die fHl in ihrer Bedeutung nicht auf das Strafrecht beschränkt, vielmehr hat sie auch auf die Zivilrechtsdogmatik übergegriffen (vgl. Deutsch, Welzel-FS 227 ff.). Unverkennbar ist schließlich ihr Einfluß auf die Rspr. (zB BGH **2** 194, **8** 393, **9** 370, BGHZ **24** 21), wenngleich diese zur Verbrechenslehre des Finalismus selbst nie ausdrücklich Stellung nahm.

30 Der Finalismus hat jedoch nicht nur einen neuen Handlungsbegriff in die Diskussion eingeführt, sondern aus der vorgegebenen Finalstruktur der Handlung auch eine ganze Reihe zT **weitreichender Konsequenzen** gezogen, durch die das System des bis dahin vorherrschenden „klassischen" bzw. „neoklassischen Verbrechensbegriffs" (zu diesen vgl. Jescheck LK 13 ff., ders./Weigend 202 ff.) inhaltlich entscheidend verändert wurde. Aus der Gleichsetzung der Finalität der tatbestandsmäßigen Handlung mit dem – zuvor ausschließlich als Form oder Bestandteil der Schuld angesehenen – Vorsatz und aus der Funktion des Tatbestandes, die strafbare Handlung in allen wesentlichen Unrechtsmerkmalen zu kennzeichnen, ergibt sich für den Finalismus, daß der Vorsatz bereits zum Tatbestand gehören muß. Der Vorsatz wird damit – ebenso wie die sonstigen subjektiven Unrechtselemente (zB besondere Absichten) – zum „personalen Unrechtselement" und als „Handlungsunwert" dem „Erfolgsunwert" gegenübergestellt. Damit im Zusammenhang steht die Herausnahme des Bewußtseins der Rechtswidrigkeit aus dem Vorsatz und die Behandlung des Verbotsirrtums nach der sog. Schuldtheorie (vgl. § 15

RN 104, § 17 RN 3), wobei – ebenfalls mit dem Verbrechensbegriff des Finalismus begründet – auch die irrtümliche Annahme der Voraussetzungen eines Rechtfertigungsgrundes (zB Putativnotwehr) als ein Fall des Verbotsirrtums angesehen wird (sog. strenge Schuldtheorie, vgl. § 16 RN 15). Folgerungen wurden aus der fHl ferner für die Teilnahme gezogen (Erfordernis einer vorsätzlichen Haupttat). Auch für die Fahrlässigkeit, die ursprünglich pauschal als Schuldform angesehen wurde, ergab sich ein neues Verständnis. Da die bloße Erfolgsverursachung nicht die Voraussetzung einer Handlung erfüllt, kann sie nach der fHl auch nicht tatbestandsmäßig sein. Anknüpfungspunkt für ein Unwerturteil kann nach ihr vielmehr nur die fehlerhafte finale Steuerung sein, was zu einer Aufgliederung der Fahrlässigkeit und einer teilweisen Umwertung ihrer verschiedenen Bestandteile führt: Soweit es sich um die Verletzung der im Verkehr erforderlichen Sorgfalt handelt, wird die Fahrlässigkeit zum Merkmal des Tatbestandes; soweit es sich dagegen um die persönliche Vorwerfbarkeit des Sorgfaltsmangels handelt, bleibt sie Element der Schuld. Unter den Vertretern der fHl der Gegenwart gilt dieses auf Welzel zurückgehende Straftatsystem inzwischen zwar nicht mehr uneingeschränkt, vielmehr sind sie zT eigene Wege gegangen (vgl. dazu den Überblick von Schmidhäuser JZ 86, 109, der allerdings jede Verbrechenskonzeption der fHl zuordnet, die den Vorsatz als Element des Unrechts ansieht); gleichwohl dürften Nachrufe auf den Finalismus verfrüht sein.

Zur **Kritik:** Auch der finale Handlungsbegriff kann nicht beanspruchen, ein alle strafrechtlich **31** relevanten Verhaltensweisen umfassender Oberbegriff zu sein, weil es beim Unterlassen an einer „aktuellen Finalität" iS eines „Steuerns und Lenkens" gerade fehlt (vgl. zB B-Volk I 46, Gallas ZStW 67, 8, Jescheck, Eb. Schmidt-FS 148 f., ders./Weigend 221). Auch die fHl anerkennt heute deshalb, daß neben die Handlung als zweite, selbständige Form menschlichen Verhaltens die Unterlassung tritt (vgl. Hirsch ZStW 93, 851 f., Armin Kaufmann, Unterlassungsdelikte 66 f., Stratenwerth 55 f., Welzel 200). Anfechtbar ist aber auch die teleologische Begründung des strafrechtlichen Handlungsbegriffs durch die fHl, weil dagegen eingewandt werden kann, daß mit der Gleichsetzung von Finalität und Vorsatz zugleich die Sinndimensionalität in den Handlungsbegriff aufgenommen wird und dieser damit seine Vorgegebenheit verliert und zu einem rechtlich-normativen Gebilde wird (so Roxin ZStW 74, 524 ff.; vgl. dagegen aber Welzel Grünhut-EG 173, Hirsch ZStW 93, 849 f., Weidemann GA 84, 413 f.). Ebenso angreifbar ist, wenn der fHl der Zusammenhang von Handlung und Zurechnung gesehen wird (vgl. Koriath aaO 344). Ist Finalität ein „bewußt" vom Ziel her gelenktes Wirken (Welzel 33), so scheint es ferner unmöglich zu sein, Fehlreaktionen aufgrund automatisierter Verhaltensmuster, aber auch gewisse Affekt- und Kurzschlußhandlungen in den Handlungsbegriff miteinzubeziehen, weil hier das Element einer bewußten Steuerung gerade fehlt (vgl. Roxin I 192 f.). Die fHl kann diesen Schwierigkeiten – die sich freilich zT mehr oder weniger deutlich auch bei den übrigen Handlungslehren ergeben – nur dadurch begegnen, daß sie auch eine „unbewußte Finalität" anerkennt, was nur durch eine erhebliche Modifizierung des ursprünglich aufgestellten Handlungsbegriffs möglich ist (näher Stratenwerth 62 f., 66 f., Welzel-FS 289 ff.; vgl. auch Hirsch ZStW 93, 860 ff.). Bestritten wird auch die Möglichkeit, die vorsätzlich verwirklichten Nebenfolgen in den Finalzusammenhang einzubeziehen (zB B/W-Weber 207, Schmidhäuser I 80, vgl. auch Jakobs 133), dies jedenfalls beim bedingten Vorsatz, da die Haltung des Inkaufnehmens einen Akt wertender Stellungnahme enthalte, der in einen rein ontologischen Begriff der Finalität nicht hineinpasse (Jescheck, Eb. Schmidt-FS 155 FN 80). Erst recht ist es seit jeher ein Haupteinwand gegen die fHl, daß sie der fahrlässigen Tat nicht gerecht werde und wo sie sich deshalb auch zu Korrekturen des ursprünglichen Systems genötigt sah (vgl. dazu Welzel 129 f., Weidemann GA 84, 409 ff.). Wenn hier heute auf den unsorgfältigen Vollzug einer finalen Handlung abgestellt wird (vgl. Welzel aaO, ferner Hirsch ZStW 93, 857 ff., Stratenwerth 67, Weidemann aaO), erweisen sich aber auch dafür die vorgegebenen „sachlogischen Strukturen" als unergiebig: Die Unsorgfältigkeit des Steuerungsvorgangs selbst ist kein Moment der Finalität, sondern eine der Handlung vom Recht zugeschriebene Eigenschaft, während das, worauf die Handlung tatsächlich gerichtet war, für die Begründung des Sorgfaltsmangels ohne Bedeutung ist (zur Kritik der fHl hier vgl. zB B/W-Weber 206 f., B-Volk I 46, v. Bubnoff aaO 151, Donatsch aaO 30 ff., Gropp 111 f., Jakobs 134, Jescheck LK 29, ders./Weigend 221, Arthur Kaufmann, Schuld und Strafe 42, JuS 67, 145, Puppe NK 55, Roxin I 191 f., ZStW 74, 525; vgl. dazu aber auch Hirsch aaO, Küpper aaO 54 ff., Weidemann aaO). Solchen Einwänden entgeht zwar die jüngste Fahrlässigkeitskonzeption des Finalismus, welche die Finalität des Handelns hier auf die das unerlaubte Risiko begründenden Umstände bezieht (Struensee JZ 87, 58; vgl. auch JZ 87, 541, GA 87, 105), wobei dann u. a. aber unberücksichtigt bleibt, daß Fahrlässigkeit auch möglich ist, wenn dem Täter die risikorelevanten Umstände nicht bewußt sind (vgl. näher zur Kritik Herzberg JZ 87, 536, Roxin I 192, A. Kaufmann-GedS 249 f.). Was schließlich die praktischen Konsequenzen der fHl betrifft, so ist insbes. die Behandlung des Irrtums über die Voraussetzungen eines Rechtfertigungsgrundes als Verbotsirrtum auf Kritik gestoßen. Die sog. strenge Schuldtheorie (vgl. § 16 RN 15 f.) wird von der h. M. mit Recht als unbillig empfunden. Im übrigen ist sie auch vom Standpunkt der fHl aus keineswegs zwingend (abweichend hier daher auch Schaffstein MDR 51, 196, Stratenwerth 152 ff.; vgl. auch Koriath aaO 401, Roxin ZStW 74, 528), sondern widerspricht im Gegenteil den Erkenntnissen, die u. a. gerade der fHl für das fahrlässige Unrecht zu verdanken sind: Wenn es nämlich richtig ist, daß die Rechtsordnung von niemand mehr als die Beachtung der im Verkehr erforderlichen Sorgfalt verlangen kann (so Welzel 134 f.), so ist nicht einzusehen, weshalb der trotz objektiv sorgfaltspflichtgemäßer Prüfung entstandene Irrtum über die Voraussetzungen eines Rechtfertigungsgrundes erst im Rahmen der Schuld Berücksichtigung finden soll (unvermeidbarer Verbotsirrtum), wobei vorausgesetzt wird, daß die Tat weiterhin vorsätzliches Unrecht darstellt (Lenckner, H. Mayer-FS 183). Zur Kritik des fHL vgl. ferner Köhler 125, Schild GA 95, 103 ff.

32 Insgesamt ist festzustellen: Die fHL hat zwar die Seinsstruktur der Handlung zutreffend umschrieben. Daraus, daß ein Handeln ohne steuernden Handlungswillen nicht möglich ist, ergeben sich aber noch keine Konsequenzen für das System und den Inhalt der einzelnen Verbrechenselemente: Welchen Inhalt zB der Vorsatz haben muß, um die Vorsatzstrafe auszulösen, ob Vorsatz und Fahrlässigkeit Schuld- oder (auch) Unrechtsmerkmale sind usw., ergibt sich nicht aus der Finalstruktur der Handlung (und nur diese wäre dem Gesetzgeber vorgegeben), sondern aus den normativen Entscheidungen des positiven Rechts und den Unrecht und Schuld eigenen Sinngehalten (vgl. auch schon o. 27; zur Gegenposition vgl. zuletzt Hirsch ZStW 93, 844 ff., Küpper aaO 51 ff.). Hier lassen sich die Ergebnisse der fHl, soweit sie angemessen sind, auch selbständig begründen (vgl. dazu auch Jescheck ZStW 93, 17 ff. mwN). Das bleibende Verdienst der fHl ist es jedoch, daß sie die Bedeutung des personalen Kerns des Unrechts erkannt und dem Handlungsunwert die gleiche Bedeutung beigemessen hat wie dem Erfolgs- oder Sachverhaltsunwert (u. 52 ff.; vgl. dazu auch Moos JR 77, 307). Die fHl ist deshalb durch eine entsprechende Tatbestands- und Unrechtslehre zu ersetzen (vgl. auch Roxin I 193 ff., ZStW 74, 548, ferner Zielinski aaO, Eser/Burkhardt I 39 f.), was sie in der Sache schon immer war (vgl. zB B/W-Weber 205).

33, 34 3. Nach den zT aus dem kausalen Handlungsbegriff hervorgegangenen, zT auch unabhängig davon entstandenen **sozialen Handlungslehren** (krit. zur Terminologie Otter aaO 74) ist das allen Verhaltensformen Gemeinsame die soziale Relevanz menschlichen Tuns oder Unterlassens. Wesentlich für sie ist, daß sie das Handeln als sinnhaft gestaltenden Faktor der sozialen Wirklichkeit erfassen und damit einen Kompromiß zwischen einer rein ontologischen und einer normativen Betrachtungsweise darstellen. Entsprechend der Weite des damit gewonnenen Blickfelds bieten sie Raum für im einzelnen zT recht differenzierte Lösungen, bei denen je nachdem der kausale Ansatz, die objektive Handlungstendenz, die subjektive Zwecksetzung oder die personale Struktur des Handelns mehr oder weniger deutlich hervortreten. So wird die Handlung zB beschrieben als „willensgetragenes Verhalten, das durch seine Auswirkungen die Lebenssphäre von Mitmenschen berührt und sich unter normativen Aspekten als soziale Sinneinheit darstellt" (Eb. Schmidt JZ 56, 190, Engisch-FS 339), als „das willkürliche Bewirken berechenbarer sozialerheblicher Folgen" (Engisch, Kohlrausch-FS 161), als „das vom menschlichen Willen beherrschte oder beherrschbare sozialerhebliche Verhalten" (W-Beulke 93) oder als das „objektiv vom Menschen beherrschbare Verhalten mit Richtung auf einen objektiv voraussehbaren sozialen Erfolg" (Maihofer, Eb. Schmidt-FS 178). Nach Jescheck LK 32, Eb. Schmidt-FS 151 u. Jescheck/Weigend 223 ist die Handlung „sozialerhebliches menschliches Verhalten", wobei Verhalten „die Antwort des Menschen auf die ihm zu Gebote stehenden Handlungsmöglichkeiten" ist und seine Sozialerheblichkeit darin besteht, daß es „den Menschen in seiner mitmenschlichen Rolle in Erscheinung treten läßt". Nach E. A. Wolff aaO 15 ff. u. Radbruch-GedS 295 bedarf es zweier Handlungsbegriffe: eines „individuellen" Handlungsbegriffs, der das Ergreifen einer von mehreren Möglichkeiten bedeute, und eines darauf bezogenen sozialen Handlungsbegriffs als die „durch Entscheidung gestaltete Wirklichkeit". Zu einem finalen Ansatz mit Elementen eines sozialen Handlungsbegriffs vgl. M-Zipf I 210 ff. u. näher zum Ganzen den Überblick b. Donatsch aaO 26 ff., Otter aaO 74 ff. sowie die Analyse der verschiedenen Spielarten der sozialen Handlungslehre und ihres Verhältnisses zum finalen Handlungsbegriff b. Bloy ZStW 90, 609 ff.

35 Zur **Kritik:** Die sozialen Handlungsbegriffe scheinen den Vorzug zu haben, daß sie unter Vermeidung der Schwächen des kausalen Handlungsbegriffs (o. 27 aE) als gemeinsame Grundlage aller Erscheinungsformen strafrechtlich relevanten Verhaltens verwendbar sind. Aber auch sie eignen sich, gleichgültig, wie sie im einzelnen gefaßt sind, als übergeordnete Einheit und Grundbegriff des Systems nur, wenn man die grundlegenden ontologischen Verschiedenheiten von Tun und Unterlassen, die sich seinsmäßig „wie a und non-a" verhalten (Hirsch, Köln-FS 408, Radbruch aaO 140 ff., Welzel 201), außer acht läßt. Da beim Unterlassen in der rechtlichen Wertung vorgegebenes sachliches Substrat fehlt (Gallas ZStW 67, 9; and. zB Bloy aaO 616 ff., Maiwald ZStW 86, 638 ff., Puppe NK 63), läßt sich eine Gemeinsamkeit von Tun und Unterlassen überhaupt nur im normativen Bereich herstellen, indem bei letzterem die „Handlungserwartung" in den Handlungs- bzw. Verhaltensbegriff aufgenommen wird (so Jescheck/Weigend 223 f.). Dies braucht für sich allein zwar noch nicht zu bedeuten, daß damit die Möglichkeit eines gemeinsamen Handlungsbegriffs überhaupt preisgegeben wird (so jedoch Otter aaO 122, weil die Handlungserwartung nicht auch Element des positiven Tuns sei), da als das Tun und Unterlassen verbindende Element die „Sozialerheblichkeit" bleibt (vgl. dagegen jedoch Puppe NK 64 u. mit einem Handlungsbegriff in RN 66, mit dem die Zweiteilung von Tun- u. Unterlassen aufrecht erhalten wird). Auch mag man das Unterlassen ebenso wie das Tun als „Antwort des Menschen auf eine erkannte oder wenigstens erkennbare Situationsanforderung" (Jescheck/Weigend 223) und damit in einem übertragenen Sinn gleichfalls als „Äußerung" seiner Person auffassen (Maiwald aaO 642; krit. Hirsch ZStW 93, 853). Entscheidend ist jedoch, daß mit dem Einfügen einer „Handlungserwartung" die vortatbestandliche Stufe eindeutig verlassen wird, weil eine solche Erwartung zwar auch schon aus anderen Normensystemen (Moral, Sitte) folgen kann (insoweit zutr. Bloy aaO), häufig aber erst durch rechtliche Handlungsgebote begründet wird (zB Anmelde-, Anzeigepflichten usw.), so daß hier auch das Unterlassen erst durch den Tatbestand konstituiert wird (Roxin ZStW 82, 681; vgl. auch Gallas, Studien zum Unterlassungsdelikt, 1989, 36 ff.). Selbst beim positiven Tun aber kann es so sein, daß sich der soziale Sinn eines Verhaltens erst aus dem Gesetz ergibt (vgl. das Beisp. von B-Volk I 47; vgl. auch Gropp 114 f., Arthur Kaufmann, H. Mayer-FS 97 f., Otter aaO, Roxin I 195 f.). Auch der soziale Handlungsbegriff kann daher nicht die Aufgabe eines den Tatbeständen vorgelagerten Systemoberbegriffs erfüllen (vgl. im übrigen auch die Kritik von Küpper aaO 61 ff., Lampe, Hirsch-FS 92 f., Roxin I 195 f.). Da dogmatische Folgerungen für den Aufbau von Unrecht und Schuld aus ihm ohnehin nicht abgeleitet werden können und sollen (vgl. zB Jescheck/Weigend 226, W-Beulke 93), erschöpft sich seine eigentliche Bedeutung in der negativen Funktion der Ausscheidung solcher Verhaltensweisen, die für die strafrechtliche Beurteilung von vornherein außer Betracht bleiben können.

4. Weitere Handlungsbegriffe. Noch in der Nähe der sozialen Handlungslehre steht der *personale* **36** *Handlungsbegriff* von Arthur Kaufmann, H. Mayer-FS 116, wonach menschliches Handeln die „verantwortliche, sinnhafte Gestaltung der Wirklichkeit mit vom Willen beherrschbaren (dem Handelnden daher zurechenbaren) kausalen Folgen (im weitesten Sinn)" ist. Abgesehen davon, daß hier mit der „Verantwortlichkeit" und „Sinnhaftigkeit" der Freiheitsgedanke zu früh ins Spiel gebracht wird – auch Geisteskranke können handeln (vgl. Roxin I 203) –, ist ein so formulierter Handlungsbegriff jedoch gleichfalls nicht geeignet, das Unterlassen in sich aufzunehmen, weil dieses keine „Gestaltung der Wirklichkeit" ist (and. Bloy ZStW 90, 632), dies auch nicht in dem Sinn, daß der Mensch hier „einen Kausalprozeß in seinen Dienst nimmt" (Arthur Kaufmann, Schuld und Strafe 53; vgl. im übrigen krit. auch Koriath aaO 353 ff.). Solche Schwächen vermeidet zwar der personale Handlungsbegriff von Roxin I 202 ff. – Handlung als „Persönlichkeitsäußerung" –, dies aber um den Preis, daß er wegen der jedenfalls beim Unterlassen unvermeidlichen Anleihen beim Tatbestand auf den Anspruch verzichten muß, uneingeschränkt eine Handlung „vor dem Tatbestand" zu sein (so auch S. 206; zu einem Handlungsbegriff als „Mischfigur der objektiv unrechtsrelevanten Handlung" vgl. auch Wolter GA-FS 283 f.) – Mittels eines *negativen Handlungsbegriffs* sollen Tun und Unterlassen in der Weise unter einen Oberbegriff gebracht werden, daß auch das positive Tun in ein Unterlassen der „gebotenen Gegensteuerung" umgedeutet wird: Handlung soll danach das „vermeidbare Nichtvermeiden in Garantenstellung" sein (so Herzberg JR 177, JZ 88, 576 ff.: der Täter als „Überwacher der Gefahrenquelle", die er selbst darstellt; ähnl. Donatsch aaO 17 f., 117) bzw. das „sorgfaltspflichtwidrige und strafrechtlich mißbilligte Unterlassen" (so – in der Kernaussage unverändert – Herzberg GA 96, 1, 91 f.) oder die „Nichtvornahme der gefahrvermeidenden Handlung angesichts einer tatbestandsmäßigen Gefahrensituation bei gegebener Handlungsfähigkeit" (so auf psychoanalytischer Grundlage Behrendt aaO 130, 143 f. u. pass., ferner Jescheck-FS 308, GA 93, 68 u. pass.): Unterlassen als die für das Verbrechenssystem maßgebliche Kategorie). Damit werden die Dinge jedoch auf den Kopf gestellt (vgl. näher Brammsen JZ 89, 72 ff.). Da der Akt der Gegensteuerung gegen „destruktive Regungen" (Behrendt aaO 124) bei Tun und Unterlassen ganz verschieden aussieht (Entschluß, etwas zu tun bzw. etwas nicht zu tun), verbietet sich schon deshalb auch die Annahme, daß „in jedem Begehungsdelikt als minus ein unechtes Unterlassungsdelikt verborgen liegt" (so aber Herzberg JZ 88, 579). Mit der Bezugnahme auf die „Sorgfaltspflichtwidrigkeit" usw. des Unterlassens bzw. die „tatbestandsmäßige Gefahrenlage" wird auf die Gewinnung eines vortatbestandlichen Handlungsbegriffs – das ursprüngliche Anliegen aller Handlungslehren – ohnehin verzichtet; setzt man aber unmittelbar bei der Tatbestandsmäßigkeit ein, so bedarf es nicht der Bildung eines besonderen Handlungsbegriffs (u. 37 f.; zur Kritik vgl. auch Engisch, Gallas-FS 193 ff., Gropp 115 f., Jakobs 120, Jescheck LK 31, Puppe NK 58, Roxin I 197 f., Schmidhäuser, A. Kaufmann-GedS 142, GA 96, 303, Stratenwerth, Welzel-FS 296 f.). – Nach dem auf sprachanalytischer Grundlage entwickelten *intentionalen Handlungsbegriff* von Kindhäuser (aaO, GA 82, 477) ist Handlung „ein entscheidbares Tun, durch das der Handelnde in der Lage ist, ein Ereignis herbeizuführen" (aaO 216; zu einer durch eine Normtheorie zu ergänzenden intentionalen Handlungslehre vgl. auch Koriath aaO 356 ff., 402). Nur begrenzten Zwecken – Beschränkung auf Begehungsdelikte – dient der intentionale Handlungsbegriff bei Schmidhäuser I 76 ff.: Handlung ist danach „als gewolltes Tun zugleich tätig gewordener Wille und vom Willen gesteuerte Tätigkeit", wobei sich der Wille auf der „Innenseite" der Handlung lediglich auf die Verfolgung bestimmter Zwecke durch den Einsatz entsprechender Mittel bezieht (S. 77), während auf ihrer „Außenseite" Handlung sowohl die „Ausgangs"- oder „Basishandlung" (gewollte Körperbewegung als solche, S. 78) als auch die „Folgenhandlung" („Basishandlung und deren Folgen, soweit sie bezweckt sind, S. 79) sein kann (vgl. dazu auch die Klarstellung in A. Kaufmann-GedS 153 ff.; im Anschluß an Schmidhäuser vgl. auch Alwart, Recht und Handlung [1987] 110 ff.). Daß mit diesen sprachphilosophischen Deutungen des Handlungsbegriffs für das Strafrecht Wesentliches gewonnen ist, wird jedoch mit Recht bezweifelt (vgl. Brammsen JZ 89, 75, Küpper aaO 63 ff., Roxin I 205; zu Schmidhäuser vgl. auch die 24. A.). – Völlig verlassen ist der Bereich herkömmlicher Handlungslehren mit einem Handlungsbegriff, der – so Jakobs aaO 44 – „das gesamte Programm des Strafrechts speichert" und deshalb „bis zur Schuld durchgezogen" wird: Handlung ist danach „das Sich-schuldhaft-zuständig-Machen für einen Normgeltungsschaden", was in der Sache jedoch nichts anderes als die tatbestandsmäßige, rechtswidrige und schuldhafte Handlung iS der allgemeinen Verbrechensdefinition ist (o. 12; krit. dazu auch Puppe NK 56, Schild GA 95, 101 [„Handlungsbegriff, der keiner mehr ist"], Schünemann GA 96, 220 [„rein normativer Verbrechensbegriff"]). Zu einer Einbeziehung der Verantwortlichkeit bereits in den Handlungsbegriff und damit zu einer Aufhebung der Trennung von

Unrecht und Schuld führt auch die *kognitive Handlungslehre* von Kargl: „Handeln als Entscheidungsverhalten, das zustandsdeterminiert und dennoch verantwortlich ist", „Handlung" als „die Folgen einer jeglichen Entscheidung" (aaO 513 ff., 526 u. krit. dazu Gössel GA 93, 132). – Zu einem rechtsgutsbezogenen Handlungsbegriff als Nichtbeachtung rechtlich geschützter Werte vgl. Gropp 117 f.

37 **III.** Nach allem gibt es deshalb weder einen einheitlichen vortatbestandlichen Handlungsbegriff, dem als Generalnenner für alle Phänomene des Strafrechts ein eigener Stellenwert zukommen würde, noch lassen sich aus der Seinsstruktur der Handlung wesentliche Sachaussagen über den Inhalt der verschiedenen Verbrechenselemente gewinnen (ebenso zB B-Volk I 41, Brammsen JZ 89, 75, v. Bubnoff aaO 154, Eser-Burkhardt I 39, Freund 23, Gallas ZStW 67, 1 ff., Klug aaO 37 ff., Noll aaO 22, Otter aaO 136 ff., 171, 193, 198 ff., Otto I 50, Roxin I 201, ZStW 74, 548 f., Schmidhäuser I 177, Radbruch-GedS 377 ff., GA 96, 305 f.; vgl. auch Puppe NK 39 ff. Reyer ZStW 105, 127 [Ersetzung der Handlungs- durch eine objektive Zurechnungslehre]). Auch die Würfel der strafrechtlichen Dogmatik fallen deshalb nicht in der Handlungslehre, sondern erst bei Tatbestandsmäßigkeit und Unrecht. Nur innerhalb des Systems interessiert daher auch die „Handlung" bzw. das „Verhalten", und zwar als *tatbestandsmäßiges* Tun oder Unterlassen. In dieser Verbindung aber kommt dem **Handlungsbegriff** als allgemeinem Verbrechenselement **nur eine negative Funktion** zu: Da der Tatbestand Deliktstypus und damit zunächst Unrechtstypus ist (u. 45), scheiden aus ihm von vornherein solche durch Menschen verursachte Geschehensabläufe aus, die überhaupt nicht in das Blickfeld des Rechts als einer menschlichen Verhaltensordnung geraten können (vgl. auch Blei I 69, Gallas aaO 15, Kühl 11 f.; and. zB Gropp 104). Zwar setzt auch eine solche Aussonderung von „Nichthandlungen" voraus, daß zunächst die spezifischen Merkmale menschlichen Handelns feststehen. Unabhängig von der terminologischen Bezeichnung (vgl. Roxin I 201 f.: „personaler Handlungsbegriff") genügt dafür jedoch bereits die Feststellung, daß sich der Mensch gerade als geistiges Wesen über die Welt des bloß Anorganischen, Organischen und Sensitiven hinaushebt (näher dazu Arthur Kaufmann, H. Mayer-FS 98 ff.) und daß deshalb auch das Wesen der menschlichen Handlung als einer „Persönlichkeitsäußerung" (Roxin 202) speziell darin besteht, daß es ein *geistig* kontrollierbares und steuerbares Gestalten der Wirklichkeit ist, wobei das bewußt von einem vorgesetzten Ziel her gesteuerte Tun lediglich eine besonders typische Handlungsform darstellt (vgl. auch u. 41 f.). Da der Mensch nur als ein in dieser Weise „handelndes" Wesen, in der „Objektivation der Person" (Kaufmann aaO 101), als „seelisch-geistiges Aktionszentrum" (Roxin aaO) von der Rechtsordnung überhaupt angesprochen wird – auch ein vortatbestandlicher Handlungsbegriff enthielte insofern immer einen Vorgriff auf eine tatbestandliche Wertung (vgl. Herzberg GA 96, 6) – folgt daraus, daß als für das Recht von vornherein irrelevante **Nichthandlungen** solche Geschehensabläufe auszuscheiden haben, die ihm nicht mehr personal zurechenbar sind (Rudolphi SK 19 vor § 1), d. h. also diejenigen, die sich nicht unter Mitwirkung der geistigen Kräfte des Menschen vollziehen, sondern rein mechanisch bestimmt sind oder ebenso wie zB bei Tieren ausschließlich dem Bereich des Sensitiv-Somatischen angehören. Häufig findet sich hier auch die Formulierung, daß eine Handlung ein „willkürliches" Verhalten voraussetze bzw. eine solche zu verneinen sei, wenn keine „Willensbetätigung" bzw. „Willensentscheidung" vorliege (vgl. zB RG **69** 161, BGH NJW **52** 194, Bay VRS **25** 346, Frankfurt VRS **28** 365, Hamburg JR **50**, 409, VRS **15** 205, Saarbrücken NJW **91**, 3045 m. Bspr. Kühne S. 3020 [wo allen allerdings zu Unrecht auf eine wegen des Bestehens gesetzlicher Bindungen verneinte „freie Willensentscheidung" abgestellt wird], B/W-Weber 190, Gallas aaO, M-Zipf I 194). Nach dem psychologisch-psychiatrischen Sprachgebrauch dürfte damit das Entscheidende aber nicht getroffen sein, da nach diesem – von Bedeutung u. a. bei den Automatismen (u. 41 f.) – die äußerste Grenze des Willensbegriffs erreicht ist, wenn die für den Willen als charakteristisch angesehenen psychischen Vorgänge wie Aktivitäts- und Freiheitsgefühl, ausdrückliche Zustimmung zu einem ausdrücklich vorgestellten Ziel usw. nicht mehr feststellbar sind (vgl. Schewe aaO, insbes. 69 ff.; vgl. auch Krauß, Bruns-FS 15 ff., Stratenwerth ZStW 85, 479 ff.). Wegen „Handlungsunfähigkeit" (vgl. BGH MDR/H **94**, 127) – i. U. zur Schuldunfähigkeit (§§ 19 ff.) – fehlt es an einer Handlung insbes. in folgenden Fällen (zum Unterlassen vgl. auch u. 142):

38 1. Keine Handlung ist zunächst die auf mechanische Weise durch unwiderstehliche Gewalt – sog. **vis absoluta** – hervorgerufene Körperreaktion (zB A stößt B gegen eine Fensterscheibe: keine Handlung des B; gewaltsames Entferntwerden vom Unfallort, vgl. § 142 RN 46). Entsprechendes gilt beim Unterlassen für die mechanisch erzwungene Passivität. Dagegen bleibt die Handlungsqualität unberührt bei der sog. *vis compulsiva,* die in dem Zwang durch Einwirkung auf den Willen des Handelnden besteht (während dieser bei der vis absoluta völlig ausgeschaltet ist); hier kann jedoch § 35 in Betracht kommen (vgl. dort RN 11).

39 2. Keine Handlungen sind ferner Körperbewegungen im Zustand der **Bewußtlosigkeit** (zB RG **64** 353, BGH **1** 127, VRS **56** 447, Jescheck LK 37). Im Gegensatz zur bloßen Bewußtseinsstörung, bei der lediglich die Schuldfähigkeit ausgeschlossen oder gemindert sein kann (vgl. § 20 RN 12 ff.), muß bei Handlungsunfähigkeit der geistige Steuerungsapparat völlig ausgeschaltet sein, wie zB bei tiefem Schlaf, Ohnmacht, schwersten Fieberdelirien, Narkose, epileptischen Krampfanfällen mit Bewußtlosigkeit usw. (zB Schleswig VRS **64** 429, Jähnke LK § 20 RN 1, Rudolphi SK 21 vor § 1), während hypnotische Zustände meist erst als Bewußtseinsstörung iS des § 20 angesehen werden (vgl. dort RN 13). Auch körperliche Verhaltensweisen im Zustand sinnloser Trunkenheit können hierher gehören (vgl. zB BGH **1** 126, NJW **52**, 194, Celle GA **56**, 360, Hamburg VRS **15** 205; vgl. auch

§ 323 a RN 14 mwN). Dies ist nicht erst dann der Fall, wenn „jedes" gesteuerte Verhalten unmöglich ist (so jedoch Heimann-Trosien LK⁹ Einl. 32), entscheidend ist vielmehr, ob bei dem konkreten Vorgang die Technik der Willensbildung des Täters völlig ausgeschlossen war: Auch ein sinnlos Betrunkener „handelt" daher zB, wenn er sich an einer Schlägerei beteiligt, während sich ein Umfallen oder Torkeln in diesem Zustand als „Nichthandlung" darstellen kann (vgl. zB Bay VRS **15** 202, Bruns JZ 64, 477, Kühl 13, Lay LK⁹ § 330 a RN 39; and. für das Torkeln Heimann-Trosien aaO, Roxin I 213, Schewe aaO 70, Spendel LK § 323 a RN 168, da es sich hier um einen final gesteuerten, wenn auch mißglückten Gehversuch handle; daß das Gehen als solches ein finaler Vorgang ist, schließt jedoch nicht aus, daß sich einzelne Bewegungen nur noch als Ablauf eines reinen Kausalprozesses darstellen; vgl. auch Jescheck LK 37). Zu beachten ist, daß mit der Verneinung einer Handlung in diesen Fällen eine strafrechtliche Haftung noch nicht endgültig ausgeschlossen zu sein braucht, da sich eine solche möglicherweise aus einer früheren Handlung des Täters ergeben kann: so bei der Mutter, die ihr Kind im Schlaf erdrückt, daraus, daß sie dieses neben sich gelegt hat, bei dem Epileptiker, der einen Unfall verursacht, daraus, daß er sich ans Steuer gesetzt hat (vgl. BGH NJW **95**, 795, Schleswig VRS **64** 429); ebenso kann bei einem sinnlos betrunkenen Fußgänger, der durch sein Torkeln einen tödlichen Unfall verursacht, für die im Rausch begangene rechtswidrige Tat iS des § 323 a schon daran angeknüpft werden, daß er sich – objektiv fahrlässig – überhaupt in den Verkehr begeben hat (vgl. Lenckner JR 75, 33, Schröder DRiZ 58, 221; vgl. ferner § 323 a RN 14).

3. Keine Handlungen sind **Reflexbewegungen,** die sich organisch durch *unmittelbare* Überleitung eines von außen kommenden Reizes von den sensorischen auf die motorischen Nerven vollziehen (Hamburg JR **50**, 409, Hamm NJW **75**, 657, ferner zB Jescheck LK 37, ders./Weigend 224, Lackner/Kühl § 20 RN 14, Rudolphi SK 21 vor § 1). Dazu gehören zB das zu einer Sachbeschädigung führende Zusammenzucken bei Berührung einer elektrischen Leitung (Jescheck/Weigend 224) oder bei einem Insektenstich (and. Rengier KK-OWiG 7 vor § 8), nicht dagegen impulsive Abwehrbewegungen und Kurzschlußhandlungen, die in einem seelischen Vorgang ihren Ursprung haben und bei denen der seelische Antrieb nur unter Ausschluß von Gegenvorstellungen in die Handlung umgesetzt wird (Hamburg aaO, Hamm aaO). Auch Affekttaten gehören nicht in diesen Zusammenhang, obwohl hier im psychologischen und psychiatrischen Schrifttum vielfach von einem „unwillkürlichen" oder „reflexartigen" Verhalten gesprochen wird (vgl. dazu Schewe aaO 27 ff., Stratenwerth, Welzel-FS 300 f.); daß die Steuerung hier vielfach unbewußt abläuft, spricht freilich gegen das von der h. M. benutzte Merkmal der „Willkürlichkeit" als Mindestvoraussetzung der Handlung, wenn damit nur der bewußte Wille gemeint ist (näher dazu Schewe aaO, Stratenwerth aaO u. ZStW 85, 469 ff.).

40

4. Nicht abschließend geklärt ist, ob und inwieweit auch die aufgrund „eingefahrener" Verhaltensmuster mehr oder minder **automatisierten Verhaltensweisen** eine Handlung darstellen (von Bedeutung zB bei Schreckreaktionen im Verkehr). Ist es der Wille, der die menschliche Handlung vom bloßen Kausalgeschehen unterscheidet und versteht man diesen als *bewußten* Willen (vgl. die Nachw. b. Schewe aaO 47 ff.), so scheint die Handlungsqualität in diesen Fällen in Frage gestellt zu sein, weil sich die Steuerung hier infolge der Automatisierung auch unbewußt vollziehen kann (vgl. den Fall von Frankfurt VRS **28** 364: unsachgemäßer Versuch, nachts auf der Autobahn bei hoher Geschwindigkeit einem plötzlich die Fahrbahn überquerenden Tier auszuweichen; zu einem ähnlichen Fall vgl. AG Castrop-Rauxel DAR **65**, 331). Aus diesem Grund hatte zB Mezger LK⁸ II 6 a bb vor § 51 die automatisierten Akte den Reflexbewegungen gleichgestellt, weil sie infolge ihrer ständigen Wiederholung „unterhalb der Schwelle des Bewußtseins verlaufen" (vgl. auch AG Castrop-Rauxel aaO, Franzheim NJW 65, 2000, Spiegel DAR 68, 283). Mit Recht bejaht demgegenüber die heute wohl h. M. jedenfalls grundsätzlich auch bei den mehr oder minder automatisch ablaufenden Reaktionen die Handlungsqualität (vgl. zB Frankfurt VRS **28** 364, Hamm JZ **74**, 716, B/W-Weber 195, Behrendt aaO 167 ff., Eser/Burkhardt I 41, Jähnke LK § 20 RN 1, Kühl 14, Lackner/Kühl 7, M-Zipf I 195, Roxin I 212, Rudolphi SK 20 vor § 1, Schewe aaO 71 ff., Schmidhäuser I 77, Stratenwerth, Welzel-FS 290 f., iE weitgehend auch Jakobs 145 ff.). Dies setzt allerdings voraus, daß darauf verzichtet wird, den „bewußten" Willen zum zentralen Kriterium zu machen und damit alles als Nichthandlung auszuscheiden, was unterhalb der Bewußtseinsschwelle verläuft. Doch besteht zu einer solchen Verengung des Handlungsbegriffs auch kein Anlaß. Das bewußte Setzen des Zwecks, die bewußte Auswahl der Mittel und die durch einen Akt bewußter Steuerung erfolgende Realisation stellen zwar den „Idealtypus" einer Handlung dar, durch den aber die mannigfaltige Wirklichkeit menschlichen Handelns bei weitem nicht erschöpft wird (vgl. dazu schon Arthur Kaufmann, H. Mayer-FS 108, Maihofer, Eb. Schmidt-FS 171; vgl. ferner etwa Leferenz ZStW 70, 38). Zahlreiche wenn nicht die meisten der alltäglichen Verhaltensweisen laufen vielmehr in der Weise ab, daß die Steuerungsvorgänge unterhalb der Bewußtseinsschwelle bleiben. Trotzdem sind auch sie als erlernte Handlungsdispositionen „Ausdruck der Geistigkeit des Menschen" (Arthur Kaufmann aaO 111) und damit als Handlungen anzusehen. Dies gilt grundsätzlich auch für die automatisierten Verhaltensweisen, und zwar selbst dann, wenn situationsbedingte Reaktionen, die sich aufgrund eingeübter Verhaltensmuster unbewußt vollziehen, nicht nur die bewußte Finalsteuerung unterstützen (so die „automatische" Anpassung beim Gehen in unebenem Gelände, vgl. Schewe aaO 55 f.), sondern wie im Fall des OLG Frankfurt VRS **28** 364 auch zur Auswahl des Handlungsziels führen. Schon daß das „automatische Reagieren" im Verkehr im Einzelfall als „falsch" bewertet werden kann – in vielen anderen Fällen ist es dagegen „richtig" –, zeigt, daß es hier nicht um die Handlungsqualität geht, weil sich bei deren Verneinung die

41/42

Frage nach „falsch" bzw. „richtig" überhaupt nicht mehr stellen würde. Von den reinen Körperreflexen unterscheiden sich diese Fälle immer noch dadurch, daß es sich hier um Reaktionen handelt, die „als eigentlich verhaltensmäßige (personale) Antwort auf eine bestimmte Situation erscheinen", wobei die Grenze zur Nichthandlung erst überschritten ist, wenn auch eine unbewußte Steuerung nicht mehr vorliegt, d. h. die Möglichkeit eines bewußten Einschaltens in die unbewußt ablaufende Steuerung ausgeschlossen ist (näher dazu Stratenwerth, Welzel-FS 229 f.; zum Ganzen vgl. ferner Jakobs 145 ff. sowie die „wertende" Abgrenzung von Schewe aaO, je nachdem, „ob das Moment der regulativen Anpassung sich bereits so deutlich abzeichnet, daß es in der strafrechtlichen Würdigung nicht mehr als völlig irrelevant vernachlässigt werden kann" [S. 71], oder ob „der Vorgang so sehr einem außermenschlichen Kausalprozeß ähnelt, daß es ebenso sinnlos wäre, weitere Untersuchungen mit ihm anzustellen, wie wenn es sich um eine Schädigung durch Erdbeben oder Blitzschlag handeln würde" [S. 146]).

D. Rechtswidrigkeit und Unrecht; der Unrechtstatbestand

Schrifttum: Arzt, Viktimologie und Strafrecht, MSchrKrim 84, 105. – *Baumann,* Die Rechtswidrigkeit der fahrlässigen Handlung, MDR 57, 646. – *Beling,* Die Lehre vom Tatbestand, 1930. – *ders.,* Grenzlinien zwischen Recht und Unrecht, 1913. – *Brauneck,* Unrecht als die Betätigung antisozialer Gesinnung, H. Mayer-FS 235. – *Degener,* Zu den Bedeutungen des Erfolgs im Strafrecht, ZStW 103, 357. – *Dencker,* Erfolg und Schuldidee, A. Kaufmann-GedS 441. – *Donatsch,* Sorgfaltsbemessung und Erfolg beim Fahrlässigkeitsdelikt, 1987. – *Dopslaff,* Plädoyer für einen Verzicht auf die Unterscheidung in deskriptive und normative Tatbestandsmerkmale, GA 87, 1. – *Dornseifer,* Unrechtsqualifizierung durch den Erfolg – ein Relikt der Verdachtsstrafe, A. Kaufmann-GedS 427. – *Ebert/Kühl,* Das Unrecht der vorsätzlichen Straftat, Jura 81, 225. – *Engisch,* Der Unrechtstatbestand im Strafrecht, DJT-FS I 401. – *ders.,* Die normativen Tatbestandsmerkmale im Strafrecht, Mezger-FS 127. – *ders.,* Bemerkungen zu Theodor Rittlers Kritik der Lehre von den subjektiven Tatbestands- und Unrechtselementen, Rittler-FS 165. – *Eser,* Verhaltensregeln und Behandlungsnormen, Lenckner-FS 25. – *Freund,* Richtiges Entscheiden – am Beispiel der Verhaltensbewertung aus der Sicht des Betroffenen usw, GA 91, 387. – *Frisch,* Der Irrtum als Unrechts- und/oder Schuldausschluß im deutschen Strafrecht, in: Eser/Perron, Rechtfertigung u. Entschuldigung III, 1991. – *ders.,* Straftat u. Straftatsystem, in: Wolter/Freund, Straftat, Strafzumessung u. Strafprozeß im gesamten Strafrechtssystem, 1996, 135 (zit.: in: Wolter/Freund). – *Fukuda,* Vorsatz und Fahrlässigkeit als Unrechtselemente, ZStW 71, 38. – *Gallas,* Zum gegenwärtigen Stand der Lehre vom Verbrechen, ZStW 67, 1. – *ders.,* Zur Struktur des strafrechtlichen Unrechtsbegriffs, Bockelmann-FS 155. – *Günther,* Strafrechtswidrigkeit u. Strafunrechtsausschluß, 1983 (zit.: aaO). – *ders.,* Die Genese eines Straftatbestands, JuS 78, 8. – *ders.,* Das viktimodogmatische Prinzip aus anderer Sicht: Opferschutz statt Entkriminalisierung, Lenckner-FS 69. – *Hardwig,* Über die unterschiedlichen Unrechtsgehalte und die Abgrenzung von Unrecht und Schuld, JZ 69, 453. – *ders.,* Die Zurechnung, 1957. – *ders.,* Personales Unrecht und Schuld, MschrKrim 61, 194. – *R. Hassemer,* Schutzbedürftigkeit des Opfers und Strafrechtsdogmatik, 1981. – *W. Hassemer,* Tatbestand und Typus, 1968. – *ders.,* Rücksichten auf das Verbrechensopfer, Klug-FS 217. – *ders.,* Professionelle Adäquanz, wistra 95, 41, 81. – *Heinitz,* Das Problem der materiellen Rechtswidrigkeit, 1926 (StrAbh. 211). – *ders.,* Zur Entwicklung der Lehre von der materiellen Rechtswidrigkeit, Eb. Schmidt-FS 266. – *Herzberg,* Wegfall subjektiver Tatbestandsvoraussetzungen vor Vollendung der Tat, Oehler-FS 163. – *Hillenkamp,* Vorsatztat und Opferverhalten, 1981. – *ders.,* Der Einfluß des Opferverhaltens auf die dogmatische Beurteilung der Tat, 1983. – *Hirsch,* Die Lehre von den negativen Tatbestandsmerkmalen, 1960. – *ders.,* Soziale Adäquanz und Unrechtslehre, ZStW 74, 78. – *ders.,* Der Streit um Handlungs- u. Unrechtslehre usw., ZStW 93, 831 u. 94, 239. – *ders.,* Die Diskussion über den Unrechtsbegriff in der deutschen Strafrechtswissenschaft und das Strafrechtssystem Delitalas, Studi in memoria di G. Delitala, 1984, Bd. 3, 1933. – *Horn,* Untersuchungen zur Struktur der Rechtswidrigkeit, 1962. – *Hruschka,* Der Gegenstand des Rechtswidrigkeitsurteils nach heutigem Strafrecht, GA 80, 1. – *Jakobs,* Studien zum fahrlässigen Erfolgsdelikt, 1972. – *ders.,* Regreßverbot beim Erfolgsdelikt, ZStW 89, 1. – *Armin Kaufmann,* Lebendiges und Totes in Bindings Normentheorie, 1954. – *ders.,* Zum Stand der Lehre vom personalen Unrecht, Welzel-FS 393. – *ders.,* Rechtspflichtbegründung und Tatbestandseinschränkung, Klug-FS 277. – *Arthur Kaufmann,* Einige Anmerkungen zum Irrtum über den Irrtum, Lackner-FS 185. – *Kern,* Grade der Rechtswidrigkeit, ZStW 64, 255. – *Kindhäuser,* Gefährdung als Straftat, 1989, – *ders.,* Rohe Tatsachen und normative Tatbestandsmerkmale, Jura 84, 465. – *ders.,* Erlaubtes Risiko u. Sorgfaltswidrigkeit, GA 94, 197. – *Klug,* Sozialkongruenz und Sozialadäquanz im Strafrecht, Eb. Schmidt-FS 249. – *Koriath,* Grundlagen strafrechtlicher Zurechnung, 1993. – *Kratzsch,* Verhaltenssteuerung und Organisation im Strafrecht, 1985. – *ders.,* Aufgaben- und Risikoverteilung als Kriterien der Zurechnung im Strafrecht, Oehler-FS 65. – *ders.,* Prävention und Unrecht – eine Replik, GA 89, 49. – *Kraushaar,* Die Rechtswidrigkeit in teleologischer Sicht, GA 65, 1. – *Krauß,* Erfolgsunwert und Handlungsunwert im Unrecht, ZStW 76, 19. – *Krüger,* Der Adressat des Rechtsgesetzes, 1969. – *Krümpelmann,* Die Bagatelldelikte, 1968. – *Kunert,* Die normativen Merkmale der strafrechtlichen Tatbestände, 1958. – *Lampe,* Das personale Unrecht, 1967. – *ders.,* Zur ontologischen Struktur des strafbaren Unrechts, Hirsch-FS 83. – *Lenckner,* Der rechtfertigende Notstand, 1965. – *Lüderssen,* Erfolgszurechnung und „Kriminalisierung", Bockelmann-FS 181. – *Mezger,* Die subjektiven Unrechtselemente, GS 89, 205. – *ders.,* Wandlungen der strafrechtlichen Tatbestandslehre, NJW 53, 2. – *Mir Puig,* Über das Objektive und Subjektive im Unrechtstatbestand, A. Kaufmann-GedS 253. – *ders.,* Objektive Rechtswidrigkeit u. Normwidrigkeit im Strafrecht, ZStW 108, 759. – *Münzberg,* Verhalten und Erfolg als Grundlagen der Rechtswidrigkeit und Haftung, 1966. – *Mylonopoulos,* Über das Verhältnis von Handlungs- u. Erfolgsunwert, 1981. – *Noll,* Tatbestand und Rechtswidrigkeit, ZStW 77, 1. – *Nowakowski,* Zur Lehre von der Rechtswidrigkeit, ZStW 63,

287. – *Oehler*, Das objektive Zweckmoment der rechtswidrigen Handlung, 1959. – *Ostendorf*, Das Geringfügigkeitsprinzip als strafrechtliche Auslegungsregel, GA 82, 333. – *Otto*, Personales Unrecht, Schuld und Strafe, ZStW 87, 539. – *Paeffgen*, Der Verrat in irriger Annahme eines illegalen Geheimnisses (97 b StGB) und die allgemeine Irrtumslehre, 1979. – *ders.*, Anmerkungen zum Erlaubnistatbestandsirrtum, A. Kaufmann-GedS 399. – *Plate*, Beling als Strafrechtsdogmatiker, 1966. – *Rehr-Zimmermann*, Die Struktur des Unrechts in der Strafrechtsdogmatik der Gegenwart, 1994. – *Roeder*, Die Einhaltung des sozialadäquaten Risikos, 1969. – *Röttger*, Unrechtsbegründung und Unrechtsausschluß, 1993. – *Roxin*, Offene Tatbestände und Rechtspflichtmerkmale, 2. A., 1970. – *ders.*, Rechtsidee und Rechtsstoff in der Systematik unseres Strafrechts, Radbruch-GedS 260. – *ders.*, Bemerkungen zur sozialen Adäquanz im Strafrecht, Klug-FS 303. – *Rudolphi*, Inhalt und Funktion des Handlungsunwerts im Rahmen der personalen Unrechtslehre, Maurach-FS 51. – *Sauer*, Die beiden Tatbestandsbegriffe, Mezger-FS 117. – *ders.*, Tatbestand, Unrecht, Irrtum und Beweis, ZStW 69, 1. – *Sax*, „Tatbestand" und Rechtsgutsverletzung, JZ 76, 9, 80, 429. – *Schaffstein*, Soziale Adäquanz und Tatbestandslehre, ZStW 72, 369. – *Schild*, Die „Merkmale" der Straftat und ihres Begriffs, 1979. – *Schlüchter*, Irrtum über normative Tatbestandsmerkmale im Strafrecht, 1983. – *Schmidhäuser*, Der Unrechtstatbestand, Engisch-FS 433. – *ders.*, Willkürlichkeit und Finalität als Unrechtsmerkmal im Strafrechtssystem, ZStW 66, 27. – *ders.*, Vorsatzbegriff und Begriffsjurisprudenz im Strafrecht, 1968. – *ders.*, „Objektiver" u. „Subjektiver" Tatbestand: eine verfehlte Unterscheidung, Schultz-FS 61. – *Schöneborn*, Zum „Erfolgsunwert" im Lichte der sozialpsychologischen Attributionstheorie, GA 81, 70. – *F. C. Schröder*, Neuartige Absichtsdelikte, Lenckner-FS 333. – *Schünemann*, Neue Horizonte der Fahrlässigkeitsdogmatik, Schaffstein-FS 159. – *ders.*, Einige vorläufige Bemerkungen zur Bedeutung des viktimologischen Ansatzes in der Strafrechtsdogmatik, in: H. J. Schneider, Das Verbrechensopfer in der Strafrechtspflege, 1982, 407. – *ders.*, Zukunft der Viktimodogmatik: die viktimologische Maxime als umfassendes regulatives Prinzip zur Tatbestandseingrenzung, Festschr. f. H. J. Faller, 1984, 357. – *ders.*, Zur Stellung des Opfers im System der Strafrechtspflege, NStZ 86, 439. – *Schweikert*, Die Wandlungen der Tatbestandslehre seit Beling, 1957. – *Seiler*, Die Bedeutung des Handlungsunwerts im Verkehrsstrafrecht, Maurach-FS 75. – *Stratenwerth*, Handlungs- und Erfolgsunwert im Strafrecht, SchwZStr. 79, 233. – *ders.*, Zur Relevanz des Erfolgsunwertes im Strafrecht, Schaffstein-FS 157. – *Struensee*, Der subjektive Tatbestand des fahrlässigen Delikts, JZ 87, 53. – *Suarez*, Weiterentwicklung der finalen Unrechtslehre?, Welzel-FS 379. – *Tiedemann*, Tatbestandsfunktionen im Nebenstrafrecht, 1969. – *Welzel*, Das neue Bild der Strafrechtssystems, 4. A., 1961. – *Wolter*, Objektive und personale Zurechnung von Verhalten, Gefahr u. Verletzung in einem funktionalen Straftatsystem, 1981 (zit.: aaO). – *ders.*, Adäquanz- u. Relevanztheorie, GA 77, 257. – *ders.*, Objektive u. personale Zurechnung zum Unrecht, in: Schünemann, Grundfragen des modernen Strafrechtssystems, 1984, 104. – *ders.*, Strafwürdigkeit u. Strafbedürftigkeit in einem neuen Straftatsystem, GA-FS 269. – *ders.*, Menschenrechte u. Rechtsgüterschutz in einem europäischen Strafrechtssystem, in: Schünemann/Figueiredo Dias, Bausteine des europäischen Strafrechts, 1995, 3. – *ders.*, Objektive Zurechnung u. modernes Straftatsystem, in: Gimbernat/Schünemann/Wolter, Internationale Dogmatik der objektiven Zurechnung u. der Unterlassungsdelikte, 1995, 3. – *ders.*, Verfassungsrechtliche Strafrechts-, Unrechts- u. Strafausschließungsgründe im Strafrechtssystem von Claus Roxin, GA 96, 207. – *Würtenberger*, Vom Rechtsstaatsgedanken in der Lehre von der strafrechtlichen Rechtswidrigkeit, Rittler-FS 125. – *Zielinski*, Handlungs- und Erfolgsunwert im Unrechtsbegriff, 1973. – *Zimmerl*, Zur Lehre vom Tatbestand, 1928 (StrAbh. 237). – *Zipf*, Rechtskonformes und sozialadäquates Verhalten, ZStW, 82, 633. – *Zippelius*, Der Aufbau der modernen Unrechtslehre, 1953. – Vgl. im übrigen die weiteren Schrifttumsnachweise u. vor 71 und zum älteren Schrifttum die 24. A.

I. Der Tatbestand enthält die abstrakte Umschreibung eines strafrechtlich relevanten Sachverhalts **43/44** in Gestalt einer menschlichen Handlung oder Unterlassung. Im einzelnen hat der Begriff des Tatbestandes freilich **verschiedene Bedeutung**, je nach dem Bezugspunkt der Begriffsbildung und der Funktion, die er erfüllen soll. Je nach der Zweckbestimmung wird deshalb auch die Bezeichnung „Tatbestand" in verschiedener Weise gebraucht, wobei dann durch entsprechende Zusätze der jeweils gemeinte Sinn verdeutlicht werden soll, ohne daß sich hier bisher freilich eine durchweg einheitliche Terminologie durchgesetzt hätte (vgl. näher Engisch, Mezger-FS 130 ff., ferner zB Gallas ZStW 67, 16 ff., Jescheck LK 45 ders./Weigend 246, Noll ZStW 77, 7, Plate aaO 138 ff., Roxin I 225 ff., Offene Tatbestände 108, Schaffstein ZStW 72, 369 [„Dschungel der modernen Tatbestandslehre"], Schild AK 111 ff., aaO 114 ff., Schmidhäuser 191, I 74, Engisch-FS 433, Tröndle 5 ff.; zur Dogmengeschichte vgl. Bruns aaO, Schweikert aaO). Danach umfaßt der *Gesamttatbestand* (so die Terminologie von Schröder, 17. A., 39 vor § 1; and. zB Gallas ZStW 67, 31) die Gesamtheit aller materiellen Strafbarkeitserfordernisse, d. h. aller objektiven und subjektiven, positiven und negativen, geschriebenen und ungeschriebenen Voraussetzungen der Strafbarkeit, zu denen im Unterschied zu den bloßen Verfolgungsvoraussetzungen auch die sog. objektiven Bedingungen der Strafbarkeit (u. 124 ff.) und das Fehlen von Strafausschließungsgründen (127 ff. vor § 32) gehören. Eine engere Bedeutung hat der sog. *Garantietatbestand*, der aus den gesetzlich geregelten Voraussetzungen der Strafbarkeit besteht, für welche die Garantiefunktion des Strafgesetzes (Art. 103 II GG) gilt und die deshalb weder durch Analogie noch durch Gewohnheitsrecht zu Lasten des Täters geändert werden können (vgl. dazu auch § 1 RN 5, 11 ff.). Nur einen Ausschnitt aus dem Gesamttatbestand bezeichnet ferner der am Deliktstypus orientierte *Deliktstatbestand* (Jescheck, 4. A., 222), der lediglich die den spezifischen Unrechts- und Schuldgehalt der betreffenden Deliktsart konstituierenden Merkmale enthält, nicht aber die außerhalb des Typus liegenden Umstände, welche als Rechtfertigungs- oder Entschuldigungsgründe (4 ff., 108 ff. vor § 32) die konkrete Tat als nicht rechtswidrig oder entschuldigt erscheinen lassen (näher dazu Gallas ZStW 67, 16 ff., der selbst freilich hier vom „Tatbestand schlechthin" bzw. vom „Gesamttatbestand" spricht [S. 31]). Soweit der Deliktstypus Unrechtstypus ist, d. h. Merkmale

Vorbem §§ 13 ff. 45, 46/47   Allg. Teil. Die Tat – Grundlagen der Strafbarkeit

umfaßt, die das spezifische Unrecht einer bestimmten Deliktsart im Vergleich zu anderen Delikten ausmachen, ergibt sich daraus der *Unrechtstatbestand*, der seine Ergänzung findet in besonderen, außerhalb des Deliktstypus liegenden *Erlaubnistatbeständen* (Rechtfertigungsgründe). Sieht man beide zusammen, so führt dies zu einem *Gesamt-Unrechtstatbestand* (zur Lehre von den negativen Tatbestandsmerkmalen, nach welcher der Unrechtstatbestand alle unrechtsbegründenden und unrechtsausschließenden Merkmale in sich vereinigt, vgl. o. 15 ff.). Entsprechendes gilt für den *Schuldtatbestand* (von einem solchen sprechen zB Gallas aaO, Jakobs 493, Jescheck/Weigend 246, 469, Schmidhäuser 364 ff., I 185 ff., Engisch-FS 447; krit. jedoch Welzel 55). Das Gesetz selbst nennt in § 16 I schließlich den *„gesetzlichen Tatbestand"*, der diejenigen Merkmale umfaßt, auf die sich der Vorsatz bzw. bei nichtvorsätzlicher Verwirklichung die Fahrlässigkeit beziehen muß. Umstritten ist dabei, ob die Rechtfertigungsgründe in Gestalt negativer Tatbestandsmerkmale zu diesem gesetzlichen Tatbestand iS des § 16 zählen oder ihm wenigstens sinngemäß anzugliedern sind (vgl. dazu o. 15 ff.). Verneint man dies (o. 18), so ist gesetzlicher Tatbestand iS des § 16 der o. genannte Unrechtstatbestand (vgl. aber auch Wolter aaO 147 ff.), was nicht dadurch ausgeschlossen wird, daß zu diesem auch subjektive Merkmale gehören, die selbst nicht Gegenstand eines Irrtums sein können (u. 52 ff., 63, § 16 RN 8). Auf einem zu engen Begriff des „gesetzlichen Tatbestands" beruht die Unterscheidung von Sax (JZ 75, 144 u. 76, 9, 80, 429) zwischen diesem und dem „Bewirken einer strafwürdigen Rechtsgutsverletzung", die erst zusammen den „Tatbestand als solchen" (Unrechtstatbestand) ergeben sollen (vgl. dazu die 25. A. u. näher Otto, Schröder-GedS 61 ff., ferner Günther aaO 241, 271 ff., SK 58 f. vor § 32, Roxin I 238). Ebensowenig besteht Anlaß, zur Ausscheidung von sozialer Adäquanz u. a. (u. 69 ff.) einen „Rechtsraum" bzw. „Strafrechtsausschließungsgründe" vor dem Unrechtstatbestand zu bilden (so jedoch Wolter, u. a. GA-FS 285, 290, GA 96, 208 ff., NStZ 93, 2, 8; krit. dazu Frisch, in: Wolter/Freund 158 f. u. näher Herzberg GA 96, 1 ff.).

45   Trotz der dreigliedrigen Definition des Verbrechens als einer tatbestandsmäßigen, rechtswidrigen und schuldhaften Handlung oder Unterlassung sind lediglich Rechtswidrigkeit und Schuld die beiden für die strafrechtliche Beurteilung eines Verhaltens maßgeblichen materiellen Wertkategorien. Demgegenüber ist die Tatbestandsmäßigkeit keine selbständige, zusätzlich zu Unrecht und Schuld hinzutretende Verbrechenseigenschaft, sondern lediglich eine Erscheinungsform schuldhaften Unrechts (Gallas ZStW 67, 18; vgl. auch o. 17). In den Deliktstatbeständen des Bes. Teils umschreibt das Gesetz im Wege der Abstraktion strafwürdiges rechtswidrig-schuldhaftes Verhalten, die freilich unter Beschränkung auf die unrechts- und schuldtypischen Merkmale, die das Verbrechen „individualisieren", d. h. die jeweilige Verbrechensart als solche kennzeichnen und von anderen Deliktsarten und nicht strafbaren Handlungen unterscheiden (Gallas aaO 16). In diesem einen bestimmten **„Deliktstypus"** (Gallas aaO 17, ferner zB Dreher, Heinitz-FS 219, Lackner/Kühl 15, Perron, Lenckner-FS 238) kennzeichnenden Deliktstatbestand iwS stehen die den typischen Unrechts- und Schuldgehalt der betreffenden Deliktsart bestimmenden Umstände noch ungeschieden nebeneinander. Soll deshalb zunächst über die Rechtswidrigkeit eines Verhaltens entschieden werden – was nicht nur aus systematischen Gründen notwendig ist, sondern überall dort auch praktische Bedeutung hat, wo es auf die Schuld des Täters nicht ankommt (zB §§ 63 ff., 323 a), – so bedarf es der Bildung eines besonderen und gegenüber dem Deliktstatbestand engeren **Unrechtstatbestands**. Als Verkörperung des **„Unrechtstypus"** (Gallas aaO; krit. dazu Schmidhäuser 285 f., Eb. Schmidt-FS 433) umfaßt dieser alle Merkmale, die den *spezifisch strafrechtlichen* (u. 51) Unrechtsgehalt einer bestimmten Deliktsart begründen, einschließlich derjenigen, die das deliktstypische Unrecht gegenüber anderen Deliktsarten erhöhen oder mindern (so zB auch B-Volk I 36 f., Donatsch aaO 62 ff., Günther SK 28 vor § 32, Jescheck LK 46, ders./Weigend 245, Kühl 8, Lackner/Kühl 15, M-Zipf I 275, Roxin I 233, W-Beulke 35, ähnl. Jakobs 155, Schild AK 87, 111 ff.; vgl. aber auch Sax JZ 76, 10; zur praktischen Bedeutung eines solchen Typus bei der Gesetzesanwendung vgl. Haft, Lenckner-FS 91 ff.).

46/47   Ist der Tatbestand strafrechtlicher Unrechtstypus, so ergibt sich für die Rechtswidrigkeit bzw. das Unrecht – zum Unterschied beider Begriffe vgl. u. 51 – eines konkreten Verhaltens folgendes: Unterfällt dieses keinem Tatbestand, so bleibt zwar noch die Möglichkeit, daß es von anderen Teilen der Rechtsordnung als rechtswidrig angesehen wird (vgl. zu § 218a BVerfG NJW **93**, 1758 u. zu dem umfangreichen Schrifttum dazu die Nachw. RN 7 vor § 218), Unrecht oder rechtswidrig in einem für das Strafrecht relevanten Sinne kann es dann aber von vornherein nicht mehr sein. Ist umgekehrt dagegen ein Verhalten **tatbestandsmäßig,** so heißt dies zugleich, daß es damit **in der Regel** auch **rechtswidrig** bzw. **Unrecht** ist, weshalb hier vielfach auch – in der Sache an sich unzutreffend, im praktischen Ergebnis aber unschädlich – von der „Indiz"-Wirkung des Tatbestands gesprochen wird (vgl. RN 47 der 24. A.). Daß dies nur eine Regel ist, die nicht ausnahmslos gilt, beruht darauf, daß im Einzelfall Umstände hinzukommen können, die, gemessen am Unrechtstypus, atypisch sind und deshalb vom Typischen freigestellt werden müssen (vgl. auch Schild AK 157 f.: „Typus-Ausnahmeargumentation"). Es sind dies die besonderen, die Rechtswidrigkeit bzw. das Unrecht ausschließenden (vgl. aber auch Kühl 121) Sachverhalte eines Rechtfertigungsgrundes (vgl. dazu 4 ff. vor § 32), die außerhalb des Unrechtstatbestands liegen; denn während Kern des Unrechtstypus das sachliche Substrat einer Verbots- oder Gebotsnorm ist – insofern ist der Tatbestand zugleich „Verbotstatbestand" usw. –, beruhen die Rechtfertigungsgründe („Erlaubnistatbestände") auf besonderen, den Verboten usw. gegenüberstehenden Erlaubnissätzen, die ein grundsätzlich verbotenes usw. Verhalten ausnahmsweise gestatten (o. 18; and. die Lehre von den neg. Tbm. [o. 15 ff.], ferner Günther aaO 125, 159, 252). Liegt ein solcher Rechtfertigungsgrund dagegen nicht vor, so ist ein tatbestandsmäßiges Verhalten auch rechtswidrig bzw. Unrecht. Die für den Tatbestand **entscheidende Ausgangsfrage** bleibt demnach, was sachlich-inhaltlich die Rechtswidrigkeit bzw. das Unrecht eines Verhaltens ausmacht, denn ohne einen Vorgriff darauf gibt es auch keinen Unrechtstypus. Danach bestimmt sich zB die Bedeutung des Erfolgs bei Erfolgsdelikten (u. 59), und allein davon und nicht von der ontologischen Struktur der Handlung hängt es auch ab, ob und inwieweit Vorsatz und Fahrlässigkeit schon dem Tatbestand oder erst der Schuld zuzuordnen sind (u. 54).

II. Die durch den Unrechtstatbestand begründete und nicht durch einen Rechtfertigungsgrund **48** ausgeschlossene **Rechtswidrigkeit** bedeutet, daß das fragliche Tun oder Unterlassen im Widerspruch zum Recht als einer menschlichen Verhaltensordnung steht. Darin, daß die Handlung den für jedermann geltenden rechtlichen Sollens-Anforderungen nicht entspricht, erschöpft sich das Rechtswidrigkeitsurteil; ob dem Täter die rechtswidrige Tat auch persönlich zum Vorwurf gemacht werden kann, ist dagegen eine Frage der Schuld.

1. Ausgehend von der Bewertungs-, Bestimmungs- und Gewährleistungsfunktion des Rechts kann **49** die Rechtswidrigkeit eines Verhaltens nicht lediglich als Widerspruch zu einer „adressenlos" verstandenen objektiven **Bewertungsnorm** erklärt werden, die nur ein unpersönliches „(Nicht-)Seinsollen" enthält, indem sie bestimmte Zustände und Ereignisse positiv oder negativ bewertet und so als erwünscht oder unerwünscht kennzeichnet (so aber zB Mezger 164, GS 89, 208 ff., Nowakowski ZStW 63, 288). Jedenfalls für das Strafrecht bedeutet „Rechtswidrigkeit" vielmehr auch den Widerspruch zu einem Rechtssatz iS einer **Bestimmungs- oder Verhaltensnorm**, die ein „Nicht-tun" – oder „Tun-Sollen" betrifft und deren Adressat ohne Rücksicht auf die individuelle Motivierbarkeit (vgl. aber auch Freund GA 91, 393) – daher die Möglichkeit schuldlosen Unrechts – jeder ist, der dem Gegenstand nach dafür in Betracht kommt (vgl. mit Unterschieden im einzelnen zB Engisch, Auf der Suche nach der Gerechtigkeit [1971] 29 f., Eser, Lenckner-FS 39 ff. u. m. einem Rückblick S. 32 ff., Günther SK 15 vor § 32 Jescheck LK 43, ders./Weigend 237, Armin Kaufmann, Normentheorie 123 ff., Krauß ZStW 76, 34, Krüger aaO 77 ff., Kühl 18, Lampe, Baumann-FS 24, Larenz, Engisch-FS 150 ff., Lenckner aaO 34, Münzberg aaO 53 ff., Roxin I 268, Stratenwerth SchwZStr 79, 247 f., Wolter aaO 25 ff. u. pass.). Zu diesen Verhaltensnormen gehören zunächst die in Form eines Imperativs gekleideten generellen *Verbote* und *Gebote* – nur auf sie trifft im eigentlichen Sinn des Wortes die Bezeichnung „Bestimmungsnorm" zu –, darüberhinaus in einem dreistufigen Deliktssystem (o. 15 ff.) als „Gegennormen" aber auch die besonderen *Erlaubnisnormen*, die ein an sich verbotenes usw. Verhalten ausnahmsweise erlauben (dies i. U. zu einem zweistufigen System [o. 15 ff.], bei dem bereits das Verbot entsprechend eingeschränkt ist; vgl. in diesem Sinn auch die „Verhaltensregeln" von Eser aaO 53). Mitgedacht ist in beiden Fällen bei einer Normverletzung immer auch ein Widerspruch zur Bewertungsnorm, weshalb diese und die Verbots- bzw. Gebots- u. Erlaubnisnormen nicht beziehungslos nebeneinander stehen – die letzteren sind inzidenter stets zugleich Bewertungsnormen, auch sind sie, weil am Anfang immer eine entsprechende Bewertung steht, aus diesen „abgeleitet" (Mezger 166) –, deckungsgleich sind sie deshalb aber nicht, da Verstöße gegen eine Ver(Ge)bots- oder Erlaubnisnorm unterschiedlich schwer zu bewerten sein können, was zur Abstufbarkeit des Unrechts führt (u. 51). Ebenso aus Bewertungsnormen abgeleitet, mit diesen aber inhaltlich gleichfalls nicht kongruent sind die *Schutz- u. Gewährleistungsnormen,* die aus der Sicht des Betroffenen einem als schutzwürdig erkannten Objekt Unversehrtheit garantieren (zu den Gewährleistungsnormen vgl. zB Gallas, Bockelmann-FS 161 ff., Krümpelmann aaO 96 ff., Bockelmann-FS 443 ff., Kühl 18, Küper, Lackner-FS 266 u. pass., Paeffgen aaO 109 ff., A. Kaufmann-GedS 414, Wolter aaO 28; krit. jedoch zB Frisch, Tatbestandsmäßiges Verhalten usw. [1988] 533 FN 97). Eine Normkategorie eigener Art sind sie insofern, als sie ihre zugunsten des betroffenen Objekts ausgesprochene Integritätsgarantie jedenfalls in einem gewissen Umfang auch dort noch aufrechterhalten können, wo das zu einer Verletzung führende Verhalten Dritter nicht gegen eine Bestimmungsnorm verstößt oder sogar ausdrücklich erlaubt ist. Seinen Ausdruck findet dies darin, daß der Betroffene hier zwar kein Notwehrrecht hat, daß ihm aber ein Notstandsrecht gem. § 34 bleibt (vgl. 11 f., 21 vor § 32, § 32 RN 21, § 34 RN 30 f.), ein Kompromiß, der bereits in der Bewertungsnorm angelegt ist, weil diese einen Sachverhalt je nach dem Aspekt, unter dem dies geschieht, auch unterschiedlich bewerten kann. – Für Fragen der Rechtswidrigkeit nur mittelbar von Bedeutung sind dagegen die gleichfalls auf Bewertungsnormen beruhenden, aber auf einer anderen Ebene liegenden *„Behandlungsnormen"* auf Seiten des Rechtsanwenders, die parallel zu den Verhaltensregeln verlaufen, über diese jedoch hinausreichen, weil sie auch die Schuld u. Strafbarkeit betreffen (zB Schuldausschließungsgründe; vgl. näher Eser aaO 41 ff. u. zu einem entspr. zweistufigen Verbrechensaufbau S. 53, ferner – dort als „Sanktionsnorm" bezeichnet – zB Frisch, Vorsatz und Risiko, 1983, 59 f., Perron, in: Eser/Nishihara, Rechtfertigung u. Entschuldigung IV, 1995, 74 f.). Nur soweit es um die strafrechtliche Verantwortlichkeit des Rechtsanwenders selbst für die von ihm getroffenen Entscheidungen geht, bestimmen die Behandlungsnormen zugleich Inhalt und Grenzen der für die in seiner Person maßgeblichen Bestimmungs- bzw. Verhaltensnorm.

2. Vielfach wird zwischen **formeller** und **materieller Rechtswidrigkeit** unterschieden, wobei **50** unter ersterer der Widerspruch zum positivrechtlich Gesollten, unter der ihr übergeordneten materiellen Rechtswidrigkeit dagegen die „Gesellschaftsschädlichkeit" eines Verhaltens, der „Verstoß gegen die herrschenden Kulturanschauungen" usw. verstanden wird (vgl. zB Heinitz, StrAbh. 211, 118, Mezger 197, Sauer AT 53 ff.). Aus dogmatischer Sicht ist eine solche Unterscheidung jedoch unergiebig. Es gibt nur einen einheitlichen Begriff der Rechtswidrigkeit, denn ein Verhalten verstößt entweder gegen das geltende Recht oder ein solcher Widerspruch besteht nicht (zB Hirsch LK 13 vor § 32; vgl. aber auch Günther aaO 83 ff., 109 ff., 121, 254, Roxin I 505). Soweit der Begriff der materiellen Rechtswidrigkeit dazu dienen soll, die inhaltliche Bedeutung der Rechtswidrigkeit zu erfassen (vgl. Günther SK 17 vor § 32, Jescheck LK 42, ders./Weigend 233, M-Zipf I 338 f., Roxin I 503 f.), geht es in Wahrheit nicht um die Rechtswidrigkeit, sondern um das Unrecht und seine unterschiedliche Qualität und Quantität (u. 51); die hier behauptete praktische Bedeutung der materiellen Rechtswidrigkeit betrifft in der Sache daher auch ausschließlich Fragen des Unrechts (vgl. auch Jescheck LK FN 36, wonach die Unterscheidung formeller und materieller Rechtswidrigkeit nichts anderes bedeutet als die Unterscheidung zwischen „Rechtswidrigkeit" und „Unrecht"). Ebenso überflüssig erweist sich die Unterscheidung von formeller und materieller Rechtswidrigkeit bei den übergesetzlichen Rechtfertigungsgründen – der ursprünglichen Domäne der materiellen Rechtswidrigkeit –, wo sie von der unzutreffenden Voraussetzung ausgeht, daß die Gesetzlichkeit des Strafrechts auch für Rechtfertigungsgründe gilt, während diese in Wahrheit der Gesamtheit des – geschriebenen oder ungeschriebenen – Rechts zu entnehmen sind: Der früher als übergesetzlicher Notstand (vgl. § 34 RN 2) für zulässig erklärte medizinisch indizierte Schwangerschaftsabbruch war daher nicht erst „materiell", sondern überhaupt nicht – also auch nicht „formell" – rechtswidrig (vgl. auch B-Volk I 87 f., M-Zipf I 339).

51 3. Ist eine Handlung rechtswidrig, so stellt sie zugleich Unrecht dar. Die Begriffe **„Rechtswidrigkeit"** und **„Unrecht"** werden daher meist auch synonym gebraucht, haben jedoch in Wahrheit einen verschiedenen Sinn. Während nämlich die Bezeichnung „rechtswidrig" lediglich auf die Tatsache des Widerspruchs zwischen Norm und Handlung, dem „gesollten" und tatsächlichen Verhalten hinweist, ist mit dem Begriff „Unrecht" der durch die Tat verwirklichte und vom Recht negativ bewertete Unwert selbst gemeint. Zutreffend bezeichnete deshalb Welzel 52, Das neue Bild usw. 19, die Rechtswidrigkeit als „reine Relation (ein Mißverhältnis zwischen zwei Beziehungsgliedern)", das Unrecht dagegen als „etwas Substantielles: das rechtswidrige Verhalten selbst" (in diesem Sinn ferner B-Volk I 57, Engisch, DJT-FS I 402, Günther SK 16 vor § 32, Hirsch LK 11 vor § 32, Jescheck/Weigend 233, Armin Kaufmann, Normentheorie 147 f., Arthur Kaufmann ZStW 76, 553, Lackner-FS 187 f., Krümpelmann aaO 27 ff., Lackner 18, Lenckner aaO 32 ff., Puppe NK 14, 16, Roxin I 502; gegen eine solche Unterscheidung jedoch zB Mezger LK[8] Einl. III 1). Diese der Bestimmungs- und Bewertungsfunktion (o. 49) entsprechende Unterscheidung ist deshalb von Bedeutung, weil nur das Unrecht Qualität und Quantität hat und deshalb auch qualitativ und quantitativ verschieden sein kann, während die Rechtswidrigkeit, verstanden als Widerspruch zu einer Verhaltensnorm, überall ein und dieselbe ist und materielle Differenzierungen oder Abstufungen nicht zuläßt: Deshalb gibt es bei der Kennzeichnung menschlichen Verhaltens zwar spezifisch strafrechtliches, weil strafwürdiges Unrecht i. U. zum nur zivilrechtlichen Unrecht (zB §§ 248 b, 290 i. U. zur grundsätzlich straflosen Gebrauchsanmaßung), nicht aber eine zivil- oder strafrechtliche Rechtswidrigkeit und auch eine besondere „Strafrechtswidrigkeit" (Günther SK 17 vor § 32) nur dann, wenn damit nicht mehr als der Widerspruch zu einer (auch) strafrechtlich sanktionierten Verhaltensnorm gemeint ist (vgl. auch A. Kaufmann JZ 92, 982). Ebenso ist zB ein Mord nicht „rechtswidriger" als ein Diebstahl, eine fahrlässige Tötung nicht „weniger" rechtswidrig als eine vorsätzliche (mißverständl. daher Kern ZStW 64, 255, der von „Graden der Rechtswidrigkeit" spricht), wohl aber bestehen hinsichtlich des Unrechts qualitative und quantitative Unterschiede zwischen Mord und Diebstahl, einfacher und schwerer Körperverletzung, aber auch zwischen vorsätzlicher und fahrlässiger, versuchter und vollendeter Tat (u. 54, 58). Zumindest ungenau ist es daher auch, wenn der (Unrechts-)Tatbestand vielfach mit der „Verbotsmaterie" gleichgesetzt wird (vgl. die Nachw. o. 18). Verboten ist zB auch der furtum usus, von Ausnahmen abgesehen (s. o.) jedoch kein strafrechtliches Unrecht, ebenso ist zB eine Körperverletzung nach § 224 nicht etwa „mehr verboten" (vgl. jedoch Lampe, Lenckner-FS 159) als eine solche nach § 223, auch lautet das dem § 224 zugrunde liegende Verbot nicht anders als dasjenige des § 223, denn wenn schon die einfache Körperverletzung verboten ist, so wäre es offensichtlich sinnwidrig, zusätzlich noch die qualifizierte Begehung mit einer Waffe zu verbieten. Die „Verbotsmaterie" ist hier mithin jeweils ein und dieselbe, wohl aber nennen die §§ 248 b, 290, 224 Umstände, die typischerweise das spezifisch strafrechtliche Unrecht überhaupt erst begründen oder erhöhen (vgl. auch Günther SK 28 vor § 32, Perron, Lenckner-FS 233 ff.). Zum teilweisen Vorliegen von Rechtfertigungsgründen vgl. 22 vor § 32.

52 4. Während die ältere Lehre davon ausging, daß alle objektiven, d. h. der „äußeren" Tatseite angehörenden Deliktsbestandteile dem Unrecht, alle subjektiv-seelischen Merkmale dagegen der Schuld zuzuordnen seien (so jetzt noch Spendel, Bockelmann-FS 251 f.), ist seit Entdeckung der sog. subjektiven Unrechtselemente in Gestalt der bei einzelnen Delikten erforderlichen besonderen Absicht (zB §§ 242, 253, 263) allgemein anerkannt, daß die Rechtswidrigkeit zwar ein objektives Urteil enthält, zum Gegenstand dieses Urteils aber auch subjektive Momente gehören. Von hier aus führte die Entwicklung, von der finalen Handlungslehre ausgelöst, zu der in den Einzelheiten zwar noch umstrittenen, im Grundsätzlichen aber von der h. M. weithin übernommenen **„personalen" Unrechtslehre** der Gegenwart (vgl. zB Ebert/Kühl Jura 81, 231 ff., Gallas, Bockelmann-FS 155 ff., Günther SK 20 vor § 32, Jescheck/Weigend 242, Hirsch ZStW 94, 240 ff., Armin Kaufmann, Welzel-FS 393 ff., Kratzsch aaO 89 ff., Krauß ZStW 76, 19 ff., Krümpelmann aaO 62 ff., Lampe aaO, Mylonopoulos aaO, Otto ZStW 87, 541 ff., Roxin I 265 ff., Rudolphi, Maurach-FS 51 ff., Stratenwerth SchwZStr 79, 237 ff. sowie die umfassende Analyse der Struktur des Unrechts von Wolter aaO u. zuletzt mit einer weiteren Variante Mir Puig ZStW 108, 758; zur Dogmengeschichte vgl. Krauß aaO 20 ff., Lampe aaO 13 ff. mwN; rechtsvergleichend vgl. Hünerfeld ZStW 93, 984 ff.). Nach ihr erschöpft sich das Unrecht nicht in dem aus dem ursächlichen Bewirken eines deliktischen Erfolgs oder Geschehens sich ergebenden äußeren **„Sachverhalts-"** bzw. **„Erfolgsunwert"** – nach einer neueren Lehre soll dieser sogar völlig bedeutungslos sein (u. 59) –, hinzukommen muß vielmehr der in der rechtlich mißbilligten Willensbetätigung liegende besondere **Handlungsunwert**. Dabei ist in den Einzelheiten zwar umstritten, was den Handlungs- bzw. den Erfolgsunwert ausmacht (u. 56). Im Ergebnis aber wird heute ganz überwiegend angenommen, daß die Fahrlässigkeit nicht ausschließlich erst die Schuld betrifft, sondern daß das in ihr enthaltene Element der objektiven Sorgfaltspflichtverletzung bereits für das Unrecht von Bedeutung ist (vgl. die Nachw. in § 15 RN 121), und auch bezüglich des Vorsatzes ist es inzwischen h. M., daß er – jedenfalls auch – dem Unrechtsbereich zuzurechnen ist.

Für Anerkennung des Vorsatzes bereits als Unrechtsmerkmal zB Blei I 61, B-Volk I 52, Donatsch aaO 44 f., Eser/Burkhardt I 43, Frisch aaO 265 ff., Gallas ZStW 67, 31 ff., Günther SK 22 vor § 32, Hirsch LK 184 vor § 32, Negative Tatbestandsmerkmale 329, Jakobs 163 f., Jescheck LK 44, E. Wolf-FS 475 ff., ders./ Weigend 241 f., Armin Kaufmann, Normentheorie 158, Welzel-FS 391, Krauß ZStW 76, 56, Krümpelmann ZStW 87, 890, Kühl 18, 73, Lackner/Kühl 20, M-Zipf 281, 301, Otto I 83 ff., Mir Puig ZStW 108, Roxin I 254 ff., Radbruch-GedS 266, ZStW 80, 716, Rudolphi, Maurach-FS 51 ff., SK 36 vor § 1, Schaffstein MDR 51, 196, Schild AK 102 f., 173 f., Stratenwerth 90 ff., Tröndle 9, Welzel 61 ff., W-Beulke 136 ff., Zielinski aaO 79 ff. Dagegen wird der Vorsatz ausschließlich der Schuld zugerechnet zB B/W-Weber 387, 354, Engisch, DJT-FS I 426 ff., Kohlrausch-Lange § 59 Anm. II 1, Mezger LK⁸ Einl. III 5 c, Reyes ZStW 105, 121, Spendel, Bockelmann-FS 252. Für eine Differenzierung schließlich Schmidhäuser 178 f., 203 f., I 200 ff., Vorsatzbegriff usw.: Zuordnung des voluntativen Elements zum Tatbestand, des intellektuellen als „Vorsätzlichkeit" zur Schuld (vgl. auch Röttger aaO 213 ff.; krit. dazu Roxin ZStW 83, 390), Schünemann GA 85, 364: kognitive Komponente als solche des Unrechts, die emotionale als solche der Schuld.

a) Diese im **Handlungsunwert** bestehende personale Komponente des Unrechts ergibt sich aus der Eigenart der den jeweiligen Tatbeständen zugrundeliegenden Verhaltensnormen und – daraus folgend – dem Wesen der Rechtswidrigkeit; der Handlungsbegriff selbst gibt – entgegen der finalen Handlungslehre (o. 28 ff.) – für diese Frage nichts her (so zB auch B-Volk I 51 f., Gallas, ZStW 67, 33 ff., Bockelmann-FS 156 ff., Jescheck/Weigend 241 f., Roxin I 255 f., W-Beulke 139). Sinn dieser Verhaltensnormen ist es angesichts der oft unüberschaubaren Zusammenhänge menschlichen Handelns nicht, jede beliebige Verursachung unerwünschter Zustände zu verbieten, sondern den einzelnen zu einem im Hinblick auf das durch die Norm geschützte Rechtsgut „inhaltlich richtigen Wollen" zu bestimmen (Dohna aaO 150, Jescheck/Weigend aaO, W-Beulke aaO, Wolter aaO 152 f.). Verboten sind daher nur solche Verhaltensweisen, durch die der Handelnde *bewußt* und *gewollt* – so die übliche wenn auch unpräzise Kurzformel für den Vorsatz – oder unter *Außerachtlassung der gebotenen Sorgfalt* einen im Hinblick auf die Unversehrtheit des fraglichen Guts negativ bewerteten und deshalb nichtsein-sollenden Sachverhalt verwirklicht (vgl. aber auch Röttger aaO 227 ff.). Allein eine in diesem Sinn fehlerhafte und damit den besonderen „Handlungsunwert" begründende Willensbetätigung kann daher auch rechtswidrig sein, was bedeutet, daß auch Vorsatz und der Sorgfaltsmangel bei der Fahrlässigkeit bereits Voraussetzungen der Rechtswidrigkeit sind, während ein Verhalten, das weder vorsätzlich noch objektiv sorgfaltswidrig ist, mangels einer Normverletzung trotz seines schädlichen Erfolgs diese Eigenschaft nicht haben kann. Dabei besteht, was die *Rechtswidrigkeit* als Widerspruch zu rechtlichen Verhaltensnormen betrifft, zunächst kein Unterschied zwischen vorsätzlicher und fahrlässiger Tat (o. 51; von Bedeutung allerdings nur, wenn die Norm auch unsorgfältiges Verhalten verbietet, was zB wegen § 823 I BGB bei der Sachbeschädigung, nicht aber bei § 153 der Fall ist). Wohl aber ist der Handlungsunwert selbst als Träger des Handlungs-*Unrechts* verschieden, je nachdem, ob der Täter vorsätzlich oder fahrlässig gehandelt hat. Daher gibt es **vorsätzliches** und **fahrlässiges Unrecht**, wobei der dem Vorsatzdelikt innewohnende größere Handlungsunwert das Unrecht der vorsätzlichen Tat schwerer erscheinen läßt und zB im Fall des § 303 überhaupt erst zu strafwürdigem Unrecht macht. Mord und fahrlässige Tötung unterscheiden sich daher nicht erst in der Schuld (so jedoch die sog. klassische Verbrechenslehre und auf anderer Grundlage auch Schmidhäuser 204, 209, Schaffstein-FS 158), sondern stellen schon verschieden schweres Unrecht dar. Daß auch das Gesetz selbst den Vorsatz bereits als Element des tatbestandsmäßigen Unrechts ansieht, zeigen schon die bei der Tatbestandsumschreibung häufig benutzten finalen Tätigkeitsworte (zB § 113: „Widerstandleisten", § 263: „Vorspiegeln", § 292: „dem Wild nachstellen"), bei denen eine rein kausale Deutung schon mit dem Gesetzeswortlaut kaum vereinbar ist, ganz abgesehen davon, daß damit auch der eigentliche Handlungssinn verloren ginge (vgl. zuerst v. Weber, Zum Aufbau des Strafrechtssystems, 1935, ferner zB Gallas ZStW 57, 33, Jescheck/Weigend 242, Roxin I 256; vgl. auch BGH 24 120). Ebenso folgt aus der gesetzlichen Existenz des Versuchs und der dort zwingenden Zugehörigkeit des Vorsatzes zum Unrecht des versuchten Deliktes (so hier zB auch Mezger NJW 53, 4), daß dann auch für die vollendete Tat nichts anderes gelten kann (zB Frisch aaO 265 ff., Gallas ZStW 57, 34, Jescheck/Weigend 242 f., Roxin I 255). Umgekehrt kann daraus, daß § 16 dem Vorsatz den Vorsatzgegenstand gegenüberstellt, nicht gefolgert werden, daß ersterer nur ein persönliches Zurechnungsmerkmal im Rahmen der Schuld sei (so jedoch Engisch DJT-FS I 427 f.); denn daß der Vorsatz „als das Intendierende außerhalb des Intendierten steht" (Engisch aaO 428), ändert nichts daran, daß erst beides zusammen den „sozialen Gesamtsinn des Geschehens" (BGH **24** 121) ergibt, das nur in dieser Gesamtheit das spezifische Unrecht des vorsätzlichen Delikts ausmacht. Daß der Vorsatz schon für das Unrecht von Bedeutung ist, schließt im übrigen nicht aus, daß er eine Doppelstellung hat und bei der Schuld unter schuldspezifischen Gesichtspunkten wiederkehrt (u. 120), ebenso wie die Fahrlässigkeit ein komplexer Begriff ist, der sowohl Unrechts- als auch Schuldelemente enthält (vgl. § 15 RN 120 ff., 190 ff.; für eine noch weitergehende Strukturgleichheit von Vorsatz- u. Fahrlässigkeitsdelikt Wolter GA-FS 278 ff., 307 ff.).

56 Keine Einigkeit besteht auch innerhalb der personalen Unrechtslehre darüber, ob und ggf. welche **weiteren Gegebenheiten** neben Vorsatz und (objektiver) Fahrlässigkeit **Teil des Handlungsunrechts** sind. So ist beim Vorsatzdelikt umstritten, ob sich der Handlungsunwert im subjektiven „Intentionalitäts"- oder „Intentionsunwert" erschöpft (vgl. Paeffgen, Der Verrat usw. 110 ff.; Rudolphi, Maurach-FS 57) oder ob und inwieweit iS eines „objektiv-subjektiven Handlungsunrechts" (Wolter aaO 25 f., 49 f. u. pass., zuletzt GA-FS 296) dazu auch ein „Objektivierungsunwert" (Jakobs 167) gehört, etwa die Handlung selbst bis zum Abschluß der willensgesteuerten Körperbewegung bzw. bis zur Beendigung des Versuchs (vgl. Gallas, Bockelmann-FS 156 ff., Stratenwerth, Schaffstein-FS 178 FN 9), die tatbestandsmäßige Handlung zuzüglich objektiv-täterschaftlicher Merkmale (Jescheck LK 44) oder gar die Handlung einschließlich des Erfolgs (so Hirsch ZStW 94, 240 ff.; vgl. auch Roxin I 272 und auf der Grundlage einer anderen Unrechtskonzeption Kratzsch aaO 105 ff., 415 ff., Röttger aaO 249 ff. [vgl. dort auch 31 ff.]). Die Bedeutung eigenständiger Unrechtselemente haben Handlungs- und Erfolgs- bzw. Sachverhaltsunwert jedoch nur, wenn der erstere auf die Umstände beschränkt wird, die den Verstoß gegen ein – seinerseits wieder auf die Vermeidung eines Unwertsachverhalts bezogenes – Nicht-*tun*-sollen (Bestimmungsnorm; o. 49) ausmachen und die darüber entscheiden, *ob* ein Verhalten vorsätzliches und fahrlässiges Unrecht iS eines bestimmten Deliktstypus ist (o. 54; vgl. auf der Grundlage einer anderen Handlungskonzeption hier auch Behrendt GA 93, 75). Für die Vorsatztat bedeutet dies, daß es bereits der auf die Verwirklichung eines Erfolgs- bzw. Sachverhaltsunwerts (u. 57) angelegte und unter Verstoß gegen eine Bestimmungsnorm objektiv ins Werk gesetzte „Intentionsunwert" ist, der vorsätzliches Handlungsunrecht begründet, wobei die „Intention" dann allerdings nicht nur iS eines intendierten Ziels verstanden werden darf (vgl. statt dessen daher auch Frisch aaO 265, 268: „Entscheidungsunrecht"). Ein solches liegt daher auch nicht erst mit der Beendigung des Versuchs, sondern schon mit dessen Beginn vor, und nicht nur um einen bloßen „Handlungsversuchsunwert" (so jedoch Gallas aaO 159, Wolter aaO 25, GA 91, 549 FN 42) handelt es sich auch beim untauglichen Versuch, dessen Besonderheiten nicht hier, sondern erst beim Sachverhaltsunwert (u. 57) zu suchen sind. Entsprechendes gilt für die Fahrlässigkeitstat, deren Handlungsunwert in dem äußerlich in Erscheinung getretenen „Sorgfaltsmangelunwert" besteht (näher dazu § 15 RN 116 ff.; vgl. aber auch hier iS eines Intentionsunwerts Struensee JZ 87, 57 u. dazu o. 31; and. ferner zB Röttger aaO 58 ff.).

57 b) **Sachverhalts- bzw. Erfolgsunwert** ist dagegen der durch die Handlung verwirklichte äußere Sachverhalt selbst, der sich, gemessen an der Bewertungsnorm, je nach Qualität und Quantität der betroffenen Werte, Art und Umfang ihrer Beeinträchtigung usw. als ein unterschiedlich wertwidriges „Nicht-*sein*-sollen" darstellt (o. 49) und der, bezogen auf die Gewährleistungsnorm (o. 49), der mit dieser ausgesprochenen Schutzgarantie zuwiderläuft (zu weiteren Differenzierungen vgl. zB Jakobs 167, Wolter aaO 109 ff., 127 ff. u. pass. [„primärer" und „sekundärer Erfolgsunwert"]; vgl. auch Köhler 26 f. u. krit. zum Ganzen Kindhäuser aaO 60, GA 94, 200 ff.). Dazu gehört nicht nur der tatbestandsmäßige Erfolg iS einer Verletzung oder konkreten Gefährdung des geschützten Handlungsobjekts (so jedoch zB Jescheck LK 44, ders./Weigend 240), vielmehr gibt es neben diesem Erfolgsunwert i. e. S. einen „Erfolg" in dem hier gemeinten untechnischen Sinn auch in Gestalt eines wertwidrigen äußeren Sachverhalts auch bei schlichten Tätigkeitsdelikten (zB auch Behrendt GA 83, 75, Lampe aaO 100, Rudolphi, Maurach-FS 56) und, weil dies nicht der Endsachverhalt zu sein braucht, beim Versuch. Besonderheiten ergeben sich hier nur beim untauglichen Versuch, denn wenn bei diesem von einem Sachverhaltsunwert überhaupt gesprochen werden kann, so nur in dem beschränkten Sinn des in den sonstigen Sachverhalts- bzw. Erfolgsunwerten mitenthaltenen und hier allein übrig bleibenden Hervorrufens eines rechtserschütternden Eindrucks (vgl. 22 vor § 22). Im einzelnen bedeutet dies:

58 α) Der Erfolgsunwert ändert zwar nichts an der schon durch den Handlungsunwert begründeten **Rechtswidrigkeit** (o. 54), wohl aber bestimmt er zusätzlich die **Höhe** des damit bereits gegebenen **Unrechts** (zu dessen Abstufbarkeit o. 51; and. die „monistisch-subjektive" Lehre [u. 59], ferner Mir Puig aaO 262 ff., Silva-Sanchez ZStW 101, 370). Insofern ist auch der Sachverhaltsunwert ein vollwertiges Unrechtselement: Das Unrecht kann zwar nicht schon mit der bloßen Rechtsgutsverletzung begründet werden, wie die klassische Lehre angenommen hat, es erschöpft sich andererseits aber auch nicht in dem personalen Handlungsunrecht (h. M., zB B-Volk I 49, Eser/Burkhardt I 44, Ebert/Kühl Jura 81, 235, Gallas, Bockelmann-FS 161 ff., Jakobs 166, Günther SK 20 vor § 32, Jescheck LK 44, ders./Weigend 240, Krauß ZStW 76, 59, Krümpelmann aaO 82 ff., Kühl 18, M-Zipf I 216, Otto ZStW 87, 566, Roxin I 268 ff., Rudolphi, Maurach-FS 51, 18, Stratenwerth 304 f., ferner die Nachw. u. 59 aE). Deshalb ist das Unrecht der vollendeten Tat im allgemeinen größer als bei der nur versuchten Tat und hier wieder beim beendeten und beim tauglichen Versuch größer als beim unbeendeten bzw. untauglichen; ebenso ist das Unrecht einer fahrlässigen Erfolgsverursachung schwerer als bei der folgenlosen Sorgfaltspflichtverletzung, auch wird bei Fahrlässigkeitsdelikten die Qualität des Unrechts häufig erst durch den Erfolgsunwert bestimmt, da ein und dieselbe Sorgfaltspflichtverletzung ganz verschiedene Folgen haben kann (Tötung, Körperverletzung usw.). Dabei ist es vielfach gerade erst der Erfolgsunwert, der das Unrecht in den Rang strafwürdigen Unrechts erhebt, so idR bei Fahrlässigkeitsdelikten und bei Vorsatztaten, deren Versuch nicht strafbar ist.

Demgegenüber soll nach einer neueren **„monistisch-subjektiven Unrechtslehre"** der Erfolg für das Unrecht überhaupt keine Bedeutung haben, sondern als Manifestation begangenen Unrechts lediglich das Strafbedürfnis begründen (vgl. Dornseifer aaO 433 f., Horn, Konkrete Gefährdungsdelikte 78 ff., Armin Kaufmann, Welzel-FS 410, Lüderssen ZStW 85, 291, Zielinski aaO 135 ff., 205 ff.; vgl. iE auch Freund 50, Mir Puig aaO 263 f.), dies jedenfalls bei Fahrlässigkeitsdelikten (so weitgehend Welzel 135 f., Fahrlässigkeit und Verkehrsdelikte 21; vgl. auch Schaffstein, Welzel-FS 559 ff. mwN). Fragt man jedoch nach der Legitimation für dieses mit dem Hinzukommen des Erfolgsunwerts bejahte Strafbedürfnis, so kann sie – anders als bei den objektiven Bedingungen der Strafbarkeit (zu diesen u. 124 ff.; vgl. Krauß ZStW 76, 62) – nur darin liegen, daß hier das Unrecht selbst die Grenze des Bereichs überschreitet, in dem auf eine strafrechtliche Reaktion nicht mehr verzichtet werden kann. Gewiß kann der Handlungsunwert als solcher durch das Hinzutreten des Erfolgsunwerts nicht gesteigert und durch sein Ausbleiben nicht vermindert werden (Welzel 136, Armin Kaufmann, Welzel-FS 411), doch erschöpft sich das Unrecht nicht im bloßen Handlungsunrecht. Seit jeher werden menschliche Taten daran gemessen, was sie – im Guten wie im Bösen – bewirken, und auch das Recht kann deshalb ungeachtet einer gewissen Irrationalität des damit angelegten Maßstabes nicht umhin, bei der Bewertung eines Geschehens dessen schädlichen Erfolg als einen negativen Faktor mit einzubeziehen (vgl. auch Hirsch ZStW 94, 249; krit. Kratzsch aaO 107 f., 425). Vgl. im übrigen die 25. A. u. näher gegen die hier abgelehnte Auffassung Donatsch aaO 48 ff., Gallas, Bockelmann-FS 156 ff., Hirsch ZStW 94, 240 ff., Köln-FS 409 f., Jakobs aaO 120 ff., Kratzsch aaO 94 ff., Krümpelmann aaO 82 ff., Mylonopoulos aaO 67 ff., Paeffgen aaO 110 ff., A. Kaufmann-GedS 412 ff., Puppe NK 17 f., Roxin I 269 ff., Schöneborn GA 81, 73 ff., Schünemann, Schaffstein-FS 171 ff., JA 75, 511, Stratenwerth, Schaffstein-FS 182 ff., Wolter aaO 109 ff. u. pass.; zT krit. dazu jedoch Degener ZStW 103, 370 ff. u. zum Ganzen vgl. auch Dencker aaO, Günther SK 21 vor § 32.

β) Zwischen Handlungs- und Erfolgsunwert besteht eine innere Abhängigkeit insofern, als ein **Handlungsunwert** nur, aber auch schon dann gegeben ist, wenn die Handlung auf einen **Sachverhaltsunwert bezogen** ist (näher Rudolphi, Maurach-FS 54 ff.). Beim Vorsatzdelikt ist dieser Bezugspunkt der Sachverhaltsunwert der vollendeten Tat (zuzüglich des kupierten Erfolgs usw. bei den Absichtsdelikten, u. 63), woraus folgt, daß es, wenn der Täter diesen nicht in Kenntnis der fraglichen Umstände verwirklichen will, mangels des entsprechenden „Intentionsunwerts" (o. 56) an *vorsätzlichem* Handlungsunrecht fehlt, so wie umgekehrt dieses bei einem Ausbleiben des intendierten Sachverhaltsunwerts nicht entfällt. Über die in §§ 16, 22 geregelten Fälle des Tatbestandsirrtums bzw. Versuchs hinaus hat dies Bedeutung für die irrige Annahme eines rechtfertigenden Sachverhalts bzw. das Handeln in Unkenntnis eines solchen, weil materielles Erfolgsunrecht nur ein Sachverhalt sein kann, der über die formelle Tatbestandsmäßigkeit hinaus vom Recht tatsächlich auch negativ bewertet wird (vgl. auch o. 17, 19 sowie 15, 21 vor § 32).

III. Für die **Zusammensetzung des Unrechtstatbestands** ergibt sich daraus, daß dieser sowohl objektive als auch subjektive Elemente enthält („objektiver" und „subjektiver Tatbestand"). Dabei bedient sich das Gesetz zur Umschreibung des für eine Deliktsart typischen Unrechtssachverhalts sowohl „deskriptiver" wie „normativer" Merkmale (u. 64), wobei diese überwiegend „positiv", mitunter aber auch „negativ gefaßt" sind (zB § 284: „ohne behördliche Erlaubnis"; zu den davon zu unterscheidenden Merkmalen mit einer „gegenläufigen Handlungsumschreibung" vgl. Armin Kaufmann JZ 55, 37, Klug-FS 280 f.).

1. Zum **objektiven** Tatbestand gehört alles, was die äußere Sinnhaftigkeit des Geschehens ausmacht (vgl. auch Jescheck/Weigend 273: „gegenständlich – realer Kern eines jeden Delikts"). Dies sind zunächst die außerhalb der Täterpsyche liegenden Umstände, die das äußere Erscheinungsbild der Tat bestimmen (zB Eintritt eines bestimmten Erfolgs, Kausalzusammenhang zwischen Handlung und Erfolg [dazu u. 71 ff.], besondere Begehungsmodalitäten, Sondereigenschaften des Täters usw.; zu der hier möglichen Typenbildung vgl. u. 127 ff.), nicht aber auch subjektive Vorgänge beim Opfer (zB Irrtum bei § 263; vgl. auch Schild AK 180 ff.). Bereits die objektiven Tatbestandsmerkmale können aber auch von tätersubjektiven Gegebenheiten durchsetzt sein, wenn sich erst aus der Verbindung mit diesen der äußere Handlungssinn ergibt. Dies gilt zB für die „Zueignung" als Manifestation eines Zueignungswillens in § 246 (vgl. dort RN 11) und für finale Tätigkeitsbeschreibungen wie „dem Wilde-Nachstellen" in § 292 (vgl. dazu auch Herzberg, Oehler-FS 163), aber auch für das „Sonderwissen" des Täters bei der objektiven Erfolgszurechnung (u. 93 u. näher dazu Roxin, A. Kaufmann-GedS 250 f.), und ebenso sind es subjektive Faktoren, die schon über das Vorliegen einer Handlung entscheiden (o. 37 ff.). Eine formale Trennung zwischen „Außen" und „Innen" ist daher nicht möglich (vgl. Jescheck/Weigend 273, Roxin I 250, ferner Schmidhäuser, Schultz-FG 61, der eine Trennung zwischen objektivem und subjektivem Tatbestand überhaupt für verfehlt hält; zum Ganzen vgl. auch Mir Puig aaO).

Vorbem §§ 13 ff. 63–66   Allg. Teil. Die Tat – Grundlagen der Strafbarkeit

63   2. Zu den **subjektiven** Tatbestandselementen gehören bei *Vorsatzdelikten* der auf den objektiven Tatbestand bezogene Vorsatz (vgl. o. 53 u. näher zum Vorsatz § 15 RN 6 ff.). Dasselbe gilt bei den sog. *Absichtsdelikten* für das Erfordernis einer über den objektiven Tatbestand hinausreichenden besonderen Absicht („überschießende Innentendenz"), diese – hier weitgehend unbestritten – ein (weiteres) „subjektives Unrechtselement" deshalb, weil nur bei ihrem Vorliegen das typische Unrecht des fraglichen Delikts verwirklicht ist (vgl. zB B/W-Weber 102, Engisch, Rittler-FS 165, Jescheck/Weigend 219, Mezger GS 89, 20, Roxin I 262, aber auch Oehler aaO 62 ff.). Zu diesen Absichtsdelikten zählen herkömmlich die „kupierten Erfolgsdelikte" und die „unvollkommen" oder „verkümmert zweiaktigen Delikte", die ersteren gekennzeichnet dadurch, daß ein weiterer Erfolg durch die tatbestandsmäßige Handlung selbst bewirkt werden soll (zB §§ 253, 263: Bereicherung bzw. Vermögensvorteil), während es bei letzteren dazu einer zusätzlichen Zweithandlung bedarf (zB § 267: Täuschung im Rechtsverkehr; zur Problematik fremder Nachakte vgl. F. C. Schroeder, Lenckner-FS 335 f. u. zu nur scheinbaren und neuartigen Absichtsdelikten S. 336 ff.). Genannt werden im Zusammenhang mit den subjektiven Tatbestandselementen ferner die sog. *Tendenzdelikte*, bei denen erst eine besondere subjektive Tendenz der Tathandlung ihr eigentliches Gepräge gibt (wobei die dafür als Beispiel aufgeführte „wollüstige Absicht" bei den §§ 174 ff. allerdings nur noch begrenzte Bedeutung hat [s. § 184 c RN 7 ff.]; vgl. dazu Jescheck/Weigend 219 f., aber auch Roxin aaO). Zu den *„unechten" Gesinnungsmerkmalen* vgl. u. 122. – Bei *Fahrlässigkeitstaten* tritt als unrechtsbegründendes Merkmal an die Stelle des Vorsatzes die objektive Sorgfaltspflichtverletzung (zur Fahrlässigkeit als einzelner vgl. § 15 RN 105 ff.). Ob der Sorgfaltsmangel – bei fahrlässigen Erfolgsdelikten als verbotene Gefahrschaffung zugleich die Grundlage der Erfolgszurechnung (u. 93) – als „subjektiver Tatbestand" bezeichnet werden sollte, ist jedoch zumindest zweifelhaft (vgl. auch Roxin I 913, A. Kaufmann-GedS 250 f. gegen Struensee JZ 87, 53 u. dazu o. 31; and. Burkhardt, in: Wolter/Freund, Straftat, Strafzuweisung usw., 1996, 130 f.). Zum psychologischen Gehalt subjektiver Verbrechensmerkmale und ihrer (individual- oder sozialpsychologischen) Deutung vgl. Haffke GA 78, 33, Jäger MSchrKrim. 78, 297, Krauß, Bruns-FS 11, jeweils mwN.

64   3. Bei den Tatbestandsmerkmalen wird üblicherweise zwischen sog. **deskriptiven** und **normativen Merkmalen** unterschieden (dagegen jedoch Dopslaff GA 87, 1, Stratenwerth 96, 99), wobei die ersteren ein vorgegebenes Phänomen des realen Seins bezeichnen (zB „Sache", „töten"), während letztere „nur unter logischer Voraussetzung einer Norm vorgestellt oder gedacht werden können" (Engisch, Mezger-FS 147), weil sie sich auf eine Eigenschaft beziehen, die etwa darin, was ist, erst durch eine entsprechende soziale Regel zugeschrieben wird (zB „fremd", „Urkunde"; vgl. näher zu der zT umstrittenen Begriffsbestimmung Kunert aaO, Darnstädt JuS 78, 441, Kindhäuser Jura 84, 465, Puppe NK 27 ff., Schlüchter aaO 7 ff. mwN; vgl. im übrigen § 15 RN 17 ff.). Weil auch die deskriptiven Merkmale im Zusammenhang eines Tatbestands immer einen normativen Bezug aufweisen (vgl. zB zum Ende des Menschseins 16 ff. über § 211), ist eine exakte Abgrenzung von den normativen Merkmalen häufig allerdings kaum möglich (vgl. auch Küpper aaO [o. vor 23] 119 mwN). Besondere Probleme werfen diese beim Vorsatz und Irrtum auf (vgl. § 15 RN 43 ff., § 16 RN 20 f.; and. Dopslaff GA 87, 20 ff.). Soweit es sich bei den normativen Merkmalen um wertausfüllungsbedürftige Begriffe handelt, die auf außerrechtliche Maßstäbe verweisen (zB § 240 II: „verwerflich", § 184: „pornographisch") – die neuere Gesetzgebung bedient sich zunehmend solcher Merkmale (über die Gründe vgl. Lenckner JuS 68, 249 ff.), kann sich hier ferner wegen der relativ hohen Unsicherheit des in Bezug genommenen Standards die Frage der Vereinbarkeit mit dem Bestimmtheitsgrundsatz früher stellen als bei deskriptiven Merkmalen (vgl. § 1 RN 24 ff.).

65   IV. Soweit das **Gesetz** in einzelnen Bestimmungen bei der Umschreibung eines deliktischen Verhaltens den Begriff **„rechtswidrig"** oder **„widerrechtlich"** verwendet (zB §§ 123, 303; zu § 303a vgl. dort RN 6), handelt es sich dabei nicht um ein zusätzliches Tatbestandsmerkmal, sondern um das allgemeine Verbrechensmerkmal der Rechtswidrigkeit, das hier nur deshalb ausdrücklich hervorgehoben wird, um auf die Möglichkeit des Eingreifens von Rechtfertigungsgründen besonders hinzuweisen. Dagegen wird die „Rechtswidrigkeit" der beabsichtigten Zueignung bzw. des erstrebten Vermögensvorteils in den §§ 242, 263 von der h. M. als Tatbestandsmerkmal angesehen, weil sie sich hier nicht auf die Bewertung der Gesamttat beziehe, sondern als Attribut eines einzelnen Tatbestandsmerkmals auftrete (vgl. Lackner/Kühl § 242 RN 28 u. Lackner LK § 263 RN 287 ff. mwN, ferner zB M-Zipf I 336, Roxin I 238; and. zB Welzel 350, 377). Auch das Merkmal **„unbefugt"** hat keine einheitliche Bedeutung; zT ist es gleichbedeutend mit dem allgemeinen Verbrechensmerkmal der Rechtswidrigkeit (zB §§ 168, 353 b), zT hat es eine doppelte Funktion, indem es daneben auch schon zur Begrenzung des Tatbestands dient, wo dieser sonst noch keinen vernünftigen Sinn ergäbe. Dies gilt zB für § 107 a I 1. Alt. (vgl. B/W-Mitsch 289, Roxin aaO u. dazu auch Herzberg JA 89, 245), andererseits aber auch Fälle denkbar sind, in denen der Täter lediglich nach § 34 gerechtfertigt ist. Vgl. ferner zB § 201 RN 29, § 203 RN 21 f., 14 vor § 324.

66   V. Gelegentlich werden den **„geschlossenen"** oder lediglich **„ergänzungsbedürftigen"** Tatbeständen die sog. **„offenen"** Tatbestände gegenübergestellt, zu denen insbes. die §§ 240, 253 gehören sollen. Der Unterschied soll darin bestehen, daß das Gesetz bei ersteren die für das Unrecht der betreffenden Deliktsart typischen Merkmale selbst nennt oder jedenfalls das Leitbild zur Verfügung stellt, nach dem ein ergänzungsbedürftiger Tatbestand vervollständigt werden kann (zB Garantenstellung beim unechten Unterlassen, verkehrsgemäße Sorgfalt bei den Fahrlässigkeitsdelikten), während bei letzteren ein sachliches Leitbild für die Ergänzung des den typischen Unrechtssachverhalt nur unvollständig wiedergebenden Tatbestandes gerade fehle (vgl. insbes. Welzel 83, ferner die Nachw. b. Hirsch LK 19 vor § 32). Anders als sonst „indiziere" daher die Erfüllung eines in dieser Weise „offenen" Tatbestandes noch nicht die Rechtswidrigkeit, vielmehr könne diese hier nur positiv durch ein selbständiges richterliches Werturteil festgestellt werden (Welzel aaO). Mit Recht wird diese Lehre jedoch von der h. M. abgelehnt, wenn auch zT aus unterschiedlichen Gründen und mit verschiedenen Ergebnissen (vgl. zB Engisch, DJT-FS I 411 f., Gallas ZStW 67, 24 f., Hirsch, Negative Tatbestandsmerkmale 289 ff., ZStW 74, 117 ff., LK 21 vor § 32, Jakobs 160, Jescheck LK 47, ders/Weigend 247, M-Zipf I 335, Roxin I 245 ff., Offene Tatbestände 53 ff., ZStW 82, 682 f., Schmidhäuser 286 f., Stratenwerth 120). Ist es die Funktion des Unrechtstatbestandes, den für eine bestimmte Deliktsart typischen Unrechtssachverhalt zu kennzeichnen, so kann es nur „geschlossene" Tatbestände geben: Jedes Merkmal, das den Unrechtsgehalt der betreffenden Deliktsart mitbestimmt, ist dann ein Tatbestandsmerkmal, gleichgültig, inwieweit der Unrechtssachverhalt vom Gesetz selbst gegenständlich näher umschrieben ist bzw. der Richter den gesetzlichen Tatbestand durch einen Rückgriff auf die allgemeinen Regeln und Wertungen der Sozialordnung zu ergänzen hat (so zB Gallas, Hirsch, Jescheck bzw. Jescheck/Weigend, Roxin, Stratenwerth, jeweils aaO). Für die Tatbestandslehre macht es daher auch keinen prinzipiellen Unterschied, ob das Gesetz zur Kennzeichnung des verbotenen Verhaltens ein bestimmtes normatives Merkmal oder – bei „offenen" Tatbeständen – verhältnismäßig allgemeine Wertformeln benutzt. Für die Verwerflichkeitsklausel des § 240 II oder die Wendung „ohne vernünftigen Grund" in § 17 Nr. 1 TierschutzG zB bedeutet dies, daß diese – in § 240 II ungeachtet des Wortlauts – nicht als zusätzliche und besondere Rechtswidrigkeitsregeln, sondern als Ergänzung des – sonst als Unrechtstypus völlig konturenlosen – Tatbestands des Abs. 1 anzusehen ist (zu § 240 vgl. dort RN 16 mwN). Soweit sich bei den „offenen" Tatbeständen Besonderheiten ergeben können, bestehen sie in anderer Hinsicht. Dies zeigen gerade die genannten Beispiele: So ist bei § 240 eine Ergänzung des Tatbestands durch Einbeziehung des Abs. 2 nur in einem Verfahren möglich, das die sonst auf Tatbestand und Rechtfertigungsgründe verteilte Gesamtbewertung zusammenfaßt und vorwegnimmt; eine zunächst generelle Bestimmung der „Verwerflichkeit", nämlich unter Absehen von Gesichtspunkten, die erst für eine etwaige Rechtfertigung relevant werden, ist weder allgemein noch im Einzelfall durchführbar, weil Abs. 2 immer auch die sachlichen Voraussetzungen eines Rechtfertigungsgrundes in sich aufnimmt (Roxin I 233, 245 ff., ZStW 82, 683; iE auch Puppe NK 35; and. Hirsch ZStW 74, 118 ff., LK 21 f. vor § 32, Jescheck/Weigend 248, Armin Kaufmann, Klug-FS 283; vgl. auch § 240 RN 33). Daraus, daß die Verwerflichkeit nach § 240 II – und Entsprechendes gilt zB für das Fehlen eines „vernünftigen Grunds" in § 17 Nr. 1 TierschutzG – als **„gesamttatbewertendes Merkmal"** (Jescheck LK 47, ders./Weigend 248, Puppe NK 34, Roxin I 246 ff.; dagegen jedoch Schmidhäuser 288) mit der Rechtswidrigkeit identisch ist, folgt andererseits aber auch, daß zu dem auf diese Weise ergänzten Tatbestand nur die Umstände gehören können, welche die Verwerflichkeit usw. begründen, nicht aber das darin liegende Werturteil selbst. Von Bedeutung ist dies beim Irrtum: Hier schließt nur der Irrtum über die Voraussetzungen zB der Verwerflichkeit den Vorsatz aus, nicht dagegen der Irrtum über die Verwerflichkeit selbst (Verbotsirrtum; vgl. Jescheck/Weigend 248, Roxin I 248 u. zu § 240 dort RN 28). Im übrigen liegt die eigentliche Problematik der offenen Tatbestände bei Art. 103 II GG (zu § 240 vgl. dort RN 17).

Nicht durchgesetzt hat sich auch die Lehre von den **„speziellen Rechtswidrigkeitsmerkmalen"** 67 („Rechtspflichtmerkmale"), nach der die eine besondere Zuständigkeit bezeichnenden Merkmale, obwohl im Tatbestand ausdrücklich genannt, nicht diesem, sondern erst der Rechtswidrigkeit zuzurechnen seien (vgl. Armin Kaufmann, Normentheorie 101, 257 ff., 285 f., Welzel 82 f., ZStW 67, 224). Mit der Aufhebung bzw. Änderung der Vorschriften, für die sie entwickelt wurde (§§ 110, 113, 116, 137 aF), hat diese Lehre hier ohnehin ihre praktische Bedeutung verloren (zur Rechtmäßigkeit der Diensthandlung in §§ 113, 136 n. F. vgl. § 113 RN 18 ff., iE auch Hirsch LK 32 vor § 32). Im übrigen bestehen die früher erhobenen Einwände (vgl. zuletzt Hirsch aaO, Jakobs 161 f. mwN) auch gegen ihre Neuformulierung durch Armin Kaufmann fort – Einstufung der Gültigkeitsvoraussetzungen behördlicher Akte als dem Tatbestand vorausgehend (Klug-FS 287 ff.) –, wobei vor allem auch zu bestreiten ist, daß die Unwirksamkeit eines die Norm ausfüllenden Behördenakts ebenso behandelt werden kann wie die Ungültigkeit der Norm selbst.

VI. Umstritten ist, ob und inwieweit es geboten ist, die Reichweite strafrechtlicher Tatbestände 68 mit Hilfe allgemeingültiger **Tatbestandseinschränkungsprinzipien** zu begrenzen. Diskutiert werden solche unter dem Gesichtspunkt der sozialen Adäquanz (u. 69), des Geringfügigkeitsprinzips (u. 70 a), der Schutzwürdigkeit des Opfers (u. 70 b) und des normrelevanten Risikos (u. 70 c).

1. Als ein Mittel, die in ihrem Wortlaut zT zu weit gefaßten gesetzlichen Tatbestände einzuschrän- 69 ken, wurde im Schrifttum die – allerdings umstrittene – Lehre von der **Sozialadäquanz** entwickelt (vgl. zuerst Welzel ZStW 58, 516; zur weiteren Entwicklung des Finalismus in diesem Zusammenhang vgl. Cancio Meliá, GA 95, 179). Danach sind Handlungen, die sich völlig im Rahmen der normalen, geschichtlich gewordenen sozialen Ordnung des Lebens bewegen, auch dann nicht tatbestandsmäßig, wenn sie vom Wortlaut einer Strafbestimmung erfaßt sind (zB München NStZ **85**, 549, Dölling ZStW 96, 55 f., Engisch, DJT-FS 418, Jescheck LK 49, ders./Weigend 226 ff., Armin Kaufmann ZfRVergl. 1964, 50, Klug aaO 249 [„Sozialkongruenz" i. U. zur „Sozialadäquanz", die ein Rechtfertigungsgrund sein soll], Krauß ZStW 76, 48, Lackner/Kühl 29 vor § 32, Peters, Welzel-FS 419, Stratenwerth 116, Tröndle 12 vor § 32, Welzel 55 und aaO, Wolter GA-FS 284 ff., 290, Zipf ZStW 82, 647 ff., M-Zipf I 219 ff.; abl. dagegen zB Barton StV 93, 158, B/W-Mitsch 291, Gallas ZStW 67, 22, Hirsch ZStW 74, 133 ff., LK 26 ff. vor § 32, Kienapfel, Das erlaubte Risiko usw. [1966] 10, 29, Roxin I 240 ff.). Gelegentlich wird die Sozialadäquanz als „Strafrechtsausschließungsgrund" auch einem „Rechtsraum" vor dem Unrechtstatbestand zugeordnet (Wolter, s. o. 44 aE), während sie nach anderer Auffassung lediglich ein Rechtfertigungsgrund ist (vgl. 107 a vor § 32) oder gar erst die Schuld betreffen soll (Roeder aaO 77 f.); näher zum Meinungsstand vgl. Roxin, Klug-FS 303 u. zum Zivilrecht Deutsch, Welzel-FS 273 ff. – Als Fälle der Sozialadäquanz werden u. a. genannt: Verletzungen als Folge ordnungsgemäßer Teilnahme am Verkehr; Ausschenken von Alkohol an Kraftfahrer (vgl. BGH **19** 152); das „Abstiften" eines Rettungswilligen von einer Rettungshandlung durch Hinweis auf die Kälte des Wassers; Ermunterung zur Benutzung eines Verkehrsmittels in der Erwartung, daß der andere bei einem Unfall getötet werde; Verlassen der Familie durch Ehemann, auch wenn dadurch die Gefahr eines Selbstmords der Frau heraufbeschworen wird (vgl. BGH **7** 271); übliche Neujahrsgeschenke an den Briefträger; im Rahmen ordnungsgemäßer Geschäftsführung liegende Risikogeschäfte (§ 266); unerhebliche Körperverletzung und Freiheitsbeschränkungen; Spielen um geringfügige Vermögenswerte (§§ 284 ff.); zu § 86 III vgl. BGH **23** 228, zu § 136 und einer nur unerheblichen Erschwerung des Zugriffs auf eine gepfändete Sache Hamm NJW **80**, 2537, zu § 258 und Schenkungen an den Verurteilten nach Bezahlung einer Geldstrafe BGH **37** 231, zu §§ 164, 344 und einer pflichtgemäß erstatteten „Amtsanzeige" München NStZ **85**, 549, wobei es hier aber des Adäquanzgedankens schon deshalb nicht bedurfte, weil der subjektive Tatbestand nicht vorlag (vgl. § 164 RN 20 u. zu § 344 Herzberg JR 86, 6); weitere Beisp. b. Hirsch ZStW 74, 87 ff., Jescheck LK 48, Roxin, Klug-FS 303. Zu einer sachlich an den Gedanken der Sozialadäquanz („ungeschliffener Diamant") anknüpfenden „professionalen Adäquanz" (zB Bankgewerbe) vgl. Hassemer wistra 95, 46, 81 ff. und dazu aber auch Otto, Lenckner-FS 202 f., 212 f.

70 Beschränkt man den Begriff der Sozialadäquanz auf „im sozialen Leben gänzlich unverdächtige, weil im Rahmen der sozialen Handlungsfreiheit liegende Handlungen" (BGH **23** 228), so kann es sich dabei jedenfalls nicht erst um einen Rechtfertigungsgrund (vgl. 107 a vor § 32) und erst recht nicht um einen bloßen Entschuldigungsgrund handeln (vgl. Roxin I 242, Klug-FS 309 f., Zipf ZStW 82, 639 ff.). Die soziale Adäquanz kann dann vielmehr nur im Problem des Tatbestands – dieser verstanden als Unrechtstypus (o. 45) – sein, weil das, was generell sozialadäquat ist, von vornherein nicht verboten und damit auch kein Unrecht sein kann. Eigenständige Bedeutung hat sie aber auch dort nur beschränkt. Insbesondere bedarf es in aller Regel nicht des Rückgriffs auf die Sozialadäquanz, um Verhaltensweisen ausscheiden zu können, die zwar vom Wortlaut eines Tatbestands erfaßt sind, von diesem jedoch sinnvollerweise nicht gemeint sein können. Vielmehr lassen sich solche Tatbestandsrestriktionen zumeist schon mit Hilfe allgemeiner Auslegungsregeln einschließlich einer am Schutzzweck orientierten teleologischen Reduktion erreichen, ohne daß die verhältnismäßig vage Generalklausel der Sozialadäquanz – besonders deutlich etwa bei § 261, wo zT auch äußerlich sozialübliche Verhaltensweisen erfaßt werden (vgl. Barton StV 93, 158) – in den Rang eines selbständigen und allgemeingültigen Tatbestandskorrektivs erhoben werden müßte (näher Hirsch LK 29 vor § 32, Roxin I 242 f., Klug-FS 310 ff.; vgl. auch B/W-Mitsch 291, Gropp 218, Jescheck/Weigend 253, Stratenwerth 117). Erst recht nicht bedarf es beim subjektiven Tatbestand eines solchen Korrektivs (zu § 164 vgl. dort RN 20 [gegen München NStZ **84**, 549], zu § 344 vgl. Düsseldorf NJW **87**, 2453, Langer JR 89, 97). Richtig ist nur, daß die soziale Adäquanz in Einzelfällen ein Auslegungsbehelf sein kann (zB bei der Ausscheidung einer nur unerheblichen Beeinträchtigung bei den §§ 223, 239; vgl. auch Hamm NJW **80**, 2537 zu § 136, ferner u. 70 a) und auf einem anderen Blatt steht, daß sie bei der Konkretisierung und Ausfüllung allgemeiner Begriffe (objektive Sorgfaltspflichtwidrigkeit bei der Fahrlässigkeit, verbotene Gefahrschaffung bei der objektiven Erfolgszurechnung, vgl. u. 93) das Mittel zur Kennzeichnung solcher Sachverhalte sein kann, die, weil als völlig unverdächtig im Rahmen der sozialen Handlungsfreiheit liegend (BGH aaO), von vornherein auszuscheiden haben. Die Bedeutung eines „allgemeinen Auslegungsprinzips" (Welzel 58) oder einen eigenen Stellenwert unter systematischen Gesichtspunkten hat die Sozialadäquanz deshalb aber nicht (vgl. auch Hirsch aaO, Roxin I 244).

70 a **2.** Ebenso wie die soziale Adäquanz ist das **Geringfügigkeitsprinzip** – die Grenzen zwischen beiden sind ohnehin fließend – nur ein Unterfall teleologischer Auslegung und kein selbständiges, allgemeingültiges Tatbestandskorrektiv (vgl. auch Roxin I 243; für eine generelle Tatbestandseinschränkung bei unbedeutenden Rechtsgutsbeeinträchtigungen unter Berufung auf den verfassungsrechtlichen Verhältnismäßigkeitsgrundsatz aber Hamm NJW **80**, 2537; and. iE weitgehend auch Ostendorf GA 82, 322, – wenig überzeugend – die Sozialadäquanz auf das Handlungsunrecht, das Geringfügigkeitsprinzip auf das Erfolgsunrecht bezieht). Zwar gibt es zahlreiche Tatbestände, in denen nur unbedeutende Rechtsgutsbeeinträchtigungen nach Wortlaut oder Sinn der Vorschrift von vornherein nicht erfaßt sind (vgl. die Übersicht b. Ostendorf aaO), ein allgemeines Prinzip ist dies aber nicht, wie schon die §§ 248 a, 263 IV, 266 II usw. zeigen, das Gesetz dem Geringfügigkeitsprinzip nur durch eine verfahrensrechtliche Regelung (Antragserfordernis, §§ 153, 153 a StPO) Rechnung getragen hat (zur Verfassungsmäßigkeit vgl. BVerfGE **46** 188, **50** 205). Umfassend zum Bagatellprinzip vgl. Krümpelmann, Die Bagatelldelikte, 1966, Kunz, Das strafrechtliche Bagatellprinzip, 1984 u. zu

Vorschlägen einer ausschließlich materiell-rechtlichen Lösung zuletzt Frisch, Stree/Wessels-FS 99 ff., 105 f.

3. Kein eigenständiges Tatbestandskorrektiv ist schließlich auch das sog. „**viktimodogmatische** **70 b** Prinzip**"**, das dazu dienen soll, im Rahmen zulässiger Auslegung aus den Straftatbeständen solche Verhaltensweisen zu eliminieren, denen gegenüber das Opfer nicht schutzwürdig und nicht schutzbedürftig ist, weil es sich durch ihm mögliche und zumutbare Maßnahmen selbst vor Schaden hätte bewahren können (vgl. mit Unterschieden im einzelnen insbes. R. Hassemer aaO 81 u. pass., Schünemann, in: Schneider 407 ff., Faller-FS 357 ff., Schmitt-FS 128 f., NStZ 86, 439, ZStW 90, 11, aber auch Amelung GA 77, 1; zur Kritik vgl. vor allem Günther, Lenckner-FS 71 ff., Hillenkamp aaO, ferner – zT mit Einschränkungen – zB Arzt MSchrKrim 84, 105, W. Hassemer, Klug-FS 217, Kratzsch aaO 361 ff., Oehler-FS 71 ff.). Dieser Auffassung liegt jedoch ein verfehltes Subsidiaritätsverständnis des Strafrechts zugrunde, zu dessen legitimen Aufgaben auch die Verhinderung eines allgemeinen gesellschaftlichen Klimas gehört, in dem – homo homini lupus est – jeder in jedem einen potentiellen Feind sieht (vgl. auch Jescheck/Weigend 254, Roxin I 509). Die „angemessene Wahrnehmung von Selbstschutzmöglichkeiten" ist deshalb schon kriminalpolitisch keine Alternative zu dem angeblich „hypertrophen und inflationären Strafrecht" (so Schünemann Faller-FS 367), und ebensowenig hat die „viktimodogmatische Maxime" de lege lata selbst bei einer Beschränkung auf „Auslegungsspielräume" (Schünemann Faller-FS 367 ff.) die Funktion eines „allgemeinen regulativen Prinzips" (so auch Roxin I 508). Dies zeigt sich gerade an den Paradebeispielen der „Viktimo-Dogmatik", so wenn bei § 263 der konkrete Zweifel am Wahrheitsgehalt des Getäuschten kein Irrtum sein soll (vgl. Amelung GA 77, 6 ff., R. Hassemer aaO 134 ff., Schünemann aaO 363), obwohl dies zu schweren Wertungswidersprüchen gegenüber einem leichtgläubigen und völlig unkritischen Opfer führen muß (vgl. auch Arzt GA 82, 522 f.). Selbstverständlich heißt dies nicht, daß es nicht auch viktimologisch vorgeprägte Tatbestandsmerkmale gibt (so zB das Erfordernis besonderer Sicherung in §§ 202 I Nr. 1, II, 202 a) und daß bei der Bestimmung der Reichweite von Straftatbeständen im Wege der Gesetzesinterpretation nicht auch das Prinzip der Selbstverantwortung des Rechtsgutsträgers eine entscheidende Rolle spielen kann (vgl. zB u. 100 ff.). Nur handelt es sich dabei, wie auf der anderen Seite schon die §§ 242, 243 I Nr. 2 zeigen (Fehlen einer besonderen Wegnahmesicherung: Strafbarkeit nach § 242), nicht um ein eigenständiges, allgemeines Prinzip der Tatbestandsbegrenzung. Was bleibt, ist daher das allgemeine Problem teleologischer Auslegung, für die im Einzelfall auch viktimologische Aspekte von Bedeutung sein können (vgl. auch Arzt MSchrKrim 84, 113); eine „vollsaftige Strafrechtsdogmatik" (Schünemann, Schmitt-FS 127) ist deshalb aber nicht. Zusf. u. bei einer „viktimodogmatischen Maxime" mit Recht positiv auf die Schutzbedürftigkeit u. Schutzwürdigkeit des Opfers statt negativ auf ihr Fehlen abstellend vgl. Günther aaO 69 ff., 76 ff.

4. Als ein allgemeingültiger Tatbestandseinschränkungsgrund wird neuerdings schließlich auch das **70 c** „**nicht normrelevante**" bzw. „**erlaubte Risiko**" angesehen, und zwar nicht nur bei Fahrlässigkeitsdelikten, bei denen es zur Begründung dieses Risikos von der h. M. bisher nur zur Begrenzung von Sorgfaltspflichten herangezogen wurde (vgl. § 15 RN 127 f. sowie 94 vor § 32), sondern auch bei Vorsatztaten (vgl. Frisch aaO 74 ff., 349 ff. u. pass., Herzberg JR 86, 8, JuS 86, 249 ff.). Soweit es sich um (auch vorsätzliche) Erfolgsdelikte handelt, entspricht dies jedenfalls iE der auch sonst vertretenen Auffassung, wonach rechtlich nicht relevante Risiken bei der Erfolgszurechnung auszuscheiden haben (u. 93). Zweifelhaft ist jedoch, ob der bei den Erfolgsdelikten dafür maßgebliche Gedanke, daß Gegenstand strafrechtlicher Verhaltensnormen nicht erst die Erfolgsherbeiführung, sondern schon die Schaffung der Erfolgsgefahr sein muß (u. 92), in der Weise zu dem auch für andere Vorsatztatbestände geltenden Grundsatz erweitert und verallgemeinert werden kann, daß „Verhaltensweisen idR schon dann verboten sind, wenn sie bei objektiver Beurteilung ex ante und aus der Perspektive des Agierenden die konkrete Möglichkeit in sich bergen, zu einer Tatbestandsverwirklichung zu führen" (Frisch aaO 361). Trotz mancher Vorzüge eines solchen Normverständnisses – so die mit der Beschränkung des tatbestandsmäßigen Verhaltens auf bestimmte Risikosetzungen gewonnene Möglichkeit, die Strafbarkeit in Fällen zu verneinen, die für die h. M. im Rahmen des subjektiven Tatbestands nur schwer lösbar sind (vgl. etwa das Beisp. von Herzberg aaO) – bleibt hier der prinzipielle Einwand, daß eine ex ante-Beurteilung nur bei erfolgs- und damit zukunftsbezogenen Risiken zulässig sein kann, nicht aber bezüglich solcher Umstände, die in den Tatbeständen bereits objektiv gegeben sind (vgl. dazu aber auch Frisch aaO 349 ff., Freund 40): So knüpft zB das dem § 176 zugrundeliegende Verbot nicht an die mehr oder weniger konkrete Möglichkeit an, daß das Opfer ein noch nicht 14 Jahre altes Kind sein könnte (so jedoch Frisch aaO 355 f.), vielmehr sind die in § 176 beschriebenen Handlungen nur verboten, wenn das Opfer tatsächlich ein Kind ist.

VII. Kausalzusammenhang und objektive Zurechnung.

Schrifttum: Amelung, Zur Verantwortlichkeit Drogenabhängiger für Selbstschädigung durch den Gebrauch von Suchtstoffen, NJW 96, 2393. – *Behrendt*, Zur Synchronisation von strafrechtlichen Handlungs-, Unrechts- und Zurechnungslehre, GA 93, 67. – *Bernsmann*, Zum Verhältnis von Wissenschaftstheorie u. Recht, Arch. f. Rechts- u. Sozialphilosophie 1982, 536. – *ders./Zieschang*, Zur strafrechtlichen Haftung des Verursachers einer Gefahrenlage für Taten eines Retters, JuS 95, 775. – *Bindokat*, Versari in re illicita und Erfolgszurechnung, JZ 77, 549. – *ders.*, Fahrlässige Beihilfe, JZ 86, 421. – *Burgstaller*, Das Fahrlässigkeitsdelikt im Strafrecht, 1974. – *ders.*, Erfolgszurechnung bei nachträglichem Fehlverhalten eines Dritten oder des

Opfers selbst, Jescheck-FS 357. – *v. Buri*, Über Kausalität und deren Verantwortung, 1873. – *ders.*, Die Kausalität und ihre strafrechtlichen Beziehungen, 1885. – *Burkhardt*, Tatbestandsmäßiges Verhalten u. exante-Betrachtung. – Zugleich ein Beitrag wider die „Verwirrung zwischen dem Subjektiven u. dem Objektiven", in: Wolter/Freund, Straftat, Strafzumessung u. Strafprozeß im gesamten Strafrechtssystem, 1996, 99. – *Bustos Ramírez*, Die objektive Zurechnung, A. Kaufmann-GedS 213. – *Cancio Meliá*, Finale Handlungslehre u. objektive Zurechnung, GA 95, 179. – *Castaldo*, Objektive Zurechnung u. Maßstab der Sorgfaltswidrigkeit beim Fahrlässigkeitsdelikt, 1992. – *Dencker*, Kausalität und Gesamttat, 1996. – *Derksen*, Handeln auf eigene Gefahr, 1992. – *ders.*, Strafrechtliche Verantwortung für fremde Selbstgefährdung, NJW 95, 240. – *Deutscher/Kerner*, Die strafrechtliche Produktverantwortung von Mitgliedern kollegialer Geschäftsleitungsorgane, wistra 96, 292, 327. – *Diel*, Das Regreßverbot als allgemeine Tatbestandsbegrenzung im Strafrecht, 1997. – *Ebert*, Kausalität u. objektive Zurechnung, Jura 79, 561. – *ders.*, Der Schutzzweck von Geschwindigkeitsvorschriften als Problem objektiver Erfolgszurechnung, JR 85, 356. – *Engisch*, Die Kausalität als Merkmal der strafrechtlichen Tatbestände, 1931. – *ders.*, Vom Weltbild des Juristen, 2. A., 1965. – *Erb*, Rechtmäßiges Alternativverhalten u. seine Auswirkungen auf die Erfolgszurechnung im Strafrecht, 1991. – *ders.*, Zurechnung von Erfolgen im Strafrecht, JuS 94, 449. – *Frisch*, Tatbestandsmäßiges Verhalten und Zurechnung des Erfolgs, 1988. – *ders.*, Selbstgefährdung im Strafrecht, NStZ 92, 1, 62. – *Gmür*, Der Kausalzusammenhang zwischen Handlung und Erfolg im Strafrecht, 1970. – *Goll*, Strafrechtliche Produktverantwortung, in: Graf von Westphalen (Hrsg.), Produkthaftungshandbuch (1989) 597 ff. – *Hamm*, Der strafprozessuale Beweis der Kausalität und seine revisionsrechtliche Überprüfung, StV 97, 159. – *Hardwig*, Verursachung und Erfolgszurechnung, JZ 68, 289. – *Hassemer*, Produktverantwortung im modernen Strafrecht, 1994 (2. A. 1996). – *Herzberg*, Die Abgrenzung von Vorsatz und Fahrlässigkeit – ein Problem des objektiven Tatbestands, JuS 86, 249. – *ders.*, Die Sorgfaltswidrigkeit im Aufbau der fahrlässigen und der vorsätzlichen Straftat, JZ 87, 536. – *Hilgendorf*, Fragen der Kausalität bei Gremienentscheidungen am Beispiel des Ledersprayurteils, NStZ 94, 561. – *ders.*, Zur Lehre vom „Erfolg in seiner konkreten Gestalt", GA 95, 515. – *ders.*, Der „gesetzmäßige Zusammenhang" iS der modernen Kausallehre, Jura 95, 514. – *ders.*, Strafprozessuale Probleme im Lichte der modernen Kausallehre am Beispiel der jüngsten Produkthaftungsfälle, Lenckner-FS 699. – *R. v. Hippel*, Gefahrurteil und Prognoseentscheidungen in der Strafrechtspraxis, 1972. – *Hirsch*, Zur Lehre von der objektiven Erfolgszurechnung, Lenckner-FS 119. – *Honig*, Kausalität und objektive Zurechnung, Frank-FG I 174. – *Hoyer*, Die traditionelle Strafrechtsdogmatik vor neuen Herausforderungen: Probleme der strafrechtlichen Produkthaftung, GA 96, 160. – *Hruschka*, Regreßverbot, Anstiftungsbegriff und die Konsequenzen, ZStW 110, 581. – *Jakobs*, Vermeidbares Verhalten und Strafrechtssystem, Welzel-FS 307. – *ders.*, Regreßverbot beim Erfolgsdelikt, ZStW 89, 1. – *ders.*, Risikokonkurrenz – Schadensverlauf und Verlaufshypothese im Strafrecht, Lackner-FS 53. – *ders.*, Tätervorstellung und objektive Zurechnung, A. Kaufmann-GedS 271. – *ders.*, Strafrechtliche Haftung durch Mitwirkung an Abstimmungen, Miyazawa-FS 419. – *ders.*, Bemerkungen zur objektiven Zurechnung, Hirsch-FS 46. – *Joerden*, Dyadische Fallsysteme im Strafrecht, 1986 (zit.: aaO). – *ders.*, Strukturen des strafrechtlichen Verantwortlichkeitsprinzips: Relationen und ihre Verkettungen, 1988. – *ders.*, OHG JBl 1987, 191 – ein Fall alternativer Kausalität?, JurBl. 87, 191. – *Jordan*, Rechtmäßiges Alternativverhalten und Fahrlässigkeit, GA 97, 349. – *Kahlo*, Das Problem des Pflichtwidrigkeitszusammenhangs bei den unechten Unterlassungsdelikten, 1990. – *Kahrs*, Das Vermeidbarkeitsprinzip und die conditio-sine-qua-non-Formel im Strafrecht, 1972. – *Armin Kaufmann*, Tatbestandsmäßigkeit und Verursachung im Contergan-Verfahren, JZ 71, 569. – *ders.*, „Objektive Zurechnung" beim Vorsatzdelikt?, Jescheck-FS 251. – *Arthur Kaufmann*, Die Bedeutung hypothetischer Erfolgsursachen im Strafrecht, Eb. Schmidt-FS 200. – *ders.*, Kritisches zur Risikoerhöhungstheorie, Jescheck-FS 273. – *Kindhäuser*, Erlaubtes Risiko u. Sorgfaltswidrigkeit usw., GA 94, 197. – *Kion*, Grundfragen der Kausalität bei Tötungsdelikten, JuS 67, 499. – *Koriath*, Kausalität, Bedingungstheorie und psychische Kausalität, 1988 (zit.: Kausalität). – *ders.*, Grundlagen strafrechtlicher Zurechnung, 1994 (zit.: aaO). – *Kratzsch*, Verhaltenssteuerung und Organisation im Strafrecht, 1985. – *ders.*, Aufgaben- und Risikoverteilung im Strafrecht, Oehler-FS 65. – *Krümpelmann*, Die normative Korrespondenz zwischen Verhalten und Erfolg bei den fahrlässigen Verletzungsdelikten, Jescheck-FS 313. – *ders.*, Zurechnungsfragen bei mißlungener ärztlicher Fehlerkorrektur, JR 89, 353. – *ders.*, Über die zeitliche Struktur einiger Zurechnungsurteile, Trifferer-FS 137. – *Kühne*, Strafrechtliche Produkthaftung in Deutschland, NJW 97, 1951. – *Küper*, Überlegungen zum sog. Pflichtwidrigkeitszusammenhang beim Fahrlässigkeitsdelikt, Lackner-FS 247. – *Küpper*, Grenzen der normativierenden Strafrechtsdogmatik, 1990. – *Kuhlen*, Grundfragen der strafrechtlichen Produkthaftung, JZ 94, 1142. – *Lampe*, Die Kausalität und ihre strafrechtliche Funktion, A. Kaufmann-GedS 189. – *ders.*, Tat und Unrecht der Fahrlässigkeitsdelikte, ZStW 101, 3. – *Ling*, Die Unterbrechung des Kausalzusammenhangs durch willentliches Dazwischentreten Dritter, 1996. – *Maiwald*, Kausalität und Strafrecht, 1980 (zit.: aaO). – *ders.*, Zur Strafrechtssystematischen Funktion des Begriffs der objektiven Zurechnung, Miyazawa-FS 465. – *Martínez Escamilla*, Relevanz des rechtmäßigen Alternativverhaltens bei der objektiven Erfolgszurechnung, in: Gimbernat/Schünemann/Wolter, Internationale Dogmatik der objektiven Zurechnung und der Unterlassungsdelikte, 1995, 37 ff. – *Maurach*, Adäquanz der Verursachung oder der Fahrlässigkeit?, GA 60, 97. – *Möhrenschlager*, Kausalitätsprobleme im Umweltstrafrecht, Wirtschaft u. Verwaltung 1984, 47. – *Namias*, Die Zurechnung von Folgeschäden im Strafrecht, 1993. – *Naucke*, Über das Regreßverbot im Strafrecht, ZStW 76, 409. – *Neudecker*, Die strafrechtliche Verantwortlichkeit der Mitglieder von Kollegialorganen, 1995. – *Otto*, Kausaldiagnose und Erfolgszurechnung im Strafrecht, Maurach-FS 91. – *ders.*, Risikoerhöhungsprinzip statt Kausalitätsgrundsatz als Zurechnungskriterium bei Erfolgsdelikten, NJW 80, 417. – *ders.*, Die objektive Zurechnung eines Erfolgs im Strafrecht, Jura 92, 90. – *ders.*, Täterschaft u. Teilnahme im Fahrlässigkeitsbereich, Spendel-FS 271. – *ders.*, Grundsätze der strafrechtlichen Produkthaftung nach dem „Holzschutzmittel"-Urteil, WiB 95, 929. – *ders.*, Kausalität u. Zurechnung, E. A. Wolff-FS 395. – *Prittwitz*, Strafrecht und Risiko, 1993. – *Puppe*, Der Erfolg und seine kausale Erklärung im Strafrecht, ZStW 92, 863. – *dies.*, Zurechnung u. Wahrscheinlichkeit, ZStW 95, 287. – *dies.*, Kausalität der Sorgfaltspflichtverletzung, JuS 82, 660. – *dies.*, Beziehung zwischen Sorgfaltswidrigkeit und Erfolg, ZStW 99, 595. – *dies.*, Vorsatz und Zurechnung, 1992. – *dies.*, Naturalismus u. Normativismus in der modernen Strafrechtsdogmatik, GA 94, 297. – *dies.*, „Naturgesetz" vor Gericht, JZ 94, 1147. – *dies.*, Die adäquate Kausalität und der Schutzzweck der Sorgfaltsnorm, Bemmann-FS 227. – *dies.*, Die Lehre von der objektiven Zurechnung dargestellt an Beispielsfällen aus der höchstrichterlichen Rechtsprechung, Jura 97, 408, 513, 624 u. 98, 21. – *Radbruch*, Die Lehre von der adäquaten Verursachung, 1902. – *Ranft*, Berücksichtigung hypothetischer Bedingungen beim fahrlässigen Erfolgsdelikt?, NJW 84, 1425. – *Rengier*, Erfolgsqualifizierte Delikte und verwandte Erscheinungen, 1986. – *Renzikowski*, Restriktiver Täterbegriff und fahrlässige Beteiligung, 1998. – *Reyes*, Theoretische Grundlagen der objektiven Zurechnung, ZStW 105, 108. – *Röh*, Die kausale Begründung überbedingter Erfolge im Strafrecht, 1996. – *Rolinski*, „Statistische Kausalität" im Strafrecht, Miyazawa-FS 483. – *Roxin*, Gedanken zur Problematik der Zurechnung, Honig-FS 132. – *ders.*, Zum Schutzzweck der Norm bei fahrlässigen Delikten, Gallas-FS 241. – *ders.*, Bemerkungen zum Regreßverbot, Tröndle-FS 177. – *ders.*, Finalität und objektive Zurechnung, A. Kaufmann-GedS 237. – *Samson*, Hypothetische Kausalverläufe im Strafrecht, 1972. – *ders.*, Kausalitäts- und Zurechnungsprobleme im Umweltstrafrecht, ZStW 99, 617. – *Schaffstein*, Die Risikoerhöhung als objektives Zurechnungsprinzip, Honig-FS 169. – *Schlüchter*, Grundfälle zur Lehre von der Kausalität, JuS 76, 312, 378, 518, 793 u. 77, 104. – *ders.*, Zusammenhang zwischen Pflichtwidrigkeit und Erfolg bei Fahrlässigkeitsdelikten, JA 84, 673. – *Schmidt-Salzer*, Konkretisierungen der strafrechtlichen Produkt- u. Umweltverantwortung, NJW 96, 1. – *Schmoller*, Die Kategorie der Kausalität u. der naturwissenschaftliche Kausalverlauf im Lichte strafrechtlicher Tatbestände, ÖJZ 82, 449. – *Schünemann*, Über die objektive Zurechnung, GA 99, 207. – *J. Schulz*, Gesetzmäßige Bedingung und kausale Erklärung, Lackner-FS 39. – *L. Schulz*, Kausalität und strafrechtliche Produkthaftung, in: W. Lübbe (Hrsg.), Kausalität und Zurechnung, 1994, 41. – *Schwartz*, Produkthaftung. Grundlagen, Grenzen und Alternativen, 1998. – *Schumann*, Strafrechtliches Handlungsunrecht und das Prinzip der Selbstverantwortung der Anderen, 1986. – *Seebald*, Nachweise der modifizierenden Kausalität des pflichtwidrigen Verhaltens, GA 69, 193. – *Silva-Sanchez*, Aberratio ictus und objektive Zurechnung, ZStW 101, 352. – *Sowada*, Zur strafrechtlichen Zurechenbarkeit von durch einen Primärtäter ausgelösten Retterunfällen, JZ 94, 663. – *Spendel*, Die Kausalitätsformel der Bedingungstheorie für die Handlungslehre, 1948. – *Stratenwerth*, Bemerkungen zum Prinzip der Risikoerhöhung, Gallas-FS 227. – *Stree*, Beteiligung an vorsätzlicher Selbstgefährdung, JuS 85, 179. – *Struensee*, Objektive Zurechnung und Fahrlässigkeit, GA 87, 97. – *ders.*, Der subjektive Tatbestand des fahrlässigen Delikts, JZ 87, 53. – *Tarnowski*, Die systematische Bedeutung der adäquaten Kausalitätstheorie für den Aufbau des Verbrechensbegriffs, 1927. – *Tiedemann*, Körperverletzung u. strafrechtliche Produktverantwortung, Hirsch-FS 765. – *Toepel*, Kausalität u. Pflichtwidrigkeitszusammenhang beim fahrlässigen Erfolgsdelikt, 1992. – *Triffterer*, Die „Objektive Voraussehbarkeit" – unverzichtbares Element der Fahrlässigkeit oder allgemeines Verbrechensmerkmal aller Erfolgsdelikte?, Bockelmann-FS 201. – *Volk*, Kausalität im Strafrecht. Zur Holzschutzmittelentscheidung des BGH v. 2. 8. 1995, NStZ 96, 105. – *Walder*, Die Kausalität im Strafrecht, SchwZStr 93, 113. – *Walther*, Eigenverantwortlichkeit und strafrechtliche Zurechnung, 1991. – *U. Weber*, Einwendungen gegen die Beteiligung an eigenverantwortlicher Selbstgefährdung, Spendel-FS 371. – *Wehrenberg*, Die Conditio-sine-qua-non-Formel, eine pleonastische Leerformel, MDR 71, 900. – *Wehrle*, Fahrlässige Beteiligung am Vorsatzdelikt – Regressverbot?, 1986. – *Weißer*, Kausalitäts- und Täterschaftsprobleme bei der strafrechtlichen Würdigung pflichtwidriger Kollegialentscheidungen, 1996. – *Welp*, Vorausgegangenes Tun als Grundlage einer Handlungsäquivalenz beim Unterlassen, 1968. – *Wohlers*, Generelle Kausalität als Problem richterlicher Überzeugungsbildung, JuS 95, 1019. – *E. A. Wolff*, Kausalität bei Tun und Unterlassen, 1965. – *Wolter*, Objektive und personale Zurechnung von Verhalten, Gefahr und Verletzung in einem funktionalen Straftatsystem, 1981 (zit.: aaO 1981). – *ders.*, Adäquanz- und Relevanztheorie, GA 77, 257. – *ders.*, Irrtum über den Kausalverlauf und die Problematik der objektiven Erfolgszurechnung, GA 89, 648. – *ders.*, Objektive und personale Zurechnung zum Unrecht, in: Schünemann, Grundfragen des modernen Straftatsystems, 1984, 103 (zit. aaO 1984). – *ders.*, Tatbestandsmäßiges Verhalten und Zurechnung des Erfolgs, GA 91, 531. – *ders.*, Objektive Zurechnung und modernes Strafrechtssystem, in: Gimbernat/Schünemann/Wolter, Internationale Dogmatik der objektiven Zurechnung und der Unterlassungsdelikte, 1995, 3 (zit. aaO 1995). – *Zaczyk*, Strafrechtl. Unrecht u. die Selbstverantwortung des Verletzten, 1993. – Zum älteren Schrifttum vgl. im übrigen die 24. A.

Wo das Gesetz neben der Tathandlung den Eintritt eines bestimmten, von der Handlung an sich **71/72** ablösbaren Außenwelterfolgs voraussetzt (Erfolgsdelikte i. U. zu den schlichten Tätigkeitsdelikten, s. u. 130), muß schon nach dem objektiven Tatbestand zwischen beiden eine Beziehung dergestalt bestehen, daß der Erfolg dem Täter als „sein Werk" zugerechnet werden kann (vgl. aber auch Behrendt GA 93, 76, Reyes ZStW 105, 128 ff. mit einem nicht auf die Erfolgsdelikte beschränkten Zurechnungsbegriff). Ein Weg zur Begründung dieser – von der Zurechnung einer Körperbewegung als Handlung (o. 37 ff.) und der subjektiven Zurechnung zum Vorsatz oder gar zur Schuld zu unterscheidenden – sog. **objektiven Erfolgszurechnung** ist die Feststellung der **Kausalität** zwischen Handlung und Erfolg. Dabei hängt es allerdings vom Kausalbegriff ab, was dieser für das rechtliche Urteil der „Zurechnung" zu leisten vermag. Versteht man die Kausalität als eine Kategorie des realen Seins – iS eines Zusammenhangs zwischen einer ersten Veränderung und einer zweiten, die durch die erste bewirkt wird (Schmidhäuser 223), wobei die Erschütterung des Kausalitätsprinzips durch die modernen Naturwissenschaften hier außer Betracht bleiben kann (Maiwald aaO 1 f., Roxin I 292 f.) –, so sind Kausalität und Zurechnung schon deshalb nicht identisch, weil der Mensch nicht für alles, wofür er in diesem Sinn irgendwie ursächlich wird, auch rechtlich „zuständig" sein kann (vgl. aber auch die „im Sinnbereich verlaufende" und bereits mit Verantwortungszuschreibungen verbundene „funktionale Kausalität" von Lampe, A. Kaufmann-GedS 197 ff., ZStW 101, 33, 36). Umgekehrt gibt es dann eine objektive Zurechnung auch außerhalb einer solchen Kausalbeziehung: so beim Unterlassen, wo es am realen Herbeiführen eines Erfolgs gerade fehlt und die Kausalitätsfrage deshalb nur hypothetisch gestellt werden kann (vgl. u. 139, § 13 RN 61), aber auch bei Eingriffen in einen „rettenden Kausalverlauf" (zB A hindert durch Gewalt B, den ertrinkenden C zu retten; vgl. § 25 RN 56), wo realiter nur der Abbruch eines in Gang befindlichen Geschehens bewirkt wird (Einstellung der Rettungsmaßnahmen des B), während es – hier dann ebenso wie beim Unterlassen – wieder eine hypothetische Frage ist, ob dieses zu dem gewünschten Erfolg (Rettung des C) geführt hätte (vgl. zB Jescheck LK 53, ders./Weigend 278, Kahlo aaO 54 FN 57, Armin Kaufmann, Dogmatik der Unterlassungsdelikte 61, Maiwald aaO 78 ff., Schmidhäuser 227; and. zB B/W-Weber 222 f., Hilgendorf NStZ 94, 564, Jakobs 193, Puppe NK 98 ff., ZStW 95, 899 ff.; vgl. auch Roxin I 306 f., Röh aaO 140 ff.). Dennoch ist daran festzuhalten, daß Grundlage jeder Erfolgszurechnung zunächst das Kausalprinzip ist. Abgesehen davon, daß auch das Gesetz selbst häufig von einem „Verursachen" spricht (zB §§ 222, 227, 229), ist eine „Befreiung vom Kausalitätsdogma" (Ebert Jura 79, 575) und eine von diesem „völlig gelöste allgemeine Zurechnungslehre" (Roxin, Honig-FS 135) schon deshalb nicht möglich, weil ein ohne Zutun des Täters eingetretener Erfolg diesem auch nicht als „sein Werk" zugerechnet werden kann (zB Jescheck/Weigend 277 f., Maiwald aaO, Rudolphi SK 38 vor § 1; vgl. aber auch Otto NJW 80, 416 [Risikoerhöhungsprinzip statt Kausalitätsgrundsatz] u. dagegen Lampe ZStW 101, 6 ff.). Ausgehend von dem o. genannten „ontologischen" Kausalbegriff ist es dann zwar notwendig, diesen beim Unterlassen und bei der Verhinderung einer Erfolgsabwendung durch eine – auch hier durch ein bloßes Risikoerhöhungs- bzw. -verminderungsprinzip nicht ersetzbare – „Quasi-Kausalität" zu ergänzen (vgl. § 13 RN 61 mwN), auch bezeichnet das Kausalitätserfordernis nur die äußerste Grenze eines Haftungsrahmens, der noch durch weitere Kriterien auszufüllen ist (zu den traditionellen Versuchen einer Haftungsbeschränkung u. 84 ff., zur neueren Lehre von der objektiven Zurechnung u. 91 ff.; krit. zu einer solchen „Abkopplung" der Zurechnungsfrage von der Kausalitätskomponente jedoch Kratzsch aaO 269 ff., 317 ff. u. gegen eine „Zweiteilung des objektiven Unrechtstatbestands" auch Röh aaO 3 u. pass.). An dem grundsätzlichen Ausgangspunkt ändert dies jedoch nichts: Die Kausalität zwischen Handlung und Erfolg ist, wenn auch keine zureichende, so doch eine notwendige Bedingung für die objektive Zurechnung, so daß bei ihrem Fehlen eine Erfolgszurechnung von vornherein ausscheidet. Während es dabei um eine ex post zu stellende Kausaldiagnose über die Verknüpfung zweier tatsächlich gegebener Größen geht, spielen bei der Zurechnung im übrigen auch ex ante zu treffende Kausalprognosen über eine künftige bzw. hypothetische Entwicklung eine Rolle (u. 93, zT auch 94 ff.; zur zeitlichen Struktur von Zurechnungsurteilen vgl. näher Krümpelmann, Trifferer-FS 137 ff.). Dazu, daß das Strafrecht unterschiedliche Kausalitätsaussagen in dem genannten Sinn auch sonst immer wieder notwendig macht, vgl. zB § 26 RN 4, § 27 RN 6 ff. einerseits, § 32 RN 34, § 34 RN 18, RN 3 a Vor § 306 andererseits.

73   1. Der für eine Erfolgszurechnung zunächst erforderliche **Kausalzusammenhang** besteht, wenn die Handlung des Täters in irgendeiner Weise für den konkreten Erfolg wirksam geworden ist (zur „Quasi-Kausalität" des Unterlassens vgl. o. 71, u. 139, § 13 RN 61). Nach der herrschenden, von der Gleichwertigkeit aller Bedingungen eines Erfolgs ausgehenden **Bedingungs-** oder **Äquivalenztheorie** ist dies in ihrer traditionellen Version der Fall, wenn die Handlung des Täters nicht hinweggedacht werden kann, ohne daß der Erfolg in seiner konkreten Gestalt entfiele: Ursächlich ist also jede „**conditio sine qua non**" (begr. von Glaser, Abh. aus dem österr. Strafrecht [1858], weiterentwickelt durch v. Buri aaO; aus der Rspr. vgl. schon RG **1** 374, zuletzt **77** 17, ferner BGH **1** 332, **2** 24, **3** 69, **7** 114, **24** 34, **31** 98, **33** 322, **39**, 197, NJW **58**, 1981, GA **60**, 112, JR **94**, 514 m. Anm. Puppe, MDR/D **67**, 368, OGH **1** 330, 367, **2** 286, Düsseldorf StV **93**, 47, Stuttgart JZ **80**, 618, Justiz **94**, 410; aus dem Schrifttum vgl. zB B/W-Weber 222, Heimann-Trosien LK[9] Einl. 91, Tröndle 16, Welzel 43). Die Feststellung der Ursächlichkeit verlangt danach ein hypothetisches Eliminationsverfahren, bei dem zu fragen ist, was geschehen wäre, wenn der Täter nicht gehandelt hätte, um sodann festzustellen, ob der Erfolg bestehen bliebe oder nicht. Zur Rspr. bei Fahrlässigkeitsdelikten vgl. jedoch u. 81, 86, § 15 RN 73.

74   Mit Recht ist diese Fassung der Bedingungstheorie jedoch auf **Kritik** gestoßen, vor allem wenn die conditio-sine-qua-non-Formel als selbständige Kausalitätsformel benutzt wird (so überwiegend die Rspr.) und nicht nur als ein methodisches Hilfsmittel, um die gesetzmäßige Verknüpfung von Handlung und Erfolg zu prüfen (zB Eser/Burkhardt I 52, Engisch, Kausalität 14 ff., Jakobs 156, Jescheck LK 55, ders./Weigend 281 f., Ebert, Kausalität, Arthur Kaufmann Eb. Schmidt-FS 207 ff., Koriath aaO 465 ff., Lenckner NJW 71, 599, Maiwald aaO 5 ff., Otto I 56, Jura 92, 92 f., Puppe NK 87 f., ZStW 92, 876 u. 99, 596 ff., Roxin I 295 f., Rudolphi SK 40 vor § 1, Samson aaO 23, Spendel, Engisch-FS 513, Kausalitätsformel 38, 92; vgl. aber auch Toepel aaO 52 ff.). Einmal kann die Frage, ob ein bestimmter Erfolg ohne das als Ursache interessierende Verhalten eingetreten wäre, überhaupt nur beantwortet werden, wenn die gesetzmäßigen Beziehungen zwischen einem Verhalten und einem Erfolg der fraglichen Art bekannt sind. Die conditio-Formel nützt daher nichts, wenn die Wirkungsweise der auf ihre Ursächlichkeit hin untersuchten Handlung unbekannt ist (zB Ungewißheit um die Ursächlichkeit von „Contergan" für embryonale Mißbildungen; vgl. dazu Armin Kaufmann JZ 71, 574). Zum anderen führt sie in die Irre, wenn hypothetische Reserveursachen bereitstehen, die in gleicher Weise und zum gleichen Zeitpunkt zum gleichen Erfolg geführt hätten oder wenn der Erfolg von mehreren und unabhängig voneinander wirksamen Bedingungen herbeigeführt worden ist. Hier kann die Ursächlichkeit nicht deshalb verneint werden, weil das Handeln des Täters hinweggedacht werden kann, ohne daß der Erfolg entfiele; denn maßgeblich dafür, ob etwas ursächlich geworden ist, ist nicht, was

geschehen wäre, wenn ..., sondern allein das, was *tatsächlich* geschehen ist. Für die nur psychisch vermittelte Kausalität (zB Täuschung beim Betrug, vgl. § 263 RN 77) wird dies auch von BGH **13** 15, MDR/D **58**, 139, KG JR **64**, 350 ausdrücklich anerkannt, wobei der dort angedeutete Unterschied, daß es bei Kausalzusammenhängen der „äußeren Natur" anders sein könne, jedoch nicht anzuerkennen ist (vgl. zB Engisch, v. Weber-FS 269, iE auch Schlüchter JuS 76, 521). Mit Recht hat daher BGH **2** 24 auch für äußere Kausalverläufe angenommen, daß eine Handlung nicht deshalb aufhöre, eine Bedingung für den Erfolg zu sein, weil derselbe Erfolg auch eingetreten wäre, wenn der Täter nicht gehandelt hätte, dann aber ein anderer an seine Stelle getreten wäre (vgl. auch OGH **1** 50, 330). Mit der conditio-Formel ist dies jedoch nicht vereinbar, woran auch der Hinweis, daß es immer auf den Erfolg „in seiner ganz konkreten Gestalt" ankomme (Schlüchter JuS 76, 380 ff.), nichts ändert, wenn der wirkliche und der hypothetische Kausalverlauf in allen Einzelheiten identisch sind. Auch Versuche, diese Schwierigkeit durch eine Modifizierung der conditio-Formel zu lösen, führen hier nicht weiter. So werden sie nicht dadurch behoben, daß man nur die „tatsächlich verwirklichten Umstände" ohne gleichzeitiges „Hinzudenken" der Ersatzursachen berücksichtigt (so Spendel, Kausalitätsformel 38, Engisch-FS 515; vgl. auch OGH **1** 330, Seebald GA 69, 202, Welzel 44), vielmehr wird damit die conditio-Formel praktisch überhaupt preisgegeben, weil es hier nicht darum geht, daß Ersatzfaktoren nicht „hinzugedacht" werden dürfen, diese vielmehr zur Gewinnung richtiger Ergebnisse gleichfalls „hinweggedacht" werden müssen (vgl. zB Jescheck/Weigend 282, Arthur Kaufmann Eb. Schmidt-FS 209). Auch würde diese „verbesserte" Variante nicht den Fällen der sog. alternativen Kausalität (u. 82) gerecht werden, in denen mehrere Bedingungen zusammenwirken, von denen jede allein zur Erfolgsverursachung ausgereicht hätte (so auch Welzel 45; vgl. aber auch Lampe, A. Kaufmann-GedS 209, Schlüchter JuS 76, 520). Modifiziert man aber die conditio-Formel mit Rücksicht auf diese Fälle dahingehend, daß von mehreren Bedingungen, die zwar alternativ, nicht aber kumulativ hinweggedacht werden können, ohne daß der Erfolg entfiele, jede für den Erfolg ursächlich sei (B/W-Weber 228, Tarnowski aaO 47, Meier NJW 92, 3197 f., Spendel, Kausalitätsformel 82, Welzel 45; vgl. dazu aber auch Kühl 31), so ist auch hier ihr Grundprinzip nicht mehr gewahrt; abgesehen davon würde sie in dieser Fassung wiederum nicht den Fällen der hypothetischen Kausalität gerecht werden, wo die Ersatzbedingung tatsächlich nicht ursächlich geworden ist. Zum Ganzen vgl. auch Engisch, Kausalität 13 ff., Weltbild, 129 ff., Arthur Kaufmann aaO 209, Lampe aaO 209 ff., Puppe NK 93, ZStW 92, 875 f., Jura 97, 413 f.

Selbst als ein lediglich methodisches Hilfsmittel zur Auffindung von Kausalzusammenhängen ist die **75** conditio-Formel daher nur von begrenztem Wert. Noch weniger stellt sie eine selbständige Kausalitätsformel dar. Dem Anspruch, von einem ontologischen Kausalbegriff auszugehen, wird die Bedingungstheorie vielmehr nur in Gestalt der auf Engisch (Kausalität 21) zurückgehenden **Formel von der gesetzmäßigen Bedingung** gerecht, wonach die Handlung dann Ursache eines konkreten Erfolgs ist, wenn dieser Erfolg mit dem Verhalten durch eine Reihe von Veränderungen gesetzmäßig – dies iS einer empirisch gesicherten Gesetzmäßigkeit – verbunden ist (ebenso zB Erb JuS 94, 449, Hassemer aaO 39, Hilgendorf NStZ 94, 564, Jura 95, 515, Lenckner-FS 705, Jakobs 188, Jescheck LK 56, ders./Weigend 283, Kühl 33, JR 83, 33, Otto I 58, Jura 92, 93 ff., Roxin I 297, Rudolphi SK 41 vor § 1; vgl. ferner Dencker aaO 26 ff., Frisch aaO 521 ff., Maiwald aaO 106 ff., Samson aaO 31 f., Schulz, Lackner-FS 39, Walder SchwZStr 93, 137 ff. u. in Anlehnung an diese Formel von der gesetzmäßigen Bedingung auch Puppe NK 96, ZStW 92, 875 f. u. 99, 599, Jura 97, 414 [Ursache als notwendiger Bestandteil einer nach allgemeinen empirischen Gesetzen hinreichenden und wahren Bedingung; vgl. dazu ferner Namias aaO 44 ff., aber auch Erb aaO 32 ff. JuS 94, 451 f.]; krit. zur Formel v. d. gesetzmäßigen Bedingung zB Koriath, Kausalität 128 ff. sowie aaO 485 ff., Kratzsch aaO 272, GA 89, 66, Lampe, A. Kaufmann-GedS 109 FN 3, W. Schünemann JuS 79, 21). Zu fragen ist demnach nicht, ob der Erfolg auch ohne die Handlung eingetreten wäre, sondern ob die konkrete Handlung im konkreten Erfolg tatsächlich wirksam geworden ist. Auch hier ist Voraussetzung für die Feststellung der „konkreten Kausalität" freilich das Bekanntsein des Kausalgesetzes selbst („generelle Kausalität"), wobei die Frage, ob eine solche Gesetzmäßigkeit besteht, von den Seiten empirischer Wissenschaften zu beantworten ist (vgl. Armin Kaufmann JZ 71, 573 ff., ferner zB Rudolphi SK 42 a vor § 1 mwN; zur lediglich psychisch vermittelten Kausalität vgl. jedoch u.). Bei der sog. **physischen Kausalität** (BGH **13** 15: „Ursachenzusammenhang in der äußeren Natur") bedeutet dies, daß das fragliche Kausalgesetz naturwissenschaftlich gesichert, d. h. in den maßgeblichen Fachkreisen allgemein anerkannt sein muß; ist dies nicht der Fall, so ist auch für eine richterliche Überzeugungsbildung kein Raum (vgl. Kaufmann aaO [zum „Contergan-Fall", LG Saarbrücken JZ **71**, 507], Roxin I 297 f., Rudolphi aaO und iE zu einem Teil auch die Auffassung, die in der generellen Kausalität keine Rechts-, sondern eine Tatfrage sieht [zB Maiwald aaO 109, M-Zipf I 253 f.; and. zB LR-Gollwitzer § 261 RN 52, Kuhlen NStZ 90, 567 mwN u. wohl auch Puppe NK 86, JZ 94, 1147: ausreichend eine „gut bestätigte Gesetzesvermutung"]; zum Ganzen vgl. auch Köhler 142 u. näher Hassemer aaO 38 ff.). Schwierigkeiten ergeben sich hier daher, wenn die naturwissenschaftlich relevanten Wirkungsfaktoren nicht genau feststehen und letztlich nur durch das Ausscheiden anderer möglicher Kausalfaktoren auf das wissenschaftlich nicht beweisbare Vorhandensein eines entsprechenden Kausalgesetzes geschlossen werden kann. Dies war auch das Problem der strafrechtlichen Produkthaftung in BGH **37** 106 („Lederspray-Fall"), wo die Ursächlichkeit der Beschaffenheit eines Produkts für Gesundheitsbeeinträchtigungen der Verbraucher als ausreichend festgestellt angesehen wurde, wenn offenbleibt, welche Substanz bzw welcher Wirkungsmechanismus den Schaden ausgelöst hat, andere in Betracht kommende Schadensursachen jedoch auszuschließen sind (zust. zB Beulke/Bachmann JuS 92, 738, Erb JuS 94, 453, Hilgendorf, Strafrechtl. Produzentenhaftung usw. [1993] 121 ff., NStZ 93, 15 f., Hirte JZ 93, 257, Jescheck/Weigend 283, Kühne NJW 97, 1953, Kuhlen NStZ 90, 566, JZ 94, 1145 f., Lackner/Kühl 11, Meier NJW 92, 3124, Otto I 59, Jura 92, 94, Roxin I 298 f., Tröndle 18, Wohlers JuS 95, 1019; krit. dagegen zB Brammsen Jura 91, 533, Hassemer aaO 40 ff., Puppe NK 86, JR 92, 30, JZ 96, 319, Rudolphi SK 42 c, Samson StV 91, 182, Volk NStZ 96, 108 f.). Für das Genügen eines solchen Kausalitätsnachweises mag es in der modernen „Risikogesellschaft" gute Gründe geben; daß hier jedoch ein Rest an (objektiver) Ungewißheit bleibt, weil in das Eliminationsverfahren nur die bekannten – nicht aber die unbekannten! – als möglicherweise ursächlich in Betracht kommenden Umstände einbezogen werden können, muß klar gesehen werden. Noch problematischer in dieser Hinsicht ist die „Holzschutzmittel"-Entscheidung BGH **41** 206, wo die Ursächlichkeit sogar dann bejaht wird, wenn unter Naturwissenschaftlern keine Einigkeit (S. 215) darüber besteht, ob und wie das fragliche Produkt die höchst unterschiedlichen Gesundheitsbeschädigungen – zu denen i. U. zum „Lederspray"-Fall wesentlich diffuseren Sachverhalt vgl. Schmidt-Salzer NJW 96, 8 – bewirkt hat: Ein Ausschluß anderer Ursachen soll danach „ohne deren vollständige Erörterung" (zu dem hier bestehenden Widerspruch zum folgenden vgl. Roxin I 299) auch dadurch erfolgen können, „daß nach einer Gesamtbewertung der naturwissenschaftlichen Erkenntnisse und anderer Indiztatsachen die – zumindest – Mitverursachung des Holzschutzmittels zweifelsfrei festgestellt ist" (S. 216; vgl. dazu – gleichfalls kontrovers – zB Hamm StV 97, 162, Hilgendorf, Lenckner-FS 710 f., Hoyer GA 96, 166, Kühne aaO, Otto I 59 f., WiB 95, 929, Puppe JZ 96, 318, Rudolphi SK 42 c vor § 1, Volk aaO u. zum Ganzen auch Deutscher/Körner wistra 96, 294 ff., Wohlers aaO). Im Grunde läuft dies auf eine substantielle Änderung des Kausalbegriffs hinaus: „Kausal ist danach, was im konkreten Falle möglicherweise kausal geworden ist" (Volk aaO 109; zur Ergänzung bzw. Ersetzung „deterministischer" Gesetzmäßigkeit durch eine „statistische" bzw. „probalistische" als Konsequenz vgl. Hilgendorf aaO 702 f., Jura 95, 519 ff., Hoyer aaO 166, 168 ff., Rolinski, Miyazawa-FS 190 ff., aber auch Kühne aaO). Zu den gleichfalls erst in jüngster Zeit aufgetretenen Kausalitäts- und weiteren Zurechnungsfragen bei der Herstellung und Verwendung von Amalgam als Füllung für kariöse Zähne und die angeblich dadurch bedingten Krankheits- und Vergiftungserscheinungen vgl. Koblenz NJW **99**, 3419, Tiedemann, Hirsch-FS 767 ff. – Nicht erst neueren Datums sind dagegen die Schwierigkeiten, die für die Formel von der gesetzmäßigen Bedingung bei der sog. **psychischen Kausalität** (BGH **13** 15: „Ursachenzusammenhang im Inneren des Menschen") bestehen, weil bei dieser bereits zweifelhaft ist, ob es eine Gesetzmäßigkeit iS einer „generellen Kausalität" überhaupt gibt (so aber wohl Engisch, Weber-FS 269; vgl. auch Dencker aaO 31 ff.). Eine „deterministische" Gesetzmäßigkeit scheidet von vornherein aus, aber auch Gesetze der Wahrscheinlichkeit führen hier nicht weiter (so jedoch Hilgendorf Jura 95, 519 ff.), weil sie, sofern sich solche überhaupt feststellen lassen, im Einzelfall nur ungenaue Aussagen erlauben, vor allem aber, weil zB eine Täuschungshandlung für den dadurch hervorgerufenen Irrtum und die darauf beruhende Vermögensverfügung (§ 263) auch dann ursächlich bleibt, wenn für ihr Gelingen nur eine ganz geringe Wahrscheinlichkeit bestand. Man wird sich hier deshalb mit einem Ursachenmodell anderer Art in Gestalt eines im konkreten Fall tatsächlich bestehenden Motivationszusammenhangs begnügen müssen (vgl. zB Lackner/Kühl 10, Otto I 60, Jura 92, 95, Puppe NK 111 ff., ZStW 95, 297 ff., Jura 97, 411 f., Roxin I 305 f., Rudolphi SK 42 d; vgl. zur psychischen Kausalität zB auch Bernsmann aaO, J. Schulz aaO 45 ff. u. näher zum Ganzen Koriath, Kausalität 141 ff. sowie aaO 513 ff., wo zT Ursächlichkeit überhaupt bezweifelt wird). Dennoch ist der Formel von der gesetzmäßigen Bedingung insgesamt der Vorzug zu geben: Sie bewahrt – i. U. zur conditio-Formel – vor voreiligen Fehlschlüssen; dort aber, wo die Kausalitätsfeststellung zu Problemen führt, treten diese offen zutage und werden nicht verdeckt. Im einzelnen folgendes:

76 a) Da ursächlich alles ist, was irgendwie zu dem konkreten Erfolg beigetragen hat, sind alle Kausalfaktoren **gleichwertig** („Äquivalenz"-Theorie). Es genügt deshalb, daß die Handlung *eine* Ursache des Erfolgs gewesen ist (BGH **39** 137 mwN); sie braucht nicht die ausschließliche oder auch nur die Hauptursache gewesen zu sein, weshalb ein Kausalzusammenhang nicht dadurch ausgeschlossen wird, daß eine andere Bedingung für den Erfolg als die überwiegende erscheint (vgl. zB RG **69** 47 mwN, **76** 87, BGH **12** 77, NJW **58**, 1981, Celle VRS **33** 115). Ursächlich ist eine Handlung auch, wenn sie erst zusammen mit einem mitwirkenden Verschulden des Opfers (RG **6** 250, **22** 175, BGH **7** 114, GA **60**, 112) oder wegen dessen abnormer körperlicher oder geistiger Beschaffenheit zum Erfolg geführt hat (RG **5** 31, **54** 349, BGH **14** 52, **37** 112, GA **60**, 112), wie überhaupt die Atypizität des Kausalverlaufs aufgrund hinzutretender Zufälligkeiten den Kausalzusammenhang nicht ausschließt (vgl. schon RG **1** 373). Gleichgültig ist auch, wie weit die Handlung als Kausalfaktor zurückliegt. Wenn bei *Verkehrsdelikten* nach BGH **24** 34, **33** 61, VRS **20** 131, **23** 370, **24** 126, **25** 262, Stuttgart NJW **59**, 351, Justiz **94**, 411 die Prüfung der Ursächlichkeit eines verkehrswidrigen Verhaltens erst mit dem Eintritt der konkreten kritischen Verkehrslage einsetzen soll, so folgt dies nicht aus der Bedingungstheorie (vgl. daher auch Karlsruhe NJW **58**, 430), sondern daraus, daß bei vorher begangenen Verkehrsverstößen (zB Geschwindigkeitsüberschreitung) die Erfolgszurechnung meist unter Schutzzweckaspekten ausscheidet (vgl. u. 95. m. dieser Klarstellung jetzt auch BGH **33** 61 m. Anm. Ebert JR 85, 356, LG Frankfurt JR **94**, 77 m. Anm. Lampe, Puppe JZ 85, 295 u. Streng NJW 85, 2809: Ausscheiden solcher Umstände, die „im naturwissenschaftlichen Sinn zwar auch

Bedingungen für den Erfolg sind, die aber für die strafrechtliche Haftung keine Rolle spielen"; vgl. dazu auch Puppe NK 222).

b) Ein Handeln ist auch ursächlich, wenn es erst durch ein daran **anknüpfendes Verhalten eines** 77 **Dritten** oder des Opfers selbst zum Erfolg führt. Durch ein solches wird der Kausalzusammenhang daher nicht nur **nicht „unterbrochen"**, sondern gerade erst vermittelt (zB BGH **39** 324 [Brandstiftung als Ursache für Tod eines Retters], Stuttgart JR **82**, 419 m. Anm. Ebert [durch Zustand des Unfallopfers bedingtes tödliches Sichverschlucken]; zur „mehrstufigen Kausalität" bei einem arbeitsteiligen Produktionsablauf vgl. Goll aaO 617 f.). Dies gilt auch, wenn der Dritte (bzw. das Opfer) seinerseits fahrlässig oder vorsätzlich gehandelt hat (h. M., zB RG **69** 47 mwN, BGH **4** 360, **37** 112 [mißbräuchliche Produktverwendung], **39** 137 f., VRS **6** 39, GA **60**, 112, MDR/D **56**, 526, **67**, 368, NStZ **83**, 72, OGH **3** 2, Braunschweig SJZ **49**, 130 m. Anm. Spendel, Stuttgart JZ **80**, 618, B/W-Weber 225 f., Jescheck LK 58, Kühl 37, Roxin I 304, Rudolphi SK 48 f. vor § 1, Tröndle 18 a u. näher Wehrle aaO 21 ff.; and. ohne nähere Begründung BGH NJW **66**, 823 m. Anm. Hertel S. 2418 u. Kion JuS 67, 499, obwohl der BGH dort von der Möglichkeit ausging, daß der Erfolgseintritt durch das Dazwischentreten des Dritten beschleunigt wurde). Die von Frank § 1 Anm. III 2a entwickelte *Lehre vom „Regreßverbot"* (zu ihren Hintergründen vgl. Bindokat JZ 86, 421), wonach Bedingungen nicht als Ursachen anzusehen sind, wenn sie lediglich „Vorbedingungen einer Bedingung sind, die frei und bewußt (vorsätzlich und schuldhaft) auf Herbeiführung des Erfolgs gerichtet war", ist daher mit der Äquivalenztheorie nicht vereinbar (h. M., zB RG **61** 318, **64** 318, 372, BGH **10** 291, Jescheck LK 58, Roxin I 304, Tröndle-FS 177, Wehrle aaO 33 ff., vgl. aber auch Hruschka ZStW 110, 581 ff., Joerden, Strukturen usw. 35, Koriath aaO 518 ff., Renzikowski aaO 112 ff.). Eine andere Frage ist es, ob die Erfolgszurechnung hier aus anderen Gründen ausgeschlossen ist (vgl. dazu u. 100 ff., § 15 RN 171).

Davon zu unterscheiden ist das **Abbrechen der Kausalität:** Ein Kausalzusammenhang fehlt, wenn 78 die Handlung nicht bis zum Erfolgseintritt fortwirkt, weil ein späteres Ereignis unabhängig davon eine neue Ursachenreihe eröffnet, die im Wege einer „überholenden Kausalität" (u. 80) allein den Erfolg herbeiführt (zB RG **69** 47, BGH **4** 362, **39** 197, NJW **89**, 2480, GA **60**, 112, OGH **3** 99, Stuttgart JZ **80**, 619, Jescheck LK 59, Joerden JurBl. 87, 434, Roxin I 305, Rudolphi SK 50 vor § 1 mwN). Kein ursächlicher Zusammenhang besteht daher zB zwischen der Täuschungshandlung und dem Vermögensschaden beim Prozeßbetrug (§ 263 RN 69 ff.), wenn der Richter unabhängig von dem durch eine Falschaussage hervorgerufenen Irrtum aus anderen Gründen zu der unrichtigen Entscheidung kommt (RG aaO), desgleichen nicht zwischen der Verletzung des Unfallopfers und dessen Tod, wenn dieser unabhängig von den Unfallfolgen ausschließlich auf das Opfer selbst zurückzuführen ist (vgl. Stuttgart JR **82**, 419 m. Anm. Ebert); widersprüchlich dagegen BGH **38** 32 m. Anm. Graul JR 92, 114, wenn es dort (S. 34) nach zutreffender Bejahung der Kausalität des Täterverhaltens für die nach einem Diebstahl der unterwegs befindlichen Betäubungsmittel durch den Dieb vollendete Einfuhr (§ 30 1 Nr. 4 BtMG) heißt, der Diebstahl habe die vom Täter in Lauf gesetzte Kausalkette unterbrochen und eine „völlig neue, unabhängige" begründet (womit sich dann auch die Frage einer wesentlichen Abweichung im Kausalverlauf von vornherein erledigt hätte; vgl. dazu auch u. 96).

c) Maßgebend ist für die Kausalitätsbeurteilung nach der üblichen Terminologie der Erfolg in seiner 79 **konkreten Gestalt** (o. 73, ferner zB Kühl 27, 35, M-Zipf I 257, Roxin I 301, Rudolphi SK 44 vor § 1, Schlüchter JuS 76, 380; krit. dazu Dencker aaO 86 ff., Hilgendorf GA 95, 519 ff., Puppe NK 68 ff., ZStW 92, 873 f. u. 99, 596 ff., GA 94, 299 ff. [dagegen jedoch Erb JuS 94, 451 f.], Röh aaO 14 ff., Schumann StV 94, 110). Im Kontext der conditio-Formel (o. 73) war die Figur der konkreten Erfolgsgestalt ein Mittel, um Ersatzursachen bei der Kausalerklärung auszuschließen (vgl. zB, Hilgendorf GA 95, 515, Kühl 27). Da der tatsächlich eingetretene nicht durch einen in einer nicht wirksam gewordenen Reserveursache angelegten Erfolg ersetzt werden darf (u. 80), kann es hier in der Sache jedoch nur um die Vorfrage gehen, ob die konkrete Erfolgsgestalt dem tatbestandlich gemeinten Erfolg entspricht, weil sich nur dann die weitere Frage einer Zurechnung dieses Erfolgs stellen kann. Erforderlich ist deshalb – kein Kausal-, sondern ein normatives Problem – die Präzisierung des tatbestandsmäßigen Erfolgs iS einer unter Rechtsgutsgesichtspunkten für das Rechtsgutsobjekt nachteiligen Veränderung seines Ist-Zustands (vgl. Puppe NK 75, ZStW 92, 880 u. dazu auch Frisch aaO 552 FN 154 u. – zT krit. – Hilgendorf aaO 527 f.) Bei einer bereits eingetretenen Verschlechterung gehört dazu auch deren Intensivierung, sofern sie im Hinblick auf das geschützte Rechtsgut noch ins Gewicht fällt (zB Verschlimmerung eines Leidens, Inbrandsetzen eines bereits brennenden Gebäudes, nicht dagegen wenn die Scherben einer aus Versehen fallengelassenen fremden Vase weiter zertrümmert werden oder beim Ausschütten eines Eimers Wasser in den Fluten einer Überschwemmung [Jescheck/Weigend 282]). Bei der Tötung zB besteht der konkrete Erfolg in jeder – wenn auch nur geringfügigen – Lebensverkürzung (vgl. Frisch aaO mwN, aber auch Roxin I 301: Ursächlichkeit auch bei der unvermeidbaren Tod nach einer Lebensverlängerung), bei den §§ 223 ff. in jeglicher Beeinträchtigung der Körperintegrität – dies auch in den u. 94 genannten Fällen der Risikoverringerung (and. Koriath aaO 503) –, und zwar jeweils in der „konkreten Gestalt" der nachteiligen Veränderung des bis dahin bestehenden Ist-Zustands (zB Tod durch Messerstich oder durch Vergiftung; Verletzung des rechten oder des linken Arms). Dagegen ist die Änderung bloßer Begleitumstände, die in dem nachteiligen Zustand selbst keinen Niederschlag findet, auch für die konkrete Erfolgsgestalt ohne Bedeutung (zB ob das vergiftete Opfer am Ort A oder B stirbt; vgl. Jakobs 189, aber auch Ebert

Vorbem §§ 13 ff. 80–82

JR 82, 422, Kühl 27 f.; näher zu den hier auftretenden Abgrenzungsfragen Hilgendorf aaO 519 ff., Jakobs aaO, Lackner-FS 54 ff.).

80   d) Abzustellen ist bei der Kausalitätsfrage stets darauf, ob zwischen dem konkreten Erfolg und dem **wirklichen Geschehen** eine ursächliche Verbindung besteht (zB OGH **1** 232, BGH **2** 20, **10** 370, **13** 14). **Hypothetische Kausalverläufe** haben hier außer Betracht zu bleiben. Von Bedeutung ist dies zunächst, wenn der tatsächliche Kausalverlauf einen anderen (bereits vorher angelegten oder nachträglich hinzugekommenen) Geschehensablauf „überholt", der den Erfolg ebenfalls, aber *zeitlich später* herbeigeführt hätte (sog. *überholende Kausalität,* zB BGH NJW **92**, 1247, Joerden JurBl. **87**, 434, Lackner/Kühl 11, Seebald GA 69, 198, Tröndle 18 c). Ursächlich ist daher auch eine Handlung, die den Erfolgseintritt, wenn auch nur geringfügig, beschleunigt (zB Tötung eines ohnehin schon Todkranken; vgl. zB RG **70** 258, BGH **21** 61, VRS **25** 42, NStZ **81**, 218, **85**, 26, StV **86**, 59, BGHR vor § 1 Kausalität-Angriffe, mehrere 1, Düsseldorf OLGSt. § 222 **Nr. 9**, Rudolphi SK 46 vor § 1). Darüber hinaus bleibt eine Handlung, die für den Erfolg tatsächlich wirksam geworden ist, für diesen aber auch dann ursächlich, wenn derselbe Erfolg *zum selben Zeitpunkt* aufgrund einer – tatsächlich nicht wirksam gewordenen – Reserveursache eingetreten wäre (vgl. zB BGH **30** 228, Jescheck/Weigend 282, Kühl 34, Rudolphi SK 45 vor § 1 mwN; zur Ausscheidung von Ersatzursachen vgl. auch Puppe NK 90 ff., 101 ff., ZStW 92, 888 ff., GA 94, 303 ff. u. zur Unzulänglichkeit der conditio-Formel o. 75). Eine andere Frage ist es, ob in solchen Fällen eine Erfolgszurechnung aus anderen Gründen zu verneinen ist (vgl. dazu u. 97).

81   Auch bei **Fahrlässigkeitsdelikten** ist allein der tatsächliche Kausalverlauf maßgebend. Demgegenüber wird hier in der Rspr. vielfach schon die Ursächlichkeit des pflichtwidrigen Verhaltens verneint, wenn derselbe Erfolg auch bei pflichtgemäßem Verhalten eingetreten wäre oder dies nicht auszuschließen ist (zB BGH **11** 3 f., **24** 34, **33** 63, VRS **74** 359, JR **89**, 382, Bay VRS **87**, 121, Frankfurt JR **94**, 77 m. Anm. Lampe, ferner die Nachw. in § 15 RN 173: „Kausalität der Pflichtwidrigkeit"). Doch ist dies keine Frage der Kausalität (so aber Puppe NK 189), sondern betrifft die weiteren (normativen) Voraussetzungen der Erfolgszurechnung (u. 99; offengelassen in BGH **30** 230). Daß der Ursachenbegriff von der Rspr. hier nicht mehr iS der Bedingungstheorie, sondern normativ verstanden wird, wird deshalb auch in BGH **11** 7, **33** 64 f. („rechtlicher Ursachenzusammenhang") ausdrücklich eingeräumt (vgl. auch u. 86).

82   e) Ein Ursachenzusammenhang besteht auch bei der sog. **alternativen Kausalität** („Doppel"- oder „Mehrfachkausalität", „alternative Konkurrenz", zT fälschlich auch als „kumulative Kausalität" [u. 83] bezeichnet; zur Terminologie vgl. näher Dencker aaO 62, Joerden JurBl. 87, 432). Eine solche liegt vor, wenn mehrere, unabhängig voneinander gesetzte Bedingungen zusammenwirken, die zwar auch für sich allein zur Erfolgsherbeiführung ausgereicht hätten, die tatsächlich aber alle in dem eingetretenen Erfolg wirksam geworden sind. Dies gilt zunächst, wenn es sich um *mehrere Beteiligte* handelt: Daher jeweils vollendete Tötung in dem Schulbeispiel, in dem A und B unabhängig voneinander dem C je eine zur selben Zeit wirkende tödliche Dosis Gift in das Essen mischen (vgl. zB B/W-Weber 228, Eser/Burkhardt I 68, Hilgendorf NStZ 94, 565, Köhler 141, Koriath aaO 521 ff., Lackner/Kühl 11, Murmann/Rath NStZ 94, 217, Puppe NK 88, ZStW 92, 876 ff., Roxin I 303, Rudolphi SK 51 vor § 1, Tröndle 18 u. entsprechend für Fahrlässigkeitsdelikte Bay NJW **60**, 1964, zum Ganzen aber auch Dencker aaO 52 ff., 115 f., Köhler 146; zu den theoretischen Grundlagen vgl. näher Joerden aaO 141 ff.). Anders als nach der conditio-Formel (o. 73) ergeben sich nach der Formel von der gesetzmäßigen Bedingung (o. 75) in solchen Fällen keine Schwierigkeiten, wenn beide Bedingungen nach menschlichem Erfahrungswissen den Erfolg mitbewirkt haben (vgl. etwa Arthur Kaufmann, Eb. Schmidt-FS 210). Voraussetzung dafür ist in dem genannten Beisp. allerdings, daß festgestellt werden kann, daß die Wirkung des Gifts im selben Zeitpunkt eingetreten ist (vgl. Joerden JurBl. 87, 434; zu dem in solchen Fällen gleichfalls ohne weiteres zu bejahenden Zurechnungszusammenhang [u. 90 ff.] vgl. Puppe NK 139 gegen Jakobs 230). Eine teils vollendete, teils nur versuchte Tötung liegt dagegen vor, wenn feststeht, daß das eine Gift früher als das andere gewirkt hat (überholende bzw. abgebrochene Kausalität, o. 78, 80); kann dies nicht ausgeschlossen werden, so kommt – in dubio pro reo – bei beiden Beteiligten nur Versuch in Betracht (vgl. auch BGH NJW **66**, 1823 m. Anm. Hertel S. 2418 u. Kion JuS 67, 499, wo der Sachverhalt jedoch anders lag). Daß es hier auch Fallkonstellationen gibt, in denen die Formel von der gesetzmäßigen Bedingung gleichfalls vor gewissen Schwierigkeiten steht, ist ohne weiters einzuräumen (vgl. etwa den „Schrottplatz-Fall" von Joeschen aaO 152). – Neben diesen „klassischen" Fällen alternativer Kausalität ist eine solche aber auch denkbar, wenn nicht das Handeln zweier Täter, sondern zwei nacheinander vorgenommene, jedoch schon für sich allein ausreichende Handlungen *desselben Täters* in ihrem Zusammentreffen den konkreten Erfolg herbeiführen (vgl. BGH **39** 195 m. Anm. bzw. Bspr. Murmann/Rath NStZ 94, 215, Rogall JZ 93, 1066, Toepel JuS 94, 1009, Wolters JR 94, 468: Tod des Opfers infolge des Zusammentreffens der Verletzungsfolgen zweier jeweils tödlicher Schüsse; vgl. auch BGH NStZ **94**, 539). Von Bedeutung ist dies, wenn der Täter die erste Handlung zB mit Tötungsvorsatz, die zweite dagegen fahrlässig iS des § 222 begangen hat: Hier ist sowohl der Tatbestand einer vorsätzlichen Tötung als auch der des § 222 verwirklicht, wobei § 222 als subsidiär zurücktritt (BGH u. Rogall aaO; and. Murmann/Rath aaO). Dasselbe gilt im umgekehrten Fall (zunächst fahrlässige, dann vorsätzliche Handlung), ebenso aber auch, wenn offenbleibt, welche der beiden Handlungen vorsätzlich war. Feststehen muß hier nur, daß der Erfolg das Ergebnis des Zusammenwirkens beider Handlungen ist;

bestehen insofern Zweifel – zB ob der Tod infolge des ersten oder zweiten Schusses eingetreten ist –, so bleibt es bei einem Versuch und einer Fahrlässigkeitstat (zum entsprechenden Fall, wenn die eine Handlung mit Tötungs-, die andere mit Körperverletzungsvorsatz erfolgte und nicht festgestellt werden kann, welche von beiden tatsächlich zum Tod führte, vgl. Joerden zu ÖstOGH JurBl. 87, 191: versuchte Tötung und vollendete Körperverletzung).

f) Kausalität besteht auch, wenn mehrere, *unabhängig voneinander vorgenommene* Handlungen den **83** Erfolg erst durch ihr Zusammentreffen herbeiführen (sog. **kumulative Kausalität;** vgl. zB BGH 37 131, B/W-Weber 227, Jescheck/Weigend 282, Kühl, 33, Lackner/Kühl 11; zur Frage der Mitursächlichkeit von Amalgamfüllungen für Gesundheitsschäden neben der über die Nahrungsmittelaufnahme vermittelten Quecksilberbelastung vgl. Tiedemann, Hirsch-FS 769). Geht es dabei um die Handlungen *mehrerer Beteiligter* – etwa wenn in dem o. 82 genannten Beisp. die von A und B unabhängig voneinander verabreichten Giftgaben nicht für sich allein, sondern nur zusammen mit der anderen tödlich sind –, so stellt sich hier jedoch die weitere Frage, ob der Erfolg jedem einzelnen, obwohl er für ihn ursächlich geworden ist, auch zugerechnet werden kann (vgl. auch Rudolphi SK 51a vor § 1; grds. gegen eine Zurechnung Köhler 146). Entscheidend ist dabei, ob bzw. inwieweit eigenes Verhalten, das erst zusammen mit der Kumulationswirkung der Handlung eines anderen zu dem fraglichen Erfolg führt, im Hinblick auf dieses eine – vgl. dazu. 93 – verbotene Gefahrschaffung ist (vgl. zB auch Freund 261). Schon wegen der völligen Inadäquanz eines solchen Geschehensablaufs zu verneinen wäre dies zB in dem Vergiftungsfall, wenn für A und B das Handeln des jeweils anderen rein zufällig war (daher nur Versuch; and. Freund aaO). Aber auch bei objektiver Vorhersehbarkeit oder sogar tatsächlicher Voraussicht der den eigenen Beitrag komplettierenden Handlung Dritter können hier weitere Einschränkungen nach dem Verantwortungsprinzip (vgl. u. 100 f.) geboten sein: Daher zB mangels einer verbotenen Gefahrschaffung noch keine Gewässerverunreinigung (§ 324) bei einer nur minimalen Beeinträchtigung, auch wenn der Beteffende weiß, daß andere dasselbe tun und die Grenze zu einer Gewässerverunreinigung deshalb irgendwann einmal überschritten sein wird, sondern erst, wenn das „Faß zum Überlaufen gebracht wird", wobei dem Betreffenden hier dann auch der Gesamterfolg zugerechnet wird, weil damit die Quantität in eine andere Qualität umschlägt (umstr., vgl. § 324 RN 8, 10 u. näher zu den Kausalitäts- und Zurechnungsproblemen bei den erfolgsbezogenen Tatbeständen des Umweltstrafrechts zuletzt zB Bloy JuS 97, 582 ff., Daxenberger, Kumulationseffekte, 1997, 55 ff., Rotsch, Individuelle Haftung in Großunternehmen, 1998, 102 ff., Samson ZStW 99, 618 ff.). – Entsprechende Fragen stellen sich, wenn der Erfolg erst durch mehrere, voneinander unabhängige Einzelhandlungen eines *Alleintäters* verursacht wird (zB mehrere für sich allein noch ungefährliche Fehler bei wiederholten Reparaturen bewirken erst durch ihr Zusammentreffen den schädlichen Erfolg; vgl. auch BGH NJW **89,** 2479 m. Bspr. Küpper JuS 90, 184 [„fortwirkende Kausalität"], wo die Probleme zT allerdings anders lagen). Auch hier kann nicht die Kausalität, sondern nur Zurechenbarkeit des Erfolgs zweifelhaft sein, wobei i. U. zu den eben genannten Fällen jedoch zu berücksichtigen ist, daß dort, wo die fraglichen Einzelhandlungen ein einheitliches Geschehen darstellen, der Täter dieses insgesamt zu verantworten und dafür zu sorgen hat, daß es die Grenze einer verbotenen Gefahrschaffung nicht überschreitet.

Teils mit kumulativer, teils mit alternativer Kausalität wird auch argumentiert bei den von **mehr- 83a gliedrigen Organen und sonstigen Gremien gefaßten Beschlüssen,** deren Verwirklichung zu einem tatbestandsmäßigen Erfolg führt (zur kumulativen Kausalität vgl. zB B/W-Weber 227, ders. BayVBl. 89, 168 f., Roxin I 299 ff., ferner BGH **37** 106 f, 131 f. [zum Schrifttum dazu o. 75], wo beim Unterlassen eines Produktrückrufbeschlusses eine Parallele zu dieser gezogen wird; zur alternativen Kausalität vgl. zB Kühl 32, Lackner/Kühl 11; vgl. auch Jakobs, Miyazawa-FS 422, Röh aaO 145, 151 f.: „überbedingter Erfolg"). Um einen Fall der alternativen Kausalität in dem o. 82 genannten Sinn handelt es sich hier jedoch nicht, weil die einzelnen Ja-Stimmen jeweils für sich gesehen nicht den Erfolg bewirken konnten (vgl. auch Beulke/Bachmann JuS 92, 743, Weißer aaO 112). Aber auch von kumulativer Kausalität iS der o. 83 könnte hier nur gesprochen werden, wenn die erforderliche (einfache oder qualifizierte) Mehrheit gerade erreicht ist, nicht dagegen bei größeren Mehrheiten, bei denen die weiteren Pro-Stimmen für das Ergebnis überflüssig sind (vgl. Beulke/Bachmann aaO, Weißer aaO 110 f. mwN; and. Weber aaO; dazu daß hier auch die Figur der konkreten Erfolgsgestalt [o. 79] nicht weiterführt, vgl. Weißer aaO 108). Daß hier keiner der Mehrheitsvotanten geltendmachen kann, der Beschluß wäre auch ohne seine Stimme zustande gekommen, die Abstimmung als kollektive Arbeitsform würde damit zur „erfolgreichen Organisation von persönlicher Unverantwortlichkeit" (Dencker aaO 175) –, sollte sich, was das Ergebnis betrifft, von selbst verstehen (vgl. BGH aaO 131 f.; and. unter Berufung auf die conditio-Formel Nettesheim BayVBl. 89, 165). Weniger selbstverständlich ist die Begründung dafür. Geht es dabei um eine Kausalerklärung der einzelnen Ja-Stimmen, so kann eine solche jedoch auch hier nur aus der Formel von der gesetzmäßigen Bedingung abgeleitet werden (dazu, daß dies möglich ist, vgl. zB Hilgendorf NStZ 94, 565, Weißer aaO 113 ff.; vgl. in diesem Zusammenhang ferner mit zT unterschiedlichen Ansätzen und Begründungen Stuttgart NStZ **81,** 28, Beulke/Bachmann aaO, Deutscher/Körner wistra 96, 334, Hoyer GA 96, 172 ff., Jakobs aaO 421 ff., Kühl 32, Kuhlen NStZ 90, 570, JZ 94, 1146, Meyer NJW 92, 3198, Puppe NK 109, JR 92, 132, Ransiek, Unternehmensstrafrecht [1996] 67, Röh aaO 161 ff., Roxin I 300, Schmidt-Salzer, Produkthaftung 1, Strafrecht, 2. A., 181 ff., Schumann StV 92, 109). Geht man diesen Weg – Bejahung der Ursächlichkeit aller (also auch der „überflüssigen") Ja-Stimmen – nicht, so bleibt als

Möglichkeit, die strafrechtliche Verantwortlichkeit für den durch eine Gremienentscheidung herbeigeführten Erfolg zu begründen, nur die Figur der Mittäterschaft (vgl. § 25 RN 76; gegen den hier erhobenen Einwand eines „Tricks", weil auch die Mittäterschaft bereits einen kausalen Beitrag des Mittäters zum Erfolg voraussetze – so Puppe aaO 32, ferner Hoyer aaO, Roxin aaO –, jedoch zB Beulke/Bachmann aaO 743, Dencker aaO 179 ff., u. pass., Schumann aaO 110). Unproblematisch wäre eine solche Lösung allerdings nur bei der vorsätzlichen Mittäterschaft (vgl. hier auch BGH aaO 129: Beschluß für das Unterbleiben eines gebotenen Produktrückrufs; vgl. dazu aber auch Samson StV 91, 184), während die Möglichkeit einer fahrlässigen Mittäterschaft von der h. M. bekanntlich verneint wird (vgl. 115 vor § 25; für fahrlässige Mittäterschaft speziell im vorliegenden Zusammenhang jedoch Brammsen Jura 91, 537 f., Dencker aaO, Otto, Spendel-FS 282 ff., Schumann aaO 110 f., Weißer aaO 142 ff.). Vgl. näher zum Ganzen und zu weiteren Fallgruppen in diesem Zusammenhang Jakobs aaO, Weißer aaO 162 ff.; zur (Quasi-)Kausalität beim Unterlassen einer rechtlich gebotenen Beschlußfassung vgl. § 13 RN 61.

84 2. Es war immer unbestritten, daß der weitgefaßte Ursachenbegriff der Äquivalenztheorie, der auch völlig unvorhersehbare Kausalabläufe mitumfaßt und praktisch einen „regressus ad infinitum" (zB Zeugung des Mörders) zuläßt, eines **haftungsbeschränkenden Korrektivs** bedarf, wenn es um die Frage geht, ob dem Täter ein von ihm verursachter Erfolg als seine Tat zugerechnet werden kann. Umstritten ist dagegen auch heute noch, wie und an welcher Stelle im Deliktssystem eine solche Korrektur zu erfolgen hat. Nach **herkömmlicher Auffassung** geht es dabei insbes. um folgende Möglichkeiten:

85 a) Nach der jedenfalls früher h. M. ergeben sich die erforderlichen Beschränkungen grundsätzlich erst bei **Vorsatz und Fahrlässigkeit** (vgl. zB BGH **4** 182, **7** 329, **12** 78, GA **55**, 125, Bay **82** 1, Köln GA **57**, 22, Stuttgart NJW **59**, 2320, JZ **80**, 618, JR **82**, 419 m. Anm. Ebert, ferner zB B/W-Weber 219, Heimann-Trosien LK[9] Einl. RN 94, Schlüchter JuS 76, 314, 519 sowie u. 96). Dieser Weg mag zwar in den meisten Fällen der täglichen Praxis zu befriedigenden Ergebnissen führen, was zugleich erklärt, warum die Bedingungstheorie trotz der gegen sie vorgebrachten Einwände die im Strafrecht führende Kausalitätstheorie geblieben ist. Voraussetzung dafür wäre aber zunächst, daß Vorsatz und Fahrlässigkeit entgegen der überkommenen Lehre nicht lediglich als Schuldmerkmale angesehen werden (o. 52 ff.), weil sonst das bloße Setzen jeder noch so entfernten Erfolgsbedingung bereits strafrechtliches Unrecht wäre. Selbst dann bleiben jedoch noch Fälle, in denen auch Vorsatz und Fahrlässigkeit als Korrektiv versagen und nicht der richtige Ort dafür sind (vgl. u. 93 ff. u. zum Ganzen zB auch Jescheck LK 61, Rudolphi SK 53 vor § 1, Tröndle 18).

86 **Korrekturen an anderer Stelle** hat die Rspr. bisher im wesentlichen nur bei den *Fahrlässigkeitsdelikten* vorgenommen, und zwar zunächst bei der Kausalität selbst: Verneinung des Kausalzusammenhangs zwischen der pflichtwidrigen Handlung und dem Erfolg, wenn dieser auch bei pflichtgemäßem Verhalten eingetreten wäre (o. 81); bei Verkehrsdelikten Beschränkung der Kausalitätsprüfung auf das Geschehen seit Eintreten der konkreten kritischen Verkehrslage (o. 76). In beiden Fällen läßt sich eine Haftungsbegrenzung jedoch nicht mit Kausalitätserwägungen, sondern nur mit Hilfe weiterer Zurechnungsgesichtspunkte begründen (o. 76, 81, u. 95 ff., 99). Erst die neuere Rspr. ist hier zT den methodisch richtigen Weg gegangen, indem sie, Ergebnisse der objektiven Zurechnungslehre (u. 92 ff.) aufnehmend, die Zurechenbarkeit eines Erfolgs neben dem Erfordernis eines ursächlichen Zusammenhangs noch von weiteren (normativen) Voraussetzungen abhängig macht. Z. T. geschieht dies mit Hilfe eines normativ verstandenen Kausalitätsbegriffs (so schon in BGH **11** 7, wonach es für eine „wertende Betrachtungsweise" wesentlich sei, „ob die Bedingung nach rechtlichen Bewertungsmaßstäben für den Erfolg bedeutsam war"; vgl. ferner zB BGH **33** 64 f., JR **89**, 382, Bay VRS **80** 232: „rechtlicher Ursachenzusammenhang", Stuttgart Justiz **94**, 411: „zurechenbarer Kausalzusammenhang"; vgl. dazu auch o. 81, u. 99). Daneben werden gelegentlich weitere Kriterien für eine Haftungsbegrenzung verwandt, so der Gesichtspunkt des Schutzzwecks der Norm (zB BGH **33** 61, Bay VRS **71** 68, Hamm VRS **60** 38, **61** 353, Stuttgart JZ **80**, 618; u. 95 f.), der Gedanke der Eigenverantwortlichkeit bei der Beteiligung an einer Selbstgefährdung (zB BGH **32** 262, **37** 182, Bay **96** 96; vgl. u. 101) und das Erfordernis einer tatbestandsspezifischen, sich im tödlichen Erfolg unmittelbar niederschlagenden Gefahr bei § 227 (vgl. die Nachw. dort RN 3 ff.). Bisher vereinzelt sind dagegen Entscheidungen geblieben, in denen auch beim *Vorsatzdelikt* notwendige Korrekturen bereits an früherer Stelle für möglich gehalten werden, so wenn in BGH **38** 34 offen gelassen wird, ob wesentliche Abweichungen im Kausalverlauf erst unter Vorsatzgesichtspunkten oder bereits bei der „objektiven" Zurechnung (u. 95 f.) von Bedeutung sind.

87/88 b) Demgegenüber versucht die im Zivilrecht herrschende, aber auch in Teilen des strafrechtlichen Schrifttums vertretene **Adäquanztheorie** die gebotene Haftungsbegrenzung schon im Bereich der Kausalität zu erreichen (begründet von v. Kries, Prinzipien der Wahrscheinlichkeitsrechnung [1886] 75 ff., ZStW 9, 532 [„adäquate" i. U. zur nicht adäquaten oder zufälligen Verursachung]; vgl. dazu Koriath aaO 470 ff., aber auch Puppe, Bemmann-FS 227 ff.; für das Strafrecht vgl. zB B-Volk I 64 f., Engisch, Kausalität 41 ff., Frank § 1 III 1 d, Maihofer ZStW 70, 182 ff., Maurach GA 60, 97, Walder SchwZStr. 93, 144 ff. u. bei Fahrlässigkeitsdelikten auch Welzel 46). Die Adäquanztheorie knüpft zwar an die Bedingungstheorie (o. 73) an, indem sie ihre Ergebnisse voraussetzt, schränkt diese dann aber insofern ein, als nach ihr ein Handeln zur *„Ursache"* im Rechtssinne nur dann wird, wenn es iS eines Wahrscheinlichkeitsurteils „die objektive Möglichkeit eines Erfolgs von der Art des eingetretenen generell in nicht unerheblicher Weise erhöht hat" (so BGHZ 3 261 im Anschluß an Traeger aaO 159; für eine negative Fassung der Adäquanzformel dagegen Engisch aaO 46: es dürfe nicht schlechthin unwahrscheinlich sein, daß die Handlung den Erfolg nach sich zieht). Die damit entscheidende Frage, wie dieses Wahrscheinlichkeitsurteil zu bilden ist, ist jedoch auch heute noch nicht abschließend geklärt. Meist findet sich dazu die Formel von der sog. „objektiv-nachträglichen Prognose": Maßgebend ist danach das gesamte Erfahrungswissen der Zeit, wobei dem Adäquanzurteil sowohl die einem einsichtigen – nach BGHZ 3 261: „optimalen" – Betrachter im Zeitpunkt der Handlung erkennbaren als auch die dem Täter nach seinem etwaigen Sonderwissen bekannten Umstände zugrunde zu legen sind (vgl. auch die Formulierung des Adäquanzprinzips iS einer objektiven Erkennbarkeit und deren Konkretisierung b. Wolter GA 77, 257). – Zu den gegen die Adäquanztheorie erhobenen Einwänden, die nur zu einem Teil berechtigt sind, vgl. die 25. A. RN 88. Entscheidend ist, daß sie den Anforderungen an ein Instrument zur Begrenzung der objektiven Erfolgszurechnung deshalb nicht genügt, weil eine rechtliche „Zuschreibung" eines Erfolgs letztlich nur auf den Sinn rechtlicher Normen gegründet werden kann, dieser normative Bezugspunkt dem Adäquanzprinzip aber noch fehlt (vgl. Rudolphi SK 55 vor § 1, Wolter GA 77, 261, ferner zB Jakobs 198, M-Zipf I 252, Roxin I 309, Schünemann GA 99, 213 ff.). Die Adäquanz und mit ihr dann auch das Problem einer Generalisierung (zu einer theoretischen Grundlage für eine solche vgl. Puppe aaO 230 ff.) kann daher nur Teil eines umfassenderen, an die Eigenart strafrechtlicher Verhaltensnormen anknüpfenden Zurechnungsprinzips sein (and. insoweit Wolter GA 77, 263 f.).

c) Ohne Bedeutung für das Strafrecht (and. zB im Sozialrecht) sind heute die sog. **individualisierenden Kausalitätstheorien.** Ebenso wie die Adäquanztheorie setzen auch sie bereits beim Begriff der Ursache an, indem sie nur bestimmte Bedingungen für den Erfolg als Ursache im Rechtssinn anerkennen. Im Unterschied zur Adäquanztheorie stellen sie jedoch nicht auf die typische Verknüpfung von Handlung und Erfolg und damit auf ein generalisierendes Wahrscheinlichkeitsurteil ab, sondern versuchen in einer individualisierenden Betrachtung des Geschehens die „causa efficiens" im Einzelfall zu ermitteln (vgl. näher m. Nachw. M-Zipf I, 6. A., 238).

d) Methodisch anders, aber iE weitgehend ähnlich wie die Adäquanztheorie verfährt die **Relevanztheorie** (insbes. Mezger 122 f., Blei I 104 ff.; vgl. auch W-Beulke 173). Sie unterscheidet – insofern dogmatisch überzeugender als die Adäquanztheorie – streng zwischen Kausalität und Haftung, indem sie, was die Ursächlichkeit einer Handlung betrifft, die Bedingungstheorie übernimmt, dann aber bezüglich der Erfolgszurechnung auf die strafrechtliche Relevanz des Kausalgeschehens abstellt, indem sie die Haftungsfrage nach dem Sinn des jeweiligen Tatbestandes beantwortet. Die Relevanztheorie führt insoweit über die Adäquanztheorie hinaus, als sie eine Lösung auch bei Fallgruppen ermöglicht, bei denen die Adäquanztheorie versagt, so zB in den Fällen der Risikoverringerung (u. 94) oder bei Eintritt eines Erfolgs, der außerhalb des Schutzbereichs der Norm liegt (u. 95 f.). Ebenso wie die Adäquanztheorie wird auch die Relevanztheorie vielfach wegen ihrer Unbestimmtheit abgelehnt, obwohl damit auch hier die Probleme nur verschoben werden. In der Sache besteht zwischen der – freilich noch zu undifferenzierten – Relevanztheorie (Blei aaO: „formales Prinzip") und den neueren Bemühungen, neben die Kausalität besondere Kriterien der objektiven Zurechnung zu stellen (u. 91 ff.), kein Gegensatz.

3. Die neuere Lehre von der objektiven Zurechnung, die in der Strafrechtsdogmatik der Gegenwart zu einem zentralen Thema geworden ist und die inzwischen in Teilaspekten auch in der Rspr. ihren Niederschlag gefunden hat (o. 86), ist noch in der Entwicklung begriffen (zu ihrer Entstehung vgl. Hirsch, Lenckner-FS 120, Schünemann GA 99, 208 ff.). Ihr (vorläufiges) Ergebnis sind daher zahlreiche, zT divergierende, wenn auch meist miteinander eng verwandte Lösungsvorschläge. Insgesamt ist die neue Lehre jedoch gekennzeichnet durch die Hinwendung zu normativen Gesichtspunkten, die das Kausalprinzip zwar nicht ersetzen können, dieses aber ergänzen (o. 71).

Aus dem kaum noch überschaubaren **Schrifttum** m. Unterschieden in einzelnen vgl. u. a. Castaldo aaO, Diel aaO, Eser/Burkhardt I 59, 64, Ebert Jura 79, 561, Erb aaO, JuS 94, 453, Frisch aaO (umfassend; vgl. dazu Wolter GA 91, 531), NStZ 92, 1, 62, Jakobs 198 ff., ZStW 89, 1, Lackner-FS 53, A. Kaufmann-GedS 271, Hirsch-FS 45, Jescheck LK 64, ders./Weigend 277, 286 f., Honig aaO, Kahrs aaO, Köhler 143 ff., Kratzsch, Verhaltenssteuerung usw. 358 ff., 390, Krümpelmann aaO, Kühl 40 ff., Küper aaO, Lackner/Kühl 14, Maiwald, Miyazawa-FS 465, JuS 84, 439, Mitsch Jura 93, 19, M-Zipf I 254 ff., Otto I 61 ff., Maurach-FS 91, Spendel-FS 271, E. A. Wolff-FS 395, NJW 80, 417, Jura 92, 90, Prittwitz aaO 323 ff., Puppe ZStW 95, 287 u. 99, 595, GA 84, 307 ff., Reyes ZStW 105, 108, Roxin I 310 ff., Honig-FS 133, Gallas-FS 241, A. Kaufmann-GedS 237, Rudolphi SK 57 ff., JuS 69, 551, Samson aaO, Schild AK 186, 196, 202, Schmidhäuser 219 ff., Schmoller, Triffterer-FS 223, Schünemann JA 75, 721, NStZ 82, 60, GA 85, 353 u. 99, 213 ff., Stratenwerth 87 f., Gallas-FS 227, Stree JuS 85, 181, Toepel aaO, Triffterer aaO, Tröndle 17 ff., Walther aaO, W-Beulke 176 ff., Wolter aaO 1981 (umfassend), aaO 1984, 103 ff., aaO 1995, 3 ff., GA 77, 257 u. 91, 531, GA-FS 276 ff.; für Österreich vgl. zB Burgstaller, Jescheck-FS 357 u. die Nachw. b. Kienapfel JZ 84, 752; aus unterschiedlichen Gründen – zT ausgehend von einem funktionalen Kausalitätsbegriff oder auf der Basis des finalen Handlungsbegriffs jedenfalls bei Vorsatztaten – **abl. bzw. krit.** zB B/W-Weber 235 ff., 243 ff., Freund 32 f., 54 f., Hirsch, Köln-FS 403 ff. u. – hier in Einzelheiten zT and., – Lenckner-FS 119 ff., Armin Kaufmann, Jescheck-FS 25, Koriath aaO 524 ff., Küpper aaO 83 ff., Lampe, A. Kaufmann-GedS 203, Puppe NK 183 ff., ZStW 99, 595, Jura 97, 408, 513, 624 u. 98, 21, Schlüchter JuS 76, 314,

Struensee JZ 87, 53, GA 87, 97; zum Ganzen – mit allerdings zT anderen Ansätzen – vgl. auch Bustos Ramirez aaO.

92 Auszugehen ist davon, daß die Kausalität in dem o. 73 ff. genannten Sinn zwar eine notwendige, aber noch keine zureichende Bedingung für die objektive Zurechnung ist, weil die den strafrechtlichen Tatbeständen zugrunde liegenden Verhaltensnormen angesichts der oft unübersehbaren Zusammenhänge menschlichen Handelns keine reinen Verursachungsverbote sein können (vgl. zB Eser/Burkhardt I 59, Rudolphi SK 57 vor § 1, Stratenwerth 85). Auch das zum Kausalurteil hinzutretende, auf die *rechtliche* Bedeutung eines Kausalzusammenhangs abstellende Zurechnungsurteil kann deshalb nur aus Sinn und Zweck strafrechtlicher Normen gewonnen werden (vgl. schon Honig aaO 179). Nur von begrenztem Wert, weil noch zu ungenau und undifferenziert, ist hier allerdings die Formel von der „Steuerbarkeit" oder „Beherrschbarkeit des (Kausal-)Geschehens" (vgl. zB Ebert/Kühl Jura 79, 659, Tröndle 17 a u. näher Otto, Maurach-FS 92 f., Spendel-FS 277; zur Kritik vgl. zB Kratzsch, Oehler-FS 66, Maiwald JuS 84, 441, Puppe NK 233, Roxin, Tröndle-FS 181 f., Walther aaO 41 f. u. dazu aber auch Diel aaO 305 ff.). Bedeutet „Steuerbarkeit" bzw. „Beherrschbarkeit" nicht mehr als die objektive Vermeidbarkeit, so führt dies – gewonnen wären damit allenfalls die Eingangsvoraussetzungen eines über die Kausalität hinausreichenden Zurechnungsprinzips – über die objektive Voraussehbarkeit und das Adäquanzprinzip nicht hinaus, weil alles, was objektiv voraussehbar ist, auch vermeidbar ist (vgl. auch Kühl 59). Zurechnungsvoraussetzung kann andererseits aber auch nicht die Steuerbarkeit eines Kausalablaufs bis hin zum Erfolgseintritt sein (vgl. aber auch Ebert aaO, Otto aaO), weil diese dort endet, wo das Geschehen den Herrschaftsbereich des Täters verläßt, sich also „verselbständigt" und so zu einer von ihm nicht mehr beherrschbaren Gefahr wird, ein Stadium, das jede Erfolgsherbeiführung – und sei es auch nur für Augenblicke – notwendigerweise einmal durchläuft. Gegenstand rechtlicher Verhaltensnormen ist daher nicht erst die Erfolgsherbeiführung, sondern, weil nur dies wirklich beherrschbar ist, schon das Schaffen einer entsprechenden Erfolgsgefahr, d. h. eines Zustands, bei dem es objektiv voraussehbar ist, daß er selbständig in den Verletzungs- oder konkreten Gefahrerfolg (zB § 315 c) umschlagen kann (vgl. dazu jetzt auch Otto I 62, Jura 92, 97, ferner zB Rudolphi SK 57 vor § 1 u. näher Wolter aaO 1981, 35, 68 ff. u. pass. [Unterscheidung von „primärem" und „sekundärem Erfolgsunwert"]). Daran, nämlich an die Gefahrschaffung in diesem Sinn (zB Überholen vor einer Bergkuppe) und an die Realisierung dieser Gefahr (zB Verletzung oder konkrete Gefährdung eines entgegenkommenden Fahrers), hat daher auch die objektive Erfolgszurechnung anzuknüpfen, wobei für diese jedoch noch der weitere, über das Adäquanz- und Beherrschbzw. Steuerbarkeitsprinzip hinausführende Gesichtspunkt von Bedeutung ist, daß das Recht nicht jedes Verhalten verbietet, das mit einer bereits meßbaren Gefahr verbunden ist, sondern nur das Schaffen einer die Grenzen sozialadäquater („erlaubter") Risiken übersteigenden Gefahr. Dies führt zunächst zu der bereits den objektiven Tatbestand begrenzenden und sowohl für Vorsatz- wie für Fahrlässigkeitstaten geltenden **Zurechnungsregel**, daß bei Erfolgsdelikten ein tatbestandsmäßiger Erfolg (Verletzung, Eintritt einer konkreten Gefahr) nur dann zurechenbar ist, wenn der Täter durch seine dafür **ursächliche Handlung** entgegen der dem Schutz des betreffenden Rechtsgutsobjekts dienenden generellen Verhaltensnorm und damit **verbotswidrig** ein **entsprechendes Erfolgsrisiko geschaffen** bzw. ein solches erhöht hat und gerade diese rechtlich verbotene Gefahr – bei Erfolgsqualifikationen die spezifische Gefahr des Grunddelikts (vgl. § 18 RN 4) – sich in dem **konkret eingetretenen Erfolg verwirklicht** (vgl. zB Erb JuS 94, 453, Jescheck LK 64, ders./Weigend 287, Kühl 42, M-Zipf I 256, Meier GA 89, 215, Otto I 62, Spendel-FS 278, Jura 92, 97, Reyes ZStW 105, 129 f., Roxin I 311, Honig-FS 135 ff., A. Kaufmann-GedS 239, Silva-Sanchez ZStW 101, 372, Tröndle 17, Wolter aaO 1981, 29 ff. u. pass., Rudolphi SK 57 vor § 1 mwN, ferner Bay VRS **71** 68, NZV **89**, 359 m. Anm. Deutscher und zumindest Anklänge jetzt auch in BGH **37** 182 f., **38** 34, JR **89**, Bspr. Krümpelmann S. 353, Bay **96** 96, **98** 102, Stuttgart JR **97**, 517 m. Anm. Gössel; and. das o. 91 a aE genannte Schrifttum. zuletzt wieder Hirsch, Lenckner-FS 122 ff.: bei den Fahrlässigkeitsdelikten spezifische Fahrlässigkeitsprobleme [S. 127 f.], bei Vorsatzdelikten systematischer Ansatz dagegen beim Beginn der jeweiligen – die Beherrschung des von ihr umfaßten Kausalgeschehens erfordernden – Tatbestandshandlung [S. 133 ff.], dies i. U. zu den „erheblichen dogmatischen Verwerfungen" als Folge einer normativen Zuschreibung, die bei Vorsatzdelikten zudem zu einer „bedenklichen Relativierung der Tatbestandsbestimmtheit" führen soll [S. 141]; and. zB auch Maiwald, Miyazawa-FS 478 ff. iS eines wesentlich enger verstandenen Zurechnungsbegriffs u. Puppe NK 195, Bemmann-FS 230, ZStW 99, 601, 616, GA 94, 308 ff. bzgl. der Risikoverwirklichung). Dabei ist zur Klarstellung noch auf folgendes hinzuweisen: Terminologisch ungenau ist es, wenn bei der Umschreibung der Zurechnungsvoraussetzungen vielfach auch von einer „rechtlich mißbilligten" Gefahr bzw. Gefahrschaffung gesprochen wird – auch dadurch Notwehr usw. herbeigeführte Erfolge sind „zurechenbar" –, weil es sich hier um eine Tatbestands- und nicht um eine Rechtswidrigkeitsfrage handelt (vgl. auch Otto Jura 92, 91, Spendel-FS 278 FN 31). Zu beachten ist ferner, daß es bei der verbotenen Gefahrschaffung als Voraussetzung der Erfolgszurechnung lediglich um das gegen eine Verhaltensnorm verstoßende Schaffen einer *Erfolgsgefahr* und damit um die entsprechende Gefährlichkeit der Handlung geht, während es bei dem Eintritt einer konkreten Gefahr als *Gefahrerfolg* (zB § 315 c; vgl. dazu auch Hirsch, Lenckner-FS 134). Zu bestimmen ist diese Gefahrschaffung daher auch nicht mit Hilfe des ex post verfügbaren Wissens – dies i. U. zur konkreten Gefahr als Gefahrerfolg, bei der es zT auch auf eine ex-post-Betrachtung ankommt (vgl. entspr. zum Gefahrbegriff in

§ 34 dort RN 13) –, sondern aus der Perspektive ex ante auf der Basis der für einen einsichtigen Betrachter erkennbaren Umstände, ggf. ergänzt – s. u. 93 – durch ein weitergehendes Sonderwissen des Täters (vgl. zB Mir Puig, Jescheck-FS 345, Puppe NK 145, Roxin I 316, Rudolphi SK 66 vor § 13, Wolter aaO 1995, 10, 22 f., für ein ex-post-Gefahrurteil aber Burkhardt aaO 116 f., 133 f. u. dagegen Frisch ebd. 171 ff.); daß hier bei einem Sonderwissen auch subjektive Elemente bereits bei der Zurechnung zum objektiven Tatbestand eine Rolle spielen können, ist kein Widerspruch und keine Besonderheit (s. o. 62) und auch kein Vorgriff auf die subjektive Zurechnung zum Vorsatz oder gar zur Schuld (vgl. Roxin, A. Kaufmann-GedS 250, Wolter aaO u. dazu auch Reyes ZStW 105, 120 f., 124 f., 130 ff.; and. Burkhardt aaO 103 ff.: Einwand der Systemwidrigkeit). Zu bezweifeln ist dagegen, ob es in der Sache einen wesentlichen Unterschied begründet, wenn die Frage der Erfolgszurechnung auf den eigentlichen „Realisierungszusammenhang" beschränkt und diesem die „mißbilligte Gefahrschaffung als Kernstück des tatbestandsmäßigen Verhaltens" gegenübergestellt wird (so die umfassende Untersuchung von Frisch aaO 23 ff. u. pass.): Geschärft wird zwar der Blick dafür, daß sich die Feststellung des objektiven Tatbestands eines Erfolgsdelikts gedanklich in zwei Schritten zu vollziehen hat; abgesehen von der keineswegs immer gegebenen Möglichkeit einer strikten Trennung werden damit die Akzente jedoch zu einseitig gesetzt, weil der in der verbotenen Gefahrschaffung sich realisierende Erfolg ebenso ein „Kernstück des tatbestandsmäßigen Verhaltens" ist wie diese selbst (krit. auch Roxin I 313, Wolter GA 91, 532 f., 545 ff.).

Auch die Zurechnungsformel mit dem o. 92 genannten Inhalt ist zunächst freilich nur eine Grundregel, die zwar die Mindestvoraussetzungen einer Erfolgszurechnung enthält, die aber in bestimmten Fällen noch der Ergänzung und Begrenzung durch **weitere Zurechnungskriterien** bedarf. Dies gilt für die Fälle des „rechtmäßigen Alternativverhaltens" (u. 99 f.), ferner bei einer erst durch ein Opfer- oder Drittverhalten vermittelten Kausalität (u. 100 ff.), wo das Verantwortungsprinzip die Grundformel nur konkretisiert, sondern teilweise auch korrigiert (u. 101 b). Kein Bedürfnis besteht dagegen für ein weiteres Zurechnungsprinzip der „Reichweite des Tatbestands" (so aber Roxin I 312, 334 ff.). Bei der Mitwirkung an fremder *Selbst*gefährdung, wo dies zB von Bedeutung sein soll – die hier gleichfalls genannte einverständliche Fremdgefährdung gehört ohnehin nicht in diesen Zusammenhang (vgl. 102 ff., 107 vor § 32) –, liefert das „a maiore ad minus-Argument" der Tatbestandslosigkeit der Teilnahme an einer vorsätzlichen Selbstverletzung (so zB BGH **32** 264, Roxin aaO, Rudolphi SK 79 vor § 1 mwN; vgl. auch Schmoller, Trifftterer-FS 250) für die Nichtzurechenbarkeit des Erfolgs nur eine vordergründige Erklärung: Geht es auch hier letztlich um die Frage, warum dem Dritten der Erfolg nicht als *sein* „Werk" zugerechnet werden kann (vgl. auch Frisch NStZ 92, 5, Otto, Spendel-FS 276, Puppe NK 164, Renzikowski aaO 191 ff., Schumann aaO 110 f., Walther aaO 77 ff., 123 ff.), so kann der tiefere Grund dafür vielmehr nur beim Verantwortungsprinzip liegen, nach dem es u. a. schon keine verbotene Gefahrschaffung ist, wenn und solange der andere für sein selbstverletzendes bzw. – gefährdendes Tun selbst verantwortlich ist (vgl. auch BGH **37** 182, wonach die Grundsätze zur bewußten Selbstgefährdung auf das Prinzip der Selbstverantwortung zurückzuführen sind); dazu, daß dieses in gleicher Weise die Haftung bei der Mitwirkung an fremder *Dritt*gefährdung begrenzt und deshalb ein gemeinsames Leitprinzip für beide sein muß, vgl. u. 100 ff. – Auf der Grundlage der vorstehend genannten Zurechnungskriterien ergibt sich im einzelnen folgendes:

a) Eine Erfolgszurechnung ist trotz Kausalität (o. 73 ff.) ausgeschlossen, wenn die Handlung, weil *im Hinblick auf das betroffene Rechtsgutsobjekt* nicht verboten, für dieses **keine rechtlich relevante Gefahr** geschaffen hat (zB Jescheck LK 66, ders./Weigend 287, Kühl 44 f., Otto NJW 80, 420, Puppe NK 142 f., Roxin I 315, 319, Honig-FS 136, A. Kaufmann-GedS 238, 245 ff., Rudolphi SK 62 vor § 1; vgl. auch Köhler 144 f.). Dies sind zunächst die zT auch mit der fehlenden Beherrschbarkeit bzw. Tatherrschaft (zB Küpper aaO 92 f., Tröndle 17 a, Wolter aaO 1995, 8; krit. dazu Herzberg, Stree/Wessels-FS 215 f.) gelösten Fälle eines „unbeachtlich geringen realen Risikos" (Wolter aaO 79), in denen der Täter das vorgefundene Risiko nicht meßbar erhöht hat und in denen es nur aufgrund eines völlig irregulären Kausalverlaufs zu dem – vielleicht sogar gewollten – Erfolg kommt, so – vgl. BGH NJW **89**, 2480 – bei der Verursachung des Tods durch Hervorrufen eines Schrecks oder in dem Schulbeispiel des Erbonkels, der auf eine wunschgemäß zum Absturz führende Flugreise geschickt wird (and. – Fehlen des Vorsatzes – Armin Kaufmann, Jescheck-FS 266 f., Welzel 66 u. zunächst auch Hirsch, Köln-FS 405 [vgl. jetzt aber LK 32 vor § 32, Lenckner-FS 123, 135]; dagegen mit Recht Herzberg aaO, Roxin I 310, A. Kaufmann-GedS 240 f., Schünemann GA 99, 220; and. auch Hilgendorf Jura 95, 521 [fehlende Kausalität], B/W-Weber 236 f. [Frage der Rechtswidrigkeit]). Schon daraus ergibt sich ggfs. auch der Ausschluß einer Produkthaftung in Fällen eines nicht aktenkundigen Produktmißbrauchs (vgl. Goll aaO 620 f. mwN). Aber selbst statistisch meßbare Gefahren eines – damit zugleich objektiv vorhersehbaren – tatbestandlichen Erfolgseintritts müssen nicht immer (zB ordnungsgemäße Teilnahme am Verkehr; vgl. aber auch B/W-Weber 239), sondern nur dann vermieden werden, wenn sie, weil bei einer Abwägung von Handlungsfreiheit und Rechtsgüterschutz sozialinadäquat, nicht mehr im Rahmen des unverbotenen und in diesem Sinn „erlaubten" Risikos liegen, i. U. zum gerechtfertigten und deshalb „erlaubten" Risiko, vgl. § 15 RN 127, 144 ff., 189 sowie 94, 100 vor § 32). Dabei können sich in beiden Fällen bei einem weitergehenden Sonderwissen des Täters (vgl. o. 92) die Grenzen zu einer rechtlich verbotenen Gefahrschaffung hin verschieben (zB Entdecken bisher unbekannter Mängel technischer Standards); zwingend ist dies allerdings nicht, da auch hier Situationen denkbar sind, in denen trotz unmittelbarer Erfolgsverursachung (zur mittelbaren Verursachung u. 101 ff.) die Vermeidepflicht ausschließlich in den Verantwortungsbereich eines anderen fällt (vgl. näher dazu Jakobs, A. Kaufmann-GedS 283 ff. und das dort genannte Beisp. des mit einem Sonderwissen ausgestatteten Hochbau-Studenten, der als Ferienarbeiter weisungsgemäß eine zu schwach berechnete Betondecke in die Verschalung gießt). Die Bestimmung dessen, was im Hinblick auf das betroffene Gut das Maß rechtlich irrelevanter (sozialadaequater) Risiken übersteigt und zur verbotenen Gefahrschaffung wird, wird damit im Anschluß an die Kausalitätsfeststellung zur *entscheidenden Ausgangsfrage der Erfolgszurechnung* (vgl. eingehend dazu Frisch aaO 69 ff., ferner zB Jakobs 200 ff., Wolter, aaO 1981, 31 ff., 60 ff., 330 ff.; zur kumulativen Kausalität vgl. auch o. 83). Identisch ist sie mit der Frage nach der objektiven Sorgfaltspflichtwidrigkeit eines Verhaltens in Beziehung zu dem verletzten Gut – daß es in anderer Hinsicht sorgfaltswidrig ist, genügt nicht (u. 95) –, die sich aber nicht nur bei Fahrlässigkeitsdelikten (vgl. § 15 RN 131 ff.), sondern in gleicher Weise für Vorsatztaten stellt, da auch für diese gilt, daß ein nach objektiver Wertung unverbotenes Risiko diese Eigenschaft nicht deshalb verliert, weil der Täter den Erfolg will (vgl. auch Freund GA 91, 404, Frisch aaO 36 ff., Herzberg JR 86, 7, JZ 87, 539 u. 88, 475, Kindhäuser GA 94, 221 f., Krauß ZStW 76, 48, Maiwald, Jescheck-FS 422 f., Prittwitz JA 88, 436, Puppe NK 143, Jura 97, 513, Rengier KK-OWiG § 10 RN 13, Roxin I 319, A. Kaufmann-GedS 240, 246, Rudolphi SK 57 vor § 1; gegen diese Gemeinsamkeit von Vorsatz- u. Fahrlässigkeitsdelikt jedoch Hirsch, Lenckner-FS 138 ff. u. and. auch Schünemann GA 99, 220 f., ferner – hier iS einer besonders qualifizierten Vorsatzgefahr – Herzberg JuS 86, 253 ff. u. 87, 778 ff., JZ 88, 639 ff. Puppe ZStW 101, 17 ff., Vorsatz usw. 39 u. dazu § 15 RN 78 a f.).

94 b) Da eine **Risikoverringerung** nicht erst ausnahmsweise erlaubt (Rechtfertigung), sondern von vornherein schon nicht verboten sein kann, ist nicht zurechenbar der Erfolg, den der Täter durch sein Eingreifen in einen bereits in Gang befindlichen Kausalablauf in seiner konkreten Gestalt (o. 79) zwar beeinflußt, dies aber nur in der Weise, daß er den drohenden (schwereren) Erfolg abschwächt oder ein zeitliches Hinausschieben seines Eintritts bewirkt (vgl. zB Stuttgart JZ 79, 575, Jescheck LK 65, ders./Weigend 287, Kühl 48, Otto NJW 80, 417, Roxin I 314, A. Kaufmann-GedS 242 ff., Rudolphi SK 58 vor § 1, Tröndle 17 b; and. B/W-Weber 236, Armin Kaufmann, Jescheck-FS 255 ff., Köhler 147 f., Küpper aaO 94, Maiwald, Miyazawa-FS 479 [Rechtfertigung]; vgl. auch Puppe NK 78, ZStW 92, 883 u. 95, 292 [kein tatbestandmäßiger Erfolg], Hirsch, Lenckner-FS 138 [keine Erfolgsverwirklichung]). Dies gilt zB, wenn der Retter den gegen den Kopf geführten Schlag auf die Schulter des Opfers ablenkt (daher keine Körperverletzung), und zwar auch dann, wenn er diesen ganz hätte vorbeilenken können, da eine den drohenden Erfolg abschwächende Handlung nicht deshalb verboten sein kann, weil dieser auch ganz hätte verhindert werden können (vgl. aber auch Küpper aaO) und wo das Nichtwahrnehmen der weitergehenden Möglichkeit deshalb nur ein strafbares Unterlassen sein kann. Davon zu unterscheiden sind die Fälle, in denen das Erfolgsrisiko nicht abgeschwächt, sondern zur Abwendung der drohenden Folgen eine neue, eigenständige Gefahr begründet wird; hier kommt nur eine Rechtfertigung (zB mutmaßliche Einwilligung, § 34) in Betracht (vgl. näher W-Beulke 195).

95/96 c) Nicht zurechenbar ist der Erfolg trotz Kausalität der Handlung ferner bei **fehlendem Risikozusammenhang,** d. h. wenn der Täter zwar verbotswidrig eine Gefahr geschaffen hat, in dem eingetretenen Erfolg sich aber nicht das verbotene, sondern ein anderes Risiko verwirklicht hat, dieser also außerhalb des **Schutzbereichs der verletzten Verhaltensnorm** liegt. Zu fragen ist daher stets, ob der den tatbestandmäßigen Erfolg verursachende konkrete Geschehensablauf noch zu denen gehört, um deren Verhinderung willen rechtliche Verhaltensnormen bereits die Schaffung der Gefahr verbieten. Das Erfordernis eines solchen „Risiko"- oder „Schutzzweckzusammenhangs" bzw. einer „Risikoverwirklichung" in dem genannten Sinn – die Terminologie ist uneinheitlich – ist heute, mit Unterschieden im einzelnen, weitgehend anerkannt (vgl. zB BGH **33** 61 m. Anm. Ebert JR 85, 356, Puppe JZ 85, 295 u. Streng NJW 85, 2809, Bay VRS **71** 68, Hamm VRS **60** 38, **61** 353, Stuttgart JZ **80**, 618, Burgstaller aaO 99 ff., Erb JuS 94, 453 ff., Jakobs 226 ff., Jescheck LK 67, ders./Weigend 288, Krümpelmann, Bockelmann-FS 443 ff., Kühl 56, 582 ff., Otto I 63 f., JuS 74, 708, NJW 80, 422, Jura 92, 97, Spendel-FS 279, Roxin I 321 ff., Honig-FS 140 ff., Gallas-FS 241 ff., A. Kaufmann-GedS 238, 241, Rudolphi SK 63 f. vor § 1, JuS 69, 549 ff., Samson SK 28 ff. nach § 16, Wolter aaO 341 ff. u. pass.; krit. zur Schutzzwecklehre aber Frisch aaO 80 ff. [„praktisch unbrauchbar"], 469, Namias aaO 85 ff., Puppe NK 188, 208 ff., Bemmann-FS 233, GA 94, 308 ff., Jura 97, 513 ff., 624 ff.). Zwar ist bei den in diesem Zusammenhang genannten Fällen eine Haftung mangels einer verbotenen Gefahrschaffung vielfach schon aus den o. 93 genannten Gründen zu verneinen (insoweit daher berechtigt die Kritik von Frisch aaO 84 f.), so etwa, sofern nicht andere Umstände bezüglich des Opfers hinzukommen, wenn bei vorschriftswidrigem Überholen zufällig ein Betrunkener von außerhalb der Straße auf die linke Fahrbahnseite torkelt (Hamm VRS **51** 29) oder der zu Überholende plötzlich nach links abbiegt (Bay VRS **71** 68), da Überholverbote nicht den Sinn haben, Gefahren dieser Art zu vermeiden. Die Bedeutung eines zusätzlichen Korrektivs bei der Erfolgszurechnung hat der o. genannte Grundsatz aber, wenn nicht die gegenüber dem betroffenen Objekt begründete Gefahr, sondern nur der Erfolg außerhalb des Schutzbereichs der verletzten Norm liegt, die Gefahr als „unerlaubtes Element" sich also nicht „wie ein roter Faden durch die ganze Kausalerklärung zieht" (Puppe ZStW 99, 610, ferner NK 220, Bemmann-FS 231; vgl. aber auch Namias aaO 108 ff.), weil sich dann in dem Erfolg nicht das verbotene Ausgangsrisiko, sondern ein ganz anderes, vom Schutzzweck der Norm nicht mehr erfaßtes Risiko verwirklicht. Um Sachverhalte dieser Art handelt es sich zwar noch nicht, wenn sich das lebensgefährlich verletzte Opfer infolge eines mit seinem Zustand zusammenhängenden Sich-Verschluckens eine tödliche Lungenentzündung zuzieht (vgl. Stuttgart NJW **82**, 295 m. Anm. Ebert) oder wenn es beim Transport ins Krankenhaus infolge der bei Rettungsfahrten notwendigen Fahrweise oder dort bei einem Brand infolge seiner verletzungsbedingten Bewegungsunfähigkeit zu Tode kommt (vgl. dazu zB auch Jakobs 227, Jescheck/Weigend 288 FN 42, Namias aaO 152 f., Puppe NK 219 f., ZStW 99, 610 f. sowie u. 102). Wohl aber fehlt der Schutzzweckzusammenhang, wenn das Opfer beim Krankentransport infolge eines ungewöhnlichen Unfalls oder bei einem Krankenhausbrand unabhängig von seinen Verletzungen den Tod findet, weil sich hier ein mit jeder Autofahrt oder jedem Aufenthalt in Gebäuden verbundenes Lebensrisiko verwirklicht. Dies gilt nicht nur für das Fahrlässigkeitsdelikt, sondern auch für Vorsatztaten (zB das Opfer eines Mordanschlags kommt auf diese Weise zu Tode), wo deshalb entgegen der herkömmlichen Auffassung (vgl. § 15 RN 54 f.; offengelassen jetzt aber in BGH **38** 34 m. Anm. Graul JR 92, 114) in solchen Fällen eines fehlenden Risikozusammenhangs die Weichen nicht erst beim Vorsatz, sondern bereits im objektiven Tatbestand zu stellen sind, weil nur so auch die Strafbarkeit lediglich wegen Versuchs erklärbar wird (zB Jescheck LK 67, ders./Weigend 288, Kühl 51, Roxin I 321, A. Kaufmann-GedS 241, Rudolphi SK 63 vor § 1, Schmoller, Triffterer-FS 238, Wolter ZStW 89, 649 ff.; gegen solche „Verquickung von objektivem Tatbestand und Fahrlässigkeitskriterien" jedoch Hirsch, Lenckner-FS 125, 135 u. and. auch Küpper aaO 96 ff.; zu den Abweichungsfällen vgl. ferner zB Burkhardt, Nishihara-FS 15, Lampe ZStW **101**, 28 ff., Puppe aaO 608 ff., Silva-Sanchez ZStW **101**, 371 sowie Frisch aaO 455 ff. mwN). Von Bedeutung ist dies zB auch in den dolus-generalis-Fällen, in denen der vom Täter fälschlich als bereits eingetreten angenommene Erfolg erst durch nachträgliche Verbergungsmaßnahmen herbeigeführt wird (vgl. § 15 RN 58), denn vor der Vorsatzfrage stellt sich hier ebenfalls zunächst die andere Frage, ob der später (unvorsätzlich) bewirkte Erfolg dem Täter objektiv überhaupt zurechenbar ist, was davon abhängt, ob sich die tatsächliche Erfolgsverursachung noch als Realisierung des durch das erste Täterverhalten verbotswidrig geschaffenen Erfolgsrisikos darstellt (vgl. dazu auch Freund 263, Frisch aaO 621, Rudolphi SK § 16 RN 35; zu BGH NStZ **92**, 333 – Beschleunigung des Todes des bereits für tot gehaltenen Opfers durch Verdeckungsmaßnahmen eines im Interesse des Täters handelnden Dritten – mit Recht krit. in diesem Zusammenhang Dencker ebd. S. 311). Ebenso ist es bereits eine Frage des objektiven Tatbestands, wenn dem Täter vor der geplanten Einfuhr (§ 30 1 Nr. 4 BtmG) die mitgeführten Betäubungsmittel gestohlen und dann vom Dieb über die Grenze gebracht werden (offengelassen in BGH **38** 34 m. Anm. Graul aaO; vgl. auch o. 78): Selbst wenn hier die noch weit im Vorfeld eines Versuchs liegenden Vorbereitungshandlungen bereits als eine verbotene Gefahrschaffung anzusehen wären, hätte sich im dann tatsächlich eingetretenen Erfolg nicht diese Gefahr, sondern – nicht anders als wenn der Dieb das Haschisch an Ort und Stelle verkauft hätte – das völlig andere „Risiko" des Besitzes eines stehlenswerten Guts verwirklicht. Wegen der insbes. bei Fahrlässigkeitsdelikten bedeutsamen Einzelheiten vgl. § 15 RN 157 ff.; im übrigen vgl. auch u. 102 und zu den Ausnahmen aufgrund des Verwantwortungsprinzips u. 101.

d) Umstritten, aber grundsätzlich zu bejahen ist die Zurechenbarkeit eines **Erfolgs,** der auch ohne **97** die Täterhandlung in **gleicher Weise** und zur **selben Zeit** auf Grund eines **hypothetischen Kausalverlaufs** (o. 80) eingetreten wäre (vgl. zB B/W-Weber 221, Jakobs 231 ff., Lackner-FS 57 ff., Jescheck/Weigend 289, Köhler 146 f., Kühl 60, JR 83, 32, Puppe NK 136, Roxin I 318 ff., ZStW 74, 425; and. Arthur Kaufmann, Eb. Schmidt-FS 200 [vgl. auch Jescheck-FS 273], Rudolphi SK 59 vor § 1, Stratenwerth 87 f.; näher zum Ganzen vgl. Frisch aaO 562 ff., Kahrs aaO 69 ff., Puppe JuS 82, 660, Ranft NJW 84, 1425, Samson aaO 86 ff.). Dies folgt daraus, daß das Strafrecht aus prinzipiellen Erwägungen einem Gut seinen Schutz nicht deshalb entziehen kann, weil es bereits in einer aussichtslosen Lage ist. Auch hier kann daher noch eine verbotene Gefahr geschaffen werden, ebenso wie die bereitstehenden Reserveursachen nicht ausschließen, daß sich gerade diese Gefahr in dem eingetretenen Erfolg tatsächlich ausgewirkt hat. Schließlich kann hier auch nicht der Erfolgsunwert verneint werden (so aber Arthur Kaufmann, Eb. Schmidt-FS 228 ff. u. dazu auch Jescheck-FS 274 ff.), dies selbst in dem in diesem Zusammenhang häufig genannten „Hinrichtungsfall" nicht (vgl. Kaufmann aaO 226, 231 bzw. 274: Der Täter stößt den Scharfrichter auf die Seite und löst im selben Augenblick, in dem dieser es getan hätte, das Fallbeil aus), weil auch der vor seiner Hinrichtung stehende Mörder Dritten gegenüber den uneingeschränkten Schutz seines Lebens genießt und der von fremder Hand empfangene Tod deshalb – nicht anders als sonst – ein rechtlich mißbilligter Erfolg ist (vgl. gegen Kaufmann auch Puppe NK 138, Roxin aaO, Rudolphi, Maurach-FS 56, Seebald GA 69, 203 f.). Daß es in den Fällen eines hypothetischen Kausalverlaufs zu dem fraglichen Erfolg ohnehin gekommen wäre, kann deshalb, von Ausnahmen abgesehen (u. 98 aE, 99), allenfalls bei der Strafzumessung berücksichtigt werden (vgl. dazu auch Jakobs 233).

Daß hier der Erfolg nach der o. 93 genannten Regel zuzurechnen ist, ist eindeutig, wenn die **98** bereitstehende Reserveursache im **rechtswidrigen Handeln eines Dritten** besteht (h. M.; vgl. näher Samson aaO 137 ff.): Daher ist zB eine Tötung nicht deshalb zu verneinen, weil anstelle des Täters ein anderer gehandelt hätte (vgl. OGH **1** 330 [Beihilfe]), eine Freiheitsberaubung durch Antrag auf Einweisung in ein KZ nicht deswegen, weil das Opfer sonst infolge anderer Umstände das gleiche Schicksal erlitten hätte (BGH **2** 24), eine Körperverletzung durch Verursachung eines Verkehrsunfalls

Vorbem §§ 13 ff. 99, 99 a   Allg. Teil. Die Tat – Grundlagen der Strafbarkeit

nicht deshalb, weil der gleiche Erfolg auch durch das sorgfaltswidrige Verhalten eines Dritten herbeigeführt worden wäre (BGH **30** 228 m. Anm. Kühl JR 83, 32 u. Puppe JuS 82, 660; vgl. auch Ranft NJW 84, 1425). Nichts anderes gilt aber auch, wenn derselbe Erfolg aufgrund des **rechtmäßigen Handelns eines Dritten** eingetreten wäre (Frisch aaO 565 ff., Jescheck/Weigend 289, Köhler 147, Roxin I 317; and. Kahrs aaO 78 ff., Samson aaO 142 f.). Daß zB ein Rechtsgut gegenüber demjenigen, dem die Verletzung durch Einwilligung gestattet worden ist, keinen Schutz mehr genießt, bedeutet nicht, daß es auch gegenüber anderen schutzlos wäre. Dabei kann bezüglich der Rechtmäßigkeit der Reservehandlung entgegen Rudolphi SK 61 vor § 1 auch nicht unterschieden werden zwischen „personen- bzw. funktionsbezogenen" Rechtfertigungsgründen (zB Hoheitsrechte, § 218 a, Einwilligung) und solchen, die „situationsbezogen" sind (zB § 32): So bemißt sich etwa bei der Notwehrhilfe das Maß der erforderlichen Verteidigung nach den Möglichkeiten des Notwehrhelfers (zB geübter Boxer) und nicht nach denen des Angegriffenen (zB Armamputierter, der nur von der Waffe Gebrauch machen kann), weshalb jener bei Überschreitung dieser Grenzen nicht deshalb schon nicht tatbestandsmäßig handelt, weil in der Person des Angegriffenen dieselbe Handlung als erforderliche Verteidigung gerechtfertigt wäre. Eine Erfolgszurechnung wird schließlich auch nicht dadurch ausgeschlossen, daß die hypothetische Ersatzursache ein **Naturereignis** ist, zB die durch einen Steinwurf verursachte Verletzung auch durch einen Steinschlag herbeigeführt worden wäre (vgl. Frisch aaO 565 ff., Jescheck/Weigend 289, Roxin I 318; and. Kahrs aaO 87 ff., Samson aaO 86 ff.). Eine Ausnahme ist hier nur dann anzuerkennen, wenn der Täter eine bereits angelegte Naturkausalität lediglich modifiziert, sie aber nicht durch seine eigene Wirksamkeit ersetzt (so in dem Beisp. von Samson aaO 98: Umleitung eines Zugs auf ein Nachbargleis, obwohl beide Schienenstränge durch einen Bergrutsch derart gesperrt sind, daß ein Unfall ohnehin nicht zu vermeiden ist; vgl. auch Köhler 147, Kühl 60, Roxin I 317, ferner Puppe NK 137, Wolff aaO 22).

99   e) Ausgeschlossen ist die Erfolgszurechnung bei **fehlendem Pflichtwidrigkeitszusammenhang**, d. h. wenn der durch eine verbotene Gefahrschaffung verursachte Erfolg auch durch ein im Rahmen des rechtlich Zulässigen liegendes (gedachtes) Verhalten **des Täters** – zu dem eines Dritten s. o. 98 – herbeiführt worden wäre. Theoretisch ist dies – hier mit der Folge bloßer Versuchsstrafbarkeit – auch bei Vorsatztaten möglich (vgl. das Beisp. b. Roxin I 324, ferner Erb aaO 263 ff.; vgl. auch Toepel aaO 213 ff.), hat praktische Bedeutung aber nur bei Fahrlässigkeitstaten, wo die Straflosigkeit jedenfalls iE weitgehend anerkannt ist (vgl. § 15 RN 173 ff., Jescheck LK 68, ders./Weigend 288 f., 584 mwN; zur Rspr. vgl. o. 81; and. zB Martínez Escamilla aaO 39 ff., Spendel, Eb. Schmidt-FS 183, zT auch Ranft NJW 84, 1485). Davon zu unterscheiden sind die Fälle, in denen der zwar verursachte Erfolg zwar auch bei normgemäßem Verhalten eingetreten wäre, dies aber nicht, weil ein solches dieselben Folgen gehabt hätte, sondern aufgrund anderer, nicht im Handlungsspielraum des Täters liegender Reserveursachen (zB pflichtwidriges Verhalten Dritter, vgl. BGH **30** 228 m. Anm. Kühl JR 83, 22 u. Puppe JuS 82, 660: Massenauffahrunfall, bei dem dieselben Verletzungen durch einen nachfolgenden Fahrer verursacht worden wären; vgl. dazu auch Lampe ZStW 101, 29 ff. und zum Abgrenzungsproblem Erb aaO 102 ff.). Während es dort bei den o. 97 f. genannten Grundsätzen bleibt – Haftung für einen tatsächlich verursachten Erfolg auch bei hypothetischen Kausalverläufen, die dasselbe Ergebnis gehabt hätten –, kommt es hier zu einer Entlastung vom Erfolg, wenn die hypothetische Ersatzursache in einem rechtmäßigen Alternativverhalten des Täters selbst besteht (vgl. zB BGH **11** 1: Überholen eines Radfahrers mit zu geringem Seitenabstand, der infolge seiner Trunkenheit auch bei Einhaltung des gebotenen Abstands tödlich überfahren worden wäre). Unwesentliche Abweichungen zwischen dem hypothetischen und tatsächlich eingetretenen Erfolg – auch in räumlich-zeitlicher Hinsicht – sind dabei unschädlich (vgl. Schlüchter JA 84, 679). Zu eng wäre es auch, wenn BGH **30** 228 entnommen werden müßte, daß diese Haftungsbeschränkung – wie im Fall von BGH **11** 1 – nur bei einem zukommenden Fehlverhalten des Opfers gilt (krit. dazu auch Kühl u. Puppe aaO), denn nicht zurechenbar ist zB auch der durch einen ärztlichen Kunstfehler verursachte Tod, wenn dieser infolge einer kunstgerechten Behandlung gleichfalls eingetreten wäre (vgl. zB BGH NJW **87**, 2940, JR **94**, 514 m. Anm. Puppe, Düsseldorf StV **93**, 477).

99 a   Im übrigen sind nicht nur die Grenzen dieser Entlastung – hier insbes., ob sie nur gilt, wenn der Erfolg durch ein rechtmäßiges Verhalten mit einiger Sicherheit vermieden worden wäre („Risikoerhöhungstheorie" contra „Vermeidbarkeitstheorie"; vgl. § 15 RN 177 ff.) –, sondern auch ihr **Grund** vielfach **umstritten** (vgl. die umfassende und mit einer krit. Analyse verbundene Übersicht von Küper aaO 252 ff., ferner zuletzt Erb aaO 146 ff. [auch Zivilrecht], JuS 94, 455, Frisch aaO 529 ff., Hirsch, Lenckner-FS 127, Jakobs, Lackner-FS 53 ff., Jordan GA 97, 349, Kahlo aaO 55 ff., 323 ff., Kühl 571 ff., Lampe ZStW 101, 3 ff., 47 [Rechtswidrigkeitsproblem], Maiwald, Miyazawa-FS 479 [Unrechtsausschluß], Puppe NK 205 ff., GA 94, 315, Prittwitz aaO 323 ff., Röh aaO 21 ff. u. pass., Struensee GA 87, 97, Toepel aaO 96 ff.). Nicht zu begründen ist sie jedenfalls mit der mangelnden Ursächlichkeit der Pflichtwidrigkeit für den Erfolg (so aber die Rspr., o. 81, 86) und auch nicht damit, daß sich hier nicht die pflichtwidrig geschaffene Gefahr in dem Erfolg ausgewirkt habe (vgl. zB Samson SK 26 nach § 16), weil damit ein reales Geschehen durch ein hypothetisches ersetzt wird: Tatsächlich verursacht war es auch die pflichtwidrige Handlung und ebenso war es auch die pflichtwidrig geschaffene Gefahr, die tatsächlich in den Erfolg umgeschlagen ist (ebenso Küper aaO 255; vgl. auch Jakobs 223 f.). Wenn hier entgegen der o. 92 genannten Zurechnungsregel der Erfolg gleichwohl nicht zugerechnet wird, so handelt es sich vielmehr um eine Ausnahme von

dem o. 97 genannten Grundsatz der Unbeachtlichkeit hypothetischer Kausalverläufe, die sich am ehesten noch damit erklären läßt, daß eine pflichtwidrige Handlung, die das auch durch ein pflichtgemäßes Verhalten des Täters begründete Risiko gegenüber dem betroffenen Gut nicht mehr wesentlich erhöht, in dieser Beziehung gerechterweise ebenso behandelt werden muß wie eine unverbotene Handlung (vgl. Roxin ZStW 74, 432; krit. dazu aber Frisch aaO 533, Kühl 575, Küper aaO 255 f.). Letzte Fragen bleiben damit freilich ebenso unbeantwortet wie zB bei einem vom Wegfall des Erfolgsunwerts infolge Suspendierung der Gewährleistungsnorm (o. 49, 57) ausgehenden Erklärungsansatz (so Küper aaO 246 u. pass.; vgl. auch Kühl 575 f.). Zu den Einzelheiten dieses nur bei Fahrlässigkeitstaten praktisch bedeutsamen Grundsatzes vgl. näher § 15 RN 173 ff. mwN.

f) Bei der erst durch ein **Dritt- bzw. Opferverhalten vermittelten Kausalität** (o. 77) ist das vorangestellte Zurechnungsprinzip (o. 92) durch eine aus dem Verantwortungsprinzip (u. 101) abzuleitende Lehre von den **Verantwortungsbereichen** zu ergänzen (vgl. Kühl 61 ff., Lenckner, Engisch FS 505 ff., Otto I 63, Spendel-FS 277 ff., Wolff-FS 400 f., Jura 92, 97, Renzikowski aaO 67 ff., 73, 199 u. pass., Rudolphi SK 72 vor § 1, Lackner-FS 867 f., Schumann aaO, Stree JuS 85, 181, Wehrle aaO 52 ff., Welp aaO 314, JR 72, 429, Wolter aaO 1981, 344 ff. u. pass., Zaczyk aaO 18 ff., ferner zB Bloy, Die Beteiligungsform usw. [1985] 138 ff., Jakobs 213 ff. [„Organisationszuständigkeit"], ZStW 89, 1, Kratzsch aaO 363, Oehler-FS 74, Maiwald JuS 84, 440, Seier ZStW 102, 573 f. [zum Prozeßbetrug], Reyes ZStW 105, 109 u. in der Grundkonzeption an das Verantwortungsprinzip anknüpfend auch Walther aaO 72 ff.; zT krit dagegen zB Diel aaO 186, Frisch aaO 238 ff., NStZ 92, 1, 62, Meurer NJW 87, 2424, Puppe NK 160 ff., Jura 98, 26, Schmoller, Triffterer-FS 244). Das Verantwortungsprinzp ermöglicht es zunächst, Inhalt und Reichweite der Gefährdungsverbote und damit die o. 92 genannte Grundregel zu konkretisieren; außerdem hat es insofern jedoch auch eigenständige Bedeutung, als es deren Ergebnisse zT korrigiert. Vermieden wird damit die uferlose Weite der von der überkommenen Auffassung jedenfalls verbal nach wie vor vertretenen Haftung in den Grenzen der Vorhersehbarkeit (zu den Nachw. u. krit. dazu vgl. Frisch aaO 231 ff.; vgl. auch Schmoller aaO 244 mit der fragwürdigen Unterscheidung zwischen konkreter und nicht konkreter Vorhersehbarkeit). Darüber hinaus führt die Bildung von Verantwortungsbereichen auf der Grundlage des Verantwortungsprinzips aber auch zu differenzierteren Lösungen als die Regreßverbots- und verwandte Theorien, wenn von diesen der Zurechnungszusammenhang erst beim freien Eintritt eines vorsätzlich und in Kenntnis der Gefahrensituation Handelnden in die vom Erstverursacher in Gang gesetzte Kausalreihe verneint wird (vgl. zB Ebert/Kühl Jura 79, 569, Lampe ZStW 71, 615, Naucke ZStW 76, 409 ff.) oder wenn nach einer neuen Variante – im Ansatz berechtigt, iE jedoch zu weitgehend – eine Haftung bei einem nachträglichen Fehlverhalten eines voll verantwortlichen Dritten stets entfallen soll (vgl. Diel aaO 179 ff., 279 ff., 339). Im einzelnen ist hier zwischen mittelbarer und unmittelbarer Risikoschaffung zu unterscheiden (krit. dazu Schmoller aaO 225 FN 2), wobei sich der folgende Text jedoch auf einige grundsätzliche Bemerkungen beschränken muß (vgl. dazu auch § 15 RN 171 f. u. eingehend zum Ganzen Frisch aaO 148 ff., 230 ff. u. pass., Renzikowski aaO 157 ff. u. pass.):

α) **Mittelbare Risikoschaffung.** Gemeint sind damit die Fälle, in denen die Gefahr nur mittelbar über das Medium eines fremden Willens geschaffen wird, es also allein der Letztverursacher (Vordermann) ist, der durch sein Handeln den (Verletzungs- oder konkreten Gefährdungs-)Erfolg unmittelbar herbeiführt, während der Erstverursacher (Hintermann) lediglich eine Bedingung hierfür dieses setzt. Hier steht der Zurechnung des nur mittelbar verursachten Erfolgs zunächst das **Verantwortungsprinzip** entgegen, wonach jeder sein Verhalten grundsätzlich nur darauf einzurichten hat, daß er selbst Rechtsgüter nicht gefährdet, nicht aber – weil dies nämlich in deren eigene „Zuständigkeit" fällt – auch darauf, daß andere dies nicht tun (Lenckner, Engisch-FS 506, § 15 RN 165, 171 mwN; vgl. ferner Karlsruhe Justiz **93**, 268, Eser/Burkhardt I 67, Kühl 62, Otto I 63, Wolff-FS 401, Hirsch-FS 303, Walther aaO 81 u. dazu Lackner aaO 240 ff.; gegen ein solches Prinzip aber Schmoller, Triffterer-FS 244 ff. u. krit. auch Puppe Jura 98, 26). Zu verneinen ist danach zB trotz objektiver Vorhersehbarkeit und selbst bei vorsätzlich gewolltem Erfolg eine Unfallhaftung des Gastwirts, der an einen Kraftfahrer Alkohol ausschenkt, des Produktherstellers für durch Nichtbeachtung von Warnhinweisen entstehende Verletzungen (Goll aaO 619), des Fahrgasts, der ein erkennbar verkehrsunsicheres Taxi besteigt und dadurch Anlaß zur Unfallfahrt gibt, des Beifahrers, der die Aufmerksamkeit des Fahrers durch ein intensives Gespräch in Anspruch nimmt, diesen zu einer riskanten Fahrweise animiert (and. hier Jescheck/Weigend 655) oder während der Fahrt sogar mit Alkohol versorgt (and. Schmoller aaO 248; zu weit. Beisp. vgl. Stree JuS 85, 181); vgl. in diesem Zusammenhang ferner §§ 26, 27: keine Zurechnung als eigene Tat (zur Teilnahme u. zum Verantwortungsprinzip vgl. Schumann aaO 42 ff. [dagegen jedoch Roxin, Stree/Wessels-FS 368 f., Zaczyk aaO 13], Renzikowski aaO 81 ff. u. zu § 28 – zT allerdings zu Unrecht – auch Herzberg GA 91, 149 f., 165). Dabei ist es im Prinzip ohne Bedeutung, ob der Hintermann das gefährliche Verhalten des Vordermanns veranlaßt, fördert oder ermöglicht, auf welche Weise dies geschieht und ob sich der Vordermann der Gefährlichkeit seines Tuns bewußt ist (zB zwar der Fahrgast, nicht aber der Fahrer des Taxis dessen verkehrsunsicheren Zustand erkennt; vgl. Schumann aaO 95 ff., 107 ff., aber auch Schmoller aaO 101 ff.). Keinen grundsätzlichen Unterschied macht es unter dem Gesichtspunkt des Verantwortungsprinzips schließlich auch, ob das mittelbar geschaffene Risiko in einer Selbst- oder Drittgefährdung besteht (vgl. zB Kühl 63, Mitsch Jura 93, 20, Otto I 63 f., Jura 92, 98, Schumann aaO 1, 5 u. pass.; and. Schmoller

Vorbem §§ 13 ff. 101 b   Allg. Teil. Die Tat – Grundlagen der Strafbarkeit

aaO 245), ob also in den zuletzt genannten Beisp. der Fahrer (Selbstgefährdung) oder ein anderer Verkehrsteilnehmer (Fremdgefährdung) zu Schaden kommt (zur einverständlichen Fremdgefährdung beim Fahrgast bzw. Beifahrer und der Abgrenzung zur Selbstgefährdung vgl. 102, 107, 52 a vor § 32). Bei der Mitwirkung an fremder eigenverantwortlicher *Selbstgefährdung* ist inzwischen – abw. von der früheren Rspr. (vgl. zuletzt BGH NStZ **83,** 72) – ein Haftungsausschluß beim Hintermann seit BGH **32** 262 (Ermöglichen eines tödlich verlaufenen Drogengenusses durch Überlassen einer Einwegspritze) jedenfalls iE weitgehend anerkannt (zu BGH aaO vgl. die Anm. bzw. Bspr. Bach NStZ 85, 24, Horn JR 84, 513, Kienapfel JZ 84, 751, Otto Jura 84, 536, Roxin NStZ 84, 411, Stree JuS 85, 179; zu BGH **37** 179, wo die Verallgemeinerungsfähigkeit von BGH **32** 262 in Frage gestellt wird, vgl. auch u. 101 b; näher zum Ganzen § 15 RN 165 ff. u. zu der kaum noch überschaubaren Lit. die Nachw. b. Otto JZ 97, 522; speziell zu den Drogenfällen vgl. ferner Nestler, BtM-Strafrecht [1998] RN 102 ff. u. zu Sexualkontakten mit HIV-Infizierten § 223 RN 7, § 212 RN 3). Im Ausgangspunkt nichts anderes gilt aber auch für die mittelbare Risikoschaffung in Form einer *Drittgefährdung* (vgl. dazu die o. 101 zuletzt genannten Beisp., in denen sowohl die eigene Gefährdung als auch die anderer Verkehrsteilnehmer allein vom Fahrer zu verantworten ist). Weil es in beiden Fällen das übergreifende Verantwortungsprinzip ist, das eine Erfolgszurechnung beim Hintermann ausschließt, ist es deshalb auch zu kurz gegriffen, wenn dies bei der Mitwirkung an einer eigenverantwortlichen Selbstgefährdung vielfach mit der Tatbestandslosigkeit der Teilnahme an einer vorsätzlichen Selbstverletzung begründet wird (o. 92 a).

101 b   Sowohl in den Selbst- wie in den Drittgefährdungsfällen ergibt sich die **Nichtzurechenbarkeit des nur mittelbar verursachten Erfolgs als Grundsatz** hier schon aus der o. 92 genannten Zurechnungsformel, wenn es wegen des Verantwortungsprinzips bereits an einer verbotenen Gefahrschaffung (o. 93) fehlt. Weil das unerlaubte Setzen einer Bedingung für das gefährliche Handeln anderer und das Einstehenmüssen für den von diesen in eigener Verantwortung herbeigeführten Erfolg zweierlei sind, kommt es hier – abw. von der o. 92 genannten Regel und trotz des hier bestehenden Risikozusammenhangs (o. 95 f.) – aber auch dann nicht zu einer automatischen Erfolgszurechnung beim Hintermann, wenn dieser gegen ein besonderes Verbot verstoßen hat, das, da auch andere ihrer Verantwortung vielfach nicht gerecht werden, gerade den Sinn hat, den rechtsgutsverletzenden Fehlverhalten des Vordermanns zu verhindern (vgl. Roxin, Tröndle-FS 194 f., Schumann aaO 112 FN 164; and. Weber aaO 374, 380; vgl. dazu auch Bindokat JuS 85, 33, JZ 86, 425 Köhler 194 f.): Nicht zurechenbar sind daher zB die auf eine Volksverhetzung (§ 130) oder Anleitung zu Straftaten (§ 130 a) zurückzuführenden Verletzungserfolge – Entsprechendes würde für § 131 gelten –, ebensowenig der durch eine nach § 29 I Nr. 10 BtmG verbotene Mitteilung ermöglichte und tödlich endende Drogenkonsum oder Unfälle als Folge einer Zuwiderhandlung gegen § 33 StVO (Verbot einer die Verkehrsteilnehmer ablenkenden Reklame usw.), und zwar gleichgültig, ob dabei der Fahrer selbst oder Dritte zu Schaden kommen (dazu, daß sich für den Hintermann in diesen Fällen, weil ihm die unmittelbare Gefahr nicht zuzurechnen ist, auch keine Erfolgsabwendungspflicht iS des § 13 ergibt, vgl. dort RN 39 f. u. zur Selbstgefährdungsbeteiligung auch BGH **32** 266 [vgl. dazu § 15 RN 166 f.], Bay **96** 96, Stuttgart VRS **67** 429, Walther aaO 220 ff.). Eine Durchbrechung des Verantwortungsprinzips in der eben genannten Bedeutung ist es dagegen, wenn bei den §§ 29 III Nr. 2, 30 I Nr. 3 BtmG die schweren Folgen trotz eigenverantwortlichen Handelns des Konsumenten dem Lieferanten zugerechnet werden können, weil hier der besondere Schutzzweck des Betäubungsmittelrechts „eine Einschränkung des Prinzips der Selbstverantwortung und somit der Grundsätze zur bewußten Selbstgefährdung verlangt" (so BGH **37** 179, 182 m. Anm. bzw. Bspr. Beulke/Schröder NStZ 91, 393, Hohmann MDR 91, 1117, Nestler-Tremel StV 92, 373, Otto Jura 91, 443 u. Rudolphi JZ 91, 572; vgl. auch Frisch NStZ 92, 62, Hoyer StV 93, 129, Otto, Wolf-FS 415, Puppe NK 173, 234). Daß die fraglichen Vorschriften „nicht allein und nicht in erster Linie" Individualgüter (d. h. also: auch diese!), sondern die „Volksgesundheit" schützen (BGH aaO 182), würde aus der Selbstgefährdung des (noch) verantwortlich handelnden Konsumenten zwar zugleich eine Drittgefährdung machen, die dann aber nach dem Verantwortungsprinzip aber ebenfalls von diesem und nicht von dem Lieferanten zu verantworten wäre (krit. dazu auch Puppe NK 173). Wenn überhaupt, so ist dessen Haftung hier daher nur mit einer vor dem besonderen Hintergrund des Rauschgiftunwesens unserer Tage getroffenen und daher nicht verallgemeinerungsfähigen „positiv-rechtlichen Entscheidung des Gesetzgebers" (BGH aaO 183) zu erklären, weshalb es zB unter dem Gesichtspunkt der §§ 222, 229 auch bei der straflosen Mitwirkung an einer eigenverantwortlichen Selbstgefährdung bleibt (vgl. auch schon BGH NStZ **85,** 319 f. m. Anm. Roxin, wo trotz Verneinung des § 222 eine Strafbarkeit nach § 30 I Nr. 3 BtmG geprüft wurde; auch zu §§ 222, 229 and. aber zB Weber aaO 275 ff. u. B/W-Weber 237, ferner Puppe NK 174, 234, Jura 98, 29 f.). Von solchen Ausnahmen wie im BtmG abgesehen, ist in Fällen einer lediglich mittelbaren Risikoschaffung nach dem Verantwortungsprinzip eine **Erfolgszurechnung beim Hintermann** jedoch nur dann möglich, wenn dieser, **entgegen der Regel**, aus **besonderen Gründen** auch für das unmittelbar rechtsgutsgefährdende bzw. -verletzende Verhalten des Vordermanns „zuständig" ist (vgl. auch Otto, Hirsch-FS 303 mwN). Solche Gründe können sich aus dem Verantwortungsprinzip selbst (vgl. jedoch auch Walther aaO 81 f.), aber auch aus anderen normativen Prinzipien ergeben, wobei die Entwicklung eines entsprechenden Systems allerdings noch in den Anfängen steckt (vgl. auch Frisch aaO 240 ff. [„Eigenverantwortlichkeit als bedeutsamer, aber nicht exklusiver Leittopos"], Renzikowski aaO 261 ff. [Übertragung der Regeln der mittelbaren Täterschaft auf die Fahrlässigkeitszurechnung] u. speziell zur Selbstgefährdung Walther aaO 68 ff. [u. a. Unter-

Rechtswidrigkeit und Unrecht; der Unrechtstatbestand   101 c   **Vorbem §§ 13 ff.**

scheidung von spezifisch täterschaftlicher und nur teilnahmeartiger Beteiligung als Grundlage für die Abgrenzung von Verantwortungsbereichen]). Dabei geht es insbes. um folgende Fallgruppen:

αα) Bereits **im Verantwortungsprinzip selbst angelegt** ist die Möglichkeit einer Erfolgszurech- **101 c** nung bei der Tatbegehung „durch einen anderen" (§ 25 I 2. Alt.), wo dem Hintermann das Verhalten des Vordermanns als eigenes Handeln zugerechnet wird *(vorsätzliche mittelbare Täterschaft;* vgl. Renzikowski aaO 81 ff., § 25 RN 6 ff. u. bei Selbstverletzungen des Vordermanns auch 52 a vor § 32). Darüber hinaus können besondere, im Verantwortungsprinzip selbst liegende Gründe aber auch zu einer Erweiterung des Verantwortungsbereichs des Hintermanns in der Weise führen, daß für ihn Sorgfaltspflichten in bezug auf fremdes Verhalten entstehen, bei deren Verletzung er für den dadurch mittelbar verursachten Erfolg haftet *(fahrlässige Täterschaft;* vgl. näher dazu Schumann aaO 107 ff.). Zu einer Verschiebung der Verantwortungsbereiche und damit zur fahrlässigen Täterschaft des Hintermannes kann es hier insbes. kommen, wenn das Verantwortungsprinzip deshalb versagt, weil die ihm zugrunde liegenden Voraussetzungen beim Vordermann nicht gegeben sind. **Im einzelnen:** 1. Hierher gehören etwa die Fälle, in denen bei diesem infolge von Defektzuständen, Unreife usw. ohne weiteres erkennbar oder von dem Hintermann sogar selbst zu verantworten die Fähigkeit zu (eigen-)verantwortlichem Handeln ausgeschlossen ist: daher zB Zurechenbarkeit des Todes bei durch schwere Mißhandlungen verursachten Bewußtseinsstörung mit der Folge einer selbstmörderischen Panikreaktion des Opfers (vgl. BGH NJW **92,** 1708 m. Anm. Graul JR 92, 344 u. Bspr. Mitsch Jura 93, 18 [krit. zur Bejahung auch des § 226 aF]), Haftung für das Animieren von kleinen Kindern zu gefährlichen Spielen, für das Überlassen eines PKW oder eines Horrorvideos an einen für sein Tun – im zweiten Fall Begehung einer Gewalttat nach dem Vorbild der Horrorfigur – nicht mehr verantwortlichen Jugendlichen (vgl. Stuttgart MDR **85,** 162, Bay NJW **98,** 3580 [dort unter Verneinung der subjektiven Fahrlässigkeit]) oder von Drogen an einen wegen seiner Drogensucht nicht mehr verantwortlichen Konsumenten (zB BGH NStZ **85,** 319 StV **83,** 148); zum umstrittenen Maßstab für die Verantwortungsfähigkeit in den Fällen einer Selbstverletzung oder -gefährdung vgl. 52 a, 107 vor § 32. – 2. Im Verantwortungsprinzip selbst begründete Einschränkungen sind ferner etwa zu machen, wenn sich für den Vordermann die Frage einer (eigen-)verantwortlichen Entscheidung deshalb nicht stellt, weil er zu dem vom Hintermann veranlaßten Tun *rechtlich* verpflichtet ist. Daraus folgt zB in den Retterfällen, daß sich der Brandstifter Verletzungen eines Feuerwehrmanns oder eines nach § 330 c Hilfspflichtigen beim Bergen von Bewohnern des brennenden Hauses zurechnen lassen muß (vgl. zB auch Rudolphi SK 80 f. vor § 1 mwN), während nach dem Verantwortungsprinzip zweifelhaft ist, ob dafür ganz generell schon das bloße Schaffen eines „einsichtigen Motivs für gefährliche Rettungsmaßnahmen" genügt (so BGH **39** 322, 325 m. Anm. bzw. Bspr. Alwart NStZ 94, 84, Amelung ebd. 338, Bernsmann/Zieschang JuS 95, 775, Derksen NJW 95, 240, K. Günther StV 95, 78, Sowada JZ 94, 663, ferner zB Puppe NK 168 ff., Jura 98, 30; Renzikowski aaO 196 f.; vgl. im übrigen § 15 RN 168 mwN): Sind damit auch jenseits einer rechtlichen Handlungspflicht liegende Fälle gemeint, so können dies allenfalls solche sein, in denen der Retter, weil anderen in der Not zu helfen für ihn eine schlichte Menschenpflicht ist, in seiner Entscheidung in vergleichbarer Weise unfrei ist (grundsätzlich abl. dagegen zB Diel aaO 242 ff., Roxin I 347 f.; vgl. auch Otto, E. A. Wolff-FS 399, 411 f., Schünemann GA **99,** 223). – 3. Um eine eindeutig schon aus dem Verantwortungsprinzip selbst folgende Einschränkung handelt es sich dagegen wieder, wenn dem Vordermann das Risikobewußtsein deshalb fehlt, weil es wegen des normalerweise völlig unverfänglichen Charakters der fraglichen Handlung in seiner Verantwortlichkeit überhaupt nicht angesprochen zu fühlen braucht, wobei hier aber noch weiter zu differenzieren sein kann, zB unter dem Gesichtspunkt der Verantwortlichkeit für Sachen – in dem o. 101 genannten Beisp. des Taxifahrers behält dieser die Alleinverantwortung, auch wenn er den verkehrsunsicheren Zustand seines Fahrzeugs nicht kennt – oder danach, ob der Hintermann den Vordermann durch eine entsprechende Willensbeeinflussung zu der fraglichen Handlung veranlaßt oder diese nur veranlaßt hat (zB der auf den Defekt hingewiesene Hotelwirt fordert, weil er dies wieder vergessen hat, seinen ahnungslosen Mitbewohner auf, die einen Brand verursachende elektrische Heizung einzuschalten: fahrlässige Brandstiftung; Baden an einer scheinbar völlig ungefährlichen Stelle, was andere veranlaßt, dasselbe zu tun: keine Haftung für den Badeunfall). – 4. Eine Erweiterung des eigenen Verantwortungsbereichs mit entsprechenden Sorgfaltspflichten auch für fremdes Verhalten kann sich schließlich zB ergeben, wenn der Hintermann durch Schaffung eines besonderen Vertrauenstatbestandes den Vordermann in seiner eigenen Verantwortung entlastet, indem er dessen Verhalten unter Inanspruchnahme von Fähigkeiten, die dieser nicht hat, durch Handlungen mitgestaltet, auf deren Ordnungsmäßigkeit sich andere zu verlassen pflegen und im allgemeinen auch verlassen dürfen (vgl. dazu Schumann aaO 113 ff.; iE weitgehend auch Frisch NStZ 92, 64). Um Fälle dieser Art handelt es sich zB bei Auskünften eines Anwalts, bei ärztlichen Rat (auch ohne Übernahme der Behandlung), bei Betriebsanleitungen, technischen Gutachten, beim Führen einer nicht mehr voll verkehrssicheren Person über die Fahrbahn (Hamm VRS **12** 45) oder beim Einweisen eines LKW-Fahrers durch Blinkzeichen beim Passieren einer gefährlichen Straßenstelle usw., und ein wichtiger Aspekt ist dies zB auch bei der Bestimmung von Verantwortungsbereichen in einem arbeitsteilig organisierten Unternehmen (speziell zur Produkthaftung vgl. § 15 RN 223 mwN). – 5. Kein allgemeiner Grundsatz ist es dagegen, daß beim Wissen des Vordermanns um die Gefährlichkeit seiner Handlung der Hintermann stets haftet, wenn er den besseren Überblick hat: Wer sich, anstatt einen Arzt aufzusuchen, bei der Behandlung einer ihm bekannten gefährlichen Krankheit auf den Rat eines Freundes verläßt, bleibt dafür auch dann

Lenckner

Vorbem §§ 13 ff. 101 d, 101 e   Allg. Teil. Die Tat – Grundlagen der Strafbarkeit

allein verantwortlich, wenn der Freund über die fragliche Krankheit mehr weiß. Die Annahme einer Haftung des Hintermanns bei der Mitwirkung an einer fremden Selbstgefährdung immer dann, wenn er „kraft überlegenen Sachwissens das Risiko besser erfaßt", wäre daher eine unzulässige Verallgemeinerung (so aber – u. a. zu den Drogenfällen – zB BGH **32** 265, **36** 17, NStZ **85**, 25, **86**, 266, **87**, 406, Bay **96** 96, NStE § 222 **Nr. 9**, Karlsruhe VRS **92** 110, Frisch NStZ **92**, 64, Renzikowski aaO 272 f., Rudolphi SK 79 vor § 1, Schünemann NStZ 82, 63, Stree JuS 85, 183, Tröndle 19; vgl. aber auch Zweibrücken NStZ **95**, 89 u. wie hier Puppe NK 89 [entscheidend, ob das Opfer „genug weiß"], differenzierend bei den Drogenfällen auch Nestler aaO [o. 101 a] RN 124 f.). Zu weiteren Einzelheiten vgl. im übrigen § 15 RN 167 ff., ferner Frisch aaO 368 ff.

101 d ββ) Überlagert wird das Verantwortungsprinzip durch die **Garantenhaftung,** die zu einer Erfolgszurechnung führt, wenn der Hintermann, unabhängig von seinem kausalen Beitrag zu dem Handeln des Vordermanns, aufgrund von Sonderpflichten für die Unversehrtheit des Rechtsguts einzustehen hat. Hier gilt der Grundsatz, daß es dem Garanten, wenn Inhalt der Garantenpflicht auch die Abwendung der von verantwortlichen Dritten geschaffenen Gefahren ist, mit entsprechenden Konsequenzen selbstverständlich erst recht verboten sein muß, fremdes rechtsgutsgefährdendes Verhalten zu veranlassen, zu fördern oder zu ermöglichen (vgl. eingehend dazu Frisch aaO 352 ff., ferner Jakobs 218, ZStW 89, 23, Renzikowski aaO 146 ff., 264 ff., Rudolphi SK 72 vor § 1, Wehrle aaO 100 ff., aber auch Roxin, Tröndle-FS 184, 198 ff.; iE zutr. daher RG **64** 316, BGH **7** 262; vgl. auch den Sachverhalt in BGHR § 222 Fahrlässigkeit 2: Wäre die Tochter wegen fahrlässiger Nichtverhinderung des Mords an ihrer Mutter gem. § 222 strafbar gewesen, so ist dies auch, wenn sie durch unbedachte Äußerungen die Tat veranlaßt oder gefördert hat). Dasselbe gilt, wenn die Garantenpflicht in einer personen- oder sachbezogenen Sicherungspflicht besteht (vgl. § 13 RN 43 ff., 51 ff.; speziell zu Brandschutzvorschriften vgl. Otto, E. A. Wolff-FS 412; zu weitgehend zT jedoch Walder, Spendel-FS 363, wo eine Lösung der dort behandelten Fälle nur über eine fahrlässige Mittäterschaft gesucht werden könnte [vgl. 115 f. vor § 25]). Ob zB das Überlassen von Gegenständen den dadurch mittelbar verursachten Erfolg zurechenbar macht, hängt deshalb davon ab, ob der hier für sie verantwortliche auch die eigenmächtige Benutzung durch den anderen hätte verhindern müssen, wobei es hier unter Schutzzweckgesichtspunkten dann freilich ein Unterschied sein kann, ob es zu Fremd- oder Selbstverletzungen kommt. Von Bedeutung ist dies auch, wenn das Überlassen bestimmter Gegenstände durch den sicherungspflichtigen Garanten eigens als abstraktes Gefährdungsdelikt unter Strafe gestellt ist (zB § 21 I Nr. 2 StVG, §§ 34 I 1, 53 III Nr. 1 WaffG): Dienen solche Bestimmungen, wie dies für § 21 StVG angenommen wird (vgl. zB BGH [Z] NJW **91** 418 mwN, Köln [Z] VRS **83** 167), nur dem Schutz Dritter und wird hier auch die Schutzrichtung der Garantenpflicht entsprechend begrenzt, so bleibt es deshalb bei der o. 101 genannten Regel, wenn der voll verantwortlich handelnde „führerscheinlose" Fahrer bei dem von ihm verursachten Unfall selbst zu Tode kommt (vgl. auch Stuttgart MDR **85**, 162, Otto, E. A. Wolff-FS 414; zur verbotenen Waffenüberlassung vgl. einerseits Otto aaO, andererseits Schumann aaO 112 FN 164 mwN sowie zum Ganzen § 13 RN 43, § 15 RN 172 u. näher Frisch aaO 247 ff., 360 ff., Renzikowski aaO 264 ff., 281 f.).

101 e γγ) Traditionell umstritten ist in diesem Zusammenhang, ob – was eine Durchbrechung des Verantwortungsprinzips wäre – eine Erfolgszurechnung über eine fahrlässige Täterschaft des Hintermanns auch bei mittelbarer **Verursachung einer vollverantwortlich begangenen fremden Vorsatztat** möglich ist (so die – die Voraussetzungen dafür allerdings unterschiedlich bestimmende – h. M., zB RG **58** 366, **64** 370, Roxin I 928 ff., Tröndle-FS 190 ff. [mit evtl. Überblick zum Meinungsstand S. 177 ff.], Rudolphi SK 72 vor § 1, Schroeder LK § 15 RN 184 mwN; and. die – gleichfalls unterschiedlich begründeten – Theorien vom Regreßverbot [vgl. die Nachw. o. 100] u eingehend zum Ganzen, iE weitgehend wie die Regreßverbotslehre Frisch aaO 230 ff.; vgl. auch Stuttgart NJW **98**, 3114, wo es jedoch um ein Unterlassen und die Reichweite der Garantenpflicht ging). Entsprechende Gefährdungsverbote können hier jedenfalls nicht schon durch das bloße Vorliegen objektiv erkennbarer Anhaltspunkte für entsprechende Absichten oder Neigungen des Vordermanns begründet werden (vgl. Frisch aaO 268 ff. [mit dem Hinweis auf eine sonst entstehende „Mißtrauensgesellschaft"], Schünemann GA 99, 224; and. zB RG **58** 368: Vorhersehbarkeit bei pflichtgemäßer Sorgfalt). Aber auch die „Förderung erkennbarer Tatgeneigtheit" ist – selbst wenn diese als solche tatsächlich erkannt wurde – noch kein allgemeingültiges Zurechnungskriterium (so aber zB Kühl 46, Roxin I 929, Tröndle-FS 190 ff., Schmoller, Triffterer-FS 246): Wer zB dem „erkennbar Tatgeneigten" durch unbedachte Äußerungen den Aufenthaltsort des späteren Opfers einer Ohrfeige oder einer Tracht Prügel verrät, ist deshalb noch nicht gem. § 229 strafbar. Eine Fahrlässigkeitszurechnung kann es hier vielmehr, von den o. 101 d genannten Fällen abgesehen, wenn überhaupt nur in besonderen Ausnahmesituationen geben, in denen Gütererhaltungsinteressen gegenüber der mit dem Verantwortungsprinzip eingeräumten Handlungsfreiheit in einer Weise durchschlagen, daß eine Berufung des Hintermanns auf diese nicht mehr hinnehmbar ist. Zu verlangen ist dann allerdings, daß er sich dieses Bezugs bewußt ist und eine Anstiftung bzw. Beihilfe nur deshalb ausscheidet, weil er pflichtwidrig darauf vertraut, daß „schon nichts passieren wird" (so in dem Beisp. von Roxin, Tröndle-FS 197: Einlassen des Mörders in ein Haus im leichtfertigen Vertrauen darauf, daß das Opfer schon irgendwie davonkommen werde; vgl. dazu aber Frisch aaO 261 f.). Ausgeschlossen sind damit zugleich solche Handlungen, die selbst bei vorsätzlicher Vornahme keine strafbare Teilnahme wären: Nicht ausreichend ist daher zB das bloße Schaffen einer zur Tat anreizenden Situation, das auch bei entsprechendem Vorsatz keine Anstiftung wäre [§ 26 RN 4], ebensowenig das bloße Liefern von wahren oder unwahren Informationen, die den anderen zu Straftaten motivieren (zT and. Puppe NK 159; vgl. dazu auch Frisch aaO 339 ff.).

β) **Unmittelbare Risikoschaffung.** Ist es bereits die Handlung des Erstverursachers als solche, die unmittelbar eine Gefahr für das Rechtsgutobjekt schafft, so ist zu unterscheiden: Verwirklicht sich in dem eingetretenen Erfolg nicht das verbotene, mit der pflichtwidrigen Handlung des Erstverursachers verbundene Risiko (Ausgangsgefahr), sondern eine neue, erst durch einen Dritten oder das Opfer selbst begründete Gefahr, so folgt die Nichtzurechenbarkeit des Erfolgs schon aus der o. 92 genannten Zurechnungsregel (vgl. auch o. 95 f.): Daher zB keine Erfolgszurechnung zu Lasten des Hauseigentümers bei einem vom Brandstifter durch Anzünden der im Flur zwischengelagerten, an sich nicht feuergefährlichen Abfälle gelegten Brand mit mehreren Todesopfern unter den Bewohnern, auch wenn das Lagern solcher Abfälle in Fluren, Hausein- und Ausgängen und auf Treppen gegen landesrechtliche Bestimmungen verstößt, diese aber der Verkehrssicherheit und guten Begehbarkeit solcher Örtlichkeiten und damit einem völlig anderen Zweck dienen (vgl. iE auch Stuttgart JR 97, 517 m. Anm. Gössel, der gleichfalls auf den fehlenden Schutzzweckzusammenhang abstellt). Ebenso ergibt sich umgekehrt schon aus der allgemeinen Zurechnungsregel jedenfalls als Grundsatz, daß dem Erstverursacher auch solche Erfolge zuzurechnen sind, die sich trotz des Dazwischentretens anderer noch als Realisierung der von ihm geschaffenen Ausgangsgefahr darstellen (vgl. auch Stuttgart JZ 80, 618, Eser/Burkhardt I 67, Otto I 63, Jura 92, 98, E. A. Wolff-FS 405, Puppe NK 235, Renzikowski aaO 109 f.): Wer als Bauherr entgegen den einschlägigen Vorschriften leicht brennbares Material verwendet, ist für den Tod eines Bewohners daher auch dann (mit-)verantwortlich, wenn der dadurch begünstigte und besonders rasch um sich greifende Brand nicht durch einen Blitzschlag, Kurzschluß oder den Funkenflug von einem brennenden Nachbarhaus, sondern durch eine vorsätzliche oder fahrlässige Brandstiftung verursacht wird (vgl. auch B/W-Weber 226, Otto aaO 399). Von Bedeutung ist dies auch, wenn der ohnehin im Rahmen der möglichen Wirkungen der verbotenen Handlung liegende Erfolg bei dem Versuch eintritt, die fragliche Gefahr abzuwenden, die – Problem des Zweit- und Folgeschadens (vgl. dazu auch Namias aaO 16) – auch in einem bereits eingetretenen Ersterfolg weiterwirken kann (zB lebensgefährliche Verletzung). Hier ist zunächst selbstverständlich, daß der Täter sich auch die negativen Folgen zurechnen lassen muß, die ein pflicht- bzw. sachgemäßes Dritt- bzw. Opferverhalten für das betroffene Gut hat (vgl. zB Rengier aaO 161, Rudolphi JuS 69, 556, Schmoller, Trifftterer-FS 235), so zB wenn das lebensgefährlich verletzte Opfer auf dem Transport ins Krankenhaus bei einem Unfall getötet wird, der durch die bei Rettungsfahrten notwendige Fahrweise bedingt ist (vgl. in diesem Zusammenhang zB auch BGH JR 89, 382 m. Bspr. Krümpelmann S. 353: Zurechnung bei einer mißlungenen ärztlichen Fehlerkorrektur). Aber auch auf das Versagen anderer kann er sich in solchen Fällen grundsätzlich nicht berufen (zB der Brandstifter nicht darauf, daß das Opfer nicht durch das Feuer, sondern durch ein von ihm selbst oder den Rettern zu verantwortendes Verfehlen des aufgehaltenen Sprungtuchs zu Tode gekommen ist): Unter Normzweckgesichtspunkten nicht, weil der unerwünschte Erfolg gerade auch bei dem Versuch der Abwendung einer Gefahr eintreten kann und deren Begründung deshalb auch aus diesem Grund verboten sein muß (zB weil das Opfer nicht nur durch den Brand, sondern erfahrungsgemäß auch bei Rettungsmaßnahmen umkommen kann; vgl. auch Frisch aaO 428 ff.); aus der Sicht des Verantwortungsprinzips nicht, weil aus diesem nur folgt, daß man prinzipiell nicht darauf zu achten hat, daß andere Rechtsgüter nicht gefährden, während es hier darum geht, daß der Täter selbst pflichtwidrig eine solche Gefahr geschaffen hat und er daher von seiner Verantwortung für das weitere Geschehen nicht schon deshalb frei wird, weil auch andere falsch gehandelt haben (so in der Sache auch Stuttgart JZ 80, 618; entsprechend zum Vertrauensgrundsatz im Straßenverkehr vgl. § 15 RN 150, 215; and. zB Rudolphi SK 73 vor § 1). Dabei macht es dann auch grundsätzlich keinen Unterschied, ob der andere (pflichtwidrig) die Realisierung der vom Täter geschaffenen Gefahr lediglich nicht verhindert (zB das lebensgefährlich verletzte Unfallopfer stirbt, weil ihm das Mittel fälschlich in einer zu geringen Dosis verabreicht wird) oder ob er den in der Täterhandlung ohnehin schon angelegten Erfolg durch eine positive Fehlmaßnahme bewirkt (Tod des Unfallopfers infolge einer Überdosis; vgl. Burgstaller, Fahrlässigkeitsdelikt 118 f., Jescheck-FS 365, Otto, Spendel-FS 289, Wolff-FS 409, Puppe NK 235 ff., Jura 98, 24 f., Rengier aaO 162 f., Schmoller aaO 233 ff., vgl. auch Stuttgart JZ 80, 618; and. Frisch aaO 436 ff., Renzikowski aaO 109 f., 271, Roxin I 349 f., Rudolphi SK 74 vor § 1, JuS 65, 556). Einschränkungen sind hier nur bezüglich solcher Fehlreaktionen zu machen, die, weil mit ihnen im allgemeinen nicht gerechnet zu werden braucht, nicht im Rahmen der Ausgangsgefahr liegen, was jedoch nur bei einem grob pflicht- oder sachwidrigen Handeln des anderen anzunehmen ist (vgl. zB Celle NJW 58, 271, Burgstaller, aaO 119 f., bzw. 357 ff., Kühl 62, Otto I 65, Wolff-FS 409, Rengier aaO 164, Schmoller aaO 235 ff. [and. jedoch S. 232 f. bei der Nichtverhinderung], Wolter aaO 1981, 343 ff. u. für das Nichtverhindern des Erfolgs auch Roxin I 350; and. Frisch aaO 444, Maiwald JuS 84, 440 ff.; zum Ganzen vgl. auch Puppe NK 230 f., Renzikowski aaO 187 ff.). Für die durch ärztliche Behandlungsfehler bewirkten Zweit- und Folgeschäden bedeutet dies, daß sie dem Täter bei besonders schwerwiegenden Abweichungen von den medizinischen Standards nicht mehr zugerechnet werden können (vgl. näher BGH[Z] NJW 89, 767 m. Anm. Deutsch u. § 15 RN 162, 169; zT and. insoweit Stuttgart aaO). Etwas anderes gilt auch, wenn der Erfolg deshalb eintritt, weil das Opfer Rettungsmaßnahmen bewußt in voller Selbstverantwortung (vgl. zu § 227 [§ 226 aF] auch BGH NStZ 94, 394 [Alkoholiker]) und ohne sachlich begründeten Anlaß vereitelt (vgl. dazu auch § 24 RN 62, ferner zB Kühl 62, Otto I 65, Maurach-FS 99, Wolff-FS 410, Puppe NK 231, Roxin I 341, Rudolphi SK 72a vor § 1, Schmoller aaO 251 ff. u. näher Frisch aaO 446 ff.). Nichts anderes ist dann aber auch anzunehmen, wenn Dritte dies tun. – Zum österreich. Recht vgl. Burgstaller, Jescheck-FS 357, Schmoller aaO, 228, 240 u. pass.

E. Vorwerfbarkeit und Schuld; der Schuldtatbestand

Schrifttum: Achenbach, Historische und dogmatische Grundlagen der strafrechtssystematischen Schuldlehre, 1974 (zit.: aaO). – *ders.,* Individuelle Zurechnung, Verantwortlichkeit, Schuld, in: Schünemann, Grundfragen des modernen Strafrechtssystems (1984) 135. – *Albrecht* , Unsicherheitszonen des Schuldstrafrechts, GA 83, 193. – *Androulakis,* „Zurechnung", Schuldbemessung und personale Identität, ZStW 82, 492. – *Arnold,* Person- und Schuldfähigkeit, 1965. – *Bacigalupo,* Bemerkungen zur Schuldlehre im Strafrecht, Welzel-FS 477. – *Bauer,* Das Verbrechen und die Gesellschaft, 1957. – *Baumann,* Schuld und Verantwortung, JZ 62, 41. – *ders.,* Der Schuldgedanke im heutigen deutschen Strafrecht und vom Sinn staatlichen Strafens, JurBl. 65, 113. – *Baumgartner/Eser* (Hrsg.), Schuld und Verantwortung, 1983. – *Baurmann,* Zweckrationalität u. Strafrecht, 1987. – *Bock,* Ideen u. Schimären im Strafrecht, ZStW 103, 636. – *Bockelmann,* Schuld und Sühne, 2. A., 1958. – *ders.,* Willensfreiheit und Zurechnungsfähigkeit, ZStW 75, 372. – *Brauneck,* Der strafrechtliche Schuldbegriff, GA 59, 261. – *dies.,* Zum Schuldstrafrecht des neuesten Entwurfs eines Strafgesetzbuchs, MSchrKrim 58, 129. – *Buchala,* Das Schuldprinzip und seine Funktion im polnischen Strafrecht, ZStW 106, 766. – *Burkhardt,* Das Zweckmoment im Schuldbegriff, GA 76, 321. – *ders.,* Charaktermängel und Charakterschuld, in: Lüderssen/Sack, Vom Nutzen und Nachteil der Sozialwissenschaften für das Strafrecht, Bd. I (1980) 87. – *ders.,* Freiheitsbewußtsein und strafrechtliche Schuld, Lenckner-FS 3. – *Cerezo Mir,* Der materielle Schuldbegriff, ZStW 108, 9. – *Conde,* Über den materiellen Schuldbegriff, GA 78, 65. – *Danner,* Gibt es einen freien Willen?, 4. A., 1977. – *Dreher,* Die Willensfreiheit, 1987, – *ders.,* Der psychologische Determinismus Manfred Danners, ZStW 95, 340. – *ders.,* Unser indeterministisches Strafrecht, Spendel-FS 13. – *Ellscheid/Hassemer,* Strafe ohne Vorwurf, Civitas, Jahrb. f. Sozialwiss. 9 (1970) 27. – *Engisch,* Zur Idee der Täterschuld, ZStW 61, 166. – *ders.,* Die Lehre von der Willensfreiheit in der strafrechtsphilosophischen Doktrin der Gegenwart, 2. A., 1965. – *ders.,* Um die Charakterschuld, MSchrKrim 67, 108. – *de Figueiredo Dias,* Schuld und Persönlichkeit, ZStW 95, 220. – *Fluri,* Zur Lehre von der Tatverantwortung 1973. – *Foth,* Tatschuld und Charakter, 60. Schopenhauer-Jahrb. für Jahr 1979, S. 148. – *Frank,* Über den Aufbau des Schuldbegriffs, 1907. – *Freudenthal,* Schuld und Verantwortung im geltenden Strafrecht, 1922. – *Frister,* Schuldprinzip, Verbot der Verdachtsstrafe und Unschuldsvermutung als materielle Grundprinzipien des Strafrechts, 1988 (zit.: aaO 1988). – *ders.,* Die Struktur des „voluntativen Schuldelements", 1993 (zit.: aaO 1993). – *Geisler,* Zur Vereinbarkeit objektiver Strafbarkeitsbedingungen mit dem Schuldprinzip, 1998. – *Goldschmidt,* Normativer Schuldbegriff, Frank-FG I 428. – *Grasnick,* Über Schuld, Strafe und Sprache, 1987. – *ders.,* Die Freiheit, die wir meinen, JR 91, 364. – *Griffel,* Der Mensch, Wesen ohne Verantwortung?, 1975. – *ders.,* Prävention und Schuldstrafe, ZStW 98, 28. – *ders.,* Widerspruch um die Schuldstrafe, GA 89, 193. – *ders.,* Freiheit u. Schuld, MDR 91, 109. – *ders.,* Determination u. Strafe, ARSP 80, 96. – *ders.,* Willensfreiheit und Strafrecht, GA 96, 457. – *ders.,* Gesellschaft und Verantwortung, ARSP 84, 517. – *K. Günther,* Individuelle Zurechnung im demokratischen Verfassungsstaat, Jahrb. f. Recht u. Ethik, Bd. 2 (1989) 143. – *Haddenbrock,* Strafrechtliche Handlungsfähigkeit und „Schuldfähigkeit" (Verantwortlichkeit), auch Schuldformen, in: Göppinger-Witter, Handb. der forensischen Psychiatrie II (1972) 863. – *ders.,* Grundlagen der forensische Schuldfähigkeit (Zurechnungsfähigkeit), 1992. – *Haft,* Der Schulddialog, 1978. – *Hardwig,* Die Gesinnungsmerkmale im Strafrecht, ZStW 68, 14. – *ders.,* Personales Unrecht und Schuld, MSchrKrim 61, 194. – *ders.,* Die Zurechnung, 1957. – *Harsch,* Schuldbegriff unter tiefenpsychologischen Gesichtspunkten, in: Verbrechen – Schuld oder Schicksal? (1969) 102. – *Hassemer,* Alternativen zum Schuldprinzip?, in: Baumgartner-Eser (s. o.), 89. – *Hirsch,* Die Stellung von Rechtfertigung u. Entschuldigung im Verbrechenssystem usw., in: Eser/Perron, Rechtfertigung u. Entschuldigung III (1991), 27 (zit.: aaO). – *ders.,* Das Schuldprinzip u. seine Funktion im Strafrecht, ZStW 106, 746. – *Jakobs,* Schuld und Prävention, 1976. – *ders.,* Strafrechtliche Schuld ohne Willensfreiheit?, in: Aspekte der Freiheit, Schriftenreihe d. Univ. Regensburg, Bd. 6 (1982), 69. – *ders.,* Zum Verhältnis von psychischem Faktum und Normativem bei der Schuld, KrimGewFr 15 (1982), 127. – *ders.,* Das Schuldprinzip (Vorträge/Rhein.-Westfäl. Akademie der Wissenschaften; G 319), 1993. – *Jescheck,* Wandlungen des strafrechtlichen Schuldbegriffs in Deutschland u. Österreich, JBl. 98, 604. – *Kargl,* Kritik des Schuldprinzips, 1982. – *Arthur Kaufmann,* Das Unrechtsbewußtsein in der Schuldlehre, 1949; durchgesehener Neudruck 1985. – *ders.,* Das Schuldprinzip, 2. A., 1976. – *ders.,* Dogmatische und kriminalpolitische Aspekte des Schuldgedankens im Strafrecht, JZ 67, 553. – *ders.,* Schuldprinzip und Verhältnismäßigkeitsgrundsatz, Lange-FS 27. – *ders.,* Schuld und Prävention, Wassermann-FS 889. – *ders.,* Unzeitgemäße Betrachtungen zum Schuldgrundsatz im Strafrecht, Jura 86, 225. – *ders.,* Strafrecht und Freiheit, Fundamenta Psychiatrica 1988, 146. – *Kim,* Zur Fragwürdigkeit und Notwendigkeit des strafrechtlichen Schuldprinzips, 1987. – *Koriath,* Grundlagen strafrechtlicher Zurechnung, 1994. – *Krauss,* Schuld im Strafrecht – Zurechnung der Tat oder Abrechnung mit dem Täter?, Schüler-Springorum-FS 459. – *Krümpelmann,* Dogmatische und empirische Probleme des sozialen Schuldbegriffs, GA 83, 337. – *Küpper,* Grenzen der normativierenden Strafrechtsdogmatik, 1990. – *Kunz,* Prävention und gerechte Zurechnung, ZStW 98, 823. – *Lackner,* Prävention und Schuldfähigkeit, Kleinknecht-FS 245. – *Lang-Hinrichsen,* Die Krise des Schuldgedankens im Strafrecht, ZStW 73, 210. – *Lange,* Der Strafgesetzgeber und die Schuldlehre, JZ 56, 73. – *ders.,* Die moderne Anthropologie und das Strafrecht, in: Frey, Schuld, Verantwortung, Strafe (1964) 277. – *ders.,* Ist Schuld möglich?, Bockelmann-FS 261. – *Lenckner,* Strafe, Schuld und Schuldfähigkeit, in: Göppinger-Witter, Handb. der forensischen Psychiatrie I (1972) 3. – *Maihofer,* Objektive Schuldelemente, H. Mayer-FS 185. – *Maiwald,* Gedanken zu einem sozialen Schuldbegriff, Lackner-FS 149. – *Mangakis,* Über das Verhältnis von

Strafrechtsschuld und Willensfreiheit, ZStW 75, 499. – *Maurach*, Schuld und Verantwortung im Strafrecht, 1948. – *Moos*, Der Schuldbegriff im österreichischen StGB, Triffterer-FS 169. – *Müller-Dietz*, Grenzen des Schuldgedankens im Strafrecht, 1967. – *Nass*, Wandlungen des Schuldbegriffs im Laufe des Rechtsdenkens, 1963. – *Neufelder*, Schuldbegriff und Verfassung, GA 74, 289. – *Neumann*, Neue Entwicklungen im Bereich der Argumentationsmuster zur Begründung oder zum Ausschluß strafrechtlicher Verantwortlichkeit, ZStW 99, 567. – *Noll*, Schuld und Prävention unter dem Gesichtspunkt der Rationalisierung des Strafrechts, H. Mayer-FS 319. – *Nowakowski*, Das Ausmaß der Schuld, SchwZStr. 65, 301. – ders., Freiheit, Schuld, Vergeltung, Rittler-FS 55. – *Otto*, Personales Unrecht, Schuld und Strafe, ZStW 87, 539. – ders., Über den Zusammenhang von Schuld und menschlicher Würde, GA 81, 482. – *von Pothast*, Die Unzulänglichkeit der Freiheitsbeweise, 1980. – *Radbruch*, Über den Schuldbegriff, ZStW 24, 333. – ders., Tat und Schuld, SchwZStr. 51, 249. – *Roxin*, Kriminalpolitik und Strafrechtssystem, 2. A., 1973. – ders., Kriminalpolitische Überlegungen zum Schuldprinzip, MSchrKrim 73, 316. – ders., „Schuld" und „Verantwortlichkeit" als strafrechtliche Systemkategorien, Henkel-FS 171. – ders., Zur jüngsten Diskussion über Schuld, Prävention und Verantwortung im Strafrecht, Bockelmann-FS 279. – ders., Zur Problematik des Schuldstrafrechts, ZStW 96, 641. – ders., Was bleibt von der Schuld im Strafrecht übrig?, SchwZStr. 104, 356. – ders., Das Schuldprinzip im Wandel, Kaufmann-FS 519. – *Rudolphi*, Unrechtsbewußtsein, Verbotsirrtum und Vermeidbarkeit des Verbotsirrtums, 1969. – *Scheffler*, Kriminologische Kritik des Schuldstrafrechts, 1985. – *Schild*, Strafbegriff und Grundgesetz, Lenckner-FS 287. – *Schmidhäuser*, Gesinnungsmerkmale im Strafrecht, 1958. – *H. Schneider*, Grund u. Grenzen des strafrechtlichen Selbstbegünstigungsprinzips, 1990 (Diss. Berlin). – *Schöneborn*, Schuldprinzip und generalpräventiver Aspekt, ZStW 88, 349. – ders., Grenzen einer generalpräventiven Rekonstruktion des strafrechtlichen Schuldprinzips, ZStW 92, 682. – ders., Über den axiologischen Schuldbegriff des Strafrechts: Die unrechtliche Tatgesinnung, Jescheck-FS 485. – *Schörcher*, Zum Streit um die Willensfreiheit, ZStW 77, 240. – *Schreiber*, Schuld und Schuldfähigkeit im Strafrecht, in: Schmidt-Hieber u. Wassermann, Justiz und Recht (1983) 73 (zit.: aaO 1983). – ders., Rechtliche Grundlagen der Schuldunfähigkeitsbeurteilung, in: Venzlaff, Psychiatrische Begutachtung (1986) 4 (zit.: aaO 1986). – ders., Was heißt heute strafrechtliche Schuld usw.?, Der Nervenarzt 48 (1977), 242. – *F. C. Schroeder*, Schuld als Entscheidung – Zur neueren Schulddiskussion in der DDR, Jahrb. f. Ostrecht, 1973, 9. – *Schünemann*, Die Funktion des Schuldprinzips im Präventionsstrafrecht, in: Schünemann, Grundfragen des modernen Strafrechtssystems (1984) 153. – ders., Die deutschsprachige Strafrechtswissenschaft nach der Strafrechtsreform usw., GA 86, 293. – *Schwalm*, Schuld und Schuldfähigkeit, JZ 70, 487. – *Seelmann*, Neue Entwicklungen beim strafrechtlichen Schuldbegriff, Jura 80, 505. – *Seelig*, Die Schuld im deutschen Strafrecht, Ann. Univ. Saraviensis, 1953. – *Spendel*, Unrechtsbewußtsein in der Verbrechenssystematik, Tröndle-FS 89. – *Strasser*, Sich beherrschen können, in: Lüderssen-Sack, Vom Nutzen und Nachteil der Sozialwissenschaften für das Strafrecht, Bd. I (1980) 143. – *Stratenwerth*, Zur Funktion strafrechtlicher Gesinnungsmerkmale, v. Weber-FS 171. – ders., Schuld und Rechtfertigung, in: Mißlingt die Strafrechtsreform? (1969) 31. – ders., Tatschuld und Strafzumessung, Recht und Staat 406/407. – ders., Die Zukunft des strafrechtlichen Schuldprinzips, 1977 (zit.: aaO 1977). – *Streng*, Schuld, Vergeltung, Generalprävention, ZStW 92, 637. – ders., Schuld ohne Freiheit? Der funktionale Schuldbegriff auf dem Prüfstand, ZStW 101, 273. – *Tiemeyer*, Grundlagen des normativen Schuldbegriffs, GA 86, 203. – ders., Zur Möglichkeit eines erfahrungswissenschaftlich gesicherten Schuldbegriffs, ZStW 100, 527. – ders., Der „relative Indeterminismus" u. seine Bedeutung für das Strafrecht, ZStW 105, 483. – *Welzel*, Persönlichkeit und Schuld, ZStW 60, 428. – ders., Vom irrenden Gewissen, 1949. – ders., Das Gesinnungsmoment im Recht, Gierke-FS (1950) 290. – ders., Gedanken zur „Willensfreiheit", Engisch-FS 91. – *Ziegert*, Vorsatz, Schuld und Vorverschulden, 1987. – *Zippelius*, Zum Problem der Willensfreiheit, Fundamenta Psychiatrica 1988, 141. – Vgl. im übrigen zum älteren Schrifttum die Nachw. in der 24. A.

I. Strafe setzt Schuld voraus (BVerfGE **9** 169, **20** 331, **23** 132, **28** 391, BGH **2** 200, **10** 259). Dieser **„Schuldgrundsatz"** hat Verfassungsrang, denn er folgt sowohl aus dem Rechtsstaatsprinzip als auch daraus, daß eine Strafe ohne Schuld gegen Art. 1 I GG verstoßen würde (vgl. dazu 6 vor § 38 mwN; and. zur verfassungsrechtlichen Begründung Frister aaO 1988, 18 ff.). Zwar wurde entgegen früheren Entwürfen eine entsprechende programmatische Erklärung in das Gesetz nicht aufgenommen; in der Sache hat das Schuldprinzip jedoch in § 46 (vgl. dort RN 5 ff.) und anderen Bestimmungen (zB §§ 17 ff.) hinreichend Ausdruck gefunden. Seine Notwendigkeit ergibt sich schon daraus, daß die Strafe keine wertindifferente Maßregel ist, sondern zugleich einen sozialethischen Tadel gegen den Täter enthält. Dieser aber ist nicht schon bei einem tatbestandsmäßig-rechtswidrigen, d. h. im Widerspruch zu den generellen rechtlichen Sollensanforderungen stehenden Verhalten gerechtfertigt, sondern erst dann, wenn die persönliche Verantwortlichkeit des Täters für die rechtswidrige Tat, sein „Dafür-Können", hinzukommt (vgl. zB BGH **2** 200, **18** 94, Hirsch LK 182 vor § 32, Jescheck/Weigend 23 ff., A. Kaufmann, Schuldprinzip 115 ff., Lackner/Kühl 22 f., Lenckner aaO 35, Stratenwerth 155). Außerdem wäre Strafe ohne Schuld auch unter general- und spezialpräventiven Gesichtspunkten offenbar sinnlos und daher nicht erforderlich (Jescheck LK 71, Roxin, Kriminalpolitik 33). Zu den Gefahren für das Schuldprinzip vgl. Hassemer aaO – zum früheren Recht vgl. 25. A. RN 104 – u. zu dessen Nichtersetzbarkeit durch den Verhältnismäßigkeitsgrundsatz A. Kaufmann, Lange-FS 31 f., Wassermann-FS 890 f., Kargl 86, 227 f.; zur Kritik am Schuldprinzip aus soziologischer Sicht vgl. Kargl aaO 198 ff., Sack, in: König, Handb. der empirischen Sozialforschung, Bd. 12, 2. A., 348 ff. und dagegen mit Recht zB Schreiber aaO 1983, 76 u. 1986, 7.

II. Das geltende Strafrecht ist Tatstrafrecht und nicht Täterstrafrecht (o. 3), d. h. bestraft wird der Täter für das, was er getan hat, und nicht für das, was er ist. Im Prinzip unbestritten ist daher auch, daß die strafrechtliche Schuld nicht in der schuldhaften Persönlichkeitsgestaltung besteht **(Persön-**

lichkeits- oder Täterschuld), sondern daß sie **Einzeltatschuld** in dem Sinn ist, daß Anknüpfungspunkt für das Schuldurteil die konkrete Tat und die in ihr aktualisierte Schuld ist (zB Baumann JZ 62, 41, B/W-Weber 389 f., Bruns StrZR 538 ff., Jescheck LK 75, Arthur Kaufmann, Schuldprinzip 187 ff., Lenckner aaO 40 ff., Roxin I 750 f., Rudolphi SK 3 vor § 19, Schild AK 98, Schmidhäuser 373, Stratenwerth, Tatschuld usw.). Dies bedeutet selbstverständlich nicht, daß die Tat als eine punktuelle und isolierte Erscheinung im Leben des Täters zu sehen wäre; eingebettet in seine sonstigen Handlungen ist sie vielmehr oft nur das Schlußstück einer Kette von Fehlentscheidungen, die als ein Stück Persönlichkeitsverwirklichung darstellen, weshalb auch die Tat nur in diesem größeren Zusammenhang begriffen werden kann. Doch ändert dies nichts daran, daß der gegen den Täter erhobene Schuldvorwurf nicht an sein So-Sein oder So-Gewordensein anknüpft, sondern an die schuldhafte Begehung der konkreten Tat; denn auch soweit hier vor der Tat liegende Handlungen in die Schuldbetrachtung mit einfließen, geschieht dies nur in dem Umfang, in dem das frühere Verhalten – auf die konkrete Tat projiziert – in dieser tatsächlich wirksam geworden ist. Es ist deshalb eine sekundäre und letztlich terminologische Frage, ob man wegen einer verfehlten Lebensführung, die schließlich in eine strafbare Handlung einmündet, von einer Persönlichkeitsschuld („Lebensführungsschuld") sprechen will; entscheidend ist, daß diese nur aus Anlaß und in den Grenzen der begangenen Tat als Aktualisierung in der Einzeltatschuld für das Recht von Bedeutung ist. Eine von der konkreten Tat gelöste Persönlichkeitsschuld ist, wie schon die Streichung des § 20 a aF durch das 1. StrRG zeigt, dem geltenden Recht dagegen fremd. Es besteht auch kein Anlaß, an diesem Begriff deshalb festzuhalten, um die Berücksichtigung von Handlungen vor der Tat bei der Strafzumessung (vgl. § 46 RN 29 ff.) und die Bestrafung des verschuldeten Verbotsirrtums (§ 17 S. 2) erklären zu können; alle diese Erscheinungen lassen sich vielmehr auch mit einem richtig verstandenen Tatschuldbegriff in Einklang bringen (so mit Recht M-Zipf I 473, ferner Bruns aaO 538 ff., Roxin I 138 ff.; and. zT Bockelmann Mat. I 36, Brauneck MSchrKrim 58, 142, Grasnick aaO 228 ff., Jescheck/Weigend 423 f.). Zu den verschiedenen Varianten einer die Tatschuld *übersteigenden* Täterschuld, die früher zT zur Rechtfertigung der bloßen Kann-Milderung bei der verminderten Schuldfähigkeit, vor allem aber als Erklärung der Strafschärfung bei gefährlichen Gewohnheitsverbrechern nach § 20 a aF dienten, vgl. die 25. A. RN 106; zu einer „Dispositions" – oder „Charakterschuld", die auch das Einstehenmüssen für solche Persönlichkeitskomponenten umfassen soll, für die der Täter nichts kann, vgl. im Anschluß an die Schuldlehre der Moral Engisch ZStW 61, 170, 66, 359, MSchrKrim 67, 108 (dazu u. 109 a) u. zu einer modifizierten Charakterschuld Burkhardt, in: Lüderssen/Sack 103 ff.).

107 III. Je nach der **Funktion,** die der **Schuldbegriff** im Strafrecht zu erfüllen hat, ist zu unterscheiden zwischen der *Schuldidee,* der *Strafbegründungsschuld* und der *Strafmaß- bzw. Strafbemessungsschuld* (Achenbach aaO 2 ff. u. in: Schünemann 136; vgl. auch Lackner 22, M-Zipf I 414, Roxin I 747, Bockelmann-FS 279, Rudolphi SK 1 vor § 19).

108 1. Bei der **Schuldidee,** die auch dem Schuldprinzip (o. 104) zugrundeliegt, geht es um das Phänomen der Schuld als Grundlage und Grenze der staatlichen Strafgewalt und damit um die Frage der Rechtfertigung der Strafsanktion überhaupt (Achenbach, Schuldlehre 3). In diesen Zusammenhang gehört insbes. auch das **Problem von Schuld und Willensfreiheit,** wobei der Freiheitsbegriff freilich nicht iS eines strengen Indeterminismus als völlige Voraussetzungslosigkeit und Spontaneität des Handelns zu verstehen ist, sondern als Freiheit in dem positiven Sinn, daß der Mensch als ein mehrschichtiges Wesen die Fähigkeit zur „Überdetermination" kausaler Determinanten hat (vgl. zB Bockelmann ZStW 75, 385 ff. u. 77, 253 ff., Dreher, Spendel-FS 14 f., Jescheck/Weigend 407 f., Arthur Kaufmann JZ 67, 560 u. 74, 269, Jura 86, 226 f., Fund. Psych. 88, 146, H. Kaufmann JZ 62, 198, Lenckner aaO 19, Welzel 148: „Freiheit *vom* blinden, sinnindifferenten kausalen Zwang *zu* sinngemäßer Selbstbestimmung"; zu den verschiedenen Freiheitsbegriffen vgl. Pothast JA 93, 106, Tiemeyer GA 86, 203 mwN). Ob es einen solchen „relativen Indeterminismus" (Haddenbrock in: Göppinger/Witter II 893) gibt, ist freilich ebenso umstritten wie die weitere Frage, ob strafrechtliche Schuld die Möglichkeit freier Selbstbestimmung des Menschen voraussetzt.

108 a Zur jüngsten Entwicklung in der Schulddiskussion vgl. zufass. Dreher, Willensfreiheit 29 ff. (krit. dazu Tiemeyer ZStW 105, 489 ff.; gegen diesen jedoch zB Griffel GA 96, 46 ff.), Lackner aaO 33 ff., Jescheck JBl. 98, 609 ff. (auch zum österreich. Recht), Lackner aaO und aus dem kaum noch überschaubaren Schrifttum im übrigen allein aus neuerer Zeit außer den o. 108 Genannten zB Bauer aaO, Baumann JZ 62, 41 u. 69, Bron MedR 90, 240, Burkhardt GA 76, 331, Lenckner-FS 3, Danner aaO (dazu Dreher ZStW 95, 340), Engisch, Lehre von der Willensfreiheit usw., Henkel-FS 107, 108, Foth aaO, Grasnick aaO 43 ff., JR 71, 364, Griffel o. vor 103, Cerezo Mir ZStW 108, 18 ff. (zu Spanien S. 9 ff.), K. Günther aaO, Haddenbrock, in: Göppinger/Witter II 893 u. aaO 1992, ferner NJW 67, 285, JZ 69, 121, MSchrKrim 68, 145 u. 96, 50, Hardwig MSchrKrim 73, 288, Hassemer aaO, Jakobs, in: Aspekte 69, Hirsch ZStW 106, 751, Jähnke LK § 20 RN 7 ff., Jescheck, Das Menschenbild unserer Zeit und die Strafrechtsreform, 1957, Kargl aaO 236 ff., Kim aaO 13 ff., 48 ff., Koriath aaO 594 ff., Krauss aaO 460 ff., Lange, in: Frey 277, Bockelmann-FS 261, Leferenz ZStW 88, 41, Lersch, Aufbau der Person, 11. A. (1970), Mangakis ZStW 75, 499, Nowakowski, Rittler-FS 55, Otto GA 81, 486 ff., Pothast, JA 93, 104, Roxin u. a. MSchrKrim 73, 316, Henkel-FS 171, ZStW 96, 641, Kaufmann-FS 519, Scheffler aaO, Schild AK 30 ff., 49 ff., Schöneborn ZStW 88, 351, Schörcher ZStW 77, 240, Schünemann aaO 160 ff., GA 86, 293, Tiemeyer GA 86, 203, ZStW 100, 527 u. 105, 483, Welzel, Engisch-FS 91, Zippelius aaO; w. Nachw. b. Jähnke LK § 20 7 ff.

a) Viele sehen hier, wenn auch mit unterschiedlichen Folgerungen, **die Existenzfrage des Straf-** **109** **rechts** überhaupt (vgl. zB Jähnke LK § 20 RN 9). Die traditionelle Vorstellung ist zB in der grundlegenden Entscheidung BGH 2 194 formuliert, wonach der Mensch seine Handlungen zu verantworten habe, weil er „auf freie, verantwortliche, sittliche Selbstbestimmung angelegt und deshalb befähigt ist, sich für das Recht und gegen das Unrecht zu entscheiden, sein Verhalten nach den Normen des rechtlichen Sollens einzurichten und das rechtlich Verbotene zu vermeiden" (S. 200). Die extreme Gegenposition dazu findet sich in der bisher allerdings vereinzelt gebliebenen Auffassung, die wegen der empirischen Nichtbeweisbarkeit der Willensfreiheit den Begriffen Schuld und Strafe eine mehr oder weniger radikale Absage erteilt (zB Bauer, Baurmann, Ellscheid/Hassemer, Foth, Kargl, Scheffler, jeweils aaO; zur Kritik vgl. zB Jescheck JBl. 98, 617 f., Roxin I 745 ff., zu Baurmann u. Scheffler auch Kaufmann-FS 529 ff., zu Kargl Seelmann ZStW 102, 879). In den Konsequenzen weniger weitgehend, den Schuldgedanken in seinem herkömmlichen Verständnis aber gleichfalls negierend, ist eine andere Lehre, welche die Wurzeln der Schuldzurechnung nicht mehr in der Person des Täters, sondern in kollektiven (Vergeltungs-)Bedürfnissen der Bevölkerung sucht (so die tiefenpsychologische Schulddeutung von Streng ZStW 92, 637 [Schuld „als bloße Spiegelung emotionaler Bedürfnisse der Urteilenden", S. 657] u. ZStW 101, 273, dagegen aber mit Recht Griffel MDR 91, 109, Maiwald aaO 154 ff.; vgl. dazu auch u. 117). Einen mittleren Weg geht demgegenüber eine verbreitete Meinung, die zwar an dem Gedanken von Schuld und Strafe festhält, dies angesichts des seinswissenschaftlich nicht zu entscheidenden „Ewigkeitsproblems" menschlicher Willensfreiheit aber mit einem Schuldbegriff, der die Freiheitsfrage iS eines individuellen Andershandelnkönnens dahingestellt läßt: Was die Schuld ausmacht, ist danach zB das Zurückbleiben hinter Verhaltensanforderungen, die bei normaler Motivierbarkeit an jedermann gestellt werden müssen (vgl. Lackner/Kühl 23, 26) oder „unrechtes Handeln trotz normativer Ansprechbarkeit", bei welcher der Täter „als frei behandelt wird" (so zB Roxin I 741; vgl. im übrigen mit Unterschieden im einzelnen – zT wird hier auch von einem allerdings nicht immer einheitlich verstandenen „sozialen Schuldbegriff" gesprochen – zB Bockelmann ZStW 75, 348 ff., Lange-FS 4, B-Volk 110, Engisch, Willensfreiheit 65, Jähnke LK § 20 RN 12, Jakobs 484 f., Schuldprinzip 26 ff., 34 u. in: Aspekte 71, Krümpelmann GA 83, 337, Maiwald aaO 153 ff., Munoz Conde GA 78, 68, Neumann ZStW 99, 587 ff., Roxin u.a. ZStW 96, 650 ff., SchwZStr 104, 369, Kaufmann-FS 521, Schmidhäuser 369, 446, I 191 f., Jescheck-FS 485, Schreiber aaO 1986, 8, Nervenarzt 48, 244 ff.; vgl. ferner auf allerdings anderer Grundlage – „Zurechnungsfähigkeit" als ontologischer Begriff – auch Frister aaO 1993, 125 ff.; „Selbstbestimmungsfähigkeit als Fähigkeit zu einer hinreichend differenzierten Willensbildung").

Doch werden mit diesen und anderen Versuchen, die Freiheitsfrage auszuklammern, die eigent- **109a** lichen Schwierigkeiten nur scheinbar umgangen. Dies gilt etwa für die These, hinsichtlich des strafrechtlichen Schuldvorwurfs könne die Frage nicht lauten, ob der konkrete Täter in der konkreten Situation anders hätte handeln können, vielmehr müsse nur in genere die Möglichkeit bestanden haben, daß „man" sich unter den gegebenen Umständen anders als der Täter verhalten hätte (vgl. B-Volk I 165): Was eigentlich dazu berechtigt, jemand dafür verantwortlich zu machen und zu bestrafen, daß andere in seiner Lage richtig gehandelt hätten, wird damit nämlich gerade nicht beantwortet (vgl. Lenckner aaO 18, ferner Geisler aaO 66, Tiemeyer GA 86, 214, ZStW 100, 535). Ähnlich verhält es sich mit der Lehre von der „Charakterschuld", nach der die Frage, ob der Täter anders hätte handeln können, deshalb soll unbeantwortet bleiben können, weil der „uns zur Schuld gereichende Mangel an Willenskraft oder Besorgnis im Charakter wurzelt" und dieser „letztlich den Schuldvorwurf zu tragen und in sich zu verantworten" habe (Engisch aaO u. o. 106): Denn dies bedeutet zwar „Haftung", aber nicht „Schuld" (vgl. auch Otto GA 81, 483 sowie Arthur Kaufmann JZ 67, 555, Fund. Psych. 88, 148, der mit Recht die Frage stellt, wie es möglich sei, daß sich der Täter für sein So-Sein zu „verantworten" habe, wenn dabei nicht zugleich Freiheit vorausgesetzt wird; zur Kritik vgl. auch Roxin I 737 f.). Abgesehen davon ist nicht jede schuldhafte Tat Ausdruck einer Charaktermangels iS einer relativ stabilen Charaktereigenschaft (zB Versagen im Straßenverkehr; vgl. auch Geisler aaO 59), ein Einwand, der auch gegen die modifizierte Charakterschuldlehre von Burkhardt (in: Lüderssen/ Sack 103 ff.) zu erheben ist, wo überdies auf einen auf das So-Sein bezogenen („dispositionellen") Tadel nur scheinbar verzichtet wird (vgl. dazu die Kritik von Strasser, ebda. 159 ff.). Nur eine Verschiebung der Probleme ist es ferner, wenn wegen der Unbeweisbarkeit des Andershandelnkönnens zZ der Tat auf eine „Grundwahl" zurückgegriffen wird, durch die „sich der Mensch zu sich selbst entscheidet und dadurch ... sein eigenes Wesen festlegt" (Figueiredo Dias ZStW 95, 240; vgl. dagegen Roxin ZStW 96, 648). Gleichfalls nur an anderer Stelle erscheint die Freiheitsfrage bei einem von der Generalprävention her abgeleiteten Schuldbegriff (vgl. Jakobs 484 sowie u. 117), denn wegen ihrer Verwurzelung im gesellschaftlichen Bewußtsein kann auch die „Einübung von Rechtstreue" nur gelingen, wenn die Tat dem Täter vermeidbar gehalten wird (Tiemeyer GA 86, 213; vgl. auch Geisler aaO 60 f., Hirsch ZStW 106, 753 f.). Ebensowenig kann die Freiheitsfrage dadurch ausgeklammert werden, daß man die Schuld auf ein „rechtsgutsverletzendes geistiges Verhalten" in dem Sinn reduziert, daß der Täter trotz „geistiger Teilhabe an den durch das Unrecht verletzten Werten" diese „auch geistig nicht ernst genommen hat" (Schmidhäuser 367, 369, I 191): Auch diese Auffassung bleibt vielmehr die Antwort darauf schuldig, was dazu berechtigt, von Schuld und Vorwerfbarkeit zu sprechen, wenn offenbleibt, „ob dieser Täter als der, der er ist, in seinem Wollen frei war, den verletzten Wert ernst zu nehmen" (I 191; zur Kritik vgl. auch Roxin I 734 f.). Nicht zu erkennen ist ferner, wie es möglich sein soll, daß ein Täter „als frei behandelt wird" (Roxin I 741), wenn das Strafrecht dahingestellt läßt, ob er dies tatsächlich ist (zur „Zuschreibung" von Freiheit vgl. auch u. 110). Endlich kann das Problem der Willensfreiheit auch nicht dadurch entschärft werden, daß man der Schuld lediglich Limitationsfunktion zuerkennt, indem ihr Sinn allein darin gesehen wird, die aus anderen Gründen notwendige und legitimierte Strafe auf das gerechte Maß zu begrenzen (so ursprünglich Roxin JuS 66, 384, MSchrKrim 73, 320; vgl. auch Rudolphi, Unrechtsbewußtsein usw. 29 f., Schünemann aaO 187); denn gibt die Schuld die Grenze der Strafe an, so muß sie zugleich zu ihren Voraussetzungen gehören, mit der Folge, daß die Frage von Schuld und Freiheit gerade nicht in der Schwebe gelassen werden kann (Griffel ZStW 98, 31 ff., Hirsch ZStW 106, 757, Jähnke LK § 20 RN 10, Jescheck LK 74, JBl. 98, 617, Arthur Kaufmann, Lange-FS 28, Jura 86, 228 ff., Lenckner aaO 18 f., Otto I 195, ZStW 87, 584, Schild AK 50 ff.). Richtig ist nur, daß nicht um der Schuld willen gestraft wird, diese insofern also nicht der eigentliche *Grund* der Strafe ist, deren Notwendigkeit vielmehr ausschließlich in der General- und Spezialprävention begründet ist (vgl. dazu – zT and – auch Schild, Lenckner-FS 287 ff.). Aber auch diese *rechtfertigen* die Strafe erst dann, wenn der Täter in der darin liegenden Tadel „verdient" hat, was ohne Schuld iS eines „Dafür-Könnens" nicht denkbar ist: Der mit der Strafe erhobene Unwertvorwurf verstieße vielmehr gegen Art. 1 GG, wenn der zur Verantwortung Gezogene auf das Geschehen keinen Einfluß gehabt hätte (vgl. Jähnke LK § 20 RN 10 mwN).

110 b) **Zuzustimmen** ist deshalb der Auffassung, die in der **menschlichen Entscheidungsfreiheit** und damit in dem schon als Anderswollenkönnen verstandenen Anderhandelnkönnen die Voraussetzung auch strafrechtlicher Schuld sieht (zB BGH **2** 200, B/W-Weber 392 f., Cerezo Mir ZStW 108, 18 ff., Dreher, Willensfreiheit 15 u. pass., Spendel-FS 15 ff., Griffel GA 89,193, MDR 91, 109, Günther SK 9 vor § 32, Hirsch LK 182 vor § 32, ZStW 106, 759 ff., Jähnke LK § 20 RN 10, Jescheck/Weigend 407 ff., Armin Kaufmann, Strafrechtsdogmatik zwischen Sein und Wert [1982] 263, Arthur Kaufmann aaO [u. a. Schuldprinzip 127, 279] Köhler 350 ff., Kühl 335, Lenckner aaO 18 ff., 35, 95 ff., Otto I 193 GA 81, 486, Renzikowski NJW 90, 2908, Rudolphi SK 1 vor § 19, Stratenwerth 76 f., 156 ff., Tröndle 28, W-Beulke 397; über den Unterschied zu einer nur negativ definierten *Handlungsfreiheit* „als Abwesenheit manifester, beobachtbarer Zwänge und Hindernisse" vgl. Pothast JA 93, 106 u. iS einer solchen nur „relativen Freiheit" Tiemeyer GA 86, 220 ff., ZStW 100, 543 ff. [mit Recht krit. dazu Griffel GA 89, 195 FN 17], ferner Eser/Burkhardt I 171 f. u. näher Geisler aaO 95 ff.). Auch die Frage nach der Legitimation eines auf dem Schuldprinzip aufbauenden Strafrechts bleibt damit bestehen. Jedoch braucht sie nicht deshalb verneint zu werden, weil die Freiheit des Menschen als individuelle Person nicht beweisbar, sondern nur postulierbar ist und der Schuldvorwurf daher nur auf den Vergleich gestützt werden kann, daß andere in der Situation des Täters anders gehandelt hätten (zu dieser analogischen Schuldfeststellung vgl. zB Jescheck/Weigend 411, Jescheck JBl. 98, 614 [vgl. dort auch zu Österreich], Arthur Kaufmann JZ 67, 560, Fund. Psych. 88, 148 f., Lange-FS 30, Wassermann-FS 893, Jura 86, 227, Maiwald aaO 164 ff., Otto ZStW 87, 583, GA 81, 486, Rudolphi aaO; and. zB Cerezo Mir aaO 19, Frister aaO 1993, 123, Schreiber aaO 1986, 7 u. Nervenarzt 48, 244). Dabei ist es müßig, darüber zu streiten, ob in dem Streit um die Willensfreiheit der Indeterminismus oder seine Gegner die „Beweislast" tragen (vgl. dazu Engisch, Lehre von der Willensfreiheit 38 f., Griffel ZStW 98, 36, GA 89, 195, Arthur Kaufmann, Schuldprinzip 54 f., Fund. Psych. 88, 146, Tielsch ZStW 76, 404). Denn von welchem Menschenbild eine Rechtsordnung ausgeht – und darum geht es hier –, ist primär eine *normative* Frage, bei der es eine Beweislast vernünftigerweise nicht geben kann. Die These, daß alle rechtlichen Grundentscheidungen seinswissenschaftlich verifizierbar sein müßten und daß die Gründung des Strafrechts auf einer „metaphysischen" Stellungnahme nicht zulässig sei (zB Leferenz, Der Nervenarzt 19, 371), verkennt, daß das Recht gar nicht umhin kann, eine Gemeinschaftsordnung auch nach solchen Maximen, Zielvorstellungen und Wertentscheidungen zu gestalten, für deren Richtigkeit es keinen Beweis im strengen Sinn gibt (vgl. auch Jähnke LK § 20 RN 12, Otto GA 81, 487 ff., Würtenberger JZ 54, 210). Ebenso wie zB das Bekenntnis zur Menschenwürde (Art. 1 GG) erhält deshalb auch die empirisch nicht zu klärende Freiheitsfrage im normativen Bereich einen anderen Sinn: Hier ist die Bejahung von Freiheit iS einer „Zuschreibung" oder „normativen Setzung" (zB Haffke GA 78, 45, Küpper aaO 151, Roxin I 741, ZStW 96, 650, Kaufmann-FS 521, Rudolphi SK 1 vor § 19) als eine gesellschaftliche Entscheidung hinreichend legitimiert, wenn sie in der Überzeugung getroffen wird, daß Menschen nur im Bewußtsein von Freiheit und Verantwortung – diese im Guten wie im Bösen – existieren können (Lenckner aaO 20, 97; für eine rein „subjektivistische" Position iS eines im Normalfall „faktisch vorhandenen Freiheitsbewußtseins als Grundlage des Schuldvorwurfs" dagegen zuletzt Burkhardt, Lenckner-FS 3 ff., 24 u. wohl auch Griffel ZStW 98, 35 ff., Hirsch ZStW 106, 763 f.; and. ferner Tiemeyer aaO). Das heißt nicht, daß das Strafrecht, wenn es den Täter als frei behandelt, die Frage der empirischen Realität von Willensfreiheit dahingestellt lassen könnte (vgl. auch o. 109 a; zur Gegenmeinung o. 109); denn auch eine solche „Zuschreibung" ist, wenn sie nicht eine reine Fiktion bleiben soll, nur möglich, wenn sie – mag dies auch nicht beweisbar sein – in der Annahme erfolgt, daß Menschen tatsächlich frei sind. Auch wird mit Recht darauf hingewiesen, daß diese normative Komponente nicht zu früh ausgespielt werden darf und nach Möglichkeit versucht werden muß, mit Hilfe von Erfahrungswissen die faktisch vorhandenen bzw. fehlenden Entscheidungs- und Motivationsspielräume zu ermitteln (vgl. Albrecht GA 83, 193, Roxin SchwZStr 104, 368 ff.). Grenzen wird es hier aber immer geben, und damit einen Bereich, in dem individuelles Andershandelnkönnen nur in dem genannten Sinn postuliert werden kann. Dies schließt nicht aus, daß eine solche Entscheidung – wie jede Wertentscheidung – sich immer wieder aufs neue in Frage stellen lassen muß. Andererseits ist aber auch daran zu erinnern, daß der Gedanke von Freiheit und Verantwortlichkeit eine Realität unseres sozialen und moralischen Bewußtseins ist (Jescheck/Weigend 412) und daß es noch keine menschliche Gesellschaft gegeben hat, die auf das Mittel der Strafe verzichtet hätte; dadurch, daß man den Dingen einen anderen Namen gibt („Freiheitsentzug" statt „Freiheitsstrafe", „individuelle Zurechnung" statt „Schuld", „normale Motivierbarkeit" statt „freie Selbstbestimmung"), wird in der Sache kein Deut geändert.

2. Im Unterschied zur Schuldidee geht es bei der **„Strafbegründungsschuld"** um Schuld als Inbegriff der subjektiven Zurechnungsvoraussetzungen, die nach positivem Recht die Verhängung der Strafe gegenüber dem Täter begründen oder ausschließen (Achenbach aaO 4 f.; zur Terminologie vgl. aber auch S. 220). Die Schuld in diesem Sinn ist damit zugleich auf das Verbrechenssystem bezogen; sie ist auch gemeint, wenn in der üblichen Definition des Verbrechens (o. 12) die Schuld als besonderes Deliktsmerkmal genannt wird. Sachlich in den Zusammenhang der Strafbegründungsschuld gehört auch das sog. Vorverschulden (vgl. § 20 RN 34).

3. Gleichfalls im Bereich der Rechtsanwendung, aber in einer anderen Funktion dient der Begriff „Schuld" zur Kennzeichnung der **„Strafmaß-"** oder **„Strafzumessungsschuld"** (Achenbach aaO 4, 10 ff.). Um die Schuld in diesem Sinn geht es in § 46 I 1 als Anknüpfungstatbestand für die Strafzumessung (vgl. dort RN 9 a), während in § 29 mit „Schuld" sowohl die Strafbegründungs- als auch die Strafzumessungsschuld gemeint ist.

IV. Während sich für die **„psychologische Schuldauffassung"** der klassischen Verbrechenslehre die Schuld in der psychischen Beziehung des Täters zur Tat in ihrer objektiven Bedeutung, im seelischen Spiegelbild von der Wirklichkeit erschöpft hatte, geht die heute h. M. davon aus, daß ein durch den Begriff der **Vorwerfbarkeit** gekennzeichneter **wertender („normativer") Schuldbegriff** dem Verbrechenssystem zugrundezulegen sei (vgl. bereits Frank aaO 12; näher zur dogmengeschichtlichen Entwicklung Achenbach aaO 19 ff., Jescheck JBl. 98, 610 ff. [zugleich zu Österreich], Köhler 368 ff., Koriath aaO 538 ff.). Umstritten ist jedoch die Konzeption dieses normativen Schuldbegriffs im einzelnen, insbes. die Frage, was materiell den Schuldvorwurf begründet und in welcher Beziehung die Begriffe „Schuld" und „Vorwerfbarkeit" zueinander stehen (zum österreichischen StGB vgl. Moos, Triffterer-FS 169 ff.).

1. Vielfach wird die **Schuld** als **Vorwerfbarkeit** definiert, diese mit jener also gleichgesetzt („Schuld *ist* Vorwerfbarkeit", vgl. zB BGH **2** 200, Frank II vor § 51 und aaO 11, Jescheck/Weigend 404, Lackner/Kühl 23, M-Zipf I 416, Tröndle 28, Welzel 139 ff.; vgl. auch Burkhardt GA 76, 333). Dies ist jedoch zumindest ungenau, denn die Vorwerfbarkeit kann nur die Folge von Schuld sein, nicht aber diese selbst (vgl. B/W-Weber 382, Gropp 228 f., Arthur Kaufmann, Schuldprinzip 179, Otto I 192, ZStW 87, 581 f., GA 81, 484, Puppe NK 6, Stratenwerth, in: Evangel. Theologie [1958] 338: „Denn nicht darin, daß man dem Schuldigen einen Vorwurf machen kann, besteht die Schuld, sondern umgekehrt kann man ihm nur dann einen Vorwurf machen, wenn und weil er schuldig ist"). „Vorwerfbarkeit" bedeutet nicht mehr, als daß dem Täter seine Tat zum Vorwurf gemacht werden kann; sie ist daher nur ein von anderen abgegebenes Urteil über etwas, nicht aber dieses Etwas selbst (näher Arthur Kaufmann aaO, Lenckner aaO 39 f., 44, Roxin, Henkel-FS 171 f.). Es verhält sich hier vielmehr ähnlich wie mit den Begriffen „Rechtswidrigkeit" und „Unrecht" (o. 51): Die Vorwerfbarkeit bezeichnet das „Daß", die Schuld dagegen das „Was", diese ist ein steigerungsfähiger Begriff (vgl. Gallas ZStW 67, 30), ebenso dagegen nicht. Zu unterscheiden ist deshalb zwischen dem *Schuldtatbestand* als dem Objekt der Wertung, der *Vorwerfbarkeit* als der Wertung selbst und der *Schuld* als dem Gegenstand mitsamt seinem Wertprädikat, wobei Gegenstand der Vorwerfbarkeit i. w. S. die Gesamttat ist (Unrecht zuzüglich spezifischer Schuldmerkmale), während den Schuldtatbestand i. e. S. die Umstände bilden, die über das Unrecht hinaus für die Vorwerfbarkeit von Bedeutung sind (vgl. Kaufmann aaO 182 f., Roxin aaO; vgl. auch Jakobs 493, Spendel aaO 99). In der Zusammenfassung von Objekt der Wertung und Wertung des Objekts ist der Schuldbegriff daher notwendig komplexer Natur; einen Schuldbegriff, der auf sachlich-inhaltliche Merkmale verzichten könnte, gibt es nicht (so der von der h. M. – wenn auch mit Unterschieden im einzelnen – vertretene **„komplexe Schuldbegriff"**, vgl. zB B/W-Weber 385, Blei I 173 f., Gallas ZStW 67, 29 ff., 44 ff., Hirsch LK 182, 183 vor § 32, Jescheck/Weigend 426 f., Arthur Kaufmann aaO 182 f., Koriath aaO 584 ff., Lenckner aaO 43 f., Otto I 192, Stratenwerth 155 f., Tröndle 28; vgl. auch Roxin I 730 ff.; für ausschließlich wertenden Schuldbegriff dagegen zB M-Zipf I 421 f. [„Schuld als reines Werturteil"], Welzel 140). Eine andere, letztlich nicht mehr strafrechtsdogmatische Frage ist es, wie man zu einem legitimen Wissen über die den Schuldsachverhalt ausmachenden subjektiv-seelischen Momente kommt (vgl. etwa Haft aaO 27 ff., wonach Schuld nur in einem „Schulddialog" konkret erfahren werden kann [krit. dazu aber Würtenberger JZ 80, 624], ferner Grasnick aaO 72 ff.: Deutung der „Schuld des Angeklagten als Teil seiner Geschichte" [aaO 136]).

2. Mit der o. 108 ff. dargestellten Grundsatzdiskussion zT im Zusammenhang stehend und gleichfalls umstritten ist die Frage, was **materiell** den **Schuldvorwurf begründet** und worin das Bezugsobjekt des Schuldurteils besteht.

116 a) Mit Recht in den Hintergrund getreten ist heute die Lehre, die in der **„Zumutbarkeit normgemäßen Verhaltens"** die materielle Grundlage der Schuldzurechnung sieht (so aber Goldschmidt, Frank-FG I 442, ferner Freudenthal aaO). Die Zumutbarkeit ist nicht mehr als ein allgemeines „regulatives Rechtsprinzip", das selbst keinerlei sachliche Aussagen enthält (vgl. Henkel, Mezger-FS 249, 260 ff.). Für die Schuld bietet sie deshalb ebensowenig eine Erklärung (Roxin, Henkel-FS 173) wie die Unzumutbarkeit für die Entschuldigungsgründe (vgl. 110 vor § 32).

117 b) Abzulehnen sind auch neuere Lehren, wonach die Schuld von den **Präventionszwecken** der Strafe her zu bestimmen oder durch solche zu ergänzen ist (so mit Unterschieden im Ansatz u. Umfang bis hin zu einem nur noch „funktionalen Schuldbegriff" zB Jakobs 476 ff., Schuld usw. 9 u. pass., Aspekte 80, Krim GgwFr. 15, 127, Schuldprinzip 29 f. [vgl. aber auch Der strafrechtliche Handlungsbegriff, 1992, 43], ferner zB Achenbach b. Schünemann 140 ff., Noll aaO 233, Roxin I 724 ff., Kriminalpolitik 33 ff., Henkel-FS 171, Bockelmann-FS 277, ZStW 96, 654 ff., SchwZStr 104, 373 ff., JuS 88, 426 f., JA 90, 97 ff. [mit zT unterschiedlichen Akzenten], Schneider aaO 71 ff., Schünemann aaO 168 ff., Streng ZStW 92, 657; vgl. auch Amelung JZ 82, 620 ff., Geisler aaO 113 ff.). Mit Recht werden darin nur „Scheinlösungen" gesehen (Jähnke LK § 20 RN 10). So ist Schuld nicht nur ein „Derivat der Generalprävention" (Jakobs 22, Schuld usw. 32), auch wenn diese als „Einübung von Rechtstreue" bzw. als „Erhaltung allgemeinen Normvertrauens" verstanden wird; vgl. auch Cerezo Mir ZStW 108, 13). Denn abgesehen davon, daß dies keine Erklärung für die Schuld selbst ist, werden Ursache und Wirkung vertauscht, wenn die Schuld an der „Integrationsgeneralprävention" und nicht diese an jener ausgerichtet wird (vgl. auch B/W-Weber 386, Griffel GA 89, 193, Hirsch LK 182 d vor § 32, ZStW 106, 753 f., aaO 44 mwN sowie o. 22, ferner die Kritik b. Frister aaO 1993, 45 ff., Jescheck JBl. 98, 616). Letztlich verliert der Schuldgedanke damit überhaupt seine eigenständige Bedeutung, die u. a. gerade darin liegt, daß er der generalpräventiven Einwirkung Grenzen setzt: Gerechtfertigt ist der Schuldvorwurf nicht deshalb, weil aus Gründen der Normstabilisierung bestraft werden muß – was das Maßprinzip betrifft, ohnehin ein „freier Fall in die Bodenlosigkeit empirischen Nichtwissens" (Bock ZStW 103, 656) –, sondern nur dann, wenn die ihm zugrundeliegenden Regeln als Regeln gerechter Zurechnung erweisbar sind (Neumann, Kaufmann-FS 588). Einem solchen Einwand entgeht zwar die Lehre, die für eine Ergänzung der Systemkategorie der Schuld durch das präventive Strafbedürfnis und die Zusammenfassung beider in einer Kategorie der „Verantwortlichkeit" eintritt (vgl. insbes. Roxin aaO, ferner Schünemann aaO 153, 158 ff.): Danach ist „Schuld" iS eines „unrechten Handelns trotz normativer Ansprechbarkeit" (Roxin, u. a. I 740) eine notwendige, jedoch nicht hinreichende Voraussetzung strafrechtlicher „Verantwortlichkeit", weil diese zusätzlich noch durch präventive Erfordernisse bestimmt werde, wobei sich daraus auch „ein größeres Maß an rechtsstaatlicher Straflimitierung" ergeben soll, „als sie ein isoliertes Schuldprinzip gewährleisten könnte" (so zB Bockelmann-FS 296). Angesichts der Unschärfe präventiver Gesichtspunkte – und dies gilt, löst man sie von Schuldgedanken, auch für die „präventiven Annahmen . . ., die dem Gesetz zugrunde liegen" (Roxin I 726) – ist dies aber ebenso zu bezweifeln wie die Ergiebigkeit der Strafzwecklehre für die in den „Gründen ausgeschlossener Verantwortung" zusammengefaßten Schuldausschließungs- und Entschuldigungsgründe. So hat bei den Entschuldigungsgründen, wo dies vor allem von Bedeutung sein soll, die Straflosigkeit zB im Fall des § 35 I 1 ihren Grund in dem durch das Zusammentreffen zweier Schuldminderungsgründe legitimierten Verzicht auf die Erhebung des Schuldvorwurfs, ebenso wie umgekehrt die Ausnahmeregelung des § 35 I 2 darauf beruht, daß wegen besonderer Umstände einem der beiden die Entschuldigung tragenden Schuldminderungsgründe die Basis entzogen ist (vgl. 111 vor § 32, § 35 RN 2, 18). Deshalb sind es bei § 35 vorgegebene Sachstrukturen, die zum Wegfall des Schuldvorwurfs und damit auch zum Fehlen eines Strafbedürfnisses führen, und nicht etwa umgekehrt die Entschuldigung des Täters aus Präventionsgesichtspunkten (vgl. auch Hirsch LK 182 b vor § 32, Köln-FS 418 f., ZStW 106, 756, Küpper aaO 162, ferner Frister aaO 74 ff., 209). Nicht anders verhält es sich bei den echten Schuldausschließungsgründen der §§ 17, 20 (deren Unterschied zu den Entschuldigungsgründen Roxin, u. a. I 748, Bockelmann-FS 288 ff. zu Unrecht leugnet; vgl. u. 118 sowie 108 vor § 32). Wenn es richtig ist, daß „die Strafe nur die präventiv erforderliche Reaktion auf ein Verhalten ist, das trotz ‚normativer Ansprechbarkeit' gegen die strafrechtliche Norm verstößt" (Roxin, Bockelmann-FS 299), so muß bei § 20 über diese „normative Ansprechbarkeit" entschieden werden, deren Verneinung auch das Präventionsbedürfnis entfallen läßt, nicht aber kann umgekehrt die Frage der Schuldfähigkeit im Einzelfall von präventiven Erwägungen abhängig gemacht werden (vgl. dazu auch Roxin SchwZStr. 104, 362). Daß diese Entscheidung in Grenzfällen außerordentlich problematisch ist, ist richtig, nur helfen dann auch Strafzweckerwägungen nicht weiter, weil sich über die Erfordernisse der Prävention allemal und besonders hier streiten läßt (vgl. auch Arthur Kaufmann, Wassermann-FS 896). Dabei zeigt etwa die bis zuletzt gerade unter generalpräventiven Gesichtspunkten umstrittene „Einheitslösung" des § 20 (vgl. dort RN 20), daß auch für den Gesetzgeber selbst die kriminalpolitischen Überlegungen keineswegs im Vordergrund standen.

117 a Zur *Kritik der Präventionslehren* vgl. vor allem Bock ZStW 103, 636, Burkhardt GA 76, 321, Schöneborn ZStW 88, 349, ZStW 92, 682, Stratenwerth, Zukunft des Schuldprinzips 28 ff., ZStW 91, 915, ferner zB Albrecht GA 83, 193, Bernsmann, „Entschuldigung" gegen bei Notstand (1989) 213 ff., B/W-Weber 386, Muñoz Conde GA 78, 70, Frister aaO 1993, 45 ff., Gössel JA 75, 323, Griffel ZStW 88, 31 ff., Grasnick aaO 62 f., Günther SK 11 vor § 32, Hirsch LK 182 b ff. vor § 32 aaO 44, ZStW 106, 752 ff., Köln-FS 417 ff.,

Jescheck ZStW 93, 23 ff., JBl. 98, 616 ff., ders./Weigend 427, Arthur Kaufmann, Wassermann-FS 892 ff., Jura 86, 226, 229 (jedoch unter Mitberücksichtigung insbes. der Spezialprävention), Kim aaO 84 ff., Koriath aaO 571 ff., Küpper aaO 160 ff., Kunz ZStW 98, 825 ff., Lackner/Kühl 25, Maiwald aaO 161 ff., Neumann ZStW 99, 587 ff., Otto I 194 ff., GA 81, 494 ff., Renzikowski NJW 90, 2908, Rudolphi SK 1 b vor § 19, Schild AK 39 ff., §§ 20, 21 RN 71 ff., Schmidhäuser, Jescheck-FS 500 f., Schreiber aaO 1986, 9 u. Nervenarzt 48, 244 f., Stratenwerth aaO 1977, 30 ff., Tiemeyer ZStW 100, 550 ff., Zipf ZStW 89, 710 ff., speziell gegen Jakobs aaO auch Roxin I 738 ff., SchwZStr. 104, 364 ff., Schünemann aaO 170 ff.

c) Was materiell den Schuldvorwurf begründet, ist vielmehr ausschließlich der **psychische Sachverhalt** in der Person des Täters, der ihn für sein willentliches Handeln verantwortlich erscheinen läßt und seine fehlerhafte Einstellung zum Recht näher kennzeichnet. Anknüpfungspunkt für das Schuldurteil ist damit zunächst die – zugleich iS eines „*Dafür-Könnens*" (o. 110 mwN) verstandene – *fehlerhafte Willensbildung* des Täters, die darin besteht, daß er sich nicht zu einem rechtmäßigen Handeln hat motivieren lassen, obwohl er das Unrecht seines Tuns erkannt hat oder hätte erkennen können (kognitives Schuldelement) und ihm eine entsprechende Steuerung seines Verhaltens möglich gewesen wäre (voluntatives Schuldelement; vgl. Hirsch LK 175 vor § 32, ZStW 106, 747, zum voluntativen Element aber auch Frister aaO 99 ff.). Zu eng ist es dagegen, wenn der materielle Schuldkern auf die „bewußte Entscheidung zum Unwert" reduziert wird (zB Kaufmann aaO 178 mwN, Jura 86, 232) – auch unbewußte Fahrlässigkeit ist, zumal in einer „Risikogesellschaft", nicht nur sittliche, sondern rechtliche Schuld (h. M., vgl. o. 104, § 15 RN 203; and. Kaufmann aaO 156 ff.) –, und ebenso fehlen wesentliche Elemente der Schuld, wenn diese als das „Nicht-ernst-Nehmen" des verletzten Werts im „geistigen Verhalten" des Täters (Schmidhäuser I 186, 191, Jescheck-FS 491) erscheint, dabei dann aber die Frage des individuellen Ernst-nehmen-Könnens ausgeklammert wird (zur Kritik vgl. auch Roxin I 735). Im übrigen beruht das „Dafür-Können", um das es hier geht, zwar auf der Annahme der Möglichkeit freier Selbstbestimmung (zur Gegenmeinung [o. 109] vgl. o. 109 a f.), dies wegen der Unbeweisbarkeit menschlicher Willensfreiheit aber iS eines „normativ gesetzten" Andershandelnkönnens (o. 110), das deshalb im Normalfall bei einem erwachsenen, geistig gesunden Täter vom Recht ohne weiteres vorausgesetzt wird. Im praktischen Ergebnis treffen sich hier daher auch ein traditionelles, die menschliche Freiheit postulierendes Schuldverständnis und der „soziale Schuldbegriff" (o. 109; zu der hier wie dort notwendigen analogischen Schuldfeststellung o. 110). Daraus erklärt sich ferner, daß die Schuldfähigkeit – gleichgültig, ob sie als Schuldvoraussetzung oder als Schuldmerkmal bezeichnet wird (vgl. dazu Hirsch LK 189 vor § 32) – nicht besonders festgestellt werden muß, sondern bei Abwesenheit bestimmter Ausschlußgründe (§§ 19, 20, § 3 JGG) als gegeben unterstellt werden kann. Gegen den genannten Ausgangspunkt spricht auch nicht die Existenz von Entschuldigungsgründen; denn diese beruhen – anders als die Schuldausschließungsgründe (vgl. 108 vor § 32) – nicht darauf, daß ein Andershandelnkönnen ausgeschlossen wäre, sondern auf einem durch eine doppelte Schuldmilderung begründeten Verzicht auf die Erhebung des an sich noch durchaus möglichen Schuldvorwurfs (111 vor § 32).

Daß sich der Täter trotz der ihm gegebenen Möglichkeit nicht zu einem normgemäßen Verhalten hat motivieren lassen, bedeutet zunächst aber nur, daß überhaupt ein Schuldvorwurf erhoben werden kann. Da dieser Vorwurf des Andershandelnkönnens jedoch bei dem (subjektiv) fahrlässig oder in einem vermeidbaren Verbotsirrtum handelnden Täter der gleiche ist wie bei demjenigen, der sich bewußt gegen das Recht entscheidet, ist eine zusätzliche Kennzeichnung des Gegenstandes des Schuldurteils nur dadurch möglich, daß als normativer Anknüpfungspunkt auch die in der vermeidbar-fehlerhaften Willensbildung manifest gewordene **Gesinnung** des Täters in die Betrachtung miteinbezogen wird. Schuld bedeutet deshalb auch „Vorwerfbarkeit der Tat mit Rücksicht auf die darin betätigte rechtlich mißbilligte Gesinnung", wobei diese freilich nicht als „dauernde Artung" des Täters, sondern als „Wert oder Unwert der in der konkreten Tat aktualisierten Haltung" zu verstehen ist (Gallas ZStW 67, 45, Jescheck LK 77, ders./Weigend 426 f., Rudolphi SK 1 vor § 19, W-Beulke 15, 401; vgl. auch Cerezo Mir ZStW 108, 22 f., ferner Schmidhäuser 148 ff., 367, I 188, Jescheck-FS 485: Schuld als unrechtliche Gesinnung; krit. Jakobs 476, Otto ZStW 87, 581, GA 81, 484, Roxin I 734, Henkel-FS 176 f.). Da der Gesinnungsunwert ein materieller und damit graduierbarer Begriff ist, bedeutet dies zugleich, daß der Schuldgehalt einer Tat nicht nur durch die Schwere des Unrechts, sondern auch davon bestimmt wird, wie weit die Gesinnung des Täters hinter der Einstellung zu den rechtlichen Normen zurückbleibt, die von jedermann gefordert wird. So kann es zB für die Schwere der Schuld ein Unterschied sein, ob der Täter die Unrechtseinsicht tatsächlich hatte oder nur hätte haben können (wobei die Quantität hier sogar in eine andere Qualität umschlagen kann, u. 121), und ebenso kann die Schuld gemindert sein, wenn die Motivierbarkeit zu normgemäßem Verhalten zwar nicht ausgeschlossen, wegen eines besonderen Motivationsdrucks aber mehr oder weniger beeinträchtigt ist (vgl. etwa zu den Entschuldigungsgründen und der Unzumutbarkeit normgemäßen Verhaltens 110 f. vor § 32, zum Gewissenstäter 119 vor § 32).

V. Ebenso wie es vorsätzliches und fahrlässiges Unrecht gibt (o. 54), gibt es auch **Vorsatz- und Fahrlässigkeitsschuld.** Dies folgt schon daraus, daß die Begriffe Unrecht und Schuld einander entsprechen und die Differenzierungen und Abstufungen dort sich hier deshalb wiederholen müssen. Die Frage kann daher nur sein, ob über diesen bereits im Unrechtstatbestand angelegten Unterschied hinaus noch *zusätzliche schuldspezifische* Gesichtspunkte bestimmen, was Vorsatz- und Fahrlässigkeitsschuld ist. Im Hinblick auf den Vorsatz wird eine solche Möglichkeit insbes. von Anhängern der finalen Handlungslehre bestritten, weil der Vorsatz als subjektives Tatbestandselement bereits voll erfaßt sei und deshalb auf der Stufe der Schuld kein zusätzliches Deliktserfordernis mehr darstellen könne. Dagegen ist jedoch einzuwenden, daß ein Deliktsmerkmal durch seine Einordnung an einer bestimmten Stelle im Deliktssystem noch nicht notwendig „verbraucht" sein muß, weil es immer unter dem Blickwinkel der jeweiligen Verbrechenskategorie zu sehen ist (vgl. Roxin, Kriminalpolitik und Strafrechtssystem 42). Auch der Vorsatz kann daher, wie von einem Teil des Schrifttums mit Recht angenommen wird, eine Doppelstellung einnehmen (so zuerst Gallas ZStW 67, 46 [vgl. auch Bockelmann-FS 170], ferner Cramer, Ordnungswidrigkeitenrecht 51 f., 70, Dreher, Heinitz-FS 224 f., Hünerfeld ZStW 93, 1000, Jescheck LK 82, ZStW 98, 11 ff., ders./Weigend 243, 430, Lackner/Kühl § 15 RN 34, Lampe, Das personale Unrecht 234, Roxin I 257, 374 f., Kriminalpolitik 42, ZStW 74, 554, Rudolphi SK § 16 RN 3, Wolter, Zurechnung usw. 152, Ziegert aaO 139 ff.; and. zB Schroth, Kaufmann-FS 602 f.). Dies ist damit zu begründen, daß der Vorsatz im Unrechtsbereich „Träger des subjektiven Handlungssinns" ist, der die psychische Beziehung des Täters zum äußeren Tatgeschehen umfaßt und damit den besonderen Handlungsunwert begründet (o. 54), während er im Schuldbereich als „Träger des Gesinnungsunwerts", in dem sich die mangelhafte Einstellung zur Rechtsordnung offenbart, in Erscheinung tritt und in dieser Eigenschaft einen eigenen unmittelbaren Anknüpfungspunkt für das Schuldurteil bildet (vgl. näher Gallas aaO; and. jedoch die inhaltliche Konzeption eines zweiteiligen Vorsatzbegriffs von Ziegert aaO 141 ff.). Von Bedeutung ist dies beim **Verbotsirrtum** (§ 17), der – i. U. zum Tatbestands- und Erlaubnistatbestandirrtum (zum letzteren vgl. o. 19, 60, § 16 RN 14 ff.) sowie 21 vor § 32) – zwar nicht vorsätzliches Unrecht ausschließt, wohl aber die Vorsatzschuld: Gerade wenn die mangelhafte Rechtsgesinnung zugleich ein eigenes Bezugsobjekt des Schuldvorwurfs ist, so bedeutet es nicht nur einen graduellen, sondern einen *qualitativen* Unterschied, ob sich der Täter bewußt gegen das Recht und für das Unrecht entscheidet oder ob er – wenn auch vorwerfbar – glaubt, in Übereinstimmung mit rechtlichen Normen zu handeln (ebenso Schumann, Strafrechtliches Handlungsunrecht usw. [1986] 78 f.). Nur wenn der Täter das Unrechtsbewußtsein hatte – und hier zeigt sich der richtige Kern der von Schröder bis zuletzt in diesem Kommentar vertretenen sog. Vorsatztheorie (vgl. 16. A. § 59 RN 81 ff.) –, verdient er den Vorwurf bewußter Auflehnung gegen das Recht und damit vorsätzlicher Schuld, während die Einstellung dessen, der lediglich hätte bedenken sollen und können, daß er Unrecht tut, nur den andersartigen Vorwurf der Fahrlässigkeitsschuld begründet, wobei die hier gegebene „Rechtsfahrlässigkeit" durchaus nach strengeren Regeln behandelt werden kann als die reine Tatfahrlässigkeit (dazu daß auch § 17 einer in dieser Weise modifizierten Vorsatztheorie nicht entgegensteht, vgl. hier die 25. A. RN 121, ferner Schumann aaO, iE auch Ziegert aaO 166 ff.; krit. jedoch Küper JZ 89, 944). Praktische Bedeutung hat eine solche Konstruktion freilich nicht; insbes. ist dort, wo das Gesetz an eine vorsätzliche Begehung anknüpft (zB §§ 22, 26, 27), der Vorsatz immer als Unrechtsmerkmal gemeint.

122   **VI.** Spezielle Schuldmerkmale können ferner die in einzelnen Vorschriften genannten **Gesinnungsmerkmale** sein, sofern sie den Schuldgehalt der Tat nicht lediglich als Reflex des Unrechts bestimmen, sondern unmittelbar und ausschließlich den in der Tat manifestierten Gesinnungsunwert charakterisieren (für eine solche Unterscheidung zwischen „echten" [schuldspezifischen] und „unechten" [unrechtsbezogenen] Gesinnungsmerkmalen Jescheck LK 81, ders./Weigend 472 ff., Lampe, Das personale Unrecht 234, Roxin I 261 f., Schmidhäuser 247, I 238, Stratenwerth, v. Weber-FS 187; generell für Schuldmerkmale dagegen zB Gallas ZStW 67, 46, Lange JR 49, 169, generell für Unrechtsmomente zB B-Volk I 55, Günther SK 22 vor § 32, Jakobs 310, Noll, Übergesetzl. Rechtfertigungsgründe usw. 31 ff.; zT and. auch Niedermair ZStW 106, 391 ff. [„negative Strafbedürftigkeitskorrektur"]). Spezielle Schuldmerkmale sind zB die „niedrigen Beweggründe" in § 211, die „Böswilligkeit" in den §§ 90 a, 130, 225 (speziell dazu Niedermair) u. die „Rücksichtslosigkeit" in § 315 c 1 Nr. 2. Nur um „unechte" Gesinnungsmerkmale handelt es sich dagegen bei der „grausamen" und „heimtückischen" Tötung (vgl. auch § 211 RN 6), beim „rohen" Mißhandeln in § 225 und wohl auch bei der „Hinterlist" in § 224 (vgl. Roxin I 259, 261), weil hier jeweils auch schon ein Sachverhalts- und der darauf bezogene Handlungsunwert und damit das Unrecht gekennzeichnet wird. Die Abgrenzung ist vielfach schwierig, aber notwendig, weil dies sowohl für § 28 als auch für Irrtumsfragen von Bedeutung sein kann. So kommt es bei den „echten" Gesinnungsmerkmalen allein auf das „sittlich-wertwidrige geistige Verhalten" (Schmidhäuser 202, I 238) an, weshalb zB eine Tötung aus niedrigen Beweggründen auch dann vorliegt, wenn die Umstände, die den Täter motiviert haben, objektiv nicht gegeben sind; dagegen ist bei den „unechten" Gesinnungsmerkmalen erforderlich, daß auch der objektive Unwertsachverhalt vorliegt, auf den sie sich beziehen (zB das Zufügen besonderer Schmerzen bei der grausamen Tötung; das rohe und unbarmherzige Verhalten genügt hier nicht). Zu den rechtsstaatlichen Bedenken gegen Gesinnungsmerkmale vgl. Jescheck/Weigend 473, Roxin I 261, Stratenwerth 115 u. aaO 190, ferner Niedermair aaO 394.

123   **VII.** Zum Schuldtatbestand gehören auch die sog. **objektiv gefaßten Schuldmerkmale**, die i. U. zu den „echten" Gesinnungsmerkmalen (o. 122) freilich immer nur zu einer Privilegierung des Täters führen können (zB Hegler, Frank-FG I 253, Jescheck LK 81, ders./Weigend 471, Mezger 270, Thierfelder, Objektiv gefaßte Schuldmerkmale [1932]; vgl. aber zB auch B-Volk I 56, Blei I 162 u. zum Ganzen Maihofer aaO 185 ff.). Darunter werden solche den äußeren Sachverhalt kennzeichnenden Merkmale verstanden, die in ihrer sachlichen Bedeutung nicht das Unrecht, sondern ausschließlich die Schuld betreffen, weil sie eine *unwiderlegliche Vermutung* für eine weniger verwerfliche

Einstellung des Täters dem Recht gegenüber enthalten (and. Maihofer aaO, der die objektiven Schuldmerkmale unmittelbar auf die für bestimmte Situationen „typische Sozial- und Dispositionsschuld" gründet). Ein klassisches Beispiel dafür war die Privilegierung des früheren § 217 (Tötung des nichtehelichen Kindes durch die Mutter in oder gleich nach der Geburt), die nicht auf einer Verminderung des Unrechts beruhte, sondern auf der seelischen Ausnahmesituation der Mutter, die hier vom Gesetz unwiderleglich präsumiert wurde (vgl. Küper GA 68, 324). Um Merkmale dieser Art handelt es sich zB auch in §§ 173 III, 258 VI, wo die vom Gesetz unwiderleglich vermutete Schuldminderung zu einem persönlichen Strafausschließungsgrund führt (vgl. dazu 129 vor § 32). Objektiv gefaßte Schuldmerkmale wirken sich nur dann zugunsten des Täters aus, wenn dieser ihren objektiven Bezugspunkt kennt; daß er durch deren Vorliegen tatsächlich motiviert worden ist, ist jedoch nicht erforderlich. Bei irrtümlicher Annahme eines objektiv gefaßten Schuldmerkmals gilt § 16 II (vgl. dort RN 26 f.). Bei der Teilnahme ist § 28 anwendbar. Im Unterschied dazu sind **subjektiv gefaßte Schuldmerkmale** solche, bei denen ein bestimmter – wenn auch nur vorgestellter – äußerer Sachverhalt tatsächlich motivierend auf den Täter eingewirkt hat (so zB beim Aussagenotstand gem. § 157).

F. Objektive Bedingungen der Strafbarkeit

Schrifttum: Bemmann, Zur Frage der objektiven Bedingungen der Strafbarkeit, 1957. – *Geisler*, Zur Vereinbarkeit objektiver Bedingungen der Strafbarkeit mit dem Schuldprinzip, 1998. – *Haß*, Zu Wesen u. Funktion der objektiven Strafbarkeitsbedingungen usw., Rechtstheorie 3 (1972), 23. – *Krause*, Die objektiven Bedingungen der Strafbarkeit, Jura 80, 169. – *Land*, System der äußeren Strafbarkeitsbedingungen, 1927 (StrAbh. 229). – *Otto*, Strafwürdigkeit und Strafbedürftigkeit als eigenständige Deliktskategorien?, Schröder-GedS 53. – *Ritter*, Strafbarkeitsbedingungen, Frank-FG II 1. – *Sax*, „Tatbestand" und Rechtsgutsverletzung, JZ 76, 9, 80, 429. – *Sauer*, Die beiden Tatbestandsbegriffe, Mezger-FS 117. – *Schmidhäuser*, Objektive Strafbarkeitsbedingungen, ZStW 71, 545. – *Schwalm*, Gibt es objektive Strafbarkeitsbedingungen?, MDR 59, 906. – *Stratenwerth*, Objektive Strafbarkeitsbedingungen im Entwurf eines Strafgesetzbuches 1959, ZStW 71, 565. – *Stree*, Objektive Bedingungen der Strafbarkeit, JuS 65, 465. – *Tiedemann*, Objektive Strafbarkeitsbedingungen und die Reform des deutschen Konkursstrafrechts, ZRP 75, 129. – Vgl. auch das Schrifttum zu § 323 a.

I. Objektive Bedingungen der Strafbarkeit sind, anders als die bloßen Prozeßvoraussetzungen (zur umstrittenen Abgrenzung vgl. zuletzt Geisler aaO 232 ff. mwN), zwar materielle Strafbarkeitsvoraussetzungen, die i. U. zu den anderen Deliktsmerkmalen aber für Unrecht und Schuld der Tat ohne Bedeutung sind. Insoweit sind sie in der Sache daher auch nichts anderes als eine Umkehrung derjenigen Strafausschließungsgründe (127 ff. vor § 32), die gleichfalls unrechts- und schuldindifferent sind („negativ gefaßte Strafausschließungsgründe", vgl. Stree JuS 65, 467). Ebenso wie diese betreffen auch die objektiven Strafbarkeitsbedingungen Sachverhalte von sehr unterschiedlicher Art. Entsprechend verschieden ist die Erklärung für die Existenz dieser zusätzlichen Straftatmerkmale, wobei es im wesentlichen um zwei Fallgruppen geht: 1. Ausschließlich unter *strafrechtlichen Vorzeichen* sind sie zu sehen, soweit sie, anknüpfend an die Kategorien der „Strafwürdigkeit" und „Strafbedürftigkeit" (o. 13), darauf beruhen, daß ein tatbestandsmäßig-rechtswidrig-schuldhaftes und damit strafwürdiges Verhalten zwar in der Regel, aber nicht ausnahmslos schon per se die Notwendigkeit einer tatsächlich erfolgenden Bestrafung begründet, diese vielmehr im Einzelfall noch von weiteren Erfordernissen abhängen kann (vgl. zB Radbruch SchwZStr. 51, 255, Rudolphi SK 12 vor § 19, Satzger NStZ 98, 117, Stratenwerth 78 f., ZStW 71, 567 sowie o. 13, iE weitgehend auch Geisler aaO 212 ff.; and. Jakobs 337, Roxin I 907 f., SK 88, 432, Schlehofer, Vorsatz u. Tatabweichung [1996] 101 ff., zT auch Schmidhäuser 482 ff.). Von Bedeutung ist dies insbes. bei einer Reihe abstrakter Gefährdungsdelikte (§§ 186, 231 [227 aF], 323 a), bei denen bestimmte Handlungen wegen ihrer generellen Gefährlichkeit unter Androhung von Strafe verboten und damit strafwürdig sind, das Gesetz das Bedürfnis nach positiver Generalprävention aber nur für gegeben hält, wenn in den Fällen der §§ 231, 323 a tatsächlich „etwas passiert" (vgl. dort RN 1 bzw. 13) oder beim § 186 tatsächlich von einer Ehrverletzung auszugehen ist (vgl. dort RN 1, 10). Nicht auf den Eintritt einer Rechtsgutsverletzung bezogen, doch gleichfalls allein die Strafbedürftigkeit betreffend, können daneben auch bestimmte Umstände, unter denen die Tat begangen wird, eine Strafbarkeitsbedingung sein, so das Bestehen diplomatischer Beziehungen in § 104 a (vgl. dort RN 2; and. Geisler aaO 537 ff.; zur Verbürgung der Gegenseitigkeit als weitere Strafbarkeitsbedingung s. u.) und in den Fällen des Mißbrauchs einer rechtfertigenden behördlichen Genehmigung – dort als ungeschriebene Strafbarkeitsbedingung und vorbehaltlich einer besonderen Mißbrauchsklausel wie in § 330 d Nr. 5 – deren Rücknahme durch die Behörde (vgl. 63 b vor § 32 mwN u. näher dazu Lenckner, Pfeiffer-FS 39 ff.). – 2. Darüber hinaus können objektive Strafbarkeitsbedingungen aber auch *ein Einfallstor für außerstrafrechtliche Interessen* sein, dies mit dem Ergebnis, daß Strafwürdigkeit und Strafbedürftigkeit hinter solchen Interessen zurücktreten, wenn nicht noch weitere Voraussetzungen erfüllt sind (vgl. zB Bloy, Die dogmatische Bedeutung der Strafausschließungs- u. Strafaufhebungsgründe [1976] 226, Lenckner aaO 41 u. hier auch Roxin I 901 f., Wolter, in: Wolter/Freund, Straftat, Strafzumessung usw., 1996, 4 f., 23 ff.; and. Geisler aaO 551 ff.). Dies gilt zB für die Zahlungseinstellung usw. bei den Insolvenzdelikten (§ 283 VI [s. dort RN 59]; vgl. Roxin I 902, Tiedemann LK[11] 87 vor § 283) und für das Erfordernis der Verbürgung der Gegenseitigkeit in § 104 a (s. dort RN 1 f.; and. Geisler aaO 551 ff.: Prozeßvoraussetzung), das – i. U. zu dem dort gleichfalls genannten Bestehen diplomatischer Beziehungen (s. o.) – nichts mit

125 Daß die objektiven Bedingungen der Strafbarkeit keine Merkmale des Unrechtstatbestands sind, entspricht heute der h. M. (außer den o. 124 Genannten vgl. zB B/W-Mitsch 530, Blei I 87, Hirsch LK 225 vor § 32, Lackner/Kühl 30, M-Zipf I 297, Schmidhäuser 483, I 259, Tröndle § 16 RN 32, differenzierend Jescheck LK 86, ders./Weigend 555 ff., Tiedemann ZRP 75, 132, nach denen die sog. „unechten" Strafbarkeitsbedingungen [zB §§ 186, 323 a] verkappte strafbegründende oder strafschärfende Tatumstände sind, die ihrem Wesen nach zum Unrechtstatbestand gehören; vgl. ferner Jakobs 337 ff.: „rückwirkende aufschiebende Bedingungen des Unrechts" bzw. der „Straftatbestandlichkeit" u. im letzteren Sinn für §§ 227 aF [jetzt § 231], 320 1. Alt aF auch Geisler aaO 575). Demgegenüber wird zT auch angenommen, daß es sich bei den Strafbarkeitsbedingungen um echte Tatbestandsmerkmale handle, die jedoch aus kriminalpolitischen Gründen dem Anwendungsbereich des § 16 entzogen seien (zB Eser/Burkhardt I 222, Arthur Kaufmann, Schuldprinzip [1964] 247 ff., JZ 63, 426 ff.; vgl. auch Sax JZ 76, 14 ff.: Merkmale eines vom „gesetzlichen Tatbestand" verschiedenen [weiteren] Unrechtstatbestands, Otto I 90, aaO 64 f.: zum Handlungsunwert hinzutretender, das strafwürdige Unrecht begründender Erfolgsunwert). Die umstrittene Frage, ob die objektiven Strafbarkeitsbedingungen mit dem Schuldprinzip zu vereinbaren sind, kann sich nur für die erste der o. 124 genannten Fallgruppen stellen (vgl. hier auch Jescheck LK 86, ders./Weigend 557, Tiedemann aaO), ist aber auch für diese zu bejahen, wenn man darauf abstellt, daß die Strafbarkeitsbedingungen dort in der Sache Strafeinschränkungsgründe sind, indem sie trotz an sich gegebener Strafwürdigkeit der den vollen Unrechts- und Schuldgehalt aufweisenden Tat die Strafbarkeit noch von zusätzlichen Umständen abhängig machen (vgl. zB Gottwald JA 98, 721 f., Lackner/Kühl 30, Schmidhäuser ZStW 71, 557 ff. [zT auch Stratenwerth AT 485], Stratenwerth ZStW 71, 565, Stree JuS 65, 465 u. zu § 227 aF Montenbruck JR 86, 138; and. Frister aaO [s. o. vor RN 103] 46 ff., Artur Kaufmann aaO u. zu § 227 aF [jetzt § 231] Rönnau/Bröckers GA 95, 549: Verstoß gegen das Schuldprinzip; vgl. auch Jescheck u. Jescheck/Weigend aaO: Einschränkungen des Schuldprinzips aus kriminalpolitischen Gründen). Unbedenklich im Hinblick auf Art. 103 II GG sind aus diesem Grund auch ungeschriebene Strafbarkeitsbedingungen (o. 124). Voraussetzung ist allerdings, daß die fraglichen Umstände für den Unrechts- und Schuldgehalt der Tat wirklich ohne – jedenfalls wesentliche – Bedeutung sind, m. a. W. die betreffende Handlung muß auch ohne die Strafbarkeitsbedingung die Qualität eines strafwürdigen Verhaltens haben und sie muß darüber hinaus ferner die Höhe der angedrohten Strafe rechtfertigen (vgl. dazu auch Geisler aaO 139 ff. u. zur Bestimmung der Unrechtsneutralität 211 ff.) Bei § 231 (§ 227 aF; näher dazu Geisler aaO 264 ff.) sollte ein derartiger, nach der Aufwertung der Körperverletzungsdelikte durch das 6. StrRG (u. a. Erhöhung der Strafdrohung und Einbeziehung des Versuchs in § 223) inzwischen unproblematisch geworden sein; nach wie vor die Achillesferse im System der Strafbarkeitsbedingungen ist dagegen § 323 a (vgl. zB Jakobs 337: Sich-Berauschen „ein zwar nicht wünschenswertes, aber sozial allgemein toleriertes Verhalten"; vgl. im übrigen § 323 a RN 1 u. näher zuletzt Geisler aaO 363 [Umdeutung in ein konkretes Gefährdungsdelikt]). Gegen die Existenzberechtigung von Strafbarkeitsbedingungen überhaupt Bemmann aaO 52 ff., Hass ZRP 70, 196.

126 **II. Von praktischer Bedeutung** sind die Strafbarkeitsbedingungen in folgender Hinsicht: 1. Da sie keine Merkmale des Unrechtstatbestands sind, brauchen sich *weder Vorsatz noch Fahrlässigkeit* auf sie zu erstrecken. Entscheidend ist für die Strafbarkeit vielmehr allein das objektive Vorliegen des fraglichen Umstands; ein Irrtum darüber ist mithin ebenso unbeachtlich (and. Sax JZ 76, 430 f.: „Irrtum über die strafwürdige Beeinträchtigung des Schutzzwecks der Norm" als Verbotsirrtum), wie umgekehrt die irrige Annahme seines Vorliegens oder Eintretens kein strafbarer Versuch ist. – 2. Für die *Vollendung* der Tat kommt es allein auf die Tatbestandsverwirklichung an, nicht dagegen auf den Eintritt der Strafbarkeitsbedingung (auch wenn die Tat erst dann bestraft werden kann). Eine nach der Tatbestandsverwirklichung, aber vor Bedingungseintritt begangene Unterstützungshandlung kann daher nur als Anschlußtat (§§ 257 ff.), nicht aber als Teilnahme bestraft werden (zB Jescheck LK 87 mwN). – 3. Das Fehlen einer objektiven Strafbarkeitsbedingung führt – i. U. zu den persönlichen Strafausschließungsgründen (131 vor § 32) – auch bei den an der Tat *Beteiligten* stets zur Straffreiheit (zB B/W-Mitsch 529). – 4. Bedeutungslos ist der Bedingungseintritt auch für die Bestimmung der *Tatzeit* (§ 8; h. M., zB Jescheck aaO; and. jedoch Schmidhäuser ZStW 71, 559). Dies gilt auch für die Feststellung des Stichtags bei Straffreiheitsgesetzen (vgl. Stree JuS 65, 474 mwN); eine Ausnahme besteht nur bei der Verjährung (vgl. § 78 a RN 13). – 5. Zur Bedeutung für die Bestimmung des *Tatorts* vgl. § 9 RN 7.

G. Die Einteilung der strafbaren Handlungen

Eine Klassifizierung der strafbaren Handlungen ist unter verschiedenen Gesichtspunkten möglich:

127 1. Nach der Schwere der angedrohten Strafe sind **Verbrechen** und **Vergehen** zu unterscheiden (vgl. § 12).

128 2. Je nachdem, ob das strafbare Verhalten ein positives Tun oder ein Unterlassen ist, unterscheidet man **Begehungs-** und (echte oder unechte) **Unterlassungsdelikte**; zu letzteren vgl. u. 134 ff. und § 13.

3. Gemessen an ihrer Wirkung können Straftaten **Verletzungsdelikte** (Tatvollendung bei Verletzung des im Tatbestand geschützten Handlungsobjekts, zB §§ 223, 303) oder bloße **Gefährdungsdelikte** sein, bei denen dann noch weiter zu unterscheiden ist: Von einem *konkreten Gefährdungsdelikt* spricht man, wenn für die Vollendung bereits der Eintritt eines tatsächlich gegebenen Gefahrenzustands für das geschützte Rechtsgutsobjekt als Erfolg ausreicht (zB §§ 306 a II, 315 c), von einem *abstrakten Gefährdungsdelikt* dagegen, wenn unabhängig vom Eintritt eines tatsächlichen „Gefahrerfolgs" bestimmte Handlungen bereits wegen ihrer generellen Gefährlichkeit verboten sind (zB §§ 306 a I, 316; mit Recht krit. zu der ungenauen, aber immer noch üblichen Terminologie Hirsch, A. Kaufmann-FS 557 f., Lee-FS [Seoul, 1998] 944 ff., Zieschang, Die Gefährdungsdelikte [1998], 26, 177: Abstraktes Gefährlichkeitsdelikt). Zu den konkreten und abstrakten Gefährdungsdelikten vgl. im übrigen 1 ff. vor § 306, zu Zwischenformen zB § 126 RN 9 und eingehend zu den verschiedenen Gefährdungsdeliktsstrukturen aus dem umfangreichen Schrifttum zuletzt Zieschang aaO.

4. Je nachdem, ob der Tatbestand das Bewirken eines von der Handlung gedanklich trennbaren Erfolgs in der Außenwelt voraussetzt (zB §§ 212, 303) oder ob ohne einen solchen schon ein bestimmtes Tätigwerden als solches genügt (zB §§ 153 ff., 173), werden ferner **Erfolgs-** und **(schlichte) Tätigkeitsdelikte** unterschieden (krit. dazu jedoch Arzt, SchwZStr 107, 168). Diese Unterscheidung liegt auf einer anderen Ebene als die o. 129 wiedergegebene: Erfolgsdelikte sind neben den Verletzungsdelikten auch die konkreten Gefährdungsdelikte mit dem Bewirken einer konkreten Gefahr als Erfolg, darüber hinaus aber auch diejenigen abstrakten Gefährdungsdelikte, deren abstrakte Gefährlichkeit für das geschützte Rechtsgut an den Eintritt eines bestimmten Außenwelterfolgs anknüpft (zB § 306 a I, 314). Eine Sonderform der Erfolgsdelikte sind die erfolgsqualifizierten Delikte (vgl. § 18). Die praktische Bedeutung des Unterschieds liegt darin, daß es allein bei den Erfolgsdelikten die Frage eines besonderen Zurechnungszusammenhangs geben kann (o. 71 ff.); nur vor diesem Hintergrund ist deshalb auch der übliche Sprachgebrauch zu verstehen.

5. Die strafbaren Handlungen können überwiegend von jedermann (**Gemeindelikte**, zB § 242), zT aber auch nur von Personen begangen werden, die bestimmte, im Tatbestand ausdrücklich oder der Sache nach geforderte Sondereigenschaften besitzen (**Sonderdelikte**, zB § 170: Unterhaltsschuldner, § 203: Angehörige bestimmter Berufe, § 289: Schuldner, §§ 331 ff.: Amtsträger). Tatbestände, bei denen die Sondereigenschaft die Strafbarkeit begründet, werden als *echte Sonderdelikte* bezeichnet (zB §§ 170, 203, 331 f., 343 bis 345), solche, bei denen persönliche Täterqualitäten zu einer Modifizierung der Strafe führen, als *unechte Sonderdelikte* (zB §§ 201 III, 258 a, 340).

Von den Sonderdelikten zu unterscheiden sind die **eigenhändigen Delikte.** Bei diesen ergibt sich aus den Besonderheiten des geschützten Rechtsguts bzw. der Art und Weise, wie dieses verletzt wird, daß die Tat nur durch eine unmittelbar eigenhändige Vornahme der Ausführungshandlung begangen werden kann, Dritte hier also, weil insoweit eine Mittäterschaft oder mittelbare Täterschaft ausscheidet, nur Teilnehmer sein können. Beispiele dafür sind etwa die §§ 153 ff., 173; vgl. im übrigen näher § 25 RN 45.

6. Wichtig für das System des Bes. Teils ist die – im geltenden Recht allerdings nur unvollkommen durchgeführte – Klassifizierung der Straftaten nach dem jeweils **verletzten Rechtsgut.** In diesem Sinne gibt es zB Straftaten gegen das Leben, die Köperintegrität, Freiheits-, Ehrverletzungs-, Eigentumsdelikte usw.

H. Die Unterlassungsdelikte im besonderen

Schrifttum: Albrecht, Begründung von Garantenstellungen in familiären und familienähnlichen Beziehungen, 1998 (Diss. Halle). – *Androulakis,* Studien zur Problematik der unechten Unterlassungsdelikte, 1963. – *Bärwinkel,* Zur Struktur der Garantieverhältnisse bei den unechten Unterlassungsdelikten, 1968 (StrAbh. N. F. 4). – *Blei,* Garantenpflichtbegründung bei unechten Unterlassungsdelikten, H. Mayer-FS 119. – *Brammsen,* Die Entstehungsvoraussetzungen der Garantenpflichten, 1986. – *v. Bubnoff,* Die Entwicklung des strafrechtlichen Handlungsbegriffes usw., 1966. – *Dahm,* Bemerkungen zum Unterlassungsproblem, ZStW 59, 133. – Graf zu *Dohna,* Zur Lehre von den Kommissivdelikten durch Unterlassung, DStR 39, 142. – *Drost,* Der Aufbau der Unterlassungsdelikte, GS 109, 1. – *Freund,* Erfolgsdelikt und Unterlassen, 1992. – *Gallas,* Studien zum Unterlassungsdelikt, 1989. – *Gimbernat Ordeig,* Das unechte Unterlassungsdelikt, ZStW 111, 307. – *Grünwald,* Zur gesetzlichen Regelung der unechten Unterlassungsdelikte, ZStW 70, 412. – *Haffke,* Unterlassung der Unterlassung?, ZStW 87, 44. – *Hall,* Über die Kausalität und Rechtswidrigkeit der Unterlassung, Grünhut-EG 213. – *Henkel,* Das Methodenproblem bei den unechten Unterlassungsdelikten, MschrKrim 61, 173. – *Herzberg,* Die Kausalität beim Unterlassungsdelikt, MDR 71, 881. – *ders.,* Die Unterlassung im Strafrecht und das Garantieprinzip, 1972. – *Honig,* Die Intimsphäre als Kriterium strafbaren Begehens durch Unterlassen, Schaffstein-FS 89. – *Jescheck,* Die Behandlung der unechten Unterlassungsdelikte nach deutschem und ausländischen Strafrecht, ZStW 77, 109. – Armin *Kaufmann,* Die Dogmatik der Unterlassungsdelikte, 1959. – *Kielwein,* Unterlassung und Teilnahme, GA 55, 255. – *Lampe,* Die Problematik der Gleichstellung von Handeln und Unterlassen, ZStW 79, 476. – *Larenz,* Ursächlichkeit der Unterlassung, NJW 53, 686. – *Maurach,* Handlungspflicht und Pflichtverletzung im Strafrecht, DStR 36, 113. – *Meister,* Echtes und unechtes Unterlassungsdelikt, MDR 53, 649. – *Meyer-Bahlburg,* Zur gesetzlichen Regelung der unechten Unterlassungsdelikte, MschrKrim. 65, 247. – *ders.,* Unterlassen durch Begehen, GA 68, 49. – *Nagler,* Die Problematik der Begehung durch Unterlassung, GS 111, 1. – *Nickel,* Die Problematik

Vorbem §§ 13 ff. 134–138　　　　Allg. Teil. Die Tat – Grundlagen der Strafbarkeit

der unechten Unterlassungsdelikte usw, 1972. – *Niethammer*, Strafbares Unterlassen, ZStW 57, 431. – *Otto*, Vorangegangenes Tun als Grundlage strafrechtlicher Haftung, NJW 74, 528. – *Pfleiderer*, Die Garantenstellung aus vorangegangenem Tun, 1968. – *Roeder*, Zum Standortproblem der unechten Unterlassungsdelikte, DStR 41, 105, 152. – *Roxin*, An der Grenze von Begehung und Unterlassung, Engisch-FS 380. – *Rudolphi*, Die Gleichstellungsproblematik der unechten Unterlassungsdelikte, 1966. – *Sauer*, Das Unterlassungsdelikt, GS 114, 279. – *ders.*, Kausalität und Rechtswidrigkeit der Unterlassung, Frank-FG I 202. – *Schaffstein*, Die unechten Unterlassungsdelikte im System des neuen Strafrechts, Gleispach-FS 70. – *R. Schmitt*, Zur Systematik der Unterlassungsdelikte, JZ 59, 432. – *Schöne*, Unterlassene Erfolgsabwendungen und Strafgesetz, 1974. – *Schünemann*, Grund und Grenzen der unechten Unterlassungsdelikte, 1971. – *Spendel*, Zur Dogmatik der unechten Unterlassungsdelikte, JZ 73, 137. – *Stree*, Garantenstellung kraft Übernahme, H. Mayer-FS 145. – *ders.*, Ingerenzprobleme, Klug-FS 395. – *ders.*, Zumutbarkeitsprobleme bei Unterlassungstaten, Lenckner-FS 393. – *Traeger*, Das Problem der Unterlassungsdelikte im Straf- und Zivilrecht, FG Enneccerus, 1913, 1. – *Ulmer*, Die deliktische Haftung aus der Übernahme von Handlungspflichten, JZ 69, 163. – *Vogt*, Das Pflichtproblem der kommissiven Unterlassung, ZStW 63, 381. – *Welp*, Vorausgegangenes Tun als Grundlage einer Handlungsäquivalenz der Unterlassung, 1968. – *Welzel*, Zur Dogmatik der echten Unterlassungsdelikte, NJW 53, 327. – *ders.*, Zur Problematik der Unterlassungsdelikte, JZ 58, 494. – *E. A. Wolff*, Kausalität von Tun und Unterlassen, 1965. – Vgl. auch *Georgakis*, Hilfspflichten und Erfolgsabwendungspflicht im Strafrecht, 1938. – *Kissin*, Die Rechtspflicht zum Handeln bei den Unterlassungsdelikten, 1933 (StrAbh. H. 317). – *Vanderveeren*, Le délit par omission, Revue belge 1949/50, 681. – *Vogel*, Norm und Pflicht bei den unechten Unterlassungstaten, 1993. – Zu Grundlagenproblemen vgl. *Maiwald* JuS 81, 473, auch *Schünemann* ZStW 96, 287.

134　I. Neben der Handlung als positivem Tun hat das **Unterlassen** bestimmter Handlungen strafrechtliche Bedeutung. Das ergibt sich bereits daraus, daß das Gesetz selbst ausdrücklich die Nichtvornahme bestimmter Handlungen unter Strafe stellt, zB unterlassene Verbrechensanzeige (§ 138), unterlassene Hilfeleistung (§ 323 c), Sichnichtentfernen beim Hausfriedensbruch (§ 123 2. Fall), Nichtgewähren des gesetzlich geschuldeten Unterhalts (§ 170; vgl. dort RN 27), Vorenthalten von Arbeitsentgelt (§ 266 a I; vgl. Celle NStZ **98**, 303) usw. Diese Gebotsverletzungen werden als **echte Unterlassungsdelikte** bezeichnet, weil eine Strafvorschrift ein bestimmtes Handeln fordert und dessen Unterlassen den Tatbestand unmittelbar erfüllt. Z. T. sind auch in einzelnen Tatbeständen Handlungen und Unterlassungen als gleichwertig nebeneinander gestellt, zB in § 225 (Vernachlässigung der Sorgepflicht; vgl. Jakobs 779), in § 283 I Nr. 5 (Nichtführen von Handelsbüchern) u. Nr. 7 b (Nichtaufstellen einer Bilanz; vgl. BGH NStZ **98**, 193) sowie in § 357 (Geschehenlassen einer rechtswidrigen Tat im Amt).

135　Neben diesen echten sind sog. **unechte Unterlassungsdelikte** (Kommissivdelikte durch Unterlassen) anerkannt (§ 13). Bei ihnen erfolgt die Bestrafung aus einer Vorschrift, die als tatbestandliches Verhalten grundsätzlich ein Tun voraussetzt und der eine Verbotsnorm (Du sollst nicht töten usw) zugrunde liegt (vgl. jedoch R. Schmitt JZ 59, 432). Trotzdem kann ein Unterlassen diese Begehungstatbestände erfüllen, sofern es dem positiven Tun gleichsteht. Das ist der Fall, wenn der Unterlassende auf Grund einer Garantenstellung zum Eingreifen in einen gefährlichen Kausalverlauf, der zum Eintreten der objektiven Tatbestandsvoraussetzungen führt, verpflichtet war; vgl. Anm. zu § 13.

136　Ferner enthält das StGB Tatbestände, die zwar eine Unterlassung nicht ausdrücklich als Begehungsform aufweisen, bei denen aber die Auslegung ergibt, daß ein Unterlassen neben einem Tun unmittelbar tatbestandsmäßig sein kann, so daß hier in einem Tatbestand gleichzeitig ein Begehungs- und ein Unterlassungsdelikt zusammengefaßt sind. Das ist dort der Fall, wo der Tatbestand die Verletzung einer besonderen Obhutspflicht gegenüber bestimmten Rechtsgütern voraussetzt. So kann die Vernachlässigung einer Vermögenssorgepflicht unter § 266 unmittelbar subsumiert werden (vgl. § 266 RN 35), ebenso die (gröbliche) Vernachlässigung einer Fürsorge- oder Erziehungspflicht unter § 171 (vgl. § 171 RN 4) sowie der Verstoß gegen die allgemein anerkannten Regeln der Technik bei Errichtung eines Bauwerkes unter § 319 (vgl. § 319 RN 5). Entsprechendes gilt für einige Amtsdelikte (zB § 339; Rechtsbeugung durch Unterlassen richterlicher Aufklärung; vgl. § 339 RN 4; Parteiverrat nach § 356; Fristversäumung; vgl. auch Bay NJW **59**, 2223).

137　**Ob** ein Unterlassungsdelikt ein **echtes oder unechtes** ist, entscheidet sich danach, ob das StGB einen entsprechenden Unterlassungstatbestand enthält, nicht danach, ob der Unterlassende eine reine Tätigkeit oder die Abwendung eines Erfolges geschuldet hätte (Jakobs 779, Armin Kaufmann aaO 277, Stratenwerth 266; and. Jescheck LK 91, Jescheck/Weigend 605). Vgl. ferner Gallas, Dt. Landesreferate z. IV. Int. Kongreß f. Rechtsvergl. 1955, 349, M-Gössel II 176 f., Rudolphi SK 8 ff., Schmidhäuser 654 ff., JZ 55, 434 ff. Zwar sind die meisten echten Unterlassungsdelikte schlichte Unterlassungsdelikte, jedoch kommen auch Erfolgsdelikte vor. Vgl. Welzel 202 f., Armin Kaufmann JuS 61, 173. Die o. 136 erwähnten Unterlassungstaten sind zB auch bei tatbestandlicher Voraussetzung eines Erfolges (zB Eintritt eines Nachteils bei § 266) als echte Unterlassungsdelikte anzusehen, weil das Unterlassen hier den Tatbestand unmittelbar erfüllt, ohne daß es eines Rückgriffs auf § 13 bedarf. Nach einer dritten Ansicht soll danach abzugrenzen sein, ob ein Unterlassen der Tatbestandsverwirklichung durch aktives Tun gleichgestellt werden kann (Schünemann ZStW 96, 303, der dementsprechend auch § 123 den unechten Unterlassungsdelikten zurechnet).

138　Fraglich ist, ob Handeln und Unterlassen als zwei verschiedene Formen menschlichen Verhaltens nebeneinander stehen oder derart zueinander in Beziehung gesetzt werden können, daß die Unterlassung nur als Sonderform der Handlung oder aber beide als Unterformen eines übergeordneten

Begriffes zu verstehen sind. Alle Bemühungen um eine solche Koordinierung müssen als gescheitert angesehen werden. Handlung und Unterlassung verhalten sich strukturell wie A und Non-A (Radbruch, Handlungsbegriff, 1904, 140; vgl. dazu Schmidhäuser Kaufmann-GedS 143). Es lassen sich nicht mehr Gemeinsamkeiten zwischen ihnen feststellen, als daß beides Formen menschlichen Verhaltens gegenüber der Umwelt sind; eine solche Aussage hat aber kein sachliches Gewicht (and. Jescheck LK 90). Diese Erkenntnis bestimmt die gesamte Dogmatik der Unterlassungsdelikte. Eine schematische Übertragung der für Begehungsdelikte geschaffenen strafrechtlichen Regeln auf Unterlassungsdelikte ist unmöglich, vielmehr kommt nur eine *sinngemäße Übertragung* in Frage. Es ist insb. nicht möglich, aus der strukturellen Verschiedenheit von Handlung und Unterlassung ein sog. *Umkehrprinzip* (Kaufmann aaO 88 ff., Welzel 203) dergestalt abzuleiten, daß alle dogmatischen Fragestellungen sich bei der Unterlassung umkehren, grundsätzlich aber die Regeln des AT für Begehungsdelikte anwendbar bleiben.

139   II. Über die **strukturelle Beschaffenheit** der Unterlassung gehen die Meinungen auseinander, wobei die Entscheidung wesentlich davon abhängt, ob man versucht, das Unterlassen als eine grundsätzlich gleichartige Form menschlichen Verhaltens dem Handeln an die Seite zu stellen (Baumann/ Weber/Mitsch 198, Maihofer, Handlungsbegriff S. 14, 73, Mezger 132), oder ob man davon ausgeht, Handlung und Unterlassung seien strukturell völlige Gegensätze, träfen also dogmatisch an keiner Stelle zusammen (Gallas aaO 39 f., ZStW 67, 8 f., Armin Kaufmann aaO 59 ff., 80 ff., Radbruch, Handlungsbegriff [1904], Welzel 200). Die letzte Auffassung gewinnt in neuerer Zeit zunehmend an Boden (vgl. v. Bubnoff aaO 149 ff., Roxin ZStW 74, 530 f., 547 ff.). Dennoch bleibt zweifelhaft, wie weit diese strukturellen Unterschiede gehen. Kaufmann aaO 59 ff., 80 ff. u. Welzel 200 ff. als Vertreter der finalen Handlungslehre haben versucht, bei Anerkennung dieses grundsätzlichen Standpunkts eine gewisse Gemeinsamkeit jedenfalls im ontologischen Bereich dadurch zu erhalten, daß sie die Handlung als Finalität, die Unterlassung als potentielle Finalität bezeichnet haben. Dieser Auffassung kann jedoch nicht gefolgt werden; vielmehr sind auch im elementarsten Bereich Handlung und Unterlassung etwas grundsätzlich Verschiedenes. Beim positiven Tun versucht man mit dem Handlungsbegriff eine von allen konkreten Handlungsmerkmalen abstrahierte Definition zu schaffen, die in ihrer kürzesten Form lautet: Handlung ist willkürliche Bewegung. Diese Definition hat jedoch bei der Unterlassung keine Entsprechung in dem Sinn, daß über eine Unterlassung ausgesagt werden könnte, sie sei Handlungsmöglichkeit. In ontologischer Beziehung ist die Unterlassung vielmehr ein Nichts, das erst im normativen Bereich dadurch Bedeutung erlangt, daß bestimmte Urteile über dieses Nichtsein abgegeben werden. Sie erhält ihre Substanz erst durch ein Urteil (Gallas aaO 39 f., ZStW 67, 8, Eser II 46, Jescheck LK 92; dagegen Schaffstein OLG Celle-FS 201). So ist bereits die Feststellung, ein bestimmtes Verhalten sei möglich gewesen, ein Urteil, nicht aber die Feststellung einer ontischen Eigenschaft des Unterlassens. Aber selbst dieses Möglichkeitsurteil kennzeichnet das Wesen der Unterlassung im rechtlichen Sinn nicht hinreichend. Nicht alles, was man in einer bestimmten Situation tun könnte, hat man „unterlassen", wenn man es nicht tut. Selbst wenn man einen solchen Unterlassungsbegriff anerkennen wollte, wäre er sachlich wertlos. Zwar ist die Handlungsmöglichkeit Voraussetzung einer jeden Unterlassung; über die Unterlassung als solche ist jedoch damit keine Aussage gemacht. Unterlassung ist die Nichtvornahme bestimmter, niemals aller möglichen Handlungen, weil das logische Prius bei jeder Unterlassung eine erwartete Handlung ist, die nicht vorgenommen wurde. Unterlassung ist *enttäuschte Erwartung* eines Tätigwerdens bestimmter Art, so daß über ein Unterlassen als strafrechtlich bedeutsamen Ansatzpunkt Aussagen nur dadurch gemacht werden können, daß man die Nichtvornahme einer bestimmten und geforderten Handlung feststellt. Erst das Vorhandensein einer Forderung, die sich aus bestimmten Normenkomplexen ergibt, veranlaßt das Urteil, daß einer Forderung nicht entsprochen, dh das Gebotene unterlassen worden ist. Danach bedeutet **Unterlassen** die **Nichtvornahme einer geforderten Handlung**; wie hier weitgehend BGH NJW **95**, 206, Gallas aaO 39 f., ZStW 67, 8 ff., Jescheck LK 92, Jescheck/Weigend 615 f., Rudolphi SK 4, Schmidhäuser 654; dagegen Schaffstein OLG Celle-FS 201 f., Welzel 200, Armin Kaufmann aaO 92 ff. Vgl. auch Androulakis aaO. Ohne Bedeutung ist, ob der Täter „nur unterläßt" oder ob er etwas anderes als das Gebotene tut (Roxin Engisch-FS 402 ff.).

140   1. Welche Handlung **gefordert** wird, hängt vom jeweiligen in Frage stehenden Straftatbestand ab. Zudem sind die Umstände des Einzelfalles dafür maßgebend, welche Handlung in concreto erforderlich ist. Vgl. u. 151 f. Bei allen für Unterlassungstaten maßgebenden Straftatbeständen wird aber nur Erforderliches gefordert. Unnötiges Tätigwerden kann die Rechtsordnung dem Einzelnen nicht abverlangen.

141   2. Gefordert – jedenfalls von der Rechtsordnung – kann nur werden, was **möglich** ist (Baumann/ Weber/Mitsch 198, M-Gössel II 193, Rudolphi SK 2, Schmidhäuser 681). Daher gehört zu den konstitutiven Merkmalen des Unterlassens als einer Verantwortlichkeit auslösenden Verhaltensform, daß die erforderliche Handlung dem Unterlassenden möglich gewesen wäre. Dieser muß imstande gewesen sein, in der erforderlichen Weise tätig zu werden. Vgl. dazu RG **57** 197, **64** 276, BGH **2** 24, **6** 57, NJW **97**, 132, 134, Dahm aaO 179, Kielwein GA 55, 228, Engisch Kohlrausch-FS 164 f., Jescheck LK 93, Jescheck/Weigend 616, Nagler aaO 70, 72, Sauer aaO 315, Wessels/Beulke I RN 708, aber nach BGH StV **98**, 126, wonach bei nicht möglicher Handlung nur die Vorwerfbarkeit entfällt. Nach Celle NStZ **98**, 304 soll allerdings bei einer Tat nach § 266 a I die Zahlungsunfähigkeit die Tatbestandsmäßigkeit nicht ausschließen (vgl. dagegen mit Recht BGH NJW **97**, 132, Frankfurt StV **99**, 32, Wegner wistra 98, 288, § 266 a RN 10).

142 a) **Unmöglich** ist eine Handlung bei Fehlen der Handlungsfähigkeit (zB Bewußtlosigkeit, Lähmung, Fesselung, vis absoluta; vgl. Baumann/Weber/Mitsch 198, M-Gössel II 192, aber auch Vogel aaO 121). Da jedoch ein Unterlassen sich stets auf konkret erforderliche Handlungen bezieht, liegt Unmöglichkeit auch vor, wenn der Unterlassende trotz an sich gegebener Handlungsfähigkeit nicht imstande ist, **in sinnvoller Weise** das Erforderliche zu tun, etwa zu weit von der Gefahrenstelle entfernt ist, um erfolgreich eingreifen zu können, oder nicht die Fähigkeit besitzt, die eine sinnvolle Gefahrenabwehr voraussetzt. Denn sinnloses Tun kann nicht Gegenstand eines sachgemäßen Gebots sein. Der Nichtschwimmer, der nur Hilfe zur Rettung eines Ertrinkenden herbeizuholen vermag, unterläßt diese Hilfe nicht, wenn weit und breit niemand vorhanden und sofortige Hilfe erforderlich ist. Wer die zur Rettung eines Verunglückten erforderlichen Hilfsmittel nicht bei sich hat, verletzt keine Rettungspflicht, wenn die Mittel nicht mehr rechtzeitig herbeigeschafft werden können. Wer außerstande ist, ordnungsgemäße Bilanzen iSv §§ 283 I Nr. 7 b, 283 b I Nr. 3 b rechtzeitig aufzustellen, verletzt seine Bilanzierungspflicht nicht (vgl. § 283 RN 47, BGH **28** 233, NStZ **98**, 192, 248, **2000**, 206, Düsseldorf wistra **98**, 360). Sinnlos ist ein Tätigwerden auch, wenn stärkere Kräfte der Erfolgsabwendung entgegenstehen (vgl. OGH **1** 319 u. § 323 c RN 15, 19) oder der Garant eine Straftat nicht verhindern kann, zB seine Kräfte nur ausreichen, den omnimodo facturus für wenige Sekunden aufzuhalten (vgl. BGH MDR/D **73**, 369 m. Anm. Blei JA 73, 463). Sinnvolle Tätigkeit ist nur eine solche, die zur Rettung des gefährdeten Rechtsguts Entscheidendes beiträgt, wobei die Möglichkeit einer Rettung ausreicht (vgl. u. 149) und auch eine zeitliche Verzögerung des an sich unvermeidbaren Erfolgseintritts in Rechnung zu stellen ist. Wenn aber der Hilfspflichtige den Einsturz seines Hauses oder das Herabstürzen eines Felsblocks nur für ganz kurze Zeit aufhalten kann, liegt schon keine Möglichkeit sinnvoller Hilfe mehr vor, es sei denn, ein Gefährdeter kann sich in dieser Zeit noch in Sicherheit bringen. Allerdings ist zu beachten, daß eine zeitliche Verzögerung der Dinge in zunächst nicht vorhersehbarer Weise ändern kann, so daß sich der Täter bei Untätigkeit nicht schon allein darauf berufen kann, sein Eingreifen habe wegen der Tatentschlossenheit des zu Beaufsichtigenden oder des zu Beschützenden keinen Sinn gehabt (vgl. auch BGH MDR/D **73**, 369).

143 b) Das **Möglichkeitsurteil** ist nach **objektiven** Gesichtspunkten abzugeben, bedeutet also die Feststellung, daß das zur Beseitigung einer Gefahr Notwendige dem Unterlassenden objektiv möglich gewesen wäre. Eine solche Möglichkeit setzt objektive Erkennbarkeit der Gefahr und der Mittel zu deren Beseitigung voraus. Dagegen berührt die Frage, ob die Gefahr, die Handlungsmöglichkeit oder das konkret Erforderliche dem Unterlassenden bekannt war oder hätte bekannt sein können, nur Vorsatz und Fahrlässigkeit (Baumann/Weber/Mitsch 199, Rudolphi SK 3, Wessels/Beulke RN 709; and. Kaufmann aaO 35 ff., zT auch Jescheck/Weigend 617, wohl auch Stratenwerth 279).

144 c) **Omissio libera in causa:** Grundsätzlich muß die Handlungsmöglichkeit in dem Zeitpunkt gegeben sein, in dem das Eingreifen des Handlungspflichtigen erforderlich wird (vgl. u. 153). Ist dann sinnvolles Handeln unmöglich, so entfällt die Handlungspflicht. Anderes gilt jedoch, wenn der Handlungspflichtige dafür verantwortlich ist, daß er im entscheidenden Augenblick nicht in der Lage war, das Erforderliche zu tun; so im Fall des Schrankenwärters, der sich so betrinkt, daß er bei Ankunft des Zuges nicht mehr imstande ist, die Schranke zu schließen. In diesen Fällen der sog. „omissio libera in causa" (vgl. Androulakis aaO 156, Baumann/Weber/Mitsch 258, Joerden, Strukturen des strafrechtl. Verantwortungsbegriffs, 1988, 47 ff., Rudolphi SK 46, Welp aaO 134 ff., aber auch Struensee Stree/Wessels-FS 146 ff.) wird dem Täter zur Last gelegt, daß er vorsätzlich oder fahrlässig seine Handlungsmöglichkeit ausgeschlossen hat. Das kann sowohl durch Unterlassen (die Mutter versäumt, rechtzeitig Medikamente für ihr krankes Kind zu kaufen; vgl. Welp aaO 137: „omissio libera in omittendo") als auch durch positives Tun geschehen (Sichbetrinken usw). Auch im letzteren Fall erfolgt Bestrafung nach den Grundsätzen der Unterlassungsdelikte: Nur dem „an sich" Handlungspflichtigen kann vorgeworfen werden, daß er seine Handlungsunfähigkeit herbeigeführt hat (vgl. Welp aaO 137). Zum Fall des verschuldeten Verursachens der Zahlungsunfähigkeit, die zum Vorenthalten von Beiträgen zur Sozialversicherung führt, vgl. § 266 a RN 10. Zur Frage, wann bei der omissio libera in causa der Versuch beginnt, vgl. § 22 RN 57. Gegen die Rechtsfigur der omissio libera in causa Baier GA 99, 272, ohne jedoch eine de lege lata sachgerechte Lösung der in Frage stehenden Fälle aufzuzeigen; es soll vielmehr der Gesetzgeber tätig werden.

145 Daneben sind aber auch bei den Unterlassungsdelikten Fälle denkbar, in denen sich der Täter wie bei der actio libera in causa schuldhaft in einen Zustand versetzt, in dem er *nicht mehr voll verantwortlich* ist, ohne daß er zugleich seine Handlungsfähigkeit eingebüßt hätte; so etwa, wenn der sich betrinkende Schrankenwärter zwar noch imstande ist, die Schranke zu schließen, infolge seiner Trunkenheit dies dann aber leichtfertig unterläßt. Auf die strafrechtliche Verantwortlichkeit für die Pflichtverletzung wirkt es sich jedoch nicht unterschiedlich aus, ob ein solcher Fall oder der o. 144 behandelte Fall vorliegt.

146 III. **Tatbestandsmäßigkeit** der Unterlassung liegt vor, wenn der Unterlassende die vom Gesetz geforderte Handlung nicht vorgenommen hat. So wie bei Begehungsdelikten der Tatbestand die Handlung beschreibt, die nicht sein soll, so muß der Tatbestand der Unterlassungsdelikte Handlungen beschreiben, die sein sollen (vgl. Kaufmann aaO 255). Das geschieht bei den echten Unterlassungsdelikten ausdrücklich in den einzelnen Bestimmungen, so in den §§ 138, 323 c. Bei den unechten Unterlassungsdelikten fehlen exakte Beschreibungen der Tatbestandsvoraussetzungen. § 13 liefert nur

Anhaltspunkte. In ihrem Rahmen ist daher der Begehungstatbestand um die entsprechenden Merkmale zu ergänzen. Zur Verfassungsmäßigkeit solcher Ergänzungen vgl. § 13 RN 5.

Bestritten ist, ob bei Vorliegen der Tatbestandsvoraussetzungen das Unterlassen bei den unechten **147** Unterlassungsdelikten unter den Begehungstatbestand unmittelbar subsumiert werden kann (so hM; vgl. zB Jescheck/Weigend 608, Henkel MschrKrim. 61, 180, Böhm JuS 61, 178) oder ob es selbständige ungeschriebene Unterlassungstatbestände neben den Begehungstatbeständen gibt (so ua Armin Kaufmann aaO 252 ff., 274, JuS 61, 175, Schöne aaO 248 ff., Welzel 210). Angesichts der Tatsache, daß § 13 mit seiner Entsprechensklausel auf einen Begehungstatbestand abhebt und bei Tatbeständen, bei denen eine Pflichtverletzung unter Strafe steht, Handeln und Unterlassen gleichermaßen dem Tatbestand selbst unterstellt werden können, ist anzunehmen, daß der Begehungstatbestand, vermehrt um die Garantenmerkmale, unmittelbar anwendbar ist.

Eine Unterlassung ist daher unter folgenden Voraussetzungen tatbestandsmäßig:

1. Es müssen die jeweiligen Umstände vorliegen, an die das rechtliche Gebot zum Handeln an- **148** knüpft. Bei einem unechten Unterlassungsdelikt muß somit für ein bestimmtes Rechtsgut eine **Gefahrensituation** entstanden sein, deren schädliche Auswirkungen der Täter durch sein Eingreifen (möglicherweise) abwenden kann.

2. Das Verhalten des Täters muß sich als wirkliches „**Unterlassen**" darstellen; es muß insb. fest- **149** stehen, daß der Unterlassende die konkret erforderliche Handlung vornehmen konnte; vgl. o. 139 ff. Erforderlich ist bereits jede Handlung, die eine tatsächliche Rettungsmöglichkeit darstellt. Jede Rettungschance muß genutzt werden. Für die Handlungspflicht ist nicht Voraussetzung, daß ex ante feststeht, die Handlung werde mit an Sicherheit grenzender Wahrscheinlichkeit den Eintritt des drohenden Erfolges verhindern. Eine solche Wahrscheinlichkeit ist nur für die Zurechnung des eingetretenen Erfolges bedeutsam (vgl. § 13 RN 61). Wird sie festgestellt, so kann der Erfolg dem Unterlassungstäter subjektiv auch zugerechnet werden, wenn dieser die Abwendung des Erfolgseintritts nur für möglich gehalten und dessen Nichtverhinderung in Kauf genommen hat (vgl. § 15 RN 98). Läßt sich dies nicht feststellen, so kommt eine Haftung wegen Versuchs (vgl. 27 vor § 22, RN 50 zu § 22) oder nach § 323 c in Betracht. Vgl. dazu BGH NStZ **00**, 414.

3. Der **Täter** muß als **Handlungspflichtiger** bezeichnet sein. Das geschieht bei den echten **150** Unterlassungsdelikten unmittelbar durch den Tatbestand, wobei handlungspflichtig sowohl jedermann (zB § 323 c) wie auch nur bestimmte Personen (zB § 225) sein können. Bei den unechten Unterlassungsdelikten findet dies seine Entsprechung in der sog. Garantenstellung. Vgl. dazu RN 7 ff. zu § 13.

4. Tatbestandsvoraussetzung ist ferner die **Nichtvornahme der geforderten Handlung.** Wie **151** diese beschaffen sein muß, ergibt sich aus den Umständen des Einzelfalles. Der Unterlassende hat grundsätzlich das Erforderliche im Rahmen seiner Möglichkeiten zu tun, soweit ihm dies zumutbar (dazu u. 155) ist. Diese Voraussetzungen sind objektiv zu bestimmen (vgl. o. 143). Bei den unechten Unterlassungsdelikten muß hinzu kommen, daß das Unterlassen der Verwirklichung des gesetzlichen Tatbestands durch ein Tun entspricht (vgl. dazu § 13 RN 4).

5. Die aus den Unterlassungstatbeständen sich ergebenden **Pflichten** brauchen grundsätzlich **nicht** **152** **persönlich** erfüllt zu werden (vgl. § 14, Hamm VRS **34** 149). Der Handlungspflichtige kann sich der Hilfe Dritter bedienen und muß es tun, wenn diese allein das Erforderliche leisten können (ärztliche Behandlung usw). Maßstab dafür, ob und in welchem Umfang die Handlungspflicht ausnahmsweise persönlich zu erfüllen ist, ist ebenfalls die Erforderlichkeit. Der Täter wird andererseits mit der Übertragung der Pflicht nicht von der eigenen Verpflichtung frei, sondern hat im Rahmen des Erforderlichen und Zumutbaren über die Pflichterfüllung durch Dritte zu wachen (vgl. BGH **19** 286, NJW **64**, 1631, Celle VRS **29** 24, Hamm VRS **34** 149, **52** 64, Karlsruhe NJW **77**, 1930) und erforderlichenfalls einzugreifen. Dritte haften strafrechtlich kraft Übernahme (vgl. § 13 RN 26 ff.). Ihr Verschulden befreit den Auftraggeber nicht von der Verantwortung für die eigene Pflichtverletzung (BGH **20** 321, MDR **78**, 505).

6. Der Täter hat die Handlungspflicht sofort zu erfüllen, sofern dies zur Abwendung der Gefahr **153** erforderlich ist. Ihm steht ein **zeitlicher Spielraum** zur Verfügung, wenn auch eine spätere Pflichterfüllung ohne Vergrößerung der Gefahr den gleichen Erfolg haben würde (vgl. zB § 138 RN 12). Wird innerhalb dieser Frist die gebotene Handlung durch andere vorgenommen, so entfällt die Pflicht zum Handeln (Bay **62**, 259).

7. **Weigert** sich der Träger des gefährdeten Rechtsguts, **Hilfe anzunehmen,** so entfällt eine Pflicht **154** zur Abwendung der Gefahr, wenn die Weigerung auf einem freien Willen beruht, wobei der Gefährdete sich der Tragweite seiner Weigerung bewußt sein muß, und die erforderliche Verantwortlichkeit vorliegt (bei Weigerung eines Minderjährigen sind die in 39 f. vor § 32 angeführten Regeln der Einwilligungsfähigkeit entsprechend heranzuziehen). Ein Einschreiten ist hier ebensowenig geboten wie in den Fällen, in denen ein verantwortlich Handelnder bewußt sich in Gefahr begibt oder die Gefahr selbst schafft (vgl. dazu § 13 RN 22, auch Zweibrücken NStZ **95**, 90, ÖstOGH ÖJZ 98, 392). Denn mit der Weigerung nimmt der Betroffene die Gefahr auf sich und ist somit für das weitere Geschehen selbstverantwortlich. Der Ehemann ist daher nicht verpflichtet, einen Arzt zur Betreuung seiner erkrankten, aber jede ärztliche Hilfe ablehnenden Ehefrau zu holen (vgl. BGH MDR/H **87**, 797), auch wenn erhebliche Schäden drohen (§ 226 a ist insoweit nicht anwendbar; and. Seier NJW

87, 2482). Beschränkt sich die Weigerung auf eine konkret angebotene bestimmte Hilfe, so ist der Garant nur insoweit von seiner Pflicht zur Hilfe entbunden (vgl. dazu Donatsch SchwZStr. 106, 363). Die Garantenpflicht entfällt auch bei Gefährdung eines Rechtsguts, das der Dispositionsbefugnis nicht unterliegt (Leben). Insoweit gelten die gleichen Grundsätze wie bei der Teilnahme am Selbstmord durch Unterlassen (vgl. 39 ff. vor § 211, § 323 c RN 26, auch § 216 RN 10). Demgemäß besteht für einen Beschützergaranten (vgl. § 13 RN 9) auch keine Rechtspflicht, eine Tötung auf Verlangen zu verhindern (vgl. Donatsch aaO 361); dagegen hat ein Überwachungsgarant gegen die Tat des von ihm zu Beaufsichtigenden einzuschreiten.

155 IV. Außer der Erforderlichkeit begrenzt die **Zumutbarkeit** des Handelns die Pflicht, zum Schutz gefährdeter Rechtsgüter tätig zu werden. Unzumutbares Handeln ist rechtlich ebensowenig geboten wie sinnlose Tätigkeit. Die in § 323 c ausdrücklich erfolgte Gleichbehandlung des Zumutbaren mit dem Erforderlichen gilt auch für unechte Unterlassungsdelikte (and. Jakobs 844, Jescheck LK 98, nach denen eine unterlassungsspezifische Zumutbarkeit nicht bestehen soll). Ein sachlich berechtigter Grund, bei unechten Unterlassungstaten anders zu entscheiden, besteht nicht (vgl. näher Stree Lenckner-FS 397). Soweit ein Handeln nach den konkreten Umständen unzumutbar ist, hat der an sich Handlungspflichtige ebensowenig dafür einzustehen, als ob es nicht eintritt (§ 13), wie bei Unmöglichkeit, das Erforderliche zu tun. Bei Unzumutbarkeit des Handelns ist demgemäß das Unterlassen nicht tatbestandsmäßig (Hamburg StV **96**, 438, Tröndle/Fischer § 13 RN 16 aE, Drost GA Bd. 77, 177, Grünhut ZStW 51, 467, Henkel Mezger-FS 280, H. Mayer AT 119, Seelmann NK 63 zu § 13, vgl. auch Karlsruhe MDR **75**, 771). Nach anderer Ansicht wirkt die Unzumutbarkeit rechtfertigend (Küper, Grund- und Grenzfragen der rechtfertigenden Pflichtenkollision im Strafrecht, 1979, 97 ff., Rudolphi SK 29, Schmidhäuser 690) oder entschuldigend (Kienapfel ÖJZ 76, 201, Rudolphi SK 31, Welzel JZ 58, 496, Wessels/Beulke RN 739). Die Rspr. zu dieser Frage ist uneinheitlich (vgl. BGH **3** 206, **6** 57, NJW **56**, 732); die Annahme in BGH NStZ **94**, 29 „keine (objektive) Verpflichtung zum Retten" spricht für Tatbestandsausschluß; nach Hamburg StV **96**, 437 ist die Zumutbarkeit ungeschriebenes Tatbestandsmerkmal. Für die gegenüber den Begehungsdelikten abweichende Einordnung der Zumutbarkeit in den Tatbestandsbereich spricht wie bei der unterlassenen Hilfeleistung gem. § 323 c, daß das Gesetz generell nur davon ausgehen darf, es sei zumutbar, Straftaten zu unterlassen, nicht dagegen generell fordern kann, bei Gefahren ohne Rücksicht auf die Zumutbarkeit einzugreifen. Wer einem Garanten rät, von einem unzumutbaren Handeln abzusehen, etwa die für diesen lebensgefährliche Rettungshandlung zu unterlassen, macht sich daher nicht wegen Beteiligung an einer Unterlassungstat strafbar. Die irrige Annahme von Umständen, bei deren Vorliegen das Handeln unzumutbar ist, stellt einen vorsatzausschließenden Tatbestandsirrtum dar. Dagegen liegt ein Gebotsirrtum vor, wenn der Täter die maßgeblichen Umstände richtig erkennt und nur auf Grund einer rechtlichen Fehlbeurteilung ein Tätigwerden für unzumutbar hält, zB bei einem geringen eigenen Risiko (Irrtum über ein gesamttatbewertendes Merkmal; vgl. § 15 RN 22, Lackner § 15 RN 16, auch zu Schaffstein OLG Celle-FS 205). Bei irriger Annahme von Umständen, bei deren Vorliegen die Zumutbarkeit des Eingreifens begründet, liegt ein Versuch vor; die nur rechtliche Fehlbeurteilung des Eingreifens als zumutbar führt zum Wahndelikt (BGH NStZ **94**, 29). Eingehend zu den Problemen Stree Lenckner-FS 393.

156 **Unzumutbar** ist eine Handlung, wenn sie eigene billigenswerte Interessen in erheblichem Umfang beeinträchtigt (zu eng Jescheck LK 98, Jescheck/Weigend 635, M-Gössel II 213, die nur die Interessenlage des § 35 berücksichtigen wollen) und diese in einem angemessenen Verhältnis zum drohenden Erfolg stehen (vgl. BGH NStZ **84**, 164: Handeln unzumutbar, wenn das Gewicht der Interessen, die preiszugeben wären, dem Gewicht des drohenden Erfolges entspricht). Die widerstreitenden Interessen sind also gegeneinander abzuwägen (vgl. BGH NJW **98**, 1574). Zu berücksichtigen ist hierbei, daß einem Garanten grundsätzlich mehr an Opfern zumutbar ist als jemandem im Rahmen einer Hilfeleistung gem. § 323 c. Ferner können bei den Garantengruppen, selbst bei Personen innerhalb einer bestimmten Garantengruppe, unterschiedliche Anforderungen an die Zumutbarkeit zu stellen sein (vgl. BGH **6** 58, Stree Lenckner-FS 407). Bei der Abwägung der widerstreitenden Interessen ist der Grad der jeweiligen Gefahren einzubeziehen. Je schwerer das drohende Übel ist, desto mehr kann an Opfern oder Selbstgefährdungen zugemutet werden (vgl. BGH **4** 23). Zu berücksichtigen sind auch die Erfolgsaussichten einer Rettungshandlung. Bietet sie nur eine geringe Rettungschance, so brauchen eigene Interessen nicht so sehr wie bei großen Rettungschancen geopfert zu werden (vgl. BGH NStZ **94**, 29). Maßgebend für die Beurteilung ist die Lage des Einzelfalles (vgl. BGH **6** 57). Bei geringen Handlungsrisiken, etwa bei rein abstrakten Gefährdungen (auch des Lebens), ist das Tätigwerden allgemein zumutbar. Andererseits braucht grundsätzlich niemand eine konkrete Lebensgefährdung auf sich zu nehmen oder gar das eigene Leben zu opfern (BGH NStZ **94**, 29). Aber auch das Eingehen konkreter Leibesgefahren ist grundsätzlich unzumutbar. Ausnahmen kommen bei Bagatellgefahren sowie bei Personen mit besonderen Gefahrtragungspflichten in Betracht. Solche Personen haben im Rahmen ihres besonderen Pflichtenkreises hieraus erwachsende Gefahren hinzunehmen. Ein Arzt muß zB einen Patienten auch bei Ansteckungsgefahr weiterbehandeln. Ähnliches kann sich aus der Übernahme einer Schutzposition ergeben. Wer unter Eingehen des Risikos der Selbstgefährdung den Schutz eines Rechtsguts übernimmt, kann sich insoweit nicht auf Unzumutbarkeit der Rettungshandlung berufen, so nicht, wer verspricht, einem in eiskaltem Wasser Badenden bei Gefahr zu helfen, oder wer als Bergführer eine Bergsteigergruppe betreut. Unzumutbar ist weitgehend, die Polizei oder andere staatliche Stellen gegen Angehörige (oder sonst Nahestehende) in Anspruch zu nehmen (vgl. BGH **6** 57, Bremen NJW **57**, 72, Köln NJW **73**, 862) oder diese der Gefahr der Strafverfolgung auszusetzen. Das gilt jedoch nicht, wenn die vom Angehörigen gefährdeten Interessen die mit Inanspruchnahme der Behörde preisgegebenen Interessen wesentlich überwiegen, so ua nicht für die Abwendung von Todesgefahren (vgl. BGH NJW **64**, 732), schweren wiederholten Mißhandlungen eines Kleinkindes (BGH NJW **95**, 2046) oder schwerwiegenden Sexualdelikten (vgl. BGH NStZ **84**, 164). § 139 III läßt diese Fälle unberührt, da er nur eine Sonderregelung für die allgemeine Anzeigepflicht enthält (BGH NStZ **84**, 164). Das Eingehen der Gefahr eigener Strafverfolgung ist zumutbar, wenn sie in ihrem Gewicht erheblich hinter den drohenden Schaden zurücktritt oder die zu befürchtende Strafverfolgung das Verhalten betrifft, aus dem (vorausgegangenes Tun) die Rechtspflicht zur Erfolgsabwendung erwächst (vgl. BGH NJW **64**, 732, **98**, 1574, NStZ **84**, 452 f., aber auch Geilen FamRZ **64**, 386 ff.), dagegen nicht ohne weiteres, wenn für den Fall des Einschreitens eine Strafanzeige wegen einer anderweitigen Tat zu erwarten ist (and. RG **72** 19). Zu den Meinungsverschiedenheiten in diesem Punkt vgl. Ulsenheimer GA 72, 10 ff. Stets zumutbar ist die Beeinträchtigung materieller Rechtsgüter, soweit ein Eingriff in diese nach § 34 zu dulden wäre. Die Zumutbarkeit materieller Opfer ist jedoch hierauf nicht beschränkt (vgl. BGH **4** 20: Gefahr, Stammgast zu verlieren). So sind zB Sicherungsvorkehrungen bei einer Gefahrenquelle trotz der mit ihnen verknüpften finanziellen Belastungen idR zumutbar (vgl. StA Landau MDR **94**, 935: Schutz eines Geländes gegen wilde Müllablagerung). Ferner ist die Zumutbarkeit in Ingerenzfällen grundsätzlich gegeben, wenn die Abwendung drohender Körperschäden materielle Einbußen verursacht. Unzumutbar kann das Tätigwerden jedoch sein, wenn nur geringfügige Körperschäden abzuwenden sind und das hierfür erforderliche Handeln mit schwerwiegenden Einbußen materieller Art, etwa existenzgefährdenden Folgen, verbunden ist (zB beim Rückruf von Produkten, die allenfalls zu leichtem Unwohlsein führen können; vgl. BGH **37** 122). Als erforderliche Handlung gegen rechtswidrige Druckmittel und die hiermit verbundenen Gefahren ist die abverlangte Aufopferung immaterieller oder materieller Güter unzumutbar. Dem Ehegatten, dem für den Fall einer Trennung die Tötung des Kindes angedroht wird, ist nicht das Ausharren in der ehelichen Lebensgemeinschaft zuzumuten (BGH **7** 271). Gleiches gilt bei entsprechender Drohung für die Rückkehr zum anderen Ehegatten. Das Erpressungsopfer, dem mit Tötung eines Angehörigen gedroht wird, muß die Gefahr nicht durch Erfüllung des Geforderten beseitigen. Zur Frage der Zumutbarkeit, das eigene, vom Feuer bedrohte Kind aus dem Fenster in die Arme Hilfsbereiter zu werfen, vgl. Ulsenheimer JuS 72, 256, Spendel JZ 73, 143. Zum Zumutbarkeitsproblem vgl. noch RG **58** 98, 227, **70** 393, **77** 127, JW **39**, 401, BGH GA **63**, 16, Vogel aaO 182 ff. Zur Zumutbarkeit bei Fahrlässigkeitsdelikten vgl. Jakobs, Studien zum fahrlässigen Erfolgsdelikt, 1972, 141 ff., auch § 15 RN 204 u. 126 vor § 32.

Zu der Frage, ob und inwieweit die in Art. 4 GG garantierte *Glaubens- und Gewissensfreiheit* zu einer Beschränkung der Strafbarkeit des Unterlassens führen kann, vgl. 120 vor §§ 32 ff. **156 a**

V. Die **Rechtswidrigkeit** der Unterlassungsdelikte stellt, wie Kaufmann aaO 127 ff., 306 ff. zutreffend dargetan hat, kein Sonderproblem dar. Wer eine erforderliche und zumutbare Handlung unterläßt und damit einen Straftatbestand erfüllt, verhält sich grundsätzlich rechtswidrig und kann nur durch Rechtfertigungsgründe (zB Pflichtenkollision; vgl. 71 ff. vor § 32, Notstand; vgl. § 34 RN 5) gerechtfertigt sein. **157**

VI. Ob dem Täter ein **Handeln** oder **Unterlassen** zur Last fällt, kann im Einzelfall zweifelhaft **158** sein. Insb. könnte bei unvorsichtigen Handlungen der strafrechtlich relevante Teil des Verhaltens auch im Unterlassen einer ordnungsmäßigen Handlung gesehen werden, so wenn der Maurer einen feuergefährlichen Schornstein baut (vgl. BGH **11** 119) oder jemand einen Gasbadeofen falsch installiert (LG Stade NJW **58**, 1311, Bruns NJW **58**, 1257). Die Feststellung, ob einem Tun oder einem Unterlassen maßgebliche Bedeutung zukommt, ist zu treffen, weil die Verantwortlichkeit für ein Unterlassen eine besondere Rechtspflicht zum Handeln voraussetzt. Die Entscheidung hängt davon ab, bei welcher Verhaltensform der Schwerpunkt liegt (BGH **6** 59, NStZ **99**, 607, Stuttgart FamRZ **59**, 74, Karlsruhe NJW **80**, 1859, Düsseldorf JMBlNW **83**, 200; vgl. ferner BGH MDR **66**, 600, H. Mayer AT 112, Blei I 310, Ranft JuS 63, 340, Roxin ZStW 74, 413 ff., Spendel, Eb. Schmidt-FS 190, Wessels/Beulke RN 699, auch ÖstOGH JBl 89, 457: Primat des Tuns; gegen Schwerpunktansatz Struensee Stree/Wessels-FS 137 ff.; eingehend zum Problem u. zum Meinungsstand Stoffers, Die Formel „Schwerpunkt der Vorwerfbarkeit" bei der Abgrenzung von Tun und Unterlassen, Diss. Köln 1992; vgl. auch Stoffers JuS 93, 23). Zumeist dürfte das Schwergewicht bei der Handlung liegen. Daß „im Zweifel" positives Tun anzunehmen sei, wie Spendel (Die Kausalitätsformel usw [1948] S. 50 ff., Eb. Schmidt-FS 194) und Arthur Kaufmann (Eb. Schmidt-FS 212) meinen, läßt sich jedoch angesichts der Tatsache, daß Unterlassungen von nebensächlichen Handlungen begleitet sein können, nicht befürworten; vgl. hierzu den Sachverhalt bei Stuttgart aaO. Tötung durch positives Tun liegt zB vor, wenn der Arbeitgeber seinen Arbeitern verseuchtes Material zur Verarbeitung gibt, nicht etwa Tötung durch Unterlassen der gebotenen Desinfektion (vgl. RG **63** 211, Boldt ZStW 68, 346, Engisch Gallas-FS 184 ff., M-Gössel II 175, Blei I 310, Schmidhäuser 700, Jescheck/Weigend 604; and. Exner Frank-FG I 585 f.), ebenso wenn der Kraftfahrer einem Fahruntüchtigen, bei dem die Eigenverantwortlichkeit nicht (mehr) vorliegt, das Steuer überläßt (Karlsruhe NJW **80**, 1859; and. BGH NJW **59**, 1979; vgl. aber auch Hamburg VRS **25** 434) oder ein Fahrer im Führerhaus seines LKWs ein kleines Kind ohne Begleitperson mitnimmt und das Kind die Tür während der Fahrt öffnet und tödlich verunglückt (and. Karlsruhe VRS **50** 414). Der Kraftfahrer, der einen Überfall eines Mitfahrers auf einen anderen Mitfahrer bemerkt und gleichwohl weiterfährt, leistet Hilfe durch positives Tun (BGH DAR **81**, 226). Ebenfalls liegt aktives Tun vor, wenn jemand mit einem Kfz fährt, das ein anderer mit einem beleidigenden Spruch versehen hat, nicht ein bloßes Unterlassen durch Nichtentfernen des Spruches (Weber Oehler-FS 85). Entsprechendes gilt für das Führen eines LKWs, den ein anderer unsorgfältig beladen hat und dessen Ladung infolgedessen während der Fahrt herunterfällt und Verkehrsteilnehmer verletzt. Ferner kann psychisches Mitwirken (BGHR § 13 Abs. 1 Tun **1**) oder Einwirken durch verbale Attacken (BGHR § 13 Abs. 1 Tun **2**) als aktives Tun zu werten sein. Andererseits handelt es sich um eine Unterlassungstat, wenn ein Arzt die Behandlung eines unheilbar Erkrankten dadurch beendet, daß er das Pflegepersonal anweist, statt der erforderlichen künstlichen Ernährung nur noch Tee zu verabreichen (vgl. BGH **40** 266 u. dazu Stoffers Jura 98, 580). Vgl. zum Ganzen krit. Welp aaO 103 ff., ferner Engisch Gallas-FS 163 ff., Kienapfel ÖJZ 76, 281, Rudolphi SK 6 f., Eser II 44 f., Sieber JZ 83, 431. Bleibt offen, ob ein Handlungspflichtiger die Tat durch positives Tun oder Unterlassen begangen hat, so ist wegen des Unterlassungsdelikts zu verurteilen (keine Wahlfeststellung; vgl. § 1 RN 93, 111). Allg. zur Abgrenzung Volk Tröndle-FS 219, Struensee aaO 133 ff.

159 VII. Zweifelhaft kann sein, ob **Unterlassungsdelikte** auch **durch positives Tun** (vgl. dazu Stoffers JA 92, 138, 177) begangen werden können, wie dies vereinzelt angenommen wird (Meyer-Bahlburg GA 68, 49 ff.); vgl. auch Roxin Engisch-FS 380. Hier wird zB angeführt, daß unterlassene Hilfeleistung vorliege, wenn der Täter bei Hochwasser sein Haus vor dem Ertrinkenden verschließt. Hinter dieser Fragestellung verbirgt sich jedoch ein ganz andersartiges Problem, nämlich die Frage, ob wegen Täterschaft durch positives Tun auch haftet, wer Rettungsmöglichkeiten für einen anderen vernichtet. Die Frage ist zu bejahen. Wer durch positives Tun eine effektive Rettungsmöglichkeit für einen anderen zunichte macht, ist Täter des entsprechenden Delikts (Baumann/Weber/Mitsch 259, M-Gössel II 193; vgl. dazu auch Unberath Jahrb. f. Recht u. Ethik 1995, 437), so in dem von Armin Kaufmann aaO 198 gebildeten Fall, daß A das auf den Ertrinkenden zutreibende Schlauchboot zerstört. Dabei ist unerheblich, ob es sich um Täter handelt, die als Eigentümer verpflichtet wären, ihre Sachen zur Rettung zur Verfügung zu stellen, oder ob andere die Tat begehen. Im genannten Beispiel ist daher ohne Bedeutung, ob das Schlauchboot von seinem Eigentümer oder dritten Personen zum Sinken gebracht wird. Ein bloßes Unterlassungsdelikt (§ 323 c) liegt in diesen Fällen nur vor, wenn sich die Verweigerung der Hilfe auf bloße Untätigkeit beschränkt, zB der Eigentümer die Benutzung seines Bootes zur Rettung eines Ertrinkenden verweigert (Roxin Engisch-FS 388). Überall da aber, wo in den eine Rettung bewirkenden Kausalverlauf durch positives Handeln eingegriffen wird, ist nicht auf die Regeln der Unterlassungsdelikte zurückzugreifen, insb. bedarf es keiner Garantenstellung. U. U. kommt auch Teilnahme statt Täterschaft in Betracht, so zB, wenn jemand Rettungswillige daran hindert, einen Raubüberfall zu vereiteln (Beihilfe zum Raub).

160 Eine andere Frage ist, wie zu entscheiden ist, wenn der **Täter** von ihm selbst eingeleitete **Rettungsmaßnahmen rückgängig** macht oder abbricht. Ein solches Verhalten ist als positives Tun zu werten, wenn die Rettungsmaßnahme, etwa Zuwerfen der Rettungsleine, dem Opfer bereits die Rettungsmöglichkeit eröffnet hat. Dagegen bleibt der Abbruch einer Rettungsmaßnahme dem Unterlassungsbereich zugeordnet, wenn der Täter noch nicht alles zur Rettung Erforderliche getan hat. Vgl. dazu Engisch Gallas-FS 182 ff., Roxin Engisch-FS 380 ff., Samson Welzel-FS 579 ff., Wessels/Beulke RN 702. Umstritten ist, ob das Abbrechen einer mit technischen Mitteln betriebenen Rettungsaktion wie Abschalten eines Kreislauf und Atemtätigkeit aufrechterhaltenden Geräts durch den behandelnden Arzt in den Unterlassungsbereich oder den Bereich positiven Tuns fällt. Für Zuordnung zum Unterlassungsbereich ua Engisch aaO 178, Frisch, Tatbestandsmäßiges Verhalten und Zurechnung des Erfolgs, 1988, 134, Geilen FamRZ 68, 126, Heinitz-FS 383 FN 22, Küper JuS 71, 476, Lenckner Medizinische Klinik 69, 1005, Roxin aaO 395 ff., NStZ 87, 349, Wessels/Beulke RN 703 sowie Schneider, Tun und Unterlassen beim Abbruch lebenserhaltender medizinischer Behandlung, 1997, StrAbh. NF Bd. 105; für positives Tun zB Baumann/Weber/Mitsch 260, Bockelmann, Strafrecht des Arztes, 1968, 112, Jescheck/Weigend 604, Kargl GA 99, 459, Rudolphi SK 47, Samson aaO 601 f., Sax JZ 75, 137 ff. Zur Begründung für die Zuordnung zum Unterlassungsbereich wird namentlich auf den sozialen Handlungssinn abgestellt, der hier keine andere Bewertung zulassen soll als beim Abbruch manueller Behandlung. Die Gegenmeinung stellt demgegenüber das aktive Tätigwerden (Knopfdruck) und den damit verbundenen verschlechternden Eingriff in den Vordergrund. Unangemessene Ergebnisse sollen vermieden werden durch Einschränkung des Verbots aktiver Tötung (so Samson aaO: Recht auf „natürlichen Tod"), durch Abstellen auf einen der Fortsetzung der Reanimation nicht mehr entsprechenden Willen des Patienten (so Rudolphi aaO) oder durch eine am Schutzzweck der Norm und am Rechtsgut „Leben" ausgerichtete Haftungsbeschränkung (so Sax aaO 149 f.). Indes lassen solche Einschränkungen die Gefahr einer Ausweitung befürchten. Soweit auf den Patientenwillen abgestellt wird, kommt zudem ein gewisser Unsicherheitsfaktor zum Tragen. Nimmt man andererseits ein Begehungsdelikt ohne Einschränkung an, so wäre den Ärzten nicht zu raten, eine Maschine konstruieren zu lassen, die nur eine eng begrenzte Zeit läuft und bei Ablauf dieser Zeit einen neuen Impuls zum Weiterlaufen benötigt. Von der Konstruktion eines Apparates kann aber die rechtliche Bewertung nicht abhängen. Man wird daher das Nichtweiterbehandeln als entscheidenden

Gesichtspunkt anzusehen und das Abschalten nach den Regeln der Unterlassungstat zu beurteilen haben. Vgl. auch LG Ravensburg JZ **88**, 207.

VIII. Auch sog. **Tätigkeitsdelikte** sind als Unterlassungsdelikte begehbar, nicht nur Erfolgsdelikte. **161**
Die echten Unterlassungsdelikte sind ja vom Gesetz selbst zumeist als schlichte Begehungsdelikte konstruiert. Vgl. Steiner MDR 71, 260, Vogel aaO 101.

IX. Zum **Vorsatz** bei Unterlassungsdelikten vgl. § 15 RN 93 ff. Zur Fahrlässigkeit vgl. Struensee **162**
JZ 77, 217. Zum **Versuch** bei Unterlassungsdelikten vgl. 27 vor § 22 sowie § 22 RN 47 ff. Zum Rücktritt vom Versuch eines unechten Unterlassungsdelikts vgl. Küper ZStW 112, 1 mwN. Zur Abgrenzung zwischen **Täterschaft u. Teilnahme** bei Unterlassungsdelikten vgl. 85 ff. vor § 25. Zur Frage, ob die Garantenstellung ein besonderes persönliches Merkmal iSv § 28 ist, vgl. § 28 RN 19. Zu **Konkurrenzproblemen** vgl. 28 vor § 52, RN 19 zu § 52, Vogel aaO 237 ff.

§ 13 Begehen durch Unterlassen

(1) **Wer es unterläßt, einen Erfolg abzuwenden, der zum Tatbestand eines Strafgesetzes gehört, ist nach diesem Gesetz nur dann strafbar, wenn er rechtlich dafür einzustehen hat, daß der Erfolg nicht eintritt, und wenn das Unterlassen der Verwirklichung des gesetzlichen Tatbestandes durch ein Tun entspricht.**

(2) **Die Strafe kann nach § 49 Abs. 1 gemildert werden.**

Schrifttum: s. Angaben zu den Vorbem. 134 ff. vor § 13.

I. Die Vorschrift über **unechte Unterlassungsdelikte** beschränkt sich auf eine allgemeine Richt- **1**
linie ohne scharf umrissene Konturen. Die Frage, wann tatbestandlich das Unterlassen dem positiven Tun gleichsteht, beantwortet sie mit einer allgemein gehaltenen Klausel, die auf das Erfordernis einer **Garantenstellung** deutet, ohne jedoch deren Voraussetzungen genau zu umschreiben. Es bleibt daher Rechtslehre und Rspr. überlassen, die Garantenmerkmale im einzelnen herauszuarbeiten. Bei ihnen handelt es sich um ein Tatbestandsproblem (BGH **2** 155, **3** 89, **14** 232, [GrS] **16** 158, Engisch Mezger-FS 158, Gallas ZStW 67, 26, Jescheck/Weigend 616, Wessels/Beulke RN 715). Demgegenüber hat man zT die Garantenstellung als Merkmal der Rechtswidrigkeit angesehen (zB Frank § 1 Anm. IV, Mezger 138, Sauer Mezger-FS 119). Zu ausländischen Regelungsentwürfen vgl. Jescheck Tröndle-FS 795.

Nicht anwendbar ist § 13 auf Unterlassungstaten, deren Strafbarkeit sich unmittelbar aus der **1 a**
Auslegung einer Strafvorschrift ergibt, wie bei § 266 oder sonst bei Verletzung besonderer Pflichten gegenüber bestimmten Rechtsgütern (vgl. 136 vor § 13). Das muß auch gelten, wenn diese Taten entgegen den Ausführungen o. 137 vor § 13 als unechte Unterlassungsdelikte angesehen werden (vgl. Seebode JR 89, 302 zu §266). Da hier eine Strafbestimmung das Unterlassen unmittelbar erfaßt, ist sie einschließlich des Strafrahmens allein maßgebliche Vorschrift, so daß eine Strafmilderung nach § 13 II entfällt (Tröndle/Fischer 3, Jescheck LK 10, Jescheck/Weigend 612, Rudolphi SK 4, 6; vgl. auch BGH NJW **82**, 2882; and. M-Gössel II 216, Schünemann ZStW 96, 317). Demgegenüber soll nach BGH **36** 227 m. Anm. Timpe JR 90, 428 die Anwendbarkeit des § 13 II nur entfallen, wenn eine Strafvorschrift im BT das Unterlassen in den Strafrahmen einbezieht, wie bei §§ 225, 315 c I Nr. 2 g, 340, 353 b II, 357. Bei § 266, bei dem sich die Gleichstellung des Unterlassens mit dem positiven Tun aus der Auslegung des Tatbestandsmerkmals „Pflichtverletzung" ergibt, soll dagegen, weil sich der Vorschrift eine abschließende Regelung des Strafrahmens bei Unterlassungen nicht entnehmen lasse, § 13 II anwendbar sein (ebenso BGH NStZ-RR **97**, 357). Der Begründung steht jedoch entgegen, daß es strukturell keinen Unterschied macht, ob in einer Strafvorschrift die Tathandlung so umschrieben ist, daß sie positives Tun und Unterlassen gleicherweise umfaßt, oder ob das Unterlassen neben dem Tun genannt wird. Der Strafrahmen muß daher in beiden Fällen als abschließende Regelung verstanden werden. Wer als Vertreter (§ 14) eines Kaufmanns erforderliche Buchungen nicht vornimmt und dadurch gegen § 283 I Nr. 5 oder § 283 b I Nr. 1 verstößt, ist mit einer Strafe aus dem normalen Strafrahmen zu belegen. Fallen die unterlassenen Buchungen unter § 266, so kann nichts anderes gelten. Mit der Umschreibung der Tathandlung wird auch in § 266 zur Genüge kenntlich gemacht, daß keine Besonderheiten für ein Unterlassen gelten. Zu den §§ 171, 319, 336 läßt sich Entsprechendes sagen (zu § 171 vgl. Neuheuser NStZ 2000, 179), ferner zu § 153 (Verschweigen beweiserheblicher Tatsachen wiegt ebenso schwer wie wahrheitswidrige Bekundungen). Mögliche Fälle, in denen pflichtwidriges Untätigbleiben geringeres kriminelles Unrecht aufweist, lassen sich innerhalb des normalen Strafrahmens hinreichend berücksichtigen.

1. Die **Gleichstellung** des Unterlassens **mit dem Tun** setzt voraus, daß der Täter einen Erfolg, der **2**
zum Tatbestand eines Strafgesetzes gehört, nicht abwendet, obwohl er rechtlich dafür einzustehen hat, daß der Erfolg nicht eintritt. Der Täter muß hiernach Garant für den Nichteintritt eines Erfolges sein. Die unechten Unterlassungsdelikte sind daher Sonderdelikte des Handlungspflichtigen (Henkel MschrKrim 61, 179, Jakobs 781). Die Garantenstellung ist Tatbestandsmerkmal, nicht jedoch die Handlungspflicht (Garantenpflicht) als solche; diese ist wie die Unterlassungspflicht bei den Begehungsdelikten Bestandteil der Rechtswidrigkeit (BGH [GrS] **16** 158, Jescheck/Weigend 636; vgl. § 15 RN 96, aber auch Stratenwerth 280).

3 Als **Erfolg,** der zu einem Straftatbestand gehört, ist nicht nur der Erfolg iSv Erfolgsdelikten zu verstehen, dh Verletzung des Handlungsobjekts oder dessen konkrete Gefährdung (and. Jescheck LK 2, Tröndle-FS 796, der jedoch bei Beihilfe durch Unterlassen erweiternd die Haupttat als Erfolg ansieht). Das Merkmal ist vielmehr weit auszulegen und als das tatbestandsmäßige Geschehen aufzufassen, das eine Strafbestimmung für die Tatvollendung voraussetzt. Vgl. dazu Jakobs 785, Schöne aaO 326, auch Bay **78** 132, Baumann/Weber/Mitsch 263, Tröndle/Fischer 3. Demgemäß können auch abstrakte Gefährdungsdelikte durch Unterlassen begangen werden (Stuttgart NuR **87**, 281, Lackner 6; einschr. Geidies NJW 89, 821). Wer in der irrigen Annahme einer Straftat eine unrichtige Strafanzeige aufgesetzt hat, macht sich nach § 145 d strafbar, wenn er nach Erkennen seines Irrtums bewußt nicht verhindert, daß ein anderer, gutgläubig handelnd, der StA die Anzeige zuleitet. Fraglich ist, ob auch der hinter dem Tatbestand stehende Erfolg, dem die Gefährdungsvorschrift entgegenwirken soll, als abzuwendende Folge einzubeziehen ist. Er ist zwar nicht unmittelbarer Teil des Tatbestands, gehört aber wegen der Ausrichtung des Tatbestands zu diesem, wie auch beim konkreten Gefährdungsdelikt der aus ihm hervorgehende Verletzungserfolg iSv § 13 zum Tatbestand gehört. Wer wahrheitswidrig, jedoch nicht wider besseres Wissen Strafanzeige erstattet, hat hierdurch ausgelöste Ermittlungen der Strafverfolgungsbehörde durch Berichtigung der Anzeige aufzuhalten; er erfüllt daher den Tatbestand des § 145 d, wenn er die Berichtigung nach Erkennen seines Irrtums unterläßt. Bloßes Weiterbestehen einer herbeigeführten abstrakten Gefahr ist dagegen nicht als ein abzuwendender Erfolg anzusehen (vgl. BGH **36** 258 zu § 326, auch u. 42). Vgl. zum Ganzen noch Tenckhoff Spendel-FS 347.

4 2. Außerdem muß das Unterlassen der Verwirklichung des gesetzlichen Tatbestands durch ein Tun **entsprechen.** Das Erfordernis bedeutet nicht, daß eine Gesamtbewertung zu erfolgen hat und zu prüfen ist, ob dem Unterlassen in der Unrechtsbewertung das gleiche Gewicht zukommt wie der Begehung durch ein Tun. Eine in diese Richtung gehende Auslegung würde die Rechtssicherheit beeinträchtigen (Jescheck/Weigend 630, Roxin JuS 73, 199). Mit dem Merkmal des Entsprechens sind vielmehr die besonderen Momente angesprochen, die einer Tat ihr spezifisches Gepräge geben (**Modalitätenäquivalenz**). Es gewinnt daher Bedeutung bei sog. verhaltensgebundenen Delikten, dh bei Straftatbeständen, die besondere Handlungsweisen voraussetzen, etwa Heimtücke (§ 211), Zwang (§ 240), Täuschung (§ 263; vgl. dazu Hillenkamp JR 88, 303), störende Einwirkung auf technischen Aufzeichnungsvorgang (§ 268 III; vgl. dazu BGH **28** 307). In solchen Fällen entspricht das Unterlassen dem Tun nur, wenn es in gleichwertiger Weise die besonderen Handlungsmodalitäten verwirklicht, es also dem Tun vergleichbare Prägung besitzt und damit im sozialen Sinngehalt mit der Tatbestandshandlung des Begehungsdelikts übereinstimmt. Nicht einzustehen hat hiernach der Schutzpflichtige (vgl. u. 10) grundsätzlich für strafschärfende Merkmale, die an eine besondere verbrecherische Intensität anknüpfen (vgl. Armin Kaufmann aaO 289). Er erfüllt zB nicht die Voraussetzungen des § 224, wenn er eine Verletzung seines Schützlings durch einen gefährlichen Gegenstand (vgl. § 224 RN 9 a) oder durch einen hinterlistigen Überfall nur geschehen läßt. Ebensowenig begeht er einen Mord, weil er eine heimtückische Tötung nicht unterbindet (nur Totschlag durch Unterlassen, sofern beim Unterlassungstäter keine Mordmerkmale vorliegen). Anderes gilt für einen Überwachungspflichtigen, der einer Tat der zu beaufsichtigenden Person nicht entgegentritt (vgl. u. 13). Er hat auch dafür zu sorgen, daß der zu Beaufsichtigende nicht mit besonderer krimineller Intensität vorgeht. Der Vater beteiligt sich zB am erhöhten Unrecht nach § 224, wenn er seinen minderjährigen Sohn nicht daran hindert, einen anderen niederzustechen. Auch bei Schutzpflichtigen entspricht das Unterlassen grundsätzlich dem Tun, wenn es sich um Tatmodalitäten handelt, die sich aus einer intensiveren Verletzung oder einer gesteigerten Gefährdung ergeben. Dem Garanten, der einen grausamen Tod (§ 211) oder eine lebensgefährdende Behandlung (§ 224) nicht vereitelt, fällt daher das größere Unrecht zur Last. Bei reinen Erfolgsdelikten (Totschlag, Körperverletzung usw), bei denen es auf spezifische Begehungsweisen nicht ankommt, sondern allein auf die Verursachung des tatbestandsmäßigen Erfolgs, entfällt eine Gleichwertigkeitsprüfung, da bereits die mögliche Nichtabwendung des Erfolgs seitens des Garanten dem Tun entspricht (Karlsruhe JR **89**, 212, Tröndle/Fischer 17, Jescheck LK 5, Roxin aaO). Für Anwendbarkeit der Entsprechensklausel bei der Körperverletzung mit Todesfolge jedoch Ingelfinger GA 97, 586 ff. Danach soll das Unterlassen dem Tun nur entsprechen, wenn es eine Gefahr erst schafft, nicht dagegen, wenn bereits eine Todesgefahr besteht, mag auch der Garant sie hätte beseitigen können. Die Einschränkung ist indes höchst anfechtbar. Sie wird dem Umstand nicht gerecht, daß der Garant den Eintritt des Todes hätte verhindern können. Das Zumutbarkeitsproblem (vgl. u. 155 vor § 13) ist unabhängig von der Entsprechungsklausel zu beurteilen (and. Karlsruhe MDR **75**, 771). Zum Gleichwertigkeitserfordernis vgl. noch Herzberg, Unterlassung, S. 66 ff., Jescheck LK 5 f., Kienapfel ÖJZ 76, 197 ff., Rudolphi SK 17 f., Schöne aaO 331 ff., Schünemann aaO 276 ff., 371 ff. Vgl. ferner Nitze, Die Bedeutung der Entsprechensklausel beim Begehen durch Unterlassen, 1989, Vogel aaO 141.

5 3. Mit der gesetzlichen Regelung der unechten Unterlassungsdelikte sind **verfassungsrechtliche Bedenken entfallen,** die aus einem Analogieverbot hergeleitet worden sind. Verfassungsrechtliche Bedenken könnten allenfalls noch wegen der ungenauen Umschreibung der Tatbestandsvoraussetzungen erhoben werden. Einem Verstoß gegen das Bestimmtheitsgebot (Art. 103 II GG) steht jedoch entgegen, daß die in Rechtslehre und Rspr. herausgearbeiteten Garantenmerkmale die tatbestandliche Voraussetzung „rechtlich dafür einzustehen hat" hinreichend eingrenzen (vgl. BVerfGE **96** 97 = NW

98, 56). Daß einzelne Garantenmerkmale und deren Reichweite umstritten sind, hebt die tatbestandliche Bestimmtheit ebensowenig auf wie sonst ein Streit über die Auslegung eines Tatbestandsmerkmals, mögen auch bei der Auslegung der Garantenmerkmale mehr Differenzen bestehen als bei der Auslegung sonstiger Tatbestandsmerkmale und mag auch ein erheblicher Klärungsbedarf zu verzeichnen sein. I. E. ebenso Tröndle 3, Jescheck LK 14, Jescheck/Weigend 610, Rudolphi SK 3, M-Gössel II 191. Vgl. aber auch die Bedenken bei Baumann/Weber/Mitsch 262, Schöne aaO 341, Schürmann, Unterlassungsstrafbarkeit und Gesetzlichkeitsgrundsatz, StrAbh. NF 59, 1986, 126 ff., Seebode Spendel-FS 329 ff., Stratenwerth 268. Zur verfassungsrechtlichen Problematik vgl. näher Albrecht aaO 133 ff.

4. Gleichwohl lassen sich gegen § 13 angesichts seines wenig aussagekräftigen Inhalts erhebliche **6** Bedenken geltend machen. Man darf indes nicht übersehen, daß sich einer gesetzlichen, die strafwürdigen Fälle scharf umreißenden Regelung unüberwindliche Schwierigkeiten entgegenstellen, jedenfalls zZ noch. Der gelegentlich diskutierte Vorschlag, die unechten Unterlassungsdelikte zu echten zu machen, die im BT zu regeln wären (vgl. Grünwald ZStW 70, 412 ff., dagegen aaO 342 ff.), ist nicht durchführbar, weil – von einigen Prototypen abgesehen – eine exakte abschließende Entscheidung unmöglich wäre (vgl. auch Meyer-Bahlburg MschrKrim 65, 252), wie das Beispiel der fahrlässigen Tötung erweist. Vgl. jedoch Busch v. Weber-FS 192 ff. Muß man sich daher vorerst mit der unvollkommenen Regelung des § 13 abfinden, so hat man sich andererseits aber davor zu hüten, die Vorschrift großzügig zu interpretieren und den Strafbereich der unechten Unterlassungsdelikte übermäßig auszudehnen. Zu den Gefahren, die sich aus § 13 ergeben können, vgl. Schöne aaO 341.

II. Tatbestandsmerkmal aller unechten Unterlassungsdelikte ist die Stellung als **Garant** für die **7** Schadensabwehr, dh eine Summe von Voraussetzungen, aus denen sich die Pflicht ergibt, gegen Rechtsgutgefährdungen einzuschreiten. Die Pflicht muß eine **Rechtspflicht** sein; rein sittliche (moralische) Pflichten genügen nicht (RG **64** 275). Sie kann jedoch nicht nur ausdrücklichen Rechtssätzen entnommen werden, sondern auch allgemeinen Rechtsprinzipien.

Während man früher als Entstehungstatbestand derartiger Pflichten **Gesetz, Vertrag** oder **eigenes 8 gefährliches Tun** bezeichnet hat (vgl. zB RG **63** 394; dagegen BGH **19** 167 m. Anm. Schröder JR 64, 225), dringt derzeit die Überzeugung vor, daß diese Einteilung zT irreführend, zT falsch ist (Henkel MschrKrim 61, 184). Vielmehr muß die rechtliche Stellung des Unterlassenden zum gefährdeten Rechtsgut oder zum schädigenden Ereignis maßgebend sein (Henkel aaO). Vgl. auch Rudolphi aaO 101 ff., SK 24, Schmidhäuser 666, Stratenwerth 268. Demgegenüber betont Blei (H. Mayer-FS 119 ff.) die größere Bedeutung des Gesetzes und des Vorverhaltens als pflichtbegründende Tatbestände. Auch er muß jedoch zugeben, daß damit nur ein Teil der Fälle erfaßt werden kann (aaO 142); zudem berücksichtigt er nicht hinreichend, daß zwischen einem gefahrbegründenden und einem vertrauensbegründenden Vorverhalten derartige qualitative Unterschiede bestehen, daß ihre Zusammenfassung unter dem Oberbegriff „Vorverhalten" wenig ergiebig erscheint. Ist somit die rechtliche Stellung des Unterlassenden zum gefährdeten Rechtsgut oder zum schädigenden Ereignis maßgebendes Kriterium, so darf der Blick hierbei jedoch nicht einseitig auf den Inhalt der Handlungspflicht gerichtet werden. Einzubeziehen ist stets auch die rechtliche Grundlage dieser Pflicht. Maßgebend sind also Entstehungsgrund und materieller Gehalt der Handlungspflicht, dh geboten ist eine Verbindung der formellen und materiellen Betrachtungsweise (Jescheck LK 19, Jescheck/Weigend 621, Stree H. Mayer-FS 146 f.).

Alle Garantenpflichten innerhalb der unechten Unterlassungsdelikte lassen sich auf zwei Grund- **9** situationen zurückführen. Im einen Fall geht die Pflicht dahin, das Rechtsgut gegen Gefahren aus allen Richtungen zu schützen (**Beschützergarant;** vgl. jedoch u. 14); im zweiten Fall hat der Garant grundsätzlich alle Rechtsgüter gegenüber Gefährdungen zu schützen, die aus einer Gefahrenquelle stammen, für die er verantwortlich ist (**Überwachungsgarant**); vgl. dazu Armin Kaufmann aaO 283. Diese Einteilung hat vor allem systematische Bedeutung; sie sagt über Inhalt und Umfang der dem Garanten obliegenden Pflichten wenig aus (vgl. aber 154 vor § 13, o. 4).

1. Zur **ersten Gruppe** gehören Verpflichtungen aus der natürlichen Verbundenheit zwischen 2 **10** Personen, von denen die eine der anderen gegenüber schutzpflichtig ist, so zwischen Ehegatten, zwischen Eltern und Kindern, zwischen Geschwistern usw (vgl. u. 17 ff.). Diesen Fällen stehen diejenigen nahe, bei denen sich eine Schutzpflicht aus der gemeinsamen Zugehörigkeit zu einer engen Gemeinschaft ergibt (u. 23 ff.). Derartige Schutz- und Beistandspflichten können aber auch dadurch begründet werden, daß jemand sie gegenüber einem bestimmten Rechtsgut übernimmt, sich also „auf Posten stellen" läßt. Das geschieht durch tatsächliche Übernahme bestimmter, der Gefahrenabwehr dienender Aufgaben, sei es für den Einzelfall, sei es durch Übernahme bestimmter Stellungen oder Ämter, mit denen solche Schutzpflichten verknüpft sind. Das gilt zB für Lehrer gegenüber ihren Schülern, für Ärzte gegenüber Patienten, für Bergführer gegenüber der zu betreuenden Gruppe, für Badewärter, Leibwächter, Kinderpflegerinnen usw (vgl. u. 26 ff.). Eine Rechtspflicht zur Abwendung von Gefahren für bestimmte Rechtsgüter kann aber auch auf Grund einer besonderen Tätereigenschaft bestehen, die eine besondere Pflichtenstellung begründet (vgl. u. 31).

2. Die **zweite Gruppe** der Garanten ist dadurch gekennzeichnet, daß der Unterlassende Gefah- **11** renquellen eröffnet oder für solche verantwortlich ist und sich daraus seine Pflicht ergibt, Schädigungen anderer zu verhindern. Hier wird seine Pflicht nicht durch seine Beziehung zu bestimmten Rechtsgütern begründet, sondern er ist der Allgemeinheit gegenüber für bestimmte Gefahrenquellen verantwortlich. Nur mittelbar wird der Schutz des Rechtsguts erreicht, gegen das sich die Gefahr konkretisiert. Die Verantwortlichkeit für bestimmte Gefahrenquellen kann auch auf andere übertragen werden, so daß diese kraft Übernahme neben dem zunächst Verantwortlichen eine Garantenstellung erlangen (vgl. u. 26 ff.).

12 Zur zweiten Gruppe gehört einmal die Verpflichtung aus vorangegangenem Tun. Wer durch Handeln oder Unterlassen die nahe (adäquate) Gefahr schädlicher Erfolge herbeigeführt hat, ist verpflichtet, diese zu verhindern (vgl. u. 32 ff.). Ein weiterer Fall von Handlungspflichten liegt vor, wenn jemand für bestimmte Gefahrenquellen verantwortlich ist und sich daraus eine Pflicht ergibt, von diesen ausgehende Gefahren für fremde Rechtsgüter zu beseitigen, so zB, wenn er Sachen, Anlagen usw ordnungsgemäß instandzuhalten oder Tiere zu beaufsichtigen hat. Auch für sein Eigentum und für die Aufrechterhaltung der Ordnung innerhalb bestimmter räumlicher Bereiche kann jemand verantwortlich sein (vgl. u. 43 ff.).

13 Außerdem gehören zur zweiten Gruppe noch die Personen, die für das Handeln anderer Personen verantwortlich sind, diese also so zu beaufsichtigen haben, daß sie Dritten keinen Schaden zufügen. So macht sich zB verantwortlich, wer deliktische Handlungen seines minderjährigen Kindes nicht verhindert (vgl. u. 51 ff.).

14 3. Daß ein Unterlassen rechtspflichtwidrig war, kann nicht allein mit der Feststellung begründet werden, der Unterlassende habe eine Garantenstellung in bezug auf die betroffene Person oder das betroffene Rechtsgut gehabt. Denn nicht alle Garantenstellungen haben unterschiedslos denselben unbegrenzten Pflichtenbereich; vielmehr sind in jedem Einzelfall **Inhalt und Zielrichtung der Garantenpflicht** zu berücksichtigen (ebenso Bay NStZ-RR **98**, 329, ÖstOGH 54, 70). Das kann ergeben, daß der Unterlassende nur in bestimmter Richtung strafrechtlich verantwortlich ist, nämlich insoweit, als gerade der spezifische Schutzzweck der Garantenstellung ein Handeln in der konkreten Situation erforderte (vgl. M-Gössel II 198, Rudolphi aaO 93 f., Bärwinkel aaO 114 ff.; vgl. auch u. 35 a). Eine gewisse Parallele besteht bei der Fahrlässigkeit: fahrlässige Erfolgsverursachung nur, wenn der Erfolg in der konkreten Art seines Eintritts in den Schutzbereich der verletzten Pflicht fällt (vgl. § 15 RN 174 ff.; vgl. auch u. 35 a). Die Rspr. hat das nicht immer hinreichend beachtet und deshalb aus der ehelichen Lebensgemeinschaft, aus der Stellung als Haushaltungsvorstand, als Vater usw verfehlt die Pflicht abgeleitet, Straftaten der genannten Schutzpersonen entgegenzutreten (vgl. dagegen u. 53; richtig aber Schleswig NJW **54**, 285: keine Pflicht des Arbeitgebers, Schwangerschaftsabbruch seiner in den Haushalt aufgenommenen Hausangestellten zu unterbinden). Ähnlich verfehlt sind Entscheidungen, in denen die Verurteilung aus § 306 aF (jetzt § 306 a) aus dem Versicherungsvertrag begründet wird (RG **64** 277, BGH NJW **51**, 204). Zur Anwendung dieses Grundsatzes auf die einzelnen Garantenpflichten vgl. zB u. 21, 35 a, 44, 52.

15 Eine neue Begründung und Begrenzung der unechten Unterlassungsdelikte hat Schünemann aaO unternommen, indem er als Zurechnungsgrund für die Beziehung zwischen Person und Erfolg die Herrschaft über den Grund des Erfolges bezeichnet (S. 237) und dafür die Natur der Sache in Anspruch nimmt (S. 241). Damit läßt sich zwar eine Begründung für die Existenz der unechten Unterlassungsdelikte herstellen; für deren Grenzen ist jedoch wenig an Sicherheit gewonnen. Vgl. dazu Brammsen aaO 69 ff. Für Einschränkung der Garantenstellung nach dem Prinzip der Handlungsverantwortung Seelmann GA 89, 241. Danach soll grundsätzlich nötig sein, daß zurechenbar eine Gefahr geschaffen, eine Abwehrbereitschaft entzogen oder die Verantwortung für die Gefahr oder das Fehlen der Abwehrbereitschaft übernommen worden ist. Eine Ausnahme von diesem Erfordernis soll für familiäre und staatliche Pflichten gelten, soweit sie Bedingung der Möglichkeit eines auf Handlungsverantwortung gründenden Systems von Handlungspflichten sind. Zu sonstigen Ansätzen vgl. Sangenstedt, Garantenstellung und Garantenpflicht von Amtsträgern (Diss. Bonn), 1989.

16 4. Die Differenzierung der Handlungspflichten sowohl nach Entstehungsgrund wie nach Inhalt und Zielrichtung bedeutet jedoch **nicht**, daß die einzelnen Pflichten, wenn sie vorliegen, **in ihrer Intensität** voneinander **verschieden** wären. Auch die Pflichten aus der Verantwortlichkeit für bestimmte Gefahrenquellen sind keine Pflichten minderen Grades, wenn sie dem Schutz von Rechtsgütern auch nur mittelbar dienen. Sobald die Gefahr sich auf ein bestimmtes Rechtsgut konkretisiert hat, ist der Verantwortliche in gleicher Weise und mit gleicher Intensität zum Schutz dieses Rechtsguts verpflichtet, wie wenn er diesem gegenüber unmittelbar eine Schutzpflicht gehabt hätte. Das zeigt sich schon darin, daß in bestimmten Situationen mehrere Garantenpositionen zusammentreffen können, zB, wenn in einer Anstalt der Aufseher nicht einschreitet, wenn ein Insasse einen anderen verletzt. Er ist dem Täter gegenüber kraft Aufsichtspflicht gehalten, dessen Straftaten zu verhindern, hat aber andererseits dem Verletzten gegenüber eine Obhutspflicht, so daß bei Untätigkeit beide Pflichten verletzt werden. Vgl. auch Schünemann aaO 280.

III. Die einzelnen Garantenstellungen

17 1. Eine Pflicht, zum Schutz anderer Personen und deren Rechtsgüter tätig zu werden, kann sich zunächst aus **enger persönlicher Verbundenheit** ergeben (RG **69** 322, BGH MDR/D **73**, 369, Jescheck LK 21 ff., krit. u. zT abl. zB Gallas aaO 92 ff., Geilen FamRZ 61, 147, Rudolphi SK 49). Dabei ist zu beachten, daß eine nur moralische Pflicht nicht genügt, weshalb zB Liebesverhältnisse, Freundschaften und ähnliche Beziehungen, mögen sie auch noch so eng sein, als solche keine

Garantenstellung begründen (Jakobs 824; vgl. aber u. 25). Vielmehr muß es sich um eine rechtlich bereits verfestigte Pflicht handeln, wofür praktisch nur die Familie in Betracht kommt, die als ein Gemeinschaftsverhältnis von Natur aus auf gegenseitigen Beistand ihrer Mitglieder angelegt ist. Zweifelhaft kann sein, wie weit der Kreis der Familie zu ziehen ist (vgl. u. 18), ob für die Handlungspflichten das Bestehen einer familienrechtlichen Beziehung ausreicht oder das Leben in einer Familiengemeinschaft erforderlich ist (vgl. u. 19) und welchen Umfang die Hilfspflicht hat (vgl. u. 21). Über weitere pflichtbegründende Gemeinschaften vgl. u. 23 ff., insb. zur nichtehelichen Lebensgemeinschaft u. 25. Grundsätzliches zur Garantenstellung für nahestehende Personen Lilie JZ 91, 541. Vgl. zum Ganzen auch Albrecht aaO.

a) Zu weitgehend wäre es, den **Kreis** der ohne Rücksicht auf ihre effektive Lebensbeziehung **18 beistandspflichtigen Familienmitglieder** nach § 11 I Nr. 1 zu bestimmen. So begründet die Schwägerschaft als solche keine Garantenstellung, wie es BGH **13** 162 im Verhältnis Schwiegersohn-Schwiegermutter als völlig unproblematisch zu unterstellen scheint (dagegen zB Blei H. Mayer-FS 128; vgl. auch RG **73** 389, DStR **36**, 178, wo eine Garantenpflicht unter Verschwägerten offenbar nur bejaht wurde, weil die Beteiligten in einer Hausgemeinschaft lebten). Annahme einer Garantenstellung läßt sich vielmehr nur rechtfertigen im Verhältnis von **Ehegatten** untereinander, wobei dies eine gesetzliche Grundlage in § 1353 BGB findet (RG **64** 278, **71** 187, HRR **33** Nr. 1624, BGH **2** 153, OGH **3** 4), ferner unter **Verwandten gerader Linie** (zB Eltern oder Großeltern gegenüber dem (Enkel-) Kind und umgekehrt; vgl. zB BGH **7** 272 [Vater-Kind], **19** 167 [Kind-Vater], MDR/D **73**, 369 [Vater-Leibesfrucht], RG **72** 374 m. Anm. Kohlrausch ZAkDR 39, 246, wo freilich die Rechtspflicht der Großeltern auch aus der Stellung als Haushaltungsvorstand begründet wird, Geilen FamRZ 64, 389 ff.) und unter **Geschwistern** (and. Freund aaO 291, Jakobs 822, Rudolphi SK 49). Bedenklich ist dagegen die uneingeschränkte Annahme einer Garantenstellung unter **Verlobten**; gegen Garantenstellung Bärwinkel aaO 178, Geilen FamRZ 61, 155, Jakobs 823; nach BGH JR **55**, 104 m. Anm. Heinitz soll die Garantenstellung hier von weiteren Umständen, zB dem Alter der Verlobten, der räumlichen Nähe oder Ferne, in der sie leben, der Enge und Festigkeit ihres Zusammenschlusses usw, abhängen). Verwandtschaft im genannten Sinn ist auch das Verhältnis zwischen Vater und nichtehelichem Kind (RG **66** 71, § 1589 BGB; and. Jakobs 822, Freund aaO 275), auch schon gegenüber Leibesfrucht (Oldenburg NdsRpfl **51**, 75). Der Erzeuger eines nichtehelichen Kindes ist daher nach § 218 strafbar, wenn er den illegalen Schwangerschaftsabbruch durch die Mutter geschehen läßt (vgl. jedoch RG **56** 169, wo die Frage nur unter dem Gesichtspunkt gesehen wird, ob der Täter verpflichtet ist, Straftaten seiner Verlobten entgegenzutreten).

b) Im Rahmen dieser engen Verwandtschaft kommt es für die Hilfspflicht **nicht** unbedingt auf **19** Vorhandensein einer **effektiven Familiengemeinschaft** an. Verwandte gerader Linie haben sich gegenseitig Hilfe zu leisten, auch wenn sie nicht zusammenleben; ebenso Geschwister auch dann, wenn sie getrennt leben. Allerdings kann das regulative Prinzip der Zumutbarkeit eine Hilfspflicht im Einzelfall ausschließen (vgl. 156 vor § 13), zB zwischen verfeindeten Angehörigen. Bei getrennt lebenden Ehegatten entfällt die gegenseitige Beistandspflicht, wenn gem. § 1353 II BGB keine Pflicht zur Herstellung der ehelichen Lebensgemeinschaft besteht (and. Geilen FamRZ 61, 148). Es fehlt dann an einem wesentlichen Faktor als Grundlage für die Garantenstellung unter Ehegatten; das noch vorhandene formale Band der Ehe gibt allein keinen hinreichenden Grund ab. Weitergehend wird zT angenommen, daß nur die tatsächliche Lebensgemeinschaft der Ehegatten deren gegenseitige Beistandspflicht begründet (Rudolphi SK 50; vgl. dagegen Jakobs 823).

c) Beide Gesichtspunkte – Familienzugehörigkeit und effektive Familiengemeinschaft – durch- **20** dringen einander. Je enger die Verwandtschaft zwischen 2 Personen ist, umso eher wird man auf eine effektive Lebensgemeinschaft verzichten können, während bei weiterer Verwandtschaft eine effektive Gemeinschaftsbeziehung hinzukommen muß, um eine Garantenstellung zu begründen (vgl. Geilen FamRZ 64, 385 ff.). Der Gesichtspunkt der Pflicht aus Gemeinschaftsbeziehungen (u. 25) hängt daher auch davon ab, welche verwandtschaftlichen Beziehungen zwischen den Beteiligten bestehen (vgl. BGH **19** 167 m. Anm. Schröder JR 64, 225).

d) Der **Umfang der Pflichten** wird durch das Wesen der konkreten Beziehung zwischen dem **21** Garanten und der zu schützenden Person bestimmt und begrenzt. Einmal ist der Angehörige zum Schutz von Rechtsgütern der **Familienmitglieder selbst** verpflichtet, wobei für jeden Einzelfall zu entscheiden ist, ob die persönliche Beziehung den Schutz gerade dieses gefährdeten Rechtsguts gebietet. So kann eine Pflicht zum Schutz von Leib und Leben bestehen, jedoch eine solche zum Schutz von Vermögen, Eigentum usw abzulehnen sein (vgl. Bärwinkel aaO 119, 146 f.). Das wird insb. im Verhältnis des nichtehelichen Kindes zu seinem Vater bedeutsam werden können. Dagegen besteht grundsätzlich keine Pflicht, dafür einzustehen, daß **Rechtsgüter Dritter** durch Familienmitglieder oder deren Rechtsgüter nicht gefährdet werden. Unterläßt es ein Ehegatte, das brennende Wohnhaus des anderen Gatten zu löschen, so kann er unter dem Gesichtspunkt der sich aus ehelicher Lebensgemeinschaft ergebenden Pflichten zwar uU nach § 306 (Eigentumsdelikt; zust. Schmidhäuser 668), nicht aber nach § 306 a (gemeingefährliches Delikt) bestraft werden (and. OGH **3** 4; vgl. auch RG **64** 278, BGH NJW **51**, 204). Eine Haftung für die Nichtabwendung von Gefahren, die von Familienmitgliedern oder deren Rechtsgütern ausgehen, besteht nur, wenn der Täter eine besondere Aufsichtspflicht hat (vgl. u. 51 ff.) oder kraft Übernahme von Rechtspflichten tätig werden muß (vgl.

u. 26). Zu unterschiedlichen Zumutbarkeitsgrenzen innerhalb dieser Garantengruppe vgl. Stree Lenckner-FS 407.

22 Eine Pflicht zum Einschreiten besteht nicht, wenn ein Angehöriger als verantwortlich Handelnder bewußt sich selbst in Gefahr begibt (zB Teilnahme an einer Bergtour, einer gefährlichen Autofahrt; and. Oldenburg DAR **57**, 301) oder wenn er bewußt die Gefahr selbst schafft (zB beim Selbstmord; vgl. dazu 39 ff. vor § 211; bei gefährlichen Experimenten, beim Rauschmittelkonsum); kommt es zu einem Unfall, so ist der Garant zum Beistand verpflichtet. Bei einem minderjährigen Kind ist dagegen schon dann einzugreifen, wenn das Kind sich selbst in Gefahr bringt. Übersieht ein Angehöriger nicht in vollem Umfang die Gefahr, in die er sich begibt, so genügt der Garant seiner Beistandspflicht, wenn er auf das Ausmaß der Gefahr hinweist.

23 2. Eine Pflicht zur Hilfeleistung gegenüber anderen Personen kann sich ferner aus bestimmten **Gemeinschaftsbeziehungen (Gefahrengemeinschaften)** ergeben, nämlich dann, wenn Menschen miteinander in einer Gemeinschaft leben, die ihrem Wesen nach auf gegenseitige Hilfe angelegt ist, oder jedenfalls vorübergehend einer solchen Gemeinschaft angehören.

24 a) Das ist der Fall, wenn sich Menschen zu einem **gefährlichen Unternehmen** zusammengefunden haben, um – wenn auch konkludent – die Chancen für ein Bestehen der Gefahr durch den Zusammenschluß zu verbessern, so bei Expeditionen, Wildwasserfahrten, Bergbesteigungen usw (vgl. auch OG Bern SchwJZ 45, 44, BG Pr. 57, 303). Hier rechtfertigt sich die Annahme einer Garantenstellung aus (konkludenter) Übernahme einer entsprechenden Beistandspflicht, da der Zusammenschluß mehrerer zu einem solchen Unternehmen gerade zwecks gegenseitiger Hilfe im Fall der Gefahr erfolgt. Zu beachten ist, daß die besondere Beistandspflicht sich nicht auf alle Rechtsgüter der Beteiligten erstreckt. Sie ist vielmehr auf Rechtsgüter beschränkt, denen Gefahr aus dem gefährlichen Unternehmen droht oder die der Abwehr gemeinsamer Gefahren dienen. Ebenfalls besteht keine Garantenpflicht, soweit jemand sich von seiner Gruppe löst und etwas auf eigene Faust unternimmt. Eine Garantenstellung entfällt ferner bei verbrecherischen Unternehmen. Den Beteiligten kann trotz der Abmachung, sich gegenseitig vor Schäden aus einem gefährlichen Vorgehen zu schützen, keine rechtlich anzuerkennende Beschützerrolle zufallen, die über eine Hilfspflicht gem. § 323 c hinausgeht (iE ebenso Jakobs 827). Es ist nicht Aufgabe der Rechtsordnung, Rechtsbrechern, die im Vertrauen auf Hilfe bei auftretenden Gefahren ihr verbrecherisches Vorhaben in riskanter Weise ausführen, besonderen Schutz zu verbriefen. Ferner begründet die bloße Tatsache, daß sich mehrere Personen zufällig in derselben Gefahrensituation befinden, keine Garantenstellung. So haben zB Schiffbrüchige eine Garantenstellung nicht deswegen, weil sie Passagiere desselben Schiffes gewesen sind (and. Arzt JA 80, 713), oder Angehörige getrennter Bergsteigergruppen, weil sie vom selben Unwetter überrascht werden.

25 b) Daneben bestehen Gemeinschaften, die ihrer Natur nach auf **gegenseitige Hilfeleistung angelegt** sind. Das gilt insb. beim *tatsächlichen* Zusammenleben in einer Familiengemeinschaft. Hier ist eine Garantenpflicht auch da anzunehmen, wo sich diese nicht schon aus dem Verwandtschaftsverhältnis (vgl. o. 18 ff.) oder dem Gesichtspunkt der Übernahme (vgl. u. 26 ff.; vgl. dazu RG **69** 321: Aufnahme eines pflegebedürftigen Verwandten in die Hausgemeinschaft; Schleswig NJW **54**, 285: Aufnahme einer Hausangestellten in den Haushalt; vgl. auch RG **74** 309 m. Anm. Boldt DR 41, 196, Mezger ZAkDR 41, 54) ergibt, zB zwischen Verschwägerten (RG **73** 389) oder bei Kindern zweier Verwitweter, die eine Ehe geschlossen haben. Jedenfalls in gewissem Umfang gehört hierher auch die aus § 12 SoldatenG folgende Pflicht zu gegenseitiger Kameradschaft für Soldaten der Bundeswehr, etwa bei manöverbedingten Gefahren oder bei Einsätzen in Krisengebieten. Im übrigen ist aber auch hier Zurückhaltung geboten. So wird man aus der Betriebsgemeinschaft Pflichten zur Erfolgsabwendung nur dort herleiten können, wo zugleich der Gesichtspunkt der Übernahme eingreift, die Wahrnehmung bestimmter Aufgaben also das Vertrauen der übrigen Mitglieder in die Gefahrenabwendung durch den Täter begründet, zB bei einer gemeinsamen Arbeitskolonne (vgl. Stree H. Mayer-FS 147). AG Duisburg MDR **71**, 1027 m. abl. Anm. Doering MDR 72, 664 läßt die Lebensgemeinschaft von Homosexuellen ausreichen. Entscheidend ist insoweit wie auch sonst bei eheähnlichem Zusammenleben, ob die Lebensgemeinschaft zugleich (auch konkludent) auf gegenseitigen Beistand angelegt ist (vgl. dazu Rudolphi NStZ 84, 151). Bloßes Zusammenleben in einer Wohnung (Wohngemeinschaft) oder einem Heim genügt nicht (BGH NStZ **84**, 163, NJW **87**, 850, NStE **3**), ebensowenig ein gemeinsam verbrachter Urlaub (zB gemeinsames Zelten). Soweit die Lebensgemeinschaft mit gegenseitigem Beistand verknüpft ist, sind für den Umfang der Garantenstellung die übernommenen Schutzaufgaben maßgebend. Die Abwendung von Gefahren außerhalb dieses Bereichs wird von der Garantenpflicht nicht erfaßt (vgl. Rudolphi NStZ 84, 152). Das trifft zB auf Gefahren für das Vermögen zu, wenn die Partner ihre finanziellen Angelegenheiten bewußt voneinander getrennt erledigen. Zu eheähnlichen Gemeinschaften vgl. auch Brammsen aaO 168, Konrad, Probleme der eheähnlichen Gemeinschaft im Strafrecht, 1986, 74 ff., Kühl 576.

26 3. Eine Rechtspflicht zur Abwendung von Gefahren kann sich des weiteren daraus ergeben, daß der Täter es übernommen hat, für den Schutz bestimmter Rechtsgüter zu sorgen, entweder gegenüber dem Gefährdeten oder auch gegenüber einem Dritten zugunsten des Gefährdeten (**Pflichten kraft Übernahme**). Das Vorhandensein vielfältiger Gefahren, denen der Einzelne in seinem täglichen Leben ausgesetzt ist, zwingt dazu, zur Beherrschung gewisser Gefahrenquellen besondere Schutzpersonen einzusetzen; diese übernehmen dem Einzelnen oder der Allgemeinheit gegenüber die Pflicht, in dem zu überwachenden Bereich dafür zu sorgen, daß keine Schäden entstehen (vgl. BGH **19** 286). Die Pflicht kann – wie auch im Bereich anderer Garantenpflichten – darin bestehen, daß der Verpflichtete gewisse Gefahrenquellen zu beherrschen (zB Schneeglätte auf Bürgersteig) oder für die Unversehrtheit bestimmter Rechtsgüter (zB anvertrautes Kind) zu sorgen hat. Die Rechtspflicht kraft Übernahme kann auch eine abgeleitete sein; hier hat der Garant die Pflichten eines anderen wahrzunehmen (vgl. Celle NJW **61**, 1939); so übernimmt zB der Fahrer eines Kfz. auch die Pflichten des Fahrzeughalters, wenn ihm das Kfz anvertraut wird (vgl. Hamm VRS **15** 288, **20** 465), der Mieter die dem Hauseigentümer obliegende Streupflicht (Celle NJW **61**, 1939), ein vom Bauherrn bestellter Bauleiter die jenem obliegenden Verkehrssicherungspflichten (vgl. BGH **19** 286, Karlsruhe VRS **48** 199). Entsprechendes gilt für einen Ehegatten, soweit er (uU konkludent) an die Stelle des anderen Ehegatten tritt. So hat die Ehefrau bei Abwesenheit ihres Ehemannes dessen Streupflichten wahrzunehmen, ein dem Ehemann gehörendes und zurückgelassenes Tier zu beaufsichtigen oder das Feuer zu löschen, wenn das Wohnhaus des Mannes in Brand gerät. Knüpft allerdings das Gesetz die Strafbarkeit an bestimmte persönliche Voraussetzungen, die der Übernehmende nicht aufweist, so kann dieser als Unterlassungstäter nur unter den Voraussetzungen des § 14 strafbar sein. Hat eine Handlungspflicht höchstpersönlichen Charakter, so kann sie nicht wirksam auf andere übertragen werden. Das gilt zB für Beamtenpflichten oder für die Pflicht zur Abgabe einer Steuererklärung. Daran ändert auch § 14 nichts. Der Übernehmer wird hier zwar dem Pflichtigen gegenüber verpflichtet, aber nicht zum Garanten. Beispiele für die entgegengesetzte Situation finden sich bei § 266. Durch Vereinbarung zwischen dem Treupflichtigen und einem Dritten kann für letzteren eine unmittelbare Obhutspflicht begründet werden (vgl. § 266 RN 33). Durch Übertragung eigener Pflichten auf andere erlischt jedoch die Pflicht des Übertragenden nicht (vgl. BGH **19** 288); er setzt mit der Bestellung des anderen nur ein Mittel ein, um seiner Pflicht nachzukommen (vgl. Hamm VRS **20** 465, **34** 149, auch 152 vor § 13). Versagt der Beauftragte und tritt der Erfolg ein, so kann bei beiden eine Pflichtverletzung vorliegen. Wer zB einen anderen einsetzt, um versehentlich Eingesperrte zu befreien, bleibt weiterhin verpflichtet und hat für Abhilfe zu sorgen, wenn der Beauftragte versagt. Der Übertragende haftet jedoch nur, wenn ihn bei der Auswahl oder Überwachung des anderen ein Verschulden trifft, wenn er diesem schuldhaft falsche Anweisungen erteilt (vgl. auch § 14 RN 7) oder wenn er nach Kenntnis vom Versagen des Dritten untätig bleibt. Beim Halter mehrerer Firmenfahrzeuge entfällt eine Haftung indes nicht schon, wenn er den Fahrern die erforderlichen Weisungen erteilt hat; er muß auch die Einhaltung der Weisungen überwachen (Hamm VRS **52** 64). Keine Rechtspflicht gegenüber Dritten übernimmt jedoch, wer einem anderen lediglich hilft, Verbindlichkeiten einzugehen, mit denen sich eine Garantenstellung des anderen verbindet (vgl. Stuttgart NJW **86,** 1768 zur Hilfe beim Antrag auf Kindergeld, dessen Gewährung Mitteilungspflichten gegenüber einer Behörde begründet).

a) Die Übernahme einer Schutzfunktion begründet jedoch nur dann eine Garantenpflicht, wenn **27** sie die **Lage** des Geschützten derart **verändert,** daß ohne sie eine Gefahr ausgeblieben, verhindert oder dieser (möglicherweise) entgegenwirkt worden wäre (vgl. BGH NJW **93**, 2628 m. Anm. Hoyer NStZ 94, 85). Das ist etwa der Fall, wenn jemand im Vertrauen auf den übernommenen Schutz sich bestimmten Gefahren aussetzt oder wenn die Übernahme die Gefahr deswegen vergrößert, weil sie andere Rettungsmöglichkeiten entfallen läßt (vgl. BGH aaO) oder mit Rücksicht auf sie andere Schutzvorkehrungen unterbleiben (Stree H. Mayer-FS 155 ff.; vgl. auch Arzt JA 80, 713, Blei H. Mayer-FS 141 ff., Gallas aaO 80, Jakobs 815, Jescheck LK 27, Jescheck/Weigend 623, Rudolphi SK 58 ff., Schmidhäuser 669, Ulmer JZ 69, 163 f., 171, Wessels/Beulke RN 720; dagegen Herzberg JZ 86, 991, Stratenwerth 271; einschr. Blei I 325). Zu verhindern sind die aus einer solchen Gefahr drohenden Schäden. Insoweit gilt Entsprechendes wie bei der Pflicht aus vorausgegangenem Tun (vgl. u. 32 ff.). Vgl. auch BGH **26** 39, wo bei einer Hilfeleistung auf das Herbeiführen erhöhter Gefahren abgestellt wird. Unerheblich ist der hypothetische Umstand, daß der Vertrauende die Gefahr möglicherweise auch ohne die Schutzmaßnahme eingegangen wäre. Dagegen entfällt eine Garantenstellung, wenn jemand einem anderen gegenüber erklärt, dessen gewagte Tätigkeit erfolge auf eigene Gefahr (Bay NStZ-RR **98**, 328: Kletterübung).

b) Die Pflicht wird **nicht** allein durch **Abschluß eines Vertrags** (vgl. aber RG **10** 100, **58** 130, **64** **28** 276 und dazu Henkel aaO 178 ff.), sondern erst dadurch begründet, daß der Verpflichtete es **tatsächlich übernimmt,** für den Schutz des Rechtsguts zu sorgen (Celle NJW **61**, 1939, VRS **29** 24, Karlsruhe VRS **48** 199, Jakobs 816, Henkel aaO 185, M-Gössel II 202, Rudolphi SK 62, Stratenwerth 271; ähnlich schon RG **16** 269, **17** 260, **64** 84). Erst mit der Übernahme, die aber nicht notwendig die tatsächliche Pflichterfüllung voraussetzt, darf sich der Geschützte in Sicherheit wiegen. Ein „Dienstantritt" ist dabei nicht zu verlangen; es genügt, daß der zu Schützende im Vertrauen auf die Hilfszusage es unterläßt, andere Schutzmaßnahmen zu ergreifen (vgl. Blei H. Mayer-FS 122). Demgemäß kommt es auf die zivilrechtliche Wirksamkeit des Vertrags nicht an; er kann nichtig (RG **16** 269, **64** 84), gekündigt (vgl. RG **17** 260) oder anfechtbar sein (vgl. Henkel aaO 185). Ein Vertragsinhalt kann allerdings für die Reichweite des tatsächlich Übernommenen bedeutsam sein. Eine Rechtspflicht zur Erfolgsverhinderung wurde darin gesehen, daß der Täter es übernommen hatte, den nachfolgenden Verkehr zu warnen (BGH VRS **17** 424), für den Hausbesitzer den Streudienst zu versehen (Celle NJW **61**, 1939), eine verkehrsunsichere Person auf die Fahrbahn (Hamm VRS **12** 45) oder einen Betrunkenen nach Hause zu begleiten (vgl. Karlsruhe JZ **60**, 178 m. Anm. Welzel; vgl. auch BGH GA **63**, 16, NJW **93**, 2628), als erfahrener Alpinist für die Sicherheit der Seilschaft zu sorgen (vgl. BG

Pr. 57, 303, OG Bern SchwJZ 45, 44). Zur Garantenstellung einer Hebamme vgl. Düsseldorf NJW 91, 2979.

28 a c) Die Grundsätze der Garantenstellung kraft Übernahme gelten auch bei Übernahme einer **ärztlichen Behandlung.** Sie bestimmen insoweit das Ob und den Umfang von Rechtspflichten zum Schutz des Patienten (vgl. RG DR **43**, 897). Gleiches gilt für Übernahme einer ärztlichen Stellung, die eine Verantwortung für einen bestimmten Personenkreis begründet, wie beim Schiffsarzt, Truppenarzt, Werksarzt oder Bereitschaftsarzt. Der Arzt kann danach verpflichtet sein, einem Kranken Schmerzlinderung zu verschaffen (BGH LM **Nr.** 5 zu § 230), Maßnahmen zur raschen, gesicherten Diagnose zu treffen (BGH NJW **79**, 1258), als Bereitschaftsarzt einen nächtlichen Krankenbesuch zu machen (BGH **7** 211, Köln NJW **91**, 764) oder sonst in dringenden Erkrankungsfällen einzugreifen (vgl. Hamm NJW **75**, 604), bei Diphtherieverdacht eine bakteriologische Untersuchung durchzuführen (vgl. RG **74** 354 m. Anm. Engisch ZAkDR 41, 129). Ein Bereitschaftsarzt hat eine Garantenstellung gegenüber allen Personen, die von ihm ärztliche Hilfe erbeten (Kühl 623, Seelmann NK 101; and. Ranft JZ 87, 914, Rudolphi SK 61, soweit keine Weiterführung einer Behandlung durch einen vertretenen Arzt vorliegt); mit dem Bereitschaftsdienst hat er einen Posten übernommen, auf den sich andere verlassen. Zur Krankenbesuchspflicht vgl. auch BGH NJW **61**, 2068, **79**, 1248. Eine über die allg. Hilfepflicht des § 323 c hinausgehende Pflicht des Arztes zur Übernahme der Behandlung ist – von den Fällen des Bereitschaftsdienstes und der Verantwortung für bestimmte Personenkreise abgesehen – dagegen nicht anzuerkennen. Bloße Beratung gem. § 218 b begründet keine Garantenstellung (vgl. BGH NJW **83**, 351 m. krit. Anm. Kreuzer JR 84, 294). Ein leitender Arzt im Krankenhaus ist nicht verpflichtet, von anderen Ärzten vorgenommene Untersuchungen stets durch eigene zu überprüfen (BGH StV **88**, 251). Zur Pflicht, im Krankenhaus Patienten gegenüber anderen Kranken und Besuchern zu schützen, vgl. BGH NJW **76**, 1145; zur Pflicht eines Klinikarztes, einen minderjährigen Patienten vor Selbstmord zu schützen, vgl. Stuttgart NJW **97**, 3103. Zur ärztlichen Pflicht, Patienten über Aids-Erkrankungen des Lebenspartners aufzuklären, vgl. Frankfurt NJW **2000**, 875. Zur Sicherungspflicht gegenüber suizidgeneigten Patienten eines psychiatrischen Krankenhauses vgl. BGH NJW **94**, 795, Koblenz MedR **2000**, 136, Wolfslast NStZ 84, 105. Zu Inhalt und Grenzen ärztlicher Garantenpflicht vgl. auch BGH NJW **00**, 2754, Lenckner, Praxis der Rechtsmedizin, 1986, 574.

29 d) Pflichten aus Übernahme können beide Teile durch **Kündigung** oder **Widerruf** beenden. Bei Aufkündigung durch den Garanten erlischt die Übernahmepflicht aber erst, wenn der auf den Schutz Vertrauende anderweitig eine Gefahrenvorsorge treffen kann. Zur Beendigung der Pflichten kraft Übernahme vgl. ferner Stree H. Mayer-FS 160 ff., Jakobs 817, Rudolphi SK 63, auch BGH MDR/H 84, 90.

30 e) Erfolgt die **Übernahme gegenüber** einer **Person, die ihrerseits Garant** ist, so rückt der Übernehmende in vollem Umfang in die Garantenstellung ein, haftet also strafrechtlich ohne Einschränkung. Ausgenommen sind die Fälle, in denen der Tatbestand nur von einem besonders qualifizierten Täterkreis erfüllt werden kann. Hier wird der Übernehmende nur unter den Voraussetzungen des § 14 zum Garanten (vgl. o. 26 sowie § 14 RN 6). Eine Garantenstellung kann auch (uU konkludent) dadurch übernommen werden, daß jemand Nachfolger auf dem Posten eines Garanten wird und damit in die Garantenstellung des Vorgängers einrückt (BGH 37 120). Zum Weiterbestehen der Garantenpflicht des Übertragenden vgl. o. 26.

30 a e) Ein besonderer Fall der Übernahme einer Schutzfunktion ist die **Übernahme amtlicher Pflichten,** auf Grund derer jemand zum Schutz anderer Rechtsgüter auf Posten gestellt und damit Garant wird. So obliegt einem Lehrer die Amtspflicht, innerhalb des Schulbetriebs einschließlich der Schulausflüge die ihm anvertrauten minderjährigen Schüler vor Schäden zu bewahren. Zur Aufsichtspflicht bei einem Schulausflug vgl. Köln NJW **86**, 1948. Gegenüber dem nach § 63 in einem psychiatrischen Krankenhaus Untergebrachten hat das Anstaltspersonal besondere Schutzpflichten. Soweit es bei der Therapie mitzuwirken hat, begründet zB ein Pflichtversäumnis, das einen Gesundheitsschaden beim Untergebrachten eintreten läßt, eine strafrechtliche Haftung wegen Körperverletzung (vgl. BGH NJW **83**, 462: Nichteinschreiten gegen gesundheitsschädlichen Alkoholgenuß). Betreuungspflichten können auch in einer JVA gegenüber Gefangenen bestehen, allerdings nur in begrenztem Rahmen, der sich aus den Beschränkungen für den Gefangenen ergibt. So ist etwa einem erkrankten Gefangenen unverzüglich Hilfe zu leisten. Ferner hat der zum Objekt- oder Personenschutz abgestellte Polizeibeamte das zu Schützende vor Schäden zu bewahren.

31 4. Eine Rechtspflicht, Gefahren für bestimmte Rechtsgüter abzuwenden, kann außerdem auf Grund einer **besonderen Tätereigenschaft** bestehen, und zwar im Rahmen der Tatbestände, die eine solche Täterqualifikation voraussetzen. Hier kann die **besondere Pflichtenstellung,** die jemand innehat, diesen verpflichten, gegen Gefahren für die Rechtsgüter einzuschreiten, deren Schutz der betreffende Tatbestand dient. In solchen Fällen kann eine Garantenstellung zugleich kraft Übernahme bestehen; sie kann aber auch unabhängig von den Grundsätzen der Übernahme einer Schutzpflicht vorliegen. Eine Pflicht zum Handeln kommt hiernach einmal dort in Betracht, wo die Auslegung des Tatbestands ergibt, daß ein Unterlassen dem Tun unmittelbar gleichsteht und somit unmittelbar tatbestandsmäßig ist (vgl. hierzu 136 vor § 13). Wer zB fremde Vermögensinteressen iSv § 266 wahrzunehmen hat, kann seine Pflicht zur Wahrnehmung dieser Interessen auch durch Unterlassen verletzen (vgl. § 266 RN 35). Unerheblich ist, auf welche Weise dann ein Vermögensnachteil entstanden ist. Auch wenn der Vermögensverwalter einer Schädigung des anvertrauten Vermögens durch andere nicht entgegentritt, ist er nach § 266 verantwortlich. Auf Grund einer besonderen Pflichtenstellung kann zudem der Betriebsinhaber, der die Erfüllung der mit der Betriebsführung verbundenen Pflichten einem anderen überträgt, rechtlich verpflichtet sein, dafür zu sorgen, daß die Pflichten eingehalten werden. Greift er bewußt bei einer Pflichtverletzung des Vertreters nicht ein, so macht er sich einer Unterlassungstat schuldig (vgl. Celle NJW **69**, 759, § 14 RN 7, § 264 RN 48). Eine Pflicht zum Tätigwerden kann sich ferner für **Amtsträger** im Rahmen ihres Aufgabenbereichs ergeben. Wer als Amtsträger zur Mitwirkung bei Strafverfahren berufen ist, macht sich nach § 258 a strafbar, wenn er pflichtwidrig eine notwendige Verfolgungshandlung unterläßt und deswegen die Bestrafung eines Rechtsbrechers ausbleibt (vgl. § 258 a RN 9 ff.). Ein Amtsträger, der zur Aufnahme öffentlicher Urkunden befugt ist und innerhalb seiner Zuständigkeit eine den Anschein einer öffentlichen Urkunde erweckende Falschbeurkundung durch einen Extraneus bewußt nicht verhindert, ist wegen einer Unterlassungstat nach § 348 strafbar (vgl. Schmidhäuser 528). Ein Postbediensteter erfüllt den Tatbestand des § 354 I durch Unterlassen, wenn er es pflichtwidrig geschehen läßt, daß sich Unbefugte in seinem Verantwortungsbereich Kenntnis von Tatsachen verschaffen, die dem Post- und Fernmeldegeheimnis unterliegen (vgl. § 354 RN 9). Ein Finanzbeamter, der pflichtwidrig Steuern nicht erhebt, begeht eine Steuerstraftat durch Unterlassen (vgl. Rudolphi SK 54 a, Seckel, Die Steuerhinterziehung, 2. A. 1979, 50 f., 63). Sozialarbeiter kommunaler Jugendämter sind im Rahmen ihrer Aufgabe, Problemfamilien zu betreuen, Garant für das Wohlergehen der Kinder (Oldenburg StV **97**, 133 m. Anm. Bringewat; and. LG Osnabrück NStZ **96**, 437 m. krit. Anm. Bringewat u. Anm. Cramer NStZ 97, 238, ferner Stuttgart NJW **98**, 3132, das auf Pflichten kraft Übernahme abstellt, Bringewat NJW 98, 945). Auch Ärzte, Rechtsanwälte usw, denen ein fremdes Geheimnis anvertraut worden oder sonst bekanntgeworden ist (§ 203), können zum Eingreifen verpflichtet sein. Unterbinden sie zB nicht, daß sich ein anderer aus ihrem Bereich Kenntnis vom anvertrauten Geheimnis verschafft (etwa Mitnahme der Patientenkartei, Einsichtnahme in Krankenblätter oder Handakten), und beeinträchtigen sie damit das ihnen entgegengebrachte Vertrauen, so ist § 203 anwendbar (vgl. § 203 RN 20). Des weiteren treffen den Gemeinschuldner besondere Pflichten. Der Schuldner, der nach Eröffnung des Konkurses über sein Vermögen die Vernichtung seiner Handelsbücher durch einen Angestellten oder einen anderen geschehen läßt, erfüllt den Tatbestand des § 283 I Nr. 6 durch Unterlassen. Dagegen ist er nicht schlechthin verpflichtet, pfändbare Vermögensbestandteile zugunsten der Gläubiger zu erhalten. Verhindert er nicht die Entwendung ihm gehörender Vermögensstücke oder deren Zerstörung durch Dritte oder Naturgewalten, so ist sein Verhalten nicht als Beiseiteschaffen nach § 283 I Nr. 1 anzusehen. Anders liegt es jedoch, wenn ein anderer die Vermögensstücke fortschafft, um sie dem Schuldner zu erhalten. In einem solchen Fall hat dieser einzugreifen (and. Tiedemann LK § 283 RN 37, KTS 84, 543 f.). Entsprechendes gilt für einen Schuldner, dem die Zwangsvollstreckung droht (§ 288). Eine besondere Pflichtenstellung hat zudem der Zeuge vor Gericht oder bei Vernehmung durch die StA (Frankfurt StraFo **98**, 237; and. BGE 106 IV 278, wonach die Zeugnispflicht nur eine allg. Bürgerpflicht, nicht eine besondere Pflicht im Rahmen der Strafrechtspflege sein soll). Seine Aussageverweigerung trotz Aussagepflicht fällt unter § 258, wenn die wahrheitsgemäße Aussage die Überführung des Beschuldigten ermöglicht hätte (vgl. § 258 RN 19). Ferner sind bei einer Behandlung nach § 35 BtMG die behandelnden Personen und die Verantwortlichen der Therapieeinrichtung verpflichtet, der Vollstreckungsbehörde den Abbruch einer Behandlung mitzuteilen; ein Verstoß hiergegen fällt unter § 258 (vgl. dort RN 29 a). Zur besonderen Garantenstellung nach dem Presserecht vgl. Groß NStZ 94, 313 mwN.

5. Wer durch sein Handeln oder garantenpflichtwidriges Unterlassen (vgl. RG **68** 104, Drost GS 109, 23; krit. Welp aaO 197 ff., Schünemann aaO 317, GA 74, 231 ff.) die Gefahr für den Eintritt schädlicher Erfolge geschaffen hat (sog. **Ingerenz**), ist verpflichtet, die drohenden Schäden zu verhindern. Das ergibt das Verbot, andere zu verletzen, das zugleich das Gebot enthält, selbstgeschaffene Gefahren zu beseitigen, wenn aus ihnen die Verletzung fremder Rechtsgüter droht (vgl. Stein JR 99, 270, Welp aaO 177 ff., 191, Stree H. Mayer-FS 155 f.). Dieser Grundsatz ist von der Rspr. stets (vgl. RG **10** 100, **46** 343, **51** 12, **57** 197, **58** 132, 246, **60** 77, **64** 276, **73** 57, **74** 283, DR **42**, 1782, **43**, 893, OGH **1** 359, **2** 66, **3** 3, BGH **4** 20, **25** 220, **26** 37, NJW **98**, 1573) und vom Schrifttum weitgehend anerkannt worden (Baumann/Weber/Mitsch 269, Bindokat NJW 60, 2318, Jescheck LK 31, M-Gössel II 205, Rudolphi SK 38 ff., Tröndle/Fischer 11, Wessels/Beulke RN 725; einschränk. Pfleiderer aaO 109 ff. [Beschränkung der Ingerenz auf wenige Fallgruppen], Welzel JZ 58, 494, Frank § 1 Anm. IV 2, H. Mayer AT 117, Oehler JuS 61, 154); das Prinzip wird auch im österreich. (vgl. ÖstOGH 54, 68, Nowakowski, WK § 2 RN 6 ff., Triffterer, Öst. Strafrecht AT, 1985, 336) und im schweiz. Recht (Stratenwerth, Schweiz. Strafrecht AT I, 1982, 378) vertreten. Der Gefahrschaffung steht die Gefahrverlagerung gleich. Wer eine Gefahrenquelle verlagert, hat am neuen Ort einen Gefahrenherd geschaffen und hat daher die dort entstandenen Gefahren abzuwenden (vgl. Arzt JA 78, 560, der allerdings zusätzlich Gesichtspunkte der Übernahme heranzieht). Streitig ist, welche **Qualität das Vorverhalten** haben muß. Die Rspr. gibt hierauf keine einheitliche Antwort. So ist von einem rechtswidrigen und (oder) schuldhaften Verhalten, überwiegend aber nur davon die Rede, daß der Täter die Gefahr durch irgendeine Handlung geschaffen haben müsse (BGH **7** 287, **11** 353, VRS **13** 121, **27** 133). Die letztere Auffassung führt jedoch zu einer unangemessenen Ausweitung strafrechtlicher Haftung. Erforderlich

ist vielmehr eine Eingrenzung durch bestimmte Anforderungen an das Vorverhalten und den Zusammenhang mit drohenden Schäden.

33 Dabei verringern sich allerdings die problematischen Fälle dadurch, daß häufig neben einem Vorverhalten eine Pflicht aus anderen Gründen, insb. aus Eröffnung von Gefahrenquellen, besteht (vgl. u. 43 ff., BGH **3** 203). Wer zB in einem Steinbruch eine Sprengung durchführt oder beim Straßenbau die Straßendecke aufreißt, haftet für dadurch entstehende Gefahren schon aus dem Gesichtspunkt der Übernahme bzw. der Eröffnung von Gefahrenquellen. Hier bedarf es der Begründung der Garantenpflicht aus vorangegangenem Tun nicht. Andererseits zwingt die enge Beziehung zwischen beiden Gruppen aber auch dazu, die Ergebnisse zu koordinieren. Die Pflichten aus der Verantwortlichkeit für bestimmte Gefahrenquellen beruhen häufig ua darauf, daß der Verantwortliche etwas getan oder unterlassen hat, wodurch die Gefahr erst aktualisiert worden ist. Wer zB sein Eigentum unvorsichtig verwahrt, so daß daraus Gefahren entstehen, haftet nicht nur aus Eigentum, sondern auch aus pflichtwidrigem Vorverhalten.

34 a) Zu begrenzen ist die Garantenstellung aus vorausgegangenem Tun zunächst durch das Erfordernis einer nahen **(adäquaten) Gefahr** für den Schadenseintritt (vgl. BGH NJW **92**, 1247, **98**, 1573, **00**, 2756, NStZ **98**, 83, Bay NJW **53**, 556, Oldenburg NJW **61**, 1938, Schleswig NStZ **82**, 116, Jescheck/Weigend 625, ÖstOGH 54, 68). Ließe man auch entfernt liegende Gefahren genügen, so würde der Bereich der Garantenstellung ausufern, wenn nicht sogar uferlos werden. Es kann mithin nicht jede Kausalität für die Gefahr ausreichen; erforderlich ist vielmehr, daß das Vorverhalten generell geeignet ist, den Gefahrenzustand herbeizuführen (idS etwa Jescheck LK 32, Arthur Kaufmann/Hassemer JuS 64, 149 ff.; vgl. auch Stratenwerth 272). Diese Einschränkung geht aber nicht weit genug, weil mit der Adäquanz nur die allgemeine Erfahrung berücksichtigt wird. Dagegen trägt die Adäquanz nicht der Tatsache Rechnung, daß es unangemessen ist, auch den Täter zum Garanten zu machen, der Gefahren in sozialadäquater und damit zulässiger Weise schafft. Dies hat BGH **19** 152 anerkannt, wo eine Garantenpflicht des Wirtes aus der Verabfolgung von Alkohol abgelehnt wird, weil es sich insoweit um ein „sozialadäquates" Verhalten gehandelt habe (vgl. auch BGH **25** 221, **26** 38). Entsprechendes gilt für Gefahren, die durch erlaubtes Risiko geschaffen werden (u. 35). Vgl. auch Zipf ZStW 82, 652.

35 b) Als weitere Voraussetzung für eine Garantenstellung aus vorausgegangenem Tun muß daher hinzukommen, daß das **Vorverhalten pflichtwidrig** war, also schon als solches mißbilligt werden kann (so BGH NStZ **98**, 93, NJW **98**, 1573, **99**, 71, Köln NJW **73**, 861 m. Anm. Blei JA 73, 464, Schleswig NStZ **82**, 116, Eser II 64, Jescheck LK 33, Jescheck/Weigend 625, Baumann/Weber/Mitsch 270, Henkel MschrKrim. 61, 183, Rudolphi SK 39, Schmidhäuser 672 f., Welzel 215 ff.; zT abw. Stratenwerth 273; vgl. ferner Rudolphi aaO 151 ff.). Läuft jemand einem sich verkehrsgerecht verhaltenden Kraftfahrer in kurzer Entfernung vor das Auto, so entsteht keine über die allg. Beistandspflicht des § 323 c hinausgehende Verpflichtung gegenüber dem Verletzten (BGH **25** 218 m. zust. Anm. Rudolphi JR 74, 160, Celle VRS **41** 98, Jakobs 813, Jescheck/Weigend 626, Otto NJW 74, 535; and. M-Gössel II 207). Gleiches gilt, wenn jemand sein Kfz ordnungsgemäß abgestellt hat und ein anderer auf dieses auffährt (and., wenn jemand rechtswidrig durch einen Verkehrsunfall ein Verkehrshindernis verursacht; vgl. Bay VRS **77** 284). Haben Straßenarbeiter unter Beachtung sämtlicher Sicherungsmaßnahmen die Straßendecke aufgerissen, so sind sie nicht Garanten für jemanden, der aus Unvorsichtigkeit dennoch in die Baugrube fällt. Ähnliche Erwägungen haben auch BGH **3** 203 zugrunde gelegen, indem dort ein pflichtgemäßes Verhalten des Angekl. zur Begründung einer Garantenstellung nicht für ausreichend erklärt worden ist, falls es erst durch rechtswidrige Tätigkeit anderer zu einer akuten Gefahr wird. Dementsprechend begründet die Hilfe beim Kindergeldantrag keine Rechtspflicht, der das Kindergeld gewährenden Behörde nachträglich Änderungen mitzuteilen, die zum Wegfall des Kindesgeldes führen und die der Kindergeldbezieher pflichtwidrig verschwiegen hat (Stuttgart NJW **86**, 1768). Ferner ist dieses Prinzip auch durch BGH **19** 152 anerkannt, indem dort solches Vorverhalten nicht für ausreichend erklärt wird, das sich in einem sozialadäquaten Rahmen bewegt. Vgl. auch BGH **26** 38 sowie Düsseldorf NJW **66**, 1175, das fälschlich auch auf die Pflicht aus enger Lebensgemeinschaft abstellt.

35 a Für die Begründung einer Garantenstellung genügt jedoch **nicht jede Pflichtwidrigkeit.** Sie muß vielmehr in den Bereich einer Norm zum Schutz des in Gefahr geratenen Rechtsguts eingreifen, da nur dann der notwendige Pflichtwidrigkeitszusammenhang besteht, der die Verantwortlichkeit für das Ausbleiben schädlicher Erfolge und damit die spezielle Rechtspflicht zur Erfolgsabwendung begründen kann (vgl. Jescheck/Weigend 625, Baumann/Weber/Mitsch 271, Rudolphi SK 39 a, Stree Klug-FS 399). Ähnlich wie bei der Fahrlässigkeit (vgl. § 15 RN 174 ff.) muß es sich um die Mißachtung einer Vorschrift handeln, die gerade dem Schutz des betroffenen Rechtsguts dient. Hieran fehlt es bei einer Straftat zB im Hinblick auf Schäden, die einem anderen erst auf Grund von Handlungen zur Abwehr der Tat oder zur Verfolgung des Täters drohen. So entsteht für den Dieb keine Garantenpflicht zur Abwendung von Körperschäden, die auf den Bestohlenen infolge eines Sturzes bei der Verfolgung zukommen. Anders ist es allerdings, wenn der Täter zusätzlich Maßnahmen getroffen hat, die besondere, nicht ohne weiteres erkennbare Risiken bei der Abwehr oder der Verfolgung hervorrufen. Die Pflichtwidrigkeit des Straftäters bei seiner Tat erstreckt sich ferner nicht auf tatverdeckende Delikte, die zu seinen Gunsten ein anderer begeht (zB Falschaussage; vgl. 40 vor § 153), auch nicht auf tatverdeckende Delikte durch einen Komplicen, sofern sie vom gemeinschaftlichen Tatentschluß nicht umfaßt sind (iE and. BGH StV **82**, 218, M-Gössel II 207). So fehlt es an einer Garantenpflicht gegenüber einem Tatzeugen, gegen den ein Mittäter von sich aus in Tötungsabsicht vorgeht, um ihn für immer zum Schweigen zu bringen; ein Nichteingreifen zum Schutz des Zeugen ist allein nach § 323 c zu ahnden. Ebensowenig reicht die Pflichtwidrigkeit bis zu den Exzeßhandlungen eines Komplicen (iE daher richtig Schleswig NStZ **82**, 116, wonach ein Mittäter nicht verpflichtet ist, Brandgefahren aus unvorsichtigem Umgang eines Komplicen mit Streichhölzern entgegenzutreten; vgl. aber auch BGH StV **86**, 59 m. Anm. Arzt StV 86, 337 sowie BGH NJW **92**, 1246 m. krit. Anm. Neumann JR 93, 161 u. Seelmann StV 92, 416, wonach Eingriffspflicht bestehen soll, wenn vorausgegangenes Verhalten den Komplicen in seinem zum Tod des Tatopfers führenden Verhalten bestärkt hat; wie hier BGH NStZ-RR **97**, 292, wenn Exzeß nicht durch das Vorverhalten bestärkt wurde). In die Pflichtwidrigkeit sind auch nicht die Gefahren eingeschlossen, die erst dadurch entstehen, daß ein anderer die vom Täter geschaffene Lage zu einem deliktischen Vorgehen ausnutzt (iE ebenso ÖstOGH 54, 68 unter Berufung auf fehlende Adäquanz). Wer zB das Opfer bewußtlos schlägt, ist nicht deshalb Garant für dessen Rechtsgüter, die ein anderer während der Zeit angreift, in der das Opfer seine Güter nicht schützen kann (vgl. auch Küper JZ 81, 574; abw. Jakobs 814 sowie BGH **38** 356, NStE **8** bei weiterem Angriff eines Mittäters auf das Opfer einer gemeinschaftlichen schweren Mißhandlung). Schutzpflichten obliegen dem Täter jedoch, soweit das Opfer selbst auf Grund der Beeinträchtigung von weiteren Schäden bedroht ist, auch dann, wenn der Täter die Entstehung der unmittelbaren Gefahr nicht verursacht. Wer einen anderen entführt, hat während der Freiheitsberaubung bei Erkrankung des Opfers zu helfen. Zum Ganzen näher Stree Klug-FS 399 ff., auch Rudolphi SK 39 a, JR 87, 163. Pflichtwidrigkeit genügt im übrigen nicht, wenn die Verantwortung für das bedrohte Rechtsgut völlig auf einen anderen übergegangen ist, wie bei bewußter, eigenverantwortlicher Selbstgefährdung (and. BGH NStZ **84**, 452 m. abl. Anm. Stree JuS 85, 179, Fünfsinn StV 85, 57 bei Überlassen von Rauschgift; vgl. auch u. 40). Außerdem begründet pflichtwidriges Unterlassen, das allein einem Gebot bei echten Unterlassungstaten zuwiderläuft, keine Garantenstellung (vgl. u. 57).

36 c) Anders liegt es nur bei Herbeiführung eines Zustands, der von einem **Dauerdelikt** erfaßt wird. Da hier das Delikt mit der Herbeiführung des Zustands nicht abgeschlossen ist, sondern durch dessen Aufrechterhaltung erneut begangen wird, muß derjenige eine Garantenstellung haben, der, wenn auch nicht pflichtwidrig, den Dauerzustand geschaffen hat, sobald der Grund für sein pflichtgemäßes Handeln wegfällt. Es liegt im Wesen der Rechtfertigungsgründe, daß die Beeinträchtigung fremder Interessen nur im Rahmen des Erforderlichen zulässig sein kann. Fallen daher die Voraussetzungen für eine Rechtfertigung weg, so kann die Aufrechterhaltung des verbotenen Zustands nicht mehr zulässig sein. Wer den Dauerzustand geschaffen hat, ist zu seiner Beseitigung verpflichtet (vgl. Schröder NJW 66, 1002, Rudolphi SK 40 a, Eser NJW 65, 380). Wird zB ein Betrunkener eingesperrt, um von ihm ausgehende Gefahren zu beseitigen, so ist er nach Beendigung der Trunkenheit freizulassen. Ist die Errichtung einer Straßensperre durch Notstand gerechtfertigt (zB bei Überschwemmungen), so muß die Sperre beseitigt werden, wenn der Notstand zu Ende ist. Wer einen Gashahn aufdreht, hat ihn wieder zuzudrehen, wenn er das ausströmende Gas nicht zum Brennen bringt.

37 d) Im übrigen kann aber eine Garantenstellung aus einem **rechtmäßigen Vorverhalten nicht** entstehen. Wer rechtmäßig eine gefährliche Handlung vorgenommen hat, wird damit nicht zum Garanten für alle, die dadurch veranlaßt werden. Wer zB in Notwehr einen anderen Gefahren aussetzt (BGH **23** 327 m. Anm. Herzberg JuS 71, 74, NJW **87**, 850, Baumann/Weber/Mitsch 270, Otto NJW 74, 534) oder wer gem. §§ 228, 904 BGB eine Gefahr schaffen darf, kann nicht als Garant für die Abwendung des Schadens gelten (Henkel MschrKrim. 61, 183, Jakobs 669, Rudolphi aaO 157 ff., Stratenwerth 273; and. Heinitz JR 54, 270, Herzberg JuS 71, 74, M-Gössel II 206). Zum Meinungsstand bei Notwehr vgl. Spendel LK § 32 RN 329 ff. Zum Ganzen vgl. auch Herzberg JZ 86, 986, der auf das Kriterium „Vermeideverantwortlichkeit" während des Vorverhaltens abstellt. Eine Ausnahme ist entgegen Hamm NJW **92**, 1977 m. abl. Anm. Seebode NStZ 93, 83 (abl. auch Scheffler GA 93, 341, Tenter wistra 94, 247) auch nicht bei der an sich zulässigen Benennung eines Entlastungszeugen im Strafverfahren anzuerkennen, wenn der Zeuge ein bisher für die Strafverfolgungsorgane unbekannter Mittäter ist; wegen einer besonderen Gefahrenlage soll es sich bei Hamm um ein sozialinadäquates Verhalten handeln, das rechtlich dazu verpflichten soll, die erwartete Falschaussage zu verhindern. Zur etwaigen ärztlichen Garantenstellung bei einer durch die Behandlung herbeigeführten Fahruntüchtigkeit vgl. Riemenschneider/Paetzold NJW 97, 2424 (zu weitgehend).

38 e) **Unerheblich** ist, ob die Gefahr **schuldhaft** herbeigeführt worden ist (RG **70** 227, BGH **2** 283, **4** 22, **11** 355, **37** 119, Nagler aaO 178; einschränk. Dahm aaO, BGH MDR/D **72**, 581). Eine Garantenstellung gegenüber einem Verkehrsopfer hat daher ein Kraftfahrer, dessen verkehrswidriges Fahren mitursächlich für einen Unfall ist, mag auch das Opfer am Unfall allein schuldig sein (vgl. BGH **34** 82, der jedoch das Erfordernis eines Pflichtwidrigkeitszusammenhangs nicht hinreichend beachtet; vgl. dazu Herzberg JZ 86, 986, Rudolphi JR 87, 164). Andererseits steht einer Handlungspflicht nicht entgegen, daß jemand bereits vorsätzlich auf den von ihm abzuwendenden Erfolg hingewirkt hat (and. BGH JR **99**, 294 und dagegen Stein JR 99, 265); es handelt sich hierbei vielmehr um ein Konkurrenzproblem (vgl. 107 vor § 52).

39 f) Keine Rechtspflicht aus vorausgegangenem Tun entsteht, wenn jemand nur mittelbar zu einer Gefahr beiträgt, die ein **anderer verantwortlich Handelnder** unmittelbar herbeiführt (vgl. Karlsruhe MDR **93**, 266), und zwar deswegen nicht, weil diesem die ganze Verantwortung für das eigentliche Geschehen zufällt und somit die unmittelbare Gefahr dem Hintermann nicht zurechenbar ist (vgl. näher 101 vor § 13). Das trifft namentlich zu, wenn jemand einem anderen eine Sache überlassen hat, mit der dann der andere eine Gefahr für Dritte oder sich selbst hervorruft (vgl. Bay NStZ-RR **98**, 328). Wer einem anderen ein Messer leiht, ist nicht nach § 13 zum Einschreiten verpflichtet, wenn der andere sich mit dem Messer so verletzt, daß er zu verbluten droht. Ebensowenig ist einzuschreiten, wenn der andere mit dem Messer einen Dritten niedersticht. Weder ist die Körperverletzung zu verhindern, noch ist der Verleiher nach der begangenen Tat Garant für die Erhaltung des Lebens des Verletzten. Ihn trifft nur die Pflicht des § 323 c (für Garantenpflicht jedoch BGH **11** 355; gegen dieses Urteil Rudolphi aaO 123, SK 44, Freund aaO 237; vgl. aber noch LG Berlin MDR **65**, 591). Eine Eingriffspflicht ergibt sich auch dann nicht, wenn das Vorverhalten pflichtwidrig war. Sie käme ohnehin allenfalls bei einer Pflichtwidrigkeit in Betracht, die den Bereich einer Norm zum Schutz des in Gefahr geratenen Rechtsguts berührt. Sonst entfällt sie schon aus dem o. 35 angeführten Grund. Wer zB einem anderen eine Sache betrügerisch oder hehlerisch veräußert, ist wegen dieser Pflichtwidrigkeit noch kein Garant dafür, daß der Erwerber die Sache nicht für eine Straftat verwendet. Aber auch ein Verstoß gegen ein Verbot, das den Zweck hat, ein rechtsgutbeeinträchtigendes Verhalten anderer zu verhindern, begründet nicht ohne weiteres die Pflicht, einem solchen Verhalten und daraus hervorgehenden Gefahren entgegenzuwirken. Wer entgegen dem WaffenG einem Erwachsenen eine Schußwaffe veräußert, ist nicht für das Verhalten des Erwerbers verantwortlich (vgl. Schumann, Strafrechtliches Handlungsrecht und das Prinzip der Selbstverantwortung des Anderen, 1986, 112 FN 164) und ist dementsprechend nicht nach § 13 verpflichtet, eine vom Erwerber angeschossene Person vor weiteren Schäden durch die Schußverletzung zu bewahren. Aus dem pflichtwidrigen Überlassen einer Sache ergibt sich insb. keine Rechtspflicht, bei Gefahren einzuschreiten, in die derjenige, dem die Sache überlassen worden ist, eigenverantwortlich geraten ist. Wer jemandem, der keine Fahrerlaubnis besitzt und ein Kfz nicht sicher lenken kann, sein Kfz zum Üben überläßt, ist nicht Garant für das Leben des Fahrers, wenn dieser beim Fahren verunglückt und sich lebensgefährlich verletzt. Anders verhält es sich, wenn das unmittelbar rechtsgutgefährdende Verhalten des Vordermanns (auch) dem Verantwortungsbereich des Hintermanns zuzurechnen ist (vgl. näher zu diesen Fällen 101 a vor § 13). Hier hat der Hintermann auf Grund seines vorausgegangenen Tuns rechtlich dafür einzustehen, daß schädliche Erfolge nicht eintreten. Vgl. dazu noch BGH NStZ **98**, 84, Vogel aaO 203 f. Aus den vorstehenden Ausführungen ergibt sich allgemein, daß Anstiftung (Beihilfe) als Vorverhalten keine Unterlassungstäterschaft begründet.

40   g) Ein Sonderfall des o. 39 behandelten Problems ist die **Verabreichung von Alkohol** oder anderen **Rauschmitteln** mit der Folge, daß dessen Genuß den Belieferten zu einer Gefahr für die Allgemeinheit oder sich selbst werden läßt, insb. die Gefahr von Straftaten hervorruft. Verabreichung des Alkohols usw reicht allein für die Begründung einer Garantenstellung nicht aus. Auf Grund des Verantwortungsprinzips, nach dem der Mensch als verantwortliches Wesen für sich selbst verantwortlich ist, kommt eine Garantenstellung des Hintermannes nur dort in Betracht, wo die Verantwortung des Belieferten ausgeschlossen ist. Das ist etwa der Fall, wenn jemand einem anderen heimlich Spirituosen oder Rauschgift zuführt oder einen Unerfahrenen zum Alkohol- oder Rauschgiftmißbrauch verleitet (vgl. Cramer GA 61, 100 ff.), ferner, wenn die eigene Verantwortlichkeit des anderen nicht vorlag, als Alkohol usw verabreicht worden ist. Weitergehend haben BGH **4** 20, VRS **13** 470, Karlsruhe JZ **60**, 178 m. krit. Anm. Welzel, Düsseldorf VM **60**, 17 eine Haftung des Gastwirts angenommen, der einem Kraftfahrer übermäßige Mengen Alkohol verabreicht hat. Die Rspr. ist jedoch überholt; vgl. dagegen BGH **19** 152, **26** 38; vgl. auch Herzberg aaO 312 ff., Rudolphi SK 44, Welp aaO 316 f. Nach BGH NStZ **84**, 452 m. abl. Anm. Stree JuS 85, 179, Fünfsinn StV 85, 57 sowie nach BGH NJW **85**, 691 m. abl. Anm. Roxin NStZ 85, 320 soll der Lieferant eines Betäubungsmittels trotz eigenverantwortlicher Selbstgefährdung des Konsumenten in eine Garantenstellung einrücken, wenn dieser infolge des Betäubungsmittelkonsums bewußtlos geworden ist (vgl. auch BGH NStZ **91**, 392 m. Anm. Beulke/Schröder u. Rudolphi JZ 91, 572). Dem steht entgegen, daß die Gefahrenlage vom Opfer eigenverantwortlich herbeigeführt worden ist und damit nur seinem eigenen Verantwortungsbereich und nicht dem des Lieferanten zugeordnet werden kann. Wie hier Stuttgart NJW **81**, 182, Baumann/Weber/Mitsch 271, Otto/Brammsen Jura 85, 651, Roxin I 338.

41   Aus der bloßen **Zechgemeinschaft,** dh der gemeinsamen Teilnahme am Trinken, werden Pflichten für die Beteiligten nicht begründet (BGH NJW **54**, 1047, Bay NJW **53**, 556, KG VRS **10** 138, Düsseldorf NJW **66**, 1175, Cramer aaO). Gleiches gilt für den gemeinsamen Konsum von Betäubungsmitteln (Stuttgart NJW **81**, 182).

42   h) Für eine Garantenstellung aus vorausgegangenem Tun ist im übrigen erforderlich, daß die Vorhandlung einen Zustand geschaffen hat, bei dem das **Untätigbleiben** die Gefahr oder den **Schaden vergrößert.** Ist durch die Vorhandlung der Schaden bereits endgültig herbeigeführt, so haftet der Täter nicht wegen eines Unterlassungsdelikts, wenn er ihn nicht beseitigt (Schröder NJW 66, 1002). So kann zB nicht wegen Sachbeschädigung bestraft werden, wer eine fremde Sache versehentlich beschädigt hat und sie nicht repariert. Ferner ist nicht nach § 133 strafbar, wer versehentlich eine Akte aus amtlichem Gewahrsam entfernt und sie nicht zurückbringt. Wer gutgläubig einen Raum zum Aufbewahren von Diebesgut zur Verfügung gestellt hat, begeht auf Grund dieses Vorverhaltens keine Begünstigung durch Unterlassen, wenn er nach Kenntniserlangung untätig bleibt (vgl. § 257 RN 18). Keine Schadensvergrößerung ist das Weiterbestehenlassen einer rein abstrakten Gefahr

(vgl. BGH **36** 258). In allen diesen Fällen fehlt es an einer Intensivierung des Schadens durch Untätigkeit. Anders ist es regelmäßig bei **Dauerdelikten,** da hier dem betroffenen Rechtsgut andauernd neuer Schaden zugefügt wird, solange der unrechtmäßige Zustand nicht beseitigt wird (vgl. o. 36).

i) Einen anderen Weg zur Eingrenzung der Ingerenzfälle schlägt Dencker Stree/Wessel-FS 159 vor. **42 a** Er stellt auf ein subjektives Defizit bei der Vorhandlung ab und läßt diese als Ingerenzvoraussetzung nur genügen, wenn beim Nichtdefizit ein dem insoweit nicht defizitären Unterlassen entsprechendes Begehungsdelikt vorliegt. Danach kommt es darauf an, ob der Unterlassende, hätte er schon bei der Vorhandlung vorsätzlich oder fahrlässig den maßgeblichen Tatbestand erfüllt, wegen des entsprechenden Begehungsdelikts hätte belangt werden können. Dieser Weg dürfte im allgemeinen zu keinen anderen Ergebnissen führen. Er ist auch nicht einfacher zu meistern, da die Probleme, die sich bei der Ingerenz sonst stellen, im Rahmen der (nicht defizitären) Vorhandlung zu klären sind. Der Vorschlag Denckers ermöglicht aber eine gute Kontrolle darüber, ob die Annahme einer Unterlassungstat berechtigt ist. Er bestätigt zB, daß Anstiftung (Beihilfe) als Vorverhalten keine Unterlassungstäterschaft begründet (vgl. o. 39).

6. Handlungspflichten ergeben sich ferner aus der **Verantwortung** für bestimmte, in den **eigenen 43 Zuständigkeitsbereich fallende Gefahrenquellen.** Wer **Eigentümer** oder **Besitzer** von Sachen, Anlagen, Maschinen usw ist oder wer Tiere hält, hat die davon ausgehenden Gefahren zu kontrollieren und zu verhindern, daß aus ihnen Schädigungen fremder Rechtsgüter entstehen (vgl. auch Rudolphi SK 27 ff.). Das findet seine Bestätigung ua darin, daß die Rechtsordnung selbst in zahlreichen Gefährdungstatbeständen auf eine solche Pflicht zur Gefahrenabwehr hinweist. So hat der Hauseigentümer baufällige Teile seines Hauses, die der Allgemeinheit gefährlich werden können, auszubessern. Aus dieser Pflicht, nicht aus einem etwaigen Versicherungsvertrag (so aber RG **64** 277; ähnl. BGH MDR/D **51**, 144), folgt auch die Pflicht, einen Brand des eigenen Wohnhauses zu löschen, so daß bei Unterlassung aus § 306 a bestraft werden kann. Nicht geboten ist, soweit keine besonderen Umstände vorliegen, das Anbringen von Schneegittern, insb. nicht in schneearmen Gebieten (Karlsruhe NJW **83**, 2946, LG Karlsruhe MDR **98**, 161). Die Pflicht, Gefahren entgegenzuwirken, besteht auch, wenn deren Entstehen auf Dritte zurückgeht (vgl. BGH NStZ-RR **96**, 1: Brandgefahr aus achtlosem Umgang mit feuergefährlichen Sachen), jedoch nicht für eigenverantwortliche Selbstschädigung (vgl. öst.OGH ÖJZ **98**, 392 zum Entfallen der Strafbarkeit des Betreibers einer Skipiste in einem solchen Fall). Der Kfz-halter hat die Pflicht, unabhängig von einer behördlichen Überwachung, für den verkehrssicheren Zustand seines Fahrzeugs zu sorgen (BGH VRS **17** 388, **37** 271, VersR **65**, 473) oder die Benutzung durch Fahrunfähige oder Fahrunkundige zu verhindern (vgl. BGH **18** 355, VRS **14** 197, **20** 282, Hamm VRS **15** 288, NJW **83**, 2456; zur Verantwortlichkeit des Fahrzeughalters vgl. auch BGH VRS **27** 185, Bay **62**, 278, JZ **59**, 639, Stuttgart VRS **30** 78, Hamm VRS **52** 64, Frisch, Tatbestandsmäßiges Verhalten und Zurechnung des Erfolgs, 1989, 254); die gleiche Pflicht trifft den Fahrzeugbesitzer, der nicht Halter ist (Oldenburg VRS **26** 354, Hamburg NJW **64**, 2027, Karlsruhe NJW **65**, 1774). U. U. muß der Verantwortliche auch gegen eine unzulässige Fahrzeugbenutzung durch sich selbst vorsorgen (Bay JR **79**, 289 m. krit. Anm. Horn; and. Rudolphi SK 30). Zu beachten ist jedoch, daß die Verantwortlichkeit für Delikte des Fahrers durch Kausalität und Vorhersehbarkeit begrenzt ist (Karlsruhe NJW **65**, 1774). Der Halter ist zudem nicht schlechthin verpflichtet, Straftaten mit seinem Kfz. entgegenzutreten. Eine Pflicht zum Einschreiten entfällt, wenn ausschließlich das Verhalten eines verantwortlichen Dritten das Kfz. zu einer Gefahr werden läßt. So obliegt dem Halter, wenn er mitfährt, nicht ohne weiteres die Pflicht, die Benutzung des Kfz. zur Fahrerflucht zu verhindern (vgl. Bay NJW **90**, 1861, aber auch BGH **18** 7, Stuttgart NJW **81**, 2369). Der Tierhalter muß das Tier so überwachen, daß es keine Gefahr für andere bildet (Bremen VRS **23** 41; vgl. auch Bremen NJW **57**, 73, Düsseldorf NJW **87**, 201, **92**, 2583, Bay **87**, 174). Auch bei Unterhaltung eines gefährlichen Betriebs ist der Inhaber verpflichtet, die aus dem Betriebsrisiko entstehenden Gefahren zu beseitigen; über Absicherung eines Sportplatzes gegen eine Straße vgl. BGH VRS **18** 48, DAR/M **62**, 68; über Sicherung einer Sprungturmanlage vgl. Stuttgart VersR **61**, 1026; über Absicherung einer Skipiste vgl. BGH NJW **71**, 1093, **73**, 1379, München NJW **74**, 189, Hummel NJW 74, 170, BGE 101 IV 396 u. 117 IV 415, Pichler SchwJZ 68, 281, aber auch Hepp NJW 73, 2085; vgl. weiter RG DR **44**, 442 und (Verkehrssicherungspflicht) BGH VersR **64**, 1245, NJW **75**, 533 (Autorennen), **77**, 1965, **78**, 1626, **88**, 2267 (Kinderspielplatz), **84**, 801 (Eishockey), **93**, 2802 (Streupflicht), Koblenz MDR **90**, 52 (Hotelbad), Hamm VersR **64**, 1254, Stuttgart VersR **66**, 1086, NJW **84**, 2898. Zur Verkehrssicherungspflicht eines Architekten oder eines Bauunternehmers bzgl. einer bauordnungswidrig errichteten gefährlichen baulichen Anlage vgl. BGH NJW **97**, 582; zur Verkehrssicherungspflicht des Bauherrn als Veranlasser eines Bauvorhabens vgl. Düsseldorf MDR **99**, 418. Für die strafrechtliche Verantwortlichkeit im Rahmen der **Zustandshaftung** sind verschiedene Fälle zu unterscheiden.

a) Der **Inhalt** dieser aus Eigentum oder Besitz sich ergebenden Pflicht besteht in der **Gefahrenab- 44 wehr.** Wer die Möglichkeit hat, durch Beachtung zumutbarer Sorgfalt Schäden zu verhindern, ist dazu verpflichtet und haftet für den eingetretenen Erfolg, wenn er seine Pflicht vorsätzlich oder fahrlässig nicht erfüllt. Wird zB ein Passant von einem vom Dach fallenden Ziegel getroffen, so haftet der Hauseigentümer wegen fahrlässiger Körperverletzung oder Tötung, wenn es ihm möglich gewesen war, diese Gefahr zu beseitigen. Ein Gastwirt hat in seinem Bereich Brandgefahren aus achtlosem Umgang Dritter mit Zigarettenresten und offenem Feuer (zB brennenden Kerzen) entgegenzuwirken (BGH NStZ-RR **96,** 1). Bildet ein Fahrzeug ein Hindernis auf der Straße, so ist der Halter oder

Eigentümer verpflichtet, das Hindernis zu beseitigen, auch wenn ihn kein Verschulden trifft, das Fahrzeug zB von einem anderen Fahrzeug bei einem Unfall auf die Straße geschoben wurde. Bei mehreren gleichverantwortlichen Führern eines Kfz. hat jeder die Verkehrsbehinderung durch das abgestellte Kfz. zu beseitigen (Bay VRS **60** 189). Dabei ist in diesem Zusammenhang ohne Bedeutung, ob die Gefahr durch Zufall entstanden ist oder der Täter sie durch mangelhafte Überwachung dazu hat werden lassen. Im gleichen Umfang haftet der Eigentümer auch bei fahrlässigem Verhalten Dritter (Jugendliche spielen mit einer im Hof stehenden Kreissäge). Diese Gesichtspunkte hätten auch in BGH **3** 203 zu einer anderen Entscheidung führen können (vgl. Schünemann aaO 305). Soweit jemand voll verantwortlich eine fremde Sache zu Straftaten einsetzt, hat der Eigentümer jedoch nicht dadurch entstehenden Gefahren für andere entgegenzuwirken. Hier führt der Mißbrauch der Sache, der in den alleinigen Verantwortungsbereich des Täters fällt, und nicht die Sache als solche zur Gefahr für andere. Der Hauseigentümer ist daher nicht verpflichtet, beleidigende Parolen an seinem Haus zu beseitigen, die ein anderer dort angebracht hat (Weber Oehler-FS 93). Wohl aber ist einzuschreiten, wenn ein Grundstück von anderen als umweltgefährdende Müllkippe benutzt wird (vgl. Stuttgart NuR **87**, 281, LG Koblenz NStZ **87**, 281: wilde Müllkippe auf Grundstück, StA Landau MDR **94**, 935, Iburg NJW 88, 2338; Bedenken bei Rudolphi SK 28; vgl. aber auch AG Bad Kreuznach NStZ **98**, 570). Denn es kann keinen wesentlichen Unterschied begründen, ob Menschenhand oder Naturkraft ein Grundstück zur Gefahr für die Umwelt hat werden lassen. Zur Beseitigungspflicht bei wildem Müll vgl. auch BVerwG NJW **89**, 1295, Hohmann NJW 89, 1254.

45   b) Die aus dieser Stellung sich ergebende Verpflichtung erstreckt sich jedoch nur auf die Beseitigung akuter Gefährdung, **nicht** auf die **Verhinderung weiterer** aus der unmittelbaren Verletzung resultierender **Schäden**. Ist zB der Passant durch den Dachziegel verletzt worden, ohne daß dem Hauseigentümer eine Pflichtverletzung zur Last fiele, so hat dieser dem Verletzten gegenüber keine über die allg. Pflicht des § 323 c hinausgehende Verpflichtung zur Hilfe. Zust. Rudolphi SK 31, Schünemann aaO 290; and. Herzberg, Unterlassung S. 322 ff., Seelmann NK 125.

46   c) Dies ist dann anders, wenn die Verletzung auf einem **Pflichtverstoß** des Eigentümers beruht, er also die Möglichkeit gehabt hätte, den akuten Gefahrenzustand vorher zu beseitigen, und dies **pflichtwidrig unterlassen** hat. Insoweit gelten die Regeln über das vorangegangene Tun, so daß in diesen Fällen der Eigentümer zwar nicht wegen seines Eigentums, wohl aber wegen seiner vorhergegangenen Pflichtverletzung eine Garantenstellung auch bezüglich weiterer aus der unmittelbaren Verletzung resultierender Schäden hat. Dabei ist gleichgültig, ob der Eigentümer eine akute Gefahr pflichtwidrig nicht beseitigt hat oder sein Eigentum durch Unterlassen notwendiger Maßnahmen zur akuten Gefahr hat werden lassen.

47   d) Nicht hierher gehören die Fälle, in denen der Verantwortliche für einen Herrschaftsbereich verpflichtet sein soll, in seinem Bereich, etwa im **Bereich der eigenen Wohnung**, für Ordnung zu sorgen und Straftaten anderer zu verhindern. Für sie kommen die u. 54 angeführten Gesichtspunkte zum Tragen. Davon zu unterscheiden sind die Fälle, in denen der Herrschaftsbereich selbst eine Gefahrenquelle bildet. So hat etwa der Wohnungsinhaber Besucher vor schadhaften Stellen in seiner Wohnung zu schützen. Der Hauseigentümer hat ein gefährliches Treppenhaus zu beleuchten (vgl. RG **14** 362). Als Gefahrenquelle ist ein Haus usw auch anzusehen, wenn dort jemand eingeschlossen wird (Schmidhäuser 675, Schünemann aaO 361). Unerheblich ist die Ursache hierfür (and. Herzberg, Unterlassung S. 331, der beim Einsperren durch Dritte den Hausherrn erst nach Verstreichen einiger Zeit zum Garanten für die Befreiung des Eingesperrten werden läßt; auf den Zeitfaktor kann es indes nicht ankommen). Gefahrenstellen, die nur bei rechtswidrigem Verhalten Dritter gefährlich werden, braucht der Verantwortliche allerdings grundsätzlich nicht zu sichern. Ausnahmen können jedoch gegenüber Kindern bestehen (vgl. Schünemann aaO 304 f., auch Köln MDR **93**, 1064). Zur Verkehrssicherungspflicht gegenüber Unbefugten vgl. J. Schröder AcP 179, 567.

48   e) **Besondere Probleme** ergeben sich, wenn der **Eigentümer** die Sachen, Anlagen oder Tiere dritten Personen übergeben oder aus anderen Gründen **nicht mehr im Besitz** hat. Hier ist zu entscheiden, ob der Eigentümer dadurch von seiner Verpflichtung frei wird oder nur eine weitere Verantwortlichkeit neben die des Eigentümers tritt. Unproblematisch sind diese Fälle dann, wenn jemand *Eigentum übertragen* hat. Hier wird er von seinen Pflichten aus Eigentum frei. Eine strafrechtliche Verantwortlichkeit kommt nur in Betracht, wenn die Hingabe der Sache sich als pflichtwidrig erweist und dabei die alleinige Verantwortung noch nicht auf den Erwerber übergegangen ist, so zB bei Aushändigung einer Waffe an einen Schuldunfähigen, der sie für den neuen Eigentümer abholt oder für den bisherigen Eigentümer als Bote tätig wird. Dagegen ist die Entscheidung zweifelhaft, wenn lediglich der *Besitz* an einer Sache an einen Dritten übertragen wird. Vgl. zu diesen Fällen auch Schünemann aaO 299.

49   Maßstab und Modell für die Entscheidung sind die Regeln für die deliktische Verantwortlichkeit des **Halters** von Kraftfahrzeugen oder Tieren. Danach muß mit der Übergabe der Sache an einen Dritten die Stellung des Eigentümers als Halter und damit seine Verantwortlichkeit nicht beendet sein, da entscheidend ist, daß der Gegenstand wirtschaftlich im Bereich einer Person ist oder verbleibt. Wer daher ein Kfz. vermietet, verleiht usw, bleibt grundsätzlich Halter und damit auch rechtlich verantwortlich. Entsprechendes gilt für das Verhältnis zwischen dem Eigentümer und dem Mieter oder Pächter eines Grundstücks. Diese Verantwortlichkeit äußert sich in der Pflicht zum Einschreiten, wenn durch zufällige Ereignisse oder fahrlässiges Verhalten des Besitzers oder eines Dritten die Sache

als solche zu einer Gefahr für andere wird. Es kann jedoch die Übertragung der tatsächlichen Gewalt auf einen anderen auch den völligen Verlust wirtschaftlicher Innehabung und damit der Halterstellung zur Folge haben. Das trifft zB auf den Vorbehalts- oder Sicherungseigentümer zu, so daß er mit Übergabe der Sache keine aus dem Eigentum fließende Garantenpflicht mehr hat. Der Verkäufer eines Kraftfahrzeugs braucht nicht einzuschreiten, wenn der Käufer für den ihm obliegenden Abtransport des Fahrzeugs gefälschte Kennzeichen verwendet (Braunschweig GA **77**, 240), auch nicht, wenn ihm das Vorbehaltseigentum verblieben ist. Die Grenze für eine Verantwortlichkeit aus Eigentum bei Sachen in fremdem Besitz liegt im übrigen dort, wo die Gefahr nicht durch die Sache selbst oder gefährliche Umstände entsteht, sondern erst der Deliktswille des anderen den Gegenstand gefährlich macht. Daher ist zB zur Verhinderung einer Straftat – von § 323c abgesehen – nicht verpflichtet, wer ein Messer verleiht und später feststellt, daß der Entleiher es zu einer Körperverletzung gebrauchen will (vgl. o. 39). Ebensowenig hat der Vermieter dafür einzustehen, daß der Mieter die gemieteten Räume nicht zu Straftaten benutzt, es sei denn, die Räume stellen wegen ihrer Beschaffenheit der Lage insoweit eine Gefahrenquelle dar (BGH wistra **93**, 59).

Zweifelhaft kann ferner sein, ob diese aus dem Eigentum fließenden Pflichten auch bestehen **50** bleiben, wenn die Sache dem Eigentümer abhanden gekommen, insb. gestohlen worden ist. Ist zB der Eigentümer eines Kraftfahrzeugs verpflichtet, das Hindernis zu beseitigen, das sein durch den Dieb gegen eine Mauer gefahrenes Fahrzeug darstellt, oder der Eigentümer von Sprengstoff, der bemerkt, daß die Kinder des Diebes damit spielen? Die Frage ist grundsätzlich zu bejahen, da die Beseitigung der tatsächlichen Gewalt durch deliktische Einwirkung den Eigentümer ebensowenig von seinen Pflichten frei machen kann, wie er selbst sich von ihnen durch eine in gefährlicher Weise erfolgende *Dereliktion* befreien könnte. Von dieser Entscheidung bleibt die Verantwortlichkeit unberührt, die sich auf eine Pflichtverletzung *bei Verlust* des Besitzes gründen läßt. Hier gelten die Regeln über vorangegangenes Tun.

f) Aber auch unabhängig von einer Zustandshaftung kann eine besondere Pflicht bestehen, Ge- **50a** fahrenquellen abzuschirmen, nämlich im Rahmen **gefährlicher Veranstaltungen.** Wer ein Scharfschießen (vgl. BGH **20** 315) oder ein Manöver anordnet, muß erforderliche Sicherheitsvorkehrungen treffen oder treffen lassen. Weitere Beispiele sind Sprengungen, Entschärfen von Bomben, gefährliche Bauvorhaben (vgl. BGH MDR **78**, 504: Brückenbau) oder gefährliche Experimente. Der bauleitende Architekt hat aber idR nicht für Verletzungen eines Bauarbeiters einzustehen, die auf dessen Mißachtung von Unfallverhütungsvorschriften und mangelnder Überwachung durch den Bauunternehmer beruhen (Stuttgart NJW **84**, 2897 m. abl. Anm. Henke NStZ 85, 124; vgl. auch Düsseldorf MDR **99**, 418). Vgl. aber auch Naumburg NStZ-RR **96**, 229, das die strafrechtliche Verantwortlichkeit eines Arbeitgebers für Unfallfolgen bei Nichteinhalten von Unfallverhütungsvorschriften nicht entfallen läßt, obwohl der Verunglückte in Kenntnis der Mängel gearbeitet hat.

7. Eine Pflicht, Schäden zu verhindern, kann sich endlich daraus ergeben, daß jemand **für das** **51** **Verhalten anderer Personen verantwortlich** ist und deshalb diese so zu beaufsichtigen hat, daß sie Dritten keinen Schaden zufügen. Sie besteht in gewissen **Autoritäts-** und **Lebensverhältnissen** und hat in ihrer rechtlichen Struktur Ähnlichkeit mit der sich aus Eigentum (Haftung für Tiere, den Zustand von Gebäuden usw) ergebenden Pflicht, weil es nicht um den Schutz bestimmter, dem Garanten anvertrauter Rechtsgüter, sondern darum geht, die von gewissen Personen ausgehenden Gefahren zu beherrschen. Demgemäß sind auch die Rechtsfolgen einer Pflichtverletzung die gleichen (vgl. u. 55). Die Gründe für eine Aufsichtspflicht können verschieden sein, wobei im Einzelfall sorgfältig zu prüfen ist, ob die Stellung des Garanten der Verhinderung gerade der konkret drohenden Straftaten dient (vgl. Winkelbauer JZ 86, 1120).

a) Strafrechtliche Verantwortlichkeit für Straftaten anderer kann sich aus **Autoritätsstellungen** **52** ergeben, auf Grund derer dem Unterlassenden eine Aufsichtspflicht obliegt. Ein *Erziehungsberechtigter* hat dafür zu sorgen, daß der Minderjährige keine rechtswidrigen Taten begeht (vgl. auch § 832 BGB u. den Fall in OGH **3** 1) und etwaige Garantenpflichten erfüllt (vgl. Düsseldorf NJW **87**, 201). Die Aufsichtspflicht endet mit Volljährigkeit des Kindes (BGH FamRZ **58**, 211 m. Anm. Bosch), auch dann, wenn der Volljährige sich noch in der Ausbildung befindet, bei seinen Eltern wohnt und von ihnen unterhalten wird (KG JR **69**, 28) oder eine Tat (zB Falschaussage) zugunsten eines Elternteils begeht (and. KG JR **69**, 28 m. abl. Anm. Lackner). Ein *Lehrer* macht sich strafbar, wenn er rechtswidrige Taten seiner Schüler nicht unterbindet. Im Gegensatz zur Pflicht des Erziehungsberechtigten ist die des Lehrers beschränkt; er hat nur Delikte zu verhindern, die der Schüler während des Schulbetriebs (auch während eines Ausflugs) zu begehen droht. Entsprechendes gilt für die Aufsichtspflicht des *militärischen Vorgesetzten* gegenüber Untergebenen (vgl. § 41 WStG; zweifelnd Stratenwerth 269), für *Schiffsoffiziere* gegenüber den ihnen untergebenen Besatzungsmitgliedern (vgl. § 108 SeemannsG v. 26. 7. 1957, BGBl. II 713, RG **71** 176), Vollzugsbeamte gegenüber Gefangenen (RG **53** 292), auch bei Mißhandlung anderer Gefangener (BGH StV **82**, 342), und das Anstaltspersonal gegenüber Untergebrachten in einem psychiatrischen Krankenhaus (vgl. BGH NJW **83**, 462), einer Entziehungsanstalt oder in der Sicherungsverwahrung. Ein Fahrlehrer hat bei Ausbildungsfahrten dafür zu sorgen, daß der Fahrschüler nicht verkehrswidrig fährt. Eine Garantenstellung hat ferner, wer innerhalb einer Aufsichtsbehörde Aufgabe wahrzunehmen hat, Gefahren für die Allgemeinheit entgegenzutreten (vgl. BGH NJW **87**, 199 m. krit. Anm. Rudolphi JR 87, 336 u. Winkelbauer JZ 86, 1119; zur Garantenstellung von Amtsträgern im Rahmen des Umweltschutzes vgl. 30 ff. vor § 324; vgl. auch

M. Schultz, Amtswalterunterlassen, 1984, Sangenstedt, Garantenstellung und Garantenpflicht von Amtsträgern, Diss. Bonn, 1989). Steht ihm ein Ermessensspielraum zu, so hat er strafrechtlich nur für ermessenswidriges Unterlassen einzustehen (vgl. aber auch Wernicke ZfW 80, 261). Die Pflicht zum Eingreifen beschränkt sich auf Güter, die vom Schutzzweck der wahrzunehmenden Aufgaben erfaßt werden (vgl. Winkelbauer JZ 86, 1120 f.). Strafvollzugsbeamten obliegt daher nicht die Pflicht, Straftaten anderer Anstaltsbediensteter gegenüber Gefangenen anzuzeigen (BGH **43** 82); sie sind nicht mit Aufgaben der Strafverfolgung betraut. **Polizeibeamte** sind strafrechtlich nach § 13 verantwortlich, wenn sie bei der Ausübung eines auf Gefahrenabwehr gerichteten Dienstes gegen Straftaten, die eine Störung der öffentlichen Sicherheit und Ordnung darstellen, nicht einschreiten (vgl. BGH **38** 388 m. Anm. Bergmann StV 93, 518 u. Laubenthal JuS 93, 907, JA **87**, 211, Freund aaO 291 ff., Kühl 628, Pawlik ZStW 111, 335 ff., Wessels/Beulke RN 721; einschr. Geilen FamRZ 61, 159, Grünwald ZStW 70, 425, Herzberg, Unterlassung S. 356, Mitsch NStZ 93, 384, Rudolphi SK 36, 54 c, Schünemann aaO 329, 363). So haben Polizeibeamte auf Streifengang ebenso Straftaten zu verhindern wie Polizeibeamte bei Wahrnehmung eines besonderen Schutzes für bestimmte Personen oder Objekte (vgl. o. 30 a) hiergegen gerichtete Straftaten. Ob die Schutzaufgabe sich auf bestimmte einzelne Schutzgüter erstreckt oder allgemein auf Gefahrenabwehr in einem bestimmten Umfeld, kann keine unterschiedliche Pflichtenstellung begründen und damit keine verschiedene strafrechtliche Haftungsgrundlage (and. Rudolphi SK 36). Wasserschutzpolizeibeamte haben demgemäß die Weiterfahrt eines betrunkenen Schiffsführers zu unterbinden (RG JW **39**, 543 m. Anm. Mittelbach), Verkehrspolizisten das Führen eines PKWs durch Fahruntüchtige (KG VRS **10** 138). Außerdienstlich erlangte Kenntnis von Straftaten begründet jedoch keine Garantenstellung eines Polizeibeamten, es sei denn, die Taten werden in dessen Zuständigkeitsbereich während der Dienstausübung fortgeführt (BGH **38** 388, NStZ **2000**, 147). Für Fälle, in denen der Vorgesetzte Amtspflichtverletzungen seiner Untergebenen nicht verhindert, greift § 357 ein. Weitgehend ungeklärt ist, ob und inwieweit ähnlich der Haftung nach § 357 ein **Betriebsinhaber** (oder Geschäftsführer usw) Straftaten von Betriebsangehörigen entgegenzutreten hat (vgl. die Ansätze bei RG **58** 130, Göhler Dreher-FS 611 ff., Jakobs 806, Schubarth SchwZStr 92, 370 ff. [Geschäftsherrenhaftung], Schmidt SchwZStr 105, 160, Seelmann NK 131, Vest SchwZStr 105, 288, BGE 96 IV 174, aber auch die Bedenken bei Jescheck LK 45, Rudolphi SK 35 a). Eine solche Pflicht hat der BGH (BGH **37** 107, NStE **5** zu § 223; vgl. dazu Schmidt-Salzer NJW 90, 2966, 94, 1310, Kühlen NStZ 90, 566, Puppe JR 92, 30) der Sache nach, wenn auch auf Ingerenz abstellend (vgl. dagegen Brammsen GA 93, 97), beim Vertrieb gesundheitsgefährdender Produkte angenommen, ohne jedoch für den gesamten Verantwortungsbereich genaue Grenzen zu markieren. Sie läßt sich, soweit nicht bereits eine Garantenstellung nach den vorhergehenden Ausführungen, namentlich o. 31, 43, besteht oder eine besondere Vorschrift, etwa § 4 II UWG, eingreift, nur befürworten, wenn der Betriebsangehörige seine betriebliche Stellung und den Betrieb zu einer Straftat mißbraucht (betriebsbezogene Straftat). Für Straftaten von Betriebsangehörigen gelegentlich einer betrieblichen Tätigkeit kann der Betriebsinhaber bei Nichteinschreiten nicht verantwortlich gemacht werden. Nach Schünemann, Unternehmenskriminalität und Strafrecht (1979) 102 ff., soll es darauf ankommen, ob durch weisungsgebundenes Handeln für einen Betrieb vorgenommene „Verbandstat" vorliegt (vgl. auch Schünemann wistra 82, 45). Soweit eine Rechtspflicht zum Eingreifen zu bejahen ist, beschränkt sie sich nicht auf das Verhindern einer rechtswidrigen Tat. Auch weiteren Gefahren, die aus der rechtswidrigen Tat hervorgehen, ist entgegenzuwirken. So sind zB bei mangelhaften (etwa gesundheitsgefährdenden Produkten), die bereits in den Verkehr gelangt sind, mögliche Schäden für Erwerber durch Warnung vor der Benutzung der Produkte, durch den Rückruf oder durch sonst geeignete Aktionen abzuwenden (vgl. BGH **37** 107). Zur Eingriffspflicht bei gefährlichen Produkten vgl. auch Deutscher/Körner wistra 96, 298, Freund aaO 214, 241, Otto Hirsch-FS 297 ff., Weißer, Kausalitäts- u. Täterschaftsprobleme bei der strafr. Würdigung pflichtwidr. Kollegialentscheidungen, 1996, StrAbh. NF 98, 23 ff. Zur Eingriffspflicht des Aufsichtsrats einer AG vgl. Cramer Stree/Wessels-FS 563. Vgl. ferner noch Bottke, Haftung aus Nichtverhütung von Straftaten Untergebener in Wirtschaftsunternehmen de lege lata, 1994, sowie Hoyer GA 96, 177, der auf eine Garantenstellung aus Ingerenz abhebt, insoweit aber bei nicht pflichtwidrigem Vorverhalten, das er einbeziehen will, die Garantenpflicht auf das Maß der durch das Vorverhalten erlangten Bereicherung beschränkt. Zur Frage der Garantenstellung eines Insolvenzverwalters hins. Umweltschäden vgl. Sonnen/Tetzlaff wistra 99, 1, Robra/Meyer wistra 96, 243 (verneinend). Zur Garantenstellung von Online-Anbietern vgl. Pelz wistra 99, 55.

53 Aus **ehelicher Lebensgemeinschaft** ergibt sich **keine Pflicht,** Straftaten des anderen Ehegatten zu verhindern (vgl. Geilen FamRZ 61, 157 ff., H. Mayer Mat. I 275, Schmidhäuser 668, Jescheck/Weigend 628). Ein Ehegatte hat weder die Pflicht noch das Recht, die Lebensführung des anderen über die Gestaltung der ehelichen Lebensgemeinschaft hinaus zu beeinflussen oder zu beaufsichtigen. Demgegenüber hat die Rspr. dazu geneigt, Ehegatten allgemein für verpflichtet anzusehen, den anderen Ehegatten von Straftaten abzuhalten (BGH MDR/D **73**, 369, NJW **53**, 591, Schleswig NJW **54**, 285; vgl. jedoch BGH GA **67**, 115; einschr. Stuttgart NJW **86**, 1768: keine Pflicht, den anderen Ehegatten dazu anzuhalten, einer Mitteilungspflicht gegenüber einer Behörde nachzukommen); so soll nach RG **74** 285 der Ehemann verpflichtet sein, einen Meineid seiner Ehefrau zu verhindern (vgl. ferner BGH NJW **51**, 204); Bremen NJW **57**, 73 hält den Ehemann aus der ehelichen Lebensgemeinschaft sogar für verpflichtet, zu verhindern, daß der Hund seiner Ehefrau jemanden beißt (Garantenpflicht kann sich hier jedoch aus den o. 26, 43 genannten Gründen ergeben). BGH **6** 322 will eine

Ausnahme machen, wenn Ehegatten getrennt oder in Scheidung leben. Die Rspr. begründet ihre Ansicht zu Unrecht mit § 1353 BGB, weil die sich aus ehelicher Lebensgemeinschaft ergebenden Pflichten nur dem Schutz des anderen Ehegatten und nicht der Erhaltung fremder Rechtsgüter dienen. Im übrigen läuft die Ansicht der Rspr. auf eine Art „Sippenhaftung" hinaus, die nicht anerkannt werden kann (H. Mayer Mat. I 275). Zur Frage, wieweit der Ehemann verpflichtet ist, Straftaten seiner geistesgestörten Ehefrau zu verhindern, vgl. RGZ **70** 48, BGH FamRZ **61**, 115 (beide zu § 823 BGB). Soweit die familienrechtlichen Beziehungen effektiv abgebrochen sind, spricht Schmidhäuser 691 von „sozialadäquater" Unterlassung.

b) Eine Rechtspflicht wird ferner auf Grund **verantwortlicher Stellung** in bestimmten **Räum-** **54** **lichkeiten** angenommen (eingehend dazu Landscheidt, Zur Problematik der Garantenpflichten aus verantwortlicher Stellung in bestimmten Räumlichkeiten, 1985, Reus/Vogel MDR 90, 869). Wer die Verfügungsgewalt über bestimmte Räume hat, soll verpflichtet sein, dort für Ordnung zu sorgen und zu verhindern, daß in dem von ihm beherrschten Raum Straftaten begangen werden (so zB BGH NJW **66**, 1763). Diese Meinung geht indes zu weit. Allein die Gewalt über einen bestimmten Herrschaftsbereich gibt keinen hinreichenden Grund ab, dem Gewaltinhaber schlechthin die Pflichten eines Ordnungshüters beizulegen (vgl. BGH **30** 395, auch KG NStZ **98**, 571, Rudolphi SK 37, Stratenwerth 276). Ein solcher Grund läßt sich auch nicht darin erblicken, daß der Hausfrieden besonderen Schutz genießt und Eingriffe von öffentlicher Hand besonderen Kautelen unterworfen sind, mithin die Möglichkeit anderweitiger Hilfe faktisch und rechtlich erheblich eingeschränkt ist (so Blei I 329). Denkt man etwa an eine Gaststätte, so kann ein dort angegriffener Gast uU eher Hilfe anderer erhalten als bei einem Überfall auf einer (abgelegenen) Straße. Aus den für eine Garantenstellung angeführten Gesichtspunkten läßt sich vielmehr erst dann eine spezielle Rechtspflicht zum Einschreiten herleiten, wenn der Herrschaftsbereich zu einem maßgeblichen Faktor für die Durchführung einer Straftat oder für die Sicherung des Taterfolges wird (vgl. BGH **30** 396, Jescheck LK 44 sowie Schünemann aaO 361: Wohnung muß vermöge ihrer Eigenart in dem konkreten Ablauf der Straftat eine Rolle spielen; and. Freund aaO 239). Das ist ua der Fall, wenn Terroristen Sprengstoffe, mit denen ein Anschlag verübt werden soll, in einer Räumlichkeit lagern (vgl. BVerfGE **96** 74 = NJW **98**, 50, 56), wenn Diebe ein fremdes Haus als Beuteversteck benutzen oder ein separates Gastzimmer dem Absatz der Diebesbeute dient (vgl. jedoch RG **58** 300, wonach sich eine Pflicht des Gastwirts, den hehlerischen Absatz in seinen Gasträumen zu unterbinden, nicht aus dem Hausrecht, sondern aus der GewO ergeben soll; ähnlich wie RG Körner MDR 89, 957, 959). Der Gewaltinhaber darf hiernach ebensowenig einen illegalen Schwangerschaftsabbruch in seinen Räumlichkeiten dulden (iE daher richtig BGH NJW **53**, 591, GA **67**, 115). Als wesentlicher Faktor für eine Tatbegehung läßt sich ein Haus auch noch ansehen, wenn es als Ausgangsort für die Durchführung einer Straftat im Nachbarhaus von entscheidender Bedeutung ist. Auf diese Begründung wäre dann die Entscheidung des von Roxin TuT 485 ff. gebildeten Falles zu stützen, daß der Eigentümer eines Hauses seine Haustür nicht verschließt, um Tätern, die im Nachbarhaus Straftaten begehen wollen, das Eindringen von seinem Haus zu ermöglichen (vgl. dagegen Jakobs 803, Frisch, Tatbestandsmäßiges Verhalten und Zurechnung des Erfolgs, 1989, 260, Schumann, Strafrechtliches Handlungsunrecht, 1986, 66). Eine Bestrafung ohne Handlungspflicht, wie sie Roxin annimmt, käme also auch hier nicht in Betracht. Keine spezielle Rechtspflicht zum Einschreiten besteht dagegen für den Gewaltinhaber, wenn in seinem Herrschaftsbereich lediglich eine Straftat verübt wird (BGH **30** 395). Der Wohnungsinhaber zB macht sich nicht wegen Tatbeteiligung strafbar, wenn er bei einer Vergewaltigung in seinen Räumen untätig bleibt (vgl. BGH **30** 391), nichts gegen sexuelle Straftaten in einem untervermieteten Raum unternimmt (BGH NJW **98**, 3731), es geschehen läßt, daß einer seiner Gäste einen anderen Gast bestiehlt oder verprügelt (vgl. Jescheck/Weigend 627, Tenckhoff JuS 78, 308; and. BGH **27** 10 m. Anm. Naucke JR 77, 290 bei schwerwiegenden Gefahren für einen Gast) oder die Veräußerung von Drogen in seiner Wohnung nicht verhindert (BGH NJW **93**, 76, StV **99**, 212), ebensowenig der Gastwirt, der im allgemein zugänglichen Lokal gegen hehlerische Handlungen von Gästen nicht einschreitet (Jescheck/Weigend 627) oder gegen Rauschgifthandel (and. Körner MDR 89, 957, 959). Zutreffend daher BGH GA **71**, 336, wonach das Nichteingreifen des Gastwirts (als Träger des Hausrechts) bei sexueller Nötigung eines Gastes nur als unterlassene Hilfeleistung zu werten ist (and. BGH NJW **66**, 1763, wonach der Gastwirt, der Körperverletzungen in seiner Gastwirtschaft duldet, als Mittäter zu bestrafen ist). Ebenso wie bei plötzlicher Erkrankung eines Gastes ist der Wohnungsinhaber ferner nicht Garant, wenn der Gast Betäubungsmittel zu sich nimmt und deswegen Hilfe benötigt (Stuttgart NJW **81**, 182). Maßgeblicher Faktor als Tatmittel wird ein Grundstück auch noch dadurch, daß in einem Garten entgegen dem BtMG Cannabispflanzen in Töpfen gezogen werden (Zweibrücken StV **86**, 483; vgl. auch Karlsruhe NStZ-RR **98**, 27, Zweibrücken NStZ-RR **2000**, 119).

c) Zweifelhaft ist, ob eine Pflichtverletzung als **Täterschaft** oder als **Beihilfe** zum deliktischen **55** Handeln des zu Beaufsichtigenden zu bestrafen ist. Aus den in 104 vor § 25 angeführten Gründen kommt regelmäßig *nur* eine *Beteiligung* an fremder Tat in Betracht. Soweit der Hausrechtsinhaber die Benutzung seiner Räumlichkeiten als Beuteversteck oder zum Absatz der Diebesbeute nicht unterbindet, kommt Begünstigung (vgl. § 257 RN 17) oder Hehlerei (vgl. § 259 RN 41) bzw. Beihilfe zur Hehlerei in Betracht.

8. Die Garantenstellung kann uU auch **gefährliche Handlungen gebieten,** wenn mit der Unter- **56** lassung eine demgegenüber größere Gefahr verbunden ist. So hat zB der Vater die Chance zu nutzen,

§ 13   57–61

die sich daraus ergibt, daß er seine Kinder aus dem brennenden Haus wirft, wenn sie andernfalls durch den Brand mit Sicherheit ums Leben kommen würden (BGH MDR/D **71**, 361 m. Anm. Herzberg MDR 71, 881, Spendel JZ 73, 137). LG Stuttgart MDR/D **72**, 385 hat in dem genannten Fall nach Rückverweisung durch den BGH den Angekl. rechtskräftig wegen fahrlässiger Tötung verurteilt. Eine andere Frage ist, ob in einem solchen Konfliktsfall dem Unterlassenden eine Entscheidung zugemutet werden kann. Vgl. dazu 156 vor § 13.

57   9. Die Garantenpflicht kann **nicht** allein **echten Unterlassungsdelikten** entnommen werden. Die Nichterfüllung der durch § 138 auferlegten Anzeigepflicht oder der Hilfeleistungspflicht des § 323c genügt nicht, um eine Unterlassung tatbestandsmäßig dem Tun gleichzustellen und zB wegen Mordes oder Brandstiftung oder auch nur wegen Beihilfe dazu (BGH **3** 67) zu bestrafen (vgl. auch RG **73** 55, BGH JR **56**, 347, NJW **83**, 351). Das wird im Schrifttum (Baumann/Weber/Mitsch 266, Tröndle/Fischer 13, Jescheck LK 19, Lackner/Kühl 7, M-Gössel II 199) und in der Rspr. (RG **64** 276, **73** 55) allg. anerkannt (krit. jedoch Meyer-Bahlburg GA 66, 203); die abw. Entscheidungen RG **71** 189, **75** 164 sind überholt.

58   Steht neben der allgemeinen Handlungspflicht eine Garantenpflicht, so stellt diese gegenüber der allg. Pflicht kein aliud, sondern ein maius dar, so daß Idealkonkurrenz zwischen unechten und echten Unterlassungsdelikten idR nicht möglich ist (BGH **3** 68; and. Dahm aaO 152 Anm. 43). Vgl. auch § 323c RN 34 ff. und u. 60. Bleibt zweifelhaft, ob der Untätigbleibende über § 323c hinaus eine Garantenpflicht gehabt hat (pflichtwidriges Vorverhalten ist zB nicht zweifelsfrei nachweisbar), so ist nur § 323c heranzuziehen (keine Wahlfeststellung; BGH NJW **93**, 1871).

59   10. Keine Handlungspflicht iS des Strafrechts erzeugen auch **privatrechtliche Verpflichtungen** (vgl. BGH **39** 399). Wer eine Ware zu liefern hat, ist nicht Garant dafür, daß durch rechtzeitige Lieferung Schäden vermieden werden. Ein Kontoinhaber hat keine Garantenpflicht, die Bank auf eine versehentliche Gutschrift hinzuweisen (BGH aaO m. Anm. Joerden JZ 94, 422). Wer nach § 904 BGB Eingriffe in sein Eigentum zu dulden hat, ist nicht bereits deswegen Garant dafür, daß das andere Rechtsgut durch Inanspruchnahme seines Eigentums gerettet wird (and. Lampe ZStW 79, 505).

60   **IV.** Die **Garantenstellung** bedeutet eine **objektive,** rechtliche **Beziehung** des Unterlassenden zum tatbestandsmäßigen Erfolg. Für die Garantenpflicht ist daher unerheblich, ob der Täter die sie begründende Situation kennt (and. Welzel 218f.). Unkenntnis schließt zwar Vorsatz aus; möglich bleibt aber eine Fahrlässigkeitstat. Fällt zB das Kind ins Wasser, so haftet die Mutter aus § 222, wenn sie dies fahrlässig nicht bemerkt. Sieht der Vater ein Kind ins Wasser fallen, ohne zu erkennen, daß es das eigene ist, und rettet er es nicht, so haftet er bei Erkennbarkeit der Garantenstellung aus § 323c sowie aus § 222 (and. Welzel 223); beide Delikte stehen in Tateinheit. Im wesentl. ebenso Baumann/Weber/Mitsch 199, Jescheck/Weigend 633, Stratenwerth 310.

61   **V.** Die **Kausalität** bietet bei den unechten Unterlassungsdelikten, jedenfalls iE, keine gegenüber den Kausalitätsproblemen beim positiven Tun besonderen Schwierigkeiten, auch nicht in dem umstrittenen Bereich einer Mehrfachkausalität, etwa bei unterbliebenen Kollektiventscheidungen (vgl. dazu Dencker, Kausalität und Gesamttat, 1996, 168 ff., Hilgendorf NStZ 94, 561 mwN, Sofos, Mehrfachkausalität beim Tun und Unterlassen, StrAbh NF 121 [Diss. Bonn 97/98], 222 ff.). Auch in diesem Bereich lassen sich die sonst herangezogenen Kausalitätsregeln sinngemäß heranziehen. Z.T. wird angenommen, die Unterlassung könne in gleicher Weise für einen Erfolg kausal sein wie die positive Handlung; Kausalzusammenhang liege vor, wenn die unterlassene Handlung nicht hinzugedacht werden könne, ohne daß damit der eingetretene Erfolg entfiele (RG **63** 393, **75** 50, BGH **37** 126, NJW **98**, 1573, Baumann/Weber/Mitsch 255, Androulakis aaO 83 ff.). Es müsse Gewißheit oder an Gewißheit grenzende Wahrscheinlichkeit dafür bestehen, daß der Erfolg bei Vornahme der unterlassenen Handlung nicht wesentlich später oder in wesentlich geringerem Umfang eingetreten wäre (RG **75** 50, 326 m. Anm. Mezger ZAkDR 42, 29, **75** 374 m. Anm. Würtenberger ZAkDR 42, 167, BGH NJW **53**, 1838, **54**, 1048, **90**, 2565, **00**, 2757, VRS **10** 359, MDR/D **56**, 144, **71**, 361, StV **84**, 247, Bay VRS **19** 128, Hamm NJW **59**, 1551, Bremen DAR **64**, 273, BGE 101 IV 149, ÖstOGH 55, 165, JBl 96, 191). Zur Kausalität der Unterlassung vgl. auch Gimbernat Ordeig aaO 321 ff., Wolff aaO. Jedoch ist darauf hinzuweisen, daß ein Unterlassen als solches nichts zu bewirken vermag und daher bei Unterlassungen nicht iglS von Kausalität gesprochen werden kann wie bei positivem Tun. Handlung und Unterlassung sind artverschiedene Formen menschlichen Verhaltens, die nur im normativen, nicht im ontologischen Bereich auf eine Stufe gestellt werden können (Gallas ZStW 67, 8 ff., Schmidhäuser 685). Kausalität ist eine ontologische Realität, nicht nur ein Denkzusammenhang (Arthur Kaufmann, Eb. Schmidt-FS 209, 214, Seebald GA 69, 194, Welp aaO 166f., 169). Daher kann bei Unterlassungen allenfalls von Quasi-Kausalität (vgl. Träger aaO 20 f., Welzel 212) gesprochen werden. Diese „Kausalität" ist eine Kausalität der nichterfolgten Handlung, die hypothetisch zum eingetretenen Erfolg in Beziehung gesetzt wird (Jescheck/Weigend 618, Welp aaO 170, Welzel 212). Nur wenn das erwartete Handeln den Erfolg hätte abwenden können, ist das Unterlassen dem Tun gleichzustellen. Für die hypothetische Kausalreihe gelten allerdings die oben dargelegten Grundsätze; dagegen Herzberg MDR 71, 882. Wie beim positiven Tun müssen Zweifel am Ergebnis der Kausalprüfung zugunsten des Täters wirken (BGH MDR/D **66**, 24, StV **85**, 229 m. Anm. Schünemann, NJW **87**, 2940, VRS **74** 263, Hamm NJW **59**, 1551). Möglich bleibt aber Bestrafung wegen Versuchs (BGH **14** 284, StV **85**, 229) oder aus § 323c. Es ist allerdings Arthur Kaufmann Eb. Schmidt-FS 214 f. zuzugeben, daß auf dieser Grundlage das Problem keine eigentliche Kausalitätsfrage mehr ist,

sondern die Wesensvoraussetzungen der Unterlassung betrifft (vgl. 139 vor § 13). Im übrigen reduziert sich die praktische Bedeutung des Problems erheblich, wenn man – wie dies auf Grund des normativen Charakters der Unterlassung erforderlich ist – in die hypothetische Fragestellung die *erforderliche* Handlung einsetzt. Mag die Formel, es komme auf die tatsächliche Ursächlichkeit, nicht aber darauf an, was unter anderen Umständen hätte geschehen können, beim positiven Tun zutreffend sein, beim Unterlassen ist es ohne Sinn zu fragen, was bei einem irgendwie gearteten Verhalten des Täters geschehen würde. Entscheidend ist die Feststellung, daß bei Vornahme der pflichtgemäßen Handlung der Erfolg nicht eingetreten wäre. Unbeachtlich ist insoweit jedoch, ob bei gebotenem Verhalten der Erfolg dann auf andere Weise herbeigeführt worden wäre (BGH **37** 128, Jakobs 795, Lackner 12 vor § 13; and. Hamm NJW **59**, 1551). Soweit die Erfolgsverhinderung noch vom Handeln eines Dritten abhängt (zB Rückruf einer gesundheitsschädlichen Ware bedingt deren Rücksendung), genügt für die Zurechnung des eingetretenen Erfolges, daß erfahrungsgemäß mit dem gefahrbegrenzenden Verhalten des Dritten zu rechnen war (vgl. dazu Puppe JR **92**, 31, Sofos aaO 263). Steht jedoch fest, daß der Dritte untätig geblieben wäre, so entfällt die Erfolgszurechnung. Demgegenüber hat BGH **37** 131 bei der Notwendigkeit gemeinsamen Handelns einer Geschäftsführung (GmbH) es genügen lassen, wenn ein zur Mitwirkung hieran Verpflichteter es unterläßt, auf das gebotene gemeinsame Handeln hinzuwirken, auch wenn sein Bemühen um die gebotene Kollektiventscheidung erfolglos geblieben wäre (krit. dazu Puppe aaO 32, Rudolphi SK 16 b vor § 13, Samson StV 91, 184, Seelmann NK 61 a). Aber wie soll, so ließe sich einwenden, für einen Erfolgseintritt etwas ursächlich sein, das gar nicht zur Erfolgsabwendung geführt hätte? Zu bedenken ist jedoch, daß nach einer dem BGH entgegenstehenden Meinung bei Untätigbleiben eines Kollektivs jedes Mitglied sich darauf berufen könnte, seine Stimme hätte nichts geändert. Das Problem ähnelt dem Kausalitätsproblem bei Kollektiventscheidungen, wenn dabei eine einzelne Ja-Stimme für die Mehrheitsentscheidung nicht ins Gewicht fällt (vgl. 83 a vor § 13). Es ist entsprechend zu lösen (zur Lösung bei positivem Tun vgl. 83 a vor § 13). Zu den Problemen bei unterlassenen Kollektiventscheidungen vgl. auch Weißer, Kausalitäts- u. Täterschaftsprobleme bei der straf. Würdigung pflichtwidr. Kollegialentscheidungen, 1996, StrAbh. NF 98, 75 ff. mwN. Über andere Theorien zur Begründung der Kausalität der Unterlassung, insb. über die Interferenztheorien, vgl. die Nachweise b. Mezger 134, Nagler aaO 29, Träger aaO 30 ff. Weniger strenge Anforderungen an die Kausalitätsnachweis stellen die Vertreter des Risikoerhöhungsprinzips (bzw. der Risikoverringerungstheorie). Nach ihnen genügt die Feststellung, daß die erforderliche Handlung größere Rettungschancen geboten und das Risiko des Erfolgseintritts vermindert bzw. das Nichteingreifen in den Kausalprozeß das Risiko des Erfolgseintritts erhöht hätte (Brammsen MDR 89, 126, Roxin ZStW 74, 430, Rudolphi SK 16 vor § 13, Stratenwerth 277, Wolff aaO 27; vgl. dagegen Stuttgart NuR **87**, 282, Gimbernat Ordeig aaO 323, Herzberg MDR 71, 882, Jakobs 793, Jescheck/Weigend 619, Jescheck LK 18, Schünemann StV 85, 229, 233, Vogel aaO 163, Burgstaller JBl 96, 192). Einer solchen Haftungserweiterung steht entgegen, daß mit ihr dem Unterlassungstäter ein Erfolg zugeschoben wird, den er möglicherweise gar nicht hat verhindern können. Allein wegen Versäumung einer Rettungschance und Nichtverminderung einer Gefahr läßt sich dem Untätigbleibenden zB der Tod der zu schützenden Person nicht anlasten; sonst würde eine Verdachtsstrafe verhängt. Denn die Gefahrverminderung schließt den Eintritt des abzuwendenden Erfolges nicht schlechthin aus; Verringerung der Lebensgefahr zB bedeutet nicht unbedingt Lebensrettung. Nur das Unrecht des Untätigbleibens (Handlungsunrecht; vgl. 149 vor § 13), nicht jedoch ein Erfolgsunrecht steht in solchen Fällen fest. Zur Eingrenzung strafrechtlichen Verhaltens durch des Merkmal der objektiven Zurechnung vgl. 91 ff. vor § 13.

VI. Mit der **Tatbestandsmäßigkeit** ist auch bei den unechten Unterlassungsdelikten die **Rechtswidrigkeit** im Regelfall gegeben, vorbehaltlich einer Korrektur auf Grund von Rechtfertigungsgründen (Henkel Mezger-FS 280, BGH MDR/D **71**, 361). Vgl. 157 vor § 13. **62**

Entgegen der hier dargelegten Auffassung wurde zT die Ansicht vertreten, daß die Rechtswidrigkeit Sitz des Unterlassungsproblems sei. Eine Unterlassung wurde danach angenommen, wenn keine Rechtspflicht zum Handeln bestand; es soll dann lediglich ihre Rechtswidrigkeit fehlen (so zB Frank § 1 Anm. IV, Mezger 138 Anm. 29; ähnlich RG **63** 394, **66** 72). Wieder anders H. Mayer AT 113, der die Unterlassung als Tun angesehen hat, wenn sie das gleiche Maß rechtsfeindlicher Energie verlangt wie jenes. Maßstab dafür seien die Tätigkeitsworte des BT. **63**

VII. Gem. **Abs. 2** kann die Strafe für ein unechtes Unterlassungsdelikt nach § 49 I gemildert werden. Die **fakultative Strafmilderung** trägt der Tatsache Rechnung, daß die verbrecherische Energie beim Unterlassen häufig geringer ist als beim aktiven Tun (vgl. BT Drs. V/4095 S. 8, Jescheck/Weigend 610). Die von einem Garanten unterlassene Rettung eines Ertrinkenden entspricht zwar der Verwirklichung des Tötungstatbestandes durch Hineinstoßen ins Wasser; sie steht aber in ihrer Strafwürdigkeit diesem Verhalten nach. Ähnliches läßt sich idR für Ingerenzfälle gegenüber der Erfolgsverursachung durch positives Tun feststellen (für obligatorische Strafmilderung in Ingerenzfällen Dencker Stree/Wessels-FS 169). Besonders augenfällig ist der Unterschied bei der verbrecherischen Energie, wenn das Gebot zum Tätigwerden an der Grenze zum Unzumutbaren liegt. Zu beachten ist jedoch, daß die Unterlassungstat in einer Reihe von Fällen keineswegs weniger schwer wiegt als die Begehungstat und demgemäß auch keine niedrigere Strafe als das positive Tun verdient. Das trifft insb. zu, wenn ein gebotenes Tun das Leben des Untätigbleibenden als Regelablauf bestimmt. Strafmilderung nach Abs. 2 entfällt daher, soweit nicht besondere Umstände vorliegen (vgl. **64**

dazu BGH NStZ **98**, 245), bei der Mutter, die ihr kleines Kind verhungern läßt. Auch bei Fahrlässigkeitstaten ist das Unterlassen vielfach nicht weniger strafwürdig als positives Tun (vgl. Bruns StrZR 458). Wer fahrlässig vergißt, das Erforderliche zu tun, etwa rechtzeitig dem erkrankten Kind die verordnete Medizin zu geben, verdient idR keine mildere Beurteilung als derjenige, der fahrlässig etwas Falsches tut, zB versehentlich eine Arznei in zu hoher Dosis verabreicht. Ebenfalls wird bei Delikten mit spezifischen Handlungsweisen oftmals eine Strafmilderung unangebracht sein (vgl. Roxin JuS 73, 200, der in diesen Fällen eine besondere Strafmilderung sogar schlechthin für verfehlt hält). Krit. zu Abs. 2 Schöne aaO 338 ff. Entscheidende Bedeutung dafür, ob die Strafe innerhalb des Strafrahmens des § 49 I oder des normalen Strafrahmens festzusetzen ist, kommt entgegen BGH NJW **98**, 3068 m. abl. Anm. Rudolphi JR 99, 293, NStZ **99**, 607 allein unterlassungsbezogenen Gesichtspunkten zu (Tröndle/Fischer 20, Jescheck/Weigend 611, Rudolphi SK 66), dh solchen Momenten, die etwas darüber besagen, ob das Unterlassen im Vergleich zur entsprechenden Begehungstat weniger oder gleich schwer wiegt (vgl. BGH NJW **82**, 393 m. Anm. Bruns JR 82, 465, MDR/H **87**, 622, NStZ **98**, 245, Bruns Tröndle-FS 132). Sonstige Strafzumessungsfaktoren, die gleichermaßen für Unterlassungs- und Begehungsdelikte von Gewicht sind, etwa ein Verhalten nach der Tat oder eine überlange Verfahrensdauer, dürfen erst nach der Strafrahmenwahl zur Strafzumessung herangezogen werden. Bei der in BGH NJW **98**, 3068 vertretenen Gegenmeinung bleibt unverständlich, weshalb nicht unterlassungsbezogene Faktoren wie reine Täterfolgen sich günstiger für einen Unterlassungstäter als für einen Begehungstäter auswirken sollen. Innerhalb des Strafrahmens des § 49 I dürfen Unterlassungsmomente bei der Strafzumessung nur berücksichtigt werden, soweit sie Besonderheiten hinsichtlich der Tatschwere aufweisen (vgl. § 46 RN 49), etwa Umstände, die dem Entschluß zum gebotenen Handeln in starkem Maß entgegengestanden haben, zB der Unzumutbarkeitsgrenze nahe kommen (Stree Lenckner-FS 408). Ist das Unterlassen als Beihilfe zu werten (vgl. 93 ff. vor § 25), so kann die nach § 27 II 2 ohnehin gemilderte Strafe nochmals gemildert werden (vgl. § 49 RN 6). Hat der Unterlassungstäter zugleich mittels positiven Tuns zum Delikt gegen das zu schützende Rechtsgut angestiftet (vgl. 91 vor § 25 u. 107 vor § 52), so entfällt die Strafmilderung nach § 49 I, da er sonst unberechtigt privilegiert würde und es zudem an der geringeren verbrecherischen Energie als Strafmilderungsgrund fehlt (vgl. BGH NStZ **84**, 453). Zu Abs. 2 vgl. noch Bruns Tröndle-FS 125 ff., Jakobs 857, Timpe, Strafmilderungen des AT des StGB und das Doppelverwertungsverbot, 1983, 152 ff.

§ 14 Handeln für einen anderen

(1) **Handelt jemand**
1. **als vertretungsberechtigtes Organ einer juristischen Person oder als Mitglied eines solchen Organs,**
2. **als vertretungsberechtigter Gesellschafter einer Personenhandelsgesellschaft oder**
3. **als gesetzlicher Vertreter eines anderen,**

so ist ein Gesetz, nach dem besondere persönliche Eigenschaften, Verhältnisse oder Umstände (besondere persönliche Merkmale) die Strafbarkeit begründen, auch auf den Vertreter anzuwenden, wenn diese Merkmale zwar nicht bei ihm, aber bei dem Vertretenen vorliegen.

(2) **Ist jemand von dem Inhaber eines Betriebs oder einem sonst dazu Befugten**
1. **beauftragt, den Betrieb ganz oder zum Teil zu leiten, oder**
2. **ausdrücklich beauftragt, in eigener Verantwortung Aufgaben wahrzunehmen, die dem Inhaber des Betriebs obliegen,**

und handelt er auf Grund dieses Auftrags, so ist ein Gesetz, nach dem besondere persönliche Merkmale die Strafbarkeit begründen, auch auf den Beauftragten anzuwenden, wenn diese Merkmale zwar nicht bei ihm, aber bei dem Inhaber des Betriebs vorliegen. Dem Betrieb im Sinne des Satzes 1 steht das Unternehmen gleich. Handelt jemand auf Grund eines entsprechenden Auftrags für eine Stelle, die Aufgaben der öffentlichen Verwaltung wahrnimmt, so ist Satz 1 sinngemäß anzuwenden.

(3) **Die Absätze 1 und 2 sind auch dann anzuwenden, wenn die Rechtshandlung, welche die Vertretungsbefugnis oder das Auftragsverhältnis begründen sollte, unwirksam ist.**

Schrifttum: Blauth, „Handeln für einen anderen" nach geltendem und kommendem Strafrecht, 1968. – *Bottke*, Haftung aus Nichtverhütung von Straftaten Untergebener in Wirtschaftsunternehmen de lege lata, 1994 (zit. aaO). – *ders.*, Das Wirtschaftsstrafrecht in der Bundesrepublik Deutschland usw., wistra 91, 1, 52. – *Bruns*, Können die Organe juristischer Personen, im Interesse ihrer Körperschaften Rechtsgüter Dritter verletzen, bestraft werden? 1931 (StrAbh. 295). – *ders.*, Über die Organ- und Vertreterhaftung im Strafrecht, JZ 54, 12. – *ders.*, Faktische Betrachtungsweise und Organhaftung, JZ 58, 461. – *ders.*, Grundprobleme der strafrechtlichen Organ- u. Vertreterhaftung (§ 14 StGB, § 9 OWiG), GA 82, 1. – *ders.*, Die sog. „tatsächliche" Betrachtungsweise im Strafrecht, JR 84, 133. – *Cadus*, Die faktische Betrachtungsweise, 1984. – *Deutscher/Körner*, Strafrechtl. Gläubigerschutz in der Vor-GmbH, wistra 96, 8. – *Dierlamm*, Der faktische Geschäftsführer im Strafrecht – ein Phantom?, NStZ 96, 153. – *Fleischer*, Vertreterhaftung bei Bankrotthandlungen einer GmbH, NJW 78, 96 u. dazu *Binz* NJW 78, 802. – *Fuhrmann*, Die Bedeutung des „faktischen Organs" in der strafrechtlichen Rechtsprechung des Bundesgerichtshofs, Tröndle-FS 139. – *Herzberg*, Die Verantwortung für Arbeitsschutz u. Unfallverhütung, 1984. – *Kohlmann*, Die strafrechtliche Verantwortlichkeit des GmbH-Geschäftsführers, 1990. – *Kratzsch*, Das „faktische Organ" im Gesellschaftsstrafrecht, ZGR 85, 506. – *Labsch*, Die Strafbarkeit des GmbH-Geschäftsführers im Konkurs der GmbH, wistra 85, 1, 59. – *Löffeler*, Strafrechtliche Konsequenzen faktischer Geschäftsführung, wistra 89, 121. – *Marxen*, Die strafrechtliche Organ- und Vertreterhaftung – eine Waffe im Kampf gegen die Wirtschaftskriminalität?, JZ 88, 286. – *Ransiek*, Zur deliktischen Eigenhaftung des GmbH-Geschäftsführers aus strafrechtlicher Sicht, ZGR 92, 203. – *Rimmelspacher*, Strafrechtliche Organ-, Vertreter- und Verwalterhaftung, erörtert am Beispiel der Vollstreckungsvereitelung, JZ 67, 472. – *Rogall*, Die Strafbarkeit von Amtsträgern im Umweltbereich, 1991. – *C. Schäfer*, Die strafrechtliche Verantwortlichkeit des GmbH-Geschäftsführers, GmbHRdsch 93, 717, 780. – *Schlüchter*, Der Kaufmann als Garant im Rahmen der unerlaubten Gewässerverunreinigung, Salger-FS 139. – *K. Schmidt*, Die Strafbarkeit „faktischer Geschäftsführer" wegen Konkursverschleppung als Methodenproblem, Rebmann-FS 419. – *R. Schmitt*, Die strafrechtliche Organ- und Vertreterhaftung, JZ 67, 698. – *ders.*, Nochmals: Die strafrechtliche Organ- und Vertreterhaftung, JZ 68, 123. – *Schroth*, Unternehmen als Normadressaten und Sanktionsobjekte, 1993. – *Schünemann*, Unternehmenskriminalität und Strafrecht, 1978 (zit.: aaO). – *ders.*, Besondere persönliche Verhältnisse und Vertreterhaftung im Strafrecht, ZSchwR 78, 131. – *ders.*, Strafrechtsdogmatische und kriminalpolitische Grundfragen der Unternehmenskriminalität, wistra 82, 41. – *Stein*, Das faktische Organ, 1984. – *Tiedemann*, Die strafrechtl. Vetreter- und Unternehmenshaftung, NJW 86, 1842. – *Wiesener*, Die strafrechtl. Verantwortlichkeit von Stellvertretern, 1971. – *Winkelbauer*, Strafrechtlicher Gläubigerschutz im Konkurs der KG und der GmbH & Co KG, wistra 86, 17. – *ders.*, Umweltstrafrecht und Unternehmen, Lenckner-FS 645.

I. Die Vorschrift regelt die sog. **Organ- und Vertreterhaftung** bei Delikten, die ausdrücklich 1 oder nach dem Sachzusammenhang ein besonderes Tätermerkmal voraussetzen. Sie hat sich hier als notwendig erwiesen, wenn der eigentliche Normadressat seine Aufgaben und Pflichten nicht selbst wahrnimmt oder wahrnehmen kann und deshalb andere stellvertretend für ihn handeln, eine Erscheinung, die vor allem in der Wirtschaft mit ihren modernen Organisationsformen und ihrer weitgehenden innerbetrieblichen Arbeitsteilung häufig ist. Begeht in diesen Fällen der Vertreter eine tatbestandsmäßige Handlung, so könnte mangels einer Sondervorschrift weder er noch der Vertretene zur Verantwortung gezogen werden: der eine nicht, weil er nicht die erforderliche Qualifikation besitzt, der andere nicht, weil er nicht gehandelt hat. Da die hier sich ergebenden Strafbarkeitslücken auch durch die von einer „faktischen Betrachtungsweise" ausgehende Interpretation der fraglichen Sondermerkmale (vgl. dazu zB Blauth aaO 37, Bruns, Heinitz-FS 328, JZ 58, 461, Jakobs 601, Wiesener aaO 101 ff., 151 ff., 180 ff. u. näher Cadus aaO) nur unzulänglich geschlossen werden könnten, hat § 14 den Anwendungsbereich solcher Tatbestände durch eine „Überwälzung" der besonderen Tätermerkmale auf Personen erweitert, die in einem bestimmten Vertretungs- oder Auftragsverhältnis für den primären Normadressaten handeln. Der Schwerpunkt dieser „Tatbestandsergänzungsvorschrift" (Bruns GA 82, 8, Schroth aaO 28 ff.; vgl. aber auch Marxen NK 6), die insbes. zur Bekämpfung der modernen Wirtschaftskriminalität dienen soll (krit. Marxen NK 9 ff., JZ 88, 289 ff.), liegt im Nebenstrafrecht (vgl. auch § 9 OWiG u. dazu zB Többens NStZ 99, 2).

Die durch das **2. WiKG** nur unwesentlich geänderte Vorschrift geht auf das EGOWiG v. 24. 5. 2 1968 (BGBl. I 503) zurück, das unter Aufhebung der zahlreichen Sondervorschriften des Bundes- und Landesrechts als allgemeine Regelung die Bestimmung des § 50 aF in das StGB eingefügt hatte (zur Entstehungsgeschichte vgl. Schünemann LK vor Rn. 1). Notwendigkeit, Gesamtkonzeption und Einzelausgestaltung der Vorschrift waren jedoch von Anfang an **umstritten** (vgl. zB Bruns GA 82, 1, Tiedemann NJW 86, 1843 ff. u. zuletzt Schünemann LK 5 ff., 10 ff. mwN). In der Tat hat sie statt der erwünschten Klarheit zT neue Probleme geschaffen, darunter auch solche von grundsätzlicher Bedeutung (zB u. 4 f., 8). In der Einzelausgestaltung bereits im Ansatz verfehlt ist Abs. 1 Nr. 2 (u. 21). Bei der kasuistischen Regelung des Abs. 2, der für die sog. gewillkürten Vertreter eine „Mittellösung" vorsieht (Schünemann LK 53), werden auch nach der Umformulierung der Nr. 2 durch das 2. WiKG die gleichen Abgrenzungsschwierigkeiten, Unausgewogenheiten und Strafbarkeitslücken weiterbestehen (vgl. Weber NStZ 86, 482 sowie u. 32, 34), die schon bei der aF Gegenstand der Kritik waren (vgl. BT-Drs. 10/318 S. 14, Schünemann aaO 144 ff.; zu den Unzulänglichkeiten im Arbeitsschutz- und Unfallversicherungsrecht vgl. Herzberg aaO 83 ff.). Während der RegE zum 2. WiKG (BT-Drs. 10/318) ursprünglich eine Vereinfachung und Erweiterung des Abs. 2 vorgesehen hatte, begnügte sich der Gesetzgeber mit einer (allenfalls sprachlichen) Klarstellung in Nr. 2 – Ersetzung des Merkmals „Erfüllung von Pflichten" durch „Wahrnehmung von Aufgaben" –, die für notwendig gehalten wurde, weil bei der Delegation von Aufgaben in einem Betrieb idR „bestimmte Aufgaben zugewiesen werden . . . ohne daß dabei in jedem Fall im einzelnen die Pflichten benannt und übertragen werden, die sich von selbst aus dem Verantwortungsbereich ergeben" (BT-Drs. 10/5058 S. 25). In der Sache ist damit jedoch kaum etwas gewonnen (and. Schünemann LK 14): Ob dem Beauftragten zB die „Aufgaben" (und damit auch die „Pflichten") eines Arbeitgebers oder umgekehrt dessen „Pflichten" (und die entsprechenden „Aufgaben") übertragen werden, ist letztlich ein Spiel mit Worten, zumal auch schon nach der aF keine ausdrückliche Übertragung jeder einzelnen Pflicht, sondern nur eine „hinreichende Unterrichtung in der Sache" notwendig gewesen sein soll (vgl. EEGOWiG 65). Geblieben ist es – seit jeher Gegenstand besonderer Kritik (u. 34) – entgegen dem RegE auch bei dem Erfordernis einer „ausdrücklichen" Beauftragung in Abs. 2 Nr. 2; Strei-

§ 14 3–5 Allg. Teil. Die Tat – Grundlagen der Strafbarkeit

chungsvorschläge im Vorfeld des 31. StÄG – 2. UKG v. 27. 6. 1994 (vgl. BT-Drs. 12/7300, Tröndle 12 mwN) – nach Schünemann LK 77 ohnehin nur ein „Kurieren an einem einzigen Symptom" – hatten gleichfalls keinen Erfolg. Zur Reformdiskussion im übrigen vgl. Schünemann aaO; zur Frage der Einführung von Unternehmenssanktionen s. 118 vor § 25.

3 Trotz der Abgrenzungsschwierigkeiten, die bei Abs. 2 nach wie vor bestehen, sind *verfassungsrechtliche Bedenken* gegen die Vorschrift nicht begründet (vgl. aber Demuth-Schneider BB 70, 645, Jakobs 601, Marxen NK 8, JZ 88, 288; wie hier OVG Münster wistra **91**, 37, Schünemann LK 17). Das Bestimmtheitsgebot des Art. 103 II GG ist damit noch nicht verletzt, vielmehr liegen die Unschärfen noch in dem Toleranzbereich, der dem Gesetzgeber vernünftigerweise zugestanden werden muß, ganz abgesehen davon, daß sie hier nicht größer sind als bei zahlreichen anderen Strafvorschriften (vgl. etwa nur § 13).

4 1. Die Vorschrift enthält insoweit eine **abschließende Regelung** des Handelns für einen anderen, als der Handelnde, der nicht selbst die vom Tatbestand vorausgesetzte Qualifikation besitzt, nur durch eine „Überwälzung" der fraglichen Merkmale in den Kreis der Normadressaten einrücken und damit zum Täter werden kann. Dies ist nur unter den Voraussetzungen des § 14 möglich, eine weitergehende Vertreterhaftung gibt es insoweit daher nicht, auch nicht unter dem Gesichtspunkt einer über Abs. 3 hinausgehenden faktischen Organ- oder Vertreterstellung, da diese dort jedenfalls für den Anwendungsbereich des § 14 abschließend geregelt ist (u. 42/43). Dagegen ist, weil es einer besonderen Haftungserstreckung dann nicht bedarf, § 14 ohne Bedeutung bei Tatbeständen, die materiell zwar gleichfalls ein Handeln für einen anderen betreffen, bei denen der Handelnde aber – besonders deutlich etwa bei den besonderen Organ- und Vertretertatbeständen des HGB, AktG, GmbHG usw. – ohnehin schon Normadressat ist (vgl. auch Kohlmann aaO 1). Hier brauchen deshalb, was zu einer sachlich nicht gerechtfertigten Ungleichbehandlung führen kann, für eine Täterschaft des Vertreters nicht die besonderen Voraussetzungen des § 14 erfüllt zu sein (ebenso zB BGH **31** 122 f., Schünemann LK 69), und auch die Frage einer faktischen Organ- und Vertreterhaftung bestimmt sich in diesen Fällen nicht nach Abs. 3, sondern danach, ob und inwieweit die h. M. hier praktizierte, kriminalpolitisch motivierte „faktische Betrachtungsweise" – in Wahrheit geht es dabei um eine teleologische Interpretation (vgl. Cadus aaO 146, K. Schmidt aaO 433 ff.) – noch innerhalb der Grenzen zulässiger Auslegung liegt (zur h. M. vgl. aus der Rspr. zB BGH **3** 33, **21** 101, **31** 118, BGHR GmbHG, § 64 Abs. 1, Antragspflicht 2, Düsseldorf NJW **88**, 3166 [wesentlich enger dagegen noch RG **60** 269, **64** 81, **72** 187; umfass. Nachw. zuletzt b. Dierlamm aaO 154 f., Fuhrmann aaO 140 ff., Löffeler wistra 89, 121 ff., H. Schäfer wistra 90, 81 ff.], ferner zB MB-Bieneck 2057 ff., Bruns GA 82, 19 ff., JR 84, 133 ff., Fuhrmann aaO 145 ff., MB-Schmid 705 ff., K. Schmidt aaO; and. zB Marxen NK 20 ff., Tiedemann LK 68 ff. vor § 283, ders. in: Scholz, GmbHG, 8. A. § 84 RN 27 ff., NJW 77, 779 u. 86, 1845, Joerden wistra 90, 1, Kaligin BB 83, 790, Kratzsch aaO, Stein aaO 133, 194 ff., ZHR 84, 222 ff.; vgl. auch u. 42 ff.).

5 a) Ob es sich um die **eine oder andere Fallgruppe** handelt, ist, soweit sich dies nicht schon ausdrücklich aus dem Gesetz ergibt (so bei den besonderen Organ- und Vertretertatbeständen des HGB, AktG, GmbHG usw.), jeweils durch **Auslegung** des Tatbestands zu ermitteln. § 14 gilt nur dort, wo das Gesetz bestimmte, auf einen Vertreter nicht zutreffende Statusbezeichnungen verwendet oder an solche anknüpft (vgl. Schroth aaO 36, Schünemann LK 12, aaO 129). So wendet sich zB § 266 a I, II nur an den Arbeitgeber, § 288 nur an den Schuldner, § 329 I nur an den Betreiber (Bay **94** 55), weshalb hier nur unter den Voraussetzungen des § 14 Täter sein kann. Täter des § 288 kann daher zwar nach § 14 II der Beauftragte eines Betriebsinhabers sein, der für diesen eine Vollstreckungsvereitelung begeht, nicht aber der Vermögensverwalter eines Privatmannes (in Betracht kommt hier nur eine Beihilfe zu dessen Tat). Um die zweite Fallgruppe handelt es sich dagegen, wenn die Auslegung ergibt, daß die Beziehung zu dem geschützten Rechtsgut nicht erst über einen bestimmten Status hergestellt wird, dieses vielmehr schon im Zusammenhang mit der Ausübung bestimmter Funktionen verletzt werden kann, und zwar unabhängig davon, ob der Täter dabei für sich oder einen anderen handelt (vgl. dazu auch Bruns GA 82, 23 f., Schünemann LK 19 ff.). Dies gilt zB für das „Handeltreiben" in § 29 I Nr. 1 BtMG (vgl. zB BGH **29** 239, NJW **79**, 1259) und für das „Ankaufen" in § 259 und § 53 I Nr. 1 b WaffenG, wo nicht nur der Käufer bzw. Verkäufer im zivilrechtlichen Sinn, sondern auch jeder, der den Tatbestand unmittelbar selbst erfüllen kann. Ebensowenig handelt es sich zB beim „Ausführen" in § 34 AWG um ein Sonderdelikt, weshalb es hier gleichfalls bei den allgemeinen Regeln der §§ 25 ff. bleibt (vgl. BGH NJW **92**, 3114, Schünemann LK 20, Fuhrmann in: Erbs-Kohlhaas § 34 AWG RN 6). Ob auch das „Veranstalten" bzw. „Halten" in §§ 284, 287 hierher gehört, ist dagegen umstritten (vgl. § 284 RN 12 f.). Ferner ist zB Normadressat des § 266 jeder, der selbst in einer der dort beschriebenen Beziehungen zu dem geschädigten Vermögen steht, weshalb es des § 14 hier nur bedarf, wenn diese erst über einen von § 266 nicht erfaßten besonderen Status des Vertreters hergestellt wird. Ersteres ist etwa der Fall, wenn ein Vermögensverwalter zur Erfüllung seines Auftrags einem Angestellten eine Untervollmacht erteilt (§ 266 1. Alt., vgl. dort RN 13, Jakobs 601) oder wenn er diesen mit der treubruchstatbestand ausreichenden Aufgabe betraut und damit selbst treupflichtig macht (§ 266 2. Alt., vgl. dort RN 32, BGH EzSt § 266 **Nr. 3**, Marxen NK 20, Schünemann LK 22), letzteres dagegen zB beim Geschäftsführer einer mit der Wahrnehmung fremder Vermögensinteressen betrauten GmbH (and. BGH **13** 330 m. Anm. Schröder JR 60, 105, MDR **54**, 495:

unmittelbare Treupflicht des Organs) oder beim Geschäftsführer einer GmbH & Co. KG bei Verfügungen über das Vermögen der KG (LG Bonn NJW **81**, 469). Zu den §§ 324 ff. vgl. Winkelbauer, Lenckner-FS 648 ff.

b) Besondere Probleme ergeben sich bei **Unterlassungsdelikten.** Sicher ist zunächst, daß echte **6** Unterlassungsdelikte, die eine besondere Tätereigenschaft voraussetzen (zB §§ 266 a, 283 I Nr. 5), von einem Dritten nur im Rahmen des § 14 begangen werden können. Dasselbe muß aber auch für diejenigen unechten Unterlassungsdelikte gelten, bei denen der entsprechende Begehungstatbestand nur von einem besonders qualifizierten Täterkreis verwirklicht werden kann (zB § 64 I BSeuchenG; vgl. Marxen NK 29, Schünemann LK 24). Eine weitergehende Haftung des Nichtqualifizierten nach dem Grundsatz, daß der Garantenstellvertreter immer selbst Garant sei (vgl. Wiesener aaO 187), kann es in diesen Fällen schon deshalb nicht geben, weil die Garantenstellung an eine zusätzliche Sondereigenschaft gebunden ist und der Vertreter hier außerhalb des § 14 auch nicht Täter durch positives Tun sein könnte (ebenso Bruns GA 82, 24 f.). Keine Bedeutung hat § 14 dagegen bei den unechten Unterlassungsdelikten, deren Begehungstatbestand von jedermann erfüllt werden kann. Hier wird die in § 14 genannten Vertreter idR ohnehin selbst Garanten, womit die Voraussetzung des § 14 entfällt, daß das besondere persönliche Merkmal zwar bei dem Vertretenen, nicht aber bei dem Vertreter vorliegt (vgl. Blauth aaO 114 f., Marxen NK 29, MB-Schmid 715, Schlüchter aaO 143, Schünemann LK 25 f.; and. Jakobs 599 [Ergänzung der Garantenübernahme]; vgl. auch Saarbrücken NJW **91**, 3045). So ergibt sich zB aus dem Gesichtspunkt der Verantwortung für bestimmte Gefahrenquellen (vgl. § 13 RN 32 ff., 43 ff.) eine unmittelbare Garantenpflicht der Geschäftsführer einer GmbH für den Rückruf gesundheitsschädlicher Produkte (BGH **37** 106; vgl. näher dazu mwN § 13 RN 52), des Vereinsvorstandes oder gesetzlichen Vertreters für den verkehrssicheren Zustand eines dem Verein bzw. dem Minderjährigen gehörenden Hauses. Ist der Minderjährige durch ein pflichtwidriges Vorverhalten Garant geworden, so folgt eine eigene Garantenstellung des gesetzlichen Vertreters aus seiner mit einer Aufsichtspflicht verbundenen Autoritätsstellung (Verantwortung für fremdes Handeln, vgl. 13 RN 52). Desgleichen ist zB der für die Sicherheit von Anlagen verantwortliche Angestellte in einem Betrieb nach allgemeinen Grundsätzen ohnehin schon Garant (vgl. § 13 RN 26). Da die Vorschrift des § 14 diese Fälle überhaupt nicht erfaßt, schließt sie selbstverständlich auch eine weitergehende Haftung des „Vertreters" nicht aus (zB Garantenpflicht des für einen privaten Wagenpark verantwortlichen Garagenmeisters, Garantenpflicht des Dritten, der bei einem Unfall für jemand anderen die Hilfeleistung übernimmt). Ist der Vertreter dagegen ausnahmsweise nicht selbst Garant – zB der gem. § 1896 BGB bestellte Betreuer des Ehemannes unterläßt es, dessen Ehefrau zu retten –, so ist unabhängig von der Frage, ob die Garantenstellung ein besonderes persönliches Merkmal ist (vgl. Blauth aaO 117 f.), § 14 gleichfalls nicht anwendbar, weil hier die Erfüllung der Garantenpflicht des Vertretenen auch nicht zum Aufgabenkreis des Vertreters gehören kann (vgl. auch u. 26).

2. Die Vorschrift bewirkt, wie schon das „auch" in Abs. 1 andeutet, nur einen kumulativen und **7** keinen befreienden Pflichtübergang auf den Vertreter und schließt daher eine strafrechtliche **Verantwortlichkeit des Vertretenen** – seine Handlungs- und Deliktsfähigkeit vorausgesetzt – für das Handeln seines Vertreters nicht aus (BGH [Z] **133** 378, **134** 313, Celle NJW **69**, 759, KG VRS **36** 269, Karlsruhe NStZ/G **81**, 55 [zu § 9 OWiG], Koblenz MDR **73**, 606; vgl. auch Düsseldorf VRS **39** 446, KG JR **72**, 121 m. Anm. Göhler, Göhler § 9 RN 36 f., Marxen NK 2, 16, Schroth aaO 32 f., Schünemann LK 65, Tröndle 16; mißverständl. Tiedemann ZStW **83**, 807). Dies gilt uneingeschränkt, wenn er selbst aktiv handelt oder die Tat des Vertreters vorsätzlich geschehen läßt: Besteht diese in einem positiven Tun, so ist er im Rahmen des Abs. 2 als der letztlich verantwortliche Betriebsinhaber zum Eingreifen verpflichtet (andernfalls Begehung durch Unterlassen aufgrund einer insoweit bestehenden Garantenpflicht, vgl. Celle NJW **69**, 759, § 13 RN 31); besteht sie in einem Unterlassen, so muß er die gebotene Handlung notfalls selbst vornehmen. Nur beschränkt kann der Vertretene dagegen wegen Fahrlässigkeit verantwortlich gemacht werden, weil seine Sorgfaltspflichten hier – wie bei jeder Arbeitsteilung – reduziert sind. Fahrlässig handelt der Vertretene nur, wenn sich ihm die Notwendigkeit eines Eingreifens ohne weiteres aufdrängen mußte (vgl. dazu Karlsruhe NStZ/G **81**, 55 [zu § 9 OWiG]) oder wenn ihm im Hinblick auf die konkrete Tat wegen der Unzulänglichkeit der Auswahl oder Beaufsichtigung des Vertreters eine Pflichtwidrigkeit vorgeworfen werden kann (vgl. dazu auch Bay **76**, 47, Celle aaO, KG aaO, Hamm VRS **34** 149, **41** 394, Marxen NK 70, Schünemann LK 66). Dabei ist zu beachten, daß die Aufsichtspflicht bei einem eigenverantwortlich handelnden und nach Abs. 2 selbst haftenden Vertreter weniger weit geht als bei einem sonstigen Angestellten. Im übrigen kommt bei einer Verletzung der Aufsichtspflicht, die nicht zugleich einen Schuldvorwurf hinsichtlich der von dem Vertreter begangenen Tat begründet, als subsidiärer Tatbestand § 130 OWiG in Betracht. Zur gleichfalls erweiterten Möglichkeit, bei Straftaten bestimmter Vertreter, eine Geldbuße gegen die juristische Person usw. zu verhängen, vgl. § 30 OWiG; zur Möglichkeit der Einziehung vgl. § 75 u. § 29 OWiG.

II. Soweit § 14 bei Sonderdelikten den Tatbestand auf Vertreter erweitert, gilt dies nur für **beson- 8 dere persönliche Merkmale,** welche die **Strafbarkeit begründen;** strafschärfende besondere persönliche Merkmale bleiben hier also außer Betracht. Der Begriff des strafbegründenden besonderen persönlichen Merkmals, der nach der Legaldefinition des Abs. 1 die „besonderen persönlichen Eigenschaften, Verhältnisse oder Umstände" umfaßt, hat hier – ein geradezu klassisches Beispiel für die Relativität der Rechtsbegriffe – eine andere Bedeutung als in § 28 I (h. M., zB Blauth aaO 52 ff., 92 ff., 109 ff., Gallas ZStW 80, 21 f., Herzberg ZStW 88, 110 ff., Jakobs 600, Köhler 555, Lackner/ Kühl 9, Marxen NK 24, ferner – zT jedoch krit. dazu – Schünemann LK 31 ff.; and. Langer, Lange-FS 254; de lege ferenda vgl. Tiedemann NJW 86, 1844). Dies ergibt sich – entgegen der mißverständlichen Verweisung in § 28 I auf § 14 – aus der unterschiedlichen Funktion der besonderen Merkmale in beiden Vorschriften: Während sie in § 28 I den Extraneus *entlasten,* wirken sie für ihn in § 14 *belastend,* was eine „Überwälzung" solcher Merkmale auf den Vertreter ausschließt, die ihrer Natur nach nicht auswechselbar sind (näher dazu Blauth aaO, Gallas aaO). Für § 14 scheiden daher zunächst alle *subjektiv-täterschaftlichen* Merkmale aus, mögen sie auch wie die besonderen Motive, Gesinnungen usw. besondere persönliche Merkmale iS des § 28 I sein, die wegen ihres personalen Bezugs dem Vertreter gerade nicht zugerechnet werden können (Blauth aaO, Gallas aaO, Jakobs 600, Lackner/ Kühl 11, Marxen NK 28, Samson SK 10, MB-Schmid 716, Schroth aaO 36, Schünemann LK 38 f., Tiedemann I 203). Dies gilt trotz der beachtlichen Gegengründe von Bruns GA 82, 26 ff. u. pass. auch für die Merkmale mit „egoistischer Innentendenz" (BGH **41** 198 [GrS], **40** 19 [4. Senat]; and. BGH NStZ **95**, 133, 444 [5. Senat]) wie zB dem Zueignungswillen in §§ 242 aF, 246 aF (zu § 246 aF vgl. BGH aaO). Dafür spricht schon die Entstehungsgeschichte (vgl. näher Schünemann LK 39) – der Gesetzgeber hatte hierin ein Problem des Bes. Teils gesehen –, aber auch der Wortlaut, der voraussetzt, daß die fragliche Merkmal auch bei der vertretenen juristischen Person vorliegen können, was aber zB beim Zueignungswillen nicht der Fall ist (Karlsruhe Justiz **75**, 314; für das Öffnen von Postsendungen durch Mitarbeiter des ehem. Ministeriums f. Staatssicherheit der DDR iE auch BGH **41**, 198 [GrS], **40** 8 [4. Senat] m. Anm. Weiß JR 95, 29 u. dagegen BGH NStZ **95**, 131, 444 [5. Senat], FC Schroeder JR 95, 95). Bei den Zueignungsdelikten stellt sich das Problem seit dem 6. StrRG vom 26. 1. 1998 (BGBl. I 164) freilich nicht mehr, weil jetzt der – in der Person des handelnden Vertreters regelmäßig vorliegende – Drittzueignungswille genügt. Bei *objektiv-täterschaftlichen* Merkmalen dagegen ist zu unterscheiden: Soweit sie höchstpersönlicher Natur sind, haben sie in § 14 gleichfalls außer Betracht zu bleiben, da die durch sie gekennzeichneten Eigenschaften oder Beziehungen wegen ihrer unlösbar an eine bestimmte Person gebundenen Funktion eine Vertretung nicht zulassen und einem anderen daher auch nicht angelastet werden können (wohl aber können sie ihn in § 28 I entlasten; vgl. Blauth aaO, Gallas aaO, Jakobs 600, Lackner/Kühl 12, Marxen NK 26 f.; vgl. dazu aber auch Bruns GA 82, 17 f.). Um Merkmale dieser Art handelt es sich immer dann, wenn sie einen zusätzlichen, mit der bloßen Rechtsgutsverletzung nicht erfaßbaren personalen Unwert begründen (zB Beamteneigenschaft bei Amtsdelikten). Für § 14 bleiben daher nur solche Merkmale, die wie „Schuldner", „Unternehmer" usw. zwar täterbezogen sind, die aber in Wahrheit nur dazu dienen, durch Beschreibung einer bestimmten sozialen Rolle ihres Trägers den Bereich abzustecken, in dem ein Rechtsgut geschützt werden soll. Hier sind es ausschließlich rechtsgutsbezogene Erwägungen, die zur Einschränkung des Täterkreises und damit zur Entstehung von Sonderpflichten geführt haben, sei es, daß das fragliche Rechtsgut überhaupt nur innerhalb einer bestimmten sozialen Beziehung verletzbar ist, sei es, daß es innerhalb solcher Beziehungen besonders anfällig ist (vgl. auch die auf die Rechtsgutsbezogenheit der Täterstellung abhebende Garantentheorie von Schünemann LK 10 ff., aaO 137 ff., ZSchwR 78, 15, wistra 82, 46). Nur besondere persönliche Merkmale dieser Art können deshalb in § 14 gemeint sein, weil die durch sie gekennzeichnete Funktion i. d. R. ohne Veränderung ihres Inhalts auch von einem anderen wahrgenommen werden kann (vgl. Gallas aaO). Ist dies ausnahmsweise nicht der Fall, weil es nach dem Gesetz auf die persönliche Erfüllung einer bestimmten Pflicht ankommt (zB als Wehr- oder Ersatzdienstpflichtiger), so ist jedoch auch hier § 14 nicht anwendbar.

9 1. **Besondere persönliche Eigenschaften** sind die mit der Person des Menschen als solcher verbundenen Merkmale geistiger, körperlicher oder rechtlicher Art (zB Geschlecht, Alter, Volljährigkeit). In dieser früher für § 50 aF (jetzt § 28) angenommenen Bedeutung (vgl. BGH **6** 262) können die besonderen persönlichen Eigenschaften für § 14 jedoch gerade nicht in Betracht kommen, da hier eine Vertretung nicht möglich ist (Blauth aaO 159, Gallas ZStW 80, 22, Schünemann LK 40). Der Begriff läuft daher in § 14 leer, da jede Erweiterung auf Eigenschaften, die sich erst aus den Beziehungen zur Umwelt ergeben, bereits zur 2. Alt. (besondere persönliche Verhältnisse) führen würde.

10/11 2. **Besondere persönliche Verhältnisse** sind die äußeren Beziehungen eines Menschen zu anderen Menschen, Institutionen oder Sachen (vgl. RG **25** 270, BGH **6** 262, Bay NVwZ **91**, 814). Dazu gehören die meisten objektiv-täterschaftlichen Merkmale, in § 14 freilich mit der Einschränkung, daß sie eine Vertretung zulassen (o. 8). Sie ergeben sich teils durch ausdrückliche Nennung einer bestimmten Personengruppe als Normadressat im Gesetz, häufig aber auch konkludent aus dem Sachzusammenhang des Tatbestandes. Merkmale dieser Art sind zB die Stellung als Unterhaltspflichtiger in § 170 (Bruns GA 82, 18, Jakobs 600, Schünemann LK 41; and. Marxen NK 27; da bei Unterhaltspflichten jedoch zumindest eine kumulative Schuldübernahme möglich ist, kann es sich hier nicht um ein höchstpersönliches Merkmal handeln), als Verfügungsberechtigter bzw. Treupflichtiger iS des § 266 (soweit § 14 dort überhaupt von Bedeutung ist, vgl. o. 5), als Schuldner (§§ 283 ff., 288, vgl. BGH **28** 371, NJW **69**, 1494, MDR/D **69**, 193; zur Problematik des § 283 ff., wo vom „Täter" die Rede ist, vgl. dort RN 59 a), Pfandleiher (§ 290), Bauleiter (§ 319; vgl. Hamm NJW **69**, 2211), Arbeitgeber (zB § 266 a, ferner §§ 22 ff., 3 JArbSchG, vgl. Karlsruhe JR **85**, 479), Kraftfahrzeughalter (zB § 21 StVG, Bay VRS **66** 287), Unternehmer (zB § 64 BSeuchenG), Inhaber einer Verkaufsstelle (§ 25 LadenschlußG), Hersteller von Kriegswaffen (§ 22 a I 1 KWKG; vgl. Holthausen NStZ 93, 569, Schünemann LK 42); zum Veranstalten bzw. Halten eines Glücksspiels usw. in §§ 284, 287 vgl. o. 5, zu den Umweltdelikten 25 ff. vor § 324.

3. Besondere persönliche Umstände sind sonstige täterbezogene Merkmale, die nicht zu den besonderen persönlichen Eigenschaften und Verhältnissen gehören, wobei die Grenzen zu diesen Begriffen jedoch fließend sind. Sie wurden in § 50 aF (jetzt § 28) ausdrücklich aufgenommen, um klarzustellen, daß die besonderen persönlichen Merkmale auch solche von nur vorübergehender Dauer sein können. Soweit es sich dabei um täterpsychische Merkmale (Motive, Gesinnungen usw.) handelt, kommen sie für § 14 jedoch nicht in Betracht (o. 8). Nach Bay NJW **69**, 1495 ist ein besonderer persönlicher Umstand iS der Vertreterhaftung zB die Tatsache der Zahlungseinstellung bzw. Konkurseröffnung in §§ 283 ff.; doch könnte hier ebenso von einem besonderen persönlichen „Verhältnis" gesprochen werden. Auch die persönlichen „Umstände" dürften daher für § 14 bedeutungslos sein (ebenso Schünemann LK 40).

III. Abs. 1 dehnt den Anwendungsbereich von Tatbeständen, nach denen ein besonderes persönliches Merkmal (o. 8 ff.) die Strafbarkeit begründet, auf **gesetzliche Vertreter i. w. S.** aus, wenn sie in dieser Eigenschaft handeln und die fraglichen Merkmale zwar bei dem Vertretenen, nicht aber bei ihnen vorliegen. Abs. 1 setzt, wie der sonst überflüssige Abs. 3 zeigt, eine rechtlich wirksame Vertreterbestellung voraus. Eine Erweiterung auf faktische Vertreter findet in den dort bestimmten Grenzen erst durch Abs. 3 statt.

1. Abs. 1 Nr. 1 erfaßt die vertretungsberechtigten **Organe juristischer Personen** und die **Mitglieder solcher Organe**, wenn sie als solche rechtswirksam bestellt sind (o. 13; zu den „faktischen Organen und Organmitgliedern" u. 42 ff.).

a) **Juristische Personen** sind alle sozialen Organisationen mit eigener Rechtspersönlichkeit, gleichgültig, ob sie dem Privatrecht (eingetragener Verein, rechtsfähige Stiftung, Gesellschaften des Aktienrechts, GmbH, Genossenschaft; aber nicht die Vor-GmbH [vgl. Deutscher/Körner aaO 13; and. Bittmann/Pikarski wistra 95, 93]) oder dem öffentlichen Recht (Körperschaften, selbständige Anstalten und Stiftungen) angehören. Die juristische Person muß als solche wirksam bestehen (ebenso Cramer KK-OWiG § 9 RN 21, Marxen NK 37, MB-Schmid 717; and. Göhler § 9 RN 8, Schünemann LK 43). Ob dies der Fall ist, bestimmt sich nach den einschlägigen zivilrechtlichen usw. Regeln, nach denen dies auch bei schwerwiegenden Gründungsmängeln zu bejahen sein kann (vgl. zB §§ 275 AktG, 75 GmbHG, 94 GenG zur „nichtigen", bis zu ihrer Nichtigerklärung und Abwicklung aber dennoch bestehenden AG usw. und zum Ganzen das zivil- und gesellschaftsrechtliche Schrifttum). Dagegen kann eine „faktische Betrachtungsweise" die fehlende Rechtspersönlichkeit nicht ersetzen; auch Abs. 3 gilt hier nicht, da dieser sich nur auf Mängel bei der Begründung des Auftrags- und Vertretungsverhältnisses bezieht (u. 42/43 ff.). Hat die Organisation die Rechtspersönlichkeit nicht erlangt, so sind ihre Mitglieder selbst Normadressaten (vgl. MB-Bieneck 2055); auch können ihre „Organe" zu solchen nach Abs. 2 werden.

b) Zu Normadressen werden nach Nr. 1 zunächst die **vertretungsberechtigten Organe** der juristischen Person (zu den faktischen Organen vgl. u. 42/43 ff.). Dabei soll der Begriff „vertretungsberechtigt" lediglich die Organstellung kennzeichnen und sie von anderen Organen der juristischen Person (Mitgliederversammlung, Aufsichtsrat einer AG; zur strafrechtlichen Haftung der letzteren vgl. Cramer, Stree/Wessels-FS 563) in dem Sinn abgrenzen, daß „vertretungsberechtigte" Organe diejenigen sind, die zur Führung der Geschäfte der juristischen Person nach außen und innen bestellt sind. Nicht gemeint ist dagegen, daß das fragliche „Handeln als vertretungsberechtigtes Organ" ein rechtsgeschäftliches Handeln sein muß oder daß das Organ in wirksamer rechtsgeschäftlicher Vertretung handelt (vgl. Göhler § 9 RN 9, Schünemann LK 44), und gleichgültig ist auch, ob bestimmte Geschäfte im Einzelfall nur mit Zustimmung eines anderen Organs vorgenommen werden dürfen (zB § 111 IV AktG). Im einzelnen gehören hierher: bei einem rechtsfähigen Verein, einer rechtsfähigen Stiftung, AG oder Genossenschaft der Vorstand bzw. Notvorstand (§§ 26, 29, 86, 88 BGB, 76, 85 AktG, 24 GenG); bei der GmbH der Geschäftsführer (§ 35 GmbHG; vgl. auch Kohlmann aaO 16), nicht der Einmann-Gesellschafter als solcher oder dessen Generalbevollmächtigter (Binz NJW 78, 802, Bruns GA 82, 11; and. Fleischer NJW 78, 802); bei der KGaA die persönlich haftenden Gesellschafter (§ 278 AktG); bei einer LPG der ehemaligen DDR der Vorsitzende usw. gem. § 43 LPG-Ges. v. 2. 7. 1982, GBl. I 443 (wirksam gem. EV II Kap. VI, A bis 31. 12. 91). Im Abwicklungsstadium haben die Liquidatoren die Stellung der jeweiligen Organe (vgl. zB § 48 BGB); jedenfalls fallen sie unter Nr. 3. Von Nr. 1 werden auch satzungsmäßig bestimmte stellvertretende Vorstandsmitglieder erfaßt, soweit sie während der tatsächlichen Ausübung des Stellvertreteramts handeln (vgl. BGH **6** 314, BB **58**, 930, GA/He **59**, 337). Zur Frage, ob auch die besonderen Vertreter nach § 30 BGB hierher gehören, vgl. einerseits KG NJW **63**, 1887 m. Anm. Gutzler, andererseits Göhler § 30 RN 12 b mwN. Bei Körperschaften usw. des öffentlichen Rechts bestimmt sich die Frage der Organschaft nach diesem; zur Verantwortlichkeit von Bürgermeistern usw. im Umweltrecht vgl. die gleichnamige Schrift v. Weber, 1988, 24 ff., ferner Franzheim, Umweltstrafrecht, 1991, 135 ff., Rogall aaO 147 ff.

18 c) Während mit der 1. Alt. der Nr. 1 der Ein-Mann-Vorstand usw. gemeint ist, bezieht sich die 2. Alt. auf mehrgliedrige Organe, wozu auch mehrere Geschäftsführer einer GmbH gehören. Danach ist jedes **Mitglied** des Organs (zum lediglich faktischen Organmitglied u. 42/43 ff.) Normadressat, und zwar unabhängig davon, ob und wie die Zuständigkeiten intern durch eine entsprechende Geschäftsverteilung (zB technische u. kaufmännische Leitung) aufgeteilt sind (vgl. zB BGH[Z] **133** 375, wistra **90**, 97, Düsseldorf NStZ **81**, 265 m. Anm. Göhler NStZ 82, 11, Hamm NJW **71**, 817, Koblenz VRS **39** 118, GewArch **87**, 242, Bruns GA 82, 12, Göhler § 9 RN 15, Herzberg aaO 79, Kohlmann aaO 2, Marxen NK 46, MB-Schmid 718 f.; and. Frankfurt [Z] ZIP **95**, 251 m. Anm. Marxen EWiR 95, 391, Schünemann LK 52, aaO 143).

19 Eine andere, nach allgemeinen Regeln zu entscheidende Frage ist es dagegen, ob bzw. wann das intern nicht zuständige Organmitglied für Vorgänge außerhalb seines Geschäftsbereichs persönlich **tatsächlich verantwortlich** gemacht werden kann. Hierher gehört die Verantwortlichkeit für die Mitwirkung bei strafrechtlich relevanten Kollegialentscheidungen (vgl. zB Schmidt-Salzer, Entscheidungssammlung, Produkthaftung, Bd. IV, Einl. 32 ff., 50 ff., 84 f.; speziell zur Kausalität vgl. 83 a vor § 13 u. § 13 RN 61 mwN), und eine Gesamtverantwortung aller Organmitglieder besteht auch bei den dem Organ durch Gesetz zwingend zugewiesenen Einzelaufgaben und wo in besonderen Fällen die juristische Person ressortübergreifend als Ganzes betroffen ist (vgl. BGH **37** 124 mwN [„Lederspray"-Entscheidung: Rückruf eines gefährlichen Produkts; zum Schrifttum dazu vgl. RN 75 vor § 13, § 13 RN 52], BGH [Z] **133** 376 [Abführung der Arbeitnehmerbeiträge zur Sozialversicherung], ferner zB M. Dreher ZGR 92, 60). Im übrigen sind intern nicht zuständige Organmitglieder für Pflichtverletzungen in einem anderen Zuständigkeitsbereich strafrechtlich nur dann uneingeschränkt verantwortlich, wenn sie, die Möglichkeit und Zumutbarkeit des Handelns vorausgesetzt, von dem fraglichen Geschehen Kenntnis haben (vgl. Koblenz GewArch **87**, 242, Geilen, Aktienstrafrecht § 399 RN 39 ff., Tröndle 5); hier gilt das o. 7 Gesagte entsprechend. Dagegen kommt eine Haftung wegen fahrlässiger Tat, die eine Pflicht zur gegenseitigen Überwachung voraussetzen würde, nur beschränkt in Betracht. Zwar wird im Gesellschaftsrecht eine solche allgemeine Überwachungspflicht vielfach angenommen (vgl. zB die Nachw. b. Dreher aaO 59 FN 173), doch kann dies jedenfalls unter gleichgeordneten Organmitgliedern nur mit erheblichen Einschränkungen gelten, weil eine generelle Kontrollpflicht dem Sinn der Arbeitsteilung in einem gleichberechtigten Team zuwiderlaufen würde. Eine Sorgfaltspflichtverletzung des intern nicht zuständigen Organmitglieds wird man hier daher nur dann bejahen können, wenn sich ihm die fragliche Pflichtverletzung ohne weiteres aufdrängen mußte oder wenn infolge besonderer Umstände (zB frühere Unregelmäßigkeiten, Meldungen über Schadensfälle) Anlaß bestand, sich um die Angelegenheiten des anderen zu kümmern (vgl. auch BGH [Z] **133** 377, Demuth/Schneider BB 70, 644, Dreher aaO 60, MB-Schmid 718 f., Marxen NK 46, Schlüchter aaO 148 ff.). Seine Fahrlässigkeit muß sich dabei auf die konkrete Tat beziehen; andernfalls kommt nur § 130 OWiG in Betracht.

20/21 2. Abs. 1 **Nr. 2** nennt die **vertretungsberechtigten Gesellschafter einer Personenhandelsgesellschaft**, wobei auch hier nur Gesellschafter mit einer rechtswirksam erteilten Vertretungsbefugnis gemeint sind (o. 13; zur „faktischen" Vertretungsmacht u. 42/43 ff.). Doch geht das Gesetz bei Nr. 2 von unzutreffenden Voraussetzungen aus: Ihre Aufnahme in das Gesetz (and. noch § 14 E 62) beruht auf der Erwägung, daß die rechtlich weitgehende Verselbständigung dieser Gesellschaften zu der Auffassung verleiten könne, die in einem Tatbestand vorausgesetzten besonderen persönlichen Merkmale lägen nur bei der Gesellschaft, nicht aber bei den einzelnen Gesellschaftern vor (vgl. EEGOWiG 63). Doch ist dies jedenfalls bei eindeutig *rechtlich bestimmten Zuordnungsbegriffen* wie „Schuldner" (§§ 283 ff., 288) nicht denkbar, denn trotz Annäherung der Personenhandelsgesellschaften an die juristische Person (vgl. § 124 HGB) sind die wirklich Berechtigten und Verpflichteten in Wahrheit die Gesellschafter, wenn auch in ihrer gesellschaftlichen Verbundenheit (vgl. Hueck, Gesellschaftsrecht, 19. A., 87 f., 147). Es war daher nie zweifelhaft, daß zB ein OHG-Gesellschafter Täter des § 288 sein kann, wenn er das Gesellschaftsvermögen auf die Seite schafft, und zwar unabhängig davon, ob er vertretungsberechtigt ist. Dagegen wäre Nr. 2 selbst bei einem vertretungsberechtigten Gesellschafter hier gerade nicht anwendbar, weil es an der Voraussetzung des Abs. 1 fehlt, daß zwar die Gesellschaft, nicht aber der Gesellschafter das besondere persönliche Merkmal erfüllt. In Wahrheit hat deshalb Nr. 2 in solchen Fällen nicht einmal deklaratorische, sondern überhaupt keine Bedeutung (ebenso Herzberg aaO 80 ff., Roxin LK[10] 26, Schulte NJW 83, 1773, Winkelbauer wistra 86, 18 f, JR 88, 34 u. krit. auch Schünemann LK 46; vgl. dagegen aber MB-Bieneck 2054, Demuth/Schneider BB 70, 643, Marxen NK 47 f., Tiedemann LK 65 vor § 283, NJW 86, 1844: Umdeutung in eine – auch iE nicht einleuchtende – Einschränkung des Täterkreises, womit zB Schuldner gem. § 288 nur noch der vertretungsberechtigte OHG-Gesellschafter ist; zu § 283, wo § 14 I Nr. 2 unverzichtbar sein soll, vgl. Winkelbauer wistra 86, 17). Zweifelhaft ist aber auch, ob Nr. 2 in anderen Fällen, in denen das fragliche Merkmal durch vorwiegend *faktische Gesichtspunkte* bestimmt wird, von zutreffenden Prämissen ausgeht (vgl. näher Herzberg aaO 80 ff.). Auch hier wäre nämlich Voraussetzung, daß zB „Kraftfahrzeughalter" nur die OHG usw. als solche ist (so Bay **76**, 44, Düsseldorf VRS **72** 119, Schleswig VRS **58** 384), nicht aber die aus der Gesellschaftsform miteinander verbundenen Gesellschafter (vgl. Düsseldorf VRS **39** 446 betr. Kommanditisten). Nur wenn dies zu bejahen wäre, hätte Nr. 2 überhaupt einen Sinn. Auch dann sind die Konsequenzen freilich wenig einleuchtend: Nicht strafbar ist danach zwar der nichtvertretungsberechtigte OHG-Gesellschafter, der einem Dritten nach § 21 StVG ein Firmenfahrzeug überläßt, wohl aber u. U. der nichtvertretungsberechtigte BGB-Gesellschafter und der stille Gesellschafter, da diese selbst Fahrzeughalter sein können (vgl. aber auch Schünemann LK 46; zum stillen Gesellschafter vgl. BGH VRS **22** 422).

a) Eine **Personenhandelsgesellschaft** ist die OHG und KG (§§ 105, 161 HGB) und die durch **22** EG-Recht geschaffene supranationale „Europäische Wirtschaftliche Vereinigung" (EWIV; vgl. EWG-VO v. 25. 7. 85, ABl. EG Nr. L 199 v. 31. 7. 1985, EWIV-AusführungsG v. 14. 4. 1988, BGBl. I 514 u. dazu Müller-Guggenberger NJW 89, 1452 mwN), nicht aber die Partnerschaftsgesellschaft (vgl. PartGG v. 25. 7. 1994, BGBl. I 1744 u. dazu K. Schmidt NJW 95, 1), die gem. § 1 I 2 PartGG kein Handelsgewerbe ausübt (and. Tröndle § 75 RN 2 b); zur Vor-GmbH vgl. Bittmann/Pikarski wistra 95, 93, MB-Bieneck 2053 f. einerseits (bejahend) u. Deutscher/Körner aaO 13 andererseits (verneinend). Notwendig ist auch hier, daß sie wirksam besteht (vgl. entsprechend o. 15), was auch bei einem fehlerhaften, aber in Vollzug gesetzten Gesellschaftsvertrag der Fall ist (vgl. näher das gesellschaftsrechtliche Schrifttum). Andernfalls (zB Scheinhandelsgesellschaft) sind die Gesellschafter – sofern sie dies nicht ohnehin sind (o. 20/21) – selbst Normadressaten. Aus diesem Grund sind auch sonstige nicht-rechtsfähige Personenvereinigungen (BGB-Gesellschaft usw.) in Nr. 2 nicht einbezogen (vgl. EEGOWiG 63). Der Vorstand eines nicht-rechtsfähigen Vereins kann daher, wenn er selbst Mitglied ist (andernfalls kommt Abs. 2 in Betracht), unmittelbar belangt werden.

b) **Vertretungsberechtigt** sind bei der OHG alle Gesellschafter (§ 125 HGB), vorbehaltlich einer **23** abweichenden Regelung im Gesellschaftsvertrag, wo Klauseln über die „Geschäftsführung" oft auch die Vertretung meinen (während das Geschäftsführungsrecht allein [§ 114 HGB] nicht genügt, bei dem jedoch Abs. 2 in Betracht kommt). Bei der KG sind vertretungsberechtigt die persönlich haftenden Komplementäre (§§ 161, 170 HGB), doch kann ein als faktischer Geschäftsführer tätiger Kommanditist zum Normadressaten hier jedenfalls nach Abs. 2 werden (vgl. dazu u. 43). I. E. ganz h. M. ist es, daß bei der GmbH und Co. KG der GmbH-Geschäftsführer Normadressat ist (zB BGH **28** 371, NStZ **84**, 119, Düsseldorf GewArch **83**, 154, KG JR **72**, 121 m. Anm. Göhler, Köln JMBlNW **73**, 39, Stuttgart MDR **76**, 690, MB-Bieneck 2054, Bottke wistra 91, 53, Demuth/Schneider BB 70, 643, Kohlmann aaO 16, Lackner/Kühl 2, Marxen NK 49, MB-Schmid 719, Schünemann LK 47, Tröndle/Fischer 3, Winkelbauer wistra 86, 19; vgl. jedoch auch Tiedemann ZStW 83, 796); nach dem o. 20/21 Gesagten würde sich dies schon aus Abs. 1 Nr. 1 ergeben (GmbH als Schuldner usw.), andernfalls aus einer weiteren „Überwälzung" nach Nr. 2. Eine Besonderheit der EWIV (o. 22) ist die Möglichkeit der Bestellung von Nichtgesellschaftern zu vertretungsberechtigten Geschäftsführern. Unerheblich ist, ob Gesamt- oder Einzelvertretung vereinbart ist; Täter kann deshalb auch der Gesellschafter sein, der nur in Gemeinschaft mit einem anderen vertretungsberechtigt ist, jedoch allein handelt (and. nur, wenn das Delikt ein wirksames Rechtsgeschäft voraussetzt). Bei interner Aufgabenverteilung unter mehrere vertretungsberechtigte Gesellschafter sind dennoch alle als Normadressaten anzusehen; für die Verantwortlichkeit des einen Gesellschafters für Taten des anderen gilt Entsprechendes wie bei einem mehrgliedrigen Organ (o. 19, Hamm NJW **71**, 817, Koblenz VRS **39** 118). Zur faktischen Vertretungsmacht (Abs. 3) u. 43 ff.

3. Abs. 1 **Nr. 3** erfaßt alle **gesetzlichen Vertretern**, d. h. Personen, deren Vertretungsmacht nicht **24** auf Vollmacht oder Vertrag beruht, sondern durch Gesetz bestimmt ist. Hierher gehören die Eltern (§§ 1626, 1629 I BGB) bzw. bei nichtehelichen Kindern die Mutter (§ 1705 BGB), soweit ihnen nicht die Vertretung nach § 1666 entzogen ist, der Vormund (§§ 1773, 1793, bis 31. 12. 91 auch §§ 1896, 1897 BGB), Pfleger (§§ 1909 ff., zT umstr.), Betreuer (§ 1902 BGB, ab 1. 1. 1992), ferner die „Parteien kraft Amts", da ihre Handlungen als die eines gesetzlichen Vertreters beurteilt werden (zB Konkurs-, Vergleichs-, Nachlaßverwalter, Testamentsvollstrecker; vgl. EEGOWiG 63, Lackner/Kühl 2, Schünemann LK 49; and. für den Vergleichsverwalter wegen seiner beschränkten Rechte Rebmann/Roth/Herrmann § 9 RN 25; nicht dagegen der Sequester [Zweibrücken wistra **95**, 319]). Soweit die gesetzliche Vertretung auf einem Bestellungsakt beruht, geht Nr. 3 von dessen Wirksamkeit aus (o. 13; zur faktischen Bestellung u. 42/43).

4. Normadressaten sind die in Nr. 1 bis 3 Genannten nur, wenn und soweit sie in ihrer Eigenschaft **25** „**als**" **gesetzliche Vertreter i. w. S. handeln.** Der Begriff des „*Handelns*" umfaßt sowohl rechtsgeschäftliches wie nicht-rechtsgeschäftliches Handeln, sowohl das aktive Tun als auch das pflichtwidrige Unterlassen. Handelt der Vertreter nicht selbst, so ist zu beachten, daß es gerade in den Fällen des § 14 beim Handeln „durch einen anderen" nicht auf Täterschaftskriterien und darauf ankommt, wie sich der Tatbeitrag phänotypisch darstellt (vgl. 62 vor § 25).

Ein Handeln „*als*" Vertreter liegt vor, wenn es mit dem Aufgaben- und Pflichtenkreis, der mit der **26** Vertretung wahrgenommen werden soll, in einem *funktionalen Zusammenhang* steht (krit. Bruns GA 82, 26 ff., Schünemann LK 51, Unternehmenskriminalität 152). Dies ist nicht schon deshalb der Fall, weil die Vertreterstellung zu der fraglichen Handlung Gelegenheit bietet oder weil deren rechtliche oder tatsächliche Folgen den Vertretenen treffen (zB der Vormund unterschlägt Sachen des Mündels und vereitelt damit zugleich die Vollstreckung in dessen Vermögen). Anderseits ist für ein Handeln „als" Vertreter nicht stets ein solches (wenigstens auch) im Interesse des Vertretenen erforderlich (so aber die hier wohl zu einseitig an § 283 I Nr. 1 orientierte „Interessentheorie" der h. M., zB BGH **30** 127, **34** 221 m. Anm. U. Weber StV 88, 16 u. Winkelbauer JR 88, 33 [Handeln im Schuldnerinteresse stets auch bei eigennützig, aber im Einverständnis mit dem Komplementär vorgenommenen Handlungen eines KG-Geschäftsführers nach § 283, was jedoch auf eine Fiktion hinausläuft; vgl. dazu auch

Achenbach NStZ 89, 503], NJW **92**, 250, MDR **82**, 683, wistra **84**, 71, **91**, 71, **92**, 141, JR **88**, 254 m. Anm. Gössel, Hamm wistra **85,** 158, Göhler § 9 RN 15 a, Marxen NK 31 f., Tröndle 5; vgl. ferner Bruns GA 82, 28, Schünemann LK 50 f., aaO 152 ff., aber auch BGH **28** 371, wistra **90,** 99; zur Kritik an der „Interessenformel" vgl. insbes. Labsch wistra 85, 5 ff., 59 ff., ferner zB Arloth NStZ 90, 570, Deutscher/Körner wistra 96, 13, Gössel JR 88, 256 ff., Herzberg aaO 91 ff., Jordan Jura 99, 305, Köhler 557, Ransiek ZGR 92, 210 f., C. Schäfer GmbHRdsch 93, 798, Tiedemann LK 81 ff. vor § 283, NJW 86, 1844, Weber StV 88, 17 f., Winkelbauer wistra 86, 19, JR 88, 34; zu § 283 I Nr. 1 vgl. näher dort RN 4 a). Auf ein Handeln im Interesse des Vertretenen kann es nur bei Tatbeständen ankommen, die bei diesem eine eigennützige Tendenz voraussetzen, ferner bei solchen Handlungen, die in ihrer objektiven Bedeutung ambivalent sind (vgl. auch Winkelbauer JR 88, 34). Weist dagegen das Handeln des Vertreters schon objektiv einen eindeutigen Bezug zu dem übertragenen Aufgabenkreis auf, so ist es nicht mehr von Bedeutung, ob der Vertreter (wenigstens auch) im Interesse des Vertretenen handelt (vgl. die Nachw. o., ferner Jakobs 601, MB-Bieneck 2062, Rebmann/Roth/Herrmann § 9 RN 28). Bei Rechtsgeschäften ist dies immer anzunehmen, wenn der Vertreter im Namen des Vertretenen handelt (vgl. auch BGH **28** 374), bei einem tatsächlichen Handeln, wenn dieses seiner Art nach (also nicht notwendig in der besonderen Ausführung!) als Wahrnehmung der Angelegenheiten des Vertretenen erscheint (ebenso Rebmann/Roth/Herrmann aaO, iE auch Labsch wistra 85, 60 ff., Tiedemann NJW 86, 1844: maßgeblich, ob der Täter gerade die rechtlichen oder faktischen Handlungsmöglichkeiten nach außen einsetzt und ausnutzt, die ihm seine Organstellung einräumt). So ist zB der gesetzliche Vertreter des Schuldners nach § 283 I Nr. 5 auch dann strafbar, wenn er die Tat – zB Verfälschung von Handelsbüchern – ausschließlich im eigenen Interesse, etwa zur Verdeckung begangener Unregelmäßigkeiten, begeht (ebenso Arloth NStZ 90, 572, Winkelbauer JR 88, 34; and. Schünemann LK 51), der Vereinsvorstand nach § 21 I Nr. 2 StVG auch dann, wenn er das vereinseigene Fahrzeug dem Dritten allein in dessen Interesse überläßt; speziell zur Verletzung von Arbeitgeberpflichten im Arbeitsschutzrecht vgl. Herzberg aaO 91 ff. Aus Abs. 2 lassen sich gegenteilige Schlüsse für Abs. 1 schon deshalb nicht ziehen (so aber BGH **30** 130), weil auch das Handeln „auf Grund des Auftrags" nicht stets ein solches im Interesse des Auftraggebers voraussetzt (u. 40 und die eben genannten Beisp. mit einem Beauftragten als Täter). Erst recht versagt die „Interessentheorie" bei Fahrlässigkeitsdelikten (vgl. Weber StV 88, 17), und zwar bei Unterlassungsdelikten kommt es nicht darauf an, ob das Unterlassen (zB der Buchführung nach § 283 I Nr. 5) dem Interesse des Vertretenen dient (ebenso Marxen NK 34, iE auch Schünemann LK 51); genügend ist hier vielmehr schon, daß der Vertreter eine Handlungspflicht des Vertretenen nicht erfüllt, die er in seiner Vertretereigenschaft für diesen zu erfüllen hätte. Bei den Pflichten, die eine juristische Person treffen können, ist ein solcher Zusammenhang immer gegeben, nicht dagegen bei den gesetzlichen Vertretern von natürlichen Personen. So gehört zu den Funktionen eines Betreuers zwar die Erfüllung einer dem Betreuten obliegenden Unterhaltspflicht (§ 170), nicht aber die Erfüllung einer diesen treffenden Garantenpflicht aus natürlicher Verbundenheit (weshalb es der Betreuer nicht „als" gesetzlicher Vertreter unterläßt, wenn er die in Gefahr geratene Ehefrau des Betreuten nicht rettet; auch eine eigene Garantenstellung kann sich hier für den Betreuer nur insoweit ergeben, als er dafür sorgen muß, daß der Betreute seine Pflichten erfüllt; vgl. auch o. 6). Bei einer Mehrheit von Vertretern (zB mehrere Vorstandsmitglieder) liegt ein Handeln „als" Vertreter auch vor, wenn die fragliche Angelegenheit nach der Aufgabenverteilung im Innenverhältnis zur Zuständigkeit eines anderen gehört, der Betreffende also seinen eigenen internen Zuständigkeitsbereich überschreitet oder im Fall des Unterlassens überschreiten müßte; zur Verantwortlichkeit der anderen vgl. o. 19. Näher zum Ganzen vgl. Labsch wistra 85, 59 ff.

27   **IV. Abs. 2 S. 1, 2** erweitert den Kreis der Normadressaten auf **bestimmte gewillkürte Vertreter in Betrieben** (S. 1) und **Unternehmen** (S. 2), wenn das besondere persönliche Merkmal zwar bei dem Betriebs- bzw. Unternehmensinhaber, nicht aber bei dem Vertreter vorliegt. Ebenso wie Abs. 1 geht auch Abs. 2 von einer rechtswirksamen Begründung des Vertretungs- bzw. Auftragsverhältnisses aus (o. 13). Nur „faktische Vertreter" werden erst durch Abs. 3 und nur in den dort genannten Grenzen zu Normadressaten (u. 42/43 ff.).

28/29   **1.** Die Vorschrift gilt nur für Vertreter und Beauftragte von **Betrieben und Unternehmen**. Auf deren Rechtsform kommt es nicht an; Inhaber kann eine juristische Person, eine Personengesellschaft – also zB auch eine BGB-Gesellschaft (vgl. Achenbach, Stree/Wessels-FS 551; dazu, ob deren Gesellschafter bereits unmittelbare Normadressaten sind, vgl. o. 22) – oder eine Einzelperson sein. *Betrieb* ist eine nicht nur vorübergehende organisatorische, meist auch räumlich zusammengefaßte Einheit von Personen und Sachmitteln unter einheitlicher Leitung zu dem arbeitstechnischen Zweck, bestimmte Leistungen hervorzubringen oder zur Verfügung zu stellen (vgl. zB Tröndle 8 und näher Hueck/Nipperdey, Lehrb. des Arbeitsrechts Bd. 1, 7. A., 93). Diese können sowohl materieller wie immaterieller Art sein; erfaßt werden deshalb nicht nur gewerbliche und landwirtschaftliche Betriebe, sondern zB auch Büros der verschiedensten Art, Apotheken, Arzt- und Anwaltspraxen, Theater usw. (ebenso Samson SK 5, Schünemann LK 54). Nicht notwendig ist die Absicht der Gewinnerzielung; Betriebe sind daher auch Krankenhäuser und sonstige karitative Einrichtungen (Göhler § 9 RN 43, Marxen NK 52). Nicht hierher gehören dagegen private Haushalte und Mischformen, bei denen Privathaushalt und Betrieb (zB Landwirtschaft) untrennbar miteinander verbunden sind (vgl. Marxen NK 52). Den Betrieben gleichgestellt sind die *Unternehmen* (Abs. 2 S. 2). Die – begrifflich umstrittene

– Unterscheidung zwischen Betrieb und Unternehmen hat deshalb für § 14 keine Bedeutung. Bei einer weiten Auslegung des Begriffs „Betrieb" dürfte S. 2 regelmäßig keine selbständige Bedeutung haben (vgl. auch Schünemann LK 55); als notwendig könnte er sich allenfalls dort erweisen, wo ein Unternehmen den Überbau für mehrere Betriebe iS von produktionstechnischen Einheiten darstellt. Als Unterscheidungsmerkmale von Betrieb und Unternehmen werden genannt: das Unternehmen sei mehr auf eine kaufmännische, der Betrieb dagegen auf eine mehr technische Tätigkeit gerichtet (vgl. EEGOWiG 65); der Betrieb sei die technisch-organisatorische, das Unternehmen die rechtlich-wirtschaftliche Einheit (Rebmann/Roth/Herrmann § 9 RN 52); der Betrieb sei die Einheit im Hinblick auf den arbeitstechnischen Zweck, der Unternehmensbegriff dagegen beschreibe den damit verfolgten weiteren Zweck (Rotberg § 9 RN 31 mwN); der Begriff des Unternehmens kennzeichne vor allem die Rechtsform des Betriebs (AG, OHG usw.) und den Zweck der betrieblichen Betätigung als einen wirtschaftlichen (Göhler § 9 RN 44).

2. Zu Normadressaten werden nach **Nr. 1** zunächst diejenigen, die vom Betriebs- bzw. Unternehmensinhaber oder sonst dazu Befugten (u. 39) **beauftragt sind,** den Betrieb bzw. das Unternehmen **ganz oder zum Teil zu leiten.** Anders als in Nr. 2 genügt hier auch eine konkludente Betrauung mit den genannten Leitungsaufgaben (vgl. BGH[Z] NJW-RR **89,** 1185, Lackner/Kühl 3), weshalb zB auch der im Betrieb seiner Frau als Leiter tätige Ehemann unter Nr. 1 fällt, wenn dies aufgrund einer den Umständen zu entnehmenden stillschweigenden Beauftragung der Frau geschieht. Ist der Bestellungsakt unwirksam, so wird auch hier der „tatsächliche Leiter" gem. Abs. 3 zum Normadressaten (u. 42/43 ff.). Anderseits genügt – entgegen dem insoweit mißverständlichen Wortlaut – nicht schon die bloße Auftragserteilung; erforderlich ist vielmehr auch, daß der Betreffende den Auftrag angenommen (KG [Z] NJW-RR **97,** 1127) und die Leitungsaufgaben tatsächlich übernommen hat, weil nur dann der Vertrauenstatbestand geschaffen ist, der seine Verantwortlichkeit rechtfertigt (ebenso Marxen NK 52, Schünemann LK 56). Auch ist er – entsprechend Nr. 2 – Normadressat immer nur insoweit, als er Entscheidungsbefugnisse hat (vgl. Stuttgart Justiz **80,** 419, Göhler § 9 RN 17 f.); er bleibt dies dann freilich auch, wenn er Teilkompetenzen auf andere überträgt. 30

a) Beauftragt mit der **Leitung des Betriebs** usw. ist ohne Rücksicht auf die Bezeichnung (Direktor usw.) derjenige, dem die Geschäftsführung des Betriebs usw. nach innen und außen verantwortlich übertragen ist und der demgemäß selbständig an Stelle des Betriebsinhabers handelt (BGH[Z] NJW-RR **89,** 1185, Göhler § 9 RN 19, Marxen NK 55, Schünemann LK 56). Dies können auch mehrere Personen sein, wenn sie gemeinsam für den ganzen Betrieb verantwortlich sind, wobei im Fall einer internen Kompetenzverteilung das o. 18 Gesagte entsprechend gilt. Die bloße Beaufsichtigung – das Gesetz hat auf deren Einbeziehung bewußt verzichtet (vgl. EEGOWiG 64) – ist noch keine Leitung (vgl. Bottke wistra 91, 53); Personen mit reinen Aufsichtsfunktionen haften deshalb nur unter den besonderen Voraussetzungen der Nr. 2. 31

b) Damit beauftragt, den Betrieb usw. **zum Teil zu leiten,** sind nicht nur die Leiter von räumlich und organisatorisch abgegrenzten Betriebsteilen (zB Zweig- und Nebenstellen, Werk als Fabrikationsanlage), sondern auch von sachlich abgegrenzten Teilbereichen innerhalb des Gesamtbetriebs, sofern diese relativ selbständig sind (vgl. Koblenz VRS **48** 157, Stuttgart Justiz **80,** 419, StA Mannheim NJW **76,** 585, Göhler § 9 RN 20, Lackner/Kühl 3, MB-Schmid 722, Rebmann/Roth/Herrmann § 9 RN 38; krit. jedoch Herzberg aaO 84, Jakobs 601, Marxen NK 56). Weil eine räumliche bzw. sachliche Gliederung eines Betriebs in mehrere, relativ selbständige Betriebsteile im technischen Bereich häufiger ist als im kaufmännischen, kann dies dazu führen, daß die strafrechtliche Verantwortlichkeit hier – vorbehaltlich der Nr. 2 – unangemessen hoch angesiedelt, dort dagegen verhältnismäßig weit nach unten verlagert ist (mit Recht krit. daher der RegE zum 2. WiKG, BT-Drs. 10/318 S. 15). Auch können sich hier nicht unerhebliche Abgrenzungsschwierigkeiten ergeben, die durch Nr. 2 wegen der dort genannten einschränkenden Erfordernisses einer „ausdrücklichen" Beauftragung nur bedingt ausgeglichen werden (RegE zum 2. WiKG aaO). Nicht notwendig ist zwar die Zugehörigkeit zum obersten Management; andererseits kann aber auch das Innehaben einer Vorgesetztenstellung noch kein ausreichendes Kriterium sein (Schünemann LK 57; and. Herzberg aaO 86 ff.), weil „Leitungs"-Befugnisse über bloße Weisungsrechte hinausgehen und jedenfalls bei unteren Vorgesetzten nicht mehr davon gesprochen werden kann, daß sie im Rahmen ihrer beschränkten Anordnungsmacht den „Betrieb" auch nur „zum Teil leiten". Nicht maßgeblich sind hier auch die handelsrechtlichen Vertretungsformen: So kann zB der Leiter einer Zweigstelle Betriebsleiter iS der Nr. 1 2. Alt. sein, gleichgültig, ob er Prokura oder nur Handlungsvollmacht hat, während etwa der dem Leiter der Kreditabteilung einer Bank nachgeordnete Prokurist diese Stellung nicht hat. Damit beauftragt, den Betrieb „zum Teil" zu leiten, sind zB der kaufmännische und der technische Leiter eines Betriebs, aber auch die Leiter für Planung, Einkauf, Verkauf (vgl. auch KG GewArch **92,** 195), Außenhandel, Personalwesen usw., leitende Angestellte (Marxen NK 57), ferner Prokuristen, soweit sie in einem Teilbereich des Betriebs selbständig tätig sind (vgl. auch Hamm MDR **74,** 425), nach Göhler § 9 RN 21 je nach Betriebsorganisation u. U. auch Obermeister und Vorarbeiter, nach Stuttgart Justiz **80,** 419 u. U. sogar ein Wiegemeister. 32

3. Sonstige Beauftragte werden zu Normadressaten nur unter den Voraussetzungen der **Nr. 2,** d. h. wenn sie **ausdrücklich** mit der **eigenverantwortlichen Wahrnehmung von Aufgaben** beauftragt sind, die dem Betriebsinhaber obliegen. Während sich bei den in Nr. 1 Genannten die 33

Zurechnung der persönlichen Merkmale ohne weiteres schon aufgrund der übertragenen Stellung als Betriebsleiter ergibt, setzt sie hier den ausdrücklichen Auftrag voraus, in einem sachlich abgesteckten Rahmen bestimmte Aufgaben des Inhabers in eigener Verantwortung zu erfüllen (vgl. zB Hamm MDR 78, 598: Pflichten im Zusammenhang mit der Beschäftigung von Ausländern). Auch hier genügt dann freilich nicht schon die bloße Beauftragung, vielmehr muß der Betreffende den fraglichen Aufgabenkreis tatsächlich übernommen haben (o. 30); nicht ausreichend ist andererseits aber auch die tatsächliche Übernahme ohne entsprechende ausdrückliche Beauftragung. Daß Nr. 2 seit dem 2. WiKG (o. 2) nicht mehr von der „Erfüllung von Pflichten" sondern von der „Wahrnehmung von Aufgaben" spricht, bedeutet allenfalls eine sprachliche Klarstellung: Zwar werden in den Betrieben idR „Aufgaben" und nicht einzelne strafrechtlich abgesicherte „Pflichten" delegiert; da sich diese Pflichten – um die es in der Sache hier geht, weil an sie auch die besonderen persönlichen Merkmale iS des § 14 anknüpfen – aber aus dem übertragenen Aufgabenbereich von selbst ergeben, liegt darin jedenfalls keine inhaltliche Änderung.

34   a) Da Nr. 2 einen **ausdrücklichen Auftrag** verlangt, genügen eine stillschweigende Bestellung, das bloße Dulden oder die konkludente Billigung der tatsächlichen Wahrnehmung der Aufgabe nicht (vgl. Bay NStZ/G **87**, 58 m. Anm. Göhler, Düsseldorf VRS **63** 135 m. Anm. Göhler NStZ 83, 64, Stuttgart VRS **37** 30, Marxen NK 59). Nicht notwendig ist jedoch die Einhaltung einer Form oder die Bekanntmachung nach außen (KG VRS **36** 269), und auch auf den Gebrauch des Ausdrucks „Auftrag" kommt es nicht an, wenn nur in der Sache expressis verbis eindeutig zum Ausdruck gebracht wird, daß der Betreffende künftig eigenverantwortlich bestimmte Aufgaben zu erfüllen hat. Obwohl eine solche ausdrückliche Beauftragung vielfach nicht erfolgt oder nicht nachweisbar ist und der RegE zum 2. WiKG deshalb wegen der hier entstehenden Strafbarkeitslücken auf das Merkmal „ausdrücklich" verzichten wollte (vgl. BT-Drs. 10/318 S. 15; zur Kritik vgl. auch Achenbach JuS 90, 602, Göhler NStZ 83, 64, Schall wistra 92, 5, Schünemann aaO 148 ff., aber auch R. Hamm StV 90, 221, Rogall aaO 149 ff.), ist es insoweit bei der bisherigen Regelung der Nr. 2 geblieben. Begründet wird dies nach wie vor mit der Notwendigkeit, im Interesse des beauftragten Arbeitnehmers, einer eindeutigen Bestimmung der Reichweite der Delegation und zur Sicherung der Einhaltung der übernommenen Pflichten klare Verhältnisse zu schaffen und einer allzu leichten Abwälzung der Verantwortung auf andere entgegenzuwirken (vgl. BT-Drs. 10/5058 S. 25 f. u. auch schon EEGOWiG 65). Noch wichtiger als die *Art* der Beauftragung, auf die sich das Merkmal „ausdrücklich" bezieht, ist unter solchen Aspekten dann aber die Frage, *wie konkret der Inhalt* des erteilten Auftrags sein muß. Hier folgt nicht nur aus der ratio legis, sondern schon aus dem Wesen eines Auftrags zur Wahrnehmung fremder Aufgaben, daß diese so genau bezeichnet sein müssen, daß es für den Beauftragten zumindest im wesentlichen erkennbar ist, was er zu tun und worauf er zu achten hat, mag er sich auch über seine aufgabenrelevanten Pflichten im einzelnen noch näher informieren müssen. Schon eine Beauftragung liegt daher jedenfalls nicht vor, wenn der Beauftragte überhaupt nicht in der Lage ist, den Umfang der mit dem „Auftrag" verbundenen Pflichten zu überschauen (während es eine Frage des Irrtums ist, wenn er nur einzelne seiner Pflichten nicht kennt; vgl. auch BT-Drs. 10/318 S. 15). Wie weit hier im übrigen in die Einzelheiten zu gehen ist, hängt von den Umständen des Einzelfalls ab (zB Tröndle 12; vgl. auch schon EEGOWiG 65). Wird zB einem Angestellten die Verantwortung für den Fahrzeugpark eines Betriebs übertragen, so kann eine mehr oder weniger pauschale Beauftragung genügen, weil die einen Fahrzeughalter treffenden Pflichten ihm allgemein bekannt sind. Handelt es sich dagegen um Spezialgebiete, die ein besonderes Fachwissen voraussetzen, so ist, wenn der Beauftragte nicht schon die notwendigen Vorkenntnisse hat, auch eine entsprechend detaillierte Unterweisung erforderlich (MB-Schmid 723). – Entspricht die Beauftragung den genannten Voraussetzungen nicht, so haftet der Beauftragte nicht. Andererseits darf sich der Auftraggeber umso weniger auf die Erfüllung der übertragenen Aufgaben verlassen, je undifferenzierter und unklarer der erteilte Auftrag ist. Hier kann er deshalb, sofern die Tat fahrlässig begehbar ist, vielfach selbst als Täter verantwortlich gemacht werden; im übrigen kommt § 130 OWiG in Betracht.

35   b) Der Auftrag muß darauf gerichtet sein, die übertragenen Aufgaben **in eigener Verantwortung** wahrzunehmen. Dies trifft nur für Beauftragte zu, die in ihrem Wirkungskreis zu selbständigen Maßnahmen befugt sind, „eigene Verantwortung setzt Freiheit des Handelns und damit die Befugnis zur Entscheidung voraus" (EEGOWiG 65; vgl. auch Düsseldorf VRS **63** 135). Vertreter in ganz untergeordneter Stellung scheiden damit aus. Aber auch bloße Mitverantwortung ist noch keine „eigene" Verantwortung. Der Beauftragte muß deshalb befugt sein, von sich aus die erforderlichen Maßnahmen zu treffen (Bay NStZ/G **87**, 58, Schünemann LK 60; zum verantwortlichen Beauftragten eines KFZ-Halters vgl. Schleswig VRS **58** 384). Bedarf er dazu noch der Zustimmung eines Vorgesetzten, so genügt dies nicht; dagegen wird seine Eigenverantwortung nicht dadurch ausgeschlossen, daß er nachträglich einer Kontrolle unterliegt (Demuth/Schneider BB 70, 645, Göhler § 9 RN 31, Samson SK 5, Schünemann LK 60). Auch bloße Sachbearbeiter können demnach Beauftragte iS der Nr. 2 sein, soweit sie innerhalb eines weisungsgebundenen Aufgabenbereichs einen Teilbereich haben, in dem sie weisungsfrei sind (vgl. Rebmann/Roth/Herrmann § 9 RN 47, aber auch Marxen NK 62); andererseits kann auch aus einer Prokuraerteilung nicht notwendig auf eine Beauftragung iS der Nr. 2 geschlossen werden (Hamm MDR **74**, 425). Vgl. ferner Bay NJW **79**, 2258 (Croupier), Düsseldorf NVwZ **91**, 510 (Gewässerschutzbeauftragter) und zur Verantwortlichkeit von

Leitern der Forschung oder der medizinisch-wissenschaftlichen Abteilung in einem Arzneimittelunternehmen Bruns, Heinitz-FS 329.

c) Nach der Gesetzesbegründung soll erforderlich sein, daß die Übertragung der Verantwortung **36** innerhalb des **Sozialadäquaten,** d. h. im Rahmen dessen liege, was bei der Aufteilung von Aufgaben und Pflichten in der modernen arbeitsteiligen Wirtschaft allgemein üblich ist und zB nicht der Fall sei, wenn der Inhaber einer Verkaufsstelle ein Lehrmädchen damit beauftragt, in eigener Verantwortung für die Ladenschlußzeiten zu sorgen (EEGOWiG 65; ebenso StA Mannheim NJW **76**, 585, Demuth/Schneider BB 70, 645, Göhler § 9 RN 32, Lackner/Kühl 4, Marxen NK 67 ff., JZ 88, 288, Rebmann/Roth/Herrmann § 9 RN 48, Tröndle 13). Aus dem Gesetz selbst ergibt sich dies jedoch nicht bzw. nur für den Fall, daß die Beauftragung deshalb zugleich rechtlich unwirksam ist und dieser Mangel auch durch Abs. 3 nicht geheilt wird (u. 42 ff.). Davon abgesehen kann hier der Beauftragte zwar aus anderen Gründen straflos sein, wenn er den fraglichen Pflichten nicht gewachsen ist (vgl. zu dem genannten Beisp. bereits § 3 JGG); ihn über eine Verneinung seiner Normadresseneigenschaft von vornherein und generell von jeglicher Verantwortung freizustellen, weil der (von ihm immerhin übernommene!) Auftrag nicht mehr im Rahmen des Üblichen liegt, besteht aber auch in der Sache kein Anlaß (ebenso Schünemann LK 62; aaO 146 ff.; krit. auch Rotberg § 9 RN 27, Tiedemann ZStW 83, 808). Gegen eine solche Einschränkung über die Sozialadäquanz spricht schließlich, daß dies wegen der Unbestimmtheit zu kaum lösbaren Abgrenzungsschwierigkeiten führen würde. Auf diese Weise einer „Auswechslung der Verantwortung" (EEGOWiG 65) vorzubeugen, besteht ohnehin kein Anlaß, da gerade in den Fällen, in denen ein offensichtlich Ungeeigneter mit der Wahrnehmung eines bestimmten Aufgabenkreises betraut wird, eine eigene strafrechtliche Verantwortlichkeit des Inhabers bzw. „sonst Befugten" (der selbst idR ebenfalls Normadressat ist) in Betracht kommt.

d) Normadressaten nach Nr. 2 können unter den genannten Voraussetzungen auch Personen sein, **37** die **nicht Angehörige des Betriebs** bzw. Unternehmens sind. Die Vorschrift gilt damit auch bei zwischenbetrieblicher Arbeitsteilung, so daß Täter zB auch der von einem Betrieb beauftragte Drittunternehmer (bzw. dessen Vertreter nach § 14) oder die für den Betrieb tätigen Anwälte, Wirtschaftsprüfer usw. sein können. Nicht ausreichend ist freilich eine nur beratende Tätigkeit, da Vertreter iS der Nr. 2 nur sein kann, wer zu eigenverantwortlichen Entscheidungen für den Betrieb legitimiert ist (o. 35). Auch die Übertragung auf Dritte ändert jedoch nichts daran, daß der Betriebsinhaber usw. selbst Normadressat bleibt.

4. Voraussetzung ist sowohl in Nr. 1 als auch in Nr. 2, daß die Beauftragung durch den **Inhaber 38** des Betriebs bzw. Unternehmens oder einen **sonst dazu Befugten** erfolgt ist. Ist *Inhaber* eine juristische Person, so treten an deren Stelle ihre Organe; für eine Personengesellschaft handeln ihre vertretungsberechtigten Gesellschafter (für EWIV vgl. o. 23). Besteht bei mehrgliedrigen Organen oder bei mehreren vertretungsberechtigten Gesellschaftern Einzelvertretungsmacht, so kommt es auf die interne Aufgabenverteilung nicht an. Die in Nr. 1 Genannten werden idR von dem Inhaber selbst bzw. seinem gesetzlichen Vertreter iS des Abs. 1 beauftragt sein; notwendig ist dies jedoch nicht. – Eine *sonstige Befugnis* zur Bestellung verantwortlicher Vertreter kann sich unmittelbar aus besonderen gesetzlichen Vorschriften, vor allem aber aus einer auf den Inhaber (bzw. dessen Vertreter nach Abs. 1) zurückführbaren Delegation ergeben. Im Fall der Nr. 2 besteht eine solche Befugnis insbesondere für die in Nr. 1 Genannten (mit den entsprechenden Einschränkungen, wenn sie den Betrieb nur zum Teil zu leiten haben); zu den „sonst Befugten" können aber auch andere Angestellte gehören, wenn sie in einem bestimmten Bereich für die Organisation des Betriebs verantwortlich sind (Schünemann LK 58). Voraussetzung ist jedoch immer, daß der Betreffende die fragliche Aufgabe auch an einen zu eigenverantwortlicher Erledigung delegieren darf, weshalb zB die Übertragung durch einen gleichgestellten Kollegen für die Zeit von dessen Abwesenheit nicht genügt (vgl. Schünemann, Unternehmenskriminalität 146; vgl. aber auch o. 6). Nicht erforderlich ist dagegen, daß diese Befugnis rechtswirksam erteilt worden ist (ebenso Schünemann LK 71; and. Marxen NK 64, Tröndle 18), denn es wäre ein Widerspruch, ein faktisches Auftrags- oder Vertretungsverhältnis gem. Abs. 3 zwar bei dem Letztbeauftragten genügen zu lassen, nicht aber bei seinem Auftraggeber.

5. Die in Nr. 1 und 2 genannten Vertreter werden nur insoweit zu Normadressaten, als sie **auf- 39 grund des ihnen erteilten Auftrags handeln.** Es gilt hier Entsprechendes wie bei den gesetzlichen Vertretern des Abs. 1, die „als" Vertreter gehandelt haben müssen (o. 25 f.). Ebenso wie dort ist in Abs. 2 ein Handeln im Interesse des Betriebs kein entscheidendes Kriterium; so ist zB der für den Fahrzeugpark Verantwortliche auch dann Täter nach § 21 I Nr. 2 StVG, wenn er das Firmenfahrzeug dem anderen ausschließlich in dessen Interesse überläßt. Ferner umfaßt der Begriff des Handelns auch hier das Unterlassen, und auch in Abs. 2 muß zwischen dem Handeln (Unterlassen) und den wahrzunehmenden Aufgaben ein funktionaler Zusammenhang bestehen (weshalb zB ein mangels eigener Leitungsbefugnis allenfalls der Nr. 2 unterfallender „Generalbevollmächtigter" nicht Täter des § 283 I Nr. 1 bezüglich des Betriebsvermögens sein kann; vgl. Binz NJW 78, 802 gegen Fleischer NJW 78, 96). Bei den betriebsbezogenen Handlungspflichten des Inhabers werden deshalb Betriebsleiter, die den Betrieb „ganz" zu leiten haben, in vollem Umfang zu Normadressaten, die in Nr. 2 Genannten dagegen nur begrenzt im Rahmen ihres besonderen Pflichtenkreises.

V. Die **Verantwortlichkeit** eines dem Personenkreis von Abs. 1 oder 2 angehörenden Vorgesetz- **40** ten (zB Betriebsleiter) für **Taten Untergebener** bestimmt sich nach den gleichen Grundsätzen wie die Haftung des Vertretenen (o. 7; näher dazu Schmidt-Salzer, Entscheidungssammlung Produkthaftung, Bd. IV, Einl. 12 ff. u. pass.). Ist der Untergebene beauftragt, Aufgaben des Inhabers in eigener Verantwortung zu erfüllen und ist er damit selbst Normadressat nach Nr. 2, so kann sich daraus für den Vorgesetzten zwar eine Reduzierung seiner Überwachungspflichten ergeben, doch sind in diesem Fall bezüglich der Sorgfalt bei der Auswahl umso strengere Anforderungen zu stellen. Erst recht gilt dies wegen der hier eingeschränkten Überwachungsmöglichkeiten bei der Beauftragung von nicht dem Betrieb angehörenden Dritten (o. 38; zur Verantwortlichkeit bei zwischenbetrieblicher Arbeitsteilung vgl. auch o. 19, Schmidt-Salzer aaO 77 ff., Schumann, Strafrechtliches Handlungsunrecht usw. [1986], 116 ff.).

41 **VI. Abs. 2 S. 3** erweitert den Kreis der Normadressaten schließlich im Rahmen einer *sinngemäßen Anwendung des Abs. 2 S. 1* auf die **Beauftragten einer Stelle, die Aufgaben der öffentlichen Verwaltung wahrnimmt.** Sinn der Vorschrift ist es, die Angehörigen von Verwaltungsstellen, denen vielfach die gleichen Pflichten obliegen wie einem Betrieb (zB als Arbeitgeber, Fahrzeughalter usw.), bezüglich ihrer Verantwortlichkeit den Vertretern von privaten Betrieben usw. gleichzustellen und so eine ungerechtfertigte Bevorzugung zu vermeiden (vgl. EEGOWiG 65). Dabei sind Verwaltungsstellen iS des S. 3 nicht nur die eigentlichen „Verwaltungen" (Behörden, Ämter), sondern zB auch die Anstalten und Körperschaften des öffentlichen Rechts (deren Organe jedoch schon durch Abs. 1 Nr. 1 erfaßt sind); dagegen fallen öffentliche Unternehmen, gleichgültig, in welcher Form (zB als Eigenbetrieb usw.) sie betrieben werden, schon unter S. 1, 2. Eine nur sinngemäße Anwendung des S. 1 ist vorgesehen, weil es hier an einem Inhaber fehlt, dessen Pflichten zu erfüllen sind; zugleich wird damit die Ausdehnung von Tatbeständen mit besonderen persönlichen Merkmalen auf solche Pflichtenkreise beschränkt, die denen von Betriebsinhabern entsprechen, was jedoch keineswegs nur im Bereich fiskalischer Tätigkeit möglich ist (zB Pflichten als Halter von militärischen Fahrzeugen; vgl. auch Marxen NK 65, Schünemann LK 63, Tröndle 15). An die Stelle des Betriebsleiters tritt in S. 3 der Behördenleiter; im übrigen hängt es von der Organisation der betreffenden Stelle ab, wem welche Pflichten obliegen, wobei jedoch die Voraussetzungen des Abs. S. 1 Nr. 2 erfüllt sein müssen (ausdrückliche Beauftragung, Erfüllung der Aufgaben in eigener Verantwortung). Wird ein Beauftragter neben dem Organ einer öffentlich-rechtlichen Körperschaft usw. zum Normadressaten, so gelten für dessen Verantwortlichkeit die o. 7 genannten Grundsätze entsprechend; zur Verantwortlichkeit von leitenden Verwaltungsbeamten im Umweltrecht vgl. Köln NJW **88**, 2121, Weber aaO (o. 17) 26 f. u. 25 ff., 41 vor § 324.

42/43 **VII.** Für den Anwendungsbreich des § 14 (o. 4 ff.) enthält **Abs. 3** eine abschließende und deshalb nicht erweiterungsfähige Regelung der **faktischen Organ- und Vertreterhaftung.** Hier wird, abweichend von einer rein „faktischen Betrachtungsweise", zum Normadressaten nicht jeder, der in Übereinstimmung mit dem Willen der dafür Zuständigen tatsächlich die Funktion eines Vertreters iS von Abs. 1, 2 wie ein solcher ausübt (so die h. M. zu den besonderen Organ- und Vertretertatbeständen des AktG, GmbHG usw., wonach zB Geschäftsführer iS des § 84 GmbHG auch ist, wer ohne förmliche Bestellung und Eintragung im Handelsregister mit Einverständnis der Gesellschafter die Stelle eines Geschäftsführers tatsächlich einnimmt [zB BGH **3** 33, **21** 103], neben einem eingetragenen Geschäftsführer allerdings nur, wenn er diesem gegenüber eine „überragende Stellung" oder jedenfalls das „Übergewicht" hat [BGH **31** 118, StV **84**, 461 m. Anm. Otto, wistra **90**, 97, Düsseldorf NJW **88**, 3166 m. Anm. Hoyer NStZ 88, 369; vgl. auch BGH[Z] NJW **88**, 1879]; entsprechend zum faktischen Vorstandsmitglied einer AG vgl. BGH **21** 101 u. im übrigen die Nachw. o. 4). Denn nach dem insoweit eindeutigen Wortlaut des Abs. 3 genügt es bei § 14 gerade nicht, daß der Betreffende nicht rechtlich, sondern – was der Interessenlage der Beteiligten durchaus entsprechen kann – nur tatsächlich die Stellung eines Vertreters iS von Abs. 1, 2 haben soll. Erweitert wird hier vielmehr der Anwendungsbereich von Abs. 1, 2 lediglich auf einen Teil der faktischen Organe und Vertreter, nämlich auf solche Fälle, in denen die Rechtshandlung unwirksam ist, „welche die Vertretungsbefugnis oder das Auftragsverhältnis *begründen sollte"*, was nur heißen kann, daß die von Abs. 1, 2 vorausgesetzte rechtswirksame Begründung einer Vertretungsbefugnis usw. (o 13, 27) von den Beteiligten *tatsächlich beabsichtigt* gewesen sein muß, wobei es dann freilich unschädlich sein soll, wenn dieser Erfolg zB wegen eines Formmangels oder Geschäftsunfähigkeit des Auftraggebers usw. nicht erreicht wird. Faktischer Vertreter iS des Abs. 3 ist mithin – die tatsächliche Ausübung der fraglichen Funktion vorausgesetzt – nur der rechtlich bestellte Vertreter (vgl. Bottke aaO 30, Hildesheim wistra 93, 167, Hoyer NStZ 88, 369, Ransiek ZGR 92, 209, Samson SK 7 b, Stein aaO 194 ff., ZHR 148, 223 u. wohl auch Lackner/Kühl 6, Marxen NK 42 ff., 66, JZ 88, 286; auch bei § 14 III weitergehend iS der h. M. zu den besonderen Organ- und Vertretertatbeständen dagegen zB BGH GA/He **71**, 36, MDR/H **80**, 453, wistra **91**, 71, Cramer KK-OWiG § 9 RN 55, C. Schäfer GmbHRdsch 93, 722 f., Schünemann LK 69, Tröndle 18; vgl. auch BGH StV **84**, 461 m. Anm. Otto, wistra **90**, 97, Düsseldorf aaO, wo bei Handlungen eines faktischen Geschäftsführers nach § 283 unter Übergehung des § 14 III unmittelbar die zu § 84 GmbHG aufgestellten Grundsätze angewandt werden). Nur in diesem Sinn ist daher auch die in Abs. 3 genannte „Rechtshandlung" bzw. der hier ausreichende „faktische Bestellungsakt" (Tiedemann LK 70 vor § 283, NJW 86, 1845) zu verstehen und nur unter dieser Voraussetzung kann auch das bloße (stillschweigende) Einverständnis der für die Bestellung Zuständigen den Anforderungen des Abs. 3 genügen, während ein solches nicht ausreicht, wenn ihm nicht zugleich der Wille einer rechtswirksamen Übertragung der fraglichen Funktionen und Aufgaben zu entnehmen ist, der andere also zB nur faktisch „Geschäftsführer" sein soll. Dies heißt nicht, daß ein solcher nicht dennoch zum Normadressaten werden könnte, da eine nach Abs. 3 nicht ausreichende Bestellung eines faktischen Organs vielfach zur wirksame Beauftragung nach Abs. 2 enthalten wird oder in eine solche umgedeutet werden kann (zB bewußte Bestellung eines lediglich „faktischen Geschäftsführers" zugleich als wirksame Beauftragung iS des Abs. 2 Nr. 1; vgl. unter diesem Gesichtspunkt auch BGH **34** 221, wo auf den als faktischer Geschäftsführer tätigen und mit einer Generalvollmacht versehenen Kommanditisten ohne weiteres Abs. 2 Nr. 1 anwendbar gewesen wäre; vgl. dazu auch Achenbach NStZ 89, 497, Winkelbauer JR 88, 34). Für Abs. 2 Nr. 2 und die dort notwendige ausdrückliche Beauftragung genügt ein nur stillschweigendes Einverständnis der Beteiligten als Grundlage dafür allerdings nicht, auch hängt es hier vom Inhalt des Auftrags ab, inwieweit der andere tatsächlich zum faktischen Organ wird (krit. dazu Schünemann LK 69). Zum Problem des sog. aktiven Gesellschafters vgl. Tiedemann NJW 86, 1845.

Weitere Voraussetzung für die Anwendung des Abs. 3 ist, daß es den Vertretenen tatsächlich gibt; tarnt sich zB der Täter als Leiter eines fremden Betriebs, dessen Inhaber er selbst ist, so ist er ohnehin Normadressat (ebenso MB-Schmid 716). In den Fällen des Abs. 1 Nr. 1, 2 muß die juristische Person bzw. die Personenhandelsgesellschaft wirksam bestehen (o. 15, 22), während es bei Abs. 2 darauf nicht ankommt, weil hier als Inhaber immer die Gesamtheit der Mitglieder bzw. Gesellschafter angesehen werden kann. Nicht erforderlich ist dagegen, daß die Befugnis zu einer Beauftragung iS des Abs. 2 rechtswirksam erteilt ist; insoweit kann, obwohl vom Gesetz nicht ausdrücklich gesagt, nichts anderes gelten als für die faktische Beauftragung gem. Abs. 3 (o. 38). **44**

VIII. Der **Vorsatz** setzt bei dem Vertreter die Kenntnis der Umstände voraus, die ihn nach § 14 zum Normadressaten machen; ein Irrtum darüber ist Tatbestandsirrtum (§ 16). Kennt der Vertreter diese Umstände und weiß er lediglich nicht, daß das fragliche Verbot oder Gebot auch für ihn gilt, so liegt Verbotsirrtum vor (§ 17; vgl. BGH StV **84**, 461 m. Anm. Otto). Kennt er dieses selbst nicht, so gelten die allgemeinen Grundsätze. **45**

IX. Zur Zeit des Eintritts einer **objektiven Bedingung der Strafbarkeit** (zB Zahlungseinstellung bei Konkursdelikten) braucht der Täter nicht mehr Inhaber der Organ- bzw. Vertreterstellung sein; es genügt, wenn er in dieser Eigenschaft tatbestandsmäßig gehandelt hat (vgl. RG **39** 217, Tiedemann LK 67 vor § 283). **46**

X. Bei der **Bemessung einer Geldstrafe** bestimmt sich die Höhe des Tagessatzes nach den Verhältnissen des Vertreters; die Vermögensverhältnisse des Vertretenen bleiben außer Betracht, und zwar auch dann, wenn das strafbare Verhalten des Vertreters dem Vertretenen einen Gewinn eingebracht hat (vgl. Braunschweig GA **69**, 389 zu § 13 OWiG aF). Ein Ausgleich ist hier nur im Rahmen der §§ 73 ff. (vgl. insbes. § 75) bzw. des § 30 OWiG möglich. Ist der Täter zugleich Mitglied oder Gesellschafter einer juristischen Person oder Personenvereinigung, gegen die nach § 30 OWiG wegen dieser Tat eine Geldbuße verhängt wird, so ist dies zur Vermeidung einer doppelten Ahndung bei der Strafzumessung zu berücksichtigen (vgl. auch Hamm NJW **74**, 1853). **47**

§ 15 Vorsätzliches und fahrlässiges Handeln

Strafbar ist nur vorsätzliches Handeln, wenn nicht das Gesetz fahrlässiges Handeln ausdrücklich mit Strafe bedroht.

Stichwortverzeichnis zu §§ 15–17

Fettgedruckte Zahlen bedeuten die Paragraphen, die übrigen die Randnoten

Aberratio ictus **15**, 57 f.
Absicht **15**, 24, 65 ff.
Abwehrreaktionen **15**, 63
Abweichung des Kausalverlaufs **15**, 55 ff.
Actio libera in causa und Irrtum **16**, 9
Ärztliche Heilbehandlung **15**, 219
   Verantwortungsbereich mehrerer Personen **15**, 151 ff.
Affekttaten **15**, 51, 61 f.
Aids **15**, 87 a
Antragsdelikt, Irrtum bei – **16**, 35

Bauwesen, Sorgfaltspflicht **15**, 228
Bedeutungskenntnis **15**, 40, 43
Berufspflichten **15**, 135
Bewußte Fahrlässigkeit **15**, 203

Bewußtsein
   aktuelles – **15**, 48
   – der Rechtswidrigkeit, s. Unrechtsbewußtsein
Blankettgesetz, Irrtum und Vorsatz bei – **15**, 99 ff., **17**, 12 a
   s. auch Ordnungswidrigkeitenrecht
Deskriptive Tatbestandsmerkmale **15**, 17 ff., 39
Direkter Vorsatz **15**, 65
   s. dolus directus
Dolus alternativus **15**, 90 f.
Dolus antecedens **15**, 49
Dolus cumulativus **15**, 90 f.
Dolus directus **15**, 65 ff., s. auch Absicht
Dolus eventualis **15**, 72 ff., s. auch Eventualvorsatz
Dolus generalis **15**, 58

Dolus subsequens **15**, 49
Doppelirrtum **17**, 11
Doppelter Fahrlässigkeitsmaßstab **15**, 113
Durchschnittsmaßstab
  beim Fahrlässigkeitsdelikt **15**, 133 f., 141

Einwilligung in ein Risiko **15**, 188
Einwilligungstheorie **15**, 81
Erfolgsqualifizierte Delikte **15**, 107
Erfolgsunwert **15**, 128 ff.
Erlaubtes Risiko bei Fahrlässigkeit **15**, 144 ff., 189
Error in obiecto, in persona **15**, 59
Eventualvorsatz, allgemein **15**, 72 ff.
– und Fahrlässigkeit **15**, 3 f.
  Indikatoren **15**, 87 b
  Inkaufnehmen als – **15**, 80 f., 86
  Theorien über – **15**, 73 ff.
  Voraussetzungen des – **15**, 84
Explosive Stoffe, Umgang mit **15**, 225

Fahrlässigkeit **15**, 105 ff.
– als aliud gegenüber Vorsatz **15**, 3 f.
– als Ausnahmehaftung **15**, 1 ff.
– bei ärztlicher Behandlung **15**, 219
– und Beteiligung **15**, 205 a
  bewußte – **15**, 203
– und behördliche Stellungnahmen **15**, 135 a
– und EG-Recht **15**, 224 a
  Elemente der – **15**, 120 ff.
– und erlaubtes Riskio **15**, 144 ff.
– und gerechtfertigtes Risiko **15**, 189
  Grade der – **15**, 205
– leichte **15**, 203 a
  Risikoerhöhungsprinzip und – **15**, 179/179 a
– und Schutzzweck der Norm **15**, 130
  Sozialadäquates Risiko und – **15**, 127, 144
– und Sozialadäquanz **15**, 146
– bei Straßenbahnbetrieb **15**, 217
– im Straßenverkehr **15**, 207 ff.
  unbewußte – **15**, 203
  Übernahmeverschulden und – **15**, 198
– und Vertrauensgrundsatz **15**, 147 f., 211 ff.
Fahrlässigkeitsbegriffe **15**, 111 ff., 120 ff.
  klassischer – **15**, 111 ff.
  neuerer – **15**, 116 ff.
Fahrlässigkeitsdelikt
  Begrenzung der Sorgfaltspflichten beim – **15**, 131 ff.
  Durchschnittsmaßstab beim – **15**, 135
  Erfolgsunwert beim – **15**, 128 ff.
  Handlungsunwert beim – **15**, 121 ff.
  hypothetischer Kausalverkauf beim – **15**, 174 ff.
– und individuelles Leistungsvermögen **15**, 133, 138 ff.
  Kausalität beim – **15**, 155 f.
  Pflichtwidrigkeitszusammenhang beim – **15**, 129, 173 ff.
  positives Tun und Unterlassen beim – **15**, 132
  Rechtswidrigkeit beim – **15**, 188 f.
  Schuld beim – **15**, 190 f.
– und Selbstgefährdung **15**, 165 ff.
  Sorgfaltsmaßstab beim – **15**, 133 ff.
  soziale Adäquanz beim – **15**, 146
  Unrechtsbewußtsein beim – **15**, 193
  Voraussehbarkeit beim – **15**, 180 ff.
  – des Kausalverlaufs **15**, 180
  – des Erfolges **15**, 199 ff.
  Vorwerfbarkeit beim – **15**, 194 ff.
  Zumutbarkeit beim – **15**, 204
  Zurechnungsprobleme beim – **15**, 157 ff.

Fahrlässigkeitshaftung
  Umfang der – **15**, 109
Fahrlässigkeitsmaßstab **15**, 126 ff.
  doppelter – **15**, 113
Fahrlässigkeitstatbestände
  Aufzählung **15**, 105 ff.
  Bestimmtheit **15**, 121
Fahrlässigkeitstäter
  Abgrenzung des Verantwortungsbereichs bei mehreren Personen, allgemein **15**, 148 ff.
– bei ärztlicher Heilbehandlung **15**, 151 ff.
– bei Dazwischentreten eines Dritten **15**, 169, 171

Gebotsirrtum **15**, 94, 97
Gefahrenquelle, Verantwortung für – **15**, 166
Gesetzlicher Tatbestand **15**, 16
Gewissensanspannung **17**, 9 f.
Grade der Fahrlässigkeit **15**, 205

Handlungen, automatisierte **15**, 51
Hypothetischer Kausalverlauf **15**, 174 ff.

Inkaufnehmen **15**, 80 f., 86, s. auch Eventualvorsatz
Irrtum, allgemein **16**, 1 ff.
Irrtum
– bei Antragsdelikt **16**, 36
– bei Blankettgesetzen **15**, 99 ff.
– über Entschuldigungsgründe **16**, 29 ff.
  fahrlässiger –, s. Vermeidbarkeit
– über gesamttatbewertende Merkmale **15**, 22
– über den Kausalverlauf und objektive Zurechnung **15**, 55 ff.
– über objektive Strafbarkeitsbedingungen **16**, 35
– über Schuldvoraussetzungen **16**, 30 ff.
– über Strafausschließungsgründe **16**, 34
– über privilegierende Tatbestandsmerkmale **16**, 26/27 ff.
– über Rechtfertigungsgründe **16**, 14 ff., 24, **17**, 10
– über Rechtspflichtmerkmale **15**, 22
– über Sachverhaltsalternative **16**, 10
– über Tatbestandsalternativen **16**, 11
  Vermeidbarkeit des – **16**, 11, **17**, 13
– über Zumutbarkeit **15**, 96
  s. auch Doppel-, Subsumtions-, Tatbestands- und Verbotsirrtum, Unrechtsbewußtsein

Kausalverlauf, Voraussehbarkeit **15**, 200
Komplexbegriffe **15**, 46
Krankenbehandlung, Fahrlässigkeit bei – **15**, 219
Kurzschlußhandlungen **15**, 63

Lehre von den offenen Tatbeständen **15**, 22
Leichtfertigkeit **15**, 106, 205
Leistungsvermögen
  individuelles **15**, 134

Mehrere Personen, Abgrenzung des Verantwortungsbereiches **15**, 148 ff.
Möglichkeitstheorie **15**, 75
Motivationen **15**, 24
Motiv des Handelns **15**, 65 f.
– als Absicht **15**, 66

Negative Tatbestandsmerkmale **15**, 35, **16**, 18
Normative Tatbestandsmerkmale **15**, 17, 19, 43
  Subsumtionsirrtum bei – **15**, 44
  Verbotsirrtum bei – **15**, 44
Notwehrexzeß **16**, 12

Objektive Strafbarkeitsbedingungen **15**, 34
Objektiv täterschaftliche Merkmale **15**, 42

Vorsätzliches und fahrlässiges Handeln **§ 15**

Ordnungswidrigkeitenrecht, Unrechtsbewußtsein
   im – **17**, 15

Parallelwertung in der Laiensphäre **15**, 39, 43 f.
pflichtwidrige Tätigkeitsübernahme **15**, 136, 198
Pflichtwidrigkeit **15**, 121 ff., 132 ff.
   s. auch Fahrlässigkeit, Sorgfaltspflicht
Pflichtwidrigkeitszusammenhang **15**, 173 ff.
– und hypothetischer Kausalverlauf **15**, 174 ff.
– und in dubio pro reo **15**, 177 ff.
Privilegierende Merkmale **15**, 32, **16**, 26
   Irrtum über – **16**, 26 ff.
Produkthaftung **15**, 223
Provozierte Selbstgefährdung **15**, 168
Putativrechtfertigungsgründe **15**, 35, **16**, 14 ff.

Qualifizierende Merkmale **15**, 26

Reaktionszeit **15**, 216
Rechtfertigungsgrund
– bei Fahrlässigkeit **15**, 188
   Irrtum über – **15**, 35, **16**, 14 ff., 24, **17**, 10
Rechtspflichtmerkmal, Irrtum über – **15**, 22
Rechtswidrigkeit beim Fahrlässigkeitsdelikt **15**, 188 f.
Rechtswidrigkeitsbewußtsein
   s. Unrechtsbewußtsein
Rechtswidrigkeitszusammenhang
   s. Pflichtwidrigkeitszusammenhang
Risiko, bedingtes **15**, 179 a
– erlaubtes **15**, 144 ff.
– gerechtfertigtes **15**, 189
Risikoerhöhungsprinzip **15**, 179/179 a

Schrecksekunde **15**, 216
Schuld beim Fahrlässigkeitsdelikt **15**, 190 ff.
Schuldtheorie, allgemein **15**, 35, 104, **16**, 14 ff., **17**, 3 ff.
   eingeschränkte – **16**, 16 ff.
– bei Unterlassungsdelikten **15**, 96
Schutzbereich der verletzten Norm **15**, 157 ff.
– Dazwischentreten eines Dritten **15**, 169
– Folgeschäden **15**, 162
Schutzbereich, räumlicher **15**, 159
Schutzbereich, spezifischer **15**, 157
Schutzbereich, zeitlicher **15**, 160
Selbstgefährdung **15**, 164 ff.
Skisport **15**, 221
Skipisten, Sicherung von **15**, 222
Sorgfaltsmaßstab **15**, 133 ff.
Sorgfaltspflicht
   Begrenzung der – **15**, 131
– und Erkundigungspflicht **17**, 18
– bei Fahrlässigkeit, s. Pflichtwidrigkeit
   objektive – **15**, 113, 121 ff.
   subjektive – **15**, 194 ff.
– bei Verbotsirrtum **17**, 16 ff.
Sozialadäquanz **15**, 146
Sportverletzungen **15**, 220
Sportliche Wettkampfregeln **15**, 220
Strafbarkeitskenntnis **17**, 7
Strafmilderung bei Verbotsirrtum **17**, 24 ff.
Straßenbahnbetrieb, Fahrlässigkeit beim **15**, 217
Subjektive Unrechtselemente **15**, 23
Subsumtion **15**, 44
Subsumtionsirrtum **15**, 44
   umgekehrter – **16**, 25

Tatbestandsirrtum **16**, 1
Tatbestandsmerkmale
   deskriptive – **15**, 17 ff.
   normative – **15**, 17 ff.

Täterbewertungsmerkmale **15**, 24
Tätigkeitsübernahme
   pflichtwidrige **15**, 136, 198
Tierhalter, Sorgfaltspflicht **15**, 230

Überzeugungstäter **17**, 7
Unbewußte Fahrlässigkeit **15**, 203
Unkenntnis infolge Alkohols **16**, 12
Unrechtsbewußtsein
   abstraktes – **17**, 11
   Bewußtseinsform beim – **17**, 11
– beim Fahrlässigkeitsdelikt **15**, 193
   Inhalt des – **17**, 5 ff.
– im Ordnungswidrigkeitenrecht **17**, 15
– als Schuldelement **17**, 1
   Standort des – **17**, 3
   Teilbarkeit des – **17**, 9
   s. auch Schuldtheorie, Verbotsirrtum, Vorsatztheorie
Unterlassungsdelikte
   fahrlässige – **15**, 132
   Irrtum bei – **15**, 93 ff.
   Vorsatz bei – **15**, 93 ff.

Verantwortungsbereich mehrerer Personen **15**, 148 ff., 171 f.
– in Unternehmen **15**, 223
Verantwortungsprinzip **15**, 171
– und Garantenstellung **15**, 166, 172
Verbotsirrtum, allgemein **17**, 1 f.
   direkter – **17**, 10
   indirekter – **17**, 10
– durch mangelnde Gewissensanspannung **17**, 15
– bei Handeln auf Befehl **17**, 22 a
– durch mangelnde Sorgfalt **17**, 16 ff.
– bei normativen Tatumständen **17**, 44
– bei Ordnungswidrigkeiten **17**, 15, 22 b
– bei Rechtfertigungsgründen **17**, 10
   Strafmilderung bei – **17**, 24 ff.
– bei Unterlassungsdelikten **15**, 94 ff., **17**, 21 a
   unvermeidbarer – **17**, 23
   vermeidbarer – **17**, 24
   s. auch Unrechtsbewußtsein
Verbotsunkenntnis, s. Verbotsirrtum
Verkehrsgemäße Sorgfalt **15**, 134
Verkehrssicherungspflicht **15**, 218 ff.
Vertrauensgrundsatz **15**, 147 ff., 211 ff.
– im Straßenverkehr **15**, 149 ff., 211 ff.
Vorhersehbarkeit, allgemein **15**, 125 f.
– des Erfolges **15**, 199 ff.
– im Affektzustand **15**, 197
Vorsatz **15**, 1 ff.
   aktuelles Bewußtsein des – **15**, 48 ff.
   alternativer – **15**, 90 f.
   Arten des – **15**, 64 ff.
   Bedeutung des – **15**, 8
   bedingter s. Eventualvorsatz
   Begriff des – **15**, 9 ff.
   Bezugsobjekte des – **15**, 15 ff.
   dauerndes Begleitwissen beim – **15**, 52
   direkter – **15**, 68 f.
   s. auch Absicht
   Elemente des – **15**, 6 ff.
– bei erfolgsqualifizierten Delikten **15**, 33
   Eventualvorsatz, s. dort
– bei konkreten Gefährdungsdelikten **15**, 98 a
– bei Gesinnungsmerkmalen **15**, 24
   Inhalt des – **15**, 9 ff. s. auch Wissens- und Willenselement, Unrechtsbewußtsein
   intellektuelles Moment des – **15**, 10
   kumulativer – **15**, 90 f.

privilegierende Merkmale und – **15**, 32, **16**, 26
Rechtswidrigkeit als Bezugsobjekt des – **15**, 21
– bei Regelbeispielen **15**, 27
– bei Rückfallvoraussetzungen **15**, 30
sachgedankliches Mitbewußtsein beim – **15**, 51
Schuldvoraussetzungen als Bezugsobjekte des – **15**, 36
– bei Strafzumessungsgründen **15**, 31
– bei Strafzumessungstatsachen **15**, 28 ff.
– bei Unterlassungsdelikten **15**, 93 ff.
Verhältnis des – zur Fahrlässigkeit **15**, 3 f.
voluntatives Element des – **15**, 11, 60 ff.
Wahrnehmungsprozeß beim – **15**, 50
Willenselement beim – **15**, 60 ff.
Wissenselement beim – **15**, 38 ff.
– bei zweiaktigen Delikten **15**, 25
Vorsatz-Fahrlässigkeitskombination **15**, 108
Vorsatzformen
    Konkurrenz von – **15**, 90 ff.
    Zusammentreffen von mehreren – **15**, 90 ff.

Vorsatztheorie **15**, 104

Wahndelikt **16**, 25
Wahrscheinlichkeitstheorie **15**, 76
Wertung
– bei normativen Tatumständen **15**, 43
– Parallelwertung in der Laiensphäre **15**, 43
Wettkampfregeln **15**, 220
Wider besseres Wissen s. Wissentlichkeit
Willenselement **15**, 60 ff.
Wissenselement, allgemein **15**, 38 ff.
– bei deskriptiven Tatumständen **15**, 18, 39
Inhalt des – **15**, 38 ff.
– bei normativen Tatumständen **15**, 19, 43
– bei Straferhöhungsgründen **15**, 26 ff.
Wissentlichkeit **15**, 68 f., 87

Zumutbarkeit, bei Fahrlässigkeit **15**, 202
Irrtum über – **15**, 96

Übersicht zu § 15

A. Regelungsgehalt der Vorschrift 1
  I. Ausnahmecharakter der Fahrlässigkeitshaftung 1
  II. Fahrlässigkeit als aliud 2
  III. Vorsatz und Fahrlässigkeit als alleinige Haftungsformen des Strafrechts 5
B. Vorsatz 6
  I. Die Elemente des Vorsatzbegriffs . 6
  II. Bezugsobjekte des Vorsatzes....... 15
  III. Wissenselemente und Bewußtseinsformen des Vorsatzes 38
  VI. Willenselemente des Vorsatzes ... 60
  V. Arten des Vorsatzes 64
  VI. Vorsatz bei Unterlassungsdelikten. 93
  VII. Vorsatz bei Gefährdungsdelikten .. 98 a
  VIII. Vorsatz und Irrtum bei Blankettgesetzen 99
  IX. Das Bewußtsein der Rechtswidrigkeit 104
C. Fahrlässigkeit 105
  I. Umfang der Fahrlässigkeitshaftung 109
  II. Strukturprobleme der Fahrlässigkeitsdelikte 110
  III. Die wichtigsten Elemente des Fahrlässigkeitsbegriffs 120
  IV. Inhaltliche Bestimmung und Begrenzung der Sorgfaltspflicht 131
  V. Zurechnungsprobleme beim fahrlässigen Erfolgsdelikt 159
  VI. Rechtswidrigkeit 188
  VII. Schuld 190
  VIII. Fahrlässigkeitsprobleme in einzelnen Lebensbereichen 206

A. Regelungsgehalt der Vorschrift

1 **I.** Die Vorschrift bringt den Grundsatz zum Ausdruck, daß die **Fahrlässigkeitshaftung** im Sanktionsrecht die **Ausnahme** bleiben muß. Bis zum Inkrafttreten des neuen AT war anerkannt, daß Fahrlässigkeit auch dann strafbar sein sollte, wenn sich dies aus dem Zweck der einzelnen Normen mit Sicherheit ergab (RG **48** 118, BGH **6** 132); zu Einzelheiten vgl. 17. A. § 59 RN 149. Diese Möglichkeit, im Wege der Interpretation zur Fahrlässigkeitshaftung zu kommen, ist durch § 15 abgeschnitten. Dieser Regelung entspricht im Ordnungswidrigkeitenrecht § 10 OWiG.

2 **II.** Die Vorschrift besagt nicht, was unter **Vorsatz** und **Fahrlässigkeit** zu verstehen ist. Die Elemente von Vorsatz und Fahrlässigkeit sind daher aus dem Normzusammenhang der §§ 16, 17 und aus den systemimmanenten Prinzipien der Verbrechenslehre zu entwickeln. Zur inhaltlichen Beschreibung des Vorsatzes vgl. u. 9 ff. und der Fahrlässigkeit vgl. u. 120 ff.; zu Vorsatz und Fahrlässigkeit im Verbrechensaufbau vgl. 52 ff. vor § 13.

3 **1. Fahrlässigkeit** ist kein bloßes minus, sondern trotz ihres Charakters als Auffangtatbestand ein **aliud** gegenüber dem Vorsatz, da sie in Gestalt der Außerachtlassung verkehrsmäßiger Sorgfalt (vgl. u. 135) einen eigenständigen Vorwurf gegenüber dem Täter begründet (BGH **4** 341, Jescheck/Weigend 563, M-Gössel II 98, Schaffstein NJW 52, 729, Schröder Sauer-FS 207 f., 244 f., Mylonopoulos ZStW 99, 695 ff.; and. Hall Mezger-FS 241, Schmidhäuser I 235, JuS 80, 251; u. 4). Das Fehlen des Vorsatzes kann daher für das Vorhandensein der Fahrlässigkeit nichts besagen (RG **71** 195, Mezger LK[8] § 59 Anm. 22; and. Jakobs GA 71, 260). Fahrlässigkeit kommt aber nur dann in Betracht, wenn Vorsatz nicht vorliegt oder nicht nachweisbar ist (vgl. u. 4). Dies schließt allerdings nicht aus, daß bei einer Handlung im Hinblick auf verschiedene Erfolge sowohl vorsätzlich als auch fahrlässig gehandelt werden kann, der Täter zB durch eine Bombe einen Menschen vorsätzlich, einen anderen fahrlässig tötet. Zur Frage, ob beim Rücktritt vom Tötungsversuch § 227 in Betracht kommt, vgl. § 24 RN 23 ff.

2. Bloßer **Verdacht** des **Vorsatzes schließt** dagegen die Feststellung der **Fahrlässigkeit nicht aus** 4 (RG 59 83, Hamburg JR **50,** 409); läßt sich zB nicht nachweisen, daß der Täter seine Ehefrau vorsätzlich vergiftet hat, so schließt dies die Feststellung nicht aus, der Täter habe das Gift jedenfalls so unvorsichtig verwahrt (zB in einer Bierflasche im Eisschrank), daß er den Tod des Opfers fahrlässig verursacht hat. Nach BGH **4** 340 m. Anm. Blei NJW 54, 500, Nüse GA 54, 24 sollte Wahlfeststellung zwischen vorsätzlicher und fahrlässiger Begehung eines Delikts möglich sein (dagegen Heinitz JZ 52, 102, Schaffstein NJW 52, 725, Schneider DRiZ 56, 12). Zum gleichen Ergebnis kam BGH **17** 210 m. Anm. Willms JZ 62, 628 aufgrund der These, die Fahrlässigkeitstatbestände hätten as sog. Auffangtatbestände die Lücke zu schließen, die bei nicht nachweisbarem Vorsatz besteht. Im Gegensatz dazu begründet BGH **32** 57 dieses Ergebnis nunmehr zutreffend durch die Annahme eines normativethischen Stufenverhältnisses. Angesichts der durch das voluntative Element des Vorsatzes (u. 11) begründeten qualitativen Differenz im Unrechts- und Schuldgehalt kann ungeachtet der in der unerlaubten Risikoschaffung (sowie ggf. den Elementen objektiver Zurechnung des Erfolges) liegenden (rechtstheoretischen) Gemeinsamkeit beider Deliktsformen ein Stufenverhältnis nur wertend ermittelt werden: Angesichts durchgängig geringerer Strafandrohungen für lediglich fahrlässiges Verhalten (vgl. etwa §§ 223/229) besteht zwischen Vorsatz und Fahrlässigkeit ein zur Anwendung des in dubio-Satzes führendes normatives Stufenverhältnis (B/W-Weber 160, Jescheck/Weigend 563, M-Gössel II 98 f., M-Zipf I 132, Mylonopoulos ZStW 99, 709 f., Otto Peters-FS 379, Roxin I 945, Schroeder LK 10, Wolter JuS 81, 771; für direktes Plus-Minus-Verhältnis zwischen Vorsatz und Fahrlässigkeit hingegen Freund 228, Herzberg, JuS 96, 379 ff., Jakobs 317, Lackner/Kühl 56, Puppe NK 6 [Vorsatz als Spezialfall der Fahrlässigkeit], 143 vor § 13, Triffterer 158 f. [diff.]; vgl. auch § 1 RN 91 f.).

III. Aus der Vorschrift läßt sich zugleich entnehmen, daß es neben vorsätzlichem und fahrlässigem 5 Handeln **keine weitere Form** einer **strafrechtlichen Haftung** gibt (ebenso Rudolphi SK 2). Dies gilt insb. für das von Schweikert (ZStW 70, 394 ff.) entwickelte Risikoprinzip (ähnlich Hardwig Eb. Schmidt-FS 459 ff.); gegen diese Formen der strafrechtlichen Zurechnung Cramer, Der Vollrauschtatbestand als abstraktes Gefährdungsdelikt (1962) 26 ff., Arthur Kaufmann, Schuldprinzip 145.

B. Vorsatz

Schrifttum: Ambrosius, Untersuchungen zur Vorsatzabgrenzung, 1966. – *Androulakis,* „Zurechnung", Schuldbemessung und personale Identität, ZStW 82, 492. – *Arzt,* Bedingter Entschluß und Vorbereitungshandlung, JZ 69, 54. – *Bachmann,* Vorsatz und Rechtsirrtum im Allgemeinen Strafrecht und im Steuerstrafrecht 1993. – *Backmann,* Die Rechtsfolgen der aberratio ictus, JuS 71, 113. – *Bauer,* Die Abgrenzung des dolus eventualis – ein Problem der Versuchsdogmatik, wistra 91, 168. – *Baumann,* Schuld und Verantwortung, JZ 62, 41. – *ders.,* Der Schuldgedanke im heutigen deutschen Strafrecht und vom Sinn staatlichen Strafens, JBl. 65, 113. – *ders.,* Das Umkehrverhältnis zwischen Versuch und Irrtum im Strafrecht, NJW 62, 16. – *Behrendt,* Vorsatzgrenze und verfassungsrechtlicher Bestimmtheitsgrundsatz, v. Simons-FS (1978) 11. – *Bemmann,* Zum Fall Rose-Rosahl, MDR 58, 817. – *ders.,* Welche Bedeutung hat das Erfordernis der Rauschtat im § 330 a StGB, GA 61, 65. – *ders.,* Die Objektsverwechslung des Täters in ihrer Bedeutung für den Anstifter, Stree/Wessels-FS 397. – *Bettendorf,* Der Irrtum bei den Urkundendelikten, 1997. – *Bilsdorfer,* Die Entwicklung des Steuerstraf- und Ordnungswidrigkeitsrechts, NJW 89, 1587. – *Blei,* Unrechtsbewußtsein und Verbotsirrtum, JA 70, 205, 333, 525, 599, 665. – *Brammsen,* Inhalt und Elemente des Eventualvorsatzes – Neue Wege in der Vorsatzdogmatik, JZ 89, 71. – *Bruns,* Ein Rückschlag für die AIDS-Prävention, MDR 89, 199. – *Burkhardt,* Abweichende Kausalverläufe in der Analytischen Handlungstheorie, Nishihara-FS 15. – *Dopslaff,* Plädoyer für einen Verzicht auf die Unterscheidung in deskriptive und normative Tatbestandsmerkmale, GA 87, 1. – *Dreher,* Nochmals § 237 StGB, JZ 73, 276. – *Driendl,* Irrtum und Fehlprognose über abweichende Kausalverläufe, GA 86, 253. – *Eberhardt,* Ärztliche Haftpflicht bei intraoperativen Lagerungsschäden, MedR 86, 117. – *Engisch,* Untersuchungen über Vorsatz und Fahrlässigkeit im Strafrecht, 1930. – *ders.,* Die normativen Tatbestandselemente im Strafrecht, Mezger-FS 127. – *ders.,* Kausalität als Merkmal des strafrechtlichen Tatbestandes, 1931. – *Frank,* Vorstellung und Wille in der modernen Doluslehre, ZStW 10, 169. – *Fischer, M.,* Wille und Wirksamkeit. Eine Untersuchung zum Problem des dolus alternativus, 1993. – *Freudenthal,* Schuld und Vorwurf im geltenden Strafrecht, 1922. – *Frisch,* Die „verschuldeten" Auswirkungen der Tat, GA 72, 321. – *ders.,* Vorsatz und Risiko, 1983. – *ders.,* Tatbestandsmäßiges Verhalten und Zurechnung des Erfolgs, 1988. – *ders.,* Vorsatz und Mitbewußtsein – Strukturen des Vorsatzes, Armin Kaufmann-FS, 311. – *ders.,* Riskanter Geschlechtsverkehr als Straftat? – BGHSt 36, 1, JuS 90, 362. – *ders.,* Offene Fragen des dolus eventualis, NStZ 91, 23. – *ders.,* Gegenwartsprobleme des Vorsatzbegriffs und der Vorsatzfeststellung, Meyer-FS 533. – *Fukuda,* Bedeutungskenntnis und Vorsatz, H.J. Hirsch-FS 175. – *D. Geerds,* Der vorsatzausschließende Irrtum, Jura 90, 421. – *Geilen,* Sukzessive Zurechnungsunfähigkeit usw., JuS 72, 73. – *ders.,* Bedingter Tötungsvorsatz bei bevollmächtigter Ermöglichung und Verdeckung einer Straftat (§ 211 StGB), Lackner-FS 571. – *Geppert,* Strafbares Verhalten durch mögliche Aids-Übertragung?, Jura 87, 668. – *ders.,* Zum error in persona (usw.), Jura 92, 163. – *Gössel,* Über das Verhältnis von Vorsatz und subjektiven Tatbestandselementen (usw.), Zipf-GedS 217. – *Goldschmidt,* Normativer Schuldbegriff, Frank-FG I 428. – *Gropp,* Der Zufall als Merkmal der aberratio ictus, Lenckner-FS 55. – *Großmann,* Die Grenze von Vorsatz und Fahrlässigkeit, 1924. – *Grünwald,* Der Vorsatz des Unterlassungsdelikts, H. Mayer-FS 281. – *Haft,* Die Lehre vom bedingten Vorsatz unter besonderer Berücksichtigung des wirtschaftlichen Betrugs, ZStW 88, 365. – *Hall,* Fahrlässigkeit im Vorsatz, 1959. – *Hanack,* Zur Frage geminderter Schuld der vom Unrechtsstaat geprägten Täter, Verhandlungen d. 46. DJT II C 53. – *Hardwig,* Pflichtirrtum, Vorsatz und Fahrlässigkeit, ZStW 78, 1. – *Hassemer,* Kennzeichen des Vorsatzes, Armin Kaufmann-FS 289. – *Heidingsfelder,* Der umgekehrte Subsumtionsirrtum, 1991. – *Herdegen,* Der Verbotsirrtum in der Rechtsprechung des Bundesgerichtshofs, BGH-FG 195. – *Herzberg,* Aberratio ictus und abweichender Tatverlauf, ZStW 85, 867. – *ders.,* Aberratio ictus und error in obiecto, JA 81, 369, 470. – *ders.,* Wegfall subjektiver Tatbestandsvoraussetzungen vor Vollendung der Tat, Oehler-FS 163. – *ders.,* Die Abgrenzung von Vorsatz und bewußter Fahrlässigkeit – ein Problem des objektiven Tatbestandes, JuS 86, 249. – *ders.,* Bedingter Vorsatz und objektive Zurechnung beim Geschlechtsverkehr des Aids-Infizierten – AG München, NJW 87, 2314, JuS 87, 777. – *ders.,* Das Wollen beim Vorsatzdelikt und dessen Unterscheidung vom bewußt fahrlässigen Verhalten, JZ 88, 573, 635. – *ders.,* Aids: Herausforderung und Prüfstein des Strafrechts, JZ 89, 470. – *ders.,* Tatbestands- oder Verbotsirrtum?, GA 93, 439. – *ders.,* Zur Eingrenzung des vorsatzausschließenden Irrtums, JZ 93, 1017. – *ders.,* Das vollendete vorsätzliche Begehungsdelikt (usw.), JuS 96, 377. – *ders.,* Vollendeter Mord bei Tötung des falschen Opfers?, NStZ 99, 217. – *Hettinger,* Die Bewertung der „aberratio ictus" beim Alleintäter, GA 90, 531. – *ders.,* Der sog. dolus generalis: Sonderfall eines Irrtums über den Kausalverkauf, Spendel-FS 237. – *ders.,* Der Irrtum im Bereich der äußeren Tatumstände, JuS 90–92, L passim. – *Hillenkamp,* Die Bedeutung von Vorsatzkonkretisierungen bei abweichendem Tatverlauf, 1971. – *ders.,* Dolus eventualis und Vermeidewillen, Armin Kaufmann-FS, 351. – *v. Hippel,* Die Grenze von Vorsatz und Fahrlässigkeit, 1903. – *ders.,* Vorsatz, Fahrlässigkeit, Irrtum, VDA III 373. – *Hirsch,* Die Entwicklung der Strafrechtsdogmatik nach Welzel Köln-FS 399. – *Honig,* Zur gesetzlichen Regelung des bedingten Vorsatzes, GA 73, 257. – *Horn,* Verbotsirrtum und Vorwerfbarkeit, 1969. – *ders.,* Actio libera in causa – eine notwendige, eine zulässige Rechtsfigur, GA 69, 289. – *Hruschka,* Zum Tatvorsatz bei zweiaktigen Delikten, JZ 73, 12, 287. – *ders.,* Über Schwierigkeiten mit dem Beweis des Vorsatzes, Kleinknecht-FS 191. – *ders.,* Der Standard-Fall der aberratio ictus und verwandte Fallkonstellationen, JZ 91, 488. – *Jakobs,* Studien zum fahrlässigen Erfolgsdelikt, 1972. – *Janiszewski,* Zur Problematik der aberratio ictus, MDR 85, 533. – *Janzarik,* Vorrechtliche Aspekte des Vorsatzes, ZStW 104, 65. – *Jescheck,* Aufbau und Stellung des bedingten Vorsatzes im Verbrechensbegriff, E. Wolff-FS 473. – *Joerden,* Der auf die Verwirklichung von zwei Tatbeständen gerichtete Vorsatz, ZStW 95, 565. – *ders.,* Wesentliche und unwesentliche Abweichungen zurechnungsrelevanter Urteile des Täters (usw.), JRE 2, 307. – *Kantorowicz,* Tat und Schuld, 1933. – *Kargl,* Der strafrechtliche Vorsatz auf der Basis der kognitiven Handlungstheorie, 1993. – *Armin Kaufmann,* Der dolus eventualis im Deliktsaufbau, ZStW 70, 64. – *ders.,* Lebendiges und Totes in Bindings Normentheorie, 1954. – *ders.,* Tatbestandseinschränkung und Rechtfertigung, JZ 55, 37. – *ders.,* Unterlassung und Vorsatz, v. Weber-FS 207. – *Arthur Kaufmann,* Das Unrechtsbewußtsein in der Schuldlehre des Strafrechts, 1949. – *ders.,* Das Schuldprinzip, 2. A., 1976. – *ders.,* Zur Lehre von den negativen Tatbestandsmerkmalen, JZ 54, 653. – *ders.,* Dogmatische und kriminalpolitische Aspekte des Schuldgedankens im Strafrecht, JZ 67, 553. – *ders.,* Die Parallelwertung in der Laiensphäre, 1982. – *ders.,* Einige Anmerkungen zu Irrtümern über den Irrtum, Lackner-FS 185. – *Kindhäuser,* Der Vorsatz als Zurechnungskriterium, ZStW 96, 1. – *ders.,* Rohe Tatsachen und normative Tatbestandsmerkmale, Jura 84, 465. – *ders.,* Zur Unterscheidung von Tat- und Rechtsirrtum, GA 90, 407. – *Klee,* Zur Lehre vom strafrechtlichen Vorsatz, StrAbh., Heft 10. – *Köhler,* Vorsatzbegriff und Bewußtseinsform des Vorsatzes, GA 81, 285. – *ders.,* Die bewußte Fahrlässigkeit, 1982. – *ders.,* Der Begriff der Zurechnung, H. J. Hirsch-FS 65. – *Koriath,* Überlegungen zu einigen Grundsätzen der Irrtumslehre, Jura 96, 113. – *ders.,* Einige Gedanken zur aberratio ictus, JuS 97, 901. – *ders.,* Einige Überlegungen zum error in persona, JuS 98, 215. – *Krümpelmann,* Stufen der Schuld beim Verbotsirrtum, GA 68, 129. – *ders.,* Vorsatz und Motivation, ZStW 87, 888. – *Küper,* Vorsatz und Risiko, GA 87, 479. – *Küpper,* Das Verhältnis von dolus eventualis, Gefährdungsvorsatz und bewußter Fahrlässigkeit, ZStW 100, 758. – *Kunert,* Die normativen Merkmale des strafrechtlichen Tatbestands, 1958. – *Lampe,* Ingerenz oder dolus subsequens?, ZStW 72, 93. – *Lang-Hinrichsen,* Zur Frage der Schuld bei Straftaten und Ordnungswidrigkeiten, GA 57, 225. – *ders.,* Zur Krise des Schuldgedankens ZStW 73, 210. – *A. Lange,* Zum Bewertungsirrtum (usw.), 1994. – *Lange,* Der Strafgesetzgeber und die Schuldlehre, JZ 56, 73. – *Langer,* Vorsatztheorie und strafgesetzliche Irrtumsregelung, GA 76, 193. – *Lenckner,* Strafe, Schuld und Schuldfähigkeit, in: Göppinger-Witter, Handbuch d. forensischen Psychiatrie, 1972, 50 ff. – *Lesch,* Dolus directus, indirectus und eventualis, JA 97, 802. – *v. Liszt,* Die Behandlung des dolus eventualis im Strafrecht, Ges. Aufsätze, 1898, II 251. – *Loewenheim,* Error in objecto und aberratio ictus, JuS 66, 310. – *Lund,* Mehraktige Delikte, 1993. – *Maiwald,* Der „dolus generalis", ZStW 78, 30. – *ders.,* Unrechtskenntnis und Vorsatz im Steuerstrafrecht, 1984. – *Maurach,* Schuld und Verantwortung im Strafrecht, 1948. – *H. Mayer,* Das Problem des sog. dolus generalis, JZ 56, 109. – *Mitsch,* Tödliche Schüsse auf flüchtende Diebe, JA 89, 79. – *Morkel,* Abgrenzung zwischen vorsätzlicher und fahrlässiger Straftat, NStZ 81, 176. – *Mylonopoulos,* Das Verhältnis von Vorsatz und Fahrlässigkeit und der Grundsatz in dubio pro reo, ZStW 99, 685. – *ders.,* Komparative und Dispositionsbegriffe im Strafrecht, 1998. – *Nowakowski,* Rechtsfeindlichkeit, Schuld, Vorsatz, ZStW 65, 379. – *Oehler,* Neue strafrechtliche Probleme des Absichtsbegriffes, NJW 66, 1633. – *Otto,* Der vorsatzausschließende Irrtum (usw.), Meyer-GedS 583. – *ders.,* Der Vorsatz, Jura 96, 468. – *Paeffgen,* Der Verrat in irriger Annahme eines illegalen Geheimnisses (§ 97 b StGB) und die allgemeine Irrtumslehre, 1979. – *Perron,* Vorüberlegungen zu einer rechtsvergleichenden Untersuchung der Abgrenzung von Vorsatz und Fahrlässigkeit, Nishihara-FS 145. – *Philipps,* Dolus eventualis als Problem der Entscheidung unter Risiko, ZStW 85, 27. – *Platzgummer,* Die Bewußtseinsform des Vorsatzes, 1964. – *Prittwitz,* Zur Diskrepanz zwischen Tatgeschehen und Tätervorstellung, GA 83, 110. – *ders.,* Die Ansteckungsgefahr bei AIDS, JA 88,

427, 486. – *ders.*, Strafbarkeit des HIV-Virusträgers trotz Aufklärung des Sexualpartners?, NJW 88, 2942. – *ders.*, Das „AIDS-Urteil" des Bundesgerichtshofs, StV 89, 123. – *ders.*, Strafrecht und Risiko, 1993. – *ders.*, Dolus eventualis und Affekt, GA 95, 454. – *Puppe*, Zur Revision der Lehre vom „konkreten" Vorsatz und der Beachtlichkeit der aberratio ictus, GA 81, 1. – *dies.*, Die strafrechtliche Verantwortlichkeit für Irrtümer bei der Ausübung der Notwehr und deren Folgen, JZ 89, 728. – *dies.*, Tatirrtum, Rechtsirrtum, Subsumtionsirrtum, GA 90, 145. – *dies.*, Der Vorstellungsinhalt des dolus eventualis, ZStW 101, 1. – *dies.*, Vorsatz und Zurechnung, 1992. – *dies.*, Die Logik der Hemmschwellentheorie des BGH, NStZ 92, 576. – *Rath*, Zur strafrechtlichen Behandlung der aberratio ictus und des error in objecto des Täters, 1993. – *ders.*, Zur Unerheblichkeit des error in persona vel in objecto, 1996. – *Rengier*, AIDS und Strafrecht, Jura 89, 225. – *Roxin*, Offene Tatbestände und Rechtspflichtmerkmale (2. A. 1970). – *ders.*, Zur Abgrenzung von bedingtem Vorsatz und bewußter Fahrlässigkeit, JuS 64, 53. – *ders.*, Unterlassung, Vorsatz (usw.) im neuen Strafgesetzbuch, JuS 73, 197. – *ders.*, Gedanken zum „dolus generalis", Würtenberger-FS 109. – *ders.*, Rose-Rosahl redivivus, Spendel-FS 289. – *Rudolphi*, Unrechtsbewußtsein, 1969. – *ders.*, Vorhersehbarkeit und Schutzzweck der Norm, JuS 69, 549. – *Samson*, Absicht und direkter Vorsatz im Strafrecht, JA 89, 449. – *Sax*, Zum logischen und sachlichen Gehalt des sog. „Umkehrschlusses aus § 59 StGB", JZ 64, 241. – *Schewe*, Bewußtsein und Vorsatz, 1967. – *ders.*, Reflexbewegung, Handlung, Vorsatz, 1972. – *Schild*, Vorsatz als ‚sachgedankliches Mitbewußtsein', Stree/Wessels-FS 241. – *ders.*, Die Straftat als „actio libera in causa", Triffterer-FS 203. – *Schlehofer*, Risikovorsatz und zeitliche Reichweite der Zurechnung beim ungeschützten Geschlechtsverkehr des HIV-Infizierten, NJW 89, 2017. – *ders.*, Vorsatz und Tatabweichung, 1996. – *Schlüchter*, Irrtum über normative Tatbestandsmerkmale im Strafrecht, 1983. – *dies.*, Zur Irrtumslehre im Steuerstrafrecht, wistra 85, 43, 94. – *dies.*, Grundfälle zum Bewertungsirrtum (usw.), JuS 85, 373, 525, 617. – *Schmidhäuser*, Der Begriff des bedingten Vorsatzes usw., GA 58, 161. – *ders.*, Über Aktualität und Potentialität des Unrechtsbewußtseins, H. Mayer-FS 317. – *ders.*, Vorsatzbegriff und Begriffsjurisprudenz im Strafrecht, 1968. – *ders.*, Unrechtsbewußtsein und Schuldgrundsatz, NJW 75, 1807. – *ders.*, Strafrechtlicher Vorsatzbegriff und Alltagssprachgebrauch, Oehler-FS 135. – *ders.*, Die Grenze zwischen vorsätzlicher und fahrlässiger Straftat („dolus eventualis" und „bewußte Fahrlässigkeit"), JuS 80, 241. – *Schmoller*, Das voluntative Vorsatzelement, ÖJZ 82, 259, 281. – *Schneider*, Über die Behandlung des alternativen Vorsatzes, GA 56, 257. – *Schreiber*, Grundfälle zu „errror in objecto" und „aberratio ictus", JuS 85, 873. – *Schröder*, Aufbau und Grenzen des Vorsatzbegriffs, Sauer-FS 207. – *Schroeder*, Der Irrtum über Tatbestandsalternativen, GA 79, 321. – *ders.*, Neuartige Absichtsdelikte, Lenckner-FS 333. – *Schroth*, Die Rechtsprechung des BGH zum Tötungsvorsatz in der Form des „dolus eventualis", NStZ 90, 324. – *ders.*, Die Differenz von dolus eventualis und bewußter Fahrlässigkeit, JuS 92, 1. – *ders.*, Vorsatz als Aneignung der unrechtskonstitutiven Merkmale, 1994. – *ders.*, Vorsatz und Irrtum, 1998. – *Schumann*, Strafrechtliches Handlungsunrecht und das Prinzip der Selbstverantwortung der Anderen, 1986. – *ders.*, Zur Wiederbelebung des „voluntativen" Vorsatzelements durch den BGH, JZ 89, 427. – *Schünemann*, Riskanter Geschlechtsverkehr eines HIV-Infizierten als Tötung, Körperverletzung oder Vergiftung?, JR 89, 89. – *ders.*, Vom philologischen zum typologischen Vorsatzbegriff, H. J. Hirsch-FS 363. – *Schultz*, Eventualvorsatz, bedingter Vorsatz und bedingter Handlungswille, Spendel-FS, 303. – *Schulz* Parallelwertung in der Laiensphäre und Vorsatzbegriff, Bemmann-FS 246. – *Schweikert*, Strafrechtliche Haftung für riskantes Verhalten, ZStW 70, 394. – *v. Selle*, Absicht und intentionaler Gehalt der Handlung, JR 89, 309. – *Silva-Sanchez*, Aberratio ictus und objektive Zurechnung, ZStW 101, 352. – *ders.*, Probleme der Zurechnung bei impulsivem Handeln, JRE 2, 505. – *Spendel*, Der sog. Umkehrschluß aus § 59 StGB nach der subjektiven Versuchstheorie, ZStW 69, 441. – *Stratenwerth*, Dolus eventualis und bewußte Fahrlässigkeit, ZStW 71, 51. – *ders.*, Unbewußte Finalität? Welzel-FS 289. – *ders.*, Objektsirrtum und Tatbeteiligung, Baumann-FS 57. – *Strauss*, Verbotsirrtum und Erkundigungspflicht, NJW 69, 1418. – *Streng*, Die Strafbarkeit des Anstifters bei error in persona des Täters, JuS 91, 910. – *Struensee*, Verursachungsvorsatz und Wahnkausalität, ZStW 102, 21. – *Tiedemann*, Wirtschaftsstrafrecht – Einführung und Übersicht, JuS 89, 689. – *ders.*, Zum Stand der Irrtumslehre, insbesondere im Wirtschafts- und Nebenstrafrecht, Geerds-FS 95. – *Toepel*, Error in persona vel objecto und aberratio ictus, JRE 2, 413. – *ders.*, Aspekte der „Rose-Rosahl"-Problematik, JA 96, 886. – *Ulsenheimer*, Erfolgsrelevante und neutrale Pflichtverletzungen, JZ 69, 364. – *Vest*, Vorsatznachweis und materielles Strafrecht, 1986. – *ders.*, Zur Beweisfunktion des materiellen Strafrechts im Bereich des objektiven und subjektiven Tatbestandes, ZStW 103, 584. – *Warda*, Vorsatz und Schuld bei ungewisser Tätervorstellung über das Vorliegen strafbarkeitsausschließender, insbesondere rechtfertigender Tatumstände, Lange-FS 119. – *ders.*, Die Abgrenzung von Tatbestands- und Verbotsirrtum bei Blankettstrafgesetzen, 1955. – *ders.*, Grundzüge der strafrechtlichen Irrtumslehre, Jura 79, 1, 71, 113, 286. – *v. Weber*, Negative Tatbestandselemente, Mezger-FS 183. – *ders.*, Subsumtionsirrtum, GA 53, 161. – *E. Wolf*, Strafrechtliche Schuldlehre, I. Teil, 1928. – *E. A. Wolff*, Die Grenze des dolus eventualis und der willentlichen Verletzung, Gallas-FS 197. – *Wolter*, Der Irrtum über den Kausalverlauf als Problem objektiver Erfolgszurechnung, ZStW 89, 649. – *ders.*, Vorsätzliche Vollendung ohne Vollendungsvorsatz und Vollendungsschuld?, Leferenz-FS 545.

I. Die Elemente des Vorsatzbegriffs. Das StGB enthält keine Begriffsbestimmung von Vorsatz **6** und Fahrlässigkeit und folgt damit nicht den Vorschlägen des § 16 E 62 und § 17 AE. Der Grund hierfür liegt darin, daß der Gesetzgeber sich nicht entschließen konnte, das neue StGB hinsichtlich dieser Begriffe inhaltlich festzulegen, weil er glaubte, daß dies die weitere Rechtsentwicklung unangemessen einengen würde (krit. Roxin JuS 73, 197).

1. Daher müssen Gegenstand und Inhalt des Vorsatzes aus den **Vorschriften über den Irrtum** **7** (§§ 16, 17) und aus den allgemeinen Prinzipien der Verbrechenslehre entwickelt werden. So befaßt sich § 16 mit der Kehrseite des Vorsatzes, nämlich mit dem Irrtum über Umstände, die zum gesetzlichen Tatbestand gehören und der irrtümlichen Annahme privilegierender Tatbestandsmerkmale. Die Tatsache aber, daß das Nichtkennen der zum gesetzlichen Tatbestand gehörenden Umstände den Vorsatz ausschließt (§ 16 I S. 1), besagt umgekehrt, daß vorsätzlich nur handelt, wer die Summe der Voraussetzungen kennt, die das Unrecht der Tat typischerweise kennzeichnen (vgl. 62 vor § 13). Aus § 17 S. 1 ergibt sich andererseits, daß das Bewußtsein der Widerrechtlichkeit kein konstitutives Element des Vorsatzes sein kann (ebenso Rudolphi SK § 16 RN 1; vgl. dazu u. 104). Aus den Irrtumsvorschriften ergibt sich daher das Erfordernis des „Wissens", wobei durch die gesetzlichen Regelungen aber nur der grobe Rahmen abgesteckt wird. So bleibt auch nach der Neuregelung offen, ob der Täter vorsätzlich handelt, wenn er irrtümlich die tatbestandlichen Voraussetzungen eines Rechtfertigungsgrundes annimmt (vgl. dazu u. 35). Außerdem berühren die genannten Vorschriften nur das Wissenselement des Vorsatzes, sind also für die Frage, worin das Willenselement des Vorsatzes liegt, unergiebig. Immerhin ergibt sich das voluntative Element des Vorsatzes aus der Gegenüberstellung von Vorsatz und Fahrlässigkeit in § 15, weil schon ein vorjuristisches Verständnis der Begriffe Vorsatz und Fahrlässigkeit zeigt, daß der Unterschied der beiden Formen im Willen zur Verwirklichung der objektiven Tatbestandsmerkmale liegt (so Jescheck/Weigend 294; and. Schmidhäuser, Vorsatzbegriff 14, Frisch, Vorsatz 255 ff., Herzberg JuS 86, 249 ff., 87, 781 ff., JZ 88, 573 ff., 635 ff.). Denn die strengere Bestrafung vorsätzlichen Handelns hat ihren Grund darin, daß der Täter sich bewußt gegen das Rechtsgut entschieden hat (Hassemer Arm. Kaufmann-GedS 295). Das Wesen einer solchen Entscheidung kann aber allein durch die Berücksichtigung des Täterwissens nicht angemessen erfaßt werden (Kühl 76 f., Roxin I 365 ff.). Vgl. näher u. 80 f.

8 2. Der Vorsatz ist **Bestandteil des Handlungsunrechts** (vgl. 54/55 vor § 13). Er gehört daher neben den „subjektiven Unrechtselementen" (vgl. 63 vor § 13) zu den subjektiven Bestandteilen des Unrechtstatbestandes (vgl. die Nachw. 53 vor § 13). Dies bedeutet jedoch nicht, daß der Vorsatz für die Schuld ohne Bedeutung ist; eingehend hierzu 120/121 vor § 13. Als subjektiver Bestandteil des Unrechtstatbestandes ist er nicht nur Voraussetzung der Vorsatzschuld, sondern kennzeichnet gemeinsam mit den übrigen Schuldelementen, insb. dem Unrechtsbewußtsein, den Vorsatz als die schwersten Schuldform, bei der auch die Motivation des Täters Berücksichtigung findet (Jescheck/Weigend 243, Krümpelmann ZStW 87, 888 ff.). Eingehend zu Stellung und Funktion des Vorsatzes 52 ff. vor § 13.

9 3. Üblicherweise, wenn auch unzulänglich, wird der Vorsatz als „**Wissen und Wollen der zum gesetzlichen Tatbestand gehörenden objektiven Merkmale**" definiert; der Vorsatz enthält damit ein intellektuelles und ein voluntatives Element (RG **58** 247, **70** 257, BGH NStZ **88**, 175, NJW **89**, 781, B/W-Weber 420, Lackner/Kühl 3, Roxin I 364, Tröndle 2, M-Zipf I 301, s. a. Triffterer 164 f., zuletzt eingehend begründet von Spendel Lackner-FS 167 ff.; and. Schmidhäuser, Vorsatzbegriff 14, der den Vorsatzbegriff so bestimmt, daß kein voluntatives Element mehr enthalten ist; ähnlich Frisch, Vorsatz, 255 ff. und andere, vgl. u. 12–14).

10 a) Das **intellektuelle Moment** des Vorsatzes erfordert die Kenntnis der den Unrechtstypus der Tat konstituierenden Merkmale. Es berührt damit einerseits das Problem, welche Elemente des Verbrechensbegriffs Bezugsobjekte des Vorsatzes sind (vgl. dazu u. 15 ff.), und andererseits die Frage nach den Bewußtseinsformen des Vorsatzes (vgl. u. 38 ff.).

11 b) Als **voluntatives Element** setzt der Vorsatz eine Willensentscheidung des Täters für die Vornahme einer das tatbestandliche Unrecht des Delikts realisierenden Handlung oder Unterlassung voraus (vgl. u. 60). Vorwiegend nach dem Grad der Intensität dieser Willensbeziehung unterscheidet man die verschiedenen Arten des Vorsatzes (vgl. u. 64 ff.). Inhaltlich darf diese Willensbeziehung jedoch nicht dahin mißverstanden werden, als ginge es um eine emotional-gefühlsmäßige Einstellung des Täters zu seiner Tat (Küper GA 87, 407). Insbesondere setzt Vorsatz nicht etwa voraus, daß der Täter die Folgen der Tat gutheißt, oder auch nur, daß sie ihm erwünscht seien (Kühl 77).

12–14 Demgegenüber wird namentlich von Schmidhäuser 200 ff., Vorsatzbegriff 14, Oehler-FS 153, Frisch, Vorsatz, 255 ff., Herzberg JuS 86, 249, 87, 781 ff., JZ 88, 573 ff., 635 ff., Jakobs 261, aaO 113 ff., Kindhäuser ZStW 96, 21 ff., Puppe NK 24 ff., 51 ff., wenn auch mit teilweise unterschiedlicher Begründung auf ein voluntatives Element im Vorsatz-Begriff verzichtet; vgl. hierzu Brammsen JZ 89, 71, 74. Nach Hruschka 425 ff. gibt es keinen Unterschied zwischen intellektuellem und voluntativem Element, weil jeder, der wissentlich etwas tue, sein Verhalten auch wolle. Soweit diese Kritik die Bezeichnung der die willentliche Entscheidung gegen das Rechtsgut charakterisierenden Haltung des Täters als ‚voluntativ' für im erwähnten Sinn mißverständlich hält, handelt es sich um eine unfruchtbare terminologische Kontroverse (Lackner/Kühl 27). Sofern nach diesen Auffassungen im Ergebnis ein Fürmöglichhalten der Tatbestandsverwirklichung selbst dann ausreicht, wenn der Täter fest darauf vertraut, daß es ihm gelingt, den schädlichen Erfolg zu vermeiden, verdienen diese sog. Vorstellungstheorien keine Zustimmung, weil durch sie der dolus eventualis zu weit in den Fahrlässigkeitsbereich hinein ausgedehnt wird. Zu den verschiedenen Varianten dieser Auffassung vgl. u. 75 ff.

15 II. **Bezugsobjekte des Vorsatzes.** Aus der Feststellung, daß der Vorsatz im „Wissen und Wollen der Tatbestandsverwirklichung" besteht, resultiert die Frage, welche Elemente des Verbrechensbegriffs **Bezugsobjekte** des Vorsatzes sein müssen.

1. Zum Vorsatz gehört die Kenntnis der **Umstände**, die „**zum gesetzlichen Tatbestand**" 16 gehören, da andernfalls ein Vorsatz nach § 16 ausgeschlossen wäre; der Vorsatzgegenstand kann aus der Irrtumsregelung des § 16 I erschlossen werden (Kühl 77). Der gesetzliche Tatbestand in diesem Sinne umfaßt die Summe der objektiven Voraussetzungen, die innerhalb des Unrechtstatbestandes (vgl. 61 vor § 13) den Deliktstypus kennzeichnen (vgl. Jescheck/Weigend 293, Lackner/Kühl 4, Rudolphi SK § 16 RN 6 ff.; eingehend hierzu 45 ff. vor § 13 mwN). Entgegen Armin Kaufmann, Lebendiges und Totes 134 ff., 149 ff. und Frisch Armin Kaufmann-FS 327 gehören hierzu zB die Merkmale, mit denen der jeweilige Tatbestand das Handlungssubjekt (Amtsträger, Arzt, Rechtsanwalt) beschreibt (hL vgl. u. 42). Außerdem gehören hierzu das Angriffsobjekt (Mensch, Sache) oder ein etwa erforderlicher Erfolg (Tod, Gesundheitsbeschädigung, Sachbeschädigung). Auch die ungeschriebenen Tatbestandsmerkmale, wie die Vermögensverfügung bei § 263, gehören hierher. Gleiches gilt für die Kausalität zwischen Handlung und Erfolg (vgl. u. 54) sowie die Gefahr, die sich im objektiv zurechenbaren Erfolg realisierte (u. 54 a). Weiter sind zu den Merkmalen des gesetzlichen Tatbestandes auch die erforderlichen Tatmodalitäten (grausam, heimtückisch, täuschen) zu zählen. Demgegenüber ist nach Frisch (Vorsatz 59 ff., 346 ff.) Bezugspunkt des Vorsatzes nicht der Tatbestand mit seinen Merkmalen, sondern die „Tathandlung": der Täter muß sein Verhalten in der relevanten Risikodimension erfaßt haben; er muß wissen, daß seinem Verhalten objektiv ein bestimmtes Risiko der Erfolgsherbeiführung eignet (Frisch Vorsatz 101). Dagegen ist einzuwenden, daß Frisch letztlich die Verletzungsverbote uminterpretiert in bloße Handlungsverbote (Küpper ZStW 100, 778), so daß aus Erfolgsdelikten bloße Tätigkeitsdelikte werden. Überdies kann die Tathandlung nicht losgelöst von der gesetzlichen Umschreibung im jeweiligen Tatbestand gesehen werden. Auch der Prämisse von Frisch, daß nämlich der Täter das Ergebnis seines Tuns nicht vor der Tat wissen könne, ist nicht zuzustimmen, da es zum Wesen des Vorsatzes gehört, daß der vorsätzlich Handelnde den Erfolg – und zwar in seiner konkreten Gestalt – vor dessen Eintritt gedanklich antizipiert (vgl. Küpper ZStW 100, 778); s. a. Trifiterer 162 f.: Wissen als Kenntnis vergangener bzw. gegenwärtiger Umstände, während das Wollen als dynamisches Element des Vorsatzes nur auf die künftige Veränderung gegenwärtiger Umstände bezogen sein kann. Auch der Annahme von Frisch, wonach der dolus eventualis dogmatisch die eigentliche „Grundform" des Vorsatzes repräsentiere (ebenso Kindhäuser ZStW 96, 30), kann ebensowenig zugestimmt werden wie der sich daraus ergebenden Konsequenz, wonach ein für Möglichhalten des Erfolgseintritts für die intellektuelle Komponente der Absicht nicht ausreiche (vgl. u. 67).

a) Innerhalb der Tatbestandsmerkmale wird üblicherweise zwischen den sog. **deskriptiven** und 17 **normativen Merkmalen** unterschieden.

α) Von **deskriptiven** (oder kognitiven) **Tatbestandsmerkmalen** wird dann gesprochen, wenn 18 deren Feststellung im allgemeinen durch sinnliche Wahrnehmung erfolgen kann. Diese Merkmale sollen also durch ihre Zugehörigkeit zur äußeren oder inneren Sinneswelt gekennzeichnet sein (krit. zu dieser Definition Kindhäuser Jura 84, 465 ff.). Hierzu gehören Merkmale wie Mensch, Sache, Tier, die durch den Tatbestand sachlich-gegenständlich beschrieben sind und im Einzelfall durch Wahrnehmung in das Täterbewußtsein aufgenommen werden können.

β) Unter **normativen Merkmalen** versteht man solche, deren Feststellung nur durch ein (Wert-) 19 Urteil erfolgen kann. Sie enthalten zwar auch ein Moment sinnlich erfaßbarer Realität, sind jedoch nur geistig verstehbar, weil sie „nur unter logischer Voraussetzung einer Norm vorgestellt oder gedacht werden können" (Engisch Mezger-FS 127 ff., 147, Roxin I 254, Schlüchter aaO 15 ff., 37; Kunert aaO 102, der freilich die Berechtigung der Unterscheidung leugnet und alle Tatbestandsmerkmale als „deskriptiv" bezeichnet; Stratenwerth 281, Mezger Traeger-FS 187 ff., E. Wolf, Typen der Tatbestandsmäßigkeit [1931], Herdegen BGH-FG 197 u. Lenckner JuS 68, 249 Anm. 7, die fast allen Merkmalen normativen Einschlag zuerkennen); eingehend zur Frage der normativen Tatbestandsmerkmale Kindhäuser Jura 84, 465 ff., GA 90, 407, Puppe GA 90, 149. Zu den normativen Merkmalen rechnen zB die Fremdheit der Sache, die Eigenschaft als Amtsträger, die Tatsache, daß ein Tier dem Jagdrecht unterliegt, daß eine Sache gepfändet oder beschlagnahmt worden ist, ferner Merkmale wie Urkunde, pornographische Darstellung.

γ) Die **Unterscheidung** zwischen deskriptiven und normativen Tatumständen, deren Grenzziehung oft 20 sehr schwierig ist, da auch die deskriptiven Merkmale zumeist einen gewissen normativen Einschlag enthalten (vgl. 64 vor § 13 sowie u. 39), ist allein im Hinblick darauf von Interesse, welcher psychische Vorgang erforderlich ist, damit der Täter das Merkmal als ein solches des gesetzlichen Tatbestandes erkennt. Bei den normativen Merkmalen taucht dabei die Frage auf, ob und in welchem Umfang der Täter auch die erforderliche rechtliche Wertung vollzogen haben muß. Daß dies nicht im gleichen Sinne möglich ist, wie es beim Richter im Wege juristischer Subsumtion geschieht, ist unbestritten; streitig ist aber, in welchem Umfang hier eine Wertung durch den Täter erfolgen muß und welche Bedeutung eine falsch vollzogene Wertung für den Vorsatz hat; vgl. dazu u. 43 ff.

b) Dagegen handelt es sich **nicht** um **Merkmale** des gesetzlichen Tatbestandes, wenn zur Um- 21 schreibung des deliktischen Verhaltens die Begriffe „**rechtswidrig**" oder „**widerrechtlich**" (vgl. zB §§ 123, 239, 303) verwendet werden. Hierbei handelt es sich nur um die Beschreibung der Rechtswidrigkeit als allgemeines Verbrechensmerkmal (vgl. 65 vor § 13). Dient das Merkmal „Rechtswidrigkeit" allerdings der näheren Kennzeichnung eines einzelnen Tatbestandsmerkmals, wie zB bei der

§ 15 22–24   Allg. Teil. Die Tat – Grundlagen der Strafbarkeit

Zueignungsabsicht in § 242 oder der Bereicherungsabsicht in § 263, so soll es nach hM als Attribut dieses Merkmals auch zum gesetzlichen Tatbestand gehören (vgl. M-Zipf I 336, Puppe NK § 16 RN 14, Rudolphi SK § 16 RN 16, Tröndle/Fischer § 263 RN 40, and. zT Welzel 350, 377, vgl. auch Herzberg JZ 93, 1017 u. GA 94, 439). Zum Merkmal **"unbefugt"** vgl. 65 vor § 13.

22 c) Aus der Ablehnung der Lehre von den sog. „offenen Tatbeständen" und den – bestimmte Tatbestandsvoraussetzungen (zB Zuständigkeit iSv § 153) aus dem Tatbestand und seinem Vorsatzerfordernis ausgliedernden sog. „Rechtspflichtmerkmalen" (vgl. 66 f. vor § 13) ergibt sich, daß die diesen Tatbeständen zugrunde liegenden **gesamttatbewertenden Umstände** (zB § 240 II „verwerflich", § 315 c I Nr. 2 „grob verkehrswidrig", aber auch die Garantenpflicht iSv § 13) zum gesetzlichen Tatbestand gehören; allerdings nur insoweit, als sie die tatsächlichen Voraussetzungen des gesamttatbewertenden Merkmals betreffen (BGH **2** 211 [§ 240 II], **16** 158 f. [§ 13], Bay NJW **69,** 565 [§ 315 c], Herdegen BGH-FG 196, 201 f., Puppe GA 90, 170 f., NK § 16 RN 78, Jescheck/Weigend 296, Lackner/Kühl 16, Roxin I 410, Rudolphi SK § 16 RN 17, Schaffstein Celle-FS 191, Schlüchter aaO 94, 179). Hier ist also zu unterscheiden zwischen den zum Tatbestand gehörenden unrechts-charakterisierenden Merkmalen, die den Beziehungsgegenstand des Unwerturteils bilden, und diesem selbst; nur jene, nicht das Unwerturteil als solches sind Bezugsobjekte des Vorsatzes; eine (zutreffende) Parallelbewertung im Täterbewußtsein ist bei diesen „rechtswidrigkeitseinschließenden" (Puppe) Merkmalen also trotz ihrer Normativität angesichts des Grundgedankens des § 17, der entsprechende Fehlvorstellungen dem Schuldbereich zuschlägt, nicht erforderlich (Puppe NK § 16 RN 78; einschr. Roxin I 410 f. [hierzu krit. Herzberg JZ 93, 1018 f.]; s. aber auch B/W-Weber 448, Herzberg GA 93, 449, Otto Meyer-GedS 587, Schroth Irrtum 24), da andernfalls die Gültigkeit gesetzlich aufgegebener elementarer Wertvorstellungen von der Akzeptanz durch den Täter abhinge. Für das wichtigste Beispiel des § 240 II bedeutet dies: Nur die Kenntnis der Voraussetzungen der Verwerflichkeit gehört zum Vorsatz; nicht dagegen die Vorstellung der Verwerflichkeit als solcher; nur im ersten Fall liegt daher ein Tatbestandsirrtum nach § 16 vor, während es sich beim Irrtum über die Verwerflichkeit um einen Verbotsirrtum handelt.

23 d) Umstritten ist, in welchem Umfang auch **subjektive Unrechtselemente** (vgl. hierzu 63 vor § 13) vom Vorsatz umfaßt sein müssen (zur Problematik vgl. Gallas ZStW 67, 65, Schmidhäuser, Gesinnungsmerkmale im Strafrecht [1958], Roxin I 258).

24 Teilweise wird angenommen, daß **Motivationen** (§ 211: Mordlust, Habgier, Niedrigkeit der Beweggründe; vgl. § 211 RN 37 f.), **Absichten** (§ 263: Bereicherungsabsicht; § 242: Zueignungsabsicht) oder **Gesinnungsmerkmale** (§ 225: roh; § 315 c: rücksichtslos) nicht vom Vorsatz umfaßt sein müssen (so Tröndle § 16 RN 13 ff.). Diese Auffassung ist schon teilweise in der Fragestellung unkorrekt. Soweit neben dem Vorsatz bestimmte *Absichten* (§§ 242, 263) erforderlich sind, stellen diese einen gesonderten psychischen Sachverhalt dar, der vom Vorsatz nicht erfaßt sein kann, sondern zusätzlich zu ihm festgestellt werden muß (Gössel Zipf-GedS 225, Jescheck/Weigend 296, Warda Jura 79, 76; weitergehend Engisch Rittler-FS 172). Eine Verkennung der Begriffsbedeutung jener dem Vorsatz paralleler Merkmale der Täterpsyche (Tröndle § 16 RN 13), zB der Zueignungsabsicht, ist ebenso unbeachtlich wie auch sonst ein Subsumtionsirrtum (Roxin I 428, Warda Jura 79, 76). Begreift man namentlich bei §§ 242, 263 die Rechtswidrigkeit der erstrebten Zueignung bzw. Bereicherung nicht als objektives Tatbestandsmerkmal sondern als begleitendes Element entsprechender Absichten, so ist es – sofern man für die Rechtswidrigkeit der Absicht dolus eventualis genügen läßt (so auch Gössel Zipf-GedS 230) – eine eher terminologische Frage (Schroeder LK 16 RN 6), ob man die Absicht unmittelbar (BGH GA **68,** 121) oder in (entsprechender) Anwendung von § 16 I (RG **49** 143, Roxin I 427) entfallen läßt (and. Gössel ebenda 227 f. unter Hinweis auf mögliche Konsequenzen für den umgekehrten Fall irrig angenommener Rechtswidrigkeit: Vollendungsstrafe). Zur weiteren dogmatischen Unterteilung der „Delikte mit überschießender Innentendenz" in unvollkommen zweiaktige Delikte sowie in kupierte Erfolgsdelikte: Jescheck/Weigend 266, 319, Roxin I 263. Zur Erweiterung bzw. Einschränkung des Rechtsgüterschutzes durch das Verwenden des Absichtsmerkmals: Lenckner NJW 67, 1894 f. Zurecht krit. zu neuartigen Absichtskonstruktionen im EschG, aber auch in §§ 180 b, 181: Schroeder Lenckner-FS 336 ff. Nur insoweit, als der Bezugspunkt von Vorsatz und Absicht der gleiche ist (zB Zueignungsabsicht bezügl. fremder Sachen; hierzu zuletzt Gössel Zipf-GedS 217 ff.), sind der Vorstellungsinhalt von Vorsatz und Absicht identisch. Entsprechendes gilt für die vom Tatbestand vorausgesetzten Motivationen; auch sie sind neben dem Vorsatz festzustellen (Kühl 81). Geht der Täter zB irrtümlich von Umständen aus, die sein Verhalten nicht als auf niedrigster Stufe stehend erscheinen lassen (vgl. § 211 RN 37), so fehlt es eben an der entsprechenden Motivation. Bei den *Gesinnungsmerkmalen* ist zu differenzieren (s. Jescheck/Weigend 472 f., Roxin I 262, Schmidhäuser 455, Stratenwerth 114 f.; 122 vor § 13): Soweit sie (zB Böswilligkeit iSv § 90 a, niedriger Beweggrund iSv § 211, Rücksichtslosigkeit iSv § 315 c I Nr. 2) nicht vorsatzirrelevant allein den kausalen Gehalt der Tat bestimmen – bei Fehlen der auf bestimmte außerpsychische Umstände bezogenen Vorstellung entfällt dann allerdings das Merkmal selbst (Warda Jura 79, 78 f.) –, sondern als sog. unechte Gesinnungsmerkmale (auch) das Unrecht der Tat charakterisieren, zB grausam iSv § 211 oder roh iSv § 225, hat der Vorsatz (lediglich) das objektive, tatbestandsbezogene Element des Gesinnungsmerkmals (also zB das Zufügen erheblicher Schmerzen bzw. die erhebliche obj. Handlungsfolge) zu erfassen (Warda Jura 79, 79), während die gefühllose Gesinnung allein zur Schuld zu zählen ist.

2. Bei **zweiaktigen Delikten** (zB §§ 249, 252) kann das Bezugsobjekt des Vorsatzes zweifelhaft 25 sein (vgl. dazu Lund aaO 115 ff.). Fraglich ist, ob bei Begehung des ersten der Vorsatz bereits in bezug auf den zweiten Akt gegeben sein muß. Die Frage läßt sich nicht einheitlich, sondern nur aufgrund einer Analyse der einzelnen Tatbestände beantworten. Handelt es sich um ein sog. echtes zweiaktiges Delikt, bei dem eine subjektive Verknüpfung der beiden Teilakte vom Gesetzgeber vorausgesetzt wird (zB §§ 177, 249), muß der Täter bereits beim ersten Teilakt des Delikts den Vorsatz zur Begehung des zweiten Teilakts haben; so muß zB beim Raub (vgl. dort RN 8) der Wegnahmevorsatz schon bei Begehung des ersten Teilakts, zB der Gewaltanwendung, gefaßt sein. Bei § 252 dagegen handelt es sich um ein sog. unechtes zweiaktiges Delikt, bei dem eine tatbestandliche subjektive Verknüpfung nicht vorausgesetzt wird (vgl. dort RN 7). Dementsprechend reicht es aus, daß der Vorsatz zur Begehung der Nötigung erst nach dem Diebstahl gefaßt wird (vgl. auch Hruschka JZ 73, 12, Jakobs 257). Bei Gefährdungsdelikten, die sich aus einem tatbestandlich umschriebenen Verhalten und der Herbeiführung einer Gefahr zusammensetzen (zB §§ 315 a–315 c), ist ebenfalls aus dem Sinnzusammenhang der Vorschriften zu entscheiden, ob es sich um ein echtes oder unechtes zweiaktiges Delikt handelt. Regelmäßig genügt es, daß der Vorsatz sich zunächst nur auf die Handlung bezieht und sich erst später auch auf die Gefahr erstreckt. So reicht es für § 315 c I aus, wenn der Täter, ohne an die spätere Gefahrensituation zu denken, sich alkoholisiert ans Steuer seines Kfz setzt und erst während der Fahrt den Gefährdungsvorsatz faßt. Bei § 315 b, der eine Beeinträchtigung der Sicherheit des Straßenverkehrs voraussetzt, ist es allerdings im Rahmen des Vorsatzdeliktes nach Abs. 1 notwendig, daß bei der gefährlichen Handlung die spätere Gefahr in die Vorstellung des Täters aufgenommen wird.

3. Im früheren Recht war ausdrücklich bestimmt (vgl. § 59 aF), daß der Täter für die Verwirkli- 26 chung eines **qualifizierten Tatbestandes** nur haftet, wenn sein Vorsatz sich auf die Tatumstände bezieht, die die Strafbarkeit erhöhen; § 15 verzichtet auf diesen Hinweis, in § 16 ist dazu ebenfalls nichts gesagt. Dadurch hat sich aber gegenüber dem frühen Recht nichts geändert, da die qualifizierenden Merkmale gerade die den gesetzlichen Tatbestand eines qualifizierten Delikts ausmachen (ebenso Kühl 78, Rudolphi SK § 16 RN 8). Derartige Umstände liegen zB beim Diebstahl mit Waffen (§ 244), beim schweren Raub (§ 250) oder bei der gefährlichen Körperverletzung (§ 224) vor.

4. Unbestritten ist auch, daß der Vorsatz sich auf die Merkmale beziehen muß, die zwar nicht zu 27 einem qualifizierten Tatbestand führen (wie bei § 244), wohl aber zu einem **gesetzlich fixierten Regelbeispiel** für einen besonders schweren Fall (zB § 243); vgl. M-Zipf I 314 f., Tröndle § 243 RN 42, Wessels Maurach-FS 300, Rudolphi SK § 16 RN 8. Folglich kann die Strafe § 243 grundsätzlich (die Bejahung eines unbenannten bes. schweren Falls bleibt möglich: Puppe NK § 16 RN 15) nur dann entnommen werden, wenn der Täter zB weiß, daß er aus einer Kirche eine dem Gottesdienst gewidmete Sache stiehlt, den Diebstahl unter Ausnutzung der Hilflosigkeit eines anderen begeht usw. Dies gilt auch für erfolgsbezogene Regelbeispiele wie etwa die Todesgefahr nach § 113 II Nr. 2 (BGH MDR/D **75**, 21; BGH **26** 176, 245).

5. Zweifelhaft ist jedoch, ob diese Grundsätze auch für solche Umstände gelten, die nicht als 28 Regelbeispiele vom Gesetzgeber ausformuliert, wohl aber für die **Strafzumessung** von Bedeutung sind. Hier gilt folgendes:

a) Beim **unbenannten** besonders **schweren Fall** kann grundsätzlich nichts anderes gelten als bei 29 den gesetzlich fixierten Regelbeispielen (o. 27), weil es keinen Unterschied machen kann, ob der Gesetzgeber selbst die Umstände aufzählt, die strafschärfend in Betracht kommen können, oder ob er deren Auswahl in das Ermessen des Richters stellt (BGH MDR/H **78**, 623, B/W-Weber 432, Roxin I 429, Warda Jura 79, 288; and. Jakobs 285, Puppe NK § 16 RN 15). Dies zeigt sich vor allem dort, wo Regelbeispiele – wie im Normalfall – nicht abschließend normiert sind. Hier kann es keinen Unterschied machen, ob ein gesetzlich fixiertes Regelbeispiel, auf das sich der Vorsatz wenigstens beziehen muß, zur Anwendung gebracht wird, oder ein Umstand, in dem der Richter einen Strafschärfungsgrund sieht. Diese Umstände müssen daher ebenfalls vom Vorsatz umfaßt sein, so daß der Täter wegen eines besonders schweren Falles nur dann verurteilt werden kann, wenn er die Voraussetzungen kannte, in denen der Richter die erhöhte Strafwürdigkeit der Tat erblickt (Schröder Mezger-FS 423, Jescheck/Weigend 296, Wessels Maurach-FS 300 f., Rudolphi SK § 16 RN 8; and. Jakobs 285). Diese Gesichtspunkte spielen zB eine Rolle bei den §§ 94 II, 106, 121 III, 125 a, 243, 263 III, 266 II, 267 III, 268 V, in denen entweder unbenannte besonders schwere Fälle (§ 106 III) oder solche neben gesetzlich fixierten anzutreffen sind.

b) Entsprechendes galt früher für die **Rückfallvoraussetzungen**, für die nach § 48 aF vorausge- 30 setzt wurde, daß die früheren Verurteilungen nicht hat zur Warnung dienen lassen (vgl. 22. A. § 48 RN 17); ohne Kenntnis der Vorverurteilung war es nicht möglich, dem Täter den Vorwurf zu machen, er habe die durch sie erfolgte Warnung in den Wind geschlagen (and. D-Tröndle 42. A. § 16 RN 17). Nicht notwendig ist hingegen, daß der Täter die **Gewohnheitsmäßigkeit** als Bewertung seines Verhaltens gedanklich vollzieht (RG **68** 389, Schröder Mezger-FS 424).

c) Auch sind die zum Vorsatz geltenden Grundsätze ganz allgemein auf **Strafzumessungsgründe** 31 anzuwenden. Handelt es sich um objektive Umstände, können sie zu Lasten des Täters nur dann bei der Strafzumessung Berücksichtigung finden, wenn er sie gekannt hat. Diese Auffassung ist allerdings sehr umstritten (vgl. § 46 RN 26 f.). Eine Ausnahme von dieser Auffassung soll nach hM insbes. dann gelten, wenn die Strafschärfung nicht unrechtssteigernde Tatmodalitäten, sondern eine bestimmte schwere Tatfolge betrifft (zB § 253: Suizid des Erpressungsopfers); hier soll entsprechend dem in § 18 zum Ausdruck kommenden Gedanken auch Fahrlässigkeit bezüglich der besonderen Tatfolge genügen (vgl. Jescheck/Weigend 296, M-Zipf II 573, Warda Jura 79, 289 [Vorsatzerfordernis aber für unrechtsquantifizierende Umstände, zB Wert der Diebesbeute]); zT wird auf ein Verschulden hinsichtlich des Taterfolges überhaupt verzichtet (vgl. BGH **10** 259, **11** 263, VRS **14** 285, MDR **58**, 14), was aber im Hinblick auf § 46 II nicht mehr vertretbar ist (vgl. dort RN 26). Teile der neueren Literatur lassen Fahrlässigkeit nur dann genügen, wenn der Erfolg die Verwirklichung der vom Täter geschaffenen typischen Gefahr darstellt (vgl. zB Horn SK § 46 RN 104 f., Jescheck/Weigend 888, Bruns StrZR 424, Frisch GA 72, 321). Diese – im übrigen unterschiedlichen – Auffassungen verkennen jedoch, daß unrechtserhöhende Umstände gleich welcher Art im Rahmen der Vorsatzhaftung nur dann dem Täter zur Last gelegt werden können, wenn sie von seinem Vorsatz umfaßt sind. Bei den gesetzlich fixierten Regelbeispielen für besonders schwere Fälle ist es unbestritten, daß sich der Vorsatz des Täters auf die Erschwerungsgründe beziehen muß (vgl. o. 27). Da die Regelbeispiele weder zwingend noch abschließend, sondern nur indiziell oder exemplarisch sind, kann der straferschwerende Umstand dem Täter nur zur Last gelegt werden, wenn sein Vorsatz sich auf ihn bezieht. Denn es kann keinen Unterschied machen, ob das Gesetz selbst ein Regelbeispiel für den erschwerenden Umstand formuliert oder ob der Richter nicht im Gesetz genannte Umstände als so gravierend ansieht, daß ein besonders schwerer Fall angenommen werden muß. Das Gesetz nennt etwa in § 243 I Nr. 6 die Hilflosigkeit eines anderen, die zum Diebstahl ausgenutzt wird. Geht der Richter davon aus, daß der Diebstahl deshalb besonders verwerflich ist, weil der Täter einen Behinderten bestohlen hat, so ist eine Strafserschwerung nur berechtigt, wenn der Täter diese Eigenschaft des Opfers kannte. Folgerichtig sind diese Grundsätze auch auf die allgemeinen Strafzumessungsgründe des § 46 anzuwenden (ebenso Roxin I 430). Eine Ausnahme ist lediglich dort zu machen, wo der Gesetzgeber selbst eine schwere Folge zum Anlaß einer erhöhten Strafe nimmt (zB § 227). Dann ist § 18 anzuwenden (vgl. u. 33). Ist diese Ausnahme nicht ausdrücklich vorgesehen, bleibt es bei den allgemeinen Regeln. Dies schließt jedoch nicht aus, daß die Strafe nach § 52 erhöht werden kann, wenn mit einem Vorsatzdelikt ein Fahrlässigkeitsdelikt zusammentrifft. Stiehlt der Täter etwa ein Dialysegerät, so kommt neben § 242 auch § 222 in Betracht, sofern er mit dem Tod von Menschen hätte rechnen können, die zur Blutwäsche auf dieses Gerät angewiesen sind. Ist dies der Fall, so kann die für den Diebstahl angenommene Strafe erhöht werden (vgl. § 52 RN 47).

32 d) Nimmt der Täter irrig Umstände an, welche die Tat zu einem **minder schweren Fall** machen würden, so ist § 16 II – zumindest analog – anzuwenden; zum minder schweren Fall vgl. 48 vor § 38. Im Verhältnis zwischen einer echten Privilegierung und solchen Umständen, die zwar nicht im Gesetz genannt sind, wohl aber das Unrecht der Tat mindern, gelten – mit umgekehrten Vorzeichen – die gleichen Grundsätze wie im Verhältnis zwischen benannten und nichtbenannten Strafschärfungsgründen (vgl. o. 29).

33 6. Bei den durch den **Erfolg qualifizierten Delikten** (zB §§ 226, 227) braucht sich der Vorsatz nicht auf die schwere Folge zu beziehen. Gemäß § 18 trifft jedoch die höhere Strafe den Täter nur dann, wenn er diese Folge wenigstens fahrlässig, in einigen Fällen leichtfertig herbeigeführt hat; vgl. die Erl. zu § 18.

34 7. Auf **objektive Strafbarkeitsbedingungen** (vgl. 124 ff. vor § 13) brauchen sich weder Vorsatz noch Fahrlässigkeit zu beziehen (vgl. 126 vor § 13, Jescheck/Weigend 559, Warda Jura 79, 290); zu den hieraus resultierenden Bedenken gegen die Zulässigkeit unrechtsrelevanter obj. Strafbarkeitsbedingungen: Geisler (124 vor § 13), 139 ff., 200, GA 00, 169 ff., Roxin I 897 ff. (zu §§ 231, 323 a), aber auch 124 vor § 13.

35 8. Umstritten ist, ob auch die tatbestandlichen **Voraussetzungen** der **Rechtfertigungsgründe** als sog. „negative Tatbestandsmerkmale" zu den Bezugsobjekten des Vorsatzes gehören (bejahend hier die 17. A. 3 ff. vor § 1; zuletzt Schroth Arth. Kaufmann-FS 598 ff., Irrtum 117 ff.). Diese Lehre ist im Ergebnis abzulehnen. Zwar spricht nicht gegen sie, es sei gänzlich ausgeschlossen, daß der Täter das **Fehlen von Rechtfertigungsgründen** in sein **Vorstellungsbild** aufgenommen haben könne (so aber Puppe NK § 16 RN 12, Welzel MDR 52, 585 FN 5, Armin Kaufmann JZ 55, 37 f.), weil ein handlungsimmanentes Mitbewußtsein vom Fehlen rechtfertigender Umstände ausreicht (ebenso Roxin ZStW 78, 259, Schroth Arth. Kaufmann-FS 600, Irrtum 119 [Wissensdefizit nur dann, wenn Täter von unrechtsausschließenden Umständen ausgeht]). Die Ablehnung der Lehre von den negativen Tatbestandsmerkmalen beruht vielmehr darauf, daß sie das Verhältnis von Regel- und Ausnahmefall verkennt (Jescheck/Weigend 250, Roxin I 233 ff.; vgl. 18 vor § 13). Da der Unrechtstypus durch den Tatbestand beschrieben wird, können auch nur die im Tatbestand selbst genannten Merkmale solche des „gesetzlichen Tatbestandes" iSv. § 16 sein. Nimmt der Täter allerdings irrtümlich die tatbestandlichen Voraussetzungen eines Rechtfertigungsgrundes an, so ist § 16 analog anzuwenden mit dem Ergebnis, daß vorsätzlich begangenes Unrecht ausscheidet; zu den verschiedenen Meinungen zur Behandlung des Irrtums über die Voraussetzungen eines Rechtfertigungsgrundes vgl. § 16 RN 14 ff. Für die hier vertretene Auffassung spricht, daß eine Bewertung der Handlung als rechtswidrig nicht nur durch die Feststellung der positiven Tatbestandsmerkmale erfolgt, sondern auch voraussetzt, daß Rechtfertigungsgründe nicht gegeben sind (vgl. B/W-Mitsch 286 ff.). Dies muß auch im Rahmen der Irrtumsproblematik Berücksichtigung finden. Nimmt der Täter irrtümlich die Voraussetzungen eines Rechtfertigungsgrundes an, so ist sein Wille aufgrund einer Bewertung der tatsächlichen Faktoren auf die Verwirklichung einer erlaubten Handlung gerichtet, weshalb kein der Vorsatztat vergleichbarer Sachverhalt vorliegt. Dieser Irrtum ist daher in analoger Anwendung des § 16 genauso zu behandeln wie ein Tatbestandsirrtum. Zu den Irrtumsfragen vgl. § 16 RN 14 ff., 19 vor § 13.

9. Die **Schuldvoraussetzungen** (vgl. §§ 19 ff.) sind nicht Bezugsobjekte des Vorsatzes, ebensowenig **Prozeßvoraussetzungen** (BGH **18** 125 [Strafantrag]); zu **Strafausschließungsgründen** vgl. § 16 RN 34. Zur Frage des Irrtums über die Voraussetzungen eines Entschuldigungsgrundes vgl. § 35 RN 41 ff.

10. Zur Bedeutung des **Unrechtsbewußtseins** vgl. 120/121 vor § 13. Aus der Existenz des § 17 ist zu schließen, daß die Rechtswidrigkeit der Tat als solche nicht Bezugsobjekt des Vorsatzes ist. Das Verbot gehört nicht zum Inhalt des gesetzlichen Tatbestandes, sondern hat ihn zum Inhalt (BGH **19** 298). In Betracht kommt ein Verbotsirrtum; vgl. dazu die Erl. zu § 17.

III. Wissenselement und Bewußtseinsformen des Vorsatzes. Gegenstand des Vorsatzes ist die Tat als ein bestimmtes, konkretes Geschehen, ein Stück Wirklichkeit, das der Täter in sein Vorstellungsbild aufgenommen haben muß. Der **Vorsatz** könnte daher als **Spiegelbild** der die **Tat** charakterisierenden Merkmale im Täterbewußtsein bezeichnet werden. In diesem Zusammenhang geht es um zwei Fragen, deren Problemkreise sich allerdings teilweise überschneiden. Die erste Frage betrifft die Kenntnis und den psychologischen Vorgang des Erkennens der deliktstypischen Merkmale, soweit der Täter sie bereits vorfindet (Mensch, der getötet, Urkunde, die verfälscht werden soll) und die Voraussicht der von ihm erst noch zu verwirklichenden Umstände, wie vor allem des zum Tatbestand gehörenden Erfolges in Gestalt eines Schadens oder einer konkreten Gefährdung und des Kausalverlaufs zwischen seinem Verhalten und diesem Erfolg (vgl. dazu u. 54). Die zweite Frage betrifft das Problem, ob der Täter während seines deliktischen Verhaltens sich sämtliche Tatumstände aktuell vorstellen muß oder ob es genügt, daß sie potentiell im Täterbewußtsein schlummern, also jederzeit aktualisiert werden können. Bei der Aktualität des Täterbewußtseins in ihren verschiedenen Bewußtseinsformen geht es also um die „Tiefenschärfe" und „Randschärfe" des hier als Spiegelbild des Tatbestandes bezeichneten Vorsatzes (vgl. dazu u. 51 ff.).

1. Das **Kennen der Umstände**, die zum gesetzlichen Tatbestand gehören, bildet die Grundvoraussetzung des intellektuellen Moments des Vorsatzes. Der Täter muß alle durch die unrechtsbezeichnenden Elemente der jeweiligen Norm bestimmten Sachverhaltsausschnitte erfaßt haben (Schlüchter aaO 141); bei der Tötung muß der Täter also wissen, daß das Objekt, auf das er schießt, ein Mensch ist. Je nach Art des Merkmals, zu dessen Kenntnis der Täter gelangen muß, kann der psychologische Vorgang des Erkennens verschieden sein. Üblicherweise wird hierbei zwischen den sog. deskriptiven und normativen Merkmalen unterschieden, wobei für jene das Erkennen der „reinen Tatsachen" ausreichen (vgl. Jescheck/Weigend 295), für diese jedoch eine Bedeutungskenntnis nach Laienart („Parallelwertung in der Laiensphäre") erforderlich sein soll (krit. Puppe NK § 16 RN 44 ff.). Diese Differenzierung führt jedoch zu einer Vergröberung des Problems, weil die Grenzziehung zwischen deskriptiven und normativen Merkmalen nicht exakt gezogen werden kann (vgl. o. 20), da auch solche Merkmale, die durch ihre Zugehörigkeit zur sinnlich wahrnehmbaren Welt gekennzeichnet sind, in ihrer sozialen Bedeutung häufig nicht bloß durch die Kenntnis der Tatsachen erfaßt werden können (Roxin I 253, Stratenwerth 96 f.). Dies zeigt sich vor allem im Grenzbereich der deskriptiven Merkmale. So ist die Frage, ob ein menschliches Lebewesen als Objekt der Tötungsdelikte schon existiert oder seine Tötung sich als strafbarer Schwangerschaftsabbruch darstellen würde, ohne einen Akt geistigen Verstehens nicht zu beantworten; entsprechendes gilt bei Fragen, die sich aus der Festlegung des Todeszeitpunkts (Herztod, Gehirntod [vgl. dazu 16 ff. vor § 211]) ergeben. Auch in anderen sog. deskriptiven Merkmalen, wie zB „Beschädigen" (§ 303), „Nachtzeit" (§ 292 II) usw., sind Bedeutungsgehalte enthalten, die über das rein Kognitive hinausgehen (vgl. Engisch Mezger-FS 142 ff.). Dies zeigt sich vor allem darin, daß auch die deskriptiven Tatumstände nicht als individuelle Fakten, sondern durch abstrakte Begriffe umschrieben werden, so daß deren soziale Bedeutung im Randbereich über die sinnliche Wahrnehmung hinaus einen Akt geistigen Verstehens erfordert, der dem Täter die soziale Bedeutung seines Verhaltens bewußt macht.

Erforderlich ist für den Vorsatz die **Kenntnis des Sachverhalts** und – soweit diese noch nicht den Gehalt eines Tatbestandsmerkmals in seiner sozialen Bedeutung vermittelt – eine zusätzliche **Bedeutungskenntnis**, die das im Tatbestand typisierte Unrecht nach Laienart erfaßt. Dies bedeutet im einzelnen:

a) Der Täter muß zunächst einmal die **tatsächlichen Umstände** kennen (vgl. o. 15 ff.), aus denen das im Tatbestand bezeichnete Merkmal besteht oder aus denen es sich zusammensetzt. Dies gilt für alle Merkmale gleichermaßen. Erforderlich ist aber bei den sog. normativen Tatbestandsmerkmalen, daß der Täter die Tatsachen als solche erkennt. Daher fehlt es zB am Vorsatz der Urkundenvernichtung, wenn der Täter nicht erkennt, daß das Stück Papier, das er vernichtet, beschrieben ist.

Teilweise wird angenommen, daß sich der Vorsatz nicht auf **objektiv-täterschaftliche Merkmale** – zB die Eigenschaft als Amtsträger, Arzt oder Rechtsanwalt – zu erstrecken brauche, weil sich der Verwirklichungswille nicht auf die Eigenschaften des Handelnden richten könne; insoweit soll bloße Erkennbarkeit ausreichen (Armin Kaufmann, Normentheorie 142, 149 ff.). Dem kann schon deswe-

§ 15 43, 43 a Allg. Teil. Die Tat – Grundlagen der Strafbarkeit

gen nicht zugestimmt werden, weil es auch im Bereich der sonstigen Tatbestandsmerkmale solche Elemente gibt, die vom Willen des Täters unabhängig sind, wie beispielsweise die Fremdheit der Sache oder die Urkundenqualität des Fälschungsobjekts. Daher weist Stratenwerth 97 f. mit Recht darauf hin, daß die Tätereigenschaft Gegenstand des Wissenselements des Vorsatzes sein muß, weil das Unrecht der Tat durch sie entscheidend mitbestimmt wird; vgl. dazu o. 16.

43 b) Reicht die Kenntnis der reinen Tatsachen nicht aus, um dem Täter die soziale Bedeutung seines Verhaltens begreiflich zu machen, so muß er sich durch einen Akt geistigen Verstehens den unrechtstypisierenden Charakter des Merkmals verdeutlicht haben (mit anderer Begr. iE ebenso Kindhäuser Jura 84, 465 ff.). Notwendig ist daher, daß der Täter **Bedeutungskenntnis** von den Tatbestandsmerkmalen erlangt. Ohne diese Kenntnis würde es ihm an dem Bewußtsein tatbestandsmäßigen Verhaltens fehlen, das den Vorsatz charakterisiert; fehlt die Bedeutungskenntnis, so kann das Strafrecht auch nicht die Funktion erfüllen, den potentielle Täter zu einem gesetzestreuen Verhalten zu bewegen. Hieraus resultiert das Problem des sog. **Subsumtionsirrtums**, das allerdings terminologisch wie auch hinsichtlich seiner sachlichen Tragweite umstritten ist. In seinem richtigen Verständnis kennzeichnet der Subsumtionsirrtum nach hM die Situation, daß der Täter „bei voller Kenntnis des Sachverhalts und der sachlichen Bedeutung des in Frage stehenden Tatumstandes das in diesem Fall einschlagende normative Tatbestandsmerkmal gleichwohl zu seinen Gunsten unrichtig auslegt" (M-Zipf I 331, EB-Burkhardt 194, ähnlich Herdegen BGH-FG 198; weiter 17. A. § 59 RN 31: Irrtum über subsumierbaren Sachverhalt); freilich betrifft diese Situation nicht bloß normative, sondern auch deskriptive Merkmale (Blei I 119 f., Rudolphi SK § 16 RN 22).

43 a Die **unrichtige Subsumtion** in dem genannten Sinne **schließt** den **Vorsatz nicht aus,** wenn dem Täter trotz seiner Fehlvorstellung die soziale Tragweite seines Verhaltens bewußt ist; hält er zB ein Schriftstück, dessen Beweiserheblichkeit er erkennt, deshalb nicht für eine Urkunde, weil die Unterschrift nicht eigenhändig vollzogen, sondern faksimiliert ist, so berührt dies seinen Vorsatz nach § 267 nicht (B/W-Weber 447, Rudolphi SK § 16 RN 23). Dies ergibt sich daraus, daß die Wertung, die für die Bedeutungserkenntnis erforderlich ist, vom Täter nur nach Laienart erwartet werden kann. Er muß also die tatsächlichen Voraussetzungen nicht mit der gleichen Exaktheit zu den Bewertungsnormen in Beziehung setzen, wie der Richter dies tut. Ausreichend ist vielmehr, daß der Täter aufgrund einer **„Parallelwertung in der Laiensphäre"** (Mezger 328; s. bereits Binding Normen III 148 ff.) – bzw. genauer: infolge einer Parallelbeurteilung im Täterbewußtsein – den unrechtstypisierenden Bedeutungsgehalt des jeweiligen Merkmals erfaßt (Blei I 120, B/W-Weber 446, Eser/Burkhardt I 196 [Begreifen des Geschehens in seiner rechtlich-sozialen Bedeutung], Fukuda H.J. Hirsch-FS 181, Groteguth [Schrifttum § 17] 78 ff., Jakobs 289, Jescheck/Weigend 295, Arth. Kaufmann, Parallelwertung 36 ff. [Angleichung unterschiedlicher Sprachhorizonte], Köhler 157, Lackner/Kühl 14, M-Zipf I 317, 531 ff., Roxin I 407, Rudolphi SK § 16 RN 23, Schroeder LK § 16 RN 42 f., Schroth Irrtum 49 [Zugang zum Unrechtsstereotyp des Tatbestandes], Stratenwerth 96 f., Triffterer 424, Warda Jura 79, 80, Welzel 75). Ein gedanklicher Vollzug, der zu einer dem Tatbestand entsprechenden Bedeutungskenntnis führt, reicht für den Vorsatz aus (RG **68** 104, BGH **3** 248 [Zuständigkeit zur Eidesabnahme], **4** 352, **5** 92 [Steueranspruch], Bay GA **55**, 308, Mezger 328 [Parallelwertung in der Laiensphäre], LK8 § 59 Anm. 10, JZ 51, 179, Schröder ZStW 65, 181, Welzel 76, JZ 53, 120; 54, 279, Neues Bild 60 [Parallelbeurteilung im Täterbewußtsein]; krit. Frisch [Schrifttum § 16] 278, Herzberg JZ 93, 1018 f., Joerden JRE 94, 322, Kindhäuser GA 90, 423, Kuhlen aaO 204 ff., Puppe NK § 16 RN 49 ff., Schulz Bemmann-FS 246 ff.). I. E. ähnlich, aber unter Ablehnung des Begriffs der Parallelwertung ist nach Schlüchter (aaO 143) erforderlich, daß der Täter den unrechtsbezogenen Kern eines Tatbestandsmerkmals und die Verletzungs- oder Gefährdungsbedeutung seines Verhaltens in sein Bewußtsein aufgenommen hat (teleologisch reduzierte, auf das jeweils geschützte Rechtsgut bezogene Sachverhaltssicht [aaO 100 ff., JuS 85, 375]); zust. A. Lange aaO 129; abl. [da zu vage bleibend] Eser/Burkhardt I 197, Heidingsfelder aaO 36 ff., Kuhlen aaO 435 ff., Roxin I 416; vgl. auch das umfangreiche Fallmaterial bei Schlüchter JuS 85, 373, 527, 617). So muß zB der Täter einer sexuellen Handlung ihren geschlechtlichen (vgl. Bay NJW **64**, 1380) oder bei § 184 den pornographischen Charakter einer Darstellung erkennen. Bei einer Jagdausübung in nicht waidmännischer Weise muß der Täter eine Vorstellung unjagdlichen Verhaltens haben (Celle MDR **56**, 54). Nicht erforderlich ist die „richtige Subsumtion der Tatsachen unter das Gesetz" (so aber v. Liszt, Strafrecht[10] 152); sonst könnten „nur Juristen ein Verbrechen begehen" (Frank § 59 Anm. II). Dies bedeutet, daß ein Subsumtionsirrtum in diesem Sinne für den Vorsatz stets irrelevant ist. Zu den sog. gesamttatbewertenden Merkmalen vgl. o. 22. Vgl. zur Abgrenzung zwischen Irrtümern über normative Tatbestandsmerkmale und bloßem Verbotsirrtum auch § 17 RN 12. Letztlich ist die Abgrenzungsfrage als noch nicht endgültig geklärt einzustufen. Dies gilt zum für Versuche, die ursprüngliche Unterscheidung des Reichsgerichtes (zB RG **3** 49, **11** 81, **33** 416, **42** 27, **54** 5; hierzu Bettendorf aaO 89 ff., Arth. Kaufmann, Unrechtsbewußtsein 50 ff., M-Zipf I 518 f., Schlüchter aaO 138 ff., Welzel 158 f.) zwischen vorsatzirrelevanten innerstrafrechtlichen Rechtsirrtümern einerseits, vorsatzausschließenden Irrtümern im Tatsächlichen sowie entsprechend zu behandelnden außerstrafrechtlichen Rechtsirrtümern andererseits, wieder nutzbar zu machen, vgl. Kuhlen aaO 419 ff., Puppe NK § 16 RN 51 ff. und Kindhäuser GA 90, 407 ff. 333 ff., 359, 370 ff., 475 ff., Puppe GA 90, 150 ff., NK § 16 RN 51 ff. und Kindhäuser GA 90, 407 ff. (ähnlich auch Haft 261 ff., JA 81, 284 f.: vorsatzirrelevanter begriffsbezogener Irrtum im Gegensatz zum gegenstandsbezogenen Irrtum; zu ihm krit. Roxin I 415); hierzu krit. Bettendorf aaO 245 ff.,

274 ff., 280 f., Roxin I 416 f., Schroth, Irrtum 28 ff., 35 ff., 40 ff. Ein vergleichbares Problem sachgerechter Einstufung von Irrtümern im „Vorfeld" einer Strafvorschrift stellt sich auch im umgekehrten Fall (vgl. etwa Rudolphi SK § 22 RN 32 b; zum Umkehrgrundsatz aber krit. ua Herzberg JuS 80, 479, Roxin JZ 96, 985, Schroth, Irrtum 78 ff.) der Abgrenzung von untauglichem Versuch und Wahndelikt (hierzu § 22 RN 82 ff.).

c) Dagegen kann ein **Subsumtionsirrtum** durchaus zu einem **Verbotsirrtum** führen, weil ein **44** solcher nicht nur dann vorliegt, wenn der Täter das Verbot überhaupt nicht kennt, einen nicht existierenden Rechtfertigungsgrund für sich in Anspruch nimmt oder die Voraussetzungen eines bestehenden Rechtfertigungsgrundes überdehnt, sondern auch dann gegeben sein kann, wenn ihm aus anderen Gründen das Bewußtsein fehlt, Unrecht zu tun. Einer dieser Fälle kann darin liegen, daß der Täter trotz der Bedeutungskenntnis von den Tatbestandsmerkmalen zu dem Ergebnis kommt, sein Verhalten sei nicht verboten, zB davon ausgeht, daß gerade für das von ihm geplante Vorhaben eine Lücke im Gesetz besteht. Diese Fehlvorstellung, die zu einer **Einengung des Normbereichs** führt (vgl. Eser/Burkhardt I 195), ist als (vermeidbarer oder unvermeidbarer) Verbotsirrtum zu verstehen; vgl. hierzu § 17 RN 12 f.). Glaubt zB ein Täter, Fremdheit in § 242 bedeute fremdes Alleineigentum, so erliegt er einem Verbotsirrtum und kann nur dann zur Verantwortung gezogen werden, wenn dieser Irrtum vorwerfbar ist (vgl. die Erl. zu § 17). Ähnliches galt zu § 237 aF, wenn der Täter glaubte, eine „Entführung" setze die Verbringung über eine größere Entfernung voraus (BGH NJW **67**, 1765). Führt die Fehlvorstellung dagegen zu einer **Ausdehnung** des Normbereichs, so liegt ein sog. umgekehrter Subsumtionsirrtum vor, der zum Wahndelikt führt, vgl. § 22 RN 82 ff.

d) Zweifelhaft kann sein, wie der Irrtum über das Merkmal „**rechtswidrige Tat**", „**Straftat**" oder **45** „gegen fremdes Vermögen gerichtete rechtswidrige Tat" zu beurteilen ist. Eine einheitliche Entscheidung ist hier nicht möglich. Vielmehr liegt hier einmal ein echtes normatives Tatbestandsmerkmal vor, bei dem der Vorsatz gerade auch die Strafbarkeit der Tat umfassen muß, bald ist dagegen nur die Zusammenfassung der einzelnen Deliktsvoraussetzungen der verschiedenen Strafgesetze gemeint (so auch Warda Jura 79, 73). So kommt es zB bei der Zugehörigkeit zu kriminellen Vereinigungen (§ 129) gerade auf die Strafbarkeit der Ziele der Vereinigung an, so daß diese hier Gegenstand des Vorsatzes sein müssen (BGH LM **Nr. 6** zu § 129); bei § 258 I muß der Vortäter nach Vorstellung des Strafvereitelers tatsächlich staatlichen Strafanspruch ausgelöst haben, so daß eine rechtliche Fehlbewertung der Vortat als Ordnungswidrigkeit zum Vorsatzausschluß führt (Herzberg GA 93, 454, Roxin I 409, Warda Jura 79, 73; s. a. B/W-Mitsch 550). Dagegen meinen die §§ 26, 27 mit der „vorsätzlich begangenen rechtswidrigen Tat" die unrechtsbegründenden Voraussetzungen eines bestimmten Strafgesetzes, so daß der Vorsatz des Teilnehmers nur den gleichen Bezug haben muß, wie der Vorsatz dessen, der das Delikt täterschaftlich begeht (Schumann Stree/Wessels-FS 383, Warda Jura 79, 73; and. Herzberg GA 93, 439, 454; vgl. 43 vor § 25; § 26 RN 19). Dies bedeutet, daß ein Anstiftervorsatz etwa ausgeschlossen ist, wenn der Anstifter von Voraussetzungen ausgeht, die beim Haupttäter einen Rechtfertigungsgrund abgeben würden, dagegen bestehen bleibt, wenn er die in Aussicht genommene Haupttat infolge rechtlicher Fehlbewertung für nicht strafbar hält; zur Akzessorietät vgl. 21 ff. vor § 25. Demgegenüber hat Bemmann (GA 61, 73) – jedenfalls für den Bereich des § 330 a aF – den Begriff der „mit Strafe bedrohten Handlung" so weit gefaßt, daß hier von einem gleichsam generellen Vorsatz im Hinblick auf eine Straftat jedweder Art gesprochen werden könne (dagegen Cramer, Vollrauschtatbestand 38 ff.).

e) Z. T. wird auch zwischen normativen Tatumständen und sog. **Komplexbegriffen** unterschieden **46** (zB v. Hippel Lehrb. 138, v. Weber GA 53, 161 ff.; krit. Schlüchter aaO 71 ff.). Bei ersteren soll eine Subsumtion nach Laienart erforderlich sein, also nicht ausreichen, daß der Täter nur die tatsächlichen Voraussetzungen des gesetzlichen Begriffes erkannt hat, so zB hinsichtlich der Fremdheit der Sache bei Diebstahl und Unterschlagung. Bei den Komplexbegriffen soll dagegen nur Kenntnis der Tatsachen erforderlich sein, aus denen sich der Komplexbegriff zusammensetzt, während die Unterordnung selbst nicht Aufgabe des Täters sei. Komplexbegriffe sind solche, die sich als die juristische Zusammenfassung bestimmter (tatsächlicher oder rechtlicher) Tatumstände darstellen, wobei sich das Vorliegen im Einzelfalle aus der Feststellung dieser Sachverhalte und nicht durch eine umfassende Bewertung ergibt (v. Weber GA 53, 163; vgl. auch Mezger LK[8] § 59 Anm. 17 a b aa). Das soll zB für die Zuständigkeit einer Behörde zur Abnahme von Eiden, für die Rechtmäßigkeit der Amtsausübung iSd § 113 gelten. Gegen diesen Begriff zu Recht Kunert aaO 109. Zu den hiervon zu trennenden gesamttatbewertenden Merkmalen o. 22.

2. Die **Funktion** des **intellektuellen Vorsatzelements** besteht darin, „dem Täter die Bedeutung **47** seines Verhaltens vor Augen zu führen, ihm einen Impuls zur Unterlassung des Tatentschlusses zu vermitteln" (Platzgummer aaO 63). Dies erfordert im einzelnen:

a) Der Täter muß **im Augenblick der Tat** die **Merkmale** des Tatbestandes in seinem **Vorstel- 48 lungsbild aufgenommen** haben (Bay NJW **77**, 1974). Maßgeblich ist dabei die Tatbegehung, dh die Vornahme der tatbestandlichen Ausführungshandlung (BGH JZ **83**, 864 m. Anm. Hruschka, StV **86**, 95, Bay VRS **64**, 189). Gibt der Täter nach diesem Zeitpunkt seinen Vorsatz auf, versucht er also nach Abschluß der Ausführungshandlungen den Erfolg zu verhindern, so entlastet ihn dies nicht (RG **57**, 193; vgl. auch Herzberg Oehler-FS 163). Teilweise wird der Tatvorsatz enger dahin gefaßt, daß der Täter in der Vorstellung gehandelt haben müsse, alles zur Erfolgsherbeiführung notwendige schon getan zu haben (Wolter ZStW 89, 649, 657 ff., Schroeder LK § 16 RN 34, Jakobs 300, Zielinski AK §§ 15, 16 RN 61, Herzberg ZStW 85, 867, 872 ff., Frisch, Verhalten 603 f.). Begründet wird dies damit, daß ansonsten der zu fordernde Vollendungsvorsatz fehle; es komme daher allenfalls eine Strafbarkeit wegen Versuchs in Tateinheit mit fahrlässiger Erfolgsherbeiführung in Betracht. Dem kann indessen schon deshalb nicht zugestimmt werden, weil auch der Versuch den vollen subjektiven Tatbestand voraussetzt. Im übrigen setzt auch der Vollendungsvorsatz nicht das Bewußtsein voraus, daß schon alles getan wurde, um den Erfolg herbeizuführen. Glaubt der Täter zum Beispiel, zur Herbeiführung des Todes seien zehn Einzelportionen eines bestimmten Giftes beizubringen, so hat er den von der hier referierten Meinung verlangten Vollendungsvorsatz bei der Verabreichung der siebten Dosis noch nicht. Gleichwohl liegt richtigerweise eine vollendete Tötung vor, wenn der Erfolg früher als vom Täter erwartet eintritt; es handelt sich dabei um eine unbeachtliche Abweichung im Kausalverlauf (BGH **7** 326, **23** 133 ff., **23** 356; Oehler JZ 70, 380, M-Zipf 1 331, Rudolphi SK § 16 RN 34, Stratenwerth 103).

49 Nicht ausreichend ist früheres Wissen (sogenannter **dolus antecedens**), auch wenn es dem Täter als potentielles Wissen zur Verfügung steht, also reproduzierbar wäre (Kühl 82). Ebensowenig reicht die nach der Tat erlangte Kenntnis aus (**dolus subsequens**); vgl. BGH **6** 331, **10** 153, VRS **40** 14, JZ **83**, 864 m. Anm. Hruschka, M-Zipf I 307, H. Meyer AT 247, Rudolphi SK § 16 RN 4; vgl. jedoch Lampe ZStW 72, 93. Die überkommenen Begriffe des „dolus antecedens" und des „dolus subsequens" entsprechen inhaltlich nicht dem Vorsatzbegriff des geltenden Rechts, haben daher nurmehr rechtsgeschichtliche Bedeutung. Ebensowenig genügt zum Vorsatz ein unterschwelliges Bewußtsein, das bloße Gefühl, etwas sei nicht in Ordnung usw. Kein Vorsatz ist also zB gegeben, wenn dem Täter früher einmal das Alter des mißbrauchten Mädchens (§ 176) bekannt geworden ist, er zur Tatzeit aber nicht mehr an das Alter denkt. Wer eine gestohlene Sache gutgläubig erwirbt und später ihre Herkunft erfährt, kann daher wegen Hehlerei nur bestraft werden, wenn er nach Erlangung der Kenntnis erneut Handlungen vornimmt, die unter § 259 fallen. Zur Vorsatzänderung während der Tatausführung vgl. Hillenkamp aaO 5 ff.; zu den beim Diebstahl hinsichtlich der Konkretisierung des Tatobjekts auftauchenden Fragen vgl. § 242 RN 45.

50 b) Hat ein **Wahrnehmungsprozess** nicht stattgefunden oder ist er **mißlungen,** so fehlt es an einem der Tat entsprechenden Täterbewußtsein. Für die Erheblichkeit der Unkenntnis von Tatbestandsmerkmalen kommt es dann allein darauf an, daß sie effektiv vorhanden war, nicht aber worauf sie im Einzelfall beruht (vgl. § 16 RN 12). Auch derjenige, der infolge Alkohols einen Tatumstand nicht erkennt, den er im nüchternen Zustand erkannt hätte, handelt ohne Vorsatz; vgl. aber § 323 a RN 18.

51 c) Erforderlich ist ein **aktuelles Bewußtsein** der Tatumstände. Dies erfordert allerdings nicht, daß der Täter über alle Merkmale ständig reflektiert, ihnen also in jedem Augenblick der Tatausführung die volle Aufmerksamkeit des Bewußtseins zuwendet (vgl. Bay NJW **77**, 1974 [Vorgesetzteneigenschaft iSv § 30 WStG] – hierzu Eser/Burkhardt I 75 ff. –, Köln NJW **78**, 652 [§ 244 I Nr. 1 und Berufswaffenträger] m. Bespr. Hruschka NJW 78, 1338, B/W-Weber 421, Schmidhäuser I 213 f., Stratenwerth 97 f., Welzel 65, Rudolphi SK § 16 RN 24). Vielmehr reicht es aus, daß die Kenntnis der Tatbestandsmerkmale bei der Willensbildung des Täters wirksam geworden ist und als „**sachgedankliches Mitbewußtsein**" (vgl. Platzgummer aaO 83, 89 ff., [hierzu Roxin ZStW 78, 248], Lackner/Kühl 9, Mylonopoulos aaO 150 ff. [dispositionelles Wissen], Rudolphi SK § 16 RN 24, Schmidhäuser H. Mayer-FS 317 ff. [das Sprachdenken ergänzendes Sachdenken], Schroeder LK 99, Triffterer 162 f., Tröndle 3; nicht zu diesem Begriff insb. Frisch, Vorsatz 181 ff., Schild Stree/Wessels-FS 266 [Wissenschaftlichkeit vorgebende Scheinbegründung], Schroth, Irrtum 90 [Gefahr einer Vorsatzpräsumtion]; s. a. Köhler GA 81, 285, Jakobs 263, Frisch Armin Kaufmann-GdS 324, 329, Puppe NK § 16 RN 185 ff. [190: unvereinbar mit Erfordernis voluntativen Vorsatzelementes], Roxin I 418 ff.) das Vorstellungsbild des Täters begleitet. Dazu genügt auch ein abgeschwächtes, der gegenwärtigen Aufmerksamkeit entzogenes Bewußtsein von geringerem Deutlichkeitsgrad; dieses Bewußtsein also, „das zwar nicht explizit beachtet wird, das aber mit einem anderen beachteten Bewußtseinsinhalt mitbewußt ist und implizite notwendig auch mitbetrachtet werden muß" (Platzgummer aaO 83). Dieses sachgedankliche Mitbewußtsein beruht auf dem wahrnehmungspsychologischen Gesetz, daß der Mensch „die Dinge der Umwelt sofort als Dinge mit einer bestimmten Bedeutung und mit einem bestimmten Sinngehalt wahrnehmen muß" (Platzgummer aaO 83). Wenn dieser Wahrnehmungsprozeß nicht durch eine Täuschung (A verwechselt seinen Mantel mit dem des B) oder in anderer Weise gestört wird, so ist mit der Wahrnehmung des Gegenstandes dieser zum Mitbestandteil des Bewußtseins geworden. Nach Jakobs 263, Köhler 166 f., GA 81, 290 ff., Kühl 118, Rudolph SK § 16 RN 25, Roxin I 421 [Bestimmung aus Kontext der konkreten Situation], Schroeder LK § 16 RN 99 ist im Einzelfall zu prüfen, ob eine zumindest bildhafte aktuelle Vorstellung vorliegt oder nicht, da die Lehre vom ‚sachgedanklichen Mitbewußtsein' keine Auskunft darüber geben könne, welche Umstände dem konkreten Täter im Einzeldall in der Weise eines ‚Mitbewußtseins' gegeben seien. Auch bei *automatisierten Handlungen* (vgl. 41/42 vor § 13) handelt der Täter vorsätzlich, da sein Vorsatz nur die jeweiligen Tatumstände, nicht aber jede einzelne Bewegung seines auf die Zielerreichung gerichteten Vorgehens umfassen muß (Roxin I 422, Schroeder LK 110); zur *Affekttat*, bei der idR hinreichendes (Mit-)Bewußtsein der Tatumstände vorliegt (vgl. BGH **6** 332, **11** 23, Lackner/Kühl 9, Krümpelmann Welzel-FS 338, Roxin I 422, Schroeder LK 107, Welzel Grünhut-EG 188 FN 45): u. 61.

51a Demgegenüber bestreitet Frisch (Armin Kaufmann-GdS 311 ff.) die Berechtigung der Kategorie des sachgedanklichen Mitbewußtseins und löst die Problematik dahin, daß bestimmte Tatbestandsmerkmale eben einfach aus dem Vorsatzbegriff eliminiert werden. Dies gilt zB für die Täterqualifikationsmerkmale (aaO 326), für den rechtsgutbeeinträchtigenden Charakter der Tathandlung, wenn ein Handeln gegen oder ohne den Willen des Berechtigten in Frage steht (aaO 334), für die Rechtswidrigkeit der beabsichtigten Zueignung (aaO 336) oder das Zuständigkeitserfordernis bei §§ 153 ff. (aaO 337). Insoweit soll der Satz gelten, daß diese Tatbestandsmerkmale nicht vom Vorsatz umfaßt zu sein brauchen. Welche Tatbestandsmerkmale „relativierungsfest" sind in dem Sinne, daß der Vorsatz in dem herkömmlichen Verständnis sich auf sie beziehen muß, wird von Frisch wie folgt umrissen (aaO 342): „Es handelt sich um jene Merkmale, die das im Tatbestand vorausgesetzte und von der Verhaltensnorm umschriebene Verhalten nach seiner typischen, die Unwertigkeit − wenn auch vielleicht unter gewissen zusätzlich eingrenzenden Voraussetzungen − begründenden Sinnbezüglichkeit charakterisieren." Gegen diese Differenzierung läßt sich jedoch einwenden (ebenso Mylonopoulos aaO 148, Puppe NK § 16 RN 193, Schroth, Aneignung 59, Irrtum 88 FN 270), daß jedes Merkmal des gesetzlichen Tatbestandes das Unrecht der Tat gleichermaßen charakterisiert und daher stets vom Vorsatz umfaßt sein muß, und sei es auch nur im Sinne „sachgedanklichen Mitbewußtseins". Im übrigen verflüchtigt die Lehre Frischs das Vorsatzerfordernis bis zu einem Grade, bei dem eine einheitliche Vorsatzlehre gar nicht mehr möglich erscheint. Welche Merkmale im einzelnen nicht vom Vorsatz umfaßt sein müssen, wird damit nämlich zur Frage einer nach normativen Gesichtspunkten zu lösenden Analyse des einzelnen Tatbestands. Auch Frisch kann keine scharf abgegrenzte Gruppe von Tatbestandsmerkmalen aufzählen, die vorsatzirrelevant wären.

52 Die Aktualität des Täterbewußtseins besteht auch für das **dauernde Begleitwissen**, wie Platzgummer (aaO 89) es nennt. Dabei geht es um Bewußtseinsinhalte, die ständig vorhanden sind, ohne daß man eigens an sie zu denken brauchte. Dies gilt zB für Eigenschaften des Täters als Amtsträger, Erzieher, Vormund usw. Dieses ständig vorhandene Begleitwissen hat vor allem bei Sonderdelikten Bedeutung (Roxin ZStW 78, 254). Allerdings darf die − für Vorsatzannahme hinreichende − jederzeitige aktuelle Reproduzierbarkeit ohne aktuelle Reflexion (Parathaben, zB des eigenen Familiennamens) nicht mit der − nicht genügenden − Reproduzierbarkeit durch Gedächtnisleistung oder sonstige Überlegung (zB Aufenthaltsort am Vortag) gleichgesetzt werden (Blei I 126, Otto I 72). Zur psychologischen Seite des Vorsatzes (Bewußtsein und Wissen) vgl. auch Rudolphi aaO 150 ff., SK § 16 RN 25, Schmidhäuser I 213, Lenckner aaO 51 f., Janzarik ZStW 92, 65.

53 3. Der Vorsatz muß sich auch auf den **Erfolg** als das Ergebnis eines bestimmten Geschehens (Erfolgsdelikte) oder auf ein bestimmtes **Verhalten** (Tätigkeitsdelikte) beziehen. Der Täter muß die nach Gegenstand, Zeit und Ort bestimmte Tat in allen wesentlichen Beziehungen, wenn auch nicht mit allen Einzelheiten der Ausführung, in seine Vorstellung und seinen Willen aufgenommen haben (RG 51 311, 70 258, BGHR § 15 Vorsatz 3). Hierzu gehört insb. auch das Wissen, in welcher Weise das Geschehen sich vollzieht und welche Auswirkungen es hat. Allerdings werden die Vorstellungen darüber mitunter verschieden sein. Hier sind zunächst Fälle denkbar, in denen der Täter die Einzelheiten seiner Tat in seinen planenden Willen aufgenommen hat. Es besteht aber auch die Möglichkeit, daß dies nur in groben Umrissen geschehen ist, zB hinsichtlich der Folgen eines Sprengstoffanschlags. Auch das letztere reicht grundsätzlich für den Vorsatz aus, sofern dem Täter das Ausmaß der Tat in dem o. 51 ff. genannten Sinne bewußt geworden ist. Entsprechendes gilt, wenn ein Vorsatz vorliegt, der sich in einem verwandten Delikt realisiert, zB der Räuber wider Erwarten eine „freiwillige" Hingabe der begehrten Sache erreicht (räuberische Erpressung). Zur Fehlvorstellung über Tatbestandsalternativen vgl. § 16 RN 11.

54 4. Außer der Handlung und ihren Merkmalen sowie dem Erfolg, soweit ein solcher tatbestandlich erforderlich ist (Tod, Körperverletzung, Sachbeschädigung), muß der Täter nach hM auch die Verbindung zwischen Handlung und Erfolg in Gestalt der **Kausalität** seines Handelns in den wesentlichen Zügen kennen (B/W-Weber 448, Engisch, Kausalität 4, Jescheck LK vor § 13 RN 48, M-Zipf I 245, Struensee ZStW 102, 24; krit. Frisch, Vorsatz 57 f., Verhalten 572, Schmoller ÖJZ 82, 452 ff., Schroeder LK § 16 RN 26, Triffterer 183, Wolter ZStW 89, 670 ff.).

54a Nach der im Vordringen befindlichen Auffassung betrifft diese Frage überwiegend ein Problem der objektiven Zurechenbarkeit (vgl. Schroeder LK § 16 RN 17 ff., GA 79, 327, Wolter ZStW 89, 649, Driendl GA 86, 253, Kühl 79, M-Zipf I 328, Puppe NK § 16 RN 90, Roxin I 433, Rudolphi SK § 16 RN 31, Jescheck/Weigend 312, W/Beulke 79, Zielinski AK 58 f.; ähnlich Frisch, Verhalten 575, 585, 95/96 vor § 13); für Problemverortung im Bereich des vorsätzlichen Handlungsbegriffs: Burkhardt Nishihara-FS 39 (mwN zur analytischen Handlungstheorie 16 ff.), Eser/Burkhardt I 98 ff. Danach sind allein die jeweils für die objektive Zurechnung maßgeblichen Umstände Vorsatzgegenstand, nicht dagegen der Bedingungszusammenhang selbst. Der Täter muß also vorsätzlich bezüglich der Schaffung derjenigen Gefahr handeln, die sich schließlich im objektiv zurechenbaren Erfolg realisierte (Jakobs 296, Otto I 90, Roxin I 434, Schroth, Irrtum 97, Zielinski AK 59 f.; vgl. auch Puppe NK § 16 RN 95 ff. [Kenntnis der vorsatztatkonstituierenden Gefahrfaktoren] Schroeder LK 16 RN 20, 29 [konkrete Erfolgstauglichkeit der Handlung]; krit. Hettinger JuS 91, L 28). Eine Fehlvorstellung des Täters über die rechtliche Bewertung der von ihm erkannten Gefahrfaktoren (zB Adäquanz oder Unerlaubtheit des Risikos) ist unbeachtlich (Triffterer 183). Die nachfolgend behandelten Fragen der wesentlichen Abweichung vom Kausalverlauf betreffen nach diesen neueren Ansich-

§ 15 55

ten folglich schon die objektive Zurechenbarkeit (zB Zu-Tode-Kommen des Opfers nicht ubr. durch Schußverletzung, sondern infolge eines Krankenhausbrandes [allg. Lebensrisiko]; anders aber bei Wundinfektion [s. RG 70 257]; vgl. 95/96 vor § 13). Allerdings wird von den Vertretern dieser Auffassung teils im Rahmen der subjektiven Zurechnung bei Auseinanderfallen von objektiv verwirklichten und vom Täter angenommenen Risikomerkmalen noch zusätzlich wertend gefragt, ob und inwieweit der eingetretene Verlauf vom subjektiv gesehenen Risiko umfaßt ist (Frisch, Verhalten 588, Puppe, Vorsatz 15 ff., Roxin I 434, Jakobs 295 f.). Nach welchen Kriterien diese Wertungsfrage entschieden werden soll, ist unter den Vertretern dieser Ansicht umstritten. So greift Roxin den Begriff der Tatplanverwirklichung auf (Roxin I 435, Würtenberger-FS 189 ff.), während es nach Frisch auf die „vom Täter in seiner Handlung erfaßten normativen Substrate" ankommen soll (ebda. 588). Ob sich überhaupt noch Fragen einschränkender Zurechnung des objektiven Geschehens zum Vorsatz stellen, mag bezweifelt werden (abl. Burgstaller Jescheck-FS 374, Driendl GA 86, 271, Haft 253, M-Zipf I 329, Puppe NK § 16 RN 96, 101, Schmoller ÖJZ 82, 490 ff., Schroth, Irrtum 96, Stratenwerth 101, Triffterer 183, Wolter ZStW 89, 649; and. Jescheck/Weigend 312, Kühl 446, Roxin I 435 f., Rudolphi SK § 16 RN 31, W/Beulke 79): So dürfte in seit Engisch aaO 79 diskutierten Brückenfall nicht darauf ankommen, ob der herabgestürzte Nichtschwimmer ertrinkt oder sich vorher – vom Täter nicht bedacht – am Brückenpfeiler das Genick bricht: auch im letzteren Falle hat sich die vom Täter vorsätzlich geschaffene Lebensgefahr eines Herabstürzens im Erfolg realisiert (so iE Frisch, Verhalten 610, Jescheck/Weigend 312, Joerden JRE 2, 319, Otto I 91, Puppe NK § 16 RN 100, Roxin I 434, Schroeder LK § 16 RN 29, Stratenwerth 102, Wolter ZStW 89, 675; and. Jakobs 296, aaO 98 FN 189). Hingegen dürften sich auch bei Zugrundelegen der Lehre von der objektiven Zurechnung Fragen der Vorsatzzurechnung in den Fällen stellen, in denen ein (großflächiges) Zielobjekt an anderer Stelle (zB § 223: Verletzung im Gesicht statt am Arm: s. Schroeder LK § 16 RN 11 [Versuch]; and. zutr. Frisch, Verhalten 618) oder in anderer Form (zB § 303: Beschädigung einer Fensterscheibe anstelle der in die Hauswand eingelassenen Madonnenfigur, vgl. Herzberg JA 81, 472, Roxin I 435, Schroeder LK § 16 RN 11 [Versuch]; and. Frisch, Verhalten 619) als gewollt beeinträchtigt wird; ferner ist auf die Konstellation der aberratio ictus zu verweisen: dort ist aus den u. 57 genannten Gründen die Abweichung wesentlich. Praktisch erhebliche Abweichungen iE folgen aus diesen Ansichten jedoch nicht, vgl. auch BGH 38 34; so wäre im o.g. Beispiel des Krankenhausbrandes nach herkömmlicher Betrachtung der Vorsatz des zur Tötung mittels Pistolenschusses Entschlossenen zu verneinen, während nach neuerer Auffassung bereits die obj. Zurechnung entfällt, so daß nach beiden Ansichten lediglich eine versuchte Tötung vorliegt (fahrlässige Tötung scheidet mangels objektiver Vorhersehbarkeit bzw. in Ermangelung unerlaubter Risikoschaffung ebenfalls aus); s.a. 95/96 vor § 13. Nach Hirsch Köln-FS 404 ist die Verlagerung der Zurechnungsproblematik in den objektiven Tatbestand sachwidrig (krit. auch Arm. Kaufmann Jescheck-FS 260 ff.). Folgt man der überkommenen, der ständigen RSpr. zugrundeliegenden Auffassung, so ist nach den o. 53 genannten Grundsätzen nur erforderlich, daß der Kausalverlauf im wesentlichen richtig vorhergesehen wird.

55 a) **Abweichungen im Kausalverlauf** sind bedeutungslos, wenn sie sich noch innerhalb der Grenzen des nach allgemeiner Lebenserfahrung Voraussehbaren halten und keine andere Bewertung der Tat rechtfertigen (RG **70** 257, BGH **7** 392, **23** 135, **38** 34 m. Bespr. Eschenbach Jura 92, 637, Graul JR 92, 114, Otto JK § 16/3, NJW **60**, 1822, GA **55**, 123, Bremen MDR/D **59**, 777, B/W-Weber 426, Tröndle § 16 RN 7, Welzel 73; krit. zu der den Rechtsanwender letztlich auf bloße Strafwürdigkeitserwägungen verweisenden Leerformel der Gleichwertigkeit: Driendl GA 86, 266, Frisch, Verhalten 580, Herzberg ZStW 85, 873, Hruschka 12, Schroeder LK § 16 RN 26, Wolter ZStW 89, 663; and. Roxin I 433, Würtenberger-FS 122; aus systematischen Gründen abl. zum Kriterium der objektiven Vorhersehbarkeit: Frisch ebda. 576, Herzberg ZStW 85, 876, Hettinger JuS 91, L 27, Wolter ZStW 89, 659). Wann eine solche Abweichung wesentlich ist, bestimmt sich einmal nach objektiven Maßstäben; daneben ist aber auch zu berücksichtigen, welche Entwicklung seines Verhaltens der Täter beabsichtigt und vorausgesehen hat. Auf dieser Basis wäre dann die empirische Frage der Vorhersehbarkeit einer Abweichung und die normative Problematik der Abweichungsbewertung zu klären: Wer einem anderen an einer bestimmten Körperstelle eine harmlose Verletzung beibringen will, haftet im Rahmen des § 223 nicht ohne weiteres für eine schwere Verletzung, die an einem anderen Körperteil eintritt (and. Frisch, Verhalten 597 [nur strafzumessungsrelevant]); eine plausible, Rechtssicherheit gewährleistende Grenzziehung ist insoweit bislang noch nicht gelungen. Soweit der tatsächliche Kausalverlauf und derjenige, den sich der Täter vorgestellt hat, erheblich voneinander abweichen, stimmen objektiver und subjektiver Tatbestand nicht überein; es liegt dann bezüglich des objektiv Geschehenen kein Vorsatz vor (BGH NJW **56**, 1448); hier kommt aber ein Versuch hinsichtlich des vom Täter gewollten Tatverlaufs sowie nach Cramer 25. A. RN 55 (s. aber Puppe NK § 16 RN 96) eine Fahrlässigkeitsstrafbarkeit wegen des tatsächlichen Tatverlaufs in Betracht. Eine solche **wesentliche Abweichung** würde zB gegeben sein, wenn B nicht durch den Schuß des A getötet wird, sondern ein durch den Schuß wild gewordenes Pferd ihn überrennt (nach neuerer Lehre [o. 54a]: keine obj. Zurechnung, da lediglich zufälliges Begleitrisiko [s. Frisch, Verhalten 614 FN 202]). Eine wesentliche Abweichung vom vorgestellten Kausalverlauf liegt bei der Einfuhr von Rauschgift (§ 30 I Nr. 4 BtMG) zB vor, wenn der Kurier vor der geplanten Einfuhr das mitgeführte Haschisch gestohlen und später vom Dieb eingeführt wird (BGH **38** 32 m. Anm. Graul

JR 92, 114; dazu auch 95/96 vor § 13). Vgl. weiter BGH NStZ **92**, 227. Dagegen liegt vorsätzliche Tötung vor, wenn der Täter den Überfallenen durch Schläge mit dem Beilstiel hat töten wollen, die Schläge jedoch diesen Erfolg nicht gehabt haben, der Tod vielmehr infolge einer auf die Verletzung zurückzuführenden Infektion eintritt (RG **70** 258). Um eine unwesentliche Abweichung handelt es sich auch dann, wenn der Täter die entstellende Verletzung im Gesicht statt am Hals beibringen wollte (Bremen MDR/D **59**, 777, Frisch, Verhalten 619; and. Schroeder LK § 16 RN 11; vgl. aber auch RG **73** 257 [keine vollendete vorsätzliche Körperverletzung beim Ausschlagen eines Auges, wenn allein Schlag auf den Kopf geplant war; vgl. Hoyer AT I, 1996, 61]) oder das Opfer die Körperverletzung nicht durch die ihm zugedachten Schläge, sondern infolge aufregungsbedingter Magenbeschwerden aufgrund von Furcht vor Schlägen erleidet (BGH MDR/D **75**, 22, Blei JA 75, 101, Frisch, Verhalten 619, Wolter ZStW 89, 667; and. Jakobs 218, Schroeder LK § 16 RN 35, Tröndle § 16 RN 7).

Ähnliche Probleme bestehen bei der Beurteilung von Delikten, die der Täter im Zustand der **56** Schuldunfähigkeit begeht. Tritt die Schuldunfähigkeit des Täters während der Tatausführung, dh nach Versuchsbeginn ein, kann ihm zum einen sein noch im Zustand der Schuldfähigkeit durchgeführtes Handeln vorgeworfen werden, so daß jedenfalls eine Versuchsstrafbarkeit gegeben ist. Hat die im Zustand der Zurechnungsunfähigkeit bewirkte Weiterführung der Tat darüber hinaus die Deliktsvollendung zur Folge, so ist der Täter zum anderen wegen vollendeter Tat zu bestrafen, wenn – nach überkommener Terminologie (o. 54) – der wirkliche Geschehensablauf von dem, den er sich im Zustand der Schuldfähigkeit vorgestellt hat, nicht wesentlich abweicht (BGH **7** 329, **23** 133 m. Anm. Oehler JZ 70, 379, BGH **23** 356, NStZ **98**, 31, Kühl 370, Lackner/Kühl 11, Otto Jura 86, 432 f., Puppe, Vorsatz 60, NK § 16 RN 111 f., Roxin I 447, Triffterer 260; einschr. Geilen Maurach-FS 194 f., JuS 72, 76 ff., Jakobs 301, Schlehofer aaO 176, Schroeder LK § 16 RN 33); auf Basis der neueren Lehre (o. 54 a) wäre zu fordern, daß sich die im schuldfähigen Zustand vorsätzlich gesetzte Gefahr im Erfolg realisiert hat (Eser/Burkhardt I 100, Wolter Leferenz-FS 553, Frisch, Verhalten 616, Puppe NK § 16 RN 112). So liegt eine nur unwesentliche Abweichung zB vor, wenn der Täter nach dem gefaßten Vorsatz sein Opfer mit einem Messerstich zu töten, dieses im Blutrausch mit zahllosen Stichen in grauenvoller Weise umbringt (vgl. BGH **7** 325, **23** 133). Eine wesentliche Abweichung des Kausalverlaufs ist dann anzunehmen, wenn die Tötungshandlung sich vollständig von der im Zustand der Schuldfähigkeit begonnenen unterscheidet, der Täter sein Opfer nicht mit zahlreichen Messerstichen tötet, sondern dieses im Blutrausch zB vor seinen Wagen legt und es überfährt. Diese Tötungshandlung beruht auf einem neuen, im Zustand der Schuldunfähigkeit gefaßten Entschluß, der nur eine Versuchsstrafbarkeit rechtfertigt (so auch BGH GA **56**, 26). Hatte der Täter allerdings im Zustand der Schuldfähigkeit nur Körperverletzungsvorsatz und geht er erst im Zustand der Schuldunfähigkeit zur Tötung über, handelt es sich nicht um ein Problem der Abweichung des Kausalverlaufs. Nach den allgemeinen Regeln ist der Täter nur wegen des vorsätzlichen Verletzungsdelikts zu bestrafen, eine Fahrlässigkeitsstrafbarkeit hinsichtlich der Tötungsdelikte kommt nur im Fall der schuldhaften Herbeiführung des die Schuldunfähigkeit begründenden Umstandes (Fall der actio libera in causa, vgl. dazu § 20 RN 33 ff.) in Betracht. Tritt die Schuldunfähigkeit nicht während der Tatausführung, sondern bereits vor Beginn der Tat ein, so liegt – vom Fall der actio libera in causa abgesehen – eine strafbare Handlung auch dann nicht vor, wenn die Tat den im Zustand der Schuldfähigkeit geplanten und vorbereiteten Verlauf nimmt (BGH **23** 356, Rudolphi SK § 20 RN 27, vgl. auch § 20 RN 40).

b) In diesen Zusammenhang gehört auch die Frage, wie ein Fehlgehen der Tat zu beurteilen ist **57** (**aberratio ictus**). Eine solche liegt dann vor, wenn ohne Verwechslung des Angriffsgegenstandes (dann läge ein sog. error in obiecto vor, vgl. dazu u. 59) der Erfolg nicht an dem in Aussicht genommenen, sondern an einem anderen Tatobjekt eintritt: A schießt mit Tötungsvorsatz auf B, trifft und tötet aber C oder den den B begleitenden Hund, der in die Schußlinie kommt (zu den Grundsätzen der aberratio ictus vgl. Schreiber JuS 85, 873). Subjektiv setzen die klassischen Fälle der aberratio ictus voraus, daß der Vorsatz sich auf die Verletzung eines konkreten Handlungsobjekts beschränkt hat. Hier ist zu unterscheiden: In den Fällen der sog. Ungleichwertigkeit der Tatobjekte, dh wenn anvisiertes und getroffenes Tatobjekt unter verschiedene Straftatbestände fallen, wird überwiegend eine Versuchsstrafbarkeit im Hinblick auf das anvisierte und ggf. eine dazu in Tateinheit stehende Fahrlässigkeitsstrafbarkeit im Hinblick auf das tatsächlich getroffene Objekt angenommen. Trifft A etwa in dem oben genannten Beispiel anstelle des B nur dessen Hund, läge ein Fall der Ungleichwertigkeit vor. In den Fällen der *Gleichwertigkeit,* bezogen auf den obigen Beispielsfall also, wenn A statt des B nur den C trifft, besteht keine Übereinstimmung. Überwiegend wird hier mit Recht nur eine versuchte vorsätzliche Tötung angenommen; daneben kann je nach den Umständen fahrlässige Tötung des C gegeben sein (RG **2** 235, **3** 384, **58** 28, BGH **34** 55, **37** 219, NStZ **98**, 295, LG München JZ **88**, 565, Neustadt NJW **64**, 311, Backmann JuS 71, 120, Bemmann MDR 58, 518 f., Stree/Wessels-FS 400 f., B/W-Weber 450, Blei I 123, Eser/Burkhardt I 107, Frisch, Verhalten 616 f., Geppert Jura 92, 165, Gropp 440, Lenckner-FS 64, Hettinger GA 90, 542, JuS 92, L 75, Hruschka 8, JZ 91, 488, Jakobs 303, aaO 99, Janiszewski MDR 85, 533, Jeschek/Weigend 313, Joerden JRE 2, 322, Köhler 155, H.J. Hirsch-FS 81, Koriath JuS 97, 907, Kühl 442, Lackner/Kühl 12, Otto I 93, Prittwitz GA 83, 127, Rath, aberratio 247 ff., Roxin I 439, Württemberger-FS 123 f., Rudolphi SK § 16 RN 33, Schlehofer aaO 172 f., Schmidhäuser 403, Schroeder LK § 16 RN 9, Schreiber JuS 85, 875, Silva-Sanchez ZStW 101, 369, Stratenwerth 103 ff., Baumann-FS

50, Streng JuS 91, 911 f., Toepel JRE 2, 428, JA 96, 888, Triffterer 144, Tröndle § 16 RN 6, W/ Beulke 78, Wolter Leferenz-FS 552). Die abw. Meinung, die entweder generell (Kuhlen aaO 491 ff., v. Liszt/Schmidt 270, Loewenheim JuS 66, 313, Noll ZStW 77, 5) bzw. bei nicht individualitätsabhängigen Rechtsgütern (Hillenkamp aaO 85 ff.; hierzu krit. Roxin I 440, Puppe NK, Rudolphi ZStW 86, 94, Schreiber JuS 85, 875) oder bei adäquater Verletzung des nicht anvisierten Objekts (Frank § 59 Anm. III 2 c, Puppe GA 81, 14 ff., aaO 10 ff., NK § 16 RN 121 ff., Schroth, Irrtum 104, Welzel 73, Zielinski AK 64; ähnlich Herzberg ZStW 85, 867 ff. s. aber auch JA 81, 373, 472) eine vollendete vorsätzliche Tötung des C annimmt, wird hauptsächlich damit begründet, daß es für die Zurechnung des Vorsatzes genüge, wenn dieser sich auf die abstrakte Beschreibung der tatbestandsmäßigen Eigenschaften des Handlungsobjekts beziehe; da der Täter einen Menschen töten wollte und dieser Erfolg auch eingetreten sei, sei es auch nur konsequent, wegen eines vollendeten Tötungsdelikts zu bestrafen. Die Tatbestände schützen nach dieser Auffassung Rechtsgüter nur ihrer Gattung nach (vgl. Puppe GA 81, 3; Loewenheim JuS 85, 312). Eine gegebenenfalls erfolgte Konkretisierung des Vorsatzes auf bestimmte Angriffsobjekte sei für die rechtliche Bewertung daher unerheblich (Puppe GA 81, 11); ebenso wie beim Objektsirrtum fehle dem Täter die Kompetenz, über das ihm als Vorsatztat Zuzurechnende durch eigene Vorstellungen zu disponieren (Puppe GA 81, 11, aaO 20, NK § 16 RN 120). Diese Auffassung trifft jedoch nicht zu, falls der Vorsatz und damit das vom Täter kraft seines Kausalwissens überdeterminierte Verhalten nur ein konkretes Angriffsobjekt erfaßt, da dann der Handlungsunwert vorsätzlichen Handelns und der durch den erwartungswidrig entgleisenden Kausalverlauf bewirkte Erfolgsunwert nicht mehr funktional zusammengehören (Gropp Lenckner-FS 63, Streng JuS 91, 912; s. a. Hettinger GA 90, 549, Hruschka JZ 91, 491, Toepel JRE 2, 426). Iü dürfte der wesentliche Unterschied zum unbeachtlichen Objektsirrtum in der Zufälligkeit (so hätte zB der das Zielobjekt verfehlende, einen Dritten treffende Schuß ja auch völlig fehlgehen können) der tatbestandlichen Identität von verfehltem und getroffenem Objekt liegen (Blei I 123, Geppert Jura 92, 165, Gropp 440, Lenckner-FS 64); zu den Konsequenzen bei einem nicht sinnlich wahrgenommenen Zielobjekt u. 59. Da der Vorsatz des Täters auf eine konkrete Wirklichkeit und nicht auf eine abstrakte Begrifflichkeit bezogen ist (Frisch, Verhalten 600, Hettinger JuS 92, L 75, Rudolphi SK § 16 RN 33), kann der fehlende Vorsatz zur Tötung des versehentlich getroffenen Dritten nicht durch die allgemeine Vorstellung, irgendeinen Menschen töten zu wollen, ersetzt werden (vgl. Jescheck/Weigend 313 f., Rudolphi SK § 16 RN 33, Frisch, Verhalten 616 f.). Dies zeigt insbesondere von der Fall, daß es dem Täter darauf ankommt, einen bestimmten Menschen zu töten, zB seinen Vater, den er zu beerben beabsichtigt. Schießt er auf diesen anläßlich einer Jagd, um einen Jagdunfall vorzutäuschen, trifft aber unbeabsichtigt einen Treiber, so müßte nach der hier referierten Gegenansicht ein vollendeter Mord vorliegen, obwohl der Täter über diesen Tod sein Ziel nicht erreichen kann. In Wahrheit liegt hier ein versuchter Mord an dem Vater vor, zu dem nicht noch gleichzeitig ein vollendeter Totschlag hinzutreten kann, sondern ggf. eine fahrlässige Tötung. Die Gegenansicht wird auch der Konstellation (vgl. RG **58** 28) nicht gerecht, in der ein Angegriffener den Angreifer in Notwehr verletzen will, versehentlich aber einen unbeteiligten Dritten trifft (Blei I 122, Streng JuS 91, 911, aber auch Puppe NK § 16 RN 119).

57 a Nicht um einen Fall der aberratio ictus, sondern um einen hinsichtlich des Objekts unbestimmten Vorsatz handelt es sich, wenn es dem Täter gleichgültig ist, welcher Erfolg eintritt; zB bei einem Schuß in eine Menschenmenge, wen oder was der Schuß trifft (Polizist, Passant oder Fensterscheibe). Hier liegt kein Fall der aberratio ictus vor, sondern ein hinsichtlich des Objekts unbestimmter Vorsatz (Prittwitz GA 83, 127 ff.: „genereller" Vorsatz). In diesen Fällen kommt nach den Grundsätzen des dolus alternativus (u. 90 f.) Idealkonkurrenz zwischen vollendeter Tat hinsichtlich des tatsächlich eingetretenen und Versuch hinsichtlich des beabsichtigten Erfolgs in Betracht. Entsprechend iE sind die Fälle zu behandeln, in denen die Objektskonkretisierung mehrere Objekte umfaßt; zB der Attentäter, der auf einen Politiker schießt, aber auch die Tötung des nebenstehenden Leibwächters in Kauf nimmt. Wird in diesem Fall aber eine dritte Person getroffen, so liegt hinsichtlich dieser von der Vorsatzkonkretisierung nicht umfaßten Person allenfalls eine Fahrlässigkeitstat vor, während der Erfolg dem Täter als Vorsatztat zurechenbar gewesen wäre, hätte er im Umfang der Objektskonkretisierung gelegen. Auch wenn es dem Täter im Grunde auf die Identität des Opfers nicht ankam (zB Schuß auf verfolgende Polizisten), so ändert seine willkürlich-zufällige Objektsauswahl nichts am Vorliegen einer aberratio ictus (W/Beulke 78; and. Herzberg ZStW 85, 873, JA 81, 473, Roxin I 439, Würtenberger-FS 123 [je nach Tatplanverwirklichung], Rudolphi ZStW 86, 96); idR wird aber – gerade weil ihm das konkret verletzte Objekt gleichgültig war – insoweit ein unbestimmter Vorsatz (s. o.) vorliegen.

58 c) Ein weiterer Sonderfall einer Abweichung im Kausalverlauf ist der sog. **dolus generalis** (gegen diesen Begriff BGH **14** 193, Roxin Würtenberger-FS 109 u. I 425, Driendl GA 86, 257; zT auch B/W-Weber 427). Hiervon spricht man dann, wenn der Täter bei einem mehraktigen Geschehen den Erfolg zwar als Folge seines Handelns voraussieht, ihn jedoch nicht durch die zu diesem Zwecke vorgenommene Handlung, sondern mit einem anderen Handlungsakt herbeiführt. Unter dem Stichwort dolus generalis werden vor allem die Fälle diskutiert, in denen der Täter in der irrigen Annahme eines durch seinen vorsätzlich verübten *Erstakt* bereits erzielten Erfolges unvorsätzlich eine weitere Handlung vornimmt, die dann tatsächlich erst zum Erfolg führt (vgl. Jescheck/Weigend 314, Roxin Würtenberger-FS 109, Tröndle § 16 RN 7, Wolter Leferenz-FS 549, weitergehend Rudolphi SK

§ 16 RN 34 f.). Bsp.: A hat auf B geschossen; er hält ihn für tot und wirft ihn ins Wasser, um die Tat zu verwischen; B ertrinkt (RG **67** 258, OGH **1** 75, BGH **14** 193, MDR/D **52**, 16). In diesen Fällen wird regelmäßig eine unwesentliche Abweichung des tatsächlichen Kausalablaufs vom Vorstellungsbild des Täters vorliegen (Stratenwerth 102 f., W-Beulke 80 f.), weil der tatsächliche Kausalverlauf durchaus noch im Rahmen des nach allgemeiner Lebenserfahrung voraussehbaren liegt. Daß diese Abweichung auf eigenes Handeln des Täters zurückzuführen ist und nicht auf ein Handeln Dritter oder auf Naturkräfte, ist unerheblich (vgl. H. Mayer JZ 56, 110). Vollendungsstrafbarkeit setzt allerdings voraus, daß der Erfolgseintritt seiner Ersthandlung noch objektiv zugerechnet werden kann; insoweit ist allerdings str., ob sich überhaupt (stets) die vorsätzlich gesetzte Gefahr der Ersthandlung (zB Vergiftungstod) im konkreten Erfolg (zB Ertränkungstod des bewußtlosen Vergifteten) realisiert (bejahend: Jescheck/Weigend 314, Triffterer 186, Klug-FS 437 f., Puppe NK § 16 RN 105, Vorsatz 54 f., Roxin I 444, Würtenberger-FS 118 f. [bei Absicht], Schroeder LK § 16 RN 31 [bei konkreter Erfolgstauglichkeit]; ähnlich [bei von vornherein geplanter Zweithandlung] Rudolphi SK § 16 RN 35, Stratenwerth 103, Wolter ZStW 89, 687, Leferenz-FS 549 f.; and. Eser/Burkhardt I 101, Freund 264, Frisch, Verhalten 620 f., Hruschka 28, JuS 82, 319 f. Jakobs 302, aaO 99 f., Otto I 93). Der Täter ist daher wegen vollendeter vorsätzlicher Tat zu verurteilen, da er bereits mit der ersten, vom Tötungsvorsatz beherrschten Handlung eine Ursache für den späteren Todeseintritt geschaffen hat (RG **67** 258, OGH **1** 75, BGH **7** 329, MDR/D **52**, 16, B/W-Weber 427, Blei I 123, Jescheck/Weigend 314, Lackner/Kühl 11, Schroth, Irrtum 100, Tröndle § 16 RN 7, Welzel 74 [einschl.], W/Beulke 81 sowie Triffterer, Puppe, Roxin, Schroeder, Rudolphi, Stratenwerth, Wolter (jeweils ebda.]). Gleichgültig ist, ob der Täter mit bedingtem oder direktem Vorsatz gehandelt hat (BGH **14** 193). Im einzelnen gibt es aber auch hier voneinander abweichende Lösungsvorschläge. Nach Roxin (Würtenberger-FS 120 u. I 444) liegt nur bei einer beabsichtigten Tötung der zum Tode führende Zweitakt im Rahmen der Planverwirklichung des Täters, weshalb nur hier, nicht aber bei bedingtem Tötungsvorsatz oder dolus directus eine vollendete Tötung anzunehmen sei. Dagegen nehmen nur Versuch, evtl. in Tatmehrheit mit fahrlässiger Tötung, an: Engisch, Untersuchungen 72, Frank § 59 Anm. IX, Gropp 144, Herzberg ZStW 85, 890, Hettinger Spendel-FS 248 ff., JuS 92, L 83 f., Köhler 154, Kühl 448 f., Maiwald ZStW 78, 55, M-Zipf I 330 f., Schild Triffterer-FS 213, Schlehofer aaO 177 sowie Eser/Burkhardt, Freund, Frisch, Hruschka, Jakobs, Otto (jeweils ebda.). Diese Autoren begründen ihre Auffassung damit, daß die beiden Teilakte des Geschehens selbstständig handelnde seien. Glaubt der Täter also, der Erfolg sei eingetreten, so sei bei Vornahme der Zweithandlung der Tötungsvorsatz erloschen und könne nicht unterstellt werden (M-Zipf I 330 f., Hruschka JuS 82, 317, Jakobs 301, Hettinger Spendel-FS 253, JuS 92, L 83). Diese Meinung verkennt jedoch, daß es sich um ein Problem der Abirrung handelt: ob ein Dritter die vermeintliche Leiche ins Wasser wirft oder ob dies der Täter selbst tut, kann keinen Unterschied machen. Entscheidend ist allein das Adäquanzurteil sowie die Realisierung der durch die Ersthandlung geschaffenen Gefahr. Daher liege regelmäßig eine vollendete Vorsatztat vor, wenn der Täter von vornherein zur Zweithandlung (Beseitigung der vermeintlichen Leiche) entschlossen war. Anders soll es jedoch in der Regel sein, wenn der Täter sich erst nach Abschluß der mit Tötungsvorsatz erfolgten Ersthandlung zur Beseitigung der Leiche entschließt. Da das Adäquanzurteil entscheidet, ist natürlich auch eine wesentliche Abweichung vom Kausalverlauf in diesen Fällen denkbar (ebenso Roxin Würtenberger-FS 120). Lädt zB der Täter das für tot gehaltene Opfer in seinen Kraftwagen, um es an einem abgelegenen Ort zu verscharren, und führt er dessen Tod unterwegs durch einen Verkehrsunfall herbei, so kommt schon mangels objektiver Zurechnung dieses als Realisierung allgemeinen Lebensrisikos zu begreifenden Erfolges nur versuchte Tötung, evtl. in Tatmehrheit mit fahrlässiger Tötung, in Betracht. Entsprechendes gilt für den Fall, daß der Täter während der Ausführung der Tat *schuldunfähig* wird: o. 56. – Auch beim *umgekehrten Fall*, in dem der Täter den Erfolg, den er erst durch einen Zweitakt herbeiführen wollte, bereits durch einen versuchsbegründenden (Roxin I 447: bei Erfolgsherbeiführung im Vorbereitungsstadium allenfalls Fahrlässigkeit) Erstakt herbeiführt, also zB den Tod seines Opfers bereits mit den Schlägen verursacht, die nach seinem Vorsatz es zunächst nur betäuben sollten (RG DStR **7**, 177, BGH GA **55**, 123). Auch hier handelt es sich um einen Fall der Abweichung vom vorgestellten Kausalverlauf (hM: M-Zipf I 331, Lackner/Kühl 11; Rudolphi SK § 16 RN 34, Welzel 75, Roxin I 446; iE auch Puppe, Vorsatz 56 ff., NK § 16 RN 107 ff.; and. Eser/Burkhardt I 95, Freund 265, Frisch, Verhalten 623, Herzberg ZStW 85, 883, Hruschka 34 f., JuS 82, 320 f., Jakobs 301, Schlehofer aaO 177, Schroeder LK § 16 RN 34, Schroth, Irrtum 99, Struensee Arm. Kaufmann-GedS 533 f., Wolter ZStW 89, 697 f., Leferenz-FS 548, 558, 561, Zielinski AK 62). Da die Abweichung in aller Regel unwesentlich sein wird, ist hier eine vollendete Vorsatztat gegeben. Demgegenüber verneint Schroeder (LK § 16 RN 34, ebenso Frisch, Zurechnung 623) in diesen Fällen einen Vollendungsvorsatz mit dem Argument, daß dem Täter die konkrete Erfolgseignung seines Verhaltens nicht bekannt gewesen sei, wenn der Erfolg bereits während eines unbeendeten Versuchs eintrete. Danach soll lediglich ein unbeendeter Versuch vorliegen, von dem der Täter also durch bloße freiwillige Tataufgabe noch zurücktreten kann und ggf. ein Fahrlässigkeitsdelikt vorliegen (ähnlich Herzberg ZStW 85, 867, Oehler-FS 173; einschr. Wolter ZStW 89, 649, 697 ff., der die Rücktrittsmöglichkeit ausschließen will). Diese Auffassungen verdienen jedoch keine Zustimmung, da schließlich auch die Versuchshandlung von dem Tatbestandsverwirklichungswillen des Täters getragen ist. Daher ist dem Täter auch der verfrüht eingetretene Erfolg als vorsätzlich verwirklicht zuzurechnen, so daß er bei unwesentlicher Abweichung im Kausalverlauf wegen vollendeter vorsätzlicher Tat zu bestrafen ist (Roxin I 447, Rudolphi

§ 15 59, 59 a	Allg. Teil. Die Tat – Grundlagen der Strafbarkeit

SK 34, Stratenwerth 103); ein strafbefreiender Rücktritt käme nur bei einem dem Täter ausnahmsweise nicht zuzurechnenden Erfolg in Betracht (vgl. aber auch § 24 RN 23 ff.).

59   d) Von der Abirrung des Kausalverlaufes zu unterscheiden sind die Fälle des **error in obiecto**. Von einem solchen Irrtum spricht man bei Verwechslung des Angriffsgegenstandes; ein Unterfall ist der Irrtum in der Person (error in persona: A schießt auf C, den er für den B hält). Liegen beim tatsächlich angegriffenen Objekt dieselben rechtlich bedeutsamen Eigenschaften vor wie beim vorgestellten Gegenstand, so ist der Tatbestand vorsätzlich verwirklicht, die Verwechslung ohne Bedeutung (RG **18** 338, **19** 179, BGH **11** 270, **37** 216, NStZ **98**, 295, Bay JR **87**, 431 m. Anm. Streng, Roxin I 448 ff. [451 einschr. für den Bereich des § 185, zB bei Beleidigung des falschen Telefongesprächspartners: KG GA **69**, 117], Schroeder LK § 16 RN 8, Triffterer 180; iE, aber mit teilweise anderer Begründung, ebenso Herzberg JA 81, 472). Zur materiellen Begründung dieser allgemein verfochtenen Straflosigkeit: Köhler 152, Koriath JuS 98, 217 ff., Rath, Unerheblichkeit 25 ff., Roxin I 449 f. Zur Frage der Haftung, wenn ein Tatbeteiligter betroffen ist vgl. 45 vor § 25, § 25 RN 96. Hat dagegen das vorgestellte Objekt andere rechtliche Qualitäten, so entscheidet für die strafrechtliche Haftung wegen vorsätzlichen Verhaltens der vorgestellte Sachverhalt. Im übrigen kommt ggf. ein Fahrlässigkeitsdelikt in Betracht. Insoweit kommen die allgemeinen Irrtumsregeln zur Anwendung. Vgl. § 16 RN 8/9 f. Strittig ist die Einordnung als error in persona oder aberratio ictus in den folgenden möglichen Fällen: A bringt im Auto des B eine Autobombe an, die bei der Abfahrt des Autos explodieren soll. A will auf diese Weise den B töten. Entgegen der Absicht des A überläßt B das Auto für eine Fahrt seinem Freund F. Dieser findet bei der Abfahrt durch die Explosion den Tod (s. BGH NStZ **98**, 295). Ein anderes Beispiel ist der sog. „Enzianfall": F sendet ihrem Mann, den sie ermorden will, eine Flasche vergifteten Enzian-Schnaps; dieser läßt – womit F nicht gerechnet hatte – zuerst seinen Freund X trinken, der sogleich tot zusammenbricht. Stellt man hier darauf ab, daß der Vorsatz sich auf die Person konkretisiert hat, die demnächst den Zündmechanismus auslösen oder aus der Flasche trinken soll, liegt ein error in objecto vor (so Blei I 123, Schroeder LK § 16 RN 13, Streng JuS 91, 913, Backmann JuS 71, 119, Jakobs 248, Roxin I 450; auf der Grundlage genereller Unbeachtlichkeit von Vorsatzkonkretisierungen auch Loewenheim JuS 66, 313, Puppe GA 81, 5; aus der Rspr. vgl. BGH **9**, 240, Neustadt NJW **64**, 311). Geht man hier davon aus, daß der Täter nur eine bestimmte Person töten wollte, scheint ein Fall der aberratio ictus vorzuliegen (so Herzberg, JA 81, 472, NStZ 99, 221, Otto I 93, Jescheck/Weigend 313 [für den sog. Enzianfall]). Entscheidend muß hier jedoch sein, daß der Täter es nicht in der Hand hat, welche konkrete Person getroffen werden wird, so daß sein Vorsatz auf die Verletzung des Objekts gerichtet ist, das in den Wirkungskreis seiner Handlung tritt: das mithin verletzte Objekt wurde mithin – anders als im Falle der aberratio ictus – keineswegs zufällig getroffen (Blei I 123, Geppert Jura 92, 165, Gropp Lenckner-FS 67, Zielinski AK 63: s. a. Toepel JA 96, 893; einschr. Rath, aberratio 285, 292 f.); hierin – und nicht in der fehlenden sinnlichen Wahrnehmung der Tatobjekte (so BGH **37** 219 [and. aber NStZ **98**, 295], Prittwitz GA 83, 127 f., Puppe GA 84, 121; hiergegen Kuhlen aaO 490, Roxin Spendel-FS 293 ff., Stratenwerth Baumann-FS 60) liegt die eine unterschiedliche Behandlung tragende Begründung. In den o. g. Fällen liegt daher jeweils vollendete Tötung vor. Da dem Täter der objektiv bewirkte Erfolg auch subjektiv zugerechnet wird, liegt neben dem vollendeten Delikt am getroffenen Objekt nicht etwa noch zusätzlich ein Versuch an demjenigen Objekt vor, dem der Anschlag eigentlich galt (Bemmann MDR 58, 819, Hillenkamp aaO 37, 66, Jescheck/Weigend 690 FN 32, Roxin LK § 26 RN 97, Spendel-FS 300 f., Rudolphi SK § 16 RN 30, Schlehofer GA 92, 317, Schreiber JuS 85, 877, Sowada Jura 94, 39, W/Beulke 173), so daß im Falle eines unbeachtlichen Objektsirrtums des Angestifteten bei Annahme eines auch für den Anstiftervorsatz (als aberratio ictus) beachtlichen Mißgriffs seitens des Haupttäters (hierzu aber u. 59 a sowie § 26 RN 23) eine versuchte Anstiftung zum Mord und nicht etwa eine Anstiftung zum versuchten Mord vorläge (and. Blei I 285, Freund 365, Puppe NStZ 91, 124, NK § 16 RN 125 f., Samson SK 56 vor § 26, Schmidhäuser 561, Stratenwerth 105, Baumann-FS 68). – Zum Zusammentreffen von Objektsirrtum und aberratio ictus: Rath, aberratio 307 ff., Schroth, Irrtum 104, W/Beulke 79.

59 a   Die Fälle eines **error in persona des Haupttäters bzw. eines Werkzeugs** sind in ihrer Bedeutung für den Teilnehmer bzw. Hintermann folgendermaßen zu behandeln: Es ist zwischen zwei unterschiedlichen Fallgestaltungen zu differenzieren; vgl. auch 45 vor §§ 25 ff. Gibt der Anstifter (Hintermann) dem Täter (Werkzeug) genaue Anweisungen, anhand deren er die Auswahl des Objekts treffen soll, so besteht kein Grund, ihm das Ergebnis der Tat nicht zuzurechnen, auch wenn es auf Seiten des Haupttäters (Werkzeug) zu einer Objektsverwechslung kommt. Legt zB der *Anstifter* Zeit und Ort der Tat fest und beschreibt das Opfer anhand individueller Merkmale, so stellt er sich den Auswahlvorgang so vor, wie er ungeachtet der Objektsverwechselung tatsächlich auch geschieht; der Tathergang entspricht folglich der Vorstellung des Anstifters. In diesen Fällen ist der error in obiecto des Täters also auch für den Anstifter unbeachtlich (insoweit übereinstimmend: BGH **37** 214 m. Anm. Puppe NStZ 91, 124 u. StV 91, 199, Roxin JZ 91, 678, Streng JuS 91, 510, NStZ **98**, 294 m. Bespr. Herzberg JuS 99, 224; Backmann JuS 71, 119, Baumann JuS 63, 135, Geppert Jura 92, 168, Gropp 443, Lenckner-FS 65, M-Gössel II 353 f., Löwenheim JuS 66, 314, Mitsch Jura 91, 375, Puppe NK § 16 RN 129, Schroth, Irrtum 109, Tröndle § 26 RN 15, Welzel 75, W/Beulke 173; pr. OT GA **7** 322: Fall Rose-Rosahl; differenzierend B/W-Weber 659, Blei I 285, Lackner/Kühl § 26 RN 6, Stratenwerth Baumann-FS 65, Weßlau ZStW 104, 105 ff.). Anders zu lösen sind jedoch die Fälle, in denen der tatsächliche Geschehensablauf nicht mit dem Vorstellungsbild des Anstifters übereinstimmt. Verwechselt zB die mit der Verabreichung einer Giftinjektion betraute Krankenschwester infolge eines Hörfehlers die Zimmernummer und damit den Patienten, so ist diese Abweichung im Geschehensverlauf hinsichtlich des Anstifters als aberratio ictus zu behandeln, da ihr die Individualisierung des Opfers gerade nicht überlassen bleiben sollte. In diesen Fällen entwickelt sich der Tatablauf abweichend von den Instruktionen und damit der Vorstellung des Anstifters, so daß ihm das „unprogrammgemäße" Ergebnis der Tat nicht zugerechnet werden kann. In Betracht kommt versuchte Anstiftung, eventuell in Tateinheit mit fahrlässiger Tötung. Abweichend hiervon wollen alle Fälle eines error in obiecto auf seiten des Haupttäters (Werkzeugs) als unbeachtliche Abweichung, sofern sich der Kausalverlauf im Rahmen der allgemeinen Lebenserfahrung bewegt (so BGH **37** 214 m. Anm. Puppe NStZ 91, 124) oder aber stets als beachtliche Abweichung gewertet wissen: Bemmann MDR 58, 821, Stree/Wessel-FS 397, Herzberg JuS 99, 227, Hillenkamp aaO 63 ff., Jescheck/Weigend 690, Köhler 528, Roxin LK 26 u. Spendel-FS 288, Sax ZStW 90, 746, Rudolphi SK § 16 RN 30, Schreiber JuS 85, 877, Weßlau ZStW 104, 105, Schlehofer GA 92, 307, aaO 172 f., Schroeder LK § 16 RN 14. Zur entsprechenden Irrtumsproblematik im Falle *mittelbarer Täterschaft* vgl. auch § 25 RN 51 ff. Zum Objektsirrtum eines *Mittäters*: § 25 RN 96.

IV. Willenselement des Vorsatzes. Der Täter muß zu seiner Tat nicht nur in einer Wissens-, sondern auch in einer Willensbeziehung stehen. Diese besteht darin, daß er die von ihm erkannte Möglichkeit einer Tatbestandsverwirklichung (intellektuelles Moment) in seinen Willen aufnimmt und sich für sie entscheidet (**voluntatives Moment**). Ähnlich wie beim Wissenselement (aktuelles Bewußtsein, sachgedankliches Mitbewußtsein; vgl. o. 48 ff.) gibt es auch beim Willenselement verschiedene Intensitätsgrade der voluntativen Beziehung des Täters zu seiner Tat. **60**

1. Hierbei stellt sich zunächst die Frage, welche Anforderungen an den **Verwirklichungswillen** der vorsätzlichen Handlung zu stellen sind. Bei der finalen Steuerung der Handlung, bei der der Täter aufgrund seines Kausalwissens zur Erreichung seines Ziels die notwendigen Mittel einsetzt, ist das Willenselement unproblematisch. Problematisch ist es jedoch im Bereich der **Affekttaten** (das Wissenselement liegt insoweit idR vor: o. 51) zu einem Impuls in tieferen Schichten der Persönlichkeit liegt und realisiert wird, ohne der rational kontrollierenden Ebenen der höheren Bewußtseinsschichten zu durchlaufen (vgl. hierzu Schewe, Reflexbewegung 27 ff., Stratenwerth Welzel-FS 299, 304 f.). Hier wird man schon dann von einer vorsätzlichen Handlung sprechen müssen, wenn der Täter die Möglichkeit der Tatbestandverwirklichung erkennt und sich trotz dieser Kenntnis zur Tat treiben läßt (Jescheck/Weigend 294 FN 9, Roxin I 422, Silva-Sanchez JRE 2, 525; and. für das dolus eventualis: Prittwitz GA 94, 454 ff.), wobei das Wissen um die Verwirklichung nicht von vornherein gegeben sein muß, sondern auch während der Affekttat hinzutreten kann. Dies möge ein Beispiel von Stratenwerth (Welzel-FS 305) verdeutlichen: „Der Affekttäter etwa, der sein Opfer würgt, um es am Schreien zu hindern, kann sich jäh bewußt werden, daß er im Begriff ist, es umzubringen; dann hat er von diesem Moment an den Tötungsvorsatz". Die Berechtigung dafür, auch in solchen Fällen von einem ausreichenden Willenselement für die Annahme einer vorsätzlichen Handlung zu sprechen, daß auch bei der Affekttat ein persönlichkeitsadäquater Impuls zum Handeln vorliegt, der jedenfalls der potentiellen Steuerungsmöglichkeit der Person durch die Möglichkeit einer Einschaltung der Bewußtseinsebene unterliegt; Arthur Kaufmann H. Mayer-FS 110 ff., kritisch hierzu jedoch Jakobs 264. **61**

Demgegenüber wird im psychiatrischen und psychologischen Schrifttum in bezug auf die Affekttaten gelegentlich von einem „unwillkürlichen" oder „reflexartigen" Verhalten gesprochen (vgl. Schewe Reflexbewegung 27, krit. hierzu Stratenwerth ZStW 85, 469 ff.); zur Affekttat als Ergebnis fortgeschrittener seelischer Zermürbung vgl. Krümpelmann Welzel-FS 324, 338, 341; vgl. weiterhin zur Affekttat Rasch, Tötung des Intimpartners (1964) 14 ff., 49 ff., Steigleder, Mörder und Totschläger (1968) 73 ff., Geilen Maurach-FS 73 ff., Hirsch ZStW 93, 860, Prittwitz GA 94, 468 f. **62**

2. Ähnliche Probleme tauchen etwa auch bei Taten im Zustand der **Volltrunkenheit** (vgl. § 323 a RN 10), bei **Kurzschlußhandlungen** oder impulsiven Abwehrreaktionen auf. Stets ist jedoch bei diesen Taten erforderlich, daß dem Täter bewußt wird, auf welchen tatbestandsmäßigen Erfolg sein Verhalten hinsteuert. **63**

V. Arten des Vorsatzes. Vorwiegend nach Art und Beschaffenheit der Willensbeziehung des Täters zur Tatbestandsverwirklichung unterscheidet man verschiedene **Arten des Vorsatzes**, die mit direkter Vorsatz (dolus directus), der in verschiedenen Stufen auftritt, und Eventualvorsatz (dolus eventualis) bezeichnet werden. **64**

1. Der **direkte Vorsatz** kann in zwei verschiedenen Formen auftreten, in der Form der **Absicht** iSd direkt auf den Erfolg als Ziel gerichteten Willens und in der Form des **sicheren Wissens** davon, daß die Handlung eine Rechtsverletzung darstellt (vgl. Oehler NJW 66, 1633, anschaulich Welzel NJW 62, 20). **65**

a) Im Sprachgebrauch des Gesetzes ist nicht notwendig Absicht im nachfolgend erörterten Sinn gemeint, wenn ein „absichtliches" oder ein Handeln „in der Absicht" oder ein anderes sprachliches Surrogat („um zu", usw) verlangt ist; vielmehr genügt unter Umständen auch sicheres Wissen oder gar bedingter Vorsatz (dazu näher RN 70). **Absicht** im hier gemeinten Sinn einer allgemeinen Vorsatzform liegt nur dann vor, wenn der Handlungswille des Täters final gerade auf den vom Gesetz bezeichneten Handlungserfolg gerichtet war (zielgerichteter Erfolgswille: BGH **29** 73, Engisch, **66**

Untersuchungen 141, Jescheck/Weigend 297, Lenckner NJW 67, 1890, Roxin I 366, W/Beulke 66), wobei die Erreichung des Zieles weder das Endziel noch der überwiegend oder gar einzig angestrebte Erfolg zu sein braucht; auch ein neben einem anderen Ziel angestrebter Nebenzweck sowie ein als Mittel zu einem anderen Zweck angestrebtes Ziel (Zwischenziel) genügt. Erstrebt der Täter in diesem Sinne den Handlungserfolg, so erfordert dies aber nicht, daß der Täter diesen für wünschenswert hält. Auch wenn er sich dem Erfolg nicht positiv zuwendet, liegt Absicht vor, wenn der Erfolg denknotwendig eintritt. Maßgeblich ist dies insbesondere in den Fällen des zwar unerwünschten, aber denknotwendigen Zwischenerfolges zur Erreichung des an sich gewünschten Endziels. Bricht zB der Täter ein wertvolles Behältnis auf, um sich dessen Inhalt zuzueignen, handelt er auch hinsichtlich der denknotwendigen Beschädigung des Behältnisses absichtlich – auch wenn er die Beschädigung nicht als wünschenswert in sein Vorstellungsbild aufgenommen hat (vgl. Triffterer 168). Weiß der Täter daher, daß er das Endziel nur über die „ungewünschte" Zwischenfolge erzielen kann, erstrebt er diese und handelt auch insoweit absichtlich (so wohl auch Samson JA 89, 450, diff. Roxin I 368 ff., v. Selle JR 99, 310 ff. Letztlich wird entscheidend bei den sog. kupierten Erfolgsdelikten durch Auslegung der jeweiligen Tatbestandes zu ermitteln sein, ob der Absicht eine den jeweiligen Deliktstyp prägende Bedeutung zukommt: Eine dem Täter bei seinem ausschließlich auf Erreichen eines anderen Ziels gerichteten Verhalten lediglich aufgezwungene Zwischen- oder Nebenfolge genügt dann nicht (Küper BT 77, Roxin ebenda), so daß zB Zueignungsabsicht iSv § 242 bei Flucht eines Gefangenen in Anstaltskleidung zu verneinen ist, während sie – Einteilungsvorsatz angenommen – bei Flucht unter Verwendung eines Gefängnisschlüssels (BGH MDR/H 60, 689) zu bejahen wäre; Bereicherungsabsicht iSd § 263 entfiele bei Angabe angeblich entstandener Flugkosten zur Vermeidung der sonst infolge untersagter Pkw-Benutzung drohenden disziplinarrechtlichen Nachteile (KG NJW 57, 883; s. a. Köln JR 70, 469 m. Anm. Schröder [Vorspiegeln, zu entgeltende Untersuchungen durchgeführt zu haben, um nach Verlust der Proben eine mühselig erscheinende Neu-Untersuchung zu vermeiden]); and. aber (sichere und erwünschte Folge genügt) BGH 16 7 (Vorspiegeln beglichenen Fahrtentgeltes, um die erstrebte Teilnahme am Ausbildungskurs nicht zu gefährden); ebenso NStZ 92, 541 (zu § 257), Bay NStZ 94, 492. Weitergehend will Rengier (JZ 90, 321 ff.) auch als sicher erkannte Nebenfolgen der Absicht zurechnen; hierzu krit. v. Selle JR 99, 310. Jakobs 266 f. hebt darauf ab, ob der Täter aus seiner Sicht umsonst gehandelt hätte, wenn die Nebenfolge ausbliebe, während Gehrig aaO 73 ff. für maßgeblich hält, ob der Täter auch ohne Aussicht auf die betreffende Folge gehandelt hätte (abl. v. Selle JR 99, 312). Absicht liegt auch vor, wenn der Handlungswille des Täters, wie bei den Verletzungsdelikten, auf den tatbestandlichen Erfolg (Tod des Opfers), oder aber auch auf einen weiteren Erfolg gerichtet ist, den der Täter nur zu erstreben, aber nicht zu erreichen braucht (so zB bei der Zueignungsabsicht in § 242, der Bereicherungsabsicht in §§ 253, 263). Dabei ist ohne Bedeutung, ob dieser Beweggrund (Motiv) des Handelns der Täter ist, oder ob es dem Täter letztlich auf etwas anderes ankam, er nur über den (notwendigen) Zwischenerfolg glaubte erreichen zu können. Absicht und Motiv iSd Beweggrundes für das Verhalten sind daher voneinander zu unterscheiden (BGH GA 85, 321, Jescheck/Weigend 297, Oehler NJW 66, 1633, W-Beulke 66; terminologisch abw. B/W-Weber 433). Absicht als zielgerichtetes Handeln liegt also zB vor, wenn der Täter den Tod eines Menschen erstrebt, mag Motiv seines Handelns die Aussicht sein, dessen Erbe zu werden, mag er es in sexueller Erregung tun oder zur Beseitigung eines Nebenbuhlers. Im Rahmen der Vorsatzlehre sind Motive ohne Bedeutung; es kommt nur darauf an, daß der Wille des Täters auf einen tatbestandlichen Deliktserfolg gerichtet war oder die Handlung Mittel zur Erreichung eines weiteren Zieles sein sollte.

67 Die Absicht kann sich demnach **nur** auf den **zu bewirkenden Erfolg** beziehen, während bezüglich der vom Willen des Täters unabhängigen Merkmale (zB Mensch, jagdbares Tier, Waffe) lediglich die Vorstellung ihres Vorhandenseins möglich ist. Der Begriff der Absicht kann daher immer nur einen Teil der zum Vorsatz notwendigen Elemente umfassen. Erstrebt der Täter den Erfolg, so kommt es für das Vorhandensein der Absicht und damit des Vorsatzes nicht darauf an, ob er mit dem Eintritt des Erfolges sicher oder nur möglicherweise rechnet (BGH NJW 81, 2204, NStE § 212 **Nr. 13**, B/W-Weber 433; weitergehend verzichtet Schroeder LK § 16 RN 76 auf das Wissenselement, während umgekehrt Kühl 90 und Rudolphi SK § 16 RN 36 Kenntnis der die obj. Zurechnung des erstrebten Erfolges begründenden Umstände verlangen). Der Täter, der sich im unklaren darüber ist, ob sein Schuß bei der großen Entfernung treffen wird, aber mit der Absicht handelt, sein Opfer zu treffen, hat daher den direkten (nicht nur eventuellen) Vorsatz (BGH **18** 248, **21** 283, Rudolphi SK § 16 RN 36; vgl. Oehler NJW 66, 1634; and. BGH **16** 5). Entsprechendes gilt in allen Fällen, in denen der Täter über Deliktsvoraussetzungen im Zweifel ist, aber „für alle Fälle" zur Herbeiführung des Erfolges handeln will, so zB bei Abtreibung durch eine Frau, die sich für möglicherweise schwanger hält oder ein Mittel verwendet, das sie für evtl. untauglich hält (and. BGH **16** 5 m. abl. Anm. Welzel NJW 62, 20).

68 b) Direkter Vorsatz liegt aber auch dann vor, wenn der Täter **sicheres Wissen** davon hat, daß sein Verhalten die Voraussetzungen eines Strafgesetzes erfüllt. Dies kann zum einen der Fall sein, wenn er nicht beabsichtigten Erfolg als notwendige Nebenfolge seines Handelns voraussieht, die zwar nicht denknotwendig (vgl. insoweit o. 66), aber doch nach allgemeiner Lebenserfahrung eintritt. Zum anderen ist dies der Fall, wenn der Täter von seinem Willen unabhängige Elemente der Tat, zB die Unwahrheit der behaupteten Tatsachen iSv § 187, als sicher gegeben erkennt (vgl. dazu eingehend

Engisch, Untersuchungen 170 ff., Jescheck/Weigend 298, Rudolphi SK § 16 RN 37, Welzel 67 f.). Ersteres ist etwa der Fall, wenn der Täter zur Erlangung der Versicherungssumme den Untergang eines Schiffes mittels einer Zeitbombe beabsichtigt, und als Nebenfolge den Tod der Mannschaft erwartet (Fall Thomas; vgl. Binding Normen II/2 851). Der Tod der Mannschaft oder eines Teils von ihr, stellt eine nach der allgemeinen Lebenserfahrung in der Regel eintretende, nicht aber notwendige Nebenfolge dar (man denke insoweit nur an die Rettung der Schiffbrüchigen), so daß hier nur von einer sicheren Annahme des Eintritts der Nebenfolge und nicht von Absicht gesprochen werden kann. Es macht hier auch keinen Unterschied, ob der Täter den Eintritt des beabsichtigten Hauptfolgs für sicher oder – weil er im obigen Beispiel auch mit einem Versagen der Zeitbombe rechnet – für unsicher hält, denn daß derartige Nebenfolgen vom unsicheren Eintritt des beabsichtigten Erfolgs abhängig sind, und insofern nur möglicherweise eintreten, steht wegen ihrer für den Fall von dessen Eintritt sicheren Verbindung mit dem Hauptfolg der Annahme direkten Vorsatzes nicht entgegen (Kühl 92, Lackner/Kühl 22).

c) **Beide Formen** des dolus directus sind an sich **gleichwertig**. Gleichwohl hat die Unterscheidung dort praktische Bedeutung, wo in den einzelnen Tatbeständen eine bestimmte „Absicht" (vgl. etwa §§ 242, 253, 263), „Wissentlichkeit" oder ein Handeln „wider besseres Wissen" (vgl. etwa § 187) verlangt wird; in einigen Tatbeständen wird dem „absichtlichen" Handeln das „wissentliche" gleichgestellt (vgl. etwa § 258). Durch solche Formulierungen des Gesetzes soll zunächst ein dolus eventualis (vgl. u. 72 ff.) ausgeschlossen sein (B/W-Weber 433, Jescheck/Weigend 298, Roxin I 369 FN 13; and. [für kupierte Erfolgsdelikte] Herzberg ZStW 88, 95, Puppe, Vorsatz 67 f., NK 148 f., Stratenwerth 112). So ist bei § 187 erforderlich, daß der Täter positive Kenntnis von der Unwahrheit der von ihm behaupteten Tatsache besitzt (s. § 187 RN 5); zweifelt er, ob die Behauptung wahr oder unwahr ist, so kommt nur § 186 in Betracht. 69

Schwieriger ist die Frage zu beantworten, wann der Begriff der „Absicht" (= zielgerichtetes Handeln) dazu dient, die zweite Form des dolus directus (= Gewißheit um den Eintritt einer unbeabsichtigten Nebenfolge) auszuschließen. Der Sprachgebrauch des Gesetzes ist insoweit in beklagenswerter Weise ungenau, obwohl das EGStGB seine Bereinigung angestrebt hatte (vgl. Göhler NJW 74, 826). Trotz der Verwendung des Begriffs „Absicht", „um zu" oder anderer sprachlicher Surrogate, die vom Wortsinn her auf ein zielgerichtetes Handeln hinweisen, ist es eine Frage der Interpretation des einzelnen Tatbestandes, ob damit neben dolus eventualis auch die zweite Form des dolus directus ausgeschlossen sein soll (vgl. BGH **4** 107, **9** 142, **16** 1). Beide Formen des dolus directus reichen etwa aus bei §§ 164, 274, während etwa bei §§ 242, 263 der engere Absichtsbegriff iS zielgerichteten Handelns verlangt wird; vgl. hierzu die Erläuterungen bei den einzelnen Vorschriften. Auch innerhalb des gleichen Tatbestandsmerkmals können die subjektiven Anforderungen unterschiedlich sein; so erfordert § 242 nur bezüglich der Aneignung als Bestandteil der Zueignungsabsicht ein zielgerichtetes Handeln (vgl. § 242 RN 61), während hinsichtlich der in der Zueignung liegenden Enteignung dolus eventualis als ausreichend angesehen wird (§ 242 RN 64); bei § 263 muß nur die Bereicherung erstrebt sein, während hinsichtlich deren Rechtswidrigkeit dolus eventualis ausreicht (§ 263 RN 165, 176). Ein Grundsatz, ob der engere Absichtsbegriff gefordert ist oder beide Formen des dolus directus ausreichend sind, läßt sich nicht aufstellen. Als Faustregel kann jedoch gelten, daß bei Delikten, deren Unrecht dadurch charakterisiert ist, daß der Täter eine für ihn (oder andere) günstige Position erstrebt, insoweit ein zielgerichtetes Handeln erforderlich sein wird, während bei reinen Schädigungsdelikten beide Formen des dolus directus ausreichen, wenn das Gesetz mit den Merkmalen „Absicht", „um zu" usw, die sprachlich auf ein zielgerichtetes Handeln hinweisen, nur einen qualifizierten Vorsatz verlangt; zusf. Gehrig aaO. 70

d) Gelegentlich ist der Begriff der „Absicht" auch iSe echten **Motivs** zu verstehen. Dies ist immer dann der Fall, wenn es dem Gesetz um die Kennzeichnung einer Gesinnung geht, die in der Motivierung des Täters durch bestimmte Erfolge ihren Ausdruck findet, so zB der niedrige Beweggrund in § 211 (vgl. dort RN 14). 71

2. Neben die Formen des direkten Vorsatzes (o. 65 ff.) tritt der **dolus eventualis**, bei welchem der Täter die Erfüllung des Tatbestandes nicht erstrebt oder als sicher voraussieht, sondern nur für möglich hält. Die Bezeichnung dieses psychologischen Sachverhalts als „bedingter Vorsatz" ist schief (Roxin I 374, Schultz Spendel-FS 315, Tröndle 186), weil sie nicht als Gegensatz zum unbedingten Handlungswillen (vgl. § 22 RN 18) verstanden werden darf, da „bedingtes Wollen" als Ausdruck innerer Unentschlossenheit für die subjektive Tatbestand des Vorsatzdelikts nicht ausreicht: Wer zB im Verlauf einer tätlichen Auseinandersetzung eine Pistole zieht, von der er für den Fall etwaigen Unterliegens verletzenden Gebrauch machen will, handelt zwar mit bedingtem Handlungswillen, aber ohne Körperverletzungsvorsatz, wenn sich noch vor Eintritt dieser kritischen Lage ungewollt ein Schuß löst: Stratenwerth 107. Der Eventualvorsatz ist den anderen Vorsatzformen grundsätzlich gleichwertig, falls das Gesetz nicht Handeln „wider besseres Wissen" oder direkten Vorsatz verlangt (dazu u. 88 ff.). Die inhaltliche Bestimmung des dolus eventualis ist deswegen von entscheidender Bedeutung, weil die meisten Straftatbestände nur vorsätzlich begehbar sind, für sie aber dolus eventualis ausreicht, während fahrlässiges Verhalten nach der Regel des § 15 die Ausnahme bleibt; vgl. u. 109. Trotz dieser eminenten Bedeutung handelt es sich bei der Abgrenzungsfrage zwischen bewußter Fahrlässigkeit und dolus eventualis um eine der schwierigsten und umstrittensten Fragen der Strafrechtsdogmatik. Gegenstand des Streits sind dabei allerdings mehr die konstruktiven Ele- 72 mente des Vorsatzbegriffs, als daß einzelne Fallgestaltungen unterschiedlichen Lösungen zugeführt würden.

73   a) Zu der Frage, in welcher Weise der Eventualvorsatz inhaltlich zu bestimmen ist, besteht weitgehend Einigkeit nur darin, daß der Täter über die **Möglichkeit** des **Erfolgseintritts** reflektiert haben und sich im Augenblick der Tathandlung der möglichen Tatbestandsverwirklichung **bewußt gewesen sein muß** (vgl. hierzu BGH MDR/H 81, 630). Deswegen liegt zB kein Eventualvorsatz vor, wenn der Täter an die Möglichkeit des Erfolgseintritts überhaupt nicht dachte (krit. hierzu Jakobs 259 ff. für den Fall der „Tatsachenblindheit") oder wenn er im Zeitpunkt des Handelns subjektiv davon ausging, daß der zunächst für möglich gehaltene Erfolg nicht eintreten werde. So, wenn der Täter ein Luftgewehr glaubte entladen zu haben (BGH NStZ **87**, 362 mit Anm. Puppe u. Freund JR 88, 116) oder im „Falschgeld"-Fall (BGH JR **88**, 119 (m. Anm. Jakobs) davon ausging, das „Falschgeld werde mit dem Inhalt des Abfalleimers der Vernichtung zugeführt, vgl. hierzu Puppe ZStW 103, 1 ff. Beruht ein (eingetretener oder möglicher) Tatererfolg auf mehreren Ursachen, handelt der Täter nur vorsätzlich, wenn sein Wissen im maßgebenden Zeitpunkt des Handelns oder Unterlassens die für den Erfolgseintritt wesentlichen Ursachen umfaßt (BGH NStE § 212 Nr. **18**).

73 a   Ob diese Vorsatzform über die bloße Möglichkeitsvorstellung hinaus weitere Voraussetzungen umfaßt, ist umstritten. Teilweise wird – mit im einzelnen unterschiedlichen Lösungen – die Auffassung vertreten wg. daß sich der Eventualvorsatz im intellektuellen Moment erschöpft (Schmidhäuser 438, JuS 87, 375, Vorsatzbegriff 12, Kindhäuser ZStW 96, 23, Frisch, Vorsatz 255 ff., Puppe ZStW 103, 3 ff., NK 26 ff., Grünwald H. Mayer-FS 288, Hruschka 436, Schlehofer aaO 168, Schmoller ÖJZ 82, 281 ff., Zielinski AK 73, Jakobs 274 ff.; Schröder Sauer-FS 238 will jedenfalls im Hinblick auf den Eventualdolus auf ein voluntatives Element verzichten; u. 75). Überwiegend wird aber neben dem intellektuellen auch ein voluntatives Element verlangt, dessen genauere Beschreibung jedoch unterschiedlich ausfällt; vgl. dazu u. 80 ff. Um die kaum übersehbare Diskussion zu gliedern, muß weiter auf folgendes Moment aufmerksam gemacht werden: Teilweise wird versucht, den dolus eventualis als psychischen Sachverhalt zu beschreiben. Da derartige innere Tatsachen im Prozeß jedoch schwer feststellbar sind (vgl. Hruschka Kleinknecht-FS 191 ff., Hassemer Armin Kaufmann-GdS 289, Frisch Meyer-FS 533 ff., Freund StV 91, 232, Schroth JuS 92, 6, Loos JR 94, 512), wird zudem versucht, Indizien aufzuzeigen, die Schlüsse auf diesen psychischen Sachverhalt zulassen (u. 87 b). Das ist insbesondere der Weg der Rechtsprechung, vgl. dazu u. 85 ff. Übersichten über die in der Literatur vertretenen Auffassungen finden sich bei Engisch, Untersuchungen 155 ff., Schröder Sauer-FS 224 ff., Roxin JuS 86, 53, Roxin I 372, Kühl 93 ff., Haft ZStW **88**, 372 ff., Küpper ZStW 100, 758 ff.

74   b) Soweit in der Literatur **Auffassungen** vertreten werden, die für den dolus eventualis **kein voluntatives Element** voraussetzen, ist in erster Linie der Grad der Wahrscheinlichkeit für die Tatbestandsverwirklichung maßgeblich, von der der Täter nach seinem Vorstellungsbild ausgeht. Soweit dabei eine besondere Qualität dieses Vorstellungsbilds im Sinne einer „Ernstnahme des Risikos" oder der Vorstellung einer konkreten Möglichkeit der Erfolgsherbeiführung gefordert wird (vgl. u. 77), besteht letztlich kein entscheidender Unterschied zu der hier vertretenen Auffassung. Denn diese Ansichten erkennen für den bedingten Vorsatz weitere subjektive Voraussetzungen als nur eine Wahrscheinlichkeitsvorstellung bestimmter Art durchaus an, halten aber deren Einordnung als „voluntative" Elemente für unangemessen. Damit unterscheiden sie sich aber sachlich nicht mehr von der vorherrschenden Meinung (Roxin I 383).

75   α) Nur auf das intellektuelle Element stellt zunächst die **Möglichkeitstheorie** ab. Nach ihrer ursprünglichen Fassung (Schröder Sauer-FS 207) soll dolus eventualis schon dann zu bejahen sein, wenn der Täter die konkrete Möglichkeit der Rechtsgutsverletzung erkennt und gleichwohl handelt. In neuerer Zeit wird diese Ansicht nurmehr mit der Einschränkung vertreten, daß eine „konkrete Möglichkeit" nicht allein vom Grad der gesehenen Wahrscheinlichkeit abhänge. Vielmehr seien auch psychische Prozesse der Gefahrverdrängung oder der Risikogewöhnung in Rechnung zu stellen (Schmidhäuser 245, GA 57, 305, 58, 161, Jakobs 273, vielleicht auch Morkel NStZ 81, 177 f., Kindhäuser GA 94, 203, ZStW 96, 17 ff., Lesch JA 97, 805). Daß das Gefährdungsbewußtsein in der aktuellen Handlungssituation regelmäßig verdrängt werde, mag eine Fiktion sein (vgl. aber Prittwitz aaO 362); jedenfalls müssen damit auch diese Ansichten Bedingungen des Erkenntnisaktes, die nicht rein intellektueller Art sind, wie etwa ein „für den Täter gültiges Urteil" (Jakobs 276) anerkennen, kommen also inhaltlich nicht ohne zusätzliche Elemente aus, bezüglich derer es eine rein terminologische Frage ist, ob es sich um voluntative oder kognitive Merkmale handelt. Davon abgesehen erstrecken diese Auffassungen indessen den Vorsatz ungerechtfertigterweise in den Bereich der bewußten Fahrlässigkeit (Jeschek/Weigend 302). Dies zeigen nicht nur die Fälle unverantwortlichen Leichtsinns, in denen sich der Täter der konkreten Gefahr für ein Rechtsgut, zB Leben oder Gesundheit bei einem riskanten Überholmanöver, durchaus bewußt ist, die aber gleichwohl nicht vom Vorsatz getragen sind, weil der Täter darauf vertraut, es werde schon nichts passieren. Das liegt vor allem dann nahe, wenn er durch einen etwaigen Unfall selbst betroffen würde. Dolus eventualis scheidet aber auch aus bei Handlungen, die von hohem Verantwortungsbewußtsein getragen sind, wie zB lebensgefährlichen Operationen, bei denen sich ein Arzt der Aktualität der Gefahr bewußt ist und alles unternimmt, um eine Realisierung des Risikos zu vermeiden. Hier müßte trotz der unterschiedlichen Situation sachwidrig von einem Verletzungsvorsatz gesprochen werden. Um solche Konsequenzen zu vermeiden, greift Schmidhäuser (245) zu der Fiktion eines Verdrängungsmechanismus, durch den das Gefährdungsbewußtsein in der aktuellen Handlungssituation ausgeschaltet werden können soll; seine Beispiele zeigen aber, daß gerade wegen der vorhandenen Risikokenntnis das Abgrenzungskriterium zur bewußten Fahrlässigkeit nur im voluntativen Element gefunden werden kann (W-Beulke 68 f.).

β) Im Ansatz ähnlich, iE jedoch enger ist die sog. **Wahrscheinlichkeitstheorie,** wonach Vorsatz 76 vorliegt, wenn der Täter den Eintritt einer Tatbestandsverwirklichung für wahrscheinlich hält (H. Mayer AT 250, Sauer AT 177, Germann SchwZStr 77, 360; ferner Kargl aaO 67 ff., Koriath, Zurechnung [71/72 vor § 13] 632 ff., Schumann JZ 89, 433, Welzel 70; s. a. Schroeder LK § 16 RN 93 [eine Form des dolus eventualis neben dem Wahrscheinlichhalten bzw. völliger Gleichgültigkeit]). Diese Auffassung ist nicht praktikabel und führt zu ungerechten Ergebnissen, da zwischen Wahrscheinlichkeit und Möglichkeit keine akzentuierte Grenze besteht und nicht ein winziges Mehr an Wahrscheinlichkeit über Vorsatz und Fahrlässigkeit entscheiden darf. Auch kann der Täter etwas für wenig wahrscheinlich Gehaltenes als Nebenwirkung eventuell gewollt haben; umgekehrt beweisen die Fälle, in denen der Täter eine Absicht mit bewußt geringen Erfolgschancen betätigt (vgl. o. 67), daß eine Abgrenzung der Vorsatzformen nicht nach dem Grad der Wahrscheinlichkeit, sondern nur nach der Willensbeziehung zu erfolgen hat. Über die Wahrscheinlichkeitstheorie (auch über ihre Geschichte) vgl. Großmann aaO 37.

γ) Nach Frisch (Vorsatz 207 ff., 304 ff., 480 ff., Meyer-GedS 546, JuS 90, 366; ähnlich Eser/ 77 Burkhardt I 91 [risikobezogenes Wollen; s. a. Geppert Jura 86, 613, Otto I 79], Freund JR 88, 116, Philipps ZStW 85, 38, Zielinski AK 18, 76 ff.; vertief. Puppe NK 66 ff.; teilweise krit. Küper GA 87, 479]) handelt der Täter vorsätzlich, wenn er von einem Risiko ausgeht, das dem Stellenwert des jeweils nach normativen Gesichtspunkten zu bestimmenden, nicht mehr tolerierbaren Risikos entspricht. Dabei soll jedoch erforderlich sein, daß der Täter dieses Risiko „für sich so sieht", er dürfe sich nicht sagen, daß aus bestimmten Gründen schon nichts passieren werde. Damit beläßt es auch diese Ansicht nicht bei einer bloßen **Risikovorstellung,** sondern stellt zusätzliche Anforderungen, die – wie Frisch selbst anerkennt (Vorsatz 484, Meyer-GedS 546) – dem Kriterium einer Ernstnahme der Gefahr auf Seiten der voluntativen Theorien (vgl. u. 83) nahestehen (Roxin I 388, Küper GA 87, 506).

δ) Zum Teil wird das Abgrenzungskriterium auch in Merkmalen des äußeren Geschehensverlaufs 78 gesucht. Nach Armin Kaufmann (ZStW 70, 64 ff.) kommt es auf die objektive **Manifestation des Vermeidewillens,** dh darauf an, ob der Einsatz von Gegenfaktoren zur Vermeidung des (Neben-) Erfolges tatsächlich vollzogen worden ist (ähnlich: Behrendt v. Simons-FS 31, Schroth, Aneignung 120, JuS 92, 8, Schünemann JA 75, 790; s. a. Schoeder LK 93). Folglich wird nach dieser Auffassung das als vom dolus eventualis umfaßt bezeichnet, was der Täter nicht durch den Einsatz von Mitteln zur Risikoverringerung zu vermeiden gesucht hat. Eingehend hierzu Hassemer Arm. Kaufmann-GdS 289 ff., der die Lehre Kaufmanns weiterentwickelt und darauf hinweist, daß der Vorsatz als nicht beobachtbare innere Tatsache nur anhand äußerer Kennzeichen (Indikatoren) festgestellt werden könne: in der gefährlichen Situation, hinsichtlich der Vorstellung von Gefahr und hinsichtlich der Entscheidung für das gefährliche Handeln. Auch Hillenkamp Arm. Kaufmann-GdS 351 wiederbelebt die Kaufmann'sche Vermeidetheorie teilweise, ohne allerdings den bei Kaufmann angelegten Fehler (krit. zur Überbewertung von Vermeidungsbemühungen bereits Engisch aaO 185 f.; s. a. Frisch, Vorsatz 14, 272 f., Puppe NK 45 ff.) zu begehen, wonach vorsätzlich handelt, wer die bereitstehenden Gegenfaktoren zur Ausschaltung des Risikos der Tatbestandsverwirklichung aus Leichtsinn nicht für möglich hält. Einen gewichtigen Indikator der Vorsatzfeststellung (u. 87b), der ggf. bereits die Möglichkeitsvorstellung ausschließt, bilden Vermeidungsbemühungen allemal (Lackner/Kühl 24, Roxin I 384).

Nach Herzberg (JuS 86, 249, JZ 88, 573 ff., 635 ff.; s. a. Schlehofer NJW 89, 2017) ist die 78 a Abgrenzung zwischen Vorsatz und bewußter Fahrlässigkeit ein Problem des objektiven Tatbestandes, weil der deliktspezifische Tatbestand des Vorsatzdelikts ein „qualifiziert riskantes Verhalten" erfordere, das entweder in einer „nicht abgeschirmten Gefahr", dh einer solchen, die weder vom Täter noch durch andere (zB das Opfer) beherrschbar sei, oder in einem „abgeschirmten erheblichen" Risiko liege. Wer hingegen eine zwar unerlaubte, aber nicht erhebliche „abgeschirmte" Gefahr herbeiführe, könne nur wegen einer Fahrlässigkeitstat belangt werden. Maßgeblich sei nicht, ob der Täter eine von ihm erkannte Gefahr ernstgenommen habe, entscheidend sei vielmehr, ob er eine ernstzunehmende Gefahr erkannt habe. Diese Auffassung ist abzulehnen. Einerseits werden die begrifflichen Voraussetzungen des Eventualvorsatzes mit dessen beweismäßigen Feststellungen anhand bestimmter Indizien vermischt. Offen bleibt andererseits, wie sich die Verschiebung des Abgrenzungsproblems auf die Ebene des objektiven Tatbestandes bei den anderen Vorsatzformen (Absicht, Wissentlichkeit) auswirkt und wie Versuchs- und Irrtumsfragen zu lösen sind. Mit Recht stellt W/Beulke 70 fest, daß das Ansinnen, im objektiven Tatbestand der Vorsatzdelikte künftig zwischen abgeschirmten, konkreten, unabgeschirmt/nahen, unabgeschirmt/entfernten und qualifizierten Gefahren zu unterscheiden, als ohnehin nur bei Erfolgsdelikten aussagekräftigem Datum die Praxis vor eine unlösbare Aufgabe stellen dürfte. Gegen diese Auffassung auch Struensee JZ 87, 60, Prittwitz StV 89, 123, Küpper ZStW 100, 782, Brammsen JZ 90, 73 f., Puppe ZStW 103, 18, NK 86, Roxin I 391 f., Rudolphi SK § 16 RN 46 a.

ε) Auch von anderen Autoren wird unter Abkehr von psychologisierenden, auf den Inhalt des 79 Täterbewußtseins abstellenden Kriterien eine **objektivierende Lösung** gesucht, bei der der Vorsatz dem Täter nach rechtlichen Regeln zugeschrieben wird, wobei der Schwerpunkt auf objektiven Umständen des äußeren Tatgeschehens liegt. So soll nach Phillips (ZStW 85, 27 ff.) bedingter Vorsatz dann anzunehmen sein, wenn der Täter sich bewußt für ein Verhalten entscheidet, das mit in der Rechtsordnung geltenden Risikomaximen unverträglich und mit einem von ihm ernstgenommenen Risiko verbunden ist. Auch nach Puppe (ZStW 103, 1 ff.) soll es auf eine normative Interpretation des Täterverhaltens als „Ausdruck von dessen der Rechtsordnung unmittelbar widersprechender Handlungsmaxime" ankommen. Zusätzlich sei schon im objektiven Tatbestand die Setzung einer qualifizierten Vorsatzgefahr zu verlangen (Puppe ZStW 103, 41, Vorsatz 35 ff., NK 90 ff. [abl. Prittwitz aaO 357, Roxin I 384, Schroth, Aneignung 93 ff.]). Haft (ZStW 88, 372) versucht die Abgrenzung zwischen dolus eventualis und bewußter Fahrlässigkeit neu zu bestimmen, indem er die verschiedenen Wahrscheinlichkeitsgrade für den Erfolgseintritt mit jeweils anderen psychischen Elementen kombiniert. Schünemann GA 85, 364, H. J Hirsch-FS 372 ff., Prittwitz JA 88, 495 und Hassemer Armin Kaufmann-GdS, 304 f. schlagen vor, die Vorsatzzuschreibung anhand eines beweglichen Systems von kognitiven und voluntativen Merkmalen vorzunehmen. Hinter diesen Ansätzen steht ein berechtigter Kern, insoweit letztlich auch die Praxis darauf angewiesen ist, den Vorsatz – außer beim geständigen Angeklagten – aus Indizien des äußeren Tatgeschehens zu folgern (u. 87 b). Sie sind aber insoweit bedenklich, als jeder objektivierende Ansatz die Gefahr bloßer Vorsatzunterstellung in sich trägt.

80 c) Nach den vorwiegend vertretenen Auffassungen setzt dolus eventualis neben dem intellektuellen auch ein **voluntatives Element** voraus. Diese Auffassungen beruhen auf der Erkenntnis, daß vorsätzlich begangenes Unrecht nur unter der Voraussetzung bejaht werden kann, daß das Verhalten des Täters Ausdruck einer Entscheidung gegen das Rechtsgut ist (Hassemer Arm. Kaufmann-GdS 295, Kühl 76, Roxin I 372, Rudolphi SK § 16 RN 39, Schroth, Aneignung 117, Irrtum 12, Stratenwerth 106, Weigend ZStW 93, 690, aber auch Frisch, Vorsatz 112, 196, Puppe, Vorsatz 40; krit. Schünemann H. J. Hirsch-FS 317 FN 29 [inhaltsloses Blankett]). Dem liegt der Gedanke zugrunde, daß ein Risikobewußtsein, wie es auch bei bewußt fahrlässigem Verhalten existiert, noch nicht ausreicht, um zu der Bewertung zu kommen, der Täter finde sich innerlich mit der Tatbestandsverwirklichung ab, sei also eher zur Hinnahme wichtiger fremder Interessen als zum Verzicht auf die riskante Handlung bereit. Ohne das Vorliegen einer inneren Stellungnahme zum erkannten Risiko liegt eine Entscheidung gegen das Rechtsgut noch nicht vor. Daß der Täter in diesem Sinn auch innerlich Anteil an dem von ihm begangenen sozialschädlichen Verhalten nehmen muß, darf aber nicht dahin mißverstanden werden, als ginge es darum, eine Gefühlshaltung des Täters iSe Zuwendung zum Rechtsgut oder einer emotionalen Abwendung vom Tatopfer festzustellen; derartige Einstellungen sind allenfalls für die Strafzumessung erheblich (Roxin I 379, Jakobs 273, Küper GA 87, 507, Kühl 98). Nach der hier vertretenen Auffassung wird der psychische Sachverhalt, der als voluntatives Element die Entscheidung gegen das Rechtsgut ausmacht, am besten durch das Merkmal der **gleichgültigen** Inkaufnahme des mit der Tathandlung verbundenen Eingriffs in strafrechtlich geschützte Rechtsgüter gekennzeichnet (u. 84). Die Auffassungen, wie das zu fordernde voluntative Element sachlich zu umschreiben und sprachlich zum Ausdruck zu bringen ist, weichen jedoch trotz Übereinstimmung im Ausgangspunkt voneinander ab. Dabei kommt zusätzlich der oben erwähnte Gesichtspunkt zum Tragen, daß niemand „in den Kopf des Täters hineinschauen" kann, sondern – abgesehen von wahren Geständnissen (eine korrekte Wahrnehmung und Reproduktion psychischer Faktoren durch den Täter vorausgesetzt, vgl. Perron Nishihara-FS 155 mwN; Schünemann GA 85, 363) – ein Rückschluß auf das Vorstellungsbild des Täters nur aufgrund äußerlich feststellbarer Indizien möglich ist. Da somit in der Praxis der Streit um die begriffliche Fassung des voluntativen Elements ganz hinter die Probleme zurücktritt, die schon die beweismäßige Feststellung der Einstellung des Täters als eine innere Tatsache bieten, überrascht es nicht, daß trotz sachlich im wesentlichen übereinstimmender begrifflicher Festlegung des voluntativen Elements im Einzelfall oft eine Abweichung von den jeweils gestellten Anforderungen festgestellt werden muß.

81 α) Die **Einwilligungs-** oder **Billigungstheorie** verlangt, daß der Täter den für möglich gehaltenen Erfolg „gebilligt" oder „billigend in Kauf genommen" hat, und gibt damit der bewußten Fahrlässigkeit am weitesten Raum. Sie wird vertreten von Frank § 59 V, Großmann aaO 45 ff., M-Zipf I 312 ff. Diese Auffassung ist jedoch zu eng, weil ein Vorstellungsbild, bei dem dem Täter der Eintritt eines Erfolges unerwünscht ist, demnach aus dem Vorsatzbegriff herausfällt. Dies würde dazu führen, daß die gegenüber der Fahrlässigkeit unzweifelhaft strafwürdigeren Fälle völliger Gleichgültigkeit gegenüber dem Erfolg nicht in den Vorsatzbereich gehören. Außerdem kann man zwar in einen Erfolg, nicht aber in Umstände, die bereits vorliegen und daher vom Willen unabhängig sind, einwilligen (vgl. Bay VRS **16** 351, Bockelmann NJW 59, 1850, vgl. auch u. 87).

81 a Die Rechtsprechung nimmt für sich in Anspruch, auf dem Standpunkt der Einwilligungstheorie zu stehen. Sie läßt jedoch ein **„Billigen im Rechtssinne"** ausreichen, das auch dann vorliegen könne, wenn dem Täter der Erfolg an sich unerwünscht ist (vgl. BGH **7** 363, NStE § 212 Nr. **18**; zust. B/W-Weber 438; ausführlich u. 85 f.). Da mit einem so verstandenen Billigungselement jedoch kein als Einwilligung verstehbarer psychischer Sachverhalt mehr zum Ausdruck gebracht wird, verläßt die Rechtsprechung dadurch ihren eigenen Ausgangspunkt (vgl. Puppe ZStW 103, 6 f., NK 34). Wenn sie in neueren Entscheidungen darauf abstellt, ob der Täter den möglichen Erfolg, sei dieser auch unerwünscht, akzeptiert bzw. sich innerlich mit ihm abgefunden habe (BGH **36** 9, NStZ **87**, 362, **88**, 175, JZ **89**, 449) zeigt dies, daß sie inhaltlich weniger der Billigungstheorie als vielmehr der in der

Literatur herrschenden Auffassung (vgl. 83) folgt, es komme auf die ernstgenommene Möglichkeit der Tatbestandsverwirklichung an (Roxin I 380, Dannecker/Stoffers StV 93, 643).

β) Demgegenüber begnügen sich die verschiedenen Spielarten der **Gleichgültigkeitstheorie** 82 damit, daß der Täter die von ihm für möglich gehaltene Tatbestandsverwirklichung aus Gleichgültigkeit gegenüber dem geschützten Rechtsgut in Kauf nimmt (so Engisch, Untersuchungen 186 ff., 233 f., NJW 55, 1689, Gallas ZStW 67, 43; krit. Arm. Kaufmann ZStW 70, 67 f., Puppe NK 62 ff., Rudolphi SK § 16 RN 39, Weigend ZStW 93, 662; s. a. Küpper ZStW 100, 767 f.). Diese Formulierung, in der die Gleichgültigkeit des Täters gegenüber der Möglichkeit eines schädlichen Ausgangs ihren Ausdruck findet, wird vielfach zu demselben Ergebnis führen wie die Einwilligungstheorie; sie ist aber insofern weiter, als sie auch Fälle umfaßt, in denen sich „der Täter einen schädigenden Erfolg als möglich vorstellt, ohne Rücksicht auf solche Warnungen zur Tat schreitet und damit zeigt, daß er innerlich mit der schädigenden Folge einverstanden ist" (Mezger, Grundriß³ 114; vgl. weiter B/W-Weber 435 ff., Jescheck/Weigend 299 ff., Roxin JuS 64, 53 f., Schröder Sauer-FS 232; s. a. Schroeder LK 93; krit. Köhler aaO 301, Puppe NK 65). Bestritten ist jedoch, wie sich die Voraussetzungen des Fürmöglichhaltens und die des Inkaufnehmens aus Gleichgültigkeit zueinander verhalten. Die überwiegende Meinung nimmt an, beide Voraussetzungen müßten getrennt festgestellt und das Inkaufnehmen könne nicht aus dem Fürmöglichhalten gefolgert werden; vgl. weiter BGH VRS 37 29. Dem ist grundsätzlich zuzustimmen (and. 17. A. § 59 RN 59). Allerdings ist zu beachten, daß ein Täter, der sich die reale Möglichkeit der Rechtsgutverletzung vor Augen hält und dennoch auf diese Gefahr hin handelt, den evtl. ungünstigen Ausgang regelmäßig dadurch in Kauf nimmt, daß er seine Interessen dem Risiko der Verletzung fremder Interessen vorzieht (bewußte Gleichgültigkeit im Gegensatz zur inneren Teilnahmslosigkeit: Triffter 169 f.; s. a. Pallin ZStW 84, 210, Schmoller ÖJZ 82, 285); die bloße Unerwünschtheit des Erfolges entlastet den Täter nicht (s. Roxin I 380). Von dieser Regel gibt es allerdings Ausnahmen. Ein Arzt handelt zB nicht deswegen mit Eventualdolus (§ 212), weil er das hohe Operationsrisiko kennt (vgl. hierzu Schroeder LK § 16 RN 94; Schmidhäuser JuS 80, 243 f., Schroth, Aneignung 121; and. Jakobs 272: Rechtfertigung); wer ein Tier erschießen will, das einen Menschen anfällt, handelt nicht mit Körperverletzungsvorsatz, wenn er die Möglichkeit erkennt, daß auch die in Not geratene Person getroffen werden könnte.

γ) Einer somit nicht mehr an eine unrechtsirrelevante Motivlage des Täters anknüpfenden Gleich- 83 gültigkeitstheorie kommt die von der **hM im Schrifttum** vertretene Auffassung sehr nahe, nach der Eventualvorsatz gegeben ist, wenn der Täter sich auch durch die naheliegende Möglichkeit des Erfolgseintritts nicht von der Tatausführung hat abhalten lassen und sein Verhalten den Schluß rechtfertigt, daß er sich um des von ihm erstrebten Zieles willen mit dem Risiko der ernstgenommenen **Tatbestandsverwirklichung abgefunden** hatte, also eher zur Hinnahme dieser Folge bereit war als zum Verzicht auf die Vornahme der Handlung (Blei I 115, Gropp 152, Jescheck/Weigend 299, Köhler 164 f., H. J. Hirsch-FS 77, Kühl 112, Küpper ZStW 100, 766, Lackner/Kühl 24, Roxin I 373 ff., Rudolphi SK § 16 RN 43, Stratenwerth ZStW 71, 55 f., W/Beulke 70, E. A. Wolff Gallas-FS 220 ff.; s. a. Honig GA 73, 257, Scheffler Jura 95, 353; sachentsprechend [Anknüpfen an Einverstandensein] B/W-Weber 438, M-Zipf I 312, Tröndle 11 a; krit. Frisch, Vorsatz 269 ff., 319 ff., Puppe NK 38 ff., 61). Dagegen ist nur bewußte Fahrlässigkeit anzunehmen, wenn der Täter darauf vertraut, daß „alles gut gehen" oder es ihm gelingen werde, die drohende Verwirklichung des Tatbestandes zu vermeiden. Als grobe Richtungsangabe zur Vorsatzannahme sei insoweit an die sog. Zweite Frank'sche Formel erinnert (§ 59 Anm V: Mag es . . . so oder anders werden, auf jeden Fall handele ich) bzw. auf Kienapfel (öst. StGB AT⁸ [2000] 161 f.) verwiesen: Dolus eventualis bei „Na wenn schon"-Einstellung, bewußte Fahrlässigkeit bei „Es wird schon nicht"-Haltung.

d) Der **hier vertretene Standpunkt** entspricht im wesentlichen der Gleichgültigkeitstheorie. 84 Danach ist **dolus eventualis** gegeben, wenn der Täter die Tatbestandsverwirklichung **für möglich hält** und aus bewußter **Gleichgültigkeit** gegenüber dem geschützten Rechtsgut **in Kauf nimmt**. Der Täter ist sich hier über das Vorhandensein eines Tatmerkmals im Ungewissen, läßt sich aber von der Vorstellung der Möglichkeit, einen Tatbestand zu verwirklichen oder einen verbotenen Erfolg zu verursachen, nicht beeinflussen, sondern handelt trotzdem und dokumentiert damit seine Entscheidung gegen das Rechtsgut (s. Roxin I 377). Die Ungewißheit kann sich danach auf den Erfolg, das Vorhandensein oder Nichtvorhandensein eines Tatumstandes überhaupt beziehen; ebenso kann der Täter mit der Möglichkeit rechnen, die Voraussetzungen eines Rechtfertigungsgrundes seien nicht gegeben (vgl. BGH NJW **51**, 412, KG NJW **58**, 922 m. Anm. Schröder; vgl. § 16 RN 22). Bei Unterlassungsdelikten ist es nicht entscheidend, ob der Täter den Eintritt des Erfolges, sondern ob er dessen Abwendung für möglich hält. Eventualvorsatz der Körperverletzung oder Tötung ist zB gegeben, wenn der Täter den Angefahrenen liegen läßt, um Unfallflucht zu begehen, und dabei die Möglichkeit erkennt, daß dessen Tod verhindern könnte. Dieser Ansicht hat sich auch der BGH weitgehend genähert (BGH **7** 363 m. Anm. Engisch NJW 55, 1688, BGH NJW **92**, 583 m. Bespr. Puppe NStZ 92, 576). Sie führt insb. bei der Ungewißheit über vorhandene Tatumstände (Eigenschaften des Objektes, normative Tatbestandsmerkmale) allein zu sinnvollen Ergebnissen (vgl. auch Bay VRS **16** 352), vgl. jedoch auch Warda Lange-FS 119 sowie § 16 RN 22. Dies zeigt auch die Rspr., die überall da, wo es sich um den Zweifel an vorhandenen Tatumständen handelt, auf das Inkaufnehmen verzichtet; vgl. u. 86 ff.

§ 15 85–87   Allg. Teil. Die Tat – Grundlagen der Strafbarkeit

85   e) Die **Rspr.** läßt sich nur schwer in eine der hier aufgezeigten Meinungen einordnen. In der Formulierung wird häufig auf die Einwilligungstheorie abgestellt, wonach der Täter den Erfolg billigend in Kauf genommen haben müsse (RG **76** 115, BGH **7** 363, **21** 283, NStZ **98**, 616 m. Anm. Roxin [zu § 30], JZ **81**, 35, GA **79**, 106, NStZ **84**, 19, NStZ **88**, 175, NStE § 212 **Nr. 17, 18**), im Ergebnis nähert sie sich jedoch häufig dem Standpunkt, wonach es ausreicht, wenn der Täter den Erfolg ernst nimmt oder sich mit ihm abfindet (BGH JR **88**, 155, NStE Nr. 3, § 212 Nr. **18**). Diese Rspr. hat BGH NStZ **81**, 23 auf folgende Formel gebracht: „Bedingter Vorsatz liegt nach ständiger Rspr. des BGH vor, wenn der Täter den Eintritt des tatbestandlichen Erfolges als möglich und nicht ganz fernliegend erkennt und billigt" (vgl. u. 87).

86   Das **RG** vertrat ursprünglich die Einwilligungstheorie (vgl. etwa RG **26** 243, **33** 5, **61** 160, **72** 44, **76** 116). In anderen Urteilen wird dagegen auf das **Inkaufnehmen** abgestellt (RG **59** 3, **67** 425). Wo es aber um die Annahme einer „möglichen" Einwilligung des Opfers ging, hat bereits das RG bei Notzuchtdelikten von einer „billigenden" Inkaufnahme fehlender Einwilligung abgesehen und bedingten Vorsatz nur ausgeschlossen, wenn sich der Täter über die Einwilligung der Angegriffenen Gewißheit verschafft hat (RG JW **35**, 2734, **38**, 2734); vgl. hierzu Maurach GA 56, 306. Auch bei der Rechtswidrigkeit der Zueignung in §§ 242, 246 hat RG **49** 143 den bloßen Zweifel genügen lassen. Zum Teil findet sich aber auch die Formulierung, die Ausdrücke „Inkaufnehmen" und „Billigen" seien gleichbedeutend (RG DR **44**, 155, Kiel HESt **2** 206). Die **Rspr. des BGH** entspricht dem weitgehend (Eser/Burkhardt I 85). So verlangt BGH MDR/D **52**, 16 (gebilligt von BGH NJW **68**, 660, VRS **36** 20) innerliche Billigung des Erfolges, während BGH NJW **53**, 152 Eventualvorsatz annimmt, wenn der Täter sich die Möglichkeit, die Mädchen seien noch nicht 14 Jahre alt, vorgestellt „und sich dennoch zur Tat entschlossen" habe. In ähnlicher Weise bestimmten BGH **7** 363, VRS **12** 187, **13** 120, **18** 416, **59** 184, MDR/D **57**, 266 den Eventualvorsatz (vgl. auch BGH NJW **60**, 1680). Mit Recht betont Engisch NJW 55, 1688, daß die Entscheidung BGH **7** 363 (ähnlich wieder BGH MDR/H **80**, 812), in der eine innere Billigung im „Rechtssinn" die Rede ist, mit der früheren Rspr. unvereinbar sei. Dasselbe gilt für BGH **14** 240 und BGH StV **95**, 511, wonach die Gleichgültigkeit des Täters gegenüber dem Erfolg genügt, da er mit beiden Möglichkeiten einverstanden sei (ähnlich KG JR **66**, 307, vgl. auch BGH MDR **95**, 184). Bei Notzuchtdelikten hat der BGH (GA **56**, 317), wie schon das RG, darauf abgestellt, daß der Täter mit der Möglichkeit ernsten Widerstandes gerechnet hat. Für § 142 hat er ausreichen lassen, daß der Täter „mit der Möglichkeit rechnete, einen Schaden verursacht zu haben" (BGH VRS **4** 56); vgl. auch Celle NJW **56**, 1330; für § 266 soll das Bewußtsein einer möglichen Benachteiligung genügen, auch wenn der Täter glaubt, die Angelegenheit werde später „doch noch gut ausgehen" (BGH NJW **79**, 1512 m. Anm. Otto NJW 79, 2414). Zur Rspr. des BGH vgl. Köhler aaO 45 ff., Frisch, Vorsatz 304 ff., 379 ff., Schroth NStZ 90, 324.

87   Die **neueren Entscheidungen** des BGH (vgl. BGH MDR/H **80**, 812, JZ **81**, 35, NStZ **84**, 19) unterscheiden deutlich zwischen den begrifflichen Voraussetzungen des dolus eventualis im Verständnis der Rspr. und ihrer beweisrechtlichen Feststellung im Strafverfahren. So soll bedingter Vorsatz anzunehmen sein, wenn der Täter den Eintritt des tatbestandlichen Erfolges als möglich und nicht ganz fernliegend **erkennt** und **billigt** oder sich um des erstrebten Zieles willen wenigstens mit ihm abfindet, mag ihm auch der Erfolgseintritt an sich unerwünscht sein (BGH NJW **89**, 781). Nach der neueren Rspr. des BGH müssen stets beide Elemente der inneren Tatseite, also sowohl das Wissenselement als auch das Willenselement in jedem Einzelfall gesondert geprüft und durch tatsächliche Feststellungen belegt werden (BGH NStZ **94**, 483, BGHR StGB § 212 Vorsatz, bedingter **27**). So kann es schon am Wissenselement fehlen, wenn die realistische Einschätzung einer Gefahrensituation beeinträchtigt ist. Naheliegend ist dies besonders bei Spontantaten aufgrund Alkoholisierung, unkontrollierter Gefühlsausbrüche und ähnlicher psychischer Beeinträchtigungen (BGH NStZ **94**, 483; StV **94**, 640, vgl. auch Prittwitz GA 94, 465 ff.). Jedoch werden die Schwierigkeiten im Regelfall nicht hier, sondern bei der Feststellung des Willenselements liegen. Die Annahme einer „Billigung des Erfolges" liegt beweisrechtlich nahe, wenn der Täter sein Vorhaben trotz äußerster Gefährlichkeit durchführt, ohne auf einen glücklichen Ausgang vertrauen zu können, und wenn er es dem Zufall überläßt, ob sich die von ihm erkannte Gefahr verwirklicht oder nicht (BGH **36** 1, 10, NStZ **99**, 508, JZ **81**, 35). Auch in solchen Fällen, in denen der Täter trotz Erkennens der Möglichkeit des Erfolgseintritts gleichwohl sein gefährliches Unternehmen aufnimmt oder sein Verhalten fortsetzt, liegt der Nachweis für eine Billigung des Erfolges nahe (vgl. BGH NStZ **84**, 19, MDR **85**, 794, NStZ **86**, 550, StV **94**, 654). Dann soll auch die vage Hoffnung, jene Gefahr würde sich wider Erwarten nicht verwirklichen, alles würde also „gutgehen", den dolus eventualis nicht ausschließen. Mit anderen Worten: Was einem die Vernunft sage, könne nicht durch Gottvertrauen verdrängt werden. Der Eventualvorsatz soll ferner als bewiesen iSv § 261 StPO anzusehen sein, wenn bei einer Typizität bestimmter Gefährdungshandlungen, dh ihrer besonderen Gefährlichkeit aufgrund typischer Angriffsmittel, Angriffsweisen und weiterer konkreter Fallumstände, an einem ernstzunehmenden „Abfinden" des Täters – mithin am Vorsatz – nicht zu zweifeln ist. So bejaht der BGH Eventualtötungsvorsatz für das wuchtige Schleudern eines Beiles aus vier bis fünf Metern Entfernung gegen eine Glastür, wenn der Täter weiß, daß unmittelbar hinter der Tür ein Polizeibeamter steht, da die zwischen Täter und Opfer liegenden Glasscheiben in der Tür kein nennenswertes Hindernis für das geschleuderte Beil darstellen (BGH JZ **81**, 35). Diese Schlußfolgerungen mögen im Bereich der Tötungsdelikte wegen der dominierend verletzungstypischen Situation zu brauchbaren Ergebnissen führen, doch verbietet sich insgesamt eine formelhafte Feststellung des dolus eventualis in Fällen offener, mehrdeutiger

Geschehen. Auch nach der Rspr. ist daher unstrittig, daß die Kenntnis des Vorliegens gefahrbegründender Umstände nicht automatisch die Billigung des eingetretenen Erfolges indiziert. Zwar liegt bei äußerst gefährlichen Gewaltanwendungen nahe, daß der Täter auch mit der Möglichkeit rechnet, das Opfer könne dabei zu Tode kommen, und – weil er gleichwohl sein gefährliches Handeln fortsetzt – auch einen solchen Erfolg billigend in Kauf nimmt. Deshalb ist grundsätzlich der Schluß von der objektiven Gefährlichkeit der Handlung des Täters auf bedingten Tötungsvorsatz möglich (BGH NStZ **99**, 508). Er ist andererseits aber auch in diesen Fällen nicht zwingend. Die Rspr. des BGH (vgl. NStZ **86**, 550, NStZ **87**, 424, NStZ-RR **96**, 97, **97**, 233, NStZ/A **99**, 18, **00**, 19, StV **94**, 233; s. aber auch NStZ **96**, 381, **97**, 434, BGHR § 212 I Vors. bed. **27**, **33**, **36**, **38**, **39**) verlangt wegen der regelmäßig auch bei Gewalttaten bestehen bleibenden höheren Hemmschwelle zur Tötung (hierzu krit. Fahl NStZ **97**, 392 [zu LG Rostock NStZ **97**, 391], Horn SK § 212 RN 23 c, Puppe NStZ **92**, 576, Roxin I 398, Schwarz JR **93**, 31; zsfd. Mühlbauer, Die Rechtsprechung [usw.]) zur Tötungshemmschwelle, 1999), daß die Instanzgerichte im Einzelfall Feststellungen dazu treffen, ob und warum der Täter diese Hemmschwelle überwunden hat. Da nämlich vor dem Tötungsvorsatz eine viel höhere Hemmschwelle steht, als vor dem Gefährdungs- oder Verletzungsvorsatz besteht auch die Möglichkeit, daß der Täter den Tötungserfolg entweder überhaupt nicht erkennt oder aber ihn zwar als möglich vorausgesehen aber dennoch ernsthaft und nicht nur vage auf einen guten Ausgang vertraut hat und damit bloß bewußt fahrlässig handelte (vgl. BGH VRS **50** 94, NStZ **82**, 506, MDR/H **82**, 808, DRiZ/H **84**, 320, NStZ **88**, 361, NJW **88**, 79, NJW **89**, 3027, NStE Nr. 3, § 212 **Nr. 5**, **8**, **10**, **11**, **16**, **17**, **19**, NStZ **92**, 384). Dies kann insbes. dann der Fall sein, wenn ein einsichtiger Beweggrund für eine so schwere Tat, wie die Tötung eines Menschen nicht erkennbar ist (BGH NStZ **88**, 361) oder wenn es dem Täter nur darum geht, sein Opfer „außer Gefecht zu setzen" (BGH NStE § 212 **Nr. 17**). Da ein Beweggrund für die Tötung eines Menschen fehlte, hat der BGH (NStZ **84**, 19) den Eventualtötungsvorsatz zugunsten des Täters verneint beim Zufahren auf zwei Streitende mit dem Willen, einen Unfall zu verursachen und dabei einen der Streitenden zu verletzen, um ihn damit kampfunfähig zu machen. Ähnlich sind die Fälle zu beurteilen, in denen der Täter auf einen den Weg versperrenden Polizeibeamten zufährt, um ihn zu zwingen, den Weg freizugeben. Auch hier wird beim Täter bzgl. einer möglichen Tötung des Polizisten meist dolus eventualis abzulehnen sein, da die Erfahrung lehrt, daß es in solchen Fällen, wenn dem Kraftfahrer eine Polizeisperre durchbrechen, den bedrohten Beamten gelingt, sich außer Gefahr zu bringen, und die Herbeiführung von Verletzungen ohnehin kein geeignetes Mittel ist, der Situation zu entkommen (BGH StV **92**, 420). Die Täter rechnen mit einer solchen Reaktion und nehmen um der Erreichung ihres Zieles willen zwar eine Gefährdung der Polizisten in Kauf, idR aber nicht deren Tötung (BGH VRS **50** 94, **59** 183, **64** 112, MDR/H **82**, 808, DRiZ **83**, 183, NStZ **83**, 407). Die Grenzen der Schuldformen der bewußten Fahrlässigkeit und des bedingten Vorsatzes liegen stets eng beieinander. Deshalb ergeben sich für den Tatrichter strenge Anforderungen an die Feststellung des inneren Tatbestandes unter Berücksichtigung der Persönlichkeit des Täters und der besonderen Tatumstände des jeweiligen Falles (BGH GA **79**, 106, NStZ **82**, 506, MDR/H **82**, 808, DRiZ/H **82**, 386, **83**, 183, **84**, 320, NStZ **87**, 424, NJW **89**, 783, MDR/H **91**, 295, NStZ **91**, 126, **92**, 587, NJW **92**, 2644). Das gilt besonders, wenn der Vorsatz allein aus dem äußeren (objektiven) Tatgeschehen gefolgert werden soll (BGH StV **91**, 262, **93**, 641, BGHR Vorsatz, bedingter **9**). Auch bei alkoholbedingt reduzierter Steuerungsfähigkeit (BGH StV **91**, 262, StV **91**, 510, **94**, 640) oder besonderer Unreife des Täters (BGH StV **94**, 303) liegt es nahe, bedingten Vorsatz zu verneinen. Dagegen soll nach BGH NJW **92**, 583 m. Bespr. Puppe NStZ **92**, 576 in Fällen des Unterlassens generell keine psychologisch vergleichbare Hemmschwelle vor einem Tötungsvorsatz bestehen. Vor allem beim Verlassen des Opfers nach schuldhaftem Vorverhalten greife dieses Motiv wegen der idR gegenläufigen Selbstschutzmotivation des Täters nicht Platz, sondern liege im Gegenteil bedingter Vorsatz besonders nahe. Strenge Anforderungen an die Feststellung bedingten Vorsatzes stellt die Rechtsprechung nicht nur bei Verletzungsdelikten. So soll bei einem Strafverteidiger, der dem Gericht ihm vom Angeklagten überlassene, möglicherweise gefälschte Urkunden vorlegt, wegen seiner Stellung als Organ der Rechtspflege davon auszugehen sein, daß ein damit verbundenes strafbares Verhalten (Urkundenfälschung usw) nicht billigt (BGH **38** 345 m. Anm. Beulke JR **94**, 116, Scheffler StV **93**, 470). Zur Feststellung von bedingtem Vorsatz bei Trunkenheitsfahrten vgl. § 316 RN 10, vgl. ferner BGH wistra **93**, 264 (zu § 259), 181 (zu § 284).

Diese Grundsätze hat der BGH (**36** 1) auch für die Beurteilung der strafrechtlichen Haftung bei **87a Aids** bestätigt (vgl. auch AG Kempten NJW **88**, 2313, LG Kempten NJW **89**, 2069; AG Hamburg NJW **89**, 2071, LG München NJW **87**, 1495, LG Nürnberg-Fürth NJW **88**, 2311, AG München NJW **87**, 2314). Auf das voluntative Vorsatzelement könne nicht unmittelbar von dem Wissen des Täters um seine HIV-Infektion und die generelle Geeignetheit des ungeschützten Sexualverkehrs zur Virusübertragung geschlossen werden. Dabei stelle aber insbesondere das beim Täter vorhandene Wissen über die Gefährlichkeit im Einzelfall einen wesentlichen indiziellen Hinweis auf das Vorliegen des voluntativen Vorsatzelements dar. Auch die Hoffnung oder Vorstellung des Täters, es werde nichts passieren, steht nach der Rspr. des BGH der Annahme eines bedingten Körperverletzungsvorsatzes nicht entgegen. Bei der Abgrenzung zwischen bewußter Fahrlässigkeit und bedingtem Vorsatz kommt es danach nicht darauf an, mit welcher Wahrscheinlichkeit der Täter mit dem Erfolg rechnen muß. Zwar sei das statistische Infektionsrisiko bei einem einzelnen ungeschützten Sexualkontakt außerordentlich gering, jedoch sei jeder einzelne ungeschützte Sexualkontakt generell zur Ansteckung geeignet, so daß jeder einzelne für sich in Wirklichkeit das volle Risiko einer Ansteckung in sich trage.

Im Gegensatz dazu verneint der BGH bedingten Tötungsvorsatz. Insoweit habe der Täter möglicherweise die Hoffnung gehabt, Aids werde bei seinem Partner entweder überhaupt nicht oder erst nach Entdeckung eines Heilmittels ausbrechen (and. LG München MedR **87**, 290). Diese Entscheidung des BGH ist in der Lit. auf vielfältige **Kritik** gestoßen (vgl. nur Prittwitz StV 89, 123 ff., Bruns MDR 89, 199 ff., Schlehofer NJW 89, 2017 ff., Herzberg JZ 89, 470 ff., Frisch JuS 90, 366 ff., NStZ 91, 23; zustimmend jedoch Schroth NStZ 90, 326). Einhellig wird die Ansicht vertreten, daß der BGH von seinem Standpunkt aus nicht zu einer Verurteilung wegen vorsätzlichen Handelns hätte gelangen dürfen. Die festgestellte oder zumindest zugunsten des HIV-Infizierten unterstellte objektiv geringe und vom Handelnden auch so erkannte Wahrscheinlichkeit der Tatbestandsverwirklichung spreche klar gegen das Vorliegen des voluntativen Vorsatzelements (so Prittwitz StV 89, 125, Kreuzer ZStW 100, 798 f., Bruns NJW 87, 693, 2281). Auf dieser Linie argumentiert auch Bruns MDR 89, 199, der es angesichts der Vorgehensweise des Angeklagten und der dadurch bedingten äußerst geringen Ansteckungswahrscheinlichkeit für gar nicht so fernliegend hält, daß der Täter im Vertrauen auf diese geringe Ansteckungswahrscheinlichkeit ernsthaft auf einen guten Ausgang hoffte, also eigentlich das entscheidende Kriterium zur Annahme bewußter Fahrlässigkeit erfüllte. Ferner wird die Inkonsequenz gerügt, zwar Ansteckungsvorsatz anzunehmen, nicht aber auch Tötungsvorsatz, da neuere Untersuchungen besagten, daß jeder Infizierte an Aids erkrankt und jeder Erkrankte stirbt (Prittwitz StV 89, 126, Geppert Jura 87, 672). Völlig widersprüchlich findet Prittwitz (StV 89, 126) die Verneinung des Tötungsvorsatzes durch den BGH mit dem Argument, der Angeklagte habe möglicherweise darauf gehofft, es werde ein Heilmittel gegen Aids gefunden. Dagegen stimmen Herzberg (aaO), Schlehofer (aaO) und Frisch (Meyer-GdS 533 ff.) – wenn auch von einem anderen dogmatischen Ausgangspunkt aus – dem BGH im Ergebnis zu. Vgl. zum Ganzen auch § 223 RN 7, § 212 RN 3.

87 b Der Blick auf die Rspr. macht deutlich, daß die bislang ungelöste Schwierigkeit einer Abschichtung von dolus eventualis und bewußter Fahrlässigkeit weniger in den divergierenden materiellrechtlichen, partiell eine wenig trennscharfe umgangssprachliche Semantik anknüpfende Vorsatzumschreibungen (die ohnehin auf ein grob vereinfachtes täterpsychisches Substrat zugreifen: Perron Nishihara-FS 154; Frisch, Vorsatz 164 ff., Schünemann GA 85, 363, H. J. Hirsch-FS 377; ferner: Heine [1 vor § 211] 41 ff.) liegt: diese gelangen in vielen Fällen zu übereinstimmenden Ergebnissen (Frisch Meyer-GedS 546 f. [Frage adäquater Terminologie], Hassemer Arm. Kaufmann-GedS 306, Roxin I 373 f.). Das eigentliche Problem liegt in der immer noch nicht gelösten (Lackner/Kühl 25) Schwierigkeit, die als solche nicht feststellbaren inneren Tatsachen – und zwar sowohl hinsichtlich des voluntativen als auch des kognitiven Elements (vgl. Hassemer ebda. 302) – im Strafverfahren aus Indizien heraus beweiskräftig festzustellen (s. Frisch ebda. 552 ff. im Anschluß an Freund, Normative Probleme der „Tatsachenfeststellung" [1987] 22 ff., passim, Hassemer ebda. 304 ff., Hruschka Kleinknecht-FS 191 ff., Perron Nishihara-FS 154 ff.; Prittwitz JA 88, 487 ff., Scheffler Jura 95, 354 ff., Volk Arth. Kaumann-FS 618). Als für die Vorsatzfeststellung einschlägige *Indikatoren*, deren (gegenläufige) Gewichtung wohl stets der Praxis überlassen bleiben wird (vgl. aber am Beispiel der HIV-Übertragungsproblematik Frisch ebd. 563 f. [Beweisführung durch Ausscheiden denkbarer gegenläufiger Alternativen 555], JuS 90, 367 f.), sind zu nennen (vgl. Frisch Meyer-GedS 556 ff., Hassemer Arm. Kaufmann-GedS 308 f., Prittwitz JA 88, 487 ff., Schünemann H. J. Hirsch-FS 374 [im Rahmen seines typologischen Vorsatzbegriffs 372]): Wahrnehmungsfähigkeit (getrübt oder gesteigert) für die Gefahrensituation, erkannte Wahrscheinlichkeit der Risikorealisierung bzw. zumindest hoher Gefährlichkeit des Verhaltens, Risikogewöhnung und Vorerfahrungen guten bzw. schlechten Ausgangs, Steuerbarkeit des Geschehensablaufes aus Tätersicht, (fehlende) Betätigung eines Vermeidewillens sowie ggf. Anpassung der Vermeidemaßnahmen (bzw. unterlassenes Ergreifen einer zunächst als zu gefährlich zurückgestellten Verhaltensalternative), dem Opfer verbleibende Selbstschutzmöglichkeiten, Selbstverletzung des Täters im Falle des Erfolgseintritts und Motivierbarkeit hierdurch, Handeln in plötzlicher Eingebung oder emotionaler Aufwallung, emotive Nähe von Täter und Opfer, Bedeutung des außertatbestandlich verfolgten Endzwecks für den Täter, die (Un)Willkommenheit des Erfolges, usw – Zu der Gefahr richterlicher Attributionsfehler: Prittwitz aaO 360 ff., 107 ff.; s. a. Heine [1 vor § 211] 98 ff.

88 f) **Bedingter Vorsatz genügt** bei allen Delikten, bei denen nicht Absicht iS zielgerichteten Handelns oder ein Verhalten wider besseren Wissens verlangt wird; vgl. dazu o. 69. Während der Sprachgebrauch des Gesetzes im Hinblick auf die beiden Formen des dolus directus verwirrend ist (o. 70), kann nach der Änderung des StGB durch das EGStGB davon ausgegangen werden, daß dolus eventualis jedenfalls dann ausgeschlossen ist, wenn im Tatbestand eine qualifizierte Vorsatzform genannt wird (Göhler NJW 74, 826). Die alte Rspr. (vgl. RG **72** 377), wonach auch bei „Wissentlichkeit" dolus eventualis in Betracht kommen kann, ist damit überholt.

89 Andererseits kann sich aber auch aus einer im Tatbestand umschriebenen (finalen) Handlung ergeben, daß nur ein direkter Vorsatz in Betracht kommen kann. Das Führen eines Fahrzeugs (§ 316) ist zB ohne entsprechenden Willensakt nicht denkbar, weshalb sich hier der dolus eventualis nur auf das Merkmal der Fahrunsicherheit beziehen kann (vgl. § 316 RN 10); gleiches gilt etwa für das „Dem-Wilde-Nachstellen" (§ 292). Erfordert ein Tatbestand keine qualifizierte Vorsatzform, so hindert dies nicht, den subjektiven Tatbestand im Wege der Auslegung einzuengen. So wird teilweise auch nach der Neufassung des § 339 dolus directus verlangt (Krause NJW 77, 285, Müller NJW 80, 2390), obwohl der Gesetzestext dieses Erfordernis nicht enthält (s. § 339 RN 7).

3. Mehrere Vorsatzformen können bei einer Handlung in der Weise **zusammentreffen,** daß **90** der Täter mit mehreren deliktischen Möglichkeiten rechnet. Dies ist der Fall, wenn nach seiner Vorstellung neben dem primär gewollten Erfolg ein weiterer (**dolus cumulativus:** neben einer Körperverletzung noch eine Sachbeschädigung) oder anstelle des beabsichtigten Erfolges ein anderer (**dolus alternativus:** Steinwurf kann einen Menschen verletzen oder eine Sache beschädigen) eintreten könnte. Entsprechendes gilt, wenn der Täter über Tatbestandsmerkmale im unklaren ist, die je nach ihrem tatsächlichen Vorliegen zu einer verschiedenen rechtlichen Beurteilung der Tat führen (die erlegte Ente könnte Wild oder fremdes Eigentum [§§ 292/242], der Ausgeplünderte bewußtlos oder tot sein [§§ 242/246]).

Allen diesen Fällen ist gemeinsam, daß der Täter bei seiner Handlung mit **mehreren Möglich-** **91/92** **keiten** einer **Rechtsverletzung** rechnete und daher in bezug auf alle den (direkten oder bedingten) Vorsatz hatte; vgl. Stratenwerth 108. Ohne Bedeutung ist demgegenüber, ob die Tat nach der Vorstellung des Täters endgültig nur zu einem oder zu mehreren Erfolgen führen konnte. Es handelt sich nicht um eine Frage des Vorsatzinhaltes (mit der das verwirkliche Unrecht nicht ausschöpfenden Folge einer Bestrafung nur aus dem jeweils schwersten Delikt; so aber Joerden ZStW 95, 594, Kühl JuS 80, 275, Lackner/Kühl 29, Lampe NJW 58, 332, Otto I 76, Schneider GA 56, 264, Schroeder LK § 16 RN 106, Silva-Sanchez ZStW 101, 379; ähnlich Mezger LK[8] § 59 Anm. 21 c [Verurteilung nur aus verwirklichtem Tatbestand; hierzu krit. 25. A. RN 92), sondern um ein Konkurrenzproblem. Daraus folgte nach Cramer 25. A. RN 91, daß in bezug auf alle Möglichkeiten der Vorsatz zur Strafe führen muß, soweit der Versuch strafbar ist. Tritt keiner der Erfolge ein, so konkurrieren die verschiedenen Versuche; tritt einer der Erfolge ein, so steht das vollendete Delikt mit dem Versuch des nicht realisierten in Idealkonkurrenz (Jakobs 278, Jescheck/Weigend 204, Köhler 170, Puppe NK 155 f., Remy NJW 58, 701, Roxin I 403, Rudolphi SK 47, Schlehofer aaO 173 f., Trifterer 188, Tröndle 11 i, Welzel 72). Damit würde aber im Schuldspruch der Unterschied zwischen dolus cumulativus (bei dem der Täter zumindest in Kauf nimmt, mehrere Tatbestände nebeneinander zu verwirklichen) und dem dolus alternativus (Täter weiß nicht, welchen von mehreren sich gegenseitig ausschließenden Tatbeständen bzw. Erfolgen er verwirklichen wird; hierzu zsfd. Fischer aaO) zu stark eingeebnet, so daß mit Vogler (LK[10] § 22 RN 6) und W/Beulke 72 im Konkurrenzbereich nicht pauschal Idealkonkurrenz angenommen (so Puppe NK 155 f., Roxin I 403), sondern unterschieden werden sollte (iE von Haft 155, M-Zipf I 309): Soweit durch die Bestrafung des schwereren Delikts (Versuch oder Vollendung) der über den Versuchsbereich hinaus realisierte Vorsatz mitabgegolten ist, tritt dieser Versuch als mitbestrafte Begleittat zurück (zB Zurücktreten eines versuchten Diebstahls hinter die vollendete Wilderei; anders hingegen bei Zusammentreffen von vollendeter Sachbeschädigung und versuchter Körperverletzung bzw. gar Tötung (zB bei Schuß auf Verfolger mit Hund) oder – angesichts der Höchstpersönlichkeit des Rechtsguts – bei Zusammentreffen von vollendeter (bzw. versuchter) Tötung [zB des einen Verfolgers] mit versuchter Tötung [am zweiten Verfolger]).

VI. Vorsatz bei Unterlassungsdelikten. Besonders umstritten ist, in welcher Form bei Unter- **93** lassungsdelikten ein Vorsatz denkbar ist. Teilweise wird behauptet, daß ein Vorsatz wie bei den Begehungsdelikten nicht vorkommen könne, weil Vorsatz stets Verwirklichungswille sei, der Unterlassungstäter aber untätig bleibe (Armin Kaufmann, Die Dogmatik der Unterlassungsdelikte [1959] 66 ff., 110 ff., 149 ff., 309 ff., v. Weber-FS 207 ff., Welzel 204 f.); statt dessen soll auf das Fehlen des Entschlusses zum Eingreifen in Kenntnis der tatbestandsmäßigen Situation und bei Erkennbarkeit (!) der Handlungsmöglichkeit ausreichen. Diese Auffassung wird zu Recht überwiegend abgelehnt (Grünwald H. Mayer-FS 281, 286 ff., Engisch JZ 62, 189, Jescheck/Weigend 630 ff., Roxin ZStW 74, 515, 530, ZStW 78, 259 f., Spendel JZ 73, 137, Schroeder LK § 16 RN 216), weil es keine ontologisch vorgegebene Kategorie des Vorsatzes gibt (Roxin aaO, Rudolphi SK § 16 RN 2). Richtig ist allerdings, daß bei Unterlassungsdelikten die Bezugsobjekte des Vorsatzes – wobei eventualis genügt auch hier (Jescheck/Weigend 631 f.) – entsprechend der andersartigen Struktur dieser Deliktsart anders sind als beim Begehungsdelikt (Jescheck LK 96 vor § 13, Rudolphi SK 19 ff. vor § 13).

1. Der Täter muß zunächst die tatbestandsmäßige Situation kennen, aus der seine Pflicht zum **94** Handeln resultiert. Ist die Abwendung eines Erfolges Inhalt der Handlungspflicht, so muß dem Täter bewußt sein, daß er durch sein Eingreifen den Erfolg abwenden könnte (Herzberg MDR 71, 881, Ulsenheimer JuS 62, 253 ff., Spendel JZ 73, 1421); weitergehend verlangt BGH MDR/D **71**, 361 zu Unrecht (s. Lackner/Kühl 23) das Bewußtsein, die erwartete Handlung werde den Erfolg mit an Sicherheit grenzender Wahrscheinlichkeit verhindern, vgl. auch BGH NJW **94**, 1357 m. Anm. Loos JR 94, 512 (dagegen Schroeder LK § 16 RN 218). Problematisch ist, ob der Täter sich der konkreten Handlung bewußt sein muß, durch die er den Erfolg verhindern kann. Dies ist mit der hM zu bejahen (vgl. BGH GA **68**, 336, Herdegen BGH-FG 199, Grünwald H. Mayer-FS 294 f., Jescheck/Weigend 632, M-Gössel II 210, Schaffstein OLG Celle-FS 201 FN 67), wobei ausreicht, daß dem Täter die konkrete Handlung mitbewußt ist. Demgegenüber verlangen Stratenwerth 282 und Rudolphi SK 22 ff. vor § 13 nur das Bewußtsein, daß eine Rettung generell möglich sei, während Armin Kaufmann (Unterlassungsdelikte 110 ff., 309 ff., v. Weber-FS 229) und Welzel 204 die bloße Erkennbarkeit einer Rettungsmöglichkeit ausreichen lassen. Da das Unterlassen als ein normativer Tatumstand (vgl. 139 vor § 13) die durch Urteil zu gewinnende Verneinung einer vom Täter geforderten bestimmten Handlung ist, so unterläßt nur der vorsätzlich, in dessen Bewußtsein die von ihm nicht vorgenommene Handlung getreten ist. Auch für bloße Untätigkeitsdelikte gilt Entsprechendes. So unterläßt die Hilfeleistung im Rahmen des § 323 c vorsätzlich, wer die konkrete Handlung kennt, durch die er die erforderliche Hilfe leisten könnte. Das Bewußtsein, zur Hilfeleistung verpflichtet zu sein, gehört nicht zum Vorsatz; mangelndes Gebotsbewußtsein ist ein dem Verbotsirrtum nach § 17 gleichzustellender Gebotsirrtum (vgl. u. 96). Freilich gibt es Situationen – vor allem im Nebenstraf- und Ordnungswidrigkeitenrecht –, in denen dem Unterlassenden die konkret vorzunehmende Handlung nicht bewußt werden kann, wenn ihm nicht auch das rechtliche Gebot bekannt geworden ist. Bei behördlichen Einzelverfügungen aufgrund straf- oder bußgeldbewehrter Vorschriften versteht sich dies von selbst. Wer es unterläßt, sein Haus abzutragen, weil ihm die entsprechende Abbruchverfügung nicht zugegangen ist, kennt die konkrete Handlung nicht, zu der er verpflichtet ist; folglich fehlt es am Vorsatz. Die gleiche Situation kann sich aber auch bei Vorschriften allgemeinen Charakters ergeben. Wer zB verpflichtet ist, Warenvorräte anzumelden oder seine Anmeldung bei der Meldebehörde vorzunehmen, kann den Vorsatz der Unterlassung nur dann haben, wenn ihm aufgrund der Kenntnis der entsprechenden Vorschriften bewußt ist, was er zu tun hat (Jakobs 293). Entsprechendes gilt bei einer Verletzung der Vorschriften über die Volkszählung (Ges. vom 8. 11. 85, BGBl. I 2078). Wer den Erhebungsbogen nicht erhalten hat, handelt idR nicht vorsätzlich; wer dagegen glaubt, kraft „Höheren Rechts" nicht zu dessen Ausfüllung verpflichtet zu sein, befindet sich im Verbotsirrtum. Bei einer Steuerstraftat geht die Rspr. davon aus, daß die Kenntnis vom Bestehen oder Umfang einer steuerrechtlichen Erklärungs- oder Handlungspflicht (zu Vorfelddirrtümern iZm normativen Tatbestandsmerkmalen: o. 43 f.) im Rahmen des § 370 AO zum Vorsatz gehört, ein Irrtum also nach § 16 I zu behandeln ist (BGH wistra **86**, 174, 219, 220, Bremen StV **85**, 284, Bay NJW **76**, 635: Irrtum über das Bestehen eines Steueranspruchs, BGH wistra **89**, 263, Bay DB **81**, 874); vgl. auch Schlüchter wistra 85, 43, 94, Bachmann aaO 145 ff., 203; krit. dazu Thomas NStZ 87, 260, Maiwald aaO. Die ohnehin problematische „Hemmschwellenthese" (o. 87) zur Verneinung des dolus eventualis im Bereich der Tötungsdelikte wird im Unterlassungsbereich auch vom BGH angesichts gegenläufiger Selbstschutzmotivation des Unterlassenden nicht verfochten (NJW **92**, 583 m. Bespr. Otto JK § 15/5, Puppe NStZ 92, 576, Schwarz JR 93, 31).

95 2. Umstritten war nach früherem Recht die Frage, ob der Unterlassungsvorsatz die **Pflicht zum Handeln** umfassen muß oder nicht.

96 a) Mit der **hM** ist davon auszugehen, daß die Handlungspflicht als solche so wenig zum Tatbestand gehört wie die Unterlassungspflicht bei den Begehungstatbeständen, daß vielmehr Tatbestandsmerkmal lediglich die konkrete Pflichtenstellung des Unterlassenden und die Umstände sind, aus denen sich seine Handlungspflicht ergibt. Dies gilt gleichermaßen für echte und unechte Unterlassungsdelikte (Fuhrmann GA 62, 171, Herdegen BGH-FG 198 f.; vgl. aber Heinitz JR 59, 286), die sich nur darin unterscheiden, daß sich bei ersteren die Elemente der Handlungspflicht aus dem Tatbestand, bei letzteren aus anderen Rechtsgründen ergeben (vgl. 137 vor § 13). Die pflichtbegründenden Umstände, nicht dagegen der Normbefehl müssen dann vom Vorsatz umfaßt sein, so daß derjenige, der bei Kenntnis der seine Handlungspflicht begründenden Umstände glaubt, zum Tätigwerden nicht verpflichtet zu sein, einem nach § 17 zu beurteilenden Gebotsirrtum unterliegt (BGH **16** 155, **19** 295 m. Anm. Geilen JuS 65, 426, BGH GA **68**, 337, Fuhrmann GA 62, 170 ff.; vgl. dazu Arthur Kaufmann JZ 63, 504; Armin Kaufmann Unterlassungsdelikte 306 ff., Welzel 204, 218, Neues Bild 61, NJW **53**, 329, M-Gössel LK 210 f., Börker JR 56, 87 ff., Heinitz JR 59, 287 f., Schaffstein OLG Celle-FS 198 ff., Busch Mezger-FS 179, Roxin, Offene Tatbestände 142, Rudolphi SK 25 vor § 13, Tröndle § 16 RN 12; vgl. auch Grünwald ZStW 70, 416, Androulakis, Studien zur Problematik der unechten Unterlassungsdelikte [1963] 251 ff.). Dagegen liegt zB ein Tatbestandsirrtum vor, wenn der Unterlassende keine Möglichkeit kennt, helfend einzugreifen (BGH GA **68**, 337), oder als nach § 323 c Hilfspflichtiger glaubt, das zur Abwendung des Unglücksfalls Erforderliche getan zu haben (BGH NJW **94**, 1357 m. Anm. Loos JR 94, 511). Diese Differenzierung muß auch auf den Irrtum über die Zumutbarkeit übertragen werden (vgl. 155 vor § 13).

97 b) Die frühere **Rspr.** wich davon zT ab. Für echte Unterlassungsdelikte wurde wiederholt ausgesprochen, daß der Vorsatz die Kenntnis der Handlungspflicht erfordere (vgl. BGH GA **59**, 89, JZ **58**, 508, RG **52** 102, **75** 160). Für unechte Unterlassungsdelikte wurde mehrfach angenommen, die Garantenpflicht müsse als Tatbestandsmerkmal vom Vorsatz umfaßt sein (vgl. BGH **2** 155, **3** 82, **4** 331, **5** 190, NJW **14** 232, NJW **53**, 591, 1838, MDR/D **56**, 271, Celle GA **58**, 153 [jedoch Verbotsirrtum, wenn der Täter irrig einen nicht existierenden Erlaubnissatz annimmt, der seine Pflicht ausschließen würde]; zweifelnd BGH LM **Nr. 10** vor § 47). Auch im **Schrifttum** wurde die Auffassung vertreten, die Handlungspflicht sei Tatbestandsmerkmal (vgl. zB Mezger LK[8] § 59 Anm. II 10a, NJW 53, 5, Gallas JZ 52, 373, ZStW 67, 26, Engisch Mezger-FS 158, Lange JZ 56, 76; vgl. auch Hardwig GA 54, 373, ZStW 74, 42 f.). Hierauf laufen auch die Anhänger der Vorsatztheorie.

98 3. Was die **Form des Vorsatzes** anlangt, gilt hier Entsprechendes wie bei den Begehungsdelikten (vgl. o. 64 ff.). Freilich muß der subjektive Tatbestand entsprechend der andersartigen Struktur der Unterlassungsdelikte (vgl. 139 vor § 13) modifiziert werden. So ist Absicht, zB die Bereicherungsabsicht bei § 263 oder die Verdeckungsabsicht bei § 211, als zielgerichtetes Unterlassen zu verstehen; dem Täter muß es darauf ankommen, durch sein Nichteingreifen den Erfolg eintreten zulassen (Rudolphi SK 27 f. vor § 13, Stratenwerth 283). Die Auffassung, daß es bei Unterlassungstaten keinen der Absicht entsprechenden psychischen Sachverhalt gäbe (so aber Grünwald H. Mayer-FS, 289 ff.), ist nicht haltbar (vgl. Maaß, Betrug verübt durch Schweigen [1982] 7 f.). Welche Erfolgschance der Täter seinem Nichteinschreiten beimißt, ist wie beim positiven Tun unerheblich (vgl. o. 67, 85). Nimmt der Täter als sicher an, daß durch sein Unterlassen die Verwirklichung des Tatbestandes eintreten wird, so liegt direkter Vorsatz vor. Hält er die Tatbestandsverwirklichung für möglich und nimmt er sie aus Gleichgültigkeit in Kauf, so ist dolus eventualis gegeben (vgl. o. 84), der auch für die Ursächlichkeit genügt (Lackner/Kühl gegen BGH MDR/H **71**, 361). Zur Gleichstellungsproblematik des § 13, die auch die subjektive Tatseite betreffen kann, vgl. dort RN 4.

VII. Bei den **konkreten Gefährdungsdelikten** (s. 2 vor § 306) muß sich der Vorsatz auch auf den Eintritt der mit dem Gefahrenmerkmal umschriebenen Krisensituation (hierzu 5 vor § 306) beziehen; Fahrlässigkeit genügt insoweit nicht, da das Tatbestandsmerkmal der konkreten Gefährdung nicht mit der besonderen Tatfolge iSv § 18 gleichgesetzt werden kann (Arzt/Weber II 31). Obgleich Gefährdungs- und Verletzungsvorsatz in Form des dolus eventualis hinsichtlich ein- und desselben Tatobjekts bezüglich der intellektuellen Vorsatzkomponente übereinstimmen (zumindest Für-möglich-Halten des Erfolgseintritts [vgl. aber Küpper ZStW 100, 775]), so unterscheiden sie sich doch in ihrer diesbezüglichen voluntativen Komponente, da das gleichgültige Sich-Abfinden mit der Schaffung einer konkret kritischen Lage nicht mit dem Sich-Abfinden mit einer Verletzung des gefährdeten Objekts in eins zu setzen ist: die objektive Unterscheidung von Verletzung und der ihr vorgelagerten Gefährdung findet – jedenfalls bei Anerkennung eines voluntativen Vorsatzelementes (o. 11) – auch in der Tätervorstellung ihren Widerpart (BGH **26** 182, 246, **36** 16, Arzt/Weber II 32; s. a. R. v. Hippel ZStW 75, 448, Köhler 168 f., aaO 287 f., Küpper ZStW 100, 768 ff., Lackner/Kühl 28, Radtke, Brandstiftungsdelikte [1 vor § 306] 305 ff., Tröndle 11h, Zielinski AK 81 [forensisch nicht zu unterscheiden], Zieschang [1 vor § 306] 123 ff.; ähnlich auch Frisch, Vorsatz 298 f. [hierzu krit. Küpper ZStW 100, 781], Jakobs 169; and. Horn [1 vor § 306] 204 ff., SK 14 vor § 306, Ostendorf JuS 82, 431, Schmidhäuser Oehler-FS 154, Wolter JuS 81, 171). Wenngleich bei einem über die Gefährdung hinausreichenden Verletzungsvorsatzes (zB Tötung iSv § 212) stets auch der Vorsatz konkreter Rechtsgutsobjektgefährdung (zB Lebensgefährdung iSv § 224 I Nr. 5) vorliegt, so kann umgekehrt ein mit Gefährdungsvorsatz (zB bei Durchbrechen einer Polizeisperre: Todesgefahr iSv § 113 II Nr. 2) handelnder Täter doch subjektiv im Einzelfall auf das Ausbleiben einer Verletzung (im Beispiel: Verletzung oder Tötung des Polizisten) vertrauen (vgl. BGH VRS **50**, 95). Für den Vorsatz konkreter Gefährdung, der stets die Kenntnis einer zugespitzten, verletzungsträchtigen Situation verlangt (mithin auch die Vorstellung, ein geschütztes Tatobjekt sei in den Wirkungsbereich eines schadenstrachtigen Ereignisses geraten), genügt iü dolus eventualis: der Täter erachtet die Schaffung eines kritischen Zustandes lediglich für möglich und findet sich damit ab (BGH **22** 67, NJW **96**, 330, NStZ-RR **97**, 262, Arzt/Weber II 32, Küpper ZStW 100, 775 f., Radtke NStZ 00, 89 [einschr.], Schroeder LK § 16 RN 95, Schroth, Aneignung 143 f., Zieschang [1 vor § 306] 126 f.; and. Engisch aaO 405 ff., Noll SchwZStr 69, 30 f.).

VIII. Vorsatz und Irrtum bei Blankettgesetzen. Besonders bestritten waren die Vorsatzfragen bei den sog. Blankettgesetzen, dh solchen Strafgesetzen, deren Tatbestand nur zusammen mit einer Ausführungsnorm ein konkretes Verhaltensgebot oder -verbot aufstellt. In das StGB – anders im Nebenstrafrecht (zB § 51 I Nr. 2 u. 5 LMBG) – sind zwar keine reinen Blankettstrafgesetze, die sich auf eine bloße Verweisung auf eine andere Norm beschränken, eingestellt, doch muß auch bei Teilblankettgesetzen, die durch Blankettbegriffe auf andere Gesetze verweisen (zB § 264 I Nr. 3 „entgegen den Rechtsvorschriften über die Subventionsvergabe", § 315a „Rechtsvorschriften zur Sicherung des Luftverkehrs") die in Bezug genommene Norm mit der Strafvorschrift zusammengelesen werden, um ein vollständiges Strafgesetz zu erhalten (Puppe NK § 16 RN 16 f.). Der Streit kreist insb. um die Frage, ob nur der Inhalt der Ausführungsnorm zum Tatbestand des Blankettgesetzes gehört (also nur insoweit Tatbestandsirrtum möglich: BGH NStZ **93**, 595 [zum Genehmigungserfordernis nach § 22 a KWKG] m. Anm. Puppe, Bachmann aaO 69 ff., Jakobs 286, Jescheck/Weigend 309, M-Zipf I 521, Mitsch, OWiRecht [1995] 68, Roxin I 412, Rudolphi SK § 16 RN 19, Schroeder LK § 16 RN 39, Warda aaO 37, Welzel 168) oder außerdem auch ihre Existenz und Wirksamkeit, so daß ein Irrtum über Existenz oder Wirksamkeit der blankettausfüllenden Norm einen Tatbestandsirrtum begründet (Bockelmann/Volk 77, Herzberg GA 93, 457 ff., Kaufmann, Schuldprinzip 137, Lackner-FS 190, Kuhlen aaO 421 ff., 543, Lange JZ 56, 75 f., Puppe GA 90, 168 ff., NK § 16 RN 87, Schröder MDR 51, 389, Schroth, Irrtum 37, Tiedemann ZStW 81, 876 ff., Geerds-FS 108 f.). Die Frage ist dadurch geklärt, daß sich der Gesetzgeber in §§ 16, 17 für die Schuldtheorie entschieden hat (Neumann NK § 17 RN 94; and. Kuhlen aaO 424, Puppe GA 90, 166, ZStW 102, 899, NK § 16 RN 84 f., Herzberg GA 93, 457). Dasselbe gilt für das Ordnungswidrigkeitenrecht (§ 11 II OWiG), in dem Blankettgesetze eine wesentlich größere Rolle spielen als im StGB. Gerade dort ist die gesetzgeberische Verankerung der Schuldtheorie fragwürdig, weil sie auch weite Bereiche des wertindifferenten Verwaltungsrechts umfaßt (vgl. Lange JZ 56, 73, B/W-Weber 458, Weber ZStW 92, 340, 96, 391 ff.; vgl. aber auch Mitsch ebd. 68). Krit. mit der heutigen Regelung setzen sich auch Schlüchter wistra 85, 45 für das Steuerstrafrecht (vgl. auch Bilsdorfer NJW 89, 1591, aber auch Bachmann aaO 158 ff.) und Tiedemann JuS 89, 695 für das Wirtschaftsstrafrecht auseinander. Dem berechtigten Anliegen, angesichts der sozialethisch häufig farblosen Normen des Nebenstraf- und insb. Ordnungswidrigkeitenrechts schuldangemessenes Sanktionieren zu gewährleisten, ist insoweit durch eine weniger restriktive Handhabung im Bereich der Vermeidbarkeit des Verbotsirrtums Rechnung zu tragen (B/W-Weber 459, Roxin I 797; § 17 RN 16). Zum Irrtum über das Bestehen einer Pflicht zur Versteuerung bestimmter Einnahmen vgl. o. 94.

100 1. Nach der heutigen Gesetzeslage ist davon auszugehen, daß nur der Inhalt, nicht aber die Existenz der blankettausfüllenden Norm vom Vorsatz zu umfassender Bestandteil des Verbots- oder Gebotstatbestandes ist. Die Blankettnorm ist also grundsätzlich so zu lesen, als stünde die Ausfüllungsnorm im Strafgesetz. Etwas anderes gilt nur dann, wenn die Auslegung im Einzelfall ergibt, daß die Anwendung des Vorsatztatbestandes auf Fälle der positiven Verbotskenntnis beschränkt bleiben sollte (vgl. Jescheck/Weigend 459 f. mwN, Rudolphi SK § 16 RN 18 f.); zur Notwendigkeit tatbestandsspezifischer Differenzierung vgl. § 17 RN 12 a).

101 a) Auf die auf diese Weise vervollständigte Strafvorschrift sind damit die **allgemeinen Irrtumsregeln** anzuwenden. Der Irrtum über einen Tatumstand der das Blankett ausfüllenden Norm ist Tatbestandsirrtum, der Irrtum über die Existenz der blankettausfüllenden Norm Verbotsirrtum (vgl. Jescheck/Weigend 309, Roxin I 412, Schroeder LK § 16 RN 39, Warda, Abgrenzung 36 ff., Welzel 168). Das Bewußtsein von der Existenz der Ausfüllungsnorm gehört daher nicht zum Vorsatz. Der Irrtum über die Schonzeit ist demgemäß ebenso Tatbestandsirrtum (Celle NJW **54**, 1618) wie der Irrtum über die tatsächlichen Voraussetzungen einer Titelführung; der Irrtum über deren rechtliche Voraussetzungen ist hingegen Verbotsirrtum (BGH **14** 223, Bay GA **61**, 152).

102 b) Setzt allerdings das Blankett eine **Einzelanordnung** voraus (zB Untersagung nach § 145 c), wie dies im Umweltstraf- sowie im Ordnungswidrigkeitenrecht zB in Gestalt behördlicher Auflagen oder Weisungen häufig der Fall ist, so führt der Irrtum über die Existenz und den Inhalt dieser Anordnung zum vorsatzausschließenden Tatbestandsirrtum (Puppe GA 90, 167, NK § 16 RN 81). Dies ergibt sich daraus, daß das Verbot in solchen Fällen nicht generell, also für jedermann erkennbar umschrieben wird, wie zB die durch Verordnung eingeführte polizeiliche Meldepflicht, sondern durch eine bestimmte, nur den einzelnen zugängliche Anordnung konkretisiert wird. Wer zB die Anordnung eines Polizisten im Verkehr nicht wahrnimmt, kann wegen einer vorsätzlichen Zuwiderhandlung nach §§ 24 StVG, 49 I Nr. 3 StVO nicht belangt werden; hier kommt nur Fahrlässigkeit in Betracht. Entsprechendes gilt im Strafrecht: Wer den Befehl eines militärischen Vorgesetzten nicht befolgt, kann wegen Ungehorsams (§ 19 WStG) nur verurteilt werden, wenn er von der Existenz des Befehls gewußt hat. Gerade hier zeigt sich, daß die Anordnung selbst zum Tatbestand des Strafgesetzes gehört; denn von Ungehorsam kann man nicht sprechen, wenn der Untergebene nicht weiß, daß er einen Befehl mißachtet. Das ergibt sich auch aus § 22 WStG, nach dem in Irrtumsfällen der ungehorsame Soldat nur beim Irrtum über die Verbindlichkeit des Befehls uU nach § 19 WStG strafbar sein kann, nicht schon beim Irrtum über die Existenz des Befehls. Unzutreffend daher Warda aaO 44, nach dem das Nichtkennen einer Einzelanordnung iSd NaturschutzG Verbotsirrtum sein soll. Vgl. dazu auch § 17 RN 12 a.

103 2. Zweifelhaft sind ferner die Grenzen zwischen **Blankettgesetz** und **normativem Tatbestandsmerkmal**. Grundsätzlich bestreiten die Durchführbarkeit und Relevanz dieser Unterscheidung Tiedemann, Tatbestandsfunktionen (1969) 388 ff., Backes, Abgrenzung (Diss. Köln 1981) 114 ff., Kuhlen aaO 426 ff., Schlüchter wistra 85, 43 ff.; ihrer Ansicht nach gelten für Blankettatbestände die allg. Grundsätze über normative Tatbestandsmerkmale. Auch soweit die Abgrenzung für durchführbar gehalten wird, ist zB bestritten, ob die „Pflichtwidrigkeit" normatives Tatbestandsmerkmal des § 356 ist (so zB Welzel JZ 54, 277) oder auf die ausfüllenden Normen der BRAO verweist (so BGH **3** 402, **5** 287, s. § 356 RN 23 f.). Entsprechendes gilt etwa für Vorschriften, die die Ausgabe „bezugsbeschränkter" Erzeugnisse ohne Bezugsberechtigung unter Strafe stellen, oder für § 283 b, wonach die Verletzung der Pflicht, Handelsbücher zu führen, bestraft werden kann (vgl. Puppe NK § 16 RN 80, Warda aaO 11 f.). In diesen Fällen ist trotz Heranziehung anderer Gesetzesbestimmungen keine Blankettnorm, sondern ein normatives Tatbestandsmerkmal anzunehmen. Hier wendet sich nämlich das Strafgesetz nicht auf andere Normen, vielmehr sind bei der Wertung seiner Tatbestandsmerkmale lediglich andere Normen heranzuziehen (Puppe GA 90, 163). Das geschieht vielfach auch in Fällen, in denen eindeutig ein Tatbestandsmerkmal und kein Blankettgesetz vorliegt, zB beim Begriff der „Pfändung" iSd § 136 oder beim Begriff der „Fremdheit" iSd § 242, obwohl dieser Begriff nach den Normen des bürgerlichen Rechts zu beurteilen ist.

104 **IX. Das Bewußtsein der Rechtswidrigkeit.** Soweit der Vorsatz das Handlungsunrecht charakterisiert (vgl. 52 vor § 13), kann das Bewußtsein der Widerrechtlichkeit nicht selbst Bestandteil des Vorsatzes sein. Fehlt dem Täter dieses Bewußtsein, so hat er dennoch das Unrecht der vorsätzlichen Tat verwirklicht. Das Gesetz selbst hat, wie sich aus §§ 16, 17 ergibt, den früheren Streit zwischen Vorsatz- und Schuldtheorie jedenfalls im Ergebnis zugunsten der Schuldtheorien entschieden (B/W-Weber 457, Kuhlen/Kühl § 17 RN 1, Neumann NK § 17 RN 2 Roxin I 795 [materielle Begründung 796; s. a. BGH **2** 206 f.; hierzu krit. B/W-Weber 458, Koriath Jura 96, 116 ff.]); der abweichende Standpunkt Schröders ist in der 19. A. RN 101 wiedergegeben. Verfassungsrechtliche Bedenken gegen diese Regelung bestehen nicht (BVerfG **41** 121 m. krit. Anm. Langer GA 76, 193; s. a. Koriath Jura 96, 124); zur Bindungswirkung des BVerfG-Urteils vgl. Kramer/Trittel JZ 80, 393 m. Erwiderung von Schmidhäuser JZ 80, 396, der die Ergebnisse der Schuldtheorie als Verstoß gegen den Schuldgrundsatz bezeichnet (NJW 75, 1807, JZ 79, 361; s. a. Köhler 400). Eine ohne Bewußtsein der Rechtswidrigkeit begangene Tötung kann daher nicht wie von der Vorsatztheorie (heute noch – modifiziert – vertreten von Freund 246, D. Geerds Jura 90, 430, Arth. Kaufmann Lackner-FS 186 ff., Koriath Jura 96, 114 ff., Langer GA 76, 206, Otto I 218, Meyer-GedS 597 ff., Jura 90, 647, 96, 474 ff., Schmidhäuser 416, H. Mayer-FS 317 ff., JZ 79, 361 ff., Schünemann NJW 80, 738; de lege ferenda B/W-Weber 458) angenommen, allenfalls nach § 222 bestraft werden, vielmehr bleibt der Täter hier, soweit nicht seine Schuld nach § 17 ausgeschlossen ist, wegen eines vorsätzlichen Tötungsdelikts strafbar. Nicht zwingend gesagt ist damit allerdings, daß der in § 17 geregelte Verbotsirrtum auch die Vorsatzschuld unberührt läßt (vgl. 120/121 vor § 13). In dieser Beziehung wäre weiterhin ein Standpunkt denkbar, daß der Täter zwar aus dem Vorsatztatbestand (Unrecht der vorsätzlichen Tat) bestraft wird, seine Schuld aber nur die einer „Rechtsfahrlässigkeit" ist, wobei durch § 17 jedem Vorsatzdelikt ein „crimen culposum" in Gestalt der Rechtsfahrlässigkeit gleichsam angehängt würde; praktische Konsequenzen gegenüber dem hier vertretenen Standpunkt resultieren aus dieser Konstruktion jedoch nicht.

C. Fahrlässigkeit

Schrifttum: Arzt, Zum Verbotsirrtum beim Fahrlässigkeitsdelikt, ZStW 79, 857. – *ders.,* Leichtfertigkeit und recklessness, Schröder-GedS 119. – *v. Bar,* Entwicklungen und Entwicklungstendenzen im Recht der Verkehrs(sicherungs)pflichten, JuS 88, 169. – *Baumann,* Kausalzusammenhang bei Fahrlässigkeitsdelikten, DAR 55, 210. – *ders.,* Die Rechtswidrigkeit der fahrlässigen Handlung, MDR 57, 646. – *ders.,* Probleme der Fahrlässigkeit bei Straßenverkehrsunfällen, Krim. Biol. Gegenwartsfragen 1960, 100. – *Beling,* Unschuld, Schuld und Schuldstufen, 1910. – *Berz,* Straßenbeleuchtung und Verkehrssicherungspflicht, DAR 88, 2. – *Binding,* Das strafbare Fahrlässigkeitsdelikt in seiner zweckmäßigen Umgrenzung, GS 87, 257. – *ders., Normen,* Bd. IV (Fahrlässigkeit), 1919. – *Bockelmann,* Verkehrsstrafrechtliche Aufsätze und Vorträge, 1967. – *E. Bokelmann,* Grobe Fahrlässigkeit, 1973. – *Böhmer,* Der Vertrauensgrundsatz im Straßenverkehr in der Rechtsprechung, JR 67, 291. – *Bohnert,* Fahrlässigkeitsvorwurf und Sondernorm, JR 82, 6. – *ders.,* Das Bestimmtheitserfordernis im Fahrlässigkeitstatbestand, ZStW 94, 68. – *Boldt,* Zur Struktur der Fahrlässigkeit, ZStW 68, 335. – *Brinkmann,* Der Vertrauensgrundsatz als eine Regel der Erfahrung, 1996. – *Brose,* Aufgabenteilung im Gesundheitswesen, in: Roxin/Schroth (Hrsg.), Medizinstrafrecht, 2000, 51 ff. – *Burgstaller,* Das Fahrlässigkeitsdelikt im Strafrecht, 1974. – *ders.,* Erfolgszurechnung bei nachträglichem Fehlverhalten eines Dritten oder des Verletzten selbst, Jescheck-FS 357. – *Castaldo,* Offene und verschleierte Individualisierung im Rahmen des Fahrlässigkeitsdelikts, GA 93, 495. – *Cramer,* Gedanken zur Reform der fahrlässigen Körperverletzung im Verkehrsstrafrecht, DAR 74, 317. – *Dencker,* Der Arbeitnehmer im Straßenverkehrsstrafrecht, Homburger Tage 1996, 21. – *Deutsch,* Fahrlässigkeit und erforderliche Sorgfalt, 1963. – *ders.,* Sport und Recht, VersR 89, 219. – *ders.,* Haftungsrechtliche Standards, JZ 97, 1030. – *Dölling,* Fahrlässige Tötung bei Selbstgefährdung des Opfers, GA 84, 71. – *Donatsch,* Sorgfaltsbemessung und Erfolg beim Fahrlässigkeitsdelikt, 1987. – *Dubs,* Die fahrlässigen Delikte im modernen Strafrecht, SchwZStr 78, 31. – *Ebert,* Kausalität und objektive Zurechnung, Jura 79, 561. – *Engisch,* Untersuchungen über Vorsatz und Fahrlässigkeit im Strafrecht, 1930. – *Eschenbach,* Zurechnungsnormen im Strafrecht, Jura 92, 637. – *Exner,* Das Wesen der Fahrlässigkeit, 1910. – *Fabricius,* Rechtsdogmatische Wandlungen (usw), ARSP-Beih. 71, 119. – *Frisch,* Peter, Das Fahrlässigkeitsdelikt und das Verhalten des Verletzten, 1973. – *Frisch,* Wolfgang, Tatbestandsmäßiges Verhalten und Zurechnung des Erfolgs, 1988. – *ders.,* Selbstgefährdung im Strafrecht NStZ 92, 1, 62. – *ders.,* Strafrechtssystem und Rechtsfindung, Nishihara-FS 660. – *Gössel,* Alte und neue Wege der Fahrlässigkeitslehre, Bengl-FS 23. – *Grassberger,* Aufbau, Schuldgehalt und Grenzen der Fahrlässigkeit, ZfRV 64, 20. – *Große Vorholt,* Behördliche Stellungnahmen in der strafrechtlichen Produkthaftung, 1997. – *Hall,* Über die Leichtfertigkeit, Mezger-FS 229. – *Hart,* Ärztliche Leitlinien, MedR 98, 8. – *Hoffmann,* Fahrlässige Körperverletzung im Straßenverkehr, NZV 93, 209. – *Heitzer,* Unrechtsbegriff und Schuldbegriff beim Fahrlässigkeitsdelikt, NJW 51, 528. – *Herzberg* Die Schuld beim Fahrlässigkeitsdelikt, Jura 84, 402. – *Himmelreich,* Notwehr und unbewußte Fahrlässigkeit, 1971. – *Hirsch,* Soziale Adäquanz und Unrechtslehre, ZStW 74, 78. – *ders.,* Die Entwicklung der Strafrechtsdogmatik nach Welzel, Köln-FS, 399. – *Hoffmann,* Die Abstufung der Fahrlässigkeit in der Rechtsgeschichte etc., 1968. – *Hruschka,* Über Tun und Unterlassen und über Fahrlässigkeit, Bockelmann-FS 421. – *Huber,* Normzwecktheorie und Adäquanztheorie, JZ 69, 677. – *Ida,* Inhalt und Funktion der Norm beim fahrlässigen Erfolgsdelikt, H. J. Hirsch-FS 225. – *Jakobs,* Studien zum fahrlässigen Erfolgsdelikt, 1972. – *ders.,* Risikokonkurrenz – Schadensverlauf und Verlaufshypothese im Strafrecht, Lackner-FS 53. – *Jescheck,* Aufbau und Behandlung der Fahrlässigkeit im modernen Strafrecht, 1965. – *Jordan,* Rechtmäßiges Alternativverhalten und Fahrlässigkeit, GA 97, 349. – *Kamps,* Ärztliche Arbeitsteilung und strafrechtliches Fahrlässigkeitsdelikt, 1981. – *Jungclaussen,* Die subjektiven Rechtfertigungselemente beim Fahrlässigkeitsdelikt, 1987. – *Kahrs,* Das Vermeidbarkeitsprinzip und die Conditio-sine-qua-non-Formel im Strafrecht, 1968. – *Kaminski,* Der objektive Maßstab im Tatbestand des Fahrlässigkeitsdelikts, 1992. – *Kantorowicz,* Unechtes Unterlassungs- und unbewußtes Fahrlässigkeitsdelikt, StrAbh. Heft 297 (1931). – *Armin Kaufmann,* Das Fahrlässigkeitsdelikt, ZfRV 64, 41. – *Arthur Kaufmann,* Die finale Handlungslehre und die Fahrlässigkeit, JuS 67, 145. – *ders.,* Die Bedeutung hypothetischer Erfolgsursachen im Strafrecht, Eb. Schmidt-FS 200. – *Kienapfel,* Das erlaubte Risiko im Strafrecht, 1966. – *Kindhäuser,* Erlaubtes Risiko und Sorgfaltswidrigkeit, GA 94, 197. – *Kirschbaum,* Der Vertrauensgrundsatz im deutschen Straßenverkehrsrecht, 1980. – *A. Koch,* Die Entkriminalisierung im Bereich der fahrlässigen Körperverletzung und Tötung, 1998. – *Köhler,* Die bewußte Fahrlässigkeit, 1982. – *Krümpelmann,* Schutzzweck und Schutzreflex der Sorgfaltspflicht, Bockelmann-FS 443. – *ders.,* Zur Kritik der Lehre vom Risikovergleich bei den fahrlässigen Erfolgsdelikten, GA 84, 491. – *ders.*, Die Verwirkung des Vertrauensgrundsatzes bei pflichtwidrigem Verhalten in der kritischen Verkehrssituation, Lackner-FS 289. – *König*, Die grobe Fahrlässigkeit, 1998. – *Krümpelmann*, Über die zeitliche Struktur einiger Zurechnungsurteile, Triffterer-FS 137. – *Küper*, Überlegungen zum sog. Pflichtwidrigkeitszusammenhang beim Fahrlässigkeitsdelikt, Lackner-FS 247. – *Kusch*, Die Strafbarkeit von Vollzugsbediensteten bei fehlgeschlagenen Lockerungen, NStZ 85, 385. – *Lampe*, Täterschaft bei fahrlässiger Straftat, ZStW 71, 539. – *ders.*, Tat und Unrecht der Fahrlässigkeitsdelikte, ZStW 101, 3. – *Lekschas*, Zum Problem des fahrlässigen Verschuldens bei Verkehrsdelikten, NJW 61, 298. – *Lenckner*, Technische Normen und Fahrlässigkeit, Engisch-FS 490. – *ders.*, Strafe, Schuld und Schuldfähigkeit, in: Göppingen-Witten, Handbuch der forensischen Psychiatrie, 1972, 50 ff. – *Leverenz*, Der Begriff der Fahrlässigkeit im Strafrecht, SchlHA 63, 233. – *Lohmeyer*, Was ist „leichtfertig" iSd § 402 RAbgO?, NJW 60, 1798. – *Maihofer*, Zur Systematik der Fahrlässigkeit, ZStW 70, 159. – *Maiwald*, Der Begriff der Leichtfertigkeit als Merkmal erfolgsqualifizierter Delikte, GA 74, 257. – *ders.*, Zum Maßstab der Fahrlässigkeit bei trunkenheitsbedingter Fahruntüchtigkeit, Dreher-FS 437. – *ders.*, Ein alltäglicher Strafrechtsfall (usw.) – OLG Celle, VRS 63 (1982) 72, JuS 89, 186. – *ders.*, Die Unzumutbarkeit – Strafbarkeitsbegrenzendes Prinzip bei den Fahrlässigkeitsdelikten?, Schüler-Springorum-FS 475. – *ders.*, Zur strafrechtssystematischen Funktion des Begriffs der objektiven Zurechnung, Miyazawa-FS 465. – *Mannheim*, Der Maßstab der Fahrlässigkeit im Strafrecht, StrAbh. Heft 157 (1912). – *Maurach*, Adäquanz der Verursachung oder der Fahrlässigkeit, GA 60, 97. – *ders.*, Probleme des erfolgsqualifizierten Delikts bei Menschenraub, Geiselnahme und Luftpiraterie, Heinitz-FS 403. – *Mohrmann*, Die neueren Ansichten über das Wesen der Fahrlässigkeit im Strafrecht, StrAbh. Heft 265 (1929). – *Mühlhaus*, Voraussehbarkeit beim fahrlässigen Erfolgsdelikt, DAR 67, 229. – *ders.*, Die Fahrlässigkeit in Rechtsprechung und Rechtslehre, 1967. – *Niese*, Finalität, Vorsatz und Fahrlässigkeit, 1951. – *Namias*, Die Zurechnung von Folgeschäden im Strafrecht, 1993. – *Nowakowski*, Zu Welzels Lehre von der Fahrlässigkeit, JZ 58, 335, 388. – *Oehler*, Die erlaubte Gefahrsetzung und die Fahrlässigkeit, Eb. Schmidt-FS 232. – *Otto*, Kausaldiagnose und Zurechnung im Strafrecht, Maurach-FS 91. – *ders.*, Kausalität und Zurechnung, E.A. Wolff-FS 395. – *ders.*, Die strafrechtliche Haftung für die Auslieferung gefährlicher Produkte, H.J. Hirsch-FS 291. – *Park*, Die Leichtfertigkeit, 1994. – *Peter*, Arbeitsteilung im Krankenhaus aus strafrechtlicher Sicht, 1992. – *Prittwitz*, Strafrecht und Risiko, 1993. – *Puppe*, Die Beziehung zwischen Sorgfaltswidrigkeit und Erfolg bei den Fahrlässigkeitsdelikten, ZStW 99, 595. – *dies.*, Die Lehre von der objektiven Zurechnung, Jura 97, 519, 624, 98, 21. – *dies.*, Die adäquate Kausalität und der Schutzzweck der Sorgfaltsnorm, Bemmann-FS 227. – *Ranft*, Berücksichtigung hypothetischer Bedingungen beim fahrlässigen Erfolgsdelikt?, NJW 84, 1425. – *Rehberg*, Zur Lehre vom erlaubten Risiko, 1962. – *Renzikowski*, Restriktiver Täterbegriff und fahrlässige Beteiligung, 1997. – *Reyes*, Theoretische Grundlagen der objektiven Zurechnung, ZStW 105, 108. – *Roeder*, Die Einhaltung des sozialadäquaten Risikos, 1969. – *Rössner*, Fahrlässiges Verhalten im Sport als Prüfstein der Fahrlässigkeitsdogmatik, H.J. Hirsch-FS 313. – *Roth*, Zur Strafbarkeit leicht fahrlässiger Verhaltens, 1996. – *Roxin*, Pflichtwidrigkeit und Erfolg bei fahrlässigen Delikten, ZStW 74, 411. – *ders.*, Der Schutzweck der Norm bei Fahrlässigkeitsdelikten, Gallas-FS 241. – *ders.*, Bemerkungen zum Regreßverbot, Tröndle-FS 177. – *Rudolphi*, Vorhersehbarkeit und Schutzzweck der Norm in der strafrechtlichen Fahrlässigkeitslehre, JuS 69, 549. – *Salm*, Das vollendete Verbrechen, Teil 1: Über die Fahrlässigkeit und Kausalität, Halbband 2: Einzelprobleme, 1967. – *Schaffstein*, Handlungsunwert, Erfolgsunwert und Rechtfertigung beim Fahrlässigkeitsdelikte, Welzel-FS 557. – *ders.*, Die strafrechtliche Verantwortlichkeit Vollzugsbediensteter für den Mißbrauch von Vollzugslockerungen, Lackner-FS 795. – *Schlüchter*, Zusammenhang zwischen Pflichtwidrigkeit und Erfolg bei Fahrlässigkeitstatbeständen, JA 84, 673. – *dies.*, Grenzen strafbarer Fahrlässigkeit, 1996. – *dies.*, Kleine Kriminologie der Fahrlässigkeitsdelikte, Kaiser-FS 359. – *Schlund*, Streupflicht als Verkehrssicherungspflicht, DAR 88, 6. – *Schmidhäuser*, Zum Begriff der bewußten Fahrlässigkeit, GA 57, 305. – *ders.*, Fahrlässige Straftat ohne Sorgfaltspflichtverletzung, Schaffstein-FS 129. – *Schmidt-Salzer*, Zivilrechtliche und strafrechtliche Produktverantwortung, NJW 88, 465. – *Schmoller*, Zur Argumentation mit Maßstabfiguren, JBl 90, 631, 706. – *ders.*, Fremdes Fehlverhalten im Kausalverlauf, Triffterer-FS 223. – *Scholz*, Zur Arzthaftung bei Tätigwerden mehrerer Ärzte, JR 97, 1. – *Schroeder*, Die Fahrlässigkeit als Erkennbarkeit der Tatbestandsverwirklichung, JZ 89, 776. – *Schünemann*, Neue Horizonte der Fahrlässigkeitsdogmatik?, Schaffstein-FS 159. – *ders.*, Moderne Tendenzen in der Dogmatik der Fahrlässigkeits- und Gefährdungsdelikte, JA 75, 435, 511, 575, 647, 715, 787. – *ders.*, Die Regeln der Technik im Strafrecht, Lackner-FS 367. – *ders.*, Überkriminalisierung und Perfektionismus als Krebsschaden des Verkehrsstrafrechts, DAR 98, 424. – *ders.*, Über die objektive Zurechnung GA 99, 207. – *Seebald*, Teilnahme am erfolgsqualifizierten und fahrlässigen Delikt, GA 64, 161. – *Sowada*, Zur strafrechtlichen Zurechnung von durch den Primärtäter ausgelösten Rettungsfällen, JZ 94, 663. – *Spendel*, Conditio-sine-qua-non-Gedanke und Fahrlässigkeitsdelikt, JuS 64, 14. – *ders.*, Fahrlässige Teilnahme an Selbst- und Fremdtötung, JuS 74, 749. – *Spiegel*, Die strafrechtliche Verantwortlichkeit des Kraftfahrers für Fehlreaktionen, DAR 68, 283. – *Stoll*, Kausalzusammenhang und Normzweck im Deliktsrecht, 1968. – *Stratenwerth*, Handlungs- und Erfolgsunwert im Strafrecht, SchwZStr 79, 255. – *ders.*, Bemerkungen zum Prinzip der Risikoerhöhung, Gallas-FS 227. – *Streng*, Zum rechtlichen Zusammenhang zwischen überhöhter Geschwindigkeit und Verkehrsunfall, NJW 85, 2809. – *Struensee*, Der subjektive Tatbestand des fahrlässigen Delikts, JZ 87, 53. – *Tenckhoff*, Die leichtfertige Herbeiführung qualifizierter Tatfolgen, ZStW 88, 897. – *Toepel*, Kausalität und Pflichtwidrigkeitszusammenhang beim fahrlässigen Erfolgsdelikt, 1992. – *Triffterer*, Die „objektive Voraussehbarkeit" (des Erfolges und des Kausalverlaufs) – unverzichtbares Element im Begriff der Fahrlässigkeit oder allgemeines Verbrechenselement aller Erfolgsdelikte?, Bockelmann-FS 201. – *Tröndle*, Abschaffung der Strafbarkeit der fahrlässigen Tötung und fahrlässigen Körperverletzung bei leichtem Verschulden?, DRiZ 76, 129. – *Uekötter*, Das Merkmal Leichtfertigkeit bei strafrechtlichen Erfolgsdelikten und erfolgsqualifizierten Delikten, 1993. –

Ulsenheimer, Das Verhältnis zwischen Pflichtwidrigkeit und Erfolg, 1965. – *ders.,* Erfolgsrelevante und erfolgsneutrale Pflichtenverletzung im Rahmen der Fahrlässigkeitsdelikte, JZ 69, 364. – *Volk,* Reformüberlegungen zur Strafbarkeit der fahrlässigen Körperverletzung im Straßenverkehr, GA 76, 161. – *B. Voß,* Kostendruck und Ressourcenknappheit im Arzthaftungsrecht, 1999. – *Walther,* Eigenverantwortlichkeit und strafrechtliche Zurechnung, 1991. – *Webel,* Strafbarkeit leicht fahrlässigen Verhaltens?, 1999. – *Wegscheider,* Zum Begriff der Leichtfertigkeit, ZStW 98, 624. – *Weidemann,* Die finale Handlungslehre und das fahrlässige Delikt, GA 84, 408. – *Weigelt,* Fahrlässigkeitsprobleme bei Verkehrsunfällen, DAR 61, 220. – *Welp,* Vorausgegangenes Tun als Grundlage einer Handlungsäquivalenz der Unterlassung, 1968. – *Welzel,* Die finale Handlungslehre, JZ 56, 316. – *ders.,* Fahrlässigkeit und Verkehrsdelikte, 1961. – *Wieseler,* Der objektive und der individuelle Sorgfaltspflichtmaßstab beim Fahrlässigkeitsdelikt, 1992. – *Wilhelm,* Verantwortung und Vertrauen bei Arbeitsteilung in der Medizin, 1984. – *Wimmer,* Das Zufallsproblem beim fahrlässigen Verletzungsdelikt, NJW 58, 251. – *ders.,* Die Fahrlässigkeit beim Verletzungsdelikt, ZStW 70, 196. – *Zaczyck,* Strafrechtliches Unrecht und die Selbstverantwortung des Verletzten, 1993. – *Ziegler,* Fahrlässigkeit und Gefährdung, StrAbh. Heft 359 (1935). – *Zipf,* Rechtskonformes und sozialadäquates Verhalten im Strafrecht, ZStW 82, 633. – *ders.,* Kriminalpolitische Überlegungen zur Entkriminalisierung der fahrlässigen Körperverletzung, Krause-FS 437. – Weitere Nachweise o. vor 7, u. 219, 222 f.

Strafrechtliche Konsequenzen können auch an die fahrlässige Verwirklichung eines Tatbestandes **105** geknüpft werden, sofern ein entsprechender Fahrlässigkeitstatbestand besteht. So erfaßt zB § 222 denjenigen, der „durch Fahrlässigkeit den Tod eines Menschen verursacht", § 163 droht Strafe an für den „fahrlässigen Falscheid" und die „fahrlässig falsche Versicherung an Eides Statt". Weitere **Fahrlässigkeitstatbestände** enthalten §§ 229, 264 IV, 283 V, 283 b III, 306 d, 306 f III, 307 IV, 308 V, 311 III, 312 VI Nr. 2, 313 II iVm 308 VI, 315 VI, 315 a III Nr. 2, 315 b V, 315 c III Nr. 2, 316 II, 317 III, 318 VI Nr. 2, 319 IV, 323 a, 324 III, 325 III, 326 V, 327 III, 328 V, 329 IV.

Im Gesetz finden sich zudem Tatbestände, die eine **leichtfertige Begehung** voraussetzen. Es **106** handelt sich hier ebenfalls um Fahrlässigkeitsdelikte, die jedoch einen besonderen Grad der Nachlässigkeit, ähnlich der groben Fahrlässigkeit des Zivilrechts, erfordern; vgl. u. 205. Dazu gehören zB die leichtfertige Preisgabe von Staatsgeheimnissen (§ 97 II), die leichtfertige Nichtanzeige geplanter Straftaten (§ 138 III) sowie der leichtfertige Subventionsbetrug (§ 264 IV); ferner: § 109 g IV, § 283 IV Nr. 2, V Nr. 2, § 330 a V, § 345 II; ferner §§ 21, 41 III WStG, § 30 I Nr. 3 BtMG; besondere Bedeutung erlangt die Leichtfertigkeit bei den todeserfolgsqualifizierten Delikten (s. § 18 RN 3).

Der Fahrlässigkeitsbegriff spielt auch in den Tatbeständen eine Rolle, die ein **erfolgsqualifiziertes** **107** **Delikt** beschreiben, bei denen neben vorsätzlich verwirklichtem Unrecht ein weitergehender Erfolg nach § 18 wenigstens fahrlässig, teilweise auch leichtfertig, verursacht sein muß; vgl. dazu Erl. zu § 18.

Weiterhin sind in diesem Zusammenhang die Delikte zu nennen, die eine **Vorsatz-Fahrlässig-** **108** **keitskombination** enthalten, iSv § 11 II zwar als Vorsatzdelikte gelten (vgl. dort RN 73 ff.), hinsichtlich ihres unvorsätzlichen Teils aber nach Fahrlässigkeitsregeln zu beurteilen sind; hierzu gehören zB die §§ 97, 109 e V, 109 g IV, 307 II, 308 V, 312 VI Nr. 1, 313 II iVm 308 V, 315 V 315 a III Nr. 1, 315 c Nr. 1, 319 III, 353 b I 2. Die im Umweltstrafrecht früher enthaltenen Tatbestände einer solchen Vorsatz-Fahrlässigkeitskombination (§§ 330 V, 330 a II aF) sind entfallen; soweit dort nunmehr an eine „grobe" Verletzung verwaltungsrechtlicher Pflichten (§ 330 d Nr. 4) angeknüpft wird (vgl. zB § 328 I Nr. 2, III), deckt sich dies bei fahrlässigem Handeln weitgehend mit dem Erfordernis der Leichtfertigkeit.

I. Umfang der Fahrlässigkeitshaftung. Da im Sanktionsrecht einerseits eine Fahrlässigkeitshaf- **109** tung nur in Betracht kommt, wenn sie in den einzelnen Tatbeständen ausdrücklich vorgesehen ist (vgl. o. 1 und § 10 OWiG), und da andererseits keine Fahrlässigkeitstatbestände existieren, denen nicht ein Vorsatztatbestand entspricht, ist der Umfang der Fahrlässigkeitshaftung von der inhaltlichen Bestimmung des Vorsatzes, dh des dolus eventualis abhängig. Wer zB bei bloßem Fürmöglichhalten des Erfolgseintritts Vorsatz bejaht (Schmidhäuser 438, GA 57, 312 ff. u. 58, 178 ff., JuS 80, 241, Schröder Sauer-FS 232), kommt zur Fahrlässigkeitshaftung nur, wenn der Täter über die Möglichkeit des Erfolgseintritts nicht reflektiert hat. Wer die Billigung des Erfolgs verlangt (M-Zipf I 311 f., Bockelmann NJW 59, 1850, RG **33** 5, **76** 115, OGH **2** 254, BGH **14** 256, GA **58**, 165), kann als fahrlässig auch ein Verhalten bezeichnen, bei dem der Täter im erkannte Möglichkeit des Erfolgseintritts mißbilligt, auf das Ausbleiben des Erfolges vertraut usw. Entsprechendes gilt für die übrigen Standpunkte zu der Frage, welcher psychische Sachverhalt noch als Vorsatz zu werten ist (Inkaufnehmen, Sichabfinden, Fürwahrscheinlichhalten usw.); entscheidend ist dabei die Begriffsbestimmung für den dolus eventualis (vgl. dazu o. 72 ff.).

II. Strukturprobleme der Fahrlässigkeitsdelikte. Die konstruktiven Elemente des Fahrlässig- **110** keitsdelikts sind umstritten. Im Gegensatz zu § 18 E 62 und zu § 18 AE bringt das geltende Recht keine Definition der Fahrlässigkeit. Es werden – mit vielen Abweichungen im einzelnen – im wesentlichen zwei Grundkonzeptionen vertreten. Zur dogmatischen Entwicklung vgl. Schünemann JA 75, 437. Zu den rechtsphilosophischen Bezügen der Fahrlässigkeitslehre vgl. Köhler aaO 321 ff.

Die Diskussion um die Fahrlässigkeitsdelikte war früher (vgl. 115) und ist auch heute noch **110 a** perspektivisch verzerrt durch ihre einseitige Orientierung am fahrlässigen Erfolgsdelikt. Im Mittelpunkt der Diskussion stehen durchweg die fahrlässigen Erfolgsdelikte der §§ 223, 229. Dabei wird aber übersehen, daß vor allem im Nebenstrafrecht und Ordnungswidrigkeitenrecht eine Vielzahl von fahrlässigen Tätigkeits- oder (echten) Unterlassungsdelikten anzutreffen sind, für die die zu den Erfolgsdelikten entwickelten Kriterien nicht unmittelbar angewendet werden können. So sind etwa die zur Klärung der Frage, inwieweit der „Erfolg in den Schutzbereich der Norm" fällt, herausgearbeiteten Grundsätze jedenfalls nicht ohne erhebliche Modifikationen auf fahrlässige Tätigkeitsdelikte, die den Verstoß gegen Meldepflichten oder Vorschriften für die Lagerhaltung usw. betreffen, übertragbar. Soweit in der Literatur die Auffassung vertreten wird, „es bedürfe für die Feststellung einer fahrlässigen Tatbestandsverwirklichung keiner Kriterien, die über die Lehre von der objektiven Zurechnung hinausgreifen" (Roxin I 924), ist das fahrlässige Tätigkeitsdelikt eindeutig aus dem Blick geraten.

111 1. Die **klassische Auffassung** kennt für den Tatbestand eines Fahrlässigkeitsdelikts keine weitere Voraussetzung als die der Kausalität zwischen Handlung und Erfolg (B/W-Weber 425 f., Binding, Normen IV 483, Frank § 59 Anm. VIII, RG **56** 349, **58** 134, Maurach AT 554 f. [Pflichtwidrigkeit im Rahmen der Tatverantwortung], Mezger 358, Schmidhäuser I 224 ff. u. Schaffstein-FS 129 ff. [Sorgfaltsbeachtung als Rechtfertigungsgrund; dazu 94 vor § 32], Roeder aaO 94 ff., Rehberg aaO 180, hier die 17. A. § 59 RN 162). Wer im gekennzeichneten Sinne ursächlich geworden ist, hat damit den Tatbestand erfüllt (BGHZ **24** 24, Spendel Eb. Schmidt-FS 195, hier die 17. A. § 59 RN 162). Die durch die Tatbestandserfüllung indizierte Rechtswidrigkeit kann nach dieser Auffassung wie bei jedem Delikt durch Rechtfertigungsgründe ausgeschlossen werden (vgl. 17. A. § 59 RN 164 mwN), zB bei Sportverletzungen durch Einwilligung, durch Notwehr oder durch das in diesem System nur als Rechtfertigungsgrund fungierende erlaubte Risiko (vgl. 17 A. § 59 RN 165), das bei den Fahrlässigkeitsdelikten eine besondere Rolle spielt; vgl. hierzu u. 144 ff.

112 a) Die **Pflichtwidrigkeit** des Verhaltens und die **Voraussehbarkeit** des Erfolges, die **Zumutbarkeit** pflichtgemäßen Verhaltens usw. stellen in diesem System ausschließlich **Merkmale der Schuld** dar (vgl. 17. A. § 59 RN 169), ausnahmsweise solche der Widerrechtlichkeit dar (vgl. aber 54/55 vor § 13). Konsequenterweise kann auf der Grundlage der hier referierten Grundkonzeption der Fahrlässigkeitsmaßstab nur an individuellen Faktoren orientiert werden (vgl. 17. A. § 59 RN 175 ff.). Dies führt aber im Hinblick auf das Merkmal „rechtswidrige Tat" in §§ 63, 64, 69, 70, 323 a zu Schwierigkeiten, weil eine nicht sorgfaltswidrige Handlung die entsprechenden Rechtsfolgen nicht rechtfertigen kann (Schünemann JA 75, 441). Im übrigen gilt für die klassische Theorie folgendes: Was an Sorgfalt in einer konkreten Situation von einem Täter hätte aufgewandt werden können und müssen, bestimmt sich ausschließlich nach subjektiven Gesichtspunkten (vgl. RG **39** 5, **56** 349, **58** 134, **67** 20, Mezger LK⁸ § 59 Anm. 23 b bb). Der Täter hat also nur das zu leisten, wozu er persönlich imstande ist; dies aber gegebenenfalls auch in einem Umfange, der über die Sorgfaltspflichten anderer Menschen hinausgeht. Die Anforderungen an das Maß an Sorgfalt bestimmen sich daher nicht nach einem „normalen" Maßstab, sondern immer nur nach dem, was von diesem Täter in dieser Situation gefordert werden konnte. Das kann weniger als das sein, was ein normaler Mensch mit normalem Können zu leisten imstande war, aber auch mehr. Vgl. dazu Otto Maurach-FS 93, Pflichtenkollision und Rechtswidrigkeitsurteil (1965) 33, Jakobs, Studien 69.

113 b) Auch im System des klassischen Fahrlässigkeitsbegriffs wurde jedoch gelegentlich die Auffassung vertreten (Frank § 59 Anm. VIII 4, Mezger 358, LK⁸ § 59 Anm. III 22 b, B/W-Weber 492, wohl auch Tröndle 14 f., Maurach AT 555 f., ähnlich RG **39** 2, **67** 19), daß für das Maß an Sorgfalt ein **doppelter Maßstab** anzulegen sei, ein objektiver insofern, als von jedem Täter die im Verkehr erforderliche Sorgfalt (etwa iSd § 276 BGB, dh die Einhaltung durchschnittlicher Sorgfaltspflichten, zu verlangen sei, ein subjektiver insofern, als dem Täter ein Vorwurf nicht gemacht werden könne, wenn er nach seiner persönlichen Leistungsfähigkeit nicht imstande ist, die im Verkehr objektiv erforderliche Sorgfalt zu erbringen. Ohne auf eine grundsätzliche Bewertung dieses Doppelmaßstabes einzugehen (vgl. dazu u. 133), muß jedoch gesagt werden, daß eine Objektivierung des Fahrlässigkeitsmaßstabes im Schuldbereich deplaziert ist. Denn die Aufstellung von Sorgfaltsanforderungen berührt die Beschreibung einer normativen Sollensordnung und bestimmt damit das Unrecht der Fahrlässigkeitsdelikte; sie hat mit dem personalen Vorwurf, der dem Täter zu machen ist, nichts zu tun und führt in Extremfällen zu einer unberechtigten Privilegierung des überdurchschnittlich Befähigten.

114 Der Wert der klassischen Auffassung vom Fahrlässigkeitsdelikt, die nicht auf den Durchschnittsmaßstab zur Begrenzung der Sorgfaltspflicht abstellt, liegt jedoch ungeachtet sonstiger Brüche im System (vgl. u. 115) jedenfalls darin, daß sie zu einer iE gerechten Beurteilung dessen gelangt, der aufgrund seiner überdurchschnittlichen Fähigkeiten ein größeres Maß an Sorgfalt als der Durchschnitt zu erbringen imstande und daher auch verpflichtet ist, die nur ihm mögliche Sorgfalt zur Vermeidung von Gefahren zum Einsatz zu bringen. Dies ist einer der Gründe, die Schröder (vgl. 17. A. § 59 RN 176 ff.) dazu veranlaßt haben, an diesem Fahrlässigkeitsbegriff festzuhalten.

115 c) Dennoch läßt sich dieser Standpunkt nicht aufrechterhalten. Der klassische Fahrlässigkeitsbegriff leidet zunächst daran, daß er ausschließlich an der Kausalität des Verhaltens orientiert ist. Dies ist zu einseitig, weil sich mit der „Herbeiführung des Erfolges" allein ein Widerspruch zur rechtlichen Sollensordnung nicht beschreiben läßt. Eine derartige Begriffsbestimmung ist schon deswegen zu weit, weil sie auch solche Kausalabläufe in den Tatbestand einbezieht, die von niemandem beherrschbar sind, und sich damit über die Einsicht hinwegsetzt, daß die Rechtsordnung nur ein wenigstens generell vermeidbares Verhalten zur Grundlage eines Unwerturteils machen kann. Im übrigen leidet der klassische Fahrlässigkeitsbegriff insofern an einem systemimmanenten Widerspruch, als er einerseits bloße Kausalität ausreichen läßt, andererseits aber einen Rechtswidrigkeitszusammenhang zwischen der in einem Verhalten zum Ausdruck kommenden Pflichtwidrigkeit und dem Erfolg verlangt (vgl. 17. A. § 59 RN 159 a). Wenn nämlich schon im Rahmen der Tatbestandsmäßigkeit die Frage aufzuwerfen ist, ob das „Täterverhalten gerade in seiner Pflichtwidrigkeit für den Erfolg kausal geworden ist" (so die 17. A. aaO), so gehört die Pflichtwidrigkeit notwendigerweise zum Tatbestand, weil sie nur dort eine Beantwortung dieser Frage ermöglicht. Schließlich leidet die klassische Auffassung daran, daß sie zu einseitig am Erfolgsdelikt orientiert ist, das schlichte Tätigkeitsdelikt in seiner Unrechtsstruktur jedoch nicht zu erklären vermag. Diese Verengung der Betrachtung auf das Erfolgsdelikt stammt aus einer Zeit, in der die wenigen Fahrlässigkeitstatbestände dieses Typs die Diskussion beherrschten; nachdem nunmehr aber – vor allem im Nebenstraf- und Ordnungswidrigkeitenrecht – eine kaum noch überschaubare Zahl von fahrlässig begehbaren Tätigkeitsdelikten geschaffen wurde, ist diese Verengung des Blicks auf die Erfolgsdelikte nicht mehr angebracht.

2. In neuerer Zeit überwiegt demgegenüber die Auffassung, daß der Tatbestand eines Fahrlässigkeitsdelikts ein Verhalten voraussetzt, das durch eine **Verletzung der gebotenen Sorgfalt** gekennzeichnet ist. Damit genügt zur Tatbestandserfüllung nicht jedes Handeln oder Unterlassen, sondern nur ein solches, das in Gestalt einer „Verletzung der im Verkehr erforderlichen Sorgfalt" (Welzel 132), der „Schaffung einer Gefahr für das Rechtsgut" (Welzel 129), einer „Überschreitung des noch erlaubten Risikos" (vgl. Stratenwerth 295 ff.) usw bestimmte negative Eigenschaften aufweist, das bei den schlichten Tätigkeitsdelikten durch das Gesetz selbst umschrieben, bei den insoweit „offenen" Erfolgstatbeständen (zB §§ 222, 229) aber durch Ermittlung der in der konkreten Lebenssituation geltenden Sorgfaltsanforderungen zu gewinnen sei. Dabei sind die zur Beschreibung des Handlungsunrechts eines Fahrlässigkeitsdelikts gebrauchten Formulierungen nicht einheitlich. Nach Schroeder, JZ 89, 776, LK § 16 RN 157 f., Jakobs 318 ff., M-Gössel II 108 ff., Roxin I 922 hat das Erfordernis einer Sorgfaltspflichtverletzung neben den Voraussetzungen der objektiven Zurechnung keine selbständige Funktion mehr und sei zudem normlogisch verfehlt. Nach diesen Ansichten ist im Tatbestand des Fahrlässigkeitsdeliktes neben den Voraussetzungen der objektiven Zurechnung allenfalls noch Raum für die Erkennbarkeit der Tatbestandsverwirklichung (so Schroeder JZ 89, 776, LK § 16 RN 127 ff.). Vgl. hierzu jedoch RN 110 a. Andere (Roxin I 922, Yamanaca ZStW 102, 944) sehen die Fahrlässigkeit durch die Elemente der objektiven Zurechnung (unerlaubte Gefahrschaffung und deren vorhersehbare Realisierung im Erfolg) ausgefüllt (ähnlich Trifftterer 141 f., Gössel Bengl-FS 33, 35, die dazu zur Parallelisierung mit dem Vorsatzdelikt auch die subj. Sorgfaltswidrigkeit als Tatbestandsmerkmal ansehen); hiergegen Rößner H. J. Hirsch-FS 320: Vernachlässigung des Handlungsunrechts (ein Einwand, der bei denjenigen nicht verfängt, die als personalen Fahrlässigkeitsunwert individuelle Vorhersehbarkeit und Vermeidbarkeit der Gefahrschaffung fordern, zB Gropp 404 f., Renzikowski aaO 241 ff. mwN in FN 118, Trifftterer 304 ff..); abl. auch Maiwald JuS 84, 442. Vielfach wird fahrlässiges Verhalten letztlich mittels einer umfassenden Risikoabwägung (Interesse an Vornahme der gefährlichen Handlung einerseits, Interesse an Unversehrtheit der gefährdeten Rechtsgüter andererseits) bestimmt: Schünemann JA 75, 575 f. [sofern keine Fixpunkte aus gesetzlichen oder technischen Sorgfaltsnormen bzw. Verkehrsauffassung]: abgestufte Anforderungen je nachdem, ob es sich um eine Luxushandlung, eine sozialübliche, -nützliche oder gar -notwendige Handlung handele; entsprechend Roxin I 933 (abl. H. J. Hirsch-FS 237); s. a. Exner aaO 199 ff., P. Frisch aaO 98 ff., W. Frisch, Verhalten 137 ff., Vorsatz 156, Gropp 400 (gesellschaftsplanwidrige Risikoschaffung), Lenckner Engisch-FS 501, Seebaß JRE 2, 388 ff., Wolter GA 77, 264 f.; hierzu krit. Schlüchter aaO 16: Mangels verbindlich vorgegebenen Abwägungsmaßstabes nur vom Rechtsanwender dezisionistisch zu treffende Entscheidung (eingeräumt von Schünemann JA 75, 577). Zur Deutung des Fahrlässigkeitsunrechts durch die finale Handlungslehre (28/29 ff. vor § 13) vgl. insb. Struensee JZ 87, 53 ff., 57 ff. Nach Kindhäuser GA 94, 203 soll es sich bei der Sorgfaltspflichtverletzung, die als Verletzung der Obliegenheit, für die Fähigkeit zur Normbefolgung Sorge zu tragen, gleichsam als bloßes Zurechnungskriterium eingestuft wird (208, JRE 2, 344; zur Legitimation entsprechenden Verhaltens infolge Wegfalls des Obliegenheitsgrundes [erlaubtes Risiko] oder bei Erfüllung konkurrierender Pflichten; 216 ff., 346 f.; ähnlich auch Renzikowski aaO 229, 232: Fahrlässigkeit als Fall außerordentlicher Zurechnung [unverwerfbares Nichterlangen der zur Tatbestandsvermeidung erforderlichen Kenntnisse, während die rechtsgüterschützende Verhaltensnorm bei Vorsatz- und Fahrlässigkeitsdelikten übereinstimme], in Wahrheit um ein Surrogat des fehlenden Vorsatzes handeln.

Auch auf der Grundlage des hier referierten Ausgangspunkts ergeben sich hinsichtlich der Bestimmung des für den Tatbestand geltenden Fahrlässigkeitsmaßstabs grundlegende Meinungsverschiedenheiten.

a) Überwiegend wird die Auffassung vertreten, daß das Fahrlässigkeitsdelikt einen **doppelten Maßstab** umschließe. Für die Tatbestandsmäßigkeit seien nach objektiven Kriterien zu bestimmende **generelle Sorgfaltsanforderungen** maßgeblich, während unter Schuldgesichtspunkten zu prüfen sei, ob der Täter nach seinen individuellen Fähigkeiten, insb. also nach seinem intellektuellen Zuschnitt und seinem bisherigen Erfahrungswissen subjektiv in der Lage ist, das objektiv erforderliche Maß an Sorgfalt zu erbringen. Die Tathandlung wird also (negativ) dahin umschrieben, daß sie nicht übereinstimmt mit dem „Verhalten, das ein einsichtiger und besonnener Mensch in der Lage des Täters einschlagen würde" (Welzel 132), wie immer sie im übrigen beschaffen sein mag. Auf der

Ebene der Rechtswidrigkeit ergeben sich bei diesem Standpunkt keine Sonderprobleme. Dieser Standpunkt wird – mit Abweichungen im einzelnen – unter anderem vertreten von Blei I 296 ff., Bockelmann/Volk 158 ff., Eser II 20 ff., Jescheck/Weigend 565, Armin Kaufmann Welzel-FS 393, 404 ff., ZfRV 64, 46, Kienapfel JZ 72, 569, H. Mayer AT 129, 130, Hirsch ZStW 74, 95, Niese JZ 56, 460, Rudolphi JuS 69, 549, Ulsenheimer JZ 69, 364, Roxin I 936 ff.; vgl. die weit. Nachw. u. 121.

119 b) Demgegenüber wird von einer Mindermeinung der Standpunkt vertreten, daß schon der Tatbestand durch die dem Täter **individuell obliegende Sorgfaltspflicht** bestimmt sei (Freund 148 ff., Gropp 402, Jakobs 320 ff., Studien 48, 64 ff., Stratenwerth 294 ff., Samson SK Anh. zu § 16 RN 13 f., dagegen Armin Kaufmann Welzel-FS 404 ff., Schünemann Schaffstein-FS 159, JA 75, 512 ff., Hirsch ZStW 94, 268 ff., Castaldo GA 93, 495). Dies ergebe sich daraus, daß einerseits nicht einzusehen sei, daß ein überdurchschnittlich Befähigter nur verpflichtet sei, diejenige Sorgfalt zu erbringen, die für den Durchschnitt gelte (vgl. dazu o. 114), und andererseits die Einhaltung der allgemeinen Sorgfaltsregeln von dem nicht erwartet werden dürfe, der hierzu nicht in der Lage sei. Zu dieser Auffassung gelangt Stratenwerth 294 f. unter Berücksichtigung einer von ihm angenommenen spezifisch-strukturellen Verwandtschaft zwischen Unterlassungs- und Fahrlässigkeitsdelikt: „Wie beim Unterlassungsdelikt so muß danach auch beim Fahrlässigkeitsdelikt das ‚richtige', rechtlich einwandfreie Verhalten, von dem abzuweichen den Unrechtstatbestand erfüllt, nicht nur im Blick auf allgemeine Normen, sondern ebenso im Blick auf die Handlungsmöglichkeiten des Täters bestimmt werden." Auf der Ebene der Rechtswidrigkeit ergeben sich auch für diesen Standpunkt keine grundsätzlichen Besonderheiten (Stratenwerth 298 ff.), während die Schuld nach Stratenwerth nur „Schuldfähigkeit, virtuelle Verbotskenntnis und Zumutbarkeit" umfaßt (aaO 300 ff.). Nach Struensee JZ 87, 57 f., ergeben sich diese Konsequenzen aus der finalen Struktur der Handlung und deren Auswirkung auf das Unrecht der Fahrlässigkeitsdelikte. Danach besteht der „subjektive Tatbestand des fahrlässigen Deliktes darin, daß der Handelnde von den Bedingungen des eingetretenen Erfolges einen tatbestandsrelevanten Ausschnitt kennt, dem nach Bewertung der Rechtsordnung eine intolerable Gefahr ausgeht". Die grundsätzliche Anwendung eines doppelten Prüfungsmaßstabes – die hiermit verbundene subjektive Erweiterung des objektiven Fahrlässigkeitsmaßstabes (aus systematischen Gründen krit. Freund 153) ist im Interesse des Rechtsgüterschutzes hinzunehmen (B/W-Weber 488, Blei I 301, Roxin I 937 ff.) – führt iü keineswegs zur inakzeptablen Mehrbelastung von Tätern mit überdurchschnittlichen Fähigkeiten bzw. Sonderwissen (Freund 154, Lackner/Kühl 38; u. 140), da vom überdurchschnittlich Tüchtigen bzw. Informierten nur der Einsatz seiner durchschnittlich größeren Leistungsfähigkeit gefordert wird (Roxin I 940).

120 **III. Die wichtigsten Elemente des Fahrlässigkeitsbegriffs.** Auf der Ebene der Tatbestandsmäßigkeit ist wie beim Vorsatzdelikt (vgl. 52 ff. vor § 13) auch beim Fahrlässigkeitsdelikt zwischen **Handlungs-** und **Erfolgsunwert** zu unterscheiden. Innerhalb der Fahrlässigkeitsdelikte ist das verbotene Handeln verschieden gekennzeichnet. Entsprechend der Unterscheidung bei den Vorsatzdelikten finden sich **Erfolgsdelikte** (zB §§ 222, 229), **Tätigkeitsdelikte** (zB § 163) bzw. neben Begehungsdelikten auch echte (zB § 138 III) und unechte **Unterlassungsdelikte;** vgl. die Aufzählung o. 105 ff.

121 1. Während der Handlungsunwert des Vorsatzdelikts – auf den allgemeinsten Nenner gebracht – darin besteht, daß der Täter sein Verhalten willentlich und wissentlich so einrichtet, daß es zu einer (abstrakten oder konkreten) Gefährdung oder Verletzung eines strafrechtlich geschützten Rechtsgutes kommen soll (vgl. 56 vor § 13), liegt der Handlungsunwert des Fahrlässigkeitsdelikts darin, daß der Täter sich im Hinblick auf ein geschütztes Rechtsgut **sorgfaltswidrig** verhält, wobei der Sorgfaltsmaßstab im einzelnen umstritten ist (Blei I 299 f., Bockelmann/Volk 54, Boldt ZStW 68, 358, 373, Burgstaller aaO 19, Engisch aaO 283 ff., 334 ff., DJT-FS I 417, Eser II 21, Frisch aaO 33 ff., Gallas ZStW 67, 42, Hall, Fahrlässigkeit im Vorsatz [1959] 22, Hardwig, Die Zurechnung [1957] 128, Henkel Mezger-FS 282, Hirsch ZStW 94, 266 ff., Jakobs 258 ff., Studien 64 ff., Jescheck/Weigend 242, 577 ff., Jescheck aaO 7 ff., Armin Kaufmann ZfRV 64, 45, Lackner/Kühl 38, Lenckner Engisch-FS 492 f., Maihofer ZStW 70, 184 ff., M-Zipf I 219 f., Nowakowski JBl. 72, 31 f., Niese aaO 61, JZ 56, 460, 537, Rudolphi Maurach-FS 63, JuS 69, 549, Samson SK Anh. zu § 16 RN 13 f., Sax JZ 76, 84, Schaffstein Welzel-FS 557, Schünemann JA 75, 439, 512 ff., Stratenwerth 293 ff., Ulsenheimer JZ 69, 364, Welzel 130 ff., Verkehrsdelikte 24 f., W/Beulke 206 ff., Zielinski, Handlungs- und Erfolgsunwert im Unrechtsbegriff [1973] 168 ff.). Auch die Rspr. sieht teilweise in diesem Sinne ausgesprochen (BGH VRS **14** 30, Köln NJW **63**, 2381, vgl. ferner BGHZ **24** 21, wo das „verkehrsrichtige Verhalten" freilich nur als Rechtfertigungsgrund angesehen wird). Für die objektive Sorgfaltspflichtverletzung als Merkmal erst der Rechtswidrigkeit des Fahrlässigkeitsdeliktes insb. B/W-Weber 476, Schmidhäuser I 224 f., Schaffstein-FS 131 ff. **Verfassungsrechtliche Bedenken** gegen die generalklauselartige Kennzeichnung der Sorgfaltspflicht (zB Schlüchter aaO 19 ff., 89; s. a. Schroeder LK 4 vor § 15 sowie Kühl 553; vgl. bereits Gallas Niederschr. 12, 113) werden unter Hinweis darauf zurückgewiesen, daß eine Konkretisierung anders als im Wege der Rechtspraxis nicht möglich sei (Lenckner Engisch-FS 502 [der aber zurecht eindeutige Sorgfaltsmaßstabe als Vorgabe fordert], Jescheck/Weigend 553, Welzel aaO 15; ebenso: Bockelmann aaO 209, Burgstaller aaO 44 f., Freund 142, Haft 163, Hirsch ZStW 94, 267, Hilgendorf [u. 223] 146, Schünemann JA 75, 575, Stratenwerth 293; § 1 RN 19) bzw. Fahrlässigkeitsdelikte nicht weniger bestimmt als Vorsatzdelikte seien (Bohnert

ZStW 94, 80, Jakobs 322, Nishihara-FS 120 f. [ebenso diejenigen, die ohnehin die Elemente der Fahrlässigkeit mit denen objektiver Zurechnung gleichsetzen, o. 116]; abl. Schlüchter aaO 21, Schoene H. Kaufmann-GedS 663 ff. [der stattdessen auf denkbare immanente Grenzen des Gesetzlichkeitsprinzips verweist, aaO 657 ff.; vgl. auch Puppe NK 144 vor § 13, Struensee JZ 87, 55).

122 Maßgeblich ist danach die **inhaltliche Konkretisierung** dessen, worin die Sorgfaltspflichtverletzung und damit der Handlungsunwert des Fahrlässigkeitsdelikts beruht. Zur Erleichterung des Verständnisses der umfangreichen Kommentierung zahlreicher Einzelfragen werden hier die wichtigsten Elemente der Sorgfaltspflichtverletzung kurz vorweg beschrieben:

123 a) Die den Fahrlässigkeitstatbeständen zugrunde liegenden „Bestimmungsnormen" (vgl. hierzu 49 zu § 13) können wie alle Verbote und Gebote nicht jede Herbeiführung eines unerwünschten Zustandes schlechthin verbieten, sondern nur solche Verhaltensweisen, die das **Maß an Sorgfalt** außer acht lassen, das im Zusammenleben innerhalb der Rechtsgemeinschaft **billigerweise erwartet werden darf**.

124 α) Dies erfordert zunächst, daß die Verwirklichung eines Tatbestandes, insb. eines von diesem vorausgesetzten Erfolges in Gestalt eines Schadens oder einer konkreten Gefährdung, **vermeidbar** ist. Beim positiven Tun setzt dies voraus, daß der Täter sein Verhalten so einrichten kann, gegebenenfalls von der Vornahme einer bestimmten Handlung Abstand nehmen muß, damit eine Tatbestands-(Erfolgs-)verwirklichung nicht eintritt (vgl. u. 132); beim Unterlassungsdelikt ist maßgeblich, ob die Verhinderung der Tatbestandsverwirklichung für den Täter „machbar" ist (vgl. u. 143).

125 β) Wesentliche Voraussetzung für die Vermeidbarkeit der Tatbestandsverwirklichung ist deren **Voraussehbarkeit**. Ein Erfolg, der nicht voraussehbar ist, kann bei der Überlegung, wie ein Verhalten einzurichten ist, um schädliche Auswirkungen zu vermeiden, nicht einkalkuliert werden. So konnten zB vor der Erkenntnis, daß bestimmte medikamentöse Behandlungen einer Schwangeren zu embryonalen Schädigungen führen können (zur Problematik des „Contergan"-Prozesses unter dem Gesichtspunkt des naturgesetzlichen Kausalwissens vgl. Armin Kaufmann JZ 71, 573 ff.), derartige Erfolge nicht vorausgesehen und folglich auch nicht vermieden werden; vor der Entdeckung des Wiener Arztes Semmelweis, daß der Erreger des Kindbettfiebers durch nicht sterilisierte ärztliche Instrumente übertragen wird, war die Erkrankung mit solchen Instrumenten behandelter Frauen ebenfalls nicht voraussehbar. Die Voraussehbarkeit eines Erfolges und damit dessen Kalkulierbarkeit ist daher – jeweils bezogen auf das gegenwärtige Wissen von Ursache und Wirkung (zu dessen Bedeutung für die Kausalitätstheorie vgl. 75 vor § 13) – Voraussetzung für die Vermeidbarkeit der Tatbestandsverwirklichung. Die Voraussehbarkeit der Tatbestandsverwirklichung ist damit Bestandteil des Handlungsunrechts. Da jedoch im Strafrecht – im Gegensatz zum Ordnungswidrigkeitenrecht – das fahrlässige Erfolgsdelikt (zur Vorhersehbarkeit als Teil der objektiven Zurechnung von Erfolgsdelikten: 93 vor § 13) überwiegt, wird die Voraussehbarkeit des Erfolges erst im Zusammenhang mit der Zurechenbarkeit des Erfolges behandelt (vgl. u. 180 ff.).

126 γ) Das Handlungsunrecht der Fahrlässigkeitsdelikte kann nicht bestimmt werden, ohne Klarheit darüber zu gewinnen, welcher **Maßstab für Voraussehbarkeit** und **Vermeidbarkeit** zu gelten hat, dh ob hierfür ein „optimaler", „durchschnittlicher" oder „individueller" Maßstab der tatbestandlichen Sorgfaltspflicht zugrunde gelegt werden muß; vgl. hierzu u. 133 ff.

127 b) Nicht alle schädlichen Auswirkungen eines Verhaltens, die voraussehbar sind und vermieden werden könnten, müssen von Rechts wegen bei der Frage einkalkuliert werden, wie der einzelne sein Verhalten einzurichten hat. Wer zB eine chemische Fabrik betreibt, weiß, daß es auch bei Einhaltung aller Sicherheitsvorschriften zu Unfällen mit schädlichen Folgen (Tod, Körperverletzung) kommen kann; ebenso kann ein Autohersteller tödliche Unfälle mit den von ihm produzierten Kraftfahrzeugen voraussehen. Diese Folgen könnten bei Einstellung der Betriebe vermieden werden. Die Rechtsordnung verlangt dies jedoch nicht, weil ein Fabrikationsbetrieb sich insoweit im Rahmen des **sozialadäquaten Risikos** bewegt (Schünemann JA 75, 438); vgl. 94 vor § 32. Dabei hat der Grundsatz des sozialadäquaten Risikos (zum erlaubten Risiko als Rechtfertigungsgrund hingegen vgl. 100 ff. vor § 32) zwei sorgfaltsbegrenzende Wirkungen gegensätzlich verschiedener Art: Er betrifft einmal die Frage der Zulässigkeit der Veranstaltung gefährlicher Unternehmungen (vgl. hierzu u. 144 ff.) und erlangt zweitens Bedeutung für die Abgrenzung der Verantwortungsbereiche mehrerer Personen, wie zB beim Vertrauensgrundsatz im Straßenverkehr (vgl. hierzu u. 149 ff.).

128 2. Als **Erfolgsunwert** ist die vom Täter durch sein Verhalten bewirkte, regelmäßig in einer Rechtsgutverletzung oder -gefährdung bestehende Veränderung des bisherigen Zustandes zu verstehen, die vom Recht mißbilligt wird (vgl. 57 vor § 13), wobei insb. beim Fahrlässigkeitsdelikt neben der nach allgemeinen Grundsätzen zu beurteilenden Kausalität (vgl. 71/72 ff. vor § 13) zwei haftungsbegrenzende Prinzipien eine Rolle spielen.

129 a) Einerseits muß ein **Pflichtwidrigkeitszusammenhang** bestehen zwischen der Sorgfaltspflichtverletzung und dem eingetretenen Erfolg, da dieser sonst nicht auf die Pflichtwidrigkeit des Verhaltens zurückgeführt werden könnte; vgl. hierzu mit näherer Begründung u. 173 ff.

130 b) Andererseits kann ein Erfolg, selbst wenn er das Ergebnis eines pflichtwidrigen Verhaltens war, dem Täter nicht zugerechnet werden, wenn er außerhalb des **Schutzzwecks der verletzten Norm** liegt, diese also nicht den Sinn hat, Erfolge der eingetretenen Art zu vermeiden; hierzu mit näherer Begründung u. 157 ff.

131 **IV. Inhaltliche Bestimmung und Begrenzung der Sorgfaltspflicht.** Bei der Beschreibung des tatbestandsmäßigen Verhaltens bildet das generelle Gebot, fremde Rechtsgüter zu respektieren, den dogmatischen Ausgangspunkt (Stratenwerth 295). Aus dem ‚neminem laede' folgt das Verbot, für fremde Rechtsgüter ein (nicht mehr erlaubtes; vgl. u. 145) Risiko zu schaffen, sie also in ihrem Bestand und ihrer Sicherheit zu gefährden.

132 Beim Handlungsunrecht des Fahrlässigkeitsdelikts ist allerdings zwischen **positivem Tun** und **Unterlassen** zu **unterscheiden.** Dies ergibt sich daraus, daß die Pflicht, etwas zu tun, wie bei jedem Unterlassungsdelikt durch die individuellen Möglichkeiten der Pflichterfüllung relativiert ist (vgl. 141 ff. vor § 13), während die Einhaltung des Gebots, etwas nicht zu tun, wie auch sonst bei den Tätigkeitsdelikten von jedermann ohne Rücksicht auf dessen persönliche Fähigkeiten erwartet werden kann (and. insoweit Stratenwerth 294). Dieser grundsätzliche Unterschied zwischen Tun und Unterlassen wird auch bei den Vorsatzdelikten angetroffen (vgl. 141 vor § 13); so richtet sich etwa das Verbot, nicht zu töten, auch an den Geisteskranken, der infolge seines Defekts nicht in der Lage ist, der Norm Gehorsam zu leisten, während andererseits eine Rettungshandlung zur Erhaltung des Lebens eines anderen nur von dem erwartet wird, der sie physisch zu leisten imstande ist. Die Vermeidbarkeit richtet sich bei positivem Tun nach objektiven Kriterien, weil das rechtliche Gebot, niemanden zu gefährden oder verletzen, sich an jedermann richtet und der Inhalt des Normbefehls in seiner Allgemeinheit nur dahin gehen kann, das objektiv Mögliche zur Vermeidung von Gefahren zu leisten. Daraus ergibt sich schließlich, daß die Frage, ob der einzelne nach seinen persönlichen Fähigkeiten und Kenntnissen in der Lage ist, den objektiven Sorgfaltsanforderungen zu genügen, sich nicht auf der Ebene der Tatbestandsmäßigkeit, sondern im Rahmen der Vorwerfbarkeit stellt.

133 1. Der **Sorgfaltsmaßstab.** Gegenstand des Unwerturteils ist die sorgfaltswidrige Handlung oder Unterlassung des Täters. Für das Unwerturteil von entscheidender Bedeutung ist daher der Maßstab, nach dem die Sorgfaltswidrigkeit eines Verhaltens zu beurteilen ist. Dieser ist umstritten. Dabei geht es zum einen um das Problem, ob die Sorgfaltswidrigkeit allein nach objektiven Kriterien zu bestimmen oder ob allein auf das individuelle Vermögen des Täters abzustellen ist. Zum anderen geht es für diejenigen, die vom nach objektiven Kriterien zu bestimmenden Durchschnittsmaßstab ausgehen, um die Frage, ob das Sonderwissen und besondere Fähigkeiten zu berücksichtigen sind. Nach dem hier vertretenen Standpunkt (vgl. o. 121 ff.) bestimmt sich die Verpflichtung zur Vermeidung von Gefahren für strafrechtlich geschützte Rechtsgüter am Optimum dessen, was in der konkreten Lebenssituation hierzu geleistet werden kann. Danach ist jedermann verpflichtet, bei der Durchführung oder Übernahme einer Tätigkeit diejenige Sorgfalt aufzubieten, zu der ein „einsichtiger Mensch in der Lage des Täters" (Engisch) imstande ist **(Durchschnittsanforderungen);** fehlt ihm persönlich die Fähigkeit hierzu, so ist seine Tat rechtswidrig mit der Konsequenz, daß gegebenenfalls Maßregeln der Besserung und Sicherung angeordnet werden können, mangels eines Schuldvorwurfs Strafe aber außer Betracht zu bleiben hat (zur sog. Übernahmefahrlässigkeit s. aber u. 136). Ist der Täter hingegen zu überdurchschnittlichen Leistungen imstande, so hat er seine Kenntnisse und Fähigkeiten einzusetzen, um schädliche Erfolge zu vermeiden **(individuelle Sorgfaltspflicht).** Der Sorgfaltsmaßstab ist daher ein doppelter:

134 a) **Durchschnittsanforderungen,** wie sie mit dem Begriff der „im Verkehr erforderlichen Sorgfalt" (§ 276 BGB) beschrieben werden (vgl. o. 118), sind als Mindestmaß dessen anzusehen, was **jedermann** an Sorgfalt zu erbringen hat, der ein gewisses riskantes Verhalten durchführt oder durchführen will. So ist jeder operative Eingriff sorgfaltswidrig, der nicht nach den speziell für ihn geltenden Regeln der lex artis durchgeführt wird; unbeschadet des Umstandes, daß die Vornahme solcher Handlungen im Einzelfall gerechtfertigt sein oder ein Schuldvorwurf nicht erhoben werden kann (vgl. 95/96 vor § 32, u. 190 ff.). Zum Verhältnis zwischen strafrechtlichen Sorgfaltspflichten und zivilrechtlichen Verhaltenspflichten u. 203 a aE, 223.

135 α) Insoweit orientiert der Sorgfaltsmaßstab sich daran, wie ein Mensch der auf das Leistungsvermögen der Kategorie zugeschnittenen Kategorie (Facharzt, Arzt, Hebamme, Krankenschwester, Baumeister, Kraftfahrer usw) handeln würde, um in der betreffenden Situation Gefahren für andere zu vermeiden. Ohne Rücksicht auf die persönlichen Fähigkeiten ist daher ein Verhalten rechtswidrig, wenn der Täter die für seinen Verkehrskreis maßgebliche Sorgfalt außer acht läßt (BGH **7** 309 f., Engisch aaO 283 ff., 334 ff., Jescheck/Weigend 578 f., Kuhlen [u. 223] 103 ff. [empirischer Bezug erforderlich]: Verhalten als sonst besonnener und gewissenhafter Verkehrsteilnehmer; zust. Dannekker {u. 223} 220], Lackner/Kühl 37, Schroeder LK § 16 RN 150 ff., W/Beulke 208; näher zur differenzierten Maßfigur: Burgstaller aaO 54 ff. sowie Kaminski aaO. 121 ff., 335 ff.; abl. zu dem in der Tat zu fingierenden Maßstab eines gewissenhaften und besonnenen, dem Verkehrskreis des Täters angehörenden Menschen: Freund 151 f., Jordan GA 97, 359, M-Gössel II 113 f., Mitsch GA 95, 288, Otto I 176, Roth aaO 127 f., Samson SK Anh. zu § 16 RN 13, Schmoller JBl 90, 640, Schünemann JA 75, 575; s. a. Kuhlen [u. 223] 162; eine gewisse Aussageschwäche räumen ein: Köhler 184, Roxin I 931, Zielinski AK 94 [Selbstableitung der Handlungsgebote]. Für diese Sorgfaltsregeln, die jedermann einzuhalten hat, wenn er ein riskantes Verhalten durchführen will, sind namentlich die für den **Amts-, Berufs-** oder **Gewerbekreis** des Täters geltenden Rechtssätze und Verkehrsgepflogenheiten zu beachten, und zwar die Verkehrsgepflogenheiten der gewissenhaften und verständigen Angehörigen des Verkehrskreises, während Mißbräuche selbst bei weiter Verbreitung unbeachtlich sind (RG **39** 4, **67** 19). Die Durchschnittsanforderungen sind daher an dem engen sozialen Bereich zu orientieren, in dem der einzelne tätig ist. So ist zB von einem Facharzt mehr zu erwarten als von einem Allgemeinmediziner (vgl. Welzel 115 f.). Indizielle Bedeutung (Lackner/Kühl 39, Roxin I 924, 926; einschr. M-Gössel II 117) haben hier legislatorische (zB StVO, StVZO) und **technische Normen** (vgl. hierzu Lenckner Engisch-FS 490 [grundlegend]; vgl. auch Bohnert JR 82, 6, Burgstaller aaO 52; aber auch Schünemann Lackner-FS 387 [„gedankliches Spielmaterial"; anderenfalls läge eine unzulässige Selbstentmachtung des Gesetzgebers zu Gunsten nicht legitimierter Privater vor: Schünemann ebd. 377 ff.; entsprechend für den Bereich des Standesrechts: Taupitz, Die Standesordnungen der freien Berufe {1991} 523 sowie Sternberg-Lieben {29 vor § 32} 337 ff.; weitergehend aber Große Vorholt aaO 191 ff.: idR anzuerkennen]; hierzu zuletzt: Große Vorholt aaO 106 ff., 176 ff., Schürer-Mohr aaO 182 f., 192 ff.: immerhin indizielle Funktion, ohne aber als antizipiertes Sachverständigengutachten binden zu können; so auch Kuhlen [u. 223] 121 f. [idR anzuerkennen], Schünemann Lackner-FS 386 [Dokumentation redlicher Praxis]; u. 183 f.; s. aber auch BGHZ **114** 273) so daß weder ein entsprechender Normenverstoß stets Sorgfaltswidrigkeit begründet noch umgekehrt die Einhaltung entsprechender Normen idR auf den Durchschnittsfall abstellender Vorgaben gerade bei Vorliegen außergewöhnlicher Gefährdungslagen sorgfaltswidriges Verhalten von vornherein ausschließt (RG **77** 31, BGH **4** 185, **20** 326, **37** 189). – Zur etwaigen Strafbarkeit derjenigen, die unzulängliche technische Normen aufgestellt haben: Lenckner Engisch-FS 504 ff., Schumann (71/72 vor § 13) 126 ff.: Ungeachtet des zurechnungsbegrenzenden Verantwortungsprinzips (u. 171) kommt fahrlässiges Handeln der Normaufsteller dann in Betracht, wenn sie infolge fachlicher Autorität und geordneten Verfahrensganges erkennbar die Gewähr für die inhaltliche Richtigkeit und gefahrlose Anwendbarkeit der Norm übernehmen (zB DIN-, VDE-Normen). Zu den Sorgfaltsanforderungen in den einzelnen Lebensbereichen vgl. u. 206 ff. Der Kenntnis der jeweiligen Sondernorm (zB DIN-Vorschrift) kommt ferner eine Indizfunktion für die subjektive Komponente der Fahrlässigkeit zu (Bohnert JR 82, 10, Schürer-Mohr aaO 190 f.): Kennt der Täter die Sondernorm, so wird ihm die Gefährlichkeit seines Verhaltens in der Regel erkennbar gewesen sein; umgekehrt wird ihm bei Einhaltung der Sondernorm regelmäßig kein Fahrlässigkeitsvorwurf zu machen sein, soweit er – mangels besonderer Umstände (etwa ihm bekannte, sicherheitsrelevante Veränderungen seit Erlaß der Norm oder Vorliegen eines atypischen Einzelfalles) – auf die in der Vorschrift dokumentierte Gefährlichkeitseinschätzung vertrauen durfte.

Eingehend zu den Auswirkungen **behördlicher Stellungnahmen** auf die Bestimmung von Sorgfaltspflichten beim Fahrlässigkeitsdelikt (iZm Produkthaftung): Große Vorholt aaO 121 ff., 191 ff., der diese Spielart informalen Verwaltungshandelns – ebenso wie umgekehrt ihr Gegenstück sachkundiger behördlicher Warnungen (aaO 188 ff.) – diskussionswürdig (zumindest die subjektive Fahrlässigkeit dürfte regelmäßig in der Tat zu verneinen sein) als grundsätzlich verbindliche Risikokonkretisierung begreift, wobei er bestärkend für eine entsprechende zivilgerichtliche Einschätzung in den sog. Holzschutzmittelverfahren rekurrieren kann (aaO 53 ff.); einschr. Tiedemann H. J. Hirsch-FS 777 f.; s. a. Prittwitz aaO 286 ff.; zum allerdings täterbelastenden Sonderwissen: Große Vorholt aaO 193 f. Gegen eine Verantwortungsentlastung des Produzenten infolge behördlicher Stellungnahmen aber BGH **37** 122, LG Frankfurt ZUR **94**, 36, Heine/Ringelmann [u. 223] 373, Horn NJW 86, 156, Schmidt-Salzer (u. 223) 234 sowie Schürer-Mohr aaO 198 ff. (der Staat habe sich in diesen Fällen gerade nicht einer verbindlichen Rechtsform bedient). – Zur strafrechtlichen Verantwortlichkeit behördlich Stellungnehmender: Große Vorholt aaO 199 f.: vgl. auch o. 135 zur Haftung der Schöpfer technischer Normen.

β) Die im jeweiligen Verkehrskreis geltenden Sorgfaltsregeln sind insb. bei der **pflichtwidrigen Tätigkeitsübernahme** von Bedeutung. Hierzu gehören jene Fälle, in denen ein Täter ein riskantes Verhalten durchführt, ohne die für die Vermeidung der dabei möglicherweise entstehenden Gefahren erforderlichen Erkenntnisfähigkeiten oder -mittel sowie das erforderliche Erfahrungswissen zu besitzen (Schroeder LK § 16 RN 141, M-Gössel II 108 f., Tröndle 16; insoweit übereinstimmend Hirsch ZStW **94**, 272; RG **67** 12, BGH **10** 133; zur Entwicklung Schick ÖJZ 74, 257; nach Jakobs 323 nur, wenn der Täter für sein künftiges Verhalten nach Garantengrundsätzen einstehen muß). So ist ein Pflichtverstoß eines Arztes darin zu sehen, daß er eine Behandlung übernimmt, ohne daß er sich über die Fortschritte der Heilkunde unterrichtet (RG **64** 269) oder hinreichende Erfahrungen gesammelt hat (Puppe JR **86**, 248 m. Anm. Düsseldorf NJW **91**, 2980 m. Anm. Meurer JR **92**, 38). Aber auch in anderen Lebensbereichen kann bereits in der Übernahme einer Tätigkeit eine Pflichtwidrigkeit liegen (BGH VRS **14** 121). Wer sich übermüdet oder betrunken ans Steuer setzt und dann einen Menschen überfährt, weil er infolge seines Zustandes nicht schnell genug reagieren konnte, handelt sorgfaltswidrig (vgl. BGH VRS **5** 477, DAR/M **60**, 58, Köln NJW **67**, 1240). Entsprechendes gilt für einen Fahrunkundigen oder noch Unerfahrenen bei besonders schwierigen Straßenverhältnissen (BGH DAR **68**, 131, Hamm VRS **25** 455). Ausfallerscheinungen geistiger und körperlicher Art treten nach Auffassung der Rechtsprechung nur in seltenen Ausnahmefällen plötzlich und damit unvorhersehbar auf, so daß im Regelfall ein Übernahmeverschulden vorliegt (BGH VRS **7** 181; **14** 441, **38** 144). Pflichtwidrig handelt zB auch, wer die Anleitung und Überwachung eines Fahrschülers ohne ausreichende fachliche Vorbildung übernimmt (BGH VRS **10** 225). Nach BGH **10** 133 kann bei einem Zeitschriftenhändler die Pflichtwidrigkeit hinsichtlich der Verbreitung jugendgefährdender Schriften sich aus dem Beginn des Gewerbebetriebes ergeben; wer sich einem solchen Gewerbe widmet, muß die Gewähr dafür bieten, daß er ihm gewachsen ist; andernfalls muß er sich des Rates eines Sachverständigen bedienen. Hieraus resultiert für den Betrieb gefahrenträchtiger Unternehmen idR die Notwendigkeit der Arbeitsteilung zur Gewährleistung erforderlicher (Produkt-)Sicherheit (Dannecker [u. 223] 216); zur Bewältigung der hiermit wiederum verbundenen Risiken u. 150 ff., 223. Zur Frage des Verschuldens vgl. u. 198; von Bedeutung ist hier ua, ob für den Täter voraussehbar war, daß er etwaige Gefahren nicht würde meistern können. Dies setzt insb. voraus, daß er weiß oder wissen kann, was ihn erwartet.

137 γ) Gegen die Lehre von der objektiven Sorgfaltswidrigkeit ist vorgebracht worden, daß sie keinen Maßstab bringe, um zwischen „höchster Abstraktion und rein täterbezogener Konkretisierung" (Samson SK Anh. zu § 16 RN 13) in praktikabler Weise zu differenzieren (Stratenwerth 294): je nachdem nämlich, ob der maßgebliche Verkehrskreis kleiner oder größer geschnitten werde, verschiebe sich der Umfang der an den einzelnen zu stellenden Sorgfaltsanforderungen; krit. zur obj. Sorgfaltspflichtverletzung auch: Mitsch OWiRecht (1995) 50, Roxin I 923, Schmidhäuser Schaffstein-FS 132 ff., Seebaß JRE 2, 379, 397, Schroeder LK § 16 RN 157 f., JZ 89, 779, Wolter GA 77, 267. Diese Kritik verkennt, daß der Begriff „Durchschnittsmaßstab" oder ein Abstellen auf den „umsichtigen und besonnenen Menschen" nur als Leitlinie zur Beurteilung fehlerhaften Verhaltens gedacht sein kann, die wie jeder Allgemeinbegriff erst durch ihre Auflösung ins Detail Konturen und Farben erhält (Roxin I 931). Erst durch die Bestimmung der konkreten Sorgfaltsanforderungen in den jeweiligen Lebenssituationen rundet sich – gleichsam einem Mosaik – das Bild dessen ab, was unter „durchschnittlichen Anforderungen" zu verstehen ist; vgl. dazu u. 206 ff. Eine zu weitgehende Individualisierung des Verkehrskreises läßt sich vermeiden, wenn beachtet wird, daß nur für den jeweiligen Verkehrskreis typischen, ihn als Gruppe aus der Allgemeinheit heraushebenden Verhaltensweisen einen geeigneten Anknüpfungspunkt zur Bestimmung der objektiven Sorgfaltspflicht abgeben (Kaminski aaO 135 ff.). Gegen die Kritik ist überdies einzuwenden, daß es der Rspr. – von einigen Ausnahmen abgesehen – gelungen ist, zu gerechten Ergebnissen zu gelangen. Als Alternative ließe sich nur ein rein individueller Maßstab denken, der jedoch zahlreichen Bedenken ausgesetzt ist (vgl. u. 142).

138 b) Soweit ein Täter mehr an Sorgfalt zu erbringen imstande ist, als der Durchschnitt, ist er auch zu größerer Sorgfalt verpflichtet. **Größeres individuelles Leistungsvermögen** verpflichtet zu größerer Umsicht und Vorsicht.

139 α) Daraus ergibt sich, daß jedermann das Optimum dessen zu leisten hat, was er zur Vermeidung von Gefahren zu leisten imstande ist (insoweit ähnlich B/W-Weber 488, Freund 154, Puppe NK 147 ff. vor § 13, Stratenwerth 294 ff., Samson SK Anh. zu § 16 RN 13, Herzberg Jura 84, 410, Roxin I 937; krit. Schmidhäuser Schaffstein-FS 151 ff., Schroeder LK § 16 RN 148, Schünemann Schaffstein-FS 159 ff., JA 75, 512 ff., Wolter GA 77, 270 f.). Mit Recht weist Stratenwerth (294) darauf hin, daß ein besonders befähigter Chirurg bei einer riskanten Operation sich nicht auf die Anwendung derjenigen Fertigkeiten und Techniken beschränken darf, die den Mindeststandard für jeden bilden, der sich überhaupt als Chirurg betätigen will. Bleibt er hinter dem zurück, was er leisten kann, so verletzt er die ihm von der Rechtsordnung auferlegte Pflicht; ob er auch schuldhaft handelt, ist damit noch nicht entschieden und hängt davon ab, ob ihm sein Fehlverhalten auch vorgeworfen werden kann. Dies ist zB nicht der Fall, wenn eine Operation wegen nicht vorhersehbarer Komplikationen erheblich länger dauert als vorgesehen und dem Chirurgen infolge Ermüdung ein Fehler unterläuft, den er nach seinen Fähigkeiten an sich hätte vermeiden können (vgl. dazu u. 198). Ebenso ist das **Sonderwissen** des Täters, welches im Zeitpunkt der Tat vorhanden oder zumindest aktualisierbar gewesen sein muß (BGH **14** 54), zu berücksichtigen (B/W-Weber 488, Hirsch ZStW 94, 274, Puppe NK 145 vor § 13, Roxin I 939, Stratenwerth 294, Welzel 132; hierauf beschränkend Jescheck/Weigend 565, 579, wohl auch W/Beulke 208; and. Jakobs 207 f., Arm. Kaufmann-GedS 284 ff., Lesch Verbrechensbegriff [1999] 257, 262 f. [Abstellen auf die konkrete soziale Rolle des Agierenden, so daß zB ein Biologiestudent als Aushilfskellner einer Mahlzeit mit einem ihm erkennbaren, für einen Normalkellner aber nicht erkennbaren Giftpilz servieren dürfte]). Wer die besondere Gefährlichkeit einer Kreuzung genau kennt, hat sich vorsichtiger als der Durchschnitt zu verhalten (Braunschweig VRS **13** 286); zur Kenntnis des Täters von der Bluteigenschaft des Opfers vgl. BGH **14** 52. Diese Betrachtungsweise bedeutet freilich eine Relativierung des Umfangs der dem Tatbestand zugrunde liegenden Pflichten; freilich nicht in dem Sinne, daß der Maßstab sich auch an den Möglichkeiten des unterdurchschnittlich Befähigten orientiert, wie Stratenwerth (294 ff.) meint; vgl. u. 142.

140 β) Daraus resultiert jedoch keineswegs eine Benachteiligung des besonders Befähigten. Von ihm wird nur erwartet, das zu tun, was er kann (and. wohl Hirsch ZStW 94, 275). Dies aber ist eine Erscheinung, die auch sonst im Recht auftaucht, das grundsätzlich davon ausgehen muß, die soziale Verantwortung des einzelnen an seinem (überdurchschnittlichen) individuellen Leistungszuschnitt zu messen. Das von Schünemann (Schaffstein-FS 166) hiergegen vorgebrachte Beispiel kann diesen Standpunkt nicht widerlegen: Der besonders befähigte Kraftfahrer darf zwar im Normalfall die 50 cm Seitenabstand vom Fahrbahnrand einhalten (wenn die StVO so etwas vorschriebe), aber er muß weiter nach rechts fahren, auch wenn nur ihm das möglich ist, um einen Unfall zu vermeiden. Die StVO stellt nur Durchschnittsanforderungen auf (vgl. o. 135), die jedermann als Mindestsorgfaltsregeln zu beachten hat, die aber keine Höchstgrenze darstellen. Auch im Verkehr begibt. Deswegen führt die hier vertretene Auffassung auch nicht zu einer „Vielzahl individueller Verkehrsregeln", wie Schünemann (Schaffstein-FS 167) meint, und schon gar nicht zu einem „Zusammenbruch" des Vertrauensgrundsatzes, was dessen Ausnahmen gerade bestätigen (Stratenwerth 294 f.). Dem Einwand Samsons (SK Anh. zu § 16 RN 14 b), der hier vertretene Standpunkt vermöge nicht zu erklären, warum nicht auch die unterdurchschnittliche Befähigung des Täters die Sorgfalt bestimmen solle, ist zu entgegnen, daß aus den o. 133 genannten Gründen ein durchschnittliches Vermögen – ungeachtet der Verschuldensfrage – von jedem zu erwarten ist, der ein riskantes Vorhaben durchführt oder zu unternehmen beabsichtigt (ebenso Roxin I 937 f.).

c) Abweichend von dem hier vertretenen Standpunkt, wonach ein größeres individuelles Leistungsvermögen die Sorgfaltsanforderungen erhöht (vgl. o. 138 ff.), bestimmt die **hM** den Umfang der dem einzelnen obliegenden Pflichten **ausschließlich** nach den **Durchschnittsanforderungen** des jeweiligen Verkehrskreises, während die überdurchschnittliche Leistungsfähigkeit keine Rolle spielen soll und das unterdurchschnittliche Leistungsvermögen gegegenenfalls im Rahmen der Vorwerfbarkeit Berücksichtigung findet, insofern nämlich, als einem Täter, der hinter diesen Durchschnittsanforderungen zurückbleibt, ein Vorwurf nicht gemacht werden könne. Dieser Standpunkt wird zB vertreten von v. Hippel II 361, Arthur Kaufmann, Schuldprinzip 227, M-Gössel II 111 ff., Mezger 358, Boldt ZStW 67, 335, Engisch aaO 334 ff., DJT-FS I 428, Gallas ZStW 67, 42, Henkel Mezger-FS 282, Jescheck aaO 7 ff., Lenckner Engisch-FS 492 und in Göppinger/Witter, Handb. d. forens. Psychiatrie 57 f., Maihofer ZStW 70, 187, Niese aaO 61, JZ 56, 461, Welzel 135, Neues Bild 31; ähnlich Trifferer Bockelmann-FS 210, der jedoch bei geringerer Befähigung des Täters nicht erst die Schuld, sondern bereits den (subjektiven) Tatbestand entfallen läßt. Diese Auffassungen befriedigen jedoch nicht und führen zu einer ungerechtfertigten Privilegierung dessen, der aufgrund überdurchschnittlicher Fähigkeiten auch überdurchschnittliche Pflichten zu tragen hat (Maurach I⁴ 556 f., and. aber 572, wo ausdrücklich es rechtens anerkannt wird, daß das Abstellen auf das Normalmaß auch den überdurchschnittlich Befähigten begünstige), weil die individuellen Fähigkeiten des Täters nur noch der Begrenzung seiner Haftung dienen. Niemand würde aber auf die Idee kommen, den hervorragenden Schwimmer zu entlasten, der nur mit durchschnittlichen Schwimmleistungen seiner vom Ertrinken bedrohten Frau entgegenschwimmt und dessen Hilfe deshalb zu spät kommt (Stratenwerth 294). Wer klüger, kenntnisreicher, fähiger ist als das „mittlere" Maß, muß daher bei gefährlichen Handlungen eben vorsichtiger sein als der Durchschnittsmensch (Köln NJW **69**, 1586). Auch Schünemann (JA 75, 575), der sich im übrigen gegen eine Individualisierung des Leistungsmaßstabes wendet (JA 75, 512), räumt ein, daß in diesen Fällen die Beurteilung der Sorgfaltspflicht nach dem, was ein „besonnener und gewissenhafter" Mensch tun würde, nicht möglich ist; seine Differenzierung des Pflichtmaßstabes nach „Luxushandlungen", „sozialüblichen", „sozialunüblichen" oder „sozialnotwendigen" Handlungen bringt im übrigen aber nur eine zu grobe Differenzierung, die für den Einzelfall keine sicheren Schlüsse zuläßt.

Ebensowenig vermag die von Gropp 402, Jakobs (315 ff., Studien 64 ff.), Stratenwerth (294) und Samson (SK Anh. zu § 16 RN 12 f.) vertretene Auffassung zu überzeugen, nach der die Sorgfaltswidrigkeit **allein** an den **Kenntnissen** und **Fähigkeiten** des **Täters** zu orientieren sei. Zwar ist ein individueller Maßstab insofern brauchbar, als er die Frage zuläßt, ob ein Täter hinter der Sorgfalt zurückbleibt, die er an sich aufbringen könnte. Die hier kritisierte Ansicht überzeugt aber nur, soweit sie überdurchschnittliche Befähigungen berücksichtigt, versagt jedoch hinsichtlich ihrer Konsequenzen aus den o. 133 genannten Gründen bei der Berücksichtigung unterdurchschnittlicher Fähigkeiten und Kenntnisse, weil insoweit nicht nur die Schuld, sondern schon das Unrecht der Tat beseitigt wäre (so ausdrücklich Samson SK Anh. zu § 16 RN 12 f., Trifferer Bockelmann-FS 210; wie hier Roxin I 937). So ist zB bei der pflichtwidrigen Tätigkeitsübernahme diese Objektivierung des individuellen Leistungsvermögens nicht sinnvoll. Hier kann die Pflichtwidrigkeit nur darin bestehen, daß der Täter etwas ins Werk gesetzt hat, obwohl er nicht in der Lage ist, den zur Durchführung dieser Handlung erforderlichen Sorgfaltsanforderungen nachzukommen. Diese Sorgfaltsanforderungen können aber nur am Durchschnitt orientiert werden, weil einem Täter nicht gesagt werden kann, warum er sich übernommen hat, wenn ihm nicht zugleich gesagt wird, welche Anforderungen an die von ihm übernommene Tätigkeit zu stellen sind. Verursacht zB ein Nachtblinder bei Dunkelheit einen Unfall, so setzt die Feststellung der Pflichtwidrigkeit die Norm voraus, daß Nachtblinde bei Dunkelheit nicht fahren dürfen, weil es ihnen unmöglich ist, die für Nachtfahrten erforderlichen Sorgfaltsregeln einzuhalten. Diese Sorgfaltsregeln stellen nichts anderes dar als Durchschnittsanforderungen. Überdies kann bei den Maßregeln der Besserung und Sicherung nicht auf diesen Begriff verzichtet werden, weil die jeweiligen Vorschriften (§§ 63 ff.) auf die in § 11 I Nr. 5 definierte „rechtswidrige Tat" verweisen, wonach ein tatbestandsmäßiges Verhalten und damit objektiv verwirklichtes Unrecht Voraussetzung ist (vgl. Schünemann JA 75, 515); am Unrechtstatbestand fehlt es aber auf der Grundlage der hier kritisierten Auffassung (vgl. Samson SK Anh. zu § 16 RN 12): Dem „50-jährigen, kurzsichtigen und farbenblinden Autofahrer" Samsons (SK Anh. zu § 16 RN 13), der an übergroßer Schreckhaftigkeit leidet und einen Fußgänger überfährt, den er infolge dieser Mängel nicht wahrnehmen konnte, könnte bei ausschließlich individueller Betrachtung nicht die Fahrerlaubnis entzogen werden; das Ausweichen Samsons (SK Anh. zu § 16 RN 14) auf einen unrechtsneutralen Tatbegriff verbietet sich wegen des eindeutigen Wortlautes von § 69, der eine „rechtswidrige Tat" iSv § 11 I Nr. 5 und damit strafrechtliches Unrecht erfordert. Im übrigen ist auch bei der zivilrechtlichen Haftung (zB § 823 BGB) der Begriff der Durchschnittsanforderungen unentbehrlich.

143 d) Beim **fahrlässigen Unterlassungsdelikt,** bei dem vom Täter ein Eingreifen zur Abwendung einer bestehenden oder drohenden Gefahr erwartet wird, wird teilweise die Auffassung vertreten, daß schon aus der Garantenstellung die Pflicht zur sorgfaltsgemäßen Vornahme der erforderlichen Rettungshandlung folge, sich daher Pflichterfüllung und sorgfaltsgemäßes Verhalten kaum trennen ließe (Fünfsinn aaO 98, Haft 166, Jescheck[4] 573, Lackner/Kühl 54, Ransiek [u. 223] 41; vgl. auch Röhl JA 99, 900 im Anschluß an Herzberg [134 vor 13] 238: Fahrlässiges Erfolgsdelikt stets Unterlassungsdelikt; hiergegen aber Jakobs 319, Roxin I 923, Schroeder LK § 16 RN 158). Diese Meinung berücksichtigt jedoch nicht hinreichend die verschiedenen Situationen, die zum Eingreifen verpflichten können: Hier handelt es sich einmal um Fälle, wo der Täter zwar die Gefahr sieht, die zu beseitigen er verpflichtet ist, aber infolge eines Sorgfaltsverstoßes nicht erkennt, auf welche Weise er der Gefahr wirksam begegnen kann. Zum anderen kommt ein Fahrlässigkeitsdelikt durch Unterlassen dann in Betracht, wenn der Täter schon die Gefahr pflichtwidrig nicht erkennt; dies setzt allerdings voraus, daß die Vermeidung der Unkenntnis für ihn rechtlich geboten ist. In beiden Fällen ist die Sorgfaltspflicht allerdings auf das beschränkt, was er in der konkreten Situation leisten kann; es wird also nicht gefordert, daß er das leistet, was er an Wissen und Können ansonsten zu erbringen imstande wäre. Ein Vater, der wegen Schwerhörigkeit die Hilferufe seines vom Ertrinken bedrohten Kindes nicht hört und deswegen die Rettung unterläßt, „handelt" dann nicht tatbestandsmäßig iSv § 222. Hier gilt nichts anderes als beim Vorsatzdelikt. Entsprechend einzelfalladäquat ist der einzuhaltende Sorgfaltsstandard allemal auch beim fahrlässigen Begehungsdelikt zu bestimmen: Ein Arzt zB, der in seinem Behandlungszimmer zu einer antiseptischen oder aseptischen Durchführung eines Eingriffs verpflichtet wäre, kann hierzu nicht verpflichtet sein, wenn er andernorts, zB am Ort eines Verkehrsunfalls, mangels der medizinisch-technischen Voraussetzungen hierzu nicht in der Lage ist. Vgl. zum Ganzen Hruschka Bockelmann-FS 421 ff.

144 **2. Erlaubtes Risiko beim Betrieb gefährlicher Unternehmungen.** Das allgemeine, an der Voraussehbarkeit und Vermeidbarkeit orientierte Gefährdungsverbot kann allerdings in einer hochtechnisierten Gesellschaft wie der unsrigen nicht ohne Einschränkung bleiben. In gewissen Lebensbereichen läßt sich die Gefährdung anderer nicht völlig verbieten, obwohl sie voraussehbar und vermeidbar wäre; diese Gefährdung stellt sich vielmehr als ein **„erlaubtes Risiko"** dar. Das deutlichste Beispiel hierfür bildet der moderne Kraftverkehr, der auch bei Einhaltung aller Verkehrsregeln als solcher schon ein nicht unerhebliches Maß an Gefährlichkeit in sich birgt, bei dem sich also eine Schädigung anderer nie völlig ausschließen läßt; zur Teilnahme am Kraftverkehr und zum Vertrauensgrundsatz vgl. u. 149 ff. Das gleiche gilt für den Betrieb industrieller Anlagen, den Abbau von Bodenschätzen, die Errichtung von Bauwerken, die Verwendung von modernen Energiequellen, wie Gas, Öl, Elektrizität oder Kernenergie (vgl. hierzu § 307 RN 11); vertiefend Schührer-Mohr aaO 175 ff., 201 ff.: erlaubtes Risiko als Maßfigur zur situativen Konkretisierung von Sorgfaltspflichten in vorsichtiger Ergänzung von Sondernormen.

145 a) Wegen des mit dem Betrieb dieser gefährlichen Unternehmungen verbundenen sozialen Nutzens wird der **unvermeidliche Rest** der mit ihnen **typischerweise verbundenen Gefahren** von der Rechtsordnung hingenommen (so schon Rudolf Merkel, Die Kollission rechtsmäßiger Interessen [1895] 58 ff.; s. aber auch Köhler 185 f., Schürer-Mohr aaO 202, die zurecht einen entsprechenden normativen Konsens verlangen; krit. auch Fabricius aaO 126 ff., Prittwitz aaO 282 ff., 319). Das jeder Rechtsordnung immanente „neminem laede" erfährt hier eine Modifikation, die sich zivilrechtlich zB in der Einführung der Gefährdungshaftung, sanktionsrechtlich in der Aufstellung konkretisierter Sorgfaltspflichten, wie der StVO, StVZO, Arbeitsschutzbestimmungen, Feuerschutzbestimmungen, Bauregeln, technischen Vorschriften, denn mit einer Betriebserlaubnis verbundenen Auflagen nach dem BImSchG usw., niederschlägt. Aus diesen Bestimmungen läßt sich dann im einzelnen entnehmen, wie weit hier wegen des Risikos von Verletzungen die für den fraglichen Lebensbereich geltenden generellen Sorgfaltspflichten reichen. Insofern begrenzt der Gesichtspunkt des sozialadäquaten Risikos schon das Maß der im Verkehr erforderlichen Sorgfalt. Er bildet somit nicht erst einen Rechtfertigungsgrund, sondern führt bereits zum Tatbestandsausschluß (vgl. 94 vor § 32 ff.). Mit diesen konkretisierten Sorgfaltsanforderungen soll erreicht werden, daß die mit den genannten Unternehmungen verbundenen Risiken auf ein Mindestmaß reduziert werden. Daraus folgt allerdings, daß das Eingehen eines bei Einhaltung aller Sicherheitsvorschriften noch verbleibenden Risikos von der Rechtsordnung nicht verboten werden kann, weil sie sich sonst in einen Widerspruch dazu setzen würde, daß sie den Betrieb solcher Unternehmungen wegen des mit ihnen verbundenen (wirklichen oder vermeintlichen) sozialen Nutzens erlaubt.

146 Das „erlaubte Risiko" ist in den hier genannten Grenzen damit Ausdruck der **sozialen Adäquanz,** die dazu dient, kausale Handlungen auszuscheiden, sofern sie wegen ihrer Notwendigkeit für die Aufrechterhaltung des sozialen Lebens und Verkehrs unerläßlich sind (vgl. Engisch DJT-FS I 418, Jescheck/Weigend 579, Roxin I 319 f., Kindhäuser GA 94, 215, Hirsch ZStW 74, 94, Lenckner Engisch-FS 499, Blei I 300 f., Niese JZ 56, 460, Samson SK Anh. zu § 16 RN 16 ff., Schaffstein ZStW 72, 369, Stratenwerth 295 f., Welzel 132; and. zB BGHZ **24** 21 [Rechtfertigungsgrund], B/W-Weber 482, Baumann MDR 57, 646, Tröndle 15, Oehler Eb. Schmidt-FS 243 f., Schmidhäuser I 175 f., Schaffstein-FS 138 f. und hier die 17. A. 49 vor § 51: Rechtfertigungsgrund; and. auch Maurach AT 549 ff.: Unterscheidung zwischen erlaubtem „Betrieb" und rechtswidriger „Betriebshandlung", bei der die Bedeutung der erforderlichen Sorgfalt nur die Tatverantwortung ausschließe;

krit. zum Begriff des erlaubten Risikos überhaupt Kienapfel aaO). So kann zB dem Waffenfabrikanten nicht eine rechtswidrige Handlung zur Last gelegt werden, wenn mit der von ihm produzierten Waffe eine strafbare Handlung begangen wird, oder der Polizeivorgesetzte nicht wegen fahrlässiger Körperverletzung oder Tötung zur Verantwortung gezogen werden, wenn er einen gebotenen Einsatzbefehl erteilt, der zu einer Verletzung oder zum Tode eines Untergebenen führt. Folglich fehlt es am Handlungsunrecht und damit zugleich am Tatbestand eines Erfolgsdelikts, wenn in den genannten Grenzen einer durch die soziale Adäquanz oder – im engeren Sinne – im Rahmen des „erlaubten Risikos" aus der durch die Rechtsordnung hingenommenen Gefahr ein schädlicher Erfolg resultiert.

b) Die Grundsätze eines durch die soziale Adäquanz erlaubten Risikos erfahren allerdings eine Ausnahme, wenn im Einzelfall erkennbar wird, daß ein **Vertrauen** auf das Funktionieren der zur Gefahrenbegrenzung konkretisierten Sorgfaltsregeln (vgl. o. 145) nicht oder nicht mehr gerechtfertigt ist. Wird zB erkennbar, daß für einen bestimmten Betrieb vorgeschriebene Maßnahmen feuerpolizeilicher Art wegen des Eintritts ungünstiger Umstände nicht mehr ausreichen, um eine Brandgefahr auf das noch tolerierbare Mindestmaß zu reduzieren, so darf der Betrieb ohne zusätzliche Maßnahmen nicht weitergeführt werden; das Eingehen dieser erhöhten Gefahr ist kein erlaubtes Risiko mehr und daher auch kein durch die soziale Adäquanz gedeckt. **147**

Wesentliche Anwendungsfelder des aus dem Gesichtspunkt fehlender unzulässiger Gefahrschaffung herzuleitenden (s. Burgstaller aaO 63, Roxin I 927, Samson SK Anh. 16 RN 21; vgl. auch Kuhlen [RN 223], Schürer-Mohr aaO 117; and. Brinkmann aaO 138 ff. [Erfahrungsregel]; den Zusammenhang zum Prinzip der Selbstverantwortung betonen hingegen Kühl 566, M-Gössel II 124, Schumann aaO 7 ff.) Vertrauensgrundsatzes (einschr. Puppe Jura 98, 22 f., NK 154 vor 13 [nur zur Bestimmung/Einschränkung nicht positivierter Sorgfaltspflichten], Frisch aaO 190 f. [bloße psychologisierende Umschreibung normativer, auf angemessene Freiheitsverteilung abzielender Überlegungen]) finden sich im Bereich des Straßenverkehrs (RN 149 f.) sowie des arbeitsteiligen Zusammenwirkens (RN 151 ff.): **148**

c) Allgemein anerkannt ist in diesem Zusammenhang die sorgfaltspflichtbegrenzende Wirkung des **Vertrauensgrundsatzes** im **Straßenverkehr,** nach dem jeder grundsätzlich auf verkehrsgerechtes Verhalten der anderen Verkehrsteilnehmer „vertrauen" darf, dh sein Verhalten nicht darauf einzurichten braucht, daß andere sich ordnungswidrig oder unvernünftig verhalten (st. Rspr., vgl. BGH **4** 191, **7** 118 [VGS], **9** 92, **14** 97, 211, VRS **22** 128, Kirschbaum aaO 104 ff., Krümpelmann Bockelmann-FS 453 ff., Samson SK Anh. zu § 16 RN 21, Schmidhäuser I 179, Stratenwerth 307 ff., Welzel 132, Cramer § 1 StVO RN 38 ff., J-Hentschel § 1 StVO RN 20 ff.); vgl. die Beispiele aus der Rspr. u. 212. **149**

d) **Ausnahmen** vom Vertrauensgrundsatz ergeben sich naturgemäß dann, wenn dem Vertrauen auf richtiges Verhalten anderer erkennbar die Grundlage entzogen ist (vgl. BGH **43** 310 im Falle horizontaler ärztl. Arbeitsteilung). Dies gilt gerade auch im Hinblick auf besonders häufiges verkehrswidriges Verhalten (u. 214). Weiter kann dies der Fall sein, wenn sich der Verkehrsteilnehmer selbst verkehrswidrig verhält; vgl. dazu im einzelnen u. 215. **150**

e) Der Anwendungsbereich des Vertrauensgrundsatzes ist nicht auf das Verhalten im Straßenverkehr beschränkt (Stratenwerth 307, Welzel 133, vgl. auch Schroeder LK § 16 RN 176). Darüber hinaus führt der **Vertrauensgrundsatz** überall dort zu einer Begrenzung der Sorgfaltsanforderungen, wo **gefahrträchtige Handlungen** arbeitsteilig vorgenommen werden, so zB bei der ärztlichen Heilbehandlung (zur Abgrenzung der Verantwortlichkeit zwischen Chirurg und Anästhesist in der postoperativen Phase vgl. BGH NJW **80**, 650; vgl. auch Wilhelm Jura 85, 183), insb. einer Operation (dazu eingehend Bergmann, in: Medizin und Strafrecht [u. 219] 35 ff., Brose aaO 51 ff., Kamps aaO, Peter aaO, Stratenwerth Eb. Schmidt-FS 383 ff., Ulsenheimer [u. 219] 119 ff., in: Laufs/Uhlenbruck [u. 219] 1137; aus zivilrechtl. Sicht: Laufs, in: ders./Uhlenbruck, Handbuch des Arztrechts² [1999] 867 ff., Scholz JR 97, 1 ff., Wilhelm aaO). Entsprechendes gilt etwa im Verhältnis des Ausbilders zum Auszubildenden; so fällt zB fahrlässiges Verhalten einem Fahrschüler nicht zur Last, wenn er sich an die Anweisungen des Fahrlehrers hält (Hamm NJW **79**, 993), es sei denn, daß er den Fahrfehler nach Maßgabe seines subjektiven Wissens und Könnens (vgl. u. 153) unschwer hätte vermeiden können. Der Vertrauensgrundsatz gilt jedoch nur insoweit, als Einfluß- und Kontrollmöglichkeiten gegenüber Mitarbeitern, Hilfspersonen usw ausgeübt werden können, und andererseits ein Vertrauen auf die Richtigkeit der erteilten Anweisungen besteht; vgl. auch Roxin I 928. Deswegen kommen diese Grundsätze nicht in Betracht im Verhältnis zwischen völlig selbständig handelnden Unternehmen. Kaum Bedeutung soll der Vertrauensgrundsatz daher zB im Rahmen des Lebensmittelstrafrechts haben (and. aber Brinkmann aaO 149 ff.), vgl. dazu u. 224. Auch handelt sorgfaltswidrig, wer ein anderes Unternehmen mit der Beseitigung umweltgefährdenden Abfalls beauftragt, ohne sich positive Gewißheit über dessen Fähigkeit zur ordnungsgemäßen Entsorgung verschafft zu haben (BGH **40** 84 m. Anm. Michalke StV 95, 137, Hecker MDR 95, 757). Zur fahrlässigkeitsstrafrechtlichen Verantwortung der Mitglieder von Leitungsorganen in Unternehmen u. 223. **151**

aa) Werden einzelne Verrichtungen auf Hilfspersonen (Assistenzärzte, Operations- und Krankenschwestern) übertragen, so ist der die Behandlung oder Operation **leitende Arzt** zwar dafür verantwortlich, daß diese für ihre Aufgaben fachlich hinreichend qualifiziert sind, und er muß erkennbare Mängel durch besondere Anleitung und Überwachung ausgleichen bzw. ungeeignete Personen von **152** der Behandlung fernhalten (RG JW **27**, 2699, BGH **3** 96 f., **6** 287, NJW **55**, 1487, Düsseldorf VersR **85**, 1049). Ferner muß er den sich gerade aus der Zusammenarbeit mehrerer Personen ergebenden Gefahren von Kommunikations- und Koordinationsmängeln entgegenwirken. Er muß also seine Anweisungen klar und verständlich, uU auch schriftlich geben (BGH **3** 95) sowie durch genaue Aufgabenverteilung und sonstige geeignete Maßnahmen (zB Eintragungen im Krankenblatt) für das sachgemäße Ineinandergreifen der einzelnen Tätigkeiten sorgen (Stratenwerth Eb. Schmidt-FS 395 f.). Jedoch ist er, solange nicht besondere Umstände die Zuverlässigkeit einer Hilfsperson generell oder im konkreten Fall (etwa wegen Übermüdung, vgl. BGH NJW **55**, 1487) in Frage stellen, nicht verpflichtet, Vorsorge gegen Sorgfaltsmängel zu treffen (vgl. BGH StV **88**, 251), da eine Pflicht zur lückenlosen Überwachung die – ja auch patientennützlichen – Arbeitsteilung zum Erliegen brächte (Stratenwerth Eb. Schmidt-FS 398, Ulsenheimer in: Laufs/Uhlenbruck [u. 219] 1138); zur Aufgabenverteilung bei telemedizinischen Anwendungen vgl. Nr. 16 der „Einbecker Empfehlungen, MedR 99, 557. Zur Verantwortlichkeit eines *Bauleiters* vgl. BGH MDR **78**, 504.

153   bb) Im Fall der Arbeitsteilung können sich die **Hilfspersonen** ihrerseits grundsätzlich auf die Richtigkeit der ihnen erteilten Anweisungen verlassen und brauchen sie, auch soweit ihnen dies möglich ist, nicht zu überprüfen. Freilich wird hierdurch die Ausführung einer zB nach den Regeln der ärztlichen Kunst fehlerhaften Anweisung nicht vom Makel objektiver Sorgfaltswidrigkeit befreit; das Verabreichen einer überhöhten Dosis eines Medikaments ist objektiv sorgfaltswidrig, gleichgültig, ob der Arzt selbst oder auf seine Anweisung eine Krankenschwester handelt (vgl. o. 133). Der Vertrauensgrundsatz wirkt sich hier also nicht auf der Ebene der objektiven Sorgfaltsnormen, sondern in einer Begrenzung der auf den Inhalt dieser Normen bezogenen sog. Erkenntnisverschaffungspflicht, dh auf der Ebene der Fahrlässigkeitsschuld aus (vgl. dazu Engisch DJT-FS I 430 FN 63, Lenckner Engisch-FS 503 f., siehe auch Schmidhäuser 312, 443). Der Schuldvorwurf der Fahrlässigkeit ist demnach in den hier fraglichen Fällen nur dann begründet, wenn die Unrichtigkeit einer Anweisung sich der Hilfsperson nach ihren persönlichen Kenntnissen und Fähigkeiten auch ohne besondere Nachprüfung hätte aufdrängen müssen (vgl. Lenckner Engisch-FS 504).

154   **V. Zurechnungsprobleme beim fahrlässigen Erfolgsdelikt.** Fordert der Tatbestand eines Fahrlässigkeitsdelikts einen **Erfolg** in Gestalt eines **Schadens** oder einer **konkreten Gefährdung**, ist also zur Tatbestandserfüllung die Herbeiführung eines Erfolges erforderlich, so müssen folgende weitere Voraussetzungen gegeben sein:

155   1. Erforderlich ist zunächst eine Handlung, durch die der **Erfolg verursacht**, oder eine Unterlassung, durch die er nicht abgewendet worden ist. Ebenso wie bei den vorsätzlichen kann also auch bei den fahrlässigen Erfolgsdelikten das Verhalten des Täters nur dann tatbestandsmäßig sein, wenn es conditio sine qua non für den Erfolg war; vgl. 73 ff. vor § 13.

156   2. Mit der Feststellung, daß das Täterverhalten in diesem Sinne für den Erfolg ursächlich war, kann es jedoch für den Tatbestand der Fahrlässigkeitsdelikte nicht sein Bewenden haben. Eine **Zurechnung des Erfolgs** ist hier vielmehr nur möglich, wenn sich gerade die durch die mangelnde Sorgfalt des Täters gesetzte Gefahr im eingetretenen Erfolg realisiert hat und der Erfolg in den Schutzbereich der Norm fällt: **Risiko-Zusammenhang** (95/96 vor § 13); hierzu u. 157 ff.; insoweit verdienen neben allg. Fragen der *Schutzzweckbestimmung* (u. 157–163) Zurechnungsfragen insb. iZm *Selbstschädigungen Dritter* (u. 164–169) sowie *pflichtwidrigem Dazwischentreten Dritter* (u. 170–172) Aufmerksamkeit. Ferner werden Erfolge nur dann zugerechnet, wenn sie im Falle eines hypothetischen, im Rahmen des rechtlich Zulässigen liegenden Verhalten des Täters – nicht eines Dritten (hierzu 98 vor § 13) – nicht eingetreten wären: **Pflichtwidrigkeitszusammenhang** (99 f. vor § 13), hierzu u. 173 ff.

157   a) Fällt der Erfolg in der konkreten Art seines Eintritts nicht in den **Schutzbereich der verletzten Norm**, so fehlt es ungeachtet des Umstandes, daß ohne die Pflichtverletzung der Erfolg nicht eingetreten wäre, an der indiziellen Funktion, die der Verletzung einer Sorgfaltspflicht für die dadurch herbeigeführte Verletzung normalerweise zukommt. Dies ergibt sich daraus, daß ein Erfolg nur dann auf der Pflichtverletzung beruht, wenn sich gerade in ihm die in der Pflichtverletzung liegende Gefährlichkeit realisiert (vgl. hierzu Hartwig JZ 68, 290, Jescheck/Weigend 586, Roxin Gallas-FS 243, Samson SK Anh. zu § 16 RN 28, Rudolphi SK 64 vor § 1; krit. Puppe Bemmann-FS 232 [stattdessen Abstellen auf generelle Geeignetheit der verletzten Norm, Erfolge dieser Art zu verhindern; einschr. 243 ff.; auch Toepel [71/72 vor § 13] 144 f., 196). Unter diesem Blickwinkel ist ein Erfolg, der zwar auf ein als solches sorgfaltswidriges Verhalten zurückgeführt werden kann, dem Täter dann nicht zurechenbar, wenn die verletzte Sorgfaltspflicht nicht den Zweck hat, Erfolge der herbeigeführten Art zu verhindern (vgl. Krümpelmann Bockelmann-FS 447 ff., Roxin Honig-FS 140, Rudolphi JuS 69, 549, SK 64 vor § 1 mwN). Wer zB verbotswidrig einen Jugendlichen beschäftigt (§ 22 I Nr. 3 JArbSchG), haftet nicht für dessen Tod, der sich in einer Gefahr verwirklicht, deren Bewältigung einem Jugendlichen trotz seines mangelnden Sicherheitsbewußtseins oder Erfahrungswissens möglich gewesen wäre (Karlsruhe JR **85**, 479 m. Anm. Kindhäuser). Praktisch wird dieser Grundsatz vor allem, wenn das pflichtgemäße Verhalten eine zeitliche (u. 160) oder räumliche (u. 159) Verschiebung der Ereignisse bewirkt hätte, durch die für das verletzte Rechtsgut eine völlig andere Situation entstanden wäre: Der über die zulässige Arbeitszeit hinaus Beschäftigte fährt bei der verspäteten Heimkehr auf ein Hindernis, das zur Zeit des vorschriftsmäßigen Arbeitsschlusses noch nicht vorhanden war. Hier entfällt eine Haftung, weil die ArbeitszeitVO nicht den Normzweck verfolgt, das Eintreffen an bestimmten Orten zu verzögern (vgl. auch 95/96 vor § 13). Die Frage, worin der Schutzzweck zu sehen ist, kann allerdings Schwierigkeiten bereiten. So hat der BGH (VRS **20** 129, **26** 209) ausgeführt, daß Geschwindigkeitsbegrenzungen nicht den Zweck verfolgen zu verhindern, daß ein Kraftfahrer zu einem bestimmten Zeitpunkt (noch) nicht am Unfallort eintrifft. In VRS **20** 129 sagt er hierzu, Sinn der Geschwindigkeitsbegrenzung sei es nicht, daß ein die Fahrbahn vor einem nahenden Kraftfahrzeug verkehrswidrig betretender Fußgänger ein größeres Stück auf der Fahrbahn zurückzulegen vermag, als er es tun könnte, wenn der Kraftfahrer langsamer führe, und vertritt in VRS **26** 203 die Auffassung, das Gebot des Fahrens auf Sicht umfasse nicht den Fall, daß ein Fußgänger die Fahrbahn verkehrswidrig von der Seite her auf zu kurze Entfernung innerhalb des Anhalteweges bei zulässiger Fahrgeschwindigkeit überraschend betritt. Diese Rspr. ist durch BGH **33** 61 (m. krit. Anm. Puppe JZ 85, 295, Streng NJW 85, 2809, Ebert JR 85, 356) teilweise modifiziert worden. Danach ist Zweck der Geschwindigkeitsbegrenzung, andere Verkehrsteilnehmer vor den Gefahren hoher Geschwindigkeiten zu schützen, also sicherzustellen, daß ein Kraftfahrer in einer kritischen Verkehrssituation noch so bremsen kann, daß es „gerade noch einmal gut geht"; nach dem vom BGH entschiedenen Fall hätte der Angekl. auch bei zulässiger Geschwindigkeit nicht mehr rechtzeitig anhalten können, er wäre bei ihrer Einhaltung aber 0,3 sec später am Ort des Zusammenstoßes angelangt, weshalb das Opfer Zeit gehabt hätte, die Fahrspur des Angekl. zu überqueren. Die Rspr. lehnt in Fällen, in denen der Erfolg nicht im Schutzbereich der Norm liegt – wenn auch mit anfechtbarer Begründung (vgl. 76, 86 vor § 13), so doch iE zu Recht – einhellig eine strafrechtliche Haftung wegen fahrlässiger Erfolgsverursachung ab.

aa) Zunächst wirkt sich dieser Grundsatz dort aus, wo **aus der verletzten Norm selbst** zu **158** entnehmen ist, daß nur bestimmte Gefahren durch sie verhindert werden sollen (vgl. 95/96 vor § 13). So verbieten – um die instruktive Parallelproblematik der Straßenverkehrsdelikte heranzuziehen – §§ 316, 315c I Nr. 1 das Führen eines Fahrzeugs in angetrunkenem Zustand, weil von einem alkoholisierten Fahrer ein erheblich höheres Risiko ausgeht als von einem nüchternen. Kommt ein Trunkenheitsfahrer ins Schleudern und verletzt er dabei einen Fußgänger, so kann er nicht nach §§ 229, 316 nur dann aus § 315c bestraft werden, wenn dieser Erfolg auf die Trunkenheit zurückzuführen ist (vgl. § 315c RN 37, Cramer § 315c RN 66 ff., Bay NZV **89**, 359 m. Anm. Deutscher, Küper BT 142, Peters NZV 90, 260, JR 92, 51); kommt es hingegen zum Unfall, weil der Wagen auf einem Ölfleck ins Schleudern kam, den auch ein Nüchterner nicht hätte erkennen können, so bleibt es bei der Strafbarkeit des Fahrers aus § 316. Bei den Fällen des § 315c I Nr. 2 a–g ist erforderlich, daß der Erfolg auf einem Verkehrsverstoß beruht, der dort genannt ist. Diese Grundsätze verkennen BGH **24** 31 m. abl. Anm. Knauber NJW 71, 627, Lehmann NJW 71, 1142, BGH VRS **37** 276 (abgefahrene Reifen). Die Überlegung des BGH, betrunkene Fahrer müßten langsamer als nüchterne fahren (ebenso Bay VRS **87** 121 m. abl. Bespr. Otto JK 6 vor § 13), läßt außer Betracht, daß der auch für einen nüchternen Fahrer unvermeidbare Unfall keine Folge eines trunkenheitsbedingten Risikos war, so daß sich im Erfolg nicht die spezifische Gefährlichkeit einer Trunkenheitsfahrt dokumentiert (Freund JuS 90, 215, Jakobs aaO 95 Fn 183a, Kühl 579, Maiwald Dreher-FS 457, Schlüchter JA 84, 678 f., Tröndle 18d vor § 13, W/Beulke 217; s. aber auch Puppe 199 vor § 13, Jura 97, 517, Bemmann-FS 243 Fn 30, Roxin I 332 ff.). Daher reicht auch zB zu schnelles Fahren an einer Kreuzung für § 315c nicht aus, wenn die Gefahr nicht auf dieses Verhalten, sondern auf andere Umstände zurückzuführen ist (Hamm NJW **55**, 723). Entsprechendes gilt, wenn der Täter sein Kfz dem Nichtinhaber eines Führerscheins geliehen hatte, der von diesem verursachte Unfall jedoch allein auf seinen Alkoholgenuß, nicht auf seine mangelnde Fahrkunst zurückzuführen war; auch hier wäre der Unfall zwar ohne die pflichtwidrige Handlung des Täters (Herausgabe des Kfz) nicht eingetreten; da aber die Führerscheinpflicht nur den Schutz vor mangelnder Beherrschung des Kfz zum Zweck hat, „beruht" der Erfolg nicht im genannten Sinne auf der Pflichtwidrigkeit, ein fahrlässiges Erfolgsdelikt entfällt (Bay VRS **9** 208, Oldenburg NJW **50**, 55; vgl. auch BGH MDR **57**, 241; iE ebenso Krümpelmann Bockelmann-FS 447). Fahren zwei Radfahrer bei Nacht ohne Beleuchtung hintereinander und wird der vorausfahrende von einem entgegenkommenden Fahrzeug verletzt, so kann der hinter ihm fahrende nicht aus § 229 bestraft werden, weil die Beleuchtungspflicht nicht dazu dient, andere Fahrzeuge zu beleuchten (RG **63** 394); fährt ein Wartepflichtiger zu schnell an eine Kreuzung heran, verletzt er aber nicht den Bevorrechtigten, sondern einen von links kommenden und daher ihm gegenüber Wartepflichtigen, so kann die Pflichtwidrigkeit des Täters darin bestehen, daß er zu schnell an die Kreuzung heranfuhr (vgl. BGH **17** 299 m. krit. Bem. Krümpelmann Bockelmann-FS 453), nicht dagegen im Verstoß gegen seine Wartepflicht. Das Rechtsfahrgebot (§ 2 StVO) dient dem Schutz des Gegenverkehrs, seine Verletzung führt daher nicht zur Verantwortlichkeit gegenüber einem Betrunkenen, der plötzlich von links auf die Fahrbahn torkelt (Hamm VRS **51** 29). Zum Schutzbereich des Warnblinklichts eines haltenden Schulbusses vgl. Hamm VRS **60** 38; zum Schutzbereich des § 7 IV StVO (Fahrstreifenwechsel) vgl. Köln VRS **59** 422.

bb) In Fällen, in denen es um die **räumliche Schutzrichtung** einer Verkehrssorgfaltspflicht geht, **159** stellt die Rspr. darauf ab, daß die Prüfung der Ursächlichkeit erst mit „Eintritt der kritischen Verkehrslage" beginnen dürfe (BGH **10** 371, **33** 61 m. Anm. Puppe JZ 85, 295, Ebert JR 85, 356, VRS **5** 286, **18** 180, **20** 131, **23** 370, **24** 126, **25** 263, **54** 436, Bay VRS **19** 129, Celle VRS **18** 127, VersR **65**, 961, Frankfurt JR **94**, 77 m. Anm. Lampe, Hamm VRS **10** 461, JMBlNRW **57**, 273, Oldenburg VRS **6**

470, Stuttgart NJW **59**, 351, Justiz **94**, 411, Koblenz VRS **48** 180); unhaltbar aber Karlsruhe NJW **58**, 430 m. Anm. Liebert NJW 58, 759 u. Schmitt DAR 58, 259, mit dessen Begründung dem Täter auch zur Last gelegt werden könnte, daß er nicht noch schneller gefahren ist, denn dann hätte er die Unfallstelle bereits vor dem Fußgänger passiert (unrichtig auch Hamm JMBlNRW **61**, 257); vgl. auch 76 vor § 13: Erfolg außerhalb des Schutzzwecks (krit. Puppe NK 222, Bemmann-FS 242 f.).

160   cc) Diese Grundsätze tragen auch das (zutreffende) Ergebnis von BGH **21** 59 m. Anm. Wessels JZ 67, 449 u. Hardwig JZ 68, 289 (vgl. hierzu auch Ulsenheimer JZ 69, 364). Die **zeitliche Differenz** beim Erfolgseintritt (die Untersuchung des Patienten hätte einige Tage in Anspruch genommen, so daß der Erfolg erst entsprechend später hätte eintreten können) kann in diesem Zusammenhang keine Rolle spielen, da die Pflicht zur Untersuchung nur den Zweck hat, die Chancen der Operation zu verbessern, nicht aber, das Leben des Patienten gerade um die Dauer der Untersuchung zu verlängern; insoweit liegt also keine spezifische Pflichtverletzung vor (vgl. Hardwig JZ 68, 292, Ulsenheimer JZ 69, 369, Jakobs 231). Anders würden die Dinge liegen, wenn statt der Operation eine andersartige und weniger gefährliche medizinische Maßnahme (konservative Behandlung) mit dem Ziel einer Lebensverlängerung angebracht gewesen wäre. Hier kann dem Arzt der tödliche Ausgang der verfrühten Operation auch dann als fahrlässige Tötung zur Last gelegt werden, wenn feststeht, daß durch die konservative Behandlung die Operation letztlich doch nicht hätte umgangen werden können und sie dann mit dem gleichen Risiko wie die jetzige belastet gewesen und uU ebenso tödlich ausgegangen wäre. Im übrigen kommt es stets darauf an, welche *spezifische Schutzrichtung* der verletzten Sorgfaltsnorm zugrundeliegt. Dies zeigt BGH JR **89**, 282 m. Anm. Krümpelmann JR 89, 353: Bei einem letztlich ungeklärten tödlichen Zwischenfall bei einem Säugling in einer Anschlußnarkose, die zur Korrektur eines Behandlungsfehlers erforderlich wurde – der Täter hatte einen Leistenbruch auf der falschen Seite operiert –, ist zu fragen, ob die Untersuchung zur Feststellung der Operationsseite dem Lebensschutz oder dem Schutz der körperlichen Integrität dient. Da nur letzterer in Betracht kommt, kann dem Täter der bei der zweiten Narkose eintretende Tod nicht zur Last gelegt werden, wenn nicht auszuschließen ist, daß der Erfolg auf ein nicht feststellbares Herzleiden (Herzvibrose) zurückgeführt werden muß.

161   dd) Zu beachten ist jedoch, daß das die Fahrlässigkeit begründende Verhalten häufig nicht dasjenige ist, das den schädigenden Erfolg unmittelbar ausgelöst hat, sondern ein **früheres Fehlverhalten** für den Erfolg relevant ist. Führt zB ein Kraftfahrer infolge schadhafter Bremsen einen Unfall herbei, so liegt der Pflichtverstoß darin, daß er vor Übernahme des Fahrzeugs den Zustand der Bremsen nicht hinreichend geprüft hat, mag auch der Unfall selbst (wegen der schadhaften Bremsen) im Unfallzeitpunkt unausweichlich gewesen sein (BGH VRS **32** 209). Auch in Fällen alkoholbedingter Schuldunfähigkeit bedarf es bei den verhaltensneutralen Delikten der §§ 222, 229 (anders bei § 315 c) keines Rückgriffs auf das umstrittene (vgl. § 20 RN 35 ff.) Konstrukt der actio libera in causa: BGH **40** 343, **42** 236, Lackner/Kühl 39 a, Horn GA 69, 289, Otto Jura 86, 433, Paeffgen ZStW 97, 524; krit. Horn StV 97, 264, Hruschka JZ 97, 24); zur sog. Übernahmefahrlässigkeit s. auch o. 136.

162   ee) Diskutiert wird auch das Problem der Haftung für **Folgeschäden** (vgl. Rudolphi JuS 69, 554, SK 75 vor § 1, Burgstaller aaO 126, Roxin Gallas-FS 253, Sowada JZ 94, 663; eingehend Namias aaO 79 ff.), wenn zB durch die pflichtwidrige Verabreichung eines falschen Medikaments ein Krankenhausaufenthalt notwendig wird, bei dem der Verletzte sich eine tödliche Infektion zuzieht (vgl. Köln NJW **56**, 1848, BGH VRS **20** 278: tödliche Lungenentzündung nach Verkehrsunfall) oder ein Dauerschaden eintritt, der zu einer Erhöhung des Verletztenrisikos führt, das sich in einem weiteren Schaden realisiert (tödlicher Sturz eines Beinamputierten). Solange der eingetretene Erfolg noch als Realisierung der vom Täter geschaffenen Ausgangsgefahr angesehen werden kann (zB bei Tod infolge krankenhausaufenthaltstypischer Infektion, nicht aber infolge eines Zimmerbrandes), ist der Erfolg dem Täter noch zuzurechnen. Nur wenn die Primärverletzung abgeschlossen ist, zB der Beinamputierte als geheilt aus dem Krankenhaus entlassen ist, scheidet eine Haftung des Verletzers für Spätfolgen aus, weil durch seine ursprüngliche Bestrafung die Erhöhung des Lebens- und Verletzungsrisikos mit abgegolten ist (Roxin I 934 f, Gallas-FS 253, Burgstaller aaO, Schünemann JA 75, 720, GA 99, 214, Rudolphi SK 77 vor § 1; and. noch JuS 69, 555; s. a. Puppe NK 241 ff. vor § 13 sowie Frisch aaO 501 f.: forensisch nicht durchführbar); auch Schockschäden, die Dritte zB durch Mitteilung vom Unfalltod einer nahestehenden Person erleiden, liegen außerhalb des Schutzzwecks der §§ 222, 229 (Burgstaller aaO 125 f., Roxin Gallas-FS 256 f., Rudolphi SK 78 vor § 1, Schünemann, JA 75, 720, GA 99, 214; and. Puppe NK 240 vor § 13).

162 a   ff) Jakobs (Lackner-FS 60) schlägt vor, dem Täter einen von ihm herbeigeführten Erfolg dann nicht zuzurechnen, wenn dieser schon „perfekt bedingt"war. Gemeint sind damit die Fälle, in denen ein vom Täter verletztes Rechtsgut ohnehin verloren sein wird: „eine Norm kann bei solcher Lage kein Gut mehr schützen, auch nicht ein ohnehin verlorenes Gut vor einem Austausch des Risikos, sondern kann nur noch Variationen innerhalb des Verlaufs eines identischen Risikos verbieten" (Jakobs aaO 67). Dieser Grundsatz soll sowohl für vorsätzliche wie fahrlässige Tatbestandsverwirklichungen gelten. Ihm kann jedoch nicht zugestimmt werden (vgl. 97 vor § 13, Puppe ZStW 99, 606, NK 138 ff. vor § 13).

163   b) Denkbar ist weiterhin der Fall, daß der **Schutzzweck** der Norm **aus dem Systemzusammenhang** zu bestimmen und zu begrenzen ist. Dies führt iE dazu, daß trotz Voraussehbarkeit des Erfolges

nicht jede (Mit-)Verursachung als fahrlässiges Erfolgsdelikt qualifiziert werden kann, weil das Verhalten nicht als pflichtwidrig iSv §§ 229, 222 usw anzusehen ist. Eine Einigkeit in der Beurteilung der hier in Betracht kommenden Fallgruppen besteht allerdings nicht (vgl. Roxin Gallas-FS 243; 100 ff. vor § 13):

aa) Am wenigsten umstritten sind die Fälle, in denen der Normzusammenhang ergibt, daß eine **164** **Fahrlässigkeitstat** schon deswegen ausscheidet, weil das entsprechende Verhalten, wäre es **vorsätzlich ausgeführt**, ebenfalls **straflos** bliebe. Dieser Grundsatz ergibt sich daraus, daß die Fahrlässigkeitshaftung als die schwächere Form der deliktischen Haftung nicht weiter gehen kann als die Haftung für vorsätzliches Verhalten. So kann etwa aus dem Umstand, daß die vorsätzliche Mitwirkung am fremden Selbstmord straflos ist, auf die Straflosigkeit der bloß fahrlässigen Mitwirkung an der Selbsttötung geschlossen werden (BGH **24** 342, Roxin Gallas-FS 243 ff., Rudolphi SK 79 vor § 1, Bindokat JZ 86, 422; einschr. für die Mitwirkung an „fahrlässiger" Selbstverletzung aber Herzberg JA 85, 270, Weber Spendel-FS 376). Dies gilt auch für die (vorsätzliche oder fahrlässige) Unterstützung einer **Selbstgefährdung** seitens einer eigenverantwortlich handelnden Person. Wer schon nicht für eine Selbstmordteilnahme einzustehen hat, kann nicht wegen Teilnahme an einer reinen Selbstgefährdung, mag diese auch tödlich verlaufen, strafbar sein; die Erfolgszurechnung entfällt insoweit auch unter dem Gesichtspunkt der Abgrenzung der Verantwortungsbereiche verschiedener Personen (92 a, 100 vor § 13 mwN). Eindeutige Unterscheidungen zwischen diesen beiden Kriterien der Haftungsbegrenzung sind ohnehin nicht möglich (Roxin I 934). Zur Frage des Schutzzwecks der Norm bei mangelnder Beherrschbarkeit des Kausalgeschehens vgl. die Beispiele bei 93 vor § 13.

bb) Einschränkungen der Fahrlässigkeitshaftung ergeben sich somit bei **Handlungen,** die nicht **165** selbst gefährlich sind, sondern lediglich **anderen Anlaß zu sich selbst gefährdendem Verhalten** geben. Zur Abgrenzung der grundsätzlich tatbestandslosen Mitwirkung an Selbstgefährdungen von der allenfalls unter Einwilligungsgesichtspunkten gerechtfertigten Fremdgefährdung vgl. Zweibrücken JR **94**, 518 m. Anm. Dölling, Otto Tröndle-FS 157 ff., Roxin I 342 ff., Rudolphi SK 81 a vor § 1; vgl. auch 107, 52 a vor § 32, § 216 RN 11. Soweit bloße Selbstgefährdungen oder -verletzungen betroffen sind, ergibt sich ein Ausschluß der Fahrlässigkeitshaftung schon aus systematischen Zusammenhängen. Der Haftungsbereich der Fahrlässigkeitstaten als der schwächeren Form der deliktischen Haftung kann nicht weiter reichen, als die Haftung für vorsätzliches Verhalten. Da schon die vorsätzliche Mitwirkung an fremdem Selbstmord straflos ist, muß erst recht die fahrlässige Mitwirkung an der Selbsttötung straflos sein (BGH **24** 342 m. Besprech. Spendel JuS 74, 749, Bindokat JZ 86, 422, Krey I 65, Roxin I 335 f. u. Gallas-FS 243 ff., Rudolphi SK 79 vor § 1, vgl. jedoch 92 a vor § 13). Für den Bereich vorsätzlicher Handlungen gilt weiter, daß nicht wegen Teilnahme an einer reinen Selbstgefährdung, mag diese auch tödlich enden, strafbar sein kann, wer schon nicht für die Teilnahme am Selbstmord einzustehen hat. Da dies bei vorsätzlichem Handeln gilt, muß erst recht die fahrlässige Unterstützung einer Selbstgefährdung straflos sein: Eigenverantwortlich gewollte und verwirklichte Selbstverletzungen unterfallen nicht dem Tatbestand eines Körperverletzungsdelikts, so daß derjenige, der lediglich eine eigenverantwortlich bewirkte Selbstgefährdung (gegen den Begriff der Selbstgefährdung Horn JZ 84, 513; grds. ablehnend zur Unterscheidung von Fremd- und Selbstgefährdung: Otto I 66, Tröndle-FS 175; s. a. Bay JZ **97**, 521 m. Anm. Otto; hiergegen zutr. Lackner/Kühl 12 vor § 211; diff. Roxin I 342 ff.) und Selbstverletzung veranlaßt oder fördert, an einem Geschehen teilnimmt, das als Körperverletzung nicht tatbestandsmäßig ist (BGH **32**, 262, NStZ **84**, 452, **85**, 25, 26, **86**, 266); so etwa bei Ermöglichen eines tödlich verlaufenden *Drogengenusses* (Nachw. zur abw. früheren Rspr.: 25. Aufl. RN 155) durch Überlassen eines Einwegspritze an einen zur Eigenverantwortung noch Fähigen (hierzu: Amelung NJW 96, 2393 ff.): BGH **32** 265 m. Anm. bzw. Bspr. Dach NStZ 85, 24, Horn JR 84, 513, Kienapfel JZ 84, 751, Otto Jura 84, 536, Roxin NStZ 84, 411, Seier JA 84, 533 u. Stree JuS 85, 179; vgl. ferner zB BGH **36** 17, NJW **94**, 205, NStZ **84**, 452 m. Anm. bzw. Bspr. H. W. Schmidt MDR 85, 1 u. Stree aaO 179, NStZ **85**, 25, 319 m. Anm. Roxin, Bay NJW **90**, 131 m. Anm. Dölling JR 90, 474 u. Bespr. Hugger JuS 90, 972, NStE **222** Nr. **9**, Stuttgart MDR **85**, 162, Eser/Burkhardt I 67, Tröndle 19 vor § 13, § 222 RN 15 a, Dölling GA 84, 75 ff., Frisch NStZ 92, 1, 62, Herzberg JA 85, 269 ff., Kühl 63, Mitsch Jura 93, 20, M-Zipf I 231, 259, Otto I 61, 63, Jura 92, 98, Roxin I 337 ff., Gallas-FS 245 f., Tröndle-FS 185 f., Rudolphi SK 79 ff. vor § 1, Schünemann NStZ 82, 60, W/Beulke 57, W/Hettinger 46; vgl. dazu aber auch BGH **37** 171 m. zust. Anm. Beulke/Schröder NStZ 91, 393, Otto Jura 91, 443, Rudolphi JZ 91, 572, StV **93**, 128 m. Anm. Hoyer, Dölling JR **93**, 418 m. Anm. Helgert; ähnlich auch NStZ **94**, 83 m. Anm. Alwart 84 u. m. Amelung 338, Weber Spendel-FS 370, wo angesichts des Schutzzwecks der §§ 29 III Nr. 2, 30 I Nr. 3 BtmG für entsprechende Fallgestaltungen die Verallgemeinerungsfähigkeit von BGH **32** 262 auch für den Bereich der §§ 222, 229 zurecht (Puppe NK 174 vor 13, Jura 98, 29 f., Sternberg-Lieben [29 vor § 32] 570 ff., Weber Baumann-FS 53, Spendel-FS 378 ff.; and. 101 b vor § 13, Hohmann MDR 91, 1117, Otto E. A. Wolff-FS 415, Roxin I 338) in Frage gestellt wird. In letztgenannten Entscheidungen ging es nicht um eine (paternalistische) Anwendung von § 222, sondern um die Frage, ob bei Betäubungsmitteldelikten der Tod des Konsumenten für die Strafzumessung strafschwerend berücksichtigt werden darf. Mit Recht hat der BGH dies unter dem Gesichtspunkt bejaht, daß die Vorschriften des BtmG in erster Linie den Schutz der Bevölkerung vor Gefahren der Rauschgiftverbreitung bezwecken (zu dieser in noch zulässiger Einschätzungsprärogative vom Gesetzgeber vorgesehenen überindividuellen Schutzrichtung des BtmG: BVerfG **90**, 145, 184 ff., Sternberg-Lieben ebd. 571) und daher die besondere Gefährlichkeit der Rauschgiftabgabe insoweit auch dann berücksichtigt werden kann, wenn der Tod im Einzelfall auf eine bewußte Selbstgefährdung zurückzuführen ist (zust. Fahl JA 98, 110, Rengier II 48; Otto Jura 91, 444, W/Beulke 58; and. Nestler/Tremel StV 92, 275). – Die ältere Rechtsprechung hatte diesen Aspekt nicht zuzurechnender Selbstgefährdung noch nicht hinreichend berücksichtigt: So sollte etwa nach BGH **7** 115 strafbar sein, wer einen anderen zu einer Motorradwettfahrt veranlaßt, wenn dieser infolge eigener vorhersehbarer Fahrfehler verunglückt (and. Stuttgart VRS **67**, 429, Zweibrücken JR **94**, 518 m. Anm. Dölling u. Bespr. Otto JK 4 vor § 13); vgl. auch prOT GA **14**, 533, LG München JW **20**, 922. – Zu Sexualkontakten von *HIV-Infizierten* § 223 RN 7, § 212 RN 3.

166 cc) Allerdings soll nach der Rspr. die zunächst straflose Selbstgefährdungsteilnahme mit dem Eintritt der Gefahrenlage in eine strafbare *Unterlassungstäterschaft* umschlagen (BGH NStZ **84**, 452 m. Anm. Fünfsinn StV 85, 57, Stree JuS 85, 179, **85**, 319 m. Anm. bzw. Bespr. Roxin, Geppert JK § 222/2), was iü nach BGH JR **79**, 429 m. Anm. Hirsch 432 jedenfalls für Ärzte als Garanten von vornherein eine auf Verhinderung von Selbstgefährdungen gehende Sorgfaltspflicht begründen soll (and. zurecht aber München NJW **87**, 2942, Zweibrücken NStZ **95**, 89, Bay JZ **97**, 521 m. Anm. Otto, Lackner/Kühl 14, 16 vor § 211, Mitsch JuS 96, 310, Tröndle 19 vor § 13); vgl. dazu § 13 RN 40: Da angesichts freiverantwortlicher (insoweit anders die Konstellation im Falle Naumburg NStZ-RR **96**, 229 [Arbeitgeberverstoß gegen Unfallverhütungsvorschriften] m. abl. Bespr. Otto JK 7 vor § 13, Puppe Jura 97, 411; vgl. Freund [134 vor § 13] 209; entsprechend die Konstellation eines vom Patienten gerade zwecks Suizidprophylaxe eingeschalteten Arztes [Lackner/Kühl 14 vor § 211; s. a. Herzberg NJW 86, 1638) Selbstgefährdung keine insoweit pflichtwidrige Gefahrschaffung (zu dem für Ingerenz erforderlichen Pflichtwidrigkeitszusammenhang: § 13 RN 35 a) vorlag (Lackner/Kühl 16 vor § 211, Otto H. J. Hirsch-FS 303 [einschr. 307 ff. zur Produzentenhaftung], dürfte aber allenfalls Strafbarkeit aus § 323 c in Betracht kommen (s. Fünfsinn, Roxin, Stree, jeweils aaO, Roxin I 338, Tröndle-FS 185, 198, Schünemann, NStZ 1982, 61 f.; s. a. Kienapfel, JZ 1984, 751 f.; and. aber Beulke/Schröder NStZ **91**, 393, Puppe NK 173 f. vor § 13, Rudolphi JZ **91**, 572).

167 dd) Sowohl aus der Grundlage der Grundsätze über die Straflosigkeit der Teilnahme an fremder Selbstgefährdung als auch dem Verantwortungsprinzip (u. 171) folgt weiter, daß ein Ausschluß der strafrechtlichen Verantwortung nur bei eigenverantwortlich gewollten und verwirklichten Selbstgefährdungen ausscheiden kann, nicht dagegen in Situationen, die im Vorsatzbereich mittelbare Täterschaft begründen würden (Renzikowski aaO 81 ff., 261 ff., Schumann [71/72 vor § 13] 107 ff., Walther aaO 181 ff., vgl. auch Hirsch JR **79**, 432). Wann ein in diesem Sinn freiverantwortlicher Entschluß vorliegt, ist allerdings umstritten (vgl. dazu 52 a vor § 32, 36 ff. vor § 211 sowie § 216 RN 11 mwN; näher Dölling GA 84, 71, Frisch aaO 162 ff., Horn JR 95, 304). Ausschlaggebend muß sein, daß die Entscheidung frei von Täuschung oder Zwang ist und das Opfer die Tragweite seines Verhaltens vollständig überblickt, also auch frei von sonstigen Beurteilungs- und Willensmängeln handelt. Bei einem non liquet ist nach dem Grundsatz in dubio pro reo von der Eigenverantwortlichkeit des Opfers auszugehen. Diese Kriterien dürften auch der Rspr. zugrundeliegen, denn nach dieser kann die Strafbarkeit des die Selbstgefährdung fördernden Dritten erst dort beginnen, wo er kraft überlegenen Sachwissens das Risiko besser erfaßt als der sich selbst Gefährdende (BGH NStZ **85**, 25) oder erkennt, daß das Opfer die Tragweite seines Entschlusses nicht überblickt (BGH NStZ **86**, 266). Diese Grundsätze sind zwar überwiegend an Fällen gemeinsamen Rauschgiftkonsums entwickelt, haben aber für eine Vielzahl anderer Fallgestaltungen Bedeutung. So ist derjenige, der einen anderen zu einer Motorradwettfahrt veranlaßt, nicht verantwortlich, wenn dieser infolge eigener vorhersehbarer Fahrfehler tödlich verunglückt oder andere zu Tode bringt (and. BGH **7** 115, Bindokat JZ 86, 423, Günter JuS 88, 386; vgl. aber Zweibrücken JR **94**, 518 m. Anm. Dölling). Ebensowenig haftet der Fahrgast, der sich in einem, wie er erkannt hat, verkehrsunsicheren Taxi befördern läßt, wenn es infolge dieses Mangels zu einem Unfall kommt, bei dem der Fahrer zu Schaden kommt (insoweit iü auch keine Haftung für Schädigung Dritter: 101/101 a vor § 13). Auch der Gastwirt, der einen Autofahrer mit Alkohol bewirtet, muß für den selbst- (aber auch den dritt-)schädigenden Unfall, den dieser auf der Heimfahrt alkoholbedingt verursacht, erst dann einstehen, wenn der Gast erkennbar zu selbstverantwortlichem Handeln außerstande ist (BGH **19** 152, **26** 35 [auch für privaten Gastgeber]; ähnl. **4** 20; krit. Welp aaO 319, eingehend hierzu Geilen JZ 65, 469; vgl. zu dieser Rspr. auch § 13 RN 40).

168 ee) Dagegen soll nach der älteren Rspr. eine Haftung begründet sein, wenn jemand **sich** dadurch **gefährdet**, daß er sich in eine bereits bestehende, von einem anderen **rechtswidrig geschaffene Gefahrenlage** begibt, so zB wenn ein Krankenhausseelsorger von einem anderen fahrlässig infizierte Pockenkranke besucht (BGH **17** 359 m. abl. Anm. Rutkowsky NJW 63, 165, wo der Fall unzutreffend unter den Gesichtspunkt rechtfertigender Einwilligung behandelt wird). Eine Erfolgszurechnung kommt nach dem o. 165 ff. Ausgeführten aber nur in Betracht bei Umständen, bei denen vom Vorliegen einer selbstverantwortlichen Vornahme der riskanten Handlung nicht mehr gesprochen werden kann. Strafrechtliche Verantwortung des Veranlassers kann daher einmal dadurch begründet werden, daß er in vorhersehbarer Weise Personen zu gefährlichem Verhalten motiviert, die infolge Trunkenheit oä zur Erkenntnis des Risikos bzw. sachgemäßem Handeln außerstande sind (vgl. Otto Maurach-FS 99 f., Welp aaO 301 ff.). Ein zweiter Ausnahmefall wird dann anzunehmen sein, wenn die Veranlassungshandlung oder ihre eingetretenen oder vorhersehbaren Folgen derart sind, daß der dadurch

Veranlaßte nicht nur hinsichtlich des „Ob", sondern auch bezüglich des „Wie", nämlich der Inkaufnahme eines Risikos, *rechtlich gebunden* ist (Rudolphi SK 80 vor § 1). Daher wird man den vor der Polizei Flüchtenden für den auf die überhöhte Geschwindigkeit des verfolgenden Polizeiwagens zurückzuführenden Unfall nur dann verantwortlich machen können, wenn das Fahren mit dieser Geschwindigkeit nicht nur unter dem Gesichtspunkt des gerechtfertigten Risikos (vgl. dazu 100 f. vor § 32) erlaubt, sondern die Beamten hierzu auch verpflichtet waren, dh bei pflichtgemäßer Ermessensausübung nur diese Art der Verfolgung in Betracht kam, und wenn ferner der deliktische Erfolg nicht zugleich auch auf zusätzlichem vom gerechtfertigten Risiko nicht gedeckten Fehlverhalten beruht (and. Roxin 256, Honig-FS 142 f., Gallas-FS 247 f.: Die Rechtsordnung dürfe Dritten nicht die strafrechtliche Verantwortung für die aus der Erfüllung ihrer Gebote entstehenden Schäden zuschieben [and. noch Roxin, Täterschaft und Tatherrschaft[2] 547, Jescheck[4] 370, Burgstaller aaO 112 f.]; wie hier Rudolphi SK 80 vor § 1, wohl auch Schroeder LK § 16 RN 183). Eine Zurechnung ist weiter dann geboten, wenn der Veranlasser mit der provozierten Handlung verbundene Risikofaktoren zu erkennen vermag, die für andere auch bei der nach den Umständen gebotenen Aufmerksamkeit und Vorsicht nicht erkennbar bzw. in Rechnung zu stellen sind. Verkennt der Handelnde das dabei tatsächlich von ihm eingegangene Risiko und verursacht oder erleidet er infolgedessen einen Unfall, so muß der Veranlasser hierfür einstehen, so zB wenn der Flüchtende den Weg über eine Treppe oder Brücke wählt, deren ihm bekannte Sicherheitsmängel dem Verfolger äußerlich nicht erkennbar sind. Unkenntnis der Risikofaktoren auf Seiten des Handelnden genügt dagegen nicht. So ist es in dem o. g. Beispiel der Taxifahrt gleichgültig, ob dem Taxifahrer der Zustand seines Fahrzeugs bekannt oder infolge Vernachlässigung seiner Pflichten aus § 23 Abs. 1 StVO unbekannt ist; ebensowenig belastet es den Flüchtenden, wenn der Verfolger seiner Ortsunkenntnis nicht Rechnung trägt und zu schnell in eine unübersichtliche Kurve fährt. Dagegen ist in diesem Zusammenhang umstritten, ob es ausreicht, wenn das Verhalten des Hintermannes geeignet ist, andere lediglich *moralisch* zu riskantem Verhalten zu motivieren, oder einen sonstigen als Zwang empfundenen Motivationsdruck auszulösen. Die Schaffung von Situationen, die einen nachvollziehbaren Motivationsdruck zum Eingreifen erzeugen, dürfte jedoch ausreichen (Puppe NK 168 ff. vor § 13, Jura 98, 30, Renzikowski aaO 196 f.; 101 c vor § 13; vgl. auch Schünemann GA 99, 223; anders Otto E. A. Wolff-FS 411 f. [aber keine Zurechnung bei berufsmäßigen Helfern; ebenso Roxin I 347 f.], Roxin I 339 f., Honig-FS 142, Gallas-FS 247 f., M-Gössel II 125 [Zurechnung nur bei Handeln zwecks Erfüllung der Hilfspflicht aus § 323 c StGB]), weil der Unterschied zwischen einem moralischen Motivationszwang und einer Rechtspflicht hier aufgrund ihrer für den Eingreifenden identischen Motivationskraft kein sachgerechtes Unterscheidungskriterium darstellen kann. Mit Recht hat daher BGH **39** 322 (m. Anm. Alwart NStZ 94, 84, Amelung NStZ 94, 383, Bernsmann/Zieschang JuS 95, 775, Derksen NJW 95, 240, K. Günther StV 95, 78, Sowada JZ 94, 663) die Auffassung vertreten, auch wenn bei einer Brandstiftung ein Dritter Rettungshandlungen unternimmt und dabei zu Tode kommt, könne dieser Erfolg dem Täter der Brandstiftung als fahrlässige Tötung zugerechnet werden. Im Anschluß an die in der zivilrechtlichen Rechtsprechung hierzu aufgestellten Grundsätze (vgl. BGH NJW **64**, 1363, **71**, 1980, 1982, **75**, 168 NJW **96**, 2646, VRS **32** 321, Düsseldorf NJW **74**, 1093, LG Düsseldorf NJW **73**, 1930, dazu Deutsch JZ 67, 641, Martens NJW **72**, 740, Hübner NJW **74**, 496) muß es genügen, daß der Täter durch die ohne Mitwirkung oder Einverständnis des Opfers deliktisch herbeigeführte Gefahrenlage für dieses ein einsichtiges Motiv zu selbstgefährdenden Rettungsmaßnahmen geschaffen hat (so auch Rudolphi, JuS 69, 549, 557, und SK 80 vor § 1, Schroeder LK § 16 RN 182, Frisch aaO 481 ff., NStZ 92, 1 ff., 62 ff., Nishihara-FS 82 f.; s. a. 101 c vor § 13). In der Regel wird dies der Fall sein, sofern es sich nicht um einen von vornherein sinnlosen oder mit offensichtlich unverhältnismäßigen Wagnissen verbundenen Rettungsversuch handelt, und eigene Rechtsgüter des Opfers oder ihm nahestehender Personen betroffen sind (vgl. BGH **39** 325).

ff) Unter dem Gesichtspunkt des Schutzzwecks der Norm ist die Behandlung jener Fälle umstritten, **169** in denen ein dem Ersttäter zurechenbarer Schaden (Ersterfolg) durch das **Dazwischentreten eines Dritten** vergrößert wird (Zweiterfolg), zB ein Unfallverletzter durch fehlerhafte ärztliche Behandlung im Krankenhaus stirbt (vgl. hierzu Celle NJW **58**, 271). Die Rspr. durchbricht bei dieser Fallgestaltung teilweise den von ihr aufgestellten Grundsatz, wonach es nur auf die generelle Voraussehbarkeit des Enderfolges ankomme (vgl. u. 180), dahin, daß der Täter solche Geschehnisabläufe nicht zu vertreten habe, die so sehr außerhalb aller Lebenserfahrung liegen, daß er auch bei der nach den Umständen des Falles gebotenen Sorgfalt nicht mit ihnen zu rechnen brauchte (RG **56** 343, **73** 370, BGH **3** 62). Dies soll ua auch dort der Fall sein, wo sich in den ursächlichen Zusammenhang zwischen das Verhalten des Täters und den Erfolg bewußte oder unbewußte Handlungen Dritter als Zwischenglieder einschalten (BGH **3** 62, GA **60**, 111, **69**, 246). So soll der Täter nicht für den Tod eines schon außerhalb Lebensgefahr befindlichen Verletzten haften, der bei einer späteren Hauttransplantation an einer Chloroformnarkose verstarb (RG **29** 280); gleiches soll gelten, wenn ein Unfallverletzter mit einer falschen Blutkonserve versorgt wurde (BGH GA **69**, 246) oder bei einer unfallbedingten Nachoperation infolge eines Narkosefehlers verstarb (Hamm VRS **18** 356). Als voraussehbar wurde dagegen der Tod eines Leichtverletzten durch eine Thrombose angesehen, die durch ärztlich verordnete Bettruhe gefördert worden war (Stuttgart NJW **56**, 1451), oder eine selbst nach Monaten auftretende tödliche Sepsis im Krankenhaus (Celle NJW **58**, 271); vgl. weiter Hamm NJW **73**, 1422: Serumhepatitis nach Bluttransfusion beim Unfallopfer, BGH MDR/D **76**, 16: Hirnblutung infolge Leberverfettung, Köln NJW **56**, 1848: Tod infolge Überdosierung von Vitaminen. Mit der grundlegenden (zivilrechtlichen) Entscheidung von Stuttgart JZ **80**, 618 wird man unter dem Gesichtspunkt der Grenzen des Schutzzwecks der verletzten Norm, genauer: des Verantwortungsprinzips (u. 171; allerdings ist insoweit noch nicht endgültig geklärt, wann bei nicht vorsätzlichem Eingreifen des Zweithandelnden die Verantwortung des Ersthandelnden entfällt), folgendermaßen zu differenzieren haben: Zwar vermag den Täter ein Fehlverhalten Dritter bei ihren Bemühungen, die Realisierung der vom Täter geschaffenen Gefahr abzuwenden, grundsätzlich nicht zu entlasten (zu strikt aber Puppe NK 238 vor § 13, Jura 98, 25), da der von Rechts wegen mißbilligte Erfolg, den abzuwenden die vom Täter übertretene Verhaltensvorschrift bezweckte, erfahrungsgemäß gerade erst (erst) bei der gleichsam herausgeforderten Abwehr der vom Täter geschaffenen Gefahr eintreten kann, so daß die Haftung des Ersthandelnden nur für Gefahren entfällt die nicht mehr im Rahmen der von ihm gesetzten Ausgangsgefahr liegen (vgl. 102 vor § 13): Dies dürfte regelmäßig bei grob sachwidrigem Verhalten des Dritten der Fall sein. Dem Erstverursacher sind mithin ärztliche Behandlungsfehler solange zuzurechnen, als sich der Tod oder die erschwerte Verletzung des Unfallopfers als eine Verwirklichung der von dem Täter pflichtwidrig geschaffenen Gefahr darstellt (Rudolphi JuS 69, 549, SK 73 vor § 1, Jakobs aaO 89 ff., Roxin Gallas-FS 253, Samson SK Anh. zu § 16 RN 30). Eine Zurechnung dürfte somit idR bei grob pflichtwidrigem Verhalten des behandelnden Arztes (egal, ob dieses in einer Fehlmaßnahme oder im Nichtstun besteht) entfallen (Burgstaller aaO 117 ff. Jescheck-FS 365, Roxin I 349 f. [aber auch keine Zurechnung bei einer der Erstgefahr verdrängenden ärztl. Fehlleistung; ebenso: Frisch aaO 442 f.], Otto E. A. Wolff-FS 409; and. Rudolphi SK 74 vor § 1, Schmoller Trifftterer-FS 232 ff.: Zurechnung bei Unterlassen des Arztes; wieder and. Puppe NK 238 vor § 13: Zurechnung). Sachentsprechendes sollte für Zweiterfolge gelten, die letztlich auf dem Verhalten des Opfers selbst beruhen (Burgstaller Jescheck-FS 365, weitergehend Schmoller Trifftter FS 249 ff.); gefährdet oder schädigt sich das Opfer gar bewußt, so entfällt aus den o. 164 f. genannten Gründen ohnehin die Zurechnung (Otto E. A. Wolff-FS 399, 410; deshalb ist die Begründung unzutr. BGH NStZ **94**, 394 m. Bespr. Otto JK 6 zu § 226; and. Renzikowski aaO 112).

170 hh) In den vorliegenden Zusammenhang gehört auch der Fall, daß riskantes Verhalten eines anderen durch entsprechende **unrichtige Ratschläge** oder Empfehlungen veranlaßt wird (vgl. Lenckner Engisch-FS 505 ff., 117 vor § 25), so zB wenn die von der Mutter eines kranken Kindes um Rat angegangene Nachbarin eine, wie sie hätte wissen können, schädliche Behandlung empfiehlt. Auch hier schließt das Verantwortungsprinzip fahrlässige Täterschaft des Veranlassers grundsätzlich aus (vgl. auch § 676 BGB). Außer bei erkennbarer Verantwortungsunfähigkeit des Vordermannes wird in diesen Fällen der Veranlasser jedoch auch dann für die Ausführungen seiner Anweisung einzustehen haben, wenn er kraft besonderer Sachkunde eine Vertrauensposition innehat und andere sich deshalb auf ihn zu verlassen pflegen und regelmäßig auch verlassen dürfen (vgl. dazu auch 101 c vor § 13). Daher ist zB der Arzt für die Folgen fehlerhafter Anweisungen als fahrlässiger Täter verantwortlich zu machen.

171 ii) Problematisch ist, inwieweit aus dem an Vorhersehbarkeit und Vermeidbarkeit orientierten allgemeinen Verbot riskanten Verhaltens auch Sorgfaltspflichten in Bezug auf das **drittschädigende Verhalten Dritter** resultieren; diese Frage ist von Bedeutung, wenn der Kausalzusammenhang zwischen Handlung und Erfolg erst durch freiverantwortlich agierende (anderenfalls Zurechnung: o. 168) Dritte vermittelt wird, so zB wenn jemand eine geladene Waffe unbeaufsichtigt läßt, die ein anderer dann zu einer vorsätzlichen Tötung benutzt; oder: Tötung eines Hausbewohners im Gefolge vorsätzlichen Inbrandsetzens im Hausflur gelagerter Abfälle durch einen Brandstifter (Stuttgart NStZ **97**, 190 m. Anm. bzw. Besprech. Gössel JR 97, 519, Otto JK 11 vor § 13). Teilweise wird hier die Lösung des Problems in der Lehr vom Regreßverbot (s. 77 vor § 13) gesehen. Das Leitprinzip für die Lösung dieser Fälle dürfte aber dem **Verantwortungsprinzip** zu entnehmen sein, wonach jeder sein Verhalten grds. nur darauf einzurichten hat, nicht selbst fremde Güter zu gefährden, nicht aber darauf, daß andere dies nicht tun (vgl. Lenckner Engisch-FS 506 f., 117 vor § 13, Otto I 63, Spendel-FS 277 ff., E. A. Wolff-FS 401, H. J. Hirsch-FS 303, Rudolphi. SK 73 f. vor § 1, Renzikowski aaO 68ff, Reyes ZStW 105, 109 f., Schumann [71/72 vor § 13] 19 ff., Stratenwerth 307 f., Walther aaO 78 ff., Welp aaO 274 ff., 314 f.; s. a. Eser/Burkhardt I 67, Kühl 61 ff., W/Beulke 57 ff.; s. a. Stuttgart NStZ **97**, 190 [aber Vermengung mit Vorhersehbarkeit; krit. Frisch aaO 238 ff., Schmoller Triffterer-FS 244 ff., Puppe NK 160 ff. vor § 13). Nur in Ausnahmefällen, wie zB bei §§ 26, 27, die aber nur für den Vorsatzbereich gelten (zu den sich dort stellenden Schwierigkeiten ausnahmsweiser Zurechnungsbeschränkung: § 26 RN 10 ff. § 27 RN 10 a), kommt eine Haftung für die Mitwirkung an fremdem Unrecht in Betracht (vgl. 112 ff. vor § 25). Dies ergibt sich aus folgenden Überlegungen: Wird bei jedem Menschen, dessen Verantwortlichkeit nicht beeinträchtigt oder ausgeschlossen ist (§§ 20, 21), die intellektuelle und seelische Fähigkeit zu verantwortlicher Selbstbestimmung vorausgesetzt, so folgt daraus nicht nur, daß er für seine rechtswidrigen Taten einzustehen hat, sondern zugleich auch eine Begrenzung seines Verantwortungsbereichs. Da nämlich auch bei anderen diese Fähigkeit vorausgesetzt wird, hat jeder sein Verhalten grundsätzlich nur darauf einzurichten, daß er selbst geschützte Rechtsgüter nicht gefährdet, nicht aber auch darauf, daß andere dies nicht tun (vgl. Lenckner Engisch-FS 506 f.). Da es grundsätzlich Sache des anderen ist und seiner Verantwortung unterliegt, ob und wie er auf fremde Handlungen bzw. deren Folgen reagiert, kann die Veranlassung fremder Dritt- (und auch Selbst-) Gefährdungen nicht schon deshalb dem Gefährdungsverbot unterfallen, weil eine

solche Reaktion vorhersehbar war (Lenckner Engisch-FS 506, Welp aaO 274 ff., 314 ff., JR 72, 427; Otto Maurach-FS 95 ff., H. J. Hirsch-FS 303, Roxin I 336, Spendel JuS 74, 749). Daher entfällt grundsätzlich auch eine Haftung sowohl dafür, daß ein Dritter eine gefährliche Situation zur Selbstschädigung ausnützt, die der „Täter" in an sich pflichtwidriger Weise geschaffen hat (vgl. 101/101 a vor § 13), als auch dafür, daß diese mitteilbare Risikoschaffung einen von einem hieran anknüpfenden Dritten vorsätzlich oder fahrlässig herbeigeführten Erfolg bewirkt (hierzu eingehend 101/101 a, 101 e vor § 13 mwN pro und contra). Zu der damit aufgeworfenen Frage nach dem Umfang der Risiken, die in den fremden Verantwortungsbereich fallen, vgl. Frisch aaO 230 ff., 351 ff., Jakobs 213 ff., ZStW 89, 1 ff., Roxin I 347 ff., sowie o. 101/101 a vor § 13. Zu den gebotenen, im Einzelnen noch nicht geklärten *Einschränkungen* des Zurechnungsausschlusses infolge der durch das Verantwortungsprinzip bestimmten Reichweite der Gefährdungsverbote (etwa: Schädigungen durch Dritte bei Gefahrenabwehr: o. 169, aber ggf. auch Defektzustände [iwS] des Letztverursachers, rechtliche Verpflichtung zur Selbstgefährdung, Sonderpflichten für die Unversehrtheit eines Rechtsgutes usw): 101 c f. vor § 13. Sofern das Dazwischentreten des Dritten nicht vorhersehbar war, könnte die Zurechnung (auch) unter dem auf die geringe Erfolgswahrscheinlichkeit gestützten Aspekt fehlender Schaffung eines rechtlich relevanten Risikos (Gropp 138) verneint werden, doch würde damit der eigentliche Grund ausgeschlossener Zurechnung nicht herausgestellt. Für die Fälle der fahrlässigen Beteiligung an fremder Selbstschädigung ergibt sich der Zurechnungsausschluß iü auch ohne Rückgriff auf das angesprochene Verantwortungsprinzip aus den Grundsätzen über die straflose Teilnahme an fremder Selbstgefährdung, vgl. o. 164.

jj) Im Zusammenhang mit dem Verantwortungsprinzip werden auch jene Fälle diskutiert (s. a. 101 d vor § 13), die Art und Maß derjenigen Sicherungsmaßnahmen betreffen, die der für eine **Gefahrenquelle verantwortliche Garant** zu treffen hat (Jakobs 700, Rudolphi SK 72 ff. vor § 1, Schaffstein Lackner-FS 799, s. aber auch Roxin Tröndle-FS 198 ff., I 338; vertiefend: Schumann [71/72 vor § 13] 103 ff., Wehrle [71/72 vor § 13] 81 ff.). Streitig ist zB, ob wegen fahrlässiger Tötung bestraft werden kann, wer seine Waffe unbeaufsichtigt läßt und es dadurch einem Dritten ermöglicht, mit ihr einen Mord zu begehen (zum [fehlenden] Zurechnungsausschluß bei Selbstschädigung des Dritten: o. 165, 167). Hier wird folgende Unterscheidung getroffen werden müssen: Zunächst ist festzustellen, daß es eine Unzahl von **gefährlichen Gegenständen** gibt (Beil, Messer, Pflanzengifte, Säuren, Medikamente, Benzin, sonstige leicht brennbare Stoffe usw), die zwar so verwahrt werden müssen, daß Kinder oder im Umgang mit diesen Stoffen Unerfahrene sich nicht selbst oder andere schädigen, bei denen die Obhutspflicht aber nicht so weit geht, daß auch die Verhinderung eines vorsätzlichen deliktischen Angriffs eines Dritten unter Verwendung des gefährlichen Gegenstandes erreicht wird. Insoweit genügen daher solche Vorkehrungen, die geeignet sind, vernünftig Handelnde davon abzuhalten, andere zu schädigen, und es ist insb. nicht erforderlich, gefährliche Sachen auch gegenüber rechtswidrigen oder gar deliktischen Eingriffen zu sichern (vgl. BGH **3** 203). Deswegen wird zwar gegebenenfalls nach §§ 222, 229 bestraft werden, wer Salzsäure in einer Bierflasche im Eisschrank aufbewahrt, sofern ein Ahnungsloser aus der Flasche trinkt; dagegen liegt kein Fahrlässigkeitsdelikt vor, wenn ein Dritter die unvorsichtig aufbewahrte Säure zu einem Vorsatzdelikt benützt. Andererseits gibt es Gegenstände, die so gefährlich sind, daß eine Verwahrungs- und Überwachungspflicht auch dem Zweck dient, deren vorsätzliche Verwendung durch andere zu verhindern. Dies gilt zB für die Verwahrung von spaltbarem Material, Sprengstoff usw, hinsichtlich derer Rechtsvorschriften bestehen (zB § 5 AtomG, § 42 WaffG), die auch den vorsätzlichen Mißbrauch durch Dritte verhindern sollen. Dies gilt auch für Kraftfahrzeuge, die nach § 14 II S. 2 StVO auch „gegen unbefugte Benutzung" zu sichern sind; folglich kann nach § 222 bestraft werden, wer sein Fahrzeug nicht sichert und einem Dritten dadurch eine drittschädigende (bei bloßer Selbstschädigung entfiele auf Grund des Verantwortungsprinzips Strafbarkeit [vgl. 101 d vor § 13]) Unfallfahrt ermöglicht (BGH VRS **20** 282, Hamm NJW **83**, 2456); vertiefend Frisch aaO 247 ff., 360 ff., Renzikowski aaO 264 ff., 281 ff., s. auch § 13 RN 44. In allen Fällen ist jedoch zusätzlich zu prüfen, ob der Mißbrauch durch Dritte und der sich daraus ergebende Erfolg noch zuzurechnen ist; dies ist zB zu verneinen, wenn eine mißbräuchliche Benutzung des Fahrzeugs durch eine Person erfolgt, die eine ausreichende Fahrpraxis hat: Hier fehlt es am Risikozusammenhang (u. 174), weil die Überlassung des Fahrzeugs an einen Fahrfähigen ebenfalls nicht zu einer Haftung für Schäden führt, die dieser verursacht.

b) Der Tatbestand des fahrlässigen Erfolgsdelikts ist nicht schon dadurch erfüllt, daß das Täterverhalten an sich für den Erfolg kausal war. Erforderlich ist nach hM vielmehr, daß das Täterverhalten gerade in seiner **Pflichtwidrigkeit für den Erfolg „kausal"** geworden ist, dh der Erfolg sich als Verwirklichung der unerlaubt gesetzten Gefahr darstellt (hM seit BGH **11** 1, 7; ebenso BGH **21** 59, VRS **15** 426, **16** 128, **19** 284, **21** 6, 341, **73**, 263, DAR **67**, 51, NStZ **86**, 217, Bay VRS **17** 275, Bremen DAR **64**, 273, Celle VRS **18** 127, Hamm DAR **63**, 245, VRS **35** 125, **43** 426, NJW **72**, 1532, Frankfurt VRS **41** 32, Köln VRS **20** 355, NZV **89**, 319, Oldenburg NdsRpfl. **58**, 57, Stuttgart DAR **63**, 335, Lackner/Kühl 41, Cramer § 315 c RN 54, Eser I^3 73 f., Mühlhaus aaO 51 f., DAR 65, 36, Oehler Eb. Schmidt-FS 238, Samson SK Anh. zu § 16 RN 27 a, Welzel-FS 593 FN 68, Hirsch Uni Köln-FS 406; krit. Jakobs 222; and. Jordan GA 97, 367 [Strafwürdigkeit: Frage der Strafzumessung]). In Wahrheit handelt es sich bei dieser Frage nicht um ein Kausalitätsproblem, sondern um eine aus dem Gesichtspunkt des Rechtswidrigkeitszusammenhangs zwischen Pflichtwidrigkeit und Erfolg sich ergebende Haftungsbeschränkung (vgl. 99, 99 a vor § 13); krit. hierzu Baumann JZ 62, 41,

Jescheck/Weigend 584, Roxin ZStW 74, 411 ff., Spendel Eb. Schmidt-FS 190, JuS 64, 14, Ulsenheimer aaO und JZ 69, 364, Welzel, Verkehrsdelikte, E. A. Wolff, Kausalität von Tun und Unterlassen (1965) 26 f., Krümpelmann Bockelmann-FS 443 ff., der aber i. E. weitgehend der hM folgt. Nach einer Reihe von Entscheidungen, die in der Sache aber zum selben Ergebnis kommen, soll es sich hier nicht um eine Frage der Tatbestandsmäßigkeit und Rechtswidrigkeit, sondern des Verschuldens handeln („schuldhafte Verursachung des Erfolges nur, wenn er gerade durch das den Fahrlässigkeitsvorwurf begründende Verhalten herbeigeführt wurde"; so BGH VRS **5** 286, **24** 190, **26** 204, Bay NJW **53**, 1641, **60**, 1964, Celle DAR **58**, 244, Hamm VRS **7** 204, **35** 125, JMBlNRW **62**, 177, KG VRS **8** 68).

174   aa) In allen Fällen ist also zu prüfen, ob der **Erfolg durch Anwendung pflichtgemäßer Sorgfalt vermieden** worden wäre; wäre er gleichfalls eingetreten, so beruht er nicht auf der Pflichtwidrigkeit, dh es fehlt am Pflichtwidrigkeitszusammenhang (krit. zu dieser Fragestellung Ranft NJW 84, 1425, Krümpelmann GA 84, 491, Puppe ZStW 99, 595 ff., NK 85 vor § 13). Derart herbeigeführte Erfolge sind eben nicht mehr geeignet, generalpräventiv die Notwendigkeit zu verdeutlichen, daß der vom Handelnden übertretenen Verhaltensanforderung zwecks Rechtsgüterschutzes nachzukommen ist (Frisch aaO 534; vgl. auch Kühl 575 f. im Anschluß an Küper Lackner-FS 263 f. [Beschränkung der Gewährleistungsnorm mangels insoweit berechtigter Schutzinteressen des Opfers]); somit ist insoweit eine Ausnahme vom Grundsatz (97 vor § 13) der Unbeachtlichkeit hypothetischer Kausalverläufe legitimiert (s. a. 99 a vor § 13). Dies ist vor allem dann von Bedeutung, wenn bereits das Verhalten als solches durch abstrakte Gefährdungstatbestände (zB die Vorschriften der StVO) als gefährlich und damit pflichtwidrig gekennzeichnet wird und daher zu fragen ist, ob diese Pflichtwidrigkeit Ursache des Erfolges war. Überfährt zB ein Kraftfahrer einen Fußgänger und hat er in diesem Augenblick die vorgeschriebene Geschwindigkeit überschritten, so liegt sowohl eine Pflichtverletzung (zu schnelles Fahren) wie auch Kausalität seines Verhaltens (Fahren) für den Erfolg vor. Ist jedoch der Fußgänger plötzlich betrunken auf die Straße gefallen, so wäre der Unfall auch bei geringerer Geschwindigkeit genauso eingetreten; der Erfolg beruht also nicht auf der Pflichtverletzung. Diese Fragestellung kann aber auch dann von Bedeutung sein, wenn sich die Pflichtwidrigkeit nicht aus der Verletzung abstrakter Gefährdungstatbestände, sondern aus der allgemeinen Pflicht ergibt, die Verletzung von Rechtsgütern zu vermeiden, also etwa bei Unfällen im Haushalt oder bei mißlungenen ärztlichen Behandlungen usw (vgl. etwa RG **15** 151 [„Apothekerfall"], RG vom 15. 10. 1926 b. Exner Frank-FG I 587 f. [„Novokainfall"] und hierzu Roxin ZStW 74, 411, BGH JR **94**, 514 m. Anm. Puppe). Bei der Frage, ob ein Verkehrsunfall für einen **alkoholbedingt fahrunsicheren Kraftfahrer** vermeidbar war, stellt die Rspr. nicht darauf ab, ob der Fahrer den Unfall im nüchternen Zustand bei Einhaltung derselben Geschwindigkeit hätte vermeiden können, sondern prüft, bei welcher geringeren Geschwindigkeit er – unabhängig davon, daß er als Fahruntüchtiger überhaupt nicht am Verkehr teilnehmen durfte – seiner durch Alkoholgenuß herabgesetzten Wahrnehmungs- und Reaktionsfähigkeit bei Eintritt der kritischen Verkehrslage hätte tragen können und ob es auch bei dieser Geschwindigkeit zu dem Unfall gekommen wäre (vgl. BGH NJW **71**, 388, Koblenz DAR **74**, 25, VRS **71**, 282, vgl. aber o. 158 und auch 76 vor § 13).

175   Der Rechtswidrigkeitszusammenhang ist festgestellt, wenn die **hypothetische Frage**: „Was wäre geschehen, wenn der Täter sich in der konkreten Situation pflichtgemäß verhalten hätte?" zur Antwort führt, daß der Erfolg vermieden worden wäre (vgl. RG **15** 151, **63** 214 [„Ziegenhaarfall"], BGH VRS **4** 32, Bay VRS **4** 431). Dabei taucht allerdings die Frage auf, welche Faktoren in die hypothetische Fragestellung einzusetzen sind (u. 176) und welcher Grad an Wahrscheinlichkeit für die Bejahung des Rechtswidrigkeitszusammenhangs erforderlich ist (u. 177 ff.).

176   bb) Zunächst kann zweifelhaft sein, welche **Faktoren** und **Umstände** in die **hypothetische Fragestellung** einzusetzen sind (hierzu Frisch aaO 535 ff., Puppe JuS 82, 662 ff., Schlüchter JA 84, 678 f., aber auch Jakobs Lackner-FS 71 ff.). Fährt ein Motorradfahrer nachts in eine Gruppe von Fußgängern, die entgegen § 25 I S. 2 StVO auf der rechten Fahrbahnseite gehen, so könnte bei Untersuchung ihrer Fahrlässigkeitsverantwortung sowohl gefragt werden: „Was wäre geschehen, wenn die Fußgänger auf der linken Fahrbahnseite gegangen wären?" wie auch: „Welche Entwicklung hätten die Dinge genommen, wenn sie auf der gleichen Fahrbahnseite, aber in umgekehrter Richtung gegangen wären?" (vgl. BGH **10** 370, DAR **67**, 51, vgl. auch BGH **33** 61). In dem geschilderten Fall ist die Frage im ersteren Sinne zu stellen, da anderenfalls die pflichtwidrige Handlung (Gehen auf der rechten Fahrbahnseite) durch eine für die konkrete Demonstration der Unwertigkeit des Täterverhaltens irrelevante Handlung eines ganz anderen Verhaltenstyps (Gehen in der Gegenrichtung) ersetzt würde (Frisch aaO 536, Puppe JuS 82, 662 ff., Schlüchter JA 84, 678); iü soll die Vorschrift des § 25 StVO gewährleisten, daß der Fußgänger das auf seiner Seite entgegenkommende Fahrzeug sieht und sein Verhalten danach einrichtet (25. A. 165). Im übrigen ist es aber gleichgültig, nach welcher Norm der Täter sich gerichtet hätte (zB entweder größerer Abstand oder langsamere Fahrt); vgl. BGH VRS **19** 459, NJW **68**, 1533; verfehlt BGH VRS **35** 114. Die Zurechnung eines durch Fahrlässigkeit bewirkten Erfolges entfällt hingegen nicht deshalb, weil pflichtwidriges Verhalten Dritter denselben Erfolg herbeigeführt hätte (BGH **30** 228 m. Anm. Kühl JR 83, 32, Puppe JuS 82, 660, Erb [71/72 vor § 13] 310 f.; Puppe Bemmann-FS 237, Rudolphi SK 60 vor § 1, Schlüchter JA 84, 679, W/Beulke 216; and. aber Mitsch JuS 96, 410 f.), da anderenfalls dem Rechtsgut seine normative Garantie genommen wäre (Frisch aaO 563, Jakobs Lackner-FS 58 Fn. 8, Kühl 581).

cc) Zweifelhaft ist weiterhin, was es für den Rechtswidrigkeitszusammenhang bedeutet, wenn die 177
hypothetische Fragestellung **keine sicheren Schlüsse** zuläßt. Ein Zweifel, ob bei pflichtgemäßem
Verhalten der Erfolg vermieden worden wäre, muß nach dem Grundsatz *in dubio pro reo* zugunsten des
Täters berücksichtigt werden. Anders formuliert heißt dies: „Wenn sich die Zweifel an der Ursächlichkeit des vorwerfbaren Verhaltens zu einem für eine vernünftige, lebensnahe Betrachtung beachtlichen Grade verdichtet haben, so dürfen sie nicht zum Nachteil des Angekl. unberücksichtigt bleiben"
(BGH 11 4 f.). Der Vermeidung des Erfolges steht es gleich, wenn es bei sorgfaltsgemäßem Verhalten
zu einem geringeren, als dem tatsächlich eingetretenen Schaden gekommen wäre (Bay VRS 19 128).
Dies ergibt sich daraus, daß jede Steigerung einer Körperverletzung als selbständige weitere Körperverletzung anerkannt wird (and. Oldenburg NJW 71, 631 m. Anm. Schröder NJW 71, 1143, Blei JA
71, 377). Bei der fahrlässigen Tötung reicht die Feststellung aus, daß der Tod des Opfers früher eintrat,
als er ohne die Pflichtwidrigkeit eingetreten wäre (BGH NStZ 81, 218 m. Anm. Wolfslast, 85, 26, Bay
JZ 73, 319; krit. Geilen JZ 73, 320).

Dieser Standpunkt entspricht seit BGH 11 1 der hM (RG 75 50, 326, BGH 30 228 m. Anm. Puppe 178
JuS 82, 660, VRS 7 107, 10 363, 21 341, 23 375, 25 263, 26 349, 36 36, GA 69, 246, Bay VRS 17
275, NJW 60, 1964, Köln VRS 29 118, Stuttgart DAR 63, 335, Hamburg DAR 72, 188). Allerdings
wurde in einigen Entscheidungen die Feststellung für erforderlich gehalten, daß der Erfolg bei pflichtgemäßem Verhalten mit an Sicherheit grenzender Wahrscheinlichkeit ebenfalls eingetreten wäre (RG
63, 211, BGH VRS 4, 32, Bay VRS 4, 431) oder für die Bejahung der Ursächlichkeit anstelle einer an
Sicherheit grenzenden Wahrscheinlichkeit die „hohe Wahrscheinlichkeit" dafür verlangt, daß der
Erfolg ohne die Pflichtwidrigkeit ausgeblieben wäre (BGH MDR/D 51, 274; Bremen DAR 64, 273;
Hamm VRS 7, 205; KG VRS 8, 68). Gegenstand dieser Entscheidungen ist überwiegend ein fahrlässiges Unterlassen, für das zur Feststellung der Ursächlichkeit eine abweichende Formulierung
gebräuchlich geworden ist (vgl. § 13 RN 61). Um Fälle fahrlässigen Begehens handelte es sich nur in
dem Teil der vor BGH 11 1 ergangenen Rspr., der wie die ältere Lit. (Eb. Schmidt, Der Arzt im
Strafrecht [1939] 200 f. mwN) die bloße Möglichkeit oder mehr oder weniger hohe Wahrscheinlichkeit, daß der Erfolg bei pflichtgemäßem Verhalten ausgeblieben wäre, zur Entlastung des Täters nicht
genügen lassen wollte, sondern eine überwiegende Wahrscheinlichkeit oder Sicherheit hierfür
forderte. Diesen strengeren Standpunkt hat die Rspr. seit BGH 11 1 aufgegeben. Nunmehr genügt es
zur *Verneinung des Rechtswidrigkeitszusammenhangs*, wenn auf Tatsachen gestützte, mehr als nur theoretische Zweifel daran verbleiben, daß ein pflichtgemäßes Verhalten den Erfolgseintritt verhindert
hätte.

dd) Abweichend hiervon will Roxin nach dem von ihm entwickelten **„Risikoerhöhungsprin-** 179/
zip" (vgl. ZStW 74, 411 ff., Honig-FS 133 ff., I 327 ff.; vgl. ferner Burgstaller aaO 129, 135, Kahlo 179 a
GA 87, 75, Köhler 197 ff., Lackner/Kühl 44, Otto I 179, Maurach-FS 103, Puppe, JR 94, 517, NK
205 vor § 13, Rudolphi SK 66 vor § 1, Schaffstein Honig-FS 170, Schünemann JA 75, 649 ff., GA
85, 354 f., Stratenwerth Gallas-FS 227, Ulsenheimer JZ 69, 34, Zielinski AK 120) den Täter auch
dann für den Erfolg haften lassen, wenn er das Risiko für den Eintritt dieses Erfolges erhöht hat, ohne
daß feststeht, daß der Erfolg bei einem pflichtgemäßen Verhalten des Täters mit Sicherheit ausgeblieben wäre. So soll vor allem im „Ziegenhaar-Fall" (RG 63 214) der Arbeitgeber schon deshalb haften,
weil bei durchgeführter Desinfektion der Ziegenhaare die Gefahr für die Arbeitnehmer wesentlich
geringer gewesen wäre. Nach dieser Meinung erfolgt eine objektive Zurechnung des Erfolges schon
dann, wenn das Verhalten des Täters zu einer gegenüber der Normalgefahr gesteigerten Gefährdung
des Angriffsobjekts geführt hat, weil die jeweils in Betracht kommenden Sorgfaltspflichten auch zu
beachten sind, wenn nicht sicher ist, ob dadurch Gefahren vermieden werden (Roxin ZStW 74,
430 ff., 78, 217 ff., Jescheck aaO 17, Jescheck/Weigend 585, Lackner/Kühl 44, E. A. Wolff, Kausalität
von Tun und Unterlassen [1965] 27, Rudolphi JuS 69, 553, Schaffstein Honig-FS 171, Stratenwerth
292, Seebald GA 69, 213). Dem ist zwar insoweit zuzustimmen, als in diesen Fällen eine Sorgfaltspflichtverletzung vorliegt, weshalb zB die Ahndung eines Verkehrsverstoßes nach der StVO möglich
ist, auch wenn der Verstoß als solcher ungefährlich ist. Bei der Frage, ob ein Erfolg zuzurechnen ist,
kann aber weder die bloße Feststellung, daß eine Pflichtverletzung vorlag (and. Eb. Schmidt aaO
[o. 178], Spendel Schmidt-FS 194 ff.), noch der Umstand, daß ein erhöhtes Risiko geschaffen wurde,
für sich genommen ausreichen, weil der Erfolg sich dann lediglich als Reflex der verletzten Schutznorm darstellt (Krümpelmann Bockelmann-FS 443, der freilich auch die hM in der Begründung
ablehnt und eine Lösung über die aus der Handlung resultierende „Gefährdetheit" bietet, aus der der
Erfolg erwachsen sein muß). Notwendig ist vielmehr die Feststellung, daß das geschaffene Risiko sich
in einem Erfolg realisiert hat (BGH 11 1, 21 59, 24 31, 33 61, B/W-Weber 240, Freund 174, Frisch
aaO 529 ff., Gropp 395, Jakobs 237, Samson SK Anh. § 16 RN 25 ff., Schlüchter JuS 77, 108,
Schröder LK § 16 RN 191 ff., Toepel [71/72 vor § 13] 131 ff., 222 ff.) da sonst letztlich Erfolgs- und
Gefährdungsdelikte umgedeutet würden (B/W-Weber 240, Dencker JuS 80, 212, Ebert/Kühl Jura 79,
572, Samson SK Anh. § 16 RN 27 a, Schlüchter JA 84, 676, Toepel ebd. 165 ff. [in Auseinandersetzung mit der „normativen Betrachtungsweise" Schünemanns JA 75, 651 ff.]; hierzu Küper Lackner-FS 284 f., Puppe NK 127 vor § 13). Demgegenüber würde bei Anwendung der ja ebenfalls Kausalität
und Risikozusammenhang voraussetzenden Risikoerhöhungslehre der Grundsatz „in dubio pro reo"
nicht verletzt sein (vgl. Küper Lackner-FS 268 f., Lackner/Kühl 44, Puppe 128 vor § 13; and. Koblenz
VRS 63 356, B/W-Weber 240, Gropp 395, Jakobs 236 f., aaO 96, Toepel ebd. 164; ebenso M-

Gössel II 104 f., der allerdings in der Risikoerhöhung ein wesentliches Indiz für die von ihm verlangte adäquate Kausalität zwischen Sorgfaltswidrigkeit und Erfolg sieht), der nach dieser Auffassung eben erst eingreift, wenn zweifelhaft ist, ob durch das sorgfaltswidrige Verhalten eine wesentliche Erhöhung des Risikos eingetreten ist oder nicht.

180 3. Der **Erfolg** in seiner konkreten Gestalt und der **Kausalverlauf** in seinen wesentlichen Merkmalen müssen objektiv **voraussehbar** gewesen sein (vgl. o. 125 ff.). War nicht der Tod, sondern nur eine Körperverletzung voraussehbar, so ist nur § 229 anzuwenden, auch wenn der Todeserfolg eingetreten ist (RG **28** 273, Roxin Würtenberger-FS 121); wird bei einem Unfall ein Radfahrer nur deswegen getötet, weil bei ihm eine nicht voraussehbare Rückgratversteifung vorliegt, so muß die Voraussehbarkeit des Kausalverlaufs verneint werden (and. BGH LM **Nr. 1** zu § 222). Jedoch genügt es nach der Rspr. wenn der **Erfolg in seinem Endergebnis** vorausgesehen werden konnte, nicht jedoch der Geschehensablauf als solcher, es sei denn, daß der Verlauf so sehr außerhalb aller Lebenserfahrung lag, daß niemand mit diesem Erfolg zu rechnen brauchte (RG **73** 370, BGH **3** 62, **4** 360, **12** 75, GA **49**, 111, VRS **37** 271, Celle VRS **33** 115, MDR **80**, 74, Karlsruhe NJW **8**, 1853; Stuttgart NJW **82**, 295, NStZ **97**, 191; vgl. auch BGH VRS **16** 193, **37** 38, Köln VRS **20** 356, JMBlNRW **64**, 178, Hamm VRS **38** 183, Koblenz VRS **55** 423).

181 Von der objektiven Voraussehbarkeit ist die Frage zu trennen, ob der Betreffende in der konkreten Situation den Erfolg hätte voraussehen können (u. 199); dies ist eine Frage der Schuld. Die Rspr. neigt allerdings aus Praktikabilitätsgründen dazu, auch diese Frage nach der allgemeinen Erfahrung zu bestimmen; was allgemein voraussehbar sei, soll auch für den Täter voraussehbar sein (vgl. RG **29** 218, **56** 350, BGH **3** 62, **4** 185, **12** 78, VRS **37** 271, Bay VRS **13** 285, Braunschweig SJZ **49** Sp. 132 m. Anm. Spendel, Celle NJW **51**, 575, **58**, 271, anders aber zuletzt BGH **40** 348 sowie Bay NJW **96**, 2045; krit. B/W-Weber 492, Jescheck/Weigend 587, 595 f. (aber immerhin Anscheinsbeweis [s. a. BGH DAR **54**, 18]), Maurach GA 60, 97, M-Gössel II 145.

182 Für die **Vorhersehbarkeit** gelten **im einzelnen** noch folgende Grundsätze:
183 a) Ob eine Handlung durch **Gesetz** oder **Verordnung** verboten oder für gewisse Fälle geboten ist (zB durch Vorschriften über den Straßenverkehr, Bestimmungen der GewO, BImSchG, Vorschriften für Apotheker) entscheidet nicht darüber, ob der Täter im konkreten Falle fahrlässig gehandelt hat. Weder liegt bei einer verbotswidrigen Handlung oder einer gebotswidrigen Unterlassung immer Voraussehbarkeit bzgl. eines weiteren Erfolges vor (RG **76** 2, Bay DAR **57**, 362, Braunschweig DAR **57**, 361, Hamm VRS **15** 266, Celle VRS **39** 31), noch ist Fahrlässigkeit deshalb zu verneinen, weil ein solches Verbot oder Gebot nicht besteht oder bei den bestehenden Vorschriften gemäß gehandelt worden ist (RG **77** 31, BGH VRS **37** 355, **37** 184); näher hierzu Bohnert JR 82, 6. So ist zB ein Unfall nicht schon deswegen voraussehbar, weil ein Fahrer die während der Energiekrise eingeführte Geschwindigkeitsbegrenzung überschritten hat; andererseits kann ein Unfall auch bei geringeren als den generell vorgeschriebenen Geschwindigkeiten vorhersehbar sein. Auch dadurch, daß sich die Polizei oder Feuerwehr kraft ihrer öffentlich-rechtlichen Befugnisse über einzelne Polizeivorschriften hinwegsetzen kann, wird nicht stets Voraussehbarkeit eines Erfolges ausgeschlossen (RG **59** 409, **65** 158). Andererseits kann aus einer Verkehrsübertretung allein noch nicht auf die Voraussehbarkeit des Erfolges geschlossen werden (BGH VRS **10** 285); es kommt auf die Umstände des Einzelfalles (sowie auf die Schutzrichtung der übertretenen Vorschrift: o. 157 ff.) an (BGH VRS **15** 427, Bay DAR/R **67**, 285, Neustadt VRS **21** 350; vgl. jedoch Saarbrücken VRS **31** 232). Ein Zuwiderhandeln gegen gesetzliche oder behördliche Vorschriften wird aber meist ein Beweiszeichen dafür sein, daß ein Erfolg voraussehbar ist (RG **67** 21, BGH **12** 77, VRS **19** 352, GA **66**, 374, MDR/D **69**, 194), sofern die Vorschrift der Verhütung von Erfolgen der Art dient, wie er in concreto eingetreten ist (vgl. BGH **4** 185, Saarbrücken VRS **31** 232, Celle VRS **49** 25, Mühlhaus, Die Fahrlässigkeit in Rechtsprechung und Rechtslehre 54). Folglich kann eine Pflichtwidrigkeit iSd Fahrlässigkeitstatbestände nur aus der Verletzung solcher Vorschriften hergeleitet werden, die die Verhinderung gerade der Situation im Auge haben, die zum eingetretenen Erfolg geführt hat, und die den Schutz des verletzten Rechtsguts bezwecken (Bay VRS **58** 412, Rudolphi JuS 69, 549). Daher kann zB eine Verletzung des Vorfahrtsrechts als für den Unfall relevante Pflichtverletzung nur dann angesehen werden, wenn der Vorfahrtsberechtigte verletzt wurde, nicht dagegen braucht die Verletzung eines sonstigen Verkehrsteilnehmers voraussehbar zu sein. So ist es für die Vorfahrt verletzenden Kraftfahrer regelmäßig auch nicht vorhersehbar, daß der durch ihn behinderte Fahrer wegen Versagens der Bremsen einen Fußgänger tödlich verletzt (vgl. jedoch Celle VRS **49** 25), denn man rechnet allgemein damit, daß die Fahrzeuge den Anforderungen des Verkehrs entsprechen (vgl. Hamm VRS **10** 136). Wer eine nur Anliegern vorbehaltene Straße benützt, muß nicht schon deshalb mit einem Unfall rechnen; iü dürfte in derartigen Fällen idR bereits der Risikozusammenhang (o. 157 ff.) zu verneinen sein.

184 Zu beachten ist aber, daß das **Erfahrungswissen** in bestimmten Lebensbereichen in allgemeine Regeln oder Normen einfließen kann, deren Bedeutung für den Vorwurf der Fahrlässigkeit klarzustellen ist. So spricht zB § 319 von den „allgemein anerkannten Regeln der Technik" und meint damit solche Erfahrungssätze, die sich als für die Sicherheit des Baues erforderlich durchgesetzt haben. Entsprechende **technische Normen** (o. 135) gibt es in vielen Bereichen gewerblicher Tätigkeit, so zB für Elektriker. Diese Normen können nicht als eine den Richter bindende Bewertung dessen gelten, was an Sorgfalt von dem einzelnen verlangt werden kann, liefern aber regelmäßig Maßstäbe dafür, was an Sorgfalt objektiv erforderlich ist und begrenzen regelmäßig auch subjektiv die Verant-

Vorsätzliches und fahrlässiges Handeln   185–189 § 15

wortlichkeit dessen, der sich auf sie verläßt und sich nach ihnen richtet (vgl. BGH[Z] NJW **87**, 372). Allerdings können außergewöhnliche Umstände, die das Risiko erkennbar erhöhen, Sorgfaltspflichten begründen, die strenger sind, als es sich aus den auf den Durchschnittsfall abgestellten Regeln ergibt (BGH **37** 184). Eingehend zu diesen Fragen Lenckner Engisch-FS 490 ff.

b) Maßgeblich für die Voraussehbarkeit ist die **Beurteilung ex ante** aufgrund der dem Täter in der   185
Tatsituation bekannten und erkennbaren Umstände. Nachträglich gewonnene Erkenntnisse sind ohne Bedeutung (BGH VRS **5** 368, DAR/M **68**, 118); vgl. hierzu Roxin ZStW 78, 211, Honig-FS 138 Anm. 18 sowie Stratenwerth Gallas-FS 227 ff., der allerdings auch ex post festgestellte Umstände beim Gefahrenurteil berücksichtigen will.

c) **Einzelfälle: Voraussehbar** soll **nach der Rspr.** sein: Benutzung einer Pistole, die ein Theater-   186
gast in seinem in der Garderobe abgegebenen Mantel gelassen hat, zur Tötung eines Menschen (RG **34** 91); Schadenseintritt infolge Verletzung einer Unfallverhütungsvorschrift, auch wenn schuldhaftes Verhalten eines anderen (Karlsruhe VRS **57** 411), insb. des Opfers (vgl. BGH VRS **54** 436) zum Erfolg beigetragen hat (RG DR **43**, 1134, Ausnahme Bay DAR **52**, 154); Explosionsgefahr bei Beschädigung von Gasleitungen bei Baggerarbeiten (BGE **90** IV 246, 252); kürzerer Bremsweg des Vorausfahrenden (BGE **91** IV 14); zweckwidriges Verhalten des später Getöteten infolge Aufregung (Düsseldorf DRiZ **35** Nr. 5507); Hinderung am Steuern durch einen unter Alkoholeinfluß stehenden Mitfahrer (BGH **9** 335, DAR/M **60**, 58, Düsseldorf DAR **51**, 147); Tod eines Verletzten infolge Embolie (Stuttgart NJW **56**, 1451 m. abl. Anm. Henkel; vgl. jedoch auch Stuttgart NJW **59**, 2320), Lungenentzündung (BGH VRS **20** 278) oder Gehirnblutung (Hamm VRS **21** 426) oder sonstige medizinische Komplikationen (Hamm NJW **73**, 1422); Tod nach Abgabe von Heroin an einen Süchtigen (BGH JR **82**, 341 m. Anm. Loos u. Schünemann NStZ 82, 60, NStZ **84**, 452, Bay StV **82**, 73, Celle MDR **80**, 74); ferner ein Nervenschock infolge eines Verkehrsunfalls (BGH DAR/M **62**, 63 f.); tödlicher Verlauf einer Schwarzfahrt infolge Nichtabschließens des Wagens (BGH VRS **20** 282). Der Kraftfahrer, der einen Gegenstand auf der Straße wahrnimmt, dessen Beschaffenheit aber nicht erkennen kann, muß damit rechnen, daß es sich um einen Menschen handelt (BGH **10** 3, VRS **22** 44, **27** 110); Verletzung eines Kindes durch einen agressiven Hund, auch wenn dieser bislang nur andere Hunde angefallen hat (Stuttgart Justiz **84**, 209; vgl. auch Düsseldorf DAR **87**, 93; Bay JZ **87**, 255: Anleinpflicht). Beim Überholen eines Zweirades ist nach BGH VRS **27** 196 immer mit einer gewissen Seitwärtsbewegung zu rechnen. Zur Voraussehbarkeit von Mängeln des Fahrzeugs vgl. BGH **12** 75, VRS **32** 209.

Die Rspr. hat **mangelnde Voraussehbarkeit** in folgenden Fällen angenommen: Tödlicher Aus-   187
gang einer durch die Verletzung erforderlich gewordenen Operation infolge einer harmlosen Narkose (RG **29** 219, Hamm VRS **18** 356); Erfolgseintritt aufgrund einer fernliegenden, von einem Dritten herbeigeführten Zwischenursache (RG **56** 350, **72** 372, BGH **3** 64, DAR/M **68**, 118, Stuttgart NStZ **97**, 191 m. Bespr. Otto JK 11 vor § 13 (der zutreffend darauf verweist, daß in derartigen Konstellationen nach dem Verantwortungsprinzip [o. 171] unabhängig von der Vorhersehbarkeit idR bereits die objektive Zurechnung ausgeschlossen ist); Verletzung des gezüchtigten Kindes, das Leichtbluter ist (BGH **14** 52); Tod durch Schock und Herzinfarkt beim Überholen im Straßenverkehr (Stuttgart VRS **18** 365); Tod eines herzkranken Kraftfahrers infolge unfallbedingter Erregung bei einem leichten Auffahrunfall (Karlsruhe NJW **76**, 1853). Ein Kraftfahrer braucht zB nicht schlechthin mit einem Eingriff eines Mitfahrers zu rechnen (BGH VRS **4** 201) oder mit verkehrswidrigem Verhalten spielender Kinder (vgl. die Nachw. u. 213) oder mit dem Auffahren eines langsam fahrenden Motorradfahrers auf ein verkehrswidrig abgestelltes Fahrzeug (Hamm VRS **12** 56); nach Bay DAR/R **67**, 285 auch nicht damit, daß er bei einer Geschwindigkeit von 60 bis 65 km/h auf nasser, aber gerader Strecke so ins Schleudern kommen kann, daß er die Herrschaft über das Fahrzeug verliert. Grobes Verschulden des Vorfahrtsberechtigten kann uU die Voraussehbarkeit beim Wartepflichtigen ausschließen (vgl. BGH VRS **16** 124). Der Benutzer der Autobahn braucht nicht mit Hindernissen auf der Fahrbahn zu rechnen, deren Entstehung ausschließlich oder überwiegend auf eine Pflichtverletzung von Personen der Autobahnverwaltung zurückgeht (BGH **10** 121 m. Anm. Salger NJW 57, 682; krit. dazu Cramer § 3 StVO RN 36) oder auf einem grob verkehrswidrigen Verhalten eines anderen Verkehrsteilnehmers beruhen (Köln DAR **68**, 154). Bei einem noch fast neuen Kfz darf sich der Fahrer ohne weitere eigene Prüfung darauf verlassen, daß die Bremsen einer Vollbremsung standhalten (BGH VRS **27** 348 f.).

VI. Rechtswidrigkeit. Die durch die Tatbestandserfüllung **indizierte Rechtswidrigkeit** kann   188
auch bei Fahrlässigkeitsdelikten durch Rechtfertigungsgründe ausgeschlossen werden; eingehend hierzu 92 ff. vor § 32; s. aber auch Otto Jura 95, 475. In Betracht kommen einmal die allgemeinen Rechtfertigungsgründe (ebenso Samson SK Anh. zu § 16 RN 31, Eser JZ 78, 368, Tröndle 15); so kann zB bei fahrlässigen Sportverletzungen die Rechtswidrigkeit durch Einwilligung in den sportlichen Wettkampf ausgeschlossen sein (vgl. Welzel 97, 138, § 228 RN 16; nach vorzugswürdiger Auffassung (zB M-Gössel II 122 f., Rössner H. J. Hirsch-FS 319 ff.) bewirkt die Einwilligung dagegen, daß infolge Sozialadäquanz respektive erlaubtem Risiko bereits die tatbestandsmäßige Sorgfaltswidrigkeit entfällt. Auch Notwehr kommt als Rechtfertigungsgrund bei Fahrlässigkeitstaten in Betracht; vgl. hierzu 95/96 vor § 32.

Zur Bedeutung des erlaubten, dh **gerechtfertigten Risikos** vgl. 100 ff. vor § 32. Nach Schmid-   189
häuser I 175 ff. begründet der Sorgfaltsverstoß die Rechtswidrigkeit der fahrlässigen Handlung (ebenso

Schaffstein-FS 129 ff. sowie B/W-Weber 478); ist ein Risiko erlaubt, so ist nach Schmidhäuser aaO die Rechtswidrigkeit ausgeschlossen.

190   **VII. Schuld.** Die Schuld beim Fahrlässigkeitsdelikt setzt neben den **allgemeinen Schuldvoraussetzungen** (Schuldfähigkeit, potentielle Verbotskenntnis) nach dem hier vertretenen Fahrlässigkeitsbegriff voraus, daß dem Täter ein **persönlicher Vorwurf** daraus gemacht werden kann, daß er im konkreten Fall die ihm an sich mögliche Sorgfalt außer acht ließ, obwohl ihm die Einhaltung der Sorgfaltspflicht zumutbar war und er einen möglichen Erfolg hätte voraussehen können (and. wegen Berücksichtigg des individuellen Maßstabes bereits im Unrecht Stratenwerth 294 ff., 300, M-Gössel II 163 f., Samson SK Anh. zu § 16 RN 34). Zu den allgemeinen Problemen der Schuld vgl. 108 ff. vor § 13.

191   1. Die **Schuldfähigkeit** ist bei Fahrlässigkeitsdelikten grundsätzlich nicht anders zu beurteilen als bei Vorsatzdelikten. Zwar wird es oft so sein, daß ein Schuldunfähiger infolge seines geistigen Defekts nicht in der Lage ist, ein Mindestmaß an Sorgfalt zu erbringen, so daß ihm kein personaler Vorwurf gemacht werden kann. Für die Verhängung der für Schuldunfähige vorgesehenen Maßregeln der Besserung und Sicherung (vgl. §§ 61 ff.) genügt dann die Feststellung, daß er den als Mindestmaß anzusehenden Durchschnittsanforderungen (vgl. o. 131 ff.) nicht gewachsen ist (Jescheck/Weigend 593). Denkbar sind aber auch Fälle, in denen der Schuldunfähige die Gefährlichkeit seines Verhaltens erkennt, ihm aber infolge seines Defekts die Einsicht fehlt, das riskante Verhalten zu unterlassen; eine Bestrafung scheitert dann an § 20 (vgl. dort RN 29). Entsprechendes gilt für die verminderte Schuldfähigkeit nach § 21; vgl. dort RN 4.

192   Besonderheiten ergeben sich bei der **nachgewiesenen** oder **nicht auszuschließenden Schuldunfähigkeit** bei § 323 a. Da diese Vorschrift den aus einer Alkoholintoxikation sich ergebenen Gefahren begegnen will, ist darauf abzustellen, welches Maß an Sorgfalt der Betreffende im nüchternen Zustand zu erbringen imstande war (RG DStR **36**, 181, Stratenwerth 300 f., Jescheck/Weigend 593 FN 4; vgl. auch § 323 a RN 19).

193   2. Die Fahrlässigkeitsschuld setzt ebenso wie die Schuld bei der Vorsatztat das **Bewußtsein der Rechtswidrigkeit**, das als aktuelles (obwohl es auch bei der bewußten Fahrlässigkeit denkbar ist (vgl. u. 203), oder **potentielles Unrechtsbewußtsein** voraus (Bockelmann aaO 213, Jescheck/Weigend 594, M-Gössel II 163 f., Schmidhäuser I 230 ff., Stratenwerth 301, Welzel, Verkehrsdelikte 32). Freilich wird der Vorwurf, vermeidbare Gefahren nicht erkannt und sich nicht auf sie eingestellt zu haben, mit dem Vorwurf, die Rechtswidrigkeit des Verhaltens nicht erkannt zu haben, praktisch identisch sein. Immerhin sind Fälle denkbar, in denen ein Irrtum darüber entstehen kann, ob bestimmte Gebote oder Verbote echte Rechtspflichten oder nur Anstandspflichten enthalten (vgl. Jescheck/Weigend 593). Dieses Problem spielt allerdings weniger im Strafrecht als im Ordnungswidrigkeitenrecht eine Rolle. Unvermeidbare Verbotsunkenntnis schließt hier die Schuld und damit die Ahndbarkeit aus. Zur Abgrenzung von Tatbestands- und Verbotsirrtum beim Fahrlässigkeitsdelikt vgl. Arzt ZStW 91, 857, dessen Überlegungen dahin gehen, „daß beim Fahrlässigkeitsdelikt die Vorsatztheorie anzuwenden" sei (aaO 884).

194   3. Ein Schuldvorwurf hängt bei den Fahrlässigkeitsdelikten weiter davon ab, daß der Täter nach seinen **persönlichen Fähigkeiten** in der für den Schuldvorwurf maßgeblichen Situation in der Lage ist, die ihm obliegende Sorgfaltspflicht zu erkennen und zu erfüllen, einen etwa zur Tatbestandserfüllung gehörenden Erfolg vorauszusehen, und daß ihm ein normgerechtes Verhalten zumutbar ist. In diesen Voraussetzungen liegen die eigentlichen Schwierigkeiten des personalen Vorwurfs, der dem Fahrlässigkeitstäter gemacht wird.

195   a) In der Praxis wird das **Schuldprinzip** nur dann gewahrt, wenn der – von Rspr. und Schrifttum anerkannte – Grundsatz ernst genommen wird, daß ein **subjektiver Maßstab** anzulegen ist bei der Frage, ob der Täter die ihm obliegende Sorgfaltspflicht in vorwerfbarer Weise nicht beachtet hat. Dies bedeutet, daß der Täter nach seinen individuellen Fähigkeiten, Kräften, Erfahrungen und Kenntnissen in der kritischen Situation die sorgfaltswidrige Handlung und den Erfolg hätte vermeiden können. Dabei ist aber folgendes zu beachten. Das Höchstmaß an Leistung, das der Täter zu erbringen imstande ist, kann schon die Grundlage der für ihn persönlich geltenden Sorgfaltspflicht bilden, sofern er eine höhere als die durchschnittliche Sorgfalt erbringen kann (vgl. o. 131 ff.). Nun ist aber niemand imstande, die „Idealforderung ständiger gespanntester Aufmerksamkeit und raschester, zweckmäßigster Reaktion zu verwirklichen" (Stratenwerth 293, Cramer DAR 74, 322 ff.; u. 203 a). Ein Versagen in einer kritischen Situation kann daher dem Täter noch nicht schon deswegen zum Vorwurf gemacht werden, weil er ansonsten in der Lage ist, Risiken der in Betracht kommenden Art zu meistern. Dies zeigt sich zB bei Fehlreaktionen in einer Affektsituation, in körperlichen Streßsituationen, die dem Täter nicht bewußt werden, oder auch generell beim Verkehrsverhalten, bei dem auch dem gewissenhaftesten Fahrer Fehler unterlaufen, dh eine Fehlerquote existiert, die durch keine Anstrengung zu beseitigen ist.

196/ 197   b) Als Umstände, die den Täter **entlasten** können, sind zB intellektuelle oder körperliche Mängel, mangelndes Erfahrungswissen, mangelndes Reaktionsvermögen (vgl. BGH VRS **44** 431: Wahrnehmungsverzögerung infolge schuldloser Signalfarbenverwechslung), Affekt- oder Erregungszustände usw. zu berücksichtigen. So ist zB ein Unfall, der auf einen nicht erkennbaren Altersabbau zurückzuführen ist, nicht vorwerfbar (Bockelmann aaO 211), plötzlich auftretende Ermüdung kann ebenso entlasten wie plötzlich auftretende Übelkeit, auf die ein Kraftfahrer nicht vorbereitet ist (BGH VRS **7** 181, DAR **58**, 194; vgl. jedoch Hamm NJW **76**, 2307, wonach ein Bewußtseinsverlust auch bei vegetativ labilem Blutdruck ausgeschlossen sein soll), fehlende Fahrpraxis verpflichtet zu besonderer Vorsicht, entlastet jedoch, wenn nicht zu erwartende Situationen nicht gemeistert werden (BGH DAR **56**, 106, KG VRS **7** 184). Die Voraussehbarkeit kann insb. im Zustande des Affekts ausgeschlossen sein. Handelte der im Bett überfallene Täter in „völliger Bestürzung", so konnte er die Anwesenheit einer von ihm verletzten dritten Person, die „bei einiger Aufmerksamkeit an sich erkennbar" gewesen wäre, nicht erkennen (vgl. RG **58** 30, wo allerdings die Entscheidung mit Unzumutbarkeit begründet wurde). Verwirrung, Furcht oder Schrecken schließt vor allem bei der Überschreitung des Notwehrrechts die Schuld aus (vgl. § 33), kann aber auch unter allgemeinen Gesichtspunkten der Vorwerfbarkeit entlasten (BGH VRS **10** 123; vgl. auch BGH VRS **23** 369, DAR/M **68**, 119). Kann gegen den Täter aus den genannten Gründen ein Schuldvorwurf in der konkreten Gefahrensituation nicht erhoben werden, ist jedoch stets mit in Betracht zu ziehen, ob nicht die Grundsätze zur Übernahmefahrlässigkeit (o. 137, beachte dazu auch u. 198) eingreifen oder ein Fall der fahrlässigen actio libera in causa (vgl. § 20 RN 38) vorliegt, so daß an eine vorangegangene Fahrlässigkeitstat angeknüpft werden kann. Zu Schrecksituationen im Straßenverkehr vgl. u. 216. Grundsätzlich entlasten hier den Kraftfahrer nur solche Gefahrensituationen, in die er schuldlos gerät (BGH VRS **19** 108; vgl. auch BGH VRS **34** 434).

Bei der **pflichtwidrigen Tätigkeitsübernahme** ist ein Vorwurf nur begründet, wenn der Täter **198** weiß oder wissen kann, welche Gefahren er zu meistern hat (B/W-Weber 492 f.). So entfällt zB in dem von Schmidhäuser (444) gebildeten Bsp. ein Schuldvorwurf, wenn jemand, der die automatischen Türen einer U-Bahn noch nie erlebt hat, ein Kind, dessen Aufsicht er übernommen hat, nicht aus dem Gefahrenbereich fernhält und damit dessen Verletzung durch die sich schließende Tür verursacht. Bestimmt sich die anzuwendende Sorgfalt an überdurchschnittlichem Individualvermögen, so kann im Einzelfalle gleichwohl ein Vorwurf entfallen, zB bei der Übernahme einer schwierigen Operation, die infolge nicht vorhersehbarer Komplikationen über mehrere Stunden dauert und bei der dem übermüdeten Chirurgen ein Kunstfehler unterläuft (zur sog. Anfängeroperation: Laufs in: Laufs/Uhlenbruck [u. 219] 870 ff., Ulsenheimer [u. 219] 146 ff.).

c) Bei den fahrlässigen Erfolgsdelikten gilt hinsichtlich der **Voraussehbarkeit** des tatbestands- **199** mäßigen **Erfolges** (Schaden, konkrete Gefährdung) im Rahmen der Vorwerfbarkeit ebenfalls ein **subjektiver Maßstab** (Jescheck/Weigend 596, Schmidhäuser 444, Welzel 175), im Grundsatz ist dies auch die Auffassung der Rspr. (vgl. jedoch o. 181). Maßgeblich sind die persönlichen Verhältnisse und Fähigkeiten des Täters. Der Täter muß also in der Lage gewesen sein, die tatsächlichen Qualitäten seines Handelns oder dessen verbotenen Erfolg zu erkennen bzw. vorherzusehen. Dabei stehen Sorgfaltspflicht und Voraussehbarkeit in engen Wechselbeziehungen. Auf Ereignisse, die man nicht vorhersehen kann, kann man sich nicht einstellen, braucht sie also bei der Überlegung der notwendigen Sorgfalt nicht zu berücksichtigen. Die beiden Erfordernisse müssen innerlich und zeitlich so zusammenfallen, daß die Voraussehbarkeit spätestens zZ der Pflichtwidrigkeit vorhanden ist (RG **67** 19). Die Feststellung der Voraussehbarkeit macht bei den Tätigkeits- und Unterlassungsdelikten keine Schwierigkeiten. Wer als Zeuge falsche Angaben zur Person macht und beeidet, muß imstande gewesen sein zu erkennen, daß auch diese Aussage Gegenstand des Eides ist (RG **60** 407). Dagegen ergeben sich auch hier bei den Erfolgsdelikten Schwierigkeiten, Maßstäbe für den Umfang der Vorhersehbarkeit zu finden, insbes. für die kausale Verknüpfung zwischen dem Handeln und dem Erfolg.

Das Merkmal der **Vorhersehbarkeit entspricht** dem des **Wissens** beim Vorsatz. Dem Täter muß **200** es daher möglich gewesen sein, diejenigen Elemente zu erkennen, die er beim Vorsatz hätte wissen müssen. Zu beachten ist jedoch, daß bei der Fahrlässigkeit insofern eine Erweiterung vorliegt, als einem Täter auch zur Last gelegt werden kann, daß er in einer Situation mangelnder Vorhersehbarkeit oder Ungewißheit über die Folgen überhaupt gehandelt hat. Der Täter muß daher erkannt haben können: den Erfolg seines Handelns in seiner rechtlichen Qualität, nicht nur irgendeinen verbotenen Erfolg (RG **29** 221, **34** 94), aber andererseits auch nicht den Erfolg gerade am individuellen Objekt (RG **19** 53), und außerdem die Kausalkette, die seine Handlung mit dem Erfolg verbindet (vgl. Celle VRS **15** 351, Köln NJW **63**, 2382, Baumann/Weber[9] 432, Schmidhäuser 441, Engisch, Untersuchungen 373, Berz JuS 69, 370), letzteres allerdings ebensowenig wie bei Vorsatz in allen konkreten Einzelheiten, sondern nur in den wesentlichen Zusammenhängen. Nach der Rspr. (RG **73** 372, BGH **12** 77, VRS **16** 33, **17** 37, **22** 367, **24** 212, GA **60**, 112, **69**, 247, DAR/M **69**, 144, MDR/D **71**, 16, **72**, 570, Celle NJW **58**, 271, VRS **33** 315, Köln VRS **20** 356, Hamm VRS **38** 372) muß der **Erfolg nur im Endergebnis** voraussehbar gewesen sein, nicht auch der Ablauf der Ereignisse. Die Verantwortlichkeit soll aber für solche Ereignisse entfallen, die „so sehr außerhalb aller Lebenserfahrung liegen, daß sie der Täter auch bei der nach den Umständen dieses Falls gebotenen und ihm nach seinen persönlichen Fähigkeiten und Kenntnissen zuzumutenden sorgfältigen Überlegungen nicht zu berücksichtigen brauchte" (RG **73** 372); vgl. dazu o. 180.

Da die Maßstäbe der Vorhersehbarkeit auch hier **rein subjektiv** zu bestimmen sind, ist maßgeblich **201** und zurechenbar nur, was dieser Täter nach seinen persönlichen Kenntnissen und Fähigkeiten (RG **73** 262) in der konkreten Situation als möglich hätte versehen können (vgl. Hamm VRS **10** 367, BGH MDR/D **73**, 18); zu den praktischen Schwierigkeiten, diesen möglichen Maßstab zu ermitteln, vgl. Lenckner in Göppinger/Witter Handb. d. forens. Psychiatrie 59. Es ist daher zumindest mißverständlich, wenn die Rspr. des öfteren ausgeführt hat, die eingetretene Folge dürfe nicht so sehr außerhalb der Erfahrung des Lebens liegen, daß sie vom Täter auch bei Anwendung der ihm zuzumutenden sorgfältigen Überlegung nicht in Rechnung gestellt zu werden brauche (BGH **3** 64, NJW **57**, 1527), oder wenn an anderer Stelle darauf hingewiesen wird, daß den objektiven Maßstab die Erfahrung des täglichen Lebens, der gewöhnliche Lauf der Dinge innerhalb der Grenzen allgemeiner Erfahrung bilde (RG **29** 221, **56** 349, Hamm VRS **10** 367; vgl. o. 180). Diesen Entscheidungen kann nicht zugestimmt werden, soweit sie dem Täter Folgen zur Fahrlässigkeit zurechnen, weil eine Lebenserfahrung dafür spricht, daß derartige Folgen durch Handlungen der in Frage stehenden Art herbeigeführt werden. Die Frage, womit „man" rechnen könne und in welchem Umfange der eingetretene Ablauf und die eingetretenen Folgen im Rahmen des nach normaler menschlicher Erfahrung Möglichen liegen, könnte allenfalls iZm der obj. Vorhersehbarkeit im Rahmen der objektiven Zurechnung berücksichtigt werden (so etwa Henkel NJW **56**, 1451, M-Gössel II 251 f.). Im Bereich der Vorwerfbarkeit ist dagegen der Nachweis erforderlich, daß der Täter in diesem konkreten Falle mit der Möglichkeit hätte rechnen können, daß derartige Erfolge durch seine Handlung herbeigeführt werden würden. Ähnlich wie bei der Vermeidbarkeit des Verbotsirrtums nach § 17 kommt es entscheidend darauf an, daß der Täter wenigstens Veranlassung hatte anzunehmen, daß sein Verhalten riskant sei und daher zu einem Erfolg führen könne (vgl. § 17 RN 16). Gegen die in Urteilen häufig anzutreffende Formulierung, die Maßstäbe der Vorhersehbarkeit seien nach der objektiven, dem Täter zugänglichen Erfahrung (RG HRR **42** Nr. 130; vgl. auch RG HRR **36** Nr. 1151, BGH NJW **57**, 1527, Düsseldorf JMBlNRW **58**, 140, Celle VRS **15** 351) zu bestimmen, bestehen keine Bedenken, da hiermit klargestellt ist, daß diese Maßstäbe dem Täter in der gleichen Weise zur Verfügung standen wie dem Richter. Diese Grundsätze gelten auch dann, wenn der Täter eine Rechtsverletzung (zB Verkehrsverstöße) begeht und zu entscheiden ist, ob er den daraus resultierenden Unfall vorhersehen konnte (vgl. BGH NJW **57**, 1927, VRS **10** 293).

202 Die Rspr. betont stark die objektiven Maßstäbe, obwohl auch sie anerkennt, daß maßgeblich das subjektive Können des Täters ist (vgl. o. 199), namentlich dem Grad der Bildung und dem daraus folgenden höheren Grad von Einsicht Bedeutung zuzumessen ist (RG **73** 262, BGH GA **69**, 246). So haben die Gerichte dem Angekl. zT Erfolge seines Handelns deswegen zur Last gelegt, weil nach allgemeiner Erfahrung mit ihnen zu rechnen sei, und sind dabei über das Maß selbst des generell zu Erwartenden weit hinausgegangen. So zB BGH LM **Nr. 1** zu § 222, wonach beim Zusammenstoß zweier Radfahrer der mögliche Tod eines Radfahrers, der an Rückgratversteifung litt, vorhersehbar gewesen sein soll. Nach RG **54** 351 soll es auf die Vorhersehbarkeit besonderer Umstände, die erst zum konkreten Erfolg führen, nicht ankommen, sofern ein solcher Erfolg ohnehin im Rahmen einer möglichen Wirkung der Handlung lag (so ausdrücklich Karlsruhe NJW **76**, 1854); vgl. auch RG **35** 131, Hamm VRS **38** 183, Celle VRS **49** 25. Nach OLG Düsseldorf NJW **93**, 1408 m. Anm. Rengier JR 94, 124 soll bei durch Sondernormen (o. 184) definiertem Sorgfaltsmaßstab nur der objektiv vorauszusetzende Kenntnisstand hinreichende Rückschlüsse auf die individuelle Vorhersehbarkeit zulassen. I. E. laufen diese aus der Feststellungsnot der Praxis geborenen, bedenklichen Grundsätze darauf hinaus, daß dem Verursacher einer Verletzung alles zur Last fällt, was nach allgemeiner Erfahrung aus der Verletzung entstehen kann. Es werden also wie im Zivilrecht Adäquanzkriterien bei der Beurteilung der Fahrlässigkeit verwertet.

203 Die Feststellung der subjektiven Voraussehbarkeit ist unproblematisch bei der **bewußten Fahrlässigkeit** (Jescheck/Weigend 596), bei der der Täter über die Gefährlichkeit seines Verhaltens und die Möglichkeit des Erfolgseintritts reflektiert, dann aber pflichtwidrig darauf hofft, daß er sich nicht realisieren werde (Stuttgart NJW **76**, 1852 m. Anm. Gollwitzer JR 77, 205, BGH JR **88**, 115 m. Anm. Freund). Fehlt dem Täter die Voraussicht im Hinblick auf den Erfolg, hätte er sich aber der Gefahr und damit der Möglichkeit eines Schadens bewußt werden können, so liegt **unbewußte Fahrlässigkeit** vor, deren Schuldgehalt verschiedentlich verneint wurde (Bockelmann AT 213, 217 [einschr.], Arthur Kaufmann, Das Schuldprinzip² [1976] 162 ff., Jura 86, 232, Köhler 172 ff., H. J. Hirsch-FS 74 ff.; zweifelnd auch Bockelmann/Volk 168; gegen derartige Überlegungen Engisch, Untersuchungen 239, M-Gössel II 141), wobei freilich übersehen wird, daß jedenfalls das geltende Recht bei der Verantwortlichkeit keine Verengung auf bewußte Willensakte kennt, s. a. 118 vor § 13. Indessen ist nochmals darauf hinzuweisen, daß bei der unbewußten Fahrlässigkeit die individuellen Fähigkeiten (Intelligenz, körperliche Leistungsfähigkeit, Vorbildung, Erfahrungswissen usw; vgl. o. 201) den alleinigen Maßstab dafür abgeben müssen, ob der Täter den Erfolg vorhersehen konnte. Dies setzt mindestens voraus, daß der Täter nach seiner bisherigen Erfahrung den Impuls zur Überprüfung der Gefährlichkeit seines Verhaltens spürt oder sich diese ihm nach seinem bisherigen Erfahrungswissen aufdrängen mußte, wobei jenseits des motivatorisch Erreichbaren der Normbefehl machtlos ist (Jakobs/Welzel-FS 307 ff., speziell zum Verkehrsverhalten Cramer DAR 74, 317 ff.). Dabei kommt es entscheidend auch darauf an, in welchem Lebensbereich die gefährliche Handlung liegt. Bei Lebensvorgängen, insbes. etwa im Straßenverkehr, deren Gefährlichkeit für jedermann auf der Hand liegt (riskante Überholmanöver, Vorfahrtsverletzungen usw), kann im allgemeinen auch von jedermann die notwendige Voraussicht erwartet werden, weil der mögliche Kausalzusammenhang einfach genug ist, „um auch dem beschränktesten Gemüt einzuleuchten" (Jescheck/Weigend 596). Immerhin kann auch dieser für Alltagsvorgänge geltende Grundsatz nicht ohne Ausnahme bleiben (vgl. etwa das U-Bahn-Beispiel o. 198). Je komplizierter der Lebensvorgang allerdings ist, in dem sich möglicherweise ein

Vorsätzliches und fahrlässiges Handeln 203 a § 15

gefährlicher Kausalzusammenhang abspielt, desto sorgfältiger ist zu prüfen, ob der Täter nach seinen Fähigkeiten eine Einsicht in die Gefährlichkeit des Vorgangs gewinnen konnte.

Überlegungen, bereits de lege lata **leicht fahrlässiges** Verhalten allgemein oder zumindest in 203 a bestimmten Bereichen (Straßenverkehr/Heilbehandlung als typischerweise gefahrgeneigte Tätigkeiten) aus dem Bereich des Strafbaren auszugrenzen (krit. zusf. zuletzt Koch aaO 112 ff., Roth aaO 123 ff.), haben sich bislang nicht durchsetzen können: Abgesehen von Autoren, die ohnehin den gesamten Bereich unbewußt fahrlässigen Verhaltens mangels Schuldvorwurfs ausgegrenzt sehen wollen (hierzu o. 203; vgl. auch den auf die leichte Fahrlässigkeit beschränkten Ansatz Jakobs 327 [gegen seine Basis eines funktionalen Schuldverständnisses aber 117 vor § 13]), werden entsprechende – zulässige (Schlüchter aaO 90 [verfassungskonforme Auslegung]) einengende Interpretationen der Fahrlässigkeit auf eine rechtfertigende Güterkollision (fehlsame Einzelhandlung als angemessenes Mittel zur Erreichung des sozialnützlichen Gesamtbetriebszweckes, etwa des Straßenverkehrs (M-Gössel K 158, der aber schwerwiegende Güterbeinträchtigungen ausnehmen will; krit. Roth aaO 139 ff., Webel aaO 217 f.), das Geringfügigkeitsprinzip (Roxin Henkel-FS 192 f.; hiergegen Koch aaO 130 unter Verweis auf die Tatfolgen), den Gesichtspunkt der Unzumutbarkeit (Burgstaller aaO 201, Roxin I 962, Kaiser-FS 893 [abl. Koch aaO 129 f.; zum zugrundeliegenden Ansatz Roxins einer ausgeschlossenen – strafzweckbezogenen – Verantwortung aber 117 vor § 13], Zipf Würtenberger-FS 164 f.; auf dieses bloß regulative Prinzip [116 vor § 13, 110 vor § 32] wird aber nur in Konstellationen zurückzugreifen sein, in denen infolge besonderer äußerer Umstände vom Täter regelgerechtes Verhalten nicht abverlangt werden kann, u. 204), das Schuldprinzip (Dencker aaO 25, Schlüchter aaO 61, 89, Kaiser-FS 362) oder den prozessualen Ausweg einer Anwendung des in dubio pro reo-Grundsatzes (Stratenwerth 303, schweiz. Strafrecht AT I² [1996] 447; abl. Koch aaO 150, Roth aaO 181 f., Roxin Henkel-FS 193 FN 81, Volk GA 76, 177) gestützt. Angesichts des Umstandes, daß auch dem gewissenhaftesten Bürger auf die längere Sicht betrachtet geradezu unvermeidlich entsprechende Fehler unterlaufen müssen (vgl. Arth. Kaufmann [o. 203] 162, Köhler 175 f.; s. a. Cramer DAR 74, 322, Frisch Stree/Wessels-FS 97, Roxin I 950, Stratenwerth 302, Volk GA 76, 177; vertiefend Koch aaO 82 ff.), die je für sich vermeidbar wären (zB der leichte Fahrfehler eines Kraftfahrers oder der minimale Kunstfehler eines Arztes), ist diese – aufs Ganze betrachtet – dann letztlich doch verschämte Zufallshaftung (vgl. Radbruch VDB V 201 Fn 2; Arzt/Weber II 5, Exner aaO 10, Arth. Kaufmann [o. 203] 141, 163, Lackner [Schrifttum vor § 306] 5) – auch in Anbetracht des freiheitswahrenden Schuldprinzips alles andere als unbedenklich (Dencker aaO 25, Köhler 173, Schünemann DAR 98, 431). Bestrafung insoweit nur notdürftig über § 59 (Schmidhäuser 448; s. a. Dencker StV 85, 403; vgl. aber Koch aaO 171) sowie §§ 153, 153 a StPO (Schroeder LK 16 RN 215, Tröndle DRiZ 76, 132, Zielinski AK 98; zurecht grds. kritisch zu diesem bei schweren Tatauswirkungen ohnehin idR versperrten prozessualen Ausweg zur Lösung eines materiellrechtlichen Problems: Frisch Stree/Wessels-FS 98, Koch aaO 164 ff., Naucke Grünwald-FS 410 ff.) vermeiden zu wollen, vermag kaum zu befriedigen: Der einzelne hat es letztlich nicht mehr in der Hand, durch eigenes Verhalten – vom völligen Unterlassen entsprechender risikoträchtiger Tätigkeiten abgesehen – Strafe zu vermeiden, so daß jedenfalls bei typischerweise fehleranfälligen Verhaltensweisen, die Teil einer gesamtgesellschaftlich trotz ihres Risikopotentials für nützlich und deshalb für akzeptabel erachteten (s. Roth aaO 22 im Anschluß an Maurach AT 548 f.) „Betriebstätigkeit" (zB Straßenverkehr/Heilbehandlung) sind, auch bei einer leicht fehlerhaften Einzelhandlung („kann jedem einmal passieren") evtl. von einem rechtlich nicht mißbilligten Gefahrschaffung zu sprechen wäre, um keinen Widerspruch zwischen einer auf Nutzen-Kosten-Kalkulation beruhenden gesellschaftlichen Risikoakzeptanz des „Gesamtbetriebes" und der hierfür vorauszusetzenden, unvermeidlich aber fehlerträchtigen Mitwirkung einzelner an eben diesem „Betrieb" aufkommen zu lassen. Auch ein aus verfassungsrechtlichen Schutzpflichten hergeleitetes sog. Untermaßverbot (zu Pönalisierungspflichten aber 29 vor § 1) zum Schutze jedenfalls der Grundrechtsgüter Leib und Leben fordert insoweit jedenfalls keine Pönalisierung (Koch aaO 180 gegen Webel aaO 240 ff.). Zu Restriktionen *de lege ferenda* vgl. § 16 II AE 1966: Straffreiheit geringfügiger Fahrlässigkeit (krit. zur Mitberücksichtigung der Schwere des Erfolges: Koch aaO 214); s. a. Bockelmann aaO 216 ff., Dannecker [u. 223] 228, Hoffmann NZV 93, 212, Janiszewski [Schrifttum § 316] 166, DAR 94, 7, Köhler 175 f., Schünemann DAR 98, 432, Volk GA 76, 177 bzw. Eser ZStW 97, 45 FN 131, Nemetschek [u. 219] 160 f., Ulsenheimer MedR 87, 215 f. (bereichsspezifisch für den Straßenverkehr bzw. ärztliches Handeln bzw. s. auch das Ärzteprivileg in § 88 II StGB-Österreich]; insoweit abl. Koch aaO 218 ff., Webel aaO 231 ff.) sowie allgemein neben den bereits für eine entsprechende Interpretation des geltenden Rechts Genannten: Arzt Schröder-GedS 130, Cramer DAR 74, 322, Frisch Stree/Wessels-FS 97 f., Ida H. J. Hirsch-FS 239, Roth aaO 115, Zipf Krause-FS 437 ff.; abl. insb. Tröndle 21, DRiZ 76, 129 ff., Webel aaO 228 ff., 246; s. a. Weigend Miyazawa-FS 551 (Abgrenzungsschwierigkeiten [so bereits Binding GS 87, 265]; s. a. Deutsch Allg. Haftungsrecht² [1996] 278). *De lege lata* (zur Gesetzgebungsgeschichte, der jedenfalls die Strafbarkeit leicht fahrlässiger Körperverletzung bzw. Tötung keineswegs selbstverständlich war: Koch aaO 49 ff.), wird es bei einem Appell (vgl. Weigend Miyazawa-FS 560 iZm Straßenverkehrsstrafrecht; vgl. bereits BGH VRS **10**, 213, **33**, 358, Spiegel DAR 68, 288, 291) an den Rechtsanwender zu verbleiben haben, den Sorgfaltsmaßstab auf ein realistisches Maß herabzusetzen und sich der Gefahr von Zuschreibungsfehlern bei richterlicher ex ante-Beurteilung bewußt zu sein (zu möglichen Attributionsfehlern auf Grund der sog. actor-observer-Differenz sowie zur severity-responsibility-relation eingehend Kuhlen aaO 351 ff., Prittwitz aaO 107 ff.; vgl. bereits Binding Normen IV 645 ff.): Hohe Verhaltensanforderungen mögen für die zivilrechtliche Schadensverteilung angemessen sein; ihre unbesehene Übernahme droht aber die Grenzen strafrechtlichen Unrechts zu verwischen (Dannecker [u. 223] 226, Dencker aaO 24, Große Vorholt aaO 167, Heine/Ringelmann [u. 223] 382, Weigend Miyazawa-FS 550): Angesichts unterschiedlicher Regelungszwecke von Delikts- und Strafrecht (Orientierung des Zivilrechts am situationsgerechten Schadensausgleich im Verhältnis Gleichberechtigter durch Herstellung des status quo mit verhaltenssteuernder Präventivwirkung als Nebeneffekt, Prävention und Schuldausgleich im Über-Unterordnungsverhältnis unter Zuschreibung sozialer Verwerflichkeit durch das strafrechtliche Verdikt) verbietet sich (s. aber Schmidt-Salzer [u. 223] 36: grds. identischer Bewertungsmaßstab) bereits bei den objektiven Sorgfaltsanforderungen – ungeachtet eines hiermit verbundenen Gewinns an Rechtssicherheit (Hilgendorf [u. 223] 147) – eine strikte Übernahme zivilrechtlicher Haftungsstandards (zur vergleichbaren Problematik iZm ärztlichen Aufklärungspflichten: 223 RN 40), so daß zwischen optimaler Sorgfalt zur Vermeidung zivilrechtlicher Haftung und der Frage der strafrechtlich sorgfaltswidrigen Verhaltens zu trennen ist (vgl. Kuhlen [u. 223] 82 ff., Große Vorholt aaO 167, Roth aaO 203 ff., Weigend Miyazawa-FS 550; s. a. Binding Normen I 284 ff.; Deutsch Wahl-FS 345; im Gegensatz zu BGH[Z] **24** 27 offengelassen von BGH **37** 115).

204 d) Anders als bei den Vorsatzdelikten ist die **Zumutbarkeit** normgemäßen Verhaltens ein konstitutives Element der Fahrlässigkeitshaftung (RG **30** 25 [„Leinenfängerfall"] m. Besprech. Achenbach Jura 97, 631, **67** 18, BGH **4** 20, Hamm HESt. **2** 284, Burgstaller aaO 198 ff., B/W-Weber 520, H. Mayer AT 141, Henkel Mezger-FS 286, Heitzer NJW 51, 829, Jescheck/Weigend 597, Jakobs 586 f., Studien 141, M-Gössel II 160 ff., Triffterer 307, 318; einschr. Roxin I 960 sowie Samson SK Anh. zu § 16 RN 35 f., Tröndle 16, Welzel 183; and. Maiwald Schüler-Springorum-FS 475 ff. [nur § 35 anwendbar]; Zielinski AK 134 f.). **Streitig** ist allein der **verbrechenssystematische Standort** des Problems. Teilweise wird angenommen, die Unzumutbarkeit begrenze schon die objektive Sorgfaltspflicht (zB H. Mayer aaO, Henkel aaO), teilweise wird in der Unzumutbarkeit ein übergesetzlicher Schuldausschließungsgrund gesehen (B/W-Weber 520, Bockelmann/Volk 167 f., Maihäusser I 253, Stratenwerth 301, Welzel 183), schließlich die Ansicht vertreten, die Zumutbarkeit begrenze die vom Täter persönlich zu erbringende Sorgfaltspflicht (Frankfurt VRS **41** 35, Jescheck/Weigend 597), endlich soll nach M-Gössel II 160 ff. bei Unzumutbarkeit die Tatverantwortung entfallen. Das Prinzip der Zumutbarkeit im allgemeinen kann in Wahrheit sowohl objektiv wie subjektiv die Pflicht begrenzen und hat im Rahmen der personalen Verantwortung in Gestalt einer Pflichtenbegrenzung wie als Entschuldigungsgrund eine Doppelfunktion zu erfüllen (vgl. 126 vor § 32). Im Pflichtzusammenhang des Fahrlässigkeitsdelikts betrifft es die Frage, was billigerweise von einem Täter erwartet werden kann, um Gefahren zu begegnen, zB durch Ausschöpfung der ihm zugänglichen Erkenntnismittel, eigene Nachforschungen usw., wobei der Zumutbarkeit sich auch nach der Größe der drohenden Gefahr richtet (BGH VRS **20** 437; vgl. Frankfurt VRS **41** 35, BGH MDR/D **72**, 570). So hat RG **74** 81 Fahrlässigkeit des Vaters verneint, der sein Kind infolge kollidierender sittlicher Pflichten aus ethisch zu billigenden Gründen zu spät ins Krankenhaus brachte, da von ihm die richtige Entschließung zur richtigen Zeit nicht erwartet werden konnte. BGH NStZ **89**, 21 hat Fahrlässigkeit einer Frau verneint, die durch den für sie überraschenden und unvorbereiteten Geburtsvorgang in einen hochgradigen Schockzustand geraten war und deswegen Maßnahmen zur Rettung des Kindes unterließ. RG **74** 198 hingegen hat Unzumutbarkeit bei einem Straßenbahnschaffner angenommen, der sich einer Betriebsanweisung hätte widersetzen müssen, um die erforderliche Sorgfalt zu beachten. Die Unzumutbarkeit wirkt in diesen Fällen als regulatives Prinzip der Sorgfaltspflichten, nicht als echter „übergesetzlicher" Entschuldigungsgrund (Henkel Mezger-FS 282). Zur Unzumutbarkeit als Entschuldigungsgrund vgl. 126 vor § 32 mwN.

205 e) Das Strafrecht unterscheidet grundsätzlich nicht zwischen verschiedenen **Graden der Fahrlässigkeit** (M-Gössel II 90 f.; vgl. aber Sauer AT 181), jedoch kann die unterschiedliche Intensität fahrlässigen Verschuldens bei der Strafzumessung von Bedeutung sein. So kann die unbewußte Fahrlässigkeit milder beurteilt werden als die bewußte (Stuttgart NJW **76**, 1852; and. wohl Karlsruhe DAR **68**, 220). In bestimmten Fällen (zB §§ 138 III, 264 IV) reicht aber nur ein **leichtfertiges Verhalten** aus. Zu beachten ist die namentlich im 6. StrRG zu beobachtende Tendenz des Gesetzgebers, zunehmend Leichtfertigkeit zu fordern; vgl. die Aufzählung o. 106. Hierunter fällt nicht jede Fahrlässigkeit, sondern nur ein starker Grad von Fahrlässigkeit, im objektiven Tatbestand der – ihrerseits allerdings ebenfalls letztlich nicht klar konturierten (hierzu Bokelmann aaO, König aaO, passim) – groben Fahrlässigkeit iSd Zivilrechts (s. BGH [Z] **106** 204) entspricht (vgl. § 18 III E 1962 [leichtfertig handelt, wer grob fahrlässig handelt]; s. a. RG **71** 176, BGH **14** 255, **33** 67, Bay NJW **59**, 734, Hamm NStZ **83**, 459 m. Anm. Müller-Dietz, Lackner/Kühl 55; krit. Schroeder LK § 16 RN 209), ohne mit ihr gleichgesetzt werden zu können (Roxin I 946; vgl. auch bereits Begründung E 1962, BT-Drs. IV/650 S. 132). Zu fordern ist für die normübergreifend einheitlich zu konturierende (Schroeder LK § 16 RN 213 gegen Lohmeyer NJW 60, 1798, Maurach Heinitz-FS 415 ff.) Leichtfertigkeit als Unrechts- sowie Schuldmerkmal (Jescheck/Weigend 569, Roxin I 948, Schroeder LK § 16 RN 213, W/Beulke 206; and. noch Maurach Heinitz-FS 417 [Schuldform] sowie Maiwald GA 74, 269 [eher Gesinnungsmerkmal]) eine wesentliche gesteigerte Fahrlässigkeit (vgl. BT-Drs. aaO), wobei diese auf Sorgfaltsverstoß und Vorhersehbarkeit als den beiden Elementen der Fahrlässigkeit zu beziehende Fahrlässigkeitssteigerung aus der Verletzung einer besonders ernstzunehmenden (da dem Schutze eines hochwertigen Rechtsgutes dienenden) Pflicht (abl. Schroeder LK § 16 RN 212, der auf Basis seiner Fahrlässigkeitskonzeption stattdessen auf einen besonderen Anlaß zur Erkennbarkeit der Tatbestandsverwirklichung abhebt) und aus der hohen Wahrscheinlichkeit des Erfolgseintritts folgt, vgl. Wegscheider ZStW 98, 653, der diskutabel zusätzlich den Verstoß gegen eine größere Zahl weniger bedeutsamer Sorgfaltspflichten genügen läßt (so auch Karlsruhe BB **61**, 438 [zu § 402 RAbgO]; insoweit ergibt sich ein Bezugspunkt zu sonstigen qualifizierten Pflichtwidrigkeiten, zB der groben Verletzung verwaltungsrechtlicher Pflichten iSv § 325 II [hierzu § 325 RN 24]); zu Wegscheider krit. Roxin I 949, der seinerseits im Anschluß an Volk GA 76, 178 f. eine besonders gefährliche Handlung unter Berücksichtigung der sozialen Bedeutung des riskanten Verhaltens sowie des Wertes des bedrohten Rechtsguts verlangt; auf die auch vom Gewicht des auf dem Spiele stehenden Rechtsguts her zu bestimmende Leichtigkeit der Erfolgsvermeidung beziehen sich hingegen Gropp 385, Jakobs 327. Die gesteigerte Vorhersehbarkeit kann auch bei Verletzung einer dem Schutze hochwertiger Rechtsgüter dienenden Verhaltenspflicht nicht allein aus einem gravierenden Sorgfaltspflichtenverstoß abgeleitet werden; sie ist vielmehr aus der sich aufdrängenden Nähe der Tatbestandsverwirklichung zu erschließen. Umgekehrt wird allerdings bei entsprechend gesteigerter Vorhersehbarkeit idR auch eine gesteigerte Sorgfaltswidrigkeit vorliegen, da dann vom Täter ein erhöhtes Maß an Aufmerksamkeit zu fordern ist. – Ferner: Die Verletzung einer den Täter als Garanten treffenden Sorgfaltspflicht vermag für sich allein angesichts des Umstandes, daß sich diese beiden Pflichten wechselseitig ergänzen, aber auch begrenzen (Stratenwerth 310; o. 143), noch keine gesteigerte Pflichtverletzung zu begründen. Aus dem Anstreben eines rechtswidrigen Ziels allein kann Leichtfertigkeit noch nicht zwingend gefolgert werden (so aber Maiwald GA 74, 269; hierzu krit. Roxin I 947, 949, Schroeder LK § 16 RN 215), da anderenfalls die mit Einführung des Leichtfertigkeitserfordernisses bezweckte Restriktion todeserfolgsqualifizierter Delikte angesichts des jeweils mit dem Grunddelikt verfolgten deliktischen Zieles leerliefe bzw. unzulässig auf eine gesteigerte Vorhersehbarkeit verkürzt würde (vgl. Günther H. J. Hirsch-FS 551, SK § 251 RN 19). Deshalb bestehen gerade auch in diesem Zusammenhang Bedenken dagegen, allein die Verletzung einer besonders ernstzunehmenden Pflicht für die Annahme gesteigerter Sorgfaltswidrigkeit genügen zu lassen (vgl. aber Begründung zu § 18 III E 1962, BT-Drs. IV/650 S. 132), da jedenfalls nicht allein von der Bedeutung des je geschützten Rechtsguts (insbesondere Leben) auf leichtfertiges Handeln kurzgeschlossen werden darf; vielmehr wird eine gegenüber der mit der Verwirklichung des Grunddelikts ohnehin typischerweise verbundenen Gefährdung gesteigerte Gefahrschaffung zu fordern sein (also etwa eine besonders brutale Gewaltanwendung beim Raub [vgl. Günther aaO]). Auch bewußt fahrlässiges Handeln muß nicht notwendig leichtfertig sein (da sonst der umsichtig abwägende Täter schlechter stünde als der skrupellos dickfellige: B/W-Weber 494 f.), wird aber selbstverständlich vom Begriff der Leichtfertigkeit nicht ausgeschlossen (vgl. BGH StV **94**, 480, Tröndle 20). Umgekehrt kann auch unbewußt fahrlässiges Handeln als leichtfertig einzustufen sein, da angesichts prinzipiell nicht unterschiedlicher Strafwürdigkeit von bewußter und unbewußter Fahrlässigkeit (vgl. Jescheck/Weigend 568 f., Puppe NK 13, Stratenwerth 296; and. Roxin I 941) Leichtfertigkeit nicht durch das Kriterium der Vorsatznähe eingegrenzt werden kann (Schroeder LK § 16 RN 210, Tenckhoff ZStW 88, 900; and. Tröndle 20, Hall Mezger-FS 248, Lohmeyer NJW 60, 1799, Ueköttner aaO 203 ff.; angedeutet [iZm Art. 103 II GG] von BGH **43** 168). Da leichtfertiges Verhalten als Unterfall der Fahrlässigkeit neben der unrechtsbezogenen objektiven Komponente auch ein individualbezogenes Element als Teil der Schuld voraussetzt, verlangt Leichtfertigkeit eine erhöhte subjektive Vorwerfbarkeit, die ebenso wie bei einfacher Fahrlässigkeit etwa bei Augenblicksversagen (hierzu Köhler 190 f.) oder Fehlverhalten aus Schrecken, Bestürzung bzw. hochgradiger Erregung fehlen kann (Volk GA 76, 179); Schuldverneinung zB durch BGH **20** 324 (zu § 21 WStG) und Köln DÖD **76**, 285 (zu § 345 11) infolge Betriebsblindheit bzw. Sichbefindens auf bestimmter Denkbahn. Auch für die Bestimmung leichtfertigen Handelns ist im Rahmen der Schuld die unterschiedliche Leistungsfähigkeit der Handelnden zu berücksichtigen, so daß Sonderfertigkeiten den Täter auch noch weiter zu belasten können (Roxin I 948 f.); entsprechendes gilt für etwaiges Sonderwissen (wenn zB im Falle von Nürnberg NStZ **86**, 556 dem Raubtäter die schwere Herzkrankheit des bedrohten Opfers bekannt gewesen wäre). Die gesteigerte subjektive Voraussehbarkeit muß sich nicht auf die Beurteilung des Täterverhaltens als leichtfertig erstrecken (Jescheck/Weigend 569 FN 39 gegen Maiwald GA 74, 265). – Wenn auch der Anwendungsbereich gesteigerter Fahrlässigkeit noch nicht endgültig abgesteckt ist, so wird Leichtfertigkeit als Kombination einer – auch vorwerfbaren – besonders schweren Nachlässigkeit (Pflichtverletzung) zuzüglich einer gesteigerten Vorhersehbarkeit der Tatbestandsverwirklichung (die schädlichen Auswirkungen hätten wie von jedermann so auch vom Täter durch einfache Überlegungen erkannt werden können, vgl. Kühl 569 f.) insbesondere dann in Betracht kommen, wenn der Täter die mit hoher Wahrscheinlichkeit drohende Tatbestandsverwirklichung in besonders grober Achtlosigkeit nicht bedenkt, er insoweit also dasjenige unbeachtet läßt, was jedermann einleuchten müßte, oder er sich im Falle bewußter Fahrlässigkeit in einer fremde Rechtsgüter aufs Spiel setzenden „frivolen Rücksichtslosigkeit" (vgl. BT-Drs. IV/650 S. 132; hierzu krit. Arzt Schröder-GedS 129) über die klar erkannte Möglichkeit der Tatbestandsverwirklichung hinwegsetzt (vgl. Nürnberg NStZ **86**, 556; auch BGH **33** 67 Bremen StV **85**, 282 heben auf das Außerachtlassen einer sich geradezu aufdrängenden Möglichkeit der Tatbestandsverwirklichung ab), ohne daß bereits der Bereich des dolus eventualis (o. 72 ff.) erreicht ist. – Zur Leichtfertigkeit vgl. noch Hall Mezger-FS 229, Lohmeyer NJW 60, 1798, Park aaO (bereits in den Grundlagen völlig abweichend), Roxin I 948 f., Tenckhoff

ZStW 88, 897, Uekötter aaO, Wegscheider ZStW 98, 624; rechtsvergleichend (USA) Arzt Schröder-GedS 119. Zum Merkmal der Leichtfertigkeit bei erfolgsqualifizierten Delikten vgl. auch § 18 RN 3. – Materiell sieht sich die Leichtfertigkeit dem Verdacht ausgesetzt, der Gesetzgeber wolle mit ihrer Hilfe nicht nachweisbare Vorsatztaten ahnden (vgl. Hillenkamp Wassermann-FS 868 f., 873, Weigend Triffterer-FS 704 f.), ein Vorwurf, der namentlich im Zusammenhang mit der Pönalisierung des leichtfertigen Subventionsbetruges im Raum steht (hierzu § 264 RN 2 mwN). Dieser Einwurf verfängt angesichts der allgemeinen Auffangfunktion der Fahrlässigkeit für Fälle nicht nachweisbaren Vorsatzes (o. 3) dann nicht, wenn auch nichtvorsätzliches Verhalten die Schwelle zur Strafwürdigkeit überschreitet (insoweit: Entscheidungsprärogative des Gesetzgebers, s. 29 vor § 1) und der Rechtsanwender nicht auf die sorgfältige Prüfung der Einzelelemente der Leichtfertigkeit verzichtet.

205 a VIII. Zur **Beteiligung** am Fahrlässigkeitsdelikt, namentlich zur Frage fahrlässiger Mittäterschaft: 112 ff. vor § 25 sowie Renzikowski aaO 261 ff., 282 ff. Auch beim Fahrlässigkeitsdelikt ist der sog. restriktive Täterbegriff (6 vor § 25) zugrundezulegen (Renzikowski aaO 154 ff.): Täter auch eines begehungsneutralen Erfolgsdeliktes (zB § 222) kann nur derjenige sein, dem der kausal bewirkte Erfolg auch zugerechnet werden kann (s. 7 a vor § 25); somit begrenzen Reichweite und Schutzrichtung der je verletzten Sorgfaltspflicht (hierzu o. 157–172) die Möglichkeit der Fahrlässigkeitstäterschaft (vgl. 113, 117 vor § 25).

206 IX. **Fahrlässigkeitsprobleme in einzelnen Lebensbereichen.** Von den zahlreichen Lebensbereichen, in denen Fahrlässigkeitsdelikte eine Rolle spielen, können hier nur die wichtigsten behandelt werden. Dabei werden hinsichtlich des Sorgfaltsmaßstabes auch außerstrafrechtlichen Normen berücksichtigt, weil diese als mögliche Grundlage für eine Haftung im Rahmen der strafrechtlichen Erfolgstatbestände von Bedeutung sein können. Angesichts der unterschiedlichen Aufgabenstellung von Deliktsrecht und Strafrecht verbietet sich auch insoweit eine schlichte Übernahme der ggf. strengeren zivilrechtlichen Haftungsstandards: o. 203 a aE sowie u. 223.

207 1. Im **Straßenverkehr** besteht für jeden Verkehrsteilnehmer die Pflicht, sein Verhalten so einzurichten, daß Unfälle vermieden werden (§ 1 II StVO). Dieser Grundsatz ist durch zahlreiche Verhaltensanforderungen, insb. in der StVO und StVZO, die zu einer reichen Judikatur geführt haben, konkretisiert worden wobei allerdings zu beachten ist, daß frühere Entscheidungen vor allem durch die StVO vom 16. 11. 1970 (BGBl. I 1565, ber. 1971 I 38) und deren Änderung vom 27. 11. 1975 (BGBl. I 2967) überholt sind.

208 a) **Vor Beginn der Fahrt** hat der Fahrer sich nach der – allerdings oft überspannten – Rspr. davon zu überzeugen, daß das Fahrzeug sich in fahrsicherem Zustand befindet. Insb. hat er zu überprüfen den Zustand der **Bereifung** (BGH NJW 52, 233, DAR 61, 341, VersR 63, 148, Braunschweig VRS 30 300; vgl. § 36 StVZO), der **Beleuchtung** (vgl. §§ 49 a ff. StVZO), der **Bremsanlage** (§ 41 StVZO), der **Warneinrichtungen** (§ 55 StVZO). Weiterhin hat er dafür zu sorgen, daß **keine Sichtbehinderungen** ihn beeinträchtigen (§ 23 I S. 1 StVO). Außerdem ist der Fahrer dafür verantwortlich, daß auch von der **Ladung** keinerlei Gefahr ausgehen kann (§ 22 StVO). Auf die Versicherung des Fahrzeughalters, das Fahrzeug befinde sich in ordnungsgemäßem Zustand, darf sich der Fahrer nicht verlassen (BGH **17** 277); auch darf er bei einem relativ neuen geliehenen Fahrzeug nicht von ordnungsgemäßen Bremsen ausgehen (BGH NJW **67**, 212, anders bei einem neuen eigenen Wagen [BGH VRS **27** 348]). Der Fahrer haftet ferner dafür, daß er selbst nicht in einem Zustand die Führung eines Fahrzeugs übernimmt, in dem er es nicht mehr sicher führen kann, etwa weil sein **Wahrnehmungs- oder Reaktionsvermögen** durch Arznei- oder Rauschmittel oder Müdigkeit beeinträchtigt ist; körperliche Mängel sind durch Benutzung entsprechender Hilfsmittel auszugleichen (zB Brillenträger), anderenfalls muß der Fahrer ihnen durch entsprechend vorsichtige Fahrweise Rechnung tragen (vgl. BGH VRS **6** 294, **9** 296: einäugiger Fahrer). Auch extreme **Witterungsverhältnisse** wie Glatteis können dazu führen, daß ein wenig geübter Kraftfahrer nicht in der Lage ist, das Fahrzeug ordentlich zu beherrschen; er darf dann ebenfalls die Führung des Fahrzeugs nicht übernehmen (vgl. Hamm VRS **25** 455). Nach den Umständen des Einzelfalls kann es geboten sein, die Mitnahme eines angetrunkenen **Beifahrers** abzulehnen oder ihn wenigstens auf den Rücksitz zu verweisen (Hamm VRS **48** 200, StVE **Nr. 8** zu § 23 StVO); zur Sorgfalt bei der Mitnahme eines Kleinkindes vgl. Karlsruhe StVE **Nr. 1** zu § 21 StVO. Der Fahrer eines Omnibusses ist jedoch nicht verpflichtet, sich vor der Abfahrt an einer Haltestelle zu vergewissern, daß alle Fahrgäste einen sicheren Halt haben (Köln VRS **71** 96).

209 **Während der Fahrt** hat der Kraftfahrer insb. die **Verkehrszeichen,** vor allem, soweit sie sich an den fließenden Verkehr richten (zB Überholverbot, Geschwindigkeitsbegrenzung, Vorrangregelung, Warnzeichen und Lichtzeichen), sorgfältig zu beobachten. Dabei muß der Fahrer seine Fahrweise schon im voraus auf solche Verkehrszeichen einrichten, die ihm bei einer gewissen Vorausschau erkennbar sind; so muß er etwa einen Überholvorgang durch einen Blick nach vorn klären, ob nicht innerhalb der mutmaßlich benötigten Überholstrecke ein Überholverbotszeichen steht, und gegebenenfalls von seinem Vorhaben Abstand nehmen (Hamm VOR § 41 StVO **Nr. 14**). Weiter muß der Fahrer auf **Zeichen** und **Weisungen** der **Polizeibeamten** achten und diese befolgen, was ihn jedoch andererseits wiederum nicht von der Beachtung der in der konkreten Situation erforderlichen Sorgfalt entbindet (§ 36 I StVO). Auch auf die Einhaltung des **Rechtsfahrgebots** (§ 2 StVO), die verkehrsgerechte Bemessung der **Geschwindigkeit** (§ 3 StVO), insb. die Einhaltung des Sichtfahrgebots (dazu eingehend Cramer § 3 StVO RN 33 ff., 75 ff.), hat der Kraftfahrer zu achten; eine

Ausnahme von der Grundregel des Fahrens auf Sicht gilt nur gegenüber besonders schwer erkennbaren Hindernissen, dh solchen, die gemessen an den jeweils herrschenden Sichtbedingungen erst außergewöhnlich spät erkennbar werden (BGH VRS **9** 116, **18** 272, NJW **84**, 2412, VOR § 3 StVO **Nr. 81**, Bay VRS **22** 380 m. zust. Anm. Martin JR 62, 189, Hamm MDR **72**, 350 m. zust. Anm. Berz VOR § 3 StVO Nr. 70). Nimmt der Kraftfahrer jedoch einen Gegenstand auf der Fahrbahn wahr, den er nicht genau erkennen kann, so muß er damit rechnen, daß es sich um einen Menschen handelt (BGH **10** 3, VRS **22** 44, **27** 110). **Überholt** werden darf nicht, wenn eine Behinderung des Gegenverkehrs möglich ist oder eine unklare Verkehrslage besteht (§ 5 II, III StVO). Darüber hinaus ist beim Überholen der nachfolgende Verkehr zu beachten (§ 5 IV S. 1 StVO), dasselbe gilt auch beim **Vorbeifahren** an einem Hindernis auf der Fahrbahn nach § 6 StVO. Beim **Spurwechsel,** wenn sich auf den Fahrstreifen Fahrzeugschlangen gebildet haben (§ 7 StVO), und beim **Ein- und Anfahren** (§ 9 StVO) muß der Kraftfahrer darauf achten, daß jede Gefährdung anderer ausgeschlossen ist; dies gilt selbst bei Vorrang nach § 20 StVO (Düsseldorf VRS **65** 156). Beim **Ein- und Abbiegen** muß er sich durch eine doppelte Rückschau vergewissern, daß der nachfolgende Verkehr nicht gefährdet (§ 9 StVO). Beim Rechtsabbiegen hat ein Lkw-Fahrer, der bei Rot an einer Kreuzung hält, sich ständig zu vergewissern, ob sich rechts neben der Fahrbahn ein Zweiradfahrer nähert (Hamm VRS **73** 280). Pflichtwidrig ist weiterhin die Einhaltung eines Abstandes zum vorausfahrenden Fahrzeug, der es nicht ermöglicht, hinter diesem noch anzuhalten, wenn es plötzlich gebremst wird. Der **Abstand** muß daher normalerweise so bemessen sein, daß er der Strecke entspricht, die das Fahrzeug in 1,5 Sek. durchfährt (BGH NJW **68**, 450). Beim Vorbeifahren oder Überholen ist ein **Seitenabstand** einzuhalten, der im Normalfall (auch gegenüber Radfahrern) etwa 1 m beträgt (BGH VRS **31** 404, **27** 196, Bay VRS **24** 225, Köln VRS **31** 158; vgl. auch Bamberg StVE **Nr. 29** zu § 5 StVO). Ein größerer Seitenabstand ist insb. gegenüber Radfahrern erforderlich, wenn besondere Wittungsverhältnisse oder Unsicherheiten des anderen Verkehrsteilnehmers auf größere Linksschwankungen schließen lassen (Neustadt VRS **15** 129, Köln VRS **31** 158, Saarbrücken StVE **Nr. 52** zu § 5 StVO, vgl. auch Köln VRS **26** 356, BGH VRS **18** 203, **31** 404). Gegenüber haltenden Omnibussen ist hingegen sogar ein Abstand von 2 m einzuhalten, weil hier häufig mit einige Schritte hinter dem Fahrzeug vortretenden Fußgängern gerechnet werden muß (BGH **13** 169, NJW **68**, 1532, VRS **34** 114, Hamm VRS **25** 433, **34** 281, Saarbrücken VM **80**, 79, Stuttgart DAR **60**, 236, Bay NJW **60**, 59, VRS **18** 304), sofern der Fahrer schneller fährt als Schrittgeschwindigkeit. An haltenden und parkenden Fahrzeugen kann dagegen mit einem geringeren Sicherheitsabstand als 1 m vorbeigefahren werden, da von ihren Insassen erwartet werden kann, daß sie den Vorrang des fließenden Verkehrs vor dem ruhenden beachten (Bay **51**, 404, DAR **56**, 111, Koblenz VRS **4** 489). Zu besonderer Sorgfalt ist der Kraftfahrer gegenüber alten und gebrechlichen **Fußgängern**, Betrunkenen und Kindern verpflichtet (vgl. dazu eingehend u. 213). Im übrigen kann sich der Kraftfahrer bei erwachsenen Fußgängern darauf verlassen, daß sie sich verkehrsgerecht verhalten und den Straßenverkehr beachten werden (BGH NJW **66**, 1211, VRS **26** 203), es sei denn, der Fußgänger sei von dem Auftauchen des Fahrzeugs überrascht worden (BGH **14** 97, vgl. auch BGH VRS **25** 49). Hat ein Kraftfahrer ein schadhaftes, aber zunächst noch verkehrssicheres Fahrzeug in Betrieb genommen, so ist ein besonderes Augenmerk darauf zu richten, ob sich der Schaden vergrößert und zur **Betriebsunsicherheit** führt (BGH **10** 338), u. U. darf er auch das Fahrzeug nicht bis an die Grenze des sonst zulässigen Maßes beanspruchen (vgl. Karlsruhe VRS **10** 330: schlechte Bremsen, BGH VRS **37** 276: abgefahrene Reifen, BGH VRS **22** 211, **32** 209: unterlassene oder unvollkommene Überprüfung der Bremsen vor Fahrtantritt). Die Benutzung von **Mobiltelefonen** während der Fahrt wird zumindest dann als sorgfaltswidrig anzusehen sein, wenn zusätzlich eine anrufsbedingte Ablenkung des Fahrers vorliegt (vgl. BAG DAR **99**, 182 [Blick in Unterlagen] m. Anm. Kärger; s. a. LG Hamburg DAR **92**, 110, Kärger DAR 98, 266).

Nach Beendigung der Fahrt muß der Fahrer von allen Sicherungseinrichtungen an dem Fahrzeug 210 Gebrauch machen (BGH **17** 181 m. Anm. Isenbeck NJW 62, 1971), er muß also insb. das Fahrzeug verschließen (Ausnahme bei Kabrioletts) und das **Lenkradschloß** oder die entsprechenden **Sicherungseinrichtungen** betätigen. Bei besonders starkem Gefälle muß er das Fahrzeug gegen ein Abrollen zusätzlich sichern (BGH aaO). Bleibt ein Fahrzeug liegen, so muß es entsprechend § 15 StVO abgesichert werden. Beim Aussteigen muß eine Gefährdung anderer Verkehrsteilnehmer ausgeschlossen sein (§ 14 I StVO).

b) Im Verhalten der verschiedenen Verkehrsteilnehmer zueinander wird heute mit Recht allgemein 211 anerkannt, daß unter normalen und ordnungsgemäßen Verhältnissen jeder auf ein verkehrsgemäßes Verhalten der anderen Verkehrsteilnehmer vertrauen darf, sich also nicht darauf einzustellen braucht, daß andere sich ordnungswidrig verhalten (st. Rspr., vgl. BGH **4** 47, 182, 191, **7** 118 [VGS], **9** 93, **14** 97, 211, VRS **5** 87, Bay DAR **52** 153, NJW **78**, 1492, Celle DAR **52**, 31, Neustadt DAR **60**, 181, Zweibrücken VRS **44** 275, Cramer § 1 StVO RN 38 ff., J-Hentschel § 1 StVO RN 20 ff.). Dieser „lebensgerechte **Vertrauensgrundsatz**" (Martin DAR 53, 164, Sanders DAR 69, 8; s. a. Roxin I 926 f.; einschr. Puppe NK 151 ff. vor § 13) trägt allein der sozialen Bedeutung des modernen Straßenverkehrs Rechnung (M-Gössel II 101, Oswald SchwJZ 63, 281); ohne ihn würde jeder zügige Verkehr zum Erliegen kommen (BGH [VGS] **7** 121); er ergibt sich aus der Verpflichtung aller Verkehrsteilnehmer, Rücksicht zu üben und sich der Verkehrsgemeinschaft unterzuordnen (vgl. Cramer DAR 74, 317). Wer sich im Rahmen dieser Grundsätze hält, bleibt straflos, auch wenn er einen Unfall verursacht (erlaubtes Risiko); vgl. die bei Cramer bei den einzelnen Paragraphen der StVO jeweils unter Abschnitt C zusammengefaßten Grundsätze.

212 **Beispielsweise darf vertrauen:** Ein Vorfahrtsberechtigter, daß der Wartepflichtige sein Vorfahrtsrecht beachtet (BGH **4** 47, **7** 118 [VGS], VRS **22** 128, VersR **77**, 524, Bay VRS **13** 61, Saarbrücken VM **81**, 4; vgl. aber Braunschweig VRS **13** 286, Köln VRS **13** 302), ein vorschriftsmäßig Fahrender, daß ein entgegenkommendes Fahrzeug nicht seine Fahrbahn kreuzt (vgl. BGH VRS **13** 250, **14** 294, VersR **65**, 899, KG VRS **17** 123; vgl. aber BGH VRS **16** 354) oder ihn nicht durch vorzeitiges Einschalten des Fernlichts blendet (BGH **12** 81; vgl. BGH **1** 309), jeder Verkehrsteilnehmer (insb. auch Fußgänger), daß die zulässige Höchstgeschwindigkeit nicht wesentlich überschritten wird (BGH VRS **21** 277, Hamm VRS **29** 142, Frankfurt VRS **34** 304), daß die Zeichen einer Signalanlage beachtet werden (Hamm JMBlNRW **68**, 152, BGH VersR **92**, 203), der ordnungsgemäß Überholende, daß der andere nicht plötzlich nach links ausschert (BGH **4** 182, 191, NJW **52**, 35, DAR **75**, 73, VRS **7** 110, **18** 38, Karlsruhe VRS **34** 232; vgl. auch Hamm DAR **63**, 363), der fließende Verkehr, daß das Einsteigen in ein parkendes Fahrzeug ihn nicht gefährdet (Oldenburg DAR **57**, 306; vgl. auch BGH VRS **20** 122), ein Kraftfahrer, daß ein beschrankter Bahnübergang den Vorschriften entsprechend bedient wird (BGH GA/He **58**, 51; vgl. auch Celle VRS **17** 281), ein Lokomotivführer, daß die Führer von Straßenfahrzeugen den Vorrang des Zuges an einem unbeschrankten Bahnübergang beachten werden (BGH VRS **22** 141), der nachfolgende Fahrer, daß der vorausfahrende Pkw nicht unvermittelt ruckartig anhält (Bay DAR/R **65**, 254), umgekehrt darf aber der Vorausfahrende nicht darauf vertrauen, daß beim Kolonnenfahren der Nachfolgende in jedem Falle den gebotenen Sicherheitsabstand einhält (vgl. Bay VRS **28** 140). Ebensowenig darf auf Ausbleiben eines Auffahrens vertrauen, wer durch sein Verschulden auf der Autobahn liegen bleibt (vgl. BGH VRS **15** 374, Hamm VRS **10** 367, Köln JMBlNRW **44**, 187); and. bei genügender Absicherung (Bay ZfS **82**, 189). Zur Geltung des Vertrauensgrundsatzes bei Ausfahrt aus Grundstücken vgl. grundsätzlich **Nr. 2** zu § 10 StVO, Hamm VRS **34** 226, beim Vorbeifahren an einem Fahrzeug vgl. Bay DAR **78**, 190 und beim Linksabbiegen vgl. BGH **14** 202, **15** 178, VRS **27** 352, Neustadt MDR **60**, 698, Hamm VRS **19** 227, **23** 63, **34** 137, Saarbrücken VRS **35** 41; vgl. aber auch Bay NJW **59**, 2029, Saarbrücken VRS **19** 74 (Einbiegen in Grundstück), Karlsruhe VersR **61**, 911. Ein Kraftfahrer braucht nicht damit zu rechnen, daß ein Mitfahrer eingreift (BGH VRS **4** 201; mißverständlich BGH **9** 335). Beruht das Verhalten des Fahrgastes dagegen auf der pflichtwidrigen Fahrweise des Fahrers, ist für diesen der Eingriff vorhersehbar (BGH DAR/M **56**, 59). Er darf darauf vertrauen, daß in einer Kette von Radfahrern jeder auf den Verkehr achtet (RG RdK **42**, 130), seine Richtungszeichen nicht beachtet (BGH VRS **27** 267) oder daß ein Radfahrer ohne ersichtlichen Grund vor dem herannahenden Fahrzeug plötzlich auf die andere Straßenseite überwechselt (BGH DAR/M **68**, 119), ebensowenig, daß ein Erwachsener vom Fahrbahnrand plötzlich auf die Fahrbahn läuft (BGH **3** 49, VRS **14** 86, 296, VersR **44**, 168, 826, Bremen DAR **63**, 253; vgl. auch BGH **14** 97, Oldenburg VRS **22** 452). Zum Verhalten gegenüber Fußgängern vgl. noch BGH **14** 99, VRS **20** 51, **23** 373, Bay DAR **59**, 19, KG VRS **22** 450 (Zebrastreifen), Hamm VRS **19** 122, **23** 119, **35** 24, Köln JMBlNRW **64**, 200, Mittelbach DAR 61, 244; gegenüber Kindern vgl. u. 213.

213 Der **Vertrauensgrundsatz** findet dort seine **Grenze,** wo dem Verkehrsteilnehmer das verkehrswidrige Verhalten bzw. die Verkehrsuntüchtigkeit eines anderen deutlich erkennbar ist (vgl. BGH VRS **44** 192, **65** 461, Köln VRS **31** 271) oder aufgrund des begangenen Fehlers weiteres Fehlverhalten zu erwarten ist (BGH **13** 169). Hierauf müssen sich die anderen Verkehrsteilnehmer einstellen und dürfen nicht durch ihr Verhalten die Unfallgefahr vergrößern. Wer an der Fahrweise feststellen kann, daß ein vor ihm fahrender Kraftfahrer betrunken ist (vgl. dazu Celle NdsRpfl. **61**, 157), darf nicht darauf vertrauen, daß dieser sich im Augenblick des Überholens ordnungsgemäß verhält; dasselbe gilt bei offensichtlich unachtsamen Fußgängern (BGH **3** 49, **14** 99; vgl. auch BGH **10** 3, VRS **18** 125). Besonderer Vorsicht bedarf es gegenüber **Kindern** im Verkehr (BGH NJW **51**, 770, VRS **7** 110, **17** 446, **18** 358, **20** 4, 126, 132, **23** 371, 445, **26** 348, **27** 100, VersR **61**, 837, VersR **92**, 890, Köln VRS **14** 110, **28** 266, **34** 113, Celle VRS **31** 34, Stuttgart DAR **58**, 310, Hamm VRS **34** 114, Saarbrücken VRS **70** 106). Dies gilt vor allem bei kleinen Kindern, von denen wegen ihrer Unerfahrenheit ein verkehrsgemäßes Verhalten nicht erwartet werden kann (BGH **3** 49, **14** 99, VRS **20** 336, Hamburg VRS **15** 270, **18** 358, StVE **Nr. 6** zu § 1 StVO, Schleswig SchlHA **59**, 55, Düsseldorf VRS **63** 257); and. bei ersichtlich verkehrserfahrenen Kindern (Bay NJW **86**, 346, Düsseldorf VRS **63** 66) sowie bei Kindern, die unter Aufsicht Erwachsener stehen (BGH **9** 92, Köln VRS **28** 266), da hier auf deren Aufmerkamkeit vertraut werden kann. Gegenüber Kindern im schulpflichtigen Alter ist erhöhte Aufmerksamkeit geboten, ihnen gegenüber ist der Vertrauensgrundsatz jedoch nicht völlig ausgeschlossen (Bay DAR/R **81**, 237, StVE **Nr. 29** zu § 1 StVO, VRS **76** 194). Mit Recht betont aber Celle VRS **31** 33, daß es letztlich immer auf die Besonderheiten des Einzelfalles ankommt. Nach Düsseldorf NJW-RR **86**, 575 soll ein Kraftfahrer, der anhält und Zwölfjährige durch Handzeichen auffordert, die Fahrbahn zu überqueren, sogar eine Garantie dafür übernehmen, daß die Kinder auch die übrigen Fahrspuren gefahrlos überqueren können. Die Einschränkung des Vertrauensgrundsatzes gilt auch gegenüber **alten** und **gebrechlichen Fußgängern,** weil sie sich nicht oder nur schwer an die Verkehrssituation anpassen können oder unachtsam sind (BGH VRS **17** 204, **20** 336, Koblenz VRS **42** 278, Hamburg VM **66**, 44, StVE **Nr. 23** zu § 1 StVO). Doch ist Verkehrsunsicherheit nicht schon bei jedem alten Menschen zu unterstellen (BGH VRS **17** 204, Hamburg aaO), sondern nur bei hohem Alter oder Gebrechlichkeit (zur Behinderung durch Traglast vgl. Köln VRS

Vorsätzliches und fahrlässiges Handeln 214–216 § 15

27 197). Diese Grundsätze finden heute ihren Ausdruck in § 3 II a StVO (vgl. dazu Bay NJW **82**, 346, Beck DAR 80, 236). Ebenso entfällt der Vertrauensgrundsatz, wenn besondere Umstände eine **erhöhte Gefährlichkeit** des Straßenverkehrs mit sich bringen, so wenn ein Straßenkreuzung besonders unübersichtlich ist (vgl. BGH VRS **17** 50, Oldenburg NdsRpfl. **59**, 232), die Verkehrslage sonst unklar ist (BGH VRS **34** 283) oder eine auf dem Fahrdamm stehende Menschengruppe durch die Beobachtung einer Schaustellung abgelenkt wird (AG Düsseldorf DAR **52**, 112); zum Verhalten von Fußgängern bei haltenden Verkehrsmitteln vgl. BGH **13** 69, Stuttgart NJW **60**, 2016, Hamm VRS **34** 281.

Eine weitere Ausnahme gilt dort, wo besonders **häufig** mit **verkehrswidrigem Verhalten** gerechnet werden muß, weil hier das Vertrauen offensichtlich nicht gerechtfertigt ist (BGH **12** 83, **13** 172, LM **Nr.** 8 zu § 1 StVO, VRS **14** 294, **25** 52, **27** 70, **31** 37, **34** 356, Bay VersR **61**, 224, Hamm VRS **23** 35, **28** 303, Celle DAR **52**, 31, Braunschweig NdsRpfl. **60**, 256, Celle NJW **91**, 857; vgl. aber Hamm DAR **58**,143). Jedoch kann dies im wesentlichen nur für solche Verstöße, Nachlässigkeiten und Unachtsamkeiten gelten, wie sie auch dem verantwortungsbewußten Verkehrsteilnehmer angesichts ihrer relativen Ungefährlichkeit (zB geringe Geschwindigkeitsüberschreitungen) oder der subjektiven Überforderung durch den modernen Straßenverkehr (zB zu spätes Einordnen an unübersichtlicher Kreuzung) unterlaufen (vgl. BGH **12** 83, **13** 173, VersR **67**, 1157), ferner während einer gewissen Übergangszeit für Verstöße gegen Neuregelungen (BGH **12** 83) sowie schließlich, wenn ein von der StVO abweichendes Verhalten sich wegen der Bedürfnisse der Verkehrspraxis gleichsam gewohnheitsrechtlich durchgesetzt hat (wie zB das durch § 7 StVO nicht mehr gedeckte Nebeneinanderfahren auf mehreren Fahrstreifen). **214**

Einigkeit besteht schließlich darüber, daß **auf** den **Vertrauensgrundsatz** sich **nicht berufen** kann, **wer** sich **selbst verkehrswidrig** verhält (BGH **12** 172, **17** 299, VRS **33** 370, **35** 116, 181, KG VRS **23** 33, VM **82**, 94, Hamm VRS **25** 431, **59** 114, Oldenburg VRS **32** 270, Jescheck/Weigend 581 FN 16, Stratenwerth 307, Welzel 133, Cramer § 1 StVO RN 44, J/Hentschel § 1 StVO RN 22, W/Beulke 217); kritisch zu diesem Grundsatz Krümpelmann Lackner-FS 289 ff. Jedoch werden, ohne daß dies immer hinreichend deutlich gemacht wird, mit dieser Formulierung zwei sachlich verschiedene Aussagen verbunden. Zum einen bezeichnet sie eine Ausnahme vom Vertrauensgrundsatz für die Fälle, in denen verkehrswidriges Verhalten der Erwartung sachgerechten Handelns anderer die Grundlage entzieht, weil es Fehlreaktionen zu provozieren geeignet ist oder solche bereits erkennbar sind (vgl. BGH VRS **14** 294, Karlsruhe VRS **57** 411 [für Eisenbahnbetrieb], Schroeder LK § 16 RN 174, Maurach AT 563, die den eingangs genannten Satz auf diese Fälle beschränken wollen). Wer andere durch verkehrswidriges Verhalten in eine gefährliche Lage bringt, darf sich nicht darauf verlassen, daß diese die von ihm heraufbeschworenen Gefahren meistern werden (BGH DAR **54**, 58, VRS **12** 46, **13** 225, **14** 295, **33** 370, **35** 116), dh er wird durch deren Versagen, sie zu bewältigen, nicht von seiner Verantwortung für die Folgen befreit. In einem weitergehenden Sinne verstanden wird mit der Formulierung lediglich die Konsequenz aus der nur sorgfaltspflichtbegrenzenden Funktion des Vertrauensgrundsatzes gezogen. Sie enthält dann die an sich selbstverständliche Aussage, daß im Vertrauen auf sorgfältiges Handeln anderer nicht sorgfaltswidrig gehandelt werden darf (BGH **11** 393, VRS **6** 366). Dies bedeutet freilich nicht, daß der sorgfaltswidrig Handelnde auch für solche Folgen seines Verhaltens einstehen muß, die erst durch das Hinzutreten fremder, nach dem Vertrauensgrundsatz außer Betracht zu lassender Sorgfaltswidrigkeiten eintreten. Wird etwa ein unachtsam auf die Fahrbahn tretender Fußgänger von einem mit überhöhter Geschwindigkeit fahrenden Kfz erfaßt, so fehlt es an dem für die strafrechtliche Verantwortlichkeit erforderlichen Risikozusammenhang (vgl. o. 174 ff.), wenn der Fahrer auf das Verhalten des Fußgängers auch bei zulässiger Geschwindigkeit nicht mehr hätte rechtzeitig reagieren und den Unfall vermeiden können (BGH VRS **4** 614, **21** 5, **22** 129, KG VRS **23** 33, Zweibrücken VRS **41** 113). Würde man demgegenüber allein aus einer Sorgfaltspflichtverletzung (zB überhöhte Geschwindigkeit, Fahren unter Alkoholeinfluß [o. 174]) pauschal einen Ausschluß des Vertrauensgrundsatzes herleiten wollen (so BGH VRS **35** 114, Bay VRS **58** 221 [Überfahren eines unachtsam die Straße überquerenden Fußgängers außerorts, nachdem innerorts die zulässige Höchstgeschwindigkeit überschritten wurde; vgl. hierzu die abl. Stellungnahmen von Krümpelmann Lackner-FS 297 ff., Puppe Jura 98, 23]), so liefe dieses „Überspielen" sonst gültiger Zurechnungsvoraussetzungen auf eine partielle Friedloslegung als Sanktion für eine nicht erfolgsrelevante Sorgfaltspflichtverletzung hinaus (Puppe NK 154 vor § 13, Jura 98, 23, Roxin I 928, Schroeder LK § 16 RN 174). **215**

c) Keine Fahrlässigkeit kommt bei Verkehrsverstößen innerhalb der dem Kraftfahrer stets zuzubilligenden **Reaktionszeit** in Betracht (BGH LM **Nr.** 23 zu § 222, München NJW **50**, 556); sie richtet sich nach den besonderen Umständen des Einzelfalls (BGH VRS **6** 193) und ist individuell verschieden (Bay VRS **58** 445, Spiegel DAR 82, 369). Sie kann zB beim Wechsel des grünen zum gelben Licht einer Verkehrsampel kürzer anzusetzen sein als sonst (Bay NJW **60**, 398; dagegen Bender NJW 60, 687); für Lokomotivführer vgl. BGH VRS **22** 141. IdR hat der BGH die Dauer von 0,7 bis 0,8 Sek. noch als angemessene Reaktions- und Bremsanspruchszeit bezeichnet (VRS **19** 343, **23** 375, **27** 100, **38** 44; ebenso Saarbrücken VRS **34** 228), gelegentlich hat er auch 1 Sek. genügen lassen (VRS **20** 129, **24** 202). Eine alkoholbedingte Verlängerung der Reaktionszeit ist dem Täter jedoch nicht zuzuerkennen (BGH DAR/M **65**, 88). Eine sog. **Schrecksekunde,** dh eine infolge Überraschung verlängerte Reaktionszeit (vgl. München NJW **50**, 556), muß einem Verkehrsteilnehmer **216** nicht unter allen Umständen zugebilligt werden (RG JW **33**, 2650), sondern nur dann, wenn er von der Gefahr schuldlos überrascht worden ist (BGH VRS **16** 130, **19** 108, **21** 293, **23** 215, 369, 376, **34** 205, **38** 119, LM **Nr. 28** zu § 222, VersR **62**, 164, VRS **25** 51 [Hindernis in Ortschaft], Hamm VRS **15** 122, Schleswig DAR **61**, 201 [Aufspringen der Tür], Köln NJW **67**, 1240 [Behinderung durch betrunkenen Beifahrer]), wenn also sein Verschulden nicht schon darin besteht, sich in eine Verkehrssituation begeben zu haben, in der er mit normaler Reaktionszeit einen Unfall nicht mehr vermeiden konnte (vgl. Celle VRS **13** 224). Deshalb kann ein unzulässig zu schnell Fahrender keine Schreckesekunde beanspruchen (vgl. BGH VRS **27** 107, 123). Ebensowenig ist regelmäßig eine Schreckesekunde bei vorschriftsmäßig angebrachten Verkehrszeichen (BGH VRS **15** 276, Bay DAR/R **65**, 254 [Warnschilder]) anzuerkennen; bei Dunkelheit kann keine über das Normalmaß hinausgehende Schreckesekunde zugebilligt werden (vgl. BGH GA/He **59**, 345). – Umgekehrt stellen auch im Straßenverkehr sog. **automatisierte Verhaltensweisen** (zB Verreißen des Steuers) eine anknüpfungsfähige Handlung dar, vgl 41/42 vor § 13.

217 d) Zur Fahrlässigkeit beim Betrieb von **Straßenbahnen** vgl. RG **76** 73, DJ **42**, 628, DR **41**, 775, BGH NZV **99**, 123; vgl. weiter BGH LM **Nr. 3** zu § 222. Zur Fahrlässigkeit des **Schrankenwärters** vgl. BGH VRS **25** 197. Zur Sorgfaltspflicht des Fahrers eines **Schulbusses** vgl. Oldenburg VRS **56** 442, Düsseldorf VRS **65** 156.

218 e) Die **Straßenverkehrssicherungspflicht** der Gemeinden richtet sich in erster Linie nach den Bedürfnissen der Kraftfahrzeuge als der die Straße am häufigsten benutzenden Verkehrsmittel. Andere Verkehrsteilnehmer haben sich darauf einzurichten; so hat ein Fußgänger beim Überqueren von Straßen mit gewissen Unebenheiten zu rechnen und muß folglich der Straße in höherem Maße seine Aufmerksamkeit widmen als dies im Bereich von Fußgängerzonen der Fall ist (LG Wiesbaden NJW-RR **86**, 902, Celle VRS **69** 409), die nach Anlage und Zweckbestimmung auf die Bedürfnisse von Fußgängern zugeschnitten sind und daher bzgl. ihres Bodenbelages höheren Anforderungen genügen müssen (Oldenburg NJW-RR **86**, 903). Ein Tätigwerden des Verkehrssicherungspflichtigen ist jedenfalls dann geboten, wenn (konkrete) Gefahren bestehen, die auch für einen sorgfältigen Benutzer nicht oder nicht rechtzeitig erkennbar sind, und auf die er sich nicht oder nicht rechtzeitig einzurichten vermag (BGH VersR **79**, 1055); ein „vorbeugendes" Streuen ist nicht erforderlich (Frankfurt VersR **87**, 204, Hamm VersR **88**, 693: Beginn der Streupflicht an Sonntagen). Jedoch besteht aus Zumutbarkeitserwägungen keine Verkehrssicherungspflicht der Gemeinde, die Eiszapfenbildung an Straßenlaternen zu beseitigen (LG Wuppertal NJW-RR **86**, 770); zur Anbringung von Wildschutzzäunen besteht grds. keine Verpflichtung (BGH NJW **89**, 2808); ebensowenig umfaßt die Verkehrssicherungspflicht die Abwehr von Gefahren, die Straßenbenutzern aus von fremden Grundstücken herabstürzenden Steinen erwachsen (Düsseldorf NJW-RR **88**, 1057; vgl. auch Frankfurt NJW-RR **87**, 864, Köln NJW-RR **87**, 988 [herabfallende Äste]). Vgl. allgemein zu den Straßenverkehrssicherungspflichten auch Palandt/Thomas § 823 RN 124 ff.

218 a Als besondere **Verkehrssicherungspflicht** ergibt sich die Streupflicht bei Glatteisbildung, deren Umfang sich insb. nach Art und Wichtigkeit des Verkehrsweges, Leistungsfähigkeit des Verkehrssicherungspflichtigen und Zumutbarkeit der einzelnen Maßnahmen richtet (vgl. BGH VersR **87**, 989). Unzumutbar ist insb. wiederholtes Streuen bei extremen Witterungsverhältnissen, bei denen Streumaßnahmen aussichtslos sind (Hamm VersR **84**, 645, Köln VersR **87**, 1120). Den Träger der Straßenbaulast trifft eine Streupflicht auf Landstraßen außerhalb geschlossener Ortschaften nur an besonders gefährlichen Stellen, an welchen eine erhöhte Glatteisbildung vom Kraftfahrer trotz der zu fordernden erhöhten Sorgfalt nicht oder nicht rechtzeitig erkennbar ist (BGH VersR **87**, 934, NJW **91**, 33, Köln NJW-RR **86**, 1223, DAR **90**, 346, Karlsruhe DAR **89**, 227); für Gehwege besteht eine Pflicht zur Winterwartung nur innerhalb geschlossener Ortschaften (Düsseldorf NJW **89**, 626), es sei denn, es handelt sich um wenig benutzte Fußwege am Ortsrand (LG Heidelberg VersR **89**, 850). Zu den Anforderungen an die Streupflicht auf öffentlichen Parkplätzen vgl. Frankfurt NJW-RR **86**, 1405, auf Bahnsteigen vgl. Oldenburg VersR **88**, 935, an Bushaltestellen vgl. Düsseldorf NJW-RR **88**, 664. Zur Übertragung der Streupflicht der Gemeinden auf die Anlieger vgl. BGH NJW **85**, 484, Köln VersR **88**, 827. Bei in Wohnungseigentum aufgeteilten Hausgrundstücken besteht eine gemeinsame Streupflicht der Miteigentümer bzgl. des Bürgersteiges (BGH aaO, NJW **88**, 496). Keine gemeinsame Streupflicht besteht hingegen bei Eigentümern und Besitzern von Garagengrundstücken bzgl. des gemeinsamen Vorplatzes, wenn jede Garage nur durch die unmittelbar davor liegende Teilfläche des Vorplatzes erschlossen wird (Stuttgart NJW-RR **86**, 958). Zur Übertragung von Verkehrssicherungspflichten auf Dritte, die (unabhängig von den hierdurch begründeten Rechtspflichten kraft Übernahme) Auswahl- und Überwachungspflichten des Übertragenden unberührt läßt vgl. 152 vor § 13, § 13 RN 26. Zur Frage der Verkehrssicherungspflicht auf dem allgemeinen Verkehr zugänglichen Privatstraßen vgl. Oldenburg NJW **89**, 305. Auf Parkplätzen, Zugängen und Außentreppen zu Gebäuden, zu denen der Publikumsverkehr eröffnet ist, richtet sich Beginn und Ende der Streupflicht nach Beginn und Ende des Publikumsverkehrs (BGH NJW **85**, 270: Gastwirt und Schwimmbadbetreiber); vgl. zu den Anforderungen der Streupflicht bei Gastwirten BGH NJW **85**, 482, Köln NJW-RR **86**, 772, München VersR **88**, 278: Ausflugsgaststätte). Der Verkehrssicherungspflichtige hat das aufgebrachte Streugut zu beseitigen, sobald mit dem Auftreten von Fahrbahnglätte nicht mehr zu rechnen ist (Hamm NZV **89**, 235). Zu den Anforderungen an die Verkehrssicherungspflicht des Betreibers eines Kraftwerks, dessen vom Kühlturm ausgehende Dampfschwaden zu Glatteis auf angrenzenden Straßen führen können, vgl. BGH VRS **69** 172.

f) Weitere Beispiele aus der Rspr.: Zur Verkehrssicherungspflicht bei Spielgeräten auf öffentlichen Spielplätzen vgl. BGH NJW **88**, 48 f., JZ **89**, 45; zur Verkehrssicherungspflicht des Gastwirtes für den Fall, daß sich hinter einer von den Gasträumen zugänglichen Tür eine Kellertreppe befindet vgl. BGH NJW **88**, 1588; vom Betreiber eines Freibades kann nicht verlangt werden, daß er die Liegewiese regelmäßig nach Fremdkörpern absucht (Düsseldorf VersR **88**, 519); ebenfalls für den Betreiber einer Altstadtgaststätte vgl. Düsseldorf VersR **88**, 1128; zur Verkehrssicherungspflicht des Betreibers einer Tennishalle gegenüber einem Hallenbenutzer vgl. München VersR **88**, 739; des Betreibers einer Sporthalle vgl. Celle VersR **88**, 1025; des Betreibers einer Wasserrutschbahn vgl. Köln VersR **89**, 159; zur Verkehrssicherungspflicht des Eigentümers eines Grundstücks, von dem chemisch verunreinigtes Erdreich abgetragen wird vgl. Hamm VersR **88**, 804; zur Verkehrssicherungspflicht des Betreibers eines Fluglandeplatzes mit Graslandebahn vgl. Celle NZV **89**, 310; ein Holzfäller, der erkennen kann, daß die ihm aufgetragenen Sicherungsmaßnahmen nicht ausreichen, haftet für entstehende Schäden ungeachtet seiner Weisungsgebundenheit vgl. Hamm NZV **89**, 233; zur Verkehrssicherungspflicht bei Baggerseen, die zu „wildem Baden" benutzt zu werden pflegen vgl. BGH VersR **89**, 155; über die Anforderung der Sicherung des Straßenverkehrs gegen vom Dach herabfallende Eiszapfen vgl. Celle VersR **89**, 99; zur Verkehrssicherungspflicht des Betreibers eines Küchen- und Grillbetriebs der Selbstentzündung von Fett vorzubeugen vgl. BGH MDR **88**, 571; zur Verkehrssicherungspflicht eines Betreibers eines Kinderkarussells vgl. LG Bonn VersR **88**, 1268; zur Verkehrssicherungspflicht des Betreibers eines Hallenbades Hamm VersR **90**, 672; zur Verkehrssicherungspflicht des Betreibers einer Wurfpfeilbude im Hinblick auf Augenverletzungen OLG Köln VersR **90**, 871.

2. a) Die Bestimmung objektiv sorgfaltswidriger ärztlicher **Krankenbehandlung** orientiert sich am Verfehlen des sog. *ärztlichen Standards* (s. Deutsch JZ 97, 1032; zur lex artis auch § 223 RN 35 f.) iSd zum Behandlungszeitraum in der ärztlichen Praxis infolge medizinisch-wissenschaftlicher Erkenntnis und/oder ärztlicher Erfahrung akzeptierten Vorgehens (Hart MedR 98, 10, Jura 00, 64, Laufs in: Laufs/Uhlenbruck aaO 853 ff., Ulsenheimer aaO 14). Auch der strafrechtliche Fahrlässigkeitsvorwurf hat an den medizinisch vorgegebenen Maßstab anzuknüpfen (Ulsenheimer aaO 15; für das Zivilrecht entsprechend BGH NJW **95**, 777, Hart Jura 00, 64, Laufs aaO 270; krit. Giesen aaO 94 ff.), wobei der einzuhaltende Standard zusätzlich durch Leitlinien medizinischer Fachgesellschaften konkretisiert ist, in denen der Stand medizinischer Wissenschaft und Praxis jeweils aktualisiert wird (vgl. Hart MedR **98**, 10 ff., Ulsenheimer aaO 15; krit. Laufs aaO 270 [Verrechtlichung der Medizin von innen her]); wie auch sonst bei technischen „Normen" (o. 135) scheidet bei Einhalten derartiger Leitlinien ein Sorgfaltsverstoß nur grundsätzlich aus (s. Hart MedR 98, 12 f.), so daß infolge besonderer Umstände des Einzelfalls ein Abweichen von der ja nur typisierenden Leitlinie geboten ist und umgekehrt nicht zwangsläufig ein Abweichen vom Standard zur Annahme von Sorgfaltswidrigkeit führt (Ulsenheimer aaO 15, in: Laufs/Uhlenbruck aaO 1136, Voß aaO. 210 ff.). IÜ bestimmt sich der Standard eines auch vom Recht zu akzeptierenden guten und vor Verantwortung getragenen ärztlichen Handelns (Ulsenheimer aaO 14) unterschiedlich je danach, welche Kenntnisse, Fertigkeiten und Ressourcen (personeller wie auch apparativer Art) im jeweiligen Verkehrskreis des Arztes (zB Universitäts- bzw. Kreiskrankenhaus) vorauszusetzen sind (Laufs aaO 272 f., in: Laufs/Uhlenbruck aaO 855; vgl. auch unter f) u. g)); nur in diesen Grenzen kann in den neuen Bundesländern noch ein geminderter Sorgfaltsstandard anerkannt werden (vgl. noch Deutsch aaO 133, Laufs aaO 273). Dieses am durchschnittlich befähigten (Fach-)Arzt (hierzu Ulsenheimer aaO 21 f.) orientierte Maß an Kenntnis und Können (s. BGH JZ **87**, 879 m. Anm. Giesen) bestimmt auch die arztstrafrechtliche Haftung: Da maschinengleiche Präzision auf höchstem Niveau auch einem Arzt nicht abzuverlangen ist (vgl. bereits RGZ **78** 435), gebietet – anders als im auf objektiv zu bestimmende Gruppenfahrlässigkeit abstellenden Zivilrecht (s. aber BGHZ NJW **87**, 1480, Giesen aaO 74, Laufs aaO 272 f.) individuell überdurchschnittliches Leistungsvermögen zwar größere Umsicht und führt damit zu gegenüber durchschnittlichen Anforderungen erhöhten Sorgfaltsmaßstäben (o. 138 ff.; and. Ulsenheimer aaO 14, in: Laufs/Uhlenbruck aaO 1113), doch wird genau zu prüfen sein, ob das Verfehlen des dem Arzt normalerweise möglichen Höchststandards ihm im Einzelfall auch persönlich vorgeworfen werden kann. Umgekehrt verfehlt ein Arzt die normativ zu bestimmende verkehrserforderliche Sorgfalt, sofern er sich zB an krankenhausübliche Nachlässigkeiten anpaßt (Laufs in: Laufs/Uhlenbruck aaO 854). b) Der einzuhaltende Standard kann sowohl in *Bezug* auf Prävention und Diagnose (insoweit beschränkt die nicht unproblematische Zivilrechtsprechung [Nw. bei Kern in: Laufs/Uhlenbruck aaO 1300 f.] den Behandlungsfehler auf krasse Fehldiagnosen) als auch hinsichtlich Therapie (fehlende Indikation / Wahl der falschen Behandlung / fehlerhafte Durchführung einer indizierten Behandlung inkl. unzulänglicher therapeutischer Aufklärung [§ 223 RN 35]) und Nachsorge (zB bei Krebsbehandlung) unterschritten werden; Dokumentationspflichten hingegen wirken sich – ungeachtet ihrer zivilrechtlichen Bedeutung (Beweiserleichterung: Laufs in: Laufs/Uhlenbruck aaO 910 ff.) strafrechtlich nur dann aus, wenn eine hierdurch verursachte Nichtinformation anderer Ärzte zu einem Behandlungsfehler führt (Hart Jura 00, 68). Eingehende Nachw. zur zivilrechtlichen Behandlungsfehlerkasuistik – die nicht unbesehen für die strafrechtliche Fahrlässigkeitszurechnung übernommen werden darf: § 223 RN 35 a, o. 203 a – bei Giesen aaO 98 ff., Kern in: Laufs/Uhlenbruck aaO 1278 ff. [allg.], 1367 ff. [fachspezifisch], Steffen/Dressler aaO 47 ff.; § 223 RN 35 a. c) Da ärztliches

Handeln auf wichtige höchstpersönliche Güter zugreift, der Patient überdies idR nicht rechtzeitig ärztliches Fehlverhalten zu erkennen und ihm gegenzusteuern vermag, ist nichts dagegen zu erinnern, daß die Rechtsprechung hohe Anforderungen an das Maß der ärztlichen Sorgfalt stellt (BGH **3** 95, **6** 283, MDR/D **72**, 384, OLGZ Koblenz MedR **94**, 407 [schnellstmögliche Anwendung der wirksamsten Therapie], w. Nachw. bei Steffen/Dressler aaO 47 ff.; s. a. Laufs MedR 86, 163, Ulsenheimer aaO 14). Hierbei kann mE ein über die hiermit verbundenen Risiken gründlich aufgeklärter Patient den Arzt von der Befolgung eines in der Praxis für richtig und erforderlich angesehenen Verhaltens *entpflichten* (vgl. RG **57** 173 f. [Reduzierung der Sorgfaltspflichten infolges Risiko-Einwilligung; ebenso Geppert ZStW 83, 991 ff.; s. a. 100, 102 vor § 32: gerechtfertigtes Risiko]; and. Eser ZStW 97, 12 f., Laufs aaO 279, in: Laufs/Uhlenbruck aaO 858, Ulsenheimer in: Laufs/Uhlenbruck aaO 1122). Der ärztliche Standard bildet keine statische Größe, da er von den Entwicklungen des jeweiligen Fachgebietes abhängt, so daß Behandlungsmethoden hinsichtlich ihrer medizinischen und damit mittelbar rechtlichen Anerkennung einem steten *Wandel* unterliegen (Giesen aaO 62, Ulsenheimer aaO 15). Für die Einzelfallbeurteilung ist der ärztliche Standard aus ex-ante Sicht zu bestimmen (Deutsch aaO 133). Ärztliche Behandlung entspricht erst dann nicht mehr (gewandeltem) ärztlichem Standard, wenn neue, risikoärmere bzw. bessere Heilungschancen versprechende Methoden vorliegen, die in der medizinischen Wissenschaft im wesentlichen unumstritten sind, so daß nur ihre Anwendung von einem sorgfältigen und auf Weiterbildung (zu den hoch anzusetzenden Fortbildungsvoraussetzungen: Giesen aaO 66 ff.) Arzt verantwortet werden kann (BGH NJW **91**, 1543, MedR **92**, 214, Laufs in: Laufs/Uhlenbruck aaO 858, Ulsenheimer aaO 21); in der Übergangsphase entspricht sowohl die Anwendung der noch anerkannten als auch die der schon akzeptierten Vorgehensweise dem Sorgfaltsgebot (für Orientierung an der risikoärmeren Therapie hingegen BGHZ **102** 24, Giesen aaO 308), doch treffen den Arzt dann insoweit gesteigerte Aufklärungspflichten (Laufs aaO 279, in: Laufs/Uhlenbruck aaO 858; § 223 RN 41). d) Die richterliche Festschreibung standardwidrigen (und hieran anknüpfend: die rechtlich gebotene Sorgfalt verfehlenden) ärztlichen Verhaltens hat den Grundsatz der *Therapiefreiheit* zu beachten (Bockelmann aaO 86, Tröndle § 223 RN 9 c): Soweit es mehrere medizinisch anerkannte Heilmethoden gibt oder sich noch keine entsprechenden Standards durchgesetzt haben, ist dem Arzt in medizinischen Fragen ein Freiraum einzuräumen (BGHZ **102** 22, NJW **82**, 2122, Giesen aaO 70, Laufs sowie Ulsenheimer in: Laufs/Uhlenbruck aaO 857, 1113, Steffen/Dressler aaO 67). Strafrechtliche Grenzziehung hat sich insofern darauf zu beschränken, patientenschützend Mindesterfordernisse für die Ausübung ärztlicher Tätigkeit festzulegen (als Grenzkontrolle des dem Arzt insoweit nicht zweckfrei, sondern zum Wohle des Patienten eingeräumten Spielraums); ihr wegen es angesichts der Besonderheit des Arzt-Patienten-Verhältnisses und der letztlich rational nicht völlig faßbaren Faktoren eines Heilerfolges (Laufs in: Laufs/Uhlenbruck aaO 857) hingegen nicht zu, zwischen mehreren in Rede stehenden Heilverfahren „schiedsrichterlich" zu entscheiden (RG **67** 22, BGH **37** 385, Giesen aaO 70, Laufs aaO 26 f., in: Laufs/Uhlenbruck aaO 857, Ulsenheimer aaO 17 ff.). e) *Fehlt* es für eine ärztliche Maßnahme an einem Standard ([noch] keine Akzeptanz in der Profession infolge fehlender gesicherter wissenschaftlicher Erkenntnisse bzw. hinreichender praktischer Erfahrung), so liegt eine Versuchsbehandlung vor (Hart Jura 00, 65, Laufs aaO 378), bei der der Arzt sich an den auch sonst gültigen Parametern (hierzu Laufs in: Laufs/Uhlenbruck aaO 856 f.) einer Minimierung des Gesamtrisikos sowie der Dringlichkeit der Maßnahme zu orientieren hat (zu insoweit bestehenden speziellen Sorgfaltsanforderungen: Giesen aaO 81 ff.); zu den insoweit erhöhten Aufklärungsanforderungen: Giesen aaO; 253 f.; § 223 RN 50 a. Auch die Anwendung nicht allgemein anerkannter Therapieformen – so sie denn nicht auf Scharlatanerie hinauslaufen – ist erlaubt (vgl. RG **67** 22, BGH **37** 385, NJW **91**, 1536); aus diesem sich letztlich aus dem Selbstbestimmungsrecht eines über die Vorteile und Risiken der gewählten Behandlungsform informierten und die Behandlung konsentierenden Patienten herleitenden ärztlichen Spielraum resultieren schwierige Grenzziehungen zum Bereich des Kurpfuschertums und Dilettantismus, vgl. Eser ZStW 97, 11 f., Grupp MedR **92**, 256 ff., Jung ZStW 85, 47 ff., Klinger aaO, passim, Siebert aaO 140 ff., MedR 83, 216 ff. Die Rechtsprechung hat zum Schutze des Patienten sowohl vor Ärzten als auch vor nichtärztlichen Heilbehandlern (RG **67** 22, BGH **37** 385; s. a. NJW **60**, 2253, **68**, 1182, **87**, 2927, MedR **92**, 215) allerdings eine Reihe von nicht zuletzt von der Höhe des dem Patienten drohenden Risikos einer Fortbehandlung abhängenden *Einschränkungen der Therapiefreiheit*, die dem Arzt keinen Freibrief einräumt (RG **67** 22), entwickelt (zB allgemein anerkannte Überlegenheit eines anderen Verfahrens; Erkennbarkeit, daß die gewählte, vom Standard abweichende Heilmethode nicht ausreicht; deutliches Risikogefälle); hierzu zusammenfassend Laufs aaO 277 f., Ulsenheimer aaO 18 ff. Insoweit ist ergänzend zu beachten, daß den Arzt umso höhere Informationspflichten treffen, je stärker vom Standardverfahren abgewichen werden soll (Giesen aaO 252 ff., Siebert aaO 118 ff., Laufs in: Laufs/Uhlenbruck 473); umgekehrt deckt dann aber der Konsens des Patienten nicht nur den vorsätzlichen Eingriff als solchen, sondern auch dessen ungewollte Folgen. f) Die *Durchschnittsanforderungen* sorgfaltsgemäßen ärztlichen Verhaltens unterscheiden sich je nach Fachausbildung des Arztes sowie den dem Arzt zur Verfügung stehenden persönlichen und sachlichen Mittel. Unterschiede insoweit (die ggf. aber eine Aufklärungspflicht mitsichbringen) sind unschädlich, solange ein zwar nicht optimaler, aber noch ausreichender medizinischer Standard erreicht werden kann (BGH NJW **94**, 1598, Giesen aaO 63, Uhlenbruck, in: Laufs/Uhlenbruck aaO 430 mwN in Fn. 7) Eine medizinisch mögliche, aber unbezahlbare Maximaldiagnostik und -therapie taugt nicht als Sorgfaltsmaßstab (Franzki MedR **94**, 178, Ulsenheimer aaO 224). g) Derzeit ist noch nicht geklärt, inwieweit eine von

Einsparungen diktierte Verknappung medizinischer Ressourcen bereits den medizinischen Standard als Bezugspunkt des objektiven Fahrlässigkeitsvorwurfs herabzusetzen vermag (hierzu zusf. Voß aaO 139 ff., 217 f.): Angesichts der beim Patienten auf dem Spiele stehenden höchstpersönlichen Rechtsgüter kann ein Unterschreiten des (noch gebräuchlichen, da medizinisch gebotenen) üblichen Standards aus Gründen der *Wirtschaftlichkeit* (zB Budgetierung, Rationierung) nicht akzeptiert werden: Deutsch aaO 135, VersR 98, 265, Hart MedR 96, 71, Künschner [21 vor § 211] 215, Steffen MedR 95, 190 f., Steffen/Dressler aaO 51, Ulsenheimer aaO 24 f., Voß aaO 190 ff. (aber zukünftig Standard-Herabsetzung zulässig, sofern sie einzelfallunabhängig abstrakt-generell, etwa durch Leitlinien medizinischer Fachgesellschaften erfolgen sollte, 206 ff.); Laufs (in: Laufs/Uhlenbruck aaO 859 f.) warnt insoweit zurecht unter dem Vorzeichen des Verschuldensprinzips vor einer von Rationierungsbestrebungen des Sozialrechts getriebenen Preisgabe medizinisch und damit auch rechtlich gebotener Standards: Ob nämlich zukünftig eine von generell verfügten Sparmaßnahmen veranlaßte Unterschreitung des derzeit von den Qualitätsanforderungen moderner Medizin geprägten Mindeststandards zu strafrechtlicher Verantwortlichkeit führt, erscheint jedenfalls zweifelhaft; sie dürfte dann auch idR nicht unter dem Aspekt – grundsätzlich anzuerkennender – Übernahmefahrlässigkeit (hierzu Voß aaO 73 ff., Laufs in: Laufs/Uhlenbruck aaO 855, Ulsenheimer aaO 25 ff.; s. a. o. 198) den Fahrlässigkeitsvorwurf begründen: Zwar darf ein Arzt – von Ausnahmesituationen (insb. Notfall) abgesehen – eine Tätigkeit nicht übernehmen oder weiterführen, deren ordnungsgemäße Erfüllung er nicht garantieren kann (Ulsenheimer aaO 26), hat also bei Übernahme oder Fortführen einer Behandlung, der er zB mangels Sachkunde, apparativer Ausstattung, Übermüdung uä nicht gewachsen ist, das Eingreifen leistungsfähigerer Kollegen zu veranlassen, doch setzt dies eben voraus, daß diese Dritten überhaupt (noch) eingeschaltet werden können. h) Da ärztliches Fehlverhalten unabhängig vom Grad der Fahrlässigkeit strafbar ist (hierzu o. 203 a; krit. Nemetschek in: Medizin und Strafrecht aaO 155 ff.), ist die zivilrechtlich bedeutsame (Beweiserleichterung, vgl. Deutsch aaO 218 ff., Laufs aaO 340 ff.) Feststellung eines *groben Behandlungsfehlers* als arztrechtliche Ausprägung grober Fahrlässigkeit (o. 205) – von der Art der Verfahrenserledigung abgesehen – nur für die Strafzumessung relevant (Ulsenheimer aaO 32 ff.). h) **Einzelfragen:** Die notwendige Sorgfalt kann der Arzt nur aufbieten, wenn er sich laufend auf den neuesten **Wissensstand hält** (BGH NJW **70**, 1963) und sich mit der Funktionsweise des von ihm therapeutisch eingesetzten Gerätes vertraut macht (BGH VersR **75**, 573, NJW **78**, 584); läßt er sich durch grobe Druckfehler (zB 25% statt 2,5%ige Kochsalzlösung) irreleiten, handelt er sorgfaltswidrig (BGH NJW **70**, 1963). Die Pflichtwidrigkeit kann bereits in der **Übernahme** der **Heilbehandlung** (vgl. RG **64** 271, **67** 23), zB durch einen Heilpraktiker (RG **59** 355, **67** 23), oder in deren Weiterführung liegen, wenn diese die Behandlungsperson überfordern würde (RG **50** 37, BGH LM **Nr. 6** zu § 230); zur Frage der Haftung eines erst am Anfang seiner Berufsausbildung stehenden Assistenzarztes vgl. Düsseldorf VersR **86**, 659, München VersR **93**, 1400, Köln VersR **93**, 1157; zur sog. Anfängeroperation: Laufs in: Laufs/Uhlenbruck aaO 870 ff., Ulsenheimer aaO 146 ff. **Fehldiagnosen** können zur Haftung des Arztes führen (BGH NJW **61**, 600: Nichterkennen einer Tuberkulose durch Röntgenfacharzt), ebenso das Unterlassen gebotener differentialdiagnostischer Abklärung bei unspezifischen Beschwerden (Düsseldorf VersR **86**, 893: Unterlassene Rektoskopie bei Beschwerden im Analbereich; Düsseldorf NJW **86**, 790, Celle VersR **86**, 554: Verdacht auf Hodentorsion; Köln VersR **86**, 198: Verdacht auf Hirntumor; Düsseldorf NJW **86**, 2375: Verdacht auf Knochenverletzung nach Sturz aus großer Höhe; Düsseldorf VersR **86**, 64: Verdacht auf Brustkrebs; Karlsruhe VersR **86**, 44: Verdacht auf Meningoencephalitis bei Neugeborenen). Bei der Auswahl der **therapeutischen Methoden** hat sich der Arzt an die allgemein anerkannten Grundsätze der ärztlichen Wissenschaft zu halten (BGHZ **8** 138, Deutsch NJW **76**, 2291); er muß ggf. Körpertemperatur, Puls, Blutdruck usw. kontrollieren. Ein Arzt, der sich über die sog. Schulmedizin hinwegsetzt, darf deren Erfahrungen, insb. bei lebensgefährlichen Erkrankungen, nicht in den Wind schlagen (BGH NJW **60**, 2253); grundsätzlich hat er zu prüfen, welche Behandlungsmethode im konkreten Fall am ehesten Erfolg verspricht (BGH VersR **56**, 224). Körperliche Eingriffe von einigem Gewicht dürfen nicht allein auf bloßes Hörensagen, sondern erst nach eigener Diagnose vorgenommen werden (BGH **3** 96). Die Frage nach der lex artis kann jedoch nicht abstrakt, sondern muß im Hinblick auf die besonderen Umstände des konkreten Falles gestellt werden (Laufs aaO 277). Daher sind Abweichungen von der Schulmedizin nicht nur zulässig und zur Förderung des wissenschaftlichen Fortschritts notwendig, sondern uU auch geboten, wenn neuere Methoden einen besseren Erfolg versprechen (vgl. BGH VersR **56**, 224); zur Zulässigkeit von **Humanexperimenten**, Eser Schröder-GedS 191 ff.; s. a. Deutsch aaO 389 ff., Hart MedR 94, 94 ff., Laufs aaO 378 ff., in: Laufs/Uhlenbruck aaO 1018 ff.; zur Strafbarkeit nach § 96 Nr. 10 iVm §§ 40, 41 AMG: Ulsenheimer aaO 298 ff.; ferner: § 223 RN 50 a. Bei der **Durchführung** einer diagnostischen oder therapeutischen ärztlichen **Maßnahme**, insb. einer Operation (vgl. Eberhardt MedR 86, 117), hat der Arzt das zu tun, was nach den Regeln und Erfahrungen der ärztlichen Kunst zur Vermeidung von körperlichen Schäden getan werden muß (BGH NJW **65**, 346, **71**, 1079, BGHZ **8** 138). Zur intravenösen Injektion gewebetoxischer Präparate vgl. Düsseldorf VersR **86**, 472; zur Verantwortlichkeit des Narkosearztes vgl. BGH NJW **59**, 1583, **74**, 1424, **78**, 584, **80**, 650, Uhlenbruck NJW **72**, 2201; zur Haftung für in der Operationswunde zurückgelassene Gegenstände vgl. BGH NJW **56**, 1834, Düsseldorf MDR **58**, 34; zur Sorgfaltspflicht bei **postoperativer Behandlung** vgl. BGH NJW **80**, 650, NStZ **81**, 218 m. Anm. Wolfslast. Beim Einsatz medizinischer Geräte ist die Bedienungsanweisung peinlichst zu beachten (Nürnberg VersR **70**, 1061), bei der Medikation ist auf Gegenindikationen und Nebenwirkungen zu achten (BGH VersR **67**, 775, **68**, 280, NJW **59**, 815, 1583). Notwendig ist ausnahmsweise auch eine begleitende Kontrolle darüber, ob der Patient den Anweisungen des Arztes folgt, zB bei der Abgabe von Polamidon an Rauschgiftsüchtige (BGH JZ **79**, 429 m. Anm. Hirsch u. Kreuzer NJW **79**, 2357); da grundsätzlich jeder für sich selbst verantwortlich ist (vgl. o. 148), ist ein Arzt für einen Medikamentenmißbrauch seines Patienten nur verantwortlich, wenn dieser schuldunfähig oder in sonstiger Weise für ein Verhalten nicht verantwortlich ist. Zur strafrechtlichen Verantwortlichkeit eines Psychotherapeuten vgl. Kroitzsch VersR **78**, 396, Wegener JZ **80**, 590. Zur ärztlichen **Aufklärungspflicht** vgl. § 223 RN 40 ff.; zur Verantwortlichkeit beim Einsatz von ärztlichem Hilfspersonal vgl. o. 152 f. Die Organe des **Krankenhausträgers** sind verpflichtet sicherzustellen, daß keine durch anstrengenden Nachtdienst übermüdeten Ärzte zur Operation eingeteilt werden (BGH NJW **86**, 776); vgl. auch Düsseldorf NJW **86**, 790. Zu den einzuhaltenden Standards in Bezug auf die **Organisation** (vgl. auch o. 152, u. 223) **ärztlicher Behandlung** (insb. Vorhalten hinreichender personeller und sachlicher Mittel; Organisation der horizontalen und vertikalen Kooperation [zum Vertrauensgrundsatz o. 151 ff.] sowie Überwachung der getroffenen Organisationsvorkehrungen): Deutsch aaO 158 ff., Giesen aaO 121 ff., Laufs in: Laufs/Uhlenbruck aaO 867 ff., Ulsenheimer aaO 119 ff.; zu Auswirkungen begrenzter Ressourcen: s. o. unter g). Zu den Sorgfaltspflichten einer **Hebamme,** nachdem sie die Betreuung einer Schwangeren übernommen hat, vgl. Düsseldorf NJW **91**, 2979 m. Anm. Meurer JR 92, 38. Zur Sorgfaltspflicht eines **Tierheilpraktikers** bei der Anwendung von Arzneimitteln, deren Verschreibungspflicht auf der Verpackung nicht gekennzeichnet ist, vgl. Bay NStZ **81**, 306. Zu den für Hersteller, Vertreiber sowie Anwender von **Medizinprodukten** (s. § 3 Nr. 1 MPG, zB Knochenzement, Herzschrittmacher, Endoskop, Röntgengerät; weitere Beispiele bei Deutsch aaO 676) nach dem Medizinproduktegesetz v. 2. 8. 94 (BGBl I 1961) bestehenden Sorgfaltsanforderungen Deutsch aaO RN 990 ff., zu denjenigen im Bereich der **Arzneimittel** gemäß Arzneimittelgesetz v. 24. 8. 1976 (BGBl I 2445) idF v. 7. 9. 1998 (BGBl I 2649) aaO RN 722 ff. sowie (am Beispiel Amalgam-Zahnfüllungen) Tiedemann H. J. Hirsch-FS 765 ff., der unabhängig von allgemeinen Zurechnungsproblemen ebd. 775 ff. plausibel für den Fall eines behördlich erlaubten (§§ 21 ff. AMG) Inverkehrbringens (zum insoweit erlaubten Risiko 63 d vor § 32) eine strafrechtliche Haftung des Produzenten erst bei erkennbarer Rechtswidrigkeit der (weiteren) Zulassung (vgl. das allgemeine Verkehrsverbot nach § 5 AMG) bzw. überlegenem Gefahrenwissen des Herstellers oder offenkundiger Schädigungswahrscheinlichkeit annimmt.

Schrifttum: AG Rechtsanwälte im Medizinrecht, Medizin und Strafrecht, 2000. – *Bockelmann,* Das Strafrecht des Arztes, Ponsold Lb 39 ff. – *Deutsch,* Medizinische Fahrlässigkeiten, NJW 76, 2289. – *ders.,* Rechtswidrigkeitszusammenhang, Gefahrerhöhung und Sorgfaltsausgleichung bei der Arzthaftung, Caemmerer-FS (1978) 329. – *ders.,* Medizinrecht[4] 1997. – *ders.,* Ressourcenbeschränkung und Haftungsmaßstab im Medizinrecht, VersR 98, 261. – *Ebermayer,* Arzt und Patient in der Rechtsprechung, 1924. – *ders.,* Der Arzt im Strafrecht, 1930. – *Eser,* Das Humanexperiment, Schröder-GedS 191. – *ders.,* Medizin und Strafrecht, ZStW 97, 1 ff. – *Giesen,* Arzthaftungsrecht[4] 1995. – *Hart,* Heilversuch, MedR 94, 94. – *ders.,* Rechtliche Grenzen der „Ökonomisierung", MedR 96, 60. – *ders.,* Ärztliche Leitlinien, MedR 98, 8. – *ders.,* Grundlage des Arzthaftungsrechts: Pflichtengefüge, Jura 00, 64. – *Jung,* Außenseitermethoden und strafrechtliche Haftung, ZStW 97, 47. – *Klinger,* Strafrechtliche Kontrolle medizinischer Außenseiter, 1995. – *Laufs,* Arztrecht[5] 1993. – *Laufs/Uhlenbruck (Hrsg.),* Handbuch des Arztrechts[2] 1999. – *Peter,* Arbeitsteilung im Krankenhaus aus strafrechtlicher Sicht, 1992. – *Eb. Schmidt,* Der Arzt im Strafrecht, 1939. – *Stratenwerth,* Arbeitsteilung und ärztliche Sorgfaltspflicht, Eb. Schmidt-FS 383. – *Siebert,* Strafrechtliche Grenzen ärztlicher Therapiefreiheit, 1983. – *ders.,* Strafrechtliche Grenzen ärztlicher Therapiefreiheit, MedR 83, 216. – *Steffen/Dressler,* Arzthaftungsrecht[8], 1999. – *Ulsenheimer,* Arztstrafrecht in der Praxis[2], 1998. – *Umbreit,* Die strafrechtliche Verantwortlichkeit des Arztes für fahrlässiges Verhalten anderer Medizinalpersonen, 1992. – *Voß,* Kostendruck und Ressourcenknappheit im Arzthaftungsrecht, 1999. – *Wegener,* Die strafrechtliche Verantwortlichkeit des Psychotherapeuten, JZ 80, 590.

220 **3.** Grundlage für die Vorhersehbarkeit und die Einhaltung des erlaubten Risikos sind beim organisierten **Sport** die Wettkampfregeln (vgl. Schroeder in Schroeder/Kauffmann, Sport und Recht [1972] 21 ff.), jedenfalls soweit sie den Schutz der Mitspieler bezwecken: Als gegenüber dem allgemeinen Gefährdungsverbot reduziertem, sportspezifischem Verhaltensstandard zur Vermeidung verletzungsträchtiger Situationen schließt ihre Einhaltung eine strafrechtliche Haftung des Verletzenden aus (Horn SK § 228 RN 21, Rössner H. J. Hirsch-FS 323 f., Sternberg-Lieben [29 vor § 32] 339; § 228 RN 16). Zur strafrechtlichen Verantwortung bei entsprechenden Regelverstößen Dölling ZStW 96, 61 ff., Eser JZ 78, 373 f., Günther [4 vor § 32] 350, Paeffgen NK § 226 a RN 83, Rössner H. J. Hirsch-FS 324 f., Schild Jura 82, 589 ff., Zipf aaO 95 ff.; § 228 RN 16. Verletzungen von Mitkämpfern sind daher bei Begehung einer Regelwidrigkeit grundsätzlich vorhersehbar; dies gilt etwa für einen Fußballspieler, der noch nach dem Ball tritt, den der Torwart bereits in den Händen hat (Bay NJW **61**, 2072 f.). Nicht nur im hochbezahlten Leistungssport bleiben jedenfalls leichte Regelverletzungen mit Wettkampfbezug im Rahmen des erlaubten Risikos (vgl. dazu Eser JZ 78, 368, 372, der allerdings die dogmatische Einordnung des Rechtfertigungsgrundes offen läßt). Grobe Regelwidrigkeiten sind aber auch in diesem Bereich des Sports regelmäßig weder durch Einwilligung noch durch erlaubtes Risiko gedeckt (vgl. Eser aaO); dies gilt beispielsweise für ein Foul, durch das eine zuvor verübte Regelwidrigkeit „geahndet" werden (Hamm MDR **85**, 847) oder ein Gegenspieler wettkampfunfähig gemacht werden soll (idR insoweit aber vorsätzliche Körperverletzung; hierzu Gössel I 169). Grobe und rücksichtslose, nach den Wettkampfregeln zum

Ausschluß des Täters vom Wettbewerb berechtigende Regelübertretungen stellen regelmäßig eine Sorgfaltswidrigkeit dar; dies gilt zB für die „Blutgrätsche" bzw. „Notbremse" im Fußball und dürfte auch im Profisport jedenfalls dann zu gelten haben, sofern der Körpereinsatz nach Lage der Dinge nur noch gegen den Körper des Opfers erfolgen kann (Paeffgen NK § 226 a RN 83; differenzierend Schild Jura 82, 590 f.; offengelassen von Rössner H. J. Hirsch-FS 324). Zur Haftung des Veranstalters von Sportwettkämpfen vgl. BGH NJW **75**, 533, NJW-RR **86**, 1029, Karlsruhe VersR **86**, 662, Stuttgart VRS **67** 172, VersR **87**, 1152: Radrennen. Zum satzungsmäßigen Ausschluß der Haftung vgl. LG Karlsruhe VersR **87**, 1023. Zur Rspr. vgl. Deutsch VersR **89**, 219.

Für den nicht wettkampfmäßig betriebenen **Skisport** sind die Regeln der Fédération Internationale **221** de Ski ([FIS] abgedruckt bei Schroeder/Kauffmann, Sport und Recht 264) zur Bestimmung der Sorgfaltspflichten einschlägig (Frankfurt [Z] VersR **95**, 544). Danach hat grundsätzlich der schneller von hinten herannahende Skifahrer auf die vor ihm Fahrenden Rücksicht zu nehmen, der Vorausfahrende braucht sich also nach hinten zu orientieren (Stuttgart NJW **64**, 1859); für den schnelleren Skifahrer ist deshalb ein Auffahren auf den langsamer vor ihm Fahrenden vorhersehbar, wenn dieser nur geringe Seitwärtsbewegungen macht (Köln VersR **69**, 550) oder wenn dieser am Ende des Hanges einen Bogen fährt (Köln NJW **62**, 1110 f.). Geboten ist eine kontrollierte, dh dem Fahrkönnen, den Schnee- und Witterungsverhältnissen sowie dem Vorhandensein anderer Personen angepaßte Fahrweise (BGH **58** 40); zum Notsturz zur Vermeidung eines Zusammenpralles: Hamm NJW-RR **94**, 155. Vorhersehbar ist weiterhin, daß ein langsamerer Fahrer auf einem festen Querweg die Piste kreuzt (Karlsruhe NJW **59**, 1589) oder in Schrägfahrt eine breite Piste befährt (BGH NJW **72**, 627 f., Stuttgart NJW **64**, 1859). Weiterhin ist es für einen zu schnell und unaufmerksam fahrenden Skiläufer vorhersehbar, daß er bei einem plötzlichen Ausweichmanöver auf einen anderen Skifahrer auffährt (Düsseldorf MDR **66**, 504) oder daß an einer gefährlichen und unübersichtlichen Stelle ein Skifahrer infolge einer Verletzung liegen geblieben ist (München HRR **42** Nr. 572). Bei unvernünftiger, die eigenen Fähigkeiten übersteigender Fahrweise muß der Skiläufer auch damit rechnen, Personen außerhalb der Piste zu gefährden (München VersR **60**, 164). Ebenso vorausehbar ist, daß ein nicht durch Fangriemen oder Skibremse gesicherter Ski nach einem Sturz sich selbständig macht und jemanden verletzt (LG Köln NJW **72**, 639). Nicht vorhersehbar ist es jedoch, daß ein seitlich aus der beobachteten Piste entschwundener Skifahrer plötzlich die Piste wieder kreuzt (Karlsruhe NJW **64**, 55 f.) oder daß ein auf der Piste aufsteigender Fußgänger die Abfahrt behindert und nach links statt nach rechts ausweicht (AG Freiburg MDR **63**, 500, and. wenn die Abfahrt über einen öffentlichen Weg führt; Bay **57**, 90).

Für **Skipisten** besteht eine Verkehrssicherungspflicht insb. für die Inhaber von Bergbahnen, die das **222** Skigebiet erschließen. Die Verantwortlichkeit des Verkehrssicherungspflichtigen erstreckt sich regelmäßig nur auf atypische und verdeckte Gefahren, die also über der Skisport als solchem eigenen hinausgehen und nach dem Erscheinungsbild und dem ausgewiesenen Schwierigkeitsgrad der Piste nicht zu erwarten sind. Grundsätzlich hat sich der Umfang der Verkehrssicherungspflicht an den schutzbedürftigen Personen auszurichten (BGH NJW **85**, 620: Zur Sicherung von scharfkantigen Liftstützen an einem Übungshang). Die Sicherungsmaßnahmen müssen sich jedoch nur im Bereich des Zumutbaren halten, wobei sich der Zumutbarkeitsmaßstab danach richtet, was ein vernünftiger Verkehrsteilnehmer erwarten kann (BGH VersR **82**, 346: Tourenabfahrt, Karlsruhe NJW **88**, 213: leichte Skipiste). Zur Verletzung eines Skifahrers durch Liftbügel: Hamm NZV **96**, 147. Nach BGH NJW **71**, 1093, **73**, 1379 (m. Anm. Hepp NJW 73, 2085 u. Hummel NJW 74, 170) soll jedoch in keinem Fall eine Pflicht zur Sperrung der Piste oder zur Stillegung der Bergbahn bestehen (zweifelnd Schroeder LK § 16 RN 204); dem kann nicht zugestimmt werden, da bei heutigen Massensport immer damit zu rechnen ist, daß bergunerfahrene Skiläufer die Gefahren nicht hinreichend kennen und infolgedessen sich selbst oder andere, zB durch Befahren eines Schneebretts, gefährden (vgl. auch Öst.OGH VersR **89**, 539). Fahrlässig handelt auch, wer in **lawinengefährdeten Hängen** eine Piste oder einen Schlepplift eröffnet oder betreibt. Vgl. dazu auch Hummel in Schroeder/Kauffmann Sport und Recht 71 ff. § 29 BayLStVG räumt den Gemeinden die Möglichkeit ein, Skipisten aus Sicherheitsgründen ganz oder teilweise zu sperren. Zur Sorgfaltspflicht beim Einsatz von Pistenraupen während des Skibetriebes vgl. LG Waldshut-Tiengen VersR **85**, 1170. Zu den Verkehrssicherungspflichten allgemein im Bereich des Sports vgl. Palandt/Thomas § 823 RN 121.

Schrifttum: Dölling, Die Behandlung der Körperverletzung im Sport im System der strafrechtlichen Sozialkontrolle, ZStW 96, 36. – *Eser,* Zur strafrechtlichen Verantwortlichkeit des Sportlers, insbesondere des Fußballspielers, JZ 78, 368. – *Hagenbucher,* Die Verletzung von Verkehrssicherungspflichten als Ursache von Ski- und Bergunfällen, NJW 85, 117. – *Hummel,* Nochmals: Die Haftung bei Skiunfällen, NJW 65, 525. – *Kettnaker,* Nochmals: Ein Unfall beim Skikursus, VersR 63, 509. – *ders.,* Der Skiunfall, VersR 64, 212, 363. – *Kürschner,* Strafrechtliche Aspekte von Unfällen im Bereich von Bergbahnen und Schleppliften, NJW 82, 1966. – *Lossos,* Verkehrsregeln für die Skiabfahrt, NJW 61, 490. – *ders.,* Rechtsfragen bei Zusammenstößen von Skifahrern, in Schroeder/Kauffmann, Sport und Recht (1972) 57. – *Nirk,* Die Haftung bei Skiunfällen, NJW 64, 1829. – *ders.,* Nochmals: Die Haftung bei Skiunfällen, NJW 65, 526. – *Rössner,* Fahrlässiges Verhalten im Sport als Prüfstein der Fahrlässigkeitsdogmatik, H. J. Hirsch-FS 313. – *Schild,* Das strafrechtliche Problem der Sportverletzung (vorwiegend im Fußballkampfspiel), Jura 82, 464, 520, 585. – *Schnell,* Über den Haftung bei Skiunfällen, NJW 61, 99. – *Scholten,* Haftung bei Skiunfällen, NJW 60, 558. – *Siebenhaar,* Ein Unfall beim Skikursus, VersR 63, 116. – *Zipf,* Einwilligung und Risikoübernahme im Strafrecht, 1970.

§ 15 223   Allg. Teil. Die Tat – Grundlagen der Strafbarkeit

223   4. Bei der Frage der strafrechtlichen Fahrlässigkeitshaftung (zum insoweit idR ausgeschlossenen Verletzungsvorsatz BGH **41** 219, Frankfurt ZUR **94**, 36, aber auch BGH **37** 132 sowie Goll/Winkelbauer aaO 757: idR bedingter Vorsatz bei Weitervertrieb eines als gesundheitsschädlich erkannten Produkts; zu der sich insoweit ggf. stellenden Abgrenzungsproblematik von Täterschaft und Teilnahme: 109 a ff. vor § 25) für Schäden, die durch fehlerhafte Industrieprodukte verursacht werden **(Produkthaftung),** sind vor allem zwei Gesichtspunkte von Bedeutung. Zum einen geht es um den Inhalt der dem einzelnen Mitarbeiter obliegenden Pflicht zur Abwendung von Gefahren, die von einem fehlerhaften Produkt für Rechtsgüter Dritter ausgehen können. Insoweit deckt sich der Umfang der *strafrechtlichen* Sorgfaltspflichten des Warenherstellers weitgehend mit den Verkehrspflichten, die ihn im Rahmen der zivilrechtlichen Produzentenhaftung treffen. Zu diesen zivilrechtlichen Sorgfaltspflichten des Warenherstellers vgl. Palandt/Thomas, BGB § 823 RN 201 ff., sowie Foerste aaO 356 ff. (Konstruktion), 380 ff., (Fabrikation), 391 ff. (Instruktion), 419 ff. (Produktbeobachtung und Rückruf); aus der neueren Rspr. zB BGH NJW **90**, 906, 92, 560. Jedoch kommt eine strafbarkeitsbegründende Orientierung an dieser vorstrafrechtlichen Verhaltensordnung nur dann in Betracht, wenn sie auch unter dem Blickwinkel strafbewehrten Rechtsgüterschutzes als angemessene Freiheitsverteilung begriffen werden können (s. Frisch aaO 211; s. a. Heine/Ringelmann aaO 382): Die strafrechtliche Sorgfaltspflicht dient der Zurechnung strafrechtlicher Verantwortlichkeit, während das Zivilrecht auf den Ausgleich von Vermögensschäden abzielt und überdies von einer durch wirtschaftliche Leistungsfähigkeit des Herstellers sowie Versicherbarkeit des Schadensrisikos geprägten Risikozuschreibung ausgeht (Kuhlen aaO 91 f., 150; zur Annäherung des Deliktsrechts an die Gefährdungshaftung des ProdHaftG: Palandt/Thomas 4 vor § 1 ProdHaftG). Dies kann im Einzelfall über die strafrechtlichen Anforderungen hinausgehende Sorgfaltspflichten rechtfertigen. Wenn daher auch im allgemeinen eine Orientierung an der zivilrechtlichen Rspr. möglich ist, scheidet eine unbesehene Übernahme zivilrechtlicher Sorgfaltsanforderungen in strafrechtlichen Zusammenhänge aus (BGH **37** 115, Große Vorholt aaO 167, Heine [1 vor § 25] 123, Kuhlen aaO 148 ff., Schünemann UTR 26, 152 f.; für weitgehende Übereinstimmung zivilrechtlicher und strafrechtlicher Anforderungen dagegen Hilgendorf aaO 146 ff., Ransiek ZGR 92, 203, Schmidt-Salzer aaO 36 f.; krit. zu diesen doch recht vagen – auch nicht durch Regeln der Technik (o. 135) präzis konturierten – Verhaltensmaßstäben: Große Vorholt aaO 102 f. Es kann keineswegs die Aufgabe des Strafrechts sein, Haftungsmaßstäbe zu dekretieren, die noch über die „berechtigten" Erwartungen (§ 3 I ProdHaftG) zivilrechtlicher Gefährdungshaftung für fehlerhafte Produkte hinausgehen: Ist die Allgemeinheit bereit, die Vorteile industrieller Massenproduktion in Anspruch zu nehmen, so kann vernünftigerweise weder von jedem Produkt in jeder Situation totale Sicherheit erwartet werden (Palandt/Thomas § 3 ProdHaftG RN 8), noch sind Produkte und die in einem ungefährlichen Gebrauch beigefügten Instruktionen „narrensicher" auszugestalten bzw. abzufassen (Goll/Winkelbauer aaO 795, Schmidt-Salzer aaO 237). Angesichts der ultima ratio-Vorgabe für den Einsatz des Strafrechts und der damit einhergehenden limitierten Akzessorietät zu außerstrafrechtlichen Verhaltensordnungen (vgl. Felix, Einheit der Rechtsordnung [1998] 317 sowie B/W-Mitsch 278, Günther [4 vor § 32] 362 f., SK 60, 64 vor § 32, Lüderssen Hanack-FS 498, Sternberg-Lieben [29 vor § 32] 182) scheidet eine Strafbarkeit des Produzenten jedenfalls dann aus, wenn er den Vorgaben deliktsrechtlicher Verkehrspflichten im Bereich der Warenherstellung nachkommt (Dannecker aaO 221, Große Vorholt aaO 166, Kuhlen aaO 151). Bei Einhalten öffentlich-rechtlicher Vorgaben bleibt hingegen zu prüfen, ob dem Produzenten ein über den dort statuierten sektoralen Ausschluß unlauberter Risikoschaffung hinausgehender Pflichtenverstoß zur Last gelegt werden kann (vgl. BGH NJW **85**, 620, **87**, 373, **98**, 2436, Foerste aaO 349, 368 [Sicherheitsrecht nur als Mindeststandard], Heine/Ringelmann aaO 388, Schmidt-Salzer aaO 234; diff. Kuhlen aaO 115); auch eine Produktabnahme durch technische Überwachungsvereine oder Klassifizierungsgesellschaften entbindet den Hersteller nicht von vornherein von eigener Produktverantwortung (Schmidt-Salzer ebda.). Strafrechtliche Verantwortlichkeit tritt iü unabhängig davon ein, ob beim Inverkehrbringen zusätzlich noch gegen Spezialvorschriften (zB LMBG, AMG) verstoßen wurde. Den Produzenten trifft zur Vermeidung von Konstruktions- und Fabrikationsfehlern ein Höchstmaß von **Anforderungen** an die Produktherstellung und -erprobung sowie die Ausgestaltung des Fabrikationsablaufs, um zum Ausschluß von Gefahren für Leib und Leben die erforderliche Grundsicherheit seines Produktes zu gewährleisten; umgekehrt lösen die in einer Massenproduktion letztlich unvermeidlichen „Ausreißer" mangels unlauterer Risikoschaffung jedenfalls dann keine strafrechtliche Verantwortung aus, wenn für eine hinreichende Stichprobenkontrolle Sorge getragen wurde (vgl. BGH **37** 118 [unter Umständen], Frankfurt ZUR **94**, 35, Frisch aaO 206, Goll/Winkelbauer aaO 772; vgl. auch Foerste aaO 380 f. mwN [Ausmaß der Produktkontrolle auch vom wirtschaftlich tragbaren Kostenaufwand begrenzt]). – Sind Konstruktion und Fabrikation derart zu gestalten, daß Produktfehler nach dem jeweiligen Kenntnisstand ausgeschlossen sind, so ist zur Vermeidung von Attributionsfehlern [o. 201a] strikt auf eine ex-ante Beurteilung der unlauberten Risikoschaffung abzustellen: Goll/Winkelbauer aaO 769, Große Vorholt aaO 96 ff., Kuhlen aaO 97. Da die Grenzen der Sorgfaltspflichten des Herstellers von den allgemeinen, auch am Preis des Produktes orientierten Erwartungen vernünftiger Verbraucher an die Produktsicherheit entscheidend bestimmt werden (Foerste aaO 337 f., Goll/Winkelbauer aaO 771 f., Schmidt-Salzer aaO 203 [Produktfehler als unnötige Gefährlichkeit unter Berücksichtigung berechtigter Sicherheitserwartungen durchschnittlicher Nutzer sowie berechtigter Nutzungserwartung des Herstellers]), hat ein je nach Hersteller ggf. individuell erhöhtes (hierzu o. 138 ff.) Leistungsvermögen zur Steigerung der Produkt-

sicherheit (zB Einbau neuartiger Sicherheitsvorrichtungen in Pkw), wohl auch ein über die Kenntnis anderer Produzenten hinausreichendes Wissen um Produktgefahren bezüglich Konstruktion und Produktion grundsätzlich außer Betracht zu bleiben (krit. auch Heine [1 vor § 25] 140), solange jedenfalls die vom Verbraucher legitimerweise erwartete (insoweit Orientierung am – iü auch durch gesetzliche und technische Regelwerke geprägten – verkehrsüblichen Standard vergleichbarer Produkte: Ransiek aaO 27, s. a. Kuhlen aaO 104) Grundsicherheit gewährleistet ist (Goll/Winkelbauer aaO 771 f.; für das Zivilrecht Foerste aaO 341 mwN, 352, aber auch MünchKomm/Mertens § 823 RN 292); relevant wird eine individuell erhöhte Leistungsfähigkeit allerdings für die den Hersteller treffenden Instruktions- sowie Produktbeobachtungspflichten (Goll/Winkelbauer aaO 773). – Zu den Schuldelementen der Fahrlässigkeit iZm Produkthaftung, zur pflichtwidrigen Tätigkeitsübernahme (o. 137, 198) sowie zur Unzumutbarkeit pflichtgemäßen Verhaltens: Goll/Winkelbauer aaO 782 ff. –.
Zum anderen stellt sich die Frage, wer innerhalb eines **arbeitsteilig** organisierten Produktions- und Vertriebsprozesses (zB Einkauf, Entwicklung, Fertigung, Qualitätskontrolle, Vertrieb) jeweils für einen bestimmten Pflichtverstoß strafrechtlich verantwortlich ist (hierzu RG 57 148, 75 296, BGH 19 286). Da der einzelne strafrechtlich nur zur Verantwortung gezogen werden kann, wenn er eine gerade ihm obliegende Sorgfaltspflicht verletzt hat, ihm also gesagt werden kann, durch welche Maßnahme er einen schädlichen Erfolg hätte vermeiden können, besteht die Schwierigkeit darin, die durch die Erfordernisse der mehrstufigen Arbeitsteilung in Betrieb und Unternehmen modifizierte Sorgfaltsanforderung inhaltlich zu konkretisieren. Als Denkmodell kann dabei das Bild nützlich sein, daß die Sorgfaltspflichten, die sonst auf eine einzige Person (zB Handwerker, Architekt) zugeschnitten sind, im Unternehmen zusammenlaufen (,organisationsbezogene Betrachtungsweise', Kuhlen JZ 94, 1144). Da de lege lata das Unternehmen selbst strafrechtlich nicht zur Verantwortung gezogen werden kann (118 vor § 25; vgl. jedoch § 30 OWiG; hierzu sowie zum Bußgeldrecht der EU: 120, 123 vor § 25), sind die Pflichten so zu modifizieren und zu delegieren, daß deren jeweilige (Teil-)Erfüllung insgesamt dem Bild einer sorgfältig handelnden Einzelperson entspricht. Die betriebliche Organisationsstruktur darf den gebotenen Rechtsgüterschutz nicht beeinträchtigen, so daß neben einer erschöpfenden sektoralen Aufteilung der bei Entwicklung und Fabrikation eines Produkts bestehenden Sorgfaltspflichten auch dafür Sorge zu tragen ist, daß hierbei denkbare Kommunikations- und Koordinationsprobleme soweit als möglich aufgefangen werden (Dannecker aaO 221 ff., Frisch aaO 209, Goll/Winkelbauer aaO 788 ff., Heine/Ringelmann aaO 379 ff., Schmidt-Salzer aaO 93 ff., NJW 96, 3 ff.; zum Organisationsverschulden Schmidt-Salzer aaO 96 ff.; vertiefend 109 a ff. vor § 25); das Einrichten einer selbständigen Kontrollabteilung ist strafrechtlich nicht geboten (Heine/Ringelmann aaO 381). In der Betriebshierarchie trifft die Geschäftsleitung eine Delegations-, Aufsichts-, Leitungs- und Kontrollverantwortung, die bei besonderem Anlaß – zur Verantwortung der Geschäftsleitung vgl. 28 a vor § 324 – durch eine Pflicht zum Eingreifen ergänzt wird; die Untergebenen wiederum haben die übertragenen Aufgaben ordnungsgemäß zu erfüllen und ihre Vorgesetzten über auftretende Gefahrenquellen zu informieren (Schmidt-Salzer aaO 151 ff., 174 ff., NJW 96, 3). Zu Fällen von Gemeinschaftsverantwortung mehrerer Geschäftsleitungsmitglieder ungeachtet der grds. ihre Haftung ausschließenden Ressortverantwortung: Schmidt-Salzer aaO 134 ff., NJW 96, 4 f. Für die bei Produktion und Absatz gebräuchliche Arbeitsteilung gelten die allgemeinen Grundsätze (o. 151 ff.) zur Begrenzung von Sorgfaltspflichten durch den auf die ordnungsgemäße Erfüllung rollenspezifischer Anforderungen seitens Dritter bezogenen Vertrauensgrundsatz: So können sich grds. weisungsabhängige Arbeitnehmer auf ordnungsgemäße Anweisungen durch Vorgesetzte (ihnen kommt im Gegensatz zu öffentlich-rechtlichen Weisungen [90 vor § 32] ausnahmslos keine unrechts- oder schuldmindernde Funktion zu: Hoyer aaO 196 f. [idR vermeidbarer Verbotsirrtum], diese wiederum auf eine ordnungsgemäße Ausführung ihrer Vorgaben durch Untergebene verlassen; auch auf ein ordnungsgemäßes Arbeiten von Zulieferern darf vertraut werden (Goll/Winkelbauer aaO 800; zur „verlängerten Werkbank" ebda 801 f.). Händler (u. 224) wiederum dürfen auf eine Auslieferung korrekter Produkte trauen, während Hersteller und Lieferant sich auf eine ordentliche Lagerung beim Händler verlassen dürfen. Begrenzt wird dieser Vertrauensgrundsatz – wie auch sonst (o. 150) – bei konkretem Anlaß zur Annahme unsorgfältigen Verhaltens anderer (s. Kuhlen aaO 140 ff.), zB im Falle von Nachlässigkeiten durch Arbeitnehmer bei der Fertigung, erkennbar fehlerhaften Weisungen durch Vorgesetzte, Gefahrschaffung durch in den Warenvertrieb Eingeschaltete (etwa Vertragshändler; zur Gefahrschaffung durch sonstige Personen [zB Hersteller von nach Auslieferung ggf. anzubringenden Zubehörteilen: BGH NJW 87, 1009; hierzu krit. Kuhlen aaO 147]) oder bei einer für den Händler klar erkennbaren Fehlerhaftigkeit des Produkts oder bei ihm eingehenden Schadensmeldungen (hierzu Foerste aaO 513 ff., Schmidt-Salzer aaO 250 f.). Folglich ist es die erste Pflicht der für das Unternehmen handelnden Organe, durch einen Organisationsplan sicherzustellen, daß die Sorgfaltsanforderungen auf die verschiedenen Ebenen innerhalb des Unternehmens so verlagert und innerhalb der gleichen Ebene so modifiziert werden, daß schädliche Erfolge vermieden werden, sofern alle Beteiligten die gerade ihnen obliegende Pflicht erfüllen. So ist etwa ein Unternehmen klar und überschaubar zu organisieren und zudem sicherzustellen, daß jeweils ein Mitarbeiter für einen Produktions- oder Vertriebsbereich persönlich verantwortlich ist. Ähnliche Probleme tauchen nicht bloß bei den auf längere Dauer angelegten Organisationsplänen, sondern auch bei Arbeitsplänen auf, die zur Erledigung eines Einzelvorhabens, zB der Montage von Industrieanlagen, aufgestellt werden. Der Grundsatz der Arbeitsteilung gilt aber nicht bloß bei Über- und Unterordnungsverhältnissen, sondern auch dort, wo das Prinzip der Kollegialität herrscht, wie beispielsweise in Vorstands- oder Geschäftsführer-

§ 15 223

gremien. Hier kann eine Abgrenzung der Zuständigkeiten (zB technische und kaufmännische Betriebsführung) dazu führen, daß nur das jeweils zuständige Organ (Mitarbeiter usw.) für die Pflichterfüllung einzustehen hat, die übrigen aber auf die Rolle des Kontrolleurs zurückgezogen sind. Stellt allerdings die Entscheidung des *Kollegialorgans* selbst eine Pflichtverletzung dar, so haftet grundsätzlich jeder, der zustimmend an der Entscheidung mitgewirkt hat (vgl. BGH **37** 123 m. Anm. Schmidt-Salzer NJW 90, 2966, Beulke/Bachmann JuS 92, 737, Kuhlen NStZ 90, 566); eine Haftung trifft auch denjenigen, der es unterläßt, eine gebotene Maßnahme (zB eine Rückrufentscheidung) zu treffen und zwar selbst dann, wenn er mit seinem Verlangen, die Maßnahme durchzusetzen, am Widerstand der anderen gescheitert wäre (BGH **37** 123, vgl. § 13 RN 61). Bei der Mitwirkung an sorgfaltswidrigen Entscheidungen in Leitungsgremien, zB über den Rückruf mangelhafter Produkte (vgl. BGH **37** 130) können sich auch Zurechnungsprobleme ergeben, wenn die Anzahl der für das Zustandekommen des maßgeblichen Beschlusses erforderlichen Stimmen überschritten wurde. Da hier jede Einzelstimme hinweggedacht werden könnte, ohne daß dadurch auch der erfolgsursächliche Beschluß entfiele, ist eine sachgerechte Lösung nur über eine Modifikation der conditio sine qua non-Formel durch die Grundsätze über kumulative Kausalbeiträge erreichbar (Puppe JR 92, 32, Kuhlen NStZ 90, 570, Meier NJW 92, 3197; s. a. B/W-Weber 228; vgl. 83a vor § 13). Ein überstimmtes Mitglied hingegen kann wegen seiner bloßen Abstimmungsmitwirkung (entsprechendes gilt für seinen vorangegangenen Beitritt zum Abstimmungsorgan) mangels Schaffung eines unerlaubten Risikos nicht durch – beweiserleichterndes – individualisierendes Zuschreiben einer Kollektivverantwortung des Gesamtgremiums für Folgen des rechtswidrigen Beschlusses verantwortlich gemacht werden: Goll/Winkelbauer 794 (and. Goll Voraufl. 631), Heine/Ringelmann aaO 374, Weißer (1 vor § 25) 174 f., § 25 RN 76 b; and. Cramer 25. A. RN 223 (unter Bezug auf Stuttgart NStZ **81**, 28 [allerdings zur strafrechtl. Sonderhaftung eines Redakteurs; hierzu auch LG Göttingen NJW **79**, 1561); diff. Schmidt-Salzer aaO 182 ff. Zu etwaigen weiteren Pflichten des Überstimmten: Goll/Winkelbauer aaO 794, aber auch Weißer ebd. 179; zu den idR infolge fehlender Handlungsmöglichkeit nur begrenzten Rechtspflichten von Aufsichtsratsmitgliedern: Cramer Stree/Wessels-FS 583 ff., Ransiek aaO 81 ff. (79 ff. zur ausnahmsweisen Täterschaft von GmbH-Gesellschaftern und Aktionären), aber auch Tiedemann Tröndle-FS 321 ff. (zu § 266). – Zur Produkthaftung in Fällen, in denen für eine generelle **Kausalität** zwischen Herstellerverhalten und Erfolg zwar eine naturwissenschaftliche Erklärungsmöglichkeit (also wohl mehr als nur die Vermutung eines Kausalgesetzes: Hamm StV 97, 162 ff., Hassemer aaO 42, Puppe NK 85 vor § 13, JZ 96, 319, Rudolphi SK 42 c vor § 1, Volk NStZ 96, 110; and. BGH **37** 112, B/W-Weber 231 f., Hilgendorf Lenckner-FS 716 f., Kuhlen aaO 72, NStZ 90, 567, Roxin I 298) besteht, dieses Erfahrungswissen aber nicht in den jeweiligen Fachkreisen umstritten ist (eine rechtl. prozessuale Frage der an rationale richterliche Überzeugungsbildung zu stellenden Anforderungen [Alternativenausschluß]: Hilgendorf aaO 124, Lenckner-FS 708, Kuhlen aaO 66 ff., 71 ff., Puppe NK 86 b vor § 13, Ransiek aaO 13 f., L. Schulz aaO 86, Wohlers JuS 95, 1023 f.; krit. zB Hassemer aaO 42 ff., Arm. Kaufmann JZ 71, 574, Köhler 142, Samson StV 91, 183, Volk NStZ 96, 109): BGH **37** 112, **41** 216, LG Aachen JZ **71**, 511, LG Frankfurt ZUR **94**, 33; krit. Goll/Winkelbauer aaO 775, Hassemer aaO 40 ff.; 75 vor § 13. – Zu der zwar nicht auf Ingerenz (so aber BGH **37** 118 f.; zuletzt Otto H.J. Hirsch-FS 310 [Erweiterung des rechtlich eingeräumten Handlungsspielraumes durch Gefahrbegründung]), aber auf einer der Verantwortlichkeit für eine Gefahrenquelle ähnelnden **Garantenstellung** in Bezug auf mangelhafte, bereits in Verkehr gebrachte Produkte, bei denen sich ihre Gefährlichkeit erst nach Inverkehrbringen herausgestellt hat, basierenden Verantwortlichkeit des Herstellers: Deutscher/Körner wistra 96, 301, Goll/Winkelbauer aaO 762, Hilgendorf aaO 141, Kühl 640, Kuhlen aaO 96, Ransiek aaO 30, Schmidt-Salzer 226; § 13 RN 52. Stellt sich in Erfüllung der hieraus resultierenden Produktbeobachtungspflicht eine Gefährdung anderer heraus, so ergeben sich je nach Wahrscheinlichkeit des Erfolgseintritts und Höhe des drohenden Schadens Vertriebsstop- und Rückrufpflichten, zumindest aber eine Warnpflicht des Herstellers (BGH **37** 122, Karlsruhe NJW **81**, 1054, Goll/Winkelbauer aaO 765 ff.), wobei wirtschaftliche Interessen des Herstellers idR kein pflichtbegrenzendes Moment zukommt (Goll/Winkelbauer aaO 767; ebenda sowie 783 zu den hiervon zu trennenden Fragen der Erfolgabwendungsmöglichkeit sowie ggf. fehlende Zumutbarkeit [hierzu 126 vor § 32] beim jeweiligen Mitarbeiter; s. a. Dannecker aaO 235). Die Produktbeobachtungspflicht gebietet nur die Berücksichtigung allgemein zugänglicher bzw. dem Hersteller zugänglich gemachter, von ihm systematisch zu erfassender und auszuwertender Erkenntnisse, die auf der Basis anerkannter Wissenschaftlichkeit beruhen, so daß nicht näher nachprüfbaren Einzelbehauptungen oder Auffassung wissenschaftlicher Außenseiter keine entsprechenden Pflichten auszulösen vermögen (vgl. Foerste aaO 344); ggf. besteht bei Fehlen fundierter wissenschaftlicher Erkenntnisse eine Verpflichtung zur unternehmensinternen Forschung (BGH **41** 218). Erfolgsabwendungspflichten (zum etwaigen zeitlichen Spielraum 152 f. vor § 13) entstehen nicht erst bei mehr oder weniger großer Schadensgewißheit, sondern bereits bei hinreichendem Verdacht, wobei die erforderliche Verdachtsintensität umso geringer ist, je gravierender die etwa drohenden Schäden auszufallen drohen (Goll/Winkelbauer aaO 766, Heine/Ringelmann aaO 387). Bestehen Warn- oder Rückrufpflichten, so verlangt das auch sonst beim Unterlassungsdelikt angewandte Kausalitätserfordernis, daß die durch Handlung gebotene Handlung den Erfolg mit Sicherheit verhindert hätte (vgl. § 13 RN 61); weitergehend aber BGH **37** 127 f., Kuhlen aaO 56 FN 121; hierzu zurecht krit. Goll/Winkelbauer aaO 778, Otto H.J. Hirsch-FS, Schmidt-Salzer aaO 297 ff. – Aus dem Prinzip der Arbeitsteilung folgt die Anwendbarkeit des **Vertrauensgrundsatzes** (o. 151) mit der Konsequenz, daß jeder Mitarbeiter darauf vertrauen darf, daß andere die ihnen obliegenden Aufgaben sorgfaltsgemäß erfüllen; erst wenn ihm bekannt wird, daß dies nicht der Fall ist, oder wenn sich ihm dies aufdrängen muß, hat er die nach der Sachlage erforderlichen Maßnahmen selbst zu treffen (BGH **19** 286); vgl. auch Schumann aaO 116 ff., Schlüchter Salger-FS, 163, Schünemann UTR 26, 152 f. Unter Berücksichtigung dieser sich aus der Arbeitsteilung ergebenden Grundsätze ist zunächst nach der Haftung des Mitarbeiters zu fragen, der im Betrieb die letzte Ursache für den Erfolg gesetzt hat (primärer Verstoß). Solche Verstöße können selbstverständlich auf allen Ebenen des Betriebes oder Unternehmens vorkommen, nicht bloß beim Arbeiter, der etwa bei der Endkontrolle einen Qualitätsmangel des Produkts übersehen hat (vgl. Schmidt-Salzer aaO 12, 21 ff.); so kann in der verfrühten Produktfreigabe durch den Leiter der Entwicklungsabteilung oder im Beschluß des Vorstandes, eine als mangelhaft erkannte Ware weiter zu verkaufen, ein solcher (Primär-)Verstoß liegen, wenn die Mangelhaftigkeit des Produkts zu schädlichen Folgen führt (§§ 229, 222). Bei begründeten Verdachtsmomenten kann sich zB aus der strafrechtliche Verpflichtung zu deutlicher Warnung vor eventuellen Gefahren oder zum Rückruf ergeben (vgl. dazu eingehend BGH **37** 123, aus zivilrechtlicher Sicht BGH NJW **92**, 560, Löwe DAR 78, 288 ff.; krit. Schünemann UTR 26, 163). Neben diesen Verstößen kommen auch Verletzungen der Auswahl-, Aufsichts- und Kontrollpflichten in Betracht, wenn ein solcher (Sekundär-)Verstoß für eine tatbestandsmäßige Folge ursächlich war (vgl. Schmidt-Salzer aaO 12 ff., 39 ff.). Doch soll durch die Bezeichnung als „Sekundärverstoß" nicht zum Ausdruck gebracht werden, daß die Verletzung derartiger Organisationspflichten stets den Nachweis eines individuellen primären Verstoßes voraussetzt (sog. „bottom up"-Betrachtungsweise). Vielmehr führt die gebotene organisationsbezogenen Sicht (sog. „top down"-Betrachtungsweise) daneben zu einer originären, selbständigen Organisationsverantwortung der Leitungsebene für die Wahrung der unternehmensbezogen zu denkenden Sorgfaltspflichten, für deren Verletzung das Vorliegen eines primären Verstoßes allenfalls indizielle Funktion hat (vgl. Schmidt-Salzer NJW **94**, 1310, Kuhlen JZ **94**, 1144 f.). Wegen der im Ergebnis entlastenden Funktion der Reduzierung primärer Sorgfaltsanforderungen auf Organisations-, Auswahl-, Überwachungs- und Kontrollpflichten treten in der Praxis insb. im Hinblick auf das Kausalitätserfordernis Beweisschwierigkeiten auf; hier kommt als Auffangtatbestand § 130 OWiG, ggf. auch eine Verbandssanktion nach § 30 OWiG in Betracht; zu Reformüberlegungen („Unternehmensstrafbarkeit"): 125 ff. vor § 25. Zu – problematischen – Überlegungen, Schwierigkeiten des Kausalitätsnachweises infolge unternehmensinterner Arbeitsteilung durch Annahme fahrlässiger Mittäterschaft zu überspielen: 115 f. vor § 25. – Auch im Bereich strafrechtlicher Produkthaftung haben die zum Zurechnungsausschluß führenden, auf dem **Verantwortungsprinzip** (o. 171) beruhenden Grundsätze Gültigkeit: So scheidet bei einem vollkommen sachwidrigem Gebrauche eine Strafbarkeit des Produzenten infolge Verantwortungsübernahme durch den Produktanwender aus (Goll/Winkelbauer aaO 799; auf den Vertrauensgrundsatz rekurriert Kuhlen aaO 137 ff., während Schmidt-Salzer aaO 283 auf Unvorhersehbarkeit abhebt), da der eingetretene Schaden infolge bewußter Selbstgefährdung des Opfers (o. 156 ff.) dem Produzenten nicht zuzurechnen ist (Goll/Winkelbauer aaO 779 f., die allerdings für den Fall eines gravierenden Produktmangels, bei dem sich die entsprechende Gefahr auch bei bestimmungsgemäßer Nutzung realisiert hätte, Zurechnung bejahen). Dies gilt auch dann, wenn dem Hersteller zuverlässig zur Kenntnis kommt, daß sich in der Praxis bestimmte Mißbrauchsformen seines Produktes häufen (zB Verwenden eines Lösungsmittels als Rauschmittel): Goll/Winkelbauer aaO 779, 799, Heine/Ringelmann aaO 386, Kuhlen aaO 142; vgl. aber auch BGH(Z) NJW **81**, 2514 – sniffing –. Warnhinweise können bei lebensgefährlichen Mißbrauchsfolgen dann geboten sein, wenn nach der Eigenart des Produkts ein Mißbrauch durch einwilligungsunfähige Personen naheliegt (vgl Foerste aaO 413, der aber grds. aaO 340 zurecht die Eigenverantwortung des Konsumenten betont). Dementsprechend scheidet eine obj. Zurechnung regelmäßig (vgl. aber BGH VersR **60**, 856) auch dann aus (o. 171 f.), wenn Produktverwender durch einen Produktfehlgebrauch bzw. -mißbrauch oder durch Ignorieren von Rückrufaktionen oder Warnhinweisen eigenverantwortlich Dritte schädigen: Goll/Winkelbauer aaO 779. Demgegenüber bestehen erhöhte Anforderungen an die Produktsicherheit (auch bezüglich sachwidrigen Gebrauches), wenn der Gegenstand schon seiner Bestimmung nach in die Hände von Personen gelangen soll, die zu einer vernünftigen Gefahreneinschätzung nicht in der Lage sind (etwa Kinderspielzeug). Im Falle eines je nach dem bestimmungsgemäßen Abnehmerkreis (Fach- oder Allgemeinpublikum) differenziert abzusteckenden erwartungsgemäßen Produktfehlgebrauchs (zB Außerachtlassen von Sicherheitsvorrichtungen infolge Gefahrengewöhnung: Celle VersR **84**, 276 [zurecht abl. Kuhlen aaO 146]; s.a. Foerste aaO 362 ff. [zum Konstruktionsfehler], 407 ff. [nur ausnahmsweise Warnungspflicht; m. Nachw. aus der weitergehenden zivirechtlichen Judikatur]; vgl. insoweit auch den Produktfehlerbegriff des § 3 I lit. c ProdHaftG: „Gebrauch, mit dem billigerweise gerechnet werden kann" [also eine nicht ganz fernliegende Fehlanwendung: Palandt/Thomas § 3 ProdHaftG RN 11]), mithin bei einem nicht unüblichen Fehlverhalten auch seitens im allgemeinen besonnen agierender Verkehrsteilnehmer, liegt zwar kein Konstruktionsfehler vor, doch insoweit dann eindeutige Warnhinweise geboten (für Erweiterung des dem Hersteller erlaubten Risikos durch Information der Abnehmer auch Ransiek aaO 27; einschr. Große Vorholt aaO 112 ff.); Kriterien für die Vorhersehbarkeit eines Produktfehlgebrauches zZ des Inverkehrbringens bei Goll/Winkelbauer aaO 798. Der Umfang der Warn- und Hinweispflichten richtet sich nach dem Kreis der bei bestimmungsgemäße Vertrieb zu erwartenden Produktanwender und des bei ihnen vorauszusetzenden Gefahrenbewußtseins (zB Abgabe eines bei unvorsichtiger Anwendung ätzenden Werkstoffes nur an fachkundige Bauhandwerker oder auch an Heimwerker); je mehr damit zu rechnen ist, daß ein Produkt auch in die Hände besonders sachunkundiger oder der deutschen Sprache nicht mächtiger Personen geraten kann, desto strengere Warn- und Hinweispflichten bestehen (Goll/Winkelbauer aaO 797). Ohnehin sind Gebrauchsanleitungen so abzufassen, daß sie dem Standard des nichtfachmännischen Benutzers entsprechen, insb. ist vor den bei der Benutzung des Geräts bestehenden Gefahren zu warnen und es sind die erforderlichen Gefahrabwendungsmaßnahmen ausreichend klar anzugeben (vgl. BGH NJW **92**, 560). Zur Notwendigkeit hinreichend effizienter Form der Instruktion (zB durch Bildsymbole) Foerste aaO 401 f., Heine/Ringelmann aaO 385. – Vor alltäglichen und allgemein bekannten Gefahren (zB von Süßigkeiten oder Alkohol) braucht nicht gewarnt zu werden. – Zum Einfluß sachkundiger behördlicher Stellungnahmen auf die Fahrlässigkeitsstrafbarkeit: o. 135 a. – Rechtsvergleichend (USA): Eichinger aaO. **Einzelfälle:** Zu den Sorgfaltsanforderungen an einen Arzneimittelhersteller, bei dem ernsthafte Meldungen über schädliche Nebenwirkungen eines Präparates eingehen, vgl. den sog. Contergan-Beschluß des LG Aachen JZ **71**, 507, 514 ff. (dazu Armin Kaufmann JZ **71**, 569, Blei JA **71**, 652, Ostermeyer ZRP **71**, 75, Bruns Heinitz-FS 317 ff.; vgl. auch die zust. Stellungnahme der StA DRiZ **71**, 45 ff.; ferner Tiedemann H. J. Hirsch-FS 765 [Amalgam]). Die Gebrauchsinformation für ein Arzneimittel muß entsprechende Warnhinweise enthalten, wenn aufgrund der Erfahrung davon auszugehen ist, daß ohne solche Hinweise ein Gesundheitsschaden für den Verbraucher entstehen kann (BGH NJW **89**, 1542), vor den Gefahren eines exzessiven Gebrauchs muß grds. nicht gewarnt werden (BGH aaO). Zu den Voraussetzungen der Produkthaftung bei der Herstellung säurehaltiger Reinigungsmittel vgl. Celle NJW-RR **86**, 25. Über die Gefährlichkeit eines Verzinkungssprays ist durch Warnhinweise oder Sicherheitsratschläge zu instruieren (BGH NJW **87**, 372; angesichts einer Orientierung des Herstellers an redlicher Praxis krit. Kuhlen aaO 123); der Vertreiber eines Hobby-Chemiekastens genügt seiner Sorgfaltspflicht, wenn er Hinweise für die Benutzung und den Umfang auf das umfassende Studium der zur Verfügung stehenden deutschsprachigen Literatur stützt (Stuttgart NStE § 222 **Nr. 11**). Zur Haftung des Herstellers eines neu entwickelten Reifens vgl. LG München b. Schmidt-Salzer aaO 296 ff. („Monza-Steel"). Zu den Sorgfaltspflichten des Herstellers von Lebensmitteln im Hinblick auf die Kennzeichnungspflicht der von ihm in Verkehr gebrachten Erzeugnisse vgl. Bay GA **73**, 150 („Meisterstollen mit besten Zutaten"); zur Unterrichtungspflicht über die Bezugsquelle vgl. BGH **2** 384 (arsenhaltiges Kundenmehl). Zur Haftung des Herstellers und Vertreibers eines Ledersprays, bei dem Verbraucherbeschwerden über Schadensfälle durch Benutzung des Produkts eingegangen sind, vgl. BGH **37** 106. Zum Umfang der Produktbeobachtungspflicht des Versandhändlers vgl. LG Frankfurt NJW-RR **86**, 658;

Schrifttum: Bottke, Krankmachende Bauprodukte, ZfBR 91, 233. – *Bruns,* Ungeklärte materiell-rechtliche Fragen des Contergan-Prozesses, Heinitz-FS 317. – *Cramer,* Rechtspflicht des Aufsichtsrats zur Verhinderung unternehmensbezogener strafbarer Handlungen und Ordnungswidrigkeiten, Stree/Wessels-FS 563. – *Dannecker,* Fahrlässigkeit in formalen Organisationen, in: Amelung (Hrsg.) Individuelle Verantwortung (usw), 2000, 209. – *Deutscher/Körner,* Die strafrechtliche Produktverantwortung von Mitgliedern kollegialer Geschäftsleitungsorgane, wistra 96, 292, 327. – *Diederichsen,* Die Entwicklung der Produzentenhaftung, VersR 84, 797. – *Dreher,* Die persönliche Verantwortlichkeit von Geschäftsleitern, ZGR 92, 22. – *Eichinger,* Die strafrechtliche Produkthaftung im deutschen im Vergleich zum angloamerikanischen Recht, 1997. – *Foerste* in: v. Westphalen, Produkthaftungshandbuch, Bd. I[2] 1997, 338 [zur Deliktshaftung im Bereich der Warenherstellung]. – *Goll/Winkelbauer,* ebenda 749 [zur strafrechtlichen Produktverantwortung]. – *Gross,* Die Einbeziehung des Herstellers in die Haftung des Ausführenden, BauR 86, 127. – *Große Vorholt,* Behördliche Stellungnahmen in der strafrechtlichen Produkthaftung, 1997. – *Hassemer,* Produktverantwortung im modernen Strafrecht[2] 1996. – *Heine/Ringelmann,* Strafrecht und Qualitätssicherung, in: Bauer/v. Westphalen, Das Recht auf Qualität, 1996, 359. – *Hilgendorf,* Strafrechtliche Produkthaftung in der Risikogesellschaft, 1993. – *ders.,* Strafprozessuale Probleme im Licht der modernen Kausallehre am Beispiel der jüngsten Produkthaftungsfälle, Lenckner-FS 699. – *Hoyer,* Strafrechtliche Verantwortlichkeit innerhalb von Weisungsverhältnissen (usw), in: Amelung (Hrsg.) Individuelle Verantwortung (usw), 2000, 183. – *Kassebohm/Malomy,* Die strafrechtliche Verantwortlichkeit des Managements, BB 94, 1361. – *Armin Kaufmann,* Tatbestandsmäßigkeit und Verursachung im Contergan-Verfahren, JZ 71, 569. – *Kuhlen,* Fragen einer strafrechtlichen Produkthaftung, 1990. – *ders.,* Grundfragen der strafrechtlichen Produkthaftung, JZ 94, 1142. – *Löwe,* Rückrufpflicht des Warenherstellers, DAR 78, 288. – *Otto,* Die strafrechtliche Haftung für die Auslieferung gefährlicher Produkte, H. J. Hirsch-FS 291. – *Ransiek,* Zur deliktischen Eigenhaftung von GmbH-Geschäftsführern aus strafrechtlicher Sicht, ZGR 92, 203. – *ders.,* Unternehmensstrafrecht, 1996. – *Rönnau,* Strafrechtliche Produkthaftung und der Grundsatz des freien Warenverkehrs (Art. 30–37 EGV), wistra 94, 203. – *Meier,* Verbraucherschutz durch Strafrecht, NJW 92, 2193. – *Schlüchter,* Der Kaufmann als Garant im Rahmen der unerlaubten Gewässerverunreinigung, Salger-FS 139. – *Schmidt-Salzer,* Entscheidungssammlung Produkthaftung, Bd. 4, 1982. – *ders.,* Strafrechtliche Produkt- und Umweltverantwortung von Unternehmensmitarbeitern: Anwendungskonsequenzen, PHI 90, 234. – *ders.,* Die EG-Richtlinie Produkthaftung, BB 86, 1103. – *ders.,* Verbraucherschutz, Produkthaftung, Umwelthaftung, NJW 94, 1307. – *ders.,* Produkthaftung, Bd. I: Strafrecht[2] 1988. – *ders.,* Konkretisierungen der strafrechtlichen Produkt- und Umweltverantwortung, NJW 96, 1. – *Schünemann,* Unternehmenskriminalität und Strafrecht, 1979. – *ders.,* Die strafrechtliche Verantwortlichkeit der Unternehmensleitung im Bereich von Umweltschutz und technische Sicherheit, in: Umweltschutz und technische Sicherheit im Unternehmen, UTR Bd. 26, 1994. – *L. Schulz,* Perspektiven der Normativierung (usw), in: Lüderssen (Hrsg.), Aufgeklärte Kriminalpolitik (usw), Bd. 3 (1998), 43 ff. –

Tiedemann, Körperverletzung und strafrechtliche Produktverantwortung, H. J. Hirsch-FS 765. – *Vogel*, Verbraucherschutz durch strafrechtliche Produkthaftung, GA 90, 241.

5. Bei **Handel** und **Gewerbe** läßt sich die zurechenbare Schaffung unerlaubten Risikos und die Voraussehbarkeit eines schädigenden Erfolges häufig aus einer Verletzung der Handelsusancen oder spezieller gewerberechtlicher Ordnungsvorschriften herleiten. Eine Strafbarkeit des Händlers (zu den strafbewehrten Händlerpflichten: Schmidt-Salzer [o. 223] aaO 248 ff.; zum Vertrauensgrundsatz im Verhältnis zum Hersteller sowie sonstigen Lieferanten o. 223) scheidet regelmäßig (anders im Ausnahmefall entsprechenden Gefahrwissens) aus, sofern das jeweilige Produkt entweder staatlich ausdrücklich zugelassen ist oder bislang beanstandungsfrei gebraucht wurde (Frisch [71 vor § 13] 207). Den Händler, der die durchlaufenden Waren sachgerecht zu lagern hat, treffen neben Kontroll- (zB Untersuchung der Ware auf Transportschäden) auch Instruktionspflichten (zB Weitergabe von Herstellerhinweisen); demgegenüber dürfte eine strafbewehrte Rechtspflicht bestehen, dafür Sorge zu tragen, in nachträgliche Herstellerinformationen zwecks Weitergabe an die Warenabnehmer einbezogen zu werden (Kuhlen [o. 223] aaO 135; s. a. Foerste [o. 223] aaO 523; and. Karlsruhe NJW **81**, 1054, Goll/Winkelbauer [o. 223] aaO 803). Bei sich aufdrängender Fehlerhaftigkeit des Produktes trifft den Händler zumindest die Pflicht zur Warnung seiner Kunden (Goll/Winkelbauer aaO 803, Schmidt-Salzer aaO 251 f.), nicht aber (jedenfalls als Nicht-Vertragshändler) eine Pflicht zur Information des Herstellers (Goll/Winkelbauer aaO 802 f. [weitergehend Schmidt Salzer ebda.], die – anders als für den Hersteller – auch zurecht für den Fall nicht sorgfaltswidriger Abgabe eine Garantenstellung zur Verhinderung von Schadensfällen ablehnen; weitergehend Foerste ebd. 520). Auch ein Inverkehrbringen unter Verstoß gegen öffentlichrechtliche Abgabebeschränkungen kann bei einschlägiger Schutzrichtung ungeachtet einer Selbstgefährdung des Geschädigten den Fahrlässigkeitsvorwurf tragen (Goll/Winkelbauer ebda. 804 f.: Abgabe von Feuerwerkskörpern an nicht Volljährige unter Verstoß gegen § 3 I Zif. 3 ChemVerbotsV). Zu den auch insoweit als erste Konturierung dienenden Vorgaben des Deliktsrechts (ebenso wie beim Produzenten kommt auch beim Händler Strafbarkeit nicht in Betracht, wenn sein Verhalten zivilrechtlich zulässig war): Foerste aaO 513 ff. Bei der Auslieferung fehlerhaft hergestellten Kfz-Zubehörs muß der Lieferant sicherstellen, daß alle Abnehmer informiert werden. – Zur Haftung bei fehlerhafter Runderneuerung eines Reifens vgl. Düsseldorf VRS **66** 27. Insb. beim Handel mit Lebensmitteln sind an die Sorgfaltspflichten im Interesse der Volksgesundheit höchste Anforderungen zu stellen, denen gegenüber die wirtschaftlichen Belange zurücktreten müssen (BGH **2** 384 f., Bay GA **73**, 152; eingehend auch zur damit verbundenen Einschränkung des Vertrauensgrundsatzes Reiff, Die fahrlässigkeitsstrafrechtliche Verantwortlichkeit im Lebensmittelstrafrecht [1992], Schafeld, Grundsatzfragen lebensmittelstrafrechtlicher Verantwortlichkeit [1992]); and. zuletzt Brinkmann [o. 105] 138 ff. [sofern eine auf zuverlässigem Verhalten Dritter in der Vergangenheit beruhende Erfahrungsregel besteht]; zur Bedeutung der EG-Ratsrichtlinie vom 20. 6. 1992 über die allgemeine Produktsicherheit [All. v. 11. 8. 1992, C 228, S. 24] mit ihrer Festschreibung der sog. differenzierten Stufenverantwortung [Art. 3]: Dannecker ZLR 93, 261 ff., Meier ZLR 92, 563 ff.). Ob im Bereich des Lebensmittelhandels dem Händler (insb. dem Importeur) strafbewehrte Sorgfaltspflichten aufzuerlegen sind, die nach allgemeinen Kriterien (s. Foerste aaO 439 ff., Schmidt-Salzer aaO 248) dem Herstellerbereich zuzuordnen wären (Rspr.-Nachw. bei Zipfel/Rathke/Ihle Lebensmittelrecht Bd. 2, 88 vor § 51 LMBG), ist zumindest zweifelhaft. Zu den deliktsrechtlichen Sorgfaltspflichten eines Importeurs: Foerste ebd. 527 ff., der ggf. strengere Prüfungspflichten auch für Importe aus der EU (u. 224 a) nach Art. 30 EGV für noch zulässig erachtet (533; ebenso Zipfel/Rathke/Ihle ebenda 89 f.).

Angesichts der aus dem Anwendungsvorrang des EG-Rechts resultierenden Notwendigkeit einer auch **EG-Richtlinien** (jedenfalls ab Ende ihrer Umsetzungsfrist: Böse [22 vor § 1] 427) einbeziehenden gemeinschaftsrechtskonformen Auslegung des deutschen Rechts (Dannecker [22 vor § 1] 17 f., 64 ff.; 26 vor § 1) können sich EG-Verordnungen, aber insb. auch EG-Richtlinien auch auf die Bestimmung der Sorgfaltspflichten beim Fahrlässigkeitsdelikt auswirken (Rönnau wistra 94, 204, Thomas NJW 91, 2237, Tiedemann NJW 93, 25; s. a. Dannecker [ebd.] 71). Wenngleich Einzelheiten insoweit noch wenig geklärt sind, so wird man doch Folgendes sagen können: Ein von einer EG-Richtlinie gestattetes Verhalten darf auch bei entgegenstehenden deutschen, staatlich gesetzten oder nichtstaatlichen technischen Normen (hierzu Lenckner Engisch-FS 490 ff.), denen insoweit nur eben keine indizielle Bedeutung (o. 135) beigemessen werden darf, grundsätzlich nicht als sorgfaltswidrig angesehen werden; entsprechendes gilt, wenn mangels derartiger nationaler Normen iwS der Rechtsanwender selbst das unerlaubte Risiko zu konkretisieren hat. Da aber derartigen (deutschen wie auch EG-gesetzten) Normen ohnehin nur indizielle Bedeutung zukommt (o. 135, 183 f.), darf auch ein von einer EG-Richtlinie gedecktes Verhalten jedenfalls dann zur Begründung von Fahrlässigkeit herangezogen werden, wenn für den Täter eindeutig erkennbar ist, daß sein richtlinienkonformes Verhalten zu einer Schädigung Dritter führen könnte (s. a. Dannecker ZLR 93, 262). Umgekehrt begründet infolge dieser für den Fahrlässigkeitsvorwurf lediglich indiziellen Funktion auch einer Zuwiderhandlung gegen eine EG-Richtlinie ein entsprechender Verstoß nicht zwangsläufig den Vorwurf objektiver Fahrlässigkeit, so daß insoweit die noch nicht abschließend geklärte Frage nach den durch nationales Verfassungsrecht (Art. 103 II GG) etwa gezogenen Grenzen strafbarkeitserweiternder richtlinienkonformer Auslegung (vgl. Böse [ebd.] 431 f., Dannecker [ebd.] 64 f., JZ 96, 873, Hugger NStZ 93, 423 f.) nicht aufgeworfen ist. – Zur Frage, inwieweit zusätzlich aus dem Verbot nichttarifärer Handelshemmnisse (Art. 28 EGV) angesichts der Vorgabe von EUGHE **79** 649 – Cassis de Dijon – trotz der Ausnahmeregelung von Art. 30 EGV materielle Einschränkungen für die nationale Fahrlässigkeitszuschreibung folgen: Dannecker ZLR **93**, 262 f. (Lebensmittelrecht), L. Schulz [o. 223] 54 sowie vertiefend Rönnau wistra 94, 204 ff. (bejahend).

225   Besondere Sorgfaltsanforderungen sind beim Umgang mit **gefährlichen Stoffen** (Explosivstoffe, leicht entzündliche Stoffe, spaltbares Material) zu beachten (BGH GA **66**, 375). Dabei wird grundsätzlich vorhersehbar sein, daß grob unsachgemäße Verwendung oder die verbotene Abgabe solcher Stoffe eine Schädigung zur Folge haben kann, etwa daß die verbotene Überlassung von Feuerwerkskörpern an Minderjährige bei diesen oder anderen Personen wegen unsachgemäßen Gebrauchs oder Mißbrauchs für eine Körperverletzung ursächlich wird (vgl. Stuttgart JZ **84**, 101: Streichhölzer); bei keinem Abgabeverbot unterliegenden Gegenständen richten sich die Sorgfaltspflichten nach ihrer aus dem äußeren Erscheinungsbild, der Produktbeschreibung usw erkennbaren Gefährlichkeit in der Hand von Personen mit herabgesetztem Risikobewußtsein (BGH NJW **63**, 101 [Wurfpfeil], NJW **98**, 2436, [Kleinstfeuerwerkskörper; zu diesbezüglichen Pflichten von Hersteller und Importeur: BGH JZ **99**, 50]). Im Umgang mit gefährlichen Stoffen kann die Vernachlässigung von allgemeinen Vorschriften wegen der sich daraus möglicherweise ergebenden besonders schwerwiegenden Folgen uU selbst dann den Schluß auf die Voraussehbarkeit des schädigenden Erfolges zulassen, wenn die dem Täter bekannten Tatsachen für sich allein nicht zur Vorstellung einer Gefahr als ausgeschlossen erscheinen lassen (BGH GA **66**, 374 f., vgl. auch BGH **12** 75, 77 f.). Vgl. auch o. 165 ff., 172, 223.

226   6. Die von **Lehrern** bei der Beaufsichtigung von Schülern zu erbringende Sorgfalt richtet sich nach den Gefahren, wie sie im Einzelfall möglich und erkennbar sind (BGH VersR **55**, 743). Innerhalb seines amtlichen Pflichtenkreises ist jeder Lehrer verpflichtet, ihm anvertraute Schüler vor gesundheitlichen Schäden zu bewahren (BGH VersR **54**, 226, 55, 743, Köln NJW **86**, 1948); dabei soll er bemüht sein, die Gefahren so niedrig wie den Umständen nach möglich und geboten zu halten. Das kann ggf. heißen, daß – wenn sich ausreichende Vorkehrungen nicht treffen lassen – er von einer gefährlichen Veranstaltung absehen muß. Hingegen ist eine ununterbrochene Aufsicht über alle Schüler unzumutbar (BGH VersR **57**, 613, Köln aaO); vielmehr genügt eine Aufsicht derart, daß die Schüler das Gefühl haben, beaufsichtigt zu werden. Der Lehrer darf außerdem darauf vertrauen, daß ausdrückliche Verbote nach vorheriger Erläuterung etwaiger Gefahren von den Schülern auch während seiner kurzfristigen Abwesenheit befolgt werden (BGH VersR **61**, 1092, Köln aaO). Ggf. können auch Richtlinien für Schulwanderungen und Schulfahrten zur Begründung einer Pflichtwidrigkeit herangezogen werden (Köln aaO). – Zu den Sorgfaltspflichten von **Sozialarbeitern** im Bereich der Jugendhilfe (Kleinkinder): Oldenburg NStZ **97**, 238, Stuttgart NJW **98**, 3133.

227   7. Zu den Sorgfaltspflichten des Leiters eines militärischen Übungsschießens vgl. BGH **20** 315 ff.

228   8. Zu den Sorgfaltsanforderungen im **Bauwesen** vgl. BGH MDR **78**, 504 und § 319 RN 4. Zur Frage der baulichen Absicherung eines Bergwerkstollens vgl. BGH VersR **86**, 991.

229   9. Zur strafrechtlichen Verantwortlichkeit von **Vollzugsbediensteten** für den Mißbrauch von Vollzugslockerungen vgl. Rössner JZ 84, 1065 ff., Kusch NStZ 85, 392 f., Schaffstein Lackner-FS 798 ff., zu derjenigen von Therapeuten beim **Maßregelvollzug**: LG Göttingen NStZ **85**, 410, StA Paderborn NStZ **99**, 51 m. zust. Anm. Pollähne (zurecht angesichts der bei der Entscheidung über Vollzugslockerungen bestehenden Prognosespielraums die Unerläßlichkeit von Verlaufskontrollen betont), Stolpmann NStZ 97, 319 sowie eingehend: Grünebaum, Zur Strafbarkeit des Therapeuten im Maßregelvollzug bei fehlgeschlagenen Lockerungen, 1996.

230   10. Zur strafrechtlichen Verantwortlichkeit von **Tierhaltern,** insbes. bei Hundebesitzern, vgl. Bay NJW **93**, 2001, Düsseldorf NJW **92**, 2583, **93**, 1609 m. Anm. Brammsen JR 94, 373, Hamm NJW **96**, 1295.

§ 16 Irrtum über Tatumstände

(1) **Wer bei Begehung der Tat einen Umstand nicht kennt, der zum gesetzlichen Tatbestand gehört, handelt nicht vorsätzlich. Die Strafbarkeit wegen fahrlässiger Begehung bleibt unberührt.**

(2) **Wer bei Begehung der Tat irrig Umstände annimmt, welche den Tatbestand eines milderen Gesetzes verwirklichen würden, kann wegen vorsätzlicher Begehung nur nach dem milderen Gesetz bestraft werden.**

Vgl. das Stichwortverzeichnis zu § 15

Schrifttum: Backmann, Die Rechtsfolgen der aberratio ictus, JuS 71, 113. – *Bemmann,* Zum Fall Rose-Rosahl, MDR 58, 817. – *Bindokat,* Zur Frage des doppelten Irrtums, NJW 63, 745. – *Börker,* Der Irrtum des Unterlassungstäters über die Rechtspflicht zum Handeln, JR 56, 87. – *Busch,* Über die Abgrenzung von Tatbestands- und Verbotsirrtum, Mezger-FS 165. – *ders.,* Der Verbotsirrtum, Dt. Landesreferate zum IV. Int. Kongreß f. Rechtsvergleichung 1954, 333. – *Castaldo,* Der durch Geisteskrankheit bedingte Irrtum: ein ungelöstes Problem, ZStW 103, 541. – *Dieckmann,* Plädoyer für die eingeschränkte Schuldtheorie beim Irrtum über Rechtfertigungsgründe, Jura 94, 178. – *Dreher,* Der Irrtum über Rechtfertigungsgründe, Heinitz-FS 207. – *Engisch,* Tatbestandsirrtum und Verbotsirrtum bei Rechtfertigungsgründen, ZStW 70, 566. –

ders., Der „umgekehrte Irrtum" und das „Umkehrprinzip", Heinitz-FS 185. – *Franke,* Probleme beim Irrtum über Strafmilderungsgründe: § 16 II StGB, JuS 80, 172. – *Frisch,* Der Irrtum als Unrechts- und/oder Schuldausschluß im deutschen Strafrecht, in: Eser/Perron, Rechtfertigung und Entschuldigung III, 1991. – *Fukuda,* Das Problem des Irrtums über Rechtfertigungsgründe, JZ 58, 143. – *Gallas,* Zum gegenwärtigen Stand der Lehre vom Verbrechen, ZStW 67, 1. – *ders.,* Zur Struktur des strafrechtlichen Unrechtsbegriffes, Bockelmann-FS 155. – *D. Geerds,* Der vorsatzausschließende Irrtum, Jura 90, 421. – *Gössel,* Überlegungen zum Verhältnis von Norm, Tatbestand und dem Irrtum über das Vorliegen eines rechtfertigenden Sachverhalts, Trifferer-FS 93. – *Graf zu Dohna,* Recht und Irrtum, 1925. – *Graf,* Unrechtsbewußtsein und Vorsatz, SchwZStr. 60, 363. – *Graul,* Unrechtsbegründung und Unrechtsausschluß, JuS 95, L 41. – *Grünwald,* Zu den Varianten der eingeschränkten Schuldtheorie, Noll-GedS 183. – *Haft,* Der doppelte Irrtum im Strafrecht, JuS 80, 430, 659. – *ders.,* Grenzfälle des Irrtums über normative Tatbestandsmerkmale, JA 81, 281. – *Hardwig,* Sachverhaltsirrtum und Pflichtirrtum, GA 56, 369. – *ders.,* Pflichtirrtum, Vorsatz und Fahrlässigkeit, ZStW 78, 1. – *Hartung,* Die Entscheidung des BGH zur Frage des Verbotsirrtums, NJW 52, 761. – *ders.,* Der Rechtsirrtum in der Rechtsprechung des RG, DRZ 49, 342. – *Herdegen,* Der Verbotsirrtum in der Rechtsprechung des BGH, BGH-FS 195. – *Herzberg,* Erlaubnistatbestandsirrtum und Deliktsaufbau, JA 89, 243, 294. – *ders.,* Unrechtsausschluß und Erlaubnistatbestandsirrtum bei versuchter und vollendeter Tatbestandserfüllung, Stree/Wessels-FS 203. – *Hirsch,* Die Lehre von den negativen Tatbestandsmerkmalen, 1960. – *Arthur Kaufmann,* Tatbestand, Rechtfertigungsgründe und Irrtum, JZ 56, 353, 393. – *ders.,* Die Irrtumsregelung im Strafgesetz-Entwurf 1962, ZStW 76, 543. – *ders.,* Einige Anmerkungen zu Irrtümern in der Irrtum, Lackner-FS 185. – *Kohlhaas,* Irrtum über das Vorliegen oder Nichtvorliegen von persönlichen Strafausschließungsgründen, ZStW 70, 217. – *Kohlrausch,* Schuld und Irrtum im Strafrecht, I. Teil, 1903. – *Krümpelmann,* Stufen der Schuld beim Verbotsirrtum, GA 68, 129. – *ders.,* Die strafrechtliche Behandlung des Irrtums, ZStW-Beih. 1978, 6. – *ders.,* Anmerkungen zum Erlaubnistatbestandsirrtum, Arth. Kaufmann-GedS 371. – *Küper,* Zur irrigen Annahme von Strafmilderungsgründen, GA 68, 321. – *Kuhlen,* Die Unterscheidung von vorsatzausschließendem und nichtvorsatzausschließendem Irrtum, 1987. – *Lange,* Irrtumsfragen bei der ärztlichen Schwangerschaftsunterbrechung, JZ 53, 9. – *ders.,* Der Strafgesetzgeber und die Schuldlehre, JZ 56, 73. – *ders.,* Nur eine Ordnungswidrigkeit?, JZ 57, 233. – *Lang-Hinrichsen,* Zur Problematik der Lehre von Tatbestands- und Verbotsirrtum, JR 52, 184. – *ders.,* Zur Frage des Unrechtsbewußtseins, ZStW 63, 332. – *ders.,* Tatbestandslehre und Verbotsirrtum, JR 52, 302, 356. – *ders.,* Die irrtümliche Annahme eines Rechtfertigungsgrundes in der Rechtsprechung des BGH, JZ 53, 362. – *ders.,* Die Schuld- und Irrtumslehre, Mat. II, 381. – *Maiwald,* Der „dolus generalis", ZStW 78, 30. – *Mayer,* Der BGH über das Bewußtsein der Rechtswidrigkeit, MDR 52, 392. – *ders.,* Das Problem des sogenannten dolus generalis, JZ 56, 109. – *Mayr,* Error in persona vel obiecto und aberratio ictus bei der Notwehr, 1991. – *Mitsch,* Tödliche Schüsse auf flüchtende Diebe, JA 89, 79. – *Niese,* Der Irrtum über Rechtfertigungsgründe, DRiZ 53, 20. – *Noll,* Tatbestand und Rechtswidrigkeit usw., ZStW 77, 1. – *Oehler,* Zum Eintritt eines hochgradigen Affekts während der Ausführungshandlung, GA 56, 1. – *Otto,* Der vorsatzausschließende Irrtum in der höchstrichterlichen Rechtsprechung, Meyer-FS 583. – *Paeffgen,* Der Verrat in irriger Annahme eines illegalen Geheimnisses (§ 97b StGB) und die allgemeine Irrtumslehre, 1979. – *Puppe,* Die logische Tragweite des sog. Umkehrschlusses, Lackner-FS 199. – *dies.,* Tatirrtum, Rechtsirrtum, Subsumtionsirrtum, GA 90, 145. – *dies.,* Die strafrechtliche Verantwortung für Irrtümer bei der Ausübung der Notwehr, JZ 89, 728. – *dies.,* Zur Struktur der Rechtfertigung, Stree/Wessels-FS 183. – *Roxin,* Die Behandlung des Irrtums im Entwurf 1962, ZStW 76, 582. – *Rudolphi,* Die pflichtgemäße Prüfung als Erfordernis der Rechtfertigung, Schröder-GedS 73. – *Salm,* Zur Rechtsprechung des BGH über den strafbefreienden Irrtum, ZStW 69, 522. – *Schaffstein,* Putative Rechtfertigungsgründe und finale Handlungslehre, MDR 51, 196. – *ders.,* Tatbestandsirrtum und Verbotsirrtum, OLG Celle-FS 175. – *Scheffler,* Der Erlaubnistatbestandsirrtum und seine Umkehrung, das Fehlen subjektiver Rechtfertigungselemente, Jura 93, 617. – *Schlehofer,* Vorsatz und Tatabweichung, 1996. – *Schlüchter,* Irrtum über normative Tatbestandsmerkmale im Strafrecht, 1983. – *dies.,* Grundfälle zum Bewertungsirrtum des Täters im Grenzbereich zwischen §§ 16 und 17 StGB, JuS 85, 373, 527, 617. – *Schmidhäuser,* Die Grenze zwischen vorsätzlicher und fahrlässiger Straftat („dolus eventualis" und „bewußte Fahrlässigkeit"), JuS 80, 241. – *Schmidt-Leichner,* Unrechtsbewußtsein und Irrtum in ihrer Bedeutung für den Vorsatz im Strafrecht, StrAbh. Heft 351 (1935). – *ders.,* Zur Problematik der Irrtumslehre, GA 54, 1. – *Schröder,* Der Irrtum über Rechtfertigungsgründe nach dem BGH, MDR 53, 70. – *ders.,* Die Irrtumsrechtsprechung des BGH, ZStW 65, 178. – *ders.,* Die Notstandsregelung des Entwurfs 1959 II, Eb. Schmidt-FS 290. – *ders.,* Verbotsirrtum, Zurechnungsfähigkeit, actio libera in causa, GA 57, 297. – *Schroeder,* Der Irrtum über Tatbestandsalternativen, GA 79, 321. – *Schroth,* Die Annahme und das ‚Für-Möglich-Halten' von Umständen, die einen Rechtfertigungsgrund begründen, Arthur Kaufmann-FS 595. – *ders.,* Vorsatz und Irrtum, 1998. – *Schünemann,* Die deutschsprachige Strafrechtswissenschaft (usw): Tatbestands- und Unrechtslehre, GA 85, 341. – *Vogler,* Der Irrtum über Entschuldigungsgründe im Strafrecht, GA 69, 103. – *Warda,* Die Abgrenzung von Tatbestands- und Verbotsirrtum bei Blankettstrafgesetzen, 1955. – *ders.,* Vorsatz und Schuld bei ungewisser Tätervorstellung über das Vorliegen strafbarkeitsausschließender, insbesondere rechtfertigender Tatumstände, Lange-FS 119. – *ders.,* Grundzüge der strafrechtlichen Irrtumslehre, Jura 79, 1, 71, 113, 286. – *Warda,* Zur Problematik des Irrtums über Tatbestandsalternativen, Stree/Wessels-FS 267. – *v. Weber,* Der Irrtum über einen Rechtfertigungsgrund, JZ 51, 260. – *ders.,* Negative Tatbestandsmerkmale, Mezger-FS 183. – *ders.,* Subsumtionsirrtum, GA 53, 161. – *Wegner,* Über Irrtum, Raape-FS 401. – *Weinberg,* Der Verbotsirrtum, StrAbh. Heft 286 (1931). – *Weiz,* Die Arten des Irrtums, StrAbh. Heft 286 (1931). – *Welzel,* Zur Abgrenzung des Tatbestandsirrtums vom Verbotsirrtum, MDR 52, 584. – *ders.,* Arten des Verbotsirrtums, JZ 53, 266. – *ders.,* Der Irrtum über die Rechtmäßigkeit der Amtsausübung, JZ 52, 19. – *ders.,* Der Irrtum über die Zuständigkeit einer Behörde, JZ 52, 133. – *ders.,* Der Irrtum über die Amtspflicht, JZ 52, 208. – *ders.,* Der Irrtum über einen Rechtfertigungsgrund, NJW 52, 564. – *ders.,* Der Irrtum über die Rechtswidrigkeit des Handelns, SJZ 48, 368. – *ders.,* Schuld und Bewußtsein der Rechtswidrigkeit, MDR 51, 65. – *ders.,* Regelung von Vorsatz und Irrtum im Strafrecht als legislatorisches Problem, ZStW 67, 196.

§ 16 1–8/9   Allg. Teil. Die Tat – Grundlagen der Strafbarkeit

1   **I.** Die Vorschrift regelt den **Irrtum über Tatumstände** und geht insoweit auf § 59 aF zurück. Sie muß im Zusammenhang mit § 17 gelesen werden und basiert auf der lange Zeit umstrittenen Unterscheidung zwischen Tatbestands- und Verbotsirrtum, wie sie vorher schon von der Rspr. des BGH und den Anhängern der verschiedenen Spielarten der Schuldtheorie vertreten wurde. Der Gesetzgeber ging bei der Formulierung des § 16 davon aus, daß die Entscheidung, „ob es sich bei dem Irrtum über die Voraussetzungen von Rechtfertigungsgründen um einen Tatbestands- oder Verbotsirrtum oder um einen Irrtum eigener Art handelt," „wie bisher der Rechtsprechung und Rechtslehre überlassen bleibe" (BT-Drs. V/4095 S. 9); vgl. hierzu § 15 RN 7 f. Nicht mehr als gesetzeskonform kann die sog. Vorsatztheorie (vgl. § 15 RN 104) angesehen werden.

2   Nicht mehr erwähnt werden in § 16 diejenigen **Umstände,** welche die **Strafbarkeit erhöhen** (so noch § 59 I aF). Damit ist keine sachliche Änderung verbunden, weil solche Umstände zum Tatbestand der Qualifikation gehören. Dagegen regelt § 16 II im Gegensatz zum früheren Recht den Irrtum über privilegierende Umstände (u. 26/27); dies dient der Klarstellung, ohne daß dadurch eine sachliche Änderung des Anwendungsbereichs der Irrtumsvorschriften erreicht würde oder beabsichtigt war (vgl. hierzu Franke JuS 80, 172). Ergänzend ist § 35 II zu erwähnen, der eine – in ihrer sachlichen Berechtigung freilich nicht unbestrittene – Sonderregelung für den Irrtum über die Voraussetzungen des entschuldigenden Notstandes bringt; vgl. § 35 RN 44 ff. Ähnliche Sonderregelungen für den rechtfertigenden Notstand (§ 34) und für die Indikation bei der Schwangerschaftsunterbrechung, die der E 62 noch enthielt (vgl. § 178 II E 62), sind ins geltende Recht nicht übernommen worden.

3   **II.** Im Zusammenhang mit § 15 ist im einzelnen ausgeführt worden (RN 9 ff.), was an Wissen und Wollen erforderlich ist, um i. S. der §§ 15 ff. von Vorsatz sprechen zu können.

4   **1.** Das **Fehlen dieses Wissens schließt** den **Vorsatz aus** und läßt lediglich die Möglichkeit einer Bestrafung wegen Fahrlässigkeit übrig. Dabei ist gleichgültig, was der Täter sich in concreto vorgestellt hat, sofern er eben nur die Umstände nicht gekannt hat, die er kennen mußte. Auch hier spricht man, obwohl das Entscheidende die **Unkenntnis** des Täters von den Tatumständen ist, oft mißverständlich von Irrtum (so etwa Schmidhäuser I 206 f., wie hier Stratenwerth 98). Ungewißheit, ob ein Tatbestandsmerkmal gegeben ist, ist noch keine Unkenntnis; diese liegt nur dann vor, wenn der Täter das Vorhandensein eines Tatbestandsmerkmals nicht einmal als Möglichkeit in Rechnung stellt. Zweifel an der Existenz eines tatsächlich bedachten Tatumstandes erlauben die Anwendung von § 16 I S. 1 nicht (Warda Jura 79, 5).

5   Daneben stehen die Fälle des echten Irrtums, bei denen eine **positive Vorstellung** (vgl. BGH NJW **69,** 802) des Täters vorhanden ist, die eine andere strafrechtliche Beurteilung zu seinen Gunsten oder Lasten erforderlich machen würde, der Inhalt seiner Vorstellung also anders zu subsumieren wäre. Im Unterschied zu Abs. 1, der von Unkenntnis spricht, verlangt Abs. 2 die „irrige Annahme" eines zur Privilegierung führenden Tatbestandes, also zB das „ernstliche Verlangen" in § 216. Diese sprachliche Differenzierung ist berechtigt, da subjektiv gesehen die Annahme eines privilegierenden Tatbestandes nur vorliegt, wenn der Täter sich zum Leitbild des Grundtatbestandes zusätzliche Umstände vorstellt, die das Unrecht seines Verhaltens oder seine Schuld vermindern würden.

6   **2.** Die Vorschrift des § 16 regelt nur die Rechtsfolgen der **Unkenntnis von Tatumständen** (Abs. 1) und der **irrtümlichen Annahme von Privilegierungsumständen** (Abs. 2), läßt aber offen, was im **umgekehrten Falle,** dh der irrigen Annahme von Tatumständen oder der Unkenntnis von privilegierenden Merkmalen zu geschehen hat. Gleiches gilt für die in § 17 geregelte Verbotsunkenntnis, deren Umkehrung in der irrigen Annahme besteht, ein bestimmtes Verhalten sei verboten. Zwischen diesen verschiedenen Irrtümern besteht nach zweifelhafter hM ein **Umkehrverhältnis,** das sich in der Reziprozität zwischen Tatbestandsirrtum und Versuch einerseits und zwischen Verbotsirrtum und Wahndelikt andererseits zeigt (vgl. Baumann NJW 62, 16, Maurach NJW 62, 716, Puppe Lackner-FS 199 ff., Sax JZ 64, 241, 244, Schaffstein OLG Celle-FS 175; gegen den Umkehrschluß Engisch Heinitz-FS 185 ff., Schroth aaO 78, Spendel ZStW 69, 441, NJW 65, 1881, JuS 69, 314, Traub JuS 67, 113); vgl. dazu § 22 RN 69 mwN. Nimmt der Täter irrtümlich die **Voraussetzungen** eines **schwereren Tatbestandes** an, so kommt ein Versuch des qualifizierten Delikts in Tateinheit mit dem vollendeten einfachen Delikt in Betracht, vgl. § 52 RN 2.

7   **III.** Beim Irrtum über **Tatumstände** gilt folgendes:

8/9   **1.** Zu den **in § 16 genannten Umständen** gehören die **Merkmale des gesetzlichen Tatbestandes.** Dazu zählen nach der hier vertretenen Auffassung vom Tatbestand als Unrechtstypus (vgl. 18 vor § 13) diejenigen Merkmale, die den spezifischen Unrechtsgehalt einer bestimmten Deliktsart charakterisieren. Das sind jene Merkmale, die nach § 15 RN 15 ff. Bezugsobjekte des Vorsatzes sind. Nicht zum gesetzlichen Tatbestand gehört dagegen das Fehlen von Rechtfertigungsgründen, zumal diese zT gesetzlich überhaupt nicht geregelt sind (and. die Lehre von den negativen Tatbestandsmerkmalen, vgl. 16 ff. vor § 13, § 15 RN 35). Daher gilt § 16 I unmittelbar nur für die Unkenntnis von solchen Tatumständen, die den vom Gesetz in den einzelnen Deliktstatbeständen abstrakt umschriebenen deliktstypischen Unrechtsmerkmalen entsprechen. Die Ausdrucksweise, daß die konkreten Umstände, auf die die Fehlvorstellung des Täters sich bezieht, zum abstrakten Tatbestand „gehören", ist zwar üblich, aber ungenau. Unter Merkmal ist dabei nicht ein Bestandteil einer abstrakter Deliktsbeschreibung zu verstehen, sondern ein Element des konkreten Lebenssachverhaltes, das die abstrakte Deliktsbeschreibung ausfüllt (Kühl 434; Kindhäuser GA 90, 407; krit. Puppe GA 90, 143). Zum abweichenden Standpunkt von Sax (JZ 76, 429: Irrtum über die strafwürdige Beeinträchtigung des Schutzzweckes der Norm als Verbotsirrtum) als Konsequenz seines engeren Begriffs des gesetzlichen Tatbestandes (s. 43/44 vor § 13) vgl. RN 9 der 25. Aufl.

2. Fehlt dem Täter die Kenntnis eines zum Tatbestand gehörigen Merkmals, so handelt er **ohne** 10 **Vorsatz.** Gleichgültig ist dabei, welches Merkmal des gesetzlichen Tatbestandes der Täter nicht kennt (vgl. BGH MDR/H **86**, 97). Bei Unkenntnis eines **qualifizierenden Tatbestandsmerkmals** gilt § 16 mit der Maßgabe, daß nur im Hinblick auf den Grundtatbestand Vorsatz gegeben ist (Schroeder LK 64). Bei einem unechten Unterlassungsdelikt befindet sich im vorsatzausschließenden Irrtum, wer die seine Garantenstellung begründenden Umstände verkennt. Da bei Unterlassungsdelikten in Fällen der Unzumutbarkeit des Handelns bereits keine Verpflichtung zum Eingreifen besteht (vgl. 155 vor § 13), handelt der Verpflichtete unvorsätzlich, wenn er irrtümlich glaubt, daß für ihn eine Handlungspflicht nicht besteht, sofern dieser Irrtum auf der Verkennung der tatsächlichen Elemente für die Beurteilung der Zumutbarkeit beruht. Basiert der Irrtum dagegen auf einer unrichtigen Wertung, dh einer rechtlichen Fehlbeurteilung, so liegt ein Verbotsirrtum vor (vgl. Hamm NJW **68**, 212 m. Anm. Kreuzer NJW 68, 1202, Blei I 151, Lackner/Kühl § 15 RN 16, Schaffstein OLG Celle-FS 205).

a) Nicht jede Fehlvorstellung führt zum Ausschluß des Vorsatzes. Dies gilt zunächst für den sog. 11 **error in obiecto** (vgl. § 15 RN 59), bei dem der Täter das Angriffsobjekt falsch individualisiert: A schießt auf B in der Meinung, es handele sich um C. Streitig sind die Fälle, in denen der Täter tatsächlich eine **andere Alternative** eines Tatbestandes verwirklicht als die, die er verwirklichen will, (sog. doppelter Tatbestandsirrtum), also zB in eine Wohnung eindringt im Glauben, es handele sich um Geschäftsräume (§ 123), sein Opfer durch ein Säureattentat zu blenden beabsichtigt, es aber entstellt (§ 226), eine Urkunde in der Vorstellung zerstört, es handele sich um eine technische Aufzeichnung (§ 274), den Bewucherten (§ 291) für unerfahren hält, während er tatsächlich dessen Zwangslage ausnutzt, sein Opfer tatsächlich grausam tötet, aber irrig eine heimtückische Tötung annimmt (§ 211), usw: Angesichts gesetzgeberischer Tendenz, gerade im Wirtschafts- und Umweltstrafrecht Strafvorschriften mit Handlungsalternativen sowie alternativ aufgeführten Handlungsobjekten aufzustellen (vgl. etwa § 326; hierzu bereits Schittenhelm GA 83, 314 ff.), ist die immer noch fehlende abschließende dogmatische Klärung der einschlägigen Fragen (hierzu eingehend: Schroeder GA 79, 321, Warda aaO 267) zu beklagen. Als unproblematisch auszublenden sind von vornherein Fallgestaltungen, deren Lösung sich bereits aus den allgemeinen Grundsätzen vorsatzausschließender *aberratio ictus* (§ 15 RN 57) bzw. vorsatzirrelevanten *Subsumtionsirrtums* (§ 15 RN 43 ff.) ergibt (hierzu Warda aaO 272 f.): Das Fehlgehen der Tat führt nicht nur allgemein bei Gleichartigkeit von anvisiertem und verletztem Objekt zum Vorsatzausschluß, sondern ungeachtet qualitativer Vergleichbarkeit ebenso dann, wenn das getroffene Objekt von einer anderen Tatbestandsalternative geschützt wird als das ins Auge gefaßte (zB Zerstörung eines Polizei- statt eines Bundeswehrfahrzeuges [§ 305 a I Nr. 2]); umgekehrt vermag den Täter ein „doppelter Subsumtionsirrtum" auch dann nicht zu entlasten, wenn mit der vorsatzirrelevanten „Verneinung" der verwirklichten Alternative die ebenso unbeachtliche Fehlvorstellung verbunden ist, ein in einer anderen Alternative geschützte Objekt (zB § 274: technische Aufzeichnung an Stelle der tatsächlich und mit hinreichender Parallelwertung erfaßten Urkunde) zu beeinträchtigen. Für den verbleibenden Problembereich ist zur schuldangemessenen Ahndung weder einer prinzipiellen Beachtlichkeit entsprechender Fehlvorstellungen mit der Konsequenz einer – nur partiell möglichen – Erfassung lediglich als versuchtes und fahrlässig verwirklichtes Delikt das Wort zu reden (and. Binding Normen II/2 931 f., Kuhlen aaO 512 ff., Schlehofer aaO 171 ff.) noch umgekehrt von genereller Unbeachtlichkeit entsprechender Irrtümer auszugehen (and. Bindokat NJW 63, 745, Haft JuS 80, 435). Es ist vielmehr unter Zugrundelegen allgemeiner vorsatzdogmatischer Zurechnungsregeln ungeachtet eines auf „Lückenschließung" drängenden Rechtsgefühls der Vorgabe des § 16 I Rechnung zu tragen: Die Unkenntnis des Umstandes einer Tatbestandsalternative kann nicht einfach dadurch kompensiert werden, daß der Täter irrig glaubt, statt dessen eine andere Alternative zu verwirklichen (so deutlich Warda aaO 275; auch Schroeder GA 79, 323 betont zutr. die Tatbestandsbezogenheit des Vorsatzes. Auch ein Abstellen auf – rechtsgutsbezogene – Bedeutungsäquivalenz bzw. qualitative Gleichwertigkeit (Jakobs 284 FN 91, Schroth aaO 68, Vorauf. 11) vermag für sich allein die Abkehr vom gesetzlich vorgesehenen Vorsatzausschluß (§ 16 I) noch nicht zu legitimieren (s. a. Warda aaO 283). Es wird mit Warda aaO 280 ff. vielmehr wie folgt zu differenzieren sein (wobei in Fällen eines als solchen unbeachtlichen Doppelirrtums sich zusätzliche Zurechnungsgrenzen aus allgemeinen Überlegungen zur Vorsatzzurechnung bei Kausalverlaufsabweichungen ergeben mögen: Warda aaO 284): Ist die vorsätzlich verwirklichte Alternative objektiv als *quantitatives Minus* in dem vom Täter intendierten Plus enthalten (zB teilweise statt ganzer Zerstörung im Falle des § 305), so besteht ein entsprechendes Einschlußverhältnis auch für seinen Vorsatz. Entsprechendes gilt, sofern die Tatbestandsalternative *qualitative* Unrechtsabstufungen umschreibe (zB § 303: Beschädigen oder Zerstören; nicht aber die Alternativen des § 226 untereinander [and. Schroth aaO 70, Vorauf. 11; vgl. aber auch § 226 RN 14]); angesichts der Kongruenz von objektivem und subjektivem Tatbestand ist das intendierte Mehr an Unrechtsverwirklichung auch nicht etwa als Versuch zu ahnden. Umgekehrt erscheint es durchaus zweifelhaft, einem Täter, der in den o. g. Fällen quantitativer bzw. qualitativer Unrechtsabstufungen tatsächlich ein *Mehr* als von ihm gewollt verwirklicht (zB eine Urkunde vernichtet statt wie gewollt beschädigt [§ 274 I Nr. 1]), dieses Plus an tatbestandlichem Unrecht auch subjektiv zuzurechnen und den herabgesetzten

Handlungsunwert nur bei der Strafzumessung zu berücksichtigen (so Schroth aaO 69, Warda aaO 282 f.). Vielmehr sollte umgekehrt lediglich das im objektiven Tatererfolg enthaltene Verletzungsminus dem Täter als vorsätzliches Unrecht vorgehalten werden. – Keine Irrtumsrelevanz kommt demgegenüber Fehlvorstellungen des Täters zu, die sich auf *Tatbestandsalternativen mit generalisierender Auffangklausel* beziehen (Warda aaO 281 f.), zB § 305: Gebäude, Schiff usw oder ein anderes Bauwerk: Erfaßt der Täter die Voraussetzungen des umfassenden Gattungsbegriffes (zB Bauwerk), die in dem exemplifizierenden Alternativen (zB Gebäude/Schiff) ja jeweils mitenthalten sind, so sind ihm die unrechtskonstituierenden Umstände auch der von ihm verwirklichten Alternative nicht bekannt. – Die von § 16 I vorgegebene Zurechnungsgrenze dürfte ferner noch in den Fällen gewahrt sein (and. Schlehofer aaO 171), in denen die betroffenen Tatbestandsvarianten in ihrer alternativen Verknüpfung ein *einheitliches (komplexes) Merkmal* bilden (Lackner/Kühl 4, Roxin I 424 [Auffächerung eines einheitlichen Schutzgegenstandes oder Angriffsmittels], Rudolphi SK 28 d, Schroeder GA 79, 327, LK 4 [im Wesentlichen erschöpfende Erfassung aller möglichen Angriffsformen und -objekte], Warda aaO 282, 284; s. a. Puppe NK 131 ff. [junktorisch definierte Begriffe, unabhängig davon, ob es umgangs- oder fachsprachlich überhaupt einen zusammenfassenden Oberbegriff gibt]), so daß sich die fortbestehende Divergenz von Realisiertem und Tätervorstellung in den Rahmen eines einheitlichen Tatbestandsmerkmals verlagert: Ist der Gesetzgeber aus Gründen der Rechtssicherheit (Garantiefunktion des Tatbestandes) zu einer tatbestandlichen Ausdifferenzierung der Verbotsmaterie aufgerufen, so sollte aus Gründen materieller Gerechtigkeit (zur ähnlichen Konfliktlage vgl. § 1 RN 65 ff.) dem Täter seine auf einen einzelnen Tatumstand bezogene Fehlvorstellung dann nicht zugute kommen, sofern er immerhin über eine zutreffende Vorstellung vom gemeinsamen jeweils vertypten Erfolgs- und Handlungsunwert verfügt (zB darüber, im Falle des § 123 bei Verwechslung von Wohnung und Geschäftsraum jedenfalls in einen abgeschlossenen Raum unter fremdem Hausrecht einzudringen; entsprechend wohl im Falle des § 142 [s. Schroeder GA 79, 325], sofern der Täter jedenfalls erkennt, daß sich vor Erfüllung der in Abs. 1 Nr. 1 und 2 alternativ aufgeführten Pflichten entfernt). Die nähere Bestimmung, ob ein derart einheitliches Merkmal vorliegt, ob also nach der Intention des Gesetzes die fraglichen Alternativen als gleichwertig und damit Fehlvorstellungen als unbeachtlich anzusehen sind (so zB RG 35 287 zu § 308 aF: Vorrat von landwirtschaftlichen Erzeugnissen/Baumaterialien), ist nur in einer Einzelanalyse der einschlägigen Vorschriften zu klären: So sollten zB entsprechende Irrtümer im Bereich der umfassenden Schutz gewährenden Angriffsobjekte des § 123 unbeachtlich sein, während dies für die Opfereigenschaften im Falle des § 291 schon zweifelhaft ist (bejahend Schroth aaO 70; im Falle qualitativ divergierender Schutzgegenstände (zB Urkunde/technische Aufzeichnung bei § 274 [Rudolphi SK 28 d]; oder: Gefährdung von Leib oder Leben im Falle des § 315 c [Puppe NK 135, Schroth aaO 68; s. a. Schroeder GA 79, 325] – Entsprechendes dürfte für die unterschiedlichen Verletzungsformen des § 225 zu gelten haben) § 16 I zur Anwendung kommen sollte (vgl. Roxin I 424); zu Irrtümern im Bereich des § 326: Puppe NK 134, Schittenhelm GA 83, 315 ff., Schroth aaO 68; § 326 RN 14). Dieser Ansatz einer Vorsatzannahme im Falle der Verknüpfung einzelner Tatbestandsalternativen zu einem einheitlichen Tatbestandsmerkmal findet seine Grenze am jeweiligen Tatbestand (so auch Puppe NK 136, Schroth aaO 69), so daß bei tatbestandsüberschreitenden Fehlvorstellungen auch bei Ähnlichkeit der geschützten Rechtsgüter ein Tatbestandsirrtum vorliegt, zB keine Wilderei im Falle eines Täters, der nicht weiß, daß er ein in fremdem Eigentum stehendes Tier erlegt (and. Jakobs 293; s. a. Schroeder GA 79, 326); hieraus könnten auch Konsequenzen im Falle von Fehlvorstellungen über Formen der Beteiligung zu ziehen sein, da auch insoweit Bedenken gegen einen „Mischtatbestand" strafbarer Anstiftung, zusammengesetzt aus objektiv vorliegender Anstiftung und vorgestellter mittelbarer Täterschaft, nicht von der Hand zu weisen sind (Herzberg JuS 75, 375, Puppe NK 137; and. Voraufl. 79 vor 25). Zu den Fällen einer **Abweichung vom Kausalverlauf** vgl. § 15 RN 55 ff.

12 b) Der **Tatbestandsirrtum** führt auch dann zum Vorsatzausschluß, wenn er **verschuldet** war (verfehlt deshalb Celle NJW **69**, 1775 m. Anm. Horn NJW 69, 2156, wonach ein alkoholbedingter Tatbestandsirrtum den Vorsatz nicht ausschließen soll; vgl. aber die Sonderproblematik des § 323 a StGB (dort RN 18); Kritik an der geltenden Regelung bei Jakobs 213. In diesem Fall kommt nach § 16 I S. 2 nur eine Fahrlässigkeitstat in Betracht, sofern dem Täter die Unkenntnis vorgeworfen werden kann und die fahrlässige Begehung unter Strafe gestellt ist. Verwechselt zB ein Jäger in der Dämmerung einen Menschen mit einem Tier und tötet er ihn, so kann ggf. wegen fahrlässiger Tötung bestraft werden. Eine Sonderregelung gilt jedoch für den Notwehrexzeß, wo auch die Bestrafung wegen fahrlässiger Tat ausgeschlossen ist, wenn eine Notwehrüberschreitung auf Verwirrung, Furcht oder Schrecken beruht; zum Putativnotwehrexzess vgl. § 33 RN 8.

13 c) Bei einem auf **Fahrlässigkeit** beruhenden Irrtum kann zweifelhaft sein, auf welchen **Zeitpunkt** die Fahrlässigkeit zu beziehen ist, ob nur auf die Situation, in der der Irrtum zu einer Handlung des Täters führt, oder ob Fahrlässigkeit in der Richtung ausreicht, daß den Täter ein Vorverschulden an einem Zustand trifft, in dem eine ordnungsgemäße Differenzierung ihm nicht mehr möglich ist (zB verschuldete Trunkenheit, unterlassene Unterrichtung durch Lesen von Gesetzblättern). Maßgeblich ist grds. die Situation zZ der Tat selbst (vgl. Schröder GA 57, 303). Schuldhaftes Verhalten vor der Tat kann dem Täter nur nach den Grundsätzen der actio libera in causa zur Last gelegt werden (vgl. § 20 RN 33 ff.): Hat es der Täter zB unterlassen, Auskünfte einzuholen, Anweisungen zu lesen usw., so fällt ihm Fahrlässigkeit zur Last, wenn er damit hätte rechnen müssen, in eine Situation zu kommen, in

der er sich infolge der Unkenntnis nicht richtig verhalten werde (Oldenburg VRS **16** 298); vgl. jedoch auch Hamm NJW **58**, 271, Köln VRS **37** 35.

IV. Streitig ist die Behandlung des Irrtums über die Voraussetzungen eines Rechtfertigungsgrundes **14** (sog. **Erlaubnistatbestandsirrtum**). Die Behandlung dieses Irrtums hat der Gesetzgeber bewußt offen gelassen. Zum Erlaubnistatbestandsirrtum im Deliktaufbau vgl. Herzberg JA 89, 243, 294, sowie Eser/Burkhardt I 47, 189, Graul JuS 95, L 44, Scheffler Jura 93, 625, Schroth aaO 123, W/Beulke 290.

1. Die **strenge Schuldtheorie** nimmt in diesen Fällen einen Verbotsirrtum nach § 17 an mit der **15** Begründung, daß der Täter alle Tatumstände kenne und daher – ungeachtet seiner Fehlvorstellung – (tat-)vorsätzlich handele. Die Konsequenz ist, daß er § 49 I wegen eines Vorsatzdelikts bestraft werden kann und bei Unvermeidbarkeit des Irrtums entschuldigt ist. Dieser Standpunkt wird vertreten von: Bockelmann NJW 50, 830 ff., Fukuda JZ 58, 143, Gössel Triffterer-FS 98, Hartung NJW 51, 209, Heitzer NJW 53, 210, Hirsch aaO 254, ZStW **94**, 257 ff., Armin Kaufmann JZ 55, 37, M-Gössel II 99, 165, Niese DRiZ 53, 20, Paeffgen aaO 90 ff. (Bildung eigenen Strafrahmens nach § 49 II [ebenso Krümpelmann ZStW-Beih. 1978, 6]; insoweit aufgegeben in Arth. Kaufmann-GedS 411), Eb. Schmidt SJZ 50, 837, Schroeder LK 47 ff., Warda JR 50, 546, Welzel-FS 499, Welzel NJW 52, 564, JZ 52, 596, ZStW 67, 196, ZStW 76, 619. Gegen die „strenge" Schuldtheorie spricht die mit Recht immer wieder gerügte Ungerechtigkeit ihrer Ergebnisse (Bestrafung wegen vorsätzlicher Tat bei bloßer Vermeidbarkeit des Irrtums); auch verdient der von der Warnfunktion der Tatbestandsverwirklichung immerhin erreichte Täter hierdurch nicht per se einen höheren Vorwurf als derjenige, der als Fahrlässigkeitstäter die Gefährlichkeit seines Verhaltens ignoriert. Mit der Annahme, daß selbst in den Fällen, in denen der Irrtum bei Anwendung der objektiv gebotenen Sorgfalt unvermeidbar war, lediglich die Schuld ausgeschlossen sei, das Unrecht der vorsätzlichen Tat also bestehen bleibe, gerät die „strenge" Schuldtheorie ferner in Widerspruch zu der heute bei den Fahrlässigkeitsdelikten weitgehend unbestrittenen Erkenntnis, daß ein objektiv sorgfältiges Verhalten keinen Unrechtstatbestand (s. 17 vor § 13) verwirklicht (vgl. § 15 RN 116).

2. Nach der **eingeschränkten Schuldtheorie**, die jedenfalls im Ergebnis ungeachtet verbrechens- **16** systematisch (zum normentheoretischen Hintergrund Gössel Triffterer-FS 93 ff.; gegen ihn aber Schroth aaO 116) bedingter Spielarten (hierzu krit. Engisch ZStW 70, 567 [geradezu scholastisches Raffinement], Grünwald Noll-GedS 183, Roxin JuS 73, 562, Stratenwerth 153) von der Rspr. und der h. L. vertreten wird, ist i. E. davon auszugehen, daß ein Irrtum über die tatsächlichen Voraussetzungen von den Rechtsfolgen her oder unmittelbar wie ein Tatbestandsirrtum zu behandeln ist. Diese Ansicht wird vom BGH **2** 236, **3** 12, 106, 124, 196, 364, **17** 91, **31** 286 f., NStZ **84**, 503, NStE **Nr. 1** und sämtlichen Obergerichten (zB Bay NJW **55**, 1848, Düsseldorf NStZ **94**, 343 f., Hamburg JR **75**, 511 m. Anm. Rudolphi, Hamm NJW **87**, 1035, Köln NJW **62**, 686) sowie im Schrifttum (u. 17) vertreten.

a) Keine Einigkeit besteht allerdings darin, auf welchem Wege dieses Ergebnis erzielt wird. Teil- **17** weise wird § 16 **unmittelbar angewandt** (so die Lehre von den negativen Tatbestandsmerkmalen: Freund 252, Arth. Kaufmann JZ 54, 653 ff., Lackner-FS 187, Schaffstein MDR 51, 199, OLG Celle-FS 182 ff., Schroth Arth. Kaufmann-FS 598, aaO 116 ff., Schünemann GA 85, 349, v. Weber JZ 51, 260, Mezger-FS 183 f.; vgl. 15 ff. vor § 13, § 15 RN 35), teilweise wird § 16 hier nur für entsprechend anwendbar erklärt; letzterenfalls ist wieder umstritten, ob **analog** § 16 I S. 1 vorsätzliches Unrecht ausgeschlossen ist (so die hM, BGH **3** 106 f., 196, 364, **31** 286 f., **32** 248, GA **69**, 118, StV **87**, 98, Bay NJW **55**, 1848, Düsseldorf NStZ **94**, 344, Hamburg JR **75**, 511, LG München NJW **88**, 1861, Backmann JuS 72, 652, B/W-Weber 455, Dieckmann Jura 94, 178 ff., Engisch ZStW 70, 583 ff., Eser/Burkhardt I 188 f., Frisch aaO 270, Graul JuS 95, L 44, Köhler 324 ff., Kühl 459, Kuhlen aaO 323 ff., Lackner/Kühl 14, Mitsch JA 95, 36, Puppe NK 156, Stree/Wessels-FS 196, Rudolphi SK 10 ff., Scheffler Jura 93, 621 ff., Stratenwerth 153 f., Zielinski AK 55; 19 vor § 13; so auch Herzberg JA 89, 295 f., der allerdings bei nicht sorgfaltswidrigem Irrtum infolge erlaubten Risikos bereits den objektiven Tatbestand auch des Vorsatzdelikts entfallen läßt [Stree/Wessels-FS 217 f.]), oder ob der Irrtum über die Voraussetzungen eines Rechtfertigungsgrundes lediglich hinsichtlich der Rechtsfolgen dem in § 16 geregelten Tatbestandsirrtum gleichzustellen ist, der Täter also, obwohl er vorsätzliches Unrecht begangen hat mangels Vorsatzschuld (vgl. Gallas Bockelmann-FS 170; krit. zur damit verknüpften sog. Doppelnatur des Vorsatzes [bejahend 120 vor § 13]: Schroth aaO 120 f.; s. a. Puppe Stree/Wessels-FS 189 f., NK 153) – das fortbestehende Vorsatzunrecht soll – methodisch durchaus fragwürdig – Strafbarkeitslücken im Bereich der Teilnahme vermeiden helfen (hierzu krit. Eser/Burkhardt I 189, Frisch, Vorsatz und Risiko [1983] 253, Grünwald Noll-GedS 195) – allenfalls wie ein Fahrlässigkeitstäter bestraft werden kann (**rechtsfolgeneinschränkende** bzw. rechtsfolgenverweisende) **Schuldtheorie:** Hamm NJW **87**, 1034, Blei 206, Börker JR 60, 168 ff., Dreher MDR 62, 592, Heinitz-FS 224 f., Gallas ZStW 67, 46, Bockelmann-FS 170, Gropp 448, Haft I 257, Herdegen BGH-FS 208 ff., Jescheck/Weigend 464 f., Krümpelmann GA 68, 129 [anders aber im ZStW-Beiheft 8 1978, 49 ff.], M-Zipf I 531, Schlüchter aaO 172, Spendel LK § 32 RN 343, Tröndle 27, W-Beulke 141). Nach der „unselbständigen Schuldtheorie" von Jakobs (370 ff.) ist bei bestehender Strafdrohung für Fahrlässigkeit wegen vorsätzlicher Tat zu verurteilen, der Vorsatzstrafrahmen jedoch auf den Rahmen des Fahrlässigkeitsdelikts zu reduzieren (krit. Puppe NK 154).

18 b) Nach der hier vertretenen Auffassung (vgl. 17 vor § 13, § 15 RN 35) ist entscheidend, daß auch auf Basis dreigliedrigen Verbrechenssystems zwischen den unrechtstypischen Merkmalen des gesetzlichen Tatbestandes und den Merkmalen eines Erlaubnistatbestandes (Rechtfertigungsgrundes) insoweit kein qualitativer Unterschied besteht, als sie beide für die Entscheidung der Frage, ob die Tat rechtswidrig ist, die gleiche sachliche Bedeutung haben. Materielles Unrecht bestimmt sich im Zusammenspiel von unrechts„begründenden" Tatbestandsmerkmalen und unrechts„aufhebenden" Rechtfertigungsgründen (B/W-Mitsch 286 ff.; s. a. Schroth aaO 117). Folglich muß der Irrtum über die Voraussetzungen eines Rechtfertigungsgrundes zu den gleichen Konsequenzen führen wie der Tatbestandsirrtum, da der Täter subjektiv mit der gesetzlichen Entscheidung über Recht und Unrecht konform geht (BGH **3** 107: an sich rechtstreu), sein Verkennen der Umstände als Aufmerksamkeitsmangel zwar fahrlässiges Handlungsunrecht begründet, aber nicht den gesteigerten Vorwurf vorsätzlichen Handelns verdient (and. Paeffgen aaO 123 ff., Arm. Kaufmann-GedS 405 ff.). Zwar kann in diesen Fällen § 16 I nicht unmittelbar angewandt werden, da „gesetzlicher Tatbestand" nur der Unrechtstatbestand, nicht aber der „Gesamt-Unrechtstatbestand" iSd Lehre von den negativen Tatbestandsmerkmalen sein kann; auch § 16 II erfaßt die Konstellation nicht, wenngleich die Beachtlichkeit von Privilegierungsirrtümern durchaus für den Ausschluß des Vorsatzunrechts spricht (Schroth aaO 120; vgl. umgekehrt auch Küper GA 68, 331 ff. [vor Inkrafttreten des § 16 II]). Es gilt aber § 16 entsprechend, und zwar in der Weise, daß das Unrecht einer vorsätzlichen Tat ausgeschlossen ist (eingehend hierzu 19 vor § 13; zu den – angesichts entsprechender Strafbarkeitslücken im Falle fehlenden Tatbestandsvorsatzes ohnehin nicht gegen die auch hier verfochtene Lösung ins Feld zu führenden – Konsequenzen bei der Teilnahme vgl. 32 vor § 25). Abzulehnen ist daher (drastisch Schünemann GA 85, 350: dogmatische Mißgeburt) auch die lediglich „rechtsfolgeneinschränkende" Schuldtheorie, die überdies bei der Behandlung der umgekehrten Konstellation (fehlendes subjektives Rechtfertigungselement: 13 ff. vor § 32) in stringent kaum lösbare Schwierigkeiten gerät (s. Puppe Stree/Wessels-FS 196 f., NK 152). – Zu den Konsequenzen, die sich aus beim Täter fehlenden Vorsatzunrecht für die Notwehrbefugnis eines von ihm Angegriffenen ergeben: § 32 RN 21.

19 c) Ein Irrtum, der analog § 16 behandelt ist, liegt nur vor, wenn der Täter irrtümlich die **tatbestandlichen Voraussetzungen** eines vom Recht anerkannten Rechtfertigungsgrundes für gegeben hält (sog. Putativrechtfertigungsgründe). Soweit man für das subjektive Rechtfertigungselement nicht nur Kenntnis der rechtfertigenden Sachlage, sondern darüber hinaus auch ein voluntatives Element als Gegenstück zum Tatumstandsvorsatz iSe Willens zur Rechtsausübung für geboten hält (zum Streitstand 14 vor § 32), so wäre ein entsprechender Rechtsausübungswille auch beim Erlaubnistatbestandsirrtum zu fordern (abl. Puppe Stree/Wessels-FS 196). Ein Erlaubnistatbestandsirrtum liegt iü auch dann vor, wenn der Täter bei objektiv gegebener (und zutreffend erkannter) Rechtfertigungslage Fehlvorstellungen über das erforderliche Ausmaß einer Eingriffshandlung unterliegt (zB im Falle der Putativnotwehr: die Stärke des tatsächlichen Angreifers falsch beurteilt). Geht der Täter dagegen irrig von der Existenz eines Rechtfertigungsgrundes aus, den das Recht überhaupt nicht oder nicht in dieser Fom anerkennt *(Erlaubnisirrtum),* so liegt ein Verbotsirrtum nach § 17 vor (vgl. dort RN 10). Dies ergibt sich daraus, daß dieser Irrtum nicht die Merkmale eines Erlaubnistatbestandes betrifft, der Täter vielmehr einen überhaupt nicht oder nicht in diesem Umfang existierenden Erlaubnissatz für sich in Anspruch nimmt. Entsprechend verwirklicht auch derjenige vorsätzliches Unrecht, der zwar eine Rechtfertigungslage (zB § 32: Angriff) irrig annimmt, zusätzlich aber die Reichweite (zB § 32: Erforderlichkeit der Verteidigung) eines anerkannten Rechtfertigungsgrundes falsch bestimmt: Bei einem derartigen verfehlt sogenannten „Doppelirrtum" (s. § 17 RN 11) fehlt es bereits an den Voraussetzungen einer putativen Rechtfertigung, da sich der Täter ja gerade keinen Sachverhalt vorgestellt hat, der ihn bei Vorliegen objektiv gerechtfertigt hätte (zB § 32: Der sich Irrende kann nicht mehr Rechte haben als ein tatsächlich auch Angegriffener [BGH GA **75**, 305, Spendel LK § 32 RN 344; s. a. § 32 RN 65]).

19 a Vom Irrtum über die Voraussetzungen der Notwehr sind den Verteidigungswillen betreffende Irrtümer bei deren Ausübung zu unterscheiden. Wie der Fall LG München JZ **88**, 565 m. Anm. Schroeder, Beulke Jura 88, 641, Mitsch JA 89, 79 u. NStZ 89, 26, Puppe JZ 89, 728 zeigt, sind auch im Rahmen des Verteidigungswillens Irrtümer über das Ziel des Angriffs oder über die Identität des Angreifers denkbar. Glaubt der Täter irrig, der Angriff richte sich gegen ein anderes als das tatsächlich betroffene Objekt, glaubt er sich irrig selbst angegriffen, während in Wahrheit nur eine Nothilfesituation vorliegt, oder will er den vermeintlichen Angreifer A treffen, trifft mit seiner fehlgehenden Verteidigungshandlung aber zufällig den tatsächlichen Angreifer B, so liegt jeweils ein unbeachtlicher error in objecto vor. Dieser soll sich nach Cramer (Voraufl. 19 a) im Rahmen des Verteidigungswillens umgekehrt zum Tatvorsatz, dh entlastend für den Täter auswirken (s. a. Schroeder JZ 88, 567); daß der Täter sich eine andere als die tatsächlich vorliegende notwehrrelevante Situation vorstellt, sei unschädlich, sofern er sowohl objektiv als auch auf Grundlage seiner Vorstellung gerechtfertigt handele (Puppe JZ 89, 728; and. aber Mitsch NStZ 89, 26 u. JA 89, 79: Erlaubnistatbestandsirrtum; differenzierend Mayr aaO).

20/21 α) Da die tatbestandlichen **Voraussetzungen** eines Rechtfertigungsgrundes sowohl **deskriptiver** wie **normativer Art** sein können, stellt sich auch hier die – noch nicht abschließend geklärte – Frage, welchen Regeln der Irrtum über die normativen Merkmale eines Erlaubnistatbestandes zu folgen hat (vgl. dazu Dreher Heinitz-FS 207, Engisch ZStW 70, 584 f., Roxin I 532 f., Schroth aaO 123 ff.,

Schlüchter aaO 171 ff., aber auch D. Geerds Jura 90, 426 f.). Hier entstehen grundsätzlich die gleichen Fragen wie bei der Kenntnis normativer Merkmale des gesetzlichen Tatbestandes (vgl. § 15 RN 43 ff.). Danach ist unproblematisch, daß der Irrtum über den Sachverhalt, der einem normativen Merkmal zugrundeliegt, vorsätzlich begangenes Unrecht ausschließt; so liegt zB ein Irrtum über einen Sachverhalt vor, der die Vorstellung von der Rechtswidrigkeit des Angriffs iSd § 32 beseitigt, wenn der Täter sich gegen die Benutzung seines Pkw wehrt, weil er nicht weiß, daß dies das einzige Mittel ist, einen Schwerverletzten rechtzeitig ins Krankenhaus zu bringen. Dagegen dürfte in den Fällen, in denen der Täter den Sachverhalt richtig erkennt und lediglich infolge unzutreffender Wertung zu dem Ergebnis kommt, daß das normative Merkmal eines Erlaubnistatbestandes gegeben sei, zu differenzieren sein: Handelt es sich um ein Merkmal, durch das die **Gesamtbewertung der Tat** zum Ausdruck kommt, so liegt ein Verbotsirrtum vor, sofern der Täter infolge einer falschen Bewertung zu dem Ergebnis kommt, den Erlaubnissatz für sich in Anspruch nehmen zu können (vgl. Jescheck/Weigend 466, Lackner/Kühl 17, Puppe NK 142 f., Roxin I 533, Rudolphi SK 13 b, Schröder-GedS 93 ff., Schlüchter JuS 85, 618 f.; and. Engisch ZStW 70, 585, D. Geerds Jura 90, 425); dies ist zB der Fall, wenn er im Rahmen des § 34 infolge einer unzutreffenden Abwägung der kollidierenden Interessen der Meinung ist, daß sich seine Tat als die Wahrung „überwiegender Interessen" bzw. als „angemessenes Mittel" darstelle (vgl. hierzu § 34 RN 51) oder wenn er im Fall der Einwilligung infolge falscher Bewertung die Sittenwidrigkeit der Tat verkennt (vgl. § 228 RN 12); hingegen entfällt vorsätzliches Unrecht, sofern der Täter sich über die Umstände (zB § 34: Ausmaß der Drittbeeinträchtigung) irrt, die der Gesamtbewertung zugrunde liegen. Handelt es sich dagegen nicht um ein „gesamttatbewertendes Merkmal" (vgl. Jescheck/Weigend 466), so wird man grundsätzlich wohl davon auszugehen haben, daß auch der ausschließlich im Bereich des Normativen liegende Irrtum vorsätzlich begangenes Unrecht ausschließt (s. Spendel § 32 RN 344; § 32 RN 65): Spiegelbildlich zur Verkennung von Merkmalen des gesetzlichen Tatbestandes braucht der Täter auch hier lediglich durch eine **„Parallelwertung in der Laiensphäre"** zur Fehlvorstellung über die normativen Voraussetzungen des Erlaubnissatzes zu gelangen; vgl. Karlsruhe VRS **36** 350 (zu § 142). Dies gilt zB, wenn der Täter einen zulässigen Eingriff in seine Rechtsgüter infolge eines Rechtsirrtums (zB Unkenntnis des § 904 BGB) fälschlich für einen „rechtswidrigen" Angriff iSd § 32 hält (vgl. Dreher Heinitz-FS aaO; and. Bay NJW **65**, 1926, wo zwischen Tat- und Rechtsirrtum differenziert und zuletzt genannte als Verbotsirrtum angesehen wird, s. a. Schaffstein OLG Celle-FS 193, Schroth aaO 123) oder wenn er im Fall des § 229 BGB infolge falscher Rechtskenntnisse zu Unrecht glaubt, einen durchsetzbaren Anspruch zu haben (Erlaubnistatbestandsirrtum); anders aber bei einer Fehlvorstellung, unter den Voraussetzungen der Selbsthilfe (§ 229 BGB) sei ein Anspruch auf Befriedigung (und nicht nur auf Sicherung) gegeben: Verbotsirrtum. I. E. wie hier zB Busch Mezger-FS 180, Engisch Mezger-FS 133, Arthur Kaufmann JZ 54, 653, JZ 56, 353, Lackner-FS 191, Roxin, Offene Tatbestände 108 ff., Rudolphi Schröder-GedS 93 f., Schaffstein MDR 51, 198, v. Weber JZ 51, 260. Sofern Rechtfertigungsgründe **prognostische** Begriffe verwenden (zB § 34 [Gefahr], § 127 I StPO [Fluchtverdacht]), muß der Irrende neben der Kenntnis der Tatumstände über eine entsprechende prognostische Vorstellung verfügen (s. Schroth aaO 124). Insoweit ist zu beachten (Herzberg Stree/Wessels-FS 207 f., Roxin I 535 f.), daß bei Rechtfertigungsgründen, die auf ungewisse (zB Willen des Rechtsgutsinhabers bei der mutmaßlichen Einwilligung) bzw auf zukünftige (zB Gefahr iSd § 34) Umstände abstellen, bei einer insoweit ex ante zu treffenden Beurteilung bereits der objektive Tatbestand des Rechtfertigungsgrundes erfüllt sein kann (vgl. 10 a vor § 32, § 34 RN 13 ff.). Inwieweit zur Bejahung eines Erlaubnistatbestandsirrtums eine (umfassende) **Prüfung der Sach- und Rechtslage** vom Täter zu fordern ist (so daß er bei ihrer Vernachlässigung lediglich im Verbotsirrtum handeln würde [vgl. BGH **3** 7 zum rechtfertigenden Notstand]), ist noch nicht endgültig geklärt (Puppe NK 158 ff., Roxin I 533 ff., Rudolphi Schröder-GedS 73 ff.; 17 ff. vor § 32); dieses zusätzliche Erfordernis kann allenfalls (abl. Puppe NK 160, Stree/Wessels-FS 194) für Rechtfertigungsgründe, die auf dem Prinzip erlaubten Risikos beruhen (zB mutmaßliche Einwilligung), angesichts der insoweit legitimierten Herbeiführung auch objektiv unrichtiger Ergebnisse gelten (Jescheck/Weigend 466 f., Lackner/Kühl 17, Lenckner Mayer-FS 165 ff.; and. aber Puppe aaO, Roxin I 534 f., Rudolphi Schröder-GedS 86 ff.), doch dürfte – sofern der Täter sich rechtfertigende Umstände überhaupt hinreichend konkret vorgestellt hat (zutr. betont von Puppe NK 160, Roxin I 535, Rudolphi Schröder-GedS 95) – auch insoweit die Vernachlässigung von Prüfungspflichten eher als Fahrlässigkeitsunrecht einzustufen sein.

β) Beruht der Irrtum über die Voraussetzungen eines Rechtfertigungsgrundes **auf Fahrlässigkeit** und kann dieser dem Täter zum Vorwurf gemacht werden, so kann eine Bestrafung aus dem Fahrlässigkeitstatbestand erfolgen, sofern ein solcher vorhanden ist (BGH NJW **92**, 516, Bay NJW **55**, 1848, Lackner/Kühl 16). Zweifelhaft ist, ob solche dem **bedingten Vorsatz** auf der Tatbestandsebene vergleichbaren (krit. Puppe NK 162 f., die auf die vorgestellte Qualität der Gefahr abhebt) Fälle zu behandeln sind, in denen der Täter mit der Möglichkeit rechnet, ein Rechtfertigungsgrund fehle, aber trotzdem „auf Gefahr hin" handelt. Vgl. dazu BGH NJW **51**, 412, VRS **40** 104, JZ **78**, 762 m. Anm. Paeffgen 738, KG NJW **58**, 922 m. Anm. Schröder; Warda Lange-FS 121, Frisch, Vorsatz (§ 15 RN 6) 415 ff., Lackner/Kühl 18, Schroth Arthur Kaufmann-FS 595, aaO 124 ff. (differenzierend), Seier JuS 86, 217, Roxin I 536 ff., Rudolphi SK 13 a, Jakobs 363 f.; 14 vor § 32; zu den Fällen eines Scheinangriffs bei der Notwehr vgl. § 32 RN 28. In engem Umfang kann der Täter schon objektiv auch dann gerechtfertigt handeln, wenn sich seine Situationseinschätzung im nachhinein als fehlerhaft erweist (vgl. 9 ff. vor § 32, Jakobs 353, Frisch ebd. 415 ff.). Weiter werden sich Fälle einer zweifelhaften Notwehrlage oft über § 34 StGB lösen lassen (Roxin I 537). Ein Irrtumsproblem stellt sich insoweit gar nicht. Im Regelfall geht jedoch das Irrtumsrisiko zu Lasten des Täters, so daß ihm allenfalls ein Erlaubnistatbestandsirrtum zugute gehalten werden kann. Die Entscheidung hängt von der Vorfrage ab, ob Zweifel am Vorliegen einer Rechtfertigungslage das subjektive Rechtfertigungselement ausschließen; vgl. dazu 14 vor § 32. Insoweit ist anerkannt, daß bei objektiv gegebener Rechtfertigungslage die subjektive Seite nicht sicheres Wissen hiervon voraussetzt, sondern auch in der Form eines bedingten Vorsatzes gegeben sein kann (Frisch ebd. 455 ff., Lackner-FS 113, 134, Günther SK 90 vor § 32, Stratenwerth 150). Entsprechendes muß für den Fall einer nur irrtümlich angenommenen Rechtfertigungslage gelten, da es auch insoweit wenig überzeugend erscheint, an den „Rechtfertigungsvorsatz" strengere Anforderungen als an den tatumstandsbezogenen zu stellen. Da ein Täter, der davon ausgeht, die Rechtfertigungslage bestehe möglicherweise nicht, bei Anwendung der zur Abgrenzung von bedingtem Vorsatz und bewußter Fahrlässigkeit herangezogenen Kriterien (vgl. dazu § 15 RN 73 ff.) in aller Regel auf das Vorliegen einer rechtfertigenden Situation vertrauen und die Möglichkeit ihres Fehlens nicht ernstnehmen wird (Schroth Arthur Kaufmann-FS 595), ist es ihm gerade nicht gleichgültig, ob eine Rechtfertigungssituation gegeben ist oder nicht (zu eng daher Warda Lange-FS 128), so daß er idR im Erlaubnistatbestandsirrtum handelt. Das von Warda Lange-FS 119 ff., 140 aufgeworfene Problem, inwieweit dem Täter ein Entschuldigungsgrund der Unzumutbarkeit zugute kommen müsse, wenn er sich zu einem Handeln „auf Risiko" herausgefordert sieht, wird sich daher kaum stellen. In dem von ihm gebildeten Beispiel, in dem der Täter ein fremdes Motorboot benutzt, um nach dem Kentern eines Segelboots Hilfe zu leisten, obwohl er nicht weiß, ob die Gekenterten in Gefahr sind oder (zB als geübte Schwimmer in Ufernähe) sich ohne Hilfe retten könnten, liegt, wenn man nicht schon objektiv eine Gefahr iSd § 34 StGB für gegeben hält (so Roxin I 537), ein Erlaubnistatbestandsirrtum vor, da die Annahme, der Täter handle, obwohl er nicht ernsthaft von einer Gefahrenlage ausgeht, lebensfremd wäre. Für die verbleibenden Fälle eines Handelns ohne Vertrauen auf das Vorhandensein rechtfertigender Umstände schlägt Schroth (aaO 127 f., Arth. Kaufmann-FS 609 f.) eine am Verhältnismäßigkeitsprinzip orientierte, das Gewicht der Gegeninteressen berücksichtigende Einschränkung der (vorgestellten) Rechtfertigungsbefugnis vor (zB § 32: Ausweichen), doch dürften derartige Fallgestaltungen einer Entscheidung in Unsicherheit ohnehin sinnvoll über § 34 zu bewältigen sein (Jakobs 364, Roxin I 537; and. Warda Lange-FS 119 ff.).

23   d) Zur **Unkenntnis** von Umständen einer objektiv gegebenen **rechtfertigenden Situation** (fehlendes subjektives Rechtfertigungselement): 13 ff. vor § 32.

24   e) Glaubt der Täter an das Vorhandensein eines **Rechtfertigungsgrundes,** den die Rechtsordnung nicht kennt, oder bestimmt er die Grenzen eines Rechtfertigungsgrundes, der von der Rechtsordnung anerkannt ist, falsch, liegt ein Verbotsirrtum (in Form des Erlaubnisirrtums) vor; vgl. § 17 RN 10.

25   f) Nimmt der Täter irrtümlich an, sein Verhalten verstoße gegen eine in Wahrheit **nicht vorhandene Rechtsnorm,** liegt ein strafloses sog. **Wahndelikt** vor; zu diesem gehört auch der Fall des **umgekehrten Rechtfertigungsirrtum,** dh der Täter verkennt ungeachtet des Vorliegens des subjektiven Rechtfertigungselementes (vgl. 15 vor § 32) die rechtlichen Voraussetzungen seiner Rechtfertigung zu seinen Ungunsten (vgl. § 22 RN 80).

26/27   V. Ausdrücklich geregelt ist in **Abs. 2,** mit der die bereits früher überwiegend vertretene, konstruktiv aber nicht leicht erklärbare (vgl. Küper GA 68, 330 f., Schroeder LK[9] § 59 RN 18) Strafbarkeit aus vollendetem Privilegierungstatbestand gesetzlich festgeschrieben wurde, der Irrtum über **privilegierende Tatbestandsmerkmale,** wobei es sich hier nicht nur um solche des Unrechtstatbestandes handelt, sondern angesichts des Wortlauts von Abs. 2 auch um solche, die als „objektivierte Schuldmerkmale" lediglich die Schuld betreffen, das Unrecht also unberührt lassen (zB § 217 aF [s. Vorauff. § 217 RN 1] sowie § 216 nach Auffassung derjenigen, die diese Privilegierung mit einem besonderen Motivationsdruck beim Täter erklären [etwa Roxin I 427; and. aber zurecht § 216 RN 1]), so daß jedenfalls für die direkte Anwendung des Abs. 2 die problematische Abgrenzung zwischen Unrechts- und Schuldminderung keine Rolle spielt (Lackner/Kühl 6, Puppe NK 4, Schünemann GA 86, 303, Schroth aaO 110; and. Franke GA 80, 173, Jescheck/Weigend 310 FN 64, Küper GA 68, 334, Roxin I 426, Rudolphi SK 28 a, Schroeder LK 9, Tröndle 8 [subj. Auslegung des Merkmals]; Jakobs 307 [§ 35 II analog]). Dem Schuldprinzip entsprechend kann dem Täter verwirklichtes Unrecht nur soweit als vorsätzliches vorgeworfen werden, als es von seinem Wissen und Wollen umfaßt ist (Roxin I 423). Konstruktiv (s. Warda Jura 79, 114; s. a. Franke JuS 80, 174) fingiert Abs. 2 dann die Erfüllung des objektiven Privilegierungstatbestandes, um den Täter nicht ungerechtfertigt von der ihm zurechenbaren Erfolgsverursachung zu entlasten: Die irrige Annahme eines privilegierenden Tatumstandes kann den Täter, dem trotz Vorliegens der objektiven und subjektiven Voraussetzungen des Grunddeliktes ja die Sperrwirkung der Privilegierung zugute kommt, nicht besser stellen, als er bei Richtigkeit seiner Vorstellung stünde (Mitsch JuS 96, 312). Für eine direkte Anwendung des Abs. 2 findet sich im StGB nach dem 6. StrRG 1998 mit seiner Streichung der §§ 217, 235 f. (hierzu noch BGH **24** 68) kaum noch ein Anwendungsfall: Für die relative verstümmelnde Wehrpflichtentziehung (§ 109 II) als ohnehin atypischem (da als Minus im „Grunddelikt" des § 109 I eingeschlossenem [Warda Jura 79, 116]) Privilegierungsfall wird Abs. 2 nicht benötigt, da ein

Irrtum über Tatumstände 27 a–28 § 16

sich absolut wehruntauglich Verstümmelnder, der es lediglich auf eine relative Verstümmelung iSv § 109 II abgesehen hatte, ohnehin der Vorsatz zur Herbeiführung (vollständiger und dauernder) Wehruntauglichkeit iSv § 109 I fehlt (Roxin I 425 FN 253). Da § 218 schwerlich als Privilegierung zu den zeitlich nachfolgenden Tötungsdelikten der §§ 211 ff. verstanden werden kann (and. Schroth aaO 110), verbleibt als sinnvoller Anwendungsfall lediglich § 216: Hält der Täter irrig ein ernstliches Verlangen für gegeben, so kann er lediglich wegen vollendeter Tötung auf Verlangen bestraft werden; konstruktiv – wenngleich wenig lebenspraktisch – wäre auch an § 352 zu denken (s. Roxin I 425, Schroth aaO 111): Glaubt zB ein Amtsträger irrig (ohne allerdings insoweit einem unbeachtlichen – u. 27 a – Subsumtionsirrtum zu unterliegen), der von ihm infolge täuschungsbedingten Irrtums des Opfers erlangte Vermögensvorteil stelle eine Gebühr dar, so wäre er lediglich aus § 352 (und nicht wegen vollendeten Betruges und versuchter Gebührenüberhebung) zu bestrafen. Liegt bezüglich des Irrtums (zB über das ernstliche Tötungsverlangen) Fahrlässigkeit vor, so ist durch Auslegung zu ermitteln, inwieweit neben der Privilegierung überhaupt noch den allgemeinen Fahrlässigkeitstatbeständen (im Beispiel § 222) Anwendung finden können (Jakobs 306).

Praktisch bedeutsamer ist die **entsprechende** Anwendung des Abs. 2 bei irriger Annahme der Voraussetzungen *benannter minder schwerer Fälle* (Jescheck/Weigend 311, Rudolphi SK 8, Schroeder LK 71, Tröndle 8, Warda Jura 79, 288; § 15 RN 32): So kommt bei irriger Annahme einer Tatprovokation dem Totschlagstäter gem. Abs. 2 § 213 zugute, da nach seiner Vorstellung der Unwert seines Verhaltens mindernde Provokation des Opfers vorlag (vgl. § 213 RN 1, 12; and. BGH **1** 203, Mitsch JuS 96, 29 [sonstiger minderschwerer Fall]). Auch auf *unbenannte minderschwere Fälle* (zB § 81 II, 105 II, 250 III) sowie auf privilegierende *Ausschlußtatbestände für besonders schwere Fälle* – also etwa kein Diebstahl in einem besonders schweren Fall, sofern der Täter von der Geringwertigkeit seiner Beute ausging (vgl. § 243 RN 53) – findet Abs. 2 Anwendung (Franke JuS 80, 174 FN 25, Schroeder LK 71 bzw. Jescheck/Weigend 311, Roxin I 429, Schroeder LK 71; and. Zipf Dreher-FS 397); ebenso auch auf *(fakultative) Strafausschließungsgründe*, soweit diese auf einer Unrechts- oder Schuldminderung beruhen (zur Heterogenität entsprechender Vorschriften 128 ff. vor § 32): Würde man etwa mit Schünemann (GA 86, 304) die Ratio des § 36 eher in einer Unrechtsminderung infolge Schutzes freier parlamentarischer Debatte als unverzichtbaren Bestandteiles parlamentarischer Demokratie sehen (s. aber auch § 36 RN 1, 130 a vor § 32), so bliebe ein Abgeordneter straffrei, der irrig annimmt, seine Beleidigung vor einem Parlamentsausschuß zu äußern (and. Roxin I 430, 902, Schroth aaO 112, die eine Unrechts- und Schuldminderung verneinen). Dieses Beispiel erhellt, daß Näheres der Einzelauslegung einschlägiger Vorschriften überlassen bleiben muß (s. noch u. 34). Auch auf strafzumessungsrelevante Fälle des *Absehens von Strafe* (zB § 174 IV) sollte Abs. 2 – ungeachtet des Erfordernisses richterlicher Gesamtwürdigung von Tat und Täter (s. § 174 RN 21) – entsprechend angewandt werden (Schroeder LK 72), so daß etwa im Falle einer Abtreibung auch dann die Möglichkeit, von Strafe abzusehen, besteht, wenn die Schwangere Umstände einer besonderen Bedrängnis iSv § 218 a IV 2 lediglich annahm. Hingegen bleiben Fehlvorstellungen, die sich auf außerhalb von Unrechts- oder Schuldminderung beziehende Umstände im Bereich *objektiver Strafbarkeitsbedingungen* (zB Gegenseitigkeit iSv § 104 a) sowie der *Prozeßvoraussetzungen* (zB Angehörigeneigenschaft bei § 247) beziehen, außerhalb einer sinngemäßen Anwendung von Abs. 2 (u. 35, 36).

§ 16 Abs. 2 greift – entsprechend dem o. 22 zur Konstellation des Erlaubnistatbestandsirrtums Ausgeführten – auch dann ein, wenn der Täter das Vorliegen der Umstände, die den Tatbestand des milderen Gesetzes verwirklichen würden, lediglich für möglich hält (hierzu Schroth aaO 112 f.; s. a. Frisch Vorsatz [§ 15 RN 6] 465 f. [Differenzierung nach ratio legis]), sofern es insoweit mit **bedingtem Vorsatz** handelt, also auf das Bestehen der privilegierenden Situation vertraut und die Möglichkeit ihres Fehlens nicht ernstnimmt. – Hingegen kommt Abs. 2 weder direkt noch entsprechend zur Anwendung, sofern der Täter den Bereich des Tatumstandsirrtums verläßt und die Grenzen eines privilegierenden Tatbestandsmerkmals infolge **Subsumtionsirrtums** zu seinen Gunsten falsch bestimmt (s. Jakobs 306 sowie bereits Küper GA 86, 333 f.): Wer etwa einen beiläufig geäußerten „Todeswunsch" für eine abgemilderte Strafbarkeit nach § 216 als ausreichend erachtet, unterliegt voller strafrechtlicher Haftung; ebensowenig kommt demjenigen, der die rechtliche Grenze der Geringwertigkeit von Diebesbeute falsch bemißt, die Sperrwirkung des § 243 II zugute (s. § 243 RN 53). Zur Grenzziehung zwischen beachtlichem und unbeachtlichem Subsumtionsirrtum vgl. § 15 RN 43 ff. sowie § 22 RN 70 ff.

2. Hält der Täter umgekehrt irrtümlich ein vorhandenes privilegierendes Merkmal für nicht gegeben, so ist zu differenzieren (B/W-Weber 454, Jescheck/Weigend 310 f., Roxin I 426, Rudolphi SK 28 b, Schroeder LK 114, Tröndle 8; and. Lackner/Kühl 7, M-Zipf I 326 [Grundtatbestand]; Backmann JuS 72, 330 [Versuch des Grundtatbestandes]). Handelt es sich um ein das **Unrecht** kennzeichnendes Merkmal, so muß grundsätzlich die objektive Lage maßgebend sein (Jescheck/Weigend 311); regelmäßig liegt dann ein Versuch bzgl. des Grunddelikts in Idealkonkurrenz mit dem privilegierenden Tatbestand vor: Da ein privilegierender unrechtsmindernder Tatbestand bereits bei seiner bloßen Annahme gem. Abs. 2 zugunsten des Täters Anwendung findet, sollte er erst recht bei seinem nur tatsächlichen Vorliegen dem Täter zugute kommen (vgl. Warda Jura 79, 115): Unrecht kann dem Täter nur soweit zugerechnet werden, als es auch objektiv von ihm verwirklicht wurde (B/W-Weber 454, Roxin I 426); das überschießende Handlungsunrecht ist ggf. über den Versuch des Grunddeliktes zu erfassen. Der praktische Anwendungsbereich dieser sinngemäßen Anwendung von

Abs. 2 dürfte im StGB allerdings eher marginal sein: Kennt nämlich der Täter im Falle des § 216 das ernstliche Verlangen des Opfers nicht, so kann er auch nicht hierdurch zur Tötung bestimmt worden sein; die Privilegierung entfällt, so daß er aus vollendetem Grunddelikt zu bestrafen ist (s. § 216 RN 14/15). Konstruktiv denkbar wäre – neben dem Fall (s. aber o. 27) einer nur relativ bewirkten Wehruntauglichkeit seitens eines Täters, der seine absolute bezweckte (Roxin I 426) – der Fall etwa eines gebührenüberhebenden Amtsträgers, dem nicht bekannt ist, daß sein täuschend erlangter Vorteil eine überhöhte Gebühr iSv § 352 darstellt (strafbar nach §§ 352, 263, 22, 52). Bezieht sich die Unkenntnis hingegen auf **objektiv gefaßte Schuldmerkmale**, so kann der Täter angesichts uneingeschränkten Handlungsunwertes (Warda Jura 79, 116) die Privilegierung nicht zugute kommen (Jescheck/Weigend 311), da ein ihm unbekannter Umstand sich nicht schuldmindernd auszuwirken vermag. Er ist aus vollendetem Grunddelikt zu bestrafen, da sein Vorsatz alle Tatbestandsmerkmale des nichtprivilegierenden Delikts umfaßt und diese objektiv in die des Sondertatbestandes eingeschlossen sind; so war vor Inkrafttreten des 6. StrRG etwa die Täterin, die im Falle des § 217 aF ihr nichteheliches Kind für ehelich hielt, wegen vollendeten Totschlags/Mordes zu bestrafen (Vorauf. 28). Erst recht gilt dies für Schuldminderungsmerkmale, die – wie etwa § 157 – bereits vom Wortlaut her auf die Vorstellung des Täters abstellen (s. § 157 RN 6): Weiß der Aussagende nichts von den bedrohlichen Konsequenzen seiner Falschaussage, so kann er auch nicht in der Absicht handeln, die Gefahr einer Bestrafung abzuwenden.

29   **VI.** Der **Irrtum** über die Voraussetzungen eines **Entschuldigungsgrundes** wird durch § 16 nicht erfaßt. Das ist insoweit konsequent, als dieser Irrtum den Vorsatz unberührt läßt (and. Mezger 320, H. Mayer AT 196), da die entschuldigenden Umstände nicht zum Unrechtstatbestand gehören (hM; vgl. RG 64 30, Dreher MDR 62, 593). Genausowenig ist dieser Irrtum allerdings ein Verbotsirrtum, weil der Täter – eine richtige Subsumtion vorausgesetzt – das Verbot kennt, das er in seiner Not übertritt (insoweit zust. Vogler GA 69, 111).

30   **1.** Für den **entschuldigenden Notstand** gilt § 35 II. Bei einem Irrtum über die Voraussetzungen des § 35 I – hierzu zählt auch die Fallgestaltung eines lediglich für möglich erachteten entschuldigenden Sachverhaltes, auf dessen Vorliegen der Täter vertraut (s. § 35 RN 41) – wird der Täter bestraft, wenn er den Irrtum vermeiden konnte; die Strafe ist dann nach Maßgabe des § 49 I zu mildern; eingehend hierzu § 35 RN 39 ff.

31   **2.** Die Regelung des § 35 II gilt jedenfalls im Grundsatz entsprechend für **andere** rechtlich anerkannte **Entschuldigungsgründe** (B/W-Weber 504, Eser/Burkhardt I 216, Hirsch LK 200 vor § 32, Jescheck/Weigend 508, Schroeder LK 59; einschr. Lackner/Kühl § 35 RN 13, Schmidhäuser 470; s. a. 126 a vor § 32), insb. für den übergesetzlichen entschuldigenden Notstand, da dieser die gleiche Struktur aufweist wie der in § 35 geregelte Notstandsfall (vgl. 117 vor § 32).

32   Versteht man bei den Unterlassungsdelikten die Unzumutbarkeit nicht als ein die Handlungspflicht begrenzendes Tatbestandsmerkmal (vgl. 155 vor § 13), sondern lediglich als Entschuldigungsgrund, so müßte ein Irrtum über die die Unzumutbarkeit begründenden Umstände gleichfalls entsprechend § 35 II behandelt werden.

33   **3.** Völlig unberührt von diesen Grundsätzen bleibt der **Irrtum** über **Schuldvoraussetzungen.** Der Irrtum über die eigene Schuldunfähigkeit ist unbeachtlich (Jescheck/Weigend 315); vgl. § 15 RN 36.

34   **VII.** Nicht geregelt ist auch der Irrtum über **Strafausschließungsgründe.** Ein Irrtum über **objektive** Strafausschließungs- bzw. Strafaufhebungsgründe (zur Abgrenzung vgl. 131 vor § 32) ist unerheblich (132 vor § 32), so daß zB den Täter seine Fehlvorstellung, eine unschädliche Umweltschädigung iSv § 326 V zu begehen, nicht zu entlasten vermag. Teilweise wird dieses Ergebnis auch für **persönliche** Strafausschließungs- bzw. Strafaufhebungsgründe mit der Begründung vertreten, daß solche Gründe außerhalb des Verbrechensbegriffs lägen und es daher nur auf ihr tatsächliches Vorhandensein ankomme, sie also „objektive Straflosigkeitsbedingungen" seien (RG **61** 271, BGH **23** 281 zum früheren Ehegattendiebstahl, B/W-Mitsch 524 ff., Jescheck/Weigend 316, Schmidhäuser ZStW 71, 559, Tröndle § 258 RN 16). Diese Ansicht berücksichtigt nicht, daß diese Umstände in vielen Fällen den Umfang des Unrechts und die besondere Motivation des Täters betreffen, sich also von den in § 16 II genannten privilegierenden Umständen nur dadurch unterscheiden, daß sie die Strafe gänzlich ausschließen und nicht bloß vermindern. Folglich sollte in Fällen, in denen es sich um eine derartige „Privilegierung zur Straflosigkeit" und nicht bloß um außerhalb des Unrechts- und Schuldbereichs liegende Umstände handelt, die auf Zweckmäßigkeitserwägungen beruhen, § 16 II analog angewendet werden (vgl. Eser/Burkhardt I 224f., Stree JuS 76, 141); demgegenüber halten BGH **23** 281, Hirsch LK 228 vor § 32, Roxin I 904 (jeweils auf der Basis eines eng gezogenen Kreises von Strafausschließungsgründen [226 f. vor § 32 bzw. 897 ff.]) entsprechende Fehlvorstellungen im Bereich des § 16 für unbeachtlich, so daß allenfalls ein Verbotsirrtum in Betracht käme (s. a. Jescheck/Weigend 554, Otto I 265, Tröndle 31), doch erscheint eine derartige „Irrtumsresistenz" nur dann haltbar, wenn – anders als derzeit – durchgängig von einem eng umgrenzten, nur auf Umstände völlig außerhalb von Unrecht und Schuld bezogenen Kreis von Strafausschließungsgründen ausgegangen wird (vgl. Eser/Burkhardt I 224); ob für im Schuldbereich wurzelnde Strafausschließungsgründe nicht doch eine subjektivierte Auslegung (zB Warda Jura 79, 293) oder eine entsprechende Heranziehung von § 35 II (zB B/Mitsch 527, Eser/Burkhardt I 225; ähnlich W/Beulke 148 f.) die

Verbotsirrtum **§ 17**

sachangemessenere Lösung darstellt, ist ungeklärt. Wer also etwa einen vermeintlichen Angehörigen begünstigt, um ihn der Strafe zu entziehen, befindet sich in der gleichen Situation wie bei der Begünstigung eines wirklichen Angehörigen (§ 258 VI). Wegen dieser Motivationslage ist der Täter straflos, wenn er die Voraussetzungen eines Strafausschließungsgrundes irrtümlich annimmt (vgl. § 258 RN 39). Oder: Sieht man die Regelung des § 139 III als Strafaufhebungsgrund an (Nachw. in § 139 RN 4), so können bei irriger Vorstellung, eine Anzeige gegen Angehörige erstatten zu müssen, bzw. die fragliche Information sei dem Täter in seiner Eigenschaft als Arzt anvertraut worden, die letztlich auf schuldausschließendem Motivationsdruck bzw. unrechtstilgender Wahrung des sozial nützlichen Arztgeheimnisses basierenden Regelungen des § 139 III 1 u. 2 dem Täter in entsprechender Anwendung von § 16 II zugute kommen. Für den umgekehrten Fall (also zB Unkenntnis, daß Strafvereitelung zugunsten eines Angehörigen geleistet wird bzw. Verbrechensanzeige zulasten eines Angehörigen erstattet werden müßte) wäre entsprechend dem o. 28 Ausgeführten zu verfahren, so daß §§ 258 VI, 139 III 1 keine Anwendung fänden, während die Unkenntnis der Berufsbezogenheit der Informationserlangung (§ 139 III 2) Straffreiheit eröffnen würde. Eine entsprechende Anwendung von § 16 II auf den persönlichen Strafaufhebungsgrund des Rücktritts (s. § 24 RN 4) bzw. tätiger Reue (zB § 320) verbietet sich (Schroth aaO 111), da insoweit eine ohnehin Unrecht und Schuld nicht berührende Vollendungsverhinderung iwS die Voraussetzung persönlicher Straffreiheit bildet.

VIII. Unbeachtlich ist weiter der Irrtum über **objektive Strafbarkeitsbedingungen** (vgl. 124 ff. vor § 13), weil sie als primär aus kriminalpolitischen Gründen eingefügte Einschränkungen der Strafbarkeit den Unrechts- oder Schuldgehalt der Tat nicht berühren. 35

IX. Bei Umständen, die eine Tat zum **Antragsdelikt** machen, entscheidet allein die objektive Sachlage. Glaubt der Täter irrtümlich, eine Sache gehöre einem Dritten bzw. sei wertvoll und steht sie in Wahrheit im Eigentum eines Angehörigen (§ 247) oder ist sie geringwertig (§ 248 a), so ist die Tat Antragsdelikt. 36

X. Zum Vorsatz und zu Irrtumsfragen beim **Unterlassungsdelikt** vgl. § 15 RN 93 ff.; zu diesen Fragen bei **Blankettgesetzen** vgl. § 15 RN 99 ff. 37

XI. Zu Irrtumskombinationen (**Doppelirrtum**) vgl. o. 19 sowie § 17 RN 11. 38

§ 17 Verbotsirrtum

Fehlt dem Täter bei Begehung der Tat die Einsicht, Unrecht zu tun, so handelt er ohne Schuld, wenn er diesen Irrtum nicht vermeiden konnte. Konnte der Täter den Irrtum vermeiden, so kann die Strafe nach § 49 Abs. 1 gemildert werden.

Vgl. das Stichwortverzeichnis zu § 15.

Schrifttum: Vgl. die Angaben zu §§ 15, 16. *Arzt,* Zum Verbotsirrtum beim Fahrlässigkeitsdelikt, ZStW 91, 857. – *Baumann,* Grenzfälle im Bereich des Verbotsirrtums, Welzel-FS 533. – *ders.,* Zur Teilbarkeit des Unrechtsbewußtseins, JZ 61, 564. – *Bindokat,* Bewußtsein der Rechtswidrigkeit, NJW 62, 185. – *ders.,* Irrungen und Wirrungen in der Rechtsprechung über den Verbotsirrtum, JZ 53, 748. – *ders.,* Zur Frage des doppelten Irrtums, NJW 63, 745. – *Busse,* Unklare Doppelregelung des Verbotsirrtums im 2. StrRG, MDR 71, 985. – *Dimakis,* Der Zweifel an der Rechtswidrigkeit der Tat, 1992. – *Dreher,* Verbotsirrtum und § 51, GA 57, 97. – *Ebert,* Der Überzeugungstäter in der neueren Rechtsentwicklung, 1975. – *Grothegut,* Norm- und Verbots(un)kenntnis, § 17 S. 2 StGB, 1993. – *Haft,* Grenzfälle des Irrtums über normative Tatbestandsmerkmale im Strafrecht, JA 81, 281. – *Heidingsfelder,* Der umgekehrte Subsumtionsirrtum, 1992. – *Herzberg,* Das Wahndelikt in der Rspr. des BGH, JuS 80, 468. – *Hohoff,* Vorsatz und „Unrechtsbewußtsein" im Strafrecht der DDR als Problem aktueller Rechtsanwendung, DtZ 97, 308. – *Horn,* Verbotsirrtum und Vorwerfbarkeit, 1969. – *Armin Kaufmann,* Schuldfähigkeit und Verbotsirrtum – zugleich ein Beitrag zur Kritik des Entwurfs 1960, Eb. Schmidt-FS 319. – *Arthur Kaufmann,* Das Unrechtsbewußtsein in der Schuldlehre des Strafrechts, 1949. – *Kohlschütter,* Die strafrechtstheoretische Lösung der Fälle des indirekten Verbotsirrtums, 1988. – *Koriath,* Überlegungen zu einigen Grundsätzen der strafrechtlichen Irrtumslehre, Jura 96, 113. – *Kramer/Trittel,* Zur Bindungswirkung der Entscheidung des Bundesverfassungsgerichts über die Verfassungsmäßigkeit des § 17 StGB, JZ 80, 393. – *Kuhlen,* Die Unterscheidung von vorsatzausschließendem und nichtvorsatzausschließendem Irrtum, 1987. – *Kunz,* Strafausschluß oder -milderung bei Tatveranlassung durch falsche Rechtsauskunft?, GA 83, 457. – *Laubenthal/Baier,* Durch die Ausländereigenschaft bedingte Verbotsirrtümer (usw), GA 00, 205. – *Lenckner,* Strafe, Schuld und Schuldfähigkeit, in Göppinger-Witter, Handbuch der forensischen Psychiatrie (1972) 50. – *Lesch,* Die Vermeidbarkeit des Verbotsirrtums, JA 96, 607. – *Lüderssen,* Die Parteispendenproblematik, wistra 83, 223. – *Mattil,* Gewissensanspannung, ZStW 74, 201. – *Maurach,* Das Unrechtsbewußtsein zwischen Kriminalpolitik und Strafrechtsdogmatik, Eb. Schmidt-FS 301. – *Meyer,* Vermeidbarkeit des Verbotsirrtums und Erkundigungspflicht – KG JR 1978, 166, JuS 79, 250. – *Neumann,* Der Verbotsirrtum (§ 17 StGB), JuS 93, 793. – *Otto,* Der Verbotsirrtum, Jura 90, 645. – *ders.,* Der vorsatzausschließende Irrtum in der höchstrichterlichen Rechtsprechung, Meyer-GdS, 583. – *Puppe,* Tatirrtum, Rechtsirrtum, Subsumtionsirrtum, GA 90, 145. – *Rudolphi,* Unrechtsbewußtsein, Verbotsirrtum u. Vermeidbarkeit des Verbotsirrtums, 1969. – *Schmidhäuser,* Unrechtsbewußtsein und Schuldgrundsatz, NJW 75, 1807. – *ders.,* Der Verbotsirrtum und das Strafgesetz (§ 16 I Satz 1 und § 17), JZ 79, 361. – *Schöne,* Fahrlässigkeit, Tatbestand u. Strafgesetz, H. Kaufmann-GedS 649. – *Schröder,* Verbotsirrtum, Zurechnungsfähigkeit, actio libera in causa, GA 57, 297. – *H.-W. Schünemann,* Verbotsirrtum und faktische Verbotskenntnis, NJW 80, 735. – *Seelig,* Zum Problem der Neufassung des § 51, Mezger-FS 213. – *Spendel,* Das

Unrechtsbewußtsein in der Verbrechenssystematik, Tröndle-FS 89. – *Strauss*, Verbotsirrtum und Erkundigungspflicht, NJW 69, 1418. – *Tiedemann*, Tatbestandsfunktionen im Nebenstrafrecht, 1969. – *ders.*, Zum Stand der Irrtumslehre, insbesondere im Wirtschafts- und Nebenstrafrecht, Geerds-FS 95. – *Walter/Kubink*, § 3 JGG – § 17 StGB: gleiche Tatbestandsstruktur?, GA 95, 51. – *Timpe*, Normatives und Psychisches im Begriff der Vermeidbarkeit eines Verbotsirrtums, GA 84, 51. – *Warda*, Schuld und Strafe beim Handeln mit bedingtem Unrechtsbewußtsein, Welzel-FS 499. – *ders.*, Tatbestandsbezogenes Unrechtsbewußtsein, NJW 53, 1052. – *ders.*, Grundzüge der strafrechtlichen Irrtumslehre, Jura 79, 1, 71, 113, 286. – *Welzel*, Arten des Verbotsirrtums, JZ 53, 266. – *Wolter*, Schuldhafte Verletzung einer Erkundigungspflicht, Typisierung beim Vermeidbarkeitsurteil und qualifizierte Fahrlässigkeit beim Verbotsirrtum – OLG Celle NJW 1979, 1644, JuS 79, 482. – *Zaczyk*, Der verschuldete Verbotsirrtum – BayObLG NJW 89, 1744, JuS 90, 889. – *Zimmermann*, Unteilbares oder tatbestandsbezogenes Unrechtsbewußtsein?, NJW 54, 908.

1 **I. Die Vorschrift regelt den sog. Verbotsirrtum.** Ihre Existenz bedeutet zunächst, daß der Gesetzgeber ausdrücklich anerkannt hat, daß das Bewußtsein, wider das Recht zu handeln, rechtlich von Bedeutung ist. Fehlt das Unrechtsbewußtsein, so handelt der Täter zwar tatbestandsmäßig vorsätzlich (and. Spendel aaO 89 ff.; vgl. Roxin I 794 FN 4) und rechtswidrig (and. Mir Puig, in Eser/Perron Rechtfertigung und Entschuldigung III [1991] 303) ohne Schuld, wenn die Unkenntnis der Rechtswidrigkeit seines Verhaltens für ihn unvermeidbar war; war die Verbotsunkenntnis vermeidbar, so kann die Strafe nach Maßgabe des § 49 I gemildert werden. Verfassungsrechtliche Bedenken gegen diese Regelung bestehen nicht (BVerfG **41** 121 m. krit. Anm. Langer GA 76, 193, Schmidhäuser JZ 80, 396; s. a. Koriath Jura 96, 124; zur Bindungswirkung der Entscheidung des BVerfG vgl. Kramer/Trittel JZ 80, 393.

2 **1. Die Verbotskenntnis** war als Voraussetzung der Schuld keineswegs stets anerkannt. So hat das RG (zB RG **61** 258, **63** 218) und mit ihm die übrige Rspr. den Vorsatz iSd § 59 aF als ausreichende Grundlage für den Vorwurf vorsätzlicher Schuld gelten lassen und überdies bei der Kenntnis der normativen Tatumstände zwischen strafrechtlichem und außerstrafrechtlichem Irrtum unterschieden, wobei lediglich dem letzteren eine den Vorsatz ausschließende Bedeutung beigemessen wurde. Mit dieser Auffassung hatte die Judikatur den nahezu einmütigen Widerspruch der Wissenschaft herausgefordert, die insb. darauf hingewiesen hat, daß gegenüber einem Täter, der das Bewußtsein, gegen das Recht zu verstoßen, nicht haben könne, ein Schuldvorwurf begründeterweise nicht erhoben werden dürfe. Gleichwohl ist diese Unterscheidung auch heute noch nicht endgültig überwunden (vgl. Haft JA 81, 282 f.); so versucht Kuhlen (339 ff.) den Nachweis, daß die vom RG vertretene Unterscheidung der Sache nach der Rspr. bis heute zugrundeliegt. Auf den Gegensatz zwischen strafrechtlichen und außerstrafrechtlichen Irrtümern läuft im Prinzip auch Herzbergs Lehre von den Verweisungsbegriffen hinaus (JuS 80, 472 f.). Zum ganzen vgl. Puppe GA 90, 154 ff. Die Wende in der Rspr. brachte die Plenarentscheidung BGH (GrS) **2** 194. Seither war auch unter der Geltung des § 59 aF, der die Bedeutung der Verbotskenntnis offen ließ, nahezu allgemein anerkannt, daß das Unrechtsbewußtsein eine wesentliche Voraussetzung für den Schuldvorwurf bildet. Jedoch waren der systematische Standort des Unrechtsbewußtseins und seine strafrechtliche Bedeutung weiterhin umstritten (vgl. dazu § 15 RN 104). Zur Verortung des Unrechtsbewußtseins im DDR-Strafrecht: Hohoff, DtZ 97, 310 ff. mwN.

3 **2.** Durch die Vorschrift ist klargestellt, daß das Fehlen des Bewußtseins der Widerrechtlichkeit den Vorsatz als Unrechtskomponente nicht berührt (vgl. § 15 RN 104); damit ist die sog. **Schuldtheorie** legislatorisch festgeschrieben (krit. hierzu Schmidhäuser NJW 75, 1807, JZ 80, 396 II; Freund 246), wobei allerdings offen bleibt, wie der Irrtum über die Voraussetzungen eines Rechtfertigungsgrundes rechtlich zu bewerten ist (vgl. hierzu § 16 RN 14 ff.). Ein Verbotsirrtum kann daher nur im Rahmen der Schuld Bedeutung erlangen. Allerdings ist insbes. im nebenstrafrechtlichen Bereich mit seinen sozialethisch eher farblosen Tatbeständen denkbar, daß eine Auslegung des jeweiligen Tatbestandes ergibt, die Vorsatzstrafbarkeit solle auf Fälle der positiven Verbotskenntnis beschränkt bleiben, oder daß auf den Verbotsirrtum eine bestehende Fahrlässigkeitsstrafandrohung angewendet werden soll (Roxin I 811 f., Jescheck/Weigend 459, Jakobs 552, Lange JZ 56, 74, Meyer JuS 83, 514 f. [zu § 11 OWiG], Neumann NK 95, Tiedemann ZStW 81, 879). Bei unvermeidbarer Verbotsunkenntnis ist die Schuld ausgeschlossen, bei vermeidbarer Verbotsunkenntnis bleibt der Schuldvorwurf dagegen bestehen (vgl. hierzu H.-W. Schünemann NJW 80, 738, § 15 RN 104). Der verminderten Schuld des im Verbotsirrtum handelnden Täters wird durch die Möglichkeit einer Strafmilderung nach § 49 Rechnung getragen. Da § 17 auch den auf „Rechtsblindheit" oder grober „Leichtfertigkeit" beruhenden Verbotsirrtum erfaßt, ist die nur fakultative Strafmilderung berechtigt (vgl. auch BVerfG NJW **76**, 413). Die Situation ist hier also anders als im Falle des § 21, der vorausssetzt, daß bestimmte psychische Defekte zu einer „erheblichen" Verminderung der Einsichtsfähigkeit geführt haben (vgl. dort RN 14 ff.). Zum Verhältnis eines Verbotsirrtums nach § 17 zu den Fällen (verminderter) Schuldfähigkeit infolge gestörter Unrechtseinsichtsfähigkeit: § 20 RN 4, § 21 RN 6/7; zum reifebedingten Verbotsirrtum nach § 3 JGG: Lemke NK § 10 RN 7, Schroeder LK 50 f., Walter/Kupink GA 95, 51 ff.

4 **II. Zum Inhalt** des **Unrechtsbewußtseins** gehört, daß der Täter sich des Widerspruchs seines Verhaltens zur rechtlichen Sollensordnung (Rechtsregel [also nicht lediglich Rechtsprinzip iSe materialen Werteordnung des Rechts]; s. a. Neumann NK 18, JuS 93, 794) bewußt ist. Das ist einerseits angesichts der kategorialen Trennung von Recht und Moral mehr als die bloße Kenntnis der sittlichen

Mißbilligung der Tat (BGH GA **69**, 61; Rudolphi SK 4; Roxin I 798, Neumann NK 13; and. Schmidhäuser H. Mayer-FS 329), weil durch diese Kenntnis allein noch nicht die allgemein-verbindliche Kraft der verletzten Norm in das Täterbewußtsein gerückt wird (Rudolphi SK); freilich wird in solchen Fällen ein Verbotsirrtum regelmäßig vermeidbar sein. Erforderlich ist stets das Bewußtsein, gegen die Rechtsordnung und nicht nur gegen die Moral zu verstoßen (BGH GA **69**, 61). Andererseits wird die Kenntnis von der Strafbarkeit des Verhaltens nicht vorausgesetzt (BGH **2** 202, **10** 41, **15** 383, NJW **96**, 1606, NStZ **96**, 237, Rudolphi SK 3, Blei I 199, Jescheck/Weigend 459 f., Welzel 171; Roxin I 798; and. Köhler 403, 415, Schroeder LK 7, Otto ZStW **87**, 595, Jura 90, 746; ähnlich Neumann NK 18, 21 ff. [Kenntnis von der Sanktionierbarkeit der Tat als Straftat oder Ordnungswidrigkeit erforderlich]); auch ein Irrtum über die Höhe der angedrohten Strafe ist unerheblich (and. wohl Küper GA **68**, 304). Zur Frage des Unrechtsbewußtseins bei verdeckten Parteispenden vgl. Schmidt MDR **88**, 899.

1. Das **Bewußtsein, Unrecht zu tun**, hat der Täter dann, wenn er sich des Widerspruchs seines **5** Handelns oder Unterlassens zum Wohl der Allgemeinheit, zu den Normen, die für das Zusammenleben unentbehrlich sind, bewußt ist (Kiel SchlHA **48**, 146, Tübingen NJW **49**, 957 m. Anm. Hartung); zur Aktualität des Unrechtsbewußtseins: u. 9. Dieses Bewußtsein kann sich einmal aus der Vorstellung ergeben, Rechtsgüter zu beeinträchtigen, die den Schutz der Rechtsordnung genießen, Gemeinschaftswerte zu verletzen, deren Schutz Aufgabe des Rechtes ist. Diese „Gemeinschaftswertwidrigkeit" (Gallas Gleispach-FS 67) oder „Rechtswertwidrigkeit" (Lange ZStW **65**, 96) kann die Grundlage auch für eine entsprechende Vorstellung im Täterbewußtsein sein. Aber ebenso kann, je weiter man sich vom eigentlichen kriminellen Unrecht entfernt, das Unrechtsbewußtsein sich auch auf eine spezifische Normbefehlswidrigkeit oder Gesetzeswidrigkeit beziehen, so vor allem im Ordnungswidrigkeiten- und Nebenstrafrecht (vgl. Lange JZ **56**, 73; and. zT Arthur Kaufmann JZ **56**, 395). Vgl. weiter BGH (GrS) **11** 266, GA **69**, 61. Kennt der Täter zumindest nach Laienart (BGH **10** 41, Jescheck/Weigend 454; zutr. einschränkend Neumann NK 39) das Unrecht der Tat, dh das materielle, unentypisierte Wertwidrigkeit seines Verhaltens, ist unerheblich, ob er glaubt, straf-, zivil- oder öffentlichrechtliche Normen zu verletzen (Rudolphi SK 5); es genügt also das Bewußtsein, die „Handlung verstoße gegen irgendwelche, wenn auch im einzelnen nicht klar vorgestellte gesetzliche Bestimmungen" (RG **70** 142 m. Anm. E. Schäfer DJ **36**, 610, BGH [GrS] **11** 266, **15** 377 [„Kenntnis der vom Straftatbestand umfaßten spezifischen Rechtsgutsverletzung"], NJW **99**, 2908 m. Anm. Geppert JK 4, Celle NJW **87**, 78, NStE **Nr. 1**, Düsseldorf MDR **84**, 866, Stuttgart NStZ **93**, 344, Frankfurt SJZ **47**, Sp. 626, Darmstadt MDR **49**, 185, Achenbach NStZ **88**, 97); differenzierend Schroeder (LK 8), wonach der im Bewußtsein, eine Ordnungswidrigkeit zu begehen, handelnde Täter kein ausreichendes Bewußtsein für eine Strafbarkeit habe (and. BGHR Unrechtsbewußtsein **1**). Die Kenntnis der Wertwidrigkeit des Verhaltens als Disziplinarunrecht genügt hingegen nicht, da es sich insoweit um interne Sondervorschriften handelt, deren Anforderungen nicht über die für alle Bürger geltenden Verhaltensregeln hinausgreifen (Neumann NK 29, Roxin I 798; and. Geppert NStZ **90**, 545, Rudolphi SK 6, Vorauf. 5; differenzierend Jakobs 552); allerdings sind an die Vermeidbarkeit eines Verbotsirrtums erhöhte Anforderungen zu stellen (s. Hamburg JR **96**, 522 m. Anm. Klesczewski NStZ **96**, 104). **Bedingtes Unrechtsbewußtsein**, also die Vorstellung, die Tat sei möglicherweise verboten (Unrechtszweifel), reicht aus (BGH **4** 4, JR **52**, 285, NStZ **96**, 237, 338, Bay GA **56**, 127, Braunschweig NStZ-RR **98**, 251, Düsseldorf MDR **84**, 866, Groteguth aaO 71, Jescheck/Weigend 454 f., Paeffgen JZ **78**, 745, Rudolphi aaO 120, SK 12, Schroeder LK 23, Tröndle 5, Warda Welzel-FS 504 f.; and. Düsseldorf MDR **84**, 866; vgl. jedoch Jakobs 556, Armin Kaufmann ZStW **70**, 83 ff., Lesch JA **96**, 504, H.-W. Schünemann NJW **80**, 739); wie beim dolus eventualis genügt hier zur Strafbarkeit, daß der Täter aus Gleichgültigkeit gegenüber dem Normappell die Widerrechtlichkeit seines Verhaltens in Kauf nimmt (vgl. § 15 RN 84). Dagegen soll nach Stratenwerth 175, Jakobs 556, Roxin I 807, Neumann NK 34; Warda Welzel-FS 504 f., Paeffgen JZ **78**, 745 bei vom Täter nicht behebbarem Unrechtszweifel eine entsprechende Anwendung des § 17, jedenfalls aber Strafmilderung oder Straflosigkeit unter dem Gesichtspunkt der Unzumutbarkeit in Betracht kommen; krit. Dimakis aaO, 149 ff. Vgl. aber u. 21. Zum Sonderfall, daß der Täter für möglich hält, sich durch jede der ihm offenstehenden Verhaltensweisen strafbar zu machen: Roxin I 806 f. Zu Vorsatz und Verbotskenntnis bei den Unterlassungsdelikten vgl. § 15 RN 93 ff.

2. Ein Verbotsirrtum liegt vor, wenn diese Vorstellung fehlt; dabei genügt die fehlende Kenntnis **6** der Widerrechtlichkeit (vgl. zum Parallelproblem beim Tatbestandsirrtum § 16 RN 4); eine unzutreffende positive Vorstellung, rechtmäßig zu handeln, ist nicht erforderlich (Bay MDR **63**, 333). Ein Verbotsirrtum liegt auch dann vor, wenn der Täter das Verbotensein seines Verhaltens aufgrund einer nicht existierenden Norm annimmt, die in Wahrheit aber nicht kennt (sog. *doppelter Verbotsirrtum*); dies ergibt sich daraus, daß der Täter die Wertwidrigkeit seines Verhaltens unter dem Aspekt der von ihm tatsächlich verletzten Norm (u. 8) nicht erfaßt (ebenso B/W-Weber 465, Bindokat NJW **63**, 745 ff., Neumann NK 38, Roxin I 802, Rudolphi SK 10; and. Tröndle 4, Hirsch, Lehre von den negativen Tatbestandsmerkmalen [1960] 229 f.). Auch aus einem Subsumtionsirrtum (vgl. § 15 RN 44) kann ein Verbotsirrtum resultieren, wenn der Täter infolge fehlerhafter Einschätzung der Norm davon ausgeht, sein Verhalten sei rechtmäßig. Bei „mittelbarem" Verbotsirrtum im Falle eines Tatbestandsirrtums geht die tätergünstigere Regelung des § 16 I vor; entsprechendes gilt für den Erlaubnistatbestandsirrtum (§ 16 RN 14 ff.): Roxin I 793.

§ 17 7–8   Allg. Teil. Die Tat – Grundlagen der Strafbarkeit

7   3. Der sog. **Überzeugungstäter** hat regelmäßig Unrechtsbewußtsein (BGH **2** 208, **4** 1, Bay MDR **66**, 693, Roxin I 800, Schmidhäuser H. Mayer-FS 333 f., Schröder ZStW 65, 197, Schroeder LK 18 ff., Ebert aaO 54, Jakobs 553); er setzt bewußt seine Überzeugung gegen die des Staates. Zur Unterscheidung zwischen Überzeugungs- und Gewissenstäter vgl. Peters H. Mayer-FS 257 ff., Welzel DJT-FS I 383 ff., 397 ff.; eingehend zum Ganzen Heinitz ZStW 78, 615 ff., Noll ZStW 78, 638 ff., Bockelmann Welzel-FS 543 ff., Rudolphi Welzel-FS 605 ff., SK 4, Müller-Dietz Peters-FS 91 ff., Ebert aaO 60 ff., Gödan, Die Rechtsfigur des Überzeugungstäters, 1975, Hirsch, Strafrecht und Überzeugungstäter, 1996, Hofmann u. Sax, Der Ideologie-Täter, 1967, Neumann NK 40 ff., Radtke GA 00, 19 ff., Roxin I 868 ff.; vgl. 118 ff. vor § 32 sowie § 46 RN 15. Hat der Täter das Bewußtsein, gegen ein Gesetz zu verstoßen, so genügt dies; denn dann lehnt er sich bewußt gegen den für verbindlich erklärten Willen der Allgemeinheit auf.

7 a   Die Gesamtproblematik hat durch die Aufarbeitung des DDR-Unrechts neuerliche Bedeutung erlangt. Ausgangspunkt der rechtlichen Beurteilung schuldhaften Handelns beim Schußwaffengebrauch an der innerdeutschen Grenze (zur Rechtswidrigkeit der Todesschüsse 99 ff. vor § 3) wird hier im Regelfall die § 17 StGB vorgehende Sonderregelung des § 258 I DDR-StGB sein, der inhaltlich § 5 I WStG entspricht (BGH **39** 32, 188). Die nach dieser Vorschrift für die Strafbarkeit erforderliche Offensichtlichkeit des Unrechts wird von der Rspr. auch für untergeordnete Beteiligte am Grenzregime der ehem. DDR aus der extremen Menschenrechtswidrigkeit des sog. „Schießbefehls" gefolgert (BGH **39** 33 m. krit. Bespr. Amelung JuS 93, 643, **39** 190, **40** 251 m. krit. Bespr. Amelung NStZ 95, 30, NStZ-RR **96**, 324; KG NJW **91**, 2656, NStZ **92**, 492, LG Berlin JZ **92**, 691, NJ **92**, 418, LG Neuruppin NStZ-RR **96**, 325). Soweit nicht sogar die Regelungen des Grenzgesetzes der DDR überschritten wurden (vgl. LG Berlin NJ **92**, 418) oder Täter mit politischer Leitungsfunktion (103 vor § 3, Eser Odersky-FS 345; s. a. Frommel Arth. Kaufmann-FS **92**, Lüderssen, Der Staat geht unter (usw) 1992, 95 f. sowie BGH **39** 193 [strafmildernd]) betroffen sind (KG NJW **91**, 2653), erscheint der vom BVerfG (**95** 142; krit. Arnold JuS 97, 404) trotz der auch insoweit betonten Notwendigkeit einer Einzelfallprüfung letztlich unbeanstandet gebliebene Schluß vom extremen Unrechtscharakter des Grenzregimes der DDR auf die Erkennbarkeit dieses Unrechts auch für die systematischer Indoktrination ausgesetzten unteren Befehlsstufen problematisch (Adomeit NJW 93, 2914 f., Alexy [64 vor § 3] 37, Ambos NStZ 97, 492, Amelung NStZ 95, 30, GA 96, 57, Arnold JuS 97, 404, Arnold/M. Kühl JuS 92, 996, Dannecker Jura 94, 594, Dreier JZ 97, 430, Eser Odersky-FS 345, Gropp Triffterer-FS 120 = NJ 96, 397 f. [117 f. m. Hinweis darauf, daß nach §§ 6, 7 DDR-StGB ohnehin nur Fahrlässigkeitsstrafbarkeit in Betracht käme; so auch Amelung JuS 93, 643; vertiefend Hohoff, DtZ 97, 312 f.; and. BGH **39** 191], K. Günther StV 93, 24, Hohoff DtZ 97, 312, Kirchner Jura 98, 47, Miehe Gitter-FS 666, Roxin I 822, Schreiber ZStW 107, 171 f.; bejahend hingegen Herzog NJ 93, 3 f., Hirsch [64 vor § 3] 21, Neumann NK 102, Tröndle 52 e vor § 3). Die Zuschreibung einer Vermeidbarkeit des Verbotsirrtums dürfte die schwerlich zu meidende Folge der Rechtswidrigkeitsbestimmung (100 ff. vor § 3) letztlich mittels faktischen Rekurrierens auf eine innerstaatlich nicht positivierte Unrechtsbegründung darstellen (Neumann NK 102; s. a. Lüderssen aaO 94 ff.), wenngleich der Schluß vom objektiv krassen Unrecht auf das Bewußtsein für den Handelnden nicht ausnahmslos, sondern nur idR zutreffen dürfte (s. a. Alexy ebd. 24 f.). Vgl. auch 120/121 vor § 13. Außerhalb des Bereichs dergestalt extremen Tötungsunrechts hat die Rspr. DDR-Amtswaltern durchaus einen unvermeidbaren Verbotsirrtum zugebilligt (BGH **39** 195, **41** 15, **42** 362 m. zust. Anm. Ambos NStZ 97, 492 [Schüsse mit Körperverletzungsvorsatz bzw. auf bewaffneten Deserteur], **44** 60 m. Anm. Schroeder JR 98, 24 [Verbergen von RAF-Aussteigern durch MfS]). Angesichts eines ohnehin äußerst restriktiv bestimmten Bereiches strafbarer Rechtsbeugung (106 f. vor § 3) ist angesichts der Schwere insoweit überhaupt noch ahndbarer Rechtsverstöße ein vermeidbarer Irrtum idR ausgeschlossen (s. BGH **41** 277 u. 340). Vgl. für ähnliche Fragen im Zusammenhang mit nationalsozialistischen Verbrechen BGH **2** 234, Hanack JZ 67, 336.

8   4. Es gibt **kein abstraktes Unrechtsbewußtsein,** das von der konkreten Schutzfunktion des einzelnen Tatbestandes absehen würde, sondern nur ein konkretes, den einzelnen Geboten und Verboten des Strafrechts zugewendetes. Das Unrechtsbewußtsein muß sich auf die Qualität des begangenen Unrechts beziehen; es genügt nicht, daß der Täter unter irgendeinem Gesichtspunkt ein schlechtes Gewissen hat. Wer das Unrechtsbewußtsein bei der Vergewaltigung hat, braucht es bez. des zugleich begangenen Verwandtenbeischlafs nicht zu haben (sog. **Teilbarkeit des Unrechtsbewußtseins,** BGH **10** 35, NJW **63**, 1931, NStZ-RR **96**, 25, NStZ **96**, 237, Stuttgart NJW **64**, 412, Engisch ZStW 70, 569 f., Jescheck/Weigend 455 f., M-Zipf I 550, Roxin I 800, Rudolphi aaO 78, Schmidhäuser I 215, Warda NJW 53, 1052, Welzel 171 f., and. BGH **3** 343; vgl. auch BGH MDR/D **58**, 739, **67**, 14). Es war daher verfehlt, wenn BGH **15** 383 das Unrechtsbewußtsein für die gewohnheitsmäßige Kuppelei (§ 180 idF vor dem 4. StRG) als gegeben annahm, wenn der Täter die Strafbarkeit der gewerblichen Kuppelei kannte; dagegen Baumann JZ 61, 565, Bindokat NJW 61, 1731. Eine ähnliche Fragestellung ergibt sich für das Verhältnis Grunddelikt – qualifizierter Tatbestand; hier kann nicht ohne weiteres davon ausgegangen werden, daß mit dem Täter, der den Unwert des Grundtatbestandes erkennt, sich auch der besonderen Wertwidrigkeit einer Qualifikation bewußt ist (vgl. Rudolphi aaO 80, Schroeder LK 15, Roxin I 801, B/W-Weber 463 f.; and. BGH **15** 383, **42** 130 m. Anm. Seelmann StV 96, 672, Celle wistra **86**, 39, Tröndle 4); insoweit erscheint es sachgerecht, mit Neumann NK 37, Schroeder LK 15 (zust. Lackner/Kühl 6, Roxin I 801 FN 29) zwischen einem irrelevanten Irrtum

über die Quantität des Unrechts (zB über den § 29 von § 29a I Nr. 2 BtmG scheidenden Grenzwert der „geringen Menge") und einem – von der Tangierung eines zusätzlichen bzw. anderen Rechtsguts abhängigen – Verbotsirrtum über die Qualität des Unrechts (zB § 90b im Verhältnis zu § 185) zu differenzieren.

5. Wie beim Vorsatz, dh der Kenntnis der Merkmale des gesetzlichen Tatbestandes, stellt sich auch 9 hier die Frage nach der erforderlichen **Bewußtseinsform** der Verbotskenntnis (vgl. das Parallelproblem bei § 15 RN 47 ff.). Entsprechend den dortigen Ausführungen ist auch hier ein aktuelles Wertwidrigkeitsbewußtsein erforderlich. Dies bedeutet jedoch nicht, daß der Täter in jedem Augenblick des Handelns an das Verbotensein der Tat denken müßte; insoweit genügt wie beim Vorsatz ein „sachgedankliches Mitbewußtsein" (vgl. § 15 RN 50 ff. mwN) oder eine Verbotskenntnis, die dem Täter als „dauerndes Begleitwissen" zur Verfügung steht (Neumann NK 32, Roxin I 805, Schroeder LK 26; wohl auch Rudolphi SK 14). Ein nur potentielles Wissen genügt nicht, führt aber regelmäßig dazu, daß der Verbotsirrtum vermeidbar ist (dazu u. 13 ff.). Auch für das Fahrlässigkeitsdelikt ist § 17 relevant (Jescheck/Weigend 593 mwN), und zwar bei der *unbewußten* (§ 15 RN 203) Fahrlässigkeit ausschließlich in Form der Regelunkenntnis (die zwangsläufig zur Unkenntnis der Rechtswidrigkeit führende Tatsachenkenntnis führt nicht zur Anwendung von 17: Schroeder LK 2): Neumann NK 87, Roxin I 957, Rudolphi SK 20; krit. Arzt ZStW 91, 879 ff. (gegen die von Arzt ebenda für das Fahrlässigkeitsdelikt favorisierte Vorsatztheorie [§ 15 RN 104] aber Schöne H. Kaufmann-GedS 669 ff.); bei *bewußter* Fahrlässigkeit kommt ein Verbotsirrtum in Betracht, wenn dem Täter – etwa infolge irriger Annahme eines Rechtfertigungsgrundes (Haft AT 259) – das Bewußtsein der Rechtswidrigkeit der von ihm erkannten Rechtsgutsgefährdung fehlt (Neumann NK 89, Roxin I 956, Rudolphi SK 19).

III. 1. Verbotsunkenntnis kann auf verschiedenen Gründen beruhen (ausf. Roxin I 802 ff.). So ist 10 zunächst eine Unterscheidung danach möglich, ob der Täter in Unkenntnis der Verbotsnorm oder in der irrigen Annahme, seine Tat sei erlaubt, handelt. Schon durch die Formulierung der gesetzlichen Irrtumsvorschriften (§§ 16 I, 17) ist jedoch klargestellt, daß diese beiden Fälle nicht unterschiedlich bewertet werden dürfen (vgl. für § 16 dort RN 4; für § 17 Tröndle 6, Schroeder LK 17, Jescheck/Weigend 456 f.). Eine weitere Differenzierung kann danach vorgenommen werden, ob der Täter das Verbot nicht kannte und deshalb sein Verhalten für erlaubt hielt **(„direkter" Irrtum)** – hierzu zählt auch die sog. Gültigkeitsirrtum (Täter kennt die Verbotsvorschrift, hält sie aber wegen Verstoßes gegen höherrangiges, geltendes [s. Kühl 452] Recht für gegenstandslos), jedenfalls dann, wenn der Irrende davon ausgeht, die Gerichte würden entsprechend entscheiden (Jakobs 553, Neumann NK 48, Roxin I 804) – oder ob er zwar vom grundsätzlichen Verbotensein ausging, im konkreten Fall jedoch irrtümlich das Eingreifen einer rechtfertigenden Norm für gegeben hielt **(„indirekter" Irrtum)**. Diese allgemein anerkannte Unterscheidung (Jescheck/Weigend 456 f., Schroeder LK 9, W-Beulke 132 f.; M-Zipf I 541 f. spricht von „abstraktem" bzw. „konkretem" Irrtum) kann dann noch weiter danach untergliedert werden, ob sich der Täter über das Vorhandensein, die Grenzen oder die Voraussetzungen der Verbots- bzw. Erlaubnisnorm irrte (gegen die eigenständige Kategorie des Irrtums über die Grenzen eines Rechtfertigungsgrundes Schroeder LK 10). Für diese Irrtumskonstellationen wird in der Literatur eine Vielzahl von Bezeichnungen wie zB Bestandsirrtum, Grenzirrtum, Erlaubnisirrtum oder auch Erlaubnisnormirrtum gebraucht. Einigkeit besteht – abgesehen vom Fall des Irrtums über die tatsächlichen Voraussetzungen eines anerkannten Rechtfertigungsgrundes (Erlaubnistatbestandsirrtum, vgl. § 16 RN 14 ff.) – jedoch insofern, als in allen übrigen Fällen immer nur ein Irrtum iSd und mit den Folgen des § 17 in Betracht kommen kann. Da die Irrtumsursache unerheblich ist, sollen auch abergläubische Wahnvorstellungen einen Verbotsirrtum begründen können (BGH **35** 350, Lackner/Kühl 6, Neumann NK 47; and. Jakobs 553 Schumann NStZ 90, 35; zw.).

Freilich ist auch das gleichzeitige Vorliegen mehrerer Irrtümer möglich. Für derartige **Doppel-** 11 **irrtümer** gibt es zwei zu unterscheidende Fallgruppen, zum einen die Irrtümer, bei denen dem Täter das Unrechtsbewußtsein fehlt, und zum anderen jene, bei denen der Täter glaubt, Unrecht zu verwirklichen. Für die erstgenannte Konstellation ist das typische Beispiel des (kumulativen) Zusammentreffens von einem Erlaubnistatbestandsirrtum (für sich analog § 16 I zu behandeln [vgl. § 16 RN 18]) mit einem Irrtum über die Grenzen eines anerkannten Rechtfertigungsgrundes (Verbotsirrtum) zu nennen. Ein derartiger Fall wäre etwa, daß ein Vater in der irrigen Vorstellung, sein Sohn habe etwas angestellt, diesen maßlos in der Überzeugung züchtigt, dazu als Vater berechtigt zu sein (zum elterlichen Züchtigungsrecht vgl. § 223 RN 18, 20 ff.). Hier kommt wegen des Verbotsirrtums nur eine Vorsatzstrafe unter Berücksichtigung des § 17 in Betracht; der gleichfalls vorliegende Erlaubnistatbestandsirrtum vermag keine Privilegierung des Täters zu erreichen, da der Täter selbst bei Vorliegen der von ihm vorgestellten Sachlage (Züchtigungsgrund) wegen Überschreitens der Grenzen nicht gerechtfertigt wäre (Eser I 189 f., Jescheck/Weigend 467; unklar BGH **3** 108). Bei der anderen Fallgruppe der Doppelirrtümer ist die Situation dergestalt, daß der Täter einem nach § 16 oder 17 bedeutsamen Irrtum unterliegt, jedoch aufgrund eines weiteren Irrtums letztlich zum „Ausgleich" des ersteren gelangt. Ein solcher „Ausgleich" ist nicht möglich, da es kein abstraktes Unrechtsbewußtsein gibt (vgl. o. 8, § 22 RN 92). Ein Onkel, der seine 15jährige Nichte mißbraucht in der Meinung, daß die Schutzgrenze des § 182 bei 14 Jahren liege, andererseits aber davon ausgeht (Wahndelikt), er begehe Verwandtenbeischlaf (§ 173), kann nur dann aus § 182 bestraft werden, wenn der erste Irrtum für ihn vermeidbar war (s. Neumann NK 38, Roxin I 802, Rudolphi SK 10); die Vermeidbarkeit läßt sich nicht daraus ableiten, daß er die Tat unter einem anderen Gesichtspunkt für strafbar hielt. Zur

§ 17 12, 12 a Allg. Teil. Die Tat – Grundlagen der Strafbarkeit

Behandlung weiterer Irrtumskombinationen eingehend Bindokat NJW 63, 745, Haft JuS 80, 430, 659, Rath Jura 98, 543; zu Teilaspekten Bay NJW **63**, 310, B/W-Weber 464 f., Foth JR 65, 371 f., Jescheck/Weigend 534; vertiefend: Kuhlen aaO 494 ff.

12   Die **Abgrenzung** von **Tatbestands-**, (diesem analog zu behandelnden [vgl. § 16 RN 18 f.]) **Erlaubnistatbestands-** und **Verbotsirrtum** hat die Rspr. gelegentlich vor erhebliche Schwierigkeiten gestellt. Nach BGH **6** 193 liegt Tatbestandsirrtum vor, wenn ein Großhändler, der eine Unbedenklichkeitsbescheinigung nach § 11 UnedlMetG hat, irrig annimmt, er kaufe von einem zugelassenen Kleinhändler und schließe deshalb ein Großhandelsgeschäft ab. Die Meinung eines im Strafverfahren eidlich Vernommenen, der Richter sei zu seiner Vereidigung nicht befugt, soll je nach dem Inhalt der Vorstellungen über seine Stellung im Verfahren Tatbestands- oder Verbotsirrtum sein (BGH **10** 9). Wer bei § 123 irrig ein das Hausrecht brechendes stärkeres Recht annimmt, handelt nach Hamburg NJW **77**, 1831 (m. Anm. Gössel JR 78, 292) im Verbotsirrtum. Die irrige Annahme, ein ‚vernünftiger Grund' zur Tötung eines Wirbeltieres iSd § 17 I Nr. 1 TierschutzG liege vor, ist ebenfalls ein bloßer Verbotsirrtum (Karlsruhe NStZ **91**, 395, Bay NJW **92**, 2306 m. Bespr. Schlüchter JuS 93, 14). Zum Irrtum im Rahmen eines militärischen Befehls vgl. BGH LM **Nr. 3** zu § 47 MilitärStGB. Unklar und widerspruchsvoll BGH **3** 110, wo verlangt wird, daß bei Tötung und Freiheitsberaubung durch Erwirken eines richterlichen Urteils der Täter das Bewußtsein haben müsse, die Herbeiführung dieser Erfolge sei „rechtswidrig" (Tatbestandsirrtum). Der Irrtum über die „Rechtswidrigkeit" des erstrebten Vorteils nach § 253 ist jedoch Tatbestandsirrtum (vgl. § 253 RN 22), ebenso bei § 263 (vgl. § 263 RN 175). Der Irrtum über die Vollständigkeit und damit Richtigkeit von Angaben im Rahmen des § 399 AktG ist Irrtum über ein normatives Tatbestandsmerkmal, nicht Verbotsirrtum (BGHR § 16 I Umstand **2**). Zum Irrtum über die Rechtswidrigkeit der beabsichtigten Zueignung bei §§ 242, 249 vgl. § 242 RN 65. Zum Irrtum über die Pflicht zum Tätigwerden bei Unterlassungsdelikten vgl. § 15 RN 96. Besondere Schwierigkeiten bestehen beim Irrtum über die Begriffe „dieselbe Rechtssache" und „pflichtwidrig dienen" in § 356 (vgl. § 356 RN 22 ff.). Nach Bay **55**, 201 soll ein Irrtum darüber, ob ein Wohnraum der Bewirtschaftung unterliegt, Tatbestandsirrtum sein, während BGH **9** 358, KG NJW **58**, 922 m. Anm. Schröder Verbotsirrtum annehmen. Dagegen nimmt Bay **55**, 256 einen Verbotsirrtum an, wenn jemand die Öffentlichkeit eines Weges iSd § 1 StVG verkennt (bedenklich: der Täter nimmt hier eine falsche Wertung des normativen Begriffes „öffentlich" vor und befindet sich folglich in einem Tatbestandsirrtum). Glaubt der Halter eines Kfz, der einem Betrunkenen das Steuer überlassen hat, beim darauffolgenden Unfall nicht wartepflichtig zu sein (§ 142), so liegt nach Bay VRS **12** 115 Verbotsirrtum vor; dies ist jedenfalls dann nicht richtig, wenn dem Täter nicht bewußt war, daß er durch das Überlassen des Fahrzeuges Mitverursacher des Unfalls gewesen ist (vgl. Bay **54**, 50); ebenso liegt Verbotsirrtum vor, wenn ein Kraftfahrer glaubt, er brauche den Unfall auch nicht nachträglich zu melden, weil er den entstandenen Schaden selbst beseitigt habe (Düsseldorf JZ **86**, 356). BGH VRS **14** 31, **15** 123, Köln VRS **8** 460, Schleswig SchlHA **57**, 108 sehen den Irrtum über die Bedeutung von Verkehrszeichen als Verbotsirrtum an. Entsprechend bejaht Karlsruhe DAR **57**, 48 einen Verbotsirrtum bei irrtümlicher Annahme des Benutzers einer verkehrsreichen, aber nicht als Vorfahrtsstraße gekennzeichneten Landstraße, ihm stehe gegenüber dem Benutzer einer von rechts einmündenden Nebenstraße die Vorfahrt zu (zu § 13 StVO 1937). Wer glaubt, trotz Entzuges der Fahrerlaubnis noch so lange fahren zu dürfen, bis der Führerschein eingezogen ist, handelt nach Hamm DAR **57**, 25 im Verbotsirrtum; gleiches gilt nach Düsseldorf VM **76**, 26 für denjenigen, der wegen eingelegten Rechtsbehelfs irrig die Entziehung der Fahrerlaubnis für nicht wirksam hält, und nach Koblenz NJW **95**, 2302 für denjenigen, der ein Verkehrszeichen irrig für durch Urteil aufgehoben hält. Ebenso handelt im Verbotsirrtum, wer aufgrund eines eingelegten Rechtsmittels eine Ausweisungsverfügung nicht für wirksam hält; ein Verbotsirrtum ist insoweit unvermeidbar, wenn der Täter glaubt, sein Aufenthalt sei zumindest solange geduldet, bis das Verwaltungsgericht über seinen Antrag auf einstweiligen Rechtsschutz entschieden hat (Frankfurt GA **87**, 552). Dagegen soll sich nach BGH NStZ **89**, 475 in einem Tatbestandsirrtum befinden, wer einem Berufsverbot zuwiderhandelt, weil er irrtümlich annimmt seine dagegen eingelegte Beschwerde habe aufschiebende Wirkung. Im Verbotsirrtum handelt, wer irrig davon ausgeht, eine Trunkenheitsfahrt zur Rettung eines Verletzten liege im überwiegenden Interesse (Koblenz VRS **73** 289 m. Anm. Mitsch JuS 89, 964). Nach Hamm NJW **57**, 638 ist die Annahme, für einen anderen wählen zu dürfen (§ 107 a), Verbotsirrtum (vgl. dagegen § 107 a RN 3/4). Andererseits ist nach Hamburg GA **57**, 59 der Irrtum über die Aufnahme einer Schrift in die Liste jugendgefährdenden Schrifttums und über die Bekanntmachung dieser Aufnahme Tatbestandsirrtum. Nach BGH NStZ **88**, 269 und BGH NJW **92**, 516 liegt zutr. lediglich ein Verbotsirrtum vor, wenn der Täter die Sachlage richtig einschätzt, aber irrtümlich meint, er dürfe bei dieser Sachlage ein zur Abwehr des Angriffs nicht erforderliches Verteidigungsmittel benutzen; vgl. auch LG München NJW **88**, 1860. Vgl. noch Hamm DAR **58**, 307, Celle GA **66**, 284. Vgl. auch § 15 RN 19 ff., 99 ff.

12 a   Besondere Schwierigkeiten bereiten Irrtümer im Zusammenhang mit öffentlich-rechtlichen Genehmigungserfordernissen, auf die sich Tatbestandsmerkmale wie „ohne erforderliche Genehmigung", „unbefugt" usw beziehen. Die Rechtsprechung geht hier überwiegend von einem bloßen Verbotsirrtum aus (vgl. Celle NJW **87**, 1563, Düsseldorf VRS **56** 365, Bay VRS **58** 458, Rengier KK-OWiG § 11 RN 41 mwN). Teilweise wird aber auch nach der Zweckrichtung der Genehmigungspflicht unterschieden (BGH NStZ **93**, 595 m. Anm. Puppe, Bay wistra **92**, 273; vgl. auch vor § 324

RN 12 ff., 23): Handelt es sich um ein sog. präventives Verbot mit Erlaubnisvorbehalt, dh soll nur die Kontrolle über potentielle Gefahren eines im allgemeinen sozialadäquaten Verhaltens ermöglicht werden, so daß die Bezugnahme auf die Genehmigungspflicht ein normatives Tatbestandsmerkmal darstellen, so daß bei Irrtümern über Bestand und Umfang des Genehmigungserfordernisses ein Tatbestandsirrtum vorliegt (Bay wistra **92**, 273; Goldmann aaO 117, Rengier KK-OWiG § 11 RN 42 u. ZStW 101, 884, Tiedemann, Tatbestandsfunktionen, 321 ff., vgl. auch § 325 RN 26); liegt dagegen ein repressives Verbot mit Befreiungsvorbehalt vor, dh kann das Verbot eines grundsätzlich wertwidrigen Verhaltens im Einzelfall aufgrund einer Interessenabwägung als normatives Tatbestandsmerkmal aufgehoben werden, handele es sich um einen Irrtum über die Existenz und rechtliche Reichweite eines Rechtfertigungsgrundes, so daß ein Verbotsirrtum anzunehmen ist (BGH NStZ **93**, 595 [zu § 22 a KWKG] m. krit. Anm. Puppe, Bay wistra **92**, 273, Rengier KK-OWiG § 11 RN 43 u. 117; s. aber auch BGH NJW **96**, 1605 f. [Tatbestandsirrtum über Fehlen einer Erlaubnis nach § 3 I BtMG]). Dieser differenzierenden Auffassung ist zuzustimmen. Sofern das Genehmigungserfordernis ein normatives Tatbestandsmerkmal darstellt, was jeweils nur durch Auslegung des Einzeltatbestandes zu klären ist (vgl. Steindorf Salger-FS 186 [zum KWKG]), besteht kein Anlaß dafür, den Irrtum über dieses Tatbestandsmerkmal als bloßen Verbotsirrtum zu behandeln (so auch Braunschweig NStZ-RR **98**, 175 m. zust. Rspr. Brede NStZ 99, 137). Die Fehlvorstellung, überhaupt keiner Erlaubnis zu bedürfen, begründet im Falle rechtfertigender Genehmigung hingegen einen Verbotsirrtum (so iE auch BGH NJW **96**, 1605).

Zu Irrtümern über objektive Bedingungen der Strafbarkeit sowie über persönliche Strafausschließungs- bzw. -aufhebungsgründe: § 16 RN 34. **12 b**

2. Steht fest, daß dem Täter das Unrechtsbewußtsein fehlte, oder ist ihm dies nicht zu widerlegen, **13** so hängt die Frage seiner strafrechtlichen Haftung davon ab, ob der Irrtum vermeidbar war oder nicht. § 17 stellt auf die **Vermeidbarkeit der Verbotsunkenntnis** ab, während die Rspr. zu § 59 aF regelmäßig von Vorwerfbarkeit des Irrtums sprach. Die Formulierungen „Vermeidbarkeit" und „Vorwerfbarkeit" sind jedoch synonym, – wie dies bei den Schuldmerkmalen der Fall ist – die Vermeidbarkeit nicht bloß aus psychologischen Befunden abgeleitet, sondern unter Berücksichtigung normativer Momente des „Sollens" bestimmt wird (vgl. Schroeder LK 27 [Erkennbarkeit des Unrechts als Produkt aus faktischer Möglichkeit und normativer Zumutbarkeit; s. a. Neumann NK 59], u. 16 ff.; Roxin I 809 f., Henkel-FS 188, dessen Vorschlag, von Unvermeidbarkeit dann auszugehen, wenn der Täter für die Annahme der Erlaubtseins seines Tuns verständige Gründe hatte und daher keiner Sanktion bedürfe, wohl zu weit gehen dürfte, Timpe GA 84, 51).

a) Für die Vermeidbarkeit der Verbotsunkenntnis stellt die Rspr. in erster Linie darauf ab, ob der **14** Täter die gehörige **Anspannung seines Gewissens** unterlassen und dadurch versäumt hat, das Unrechtmäßige seines Handelns zu erkennen (BGH [GrS] **2** 201); das Maß der erforderlichen Gewissensanspannung soll sich dabei nach den „Umständen des Falles und dem Lebens- und Berufskreis des einzelnen richten" (BGH [GrS] **2** 201), wobei die Vermeidbarkeit des Irrtums von den individuellen Fähigkeiten des Täters abhängt (BGH **3** 366; unklar Köln GA **56**, 327); es setzt jedoch voraus, daß er alle seine geistigen Erkenntniskräfte eingesetzt und aufgetretene Zweifel durch Nachdenken und erforderlichenfalls durch Einholung von Rat bei einer sachkundigen und vertrauenswürdigen Stelle oder Person beseitigt hat (BGH wistra **84**, 178, NStZ **93**, 594 m. Anm. Puppe). Im Bereich der Verbotskenntnis sollen die an den Täter zu stellenden Anforderungen strenger sein als bei der (Tat-)Fahrlässigkeit (BGH **4** 237, **21** 20, M-Zipf I 548, Stratenwerth 176; and. zurecht B/W-Weber 467, Lackner/Kühl 7, Neumann NK 60, Roxin I 812, Henkel-FS 187 f., Rudolphi SK 30 a, Schroeder LK 27 ff.); erklärend Hassemer Lenckner-FS 116 f. (Mittel zur Sicherung von Rechtsgüterschutz und insbesondere Normgeltung).

Dieser ursprüngliche Standpunkt des BGH ist jedoch in mehrfacher Hinsicht zu eng (krit. auch **15** Rudolphi aaO 224, Lenckner aaO 67, H.-W. Schünemann NJW 80, 743, Roxin I 809). Denn die Fälle, in denen schon eine Anspannung des Gewissens – die ohnehin nur zur Erkenntnis der Moralwidrigkeit (o. 4) führen wird (Roxin I 813; allerdings können Gewissenszweifel Anlaß geben, der Frage nach der Rechtmäßigkeit eigenen Verhaltens weiter nachzugehen [Neumann NK 57, Roxin aaO, Rudolphi SK 32]) – die Verbotsunkenntnis zu beheben vermag, sind selten, da das Gewissen zu schwierigen Rechtsfragen gar nichts sagt (B/W-Weber 465, Neumann NK 57, Roxin I 813). Dies setzt nämlich voraus, daß im Täter ein untrügliches und den Maßstäben der Rechtsgemeinschaft entsprechendes Wertbewußtsein schlummert, das allein durch eine introvertierte und nur vom guten Willen abhängige Reflexion den rechten Weg weisen kann. Bei der Weitläufigkeit strafrechtlicher Bezüge in allen Lebensbereichen kann aber von einem „allumfassenden Wertbewußtsein" keine Rede sein. Insb. versagt die mangelnde Gewissensanspannung als Kriterium vorwerfbarer Verbotsunkenntnis überall dort, wo das Verbot nicht den Kernbereich sittlicher Bewertungsnormen berührt, sondern der Aufrechterhaltung von Ordnungswerten dient (Stratenwerth 175 f., Welzel 172, vgl. auch Oldenburg NJW **92**, 2438); so wird im Bereich des Nebenstrafrechts und der Ordnungswidrigkeiten die bloße Anspannung des Gewissens nicht zur richtigen Einsicht führen (vgl. BGH **4** 5). Wenn die Rspr. demgegenüber zT auf der Grundsatz des GrS stehen bleibt, so erstarrt diese zu einer schematisch wiederkehrenden Formel, die überdies nicht berücksichtigt, daß in einer freiheitlichen Ordnung eine Vermutung für das Nichtverbotensein eines Verhaltens besteht (Roxin I 815).

b) Daher ist BGH **4** 5 zuzustimmen, wonach der Täter, um sich ein Urteil über das Verbot zu **16** bilden, auch alle **intellektuellen Erkenntnismittel** einsetzen und notfalls sein Verhalten entgegen

§ 17 17, 18

der eigenen Überzeugung nach den Wertvorstellungen seiner Umwelt einzurichten hat (so zB auch der politische Überzeugungstäter; vgl. M-Zipf I 548 f., Stratenwerth 169 f.); vgl. auch BGH **2** 194, **4** 1, **4** 236, 347, **21** 18, wistra **84**, 178, KG JR **77**, 379 m. Anm. Rudolphi, Hamm NJW **68**, 212 (Zeugen Jehovas). Jedenfalls ist daran festzuhalten, daß die Verbotsunkenntnis in aller Regel das Ergebnis einer intellektuellen Fehlleistung ist, die dem Täter dann zum Vorwurf gereicht, wenn er nicht alles zu seiner Orientierung unternommen hat, was billigerweise von ihm verlangt werden kann (vgl. Mattil ZStW 74, 201). Eine intellektuelle Leistung des Täters kann allerdings nur erwartet werden, wenn er den Impuls zur Überprüfung der Rechtmäßigkeit seines Verhaltens spürt, er also entweder die Rechtswidrigkeit seines Verhaltens für möglich hält (so Horn aaO 105 ff.), oder wenn es sich ihm nach seiner bisherigen Erfahrung aufdrängen muß, sein Verhalten könne rechtswidrig sein (vgl. Cramer OWiG 70; krit. Timpe GA 84, 51). Dazu gehört die Kenntnis, daß für einen bestimmten Lebensbereich, in dem das Verhalten liegt, überhaupt Verbotsnormen existieren (Stratenwerth 176), da er nun dann Anlaß gehabt hat, sich über die rechtliche Beurteilung seines Verhaltens Gedanken zu machen (H. Mayer MDR 52, 393, Rudolphi SK 30, Welzel 173). Dies ist anzunehmen, wenn durch das Verhalten Dritte geschädigt oder elementare sozialethische Normen verletzt werden, wenn das Verhalten in einen Bereich fällt, der zum Berufskreis des Täters gehört. Je weiter sich also die Verbotsnorm vom Kernbereich des Strafrechts, dh jener dem Sanktionsrecht vorgelagerten unabdingbaren sozialen Friedensordnung einer Rechtsgemeinschaft zum Schutz auch elementarer personaler Entfaltungsvoraussetzungen, weg zur Peripherie des Sanktionsrechts bewegt, desto weniger strenge Maßstäbe sind an die Vermeidbarkeit der Verbotsunkenntnis zu stellen, es sei denn, daß der Täter gerade in diesem speziellen Bereich Erkundigungspflichten hat. Auch die Auferlegung einer derartigen Erkundigungspflicht kommt aber nur in Frage, wenn der Täter aufgrund seiner allgemeinen Lebenserfahrung davon ausgehen mußte, daß der betroffene Bereich rechtlich durchnormiert ist (Oldenburg NJW **92**, 2438); näher zur entsprechenden Abstufung bei Roxin I 816 ff., der überzeugend den Täter nur dann zur Überprüfung der Rechtslage veranlaßt sieht, wenn er entweder bereits Zweifel hegt oder weiß, daß er in einem Bereich mit rechtlichen Sonderregelungen agiert, bzw. ihm bewußt ist, daß er einzelne oder die Allgemeinheit schädigt. Auf dieser Basis kann den Bedenken (Arzt ZStW 91, 884 f., Tiedemann ZStW 81, 876 ff., Geerds-FS 97 ff., Weber ZStW **92**, 340) gegen die de lege lata vorgegebene Anwendung der Schuldtheorie (o. 3) im Bereich des Nebenstrafrechts jedenfalls im Ergebnis Rechnung getragen werden (s. Roxin I 812).

17 α) Der Umfang der angesichts des Schuldprinzips individuell zu bemessenden (BGH **3** 366, Lackner/Kühl 7, Schroeder LK 30) Sorgfaltspflicht ergibt sich ua aus den konkreten Umständen des Falles und dem **Lebens-** und **Berufskreis** des einzelnen (Frankfurt NJW **64**, 508; vgl. auch BGH DAR **66**, 189, BGH **40** 264); eine Überschätzung allgemeiner Grundsätze kann hier mehr schaden als nützen. Immerhin lassen sich einige Anhaltspunkte geben. So besteht zB für eine Anzahl von Berufsgruppen (Apotheker, Bauhandwerker usw.) die Pflicht, sich mit den die Berufsausübung betreffenden Vorschriften (zB Arzneiabgabeverordnungen, Unfallverhütungsvorschriften) ständig zu befassen (zur Erkundigungspflicht eines Gastwirts vgl. Hamm JMBlNRW **60**, 142); hierbei dürfen die – auch von der Betriebsgröße abhängigen – Anforderungen aber nicht überspannt werden (Bay NStZ **00**, 148). Ein Vorwurf kann deshalb bereits darin liegen, daß der Täter infolge mangelnder Berufsfortbildung keinen Zweifel an der Rechtmäßigkeit seines Verhaltens hat aufkommen lassen (vgl. auch BGH **5** 289, Rudolphi aaO 256, Eser I 176). Entsprechendes gilt auch für andere Lebensbereiche (vgl. Lesch JA 96, 609). Dieser Vorwurf einer „Rechtsfahrlässigkeit" entspricht der Begründung des Fahrlässigkeitsvorwurfes beim Übernahmeverschulden (Roxin I 814; s. a. M-Zipf I 548, Neumann NK 58 f. (nur für „Sondernormen"); and. Rudolphi SK 45, Henkel-FS 208 f. (Lebensführungsschuld); vgl. auch die in der Begründung abweichenden Konzeptionen von Jakobs 559 und Stratenwerth Arm. Kaufmann-GedS 488 ff. So kann der Kraftfahrer sich regelmäßig nicht darauf berufen, eine Änderung der Verkehrsvorschriften nicht erfahren und daher ohne Verbotskenntnis gehandelt zu haben (s. a. BGH NStZ **96**, 237 [BtmG-Änderung]). Entsprechend ist von *Ausländern* – ungeachtet etwa fehlender Vermittlung der Strafrechtsnorm durch die in ihrem Lebenskreis gültigen Sozialnormen – zu verlangen, daß sie vom Beginn ihres – jedenfalls auf eine gewisse Dauer angelegten – inländischen Aufenthaltes an um Kenntnis der die Freiheit aller Bürger sichernden Vorschriften des Kernstrafrechts bemühen (vgl. Lesch JA 96, 609 [Unzulässigkeit selbstwidersprüchlichen Verhaltens]); zur Problematik rechtskulturell gegensätzlichen Normenbewußtseins: Köhler 433 ff. mwN, Hassemer Wolff-FS 104, 108 f., Lauberthal/Baier GA 00, 212 ff., Schroeder LK 18; s. a. Timpe GA 84, 53 f. sowie Jakobs 545 (Nähe zur Schuldunfähigkeit); Vermeidbarkeit eher verneinend hingegen Fabricius JuS 91, 397 f.; zur Strafzumessung: § 46 RN 36. Demgegenüber sind in Führerscheinangelegenheiten an die Erkundigungspflicht schon länger im Inland lebender Ausländer strenge Anforderungen zu stellen (Köln VRS **54** 364).

18 β) In Zweifelsfällen darf sich der Rechtsunkundige (an einen Rechtskundigen sind erhöhte Anforderungen zu stellen: BGH NJW **96**, 473, Schroeder LK 30) nicht ohne weiteres auf sein eigenes Urteil verlassen, er muß vielmehr die **erforderlichen Auskünfte** einholen (BGH **4** 5, 352, vgl. auch BGH **5** 118, **21** 20, wistra **84**, 178, Bay NJW **80**, 1057, Hamburg NJW **67**, 213, Köln NJW **96**, 472; eingehend hierzu Kunz GA 83, 457 ff., Roxin I 818, Schumann [71/72 vor § 13] 124 ff.). Nur die Auskunft einer verläßlichen Person kann die Vermeidbarkeit des Irrtums ausschließen. Verläßlich ist eine zuständige, sachkundige, unvoreingenommene Person, die mit der Erteilung der Auskunft kein

Eigeninteresse verfolgt und die Gewähr für eine objektive, sorgfältige, pflichtgemäße und verantwortungsbewußte Auskunftserteilung bietet (BGH **40** 264, Bay NJW **89**, 1744, Braunschweig NStZ-RR **98**, 251). Ist eine verläßliche Auskunftsperson im Einzelfall nicht konkretisierbar, hat das Gericht in abstrakt-normativer Bewertung unter Berücksichtigung aller Umstände des Falles selbst zu entscheiden, welche Auskünfte eine verläßliche Person dem Täter hinsichtlich der Rechtswidrigkeit seiner Tat erteilt hätte bzw. hätte erteilen müssen (Bay NJW **89**, 1744; u. 22). Ein Verschulden kann schon in der Auswahl der Auskunftsperson liegen; die Sorgfaltspflichten, die hierbei einzuhalten sind, richten sich nach dem zu beurteilenden Lebensbereich. So ist etwa die Auskunft einer Polizeidienststelle über Steuerfragen unzureichend (anders aber bei Auskunft seitens einer nicht offensichtlich insgesamt unzuständigen Behörde: BGH NStZ **00**, 364); ebenso angesichts des vormundschaftlichen Genehmigungserfordernisses die Rechtsauskunft des behandelnden Arztes an den Betreuer im Bereich der Sterbehilfe (BGH **40** 264, Roxin I 820). Andererseits muß aber ausreichen, wenn der Täter sich eingehend bei einem Rechtskundigen, den er ohne Verschulden als kompetent (insoweit kann sich ein Laie idR auf die Formalqualifikation der Auskunftsperson verlassen [Neumann NK 75, Roxin I 819; enger Tröndle 9]) ansehen konnte (vgl. BGH **5** 118, NJW **89**, 409 f., Frankfurt NJW **54**, 508; vgl. jedoch Bay NJW **65**, 164, **80**, 1058, Koblenz NStE Nr. 6) – hierzu zählen grds. auch „Hausjuristen" (Frankfurt NJW **89**, 1745, Neumann NK 75, Roxin I 819, Rudolphi SK 17, Schroeder LK 44; strenger BGH **30** 276, KG JR **78**, 166 m. Bespr. Meyer JuS 79, 250, Stuttgart JR **78**, 294 m. Anm. Sack, Voraufl. 18) – beim Fachverband eines Gewerbes (KG JR **64**, 68, Bremen NStZ **81**, 265), der IHK (Zweibrücken StV **92**, 119), für Fragen der zulässigen Sterbehilfe von Angehörigen, die nicht zu Betreuern bestellt sind, bei einem Arzt (BGH **40** 263), einem bekannten Kommentator (Bremen NStZ **81**, 266) oder bei der zuständigen Behörde erkundigt (BGH NJW **88**, 272 f., Bay **64**, 161, GA **66**, 182, Celle NdsRpfl. **62**, 192, Frankfurt VRS **28** 425, DAR **65**, 159; and. wohl BGH **2** 193), aber einen unrichtigen Bescheid erhalten hat (München DStR **36**, 59, **37**, 438, Düsseldorf JMBlNRW **50**, 82, KG VRS **13** 148); das gilt uU auch, wenn der Täter durch seinen Vorgesetzten falsch unterrichtet wurde (BGH VRS **10** 359) oder sich auf eine rechtswidrige Dienstanweisung der vorgesetzten Behörde verläßt (Frankfurt NJW **50**, 120) oder glaubt, auch rechtswidrige Befehle seien verbindlich (BGH **22** 223). Zum Handeln auf dienstliche Weisung vgl. RN 121 f. vor § 32. Andererseits kann nach Bay **55** 192 die behördliche Duldung von Zuwiderhandlungen die Schuld des Täters nicht schlechthin ausschließen (vgl. Hamburg VRS **31** 136); ein Vertrauen auf amtliche Merkblätter vermag nicht stets zu entlasten (s. AG Dachau NStZ **96**, 547 m. abl. Anm. Schroth 549). Dagegen soll ein unvermeidbarer Verbotsirrtum vorliegen, wenn eine Behörde eine Abgabe für ein rechtswidriges Verhalten festsetzt und damit zum Ausdruck bringt, dieses sei zulässig, AG Lübeck StV **89**, 348. Auf die Auskunft eines Rechtsanwalts kann sich der Rechtsunkundige regelmäßig verlassen, auch wenn die Auskunft unzutreffend ist, ohne daß der Anfragende dies erkennen kann; dies gilt auch für „Stegreifauskünfte" (Roxin I 819, Schroeder LK 42; and. BGH NStZ **00**, 309; Bay StV **92**, 421, Bremen NStZ **81**, 266, Rudolphi JR 77, 381). Jedoch bleibt ein Verbotsirrtum trotz Einholung einer unzutreffenden Rechtsauskunft dann vermeidbar, wenn die wahre Rechtslage auch ohne Rechtsrat unschwer erkennbar ist (Braunschweig NStZ-RR **98**, 251, Koblenz NStE **Nr. 6**) oder der Täter seine Augen vor gegenteiligen Auffassungen geradezu verschloß (Köln NJW **96**, 473; großzügiger Frankfurt JR **96**, 250 m. krit. Anm. Foth 252; krit. Neumann NK 79, Roxin I 819). Äußert die Auskunftsperson hingegen Zweifel, weist sie den Täter auf entgegenstehende gerichtliche Stellungnahmen (literarische Meinungsäußerungen genügen hingegen nicht: Roxin I 821) hin oder ist dem Täter eine von der Auskunftsperson abweichende Gerichtsentscheidung bekannt (s. BGH **21** 22; ähnlich Neumann NK 77 ff., Roxin I 819 ff.), so wird idR bereits bedingtes Unrechtsbewußtsein (u. 21) vorliegen. Hat sich zu einem bestimmten Problem noch keine einheitliche Rspr. gebildet, so wird es bei der rechtsfehlerhaften Beantwortung einer Frage überdies an der Kausalität fehlen (vgl. u. 22). Soll die Anfrage allerdings nur „Feigenblattfunktion" erfüllen, so ist auch die Auskunft eines Rechtsanwalts nicht geeignet, den Anfragenden zu entlasten (KG JR **77**, 379 m. zust. Anm. Rudolphi). Vgl. zum Vorstehenden Rudolphi aaO 244. Die Auskunft eines Parteiorgans, eine Parteifinanzierung über die Erteilung von Spendenquittungen sei rechtmäßig, begründet keinen unvermeidbaren Verbotsirrtum (AG Düsseldorf NJW **85**, 1971, Schmidt MDR **88**, 899); zur Affäre der Parteispenden vgl. Kohlmann Köln-FS 439 ff., Lüderssen wistra 83, 223 ff.); ebensowenig das „Selbststudium" eines juristischen Laien (Roxin I 821 [and. bei zum Gesetzestext geradezu nahegelegter Schlußfolgerung; noch großzügiger Schleswig GA **82**, 509; and. Bay GA **66**, 183, Schroeder LK 41]).

γ) Bei der **Auslegung neuer Gesetze** ist ein Verbotsirrtum regelmäßig nur dann vermeidbar, **19** wenn der Sinn der Vorschrift sich eindeutig aus ihrem Wortlaut ergibt (vgl. RG JW **38**, 947); bei Zweifeln kann dem Täter kein Vorwurf gemacht werden, wenn er sich im Rahmen der Auslegungsmöglichkeiten hält (Braunschweig NJW **51**, 811 unter Hinweis auf RGZ **107** 118, **133** 147, **135** 110). Vgl. auch Köln VRS **8** 460 (Zweifel über nicht eindeutige Verkehrszeichen), NJW **60**, 2160, Stuttgart VRS **26** 379 (Zweifel über die Rechtswirksamkeit eines Verkehrsschildes), Saarbrücken VRS **35** 112 (bedenklich). Umgekehrt trifft den Täter die Verpflichtung, sich bei Kenntnis einer sich abzeichnenden Änderung der Rechtslage verläßlich über den (Nicht-)Eintritt einschlägiger Novellierungen zu unterrichten (BGH NStZ **96**, 237, Tröndle 9).

δ) Schwierigkeiten bereitet die Frage, in welchem Umfang der Täter sich auf **Gerichtsurteile** **20** verlassen darf (vgl. Neumann NK 68 ff., Rudolphi aaO 390 ff., SK 37 ff., Schroeder LK 32 ff., Tröndle

9). Hier ist von dem Grundsatz auszugehen, daß der Täter straflos bleiben muß, wenn sein Verhalten nach der Rspr. zur Tatzeit nicht strafbar war (vgl. BGH **37** 55 m. Anm. Maiwald JZ 90, 1143, KG NJW **90**, 782 f.: Änderung der Rspr. zu § 168). Zwar ist der Richter nicht gehindert, die Tat im Wege der Gesetzesauslegung jetzt für strafbar zu erklären, weil insoweit das Rückwirkungsverbot des Art. 103 II GG, § 1 II StGB nicht gilt (vgl. § 2 RN 8). Den Täter muß jedoch aus Gründen der Rechtssicherheit die frühere Rspr. entlasten, die ja nach jetziger Ansicht gleichfalls auf einem „Verbotsirrtum" beruhte (vgl. BGH **37** 55, Düsseldorf NStE **Nr. 2**). Dies gilt selbst dann, wenn der Täter die bisherige Rspr. nicht gekannt hat, denn in diesen Fällen wäre der Verbotsirrtum durch entsprechende Erkundigungen nicht ausgeräumt worden, es fehlt insoweit also an der für den Schuldvorwurf notwendigen Kausalität zwischen der mangelnden Informationserlangung und dem Verbotsirrtum (vgl. u. 22). So ist zB straflos, wer irrtümlich von der Verfassungswidrigkeit einer Verbotsnorm ausgeht und sich dabei auf den Standpunkt eines hohen Gerichts stützen kann (Celle MDR **56**, 436) oder sich im Einklang mit bisherigen Urteilen über die Tragweite eines Straßenverkehrsverbots irrt (Köln MDR **54**, 374), und entfällt bei sorgfaltswidrigem Verhalten der Schuldvorwurf, wenn sich die objektive Sorgfaltspflicht des Täters infolge einer im Tatzeitpunkt noch nicht absehbaren Rechtsprechungsentwicklung nachträglich verschärft hat (vgl. BGH [Z] NJW **85**, 620; [Z] NJW **95**, 2632). Dies gilt auch dann, wenn jemand auf das Urteil eines obersten Bundesgerichts vertraut, dessen allgemein gehaltene Formulierungen – nur für den Experten erkennbar – über seine Sachaussage hinausgehen (Stuttgart JR **73**, 509 m. Anm. Rudolphi). Der Begründung einer staatsanwaltschaftlichen Einstellungsverfügung kann eine Gerichtsurteilen vergleichbare Bedeutung zukommen (Bay NJW **80**, 1058). Vermeidbar ist der Verbotsirrtum jedenfalls dann, wenn der Täter rechtsirrig die Tragweite einer verfassungsgerichtlichen Entscheidung zu seinen Gunsten ausdehnt und eine entgegenstehende ältere Rspr. für überholt hält (BGH NJW **92**, 1181), oder eine strafbewehrte Regelung irrig für durch ein Gerichtsurteil aufgehoben hält (Koblenz NJW **95**, 2302).

21 Bei **widersprechenden Entscheidungen** ist ein Verbotsirrtum (Lüderssen wistra 83, 231, Neumann NK 51 bezweifeln bei strittiger Rechtslage als Regelungsdefizit bereits das Vorliegen eines Irrtums [iSe Informationsdefizites]) jedenfalls dann unvermeidbar, wenn der Täter sich auf das höhere Gericht oder die jüngere Entscheidung des gleichen Gerichts verläßt (denn aus der Sicht des Rechtskundigen ist die jüngere oder die Rechtsauffassung der höheren Stelle die allein maßgebliche (vgl. Bremen NJW **60**, 164). Dagegen kann nicht gefordert werden, daß der Täter sich ausschließlich die Auffassung des OLG zu eigen macht, in dessen Gerichtsbezirk er tätig wird (vgl. aber Bremen NJW **60**, 164). Ist vom Täter nicht vorhersehbar, welcher Rechtsstandpunkt mehrerer oberer Gerichte sich schließlich durchsetzen wird, so ist es eine Frage der Zumutbarkeit (Neumann NK 72, Schroeder LK 38, Warda Welzel-FS 510 ff.), ob er die – möglicherweise verbotene – Handlung unterlassen muß, bis die Rechtslage eindeutig geklärt ist (vgl. Schleswig VRS **23** 30, SchlHA **61**, 350, vgl. auch SchlHA **66**, 208 m. Anm. Naucke SchlHA 66, 232, Stuttgart NJW **67**, 122 m. Anm. Baldauf und Hagedorn NJW **67**, 744 f.; weitergehend zu Recht Eser/Burckhardt I 177, Neumann NK 72 [von Justiz zu vertretendes „Normenchaos" darf nicht zu Lasten des Täters gehen]; and. Celle GA **60**, 318, das dem Täter das Risiko der Rechtsunsicherheit aufbürdet; ebenso Roxin I 821 [idR bedingtes Unrechtsbewußtsein], Tröndle 9; vgl. dazu Gross GA 71, 17 sowie o. 5 (bedingtes Unrechtsbewußtsein). Bei zweifelhafter Rechtslage und nicht rechtskräftigen Urteilen darf der Täter nicht auf die Richtigkeit des ihm günstigen Standpunktes vertrauen (Stuttgart NJW **67**, 122). U. U. kann aber einem Gewerbetreibenden nicht zugemutet werden, einen Teil seines Gewerbes aufzugeben, weil bei den zuständigen Behörden oder Gerichten Meinungsverschiedenheiten über die Zulässigkeit des Verkaufs bestimmter Waren bestehen (vgl. Bremen NJW **60**, 164). Entsprechendes gilt, wenn die Gültigkeit von Gesetzen und Verordnungen streitig ist (Frankfurt NJW **64**, 508; vgl. auch Hamm VRS **29** 357). Nach FG Köln NJW **86**, 2529 soll sich ein Steuerpflichtiger auch nicht auf die Auffassung des BGH berufen dürfen, wenn diese im Widerspruch zur Steuerrechtsprechung im Zeitpunkt der Tat steht. Sachlich weitgehend übereinstimmend Rudolphi aaO 104, SK 38 f. Auch auf Einzelentscheidungen darf der Bürger vertrauen (Bay NJW **80**, 1057 [StA-Einstellungsverfügung], Neumann NK 73, Roxin I 821; and. Düsseldorf NJW **81**, 2478]).

21 a Im Falle eines **Gebotsirrtums** beim Unterlassungsdelikt (§ 15 RN 96) hängt die Erkennbarkeit des Unrechts von der Selbstverständlichkeit des gesetzlichen Gebotes ab (Schroeder LK 31). Ein Gebotsirrtum wird idR leichter entschuldbar sein als der Verbotsirrtum eines Begehungstäters (BGH **16** 160, NJW **64**, 1331, Hamburg JR **96**, 523 m. Anm. Küpper, B/W-Weber 466, Gropp 377, Jescheck/Weigend 636); zum Gebotsirrtum eines Sozialarbeiters im Bereich der Familienhilfe: Oldenburg StV **97**, 135 m. krit. Anm. Bringewat 137.

22 c) Zwischen der Nichterkundigung und dem Irrtum muß **Kausalität** bestehen. Hätte zB die Erkundigung bei der zuständigen Behörde zu einer falschen Auskunft geführt, so war das Nichteinholen der Auskunft nicht kausal und der Verbotsirrtum unvermeidbar (BGH **37** 67, NJW **96**, 1606, Bay NJW **89**, 1744 m. Bespr. Rudolphi JR 89, 387 u. Zaczyk JuS 90, 889, KG VRS **13** 148, NJW **90**, 783, Celle NJW **77**, 1644 m. Anm. Wolter JuS 79, 482; vgl. auch Schleswig SchlHA **66**, 207 m. Anm. Naucke SchlHA 66, 232, Gross GA 71, 17, Köhler 414, Lackner/Kühl 7, Otto Jura 90, 650, Rudolphi aaO 199, SK 42 f., Strauß NJW 69, 1420; and. noch BGH **21** 21, Bay NJW **60**, 504, **65**, 1926, die allein aufgrund des Unterlassens der erforderlichen [„pflichtgemäßen"] Prüfung unabhängig von deren möglichem Ergebnis Vermeidbarkeit des Irrtums annehmen); vgl. auch Hamburg JR **96**, 524 m. abl. Anm. Küpper 525. Vgl. auch Roxin I 824, Schroeder LK 45, Schröder NJW 58, 921, Eser/Burkhardt I 177 f., Jakobs

563, Neumann NK 82 (m. zutr. Differenzierung zwischen der grds. zu Grunde zu legenden hypothetischen Kausalität und einem nur ausnahmsweise [dh bei Fehlen einer konkretisierbaren hypothetischen Auskunftsstelle] anzuwendenden normativen Maßstab [als pflichtgemäße Antwort einer zuverlässigen Auskunftsperson]). Läßt sich nicht feststellen, ob die Auskunft zu einer (wenigstens bedingten) Verbotskenntnis geführt hätte, so gilt – wie auch sonst für die Feststellung des Unrechtsbewußtseins (Bay NJW **54**, 811, Neumann NK 104, Tröndle 5) – der Grundsatz in dubio pro reo.

d) *Sonderregelungen* eines Verbotsirrtums mit deutlich geringeren Anforderungen an seine Unvermeidbarkeit beinhalten §§ 5 I WStG (zu § 47 MStGB [Exkulpation bereits bei „Unkenntnis"] und seiner Anwendung auf NS-Verbrechen: Hanack JZ 67, 336 f. sowie Rspr.-Nachw. 24. A. 121 a vor § 32; s. a. Schroeder LK 53 und 121 vor § 32), 11 II 2 SoldatenG, 30 III ZDG, 97 II 2 StVollzG, 7 II UzwG (sowie die entsprechenden Landesgesetze): Angesichts der Hauptverantwortung des Befehlenden (Roxin I 825) sowie des Motivationsdrucks beim Befehlsempfänger (Neumann NK 98) tritt Exkulpation lediglich dann nicht ein, wenn der Untergebene erkennt, daß es sich um eine rechtswidrige Tat handelt oder dies nach den ihm bekannten Umständen offensichtlich ist; derartige Evidenz ist gegeben, wenn die jenseits aller Zweifel liegende Rechtswidrigkeit von jedem ohne weiteres Nachdenken erkannt werden kann (Neumann NK 98). Diese Vorschriften stehen einem zusätzlichen Rückgriff auf § 17 nicht entgegen (BGH **39** 35 u. 190, Schroeder LK 55). Zu den intrikaten – ggf. bereits die Rechtswidrigkeit ausschließenden – Irrtumsfragen bei Handeln auf Befehl: 88, 121 vor § 32. **22 a**

e) Zum Verbotsirrtum im *Ordnungswidrigkeitenrecht*: Mitsch, Recht der Ordnungswidrigkeiten (1995) 68 ff. (sachentsprechende Behandlung; ebenso: Neumann NK 94 f.; s. aber auch Weber ZStW 92, 340, 96, 393 [Vorsatz-Theorie], Köhler 416 [objektive Vermeidbarkeit des Irrtums genügt]). Zum Verbotsirrtum iZm *Europäischen Sanktionenrecht*: Böse (22 vor § 1) 198 ff., Dannecker (22 vor § 1) 100, Hildebrandt, Der Irrtum im Bußgeldrecht der Europäischen Gemeinschaften (1990), Köhler 416, Maiwald ZStW 106, 916, Tiedemann Jescheck-FS 1436, NJW 93, 29. **22 b**

IV. Für die **Rechtsfolgen** des Verbotsirrtums ist zu unterscheiden:

1. War der Irrtum **unvermeidbar**, so handelt der Täter **schuldlos**. Die Tat bleibt also rechtswidrig und vorsätzlich; der unvermeidbare Verbotsirrtum stellt nur einen **Schuldausschließungsgrund** dar. Zur Bedeutung des Verbotsirrtums bei nur einem von mehreren Tatbeteiligten vgl. 32 f. vor § 25. **23**

2. Bei **vermeidbarer Verbotsunkenntnis** bleibt dagegen ein Schuldvorwurf bestehen; jedoch kann die Strafe nach § 49 I gemildert werden (weitergehend für ausnahmsweisen Verantwortungsausschluß: Roxin I 824; and. Schroeder LK 49; vgl. auch Jakobs 565 [§ 49 II]). Hierfür gelten folgende Grundsätze: **24**

a) Ebenso wie bei § 21 kann zunächst zweifelhaft sein, ob die **Kann-Regelung** des § 17 (zur Entstehungsgeschichte Schroeder LK 48) iSe Milderungszwangs zu interpretieren ist (vgl. das Parallelproblem bei § 23 RN 6); dies ist aus den o. 3 genannten Gründen zu verneinen, doch wird im Regelfall angesichts grds. erheblich verminderter Schuld des Täters die Anwendung des milderen Strafrahmens angezeigt sein (Lackner/Kühl 8; s. a. Neumann NK 83 ff., Roxin I 824, Rudolphi SK 48. Hierbei darf die Mindeststrafe fahrlässiger Begehung unterschritten werden (Roxin I 825, Rudolphi SK 20, Tröndle 12; and. Bay MDR **57**, 434, Lackner/Kühl 8). **25**

b) Ob die Strafe dem Regelstrafrahmen oder dem mildernden Strafrahmen nach § 49 I zu entnehmen ist, steht im **pflichtgemäßen Ermessen** des Richters. Dieser darf seine Entscheidung darüber allerdings nur auf Erwägungen stützen, die auf die Vermeidbarkeit des Verbotsirrtums bezogen sind; eine Entscheidung auf der Grundlage einer „Gesamtbetrachtung aller Tatumstände und der Täterpersönlichkeit" ist hier ebenso unzulässig wie bei § 23 (vgl. dort RN 7 mwN): Jakobs 565, Neumann NK 85. Maßgeblich in diesem Zusammenhang kann zB sein der Lebensbereich, in dem die Tat begangen wurde (Kernbereich des Strafrechts, Nebenstrafrecht), der Grad der Erkennbarkeit oder Selbstverständlichkeit der Pflicht, gegen die verstoßen wurde, der Umstand, ob berufliche Erkundigungspflichten verletzt wurden oder nicht, der Zeitraum inländischen Aufenthalts bei ausländischen Straftätern, usw. Macht der Richter von der Milderungsmöglichkeit Gebrauch, so gelten im übrigen die zu § 21 RN 13 genannten Grundsätze, insb. das Verbot der Doppelverwertung des gleichen Umstandes. Sieht der Richter von einer Milderung nach § 49 I ab, so muß das Urteil ergeben, daß er sich der Möglichkeit einer Strafmilderung bewußt gewesen ist (Hamm VRS **10** 358, JMBlNRW **60**, 142). Weiterhin muß der Tatsache Rechnung getragen werden, daß die „Rechtsfahrlässigkeit" im allgemeinen weniger schwer wiegt als eine Tat, die bei voller Unrechtseinsicht begangen wurde. Zur Frage, ob und inwieweit ein vermeidbarer Verbotsirrtum auch als „minder schwerer Fall" behandelt werden kann, vgl. § 50 RN 2 f., 5. **26**

c) Treffen **mehrere Milderungsmöglichkeiten** zusammen, zB bei einem Versuch einer in Verbotsunkenntnis begangenen Straftat, so kann dies zu einer zweimaligen Herabsetzung des Regelstrafrahmens nach § 49 I führen. Nicht zulässig ist dagegen eine doppelte Milderung mit der Begründung, der iSd § 21 vermindert einsichtsfähige Täter habe zugleich im Verbotsirrtum gehandelt (zum Ganzen vgl. § 21 RN 13). **27**

d) Die **Rechtskraft** des Schuldspruchs hindert das Rechtsmittelgericht nicht, einen Verbotsirrtum bei der Strafzumessung zu berücksichtigen (Bay GA **60**, 316). **28**

§ 18 Schwerere Strafe bei besonderen Tatfolgen

Knüpft das Gesetz an eine besondere Folge der Tat eine schwerere Strafe, so trifft sie den Täter oder den Teilnehmer nur, wenn ihm hinsichtlich dieser Folge wenigstens Fahrlässigkeit zur Last fällt.

Schrifttum: Altenhain, Der Zusammenhang zwischen Grunddelikt und schwerer Folge bei den erfolgsqualifizierten Delikten, GA 96, 19. – *Backmann,* Gefahr als „besondere Folge" i. S. der erfolgsqualifizierten Delikte?, MDR 76, 969. – *Baumann,* Kritische Gedanken zur Beseitigung der erfolgsqualifizierten Delikte, ZStW 70, 227. – *Bussmann,* Zur Dogmatik erfolgsqualifizierter Delikte nach dem Sechsten Strafrechtsreformgesetz, GA 99, 1. – *Diez Ripolles,* Die durch eine fahrlässig herbeigeführte schwere Tatfolge qualifizierten Delikte und das Schuldprinzip, ZStW 96, 1059. – *Ferschel,* Das Problem des unmittelbaren Zusammenhangs beim erfolgsqualifizierten Delikt, 1998. – *Fuchs,* Erfolgsqualifiziertes Delikt und fahrlässig herbeigeführter Todeserfolg, NJW 66, 868. – *Geilen,* Unmittelbarkeit und Fahrlässigkeit, Welzel-FS 655. – *Gössel,* Dogmatische Überlegungen zur Teilnahme am erfolgsqualifizierten Delikt nach § 18 StGB, Lange-FS 219. – *Hardwig,* Betrachtungen zum erfolgsqualifizierten Delikt, GA 65, 97. – *Hirsch,* Zur Problematik des erfolgsqualifizierten Delikts, GA 72, 65. – *ders.,* Der „unmittelbare" Zusammenhang zwischen Grunddelikt und schwerer Folge beim erfolgsqualifizierten Delikt, Oehler-FS 111. – *Hobe,* Objektive Zurechnung, Fahrlässigkeit und Unrechtsschwere bei den erfolgsqualifizierten Delikten, Busch-GedS (1995), 253. – *Hruschka,* Konkurrenzfragen bei erfolgsqualifizierten Delikten, GA 67, 42. – *Ingelfinger,* Die Körperverletzung mit Todesfolge durch Unterlassen und die Entsprechensklausel des § 13 Abs. 1 Halbs. 2 StGB, GA 97, 573. – *Ch. Köhler,* Beteiligung und Unterlassen beim erfolgsqualifizierten Delikt (usw), 2000. – *Küper,* Gefährdung als Erfolgsqualifikation?, NJW 76, 543. – *Küpper,* Der „unmittelbare" Zusammenhang zwischen Grunddelikt und schwerer Folge beim erfolgsqualifizierten Delikt, 1982. – *ders.,* Unmittelbarkeit und Letalität, H.J. Hirsch-FS 595.– *ders.,* Zur Entwicklung der erfolgsqualifizierten Delikte, ZStW 111, 785. – *Laubenthal,* Der Versuch des qualifizierten Deliktes, JZ 87, 1065. – *Lorenzen,* Zur Rechtsnatur und verfassungsrechtlichen Problematik der erfolgsqualifizierten Delikte, 1981. – *Maiwald,* Der Begriff der Leichtfertigkeit als Merkmal erfolgsqualifizierter Delikte, GA 74, 257. – *ders.,* Zurechnungsprobleme im Rahmen erfolgsqualifizierter Delikte, JuS 84, 439. – *Miseré,* Die Grundprobleme der Delikte mit strafbegründender besonderer Folge, 1997. – *Oehler,* Das erfolgsqualifizierte Delikt und die Teilnahme an ihm, GA 54, 33. – *ders.,* Das erfolgsqualifizierte Delikt als Gefährdungsdelikt, ZStW 69, 503. – *Paeffgen,* Das erfolgsqualifizierte Delikte – eine als in die allgemeine Unrechtslehre integrierbare Deliktsgruppe?, JZ 89, 220. – *Rengier,* Erfolgsqualifizierte Delikte und verwandte Erscheinungsformen, 1986. – *ders.,* Opfer- und Drittverhalten als zurechnungsausschließende Faktoren bei § 226 StGB, Jura 86, 143. – *Schmoller,* Ist die versuchte Herbeiführung einer qualifizierenden Folge strafbar?, JurBl. 84, 654. – *Schneider,* Zur Anwendung des § 56 StGB, JZ 56, 1737. – *Schroeder,* Die Fahrlässigkeit als Erkennbarkeit der Tatbestandsverwirklichung, JZ 89, 776. – *Schubarth,* Das Problem der erfolgsqualifizierten Delikte, ZStW 85, 754. – *Seebald,* Teilnahme am erfolgsqualifizierten und am fahrlässigen Delikt, GA 64, 161. – *Sowada,* Das sog. ‚Unmittelbarkeits'-Erfordernis als zentrales Problem erfolgsqualifizierter Delikte, Jura 94, 643. – *ders.,* Die erfolgsqualifizierten Delikte im Spannungsfeld zwischen Allgemeinem und Besonderem Teil des Strafrechts, Jura 95, 644. – *Tenckhoff,* Die leichtfertige Herbeiführung qualifizierter Tatfolgen, ZStW 88, 897. – *Ulsenheimer,* Zur Problematik des Versuchs erfolgsqualifizierter Delikte, GA 66, 257. – *ders.,* Zur Problematik des Rücktritts vom Versuch erfolgsqualifizierter Delikte, Bockelmann-FS 407. – *Wolter,* Zur Struktur der erfolgsqualifizierten Delikte, JuS 81, 168. – *ders.,* Der „unmittelbare" Zusammenhang zwischen Grunddelikt und schwerer Folge beim erfolgsqualifizierten Delikt, GA 84, 443.

1   I. **Erfolgsqualifizierte Delikte** sind solche, bei denen das idR vorsätzliche begangene Grunddelikt (die – ohnehin überflüssigen: Rengier aaO 7 – Regelungen der §§ 309, 314, 320 aF als Fahrlässigkeits-Fahrlässigkeitskombination wurden durch das 6. StrRG gestrichen) dann eine Qualifikation erfährt, wenn durch seine Begehung ein bestimmter Erfolg verursacht wird. Bei dieser strafschärfenden schweren Folge handelt es sich primär um den Tod des Opfers (§§ 176 b, 178, 179 VI, 221 III, 227, 235 V, 239 IV, 239 a III, 239 b III, 251, 252, 255, 306 c, 307 III, 308 III, 309 IV, 312 IV, 313 II, 314 II, 316 a III, 316 c III, 318 IV, 330 II Nr. 2, 330 a II), ansonsten um dessen schwere Körperverletzung (§ 226) bzw. schwere Gesundheitsschädigung (§§ 221 II Nr. 2, 239 III Nr. 2, 306 b I, 308 II, 309 III, 312 III, 315 III Nr. 2, 315 b III; zusätzlich erfassen die §§ 306 b I–315 b III die Gesundheitsschädigung einer großen Zahl von Menschen). Beim erfolgsqualifizierten Delikt realisiert sich in der besonderen Folge die gerade im Grunddelikt typischerweise enthaltene Gefahr (Hirsch GA 72, 71 Oehler-FS 129 f., Küpper aaO 35, H.J. Hirsch-FS 616, ZStW 111, 789, Roxin I 276, Rudolphi SK 1; s.a. Oehler ZStW 69, 512 ff.). Dieser in der (idR) vorsätzlichen Verwirklichung des gefahrenträchtigen (Küpper aaO 616 ff.; vgl. aber auch Altenhain GA 96 23 ff. m. Replik Küpper ebd. 617) Grundtatbestandes liegende, gegenüber einer rein fahrlässigen Erfolgsverursachung gesteigerte Handlungsunwert bildet die Legitimation dafür, bei gerade der Herbeiführung der schweren Folge schärfer zu ahnden, als es im Falle bloßer Idealkonkurrenz von (vorsätzlichem) Grund- und fahrlässigem Erfolgsdelikt der Fall wäre (Rudolphi SK 1; grds. abl. aber: Diez Ripolles ZStW 96, 1065 ff., Lorenzen aaO 164 ff., Schubarth ZStW 85, 775; diff. Paeffgen NK 17 ff., 82 ff., Rengier aaO 118 ff., Roxin I 276 f.), zumal da ungeachtet der nicht zu leugnenden verfassungsrechtlichen (Schuldprinzip/Gleichheitsgrundsatz) und dogmatischen Problematik vorzugswürdige Alternativen zur Erfassung dergestalt erhöhten Unrechts- und Schuldgehaltes nicht bestehen dürften (Küpper aaO 36, ZStW 111, 790 f. [gegen die in § 64 AE vorgeschlagene Ersetzung erfolgsqualifizierter Delikte durch eine bloße Konkurrenzlösung unter dann allg. Geltung des Asperationsprinzips sowie gegen eine

Problemauslagerung in den ja noch weniger konturierten Bereich bloßer Strafzumessung durch Schaffung „bes. schwerer Fälle"]; s. a. Hirsch GA 72, 68, Paeffgen NK 140, Schroeder LK 35). Auch nach Inkrafttreten des 6. StrRG mit seiner Zielsetzung einer Vereinheitlichung der Strafrahmen sind allerdings Zweifel erlaubt, ob die gegenüber den Grundtatbeständen drastisch erhöhten Strafrahmen der erfolgsqualifizierten Delikte (zB Steigerung auf das Zwanzigfache beim sexuellen Mißbrauch von Kindern mit Todesfolge, § 176b) noch mit dem Grundsatz schuldangemessenen Strafens vereinbar ist (Hirsch GA 72, 74 ff., Jakobs 334, Jescheck/Weigend 571, Küpper aaO 124, ZStW 111, 801, M-Zipf I 476, Paeffgen JZ 89, 221 ff., NK 20, 42 ff., Rengier aaO 120 ff., Rudolphi SK 1, Schroeder LK 34, Wolter JuS 81, 168 f.), doch kann gerade angesichts des auf Strafrahmenangleichung (nach oben; zu Friktionen iZm § 227 II: Bussmann GA 99, 25 ff.) zielenden 6. StrRG infolge der Gesetzesgebundenheit des Rechtsanwenders Abhilfe nur vom Gesetzgeber (ggf. auf Veranlassung des BVerfG) erreicht werden. Auf jeden Fall gebietet die Höhe der Strafdrohungen namentlich bei den Delikten mit Todesfolge eine wirksame Begrenzung der Zurechnung der schweren Folge (u. 4), vgl. zuletzt Bussmann GA 99, 27 ff.; s. a. Paeffgen NK § 226 aF RN 13, Rengier aaO 130 ff., 141 ff. Zur Geschichte der erfolgsqualifizierten Delikte Küpper aaO 14 ff., Rengier aaO 11 ff. sowie Paeffgen NK 1 ff. vor § 18; rechtsvergleichende Hinweise bei Küpper aaO 37 ff., Paeffgen NK 8 ff. vor § 18.

II. Mit Einstellen des § 18 durch das 3. StÄG 1953 (Nachw. zur Gesetzgebungsgeschichte bei Schroeder LK vor 1) wurde dem Schuldgrundsatz insoweit Rechnung getragen, als in Abkehr von reiner Erfolgshaftung ein Täter oder Teilnehmer nur dann schwerer bestraft werden kann, wenn ihm bezüglich der schweren Folge (insoweit angesichts § 15 krit. zum Wortlaut des § 18: Schroeder LK 1) Fahrlässigkeit zur Last fällt. § 18 ist **nicht** auf die Fälle **anwendbar,** in denen ein Erfolg die Strafbarkeit nicht erhöht, sondern erst begründet, also im Falle *objektiver Strafbarkeitsbedingungen* (zB §§ 231, 323a [BGH **6** 89]), bei denen insoweit also nicht einmal Fahrlässigkeit vorliegen muß (s. 124 ff. vor § 13). Ebensowenig ist § 18 auf die *eigentlichen Vorsatz-Fahrlässigkeits-Kombinationen* bei denen der vorsätzliche Handlungsteil isoliert grundsätzlich schon nicht strafbar ist, anwendbar (zB §§ 97 I, 308 V; hierzu u § 11 RN 73 ff.). Auch *unbenannte Strafschärfungsgründe* (§ 12 RN 9) scheiden ebenso aus wie *Regelbeispiele für besonders schwere Fälle,* in denen ein Erfolg in Gestalt eines Schadens (zB §§ 264 II Nr. 1) straferschwerend wirkt. Gleiches gilt für diejenigen (durch das 6. StrRG vermehrten) Delikte, bei denen eine bloße *Gefährdung* tatbestandlich qualifizierend wirkt, zB § 250 II Nr. 3b; vgl. § 250 RN 34, 24; ferner: §§ 176a I Nr. 3, IV Nr. 2, 177 III Nr. 3, IV Nr. 2b, 225 III Nr. 1 u. 2, 235 IV Nr. 1, 236 IV Nr. 2, 250 I Nr. 2, c, 306b II Nr. 1, 330 II Nr. 1; vgl. auch noch Rengier aaO 273 ff.) oder als qualifizierendes *Regelbeispiel* (zB § 113 II Nr. 2; vgl. § 113 RN 67; ferner: §§ 125a S. 2 Nr. 3, 218 II Nr. 2; vgl. auch Rengier aaO 284 ff., aber auch Paeffgen NK 10) Verwendung findet (mithin Vorsatz erforderlich): Zwar kann eine Gefahr noch als Folge iSv § 18 begriffen werden (Küper NJW 76, 544, Rudolphi SK 2, Schroeder LK 8; and. BGH **26** 18 m. krit. Bespr. Meyer-Gerhards JuS 76, 228), doch verbietet sich diese Anwendung schon, weil sie bereits aus dem Zweck erfolgsqualifizierter Delikte (Küper NJW 76, 543 ff., Rudolphi SK 2; s. a. Backmann MDR 76, 972 ff.) – aus der Überlegung (Schroeder LK 8; s. a. Paeffgen NK 9, Roxin I 280), daß 1953 mit § 18 ein restringierendes Mindestschulderfordernis eingeführt wurde, während sich seine Anwendung bei modernen Tatbeständen strafbarkeitserweiternd auswirken würde (and. für den Fall gefahrenerfolgsqualifizierter Delikte: Tröndle 2; s. a. Gössel Lange-FS 221). – Zur definitorischen Unterscheidung (abl. Lorenzen aaO 28 f., Paeffgen NK 4) zwischen echten und unechten erfolgsqualifizierten Delikten (erstgenannte als Kombination von vorsätzlichem Grundtatbestand und ausschließlich fahrlässig zu verwirklichender Erfolgsqualifikation): 25. A. 2; zu den hiermit verbundenen Konkurrenzfragen u. 3, 6.

III. Bei der Mehrzahl der todeserfolgsqualifizierten Delikte verlangt das StGB seit dem 6. StrRG (zu der im Gesetzgebungsverfahren unterschiedlich beurteilten Notwendigkeit, den Bereich des Strafbaren entsprechend einzuengen: Küpper ZStW 111, 798 mwN) eine zumindest **leichtfertige Verursachung** des Todes (§§ 176b, 178, 179 VI, 239a III, 239b II, 251 (252, 255), 306c, 307 III, 308 III, 309 IV, 313 II, 314 II, 316a III, 316 III; mit einfacher Fahrlässigkeit begnügen sich insoweit §§ 221 III, 227, 235 V, 239 IV, 312 IV, 318 IV, 330 II Nr. 2, 330a II). Zum Inhalt des Leichtfertigkeitsvorwurfs: u. 5 sowie § 15 RN 205. Da nunmehr gesetzgeberisch klargestellt ist (vgl. BT-Drs. 13/8587 S. 79), daß alle Leichtfertigkeitsqualifikationen „*wenigstens"* leichtfertiges Handeln verlangen, mithin auch die vorsätzliche Todesverursachung erfaßt wird, hat sich jedenfalls für das Kernstrafrecht die Kontroverse (eingehend Nachw. pro und contra in der 25. Aufl., RN 3), ob durch Aufstellen des Leichtfertigkeitserfordernisses vorsätzliches Handeln als aliud aus entsprechenden Tatbeständen ausgeklammert wird, erledigt. Für entsprechende Regelungen im Nebenstrafrecht, die dieses öffnende Merkmal nicht enthalten, bleibt es mit BGH (GrS) **39** 100 dabei, daß diese Erfolgsqualifikationen nicht lediglich auf leichtfertiges Handeln zugeschnitten sind. Vielmehr hat die Anhebung der sonst bei einfacher Fahrlässigkeit (§ 18) liegenden Zurechnungsgrenze zur Folge, daß die Haftung zwar auf leichtfertiges Handeln beschränkt wird, erst recht aber vorsätzliches Handeln umfaßt: Das Erfordernis der Leichtfertigkeit ist nicht isoliert, sondern iZm § 18 zu sehen, dessen Haftungsvoraussetzungen auf mindestens leichtfertiges Handeln angehoben werden. Diese Auslegung verstößt nicht gegen die Wortlautschranke, da sie dem systematischen Verhältnis von Allgemeinem und Besonderem Teil entspricht (BGH [GrS] **39** 104, Paeffgen NK 91, s. a. Sternberg-Lieben [29 vor § 32] 344 f.). Zu der somit zugrundegelegten sog. *Konkurrenzlehre,* die das Verhältnis erfolgsqualifizierter Delikte zu den vorsätzlichen Tötungsdelikten in die üblichen Konkurrenzregeln einordnet: Paeffgen NK 85 ff.; s. a.

§ 18 4   Allg. Teil. Die Tat – Grundlagen der Strafbarkeit

B/W-Weber 115, Jescheck/Weigend 722 f., Schroeder LK 25 ff.; zur sog. *Exklusivitätslehre,* die ein Alternativitätsverhältnis zwischen §§ 211 ff. und todeserfolgsqualifizierten Delikten dadurch konstruiert, daß sie diese auf fahrlässige Erfolgsverursachungen beschränkt: Rengier aaO 100 ff., StV 92, 406 ff.; krit. zu Inkonsequenzen dieser Lehre iZm Fragen der Strafzumessung: Paeffgen NK 89, 25. A. 3. Bei einem non-liquet zur subjektiven Tatseite kann daher angesichts eines normativen Stufenverhältnisses von Vorsatz und Fahrlässigkeit (§ 1 RN 91) aus dem leichtfertig verwirklichten erfolgsqualifizierten Delikt (zB § 221 III) bestraft werden, während nach der Exklusivitätslehre angesichts doppelter Anwendung des in-dubio-Grundsatzes völlig unangemessen nur aus dem Grunddelikt (zB § 221 I) bestraft werden könnte (s. Geilen Jura 79, 613, Paeffgen NK 90, NK § 226 aF RN 30). Handelt hinsichtlich der Todesfolge nur der Teilnehmer vorsätzlich, so daß seine Teilnahme an § 211 ff. mangels vorsätzlicher Haupttat ausscheidet (mittelbare Täterschaft braucht mangels Tatherrschaft in derartigen Fällen nicht unbedingt vorzuliegen), so ist er nach der hier vertretenen Auffassung wegen Teilnahme am erfolgsqualifizierten Delikt (u. 7.) zu bestrafen (zB aus §§ 221 III, 26), während die Exklusivitätslehre nur wegen Teilnahme am Grunddelikt (zB §§ 221 I, 26) bestrafen könnte, dh die Mindeststrafe für den hinsichtlich der Todesfolge vorsätzlich handelnden Anstifter wäre erheblich niedriger, als wenn dieser lediglich fahrlässig gehandelt hätte; vgl. auch das Beispiel von Paeffgen (NK § 226 aF RN 30): Stellt sich ein Gehilfe irrig vor, eine vorsätzliche Tötung zu unterstützen, so kann er zu Recht aus §§ 227, 27 bestraft werden, während die Gegenauffassung lediglich (Straflosigkeit versuchter Totschlagsbeihilfe) §§ 224 I Nr. 5, 27 anwenden könnte. Vgl. noch u. 7.

4   **IV.** Erforderlich ist zunächst **Kausalität** zwischen der vorsätzlichen (oder fahrlässigen) Tat und dem qualifizierenden Erfolg (wobei es unerheblich ist, ob die schwere Folge zeitversetzt [zB § 227: Tod nach Krankenlager] oder sofort [zB § 227: Tötung durch mit Körperverletzungsvorsatz abgegebenem Schuß] eintritt: Schroeder LK 15 f.). Zur Rechtfertigung der gegenüber einer Idealkonkurrenz von Grunddelikt und Fahrlässigkeitstatbestand wesentlich erhöhten Strafandrohung für das jeweils erfolgsqualifizierte Delikt (vgl. etwa § 306 c [Freiheitsstrafe nicht unter zehn Jahren] gegenüber §§ 306, 229, 52 [Freiheitsstrafe nicht unter einem Jahr]) ist weiter ein besonderer Unrechtsgehalt erforderlich, der darin liegt, daß der Erfolg auf der dem Grunddelikt spezifisch anhaftenden Gefahr beruhen muß (BGH **31** 96 m. Anm. Stree JZ 83, 75, Hirsch JR 83, 77, Maiwald JuS 84, 439, NJW 84, 626, Wolter GA 84, 443; NStZ **92**, 335, JR **92**, 510 m. Anm. Puppe). Wie dieser besondere Zusammenhang aber beschaffen sein muß, insbesondere, ob damit mehr als die **objektive Zurechnung** (92 ff. vor § 13) des Erfolges zur durch das Grunddelikt geschaffenen Gefahr verlangt wird, ist noch nicht geklärt. Die Rspr. steht jedenfalls für alle Tatbestände auf dem Standpunkt, daß es sich stets um einen „**unmittelbaren**" **Zusammenhang** (BGH NJW **71**, 152; NStZ **92**, 335 m. Anm. Graul JR 92, 342, Bespr. Mitsch Jura 93, 18; vgl. dazu Sowada Jura 94, 645 f.; § 227 RN 4 f.) handeln müsse (BGH **33** 322 [zu § 239 b] m. Anm. Küpper NStZ 86, 117, Fischer NStZ 86, 314, Krehl StV 86, 432, Wolter JR 86, 465; **38** 295 [zu § 251] m. Anm. Rengier NStZ 92, 590, Schroeder JZ 93, 52, NStZ-RR **98**, 171 [zu § 227] m. zust. Anm. Otto JK 8), zumal da ohnehin mit dieser in seiner Anwendung wenig trennscharfen Kriterium (vgl. bereits Geilen aaO 672: einigermaßen buntscheckiges Rechtsprechungsbild) nur die Fragestellung formuliert, aber nicht deren Lösung vorgegeben ist (BGH **33** 323 in Anschluß an Puppe NStZ 83, 22); vielmehr soll „in Anwendung" dieses Kriterium je nach Zweckrichtung der jeweiligen Strafvorschrift unterschiedlich zu entscheiden sein. In der Literatur werden eine Vielzahl weiterer Gesichtspunkte zur Einschränkung der Erfolgszurechnung diskutiert. Die in der älteren Literatur vorgeschlagenen Kriterien, etwa die Anwendung der Adäquanztheorie anstelle der ansonsten im Strafrecht üblichen Bedingungstheorie (Oehler ZStW 69, 515) sind mittlerweile allerdings in dem zumindest bei Fahrlässigkeitsdelikten anerkannten Erfordernis der objektiven Zurechenbarkeit des Erfolges aufgegangen; der Rspr. diente ein positives Adäquanzurteil wiederholt dazu, den Zurechnungszusammenhang infolge Gefahrrealisierung zu bejahen (zB BGH **31** 100, NStZ **97**, 341 m. abl. Anm. Geppert JK § 227/1). Soweit zurecht die Realisierung einer spezifischen bzw. typischerweise mit der Tat verbundenen Gefahr verlangt wird (Rudolphi SK 3, Jakobs 272, Gössel Lange-FS 235, Geilen Welzel-FS 674), oder danach gefragt wird, ob sich ein grunddeliktadäquates und zugleich zwangsläufiges Erfolgsrisiko realisiert habe (Wolter JuS 81, 176), wird oft nicht recht deutlich, ob damit nur die allgemein für die Haftungsbegrenzung in die Diskussion der objektiven Zurechenbarkeit eingebrachten Kriterien umschrieben werden sollen (so Ferschl aaO 88 ff., Otto I 187, Rengier aaO 319 f., Jura 86, 144 ff., Roxin I 278; hierzu krit. Hirsch Lenckner-FS 128 f.) oder eine zusätzliche Einschränkung beabsichtigt ist (dafür Rudolphi SK 3, Sowada Jura 94, 646). Teilweise wird auch versucht, eine einschränkende Auslegung über gesteigerte Anforderungen an die subjektive Tatseite zu erzielen. So soll nach Paeffgen JZ 89, 223, NK 44 ff. (s. a. Hobe Busch-GedS 262, Roxin I 276 f. und Rengier aaO 118 ff.) Leichtfertigkeit auch dort erforderlich sein, wo dem Gesetzeswortlaut einfache Fahrlässigkeit genügt, eine angesichts der vom Gesetzgeber des 6. StrRG getroffenen Entscheidung, für die Erfolgsqualifikationen des Todes sowie der schweren Gesundheitsbeschädigung keine derartige Beschränkung auf leichtfertiges Verhalten einzuführen (and. noch der urspr. E [BT-Drs. 13/8587 S. 21]; hingegen dazu abstufend die anschließenden Stellungnahmen im Gesetzgebungsverfahren: BT-Drs. 13/8587 S. 61, 78 ff., 13/9064 S. 36), angesichts der Gesetzesbindung des Rechtsanwenders (vgl. aber auch Paeffgen NK 105, NK § 226 aF RN 13) de lege lata (für Einführung de lege ferenda Küpper ZStW 111, 800, Rengier aaO 292, Wolter JuS 81, 178) kaum noch vertretbar erscheint (Küpper H. J. Hirsch-FS 625, ZStW 111, 798). Entsprechendes gilt für den Vorschlag, bei

Schwerere Strafe bei besonderen Tatfolgen   5 § 18

den todeserfolgsqualifizierten Delikten als „quasivorsätzlichen Verletzungsstraftaten" die Kenntnis der die konkrete Todesgefahr begründenden Umstände zu verlangen (Horn SK 227 RN 10 f.; vgl. bereits Kohlrausch-Lange § 56 III; hiergegen Wolter JuS 81, 171 sowie Küpper ZStW 111, 796, Rengier aaO 202), da – auf den Hauptanwendungsfall des § 227 bezogen – § 223 und eben nicht § 224 I Nr. 5 das Grunddelikt zu § 227 bildet (Bloy JuS 95, L 19) und § 18 ein Erkennenkönnen der Risikofaktoren genügen läßt (Wolter aaO). Auch mit dem Erfordernis der Durchgangskausalität (Altenhain GA 96, 32 ff., Puppe NStZ 83, 24) dürfte die gebotene zusätzliche Restriktion nicht zu erzielen sein (Küpper ebd. 618); ebensowenig mit den von Hobe Busch-GedS 253, Bussmann GA 99, 31 verwandten Kriterien (keine Zurechnung bei fehlendem Hinarbeiten des Täters auf den Erfolg sowie bei erlebnismäßigem Überwiegen von Drittfaktoren bzw. bei einem eher unglücklichen Entgleiten des weiteren Kausalverlaufs). Doch vermag von der Vielzahl der zur Einschränkung der Zurechnung bestehenden Vorschläge (vgl. Paeffgen NK 23 ff.) keiner durchweg zu überzeugen, sofern damit mehr als die Anwendung der für die objektive Zurechenbarkeit von Erfolgen generell geltenden Regeln erstrebt wird. Das dürfte darauf beruhen, daß es im Kern eine Frage der Auslegung des Einzeltatbestandes ist, in welchen Umständen die jeweils typischen Gefahrmomente für den qualifizierenden Erfolg zu sehen sind, und welche Beschaffenheit demnach der deliktsspezifische Risikozusammenhang aufweisen muß (Roxin I 278, Lackner/Kühl 4). Angesichts der vom Schuldprinzip und Gleichbehandlungsgebot gebotenen Restriktion (o. 1) des Anwendungsbereiches erfolgsqualifizierter Delikte sollte wie folgt verfahren werden: Zunächst einmal sind in konsequenter Anwendung der ihrerseits leider noch nicht restlos konturierten Lehre von der *objektiven Zurechnung* all diejenigen auf überwiegender Drittverantwortlichkeit bzw. freiverantwortlicher Selbstgefährdung des Opfers ruhenden Erfolge auszusondern (s. a. Mitsch Jura 93, 27 f., Wolter JR 86, 466), die ohnehin nicht in den Verantwortungsbereich des Täters fallen (vgl. 100 ff. vor § 13). Für die Zurechnung der verbleibenden Erfolge läßt sich dann angesichts der nur durch Einzelinterpretation der BT-Vorschriften erschließbaren Schutzzwecke zwar keine allgemeingültige Lösung entwickeln (Roxin I 279), doch kann immerhin soviel gesagt werden: Für § 227 als Hauptanwendungsfall todeserfolgsqualifizierter Delikte ist die – durch Anhebung seines minder schweren Falles auf die Verbrechensebene dringend gebotene (Bussmann GA 99, 31) – Restriktion durch eine konsequente Beachtung des sog. *Letalitätskriteriums* zu erzielen: Bereits die Körperverletzung als solche muß aus sich heraus in einem pathologischen Prozeß einen tödlichen Ausgang nehmen können (Hirsch Oehler-FS 130 f. [Letalitätsrisiko der Wunde], JR 83, 80, LK[10] 226 RN 4, Küpper aaO 85 ff.; H. J. Hirsch-FS 619 f.; so auch: Bussmann GA 99, 30 f., Geilen Welzel-FS 681, Lackner/Kühl § 227 RN 2, Mitsch Jura 93, 21, Roxin I 279; krit. Altenhain GA 96, 32 f., Bloy JuS 95, L 19, Graul JR 92, 345, Paeffgen JZ 89, 225 f., NK 31 ff., NK § 226 aF RN 11, Puppe NStZ 83, 22 f., Rengier aaO 200 f.). Allerdings ist darauf Bedacht zu nehmen, nicht durch eine allzu großzügige Vorsatzzuschreibung infolge unbeachtlicher Abweichung im Kausalverlauf (§ 15 RN 55) die durch das Letalitätskriterium erzielbaren Restriktionen wieder zu verspielen (Hirsch ebd. 119, LK[10] 226 RN 3, Küpper aaO 74 f., vgl. auch Altenhain GA 96, 31, Geilen ebd. 682): So lag zB im Falle von BGH 14 110 (sich ungewollt lösender Todesschuß beim Versuch, das Opfer auch den Hinterkopf zu schlagen) eine wesentliche Abweichung bezüglich der Basiskörperverletzung vor, da die eingetretene Verletzungserfolg einen erheblich höheren Gefährlichkeitsgrad aufwies als der gewollte (and. Paeffgen NK 57, Rengier aaO 218 f.; s. a. Blei II 54 f., M-Schroeder I 119). Bei den *gemeingefährlichen Delikten* (zB § 306 c, vgl. § 306 c RN 4) muß der qualifizierende Erfolg auf der typischen Wirkung des verwandten gefährlichen Mittels beruhen, bei der *Freiheitsberaubung* (§ 239 IV, vgl. § 239 RN 12; s. a. § 239 a RN 30) der Todesfolg im inneren Zusammenhang mit der freiheitsentziehenden Situation stehen (mithin auch zu bejahen beim Tod des Eingesperrten infolge eines – infolge Motivationsdrucks verständlichen [Paeffgen NK 72] – [Selbst-]Befreiungsversuches), während bei *Raub* und *Vergewaltigung* die Qualifizierungen bereits an die gefahrenträchtige Nötigungshandlung anknüpfen (vgl. § 178 RN 2, § 251 RN 5); hierzu Küpper aaO 98 ff. Zum Ganzen vgl. Küpper aaO 85 ff., Rengier aaO 131 ff., 159 ff., 183 ff., 209 f., Paeffgen JZ 89, 220, NK 24 ff., Sowada Jura 94, 643.

V. Ferner muß dem Täter bzgl. des eingetretenen schweren Erfolges mindestens **Fahrlässigkeit** zur 5
Last fallen. Daraus ergibt sich, daß die Anwendung erfolgsqualifizierter Tatbestände grundsätzlich auch dann möglich ist, wenn die Folge vorsätzlich herbeigeführt wird (vgl. auch Ulsenheimer GA 66, 275 f., Schroeder LK 30; o. 3). Das Gesetz will durch diese Regelung die Haftung auf die Fälle beschränken, in denen der Verwirklichung des Grunddeliktes eine typische Gefährlichkeit innewohnt und der Täter dies hätte erkennen müssen. Soweit die Erfolgsqualifikation lediglich einfache Fahrlässigkeit fordert, kann deren Komponente der **Sorgfaltspflichtverletzung** (hierzu: § 15 RN 121) unschwer bejaht werden: In der vorsätzlichen Verwirklichung des Grunddelikts liegt die Überschreitung des erlaubten Risikos (s. BGH 24 215, NStZ 82, 27, 97, 82, LG Gera NStZ-RR 96, 37, Geilen aaO 675, Gössel Lange-FS 234, Jescheck/Weigend 572, Küpper aaO 73 u. H. J. Hirsch-FS 625, Lackner/Kühl 7, Tröndle § 227 RN 3; iE übereinstimmend diejenigen, die ohnehin die Pflichtwidrigkeit nicht als selbständiges Fahrlässigkeitselement anerkennen [zB Schroeder LK 30, s. a. Rengier aaO 151 f.]; leicht einschränkend [idR] W/Beulke 219, 25. A. 5; Stratenwerth 297; and. Hirsch GA 72, 73, Rudolphi SK 3, Wolter JuS 81, 171, GA 84, 445; § 227 RN 7); eine übermäßige Zurechnung zulasten des Täters liegt hierin nicht, sind doch inadäquate bzw. nicht aus seinem Verantwortungsbereich herrührende Ursachen der Erfolgsherbeiführung bereits im Rahmen der objektiven Zurechnung der schweren Folge auszuscheiden (o. 4; s. a. Burgstaller Pallin-FS 61); im Falle des § 227

§ 18 6, 7   Allg. Teil. Die Tat – Grundlagen der Strafbarkeit

ist angesichts des Letalitätskriteriums (o. 4) zusätzlich zu beachten, daß sich der Vorsatz des Täters auf die Herbeiführung einer entsprechend risikoträchtigen Verletzung zu beziehen hat (Küpper ebd. 629). Demgegenüber kann in den Fällen, in denen die Zurechnung der schweren Folge **Leichtfertigkeit** verlangt, dieses erhöhte Maß an Sorgfaltswidrigkeit – das iü generell auch bei erfolgsqualifizierten Delikten nicht auf Konstellationen bewußter Fahrlässigkeit beschränkt ist (BGH **33** 67, Geilen Welzel-FS 680, Paeffgen NK 50, Wolter JuS 81, 171; and. Horn SK § 227 RN 11) – nicht aus der vorsätzlichen Verwirklichung des Grunddeliktes allein hergeleitet werden, da anderenfalls die durch Einführung dieses Kriteriums bezweckte Zurechnungsrestriktion überspielt würde (Günther SK § 251 RN 19, H.J. Hirsch-FS 551, Kindhäuser § 251 RN 14; s.a. § 251 RN 6): Zu fordern ist mithin, daß sich die Sorgfaltswidrigkeit auf eine besonders gefährliche Verwirklichung des Grunddelikts bezieht, die mit der naheliegenden Gefahr der Herbeiführung der schweren Folge verbunden ist (s. Paeffgen NK 46 ff.). Die **Voraussehbarkeit** als zweites Element der Fahrlässigkeit (§ 15 RN 125, 199 ff.) muß sich auch beim erfolgsqualifizierten Delikt nicht nur auf den Erfolgseintritt (so die Rspr., vgl. BGH NStZ **95**, 288, **97**, 341, BGHR § 226 Todesfolge **9** [zu § 227]; s.a. § 15 RN 180), sondern auch auf den Kausalverlauf in seinen wesentlichen Grundzügen beziehen. Zusätzlich ist die Erkennbarkeit derjenigen Umstände zu fordern, die tatbestandsspezifisch den Zurechnungszusammenhang begründen (Hirsch ebd. 117, 132, Küpper ebd. 626, ZStW 111, 796 f., Rudolphi SK 3, W/Beulke 219); so ist etwa bei § 227 bei Zugrundelegen des Letalitätskriteriums die Erkennbarkeit tödlichen Ausgangs als Folge der Verletzung und nicht nur einer als solchen lebensgefährdenden Handlung zu fordern (Hirsch LK[10] § 226 RN 5, Küpper ebd. 627, ZStW 111, 797; and. BGH **31** 101, LG Gera NStZ-RR **96**, 37; § 227 RN 7). Iü verlangt fahrlässiges Verhalten auch iZm § 18, daß dem Täter die den objektiven Fahrlässigkeitsvorwurf ausfüllenden Umstände persönlich erkennbar waren (Rudolphi SK 5).

6   **VI.** Für das **Verhältnis** der erfolgsqualifizierten Delikte zu den Tatbeständen, die die fahrlässige oder auch vorsätzliche Verursachung des eingetretenen Erfolges unter Strafe stellen, gilt auf Basis der hier zugrunde gelegten Konkurrenzthese (o. 3) Folgendes: Da die schwere Folge sowohl vorsätzlich als auch fahrlässig herbeigeführt werden kann, ist dies bei diesbezüglichem **Vorsatz** des Täters durch Annahme von Idealkonkurrenz klarzustellen (vgl. Paeffgen NK 107 [m. weiteren Differenzierungen], Schroeder LK 43), da die alleinige Verurteilung aus dem erfolgsqualifizierten Tatbestand dieses erhöhte Handlungsunrecht nicht zum Ausdruck brächte. Einzelheiten des Konkurrenzverhältnisses sind iü nur durch eine Interpretation der BT-Vorschriften zu leisten; so ist es plausibel, im Verhältnis von §§ 212, 227 Gesetzeskonkurrenz (Subsidiarität) anzunehmen (Paeffgen NK § 226 aF RN 30); zum Verhältnis von §§ 251, 211 vgl. § 251 RN 9 (Idealkonkurrenz) einerseits, Paeffgen NK 107 (Spezialität des § 211) andererseits; zum Verhältnis von §§ 251, 227: § 251 RN 9 (§ 251 lex specialis), aber auch Kindhäuser NK § 251 RN 21 (Idealkonkurrenz). Soweit das erfolgsqualifizierte Delikt allerdings mit einem privilegierenden Tatbestand zusammentrifft (also § 227 mit § 216), versperrt dieser den Rückgriff auf das erfolgsqualifizierte Delikt, da anderenfalls die vom Gesetzgeber intendierte materielle Besserstellung des Täters in Tenorierung und Sanktionenverhängung negiert würde (zur Sperrung des § 227 durch § 216; Paeffgen NK 96, Rengier aaO 137; s.a. 136 vor § 52); die Mindeststrafe des verdrängten Tatbestandes darf unterschritten werden (Mitsch JuS 93, 475; 141 vor § 52). Zum Verhältnis von § 227 zu §§ 212, 213: Paeffgen NK 97, Rengier aaO 137 sowie auf Basis der Exklusivitätsthese § 227 RN 8). Bei **fahrlässig** herbeigeführter schwerer Folge entfällt das zur Idealkonkurrenz führende Klarstellungsbedürfnis, da eine Verurteilung aus dem erfolgsqualifizierten Delikt voraussetzt, daß der Täter bezüglich der schweren Folge zumindest (§ 18) fahrlässig gehandelt hat (s. BGH **8** 54, **14** 113 [zu § 227], Paeffgen NK § 226 aF RN 29, Widmann MDR 66, 554 ff.; s.a. Rengier aaO 116, Hruschka GA 67, 48 [Klarstellung durch eine spezifizierende Tenorierung, zB „Vergewaltigung mit fahrlässiger Todesverursachung"; abl. Schroeder LK 43]; and. [Idealkonkurrenz] Jescheck/Weigend 723, Schroeder LK 43, Rudolphi SK 9; 25. A. 6); mithin ist zB bei Brandstiftung mit leichtfertig bewirkter Todesfolge nur aus § 306 c zu verurteilen, während bei entsprechendem Vorsatz Idealkonkurrenz zwischen §§ 306 c, 211/2 vorläge (wobei die Todesfolge dem Täter nur einmal angelastet werden dürfte, s. BGH NJW **93**, 1664, Tröndle 5 [zu §§ 211, 251]).

7   **VII.** Besondere Probleme ergeben sich bei der **Beteiligung** an erfolgsqualifizierten Delikten: Die Beteiligungsform bestimmt sich nach dem Grunddelikt (Lackner/Kühl 5, Rengier aaO 250). Nach § 29 fällt das Verschulden eines Tatbeteiligten nur diesem zur Last, so daß Teilnehmer für den qualifizierenden Erfolg immer nur verantwortlich sind, soweit ihnen selbst Fahrlässigkeit bzgl. des Erfolges zuzurechnen ist (o. 5). Bei Mittäterschaft haftet aus dem qualifizierten Delikt nur derjenige, der selbst fahrlässig gehandelt hat (Schroeder LK 18, Oehler GA 54, 37, Jakobs 619, 653). Auch Anstiftung und Beihilfe sind möglich, jedoch muß – wie § 18 jetzt ausdrücklich bestimmt – auch dem Teilnehmer Fahrlässigkeit hinsichtlich des besonderen Erfolges vorgeworfen werden können. Ist dies der Fall, so wird die Anwendung der erfolgsqualifizierten Tatbestände nicht dadurch ausgeschlossen, daß der Täter mangels Fahrlässigkeit nur aus dem Grunddelikt (Jescheck/Weigend 572, Rudolphi SK 6) oder – weil ihm Vorsatz zur Last fällt – aus dem entsprechenden Vorsatzdelikt (§ 29) haftbar ist (Schneider JZ 56, 751); ebenso BGH **19** 339 m. Anm. Cramer JZ 65, 31, BGH JZ **86**, 764, Schmidhäuser I 317, iE auch Hirsch GA 72, 76, Jakobs 670, Rengier aaO 249 ff.). Voraussetzung ist nur, daß die schwere Folge auf diejenige Handlung des Angestifteten zurückzuführen ist, die vom Vorsatz des Anstifters umfaßt war; die von dem Angestifteten dem Opfer zugefügten Körperverletzungen müssen also nach Art und Beschaffenheit vom Anstiftervorsatz erfaßt sein (BGH JZ **86**, 764); entsprechendes gilt für die Mittäterschaft (BGH NStZ **97**, 82, **98**, 513); insoweit ist allerdings zu beachten, daß nach der Rspr. nicht jede Abweichung vom Tatplan bzw. Teilnehmervorstellung einen zurechnungsausschließenden Exzeß darstellt (zuletzt BGH NStZ **98**, 513; s. a. § 25 RN 95, § 26 RN 22, § 27 RN 20 sowie 43 vor § 25). Handelt der Angestiftete mit Tötungsvorsatz, wollte der Anstifter jedoch nur zu einer Körperverletzung anstiften, so kommt für ihn eine Bestrafung aus §§ 227, 26 in Betracht, sofern das Tatgeschehen hinsichtlich der in der Tötungshandlung liegenden Körperverletzung seiner Vorstellung entsprach (vgl. § 212 RN 17) und er mit der schweren Folge hätte rechnen können (BGH JZ **86**, 764). Die Auffassung Oehlers (GA 54, 38), die Anstiftung zu § 223 und Täterschaft von § 222 annimmt und beide zur Täterschaft von § 227 verbindet, kann nicht überzeugen, da das Grunddelikt logischer Bestandteil des erfolgsqualifizierten Delikts ist, dieses aber vom Anstifter nicht als Täter begangen worden ist; aus den gleichen Gründen kann auch die die gesetzgeberische Entscheidung in §§ 11 II, 18 (vgl. Renzikowski [§ 15 RN 105] 294 f.: Gesetzliche Fiktion eines teilnahmefähigen Vorsatzdelikts; letztlich oder fahrlässige Teilnahme 296) hintansetzende Auffassung von Gössel (Lange-FS 236, M-Gössel II 352; s. a. Dencker [71 vor § 13] 268), der erfolgsqualifizierte Delikte als Fahrlässigkeitstatbestände mit typisiertem (vorsätzlichem) Sorgfaltspflichtverstoß ansieht (aaO 235; zu Recht abl. Schroeder LK 33) nicht überzeugen, der die Teilnahme auf Fälle vorsätzlichen Grunddelikts mit vorsätzlicher Erfolgsherbeiführung beschränkt wissen will und im übrigen auf fahrlässige Nebentäterschaft am erfolgsqualifizierten Delikt (ohne Grunddeliktstäterschaft) ausweicht (so auch Paeffgen NK 133), zumal da dem zum Täter erklärten Gehilfen auch noch die Strafmilderung nach § 27 II entzogen würde (Rudolphi SK 6, Schroeder LK 33). Die konstruktiven Bedenken (Schneider JZ 56, 751, Ziege NJW 54, 179), daß hier eine fahrlässige Anstiftung bestraft werde, überzeugen nicht; die Haftung erfolgt aufgrund der Akzessorietät (ebenso Rudolphi SK 6), nur daß sich ein Anstifter ebenso wie jeder andere Täter verschiedene Formen der Vorwerfbarkeit hinsichtlich einzelner Tatteile ergeben (zust. Busch LK[9] § 56 RN 21; in der Konstruktion abw. Paeffgen NK 132, Roxin LK 28 RN 85: Kombination aus Grunddeliktsbeteiligung und fahrlässiger Nebentäterschaft). Vgl. hierzu auch Seebald GA 64, 161. Zu weiteren Fällen der Teilnahme vgl. Oehler GA 54, 38 ff. Für den Vorsatz des Teilnehmers gelten in bezug auf das Grunddelikt die allgemeinen Grundsätze. Die Haftung erstreckt sich nur auf einen Erfolg, der aus einer Handlung eines der Beteiligten entsteht, die vom Vorsatz aller umfaßt ist, also keine wesentliche Abweichung des Kausalverlaufs darstellt; zum Exzeß eingehend: Rengier aaO 251 ff., Sowada Jura 95, 646 ff. Haben bei einer Freiheitsberaubung die Mittäter nur eine bestimmte Art der Gewaltanwendung ins Auge gefaßt, so fällt ihnen § 239 IV dann nicht zur Last, wenn die von einem Mittäter vorgenommene Behandlung des Opfers sich als ein völliges aliud gegenüber dem Tatplan darstellt (vgl. BGH NJW **73**, 377, NJW **87**, 77, NStZ **98**, 513, Oehler ZStW 69, 518). Vgl. auch Arthur Kaufmann, Das Schuldprinzip (1961) 240 ff.

VIII. Erfolgsqualifizierte Delikte können grds. (Einzelheiten ergeben sich aus der spezifischen Struktur der BT-Vorschriften: so ist die Verwirklichung von § 251 durch Unterlassen schwer vorstellbar, während etwa § 313 iVm § 308 III durchaus als Unterlassungstat begangen werden kann) auch durch **Unterlassen** verwirklicht werden (Paeffgen NK 108; für §§ 227, 13: BGH MDR/H **82**, 624, NJW **95**, 3194 m. Anm. Wolters JR 96, 471, Bespr. Ingelfinger GA 97, 573, Otto JK § 227/7, Th. Schmidt JuS 96, 271 sowie eingehend: Köhler aaO 106 ff.), sofern der Täter den Eintritt des grunddeliktischen Erfolges garantenpflichtwidrig (s. § 13 RN 17 ff.) nicht abwendet. Im Falle der *Körperverletzung mit Todesfolge* (§ 227) muß – das Letalitätsaxiom zugrunde legend (o. 4) – die pflichtwidrig nicht abgewandte Körperverletzung als solche schon tödlich sein (Küpper H. J. Hirsch-FS 627 f.); angesichts insoweit nur einschlägiger letaler Körperverletzungen als Erfolg stellt sich die Frage einer Modalitätsgleichwertigkeit (s. § 13 RN 4) nicht (Küpper ebd. 628; and. BGH NJW **95**, 3194, Ingelfinger GA 97, 586 f., Köhler aaO 127 ff. [letztlich aber Problemverortung im Bereich der besonderen Beziehung zwischen Grunddelikt und schwerer Folge]; s. a. Wolters JR 96, 472). Eine *Beteiligung* durch Unterlassen (zur Abgrenzung zur Täterschaft: 85, 101 ff. vor § 25) ist ebenfalls möglich. Insoweit verlangt die Rspr. (BGH **41** 118 m. Anm. Hirsch NStZ 96, 37 [krit.], Wolfslast/Schmeissner JR 96, 338) – wenig plausibel angesichts ihrer Ablehnung des Letalitätskriteriums und im Widerspruch zu ihren Anforderungen im Falle aktiven Tuns (zB BGH NStZ **97**, 341) –, daß sich der Vorsatz des Teilnehmers auf die Körperverletzung bezieht, die nach Art, Ausmaß und Schwere den Tod des Opfers besorgen läßt (krit. Küpper ebd. 629, Paeffgen NK § 226 aF RN 28). Auf Basis der hier vertretenen (o. 4) Zurechnungsbeschränkung ist – wie bei einer Begehungstat – zu fordern, daß sich der Teilnehmervorsatz (entsprechendes gilt auch für den Vorsatz des Unterlassungstäters [zB bei Inkaufnehmen einer infolge Nichtherbeiziehung ärztlicher Hilfe sich verschlechternden Erkrankung – s. § 223 RN 5 –, deshalb iE problematisch BGH NJW **95**, 3914; so auch Wolters JR 96, 472 f., Th. Schmidt JuS 96, 272]) auf eine letale Körperverletzung beziehen (Küpper ebd. 629); hierbei ist es unerheblich, ob das Unterbleiben der gebotenen Handlung die Todesgefahr erst schafft (hierauf beschränkend aber BGH NJW **95**, 3114) oder eine bereits bestehende erhöht (s. Köhler aaO 132 ff.; eine wesentliche Erhöhung verlangt Ingelfinger GA 97, 590; hiergegen: Köhler aaO 137, Küpper ebd. 628). Auch bei Verwirklichen eines erfolgsqualifizierten Deliktes durch Unterlassen bildet den Bezugspunkt des fahrlässigen Verhaltens (o. 5) die Verwirklichung des Grunddeliktes (zB § 227: „durch die" Körperverletzung), nicht aber ein hieran anschließendes Untätigbleiben (BGH **33** 66 [§ 30 I Nr. 3 BtmG: Keine leichtfertige Todesverursachung durch Unterlassen, sofern der Täter sich erst nach Heroinabgabe leichtfertig gegenüber dem bewußtlos gewordenen Opfer verhält], Paeffgen NK 47,

Rengier aaO 181, s. a. § 251 RN 6; and. Geilen Welzel-FS 671). Vertiefend zu Konstellationen der Beteiligung durch Unterlassen am Beispiel des § 227: Köhler aaO 140 ff.

8 **IX.** Der **Versuch** des erfolgsqualifizierten Delikts ist möglich. Nur wer erfolgqualifizierte Delikte – unter Ausschaltung der gesetzlichen Anordnung des § 11 II StGB – als Fahrlässigkeitsdelikte mit vorsätzlicher Sorgfaltswidrigkeit qualifiziert (so Gössel Lange-FS 235; M-Gössel II 140) muß konsequenterweise Versuch für ausgeschlossen halten. Jedoch ergeben sich aus der besonderen Struktur dieser Delikte Einschränkungen. Ein Versuch ist in zwei Formen denkbar (zur Gesamtproblematik Paeffgen NK 109 ff.; s. a. Küpper aaO 113 ff., Laubenthal JZ 87, 1065; Rengier aaO 234 f., Sowada Jura 95, 649 ff., Vogler LK[10] 74 ff. vor § 22; aus österreich. Sicht Schmoller JurBl 84, 645):

9 1. Ein sog. **erfolgsqualifizierter Versuch** liegt vor, wenn bereits beim Versuch des Grunddelikts die schwere Folge herbeigeführt wird. Nach hM soll dabei die Versuchsstrafbarkeit auch in den Fällen, in denen der Versuch des Grunddelikts nicht schon für sich strafbar ist (im StGB nach Inkrafttreten des 6. StrRG nur noch § 221 II Nr. 2, III [vorher auch §§ 239 II, III sowie 226, 224 mit § 223 als Grunddelikt]) aus dem Verbrechenscharakter der Erfolgsqualifikation folgen (B/W-Weber 538, Lackner/Kühl 11, Laubenthal JZ 87, 1069, Otto I 248, Rath JuS 99, 142, Sowada Jura 95, 653, Stree GA 60, 289); soweit die qualifizierende Folge in diesen Fällen lediglich fahrlässig herbeigeführt wurde, ist eine Versuchsstrafbarkeit jedoch abzulehnen, weil die Erfolgsqualifikation sonst strafbegründende Wirkung hätte (Schroeder LK 38, Vogler LK[10] 73 vor § 22, Kühl JuS 81, 196, Bussmann GA 99, 23 f., Rudolphi SK 7, Ulsenheimer GA 66, 269 ff., Wolter GA 84, 445: § 18 ist die zu § 23 I speziellere Regelung [Paeffgen NK 112]); dies gilt angesichts der von § 18 vorgegebenen Struktur (Strafschärfung) ungeachtet gesteigerten Handlungsunwerts auch bei Vorsatz bezüglich der schweren Folge (Paeffgen NK 113, Ulsenheimer GA 66, 275 [and. Bockelmann-FS 418]); and. Schroeder LK 39; 25. A. 9; s. a. Hirsch GA 72, 75). Weiter ist kein derartiger erfolgsqualifizierter Versuch denkbar, wo der Eintritt des qualifizierenden Erfolgs notwendig den tatbestandlichen Erfolg des Grunddelikts voraussetzt (Jescheck/Weigend 525, Küpper aaO 116 f., Rudolphi SK 7; Schroeder LK 38; Stree GA 60, 289 ff., Tröndle 4, Vogler LK[10] 74 ff. vor § 22, Welzel 195 f.), was im Einzelfall durch Auslegung des jeweiligen Qualifikationstatbestandes (so auch Rudolphi SK 7; krit. Otto I 248) zu entscheiden ist (vgl. zB zur versuchten Brandstiftung mit eingetretenem Todeserfolg § 306 c RN 4, § 306 a RN 20 zur Frage, ob Versuch vorliegt, wenn bereits der zur Brandstiftung verwendete Zündstoff den Tod eines Menschen verursacht). Nur dort, wo die Erfolgsqualifikation bereits an die Tatbestandshandlung des Grunddelikts anknüpft, ist ein erfolgsqualifizierter Versuch möglich: zB liegt eine versuchte Vergewaltigung mit Todesfolge (§ 178) vor, wenn bereits die Gewaltanwendung zum Tod des Opfers geführt hat, bevor es überhaupt zum Geschlechtsverkehr gekommen ist (vgl. RG 69, 332; BGH MDR/D 71, 363 [zu § 178 aF]); entsprechendes gilt für § 251, da die spezifische Gefährlichkeit dieses Grunddelikts gerade im Einsatz risikobeladener Zwangsmittel (Verwirklichung des Zwangsmittels als „Teilerfolg": Hirsch GA 72, 76, Küpper aaO 122; vgl. auch Altenhain GA 96, 35) und nicht in der Wegnahme liegt (zuletzt Günther H. G. Hirsch-FS 552), während im Falle des § 252 mit Einsatz der Zwangsmittel der räuberische Diebstahl bereits vollendet ist; in den insoweit verbleibenden Konstellationen („versuchtes Tatmittel") könnte sich die spezifische Gefährlichkeit der Zwangsmittel noch nicht im Erfolg realisieren (s. a. Hirsch GA 72, 76, Küpper aaO 122). Eine Strafbarkeit versuchter Körperverletzung mit eingetretener Todesfolge entfällt hingegen, da bei Zugrundeliegen des Letalitätskriteriums (o. 4) in derartigen Fällen die grunddeliktische Gefährdung im Versuch steckenblieb und nur durch Hinzutreten zusätzlicher Gefahrenmomente zum Todeserfolg führen konnte (s. Bussmann GA 99, 32, Hirsch GA 72, 75, Küpper aaO 119 f.).

10 2. Ein **Versuch der Erfolgsqualifikation** liegt vor, wo die schwere Folge zwar nicht eingetreten ist, der Vorsatz des Täters diese Möglichkeit bei Versuch oder Verwirklichung des Grundtatbestandes aber umfaßt hat (zu den denkbaren Fallkonstellationen Paeffgen NK 109). Das setzt voraus, daß die Erfolgsqualifikation auch vorsätzlich herbeigeführte Folgen umfaßt, was nicht immer der Fall sein soll, vgl. für § 227 zB Hirsch LK[10] § 226 RN 5, Horn SK § 227 RN 18 (verneinend) einerseits, Paeffgen NK § 226 aF RN 24 (bejahend); zum Hintergrund dieser Streitfrage (Exklusivitäts- oder Konkurrenzlehre) o. 3 sowie eingehend Paeffgen NK 84 ff.

11 a) Versuch ist hier einmal in der Weise denkbar, daß der Täter **bei Vollendung des Grunddelikts** mit der Möglichkeit der schweren Folge rechnete und sie in Kauf nahm, diese jedoch nicht eingetreten ist (vgl. zB RG **61**, 179; BGH **10**, 309; **21**, 194; GA **58**, 304, B/W-Mitsch 551, Jescheck/Weigend 525, Rudolphi SK 8, Oehler ZStW 69, 521, Paeffgen NK 127, Tröndle 4, Stree GA 60, 289, 295, Ulsenheimer GA 66, 276 f., Vogler LK[10] 83 f. vor § 22). Entgegen der in der 17. A. von Schröder vertretenen Auffassung (vgl. dort § 56 RN 9, Schröder JZ 67, 368 f.) widerspricht dies nicht der Funktion der (unechten) erfolgsqualifizierten Delikte und der Formulierung des § 18 (Baumann/Weber[9] 486; Jescheck/Weigend 525; Rudolphi SK 8, Oehler ZStW 69, 521; Stree GA 60, 289, 295, Tröndle 4, Ulsenheimer GA 66, 276 f., Vogler LK[10] 83 f. vor § 22).

12 b) Versuch ist hier weiter dergestalt möglich, daß das **Grunddelikt nur versucht** wurde, und auch die – vom Täter wenigstens billigend in Kauf genommene – schwere Folge nicht eingetreten ist, wie dies zB bei § 226 denkbar ist, sofern der Täter auch hinsichtlich der schweren Folge handelt (Stree GA 60, 295, Schroeder LK 41; mit Einschränkungen auch Ulsenheimer GA 66, 277 f.); ebenso bei §§ 251/178, 22 im Falle ausgebliebener Wegnahme bzw. sexueller Nötigung. Im Falle des

§ 227 hingegen scheidet angesichts des zugrunde zu legenden Letalitätskriteriums (o. 4) ein derartiger Versuch aus dem o. 9 (aE) genannten Grund aus.

3. Vom Versuch des erfolgsqualifizierten Delikts ist **Rücktritt** möglich: Unproblematisch ist die 13
Anwendung von § 24 in den Fällen, in denen ein Täter, der die schwere Folge (zB Tod bei § 251) vorsätzlich herbeiführen wollte, entweder *vor Erfolgsherbeiführung* das Grunddelikt (im Beispiel: den Raub) aufgibt oder zumindest den Eintritt der schweren Folge (im Beispiel: den Todeseintritt; die Strafbarkeit aus vollendetem Raub bleibt unberührt [Mitsch II 278]) verhindert (Paeffgen NK 128, Rudolphi SK 8 a, Schroeder LK 42, Ulsenheimer aaO 417 ff., Vogler LK[10] § 24 RN 143). Aber auch bei einem bereits durch Vornahme der Tathandlung bewirkten *Eintritt der Erfolgsqualifikation* (zB Tod iSv §§ 178, 251) ist ausweislich des Wortlautes von § 24 trotz Realisierung der grunddeliktsspezifischen Gefahr noch strafbefreiender Rücktritt vom Versuch des erfolgsqualifizierten Delikts möglich, sofern insoweit Freiwilligkeit vorliegt (also zB trotz Tötung des Opfers keine Bestrafung aus §§ 251, 22, sondern lediglich aus §§ 240, 222 [ggf. aber auch aus § 227]): RG **75** 54, BGH **42** 158 (zu § 251) m. zust. Bespr. Küper JZ 97, 229, Geppert JK § 251/5; Jakobs 765, Otto Jura 97, 476, Paeffgen NK 130 f., Rengier aaO 244 f., Rudolphi SK 18 a, Schroeder LK 42, Sowada Jura 95, 653, Vogler LK[10] § 24 RN 144; s. a. § 24 RN 26; and. Jäger NStZ 98, 161, Tröndle 4, Ulsenheimer aaO 415 f., Wolter JuS 81, 178: Der Rücktritt vom Versuch erfaßt den insoweit akzessorischen erfolgsqualifizierten Versuch (Günther H. G. Hirsch-FS 553). Des weiteren ist ein Rücktritt von der vom Vorsatz umfaßten Erfolgsqualifikation (o. 11) als erstrebtem erhöhten Erfolgsunrecht solange möglich, wie bei bereits vollendetem Grunddelikt (zB § 221 I) die vom Vorsatz umfaßte schwere Folge (zB § 221 III) nicht eingetreten ist (s. Schroeder LK 42; and. zum Teilrücktritt bei echter Qualifikation [Waffe iSv § 250 aF] BGH NStZ **84**, 216; hiergegen zurecht mit diff. Begründung Küper JZ 97, 233, Streng JZ 84, 654; s. a. § 24 RN 113).

Stichwortverzeichnis zu den §§ 19 ff.

Die fetten Zahlen bedeuten die Paragraphen, die mageren die Randnoten

Actio libera in causa **20** 33 f.
– fahrlässige **20** 38
– Konstruktion **20** 35
– vorsätzliche **20** 36 f.
– b. verminderter Schuldfähigkeit **21** 11, 21
Affekt **20** 14 ff., **21** 9
– verschuldeter **20** 15 a, **21** 20 f.
Bewußtseinsstörung, tiefgreifende **20** 12 ff.
„Biologisch-psychologische" Methode **20** 1, **21** 1
„Biologische" Merkmale der Schuldunfähigkeit **20** 1, 5 ff.
– der verminderten Schuldunfähigkeit **21** 3
Blutalkoholkonzentration **20** 16 a, b
– Rückrechnung **20** 16 f
Drogenbedingte Schuldunfähigkeit **20** 11, 17
– Verminderung der Schuldfähigkeit **21** 9
Einheitslösung **20** 22
Einsichtsfähigkeit, fehlende **20** 1, 25 ff.
– verminderte **21** 4, 6
Hemmungsvermögen s. Steuerungsfähigkeit
In dubio pro reo **20** 43
Kleptomanie **20** 24
Krankhafte seelische Störung **20** 6 ff.
Krankheitsbegriff, „juristischer" **20** 2, 20
Maßregeln der Besserung und Sicherung **20** 43, **21** 26
Moralisches Irresein **20** 24
Neurosen **20** 20, **21** 10
Psychologisches Merkmal der Schuldunfähigkeit **20** 1, 25 ff.
– der verminderten Schuldfähigkeit **21** 4
Psychopathien **20** 20, **21** 10
Psychosen, exogene u. endogene **20** 11 f., **21** 9
Prozessuale Hinweise **20** 45, **21** 28
Pyromanie **20** 24
Querulanz **20** 24
Schuldunfähigkeit **19** 1, **20** 1
– affektbedingte s. Affekt
– alkoholbedingte s. Trunkenheit
– Aufklärungspflicht **20** 45

– Beiziehung von Sachverständigen **20** 45
– Beziehung auf konkrete Tat **20** 31
– biologische Merkmale s. dort
– drogenbedingte s. dort
– nach Versuchsbeginn **20** 40
– psychologische Merkmale s. dort
– schuldhafte Herbeiführung **20** 42
– Verhältnis des § 20 zu § 3 JGG **20** 44
– von Jugendlichen **19** 6
– von Kindern **19** 1 ff.
– wegen seelischer Störungen **20** 1
Schwachsinn **20** 18, **21** 9
Schwere seelische Abartigkeit **20** 19 ff., **21** 10
Spielsucht **21** 10
Steuerungsfähigkeit, fehlende **20** 1, 25, verminderte **21** 4
Strafempfänglichkeit **20** 26, **21** 16
Strafmilderung bei verminderter Schuldfähigkeit **21** 12 ff.
Strafunmündigkeit **19**
Taubstumme **20** 3
Triebstörungen, sexuelle **20** 20, **21** 10
Trunkenheit **20** 16 ff., **21** 9
Verbotsirrtum u. Einsichtsunfähigkeit **20** 4
– u. verminderte Einsichtsfähigkeit **21** 4, 6
Verminderte Schuldfähigkeit **21** 1
– bei Affekt s. dort
– bei Drogenabhängigkeit **21** 9
– bei Jugendlichen **21** 27
– bei Psychosen **21** 9
– bei Schwachsinn **21** 9
– bei Trunkenheit s. dort
– Schuldminderung **21** 14 ff.
– Strafbemessung **21** 23
– Strafmilderung **21** 12 ff.
– Strafrahmenwahl **21** 13
– verschuldete Herbeiführung **21** 20 f., 24
Vorverschulden **20** 34 ff.
– bei verminderter Schuldfähigkeit **21** 20 f.
Zurechnungsfähigkeit s. Schuldunfähigkeit

§ 19 Schuldunfähigkeit des Kindes

Schuldunfähig ist, wer bei Begehung der Tat noch nicht vierzehn Jahre alt ist.

1 I. Voraussetzung von Schuld ist die Schuldfähigkeit (vgl. 118 vor § 13). Diese wird durch § 19, der insoweit eine unwiderlegliche Vermutung enthält (vgl. E 62, Begr. 137), bei **Kindern** (Personen unter 14 Jahren; vgl. § 176 I) generell für ausgeschlossen erklärt (zB Jähnke LK 1, M-Zipf I 510; zT and. Roxin I 779 u. krit. zu der gesetzlichen Regelung Hinz ZRP 00, 107, Weinschenk MSchrKrim 84, 15; zur Delinquenz von Kindern vgl. Kaiser Krim. 489 ff., Neubacher ZRP 98, 121). Eine Prüfung der Einsichts- und Steuerungsfähigkeit findet hier also auch dann nicht statt, wenn das Kind im konkreten Fall die dafür erforderliche Reife vielleicht schon erreicht hat.

2 1. Maßgebend ist die Schuldunfähigkeit **bei Begehung der Tat**; vgl. dazu § 8. Fällt ein Dauerdelikt in die Zeit teils vor, teils nach Erreichung der Altersgrenze, so muß die Tat, soweit sie vorher begangen worden ist, außer Betracht bleiben (vgl. RG 66 36, Eisenberg § 1 RN 9, Jähnke LK 4, Ostendorf § 1 RN 8).

3 2. Die Schuldunfähigkeit von Kindern stellt einen **Schuldausschließungsgrund** dar (vgl. 108 vor § 32); auch sie können daher tatbestandsmäßig-rechtswidrig handeln, also eine **rechtswidrige Tat** begehen. Zur Frage, ob Anstiftung oder mittelbare Täterschaft vorliegt, wenn ein Dritter ein Kind zur Begehung einer Straftat benutzt, vgl. § 25 RN 39 f.; zur Verantwortlichkeit eines Aufsichtspflichtigen nach § 13 vgl. dort RN 52; zur Frage der Notwehr gegen Angriffe von Kindern vgl. § 32 RN 52.

4 3. Gegen Kinder sind auch solche strafrechtlichen **Sanktionen** ausgeschlossen, die keine Schuldfähigkeit voraussetzen (§§ 63 ff.). Dies ergibt sich zwar nicht unmittelbar aus § 19, folgt aber aus dem Wortlaut oder Sinn der §§ 63 ff.; eine Ausnahme gilt nur für die Sicherungseinziehung nach §§ 74 II Nr. 2, III, 74 d iVm § 76 a II Nr. 2 (Jähnke LK 3). In Betracht kommen hier nur Maßnahmen des Vormundschaftsgerichts nach §§ 1631 III, 1666 BGB sowie die Maßnahmen nach dem SGB VIII (zB §§ 42, 43).

5 4. **Prozessual** führt die Strafunmündigkeit von Kindern zu einem Prozeßhindernis (h. M.; vgl. Frehsee ZStW 100, 295, Jähnke LK 3 mwN). Ein Verfahren, das versehentlich wegen einer im Kindesalter begangenen Tat eröffnet worden ist, ist daher durch Einstellung zu beenden (Roxin I 779), und zwar auch dann, wenn der Angeklagte inzwischen das 14. Lebensjahr vollendet hat (bestr., vgl. Eisenberg § 1 RN 31 mwN; and. zB Schoene DRiZ 99, 321 u. dagegen Walter DRiZ 99, 325). Zur Frage, ob polizeiliche Ermittlungen auch dann noch zulässig sind, wenn sich der Verdacht gegen ein Kind richtet, vgl. Frehsee aaO 293 ff. u. krit. zur Praxis Ostendorf AK 11 ff., ders. § 1 RN 3 ff.; zu einem auf einer falschen Einordnung beruhenden Urteil vgl. Brunner/Dölling § 1 RN 12, Eisenberg § 1 RN 33 ff.

6 II. Die Schuldunfähigkeit von **Jugendlichen** (Personen zwischen 14 u. 18 Jahren; vgl. § 1 II JGG) ist, soweit sie auf geistiger oder sittlicher Entwicklungsunreife beruht, weiterhin in § 3 JGG geregelt; über das Verhältnis zu § 20 vgl. dort RN 44. Zu den Besonderheiten bei Heranwachsenden (Personen zwischen 18 u. 21 Jahren; vgl. § 1 II JGG) vgl. § 10 RN 3.

§ 20 Schuldunfähigkeit wegen seelischer Störungen

Ohne Schuld handelt, wer bei Begehung der Tat wegen einer krankhaften seelischen Störung, wegen einer tiefgreifenden Bewußtseinsstörung oder wegen Schwachsinns oder einer schweren anderen seelischen Abartigkeit unfähig ist, das Unrecht der Tat einzusehen oder nach dieser Einsicht zu handeln.

Schrifttum (auch zu § 51 a. F.; zum *Affekt*, zur *Trunkenheit* und *Drogenabhängigkeit* und zur *actio libera in causa* vgl. jeweils die besonderen Angaben unten; zum älteren Schrifttum vgl. zusätzlich die 23. A.): *Albrecht,* Unsicherheitszonen des Schuldstrafrechts, GA 83, 193. – *Bauer/Thoss,* Die Schuldfähigkeit des Straftäters als interdisziplinäres Problem, NJW 83, 305. – *Baer,* Psychiatrie für Juristen, 1988. – *Bernsmann/Kisker,* § 20 und die Entschuldbarkeit von Delinquenz diesseits biologisch-psycho(patho)logischer Exkulpationsmerkmale, MSchrKrim. 75, 325. – *Blau,* Prologomena zur strafrechtlichen Schuldfähigkeit, Jura 82, 393. – *ders.,* Zum Thema „Quantifizierung", MSchrKrim. 86, 348. – *ders.,* Methodologische Probleme bei der Handhabung der Schuldfähigkeitsbestimmungen usw., MSchrKrim. 89, 71. – *Bochnik-Gärtner,* Neurosebegriff und § 20 StGB, MedR 86, 57. – *Bockelmann,* Willensfreiheit und Zurechnungsfähigkeit, ZStW 75, 372. – *de Boor,* Bewußtsein u. Bewußtseinsstörungen. Ein 2. Beitrag zur Strafrechtsreform, 1966. – *Bresser,* Der Psychologe und § 51 StGB, NJW 58, 248. – *ders.,* Probleme bei der Schuldfähigkeits- u. Schuldbeurteilung, NJW 78, 1188. – *ders.,* Schuldfähigkeit und Schuld – Die Ambivalenz ihrer Beurteilung, Leferenz-FS 429. – *ders.,* Krise des Sachverständigenbeweises, in: Frank/Harrer (s. u.), 38 (zit. aaO 1990). – *Burkhardt,* in: Lüderssen/Sack, Vom Nutzen und Nachteil der Sozialwissenschaften für das Strafrecht, Bd. I (1980) 87. – *Cabanis,* Beitrag zur Frage einer Beeinflussung der strafrechtlichen Verantwortlichkeit durch organische Ursachen, MSchrKrim. 62, 19. – *Detter,* Zur Schuldfähigkeitsbegutachtung aus revisionsrechtlicher Sicht, BA 99, 3. – *Dölling,* Begutachtung der Schuldfähigkeit und Strafurteil, Kaiser-FS 1337. – *Dukor,* Die Zurechnungsfähigkeit der Psychopathen, SchwZStr. 66, 418. – *Ehrhardt/Villinger,* Psychiatrie der Gegenwart, Bd. III, 1961. – *Foerster,* Der psychiatrische Sachverständige zwischen Norm und Empirie, NJW 83, 2049. – *ders.,* Kann die Anwendung einer klinischen Beurteilungsschwere-Skala hilfreich sein bei der Feststellung einer „schweren

Schuldunfähigkeit wegen seelischer Störungen § 20

seelischen Abartigkeit"?, NStZ 88, 444. – *ders.*, Gedanken zur psychiatrischen Beurteilung neurotischer und persönlichkeitsgestörter Menschen bei strafrechtlichen Fragen, MSchrKrim. 89, 83. – *ders.*, Die forensisch-psychiatrische Beurteilung persönlichkeitsgestörter Straftäter, Schewe-FS (1991) 189. – *ders./Heck*, Zur Qualifizierung der sogenannten schweren anderen seelischen Abartigkeit, MSchrKrim. 91, 49. – *Frank/Harrer* (Hrsg.), Der Sachverständige im Strafrecht, 1990. – *Frister*, Die Struktur des „voluntativen Schuldelements", 1993. – *ders.*, Der Begriff der Schuldfähigkeit, MSchrKrim 94, 316. – *von Gerlach*, In dubio pro reo und Schuldfähigkeit usw., in: Ebert (Hrsg.), Aktuelle Probleme der Strafrechtspflege (1991) 165. – *Glatzel*, Forensische Psychiatrie, 1985. – *ders.*, Zur forensisch-psychiatrischen Problematik der tiefgreifenden Bewußtseinsstörung, StV 82, 434. – *ders.*, Tiefgreifende Bewußtseinsstörung nur bei der sog. Affekttat?, StV 83, 339. – *ders.*, Zur psychiatrischen Beurteilung von Ladendieben, StV 82, 40. – *Gschwind/Petersohn/Rautenberg*, Die Beurteilung psychiatrischer Gutachten im Strafprozeß, 1982. – *Haddenbrock*, Zur Frage eines theoretischen oder pragmatischen Krankheitsbegriffs bei Beurteilung der Zurechnungsfähigkeit, MSchrKrim. 53, 183. – *ders.*, Personale oder soziale Schuldfähigkeit (Verantwortungsfähigkeit) als Grundbegriff der Zurechnungsnorm?, MSchrKrim. 68, 145. – *ders.*, Das Paradox von Ideologie u. Pragmatik des § 51 StGB, NJW 67, 285. – *ders.*, Freiheit und Unfreiheit des Menschen im Aspekt der forensischen Psychiatrie, JZ 69, 121. – *ders.*, Die juristisch-psychiatrische Kompetenzgrenze bei der Beurteilung der Zurechnungsfähigkeit, ZStW 75, 460. – *ders.*, Strafrechtliche Handlungsfähigkeit und „Schuldfähigkeit" (Verantwortlichkeit), in: Göppinger/Witter, Handb. der forens. Psychiatrie I (1972) 966 ff. – *ders.*, Psychiatrisches Krankheitsparadigma und strafrechtliche Schuldfähigkeit, Sarstedt-FS 35. – *ders.*, Soziale oder forensische Schuldfähigkeit (Zurechnungsfähigkeit), 1992 (zit.: aaO 1992). – *ders.*, „Steuerungsfähigkeit" zur Tatvermeidung. – Hauptparameter forensischer Schuldfähigkeit?, MSchrKrim. 94, 44. – *ders.*, Geistesfreiheit und Geisteskrankheit, NStZ 95, 581. – *Hafter*, Forensische Psychiatrie und die Zweispurigkeit unseres Kriminalrechts, NJW 79, 1235. – *Heinz*, Fehlerquellen forensisch-psychiatrischer Gutachten, 1982. – *ders.*, Fehlerquellen bei der Begutachtung und Fragen der Haftung des Sachverständigen, in: Frank/Harrer (s.o.), 29 (zit. aaO 1990). – *Huber*, Die forensisch-psychiatrische Beurteilung schizophrener Kranker im Lichte neuer Langzeitstudien, Leferenz-FS 463. – *Hülle*, Die Beurteilung der Zurechnungsfähigkeit durch den Tatrichter, JZ 62, 296. – *Jakobs*, Zum Verhältnis von psychischem Faktum und Norm bei der Schuld, KrimGgwFr 15 (1982), 127. – *Janzarik*, Grundlagen der Einsicht und das Verhältnis von Einsicht und Steuerung, Der Nervenarzt 62 (1991), 423. – *Kargl*, Krankheit, Charakter, Schuld, NJW 75, 558. – *Armin Kaufmann*, Schuldfähigkeit und Verbotsirrtum, Eb. Schmidt-FS 319. – *H. Kaufmann*, Die Regelung der Zurechnungsfähigkeit im E 62, JZ 67, 139. – *dies./Pisch*, Das Verhältnis von § 3 JGG zu § 51, JZ 69, 358. – *Krauß*, Schuldzurechnung u. Schuldzumessung als Problem des Sachverständigenbeweises, in: Kriminologie u. Strafverfahren, Bericht über die XVIII. Tagung der Gesellschaft für die gesamte Kriminologie v. 9.–12. Okt. 1975 in Freiburg, 88. – *Kröber*, „Spielsucht" und Schuldfähigkeit usw., For 8, 113. – *ders.*, Die Beurteilung der „schweren anderen seelischen Abartigkeit", in: Müller-Isberner/Gonzalez Cabeza (s.u.), 15 (zit. aaO). – *ders./Faller/Wulf*, Nutzen und Grenzen standardisierter Schuldfähigkeitsbegutachtung, MSchrKrim. 94, 339. – *Krümpelmann*, Die Neugestaltung der Vorschriften über die Schuldfähigkeit durch das 2. StrRG v. 4. 7. 1969, ZStW 88, 6. – *ders.*, Dogmatische und empirische Probleme des sozialen Schuldbegriffs, GA 83, 337. – *Kurz*, Schuldunfähigkeit usw. nach neuem Strafrecht, MDR 75, 893. – *Lackner*, Prävention und Schuldunfähigkeit, Kleinknecht-FS 245. – *Leferenz*, Die rechtsphilosophischen Grundlagen des § 51 StGB, Der Nervenarzt 1948, 364. – *ders.*, Zur Anwendbarkeit des § 51 auf kriminelle Psychopathen, SJZ 49, 251. – *ders.*, Die Neugestaltung der Vorschriften über die Schuldfähigkeit durch das 2. StrRG v. 4. 7. 1969, ZStW 88, 40. – *Lenckner*, Strafe, Schuld und Schuldfähigkeit, in: Göppinger/Witter, Handb. d. forens. Psychiatrie I (1972) 78 ff. – *Luthe*, Schuldfähigkeit und Tiefenpsychologie, For 4, 161. – *ders.*, Diagnostische Urteilsbildung zur Einschätzung von Schweregraden psychischer Störungen usw., MSchrKrim. 83, 343. – *ders.*, Forensische Psychopathologie, 1988. – *ders.*, Struktureller Ansatz und psychopathologisches Grundfaktum in der forensischen Psychiatrie, Schewe-FS (1991) 239. – *ders.*, Die zweifelhafte Schuldfähigkeit, 1996 (zit. aaO) – *Maisch*, Fehlerquellen psycholog.-psychiatrischer Begutachtung im Strafprozeß, StV 85, 517. – *ders.*, Diagnostische Urteilsbildung bei der Einschätzung von Schweregraden psychischer Störungen usw., MSchrKrim. 83, 343. – *Mende*, Die „tiefgreifende Bewußtseinsstörung" in der forensisch-psychiatrischen Diagnostik, Bockelmann-FS 311. – *ders.*, Grundlagen der forensischen Psychiatrie – Beurteilung der Schuldfähigkeit, in: Forster, Praxis d. Rechtsmedizin (1986), 502. – *ders.*, Zur Frage der Quantifizierung in der Forensischen Psychiatrie, MSchrKrim. 83, 328. – *ders./Bürke*, Fehlerquellen bei der nervenärztl. Begutachtung, For 7, 143. – *Merkel*, „Enger Neurosenbegriff" u. § 20 StGB, MedR 86, 53. – *G. Meyer*, Die Beurteilung der Schuldfähigkeit bei Abhängigkeit vom Glücksspiel, MSchrKrim. 88, 213. – *Meyer/Fabian/Wetzels*, Kriminalpsychologische Aspekte und die forensisch-psychologische Wertung des pathologischen Glücksspiels, StV 90, 464. – *J. E. Meyer*, Psychiatrische Diagnosen und ihre Bedeutung für die Schuldfähigkeit i. S. der §§ 20, 21, ZStW 88, 46. – *Mezger*, Probleme der strafrechtlichen Zurechnungsfähigkeit, 1949. – *ders.*, Das Verstehen als Grundlage der strafrechtlichen Zurechnung, 1951. – *Mitterauer*, Zurechnungsfähige geistig abnorme Rechtsbrecher: Allgemeine diagnostische Kriterien der höhergradigen psychischen bzw. geistigen Abnormität (§ 21 Abs. 2 öStGB). – *Müller-Isberner/Gonzalez Cabeza* (Hrsg.), Forensische Psychiatrie, 1998. – *Nedopil*, Schuld- und Prozeßfähigkeit von Querulanten, For 5, 185. – *ders.*, Forensische Psychiatrie, 1996 (zit. aaO) – *ders.*, Verständnisschwierigkeiten zwischen dem Juristen und dem psychiatrischen Sachverständigen, NStZ 99, 433. – *Osburg*, Psychisch kranke Ladendiebe, 1992. – *Rasch*, Angst vor der Abartigkeit, NStZ 82, 177. – *ders.*, Die Zuordnung der psychiatrisch-psychologischen Diagnosen zu den vier psychischen Merkmalen der §§ 20, 21 StGB, StV 84, 264. – *ders.*, Die psychiatrisch-psychologische Beurteilung der sogenannten schweren anderen seelischen Abartigkeit, StV 91, 126. – *ders.*, Die Auswahl des richtigen Psycho-Sachverständigen im Strafverfahren, NStZ 92, 257. – *ders.*, Das Mißbehagen des psychiatrischen Sachverständigen in Strafverfahren, Schüler-Springorum-FS 563. – *ders.*, Forensische Psychiatrie, 2. Aufl. 1999 (zit. aaO). – *ders./Volbert*, Ist der Damm gebrochen?, MSchrKrim. 85, 137. – *Rauch*, Brauchen wir eine forensische Psychiatrie?, Leferenz-FS 379. – *ders.*, Situation und Tendenzen der forensischen Psychiatrie, in: Frank/Harrer (s. o.), 74 (zit. aaO 1990). – *Renzikowski*,

§ 20

Forensische Psychiatrie u. Strafrechtswissenschaft, NJW 90, 2095. – *Ritter,* Zusammenarbeit von Richter und Sachverständigen, in: Frank/Harrer (s. o.), 48 (zit. aaO 1990). – *Rode/Legnaro,* Der Straftäter und sein Gutachter – Subjektive Aspekte der psychiatrischen Begutachtung, StV 95, 496. – *Rössner,* Zur Feststellung einer psychischen Störung nach §§ 20, 21 StGB im Strafverfahren: Eine Problemskizze aufgrund empirischer Befunde, Lenckner-FS 837. – *Salger,* Strafrechtliche Aspekte der Einnahme von Psychopharmaka – ihr Einfluß auf die Fahrtüchtigkeit und Schuldfähigkeit, DAR 86, 383. – *Saß,* Die „tiefgreifende Bewußtseinsstörung" gem. den §§ 20, 21 StGB – eine problematische Kategorie aus forens.-psychiatr. Sicht, For 4, 3. – *ders.,* Ein psychopathologisches Referenzsystem für die Beurteilung der Schuldfähigkeit, For 6, 33. – *ders.,* Zur Standardisierung der Persönlichkeitserfassung mit einer integrierten Merkmalsliste für Persönlichkeitsstörungen, MSchrKrim. 89, 133. – *ders.,* Forensische Erheblichkeit seelischer Störungen im psychopathologischen Referenzsystem, Schewe-FS (1991) 266. – *ders.,* Persönlichkeit – Dissozialität – Verantwortung, in: Müller-Isberner/Gonzalez Cabeza (s.o.), 1 (zit. aaO). – *Schaffstein,* Die Jugendzurechnungsunfähigkeit im Verhältnis zur allgemeinen Zurechnungsfähigkeit, ZStW 65, 191. – *Schewe,* Reflexbewegung, Handlung, Vorsatz, 1972. – *ders.,* „Subjektiver Tatbestand" und Beurteilung der Zurechnungsfähigkeit, Lange-FS 687. – *R. Schmitt,* Die „schwere seelische Abartigkeit" in §§ 20, 21 StGB, ZStW 92, 346. – *K. Schneider,* Die Beurteilung der Zurechnungsfähigkeit, 4. A., 1961. – *Schöch,* Die Beurteilung von Schweregraden schuldmindernder oder schuldausschließender Persönlichkeitsstörungen usw., MSchrKrim. 83, 333. – *Schreiber,* Rechtliche Grundlagen der Schuldunfähigkeitsbeurteilung, in: Venzlaff, Psychiatrische Begutachtung (1986) 4 (zit.: aaO). – *ders.,* Was heißt heute strafrechtliche Schuld und wie kann der Psychiater bei ihrer Feststellung mitwirken?, Der Nervenarzt 48 (1977), 242. – *ders.,* Bedeutung und Auswirkungen der neugefaßten Bestimmungen über die Schuldfähigkeit, NStZ 81, 46. – *ders.,* Schuld und Schuldunfähigkeit im Strafrecht, in: Schmidt-Hieber/Wassermann, Justiz und Recht (1983) 73. – *ders.,* Zur Rolle des psychiatrisch-psychologischen Sachverständigen im Strafverfahren, Wassermann-FS (1985) 1007. – *ders.,* Die Schuldfähigkeit nach dem Strafgesetzentwurf 1960, MDR 60, 537. – *ders.,* Schuld und Schuldunfähigkeit im Licht der Strafrechtsreformgesetze v. 25. 6. und 4. 7. 1969 usw., JZ 70, 487. – *Stree,* Rechtswidrigkeit und Schuld im neuen StGB, JuS 73, 461. – *Streng,* Strafrechtliche Sanktionen, 1991 (zit. aaO). – *ders.,* Richter u. Sachverständiger – Zum Zusammenwirken von Strafrechts- und Psychowissenschaften bei der Bestimmung der Schuldfähigkeit, Leferenz-FS 397. – *ders.,* Psychowissenschaftler und Strafjuristen, NStZ 95, 12, 161. – *Täschner,* Bemerkungen zur „Auswahl des richtigen Psycho-Sachverständigen im Strafverfahren", NStZ 94, 221. – *Ulsenheimer,* Stellung und Aufgaben des Sachverständigen im Strafverfahren, in: Frank/Harrer (s. o.), 3 (zit. aaO 1990). – *Venzlaff,* Ist die Restaurierung eines „engen" Krankheitsbegriffs erforderlich, um kriminalpolitische Gefahren abzuwenden?, ZStW 88, 57. – *ders.,* Fehler und Irrtümer in psychiatrischen Gutachten, NStZ 83, 199. – *ders.,* Die Mitwirkung des psychiatrischen Sachverständigen bei der Beurteilung der Schuldfähigkeit, in: Schmidt-Hieber/Wassermann, Justiz und Recht (1983) 277. – *ders.,* (Hrsg.), Psychiatrische Begutachtung. Ein praktisches Handbuch für Ärzte u. Juristen, 1986. – *ders.,* Methodik und praktische Probleme der Begutachtung in der Bundesrepublik Deutschland, in: Frank/Harrer (s. o.), 11 (zit. aaO 1990). – *Verrel,* Die Verwertung von Schuldfähigkeitsgutachten im Strafurteil, ZStW 106, 332. – *ders.,* Die Anwendung der §§ 20, 21 StGB im Bereich der Tötungskriminalität, MSchrKrim. 94, 272. – *Vogt,* Die Forderungen der psychoanalytischen Schulrichtungen für die Interpretation der Merkmale der Schuldunfähigkeit und der verminderten Schuldfähigkeit (§§ 51 aF, 20, 21 StGB), 1979. – *Waider,* Zur strafrechtlichen Beurteilung psychopathischer Personen, GA 67, 193. – *Wegener/Mende/Schöch/Maisch u. a.,* Zur Problematik der Beurteilung von Schweregraden schuldmindernder oder schuldausschließender Störungen, MSchrKrim. 83, 325. – *v. Winterfeld,* Die Bewußtseinsstörung im Strafrecht, NJW 75, 2229. – *Witter,* Zur medizinischen und rechtlichen Beurteilung von Neurosen, NJW 64, 1166. – *ders.,* in: Göppinger/Witter, Handb. d. forens. Psychiatrie (1972) 429 ff., 966 ff. – *ders.,* Die Bedeutung des psychiatrischen Krankheitsbegriffs für das Strafrecht, Lange-FS 723. – *ders.,* Wissen und Werten bei der Beurteilung der strafrechtlichen Schuldfähigkeit, Leferenz-FS 441. – *ders.,* Richtige oder falsche psychiatrische Gutachten, MSchrKrim. 83, 253. – *ders.,* (Hrsg.), Der psychiatrische Sachverständige im Strafrecht, 1987. – *ders./Rösler,* Zur Begriffsbestimmung und rechtlichen Beurteilung sog. Neurosen, For 6, 1. – *Ziegert,* Vorsatz, Unrecht und Vorverschulden, 1987. – *Materialien:* Prot. IV, 635 ff., 673 ff., 736; V, 241 ff., 445 ff., 1790 ff.

Zum *Affekt:* Behrendt, Affekt und Vorverschulden, 1983. – *Bernsmann,* Affekt und Opferverhalten, NStZ 89, 160. – *Binder,* Zur Diagnostik des schuldausschließenden bzw. schuldvermindernden Affekts bei kurzschlüssigen Tötungsdelikten, MSchrKrim. 74, 159. – *Blau* Die Affekttat zwischen Empirie und normative Bewertung, Tröndle-FS 109. – *Diesinger,* Der Affekttäter, 1977. – *Endres,* Psychologische und psychiatrische Konzepte der „tiefgreifenden Bewußtseinsstörung" nach §§ 20, 21 StGB, StV 98, 674. – *Foerster,* Die Problematik der Beurteilung von „Affekttaten" aus psychiatrischer Sicht, StraFo 97, 165. – *Frisch,* Grundprobleme der Bestrafung verschuldeter Affekttaten, ZStW 101, 538. – *Geilen,* Zur Problematik der schuldausschließenden Affekts, Maurach-FS 173. – *Gerson,* Ein Beitrag zur „Bewußtseinsstörung durch hochgradigen Affekt", MSchrKrim. 66. 215. – *Glatzel,* Die affektabhängige Tötungshandlung als Zeitgestalt – Zum Problem der tiefgreifenden Bewußtseinsstörung, StV 93, 220. – *Greuel,* Schuldfähigkeitsbegutachtung, in: Steller/Volbert (s.u.), 105 (zit. aaO). – *Grosbüsch,* Die Affekttat, 1981. – *Hadamik,* Über die Bewußtseinsstörung bei Affektverbrechen, MSchrKrim. 53, 11. – *ders.,* Leidenschaft und Schuld, GA 57, 101. – *Hoff,* Vorgestalten, in: Saß (s. u.), 95 (zit. aaO). – *Horn,* Die Beurteilung der Amnesie bei Affekttaten, in: Saß (s. u.), 163 (zit. aaO). – *Janzarik,* Steuerung und Entscheidung, deviante Strukturierung und Selbstkorrumpierung im Vorfeld affektiv akzentuierter Delikte, in: Saß (s. u.), 57 (zit. aaO). – *Joachim,* Alkohol und Affekte, in: Saß (s. u.), 180 (zit. aaO). – *Kröber,* Persönlichkeit, konstellative Faktoren und die Bereitschaft zur „Affekttat", in: Saß (s. u.), 77 (zit. aaO). – *Krümpelmann,* Affekt und Schuldfähigkeit, 1972/88. – *ders.,* Motivation und Handlung im Affekt, Welzel-FS 327. – *ders.,* Schuldzurechnung unter Affekt und alkoholisch bedingter Schuldunfähigkeit, ZStW 99, 191. – *ders.,* Die strafrechtliche Schuldfähigkeit bei Affekttaten, Recht u. Psychiatrie 90, 150. – *ders.,* Die strafrechtliche Beurteilung der sog. Affekttaten, in: Saß (s. u.), 18 (zit. aaO). – *ders.,* Die Erinnerungslücke nach Affekt und Alkoholisierung als Beweisproblem, Hanack-FS

717. – *Maisch*, Die Tatamnesie bei sogenannten Affektdelikten, StV 95, 381. – *Otto*, Affekt und Vorverschulden, Jura 92, 329. – *Rasch*, Tötung des Intimpartners, 1964. – *ders.*, Die psychologisch-psychiatrische Beurteilung von Affektdelikten, NJW 80, 1809. – *ders.*, Zweifelhafte Kriteriologien für die Beurteilung der tiefgreifenden Bewußtseinsstörung, NJW 93, 757. – *Rauch*, Über die Schuldfähigkeit von Affekttätern, in: Saß (s. u.), 200 (zit. aaO). – *Ritzel*, Forensisch-psychiatrische Beurteilung der Affekttat, MMW 80, 623. – *Rudolphi*, Affekt und Schuld, Henkel-FS 199. – *Salger*, Zur forensischen Beurteilung der Affekttat im Hinblick auf eine erheblich verminderte Schuldfähigkeit, Tröndle-FS 201. – *Saß*, Affektdelikte, Der Nervenarzt 54 (1983), 557. – *ders.*, (Hrsg.), Affektdelikte, 1993 (zit. aaO). – *Seibert*, Affektive Einengung des Bewußtseins nach § 51 StGB, NJW 66, 1847. – *Steller*, Psychodiagnostik bei Affekttaten, in: Saß (s. o.), 132 (zit. aaO). – *ders./Volbert* (Hrsg.), Psychologie im Strafverfahren, 1997. – *Theune*, Auswirkungen des normalpsychologischen (psychogenen) Affekts auf die Schuldfähigkeit sowie den Schuld- und Rechtsfolgenausspruch, NStZ 99, 273. – *Venzlaff*, Die forensisch-psychiatrische Beurteilung affektiver Bewußtseinsstörungen – Wertungs- oder Quantifizierungsproblem?, Blau-FS 391. – *ders.*, Über zweiphasig ablaufende Affekttaten, in: Saß (s. o.), 147 (zit. aaO). – *Witter*, Affekt und Schuldunfähigkeit, MSchrKrim. 60, 20. – *Ziegert*, Die Affekttat zwischen Wertung und Willkür, in: Saß (s. o.), 18 (zit. aaO). – *ders.*, Prolegomena einer juristischen Affekttheorie, Recht und Psychiatrie 1998, 91.

Zur *Trunkenheit* und *Drogenabhängigkeit*: *Arbab-Zadeh*, Zurechnungsfähigkeit, Rauschtat und spezifisches Bewußtsein, NJW 74, 1401. – *ders.*, Schuldfähigkeit und Strafzumessung bei drogenabhängigen Delinquenten, NJW 78, 2326. – *Battista*, Alkoholnachweisverfahren, in: Frank/Harrer (s. u.), 95 (zit. aaO 1992). – *Böhm/Stumpf*, Biochemie der Alkoholwirkung, in: Frank/Harrer (s. u.), 87 (zit. aaO 1992). – *Bresser*, Trunkenheit-Bewußtseinsstörung-Schuldfähigkeit, For 5, 45. – *Brettel*, Die Alkoholbegutachtung, in: Forster, Praxis der Rechtsmedizin (1986) 424. – *Erkwoh/Saß*, Forensisch-psychiatrische Aspekte des Drogenmißbrauches, RechtsM 95, 105. – *Flück*, Alkoholrausch und Zurechnungsfähigkeit, 1968. – *Forster/Joachim*, Alkoholbedingte Schuldunfähigkeit, in: Forster, Praxis der Rechtsmedizin (1986) 470. – *dies.*, Alkohol und Schuldfähigkeit, 1997. – *Foth*, Alkoholverminderte Schuldfähigkeit, Strafzumessung, NJ 91, 386. – *ders.*, Einige Bemerkungen zur verminderten Schuldfähigkeit bei alkoholisierten Straftätern, Salger-FS 31. – *Frank/Harrer* (Hrsg.), Kriminalprognose. Alkoholbeeinträchtigung – Rechtsfragen und Begutachtungsprobleme, 1992. – *Gerchow*, Zur Schuldfähigkeit Drogenabhängiger, BA 79, 97. – *ders. u. a.*, Die Berechnung der maximalen Blutalkoholkonzentration und ihr Beweiswert für die Beurteilung der Schuldfähigkeit, BA 85, 77. – *von Gerlach*, In dubio pro reo und Schuldfähigkeit im Bereich der Alkoholdelinquenz, in: Ebert (Hrsg.), Aktuelle Probleme der Strafrechtspflege (1991) 165. – *Grüner/Bilzer*, Zum gegenwärtigen Stand der Atemalkoholanalyse, BA 92, 98. – *dies.*, Zur Parallelität von BAK- und AAK-Grenzwerten, BA 92, 161. – *Iffland*, Begleitalkoholanalyse und andere Beweismittel bei Nachtrunkeinreden, in: Frank/Harrer (s. o.), 139 (zit. aaO 1992). – *Konrad/Rasch*, Zur psychiatrischen Beurteilung forensisch relevanter Rauschzustände, in: Frank/Harrer (s. o.), 167 (zit. aaO 1992). – *Kröber*, Kriterien verminderter Schuldfähigkeit nach Alkoholkonsum, NStZ 96, 569. – *Luthe/Rösler*, Zur Beurteilung der Schuldfähigkeit bei alkoholtoxischer Bewußtseinsstörung, ZStW 98, 314. – *Maatz*, Die Beurteilung alkoholisierter Straftäter in der Rechtsprechung des Bundesgerichtshofes, BA 96, 233. – *ders.*, §§ 20, 21 StGB, Privilegierung der Süchtigen?, StV 98, 279. – *ders./Mille*, Drogen und Sicherheit des Straßenverkehrs, DRiZ 95, 15. – *Oehmichen/Patzelt/Birkholz* (Hrsg.), Drogenabhängigkeit, 1992. – *Pluisch*, Neuere Tendenzen der BGH-Rechtsprechung bei der Beurteilung der erheblich verminderten Schuldfähigkeit gemäß § 21 StGB nach Medikamenteneinnahme, NZV 96, 98. – *ders./Heifer*, Rechtsmedizinische Überlegungen zum forensischen Beweiswert von Atemalkoholproben, NZV 92, 337. – *Salger*, Die Bedeutung des Tatzeit-Blutalkoholwerts für die Beurteilung der erheblich verminderten Schuldfähigkeit, Pfeiffer-FS 379. – *ders.*, Zur korrekten Berechnung der Tatzeit-Blutalkoholkonzentration, DRiZ 89, 174. – *Schembecker*, Blutalkoholkonzentration im Rahmen der §§ 315 c, 316, 20, 21 StGB, JuS 93, 674. – *Schewe*, Die „mögliche" Blutalkoholkonzentration von 2‰ als „Grenzwert der absolut verminderten Schuldfähigkeit"?, JR 87, 179. – *ders.*, Zur Bedeutung des Blutalkoholwertes für die Beurteilung der Schuldfähigkeit, in: Frank/Harrer (s. o.), 150 (zit. aaO 1992). – *Schreiber*, Drogenabhängigkeit und Spielsucht im Vergleich, 1992 (zit.: Drogenabhängigkeit). – *Täschner*, Forensisch-psychiatrische Probleme bei der Beurteilung von Drogenkonsumenten, NJW 84, 638. – *ders.*, Kriterien der Schuldfähigkeit Drogenabhängiger bei unterschiedlichen Deliktsformen, BA 93, 313. – *Theune*, Auswirkungen der Drogenabhängigkeit und der Zumessung von Strafe und Maßregeln, NStZ 97, 57.

Zur *actio libera in causa*: *Ambos*, Der Anfang vom Ende der actio libera in causa?, NJW 97, 2296. – *Baier*, Unterlassungsstrafbarkeit trotz fehlender Handlungs- oder Schuldfähigkeit, GA 99, 272. – *Behrendt*, Affekt u. Vorverschulden, 1983. – *Bertel*, Begehungs- oder Unterlassungsdelikt? Zu der Lehre von der actio libera in causa, JZ 65, 53. – *Cramer*, Verschuldete Zurechnungsunfähigkeit – actio libera in causa – 330 a, JZ 71, 766. – *Fahnenschmidt/Klumpe*, Der Anfang vom Ende der actio libera in causa?, DRiZ 97, 77. – *Herzberg*, Gedanken zur actio libera in causa: Straffreie Deliktsvorbereitung als „Begehung der Tat" (§§ 16, 20, 34 StGB)?, Spendel-FS 203. – *Hardtung*, Die „Rechtsfigur" der actio libera in causa beim strafbaren Führen eines Fahrzeugs und anderen Delikten: Möglichkeiten und Grenzen der Bestrafung, NZV 97, 97.– *Hettinger*, Die „actio libera in causa": Strafbarkeit wegen Begehungstat trotz Schuldunfähigkeit?, 1988. – *ders.*, Zur Strafbarkeit der „fahrlässigen actio libera in causa", GA 89, 1. – *ders.*, Die „actio libera in causa": eine unendliche Geschichte?, Geerds-FS 623. – *Hirsch*, Anmerkung zu BGH 22. 8. 1996, 4 StR 217/96, NStZ 97, 230. – *ders.*, Anmerkung zu BGH 19. 2. 1997, 3 StR 632/96, JR 97, 391. – *ders.*, Zur actio libera in causa, Nishihara-FS 88. – *Horn*, Actio libera in causa, GA 69, 289. – *Hruschka*, Der Begriff der actio libera in causa und die Begründung ihrer Strafbarkeit, JuS 68, 554. – *ders.*, Methodenprobleme bei der Tatzurechnung trotz Schuldunfähigkeit des Täters, SchwZStr 90, 48. – *ders.*, Probleme der actio libera in causa heute, JZ 89, 310. – *ders.*, Die actio libera in causa – speziell bei § 20 StGB mit zwei Vorschlägen zur Gesetzgebung, JZ 96, 64. – *ders.*, Die actio libera in causa bei Vorsatztaten und bei Fahrlässigkeitstaten, JZ 97, 22. – *Jakobs*, Die sogenannte actio libera in causa, Nishihara-FS 105. – *Jerouschek*, Die Rechtsfigur der actio libera in causa: Allgemeines Zurechnungsprinzip oder verfassungswidrige Strafbarkeitskonstruktion?, JuS 97, 385. – *ders.*, Tatschuld, Koinzidenzprinzip und mittelbar-unmittelbare Täterschaft, Hirsch-FS 241. – *Joshi Jubert*, Actio libera in causa: Ordentliche oder außerordentliche Zurechnung? JRE 94, 328. – *Joerden*, Strukturen des strafrechtlichen Verantwortlichkeitsprinzips: Relationen und ihre Verkettungen, 1988. – *Kindhäuser*, Gefährdung als Straftat, 1989. – *Krause*, Betrachtungen zur actio libera in causa usw., H. Mayer-FS 305. – *Küper*, Aspekte der „actio libera in causa", Leferenz-FS 573. – *Maurach*, Fragen der actio libera in causa, JuS 61, 373. – *Neumann*, Zurechnung und „Vorverschulden", 1985 (zit.: aaO). – *ders.*, Neue Entwicklungen im Bereich der Argumentationsmuster zur Begründung oder zum Ausschluß strafrechtlicher Verantwortlichkeit, ZStW 99, 567. – *ders.*, Konstruktion und Argument in der neueren Diskussion zur actio libera in causa, A. Kaufmann-FS 581. – *ders.*, Anmerkung zu BGH 22. 8. 1996 4 StR 271/96, StV 97, 23.– *Oehler*, Zum Eintritt eines hochgradigen Affekts während der Ausführungshandlung, GA 56, 1. – *Otto*, Actio libera in causa, Jura 86, 426. – *ders.*, BGHSt 42, 235 und die actio libera in causa, Jura 99, 217. – *Paeffgen*, Actio libera in causa und § 323 a StGB, ZStW 97, 513. – *Puppe*, Grundzüge der actio libera in causa, JuS 80, 346. – *Rath*, Zur actio libera in causa bei Schuldunfähigkeit des Täters, JuS 95, 405. – *Rönnau*, Grundstruktur und Erscheinungsformen der actio libera in causa, JA 97, 599, 707. – *Roxin*, Bemerkungen zur actio libera in causa, Lackner-FS 307. – *Salger/Mutzbauer*, Actio libera in causa – eine Rechtsfigur, NStZ 93, 561. – *Schild*, Die Straftat als „actio libera in causa", Triffterer-FS 203. – *Schlüchter*, Zur vorsätzlichen actio libera in causa bei Erfolgsdelikten, Hirsch-FS 345. – *Schmidhäuser*, Die actio libera in causa: ein symptomatisches Problem der deutschen Strafrechtswissenschaft, 1992. – *Schröder*, Verbotsirrtum, Zurechnungsunfähigkeit, actio libera in causa, GA 57, 297. – *Sick/Renzikowski*, Strafschärfung bei Rauschtaten?, ZRP 97, 484. – *Spendel*, Actio libera in causa und Verkehrsstraftaten, JR 97, 133. – *ders.*, Actio libera in causa und kein Ende, Hirsch-FS 379. – *Stratenwerth*, Vermeidbarer Schuldausschluß, A. Kaufmann-GedS 485. – *Streng*, Schuld ohne Freiheit, ZStW 101, 273. – *ders.*, Der neue Streit um die „actio libera in causa", JZ 94, 709. – *ders.*, „actio libera in causa" und Vollrauschtatbestand – rechtspolitische Perspektiven, JZ 00, 20. – Vgl. auch *Cramer*, Der Vollrauschtatbestand als abstraktes Gefährdungsdelikt (1962) 129 ff. – *Welp*, Vorangegangenes Tun usw. (1968) 134 ff.

1 I. Während bei Kindern die Schuldunfähigkeit unwiderleglich vermutet wird (§ 19) und bei Jugendlichen zwischen 14 und 18 Jahren die Schuldfähigkeit im Einzelfall festgestellt werden muß (§ 3 JGG), geht das geltende Recht bei Personen über 18 Jahren davon aus, daß sie im Normalfall schuldfähig sind, d. h. die Fähigkeit besitzen, das Unrecht der Tat einzusehen und nach dieser Einsicht zu handeln. Das Gesetz konnte sich hier deshalb i. U. zu der positiven Regelung der Schuldfähigkeit in § 3 JGG darauf beschränken, als Ausnahme von der Regel negativ die Voraussetzungen der **Schuldunfähigkeit** („Zurechnungsunfähigkeit") zu bestimmen. Ebenso wie in § 51 aF tut dies in § 20 nach einer „zweistufigen" oder „gemischten", der sog. **„biologisch-psychologischen" Methode** (besser: psychisch-normative Methode, vgl. auch Blei I 183, Jakobs 522, Köhler 380, Schreiber aaO 11, Streng aaO 249) geschehen, d. h. das Gesetz nennt zunächst als „biologische" Ausgangsmerkmale bestimmte abnorme Seelenzustände, die zur Schuldunfähigkeit jedoch nur unter der weiteren „psychologischen" Voraussetzung führen, daß sie die Einsichts- oder Steuerungsfähigkeit des Täters bei Begehung der Tat ausgeschlossen haben (krit. zur Gesetzesformulierung Frister aaO 166 ff.; zu einer ausschließlich biologischen oder psychologischen Methode vgl. Jakobs KrimGgwFr 15, 127, Lenckner aaO 92 f.). Dabei kennzeichnen auch die „biologischen" Merkmale nicht nur einen psychischen Zustand, sondern enthalten insofern auch normative Elemente, als die Bewußtseinsstörung „tiefgreifend" und die seelische Abartigkeit „schwer" sein muß, wobei die hier erforderliche Quantifizierung nur durch einen Vorgriff auf die – gleichfalls normativ zu verstehenden (u. 26) – „psychologischen" Merkmale möglich ist (vgl. Schreiber aaO 11, 32 u. zu den methodologischen Problemen auch Blau MSchrKrim. 89, 71, Haffke Recht u. Psychiatrie 91, 96, Streng aaO 249; vgl. auch die „strukturale" Einteilung von Luthe aaO 114 ff.). Überhaupt können die „biologischen" Merkmale nicht, wie es das Bild von den beiden „Stockwerken" der §§ 20, 21 suggeriert, unabhängig von den „psychologischen" gesehen werden, weil sich ihr in den §§ 20, 21 unterschiedlicher Schweregrad immer erst durch einen Blick „hinauf" in das „zweite Stockwerk" ergibt. Ob das Gesetz mit der voluntativen Komponente (Ausschluß der Steuerungsfähigkeit) auch zum Problem der Möglichkeit menschlicher Selbstbestimmung („Willensfreiheit") Stellung nimmt, ist umstritten (vgl. zB Bernsmann/Kisker MSchrKrim. 75, 335, Bockelmann ZStW 85, 382, Dreher, Spendel-FS 15 f., Haddenbrock MSchrKrim. 94, 44 ff., Jähnke LK 7 ff., Arthur Kaufmann, Lange-FS 28, Lackner/Kühl 12, Lange, Bockelmann-FS 268, Lenckner aaO 93 ff., Krümpelmann ZStW 88, 13, Rudolphi SK 4 a, Schreiber aaO 7 ff., 28 ff., Nervenarzt 48, 245, Streng aaO 255, Tiemeyer ZStW 100, 554 ff., Tröndle 5); für die praktische Handhabung der Vorschrift (vgl. dazu Kaiser Krim. 937 ff.; s. auch Dölling Kaiser-FS 1337) spielt diese Frage jedoch keine Rolle (u. 26). Von der Schuldunfähigkeit zu unterscheiden ist die Handlungsunfähigkeit, bei der es schon an einer tatbestandsmäßigen Handlung fehlt (vgl. 37 ff. vor § 13).

2 Die Vorschrift entspricht in der Sache § 51 I aF, weist diesem gegenüber jedoch erhebliche sprachliche Veränderungen auf. Von sonstigen Umformulierungen abgesehen (vgl. dazu die 20. A.), wurde vor allem das begriffliche Instrumentarium zur Umschreibung der „biologischen" Voraussetzung der Schuldunfähigkeit verändert, das dadurch im Sinne einer Annäherung an den – neuerdings allerdings wieder zunehmend umstrittenen – psychiatrischen und psychologischen Sprachgebrauch die Diskrepanzen der Begriffsbildung zu vermeiden sucht, die sich früher zB aus der Notwendigkeit eines besonderen „juristischen" Krankheitsbegriffs (u. 10, 20) ergeben hatten. Abgesehen von gewissen restriktiven Tendenzen, die der Gesetzgeber mit der Neufassung verfolgte (krit. Bernsmann/Kisker MSchrKrim.

75, 335), decken sich die inhaltlichen Aussagen des § 20 jedoch im wesentlichen mit dem, was Wissenschaft und Praxis schon dem § 51 aF entnommen hatten. Zur Kritik aus psychiatrischer Sicht vgl. etwa Haddenbrock MSchrKrim. 68, 148 und in: Göppinger/Witter 881, Göppinger, Leferenz-FS 411, Leferenz ZStW 88, 42, J. E. Meyer ebd. 51, Rasch NStZ 82, 177, StV 91, 126, Rauch aaO 1990, 80; krit. zur Regelung insgesamt auch Krümpelmann ZStW 88, 6, Schwarz/Wille NJW 71, 1061. Zur Entstehungsgeschichte vgl. Jähnke LK vor 1, Lackner aaO 258 f., Schild AK 8 ff., Schreiber aaO 14 u. eingehend Lenckner aaO 109 ff.; zu den Auswirkungen der Reform u. mit statistischen Daten vgl. Schild AK 21 f., Schreiber NStZ 81, 50, Streng NStZ 95, 12.

Abweichend von § 55 aF werden in §§ 20, 21 die in ihrer geistigen Entwicklung zurückgebliebenen **Taubstummen** nicht mehr eigens hervorgehoben. Soweit angesichts der modernen Ausbildungsmethoden Entwicklungsstörungen infolge Taubstummheit heute noch eine Rolle spielen, geht das Gesetz davon aus, daß diese wie auch ähnliche Gebrechen je nach Ursache und Erscheinungsform von den §§ 20, 21 ausreichend miterfaßt sind (vgl. E 62, Begr. 140). 3

Soweit nach § 20 das Fehlen der *Unrechtseinsichtsfähigkeit* zur Schuldunfähigkeit führt, ist die Vorschrift heute nur noch ein **besonderer Anwendungsfall** der umfassenderen **Verbotsirrtumsregelung** des § 17 (h. M.; vgl. BGH MDR **68**, 854, MDR/H **78**, 984, Blei JA 70, 666, Busse MDR 71, 985, Dreher GA 57, 97, Hirsch LK vor § 32 RN 190, Jähnke LK 5, Jescheck/Weigend 441, Armin Kaufmann aaO 319, Lackner/Kühl 15, Lenckner aaO 64, 107 f., M-Zipf I 497, Roxin I 769, Schmidhäuser 381, Schröder GA 57, 297, Tröndle 5 a; and. Frister aaO 203, Jakobs 534, Rudolphi SK § 17 RN 16 f., 26 ff., Unrechtsbewußtsein, Verbotsirrtum usw. [1969] 166 ff., Schild AK 175, Schüler-Springorum, Schneider-FS 935 ff.). War die Einsichtsfähigkeit wegen einer der in § 20 genannten Störungen ausgeschlossen, so ist dies immer auch ein unvermeidbarer Verbotsirrtum i. S. des § 17 (zur actio libera in causa und dem vermeidbaren Verbotsirrtum u. 34, 36). Für die Exkulpation des Täters ist § 20 insoweit daher gegenstandslos; von Bedeutung ist die Vorschrift jedoch nach wie vor in den Fällen, in denen die Schuldunfähigkeit Voraussetzung einer Maßregel ist (vgl. §§ 63, 64, 69 I), weil hier der Ausschluß der Unrechtseinsichtsfähigkeit und damit der Verbotsirrtum gerade auf den „biologischen" Gründen des § 20 beruhen muß (s. auch Rössner, Lenckner-FS 837 f.). 4

II. „Biologische" Voraussetzung der Schuldunfähigkeit ist das Vorliegen einer krankhaften seelischen Störung, einer tiefgreifenden Bewußtseinsstörung, von Schwachsinn oder einer schweren anderen seelischen Abartigkeit. Die Aufzählung ist erschöpfend, weshalb eine Analogie unzulässig ist (vgl. BGH MDR/He **55**, 16, Blau Jura 82, 397, Jähnke LK 3, M-Zipf I 491, Rudolphi SK 5 mwN; and. Jakobs 523; vgl. auch Roxin I 759), eine Frage, die insofern allerdings kaum praktische Relevanz haben dürfte, als das begriffliche Instrumentarium des § 20 weit genug ist, um alle in Betracht kommenden psychischen Defektzustände zu erfassen (vgl. Krümpelmann aaO 21, Schreiber aaO 12; vgl. aber auch Schild AK 25 ff. [„sinnloses Schema"] u. RN 173 ff. mit einem anderen Subsumtionsmodell). Funktionslos sind die „biologischen" Eingangsvoraussetzungen deshalb aber nicht (vgl. jedoch Frister aaO 175 ff.), weil die Zuordnung einer Störung zu den einzelnen Merkmalen zugleich für die Einschätzung der „psychologischen" Folgewirkungen von Bedeutung sein kann (vgl. Jähnke LK 34 u. zu den echten Psychosen u. 26) und weil nur die vom Gesetz genannten Zustände die Anknüpfungspunkte für eine Verneinung der Schuldfähigkeit sein können. Auf anderen Gründen beruhende Intelligenzmängel oder Beeinträchtigungen des Hemmungsvermögens können deshalb, vorbehaltlich des § 17 usw., nur bei der Strafbemessung zu Buche schlagen, so zB Reifeverzögerungen jugendlicher Erwachsener, wo die §§ 3, 105 JGG eindeutige Grenzen setzen (vgl. Jähnke LK 3). Ebensowenig möglich ist daher eine Erweiterung der Befunde der Bewußtseinsstörung und der Abartigkeit um einen Bereich „der Zumutbarkeit bei noch gegebener Zurechnungsfähigkeit" (so aber Jakobs 527 f.; vgl. dagegen auch Schreiber aaO 11). Durchaus vereinbar mit § 20 ist es dagegen, daß die dort genannten Defektzustände nicht für sich allein, sondern erst in ihrem Zusammenwirken zur Aufhebung der Einsichts- oder Steuerungsfähigkeit führen (Rudolphi SK 5 a mwN). 5

1. Krankhafte seelische Störungen sind alle nicht mehr im Rahmen eines verstehbaren Erlebniszusammenhangs liegenden psychischen Anomalien, die somatisch-pathologisch bedingt sind (h. M. zB Jescheck/Weigend 438, Lackner/Kühl 3, Lenckner aaO 114 ff., Roxin I 759, Rudolphi SK 6, Schreiber aaO 17, Schwalm JZ 70, 492). 6

a) Der Begriff der **Störung** empfängt seinen Sinn aus dem Gegensatz zum Ungestörtsein i. S. des „Durchschnittlich-Normalen", erfaßt also nicht nur nachträglich erworbene, sondern auch angeborene Anomalien (Lenckner aaO 114, Schreiber aaO 12). Gleichgültig ist, ob es sich um eine dauernde oder vorübergehende Störung handelt. 7

b) Durch das in Übereinstimmung mit dem überwiegenden psychiatrischen und psychologischen Sprachgebrauch benutzte Adjektiv **„seelisch"** ist klargestellt, daß alle Bereiche der menschlichen Psyche für eine Störung i. S. des § 20 in Betracht kommen können (zur psychiatrischen Krankheitslehre vgl. Baer aaO 14 ff.). Gleichgültig ist also, ob diese sich mehr auf intellektuellem oder mehr auf emotionalem Gebiet auswirkt (Lackner/Kühl 3, Lenckner aaO 114, Schreiber aaO 13). 8

c) **Krankhaft** ist die seelische Störung nach der vorherrschenden, von K. Schneider geprägten Auffassung, wenn es sich um eine qualitative, d. h. nicht mehr im Rahmen eines sinnvollen Erlebniszusammenhangs liegende seelische Abnormität handelt, die auf einem nachweisbaren oder doch mit guten Gründen postulierbaren, noch anhaltenden oder bereits abgeschlossenen Organprozeß beruht 9

§ 20 10–12 Allg. Teil. Die Tat – Grundlagen der Strafbarkeit

(Blei I 186, Jähnke LK 23 f., Jescheck/Weigend 438, Lackner/Kühl 3, Rudolphi SK 6 ff., Schreiber aaO 13; vgl. dazu auch Witter, Lange-FS 726 f.). Freilich wurden bislang nicht zu allen der damit gemeinten „psychiatrischen" Krankheiten körperliche Ursachen gefunden, so daß deren Abgrenzung zu anderen psychischen Störungen teilweise nur auf Konventionen beruht (vgl. etwa Kröber in: Göppinger 222 ff., Nedopil aaO 72 f., Rasch aaO 45 ff.) und angesichts der begrifflichen Weite der „schweren anderen seelischen Abartigkeit" auch keine ausschlaggebende Bedeutung mehr hat (s. auch Nedopil aaO 70).

10 Der Begriff „krankhaft" hat damit in § 20 eine engere Bedeutung als in § 51 aF Während dort zu den „krankhaften" Störungen der Geistestätigkeit nach der extensiven Auslegung durch die Rspr. auch die Persönlichkeitsstörungen, Neurosen und Triebstörungen gehören konnten („juristischer Krankheitsbegriff"; vgl. hier 17. A., § 51 RN 6), umfaßt der Begriff „krankhaft" jetzt nach Ausgliederung der „schweren seelischen Abartigkeiten" nur noch die somatisch-pathologisch begründeten seelischen Störungen sowie die endogenen Psychosen. Dieser Krankheitsbegriff ist zwar vielfach auf Kritik gestoßen (zB Köhler 381 f., Krümpelmann ZStW 88, 15 ff., Rasch StV 84, 265 u. 91, 131, Schreiber aaO 15, NStZ 81, 48, Drogenabhängigkeit 187, Venzlaff ZStW 88, 57, zT auch Witter, Lange-FS 727; vgl. dagegen aber zB Rauch aaO 1990, 76). Unabhängig davon, was in den zuständigen Fachwissenschaften als „krankhaft" bezeichnet wird – einen allgemein anerkannten Krankheitsbegriff gibt es auch dort nicht (vgl. die Übersicht b. Jähnke LK 23, Schild AK 6) –, war der Gesetzgeber jedoch nicht gehindert, sich an dieser Stelle aus Gründen der Gesetzessystematik für den „engen psychiatrischen Krankheitsbegriff" zu entscheiden und nicht-psychotische Zustände mit „Krankheitswert" erst mit der 4. Alt. der „schweren seelischen Abartigkeit" zu erfassen (so mit Recht Jescheck/Weigend 438 FN 24; vgl. ferner Jähnke aaO: „formaler Ordnungsbegriff"). Auch in diesem engeren Sinn bedeutet das Adjektiv „krankhaft" jedoch nicht nur „auf Krankheit im medizinischen Sinn beruhend", vielmehr stellt es (bzw. das Substantiv „Krankhaftigkeit") einen Oberbegriff dar, der insofern weiter ist, als er, das Organisch-Somatische in seiner ganzen Breite erfassend, auch Verletzungen, Intoxikationen und Mißbildungen einschließt, die nach dem Sprachgebrauch der Medizin keine „Krankheiten" sind. Der elastischere Begriff „krankhaft" war ferner deshalb gewählt worden, um die Einbeziehung von Störungen, deren organische Grundlagen nur postulierbar sind, auch dann zu ermöglichen, wenn ihr Krankheitscharakter psychiatrisch in Zweifel gezogen werden sollte (vgl. E 62, Begr. 139). Als krankhafte seelische Störungen i. S. des § 20 sind deshalb anzusehen (s. auch Rasch aaO 52 ff.):

11 α) die sog. **exogenen Psychosen**, d. h. solche seelische Abnormitäten, die nachweisbar auf organischen Ursachen beruhen. Dazu zählen insbes. die traumatischen Psychosen (Hirnverletzungen), die Infektionspsychosen (zB progressive Paralyse), die hirnorganischen Krampfleiden (genuine Epilepsie; vgl. BGH StV **92**, 503, Köln VRS **68** 350 mwN, ferner Koufen MSchrKrim. 84, 389, aber auch 39 vor § 13) sowie der hirnorganisch begründete Persönlichkeitsabbau i. S. der Demenz, vor allem bei krankheitsbedingtem – nicht angeborenem – Schwachsinn, Hirnarteriosklerose und Hirnatrophie (zur Altersarteriosklerose vgl. RG **73** 121, BGH NJW **64**, 2213, zum Altersabbau – zum Altersschwachsinn führende Rückbildung von Hirngewebe – zB BGH NStZ **83**, 34, StV **89**, 102 f., **94**, 14, 15, Köln StV **92**, 321, wo die Einordnung jedoch offen gelassen wird). Hierher gehören ferner hirnorganische Schädigungen infolge Drogenkonsums und irreversible Syndrome i. S. des Intelligenz- und Persönlichkeitsabbaus bei chronischen Alkoholikern (vgl. BGH MDR/H **86**, 441, BGHR § 20 Einsichtsfähigkeit 3 [Alkoholhalluzinose], Hamm MDR **59**, 143, Karlsruhe VRS **85** 348, Köln VRS **68** 352; krit. hier zur Aussagekraft körperlicher Befunde Stephan NZV 93, 129). Auch der Dauerrausch, bei dem der Täter tagelang unter Alkoholeinfluß steht, kann nach BGH NJW **69**, 563 eine krankhafte Störung sein, selbst wenn in den entscheidenden Augenblicken das Bewußtsein nicht gestört war. Ob auch der „normale" Rausch – medizinisch an sich ebenfalls eine Intoxikationspsychose (zum Mechanismus der Alkoholwirkung vgl. Böhm/Stumpf aaO 1992, 87) – eine krankhafte Störung i. S. des § 20 ist, ist umstritten (u. 13), i. E. aber ohne Bedeutung, weil hier jedenfalls die 2. Alt. in Betracht kommt (u. 16). Entsprechendes gilt für drogenbedingte Ausfallserscheinungen (u. 13, 17); zur Drogensucht als solcher u. 21. Näher zu den körperlich-begründbaren Psychosen und Persönlichkeitsveränderungen und ihrer forensischen Beurteilung vgl. Kröber in: Göppinger 224 ff., Rasch aaO 203 ff., Venzlaff aaO 1990, 16, Witter in: Göppinger/Witter 485 ff., 977 ff.; zu den bei Schizophrenen notwendigen Differenzierungen vgl. Huber aaO 472 ff.

11 a β) die sog. **endogenen Psychosen**, d. h. seelische Störungen, deren körperliche Begründbarkeit nach wie vor in der Psychiatrie wohl immer noch h. M. nur angenommen („postuliert"), aber nicht nachgewiesen werden kann. Hierher gehören die Geisteskrankheiten aus den Formenkreis der Schizophrenie (zu paranoischen Wahnvorstellungen vgl. BGH NStZ **91**, 31) sowie der affektiven Störungen (manisch-depressive Erkrankungen; vgl. BGHR § 63 Zustand 11); weitergehend für die Einbeziehung gewisser Extremformen von Psychopathie und Neurose Krümpelmann ZStW 88, 17. Näher zu den endogenen Psychosen und ihrer forensischen Beurteilung Kröber in: Göppinger 227 ff., Rasch aaO 240 ff., Venzlaff aaO 1990, 16, Witter in: Göppinger/Witter 482 ff., 969 ff., ferner Jähnke LK 37 mwN.

12 2. **Tiefgreifende Bewußtseinsstörungen** sind die nicht mehr im Spielraum des Normalen liegenden Beeinträchtigungen der Fähigkeit zur Vergegenwärtigung des intellektuellen und emotionellen Erlebens („Bewußtseinsfähigkeit", vgl. Schwalm JZ 70, 493, ferner Jähnke LK 25, Lenckner aaO 116, Saß aaO 10). Im Unterschied zu § 51 aF, wo zu den „Bewußtseinsstörungen" auch krankhafte Zustände zählten (vgl. hier 17. A. § 51 RN 4), geht § 20 jedoch davon aus, daß das Bewußtsein mit in den Bereich des Seelischen gehört und pathologische Bewußtseinsstörungen deshalb bereits unter die 1. Alt. der „krankhaften seelischen Störungen" fallen. Für die Bewußtseinsstörungen i. S. des § 20 bleiben damit nur die nichtkrankhaften, „normal-psychologischen" Störungen (BGH **34** 24, StV **88**, 58, MDR/H **83**, 447, Glatzel StV 82, 434, 93, 221, Jakobs 529, Lenckner aaO, Roxin I 761, Salger, Tröndle-FS 202, 205, Schreiber aaO 18, Schwalm aaO, v. Winterfeld NJW 75, 2231; and. Blei I 187, M-Zipf I 493, Saß For 4, 16 ff.; gegen die Selbständigkeit der 2. Alt. und für die Erfassung dieser Störungen – je nach Ursache – durch die 1. bzw. durch die als „Persönlichkeitsstörung" konzipierte 4. Alt. Haddenbrock aaO 274). Nicht hierher gehört ferner die völlige Bewußtlosigkeit, bei der es bereits an einer Handlung fehlt (vgl. 39 vor § 13).

a) **Bewußtseinsstörung** ist eine Beeinträchtigung der Bewußtseinsfähigkeit (o. 12), die zu einer **13** Trübung oder partiellen Ausschaltung des Selbst- oder Außenweltbewußtseins und damit zu einer Einschränkung der Selbstbestimmung führt (vgl. BGH MDR/H **83**, 447, M-Zipf I 493, Rudolphi SK 10; zu den Positionen in Psychologie und Psychiatrie vgl. zB Luthe, Psychopathologie 240, Saß aaO 11 ff., ferner Glatzel StV 82, 434, der weitergehend auf die Beeinträchtigung der „Besonnenheit" abstellt). Nach der Einteilung von Schwalm (JZ 70, 493 f.) kann es sich dabei handeln um Störungen des „Wachheitsgrades" (zB infolge Erschöpfung, Schlaftrunkenheit), des „Überlegungsgrades" (zB infolge eines Affekts) oder des „Gefühlsgrades" (zB infolge seelisch aufwühlender Erlebnisse; zum sog. prähomizidalen Syndrom vgl. BGHR § 21 Bewußtseinsstörung 5, Cabanis, Schewe-FS 181). Ohne Bedeutung ist, ob die Bewußtseinsstörung auf einem Mangel an geistiger Orientiertheit oder auf Erschütterungen im emotionalen Bereich beruht (BGH **11** 24) und ob sie, sofern dies möglich ist, rein seelisch oder auch durch einen nichtkrankhaften sog. „konstellativen" Faktor bedingt ist, wie dies zB bei Erschöpfungszuständen (vgl. BGH MDR/H **83**, 447), Übermüdung (vgl. RG HRR 39 Nr. 1063, OHG SJZ **50**, 595), Schlaftrunkenheit (vgl. Lenz MSchrKrim. 75, 269), hypnotischen und posthypnotischen Zuständen, Somnambulismus (zu diesem vgl. Payk MedR 88, 125) usw. der Fall sein kann. Ausgenommen sind nur die auf krankhaften Zuständen beruhenden Bewußtseinsstörungen, da diese bereits von der 1. Alt. erfaßt sind (o. 12). Zweifelhaft geworden ist damit auch, ob der früher überwiegend zu den Bewußtseinsstörungen gerechnete „normale" (nicht pathologische) Alkohol- oder Drogenrausch noch hierher gehört (so Arnold Prot. IV 660, Bresser For 5, 59, Krümpelmann ZStW **88**, 16 FN 44) oder ob er, weil medizinisch eine Intoxikation, schon als „krankhafte" Störung i. S. der 1. Alt. anzusehen ist (so zB Ehrhardt Prot. IV, 654, Jähnke LK 42, Jakobs 525 f., Lackner/Kühl 4, Roxin I 760, Rudolphi SK 7, Streng aaO 250, Tröndle 9). Dasselbe gilt für die Entzugserscheinungen bei Drogenabhängigen (für die 2. Alt. BGH MDR/H **77**, 982, Arbab-Zadeh NJW 78, 2326; für die 1. Alt. Blau JR 87, 207, Täschner NJW 84, 638, BA 93, 313; zur Drogenabhängigkeit als solcher u. 21). Nach dem allgemeinen Sprachgebrauch spricht hier mehr für die Annahme einer (nicht krankhaften) „Bewußtseinsstörung"; praktische Konsequenzen hat die Frage der begrifflichen Einordnung jedoch nicht (offengelassen daher zB von BGH **37** 239, StV **82**, 69). Unbestritten ist dagegen, daß pathologisch bedingte Affektzustände bereits unter die 1. Alt. fallen, weshalb für die 2. Alt. nur die sog. „normal-psychologischen" (nicht somatogenen) Affekte bleiben (vgl. zB von Winterfeld NJW 75, 2229).

b) Mit dem Adjektiv „**tiefgreifend**" werden alle die Bewußtseinsstörungen ausgeschieden, die **14** noch im Spielraum des Normalen liegen (zB Ermüdungs- und Erregungszustände). Im übrigen ist der Begriff jedoch keineswegs eindeutig (vgl. Haddenbrock MSchrKrim. 68, 148, Lenckner aaO 117); gelegentlich wird er überhaupt als überflüssig bezeichnet (vgl. Rasch NJW 93, 758, StV 84, 267 u. 91, 127). Nach der Gesetzesbegründung ist damit gemeint, daß die Bewußtseinsstörung „von einer solchen Intensität sein muß, daß das seelische Gefüge des Betroffenen im Falle des § 21 erschüttert ist" (BT-Drs. V/4095 S. 11; vgl. ferner zB M-Zipf I 530, Schreiber aaO 19, Schwalm JZ 70, 494, Tröndle 10 a, v. Winterfeld NJW 75, 2230). Doch ist dies insofern unergiebig, als damit im Vorgriff auf das Ergebnis der Schuldunfähigkeit (bzw. der verminderten Schuldfähigkeit) letztlich nur diese selbst, nicht aber ihr „biologisches" Ausgangsmerkmal umschrieben wird (vgl. die Kritik v. Jähnke LK 26). Gemeint sein kann mit dem Adjektiv „tiefgreifend" deshalb nur – und dafür spricht eindeutig auch die Entstehungsgeschichte (vgl. Lenckner aaO 111 f., 117) –, daß die Bewußtseinsstörung in ihrer *Wirkung* für die Einsichts- bzw. Steuerungsfähigkeit den krankhaften seelischen Störungen i. S. der 1. Alt. *gleichwertig* sein muß (ebenso BGH NStZ **90**, 231, NStZ/D **91**, 179, MDR/H **83**, 447, Rauch, Leferenz-FS 385, Roxin I 761, Rudolphi SK 10, i. E. auch Saß, Schewe-FS 273; vgl. aber auch Jakobs 530). In der Sache erfüllt damit das Merkmal „tiefgreifend" keine andere Funktion als das gleichfalls einschränkende Adjektiv „schwer" in der 4. Alt. (u. 23). Gefordert ist es um die Vergleichbarkeit mit den Psychosen nicht hinsichtlich der Genese und der Erscheinungsform, sondern allein unter dem Gesichtspunkt des Grades der Störung, wobei dann im Fall des § 21 auch der Vergleich mit schwächeren Formen genügen kann (vgl. BGH **37** 401 m. Anm. Grasnick JR 92, 120 zur 4. Alt.; krit. zum Ganzen und statt dessen für Gewinnung eines Maßstabs durch Weiterentwicklung der Rauschdefinition jedoch Jähnke LK 27 f.). Dies kann auch bei schweren Erschöpfungszuständen (vgl. MDR/H **83**, 447), Dämmerzuständen usw. der Fall sein, dagegen wohl nicht schon, wenn der Täter „in eine konflikthafte Situation gezwungen wird, die zu bewältigen er aufgrund seiner Persönlichkeitsstruktur und Entwicklung nicht über die erforderlichen ... Strategien

§ 20 15   Allg. Teil. Die Tat – Grundlagen der Strafbarkeit

bzw. Handlungsentwürfe verfügt" (so aber Glatzel StV 83, 339; krit. auch Tröndle 10 a). Praktische Bedeutung hat dieses Erfordernis jedoch vor allem bei hochgradigen („normalpsychologischen", o. 13) Affekten (u. 15), bei der Trunkenheit (u. 16) u. a. Rauschzuständen (zur Bedeutung von Psychopharmaka, die alkoholähnliche Rauschzustände hervorrufen können, vgl. Salger DAR 86, 383), ferner bei der Drogensucht (u. 17).

15   c) Bei **Affekten** – „Höchstform der Erregung" (BGH **11** 24), bei der ein besonnenes Abwägen von Gründen und Gegengründen nicht mehr stattfindet (vgl. im übrigen die Definitionen b. Blau, Tröndle-FS 110, Diesinger aaO 4 ff.) – stellt sich die Frage einer „tiefgreifenden Bewußtseinsstörung" vor allem bei sthenischen Affekten (Wut, Haß usw.), u. U. aber auch bei auf Panik, Schrecken usw. beruhenden asthenischen Reaktionen (zB Tat nach § 142 in einem Unfallschock, wobei ein solcher nach BGH VRS **20** 47, VersR **66**, 579, **67**, 1087, Hamm VRS **42** 24, KG VRS **67** 258 aber nur unter außergewöhnlichen äußeren und inneren Bedingungen anzunehmen ist; vgl. dazu auch Jähnke LK 56, Joachim aaO 189, Spiegel DAR 72, 291). Die Beurteilung der Schuldfähigkeit (zur Handlungsqualität [37 ff. vor § 13] vgl. Schewe, Reflexbewegung usw., 27 f., 147, Stratenwerth, Welzel-FS 300 f., zum Vorsatz § 15 RN 61) stößt hier naturgemäß auf besondere Schwierigkeiten (vgl. dazu Endres aaO 674 ff., Foerster StraFo 97, 165, Greuel aaO 110 ff., Huber in: Göppinger/Witter 681, Salger, Tröndle-FS 203 ff., Theune NStZ 99, 274 ff.). Auch in den Psychowissenschaften, wo die Akzente zT mehr bei der Symptomatik der „Entladung" selbst, zT mehr bei der – allerdings nicht immer vorkommenden – „Anlaufzeit" gesetzt werden, wird die Frage nach den Möglichkeiten und Kriterien der Abgrenzung zu den noch im Spielraum des Normalen liegenden Primitiv- und Explosivreaktionen (zB § 213) nicht einheitlich beurteilt (vgl. zB Bresser, Leferenz-FS 435, NJW 78, 1190, Endres aaO 677 ff., Foerster aaO 166 ff., Glatzel, Forens. Psychiatrie [1985] 41, StV 82, 434 u. 93, 222, Luthe, Psychopathologie 159, Mende, Bockelmann-FS 314, Nedopil aaO 163 ff., Rasch, aaO 251 ff., NJW 80, 1309 u. 93, 758, Saß, Nervenarzt 54, 557 u. die Beiträge in Saß aaO, Undeutsch in: Handwörterb. d. Rechtsmedizin II [1974] 91, Venzlaff ZStW 88, 62, Blau-FS 391, Witter in: Göppinger/Witter 1023 und zum Ganzen auch Bernsmann NStZ 89, 161 f., Krümpelmann aaO u. ZStW **99**, 204 ff., Ziegert, Recht u. Psychiatrie 98, 91 ff.). Als charakteristische Merkmale einer auf einer Bewußtseinsstörung beruhenden Affekttat, die sich auch gegen ein „Ersatzopfer" richten kann (vgl. BGH NStZ **88**, 268), werden dort etwa genannt: 1. kurze Dauer mit plötzlichem Beginn und Ende; 2. Einengung des Bewußtseinsfelds auf den zentralen Inhalt des Affekts, so daß andere Erlebnisreize nicht mehr durchdringen können; 3. Unklarheit bis zur Verwirrtheit reichende Veränderung des Denkens; 4. Zusammenhanglosigkeit des Verhaltens, welches wirklichkeitsfremd wirkt; 5. zeitlich eng begrenzte, totale Erinnerungslücke oder inselhaft erhalten gebliebene Erinnerungsreste (so Mende in: Forster 503; vgl. BGH NStZ **97**, 296, aber auch Foerster aaO 168, Krümpelmann, Hanack-FS 724 ff., Maisch StV 95, 381). Diese Kriterien werden im wesentlichen auch in BGH StV **87**, 434 m. Anm. Schlothauer StV 88, 59, **90**, 493 zugrundegelegt (zur Erinnerungsfähigkeit vgl. aber auch BGH StV **93**, 185, **94**, 13), wo zusätzlich noch weitere Indizien genannt werden, so in BGH StV **87**, 434 das „vom Täter her gesehen sinnlose Vorgehen", in dem sich die Affektentladung manifestiert (zu einer Vielzahl von Stichen vgl. BGH StV **92**, 569), in BGH StV **90**, 493, **93**, 637 die schwere Erschütterung nach der Tat, die Persönlichkeitsfremdheit, der abrupte Tatablauf mit elementarer Wucht, in BGH NStZ **97**, 232 die spontane Tatausführung ohne Sich- und Situationssicherungstendenz u.a. (vgl. auch BGH StV **87**, 503, **88**, 268 m. Anm. Venzlaff, **97**, 232 m. Anm. Sonnen NKrimP 97, 36, StV **87**, 92, **91**, 18, **92**, 569, **93**, 185, 637, **94**, 13, BGHR § 21 Affekt 4, 5, MDR/H **89**, 681, **90**, 1066, sowie die Zusammenfassung der Rspr. bei Theune NStZ 99, 275 f.; zT krit. dazu – auch zu den Erinnerungslücken – aber Bernsmann aaO 162, Blau, Tröndle-FS 123, Horn aaO 173, 178, Rasch NJW 80, 1312, 93, 760, Rauch aaO 205). Umgekehrt spricht gegen eine tiefgreifende Bewußtseinsstörung zwar noch nicht die Tatbegehung ohne jede Vorbereitung oder ein spontaner Suizidversuch nach der Tat (BGH NStZ/D **93**, 474), wohl aber werden als solche Umstände u. a. aufgeführt die aggressive Vorgestaltung der Tat in der Phantasie, Tatankündigungen, aggressive Handlungen in der Tatanlaufzeit, Herbeiführung oder Mitgestalten der Tatsituation durch den Täter, zielgerichtete Gestaltung des Tatablaufs, lange hingezogenes Tatgeschehen, zielstrebiges und umsichtiges Nachtatverhalten, das Fehlen von vegetativen, psychomotorischen und psychischen Begleiterscheinungen heftiger Affekterregung (vgl. BGH NStZ **90**, 231, StV **90**, 493 [m. Nachw. aus dem psychiatrischen Schrifttum], **93**, 637, **94**, 13, BGHR § 20 Affekt 3, § 21 Affekt 4, ferner Jähnke LK 57 mwN; zu der sehr unterschiedlichen Einschätzung speziell der aggressiven Tatvorgestaltung in der Phantasie vgl. Hoff aaO 95, Janzarik aaO 66, Krümpelmann aaO 34, Streng aaO 265). Die hier aufgestellten Kriteriologien und Beurteilungsschemata mit Merkmalen, die für bzw. gegen eine tiefgreifende Bewußtseinsstörung sprechen (vgl. insbes. Saß, Nervenarzt 54, 562 ff., aaO 215, Salger aaO 208 ff.) können für die Schuldfähigkeitsbeurteilung zwar eine wertvolle Hilfe sein (krit. aber zB Rasch NJW 93, 759; vgl. auch Endres aaO 681, Glatzel StV 93, 221, Greuel aaO 112 ff.); da diese aber von unterschiedlichem Gewicht sind und in der Psychiatrie zT unterschiedlich gewertet werden (vgl. Endres aaO 677 ff., 681, Ziegert aaO 92), ist letztlich entscheidend auch hier eine Gesamtwürdigung (vgl. zB BGHR § 21 Affekt 5, Blau aaO 123, Venzlaff, Blau-FS 397), bei der von den normativen Vorgaben des Gesetzes auszugehen ist (vgl. auch Blau aaO 118 ff., Glatzel StV 93, 222, 82, 437). Daß der Täter im Augenblick der Tat „den Kopf verloren hat", besagt noch nicht, daß ihm damit auch die vom Recht vorausgesetzte Fähigkeit abhanden gekommen ist, diesen „zu behalten". Zwar schließt § 20 die

Annahme von Schuldunfähigkeit bei einem nicht krankhaften Affekt nicht völlig aus, und dies auch dann nicht, wenn er nicht mit sonstigen, auf einem sog. „konstellativen Faktor" beruhenden Ausfallerscheinungen verbunden ist (vgl. zB BGH MDR/H **77**, 458, NStZ **84**, 259, **97**, 232 BGHR § 20 Affekt 1 u. zu § 51 aF BGH **11** 20 sowie die Nachw. hier 23. A., ferner zB Frisch ZStW 101, 547 ff., Jähnke LK 58 ff., Kröber aaO 89, Lackner/Kühl 7, Rudolphi SK 10, Tröndle 10b; and. aber zB Bresser NJW 78, 1190, Rauch, Leferenz-FS 387, aaO 205, 212, Saß, Nervenarzt 54, 569; zum Zusammenwirken mit Alkohol u. 16 d). Entgegen den in der früheren Rspr. gelegentlich zu beobachtenden Tendenzen zu einer großzügigeren Berücksichtigung von Affektstürmen beschränkt § 20 aber – gerade darin liegt u. a. der Sinn des einschränkenden Merkmals „tiefgreifend" – eine Exkulpation auf ganz besondere Ausnahmefälle, in denen wegen eines Zustands höchster Erregung („Affektsturm") die menschlichen Kontroll- u. Steuermechanismen gleichsam überrannt und archaisch-destruktive Handlungsmuster mit elementarer Wucht zum Durchbruch kommen (vgl. auch BGH NStZ **95**, 175, Schild AK 150). Daß es das Opfer war, das den Konflikt verursacht und die Gefahr einer explosiven Entladung zurechenbar heraufbeschworen hat, ist in diesem Zusammenhang dagegen ein sachfremder Gesichtspunkt (and. Jähnke LK 58 mwN; vgl. auch u. 15 a). Im übrigen gilt – ebenso wie bei Trunkenheitsdelikten (u. 16 d) – auch hier, daß bei schweren und schwersten Taten wegen der höheren Hemmschwelle an die Steuerungsfähigkeit entsprechend strengere Anforderungen zu stellen sind (Blau aaO 118 f.). Vgl. im übrigen zum Ganzen auch das vor 1 zum Affekt aufgeführte Schrifttum.

15 a Umstritten ist, ob bei Vorliegen einer affektbedingten Bewußtseinsstörung i. S. des § 20 eine Exkulpation deshalb ausgeschlossen ist, weil der Affekt **verschuldet** ist. Von der wohl h. M. wird dies angenommen, wenn auch in der Rspr. mit zunehmender Zurückhaltung (vgl. Theune NStZ 99, 278) und der Einschränkung, daß die Verschuldensprüfung auf die Genese des Affekts zu begrenzen sei und daß „der Täter unter den konkreten Umständen den Affektaufbau verhindern konnte und die Folgen des Affektdurchbruchs für ihn vorhersehbar waren" (so zu § 21 BGH **35** 143 m. Anm. Blau JR 88, 514 u. Frisch NStZ 89, 263, BGH StV **93**, 354, BGHR § 21 Affekt 3, § 46 Abs. 2 Vorleben 13, NStZ **97**, 232, 334, NStZ/D **91**, 272; noch weitergehend dagegen OGH **3** 19, 82, BGH **3** 195, NJW **59**, 2317, NStZ **84**, 259, 311, VRS **71** 21, MDR/D **53**, 146, MDR/H **77**, 458, **87**, 444, Vorbehalte aber in BGH **7** 327, **8** 125, **11** 26 u. näher zur Entwicklung Frisch ZStW 101, 543 ff., Streng aaO 266, Theune NStZ 99, 276 ff.; aus dem Schrifttum – mit Unterschieden im einzelnen – vgl. zB Geilen aaO 173 ff., Jähnke LK 60, 62, Jakobs 529 ff., Krümpelmann GA 83, 335 f., ZStW 99, 221 ff., Recht u. Psychiatrie 90, 154 [and. noch ZStW 88, 13 f., 27, 36], Neumann aaO 240 ff., 268, Rudolphi SK 12, Henkel-FS 199 ff., Salger, Tröndle-FS 213 [zu § 21 vgl. aber S. 212 f., 216], Stratenwerth, A. Kaufmann-GedS 495 f. [and. noch AT 163], Ziegert, Vorsatz usw., 189 ff., aaO 51, Recht u. Psychiatrie 98, 49 f.; gegen einen Ausschluß der Exkulpation dagegen zB E 62, Begr. 139, BW-Weber 405, Lenckner aaO 117, M-Zipf I 495, Roxin I 763, Schwalm JZ 70, 493, Theune NStZ 99, 279 f.). Den Täter wegen vorsätzlicher Tat zu bestrafen (bzw. ihm im Fall des § 21 die Strafmilderung zu versagen), obwohl er z. Z. ihrer Begehung wegen des Vorliegens einer Bewußtseinsstörung in der von §§ 20, 21 vorausgesetzten Qualität tatsächlich nicht (voll) schuldfähig war – das Verschulden des Affekts ändert an der tiefgreifenden Bewußtseinsstörung und den psychologischen Folgen der §§ 20, 21 nichts –, ist mit dem Tatschuldprinzip jedoch nicht vereinbar, wenn er den Affekt oder auch die Affekttat lediglich vorsehen konnte (vgl. näher Frisch NStZ 89, 264, ZStW 101, 564 ff.). Das gleiche gilt für den Vorschlag, die Anwendung der §§ 20, 21 von der Art, Ausgestaltung und Entwicklung der Täter-Opfer-Beziehung,d.h. i. E. davon abhängig zu machen, ob die Tat vom Opfer (mit)verschuldet war (so jedoch Bernsmann NStZ 89, 160, Jähnke LK 59 mwN; dagegen mit Recht Frisch ZStW 101, 554 FN 68; vgl. auch Kröber aaO 93, Krümpelmann aaO 21, 38, Streng aaO 266 f.). Vielmehr können hier keine anderen Regeln als bei der alkohol- oder drogenbedingten Schuldunfähigkeit gelten, was bedeutet, daß die Nichtanwendung der §§ 20, 21 auf die Affekttat nur unter den Voraussetzungen der *actio libera in causa* – soweit diese anwendbar ist (s. u. 33 ff., § 21 RN 11, 21) – möglich ist (ebenso BW-Weber 405, Behrendt aaO 64 ff. [actio libera in omittendo], Frisch NStZ 89, 264, ZStW 101, 570 f., Frister aaO 185, Jescheck/Weigend 439, M-Zipf I 495, Otto Jura 92, 323, Roxin I 764 u. wohl auch Blau JR 88, 516; krit. dazu aber zB Neumann aaO 246 f., Rudolphi SK 12, Ziegert, Vorsatz usw., 183 ff., aaO 52). Um die (bei § 21 nicht gemilderte) Vorsatzstrafe verhängen zu können, müßte der Täter danach – ein Fall von eher theoretischer Bedeutung (vgl. Theune NStZ 99, 280) – den Affektdurchbruch und seine Folgen mit wenigstens bedingtem Vorsatz tatsächlich vorausgesehen und dieser Entwicklung bewußt nicht entgegengesteuert haben (u. 36, ferner Frisch ZStW 101, 571 ff.). Daß er die Tatbegehung in einem schuldausschließenden oder -vermindernden Affekt lediglich voraussehen konnte, ist dafür – entgegen BGH **35** 143 – nicht ausreichend. Auf die Behandlung des „vermeidbar-unvermeidbaren" Verbotsirrtums in § 17 kann in diesem Zusammenhang nicht verwiesen werden (so aber jedenfalls i. E. zB Krümpelmann, Recht u. Psychiatrie 90, 154, aaO 36, Rudolphi aaO, Stratenwerth aaO, Ziegert, Vorsatz usw., 189 ff., aaO 53): Eine Parallele zu diesem besteht schon deshalb nicht, weil es beim Affekt i. d. R. nicht um die Einsichts-, sondern um die Steuerungsfähigkeit geht; vor allem aber ist es dort die zum Tatvorsatz hinzukommende „Rechtsfahrlässigkeit", die eine strengere Behandlung des Täters rechtfertigt, während das fahrlässige Vorverschulden eines Affekttäters – ebenso wie bei den entsprechenden Trunkenheitsfällen – in den Bereich der Tatfahrlässigkeit gehört (u. 34, 36; gegen eine Lösung über § 17 auch Behrendt aaO 59 ff., Frisch ZStW 101, 561 ff., Neumann aaO 242 ff., Otto aaO, Roxin I 763 f.,

Streng aaO 266). Dabei genügt dann freilich auch für eine fahrlässige a. l. i. c. nicht schon die bloße Voraussehbarkeit des späteren Geschehens im Affekt, wenn dem Täter nicht zugleich gesagt werden kann, was er hätte tun können und müssen, um diesem rechtzeitig entgegenzuwirken. Dazu kann zB das Lösen einer Beziehung, das Verlassen des Tatorts, das Ablegen der späteren Tatwaffe (vgl. BGH MDR/H 87, 444, BGHR § 21 Affekt 3) gehören, die „Pflicht zur Selbstzügelung" dagegen nur, wenn deren Verletzung nicht i. S. einer allgemeinen Lebensführungsschuld verstanden wird (vgl. auch BGH 35 145: „unter den konkreten Umständen vorwerfbar"; näher zu den hier maßgeblichen Verhaltensanforderungen Frisch NStZ 89, 264, ZStW 101, 575 ff., Krümpelmann, Affekt usw., 239 f., 241 ff., aaO 38, Ziegert aaO 53). Daß der Täter hier im Fall des § 20 – anders als bei alkoholbedingter Schuldfähigkeit, wo auf § 323 a zurückgegriffen werden kann – straflos bleibt, wenn ein derartiges Vorverschulden nicht feststellbar ist, muß hingenommen werden.

16   d) Von besonderer praktischer Bedeutung ist die **Trunkenheit** (zu ihrer Einordnung o. 13, zur Alkoholabhängigkeit u. 21). Dabei geht es vor allem um die Steuerungsfähigkeit, da gerade bei Rauschzuständen die Einsichtsfähigkeit noch intakt, das Hemmungsvermögen aber bereits ausgeschlossen sein kann (zB BGH **1** 385, NStZ **83**, 19, **84**, 409). Nicht nur bei schweren und schwersten Delikten, sondern allgemein gilt, daß der Zustand der Schuldunfähigkeit nicht erst bei sinnloser Trunkenheit vorliegt – hier kann bereits die Handlungsfähigkeit fehlen (vgl. 39 vor § 13) –, sondern schon in einem früheren Stadium erreicht ist (BGH **1** 386, NJW **52**, 353, Bay NJW **53**, 1523, Schleswig DAR **73**, 20). Wann dies der Fall ist, kann letztlich nur durch eine Gesamtbeurteilung aller einen Rückschluß auf den Grad der Beeinträchtigung zulassenden Umstände entschieden werden, was „die Prüfung aller äußeren und inneren Kennzeichen des Tatgeschehens und der Persönlichkeitsverfassung des Täters voraussetzt, in die auch der Blutalkoholwert einzubeziehen ist" (BGH **36** 288; aus der neueren Rspr. ferner zB BGH **35** 315 f. m. Anm. Blau BA 89, 1, NJW **84**, 1631, NStZ **87**, 321, **91**, 126, JR **88**, 209 m. Anm. Blau, StV **82**, 69, **86**, 148, **87**, 385; **89**, 387, **93**, 186, VRS **71** 25, EzSt Nr. **5**, NStE Nr. **12**, 13, Bay VRS **82** 182, Düsseldorf NJW **89**, 1557, Koblenz VRS **74** 31, 274, **75** 41; vgl. im übrigen die Nachw. hier 23. A. RN 17, ferner zB Jähnke LK 43, Lackner/Kühl 18, Rudolphi SK 7, Tröndle 9).

16 a   a) Nicht einheitlich beurteilt wird jedoch – insbesondere für den Bereich des § 21 –, welcher Stellenwert in diesem Rahmen der **Blutalkoholkonzentration** (BAK) und damit der „Promillediagnostik" gegenüber der „Psychodiagnostik" zukommt. Vor allem im medizinischen Schrifttum wird dazu die Auffassung vertreten, daß der BAK-Wert bei der Schuldfähigkeitsbeurteilung lediglich eine „grobe Orientierungshilfe" (Langelüddeke/Bresser, Gerichtl. Psychiatrie, 4. A., 291) bzw. nur von „sehr eingeschränkter Bedeutung" sei (Witter in: Göppinger/Witter II 1030; aus dem einschlägigen Fachschrifttum vgl. ferner zB die im einzelnen allerdings unterschiedlich weit reichenden Aussagen b. Forster/Joachim aaO 493 f., Alkohol 55 ff., Konrad/Rasch aaO 1992, 169, Kröber NStZ 96, 569, Luthe/Rösler ZStW 98, 314, Rasch aaO 215 ff., Rengier/Forster BA 87, 163, Schewe ZStW 98, 314, Beih. zu ZStW 93, 39 ff., aaO 1992, 151, Venzlaff aaO 1990,18; zu weit. Nachw. – zT speziell zu § 21 – vgl. BGH 37 231, StV **96** 595, Jähnke LK 45 FN 78). In der Rechtsprechung hatte sich demgegenüber mit BGH **37** 233 zwischenzeitlich die Auffassung durchgesetzt, daß der BAK eine maßgebliche Bedeutung zukomme: Zwischen ihr und der Beeinträchtigung der Schuldfähigkeit gebe es „zwar keine gesetzmäßige lineare Beziehung, jedoch statistisch belegbare, mehr oder weniger ausgeprägte Regelmäßigkeiten . . . , die Wahrscheinlichkeitsaussagen jedenfalls über die Verminderung oder den Wegfall der Steuerungsfähigkeit zulassen"; auf der anderen Seite seien, abgesehen von Ausnahmefällen, „keine Beurteilungskriterien zur Rekonstruktion der psychischen Befindlichkeit des Täters zur Tatzeit von solcher Überzeugungskraft ersichtlich, die geeignet wären, den aufgezeigten Erfahrungssatz . . . [hinsichtlich der Bedeutung der BAK] . . . zu entkräften" (BGH **37** 233, 241; vgl. auch z.B. BGH NStZ-RR **97**, 65, StV **95**, 406, **96**, 478, 535, NStZ/D **96**, 425 FN 24, Salger, Pfeiffer-FS 382 f., sowie die Zusammenfassung in BGH StV **96** 594 mwN). Danach soll für die gewöhnliche Trunkenheit im Normalfall bei § 21 eine BAK von 2‰ als „Schwellenwert" gelten (Jähnke LK 44), bei § 20 eine solche von 3‰ (u. 16 b; zu den erhöhten Untergrenzen insbes. bei Tötungsdelikten u. 16 d). Von dieser einseitigen Betonung der BAK sind auf Betreiben des 1. Senats inzwischen jedoch sämtliche Strafsenate des BGH mehr oder weniger deutlich wieder abgerückt (vgl. BGH **43** 66 m. Anm. Loos JR 97, 514 u. Bspr. Rönnau JR 97, 920 sowie vorausgehend BGH StV **96**, 593, NStZ-RR **97**, 162, 163; vgl. auch Detter, BA 99, 8 ff., Foth, Salger-FS 33 ff., Lackner/Kühl § 21 RN 3, Maatz StV 98, 281 ff., Tröndle 9i f.): Ein medizinisch-statistischer Erfahrungssatz, daß ab einer bestimmten BAK von dem Ausschluß oder der erheblichen Verminderung der Schuldfähigkeit ausgegangen werden könne, existiere nicht (vgl. BGH **43** 66, NJW **98**, 3427, NStZ **97** 591, **00**, 193). Die Probleme sind bei § 20 und bei § 21 im wesentlichen dieselben (vgl. auch BGH StV **96**, 601 ff., Loos JR 97, 515 f.): Die Beweiswürdigung kann vielfach nur auf unsichere Indizien gestützt werden (Berechnung der BAK aus Trinkmengenangaben, Rekonstruktion der konkreten Tatumstände und Täterbefindlichkeit anhand der Aussagen zur Tatzeit ebenfalls betrunkener Zeugen etc.), und die eigentliche Sachfrage der Schuldfähigkeitsbeurteilung wird nicht selten von Fragen des Verfahrens (Notwendigkeit der Hinzuziehung eines Sachverständigen, revisionsgerichtliche Überprüfbarkeit der tatrichterlichen Beweiswürdigung) oder – bei § 21 – Strafzumessung (Verzicht auf die Strafmilderung bei verschuldeter Herbeiführung des Ausnahmezustands [dazu § 21 RN 20]) überlagert. Eine klare und einheitliche Linie ist in der Rechtsprechung daher noch nicht erkennbar. Festzuhalten ist jedenfalls, daß auch im Rahmen einer Gesamtwürdigung die Annahme einer erhalten gebliebenen (vollen) Schuldfähigkeit nur auf solche Umstände gestützt werden darf, deren Aussagekraft als wissenschaftlich einigermaßen gesichert gelten kann (BGH 43 75). Hierfür wird ein Gericht in aller Regel die Hilfe eines Sachverständigen benötigen, muß aber andererseits auch darauf achten, daß dem Zweifelssatz hinreichend Rechnung getragen wird. Ist danach die Basis für eine psychodiagnostische Beurteilung zu gering, so bleibt als alleinige Beurteilungsgrundlage der BAK-Wert, der ab 2‰ für eine verminderte Schuldfähigkeit und ab 3‰ für die Schuldunfähigkeit spricht (vgl. BGH NStZ-RR 97 162 f., 164 f.).

Im wesentlichen ist der **gegenwärtige Stand der Rspr.** folgender: Ab einer BAK von 3‰ – bei alkoholungewohnten Heranwachsenden und Jugendlichen auch darunter – liegt die **Schuldunfähigkeit** so nahe, daß sie der Tatrichter eingehend und in aller Regel mit Hilfe eines Sachverständigen zu prüfen hat (vgl. BGH NStZ/D 98, 183 FN 22, Düsseldorf NStZ-RR 98 86, VRS 96 100). Im Gegensatz zu früheren Entscheidungen (vgl. dazu die 25. A.) wird aber auch bei deutlich höherer BAK vermehrt darauf hingewiesen, daß bei alkoholgewöhnten Tätern das indizielle Gewicht der BAK wesentlich geringer sei als bei Gelegenheitskonsumenten und die Schuldunfähigkeit daher nur aufgrund einer umfassenden Würdigung sämtlicher Umstände angenommen werden könne (BGH NStZ 97 591, NStZ-RR 99, 359, Düsseldorf NVZ 98 418, VRS 95 246, 96 100; vgl. andererseits aber auch BGH NStZ/D 99, 496 FN 25, NStZ-RR 98 161, NStZ 96 227). Kein einheitliches Bild bietet die Rspr. hingegen bei BAK-Werten im Bereich zwischen 2‰ und 3‰, was praktisch vor allem die **verminderte Schuldfähigkeit** betrifft: 1. Unterschiedliche Akzentsetzungen finden sich hier zunächst bei der *Bestimmung des Gewichts der BAK.* Noch verhältnismäßig unverbindlich hatte es dazu früher meist geheißen, daß § 21 ab 2‰ „in Betracht" komme (zT mit dem Zusatz „in der Regel") oder „möglich" sei (zB BGH 35 312 mwN, NStZ/D 92, 478 [FN 23], ferner Köln VRS 62 438, Schleswig VRS 59 113, ähnl. Stuttgart VRS 65 354; zur älteren Rspr. vgl. die Nachw. in der 21. A.). Im weiteren Verlauf (o. 16a) wurde das Vorliegen verminderter Schuldfähigkeit dann aber ab 2‰ zumeist als „naheliegend" bzw. „zumindest naheliegend" angesehen (zB BGH 37 235, NJW 89, 1043, NStZ 88, 450, StV 87, 385, NStE § 21 **Nr. 10, 11, 13, 31, 43**, Düsseldorf VRS 77 120, Köln VRS 74 24; vgl. auch die Nachw. in der 25. A.). Ihren Abschluß fand diese Entwicklung in der Formulierung, daß ab 2‰ „in der Regel von einer erheblichen Verminderung der Steuerungsfähigkeit auszugehen" sei (BGH StV 89, 14 [4 StR 384/88], NStZ/D 92, 170 [5 StR 439/91]). Im praktischen Ergebnis bedeutete dies bei § 21 den eindeutigen Primat einer generalisierenden „Promillediagnostik" (so zB auch BGHR § 20 Ursachen, mehrere 2, Haddenbrock MSchrKrim. 88, 402, 418, Jähnke LK 45, Salger, Pfeiffer-FS 381 ff., 391 ff.; and. bzw. krit. dazu aber zB Blau AP, 210 ff., Foth NJ 91, ders., Salger-FS 34, 38, Lackner/Kühl § 21 RN 3, Lange JZ 91, 1071, Maatz BA 96, 236 ff., Schild AK 156 u. aus dem rechtsmedizinischen Schrifttum zB Glatzel StV 90, 134, Schewe BA 91, 264, aaO 1992, 151 ff., Witter MSchrKrim. 88, 410 u. die Nachw. in BGH 37 240). Dennoch war diese Haltung nicht unumstritten (zB BGH 36 286; vgl. auch Frankfurt NJW 96 1358, 1360), und nach dem vom 1. Senat veranlaßten Umfrageverfahren (BGH 43 66, vgl. o. 16a) wird die Bedeutung der BAK inzwischen von allen Strafsenaten des BGH wieder stärker relativiert (s. auch Lackner/Kühl § 21 RN 3, Tröndle 9 i f.). So muß das Tatgericht zwar ab 2‰ die Anwendung des § 21 prüfen und im Urteil erörtern (BGH 43 69; s. auch Karlsruhe NZV 99, 301), aber es handelt sich nur um eine „widerlegbare Vermutung" (BGH NStZ-RR 97 162; vgl. auch Maatz StV 98, 281). Dabei werden freilich die Anforderungen an die Gegenindizien, aufgrund derer eine erhalten gebliebene Schuldfähigkeit angenommen werden darf, unterschiedlich bestimmt: Während BGH NStZ 98 457 (3. Senat), 458 (1. Senat) bei 2,8‰ jeweils die Verneinung des § 21 wegen der Alkoholgewöhnung des Täters und der planmäßigen und motorisch genau kontrollierten Tatausführung unbeanstandet ließen (vgl. auch BGH NStZ-RR 97, 165 [5. Senat]), weisen BGH NStZ 98 295, StV 98 256, BGHR § 21 BAK 35 (2. Senat) darauf hin, daß Alkoholgewöhnung und Erinnerungsvermögen, ein unauffälliges Leistungsverhalten sowie die – durch eine mögliche Ernüchterung mit beeinflußte – Nachtatverhalten keine geeigneten Kriterien seien, die von der BAK ausgehende Beweiswirkung zu entkräften (vgl. auch BGH NStZ 97 383, 00, 136 [4. Senat], NStZ/D 99, 121 FN 18 [5. Senat], 496 FN 27 [2. Senat]; s. auch BGH NStZ/D 99, 496 FN 28 [5. Senat]: Bei 3,48‰ kann § 21 kaum noch verneint werden). – 2. Noch deutlicher sind die Diskrepanzen, wenn die Tatzeit-BAK unter Berücksichtigung des Zweifelsgrundsatzes nur im Wege der *Rückrechnung* aus einer längere Zeit nach der Tat entnommenen Blutprobe ermittelt oder aus *Trinkmengenangaben* berechnet wird (vgl. dazu auch Goydke DAR 90, 243; gegen solche Divergenzen v. Gerlach BA 90, 310, Heifer/Pluisch BA 90, 436). Nach BGH 37 231 m. Anm. Mayer NStZ 91, 526, NJW 89, 1044, 91, 2356 (4. Senat), NStZ-RR 97 165, NStE § 21 **Nr. 68** (5. Senat), Bay VRS 82 182 darf auch hier – bei Rückrechnungen jedenfalls bei Zeiträumen bis zu 10 Stunden (BGH 37 236, Bay aaO) – der so ermittelte BAK-Wert nicht relativiert werden (ebenso Jähnke LK 49). Demgegenüber wird in BGH 35 308, 36 286 m. Anm. Blau BA 89, 1 bzw. JR 90, 294, NStZ 93, 278, 95, 226 (1. Senat), NJW 98, 3427, NStZ/D 96, 183 FN 19 (3. Senat) unter dem Eindruck der im medizinischen Schrifttum geäußerten Kritik angenommen, daß ein nur errechneter (Maximal-)Wert wegen der hier nach dem Zweifelssatz bei der Berechnung zugunsten des Täters zugrundezulegenden Extremwerte (u. 16 f.) u. wegen der damit verbundenen hohen Fehlerquote mit fortschreitender Rückrechnung an indizieller Bedeutung verliere (vgl. auch schon BGH NStE **Nr. 12** u. jetzt NStZ 00, 24, 136 [4. Senat]), womit zugleich die anderweitigen Indizien zunehmend an Gewicht gewönnen (ebenso Maatz StV 98, 281 f.; s. auch Kröber NStZ

96, 574). Mit dem Grundsatz „in dubio pro reo" dürfte dies aber kaum zu vereinbaren sein, auch wenn dieser nicht den Beweiswert einzelner Indizien betrifft, sondern erst nach Feststellung des Gesamtergebnisses der Beweiswürdigung zur Anwendung gelangt (vgl. Krümpelmann, Hanack-FS 732): Ist der BAK-Wert umso aussagekräftiger, je höher er über 2‰ liegt (BGH NStZ **00**, 136) so kann ohne Verletzung des Zweifelsatzes nichts anderes gelten, wenn nach diesem zugunsten des Täters bei der Rückrechnung usw. Maximalwerte zugrunde gelegt werden müssen; umgekehrt gewinnen andere Umstände, die gegenüber einer feststehenden BAK nur von geringer indizieller Bedeutung sind, nicht deshalb wesentlich an Beweiskraft, weil der Täter den errechneten BAK-Wert nur möglicherweise gehabt hat (vgl. BGH **37** 231, NJW **89**, 1043, Jähnke LK 49, aber auch Foth NJ 91, 387 f., v. Gerlach aaO 185, BA **90**, 311, Mayer NStZ 91, 526).

16 c b) Neben der BAK (o. 16 a, b) sind, soweit vorhanden, alle **weiteren Umstände** zu berücksichtigen – bei fehlender Blutprobe und Nichtfeststellbarkeit der genossenen Alkoholmenge sind sie sogar die einzige Beurteilungsgrundlage (vgl. BGH **35** 316, NStZ-RR **97**, 226, **99**, 297, MDR/H **78**, 458; u. 45) –, aus denen Schlüsse auf die für die Schuldfähigkeitsprüfung relevante psychophysische Verfassung des Täters z. Z. der Tat gezogen werden können. Schuldunfähigkeit kann daher auch bei einer BAK unter 3‰ anzunehmen sein (zB BGH VRS **23** 210 [2,4‰], **50** 360 [2,5‰], StV **90**, 259 [2,6‰], ferner Bay NJW **74**, 1433, Düsseldorf NJW **92**, 993, NStZ-RR **98**, 86, VRS **87** 330, JMBlNW **94**, 129, Karlsruhe VRS **80** 441, Koblenz VRS **75** 41, Köln VRS **65** 22), in Ausnahmefällen sogar bei 2‰ (BGH MDR/D **74**, 544). Ebenso kann verminderte Schuldfähigkeit schon bei Werten unter 2‰ zu bejahen oder jedenfalls zu prüfen sein, so zB bei alkoholbedingten Ausfallerscheinungen (BGH MDR/H **90**, 678) oder jugendlichem Alter (BGH NStZ **84**, 75, **97**, 383, NStZ/D **95**, 487 FN 24, StV **92**, 432; vgl. ferner zB BGH NStZ/D **91**, 476 [1,93‰ iVm gruppendynamischem Prozeß], VRS **24** 191, **30** 277 [1,7‰ iVm einem Unfallschock bzw. einer Magenerkrankung und bisheriger Abstinenz], BGHR § 46 Abs. 1, Spezialprävention 2 [1,6‰ iVm aus dem schwierigen Werdegang resultierenden seelisch-charakterlichen Besonderheiten], aber auch BGHR § 21 BAK 27 [verneint bei 1,96‰ iVm einer „asozialen" bzw. „antisozialen" Persönlichkeitsstörung]). Umgekehrt braucht aber auch bei Werten über 3‰ die Schuldfähigkeit nicht zwangsläufig ausgeschlossen zu sein (zB BGH StV **89**, 104 [3,1 bzw. 3,2‰], GA **74**, 344 [3,96‰], MDR/H **77**, 105 [4,09‰], Düsseldorf NZV **98**, 418 [4,11‰]; vgl. auch BGH NStZ **82**, 376).

16 d aa) Von Bedeutung sind bei dieser Gesamtwürdigung zunächst die **Tat selbst** und die **Umstände ihrer Begehung.** Dabei kann auch die Art des Delikts eine Rolle spielen (vgl. BGH **14** 116, Forster/Joachim, Alkohol 60; nach BGH StV **95**, 407 wiegt der Alkoholeinfluß bei Unterlassungstaten schwerer), ferner dessen Schwere, weil hier der Grundsatz gilt, daß an eine Beeinträchtigung des Hemmungsvermögens um so strengere Anforderungen zu stellen sind, je schwerer die Tat und je höher damit die natürliche Hemmschwelle ist. Zu beachten ist dies vor allem bei Tötungs- und schweren Gewaltdelikten, für die inzwischen die BAK-Untergrenzen um jeweils 10% auf 2,2 bzw. 3,3‰ heraufgesetzt werden (zB BGH **37** 235 mwN, **43** 69, NJW **94**, 2630, NStE § 21 **Nr. 68**, NStZ **91**, 127, BGHR § 20 BAK 14, § 21 BAK 35), während man früher häufig davon ausging, daß ein gänzliches Fehlen des Hemmungsvermögens infolge Alkoholmißbrauchs bei Tötungsverbrechen nur „in seltenen Fällen" anzunehmen sei (BGH NStZ **82**, 376, 87, 453) bzw. daß „auch erhebliche Alkoholmengen gewöhnlich nicht die Hemmungen erheblich zu lösen" vermögen, die normale Menschen „davon abhalten, schwerste Angriffe gegen Leib und Leben zu begehen" (BGH NStZ **81**, 299, StV **89**, 382; vgl. im übrigen zB auch BGH **35** 317, NStZ **92**, 278, NStZ-RR **99**, 295 [5 StR 315/98], StV **94**, 18, NStE **Nr. 9**, ferner Jähnke LK 44, Lackner/Kühl 18, Maatz BA **96**, 238 f., Salger, Pfeiffer-FS, 389, Tröndle 3, 9). Im übrigen wird, was die Umstände der Tatbegehung betrifft, die Beurteilung dadurch erschwert, daß es zwar eine Reihe von mehr oder weniger gewichtigen Indizien für einen Ausschluß bzw. eine erhebliche Verminderung der Steuerungsfähigkeit gibt, daß aber, wenn sie fehlen, ohne weiteres der umgekehrte Schluß zulässig ist (vgl. BGH NStZ **97**, 383, NStZ-RR **97**, 162 f., 165, **98**, 107, BGHR § 21 BAK 35, Maatz StV **98**, 282). Nur von geringer Aussagekraft sind hier allerdings die „Persönlichkeitsfremdheit" der Tat (vgl. Jähnke LK 46 mwN, aber auch BGH NStZ **81**, 298, **00**, 193 u. zur sog. „Primärpersönlichkeit" Forster/Joachim aaO 475, Alkohol 63 ff.) sowie die Erinnerungslosigkeit (vgl. BGH **43** 71, NStZ **98**, 295, Forster/Joachim, Alkohol 80, Kröber NStZ 96, 572, Krümpelmann, Hanack-FS 730, 732; zu gegenteiligen älteren Auffassungen vgl. die 25. A.). Dagegen können äußerlich erkennbare Ausfallerscheinungen ein gewichtiges Indiz für die Reduzierung der Steuerungsfähigkeit sein (vgl. zB BGH NStZ-RR **97**, 161, NStZ/D **95**, 487 FN 18, StV **88**, 12 m. Anm. Weider, MDR/H **90**, 678, Düsseldorf VRS **77** 121, sowie eingehend Kröber NStZ 96, 571, 574 f.). Ob bei alkoholgewohnten Tätern aus dem unbeeinträchtigten Erinnerungsvermögen sowie dem motorisch kontrollierten, äußerlich geordneten und situationsgerechten Verhalten während und nach der Tat hinreichend zuverlässige Rückschlüsse auf eine voll erhaltene Steuerungsfähigkeit zu ziehen sind, ist umstritten (vgl. zB BGH **35** 317, **36** 293 m. Anm. Blau BA 89, 1 bzw. JR **90**, 294, **43** 70 f., NJW **98**, 3427, NStZ **98**, 458, NStZ-RR **97**, 162 f., 165, **99**, 297, BA **99**, 179 einerseits [bejahend] und BGH **37** 241 ff., NJW **88**, 779 m. Anm. Blau JR **88**, 210, **89**, 1044, NStZ **83**, 243, **84**, 408, 506, **92**, 32, 78, **94**, 481, **97**, 383, **98**, 295, **00**, 136, StV **87**, 386, **89**, 12, 14 [2 StR 376/88], **91**, 156, NStE § 21 **Nr. 6**, **28**, **31**, **43**, 68, BGHR § 20 BAK 3, § 21 BAK 30, 35, VRS **71** 26 andererseits [tendenziell ablehnend], ferner Foth NJ 91, 388, Goydke DAR **90**, 245, Jähnke LK 46, Maatz StV **98**, 282 f., Salger aaO 387 f. sowie aus medizinischer Sicht

Forster/Joachim, Alkohol 84 f., Kröber NStZ 96, 575); jedenfalls spricht ein schnelles Erkennen der Situation und angepaßtes Reagieren auf unvorhergesehene Veränderungen gegen eine erhebliche Beeinträchtigung des Steuerungsvermögens (vgl. BGH NStZ **98**, 295, NStZ-RR **97**, 162). Was § 20 betrifft, so steht zwar auch dort planmäßiges usw. Handeln der völligen Aufhebung des Steuerungsvermögens nicht ohne weiteres entgegen (zB BGH **1** 384, NStZ **82**, 243, **87**, 453, StV **91**, 17, 297, **92**, 317, Karlsruhe VRS **85** 349, Koblenz VRS **79** 15), i. U. zum Grenzbereich des § 21 hat in dem des Vollrausches ein intaktes Leistungsverhalten im Hinblick auf eine Verneinung des § 20 aber mehr Aussagekraft (vgl. BGH NJW **94**, 395, NStE § 20 **Nr. 29**, NStZ/D **94**, 474); daß von der Rspr. motorische Ausfälle für die Annahme von Schuldunfähigkeit „verlangt" würden (so BGH StV **90**, 545), trifft jedoch nicht zu. Soweit es sich um das Verhalten nach der Tat handelt, ist im übrigen zu beachten, daß der Täter durch deren Folgen, die Gefahr einer Entdeckung usw. wieder ernüchtert worden sein kann (zB BGH **37** 245, NStZ **83**, 19, **87**, 277, **98**, 295, **99** 508, NStZ-RR **97**, 161, BGHR § 21 BAK 35, Karlsruhe VRS **85** 349, Zweibrücken VRS **81** 18; vgl. aber auch BGH NStE **Nr. 5**, wo gerade das Verhalten nach der Tat Auffälligkeiten zeigte).

bb) Neben der BAK kann für die Schuldfähigkeitsbeurteilung ferner die **physische und psychische Befindlichkeit** des Täters zur Tatzeit von Bedeutung sein. Daß im Rahmen einer Gesamtbeurteilung zB auch die Alkoholgewöhnung und -verträglichkeit, die Trinkgeschwindigkeit, Zeit, Art und Menge einer vorausgegangenen Nahrungsaufnahme, die allgemeine körperliche und seelische Verfassung zur Tatzeit, eine etwaige seelische Erregung usw. eine wichtige Rolle spielen können, wurde von der Rspr. immer wieder betont (zB BGH NJW **69**, 1581 mwN, **84**, 1631, MDR/H **72**, 570, **76**, 633, Düsseldorf VRS **63** 246, Karlsruhe VRS **80** 441, Koblenz VRS **74** 31, 274, **75** 47, ferner zB Tröndle 9 c). Als Folge der zwischenzeitlichen einseitigen Hervorhebung der BAK (o. 16a) gerieten freilich auch diese Faktoren stark in den Hintergrund (vgl. zB BGH NStZ **94**, 481, StV **94**, 13 NStE § 21 **Nr. 68**). Nach der vom 1. Senat veranlaßten Wende (BGH **43** 66, o. 16a) wird ihnen jetzt wieder größere Bedeutung beigemessen, doch haben die Strafsenate des BGH auch insoweit noch keine einheitliche Linie gefunden. Dies gilt insbesondere für die *Alkoholgewöhnung und -verträglichkeit:* Während beide von medizinischer Seite als besonders wichtig angesehen werden (vgl. Joachim bei BGH StV **96**, 596, Kröber NStZ **96**, 572 f.; siehe auch Forster/Joachim aaO 473, 474 ff., Alkohol 62 f.) und auch in der neueren Rspr. diese Einschätzung überwiegend geteilt wird (vgl. BGH **43** 69 f. [1. Senat], NStZ **97**, 591, **00**, 136, NStZ-RR **99**, 297, BA **99**, 179 [4. Senat], **98**, 457 [3. Senat], NStZ-RR **97**, 163 [5. Senat], Düsseldorf NZV **98**, 418, VRS **95** 246, **96** 100; siehe auch Maatz StV **98**, 283), hält der 2. Senat sie nach wie vor für „keine wesentlichen Kriterien" (NStZ **98**, 295, BGHR § 21 BAK 35; vgl. auch BGH **43** 73). Kaum ein Beweiswert kommt hingegen *Selbsteinschätzungen* des Täters als „ziemlich nüchtern" zu, zumal wenn gruppendynamische Enthemmungen mitgewirkt haben (BGH StV **92**, 62; vgl. ferner BGH **37** 245, Karlsruhe VRS **85** 349, aber auch BGH **36** 293 f.) oder Einschätzungen durch ebenfalls alkoholisierte Mittäter (BGH NStZ/D **99**, 121 FN 17). Umgekehrt dagegen können – dies trotz der geringeren BAK zB mit der Folge eines „Sprungs" von § 21 zu § 20 – zusätzlich zur BAK zugunsten des Täters zu berücksichtigen sein: ein *„sturztrunkartiger"* Alkoholkonsum (BGH StV **94**, 13), *Übermüdung* (Koblenz DAR **73**, 137; vgl. auch BGH EzSt **Nr. 5**, Forster/Joachim, Alkohol 86 ff.), *Affekte* oder *affektive Erregungen* (zB BGH **35** 317, NStZ **86**, 114, **87**, 321, **88**, 268 m. Anm. Venzlaff, **97**, 232 m. Anm. Sonnen NKrimP **97**, 36, **99** 508, StV **84**, 240, **87**, 341, **89**, 104, **90**, 545, **91**, 511, **92**, 569, **93**, 185, **94**, 13, MDR/H **92**, 631; näher zum Zusammenwirken von Affekt und Alkohol Forster/Joachim, Alkohol 71 f., Joachim aaO 180), ein *Unfallschock* (BGH VRS **24** 189), ferner *Erkrankungen und körperliche Schädigungen*, zB hirnorganische Schädigungen (BGH NStZ **92**, 32, NStZ/D **93**, 474, StV **87**, 246 m. Anm. Neumann, **89**, 15, **93**, 187, BGHR § 20 Sachverständiger 2, § 21 Ursachen, mehrere 2, Düsseldorf BA **98**, 317), eine Beinamputation (BGH VRS **17** 187), Magenkrankheit (BGH VRS **30** 277), Gehirnerschütterung (nach Zweibrücken VRS **81** 17 sogar ein nur zu einer Platzwunde führender Schlag auf den Kopf), Schizophrenie (BGH NStZ **91**, 527) und verminderte Alkoholtoleranz infolge eines Anfallsleidens (BGH StV **91**, 156, Köln VRS **68** 352). Von zusätzlicher Bedeutung kann schließlich zB sein das Vorliegen einer *Oligophrenie* (BGH NStE § 21 **Nr. 18**, Köln VRS **67** 21), eine schwere *Persönlichkeitsstörung* (BGH NStZ **99**, 508, NStZ-RR **97**, 229), eine *schwere neurotische Fehlentwicklung* (BGH NJW **84**, 1631), eine *soziopathische Persönlichkeitsstruktur* (BGH NStE § 21 **Nr. 25**; vgl. auch BGH StV **93**, 185, BGHR § 20 Ursachen, mehrere 2), die *Wesensveränderung durch langjährigen Alkoholmißbrauch* (BGHR § 20 Einsichtsfähigkeit 1), der *Altersabbau* (BGH StV **94**, 14), die zusätzliche *Einnahme von Drogen* (BGH StV **88**, 294 [unter Hinweis auf die zT erheblichen Abbauzeiten], **92**, 569, **96**, 536, Düsseldorf BA **83**, 270) und das *Zusammenwirken mit Medikamenten* (zu den zusätzlicher Medikamenteneinnahme keineswegs immer vorliegenden Medikament-Alkohol-Synergismus vgl. zB BGH MDR/D **72**, 751, Karlsruhe VRS **80** 448, Koblenz VRS **36** 17, Köln VRS **65** 21, **74** 23, Stuttgart VRS **65** 354, Brettel aaO 460 ff., Forster/Joachim, Alkohol 90 ff., u. speziell zum Zusammenwirken mit Psychopharmaka Salger DAR **86**, 389 f.). – Zu den Merkmalen des nur selten vorkommenden, jedoch immer zur Schuldunfähigkeit führenden sog. *pathologischen Rausches*, bei dem – fast immer auf der Grundlage einer Hirnschädigung oder schwerwiegenden körperlichen Erkrankung – schon geringe Alkoholmengen abnorme Reaktionen hervorrufen können, vgl. BGH **40** 198 m. Anm. Blau JR 95, 117, Forster/Joachim, Alkohol 76 f., Jähnke LK 43 jeweils mwN aus dem Fachschrifttum (krit. aber zB Konrad/Rasch aaO 1992, 168 f., Rasch aaO 213 f.), ferner LG Bad Kreuznach NStZ **92**, 338; zum sog.

§ 20 16 f   Allg. Teil. Die Tat – Grundlagen der Strafbarkeit

abnormen oder komplizierten Rausch, bei dem lediglich eine quantitative Steigerung der Alkoholwirkung eintritt, vgl. BGH aaO, Bresser For 5, 53 f., 56 f., Forster/Joachim, Alkohol 75 f.

16 f   g) Bei der **Ermittlung der Tatzeit-BAK** aus einer später entnommenen Blutprobe oder aus Trinkmengenangaben ist davon auszugehen, daß ein individueller Abbauwert nicht feststellbar ist (zB BGH **34** 32, **36** 289, StV **91**, 297, 298 mwN, Salger DRiZ 89, 17; and. zB noch MDR/H **76**, 632), und zwar auch nicht bei zwei mit zeitlichem Abstand entnommenen Blutproben (BGH NJW **91**, 2356 m. Anm. Grüner JR 92, 117). Auch neuere Erkenntnisse, wonach Alkoholiker einen deutlich höheren stündlichen Abbauwert aufweisen als Nichtalkoholiker (vgl. BGH NStZ **97**, 591 mwN, Kröber NStZ 96, 573 f.), haben insoweit noch nicht zu einer Änderung der Rechtsprechung geführt (BGH aaO). Deshalb müssen nach dem Zweifelssatz die für den Täter jeweils günstigsten Abbauwerte zugrunde gelegt werden; der dadurch errechnete Blutalkoholwert darf auch nicht durch Hinweise auf das Erscheinungsbild und Leistungsverhalten des Täters relativiert werden (BGH NStZ **95**, 539 [2 StR 274/95], NStZ-RR **98**, 68, StV **97**, 463). Bei der Rückrechnung aus einer nachträglich entnommenen **Blutprobe** ist dies im Zusammenhang mit den §§ 20, 21 – and. als bei der Beurteilung der Fahruntüchtigkeit – der höchstmögliche Abbauwert, der von der nunmehr gefestigten Rspr. bei 0,2‰ pro Stunde zuzüglich eines (einmaligen) Sicherheitszuschlags von 0,2‰ angesetzt wird (zB BGH **35** 314, **37** 237, NJW **91**, 2356, **93**, 804, NStZ **86**, 114, **95**, 539, StV **87**, 385, MDR **86**, 270, 622, VRS **72** 276, Bay NJW **94**, 1358, KG VRS **80** 450, Karlsruhe VRS **80** 440, Köln NStZ **89**, 24, Zweibrücken VRS **87** 435; vgl. aber zB auch Gerlach aaO 184 f., Haffner u. a. BA 92, 46, offengelassen von BGH NStZ **93**, 278 bei einem Alkoholiker; zur früheren Rspr. [stündlicher Abbauwert von 0,29‰] vgl. hier 23. A. RN 17). Dabei hat sich die Rückrechnung – gleichfalls i. U. zu § 316 – auf den gesamten Zeitraum bis zur Tatzeit zu erstrecken, auch wenn zwischen dieser und dem Trinkende weniger als zwei Stunden liegen, weil hier zugunsten des Täters vom Zusammentreffen von Trinkende und Resorptionsende und damit dem Gipfelpunkt der Blutalkoholkurve auszugehen ist (vgl. Bay NJW **74**, 1432, MDR **89**, 663, Jähnke LK 47, Lackner/Kühl 23a, Salger DRiZ 89, 175, Tröndle 9 f.; dazu, daß beide in Zweifel zusammenfallen, vgl. auch Hamm NJW **75**, 733, Köln NStZ **89**, 24). Diese von maximalen Abbauwerten ausgehende Rückrechnungsmethode schließt einerseits mit hinreichender Sicherheit eine höhere, andererseits aber auch eine zu niedere BAK zur Tatzeit aus; nach dem Zweifelssatz dürfen die so ermittelten Ergebnisse deshalb auch nicht mit der Begründung wieder relativiert oder in Frage gestellt werden, daß der tatsächliche BAK-Wert in vielen Fällen niedriger liege als der errechnete Maximalwert (BGH **37** 237, StV **91**, 17). Ein *Nachtrunk* kann, da er zur Annahme einer geringeren Tatzeit-BAK führt, bei den §§ 20, 21 nur berücksichtigt werden, wenn und soweit er zweifelsfrei feststeht (vgl. zB BGH VRS **71** 361, Köln VRS **65** 426, **68** 351, Jähnke LK 48). In diesem Fall ist aus der festgestellten Nachtrunkmenge dessen BAK-Wert zu errechnen (vgl. u.), der sodann vom Ergebnis der Rückrechnung abzuziehen ist (zur Begleitalkoholanalyse und anderen Beweismitteln bei Nachtrinkeinreden vgl. Iffland aaO 1992, 139 ff.). – Stehen mangels einer Blutprobe nur die in ihrer Richtigkeit festgestellten oder jedenfalls – nach freier Beweiswürdigung (vgl. BGH NStZ-RR **98**, 68, NStZ/D **96**, 183 FN 21, Maatz StV 98, 281, ders. BA 96, 241 f.) – nicht widerlegbaren **Trinkmengenangaben** zur Verfügung, so ist die Tatzeit-BAK auf der Grundlage der sog. Widmark-Formel mit dem für den Täter günstigsten und deshalb nach medizinischen Erkenntnissen jeweils niedrigsten Abbauwert (0,1‰ pro Stunde seit Trinkbeginn), Resorptionsdefizit (10%) und Reduktionsfaktor (idR 0,7) zu berechnen (zB BGH **34** 32, **36** 288, **37** 228, NJW **89**, 1044, NStZ **91**, 127, **92**, 32, NStZ/D **94**, 175, StV **91**, 17, MDR/H **92**, 15 u. näher Salger DRiZ 89, 175 f.; vgl. aber zB auch Schewe JR 87, 182). Geht es allerdings nur um eine Plausibilitätsprüfung der aus der Blutprobe errechneten BAK, so darf auch ein Abbauwert von stündlich 0,15‰ zugrundegelegt werden (BGH NStZ **87**, 453; vgl. auch BGH NStZ **85**, 452: 0,2‰, weil andernfalls die Blutprobe kein negatives Ergebnis hätte haben dürfen). Sind Trinkmengenangaben unglaubwürdig, darf eine Kontrollberechnung mit Abbauwerten bis zu 0,2‰ zuzüglich eines Sicherheitszuschlags von 0,2‰ und einem Resorptionsdefizit bis zu 30% erfolgen (zB BGH NStZ **98**, 458, NStZ-RR **97**, 226, **98**, 68, BGHR § 21 BAK 1, 7, BGH NStE § 21 **Nr. 15**, **19**, **51**, NStZ/D **91**, 180, **93**, 177, 474, **94**, 474); sofern sich die behauptete Trinkmenge danach als realistisch erweist, darf allerdings nicht der durch die Kontrollberechnung ermittelte – niedrige – BAK-Wert, sondern nur der ursprünglich errechnete – hohe – BAK-Wert zugrunde gelegt werden (BGH NStZ-RR **98**, 359 m. Bspr. Altvater NStZ 99, 21, NStZ/D **99**, 121 FN 19 [auch nicht bei alkoholgewöhnten Trinkern], 20; s. auch BGH StV **98**, 539 m. Bspr. Altvater aaO). Muß der BAK-Wert eines Nachtrunks (s. o.) errechnet werden, so ist nach dem Zweifelssatz ein Resorptionsverlust von 30% anzusetzen, hier jedoch ohne Abzug für den Alkoholabbau im Blut (vgl. BGH StV **95**, 406, NStE **Nr. 14**, Jähnke LK 48). Zur Schätzung der BAK bei unglaubwürdigen Mengenangaben bzw. wenn sich der Anteil des Täters an gemeinsam getrunkenem Alkohol nicht feststellen läßt, vgl. zB BGH NStE **Nr. 2**, StV **92**, 224 und zur BAK-Berechnung aus Trinkmengen bei mehreren Trinkphasen BGH NStZ **88**, 404, **94**, 334. – Jedenfalls derzeit noch keine hinreichend sichere Methode der BAK-Feststellung ist selbst bei einem exakt arbeitenden Gerät ("Alkomat") die Bestimmung des **Atemalkoholwerts** (eingehend Bilzer/Hatz BA 98, 321, Iffland/Hentschel NZV 99, 489; aus der Rspr. vgl. BGH NStZ **95**, 539, Bay JR **89**, 79 m. Anm. Grüner, Hamm DAR **94**, 411, Karlsruhe VRS **85** 349 ff. mwN auch aus dem rechtsmedizinischen Schrifttum, ferner Hentschel NJW 93, 1175, Iffland/Bilzer DAR 99, 1 sowie BA 99 Supplement 1 mit Beiträgen von Schoknecht, Iffland, Brackemeyer, Gilg, Jung u. Kruse). Doch ist es nach

BGH NStZ **95**, 97 unbedenklich, zugunsten des Täters bei der Berechnung der BAK an die auf diese Weise gewonnenen Ergebnisse anzuknüpfen, und das Gericht ist dazu sogar verpflichtet, wenn anders verwertbare Ausgangsdaten nicht zur Verfügung stehen. Vgl. im übrigen näher zu den verschiedenen Alkoholnachweisverfahren Battista aaO 1992, 95 ff. mwN.

e) Bei **drogen- und medikamentenbedingten Ausfallerscheinungen** (zu deren Einordnung o. 11, 13, zur Drogenabhängigkeit als solcher u. 21) orientiert sich die Rspr. – im Gegensatz zu alkoholbedingten Intoxikationen – mangels hinreichend gesicherter wissenschaftlicher Maßstäbe nicht an bestimmten Blutwirkstoffkonzentrationen, sondern stellt von vornherein auf eine Gesamtabwägung aller Umstände, insbesondere des Leistungsverhaltens des Täters, ab (vgl. Jähnke LK 52 f., Maatz BA 96, 240; Pluisch NZV 96, 98). Bei **Drogen** (iSv Stoffen, die dem BtMG unterfallen) ist eine Bewußtseinsstörung i. S. der 2. Alt. sowohl bei einer Überdosierung als auch bei einer Unterdosierung (entzugsbedingte Bewußtseinsstörung) zu prüfen, während bei Taten in der Sättigungsphase, sofern nicht ein sog. „flash back" vorliegt, die Drogeneinnahme ohne Bedeutung ist (Arbab-Zadeh NJW 78, 2327). Schuldunfähigkeit kann hier zwar bei hochgradigen Rauschzuständen anzunehmen sein, unabhängig von der Frage ihrer Rubrizierung unter die 1. oder 2. Alt. in aller Regel aber nicht bei Entzugserscheinungen. Auch bei Beschaffungsdelikten kann Drogensucht nur in ganz besonders schwerwiegenden Suchtfällen zur Exkulpation führen, so nach BGH MDR/H **77**, 982 unter Hinweis auf die 2. Alt. bei schweren Persönlichkeitsveränderungen als Folge eines langjährigen Drogenmißbrauchs oder wenn der Süchtige „von einem derart unwiderstehlichen Drang beherrscht war, daß er nicht anders handeln konnte" (vgl. auch BGH NJW **89**, 2336, BGHR § 20 BtM-Auswirkungen 1, Celle NStE **Nr. 4**, Köln NJW **76**, 180, Jähnke LK 51 mwN). Daß der Täter noch imstande ist, zwischen mehreren möglichen Tatopfern und Tatorten eine Wahl zu treffen genügt in einem solchen Fall freilich nicht, um seine Schuldunfähigkeit auszuschließen (BGHR aaO; vgl. auch BGH StV **96**, 536). Wohl aber spricht nach BGH NJW **89**, 2336 gegen die Schuldunfähigkeit von Heroinabhängigen, daß ihnen während der monatelangen Tatgeschehens ein gewisses Maß an Planung und Arbeitsteilung möglich gewesen ist und daß es sich nur um mittelbare Beschaffungskriminalität handelte, wobei letzteres als Kriterium jedoch zumindest zweifelhaft ist (zur Unterscheidung von unmittelbarer und mittelbarer Beschaffungskriminalität vgl. auch BVerwG NJW **93**, 2634): Fraglich ist hier schon – und dies wäre die Voraussetzung für eine solche Differenzierung –, ob die Möglichkeit eines unmittelbaren Zugriffs immer mit der größeren Versuchung und einer entsprechend niedrigeren Hemmschwelle verbunden ist (zB der Täter könnte, anstatt das notwendige Geld zu stehlen, auch einen komplizierten Apothekeneinbruch begehen), vor allem aber dürfte sich die Frage einer solchen Alternative für einen Drogensüchtigen in vielen Fällen gar nicht erst stellen. Insgesamt steht die Schuldfähigkeitsbeurteilung hier – dasselbe gilt für § 21 (vgl. dort RN 9) – vor wesentlich größeren Problemen als in den Fällen der Trunkenheit (näher zum Ganzen u. a. Arbab-Zadeh NJW 78, 2326, Erkwoh/Saß RechtsM 96, 105, Gerchow BA 79, 97, Kreuzer NJW 79, 1243, Luthe BA 93, 313, Maatz/Mille DRiZ 93,118 ff., Oehmichen u. a. aaO, Schreiber aaO, Täschner NJW 84, 638, Theune NStZ 97, 57, Witter in: Göppinger/Witter 1039 ff.). Ähnliches gilt für Beeinträchtigungen durch **Medikamente**, für die wegen der vielfältigen Wirkstoffe und Wirkungen kaum allgemeine Aussagen getroffen werden können (vgl. Pluisch NZV 96, 98). Auch hier muß vorrangig auf psychodiagnostische Kriterien zurückgegriffen werden, selbst wenn Art und Menge der zur Tatzeit im Körper befindlichen Wirksubstanz(en) feststehen (vgl. Pluisch NZV 96, 99; siehe auch BGH NJW **95**, 1229 m. Anm. Pluisch NStZ 95, 330; Jähnke LK 53, Rasch aaO 223 ff.).

3. Der in § 20 an dritter Stelle genannte **Schwachsinn** ist, wie die Verbindung mit den „schweren seelischen Abartigkeiten" zeigt, lediglich eine besonders hervorgehobene Unterart von diesen (vgl. dazu auch Schreiber aaO 22). Gemeint ist damit nur die angeborene Intelligenzschwäche ohne nachweisbare Ursache (in ihren nach dem Schweregrad abgestuften Formen als Idiotie, Imbezillität und Debilität, vgl. dazu zB Jähnke LK 63, Kröber, in: Göppinger 231 ff., Rasch aaO 256 ff., Witter in: Göppinger/Witter 458). Intelligenzdefekte, die i. S. einer organischen Demenz Symptom eines hirnorganischen Krankheitsprozesses sind (zB auch Senilität), fallen ebenso wie der Schwachsinn als Folge einer intrauterinen, geburtstraumatischen oder frühkindlichen Hirnschädigung bereits unter die „krankhaften seelischen Störungen" i. S. der 1. Alt. (vgl. E 62, Begr. 140, Schwalm JZ 70, 493; h. M.). Leichtere Grade einer Intelligenzschwäche genügen für § 20 nicht, vielmehr gehört zum Wesen des Schwachsinns, der den Betroffenen nicht nur in seiner Intelligenz, sondern ganzheitlich stört (vgl. BGH NJW **67**, 299), stets eine mehr oder weniger tiefgreifende Beeinträchtigung des Persönlichkeitskerns (Lenckner aaO 118; vgl. auch Haddenbrock, Schuldfähigkeit 277). Im übrigen würden hier spätestens die psychologischen Merkmale des § 20 als Korrektiv wirken (u. 25 f.).

4. Mit den **„schweren anderen seelischen Abartigkeiten"** wird „jener unbestimmte Rest abnormer seelischer Phänomene" erfaßt, der übrig bleibt, wenn man die vorher genannten Merkmale „abzieht" (vgl. Bochnik/Gärtner MedR 86, 58). Gemeint sind damit also diejenigen Abweichungen von einer für den Durchschnittsmenschen zugrundegelegten Norm des seelischen Zustands, die nicht auf organischen Prozessen oder Defekten beruhen und die – wie die endogenen Psychosen – auch sonst nicht als – psychiatrische „Krankheiten" angesehen werden (s. o. 9 ff.) – in diesem Fall kommt die 1. Alt. in Betracht –, die aber doch von solcher Erheblichkeit sind, daß das Persönlichkeitsgefüge in gleicher Weise in Mitleidenschaft gezogen ist wie bei den echten Psychosen (vgl. E 62, Begr. 141,

BGH **34** 24, **35** 79, **37** 401 m. Anm. Grasnick JR 92, 120, NJW **89**, 918, NStZ **89**, 430, **97**, 486, StV **89**, 104, MDR/H **87**, 977, Kröber in: Göppinger 230 u. aaO 15, Lackner/Kühl 9, Lenckner aaO 118 ff., Schwalm JZ 70, 493; zur Ideengeschichte vgl. Saß aaO 2 ff., zur Gesetzeskritik vgl. die Nachw. o. 2). Im Zusammenhang mit dieser Alt. von „Krankheitswert" zu sprechen, ist nur in dem u. 22 genannten Sinn möglich, nicht aber wenn damit der Eindruck erweckt wird, die hier gemeinten Erscheinungen müßten pathologisch bedingt sein (vgl. BGH **35** 79, NStZ **89**, 430, **92**, 380, **93**, 181, StV **94**, 599). Von den meist rasch vorübergehenden Bewußtseinsstörungen i. S. der 2. Alt. unterscheiden sie sich, weil Ausdruck einer besonderen Persönlichkeitsstruktur, durch ihre längere Dauer oder gar Unabänderlichkeit, während sie i. U. zum Schwachsinn den Täter nicht als zurückgeblieben, sondern als andersartig erscheinen lassen (Jakobs 531, Schreiber aaO 22; krit. Jähnke LK 31). Deshalb ist hier die Täterpersönlichkeit einschließlich ihrer Entwicklung immer auch in einer Ganzheitsbetrachtung zu erfassen, und zwar in ihrem konkreten Zusammenhang mit der Tat (zB BGH NStZ **92**, 381, **94**, 76, StV **94**, 599); die Feststellung einer schweren seelischen Abartigkeit ohne den konkreten Bezug zur fraglichen Tat genügt daher ebensowenig wie die isolierte Hervorhebung der dauerhaften Bestandteile des Persönlichkeitsbildes ohne Beleuchtung des aktuellen seelischen Zustands z. Zt. der Tatbegehung (vgl. zB BGH NJW **83**, 350, NStE § 21 **Nr. 14**, 29). Keine Voraussetzung für das Vorliegen einer Störung i. S. der 4. Alt. ist die fehlende Unrechtseinsicht, da auch hier das Steuerungsvermögen beeinträchtigt sein kann (BGH MDR/H **87**, 977).

20 Die **Rspr. zu § 51 a. F.** (vgl. dazu R. Schmitt ZStW 92, 247) hatte diese Fälle durch Bildung eines besonderen „juristischen Krankheitsbegriffs" zu den „krankhaften Störungen der Geistestätigkeit" gerechnet, zu denen nach dem zusammenfassenden Urteil BGH **14** 32 nicht nur die echten Psychosen gehörten, sondern „alle Arten von Störungen der Verstandestätigkeit sowie des Willens-, Gefühls- oder Trieblebens, welche die bei einem normalen und geistig reifen Menschen vorhandenen, zur Willensbildung befähigenden Vorstellungen und Gefühle beeinträchtigen". Dabei wurde freilich vorausgesetzt, daß solche Störungen „Krankheitswert" haben (vgl. zB BGH JR **58**, 305); die durch bloße Charaktermängel oder Willensschwäche bedingte Abweichung vom Normalen wurde nicht anerkannt (zB BGH **14** 30, NJW **55**, 1726, **58**, 2123, **66**, 1871; im übrigen vgl. hier die 24. A.). Dagegen sollten nach der „**differenzierenden Lösung**" des E 62 die „schweren anderen seelischen Abartigkeiten" nur zu einer Verminderung der Schuldfähigkeit, nicht aber zu deren völligem Ausschluß führen können. Dem lag vor allem die Erwägung zugrunde, daß nichtkrankhafte Triebstörungen, Psychopathien und Neurosen grundsätzlich in den Spielraum des bei zumutbarer Willensanspannung steuerbaren Verhaltens fallen und daß bei einer Aufnahme der „schweren anderen seelischen Abartigkeiten" in § 20 die Gefahr eines zur Auflösung des Strafrechts führenden „Dammbruchs" bestehe, weil dann - vor allem i. V. mit dem Grundsatz „in dubio pro reo" - in diesen Fällen häufig ein Schuldausschluß bejaht werden könnte. Die seltenen Ausnahmefälle - die Sachverständigen hatten von ca. 2% gesprochen -, in denen auch bei Psychopathien ohne krankhaften konstellativen Faktor das Hemmungsvermögen in ähnlicher Weise beeinträchtigt sein kann wie bei den Psychosen, sollten über das Merkmal der „krankhaften seelischen Störung" erfaßt werden. Ob die Systematik des Entwurfs diese Möglichkeit, in Ausnahmefällen auf die „krankhaften seelischen Störungen" auszuweichen, wirklich zuließ, blieb jedoch zweifelhaft; jedenfalls aber wäre damit die beabsichtigte Einschränkung des bisherigen „juristischen" Krankheitsbegriffs wieder rückgängig gemacht worden. Um auch hier den Schuldgrundsatz unmißverständlich zu verwirklichen, beschloß deshalb der Sonderausschuß die jetzige „**Einheitslösung**", nach der die „schweren seelischen Abartigkeiten" ausdrücklich auch in § 20 genannt werden (vgl. BT-Drs. V/4095 S. 10 u. näher zur Entstehungsgeschichte Haffke, Recht u. Psychiatrie 91, 95, Lenckner aaO 110, 112 f., Rasch/Volbert MSchrKrim. 85, 137 ff.; dazu, daß jedenfalls im Bereich des § 20 der befürchtete „Dammbruch" nicht stattgefunden hat, vgl. Böttger u. a. MSchrKrim. 91, 378, Haffke aaO 102, Streng aaO 284, Verrel MSchrKrim. 94, 272).

21 a) Zu den **seelischen Abartigkeiten** der 4. Alt gehören zunächst die *Persönlichkeitsstörungen* (zum früher verwendeten Begriff der Psychopathie vgl. Kröber in: Göppinger 233 f.; s. auch BGH NStZ-RR **98**, 106) und *Neurosen* (krit. zu diesem Begriff Kröber NStZ **98**, 80; allgem. zu den unterschiedlichen Bezeichnungen Rasch aaO 259 f.). Gemeinsam ist diesen die Verankerung in einer besonderen Persönlichkeitsstruktur, nach der von der Weltgesundheitsorganisation herausgegebenen Internationalen Klassifikation psychischer Krankheiten (ICD) und dort zum genannten Kennzeichen (krit. Rasch Schüler-Springorum-FS 567) unterscheiden sie sich aber dadurch, daß es sich bei den Persönlichkeitsstörungen um mehr oder weniger lebenslange, die Gesamtpersönlichkeit betreffende und nur zu kompensierende, aber nicht völlig zu beseitigende Störungen handelt, während unter die Neurosen solche Störungen fallen, die als mehr oder weniger abgrenzbare Symptomkomplexe nur Teilbereiche der Persönlichkeit betreffen, nicht zeitweise manifestieren und besserungsfähig oder gar heilbar sind (vgl. näher Kröber in: Göppinger 233 ff., 240 ff., Rasch aaO 261 ff., Witter/Rösler For 6, 1 ff.; vgl. auch E 62, Begr. 141: Umschreibung der Psychopathien als „angeborene, wenn auch veränderbare Persönlichkeitsvarianten, welche die soziale Anpassungsfähigkeit des Betroffenen beeinträchtigen", der Neurosen als „abnorme Erlebnisreaktionen oder Störungen der Erlebnisverarbeitung, die als solche nicht angeboren sind, deren Entwicklung aber durch eine gewisse konstitutionelle Bereitschaft begünstigt werden kann"; zu den verschiedenen Neurosetheorien und zur inhaltlichen Präzisierung eines für die §§ 20, 21 verwertbaren „engen" Neurosebegriffs i. S. des Schweizer Psychiaters E. Binder vgl. Merkel MedR 86, 53 ff. sowie Bochnik-Gärtner ebd. 57 ff., was allerdings nicht ausschließt, daß

auf diese Weise aus dem Neurosenbegriff ausgegliederte Störungen bei entsprechender gradmäßiger Ausprägung dennoch unter die 4. Alt. fallen können). Als Beispiele einer Persönlichkeitsstörung nennt die ICD u. a. paranoide, schizoide, dissoziale, emotional instabile Persönlichkeiten, als Beispiele einer Neurose u. a. Angst- und Zwangsneurosen, Phobien, dissoziative Störungen (vgl. Rasch aaO 57 ff.). Erfaßt sind mit der 4. Alt. ferner die *Triebstörungen* (Deviationen/Perversionen) ohne Organbefund, diese freilich nicht schon als solche – die Abartigkeit eines sexuellen Verhaltens allein ist noch keine „seelische Abartigkeit" –, sondern erst dann, wenn sie sich mit einer das Hemmungsvermögen betreffenden Persönlichkeitsentartung verbinden (zB BGH NJW **82**, 2009 m. Anm. Blau JR 83, 69, **98**, 2753 m. Anm. Winckler/Foerster NStZ 99, 126, NStZ **93**, 181, **94**, 75, **96**, 401, **98**, 30, **99**, 610, JR **90**, 119 m. Anm. Blau, NStE § 21 **Nr. 57**, 67, BGHR § 21 seelische Abartigkeit 10). Als weitere Fälle der 4. Alt. werden genannt die durch ihre Progredienz, die wachsende Entfaltung der krankhaften Erscheinung in der Biographie des Betreffenden usw. gekennzeichneten psychopathologischen Entwicklungen, zu denen auch die verschiedenen Süchte einschließlich Alkoholismus, Drogen- und Medikamentenabhängigkeit als „Lebensform" – i. U. zu den der 1. oder 2. Alt. (o. 11, 13, 16, 17) zuzuordnenden Alkoholismusfolgen und Entzugserscheinungen – zählen (vgl. Rasch StV 91, 126 ff.; zur Alkohol- und Drogenabhängigkeit vgl. auch Erkwoh/Saß RechtsM 96, 107, 110 f., Jähnke LK 42, 51, 64, Theune NStZ 97, 57). Nicht hierher gehören dagegen als solche zB bloße Charaktermängel (zB BGH NStE § 63 **Nr. 28** mwN; vgl. aber auch Jähnke LK 30), ebensowenig extreme zwischenmenschliche Abhängigkeiten, auch nicht in der Form einer sexuellen Hörigkeit (Jähnke LK 66; vgl. aber auch BGH NStZ **91**, 383). Insgesamt sind Inhalt und Grenzen dieser „Abartigkeiten" (krit. zur Terminologie Foerster MSchrKrim. 89, 83, Rasch NStZ 82, 177, StV 91, 126, Schreiber aaO 22, Venzlaff aaO 1990, 12) in den zuständigen Fachwissenschaften zT außerordentlich umstritten, und verschieden beurteilt werden auch ihre möglichen Auswirkungen auf die Einsichts- und Steuerungsfähigkeit (vgl. zB den Überblick b. Albrecht GA 83, 209; zum psychiatrischen und psychologischen Schrifttum vgl. im übrigen die Nachw. b. Jähnke LK 65 ff.). Die um die Entwicklung objektiver Abgrenzungskriterien bemühten psychiatrischen Klassifikationssysteme wie insbesondere der ICD-10 und das DSM IV sind für die rechtliche Schuldfähigkeitsbeurteilung zwar nicht verbindlich, geben aber wichtige Anhaltspunkte (vgl. BGH **37** 297 m. Anm. Grasnick JR 92, 120, NStZ **92**, 380, **97**, 383, NStZ-RR **98**, 188, StV **97**, 630, NStZ/D **98**, 182 FN 19 [4 StR 377/97], Detter NStZ 98, 60, BA 99, 6, Kröber aaO 16 ff.; s. auch Dölling, Kaiser-FS 1353).

b) Kennzeichnet schon der Begriff der „Abartigkeit" eine eindeutig abnorme Persönlichkeitsstruktur, so erfährt dieser Befund durch das Adjektiv **„schwer"** noch eine weitere wesentliche Einschränkung. Setzt man hier die 4. Alt. in Beziehung zur 1. Alt., so ergibt sich, daß die seelische Abartigkeit „Krankheitswert" in dem Sinne haben muß, daß sie in ihrer den Betroffenen *belastenden Wirkung* und damit auch im Hinblick auf seine Fähigkeit zu normgemäßem Verhalten von solchem Gewicht ist, daß sie *insoweit* den krankhaften seelischen Störungen als *gleichwertig* erscheint (vgl. zB BGH **34** 24 f., 28 f., **35** 78 f., 207, **37** 401 m. Anm. Grasnick JR 92, 120, NJW **98**, 2753 m. Anm. Winckler/Foerster NStZ 99, 126, NStZ **89**, 430, **91**, 330, **92**, 380, **96**, 380, NStZ/D **91**, 277, **99**, 121 FN 13, **00**, 184 FN 13, StV **94**, 599, EzSt **Nr. 8**, MDR/H **79**, 105, Bay **98** 27, Lenckner aaO 119, Tröndle 12, i. E. auch Saß, Schewe-FS 275; vgl. dazu ferner § 21 AE: „krankhafte seelische Störung oder eine vergleichbar schwere seelische Störung"). Wird der Begriff des „Krankheitswerts" (vgl. auch E 1962, Begr. S. 141) nur in diesem Sinne verstanden – was sich aus dem Urteil allerdings ergeben muß (vgl. auch o. 19) –, so erledigen sich damit auch die im Schrifttum dagegen erhobenen Einwände (zB Jähnke LK 27, 33, Jescheck/Weigend 441, Krümpelmann ZStW 88, 29, Lackner aaO 263, Rasch StV 91, 127, aaO 260, R. Schmitt ZStW 92, 349, Schreiber aaO 25, NStZ 81, 48). Ebenso unbegründet sind die Bedenken von BGH StV **90**, 302 gegen den Vergleich mit dem Schweregrad einer Psychose. Was die Ergebnisse betrifft, so kann es nach der Entscheidung des Gesetzgebers für die „Einheitslösung" (o. 20) zwar nicht mehr darum gehen, daß die schweren anderen seelischen Abartigkeiten „grundsätzlich nicht zur Schuldunfähigkeit führen" (so aber Jähnke LK 64), und ebensowenig gibt es hier eine entsprechende Vermutung mit daraus folgenden Begründungserleichterungen (BGH NStZ **91**, 32). Doch können es nach der Entstehungsgeschichte (o. 20) auch hier im Vorgriff auf die psychologischen Merkmale **seltene Ausnahmefälle** „geradezu extremer Zustandsbilder" (Hamm NJW **77**, 1498) bzw. einer „ausgesprochenen Persönlichkeitsentartung" (Jähnke aaO) sein, die zu einer schweren seelischen Abartigkeit i. S. des § 20 führen (zB BGH NJW **86**, 141, **97**, 3102, NStZ-RR **99**, 359, MDR/H **79**, 105, **84**, 979, Hamm aaO, Köhler 386, Lackner/Kühl 11, Rudolphi SK 14, Tröndle 13; vgl. aber auch Jakobs 531 f., Rasch NStZ 82, 177, Schreiber aaO 23 ff., Winkler/Foerster NStZ 97, 334 f. u. aus psychoanalytischer Sicht Vogt aaO 143 IV.; zurückhaltender auch BGH NStZ **91**, 32: im allgemeinen fernerliegend als bei Psychosen); im Umkehrschluß bedeutet das, daß bei Vorliegen einer schweren seelischen Abartigkeit wenn nicht im Ausschluß, so doch regelmäßig eine erhebliche Verminderung der Schuldfähigkeit iSd § 21 anzunehmen ist (BGH NStZ **96**, 380 m. Anm. Winckler/Foerster NStZ 97, 334, **97**, 485, NStZ-RR **98**, 189).

Praktisch dürften hier ohne zusätzliche Faktoren im wesentlichen die psychoseähnliche Störungen in Betracht kommen, die im Grenzbereich des Psychosen oder psychotischen und hirnorganischen Persönlichkeitsveränderungen liegen (Witter, Lange-FS 733; vgl. auch BGH NStZ **91**, 32, ferner BGH NJW **82**, 2009 m. Anm. Blau JR 83, 69, wo als Voraussetzung für die Schuldunfähigkeit bei einer sexuellen Perversion auf deren „psychoseartigen Charakter" abgestellt wird; krit. jedoch zB

§ 20 24, 25   Allg. Teil. Die Tat – Grundlagen der Strafbarkeit

Roxin I 767 f.). Im übrigen ist hier – und dies gilt besonders auch im Hinblick auf § 21 – Zurückhaltung schon deshalb geboten, weil es für die quantitative Abgrenzung von Abnormitäten in ihren fließenden Übergängen zum „Normalen" noch keine erfahrungswissenschaftlich fundierten, allgemein verbindlichen Kriterien gibt (vgl. etwa Winckler/Foerster NStZ 97, 334 f. u. noch weitergehend Bresser NJW 78, 1191: „freies Ermessen des Diagnostikers", gegen diesen „diagnostischen Pessimismus" jedoch Haddenbrock NJW 79, 1238; zu den Bemühungen, mit Hilfe von Schwereskalen, Merkmalkatalogen u. ä. zu zuverlässigeren Aussagen zu kommen, vgl. zB Foerster NStZ 88, 444, MSchrKrim. 89, 33, Foerster/Heck MSchrKrim. 91, 49, Saß For. 6, 33, Schewe-FS 274; vgl. ferner zB Albrecht GA 83, 213, Mitterauer, Triffterer-FS 305, Rasch NStZ 82, 177, StV 91, 131 [„strukturell-sozialer Krankheitsbegriff"]). Gegen eine schwere seelische Abartigkeit sprechen etwa überdurchschnittliche schulische oder berufliche Leistungen und eine beträchtliche Willensstärke bei einer neurotisch geprägten Persönlichkeit (BGH MDR/H **84**, 979). Bei Triebanomalien sind Persönlichkeitsfremdheit der Tat, zielgerechtes Verhalten nach der Tat und das Fehlen der Sinnkontinuität als Kriterien nur beschränkt geeignet (BGH NJW **82**, 2009 m. Anm. Blau JR 83, 69; s. aber auch BGH NStZ-RR **98**, 189). Ein wesentlicher Gesichtspunkt für die Annahme einer Persönlichkeitsdeformation ist hier dagegen die suchtartige Entwicklung einer solchen Anomalie, auch wenn in den Bereich der §§ 20, 21 fallende „suchtähnliche sexuelle Triebentgleisungen" nach Witter (Göppinger/Witter 1079) nur „äußerst selten" vorkommen (zB BGH NStZ **93**, 181, JR **90**, 211 m. Anm. Schewe, NStE § 21 **Nr. 52**, 67, Jähnke LK 65, Krümpelmann ZStW 88, 20, Rudolphi SK 17, Streng aaO 267, Witter aaO, in der Sache auch BGH NJW **82**, 2009 m. Anm. Blau JR 83, 69, **89**, 2958, Zweibrücken StV **86**, 437 u. zum Ganzen ferner Schild AK 98; krit. jedoch J. E. Meyer ZStW 88, 51, Schreiber aaO 27). Ein Anzeichen für eine schwere Triebanomalie können im Rahmen der hier immer gebotenen Gesamtschau auch die Einengung der Lebensführung oder Auffälligkeiten des äußeren Tatgeschehens sein (BGH NStZ **94**, 75, NStZ-RR **98**, 189, NStZ/D **95**, 170 FN 18). Zumindest zweifelhaft ist jedoch die in der Rspr. (o. 21; zu § 51 aF vgl. auch schon BGH **14** 32, **23** 190) vorgenommene Unterscheidung zwischen geschlechtlicher Triebhaftigkeit in der „normalen Ausrichtung" und dem „abnormen Trieb" mit der Folge, daß erstere unüberwindlich stark ausgeprägt sein müsse, bei letzterem dagegen schon ein Trieb von durchschnittlicher Stärke genügen soll (vgl. dagegen auch Jähnke LK 65, Rudolphi SK 17, Schreiber aaO 27, zT auch Jakobs 532). Spielleidenschaft kommt für die 4. Alt. nur dann in Betracht, wenn sie zu entsprechend schweren Persönlichkeitsveränderungen führt (BGH NStZ/D **95**, 170 FN 17). Zum „Borderline-Syndrom" vgl. BGH **42** 385 m. Anm. Dannhorn NStZ 98, 81, Faller NJW 97, 3073, Kröber NStZ 98, 80; zum „Eifersuchtswahn", der auch Ausdruck einer Psychose und damit einer „krankhaften seelischen Störung" iSd 1. Alt. sein kann, vgl. BGH NJW **97**, 3101 m. Anm. Blau JR 98, 207, Winckler/Foerster NStZ 98, 298.

24   5. Zu der in § 55 aF besonders genannten **Taubstummheit** o. 3. Die früher umstrittene Theorie des „moralischen Irreseins" („moral insanity"; vgl. auch M-Zipf I 497: „sittliche Unempfindlichkeit") spielt heute unter dieser Bezeichnung bei der Frage der Schuldfähigkeit keine Rolle mehr (vgl. schon RG **15** 99), wohl aber finden die damit gemeinten Sachverhalte unter anderem Namen zumindest in Ansätzen neuerdings auch in der Rspr. bei § 21 im Rahmen der 4. Alt. (o. 19 ff.) wieder Beachtung (vgl. BGH NStZ **92**, 380: „soziopathische Persönlichkeitsstörung"; mit Recht krit. dazu Jähnke LK 32). Die den sog. Monomanien zugerechnete **Kleptomanie** (Stehlsucht) und **Pyromanie** (Brandsucht) sind, sofern es einen eigenen Stehl- und Brandstiftungstrieb überhaupt gibt, nach heutiger Erkenntnis keine selbständigen Erscheinungsformen geistiger Störung; da sie Ausdruck sowohl echter Geisteskrankheiten oder einer seelischen Abartigkeit i. S. der 4. Alt. als auch einer strafrechtlich irrelevanten Willensschwäche sein können, sind ihre Ursachen aufzuklären (vgl. Jähnke LK 66 mwN und zur Pyromanie BGH NJW **69**, 563, Schumacher, Schewe-FS 290, zur Kleptomanie und zur psychiatrischen Beurteilung von Ladendiebstählen Glatzel StV 82, 40 [dazu Dencker NStZ 83, 399] u. näher Osburg aaO). Ebenso ist bei der **Querulanz** (Querulantenwahn) zu unterscheiden: Soweit diese nicht Symptom einer Geisteskrankheit (Paranoia, Schizophrenie usw.) ist, sondern sich lediglich aus Charakter, Erlebnis und Milieu entwickelt hat (genuine Querulanz), kommt ein Schuldausschluß wegen schwerer seelischer Abartigkeit auch bei mit dem Querulieren zusammenhängenden Taten (zB §§ 185 ff.) nur in ganz seltenen Fällen in Betracht (vgl. Düsseldorf GA **83**, 473, Langelüddeke, Gerichtliche Psychiatrie, 3. A. 389 f.; zum Fall eines sensitiven Querulanten vgl. auch BGH NJW **66**, 1871 u. zum Ganzen Nedopil For 5, 185, Rasch StV 91, 129, ferner Hellmer, Schewe-FS 196). Dafür, daß die anomale **Chromosomen-Konstellation XYY** („Mörderchromosom") eine Determination zum Verbrechen, insbes. zu Aggressionsdelikten, bedeutet, gibt es keine gesicherten Anhaltspunkte (BGH MDR/D **71**, 185, ferner Göppinger 175 mwN und dort auch zum Klinefelter-Syndrom [XXY-Konstellation]).

25   III. Als weitere (**„psychologische"**) **Voraussetzung** der Schuldunfähigkeit verlangt § 20, daß der Täter **wegen** einer der genannten „biologischen" Ausnahmelagen z. Z. der Tat **unfähig** war, das **Unrecht der Tat einzusehen** oder **nach dieser Einsicht zu handeln** („intellektuelle" bzw. „voluntative" Komponente der Schuldunfähigkeit). Erforderlich ist hier demnach ein ursächlicher Zusammenhang zwischen den „biologischen" Defekt und den „psychologischen" Folgeerscheinungen im Hinblick auf die konkrete Tat (vgl. BGH NStZ **91**, 527, StV **86**, 14, Jähnke LK 35 mwN). Dabei genügt es, wenn die Einsichts- *oder* die Steuerungsfähigkeit ausgeschlossen war, weshalb das Fehlen der letzteren erst zu prüfen ist, wenn der Täter das Unrecht der Tat eingesehen hat oder

einsehen konnte (vgl. zB BGH MDR/H **87**, 93, Hamm VRS **43** 349, Rudolphi SK 21, Schild AK 88). Die Anwendung des § 20 kann daher nicht auf beide Alternativen zugleich gestützt werden (BGH **21** 27, NStZ **82**, 201, **91**, 529, VRS **71** 21, MDR/H **87**, 93); andererseits kann die Nichtanwendung des § 20 nicht schon damit begründet werden, daß der Täter die erforderliche Einsichtsfähigkeit gehabt habe (zB RG **73** 122, BGHR § 20 Einsichtsfähigkeit 3). Weil „Einsicht und Steuerung im psychischen Vollzug komplex miteinander verwoben sind" (Schwarz/Wille NJW 71, 1664), kann der begriffliche Unterschied zwischen beiden im Einzelfall mitunter allerdings sehr theoretisch sein (vgl. Foth, Salger-FS 35, Jähnke LK 36, Janzarik, Nervenarzt 62, 423, Rasch in: Ponsold Lb. 62; prinzipiell gegen eine Trennung Köhler 378 f.); immerhin ist damit klargestellt, daß eine seelische Abnormität auch bei vorhandenem Unrechtsbewußtsein zur Schuldunfähigkeit führen kann, was zB bei Alkoholrausch, Persönlichkeitsstörungen, Neurosen und Triebstörungen in Betracht kommt.

Bei diesen „psychologischen" Merkmalen und hier vor allem bei der Steuerungsfähigkeit liegen die **26** **eigentlichen Probleme der Vorschrift**. Da die Frage, ob die genannten „biologischen" Zustände den Täter unfähig machten, das Unrecht der Tat einzusehen oder nach dieser Einsicht zu handeln, empirisch nicht oder nur beschränkt zu beantworten ist und weil die Schuldunfähigkeit ein juristischer Bewertungsbegriff ist, kann diese letztlich immer nur rechtlich „zu"- bzw. „aberkannt" werden. Psychowissenschaftlicher Befund und normative Bewertung sind bei der Schuldfähigkeitsbeurteilung daher zu trennen (vgl. Streng NStZ 95, 14 ff., 161 f., sowie aus psychiatrischer Sicht zB Haddenbrock JR 91, 226, Witter, Leferenz-FS 445 ff., MSchrKrim. 83, 225 ff.; zu der Frage, ob diese Grenzen in dem struktural-phänomenologischen System der Psychopathologie von Luthe [u. a., Forensische Psychopathologie, 1988, Schewe-FS 239] überschritten sind, vgl. die Kontroverse Haddenbrock-Luthe-Witter-Grasnick JR 91, 225, 364, ferner Haddenbrock aaO 1992, 323 ff., Blau JR 90, 120; zur inhaltlich-verstehenden Methode der Tiefenpsychologie vgl. krit. Luthe For. 4, 161). Methodisch ist ein Urteil über die Schuldfähigkeit – dies sowohl bei einem von der menschlichen Entscheidungsfreiheit ausgehenden wie bei einem sich mit der normalen Motivierbarkeit durch Normen begnügenden („sozialen") Schuldbegriff (110 bzw. 109 vor § 13) – bei aller Fragwürdigkeit eines solchen Verfahrens nur durch eine *vergleichende Aussage* möglich: Ergibt sich für die Schuldfähigkeit einer „normalen" psychischen Verfassung, in der „man" das Unrecht der Tat einsehen und nach dieser Einsicht handeln kann, so ist einem Schuldvorwurf dort die Basis entzogen, wo die mit den „biologischen" Merkmalen erfaßten seelischen Störungen einen solchen Erheblichkeitsgrad erreicht haben, daß von einer tiefgreifenden, über die Grenzen des Normalen hinausreichenden Veränderung des Persönlichkeitsgefüges gesprochen und mit dieser Maßgabe die Fähigkeit zu sinnvollem Handeln völlig oder in gewissen Beziehungen als zerstört angesehen werden kann (vgl. zB auch BGH NJW **83**, 350 [„Abweichungen von der Norm"], ferner Bockelmann ZStW 75, 382, von Gerlach aaO 174, Jähnke LK 16, Jescheck/Weigend 442, Lenckner aaO 99, 105). Je nachdem, ob sich dies mehr auf die intellektuellen Fähigkeiten oder das Hemmungsvermögen auswirkt, ist dann auch vom Fehlen der Einsichts- bzw. Steuerungsfähigkeit auszugehen. Dieser Vergleich ist zunächst eine empirische Aufgabe (vgl. Jähnke LK 17). Letztlich aber ist es ein rechtlich-normatives Problem, wo die Grenzen zwischen dem „Normalen" und dem „Abnormen" verlaufen, weil im Hintergrund immer die Frage steht, welche Anforderungen zu normgemäßem Verhalten an den einzelnen legitimerweise gestellt werden dürfen und müssen (vgl. Blau MSchrKrim. 89, 72, Blei I 190, von Gerlach aaO 174 f., Jähnke LK 16, Lenckner aaO 99, Rudolphi SK 23, Schreiber aaO 29; Streng aaO 261, NStZ 95, 162; vgl. auch Roxin I 769 sowie krit. Frister aaO 113, 182). Bei echten Psychosen wird man, in akuten Phasen und von leichteren Formen abgesehen (vgl. auch BGH NStZ **91**, 527), im allgemeinen auch vom Fehlen der Einsichts- oder Steuerungsfähigkeit ausgehen können (vgl. BGH MDR **95**, 1090, StV **95**, 405 [2 StR 707/94], BGH bei Eschelbach JA **98**, 502 FN 110, Jähnke LK 16, Jakobs 526, Krümpelmann ZStW 88, 17, Lackner/Kühl 17, M-Zipf I 498, Rudolphi SK 24, Streng aaO 261). Im Zweifel gilt dies auch für Anfangsstadien und postpsychotische Defekte; vgl. Lange LK[10] 51 f., Anderseits ist es ein wichtiges Indiz für die Schuldfähigkeit, wenn der Täter in einem sinnentsprechenden, für den normalen Menschen nachvollziehbaren Motivationszusammenhang gehandelt hat (Haddenbrock, Sarstedt-FS 42, MSchrKrim. 86, 97, Lackner/Kühl 5 a). Die im übrigen bestehende „breite Grauzone hoher Unbestimmtheit" (Lackner aaO 257) durch general- und spezialpräventive Erwägungen ausfüllen zu wollen (vgl. dazu Lackner aaO 257 ff. mwN), erscheint, abgesehen von grundsätzlichen Einwänden (vgl. 117 vor § 13), schon deshalb wenig erfolgversprechend, weil sich auch über die Grenzen legitimer Prävention allemal und besonders hier streiten läßt; dies gilt auch für den vermittelnden Versuch von Streng NStZ 95, 162 ff., die juristische Bewertung eines vorgefundenen psychischen Defekts an gesellschaftlichen „Konformitätserwartungen" auszurichten, denn auch diese Konformitätserwartungen lassen sich nur in der einen oder anderen Weise nur pauschaler Weise formulieren. Auch statt anstatt der Steuerungsfähigkeit die (nachträgliche) „geistige Verantwortungsfähigkeit" i. S. einer einleuchtenden sprachlichen Einlassung zum Tatvorwurf und die „Sühnefähigkeit" (Strafempfänglichkeit) keine Kriterien für die Schuldfähigkeit im Zeitpunkt der Tat (so jedoch Haddenbrock, vgl. zuletzt NStZ 95, 581, MSchrKrim. 94, 54 f. u. aaO 1992, 251 f.), sondern ihr Fehlen allenfalls ein Indiz für einen Schuldfähigkeitsmangel (vgl. Frister MSchrKrim 94, 321 auch Jähnke LK 16). Berechtigt ist dagegen die Forderung, daß als Fälle der Schuldunfähigkeit nur solche gelten dürfen, die – ähnlich wie die klassischen Psychosen – zu einer Fallgruppe gehören, bei der Beeinträchtigungen der Kontroll- und Steuerungsfunktion des Bewußtseins typisch sind und wo sich dies methodisch einwandfrei einsichtig machen läßt (so Lackner aaO 265; vgl. auch von Gerlach aaO 180, Krümpelmann GA 83, 349, Schünemann GA 86, 299; vgl. in diesem Zusammenhang auch den Vorschlag eines psychopathologischen Referenzsystems von Saß, For 6, 33). Die Erfüllbarkeit dieser Forderung ist allerdings eine andere Frage.

27 1. Die **Unfähigkeit**, das **Unrecht der Tat einzusehen**, ist gleichbedeutend mit einem – hier auf den „biologischen" Gründen des § 20 beruhenden – unvermeidbaren Verbotsirrtum (vgl. dazu § 17), weshalb § 20 insoweit für die Exkulpation des Täters keine selbständige Bedeutung hat (o. 4). Hatte der Täter tatsächlich die Unrechtseinsicht oder konnte er sie haben, so entfällt diese Alt. des § 20 (zB BGH **21** 28; zu § 21 vgl. dort RN 4, 6); zu prüfen ist dann jedoch die Frage der Steuerungsfähigkeit (vgl. zB BGH NJW **86**, 2894: schwere reaktive Depression u. U. im Zusammenwirken mit Affekt).

28 Vorsätzliches Handeln besagt noch nichts für die Einsichtsfähigkeit des Täters (vgl. auch Schleswig DAR **73**, 20); umgekehrt kann trotz eines zB alkoholischen Defekts die Einsichtsfähigkeit noch zu bejahen sein, dem Täter das Bewußtsein um die Gefährlichkeit seines Tuns (Frage des Vorsatzes) jedoch fehlen (BGH NStZ **91**, 126). Im späteren Erinnerungsvermögen kann idR zwar ein Hinweis auf die zur Tatzeit vorhandene Einsichtsfähigkeit gesehen werden (zur Steuerungsfähigkeit dagegen u. 30), sichere Schlüsse lassen sich daraus allein aber noch nicht ziehen (vgl. RG HRR **39** Nr. 532, BGH NJW **88**, 779, StV **87**, 386, GA **55**, 271, MDR/D **72**, 752, Hülle JZ 52, 297). Ebenso sind ungebrochener Realitätskontakt im Vorfeld der Tat, planmäßiges und folgerichtiges Verhalten bei und nach der Tat Umstände, die zwar idR für die Einsichtsfähigkeit sprechen (zB BGH VRS **69** 431, 433, GA **84**, 125; zum Hemmungsvermögen vgl. dagegen u. 30), auch hier kann deren Fehlen aber nicht von vornherein ausgeschlossen werden (BGH GA **71**, 365; vgl. auch BGHR § 20 Einsichtsfähigkeit 3: allenfalls geringe Aussagekraft im Fall einer Alkoholhalluzinose). Umgekehrt sind unkontrolliertes Verhalten und – mit starken Einschränkungen – Erinnerungslücken, wenn auch kein zwingender Hinweis, so doch ein Anzeichen für das Fehlen der (vollen) Einsichts- oder Steuerungsfähigkeit (zB BGH MDR/D **72**, 752, GA **71**, 365; o. 15, 16 d).

29 2. Schuldunfähig ist der Täter trotz vorhandenem Einsichtsvermögen auch dann, wenn er infolge einer der genannten „biologischen" Zustände **unfähig** ist, **nach dieser Einsicht zu handeln**. Dabei geht es um die Fähigkeit, die Anreize zur Tat und die ihr entgegenstehenden Hemmungsvorstellungen gegeneinander abzuwägen und danach einen Willensentschluß zu normgemäßem Verhalten zu bilden (vgl. schon RG **57** 76, **63** 46, **67** 150). Ausgeschlossen ist diese Steuerungsfähigkeit (Hemmungsvermögen), die mit der Fähigkeit zu zweckrationalem Handeln nicht zu verwechseln ist (Stratenwerth 164), erst dann, wenn der Täter auch bei Aufbietung aller Widerstandskräfte zu einer normgemäßen Motivation nicht imstande ist (vgl. zB BGH **14** 32, **23** 190, Jähnke LK 36, Lackner/Kühl 12, Rudolphi SK 21; krit. Jakobs KrimGgwFr 15, 127), wobei „Aussagen" darüber nur auf dem o. 26 genannten Weg möglich sind (vgl. dort auch zu anderen im Schrifttum genannten Kriterien). Bei bes. schweren Taten ist dabei im allgemeinen auch von einer höheren Hemmschwelle auszugehen (zB BGH NStZ **90**, 231 [Mord nach Sexualdelikt], Jähnke LK 72, Tröndle 6; zum Affekt o. 15, zur Trunkenheit o. 16 d); bei einer Tötung kann deshalb die Hemmungsvermögen auch dann noch vorhanden sein, wenn die für die Annahme eines niedrigen Beweggrunds erforderliche psychische Fähigkeit (vgl. § 211 RN 39) bereits fehlt (BGH MDR/H **84**, 979, **92**, 17, StV **94**, 372 m. Anm. Fabricius).

30 Aus der Einsichtsfähigkeit bzw. der tatsächlichen Unrechtseinsicht kann nicht auf das Steuerungsvermögen geschlossen werden. Speziell bei Rauschzuständen wird die Steuerungsfähigkeit im allgemeinen früher ausgeschlossen als die Einsichtsfähigkeit (o. 16). Ebenso kann trotz intakter Einsichtsfähigkeit das Hemmungsvermögen durch Altersabbau beeinträchtigt sein (Nachw. o. 11). Der vor allem für Rauschtaten entwickelte Grundsatz, daß planmäßiges und folgerichtiges Verhalten bei und nach der Tat und die Erinnerungsfähigkeit noch keine sicheren Rückschlüsse auf das Vorhandensein der (vollen) Steuerungsfähigkeit zulassen (o. 16 d), gilt auch in anderen Fällen (vgl. BGH NJW **64**, 213 [durch Arteriosklerose bedingtes Sexualdelikt], NJW **82**, 2009 m. Anm. Blau JR 83, 69, BGHR § 21 seelische Abartigkeit 10 [sexuelle Abartigkeit], NJW **86**, 2894 [schwere reaktive Depression], BGHR § 20 BtM-Auswirkungen 1 [Beschaffungsdelikt eines Drogensüchtigen]; vgl. ferner BGH NStZ **84**, 259, StV **90**, 302, NStE § 21 **Nr. 14**, Jähnke LK 73 mwN); dies kann zwar nicht ohne weiteres verallgemeinert werden (vgl. BGH MDR/D **68**, 200 [Begründung des Hemmungsvermögens mit der sorgfältigen und geschickten Tatausführung eines an depressiven Zuständen leidenden Täters]), zu weitgehend und mit der übrigen Rspr. kaum zu vereinbaren ist es jedoch, wenn nach BGH StV **91**, 155 zielgerichtetes und situationsgerechtes Verhalten uneingeschränkt ein wesentliches Kriterium für ein intaktes Hemmungsvermögen sein soll. Ebensowenig kann daraus, daß der Täter früher vergleichbaren Tatanreizen widerstanden hat, ohne weiteres gefolgert werden, daß er dies auch jetzt hätte tun können (vgl. Jähnke LK 73; zur fehlenden Aussagekraft eines früheren Tatverzichts wegen Entdeckungsgefahr vgl. auch BGH StV **88**, 384). Ein wichtiges Indiz für eine intakte Steuerungsfähigkeit ist dagegen das Handeln in einem sinnentsprechenden, für den normalen Menschen nachvollziehbaren Motivationszusammenhang (vgl. Haddenbrock, Sarstedt-FS 42, Lackner/Kühl 17), während die o. 28 genannten Mangelerscheinungen, sofern nicht schon die Einsichtsfähigkeit betroffen ist, gewichtige Gegenanzeigen sind, ebenso zB das „selbstzerstörende" Auftreten eines Exhibitionisten (BGHR § 20 Steuerungsfähigkeit 1). Bei einer Triebanomalie kann auch schon die ihrer Form nach mehr oder weniger einmalige Verirrung des Trieblebens für eine Beeinträchtigung des Hemmungsvermögens sprechen (vgl. BGH **23** 176 [abartiger, sadistischer, pädophil bezogener Tötungstrieb]); ob dafür auch die Persönlichkeitsfremdheit ein brauchbares Kriterium ist (vgl. BGH NStZ **81**, 298), dürfte jedoch zumindest zweifelhaft sein (vgl. Jähnke LK 73 mwN). Zur Aufhebung des Hemmungsvermögens bezüglich des Sichbetrinkens nach § 323 a bei einem Alkoholsüchtigen vgl. BGH MDR/H **86**, 441.

3. Die Einsichts- bzw. Steuerungsunfähigkeit muß sich auf die **konkrete Tat** beziehen (vgl. dazu **31** auch BGH NStE § 21 **Nr. 14**). Eine generelle Schuldunfähigkeit gibt es nicht, weil sowohl die Einsichtsfähigkeit (entsprechend der sog. Teilbarkeit des Unrechtsbewußtseins beim Verbotsirrtum, vgl. § 17 RN 8) als auch die Steuerungsfähigkeit bezüglich einer Tat bejaht, bezüglich einer anderen verneint werden kann (vgl. BGH **14** 116, StV **84**, 419, NStZ **90**, 231 [Sexualdelikt und nachfolgender Mord], Jähnke LK 35, Jakobs 535, Jescheck/Weigend 441, Roxin I 770, Rudolphi SK 22, Streng aaO 254, Tröndle/Fischer 3 a). Denkbar ist daher sowohl eine partielle Schuldunfähigkeit (Ausschluß der Verantwortlichkeit eines im allgemeinen Schuldfähigen für bestimmte Delikte) als auch eine partielle Schuldfähigkeit (Verantwortlichkeit eines Geisteskranken für bestimmte Taten); auch eine Entmündigung wegen Geisteskrankheit hat deshalb für § 20 keine präjudizielle Bedeutung (Frankfurt GA **63**, 54); näher dazu Lenckner aaO 107.

IV. Ausgeschlossen ist die Schuld nach § 20, wenn der Täter **bei Begehung der Tat** schuldunfähig **32** war. Dabei ist maßgebend auch hier der Zeitpunkt des Handelns, nicht der des Erfolgseintritts (vgl. § 8).

1. Jedoch ist in Rspr. und Schrifttum umstritten, ob sich eine Strafbarkeit des Täters wegen der Tat **33** trotz Schuldunfähigkeit bei der Tatausführung nach den Grundsätzen der **actio libera in causa** (a. l. i. c.) ergeben kann (vgl. aus der neueren Rspr. BGH **42** 235 sowie zuvor bereits BGH **40** 343 – 4. Senat –, LG Münster NStZ-RR **96**, 266 einerseits [ablehnend] und BGH NStZ **95**, 282 – 5. Senat –, **97**, 230 – 3. Senat – andererseits [befürwortend]; zur älteren Rspr. vgl. die 25. A.; aus dem Schrifttum umfass. Hettinger aaO, sowie u.a. Ambos NJW 97, 2296, BW-Weber 407ff., Behrendt aaO 64ff., EB-Burkhardt I 200ff., Fahnenschmidt/Klumpe DRiZ 97, 77, Gropp 235ff., Hardtung NZV 97, 97, Herzberg, Spendel-FS 203 [krit. dazu Hettinger, Geerds-FS 637ff.], Hirsch NStZ 97, 230, JR 97, 391, Hirschmann-FS 88, Horn GA 69, 289, SK § 323a RN 28ff., StV 97, 264, Hruschka JuS 68, 554, SchwZStr 80, 48, JZ 96, 64, JZ 97, 22, Jähnke LK 77f., Jakobs 500ff., 506f., Nishihara-FS 105, Jerouschek JuS 97, 385, Hirsch-FS 241, Jescheck/Weigend 445ff., Joerden aaO 35ff., Kindhäuser aaO 120ff., Köhler 393ff., 397ff., Kühl 361ff., Küper aaO, Der „verschuldete" rechtfertigende Notstand [1983] 83ff., Lackner/Kühl 25ff., M-Zipf I 500ff., Neumann aaO 24ff., 269ff. [krit. dazu Hettinger JZ 85, 787], GA 85, 383, ZStW 99, 574ff., A. Kaufmann-FS 582, StV 97, 23, Otto I 198ff., Jura 86, 426ff., Jura 99, 217, Paeffgen NK vor § 323a RN 1ff., PuppeJuS 97, 513, Puppe JuS 80, 346, Rath JuS 95, 405, Rönnau JA 97, 707, Roxin I 781ff., Lackner-FS 307, Rudolphi SK 28ff., Salger/Mutzbauer NStZ 93, 561, Schild AK 82ff., Triffterer-FS 203, Schlüchter, Hirsch-FS 345, Schmidhäuser aaO [krit. dazu Frister ZStW 108, 645, Hettinger JZ 93, 513], Spendel LK § 323a RN 21ff., JR 97, 133, Hirsch-FS 7, Stratenwerth aaO, Streng JZ 94, 709 [krit. dazu Hettinger, Geerds-FS 644ff.], JZ 00, 20, Tröndle 18ff., W-Beulke 126ff.). Darunter ist das verantwortliche Ingangsetzen eines Verhaltens zu verstehen, das im Zustand der Schuldunfähigkeit zu einer Tatbestandsverwirklichung führt, wobei die „in causa" freie Handlung darin liegt, daß der – auch vermindert (BGHR § 20 a.l.i.c. 1, Düsseldorf NJW **62**, 684, Koblenz VRS **75**, 35, Jähnke LK 79, Spendel LK § 323a RN 26) – schuldfähige Täter den Zustand des § 20 selbst herbeiführt oder daß er sonst in eine Situation begibt, in der seine Schuldunfähigkeit ausgeschlossen ist (zB bei Tätern, die in bestimmten Situationen infolge einer abartigen Veranlagung ihr Verhalten nicht mehr steuern können; vgl. dazu auch BGH NStZ **95** 329, Jähnke LK 84, Krause aaO 313f.); auch der verschuldete Affekt gehört in diesen Zusammenhang (o. 15 a). Im Unterschied zu § 323 a – zum Verhältnis zu § 323 a vgl. dort RN 31 ff. – wird hier der Täter für die im Defektzustand begangene Tat selbst bestraft. Die Diskussion wurde neu belebt durch BGH **42** 235, wo in Abkehr von der früheren Rspr. die mit der a. l. i. c. verbundene Vorverlagerung der Schuld jedenfalls bei den §§ 315 c StGB, 21 StVG als unzulässig angesehen wird. Umstritten ist nicht nur, ob de lege lata überhaupt und ggf bei welchen Delikten ein Schuldvorwurf mittels dieser Rechtsfigur begründet werden kann, sondern auch welche Prinzipien eine etwaige gesetzliche Neuregelung (dazu u. 35 b) zu beachten hätte. Daß ein entsprechendes Strafbedürfnis besteht, das durch den – seinerseits problematischen (vgl. dort RN 1) – § 323 a nicht zureichend befriedigt werden kann, wird freilich weitgehend anerkannt (vgl. Hirsch NStZ 97, 230 f.), und auch zahlreiche ausländische Rechtsordnungen enthalten ausdrückliche Regelungen für derartige Fälle (Nachw. u. a. bei Ambos aaO 2298, Paeffgen NK vor § 323 a RN 61 ff.). Allerdings sind die potentiellen Anwendungsfälle in der Praxis eher selten (siehe auch Schnarr bei Dietmeyer ZStW 110, 405; and. für die fahrlässige a. l. i. c. vgl. Spendel LK § 323 a RN 40), da die Rspr. bei den in Frage kommenden Sachverhalten (Alkohol, Drogen, Affekt) kaum einmal einen Ausschluß der Schuldfähigkeit annimmt (zur Zurückdrängung der exkulpationsfreundlichen „Promillediagnostik" s. o. 16 a u. 16 b) und bei § 21 überwiegend nicht auf die Figur der a. l. i. c. zurückgreift, sondern das Vorverschulden im Rahmen der Strafzumessung – durch regelmäßigen Verzicht auf die Strafmilderung – berücksichtigt (vgl. a. l. i. c. bei § 21 und zur Kritik der Rspr. vgl. dort RN 11, 20 f.).

Vielfach wird von einer a. l. i. c. auch gesprochen, wenn ihr Bezugsobjekt nicht die Schuldfähigkeit, **34** sondern ein *sonstiges Verbrechensmerkmal* ist (zB BW-Weber 408, M-Zipf I 500 f., Rudolphi SK 29 a):

So bezüglich der Handlungsfähigkeit (hier auch Krause aaO 315, Otto Jura 86, 434; zur sog. omissio libera in causa vgl. 144 vor § 13), der Rechtswidrigkeit (vgl. Maurach JuS 61, 375; zur sog. actio illicita in causa vgl. 23 vor § 32, § 32 RN 54 ff., § 34 RN 42) oder eines sonstigen Schuldmerkmals. Dies ist unschädlich, wenn man sich bewußt ist, daß die Sachfragen zT verschieden liegen (vgl. etwa zum Herbeiführen von Handlungsunfähigkeit einerseits, Schuldunfähigkeit andererseits Joerden aaO 40 ff. u. zum Ganzen auch Hruschka JZ 89, 313 ff., Krause Jura 80, 172 f., Neumann GA 85, 383). Dasselbe gilt für eine auf den *Schuldbereich* beschränkte Konzeption des **„Vorverschuldens"**, in die außer den a. l. i. c.-Fällen des § 20 auch der z. Zt. der Tat unvermeidbare, durch vorherige Erkundigungen jedoch vermeidbare Verbotsirrtum (§ 17) und die Verursachung einer Notstandslage i. S. des § 35 einbezogen werden (näher dazu u.a. Hruschka aaO, JZ 96, 72, Otto Jura 99, 218, Stratenwerth aaO 485 mwN). Zwar finden sich in allen diesen Fällen die Strukturprinzipien der a. l. i. c., wobei sich das Vorverschulden jeweils auf z. Zt. der Tat nicht mehr ausgleichbare Defizite bezieht, von denen bei § 20 die Unrechtseinsicht oder die normgemäße Verhaltenssteuerung, bei § 17 erstere und bei § 35 letztere betroffen ist (hier i. U. zu § 20 allerdings nur i. S. einer durch die Zwangslage bedingten Erschwerung normgemäßer Motivierbarkeit, vgl. 111 vor § 32, § 35 RN 19). Schon die Voraussetzungen, die das Vorverschulden erfüllen muß, um wegen vorsätzlicher Tat bestrafen zu können, sind jedoch von Fall zu Fall verschieden (vgl. aber auch Stratenwerth aaO 495 ff.): Bei § 35, wo sich diese Frage unter dem Gesichtspunkt stellt, ob dem Täter die Hinnahme der Gefahr zuzumuten ist, kann die fahrlässige Herbeiführung der Notstandslage genügen, muß dies aber nicht (§ 35 RN 20); dagegen kann der Täter bei § 20 – sofern überhaupt – nur im Fall eines vorsätzlichen Vorverschuldens wegen vorsätzlicher Tat bestraft werden, während bei § 17 dafür wiederum Fahrlässigkeit ausreichend ist, hier allerdings nur in der besonderen Form der „Rechtsfahrlässigkeit" (u. 36). Diese ist es hier auch, die wegen der darin manifest werdenden Gleichgültigkeit oder Achtlosigkeit gegenüber dem Recht i. V. mit dem Tatvorsatz bei § 17 den strengeren Standpunkt des Gesetzes – Bestrafung aus dem Vorsatztatbestand – rechtfertigt (121 vor § 13).

35 a) Umstritten sind – de lege lata wie auch de lege ferenda – vor allem **Konstruktion** und **rechtliche Grundlage** der a. l. i. c. (vgl. dazu die Nachw. o. 33). Eine verbreitete Ansicht versucht die zeitliche Koinzidenz von Tat und Schuld dadurch herzustellen, daß sie das Gesamtgeschehen als „Begehung der Tat" und damit schon die Herbeiführung des Defektzustands als Beginn der Tatbestandsverwirklichung ansieht (sog. **„Tatbestandsmodell"**; vgl. mit Unterschieden im einzelnen zB BGH **17** 335, BW-Weber 409, Behrendt, Affekt usw. 71 f., Hardtung NZV 97, 102, Herzberg, Spendel-FS 207 u. pass., Hirsch NStZ 97, 230, JR 97, 391, Nishihara-FS 95, Jakobs 508, Nishihara-FS 108 ff., Puppe aaO, Roxin I 783, Lackner-FS 311 ff., Rudolphi SK 28b, Schild AK 83, Triffterer-FS 205, Schlüchter, Hirsch-FS 354 ff., Schmidhäuser 385, 1102 u. weiter entwickelt aaO 29 f., Spendel LK § 323a RN 30, JR 97, 133 f., Hirsch-FS 381, Tröndle 19b, Wolter, Leferenz-FS 555 f., zT auch Horn SK § 323a RN 29, StV 97, 264 ff.). Bei *fahrlässigen Erfolgsdelikten* wird diese Konstruktion weithin als unproblematisch (bzw. die a. l. i. c. als überflüssig) angesehen, da dort jedes sorgfaltswidrige erfolgsursächliche Verhalten einen geeigneten Gegenstand des strafrechtlichen Vorwurfs darstelle (vgl. außer den bereits Genannten z.B. BGH **42** 236, Otto I 202, Jura 86, 434, Neumann StV 97, 24, Paeffgen ZStW 97, 524, NK vor § 323a RN 49, Puppe aaO 350, sowie die 25. A.; zur Kritik sogleich); andererseits wird inzwischen auch von den Befürwortern des Tatbestandsmodells weithin anerkannt, daß dieses bei Delikten versagt, die, wie zB die §§ 315c, 316, eine *eigenhändige* Vornahme der im Tatbestand umschriebenen Handlung verlangen (vgl. zB BGH **42** 238, LG Münster NStZ-RR **96** 266, BW-Weber 411, Hardtung aaO 101, Horn SK § 323a RN 31, StV 97, 264, Jakobs 508, Nishihara-FS 111, Roxin I 785, Rudolphi SK 28d; s. auch Schleswig MDR **89**, 761, Hettinger aaO 422 ff., 440 ff., 452 ff., Geerds-FS 630, Jähnke LK 77, Neumann StV 97, 24 f., Rönnau JA 97, 709, Salger/Mutzbauer NStZ 93, 563; für die Anwendung des Tatbestandsmodells auch bei eigenhändigen Delikten dagegen Hirsch NStZ 97, 231, Nishihara-FS 101 ff., Spendel JR 97, 135 f., Hirsch-FS 386 ff.). Das spezifische Anwendungsfeld des Tatbestandsmodells bilden daher die *nicht eigenhändigen Vorsatzdelikte*. Zur Begründung der Vorverlagerung wird hier zunehmend auf die Figur der mittelbaren Täterschaft in dem Sinne zurückgegriffen, daß der Täter sich selbst als schuldloses Werkzeug einsetze (vgl. u. a. BW-Weber 411, Hardtung aaO 103, Herzberg, Spendel-FS 224, Hirsch NStZ 97, 231, JR 97, 392, Jakobs 506, Nishihara-FS 119, Roxin I 784, Lackner-FS 314 ff., Schild AK 83, Triffterer-FS 204 ff., Schlüchter, Hirsch-FS 354 ff., Spendel JR 97, 134, Hirsch-FS 384). Damit kann zwar – im Gegensatz zu früheren Konstruktionen, die mit der Herbeiführung des Defektzustandes bereits den Versuch beginnen lassen mußten (vgl. dazu hier die 25. A.) – schlüssig dargelegt werden, daß die maßgebliche Handlung schon vor Eintritt des Versuchsstadiums vorgenommen wird (vgl. zB Hirsch JR 97, 393, Nishihara-FS 97 ff., Jakobs Nishihara-FS 119, Rönnau aaO 709 f., Spendel LK § 323a RN 32, JR 97, 134, Hirsch-FS 382 f.); auch wird so der häufig erhobene Einwand der Unbeweisbarkeit eines Kausalzusammenhanges zwischen der Herbeiführung des Defektzustandes und der Rauschtat (vgl. dazu zB Paeffgen NK vor § 323a RN 6 mwN) widerlegt, weil der Täter durch die Selbsteinsetzung als Werkzeug der Tat ein spezifisches, von einer vergleichbaren Tat im schuldfähigen Zustand deutlich abweichendes Gepräge verleiht (vgl. zB Jakobs, Nishihara-FS 118, Spendel LK § 323a RN 30, 159, Hirsch-FS 385 f.). Problematisch ist diese Analogie – und nur um eine solche kann es hier gehen, weil der Täter selbst kein „anderer" ist (s. auch Hirsch NStZ 97, 232: Unterfall von § 25 I 1. Alt.) – aber schon deshalb, weil dort i. U. zu hier erst die Kumulierung von Unwägbarkeiten – außer der Schuldunfähigkeit des Werkzeugs die Einschaltung eines dem weiteren Einfluß des Hintermanns entzogenen Dritten – die Annahme rechtfertigt, der Täter habe bereits mit der entsprechenden Einwirkung auf den Tatmittler das Geschehen aus der Hand gegeben (vgl. zB EB-Burkhardt I 201, Fahnenschmidt/Klumpe DRiZ 97, 78, Hettinger aaO 407 ff., Jerouschek JuS 97, 387 f., Hirsch-FS 250, Küper aaO 590, Neumann aaO 34 f., A. Kaufmann-FS 585, Otto I 200, Jura 86, 428, Paeffgen NK § 323 a RN 7, ZStW 97, 517 ff., Puppe JuS 80, 349, Rath JuS 95, 409 f., Salger/Mutzbauer NStZ 93, 565, Schmidhäuser aaO 24, Streng JZ 94, 710, 00, 21). Auch vermag die Konzeption der mittelbaren Täterschaft nicht zu erklären, weshalb der vorsätzliche a. l. i. c. die spätere Tatausführung selbst noch vorsätzlich erfolgen muß (vgl. Jähnke LK 77, Stratenwerth aaO 492 f.). Zu keiner Lösung führt ferner – eine weitere Variante des „Tatbestandsmodells" – die Verselbständigung des Tatbegehungsbegriffs gegenüber dem Versuchsbeginn in der Weise, daß rückblickend auch bloße Vorbereitungshandlungen zum Anfang der „Begehung der Tat" werden sollen, wenn es später tatsächlich zu der (versuchten oder vollendeten) Tatausführung kommt (Spendel LK § 323 a RN 32 ff., JR 97, 133 ff., Hirsch-FS 382, 390, Herzberg aaO 207): Im Unterschied etwa zu einer Bomben- oder Giftfalle, die zu irgendeinem späteren Zeitpunkt vom Opfer oder einem ahnungslosen Dritten ausgelöst werden soll, muß der Täter bei der a. l. i. c. auch nach Herbeiführung des Defektzustands noch weitere Handlungen vornehmen, die erst die unmittelbare Gefahr für das tatbestandlich geschützte Rechtsgut begründen; wie aber eine derart im Vorfeld eines strafrechtlichen Verbots liegende Vorbereitungshandlung retrospektiv – oder anders gesagt: mit Wirkung ex tunc – zum Teilstück einer verbotenen Tatbegehung werden soll, bleibt unklar (vgl. auch Hettinger, Geerds-FS 641, Kühl 366 f., Schlüchter, Hirsch-FS 350 ff., Streng JZ 94, 710 f.). Ebensowenig ersichtlich ist eine Legitimationsgrundlage dafür, den formellen Tatbestandsbegriff durch eine „materiale Unrechtserfassung" zu überspielen und in einen materialen Unrechtsbegriff auch das Vorverhalten einzubeziehen (so aber Schmidhäuser aaO 25 ff.; zur Kritik vgl. näher Frister ZStW 108, 644, Hettinger JZ 93, 514, Neumann, A. Kaufmann-FS 589, Schlüchter, Hirsch-FS 347, Streng JZ 94, 711). Gegen das Tatbestandsmodell insgesamt, d.h. auch bei fahrlässigen Erfolgsdelikten, spricht ferner, daß aus der – sozialethisch und strafrechtsfunktional nicht zu vernachlässigenden – Perspektive des Opfers sowie unbeteiligter Dritter als „Tat" nicht schon die Herbeiführung des Defektzustandes angesehen werden kann, sondern erst und nur das im Defektzustand verübte Vergewaltigung, zum Unfall führende Vorfahrtsmißachtung etc. (vgl. zB Hettinger aaO 452 ff., GA 89, 14 ff., Hruschka JZ 97, 24 f.; s. auch Otto Jura 99, 218, Rath JuS 95, 412; and. Jakobs, Nishihara-FS 109 ff.). Schließlich darf die a. l. i. c. bei § 21 (vgl. dort RN 11) nicht anders begründet werden als bei § 20 – besonders deutlich, wenn § 21 eine obligatorische Milderung enthielte oder als solche zu verstehen wäre. Im Fall des § 21 kann aber nicht zweifelhaft sein, daß die tatbestandsmäßige Handlung erst mit der defektbehafteten Tat selbst beginnt und auch die Konstruktion einer mittelbaren Täterschaft versagt (vgl. zB Jähnke LK 77, Paeffgen NK vor § 323 a RN 10, Streng JZ 94, 710; and. Roxin I 787, aaO 322 f., Rudolphi SK 29, Salger, Tröndle-FS 216).

35 a Nach der Gegenansicht wird der Schuldmangel bzw. die Schuldreduzierung bei der im Zustand der §§ 20, 21 begangenen Tat dadurch wieder ausgeglichen, daß sich der Täter *im Hinblick auf diese* schuldhaft um eine Einsichts- oder Steuerungsfähigkeit gebracht hat (sog. **„Schuld"-** oder **„Ausnahmemodell"**, vgl. mit Unterschieden im einzelnen zB Hruschka JuS 68, 558, JZ 89, 312, JZ 96, 64 ff., JZ 97, 22 ff., Jähnke LK 78, Jescheck/Weigend 448, Kühl 367, Küper aaO 592, Lackner/Kühl 25, Neumann aaO 24 ff., ZStW 99, 548 ff., A. Kaufmann-FS 591 ff., StV 97, 25, Otto I 200, aaO 426, Rengier KK-OWiG § 12 RN 29, Stratenwerth 166, aaO 495 ff., W-Beulke 126, wohl auch Köhler 394, 465; vgl. auch das „Ausdehnungsmodell" von Streng JZ 101, 310 ff., JZ 94, 711 ff., JZ 00, 22 ff. mit dem Versuch, durch eine extensive Interpretation des Begriffs der Tatbegehung an einen über den Unrechtstatbestand hinausreichenden Schuldtatbestand anzuknüpfen [mit Recht krit. dazu BGH **42** 240, Hardtung NZV 97, 98, Hettinger, Geerds-FS 644 ff., Jakobs, Nishihara-FS 110 FN 17, Neumann, A. Kaufmann-FS 587 ff.]). Das Ausnahmemodell ist jedoch mit dem Wortlaut des § 20 („bei Begehung der Tat") nicht zu vereinbaren und verstößt daher, wie auch von seinen Befürwortern zunehmend erkannt wird, gegen Art. 103 II GG (vgl. BGH **42** 241, LG Münster NStZ-RR **96**, 22, Ambos NJW 97, 2297 f., Haft I 136, Hardtung aaO 98, Hettinger aaO 444 ff., Hirsch NStZ 97, 230, Nishihara-FS 90 f., Horn SK § 323 a RN 28, StV 97, 264, Hruschka JZ 96, 68, 97, 24, Köhler 397, Neumann StV 97, 25, Paeffgen aaO 522 ff., NK vor § 323 a RN 24, Rath JuS 95, 412, Rönnau JA 97, 713, Roxin I 782, aaO 309, Rudolphi SK 28b, Salger/Mutzbauer aaO 565, Schlüchter, Hirsch-FS 346; and. Jähnke LK 78 u. FN 150, Kühl 367, Otto I 200 mit FN 14, aaO 430, Streng JZ 00, 25, W-Beulke 126, sowie hier die 25. A.): Der nullum-crimen-Grundsatz verbietet gewohnheitsrechtliche Einschränkungen gesetzlicher Gründe, welche die Strafbarkeit ausschließen (vgl. § 1 RN 14 a; and. hier die 25. A. und 25 vor § 32), und auch die ansonsten weithin zu verzeichnende Offenheit des Gesetzes gegenüber allgemeinen Zurechnungsgrundsätzen und deren Fortentwicklung besteht hier gerade nicht (vgl. § 1 RN 15; and. z.B. Jakobs, Nishihara-FS 105 FN 3, Neumann StV 97, 25, Otto I 200, Jura 99, 217 f.), wie nicht zuletzt ein Vergleich mit den Regelungen der §§ 17, 35 zeigt (vgl. z.B. Ambos NJW 97, 2297, Hruschka JZ 96, 67 f., Paeffgen NK vor § 323 a RN 24, Rönnau aaO 713; and. Hirsch, JR 97, 392, Nishihara-FS 92 ff., Jakobs, Nishihara-FS 117 FN 42, Streng JZ 00, 23); unzulässig ist daher auch die von Jerouschek (JuS 97, 388, Hirsch-FS 257; s. auch Küper, Notstand 86, Stratenwerth 166) vorgeschlagene Auslegung des Begriffes „bei" iSv „bezüglich", so daß ein normativer Zurechnungszusammenhang zwischen Tat und Verschulden genüge (s. auch die Kritik von

Hirsch, Nishihara-FS 90 f., Jakobs, Nishihara-FS 110 FN 17). Das Ausnahmemodell kann somit im Rahmen des § 20 nur de lege ferenda gefordert, nicht aber aktuell angewendet werden; bei § 21 bildet hingegen die durch das Wort „kann" eingeräumte Möglichkeit, trotz erheblich verminderter Schuldfähigkeit von der Strafmilderung keinen Gebrauch zu machen, einen hinreichenden gesetzlichen Ansatzpunkt (s. auch dort RN 11). Sowohl im Hinblick auf eine mögliche Gesetzesänderung als auch auf den in der Praxis sehr viel bedeutsameren § 21 bleibt daher zu klären, ob das Ausnahmemodell mit dem Schuldprinzip vereinbar ist (verneinend u.a. Hirsch NStZ 97, 230, 232, JR 97, 391 f., Nishihara-FS 91 f., 94, Jakobs bei Dietmeyer, ZStW 110, 405, Puppe aaO 347, Roxin I 782, aaO 309 f., Rudolphi SK 28 b, Schmidhäuser aaO 15, 17). Zwar trifft der Vorwurf des Rückgriffs auf eine allgemeine „Lebensführungsschuld" (so u. a. Hirsch JR 97, 392, Jakobs bei Dietmeyer, ZStW 110, 405) angesichts des konkreten Bezugs der actio praecedens (Herbeiführung des Defektzustandes) zur Rauschtat nicht zu (vgl. auch BW-Weber 407, Köhler 394), aber es fehlt andererseits bislang auch an einer überzeugenden Begründung, wie aus individualethischer Sicht die beiden „unvollständigen Delikts-Hälften" (Paeffgen NK vor § 323 a RN 3) miteinander verbunden werden können. Insbesondere genügen dafür nicht bloße Verweise auf § 17, bei dem die Vermeidbarkeit des Verbotsirrtums häufig gleichfalls nur mit einem entsprechenden Vorverschulden zu begründen ist (so aber u.a. Hruschka JZ 96, 68, Stratenwerth aaO 491 ff.), den allgemeinen Mißbrauchsgedanken (vgl. Otto I 200 f., ferner Jerouschek, Hirsch-FS 257, Kühl 363, Neumann, A. Kaufmann-FS 590, sowie hier die 25. A.) oder die normtheoretische Unterscheidung zwischen Pflicht und Obliegenheit (so insbesondere Hruschka, zuletzt JZ 97, 23); diese bilden zwar Indizien für die Legitimität des Schuldvorwurfes in den Fällen der a. l. i. c., aber sie begründen ihn nicht substantiell (vgl. auch die Kritik von Paeffgen NK vor § 323 a RN 20 ff.). Zumindest wird bei dem normtheoretischen Modell von Hruschka deutlich, daß der Täter durch die Herbeiführung des Defektzustandes eine bereits im Hinblick auf die spätere Tat bestehende rechtliche Verpflichtung verletzt (vgl. dazu Frisch ZStW 101, 575; Streng auf JRE 94, 335 ff., sowie – kritisch – Paeffgen NK vor § 323 a RN 20) und dadurch – auch – Schuld verwirklicht, die in konkreter Verbindung zur Rauschtat steht (zu den verschiedenen Verbindungskonstruktionen vgl. z.B. Neumann aaO 186 ff., 248 ff. mwN). Ob diese Verbindung aber zur Begründung eines Schuldvorwurfs für die Rauschtat selbst ausreicht, sei es in den Formen der bislang praktizierten vorsätzlichen und fahrlässigen a. l. i. c. (so zB Köhler 394 f., Streng JZ 00, 24; zweifelnd im Hinblick auf den error in persona Rönnau JA 97, 714; von abweichenden Vorschlag von Hruschka u. 35 b), sei es als „qualitativ andere", „zweite Schuldform der Vermeidbarkeit" (Krümpelmann ZStW 99, 222), die selbständig graduiert werden muß, ist noch nicht hinreichend geklärt.

35 b Insgesamt ist die gegenwärtige Situation wenig befriedigend (s. auch EB–Burkhardt I 202, Kühl 367, Paeffgen NK vor § 323 a RN 65). Trotz allseits bestehenden Strafbedürfnisses fehlt ein Konsens sowohl hinsichtlich der Anwendbarkeit der a. l. i. c. de lege lata als auch hinsichtlich der de lege ferenda zu suchenden Lösung. Das Tatbestandsmodell ist nicht nur in sich fragwürdig, sondern inzwischen auch in der Rspr. umstritten und versagt bei den eigenhändigen Delikten. Das Ausnahmemodell kann de lege lata nicht auf § 20, sondern nur auf § 21 angewendet werden, und gegenüber einer etwaigen gesetzlichen Einführung sind die im Hinblick auf das Schuldprinzip bestehenden Bedenken weder grundsätzlich ausgeräumt noch ist hinreichend geklärt, wie der Schuldvorwurf – etwa nach Vorsatz- und Fahrlässigkeitsschuld – abgestuft werden sollte (vgl. auch den Vorschlag von Hruschka JZ 96, 69, bereits die fahrlässige Herbeiführung des Defektzustandes für eine volle Verantwortlichkeit genügen zu lassen und als Kompensation etwaiger Schulddefizite eine fakultative Strafmilderung einzuräumen [zu Recht krit. Hirsch JR 97, 391 f., Nishihara-FS 91 f.; zustimmend Rautenberg DtZ 97, 47, Sick/Renzikowski ZRP 97, 487 f.; s. auch Lagodny, Strafrecht vor den Schranken der Grundrechte, 1996, 407 ff.]. Keinen Ausweg bildet auch § 323 a, da dort einerseits der Unrechtsgehalt der Tat – zumindest im Urteilstenor – nicht hinreichend berücksichtigt wird, und andererseits bei einem Verzicht auf die a. l. i. c. die Gefahr besteht, daß die Praxis die Strafzumessung für den Vollrausch pauschal an derjenigen Strafe orientieren würde, die im Falle unbeeinträchtigter Schuldfähigkeit angemessen wäre – nicht ausgeschärft im Falle einer etwaigen Erhöhung der gesetzlichen Strafobergrenze des § 323 a für besonders schwere Fälle (so der Vorschlag des Landes Berlin BR-Drs. 123/97; näher dazu Sick/Renzikowski aaO 484 ff.; allgemein zur Berücksichtigung der Rauschtat bei der Strafzumessung nach § 323 a dort RN 30 a): Mit dem Schuldprinzip wäre eine solche Vorgehensweise jedenfalls noch weniger vereinbar (ebso. Streng JZ 00, 26). Die bis zu BGH **42** 235 von der Rspr. praktizierte Form der a. l. i. c. mit ihren strengen Voraussetzungen bei Vorsatzdelikten bleibt daher von allen diskutierten Möglichkeiten noch die akzeptabelste Lösung. De lege ferenda in § 20 eingefügt, würde sie auch auf breite Zustimmung stoßen (ähnl. Streng JZ 00, 26; krit. jedoch Tröndle 19 b). Den folgenden Ausführungen liegt daher das traditionelle Verständnis der a. l. i. c. zugrunde, auch wenn sie nach der hier vertretenen Auffassung de lege lata nur für § 21 anwendbar ist.

36 b) Die **vorsätzliche a. l. i. c.** setzt zunächst einen „Doppelvorsatz" bei noch gegebener (auch verminderter) Schuldfähigkeit voraus, nämlich sowohl die Absicht oder das Bewußtsein, sich in den Zustand der Schuldunfähigkeit zu versetzen, als auch den Vorsatz der späteren Tatbegehung in diesem Zustand (vgl. zB BGH **2** 17, **17** 334 f., **23** 135, 358, NJW 77, 590, MDR/D **67**, 724, Bay NJW **69**, 1583, VRS **56** 186, **64** 189, LG Bad Kreuznach NStZ **92**, 338, Horn GA 69, 289, Jakobs 508, Jescheck/Weigend 447, Kühl 367, Lackner/Kühl 26, M-Zipf I 501, Oehler JZ 70, 380 f., Otto I 201, Jura 86, 431, Puppe JuS 80, 348, Roxin I 786, aaO 320 f., Rudolphi SK 30, Spendel LK § 323 a

RN 38, Streng JZ 94, 713 f., Tröndle 20, W-Beulke 127, ähnl. Krause aaO 312, Jura 80, 174; and. Cramer JZ 68, 273, Jähnke LK 81 f., Hruschka JuS 68, 558, SchwZStR 90, 73 f. [bezügl. Herbeiführung des Defektzustandes Fahrlässigkeit genügend]). Daß auch die Herbeiführung des Defektzustandes vorsätzlich geschehen muß, ist selbstverständlich, wenn darin bereits die Tathandlung oder deren Beginn gesehen wird (o. 35, aber auch Neumann aaO 28 f.). Nichts anderes gilt aber auch, wenn Tatbegehung nur die in actu unfreie Handlung ist. Hier folgt aus dem Schuldprinzip, daß eine Bestrafung wegen vorsätzlicher Tat nur gerechtfertigt ist, wenn die vorwerfbare Willensbeziehung zwischen dem Sichversetzen in den Defektzustand und der späteren Tatausführung gerade darin besteht, daß sich der Täter im Hinblick auf die konkrete Tat bewußt um seine Einsichts- oder Steuerungsfähigkeit gebracht hat (vgl. auch Jescheck/Weigend 447; and. Hruschka JZ 96, 72, Sick/Renzikowski ZRP 97, 487, Stratenwerth aaO 491 ff.): Daher keine vorsätzliche a. l. i. c., wenn dem zu einer bestimmten Tat entschlossenen Täter heimlich berauschende Mittel in ein Getränk geschüttet werden, wenn er sich nur fahrlässig betrinkt oder wenn der Täter, der den Mord für den Abend geplant hat, sein Opfer schon am Mittag trifft und im Zustand der Trunkenheit tötet. Noch weniger kann es für die Bestrafung wegen vorsätzlicher Tat genügen, daß der Täter den Defektzustand in vermeidbarer Weise herbeigeführt hat und dabei voraussehen konnte, daß er in ihm möglicherweise ein solches Delikt begehen werde (vgl. aber Stratenwerth aaO 495). Zum „vermeidbar – unvermeidbaren" Verbotsirrtum (o. 34), wo als Vorverschulden schon Fahrlässigkeit genügt, können hier keine Parallelen gezogen werden (so aber Stratenwerth aaO 491 ff.; s. auch Hruschka aaO 68, 72): Bei § 17 muß der Täter die Umstände tatsächlich kennen – ein bloßes Kennenmüssen genügt insoweit nicht –, die für einen verantwortungsbewußten Menschen ein hinreichender Anlaß gewesen wären, sich um die Klärung der rechtlichen Qualität seines Verhaltens zu kümmern, weshalb immer ein Fall der vom Gesetz aus guten Gründen strenger behandelten „Rechtsfahrlässigkeit" (o. 34) vorliegt, wenn er dies nicht tut (vgl. auch Roxin aaO 311); demgegenüber es hier um eine ganz andere Situation des fahrlässigen Sichbetrinkens usw. und des fahrlässigen Nicht-in-Rechnungstellens der später begangenen Vorsatztat, was als reine Tatfahrlässigkeit noch keine Vorsatzstrafe rechtfertigt. – Daraus, daß tatbestandsmäßige Handlung allein die im Defektzustand begangene Tat ist, folgt schließlich auch, daß diese die Vorsatzstrafe nur rechtfertigt, wenn sie selbst dann tatsächlich vorsätzlich begangen worden ist (vgl. auch Stratenwerth aaO 492 f. u. das dort genannte Bsp.; nicht folgerichtig hier daher die „Tatbestandslösung", o. 35).

Im einzelnen gilt für den **„Doppelvorsatz"** folgendes: Bezüglich des *Sichversetzens in den Defektzustand* genügt der – hier in einem untechnischen Sinn verstandene (o. 36) – Vorsatz in allen seinen Formen. Nicht erforderlich ist daher, daß dies zu dem Zweck geschieht, anschließend die geplante Tat begehen zu können (zB der Täter trinkt sich Mut an), vielmehr genügt hier der bloße dolus eventualis (vgl. BGH LM **Nr. 7** zu § 51 a. F.); zum Herbeiführen des Defektzustandes durch Alkohol- oder Rauschmittelmißbrauch vgl. im übrigen § 323 a RN 9 f. Auch bezüglich der *Tat selbst* ist es ausreichend, wenn der Täter voraussieht oder mit bedingtem Vorsatz in Kauf nimmt, daß er sie in diesem Zustand begehen wird (BGH NJW **55**, 1037, MDR/H **91**, 1020, Schleswig NStZ **86**, 511), nicht dagegen – Fall der fahrlässigen a. l. i. c. (u. 38) –, wenn er damit nicht rechnen konnte (Schleswig aaO). Erforderlich ist dabei immer, daß sich der Vorsatz auf die Begehung eines bestimmten, zwar nicht schon in allen Einzelheiten konkretisierten, aber doch jedenfalls seiner Art nach bereits feststehenden Delikts in diesem Zustand bezieht (BGH **2** 17, **17** 259, **21** 381, NJW **55**, 1037, **77**, 590, NStZ **92**, 536, MDR/D **67**, 724, MDR/H **91**, 1020); nicht ausreichend ist, daß der Täter lediglich seine Neigung zu Gewalttätigkeiten oder Ausschreitungen kennt (BGH **17** 260, StV **93**, 356, MDR/H **91**, 1020, Bay DAR/R **68**, 226, Koblenz OLGSt **Nr. 5**; hier kommt § 323 a in Betracht). Bei einem Vorsatz, der nur auf eine bestimmte Art von Delikten gerichtet ist (zB Vergewaltigung einer beliebigen Frau), genügt es, daß ein Delikt dieser Art begangen wird (BGH **21** 381 m. Anm. Cramer JZ 68, 273, Hruschka JuS 68, 554 u. Schröder JR 68, 305, NJW **77**, 590, Jähnke LK 80, Rudolphi SK 31, Salger/Mutzbauer, NStZ 93, 562). Begeht der Täter dagegen bei einem auf eine ganz konkrete Tat gerichteten Vorsatz eine andere Tat, so haftet er für diese nur bei einer unwesentlichen Abweichung (vgl. BGH **21** 381 m. Anm. Cramer, Hruschka u. Schröder aaO; daher nur § 323 a, wenn der Täter, der eine bestimmte Frau vergewaltigen will, die Tat an einem anderen Opfer begeht). Da das Tatgeschehen an dem im defektfreien Zustand gefaßten Vorsatz zu messen ist, stellt in diesem Fall auch der error in persona bei der Tatausführung (zB der betrunkene Täter verwechselt die Frau, auf die es es in nüchternem Zustand abgesehen hatte, mit einer anderen) eine wesentliche Abweichung dar (vgl. Lackner/Kühl 26, Roxin I 789, Rudolphi SK 31, Otto, Jura 86, 432, W-Beulke 128; and. BGH aaO, Blei I 193, Jähnke LK 80; vgl. auch EB-Burkhardt I 205, Kühl 368).

c) Eine **fahrlässige a. l. i. c.** – einen entsprechenden Fahrlässigkeitstatbestand vorausgesetzt und praktisch häufig bei Trunkenheitsfahrten – liegt vor, wenn der Täter sich vorsätzlich oder fahrlässig (vgl. § 323 a RN 10) in den Defektzustand versetzt und außerdem damit rechnen muß, daß er in diesem Zustand eine bestimmte Straftat begehen werde, ferner wenn er den Zustand des § 20 fahrlässig herbeiführt und dann eine zuvor geplante Tat begeht (vgl. zB RG **70** 87, BGH **17** 335, NStZ **95**, 329, VRS **6** 428, BGHR § 323 a Abs. 1 Konkurrenzen 1, Bay NJW **69**, 1583, VRS **60** 369, **85** 329, Celle NJW **68**, 1938, Hamm NJW **83**, 2456, NZV **92**, 153, Karlsruhe VRS **53** 461, Koblenz VRS **75** 35, Köln NJW **67**, 306, Schleswig NStZ **86**, 511). Was die Bestimmtheit der Tat betrifft, so genügt auch hier nicht, daß der Täter mit „Aggressions- u. Eigentumsdelikten" hätte rechnen müssen (BGH StV **93**, 356 zu § 21, Spendel LK § 323 a RN 39). Für die Fahrlässigkeit gilt der allgemeine Maßstab (vgl. § 15 RN 118 ff., Bay VRS **60** 369, Celle VRS **40** 16). Wer aufgrund besonderer Umstände damit rechnen muß, nach erheblichem Alkoholgenuß ein Kraftfahrzeug zu führen, muß dagegen deshalb rechtzeitig Vorsorge treffen; andernfalls haftet er für die Trunkenheitsfahrt und deren Folgen, sofern der Geschehensablauf nicht außerhalb des objektiv Vorhersehbaren liegt (vgl. Hamm NJW **83**, 2456, Koblenz VRS **75** 35 mwN, Zweibrücken VRS **81** 284). Entsprechendes gilt, wenn die Möglichkeit besteht, daß er das Fahrzeug einem Dritten überläßt (Hamm aaO). Dagegen genügt nicht schon das Bestehen der allgemeinen Möglichkeit, der Täter werde entgegen seiner bisherigen Absicht unter Einwirkung des Alkohols das Fahrzeug doch benutzen; erforderlich ist hier vielmehr, daß besondere Umstände – zB die Unsicherheit, mit einem anderen Verkehrsmittel nach Hause zu kommen – die Änderung dieses Entschlusses nahelegen (vgl. Bay VRS **36** 170, **60** 369, **61** 339, aber auch Zweibrücken aaO). An der Fahrlässigkeit fehlt es auch, wenn der Täter hinreichende Sicherungsmaßnahmen getroffen hat, diese aber durch ein für ihn nicht erkennbares Mißverständnis Dritter fehlschlagen (Hamm NZV **92**, 153, Köln VRS **34** 127). Beruht die Schuldunfähigkeit auf Alkoholeinwirkung und Gehirnerschütterung, so muß auch dies vorhersehbar gewesen sein (Bay NJW **68**, 2299); damit, daß die Wirkung von Alkohol durch Medikamente idR gesteigert wird, muß der Täter heute grundsätzlich rechnen (Hamburg JR **82**, 346 m. Anm. Horn; zur Pflicht, die Gebrauchsanweisung zu beachten, vgl. auch Hamm VRS **47** 257 mwN).

39   d) Wird die a. l. i. c. auch für § 20 für anwendbar gehalten und liegen ihre Voraussetzungen vor, so ist die **Feststellung**, ob der Täter z. Z. der Tatausführung **schuldunfähig oder vermindert schuldfähig** war, **überflüssig**, wenn sowohl die Anwendung des § 20 als auch die des § 21 (vgl. dort 11) ausgeschlossen ist (vgl. BGH **21** 382, VRS **21** 45, 264, NJW **55**, 1037, Bay NJW **69**, 1584, VRS **64** 189, **85** 329, Koblenz NJW **90**, 131, Rudolphi SK 29). Voraussetzung ist lediglich die Feststellung, daß der Täter im Zeitpunkt, in dem er sich in den Zustand mangelnder Verantwortlichkeit versetzt hat, schuldfähig war; verminderte Schuldfähigkeit genügt (o. 33). Zur a. l. i. c. bei § 21 s. dort RN 11.

40   2. Wird der Täter erst während der Tatausführung, d. h. **nach Versuchsbeginn** schuldunfähig (zB bei einem Blutrausch oder Affekt; vgl. BGH **7** 329, **23** 133 m. Anm. Oehler JZ 70, 379, **23** 356, MDR/H **77**, 458), so ist er wegen vollendeter Tat jedenfalls immer dann zu bestrafen, wenn dies zwischen Versuchsbeendigung und Erfolgseintritt geschieht. Im übrigen gelten hier die Regeln über die Abweichung im Kausalverlauf (vgl. Jähnke LK 75, Otto Jura 86, 433, Roxin I 787, Rudolphi SK 27, ferner § 15 RN 56 mwN, aber auch Geilen JuS 72, 76, Schild AK 83, Wolter ZStW 89, 700, Leferenz FS 566 f.). Wird er dagegen bei der Vorbereitung schuldunfähig, so ist die Tat – vom Fall der a. l. i. c. abgesehen – auch dann nicht strafbar, wenn sie dem im Zustand der Schuldfähigkeit gefaßten Plan entspricht (BGH **23** 356 m. Anm. Geilen JuS 72, 73, Rudolphi SK 27, Wolter, Leferenz-FS 557; vgl. aber auch Geilen, Maurach-FS 194).

41   3. Hat der Täter die im Zustand des § 20 begonnene Tat **nach Wiedererlangen der Schuldfähigkeit** durch weitere Handlungen vollendet, so ist er – unabhängig vom Vorliegen einer a. l. i. c. – wegen dieser Tat strafbar; bei bereits beendigtem Versuch und Unterlassen der Erfolgsabwendung kommt § 13 in Betracht (vgl. auch Jähnke LK 75). Bereits verwirklichte Erschwerungsgründe oder Teilstücke eines mehraktigen Delikts (zB Gewaltanwendung bei § 177) können ihm jedoch nicht ohne weiteres zugerechnet werden.

42   V. Außer in den Fällen der a. l. i. c. (o. 33 ff., zum Affekt o. 15 a) ist es grundsätzlich **ohne Bedeutung**, ob der Täter die **Schuldunfähigkeit schuldhaft herbeigeführt** hat oder nicht; es gibt keinen Grundsatz, wonach nur die „schicksalhaft" bestimmte, nicht aber die selbstverschuldete Schuldunfähigkeit die Schuld ausschließt (Cramer JZ 71, 766; and. Lange LK[10] 29). Dies zeigt schon der evidenteste Fall des selbstverschuldeten Rausches; § 323 a ist insoweit keine Ausnahme, sondern eine Bestätigung dieses Prinzips, weil nach dieser Vorschrift nicht die Rauschtat, sondern die Herbeiführung des Rauschzustandes strafbar ist (vgl. dort RN 1 ff.). Daß die Bejahung oder Verneinung der Schuldfähigkeit letztlich ein normatives Problem ist (o. 26), ändert daran nichts. Auch bei Neurosen wie dem Querulantenwahn kann sich deshalb nicht die Frage stellen, „ob der Täter sich schuldhaft einer Entwicklung überlassen hat, welche letztlich zur Tat führt" (so jedoch Jähnke LK 86), wird damit doch der Tatschuldgedanke aufgegeben und die Grenze zu einer „Lebensführungsschuld" überschritten.

43   VI. Sind die Voraussetzungen des § 20 erfüllt, so kann der Täter **mangels Schuld nicht bestraft** werden; zu den hier in Betracht kommenden Maßregeln der Besserung und Sicherung vgl. §§ 63, 64, 69, 70, zur Eintragung von Freisprüchen usw. wegen Schuldunfähigkeit in das BZR vgl. § 11 BZRG u. dazu Kalf StV **91**, 580, Cording StV 95, 48, zur Frage der Verfassungsmäßigkeit BVerfG StV **91**, 556. Dasselbe gilt nach dem Grundsatz **„in dubio pro reo"**, sofern die Zweifel die tatsächlichen Grundlagen des § 20, d. h. Art und Grad des Defektzustands betreffen (zB BGH MDR/H **83**, 619). Nicht anwendbar ist die „in dubio"-Regel bei dem rechtlich-normativen Element (o. 26) der Schuldfähigkeitsbeurteilung (vgl. Jähnke LK 94). Nach ihr darf daher nicht schon deshalb verfahren werden, weil, ausgehend von einer agnostischen Grundposition, die Beseitigung der Steuerungsfähigkeit im Einzelfall nicht ausgeschlossen werden kann oder weil wissenschaftlich gesicherte Aussagen über die Beeinträchtigung der Kontrollfunktion des Bewußtseins über die Handlungsantriebe bei bestimmten Befunden derzeit nicht möglich sind. Vgl. näher zum Ganzen von Gerlach aaO 178, Lackner aaO

265, Schünemann GA 86, 298 u. speziell zum Zweifelssatz bei Alkoholdelikten o. 16 a ff., zu seiner Bedeutung bei § 63 vgl. dort RN 10.

VII. Für das **Verhältnis des § 20 zu § 3 JGG** gilt folgendes: Liegt ein vom Reifungsprozeß **44** unabhängiger psychopathologischer Zustand i. S. des § 20 vor (zB angeborener Schwachsinn), so geht § 20 dem § 3 JGG vor (wichtig für § 63). Beruht dagegen die Einsichts- bzw. Steuerungsunfähigkeit auf einer Entwicklungsstörung, die zwar pathologische Ursachen hat, die aber mit zunehmendem Alter einen Ausgleich erwarten läßt, so ist die Schuldfähigkeit sowohl nach § 20 als auch nach § 3 JGG ausgeschlossen; hier kommen daher je nach den Umständen Maßnahmen nach § 3 S. 2 JGG oder eine Unterbringung nach § 63 in Betracht (bestr., vgl. BGH **26** 67, Jähnke LK 87 mwN). Bestehen Zweifel, ob die Schuldunfähigkeit des Jugendlichen nur entwicklungsbedingt ist oder ob sie auf einem von Reifungsvorgang unabhängigen pathologischen Zustand beruht, so ist § 3 JGG anzuwenden und § 63 damit ausgeschlossen (zB Jähnke aaO, Roxin I 780). Näher dazu Brunner/Dölling § 3 RN 10, Eisenberg § 3 RN 35 ff., H. Kaufmann/Pirsch JR 69, 358, Lenckner aaO 252 ff., Ostendorf § 3 RN 3 u. 20, JZ 86, 665 f., Peters in: Forens. Psychologie, Bd 11 (1967) 279 ff., Schaffstein ZStW 77, 191, Schaffstein/Beulke, Jugendstrafrecht, 13. A., 60 f., Schreiber aaO 38 ff.

VIII. Prozessuale Hinweise: Bestehen Anhaltspunkte dafür, daß der Täter nicht (voll) schuldfähig **45** war, so hat das Gericht die §§ 20, 21 von Amts wegen zu prüfen und regelmäßig – d. h. bei Fehlen der erforderlichen eigenen Sachkunde, die im Urteil darzulegen ist (zB BGH **12** 18, Düsseldorf VRS **63** 345, Koblenz VRS **67** 116) – einen Sachverständigen zuzuziehen (vgl. Detter NStZ 98, 58 u. zur tatsächlichen Bedeutung Rössner, Lenckner-FS 843 f.), wobei dieser zur Vorbereitung seines Gutachtens nicht nur über die Anknüpfungstatsachen, sondern auch über die gesetzlichen Voraussetzungen der §§ 20, 21 zu unterrichten ist (vgl. KK-Senge § 78 RN 2 und zur Notwendigkeit eines solchen „Verständigungsgesprächs" auch Salger, Tröndle-FS 210). Endogene Psychosen machen immer die Beurteilung durch einen Sachverständigen notwendig, Anlaß zur Zuziehung eines solchen besteht aber zB auch idR bei Hirnschäden und Kopfverletzungen (zB BGH NJW **69**, 1578, StV **84**, 142, MDR/H **90**, 95, wistra **94**, 29; vgl. aber auch BGH MDR/H **91**, 700, NStZ **92**, 170), bei geistig Zurückgebliebenen (BGH NJW **67**, 299) und Analphabeten iVm weiteren Indizien für eine Oligophrenie (Köln VRS **67** 21, MDR **80**, 245), bei plötzlichem Straffälligwerden im vorgerückten Alter (zB BGH NJW **64**, 2213, **93**, 1540, NStZ **83**, 34, NStZ/D **97**, 476 FN 14, StV **89**, 102, **93**, 186, **94**, 14, Köln MDR **75**, 858; s. aber auch BGH NStZ **99**, 297 m. Anm. Kröber), bei ungewöhnlicher Tatausführung oder bei Anzeichen für eine Triebanomalie (zB BGH NJW **89**, 2958, NStZ **89**, 190, StV **84**, 507, **95**, 113), bei langjährigem, zu physischen, psychischen usw. Auffälligkeiten führendem Alkoholmißbrauch (Karlsruhe VRS **85** 348 mwN; zur Drogenabhängigkeit vgl. Celle NdsRpfl. **87**, 107), bei Trunkenheit mit einer BAK um 3‰ und darüber (Koblenz VRS **79** 113, Düsseldorf VRS **96** 100) und beim Zusammentreffen mehrerer belastender Faktoren (Jähnke LK 95); zu der umfangreichen Kasuistik vgl. im übrigen Tröndle 23 mwN), zur grundsätzlichen Problematik („Krise") des Sachverständigenbeweises bei den §§ 20, 21 Jähnke LK 89 mwN, Streng NStZ 95, 12, sowie zur Praxis Dölling, Kaiser-FS 1337. Zuständig für die Begutachtung sind bei Hirnschädigungen idR medizinische Sachverständige mit besonderen Kenntnissen auf diesem Gebiet (zB BGH NJW **69**, 1578, MDR/H **77**, 281, StV **84**, 142; vgl. aber auch BGH StV **91**, 244), im übrigen Psychiater – dies idR auch für die Beurteilung der psychologischen Auswirkungen eines festgestellten neurologischen Befunds (BGH NStZ **91**, 80) –, bei nicht krankhaften Zuständen auch Psychologen, wobei es hier im pflichtgemäßen Ermessen des Gerichts liegt, ob es einen Psychologen oder Psychiater auswählt (BGH **34** 357 mwN u. Anm. Meyer NStZ 88, 87 [zugleich zum Angehörigen der anderen Fachrichtung als „weiterer" Sachverständiger i. S. des § 244 IV 2 StPO], NStZ **90**, 400); speziell zur Begutachtung von Sexualdelinquenten vgl. BGH **23** 188, NStZ/Kusch **92**, 225, Täschner MSchrKrim. 80, 108, von Affekttätern Salger, Tröndle-FS 201, Rauch in: Saß, Affektdelikte 211, von Drogenabhängigen Täschner BA 93, 313, Theune NStZ **97**, 61; zur Kompetenzfrage im psychowissenschaftlichen Schrifttum vgl. zB Böttger u. a. MSchrKrim. 91, 369, Foerster NJW 83, 2049, Luthe, Psychopathologie 243, Maisch/Schorsch StV 83, 32, Rasch NStZ 92, 260, Rauch NStZ 84, 497, Verell ZStW 106, 336, G. Wolff NStZ 83, 537, ferner die Nachw. b. Tröndle 25. – Die rechtliche Würdigung des mit Hilfe des Sachverständigen ermittelten Tatsachenmaterials fällt als Rechtsfrage ausschließlich in den Aufgabenbereich des Richters (zB BGH **2** 14, **7** 238, **8** 113; s. auch Detter BA 99, 3). Auch für die der Rechtsanwendung vorausgehenden tatsächlichen Feststellungen trägt dieser die Verantwortung, weshalb er das Gutachten nicht einfach hinnehmen darf, sondern auf seine Überzeugungskraft zu prüfen hat (zB BGH **7** 239, **8** 118, NJW **97**, 3101 m. Anm. Blau JR 98, 207, Winckler/Foerster NStZ 98, 297, GA **62**, 185, BGHR StPO § 261 Überzeugungsbildung 17); will er andererseits von einem Sachverständigen abweichen, so muß dies unter Wiedergabe von dessen Ausführungen im Urteil näher begründet werden (BGH GA **77**, 275, NStZ **84**, 259, StV **93**, 243; vgl. auch MDR/H **78**, 459, **80**, 104). Auch wenn er sich dem Gutachten anschließt, hat er jedoch die wesentlichen Anknüpfungstatsachen und die daraus vom Sachverständigen gezogenen Schlußfolgerungen auf eine für das Revisionsgericht nachprüfbare Weise darzulegen (st. Rspr., zB BGH **12** 311, **34** 31, StV **87**, 434, NStZ/D **91**, 179, **97**, 476 FN 12, NStZ-RR **97**, 258). Insbesondere entbindet die Aufnahme eines bestimmten Krankheitsbildes in den ICD nicht davon, konkrete Feststellungen zum Ausmaß der Störung zu treffen und ihre Auswirkungen auf die Tat darzulegen (BGH NStZ **97**, 383). Wird das

§ 21 1

Urteil auf mehrere „biologische" Merkmale der §§ 20, 21 gestützt, so ist anzugeben, auf welche Befundtatsache sie jeweils bezogen sind und in welchem Verhältnis sie zueinander stehen (BGH NStZ/D **92**, 478). Bei der Frage einer alkoholbedingten Schuldunfähigkeit müssen im Urteil die Berechnungsgrundlagen wiedergegeben werden. Bei der BAK-Rückrechnung aus einer Blutprobe (o. 16 f.) genügen Angaben zum Mittelwert des Untersuchungsergebnisses (vgl. BGH **28** 1, 235) und zum Entnahmezeitpunkt (Jähnke LK 95). Steht eine Blutprobe nicht zur Verfügung, so müssen sich aus dem Urteil grundsätzlich Art und Menge des genossenen Alkohols sowie die weiteren Berechnungsgrundlagen – insbes. Körpergewicht, Reduktionsfaktor, Alkoholabbau, Resorptionsdefizit (o. 16 f.) – ergeben (zB BGH NJW **89**, 1043, NStZ **84**, 506, NStZ/D **90**, 484, **91**, 476, **99**, 496 FN 29, StV **89**, 387, **93**, 467; and. BGH NStZ **88**, 450, **92**, 32, StV **89**, 12 m. Anm. Weider, NStE **Nr. 9**, § 21 **Nr. 31**: kein allgemeiner Rechtssatz); Ausnahmen sind hier nur anzuerkennen, wenn Trinkmenge und -zeit sich nicht einmal annäherungsweise feststellen und auch nicht schätzen lassen (vgl. BGH NStZ **94**, 334, Weider aaO). – Zur Aufgabenverteilung zwischen Richter und Sachverständigem vgl. näher u. a. Detter BA 99, 3, Foerster NJW 83, 2049, Frank/Harrer (Hrsg.) aaO 1990, Haddenbrock ZStW 75, 460, NJW 79, 1235, MSchrKrim. 86, 96 u. 94, 55, Jähnke LK 92 f., Lenckner aaO 142 ff., Sarstedt NJW 68, 177, Schewe aaO 688, Schreiber aaO 40 ff., Wassermann-FS 1007 ff., Venzlaff aaO (1983), Witter in: Göppinger/Witter 960 ff., 1023 f., Witter (Hrsg.), Der psychiatrische Sachverständige im Strafrecht; zu den interdisziplinären Kooperationsproblemen vgl. Rasch, Schüler-Springorum-FS 561, Streng aaO 271, Leferenz-FS 397 u. zur Beurteilung und zu den Fehlerquellen von Gutachten Gschwind u. a. aaO, Heinz aaO u. aaO 1990, 29, Maisch StV 85, 717, Mende/Bürke For 7, 143, Müller-Luckmann DRiZ 93, 71, Rasch MSchrKrim. 82, 257, NStZ 92, 257, Rode/Legnaro StV 95, 496, Rössner, Lenckner-FS 837 ff., Venzlaff NStZ 83, 199, Witter MSchrKrim. 83, 253, S. Wolff StV 92, 292.

§ 21 Verminderte Schuldfähigkeit

Ist die Fähigkeit des Täters, das Unrecht der Tat einzusehen oder nach dieser Einsicht zu handeln, aus einem der in § 20 bezeichneten Gründe bei Begehung der Tat erheblich vermindert, so kann die Strafe nach § 49 Abs. 1 gemildert werden.

Schrifttum: Vgl. zunächst die Angaben zu § 20. Speziell zur verminderten Schuldfähigkeit: *Foth,* Zur Strafzumessung bei Taten unter Alkoholeinfluß, DRiZ 90, 417. – *Frisch/Bergmann,* Zur Methode der Entscheidung über den Strafrahmen, JZ 90, 944. – *Göppinger,* Kriminologische Aspekte zur sog. verminderten Schuldfähigkeit (§ 21 StGB), Leferenz-FS 411. – *Gschwind,* Die Verminderung der Zurechnungsfähigkeit in ihrer Bedeutung für den Betroffenen, ZStW 88, 68. – *Haffke,* Zur Ambivalenz des § 21 StGB, Recht u. Psychiatrie 91, 94. – *Kotsalis,* Verminderte Schuldfähigkeit und Schuldprinzip, Baumann-FS, 33. – *Krauß,* Schuldzurechnung u. Schuldzumessung als Problem des Sachverständigenbeweises, in: Kriminologie und Strafverfahren, Bericht über die XVIII. Tagung der Gesellschaft für die gesamte Kriminologie v. 9.–12. Okt. 1975 in Freiburg, 88. – *Landgraf,* Die „verschuldete" verminderte Schuldfähigkeit usw., 1988. – *Lenckner,* Strafe, Schuld und Schuldfähigkeit, in: Göppinger/Witter, Handb. d. forens. Psychiatrie (1972) 121. – *ders.,* Beschaffungskriminalität, 1990. – *Mergen,* Zum Begriff der verminderten Zurechnungsfähigkeit i. S. des § 51 Abs. 2 StGB, GA 55, 193. – *G. Meyer,* Die Beurteilung der Schuldfähigkeit bei Abhängigkeit vom Glücksspiel, MSchrKrim. 88, 213. – *Rautenberg,* Verminderte Schuldfähigkeit. Ein besonderer, fakultativer Strafmilderungsgrund?, 1984. – *ders.,* Strafmilderung bei selbst verschuldeten Rauschzuständen, DtZ 97, 45. – *Salger,* Die Bedeutung des Tatzeit-Blutalkoholwerts für die Beurteilung der erheblich verminderten Schuldfähigkeit, Pfeiffer-FS 379. – *ders.,* Zur forensischen Beurteilung der Affekttat im Hinblick auf eine erheblich verminderte Schuldfähigkeit, Tröndle-FS 201. – *Saß,* Affekt und Schuldfähigkeit, in: Venzlaff, Psychiatrische Begutachtung (1986) 32 ff. – *Schüler-Springorum,* „Verminderte Einsichtsfähigkeit allein genügt nicht", Schneider-FS 927. – *Schweling,* Die Strafmilderungsgründe bei verminderter Zurechnungsfähigkeit, MDR 71, 971. – *Spendel,* § 51 Abs. 2 StGB und das Problem der Strafzumessung, NJW 56, 775. – *Terhorst,* Zur Strafbemessung bei verminderter Schuldfähigkeit infolge Drogensucht, MDR 82, 368. – *Zipf,* Verminderte Zurechnungs- oder Schuldfähigkeit – Vergleich der österreichischen und der deutschen Regelung, KrimGgwFr 15, 157. – Zum älteren Schrifttum vgl. zusätzlich die 23. A.

1 **I.** Die Vorschrift, die § 51 II aF entspricht (vgl. auch § 20 RN 2), behandelt die **verminderte Schuldfähigkeit** (früher: „verminderte Zurechnungsfähigkeit"). Diese ist keine selbständige dritte Kategorie i. S. einer Zwischenform von Schuldfähigkeit und Schuldunfähigkeit („Halbzurechnungsfähigkeit"), sondern lediglich ein besonderer Schuldminderungsgrund (krit. zur Terminologie daher Blau JR 87, 206; s. auch Foth, Salger-FS 32). Auch der vermindert Schuldfähige ist schuldfähig im vollen Sinn des Wortes, denn er hätte das Unrecht seiner Tat erkennen und sich dadurch entsprechend motivieren lassen können. Da jedoch die zur Schuldunfähigkeit führenden „biologischen" Ausnahmelagen des § 20 alle auch in abgeschwächter Form auftreten können, trägt § 21 mit der Möglichkeit der Strafmilderung dem Umstand Rechnung, daß es unter diesen Voraussetzungen auch der schuldfähige Täter erheblich schwerer haben kann, sich normgemäß zu verhalten (vgl. zB Hamm NJW **77**, 1498, Bresser NJW 78, 1189, Jähnke LK 1, Jescheck/Weigend 443, Köhler 379, Lackner/Kühl 1, Lenckner aaO 122, M-Zipf I 505, Roxin I 771, Schreiber aaO 33 f.; krit. jedoch Frister aaO 189 ff.). Zum Ansteigen der Anwendungshäufigkeit des § 21 und seinen Gründen vgl. einerseits Göppinger

aaO, andererseits Rasch/Volbert MSchrKrim. 85, 139 ff.; krit. zu § 21 und für dessen Ersetzung durch eine Milderungsvorschrift entsprechend § 34 öst. StGB vgl. Göppinger aaO, Haffke Recht u. Psychiatrie 91, 105).

II. Entsprechend § 20 folgt das Gesetz auch in § 21 der **„biologisch-psychologischen" Methode** (§ 20 RN 1), d. h. es verbindet bestimmte, „biologische" Faktoren mit dem weiteren („psychologischen") Merkmal, daß ihretwegen die Einsichts- oder Steuerungsfähigkeit bei Begehung der Tat erheblich vermindert gewesen sein muß (krit. dazu Krauß aaO 93 f.). Zum Verhältnis der 1. Alt. (verminderte Einsichtsfähigkeit) zu § 17 u. 6 f.

1. Die **„biologischen" Merkmale** des § 21 entsprechen denen des § 20 („Einheitslösung"; zu der zunächst vorgesehenen „differenzierenden" Lösung vgl. § 20 RN 20); vgl. daher im einzelnen dort RN 5 ff. Sie weisen jedoch hier einen geringeren Schweregrad auf (u. 9 f.), wobei die Frage, ob eine Bewußtseinsstörung „tiefgreifend" oder eine seelische Abartigkeit „schwer" i. S. des § 21 ist, auch hier nur durch einen Vorgriff auf die „psychologischen" Merkmale des § 21 beantwortet werden kann (vgl. auch BGH NStZ **96**, 380 m. Anm. Winckler/Foerster NStZ 97, 334, **97**, 485, NStZ-RR **98**,189, StV **91**, 511, wonach in § 21 der „Schwere" der seelischen Abartigkeit zugleich die Wirkung einer „erheblichen" Verminderung der Schuldfähigkeit zuzusprechen ist, u. entsprechend zur „tiefgreifenden" Bewußtseinsstörung Salger aaO 214). Wegen der dort bestehenden fließenden Übergänge (u. 5) wächst hier dann freilich auch die Gefahr einer vom Gesetz nicht gewollten Ausuferung (vgl. dazu Göppinger aaO 418 f.).

2. Während Schuldunfähigkeit vorliegt, wenn das Einsichts- oder Steuerungsvermögen völlig beseitigt ist, genügt hier als **„psychologisches" Merkmal** schon eine *erhebliche Verminderung* der Einsichts- *oder* Steuerungsfähigkeit (zur Gleichwertigkeit beider Beeinträchtigungen u. 14). Im einzelnen bedeutet dies: 1. Ebenso wie § 20 setzt auch § 21 voraus, daß der Täter aufgrund eines der „biologischen" Merkmale entweder das Unrecht der Tat nicht erkannt oder – bei vorhandener Unrechtseinsicht – dem Anreiz zur Tat nicht widerstanden hat; entgegen der mißverständlichen Gesetzesformulierung liegt daher die 1. Alt. nicht vor, wenn der Täter trotz an sich erheblich verminderter Einsichtsfähigkeit im konkreten Fall die volle Unrechtseinsicht tatsächlich hatte (zB BGH **21** 27 m. Anm. Schröder JZ 66, 451 u. Dreher JR 66, 350, **34** 25, **42** 389, NJW **86**, 2894, **91**, 762, **93**, 2544, **95**, 796, NStZ **82**, 200, **85**, 309, **88**, 24, **89**, 18, 430, **90**, 333, **91**, 32, NStZ-RR **99**, 207, VRS **71** 21, NStE **Nr. 18, 21**, Jähnke LK 3, Jescheck/Weigend 443, Lackner/Kühl 1, Rudolphi SK 4, Schreiber aaO 34; and. Frister aaO 203, Schüler-Springorum aaO 935 ff.); ebenso scheidet die 2. Alt. aus, wenn sein Hemmungsvermögen trotz an sich verminderter Steuerungsfähigkeit in bezug auf die konkrete Handlung nicht beeinträchtigt war (Hamm NJW **77**, 1498). – 2. Im Unterschied zu § 20 muß der vermindert schuldfähige Täter jedoch trotz Vorliegens eines der „biologischen" Merkmale imstande gewesen sein, das Unrecht der Tat einzusehen und nach dieser Einsicht zu handeln (vgl. zB BGH NJW **91**, 762, NStZ **90**, 333, **91**, 32, NStZ-RR **99**, 207, NStE **Nr. 65** mwN [„Vorwerfbarkeit" des Fehlens der Unrechtseinsicht usw.]). – 3. Anders als beim voll Schuldfähigen ist diese Fähigkeit des vermindert schuldfähigen Täters jedoch „erheblich" reduziert, d. h. es muß ihm gerade wegen seines „biologischen" Zustands erheblich schwerer gefallen sein, zur richtigen Einsicht bzw. Steuerung seines Verhaltens zu gelangen.

Ebenso wie bei § 20 (dort RN 26) liegen auch bei § 21 die eigentlichen Schwierigkeiten bei den psychologischen Merkmalen; sie sind hier sogar noch größer als dort, weil für § 21 auf der Skala verschiedener Störungsgrade ein exakt bestimmbarer Wert einer **„erheblichen"** Störung ermittelt werden muß, die einerseits noch nicht den Erheblichkeitsgrad des § 20 erreichen darf, andererseits aber auch nicht mehr in den Spielraum fällt, der noch durch die volle Schuldfähigkeit abgedeckt ist. Wohl sind abstrakte Umschreibungen möglich, etwa in dem Sinn, daß § 21 eine „Erschütterung des Persönlichkeitsgefüges" voraussetzt (i. U. zu § 20, wo dieses „weitgehend zerstört" sein muß, vgl. Hamm NJW **77**, 1498, Foerster, Schewe-FS 194, Schwalm Prot. IV, 638) oder daß die Abweichung vom normalen seelischen Geschehen erst dann „erheblich" ist, wenn der Abstand so groß ist, daß er sich der Grenzmarke anzunähern beginnt, hinter welcher der Bereich des schlechthin Andersartigen i. S. der Schuldunfähigkeit liegt (vgl. auch Roxin I 772; krit. Jähnke LK 8). In der Sache im wesentlichen auf dasselbe läuft es hinaus, wenn in der Persönlichkeit des Täters krankhafte bzw. von der Norm abweichende Symptome „führend" geworden sein müssten (Jähnke aaO, Rasch StV 91, 131). Auch kann bei der Abgrenzung zu § 20 die noch vorhandene Strafempfänglichkeit praktisch eine gewisse indizielle Bedeutung haben (zu weitgehend Krauß aaO 97, Witter, Lange-FS 730, die nur hierauf abstellen). All dies ändert jedoch nichts daran, daß es sich auch hier ebenso wie bei § 20 (vgl. dort RN 26) letztlich um eine normative Frage (vgl. auch BGH **43** 77, StV **93**, 241: Rechtsfrage) handelt, bei der es darum geht, ob dem Täter wegen seines Zustands ein normgemäßes Verhalten so wesentlich erschwert war, daß das Recht diesen Umstand bei der Durchsetzung seiner Verhaltenserwartung nicht mehr übergehen darf (Jähnke LK 9; vgl. ferner Foth, Salger-FS 32 f., von Gerlach aaO 176, Theune NStZ 97, 59). Entgegen BGH **43** 77 (s. auch BGHR § 21 Erheblichkeit 2) kann jedoch eine festgestellte Beeinträchtigung nicht deshalb als unerheblich angesehen werden, weil der Täter diesen Zustand schuldhaft herbeigeführt hat; ein etwaiges Vorverschulden ist vielmehr erst bei der Entscheidung über die Strafmilderung zu berücksichtigen (u. 11, 20 f.).

3. Da eine **Verminderung der Einsichtsfähigkeit** nur in Betracht kommt, wenn sie tatsächlich das Fehlen der Unrechtseinsicht bewirkt hat (o. 4), ist insoweit auch § 21 – zu § 20 vgl. dort RN 4 –

§ **21** 8, 9   Allg. Teil. Die Tat – Grundlagen der Strafbarkeit

nur noch ein **Anwendungsfall des** § 17 (vgl. BGH MDR **68**, 854, GA **68**, 279, MDR/H **78**, 984, NStZ **85**, 309, **89**, 430, **91**, 32, VRS **71** 21, Jähnke LK 3, Tröndle 3; and. Frister aaO 203 f., Rudolphi SK 4, Schüler-Springorum aaO 935 ff.; zur selbständigen Bedeutung für Maßregeln u. 26). Dabei ist der Verbotsirrtum, soweit er ausschließlich auf den in § 21 genannten und – i. U. zu § 20 – nur zu einer Verminderung der Einsichtsfähigkeit führenden Gründen beruht, immer vermeidbar. Seine Unvermeidbarkeit kann sich hier nur bei Hinzukommen weiterer Umstände ergeben (so wohl auch BGH GA **68**, 279, **69**, 279), wobei hier dann § 20 oder § 17 anzuwenden ist, je nachdem, ob diese durch seinen Defektzustand bedingt oder von diesem unabhängig sind (vgl. auch BGH NStZ **85**, 309, VRS **71** 21). Allerdings ergibt sich zwischen den §§ 17 und 21 insofern eine Friktion, als der auf einem „biologischen" Merkmal beruhende Verbotsirrtum nach § 21 eine Strafmilderung nur zuläßt, wenn die Verminderung der Einsichtsfähigkeit „erheblich" war, während es nach § 17 auf den Grad der Minderung nicht ankommt. Da diese Divergenz auch dem Gesetzgeber bekannt war (Prot. V, 1790 ff.), könnte dies zunächst dafür sprechen, daß § 21 eine abschließende Sonderregelung für alle „biologisch" bedingten Verbotsirrtümer darstellt. Doch wäre die damit gewonnene Harmonisierung zwischen den §§ 17 und 21 nur eine scheinbare, weil dann der Verbotsirrtum, der auf einem Erheblichkeitsgrad des § 21 nicht erreichenden seelischen Defekt beruht, strenger zu behandeln wäre als der „normalpsychologische" Verbotsirrtum eines geistig völlig Gesunden. Deshalb bleibt nur der Weg, dem täterfreundlicheren § 17 den Vorrang einzuräumen, obwohl dies auf eine Korrektur des § 21 hinausläuft (vgl. Dreher GA 57, 99, Haffke Recht u. Psychiatrie 91, 104, Hirsch LK vor § 32 RN 190, Jescheck/Weigend 443 FN 50, Lenckner aaO 127, M-Zipf I 507, Roxin I 773, Schreiber aaO 35, Schröder GA 57, 304, Stree JuS 73, 466, Tröndle 3, i. E. auch Streng aaO 255; and. Jähnke LK 4, Jakobs 537 f.; s. auch Schüler-Springorum aaO 935). Völlig widerspruchsfrei wäre das Verhältnis zu § 17 nur dann, wenn § 21 – entgegen seinem Wortlaut – als obligatorischer Strafmilderungsgrund anzusehen wäre (u. 14 ff.): Die durch eine seelische Störung bedingte Verbotsirrtum würde dann bei „erheblicher" Verminderung der Einsichtsfähigkeit nach § 21 immer zu einer Strafmilderung führen müssen, während bei einem Verbotsirrtum, der zwar auf einer „biologischen" Ursache beruht, aber nicht mit einer „erheblichen" Verminderung der Einsichtsfähigkeit verbunden ist, die Strafe ebenso wie bei einem „normalpsychologischen" Verbotsirrtum nach § 17 lediglich gemildert werden könnte.

8   4. Im übrigen gilt das **zu § 20 Gesagte sinngemäß** auch für § 21. Auch hier gibt es deshalb zB keine generelle Verminderung der Schuldfähigkeit (§ 20 RN 31), und auch für § 21 gilt, daß die 2. Alt. erst in Betracht kommen kann, wenn eine Verminderung der Einsichtsfähigkeit zuvor verneint worden ist, weshalb die Anwendung des § 21 nicht auf beide Alternativen zugleich gestützt werden kann (zB BGH NJW **91**, 762, **95**, 1229, NStZ **82**, 201, **90**, 333, NStZ-RR **98**, 294, MDR/H **91**, 984, VRS **71** 21; vgl. § 20 RN 25).

9   5. **Anwendungsfälle** des § 21 sind zunächst die leichteren Formen einer **Psychose** (zB leichtere schizophrene Defekte, beginnende arteriosklerotische oder senile Demenz, vgl. BGH NStZ **83**, 34, **91**, 31) und von **Schwachsinn** (zB BGH NStE **Nr. 18** [zusammen mit Alkohol], BGHR § 21 Ursachen, mehrere 5 [zusammen mit Tablettenabhängigkeit u. neurotisch-depressiver Störung]). Bei **Affekten** (vgl. § 20 RN 15) kommt, von Ausnahmen abgesehen, idR nicht § 20, sondern allenfalls § 21 in Betracht (zB – zT auch iVm Alkohol – BGH StV **82**, 113, **83**, 278, **84**, 240, 241, **85**, 233, **86**, 101, **97**, 630, VRS **71** 21, MDR/H **83**, 619, **90**, 1066, BGHR § 21 Affekt 4, Strafzumessung 11, Blau, Tröndle-FS 109, Salger ebd. 201; krit. Krümpelmann Recht u. Psychiatrie 90, 153). Praktische Bedeutung hat § 21 jedoch vor allem bei **Trunkenheit** (vgl. § 20 RN 16 ff.); immer zu prüfen ist § 21 auch bei einem alkoholsüchtigen Täter im Fall des § 323 a, wo bereits das Sichbetrinken die Tathandlung ist (vgl. BGH StV **92**, 231 mwN). **Drogenabhängigkeit** (vgl. § 20 RN 11, 17, 21) begründet als solche noch keine erhebliche Verminderung der Schuldfähigkeit (zB BGH NStZ **99**, 448, StV **94**, 608 mwN), doch kann eine solche bei einem akuten Rauschzustand anzunehmen sein (vgl. zB BGH NStZ **89**, 17, NStZ/D **90**, 484, **91**, 180), ferner wenn eine langjährige „Drogenkarriere" zu schweren Persönlichkeitsveränderungen geführt hat oder der Täter unter starken Entzugserscheinungen leidet und dadurch zu Beschaffungsstraftaten getrieben wird (zB BGH NJW **81**, 1221, **88**, 502, NStZ **89**, 17, NStZ/D **90**, 484, **91**, 180, 476, **92**, 170, **96**, 183 FN 14, JR **87**, 206 m. Anm. Kamischke StV 88, 199, StV **89**, 103, **91**, 156, **94**, 304, MDR/H **78**, 109, BGHR § 21 BtM-Auswirkungen 6, 12, Jähnke LK § 20 RN 51 mwN, Theune NStZ 97, 59 ff.). Dabei muß es sich nicht stets um eine akute körperliche Entzugserscheinungen handeln, maßgebend sind vielmehr die konkreten Erscheinungs- und Verlaufsformen der Sucht, was bei einem Heroinabhängigen, der bereits „grausamste Entzugserscheinungen" erlitten hat, zur Anwendung des § 21 auch führen kann, wenn ihn die Angst vor solchen unter ständigen Druck setzt und zu Beschaffungsstraftaten treibt (zB BGH NJW **89**, 2337, NStZ **90**, 384, NStZ/D **94**, 175, StV **94**, 303, BGHR § 21 BtM-Auswirkungen 7, 9, 11). Dagegen bleibt einem stark psychisch Abhängigen, der nicht unter körperlichen Entzugserscheinungen leidet, der Anwendungsbereich des § 21 zwar nicht stets verschlossen (BGH NJW **88**, 502); eine psychische Abhängigkeit aufgrund der erwünschten subjektiven Wirkungen, wie sie bei Cannabis-Produkten (zB Haschisch) aufzutreten pflegt, genügt dafür ohne Hinzukommen weiterer Umstände (vgl. BGH NStE **Nr. 33**: Kumulierung mit Zuckererkrankung) aber nicht (BGH StV **88**, 198 m. Anm. Kamischke; zur Verwendung von Medinox nach früherem Heroinmißbrauch als Suchtersatz mit möglicher „Wirkungsumkehr" vgl. BGH StV **89**, 103, zur Kokainabhängigkeit LG Münster StV **84**, 426). Zur Bedeutung von *Psychopharmaka* vgl. Matz/Mille DRiZ 93, 91 f., Salger DAR 86, 383,

von *Anabolikamißbrauch* LG Freiburg NStZ-RR **98**, 138, sowie allgemein zur Medikamenteneinnahme Pluisch NZV 95, 98 ff.; zur *Bulimie* (Eß-Brechsucht) vgl. BVerwG NJW **93**, 2632; zur *Spielsucht* u. 10. Auch **kein Fall** des § 21 sind dagegen **gruppendynamische Einflüsse** bei der Tatbegehung mehrerer (so aber Schumacher NJW 80, 1880, StV 93, 549: tiefgreifende Bewußtseinsstörung): Mit dem geltenden Recht wäre eine Anwendung des § 21 hier schon deshalb nicht vereinbar, weil damit die Regeln der Mittäterschaft und die Vorschriften über eine bandenmäßige Begehung, denen die gesetzliche Prämisse voll verantwortlicher Täter zugrunde liegt, aus den Angeln gehoben würden; wenn es vor allem Jugendliche sind, die wegen ihrer „im allgemeinen noch ungefestigten psychischen Konstitution" gruppendynamischen Einflüssen unterliegen (Schumacher StV 93, 552), so ist dies im übrigen eine Frage des § 3 JGG und nicht der §§ 20, 21 (zur Kritik vgl. ferner Jäger, Individuelle Zurechnung individuellen Verhaltens [1985] 43, 47, Jähnke LK § 20 RN 66, Jakobs 530, KrimGgwFr 15, 136, Roxin I 772, Schreiber aaO 35; vgl. aber auch BGHR § 21 Alkoholauswirkungen 5: zusätzliche Berücksichtigung eines gruppendynamischen Prozesses bei einem 19-jährigen Täter mit einer BAK von 1,93‰).

Gleichfalls von erheblicher Bedeutung, zugleich aber auch von besonderer Problematik sind bei **10** § 21 im Zusammenhang mit den „schweren seelischen Abartigkeiten" die **Persönlichkeitsstörungen, Neurosen, Triebstörungen** usw. Auch der inzwischen außerordentlich umfangreichen Rspr. sind dazu, von der immer wieder betonten Notwendigkeit einer umfassenden Gesamtwürdigung (zB BGH StV **00**, 17) abgesehen, nur begrenzt allgemeine Grundsätze zu entnehmen. Um die Frage der Anwendbarkeit des § 21 ging es u. a. in folgenden Fällen: Schwere reaktive Depression (BGH **27** 298, **34** 22), nicht körperlich begründbarer Altersabbau (BGH NStZ **83**, 34, Köln StV **92**, 321), Entwicklungsstörungen (BGH MDR/H **84**, 982), „abnorme Persönlichkeit mit psychopathischer Wesensartung" (BGH NStZ **90**, 122), schizotype Persönlichkeitsstörung (BGH **37** 357 m. Anm. Grasnick JR 92, 120), Persönlichkeitsstörung in der Form der Störung des Sozialverhaltens (BGH NStZ-RR **98**, 188), paranoide Persönlichkeit (BGH NStZ **91**, 31), schwere neurotische Entwicklung (BGH NJW **84**, 1631; vgl. auch BGH NStZ **89**, 176 [„Katzenkönig"-Fall], StV **87**, 421, **89**, 104), tiefgreifend-neurotisch psychopathisch gestörte Persönlichkeit mit massiver Aggressivität (BGHR § 21 seelische Abartigkeit 23), geringe „Frustrationstoleranz", Aggressivität u. a. Persönlichkeitsstörungen (BGH NStE **Nr. 29**), im gleitenden Spektrum zwischen neurotischen und psychotischen Persönlichkeitsstörungen liegendes „Borderline-Syndrom" (BGH **42** 385 m. Anm. Dannhorn NStZ 98, 81, Kröber NStZ **98**, 80, Faller NJW 97, 3073, MDR/H **89**, 1049), Querulanz (Düsseldorf GA **83**, 473; vgl. auch § 20 RN 24), „soziopathische" (BGH NStZ **92**, 380; zu einer „hysterischen soziopathischen Persönlichkeit" vgl. auch BGH MDR/H **87**, 977) oder „dissoziale" Persönlichkeitsstörung (BGH NStZ-RR **99**, 77, 359; s. aber auch BGH NStZ **99**, 395 m. Anm. Winckler/Foerster NStZ **00**, 192), durch schwerwiegende Fehlentwicklungen im familiären Bindungssystem (BGH StV **94**, 598) oder suchtartigen Konsum gewaltdarstellender Horror-Videos (LG Passau NJW **97**, 1165 m. Bspr. Eisenberg NJW 97, 1136, Laue Jura 99, 634) entstandene Persönlichkeitsstörung, sexuelle Hörigkeit (BGH NStZ **91**, 383), ferner Trieb- und Sexualanomalien im Zusammenhang mit einer Persönlichkeitsstörung, zT mit suchtartiger Entwicklung als wesentlichem Anhaltspunkt (zB BGH **23** 176, **28** 357, NJW **82**, 2009 m. Anm. Blau JR 83, 69, **86**, 141, **89**, 2958, **98**, 2752 m. Anm. Winckler/Foerster NStZ 99, 236, NStZ **93**, 181, **94**, 75, 375, **96**, 401, BGHR § 21 seelische Abartigkeit 10, 12, 16, BGH NStE **Nr. 67**; vgl. auch § 20 RN 21, 23); zur Spielsucht vgl. u. Deutlich wird dabei auch, daß die Rspr. hier inzwischen jedenfalls teilweise zu einer gewissen Großzügigkeit neigt (so mit Recht Jähnke LK § 20 RN 69). Daß sich der Gesetzgeber mit Rücksicht auf extreme Grenz- und Ausnahmefälle anstatt der zunächst vorgesehenen „differenzierten Lösung" (vgl. § 20 RN 20) dafür entschieden hat, die „schweren seelischen Abartigkeiten" auch in § 20 aufzunehmen, heißt jedoch nicht, daß diese damit in § 21 zur „kleinen Münze" geworden wären. Der E 62 ging hier davon aus, daß solche „Abartigkeiten, die insbesondere bei der Mehrzahl aller Hangtäter und Sittlichkeitsverbrecher vorliegen, in der Regel von dem Betroffenen in dem Umfang, als die Rechtsordnung eine soziale Anpassung verlangen muß, beherrscht werden können" (Begr. 141). Nur Ausnahmefälle sollten zur verminderten Schuldfähigkeit führen können, „wenn durch die seelische Abartigkeit der Kern der Persönlichkeit so wesentlich beeinträchtigt ist, daß ihr Krankheitswert zukommt". Dies hat nach wie vor auch auf der Grundlage der heutigen „Einheitslösung" zu gelten: Nur solche Persönlichkeitsstörungen, die in ihren Auswirkungen mit Krankheitsbildern vergleichbar sind, wie sie in § 21 in wenn auch schwächerer Form als krankhafte Störung vorausgesetzt werden, können danach die Annahme einer erheblich verminderten Schuldfähigkeit rechtfertigen (vgl. BGH **37** 401 m. Anm. Grasnick JR 92, 120; vgl. auch § 20 RN 22). Nicht ausreichend ist daher zB ein aus Bindungs- und Haltungsschwäche abgeleiteter Hang zu Eigentumsdelikten i. V. mit einer Unempfindlichkeit gegen Freiheitsstrafen (zu weitgehend Frankfurt GA **71**, 316 zu § 51 II a. F.; Bedenken auch bei Tröndle 4) oder die soziale Hilflosigkeit und Willensschwäche eines Bahnhofstreuners (vgl. Jähnke LK 20 RN 69, aber auch Köln GA **78**, 84). Schon nicht in den Bereich des § 21 – zu § 20 vgl. dort RN 21 – gehören ferner tiefgreifende zwischenmenschliche Abhängigkeiten einschließlich sexueller Hörigkeitsverhältnisse (vgl. Jähnke aaO 66, aber auch o.). Auch andere stoffungebundene, nur psychische Abhängigkeiten können allenfalls in Extremfällen die Anwendung des § 21 rechtfertigen. Dies gilt insbes. auch für die Beschaffungskriminalität bei exzessivem („pathologischem") Glückspiel *(„Spielsucht")*, wo § 21 nur bei psychischen Veränderungen der Persönlichkeit in Betracht kommt, die, wenn sie nicht pathologisch bedingt sind, i. S. der 4. Alt. in ihrem Schweregrad den krankhaften seelischen

Störungen gleichwertig sind (so unter Hinweis auf die Anhaltspunkte bei der Drogenabhängigkeit BGH JR **89**, 379 m. Anm. Kröber, LG Berlin StV **93**, 251; vgl. auch BGH NStZ **94**, 501 mit dem Hinweis, daß die begangenen Straftaten der Fortsetzung des Spielens – also nicht nur der Bezahlung von Spielschulden – dienen müssen, ferner BGH NStZ **99**, 448, NStZ/D **92**, 478, StV **91**, 155, **93**, 241, BGHR § 21 seelische Abartigkeit 7, LG München NStZ **97**, 282 m. Anm. Stoll [and. AG München NStZ **96**, 335 m. Anm. Kellermann]; zu den zT divergierenden Meinungen im Schrifttum vgl. Hübner MSchrKrim. 89, 236, Kröber For. 8, 113, Mergen aaO, Meyer MSchrKrim. 88, 213 u. 89, 295, Meyer/Fabian/Wetzels StV 90, 464, Rasch StV 91, 129, Rauch aaO 1990, 90, Schreiber, Drogenabhängigkeit 61, 136, 166, 181, Kriminalistik 93, 469 [unter Hinweis auf die rauschverursachenden Wirkungen von körpereigenen Opioiden, die der menschliche Körper in besonderen Streß- und Erregungssituationen selbst produziert]). Zur Möglichkeit, Charakterschwächen, welche die Voraussetzungen der §§ 20, 21 nicht erfüllen, strafmildernd zu berücksichtigen, vgl. BGH StV **86**, 198.

11   III. Die Vorschrift ist nur anwendbar, wenn ihre Voraussetzungen **im Zeitpunkt der Tatbegehung** (vgl. § 8) erfüllt sind. Im Gegensatz zu § 20 (vgl. dort RN 33 ff.) gelten hier jedoch die Grundsätze der **actio libera in causa**: Da § 21 als Rechtsfolge lediglich eine fakultative Strafmilderung vorsieht, kann ohne Verstoß gegen Art. 103 Abs. 2 GG auf diese Rechtsfigur zurückgegriffen werden, um die Strafmilderung zu versagen (s. auch § 20 RN 35a; ebenso für Versagung der Kann-Milderung BGH NStZ **99**, 448, NStZ/D **99**, 495 FN 18 [4 StR 93/99], Frisch ZStW 101, 605, Krümpelmann ZStW 88, 39, Roxin I 787, Lackner-FS 322, Rudolphi SK 4 a, Salger, Tröndle-FS 216, Salger/Mutzbauer NStZ **93**, 562; and. die ältere Rspr. [zB BGH NJW **55**, 1037, VRS **21** 45, 264, Hamm VRS **40** 446, Koblenz MDR **72**, 622, VRS **76** 368], Jähnke LK 14 sowie hier die 25. A.; gegen die Verwendung des a. l. i. c.-Modells auch Naumburg ZfS **99**, 216, Landgraf aaO 29 ff., 132). Trotz verminderter Schuldfähigkeit bei Begehung der Tat kommt daher eine Strafmilderung nach § 21 nicht in Betracht: 1. bei Begehung von Vorsatztaten im Zustand des § 21, wenn der Täter diesen vorsätzlich herbeigeführt hat in der Absicht oder dem Bewußtsein der späteren Tatbegehung (vgl. BGH **34** 33, MDR/D **67**, 725, Hamm DAR **72**, 133, Schröder GA 57, 302; vgl. auch BGHR § 21 Vorverschulden 3); 2. bei Fahrlässigkeitstaten im Zustand des § 21, wenn der Täter diesen vorsätzlich oder fahrlässig herbeigeführt und dabei fahrlässig die spätere Tatbegehung nicht bedacht hat (vgl. BGH VRS **21** 263, Bay NJW **68**, 2299, Hamm NJW **56**, 274, **74**, 614, Schröder GA 57, 303). Hat er dagegen bei Herbeiführung des Zustandes des § 21 fahrlässig nicht bedacht, daß er später eine Vorsatztat begehen wird, so ist dies kein Fall einer fahrlässigen a. l. i. c. – der Täter wird hier wegen vorsätzlicher Tat bestraft – und die Anwendung der Strafrahmenverschiebung daher nicht ausgeschlossen (vgl. BGH StV **93**, 356, Hamm DAR **72**, 133, Karlsruhe NStE Nr. 57, Koblenz VRS **51** 201, Jähnke LK 15; u. 21); doch darf die Strafe hier nicht die Mindestgrenze des etwaigen Fahrlässigkeitstatbestandes unterschreiten (Jähnke aaO, Schröder aaO). Anwendbar bleibt § 21 ferner, wenn der Täter schon bei Beginn des Alkoholgenusses, der auch für sich allein zu einer Verminderung seiner Schuldfähigkeit geführt hätte, aus anderen Gründen (zB Hirnverletzung) vermindert schuldfähig war (Bay VRS **67** 219, Jähnke LK 16). Kommt eine Strafrahmenverschiebung wegen einer a. l. i. c. nicht in Betracht, so brauchen auch die allgemeinen Voraussetzungen des § 21 nicht geprüft zu werden (Koblenz NJW **90**, 131; vgl. auch § 20 RN 39).

12   IV. Sind die Voraussetzungen des § 21 erfüllt, so **kann die Strafe nach § 49 I gemildert werden** (nach Jakobs 537 – entgegen dem Gesetz – u. U. sogar nach § 49 II). Das gleiche gilt, wenn wegen Nichtaufklärbarkeit der den Befund betreffenden Tatsachen (vgl. § 20 RN 43, Schöch MSchrKrim. 83, 337 ff.) zweifelhaft bleibt, ob der Täter z. Z. der Tat voll oder vermindert schuldfähig war (zB BGH **8** 124, StV **83**, 278, **84**, 69), wobei hier die Versagung der Strafmilderung dann auch nicht damit begründet werden kann, daß eine Verminderung der Schuldfähigkeit nicht positiv festgestellt sei (zB NStZ **89**, 18, NStZ/D **92**, 170, **95**, 170 FN 22, NStZ-RR **00**, 167, StV **84**, 464, NStE **Nr. 21**, MDR/H **86**, 622). Kann dagegen nicht festgestellt werden, ob er schuldunfähig oder vermindert schuldfähig war, so gilt § 20 (zB Celle VRS **40** 16). Im ersten Fall sind jedoch die Regeln der actio libera in causa (o. 11), im zweiten Fall ist § 323 a zu beachten (zur Bedeutung der Milderungsmöglichkeit des § 21 für § 323 a II vgl. BGH NJW **92**, 1519 m. Bspr. Paeffgen NStZ 93, 66 u. Streng JR 93, 35; zur Nichtanwendbarkeit der a. l. i. c. vgl. § 20 RN 35 ff.).

13   1. **Strafmilderung** i. S. des § 21 ist – ebenso wie in den §§ 13 II, 17, 23 II usw. – allein das **Überwechseln** auf den sich aus § 49 I ergebenden **milderen Strafrahmen**, nicht dagegen eine Strafmilderung innerhalb des Regelstrafrahmens (Bruns StrZR 513 ff., Haffke Recht u. Psychiatrie 91, 99, Kotsalis aaO 33, Lenckner aaO 128). Dabei kann der nach § 21 i. V. mit § 49 I herabzusetzende Strafrahmen der Regelstrafrahmen sein, aber auch ein Sonderstrafrahmen, der sich zB aus den §§ 13 II, 23 II usw. oder der Annahme eines „besonders schweren" (§ 50 RN 7) oder „minder schweren Falles" ergeben kann, wobei über dessen Vorliegen zuerst zu entscheiden ist (BGH MDR/H **80**, 104, StV **94**, 304). In solchen Fällen kann es deshalb zu einer mehrfachen Rahmenwahl kommen, so zB zu einer zweimaligen Herabsetzung des Regelstrafrahmens nach § 49 I beim Versuch eines vermindert Schuldfähigen, nach der Rspr. auch zur Herabsetzung des bereits nach § 213 gemilderten Strafrahmens, wenn die Reizung zum Zorn über die in § 213 vorausgesetzte Wirkung hinaus eine hochgradige, das Hemmungsvermögen erheblich beeinträchtigende Erregung ausgelöst hat (vgl. § 213 RN 17; krit. dazu zB Blau, Tröndle-FS 116, 120, Herde ZRP 90, 459, Jähnke LK 12,

Salger ebd. 216 f., Schild JA 91, 56). Unzulässig ist dagegen eine doppelte Milderung mit der Begründung, der i. S. des § 21 vermindert einsichtsfähige Täter habe zugleich im Verbotsirrtum gehandelt (and. Rudolphi, Unrechtsbewußtsein, Verbotsirrtum usw. [1969] 171); das gleiche gilt bei einer rauschbedingten Verminderung der Schuldfähigkeit, wenn der Alkoholmißbrauch seinerseits auf einer krankhaften Verminderung des Hemmungsvermögens beruht (Bay VRS **67** 219). Zur Frage, ob auch die Annahme eines „minder schweren Falles" oder die Verneinung eines „besonders schweren Falles" mit der erheblichen Verminderung der Schuldfähigkeit begründet werden kann, vgl. § 50 RN 2 ff., 7, § 213 RN 14 mwN.

2. Nach dem Wortlaut des § 21 (ebenso § 51 II a. F.) **kann** der Richter die Strafe in dem eben **14** genannten Sinn mildern, er muß dies jedoch nicht. Ob und wie diese Regelung mit dem Schuldprinzip vereinbart werden kann, ist eine alte, an die Grundlagen des Schuldstrafrechts rührende (und nicht nur, wie BVerfGE 50 10 zu meinen scheint, unter „Gesichtspunkten strafrechtlicher Dogmatik" diskutierte) Streitfrage. Da § 21 nicht jede, sondern nur eine „erhebliche" Verminderung der Schuldfähigkeit genügen läßt, sollte man annehmen, daß der erheblich verminderten Schuldfähigkeit eine erheblich verringerte Schuld und dieser eine erheblich gemilderte Strafe entsprechen muß, was dann aber nur heißen könnte, daß die Strafmilderung nicht lediglich eine solche innerhalb des Regelstrafrahmens sein kann, sondern daß hier der Übergang auf den milderen Sonderstrafrahmen geboten ist (abgesehen von den Fällen, in denen der Milderungsgrund des § 21 durch die Annahme eines „minder schweren Falles" bereits „verbraucht" ist; vgl. § 50 RN 2 ff.). Dies spricht – entgegen dem Wortlaut – für einen obligatorischen Strafmilderungsgrund (so zB § 22 AE, Frister aaO 197 f., Rudolphi SK 5, Schmidhäuser 778, Schreiber aaO 35 f., Stratenwerth 165; krit. zu einer nur fakultativen Milderung auch BW-Weber 405, B-Volk 118, Stree JuS 73, 466 u. näher Kotsalis aaO 36 ff., Lenckner aaO 129 ff., Rautenberg aaO 228 ff., s. auch Köhler 391 f.). Demgegenüber geht zwar auch die h. M. davon aus, daß die Verminderung der Schuldfähigkeit ein Schuldminderungsgrund sei (zweifelnd Foth, Salger-FS 37), wobei mit Recht darauf hingewiesen wird, daß hier zwischen Defiziten bei der Einsichtsfähigkeit und solchen bei der Steuerungsfähigkeit kein prinzipieller Unterschied besteht, die fehlende Unrechtseinsicht (infolge verminderter Einsichtsfähigkeit) also nicht generell mehr ins Gewicht fällt als eine Verminderung „lediglich" des Hemmungsvermögens (zB BGH NStZ **85**, 357, **89**, 18, NStE **Nr. 47**, StV **90**, 62, MDR/H **86**, 622, Jähnke LK 13, Lackner/Kühl 4; and. noch BGH GA **71**, 366). Auch wird daraus die Folgerung gezogen, daß dieser Schuldminderungsgrund „grundsätzlich" oder „im allgemeinen" zu einer Minderung der Strafwürdigkeit führe und daß an ein Absehen von Milderung umso höhere Anforderungen zu stellen seien, je mehr sich der gemilderte Strafrahmen von dem nicht gemilderten unterscheidet (zB RG **69** 317, BGH **7** 30, NJW **81**, 1221, StV **87**, 19, **92**, 570, **93**, 354, **94**, 608, NStE **Nr. 27**, MDR/D **68**, 372, Karlsruhe MDR **72**, 881, Köln NStZ **82**, 250; zu den besonderen Anforderungen bei der lebenslangen Freiheitsstrafe vgl. zB BGH NStZ **94**, 184, NStZ-RR **99**, 171, 295 [5 StR 315/98], StV **93**, 354, 355, **94**, 373, NStE **Nr. 22, 27**, BGHR § 21 Strafrahmenverschiebung 7, 18). Gleichwohl aber stellt die h. M., die sich dafür auch auf BVerfGE **50** 5 berufen kann, die Strafmilderung in das pflichtgemäße Ermessen des Richters, der bei seiner Entscheidung hierüber alle Umstände zu berücksichtigen habe, welche die Tat unter Schuldgesichtspunkten als mehr oder weniger leicht bzw. schwer erscheinen lassen (vgl. BGH aaO, ferner zB NJW **93**, 2544, NStZ **85**, 357, **92**, 32, **97**, 592, NStE **Nr. 36**, MDR/H **82**, 969, **85**, 979, Karlsruhe GA **73**, 91, Koblenz VRS **75** 44, Schleswig SchlHA **75**, 185, Blei I 407, Bruns StrZR 524 ff., Jähnke LK 18, Jescheck/Weigend 444, M-Zipf I 508 f., Neumann aaO 135 ff., Spendel NJW 56, 775, Tröndle 6; für eine Beschränkung auf die mit der verminderten Schuldfähigkeit zusammenhängenden Umstände jedoch zB Frisch ZStW 101, 605, Frisch/Bergmann JZ 90, 949, Jakobs 539, Lackner/Kühl § 49 RN 4, Schweling MDR 71, 971). Ohne Verletzung des Schuldgrundsatzes ist dies aber nur dann möglich, wenn sich die oben genannte Prämisse (erheblich verminderte Schuldfähigkeit = erheblich verminderte Schuld = erheblich gemilderte Strafe) als unrichtig erweist.

a) Ist die Schuld infolge verminderter Schuldfähigkeit erheblich gemindert, so darf eine **Straf- 15 milderung nicht aus schuldfremden Erwägungen unterbleiben** (BGH **7** 30, **20** 264). Sie kann daher unter dieser Voraussetzung auch nicht aus spezial- oder generalpräventiven Gründen versagt werden, da die Präventionszwecke nur innerhalb der Schuld angemessenen Strafe berücksichtigt werden dürfen (zB BGH MDR/H **85**, 979, StV **91**, 557, NStZ/T **86**, 154, Bay NStZ/J **91**, 576, Karlsruhe MDR **72**, 881, Bruns StrZR 518 ff., Jähnke LK 25, Kotsalis aaO 40, Lenckner aaO 130, Rudolphi SK 6, Schreiber aaO 36; and. Koblenz OLGSt. § 21 S. 5, Tröndle 6; vgl. auch 17 vor § 38). Auch generelle Ausnahmen für bestimmte Tätergruppen oder Taten kann es deshalb nicht geben (u. 22). Ebensowenig kann das Absehen von Strafmilderung damit begründet werden, daß der Täter, weil er früher bereits eine ähnliche Tat im Zustand voller Schuldfähigkeit begangen habe, zu einer derartigen Tat auch ohne Verminderung seiner Schuldfähigkeit fähig sei (BGH StV **86**, 14).

b) Ebensowenig kann die **geringe Strafempfindlichkeit**, auch soweit sie unter Schuldgesichts- **16** punkten eine legitime Strafzumessungstatsache ist (vgl. § 46 RN 54), zum Ausschluß der Strafmilderung führen. Ist die Schuld des vermindert schuldfähigen Täters „erheblich" geringer als die eines voll Schuldfähigen, so wäre es mit dem Schuldprinzip unvereinbar, wenn dieser Unterschied durch die verringerte Strafempfindlichkeit wieder überspielt werden könnte (Jähnke LK 25, Kotsalis aaO 40, Lenckner aaO 131, Roxin I 774, Stratenwerth 165; and. BGH MDR/D **53**, 147, wo die unterschiedliche Strafempfindlichkeit sogar als der „hauptsächliche innere Grund" für eine bloße fakultative Strafmilderung bezeichnet wird; vgl. auch BGH **7** 31, Bruns StrZR 520 ff., Lackner/Kühl 4).

17 c) Da das Gesetz bei erheblich verminderter Schuldfähigkeit den milderen Sonderstrafrahmen des § 49 zur Verfügung stellt und da bei erheblich verringerter Schuld die Strafe nach dem Schuldprinzip gemildert werden muß, bleibt für eine bloße Kann-Regelung daher nur Raum, wenn es Fälle gibt, in denen **trotz erheblich verminderter Schuldfähigkeit** die **Schuld nicht oder nur unwesentlich geringer** ist. Davon geht in der Tat die h. M. (o. 14) aus, indem sie annimmt, daß die in der Verminderung der Schuldfähigkeit liegende Schuldmilderung durch andere schulderhöhende Tatsachen wieder ausgeglichen werden könne und daher nicht notwendig zu einer erheblichen Minderung der Schuld in ihrer Gesamtheit führen müsse (ebenso schon die Begr. zu § 25 E 62, S. 142; aus der Rspr. zuletzt zB BGH NJW **93**, 2544, NStZ **94**, 183, StV **91**, 25, **92**, 570, **93**, 355, **94**, 608). Nachdem der Gedanke einer die Tatschuld übersteigenden Täterschuld (vgl. auch 105 f. vor § 13) heute in diesem Zusammenhang keine nennenswerte Rolle mehr spielt (vgl. zB Bruns StrZR 523), sind es vor allem zwei Fallgruppen, in denen das Hinzukommen schulderhöhender Faktoren das Absehen von Strafmilderung rechtfertigen soll (vgl. auch BVerfGE **50** 11 f.):

18 α) Nach h. M. – zur Kritik u. 19 – soll dies zunächst möglich sein, wenn die Schuldminderung als Folge der verminderten Tatschuld durch die **besondere Tatschwere** im übrigen (gesteigerte verbrecherische Energie bzw. Handlungsintensität, besondere Gefühllosigkeit und Roheit der Tatausführung, das Vorliegen mehrerer Mordmerkmale, nach BGH MDR/H **88**, 102 u. U. auch durch das nur geplante Merkmal der Heimtücke bei § 211, gesteigertes Maß an Pflichtwidrigkeit bei Fahrlässigkeitsdelikten usw.) wieder aufgewogen werde (zB BGH **7** 28, NJW **81**, 1221, **86**, 793, NStZ **82**, 200, **87**, 321, **97**, 592, StV **94**, 373, MDR/H **77**, 460, VRS **69** 119, Köln NStZ **82**, 250, Bruns StrZR 524 ff., Tröndle 6). Dies soll nur dann nicht gelten oder dem Täter jedenfalls nicht uneingeschränkt zum Vorwurf gemacht werden können, wenn die erschwerenden Umstände gerade durch den die verminderte Schuldfähigkeit begründenden Zustand des Täters bedingt sind (zB BGH **16** 360, NJW **88**, 2621, NStZ **82**, 200, **85**, 357, **86**, 115, **87**, 321, **88**, 310, **89**, 18, **92**, 538, **97**, 592, NStZ/Altvater **99**, 23, NStZ-RR **99**, 171, StV **86**, 340, **89**, 199, **93**, 355, **94**, 373, MDR/H **86**, 96, **87**, 444, **90**, 676, BGHR § 21 Strafzumessung 14, 15). Nach der u. 20 dargestellten Rspr. zur verschuldeten Herbeiführung des Ausnahmezustandes muß es insoweit dann allerdings folgerichtig auf das Unverschuldetsein dieses Zustands ankommen (vgl. BGH NStZ **86**, 115, **89**, 18, NStZ/D **91**, 477, Jähnke LK 21, Terhorst MDR 82, 368).

19 **Kritisch** dazu ist jedoch anzumerken, daß es auch mit der genannten Einschränkung höchst zweifelhaft ist, ob eine Strafmilderung (Übergang auf den milderen Sonderstrafrahmen) wegen der besonderen Verwerflichkeit der Tat versagt werden kann. Da die Strafrahmen das Ergebnis einer abstrakten Unrechts- und Schuldbewertung sind, die vom denkbar leichtesten bis zum denkbar schwersten Fall reicht, bedeutet im Fall des § 21 die Bildung eines Sonderstrafrahmens zugleich die Eröffnung eines neuen Schuldbewertungsrahmens, der auf der Grundlage, daß eine erhebliche Verminderung der Schuldfähigkeit für sich gesehen stets eine erhebliche Verringerung der Schuld bewirkt, seinerseits wieder eine Spannweite vom denkbar leichtesten bis zum denkbar schwersten Fall hat. Erschwerende Umstände sind hier daher richtigerweise innerhalb des Sonderstrafrahmens zu berücksichtigen. Mag die Tat eines vermindert Schuldfähigen auch noch so verwerflich sein, so ist seine Schuld, gemessen an der gleichen Tat eines voll Schuldfähigen, doch stets „erheblich" geringer (ein Gesichtspunkt, den auch BVerfGE **50** 11 übersehen hat; and. zB auch Roxin I 775 f.). Dann aber *muß* der mildere Strafrahmen des § 49 zugrunde gelegt werden, da dies ja u. a. gerade den Sinn hat, daß eine für den voll schuldfähigen Täter angemessene Strafe aus dem oberen Bereich des Regelstrafrahmens nicht verhängt werden kann (vgl. Frister aaO 196 f., Jakobs 539, Lenckner aaO 133, Schreiber aaO 37). Bei der absoluten Strafdrohung des § 211 ist dies i. S. der h. M. (o. 14) nur dann anders, wenn dort – und ein Anzeichen dafür könnte auch § 57 a I Nr. 2 sein – die Skala unterschiedlicher Schuldgrade so weit gespannt ist, daß auch der „besonders schwere Fall" eines Mordes immer noch in diesem Rahmen liegt (vgl. auch Jähnke LK 26; and. Roxin I 776 f., krit. Rudolphi SK 6).

20 β) Ein die Schuldminderung aufgrund der verminderten Schuldfähigkeit ausgleichender schulderhöhender Faktor ist nach h. M. (zur Kritik u. 21) ferner die **verschuldete Herbeiführung** des Ausnahmezustands (vgl. schon BGH MDR/D **51**, 657, st. Rspr., ferner – mit Unterschieden im einzelnen – zB Bruns StrZR 532, Foth DRiZ 90, 417, NJ 91, 389, Salger-FS 36 ff., Jähnke LK 22 [vgl. aber auch RN 10], Jakobs 539 f., Jescheck/Weigend 444, Lackner/Kühl 4 RN 4, M-Zipf I 508 f., Roxin I 775, 777 f., Salger, Pfeiffer-FS 393, Schild AK 186, Tröndle 6; vgl. aber auch Frister aaO 196, Neumann aaO 134 ff.). Von Bedeutung ist dies zunächst bei *Affekttaten*, wo seit BGH **35** 143 m. Anm. Blau JR 88, 514, Frisch NStZ 89, 263 für einen Ausschluß der Strafmilderung freilich nicht mehr die Vermeidbarkeit des Affektzustands genügt (so zB noch BGH StV **84**, 240, VRS **71** 21), sondern der Vorhersehbarkeit des Affekttat hinzukommen muß (vgl. § 20 RN 15 a). Hauptanwendungsfall sind aber auch hier die *Rauschdelikte*. Für sie gilt nach der Rspr. der Grundsatz, daß Trunkenheit eine Strafmilderung nicht generell ausschließt (zB BGH NJW **53**, 1760), auch nicht schon bei einem wegen eines Trunkenheitsdelikts vorbestraften Täter (BGH StV **85**, 102), sondern erst bei Hinzutreten weiterer, auf die fragliche Tat bezogener Umstände (zB BGH MDR/D **72**, 570, StV **93**, 241; and. noch BGH MDR/D **51**, 657 u. zuletzt wieder Foth aaO: selbstverschuldete Trunkenheit idR kein Anlaß zur Strafmilderung). Unklarheiten bleiben hier allerdings bei der Konkretisierung dieses Grundsatzes, wobei in neuerer Zeit wieder eine deutliche Tendenz zur Versagung der Strafmilderung erkennbar ist (vgl. BGH **43** 77 f., StV **97**, 75 [5 ARs 59/96], NStZ/D **98**, 183 FN 27, Naumburg ZfS **99**, 216 m. Anm. Bode, Maatz StV 98, 284, Rautenberg DtZ 97, 47). Ursprünglich hatte es geheißen, daß eine Strafmilderung zu versagen sei, wenn der Täter die enthemmende Wirkung des Alkohols kannte, ihm dennoch in unvernünftigem Ausmaß zusprach und, wie er wußte oder wissen mußte, infolgedessen die Gefahr bestand, daß er strafbare Handlungen begehen werde (BGH MDR **60**, 938, sowie jetzt wieder NStZ/D **98**, 183 FN 27; vgl. auch BGH MDR/D **72**, 16: ausreichend, wenn der Täter die für ihn ungünstige Wirkung des Alkohols seit geraumer Zeit kannte). Wegen der allgemein bekannten Wirkung von Alkohol soll deshalb bei Trunkenheitsfahrten und ihren Folgen das Absehen von Milderung die Regel sein (vgl. Hamm VRS **59** 415 [mit der Ausnahme, daß die Möglichkeit einer Fahrt „geradezu ausgeschlossen erscheinen durfte"], Köln DAR **87**, 126; vgl. dagegen aber auch Karlsruhe VRS **81** 19, Stuttgart VRS **65** 355 und zu einer später begangenen Unfallflucht BGH VRS **69** 118). In der neueren Rspr. wird als maßgeblicher Gesichtspunkt dagegen genannt, daß der Täter dazu neigt, nach Alkoholgenuß Straftaten zu begehen und ihm diese Neigung bewußt war oder doch hätte bewußt sein können (zB BGH **34** 33, NStZ **86**, 114, **94**, 184, NStZ/D **92**, 170, **98**, 502 FN 13, **00**, 185 FN 14, NStZ-RR **99**, 12, 295 [1 StR 162/98], StV **85**, 102, **91**, 255, **93**, 355, MDR/H **77**, 982, **85**, 978; vgl. auch Koblenz OLGSt. **Nr. 1**, VRS **75** 44, **76** 424, Köln NJW **86**, 2329, NStZ **81**, 63, Thüringen VRS **90** 170: Kenntnis der Neigung; vgl. auch Rautenberg aaO 46 sowie zu drogenbedingten Rauschzuständen BGHR § 21 Strafrahmenverschiebung 30). Dabei wird dies zT in der Weise noch näher präzisiert, daß ein Absehen von Strafmilderung nur dann zulässig sei, wenn der Täter mit der Begehung strafbarer Handlungen rechnen mußte, die „in Ausmaß und Intensität" mit der jetzt vorgeworfenen Tat „vergleichbar" sind (zB BGH NStZ **86**, 114 [verneint für § 212 nach früheren, unter Alkoholeinfluß begangenen Körperverletzungen; vgl. aber auch BGHR § 21 Strafrahmenverschiebung 3], StV **87**, 19, NStE **Nr. 24**, BGHR § 21 Vorverschulden 1, Strafrahmenverschiebung 6 [verneint bei Sexualdelikten nach Gewalttätigkeiten bzw. Raub]). Allerdings werden dann die genannten Voraussetzungen mit dem Verzicht auf die frühere Begehung einer gleichen oder ähnlichen Tat in gewissem Umfang wieder relativiert (zB BGHR § 21 Strafrahmenverschiebung 3, 6), und noch deutlicher, wenn nach BGH NJW **93**, 2544, NStZ **94**, 183 nur solche Delikte ausgeschlossen werden sollen, die mit dem Bild der bisherigen Delinquenz nicht in Einklang zu bringen sind, weil sie „im Hinblick auf ihre andersartige Anlage und Zielrichtung und dem zugrundeliegenden strafrechtlichen Antrieb in ganz andere Richtung weisen" (NJW **93**, 2545); auch soll es danach genügen, wenn die Delinquenz „gleichsam progressiv fortschreitet und damit deutlich wird, daß auch schwerere Ausgestaltungen bisher begangener Delikte nicht fern liegen" (aaO; dort bejaht für § 316a nach früheren Diebstählen, in NStZ **94**, 183 für Mordversuch nach früheren Gewalttätigkeiten). Selbst wenn deshalb „keine allzu hohen Anforderungen an die Vergleichbarkeit von früheren und neu begangenen Taten zu stellen sind" (BGH NJW **93**, 2544), so sind die in der neueren Rspr. genannten Voraussetzungen für den Ausschluß einer Strafmilderung doch immer noch enger als nach der ursprünglichen Version (o.), die sich mit der idR immer gegebenen Vorsehbarkeit von strafbaren Rechtsverletzungen ganz allgemein begnügte. Die Einschränkungen in der neueren Rspr. verlieren daher auch ihren Sinn, wenn aB in BGH NJW **86**, 793 m. Anm. Bruns JR 86, 327, NStZ **90**, 537, NStZ/M **81**, 135, StV **93**, 421 beide Varianten nebeneinander als Versagungsgründe erscheinen. Dies alles gilt freilich nicht, wenn wegen des Bestehens einer Alkoholabhängigkeit in dem aktuellen Alkoholgenuß kein schulderhöhender Umstand gesehen werden kann, so – i. U. zu einer bloßen Beeinträchtigung der Widerstandskräfte gegen Alkohol – wenn der Täter alkoholkrank ist und aufgrund unwiderstehlichen Dranges trinkt, wenn ihm als chronischem Alkoholiker die Kraft fehlt, sich vom Alkohol zu lösen oder ihn der Alkohol weitgehend beherrscht oder der jahrelang betriebene Alkoholmißbrauch bereits eine hirnorganische Störung hervorgerufen hat (BGH MDR/H **94**, 432, NStZ/D **93**, 177, NStZ-RR **99**, 12, Karlsruhe VRS **80** 443; vgl. ferner zB BGH StV **85**, 102, NStZ/D **90**, 175, Bay NStZ/J **91**, 268, 576, Köln NJW **86**, 2329, NStZ **81**, 63, Thüringen VRS **90** 174). Ebenso ist die Strafmilderung nicht ausgeschlossen, wenn sich die verminderte Schuldfähigkeit erst aus der Verbindung von Alkoholgenuß und einer anderen Persönlichkeitsstörung ergibt, diese aber nicht verschuldet ist (vgl. BGH NStZ **86**, 115 [affektive Anspannung], **92**, 32 [Hirnschädigung], StV **91**, 156 [Anfallsleiden], BGHR § 21 Erheblichkeit 2 [depressive Psychose]; vgl. dagegen aber auch BGH NStZ **94**, 184: explosible und gerade durch Alkoholeinfluß aktivierte Persönlichkeitszüge); zu einem Fall der Polytoxikomanie vgl. BGHR § 21 Strafrahmenverschiebung 26. – Noch kein schulderhöhender Umstand und damit kein Versagungsgrund wird bei suchtbedingten Taten auch in dem Rückfall in eine *Drogenabhängigkeit* gesehen (vgl. zB BGH StV **92**, 570, BGHR § 21 Strafrahmenverschiebung 10, 30, Jähnke LK 24, Theune NStZ 97, 61, Tröndle 6). Etwas anderes soll jedoch gelten, wenn der Täter eine ihm angebotene Drogentherapie abgelehnt hat (vgl. Jähnke aaO, Terhorst MDR 82, 369), wobei dann aber auch hier die Einschränkung zu machen ist, daß die Ablehnung nicht durch die Sucht bedingt sein darf (Köln NStZ **82**, 250; and. Terhorst aaO).

Zur **Kritik:** Aus den bereits o. 19 genannten Gründen läßt sich auch hier das Absehen von **21** Milderung nicht damit rechtfertigen, daß die nach § 21 an sich gegebene Schuldminderung durch die verschuldete Herbeiführung des Ausnahmezustandes wieder „ausgeglichen" werde. Die h. M. ließe sich deshalb nur damit begründen, daß bei einer selbstverschuldeten Verminderung der Schuldfähigkeit die Schuld schon „an sich" nicht oder jedenfalls nicht erheblich gemildert ist (vgl. dazu auch Jähnke LK 10). Eine solche Annahme ist aber nur möglich, wenn und soweit die Voraussetzungen einer actio libera in causa vorliegen (o. 11; in diese Richtung wohl BGH NStZ/D **96**, 183 FN 15; vgl. auch Frisch ZStW 101, 573, Köhler 392, Rudolphi SK 4b, Streng aaO 269, ferner Neumann aaO 141 u. generell verneinend Landgraf aaO 72 ff., 134 ff.). Auch bei § 21 geht es darum, daß das mit der verminderten Schuldfähigkeit vorhandene Defizit an voller Schuld nur durch ein *entsprechendes Vorverschulden* kompensiert werden kann. Daß der Täter die in einem – wenn auch verschuldeten – Affekt- oder Trunkenheitszustand usw. begangene Vorsatztat lediglich hätte voraussehen können, genügt dafür jedoch nicht. Weil es hier nicht nur um die bloße Strafzumessungs-, sondern um die eigentliche Tatschuld geht (and. Foth DRiZ 90, 420 f.), sprechen deshalb auch in diesen Fällen gute Gründe dafür, daß das Fehlen voller („normaler") Schuld zu einem neuen Schuldbewertungs- und damit zum milderen Strafrahmen führen muß. In diesem Zusammenhang auf den Grundgedanken des § 323 a zurückzugreifen (so Schröder, 17. A., § 51 RN 43; vgl. auch Foth aaO, Salger-FS 37 f., Neumann aaO), verbietet sich schon deshalb, weil der Täter im Fall des § 21 nicht für die Herabsetzung seiner Einsichts- und Steuerungsfähigkeit, sondern für die Tat selbst verantwortlich gemacht wird (vgl. Lenckner aaO 135 f., Rautenberg aaO 188 ff.).

22 d) Im wesentlichen unbestritten ist heute dagegen, daß von Strafmilderung nach § 21 weder **bestimmte Tätergruppen** (zB Psychopathen, Drogenabhängige; zu letzteren vgl. aber auch Terhorst MDR 82, 368) noch **bestimmte Taten** (zB § 316) bzw. Begehungsweisen generell oder „grundsätzlich" ausgenommen sind (vgl. BGH NJW **53**, 1760, Nürnberg HESt. **2** 199, Karlsruhe NStE Nr. **57**, VRS **81** 19, Jähnke LK 25). Unzulässig ist es deshalb auch, bei der Strafrahmenwahl die verminderte Schuldfähigkeit deshalb nicht zu berücksichtigen, weil diese bei bestimmten Delikten (Verstöße gegen das BtMG) bereits zum durchschnittlichen Regelfall zähle (BGH NStZ **83**, 268).

23 3. Steht der anzuwendende Strafrahmen fest, so gelten für die **konkrete Straffestsetzung** innerhalb dieses Rahmens die allgemeinen Grundsätze (vgl. § 46; zur Verhängung einer Strafe aus dem mittleren Bereich des nach § 49 gemilderten Sonderstrafrahmens in Durchschnittsfällen vgl. jedoch BGH NStZ **88**, 86 m. Anm. Meyer u. 42 vor § 38). Hier hat daher eine erneute Gesamtbewertung aller für und gegen den Täter sprechenden Gesichtspunkte zu erfolgen (zB BGH NStZ **85**, 164, StV **86**, 340, GA **89**, 569). Bei Anwendung des **milderen Sonderstrafrahmens** kann dies bezüglich der mit der verminderten Schuldfähigkeit zusammenhängenden Umstände allerdings nur mit Einschränkungen gelten. Nicht zulässig ist es, die bloße Tatsache der verminderten Schuldfähigkeit *als solche,* bereits zum Übergang auf den milderen Sonderstrafrahmen geführt hat, hier bei der eigentlichen Strafbemessung noch einmal strafmildernd in Ansatz zu bringen (zB BGH **26** 311 m. Anm. Zipf JR 77, 158, NJW **89**, 3230, StV **82**, 522, NStZ **84**, 548 [mwN], **90**, 30, NStZ/D **91**, 272, **94**, 175, NStZ-RR **00**, 167, Jähnke LK 27, Tröndle 7; zumindest mißverständlich dagegen BGH NStZ **92**, 538, NStZ/D **92**, 478, BGH § 50 Strafhöhenbemessung 12: Berücksichtigung der bereits für die Strafrahmenverschiebung maßgeblichen Zumessungsgründe auch bei der schließlichen Straffestsetzung, wenngleich dort nur von „geringerem Gewicht" und ganz verzichtbar beim Übergang von lebenslanger zu zeitiger Freiheitsstrafe; vgl. im übrigen § 46 RN 49). Berücksichtigt werden dürfen in diesem Zusammenhang vielmehr nur die Besonderheiten bzw. die den Milderungsgrund konkretisierenden bzw. mit ihm zusammenhängenden Umstände (BGH **26** 312: größeres oder geringeres Verschulden an dem Ausnahmezustand, Bay VRS **67** 219: Zusammentreffen von jeweils für sich den Zustand des § 21 begründender Alkoholwirkung und Gehirnschädigung; vgl. auch BGHR § 178 Abs. 2 Strafrahmenwahl 1, NStZ/D **91**, 274), und ein Strafzumessungsfaktor ist an sich auch der Schweregrad der Beeinträchtigung (BGH NStZ **84**, 548), was jedoch voraussetzen würde, daß weitere Abstufungen der verminderten Schuldfähigkeit des von § 21 erfaßten Bereiches – mehr oder weniger „erhebliche" Verminderung der Schuldfähigkeit – praktisch überhaupt noch möglich sind (vgl. dazu Wegener/Mende/Schöch/Maisch u. a. MSchrKrim. 83, 325, Schreiber aaO 38; mit Recht skeptisch BGH NStE Nr. **46**, BGHR § 21 Strafrahmenverschiebung 2, 17, NStZ/D **90**, 484, Haffke Recht u. Psychiatrie 91, 100, Jähnke LK 11, Salger, Tröndle-FS 215, offengelassen in BGH NStE Nr. **47**). Andererseits sind innerhalb des Sonderstrafrahmens schulderhöhende Umstände strafschärfend zu berücksichtigen (dazu, daß dies auch möglich ist, wenn der fragliche Umstand zur Annahme eines „besonders schweren Falls" geführt hat, vgl. § 46 RN 49). Beruht allerdings der fragliche Umstand gerade auf dem psychischen Ausnahmezustand (zB besonders brutale Tatausführung), so gilt Entsprechendes wie bei der Strafrahmenwahl (o. 18; vgl. BGH NStZ **87**, 550, **92**, 538, **97**, 592 [2 StR 118/97], NStZ-RR **96**, 193, NStZ/D **91**, 477, **95**, 171 FN 57, **97**, 478 FN 56, 57, NStE Nr. **12**, MDR/H **88**, 99, **97**, 19, BGHR § 21 Strafzumessung 11), und nicht zulässig ist es auch, den Umstand, der zur verminderten Schuldfähigkeit und zur Milderung des Strafrahmens geführt hat, bei der Strafbemessung i. e. S. strafschärfend heranzuziehen (BGH StV **86**, 101: durch Angst hervorgerufene affektive Erregung). Nicht erforderlich ist, daß die dem milderen Sonderrahmen entnommene Strafe unter der Mindeststrafe des Regelrahmens liegt (vgl. auch § 23 RN 10 mwN); zur Zulässigkeit der nach dem milderen Sonderrahmen möglichen Höchststrafe vgl. BGH MDR/H **77**, 106, NStZ **85**, 164 und zu einer im Bereich der Obergrenze, immer noch deutlich über der Strafrahmenmitte des Regelstrafrahmens liegenden Strafe BGH StV **89**, 190. – Bleibt es aus den von der h. M. genannten Gründen (o. 18 ff.) beim **Regelstrafrahmen**, so muß die verminderte Schuldfähigkeit jedenfalls innerhalb von diesem berücksichtigt werden (Rudolphi SK 6). Zumindest die Höchststrafe des Regelrahmens ist daher unzulässig (Bruns StrZR 528, Stree, Deliktsfolgen und Grundgesetz 56, JuS 73, 466; vgl. auch RG **69** 317), aber wohl auch eine Strafe aus dessen oberem Bereich, da selbst im denkbar schwersten

Fall die Schuld eines vermindert Schuldfähigen immer noch „erheblich" geringer ist als die eines voll Schuldfähigen bei der gleichen Tat. Anders ist es allenfalls bei absolut bestimmten Strafen (Bruns aaO, Stree aaO; zu § 211 vgl. BVerfGE **50** 5, BGH **7** 28, MDR/H **77**, 460, aber auch Rudolphi SK 6), wenn man davon ausgeht, daß der Rahmen verschiedener Schuldgrade hier so weit gespannt ist, daß er auch die durch § 21 gemilderte Schuld bei Hinzukommen erschwerender Umstände erfaßt. Zu der für die h. M. entstehenden weiteren Frage, ob schulderhöhende Umstände, die zur Versagung der Milderung nach § 21 geführt haben, bei der Strafzumessung innerhalb des Regelstrafrahmens noch einmal verwertet werden dürfen, vgl. § 46 RN 49.

4. Generell ausgeschlossen ist eine Strafmilderung (i. S. einer Rahmenmilderung, vgl. Schleswig SchlHA **71**, 221) nach § 7 WStG bei **Soldaten** im Falle **selbstverschuldeter Trunkenheit**, wenn die Tat eine militärische Straftat ist oder in Ausübung des Dienstes begangen wird. § 7 WStG verstößt nach Köln NJW **63**, 775 nicht gegen Art. 3 GG, eine andere Frage ist es jedoch, ob er jedenfalls in dieser Allgemeinheit mit dem Schuldprinzip vereinbar ist (krit. dazu Lenckner aaO 137 u. einschränkend auch Roxin I 778 f.; vgl. auch Kotsalis aaO 41). **24**

5. Ist die Schuldfähigkeit zwar **vermindert**, aber **nicht „erheblich"**, so kann dies nur innerhalb des Regelstrafrahmens berücksichtigt werden (BGH StV **92**, 318, **93**, 185, 638). Bei einer Minderung der Einsichtsfähigkeit kann freilich, auch wenn sie nicht „erheblich" ist, eine Strafmilderung nach § 17 in Betracht kommen (o. 8). **25**

V. Neben der Bestrafung kann die **Verhängung einer Maßregel** nach §§ 63 ff. in Betracht kommen. Bei einer solchen nach § 63 behält hier § 21 auch in seinem die Einsichtsfähigkeit betreffenden Teil (o. 6 f.) selbständige Bedeutung, weil für eine Unterbringung nur solche „biologisch" bedingten Verbotsirrtümer genügen, die mit einer erheblichen Verminderung der Einsichtsfähigkeit verbunden sind. Bei § 63 muß ferner feststehen, daß wenigstens die Voraussetzungen des § 21 erfüllt sind (vgl. § 63 RN 10); bleibt daher zweifelhaft, ob der Täter voll oder vermindert schuldfähig war, so ist bei seiner Bestrafung von seiner verminderten Schuldfähigkeit (o. 12), hinsichtlich des § 63 dagegen von seiner vollen Schuldfähigkeit auszugehen. Die Anordnung der Maßregel ist unabhängig davon, ob die Strafe gemildert wird; umgekehrt ist es unzulässig, statt der an sich gebotenen Unterbringung aus Sicherheitsgründen eine übermäßige, der Schuld nicht entsprechende Freiheitsstrafe zu verhängen (BGH **20** 264; vgl. 13 vor § 38). Im übrigen vgl. die Anm. zu §§ 63, 64, insbes. § 63 RN 10 ff. **26**

VI. Auch ein **Jugendlicher**, der nach § 3 JGG verantwortlich ist, kann im Einzelfall nach § 21 vermindert schuldfähig sein (zB Rauschzustände [zur BAK vgl. § 20 RN 16 c], jugendliche Psychopathen; vgl. zB BGH **5** 367, NStZ **84**, 75, NStZ/Böhm **85**, 447, StV **92**, 432, **94**, 598, Brunner/Dölling § 3 RN 10, Eisenberg § 3 RN 34, Ostendorf § 3 RN 4). Bedeutung hat dies als Strafmilderungsgrund – hier wegen § 18 II JGG bei der eigentlichen Strafzumessung (BGH NStE **Nr. 56**, Zweibrücken StV **94**, 599) –, ferner im Hinblick auf eine mögliche Unterbringung gem. § 7 JGG). Begrifflich möglich ist auch ein Zusammentreffen der Voraussetzungen des § 21 mit fehlender Verantwortungsreife nach § 3 JGG (BGH **26** 67 m. Anm. Brunner JR 76, 116 [jugendlicher Debiler], Dallinger/Lackner § 3 JGG RN 34; and. Ostendorf § 3 RN 4, JZ 86, 666, Schaffstein/Beulke, Jugendstrafrecht, 13. A., 61; s. auch Eisenberg § 3 RN 34), hier ist daher auch eine Unterbringung nach § 63 möglich (BGH aaO; and. Eisenberg § 3 RN 39). **27**

VII. Prozessuale Hinweise: Vgl. zunächst § 20 RN 45. Abgesehen von den Fällen der actio libera in causa (o. 11) ist es unzulässig, von einer Prüfung des § 21 mit der Begründung abzusehen, daß auch bei dessen Bejahung von einer Strafmilderung abgesehen worden wäre (BGH **7** 359, Jähnke LK 25, Maatz StV **98**, 284; and. Hamm VRS **12** 434). Die Prüfung der Milderungsmöglichkeit i. S. der Anwendung des milderen Sonderstrafrahmens (o. 13) muß sich – sofern man nicht von einer obligatorischen Milderung ausgeht, o. 14 ff. – aus den Urteilsgründen ergeben (zB BGH NStE **Nr. 34**, StV **91**, 254, NStZ/D **89**, 24, NStZ **89**, 67, 175, **93**, 177, Bay NStZ/J **91**, 268, Düsseldorf JMBlNW **94**, 129, VRS **87** 334). Ausführungen, daß die verminderte Schuldfähigkeit strafmildernd berücksichtigt worden sei, genügen nicht (BGH GA **80**, 469, MDR/H **82**, 969, NStZ/M **84**, 159, NStZ/Mü **85**, 158, Schleswig SchlHA **84**, 82; vgl. auch BGH **16** 360 sowie § 49 RN 7), ebensowenig die ohne Entscheidung zur Rahmenwahl gegebene Begründung, daß die konkret ausgeworfene Strafe „innerhalb der beiden Strafrahmen" liege (Schleswig NStZ **86**, 511). Entscheidet sich das Gericht für eine Strafrahmenmilderung, so sind sowohl der gemilderte Rahmen als auch die Gründe anzugeben, die zur Milderung des Strafrahmens geführt haben (BGH NJW **81**, 1221, Celle NdsRpfl. **85**, 284, Koblenz OLGSt. **Nr. 1**). Andererseits darf von einer Strafrahmenmilderung nicht ohne Begründung abgesehen werden (zB BGH StV **94**, 608, NStZ/T **86**, 154; der Hinweis, der Angekl. habe sich selbst nicht auf Trunkenheit berufen, genügt nicht [BGH NStZ/D **93**, 177]). Daß § 21 einen Schuldminderungsgrund enthält, schließt nach h. M. nicht aus, daß prozessual seine Anwendung zur Straffrage gehört (RG **69** 112, **71** 266, Bay NJW **55**, 353, NJW **94**, 1358, Köln NStZ **84**, 379, **89**, 24, Gollwitzer LR § 318 StPO RN 53 mwN). Das Vorliegen verminderter Schuldfähigkeit kann danach trotz Rechtskraft des Schuldspruchs vom Rechtsmittelgericht überprüft werden, soweit es sich nicht um doppelrelevante, auch den Schuldausspruch betreffende Feststellungen handelt (vgl. zB Köln NStZ **81**, 63, 437, **89**, 24 mwN); zur Bindung an doppelrelevante Tatsachen bei Aufhebung nur im Strafausspruch vgl. BGH MDR/H **88**, 102, Bay NJW **94**, 1359 mwN. **28**

Zweiter Titel. Versuch

Vorbemerkungen

Schrifttum: Adams/Shavell, Zur Strafbarkeit des Versuchs, GA 90, 337. – *Albrecht*, Der untaugl. Versuch, 1973. – *Alwart*, Strafwürdiges Versuchen, 1982. – *ders.*, Zur Kritik der strafr. Stufenlehre, GA 86, 245. – *Arzt*, Bedingter Entschluß u. Vorbereitungshandlung, JZ 69, 54. – *Bauer*, Die Abgrenzung des dolus eventualis, wistra 91, 168. – *Baumann*, Das Umkehrverhältnis zwischen Versuch u. Irrtum im Strafrecht, NJW 62, 16. – *Baumgarten*, Die Lehre vom Versuche der Verbrechen, 1888. – *Beck*, Unrechtsbegründung u. Vorfeldkriminalisierung, 1992. – *Berz*, Grundlagen des Versuchsbeginns, Jura 84, 511. – *Bitzilekis*, Über die strafr. Bedeutung der Abgrenzung von Vollendung u. Beendigung der Straftat, ZStW 99 (1987) 723. – *Blei*, Das Wahnverbrechen, JA 73, StR 55, 73, 93, 109, 127, 145. – *ders.*, Versuch u. Rücktritt zum Versuch nach neuem Recht, JA 75, StR 23, 41, 61, 89. – *Bockelmann*, Zur Abgrenzung der Vorbereitung vom Versuch, JZ 54, 468. – *ders.*, Die jüngste Rspr. des BGH zur Abgrenzung der Vorbereitung vom Versuch, JZ 55, 193. – *Bruns*, Der untaugl. Täter im Strafrecht, 1955. – *ders.*, Die Strafbarkeit des Versuchs eines untaugl. Subjektes, GA 79, 161. – *v. Buri*, Zur Lehre vom Versuche, GS 19 (1867) 60. – *ders.*, Versuch u. Causalität, GS 32 (1880) 323. – *Burkhardt*, Rechtsirrtum u. Wahndelikt, JZ 81, 681. – *ders.*, Zur Abgrenzung von Versuch u. Wahndelikt im Steuerstrafrecht, wistra 82, 178. – *ders.*, Zurechnungsfragen beim mittäterschaftl. Versuch, 1998. – *Degener*, Regelbeispiele u. deliktisches Versuchen, Stree/Wessels-FS 305. – *Dicke*, Zur Problematik des untauglichen Versuchs, JuS 68, 159. – *Dohna*, Der Mangel am Tatbestand, Güterbock-FG (1910) 35. – *Dreßler*, Vorbereitung u. Versuch im Strafrecht der DDR im Vergleich mit dem Recht der BRD, 1982. – *Endrulat*, Der „umgekehrte Rechtsirrtum"?, 1994. – *Engisch*, Der „umgekehrte Irrtum" u. das Umkehrprinzip, Heinitz-FS 185. – *Erb*, Zur Konstruktion eines untaugl. Versuchs der Mittäterschaft usw., NStZ 95, 424. – *Fabry*, Der bes. schwere Fall der versuchten Tat, NJW 86, 15. – *Fiedler*, Vorhaben u. Versuch im Strafrecht, 1967. – *Fincke*, Das Verhältnis des Allg. zum Bes. Teil des Strafrechts, 1975. – *Foth*, Neuere Kontroversen um den Begriff des Wahnverbrechens, JR 65, 366. – *Fuchs*, Tatentschluß u. Versuchsbeginn, Trifferer-FS 73. – *v. Gemmingen*, Die Rechtswidrigkeit des Versuchs, 1932. – *Glöckner*, Cogitationis poenam nemo patitur (D. 48.19.18), 1989. – *Grünwald*, Der Versuch des unechten Unterlassungsdelikts, JZ 59, 46. – *Ha Tae Hoon*, Die strafrechtliche Behandlung des untauglichen Versuchs: eine rechtsvergleichende Untersuchung zum dt. u. korean. Strafrecht, 1991. – *Haft*, Der doppelte Irrtum im Strafrecht, JuS 80, 430, 588, 659. – *Hardtung*, Gegen die Vorprüfung beim Versuch, Jura 96, 293. – *Hardwig*, Der Versuch bei untaugl. Subjekt, GA 57, 170. – *Hau*, Die Beendigung der Straftat u. ihre rechtl. Wirkungen, 1974. – *Heckler*, Versuchsbeginn bei vermeintl. Mittäterschaft, GA 97, 72. – *Heinitz*, Streitfragen der Versuchslehre, JR 56, 248. – *Heinrich*, Die Abgrenzung von untaugl., grob unverständigem u. abergläubischem Versuch, Jura 98, 393. – *Herzberg*, Der Versuch beim unechten Unterlassungsdelikt, MDR 73, 89. – *ders.*, Das Wahndelikt in der Rspr. des BGH, JuS 80, 469. – *ders.*, Der Anfang des Versuchs bei mittelbarer Täterschaft, JuS 85, 1. – *ders.*, Wegfall subj. Tatbestandsvoraussetzungen vor Vollendung der Tat, Oehler-FS 163. – *ders.*, Unrechtsausschluß u. Erlaubnistatbestandsirrtum bei versuchter u. vollendeter Tatbestandserfüllung, Stree/Wessels-FS 203. – *Reinh. v. Hippel*, Untersuchungen über den Rücktritt vom Versuch, 1966. – *Hruschka*, Dogmatik der Dauerstraftaten u. das Problem der Tatbeendigung, GA 68, 193. – *ders.*, Das delictum perfectum zwischen Versuch u. Vollendung, Zipf-GedS 235. – *Ingelfinger*, „Schein"-Mittäter u. Versuchsbeginn, JZ 95, 704. – *Jakobs*, Kriminalisierung im Vorfeld einer Rechtsgutsverletzung, ZStW 97 (1985) 751. – *Jescheck*, Wesen u. rechtl. Bedeutung der Beendigung der Straftat, Welzel-FS 683. – *ders.*, Versuch u. Rücktritt bei Beteiligung mehrerer Personen an der Straftat, ZStW 99 (1987) 111. – *Kadel*, Versuchsbeginn bei mittelbarer Täterschaft, GA 83, 299. – *Kawaguchi*, Der untaugl. Versuch im jap. Strafrecht, ZStW 110 (1998) 561. – *Kindhäuser*, Gefährdung als Straftat, 1989. – *Kölz-Ott*, Eventualvorsatz u. Versuch, 1974. – *Krack*, Der Versuchsbeginn bei Mittäterschaft u. mittelbarer Täterschaft, ZStW 110 (1998) 611. – *Kratzsch*, Die Bemühungen um Präzisierung der Ansatzformel (§ 22 StGB), JA 83, 420, 578. – *ders.*, Verhaltenssteuerung u. Organisation im Strafrecht, 1985. – *Krüger*, Der Versuchsbeginn bei mittelbarer Täterschaft, 1994. – *Kühl*, Die Beendigung des vorsätzl. Begehungsdelikts, 1974. – *ders.*, Grundfälle zu Vorbereitung, Versuch, Vollendung u. Beendigung, JuS 79, 718, 874; 80, 120, 273, 506, 650, 811; 81, 193; 82, 110, 189. – *Kühne*, Strafbarkeit der versuchten Mittäterschaft?, NJW 95, 934. – *Küper*, Versuchsbeginn u. Mittäterschaft, 1978. – *ders.*, Versuchs- u. Rücktrittsprobleme bei mehreren Tatbeteiligten, JZ 79, 775. – *ders.*, Der Versuchsbeginn bei mittelbarer Täterschaft, JZ 83, 361. – *ders.*, Deliktsversuch, Regelbeispiel u. Versuch des Regelbeispiels, JZ 86, 518. – *ders.*, Teilverwirklichung des Tatbestands, JZ 92, 338. – *Küpper/Mosbacher*, Untaugl. Versuch bei vermeintl. Mittäterschaft, JuS 95, 488. – *Laubenthal*, Der Versuch des qualif. Delikts, JZ 87, 1065. – *Less*, Genügt „bedingtes Wollen" zum strafbaren Verbrechensversuch?, GA 56, 33. – *Letzgus*, Vorstufen der Beteiligung, 1972. – *Malitz*, Der untaugl. Versuch beim unechten Unterlassungsdelikt, 1998. – *Maurach*, Die Beiträge der neuen höchstrichterl. Rspr. zur Bestimmung des Wahnverbrechens, NJW 62, 716, 767. – *D. Meyer*, Abgrenzung der Vorbereitung vom Versuch einer Straftat, JuS 77, 19. – *J. Meyer*, Kritik an der Neuregelung der Versuchsstrafbarkeit, ZStW 87 (1975), 598. – *Mintz*, Die Entwicklung des sog. untaugl. Versuchs im 19. Jhdt. (usw.), 1994. – *Murmann*, Versuchsunrecht u. Rücktritt, 1999. – *Neuhaus*, Die strafbare Deliktsvorbereitung unter bes. Berücksichtigung des § 234 a III StGB, 1993. – *Niepoth*, Der untaugl. Versuch beim unechten Unterlassungsdelikt, 1994. – *ders.*, Der untaugl. Versuch beim unechten Unterlassungsdelikt, JA 94, 337. – *Oehler*, Das objektive Zweckmoment in der rechtswidrigen Handlung, 1959. – *Otto*, Versuch u. Rücktritt bei mehreren Tatbeteiligten, JA 80, 641, 707. – *Pahlke*, Rücktritt bei dolus eventualis, 1993. – *Papageorgiou-Gonatas*, Wo liegt die Grenze zw. Vorbereitungshandlungen u. Versuch?, 1988. – *Patzelt*, Ungerechtfertigte Steuervorteile u. Verlustabzug im Steuerstrafrecht, 1990. – *Rath*, Grundfälle zum Unrecht des Versuchs, JuS 98, 1006, 1106; 99, 32, 140. – *Reiß*, Zur Abgrenzung von untaugl. Versuch u. Wahndelikt am

Beispiel der Steuerhinterziehung, wistra 86, 193. – *Roßmüller/Rohrer*, Keine Rechtserheblichkeit der abergläubischen Gefährvorstellung?, Jura 90, 582. – *Roxin*, Unterlassung, Vorsatz u. Fahrlässigkeit, Versuch u. Teilnahme im neuen StGB, JuS 73, 329. – *ders.*, Der Anfang des beendeten Versuchs, Maurach-FS 213. – *ders.*, Über den Tatentschluß, Schröder-GedS 145. – *ders.*, Tatentschluß u. Anfang der Ausführung beim Versuch, JuS 79, 1. – *ders.*, Zur Mittäterschaft beim Versuch, Odersky-FS 489. – *ders.*, Die Abgrenzung von untaugl. Versuch u. Wahndelikt, JZ 96, 981. – *ders.*, Über den Strafgrund des Versuchs, Nishihara-FS 157. – *Rudolphi*, Zur Abgrenzung zwischen Vorbereitung u. Versuch, JuS 73, 20. – *Salm*, Das versuchte Verbrechen, 1957. – *Sancinetti*, Subjektive Unrechtsbegründung u. Rücktritt vom Versuch, 1996. – *Sax*, „Tatbestand" u. Rechtsgutsverletzung, JZ 76, 431. – *ders.*, Zum logischen u. sachl. Gehalt des sog. „Umkehrschlusses aus § 59 StGB", JZ 64, 241. – *Schaffstein*, Die Vollendung der Unterlassung, Dreher-FS 147. – *Schilling*, Der Verbrechensversuch des Mittäters u. des mittelbaren Täters, 1975. – *Schlehofer*, Vorsatz u. Tatabweichung, 1996. – *Schlüchter*, Irrtum über normative Tatbestandsmerkmale im Strafrecht, 1983. – *W. Schmid*, Bedingter Handlungswille beim Versuch u. im Bereich der strafbaren Vorbereitungshandlungen, ZStW 74 (1962) 48. – *Seier/Gaud*, Untaugl., grob unverständige u. abergläubische Versuche, JuS 99, 456. – *Silva Sanchez*, Zur strafrechtl. Relevanz der Nicht-Unmittelbarkeit des Erfolgseintritts, GA 90, 207. – *Sonnen/Hansen-Siedler*, Die Abgrenzung des Versuchs von Vorbereitung u. Vollendung, JA 88, 17. – *Spendel*, Zur Notwendigkeit des Objektivismus im Strafrecht, ZStW 65 (1953) 519. – *ders.*, Kritik der subjektiven Versuchstheorie, NJW 65, 1881. – *ders.*, Zur Neubegründung der obj. Versuchstheorie, Stock-FS 89. – *ders.*, Zur Kritik der subj. Versuchs- u. Teilnahmetheorie, JuS 69, 314. – *ders.*, Der sog. Umkehrschluß aus § 59 StGB nach der subj. Versuchstheorie, ZStW 69 (1957) 441. – *Spotowski*, Erscheinungsformen der Straftat im dt. u. poln. Recht, 1979. – *Stöger*, Versuch des untaugl. Täters, 1961. – *Stoffers*, Mittäterschaft u. Versuchsbeginn, MDR 89, 208. – *Stratenwerth*, Der Versuch des untaugl. Subjekts, Bruns-FS 59. – *Stree*, Beginn des Versuchs bei qualifizierten Straftaten, Peters-FS 179. – *Streng*, Der Irrtum beim Versuch – ein Irrtum?, ZStW 109 (1997) 862. – *ders.*, Wie „objektiv" ist der objektive Versuchstatbestand?, Zipf-GedS 325. – *Struensee*, Verursachungsvorsatz u. Wahnkausalität, ZStW 102 (1990) 21. – *Treplin*, Der Versuch, ZStW 76 (1964) 441. – *Valdagua*, Versuchsbeginn des Mittäters bei den Herrschaftsdelikten, ZStW 98 (1986) 839. – *Vehling*, Die Abgrenzung von Vorbereitung u. Versuch, 1991. – *Vogler*, Versuch u. Rücktritt bei Beteiligung mehrerer, ZStW 98 (1986) 331. – *ders.*, Der Beginn des Versuchs, Stree/Wessels-FS 285. – *Waiblinger*, Subjektivismus u. Objektivismus in der neueren Lehre und Rspr. vom Versuch, ZStW 69 (1957) 189. – *Walder*, Straflose Vorbereitung u. strafbarer Versuch, SchwZStr. 99, 225. – *Weigend*, Die Entwicklung der dt. Versuchslehre, in: Hirsch/Weigend, Strafrecht u. Kriminalpolitik in Japan u. Dtld., 1989, 113. – *Wolter*, Vorsätzl. Vollendung ohne Vollendungsvorsatz?, Leferenz-FS 545. – *Zaczyk*, Das Unrecht der versuchten Tat, 1989. – *Zopfs*, Vermeintl. Mittäterschaft u. Versuchsbeginn, Jura 96, 19. – Vgl. ferner die Angaben zu §§ 23, 24. – Zum älteren Schrifttum vgl. die Angaben in der 19. A. zu den §§ 22, 23, 24.

Übersicht

I. Verwirklichungsstufen der Straftat 1–16	5. Unternehmensdelikte 15, 16
1. Vollendung 2, 3	II. Strafgrund des Versuchs – Versuchstheorien 17–24
2. Beendigung 4–11	
3. Versuch 12	III. Möglichkeit des Versuchs 25–31
4. Vorbereitungshandlungen ... 13, 14	

I. Verwirklichungsstufen der Straftat. In der Regel ist eine *vollendete* Tat gemeint, wenn das **1** Gesetz von Straftat spricht. Da die Tat jedoch kein punktuelles Ereignis darstellt, durchläuft sie als Handlungsprozeß auch noch andere Verwirklichungsstufen (instruktives Beispiel bei Kühl 466). Je nach dem Grad der Realisierung des Tatplans bzw. der sich intensivierenden Gefährdung des geschützten Interesses unterscheidet das Gesetz – mit jeweils unterschiedlichen Konsequenzen – zwischen Vorbereitungshandlung, Versuch, Vollendung und Beendigung (näher Kühl JuS 80, 718 ff.; zu einem „delictum perfectum" als eigenständiger Kategorie zwischen Versuch u. Vollendung vgl. Hruschka Zipf-GedS 235 ff.). Während es sich bei den bloßen *Vorbereitungshandlungen* wie auch beim *Versuch* materiell um eine unvollständig gebliebene Tatverwirklichung handelt, stellt das *vollendete* Delikt gleichsam die „formelle Volltat" dar, die mit der *Beendigung* dann nur noch ihren planmäßigen Abschluß findet (vgl. M-Gössel II 1 ff., auch zum Versuch von Schmidhäuser I 335 f. und Alwart aaO 89 ff., GA 86, 245 ff., das „Versuchsdelikt" als einen dem „Vollendungsdelikt" nebengeordneten eigenständigen Rechtsbegriff zu erfassen; zust. Streng ZStW 109, 867; vgl. auch Hartung Jura 96, 294 f.; krit. zu den zuvor genannten Einteilungen auch Fincke aaO 35 ff.). Das bedeutet **im einzelnen:**

1. Vollendet ist die Tat, wenn alle Merkmale des gesetzlichen Tatbestandes erfüllt sind (BGH 3 **2** 43). Diese „formelle Vollendung" hängt jeweils von der – im grundsätzlichen Ermessen des Gesetzgebers stehenden – Fassung des einzelnen Tatbestandes ab: Setzt der Tatbestand voraus, daß die Handlung zu einem bestimmten, räumlich-zeitlich abgrenzbaren *Außenerfolg* führt (Verletzungs- oder konkreter Gefährdungserfolg), so gehört zur Vollendung auch der Erfolgseintritt: so bei § 211 der Tod eines Menschen bzw. bei § 308 die Gefährdung von Leib oder Leben eines anderen Menschen oder fremder Sachen von bedeutendem Wert. Kann der Tatbestand dagegen schon durch die Vornahme einer bestimmten *Handlung* als solcher voll erfüllt werden, so hängt es vom Wortlaut und Zweck des jeweiligen Tatbestandes ab, ob die erforderliche Handlung zu einem bestimmten „Zwischenerfolg" geführt haben muß oder ob bereits das Entfalten der fraglichen Tätigkeit für die Tatvollendung genügt. Während etwa das Offenbaren eines Privatgeheimnisses voraussetzt, daß ein Dritter davon Kenntnis erlangt (vgl. § 203 RN 72), genügt für landesverräterische Agententätigkeit nach § 98 I Nr. 1 schon

Vorbem § 22 3–8   Allg. Teil. Die Tat – Versuch

die Ausübung einer Tätigkeit, die auf die Erlangung oder Mitteilung von Staatsgeheimnissen gerichtet ist, und zwar selbst dann, wenn es zu dem beabsichtigten Austausch von Auskünften nicht gekommen ist (vgl. § 98 RN 2 ff.; vgl. aber auch die Kritik von Jakobs ZStW 97, 761 an der Kriminalisierung im Vorfeld einer Rechtsgutsverletzung, sofern die Handlung des Täters nicht per se als rechtsstörend zu werten ist, wie zB bei Reise ins Ausland, sondern nur unter Hinzunahme des „internen Kontextes"). Bei wieder anderen Tatbeständen muß ein Teil der Handlungs- bzw. Erfolgselemente *objektiv* vorliegen, während im Hinblick auf andere schon die darauf gerichtete *Absicht* genügt, so zB beim Betrug, wo die Verfügung des Opfers aufgrund der Irrtumserregung tatsächlich zu einem Schaden geführt haben muß, während für die Bereicherung auf Seiten des Täters schon die darauf gerichtete Absicht ausreicht (vgl. § 263 RN 5); ähnlich genügt für Vollendung von § 240, daß das Opfer mit der Ausführung der abgenötigten Handlung begonnen hat, ohne daß aber damit der Täter sein Nötigungsziel bereits erreicht hätte (BGH NStZ **87**, 70), oder zur Vollendung des „Handeltreibens" nach § 29 I Nr. 1 BtMG, daß die entfaltete Tätigkeit auf die Übertragung von (in Unkenntnis des Täters bereits polizeilich sichergestellten) Betäubungsmitteln auf eine andere Person auf eine andere „abzielt" (BGH NJW **92**, 380 m. krit. Anm. Roxin StV 92, 517). Zu besonderen Vollendungsproblemen bei Zoll- und sonstigen Grenzdelikten vgl. BGH NJW **86**, 274, StV **85**, 14, **86**, 527, **92**, 376 m. abl. Anm. Zaczyk, NStZ **92**, 338, MDR **86**, 861, Jakobs JR 83, 421, Hübner JR 84, 79 m. Rspr.-Nachw. Besteht der Tatbestand im *Unterlassen* einer bestimmten Handlung (zB einer Hilfeleistung nach § 323 c), so tritt die Vollendung im Falle des Untätigbleibens in dem Zeitpunkt ein, in dem die gebotene Handlung hätte vorgenommen werden müssen (Karlsruhe VRS **66** 461; vgl. auch u. 27). Liegen alle Tatbestandsvoraussetzungen vor, so wird die Vollendung nicht dadurch ausgeschlossen, daß der Täter seine Absicht noch nicht in vollem Umfang zu verwirklichen vermochte (vgl. RG **58** 278 sowie u. 4). Zu weiteren Grenzfällen vgl. Kühl JuS 82, 110 ff.

3 Ist die Tat vollendet, so ist – anders als beim Versuch – grundsätzlich strafbefreiender **Rücktritt ausgeschlossen.** Nur vereinzelt wird hier vom Gesetz eine tätige Reue als Strafaufhebungsgrund anerkannt, wie zB bei Brandstiftung (§ 306 e); vgl. § 24 RN 116. Zur Frage des Rücktritts bei Unternehmensdelikten und ähnlichen Tatbeständen, die ihrem Verwirklichungsgrad nach lediglich Versuchshandlungen erfassen, vgl. u. 14 ff., 30.

4 2. Von der formellen Vollendung ist die tatsächliche **Beendigung** der Tat („materielle Vollendung") zu unterscheiden (grdl. Jescheck Welzel-FS 683 ff.). Letztere tritt einerseits erst ein, wenn das Tatgeschehen über die eigentliche Tatbestandserfüllung hinaus seinen tatsächlichen Abschluß gefunden hat, insb. etwaige mit der Tat verknüpfte Absichten zur Realisierung gekommen sind (Bay NJW **80**, 412, Rudolphi SK 7 vor § 22; vgl. aber auch Kühl 473 f. sowie aaO 76, JuS 82, 113 f., der mit Rücksicht auf Art. 103 II GG zwischen Verhaltens- u. Erfolgsbeendigung unterscheidet), andererseits aber bereits dann, wenn eine weitere Rechtsgutsbeeinträchtigung ausgeschlossen ist, wie etwa bei endgültigem Verlust der Beute (vgl. BGH NJW **85**, 814 m. Anm. Küper JuS 86, 862) bzw. bei einem Tatbestand der „unerlaubten Einreise" mit dem unerlaubten Überschreiten der Grenze (Bay StV **99**, 383). Da dieser Beendigungsbegriff als Abschluß des durch den Tatbestand (möglicherweise nur ausschnittweise) erfaßten natürlichen Geschehens Vollendung voraussetzt, kann bei einer im Versuchsstadium gescheiterten Tat – entgegen Hruschka JZ 83, 218 – sinnvollerweise nicht von einer Beendigungsphase gesprochen werden. Dies ist auch gegenüber dem (möglicherweise mißverständlichen) Reden von „beendetem" Versuch bei Rücktritt (vgl. § 24 RN 6, 58 ff.) zu beachten. Vgl. zum Ganzen auch Furtner MDR 65, 431, JR 66, 169, Hruschka GA 68, 193, Kühl JR 83, 427, Stratenwerth JZ 61, 95. Grds. krit. zur Beendigung als „mißglückter Rechtsfigur" Bitzilekis ZStW 99, 723.

5 a) Eine derartige „Nachzone" zwischen formeller Vollendung und materieller Beendigung kommt vor allem in folgenden **Fallgruppen** in Betracht (vgl. auch die Diff. von Jescheck Welzel-FS 685 ff. oder Bitzilekis aaO 725 ff.):

6 α) Zum einen bei Tatbeständen mit sog. *„überschießender Innentendenz"*, bei denen der Täter mit einer über den objektiven Tatbestand hinausgreifenden Absicht gehandelt haben muß, wie zB bei kupierten Erfolgsdelikten (§ 263) bzw. „verkümmert zweiaktigen" Delikten (§§ 267, 288). So ist Betrug schon mit Schadenseintritt vollendet (BGH **32** 243), jedoch erst beendet, wenn der Täter den erstrebten Vorteil erlangt hat (vgl. BGH StV **84**, 329, ferner § 263 RN 178, Hau aaO 107; and. Kühl aaO 104).

7 β) Eine weitere Fallgruppe bilden Delikte, die aufgrund entsprechender Tatbestandsfassung schon durch das tatbestandsmäßige *Handeln als solches* vollendet (zB bei § 267 durch Herstellen einer unechten Urkunde), aber erst mit tatsächlicher Beeinträchtigung des Schutzgutes beendet werden (wie durch Gebrauch der Urkunde); vgl. Hau aaO 101. Vgl. auch BGH **6** 247 zum Anbieten von Betäubungsmitteln sowie BGH **25** 137 zur verbotswidrigen Einfuhr von Rauschgift.

8 γ) Dieser Fallgruppe stehen jene Fälle nahe, in denen das Tatgeschehen erst mit Erreichung des vom Täter angestrebten, über die Tatbestandsverwirklichung hinausgehenden End- bzw. *Gesamterfolgs* zum Abschluß kommt, wie zB durch Bergung und Sicherstellung der Diebstahlsbeute (vgl. RG **74** 176, BGH **4** 133, **20** 196, StV **81**, 127, **83**, 104), oder bei Zollvergehen, die bereits mit Überschreiten der Grenze vollendet, aber erst mit Verbringung der Ware an ihren Bestimmungsort beendet sind (vgl. RG **51** 402, **52** 26, **55** 139, **67** 348, 358, **74** 163, BGH **3** 44) bzw. bei Umsatzsteuerhinterziehung, die bereits mit Versäumung der monatlichen Voranmeldungspflicht vollendet, aber erst mit Fristablauf für die Jahreserklärung beendet ist (BGH **38** 165, 170, NJW **91**, 1315), ferner bei der bereits mit dem Entfernen vollendeten, aber erst bei vollem Verfolgungsentzug beendeten Unfallflucht (vgl. Küper JZ 81, 251 ff.; zu weitgeh. Bay NJW **80**, 412: Erreichen des Sicherheitsziels). Ähnlich tritt auch bei Brandstiftung, die bereits mit Inbrandsetzung eines der in den §§ 306 ff. genannten Objekte vollendet ist (vgl. § 306 RN 9), die Beendigung erst mit Erreichen des erstrebten Zieles, nämlich Vernichtung des ganzen Gebäudes durch Brand ein (vgl. Hamm JZ **61**, 94 m. Anm. Stratenwerth). Soweit hierbei Handlungen des Täters der Herbeiführung der Beendigung dienen, zählen sie auch dann noch zur Begehung des Delikts, wenn sie als solche kein Tatbestandsmerkmal mehr erfüllen (and. Isenbeck NJW 65, 2326); ein solcher Zusammenhang wird allerdings nur so lange angenommen werden, als dadurch der Angriff auf das betroffene Rechtsgut andauert oder gar intensiviert, also nicht nur Tatverdeckung bezweckt wird. Vgl. Hau aaO 36 ff., aber auch Kühl aaO 60, der insoweit auf die materiell „tatbestandstypische" Art und Weise der Handlung abstellt; einschränk. auf (weitere) tatbestandsmäßige Unrechtserfolge auch M-Gössel II 9 ff., Rudolphi SK 9 vor § 22.

δ) Nicht zuletzt ist bei den durch ein *Dauerelement* gekennzeichneten Taten die Unterscheidung **9** von Vollendung und Beendigung von Bedeutung (vgl. Jescheck Welzel-FS 687). Das gilt vornehmlich für echte Dauerdelikte (wie §§ 123, 239), die mit Schaffung des rechtswidrigen Zustandes vollendet, aber erst mit dessen Aufhebung beendet werden (vgl. 81 ff. vor § 52, aber auch Kühl aaO 64, der hier auf den Gesichtspunkt unechten Unterlassens abstellt). Ähnlich tritt bei den auf eine kontinuierliche Weiterführung angelegten Tatbeständen (zB das unbefugte „Führen von Amtsbezeichnungen" nach § 132a, das „Ausüben" eines dem Täter untersagten Berufes nach § 145c, das dem Wild „Nachstellen" nach § 292) Vollendung bereits mit Beginn der betreffenden Tätigkeit ein, Beendigung hingegen erst mit deren Einstellung (vgl. auch BGH **28** 169 zu § 99). Entsprechendes wird auch für die durch „*natürliche Handlungseinheit*" zusammengefaßten Taten zu gelten haben (vgl. aber 22 ff. vor § 52). Ob aber eine solche Hinauszögerung des Beendigungszeitpunkts bis zum letzten Teilakt auch hinsichtlich vorangehender Einzelakte eines – sofern nicht durch BGH **40** 138 ohnehin obsolet gewordenen (vgl. 31 ff. vor § 52) – *fortgesetzten* Delikts angenommen werden kann, erscheint entgegen der hM (vgl. RG **66** 36, Vogler LK 77 vor § 52 mwN) zweifelhaft; jedenfalls können die an die Beendigung geknüpften Rechtswirkungen nicht ohne weiteres auf die primär prozeßökonomisch begründete Fortsetzungstat übertragen werden (vgl. Jescheck Welzel-FS 689, 696 ff., ferner 33 vor § 52).

b) Die **praktische Bedeutung** dieser Unterscheidung liegt vor allem darin, daß im Zwischen- **10** stadium zwischen Vollendung und Beendigung noch eine *Tatbeteiligung* möglich ist (vgl. § 27 RN 17, Hau aaO 114 ff., einschr. Kühl aaO 80 ff., JuS 82, 189 ff., M-Gössel II 8 f., Roxin LK § 27 RN 35, Rudolphi SK 9 vor § 22, Vogler LK 35); zu möglicher Begünstigung oder Strafvereitelung in dieser Phase vgl. § 257 RN 8, § 258 RN 6. Ferner bestimmt sich die *Verjährung* nach der Beendigung der Tat (vgl. § 78a S. 1, RN 1 ff., BGH **38** 165, NJW **91**, 1315, aber auch Kühl JZ 78, 549 ff.); über die Verjährung bei Fortsetzungstaten vgl. 33 vor § 52. Auch für die Begründung von *Idealkonkurrenz* bildet die Beendigung die maßgebliche Zäsur (vgl. § 52 RN 11 ff.).

Von praktischer Bedeutung ist ferner die Frage, ob *qualifizierende Umstände* (und zwar gleich, ob als **11** echtes Tatbestandsmerkmal oder als bloßes Regelbeispiel), die zwischen Vollendung und Beendigung der Tat verwirklicht werden, dem Täter noch angelastet werden dürfen, so zB, wenn er sich nach Vollendung eines Diebstahls mit einer Waffe versieht (§ 244 I Nr. 1a). Die Entscheidung kann nur durch Auslegung der einzelnen Bestimmungen erfolgen, wobei verschiedene Situationen denkbar sind: Besteht die Tat aus *mehreren Einzelakten*, die jeder für sich den vollen Tatbestand erfüllen, so ist die Tat mit der Begehung des ersten Aktes vollendet; verwirklicht der Täter bei den weiteren Akten qualifizierende Merkmale, so fallen sie ihm in vollem Umfang zur Last (der Dieb, der seine Beute in drei Säcken aus dem Hause tragen will, findet beim zweiten Sack die Haustür verschlossen und öffnet sie mit einem Nachschlüssel). Handelt es sich dagegen um eine *einzige* Tatbestandsverwirklichung, so sind danach verwirklichte qualifizierende Umstände jedenfalls dann nicht mehr zuzurechnen, wenn auch der materielle Unrechtsgehalt (vgl. Schmidhäuser 641) des jeweiligen Delikts zuvor bereits voll erfüllt war (vgl. Hau aaO 36; aber auch Hruschka GA 68, 205, Rudolphi SK 10 vor § 22; grds. abl. Kühl JuS 82, 191 f., Bitzilekis ZStW 99, 736 f.), so zB die erstrebte Diebesbeute bereits vollständig aus dem Einflußbereich des Opfers geschafft war; vgl. auch § 250 RN 9 ff.

3. Im Unterschied zur Vollendung und Beendigung ist der **Versuch** die begonnene, aber unvoll- **12** endet gebliebene Tat, und zwar unvollendet in dem Sinne, daß die Tat zwar subjektiv vollständig gewollt, aber objektiv unvollständig geblieben ist (Lackner/Kühl § 22 RN 1). Für die Abgrenzung gegenüber der formellen Vollendung (o. 2) ist daher allein entscheidend, ob die Merkmale des betreffenden Tatbestandes (schon) erfüllt sind. Ist dies zu verneinen, so kommt nicht Vollendung, sondern allenfalls Versuch in Betracht (vgl. im einzelnen § 22 RN 2 ff.). Zur *kriminologischen* Relevanz des Versuchs Meyer ZStW 87, 598 ff., ferner Sonnen/Hansen-Siedler JA 88, 17 f., Walder Leferenz-FS 537 ff.

4. Noch weiter im Vorfeld des deliktischen Geschehens liegen die bloßen **Vorbereitungshand-** **13** **lungen.** Da sie nicht einmal das Stadium des Versuchs erreichen und damit von der Vollendung noch zu weit entfernt sind, bleiben sie *grundsätzlich straflos*. Doch können auch schon bloße Vorbereitungshandlungen **ausnahmsweise strafbedroht** sein, und zwar vor allem in drei Fallgruppen:

14 α) Zum einen bei *bestimmten typischerweise gefährlichen* Vorbereitungshandlungen zu bestimmten Tatbeständen: so bei Anschaffung von Fälschungsgeräten (§ 149), Ausspähung von Staatsgeheimnissen (§ 96 I) oder auf Täuschung ausgerichtete Handlungen (§§ 264, 265, 265 b, 267 I 1. Alt. [vgl. Jakobs 713]). β) Zum anderen dort, wo bei bestimmten Tatbeständen im Interesse möglichst frühzeitiger Abschirmung *Vorbereitungshandlungen jeglicher Art* unter Strafe gestellt werden: wie bei zahlreichen Staatsschutzdelikten (vgl. §§ 83, 87, 98, 99; dazu Beck aaO 91 ff.), ferner § 234 a III; dazu Neuhaus aaO, insb. 158. γ) Schließlich werden aus ähnlichen Gründen bestimmte *Vorstufen der Teilnahme* wegen der darin liegenden gefährlichen psychischen Bindung der Beteiligten bzw. der Kontrolle des Anstifters geratenen Tatanstoßes bei Verbrechen generell unter Strafe gestellt (§ 30). Vgl. im einzelnen Letzgus aaO 123 ff., M-Gössel II 6 ff. In all diesen Fällen handelt es sich bei entsprechender Tatbestandsverwirklichung um **formell vollendete** Delikte. Ob diese ihrerseits versucht werden können, dazu u. 28 f.; zum Rücktritt bei formeller Vollendung vgl. § 24 RN 116 f.

15 5. Ähnlich wird auch bei den sog. **Unternehmensdelikten** bereits das deliktische Vorfeld in den Vollendungsbereich einbezogen, und zwar dadurch, daß bei Tatbeständen, die das „Unternehmen" einer Tat unter Strafe stellen, durch § 11 Nr. 6 der Versuch formell der Vollendung gleichgestellt

16 wird. Solche „echten" Unternehmensdelikte finden sich vor allem im Bereich des Staatsschutzes (vgl. etwa §§ 81, 82). Mit gewissen Einschränkungen gilt ähnliches auch für die sog. „unechten" Unternehmensdelikte, die zwar im Gesetz nicht ausdrücklich als solche bezeichnet sind, bei denen sich jedoch aus der Tatbestandsfassung ergibt, daß bereits eine mit bestimmten Absichten verfolgte Tätigkeit strafbar sein soll, wie zB das „Widerstandleisten" in § 113 (vgl. dort RN 2, 40). Näher zum Ganzen § 11 RN 52 ff.

17 II. Der seit langem umstrittene **Strafgrund des Versuchs** (zur Geschichte Baumgarten aaO; zu den Anfängen einer Versuchslehre bei den Glossatoren vgl. Glöckner aaO sowie aus neuerer Zeit insb. Papageorgiou aaO 1 ff., Vehling aaO 1 ff., Weigend aaO, Zaczyk aaO 17 ff.; aus schweiz. Sicht Walder SchwZStr 99, 225 ff.) ist weder einseitig in objektiven noch in subjektiven Faktoren zu erblicken, sondern aus dem *rechtserschütternden Eindruck*, den die *Betätigung des verbrecherischen Willens in der Allgemeinheit* hinterläßt, zu erklären (vgl. u. 23).

18 1. Demgegenüber erblicken die älteren **objektiven Theorien** den Strafgrund des Versuchs in der *konkreten Gefährdung* des durch die Tat angegriffenen Rechtsgutsobjekts (vgl. RG 68 340, v. Liszt-Schmidt 301, aber auch noch v. Hippel aaO 26, Spendel NJW 65, 1888, Stock-FS 98 ff. sowie neuerdings dahin tendierend Weigend aaO 126 ff.). Nach dieser auf dem Liszt-Belingschen Verbrechensbegriff beruhenden Auffassung konnte Unrecht nur objektiv als konkrete Gefährdung oder Verletzung begründet werden, während alles Subjektive der Schuld zuzuordnen war. Mangels objektiver Gefährlichkeit war demzufolge auch der untaugliche Versuch als straflos anzusehen (vgl. § 22 RN 66 f.).

19 Eine Spielart dieser Theorie war die vor allem von Dohna aaO 56 f., Frank § 43 Anm. I, Rittler I 256, Sauer AT 98 ff. vertretene Lehre vom **„Mangel am Tatbestand"**, wonach schon begrifflich Versuch ausgeschlossen sei, wo dem Täter oder dem Tatobjekt tatbestandlich erforderliche Eigenschaften fehlen. Demzufolge bleibt für Versuch nur dort Raum, wo lediglich das „tatbestandliche Schlußstück", der *Erfolg*, fehlt. Dagegen war sowohl bei mangelnder *Täterqualität* (zB wenn ein Nicht-Amtsträger eine Aussageerpressung nach § 343 zu begehen glaubt) wie auch beim Mangel eines tatbestandlichen *Objekts* (Wegnahme der eigenen Sache) Versuch zu verneinen. Bei Versuch mit untauglichen *Mitteln* ist nach Frank (§ 43 Anm. III) der Täter nur strafbar, wenn er sich in einem sog. ontologischen Irrtum, dh einem solchen über die tatsächlichen Verhältnisse befunden hat, nicht dagegen dort, wo er sich in einem nomologischen Irrtum, dh einem solchen über die Gesetze des Geschehens, befindet. Immerhin findet darin jedenfalls die seither einhellig angenommene Straflosigkeit des Versuchs mit „abergläubischen" Mitteln eine Grundlage (vgl. § 23 RN 13), ebenso die fakultative Straflosigkeit „grob unverständigen" Versuchs nach § 23 III (vgl. Roxin JuS 73, 330), wenn darunter nach den Motiven des E 62 Begr. 145 in erster Linie „völlig abwegige Vorstellungen von gemeinhin bekannten Ursachenzusammenhängen" fallen sollen.

20 Trotz brauchbarer Ansätze bzw. Konsequenzen sind jedoch derartige objektive Theorien im Prinzip nicht mehr haltbar: einmal deshalb, weil § 22 der subjektiven „Vorstellung des Täters von der Tat" eine ganz maßgebliche Bedeutung zukommen läßt; zum anderen, weil nach der § 23 III zugrundeliegenden Vorstellung des Gesetzgebers auch objektiv völlig ungefährliche Versuche strafwürdig sein können (vgl. aber auch u. 23 sowie § 22 RN 65); gleichwohl für eine subjektiv-objektiv kombinierende Orientierung an der „konkreten Gefährlichkeit der Tathandlung" Malitz aaO 179 ff., 198 f.

21 2. Demgegenüber ist nach den **subjektiven Versuchstheorien** Strafgrund des Versuchs die Betätigung eines verbrecherischen Willens bzw. einer *rechtsfeindlichen Gesinnung*. Diese schon vom RG ständig vertretene Auffassung (RG 1 441, 8 203, 34 21) ist auch heute noch verbreitet (vgl. BGH 11 268, Lackner/Kühl § 22 RN 11, Tröndle § 22 RN 24), wobei als Schwerpunkt des Tatunrechts das aus Tätersicht rechtsgutsbedrohende Handeln gesehen wird (so B/W-Mitsch 489; vgl. Otto I 232). Richtig daran ist, daß dem subjektiven Element beim Versuch schon deshalb erhebliche Bedeutung zukommt, weil ohne Berücksichtigung des Tätervorhabens bereits das Vorliegen eines Versuchs gar nicht sinnvoll beurteilt werden kann (vgl. § 22 RN 3; einschr. Oehler aaO 112 ff.; vgl. auch Kindhäuser aaO, insb. 135 f., wonach im Hinblick auf den Sanktionszweck als „Sicherung der Normgeltung" ein Verhalten strafbar sei, wenn es „Ausdruck mangelnder Anerkennung der Norm" sei). Doch ist andererseits bei Überbetonung des Subjektiven die Gefahr nicht auszuschließen, daß die Strafbarkeit des Versuchs sowohl in zeitlicher (Vorverlagerung des Versuchsbeginns) als auch in qualitativer Hinsicht (so beim untauglichen Versuch) ungebührlich weit ausgedehnt wird (vgl. etwa RG 71 53, BGH 6 302 sowie § 22 RN 29, 63). Auch kann bei allzu starker Berücksichtigung des Täterwillens anstelle der Tat der Täter zu sehr in den Vordergrund der Unrechtsbetrachtung geraten. Daß der rechtsfeindliche Wille für sich allein nicht genügen kann, wird auch durch § 23 III erkennbar, wenn dort für den in „grobem Unverstand" unternommenen Versuch, bei dem der rechtsfeindliche Wille in keiner Weise geringer zu sein braucht als bei einem „normalen" untauglichen Versuch, Straflosigkeit in Betracht gezogen wird. Eine rein subjektive Theorie ist somit nicht haltbar. Immerhin ließe sich aber mit Jescheck/Weigend 513 insoweit von einer „objektiv-subjektiven" Theorie sprechen, als dem Erfordernis einer qualifizierten Betätigung des rechtsfeindlichen Willens (vgl. Kühl 489) eine ausgleichende objektive Komponente zugeschrieben wird. Das darf aber nicht darüber hinwegtäuschen, daß böser Wille – selbst wenn betätigt – weder strafwürdiges Unrecht als ein Ereignis mit sozialer Bedeutung noch die Strafwürdigkeit eines Verhaltens hinreichend begründen kann. Aus ähnlichen Erwägungen ist auch die sog. **Tätertheorie** (Kohlrausch/Lange III 4 vor § 43 aF) abzulehnen (vgl. 19. A. RN 22). Dagegen wären solche Einwände weniger durchschlagend gegenüber dem neuerlichen Bemühen von Struensee, eine subjektive Versuchstheorie unter bereits tatbestandlicher Ausgrenzung von „Wahnkausalität" zu begründen (ZStW 102, 21 ff.), ohne daß er freilich mit seiner Einengung des Versuchs auf „realtaugliches" Verhalten im Hinblick auf § 23 III (vgl. § 22 RN 61, § 23 RN 12) überzeugen könnte.

3. Den Vorzug verdient daher – nicht zuletzt in Ermangelung eines bislang Besseren – eine **22 vermittelnde** Auffassung, die zwar von der subjektiven Versuchstheorie ausgeht, für die Strafbarkeit einer Versuchstat jedoch ergänzend auf deren sozialpsychologische Wirkung, den „Eindruck" der Tat auf die Allgemeinheit abstellt (o. 17): sog. **Eindruckstheorie** (heute hM: vgl. Freund 271, Gropp 276 f., Jescheck/Weigend 514 ff., Meyer ZStW 87, 604, Radtke JuS 96, 880, Roxin JuS 79, 1, Rudolphi SK 13 ff. vor § 22, Schünemann GA 86, 309, 323, Streng ZStW 109, 263, Vogler LK 52 ff.; zu ersten Ansätzen ua bereits bei v. Bar II 527 ff. sowie dann insbes. bei v. Gemmingen aaO vgl. krit. Zaczyk aaO 20 ff., ferner Kühl 489, Malitz aaO 159 ff., Murmann aaO 4 ff., Roxin Nishihara-FS 168, Weigend aaO 121 ff.). Danach besteht im Strafgrund für Versuch, weil und soweit er durch den damit manifestierten rechtsfeindlichen Willen das Vertrauen der Allgemeinheit in die Geltung der Rechtsordnung zu erschüttern geeignet ist (vgl. M-Gössel II 22 f.). Dabei besteht selbst bei untauglichem Versuch ein Rechtsgutsbezug insofern, als zwar nicht ein konkretes Rechtsguts*objekt*, wohl aber das geschützte Rechts*gut* durch den im Versuch manifestierten Geltungsangriff gefährdet wird (Sax JZ 76, 432 f., abl. Köhler 454). Somit geht es auch bei der Versuchsstrafbarkeit nicht um Sanktionierung individualethischer Verwerflichkeit, sondern um Abwehr sozialschädlicher Angriffe (vgl. auch 19. A. RN 24). Auch die Begründung des Versuchs als „expressiven und tatbestandsnahen Normbruchs" (so Jakobs 712 ff.) dürfte als eine – wenngleich stärker formalisierte – Spielart der Eindruckstheorie zu begreifen sein (zu einer krit. Fortführung unter Rückgriff auf die positive Generalprävention und Orientierung an den Grenzen des erlaubten Risikos vgl. Vehling aaO, insb. 80 ff.). Soweit Roxin die Vorzüge der o. g. Theorien in einer „Vereinigungstheorie" zusammenzuführen versucht, indem er einerseits verstärkt auf objektive Gefährlichkeitserwägungen, andererseits auf subjektive, spezialpräventive Aspekte bzw. den rechtserschütternden Eindruck der Tat zurückgreift (Nishihara-FS 158), vermag er hins. des Kriteriums „tatbestandsnahe Gefährdung" die Bedenken gegen eine objektive Theorie (o. 20) nicht auszuräumen (krit. auch Murmann aaO 6). Soweit Adams/Shavell GA 90, 337 ff. in krit. Auseinandersetzung mit der Eindruckstheorie die Strafbarkeit des Versuchs auf der Basis einer „ökonomischen Theorie der Strafsysteme" zu erklären versuchen, handelt es sich um eine zwar verdienstvolle, im Grunde aber auch nicht mehr als um eine ökonomisch orientierte *Rationalisierung* der Feuerbachschen general-präventiven „psychologischen Zwangstheorie", während es an der hier relevanten *Legitimierung* der Bestrafung einer nicht zur Vollendung gekommenen rechtsfeindlichen Absicht gerade fehlt.

4. Das weitergehende Bemühen von Schmidhäuser I 344 ff. und Alwart aaO, auf **dualistischer 23** Basis das Versuchsdelikt auf den „Zielversuch" und den „Gefährdungsversuch" zu beschränken, sieht sich nicht nur dem Widerspruch ausgesetzt, „die Intention als essentielles Merkmal des Versuchens" (Alwart aaO 168, 220) durch Akzeptierung non-intentionalen gefährlichen Verhaltens selbst wieder aufzugeben, sondern ist auch von seiner alltagssprachlich-begrifflichen Herleitung her schwerlich überzeugend (vgl. Gössel GA 84, 45), ganz abgesehen davon, daß es sich bei den zugrundeliegenden Unrechtskategorien kaum um mehr handelt als um zwar mögliche, aber keineswegs zwingende Denkmodelle.

5. Demgegenüber setzt Zaczyk insofern tiefer an, als er bei seinem an sich begrüßenswerten Ansatz, **24** den Versuch selbst (aus sich heraus), als Unrecht zu begreifen, an Einsichten Kants und Fichtes zum Dasein als Rechtsperson und ihrem Verhältnis zum anderen anknüpft (aaO 126 ff.) und den Versuch einer Tat schließlich als „Übergang eines der Konstituenten des jeweils betroffenen Rechtsguts von der Anerkennung zur Verletzung" darstellt (aaO 327). Da diese vielleicht als **„interpersonal"** charakterisierbare Theorie jedoch – anhand dreier verschiedener Rechtsgutsklassen – wesentlich an Differenzierungen des BT, aber auch an den Gestaltungen des Einzelfalls auszurichten sei, hängen die

Ergebnisse von teils mehrstufigen und auch nicht immer leicht nachvollziehbaren Unterscheidungsgängen ab, so daß die für die Praxis notwendigen Abgrenzungen – etwa zwischen Vorbereitung und Versuch (vgl. die u. 42 wiedergegebene Formel) – kaum einfacher geworden sind. Zudem kommt auch Zaczyk an den von ihm kritisierten Theorievermischungen nicht ganz vorbei, wenn er sich bei bestimmten Deliktsgruppen statt der ansonsten materiellen (aaO 306, 330) zu einer formell-objektiven Abgrenzung gezwungen sieht (aaO 322 ff.; vgl. § 22 RN 26). Ähnlich Köhler 452, 469, der auf die „Objektivation" eines das rechtliche Anerkennungsverhältnis negierenden Tatvollendungswillens abhebt; vgl. auch Murmann aaO 5, Rath JuS 98, 1008.

25 III. Ob und inwieweit **Versuch überhaupt möglich** ist, ist bei bestimmten Deliktsarten schon *begrifflich* (d. h. unabhängig von seiner *Strafbarkeit* nach § 23) zweifelhaft:

26 1. Unstreitig ist bei den **vorsätzlichen Begehungsdelikten** Versuch denkbar, dagegen bei *Fahrlässigkeits*delikten schon begrifflich auszuschließen, da es dem Fahrlässigkeitstäter bereits an dem für Versuch wesentlichen Tatentschluß fehlt (vgl. § 22 RN 22). Zum Versuch bei *Vorsatz-Fahrlässigkeitskombination* vgl. u. 31 sowie § 11 RN 76.

27 2. Auch Versuch durch **Unterlassen** wird heute i. Grds. allg. für möglich gehalten (vgl. OGH **1** 359, Grünwald JZ 59, 48 ff., Jescheck/Weigend 637 ff., Maihofer GA 58, 289 ff., M-Gössel II 33, Stratenwerth 285, Vogler LK 61 ff., Welzel 221 sowie jedenfalls für das unechte Unterlassungsdelikt BGH **38** 358 f., **40** 270, NStZ **97**, 485 m. Anm. Kudlich/Hannich StV 98, 370, krit. jedoch Herzberg MDR 73, 89; einschr. auch Rudolphi SK 55 vor § 13 gegenüber untauglichem Unterlassungsversuch). Insoweit den Begehungsdelikten entsprechend, setzt auch der Unterlassungsversuch sowohl ein subjektives wie ein objektives Moment voraus (vgl. § 22 RN 50): einerseits den auf die Nichtvornahme der geforderten Tätigkeit bzw. den Eintritt des Erfolges gerichteten *Vorsatz*, andererseits den *Beginn der Pflichtverletzung*. Letzterer ist dort anzusetzen, wo zur Abwendung einer dem Schutzgut drohenden Gefahr ein Eingreifen erforderlich wird. Dementsprechend liegt eine Pflichtverletzung erst dort vor, wo die Nichtvornahme der Handlung die Gefahr schafft oder erhöht, wobei auch hierfür die Vorstellung des Täters maßgeblich ist (Jescheck/Weigend 638, Rudolphi MDR 67, 1, SK 51 ff. vor § 13, Stratenwerth 286; vgl. auch Roxin Maurach-FS 226, W-Beulke I 741 f.). Ist diese Gefahr erst für einen späteren Zeitpunkt zu erwarten und würde das Eingreifen des Unterlassenden bis dahin zu jedem Zeitpunkt noch die gleiche Erfolgsaussicht haben, so kann im bloßen Zuwarten noch kein Beginn der Pflichtverletzung und damit auch nicht Unterlassungsversuch angenommen werden. Im übrigen herrschen über den möglichen Umfang und Beginn des Unterlassungsversuchs noch mannigfache Zweifelsfragen; näher dazu § 22 RN 47 ff.

28 3. Auch bei selbständig für strafbar erklärten **Vorbereitungshandlungen**, die bei ihrer Tatbestandsverwirklichung als formell vollendet gelten (o. 13), ist an sich Versuch denkbar und jedenfalls in der dort erstgenannten Fallgruppe, in denen lediglich *bestimmte typischerweise gefährliche* Vorbereitungshandlungen unter Strafe gestellt werden, auch kriminalpolitisch vertretbar (Vogler LK 89, Neuhaus aaO 229 f.). Demgemäß kann etwa das Auspähen von Staatsgeheimnissen (§ 96), das der Vorbereitung eines Landesverrates dient, seinerseits versucht werden (vgl. BGH **6** 387), ebenso Versicherungsmißbrauch (§ 265), wenn die Beschädigung in der irrtümlichen Annahme, daß die Sache versichert sei, begangen wird (vgl. RG **68** 436, Jescheck/Weigend 524, ferner § 265 RN 15).

29 Soweit dagegen für die Vorbereitungstatbestände bereits das *allgemeine deliktische Vorfeld* erfaßt wird, wie namentlich bei den Vorstufen der Beteiligung (§ 30; vgl. o. 14), besteht für eine nochmalige Vorverlagerung durch Versuch der Vorbereitung *kein* berechtigtes Bedürfnis (daher insoweit zu Recht abl. RG **58** 394, BGH **6** 87, Jescheck/Weigend 524, Vogler LK 90). Deshalb kann etwa die Vorbereitung eines hochverräterischen Unternehmens nach § 83 nicht ihrerseits noch in ein weiteres Versuchsstadium vorgezogen werden (vgl. M-Gössel II 7, Schmidhäuser I 342). Entsprechendes gilt für die *Unternehmensdelikte*, bei denen bereits durch Gleichstellung des Versuchs mit der Vollendung das allgemeine Vorfeld abgedeckt wird (vgl. § 11 I Nr. 6, RN 48, ferner Vogler LK 94 vor § 22).

30 Soweit nach dem Vorangehenden der Versuch einer Vorbereitungshandlung in Betracht kommt (o. 28), gelten für den **Rücktritt** naturgemäß die allgemeinen Regeln des § 24. Wird die Vorbereitungshandlung hingegen formell vollendet (vgl. o. 14), bleibt für Rücktritt an sich kein Raum mehr, so daß auch § 24 ausscheidet (vgl. BGH **15** 199). Da aber derartige Tatbestände idR materiell nur Vorbereitungs- oder Versuchscharakter haben, wird durch Sondervorschriften trotz formeller Vollendung meist die Möglichkeit strafbefreiender tätiger Reue eingeräumt (vgl. § 24 RN 116 ff.; ferner Neuhaus aaO 231 ff.).

31 4. Auch bei den sog. **erfolgsqualifizierten Delikten** (zB §§ 178, 251) ist i. Grds. die Möglichkeit eines Versuchs zu bejahen. Näher dazu wie auch zu den dafür in Betracht kommenden Fallkonstellationen bei § 18 RN 8 ff., § 224 RN 9, § 226 RN 7. Bei **Regelbeispielen** gibt es zwar mangels eigener Tatbestandsqualität keinen Versuch des besonders schweren Falles als solchen (LK-Vogler 103, Tröndle § 46 RN 48), wohl aber ist ein besonders schwerer Fall des Versuchs des Grundtatbestands denkbar (and. unter Hinweis auf Art. 103 II GG Degener Stree/Wessels-FS 320 ff.; vgl. auch § 243 RN 44 sowie zur Frage des Versuchsbeginns § 22 RN 58).

§ 22 Begriffsbestimmung

Eine Straftat versucht, wer nach seiner Vorstellung von der Tat zur Verwirklichung des Tatbestandes unmittelbar ansetzt.

Übersicht

A. Begriff und Struktur des Versuchs .. 1–4	3. Rechtsprechungskasuistik ... 43–45
B. Versuchsvoraussetzungen im einzelnen	4. Sonderfragen bei Unterlassen 46–53
I. Nichtvollendung der Tat 5–11	5. Versuch bei Tatbeteiligung mehrerer 54–55a
II. Subjektiver Versuchstatbestand . 12–23	6. Versuchsbeginn bei actio libera in causa 56, 57
1. Wissenselement 14–16	7. Versuch bei qualifizierten Delikten und Regelbeispielen 58, 58a
2. Willenselement 17–22	
3. Besondere subjektive Tatbestandsmerkmale 23	IV. Rechtswidrigkeit – Schuld – Rücktritt 59
III. Objektiver Versuchstatbestand . 24–58a	C. Sonderprobleme
1. (Ältere) Abgrenzungstheorien zu Vorbereitung und Versuch 25–31	I. Untauglicher Versuch 60–77
2. Individuell-objektive Theorie – „unmittelbares Ansetzen" 32–42	II. Wahndelikt 78–92

Schrifttum: vgl. die Angaben zu den Vorbem. vor § 22.

A. Begriff und Struktur des Versuchs

Entgegen seiner Überschrift gibt § 22 **keine volle Begriffsbestimmung** des Versuchs, sondern nennt lediglich die für Versuchs*beginn* maßgeblichen Kriterien (zur Vorgeschichte vgl. Papageorgiou aaO 22 ff., Schubert GA 82, 204 ff.). Insofern enthält die Vorschrift im Grunde nur eine Formel für die Abgrenzung zwischen (strafloser) Vorbereitungshandlung und (strafbarem) Versuch. Doch lassen sich der für Versuch erforderlichen „Vorstellung" des Täters von der Tat wie auch dem „unmittelbaren Ansetzen" zur Tatbestandsverwirklichung sowohl ein subjektives wie ein objektives Element entnehmen. Als eine subjektiv vollständig gewollte, aber objektiv unvollständig gebliebene Tat (vgl. 12 vor § 22) sind somit für den Versuch folgende **drei Elemente wesentlich** (allg. zur Struktur der Versuchshandlung Fiedler aaO 60 ff., v. Hippel aaO 26 ff.; zur abw. Strukturierung von Streng vgl. u. 24):

    1. Als *unvollständig* gebliebene Tat darf die Tatbestandsverwirklichung **nicht zur Vollendung** gekommen sein. Durch diesen begriffsnotwendigen objektiven Mangel bleibt der Versuch hinter der Vollendung und Beendigung (dazu 1 ff. vor § 22) zurück; näher u. 5 ff.

    2. Als *gewollte* Tat erfordert Versuch das Vorliegen des **vollen subjektiven Tatbestandes**, also sowohl einen auf Verwirklichung der objektiven Tatbestandsmerkmale gerichteten Vollendungsvorsatz als auch etwaige besondere tatbestandliche Absichten oder Motive. Durch diesen „Entschluß" zu einer bestimmten tatbestandlich vertypten Tat erlangt das sonst völlig neutral erscheinende äußere Geschehen überhaupt erst Sinn und Ziel (vgl. B/W-Mitsch 544, 553; and. Spendel Stock-FS 109). Denn da die Tat objektiv unvollständig geblieben ist, läßt sich aus dem äußeren Geschehen uU noch kein Rückschluß auf einen bestimmten Unrechtstatbestand ziehen. Daher ergibt sich weniger aus dem, was in der Außenwelt tatsächlich geschieht, als vielmehr aus dem, was der Täter zu tun entschlossen ist, der Bezug auf einen bestimmten Tatbestand. Aus diesem Grunde – und nicht erst als Konsequenz einer bestimmten Handlungs- oder Unrechtslehre – ist der auf eine bestimmte Tatbestandsverwirklichung gerichtete Vorsatz beim Versuch bereits als Teil des Unrechtstatbestandes zu begreifen. Demgemäß ist auch für nichtfinale Verbrechenslehren der Vorsatz beim Versuch nicht erst ein Schuld-, sondern bereits ein **subjektives Unrechtselement** (Baumann-Weber 283, 475, B/W-Mitsch 193 ff., 543, Blei I 219). Vgl. im einzelnen u. 12 ff.

    3. Als *begonnene* Tat muß der Versuch nach der Vorstellung des Täters mindestens in das Stadium eines **unmittelbaren Ansetzens** zur Tatbestandsverwirklichung gelangt sein (näher u. 24 ff.). Aus dieser objektiv erforderlichen, wenn auch unter Zugrundelegung des individuellen Täterplanes zu beurteilenden „Ausführungshandlung" ergibt sich zum einen die Notwendigkeit einer Abgrenzung zwischen (strafloser) Vorbereitungshandlung und (strafbarem) Versuch (dazu u. 25 ff.), zum anderen die Frage, ob und inwieweit die Versuchshandlung auch in qualitativer Hinsicht eine gewisse Annäherung an die Deliktsvollendung erreicht haben muß; letzteres ist insb. für den sog. untauglichen Versuch bedeutsam (dazu u. 60 ff. sowie § 23 RN 13a).

B. Die Voraussetzungen des Versuchs im einzelnen

5 I. **Nichtvollendung der Tat** als gleichsam negatives Versuchselement (o. 2; and. wohl nur Hardtung Jura 96, 294 f.). Daß es nicht zur Vollendung kommt, kann verschiedene Gründe haben (vgl. Kühl JuS 80, 122 f.):

6 1. Die wichtigste Fallgruppe von Nichtvollendung bildet das **Ausbleiben des tatbestandsmäßigen Erfolgs**. Ob dies auf einer *Untauglichkeit des Mittels* (etwa weil die Giftdosis zu niedrig angesetzt ist) oder auf *Untauglichkeit des Objekts* (so bei Wegnahme einer vermeintlich fremden, in Wirklichkeit jedoch eigenen Sache) beruht, ist nach heute hM ebenso gleichgültig wie das Scheitern der Tatvollendung wegen *fehlender Täterqualität* (zB mangelnde Amtsträgereigenschaft bei Amtsdelikten). Entscheidend ist allein, daß das für die formelle Tatvollendung notwendiges Element fehlt. Dagegen ist das Ausbleiben der materiellen *Beendigung* (dazu 4 ff. vor § 22) für den Versuch irrelevant. Allerdings kann je nach dem Grad der Untauglichkeit des Tatobjekts bzw. des Tatmittels ausnahmsweise Strafmilderung oder gar Straflosigkeit in Betracht kommen (dazu u. 70 ff. sowie § 23 RN 12 ff.). Zu der Frage, inwieweit bei Untauglichkeit des Subjekts bereits die Strafbarkeit als solche zu verneinen ist, vgl. u. 75 f.

7 2. An der Vollendung kann es aber auch aus **subjektiven** Gründen fehlen, wie insb. dann, wenn der objektiv eingetretene Unrechtserfolg dem Täter aufgrund wesentlicher Abweichung vom vorgestellten Kausalverlauf (§ 15 RN 56 ff.) nicht zugerechnet werden kann (Rudolphi SK RN 22). Mangelt es dagegen an einem besonderen *subjektiven Tatbestandselement* (wie etwa an der für Betrug erforderlichen Bereicherungsabsicht), so fehlt damit gleichzeitig auch der für den subjektiven Versuchstatbestand erforderliche Tatentschluß (u. 23). Allg. zur Problematik mangelnden Vollendungsvorsatzes Wolter Leferenz-FS aaO, insb. 559 ff., aber auch § 24 RN 22 ff.

8 3. Trotz voller Tatbestandserfüllung kann aber auch noch auf **Rechtfertigungsebene** eine der Nichtvollendung vergleichbare Lage eintreten, wenn ein für die volle Rechtfertigung wesentliches Element fehlt: so dort, wo zwar alle objektiven Rechtfertigungselemente vorliegen, jedoch ein subjektives Element (wie etwa die Kenntnis einer – objektiv bestehenden – Notwehrlage) fehlt; dazu 15

9 vor § 32. Ähnlich fehlt es an der Tatvollendung, wenn eine strafbare Handlung nur durch *Einwilligung* des Berechtigten durch einen *agent provocateur* veranlaßt und im Gesichts- und Einwirkungskreis des Berechtigten ausgeführt wird, somit aufgrund der Einwilligung bereits ein objektiver Tatbestandsausschluß, zumindest aber Rechtfertigung anzunehmen ist (vgl. BGH 4 199, Bay NJW 79, 729, Celle JR 87, 253 m. Anm. Hillenkamp). Über die Abgrenzung derartiger Fälle, in denen der Täter sein voll gerechtfertigtes Handeln irrtümlich für rechtswidrig hält, vom straflosen Wahndelikt vgl. u. 80 ff.

10/11 4. Scheidet die Tatvollendung schon deshalb aus, weil das vom Täter für strafbar gehaltene Handeln in Wirklichkeit **straftatbestandlich nicht erfaßt** ist, so handelt es sich um den typischen Fall eines straflosen *Wahndelikts;* dazu u. 78 ff.

12 II. **Subjektiver Versuchstatbestand:** dazu gehört (neben besonderen subjektiven Tatbestands-
13 merkmalen) der **Entschluß** zur Verwirklichung eines bestimmten Tatbestandes (o. 3). Obgleich die frühere Umschreibung des subjektiven Versuchstatbestandes als „Entschluß" zur Verübung eines Verbrechens oder eines Vergehens (§ 43 aF) im jetzigen § 22 nicht mehr enthalten ist, hat sich damit in der Sache doch nichts geändert. Denn abgesehen von der Frage, ob der Entschluß in jeder Hinsicht dem Vorsatz gleichzusetzen war (so die hM, vgl. 17. A. § 43 RN 3; so ausdrückl. § 26 I E 62; krit. aber Schmidhäuser I 597, Alwart aaO 94, 140 ff.), lassen sich der neuen Versuchsumschreibung in § 22 sowohl das *kognitive* als auch das *voluntative* Vorsatzelement entnehmen (krit. Streng ZStW 109, 870): ersteres aus der „Vorstellung" des Täters von der Tat, letzteres aus dem (wohl nur als willentlich zu begreifenden) „Ansetzen" zur Verwirklichung der vorgestellten Tat (vgl. Bockelmann/Volk I 207, Rath JuS 98, 1011, Schlehofer aaO 35; abw. Baumann/Weber[9] 490, die offenbar beide Vorsatzelemente allein der „Vorstellung" entnehmen wollen; ähnl. Gropp 269); daher für Identität von Tatentschluß und Vorsatz B/W-Mitsch 544, dagegen Murmann aaO 9.

14/15 1. Wie beim **Wissenselement** des Vorsatzes muß sich der Täter Tatumstände vorstellen, bei deren Verwirklichung der volle Unrechtstatbestand eines bestimmten Verbrechens oder Vergehens erfüllt wäre (vgl. BGH NJW **99**, 1505), gegebenenfalls einschließlich komplementärer Tatumstände. Demgemäß führt mangelnde Erfolgsvoraussicht (vgl. BGH NStZ **83**, 365) oder die Annahme, daß eine Sitzblockade wegen Polizeieinsatzes nur von kurzer Dauer und daher nicht verwerflich iSv § 240 II sein wird (Bay NJW **92**, 522), beim Versuch zum Wegfall der für den Entschluß erforderlichen Tatvorstellung. Dementsprechend setzt *Unterlassungs*versuch voraus, daß der Täter das Opfer noch für rettbar hält und bei entsprechenden Rettungsbemühungen mit Erfolgseintritt ausgehen muß (nicht voll erkannt von BGH NStZ **97**, 485 m. krit. Anm. Brand/Fett NStZ 98, 507, Kudlich/Hannich StV 98, 370). Gleichermaßen wie bei *Irrtum*, der beim vollendeten Delikt den Vorsatz entfallen läßt (spez. zum error in persona vgl. Kühl 485, Streng ZStW 109, 874 ff.), bei Tatentschluß entfällt, gilt Entsprechendes auch für die irrtümliche Annahme tatsächlicher Rechtfertigungsvoraussetzungen (zB hins. eines „Einverständnisses" vgl. BGH NStZ **99**, 351), sofern man dem Erlaubnissachverhaltsirrtum vorsatzausschließende Wirkung beilegt (vgl. § 16 RN 14 ff.); dagegen läßt sich bei bloßer Rechtsfolgenverweisung (Jescheck/Weigend 464) die Straflosigkeit wohl nur aus dem Aus-

Begriffsbestimmung 16–21 **§ 22**

schluß der Vorsatz- und damit auch der Versuchsstrafbarkeit begründen (and. offenbar Dreher Heinitz-FS 224, Streng aaO 886; vgl. auch M-Gössel II 15). Zu den „umgekehrten Irrtumsfällen" und der Abgrenzung zum Wahndelikt vgl. u. 78 ff. Dem *Bewußtseinsgrad* nach ist weder reflektiertes Wissen **16** noch überlegtes Planen erforderlich. Daher kommt Versuch auch bei *Affekthandlungen* in Betracht (vgl. Jakobs 715). Dementsprechend spricht § 22 bewußt nicht von einem „Tatplan" (so § 24 AE), sondern von der „Vorstellung" von der Tat, wie sie auch ein Affekttäter haben kann (vgl. BT-Drs. V/4095 S. 11).

2. Hinsichtlich der **Willensseite** ist für den Versuch dieselbe Vorsatzform erforderlich, aber auch **17** genügend, wie für Vollendung (vgl. BGH NStZ **85**, 501). Reicht für diese – wie idR – *bedingter Vorsatz* aus, so genügt dies auch für Versuch (vgl. RG **61** 160, BGH **22** 332 f., **31** 378, Karlsruhe MDR **77**, 601, NStR-RR **97**, 6, Jescheck/Weigend 514, Pahlke aaO 30 ff., Rudolphi SK 2; and. Bauer wistra 91, 168, Lampe NJW 58, 333; diff. Kölz-Ott aaO 53 ff.; vgl. auch Alwart aaO 140 ff., 219 f.).

a) Auf jeden Fall ist erforderlich, daß der Entschluß zur Tat bereits endgültig gefaßt ist, der Täter **18** also **subjektiv unbedingten Handlungswillen** hat. Daran fehlt es, wenn es für die Tatausführung noch eines weiteren Willensimpulses iS eines „letzten Willensrucks" bedarf (vgl. BGH NStE Nr. 2) oder der Täter sonstwie noch unentschlossen ist, sich insb. die Entscheidung über das *Ob* der Tat noch vorbehalten hat; ein derart subjektiv *„aufschiebender"* Handlungswille reicht auch für Versuch nicht (vgl. RG **16** 135, **68** 341, **70** 203, JW **32**, 3087, Braunschweig NJW **49**, 478, Celle NJW **86**, 79; eingeh. Jakobs 717 ff., Kühl 485 ff., ferner Jescheck/Weigend 303, 514, Less GA 56, 33 ff., Rudolphi SK 3 f., Schmid aaO 48 ff., Stratenwerth 107; and. Arzt JZ 69, 54, der in diesen Fällen dolus eventualis annimmt, jedoch praktisch zu gleichen Ergebnissen kommt; vgl. auch Walder SchwZStr 99, 251 f., wonach schon zielstrebiges Hinarbeiten auf den Erfolg genügt). Das schließt nicht aus, daß die Ausführung noch von *objektiven Bedingungen* abhängen könnte. Entscheidend ist nur, daß nach dem Entschluß des Täters die Bedingung endgültig darüber entscheiden soll, ob die Tat durchgeführt wird oder nicht, dh der Täter subjektiv endgültig entschlossen ist und lediglich die Tatausführung noch vom Eintritt objektiver Bedingungen abhängt (vgl. BGHR § 22 Ansetzen **25**, Eser II 90). Freilich ist dabei „endgültig" nicht iSv „unwiderruflich" oder als von jeglichen Zweifeln ungetrübt zu verstehen, sondern bereits dann anzunehmen, wenn die zur Deliktsverwirklichung hindrängenden Motive gegenüber etwaigen Hemmungen ein deutliches Übergewicht erlangt haben (Roxin Schröder-GedS 158 ff.; zust. Kühl JuS 80, 275 f., Günther JZ 87, 22; krit. Fusch Triffterer-FS 76 zu § 15 II ÖStGB). Eingeh. zum Ganzen Vogler LK 4 ff.

Wirft zB der Dieb dem Wachhund vergiftete Wurst vor und macht er den Einbruch davon **19** abhängig, daß der Hund die Wurst frißt, so hängt die Tat ausschließlich vom Ausgang des Experiments ab; da es sich dabei lediglich um eine objektive, vom Willen des subjektiv entschlossenen Täters unabhängige Bedingung handelt, liegt Tatentschluß vor. Entsprechendes gilt für den Fall, daß der zum Einsatz eines mitgeführten Messers entschlossene Täter diesen nur noch davon abhängig macht, daß es zu Tätlichkeiten kommen werde (BGH NJW **91**, 1963), ebenso wenn der zur Abtreibung fest entschlossene Arzt die Schwangere nur noch daraufhin untersucht, ob der Eingriff noch „gefahrlos" durchzuführen sei, und bei positivem Ausgang die Tat unmittelbar durchgeführt werden soll (vgl. BGH MDR/D **53**, 19; vgl. aber auch u. 45), oder wenn bei Unterbreitung eines von Täuschungshandlungen begleiteten ernstgemeinten Vertragsangebot damit gerechnet wird, daß es möglicherweise angenommen werde (BGH NStZ **97**, 31). Demgemäß kann auch in der Untersuchung des Tatobjekts auf seine Tauglichkeit hin bereits ein versuchsbegründender Entschluß (wenn auch nicht ohne weiteres schon eine Ausführungshandlung) liegen (BGH **12** 306, **21** 17, 322, GA **63**, 147, **83**, 411, MDR/H **80**, 271, StV **83**, 460, KG GA **71**, 54). Verfehlt RG **71** 53, wo im Einnähen von Geld in die Fußmatte, um es bei erfolglosem Ausfuhrantrag über die Grenze zu schmuggeln, fälschlich nur bedingtes Wollen erblickt wurde (Jescheck/Weigend 304). Nach gleichen Regeln sind die Fälle zu behandeln, in denen der Täter einen *Diebstahlsvorsatz* hat, *ohne ihn aber schon auf bestimmte Objekte konkretisiert* zu haben: zB wenn ein Postbeamter Briefe öffnet, um sich den Inhalt, falls er in Geld besteht, zuzueignen (vgl. dazu § 242 RN 62 sowie zu einem ähnl. Problem § 267 RN 91). Ähnliche Fragen ergeben sich auch bei § 30, wenn die Verabredung oder das Sich-Bereiterklären nur für einen bestimmten Fall erfolgt (dort RN 6 f.). Hat sich im Falle einer Verbrechensverabredung der zur Tatausführung Bestimmte die Ausführung insgeheim vorbehalten, so kommt schon mangels Tatentschlusses kein Versuch, sondern allenfalls § 30 in Betracht (vgl. BGH MDR/H **86**, 974, ferner u. 55).

Ebensowenig entfällt der Vorsatz, wenn sich der Täter über die Möglichkeit der Durchführung der Tat **20** noch im Unklaren ist, also mit der *Möglichkeit eines Mißlingens* der Tat rechnet, sofern er nur ihre Verwirklichung will (vgl. Schmid aaO 53 f.). Einigkeit besteht schließlich auch darüber, daß ein bereits gefaßter Entschluß, der unter einer *„auflösenden"* Bedingung steht, vor Bedingungseintritt den Vorsatz nicht in Frage stellt (vgl. Arzt JZ 69, 54, Blei JA 75, 167, Rudolphi SK 5, Schmid aaO 54 ff.: Entschluß mit Rücktrittsvorbehalt).

b) Erforderlich ist ferner der **Vollendungswille:** nämlich daß der Wille des Täters nicht nur auf **21** Versuch, sondern – iSe „Versuchsbeendigungsvorsatzes" (Wolter Leferenz-FS 549) – auf Vollendung gerichtet ist (B/W-Mitsch 546, Lackner/Kühl 2). Daran fehlt es im allgemeinen beim sog. agent provocateur (§ 26 RN 20 f.). Vgl. auch § 24 RN 83.

22   c) Bei (nur) **fahrlässigem** Verhalten ist Versuch *nicht* strafbar. Ob er zumindest begrifflich denkbar wäre (so 17. A. § 43 RN 4, Rudolphi SK 1; vgl. auch Alwart aaO 154 ff., Jakobs 716, Kölz-Ott 18 ff., Rath JuS 98, 1011), was jedoch allenfalls bei bewußter Fahrlässigkeit in Betracht käme (vgl. Jescheck/Weigend 573; and. Freund 269), kann dahingestellt bleiben; denn § 22 setzt ebenso wie der Entschluß iSv § 43 aF einen auf Tatverwirklichung gerichteten Willen voraus, wie er dem Fahrlässigkeitstäter abgeht (vgl. Vogler LK 16 ff. vor § 22 mwN). Vgl. aber auch Sturm ZStW 59, 32, der zumindest bei schwersten Fahrlässigkeiten eine Strafbarkeit des Versuchs fordert. Zum Versuch bei **Vorsatz-Fahrlässigkeits-Kombination** vgl. § 11 RN 73 ff., 76, § 18 RN 18 ff.

23   3. *Neben* dem auf die Tatbestandsverwirklichung gerichteten *Vorsatz* gehören zum subjektiven Versuchstatbestand auch etwaige **besondere subjektive Tatbestandsmerkmale**, wie zB die Zueignungsabsicht beim Diebstahl (Jescheck/Weigend 516). Glaubt daher der Täter, auf die zuzueignende Sache einen durchsetzbaren Anspruch zu haben, so fehlt es für Diebstahlsversuch bereits am subjektiven Tatbestand. Ebensowenig ist wegen Betrugsversuchs strafbar, wer einen nach seiner Vorstellung rechtmäßigen Anspruch durchsetzen will (Düsseldorf wistra **92**, 74).

24   III. Der **objektive Versuchstatbestand** setzt voraus, daß der Täter „nach seiner Vorstellung von der Tat zur Verwirklichung des Tatbestandes unmittelbar ansetzt" (gegen das Verständnis des unmittelbaren Ansetzens als eigenständiger Versuchstatbestand, da lediglich den unbedingten objektiven Tatentschluß manifestierend, Streng Zipf-Ged S. 325 ff.).

25   1. Mit dieser für die **Abgrenzung von Vorbereitung und Versuch** maßgeblichen *„Ansatzformel"* hofft § 22 den langen Streit zwischen objektiven und subjektiven Abgrenzungsversuchen durch eine *Kombination* von *individuell-objektiven Kriterien* zu beenden und dabei insbes. einer Ausuferung des Versuchs in den Vorbereitungsbereich entgegenzuwirken (vgl. 19. A. RN 24 a). Dahinter stehen vor allem folgende Erfahrungen und Erkenntnisse:

26   a) Nach der **formell-objektiven** Theorie, wie sie namentlich Dohna aaO 95, v. Hippel II 398, v. Liszt-Schmidt 182, 305 vertreten hatten, war die Grenze zum Versuch erst dann überschritten, wenn der Täter mit der tatbestandsmäßigen Handlung im strengen Sinne begonnen hatte (daher zB Betrugsversuch erst mit der Täuschungshandlung: RG **70** 157). Diese rechtsstaatlich an sich begrüßenswerte Tatbestandsstrenge wird jedoch damit erkauft, daß eindeutig strafwürdig erscheinende Fälle (wie zB das Anschlagen der Mordwaffe) nur deshalb straflos bleiben müssen, weil diese Handlungen noch nicht (Teil-)Verwirklichung des Tatbestandes sind. Daher will § 22 auch schon nichttatbestandliche, nämlich erst zur Tatbestandsverwirklichung *ansetzende* Handlungen erfassen. Dadurch ist der formell-objektiven Theorie heute die gesetzliche Grundlage entzogen (Jescheck/Weigend 519). Vgl. aber auch Zaczyk aaO 322 ff., 330, wonach jedenfalls bei „Tatbeständen vertypter größerer Distanz von Handlung und materieller Verletzung", zu denen neben (abstrakten und konkreten) Gefährdungsdelikten auch vertatbestandlichte Vorbereitungshandlungen zu rechnen seien, die formell-objektive Theorie anzuwenden sei; vgl. auch Freund 287 f., der bei materialer Betrachtung zumindest eine Teilverwirklichung des tatbestandsmäßigen Verhaltens des Vollendungsdelikts verlangt

27/28   b) Dagegen hat die sog. **materiell-objektive** Theorie auch das tatbestandliche *Vorfeld* dadurch erfaßt, daß nach der *Frank'schen Formel* zum Anfang der Ausführung schon alle Tätigkeitsakte zu rechnen sind, „die vermöge ihrer notwendigen Zusammengehörigkeit mit der Tatbestandshandlung für die natürliche Auffassung als deren Bestandteil erscheinen" (Frank § 43 Anm. II 2 d, ebso. Kohlrausch/Lange II vor § 43, Köhler 460, 464; ähnl. will auch noch Rudolphi SK 13 – wenngleich unter Berücksichtigung des Täterplanes – auf die „natürliche" Zusammengehörigkeit abstellen; derartige Nachklänge auch wieder bei BGH NJW **80**, 1759: vgl. u. 41). Dementsprechend hat RG **54** 35 bereits im Bestreichen von Fensterscheiben mit Seife, um ein Eindrücken des Klirrens zu verhindern, versuchten Einbruchsdiebstahl erblickt. Eine gewisse Verfeinerung erfuhr diese Auffassung dann noch durch Abheben auf den Grad *unmittelbarer Gefährdung* des geschützten Handlungsobjekts (vgl. BGH **2** 380, **4** 273).

29/30   c) Demgegenüber stellen die **subjektiven Theorien** allein auf das Vorstellungsbild des Täters vom Anfang der Ausführung ab (so vor allem v. Buri GS 19, 71, 32, 323). Dies hat jedoch in der RG-Rspr teils zu einer bedenklichen Vorverlagerung des Versuchs in den Vorbereitungsbereich geführt (vgl. etwa RG **72** 66: fingierter Einbruchsdiebstahl als Betrugsversuch gegenüber Versicherung [and. die heutige Rspr: u. 45], RG **77** 1: Auflauern mit Waffe; mwN 19. A. RN 30). Auch die subjektive Abgrenzungstheorie findet sich in verschiedenen Spielarten, so etwa durch Abheben auf die Vornahme einer Handlung in „unwiderruflicher Tatentschlossenheit" (Bockelmann JZ 54, 473; vgl. aber hingegen Bockelmann/Volk 208 f.).

31   d) Nachdem sich die einseitig objektiven Theorien als zu starr erwiesen hatten, die subjektiven hingegen zu weit vom Tatbestand weg in den Vorbereitungsbereich führten (vgl. insb. krit. M-Gössel II 19 ff.), hat man eine Abgrenzung durch **Verbindung von materiell-objektiven und subjektiven Faktoren** gesucht: Zwar ist wesentliches Grenzkriterium die unmittelbare Gefährdung des geschützten Handlungsobjekts; doch ob dies der Fall ist, ist nicht nach rein objektiven Maßstäben, sondern aus der Sicht des Täterplanes zu beurteilen. Auf der Basis dieser subjektiven Relativierung objektiver Kriterien war vor der 2. StrRG Versuch anzunehmen, wenn sich der verbrecherische Wille in einer Handlung manifestiert hat, die *nach dem Gesamtplan des Täters unmittelbar zur Gefährdung des Schutzobjekts* des betreffenden Tatbestandes führt (Schröder 17. A. § 43 RN 10; iglS BGH **1** 116, **2** 380, **7**

292, **12** 54, OGH **2** 161, Busch LK⁹ § 43 RN 14; vgl. auch u. 39, 42). Um jedoch der im Gefährdungsgedanken liegenden Gefahr einer Ausuferung zu begegnen, wurde später stärker auf das *unmittelbare Ansetzen zur Tatbestandsverwirklichung* abgehoben (vgl. § 24 AE, Welzel 190).

2. Nach dieser **individuell-objektiven Theorie**, wie sie nach hM der „Ansatzformel" des § 22 **32** zugrundeliegt (Bremen StV **81**, 139, Oldenburg StV **83**, 506, Tröndle 8, Jescheck/Weigend 518, Roxin JuS 79, 3, Rudolphi SK 11, Stratenwerth 194), sind für die Abgrenzung von (strafloser) Vorbereitung und (strafbarem) Versuch drei Kriterien wesentlich:

a) *Grundlage* der Beurteilung ist die „Vorstellung des Täters von seiner Tat", kurz: der **Täterplan** **33** (vgl. aber auch o. 16). Insoweit ist zunächst iSd subjektiven Theorie (o. 29) danach zu fragen, in welcher Weise und auf welchem Wege der Täter sich die Verwirklichung seines Tatentschlusses vorgestellt hat (BGH **31** 182, **35** 8, NStZ **81**, 99, **97**, 83). Diente danach der Einbruch in den Fuhrpark nicht nur dem Auskundschaften einer günstigen Gelegenheit, sondern gegebenenfalls bereits der Wegnahme eines Fahrzeugs, so liegt darin ein unmittelbares Ansetzen selbst dann, wenn ein objektiver Betrachter unter den gegebenen Umständen das Wegnahmerisiko gescheut und sich auf eine Inspektion des Geländes beschränkt hätte; ebenso wie umgekehrt ein Ansetzen zur Tatbestandsverwirklichung zu verneinen ist, wenn aus objektiver Sicht die Wegnahme risikolos möglich wäre, der Täter jedoch zunächst nur auskundschaften will. Ähnlich läßt sich etwa beim Aufstellen einer Anlage, die einer Brandstiftung dienen soll, nur anhand des Täterplanes entscheiden, ob diese Aktion nur zur Erprobung des in Aussicht genommenen Mittels oder bereits der Tatausführung dienen soll (vgl. RG **66** 142, BGH NStZ **81**, 99). – Eine andere Frage jedoch ist, inwieweit die *eigene Wertung* des Täters **34** hinsichtlich der Tatbestandsnähe seines Handelns von Bedeutung ist. Wollte man auch in dieser Hinsicht ausschließlich auf die Einschätzung des Täters abstellen, so verfiele man in einen ähnlichen Subjektivismus, wie er zu jener bedenklichen Ausweitung des Versuchsbereichs geführt hat (vgl. o. 29). Stellt man demgegenüber auf die der Versuchsstrafbarkeit zugrunde liegende „Eindruckstheorie" ab (22 vor § 22), so bildet der Täterplan zwar die *Grundlage*, nicht aber den Maßstab der Beurteilung (BGH **26** 202, NStZ **89**, 473, Vogler LK 31): Ob der danach vorgesehene nächste Schritt des Täters tatsächlich unmittelbar zur Tatbestandsverwirklichung führt bzw. führen kann, ist nicht nach der subjektiven (Fehl-)Einschätzung des Täters (so aber offenbar Gössel ZStW 87, 24; vgl. auch Jakobs 719), sondern nach objektiven Maßstäben zu bestimmen (ebenso B/W-Mitsch 553, Blei JA 75, 96, Bockelmann/Volk I 208, Tröndle 9, Kühl JuS 80, 813 f.; iglS bereits BGH **2** 381, **6** 99, **7** 292, **9** 62, **19** 351, **20** 150). Selbst wenn daher im Falle von § 265 der Täter meint, daß bereits im Abschluß einer Versicherung für eine Sache, die unmittelbar danach in Brand gesetzt werden soll, ein Versuch liege, da es nur noch des Anzündens bedürfe, ist ein solcher aus objektiver Sicht mangels Tatbestandsnähe zu verneinen.

b) *Bezugspunkt* der Ausführungshandlung muß der **vorgestellte Tatbestand** sein (BGH **37** 296). **35** Auch durch diese ausdrückliche Hervorhebung der Tatbestandsbezogenheit soll eine Vorverlagerung des Versuchsbeginns verhindert und sichergestellt werden, daß nicht schon irgendein Ansetzen zu der Straftat schlechthin Versuch begründet, sondern nur das auf die *Verwirklichung eines Tatbestandsmerkmals* gerichtete Handeln (BT-Drs. V/4095 S. 11). Demgemäß muß die Ausführungshandlung ihrer Art oder Tendenz nach regelmäßig bereits eine der Tatbestandshandlung entsprechende Angriffsrichtung haben. Deshalb bewegt sich noch im straflosen Vorbereitungsbereich des § 263, wer Täuschungshandlungen vornimmt, die nach seiner Vorstellung noch nicht jenen Irrtum hervorzurufen vermögen, aufgrund dessen eine vermögensschädigende Verfügung veranlaßt werden soll (BGH **37** 294). Auch ähnlich wie in dem o. 34 genannten Fall eines Versuchs von § 265 fehlt dem Beiseiteschaffen einer Sache, um sie dann der Versicherung als entwendet zu melden, noch jede Täuschungsqualität (daher iE zutr. BGH NJW **52**, 430 [gegen RG **72** 66], Bay NJW **88**, 1401), während das Anschlagen der Mordwaffe durchaus bereits die auf Tötung ausgerichtete Angriffstendenz aufweist. Auch Roxin JuS 73, 329 sieht iglS den Versuch „hart an die Grenze der Tatbestandshandlung herangerückt".

c) Die Versuchs*handlung* muß in einem **unmittelbaren Ansetzen** zur Tatbestandsverwirklichung **36** bestehen. Dieses Kriterium gibt nach wie vor zu manchen Zweifelsfragen Anlaß, scheint doch einerseits das Erfordernis eines „Ansetzens" schwerlich auf Unterlassungsdelikte zu passen und andererseits das Unmittelbarkeitskriterium entweder zu starr zu sein, wenn streng gehandhabt, oder wiederum zu vage, wenn nicht ernst genommen. Doch lassen sich daraus für die Bewältigung der Kasuistik immerhin folgende *Leitlinien* entnehmen:

α) **Ansetzen** verlangt zwar keine Teilverwirklichung des Tatbestandes (BGH **37** 297, StV **84**, 420), **37** wohl aber die Aufnahme einer auf Verwirklichung des betreffenden Tatbestandes gerichteten Tätigkeit bzw. bei Unterlassungsdelikten die Versäumung des zum Tätigwerden gebotenen Zeitpunktes (u. 47 ff.). Das ist idR gegeben, wenn es schon zu einer *Teilverwirklichung des Tatbestandes* gekommen ist (BGH **37** 296, BGHR § 22 Ansetzen **25**), namentlich also dort, wo bereits die Tatbestandshandlung vorgenommen ist und nur noch der Erfolg aussteht (wie wenn zB bei einem Mordanschlag das Opfer zwar verletzt, aber noch gerettet wird); denn da das *Ansetzen* lediglich als Mindestvoraussetzung zu verstehen ist, kommt Versuch umso mehr in Betracht, wenn die Tatbestandsverwirklichung als solche bereits begonnen und damit das vom Gesetz erforderte Versuchsminimum sogar überschritten ist (vgl. BT-Drs. V/4095 S. 11). Die damit naheliegende Folgerung, daß schon jede Verwirklichung eines einzelnen Tatbestandsmerkmals Versuch begründe (Bamberg NStZ **82**, 247, Kühl 495, JuS 80, 650,

Vogler LK 35 ff., Stree/Wessels-FS 297 ff.), wird jedoch dahingehend zu präzisieren sein, daß das Ansetzen bereits auf die Verwirklichung *aller* Tatbestandsmerkmale gerichtet sein muß (Burkhardt JuS 83, 437 ff.; iglS Tröndle 10, Otto I 237, Roxin JuS 79, 7 und wohl auch Kratzsch JA 83, 582 ff.; vgl. auch die Kritik von Küper JZ 92, 338 ff. [dazu Murmann aaO 14 ff.] sowie bei Schmidhäuser I 348 ff. das Abheben auf ein vollendungs- bzw. zielnahes Stadium, was jedoch zu einseitig auf den beendeten Versuch zugeschnitten erscheint). Dementsprechend liegt selbst in einer Täuschung noch kein Betrugsversuch, wenn damit nicht schon eine irrtumsbedingte Vermögensverfügung des Opfers bewirkt, sondern lediglich eine die Irrtumserregung ermöglichende Vertrauensbasis erschlichen werden soll (vgl. Karlsruhe NJW **82**, 59, ferner BGH **37** 294 m. krit. Anm. Küper JZ 92, 338 ff., Schleswig SchlHA/L **87**, 101). Scheitert dagegen die bereits auf eine Vermögensverfügung ausgerichtete Täuschung lediglich daran, daß sich das Opfer nicht irreführen läßt, so ist die Versuchsgrenze über-

38 schritten (vgl. RG **50** 97, BGH GA **56**, 355). Entsprechendes gilt für sog. *mehraktige Delikte*, in denen bereits der erste Akt verwirklicht ist, die bereits dabei angestrebte Fortführung jedoch scheitert: so zB bei Vergewaltigungsversuch, wenn der Täter trotz Gewaltanwendung nicht zur Vollziehung des Beischlafs gelangt, oder bei Raubversuch, wenn dem Täter trotz Gewaltanwendung die Wegnahme der Sache nicht mehr gelingt (vgl. RG **69** 327). Handelt dabei der Täter bereits zur Verwirklichung des Gesamttatbestandes, so wird die Versuchsgrenze schon mit Beginn des ersten Aktes (also nicht unbedingt erst nach dessen voller Verwirklichung) überschritten. Andererseits ist es zwar Diebstahls-, aber noch nicht Raubversuch, wenn der Täter bei Beginn der Wegnahme entschlossen ist, diese erforderlichenfalls mit Gewalt fortzuführen (zumal da sonst § 244 I Nr. 1 b weitgehend leerliefe: vgl. dort RN 22), es aber dazu nicht kommt. Ebensowenig beginnt Versuch von § 252 schon damit, daß der Dieb bereits während der Wegnahme vorhat, seine Beute notfalls mit Gewaltmitteln zu verteidigen. Vgl. zum Ganzen auch die entsprechenden Grenzziehungen bei Qualifizierungsmerkmalen u. 58.

39 β) Schwieriger wird dagegen die Abgrenzung, wenn *noch keine Teilverwirklichung* des Tatbestandes vorliegt. Hier kommt es auf die **Unmittelbarkeit des Ansetzens** an (allg. zur methodischen Problematik des Unmittelbarkeitsprinzips Weyers JZ 91, 999 ff.). Durch dieses Kriterium wird zwar einerseits der Versuchsbereich in das tatbestandliche *Vorfeld* hinein erweitert, aber andererseits gleichzeitig beschränkt auf den *unmittelbaren* Vorbereich. Als unmittelbar zum Versuch führend sind dabei alle Verhaltensweisen anzusehen, die auf der Grundlage des Täterplanes objektiv geeignet erscheinen, ohne weitere wesentliche Zwischenschritte eine tatbestandsrelevante Beeinträchtigung des betroffenen Rechtsguts herbeizuführen (zust. Bremen StV **81**, 139). Zu den Konsequenzen einer derartigen *materiellen* Abgrenzung vgl. u. 42.

40 Wollte man demgegenüber als unmittelbar nur solche Handlungen ansehen, die nach dem Plan des Täters „derjenigen Handlung unmittelbar vorgelagert sind, die ein Tatbestandsmerkmal erfüllt" (so E 62 Begr. 144 zu § 26, ebenso Maurach AT[4] 499) bzw. „ohne Zwischenakte in die Tatbestandsverwirklichung einmünden sollen" (BGH **26** 204 [m. Anm. Blei JA 76, 101, Gössel JR 76, 249, Otto NJW 76, 578, D. Meyer JuS 77, 19, krit. auch Kratzsch aaO 48 f.], **28** 164 [m. Anm. Sonnen JA 79, 334], **30** 364, **31** 12, 181 [m. krit. Anm. Bloy JR 84, 124, Maaß JuS 84, 28], **35** 8 f., **36** 250, **37** 297, **40** 268, GA **80**, 24 [m. Anm. Borchert JA 80, 254], NJW **80**, 1759 [krit. dazu Kratzsch aaO 54 f.], **88**, 3109, **91**, 1963, NStZ **87**, 20, **89**, 473, **93**, 133, 398, **94**, 341, NStE **Nr. 2**; iglS Bay NJW **88**, 1401, Karlsruhe NJW **82**, 59, Kühl 496 ff. sowie Berz Jura 84, 511/517 mit Fallgruppen), so ist mit derartigen **formalen** Abgrenzungen nur für solche Fälle eine Grenze gewonnen, in denen sich das Gesamtgeschehen in äußerlich verschiedene und deshalb voneinander *absetzbare Einzelakte* zerlegen läßt: so etwa bei einem Tötungsversuch, der durch das Beschaffen der Waffe, das Auflauern am Tatort, das Hervorholen und Entsichern der Waffe noch nicht vorbereitet, aber erst mit dem der Tötungshandlung des Schießens unmittelbar vorangehenden Anlegen und Zielen begonnen wird. Ähnlich wäre Einbruchsdiebstahlsversuch erst mit dem Einsteigen als dem letzten, dem Wegnehmen vorangehenden Vorgang anzusetzen, während das Hervorholen und Besteigen der Leiter, oder das Beschmieren oder Eindrücken der Scheibe, nur *mittelbare* Vorbereitungshandlungen wären (vgl. aber RG **54** 36). Doch schon daran zeigt sich, daß je nach den Umständen des Einzelfalles eine formale Abgrenzung auch zu willkürlich erscheinenden Ergebnissen führen kann: Hält etwa der Täter das Beschmieren der Scheibe nicht für nötig, so würde bereits das Besteigen der Leiter – oder falls eine solche bei einem ebenerdigen Lager entbehrlich, bereits das Herantreten an das Fenster – als letzte Handlung vor dem Eindrücken Versuch begründen. Vgl. auch Jakobs 726 ff., der deshalb jedenfalls für *unbeendeten* Versuch statt einer Formel einen Katalog von Topoi entwickelt, die jedoch ohne Rücksicht auf Gefährdungsaspekte ebensowenig zu handhaben sind.

41 Diese Schwierigkeit, gleichsam in Form eines „Zeitlupenstrafrechts" (Geilen) nach rein formalen Kriterien zu vertretbaren Zäsuren zu kommen, wird noch deutlicher in den Fällen, in denen der eigentlichen Tatbestandshandlung ein *äußerlich gleichförmiger*, nahtlos ineinander übergehender *Geschehensablauf* vorausgeht, wie vor allem bei wirtschaftsstrafrechtlichen Tatbeständen (vgl. Tiedemann JR 73, 412). Wollte man hier den Versuchsbeginn erst dort ansetzen, von wo an „jeder weitere Schritt ins Delikt selbst hineinführt" (Stratenwerth[1] 190), so wäre etwa bei der für die Einfuhr pornografischer Schriften erforderlichen Grenzüberschreitung (§ 184 I Nr. 8) jener Punkt buchstäblich erst dann erreicht, wenn der letzte Schritt jenseits der Grenze getan ist. Ob eine derart formale Grenzziehung jedoch wirklich gewollt sein kann, erscheint höchst zweifelhaft. Läßt man daher den Versuch bereits in

Begriffsbestimmung 42 § 22

einem gewissen Annäherungsbereich beginnen – und dazu sieht sich letztlich auch der BGH gezwungen, wenn er Zwischenakte „wegen ihrer notwendigen Zusammengehörigkeit mit der Tathandlung" bereits als Versuch begreift (NJW **80**, 1759; ähnl. Rudolphi SK 13) –, ist eine begrifflich scharfe Fixierung der für der Tatbestandsverwirklichung unmittelbar vorausgehenden „letzten Etappe" kaum noch möglich (aufschlußreich dazu etwa BGH **36** 249). Und zwar selbst dann nicht, wenn man dabei auf das subjektive Überschreiten der Schwelle zum *„jetzt geht es los"* oder auf die *räumliche und* (oder?) *zeitliche Nähe zur Tatbestandsverwirklichung* abhebt (so die hilfsweisen Abgrenzungsformeln in BGH **26** 203, **28** 164, **37** 297, **40** 268, 301, GA **80**, 24, NJW **80**, 1759, **90**, 2072, **91**, 1963, NStZ **83**, 364, **87**, 20, **89**, 474, **93**, 133, 398, **94**, 341, **96**, 38, **97**, 31, 83, StV **84**, 420, Bay NJW **88**, 1401, Hamm NJW **89**, 3232, KG JR **81**, 38; vgl. auch Borchert JA 80, 255, Kühl JuS 80, 811 ff., D. Meyer JuS 77, 19, Roxin JuS 79, 4 f., W-Beulke I 598 sowie insb. zum zeitl. Zusammenhang Otto NJW 76, 579). Denn daß im „jetzt geht es los" des Täters im Grunde nicht mehr steckt als ein Beweis der bereits entschlußrelevanten Unbedingtheit des Ausführungswillens (o. 18), ist spätestens durch BGH MDR/ H **80**, 271/2 sichtbar geworden (ähnl. bezeichnend das Abheben auf das – willensrelevante, aber im Entscheidungsfall fragliche – *„jetzt geht es los"* und die – für das Ansetzen erhebliche – objektive Angriffshandlung in BGH NStE **Nr. 2**). Doch auch das räumlich-zeitliche Kriterium vermag entweder – wenn ernstlich beim Wort genommen – allenfalls fernliegende Akte auszuschließen, mit der fragwürdigen Konsequenz, daß dann bei Distanzdelikten Versuch regelmäßig zu verneinen ist (vgl. Gössel JR 76, 52), bei enger Täter-Opfer-Beziehung hingegen uU schon sehr früh zu bejahen wäre, oder es verliert – wenn weniger strikt gehandhabt – jegliche Trennschärfe überall dort, wo Vorbereitung (Ergreifen der Waffe, Überziehen der Gesichtsmaske) und Ausführung (Anlegen der Waffe, Bedrohung des Opfers) in engstem räumlich-zeitlichem Zusammenhang ablaufen sollen (vgl. auch Blei JA 76, 103, 314 f., 595 f.). Damit sei dem Nähekriterium keineswegs jegliche Bedeutung abgesprochen; doch wäre es Selbsttäuschung zu meinen, daß es mehr sein könnte als ein bloßes Indiz für die letztlich relevante Unmittelbarkeit der Rechtsgutgefährdung. Denn ob der Tatbestandsverwirklichung vorgelagerte Akte bereits als „natürlicher Bestandteil" der Tathandlung oder noch als bloße Vorbereitung erscheinen, läßt sich nicht einfach durch eine formal-begriffliche Handlungszergliederung, sondern erst aufgrund einer material-wertenden Gefährlichkeitsbetrachtung bestimmen. Auch die Rspr. läßt sich – wenn auch selten verbal (wie in Bay NJW **94**, 2164), so doch der Sache nach – davon leiten, wenn etwa bei § 176 I der Versuchsbeginn damit begründet wird, daß das Kind bereits auf dem Weg zum Tatort aus seiner gewohnten schützenden (sic!) Umgebung herausgelöst war (vgl. Kühl JuS 80, 811 f. zu BGH 2 StR 798/78; vgl. aber auch BGH **35** 8 f., wonach selbst bei objektiver Gefährdung Versuch solange zu verneinen ist, als der Täter nur eine Verführung auf freiwilliger Basis beabsichtigt), oder wenn zu § 267 darauf abgehoben wird, daß die Ausfüllung von Falschvordrucken für bestimmte Fahrzeuge unmittelbar bevorstand (vgl. Koblenz VRS **55** 428).

Demzufolge ist für das unmittelbare Ansetzen nicht rein formal auf den letzten, der Tatbestandshandlung vorgelagerten Handlungsschritt abzustellen, sondern **material** danach zu fragen, ob nach Täterplan bereits ein Stadium erreicht ist, in dem aus seiner Sicht das betroffene Rechtsgut bereits **unmittelbar gefährdet** erscheint (iglS allein oder zumindest ergänzend auf den Gefährdungsgedanken abstellend BGH **30** 365, **38** 85, **40** 268, NJW **90**, 2072, NStZ **83**, 462, **87**, 20, StV **89**, 526, Bay NJW **88**, 1402, **94**, 2164, NStZ **97**, 442, Bremen StV **81**, 139, Frankfurt StV **92**, 361, Hamm JMBlNW **76**, 20, NJW **89**, 3233, StV **97**, 242, Karlsruhe MDR **93**, 369, Köln MDR **75**, 948, Oldenburg StV **83**, 507, Blei JA 76, 103, Tröndle 11, Gropp 72, D. Meyer JuS 77, 21 f., Murmann aaO 17, Otto I 236, NJW 76, 579, Sonnen JA 79, 334, Tiedemann JR 73, 412; ähnl. J. Meyer aaO 607 unter Abheben auf die Zwangsläufigkeit des Kausalverlaufs; im wesentl. ebenfalls materiell abgrenzend Zaczyk aaO 306, 308 ff., 330, wonach unmittelbares Ansetzen vorliegt, wenn der Täter mit seiner Handlung das jeweils angegriffene Rechtsgut so „in den Griff" bekommt, daß er bereits eine überlegene Stellung ihm gegenüber gewinnt; dies weiterführ. Rath JuS 98, 1109, der die Verteidigungsnotwendigkeit für das Opfer als Abgrenzungskriterium bemüht; vgl. ferner Vehling aaO 124 ff., 141, wonach die Grenze zum Versuch überschritten wird, wenn der Täter durch sein rolleninadäquates Verhalten ein rechtlich mißbilligtes Risiko gesetzt hat und dies die intendierte Tatbestandsverwirklichung indiziert; dagegen ist die von Vogler LK 59 ff., Stree/Wessels-FS 291 ff. geforderte *tatbestandsspezifische Unmittelbarkeit* in der hier vertretenen Auffassung als eigentlich selbstverständlich mitgemeint, wobei das Gefährdungsmoment gerade auch die „Annäherung" an das typisierte Handlungsunrecht weitaus besser zum Ausdruck bringt als vordergründig formalisierende Zwischenakts- oder subjektivierende „Jetzt geht es los"-Formeln; auch BGH **35** 9 wendet sich lediglich gegen das alleinige Abheben auf eine „objektive" Gefährdung, wie sie ja auch hier nicht für allein maßgeblich angesehen wird). Nach **subjektiv-materialer Gefährdungsabgrenzung** in dem hier vertretenen Sinne ist Versuch – erst, aber auch bereits – mit solchen Tätigkeiten bzw. Pflichtversäumnissen erreicht, durch die nach Täterplan das betroffene Rechtsgut unmittelbar, nämlich *ohne daß noch weitere wesentliche Zwischenschritte* zu seiner tatbestandsrelevanten Beeinträchtigung erforderlich wären (vgl. Karlsruhe NJW **82**, 59, Bay NStZ **84**, 320), gefährdet erscheint (o. 39). Dieses Grundkriterium bedarf vor allem in zweifacher Hinsicht noch einer Verdeutlichung: αα) Da es zum einen entscheidend auf den Täterplan ankommt, ist unerheblich, ob die vom Täter vorgestellte Gefährdung auch *tatsächlich* eintritt (vgl. BGH NStZ **87**, 20, Bay NStZ **97**, 442, Roxin JuS 79, 6 gegen Otto NJW 76, 579); andernfalls wäre untauglicher Versuch, für den der Mangel einer objektiv konkreten Gefährdung gerade charakteristisch ist (vgl. u. 60 ff.), in Irrtumsfällen praktisch ausgeschlossen. Daher muß genügen, daß nach der Vorstellung des Täters der nächste Schritt zu einer tatbestandsrelevanten Rechtsgutsbeeinträchtigung führen würde (vgl. Blei JA 76, 313 ff. gegen Otto NJW 76, 579). Dementsprechend kommt es in den strittigen Fällen des Auflauerns weniger darauf an, ob das Opfer tatsächlich erscheint bzw. angetroffen wird (insofern zutr. BGH NJW **52**, 514; vgl. auch BGH GA **71**, 54); entscheidend ist vielmehr die Frage, ob vor Eintreffen oder Antreffen des Opfers nach Täterplan überhaupt schon von einer hinreichenden Gefährdung gesprochen werden kann (vgl. Mezger NJW 52, 515): Dies wird zwar dort zu bejahen sein, wo der Räuber mit übergezogener Maske vor der Haustür steht und bei Öffnen durch das (erwartete) Opfer nur noch zuzuschlagen braucht; daher stand in BGH **26** 201 der Annahme von Versuch zu Recht nicht entgegen, daß den Tätern wider Erwarten nicht geöffnet wurde (and. dagegen Jakobs ZStW 97, 764, der für den Fall des am Tatort fehlenden Angriffsobjekts ein störendes externes Verhalten des Täters, das allein eine Interpretation des Geschehens nach internen, subjektiven Kriterien erlauben würde, verneint). Hingegen wäre Versuch dort zu verneinen, wo das Opfer erst mit der Straßenbahn erwartet wird (allenfalls insoweit unrichtig BGH NJW **52**, 514, vgl. Blei JA 76, 314, Fahl JA 97, 638), wie überhaupt, wenn sich der Täter noch nicht sicher sein kann, ob und wann das Opfer in seinen Wirkungsbereich eintritt (vgl. BGH GA **71**, 55, StV **89**, 526); weit. Bsp. u. 44, 45. ββ) Zum anderen ist jedenfalls beim *beendeten* Versuch unerheblich, ob dieser mögliche Umschlag in die tatbestandsmäßige Rechtsgutsgefährdung sofort und am gleichen Ort geschehen soll, da es allein darauf ankommt, daß nach Täterplan kein weiterer wesentlicher Zwischenakt mehr erforderlich ist. Daher kann auch in Fällen, in denen der Erfolg erst zu einem späteren Zeitpunkt und an einem ferneren Ort eintreten soll, Versuch bereits dann vorliegen, wenn der Täter das Geschehen „aus der Hand gegeben" hat (vgl. Roxin JuS 73, 329 f., Maurach-FS 213 ff., W-Beulke I 601; insoweit ähnl. Jakobs 734 f.; krit. Rath JuS 98, 1110 f.); dementsprechend beginnt zB bei Einführen pornografischer Schriften im Versandhandel (§ 184 I Nr. 4) oder beim Erwerb von Drogen (Bay NJW **94**, 2164) der Versuch mit Aufgabe bei der Post (vgl. freilich auch § 184 RN 27), nicht aber schon dann, wenn er bei Grenzdelikten vor dem Übertritt erst noch übernachten will (BGH NStZ **83**, 224). Ebenso ist dabei gleichgültig, ob der nächste in den Tatbestandsbereich führende Schritt vom Täter selbst (bzw. seinem Werkzeug) oder vom Opfer zu tun ist (vgl. Schleswig SchlHA/L **87**, 101; so i. Grds. auch Gössel JR 76, 250; vgl. aber auch Blei JA 76, 595); demzufolge ist etwa Totschlagsversuch sowohl dort anzunehmen, wo der Täter dem an die Kaimauer gelockten Opfer nur noch den letzten Stoß zu versetzen braucht, wie auch da, wo nach Täterplan das Opfer mit seinem eigenen nächsten Schritt in die tödliche Falle gehen (zB das vergiftete Getränk zu sich nehmen) oder sich sonstwie in eine ausweglose Situation begeben wird (vgl. BGH NJW **80**, 1760). In Fällen *selbstschädigenden Opferverhaltens* soll nach BGH **43** 177, 180 (m. zust. Anm. Gössel JR 98, 293, Otto NStZ 98, 243, abl. Böse JA 99, 342, Roxin JZ 98, 241) das unmittelbare Ansetzen nach den Regeln der mittelbaren Täterschaft zu beurteilen sein, wonach der Versuch beginnt, wenn sich das Opfer so in den Wirkungskreis des Tatmittels begibt, daß sein Verhalten nach dem Tatplan unmittelbar in die Tatbestandsverwirklichung münden kann. Auch wenn dabei eine ausreichende Strukturverwandtschaft zwischen beiden Konstellationen fraglich erscheint (vgl. Bspr. Derksen GA 98, 601, Wolters NJW 98, 578, aber auch Heckler NStZ 99, 79), so wird doch vom BGH zutreffend die aus Tätersicht konkrete Gefährdung des Rechtsgutes als einheitliches Kriterium zur Prüfung des Versuchsbeginns herangezogen. Weniger überzeugend ist aber, daß über den Versuchsbeginn die Wahrscheinlichkeit, mit der das Opfer nach dem Täterplan in die Falle geht, entscheiden soll (BGH **43** 177, **44** 91 m. zust. Bspr. Altvater NStZ 98, 345, abl. Herzberg JuS 96, 324); vielmehr ist darauf abzuheben, ob der Täter nach Schaffung eines Risikos das Geschehen so aus der Hand gibt, daß er sich einer Einflußmöglichkeit beraubt (Böse aaO 344 ff., Herzberg JuS 99, 225 f., Murmann aaO 22 ff., Roxin JZ 98, 210). Vgl. im übrigen auch u. 54 f.

43 3. Demgemäß bleibt jene **Rspr.-Kasuistik** und Lehre, die schon bei § 43 aF auf die unmittelbare Gefährdung des betroffenen Rechtsguts abgestellt hat (o. 31 sowie 17. A. § 43 RN 10 ff.), auch weiterhin beachtenswert, wobei freilich im stärkerem Maße als früher die versuchsbeschränkende Tatbestandsnähe des Ansetzens (o. 36 ff.) zu berücksichtigen ist (vgl. Lackner/Kühl 4).

44 a) Danach kann in folgenden Fällen **Versuch bejaht** werden: Herausziehen einer Schußwaffe mit unmittelbarer Schußabsicht (BGH NStZ **93**, 133) und erst recht das Inanschlagbringen einer Pistole (vgl. RG **77** 1, und zwar selbst bei noch nicht gespanntem Hahn (RG 59 386, vgl. auch RG DR **43**, 575; zu weitgeh. aber RG **68** 336, 339: bloßes Ergreifen), Ausholen zum Schlag (RG JW **27**, 976), Beibringen eines Betäubungsmittels (RG **59** 157), Verfolgung des Opfers mit der Waffe (RG JW **25**, 1495), Eindringen oder Einschleichen in einen Raum dergestalt, daß dem Täter der Zugriff auf die Beute ohne weiteres offensteht (RG **54** 44, 182, 254, 328, **70** 203, Tröndle 12; vgl. auch RG HRR **36**, 930, RG JW **22**, 225, 1019, Hamm JMBlNW **76**, 20), beim Begehren um Einlaß in die Wohnung, in der ein Trickdiebstahl verübt werden soll (BGH MDR/H **85**, 627), ebenso bei Klingeln an der Tür des sofort beim Öffnen zu Beraubenden (vgl. BGH **26** 201, **39** 238, NStZ **84**, 506, o. 42; aber auch u. 45), bei Lauern vor der Tür oder in den Räumen des Opfers, wenn dieses (nach der Tätervorstellung) sogleich heraus- bzw. hereintreten wird (vgl. RG **77** 1, BGH LM Nr. 22 zu § 211) oder sich sonst dem Einwirkungsbereich des Täters bereits unmittelbar genähert hat (vgl. BGH NJW **54**, 567, NStZ **87**, 20), aber noch nicht, wenn das Öffnen der Tür erst noch zur Abklärung der Lage dient (BGH NStZ **93**, 398); hingegen um so mehr bei bereits erfolgtem Betreten eines Raumes, in

Begriffsbestimmung 45 **§ 22**

dem das unmittelbar anzugreifende Opfer (auch irrig) vermutet wird (vgl. RG **69** 327, ferner BGH NStZ-RR **98**, 203); dagegen wäre im Fall von BGH GA **80**, 24 Versuch wohl nicht schon mit dem Betreten der Poststelle, sondern erst mit Ausfüllen des der Posthalterin entgegenzuhaltenden Drohzettels anzunehmen. Versuch weiter, wenn der Taschendieb seine Hand im Gedränge zwischen andere Personen schiebt, um sogleich in deren Taschen zu greifen, oder diese nach ihrem Inhalt abtastet (BGH MDR/D **58**, 12), wenn der Täter zur Schienenblockade (§ 240) Stahlkörper auf den Schienen anbringt (BGH **44** 34, 41 m. Anm. Dietmeier JR 98, 470, Otto NStZ 98, 513), ferner bei Einfuhr von Betäubungsmitteln mit Flugzeug bei Einchecken des Gepäcks, in dem die Drogen versteckt sind, nicht aber zwischen Gepäckaufgabe und Abflug mehrere Tage liegen (BGH NJW **90**, 2072 [vgl. aber auch u. 54 f. bei Annahme von mittelbarer Täterschaft]), bei Einfuhr von Betäubungsmitteln oder Schmuggelware per PKW bei Annäherung (zB durch Passieren der letzten vorangehenden Autobahnausfahrt: Düsseldorf MDR **94**, 1235) an die Grenze oder Zollstelle (BGH **36** 249, wistra **93**, 26 bzw. BGH **4** 333, **7** 291), *nicht* dagegen, wenn erst noch eine Zwischenübernachtung geplant ist (BGH NStZ **83**, 224) oder noch Hunderte von km zu fahren sind (BGH NStZ **83**, 511, 462 m. Anm. Winkler), ferner nicht, wenn Geld in die Fußmatte des PKW eingenäht wird, um dieses entgegen devisenrechtlichen Vorschriften ins Ausland zu verbringen (Tröndle 17 a, Rudolphi SK 14; and. RG **75** 53; bedenkl. auch BGH **12** 54, **20** 150), ebensowenig wenn der Täter lediglich einen Kaufvertrag zum Erwerb von Betäubungsmitteln abschließt, ohne daß die Übergabe unmittelbar bevorsteht (BGH **4** 31), oder ins Ausland fährt, ohne dort eine reelle Erwerbschance von Betäubungsmitteln zu haben (BGH StV **96**, 548), sowie auch nicht, wenn zwecks Hinterziehung von Einfuhrabgaben erst die Ausfuhrbehörde getäuscht wird (Kühl JuS 80, 653; and. Bay JR **78**, 38 m. abl. Anm. Hübner) oder wenn erst unechte Buchbelege zwecks späterer Bilanzfälschung eingebracht werden (BGH **31** 226; vgl. auch BGH wistra **84**, 142). Allg. zum Versuchsbeginn bei Steuerhinterziehung Meine GA 78, 321 ff., Patzelt aaO 127 ff. Hingegen ist bereits Versuch anzunehmen bei Durchbrechung von Sicherungseinrichtungen, zB durch Ansetzen eines Werkzeugs zum Beseitigen des Hindernisses, nicht aber schon bei bloßem Bereitlegen eines noch nicht sofort zu benutzenden Werkzeugs (BGH NStZ **89**, 474; daher zu weitgeh. BGH **2** 380; vgl. Tröndle 15/16, aber auch Stree aaO 190), dagegen wiederum Versuchsbeginn, wenn das Opfer zwangsweise in die Giftfalle tappen muß (München NStZ-RR **96**, 71) bzw. der Täter an einem Fahrzeug eine Sprengfalle anbringt und sich bewußt ist, daß in absehbarer Zeit ein Fahrzeugführer erscheinen und die Sprengung auslösen wird (BGH **44** 91 m. abl. Bespr. Herzberg JuS 99, 324), nicht aber, wenn die erforderliche Mitwirkung des Opfers (Zusichnehmen eines vergifteten Likörs) noch völlig ungewiß ist (BGH **43** 177); s. o. 42. Bei *mehraktigen* Delikten liegt Versuch vor mit Beginn der (bzw. dem unmittelbaren Ansetzen zur) ersten Handlung, sofern die weitere in unmittelbarem Anschluß erfolgen würde (vgl. Stree aaO 183, § 249 RN 10), so bei Vergewaltigung oder Raub mit Beginn der Gewaltanwendung (RG **69** 329) oder der Drohung (BGH **4** 125), bei tätlichem Angriff auf Begleiter des Opfers (BGH **3** 299) oder bei Präparierung seines Fahrzeugs zu einer überfallermöglichenden Panne, sofern diese nicht erst noch eine längere Fahrt voraussetzt (Rudolphi SK 16; demgegenüber zu weitgeh. BGH NJW **80**, 1759); vgl. auch o. 38. Betrugsversuch beginnt mit Vornahme einer unmittelbar auf Täuschung gerichteten Handlung (RG **70** 157, BGH GA **56**, 355), wie etwa durch Einreichen falscher Schriftsätze (vgl. Bamberg NStZ **82**, 247 m. Anm. Hilger), nicht dagegen schon bei Maßnahmen, die erst später die Täuschungshandlung ermöglichen sollen (BGH **37** 294, NJW **52**, 430; and. RG **51** 343, **72** 66, HRR **39** Nr. 1273; daher fragl. Düsseldorf NJW **90**, 924); Versuch von § 267 ist möglich durch Überlassen eines Lichtbilds, sofern es der darauf vorbereitete Verfälscher nur noch in den Ausweis einzusetzen braucht (allenfalls insoweit haltbar Schleswig SchlHA **80**, 172), bzw. Gebrauchmachen von einem gefälschten Ausweis jedenfalls bei Überschreiten von Grenzeinrichtungen (vgl. KG JR **81**, 38); zu Hehlereiversuch aufgrund von Übergabevereinbarungen vgl. Koblenz VRS **64** 24. Zu Versuchsbeginn bei unerlaubter Vermittlung eines Kriegswaffengeschäfts vgl. BGH NStZ **94**, 135, Tiedemann Spendel-FS 594 f., bei Vermittlung eines Schußwaffenerwerbs BGH StV **94**, 21, zum Versuch bei Verstoß gegen AWG oder KWKG BGH **20** 150. Vgl. ferner die u. 45 aE genannte Lit.

b) Dagegen liegt noch **kein Versuch** vor: bei Ausforschen einer Diebstahlsgelegenheit (Oldenburg **45** StV **83**, 506), bei Vergiften oder Anketten des Hofhundes an anderer Stelle, um in das Haus eindringen zu können (and. dagegen, wenn direkt aus dem Hofgelände gestohlen werden soll: vgl. RG **53** 218); bei lediglich vorgetäuschter Geiselnahme die Forderung nach einer Ersatzgeisel, solange sich eine solche nicht auf den Weg zur Gefängniszelle begibt (BGH **38** 85); bei bloßem Lauern auf das noch abwesende Opfer (vgl. BGH MDR/D **73**, 728, 900, Bockelmann JZ 54, 470, Traub NJW 56, 1184, aber auch o. 42), insb. wenn ein weiterer Täter, dem eine aktive Tatbeteiligung zugedacht war (ehem. Boxer), noch fehlt (BGH StV **94**, 240); bei Erkundung nach einer Abtreiberin (RG **76** 378), bei Untersuchung einer Frau über Notwendigkeit oder Möglichkeit einer Abtreibung (vgl. aber auch BGH MDR/D **53**, 19), bei erfolgloser Aufforderung zur Abtreibung (BGH **4** 17) oder zur Prostitution (BGH **6** 98; vgl. aber BGH **19** 350), bei Ansinnen eines HIV-Infizierten zu ungeschütztem Verkehr (Bay NJW **90**, 781), bei Sondierung hinsichtlich eines Vertragsvermittlers (Bay NStZ **90**, 85) oder hins. der Vertragsbereitschaft zwecks Eingehungsbetrugs (BGH NStZ **97**, 31), bei Beisetaffen einer Sache, um der Versicherungsgesellschaft Diebstahl vorzutäuschen (BGH NJW **52**, 430 [gegen RG **72** 66], Bay NJW **88**, 1401), bei Klingeln an der Tür des erst im Anschluß an homosexuelle Kontaktaufnahme zu Beraubenden (BGH GA **71**, 54, vgl. auch Blei JA 76, 315), oder wenn das

Klingeln nur zur Feststellung der Anwesenheit des erst später zu Beraubenden dient (BGH GA **71**, 55; vgl. auch BGH StV **84**, 420), ferner wenn nach dem Klingeln der Angriff erst bei Eintritt einer weiteren Bedingung erfolgen soll (BGH NStZ **99**, 395); ebenso bei versuchtem oder auch bereits erfolgtem Einbruch in ein Gebäude, um dort den in Stunden erwarteten Opfer aufzulauern, solange sich dieses (nach der Tätervorstellung) dem Tatort noch nicht unmittelbar genähert hat (BGH MDR/D **71**, 362, **75**, 21; vgl. aber auch o. 44). Noch kein Versuch weiter beim Rütteln an den Vorderrädern, um Verriegelung des Lenkradschlosses festzustellen (and. BGH **22** 81), bei Vorfahren vor der Bank, ohne bereits die Waffen hervorgeholt und die Maske übergestreift zu haben (BGH MDR/H **78**, 985), bei Betreten eines Supermarktes mit versteckter Waffe und noch nicht übergezogener Maske (BGH NStZ **96**, 38, bei Untersuchung von Tür auf beste Einbruchsmöglichkeit (vgl. Tröndle 14; and. BGH MDR/D **66**, 892), bei Annäherung an das zum Einsteigen zu benutzende Fenster (Köln MDR **75**, 948), bei Beschaffung von Nachschlüsseln (BGH **28** 162), etwa durch Ausbau eines Tankschlosses (BGH StV **92**, 62), im Falle von § 176 bei bloßer Verabredung mit Kind für spätere Zeit (Tröndle 14; and. BGH **6** 385, vgl. auch RG DR **39**, 363; dagegen Oldenburg NdsRpfl. **63**, 70, Celle NJW **72**, 1823), bei Vertrauenserschleichung zur Vorbereitung einer Täuschung (Karlsruhe NJW **82**, 59), bei Durchführung eines Geschäfts, ohne die darauf entfallenden Steuern entrichten zu wollen (BGH StV **96**, 375), bei Präparierung von Briefmarken zwecks Wiederverwendung nach Rücksendung durch Empfänger (and. Koblenz NJW **83**, 1625 m. abl. Anm. Küper NJW **84**, 777), bei Vorgesprächen über Falschaussage (Bremen StV **81**, 139; vgl. auch Frankfurt StV **92**, 360) oder Aushändigung einer falschen Erklärung, deren prozessuale Verwendung noch offen ist (vgl. BGH NJW **92**, 1635, aber auch Karlsruhe MDR **93**, 368), bei noch offener Art der Ausnutzung mißbräuchlich erlangter Sparbriefe (BGH NJW **99**, 1564), im Falle des Wartens auf Drogendealer bei erst noch zu führenden Kaufverhandlungen (vgl. Celle NJW **86**, 78) oder vor Erscheinen des Verkäufers (BGH **40** 210), bei Auslandsfahrt zwecks Drogeneinfuhr (BGH StV **86**, 62), bei Herumlungern auf Kinderspielplatz zwecks Kontaktaufnahme (OBGer. Basel Rspr. **44** Nr. 121), bei Einwirken auf ein Kind, sich zum Tatort zu begeben (vgl. Rudolphi SK 16; and. BGH **6** 303), dagegen Versuch, wenn der Täter bereits mit dem Kind zum Tatort unterwegs ist (RG **52** 185; vgl. BGH NStZ **89**, 477 zu § 316a, aber auch Günther JZ 87, 23 gegen BGH **33** 378), es sei denn, daß er nur Verführung auf freiwilliger Basis beabsichtigt (BGH **35** 8f.). Vgl. auch die Falltypik von Roxin JuS 79, 4 ff., Vogler LK 67ff., 132ff., Walder SchwZStr **99**, 260 ff. sowie die Rspr.-Analyse von Kühl JuS 80, 506 ff., 650 ff., 811 ff. u. dem Überblick von Tölle NStZ 97, 325.

46 4. Gewisse **Sonderfragen** stellen sich zunächst bei den **Unterlassungsdelikten**.

47 a) Bei den **unechten** Unterlassungsdelikten, bei denen die Möglichkeit von Versuch i. Grds. anerkannt ist (27 vor § 22), ist der für den Versuchsbeginn maßgebliche *Zeitpunkt* strittig:

48 α) Nach der namentlich von Armin Kaufmann, Unterlassungsdelikte 221 ff. und Welzel 206, 221 vertretenen Auffassung beginnt der Unterlassungsversuch erst zu dem Zeitpunkt, in dem keine Möglichkeit der Schadensabwehr mehr besteht und damit bei Tauglichkeit der Umstände der Versuch unmittelbar in die Vollendung übergeht. Da es danach auf den **letztmöglichen Hilfszeitpunkt** ankommt, ist Unterlassungsversuch praktisch nur in Form eines beendeten bzw. fehlgeschlagenen Versuchs denkbar. Dagegen spricht jedoch bereits die Tatsache, daß zB bei einem Tötungsdelikt das auf den Tod hinführende Unglück bereits durch Unterlassen herbeigeführt sein kann, ohne daß schon der Tod eingetreten zu sein braucht – fraglos ein Fall von Versuch. Ebenso müssen weitere Versuchsfälle dann möglich sein, wenn das pflichtwidrige Verhalten in der Nichthinderung fremder Straftaten besteht: Hat B eine strafbare Handlung begangen, an deren Versuch ihn A pflichtwidrig nicht gehindert hat, so muß bis zur Vollendung der Tat durch B das Verhalten des A ebenfalls als Versuch angesehen werden, soweit nicht Beihilfe gegeben ist (vgl. 82ff. vor § 25); entgegen Rudolphi MDR 67, 1 läßt sich hier der Versuch auch nicht deshalb für straflos erklären, weil das Unterlassen nur auf der Wertstufe einer Beihilfe stehe.

49 β) Demgegenüber wird teilweise auf das Verstreichenlassen der **ersten Rettungsmöglichkeit** abgestellt (Herzberg MDR 73, 89, Lönnies NJW 62, 1950, Maihofer GA 58, 297 sowie M-Gössel II 34), wonach Mordversuch zB schon dann anzunehmen wäre, wenn die Mutter ihrem Kind oder das Pflegepersonal dem Patienten erstmals (so zwar nicht ausdrücklich, wohl aber iE BGH **40** 271 m. krit. Anm. Vogel MDR 95, 340) mit Tötungsvorsatz die Nahrung vorenthält (vgl. Schröder 17. A. 12 vor § 43).

50 γ) An der letztgenannten Auffassung ist zwar richtig, daß der Unterlassungsversuch bereits mit der **Pflichtversäumnis** einsetzt. Doch kann davon nicht schon bei der Möglichkeit, sondern erst bei der *Gebotenheit* des Handelns die Rede sein. Dies ist, sofern nicht – wie etwa bei Steuererklärungen (vgl. Düsseldorf wistra **87**, 354) – eine bestimmte Frist zum Tätigwerden gesetzt ist, nach allg. Grundsätzen erst dann der Fall, wenn das geschützte Rechtsgut durch das Nichthandeln **gefährdet** bzw. eine bereits bestehende Gefahr erhöht würde (vgl. 27 vor § 22; iglS Blei I 316, Lackner/Kühl 17, Rudolphi SK 51 vor § 13, Stratenwerth 286, Zaczyk aaO 318f.; vgl. auch Jescheck/Weigend 638, Köhler 467, Roxin JuS 79, 12; W-Beulke I 741 f. sowie Mitsch Jura 89, 194 [zu § 218]; iE ähnl. Vehling aaO 163 ff. unter Abheben darauf, ob der Täter bereits die Grenze des erlaubten Risikos überschritten hat, oder auch J. Meyer ZStW 87, 605 f. unter Abheben auf den Zwangsläufigkeitsaspekt; krit. Rath JuS 99, 35 f.). Auch die Rspr. scheint sich der hier vertretenen Auffassung allmählich

Begriffsbestimmung 51–54a § 22

anzuschließen (ihr zunächst „beachtliche Gründe" zugesteh. BGH 38 360, in diese Richtung weitergeh. BGH 40 271, jedenfalls in seinen allg. Ausführungen [vgl. o. 49]). Dem Begehungsversuch entsprechend kommt es aber dabei nicht allein auf die objektive Gefahrenlage, sondern auf die *subjektive* Vorstellung des Unterlassenden von der Gefährlichkeit seines Nichthandelns an (o. 33 f., 39, 42; vgl. auch Roxin JuS 73, 330; abw. Malitz aaO 217 ff.). Diese Abgrenzung nach Gefährdungskriterien ist vor allem bedeutsam in den Fällen, in denen der Unterlassende bis zum Eintritt eines schädlichen Erfolgs in *verschiedenen zeitlichen Phasen* mehrere Hilfs- oder Rettungsmöglichkeiten hätte: Wird etwa von einer zum Verhungernlassen bereits entschlossenen Mutter erstmals die Nahrung vorenthalten, ohne daß damit das Kind bereits irgendwie in seinem Weiterleben gefährdet wäre, so liegt noch kein Versuch vor. Unterläßt hingegen der Gehilfe eines Tauchers die auf vereinbartes Signal in Gang zu setzende Sauerstoffzufuhr, so ist im Hinblick auf die damit verbundene Erhöhung der Tauchgefahr der Versuch bereits begonnen, sofern den Täter den Erfolgseintritt in Kauf nimmt (vgl. Grünwald JZ 59, 46, aber auch Herzberg MDR 73, 92). Maßgeblich für den Versuchsbeginn ist somit der Zeitpunkt, zu dem erstmals in gefahrbegründender oder -erhöhender Weise eine Erfolgsabwendungsmöglichkeit versäumt oder verzögert wird. Fällt zB ein Kind ins Wasser, so hat im Hinblick auf die damit geschaffene Gefahr der Hilfspflichtige sofort einzugreifen, mag auch zu einem späteren Zeitpunkt und mit anderen Methoden eine Rettung noch möglich erscheinen. Ebenso liegt Versuch vor, wenn durch Zuwarten, zB durch Aufschieben einer notwendigen Operation, die Gefahr vergrößert wird (Stratenwerth 286). Für Abgrenzung nach **tatbestandsspezifischer Annäherung** an den Handlungsunwert Vogler LK 115 ff. (vgl. dazu o. 42).

δ) Zur Abgrenzung **beendeter/unbeendeter** Unterlassungsversuch vgl. § 24 RN 27.   52

b) Auch bei den **echten Unterlassungsdelikten** ist an sich Versuch möglich (Maihofer GA 58, 53 298, Rudolphi SK 50 vor § 13; and. Blei I 316), wenngleich nur selten unter Strafe gestellt (wie zB bei §§ 283 III iVm 283 I Nr. 5 u. Nr. 7, 328 II Nr. 1, IV, nicht aber bei den praktisch bedeutsamen §§ 138, 170, 225; zu § 323 c als „unechtem Unternehmensdelikt" vgl. dort RN 2). Auch würde dabei, soweit es sich um schlichte *Un-Tätigkeitsdelikte* handelt (zB bei Hausfriedensbruch durch Nichtentfernen nach § 123 I 2. Alt. oder Gehorsamsverweigerung nach § 20 I Nr. 2 WStG), meist nur beendeter iSe untauglichen bzw. fehlgeschlagenen Versuchs in Betracht kommen (vgl. Jescheck/ Weigend 637, M-Gössel II 33; vgl. aber Schaffstein Dreher-FS 148 ff.). Soweit es sich jedoch um *Erfolgsdelikte* handelt (wie zB bei §§ 120 II, 336), gilt das zu den unechten Unterlassungsdelikten Ausgeführte (o. 50) hier entsprechend. Das bedeutet, daß bei § 120 II (ungeachtet seiner Rechtsnatur als echtem oder unechtem Unterlassungsdelikt) der Versuch mit der Gebotenheit der Verhinderung von Befreiungsmaßnahmen beginnt und mit der letzten Möglichkeit dazu endet. Ähnlich beginnt ein Rechtsbeugungsversuch bereits damit, daß der Richter in der irrigen Annahme, die 3-monatige Haftdauer nach § 140 I Nr. 5 StPO sei bereits verstrichen, bewußt die Bestellung eines Pflichtverteidigers unterläßt (Jescheck/Weigend 638).

5. Auch bei **Tatbeteiligung Mehrerer** an einem Versuch wirft dessen Beginn Sonderfragen auf 54 (rechtsvergl. Jescheck ZStW 99, 130 ff.).

a) Bei **mittelbarer Täterschaft** beginnt der Versuch unstreitig *spätestens* dann, wenn der Vordermann unmittelbar zur Tatbestandsverwirklichung ansetzt (Küper JZ 83, 363). Strittig ist jedoch, ob auch schon *zuvor* Versuch in Betracht kommt (ausf. zum Meinungsstand Kadel GA 83, 302 ff., Küper aaO 364 ff.): Dazu wurde zeitweilig zwischen der *Einwirkung* auf ein *gutgläubiges* Werkzeug und der *Ausführung* durch ein *bösgläubiges* differenziert (so i. Grds. RG 59 1, 66 142, BGH 4 270, Busch LK[9] § 43 RN 33, Welzel 191 sowie heute noch Blei I 261). Demgegenüber will einerseits die (wenig aussagekräftig so bezeichnete) „Einzellösung" generell schon das *Einwirken des Hintermannes* genügen lassen (so bereits RG 53 11, 45, HRR 42 229, OGH 2 8, ferner Baumann JuS 63, 92 f., B/W-Weber 634, Herzberg MDR 73, 94 f., Schilling aaO 101; unscharf Hamm NJW 77, 640), wobei dies mit einer heute wohl vorherrschenden „modifizierten Einzellösung" dahingehend präzisiert wird, daß der Hintermann das Geschehen „aus der Hand gegeben" hat (so BGH NStZ 86, 547 [vgl. aber auch u. 54 a zu BGH 30 365], Bay NJW 94, 2164, ebso. schon Roxin Maurach-FS 227 ff., JuS 79, 11 f., Rudolphi SK 20 a; vgl. ferner Jakobs 650, Jescheck/Weigend 672 f., Lackner/Kühl 9, Meyer ZStW 78, 608, Saliger JuS 95, 1009, W-Beulke I 613 sowie Herzberg JuS 85, 6 f., der an die vorsätzliche Lockerung der Bindung Täter – Tatmittler als „Manifestation des Entlassungswillens" anknüpft und darin gleichzeitig einen beendeten Versuch sieht). Andererseits ist nach der sog. „Gesamtlösung" darauf abzuheben, ob die Gesamttat schon soweit fortgeschritten ist, daß sie unmittelbar in die Tatbestandsverwirklichung einmündet, was idR erst mit der planmäßigen *Ausführungshandlung des Vordermannes* der Fall sein soll (so ua bereits Frank § 43 Anm. II 2 a, heute vor allem Kadel aaO, Krack ZStW 110, 628, Krüger aaO 176 ff., Küper aaO, M-Gössel II 283 f., Stratenwerth 237, Vogler LK 101), wobei allerdings hinsichtlich der subjektiven Einschätzung des Ausführungsgeschehens teils auf die Vorstellung des Hintermannes (so Gössel JR 76, 250, Krack aaO 637, Otto I 290), teils auf das Vorstellungsbild des Vordermannes (so Küper aaO 370) abgestellt wird.

Solche mehr formalen Abgrenzungen vermögen jedoch je für sich allein nicht zu genügen. 54 a Vielmehr kommt es auch hier entscheidend auf das *Gefährdungs*kriterium an (vgl. o. 42). Da es aber dabei zudem um die Tat des mittelbaren Täters geht, bei der das Werkzeug lediglich als Vollzugsorgan fungiert, ist aus seiner Sicht das betroffene Rechtsgut bereits dann als unmittelbar gefährdet anzusehen, wenn das Werkzeug ohne wesentliche Zusatzvorbereitungen die vorgesteuerte Tat nur noch zu

Eser 409

vollziehen braucht (so dürften auch BGH **30** 363, **40** 269 u. NStZ **86**, 547 zu verstehen sein, klarstell. jetzt BGH **43** 180; iglS bereits BGH **4** 273; vgl. ferner Tröndle 18, Jescheck/Weigend 672 f., Schmidhäuser I 351, W-Beulke I 613 ff.). Zwar kann dabei auch die Gut- oder Bösgläubigkeit des Werkzeugs bedeutsam sein; letztentscheidend ist jedoch die von den Umständen des Einzelfalls abhängende Frage, von welchem Zeitpunkt an nach den Steuerungsvorstellungen des Hintermannes nur noch der Vollzug durch das Werkzeug aussteht: Hat also der mittelbare Täter das Tatgeschehen bereits in einer Weise vorgesteuert, daß es nach seiner Vorstellung – gleichsam dem Naturkausalismus vergleichbar – zwangsläufig zur Tatausführung kommen muß, wie dies zwar insb. bei einem gutgläubigen, jedoch auch bei einem böswilligen, aber gefügigen Werkzeug, der Fall sein wird, so ist bereits vor dessen Tätigkeit der Versuchsbereich erreicht, so zB, wenn durch das gutgläubige Werkzeug nur noch ein bereits vorbereiteter Brandstiftungsmechanismus in Gang zu setzen ist (vgl. RG **66** 142) oder das willfährige Werkzeug nur noch den entscheidenden Todesstoß zu versetzen braucht. Dagegen ist selbst bei Ahnungslosigkeit des Werkzeugs Versuch so lange zu verneinen, als dieses nach der Vorstellung des Hintermannes noch weitere Vorbereitungshandlungen treffen muß, um das Opfer zu gefährden (wie zB im Fall von BGH NJW **90**, 2072 bei Einchecken von Gepäck mit Drogen, wenn bis zum Abflug noch mehrere Tage dazwischen liegen). Genauso ist in der Weisung an das Pflegepersonal, die Nahrungszufuhr einzustellen, dann noch kein Versuch eines Tötungsdelikts (durch Unterlassen) zu sehen, wenn die Weisung erst mehrere Tage später ausgeführt werden soll (BGH **40** 272 m. Anm. Schöch NStZ 95, 157 u. Vogel MDR 95, 339). Entsprechendes gilt für den bösgläubigen Tatmittler, um dessen Vorbehalte der Hintermann weiß: In derartigen Fällen ist Versuch erst zu dem Zeitpunkt anzunehmen, von dem an der mittelbare Täter nach seiner Vorstellung die Gefährdung des betroffenen Rechtsguts durch das Werkzeug nicht mehr zu steuern vermag. Daß bei dieser Abgrenzung im Falle eines „Täters hinter dem Täter" der Versuchsbeginn für den Vorder- und Hintermann unterschiedlich ausfallen kann, verschlägt demgegenüber nichts; denn im Unterschied zur haupttataksessorischen Anstiftung geht es bei mittelbarer Täterschaft um nicht-akzessorische Haftung (ebenso Herzberg JuS 85, 4). Zur Abgrenzung zwischen unbeendetem u. beendetem Versuch vgl. § 24 RN 32.

55 b) Demgegenüber beginnt bei **Mittäterschaft** aufgrund der gegenseitigen Zurechnung der verschiedenen Tatbeiträge der Versuch – und zwar für jeden Beteiligten – erst bzw. bereits dann, wenn auch nur einer von ihnen dem gemeinsamen Tatplan entsprechend in das Ausführungsstadium eintritt (iS dieser *„Gesamtlösung"* BGH **36** 249, **39** 237 f., **40** 301, NStZ **81**, 99, NJW **80**, 1759, MDR/H **86**, 974, wistra **99**, 386, Schleswig SchlHA **80**, 172, grdl. Küper aaO, insbes. 17 ff., 69 ff., ferner Buser aaO 16 ff., 150 f., Jescheck/Weigend 681, Kratzsch JA 83, 587, M-Gössel II 308 f., Roxin, Täterschaft[4], 452 ff., Stoffers MDR 89, 208, Stratenwerth 237, Vogler LK 88 ff.). Demzufolge ist bei einem Fälschungsversuch auch derjenige nach §§ 267, 22 strafbar, der erst zum Gebrauchen des Falsifikats eingesetzt werden sollte (RG **58** 279; vgl. auch BGH MDR/H **77**, 807, wo jedoch das unmittelbare Ansetzen zum Raubversuch wohl zu früh angenommen wird: Küper JZ 79, 775 f., Otto JA 80, 646). Demgegenüber will iSe *Einzellösung* Schilling aaO 104 ff. den Versuch für jeden Mittäter gesondert beginnen lassen, und zwar jeweils mit seinem eigenen tatherrschaftsbegründenden Beitrag. Doch nicht nur, daß dadurch einerseits in Fällen, in denen sich der entscheidende Tatbeitrag in der psychischen Einwirkung auf einen Mitbeteiligten erschöpft (vgl. Schilling aaO 112 f.), der Versuchsbeginn noch über § 30 hinaus in den Vorbereitungsbereich vorverlagert wird (vgl. Stratenwerth 237), und andererseits der erst für den Beendigungsbereich Eingeplante zufallsbedingt entgeht wird (vgl. Küper aaO 70), widerspricht die „Einzellösung" auch schon von Grund auf dem allgemeinen Zurechnungsprinzip bei Mittäterschaft (vgl. Buser aaO 37 ff., Rath JuS 99, 144, Roxin JuS 79, 13). Auch durch die „modifizierte Einzellösung" von Rudolphi, wonach ohnehin die Gesamthandlung die Grenze zum Versuch überschritten haben müsse und der einzelne Mittäter erst dann wegen Versuchs strafbar sei, wenn er selbst mit seinem tatherrschaftsbegründenden Beitrag begonnen hat (vgl. SK 19 a, Bokkelmann-FS 383 ff.; ähnl. auf die *Ausübung* der Tatherrschaft des einzelnen Mittäters abhebend Valdagua ZStW 98, 870 ff., zust. Roxin Odersky-FS 492; vgl. ferner Günther GA 83, 333), sind jene Einwände nicht völlig ausgeräumt (vgl. Krack ZStW 110, 614 ff., Küper JZ 79, 785 ff.); krit. zum Ganzen Roßmüller/Rohrer MDR 96, 988 ff., die freilich dem § 22 zu Unrecht eine subjektive
55 a Versuchstheorie unterstellen. Besondere Probleme wirft die – auch als „vermeintliche" bezeichnete (Erb NStZ 95, 424, Küpper/Mosbacher JuS 95, 488) – **Schein-Mittäterschaft** (Ingelfinger JZ 95, 704) auf, bei der zum Zeitpunkt des iSd § 22 maßgeblichen Ansetzens der gemeinsame Tatentschluß nur in der Vorstellung eines Beteiligten existiert. Hier kommt Versuch nur dann in Betracht, wenn der irrtümlich an das Bestehen einer Mittäterschaft Glaubende *selbst* handelt (Joerden JZ 95, 736). Eine Zurechnung *fremden* Handelns (des Schein-Mittäters) ist dagegen ausgeschlossen, weil es insoweit an dem für mittäterschaftliche Zurechnung essentiellen gemeinsamen Tatplan fehlt und damit allein die böse Gesinnung bestraft würde (abw. Buser aaO 84 ff.). Dies gilt unabhängig davon, ob das mittäterschaftliche Band tatsächlich erst nachträglich zerrissen wurde oder aber von Anfang an nie bestanden hat: Diese Gemeinsamkeit der Fallkonstellationen verkannt von 4. StS (BGH **40** 302 ff.), der zwar wegen der jüngst. Entscheidung des 2. Senats (BGH **39** 236) zunächst bei dem anderen StS anfragte (BGH NStZ **94**, 534), dann aber entgegen dem 2. StS (BGH **40** 303) doch nicht dem GSSt vorlegte. Folglich scheidet eine Zurechnung und damit ein mittäterschaftlich begangener Versuch aus, wenn der einzige Handelnde bereits vorher seinen Vollendungsvorsatz aufgegeben hat und nur noch zum Schein zur Tatausführung ansetzt, etwa bei einem ursprünglich geplanten Raub bzw. einer räuberischen Er-

pressung an der Haustür des Opfers klingelt, um der bereits alarmierten Polizei den Zugriff zu ermöglichen (BGH **39** 238 m. zust. Anm. Jung JuS 94, 355 u. abl. Anm. Hauf NStZ 94, 263; krit. Heckler GA 97, 79 f., Weber Lenckner-FS 439 ff.). Erst recht ist für eine Zurechnung kein Platz, wenn der gemeinsame Tatplan von Anfang an nie existierte: So kann allein die irrtümliche Vorstellung des Täters, der von ihm überfallene Münzhändler sei sein Komplize und deshalb nur scheinbar ausgeraubt worden, nicht begründen, daß in der tatsächlich berechtigten Schadensmeldung des Münzhändlers an seine Versicherung für den Täter ein unmittelbares Ansetzen zu einem mittäterschaftlich begangenen Betrug und damit ein untauglicher Versuch des § 263 liegt (so aber die – auch unter anderen Gesichtspunkten zw. und wohl im wesentl. an der Vermeidung von Strafbarkeitslücken orientierte – Entscheidung BGH **40** 302, teils zust. Roßmüller/Rohrer MDR 96, 988, Weber aaO 447, überwieg. aber abl. Erb NStZ 95, 424, Ingelfinger JZ 95, 704, Joecks wistra 95, 58, Joerden JZ 95, 735, Kühne NJW 95, 934, Küpper/Mosbacher JuS 95, 488; Zopfs Jura 96, 23, ferner Ahrens JA 96, 669 f.).

c) Nach entsprechenden Grundsätzen hat auch die Zurechnung des unmittelbaren Ansetzens bei **55b** bloßer **Beihilfe** zu erfolgen. Da auch bei ihr der gemeinsame Tatplan die Zurechnungsgrundlage bildet und es dabei unerheblich ist, daß dieser das Handeln nur eines Gehilfen und nicht eines Mittäters vorsieht, kommt Versuchsbeginn bereits in Betracht, wenn der Teilnehmer seinen Gehilfenbeitrag verabredungsgemäß erbringt (näher dazu Weber Lenckner-FS 452 ff.).

6. Fraglich ist auch, wann in Fällen einer **actio libera in causa**, soweit für diese Rechtsfigur nach **56** BGH **42** 235 noch Raum bleibt (vgl. § 20 RN 33 ff.), die Ausführung der Tat beginnt. Wegen des Ausschlusses der Möglichkeit, seinen Willen zu kontrollieren, wäre zwar zB an den Eintritt des Vollrausches zu denken; denn von diesem Zeitpunkt ab würde das Verantwortungsbewußtsein des Täters entfallen, das weitere Geschehen hinge hiervon nicht mehr ab (so etwa Roxin Maurach-FS 230, Rudolphi SK 21; vgl. auch Wolter Leferenz-FS 556 ff.). Mordversuch läge demnach vor, sobald jemand, der sich zur Vornahme eines Mordes in seiner Wohnung Mut antrinkt, berauscht ist, mag er auch die Wohnung nicht verlassen haben (Maurach JuS 61, 374). Doch geht diese Ansicht zu weit; denn auch hier muß der Täter nach seinem Tatplan eine *unmittelbare* Gefahr für das betreffende Rechtsgut geschaffen haben. Das ist bei positiven Handlungen erst der Fall, wenn der Täter mit der unmittelbaren Ausführung der Tat beginnt (vgl. B/W-Mitsch 556, Vogler LK 105 mwN, ferner Wolter Leferenz-FS 556 f.). Dagegen ist bei den Unterlassungsdelikten – bei der sog. **omissio libera** **57** **in causa** (144 vor § 13) – die Gefahr schon geschaffen und damit das Versuchsstadium erreicht, wenn der Täter die Fähigkeit verliert, verantwortlich zu handeln (vgl. Welp, Vorangegangenes Tun, 1968, 138; and. Maurach JuS 61, 377). So beginnt der Versuchsbereich im Fall des Weichenstellers, der damit rechnet, später infolge seiner Trunkenheit die Weiche nicht stellen zu können, schon im Augenblick des Betrinkens und nicht erst mit dem Verstreichen der ersten Rettungsmöglichkeit (so M-Gössel II 35). Zum Beginn der Ausführung bei der sog. **actio illicita in causa** (23 vor § 32) vgl. Lenckner GA 61, 299 ff.

7. Bei **qualifizierten Delikten und Regelbeispielen** war zunächst die Meinung vorherrschend, **58** daß der Versuch sowohl mit dem Ansetzen zur Verwirklichung des Grundtatbestandes als auch eines erschwerenden Moments beginne (vgl. RG **38** 178, **54** 43, Hamm JMBlNW **76**, 20 m. krit. Anm. Hillenkamp MDR 77, 242, Busch LK⁹ § 43 RN 31). In dieser Allgemeinheit ist das jedoch nicht mehr akzeptabel (vgl. § 243 RN 45): Da die Erschwerungsgründe nur unselbständige Abwandlungen eines Grunddelikts darstellen, muß der Täter auch zu dessen Verwirklichung unmittelbar angesetzt haben (vgl. Arzt JuS 72, 518, 578, B/W-Mitsch 557, Kühl 493 f., JuS 80, 509, M-Gössel II 36, Roxin JuS 79, 7 f., Rudolphi SK 18, Stree Peters-FS 185, W-Beulke I 605 ff., Wessels Maurach-FS 305; de lege lata wegen Analogieverstoßes grds. jede Strafrahmenschärfung u. daher auch eine Anknüpfung an Regelbeispielelementen abl. Degener Stree/Wessels-FS 326 ff.). Entscheidend ist daher grds. das unmittelbare Ansetzen zur Verwirklichung des „*Gesamttatbestandes*" (Jakobs 732 f., ferner Fabry NJW 86, 18; eingeh. Vogler LK 77 ff.). Daher ist zB noch kein Versuch nach § 244 I Nr. 1 a anzunehmen, wenn der Täter sich auf dem Weg zum Tatort mit einer Waffe versieht, oder nach § 244 I Nr. 2, wenn mehrere Täter dabei sind, eine Diebesbande zu bilden (vgl. Mitsch ZStW 111, 84 f.). Entsprechende, und zwar insb. einer Vorverlagerung entgegenwirkende Grundsätze haben erst recht bei bloßen *Regelbeispielen* zu gelten (vgl. BGH NStZ **95**, 339 m. Anm. Wolters, Bay NStZ **97**, 442), die ja nur die Möglichkeit einer Straf*erhöhung* bei anderweitig begründeter Strafbarkeit vorsehen (vgl. Arzt JuS 72, 518 sowie insb. gegen Versuchsvorverlagerung Laubenthal JZ 87, 1069, R. Schmitt Tröndle-FS 315). Umgekehrt ist aber mit dem Ansetzen zur Verwirklichung des Grundtatbestandes auch nicht schon ohne weiteres mit dem Ansetzen zu Erschwerungsgründen begonnen. So beginnt zB nach einhelliger Meinung der Versuch des Meineids erst, wenn der Täter im Anschluß an die Falschaussage mit dem Sprechen der Eidesformel anfängt (vgl. § 154 RN 15). Ebenso ist versuchte Gefangenenmeuterei in einem besonders schweren Fall durch Beisichführen einer Schußwaffe (§ 121 III Nr. 1) abzulehnen, wenn der Täter erst noch die Außenmauer hätte überwinden müssen, um die im 200 bis 300 m entfernten Fluchtwagen deponierte Schußwaffe zu erreichen (BGH NStZ **95**, 339 m. zust. Anm. Wolters). Diese Grundsätze gelten für **zusammengesetzte Delikte** entsprechend (vgl. o. 38). Zum Versuch von **erfolgsqualifizierten** Delikten vgl. § 18 RN 18 ff.

Eine vom (vorangehend erörterten) Versuchs*beginn* zu unterscheidende Frage ist die nach dem **58a** anzuwendenden **Strafrahmen**, wenn das Qualifizierungsmerkmal bzw. Regelbeispiel nicht voll verwirklicht wurde (Überblick bei Fabry NJW 86, 18 ff.): Während nach BGH **33** 370 selbst bei einem nur versuchten Regelbeispiel (wie etwa einem Einbruchsversuch nach § 243 I Nr. 1) der Strafrahmen des Erschwerungsgrundes (§ 243 I) – wenngleich mit der allgemeinen Versuchsmilderungsmöglichkeit (§ 23 II) – zur Anwendung kommt (zu § 243 I Nr. 2 Bay NStZ **97**, 442 m. Anm. Sanders/Malkowski NStZ 99, 36, Wolters JR 99, 37), kann nach wohl noch vorherrschender Meinung der Erschwerensrahmen nicht schon infolge der Regelwirkung, sondern allenfalls aufgrund einer ergänzenden Gesamtbewertung zum Zuge kommen (vgl. die Meinungsübersicht bei Küper JZ 86, 518 ff. sowie Gössel Tröndle-FS 365, Laubenthal JZ 87, 1069; m. gleicher Tendenz BGH NStZ-RR **97**, 293 m. Bspr. Graul JuS 99, 852); näher zu dieser insbes. bei § 243 bedeutsamen Frage dort RN 44 mwN.

59 IV. Hinsichtlich **Rechtswidrigkeit** und **Schuld** ergeben sich beim Versuch keine Besonderheiten gegenüber dem vollendeten Delikt: Sind also die vorangehenden Versuchsvoraussetzungen (I–III) erfüllt, gelten im übrigen die allg. verbrechenssystematischen Grundsätze (vgl. im einzelnen 46 ff. vor § 13; vgl. aber auch Herzberg Stree/Wessels-FS 221 f. zum Wegfall des Versuchsunrechts bei Erlaubnistatbestandsirrtum), wobei allerdings noch die Möglichkeit einer Strafaufhebung durch **Rücktritt** nach § 24 (dazu wie auch zu der dann notwendigen Differenzierung zwischen *beendetem* und *unbeendetem* Versuch vgl. die dortige Erl.) sowie für den Fall eines **„grob unverständigen Versuchs"** die Möglichkeit des Absehens von Strafe bzw. der Strafmilderung nach § 23 III zu berücksichtigen ist.

C. Sonderprobleme bei „untauglichem Versuch" und „Wahndelikt"

60 I. Auch der sog. **untaugliche Versuch ist grundsätzlich strafbar.** „Untauglich" in diesem Sinne ist ein Versuch jedoch nicht schon deshalb, weil er sich als ungeeignet erwiesen hat, den vorgestellten Tatbestand zur Vollendung zu bringen, sondern nur dann, wenn er – über dieses begriffsimmanente Scheitern jeden Versuchs hinaus – unter keinen Umständen hätte zur Vollendung kommen können: sei es wegen Untauglichkeit des *Mittels* oder *Objekts* oder weil dem Täter als *Subjekt* eine für die Tatvollendung erforderliche Eigenschaft gefehlt hat. Abgesehen vom letztgenannten Fall mangelnder

61 Tätereigenschaften ist die Strafbarkeit des untauglichen Versuchs heute fast allgemein anerkannt (Roxin JuS 73, 330; abl. Köhler 457 ff.; diff. Malitz aaO 180 ff., Rath JuS 98, 1111 f.; vgl. auch M-Gössel II 38, Roxin Nishihara-FS 160) und nicht zuletzt der Strafzumessungsregel des § 23 III zu entnehmen (vgl. dort RN 14 ff.; zum Diskussionsstand im 19. Jhdt. vgl. Mintz aaO). Strittig sind jedoch sowohl die Grundlagen als auch die Grenzen des strafbaren untauglichen Versuchs. Das gilt insb. auch für dessen Abgrenzung von dem allgemein für straflos gehaltenen *Wahndelikt* (dazu u. 78 ff.). Auch die Neufassung der Versuchsbestimmungen hat in diesen Fragen keine volle Klärung gebracht (vgl. M-Gössel II 38 f.).

62 1. Somit ist für Einzelfragen der **Strafgrund des untauglichen Versuchs** maßgeblich:

63 a) Geht man mit der **subjektiven** Versuchstheorie, wie sie längere Zeit vorherrschte und jedenfalls im Ansatz auch gesetzliche Anerkennung gefunden hat (vgl. BT-Drs. V/4095 S. 11), davon aus, daß der Strafgrund des Versuchs in der **Betätigung des verbrecherischen Willens** zu erblicken ist (vgl. 21 vor § 22), so kann es weder auf die Art noch auf den Grad der objektiven Untauglichkeit des Versuchs ankommen. Entscheidend ist vielmehr nur, daß der Täter in der Annahme gehandelt hat, den vorgestellten Tatbestand verwirklichen zu können; denn ein derartiges rechtsfeindliches Vorhaben verliert auch dann nichts von seinem subjektiven Handlungsunwert, wenn es aus objektiven Gründen

64 von vornherein zum Scheitern verurteilt ist. Demgemäß konnte die **Rspr.** folgerichtig sowohl den Tötungsversuch an einer Leiche (RG **1** 452, Kiel SchlHA **48** 146) wie auch den Abtreibungsversuch mit untauglichen Mitteln (RG **1** 439, **17** 159) bzw. an einer Nicht-Schwangeren (RG **1** 203, **47** 66) für strafbar erklären; ebenso den Versuch nach § 176 bei irriger Annahme, das Kind sei unter 14 Jahren (RG **39** 316), den Meineidsversuch bei irriger Beurteilung der Zuständigkeit der den Eid abnehmenden Behörde (RG **65** 209; vgl. auch **67** 331), den Diebstahlsversuch bei Unkenntnis des Einverständnisses des Gewahrsamsinhabers (RG JW **26**, 2752, Celle JR **87**, 253 m. Anm. Hillenkamp) sowie den Betrugsversuch bei objektiver Rechtmäßigkeit des erstrebten Vermögensvorteils (RG **11** 77, **42** 93). Vgl. auch u. 69.

65 b) Trotz ihres richtigen Grundansatzes ist diese auch von Schröder vertretene subjektive Versuchstheorie (17. A. § 43 RN 30) jedoch kaum zur notwendigen *Begrenzung* der Strafbarkeit des untauglichen Versuchs geeignet. Denn wäre tatsächlich nur auf die Betätigung des rechtsfeindlichen Willens abzustellen, so bliebe weder für Ausgrenzungen sog. *„irrealer"* (oder auch *„abergläubisch"* genannter) Versuche noch für Strafmilderung bei *„grobem Unverstand"* (§ 23 III) irgendein Raum, da subjektiv auch in diesen Fällen sowohl die gegen die Rechtsordnung gerichteten Vorstellungen als auch die rechtsfeindliche Energie des Täters völlig gleich sein können. Wenn sich die hM und mit ihr nun auch der Gesetzgeber scheuen, den irrealen bzw. grob unverständigen „Versuchstäter" die volle Strafe des Versuchs treffen zu lassen (vgl. § 23 RN 14 ff.), so ist das ohne Blick auf objektive – nämlich außerhalb der Person des Täters liegende – Faktoren nicht erklärbar. Solche objektiven Wirkungen auf die Rechtsgemeinschaft in die Begründung und Begrenzung des untauglichen Versuchs miteinzubeziehen, ist das berechtigte Anliegen der gemischt subjektiv-objektiven **Eindruckstheorie** (vgl. Jescheck/Weigend 530 ff. sowie 22 vor § 22 mwN). Danach ist der Versuch – ungeachtet seiner

Tauglichkeit im Einzelfall – strafbar, weil und soweit er durch Betätigung des rechtsfeindlichen Willens den Eindruck eines Angriffs auf die Rechtsordnung erweckt und dadurch das Vertrauen der Rechtsgemeinschaft in den Rechtsfrieden erschüttert (vgl. Schünemann GA 86, 316 f.). Dementsprechend unterscheidet sich der „untaugliche" vom „tauglichen" Versuch lediglich insofern, als bei ersterem idR nur eine Gefährdung des Rechtsguts vorliegt, bei letzterem hingegen noch eine Gefährdung des konkreten Rechtsguts*objekts* hinzukommt (Sax JZ 76, 432 f.; vgl. Radtke JuS 96, 881). Soweit selbst eine solche Rechtsgutsgefährdung praktisch ausgeschlossen (wie beim „irrealen" Versuch) oder jedenfalls nur gering ist (wie beim „grob unverständigen" Versuch), besteht auch für volle Versuchsstrafbarkeit kein Bedürfnis. Für eine ähnliche Einschränkung der subjektiven Theorie auch H. Mayer 286 ff.

c) Demgegenüber blieb nach den **objektiven** Versuchstheorien, wie sie früher vertreten wurden (vgl. 18 vor § 22), aber auch heute noch vereinzelte Verfechter haben (Spendel Stock-FS 89 ff., teils auch Dicke JuS 68, 157 ff.; ähnl. Köhler 457 ff., der über die Äußerung des Deliktswillens hinaus eine „objektive Wirklichkeitsmacht" verlangt), für eine Strafbarkeit des untauglichen Versuchs konsequenterweise weithin kein Raum; denn da nach diesen Auffassungen auch der Versuch seinen Strafgrund in der *Gefährlichkeit* der Versuchshandlung hat, müßte diese objektiv geeignet sein, den tatbestandlichen Erfolg herbeizuführen (vgl. aber Malitz aaO 222 ff.). Teils wurde dabei zwischen *absolut* und *relativ* untauglichem Versuch unterschieden und nur letzterer als strafbar bezeichnet, wobei zudem noch streitig war, ob die Beurteilung ex ante oder ex post zu erfolgen hatte. Absolut untauglich und daher straflos wäre etwa der Abtreibungsversuch an einer Nicht-Schwangeren, nur relativ untauglich und daher strafbar der mit einer zu geringen Dosis durchgeführte Abtreibungsversuch. **66**

d) Anstelle derartiger empirischer Tauglichkeitsunterscheidungen versuchte eine spätere Lehre vom **„Mangel am Tatbestand"** (vgl. 19 vor § 22) eine normativ am Tatbestand orientierte Differenzierung: Strafbar sollte der untaugliche Versuch nur dort sein, wo es lediglich am tatbestandlichen Schlußstück, dem *Erfolg*, fehlt; mangelt es hingegen an der Tauglichkeit des *Täters* bzw. des *Objekts*, so sei bereits die Tatbestandsmäßigkeit des Versuchs zu verneinen (Frank § 43 Anm. III, Mezger 396 f., v. Liszt-Schmidt 298). Doch selbst wenn sich derartige Differenzierungen dogmatisch durchhalten ließen (krit. dazu M-Gössel II 40 f.), wären sie unvereinbar mit der den neuen Versuchsbestimmungen zugrunde liegenden Konzeption. Denn nicht nur, daß in § 22 der – möglicherweise auch falschen – Vorstellung des Täters von seiner Tat grundlegende Bedeutung beigemessen wird; auch geht § 23 III offensichtlich davon aus, daß zumindest der wegen der Art des Objektes bzw. des Mittels untaugliche Versuch grundsätzlich strafbar sein soll, und zwar ungeachtet seiner etwaigen Ungefährlichkeit (vgl. Roxin JuS 73, 330). **67**

e) Nach der **dualistischen Versuchstheorie** von Schmidhäuser I 344 ff., 351, 355 und Alwart aaO 172 ff. soll der (ex post) untaugliche *Gefährdungs*versuch überhaupt nicht und der untaugliche Zielversuch nur bei absichtlichem Handeln strafbar sein. Doch schon ungeachtet ihrer grundsätzlichen Fragwürdigkeit (vgl. 23 vor § 22) ist diese Differenzierung schwerlich mit dem geltenden Recht vereinbar (vgl. auch Rudolphi SK 13 a vor § 22). **67 a**

2. Für die **Voraussetzungen und Grenzen des untauglichen Versuchs** ist bedeutsam, daß es sich insgesamt um *Irrtumsfälle* handelt: Der Täter stellt sich eine Sachlage vor, die in Wahrheit nicht besteht, die aber sein Handeln als strafbar erscheinen ließe, wenn sie objektiv vorläge. Doch ist die Irrtumskonstellation dabei gerade *umgekehrt* wie beim vorsatzausschließenden Irrtum iSv § 16: Während dort der Täter objektiv vorliegende Tatumstände nicht kennt, seine Vorstellung also hinter der objektiven Wirklichkeit zurückbleibt („negativer" Irrtum), hält der Versuchstäter objektiv nicht vorliegende Umstände fälschlich für gegeben, so daß seine Vorstellung über die Wirklichkeit hinausgeht *(„positiver" Irrtum)*. Angesichts der besonderen Bedeutung, die dem Vorsatz gerade beim Versuch zur Bestimmung des jeweiligen Unrechtstatbestands zukommt (vgl. o. 3), erscheint es verständlich, daß die Rspr. im Wege eines sog. *Umkehrschlusses* die Behauptung aufgestellt hat, daß alles das, was den Täter im Bereich des § 16 (§ 59 aF) entlaste, beim (untauglichen) Versuch belasten müsse (RG **42** 94, **66** 126, **72** 112, BGH **13** 239 f., **14** 350, **42** 268 m. Anm. Arzt JR 97, 469, Kudlich NStZ 97, 432). Gegen die Logik dieser These ist zwar insofern nichts einzuwenden, als die subjektiven Wissens- und Willenselemente des Versuchs (o. 12 ff.) mit dem Vorsatz iSv §§ 15, 16 identisch sind und man daher auch den durch Irrtum zustande gekommenen Vorsatz als das ansehen kann, was Grundlage der Versuchsstrafbarkeit ist. Jedoch wird man sich der begrenzten Aussagekraft dieses „Umkehrprinzips" bewußt bleiben müssen (vgl. dazu insb. Sax JZ 64, 245, aber auch Spendel ZStW 69, 449 ff., NJW 65, 1885 f., ferner Burkhardt JZ 81, 682 f., wistra 82, 180, Otto I 246, Roxin JZ 96, 984 ff., Schlüchter aaO 145 ff.). Denn Bedeutung hat es allein für die *Abgrenzung* zwischen dem untauglichen Versuch, der auf einem *„umgekehrten Tatbestandsirrtum"* beruht, und dem sog. Wahndelikt, dem ein *„umgekehrter Verbotsirrtum"* zugrunde liegt. Über die daraus zu ziehenden *Folgerungen* für die Strafbarkeit bzw. Straflosigkeit dieser Fälle sagt das Umkehrprinzip hingegen nichts aus. Im Gegenteil: Wäre es auch für die jeweiligen Irrtumsfolgen maßgebend, so müßte im Falle des umgekehrten (positiven) Verbotsirrtums, wo der Täter seine objektiv tatbestandslose bzw. rechtmäßige Handlung irrtümlich für strafbar hält, in Umkehrung des (negativen) schuldausschließenden Verbotsirrtums (insb. nach der Vorsatztheorie) konsequenterweise Strafbarkeit angenommen werden. Doch dies geschieht gerade nicht; denn da nur jener Wille rechtlich mißbilligenswert ist, der auf ein objektiv (und nicht nur vermeintlich) verbotenes Geschehen gerichtet ist, wird das Wahndelikt zu Recht allgemein für straflos gehalten (u. 78 ff.). Vgl. zum Ganzen auch Engisch Heinitz-FS 185 ff. **68** **69**

70 Innerhalb des auf einem „**umgekehrten Tatbestandsirrtum**" beruhenden untauglichen Versuchs sind vor allem folgende Fallgruppen zu unterscheiden:

71/72 a) Zum einen kann der Täter irrtümlich an das Vorhandensein eines *Tatbestandsmerkmals* glauben. Soweit es dabei um die Untauglichkeit des **Objekts** oder **Mittels** geht, wird die Strafbarkeit allgemein bejaht (vgl. BGH **42** 268 [zu § 263 bei irriger Annahme eines rechtswidrigen Vermögensvorteils] m. Anm. o. 69, BGH NStZ **83**, 264, AG Albstadt MedR **88**, 261 [zu § 218 bei Nichtschwangerer], AG Hamburg NJW **89**, 2071 [zu § 223 a bei uU bereits HIV-Infiziertem], Jescheck/Weigend 529, M-Gössel II 42 f., Roxin JuS 73, 330; vgl. aber auch diff. je nach Rechtsgütern der Person, der Gesellschaft und des Staates Zaczyk aaO 229 ff., 328 ff.), während bei Untauglichkeit des *Subjekts* die Meinungen auseinandergehen (dazu u. 75). Ob die Tatumstände, die der Täter irrtümlich als gegeben annimmt, normativer oder deskriptiver Natur sind, ist ohne Bedeutung. Jedoch ist bei normativen Tatbestandsmerkmalen die Kenntnis insofern eine qualitativ andere, als der Täter nicht nach Art des Juristen zu subsumieren, sondern nur eine „Parallelwertung in der Laiensphäre" zu vollziehen braucht. Damit ergibt sich die Frage, wann bei Annahme normativer Tatumstände untauglicher Versuch vorliegt bzw. ein Wahndelikt in Betracht kommt (dazu u. 82).

73 b) Dem vorgenannten „Tatbestandsirrtum" entsprechend ist auch die irrige Annahme eines **qualifizierenden** Merkmals zu behandeln: Über die Vollendung des Grunddelikts hinaus ist Versuch des Qualifizierungstatbestandes gegeben. Daher führt die irrtümliche Annahme des Diebes, daß die mitgeführte Schußwaffe geladen sei, zu § 242 in Tateinheit mit §§ 244, 22 (vgl. BGH MDR/D **72**, **74** 16 f., ferner Bay NStZ **97**, 442). Vgl. auch 126 vor § 52. Dagegen kommt es hinsichtlich **privilegierender** Tatbestandsmerkmale darauf an, ob der Täter ein solches Merkmal irrtümlich annimmt (wobei ihm § 16 II zugute kommt) oder dessen tatsächliches Vorliegen verkennt: Letzterenfalls wird zwischen *unrechts*- und *schuld*bezogenen Merkmalen zu differenzieren sein (näher dazu § 16 RN 2 ff.).

75 c) Soweit es hingegen um den Irrtum über *Tätereigenschaften* oder *Sonderpflichten* und damit um des Täters **Untauglichkeit als Subjekt** geht, soll nach einer lange vorherrschenden Meinung ein strafloses Wahndelikt vorliegen, da der Irrtum des Täters nicht geeignet sei, ihn in den Kreis der Sonderpflichtigen zu bringen (RG **8** 200, **29** 421, Schleswig SchlHA **49**, 297, Foth JR 65, 371, Langer, Das Sonderverbrechen (1972) 498, Schmidhäuser I 360 f., Stratenwerth 204, Bruns-FS 59 ff., Zaczyk aaO 268 ff., 328 ff.; i. Grds. auch Jakobs 723 ff., Vogler LK 153 ff.; zu Einschränkungen aufgrund „teleologisch-reduzierter Sachverhaltssicht" vgl. Schlüchter aaO 164 ff.; diff. Kühl 514 f.). Demgegenüber ist nach der heute wohl hM der Untauglichkeit des Objekts die des *Subjekts* gleichzustellen (RG **72** 112; grdl. Bruns, Der untaugliche Täter, sowie in GA 79, 161 ff., ferner B/W-Mitsch 547, Busch LK[9] § 43 RN 49, Heinrich Jura 98, 394, Jescheck/Weigend 535 f., Lackner/Kühl 13, M-Gössel II 51, Rudolphi SK 26 ff., Seier/Gaude JuS 99, 457, Tröndle 28, W-Beulke I 623 sowie Schünemann GA 86, 318 f. mit Ausnahme des Falles, daß sich der Täter einen Status vorstellt, den er „aus eigener Kraft nicht zu erlangen vermag"). Auch der Gesetzgeber hat die Frage unentschieden gelassen. Zwar ist in der „Unverstandsklausel" des § 23 III nur von der Untauglichkeit des Objekts bzw. des Mittels die Rede; doch wollte man damit der weiteren Diskussion über die Untauglichkeit des Subjekts in Rspr. und Lehre keineswegs in strafverneinendem Sinne vorgreifen (E 62 Begr. 143 f., BT-Drs. V/4095 **76** S. 11). – Im Grundsatz ist jener Meinung zuzustimmen, die auch bei Untauglichkeit des Subjekts *Strafbarkeit* für möglich hält. Denn es kann innerhalb der Tatumstände kein Unterschied zwischen Merkmalen gemacht werden, die durch die irrtümliche Vorstellung des Täters ersetzt werden können, und solchen, bei denen das nicht der Fall ist (Blei I 232). Ist man der Auffassung, daß Versuch auch dann vorliegt, wenn der Täter rechtliche Beziehungen irrtümlich für gegeben hält, also über normative Tatumstände irrt, dann ist nicht einzusehen, warum die Tätereigenschaften davon ausgeschlossen sein sollten. Der Nichtbeamte, der sich für einen Beamten hält, der Täter, der irrtümlich annimmt, er sei ein Vormund, können daher wegen Versuchs der entsprechenden Delikte ebenso bestraft werden wie ein Täter, der den zu Bestechenden irrtümlich für einen Richter hält (§ 334 II). So ist zB wegen Versuchs des § 180 III, IV zu bestrafen, wer in der Annahme, bereits auf Grund eines Testaments Vormund zu sein, seinen „Pflegebefohlenen" dazu bestimmt, sexuelle Handlungen an oder vor einem Dritten vorzunehmen. Die Grenze liegt hier beim *umgekehrten Subsumtionsirrtum* (Jescheck/Weigend 535): kein Versuch, wenn der Täter durch – ihm nicht obliegende – falsche Subsumtion zum Irrtum über seine Eigenschaft kommt (Bruns aaO 19). Diese Konsequenzen gelten nicht nur in den Fällen, in denen die Untauglichkeit des Subjekts in eine des Objekts umgedeutet werden kann (Verkehr mit der vermeintlichen Tochter) – hier wurde auch von Anhängern der abw. Auffassung schon Versuch angenommen (vgl. etwa Stratenwerth 205, Jakobs 597 f.) –, sondern auch bei Sonderdelikten mit beschränktem Täterkreis (vgl. Bruns aaO 26; dagegen Spendel ZStW 69, 448).

77 3. Die Grundsätze des untauglichen Versuchs gelten auch da, wo der Versuch bzw. etwaige **Vorbereitungshandlungen** tatbestandlich **verselbständigt** sind, wie zB in den §§ 30, 149 (vgl. ferner 13 vor § 22). Auch hier kommt es also nicht darauf an, daß die dort genannten Erfolge eintreten können oder die sonstigen Tatbestandsmerkmale vorliegen, sondern nur darauf, daß der Täter solche annimmt. So ist zB unerheblich, ob bei der versuchten Anstiftung die beabsichtigte Haupttat überhaupt begangen werden kann (vgl. § 30 RN 13). Zur Problematik des untauglichen Versuchs bei *Unternehmensdelikten* vgl. § 11 RN 53.

Begriffsbestimmung   78–84 § 22

II. Im Gegensatz zum untauglichen Versuch bleibt das sog. **Wahndelikt straflos** (vgl. RG 42 93, 78
64 239, **66** 126, BGH **8** 268, Bay NJW **86**, 1505, B/W-Mitsch 549, Foth JR 65, 366, Maurach NJW
62, 716, M-Gössel II 44 ff.; zur Entwicklung vgl. Burkhardt JZ 81, 681 ff., Endrulat aaO 15 ff.). Im
Unterschied zu jenem bewegt sich das Wahndelikt auf der Ebene des **„(umgekehrten) Verbotsirrtums"**: So wie bei diesem dem Täter das Bewußtsein der objektiven Rechtswidrigkeit seines
Verhaltens fehlt, geht im umgekehrten Fall des Wahndelikts der Täter infolge irriger Ausdehnung des
Normbereichs fälschlich davon aus, daß sein objektiv strafloses Verhalten strafbar sei (vgl. o. 69). Auch
ein solcher Irrtum kann auf unterschiedlichen **normativen Fehlannahmen** beruhen:

1. Zum einen darauf, daß der Täter aufgrund allgemeiner Erwägungen meint, etwas Verbotenes zu 79
tun oder sich strafbar zu machen: so weil er an die **Existenz einer Strafnorm** glaubt, die es in
Wahrheit überhaupt nicht oder jedenfalls nicht in dem vom Täter angenommenen Anwendungsbereich gibt. Solche Fälle werden schon deshalb für straflos gehalten, weil der Täter keine Verbote selbst
schaffen kann (Mezger 381). Deshalb würde eine Bestrafung idR bereits gegen den Nullum-crimen-
Grundsatz verstoßen; auch fehlt es an einem deliktischen Vorsatz. Ein solches Wahnverhalten
wäre zB „lesbische Liebe" in der Annahme, jene sei strafbar, oder die Falschaussage eines Angeklagten in
der Meinung, sich dadurch strafbar zu machen (Bamberg NJW **49**, 876). Vgl. auch Sax JZ 76, 433 zu
vermeintlicher Rechtsgutsverletzung (u. 85 aE).

2. Ferner ist ein Wahndelikt bei **„umgekehrtem Rechtfertigungsirrtum"** denkbar, und zwar 80
entweder dadurch, daß der Täter einen anerkannten Rechtfertigungsgrund nicht kennt oder daß er
dessen Grenzen verkennt, so zB glaubt, Notwehr sei nur zum Schutz von Leib oder Leben zulässig.
Entsprechendes gilt für den Fall, daß der Täter eine tatsächlich gegebene Rechtfertigungssituation
rechtlich falsch bewertet: so der Vater, der sich zu einer körperlichen Züchtigung seines Sohnes für
nicht berechtigt hält, diese unter den gegebenen Umständen jedoch ausnahmsweise zulässig ist (vgl.
§ 223 RN 21 sowie bzgl. eines Lehrers H. Mayer DVBl 56, 471). Da auch hier die Tat entgegen der
Vorstellung des Täters objektiv keine Rechtsverletzung darstellt, handelt es sich lediglich um ein
strafloses Wahndelikt (v. Weber JZ 51, 263; vgl. auch Maurach NJW 62, 772). Nicht zu verwechseln 81
mit solchen zum Wahndelikt führenden Rechtfertigungsirrtümern ist dagegen der Fall, in dem der
Täter vom *tatsächlichen* Vorliegen einer objektiv rechtfertigenden Situation nichts weiß oder ihm ein
sonstiges *subjektives Rechtfertigungselement fehlt*. In solchen Fällen ist er grds. strafbar, wenn auch idR
nur wegen Versuchs. Näher dazu 15 vor § 32.

3. In engem Zusammenhang mit der fälschlichen Annahme einer nicht existierenden Norm stehen 82
die Fälle, in denen es die vom Täter vorgestellte Strafrechtsnorm zwar gibt, jedoch ihr **Anwendungsbereich fälschlicherweise ausgedehnt** und daher von Täter auch auf sein konkretes Verhalten
erstreckt wird, der Täter also aufgrund eines Irrtums über Inhalt und Grenzen von Tatbestandsmerkmalen zu dem Ergebnis gelangt, sein Verhalten sei verboten. Es handelt sich insgesamt um solche Fälle,
bei denen der Täter Inhalt und Umfang von Strafrechtsnormen irrig ausdehnt. Das ist nicht nur dann
der Fall, wenn ein Verhalten als Ganzes fälschlich für verboten oder strafbar gehalten wird, sondern
auch dort, wo der Täter aufgrund falscher Rechtsvorstellungen das Vorhandensein normative Tatbestandsmerkmale als gegeben annimmt. Wie in solchen Fällen die strittige **Abgrenzung von (strafbarem) untauglichem Versuch und (straflosem) Wahndelikt** vorzunehmen ist, dafür ist bislang
noch kein Patentrezept in Sicht (vgl. Burkhardt JZ 81, 681 ff.).

a) Grundsätzlich ist jedenfalls davon auszugehen, daß sich – in Parallele zur Unterscheidung 83
zwischen Tatumstands- und Verbotsirrtum – die Abgrenzung daraus ergibt, ob der Irrtum den *Sachverhalt* oder den *Normbereich* (die Bedeutung des Strafgesetzes) betrifft (vgl. etwa Jescheck/Weigend
533 f.). Während der Irrtum über den Sachverhalt vorsatz-(und damit versuchs-)begründend wirkt,
wird der Irrtum über die Grenzen der anzuwendenden Strafrechtsnorm als **„umgekehrter Verbots-
bzw. Subsumtionsirrtum"** überwiegend als strafloses Wahndelikt angesehen (vgl. M-Gössel
II 47 f., Welzel 194 f., Schaffstein OLG Celle-FS 194, Blei JA 73, 146, einschr. Engisch Heinitz-FS
185). Dieser Grundsatz führt aber nur dann zu einer glatten Lösung, wenn sich der Irrtum eindeutig
dem einen oder anderen Bereich zuschlagen läßt. Das ist einerseits der Fall, wenn sich die Fehlvorstellung auf (nackte) Tatsachen bezieht, die – wenn sie vorlägen – den Straftatbestand erfüllen würden:
Nimmt der Täter fälschlich an, daß aus einer schriftlichen Gedankenerklärung der Aussteller hervor-
gehe, so betrifft dieser Irrtum den Tatsachenbereich und wirkt versuchsbegründend. Andererseits gibt
es Fehlvorstellungen über die (Wort-)Bedeutung einzelner Tatbestandsmerkmale, die unmittelbar im
Normbereich angesiedelt sind: Nimmt der Täter etwa irrig an, eine Urkunde sei schon dann „falsch"
iSv § 267, wenn ihr Inhalt unrichtig ist, so hat er damit noch keinen versuchsbegründenden deliktischen Vorsatz, vielmehr befindet er sich in einem (umgekehrten) Verbotsirrtum; sein Verhalten ist
demzufolge nur ein Wahndelikt (BGH JZ **87**, 522 m. Anm. Schumann).

b) Die eigentlich schwierigen Fälle liegen aber zwischen den beiden vorgenannten Gruppierungen, 84
nämlich dort, wo der Täter nicht lediglich über nackte Tatsachen, aber auch nicht primär über die
(Wort-) Bedeutung von Tatbestandsmerkmalen irrt, sondern wo seine Fehlvorstellung auf einer
Verkennung von Normen (wie etwa prozessualen Zuständigkeitsregeln, Vorschriften des BGB über
den Eigentumsübergang oder der VVG über Leistungspflichtvoraussetzungen des Versicherers u. dgl.)
beruht, die im *Vorfeld* des in Frage stehenden Straftatbestandes angesiedelt sind (dazu Herzberg JuS
80, 469/472) – Fälle also, in denen bestimmten tatsächlichen Umständen oder Vorgängen eine **soziale**

Eser

bzw. **rechtliche Relevanz** beigemessen wird, die sie in Wirklichkeit nicht haben: Der Täter meint zB, daß bereits die bloße Einigung iSd § 929 BGB zum Eigentumsübergang führe und demzufolge schon eine noch nicht übergebene Sache fremd sei, oder er hält eine zur Abnahme von Eiden nicht befugte Behörde für zuständig (BGH **10** 272; vgl. auch **14** 350). Bei solchen Irrtümern über sog. „institutionelle Tatsachen" (dazu Darnstädt JuS 78, 441 ff., Eser/Burkhardt I 195) ist gerade zweifelhaft, ob der Irrtum die Sachverhaltsebene oder den Normbereich betrifft. Dies gilt namentlich auch

85 für den *„Rechtsirrtum im Vorfeld des Straftatbestandes"* (dazu Herzberg aaO); denn auch dieser kann *mittelbar* zu einer Ausdehnung des Anwendungsbereichs der Norm führen: Wenn ein Veräußerer annimmt, das Eigentum an der noch in seinem Besitz befindlichen Sache schon alleine aufgrund der Einigung über den Eigentumsübergang verloren zu haben, so führt ihn dies letztlich zu der Meinung, § 246 verbiete die Weiterveräußerung der Sache an einen zweiten Kunden auch schon dann, wenn er sie dem ersten Erwerber noch nicht übergeben hatte. Das heißt aber nichts anderes, als daß der Täter den Normbereich des § 246 in seiner Vorstellung ausdehnt. Der Grundsatz, wonach sich die Abgrenzung daraus ergibt, ob der Irrtum den Sachverhalt oder den Normbereich betrifft (o. 83), bedarf also in den Fällen des „Rechtsirrtums im Vorfeld des Straftatbestandes" der Ergänzung und Präzisierung.

86 Dazu wird von einem Teil der Lehre unterschieden zwischen einem Rechtsirrtum über die „Reichweite des Tatbestandes" (Verbotsirrtum bzw. Wahndelikt) und einem vorsatzrelevanten bzw. versuchsbegründenden Rechtsirrtum „im Vorfeld des Tatbestandes" (Blei JA 73, 604, Herdegen BGH-FS 206, Küper NStZ 93, 316). An diese Unterscheidung anknüpfend hat Herzberg (aaO 472) darauf hingewiesen, daß die strafrechtlichen Tatbestände zahlreiche Verweisungsbegriffe enthalten, nämlich solche, die – wie etwa „fremd" in § 242 – auf „außertatbestandliche" Normen Bezug nehmen: Betreffe der Rechtsirrtum einen solchen Verweisungsbegriff und innerhalb seiner den Verweisungsbereich, so soll ein Tatbestandsirrtum bzw. ein untauglicher Versuch vorliegen – ein auf den ersten Blick bestechendes Konzept, das es auch ermöglichen würde, die BGH-Abgrenzung von untauglichem Versuch und

87 Wahndelikt (vgl. u. 90) plausibel zu machen. Dennoch vermag auch dieser Vorschlag nicht voll zu überzeugen. Denn zum einen bleiben Fälle, in denen durchaus zweifelhaft sein kann, ob der Rechtsirrtum einen Verweisungsbegriff betrifft bzw. im Verweisungsbereich liegt. Zum anderen kann auch ein Irrtum im Verweisungsbereich mittelbar zu einer Ausdehnung des Bereichs der anzuwendenden Strafrechtsnorm führen (vgl. o. 85 sowie am Beispiel der Steuerhinterziehung Reiß wistra 86, 193). Und schließlich – das ist der gewichtigste Einwand – führt die Unterscheidung von Blei und Herzberg dazu, daß sich die Abgrenzung zwischen untauglichem Versuch und Wahndelikt (und in der Folge davon die Grenze der Strafbarkeit) ins Formale verflüchtigt bzw. von Zufälligkeiten abhängt (näher dazu 21. A. RN 87 sowie Burkhardt wistra 82, 178 f.). – Vgl. auch die Diff. von Roxin (JZ 96, 986), wonach bei Begriffen wie „fremd" die konstitutiven Normen (§§ 929 ff. BGB) außerhalb des gesetzlichen Tatbestandes stehen, so daß ein Irrtum über diese zum Versuch führt; krit. zu einem solchen

88 Ansatz bereits Burkhardt JZ 81, 686, ferner Rath JuS 99, 34. – Auch die von Haft JuS 80, 591 vorgeschlagene Unterscheidung zwischen *gegenstandsbezogenem* Irrtum (Tatbestandsirrtum bzw. Versuch) einerseits und bloß *begriffsbezogenen Fehlvorstellungen* (Verbotsirrtum bzw. Wahndelikt) führt kaum weiter; denn damit ist gerade dann keine klare Unterscheidung zu gewinnen, wenn man unter „Gegenstand" nicht nur (nackte) Tatsachen, sondern auch „geistige Werte, Normen oder Rechtsverhältnisse" versteht (so Haft JuS 80, 591). Daß sich nämlich damit durchaus nicht alle Problemkonstellationen lösen lassen, wird in den Fällen rechtsirriger Annahme der Zuständigkeit zur Abnahme von Eiden deutlich, welche die Rspr. wiederholt beschäftigt haben (BGH **3** 248, **5** 111, **10** 272, **12** 56). Näher dazu 21. A. § 22 RN 88.

89 Angesichts solcher grundsätzlicher Abgrenzungsschwierigkeiten fragt es sich, ob eine Grenzziehung zwischen einem versuchsbegründenden Rechtsirrtum und einem bloßen Wahndelikt (umgekehrter Verbotsirrtum) überhaupt sinnvoll und berechtigt ist. Sollte es nämlich möglich sein, den Rechtsirrtum im Vorfeld des Tatbestandes dadurch zum Rechtsirrtum über die Reichweite des Tatbestandes zu machen, daß man die im Verweisungsbereich angesiedelten Regeln in den Tatbestand (unter entsprechender Umformulierung) einbezieht, dann dürfte sich eine Differenzierung materiell gesehen kaum noch rechtfertigen lassen. Von daher liegt die Annahme nahe, daß **jeder Rechtsirrtum** – gleichgültig ob im Vorfeld des Tatbestandes oder über die Bedeutung von Tatbestandsmerkmalen – als vorsatzirrelevant anzusehen ist und dementsprechend zum **Wahndelikt** führt (dazu grdl. Burkhardt JZ 81, 683 ff., wistra 82, 179 f.; grds. zust. Abrahams/Schwarz Jura 97, 358, Jakobs 721 ff., Sancinetti aaO 218; mit gleicher Tendenz Endrulat aaO, insb. 281 ff.; vgl. auch M-Gössel II 47 ff., Schumann JZ 87, 525 f., Vogler LK 147 ff.; abl. Rudolphi SK 32 b, wobei jedoch der Unterschied zwischen einem gegen ein Rechtsgut gerichteten Vorsatz [untauglicher Versuch] und einer rechtlich irrelevanten „Phantomvorstellung" sowie offenbar auch die begrenzte Bedeutung des Umkehrschlusses verkannt wird). Vgl. zum Ganzen auch krit. Zaczyk aaO 257 ff.

90 c) Daß bei den genannten Abgrenzungsproblemen die **Rspr.** zT widersprüchlich ist (vgl. Eser II 137 ff., Schlüchter aaO 145 ff.), kann nicht überraschen. So ist **beispielsweise** angenommen worden: Wer bei einem Verkehrsunfall, an dem er allein beteiligt ist, annimmt, er sei nach § 142 wartepflichtig, irrt über den Umfang der sich aus dieser Bestimmung ergebenden Pflichten und damit über ihren Anwendungsbereich; dies ist ein Wahndelikt (BGH **8** 268). Wer glaubt, bei der eidesstattlichen Versicherung falle die Angabe bestimmter Tatsachen noch unter die Wahrheitspflicht, begeht keinen strafbaren Versuch (BGH **14** 345; and. BGH **2** 76, Herzberg JuS 80, 477). Glaubt der Täter,

ein Schriftstück ohne Aussteller sei eine Urkunde, so nimmt er damit eine unrichtige Subsumtion vor und begeht ein Wahndelikt (BGH **13** 235 m. Anm. Traub NJW 60, 348; and. noch BGH **7** 54). Dagegen soll strafbarer Versuch des § 154 vorliegen, wenn der Täter rechtsirrig davon ausgeht, eine bestimmte Stelle (zB die Staatsanwaltschaft) sei zur Abnahme von Eiden zuständig (vgl. RG **72** 80, BGH **3** 240, **5** 111, **10** 272, **12** 56; and. noch BGH **1** 17), obwohl man auch hier von einem Irrtum über den Umfang eines normativen Tatbestandsmerkmals sprechen könnte (vgl. Welzel 528). Die Schwierigkeiten der Grenzziehung liegen hier allerdings darin, daß nicht Wahndelikt, sondern untauglicher Versuch anzunehmen sei, wenn der Täter zwar den Umfang der für ihn maßgeblichen Verbotsnorm richtig erkennt, aber Voraussetzungen, die die Verbotsnorm ausfüllen, (rechts)irrtümlich annimmt (vgl. o. 86). Daher Versuch des § 246 bei irrtümlicher Annahme des Merkmals „fremd", weil der Täter eine nichtige Sicherungsübereignung fälschlich für wirksam hält (vgl. Stuttgart NJW **62**, 65, dazu Eser II 135, 140 f.); Versuch des § 263, wenn der Täter den nichtigen Vertrag über „Telefonsex" irrtümlich für wirksam und daher für vermögensschädigend hält (LG Mannheim NJW **95**, 3398 m. abl. Bespr. Abrahams/Schwarz Jura 97, 355, Behm NStZ 96, 317, Krauss NJW 96, 2850, Scheffler JuS 96, 1071); versuchte Steuerhinterziehung, wenn der Täter rechtsirrig eine Steuerschuld annimmt und deshalb keine Angaben macht (RG HRR **38** Nr. 131, BGH **5** 92, KG NStZ **82**, 73 m. abl. Anm. Burkhardt wistra 82, 178, ferner – wenngleich m. abw. Begr. – Reiß aaO; vgl. auch RG **42** 92, ferner Düsseldorf NStZ **89**, 372 [Wahndelikt bei Irrtum über Steuerrechtslage]); Versuch von § 258 soll vorliegen, wenn ein Beamter jemanden zu begünstigen sucht, dessen Verhalten er rechtsirrig für strafbar hält (vgl. BGH **15** 210 m. Anm. Weber MDR 61, 426; and. Bay NJW **81**, 772 [zust. Burkhardt JZ 81, 681; krit. Stree JR 81, 297]). In all diesen Fällen nimmt der Täter, wenn auch aufgrund eines *Rechtsirrtums*, Umstände an, die gegebenenfalls den Tatbestand erfüllen würden. Die Lage soll daher für den Versuch ebenso zu beurteilen sein, wie wenn der Täter infolge *Tatsachen*unkenntnis bestimmte Tatbestandsvoraussetzungen (zB Fremdheit, strafbare Vortat) irrig annimmt (vgl. o. 83 sowie BGH NStZ **92**, 84). Anders wäre dagegen zu entscheiden, wenn jemand einen anderen zu einem vermeintlichen Verbrechen anstiftet. Dieser begeht, ebenso wie der Täter im entsprechenden Fall, ein Wahndelikt, da § 30 nicht einen selbständigen Straftatbestand (wie etwa § 346 aF) bildet (vgl. § 16 RN 7 ff.). Zur gleichgerichteten Diff. von Sax JZ 76, 433 ff. vgl. 25. A.

4. Beim **unechten Unterlassungsdelikt**, bei dem mit zutreffender hM (vgl. BGH **40** 265 f.) – entgegen Niepoth aaO 360 ff., 388 ff., JA 94, 337 ff. – ebenfalls strafbarer untauglicher Versuch in Betracht kommt (vgl. BGH NStZ **97**, 485 m. krit. Anm. Brand/Fett NStZ 98, 507, Kudlich/Hannich StV 98, 370), hat für die Abgrenzung zwischen (strafbarem) Versuch und (straflosem) Wahndelikt folgendes zu gelten: Irrt sich der Täter über die *Situation*, aus der sich für ihn eine Garantenpflicht ergibt, so liegt, wenn er unterläßt, untauglicher Versuch vor (zB wenn der Bademeister die scherzhaften Hilferufe eines Badenden für ernsthaft hält und trotzdem nichts unternimmt, vgl. auch den Sachverhalt von BGH **38** 356 m. abl. Anm. Niepoth JA 94, 337 ff.). Zieht der Täter dagegen aus der ihm bekannten Sachlage nur den *unrichtigen Schluß*, er sei zur Hilfeleistung verpflichtet, so irrt er nicht über ein Tatbestandsmerkmal und begeht daher nur ein Wahndelikt (vgl. BGH **16** 155, **19** 299, Maurach NJW 62, 770, Rudolphi SK 33, Vogler LK 151). **91**

5. Natürlich können in diesen Fällen auch mehrere **Irrtümer kombiniert** auftreten, indem ein Irrtum über das Vorhandensein eines Tatumstandes mit einem echten Verbotsirrtum Hand in Hand geht. In diesem Fall hat der Verbotsirrtum im Rahmen des § 22 die gleiche Bedeutung wie beim vollendeten Delikt. Dies gilt etwa für den Fall, daß der Täter eine ihm gehörende Sache fälschlich als im Miteigentum eines anderen stehend ansieht, zugleich aber glaubt, die Sache sei für ihn wegen seines Miteigentums nicht fremd iSd § 246 (Verbotsirrtum). Hier kommt ein strafbarer Versuch in Betracht. Umgekehrt begeht ein Wahndelikt, wer eine Sache fälschlich als ihm gehörend ansieht (§ 16), aber annimmt, sich durch Wegnahme beim Entleiher nach § 242 strafbar zu machen (umgekehrter Verbotsirrtum). Vgl. Vogler LK 152 mwN. **92**

§ 23 Strafbarkeit des Versuchs

(1) **Der Versuch eines Verbrechens ist stets strafbar, der Versuch eines Vergehens nur dann, wenn das Gesetz es ausdrücklich bestimmt.**

(2) **Der Versuch kann milder bestraft werden als die vollendete Tat (§ 49 Abs. 1).**

(3) **Hat der Täter aus grobem Unverstand verkannt, daß der Versuch nach der Art des Gegenstandes, an dem, oder des Mittels, mit dem die Tat begangen werden sollte, überhaupt nicht zur Vollendung führen konnte, so kann das Gericht von Strafe absehen oder die Strafe nach seinem Ermessen mildern (§ 49 Abs. 2).**

Schrifttum: Börker, Die Milderung der Strafe für den Versuch, JZ 56, 477. – *Degener,* Zu den Bedeutungen des Erfolges im Strafrecht, ZStW 103 (1991) 357. – *Dreher,* Was bedeutet Milderung der Strafe für den Versuch?, JZ 56, 682. – *ders.*, Doppelverwertung von Strafbemessungsumständen, JZ 57, 155. – *Frisch,* Die Strafrahmenmilderung beim Versuch, Spendel-FS 381. – *Jahr,* Die Bedeutung des Erfolgs für das Problem der Strafmilderung bei Versuch, 1980. – *Montenbruck,* Strafrahmen u. Strafzumessung, 1983. – *Schneider,* Der abergläubische Versuch, GA 55, 265. – *Stratenwerth,* Die fakultative Strafmilderung beim Versuch, Schweiz. Jur. Tag-FG (1963) 247. – *Timpe,* Strafmilderungen des Allg. Teils, 1983. – *Zielinski,* Handlungs- u. Erfolgsunwert im Unrechtsbegriff, 1973. – Vgl. weiter das Schrifttum zu den Vorbem. vor § 22 sowie zu § 24 u. in den Erl. zu §§ 49, 50.

1 I. Die Vorschrift regelt die **Versuchsstrafbarkeit**, die sich sowohl im *Ob* (Abs. 1) als auch im *Wie* (Abs. 2, 3) von der des vollendeten Delikts unterscheidet. Bei **Verbrechen** (§ 12 I) ist der Versuch stets strafbar, wobei sich die Strafbarkeit unmittelbar aus **Abs. 1** ergibt; daher bedarf es insoweit keiner ausdrücklichen Strafbarerklärung des Versuchs bei den einzelnen Verbrechenstatbeständen. Dagegen ist bei **Vergehen** (§ 12 II) der Versuch nur dann strafbar, wenn dies das Gesetz ausdrücklich bestimmt (so zB in den §§ 242, 246, 303, jetzt auch in § 223). Für die *Unterscheidung* von Verbrechen und

2 Vergehen gilt, wie auch sonst, die sog. *abstrakte* Betrachtungsweise (§ 12 III; vgl. dort RN 6). Der Täter braucht nicht zu wissen, daß seine Tat ein Verbrechen oder ein Vergehen ist, bei dem der Versuch strafbar ist (Jakobs 735); dagegen kommt es ihm zugute, wenn er irrig von einem Sachverhalt ausgeht, der seine Tat lediglich zu einem Vergehen machen würde, bei dem der Versuch nicht strafbar ist (RG **46** 265, Tröndle 2).

3 II. Der **Versuch kann milder bestraft** werden als die vollendete Tat (**Abs. 2**).

4 1. **Strafmilderung** bedeutet in § 23 (ebenso wie in §§ 13 II, 17, 21 usw.) den **Übergang** auf den aus § 49 I sich ergebenden **milderen Strafrahmen**, nicht dagegen das Unterschreiten der unteren Grenze des Regelstrafrahmens oder eine Strafmilderung innerhalb des Regelstrafrahmens (vgl. § 21 RN 13). Trifft der Versuch mit sonstigen besonderen gesetzlichen Milderungsgründen (zB § 21) zusammen, so ist eine mehrfache Herabsetzung des Strafrahmens möglich (§ 50 RN 5; vgl. auch Köln GA **73**, 282); zur Berücksichtigung des Versuchs – allein oder iVm anderen mildernden Umständen – als „minder schweren Fall" vgl. § 50 RN 3, als „besonders schweren Fall" vgl. § 243 RN 46 (vgl. auch § 21 RN 13).

5 2. Nach Abs. 2 **kann** der Richter die Strafe in dem eben genannten Sinn mildern, er muß dies aber nicht (so jedoch § 44 in der bis 1943 geltenden Fassung, ferner § 25 II AE; vgl. Vogler LK vor 1 zur Entstehungsgeschichte). Die Strafbemessung setzt hier zunächst eine Entscheidung über den anzuwendenden Strafrahmen voraus (u. 7), wobei jedoch bei Tatbeständen, die entweder eine lebenslange oder zeitige Freiheitsstrafe vorsehen (zB § 306 c), zuvor der Regelstrafrahmen unter Berücksichtigung der Tatumstände und der Täterpersönlichkeit festgelegt werden muß (BGH NStZ/D **98**, 502); erst dann kann innerhalb des gewählten Strafrahmens die konkrete Strafe festgesetzt werden (u. 8 ff.).

6 a) Ebenso wie in § 21 kann auch beim Versuch zunächst zweifelhaft sein, ob die Kann-Regelung des Abs. 2 nicht – den Wortlaut berichtigend – iS eines *Milderungszwangs* interpretiert werden muß (so für § 44 aF und grds. auch für § 23 zB Köhler 485, Stratenwerth 199 f.; vgl. auch Jahr aaO; zur entgegengesetzten Position vgl. Roeder, Erscheinungsformen des Verbrechens, 1953, 14). Auch hier kann eine nur fakultative Strafmilderung nicht schon damit begründet werden, daß das Ausbleiben der Vollendung durch andere im Wege einer „Gesamtschau" festgestellte strafschärfende Momente wieder ausgeglichen werden könne (so jedoch zB BGH **16** 351); denn abgesehen davon, daß eine solche Gesamtbetrachtung nicht zulässig ist (vgl. u. 7), setzt das die strafmildernde Wirkung des Versuchs gerade voraus, was zugleich bedeutet, daß die Strafe nicht mehr die gleiche sein kann wie bei der unter denselben erschwerenden Umständen eingetretenen Vollendung (vgl. Timpe aaO 99 f.). Keine entscheidende Rolle spielt in diesem Zusammenhang ferner die Frage, ob die Quantität des Unrechts neben dem Handlungsunwert auch durch den Erfolgsunwert bestimmt wird oder ob der Erfolg für das Unrecht völlig bedeutungslos ist und lediglich das Strafbedürfnis begründet (vgl. 58 vor § 13). Denn daß die Strafe beim Versuch geringer sein muß als bei der unter sonst gleichen Umständen vollendeten Tat, ergibt sich nicht nur aus der ersten, sondern auch aus der zweiten Auffassung, hier deshalb, weil das Ausbleiben des Erfolgs folgerichtig zu einer Verringerung des Strafbedürfnisses führen müßte (and. Sancinetti aaO 192, Zielinski aaO 213 ff.). Andererseits ist es auch nach der erstgenannten Auffassung nicht zwingend, daß wegen des fehlenden Erfolgsunwerts das Unrecht insgesamt so erheblich gemindert ist (entsprechend der „erheblichen" Minderung der Schuld in § 21), daß dem nur durch Übergang auf den milderen Sonderstrafrahmen – und nur darum geht es in Abs. 2 – Rechnung getragen werden könnte (insoweit ebenso Stratenwerth 200, ferner Malitz aaO 190, Vogler LK 9). Dies ist vielmehr eine Frage, die noch im Rahmen des gesetzgeberischen Bewertungsspielraums liegt und deshalb vom Gesetz auch iS einer fakultativen Strafmilderung entschieden werden kann. Vgl. zum Ganzen auch J. Meyer ZStW 87, 612 ff. sowie Degener ZStW 103, 357 ff., Montenbruck aaO 119 ff.

7 b) Ob bei der **Strafrahmenwahl** auf den milderen Sonderstrafrahmen überzugehen ist, hat der Richter nach seinem *pflichtgemäßen Ermessen* zu entscheiden. Dabei müssen die Urteilsgründe erkennen lassen, daß er diese Möglichkeit erwogen hat (BGH NJW **89**, 3230, KG JR **66**, 307; Zweibrücken StV **92**, 470), wobei insb. bei Mordversuch wegen des grds. nur über § 23 möglichen Übergangs zu einer zeitigen Freiheitsstrafe eine bes. sorgfältige Prüfung geboten ist (BGH MDR/H **91**, 703, NStZ/D **91**, 476). Da Abs. 2 durch Eröffnung eines neuen Unrechts- und Schuldbewertungsrahmens gerade der Tatsache des Versuchs Rechnung tragen will, dürfen bei der Rahmenwahl *nur „versuchsbezogene" Gesichtspunkte* berücksichtigt werden, nicht dagegen andere für die Strafzumessung bedeutsame Umstände, wie zB Vorstrafen (Hamm NJW **58**, 561, Frisch Spendel-FS 386 ff., Jakobs 736, Jescheck/Weigend 522, Rudolphi SK 3, Sancinetti aaO 138, Vogler LK 10; vgl. auch Tröndle 3); and. die hM, wonach schon die Entscheidung nach Abs. 2 aufgrund einer *„Gesamtbetrach-*

tung aller Tatumstände und der Täterpersönlichkeit" zu treffen ist (vgl. zB BGH **16** 351, **17** 266, **35** 355, StV **81**, 514, NStZ **95**, 285, NStZ/D **91**, 476, Düsseldorf JMBlNW **90**, 167, Bruns StrZR 446 f., Goydke Odersky-FS 378, M-Gössel II 52, Stratenwerth aaO 247, 261; vgl. auch § 46 RN 45), wobei aber neuerdings der BGH den wesentlich versuchsbezogenen Umständen *besonderes* Gewicht beimißt (NJW **89**, 3230, NStE **Nr. 2**, NStZ **93**, 134, **95**, 285, NStZ/D **89**, 467, **90**, 176, **93**, 177, 474). Dieser (mehr oder weniger ausschließliche) Vorrang versuchsbezogener Faktoren bedeutet jedoch nicht, daß nur die Tatsache berücksichtigt werden dürfe, „daß es beim Versuch geblieben ist" (so früher Jescheck[2] 393 f.), da dies praktisch immer zur Wahl des milderen Sonderstrafrahmens führen müßte. Entscheidend kommt es hier vielmehr auf die Nähe zur Tatvollendung, die Gefährlichkeit des Versuchs und das Maß der in ihm zutagegetretenen kriminellen Energie an (vgl. BGH MDR **62**, 748, GA **65**, 204, MDR/D **70**, 380, **74**, 721, MDR/H **91**, 703, NStZ **93**, 134, **95**, 285, NStZ/D **93**, 474, StV **86**, 378, NStE **Nr. 2**, LG Frankfurt NJW **80**, 1402, eingeh. LG Nürnberg StV **89**, 483, Jakobs 736 f.); bedenklich hingegen BGH NJW **89**, 3230, soweit Strafmilderung bei aberratio ictus wegen der (wohl doch schon durch § 230 hinreichend erfaßten?) Verletzung des Dritten versagt wird. Vgl. zum Ganzen auch Bruns StrZR 396 ff., ferner den Typisierungsversuch von Timpe aaO 107 ff. sowie die Differenzierung vom Frisch Spendel-FS 391 ff., wonach beim Versuch von Delikten, deren Vollendung an einen gesonderten eigenständigen (materialen) Unwerterfolg anknüpft (wie bei Erfolgsdelikten ieS und konkreten Gefährdungsdelikten), wegen des fehlenden Erfolgsunrechts auch ohne zusätzliche Milderungsumstände stets eine Strafrahmenverschiebung veranlaßt sei, so daß nur noch bei den verbleibenden Deliktsarten (wie kupierten Erfolgs-, reinen Tätigkeits- und abstrakten Gefährdungsdelikten) eine echte Wahlmöglichkeit bestehe (krit. dazu Sancinetti aaO 145 ff).

Deshalb wird idR zwar bei einem unbeendeten, nicht dagegen bei einem beendeten Versuch (vgl. **7 a** dazu BGH NJW **62**, 356; ausdrückl. gegen eine solche Regelhaftigkeit beim beendeten Versuch aber BGH StV **91**, 105, Frisch Spendel-FS 407 ff.; vgl. auch BGH MDR/D **73**, 900, MDR/H **91**, 703) Anlaß zur Milderung bestehen (Tröndle 3; vgl. Sancinetti aaO 152 ff.). Doch gilt dies keineswegs immer (Vogler LK 16; vgl. jedoch Zielinski aaO 216 f.); insb. kann beim untauglichen Versuch auch im Fall der Beendigung eine Strafmilderung in Betracht kommen, wobei eine solche umso eher geboten ist, je näher der Versuch an den Fall des Abs. 3 heranreicht. Unzulässig ist es, eine Strafmilderung allein deshalb zu versagen, weil das Ausbleiben des Erfolgs rein zufallsbedingt (BGH StV **84**, 246) bzw. nicht das Verdienst des Täters gewesen ist (bei „Verdienst" käme § 24 in Betracht; vgl. BGH MDR/D **70**, 380, **72**, 569, **73**, 191, StV **85**, 411, Hamm NJW **58**, 1694, Bruns StrZR 450, Tröndle 3; vgl. aber auch BGH MDR/D **74**, 721) oder daß der Täter den Versuch nicht freiwillig aufgegeben habe bzw. nicht zurückgetreten sei (BGH NStZ/D **90**, 176, **93**, 177, **95**, 487). Ebensowenig kann von einer Milderung deshalb abgesehen werden, weil möglicherweise Vollendung gegeben ist (Vogler LK 17) oder weil der Täter eines versuchten Prozeßbetrugs durch Streitbeitritt weiterhin die Klagabweisung erstrebt (BGH NStE **Nr. 3**).

3. Nach der Strafrahmenwahl gemäß Abs. 2 hat die **konkrete Straffestsetzung** innerhalb des **8** gewählten Strafrahmens zu erfolgen.

a) Bleibt es unter *Absehen von einer Milderung nach Abs. 2* beim **Regelstrafrahmen** (bzw. bei einem **9** aus anderen Gründen angewandten milderen oder strengeren Sonderstrafrahmen, vgl. o. 4), so muß die Tatsache eines bloßen Versuchs strafmildernd berücksichtigt werden. Dies folgt zwingend daraus, daß wegen des fehlenden Erfolgsunwerts der Unrechtsgehalt des Versuchs gegenüber der unter den gleichen Umständen als vollendet gedachten Tat geringer wiegt (zum gleichen Ergebnis müßte auch die Auffassung kommen, die im Erfolg lediglich eine Voraussetzung des Strafbedürfnisses sieht, vgl. o. 6 sowie Köln StV **97**, 244; iE ebenso Dreher JZ 57, 156; and. jedoch BGH NJW **62**, 750). *Unzulässig* ist deshalb insb. auch die Verhängung der *Regelhöchststrafe*: Da diese für den denkbar schwersten Fall der vollendeten Tat vorgesehen ist, kann sie nicht zugleich für den Versuch angemessen sein, mag dieser auch unter noch so erschwerenden Umständen begangen worden sein (vgl. auch Stratenwerth aaO 247, 255; and. zB Blei I 234 f., Bruns StrZR 449). Anders mag dies allenfalls bei absolut bestimmten Strafen sein, wenn man davon ausgeht, daß der Rahmen unterschiedlicher Unrechts- und Schuldgrade hier so weit gespannt ist, daß er auch das Unrecht des Versuchs bei Hinzukommen erschwerender Umstände erfaßt (vgl. BGH NJW **80**, 1403, aber auch Vogler LK 22, sowie § 21 RN 23 mwN). Daß das Steckenbleiben im Versuch strafmildernd zu berücksichtigen ist, bedeutet nicht, daß der Richter zunächst hypothetisch eine Vollendungsstrafe festzusetzen hätte, was ohnehin nicht möglich, vielfach nicht abzuschätzen ist, wie die vollendete Tat ausgesehen hätte (vgl. RG **35** 289, **59** 155, JW **37**, 2374, BGH **1** 116 m. Anm. Hülle in LM Nr. 1 zu § 180, OGH **1** 194, Bay NJW **51**, 284, Bruns StrZR 449, Tröndle 3). Andererseits darf das Nichtzurücktreten nicht straferschwerend angelastet werden (BGH NStZ **83**, 217, StV **83**, 237, **97**, 129).

b) Kommt es zu einer **Strafrahmenverschiebung** nach Abs. 2 (o. 7), so erfolgt die Strafzumessung **10** innerhalb des sich aus § 49 ergebenden *milderen Sonderstrafrahmens* nach allgemeinen Grundsätzen (näher dort RN 8 f.). Dabei ist zu beachten, daß sich mit der Änderung des Strafrahmens auch der Bewertungsboden samt seinen inneren Relationen verschiebt (vgl. Bruns StrZR 442, Tröndle JZ 56, 682); deshalb ist auch nicht ausgeschlossen, daß die konkrete Versuchsstrafe immer noch über dem Mindestmaß des Regelstrafrahmens liegt (BGH JZ **56**, 500, Bruns StrZR 443, Dreher aaO, Tröndle 3, M-Gössel II 53, Rudolphi SK RN 4; and. Börker JZ 56, 477). Auszuscheiden hat bei Bemessung der

Eser

konkreten Strafe die Tatsache, daß nur Versuch vorliegt, da dieser Umstand durch die Wahl des milderen Sonderstrafrahmens bereits verbraucht ist (BGH **16** 354, NJW **89**, 3230, NStZ/D **98**, 182, Düsseldorf JMBlNW **90**, 167, Bruns StrZR 447, Jescheck/Weigend 522 f., Tröndle 3; vgl. aber auch BGH **17** 266). Da aber die bloße Tatsache des Versuchs ohnehin nicht geeignet ist, eine Milderung nach Abs. 2 zu begründen, hier vielmehr auch alle weiteren versuchsbezogenen Merkmale zu berücksichtigen sind (vgl. o. 7), können auch diese bei der Strafbemessung nur insoweit berücksichtigt werden, als sie nicht schon bei der Strafrahmenwahl verwertet worden sind (Vogler LK 24; and. BGH **16** 354, **17** 266, Bruns StrZR 448; vgl. auch § 46 RN 45). Wird deshalb zB die Milderung nach Abs. 2 mit der Untauglichkeit des Versuchs begründet, so kann diese zwar nicht mehr als solche, wohl aber ihr besonderer Grad bei der Festsetzung der Strafe zugunsten des Täters berücksichtigt werden (vgl. Hamm VRS **35** 269, Rudolphi SK 4). Unbeschränkt verwertbar sind dagegen alle sonstigen Milderungs- und Erschwerungsgründe, und zwar nach hM – die hier ein Doppelverwertungsverbot nicht anerkennt – auch dann, wenn sie im Wege einer „Gesamtschau" bereits bei der Milderung nach Abs. 2 berücksichtigt worden sind (vgl. o. 7 und § 46 RN 45). Zur Differenzierung bei mehreren Tatbeteiligten vgl. BGH **35** 355 f.

11 4. Die Milderungsmöglichkeit nach Abs. 2 betrifft nur die **Hauptstrafe**, *nicht* dagegen *Nebenstrafen, Nebenfolgen* (vgl. 29 ff. vor § 38) und *Maßregeln der Besserung und Sicherung*, die deshalb trotz Milderung der Hauptstrafe in gleicher Weise wie bei vollendeter Tat zulässig bzw. geboten sind (vgl. zB Vogler LK 25). Dies schließt nicht aus, daß zB im Fall des § 44 versuchsbedingte Milderungsgründe entsprechend berücksichtigt werden. Vgl. auch M-Gössel II 53 zur Abhängigkeit zwischen Neben- und Hauptstrafe.

12 III. Bei **Versuch „aus grobem Unverstand" (Abs. 3)** ist über die allgemeine Milderungsmöglichkeit des Abs. 2 hinaus ein völliges Absehen von Strafe oder Strafmilderung nach § 49 II möglich. Krit. zu dieser Regelung, die eine Abgrenzung sowohl zum straflosen „irrealen" Versuch als auch zu dem nach Abs. 2 zu behandelnden „normalen" untauglichen Versuch notwendig macht, Gössel GA 71, 227 ff., Roxin JuS 73, 330 ff. sowie Struensee ZStW 102, 44 ff., dessen Einwände freilich auf der fragwürdigen Ausgrenzung des „nomologisch untauglichen" Versuchs aus dessen Begriff beruhen (vgl. auch 21 vor § 22, § 22 RN 61). Auch für die Ansicht von Herzberg (NStZ 90, 311, NJW 91, 1635), § 23 III analog auf die Fälle des mit Eventualvorsatz begangenen (tauglichen) Versuchs anzuwenden, ist keine gesetzliche Stütze zu finden. Grds. gegen eine Strafdrohung des grob unverständigen Versuches B/W-Mitsch 548 f., der den Vorsatz in diesen Fällen verneint, was jedoch mit dem subjektiven Element in § 22 nicht vereinbar ist; zum Strafbedürfnis s. u. 18.

13 1. **Auszuscheiden** ist zunächst der sog. **irreale Versuch**, der mit *abergläubischen* Mitteln einen Erfolg herbeizuführen versucht, wie zB durch Teufelsbeschwörung, Totbeten eines anderen (vgl. RG **33** 321), Behexen von Vieh und dgl. Obgleich der Wortlaut des Abs. 3 auch diese Fälle zu erfassen scheint (so B/W-Mitsch 549, Stratenwerth 201 f.; vgl. auch Heinrich Jura 98, 398), ergibt sich die Straflosigkeit des abergläubischen Versuchs bereits aus allgemeinen Grundsätzen (iE ebenso – wenn auch mit unterschiedlicher Begründung – Blei I 232, Tröndle 5, Gössel GA 71, 230 ff., Jescheck/Weigend 532, Lackner/Kühl 5, Rath JuS 98, 1113, Roßmüller/Rohrer Jura 90, 586, Roxin JuS 73,
13 a 331, Rudolphi SK § 22 RN 34 f., Vogler LK § 22 RN 137). Vom strafbaren untauglichen Versuch (einschließl. des „grob unverständigen" iSv Abs. 3) unterscheidet sich der irreale Versuch dadurch, daß der Täter auf übersinnliche, nicht mehr der Welt des realen Seins angehörende und damit menschlicher Einwirkung entzogene Kräfte baut, während dem nach Abs. 3 lediglich eine – wenn auch grob unverständige – Verkennung von Seinsgesetzen zugrunde liegt. Straflos und somit auch außerhalb des Anwendungsbereichs von Abs. 3 bleibt daher der irreale Versuch schon deshalb, weil hier ein „Versuch" überhaupt nicht vorliegt (vgl. Bockelmann, Strafrechtl. Untersuchungen, 1957, 160, Lackner/Kühl 5, Roxin JuS 73, 331), wobei lediglich von zweitrangiger Bedeutung ist, ob dies mangels Sozialrelevanz des Verhaltens mit der Verneinung einer strafrechtlichen Handlung oder mit dem Fehlen eines Tatentschlusses begründet wird (vgl. Tröndle 5, Jakobs 713, 738, Sancinetti 193 ff., 228, Seier/Gaude JuS 99, 458). Auch stünde es im Widerspruch zu der sonst mit Abs. 3 bezweckten Strafeinschränkung, wenn der früher allgemein für straflos gehaltene irreale Versuch (vgl. 17. A. § 43 RN 38) nunmehr grundsätzlich strafbar wäre (Roxin aaO; widersprüchl. jedoch E 62 Begr. 145).

14 2. Somit erfaßt Abs. 3 nur jenen *Teilbereich von an sich strafbaren untauglichen Versuchen*, bei denen der Täter aus **grobem Unverstand** verkennt, daß sie **überhaupt nicht zur Vollendung** führen konnten.

15 a) Durch die Formulierung *„überhaupt nicht zur Vollendung führen konnte"* soll klargestellt werden, daß hier nur die Fälle gemeint sind, „in denen weder eine konkrete noch eine abstrakte Gefährdung bestand" (BT-Drs. V/4095 S. 12, BGH **41** 95). Eine klare Grenze zum „normalen" untauglichen Versuch ist damit jedoch nicht gewonnen, wie schon die erfolglosen Bemühungen der sog. älteren objektiven Theorie (vgl. 18 f. vor § 22) um die Abgrenzung zwischen absolut und relativ untauglichen Versuchen gezeigt haben (vgl. Gössel GA 71, 228, Roxin JuS 73, 330). Ähnliche Schwierigkeiten ergeben sich aber auch, wenn man darauf abstellt, ob ein einsichtiger Beobachter die Undurchführbarkeit ante actum aufgrund nachträglicher Prognose erkennen konnte (so M-Gössel II 54) oder ob der Versuch von einem besonnenen, mit Durchschnittswissen ausgestatteten Menschen bei Kenntnis des

Tatplans „nicht ernstgenommen" werden kann (Jescheck/Weigend 531); denn dabei ist ua schon zweifelhaft, in welchem Umfang dem gedachten Beobachter das Wissen um die zZ der Tat vorhandenen Fakten unterstellt werden kann, das Grundlage für seine Prognose ist. Eine eindeutige Abgrenzung nach objektiven Kriterien ist mithin nicht möglich (vgl. Jakobs 738); sie ist freilich auch nicht notwendig, weil das zusätzliche Merkmal des „groben Unverstands" die theoretische Problematik weitgehend entschärft (Jescheck/Weigend 531, Lackner/Kühl 6, Roxin aaO, Vogler LK 33; vgl. u. 17).

b) Die Nicht-Vollendbarkeit muß nach Abs. 3 in der „*Art des Gegenstandes*, an dem, oder des *Mittels*, mit dem die Tat begangen werden sollte", ihre Ursache haben. Nicht genannt ist der Fall des *untauglichen Subjekts* (zB wenn jemand ein offensichtliches Scherzschreiben für eine Beamtenernennungsurkunde hält, so Tröndle 4); doch steht hier – sofern nicht ein ohnehin strafloses Wahndelikt vorliegt – einer analogen Anwendung des Abs. 3 nichts im Wege (Gössel GA 71, 236, Heinrichs Jura 98, 395 f., Lackner/Kühl 7, Tröndle 4; nach BT-Drs. V/4095 S. 11 unterblieb eine ausdrückl. Regelung, weil es schwierig sei, eine Formulierung zu finden, die nicht auch ungeeignete Fälle erfasse und weil die Rspr. hier ohnehin Straflosigkeit annehmen werde. Außerdem für analoge Heranziehung des § 23 III bei grob unverständiger Rechtsbeurteilung Herzberg JuS 80, 476. **16**

c) Das praktisch entscheidende Gewicht liegt bei Abs. 3 auf der *Unverstandsklausel*, nachdem der grob unverständige Versuch immer auch offensichtlich untauglich (vgl. o. 15) sein dürfte (Jakobs 738, Roxin JuS 73, 311). Nicht hinreichend ist, daß lediglich die Motivation des Täters grob unverständig ist (Baumann/Weber⁹ 499); entscheidend ist vielmehr, daß aus grobem Unverstand die *Nichtvollendbarkeit* des Versuchs verkannt wird, und zwar aufgrund „völlig abwegiger Vorstellungen von gemeinhin bekannten Ursachenzusammenhängen" (E 62 Begr. 145, BGH **41** 95, m. Bspr. Radtke JuS 96, 878, Tröndle 6, Lackner/Kühl 8, Roxin JuS 73, 311). Bloße Fehlvorstellungen über Sachverhalte, mögen sie auch noch so evident sein (zB Verwechslung einer Spielzeugpistole mit einer Schußwaffe), gehören daher von vornherein nicht hierher (so aber Rath JuS 98, 1113). Daher ist Abs. 3 nicht anwendbar, wenn der Täter ein ihm unbekanntes objektiv harmloses Pulver fälschlich für Gift, dann aber in sich konsequent für ein geeignetes Tötungsmittel hält, oder wenn im Falle eines Computerbetrugs (§ 263 a) der Täter in seine ec-Karte die Kontonummer eines anderen hineinmanipuliert, aber das Abheben daran scheitert, daß er die Geheimnummer des anderen nicht kennt (Bay wistra **93**, 306). Vielmehr erfaßt Abs. 3 überhaupt erst die Fälle, in denen in Verkennung von naturgesetzlichen Zusammenhängen die Vorstellungen des Täters in sich unrichtig sind, so wenn er zB einer als Zucker erkannten Substanz vergiftende Wirkung zuschreibt oder von einem tatsächlich lebensgefährlichen Insektengift eine zu geringe Dosis ansetzt, die er gleichwohl völlig unverständlich für tödlich hält (BGH **41** 95). Doch selbst im Falle eines solchen „nomologischen" Irrtums iSv Frank (im Unterschied zum „ontologischen" Irrtum: vgl. 19 vor § 22; krit zu einer solchen Diff. hier Radtke JuS 96, 822) kommt Abs. 3 nur dann zum Zuge, wenn dieser Irrtum „*grob*" unverständig, also nicht nur für den besonders Fachkundigen, sondern für jeden Menschen mit durchschnittlichem Erfahrungswissen geradezu handgreiflich ist (BGH **41** 95): so zB bei Abtreibungsversuch mit Kamillentee (vgl. Rudolphi SK 7, Vogler LK 35). Zweifelhaft dagegen der Fall von BGE 70, IV 49 (Abtreibungsversuch mit Senfbädern und Seifenspritzen), und zwar bei den Feststellungen dieses schweiz. BG solche „in weiten Kreisen des Volkes im Rufe der Tauglichkeit stehen und es sogar Mediziner gibt, welche sie für geeignet halten" (vgl. aber auch Jakobs 738, ferner den Gedanken der „Eindruckstheorie" bei § 22 RN 65). Zum Ganzen Timpe aaO 109 ff. **17**

3. Ist ein nach Abs. 3 privilegierter „grob unverständiger" Versuch gegeben, so liegt es im **Ermessen** des Gerichts, entweder ganz **von Strafe abzusehen** (54 vor § 38) oder (über Abs. 2 hinausgehend) die **Strafe gemäß § 49 II zu mildern**. Dabei folgt aus der sonst unüblichen Voranstellung der milderen Rechtsfolge, daß in erster Linie das *Absehen* von Strafe in Erwägung zu ziehen ist (BT-Drs. V/4095 S. 12). Soll die Strafe nur *gemildert* werden, so gilt dafür das o. 4 ff. Gesagte entsprechend; vgl. ferner § 49 RN 8. Da in den Fällen des Abs. 3 ein Strafbedürfnis jedoch ohnehin kaum noch zu begründen ist (mit Recht abl. daher Roxin JuS 73, 330) und sich auch das Gesetz selbst primär für das völlige Absehen von Strafe entschieden hat, muß hier die bloße Kann-Regelung zumindest iSe *obligatorischen* Strafmilderung verstanden werden (vgl. Rudolphi SK 10). **18**

§ 24 Rücktritt

(1) **Wegen Versuchs wird nicht bestraft, wer freiwillig die weitere Ausführung der Tat aufgibt oder deren Vollendung verhindert. Wird die Tat ohne Zutun des Zurücktretenden nicht vollendet, so wird er straflos, wenn er sich freiwillig und ernsthaft bemüht, die Vollendung zu verhindern.**

(2) **Sind an der Tat mehrere beteiligt, so wird wegen Versuchs nicht bestraft, wer freiwillig die Vollendung verhindert. Jedoch genügt zu seiner Straflosigkeit sein freiwilliges und ernsthaftes Bemühen, die Vollendung der Tat zu verhindern, wenn sie ohne sein Zutun nicht vollendet oder unabhängig von seinem früheren Tatbeitrag begangen wird.**

Übersicht

A. Rechtsgrund und Standort des Rücktritts vom Versuch	1–5	1. Haupttatvollendung mit ursächlichem Tatbeitrag	76, 77
I. Ratio der Strafbefreiung	2–3	2. Haupttatvollendung ohne Mitursächlichkeit des Tatbeitrags	78
II. Systematischer Standort	4, 5	3. Nur versuchte Teilnahme ...	79
B. Grundkonstellationen des Rücktritts bei Alleintäterschaft	6–72	4. Umstimmung des Haupttäters noch im Vorbereitungsstadium	80, 81
I. Rücktrittsausschluß bei (subjektiv) fehlgeschlagenem Versuch .	7–11	5. Unvorsätzlicher Teilbeitrag ..	82
1. Sachliche Berechtigung dieser Rechtsfigur	7	6. Untauglichmachung des Tatbeitrags	83, 84
2. Fehlschlagen aus subjektiver Sicht	8–11	III. Rücktrittsalternativen nach Abs. 2	85–106
II. Rücktritt vom unbeendeten Versuch	12–57	1. Vollendungsverhinderung ...	87–93
1. Abgrenzung unbeendet/beendet	13–36	2. Verhinderungsbemühen bei Nichtvollendung ohne Zutun des Beteiligten	94–96
2. Aufgeben der weiteren Tatausführung	37–41	3. Verhinderungsbemühen bei tatbeitragsunabhängiger Vollendung	97–105
3. Freiwilligkeit des Rücktritts .	42–57	IV. Besonderheiten bei mittelbarer Täterschaft	106
III. Rücktritt vom beendeten Versuch	58–67	D. Wirkungen des Rücktritts	107–116
1. Rücktrittstätigkeit	59	I. Straffreiheit des Versuchs als solchem	107–110 a
2. Erfolgreiche Vollendungsverhinderung	60–66	II. Bei Rücktritt von Tatbeteiligten	111, 112
3. Freiwilligkeit	67	III. Teilrücktritt	113
IV. Rücktritt vom vermeintlich vollendbaren Versuch	68–72	IV. Strafzumessung	114, 115
1. Nichtvollendung der Tat	70	V. Prozessuales	115 a
2. Verhinderungsbemühen	71	E. Sonstige Rücktrittsregelungen	116–122
3. Freiwillig und ernsthaft	72	I. Rücktritt vom vollendeten Delikt	116
C. Rücktritt bei Tatbeteiligung mehrerer	73–106	II. Rücktrittsanalogien	117–121
I. Ratio dieser Sonderregelung ...	73, 74		
II. Aussonderung nichterfaßter Fälle	75–84		

Schrifttum: Vgl. die Angaben zu den Vorbem. vor § 22, ferner: *Anders,* Zur Mögl. des Rücktritts vom erfolgsqualif. Versuch, GA 00, 64. – *Arzt,* Zur Erfolgsabwendung beim Rücktritt vom Versuch, GA 64, 1. – *Bauer,* Außertatbestandsmäßige Handlungsziele beim strafbefreienden Rücktritt, MDR 94, 132. – *ders.,* Der strafbefreiende Rücktritt vom unbeendeten Versuch, wistra 92, 201. – *Bergmann,* Einzelakts- oder Gesamtbetrachtung beim Rücktritt vom Versuch, ZStW 100 (1988) 329. – *Berz,* Formelle Tatbestandsverwirklichung u. materialer Rechtsgüterschutz, 1986. – *Bockelmann,* Wann ist der Rücktritt vom Versuch freiwillig?, NJW 55, 1417. – *Bloy,* Die dogmat. Bedeutung der Strafausschließungs- u. Strafaufhebungsgründe, 1976. – *Borchert/Hellmann,* Die Abgrenzung der Versuchsstadien anhand der Erfolgstauglichkeit, GA 82, 429. – *Bottke,* Strafrechtswiss. Methodik u. Systematik bei der Lehre von strafbefreiendem u. strafmilderndem Täterverhalten, 1979. – *ders.,* Zur Freiwilligkeit u. Endgültigkeit des Rücktritts vom versuchten Betrug, JR 80, 441. – *ders.,* Mißlungener oder fehlgeschlagener Vergewaltigungsversuch bei irrig angenommenem Einverständnis?, JZ 94, 71. – *Burkhardt,* Der „Rücktritt" als Rechtsfolgebestimmung, 1975. – *Chang,* Rücktritt vom vollendeten Delikt bei der Beteiligung Mehrerer, 1993. – *Fahrenhorst,* Fehlschlag des Versuchs bei weiterer Handlungsmöglichkeit, Jura 87, 291. – *Feltes,* Der (vorläufig) fehlgeschlagene Versuch, GA 92, 395. – *Gössel,* Über den fehlgeschlagenen Versuch, ZStW 87, 3. – *Gores,* Der Rücktritt des Tatbeteiligten, 1982. – *Grasnick,* volens-nolens, JZ 89, 821. – *Grünwald,* Zum Rücktritt des Tatbeteiligten im künftigen Recht, Welzel-FS 701. – *Gutmann,* Die Freiwilligkeit beim Rücktritt vom Versuch u. bei der tätigen Reue, 1963. – *Haft,* Der Rücktritt des Beteiligten bei Vollendung der Tat, JA 79, 306. – *Hassemer,* Die Freiwilligkeit beim Rücktritt vom Versuch, in *Lüderssen/Sach,* Vom Nutzen u. Nachteil der Strafrecht, 1 (1980) 229. – *Hauf,* Rücktritt vom Versuch, 1993. – *v. Heintschel-Heinegg,* Versuch u. Rücktritt, ZStW 109 (1997) 29. – *Herzberg,* Der Rücktritt durch Aufgeben der weiteren Tatausführung, Blau-FS 97. – *ders.,* Beendeter oder unbeendeter Versuch, NJW 86, 2466. – *ders.,* Der Rücktritt mit Deliktsvorbehalt, H. Kaufmann-GedS 709. – *ders.,* Grund u. Grenzen der Strafbefreiung beim Rücktritt vom Versuch, Lackner-FS 325. – *ders.,* Gesamtbetrachtung u. Einzelakttheorie beim Rücktritt vom Versuch, NJW 88, 1559. – *ders.,* Die Not der Gesamtbetrachtungslehre beim Rücktritt vom Versuch, NJW 89, 197. – *ders.,* Zum Grundgedanken des § 24 StGB, NStZ 89, 49. – *ders.,* Rücktritt vom Versuch trotz bleibender Vollendungsgefahr?, JZ 89, 114. – *ders.,* Zur obj. Seite des Rücktritts durch Verhindern der Tatvollendung, JR 89, 449. – *ders.,* Theorien zum Rücktritt u. teleolog. Gesetzesdeutung, NStZ 90, 172. – *ders.,* Grundprobleme des Rücktritts vom Versuch u. Überlegungen de lege ferenda, NJW 91, 1633. – *Hruschka,* Zur Frage des Wirkungsbereichs beim freiwilligen Rücktritt vom beendeten Versuch, JZ 69, 495. – *In-Mo Leu,* Freiwilligkeit beim Rücktritt vom

Versuch u. ihre theoretische Bedeutung, 1991. – *Jäger*, Der Rücktritt vom Versuch als zurechenbare Gefährdungsumkehr, 1996. – *ders.*, Der Rücktritt vom erfolgsqualifizierten Versuch, NStZ 98, 161. – *Jakobs*, Die Bedeutung des Versuchsstadiums für die Voraussetzungen eines strafbefreienden Rücktritts, JuS 80, 714. – *ders.*, Rücktritt als Tatänderung versus allgemeines Nachtatverhalten, ZStW 104 (1992) 84. – *Jescheck*, Versuch u. Rücktritt bei Beteiligung mehrerer Personen an der Straftat, ZStW 99, (1987) 111. – *Kampermann*, Grundkonstellationen beim Rücktritt vom Versuch, 1992. – *Kienapfel*, Probleme des unvermittelt abgebrochenen Versuchs, Pallin-FS 205. – *Kolster*, Die Qualität der Rücktrittsbemühungen des Täters beim beendeten Versuch, 1993. – *Krauß*, Der strafbefreiende Rücktritt vom Versuch, JuS 81, 883. – *Kudlich*, Grundfälle zum Rücktritt vom Versuch, JuS 99, 240, 349, 339. – *Küper*, Der Rücktritt vom „erfolgsqualifizierten Versuch", JZ 97, 229. – *Lampe*, Rücktritt vom Versuch „mangels Interesses", JuS 89, 610. – *Lang-Hinrichsen*, Bemerkungen zum Begriff der „Tat" im Strafrecht, unter besonderer Berücksichtigung . . . des Rücktritts u. der tätigen Reue beim Versuch . . . (Normativer Tatbegriff), Engisch-FS 353. – *Lenckner*, Probleme beim Rücktritt des Beteiligten, Gallas-FS 281. – *Lönnies*, Rücktritt u. tätige Reue beim unechten Unterlassungsdelikt, NJW 62, 1950. – *Maiwald*, Das Erfordernis des ernsthaften Bemühens (usw.), Wolff-FS 337. – *ders.*, Psychologie u. Norm beim Rücktritt vom Versuch, Zipf-GedS 255. – *H.-W. Mayer*, Zur Frage des Rücktritts vom unbeendeten Versuch, MDR 84, 187. – *ders.*, Privilegierungswürdigkeit passiven Rücktrittsverhaltens bei modaler Tatfortsetzungsmöglichkeit, 1986. – *Müller, M. P.*, Die geschichtl. Entwicklung des Rücktritts (usw.), 1995. – *Mitsch*, Der Rücktritt des angestifteten oder unterstützten Täters, Baumann-FS 89. – *Muñoz-Conde*, Der mißlungene Rücktritt, GA 73, 34. – *Otto*, Fehlgeschlagener Versuch u. Rücktritt, GA 67, 144 u. Jura 92, 423. – *Pahlke*, Rücktritt nach Zielerreichung, GA 95, 72. – *Puppe*, Der halbherzige Rücktritt, NStZ 84, 488. – *dies.*, Zur Unterscheidung von unbeendetem u. beendetem Versuch beim Rücktritt, NStZ 86, 14. – *Ranft*, Zur Abgrenzung von unbeendetem u. fehlgeschlagenem Versuch bei erneuter Ausführungshandlung, Jura 87, 527. – *Römer*, Vollendungsverhinderung durch „ernsthaftes Bemühen", MDR 89, 945. – *Roxin*, Der Anfang des beendeten Versuchs, Maurach-FS 213. – *ders.*, Über den Rücktritt vom unbeendeten Versuch, Heinitz-FS 251. – *ders.*, Der fehlgeschlagene Versuch, JuS 81, 1. – *ders.*, Der Rücktritt bei Beteiligung mehrerer, Lenckner-FS 267. – *ders.*, Die Verhinderung der Vollendung (usw.), Hirsch-FS 327. – *Rudolphi*, Rücktritt vom beendeten Versuch durch erfolgreiches, wenngleich nicht optimales Rettungsbemühen, NStZ 89, 508. – *Schäfer*, Die Privilegierung des „freiwillig-positiven" Verhaltens des Delinquenten nach formell vollendeter Straftat, 1992. – *Schall*, Zum Rücktritt vom Versuch bei bedingtem Tötungsvorsatz u. wiederholbarer Ausführungshandlung trotz Zielerreichung, JuS 90, 623. – *v. Scheurl*, Rücktritt vom Versuch u. Tatbeteiligung mehrerer, 1972. – *Schlüchter*, Normkonkretisierung am Bsp. des Rücktrittshorizonts, Baumann-FS 71. – *Schmidt-Hieber*, Ausgleich statt Geldstrafe, NJW 92, 2001. – *Schröder*, Die Freiwilligkeit des Rücktritts vom Versuch, MDR 56, 321. – *ders.*, Grundprobleme des Rücktritts vom Versuch, JuS 62, 81. – *ders.*, Die Koordinierung der Rücktrittsvorschriften, H. Mayer-FS 377. – *Schroth*, Rücktrittsnorm u. außertatbestandl. Zweckerreichung, GA 97, 151. – *Seier*, Der Rücktritt vom Versuch bei bedingtem Tötungsvorsatz, JuS 89, 102. – *Sonnen*, Fehlgeschlagener Versuch u. Rücktrittsvoraussetzungen, JA 80, 158. – *Streng*, Tatbegriff u. Teilrücktritt, JZ 84, 652. – *ders.*, Rücktritt u. dolus eventualis, JZ 90, 212. – *ders.*, Handlungsziel, Vollendungsneigung u. Rücktrittshorizont, NStZ 93, 257. – *Traub*, Die Subjektivierung des § 46 StGB in der neuesten Rspr. des BGH, NJW 56, 1183. – *Ulsenheimer*, Grundfragen des Rücktritts vom Versuch in Theorie u. Praxis, 1976. – *ders.*, Zur Problematik des Rücktritts vom Versuch erfolgsqualifizierter Delikte, Bockelmann-FS 405. – *Walter*, Der Rücktritt vom Versuch als Ausdruck des Bewährungsgedankens im zurechnenden Strafrecht, 1980. – *ders.*, Zur Strafbarkeit des zurücktretenden Tatbeteiligten, JR 76, 100. – *Weidemann*, Der „Rücktrittshorizont" beim Versuchsabbruch, GA 86, 409. – *Weinhold*, Rettungsverhalten u. Rettungsvorsatz beim Rücktritt vom Versuch, 1990. – *Wolter*, Der Irrtum über den Kausalverlauf als Problem obj. Erfolgszurechnung, ZStW 89 (1977) 649. – *Rechtsvergleichend: Yamanaka*, Betrachtungen zum Rücktritt des Versuchs anhand der Diskussion in Japan, ZStW 98 (1986) 761. – Zum *älteren* Schrifttum vgl. die Angaben in der 19. A.

A. Rechtsgrund und Standort des Rücktritts vom Versuch

Die Vorschrift will dem Täter **Strafbefreiung** bei Rücktritt vom Versuch verschaffen. Während 1 Abs. 1 den Rücktritt im Blick auf den *Alleintäter* regelt (B), berücksichtigt Abs. 2 Besonderheiten des Rücktritts bei *Tatbeteiligung* mehrerer (C). Trotz sprachlicher Neufassung entspricht Abs. 1 inhaltlich weitgehend dem § 46 aF (vgl. Vogler LK vor 1 zur Entstehungsgeschichte, ausf. Müller aaO 99 ff.), während durch Abs. 2 die einschlägige Rspr. und Lehre, wenn auch mit gewissen Verschärfungen, legalisiert wurde (vgl. Roxin JuS 73, 322 sowie u. 74). Die in § 24 vorgesehene Straffreiheit gilt jedoch nur für den Rücktritt vom *Versuch* (D). Sein Anwendungsbereich endet also mit der formellen *Vollendung* des Delikts, sofern dafür nicht ausnahmsweise eine der verschiedenen *Sonderregelungen* eingreift (E).

I. Die **Ratio der Strafbefreiung** bei Rücktritt vom Versuch ist seit langem umstritten; auch die 2 Neuregelung von 1975 hat insoweit keine Klärung gebracht. Nach der vom RG in st. Rspr. vertretenen Auffassung soll durch Eröffnung strafbefreienden Rücktritts dem bereits straffällig gewordenen Täter eine **„goldene Brücke"** zum Rückzug gebaut werden (vgl. etwa RG **39** 39, **73** 60, ebenso noch Maurach AT[4] 518, Puppe NStZ 84, 490). Doch ganz abgesehen davon, daß ein Rückweg volle Straffreiheit jedenfalls beim „qualifizierten Versuch", bei dem es bereits (wie zB beim körperverletzenden Tötungsversuch) zu einer vollendeten Tat gekommen ist (vgl. u. 109), verbaut ist (Jakobs 743), erscheint ohnehin zweifelhaft, inwieweit die Aussicht auf Straffreiheit realistischerweise ein hinreichender „Anreiz" sein wird, um den Entschluß zur Fortführung der gerade erst begonnenen

Tat plötzlich wieder aufzugeben (vgl. BGH **9** 52, Bockelmann NJW 55, 1419, Heinitz JR 56, 249, Lang-Hinrichsen Engisch-FS 368, Otto GA 67, 150). Zudem könnte die Eröffnung einer „goldenen Brücke" auch dahin mißverstanden werden, daß man es ja jedenfalls einmal bis zum Versuch kommen lassen könne, weil immer noch eine Rücktrittsbrücke zur Verfügung stehe. Auch der weithin
2 a verbreitete **„Prämiengedanke"**, wonach der Täter dafür belohnt werden soll, daß er umgekehrt ist und dadurch die Vollendung des Delikts verhindert hat (Baumann/Weber[9] 502, Bockelmann NJW 55, 1421, Jescheck/Weigend 539, Schröder MDR 56, 322; Anklänge auch in BGH **35** 93, NStZ **86**, 265, **93**, 279, wenn von Straffreiheit „verdienen" bzw. von „honorierfähiger Umkehrleistung" oder „honorierbarem Verzicht" die Rede ist; vgl. aber demgegenüber BGH **39** 231), vermag die Strafbefreiung bei Rücktritt nicht voll zu erklären. Zwar könnte dafür sprechen, daß das Gesetz entscheidend auf die Freiwilligkeit des Rücktritts abstellt und demzufolge das durch die Versuchshandlung begründete Verschulden durch die Verdienstlichkeit des Rücktritts als getilgt erscheint (so Schröder 17. A. § 46 RN 2). Doch ganz abgesehen davon, daß diese Deutung allein auf der Basis einer rein subjektiven Versuchstheorie (21 vor § 22) stichhaltig wäre, ist damit noch kein kriminalpolitisch
2 b überzeugender Grund für eine derartige Prämiierung erwiesen. – In Wahrheit dürfte die strafbefreiende Wirkung des Rücktritts auf der **Verbindung verschiedener Gedanken** beruhen (vgl. BGH **37** 345, Gropp 285 f., Krauß JuS 81, 888, Kudlich JuS 99, 241, Otto I 249, Stratenwerth 206 sowie hinsichtl. der diff. Begründung von unbeendetem u. beendetem Versuch Arzt GA 64, 9), wobei die für die Strafbarkeit des Versuchs maßgeblichen Gründe umgekehrt auch für die Strafbefreiung bei Rücktritt von Belang sind (vgl. BGH **39** 230 [„Spiegelbildlichkeit" von Versuch u. Rücktritt], Bottke JZ 94, 73, Gössel ZStW 87, 25 f., Murmann aaO 28; umfass. Bestandsaufnahme mit krit. Würdigung der einzelnen Begründungsansätze bei Ulsenheimer aaO 33 ff., 64 f.). Der durch Betätigung des verbrecherischen Willens bewirkten Rechtserschütterung entsprechend ist daher auch für den Rücktritt der sowohl general- wie spezialpräventive Gedanke von Bedeutung, daß sich der verbrecherische Wille des Täters letztlich doch nicht als so stark erwiesen hat, wie es für die Durchführung der Tat erforderlich gewesen wäre, und daß auch der vom Versuch ausgelöste rechtserschütternde Eindruck (vgl. 23 vor § 22) nachträglich wieder derart weit beseitigt wird, daß ein Strafbedürfnis entfällt: iSe solchen **„Strafzweck"**- oder **„Indiztheorie"**, die im Grunde nichts anderes als ein strafbarkeitsaufhebendes Pendant zur versuchsbegründenden **Eindruckstheorie** darstellt (vgl. Schünemann GA 86, 323), auch BGH **9** 52, **37** 345, B/W-Mitsch 565, Bergmann ZStW 100, 334 f., Blei I 236, Gores aaO 155, Kühl 517, Rudolphi SK 4, NStZ 89, 511, Vogler LK 20; vgl. ferner Bloy aaO 158 ff., Freund 298, Grünwald Welzel-FS 711, M-Gössel II 57, Roxin Heinitz-FS 269 ff., Schäfer aaO 79 ff., Schmidhäuser Würtenberger-FS 99; iglS leitmotivisch eine „Umkehr zur Legalität" voraussetzend Bottke aaO, sowie iE wohl auch Jakobs 741 f., ZStW 104, 83 ff., wenn er im Hinblick auf die noch abänderbare Tat auf die „Rücknahme der Tatbestandsnähe" und den „Widerruf der Expressivität des Normbruchs" abhebt. Vgl. ferner v. Heintschel-Heinegg ZStW 109, 47 ff. zur sog. „Tatänderungstheorie" sowie das (wohl zu einseitig spezialpräventiv) an täterbezogener Strafbedürftigkeit orientierte Bewährungsmodell von Walter aaO (dazu Küper GA 82, 228 ff.) sowie die spezial- und generalpräventive Rückführung auf eine interessenausgleichende „Befriedigungsfunktion" bei Mayer aaO 62 ff. Auch der neuerdings betonte *Opferschutzgedanke* (vgl. insb. GrS BGH **39** 232, aber auch schon BGH NStZ **89**, 317, ferner Kampermann aaO 201 f., Weinhold aaO 30 ff., je mwN), selbst wenn für sich allein nicht die Strafbefreiung für Rücktritt legitimierend (Roxin JZ 93, 897) kann hierbei Berück-
2 c sichtigung finden. – Gegenüber solchen strafzweckorientierten Rücktrittserklärungen greift namentlich auch die neuerdings von Herzberg entwickelte **„Schulderfüllungstheorie"** (Lackner-FS 325 ff., NStZ 89, 49 ff.; 90, 172 ff., NJW 91, 1634 f.) zu kurz. So richtig es sein mag, Strafbefreiung deshalb einzuräumen, weil der Täter „seine Schuld durch eine ihm zurechenbare [freiwillige] Leistung erfüllt" (Lackner-FS 350), und so sehr sich diese zivilistische Herleitung auch mit dem wiederentdeckten Wiedergutmachungsgedanken untermauern ließe, kann von „Schulderfüllung" allenfalls insofern die Rede sein, als der Zurücktretende seiner Pflicht zur Nichtvollendung der Tat bzw. Vollendungsverhinderung nachkommt, während darin schwerlich eine „Erfüllung" (iSv Behebung) der bereits durch das Versuchsunrecht geschaffenen „Schuld" zu erblicken ist (iglS Rudolphi SK RN 3 a, NStZ 89, 510 f.; vgl. auch Jakobs JZ 88, 520). Daher ließe sich der Rücktritt – zivilrechtlich gesprochen – allenfalls als „Aufrechnung" mit dem Versuchsunrecht begreifen, wobei freilich die „Aufrechenbarkeit" ihrerseits einer Begründung bedürfte, so wie sie die „Strafzwecktheorie" zu geben versucht (vgl. auch Bergmann ZStW 100, 336 f., 351, Jäger aaO 62, Lampe JuS 89, 615 f.).
3 Auch wenn sich der Nachweis für die nachträgliche Beseitigung des rechtserschütternden Eindrucks vielleicht nicht in jedem Einzelfall führen läßt (krit. dazu etwa Lang-Hinrichsen Engisch-FS 386), wird daran doch immerhin deutlich, daß – ebenso wie der Strafgrund des Versuchs – auch der Befreiungsgrund des Rücktritts in einem Zusammenspiel von subjektiven und objektiven Faktoren zu suchen ist (vgl. auch Traub NJW 56, 1185, Stratenwerth 206). In die Richtung einer derartigen **einheitlichen Betrachtung von Versuch und Rücktritt** gehen auch die Bemühungen von Jäger aaO 62 f., Lang-Hinrichsen aaO 372, Schmidhäuser 364 f., Bottke aaO 219 ff., 348 ff.; vgl. auch Eser Maurach-FS 273; krit. gegen eine „Gesamttatbetrachtung" Walter aaO 24 ff.

4 II. Auch der **systematische Standort** des Rücktritts im Verbrechensaufbau hängt nicht zuletzt davon ab, worin man den Strafbefreiungsgrund erblickt. Soll der Täter dafür belohnt werden, daß er das Verschulden seines Versuchs durch die Verdienstlichkeit seines Rücktritts getilgt hat (vgl. o. 2 a), so

ist der Rücktritt konsequenterweise als *Schuldtilgungsgrund* zu begreifen (so Schröder 17. A. § 46 RN 2, 38 sowie neuerdings wieder Streng ZStW 101, 322 ff.). Sieht man die Strafwürdigkeit beseitigt, so soll nach Roxin Heinitz-FS 273 ein *Schuldausschließungsgrund* in Betracht kommen (ebenso Haft JA 79, 312); ähnl. spricht Rudolphi SK 6 von einem „Entschuldigungsgrund" iS eines Fehlens strafrechtlich relevanter Schuld (iE ebenso Schäfer aaO 176), während nach Bloy aaO 176 f. der Rücktritt eine *qualitative Unrechtsmodifizierung* bewirkt; vgl. auch die Meinungsübersicht bei Ulsenheimer aaO 90 ff., 130, der seinerseits nur von „Schuldminderung" spricht. Noch weitergehend ist nach Jakobs 741 f. der Rücktritt als „eine *Tatänderung* auf allen Stufen des Delikts" zu verstehen (mit entsprechenden Folgen für das Freiwilligkeitsverständnis: 757 ff.). Wird dagegen lediglich das konkrete Strafbedürfnis gegenüber dem Zurücktretenden verneint (vgl. o. 2 b), so liegt die Annahme eines **persönlichen Strafaufhebungsgrundes** nahe (iE ebenso – wenn auch mit unterschiedlicher Begründung – die heute hM: vgl. RG 72 350, BGH 7 299, B/W-Mitsch 564, Gropp 287, Jescheck/Weigend 548, Lackner/Kühl 1, Mayer aaO 83, Tröndle 3, Vogler LK 22, Welzel 196). Demgegenüber ist für Einbeziehung des Rücktritts bereits in den Versuchstatbestand als negatives Merkmal v. Hippel, aaO 72 ff., v. Scheurl aaO 27 f. (dagegen Roxin Heinitz-FS 275, Stree GA 74, 63 f., Ulsenheimer aaO 126 ff.). Vgl. zum Ganzen auch Jäger aaO 126 ff., Lang-Hinrichsen Engisch-FS 371, v. Scheurl aaO 14 ff. sowie Burkhardt, der aus strafzweckfunktionaler Sicht den Rücktritt als *Rechtsfolgeregel* begreift (aaO 116 ff.; vgl. dazu auch M-Gössel II 88); ihm nahekommend die Deutung des Rücktritts als „strafzumessungsnahem Verantwortlichkeitsausschluß" bei Bottke aaO 603 ff. Mit ähnlichen Erwägungen will Walter den am Bewährungsgedanken orientierten Rücktritt durch eine mittels täterbezogener Aspekte ergänzte Tatbetrachtung bereits in das „zurechnende Strafrecht" einbauen (aaO insbes. 27 ff.).

Soweit nach dem hier vertretenen Standpunkt im Rücktritt lediglich ein persönlicher Strafaufhebungsgrund zu erblicken ist – und Entsprechendes würde auch bei bloßem Schuldausschluß zu gelten haben –, steht folglich **Maßnahmen**, deren Verhängung nur eine „rechtswidrige Tat" voraussetzt (vgl. insb. §§ 63, 69), nicht etwa der Mangel einer solchen Tat entgegen, wohl aber der rücktrittindizierte Mangel weiterer Gefährlichkeit (vgl. BGH 31 132, DRiZ/H 83, 183, Vogler LK 205, ferner § 63 RN 5). 5

B. Grundkonstellationen des Rücktritts bei Alleintäterschaft (Abs. 1)

Die Rücktrittsregelung von Abs. 1 S.1 beruht auf der **Grundunterscheidung von unbeendetem und beendetem Versuch** mit jeweils unterschiedlichen – und daher auch jeweils eindeutig festzustellenden (BGH StV 93, 190) – Erfordernissen, wobei dieser Differenzierung (entgegen Krauß JuS 81, 884, Mayer MDR 84, 189) auch ein durchaus abstufbarer Unrechtsgehalt zugrunde liegt (vgl. Blei I 236, Wolter Leferenz-FS 564, aber auch Mayer aaO 180 ff., ferner B/W-Mitsch 567, M-Gössel II 58, v. Heintschel-Heinegg ZStW 109, 33 ff., wonach es für die Möglichkeit eines Rücktritts weniger auf die Einordnung in jene – gesetzlich nicht vorgegebenen – Begriffe als auf das Vorliegen der gesetzlich beschriebenen Rücktrittsvoraussetzungen ankommt, sowie noch weiter nivellierend Herzberg NJW 86, 2470 f., JuS 90, 274 u. NJW 91, 1633 f., 1641 mit einem nicht mehr zwischen beiden Altern. diff. Gesetzesvorschlag; krit. auch Jäger aaO 65 mit Abheben auf die Opfergefährdung). Anders als in § 46 aF kommt dies zwar nicht mehr durch ziffernmäßige Aufteilung zum Ausdruck, ergibt sich jedoch aus der Differenzierung zwischen „Aufgeben der Tat" und „Verhinderung der Tatvollendung" (Jescheck/Weigend 540; zur Entwicklungsgeschichte vgl. Ulsenheimer 131 ff.). Denn von bloßem „Aufgeben der Tat" kann sinnvollerweise nur da die Rede sein, wo noch nicht alles zur Erfolgsherbeiführung Erforderliche getan ist (daher *unbeendeter* Versuch) und somit schon durch schlichtes *Nichtweiterhandeln* Straffreiheit zu erlangen ist (dazu II). Demgegenüber ist dort, wo der Täter schon alles Erforderliche getan hat und nur noch der Erfolgseintritt aussteht (daher ein vom Täterhandeln her gesehen *beendeter* Versuch), die *Verhinderung der Tatvollendung* und damit eine Gegenaktivität zu verlangen (dazu III); deshalb sprach man in diesem Fall auch von „tätiger Reue", was jedoch mißverständlich ist, weil irgendwelche Reuegefühle für Rücktritt nicht unbedingt erforderlich sind (u. 56) und dieser Terminus zudem auch für Fälle des „Rücktritts" von einem (formell) vollendeten Delikt (wie zB § 306 e) Verwendung findet. Im übrigen wird durch Abs. 1 S. 2 Straffreiheit auch für den Fall eröffnet, daß der Täter die Vollendung eines Versuchs verhindern will, auch wenn – weil bereits objektiv fehlgeschlagen oder von vornherein untauglich – gar nicht mehr vollendbar ist: Für den Rücktritt von einem solchen **vermeintlich vollendbaren Versuch** soll schon *ernsthaftes Verhinderungsbemühen* genügen (dazu IV). Davon zu unterscheiden ist der Fall, daß der Täter das Scheitern seines Versuchs bereits erkannt hat: Bei einem derart aus Tätersicht **fehlgeschlagenen Versuch** ist ein Rücktritt von vornherein ausgeschlossen. Deshalb ist diese Versuchskonstellation vorab auszuscheiden (dazu I). 6

I. Rücktrittsausschluß bei (subjektiv) fehlgeschlagenem Versuch

1. Die **sachliche Berechtigung** dieser gesetzlich nicht ausdrücklich geregelten Versuchsfigur ist zwar noch umstritten (grds. abl. Gössel ZStW 87, 3 ff.; vgl. auch B/W-Mitsch 567, Borchert/Hellmann GA 82, 446 ff., Haft NStZ 94, 536, v. Heintschel-Heinegg ZStW 109, 33 ff., Ranft Jura 87, 7

528, Walter aaO 102 ff.); denn die herkömmliche Auffassung kommt zu weitgehend gleichen Ergebnissen, indem sie dort, wo der Täter das Scheitern seines Versuchs erkannt hat, teils den Rücktritt als unfreiwillig ausschließt (so zB RG **45** 7, **70** 3, BGH **4** 59, Welzel 197, vgl. auch BGH NStZ **98**, 510) oder teils als einen beendeten Versuch betrachtet, von dem man nicht schon durch bloßes Nichtweiterhandeln zurücktreten kann (vgl. BGH **4** 181, **10** 131, **14** 79, **22** 331, **23** 359); vgl. ferner Feltes GA 92, 395 ff., der durch eine „gemischt subjektiv-objektive Bewertung mit Differenzierung nach objektivem Erfolg" den „fehlgeschlagenen Versuch" durch 4 Fallgruppen (mit weithin ähnl. Ergebnissen wie hier) ersetzen will. Dennoch erfreut sich die Kategorie des subjektiv fehlgeschlagenen Versuchs als einer eigenständigen Rechtsfigur, bei der **Rücktritt von vornherein ausgeschlossen** ist, steigender Anhängerschaft (grdl. Schmidhäuser 627 ff., I 36, ferner – wenngleich mit unterschiedl. Nuancierung – Bottke aaO 352 ff., Freund 300, Gropp 284 f., Hruschka JZ 69, 495 ff., Jescheck/Weigend 543, Kudlich JuS 99, 242, Kühl 519 ff., Otto GA 67, 144 ff., Roxin Heinitz-FS 253 f., JuS 81, 1 ff., Rudolphi SK 8 ff., Vogler LK 23 ff., W-Beulke I 626 f.; grds. anerkenn. inzw. auch BGH **34** 56, **35** 94, **39** 228, 246, **41** 369, NJW **90**, 522, NStZ **86**, 265, **89**, 18, 317, NStZ-RR **96**, 195, **97**, 259, 260, StV **94**, 181, **99**, 596, MDR/H **96**, 117; vgl. aber auch u. 9), und zwar sowohl aus dogmatisch wie auch praktisch guten Gründen. Denn wie sich schon aus dem Wortsinn des „Aufgebens" bzw. „Verhinderns" ergibt, kann von einem „Zurücktreten" überhaupt nur dort die Rede sein, wo der Täter den Versuch an sich noch für fortsetzbar bzw. vollendbar hält (Krauß JuS 81, 884; iglS Bottke JZ 94, 74, Herzberg Blau-FS 99 ff.; krit. Jäger aaO 65 ff.). Erscheint ihm dagegen das ursprüngliche Handlungsziel als nicht (mehr) erreichbar und damit der Versuch als „fehlgeschlagen", so ist das Nichtweiterhandeln lediglich Hinnahme des Unvermeidlichen, nicht aber rechtsbewährende „Rückkehr zur Legalität"; auch das Ausbleiben des Erfolgs ist nicht Konsequenz eines Rücktritts, sondern unverdienter Zufall. Gewiß handelt es sich insofern zugleich auch um Fälle mangelnder Freiwilligkeit, so daß spätestens aus diesem Grunde strafbefreiender Rücktritt auszuschließen wäre. Doch genau besehen ist bei Fehlschlagen des Versuchs schon von vornherein gar kein Raum für Rücktritt, was zudem praktisch vorteilhaft zur Folge haben kann, daß sich die häufig zweifelhafte Freiwilligkeitsfrage schon gar nicht mehr stellt (vgl. Roxin JuS 81, 2 ff.). Noch weitergehend von seinem subjektivistischen Grundansatz her Sancinetti aaO, insb. 69 ff., 112 ff., wenn er nur bei unbeendetem Versuch Raum für Rücktritt sieht, während ein durch Inkaufnahme der Möglichkeit der Vollendung beendeter Versuch bei Ausbleiben des Erfolgs als fehlgeschlagen und demzufolge als nicht mehr rücktrittsfähig anzusehen sei.

8   2. Für die **Voraussetzungen des Rücktrittsausschlusses** bei dieser Rechtsfigur ist wesentlich, daß der Versuch aus der **subjektiven** Sicht des Täters **fehlgeschlagen** ist. Ersteres ist deshalb zu betonen, weil in Nachwirkung der alten Lehre vom „délit manqué" auch der von vornherein untaugliche oder sonstwie objektiv unmöglich gewordene, ja teils sogar der wegen Unfreiwilligkeit nicht rücktrittsfähige Versuch als „fehlgeschlagen" bezeichnet wird (vgl. etwa BGH **10** 131, **20** 280, Bockelmann I 211; hingegen inzwischen wie hier BGH **35** 95, NStZ-RR **97**, 260; vgl. aber auch NStZ **89**, 19, StV **99**, 596; näher zur Entwicklungsgeschichte Gössel ZStW 87, 8 ff.). Diese undifferenzierte Terminologie ist jedoch irreführend, weil bei einem zwar objektiven, vom Täter aber nicht erkannten Scheitern des Versuchs nach Abs. 1 S. 2 ein Rücktritt durchaus möglich bleibt, falls sich der Täter ernsthaft um Verhinderung der vermeintlichen Vollendbarkeit bemüht (vgl. u. 68 ff.; daher gegen eine kurzschlüssige Gleichsetzung von „untauglich" und „fehlgeschlagen" treffend Roxin JuS 81, 1 f.). Ein subjektiver Fehlschlag in dem hier gemeinten Sinne kommt vor allem in folgenden **Fallgruppen** in Betracht:

9   a) Bei **erkannter Unerreichbarkeit des tatbestandlichen Handlungsziels:** Das ist unzweifelhaft der Fall, wenn die Tatbestandsverwirklichung *physisch unmöglich* ist, weil das erwartete Tatobjekt nicht vorhanden ist (Griff in die leere Tasche, Abwesenheit oder Flucht des Opfers; vgl. BGH NStZ **93**, 40, StV **99**, 596), der Täter sich zur Ausführung als unfähig erweist (etwa wegen Unterlegenheit gegenüber dem Opfer oder Lähmung der Handlungsfähigkeit durch Herzschwäche oder Schock: vgl. BGH MDR/D **58**, 12, **71**, 363, GA **77**, 75, aber auch NStZ **88**, 70) oder das einzig verfügbare Tatmittel sich als untauglich herausstellt (zB die Bombe nicht zündet, der Tresor nicht zu knacken ist oder das Betrugsopfer die Täuschung durchschaut; vgl. Vogler LK 27 ff.; insoweit ebenso BGH **34** 56, ferner Herzberg Blau-FS 102). Entsprechendes gilt für den Fall, daß die Tatbestandsverwirklichung *rechtlich unmöglich* ist (insoweit grds. and. BGH **39** 246 m. abl. Anm. Bottke JZ 94, 71, 75, Vitt JR 94, 199 ff. bzw. zust. Kudlich JuS 99, 244), wie vor allem dort, wo es wegen des (unerwarteten) Einverständnisses des Opfers an einer Wegnahme oder Vergewaltigung fehlt (vgl. Ulsenheimer aaO 328 f.). Im Grunde sind dies die Fälle, in denen man herkömmlicherweise nach der Frank'schen Formel „ich kann nicht, selbst wenn ich wollte" (§ 46 Anm. II) den Rücktritt als „unfreiwillig" ausschließt (vgl. u. 46), wobei nicht schon – wie BGH **39** 247 für den vorgenannten Fall rechtlicher Unmöglichkeit – das Aufgeben des Tatplans verneint (m. insoweit krit. Anm. Streng NStZ 93, 583), wo es sich jedoch genau besehen bereits um einen diesen Aspekten vorgelagerten Rücktrittsausschluß

10   wegen Fehlschlags handelt (Roxin JuS 81, 29). Dementsprechend ist ein solcher (rücktrittsausschließender) Fehlschlag – entgegen der „Gesamtbetrachtungstheorie" (vgl. insbes. BGH **33** 297, NStZ **86**, 265 sowie mwN u. 18) – letztlich auch dort anzunehmen, wo der Täter sein Handlungsziel zwar noch durch Intensivierung seines Angriffs oder sonstwie *mit anderen Mitteln* erreichen könnte (wie zB nach Verschießen der letzten Kugel durch Erwürgen des Opfers oder durch Höherdosierung des Giftes),

wo er aber durch den (fehlgeschlagenen) Einzelakt das Handlungsgeschehen bereits in einer Weise aus der Hand gegeben hatte, daß er (im Falle des Gelingens) den Vollendungseintritt nicht mehr hätte verhindern können (wie etwa bei einem sofort tödlichen und nur aus zufälligem Versehen zu gering dosierten Gift). Zu diesem im einzelnen noch umstrittenen Rücktrittsausschluß trotz *Wiederholbarkeit des Versuchs* vgl. u. 15 ff., insb. 21.

b) **Fehlschlag bei sinnlos gewordenem Tatplan:** Das betrifft die Fälle, in denen eine Tatbestands- **11** erfüllung zwar durchaus (noch) möglich wäre, der damit verfolgte Zweck jedoch verfehlt würde (Vogler LK 30). Das ist vor allem da der Fall, wo das Tatobjekt infolge von Identitätsverwechslung oder Artverkennung dem Tatplan nicht entspricht: das vermeintlich fremde Vergewaltigungsopfer stellt sich als Schulkameradin heraus (vgl. BGH **9** 48), der erstrebte Gummiball entpuppt sich als bloße Holzkugel (vgl. Herzberg Blau-FS 102, Roxin JuS 81, 3 gegen RG **39** 40, wo fälschlich freiwilliger Rücktritt angenommen wird). Vor einem vergleichbaren „*Wegfall der Geschäftsgrundlage*" steht der Täter auch dort, wo das Tatobjekt hinter den spezifischen Erwartungen des Täters zurückbleibt: zB die Tatbeute für die erstrebte Geschäftsgründung nicht ausreicht (vgl. BGH **4** 56, ferner RG **24** 222, **55** 66, **70** 1, BGH NJW **59**, 1645), das Diebstahlsobjekt wegen Beschädigung nicht mehr verwendbar ist (vgl. RG **45** 6) oder wo die Tatvollendung wegen sonstiger Änderung der Sachlage zwecklos wird, zB weil das herzustellende Falschgeld außer Kurs gesetzt, das zu beraubende Opfer bereits bewußtlos (vgl. BGH NJW **90**, 263 m. Anm. Schall JuS 90, 623), das Vergewaltigungsopfer wegen Menstruation nicht disponiert ist (vgl. BGH **20** 280 [aber auch BGH NStZ **Nr. 13**], Schünemann GA 86, 324) oder der Täter das mit seinem Angriff verfolgte Ziel bereits erreicht hat (BGH NStE **Nr. 12**; vgl. aber dazu auch u. 17 b). Weitere Beispiele bei Kühl 521, Roxin JuS 81, 3 f., Rudolphi SK 9, Ulsenheimer aaO 320 ff. Vgl. zum Ganzen auch die nach Unfreiwilligkeitskriterien zu gleichen Ergebnissen gelangende Rspr. u. 45 ff.

II. **Rücktritt vom unbeendeten Versuch (Abs. 1 S. 1 Alt. 1)** setzt ein Zweifaches voraus: das **12** *Aufgeben* der weiteren Tatausführung (2.) und die *Freiwilligkeit* dieses Abstandnehmens (3.). Da diese Anforderungen weniger streng als die bei *beendetem* Versuch erforderliche „Vollendungsverhinderung" (u. 58 ff.), sind zunächst diese beiden Versuchsfiguren voneinander abzugrenzen (1.).

1. Für die **Abgrenzung von unbeendetem und beendetem Versuch** ist die **Vorstellung des** **13** **Täters** vom Verwirklichungsgrad seiner Tat entscheidend (hM: vgl. ua BGH **4** 181, **14** 79, **22** 177, 331, **31** 48, 171, NStZ **84**, 116, **93**, 399, Rudolphi SK 15 mwN). Diese *subjektive* Grundlage ist zwar nicht – wie eine überkommene Terminologie nahelegen könnte (vgl. etwa BGH StV **82**, 70, Jakobs 747) – ohne weiteres mit dem Vorliegen eines bestimmten „*Tatplans*" gleichzusetzen, aber insofern unentbehrlich, als die Frage, was der Täter an Rücktrittsleistung zu erbringen hat, nicht ohne Rückgriff auf seine Vorstellungen über Ziel und Verlauf seines Handelns beantwortet werden kann (vgl. Krauß JuS 81, 885; daher gegen die rein *objektiv* an der Erfolgstauglichkeit anknüpfenden Abgrenzungsversuche von Borchert/Hellmann GA 82, 429 ff., die ähnl. Vorschlägen von Henkel JW 37, 2376 nahekommen, zu Recht Jakobs 747, Küper JZ 83, 266; zur objektivieren Abgrenzung von Roxin Maurach-FS 213 vgl. hier die 21. A. RN 14 sowie Blei JA 75, 167, Herzberg MDR 73, 89; zu ähnl. Versuchen krit. Vogler LK 43 ff.). An diesem subjektiven Ausgangspunkt hat sich insb. auch durch den Abschied des BGH vom „Planungshorizont" (vgl. u. 17 b) nichts geändert; denn selbst wenn und soweit heute die Rspr. mit einem Teil der Lehre stattdessen auf den „Rücktrittshorizont" (nach Abschluß der letzten Ausführungshandlung) abhebt, bleibt doch auch dafür die subjektive Vorstellung des Täters von dem, was er verwirklichen wollte und inwieweit dies gelungen ist, entscheidend (vgl. insb. BGH **33** 297 ff., **34** 56, **35** 92, NStZ **86**, 265, **92**, 434 sowie näher u. 17 ff.). Diese subjektive, ohne Blick auf den Tatplan gar nicht sinnvoll beurteilbare Ausgangssicht schließt jedoch nicht aus, dabei auf den externen Versuchsverlauf und somit auf bestimmte – tatsächlich oder vermeintlich erreichte – *Gefährdungsgrade* abzuheben. Insofern kann von einer *Verbindung von subjektiven mit objektiven Kriterien* gesprochen werden (vgl. auch Feltes GA 92, 417 ff., der auf der Basis einer subjektiv-objektiven Bewertung danach differenziert, inwieweit objektiv ein Teil- oder Durchgangserfolg eingetreten ist).

a) Die Abgrenzung ist vergleichsweise einfach, wenn das Tatgeschehen einem bestimmten vorge- **14** faßten **Tatplan gemäß verläuft.** Ohne in solchen Fällen auf den Streit um Einzelakt- oder Gesamtbetrachtung einzugehen bzw. auf den „Planungs-" oder den „Rücktrittshorizont" abheben zu müssen (dazu u. 15 ff.), ist nach einer „klassischen" Formel **unbeendeter** Versuch anzunehmen, solange der Täter noch nicht alles getan hat, was nach seiner Vorstellung zum Erfolgseintritt notwendig erschien. **Beendet** ist der Versuch, wenn der Täter nach seinem Tatplan alles getan zu haben glaubt, was zum Erfolgseintritt notwendig wäre (BGH **4** 181, **10** 131, **14** 79, **22** 331, **23** 359, MDR **51**, 117, MDR/D **70**, 381). Dafür ist nicht erforderlich, daß bereits alle für den Erfolg wesentlichen Ursachen gesetzt sind; vielmehr genügt, daß die vom Täter zu verwirklichenden vorliegen: so zB durch Erstellung oder Einreichung einer falschen Bilanz, aufgrund der sich der Täter den Kredit erwartet. Daß der Täter über die Wirksamkeit seiner bisherigen Maßnahmen im Zweifel ist, schließt beendeten Versuch nicht aus; denn unbeendeter Versuch liegt nur solange vor, als der Täter glaubt, daß ohne weiteres Zutun der Erfolg nicht eintreten wird (Schröder JuS 62, 82, Jescheck/Weigend 541, Vogler LK 37 mwN). Rechnet er mit der Möglichkeit, daß das bereits Getane ausreicht, so liegt beendeter Versuch vor (BGH MDR/D **70**, 381), und zwar selbst dann, wenn dies objektiv nicht zur Erfolgsherbeiführung geeignet ist (vgl. Wolter ZStW 89, 695 f.). Benützt der Täter ein Mittel, das längere Zeit wirken muß, um den Erfolg herbeizuführen (Gasvergiftung), so ist der Versuch beendet, wenn er die Zuführung des Mittels eingeleitet hat, und zwar ohne Rücksicht darauf, ob er sich entfernt oder in der Nähe bleibt und damit die Möglichkeit hätte, den Gashahn wieder abzustellen (Jakobs 748 f., Vogler LK 39; and. Roxin Maurach-FS 214 ff.: nur Vorbereitung, solange keine unmittelbare Gefahr und Geschehen beherrschbar; vgl. auch LG Berlin MDR **64**, 1023).

15   b) Schwieriger ist die Abgrenzung, wenn der Täter von (zunächst nicht vorgesehenen) **weiteren Handlungsmöglichkeiten** Abstand nimmt, nachdem das Tatgeschehen nicht plangemäß verlaufen ist, oder wenn er von vornherein ohne bestimmten Tatplan vorgegangen war: so wenn er nach einem Fehlschuß von weiteren möglichen Schüssen absieht oder nach erfolglosem Schießen darauf verzichtet, die Tötung noch durch mögliche Erwürgen zu bewerkstelligen. In Fällen derartiger *Wiederholbarkeit* bzw. *anderweitiger Fortsetzbarkeit des Angriffs* stellt sich die Frage, ob die bereits begangenen (erfolglosen) Einzelakte jeweils als „beendeter" oder gar „fehlgeschlagener" Versuch anzusehen sind, mit der Folge, daß nicht schon durch bloßes Nichtweiterhandeln, sondern allenfalls aufgrund aktiver Erfolgsverhinderung (vgl. u. 59 ff.) bzw. überhaupt nicht zurückgetreten werden kann (vgl. o. 7 ff.), oder ob die mehreren auf das beabsichtigte Ziel gerichteten Handlungen als Einheit zu betrachten sind, mit der Folge, daß das bisherige Verhalten insgesamt als noch „unbeendeter" und damit durch schlichtes Nichtweiterhandeln rücktrittsfähiger Versuch zu betrachten ist (weit. Fallvarianten bei Mayer aaO 100 ff., Walter aaO 111 ff.). Dazu werden im wesentlichen folgende Lösungen vertreten (vgl. Bergmann ZStW 100, 329 ff.):

16   α) Die in der **Rspr.** vorherrschende **„Gesamtbetrachtung"** – gelegentlich auch *„Einheitstheorie"* genannt (Roxin JR 86, 425) – tendiert vor allem seit dem Abheben auf den **„Rücktrittshorizont"** zu einer rücktrittsfreundlichen Hinauszögerung des Übergangs vom unbeendeten zum beendeten Versuch.

17   Dem ist folgende **Entwicklung** vorausgegangen: Bis zu der mit BGH **31** 170 eingeleiteten Wende wurde zunächst teilweise nach dem (heute sog.) *„Planungshorizont"* auf die Vorstellungen des Täters bei *Tatbeginn* abgehoben: Habe der Täter alle geplanten Handlungen durchgeführt, sei der Versuch beendet; Gleiches gelte für den Fall, daß er weitere durchführbare Handlungen unterläßt, weil er sein bisheriges Tun für erfolgversprechend und die Deliktsverwirklichung für möglich hält (so namentl. BGH **14** 75 ff.; vgl. auch BGH **22** 176). Demgegenüber wurde gelegentlich nach *Konkurrenzaspekten* darauf abgehoben, ob Schlagen und Würgen als getrennte Handlungen zu betrachten und demzufolge bereits in der ersten ein selbständiger fehlgeschlagen-beendeter Versuch zu erblicken sei, oder ob es sich um einen einheitlichen Handlungskomplex mit jeweils unselbständigen Einzelakten gehandelt habe (BGH **10** 129, **21** 322). In steigendem Maße wurde jedoch bei unklarem oder unbestimmtem Tatplan mit Blick auf den *Rücktritts*zeitpunkt danach gefragt, ob der Täter bei Beendigung der verwirklichten Teilhandlungen den Erfolgseintritt bereits für möglich hielt (dann *beendeter* Versuch), oder ob er noch weitere Handlungen für erforderlich und auch möglich ansah (dann *unbeendeter* Versuch), mit der Folge, daß Rücktritt schon durch schlichten Verzicht auf Fortsetzung (mit gleichen oder anderen Mitteln) eröffnet bleibt (so etwa BGH **22** 330, GA **74**, 77, NJW **80**, 195, StV **81**, 67, 514, NStZ **81**, 342; vgl. auch BGH MDR/D **56**, 394, **66**, 22, **70**, 381, **75**, 541, MDR/H **80**, 628, StV **81**, 397). Dabei wurde durch diese ohnehin schon ungemein rücktrittsfreundliche Handhabung der Täter auch noch dadurch begünstigt, daß er sich „in der Regel" keine Gedanken über die Zahl seiner Einzelakte mache (vgl. BGH **22** 176, **23** 359) und somit im Zweifel praktisch von unbeendetem Versuch auszugehen sei. Diese „Gesamtbetrachtung" hatte auch schon damals in einem Teil der Lehre grundsätzliche Anhängerschaft gefunden (vgl. namentl. Bottke aaO 433 ff.), sah sich aber auch – vor allem wegen der Zufälligkeit und Manipulierbarkeit ihrer Grenzziehung – teils heftiger Kritik ausgesetzt (vgl. ua Burkhardt aaO 30 ff., Geilen JZ 72, 336 f., Jakobs 748 f., Ulsenheimer aaO 156 ff., 226 ff.) sowie u. 18 a).

17 a   Dieser unsichere Kurs der Rspr. hat mit BGH **31** 170 insofern einen klareren Orientierungspunkt erhalten, als mittlerweile auf den **„Rücktrittshorizont"**, nämlich so wie sich dem Täter der Versuchsverlauf *nach der letzten Ausführungshandlung* darstellt, abgehoben wird. Dazu wurde in einem ersten Schritt zunächst nur für den Fall eines *unbestimmten* Tatplans der *Rücktrittszeitpunkt* für maßgeblich erklärt und der Versuch idR jedenfalls dann für beendet betrachtet, „wenn der Täter nach der letzten Ausführungshandlung den *Erfolgseintritt für möglich hält"* (BGH **31** 175; bestät. in BGH **39** 227, NJW **84**, 1693, **85**, 2428, **92**, 990, NStZ **84**, 116, 453, **89**, 317, **93**, 40, 279, 399, **94**, 76, **97**, 593, **99**, 299, NStZ-RR **96**, 161, **98**, 9, StV **92**, 62, **94**, 181, **95**, 634, **96**, 372, NStE **Nr. 14, 19, 21** sowie die nachfolg. angef. Rspr). Im Umkehrschluß bedeutete dies, daß der Versuch solange als unbeendet zu betrachten (und demzufolge durch schlichtes Nichtweiterhandeln rücktrittsfähig) war, als der Täter sein bisheriges Handeln für nicht erfolgstauglich hielt und eine anderweitige Fortsetzungsmöglichkeit sieht (BGH NStE **Nr. 9**). Nachdem dabei Art und Grad der erforderlichen Gefährdungsvorstellungen noch offengeblieben waren (vgl. Küper JZ 83, 266 f., Vogler LK 69 f.), wurde die bereits in BGH **31** 172 enthaltene Feststellung, daß der Täter „nicht nur mit einer entfernten Möglichkeit des Erfolgseintritts rechnete", in BGH **33** 295, 300 dahingehend ausgeweitet, daß an das Fürmöglichhalten des Erfolgseintritts keine zu hohen Anforderungen zu stellen seien, daß insb. unerheblich sei, ob der Täter nach Feststellung des bereits Bewirkten den Erfolgseintritt noch will oder billigt, daß er keine Gewißheit des Erfolgseintritts zu haben brauche, sondern allein maßgeblich sei, ob er die *naheliegende Möglichkeit des Erfolgseintritts* erkannte. Zugleich wurde die Feststellung dieser Gefährdungsvorstellung dadurch erleichtert, daß zum einen schon die Kenntnis der *den Erfolgseintritt nahelegenden tatsächlichen Umstände* genügen soll (BGH **33** 299, **39** 231), also nicht die Kenntnis der Eintrittsmöglichkeit selbst erforderlich ist, und zum anderen bei bestimmten schweren Verletzungen (wie im Entscheidungsfall bei einem Pistolenschuß in die Schläfe) „auf der Hand liegt" (BGH **33** 300, NStZ **94**, 77, **99**, 299, NStZ/A **99**, 20, StV **96**, 23, 87; iE auch MDR/H **87**, 92, **95**, 442, **96**, 117, NStE **Nr. 12, 21**) und an die Annahme des Gegenteils strenge Anforderungen zu stellen seien (BGH NStZ **99**, 300), maW dem etwaigen Bestreiten dieser an sich subjektiven Erkenntnis durch eine objektivierende Typisierung erfolgsgeneigter Gefährdungslagen begegnet wird (krit. zu solchen Einschränkungen Weidemann GA 86, 410 ff.; vgl. auch Murmann aaO 43, Puppe NStZ 86, 15). Schließlich wurde in BGH **40** 306 (m. krit. Bspr. Heckler NJW 96, 2490, Murmann JuS 96, 590, T. Schmidt JuS 95, 650; vgl. auch Puppe NStZ 95, 403) dem Täter, der sich *keinerlei Vorstellung* über die Folgen seines Tuns macht, unterstellt, daß er mit *jedem* beliebigen Ausgang rechne und damit auch den Erfolgseintritt für möglich halte. Damit wird der *gleichgültige Täter* zu Recht den Regeln für beendeten Versuch unterworfen und der Anwendungsbereich des § 24 iE eingeschränkt. In BGH **33** 295 wurde ferner das zunächst nur für Fälle eines unbestimmten Tatplans gedachte Abheben auf den „Rücktrittshorizont" auch auf den nach einem *bestimmten Tatplan* vorgehenden Täter erstreckt und unabhängig von den ursprünglichen Vorstellungen der Versuch solange für unbeendet erklärt, als das Getane (aus Tätersicht) nicht für die Erfolgsherbeiführung geeignet ist (bzw. erscheint), der Versuch also – abgesehen vom Fall eines als solchen erkannten Fehlschlags – erst dann beendet ist, wenn der Täter nach der letzten Ausführungshandlung den Erfolgseintritt für möglich hält (BGH **33** 299, NStE **Nr. 14**). Von dieser Position aus lag es nahe, schließlich die Vorstellung des Täters bei Tatbeginn wie auch während des Tatverlaufs schlechthin für unmaßgeblich zu erklären (BGH **35** 93, MDR **88**, 99, NStZ **89**, 317, NJW **90**, 263, NStE **Nr. 15**). Zudem wurde der für den Rücktrittshorizont entscheidende Zeitpunkt auch noch dadurch hinausgeschoben, daß im Falle eines anfänglichen Irrtums – der Täter hält beim seinem Handlungsende den Erfolgseintritt bereits für möglich bzw. umgekehrt sein bisheriges Tun für folgenlos – „die an der wahrgenommenen Wirklichkeit korrigierte Vorstellung" maßgeblich ist (BGH **36** 224, **39** 228, NStZ **93**, 399, NStZ-RR **97**, 33, **98**, 134, MDR/H **91**, 482, **95**, 878, StV **94**, 181), mit der Folge, daß Totschlagsversuch selbst dann noch unbeendet ist, wenn das vermeintlich bereits tödlich getroffene Opfer sich noch zur Wehr setzt und der Täter nunmehr von weiteren Schüssen Abstand nimmt (BGH NJW **92**, 990, vgl. auch StV **96**, 23, NStZ **99**, 449 m. krit. Anm. Puppe JR 00, 72), andererseits der Versuch beendet ist, wenn der Täter mit einem tödlichen Ausgang zunächst nicht rechnet, jedoch unmittelbar darauf seinen Irrtum bemerkt (BGH NStZ **98**,614 m. krit. Anm. Jäger NStZ 99, 608, BGHR Versuch beendeter **12**); hingegen ist das nicht mehr unmittelbare Erkennen eines Irrtums unerheblich, mit der Folge, daß ein vermeintlich ungefährlicher Schuß auch dann ein unbeendeter Totschlagsversuch bleibt, wenn der Täter erst nach 10 Minuten erkennt, daß sein Schuß doch bereits lebensgefährlich war (BGH NStE **Nr. 19**). Zum umgekehrten Fall, daß der Täter bei Anrufen der Polizei das Opfer bereits für tot hält, vgl. BGH NStZ-RR **99**, 327.

Der in dieser Rspr. erblickte „Abschied vom Tatplankriterium" (wie namentl. begrüßt von Puppe NStZ 86, 15, Mayer MDR 84, 188, Roxin JR 86, 424) blieb jedoch – genau besehen – auf eine rein *zeitliche* Umorientierung von der *Planungs-* zur *Rücktritts*perspektive beschränkt, ohne also damit (wie dann auch von Puppe NStZ 90, 484 eingeräumt) völlig unerheblich zu werden; denn sofern der Täter bei einem vorgreiflichen Handlungsziel (wie Abreagieren von Aggression oder Verpassen eines „Denkzettels" durch Körperverletzung) im Hinblick auf einen darüber hinausgehenden Erfolg (Todesherbeiführung) uU nur mit *Eventualvorsatz* gehandelt hat, wäre konsequenterweise der Versuch als beendet zu betrachten, sobald der Täter sein **primäres Handlungsziel erreicht** hat, mit der Folge, daß für einen Rücktritt durch Verzicht auf ein (ohnehin sinnloses, krit. dazu Schroth GA 97, 159) Weiterhandeln kein Raum mehr bleibt (Kühl 531). Während der BGH diese Konsequenz zunächst zu ziehen bereit war (NJW **84**, 1693, StV **86**, 15, NStE **Nr. 12**) und dazu der 2. StS auch weiterhin stand, indem er Rücktritt von einem nur bedingt vorsätzlichen Versuch ausschloß, wenn der Täter sein eigentliches Handlungsziel bereits ohne Eintritt des in Kauf genommenen Erfolgs erreicht hat und somit dessen Erstrebung einen neuen Entschluß erfordern würde (NJW **90**, 522 m. Anm. Puppe NStZ 90, 433), wollte der 1. StS selbst für diesen Fall noch durch Annahme von unbeendetem Versuch den Rücktritt durch Verzicht auf einen weiteren Angriff offenhalten, und zwar weil dies im Schutzinteresse des Opfers (gegen eine mögliche erneute Gefährdung) liege bzw. um den mit bloßem Eventualvorsatz handelnden Täter nicht gegenüber dem mit direktem Vorsatz Angreifenden zu benachteiligen (NStZ **89**, 317, NJW **90**, 263 m. Anm. Schall JuS 90, 623). Aus dem letztgenannten Grund soll im übrigen bei nicht eindeutig feststellbarem (Tötungs-)Vorsatz zugunsten des Täters zwar konsequenterweise von unbeendetem Versuch – dies aber merkwürdigerweise unter Zugrundelegung der mit direktem Tötungsvorsatz schwereren Begehungsform – auszugehen sein (NJW **84**, 1693 m. krit. Anm. Ulsenheimer JZ 84, 852, Weidemann NJW 84, 2805, Tröndle 4b, ferner BGH NStE **Nr. 8**, StV **86**, 15, NJW **90**, 522). Diese – bislang nicht ganz korrekt unter dem Stichwort „dolus eventualis-Fälle" laufende – Rspr., die nicht nur bei Inkaufnahme eines über das primäre Handlungsziel (zB Denkzettel durch Körperverletzung) hinausgehenden Erfolgs (mögliche Tötung), sondern überall bedeutsam ist, wo der Täter über den angestrebten tatbestandlichen Erfolg (Tötung eines Verfolgers) ein **außertatbestandliches Handlungsziel** (Flucht) verfolgt, hat der GrS dahingehend (iSd 1. StS) bestätigt, daß ein – gleich ob mit direktem oder bedingtem Vorsatz unternommener –

§ 24   17 c–18 a   Allg. Teil. Die Tat – Versuch

Versuch auch dann noch ein unbeendeter (und damit rücktrittsfähiger) sein kann, wenn der Täter sein außertatbestandsmäßiges Handlungsziel erreicht hat (BGH **39** 221 [m. zust. Anm. Hauf MDR 93, 929, Pahlke GA 95, 72; abl. Roxin JZ 93, 896; krit. auch Bauer NJW 93, 2590], NStZ **97**, 593, NStZ-RR **96**, 195, **98**, 134, StV **97**, 128; vgl. auch die handlungspsycholog. Analyse von Göttlicher ua MschrKrim 96, 128); für Unerheblichkeit der Vorsatzform in solchen Fällen auch Kampermann aaO 142 f. mwN.

17 c   Andererseits versucht der BGH – mit einer gewissen Gegenläufigkeit zu dieser den unbeendeten Versuch ausweitenden Tendenz – den Rücktritt durch Verzicht auf mögliche Fortsetzungshandlungen dadurch **zeitlich einzuschränken**, daß er den Versuch nur solange als noch nicht fehlgeschlagen (und damit als unbeendet) ansieht, als dem Täter erkanntermaßen *ohne zeitliche Zäsur ein anderes sofort einsetzbares Tatmittel* zur Verfügung steht, insoweit also ein „einheitlicher Lebensvorgang" anzunehmen ist (BGH **34** 53, 57 m. Anm. Fahrenhorst NStZ 87, 278, Kadel JR 87, 151, Ranft Jura 87, 527, Rengier JZ 86, 963, ferner BGH **39** 228, **41** 369 [m. Anm. Beulke/Satzger NStZ 96, 432], NStZ **96**, 97, NStZ-RR **97**, 259, ähnl. NStE **Nr. 5, 6, 7**), oder – nach etwas anderen Formulierungen – der Täter „ohne tatbestandlich relevante Zäsur" (BGH NStZ **86**, 265) bzw. „im unmittelbaren Fortgang des Geschehens" (BGH NStZ **96**, 195) sein Ziel verfolgen könnte bzw. „im Rahmen derselben Willensrichtung auf ein Weiterhandeln mit einem ihm zur Verfügung stehenden Mittel verzichtet" (BGH NJW **90**, 264). Für eine solche (noch unbeendete) „Rücktrittseinheit" (BGH **40** 75 [m. Bspr. Haft NStZ 94, 536, Hauf wistra 95, 260] im Anschluß an Rengier JZ 88, 932) soll es darauf ankommen, daß die vorausgegangenen, erfolglos gebliebenen Teilakte mit dem neuen Anlauf, auf den der Täter schließlich verzichtet, einen einheitlichen Lebensvorgang bilden, wobei freilich eine derartige Einheit nicht über die – aufgrund von BGH **40** 138 ohnehin weitgehend obsolet gewordene (vgl. 31 ff. vor § 52) – Figur der „fortgesetzten Handlung" soll begründet werden können. Ist etwa der Verfolger bereits durch eine versuchte Tat in die Flucht geschlagen worden, so ist ein strafbefreiender Rücktritt vom Mordversuch ausgeschlossen, weil damit der einheitliche Lebenssachverhalt unterbrochen ist und ein mögliches Weiterhandeln auf einem neuen Tatentschluß beruhen würde (BGH NStZ **94**, 493; and. wohl BGH MDR/H **95**, 442); vgl. auch BGH NStZ-RR **98**, 103 zum unbeendeten Versuch eines Sexualdelikts trotz vorübergehender Unterbrechung. Zur Heranziehung der Rücktrittsregeln auf Konkurrenzebene vgl. BGH **41** 368 [m. Anm. Beulke/Satzger NStZ 96, 432, Puppe JR 96, 513], **44** 91.

18   Diese **Entwicklung zusammenfassend** ist nach der „neueren und inzwischen gefestigten **Rspr.**" (BGH **39** 227 ff., NStZ **93**, 399) von folgenden Grundsätzen auszugehen: (a) Ein Versuch ist solange als *unbeendet* und demzufolge durch schlichtes Abstandnehmen von weiteren Fortführungshandlungen rücktrittsfähig anzusehen, als der Täter nach Abschluß seiner letzten Ausführungshandlung noch nicht alles getan hat, was nach seiner Vorstellung zur Erfolgsherbeiführung erforderlich oder möglicherweise ausreichend wäre (o. 17). Auch wenn er dabei zunächst irrtümlich meint, zur Erfolgsherbeiführung nicht mehr weiter handeln zu können oder zu müssen, ist die an der wahrgenommenen Wirklichkeit korrigierte Vorstellung maßgeblich, sofern sich das Geschehen noch im Rahmen des gleichen einheitlichen Lebensvorgangs bewegt (o. 17 a). Demzufolge kann der Täter solange durch schlichtes Nichtweiterhandeln zurücktreten, als er im „Rücktrittshorizont" ohne zeitliche Zäsur sein Tatziel auch noch mit anderen verfügbaren Tatmitteln erreichen zu können glaubt (o. 17 c). (b) Muß der Täter hingegen im „Rücktrittshorizont" mit der nach den Umständen nicht fernliegenden Möglichkeit rechnen, daß es zum Erfolgseintritt keines weiteren Handelns bedarf, so ist der Versuch *beendet*, mit der Folge, daß davon nur noch durch Erfolgsverhinderung (bzw. darauf gerichtetes Bemühen) zurückgetreten werden kann (o. 17 a). (c) Erscheint dagegen weder der Erfolgseintritt naheliegend noch stehen dem Täter bei Untauglichkeit seiner bisherigen Handlung(en) unmittelbar weitere Fortsetzungsmöglichkeiten zur Verfügung, so ist der Versuch als *fehlgeschlagen* und damit als nicht mehr rücktrittsfähig zu betrachten. (d) War die Absicht des Täters auf ein über den versuchten Tatbestand hinausgehendes Ziel gerichtet, so steht der Annahme eines noch unbeendeten (rücktrittsfähigen) Versuchs nicht entgegen, daß der Täter sein *außertatbestandsmäßiges Handlungsziel erreicht* hat und deshalb von weiteren Handlungen absieht (bzw. absehen kann); auch kommt es dabei nicht darauf an, in welcher Vorsatzform der Versuch unternommen wurde (o. 17 b; insofern ist die uneinheitliche Rspr. zu den dolus eventualis-Fällen [s. 25. A.] als überholt zu betrachten). – Diese von der Rspr. vertretene „Gesamtbetrachtung" aus dem „Rücktrittshorizont" hat auch in der **Lehre**, soweit nicht bereits ohnehin vorentworfen (vgl. namentl. Roxin Heinitz-FS 269, JuS 81, 7 f., ferner Schmidhäuser 629 f., Walter aaO 119 ff.), inzwischen weithin – wenn auch nicht ohne gewisse Einschränkungen und Nuancierungen – Anhang gefunden (vgl. ua B/W-Mitsch 575, Blei I 237, Bokkelmann/Volk I 212, Jescheck/Weigend 541 f., Kienapfel JR 84, 70, Pallin-FS 212 ff., Köhler 479, Kudlich JuS 99, 350, Kühl 525, Küper JZ 83, 262, Mayer MDR 84, 187, M-Gössel II 62, Murmann aaO 39 ff., Otto Jura 92, 429, Puppe NStZ 86, 15, Ranft Jura 87, 533, Rengier JZ 86, 963; 88, 931, Roxin JR 86, 424, Rudolphi SK 14, NStZ 83, 63, Streng JZ 90, 212, Vogler LK 64 ff., W-Beulke I 629, mit Vorbehalt auch Tröndle 4 b, Lackner/Kühl 6), wobei in den zuvor bei (d) genannten Fällen nach Erreichen des eigentlichen Handlungsziels wohl überwiegend Rücktritt ausgeschlossen wird (wie insb. von Roxin JZ 93, 896; für Rücktritt hingg. Schroth GA 97, 151, Streng JZ 90, 218, soweit noch die Möglichkeit zu freiwilligen Verzichtsleistungen besteht).

18 a   Obgleich sich diese Rspr. bereits seit BGH NJW **90**, 263 (und weiter verstärkt in BGH **39** 227, NStZ **93**, 399) als „gefestigt" bezeichnet (was sich freilich schon kurz danach in NJW **90**, 522 m.

Anm. Puppe NStZ 90, 433 in Frage gestellt sah) und eine zweifellos eindrucksvolle Anhängerschaft verzeichnen kann, bleibt doch **kritisch zu monieren**, daß sie nach wie vor weder konstruktiv noch kriminalpolitisch voll befriedigen kann: So kann schon von einem „Abschied vom Tatplankriterium" allenfalls im Hinblick auf die Verschiebung vom „Planungs"- zum „Rücktrittshorizont" die Rede sein (vgl. o. 17 b sowie Herzberg NJW 88, 1560), nicht dagegen – und zwar berechtigterweise – insoweit, als es vor allem zur Abgrenzung vom „fehlgeschlagenen Versuch" letztlich denn doch darauf ankommt, *was* der Täter mit welchen Mitteln zu erreichen versuchte (vgl. BGH **34** 57 sowie NJW **90**, 263 zu o. 18 bei (c), ferner o. 13). Vor allem aber sieht sich auch diese Konzeption nach wie vor den gleichen Bedenken ausgesetzt, die bereits gegenüber der früheren „Gesamtbetrachtung" zu erheben waren: Indem der Versuch solange unbeendet bleiben soll, bis der Täter „das verwirklicht hat, was nach seiner Vorstellung zur Herbeiführung des Erfolges erforderlich oder möglicherweise ausreichend ist" (BGH **31** 176), kann sich gerade der eher skrupellos „zu allem bereite" Täter, der entweder von vornherein mit allen Eventualitäten rechnet oder bei anfänglichem Scheitern noch weitere Realisierungsmöglichkeiten erkennt, beliebig viele Fehlschläge leisten (vgl. Mayer aaO 187 f.); denn solange er sein Opfer nicht empfindlich getroffen hat, kann er mangels einer naheliegenden Möglichkeit des Erfolgseintritts durch schlichtes Nichtweitermachen alles Vorangegangene strafrechtlich ungeschehen machen. Diese (wie auch von Puppe NStZ 90, 433 eingeräumt) schwerlich nachvollziehbare Begünstigung des eher weiterstrebenden Täters (vgl. BGH NStZ **89**, 317) zeigt sich unter dem Aspekt, daß bei einem Fehlschlag im Rahmen eines bestimmten Tatplans der Täter im Hinblick auf BGH **34** 57 gut beraten ist, sich dadurch nicht einfach zur Besinnung kommen zu lassen und mit der Situation abzufinden, sondern jedenfalls insoweit noch tatbesessen genug zu bleiben, um nach anderweitigen Fortsetzungsmöglichkeiten Ausschau zu halten, deren Einsatz zumindest zu reflektieren und dann fallenzulassen. Über diese mehr psychologischen Momente hinaus ist schließlich auch kriminalpolitisch schlechterdings nicht einzusehen, wieso eigentlich jegliches Strafbedürfnis entfallen soll, wenn der Täter beliebig oft zu wiederholten und jeweils für erfolgstauglich gehaltenen Angriffen ansetzen kann und schon durch schlichtes Abstandnehmen von weiteren (tatsächlichen oder auch nur angeblichen) Wiederholungs- oder gar anderweitigen Fortsetzungshandlungen (wie etwa möglichem Diebstahl anstelle des mißglückten Erpressungsversuchs: vgl. BGH StV **89**, 246) Strafbefreiung erlangen können. Vgl. auch die Kritik von Bergmann ZStW 100, 333 ff., Burkhardt aaO 30 ff., Freund 303 ff., Herzberg Blau-FS 97 ff., NJW 86, 24 ff.; 88, 1559 ff.; 89, 197 ff., JuS 90, 273 ff., Jakobs 748 f., Schlüchter Baumann-FS 81 ff., Seier JuS 89, 103, Ulsenheimer aaO 156 ff., 226 ff.; ferner die Bedenken bei Tröndle 4 b, Lackner/Kühl 6.

β) Immerhin finden sich aber in der neueren Rspr., indem nur Fortsetzungsmöglichkeiten innerhalb eines „einheitlichen Lebensvorganges" (BGH **34** 57) beachtlich sein sollen (vgl. mwN o. 17 c), Einschränkungsmöglichkeiten angelegt, wie sie ähnlich auch von einem **Teil der Lehre** durch eine **Kombinierung subjektiver mit objektiven Kriterien** vertreten werden. Danach ist der *Tatplan* zwar insofern noch bedeutsam, als dort, wo der Täter etwaige Wiederholungs- oder anderweitige Fortsetzungsmöglichkeiten von vornherein als für ihn nicht in Betracht kommend ausgeschlossen bzw. solche Alternativen auch nachträglich nicht erkannt hat, bereits mit Scheitern des geplanten Akts ein (nicht-rücktrittsfähiger) Fehlschlag anzunehmen sei. Im übrigen hingegen soll bei unbestimmtem Tatplan die Frage der Versuchsbeendigung bzw. des Fehlschlagens entscheidend davon abhängen, ob nach den allgemeinen Regeln über Handlungseinheit und Handlungsmehrheit die Fortsetzungsakte mit den erfolglos begangenen eine *natürliche Handlungseinheit* bilden würden (dann *unbeendeter* Versuch) oder ob im Weiterhandeln eine *neue* (nämlich zu den erfolglosen Vorakten in *Handlungsmehrheit* stehende) Straftat zu erblicken wäre (dann *beendeter* bzw. *fehlgeschlagener* Versuch): iS dieser von Schröder auch hier bis zur 20. A. RN 16 ff. übernommenen Differenzierung nach Handlungskriterien (wobei jedoch bloßer Fortsetzungsvorsatz eine solche Einheit nicht soll begründen können) auch Dreher JR 69, 105 ff., bis zur 3. A. Jescheck 439, gelegentl. auch in BGH **10** 129, **21** 322 anklingend (vgl. o. 17); ähnlich – wenn auch mit ergänzender Differenzierung nach der Gleich- bzw. Verschiedenartigkeit des Wiederholungsaktes – Rudolphi SK 14, ferner Ranft Jura 87, 534 durch Abheben auf die Fortsetzungsmöglichkeit mit artgleichen (bzw. nach Kühl 530 gleichermaßen geeigneten) Tatmitteln bei fortbestehender Zielsetzung; noch weitergehend soll nach Roxin Versuch sogar solange unbeendet sein, wie der Täter glaubt, durch Weiterhandeln noch zum Ziel kommen zu können (Heinitz-FS 269, JuS 81, 7 f.); iE nahekommend Otto GA 67, 148, Schmidhäuser I 370 sowie – für den Fall, daß an sich noch ein (wie freilich zu bestimmender?) bewährungsfähiger Vollendungsanreiz bestünde – Walter aaO 119 ff. Diese Lösungsversuche haben gegenüber der „Gesamtbetrachtung" des BGH (o. 16 ff.) zweifellos den Vorzug, daß in ihnen seinem Tatplan offenerer Täter zwar nicht grenzenlos, sondern beschränkt auf das Abstandnehmen von handlungseinheitlichen bzw. gleichartigen Wiederholungsmöglichkeiten privilegiert wird. Andererseits wird aber auch hier (wenn nicht sogar noch mehr) der schlichte Zufall honoriert, daß alle vorangegangenen Versuchshandlungen – und seien sie dem Täter noch so aussichtsreich erschienen und beliebig oft wiederholt worden – erfolglos blieben. Hier eine strafbedürftigkeitsbeseitigende „Rückkehr zur Legalität" bereits darin erblicken zu wollen, daß der Täter schließlich doch auf das „lohnendere" Ziel der Tatvollendung verzichtet habe (Roxin JuS 81, 8), wäre nicht nur eine Überspannung der ohnehin fragwürdigen „goldenen Brücke", sondern geradezu ein Anreiz, etwaige Angriffsmöglichkeiten jedenfalls so weit auszuschöpfen, als wenigstens noch eine einzige rücktrittsfähige Alternative bleibt – ganz abgesehen davon, daß es selbst bei

Zugrundelegen der „Verbrechervernunft" schwer fällt, in der Tatvollendung ohne weiteres ein „lohnenderes" Ziel zu sehen, kann dies doch ohnehin nur für den Fall gelten, daß sich der Täter allein bei Tatvollendung, dann aber auch absolut sicher glaubt: Warum aber muß dieser Täter schon allein durch Abstandnehmen von einem letztmöglichen Angriff volle Straffreiheit soll erlangen können, und zwar selbst dann, wenn er das Handlungsgeschehen bereits in nicht beherrschbar erscheinender Weise – beliebig oft – aus der Hand gegeben hatte, ein solcher Strafverzicht ist nicht mehr mit einem Mangel an (spezial- und generalpräventiver) Strafbedürftigkeit, sondern allenfalls nach einem strafrechtssuspendierenden „Prinzip Hoffnung" zu erklären. Schließlich kommt hinzu, daß die Formel, „ob der Täter durch neues gleiches oder andersartiges Handeln noch zum Ziele kommen könnte", immer dann versagt, wenn der deliktische Erfolg nicht Ziel des Täters ist, er also im Hinblick auf diesen Erfolg nur bedingt vorsätzlich handelt.

20 γ) Derart fragwürdigen Rücktrittsprämien versucht die **„Einzelbetrachtung"** dadurch zu begegnen, daß weniger auf den Bestimmtheitsgrad des Gesamtplanes und/oder etwaige Fortsetzungsmöglichkeiten abzuheben sei, sondern auf die Einschätzung des Einzelaktes durch den Täter: Solange er diesen noch für ergänzungsbedürftig hält, um den Erfolg herbeizuführen („Summierungserfordernis"), ist der Versuch noch *unbeendet* und durch schlichten Fortsetzungsverzicht rücktrittsfähig. Sobald er dagegen einen Einzelakt für erfolgstauglich hält, liegt *beendeter* (wenn nicht gar *fehlgeschlagener*) Versuch vor, und zwar ohne Rücksicht darauf, ob er etwaige Wiederholungsmöglichkeiten vorausbedacht hat oder nach dem Fehlschlag anderweitige Fortsetzungsmöglichkeiten erkennt: iS dieser auch als „Einzelakttheorie" bezeichneten Auffassung Baumann/Weber[9] 488 f., Gutmann aaO 92 ff., Jakobs ZStW 104, 89 ff., Maiwald, Die nat. Handlungseinheit (1964) 92 f. sowie die Sonderausschuß-Mehrheit Prot. V/1757 ff., ferner mit gewissen Nuancierungen auch Geilen JZ 72, 336 ff., Ulsenheimer aaO 207 ff., 217 ff., 240 f. In *modifizierter* Form für eine Einzelbetrachtung auch Herzberg, indem er für den Fall eines „qualifizierten Versuchs" das bereits Verwirklichte als nur mit Eventualvorsatz begangen im Ansatz gebracht sehen und dem Täter hinsichtlich der über den bereits eingetretenen (Teil-)Erfolg hinausgehenden Absicht(en) insofern den Rücktritt offenhalten will, als dieser von weiteren Verwirklichungsmöglichkeiten Abstand nimmt und (erforderlichenfalls) eine weitere Erfolgsverwirklichung aktiv verhindert (grdl. NJW 88, 1559, ferner bereits in Blau-FS 117, NJW 88, 2468, JuS 90, 273 sowie NJW 89, 197 [in Replik auf die Kritik von Mayer NJW 88, 2589], NJW 91, 1635, Rengier JZ 88, 931; krit. zu einer solchen „unechten" Einzelakttheorie Sancinetti aaO 114).

21 δ) Diese „Einzelbetrachtung" verdient im Grundansatz Zustimmung, bedarf aber noch einer Präzisierung im Hinblick auf die für die Rücktrittsratio wesentliche Strafwürdigkeit und Strafbedürftigkeit (weswegen die vorbehaltlose Zuordnung der hier vertretenen Auffassung zur „Einzelbetrachtung" – wie etwa bei Herzberg Blau-FS 117, Puppe NStZ 86, 16, Rengier JZ 86, 964, Sancinetti aaO 115 – nicht ganz korrekt ist). Da es für die an den Rücktritt zu stellenden Anforderungen entscheidend darauf ankommt, inwieweit es dem Täter gelingt, den rechtserschütternden Eindruck seines Versuchs wiederum zu beseitigen (o. 2 b), und weil dabei – der grundsätzlich subjektiven Rücktrittskonzeption entsprechend – jeweils auf seine Sicht des Tatgeschehens abzustellen ist (o. 13), hängt die Abgrenzung maßgeblich davon ab, inwieweit sich das Versuchsgeschehen im Hinblick auf den Erfolgseintritt hin bereits „verselbständigt" hat, dh in welchem Grad der einzelne Versuchsakt dem Täter als erfolgsgeeignet erscheint, wobei es in zeitlicher Hinsicht nicht schon abschließend auf den ersten „Planungshorizont" ankommt, sondern auch der dem Täter erkennbare Versuchsverlauf bis zum Abschluß der letzten (dem Rücktritt vorausgehenden) Ausführungshandlung (so wohl – wenngleich von anderem Ansatz aus – neuerdings auch Puppe NStZ 90, 434) mitzuberücksichtigen ist. Nach diesem **aus Tätersicht im „Ausführungshorizont" zu beurteilenden Erfolgseignungsgrad des Einzelaktes** ist folgendermaßen zu differenzieren: (1) Solange dem Täter ein Einzelakt für sich allein (dh ohne weitere hinzukommende Handlung) noch nicht zur Erfolgsherbeiführung geeignet erscheint und sich damit auch *nicht verselbständigt* hat, handelt es sich um einen **unbeendeten** (und damit durch schlichtes Nichtweiterhandeln rücktrittsfähigen) Versuch. (2) Erscheint ihm dagegen sein Handeln zwar bereits geeignet, auch ohne weitere Akte den Erfolg (möglicherweise oder gerade sicher) herbeizuführen, glaubt er aber den Erfolgseintritt notfalls noch durch einen Gegenakt aufhalten zu können, hat sich also sein Handeln zumindest schon *„relativ verselbständigt"*, so ist der Versuch **beendet** (wenn auch noch rücktrittsfähig durch Vollendungsverhinderung). So verhält es sich etwa dort, wo der Täter – und zwar (entgegen der Mißdeutung von Walter aaO 118 f.) mit durchaus unbedingter Tatentschlossenheit – das (vermeintliche) Gift der für das Opfer bereitstehenden Speise bereits beigemischt hat, sich dabei aber bewußt ist, das Opfer notfalls noch vor der Einnahme telefonisch warnen zu können. (3) Sobald sich jedoch das Handeln des Täters sogar *„absolut verselbständigt"*, indem er Einzelakte vornimmt, die ihm zur Erfolgsherbeiführung geeignet und in ihren Auswirkungen nicht mehr beherrschbar erscheinen, so liegt weder beendeter noch unbeendeter, sondern (nicht mehr rücktrittsfähiger) **fehlgeschlagener** Versuch vor: so beispielsweise dort, wo der Täter durch eine Injektion unwiderruflich den sofortigen Tod des Opfers glaubt bewirken zu können (wie wohl im Falle des Vergiftungsversuchs in BGH NStE **Nr. 6**), das Gift jedoch wider Erwarten zu niedrig dosiert ist; selbst wenn der Täter hier noch erfolgreich „nachspritzen" könnte, ist im Hinblick auf die manifestierte verbrecherische Energie und das allein vom unverdienten Zufall abhängende Ausbleiben des Erfolgs nicht einzusehen, warum ein solcher Fehlschlag, der – falls erfolgreich – nicht beherrschbar gewesen wäre, rücktrittsfreundlicher behandelt werden soll, als der Griff in die leere

Tasche oder das planmäßig auf ein bestimmtes Tatziel oder Tatmittel beschränkte – wenngleich anderweitig nachholbare – Mißlingen. Soll Rücktritt als Gegenindiz mangelnder Strafwürdig- und -bedürftigkeit von den Zufälligkeiten anderweitiger Handlungsalternativen freibleiben, so kann Maßstab rechtsstabilisierenden Rücktrittsverhaltens nicht ausschließlich das sein, was der Täter nach einem Fehlschlag sonst noch alles zur Erfolgsherbeiführung tun könnte oder sich vorbehalten hat (mit solcher Tendenz aber die wohl zu einseitig spezialpräventive Zukunftsorientierung bei Walter aaO 104 f.), sondern vor allem das, was er zur Abwendung des bereits Getanen noch glaubt wirken lassen zu können. Deshalb bleibt – in klarstellender Einschränkung der hier früher als strenger erscheinenden Position – bei Scheitern eines Tatplans für Rücktritt nur, aber immerhin insofern Raum, als es sich lediglich um ein *teilweises Fehlschlagen* handelt und der Täter durch aktives Rettungsbemühen dem Erfolgseintritt entgegenwirkt (so iE zu Recht Bergmann ZStW 100, 336, 340, 345, 351 f.). In dieser durchaus auch dem Wortlaut des Gesetzes entsprechenden Privilegierung des aktiv um Erfolgsverhinderung bemühten Täters (§ 24 I 2) ist auch keineswegs eine Benachteiligung jenes Täters zu erblicken, dessen Versuch erkennbar völlig fehlschlägt; denn während der vorbeischießende Mörder sonst schon bei bloßem Abstandnehmen von möglichem Schlagen und Würgen völlig straffrei bliebe, bleibt der immerhin das Opfer treffende Täter selbst bei Einräumung einer Rücktrittsmöglichkeit für (das Bemühen um) aktive Erfolgsverhinderung jedenfalls noch für bereits vollendete Teilerfolge (wie im Beispielsfall nach §§ 223, 224) strafbar (so iE auch Herzbergs Auffassung; vgl. u. 20). Zu weiteren Aspekten dieses Ansatzes vgl. Eser II 114 f. sowie grdl. Burkhardt aaO 43 ff., 90 ff.; iglS Jakobs 748 f., JuS 80, 715 f., ZStW 104, 89 ff., ferner Sancinetti aaO 74 f., 112 ff. auf dem Boden eines subjektiven Unrechtsbegriffes, sowie iE auch Backmann JuS 81, 340 f., v. Heintschel-Heinegg ZStW 109, 47 ff.

c) Ähnlich ist auch bei **Irrtum über die Wirksamkeit des bereits Getanen** die Tätersicht 22 bedeutsam: so wenn der Täter die Dosis Gift fälschlich nicht für ausreichend hält und infolgedessen glaubt, durch bloßes Nichtweiterhandeln den Erfolg verhindern zu können. Sieht man dabei – auf der Basis der „Gesamtbetrachtungslehre" – von einer Korrektur des Irrtums innerhalb derselben „Rücktrittseinheit" einmal ab (vgl. o. 17 a, 17 c), so soll in den hier infragestehenden Fällen nach hL Rücktritt deshalb ausgeschlossen sein, weil durch den objektiven Erfolgseintritt die Tat als vollendet zu betrachten sei (vgl. Schmidhäuser I 366 f., Walter aaO 145 ff. mwN; iE auch Mayer aaO 93 ff.); irrige Vorstellungen über die Wirksamkeit der Erfolgsverhinderung könnten daher allenfalls über die Grundsätze der Abweichung vom Kausalverlauf ein vorsätzliches Vollendungsdelikt ausschließen (vgl. Jescheck/Weigend 545, Krauß JuS 81, 886, Rudolphi SK 16, Stratenwerth 209, Vogler LK 148 ff.).

α) Dem ist jedoch nur insoweit zuzustimmen, als im Zeitpunkt des „Rücktritts" der tatbestands- 23 mäßige **Erfolg bereits eingetreten** ist: In diesem Fall liegt eine – nicht mehr rücktrittsfähige – Vollendung auch dann vor, wenn der Täter um den zwischenzeitlichen Erfolgseintritt nicht wußte. Deshalb ist hier vorsätzliche Vollendung allenfalls damit auszuschließen, daß dem Täter im Falle eines vermeintlich unbeendeten Versuchs der Vollendungsvorsatz gefehlt hat (vgl. Jakobs 300 f., 746 f., Schroeder LK § 16 RN 34) bzw. im Falle eines beendeten Versuchs der Erfolg wegen wesentlicher Abweichung vom vorgestellten Kausalverlauf nicht als vorsätzlich zurechenbar ist. Statt dessen kommt jedoch – neben dem wegen zwischenzeitlichen Vollendungseintritts nicht mehr rücktrittsfähigen Versuch – Fahrlässigkeit in Betracht. Im übrigen aber wird zu differenzieren sein:

β) Falls im Zeitpunkt des Rücktritts der tatbestandsmäßige **Erfolg noch nicht eingetreten** ist und 24 der Täter sich subjektiv in der Vorstellung eines noch **unbeendeten** Versuchs befindet – so weil er etwa fälschlich meint, dem (noch lebenden) Opfer noch keine ausreichende Giftdosis gegeben zu haben und es daher durch schlichten Fortsetzungsverzicht vor dem Tod bewahren zu können –, ist dem Täter bei entsprechender Freiwilligkeit Strafbefreiung vom Versuch einzuräumen (vgl. BGH MDR/D 53, 722; iE ebenso Backmann JuS 81, 340, Bottke aaO 556 f., Dreßler aaO 122, Gropp 281 f., Herzberg Oehler-FS 169, Otto Maurach-FS 99, v. Scheurl aaO 47; vgl. auch Köhler 477, Meister MDR 55, 688 f., Schröder JuS 62, 82, Schroeder LK § 16 RN 39). Denn da in diesem Fall eines „unbeendet-tauglichen" Versuchs (Wolter Leferenz-FS 557) der Täter seine Tat noch nicht für vollendbar gehalten hat und der Vollendungsvorsatz noch vor Vollendungseintritt weggefallen ist (vgl. Jakobs 747; jetzt and. M-Gössel II 77), befindet er sich noch im Stadium eines unbeendeten Versuchs, von dem er – nach allgemeinen Versuchsgrundsätzen – durch schlichtes Abstandnehmen zurücktreten kann (inkonsequent daher Wolter Leferenz-FS 560 ff., zwar mangels vollen Vollendungsunrechts nur Versuch anzunehmen, aber Rücktritt davon auszuschließen). Im übrigen freilich schließt dies nicht aus, dem Täter aus seinem Irrtum den Vorwurf der Fahrlässigkeit zu machen (Gropp 282, Jakobs 747), ihn also zB aus § 222 in Tateinheit mit § 223 zu bestrafen, da im Tötungsvorsatz der Körperverletzungsvorsatz notwendig enthalten ist (vgl. § 212 RN 18) und die Wirkung des § 24 bei bereits vollendete Körperverletzung nicht ergreifen kann (Schröder JuS 62, 82; iE ähnl. v. Scheurl aaO 48 f., Wolter ZStW 89, 698; wieder and. Muñoz-Conde GA 73, 40; diese bloße Fahrlässigkeitshaftung für das zunächst versuchte Delikt erscheint auch im Vergleich zum Rücktrittsausschluß beim fehlgeschlagenen Versuch [o. 21 (3)] – entgegen Borchert/Hellmann GA 82, 443 – nur bei rein objektiver, damit aber versuchswidriger Sicht unbefriedigend); dagegen scheidet die Haftung nach § 227 wegen der erst nachträglichen Fahrlässigkeit aus (vgl. dort RN 7). In die gleiche Richtung geht § 83 a, wonach der Täter auch dann straffrei ausgeht, wenn er irrtümlich die Gefahr des Erfolgseintritts nicht erkannt und deshalb sich um eine Erfolgsverhinderung nicht bemüht hat (vgl. § 83 a RN 6 mwN).

25 γ) Soweit sich der Täter dagegen bei noch **nicht eingetretenem Erfolg** bereits im Stadium eines **beendeten** Versuchs befindet – so weil er glaubt, die bereits tötungstaugliche Giftdosis durch ein (objektiv untaugliches) Gegenmittel neutralisieren zu können –, unterliegt er dem gleichen Erfolgsverhinderungsrisiko wie bei jedem anderen beendeten Versuch (u. 58 ff.); und zwar zu Recht, da er im Falle eines solchen „beendet-tauglichen" Versuchs das Vollendungsrisiko bereits voll und vorsätzlich geschaffen hat und die Deliktsspanne zwischen Versuchsbeendigung und Tatvollendung nicht mehr unbedingt vom Vorsatz begleitet sein muß (Wolter Leferenz-FS 547 f.). Deshalb geht der nachträgliche – wenngleich irrtumsbedingte – Erfolgseintritt rücktrittsausschließend zu seinen Lasten. Gleiches hat für den Fall zu gelten, daß der Täter über die Wirksamkeit des bereits Getanen im *Zweifel* ist: Auch hier kann es nicht genügen, daß er sein Vorhaben einfach aufgibt; vielmehr kann er wegen des (auch aus seiner Sicht) bestehenden Erfolgsrisikos nur nach den Rücktrittsregeln für beendeten Versuch zurücktreten (vgl. o. 14, ferner BGH **22** 331, Geilen JZ 72, 335).

26 d) Auf **erfolgsqualifizierte Delikte** sind die vorgenannten Regeln nur insoweit übertragbar, als es um den Erfolg des Grundtatbestandes geht. Dagegen steht ein Eintritt der Erfolgsqualifizierung einem Rücktritt vom Versuch des Grunddelikts nicht entgegen (vgl. aber die Diff. von Ulsenheimer Bokkelmann-FS 412 ff.). So kann der Täter vom versuchten Raub auch dann noch zurücktreten, wenn die angewandte Gewalt den Tod des Opfers bereits herbeigeführt hat (BGH **42** 158 mit iE zust. Bespr. Küper JZ 97, 229, Kudlich JuS 99, 355; iE ebso. Anders, GA 00, 64; vgl. auch Sowada Jura 95, 653). Entscheidend ist, daß die Qualifikationstatbestand auf dem Grunddeliktsversuch aufbaut und ihn voraussetzt, so daß nach erfolgtem Rücktritt vom Grunddeliktsversuch ein Anknüpfungspunkt für die Qualifikation entfällt (Küper aaO 232; and. Jäger NStZ 98, 164). Es bleibt dann nur die Möglichkeit, die §§ 222, 226 bzw. 227 anzuwenden (vgl. auch o. 24). Ähnliches gilt, wenn bereits der Versuch einer Brandstiftung den Tod eines Menschen verursacht hat (vgl. BGH **7** 38). Wegen Unbeachtlichkeit der Erfolgsqualifizierung sind demgemäß auch etwaige irrige Vorstellungen des Täters darüber unerheblich.

27 e) Auch bei den **Unterlassungsdelikten** ist zwischen unbeendetem und beendetem Versuch zu unterscheiden (Blei I 317, Grünwald JZ 59, 48 f., Jescheck/Weigend 638, Maihofer GA 58, 289, 298, Otto I 362, Vogler LK 40, W-Beulke I 743 f.; and. Borchert/Hellmann GA 82, 444, Freund 308, Kaufmann aaO 210 ff., Köhler 482, Rudolphi SK 56 vor § 13, Schmidhäuser I 432; offen in BGH NStZ **97**, 485 [m. krit. Anm. Brand/Fett NStZ 98, 507 u. Küpper JuS 00, 225], NJW **00**, 1732). Dies hat grundsätzlich ebenfalls nach *subjektiven Kriterien* zu erfolgen. Jedoch kommt auch hier keine schematische, sondern allenfalls eine sinngemäße Übertragung der auf Begehungsdelikte zugeschnittenen Regeln des § 24 in Betracht. Da beiden Alternativen des § 24 I der Gedanke zugrunde liegt, das Risiko der Erfolgsabwendung beim Rücktritt je nach dem Verwirklichungsgrad der Tat verschieden zu verteilen, muß auch bei den Unterlassungsdelikten maßgeblich sein, unter welchen Voraussetzungen es angemessen erscheint, dem Täter das Risiko dafür aufzuerlegen, daß die nachträgliche Pflichterfüllung erfolgreich ist (zust. Jescheck/Weigend 639; i. Grds. auch BGH NJW **00**, 1732). Im Unterschied zum Begehungsdelikt ist hier als Rücktrittsverhalten stets ein *positives*, auf Erfolgsverhinderung gerichtetes Handeln erforderlich (vgl. u. 30). Unter Berücksichtigung dieser Grundsätze gilt folgendes:

28 α) **Unbeendeter Unterlassungsversuch** liegt vor, wenn nach der Vorstellung des Täters die Nachholung der ursprünglich gebotenen Handlung (§ 22 RN 50) den Erfolg noch verhindern kann. So begeht die Mutter, die ihr Kind verhungern lassen will, einen unbeendeten Versuch, solange sie der Auffassung ist, durch Wiederaufnahme der normalen Nahrungszufuhr das Leben des Kindes erhalten zu können (W-Beulke I 742 ff.). Soweit dem Rudolphi SK 56 vor § 13, um die Unterscheidung zwischen unbeendetem und beendetem Versuch als überflüssig darzutun, entgegenhält, daß es im vorangehenden Beispiel mangels Gefährdung noch gar nicht zu einem Versuch gekommen sei, bräuchte er anstelle des Verhungernlassens lediglich den Fall zu setzen, daß das Kind in ein Schwimmbad fällt und sich allenfalls 5 Minuten über Wasser halten könnte: Würde hier die Mutter zunächst nichts unternehmen, um das (bereits gefährdete) Kind ertrinken zu lassen, könnte sie solange durch schlichtes Herausholen aus dem Wasser (und damit von einem unbeendeten Versuch) zurücktreten, als das Kind noch nicht bewußtlos geworden ist und es daher keiner sonstigen Wiederbelebungsmaßnahmen bedarf. Entsprechendes gilt für den Garanten, der die Wunde eines Verletzten nicht sofort verbindet, solange er glaubt, durch das Anlegen eines Wundverbandes noch helfen zu können.

29 β) **Beendeter Unterlassungsversuch** liegt dagegen vor, wenn der Täter die ihm obliegende spezielle (oder bei mehreren Möglichkeiten die aussichtsreichste) Handlung nicht vorgenommen hat und nach seiner Vorstellung die Nachholung *dieser* Handlung erfolglos wäre (vgl. Blei I 317, Maihofer GA 58, 298, Grünwald JZ 59, 48, Vogler LK 40), vorausgesetzt freilich, daß ihm der Erfolg notfalls noch auf andere Weise abwendbar erscheint (denn sonst wäre der Unterlassungsversuch sogar als **fehlgeschlagen** und damit von vornherein als nicht rücktrittsfähig zu betrachten; vgl. o. 7 ff.): so etwa, wenn der Bahnbeamte das Signal oder die Weiche nicht gestellt und der Zug diese überfahren hat, jedoch der Zusammenstoß oder die Entgleisung noch nicht erfolgt ist und notfalls noch über Funk zu verhindern wäre. Ähnlich ist der Unterlassungsversuch beendet, wenn der Täter eine zu einem bestimmten Zeitpunkt erforderliche Maßnahme nicht ergreift, aber immerhin noch außergewöhnliche Rettungsmaßnahmen für möglich hält. In diesen Fällen scheint es angemessen, dem Unterlassenden das volle Risiko dafür aufzuerlegen, daß es ihm durch andere als die ihm eigentlich ob-

liegenden Handlungen gelingt, den durch seine mangelnde Pflichterfüllung drohenden Schaden abzuwenden. Entsprechendes gilt aber auch in den Fällen, in denen der Unterlassende in einen längere Zeit andauernden Schadensverlauf zu verschiedenen Zeiten eingreifen könnte (vgl. Grünwald JZ 59, 48): so zB bei einem Bootsunglück zunächst die Möglichkeit hätte, einen Rettungsring zuzuwerfen, einige Zeit später mit einem Kahn zu dem abgetriebenen Ertrinkenden zu fahren oder diesem nachzuschwimmen. In diesen Fällen muß der Versuch beendet sein, wenn sich infolge mangelnden Eingreifens die Aussichten der Rettung derart verringern, daß der Erfolg nicht mehr mit den bei Versuchsbeginn möglichen und gebotenen Maßnahmen (dazu § 22 RN 50) abzuwenden ist, sondern zusätzlicher Bemühungen bedarf. Auch dafür kommt es aus Tätersicht darauf an, daß er die Risikovergrößerung kennt und den Erfolgseintritt in Kauf nimmt.

γ) Im Unterschied zu den Begehungsdelikten ist in jedem Fall des Rücktritts vom Unterlassungsdelikt ein **positives Tun** des Täters erforderlich (vgl. Gropp 283), wobei jedoch beim unbeendeten Versuch das Risiko der Erfolgsabwendung nicht vom Täter zu tragen ist, während er es beim beendeten zu tragen hat (vgl. Maihofer GA 58, 298, Jescheck/Weigend 639, Vogler LK 142; and. BGH NJW 00, 1732, Rudolphi SK 56 vor § 13). Daher können die Rücktrittsregeln für unbeendeten Versuch auch dann eingreifen, wenn der Erfolg von anderer Seite verhindert wird (and. Maihofer aaO). 30

f) Bei **Tatbeteiligung Mehrerer** war früher umstritten, ob es für die Frage der *Beendigung* auf den Verwirklichungsgrad der *Haupttat* (so etwa Maurach AT⁴ 676) oder auf die jeweilige Vorstellung des einzelnen Tatbeteiligten über den von ihm zu erbringenden *Tatbeitrag* ankommen soll (so Schröder 17. A. § 46 RN 13, 42). Durch die Neuregelung in Abs. 2 ist diese Streitfrage insofern weitgehend erledigt, als dem Tatbeteiligten zwar aufgrund seiner Tatbeteiligung am Versuch ein weitgehendes Erfolgsabwendungsrisiko aufgebürdet ist, ohne daß es dabei noch wesentlich auf den Erfüllungsgrad seines Anteils an der Tat ankäme. Allenfalls insoweit, als sich der Tatbeteiligte über die Wirksamkeit seines Beitrags irrt und deshalb glaubt, noch keinen für die Vollendung der Haupttat hinreichenden Beitrag geleistet zu haben, kommt es unter Vorsatzaspekten auf den Verwirklichungsgrad der Teilnahme (und nicht nur der Haupttat) an (ebenso Vogler LK 41). Eing. z. Ganzen u. 73 ff., insb. 80. – Bei **mittelbarer Täterschaft** hingegen kommt es – unter Berücksichtigung der Streitfrage, ob (wenn überhaupt) die Grenze zum Versuch überschritten wird (dazu § 22 RN 54 f.) – für die *Beendigung* des Versuchs nicht erst auf die Ausführung der Haupttat, sondern entscheidend auf Art und Wirkung der Steuerung durch den Hintermann an: Handelt das Werkzeug *gutgläubig*, so ist idR schon mit Einwirkung des mittelbaren Täters auf das Werkzeug eine Ausführung des Delikts und damit beendeter Versuch gegeben, wenn mit Überlassen an das Werkzeug das Tatgeschehen praktisch zwangsläufig abläuft. Entsprechendes wird bei einem dolosen Werkzeug anzunehmen sein, wenn dieses mittels *Zwang* zur Tatausführung veranlaßt wird. Dagegen richtet sich bei einem *dolosen* Werkzeug, dem noch eine gewisse Entscheidungsfreiheit bleibt, auch für den mittelbaren Täter der Verwirklichungsgrad des Versuchs nach dem Handeln des Werkzeugs. Zum Rücktritt des mittelbaren Täters vgl. u. 106. 31 32–36

2. Für die Rücktrittshandlung genügt bei unbeendetem Versuch das **Aufgeben der weiteren Tatausführung.** Das liegt bei *Begehungsdelikten* vor, wenn der Täter keine weitere auf die Tatvollendung gerichtete Tätigkeit mehr entfaltet, indem er zB noch erforderliche Ausführungshandlungen unterläßt oder das Opfer fliehen läßt (vgl. BGH NJW 84, 1693, Murmann aaO 36), und diese Untätigkeit darauf beruht, daß der Täter von seinem Tatplan endgültig Abstand nehmen will. Was von diesem Tatplan aufzugeben ist, entscheidet sich jedoch weniger nach möglichen außertatbestandlichen Zielen und Motiven, sondern vielmehr nach dem Schutzgut und der verbotenen Handlungsmodalität des infragestehenden Tatbestandes (insoweit zutr. BGH **39** 230, B/W-Mitsch 574). Wenn etwa der Täter von der Fortführung eines Vergewaltigungsversuchs abläßt, weil sich die Frau (tatsächlich oder scheinbar) einverständlich hinzugeben bereit ist, so liegt, da es dem § 177 nicht um Verhinderung des Verkehrs überhaupt, sondern nur um dessen Erzwingung geht, jedenfalls ein Aufgeben, wenn auch möglicherweise ein unfreiwilliges (vgl. u. 56), vor (verkannt von BGH **39** 247 m. krit. Anm. Streng NStZ 93, 582). Ob im übrigen dem Täter die Fortführung der Tat objektiv noch möglich gewesen wäre, ist, da sich der unbeendete Versuch nach den Vorstellungen des Täters bestimmt, regelmäßig ohne Bedeutung. Hält der Täter eine Fortführung freilich nicht mehr für möglich, wird es idR an der Freiwilligkeit des Abstandnehmens fehlen (u. 45 ff.), sofern nicht bereits ein (nichtrücktrittsfähiger) fehlgeschlagener Versuch anzunehmen ist (o. 7 ff.). Im übrigen ist folgendes zu beachten: 37

a) Von einem Aufgeben des Tatplans kann noch keine Rede sein, wenn der Täter bei seinem Versuch – wenn auch erzwungenermaßen – lediglich *vorübergehend innehält* (zB der Dieb warten will, bis die Hausbewohner das Haus verlassen haben); vielmehr liegt Rücktritt erst dann vor, wenn der Täter von der Tatausführung **endgültig** Abstand nimmt (BGH **35** 187). Immerhin wird aber durch das erzwungene Innehalten die Möglichkeit freiwilligen Rücktritts noch nicht ausgeschlossen (vgl. BGH NStZ **88**, 70). Anders ist dies nur dann, wenn sich der erste Teil als selbständiger fehlgeschlagener Versuch und daher ein erneutes Tätigwerden als *neuer* Versuch darstellt (vgl. RG JW **36**, 324 sowie o. 19). Ein Rücktritt wird auch nicht dadurch ausgeschlossen, daß der Täter den in Gang gesetzten Kausalverlauf nicht abrupt stoppen kann (BGH MDR/D **68**, 894). 38

b) Umstritten ist der erforderliche **Umfang des Abstandnehmens** (Meinungsübersicht bei Bottke aaO 373 ff.). α) Ein Teil der Lehre will bereits genügen lassen, daß der Täter die *„konkrete" Tat aufgibt* 39

§ 24   40–43   Allg. Teil. Die Tat – Versuch

(Blei I 240, Köhler 474, M-Gössel II 67 ff., Schmidhäuser I 370). Dies soll auch dann noch der Fall sein, wenn sich der Täter weitere Akte vorbehält, die jedoch mit dem bereits begangenen Versuch keine „natürliche Handlung" bilden würden (Lenckner Gallas-FS 320 f., Stratenwerth 208; iglS Krauß JuS 81, 884). β) Demgegenüber verlangt die hM ein *Abstandnehmen vom gesamten Tatplan* (RG **72** 351, JW **35**, 2734, BGH **7** 297, **39** 247 [vgl. aber dazu auch o. 37], GA **68**, 279, NJW **80**, 602 [vgl. aber auch u. 40 zu BGH **33** 142], Baumann/Weber⁹ 504, Jescheck MDR 55, 563, Schröder 17. A. § 46 RN 19, Welzel 198), so daß bei Vorbehalt anderweitiger Tatfortsetzung Rücktritt zu verneinen wäre

40 (es sei denn, es handelt sich nur um einen bloßen Fortsetzungsvorsatz; vgl. o. 19). γ) Statt dieser Extrempositionen wird eine mittlere Linie zu verfolgen sein: Denn einerseits kann eine das Strafbedürfnis beseitigende „Rückkehr zur Legalität" erst dann angenommen werden, wenn der Täter nicht nur vom konkreten Ausführungsmodus, sondern von seinem (tatbestandlichen) Tatziel Abstand nimmt (vgl. Walter aaO 100 f.). Anderseits kann aber von Gesetzes wegen nicht mehr gefordert werden als das Aufgeben der „Tat", so wie diese durch die Art des Tatobjekts und der geplanten Ausführungsweise Gestalt gewonnen hat (vgl. Küper JZ 79, 799 f.); auch wäre eine darüberhinausgehende Forderung nach Aufgeben jeglicher weiteren Tatabsicht schon aus Beweisgründen kaum praktikabel; zudem könnte es sich rücktrittshemmend auswirken, schon bei jeglichem weiteren Realisierungsvorhaben die Strafbefreiung zu verbauen. Deshalb ist das **Abstandnehmen von dem versuchten und einem etwaigen äquivalenten Angriff auf das gleiche Tatobjekt** als erforderlich, aber auch ausreichend anzusehen (ähnl. Vogler LK 79 f., W-Beulke I 641, iE auch M-Gössel II 69 f.; das gleichgerichtete Abheben von Streng JZ 84, 653 auf die „Reduzierung des Unwertgehalts" ermöglicht wohl nur bei Rücktritt von Qualifizierungsmerkmalen eine Lösung; dazu u. 113; der hier vertretenen Abgrenzung nahekommen – wenngleich letztlich denn doch zu formal – BGH **33** 144, **35** 187, indem der Täter die Ausführung des „materiell-rechtlichen Straftatbestandes" aufgeben muß [krit. Streng NStZ 85, 359]; anderseits zu wenig griffig das Abheben von Herzberg H. Kaufmann-GedS 723 ff. auf das „Verlassen der Versuchssituation"). Deshalb braucht ein bloßer *Fortsetzungs*vorsatz dem Rücktritt von der hic et nunc noch ausführbaren Tat nicht entgegenzustehen: so wenn der Täter sich vorbehält, die Tat irgendwann bei geeigneter Gelegenheit erneut zu versuchen (zust. Jescheck/ Weigend 543 f.). Dagegen würde es an einer Abstandnahme fehlen, wenn der Täter bei Festhalten am Entschluß nur die konkrete Verwirklichungsform aufgibt (BGH **33** 142: statt Mundverkehr Vergewaltigung; and. BGH NStZ **97**, 385 zu § 177 aF) oder bei einer – von einem *Gesamt*vorsatz getragenen – fortgesetzten Tat nur von einer Einzelhandlung absieht, um sein Ziel auf ähnliche, bereits konkretisierte Weise weiterzuverfolgen (vgl. BGH NJW **57**, 190, ferner RG **72** 351): In einem solchen Fall erfolgt der Rücktritt erst durch Abstandnehmen vom geplanten Schlußakt (vgl. BGH **21** 319, Vogler LK 81).

41 c) Beim **Unterlassungsdelikt** muß der Täter ebenso wie beim positiven Tun sein deliktisches Verhalten aufgeben (o. 27). Das bedeutet, daß er eine positive Tätigkeit entfalten muß, um den Erfolg abzuwenden (o. 30). Beruht der Erfolgseintritt darauf, daß der Täter etwas objektiv Ungeeignetes aber vermeintlich Richtiges getan hat, so läßt das die Wirkungen seines Rücktritts gleichfalls unberührt; insoweit gilt Entsprechendes wie beim Begehungsdelikt (o. 23 ff.).

42 **3. Subjektiv** ist **Freiwilligkeit des Rücktritts** erforderlich (entwicklungsgeschichtl. u. analytisch dazu Weinhold aaO 114 ff. sowie Maiwald/Zipf-GedS 256 ff.). In § 46 Nr. 1 aF war dies dadurch zum Ausdruck gebracht, daß der Täter an der Ausführung nicht durch Umstände gehindert worden sein durfte, die von seinem Willen unabhängig waren. Da es dem Gesetzgeber in diesem Punkt lediglich um eine sprachlich knappere Fassung ging, kann jene Umschreibung der Freiwilligkeit auch

43 weiterhin als Leitlinie dienen (vgl. E 62 Begr. 145). Dazu lassen sich – ungeachtet zahlreicher Nuancierungen im Detail – im wesentlichen zwei **Grundansätze** unterscheiden: Die wohl hM folgt einer eher **psychologisierenden** Betrachtungsweise, indem sie unter weitgehender Außerachtlassung der ethischen Qualität der Rücktrittsmotive darauf abstellt, ob das „Motiv" den Täter so beherrsche, daß er nicht mehr wählen konnte (so etwa Küpper, Grenzen der normativierenden Strafrechtsdogmatik, 1990, 179'ff., mwN Ulsenheimer aaO 283 ff.), wobei der BGH diese Betrachtungsweise neuerdings sogar für gesetzlich zwingend hält (BGH **35** 187 m. zust. Anm. Lackner NStZ 88, 405; krit. Bloy JR 89, 71, Jakobs JZ 88, 519 f., Lampe JuS 89, 184) und in st. Rspr. darauf abhebt, ob der Täter noch „Herr seiner Entschlüsse blieb und die Ausführung seines Verbrechensplans noch für möglich hielt" (BGH **7** 299; ferner ua BGH **21** 216, NStZ **98**, 510); vgl. auch Herzberg Lackner-FS 325, 352 ff., nach dessen „Schulderfüllungstheorie" (o. 2 c) es auf eine „qualifizierte Zurechenbarkeit der Erfüllungsleistung" ankommen soll. Demgegenüber betont eine neuerdings wieder im Vordringen begriffene – mehr **normative** – Auffassung, daß es sich bei der Feststellung der „Freiwilligkeit" um ein (reines) *Wertungsproblem* handele (so mit jeweils unterschiedl. Beurteilungsgesichtspunkten Bokkelmann NJW 55, 1421, Köhler 480, Roxin Heinitz-FS 256 ff., Rudolphi SK 25, Schäfer aaO 126 ff., Ulsenheimer aaO 289 ff., 306 ff., 314 ff. mwN; iE auch Maiwald Zipf-GdS 268 ff.). Die Kritik an einer rein psychologisierenden Inhaltsbestimmung ist schon insofern berechtigt, als der Begriff „freier Wille" kein psychologischer ist, sondern auf einer sittlichen Konzeption beruht (vgl. Hofstätter, Psychologie (1975) 354 ff., Witter in Göppinger-Witter, Hdbch. d. for. Psychiatrie I (1972) 446 ff., ferner Bottke aaO 469 ff., Grasnick JZ 89, 821 ff., Schünemann GA 86, 321 ff.). Ferner ist zuzugeben, daß die psychologische Freiwilligkeitsdeutung bei konsequenter Durchführung zu ungereimten Ergebnissen führen muß, die mit der Ratio des Rücktrittsprivilegs nicht in Einklang zu bringen sind

Rücktritt 44–47 § 24

(vgl. Freund 311 f., Kühl 538, Roxin Heinitz-FS 356, Ulsenheimer aaO 297 ff.). Nichtsdestoweniger kann an der nicht in erster Linie psychologisierenden, sondern wertenden **Differenzierung zwischen autonomen und heteronomen Gründen** (so im Grundansatz bereits Frank § 46 Anm. II) als Basis für die Inhaltsbestimmung der Freiwilligkeit festgehalten werden (zust. M-Gössel II 84; vgl. auch Hassemer aaO 245 ff., Vogler LK 82 ff., ferner die Diff. von Streng NStZ 93, 583 zwischen inhaltlich autonomem [freiwillig] und lediglich formal autonomem [unfreiwillig] Verhalten), und zwar gerade deshalb, weil eine autonom motivierte Umkehr auf die „Verdienstlichkeit" des Rücktritts bzw. die letztlich doch rechtstreue Gesinnung des Zurücktretenden verweist (vgl. auch Walter aaO 67 iS „hinreichender Normbefolgungsbereitschaft"). Derartige Rückschlüsse sind bei einem heteronom motivierten Rücktritt nicht möglich. **Im einzelnen** gilt danach folgendes:

a) Die **Freiwilligkeit** ist als **subjektives** Moment aus der **Tätersicht** zu beurteilen (BGH **35** 186, NStZ **99**, 395, MDR/H **86**, 271, **94**, 127, **95**, 442, 878, Vogler LK 101; vgl. auch u. 54). Dafür kommt es entscheidend auf die innere Einstellung des Täters an, wobei die objektiven Gegebenheiten allenfalls Rückschlüsse auf die Vorstellungen des Täters zulassen (BGH NJW **92**, 990, NStZ **92**, 537, **93**, 189, StV **94**, 181, NStE **Nr. 20**). Der Rücktritt ist freiwillig, wenn er nicht durch äußere Umstände aufgezwungen ist, also in dem Sinne „situationsunabhängig" motiviert ist, daß sich gemäß dem Tatplan aus der Handlungssituation selbst an sich keine Notwendigkeit für den Rücktritt ergibt (vgl. Krauß JuS 81, 886 f.). Das ist der Fall, wenn sich der Täter ohne wesentliche Erschwerung der äußeren Ausführungssituation aufgrund von inneren Beweggründen (wie Scham, Reue, Mitleid oder auch zentendlichem Zurückschrecken vor dem Straffälligwerden) zur Umkehr entschließt, wobei jedoch der Anstoß zu diesem Umdenken auch von außen kommen kann, wie etwa von einem Appell des Opfers, von Bedenken eines Tatbeteiligten (BGH **7** 296, NJW **92**, 990, StV **82**, 259, Vogler LK 89, 91) oder auch durch Angstschreie eines hinzukommenden Dritten (BGH NStE **Nr. 7;** vgl. auch u. 49). Diese Motive brauchen jedoch weder ausschließlich (vgl. BGH StV **82**, 467) noch unbedingt ethisch hochwertig zu sein (vgl. u. 56); denn für die Straffreiheit führende Verdienst des Täters braucht lediglich in der *nicht erzwungenen* „Rückkehr zur Legalität" zu bestehen (vgl. RG **35** 102, **37** 404, **61** 117, BGH **7** 296, GA **53**, 283, **68**, 279, Hamburg NJW **53**, 956, Heinitz JR 56, 251, Schröder MDR 56, 322; and. Bockelmann NJW 55, 1421). Nach der sog. Frank'schen Formel (§ 46 Anm. II) ist der Rücktritt freiwillig, wenn der Täter sich sagt: „Ich will nicht, obwohl ich kann". Diese Formel ist jedoch zu weit, da in manchen Fällen die Möglichkeit der Tatvollendung an sich noch besteht, der Täter aber praktisch keine andere Wahl als den Rücktritt hat und somit nicht freiwillig handelt (Heinitz aaO 249, Schröder MDR 56, 323; vgl. u. 49 f.). Im übrigen wird bis zu einem gewissen Grade auch das, was nach den „Normen der Verbrechervernunft" als nicht zwingend erscheint, bei der Freiwilligkeitsbeurteilung mitzuberücksichtigen sein (vgl. Roxin Heinitz-FS 255 ff., Rudolphi SK 25, aber auch Ulsenheimer aaO 306 ff., Schmidhäuser I 371, der seinerseits nach einer individualisierenden Interessentheorie abgrenzen will).

b) **Unfreiwillig** ist dagegen der Rücktritt, wenn der Täter durch **heteronome Gründe** zum Aufgeben bestimmt wurde (Schröder MDR 56, 323), nämlich der die Vollendung hindernde Umstand aus der Sicht des Täters ein **„zwingendes Hindernis"** gewesen ist (BGH **35** 186, NStZ **88**, 550, MDR/H **91**, 482; krit. zum Ganzen Jäger aaO 98 ff.).

α) Das ist unstreitig der Fall, wenn die Tatausführung erkennbar **objektiv unmöglich** geworden ist: so wenn sich nach der Frank'schen Formel (§ 46 Anm. II) der Täter sagen muß: „Ich kann nicht, selbst wenn ich wollte". Soweit darin ein von vornherein rücktrittsausschließender – *fehlgeschlagener* Versuch zu erblicken ist (o. 9), ist jedenfalls die Freiwilligkeit des Aufgebens zu verneinen: so wenn der benützte Dietrich abbricht, der Täter vom Überfallenen in die Flucht geschlagen wird oder wenn er die Vergewaltigung wegen Nachlassens des Triebes nicht zu vollenden vermag (vgl. BGH **9** 53, MDR/D **71**, 363). Ein ähnlich psychisch bedingter Fall von Unmöglichkeit kann vorliegen, wenn der Täter infolge eines Schocks, einer psychischen Lähmung, übermächtiger Angst oder einer vergleichbar starken seelischen Erschütterung nicht mehr „Herr seiner Entschlüsse" blieb (vgl. BGH **21** 217, **35** 186, **42** 161, GA **77**, 75, **86**, 418, MDR/D **58**, 12, /H **82**, 969, **95**, 442, NStZ **88**, 550, **92**, 537, NStZ-RR **98**, 203, StV **92**, 225, **93**, 189, **94**, 181, Düsseldorf NJW **99**, 2911, Hamm DRZ **50**, 236; vgl. auch u. 66 zu BGH StV **81**, 514; zu weitgeh. jedoch Krauß JuS 81, 887 zu Unfreiwilligkeit bei „nicht bedachter psychischer Schwäche"; krit. zum Ganzen Herzberg Lackner-FS 353 ff.). Dies bedeutet jedoch nicht, daß nachträgliche Schuldunfähigkeit zwangsläufig Freiwilligkeit ausschließen würde (vgl. BGH **23** 356, Geilen JuS 72, 74, Jeronscheck JuS 97, 388, Maurach JuS 61, 378 f., Streng ZStW 101, 315; and. Jakobs 763), vielmehr kann auch der mit „natürlichem" Vorsatz handelnde Täter vom Versuch einer Rauschtat freiwillig zurücktreten (BGH NStZ-RR **99**, 8). Zu Rücktritt nach Entladung eines Affektstaues vgl. BGH MDR/D **75**, 541, aber auch NStZ **88**, 69 f.

β) Zudem kommt Unfreiwilligkeit auch dort in Betracht, wo die Tatfortführung zwar objektiv noch möglich wäre, doch für den Täter **subjektiv unmöglich** wird, weil er sich einer wesentlich anderen Sachlage gegenübersieht (vgl. BGH GA **66**, 209, MDR/D **66**, 892, Schmidhäuser I 373). Denn wenn diese Nachteile derart sind, daß ein Täter sie „vernünftigerweise" nicht auf sich nimmt, so kann von einer Wahlfreiheit keine Rede mehr sein (Heinitz aaO 251; vgl. auch Maiwald Zipf-GdS 268 f., ÖstOGH ÖJZ **58**, 609, **60**, 403, **64**, 497). Dies ist vor allem dann der Fall, wenn nach Tatbeginn entschlußbestimmende Faktoren wegfallen oder sich als nicht vorhanden erweisen, so daß das, was die Motivation des Täters ursprünglich bestimmt hat, nicht mehr existiert. Für einen solchen

„Wegfall der Geschäftsgrundlage" (vgl. Herzberg Lackner-FS 358), wo jedoch ebenfalls bereits ein (rücktrittsunfähiger) fehlgeschlagener Versuch vorliegen kann (o. 11), kommt es entscheidend darauf an, welche Faktoren den Täter motiviert haben: Wollte er etwa die Kinder „still und schmerzlos" töten, so wird durch deren Erwachen diese Hoffnung durchkreuzt und damit der Rücktritt unfreiwillig (LG Arnsberg NJW **79**, 1420; krit. Sonnen JA 80, 160, der jedoch diese besondere Motivation nicht hinreichend berücksichtigt). Zu weitgehend gleichen Ergebnissen kommt Herzberg Blau-FS 103 f., indem er – wenngleich unter Ablehnung der Figur des fehlgeschlagenen Versuchs – unter Einbeziehung der konkreten (geplanten) Tatmodalitäten in den Begriff der aufzugebenden „Tat" im Weiterhandeln des Täters unter planwidrigen Umständen eine neue Tat sieht. Vgl. auch Schünemann GA 86, 325 f., wonach bei einem „Aufgeben" des Täters angesichts situativer Veränderungen der das

48 „Normvertrauen erschütternde Eindruck" nicht beseitigt werde. – Demzufolge ist **beispielsweise unfreiwillig** (wenn nicht sogar bereits fehlgeschlagen) der Rücktritt von Falschmünzerei, nachdem das herzustellende Geld außer Kurs gesetzt ist (Walter aaO 105 f.), oder von Hehlerei, nachdem das Hehlereiobjekt durch einen Unfall beschädigt ist (Koblenz VRS **64** 24), oder vom Diebstahl, nachdem nichts oder jedenfalls nichts Lohnendes vorgefunden wurde (vgl. RG 24 222, **45** 6, **55** 66, BGH NJW **59**, 1645, MDR/D **68**, 372, ÖstOGH ÖJZ **64**, 215). Das gilt auch, wenn der Räuber sich die Entscheidung vorbehält, ob das vorgefundene Geld die Wegnahme lohnt (and. RG **70** 2). Wer viel erwartet hat, handelt unfreiwillig, wenn er wenig vorfindet, und nichts nimmt (RG **70** 1, BGH **4** 58 [m. Anm. Oehler JZ 53, 561], NJW **59**, 1645; vgl. auch BGH MDR/H **82**, 280; and. RG **39** 40 im Holzkugelfall; vgl. o. 11). Eine wesentliche, die Freiwilligkeit ausschließende Veränderung stellt auch – falls man darin bereits einen Versuch erblicken will (vgl. aber dazu § 22 RN 45) – das bei der Untersuchung festgestellte Abtreibungsrisiko dar (vgl. BGH MDR/D **53**, 19) oder der negative Ausfall einer Bedingung, von welcher der Täter die weitere Ausführung abhängig gemacht hat (der Wachhund frißt die vergiftete Wurst nicht). Gleiches gilt für den Fall, daß das maßgebliche Tatmotiv wegfällt (der zu ermordende Politiker hat sein Amt verloren) oder der Täter nur den Einsatz bestimmter Mittel vorhatte, diese aber versagen (BGH MDR/D **73**, 554; and. Hamburg MDR **71**, 414). Weit. Bsp. bei Schröder MDR 56, 323, Ulsenheimer aaO 339 ff.

49 γ) Unfreiwilligkeit kann ferner bei **nachträglicher Risikoerhöhung** vorliegen: so wenn nachträgliche Ereignisse bewirken, daß die an sich mögliche Fortführung der Tat erhebliche Nachteile mit sich bringen würde (and. Baumann/Weber[9] 506). Dies kann nicht nur bei Erschwerungen am Tatort (plötzliches Angehen der Straßenbeleuchtung, Kassenzelle im Zeitpunkt des Überfalls nicht besetzt: BGH NStZ **93**, 76, Kunden am Tatort des Überfalls: BGH GA **80**, 25, oder statt bloßer Drohung mit einer Schußwaffe die Notwendigkeit, auf das überraschenderweise bis dahin unbeeindruckte Opfer tatsächlich schießen zu müssen: BGH StV **94**, 181) oder bei größerem Festnahmerisiko (Einschaltung der Polizei bei Geldübergabe: BGH NStZ **93**, 279) der Fall sein, sondern etwa auch dann, wenn es während der Tatausführung notwendig wird, an anderer Stelle etwas zur Abwendung größerer Schäden zu unternehmen, zB der Einbrecher den Diebstahl aufgibt, um sein eigenes brennendes Haus zu löschen (and. Vogler LK 103).

50 δ) Aufgrund einer derartigen nachträglichen Risikoerhöhung kann auch bei tatsächlicher oder vermeintlicher **Entdeckung der Tat** durch einen Dritten (iSe in den Tatplan nicht Eingeweihten) die Freiwilligkeit des Rücktritts – wenn auch nicht unbedingt zwingend (vgl. BGH StV **82**, 219, **83**, 413, **92**, 62, 224, **93**, 189, NStZ **92**, 587, **99**, 300) – ausgeschlossen sein (vgl. Bottke aaO 504 ff., Ulsenheimer aaO 333 ff., je mwN). Denn obgleich das frühere Recht nur beim *beendeten* Versuch den Rücktritt davon abhängig machte, daß die Tat noch nicht entdeckt war (§ 46 Nr. 2 aF; vgl. u. 67), ist dieses Kriterium doch in gleicher Weise auch beim *unbeendeten* Versuch von Bedeutung. Allerdings kommt es dabei immer nur auf die **subjektive** Vorstellung des Täters an: Gleich, ob die Tat bereits objektiv entdeckt ist (BGH StV **82**, 467) oder nicht, unfreiwillig wird der Rücktritt dann, wenn der Täter seine Tat bereits für entdeckt hält oder mit Entdeckung rechnen zu müssen glaubt (BGH NStZ **84**, 116) und sich dadurch an der weiteren Ausführung gehindert fühlt (vgl. Blei JA 75, 319, Vogler

51 LK 107). **Im einzelnen** ist dabei folgendes zu beachten: Als entdeckt muß sich der Täter dann betrachten, wenn er weiß oder glaubt, daß ein Unbeteiligter seine Tat *in ihrer kriminellen Eigenschaft wahrgenommen* hat. Dabei braucht aus der Sicht des Täters der Dritte nicht alle Einzelheiten in tatsächlicher oder rechtlicher Beziehung erkannt zu haben (vgl. RG LZ **31**, 108), muß aber immerhin soviel wissen, daß er den Erfolg der Tat verhindern oder auf seine Wahrnehmung ein Strafverfahren gegründet werden könnte (vgl. RG 38 403, **71** 243, BGH MDR/D **69**, 532, aber auch BGH MDR/H **83**, 794, **94**, 127). Solche Befürchtungen können den Täter auch dann bewegen, wenn er lediglich die von ihm geschaffene Gefahr bekannt geworden glaubt, auch ohne daß ihr deliktischer Ursprung feststünde; so zB wenn er weiß, daß ein Unbeteiligter das durch die erste Giftdosis bereits geschwächte Opfer aufgefunden und sofort ärztliche Hilfe herbeigeholt hat. Zweifelhaft können dagegen die Fälle sein, in denen der Täter *keinerlei Gefahr vom Entdecker* drohen sieht. Wird zB der Einbrecher bei der Tat von einem anderen Dieb beobachtet, so schließt dies Freiwilligkeit idR nicht aus, weil hier der Täter davon ausgehen kann, von dem Entdecker werde weder eine Anzeige erstattet noch etwas zur Verhinderung der Tat unternommen (vgl. Gutmann aaO 224). Gleiches gilt bei Entdeckung durch Tatbeteiligte (zB einem an einem anderen Handlungsabschnitt mitmischenden Gehilfen) oder nahe Verwandte (vgl. BGH NJW **69**, 1073, GA **71**, 52, MDR/D **72**, 751, NStE **Nr. 7**, Hamm NJW **63**,

52 1561; vgl. auch BGH StV **82**, 219). – Entsprechendes hat bei *Entdeckung durch das Tatopfer* zu gelten.

Rücktritt 53–57 § 24

Auch hier ist Freiwilligkeit erst dann ausgeschlossen, wenn der Täter sich als solcher vom Opfer erkannt glaubt (vgl. BGH MDR/H **92**, 16), von diesem eine Strafanzeige befürchtet oder meint, daß dieses den Erfolg abwenden oder durch Schreien auf sich aufmerksam machen könne (vgl. BGH MDR/H **79**, 279). Läßt hier der Täter von der Fortführung der Tat ab bzw. setzen (im Falle eines beendeten Versuchs) seine Rettungsmaßnahmen bereits zu einem Zeitpunkt ein, zu dem er das Opfer noch zu keiner Verhinderung in der Lage sah, so liegt darin ein strafbefreiender Rücktritt (vgl. Baumann JuS 71, 631, Bringewat JuS 71, 403, Dreher NJW 71, 1046 gegen die abw. Auff. von BGH **24** 48, NJW **72**, 2004 m. abl. Anm. Löbbecke NJW **73**, 62). Ebensowenig kann Tatkenntnis durch das Opfer dem Täter schaden, wenn der Tatbestand voraussetzt, daß es vom Delikt erfährt, wie zB bei allen durch Drohung begangenen Straftaten (vgl. Schmidhäuser I 376, Vogler LK 130; and. RG **26** 78); dies schließt bei Erkennung des Täters Unfreiwilligkeit selbstverständlich nicht aus (vgl. u. 57). – **53** Zudem steht die Vorstellung des Täters, entdeckt zu sein, der Freiwilligkeit immer nur dann entgegen, wenn er **vor Beginn des Rücktritts** zu dieser Annahme gelangt (Vogler LK 107). Hat er selbst einen anderen zur Hilfeleistung herbeigeholt (zB einen Arzt), so ist damit Freiwilligkeit des Rücktritts nicht ausgeschlossen (RG **15** 46, HRR **29** Nr. 454).

c) Wie beim Entdecktsein kommt es im Falle **irriger Vorstellungen** auch bei sonstigen Freiwillig- **54** keitsfaktoren maßgeblich auf die subjektive Sicht des Täters an (vgl. o. 44, 50 mwN). Das bedeutet einerseits, daß selbst bei *objektiv günstiger* Sachlage Freiwilligkeit ausgeschlossen ist, wenn der Täter davon nichts weiß oder es fälschlich meint, daß sein Raubopfer kein Geld bei sich habe. Andererseits kann selbst unter objektiv ungünstigen Bedingungen noch Freiwilligkeit anzunehmen sein, wenn der Täter fälschlich glaubt, in seiner Entscheidung noch frei zu sein: so wenn er aus plötzlichem Mitleid mit dem tatsächlich armen Raubopfer von einer Wegnahme Abstand nimmt, obgleich er meint, einen guten Fang gemacht zu haben. Dementsprechend ist auch die objektive Unmöglichkeit, das Delikt zu vollenden, für die Freiwilligkeit ohne Bedeutung, wenn der Täter davon nichts weiß. Daher kann auch von einem unbeendeten untauglichen Versuch, dessen Ausführung von vornherein unmöglich war, freiwillig zurückgetreten werden, wenn der Täter sein Handeln für tauglich hielt: so wenn er vom Betrugsversuch abläßt, ohne zu wissen, daß er bereits durchschaut ist (RG **68** 82). Vgl. ferner BGH **11** 324, NJW **69**, 1073, Jescheck/Weigend 545.

d) Ist das **Rücktrittsmotiv nicht aufklärbar**, würde aber jedes der denkbaren Motive zur Un- **55** freiwilligkeit führen, so ist der Rücktritt als unfreiwillig anzusehen (BGH MDR/D **66**, 892). Im übrigen gilt auch hier „in dubio pro reo" (BGH **35** 95, NJW **80**, 602, **92**, 991, MDR/H **82**, 969, **86**, 271, StV **84**, 329, **92**, 225, **93**, 190, **95**, 509, Tröndle 6 c; vgl. aber auch BGH NStZ **99**, 300).

e) Im übrigen setzt Rücktritt **keine ethisch hochwertigen Motive** voraus (BGH **35** 186, **39** 230, **56** 248, StV **93**, 189, NStZ **93**, 339, Düsseldorf NJW **99**, 2911, LG Rostock NStZ **97**, 392, Vogler LK 90, Walter aaO 33 f. mwN; vgl. auch BGH StV **82**, 467). Daher ist Freiwilligkeit nicht dadurch ausgeschlossen, daß der Täter zu seinem Rücktritt erst überredet werden mußte (vgl. BGH MDR/D **69**, 532, StV **82**, 259, M-Gössel II 87), daß er aus Ärger und Unmut über den Tatverlauf von seinem Opfer abläßt (vgl. BGH MDR/H **89**, 857 zu § 177) oder daß er sich aus Furcht vor Bestrafung zu einer Umkehr entschlossen hat. Andererseits spielt die Motivation insofern eine bedeutende Rolle, als von Freiwilligkeit unter normativen Aspekten und im Hinblick auf die Ratio des § 24 (vgl. o. 43) nur dann gesprochen werden kann, wenn die Rücktrittsmotive den Schluß auf eine „Rückkehr zur Legalität" (Bottke aaO 469 ff.) bzw. auf eine letztlich doch rechtstreue Gesinnung zulassen (vgl. Rudolphi SK 25). Das ist zB nicht der Fall, wenn der Täter nur deshalb vom Betrugsversuch zurücktritt, damit eine andere Vortat nicht aufgedeckt wird (Walter GA 81, 403 ff.; daher verfehlt BGH NJW **80**, 602 m. abl. Anm. Bottke JR 80, 442, JA 81, 63), weil er von einem (planwidrig dazwischen gekommenen) Opfer abläßt, um das eigentlich zu tötende Opfer nicht zu „vergessen" (daher fragwürdig BGH **35** 186 m. krit. Anm. Lampe JuS 89, 610; krit. Bloy JR 89, 72, Jakobs JZ 88, 520), oder wenn er sich durch die Aussicht auf eine spätere freiwillige Hingabe (vorerst, aber nicht definitiv) von der Fortsetzung des Vergewaltigungsversuchs abbringen läßt (and. BGH NStZ **88**, 550), ferner wenn er lediglich vom Versuch der sexuellen Nötigung abläßt, um das Opfer zu vergewaltigen (and. BGH NStZ **97**, 385 zu §§ 177, 178 aF). Denn in solchen Fällen nimmt er nicht von seinem deliktischen Ziel Abstand, sondern will es lediglich auf (tatsächlich oder rechtlich) risikolosere Weise erreichen, ohne vorbehaltlos auf eine notfalls doch noch rechtswidrig durchzusetzende Zielerreichung zu verzichten; daher ist freiwilliger Rücktritt zu verneinen (RG **75** 393, Roxin Heinitz-FS 258 ff., Ulsenheimer aaO 329 ff. mwN; and. BGH **7** 296, GA **68**, 279, MDR/D **69**, 15, M-Gössel II 86).

f) In der **Rspr.** wurde **beispielsweise Freiwilligkeit** in folgenden Fällen bejaht: Furcht vor Strafe **57** (RG **47** 78, **57** 316, BGH NStZ **92**, 537), Scham (RG **47** 79, Düsseldorf StV **83**, 65), sonstige innere Hemmungen wie Schreck (vgl. aber BGH GA **74**, 75), Mutlosigkeit (BGH MDR **52**, 530, NStZ **92**, 537; and. RG **68** 238 m. Anm. Schaffstein JW 34, 2237), widerlicher Geschmack eines Abtreibungsmittels (RG **35** 102), Überredung zur Aufgabe der Tat (RG HRR **31** Nr. 1491, BGH **7** 299, Öst. OGH ÖJZ **64**, 328). **Unfreiwilligkeit** hingegen wurde in folgenden Fällen angenommen: Undurchführbarkeit der Tat (RG **65** 149, JW **33**, 2952), es sei denn, daß der Täter davon nichts weiß (vgl. RG **43** 138, **68** 83), Beschädigung des erstrebten Gegenstandes (RG **45** 6), vorgefundene Sachen entsprechen nicht den Erwartungen (RG **70** 2; and. RG **24** 222), Besorgnis, der Rückweg könnte versperrt werden (RG DJ **38**, 596), Furcht vor alsbaldiger Entdeckung (RG **37** 402, **38** 402, **65** 149), zB weil plötzlich die Straßenbeleuchtung heller wurde (BGH MDR/D **54**, 334), Ablassen vom Vergewaltigungsversuch, weil das Opfer den Täter erkannte (BGH **9** 48; vgl. auch RG **47** 77, HRR **39** Nr. 1434, aber auch o. 52), weil es sich als ungeeignet erweist (vgl. BGH NJW **65**, 2410, aber auch MDR/H **91**, 482) oder unerwartet starken Widerstand leistet (BGH MDR/D **73**, 554), Absehen vom Abschluß eines betrügerischen Vertrages, weil dem Täter bestimmte, für ihn wichtige Rechte nicht zugestanden werden (BGH GA **56**, 355), Schock, durch den die Fortsetzung der Tat unmöglich wird (BGH **9** 53, MDR/D **58**, 12, NJW **60**, 638, GA **77**, 75, **86**, 418), psychische Erschütterung, die beim Täter das Erscheinen der gemeinsamen Kinder während des Tötungsversuchs an seiner Ehefrau auslöst (BGH NStZ **94**, 428). Vgl. ferner die Nachw. o. 45 ff.

58   III. Für **Rücktritt vom beendeten Versuch (Abs. 1 S. 1 Alt. 2)** läßt das Gesetz nicht schon bloßes Abstandnehmen von der weiteren Tatausführung genügen; vielmehr muß der Täter „freiwillig die Vollendung der Tat verhindern". Zu den Kriterien, nach denen ein Versuch als **beendet** zu betrachten ist, vgl. o. 13 ff. Im einzelnen setzt hier der Rücktritt ein dreifaches voraus:

59   1. Vom Täter wird eine **auf Erfolgsverhinderung gerichtete Tätigkeit** verlangt (BGH **31** 46 [m. Anm. Bloy JuS 87, 528], **33** 301, NStE Nr. 7, NJW **89**, 2068 mwN). Das bedeutet im einzelnen (eingeh. zum Meinungsstand Kolster aaO 74 ff.): a) Rein *passives* Verhalten des Täters kann nicht genügen (RG **39** 221, BGH NStZ **84**, 116, Hamm NJW **77**, 641; daher verfehlt die Begr. von Karlsruhe NJW **78**, 331 m. abl. Anm. Küper 956, Schroeder JuS 78, 824; vgl. auch Roxin JR 86, 426 f. zu BGH **33** 301), ebensowenig, daß der Täter dem Opfer lediglich erlaubt, selbst Hilfe herbeizutelefonieren (BGH NJW **90**, 3219). b) Das erforderliche Tun muß ein *bewußtes und gewolltes Unterbrechen der in Gang gesetzten Kausalkette* darstellen (vgl. BGH MDR/H **78**, 279, NJW **89**, 2068 mwN). Wer daher versehentlich oder unwissentlich die Vollendung seiner Tat vereitelt, tritt nicht zurück (RG **63** 159, **68** 381, HRR **30** Nr. 2182, Gores aaO 162). Dagegen kommt Rücktritt nicht schon dadurch in Wegfall, daß der dahingehende Wille auch noch von anderen Motiven begleitet wird (vgl. BGH NJW **86**, 1001 m. Anm. Roxin JR 86, 427, MDR/H **92**, 16) oder der Täter nach seiner ihm zurechenbaren Rücktrittstätigkeit seine Tat zu verschleiern sucht (vgl. BGH NJW **86**, 1002, **89**, 2068) oder aufgrund Vorsatzwechsels sich gegen ein anderes Rechtsgut der angegriffenen Person richtet (vgl. Bamberg HESt **2** 193). c) Insgesamt muß die Rücktrittstätigkeit Ausdruck des Willens sein, die Tat aufgeben und abzubrechen (BGH NStZ **99**, 300). Dafür muß der Täter jedenfalls soviel tun, wie zur Erfolgsabwendung objektiv oder zumindest *aus seiner Sicht erforderlich* erscheint (BGH **31** 46, StV **97**, 518); dies wohl zu Unrecht verneinend BGH NJW **89**, 2068 m. krit. Anm. Rudolphi NStZ 89, 509; hingegen zw. BGH NJW **86**, 1002; vgl. auch u. 71). Hat der Täter dieses erforderliche Minimum erbracht, so wird – entgegen einem neuerdings *bestmögliches Verhinderungsbemühen* forderndem „Optimalitätsprinzip" (so namentl. Herzberg NStZ 89, 49 ff., NJW 89, 862 ff., 91, 1637; ähnl. schon Blei I 242, Roxin JA 86, 427; mit gleicher Tendenz BGH NJW **89**, 2068 [m. Anm. Herzberg JR 89, 449, 451 u. (abl.) Rudolphi NStZ 89, 508 ff., ferner Murmann aaO 60 ff., Römer MDR 89, 945 ff.], StV **99**, 596 sowie de lege ferenda Weinhold aaO 113) – der Rücktritt nicht dadurch ausgeschlossen, daß der Täter noch mehr oder besseres hätte zur Erfolgsverhinderung tun können (BGH **33** 301, **44** 204, NJW **85**, 813, **90**, 3219, NStZ **99**, 128, StV **81**, 396, **97**, 519, B/W-Mitsch 573, Tröndle 7, Jescheck/Weigend 546, Kühl 542, M-Gössel II 79, Otto I 257, Rudolphi SK 27 b, c, Vogler LK 112 a); vgl. auch die Diff. von Roxin Hirsch-FS 335 zwischen eigen- und fremdhändiger Erfolgsverhinderung. d) Im übrigen genügt für Rücktritt jedes *zurechenbare* Verhalten (vgl. u. 66), und zwar in *zeitlicher* Hinsicht – selbst bei zwischenzeitlicher Flucht (BGH StV **83**, 413) oder vorübergehendem Abhalten hilfsbereiter Personen (BGH StV **94**, 304, NStZ **99**, 128) – solange, als der Täter den Erfolg noch abzuwenden vermag (BGH NStZ **81**, 388).

60   2. Die Rücktrittstätigkeit muß die **Verhinderung der Tatvollendung** zur Folge haben (dagegen Herzberg NJW 91, 1637 f.). Dafür ist zweierlei erforderlich:

61   a) Der Rücktritt muß **erfolgreich** sein. Das bedeutet, daß der tatbestandsmäßige Erfolg nicht eintreten darf. Wird lediglich der Zeitpunkt des Erfolgseintritts verzögert, so etwa durch *vorübergehende Unterbrechung* der bereits auf den Erfolg hin ingangsetzten Kausalkette (Uhr der bereits gelegten Zeitbombe wird zurückgestellt, um Gefährdung Dritter auszuschließen), so ist damit der Erfolg der Tat noch nicht abgewendet; dies ist vielmehr erst dann der Fall, wenn sich das wieder ingangsetzte Kausalgeschehen als neue Tat darstellen würde. Insofern gelten die zum Aufgeben der Tat entwickelten Grundsätze (o. 39 f.) hier entsprechend. Aufgrund des ihm aufgebürdeten *Erfolgsabwendungsrisikos* (BGH **31** 49, MDR/H **78**, 985) haftet der Täter selbst dann wegen Tatvollendung, wenn er sich um die Verhinderung des Erfolgs bemüht hat, dieser aber dennoch eintritt, etwa weil der Täter zu wenig oder Ungeeignetes tut oder nicht mehr rechtzeitig tätig wird. Nach dem Wortlaut des Gesetzes hat dies selbst dann zu gelten, wenn der Täter durch außergewöhnliche Umstände, wie etwa höhere Gewalt oder unvorhersehbares Dazwischentreten Dritter, an einer wirksamen Erfolgsvereitelung gehindert wird. Sofern jedoch der Erfolgseintritt des versuchten Delikts verhindert wird, ist unschädlich, daß der Erfolg eines anderen Tatbestandes (zB Körperverletzung statt der zunächst versuchten Tötung) eintritt (BGH DAR/S **82**, 195); doch bleibt der Täter insoweit wegen Vollendung strafbar (vgl. u. 109).

62   In diesem Erfolgsabwendungsrisiko liegenden Unbilligkeiten (vgl. Lenckner Gallas-FS 292 f.) wird aber jedenfalls dort abzuhelfen sein, wo die **Erfolgsverhinderung vom Opfer selbst vereitelt** wird, zB durch Weigerung des Verletzten, zur Vermeidung weiteren Schadens ärztliche Hilfe in Anspruch zu nehmen: Hier muß zumindest bei disponiblen Rechtsgütern dem am Rücktritt gehinderten Täter

durch analoge Anwendung von Abs. 1 S. 2 (u. 68, bzw. nach Köhler 476 gem. Abs. 1 S. 1 Alt. 1 direkt) Straffreiheit eröffnet werden (Schröder JuS 62, 82, Vogler LK 118, Wolter ZStW 89, 654; vgl. auch Arzt GA 64, 1, Otto Maurach-FS 99, aber auch Lenckner aaO). Dieser Gedanke ist auch auf **Fahrlässigkeitsdelikte** übertragbar; denn obwohl dort ein Versuch an sich nicht denkbar ist (vgl. 63 § 22 RN 22), gibt jener Grundsatz eine Entscheidungsrichtlinie auch für die Fälle, in denen sich das Opfer nach Vornahme der fahrlässigen Handlung, aber vor Eintritt des Erfolges weigert, die Hilfe, die der „zurücktretende" Täter ihm geben will, anzunehmen (iE zust. Vogler LK 119). Näher zu dieser Zurechnungsproblematik o. 100 ff. vor § 13.

Nach einer Einschränkung des Erfolgsabwendungsrisikos drängt auch der Fall, daß der Erfolg allein 64 deshalb eintritt, weil der Täter seinen Versuch **irrtümlich** für fehlgeschlagen hält und daher im Vertrauen auf das Ausbleiben des Erfolgs jegliche **Rettungsbemühungen unterläßt** (RG **55** 105, LZ **33**, 595). Hier ist der Haftung für *Tatvollendung* allenfalls dort zu entgehen, wo sich der Täter (subjektiv) noch im Stadium eines unbeendeten Versuchs zu befinden glaubt und daher meint, durch bloßen Verzicht auf weiteres deliktisches Tätigwerden den Erfolg verhindern zu können, und zu diesem Zeitpunkt der tatbestandsmäßige Erfolg noch nicht eingetreten war (vgl. o. 24). Im übrigen 65 bleibt bei einem trotz Verhinderungsbemühens eintretenden Erfolg Rücktritt nur dann möglich, wenn der Erfolg wegen wesentlicher Abweichung vom vorgestellten Kausalverlauf nicht mehr als vorsätzlich zugerechnet werden kann (Wolter ZStW 89, 654), so zB wenn der vom Täter zum Krankenhaus gebrachte Verletzte unterwegs infolge eines Verkehrsunfalles ums Leben kommt (Blei I 243; vgl. auch o. 23).

b) Die Erfolgsverhinderung muß gerade **auf die Rücktrittstätigkeit zurückzuführen** sein. Für 66 dieses Erfordernis **zurechenbarer Kausalität** der Vollendungsverhinderung (vgl. Bloy JuS 87, 532 ff., Herzberg NJW 89, 866, Jäger aaO 93 ff., Kühl 543 ff., Rudolphi NStZ 89, 511 ff.) ist nicht unbedingt eine eigenhändige Erfolgsabwendung erforderlich, sondern lediglich, daß diese auf sein Bemühen zurückzuführen ist. Deshalb kann uU schon die Veranlassung eines Dritten, den Erfolg abzuwenden (wie durch Herbeirufen eines Arztes), genügen (vgl. RG **15** 46, BGH NJW **73**, 632, **89**, 2068, MDR/H **91**, 16, NStE **Nr. 7**, StV **97**, 518, **99**, 596, M-Gössel II 79), vorausgesetzt natürlich, daß der Dritte nicht schon auf andere Weise zum Tätigwerden veranlaßt worden war (vgl. BGH **33** 301, BGHR § 24 Rücktritt 7). Entsprechendes gilt auch für Unterstützung von Rettungsbemühungen des Opfers selbst (vgl. BGH NJW **86**, 1002 m. Anm. Roxin JR 86, 424). Versagt allerdings das eingesetzte Mittel (zB weil der Arzt sich verspätet oder einen Kunstfehler begeht), so geht dies aufgrund des Erfolgsabwendungsrisikos des Täters zu seinen Lasten (vgl. o. 61). Im übrigen wird Strafbefreiung nicht etwa deshalb ausgeschlossen, weil der Rücktritt des Täters – etwa neben eigenem Bemühen des Opfers – nur mitursächlich für die Erfolgsabwendung war (vgl. BGH StV **81**, 514, wo allerdings Freiwilligkeit durch Selbsterhaltungspanik ausgeschlossen sein könnte). Unterbleibt dagegen der Erfolg nicht wegen des Rücktritts, sondern aus anderen Gründen, etwa weil Dritte ohne Wissen des Täters den Erfolg abgewendet haben, so scheidet Rücktritt nach Abs. 1 S. 1 aus. Doch bleibt dann noch der Weg über Abs. 1 S. 2; dazu u. 68 ff.

3. Auch beim beendeten Versuch setzt der Rücktritt **Freiwilligkeit** voraus. Insofern gelten hierzu 67 heute die gleichen **subjektiven** Maßstäbe wie beim unbeendeten Versuch (o. 6, 42 ff.). Demgegenüber war bei § 46 Nr. 2 aF der Rücktritt vom beendeten Versuch davon abhängig gemacht worden, daß die Tat „noch nicht entdeckt" war. Obgleich es darauf nicht mehr ankommt, sind die zur **Entdeckung** entwickelten Grundsätze jedenfalls insofern noch von Bedeutung, als bei Rücktritt *nach* Entdeckung im Regelfall Unfreiwilligkeit anzunehmen ist. Allerdings kann es dabei immer nur auf die subjektive Vorstellung des Täters ankommen: Hält er seine Tat noch für nicht entdeckt, so kommt freiwilliger Rücktritt selbst dann in Betracht, wenn die Tat objektiv bereits entdeckt war (so in subjektiver Umdeutung des Entdeckungskriteriums schon die frühere hL: vgl. 17. A. § 46 RN 35; and. RG **3** 94, **68** 85). Glaubt der Täter hingegen bereits entdeckt, obwohl dies noch nicht der Fall ist, so ist Freiwilligkeit regelmäßig zu verneinen. Zu den für das Entdecktsein wesentlichen Kriterien vgl. im einzelnen o. 50 ff.

IV. Rücktritt vom vermeintlich vollendbaren Versuch (Abs. 1 S. 2): Bleibt die Tat ohne 68 Zutun des Täters unvollendet (weil ohnehin objektiv untauglich oder fehlgeschlagen), so kann der Täter – sofern er die Tat noch für vollendbar hält (vgl. BGH StV **83**, 413) – schon durch freiwilliges und ernsthaftes Bemühen um *Vollendungsverhinderung* Straffreiheit erlangen. Eine solche Sonderregel 69 ist deshalb erforderlich, weil nach Abs. 1 S. 1 Alt. 2 die Nichtvollendung auf das Rücktrittsverhalten des Täters rückführbar sein muß (o. 66); demzufolge wäre Rücktritt überall dort ausgeschlossen, wo ein Erfolg von vornherein gar nicht eintreten kann und infolgedessen auch nicht abgewendet werden könnte. Demgemäß glaubte auf der Grundlage von § 46 Nr. 2 aF eine lange vorherrschende Auffassung, beim untauglichen bzw. (objektiv) fehlgeschlagenen Versuch Rücktritt grundsätzlich ausschließen zu müssen (RG **17** 158, **68** 309, **77** 2, Frank § 46 Anm. III 1, H. Mayer 296, Jagusch LK[8] § 46 Anm. III 1 dd, ee). Um solche Unbilligkeiten zu vermeiden, hat die spätere Rspr. und Lehre in analoger Anwendung modernerer Rücktrittsregeln (insb. § 49 a IV aF) bereits das ernstliche Bemühen um Erfolgsverhinderung ausreichen lassen (grdl. BGH **11** 324, ferner Schröder H. Mayer-FS 385 ff., 17. A. § 46 RN 32 b mwN), unter der stillschweigenden Voraussetzung freilich, daß der Täter den Versuch (noch) für vollendbar gehalten hat (deshalb mißverständl. die Bezeichnung dieses Versuchstyps als „aussichtslos" bei Vogler LK 131). Diese Rücktrittsmöglichkeit ist durch Abs. 1 S. 2 nun auch gesetzlich anerkannt. **Im einzelnen** setzt dies dreierlei voraus:

70   1. Die **Nichtvollendung der Tat** (ohne Zutun des Zurücktretenden): Der tatbestandsmäßige Erfolg darf nicht (oder jedenfalls nicht in einer dem Täter als vorsätzlich zurechenbaren Weise) eingetreten sein (vgl. BGH **11** 324 m. Anm. Lange JZ 58, 671, BGH MDR **69**, 494); insofern gilt gleiches wie bei S. 1 Alt. 2 (o. 61 ff.). Im übrigen hingegen ist unerheblich, ob der Erfolgseintritt von vornherein unmöglich war oder erst durch nachträgliche Faktoren verhindert wurde. Immer vorausgesetzt, daß der Täter den Erfolg noch nicht für eingetreten, aber noch für eintretbar und durch sein Eingreifen für verhinderbar hält (wohl nicht voll erkannt von BGH NStZ **97**, 485 m. krit. Anm. Brand/Fett NStZ 98, 507, Kudlich/Hannich StV 98, 370), kommt Rücktritt nach dieser Alternative sowohl in Fällen untauglichen (vgl. BGH StV **82**, 219) bzw. objektiv fehlgeschlagenen Versuchs (dazu BGH MDR **69**, 494, MDR/D **69**, 532, GA **71**, 52) als auch dort in Frage, wo ohne Wissen des um Erfolgsverhinderung bemühten Täters das Opfer von dritter Seite gerettet wird (Tröndle 14, Maiwald Wolff-FS 338, M-Gössel II 81) oder Dritte den Täter an der eigenhändigen Rettung des Opfers hindern (vgl. BGH StV **92**, 62). Auch in dem Fall, daß nicht festgestellt werden kann, ob das Ausbleiben des Erfolgs auf dem Rücktrittsverhalten des Täters oder auf anderen Gründen beruht, wäre, sofern nicht ohnehin bereits nach „in dubio pro reo" auf Abs. 1 S. 1 zurückzugreifen ist (Vogler LK 132), zumindest in entsprechender Anwendung von Abs. 1 S. 2 ein Rücktrittsweg zu eröffnen. Für (noch weitergehende) Einräumung von Rücktritt bei zwar (noch) nicht eingetretener Vollendung, aber bleibender Vollendungsgefahr Herzberg JZ 89, 118ff. Vgl. auch Schlehofer NJW 89, 2024 zur Bedeutung dieser Problematik bei HIV-Infizierung.

71   2. Der Täter muß sich **um Erfolgsverhinderung bemüht** haben. Zwar ist dafür nicht unbedingt eine objektiv taugliche Verhinderungstätigkeit erforderlich; zumindest aber muß das Bemühen des Täters nach seiner Vorstellung geeignet sein, die Vollendung abzuwenden (BGH MDR/H **78**, 279, 985, Bay NStZ-RR **97**, 6, B/W-Mitsch 576, Grünwald Welzel-FS 715, Maiwald Wolff-FS 341 f.), auch wenn der Täter sich dazu eines Dritten bedient (BGH StV **97**, 244, 518); andernfalls muß er ihm besser erscheinende Verhinderungsmöglichkeiten ausschöpfen (BGH **31** 49 m. Anm. Puppe NStZ 84, 488; vgl. auch BGH **33** 301, NJW **52**, 1002 m. Anm. Roxin JR 86, 426 f.). An dieser Erfordernis kann es etwa bei völlig sinn- und aussichtslos erscheinenden Gegenmaßnahmen fehlen, wie zB bei abergläubischem „Gesundbeten" eines bereits Vergifteten (vgl. auch u. 103). Soweit er im übrigen das ihm möglich und aussichtsreich Erscheinende tut, scheitert der Rücktritt nicht daran, daß er objektiv noch mehr hätte tun können (BGH MDR/H **80**, 453, NJW **85**, 813, StV **99**, 211; vgl. Maiwald aaO 356 ff.). Hat er mit seinen Abwendungsbemühungen bereits begonnen (und nicht nur vorbereitet: insoweit zutr. Jakobs 754), so schadet ihm nicht mehr, daß ihm hinterher die anderweitige Erfolgsabwendung bekannt wird (vgl. Rudolphi SK 30). Daher genügt für Rücktritt jedenfalls das Wählen der Telefonnummer, um einen Arzt oder Krankenwagen herbeizurufen, nicht aber ohne weiteres schon das Sich auf den Weg machen zur Telefonzelle (vgl. BGH NJW **73**, 632, Blei JA 73, 396, Vogler LK 136 f.). Keinesfalls reicht schon die bloße Absicht, sich bemühen zu wollen (vgl. BGH NJW **73**, 632). Zu passivem Verhalten bzw. Unterlassen als ernsthaftem Bemühen vgl. BGH GA **74**, 243, Maiwald aaO 349 ff.

72   3. **Subjektiv** muß das Erfolgsabwendungsbemühen **freiwillig und ernsthaft** sein. *Freiwillig* ist es idR nur solange, als der Täter noch an die Vollendbarkeit seines Versuchs glaubt (vgl. BGH NJW **69**, 1073, MDR/H **79**, 988, StV **83**, 413, M-Gössel II 114); denn sobald er die Nichtvollendbarkeit erkannt hat, handelt es sich um einen (nicht mehr rücktrittsfähigen) subjektiv fehlgeschlagenen Versuch (vgl. o. 7 f., 69). Im übrigen gelten die o. 44 ff. entwickelten Grundsätze. Als *ernsthaft* kann das Verhinderungsbemühen idR nur dann gelten, wenn der Täter alles tut, was nach seiner Überzeugung zur Erfolgsabwendung erforderlich ist. Das bedeutet zwar nicht, daß er bei Auswahl seiner Gegenmaßnahmen mit besonderer Gewissenhaftigkeit vorgehen müßte (so jedoch Vogler LK 140; vgl. aber Lenckner Gallas-FS 297); wohl aber muß er zu neuen oder geeigneteren Mitteln greifen, wenn sich ihm sein bisheriges Bemühen als aussichtslos darstellt (vgl. o. 71, Grünwald Welzel-FS 715 f.). Hingegen entfällt die Ernsthaftigkeit seines Rettungsbemühens nicht etwa deshalb, weil er sich auch von anderen Motiven (wie etwa Verheimlichung seiner Tatbeteiligung) leiten läßt (BGH MDR/H **92**, 16). Vgl. auch u. 103.

C. Rücktritt bei Tatbeteiligung Mehrerer (Abs. 2)

73   I. Das **Bedürfnis für diese Sonderregelung** ergibt sich daraus, daß der Rücktritt als *persönlicher* Strafaufhebungsgrund (o. 4) jeweils nur dem Tatbeteiligten (§ 28 II) zugute kommt, der in eigener Person zurücktritt (hM: vgl. RG **56** 209, BGH **4** 179, MDR/H **86**, 974, Rudolphi SK 31, Schröder MDR 49, 714; rechtsvergl. Jescheck ZStW 99, 111 ff.; für Entbehrlichkeit des § 24 II hingegen Herzberg NJW 91, 1638 ff.). Deshalb ist bei mehreren Tatbeteiligten die Rücktrittsfrage *jeweils eigens für jeden Einzelnen* zu prüfen. Dabei ist jedoch folgendes zu beachten: (a) Soweit der **Rücktritt aller Tatbeteiligten** aufgrund einer gemeinschaftlichen Vereinbarung mit gleicher Willensrichtung und gegenseitiger Zurechnung erfolgt, kommt bereits Strafbefreiung nach **§ 24 I** in Betracht (vgl. Corves Sonderausschuß V/1769, Lenckner Gallas-FS 295 f.; iglS bereits RG **47** 361, **55** 106, **56** 211; vgl. auch BGH NStZ **89**, 318; and. selbst in diesem Fall für § 24 II, wobei allerdings mittelbare Täterschaft

immer nach § 24 I zu behandeln sei, Gores aaO 19, 172 ff., M-Gössel II 285, Vogler LK 158). Gleiches gilt für den *angestifteten* und lediglich im Vorbereitungsbereich *unterstützten Haupttäter*, der die Tat **als Einzeltäter auszuführen** unternimmt (so grds. zutr. Mitsch Baumann-FS 89 ff.), ferner bei der Figur des „Täters hinter dem Täter" (§ 25 RN 21 ff.) für den *Vordermann* (vgl. u. 106). (b) Soweit dagegen mehrere **Tatbeteiligte nur teilweise oder unterschiedlich** zurücktreten – und dies gilt (entgegen der zuvor zu a) genannten Gegenansicht) auch bei mittelbarer Täterschaft (vgl. u. 106) –, ist mit den auf den Alleintäter zugeschnittenen und daher nur auf gleichförmig-gemeinschaftlichen Rücktritt erstreckbaren Regeln des § 24 I nicht auszukommen. Allein diesen Besonderheiten bei nicht konformem Verhalten mehrerer Tatbeteiligter versucht **§ 24 II** Rechnung zu tragen. – Abs. 2 verdankt seine Entstehung dem Umstand, daß § 46 aF nur eine Regelung für den Alleintäter enthielt und daher Rspr. und Lehre gezwungen waren, für den Rücktritt von anderen Tatbeteiligten besondere Regeln zu entwickeln (vgl. 17. A. § 46 RN 41 ff.). Diese wurden durch Abs. 2 zwar im wesentlichen legalisiert, dabei aber teils auch verschärft. Denn während nach früherer Auffassung der Teilnehmer lediglich seinen Tatbeitrag rückgängig zu machen brauchte und demzufolge auch dann Straffreiheit erlangte, wenn die Haupttat zur Vollendung kam (vgl. 17. A. § 46 RN 44, 46), ist jedenfalls nach dem Wortlaut des Abs. 2 erforderlich, daß der zurücktretende Teilnehmer auch die Tatvollendung verhindert (S. 1), bzw. wenn diese unabhängig von seinem früheren Tatbeitrag eintritt, sich zumindest um die Verhinderung der Vollendung freiwillig und ernsthaft bemüht (S. 2). Nimmt man auch noch gewisse Unklarheiten dieser neuen Vorschrift hinzu (vgl. u. 89, 99), so kann darin gewiß keine sonderlich geglückte Neuregelung erblickt werden (vgl. Lenckner Gallas-FS 281 ff., Meyer ZStW 87, 619 ff., Roxin JuS 73, 332 f., Lenckner-FS 278 f., aber auch Vogler LK 154 ff. sowie seinen Überblick ZStW 98, 343 ff.). 74

II. Aussonderung nichterfaßter Fälle: Da Abs. 2 nur den Rücktritt von der an sich erfolgreichen Teilnahme an einem Versuch betrifft, bleiben bestimmte Fallgruppen von vornherein *außerhalb des Anwendungsbereichs von Abs. 2*. Und zwar zum einen die Fälle, in denen die Haupttat nicht einmal bis zu einem strafbaren Versuch gedieh bzw. der Tatbeitrag noch vor dessen Beginn zurückgenommen wird, wie andererseits auch jene Fälle, in denen die Haupttat unter Fortwirken des Tatbeitrags bis zur Vollendung gelangt. Dies ergibt sich bereits aus allgemeinen Zurechnungs- bzw. Teilnahmeregeln (dazu allg. – teils abw. – Gores aaO 21 ff.). 75

1. Wird die **Haupttat vollendet** und ist dafür der **Tatbeitrag** des Beteiligten noch irgendwie **ursächlich**, so bleibt der Beteiligte je nach Art und Intensität seiner Beteiligung wegen Mittäterschaft, Anstiftung oder Beihilfe zum vollendeten Delikt strafbar, und zwar selbst dann, wenn er sich innerlich von der Tat losgesagt oder sogar ernsthaft, wenn freilich auch erfolglos, bemüht hatte, die Vollendung des Delikts bzw. das Weiterwirken seines Tatbeitrags zu verhindern (vgl. BGH **28** 348, **37** 293 m. Anm. Hauf NStZ 94, 203, Roxin JR 91, 206, Lenckner-FS 272 ff., Jakobs 757; and. Backmann JuS 81, 342). Dies gilt trotz der unleugbaren Härte dieser Konsequenz selbst für den Fall, daß der Teilnehmer nach Versuchsbeginn den Haupttäter erfolgreich umgestimmt zu haben glaubte, dieser aber dann doch die Vollendung herbeiführt (vgl. RG **55** 106, Lenckner Gallas-FS 287 f.); denn ähnlich wie bei Alleintäterschaft Rücktritt ausgeschlossen ist, wenn trotz ernsthafter Verhinderungsbemühungen der Erfolg eintritt (o. 70), bleibt auch dem Teilnehmer die Vollendung der Haupttat zurechenbar, wenn sein Beitrag die Tatvollendung objektiv mitbewirkt hat. – Immerhin kann sich aber beim *Wegfall subjektiver Voraussetzungen* infolge Lossagens von der Tat *vor Herbeiführung der Vollendung* die Art der Tatbeteiligung ändern: so etwa, wenn die Tat in einer vom ursprünglichen Plan derart abweichenden Form von den übrigen Beteiligten ausgeführt wird, daß sie dem vorher Zurückgetretenen nach allgemeinen Abweichungsregeln (§ 15 RN 56) nicht zugerechnet werden kann (M-Gössel II 332, Otto JA 80, 711, Rudolphi SK 39) oder wenn bei Abstandnahme von der beabsichtigten Mittäterschaft am Diebstahl die Zueignungsabsicht und damit (mit-)täterschaftliches Handeln entfällt (u. 113 sowie § 25 RN 83), der Tatbeitrag jedoch noch für die Wegnahme wirksam bleibt. Hier kommt jedenfalls dann, wenn der anfängliche Mittäter den ihm zugedachten Tatbeitrag noch nicht voll geleistet hatte, dessen Bestrafung wegen Beihilfe zur vollendeten Haupttat, uU in Tateinheit mit Täterschaft am vorangehenden Diebstahlsversuch, in Betracht. Dagegen vermag bei voller Leistung des mittäterschaftlichen Beitrags die nachträgliche Willensänderung die Mittäterschaft idR nicht mehr zu beseitigen (vgl. BGH **28** 348; abw. Vogler LK 162), es sei denn, daß zwischen der ursprünglichen Mitwirkungserklärung und der späteren Ausführung durch andere kein gemeinschaftlicher Entschlußzusammenhang mehr besteht (vgl. Köln JR **80**, 422 m. Anm. Beulke). Doch ergibt sich auch dies bereits aus allgemeinen Teilnahmegrundsätzen (vgl. Schmidhäuser 638; abw. v. Scheurl aaO 129 ff.). 76 77

2. Unerheblich ist Abs. 2 ferner insoweit, als es um Straffreiheit von der *Vollendung* einer Haupttat geht, **ohne daß** dafür der **Tatbeitrag** des Beteiligten noch **mitursächlich** gewesen wäre (wie etwa da, wo der Gehilfe seine Zusage, während der ganzen Tat Schmiere zu stehen, nach Einbruchsbeginn dem Täter gegenüber wieder zurücknimmt und dieser daher nach anderer Rückendeckung Ausschau halten muß). Auch hier kann dem Teilnehmer die *Tatvollendung* schon mangels Kausalität seines ursprünglichen Beitrags nicht mehr zugerechnet werden; diesbezüglich kann somit der Teilnehmer schon dadurch Straffreiheit erlangen, daß er die Kausalität seines Beitrags für die Vollendung beseitigt (BGH **28** 347). Daher bedarf es eines strafbefreienden Rücktritts nur insoweit, als es um die Beteiligung an dem bereits verwirklichten und nach allgemeinen Teilnahmegrundsätzen zurechenbaren 78

Versuch der Haupttat geht (vgl. Otto JA 80, 708). Allein dazu einen Weg zu eröffnen, ist Zweck des Abs. 2.

79 3. Schon im *Vorfeld* des Abs. 2 erledigen sich ferner die Fälle der **nur versuchten Teilnahme**, bei der Teilnehmer nicht einmal den Versuch einer Haupttat (mit)bewirkt. Hat dies seinen Grund darin, daß die Haupttat gänzlich unterbleibt, so fehlt es bereits an der für die Akzessorietät der Teilnahme erforderlichen Haupttat (27 vor § 25). Kommt es hingegen zu einer (versuchten oder vollendeten) Haupttat, ohne daß jedoch darin die Teilnahmehandlung irgendwie wirksam geworden wäre, so fehlt es für strafbare Teilnahme an der Kausalität des Tatbeitrags für die Haupttat (22 vor § 25). Gelingt es also dem Gehilfen, seinen im Vorbereitungsstadium geleisteten Beitrag wieder derart zu neutralisieren, daß die geplante Haupttat nicht einmal bis zum Versuch gedeiht (und damit als solche straflos bleibt) oder daß sich die Beihilfe nicht einmal mehr im Versuch der Haupttat niederschlägt, so handelt es sich lediglich um versuchte Teilnahme, die grundsätzlich straflos ist (vgl. § 30 RN 1) und demzufolge auch keines besonderen Rücktritts bedarf. Daher bleibt in solchen Fällen der „Teilnehmer" auch dann straflos, wenn er unfreiwillig seinen Tatbeitrag rückgängig gemacht hatte oder die Haupttat aus reinem Zufall nicht zur Ausführung kommt (vgl. Lenckner Gallas-FS 282 f., Roxin Lenckner-FS 270 ff.). Soweit freilich bereits die *versuchte Teilnahme* als *solche* **strafbar** ist (wie bei § 30), wird durch § 31 ein besonderer Rücktrittsweg eröffnet (vgl. BGH **32** 133, ferner Jakobs 755, Schröder JuS 62, 84, v. Scheurl aaO 75).

80 4. Bereits nach allgemeinen Teilnahme- bzw. Vorsatzregeln erledigt sich auch der Fall, in dem der Teilnehmer noch im **Vorbereitungsstadium den Täter erfolgreich umzustimmen** vermag. Wenn dieser danach die Tat aufgrund eines neuen Entschlusses begeht, bleibt der Teilnehmer schon deshalb straflos, weil es sich um eine *neue* Haupttat handelt, die ihm nicht mehr zugerechnet werden kann (vgl. RG **47** 351, **55** 106, BGH NJW **56**, 30, MDR/D **66**, 22, Lackner/Kühl 27, Lenckner Gallas-FS 287, M-Gössel II 332, Rudolphi SK 36, Schröder MDR **49**, 716; and. Otto JA 80, 711,
81 v. Scheurl aaO 85). – Geht der Haupttäter allerdings nur *zum Schein* auf das Umstimmen des Teilnehmers ein und führt er die Tat aufgrund seines ursprünglichen Entschlusses aus, so bleibt der Teilnehmer strafbar. Denn wie der Haupttäter, der sich noch im Versuchsstadium erfolglos um die Verhinderung der Folgen seines Tuns bemüht, so trägt auch der Teilnehmer das Risiko dafür, daß sein Beitrag für die Verwirklichung der Haupttat objektiv mitursächlich wird (vgl. o. 61 sowie RG **55** 106, HRR **33** Nr. 1898, BGH **28** 348, Lenckner aaO 289 f.; and. Vogler LK 163; vgl. auch u. 84). Wird jedoch die Haupttat nur versucht, so kann der Teilnehmer analog zu S. 2 Alt. 1 (vgl. u. 94) straflos sein (Rudolphi SK 37; insoweit ebenso Vogler ZStW 98, 345 f.; für § 24 II direkt Gores aaO 157 ff.).

82 5. Vornehmlich um ein Vorsatzproblem handelt es sich ferner dort, wo der Teilnehmer im Vorbereitungsstadium zwar bereits einen **Teilbeitrag** erbringt, dabei aber davon ausgeht, daß die Haupttat ohne weitere Mitwirkungshandlungen noch nicht ausgeführt werden kann. Obgleich hier eine Parallele zum unbeendeten Versuch des Alleintäters naheliegt, regelt sich in dem Fall, daß die Haupttat dann doch ohne weitere Beiträge des Teilnehmers begangen wird, dessen Strafbarkeit primär nach den Grundsätzen der Abweichung im Kausalverlauf: Glaubt der Teilnehmer, daß die von ihm noch zu erbringenden Beiträge nicht anderweitig ersetzt werden können, so fehlt es hinsichtlich des vom vorgestellten Kausalverlauf abweichenden Täterexzesses am Vorsatz (vgl. Lenckner aaO 284). Rechnet der Teilnehmer jedoch damit, daß sein Tatbeitrag ergänzt und dadurch jedenfalls für einen Versuch der Haupttat mitursächlich werden kann, und tritt dies auch tatsächlich ein, so kann er von einer solchen Beteiligung am Versuch nur noch nach den Regeln des Abs. 2 zurücktreten (iE ebenso Vogler LK 164).

83 6. Noch im straflosen Vorfeld des Abs. 2 bleibt schließlich der Fall, in dem der Teilnehmer seinen zunächst volltauglichen Tatbeitrag noch *im Vorbereitungsstadium* derart wieder rückgängig macht, daß es zwar noch zu einem **untauglichen Versuch**, aber *keinesfalls* mehr zur *Vollendung* der Haupttat kommen kann (Vogler LK 161): so wenn zB der Gehilfe in der von ihm verliehenen Mordwaffe die scharfe Munition heimlich gegen Platzpatronen austauscht oder der Anstifter die Polizei noch so rechtzeitig zum Einbruchsort schickt, daß die Vollendung des Diebstahls verhindert werden kann. Obgleich hier der Tatbeitrag zunächst mit Vollendungsvorsatz geleistet ist, wird dieser doch noch, und zwar bevor die Haupttat die Grenze zum strafbaren Versuch überschreitet, so weit zurückgenommen, wie dies auch beim agent provocateur nach der Fall ist. Ähnlich wie dieser selbst dann allgemein für straflos gehalten wird, wenn die provozierte Tat bis zum Versuch gedeiht (§ 26 RN 20), fehlt es auch dort bereits an einer strafbaren Teilnahme, wo der Vollendungsvorsatz noch im Vorbereitungsstadium aufgegeben und der Tatbeitrag jedenfalls so neutralisiert wird, daß es nicht mehr zur Tatvollendung kommen kann (näher Lenckner aaO 284 f.; ebenso Otto JA 80, 708, Roxin Lenckner-FS 271 f.; abw. Gores aaO 23 ff., 83 ff., 179 ff.). Da in solchen Fällen ein rücktrittsbedürftiges Stadium nicht erreicht wird, ist auch die Freiwilligkeit der Vollendungsverhinderung unerheblich. Der Teilnehmer bleibt
84 daher selbst dann straffrei, wenn er seinen Tatbeitrag gezwungenermaßen wieder zurücknimmt. – Gelingt ihm dies allerdings nicht, so daß die Haupttat zur *Vollendung* kommt, dann helfen ihm seine nachträglichen Neutralisierungsbemühungen ebensowenig wie einem Alleintäter, der von einem beendeten Versuch zurücktreten will, wenn jedoch der zur Vollendung führende Kausalverlauf bereits aus der Kontrolle geraten ist (vgl. o. 61, 76). Allenfalls dort, wo die Vollendung nur deshalb eintritt, weil der noch im Vorbereitungsstadium zurücktretende Teilnehmer sein Neutralisierungsbemühen *irrtümlich* für erfolgreich gehalten hat (zB durch Entleeren des Magazins, wobei jedoch eine bereits im

Lauf befindliche Kugel übersehen wird), ließe sich hinsichtlich der auch an sich verwirklichten Teilnahme (vgl. o. 81) an Straffreiheit in Analogie zu den Fällen denken, in denen es aufgrund des „Rücktritts" nur noch zum untauglichen Versuch kommen kann (o. 83); denn in beiden Fällen fehlt dem Teilnehmer beim Übergang der Haupttat in den Versuchsbereich nicht nur der Vollendungswille, sondern auch das Vollendungsbewußtsein, wobei freilich zu beachten bleibt, daß dem „zurücktretenden" Haupttäter aufgrund seines Rücktrittsrisikos der nachträgliche Wegfall seines Vollendungswillens idR nicht helfen würde (vgl. o. 22, 25) und man daher zugunsten eines irrtümlich weitere Neutralisierungsbemühungen unterlassenden Teilnehmers von einem subjektiv (noch bzw. wieder) unbeendeten Versuch auszugehen hätte. Aber auch auf dieser Basis ist nicht ausgeschlossen, daß der Teilnehmer für seinen objektiv mißglückten „Rücktritt" jedenfalls wegen fahrlässiger Erfolgsverursachung strafbar bleibt (Lenckner aaO 286 f.).

III. Rücktrittsalternativen nach Abs. 2. Für den Anwendungsbereich dieser Vorschrift verbleiben somit die Fälle, in denen der Tatbeteiligte durch seinen Beitrag *vorsätzlich den Versuch der Haupttat mitbewirkt* hat und von dieser Beteiligung durch Rücktritt Straffreiheit erlangen will. – Grundsätzlich unerheblich ist dabei die früher übliche Unterscheidung zwischen *unbeendeter* bzw. *beendeter* Teilnahme am Versuch (vgl. 17. A. § 46 RN 42, M-Gössel II 331), und auch die neue Kategorie des *fehlgeschlagenen* Versuchs (o. 6 ff.) ist für Abs. 2 nur von untergeordneter Bedeutung (vgl. u. 94; and. Kudlich JuS 99, 450; offengelassen in BGH NStZ **89**, 317). Denn abgesehen von dem bereits im Vorfeld des Abs. 2 zu erledigenden Fall, daß der Beteiligte seinen Beitrag von vornherein nicht für ausreichend hielt, um die Tatvollendung mitzubewirken und es daher von Anfang an am Vollendungsvorsatz fehlt (o. 82), kommt es für den Rücktritt des Teilnehmers nur noch darauf an, ob ihm der Versuch der Haupttat nach Teilnahmegrundsätzen objektiv und subjektiv zurechenbar ist. Trifft dies zu, so wird er bereits damit aufgrund seines Erfolgsabwendungsrisikos (o. 61, 76, 84) zum „Garanten" für den Nichteintritt der Vollendung der Haupttat (vgl. auch u. 89, 104). Im einzelnen sind in § 24 II **drei Fallkonstellationen** zu unterscheiden: Rücktritt durch *Vollendungsverhinderung* (S. 1), durch *Verhinderungsbemühung bei Nichtvollendung* (S. 2 Alt. 1), sowie durch *Verhinderungsbemühen bei teilnahmeunabhängiger Tatvollendung* (S. 2 Alt. 2).

1. Rücktritt durch Vollendungsverhinderung (Abs. 2 S. 1): Hier wird Straffreiheit für den Fall eröffnet, daß der Versuch an sich zur Herbeiführung der Vollendung geeignet wäre, deren Eintritt jedoch noch rechtzeitig durch freiwilliges Dazwischentreten des Tatbeteiligten verhindert wird.

a) **Objektiv** setzt dies ein zweifaches voraus: **Nichtvollendung** der Haupttat und **Kausalität des Beteiligtenrücktritts** dafür. Ob dies dadurch bewirkt wird, daß der Mittäter oder Gehilfe seinen eigenen Beitrag soweit rückgängig macht, daß eine Vollendung unmöglich wird (indem er sich zB am Tatort das Einbruchswerkzeug zurückgeben läßt) oder der Anstifter den Angestifteten noch vor Tatvollendung erfolgreich „abstiftet" und zum Rücktritt vom Versuch überredet (vgl. RG **56** 210, **70** 295), ist ebenso gleichgültig wie die Vollendungsverhinderung dadurch, daß ein Tatbeteiligter gegen das Fortwirken seines Tatbeitrags andere Kräfte mobilisiert, zB der Anstifter die Polizei noch rechtzeitig zum Tatort schickt, der Gehilfe eine Falschaussage noch rechtzeitig richtigstellt (vgl. RG **62** 406, BGH **4** 179) oder bei einem gemeinschaftlichen Betrugsversuch den Getäuschten noch vor Schadenseintritt aufklärt (RG **38** 225). Entscheidend ist vielmehr nur, daß die Haupttat nicht zur Vollendung kommt und dies, wenn auch nicht ausschließlich, so doch zumindest auch auf die Rücktrittstätigkeit des Beteiligten zurückzuführen ist (Gores aaO 163 ff.). Soweit daher nicht schon die Neutralisierung des eigenen Beitrags für sich allein genügt, muß die Vollendung der Tat, deren Versuch der Beteiligte zurechenbar mitbewirkt hat, auf andere Weise, im Regelfall durch aktive Gegentätigkeit, verhindert werden (vgl. Grünwald Welzel-FS 707; i. Grds. ebenso bereits RG **47** 361, BGH **4** 172). – Doch kann für eine Vollendungsverhinderung uU auch schon bloßes **Unterlassen durch Nichtweiterhandeln** genügen (BGH NStZ **89**, 318, Rengier JZ 88, 932), so etwa durch Nichtlieferung weiterer (und nicht ohne weiteres auf andere Weise beschaffbarer) Giftraten an den Täter (vgl. Küper JZ 79, 778, M-Gössel II 336, Otto JA 80, 708; näher Gores aaO 165 ff.) oder durch Nichtschießen, nachdem den anderen Tatbeteiligten wegen Verletzung eine Tatvollendung nicht mehr möglich ist (BGH NJW **92**, 990). Denn obgleich Abs. 2 – ebenso wie dies für den Rücktritt des Alleintäters vom beendeten Versuch (Abs. 1 S. 1 Alt. 2) typisch ist (o. 59) – nur die Erfolgsverhinderung durch aktives Tätigwerden im Auge zu haben scheint, kann es nach dem Sinn des Abs. 2 nicht so sehr auf die Modalität der Erfolgsverhinderung, sondern allein auf deren Wirkung, die Nichtvollendung, ankommen (vgl. auch Lenckner aaO 295 f., v. Scheurl aaO 77 f., 121 ff. mwN). Das gilt im Grundsatz auch für die Fallgruppe nach S. 2 Alt. 2 (u. 97), wo es zwar zur Tatvollendung kommt, aber unabhängig vom früheren Tatbeitrag des sich ernsthaft um Erfolgsverhinderung bemühenden Beteiligten. Auch dort genügt für das Nichtweiterhandeln nicht schon – wie nach der früher üblichen Unterscheidung zwischen beendeter und unbeendeter Teilnahme am Versuch (o. 86) – die Vorstellung des Beteiligten, noch nicht alle ihm obliegenden Tatbeiträge geleistet zu haben; entscheidend ist vielmehr allein, wie der Beteiligte bei Vorenthalten seiner weiteren Beiträge die Chancen für das Gelingen oder Scheitern der Haupttat beurteilt (o. 82). Nur dort, wo er schon durch bloßes Unterlassen die weitere Tatausführung voll in der Hand hat (bzw. im Fall von S. 2 Alt. 2 voll in der Hand zu haben meint), kann er durch Nichtweiterhandeln Straffreiheit erlangen (vgl. Vogler LK 169).

b) **Subjektiv** ist auch hier **Freiwilligkeit** erforderlich (dazu o. 42 ff.).

91 c) Ferner muß **Tatidentität** zwischen der verhinderten und jener Tat bestehen, an deren Versuch der Zurücktretende beteiligt war (eingeh. Gores aaO 217 ff.). Dies kann dort zweifelhaft sein, wo der Beteiligte zwar seinen Beitrag rückgängig gemacht hat, es aber trotzdem noch zu einer Tatvollendung kommt: So wenn der Tresorknacker anstelle des vom Gehilfen zurückgezogenen Schneidbrenners den Einbruchsdiebstahl mit dem Werkzeug eines anderen Gehilfen zu Ende führt. Dabei kommt es im wesentlichen darauf an, ob nach den allgemeinen Regeln der Handlungseinheit oder -mehrheit die vollendete Tat als eine „**neue**" zu betrachten ist, wobei jedoch die – neuerdings ohnehin problematische – Figur der fortgesetzten Handlung (vgl. BGH 40 138 sowie 31 ff. vor § 52) eine „Tatidentität" nicht zu begründen vermag (vgl. o. 39 sowie Grünwald Welzel-FS 714, Lenckner Gallas-FS 303; i.

92 Grds. ebenso schon RG 55 106). – Faßt man dabei die Handlungseinheit so eng, wie dies hier geschieht (22 vor § 52), so sind kaum Fälle denkbar, in denen der Teilnehmer nicht bereits durch Verhinderung des Tatkomplexes, zu dem er seinen Beitrag geleistet hatte, Straffreiheit erlangen könnte. Läßt man die „natürliche Handlungseinheit" dagegen in einem sehr viel weiteren Sinne zu, wie dies die Rspr. tut (23 vor § 52), so kann es sich als notwendig erweisen, selbst bei einer danach noch als dieselbe erscheinenden Tat deren Zurechnung dem Zurücktretenden gegenüber uU noch unter Berücksichtigung allgemeiner **Teilnahmegrundsätze** entfallen zu lassen. Denn die Verhinderungspflicht des Teilnehmers beschränkt sich von vornherein auf jene Tat, die er im Vollendungsfalle durch seinen ursprünglichen Tatbeitrag zurechenbar „als Teilnehmer" mitverursacht haben würde. Deshalb bleibt bei Erfassung mehrerer Tatkomplexe durch eine weit verstandene Handlungseinheit jeweils noch hypothetisch danach zu fragen, ob der tatsächlich zur Vollendung gekommene Tatkomplex dem Teilnehmer (ungeachtet seines „Rücktritts") überhaupt als vorsätzlich zuzurechnen wäre. Ist dies zu verneinen, so bleibt ihm trotz Vollendung dieses Tatkomplexes im übrigen der Rücktritt nicht verbaut. Das bedeutet, daß der Teilnehmer auch dann Straffreiheit erlangen kann, wenn nach Neutralisierung seines Beitrags die Tat zwar fortgeführt wird, dieses weitere Tatgeschehen jedoch hinsichtlich Objekt, Mittel oder sonstigen räumlich-zeitlichen Modalitäten so wesentlich vom Tatplan abweicht, daß es sich aus der Sicht des Zurücktretenden als Exzeß des Tatausführenden darstellt (BGH NStZ **92**, 537 f., Roxin Lenckner-FS 283 ff., Vogler LK 174; vgl. auch v. Scheurl aaO 120, Grünwald Welzel-FS 713, o. 23). Demgemäß kann die Beachtlichkeit des Rücktritts nicht zuletzt davon abhängen, ob und inwieweit es für die Mitwirkung des Teilnehmers für eine exakte Konkretisierung der Haupttat nach Ort, Zeit und Begehungsart ankam, wie dies idR bei seiner Mitwirkung am Tatort der Fall sein wird. Hier muß bereits die Verhinderung dieser konkreten Einzeltat genügen, auch wenn sich der Haupttäter insgeheim einen erneuten Versuch für die nächste Nacht vorbehält (vgl. Lenckner Gallas-FS 301 ff., Roxin aaO). Hat der Gehilfe dagegen dem Täter Einbruchswerkzeug ganz allgemein zu fortgesetztem Diebstahl überlassen, so genügt es nicht, daß er den Täter lediglich vom ersten Einzelakt abbringt, ihm jedoch die Fortsetzung für eine andere Gelegenheit überläßt.

93 **Beispielsweise** ist nach den vorgenannten (wie teils auch schon o. 76 ff. erörterten) Grundsätzen strafbefreiender Rücktritt des Teilnehmers überall dort zu verneinen, wo in der tatsächlich vollendeten Tat noch Voraussetzungen der ursprünglich begonnenen Tat mitenthalten sind: So etwa dort, wo die Anrufe zur Feststellung der Anwesenheit des Tatopfers trotz nachträglicher Umstimmungsversuche dem Mittäter die Tatbegehung erleichtert haben (vgl. Schleswig SchlHA **51**, 48), aber auch da, wo etwa der Gehilfe am Tatort die für einen Raub hingegebene Waffe wieder zurücknimmt, es aber trotz seines Widerspruchs noch zu einem Diebstahl kommt (enger Vogler LK 177). Hier kann von einer Tatverhinderung ebensowenig die Rede sein wie dort, wo die Warnungen vor der Tatausführung den Mittäter nicht ernstlich umzustimmen vermögen (vgl. RG HRR **33** Nr. 1898). Daher kann hier der Gehilfe allenfalls nach S. 2 Alt. 2 (u. 97 ff.) Straffreiheit erlangen. Gelingt es hingegen dem Beteiligten, am Tatort den Mittätern den geplanten Einbruchsdiebstahl auszureden, nutzen diese jedoch die sich im gleichen Gebäude ergebende Gelegenheit zur Vergewaltigung einer zufällig angetroffenen Frau, so ist jedenfalls Rücktritt von der Beteiligung am Diebstahlsversuch in Betracht zu ziehen, und zwar selbst dann, wenn den zurückgetretenen Gehilfen den Vorwurf schuldhafter Mitwirkung an der „neuen" Tat (etwa aufgrund pflichtwidrigen Unterlassens: § 25 RN 93) treffen sollte. Auch wenn die endgültige Tatausführung nur *zeitlich aufgeschoben*, aber keineswegs aufgegeben wird, liegt noch kein Rücktritt von dieser Tat vor; dies auch dort nicht, wo der Teilnehmer die Tat zwar für den Augenblick vereitelt, zugleich aber bewußt Voraussetzungen dafür schafft, daß sie später von den anderen Beteiligten auch ohne ihn verübt wird (vgl. BGH NJW **56**, 30). Immerhin werden aber als Indizien für das Aufgeben der ursprünglichen Tat und einen neugefaßten Tatentschluß darin zu erblicken sein, daß zwischen beiden ein nicht unerheblicher zeitlicher Abstand liegt und für die dann ausgeführte Tat erst noch neue Komplizen zu gewinnen waren (vgl. BGH NStZ **92**, 537 f. zu § 31). Im übrigen ist die Verhinderung der versuchten, mit der „neuen" nicht mehr identischen Tat nicht nur bei Vollendung eines anderen Tatbestandes, sondern auch dann denkbar, wenn ein *Wechsel im Tatobjekt* eintritt: So wenn zB statt des ursprünglich vorgesehenen Opfers, von dessen Erschießung der die Tatwaffe liefernde Gehilfe den Täter erfolgreich abgebracht hat, aufgrund eines neuen Entschlusses ein anderer Mensch umgebracht wird. Der strafbefreiende Rücktritt von der Teilnahme am Tötungsversuch schließt freilich nicht aus, daß der Gehilfe noch wegen fahrlässiger Erfolgsverursachung strafbar bleibt.

94 **2. Rücktritt durch Verhinderungsbemühen bei Nichtvollendung ohne Zutun des Beteiligten (Abs. 2 S. 2 Alt. 1):** Dies betrifft in Parallele zu Abs. 1 S. 2 bei Alleintäterschaft (o. 68 ff.) vor allem den objektiv untauglichen bzw. fehlgeschlagenen Versuch: sei es, daß der Versuch bereits als solcher zum Scheitern verurteilt ist (das vom Gehilfen gelieferte Gift reicht nicht zur Tötung des Opfers), oder daß der Erfolgseintritt durch Dazwischentreten anderer Kräfte verhindert wird (zB durch Erfolgsabwendung durch einen Dritten oder erfolgreiche Abwehr des Opfers selbst), oder auch, daß die Tatvollendung durch Rücktritt eines anderen Beteiligten unmöglich wird (vgl. RG **56** 212, Vogler LK 179). Während dieser bereits nach S. 1 Straffreiheit erlangen kann (o. 87 ff.), bedarf es für Tatbeteiligte, deren Rücktrittsbemühen für die Erfolgsverhinderung nicht mehr kausal werden konnte, eines anderen Rücktrittsweges: Dieser wird durch S. 2 Alt. 1 eröffnet.

a) Zum objektiven **Nichteintritt der Tatvollendung** gilt Gleiches wie bei S. 1 (o. 88). Doch im 95 Unterschied zu dort bedarf es hier *keines* tatsächlichen oder auch nur hypothetischen *Kausalzusammenhanges* zwischen Rücktritt und Nichtvollendung (vgl. M-Gössel II 336), ja nicht einmal der Feststellung des Grundes, aus dem die Tatvollendung unterblieb (Vogler LK 178). Kommt es *auf andere Weise* als ursprünglich geplant und versucht zur Vollendung einer Tat, so ist die Identität zwischen versuchter und vollendeter Tat nach den gleichen Grundsätzen zu beurteilen wie bei S. 1 (o. 91 ff.). Das gilt insb. auch für den Fall, daß der zunächst fehlgeschlagene Versuch von den übrigen Beteiligten durch einen erneuten Anlauf mit Erfolg wiederholt wird (vgl. RG **47** 361).

b) Die geringeren Anforderungen auf objektiver Seite sind subjektiv durch das **freiwillige und** 96 **ernsthafte Bemühen um Vollendungsverhinderung** auszugleichen. Damit soll der Rücktrittswillige auch nach außen hin manifestieren, daß er den Erfolgseintritt nicht einfach dem Zufall überläßt, sondern selbst um Verhinderung des tatbestandsmäßigen Erfolgs bemüht ist (vgl. Grünwald Welzel-FS 715). Zur *Freiwilligkeit* und *Ernsthaftigkeit* des Bemühens vgl. u. 101 ff.

3. Rücktritt durch Verhinderungsbemühen bei tatbeitragsunabhängiger Vollendung 97 **(Abs. 2 S. 2 Alt. 2):** Das betrifft die Fälle, in denen der Tatbeitrag des Zurücktretenden zwar für den Versuch, aber nicht mehr für die Vollendung kausal geworden ist: sei es, daß der Beteiligte seinen Beitrag im Versuchsstadium vollständig neutralisiert hat, oder daß der Beitrag von den übrigen Beteiligten nicht benutzt wird bzw. sich als überflüssig erweist (zB die mit dem verliehenen Einbruchswerkzeug zu öffnende Tür wider Erwarten offen ist).

a) Im Unterschied zu den beiden anderen Fallgruppen ist hier unschädlich, daß die versuchte Tat 98 objektiv zur Vollendung kam. Entscheidend ist vielmehr nur, daß der *Tatbeitrag* des Zurücktretenden **für die Tatvollendung nicht mehr kausal** war. Demgemäß ist hier scharf zu unterscheiden zwischen der Kausalität des Tatbeitrags für den *Versuch*, wodurch (überhaupt erst) die Strafbarkeit der Beteiligung am Versuch begründet wird, und der Kausalität für die *Vollendung*, bei deren Fehlen zwar die Strafbarkeit für die vollendete Tat entfällt (o. 78), die Strafbarkeit wegen Beteiligung am Versuch hingegen bestehen bleibt und nur über den hier eröffneten Rücktrittsweg beseitigt werden kann. Falls die Mitursächlichkeit seines Tatbeitrags für die Vollendung nicht bereits aus anderen Gründen entfällt (etwa weil das Werkzeug nicht gebraucht wird), muß der Tatbeteiligte daher alles tun, was *objektiv notwendig und geeignet erscheint*, um seinem Tatbeitrag jede tatvollendende Wirkung zu nehmen. Das bedeutet, daß ein bloßes Sichlossagen eines Mittäters oder Teilnehmers von der Tat oder von den übrigen Tatbeteiligten keinesfalls ausreicht (so bereits RG **54** 177, BGH NJW **51**, 410), ebensowenig das stillschweigende Sichentfernen vom Tatort (BGH GA **66**, 209; vgl. auch MDR/D **66**, 22 f.). Vielmehr muß der Beteiligte nicht nur körperliche Hilfsmittel wieder zurücknehmen bzw. physische Unterstützung neutralisieren, sondern auch etwa physisch entzogene, aber möglicherweise psychisch noch weiterwirkende Unterstützung beseitigen. – Freilich dürfen im letztgenannten Fall *psychischer* 99 *Fortwirkung* des Tatbeitrags die Anforderungen nicht überzogen werden, wenn nach dieser Alternative ein Rücktritt praktisch nicht illusorisch werden soll; denn dafür bliebe kaum noch Raum, wenn man eine fortwirkende psychische Beihilfe schon allgemein darin erblicken würde, daß durch Mitwirken am Versuch der Wille der anderen Beteiligten zur Tatbegehung gestärkt worden sei (so Baumann JuS 63, 57, Roxin Lenckner-FS 281; dagegen v. Scheurl aaO 99, 111). Denn damit wäre selbst jenem „Schmieresteher" der Rücktritt verlegt, der sich bereits zu Beginn des Versuchsstadiums dem Täter gegenüber offen von der Tat losgesagt und sogar die Polizei alarmiert hat, der Täter jedoch – motiviert durch den vom Gehilfen mitbeeinflußten Versuchsbeginn – noch vor Eintreffen der Polizei wider Erwarten bereits „ganze Arbeit" geleistet hat. Um hier Härten zu vermeiden, ist darauf abzustellen, ob der geleistete Tatbeitrag gerade *im Hinblick auf die Vollendung (noch) von einigem Gewicht* war (zust. Krauß JuS 81, 889; iE ähnl. Vogler LK 189 ff. mit Risikoverringerungsaspekten; unter Strafwürdigkeitsaspekten v. Scheurl aaO 111; vgl. auch Gores aaO 106 ff., Lackner/Kühl 27). Dies hängt wesentlich von einer Wertung im Einzelfall ab und wäre etwa dort zu bejahen, wo der Teilnehmer auch nach Versuchsbeginn den Täter in seiner Tatausführung bestärkt hat, zB durch „Schmierestehen" bis zum Aufschneiden des Tresors.

Hinsichtlich der auch hier erforderlichen **Tatidentität** gilt Gleiches wie bei den beiden anderen 100 Fallgruppen (o. 92 ff.). Mußte etwa der Täter aufgrund des Rücktritts des Teilnehmers seinen Tatplan ändern und statt des ursprünglich beabsichtigten Raubes mit völlig anderen Mitteln einen Einbruchsdiebstahl begehen, so wäre wegen Nichtvollendung der ursprünglichen Tat der Teilnehmer bereits nach S. 1 straffrei (vgl. M-Gössel II 337, Vogler LK 193).

b) Subjektiv ist das **freiwillige und ernsthafte Bemühen um Vollendungsverhinderung** er- 101 forderlich (eingeh. Gores aaO 185 ff.). Ebenso wie beim objektiv fehlgeschlagenen Versuch (S. 2 Alt. 1: o. 96) nicht bereits das innere Abstandnehmen von der Tat genügt, darf sich auch hier der zurücktretende Teilnehmer nicht schon ohne weiteres mit der Rücknahme seines Beitrags begnügen, sondern muß, wenn er für den von ihm mitbewirkten Versuch Straffreiheit erlangen will, eine *Aktivität* entfalten, die auch *auf Verhinderung* der von ihm schon gar nicht mehr beeinflußten Tatvollendung gerichtet ist (so bereits zum ähnl. § 49a IV aF BGH GA **65**, 283). Insofern stellt die Neuregelung schärfere Anforderungen an die Straffreiheit des Teilnehmers als die frühere Praxis, die im Falle unbeendeter Versuchsteilnahme schon das bloße Nichtweiterhandeln bzw. bei beendeter Versuchsteilnahme die Unterbindung des Fortwirkens des Tatbeitrags genügen ließ (vgl. 17. A. § 46 RN 42 f., in jenem Sinne auch § 26 II AE). Demgegenüber wird nunmehr vom Beteiligten gleichsam ein „actus contrarius" verlangt: Wie für Teilnahme ein „Doppelvorsatz" sowohl hinsichtlich der eigenen Tatunterstützung als auch der dadurch mitzubewirkenden Vollendung der Haupttat erforderlich ist (§ 26 RN 20 bzw. § 27 RN 19), so wird für den Rücktritt spiegelbildlich sowohl die Neutralisierung des eigenen Tatbeitrags als auch ein Bemühen um Verhinderung der Haupttat erwartet (hM, vgl. Rudolphi SK 40; and. Walter JR 76, 100 ff.; krit. dazu Blei JA 76, 311, Gores aaO 184). Inwieweit dafür

102 auch schon bloßes *Unterlassen* genügen kann, dazu o. 89. – Diese bewußte Verschärfung (E 62 Begr. 146), in der Schmidhäuser I 377 sogar eine Verletzung des Gleichheitsprinzips erblicken will, läßt sich jedoch nicht schon aus erhöhter Gefährlichkeit der Tatbeteiligung Mehrerer begründen (so aber BT-Drs. V/4095 S. 12; dagegen Roxin JuS 73, 333). Erklärbar ist sie vielmehr allenfalls auf dem Boden einer (wenngleich bedenklich weitgefaßten) „Eindruckstheorie" damit, daß die durch Teilnahme am Versuch mitbewirkte Rechtserschütterung der Allgemeinheit (vgl. 23 vor § 22) nicht schon dadurch beseitigt ist, daß der Teilnehmer die konkrete Gefährlichkeit seines Tatbeitrags wieder aufhebt (so aber offenbar Lenckner Gallas-FS 306), sondern erst dann, wenn sich der zurücktretende Teilnehmer voll auf die Seite des durch sein Vorverhalten mittelbar angegriffenen Rechtsguts stellt und damit manifest von der Tat distanziert (Grünwald Welzel-FS 711; ähnl. Jescheck/Weigend 550; krit. auch Lackner/Kühl 26, Roxin Lenckner-FS 283, Vogler LK 154 ff.).

103 **Im einzelnen** muß der Teilnehmer – ähnlich wie in Abs. 1 S. 2 der Alleintäter (o. 71) – alles tun, was ihm **zur Vollendungsverhinderung notwendig und geeignet** erscheint. Zwar kann dafür schon die Rücknahme des Tatbeitrags genügen (so zB dadurch, daß er mit seinem für den Abtransport der Beute erforderlichen Lkw davonfährt), dies aber nur dann, wenn er nicht damit gerechnet hat, daß sich die übrigen Tatbeteiligten mit ihren eigenen Pkws behelfen werden; andernfalls muß er sie von der weiteren Tatausführung abzubringen versuchen (vgl. BGH NStZ **83**, 364). Ähnlich muß der Diebstahlsgehilfe nicht nur den zum Warenlager führenden Schlüssel, sondern auch etwaige davon angefertigte Nachschlüssel zurückverlangen (daher RG **55** 10 nur haltbar bei Annahme einer neuen Tat; vgl. auch BGH NJW **51**, 410). Bieten sich ihm *mehrere Verhinderungsmöglichkeiten*, braucht er zwar nicht sogleich die aussichtsreichste zu wählen und – im Unterschied zum Alleintäter – auch nicht unbedingt alle Möglichkeiten der Vollendungsverhinderung auszuschöpfen (insofern zutr. Grünwald Welzel-FS 715 f., Rudolphi SK 41; krit. Roxin Lenckner-FS 281 ff.; vgl. auch Otto JA 80, 709); jedoch wird er von dem Erfordernis zusätzlicher Bemühungen nur und dann erst frei, wenn er eine an sich geeignete und ihm auch ausreichend erscheinende Maßnahme ergriffen hatte (daher iE richtig Bay JR **61**, 269 f.; and. Jakobs 756, Rudolphi SK 41; wie hier Gores aaO 200 ff., auch Vogler LK 184). Denn letztentscheidend ist, daß er das durch die Beteiligung (mit)geschaffene Vollendungsrisiko aus seiner Sicht wieder restlos beseitigt (vgl. Haft JA 79, 312). Zum Rücktrittsbemühen durch Nichterbringung weiterer Tatbeiträge vgl. o. 89. Obgleich die Art und Geeignetheit der zur Vollendungsverhinderung erforderlichen Maßnahmen grundsätzlich aus der **Tätersicht** zu beurteilen ist (Grünwald aaO 715, Roxin aaO 281) und daher dabei auch eine *gesteigerte Gewissenhaftigkeit* in der Wahl seiner Mittel abverlangt werden kann (Lenckner aaO 297 ff., nach Maiwald Wolff Fs 344 ff. sogar bei grob unverständigem Bemühen), findet diese subjektive Betrachtung doch dort ihre Grenze, wo die vom Tatbeteiligten ergriffenen Maßnahmen jedem Einsichtigen von vornherein als völlig sinn- und aussichtslos erscheinen müssen, wie zB das „Gesundbeten" eines bereits Vergifteten. Denn ganz abgesehen davon, daß in solchen Fällen bereits die subjektive Ernsthaftigkeit des Bemühens einer kritischen Prüfung zu unterziehen ist, kann auch für **„abergläubische" Verhinderungsbemühungen** schwerlich anderes gelten als für den umgekehrten Fall des „abergläubischen" Versuchs: Ebensowenig, wie diesem mangels rechtserschütternden Eindrucks strafbegründende Wirkung zukommen kann (§ 23 RN 13), so wenig vermag umgekehrt ein actus contrarius, den niemand ernst nehmen kann, den rechtserschütternden Eindruck zu tilgen, den der Beteiligte durch die Teilnahme am Versuch mitbewirkt hat (Jakobs 754, Maiwald aaO 346 f., Vogler LK 184; and. Roßmüller/Rohrer Jura 90, 586). Falls daher irrealen Verhinderungsmaßnahmen nicht schon generell die Rücktrittsqualität abzusprechen wäre (dagegen Lenckner aaO 298 FN 43), bleiben – nicht zuletzt auch zur Ausschaltung von bloßen Schutzbehauptungen – an die Ernsthaftigkeit des Bemühens umso strengere Anforderungen zu stellen.

104 c) Zu der auch hier erforderlichen **Freiwilligkeit** des Verhinderungsbemühens vgl. o. 44 ff., sowie speziell zu den in Abs. 1 S. 2 parallelen Fällen, in denen der Tatbeteiligte das Fehlschlagen seines Tatbeitrags sofort erkennt, o. 72.

105 d) Wenn die Tat zwar unabhängig vom früheren Tatbeitrag des Beteiligten zur Vollendung kommt (o. 98), es jedoch an einem ernsten und freiwilligen **Verhinderungsbemühen fehlt** (o. 101 ff.), dann bleibt der Betreffende wegen Beteiligung am Versuch strafbar (Lackner/Kühl 27, v. Scheurl aaO 144; and. Walter JR 76, 102, der in Verkennung der Bemühensklausel Straffreiheit annimmt).

IV. Die vorgenannten Rücktrittswege gelten – abgesehen vom Fall gemeinschaftlichen Rücktritts **106** aller Tatbeteiligten (o. 73) bzw. des Rücktritts des angestifteten oder vorbereitend unterstützten, jedoch die Tat allein versuchenden Haupttäters – ähnlich dem allein ausführenden Haupttäter – für jede Art von Tatbeteiligung, also auch für den **mittelbaren Täter** (Stratenwerth 237; and. generell für Abs. 1 mit allerdings weithin gleichen Ergebnissen Vogler LK 145;, B/W-Mitsch 577; diff. M-Gössel II 285), während das unmittelbar allein handelnde Werkzeug, falls überhaupt wegen Versuchs strafbar, idR nach Abs. 1 zurücktreten kann (vgl. BGH **35** 349 sowie o. 73). Sofern der mittelbare Täter die Tatvollendung nicht durch eigene Rücktrittstätigkeit verhindert, wird ihm ein Rücktritt des Werkzeugs nur dann zugute kommen, wenn dieses nach den von Anfang an für einen bestimmten Fall erteilten Weisungen des mittelbaren Täters oder nach dessen nachträglicher Instruktion zurückgetreten ist, wenn es also in „bewußter Willensvertretung" des mittelbaren Täters gehandelt hat (vgl. RG **39** 41, **56** 211). Dies wird bei einem *gutgläubigen* Werkzeug regelmäßig der Fall sein, bei einem *bösgläubigen* nur dann, wenn es sich auch hinsichtlich des Rücktritts dem Hintermann unterordnet (daher iE zw. RG **39** 41; vgl. Eser II 133 f.). Letzteres trifft zB dann zu, wenn im Rahmen des sog. „Schießbefehls" an der Grenze zur ehemaligen DDR für den Fall eines beendeten Tötungsversuchs angeordnet war, das Opfer zu retten, so daß eine erfolgreiche Rettung sowohl dem Anordnenden als mittelbarem Täter als auch dem Tatmittler strafbefreiend zugute kommt (BGH **44** 204 m. Anm. Rotsch NStZ 99, 240, Schroeder JR 99, 297). Andernfalls wirkt der Rücktritt des Werkzeugs nach allgemeinen Grundsätzen (o. 73) nur für dieses selbst. Auch durch nachträgliche Genehmigung des Verhaltens seines Werkzeugs kann der mittelbare Täter keine Straffreiheit mehr erlangen. Um einen solchen Fall handelt es sich allerdings nicht schon dort, wo das Werkzeug angesichts einer Veränderung der Sachlage zurückkehrt, um neue Weisungen einzuholen: Gibt aufgrund dessen der mittelbare Täter die Weiterführung der Tat auf, so liegt darin ein strafbefreiender Rücktritt (vgl. Schröder MDR 49, 717, Vogler LK 147).

D. Wirkungen des Rücktritts

I. 1. Die **Hauptwirkung** des Rücktritts besteht darin, daß der Täter „wegen Versuchs nicht **107** bestraft" wird (Abs. 1 S. 1). Das bedeutet, daß der Täter hinsichtlich des **Versuchs straffrei** wird und insoweit freizusprechen ist. Die Verfahrenskosten sind der Staatskasse aufzuerlegen. Gegenüber dieser **108** bereits auf § 46 aF zurückgehenden Regelung stellen neuere Rücktrittsregeln dem Richter einen erheblich weitergehenden Spielraum zur Verfügung. Dies geschieht in der Weise, daß der Richter bei Vorliegen eines Rücktritts oder einer analogen Situation eine **mildere Strafe** als die gesetzlich vorgesehene verhängen oder unter Aufrechterhaltung des Schuldspruches **von Strafe absehen** kann (vgl. zB §§ 83 a, 84 V, 87 III, 98 II, 129 VI; zum Absehen von Strafe vgl. 54 vor § 38). Angesichts der Tatsache, daß die den Täter bestimmenden Motive mit unterschiedlicher Stärke auf seinen Entschluß zum Rücktritt eingewirkt haben können, sind diese variablen Regelungen der des § 24 an sich vorzuziehen (vgl. auch Bergmann ZStW 100, 353 ff., Burkhardt aaO 184 ff., Freund 303, Schünemann GA 86, 326). Da aber der Gesetzgeber bei Neufassung des § 24 auf eine derartige Anpassung verzichtet hat, ist für die Beseitigung dieser Unstimmigkeiten im Wege der Analogie kein Raum. Vgl. auch u. 121.

2. Straflos ist grundsätzlich nur der *Versuch als solcher.* Liegt in dem, was sich als Versuch (zB eines **109** Mordes) darstellt, zugleich ein vollendetes Delikt (Körperverletzung), dann ist dieses nicht straflos (BGH **16** 123, **41** 14, NJW **95**, 1437, NStZ **97**, 387 [zu § 229 aF], StV **81**, 397, NStE **Nr. 6**): sog. **qualifizierter Versuch.** Konkurriert zB ein versuchter Betrug mit einer vollendeten Urkundenfälschung, so bleibt die Urkundenfälschung auch bei einem Rücktritt vom versuchten Betrug strafbar. Dies gilt auch bei Gesetzeskonkurrenz, wie etwa zwischen §§ 255, 22 und § 241 (vgl. Karlsruhe NJW **78**, 332); auch kann nicht jemand wegen eines Delikts deshalb straflos bleiben, weil er ein schwereres beabsichtigte (RG **68** 207). Beim Rücktritt von Vergewaltigung (§ 177 aF) kann daher zB noch wegen gewaltsam vorgenommener sexueller Handlung (§ 177 I nF) bestraft werden (vgl. RG **23** 225, BGH **1** 156, **7** 300, **17** 1, Düsseldorf StV **83**, 65); ebenso zum Verhältnis von §§ 177, 22 und § 185 BGH StV **82**, 14. Für das vollendete Delikt sind im übrigen Rechtswidrigkeit und Schuld im Hinblick auf den Verletzungsvorsatz gesondert zu prüfen (BGH **41** 14). Zur fraglichen Mitberücksichtigung eines wegen Rücktritts nicht mehr strafbaren Versuchs in der Strafzumessung der verbleibenden Tat vgl. u. 114.

3. Jedoch können zugleich mit dem Versuch begangene **vollendete Delikte ausnahmsweise 110** dann von der Rücktrittswirkung erfaßt werden, wenn diese Tatbestände – bezüglich desselben Rechtsguts – im Verhältnis von Verletzungs- zu konkretem Gefährdungsdelikt stehen (Rudolphi SK 44, Walter aaO 53 f., 149; and. BGH **39** 128 m. abl. Anm. Geppert JR 94, 72, Gropengießer StV 94, 19). Denn die im Versuch liegende Gefährdung soll wegen § 24 dem Täter nicht mehr zur Last fallen; dies muß auch dann gelten, wenn für die (konkrete) Gefährdung noch ein Sondertatbestand besteht. Daher ist beim Rücktritt vom Mordversuch Bestrafung nach § 224 in der Form der lebensgefährdenden Behandlung (nicht aber nach § 223) ausgeschlossen (and. RG DJ **38**, 723; vgl. auch § 212 RN 24); ebensowenig kann bei tätiger Reue nach § 306 e eine Bestrafung aus § 306 f erfolgen. Anders ist es dagegen, wenn das vollendete Delikt eine abstrakte Gefährdung beinhaltet, weil diese weiter als die im

Versuch liegende Gefährdung ist. Der Rücktritt vom Tötungsversuch läßt also etwa die Strafbarkeit wegen unbefugten Waffenführens unberührt (vgl. 129 vor § 52). Diese Erstreckung der Rücktrittswirkungen gilt auch in Fällen selbständig strafbarer **Vorbereitungshandlungen**, und zwar selbst dann, wenn diese eigene Rücktrittsregeln besitzen (zB § 31 [vgl. § 30 RN 7 sowie BGH **14** 378], § 83 a II) und deren – von § 24 abweichende – Voraussetzungen im Einzelfall nicht vorliegen (vgl. auch M-Gössel II 89). Auch bei tateinheitlichem Zusammentreffen verschiedener Versuche (zB von § 177 und § 240) kann durch Rücktritt von einem auch der andere straffrei werden (vgl. BGH NStE **Nr. 1** zu § 178 aF; vgl. aber dazu auch § 240 RN 39). Begeht der Täter nach Scheitern eines ersten Versuchs einen **neuen Versuch** und tritt er von letzterem zurück, dann erstreckt sich die Wirkung des Rücktritts nicht auf den ersten Versuch (RG JW **36**, 324; vgl. auch o. 14 ff.). Bei Delikten, die gegenüber dem versuchten Hauptdelikt **nicht ins Gewicht** fallen (zB § 303 gegenüber §§ 211, 22), kommt zwar keine Einstellung nach §§ 154, 154 a StPO in Betracht (and. Jescheck⁴ 495, Vogler LK 204), weil dies die fortbestehende (wegen Rücktritts aber gerade fortgefallene) Strafbarkeit des Versuchs voraussetzen würde, wohl aber nach §§ 153, 153 a StPO (Jescheck/Weigend 549; vgl. LR-Rieß²⁴ § 154 a RN 10).

110 a 4. Zur Verhängung von **Maßnahmen** nach Rücktritt vgl. o. 5.

111 **II. 1.** Bei **Tatbeteiligung Mehrerer (Abs. 2)** wird ein zurücktretender Tatbeteiligter hinsichtlich *jeder Beteiligungsform straffrei*. Für Vorstufen der Teilnahme (§ 30) ergibt sich dies idR bereits aus § 31. Doch selbst soweit dieser strengere Anforderungen stellt (vgl. dort RN 3), werden die Vorstufen der Teilnahme durch den Rücktritt vom Versuch der Haupttat miterfaßt (vgl. BGH **14** 378, M-Gössel II 89, Tröndle 18, Vogler LK 199 f.; and. Jakobs 765). Entsprechendes muß auch in Bezug auf die übrigen Beteiligungsformen gelten. Tritt zB ein Mittäter strafbefreiend zurück, so ergreift die Rücktrittswirkung auch die Anstiftung des anderen Mittäters, sofern der Rücktritt bewirkt, daß die Tat nicht mehr zur Vollendung kommen kann.

112 **2.** Bei freiwilligem **Rücktritt aller Tatbeteiligten** tritt für jeden Straflosigkeit ein (vgl. BGH **42** 161 f.). Führt einer der Komplizen aufgrund eines neuen Entschlusses unter Benutzung von Vorbereitungen, die beim Versuch bereits gemeinsam getroffen worden waren, die Tat später dann doch aus, so ist dies für die übrigen unschädlich (vgl. RG **47** 361, **55** 106), da eine *neue* Tat.

113 **III.** Möglich ist auch ein **Teilrücktritt**: so etwa dadurch, daß der Alleintäter statt der beabsichtigten *Qualifizierung* nur noch den Grundtatbestand verwirklicht (zust. Vogler LK 208): zB die mitgeführte Waffe nach Versuchsbeginn, aber noch vor Wegnahme der Sache wegwirft; denn ganz abgesehen davon, daß selbst bei den §§ 244 I Nr. 1, 250 I Nr. 1 das Mitführen unter der stillschweigenden Voraussetzung steht, letztlich für die Tatausführung förderlich zu sein (vgl. § 244 RN 5), wird durch die grundsätzliche Möglichkeit, dieses Erschwerungsmerkmal schon durch Mitführen beim Versuch zu verwirklichen (§ 244 RN 6), ein Rücktritt davon naturgemäß nicht ohne weiteres ausgeschlossen (kurzschlüssig verkannt von BGH NStZ **84**, 216 m. abl. Anm. Zaczyk; iE wie hier auch Kühl 534, Küper JZ 97, 233 f., Streng JZ 84, 655 f. m. Hinw. auf BGH **26** 105; vgl. auch Zipf Dreher-FS 395 zu § 243 II; krit. Kudlich JuS 99, 356). Ferner kommt in Frage, daß der Täter vom Versuch *mehrerer Delikte* zurücktritt und (wie zB beim qualifizierten Versuch: o. 109) nur noch wegen vollendeter Teilakte strafbar bleibt (vgl. BGH **35** 185). Ähnlich ist bei *Tatbeteiligung Mehrerer* ein Teilrücktritt in der Weise denkbar, daß sich ein Tatbeteiligter von bestimmten Teilakten lossagt: Zwar kann er dadurch, sofern die Kausalität seines Tatbeitrags noch fortwirkt, keine volle Straffreiheit erlangen (vgl. o. 76 ff., 81); wohl aber ist anzuerkennen, daß das Lossagen eines Mittäters seinen fortwirkenden Tatbeitrag nur noch als den eines Gehilfen erscheinen läßt. Daher bleibt nur wegen Beihilfe strafbar, wer das als Mittäter gelieferte Diebeswerkzeug vergeblich zurückfordert, im übrigen aber jede weitere Unterstützung des Einbruchs verweigert.

114 **IV.** Hinsichtlich der **Strafzumessung** ist namentlich folgendes zu beachten:
1. Kommt es aus einem der vorgenannten Gründe zu keinem vollen Freispruch, so dürfen der Vorsatz, das wegen Rücktritts straflos gewordene Delikt zu begehen, und die Tatsache, daß die Handlung die Schwelle eines strafbaren Versuchs erreicht hat, bei der *Strafzumessung für das verbleibende Delikt* nicht strafschärfend berücksichtigt werden (BGH NStZ **89**, 114, **90**, 490, NStZ/Mie **92**, 227, MDR **65**, 837, MDR/D **66**, 726, MDR/H **80**, 813, StV **90**, 303, **96**, 263); anderes gilt für Umstände, die sich auf das Tatgeschehen insgesamt beziehen und den Unrechts- und Schuldgehalt auch der vollendeten Tat charakterisieren (BGH **42** 43). Freiwilliges Abstandnehmen von Handlungen, die entweder eine neue, selbständige Tat oder lediglich eine unrechts- und schulderweiternde Fortsetzung der bereits vollendeten Straftat darstellen, ist bei der Strafzumessung unterschiedslos zu behandeln (BGH NStZ **89**, 114, StV **95**, 634). Ebensowenig wäre es zulässig, bei der Strafzumessung für ein zur Vollendung gekommenes Delikt strafschärfend anzulasten, daß der Täter einen Wiederholungsakt unternommen hat, falls er davon freiwillig zurückgetreten ist.

115 **2.** Problematisch ist die Behandlung der Fälle, in denen die **Rücktrittsvoraussetzungen** zwar nicht insgesamt, aber doch **zum Teil vorliegen:** so etwa bei einem Verhalten, das zwar nicht als völlig freiwillig bezeichnet werden kann, aber doch eine gewisse Verdienstlichkeit aufweist, oder bei einer tätigen Reue, bei der die Tat zwar entdeckt war, der Täter jedoch den entscheidenden Anteil an der Rettung seines Opfers gehabt hat. Obwohl in diesen Fällen § 24 nicht zur Straflosigkeit führen kann, wird man doch den Rechtsgedanken anderer Rücktrittsvorschriften, wonach die Strafe lediglich

herabgesetzt werden kann (vgl. o. 108), insoweit verwenden können, als bei der Strafzumessung das Vorliegen eines Teils der Rücktrittsvoraussetzungen strafmildernd zu berücksichtigen ist (Vogler LK 207). Gleichermaßen wäre zu verfahren, wenn der Täter von einer weiteren geplanten (aber noch nicht versuchten) Rechtsgutverletzung Abstand nimmt (BGH NStZ **89**, 114).

V. Prozessual bedeutet die Behauptung der Verteidigung in ihrem Schlußvortrag, es liege ein 115 a freiwilliger Rücktritt vom Versuch vor, daß hierdurch die gem. § 267 II StPO gebotene Erörterungspflicht in den Urteilsgründen ausgelöst wird (BGH StV **94**, 7; zu deren Umfang vgl. BGH StV **90**, 100 m. Anm. Schlothauer). Sofern die Möglichkeit eines strafbefreienden Rücktritts nach den Tatfeststellungen naheliegt, ist das fehlende Erörtern in den Urteilsgründen ein Rechtsfehler, der zur Aufhebung des Urteils führt (BGHR StGB § 24 Rücktritt **8**).

E. Sonstige Rücktrittsregelungen

I. Rücktritt vom vollendeten Delikt. Ist die Tat *vollendet* (dazu 2 vor § 22), so kommt ein 116 Rücktritt jedenfalls *nicht* nach § 24 in Betracht. Jedoch hält das StGB für bestimmte (formell) vollendete Delikte ausnahmsweise Rücktrittswege offen (wie zB in §§ 31, 83 a, 149 II, 264 V, 314 a; detaill. Übers. bei Schäfer aaO 194), die zT auf ähnlichen Prinzipien wie § 24 aufgebaut sind. Da der Auswahl dieser Vorschriften offensichtlich kein anderes Prinzip als das des Zufalls zugrunde liegt (vgl. Schröder Kern-FS 462 f., aber auch Bottke aaO 341 f., 690), müssen, soweit entsprechende Rücktrittsvorschriften fehlen (wie zB in §§ 234 a III, 257, 265, 323 c, 334 III), je nach Sachlage die Regelungen der §§ 31, 83 a, 306 e, nicht aber die des § 24 (so aber Kohlrausch/Lange § 46 Anm. IV 1 für die Unternehmenstatbestände), analoge Anwendung finden (Jescheck/Weigend 548, Köhler 483, Stratenwerth 213; zust. BGH **6** 87 für § 234 a III, BGH **14** 217 für § 323 c, BGH **15** 199 für § 122 II; and. RG **56** 95 gegen § 310 aF bei § 265 aF; für analoge Anwendung wie § 264 V bei § 265 nF vgl. dort RN 15; für gesetzl. Anpassung Schäfer aaO 235 ff., Schmidt-Hieber NJW 92, 2003 f., Wersdörfer AnwBl 87, 74 ff.; eingeh. Schröder Kern-FS 462 f.; iglS jedenfalls de lege ferenda für alle Delikte mit nur formaler Vollendung Berz aaO 81, 83, 98 f., 122 ff., 137 ff.; vgl. auch § 11 RN 51). Entsprechendes muß für die §§ 267, 268 gelten, wo das Herstellen der Falsifikate materiell nur Vorbereitung zum Gebrauchmachen oder Inverkehrbringen ist. Daher bleibt straflos, wer eine unechte Urkunde herstellt, sie aber vor dem bestimmungsgemäßen Gebrauch wieder vernichtet (and. Vogler LK 214 mwN). *Im übrigen* ist ein strafbefreiender Rücktritt vom vollendeten Delikt grds. nicht möglich. Ausnahmen enthalten zB die §§ 158, 261 IX, 306 e, 314 a, ferner § 371 AO (allg. dazu Braun wistra 87, 233 ff., Lenckner/Schumann/Winkelbauer wistra 83, 123, 172, Riegel/Kruse NStZ 99, 325 ff.; spez. zum Verhältnis zu § 24 vgl. BGH **37** 345 f.). Während es aber bei den vorgenannten Straffreistellungen und -milderungen ebenso wie auch prozessual eingeräumten Privilegierungen (wie bei den Staatsschutzdelikten nach § 153 e StPO) um „tätige Reue" im Hinblick auf *eigene* Taten geht, wird in neuerer Zeit zur Effizienzsteigerung von Ermittlungen, insb. im Bereich organisierter und terroristischer Kriminalität, auch für die Verhinderung oder Aufdeckung von Taten *Anderer* Strafmilderung bis hin zum Absehen von Strafe gewährt: vgl. insb. § 261 X sowie die „Kronzeugenregelung bei terroristischen Straftaten" nach Art. 4 des StGÄG v. 9. 6. 1989 (BGBl. I 1059) idF des „Verbrechensbekämpfungs G" v. 28. 10. 94 (BGBl. I 3186). Zwar ebenfalls dem Gedanken „tätiger Reue" nahekommend, aber schon nicht mehr den Versuchs- und Vollendungsbereich betreffend, versuchen neuerliche Bemühungen, dem *Wiedergutmachungsgedanken* größeren Einfluß im Strafrecht zu verschaffen (vgl. ua Eser/Kaiser/Madlener, Neue Wege der Wiedergutmachung im Strafrecht, 1990, AE-Wiedergutmachung, 1992, Dölling JZ 92, 493 ff., Meier JuS 96, 436 ff., Wambach, Straflosigkeit und Wiedergutmachung usw., 1996; rechtsvergleich. Eser/Walther, Wiedergutmachung im Kriminalrecht, 1996). Dabei geht es jedoch nicht mehr um das Aufgeben eines Tatplans bzw. um Erfolgsverhinderung oder Schadensbegrenzung, sondern um alternative Formen strafrechtlicher *Sanktionierung* (allg. dazu 1 ff. vor § 38). Einen zumindest teilweisen gesetzlichen Niederschlag haben diese Bemühungen um einen – strafmildernd bis hin zu strafabsehend zu berücksichtigenden – „Täter-Opfer-Ausgleich" und „Schadenswiedergutmachung" in dem durch das vorgenannte Verbrechensbekämpfungs G eingeführten § 46 a gefunden.

II. Soweit das StGB außer § 24 noch **anderweitige Rücktrittsregelungen** enthält, liegen ihnen 117 – und zwar selbst bei Ausklammerung von Wiedergutmachungs- und Ermittlungsaspekten der zuvor erwähnten Art – sehr *unterschiedliche Strukturprinzipien* zugrunde, da sie aus den verschiedensten Epochen der Rechtsentwicklung stammen. So hatte zB § 310 aF noch die Verwendung des Begriffes der Freiwilligkeit vermieden, um stattdessen deren Voraussetzungen mit anderen, zum Teil rein objektiven Kriterien zu umschreiben. Demgegenüber sind die neueren Rücktrittsregelungen ausschließlich auf dem Prinzip der Freiwilligkeit aufgebaut (vgl. etwa §§ 83 a, 129 VI), teils aber auch (wie § 330 b) sind objektive und subjektive Kriterien miteinander verbunden. Auch beruhte § 310 aF noch auf der Erwägung, daß der Täter das Risiko der Erfolgsabwendung allein zu tragen habe und ihm das Rücktrittstor verwehrt wurde, wenn nicht sein Verhalten, sondern andere Umstände den Eintritt des Erfolgs verhindert haben. Die modernere Regelung der §§ 24, 31 II honoriert demgegenüber auch das ernstliche Bemühen um eine Beseitigung der Folgen des Versuchs (zur Harmonisierung der Rücktrittsvorschriften auf dieser Basis Römer MDR 89, 945 ff.), setzt freilich aber auch voraus, daß der Erfolg – allerdings auf Grund anderer Kausalfaktoren – ausgeblieben ist. Durch das 6. StRG fand eine Vereinheitlichung immerhin dahingehend statt, daß die überholte Vorschrift des § 310 aF den neueren Rücktrittsvorschriften insofern angepaßt wurde, als § 306 e nun das Merkmal der Freiwilligkeit aufgreift und auch das ernsthafte Bemühen des Täters zur Löschung des Brandes honoriert. Nach wie vor aber zeigen die rechtlichen Konsequenzen des Rücktritts in den einzelnen Bestimmungen ein völlig unterschiedliches Gesicht. Während zB in den §§ 24, 31, 149 II der Richter nur die Wahl zwischen Verurteilung und Freispruch hat, stellen ihm andere Rücktrittsregelungen ein reiches Repertoire von Möglichkeiten zur Verfügung (vgl. §§ 83 a, 84, 87, 98, 129, 306 e, 330 b). So kann er zB das gesetzliche Mindestmaß der Strafe unterschreiten, auf eine mildere Strafart erkennen oder von Bestrafung ganz absehen, wenn der Täter freiwillig zurückgetreten ist (vgl. Bergmann, Die Milderung der Strafe nach § 49 Abs. 2 StGB, 1988, 153 ff., 194 ff.). Diese Regelung verdient an sich den Vorzug, weil die Freiwilligkeit des Täters durch äußere Umstände derart mitbestimmt sein kann, daß das Verdienst, das in seinem Rücktritt liegt, eine große Zahl von Wertstufen durchlaufen kann (dazu de lege ferenda Bergmann ZStW 100, 357 f.). Wer, allein von Reue gepackt, seine Tat aufgibt, verdient eine andere rechtliche Behandlung als derjenige, auf den auch äußere Faktoren, wie Überredung oder Drohung, eingewirkt haben (vgl. zB BGH 21 217). Insgesamt betrachtet weist die Gesamtheit aller Rücktrittsvorschriften nach wie vor ein so buntscheckiges Bild auf, daß von Rechtsgleichheit und Gerechtigkeit nicht gesprochen werden kann. Wenn dies auch in erster Linie zu Forderungen an den Gesetzgeber führen muß, kann jedoch auch de lege lata durch eine großzügige Analogie versucht werden, die gröbsten Unebenheiten auszugleichen (vgl. Bottke aaO 340 ff.). Im einzelnen sind folgende **Analogieschlüsse** zu ziehen:

118 1. Die Notwendigkeit, den Rechtsgedanken der §§ 24 I S. 2, 31 II auf die Fälle des Rücktritts zu übertragen, die nur die Erfolgsabwendung durch den Täter und nicht das **ernstliche Bemühen** um die Erfolgsverhinderung honorieren (vgl. 25. A.), ist durch das 6. StRG weitgehend entfallen, da nun auch die §§ 306 e III, 320 IV das Bemühen um die Erfolgsverhinderung erfassen.

119 2. Hingegen ist eine Analogie weiterhin insofern erforderlich, als die zufälligen Ergebnisse, die bei den **Unternehmenstatbeständen** und bei den selbständig strafbaren Vorbereitungshandlungen bestehen, dadurch auszugleichen sind, daß die jeweils passende Rücktrittsnorm aus dem Katalog derjenigen Bestimmungen angewendet wird, die das Rücktrittsproblem bei derartigen Situationen tatsächlich geregelt haben (vgl. § 11 RN 51).

120 3. Zweifelhaft ist jedoch, ob der sich verschiedentlich vorzufindende Rechtsgedanke, wonach eine bloße Gefahrminderung (vgl. § 83 a) oder gar ein bloßes Bemühen des Täters (vgl. §§ 84 V Hbs. 1, 129 VI Nr. 1) honoriert wird, auf alle Rücktrittsregelungen übertragen werden kann. Zweifelhaft ist dies deswegen, weil die Bestimmungen, in denen sich dieser Rechtsgedanke findet, Situationen erfassen, die von dem normalen Typus des Rücktritts nach § 24 erheblich abweichen. Es handelt sich um sog. **Organisationsdelikte**, bei denen der einzelne Täter uU nur ein kleines Rädchen in einer großen Maschinerie ist und deswegen die Rücktrittsregelung bedeutungslos wäre, wollte man hier eine erfolgreiche Abwendung des Erfolges oder der Gefahr verlangen (vgl. Schröder H. Mayer-FS 386 f.). Man wird aus diesem Grunde Analogieschlüsse nur bei solchen Tatbeständen zulassen können, die eine entsprechende Grundsituation aufweisen.

121 4. Endlich ist es auch **unmöglich**, die Unstimmigkeiten hinsichtlich unterschiedlicher Rücktrittswirkungen (o. 108) einfach durch **Analogie** zu beseitigen (iglS Mayer aaO 360 ff.). Dies gilt zunächst für die Unterschiedlichkeit zwischen den traditionellen Bestimmungen, nach denen der Richter nur die Wahl zwischen Strafbarkeit und Straffreiheit hat, und den moderneren Vorschriften, die die Möglichkeit einer Reduzierung der Strafe, der Verhängung einer anderen Strafart oder des Absehens von Strafe enthalten. Hier würde sich die Analogie zum Nachteil des Täters auswirken und ist deshalb unzulässig (vgl. § 1 RN 26 f.). Ferner kann auch nichts dagegen unternommen werden, daß das Gesetz in manchen Rücktrittsvorschriften die Möglichkeit des Absehens von Strafe und die völliger Straffreiheit mit dem Ergebnis eines Freispruchs nebeneinanderstellt (vgl. § 129 VI, § 314 a), obwohl zB nicht überzeugend zu begründen ist, daß § 129 VI denjenigen, der durch Offenbarung eines Deliktsplanes die Straftaten der Vereinigung verhindert, äußerstenfalls mit einem Absehen von Strafe belohnt, während bei Verhinderung des Fortbestehens der Vereinigung oder auch nur einem ernstlichen Bemühen darum Straffreiheit eintritt.

Dritter Titel. Täterschaft und Teilnahme

Vorbemerkungen zu den §§ 25 ff.

Übersicht

A. Allgemeines 1	D. Abgrenzung zwischen Täterschaft und Teilnahme 51
B. Begriff und Formen der Täterschaft .. 5	I. Nicht mehr gesetzeskonforme Abgrenzungstheorien 52
I. Restriktiver Täterbegriff 6	II. Noch vertretbare Abgrenzungstheorien 60
II. Extensiver Täterbegriff 8	III. Hier zugrundeliegende Auffassung .. 69
III. Doppelter Täterbegriff 10	IV. Höchstrichterliche Rechtsprechung nach 1975 87
IV. Einheitstäterbegriff 11	E. Täterschaft und Teilnahme am Unterlassungsdelikt und Beteiligung durch Unterlassen 98
C. Begriff, Formen und Akzessorietät der Teilnahme 13	F. Täterschaft und Teilnahme an Fahrlässigkeitsdelikten 112
I. Definition 14	G. Strafrechtliche Verantwortlichkeit von juristischen Personen, Personenverbänden usw. 118
II. Strafgrund 16	
III. Akzessorietät 21	
IV. Objektive und subjektive Voraussetzungen der Teilnahme 41	
V. Notwendige Teilnahme 46	
VI. Zusammentreffen mehrerer Beteiligungsformen 48	

Stichwortverzeichnis
Die Zahlen bedeuten die Randnoten

Aberratio ictus bei Teilnahme 45
Abgrenzung Täterschaft/Teilnahme 51 ff.
  formal-objektive – 53
  „Ganzheits" – 67, 82
  „Kombinations" – 66
  materiell-objektive – 61
  subjektive – 56 ff.
Abhängigkeit der Teilnahme, s. Akzessorietät
agent provocateur 17
Akzessorietät der Teilnahme, allgemein 21 ff.
  Auswirkungen der – 24 ff.
  limitierte – 23 ff.
  Voraussetzungen der – 26 ff.
  Vorsatz des Haupttäters – 29 ff.
Animus auctoris, s. Täterwillen
Animus socii, s. Teilnehmerwillen
Anstiftung
  – durch Unterlassen 101 ff.
  – bei Unterlassungsdelikten 99 f.
  – Urheberschaft 30 f.

Beihilfe
  – durch Unterlassen 101 ff.
  – bei Unterlassungsdelikten 99 f.
Beteiligungsformen 1 f.
  Zusammentreffen mehrerer – 48 f.

Doloses Werkzeug 77 ff.

Eigenhändige Delikte
  Täterschaft bei – 1, 8, 86
  Teilnahme an – 31, 105
Eigenverantwortung 6, 20, 71, 109 b
Entschuldigungsgründe beim Täter 36
Einheitstäter 3, 94
Error in objecto bei Teilnahme 45

Extensiver Täterbegriff 8 f.
Exzeß des Täters 43

Fahrlässigkeit, Teilnahme 15, 117
Finale Handlungslehre, Täterbegriff der – 10
Final-objektive Teilnahmetheorie 62
Förderungstheorie 17
Formal-objektive Teilnahmetheorien 53
Funktionelle Tatherrschaft 83

Garantenstellung der Beteiligten 104 ff.
Gesamtwertung 58, 67, 87

Handlungsherrschaft, s. Tatherrschaft
Haupttat, schuldhafte 36
– vorsätzliche 29 ff.
Herrschaftsdelikte 71, 84
Hintermann, s. auch mittelbare Täterschaft 45
Irrtum des – 79

Irrtum
– des Hintermannes 79
  Verbotsirrtum bei Vordermann 33 f.
– des Werkzeugs 45
– des Täters über Voraussetzungen eines Rechtfertigungsgrundes 32

Juristische Personen, strafrechtliche Verantwortlichkeit von – 118 ff.

Kettenanstiftung 27

Limitierte Akzessorietät 23 ff.

Materiell-objektive Teilnahmetheorien 61
Mehrere Beteiligungsformen nebeneinander 48 ff.

Vorbem §§ 25 ff.

Mittäterschaft allgemein 1, 5 ff., 80 ff., 89 f.
– fahrlässige 115
– als Täterschaft 6, 14
  Tätervorstellung 59, 80 ff.
  Täterwille bei – 56
– bei Unterlassungsdelikten 104
Mittelbare Täterschaft, allgemein 1, 6, 33, 37, 76 ff., 91 f.
– bei eigenhändigen Delikten 86
  Irrtumsfragen 79
– bei Sonderdelikten 84 f.
– bei Unterlassungsdelikten 85
– Urheberschaft 30

Nebentäterschaft 1
Notwendige Teilnahme 46 ff.

Objektive Strafbarkeitsbedingungen bei Teilnahme 39
Objektive Zurechnung 64 a
Organe, strafrechtliche Verantwortlichkeit von – 118 ff.

Personenverbände, strafrechtliche Verantwortlichkeit von – 118 ff.

Rechtsgutsangriff 17 a, 41
Restriktiver Täterbegriff 6 f.

Sonderdelikte 17, 84 f.
Strafaufhebungs-, Strafausschließungs-, Straftilgungsgründe beim Haupttäter 38
Strafausdehnungsgründe 7
Strafbarkeitsbedingungen, objektive – bei Teilnahme 39
Strafdrohung bei der Teilnahme 14
Strafeinschränkungsgründe 8
Strenge Akzessorietät 22
Subjektive Teilnahmetheorien 56 ff.

Tat, rechtswidrige 27 ff.
– schuldhafte 36 f.
– vorsätzliche 29 ff.
Täterbegriff
  doppelter – 10
  Einheitstäter 11 f.
  extensiver – 8 f.
– bei der finalen Handlungslehre 10 f.
  restriktiver – 6 f.
Täterschaft, allgemein 1, 5 ff.
– bei eigenhändigen Delikten 9, 86
– bei eigenhändiger Tatbestandsverwirklichung 1, 6, 75, 104
  mittelbare – s. dort

– bei Sonderdelikten 84 f.
– bei Unterlassungsdelikten 100 f., 103 ff.
Tätervorstellung
– bei Bewertung des Verhaltens 64, 82 f.
– bei Mittäterschaft 80 f.
Täterwillen (animus auctoris) 56
Tatherrschaft 62 f., 66, 76, 80 f., 83
  finale – 62
  Förderungstheorie 17
  funktionelle – 83
– bei Unterlassungsdelikten 101
  Willensherrschaft 82
Teilnahme, allgemein 2, 14, 17 f.
  aberratio ictus bei – 45
  error in obiecto bei – 45
  fahrlässige – 15, 115
  notwendige – 46 ff.
  Strafdrohung bei der – 14
  Strafgrund der – 16 f.
– und Täterschaft, s. Abgrenzung
  Theorien der – s. Abgrenzung
– durch Unterlassen 101 ff.
– an Unterlassungsdelikten durch Unterlassen 110
  versuchte 2 f., 79
  Verursachertheorie 17
  vorsätzliche – 15, 43
Teilnehmerwillen (animus socii) 56 f.

Unmittelbarer Täter 6, 75 f.
Unterlassungsdelikte
  Beteiligung als Täterschaft 104
  Teilnahme an – 99 f.
  Teilnahme durch Unterlassen 101 ff.
  Täterschaft im Unternehmen 109 a ff., 116
  Urheberschaft 30 f.

Verbandsgeldbuße 120
Verbotsirrtum
– des Sonderpflichtigen 31
– des Vordermannes 33
Versuchte Teilnahme 2 f., 79
Vertreter, s. Organe
Verursachungstheorie 17
Vorangegangenes Tun der Beteiligten 109
Vorsatz-Fahrlässigkeitskombination 34
Vorsatz des Haupttäters für Akzessorietät 29 ff.

Werkzeug, s. mittelbare Täterschaft
  Irrtum des – 45
Willensherrschaft 76
Willensrichtung der Beteiligten, s. subjektive Teilnahmetheorie

Zurechnung fremden Verhaltens 6

Schrifttum: Altenheim, Die Strafbarkeit des Teilnehmers beim Exzeß, 1994. – *Ambos,* Tatherrschaft durch Willensherrschaft kraft organisatorischer Machtapparate, GA 98, 226. – *Amelung,* Zum Verantwortungsmaßstab bei der mittelbaren Täterschaft durch Beherrschung eines nicht verantwortl. Selbstschädigers, Coimbra-Symposium für Claus Roxin, 247. – *ders.,* Die „Neutralisierung" geschäftsmäßiger Beiträge zu fremden Straftaten im Rahmen des Beihilfetatbestandes, Grünwald-FS 9. – *ders.,* Zur Verantwortlichkeit Drogenabhängiger für Selbstschädigungen durch den Gebrauch von Suchtstoffen, NJW 96, 2393. – *ders.* (Hrsg.), Individuelle Verantwortung und Beteiligungsverhältnisse usw., 2000. – *Auerbach,* Die eigenhändigen Delikte, 1978. – *Bähr,* Restriktiver und extensiver Täterbegriff, StrAbh. Heft 331 (1933). – *Baumann,* Beihilfe bei eigenhändiger voller Tatbestandserfüllung, NJW 63, 561. – *ders.,* Die Tatherrschaft in der Rspr des BGH, NJW 62, 374. – *ders.,* Täterschaft und Teilnahme, JuS 63, 51, 85, 125. – *ders.,* Mittelbare Täterschaft oder Anstiftung bei Fehlvorstellungen über den Tatmittler, JZ 58, 230. – *ders.,* Dogmatik und Gesetzgeber, Jescheck-FS 105. – *Baumgarte,* Die Strafbarkeit von Rechtsanwälten und anderen Beratern wegen unterlassener Konkursanmeldung, wistra 92, 41. – *Baunack,* Grenzfragen der strafrechtl. Beihilfe usw., 1999. – *Beling,* Zur Lehre von der „Ausführung" strafbarer Handlungen, ZStW 28, 589. – *Bell,* Die Teilnahme Außenstehender an Bestechungsdelikten, MDR 79, 719. – *Bemmann,* Zum Fall Rose-Rosahl, MDR 58, 817. – *ders.,* Zur Umstimmung des Tatentschlossenen zu einer schwereren oder leichteren Begehungsweise,

Vorbemerkungen zu den §§ 25 ff.   **Vorbem §§ 25 ff.**

Gallas-FS 273. – *ders.*, Die Objektsverwechslung des Täters in ihrer Bedeutung für den Anstifter, Stree/Wessels-FS 397. – *Binding,* Die Formen der verbrecherischen Subjekts, GS 78, 1. – *Bindokat,* Fahrlässige Beihilfe, JZ 86, 421. – *Birkmeyer,* Teilnahme am Verbrechen, VDA II 1. – *Blank,* Die Strafbarkeit und Verfolgbarkeit der vom agent provocateur gesteuerten Tat, 1987. – *Bloy,* Anstiftung durch Unterlassen?, JA 87, 490. – *ders.,* Die Beteiligungsform als Zurechnungstypus im Strafrecht, 1985. – *ders.,* Neuere Entwicklungstendenzen der Einheitstäterlehre in Deutschland und Österreich, Schmitt-FS 33. – *ders.,* Zur Abgrenzung der Täterschaftsformen, GA 98, 519. – *ders.,* Anstiftung durch Unterlassen, JA 87, 490. – *ders.,* Grenzen der Täterschaft bei fremdhändiger Tatausführung, GA 96, 424. – *Bockelmann,* Zur Problematik der Beteiligung an vermeintlich vorsätzl. rechtswidrigen Taten, Gallas-FS 261. – *ders.,* Über das Verhältnis von Täterschaft und Teilnahme, 1949. – *ders.,* Die moderne Entwicklung der Begriffe Täterschaft und Teilnahme im Strafrecht, Dt. Beiträge zum VII. Internat. Strafrechtskongreß 1957, 3. – *Börker,* Zur Abhängigkeit der Teilnahme von der Haupttat, JR 53, 166. – *Bottke,* Das Wirtschaftsstrafrecht in der Bundesrepublik Deutschland, wistra 91, 52. – *ders.,* Probleme der Suizidbeteiligung, GA 83, 22. – *ders.,* Täterschaft und Gestaltungsherrschaft, 1992. – *ders.,* Suizid und Strafrecht, 1982. – *Brammsen,* Kausalitäts- und Täterschaftsfragen bei Produktfehlern, Jura 91, 533. – *ders.,* Strafrechtl. Rückrufpflichten bei gefahrhaften Produkten?, GA, 93, 97. – *ders./Kaiser,* Heiße Nacht in der Chemiefabrik, Jura 1992, 35. – *Brandts,* Selbstmord und Fremdtötung, Jura 1986, 495. – *Brandts/Schlehofer,* Die täuschungsbedingte Selbsttötung im Lichte der Einwilligungslehre, JZ 87, 442. – *Bruns,* Kritik der Lehre vom Tatbestand, 1932. – *ders.,* Zur Frage der Folgen tatprovozierenden Verhaltens polizeil. Lockspitzel, StV 84, 388. – *Burgstaller,* Individualverantwortung bei Alleinhandeln, in Eser/Huber/Cornils (Hrg.), Einzelverantwortung und Mitverantwortung im Strafrecht, 1996, 13. – *Buri v.,* Urheberschaft und Beihilfe, GA 17, 233. – *Busch, J.-D.,* Die Strafbarkeit der erfolglosen Teilnahme, 1964. – *ders.,* Die Teilnahme an der versuchten Anstiftung, NJW 59, 1119. – *Busch, R.,* Zur Teilnahme an den Handlungen des § 49a StGB, Maurach-FS 245. – *Busch, Ra.,* Unternehmen und Umweltstrafrecht, 1997. – *Busse,* Täterschaft und Teilnahme bei Unterlassungsdelikten, 1974. – *Charalambakis,* Selbsttötung aufgrund Irrtums und mittelbare Täterschaft, GA 86, 485. – *Christmann,* Zur Strafbarkeit sogenannter Tatsachenarrangements wegen Anstiftung, 1998. – *Class,* Die Kausalität der Beihilfe, Stock-FS 115. – *Coenders,* Über die objektive Natur der Beihilfe, ZStW 46, 1. – *Coing,* Zur Frage der strafrechtl. Haftung der Richter für die Anwendung rechtswidriger Gesetze, SJZ 47, 62. – *Cortes Rosa,* Teilnahme an unechten Sonderverbrechen, ZStW 90, 413. – *Cramer,* Die Beteiligung an einer Zuwiderhandlung nach § 9 OWiG, NJW 69, 1929. – *ders.,* Gedanken zur Abgrenzung von Täterschaft und Teilnahme, Bockelmann-FS 389. – *ders.,* Nochmals: Zum Einheitstäter im Ordnungswidrigkeitenrecht, NJW 70, 1114. – *Dahm,* Über das Verhältnis von Täterschaft und Teilnahme, NJW 49, 809. – *ders.,* Zur Täterschaft und Teilnahme im Amtl. Entwurf eines Allgemeinen deutschen Strafgesetzbuches, StrAbh. Heft 224 (1927). – *Dencker,* Kausalität und Gesamttat, 1996. – *Derksen,* Heimliche Unterstützung fremder Tatbegehung als Mittäterschaft, GA 93, 163. – *Detzer,* Die Problematik der Einheitstäterlösung, 1972. – *Diercks,* Die Zulässigkeit des Einsatzes von V-Leuten, Undercover-Agents und Lockspitzeln im Vorverfahren, AnwBl 97, 154. – *Donatsch,* Mittäterschaft oder Teilnahme an fahrl. Erfolgsdelikt?, SchwJZ 89, 109. – *Dreher,* Der Irrtum über Rechtfertigungsgründe, Heinitz-FS 207. – *ders.,* Kausalität der Beihilfe, MDR 72, 553. – *ders.,* Plädoyer für den Einheitstäter im Ordnungswidrigkeitenrecht, NJW 70, 217. – *Drost,* Anstiftung und mittelbare Täterschaft in dem künftigen StGB, ZStW 51, 359. – *Drywa,* Die materiellrechtl. Probleme der V-Mann-Einsatzes, 1998. – *Eschenbach,* Zurechnungsnormen im Strafrecht, Jura 92, 637. – *Eser,* Die Bedeutung des Schuldteilnahmebegriffs im Strafrechtssystem, GA 58, 321. – *Exner,* Fahrlässiges Zusammenwirken, Frank-FG II 569. – *Fincke,* Der Täter neben dem Täter, GA 75, 161. – *Fischer,* Die strafrechtl. Problematik des polizeil. Lockspitzels, 1982. – *Fischer/Maul,* Tatprovozierendes Verhalten als polizeil. Ermittlungsmaßnahme, NStZ 92, 7. – *Franke,* Strafrechtliche Verantwortlichkeit bei Redakteurskollektiven, JZ 82, 579. – *Franzheim,* Teilnahme an vorsätzl. Haupttat, 1961. – *Frisch,* Tatbestandsmäßiges Verhalten und Zurechnung des Erfolges, 1988. – *ders.,* Funktion und Inhalt des Irrtums im Betrugstatbestand, Bockelmann-FS 647. – *ders.,* Täterschaft und Teilnahme, in Lexikon des Rechts, Art. 1620, 1992. – *Furtner,* Zur Frage der Anrechnung erschwerender Umstände bei nachfolg. Beihilfe und nachfolg. Mittäterschaft, JR 60, 367. – *Gallas,* Täterschaft und Teilnahme, Niederschriften, Bd. II, 67. – *ders.,* Strafbares Unterlassen im Falle der Selbsttötung, JZ 60, 649, 686. – *ders.,* Täterschaft und Teilnahme, Mat. I, 121. – *ders.,* Zur Revision des § 330c StGB, JZ 1952, 396. – *Geerds,* Besprechung von Roxin, Täterschaft und Tatherrschaft, GA 65, 216. – *ders.,* Täterschaft und Teilnahme, Jura 90, 173. – *Geilen,* Suizid und Mitverantwortung, JZ 74, 145. – *Geppert,* Die Anstiftung, Jura 97, 299, 358. – *ders.,* Die Beihilfe, Jura 99, 266. – *Gimbernat/Ordeig,* Gedanken zum Täterbegriff und zur Teilnahmelehre, ZStW 80, 915. – *Goll/Winkelbauer,* Strafrechtliche Produktverantwortung, in Produkthaftungshandbuch; Graf von Westphalen (Hrsg.), Band 1 Das deutsche Produkthaftungsgesetz, 1997, 749. – *Gores,* Der Rücktritt des Tatbeteiligten, 1982. – *Gössel,* Sukzessive Mittäterschaft und Täterschaftstheorien, Jescheck-FS I 537. – *ders.,* Dogmatische Überlegungen zur Teilnahme am erfolgsqual. Delikt nach § 18 StGB, Lange-FS 219. – *Gropp,* Der Zufall als Merkmal der aberratio ictus, Lenckner-FS, 55. – *ders.,* Die Mitglieder des Nationalen Verteidigungsrates als „Mittelbare Mit-Täter hinter den Tätern"?, JuS 96, 13. – *Grünwald,* Die Beteiligung durch Unterlassen, GA 59, 110. – *Günther,* Strafrecht: Wer tötet wen?, JuS 88, 386. – *Häcker,* Teilnahme von Beratern an Wirtschaftsstraftaten ihrer Mandanten, in: Müller-Gugenberger/Bieneck Wirtschaftsstrafrecht, 3. Aufl. 2000. – *Haft,* Eigenhändige Delikte, JA 79, 651. – *Hall,* Über die Teilnahme an Mord und Totschlag, Eb. Schmidt-FS 343. – *Hanack-Sasse,* Zur Anwendung des § 56 StGB auf den Teilnehmer, DRiZ 54, 216. – *Hardwig,* Zur Abgrenzung von Mittäterschaft und Beihilfe, GA 54, 353. – *ders.,* Nochmals: Betrachtungen zur Teilnahme, JZ 67, 68. – *Hartung,* Der „Badewannenfall", JZ 54, 430. – *Harzer,* Der provozierende Helfer und die Beihilfe am untauglichen Versuch, StV 96, 336. – *Hassemer,* Professionelle Adäquanz, wistra 95, 41, 81. – *ders.,* Produktverantwortung im modernen Strafrecht, 2. A. 1996. – *Hegler,* Zum Wesen der mittelbaren Täterschaft, RG-FG Bd. V, 305. – *Heine,* Von individueller zu kollektiver Verantwortlichkeit, in: Eser-FG, 51. – *ders.,* Die strafrechtliche Verantwortung von Unternehmen, 1995. – *ders./Ringelmann,* Strafrecht und Qualitätssicherung, in: Bauer/v. Westphalen (Hrsg.), Das Recht zur Quali-

Vorbem §§ 25 ff. Allg. Teil. Die Tat - Täterschaft und Teilnahme

tätssicherung, 1996, 361. – *Heinitz,* Gedanken über Täter- und Teilnehmerschuld im deutschen und italien. Strafrecht, DJT-FS 93. – *ders.,* Teilnahme und unterlassene Hilfeleistung beim Selbstmord, JR 54, 403. – *Herzberg,* Grundfälle zur Lehre von Täterschaft und Teilnahme, JuS 74, 237, 374, 574, 719. – *ders,* Mittelbare Täterschaft bei rechtmäßig oder unverboten handelndem Werkzeug, 1967. – *ders.,* Straffreie Beteiligung am Suizid und gerechtfertigte Tötung auf Verlangen, JZ 89, 182. – *ders.,* Anstiftung und Beihilfe, GA 71, 1. – *ders.,* Zur Strafbarkeit der Beteiligung am frei gewählten Selbstmord, ZStW 91, 557. – *ders.,* Beteiligung an einer Selbsttötung oder tödl. Selbstgefährdung als Tötungsdelikt, JA 85, 131, 177, 265, 336. – *ders.,* Eigenhändige Delikte, ZStW 82, 896. – *ders.,* Der Anfang des Versuchs der mittelbaren Täterschaft, JuS 85, 1. – *ders.,* Zum strafrechtl. Schutz des Selbstmordgefährdeten, JZ 86, 1021. – *ders.,* Täterschaft, Mittäterschaft und Akzessorietät der Teilnahme, ZStW 99, 49. – *ders.,* Die Quasi-Mittäterschaft bei § 216 StGB: Straftat oder straffreie Suizidbeteiligung, JuS 88, 771. – *ders.,* Straffreies Töten bei Eigenverantwortlichkeit des Opfers? NStZ 89, 559. – *ders.,* Abergläubische Gefahrabwendung und mittelbare Täterschaft durch Ausnutzung eines Verbotsirrtums. – *ders.,* Täterschaft und Teilnahme (zit. TuT), 1977. – *ders.,* Mittelbare Täterschaft und Anstiftung in formalen Organisationen, in: Amelung, aaO, 33. – *Hilgendorf,* Fragen der Kausalität bei Gremienentscheidungen am Beispiel des Lederspray-Urteils, NStZ 94, 561. – *ders.,* Was meint „zur Tat bestimmen" in § 26 StGB?, Jura 96, 9. – *Hillenkamp,* Die Bedeutung von Vorsatzkonkretisierung usw., 1971. – *Holthausen,* Zum Tatbestand des Förderns in den neuen Strafvorschriften des Kriegswaffenkontrollgesetzes (§§ 16–21 KWG), NJW 91, 203. – *Hruschka,* Alternativfeststellung zwischen Anstiftung und sog. psychischer Beihilfe, JR 83, 177. – *Hünerfeld,* Mittelbare Täterschaft und Anstiftung im Kriminalstrafrecht der Bundesrepublik Deutschland, ZStW 99, 228. – *Ingelfinger,* Anstiftervorsatz und Tatbestimmtheit, 1992. – *Jakobs,* Akzessorietät – Zu den Voraussetzungen gemeinsamer Organisation, GA 96, 253. – *ders.,* Objektive Zurechnung bei mittelbarer Täterschaft durch ein vorsatzloses Werkzeug, GA 97, 553. – *Janß,* Die Kettenteilnahme, 1988. – *Jescheck,* Anstiftung, Gehilfenschaft und Mittäterschaft, SchwZStr. 56, 225. – *Joerden,* Strukturen des strafrechtlichen Verantwortungsbegriffes, 1988. – *Johannes,* Mittelbare Täterschaft bei rechtmäßigem Handeln des Werkzeugs, 1963. – *Jung,* Zurechnungsbegründung und – unterbrechung bei Zusammenwirken mehrerer, in: Eser/Huber/Cornils, Einzelverantwortung und Mitverantwortung im Strafrecht, 1998, 175. – *Kamm,* Die fahrlässige Mittäterschaft, 1999. – *Kantorowicz,* Tat und Schuld, 1933. – *Kaufmann,* Die Dogmatik der Unterlassungsdelikte, 1959. – *ders.,* Einige Anmerkungen zu Irrtümern über Rechtfertigungsgründe, Lackner-FS, 185. – *Keller,* Rechtl. Grenzen der Provokation von Straftaten, 1989. – *Kielwein,* Unterlassung und Teilnahme, GA 55, 225. – *Kienapfel,* Der Einheitstäter im Strafrecht, 1971. – *ders.,* Erscheinungsformen der Einheitstäterschaft, in: Müller-Dietz (Hrsg.), Strafrechtsdogmatik und Kriminalpolitik, 71, 21. – *ders.,* Das Prinzip der Einheitstäterschaft, JuS 74, 1. – *ders.,* Zur Täterschaftsregelung im StGB, ÖRiZ 75, 165. – *ders.,* Zum gegenwärtigen Stand der Lehre von der Einheitstäterschaft in der höchstrichterl. Praxis, ÖJZ 1979, 90. – *Kindhäuser,* Betrug als vertypte mittelbare Täterschaft, Bemmann-FS 339. – *Kohler,* Anstiftung und agent provocateur, GA 55, 1. – *Kohlrausch,* Das kommende deutsche Strafrecht, ZStW 55, 384. – *Krauß,* Probleme der Täterschaft in Unternehmen, Plädoyer 1/1989, 40. – *Krey,* Rechtsprobleme des strafprozessualen Einsatzes verdeckter Ermittler usw., 1993. – *Kühl,* Versuch in mittelbarer Täterschaft, JuS 83, 180. – *ders.,* Grundfälle zur Vorbereitung usw., JuS 82, 182. – *Küper,* Sukzessive Tatbeteiligung vor und nach Raubvollendung, JuS 86, 862. – *ders.,* Zur Problematik der sukzessiven Mittäterschaft, JZ 81, 568. – *ders.,* Versuchsbeginn und Mittäterschaft, 1978. – *ders.,* Versuchs- und Rücktrittsprobleme bei mehreren Tatbeteiligten, JZ 79, 775. – *ders.,* „Autonomie", Irrtum und Zwang bei mittelbarer Täterschaft und Einwilligung, JZ 86, 219. – *ders.,* Die dämonische Macht des „Katzenkönigs" usw., JZ 89, 617. – *ders.,* Mittelbare Täterschaft, Verbotsirrtum des Tatmittlers und Verantwortungsprinzip, JZ 89, 935. – *ders.,* Der „agent provocateur" im Strafrecht, GA 74, 312. – *ders.,* Konvergenzdelikte, GA 97, 301. – *ders.,* Ein „neues Bild" der Lehre von Täterschaft und Teilnahme (Besprechung von: Stein, Die strafrechtliche Beteiligungsformenlehre), ZStW 105, 445. – *Küpper,* Anspruch und wirkl. Bedeutung des Theorienstreits über die Abgrenzung von Täterschaft und Teilnahme, GA 86, 437. – *ders.,* Der gemeinsame Tatentschluß als unverzichtbares Moment der Mittäterschaft, ZStW 105, 295. – *ders.,* Besondere Erscheinungsformen der Anstiftung, JuS 96, 23. – *ders.,* Grenzen der normativen Strafrechtsdogmatik, 1990. – *ders.,* Abgrenzung der Täterschaftsformen, GA 98, 519. – *ders./Wilms,* Die Verfolgung von Straftaten des SED-Regimes, ZRP 92, 91. – *Lampe,* Systemunrecht und Unrechtssysteme, ZStW 106, 683. – *ders.,* Über den Begriff und die Formen der Teilnahme am Verbrechen, ZStW 77, 262. – *Lange,* Zum Denunziantenproblem, SJZ 1948, 302. – *ders.,* Zur Teilnahme an unvorsätzl. Haupttat, JZ 59, 560. – *ders.,* Der moderne Täterbegriff und der deutsche Strafgesetzentwurf, 1935. – *ders.,* Die Schuld des Teilnehmers, JR 49, 165. – *ders.,* Die notwendige Teilnahme, 1940. – *ders.,* Beteiligter und Teilnehmer, Maurach-FS 235. – *ders.,* Probleme der Einheitstäterschaft, Strafr. Probleme der Gegenwart (1973) 63. – *Langer,* Das Sonderverbrechen, 1972. – *Lang-Hinrichsen,* Bemerkungen zum Begriff der „Tat" im Strafrecht, usw., Engisch-FS 353. – *Lenckner,* Probleme beim Rücktritt des Beteiligten, Gallas-FS 281. – *ders.,* Technische Normen und Fahrlässigkeit, Engisch-FS, 490. – *Lesch,* Das Problem der sukzessiven Beihilfe, 1992. – *ders.,* Die Begründung mittäterschaftl. Haftung als Moment der objektiven Zurechnung, ZStW 105, 271 ff. – *ders.,* Täterschaft und Gestaltungsherrschaft, GA 94, 112. – *Less,* Der Unrechtscharakter der Anstiftung, ZStW 69, 43. – *ders.,* Gibt es strafbare mittelbare Täterschaft, wenn der Tatmittler rechtmäßig handelt?, JZ 51, 550. – *Letzgus,* Vorstufen der Beteiligung, 1972. – *Lewitsch,* Probleme der Einheitstäterschaft, JBl 89, 294. – *Lüderssen,* Der Typus des Teilnehmertatbestandes, Miyazawa-FS, 449 . – *ders.,* Zum Strafgrund der Teilnahme, 1967. – *ders.,* Die V-Leute-Problematik usw., Jura 85, 113. – *Lütolf,* Strafbarkeit der juristischen Person, 1997. – *Maaß,* Die Behandlung des „agent provocateur" im Strafrecht, Jura 81, 514. – *Magata,* Die Entwicklung der Lehre von der notwendigen Teilnahme, Jura 1999, 246. – *Maier,* Die mittelbare Täterschaft bei Steuerdelikten, MDR 86, 358. – *Maiwald,* Historische und dogmatische Aspekte der Einheitstäterlösung, Bockelmann-FS 344. – *Mallison,* Rechtsauskunft als strafbare Teilnahme, 1976. – *Martin,* Beihilfe zur Anstiftung, DRiZ 85, 290. – *ders.,* Die Problematik der Verbrechensverabredung (§ 49 a II StGB), JZ 61, 137. – *ders.,* Schuld und Verantwortung im Strafrecht, 1948. – *Mayer, H.,* Täterschaft und Teilnahme, Urheberschaft, Rittler-FS 243. – *Meister,* Zweifelsfragen zur versuchten Anstiftung, MDR 56,

16. – *Meyer, J.*, Zur V-Mann-Problematik aus rechtsvergleichender Sicht, Jescheck-FS II, 1311. – *Meyer, M.-K.*, Ausschluß der Autonomie durch Irrtum, 1984. – *dies.*, Tatbegriff und Teilnehmerdelikt, GA 79, 252. – *Meyer-Arndt*, Beihilfe durch neutrale Handlungen?, wistra 89, 281. – *Mitsch*, Straflose Provokation strafbarer Taten, 1986. – *Montenbruck*, Abweichung der Teilnehmervorstellung von der verwirklichten Tat, ZStW 84, 323. – *Müller-Gugenberger/Bieneck* (Hrsg.), Wirtschaftsstrafrecht, 3. Aufl. 2000. – *Munoz-Conde*, Die Verleitung zum Suizid durch Täuschung, ZStW 106, 547. – *Murmann*, Die Nebentäterschaft im Strafrecht, 1992. – *ders.*, Tatherrschaft durch Weisungsmacht, GA 96, 269. – *ders.*, Zur mittelbaren Täterschaft bei Verbotsirrtum des Vordermanns, GA 1998, 78. – *Nestler*, Die strafrechtl. Verantwortlichkeit eines Bürgermeisters für Gewässerverunreinigungen der Bürger, GA 94, 514. – *Nettesheim*, Können sich Gemeinderäte der Untreue schuldig machen?, BayVBl 89, 161. – *Neumann*, Die Strafbarkeit der Suizidbeteiligung als Problem der Eigenverantwortlichkeit des „Opfers", JA 87, 244. – *Niedermair*, Straflose Beihilfe durch neutrale Handlungen?, ZStW 107, 507. – *Niese*, Die finale Handlungslehre und ihre praktische Bedeutung, DRiZ 52, 21. – *Nowakowski*, Tatherrschaft und Täterwille, JZ 56, 545. – *Ostendorf/Meyer-Seitz*, Die strafrechtl. Grenzen des polizeil. Lockspitzeleinsatzes, StV 85, 73. – *Otto*, „Vorgeleistete Strafvereitelung" durch berufstypische oder alltägl. Verhaltensweisen als Beihilfe, Lenckner-FS 193. – *ders.*, Straflose Teilnahme?, Lange-FS 197. – *ders.*, Täterschaft, Mittäterschaft, mittelbare Täterschaft, Jura 87, 246. – *ders.*, Anstiftung und Beihilfe, JuS 82, 557. – *ders.*, Mittäterschaft beim Fahrlässigkeitsdelikt, Jura 90, 47. – *ders.*, Täterschaft und Teilnahme im Fahrlässigkeitsbereich, Spendel-FS 271. – *Plate*, Zur Strafbarkeit des agent provocateur, ZStW 83, 294. – *Puppe*, Der objektive Tatbestand der Anstiftung, GA 84, 101. – *Radbruch*, Gesetzliches Unrecht und übergesetzliches Recht, SJZ 46, 105. – *Ranft*, Zur Unterscheidung von Tun und Unterlassen, JuS 63, 340. – *ders.*, Garantiepflichtwidriges Unterlassen der Deliktshinderung, ZStW 94, 815. – *ders.*, Das garantiepflichtwidrige Unterlassen der Taterschwerung, ZStW 97, 268. – *Ransiek*, Studien zum Unternehmensstrafrecht, 1996. – *ders.*, Pflichtwidrigkeit und Beihilfeunrecht – Der Dresdner Bank-Fall und andere Beispiele –, wistra 97, 41. – *Renzikowski*, Restriktiver Täterbegriff und fahrlässige Beteiligung, 1997. – *Roeder*, Exklusiver Täterbegriff und Mitwirkung am Sonderdelikt, ZStW 69, 223. – *Rogall*, Moderne Fahndungsmethoden im Lichte gewandelten Grundrechtsverständnisses, GA 85, 1. – *Rogat*, Die Zurechnung der Beihilfe: zugleich eine Untersuchung zur Strafbarkeit von Rechtsanwälten nach § 27 StGB, 1997. – *Roth*, Ermittlung im Strafverfahren und Gewinnabschöpfung, 1996. – *Rotsch*, Individuelle Haftung in Großunternehmen usw., 1998. – *Roxin*, Ein „neues Bild" des Strafrechtssystems, ZStW 83, 369. – *ders.*, Pflichtwidrigkeit und Erfolg bei fahrlässigen Delikten, ZStW 74, 411. – *ders.*, Was ist Beihilfe?, Miyazawa-FS 501. – *ders.*, Zur Bestimmtheit des Teilnehmervorsatzes, Salger-FS 129. – *ders.*, Zur Dogmatik der Teilnahmelehre, JZ 66, 293. – *ders.*, An der Grenze von Begehung und Unterlassung, Engisch-FS 380. – *ders.*, Straftaten im Rahmen organisatorischer Machtapparate, GA 63, 193. – *ders.*, Unterlassung, Vorsatz und Fahrlässigkeit, Versuch und Teilnahme im neuen Strafgesetzbuch, JuS 73, 329. – *ders.*, Bemerkungen zum „Täter hinter dem Täter", Lange-FS 173. – *ders.*, Zum Strafgrund der Teilnahme, Stree/Wessels-FS 365. – *ders.*, Rose-Rosahl redivivus, Spendel-FS 289. – *ders.*, Täterschaft und Teilnahme bei organisierter Kriminalität, Grünwald-FS 549. – *Rudolphi*, Der Begriff der Zueignung, GA 1965, 33. – *ders.*, Tatherrschaftsbegriff bei der Mittäterschaft, Bockelmann-FS 369. – *ders.*, Strafbarkeit der Beteiligung an den Trunkenheitsdelikten im Straßenverkehr, GA 70, 353. – *ders.*, Ist die Teilnahme an einer Notstandstat iS der §§ 52, 53 Abs. 3 und § 54 StGB strafbar?, ZStW 78, 67. – *ders.*, Die zeitlichen Grenzen der sukzessiven Beihilfe, Jescheck-FS I, 559. – *Samson*, Die Kausalität der Beihilfe, Peters-FS 121. – *ders.*, Hypothetische Kausalverläufe im Strafrecht, 1972. – *Sanchez-Vera*, Pflichtdelikt und Beteiligung, 1999. – *Sax*, Zur Problematik des „Teilnehmerdelikts", ZStW 90, 927. – *Schaffstein*, Der Täter hinter dem Täter bei vermeidbarem Verbotsirrtum und verminderter Schuldfähigkeit des Tatmittlers, NStZ 89, 153. – *ders.*, Die Risikoerhöhung als objektives Zurechnungsprinzip im Strafrecht, Honig-FS 169. – *Schall*, Auslegungsfragen des § 179 StGB und das Problem der eigenhändigen Delikte, JuS 79, 104. – *Schall/Schreibauer*, Gegenwärtige und künftige Sanktionen bei Umweltdelikten, NuR 96, 440. – *Schild Trappe*, Harmlose Gehilfenschaft?: Eine Studie über Grund und Grenzen der Gehilfenschaft, 1995. – *Schild*, Täterschaft als Tatherrschaft, 1994. – *Schilling*, Der Verbrechensversuch des Mittäters und des mittelbaren Täters, 1975. – *Schlehofer*, Der error in persona des Haupttäters – eine aberratio ictus für den Teilnehmer?, GA 92, 307. – *Schlüchter*, Der Kaufmann als Garant im Rahmen der unerlaubten Gewässerverunreinigung, Salger-FS 139. – *Schmid*, Einige Aspekte der strafrechtlichen Verantwortlichkeit von Gesellschaftsorganen, SchwZStr 88, 156. – *Schmidhäuser*, Verfahrenshindernis bei Einsatz von V-Leuten?, JZ 86, 66. – *ders.*, „Täterschaft" als Deckname der ganzheitlichen Abgrenzung von Täterschaft und Teilnahme im Strafrecht, Stree/Wessels-FS 343. – *Schmidt, Eb.*, Die mittelbare Täterschaft, Frank-FG II, 106. – *Schmoller*, Fremdes Fehlverhalten im Kausalverlauf, Triffterer-FS 223. – *ders.*, Grundstrukturen der Beteiligung mehrerer an der Straftat usw., ÖJZ 83, 337. – *Schönemann*, Kombiniertes Teilnahme- und Einheitstätersystem für das Strafrecht, ZStW 87, 902. – *Schreiber*, Grundfälle zu „error in objecto" und „aberratio ictus" im Strafrecht, JuS 85, 876. – *Schröder*, Der Täterbegriff als „technisches" Problem, ZStW 57, 459. – *ders.*, Der Rücktritt des Teilnehmers vom Versuch nach § 46 und § 49 a, MDR 49, 714. – *ders.*, Grundprobleme des § 49 a, JuS 67, 289. – *ders.*, Eigenhändige und Sonderdelikte bei den Fahrlässigkeitsdelikten, von Weber-FS, 233. – *Schroeder*, Der Täter hinter dem Täter, 1965. – *ders.*, Die Zusammenrechnung im Rahmen von Quantitätsbegriffen bei Fortsetzungstat und Mittäterschaft, GA 64, 225. – *ders.*, Die Teilnahme bei § 122 Abs. 3 StGB, NJW 1964, 1113. – *Schulz*, Die Bestrafung des Ratgebers, 1980. – *ders.*, Anstiftung oder Beihilfe, JuS 1986, 933. – *Schumann*, Strafrechtl. Handlungsunrecht und das Prinzip der Selbstverantwortung der Anderen, 1986. – *ders.*, Das rechtswidrige Haupttat als Gegenstand des Teilnahmevorsatzes, Stree/Wessels-FS 383. – *ders.*, Zum Einheitstätersystem des § 14 OWiG, 1979. – *ders.*, Verfahrenshindernis bei Einsatz von V-Leuten?, JZ 86, 66. – *ders.*, Besprechung von: Schmidt-Salzer, Produkthaftung, StV 94, 106. – *Schünemann*, Der polizeil. Lockspitzel, StV 85, 424. – *ders.*, Unternehmenskriminalität, 1989. – *ders.*, Strafrechtl. Verantwortlichkeit der Unternehmensleitung, in Breuer u. a. (Hrsg.), Umweltschutz und technische Sicherheit im Unternehmen, 1994, 137. – *Schwab*, Täterschaft und Teilnahme bei Unterlassungen, 1996. – *Schwalm*, Zu einigen ungelösten Strafrechtsproblemen (Heilbehandlung, Täterschaft, Mitwirkung bei fremder Selbsttötung), Engisch-FS 548. – *Seebald*,

Vorbem §§ 25 ff. 1   Allg. Teil. Die Tat - Täterschaft und Teilnahme

Teilnahme am erfolgsqual. und am fahrlässigen Delikt, GA 64, 161. – *Seelmann,* Mittäterschaft im Strafrecht, JuS 80, 571. – *ders.,* Zur materiell-rechtl. Problematik des V-Mannes, ZStW 95, 797. – *Sieber,* Die Abgrenzung von Tun und Unterlassen bei „passiver" Gesprächsteilnahme usw., JZ 1983, 431. – *Sippel,* Mittelbare Täterschaft bei deliktisch handelndem Werkzeug, NJW 83, 2226. – *ders.,* Nochmals: Mittelbare Täterschaft bei deliktisch handelndem Werkzeug, NJW 84, 1866. – *ders.,* Zur Strafbarkeit der Kettenanstiftung, 1989. – *Sommer,* Das tatbestandslose Tatverhalten des agent provocateur, JR 86, 485. – *ders.,* Verselbständigte Beihilfehandlungen und Straflosigkeit des Gehilfen, JR 81, 490. – *ders.,* Das fehlende Erfolgsunrecht. Ein Beitrag zur Strafbarkeitsbewertung des agent provocateur, 1987. – *Sowada,* Täterschaft und Teilnahme beim Unterlassungsdelikt, Jura 86, 399. – *ders.,* Die „notwendige Teilnahme" als funktionales Privilegierungsmodell im Strafrecht, 1992. – *Spendel,* Fahrlässige Teilnahme an Selbst- und Fremdtötung, JuS 74, 749. – *ders.,* Beihilfe und Kausalität, Dreher-FS 167. – *ders.,* Zur Kritik der subjektiven Versuchs- und Teilnahmetheorie, JuS 69, 314. – *ders.,* Der „Täter hinter dem Täter" – eine notwendige Rechtsfigur?, Lange-FS 147. – *Spiegel,* Nochmals: Mittelbare Täterschaft bei deliktisch handelndem Werkzeug, NJW 84, 110, 1867. – *Stein,* Die strafrechtl. Beteiligungsformenlehre, 1988. – *Stoffers,* Streitige Fragen der psychischen Beihilfe im Strafrecht, Jura 93, 11. – *Stork,* Anstiftung eines Tatentschlossenen zu einer vom ursprünglichen Tatplan abweichenden Tat, 1969. – *Stratenwerth,* Das rechtstheoretische Problem der „Natur der Sache", 1957. – *ders.,* Der Versuch des untauglichen Subjekts, Bruns-FS 59. – *ders.,* Der agent provocateur, MDR 53, 717. – *ders.,* Die Bedeutung der finalen Handlungslehre für das Schw. Strafrecht, SchwZStr. 81, 179. – *ders.,* Objektsirrtum und Tatbeteiligung, Baumann-FS 57. – *Stree,* Begünstigung, Strafvereitelung und Hehlerei, JuS 1976, 137. – *ders.,* Objektive Bedingungen der Strafbarkeit, JuS 65, 465. – *ders.,* Das Versehen des Gesetzgebers, JuS 69, 403. – *ders.,* Bestimmung eines Tatentschlossenen zur Tatänderung, Heinitz-FS 277. – *ders.,* Teilnahme am Unterlassungsdelikt, GA 63, 1. – *Streng,* Die Strafbarkeit des Anstifters bei error in persona des Täters usw., JuS 1991, 910. – *Tag,* Beihilfe durch neutrales Verhalten, JR 1997, 49. – *Tenckhoff,* Strafrecht: Ein mißgünstiger Nachbar, JuS 76, 526. – *Teubner,* Mittelbare Täterschaft bei deliktisch handelndem Werkzeug, JA 84, 144. – *Tiedemann,* Die strafrechtl. Vertreter – und Unternehmenshaftung, NJW 86, 1842. – *Tiedemann/Sieber,* Die Verwertung des Wissens von V-Leuten im Strafverfahren, NJW 84, 753. – *Trechsel,* Der Strafgrund der Teilnahme, 1967. – *Triffterer,* Die österreichische Beteiligungslehre, 1983. – *Tröndle,* Zur Frage der Teilnahme an unvorsätzlicher Haupttat, GA 56, 129. – *Vest,* Die strafrechtliche Garantenpflicht des Geschäftsherrn, SchwZStr 105, 288. – *Vogler,* Zur Frage der Ursächlichkeit der Beihilfe für die Haupttat, Heinitz-FS 295. – *Volk,* Zum Strafbarkeitsrisiko des Rechtsanwalts bei Rechtsrat und Vertragsgestaltung, BB 87, 139. – *Walder,* Bewußte Beteiligung, ungewollte Folgen, Spendel-FS 363. – *Warda,* Grundzüge der strafrechtlichen Irrtumslehre, Jura 79, 1, 71, 113, 286. – *Warner,* Viel Spielraum – der Einsatz von undercoveragents in den USA, Kriminalistik 85, 291. – *Weber v.,* Teilnahme an Mord und Totschlag, MDR 52, 265. – *Weber,* Können sich Gemeinderäte der Untreue schuldig machen?, BayVBl 89, 166. – *Wegner,* Strafrecht AT, 1951. – *Weigend,* Grenzen strafbarer Beihilfe, Nishihara-FS 197. – *Weißer,* Gibt es eine fahrlässige Mittäterschaft?, JZ 98, 230. – *dies.,* Kausalitäts- und Täterschaftsprobleme bei der strafrechtl. Würdigung pflichtwidriger Kollegialentscheidungen, 1996. – *Welp,* Der Einheitsträger im Ordnungswidrigkeitenrecht, VOR 72, 299. – *Welzel,* Studien zum System des Strafrecht, ZStW 58, 491. – *ders.,* Teilnahme an unvorsätzl. Handlungen?, JZ 54, 29. – *Weßlau,* Der Exzeß des Angestifteten, ZStW 104, 105. – *Winkelbauer,* Umweltstrafrecht und Unternehmen, Lenckner-FS 645. – *Wohlers,* Der Erlaß rechtsfehlerhafter Genehmigungsbescheide als Grundlage mittelbarer Täterschaft., ZStW 108, 61. – *ders.* Gehilfenschaft durch „neutrale Handlungen", SchwZStr 117, 425. – *ders.* Hilfeleistung und erlaubtes Risiko, NStZ 00, 169. – *Wohlleben,* Beihilfe durch äußerlich neutrale Handlungen, 1997. – *Wolff-Reske,* Berufsbedingtes Verhalten als Problem mittelbarer Erfolgsverursachung, 1995. – *Wolter,* Notwendige Teilnahme und straflose Beteiligung, JuS 82, 343. – *Wüllenkemper,* Probleme der Steuerhinterziehung in mittelbarer Täterschaft in Parteispendenfällen, wistra 89, 46. – *Zaczyk,* Strafrechtl. Unrecht und die Selbstverantwortung des Verletzten, 1993. – *Zieschang,* Mittäterschaft bei bloßer Mitwirkung im Vorbereitungsstadium?, ZStW 107, 361. – *Zimmerl,* Grundsätzliches zur Teilnahmelehre, ZStW 49, 39. – *ders.,* Vom Sinn der Teilnahmevorschriften, ZStW 52, 166. – *ders.,* Täterschaft, Teilnahme, Mitwirkung, ZStW 54, 575.

A. Allgemeines

1   Die Tatbestände des BT kennzeichnen regelmäßig Handlungen einer Einzelperson („Wer . . .") und legen dabei zugleich fest, daß als Mörder, Dieb, Betrüger usw. zu bestrafen ist, wer alle Merkmale des Tatbestandes in eigener Person verwirklicht. Gelegentlich, wie bei den Massendelikten (vgl. § 121), wird zur Tatbestandsverwirklichung allerdings das Zusammenwirken mehrerer begrifflich vorausgesetzt; dies stellt jedoch keine Ausnahme von dem hier genannten Grundsatz dar. Insofern ist die Täterlehre ein Stück Lehre vom Tatbestand (Cramer Bockelmann-FS 389 ff., Jescheck/Weigend 643, Kühl 664, Herzberg TuT 3, Welzel 98), die Regelung in § 25 I 1. Alt. nur eine Wiederholung einer sich schon aus der Tatbestandslehre ergebenden Konsequenz. Ist hingegen die Tatbestandsverwirklichung auf das Zusammenwirken mehrerer Personen zurückzuführen, so bedarf es einer Regelung, in welchem Verhältnis die Beiträge der Einzelpersonen zueinander stehen. Die Regeln hierfür enthalten §§ 25 ff. Nach geltendem deutschen Strafrecht – anders in § 14 OWiG (u. 11) – wird bei der Beteiligung mehrerer Personen an einer Straftat zwischen Täterschaft und Teilnahme unterschieden (dualistisches System im Unterschied zum monistischen Einheitstätersystem). Hinsichtlich der **Täterschaftsformen** differenziert § 25 zwischen der unmittelbaren (Abs. 1, 1. Alt.), der mittelbaren (Abs. 1, 2. Alt.) Alleintäterschaft und der Mittäterschaft (Abs. 2) (zur dogmengeschichtl. Entwicklung Köhler 499 ff.). Die Erscheinungsformen der Täterschaft sind damit allerdings noch nicht vollständig beschrieben. So können mehrere Personen sich zur Tatbestandsverwirklichung eines

Werkzeugs bedienen (mittelbare Mittäterschaft) oder völlig unabhängig voneinander an derselben Tat als Täter beteiligt sein (**Nebentäterschaft;** vgl. u. § 25 RN 100). Neben der Täterschaft kennt das Gesetz die Teilnahme. Formen der **Teilnahme** sind die Anstiftung (§ 26) und die Beihilfe (§ 27). Darüber hinaus sind in § 30 die Fälle eines strafbaren **Versuchs der Beteiligung** geregelt. Für die Bezeichnung der verschiedenen Beteiligungsformen besteht in § 28 eine Legaldefinition. Danach sind Anstifter oder Gehilfen „Teilnehmer" (Abs. 1), Täter oder Teilnehmer „Beteiligte" (Abs. 2).

Die Neuregelung durch das 2. StrRG (1975) hat gegenüber dem früheren Recht einige Ergän- 2 zungen und Klarstellungen gebracht. Hierzu gehören insb. die Beschreibung der Alleintäterschaft und mittelbaren Täterschaft (§ 25 I), die im alten Recht nicht erwähnt waren. Eine wichtige Änderung besteht in der Klarstellung in §§ 26, 27, daß Anstiftung und Beihilfe eine vorsätzlich begangene Haupttat voraussetzen, was früher umstritten war (vgl. 17. A. 83 ff. vor § 47). Damit hat sich der Gesetzgeber für ein System der limitierten Akzessorietät entschieden (u. 23).

Gelegentlich wird die Auffassung vertreten, die Aufgliederung und die Erscheinungsformen von 3 Täterschaft und Teilnahme seien der Disposition des Gesetzgebers weitgehend entzogen, weil er insoweit an die Beschreibung vorgegebener Lebenssachverhalte gebunden sei, die durch ihren sozialen Sinn die juristische Beurteilung festlegen (Bockelmann, Untersuchungen 111, Gallas, Niederschriften Bd. II 67, Jescheck/Weigend 644, Küpper aaO 71, Lampe ZStW 77, 308, Stratenwerth, Die Natur der Sache 15 f., Schmidhäuser 500, Welzel 94 ff.; vgl. Roxin TuT 26). Diese Behauptung bezieht sich insbesondere auf das Erfordernis einer vorsätzlichen Haupttat bei der Teilnahme. Dem kann nicht gefolgt werden. Die Begriffe von Täterschaft (mittelbarer Täterschaft, Mittäterschaft) und Teilnahme sind nicht durch die Natur der Sache festgelegt, es handelt sich vielmehr um ein normatives Problem (Engisch, Eb. Schmidt-FS 109 ff., Maiwald, Bockelmann-FS 360, Schröder ZStW 57, 460). Deswegen bewegt sich im Rahmen der zulässigen Interpretation, wer wie zB Schumann (vgl. u. 18) die Voraussetzungen von Anstiftung und Beihilfe enger sieht als die h. M. Der normative Charakter der Fragestellung zeigt sich auch im Einheitstäterbegriff, an dessen Gültigkeit trotz rechtspolitischer Einwände (vgl. Bockelmann/Volk AT 174, Cramer NJW 69, 1929 ff., Dreher NJW 70, 218, Jescheck/Weigend 645, Renzikowski aaO 13 f., Roxin LK 5, TuT 451, Samson SK § 25 RN 2, Schmidhäuser 501 f.) nicht gezweifelt werden kann und der in Österreich auch ins Strafrecht übernommen wurde (so auch Detzer, Einheitstäterlösung 275, Geerds GA 65, 218, Kienapfel, Erscheinungsformen 31 ff., Schwalm Engisch-FS 551 f., vgl. auch Burgstaller aaO 25 ff.).

Auch der Auffassung von Jescheck/Weigend 645, wonach der Gesetzgeber nur die Wahl zwischen 4 einem (rechtspolitisch verfehlten) Einheitstäterbegriff oder einer durch Sachstrukturen vorgegebenen Differenzierung habe, kann nicht gefolgt werden. So wäre es zB möglich, die psychische Beihilfe straflos zu lassen oder eine qualifizierte Anstiftung auf eine qualifizierte Beeinflussung zu beschränken, auch eine Teilnahme an unvorsätzlicher Tat ist nicht bloß denkbar, sondern rechtspolitisch uU wünschenswert (u. 15). Entsprechend besitzt der Gesetzgeber auch Spielraum, bestimmte Teilnahmeformen (unter Voraussetzungen) zu Täterschaft zu erheben (vgl. zB § 328 II Nr. 4 u. dort RN 13 d mwN). Daraus ergibt sich, daß im Strafrecht ein normativer Täterbegriff gilt, die Aufgliederung der Beteiligungsformen also das interpretatorische Ergebnis der gesetzlichen Regelung ist, die auch anders hätte getroffen werden können. Es gibt in der Teilnahmelehre keine vorgegebenen „sachlogischen Strukturen" (Maiwald Bockelmann-FS 538; and. zB Welzel 98 ff., Lampe ZStW 77, 263, Jescheck/ Weigend 644). In Rechnung zu stellen sind aber allemal fundamentale Ordnungsprinzipien und Wertentscheidungen unserer Rechtsordnung (vgl. Heine Verantwortlichkeit aaO [u. 118] 29 f., Renzikowski aaO 67).

B. Begriff und Formen der Täterschaft 5

I. Die verschiedenen Formen der Täterschaft in § 25 basieren auf den schon früher vom Schrifttum 6 entwickelten Grundsätzen zum sog. **restriktiven** oder engen **Täterbegriff**, der auf der Erkenntnis beruht, daß die Tatbestände des BT und des Nebenstrafrechts bestimmte, fest umrissene Handlungen beschreiben, die der Gesetzgeber damit als bestimmte Straftat kennzeichnet (vgl. Beling, Die Lehre vom Verbrechen 200, Jescheck/Weigend 648, M-Gössel II 242 ff., Roxin TuT 34). Ohne Rücksicht auf Motive oder Interessen ist demnach Täter, wer alle Merkmale eines Straftatbestandes verwirklicht. In seinem ursprünglichen Verständnis erfaßte der restriktive Täterbegriff allerdings nur denjenigen als Täter, der selbst (eigenhändig) den Tatbestand der jeweiligen Deliktsart erfüllte, so daß andere Formen der Mitverursachung keine Täterschaft begründen konnten. Dieser Täterbegriff ist jedoch durch die Einbeziehung der mittelbaren Täterschaft und der Mittäterschaft erweitert worden (Roxin TuT 34 ff.). In dieser erweiterten Form liegt er heute dem Gesetz zugrunde. Dieser restriktive Täterbegriff wird, mit Abweichungen im einzelnen, zB vertreten von Beling 250, Binding GS 78, 7, Jescheck/ Weigend 649, Langer aaO 64 f., H. Mayer 300, Kühl 664 f., Renzikowski aaO 67 ff., Roxin LK RN 12, TuT 329 f., Samson SK § 25 RN 3, Schumann aaO 43, 110. In materieller Hinsicht ist von Bedeutung, daß sich der Gesetzgeber bei den §§ 25 ff. zwar nicht mit einem Appell an die Autonomie des Letztverursachers begnügt; gleichwohl kommt dem *Prinzip der Eigenverantwortung* als fundamentale rechtliche Ordnungsmaxime zumindest die Bedeutung eines Orientierungstopos zu (vgl. eingeh. Renzikowski aaO 67 ff., 136, Schumann aaO 1 f.; vgl. auch Heine Verantwortlichkeit aaO 29 f., Frisch aaO [vor § 13] 241 f., Walther aaO [vor § 13] 175, ferner Küper JZ 89, 948 u. 101 ff. vor § 13, § 15

RN 148 ff. Krit. Roxin LK § 25 RN 60, aber auch 61, Schmoller, Triffterer-FS 244), wobei dieses Prinzip nicht „naturalistisch", sondern (nolens volens) im Lichte der strukturellen Modifizierungen des „modernen" Strafrechts zu verstehen ist. Besondere Umstände, wie zB spezifisch gesteigertes Risiko, kraß überlegenes Wissen und Kompetenz, können die Entfaltung des restriktiven Potentials dieses Prinzips uU schmälern (vgl. Jung in Eser/Huber/Cornils 192).

7 1. Uneingeschränkt gilt der restriktive Täterbegriff nach h. L. für **Vorsatzdelikte.** Aus ihm folgt einerseits, daß stets als Täter anzusehen ist, wer in seiner Person und in seinem Verhalten alle Deliktsvoraussetzungen erfüllt, mag er eigenhändig gehandelt (**unmittelbare Täterschaft**), sich eines anderen bei der Deliktsverwirklichung bedient (**mittelbare Täterschaft**) oder dabei mit einem anderen arbeitsteilig zusammengewirkt haben (**Mittäterschaft**); zu diesen Formen der Täterschaft vgl. u. 79 ff. und § 25 RN 61 ff. Andererseits folgt aus dem restriktiven Täterbegriff, daß nicht als Täter in Betracht kommt, wem das in einem Tatbestand des BT beschriebene Verhalten nicht wie eigenes zuzurechnen ist, weil er weder selbst tatbestandsmäßig gehandelt noch für das Verhalten eines anderen nach horizontalen oder vertikalen Zurechnungsprinzipien einzustehen hat. Zu einer Zurechnung nach horizontalen Prinzipien kommt es bei der Mittäterschaft. Hier ist der auf Arbeitsteilung angelegte Gesamtplan mehrerer Personen wichtiger Grund dafür, daß jedem Beteiligten das, was andere im Rahmen des gemeinschaftlichen Willens zur Tat beigetragen haben, so zugerechnet wird, als habe er es selbst getan. Der zentrale Grund für die vertikale Zurechnung bei der mittelbaren Täterschaft liegt in der Tatherrschaft, vermittels derer der Täter (Hintermann) die Tat unter Einsatz eines anderen Menschen (Werkzeug) verwirklicht. Wer nicht in einem Zurechnungsverbund der genannten Art steht, kann nicht Täter sein. Folglich bedarf es, um weitere Beteiligungsformen (Anstiftung, Beihilfe) erfassen zu können, gesetzlicher Vorschriften, durch die die Geltung der Straftatbestände erweitert wird. Sie sind in den §§ 26, 27 enthalten, die nach dieser Meinung **Straf-** (Geppert Jura 99, 266, Herzberg GA 71, 2, M-Gössel II 242, Gropp 302, Kühl 664, Renzikowski aaO 11, Schmidhäuser I 264) oder **Tatbestandsausdehnungsgründe** sind. Krit. zum restriktiven Täterbegriff Lesch Beihilfe 186, 192, 284 ff.

7a 2. Auch im Bereich der **Fahrlässigkeitsdelikte**, bei denen das Gesetz nur Täterschaft kennt (u. 112), gilt der restriktive Täterbegriff (vgl. o. 6, Renzikowski aaO 67 ff., 154 ff.). Dies zeigt sich anschaulich darin, daß es eine Reihe von Fahrlässigkeitsdelikten gibt, die nach ihrer jeweiligen Deliktsbeschreibung nur von Tätern mit besonderen Subjektseigenschaften eigenhändig oder in einer sonst nicht jedermann zugänglichen Weise erfüllt werden können. Hierzu gehören beispielsweise §§ 315a III, 315c III, die voraussetzen, daß der Täter ein Schienenfahrzeug oder ein Fahrzeug im Straßenverkehr führt, § 97 II setzt voraus, daß ein Amtsträger oder ein staatlicherseits Beauftragter tätig wird, § 283b kann nur von jemandem erfüllt werden, der verpflichtet ist, Handelsbücher zu führen, aufzubewahren usw., § 319 IV wendet sich an Personen, die bei der Planung, Leitung oder Ausführung eines Baus usw. tätig sind, § 163 schließlich setzt eigenhändige Begehungsweise voraus. In allen diesen Fällen kann nur der Täter nur sein, wer die Merkmale verhaltensbestimmter Fahrlässigkeitstatbestände erfüllt oder die Tätereigenschaft, die nach dem jeweiligen Tatbestand vorausgesetzt wird, besitzt. Eine Beschreibung täterschaftlichen Verhaltens ist daher nur auf der Grundlage des restriktiven Täterbegriffs möglich (vgl. auch Renzikowski aaO 261 ff., Roxin, LK § 25 RN 219; and. Bottke aaO 29, der von Tatzuständigkeit spricht und die Bezeichnung „Täterschaft" bei Fahrlässigkeitsdelikten ablehnt). Aber auch die einzelnen Erfolgsdelikte unter den Fahrlässigkeitstatbeständen lassen sich auf dem Boden des restriktiven Täterbegriffs zwanglos erklären. Dieser Umstand ist in der Diskussion häufig übersehen worden, weil diese vorwiegend an den Erfolgsdelikten der §§ 222, 229 orientiert ist. Täter ist danach nicht schon, wer den Erfolg bewirkt, sondern wem dieser Erfolg unter Verstoß der ihm obliegenden Sorgfaltspflicht objektiv zuzurechnen ist. Ist dies bei mehreren Personen im Hinblick auf diesen Erfolg der Fall, so kommt jeder von ihnen als (Neben-)täter in Betracht. Zur schwierigen Abgrenzung von Verantwortungsbereichen vgl. § 15 RN 148 ff. Zu weiteren Fragen der Beteiligung bzw. Teilnahme am Fahrlässigkeitsdelikt vgl. u. 112.

8 II. Demgegenüber sieht die Lehre vom **extensiven (weiten) Täterbegriff** im Grundsatz jeden als Täter an, der eine Ursache für den Erfolg, d. h. die Rechtsgutverletzung, gesetzt hat. Dogmatische Grundlage dieser Lehre ist das Prinzip von der Gleichwertigkeit aller Erfolgsbedingungen, wie sie der Äquivalenztheorie (vgl. 73 ff. vor § 13) zugrunde liegt. Täter ist nach dieser Auffassung jeder, der eine Bedingung zur Tatbestandsverwirklichung setzt, ohne daß es auf die Bedeutung seines Beitrages ankäme. Diesen Täterbegriff vertreten zB Lange aaO 37 ff., Kohlrausch ZStW 55, 393, Roeder ZStW 69, 223, 238, Eb. Schmidt Frank-FG II 106, Baumann NJW 62, 375, B/W-Weber 639, Bockelmann, Untersuchungen 76, Mezger, Lehrbuch 415 f., wohl auch Spendel Lange-FS 152; ferner RG **74** 23; vgl. auch RG **61** 319, **64** 318, 373, BGH **3** 5, OGH **1** 297, 367; eine eingeh. Begründung des extensiven (Einheits-)Täterbegriffs bringt Kienapfel JuS 74, 4 f. Nach dieser Auffassung müßten Anstiftung und Beihilfe „an sich" als Täterschaft bewertet werden, sie würden jedoch vom Gesetz nicht als solche behandelt, sondern in den §§ 26, 27 besonders geregelt. Diese Regelungen wären demnach **„Strafeinschränkungsgründe"**, welche die aus den einzelnen Strafgesetzen sich jeweils ergebende Täterhaftung für diese Formen der Beteiligung einschränken würden.

9 Der extensive Täterbegriff widerspricht den Aufbauprinzipien des geltenden Strafrechts, das aus vornehmlich objektiv umschriebenen und abgegrenzten Tatbeständen besteht. Die Straftatbestände des BT würden, falls jeder kausale Beitrag zur Täterschaft führt, in ihrer tatbeschreibenden Bedeutung

praktisch aufgelöst (Jescheck/Weigend 651). Überdies vermag der extensive Täterbegriff nicht zu erklären, warum bei der Anstiftung, für die die Täterstrafe vorgesehen ist, diese sich aus der Täterhaftung unmittelbar ergebende Konsequenz im § 26 wiederholt wird. Erst recht aber spricht § 27 gegen den extensiven Täterbegriff. Denn wenn in der Tat das entscheidende Merkmal die Ursächlichkeit des Tatbeitrages für die Rechtsgutverletzung wäre und dieses Merkmal die gemeinsame täterschaftliche Grundlage aller Formen der Beteiligung darstellte, könnte nicht überzeugend begründet werden, warum bei der Beihilfe eine Reduzierung der Strafe möglich sein sollte (vgl. auch B/W-Weber 590). Der extensive Täterbegriff verkennt daher die Wertakzente, die das Tatbestand und dort beschriebenen Handlungen gibt. Auch die Tatsache, daß § 22 unstreitig nur auf die eigentliche Täterschaft Anwendung findet, der Versuch der Teilnahme grundsätzlich straflos ist und § 30 nur für einzelne Formen der Teilnahme Ausnahmen von diesem Grundsatz schafft, spricht gegen den extensiven Täterbegriff. Weiter kann der extensive Täterbegriff die Bestrafung der Teilnahme an echten Sonderdelikten und eigenhändigen Delikten nicht erklären; hier wirken die §§ 26, 27 auch von diesem Standpunkt aus als Strafausdehnungsgründe. Endlich erweist sich eine täterschaftliche Kausalhaftung als kaum vereinbar mit dem Menschenbild unserer Rechtsordnung, die auf der Idee der Verantwortung in Freiheit aufbaut und dadurch auch Verantwortung begrenzt (vgl. auch 110 vor § 13). Weitere Bedenken gegen diesen Täterbegriff bei Gallas Mat. I 123, M-Gössel II 232 ff., ferner Bloy Beteiligungsform 99 f., Bockelmann/Volk 173 ff., Bruns, Lehre vom Tatbestand 56, Herzberg 5 f., M. E. Mayer 402, Renzikowski aaO 13 ff., Roxin TuT 28, 534 f., Stratenwerth 745 ff., Samson SK § 25 RN 5, Jescheck/ Weigend 651 und H. Mayer aaO 251, der diesen Täterbegriff als verfassungswidrig (Art. 103 II GG) bezeichnet.

III. ZT wird ein **doppelter Täterbegriff** angenommen: Der enge bei vorsätzlichen, der weite bei **10** fahrlässigen Delikten (so Bähr aaO 68; vgl. auch Bruns, Lehre vom Tatbestand 68). Auch die **finale Handlungslehre** unterscheidet zwei Täterbegriffe, den finalen für die vorsätzlichen Delikte und den auf Kausalität und Nichtanwendung der erforderlichen Sorgfalt aufgebauten Täterbegriff für Fahrlässigkeitsdelikte. Die Notwendigkeit soll sich daraus ergeben, daß die Täterlehre ein Teil der Unrechtslehre bezeichnet wird, damit aber die Differenzierungen zwischen Vorsatz und Fahrlässigkeit im Tatbestandsbereich auf den Täterbegriff übergreift (Welzel 99). Dies bedeutet, daß für Vorsatzdelikte ein Täterbegriff entwickelt wird, der dem restriktiven entspricht, während für Fahrlässigkeitsdelikte eine Art extensiver Täterbegriff gelten soll. Dem entspricht weitgehend die Auffassung anderer Finalisten; vgl. zB M-Gössel II 246 f., der dem Täter der Fahrlässigkeitstat (Kombination von Kausalität und unzulänglicher Steuerung) den der Vorsatztat gegenüberstellt, der aufgrund finaler Steuerung die Tat verwirklicht, vgl. hiergegen o. 7 a.

IV. Im Gegensatz zu dem differenzierenden Beteiligungssystem (Täterschaft – Teilnahme) ist für **11** den Bereich der Ordnungswidrigkeiten durch § 14 OWiG der **Einheitstäterbegriff** maßgeblich (dazu Schumann, Einheitstätersystem aaO). Danach wird jeder als Täter angesehen, der einen zurechenbaren Beitrag zur Tatbestandsverwirklichung geleistet hat, unabhängig vom sachlichen Gewicht seines Beitrages. Die Art und Intensität des Tatbeitrages finden erst in der Bußgeldzumessung Berücksichtigung. Die Regelung des § 14 I OWiG bringt überdies eine Erweiterung der Ahndungsmöglichkeiten: Als Beteiligter = Einheitstäter wird nämlich auch derjenige beurteilt, in dessen Person besondere persönliche Merkmale (§ 9 I OWiG), welche die Ahndung begründen, nicht gegeben sind, sofern sie wenigstens bei einem anderen Beteiligten vorliegen. Auch die früher straflose Beihilfe zu Übertretungen wird durch § 14 I 2 OWiG erfaßt.

Der Einheitstäterbegriff macht also die Unterscheidung zwischen Täter und Teilnehmer überflüssig **12** und beseitigt damit viele Abgrenzungsschwierigkeiten (vgl. hierzu Cramer NJW 69, 1929 u. 70, 1114, Dreher NJW 70, 217, 1116, Roxin LK 3, Kienapfel JuS 74, 1 ff., ÖJZ 79, 90, Welp VOR 72, 229 ff., Lange Maurach-FS 235), wirft aber dafür neue Probleme auf (vgl. Jakobs 594 f.). Wegen seines vergröbernden Maßstabes erscheint er jedoch für das Strafrecht – im Vorsatzbereich – mit seinen einschneidenden Rechtsfolgen als ungeeignet (h. M.: B/W-Weber 585, Bloy, Beteiligungsform 149 ff., Tröndle 1 b, M-Gössel II 224 ff., Lackner/Kühl 1). Zu alternat. Vorschlägen Schöneborn ZStW 87, 902 [Solidarhaftung bei strafbegründenden persönlichen Merkmalen]; krit. Maiwald Bockelmann-FS 363 ff. Der Einheitstäterbegriff war dogmatisch weitgehend unerschlossen, als der Gesetzgeber sich im OWiG für ihn entschied; vgl. Detzer Einheitstäterlösung. Daraus ist zu erklären, daß viele mit ihm zusammenhängenden Fragen umstritten sind (vgl. KK OWiG-Rengier § 14 RN 3). Zur Entwicklung des Einheitstäterbegriffs vgl. Maiwald Bockelmann-FS 304. Auch das östStGB, das am 1. 1. 1975 in Kraft trat, kennt die Einheitstäterlösung (eingeh. hierzu Burgstaller aaO 25 ff., Lewisch JBL 89, 294, Schmoller ÖJZ 83, 337, Triffterer aaO; ferner Bloy Schmitt-FS 33). De lege ferenda fordern für das deutsche Strafrecht die Einheitstäterlösung Schwalm Engisch-FS 551, Detzer aaO, Kienapfel aaO, Schilling aaO 115 ff.; krit. hierzu Bloy Schmitt-FS 33.

C. Begriff, Formen und Akzessorietät der Teilnahme 13

I. Teilnahme ist möglich in den Formen der Anstiftung (§ 26) und Beihilfe (§ 27). Diese Teilnah- **14** meformen unterscheiden sich u. a. nach dem vom Gesetzgeber so gedachten unterschiedlichen Intensitätsgrad des Beitrages zur Rechtsgutverletzung (vgl. BGH **1** 242, 305, **6** 311, Jakobs 660 f.). Danach richtet sich die Strafe für den Anstifter und den Gehilfen grundsätzlich nach der für den Täter geltenden Strafdrohung. Allerdings sieht § 27 II für die Beihilfe eine obligatorische Milderung der Strafe nach § 49 I vor, während der Anstifter dem Täter gleich bestraft werden soll. Daraus ergibt sich, daß der Gesetzgeber der vorsätzlichen Bestimmung zur Tat größere Bedeutung zumißt als einer bloßen Unterstützungshandlung. Ob diese unterschiedliche Bewertung der Sache nach berechtigt ist, steht auf einem anderen Blatt. Die Gleichstellung von Anstifter und Täter dürfte auf den alten Schuldteilnahmegedanken (u. 19) zurückgehen und scheint unreflektiert aus überlieferten Vorstellungen ins neue Recht übernommen worden zu sein. So war bis 1975 die Anstiftung zu Übertretungen stets, die Beihilfe hierzu überhaupt nicht strafbar. In der Praxis ist die Regelung nur für den anzuwendenden Strafrahmen von Bedeutung, während die ausgeworfene Strafe für den Anstifter ganz überwiegend unter der für den Täter liegt. Überdies wird ein Gehilfenbeitrag, zB bei Zurverfügungstellung des Tatwerkzeugs, oft strenger bestraft, als die psychische Beeinflussung in Gestalt der Anstiftung.

15   Das Gesetz bedroht nur die **vorsätzliche Teilnahme** mit Strafe. Ob eine fahrlässige Teilnahme denkmöglich ist, ist umstritten; vgl. Renzikowski aaO 292 ff., Roxin TuT 552 ff., Seebald GA 64, 161; Bindokat JZ 86, 421, Otto Spendel-FS 271, Jura 98, 412, Weißer aaO 152 f. In den Fällen der bewußten Fahrlässigkeit (vgl. § 15 RN 203), bei der die Beteiligten über die Möglichkeit des Erfolgseintritts reflektieren, ist eine Unterscheidung zwischen Täterschaft und Teilnahme sowie die Möglichkeit einer bewußt fahrlässigen Teilnahme an vorsätzlicher Tat an sich denkbar. Das Gesetz hat jedoch diese denkmögliche Form nicht berücksichtigt. Wer aber (bewußt oder unbewußt) fahrlässig eine Ursache für einen verbotenen Erfolg setzt, kann, sofern die sonstigen Voraussetzungen gegeben sind, wegen fahrlässiger Begehung bestraft werden, soweit diese mit Strafe bedroht ist (Lackner/Kühl § 25 RN 1); vgl. hierzu u. 115 f.

16   II. **Strafgrund und Wesen der Teilnahme** sind streitig.

17   1. Ihrem Wesen nach ist die Teilnahme Mitwirkung an fremder Rechtsgüterverletzung, wie sie in der Tatbestandsverwirklichung zum Ausdruck kommt, von der Regelungsmaterie her sind §§ 25, 26 Strafausdehnungsgründe gegenüber der Täterschaft (o. 7). Dieser Auffassung liegt die herrschende **Förderungs-** (oder **Verursachungs-)theorie** zugrunde, wonach der Strafgrund der Teilnahme darin liegt, daß der Teilnehmer ursächlich für die Haupttat wird, sei es durch die Erweckung des Tatentschlusses oder durch eine physische wie psychische Unterstützung des Täters (B/W-Weber 639, Jescheck/Weigend 685, Kühl 718, 733; Eser GA 58, 333, Lackner/Kühl 8, Rudolphi aaO GA 70, 365; diff. Frisch LdR 980, Stratenwerth 858, Jakobs 659 u. GA 96, 265 [Unrechtsteilnahmetheorie], Roxin Stree/Wessels-FS 369 ff., Samson SK 12 ff. vor § 26, Stein aaO 17 ff. – Überblick bei Renzikowski aaO 34 ff.). Auf der Grundlage dieses Standpunkts ist erklärbar, daß der Teilnehmer nicht selbst die im Deliktstatbestand liegende Norm verletzt, sondern sein Unrecht darin besteht, daß er an der Normverletzung des Täters mitwirkt (Jescheck/Weigend 685). Das Unrecht der Teilnahme ist daher, wie sich aus §§ 26 ff. ergibt, abhängig vom Unrecht der Haupttat. Dabei ist zu beachten, daß das vom Haupttäter begangene Unrecht, für das der Teilnehmer ursächlich wird, nach h. M. aus Erfolgsunrecht und Handlungsunrecht besteht. Daher ist einerseits Teilnahme an echten Sonderdelikten möglich (so auch Schmidhäuser I 279 f.); andererseits erklärt sich daraus der Umstand, daß eine Mitwirkung am untauglichen Versuch, der für den Haupttäter strafbar ist, beim Teilnehmer straflos bleibt, wenn er dessen Untauglichkeit kennt, weil es insoweit am Vorsatz und damit an einer Teilnahme an fremdem, die Versuchsstrafbarkeit begründenden Handlungsunrecht fehlt (vgl. auch Langer aaO 466). Auch für den agent provocateur kommt man zur Straflosigkeit, weil ihm das Unrecht des Haupttäters, das nur im Handlungsunwert besteht, nicht zugerechnet werden kann (vgl. dazu u. § 26 RN 20). In beiden Fällen entlastet den Teilnehmer der Umstand, daß sein Verhalten zu keiner Verletzung des geschützten Rechtsguts (Erfolgsunwert) führen kann und er dies weiß.

17 a   Daß die **Teilnahme** aber auch einen **eigenen Unwert** verkörpert, also in ihr sowohl Elemente des Erfolgs- wie des Handlungsunwertes enthalten sind, zeigt sich darin, daß bei der Anstiftung zum untauglichen Versuch der Anstifter, der die Vollendung wollte, nach § 26 bestraft werden kann, obwohl auf seiten des Haupttäters nur Handlungsunrecht vorliegt. Ebensowenig ist zu leugnen, daß die Ursächlichkeit des Teilnehmerbeitrages für den Erfolgsunwert der Haupttat gleichzeitig ein eigenes Erfolgsunrecht beim Teilnehmer begründet (u. 41). Umgekehrt kann die Mitwirkung an fremdem Unrecht straflos sein, obwohl der Täter selbst strafbares Unrecht verwirklicht. So ist zB das überlebende Opfer einer Anstiftung zur versuchten Tötung auf Verlangen nicht gem. §§ 26, 216 II strafbar (vgl. Gropp Sonderbeteiligung 326, 341, Roxin LK 2 f. vor § 26); ebenso bei Anstiftung durch einen Masochisten, ihn zu quälen (Kühl 722, Gropp 200 ff., s. auch § 228 RN 13). Soweit Teilnahme nicht bereits deshalb straflos sein muß, weil der Beteiligte nicht Normadressat ist, wird in aller Regel in Fällen dieser Art eine Einwilligung des Teilnehmers vorliegen, so zB wenn jemand in die Beschädigung seines Eigentums einwilligt. Bleibt dem Täter in diesem Fall die Einwilligung unbekannt, so kann er wegen Versuchs (vgl. 15 vor §§ 32 ff.) bestraft werden; der Anstifter bleibt straflos. Geht allerdings auch der Anstifter irrtümlich von einer fremden Rechtsgüterverletzung aus, während er in Wahrheit selbst betroffen ist, so liegt eine Anstiftung zum Versuch vor. IE ebenso Roxin (LK 2 vor § 26, Stree/Wessels-FS 370 ff.), der jedoch wohl übersieht, daß in den Fällen, in denen der Teilnehmer irrtümlich glaubt, ein fremdes Rechtsgut zu beeinträchtigen, eine Teilnahme zum (untauglichen)

Versuch in Betracht kommt (vgl. § 26 RN 23). Jedoch lassen sich mit dem Strafgrund des **akzessorischen Rechtsgutsangriffs**, der in sich selbständige und aus der Haupttat abgeleitete Elemente vereinigt (Roxin aaO 380 f., vgl. auch Baunack aaO 26 ff., 72 ff., Jakobs 661, W-Beulke 552), eine Vielzahl von Sachfragen (zB notwendige Teilnahme, Beteiligungsvorsatz) überzeugender lösen. Der Teilnehmer muß danach auch einen eigenen zurechenbaren Angriff auf das Rechtsgut vornehmen. Aber auch auf dieser Grundlage ist es im einzelnen nicht zwingend, für die Anstiftung eine „zielgerichtete Aufforderung" zu fordern und nicht eine intellektuelle Beeinflussung des Täters (vgl. § 26 RN 4) genügen zu lassen.

18 Im Ergebnis weitgehend übereinstimmend, in der Formulierung jedoch enger, sieht Schumann aaO 49 ff. den Strafgrund der Teilnahme in der **„Solidarisierung mit fremdem Unrecht"**, wobei die Teilnahmehandlung als solche schon einen besonderen Aktunwert beinhalte, der sie als ein für die Rechtsgemeinschaft „unerträgliches Beispiel" erscheinen läßt (gg. ihn Niedermair ZStW 107, 512 f., Renzikowski aaO 46, Roxin LK 19 ff. vor § 26). Für die Anstiftung wird daraus abgeleitet, daß die Anstifterhandlung in einer „ausdrücklichen oder konkludenten Erklärung" geschehen müsse, die zum Inhalt hat, daß der Haupttäter die Tat begehen müsse (aaO 51); für die Beihilfe soll nicht bloße Ursächlichkeit genügen, sondern darüber hinaus erforderlich sein, daß die „fremde Tat gerade unter dem Aspekt gefördert wird, der den Kern ihres Unrechts" ausmache (aaO 57).

19 2. Im Anschluß an ältere Auffassungen sieht die **Schuldteilnahmetheorie** den Strafgrund der Teilnahme darin, daß der Teilnehmer das Schuldigwerden des Täters zu verantworten oder (als Gehilfe) mitzuverantworten habe: „Mag der Angriff des Anstifters auf das Rechtsgut nicht so intensiv sein, daß man sagen könnte, er hat den Mord gemacht, so hat er doch jedenfalls den Mörder gemacht" (H. Mayer 334, Rittler-FS 254, Less ZStW 69, 43). In der schweiz. Literatur findet sie eine Restauration (vgl. Trechsel aaO) in Gestalt der „modifizierten Schuldteilnahmetheorie", die darauf abstellt, daß der Anstifter den Täter durch die Tatveranlassung einer „sozialen Desintegration" aussetze (Trechsel aaO 55; gegen ihn Roxin LK 11 vor § 26). Überwiegend wird diese Lehre aber abgelehnt (Gropp, Sonderbeteiligung 5 ff., Lange, Notwendige Teilnahme 37, Jescheck/Weigend 685, Renzikowski aaO 43 f., Roxin LK 11 vor § 26, Rudolphi ZStW 78, 94, Schroeder, Der Täter hinter dem Täter 206 ff., weiter BGH 4 358, Welzel 112, ZStW 61, 210). Für die Beihilfe ist die Schuldteilnahmetheorie evident verfehlt. Aber auch sonst läßt sie sich nicht mit dem Gesetz vereinbaren, weil § 29 auch eine Teilnahme an schuldloser Tat ermöglicht (Jescheck/Weigend 685, Stratenwerth 853, Samson SK 5 vor § 26). Im übrigen kommt in dieser Vorschrift der Grundsatz zum Ausdruck, daß jeder Beteiligte ohne Rücksicht auf die Schuld der anderen nach seiner Schuld zu bestrafen ist. Schließlich ist auch die Strafmilderung des § 28 I nach dieser Theorie nicht zu erklären. Wenn nämlich maßgeblich wäre, daß der Anstifter den Täter in Schuld verstrickt, läßt sich kein vernünftiger Grund ins Feld führen, warum bei strafbegründenden persönlichen Eigenschaften die Strafe für den Teilnehmer, dem sie fehlen, soll gemildert werden müssen.

20 3. Ebensowenig ist den Lehren zu folgen, die – mit Abweichungen im einzelnen – in der Teilnahme ein **„selbständiges Teilnehmerdelikt"** sehen (Krit. auch Frisch LdR 980, Kühl 719). So geht Lüderssen (aaO 119 ff., Miyazawa-FS 449) davon aus, der Teilnehmer sei nicht wegen seines Beitrages zur fremden Tat, sondern für sein eigenes tatbestandliches Unrecht verantwortlich, die Akzessorietät sei „nur faktischer Natur" (iE ebenso Sax ZStW 90, 927); dagg. mit überzeugenden Gründen Jescheck/Weigend 686, Roxin LK 12 ff. vor § 26. Mit dem Gesetz (§ 28 I) nicht vereinbar ist auch die Auffassung Schmidhäusers (I 268 f.), wonach die Teilnahme ein im Unrechtstatbestand losgelöstes Teilnehmerdelikt sei. Im übrigen lassen sich auch die Konsequenzen, die teilweise aus der Selbständigkeit des „Teilnahmedelikts" gezogen werden, mit dem Gesetz nicht vereinbaren. So soll zB die Teilnahme am Selbstmord strafbar, die Teilnahme an unterlassener Hilfeleistung durch positives Tun als Tötungsverbrechen zu werten sein (Lüderssen aaO 168, 192); zur Problematik der Teilnahme am Selbstmord vgl. 35 f. vor § 211. Ebensowenig haltbar ist die Auffassung von Herzberg (GA 71, 8 ff.), wonach die Teilnahmevorschriften „echte Deliktstatbestände" seien; die von ihm selbst gegen seinen Standpunkt vorgebrachten Einwände sind überzeugend (Jescheck/Weigend 686). M.-K. Meyer (GA 79, 255) will im Anschluß an Schmidhäuser (I 268 f.) die Selbständigkeit des Teilnahmeunrechts aus § 30 herleiten, hiergegen treffend Roxin (Stree/Wessels-FS 366), der darauf hinweist, daß die versuchte Anstiftung eben keine Teilnahme ist, sondern nur der Versuch einer solchen, der ebensowenig wie die täterschaftlich versuchte Tat eine Verletzung des tatbestandlich geschützten Rechtsguts in sich birgt. Nach Renzikowski aaO 123 ff. enthalten die Teilnahmevorschriften eigenständige Gefährdungsverbote, welche den jeweilig an den Täter gerichteten Unrechtsbeschreibung Bezug nehmen. Ihre Übertretung bilde den Strafgrund der Teilnahme, das Vorliegen der Haupttat habe lediglich die Bedeutung einer „Sanktionsbedingung", das Eigenverantwortungsprinzip verbiete jegliche Fremdzurechnung (vgl. dazu Bloy JZ 98, 242; krit. Roxin TuT 656). Besondere Bedeutung erlangt diese Konzeption beim Fahrlässigkeitsdelikt (u. 112 ff.).

21 III. Aus dem Wesen der Teilnahme als Mitwirkung an fremder Tatbestandsverwirklichung (s. o. 17) ergibt sich auch deren **Akzessorietät**, wobei verschiedene Grade der Abhängigkeit der Teilnahme von der Haupttat (strenge, limitierte Akzessorietät) denkbar sind.

22 1. Vor der VO vom 29. 5. 1943 stand die überwiegende Meinung auf dem Standpunkt der **strengen Akzessorietät**. Sie forderte für die Strafbarkeit des Teilnehmers eine nach Tatbestandsmäßigkeit, Rechtswidrigkeit und Schuld, also volldeliktische Tat des Haupttäters, abgesehen von

Vorbem §§ 25 ff. 23–29   Allg. Teil. Die Tat - Täterschaft und Teilnahme

persönlichen Strafausschließungsgründen und Prozeßvoraussetzungen (vgl. nur RG **70** 27). Nach dieser VO stand das StGB auf dem Standpunkt der sog. **limitierten Akzessorietät** in ihrem damaligen Verständnis. Dies bedeutete, daß die Haupttat zwar tatbestandsmäßig und rechtswidrig begangen sein mußte, daß es jedoch für die Verantwortung der Teilnehmer nicht darauf ankam, ob der Haupttäter auch schuldhaft gehandelt hat (§§ 48, 49 aF: **„mit Strafe bedrohte Handlung"**). Umstritten war bei dieser Regelung vor allem die Frage, ob die Möglichkeit der Teilnahme vorsätzliches Handeln beim Haupttäter voraussetzte (vgl. dazu Börker JR 53, 166). Dieser Streit ist inzwischen erledigt, weil heute in §§ 26, 27 die Haupttat als „vorsätzlich begangene rechtswidrige Tat" bezeichnet wird.

23   2. Die **limitierte Akzessorietät** in ihrem heutigen, durch §§ 26 ff. festgeschriebenen Verständnis bedeutet zunächst, daß Bezugspunkt der Teilnahme das vorsätzlich begangene Unrecht der Haupttat, nicht die Schuld des Haupttäters ist, mag es sich auch um eine Tat handeln, die der Beteiligte selbst nicht täterschaftlich begehen könnte (eigenhändige Delikte, Sonderdelikte). Dieser Grundsatz kommt in § 29 zum Ausdruck, während sich andererseits aus § 28 ergibt, unter welchen Voraussetzungen die Akzessorietät durchbrochen (§ 28 II) oder in ihren Auswirkungen abgeschwächt wird (§ 28 I); vgl. § 28 RN 2 ff. Akzessorietät bedeutet damit, daß die fremde Tat in ihrer rechtlichen Qualifizierung bei der Verantwortung des Teilnehmers in Rechnung gestellt wird. Die Haupttat muß also bestimmte rechtliche Qualitäten besitzen, da sie nur in ihrer rechtlichen Qualifizierung dem Teilnehmer zugerechnet werden kann. Durch diese mit Strafe bedrohte Haupttat erhält die Strafbarkeit der Teilnahme die erforderliche rechtsstaatliche Bestimmtheit (Kühl 720).

24   Der Streit, welche Merkmale die Haupttat aufweisen muß, ist durch die **Neufassung** nicht gänzlich beigelegt. Dies gilt insb. für die Beteiligung an einer Notstandstat iSv § 35. Die h.M. (vgl. Lackner/Kühl § 29 RN 1, Samson SK § 29 RN 4, Tröndle § 29 RN 3) bejaht hier die Möglichkeit strafbarer Teilnahme (and. Jakobs GA 96, 253, M-Gössel II 382, Rudolphi ZStW 78, 76, vgl. u. 36). Weiterhin ist streitig, ob eine Teilnahme dann möglich ist, wenn der Haupttäter sich über die Voraussetzungen eines Rechtfertigungsgrundes irrt; vgl. hierzu RN 32 ff.

25   Im übrigen ist man sich über die beiden wichtigsten Konsequenzen der (limitierten) Akzessorietät einig. Sie bedeutet – von § 30 abgesehen – erstens, daß der vom Anstifter oder Gehilfen geleistete Beitrag nur strafbar ist, wenn es zur Begehung einer Haupttat (Versuch, wobei Stein aaO 280 ein untauglicher V. genügt [so auch o. 17], oder Vollendung) kommt (statt aller Samson SK 23 vor § 26). Dies ergibt sich aus den Formulierungen der §§ 26, 27, die eine Mitwirkung an „vorsätzlich begangener rechtswidriger Tat" voraussetzen. Zum zweiten ergibt sich aus der Akzessorietät, daß Anstifter und Gehilfen nur im Umfang der Haupttat haften; bleibt diese hinter dem vom Teilnehmer Gewollten zurück (strafbarer Versuch statt Vollendung), so kommt – unbeschadet § 30 – nur eine Teilnahme zum tatsächlich Geleisteten in Betracht (Anstiftung oder Beihilfe zum Versuch); vgl. § 26 RN 21. Begeht der Täter zB statt des Raubes, zu dem geholfen werden sollte, nur einen Diebstahl, so kommt lediglich Beihilfe zu § 242 in Betracht.

26   3. Die **Haupttat** muß folgende **rechtliche Qualitäten** aufweisen:

27   a) Die Haupttat muß eine vorsätzlich begangene **rechtswidrige Tat** sein. Nach der Definition in § 11 I Nr. 5 (vgl. dort RN 40 ff.) ist eine „rechtswidrige Tat" „nur eine solche, die den Tatbestand eines Strafgesetzes erfüllt." Die Haupttat muß also **tatbestandsmäßig** sein, d. h. sie muß alle objektiven und subjektiven Voraussetzungen eines Deliktstatbestandes des BT, d. h. alle Merkmale eines Tatbestandes erfüllen, die das typische Unrecht eines Delikts beschreiben, was auch bei einem Versuch gegeben ist. Haupttat der Teilnahme kann auch eine Teilnahmehandlung an einem fremden Delikt sein. So ist Anstiftung zur Anstiftung (sog. Kettenanstiftung; vgl. § 26 RN 13) oder zur Beihilfe möglich, ebenso aber auch Beihilfe zur Anstiftung oder Beihilfe zur Beihilfe (vgl. § 27 RN 18). Zu den dabei auftretenden Konkurrenzfragen vgl. u. 49 f.

28   Schon unter der Geltung der §§ 48, 49 aF war unstrittig, daß auf seiten des Haupttäters die sog. **subjektiven Unrechtselemente** vorliegen müssen. Aus der Bezugnahme des heute verwendeten Begriffs „rechtswidriger Tat" auf § 11 I Nr. 5 ergibt sich diese Konsequenz unmittelbar aus dem Gesetz. Daraus folgt, daß Anstiftung und Beihilfe nicht möglich sind, wenn der Haupttäter (zB bei Diebstahl, Betrug, Erpressung) ohne der erforderlichen Absicht gehandelt hat (BGH **5** 51). Andererseits brauchen die subjektiven Unrechtselemente nur beim Haupttäter vorzuliegen. So kann zB wegen Teilnahme an einem Diebstahl auch bestraft werden, wer selbst keine Zueignungsabsicht hat, sofern ihm nur die des Täters bekannt ist. Handelt es sich bei den die Haupttat charakterisierenden Merkmale um solche „besonderer persönlicher" Art, so kommt hinsichtlich strafbegründender § 28 I und strafmodifizierender Merkmale § 28 II in Betracht. Es ist allerdings stets zu fragen, ob es sich um tatbezogene (vgl. § 28 RN 15 ff.) oder um solche Merkmale handelt, die der Regelung des § 28 unterfallen; bei den genannten Absichten (§§ 242, 253, 263) ist dies nicht der Fall.

29   b) Anstiftung und Beihilfe setzen eine **„vorsätzlich begangene"** Haupttat voraus. Dieses Erfordernis folgt zwar nicht unmittelbar aus der Legaldefinition der rechtswidrigen Tat in § 11 I Nr. 5 (vgl. § 11 RN 42), wohl aber aus dem Wortlaut der §§ 26 f. Damit hat der Gesetzgeber dem Streit, ob die Haupttat vorsätzlich begangen sein muß, ein voreiliges Ende bereitet (ebenso Schmidhäuser 539); zur früheren Kontroverse vgl. 17. A. 83 ff., 114 ff. vor § 47. Die dadurch erzielte Einschränkung der Teilnahmemöglichkeiten gegenüber dem – richtig verstandenen – früheren Recht ist sachlich nicht berechtigt, die Reform insoweit ein rechtspolitischer Mißgriff (Roxin ZStW 83,

Begriff, Formen und Akzessorietät der Teilnahme **30–34 Vorbem §§ 25 ff.**

398, LK 28 vor § 26; krit. auch Jakobs 662, Maier MDR 86, 358 für den Bereich des Steuerstrafrechts; and. Samson SK 27 vor § 26, der die Regelung ausdrücklich begrüßt).

Diese Fehlentscheidung zeigt sich zunächst darin, daß eine strafbare Teilnahme selbst dann nicht **30** vorliegt, wenn der Teilnehmer irrig davon ausgeht, der Haupttäter handele vorsätzlich; § 32 E 62 hatte diesen Fall noch der Teilnahme gleichgestellt, was aber angesichts der jetzigen Formulierung in §§ 26, 27 („vorsätzlich begangenen") nicht möglich ist (ebenso Roxin LK 29 vor § 26, § 25 RN 143 f., Jescheck/Weigend 656 unter Aufgabe des früheren Standpunkts; and. B/W-Weber 645 f., der bei fahrlässiger Begehung des Vordermannes vollendete Anstiftung annehmen will, wenn der Initiator zur vorsätzlichen Tat anstiften wollte). Dies bedeutet, daß nur eine versuchte Teilnahme in Betracht kommt, wenn der Haupttäter nicht vorsätzlich handelt. Bei Verbrechen kommt hier wenigstens noch versuchte Anstiftung nach § 30 I in Betracht. Alle anderen Fälle, also auch die versuchte Beihilfe zu einem Verbrechen, sind unter dem Gesichtspunkt einer Vorsatztat straflos. Wer also dem vermeintlich vorsätzlich Handelnden Gift besorgt, kann nicht wegen Beihilfe zu einem Tötungsverbrechen belangt werden, wenn der andere das Opfer unvorsätzlich zu Tode bringt. Was bleibt, ist die nicht tatangemessene Möglichkeit einer Bestrafung wegen fahrlässiger Tötung. Schlechthin nicht mehr erfaßbar sind die Fälle der **Urheberschaft** (vgl. 17. A. 114 ff. vor § 47), in denen bei eigenhändigen Delikten oder Sonderdelikten der unmittelbar Handelnde die Deliktzusammenhänge nicht durchschaut, also nicht vorsätzlich handelt, während der vorsätzlich handelnde Hintermann mangels Täterqualität oder eigenhändiger Begehung nicht Täter sein kann (vgl. statt aller Roxin TuT 364 ff., 420 ff., 17. A. 114 ff. vor § 47, 19. A. 37 vor § 25), zu weit. Einwänden vgl. 25. A.

Dagegen sind auch nach heutiger Rechtslage diejenigen Fälle der sog. **Urheberschaft als Anstif- 31 tung** zu erfassen, in denen der Hintermann bei Sonderdelikten oder eigenhändigen Delikten nicht vorsatzausschließenden Irrtum erregt oder ausnutzt, sondern den unmittelbar Handelnden durch **Gewalt** oder **Drohung** (vgl. § 25 RN 56) zu einer vorsätzlich begangenen Tat veranlaßt oder aber einen Verbotsirrtum (§ 25 RN 36 f.) des Sonderpflichtigen ausnutzt.

Da der Gesetzgeber die Regelung in §§ 26, 27 offensichtlich auf der Grundlage jener Meinung **32** getroffen hat, daß Anstiftung und Beihilfe aus **Gründen ihrer eigenen Struktur,** „aus der Logik der Sache", eine vorsätzlich begangene Haupttat voraussetzen (zB BGH **9** 370, B/W-Weber 591, Baumann, JuS 63, 132, Bockelmann, Gallas-FS 261 ff., Stratenwerth, Problem der Natur der Sache aaO, 15 f., Tröndle GA 56, 136), kann auch nicht zweifelhaft sein, was unter „vorsätzlich begangen" iS dieser Vorschriften zu verstehen ist. Gemeint ist, daß die **Haupttat vorsätzlich begangenes Unrecht** darstellen muß. Dies setzt zunächst **Tatvorsatz** voraus. In den Fällen des **Irrtums** über die **Voraussetzungen** eines **Rechtfertigungsgrundes** auf seiten des Täters fehlt es ebenfalls am vorsätzlichen Unrecht (vgl. § 16 RN 14 ff. [sog. Gleichbehandlungstheorie]), weshalb eine (vollendete) Teilnahme ausscheidet, B/W-Weber 644, Herzberg 109 f., Kaufmann Lackner-FS 196 f., Samson SK 28 vor § 26, Stratenwerth 879); in Betracht kommt nur § 30, sofern der Beteiligte nicht gleichfalls dem Irrtum unterliegt. Kennt allerdings der an der Tat Mitwirkende das Fehlen der Rechtfertigungssituation, so kann er als mittelbarer Täter (vgl. § 25 RN 38) bestraft werden, sofern er im übrigen die Täterqualifikation aufweist. Dem widerspricht die sog. Differenzierungstheorie, nach der die Vorsätzlichkeit der Haupttat auch vorliegt, wenn der Haupttäter einem Irrtum über die Voraussetzungen eines Rechtfertigungsgrundes (Erlaubnistatbestandsirrtum) unterliegt, da unter Vorsätzlichkeit iSd §§ 26, 27 allein der auf den Tatbestand bezogene Vorsatz zu verstehen sei (Dreher Heinitz-FS 224, Eser II 173, Eser/Burkhardt I 188, Jescheck/Weigend 463, Roxin LK 27 vor § 26, Tröndle § 16 RN 27). Das Argument, es entstünden ansonsten unerträgliche Strafbarkeitslücken, wird insofern relativiert, als diese Lücken jedenfalls bei Tatbestandsirrtum auch von Vertretern dieser Theorie hingenommen werden müssen (vgl. Kühl 722 f.).

Für die Fälle des **Verbotsirrtums** beim **Vordermann** gelten folgende Grundsätze: Handelt der **33** Täter in einem Verbotsirrtum, so ist vorsätzliches Unrecht begangen und Teilnahme damit möglich. Dabei spielt es keine Rolle, ob der Verbotsirrtum vermeidbar oder unvermeidbar war, weil der Unrechtscharakter sich auch bei unvermeidbarem Verbotsirrtum nicht ändert (vgl. § 17 RN 38), Teilnahme nur Mitwirkung an fremdem Unrecht voraussetzt (vgl. o. 27) und nach § 29 jeder Beteiligte nach seiner Schuld zu bestrafen ist (Heinitz aaO 105, Kühl 720 f., M-Gössel II 277; vgl. auch Welzel JZ 53, 763). **Kennt** der **Hintermann** allerdings den **Verbotsirrtum** und nützt er den gutgläubigen Vordermann zur Tat aus, so liegt mittelbare Täterschaft vor (BGH **35** 347), in der die Anstiftung als subsidiär aufgeht (zu dem Konkurrenzproblem vgl. u. 38 ff.). Einzelheiten hierzu bei § 25 RN 38.

c) Sonderprobleme bestehen bei den Tatbeständen mit einer **Vorsatz-Fahrlässigkeitskombina- 34 tion.** Die gleichen Fragen wie bei den erfolgsqualifizierten Delikten (dazu § 18 RN 7) tauchen bei Delikten auf, bei denen jeweils eine Tatbestandsmodalität so strukturiert ist, daß mit einem vorsätzlichen Element, zB der Herbeiführung einer Explosion oder einem bestimmten Fehlverhalten im Straßenverkehr, die fahrlässige Herbeiführung einer Gefahr für Leib und Leben anderer oder für bedeutende Sachwerte verknüpft ist. Die Entscheidung muß hier die gleiche sein wie bei den erfolgsqualifizierten Delikten. Anstiftung und Beihilfe sind danach möglich, sofern der Täter im Hinblick auf den Grundtatbestand eines erfolgsqualifizierten Delikts oder die gefährliche Handlung vorsätzlich handelt, wobei insoweit auf § 11 II verwiesen werden kann (vgl. dort RN 87; krit. Gössel Lange-FS 227, 236). Darüber hinaus ist aber in beiden Fällen erforderlich, daß auch der Teilnehmer in bezug auf

Cramer/Heine

die Herbeiführung der Gefahr seinerseits mindestens fahrlässig handelt; dazu Cramer aaO § 315 c RN 93. Dies ergibt sich daraus, daß bei Vorsatz-Fahrlässigkeitskombinationen auch der Teilnehmer für das erhöhte Unrecht nur unter den Voraussetzungen des § 18 haften kann (zum Ganzen Renzikowski aaO 292 ff.).

35 d) Die Haupttat muß außerdem **rechtswidrig** sein. Steht dem Täter ein Rechtfertigungsgrund zur Seite, so sind Anstiftung und Beihilfe nicht strafbar. Hält der Anstifter die Tat für rechtswidrig, so kommt versuchte Anstiftung nach § 30 in Betracht. Vgl. auch § 11 RN 42 ff.

36 e) Die Haupttat braucht dagegen **nicht schuldhaft** begangen zu sein. Jeder an der Tat Beteiligte wird nach seiner Schuld und ohne Rücksicht auf die Schuld der übrigen Teilnehmer bestraft (§ 29). Daher werden Anstiftung und Beihilfe nicht dadurch ausgeschlossen, daß der Haupttäter nicht schuldfähig war (§§ 19, 20; vgl. Kühl 720 f., M-Gössel II 387 f.). Liegen in der Person des Täters, nicht aber in der Person des Teilnehmers Entschuldigungsgründe vor, so berührt dies nach h. M. dessen Strafbarkeit nicht (Jescheck/Weigend 660 f.; Kühl 724; and. M-Gössel II 382 f.).

37 Kennt der Tatbeteiligte die Schuldunfähigkeit des Täters oder veranlaßt er ein Kind (§ 19) zur Tat, so liegt regelmäßig **mittelbare Täterschaft** vor (vgl. § 25 RN 39). Das gleiche gilt, wenn die entschuldigende Notsituation vom Hintermann veranlaßt ist (RG 64 32, Roxin LK § 25 RN 65).

38 f) Persönliche **Strafausschließungs-, Strafaufhebungs-** und **Strafilgungsgründe** in der Person des Haupttäters lassen die Strafbarkeit des Anstifters unberührt. Dies gilt zB beim Rücktritt vom Versuch (§ 24), Indemnität des Abgeordneten nach Art. 46 I GG usw. Das ergibt sich aus § 28 II (vgl. dort RN 14).

39 g) **Objektive Bedingungen der Strafbarkeit**, wie zB die Zahlungseinstellung bei den Insolvenzdelikten (vgl. Stree JuS 65, 465), von denen die Strafbarkeit der Tat abhängt, ohne daß sie für die rechtliche Mißbilligung der Tat als solcher bedeutsam wären (vgl. 124 f. vor § 13), sind auch für die Strafbarkeit des Teilnehmers relevant. Solange die Strafbarkeitsbedingung nicht eingetreten ist, können auch Anstiftung und Beihilfe nicht bestraft werden, weil insoweit für die Haupttat und damit auch für die Teilnahme noch kein Strafbedürfnis zu bejahen ist.

40 h) Die Akzessorietät erfährt in § 28 einige Ausnahmen. Neben der für die Beihilfe obligatorischen Milderung der Strafe nach §§ 27 II, 49 I gilt für beide Teilnahmeformen (Beihilfe und Anstiftung) eine zusätzliche Akzessorietätslockerung bei strafbegründenden und strafmodifizierenden besonderen persönlichen Merkmalen. Die Vorschrift des § 28 I regelt zugunsten des Teilnehmers, bei dem die Strafbarkeit begründenden besonderen persönlichen Merkmale fehlen, eine Strafmilderung nach § 49 I. Stiftet zum Beispiel ein Dritter einen Amtsträger iSd § 11 I Nr. 2 zur Falschbeurkundung im Amt an (§§ 348, 26), so ist die Strafe für den Anstifter nach §§ 28 I, 49 I zu mildern. Darüber hinaus hat der Gesetzgeber in § 28 II bestimmt, daß besondere persönliche Merkmale, die die Strafe schärfen, mildern oder ausschließen, nur dem Täter oder Teilnehmer zugerechnet werden, bei dem sie vorliegen. Wird zB ein Amtsträger von einem Dritten zu einer Körperverletzung im Amt angestiftet, so wird der Täter (Amtsträger) gem. § 340 bestraft. Die Bestrafung des Anstifters hingegen richtet sich aufgrund des § 28 II nach dem betreffenden Grundtatbestand (§§ 223 I, 26); so die h. M. (Nachw. u. Einzelheiten bei § 28 RN 28).

41 **IV. Objektive und subjektive Voraussetzungen der Teilnahme.** Zwar trägt die Teilnahme ihren Unrechtsgehalt nicht vollständig in sich selbst, sondern bezieht ihn überwiegend aus der Veranlassung oder Förderung der fremden Tat bzw. des akzessorischen Rechtsgutsangriffs. Gleichwohl muß zusätzlich festgestellt werden, worin das die Teilnahme spezifisch charakterisierende Unrecht liegt. Der Teilnehmer wird nicht deshalb bestraft, weil sich ein anderer strafbar gemacht hat, sondern weil er selbst einen Beitrag zu dessen Tat geleistet hat. Dies entspricht der oben festgestellten (RN 7, 17, 17 a) Struktur der Teilnahmevorschriften, wonach §§ 26, 27 als Strafausdehnungsgründe anzusehen sind. Hinsichtlich der Umstände, durch welche die Strafbarkeit auf Beteiligte ausgedehnt wird, ist für den Teilnehmer ein von der Täterschaft zwar abhängiges, aber insoweit eben auch eigenständiges Unrecht festzustellen.

42 1. In objektiver Beziehung setzt die Teilnahme einen Tatbeitrag voraus, der je nach ihrem Charakter in der Veranlassung fremder Tat (Anstiftung) oder deren Unterstützung (Beihilfe) liegen kann, vgl. entsprechende Kommentierungen zu §§ 26, 27.

43 2. In subjektiver Beziehung müssen Anstifter und Gehilfen vorsätzlich handeln, d. h. sie müssen die Haupttat in ihren wesentlichen Umrissen kennen. Was dabei den Konkretisierungsgrad der Vorstellung hinsichtlich der Haupttat angeht, so bestehen zwischen Beihilfe und Anstiftung strukturelle Unterschiede (vgl. BGH 34 64, 42 137, 334, Roxin Salger-FS 136 und Einzelheiten bei § 27 RN 19). Zum Vorsatz gehört aber immer die Kenntnis der Fakten, aus denen sich die Tatbestandsmäßigkeit der Haupttat ergibt, sowie das Fehlen der Vorstellung einer sie rechtfertigenden Situation (Schumann Stree/Wessels-FS 396, Warda Jura 79, 73; and. Herzberg GA 93, 454; vgl. auch § 15 RN 45, § 26 RN 15). Ein sog. **Exzeß** liegt vor, wenn der Täter über die Grenzen hinausgeht, die der Teilnehmer eingehalten wissen wollte; der Teilnehmer haftet insoweit nicht wegen Anstiftung oder Beihilfe zu der begangenen Tat (Samson SK 54 vor § 26, vgl. Altenhein aaO). Begeht zB der zum Diebstahl Angestiftete einen Raub, so ist der Anstifter nur wegen Anstiftung zum Diebstahl zu bestrafen, wenn er die Möglichkeit der Gewaltanwendung bei der Wegnahme nicht in Rechnung gezogen und gebilligt hat (RG 67 343). Soweit jedoch der vom Haupttäter exzessiv bewirkte Erfolg

einem erfolgsqualifizierten Tatbestand unterfällt, kann der Teilnehmer bei Fahrlässigkeit (§ 18) aus diesem bestraft werden (vgl. o. 34, § 18 RN 7).

Unwesentliche Abweichungen der Haupttat vom Vorstellungsbild des Teilnehmers fallen dagegen nicht ins Gewicht (RG **70** 295, BGH NStZ **96**, 434 f.). Der Charakter der Tat und der Teilnahme werden dann durch das tatsächliche Geschehen bestimmt; zB liegt Anstiftung zu § 250 I Nr. 1 a vor, auch wenn der Anstifter den Vorsatz des § 250 I Nr. 1b hatte. Unternimmt es zB jemand, einen Zeugen zum eidlichen Ableugnen einer ihm bekannten Tatsache zu bestimmen, und beschwört dieser daraufhin entgegen der Absicht des Anstifters nur, daß er über die Tatsache nichts wisse, so hat die Anstiftung ebenso einen vom Vorsatz des Anstifters umfaßten Erfolg (BGH LM **Nr. 37** zu § 154). 44

3. Umstritten ist schließlich die Frage, ob die Abweichung der vom Haupttäter oder von einem Werkzeug vorgenommenen Tat von derjenigen, die der Hintermann sich vorgestellt hat, als dessen (unbeachtlicher) **error in objecto** oder als **aberratio ictus** anzusehen ist. Von der Unbeachtlichkeit der Objektsverwechslung ist dann auszugehen, wenn der Teilnehmer dem Haupttäter die Identifizierung des Objekts überläßt. Wenn dieser nämlich die Fähigkeit besitzt, das Tatobjekt zu individualisieren, muß dessen Irrtum auch zu Lasten des Teilnehmers gehen, der sich auf die Individualisierungsfähigkeit des Haupttäters verläßt. Unwesentlich ist daher ein error in objecto des Täters (Fall Rose-Rosahl; Pr. Obertribunal GA Bd. **7** 322, BGH **37** 214). Näheres zu dieser Frage vgl. § 26 RN 23. Dabei ist zu beachten, daß die dort aufgestellten Grundsätze auch für die Beihilfe entsprechend anwendbar sind. Dies gilt allerdings nicht, wenn der Teilnehmer selbst das Opfer der Objektsverwechslung ist. Richtet der Haupttäter infolge Irrtums die Tat gegen den Anstifter (B, der X verprügeln soll, fällt in der Dunkelheit über den Anstifter A her), so ist letzterer wegen Anstiftung zum Versuch, nicht wegen Anstiftung zur vollendeten Tat zu bestrafen (vgl. Roxin TuT 286 f., Puppe NStZ 91, 124; and. 23. A. § 26 RN 23). Zu den Grundfällen von error in persona und aberratio ictus bei Mittäter und Teilnehmer vgl. Schreiber JuS 85, 876 f. Überläßt der Teilnehmer die Individualisierung nicht dem Haupttäter, sondern gibt ihm genaue Handlungsanweisungen, so kommt bei einer Objektsverwechslung lediglich versuchte Teilnahme in Betracht, die allerdings nur im Rahmen des § 30 strafbar ist. Erst recht gilt dies, wenn der „Angestiftete" aus eigenem Entschluß etwas anderes tut. Will der Anstifter etwa den Täter veranlassen, den Vorsitzenden einer Partei zu erschießen, tötet dieser jedoch deren Generalsekretär, so kommt auch dann nur versuchte Anstiftung in Betracht, wenn der Täter ohne die Beeinflussung überhaupt nicht auf die Idee gekommen wäre, jemanden zu töten. Erst recht gilt dies, wenn ein völliges aliud verwirklicht wird, der Täter etwa eine Vergewaltigung statt des ihm angesonnenen Raubes begeht. 45

V. Notwendige Teilnahme. Erfordert ein Tatbestand zu seiner Erfüllung notwendigerweise die Beteiligung zweier oder mehrerer Personen, so liegt ein Fall der sog. „notwendigen Teilnahme" vor; krit. zu dieser Bezeichnung Otto Lange-FS 197 ff.; Roxin LK 32 vor § 26. Dabei wird von „notwendiger" Beteiligung – inkonsequenterweise – auch dann gesprochen, wenn die Beteiligung über das Maß des Notwendigen hinausgeht, zB das Opfer eines sexuellen Mißbrauchs die Tat nicht über sich ergehen läßt, sondern sich aktiv an den sexuellen Handlungen beteiligt. Innerhalb der Fälle der notwendigen Beteiligung unterscheidet man zwischen Konvergenz- und Begegnungsdelikten. Die Bezeichnungen gehen auf Freudenthal (1901) zurück, haben aber nur klassifikatorischen Charakter. Unter Konvergenzdelikten sind solche zu verstehen, deren Tatbestände voraussetzen, daß mehrere Personen durch gleichgeartete Tätigkeiten zu einer Rechtsgutsverletzung beitragen (Küper GA 97, 302), wie zB bei der Gefangenenmeuterei (§ 121) und beim Landfriedensbruch (§ 125). Bei den Begegnungsdelikten tragen die verschiedenen Beteiligten aus gegensätzlichen Interessen und mit unterschiedlichen Tätigkeitsakten zur Tatbestandsverwirklichung bei: Der Wucherer nimmt die Vermögensvorteile, der Bewucherte gibt sie ihm hin (§ 291) usw. Da das Gesetz in Fällen dieser Art nur eine Tätigkeit der einen Richtung unter Strafe stellt, kann zweifelhaft sein, ob strafbar ist, wer komplementär in einer Weise an der Tatbestandsverwirklichung mitwirkt, die vom Gesetz nicht als strafbar eingestuft wird. Für die Frage, welche Art Mitwirkung als Beteiligung strafrechtlich relevant ist, lassen sich aus dem Begriff der notwendigen Teilnahme nur wenige Grundsätze ableiten. Die Antworten richten sich vielmehr teils nach allgemeinen Erwägungen, vor allem ergeben sie sich durch Auslegung der einzelnen Tatbestände (Jescheck/Weigend 699, Magata Jura 99, 246, Wolter JuS 82, 344, Sowada aaO). So weist Gropp (Sonderbeteiligung aaO) Formen straffreier Deliktsbeteiligung Fallgruppen zu, die sich von strafbarer Teilnahme durch Verschiedenheiten in der Unrechtsbezogenheit (Sonderbeteiligung des Dispositionsbefugten, 139 ff., des sich selbst Verletzenden, 169 ff., „periphere" Sonderbeteiligung am „Zentrifugal"- bzw. „Zentripetaldelikt", 206 ff.; zust. Magata Jura 99, 252 f.), im Bereich der Schuld („zwangslagebedingte" Sonderbeteiligung, 238 ff.), in der kriminalpolitischen Zielsetzung („bezugstatbedingte" Sonderbeteiligung, 263 ff.) oder aus Konkurrenzerwägungen (S. 290 ff.) abgrenzen lassen, wodurch konsistente Ergebnisse erzielt werden. 46

1. Aus allgemeinen Erwägungen, wie dem Strafgrund der Teilnahme (vgl. o. 17 a), ergibt sich zunächst, daß jede Tatbeteiligung des durch den Tatbestand Geschützten straflos bleiben muß (eingeh. Gropp Sonderbeteiligung 139 ff.). So bleibt der Bewucherte straflos, auch wenn die Tat – wie häufig – auf seine Initiative zurückgeht. Ebenso kann ein Opfer der §§ 174 ff. seine eigene sexuelle Integrität nicht in strafrechtlich relevanter Weise verletzen, so daß seine Mitwirkungshandlungen straflos sind, selbst wenn sie das Maß des Notwendigen überschreiten. Entsprechendes gilt nach der Neufassung des § 180 für die Mitwirkung der verkuppelten minderjährigen Personen oder für § 180 a hinsichtlich der 47 dort genannten Personen (Roxin LK 38 vor § 26); die entgegenstehende frühere Rechtsprechung (BGH **10** 386 f., **15** 377, Anstiftung zur Kuppelei durch den Verkuppelten, und BGH **9** 72 f., **19** 107, Anstiftung des Zuhälters durch die Dirne) ist als überholt anzusehen. Weiter spielt es keine Rolle, ob das an der Tat mitwirkende Opfer über das verletzte Rechtsgut disponieren kann oder nicht; straffrei ist daher auch das Opfer einer versuchten Tötung auf Verlangen nach § 216 (vgl. dort RN 18 aE, o. 17 a) oder das Opfer einer Körperverletzung, die nach § 228 gegen die guten Sitten verstößt (vgl. dort RN 13, Herzberg TuT 134, Jakobs 695, Samson SK 63 vor § 26, Wolter JuS 82, 345 f.; and. Otto Lange-FS 213).

47 a   2. Weitgehende Einigkeit besteht ferner darin, daß eine Teilnahme straflos ist, die das Maß des zur Tatbestandsverwirklichung Notwendigen nicht überschreitet (vgl. statt aller Jescheck/Weigend 698). Dies ergibt sich daraus, daß der Gesetzgeber für den Fall, daß er beide Beteiligte für strafbar erklären will, dies ausdrücklich anordnet, wie etwa in § 173 oder in §§ 331 ff. Allerdings beschränkt sich die Straflosigkeit auf die tatbestandsnotwendige Mindestbeteiligung (Wolter JuS 82, 345, Roxin LK 37 vor § 26), erfaßt also nicht weitergehende Mitwirkungsakte. Daraus ergibt sich, daß der Gefangene, der an seiner Befreiung mitwirkt, nicht wegen Beihilfe zu § 120 bestraft werden kann (vgl. Gropp aaO 243). Ebensowenig ist strafbar der Mandant, der den Parteiverrat des gegnerischen Anwalts (§ 356) für sich ausnutzt; dagegen ist strafbar, wer diesen zum Parteiverrat veranlaßt (§§ 356, 26). Wer sich von einem Dritten Rauschgift injizieren läßt, ist nicht wegen Beihilfe zur Verabreichung von Betäubungsmitteln (§ 29 I Nr. 6 b BtMG) zu bestrafen, weil der Konsum von Rauschmitteln straflos ist (KG JR **91**, 169, dazu Gropp aaO 327). Ebensowenig ist strafbar, wer im Falle der Gläubigerbegünstigung vom Schuldner beiseite geschaffte Sachen lediglich übergeben läßt (§ 283 RN 65, Gropp aaO 228, Roxin LK 37 vor § 26; and. Herzberg TuT 137, Jakobs 696, Sowada aaO 166 ff.). Hieraus ergibt sich aber nur die Straflosigkeit der tatbestandsnotwendigen Mindestbeteiligung.

47 b   3. Nach wie vor umstritten ist bei den auf Selbstbegünstigung angelegten Delikten die Frage der Strafbarkeit einer über den notwendigen Beitrag hinausgehenden Mitwirkung: Macht sich zB ein Gefangener, der sich nicht nur befreien läßt, sondern zu seiner Befreiung anstiftet, nach §§ 26, 120 strafbar bzw. ist die Anstiftung eines Dritten zur Strafvereitelung durch den Begünstigten selbst strafbar? Die Rspr hat beides bejaht (BGH **4** 400 f.; **17** 373: §§ 26, 120; BGH **5** 81, **17** 236: §§ 26, 257 aF). Für den Bereich der Eigenbegünstigung ist jedoch davon auszugehen, daß die Neufassung der §§ 257 f. dieser Rspr den Boden entzogen hat (Roxin LK 40 vor § 26, Samson SK 65 vor § 26, Jescheck/Weigend 699). Da nämlich der Strafausschluß für die an der Vortat Beteiligten nach § 257 III sich nicht auf die Anstiftung eines an der Vortat Unbeteiligten bezieht, läßt sich folgern, daß eine Bestrafung wegen Anstiftung dessen, der durch die Strafvereitelungsmaßnahme iSv § 258 oder der Gefangenenbefreiung iSv § 120 begünstigt wird, ausgeschlossen ist, da diese beiden Vorschriften eine dem § 257 III 2 vergleichbare Regelung nicht enthalten. Erst recht gilt dies für die Beihilfe als weniger gravierende Form der Teilnahme. Bezogen auf § 258 läßt sich überdies dessen Abs. 5 für dieses Ergebnis anführen (vgl. zum Ganzen Gropp Sonderbeteiligung 243 f., 248 f., Stree JuS 76, 138; § 257 RN 33, § 258 RN 35 ff.).

47 c   4. Im übrigen handelt es sich um eine Frage der Auslegung des jeweiligen Tatbestandes, ob die über die notwendige Mitwirkung hinausgehende Beteiligung strafrechtlich in Ansatz gebracht werden kann oder nicht. So kann beispielsweise bei der Gläubigerbegünstigung eine Anstiftung zu § 283 c durch den beteiligten Gläubiger vorliegen (BGH NStZ **93**, 239, Sowada aaO 173 krit. Magata Jura 99, 253; vgl. § 283 c RN 21) oder eine strafbare Teilnahme des Repräsentanten einer „fremden Macht", wenn ihre Tätigkeit über die bloße Entgegennahme des Staatsgeheimnisses gem. § 94 hinausgeht (BGH **39** 275 f., BayObLG NStZ **92**, 282, 543; vgl. § 94 RN 20 f.).

47 d   5. Hinsichtlich der Konvergenzdelikte besteht Einigkeit dahingehend, daß alle an der Tat Beteiligten strafbar sind (Roxin LK 33 vor § 26, Samson SK 60 vor § 26, systematisierend Küper GA 97, 301).

48   **VI. Zusammentreffen mehrerer Beteiligungsformen.**

49   1. Treffen mehrere Beteiligungsformen (einschl. der Mittäterschaft) einer Person an derselben Tat zusammen, so geht die weniger schwere in der schwereren auf (RG **63** 134, **70** 296, BGH wistra **90**, 100, Tröndle § 26 RN 18). Dabei ist Mittäterschaft als Täterschaft gegenüber der Anstiftung die schwerere Form der Beteiligung (BGH NStZ **94**, 30; and. [Idealkonkurrenz] Less ZStW 69, 55, vom Standpunkt der Schuldteilnahmetheorie aus konsequent), Beihilfe die minderschwere Form im Vergleich mit der Anstiftung (RG **62** 74, Tröndle aaO). In besonderen Fällen können aber Mittäterschaft und Beihilfe ideell konkurrieren (RG **70** 139, 296 m. Anm. Siegert JW 36, 31, 94, Bay NJW **91**, 2582); so zB wenn sich der Mittäter, ohne Mitglied der Bande zu sein, an einem Bandendiebstahl beteiligt (Idealkonkurrenz zwischen Beihilfe zu § 244 und Mittäterschaft am Diebstahl), oder wenn ein Mittäter einer vorsätzlichen Tötung seinerseits ohne niedrige Beweggründe handelt, sein Tatbeitrag jedoch zugleich Beihilfe zum Mord der anderen ist (dies übersieht anscheinend BGH NJW **68**, 1339 m. Anm. Steinlechner NJW 68, 1790); vgl. auch § 27 RN 38 sowie Schröder JR 58, 428, Schroeder NJW 64, 1113. Eine Wahlfeststellung zwischen Beteiligungsformen unterschiedlichen Gewichts (zB Mittäterschaft und Beihilfe) ist unzulässig (vgl. § 1 RN 94); nach dem Grundsatz „in dubio pro reo" ist bei Zweifeln wegen der weniger schwerwiegenden Beteiligungsform zu verurteilen

(BGH **31** 136 m. Anm. Hruschka JR 83, 177). Bei der Tatbeteiligung mehrerer Angeklagter kann dies auch dazu führen, daß im selben Urteil von mehreren Fallgestaltungen auszugehen ist, die einander sogar ausschließen (BGH StV **92**, 260). Liegt eine Anstiftung oder Beihilfe zu **mehreren Haupttaten** oder zu einer Fortsetzungstat vor oder wird in bezug auf eine Haupttat mehrfach angestiftet oder geholfen, so entstehen Konkurrenzprobleme, die bei § 52 RN 20 erläutert werden.

2. Beteiligt sich jemand an **korrespondierenden Straftaten** mehrerer Personen, für die das Gesetz unterschiedlich hohe Strafen vorsieht, so soll es nach RG **42** 384 darauf ankommen, welchem der Beteiligten Hilfe geleistet werden soll. Jedoch liegt, wenn ein und derselbe Teilnehmerbeitrag verschiedenen Beteiligten zugute kommt, tateinheitliche Beihilfe zu beiden Taten vor, so zB Beihilfe zur Untreue und zur Hehlerei, wenn der Gehilfe den ungetreuen Verwalter und den Käufer zusammenführt (vgl. auch § 259 RN 36 f.); zT abw. Meister NJW 49, 489. Allerdings kann sich aus dem Verhältnis der Tatbestände, zu denen Beihilfe geleistet wird, ergeben, daß die Strafe für den Gehilfen nur aus einem dieser Tatbestände zu entnehmen ist, so zB bei einer Vermittlung zwischen Bestecher und Bestochenem (§§ 332, 334) nur aus § 334 (Bell MDR 79, 719); vgl. dort RN 16.

D. Die Abgrenzung zwischen Täterschaft und Teilnahme

Obwohl die Fassung des § 25 hinsichtlich ihrer Aussage sehr viel ergiebiger ist als § 47 aF (o. 2), bleibt umstritten, ob die Argumentationsbasis für die Abgrenzung von Täterschaft und Teilnahme verändert wurde, oder deren Bandbreite immer noch so weit ist, daß auch nach geltendem Recht alle bisherigen Standpunkte zur Abgrenzung aufrechterhalten werden können (vgl. u. 52 ff.). Da eine Eingrenzung der Argumentationsbasis nur in begrenztem Maße angenommen werden kann (vgl. Cramer Bockelmann-FS 389 ff.), besteht weiterhin die Aufgabe, die Täterschaftsformen gegeneinander und insb. gegenüber Anstiftung und Beihilfe abzugrenzen. Nach h. M. ist zutreffend davon auszugehen, daß die Neufassung der §§ 25 ff. dazu zwingt, unter Aufgabe extremer Positionen die Standpunkte einander anzunähern. Mit Recht weist daher Küpper GA 86, 437 ff. darauf hin, daß angesichts der gebotenen und tatsächlich auch vollzogenen Annäherung der Standpunkte das effektive Gewicht des Meinungsstreits in keinem Verhältnis zu dem daher erhobenen Anspruch als Dauerthema der Dogmatik steht (vgl. auch Frisch LdR 975, Lackner/Kühl 6).

I. Auf der Grundlage der heutigen Regelung läßt sich feststellen, daß **einige** der bisher vertretenen **Auffassungen**, deren Richtigkeit allerdings früher schon angezweifelt wurde, jedenfalls jetzt **nicht** mehr **gesetzeskonform** sind (Roxin JuS 73, 333, Samson SK § 25 RN 31, Herzberg TuT 5, Küpper GA 86, 438). Gegen Schmidhäuser 581 u. Stree/Wessels-FS 546, der die Auffassung vertritt, es gebe „innerhalb des strafrechtlichen Kosmos Bereiche, die durch die Funktionen des Strafgesetzes dem gesetzgeberischen Zugriff auch für etwaige Begriffsbestimmungen entzogen" seien, vgl. zutreffend Roxin TuT 116, 548 u. 25. A. Festzuhalten ist weiter, daß in der Begründung zu E 1962, dem der Wortlaut von § 25 entstammt, die extrem subjektive Theorie ausdrücklich abgelehnt wird (BT-Drs. IV/650 S. 149). Geht man von dem hier vertretenen Standpunkt aus, so sind folgende Abgrenzungskriterien nicht mehr mit dem Gesetz in Einklang zu bringen:

1. Nicht mehr vertretbar sind die älteren **formal-objektiven Theorien** (eingehend hierzu Roxin TuT 34 ff.), deren Grundlage die Handlungsbeschreibung der einzelnen Tatbestände darstellt (ebenso Küpper GA 86, 437). Täter ist danach – ohne Rücksicht auf Tatinteresse oder sonstige subjektive Momente – jeder, dessen Verhalten die Merkmale erfüllt, die im Tatbestand beschrieben sind; umgekehrt kann jeder andere kausale Beitrag zur Tatbestandsverwirklichung – ohne Rücksicht auf sein objektives Gewicht – nur als Teilnahme aufgefaßt werden (vgl. Grünhut JW 32, 366, Hegler RG-FG V 307, v. Hippel II 453 f., v. Liszt/Schmidt 334, Mezger 444, Zimmerl ZStW 49, 46).

Diese Theorien vermögen keine hinreichende Erklärung für die verschiedenen Formen der Täterschaft zu geben. So versagen sie zunächst bei der **mittelbaren Täterschaft**, bei der der Hintermann den Tatbestand gerade nicht eigenhändig verwirklicht; ihre Bemühungen, vom „einfachen Lebenssprachgebrauch" her die Verhaltensmodalitäten auch auf die Fälle des Einsatzes eines anderen Menschen zur Tatbestandsverwirklichung zu erstrecken, wirken gestelzt und bedeuten im Ergebnis einen Verzicht auf hinreichende Abgrenzungskriterien (Stratenwerth 738). Weiterhin tragen die formal-objektiven Theorien bei der **Mittäterschaft**, die sie als Teilverwirklichung des Tatbestandes begreifen, der vereinbarten Arbeitsteilung nicht genügend Rechnung. Danach kommt Mittäterschaft nämlich nur dann in Betracht, wenn jeder der Beteiligten ein Stück der Ausführungshandlung vorgenommen hat (Beling 408, M. E. Mayer 381). Folglich kann, wer bei einem Einbruchdiebstahl Wache gestanden hat, nur Gehilfe sein (v. Liszt/Schmidt I 335). Ebensowenig kann mit dieser Theorie ein Bandenchef, der sich auf die Planung und Leitung eines Einbruchdiebstahls beschränkt, als Mittäter bestraft werden, obwohl aufgrund seiner leitenden Funktion das Schwergewicht bei ihm liegt. Dies widerspricht jedoch der in § 25 II beschriebenen arbeitsteiligen Tatbegehung bei der Mittäterschaft. Andererseits versagen die formal-objektiven Theorien bei den reinen Erfolgsdelikten, bei denen allein die Verursachung des Erfolges tatbestandsmäßig umschrieben ist, ohne daß der Tatbestand zugleich die Modalitäten des Handlungsunrechts aufzeigt, nach denen allein eine Unterscheidung zwischen Täterschaft und Teilnahme möglich wäre (Bockelmann/Volk 187, Jescheck/Weigend 648).

56 2. Ebensowenig vertretbar sind nach geltendem Recht die **extrem-subjektiven** Theorien, die ausschließlich auf die psychische Anteilnahme der Tatbeteiligten am Tatgeschehen abstellen. Diese lassen also ausschließlich deren Willen, Absichten, Motive, Gesinnungen oder Interesse am Taterfolg maßgeblich sein. Schon in der grundlegenden Entscheidung RG **3** 181 wurden die maßgeblichen Kriterien für die subjektive Theorie festgelegt: Täter ist danach, wer den Täterwillen (**animus auctoris**) hat, wer die Tat als eigene will, während als bloßer Teilnehmer derjenige angesehen wird, der die Tat nur als fremde will (**animus socii**), der sich und seinen Tatbeitrag dem Willen des anderen unterordnet. Obwohl die subjektiven Theorien schon zu Beginn des 19. Jh. vertreten worden sind (Nachweise hierzu bei Roxin TuT 51 ff.), sind sie in ihrer dogmatischen Begründung in einen intrasystematischen Zusammenhang mit der erst später entwickelten Äquivalenztheorie des Reichsgerichts zu bringen (vgl. 73 ff. vor § 13). Vom Postulat ausgehend, daß alle Kausalfaktoren gleichwertig sind (vgl. 77 ff. vor § 13), kommen sie auf der Grundlage des extensiven Täterbegriffs (o. 8) zu dem Ergebnis, daß eine Abgrenzung zwischen Täterschaft und Teilnahme nur unter Heranziehung subjektiver Momente erfolgen kann. Die Kausalitätsfrage betrifft bekanntlich jedoch nur ein Element der objektiven Zurechenbarkeit des Erfolges und kann gerade deswegen auf der Grundlage der Verursachungstheorie (vgl. o. 17) keine brauchbare Grundlage für die Abgrenzung von Täterschaft und Teilnahme abgeben. Wessen Mitwirkung eine maßgebliche ist, läßt sich nur unter Berücksichtigung der äußeren Seite der Rollenverteilung entscheiden.

57 In dieser **extremen** Form bedeutet die subjektive Theorie, daß ohne Rücksicht auf die äußere Form und das Gewicht des Tatbeitrags allein subjektive Kriterien über die Rolle eines Beteiligten entscheiden (ebenso Küpper GA 86, 437 f.). Nach dieser Auffassung soll auch derjenige, der alle Tatbestandsmerkmale durch sein Handeln in seiner Person erfüllt, bloßer Gehilfe sein können, wenn er lediglich den Teilnehmerwillen hatte (so im sog. „Badewannenfall" RG **74** 85, BGH **18** 87 „Stachinskyfall").

58 Die subjektive Theorie ist trotz mancherlei Schwankungen prinzipiell in **ständiger Rspr** von RG und BGH vertreten worden (vgl. RG **31** 82, **44** 71, **55** 61, **63** 315, **64** 421, **66** 240, **76** 3). Obwohl der BGH vorübergehend einer Abgrenzung nach Täterschaftskriterien zuneigte (vgl. BGH **8** 393, **11** 272), folgte er zunächst im wesentlichen der subjektiven Linie des RG (vgl. BGH NJW **51** 121, 323, 410, BGH **3** 350, **8** 73, **16** 14, **13** 166 („Täterwille"), VRS **18** 416 („herrschende subjektive Teilnehmetheorie"), **23** 207, NJW **54** 1374, MDR **64** 69, DAR/M **69** 142). Dabei wird als wesentliches Kriterium zur Abgrenzung des animus auctoris vom animus socii in verschiedenen Urteilen der **Grad des eigenen Interesses** am Erfolg angesehen (RG JW **37** 2509, BGH GA **74** 511, wo allein wegen Handelns auf Befehl von Beihilfe ausgegangen wird; dagg. Baumann JZ **74**, 513). Vgl. eingeh. die Entwicklung der Rspr nach 1975 u. 87–97 (u. 87 ff.), die nunmehr regelmäßig auf eine flexible „Gesamtwertung" abstellt. Immerhin muß festgestellt werden, daß die Rspr zu solchen extremen Entscheidungen regelmäßig nur kam, wenn es galt, die im Einzelfall als unbillig empfundene absolute Strafdrohung des § 211 zu umgehen (so ausdrücklich Hartung JZ 54, 430 zur Motivation der Entscheidung im sog. „Badewannenfall", grdl. Eser DJT-Gutachten 1980 [vor § 211], D 55 f.). In anderen Entscheidungen ist versucht worden, der absoluten Strafdrohung durch die Annahme eines übergesetzlichen Schuldmilderungsgrundes auszuweichen (vgl. LG Hamburg NJW **76**, 1757 m. Anm. Hansch). Zwischenzeitlich gehegte Hoffnungen, durch eine konsequente restriktive Interpretation der Mordmerkmale, etwa im Wege der sog. „Rechtsfolgenlösung" (BGH [GrS] **30** 105, vgl. § 211 RN 10 a f.), die Abgrenzungsfrage zwischen Täterschaft und Teilnahme zu entlasten (vgl. § 25. A.), haben sich jedoch bislang nicht realisiert.

59 In der hier geschilderten Form ist die **subjektive Theorie** schon vor der Gesetzesänderung **vom Schrifttum nahezu einmütig abgelehnt** worden. Vereinzelt wird allerdings die Auffassung vertreten, daß auch nach geltendem Recht eine generelle Annahme von Täterschaft bei „voller eigenhändiger Tatbestandserfüllung nicht erfolgen könne" (Baumann Jescheck-FS 108 ff., B/W-Weber 606). Diese Auffassung ist abzulehnen, weil § 25 I der Meinung, daß trotz vollständiger Tatausführung mangels Täterwille eine Beihilfe in Betracht kommt, eine Absage erteilt hat (Bloy 96 f., Bockelmann/Volk 177 f., Cramer Bockelmann-FS 392, Frisch LdR 974, Herzberg TuT 5 f., ZStW 99, 52 f., Hünerfeld ZStW 99, 233, Jakobs 613, Jescheck/Weigend 651, Küpper GA 86, 444, Maiwald ZStW 88, 729, Roxin LK § 25 RN 33, 38 ff., TuT 548, Samson SK § 25 RN 31, Tröndle 2, W-Beulke 517). Ausdrücklich formulierte hierzu bereits das OLG Stuttgart (NJW **78**, 715): „Wer alle objektiven und subjektiven Merkmale eines Tatbestandes in eigener Person verwirklicht, ist nicht Gehilfe, sondern Täter". Vgl. Kühl 670, Küpper/Wilms ZRP **92**, 94. Eine weitere Begründung zur Ablehnung der von Baumann vertretenen Meinung liefert der E 1962, dem die heute geltende Gesetzesfassung entstammt. Der Entwurf versteht unter einem unmittelbaren Täter, „einen Täter, der die Straftat selbst begeht, d. h. aller Tatbestandsmerkmale in eigener Person verwirklicht . . . Diese begriffliche Bestimmung macht deutlich, daß, wer die Tat selbst begeht, also zB in eigener Person tötet . . . , stets Täter ist, und nicht etwa wegen fehlenden Täterwillens Teilnehmer sein kann . . " (E 1965 BT-Drs. IV/650 S. 149). Dem haben sich im wesentlichen auch der 3. und 1. Senat des BGH (BGHR § 25 Begehung, eigenhändige **3**, BGH **38** 315, NStZ **87**, 224) angeschlossen, indem sie ausführten, daß derjenige, der vorsätzlich sämtliche Tatbestandsmerkmale einer Straftat in eigener Person erfüllt, Täter ist und sich – abgesehen von „extremen Ausnahmefällen" – nicht auf fehlenden Täterwillen berufen kann.

Die Abgrenzung zwischen Täterschaft und Teilnahme 60–64 **Vorbem §§ 25 ff.**

II. Auch nach der Reform des Strafgesetzbuches im Jahr 1975 und der damit verbundenen Neugestaltung der Vorschriften über die Beteiligung bleibt noch eine erhebliche Bandbreite möglicher Abgrenzungskriterien, die zu unterschiedlichen, heute noch vertretenen oder vertretbaren Standpunkte führen: **60**

1. Die **materiell-objektiven Theorien** (eingeh. hierzu Roxin TuT 38 ff.) versuchen, Täterschaft **61** und Teilnahme nach dem Grad der Gefährlichkeit des Tatbeitrages zu unterscheiden. Die Kriterien, die dabei eine Unterscheidung von Täterschaft und Teilnahme ermöglichen sollen, sind allerdings schwer auf einen Nenner zu bringen. So wird nach der Notwendigkeitstheorie derjenige, ohne dessen Tatbeitrag die Tat nicht hätte ausgeführt werden können, als Mittäter eingestuft (Baumgarten ZStW 37, 526 ff., Kohlrausch ZStW 55, 394). Andere stellen – mit Abweichungen im einzelnen – darauf ab, wer die „entscheidenden Bedingungen" für den Erfolg gesetzt hat (Liepmann, Einleitung in das Strafrecht [1900] 70, vgl. die Übersicht bei Mezger 439 ff.), weit. Nachw. bei Roxin TuT 41 ff.). Die hier genannten Gesichtspunkte gehen insgesamt davon aus, daß Täter nicht nur derjenige ist, der mit eigener Hand den Tatbestand verwirklicht, sondern auch derjenige, der aufgrund seines Beitrags in einer intensiven Beziehung zum Tatgeschehen steht. Die materiell-objektiven Theorien vermögen keine befriedigende Abgrenzung zwischen Täterschaft und Teilnahme zu erbringen. Das Kriterium der besonders intensiven Kausalbeziehung zum tatbestandsmäßigen Erfolg hat sich als undurchführbar erwiesen, weil sich die notwendige oder unentbehrliche Ursache von der bloß förderlichen nicht abgrenzen läßt (Stratenwerth 741). Der zeitliche Zusammenhang ermöglicht als Abgrenzungskriterium ebenfalls keine sachgerechte Unterscheidung, weil es denjenigen, der nur an Vorbereitungshandlungen mitwirkt, lediglich als Gehilfen einzustufen vermag (Roxin TuT 41 ff.). Im übrigen zeigen die rein objektiven Theorien, daß die Abgrenzung zwischen Täterschaft und Teilnahme ohne Berücksichtigung subjektiver Momente, wie Gesamtplan oder Maß der Sachverhaltskenntnis, nicht möglich ist, vgl. Jescheck/Weigend 649, Stratenwerth 741, W-Beulke 517.

2. Vorherrschend im Schrifttum ist die **Tatherrschaftslehre** (Bockelmann/Volk 177 f., Eser II 148, **62** Gropp 308, Jescheck/Weigend 651, Kühl 670 f., Lackner/Kühl 6, Schroeder, Der Täter hinter dem Täter 70 f., W-Beulke 518; krit. Freund 332 f.; vgl. auch Frisch LdR 375). Täter ist danach, wer die Tat beherrscht, die Tatgeschehen damit „in Händen hält", über „Ob" und „Wie" der Tat maßgeblich entscheidet, mithin als „*Zentralgestalt des Geschehens*" bei der Tatbestandsverwirklichung fungiert. Im theoretischen Ausgangspunkt versteht sich die Tatherrschaftslehre weder als eine rein objektive noch als eine rein subjektive Theorie. Sie versucht vielmehr eine Synthese der beiden Prinzipien, von denen jedes eine Seite der Sache richtig bezeichnet, aber, wenn sie isoliert angewandt wird, den Sinn des Ganzen verfehlt. Die tatbestandsmäßige Handlung wird demnach weder als ein Handeln mit einer bestimmten Einstellung noch als ein reines Außenweltgeschehen, sondern als objektiv-subjektive Sinneinheit verstanden. Die Tat erscheint damit als das Werk eines das Geschehen steuernden Willens. Aber nicht nur der Steuerungswille ist für die Täterschaft maßgebend, sondern auch das sachliche Gewicht des Tatanteils, den jeder Beteiligte übernimmt. Täter kann deshalb nur sein, wer auch nach der Bedeutung seines objektiven Beitrags den Ablauf der Tat mitbeherrscht (Jescheck/Weigend 652). Begründet wurde die Tatherrschaftslehre von Lobe (LK⁵ [133] Einl. 123); zur Weiterentwicklung durch Welzel (ZStW 58, 539 [finale Tatherrschaft], Maurach (AT² 517) und Gallas (Mat. I 121 [finalobjektive Tatherrschaft]) vgl. 25. A.

Zu einer in sich geschlossenen Theorie ist die Tatherrschaftslehre erst durch Roxin (TuT¹ 60 ff., **63** 335 ff.) entscheidend weiterentwickelt und zum Abschluß gebracht worden. Die **Tatherrschaftslehre Roxins** ist durch folgende Eckpfeiler gekennzeichnet: a) Zunächst anerkennt Roxin (LK § 25 RN 36), daß die Tatherrschaft kein Universalprinzip darstellt, das ausnahmslos bei sämtlichen Tatbeständen zur Bestimmung der Täterschaft herangezogen werden könnte. Bei den Pflichtdelikten (s. u. 84 a) und den eigenhändigen Delikten (s. u. 74) ist nach ihm die Täterschaft mit Hilfe anderer Gesichtspunkte zu bestimmen (Roxin TuT¹ 352 ff., 399 ff.). b) Die Tatherrschaft als Element der Täterschaft ist damit auf die Herrschaftsdelikte beschränkt, die allerdings den quantitativ bedeutendsten Teil des BT ausmachen. Hier trägt die Tatherrschaftslehre der wegen ihrer Evidenz unbestreitbaren Erkenntnis Rechnung, daß der „Täter nichts anderes ist als das Subjekt der Deliktsbeschreibungen" eines Tatbestandes (Roxin LK § 25 RN 34). Für Roxin ist damit die formal-objektive Theorie der richtige Ansatz für die Tatherrschaftslehre (aaO). Deren einseitige Orientierung an der Eigenhändigkeit (vgl. o. 53) wird allerdings durch den Begriff der Tatherrschaft überwunden, der es ermöglicht, auch die mittelbare Täterschaft und Mittäterschaft zu erklären. c) Da die verschiedenen Formen der Täterschaft sich phänomenologisch nicht auf der gleichen Ebene vollziehen, ist auch die Tatherrschaft die der unmittelbaren Täterschaft, mittelbaren Täterschaft und Mittäterschaft durch jeweils differenzierende Merkmale (Nötigungsherrschaft, Irrtumsherrschaft, Organisationsherrschaft, funktionale Tatherrschaft usw.) gekennzeichnet (Roxin LK § 25 RN 36).

In dieser differenzierenden Betrachtung der verschiedenen Täterschaftsformen liegt der bahnbre- **64** chende Wert der Tatherrschaftslehre Roxins, zugleich aber auch deren erkenntnis-theoretische Begrenzung. Gerade weil die Tatherrschaft durch jeweils differenzierende Merkmale gekennzeichnet ist und sich einer auf gleiche Begriffselemente reduzierten Definition entzieht (Roxin LK § 25 RN 36), ist es nicht möglich, sie „vor die Klammer" aller Abgrenzungsprobleme zu ziehen, um im Problemfall deduktiv die Ergebnisse abzuleiten. Es bleibt daher ein Bereich, in dem die Abgrenzung unsicher bleibt und unter normativen Gesichtspunkten erfolgen muß, unter denen der Leitbildgedanke der

Tatherrschaft zwar ein wichtiger, nicht aber der alleinige Gesichtspunkt sein kann. Dies zeigt anschaulich die weitere Entwicklung im Schrifttum nach dem Erscheinen der grundlegenden Arbeit von Roxin, an der sich nach 1962 die gesamte Diskussion orientiert hat. Auch unter den Anhängern der Tatherrschaftslehre sind die Ergebnisse bei der Bewertung einzelner Formen der mittelbaren Täterschaft durchaus kontrovers (vgl. § 25 RN 6a ff.). *Praktisch* spielen bei der Abgrenzung von Mittäterschaft und Beihilfe u. a. zwei Fragen eine Rolle: Die erste betrifft das Problem, ob ein Tatbeitrag im Vorbereitungsstadium die Täterschaft begründen kann. Von der h. M. wird dies bejaht (vgl. u. 82 f.), während Roxin (zuletzt TuT 687), Schmidhäuser (14, 22) und Samson (SK § 25 RN 121) dies ablehnen, weshalb etwa der alle Fäden in Händen haltende Bandenchef, wenn er am Tatort nicht anwesend oder mit seinen Leuten dort nicht in Verbindung steht (Handy), nur wegen Beihilfe bestraft werden kann; noch enger Rudolphi (Bockelmann-FS 369 ff., dazu u. 83, § 25 RN 66). Die zweite Frage betrifft das Problem, ob stets als Täter zu bestrafen ist, wer im Ausführungsstadium, ohne selbst den Tatbestand zu erfüllen, einen Tatbeitrag leistet, auch wenn er den Tatplan nur zur Unterstützung tätig wird (vgl. Cramer Bockelmann-FS 400). Die von Roxin hierzu vertretene Auffassung (TuT 686), nach der in diesem Fall Beihilfe ausgeschlossen sein soll, läuft auf eine örtlich und zeitlich erweiterte formal-objektive Theorie hinaus: Nicht erforderlich ist, daß der Täter selbst ein Tatbestandsmerkmal verwirklicht, wohl aber ist notwendig, daß er da ist, wenn andere dies tun; ist er aber anwesend, so kann sein Verhalten nur als Täterschaft bewertet werden (Roxin TuT 687, dazu u. 83, § 25 RN 73).

64 a *Methodisch* geht es in den letzten Jahren verstärkt darum, Kriterien für die klare Benennung des Gewichts der Beiträge zu entwickeln, welche die mit der Tatherrschaft verbundene gesteigerte Verantwortung für das tatbestandliche Geschehen begründen, vgl. insbes. Jakobs GA 96, 253 u. GA 97, 553, der akzessorisches Verhalten bzw. mittelbare Täterschaft als eine Form objektiver Zurechnung deutet (krit. zB Küpper GA 98, 522); Joerden aaO, der auf der Grundlage einer formalen Strukturanalyse jeweils direkte und indirekte Verantwortung mit Täterschaft und Teilnahme gleichsetzt; Kindhäuser, Bemmann-FS 348, wonach mittelbare Täterschaft unerlaubtes Bewirken des Defizits oder dessen garantenpflichtwidrige Nichtbeseitigung verlangt; Lesch aaO, der bei Beteiligung mehrerer Mittäterschaft und Beihilfe nach dem Anteil des jeweiligen Normgeltungsschadens bestimmt; Schild aaO, der herauszuarbeiten versucht, welches Geschehen als Handlungsherrschaft zugerechnet werden kann (krit. Bloy GA 96, 438); Stein aaO, der im Rahmen einer allein am Handlungsunwert orientierten Unrechtslehre von Verhaltensnormen unterschiedlicher Dringlichkeit, fußend auf einem Verantwortungsprinzip, für Täter und Teilnehmer ausgeht. Danach stehe die Täterverhaltensnorm auf der obersten Stufe der Dringlichkeit, die a deren Gefährlichkeit nicht durch das Verhalten Dritter vermittelt werde. Die Teilnehmerverhaltensnormen kennzeichnen sich demgegenüber dadurch aus, daß der Vordermann eine vollwertige Verhaltenspflicht verletze und seine Pflichtbefolgungsfähigkeit gemindert sei (krit. hierzu Küper ZStW 105, 445 ff., Roxin LK § 25 RN 13 u. 25. A. RN 68, vgl. aber auch Samson SK § 25 RN 25 f.).

65 Kritik an der Tatherrschaftslehre als Leitprinzip wird heute in der Lit. nur noch von jenen vertreten, die als alleinige und letzte Vertreter der subjektiven Theorie zu gelten haben (B/W-Weber 610 ff., Arzt JA 80, 556, JZ 81, 414). Zu den Kritikern ist aber auch Schröder (17. Aufl. RN 65 f.) zu rechnen, der darauf hinweist, daß die Tatherrschaftslehre einseitig an der mittelbaren Täterschaft orientiert ist, bei der das Übergewicht des mittelbaren Täters mit dem Bild der Herrschaft über die Tat anschaulich dargestellt werden kann, ohne daß freilich damit mehr als ein Bild für eine Situation gegeben wäre, die im Einzelfalle genauerer Bestimmung bedarf. Nach Schröder befriedigt die Tatherrschaftslehre als Kennzeichnung einer bestimmten Übergewichtssituation (vgl. Hamm GA **73**, 185) bereits dort nicht, wo das Werkzeug voll vorsätzlich gehandelt und damit selbst die Tatherrschaft gehabt hat, wie zB beim absichtslosen dolosen Werkzeug. Zu Schwierigkeiten führt die Lehre von der Tatherrschaft nach Schröder ferner in Fällen, in denen ein Tatbeteiligter zur Beseitigung eventueller Hindernisse auf Posten gestellt wird; dieser hat es uU völlig in der Hand, über Eintritt oder Nichteintritt des Erfolges zu entscheiden. Dennoch müsse bei bloßem Teilnehmerwillen eine Beihilfe möglich sein. Diese Lehre versage aber vor allem bei der Mittäterschaft, weil hier gleichrangige Partner einander gegenüberstehen und diese Partnerschaft und demgemäß die Rollen der Beteiligten nach § 25 grundsätzlich nur durch ihren Willen festgelegt werden können, zu weiterem 25. A.

66 3. Eine gewisse Mittelstellung nehmen die Theorien ein, die **subjektive** und **objektive Elemente kombinieren**, wobei die Formulierung der einzelnen Autoren abweicht und bald stärker subjektive, bald objektive Gesichtspunkte in den Vordergrund stehen. Dies gilt zB für Busch (LK[9] 21 vor § 47, § 47 RN 21, ebenso Mezger LK[8] 4 vor § 47), der neben dem Täterwillen verlangt, daß der Erfolg vom Täter mitverursacht wird und bei diesem Tatherrschaft vorliegt. Auch ein Teil der **Rspr.** geht in diese Richtung, wenn sie aus dem objektiven Geschehen auf die Willensrichtung schließt (vgl. BGH **8** 396, **14** 129, MDR **60**, 939, NJW **66**, 1763, MDR **74**, 546, u. 87 ff.).

67/68 4. Eine Sonderstellung innerhalb der Mittelmeinungen nimmt die **„Ganzheits"-abgrenzung** von Schmidhäuser (I 325 f.) ein, die sich allerdings nicht definitorisch, sondern phänomenologisch versteht; nach Schmidhäuser kann für die Täterschaft „nie ein einzelnes Moment allein", sondern nur innerhalb eines ganzheitlichen Zusammenhangs den Ausschlag geben, wobei „einmal diese, ein andermal jenes" (objektives oder subjektives) Moment den Kristallisationspunkt für bestimmte Grundtypen der Täterschaft bildet; krit. hierzu Roxin ZStW 83, 394 ff., Küpper GA 86, 441, Stein aaO 122 ff. Dieser Standpunkt steht zwar nicht in der Begründung, wohl aber in den Ergebnissen dem von Cramer in der 25. A. vertretenen zumindest nahe (vgl. Cramer Bockelmann-FS 389, Schmidhäuser Stree/Wessels-FS 343). Diesen Weg geht in er einer Reihe von Entscheidungen auch die Rspr, wenn sie die Frage, ob der Betreffende die Tat als eigene will, in „wertender Gesamtbetrachtung" (vgl. BGH **28** 349, NStZ **81**, 394, **88**, 406, **91**, 91, StV **82**, 17, **94**, 422, **97**, 411) unter Berücksichtigung auch objektiver Gegebenheiten entscheidet (eingeh. u. 87 ff.).

III. Für die **Abgrenzung** von **Täterschaft** und **Teilnahme** ist nach dem **hier vertretenen** 69 **Standpunkt** von folgenden Grundsätzen auszugehen:

Zunächst ist festzustellen, daß es **kein** für alle Deliktsarten ausnahmslos durchführbares **Universal-** 70 **prinzip** in der Abgrenzungsproblematik gibt (vgl. Cramer Bockelmann-FS 394 ff., Eser II 143, Frisch LdR 975, Roxin LK § 25 RN 36 aE). Diese Erkenntnis ist in der bisherigen Diskussion zwar gesehen, aber in der Argumentation insofern in den Hintergrund gedrängt worden, als die Problematik vorwiegend anhand der sog. Herrschaftsdelikte exemplifiziert wird, ohne darauf hinzuweisen, daß es sich insoweit nur um einen Teilaspekt des Grundproblems handelt. Dies beruht möglicherweise darauf, daß das Herrschaftsdelikt in quantitativer Beziehung im BT dominiert. Im Nebenstrafrecht ist dies allerdings schon nicht mehr so. Vor allem darf aber nicht verkannt werden, daß die durch das Gesetz gebotenen unterschiedlichen Abgrenzungskriterien in qualitativer Beziehung gleichwertig sind. Schließlich sind bei den Sonderdelikten und eigenhändigen Delikten die Kriterien, nach denen sich auf der Grundlage des restriktiven Täterbegriffs die Täterschaft bestimmt, enger als bei den Herrschaftsdelikten, so daß hier die Frage, wer als Täter oder nur als Teilnehmer zu beurteilen ist, jedenfalls nicht mit den bei den Herrschaftsdelikten auftauchenden Schwierigkeiten belastet ist. Hinsichtlich der unterschiedlichen Prinzipien, nach denen die Abgrenzungsfrage zu lösen ist, läßt sich folgendes feststellen:

1. Für die **Herrschaftsdelikte** ist zunächst davon auszugehen, daß eine Synthese zwischen rein 71 subjektiven und rein objektiven Gesichtspunkten gefunden werden muß (vgl. Jescheck/Weigend 651, W-Beulke 517), um der im Gesetz vorgezeichneten „Zuständigkeit als Täter" gerecht zu werden. Anders als die 25. A. wird jedoch der Akzent in prinzipieller Übereinstimmung mit der vorherrschenden Lehre stärker auf objektive bzw. aktivierbare Kriterien gelegt, welche die mit der Tatherrschaft verbundene gesteigerte Verantwortung für das tatbestandliche Geschehen begründen. Orientierung erfolgt an fundamentalen Ordnungsprinzipien, wie vor allem einem richtig verstandenen Prinzip der Eigenverantwortung. Der Ausgangspunkt des hier vertretenen Standpunktes ist folgender: Grundlage der Täterschaft ist stets der gesetzliche Tatbestand des BT. In § 25 werden in Gestalt der unmittelbaren, mittelbaren Täterschaft und der Mittäterschaft verschiedene Erscheinungsformen des rechtlich einheitlich als Täterschaft zu wertenden Sachverhalts beschrieben. Alle diese Formen der Täterschaft sind grundsätzlich gleichwertig. Ausgangspunkt ist immer der restriktive Täterbegriff mit seiner Anknüpfung an den gesetzlichen Tatbestand. Bei der durch die Verwirklichung aller Tatbestandsmerkmale gekennzeichneten Alleintäterschaft ergeben sich alle objektiven und subjektiven Merkmale aus dem jeweils in Betracht kommenden Tatbestand des BT. Sind mehrere Personen an der Tatbestandsverwirklichung beteiligt, so ist jeder Täter, dem das Verhalten eines anderen so zugerechnet werden kann, als habe er es selbst vollzogen (BGH NJW **89**, 2826, Stratenwerth 827; krit. Samson SK § 25 RN 62 f.). Die eigentliche Frage ist diejenige nach der Zurechnung auf der Grundlage des Leittopos Tatherrschaft, die nicht für alle Konstellationen einheitlich zu beantworten ist, sondern zusätzlicher Untermauerung bedarf.

Bei der **mittelbaren Täterschaft** ist maßgebliches Zurechnungskriterium die beherrschende 72 Stellung des Hintermanns kraft der ihm zukommenden, durch das Werkzeug vermittelten Tatherrschaft (u. § 25 RN 6 a). Ohne die Tatherrschaft als Zurechnungsprinzip bliebe § 25 I 2. Alt. unverständlich: Die Tat „durch einen anderen begehen" kann nur, wer diesem anderen gegenüber eine beherrschende Stellung einnimmt, sonst bliebe es bei einem „Tat durch einen anderen ,begehen lassen". Anstiftung und mittelbare Täterschaft wären dann aber nicht voneinander abgrenzbar (vgl. zur histor. Entwicklung Köhler 501). Welchen Intensitätsgrad die beherrschende Stellung erreichen muß, um von mittelbarer Täterschaft sprechen zu können, ist damit noch nicht endgültig entschieden; die Frage spielt u. a. beim dolosen Werkzeug (u. 77 ff., bei der Tötung in mittelbarer Täterschaft (§ 25 RN 10) sowie beim nicht volldeliktisch handelnden Werkzeug (§ 25 RN 21) eine Rolle.

Auch bei der **Mittäterschaft** muß eine gegenseitige Zurechnung der jeweiligen Tatbeiträge 73 erfolgen. (Mit-)Täter kann folglich nur sein, wem das Verhalten der anderen wie eigenes zugerechnet werden kann (Kühl 703; vgl. aber Dencker Gesamttat, 135 ff., 250 [Zurechnung der „Gesamttat" als der verbundenen Gesamtheit aller Beiträge]). Diese Zurechnung erfolgt hier aber aufgrund des gemeinschaftlichen Tatplanes und der arbeitsteiligen Verwirklichung dieses Entschlusses. Mittäter kann daher nur sein, wer nach der Bedeutung der ihm nach dem Tatplan zufallenden und bewußt übernommenen Rolle einen nicht bloß unwesentlichen Beitrag für das Gelingen der Tat leistet (u. 80).

Daraus kann abgeleitet werden, daß sich bei den Herrschaftsdelikten **alle Formen** der **Täterschaft** 74 auf einen **Grundtypus des Täters** zurückführen lassen, wie er sich aus dem restriktiven Täterbegriff ergibt: Täter ist damit jeder, der eigenhändig oder unter Zurechnung des Handelns anderer Personen einen Deliktstatbestand erfüllt. Die Figur des (unmittelbar handelnden) Täters, wie sie in § 25 I 1. Alt. gezeichnet ist, wird durch die Beschreibung von mittelbarer Täterschaft (§ 25 I 2. Alt.) und

Mittäterschaft (§ 25 II) folglich vervollständigt, nicht etwa ergänzt in jenem Sinne, daß neben der Täterschaft im Gesetz Straferweiterungsgründe, wie sie in §§ 26, 27 für die Teilnahme bestehen (vgl. o. 7), vorzufinden wären (vgl. aber Dencker Gesamttat 164, 250, Wohlers ZStW 108, 81). Der Täterbegriff wird durch das Gesetz nur in dem Sinne erläutert, daß die Täterschaft nicht Eigenhändigkeit voraussetzt, sofern ein zureichender Grund besteht, dem einen die (teilweise) Tatbestandsverwirklichung des anderen zuzurechnen (vgl. Renzikowski aaO 100, Stratenwerth 807). Daraus folgt zB, daß *gesetzlich* nichts im Wege steht – zureichender Grund vorausgesetzt –, Mittäterschaft auch bei Abwesenheit vom Tatort zur Tatzeit anzunehmen. So kann, wer eine Blockade maßgeblich organisiert und anleitet, Mittäter nach §§ 105, 125, 125 a sein, auch wenn er sich nicht am Tatort befindet (vgl. BGH **32** 165, 180 [Startbahn West]; wer sich einem Agentenring eingliedert, kann Mittäter sein, sofern er nicht bloß unbedeutende Hilfsdienste leistet (vgl. aber BGH NStZ **86**, 165, iE und. 25. A.). Andererseits folgt daraus, daß die bloße Anwesenheit am Tatort noch kein zureichender Grund ist, den Anwesenden als Täter zu bestrafen, selbst wenn er seinen Tatbeitrag in diesem Stadium leistet (vgl. Stratenwerth 824). Wer erst am Tatort die Mordwaffe übergibt, um zu vermeiden, daß der andere schon vorher mit ihr Unheil anrichtet, wird nicht deswegen schon zum Täter, weil er seinen Tatbeitrag im Ausführungsstadium geleistet hat. Er bleibt vielmehr in der Rolle, die ihm nach dem Gesamtplan zugeteilt ist, d. h. er hilft dem anderen zu dessen vorsätzlicher Tat. Diese Rollenverteilung kann nicht, wie Roxin (LK § 25 RN 26) meint, nach einer „aufgelockerten" formal-objektiven Theorie, sondern nur unter Berücksichtigung des nach dem gemeinsamen Tatentschluß festgelegten Tatplans erfolgen (u. 82 f.).

75 a) Danach ist **unmittelbarer Täter**, wer in seiner Person alle Merkmale eines Deliktstatbestandes selbst (= eigenhändig) erfüllt (BGHR § 25 Begehung, eigenhändige **3**, BGH **38** 315, NStZ **87**, 224, wistra **99**, 24, Stuttgart NJW **78**, 715). Dies ergibt sich daraus, daß die Motivation des Täters unerheblich ist, wenn sein Verhalten durch das Gesetz als Täterschaft bewertet wird (and. nur B/W-Weber 605 ff.). Besonders deutlich zeigt sich dies bei Delikten, die, wie Betrug und Erpressung, auch ein altruistisches Handeln als voll tatbestandsmäßig erfassen. Diese Grundsätze gelten nicht nur für den im Fremdinteresse handelnden Täter, sondern auch bei einer Beteiligung mehrerer, bei der jeder in seiner Person den Deliktstatbestand erfüllt; wenn also mehrere gemeinsam in ein Haus eindringen (§ 123), mit einem Rammbock eine Tür einschlagen (§ 303), ein Hindernis bereiten (§ 315 b) usw., so ist jeder von ihnen unmittelbarer Täter. Notwendig ist allerdings, daß der unmittelbare Täter alle zur Erfüllung des Tatbestandes erforderlichen (Ausführungs-)Handlungen vornimmt (Frisch LdR 973; and. Roxin LK § 25 RN 52); verwirklicht er nur einen Teil derselben, so kommt Mittäterschaft oder Teilnahme in Betracht.

76 b) **Mittelbarer Täter** ist, wer die Tat „durch einen anderen begeht". Die mittelbare Täterschaft setzt daher voraus, daß der Täter das Verhalten eines Tatmittlers – des Werkzeugs – steuert oder sonst als der entscheidende Veranlasser der Tat Verantwortung für das Gesamtgeschehen hat. Es steht außer Frage, daß der mittelbare Täter in seiner Person alle Voraussetzungen der Täterschaft erfüllen muß. Mittelbare Täterschaft ist allgemein anerkannt, soweit beim Vordermann ein Zurechnungsdefizit vorliegt und der Hintermann insoweit seine überlegene Stellung ausnutzt (vgl. zB Jescheck/Weigend 664, Kühl 677 f., Renzikowski aaO 87 mwN). Generell läßt sich dies aus dem Verantwortungsprinzip ableiten (vgl. zB Bloy GA 96, 437, Renzikowski aaO, vgl. auch Murmann GA 98, 85 f.). Diese Steuerung beruht in erster Linie auf der objektiven Übermacht des Täters über sein Werkzeug, die damit das primäre Zurechnungskriterium darstellt; sie muß aber stets vorhanden sein, da eine sonstige Möglichkeit, die Tat „durch einen anderen" zu begehen, nicht denkbar ist. Umstritten sind dagegen insbes. jene Fälle, bei denen der Vordermann voll deliktisch handelt (u. § 25 RN 21 ff., 38) bzw. die für den Tatbestand erforderliche Absicht nicht aufweist (u. 77) oder ihm Täterqualitäten fehlen (u. § 25 RN 18).

77/78 α) Bei dem umstrittenen Fall einer Tatausführung durch ein **absichtslos-doloses Werkzeug** (vgl. dazu § 25 RN 18 ff.) führt die fehlende Absicht des Werkzeugs – obwohl es im übrigen das Geschehen faktisch beherrscht – zu einem Übergewicht beim Hintermann, der das Werkzeug einsetzt, um seine Ziele zu verfolgen, insoweit versagt im Grunde die Appellfunktion des Tatbestandes vor Vordermann, die vom Tatveranlasser ausgenutzt wird (vgl. iE ebenso Jescheck/Weigend 670, Küpper GA 98, 522, Lackner/Kühl 4, Tröndle § 25 RN 3, W-Beulke 537; and. Renzikowski aaO 91 f., Roxin LK § 25 RN 140, Samson SK § 25 RN 109, Stratenwerth 799 f.). Zum bisherigen Hauptanwendungsfall des § 242 u. § 25 RN 19.

79 β) Aus diesen Grundsätzen läßt sich auch die Entscheidung der viel diskutierten (vgl. zB Gropp 317 f., W-Beulke 545 ff.), aber wenig praktischen **Irrtumsfälle** ableiten (vgl. iE teilweise noch and. 18. A. 72). Unterstellt der Veranlassende fälschlich den Vorsatz des Vordermannes, so geht er von einer Situation aus, bei der ihm grundsätzlich selbst keine Tatherrschaft zukommt, sofern sich diese nicht unter zusätzlichen Gesichtspunkten, wie zB beim absichtslos-dolosen Werkzeug, ergeben sollte. Er handelt hier daher mit Teilnehmervorsatz. Da es jedoch an einer vorsätzlichen Haupttat iS der §§ 26, 27 fehlt, kann eine Bestrafung nur nach Maßgabe des § 30 I wegen versuchter Anstiftung erfolgen (Bockelmann Gallas-FS 264 ff., Jescheck/Weigend 671, Letzgus, Vorstufen der Beteiligung [1972] 29 ff., Roxin LK § 25 RN 143, Schmidhäuser I 307, Stratenwerth 963, Tenckhoff JuS 76, 528). Die sich hieraus ergebende Strafbarkeitslücke für die versuchte Anstiftung zu einem Vergehen beruht auf der Entscheidung des Gesetzgebers, für die Teilnahme eine vorsätzliche Haupttat zu verlangen (Roxin

LK § 25 RN 143; o. 29). Handelt der Vordermann dagegen vorsätzlich, jedoch schuldlos, so kommt bei im übrigen gleichartiger Fallkonstellation eine Bestrafung des Hintermannes wegen Anstiftung an der vom Vordermann begangenen Tat in Betracht; denn objektiv liegen wegen der tatsächlich bestehenden Tatherrschaft die Voraussetzungen der mittelbaren Täterschaft und somit ein Mehr gegenüber der Anstiftung vor, während subjektiv Anstiftervorsatz beim Hintermann und auch der für § 26 erforderliche Vorsatz beim Vordermann gegeben sind (vgl. Jescheck/Weigend 671 f., Lackner/Kühl 9, Roxin LK § 25 RN 145, Kühl 698). Im umgekehrten Fall des nur vermeintlichen Tatherrn gilt Entsprechendes. Da der Hintermann hier objektiv wegen des Vorsatzes oder der Verantwortlichkeit des Vordermannes lediglich eine Anstiftung begeht, subjektiv aber die Voraussetzungen des mittelbaren Täters erfüllt, die wiederum den Anstiftervorsatz umfassen, ist auch hier wegen vollendeter Anstiftung zur Haupttat zu bestrafen (Jescheck/Weigend 671 f., Stratenwerth 959, Kühl 697 f., Lackner/Kühl § 25 RN 5; and. Gropp 318, Herzberg JuS 74, 575, Samson SK § 25 RN 112: Versuch; wieder and. Roxin LK § 25 RN 146 f.: Versuch in Tateinheit mit vollendeter Teilnahme).

c) Bei der **Mittäterschaft** wird die Notwendigkeit einer Berücksichtigung zusätzlicher Momente innerhalb einer grundsätzlich am Tatherrschaftsgedanken orientierten Abgrenzungstheorie noch deutlicher (vgl. Frisch LdR 975, Küper JZ 81, 785 f.). Eine der Alleintäterschaft entsprechende Tatherrschaft würde voraussetzen, daß jeder das Gesamtgeschehen in Händen hält. Mittäterschaft basiert idealtypisch auf dem Prinzip der Arbeitsteilung, die auf einem gemeinsamen Tatentschluß beruht (vgl. zB Bloy GA 96, 425, Jescheck/Weigend 674, Kühl 703, Roxin LK § 25 RN 173, Samson SK § 25 RN 117). Für die Fälle nämlich, in denen jeder das gesamte objektive Tatgeschehen beherrscht und in Ausübung seiner (Gesamt-)Tatherrschaft alle Merkmale eines Tatbestandes erfüllt, bedürfte es einer besonderen Vorschrift über die Mittäterschaft nicht, weil hier jeder der Beteiligten unmittelbarer (Mit-)Täter ist, und damit Probleme einer gegenseitigen Zurechnung nicht auftauchen können. Darin besteht aber das Kardinalproblem der Mittäterschaft, weil es auf dem Boden des restriktiven Täterbegriffs (vgl. o. 6) nach Grundsätzen zu suchen gilt, die es erlauben, jedem Tatbeteiligten das zuzurechnen, was die anderen getan haben. 80

Nach diesem Zurechnungsprinzip, wie es in § 25 II zum Ausdruck kommt, ist zunächst ein *gemeinschaftlicher Tatplan*, d. h. eine intellektuelle Übereinstimmung, die Tat arbeitsteilig durchzuführen, erforderlich (vgl. hierzu § 25 RN 70). Demgegenüber wollen Derksen (GA 93, 163), Jakobs 618 und Lesch (ZStW 105, 271) unter Verzicht auf einen gemeinsamen Tatentschluß einen sog. „Einpassungsbeschluß" für eine objektive Zurechnung genügen lassen. Weiter darf nach Lesch aaO die gemeinschaftliche Handlung „nicht der individuellen Sinnstiftung der handelnden Subjekte" überlassen bleiben, sie sei aus dem kausalen Außenweltgeschehen zu erschließen. Im Ergebnis wird zu gering veranschlagt, daß der Gesamtkontext des Geschehens ohne zureichende Berücksichtigung der Verabredung nicht festgestellt werden kann; jedenfalls kann nur bei zumindest allseitig bewußter Tatkoordination, nicht bei bloßer Einpassung, von einem Gemeinschaftswerk gesprochen werden (mit Recht krit. daher Bloy GA 96, 431, Dencker Gesamttat 158, Kühl 706, Ingelfinger JZ 95, 704, Küpper ZStW 105, 295, Renzikowski aaO 102). 81

Da in § 25 II von einer ‚*gemeinschaftlichen Tatbegehung*' die Rede ist, versteht es sich von selbst, daß jeder Tatbeteiligte etwas zur Tatbestandsverwirklichung beigetragen haben muß. Ob sein Tatbeitrag als Teilstück der arbeitsteiligen Deliktsbegehung gewertet werden kann, richtet sich auch nach dem gemeinsamen Tatentschluß, durch den die Rollenverteilung festgelegt wird. Deshalb müssen notwendigerweise die Vorstellungen der Beteiligten berücksichtigt werden. Umstritten ist deren Gewichtung und deren Inhalt, was sich u. a. bei Beteiligungsaktionen außerhalb des eigentlichen Ausführungsstadiums auswirken kann. Während in der Rspr auf der Grundlage einer Gesamtwertung im Zweifel subjektive (voluntative) Elemente ausschlaggebend sein können (vergleichbares gilt iE für die Ganzheitstheorie Schmidhäusers und die ihr nahestehende Konzeption Cramers), stellen die Tatherrschaftslehren stärker auf objektive bzw. objektivierbare Gesichtspunkte ab. Die Aufgabe, die mit der Tatherrschaft im Vergleich zur Beihilfe verbundene gesteigerte Verantwortung zu begründen, läßt sich zwar prinzipiell auch auf der Basis der Rspr bzw. der Ganzheitstheorie lösen. Problematisch wird dieser Ausgangspunkt aber jedenfalls, wenn und soweit der auf eine gewichtige Beteiligung gerichtete Wille als entscheidend angesehen wird. Deshalb wird – akzentuierter als bis zur 25. A. – der Tatherrschaftslehre gefolgt. 82

Nach der Rspr (vgl. auch u. 89, § 25 RN 67 ff.) ist es bezüglich des Vorstellungsinhalts gleichgültig, ob der Beteiligte davon ausgeht, daß statt seiner ein anderer ebenso gut tätig werden könnte (BGH NJW 92, 3115). Es kommt auf die konkrete Vorstellung an. Mittäter ist danach, wer in der Rolle des Partners zur Tatbestandsverwirklichung irgendwie beiträgt (BGH NStZ 84, 413, 86, 165, BGHR 25 Mittäter 19), wobei es auch eher untergeordnete (Hilfs-)Tätigkeiten genügen können (BGH NStZ 86, 165). Hier zeigt sich eine Parallele zur Unrechtslehre, die die subjektive Einstellung des Täters zu seinem Handeln heranzieht (vgl. 54 vor § 13), um das Tun im Hinblick auf das Tatunrecht sinnhaft zu bewerten und aus objektiven und subjektiven Momenten den „sozialen Gesamtsinn des Geschehens" zu erfassen (vgl. BGH 24 121 im Anschluß an Roxin ZStW 74, 544; ähnl. BGH GA 77, 307, eingeh. Cramer Bockelmann-FS 392 ff., Rudolphi GA 65, 33, 45). Dieser Grundsatz kann nach Cramer nicht allein für das qualitative Problem gelten, ob der Täter vorsätzliches Unrecht verwirklicht hat; vielmehr ist die innere Einstellung darüber hinaus auch in einem quantitativen Sinn für das Unrecht der Tat von Belang. Dies gelte auch für die Abgrenzung von Mittäterschaft und Teilnahme 82 a (grdlg. Cramer aaO 402 f.). Denn auch bei der Beteiligung handele es sich um qualitativ wie quantitativ unterschiedliche Formen der Deliktsverwirklichung. Die innere Haltung des einzelnen zu seinem Tatanteil ist danach von erheblicher Bedeutung, da sich aus ihr ergebe, welche Rolle dem Beitrag eines Tatbeteiligten im Rahmen des Gesamtgeschehens beizulegen ist. Wer beispielsweise das Opfer festhält, damit ein anderer zustechen kann, muß danach nicht notwendigerweise Täter, sondern kann auch Gehilfe sein, sofern seinem Teilakt aufgrund seiner Einstellung lediglich untergeordnete Bedeutung gegenüber der Tätigkeit des anderen Beteiligten zuzumessen ist (krit. Bloy aaO 370, Roxin TuT 689). Ebenso kann auf dieser Grundlage Teilnehmer sein, wer dem Täter aus Sicherheitsgründen erst am Tatort die Waffe ausliefert. Ohne Rücksicht auf einen „Täterwillen" scheidet andererseits jedoch derjenige als Mittäter aus, dessen Tatbeitrag keine Funktion innerhalb des gemeinsamen Tatplans zukommt (vgl. BGH StV **95**, 624, Roxin LK 189, vgl. § 25 RN 74). Dagegen ist ohne Rücksicht auf seinen Willen oder sein Motiv stets Täter, wer in den Beispielsfällen dem Opfer den tödlichen Stich beibringt oder den tödlichen Schuß abgibt (zust. Lesch aaO 97, 286, vgl. auch Dencker Gesamttat 261). Ist er jedoch in der Rolle des gleichberechtigten Partners zu sehen, so kommt Täterschaft in Betracht.

83 Bei der vorherrschenden, in unterschiedlichen Akzentuierungen vertretenen Tatherrschaftslehre findet sich ein breiter Interpretationskanon bezüglich des Kriteriums der *gemeinschaftlichen Tatbegehung*. Anstelle des ursprünglichen Leitbilds der faktischen Tatherrschaft (o. RN 62) finden Formen funktioneller Tatherrschaft Akzeptanz (vgl. Roxin TuT 275 ff., Jescheck/Weigend 679, Kühl 703, ferner Bloy GA 96, 425, Samson SK § 25 RN 17). Die Bezogenheit auch der Mittäterschaft auf die Tatbestände des BT wird besonders hervorgehoben, wenn eine gegenseitige Beherrschung der Tatbeiträge im *Ausführungsstadium* verlangt wird (Rudolphi Bockelmann-FS 369 ff., vgl. auch Renzikowski aaO 103), so daß bei alternativen Tatbeiträgen Mittäterschaft ausscheidet, etwa wenn A und B an verschiedenen Orten dem zu tötenden Opfer auflauern, um sicher zu stellen, daß jedenfalls einer von ihnen auf das Opfer trifft. Nicht hinreichend berücksichtigt wird, daß mit der arbeitsteilig zugeteilten Rolle die Tat steht und fällt und aufgrund des Tatplans der Zufall ausgeschlossen werden soll (vgl. krit. auch Roxin LK 188, Seelmann JuS 80, 574). Anhängerschaft gewinnt die Meinung, die auch auf das Ausführungsstadium abstellt, deren Mitherrschaft ausreichen läßt (und in Abgrenzung zur Beihilfe aber auch verlangt) (Roxin LK 154, 182 ff., vgl. zB Bloy aaO 196 ff., Eschenbach Jura 92, 644, Herzberg TuT 66, Köhler 518, wN u. § 25 RN 66). Nach Roxin (LK § 25 RN 183) ist freilich eine aktuelle Anwesenheit bei der Tatausführung nicht notwendige Bedingung, im Falle des Bandenchefs sei aber für Mittäterschaft erforderlich, daß er als Einsatzleiter wenigstens telefonisch mit seinen Leuten am Tatort in Verbindung stehe. Zu gering veranschlagt wird jedoch die faktische und normative Bedeutung von Organisation und Planung. Stehen Plan und Organisation, sind die einzelnen Rollen im Rahmen allseits bewußter Tatkoordination zugewiesen und akzeptiert, so „rollt die Ausführung fast von alleine" (Kühl 708). Deshalb läßt die vorherrschende Ansicht mit Recht auch Beiträge bestimmter Qualität im *Vorbereitungsstadium* genügen. Ein bloßes Weiterwirken genügt jedoch nicht (so aber wohl Stratenwerth 824, Beulke JR 80, 424 [zu Recht krit. Roxin LK § 25 RN 183], BGH **37** 292 m. abl. Anm. Roxin JR 91, 206, dazu wN § 25 RN 66), es muß sich vielmehr darüber hinaus um die Tat prägende Beiträge handeln, sie wesentlich mitgestalten (idS vgl. Frisch LdR 980, Jakobs 620 ff., Kühl 708 f., Lackner/Kühl § 25 RN 11, Lesch GA 94, 125, Otto 277, W-Beulke 529 f., vgl. u. § 25 RN 66 ff.). – Weitergehend verlangen neue Ansätze nicht rollenverteilte Mitherrschaft über die Tat, sondern stellen (Schritt für Schritt) auf Mittäterschaft über das handlungsgemäße Geschehen (Bloy GA 96, 430), über das System „Mittäter" als solches (funktionale Systemherrschaft, Lampe ZStW 106, 719) bzw. auf ein Zurechnungsprinzip Gesamttat ab (Dencker Gesamttat 157 ff., 161 ff., 275), wonach innerhalb eines Gesamthandlungsprojekts für die Zurechnung von mittäterschaftlichen Einzelhandlungen ausschlaggebend sein soll, ob sie die Chance des Gelingens erhöhen. Ganz abgesehen von neuartigen Abgrenzungsproblemen zur Teilnahme und einem neuen Milderungsbedarf bei bestimmten Systemtätern bedarf bei solcher generell ausweitender Koordinatenverschiebung bezüglich individueller Verantwortung die Abgrenzung zu originärer Kollektivverantwortlichkeit eingehender Diskussion, ebenso wie die Frage, ob Sonderprobleme zum Maßstab für das Allgemeine zu machen sind.

84 2. Bei den **Sonderdelikten**, d. h. solchen Tatbeständen, bei denen nur Täter sein kann, wem eine – meist außerstrafrechtliche – Sonderpflicht obliegt (zB als Arzt in § 203, als Amtsträger in §§ 331 ff. oder als Aufsichtsrat nach § 81 a GmbHG), kann weder subjektiv noch nach Tatherrschaftskriterien zwischen Täterschaft und Teilnahme abgegrenzt werden. Der Sonderpflichtige ist stets Täter, ganz gleichgültig, wie sein Tatbeitrag sich phänotypisch nach sonstigen Kriterien darstellen würde (vgl. BGH **40** 317, NJW **92**, 3114). Dies ergibt sich daraus, daß der die Täterschaft begründende Faktor allein in der Pflichtverletzung liegen kann, die unabhängig davon ist, in welcher Form sich die Rechtsgutsverletzung vollzieht. Der zur Betreuung fremden Vermögens Verpflichtete (§ 266) ist also nicht nur dann Täter, wenn er eigenhändig das ihm anvertraute Vermögen schädigt, sondern auch, wenn er zB gegen eine Vermögensschädigung durch Dritte (§ 266) nicht einschreitet oder sich sein Beitrag nach den für Herrschaftsdelikte geltenden Kriterien als Anstiftung oder Beihilfe darstellen würde; die Vermögensfürsorgepflicht wird nämlich nicht bloß durch eigene vermögensmindernde Maßnahmen verletzt, sondern auch dadurch, daß andere an solchen nicht gehindert werden. Umgekehrt ist bei Fehlen dieser Sondereigenschaft lediglich Anstiftung und Beihilfe möglich. Soweit es sich um echte Sonderdelikte handelt, bei denen die Sondereigenschaft strafbegründend wirkt (vgl. RN 132 vor § 13), kommt nur eine Teilnahme in Betracht, für die § 28 I gilt; soweit es sich um unechte handelt, kommt außerdem Täterschaft nach dem Grunddelikt in Frage, während die Strafe für die Teilnehmer sich nach § 28 II richtet. Diese Auffassung entspricht der heute wohl h. M.; vgl. BGH **9** 203, 217 f., Roxin LK § 25 RN 29 f., Frisch LdR 973, Gropp 308, Lampe ZStW 106, 689, Herzberg TuT 32 f., W-Beulke 521, Jakobs 655, eingeh. Sánchez-Vera aaO 67 ff., jedoch für einheitliche Anwendung von § 28 I [202]; and. Langer aaO 223 ff. (gg. ihn treffend Roxin TuT 696 Anm. 537); krit. auch Bottke, Täterschaft 114 f., Otto I 273, Renzikowski aaO 28 f., Stratenwerth 795; vgl. auch diff. Samson SK § 25 RN 10, Seier JA 90, 383.

Dies gilt allerdings nur für die eigentlichen Sonderdelikte (**Pflichtdelikte**), bei denen die Auslegung des Tatbestandes zum Ergebnis führt, daß täterschaftsbegründend nicht erst ein Verhalten ist, das unmittelbar bspw. ein schädigendes Ereignis herbeiführt, sondern umfassender verhindert werden soll, daß bestimmte Erfolge oder Zustände sich nicht verwirklichen bzw. Gefährdungen unterbleiben, ungeachtet der Zwischenschaltung anderer Personen. Vorausgesetzt wird eine besondere Verantwortung, die sich aus einer spezifischen Schutzpflicht gegenüber dem Rechtsgut, einer besonderen Treuepflicht gegenüber dem Rechtsgutträger oder aus einer besonderen (gesetzlichen) Zuständigkeit für bestimmte Gefahrenquellen und der daraus resultierenden Pflicht, Gefahren von bestimmten Rechtsgütern abzuwehren, ergeben kann. Das Hauptanwendungsgebiet solcher Pflichtdelikte war ursprünglich das Nebenstrafrecht bzw. das Ordnungswidrigkeitenrecht (vgl. MG § 22 RN 11, Rengier KK-OwiG 18 vor § 8, § 14 RN 44), durch Reformen seit dem 18. StÄG haben sie verstärkt Eingang in das StGB gefunden. In Frage kommen etwa verwaltungsakzessorische Straftatbestände, bei denen aus dem Besonderen Verwaltungsrecht für bestimmte Personengruppen Sonderpflichten erwachsen, so etwa für den Besitzer und Gewahrsamsinhaber von Abfällen (§§ 5, 11 KrW-/AbfG), so daß § 326 I u. II insoweit Pflichtdelikte sind (u. § 326 RN 21, weiteres u. 25 vor § 324). Ihre Anerkennung bedarf jeweils besonderer Begründung, weil andernfalls Täterschafts- und Unterlassungsgrundsätze ausgespielt werden; zur materiellen Kennzeichnung der gesteigerten Verantwortlichkeit beim Sonderdelikt vgl. Langer aaO 400 ff., Stratenwerth Bruns-FS 65 ff.

3. Ähnliche Differenzierungen nach Inhalt und Qualität der Garantenpflichten ergeben sich für die **Unterlassungsdelikte.** Hat der Garant für die Verhinderung des Erfolges einzustehen, weil ihm etwa aufgrund seiner besonderen Beziehung zu dem geschützten Rechtsgut eine Schutzpflicht für dessen Bestand zukommt, kann sein Nichteingreifen nur als Täterschaft bewertet werden; im übrigen kommen jedoch auch Anstiftung und Beihilfe in Betracht (vgl. eingeh. hierzu u. 99 ff.). Auch hier läßt sich also die Unterscheidung zwischen Täterschaft und Teilnahme überzeugend weder auf subjektive noch auf Tatherrschaftskriterien stützen. Die Unzulänglichkeit der subjektiven Theorie beruht darauf, daß aus einem bloßen Untätigbleiben keine Schlüsse auf den Täter- oder Teilnehmerwillen gezogen werden können, weil das äußere Geschehen „von selbst abläuft" und nicht als eigenes gewollt sein kann (vgl. Roxin LK § 25 RN 204). Dies ist auch der Grund, warum auch auf der Grundlage der Tatherrschaftslehre die Täterschaft nicht brauchbar begründet werden kann, weil die Möglichkeit der Erfolgsabwendung Voraussetzung der Unterlassung ist und von einer „Beherrschung des Geschehensablaufs" iS einer aktiven Gestaltungsmöglichkeit nicht gesprochen werden kann (vgl. Roxin TuT 465 f., LK § 25 RN 205). Bereits hieran wird deutlich, daß bei den Unterlassungsdelikten, so sehr auch bei ihnen die Abgrenzung von Täterschaft und Teilnahme im einzelnen umstritten ist (vgl. Bloy aaO 214 f. u. JA 87, 490, Herzberg TuT 82 ff., Jakobs 655, Kühl 773 f., Rudolphi SK 36 ff. vor § 13; krit. hierzu Ranft ZStW 94, 813, 857), andere als die für die Herrschaftsdelikte zutreffenden Abgrenzungskriterien maßgeblich sein müssen; die „Billigung" des Erfolges oder die „Hoffnung auf seinen Eintritt" vermag keiner der Theorien brauchbar untergeordnet zu werden. Vgl. zum Ganzen Busse aaO, Schwab aaO.

4. Auch bei **eigenhändigen Delikten**, bei denen nur durch eigene körperliche Vornahme der strafbaren Handlung der tatbestandsmäßige Unwert des Delikts realisiert werden kann, versagen einseitig orientierte Kriterien zur Abgrenzung von Täterschaft und Teilnahme. Da der Täter die im Tatbestand beschriebene Handlung selbst vollziehen muß, ist uneigenhändige Mittäterschaft oder mittelbare Täterschaft ausgeschlossen. Die Existenz der eigenhändigen Delikte ist grundsätzlich anerkannt (vgl. Auerbach aaO, Herzberg ZStW 82, 896, Schall JA 79, 104, Haft JA 79, 651, Roxin LK § 25 RN 40 ff., TuT 399 ff., 707 ff., Samson SK § 25 RN 65, Tröndle 23 vor § 13, Lackner/Kühl § 25 RN 3, Bottke aaO 151). Umstritten ist jedoch, welche Tatbestände hierher zu rechnen sind und worin das maßgebende Kriterium der Eigenhändigkeit zu sehen ist. Vor allem die Rspr hat hierbei auf den Wortlaut des jeweiligen Tatbestandes abgestellt und durch dessen Auslegung entschieden, ob das maßgebliche Unrecht gerade in einem eigenkörperlich verwerflichen Tun liegt (BGH **6** 227, **15** 133, KG NJW **77**, 817). Dagegen krit. unter Hinweis auf die Zufälligkeiten des gesetzgeberischen Sprachgebrauchs Roxin LK § 25 RN 42, Bottke aaO 29 FN 54. Zu ähnlichen Ergebnissen führt die von Roxin in LK § 25 RN 43 als „Körperbewegungstheorie" benannte Auffassung von Beling (Lehre vom Verbrechen, 1906, 203 f., 225 f., 234 f.) und Engelsing (Eigenhändige Delikte StrAbh. 1926), die in allen „schlichten Tätigkeitsdelikten" im Gegensatz zu den „Erfolgsdelikten" eigenhändige Delikte sieht; krit. ebenfalls Roxin LK § 25 RN 43, Bottke aaO. Herzberg unterscheidet zwischen „täterbezogenen Delikten", bei denen der Tatbestand ein Einwirken oder Benutzen des eigenen Körpers beschreibt (aaO 938, zB §§ 16, 17 WStG 173, 181a), „Tatbeständen, bei denen die mögliche Vollendung durch

Dritte die Rechtsgutverletzung nicht verkörpern kann" (aaO 939, zB §§ 336, 185) und „Tatbeständen verfahrensabhängiger Eigenhändigkeit" (aaO 943, zB §§ 153, 154, 156). Ähnlich den „täterbezogenen" Delikten Herzbergs trennt auch Jakobs (604 f.) diese schon von der tatbestandlichen Formulierung „nur selbst begehbaren" Delikte von den eigenhändigen Delikten. Nach Roxin (TuT 410; LK § 25 RN 44; zust. Samson SK 68 ff.) ist zwischen „täterstrafrechtlichen Delikten", die eine bestimmte Lebenshaltung oder Täterpersönlichkeit (zB § 181 a) beschreiben und „verhaltensgebundenen Delikten ohne Rechtsgüterverletzung", zB § 173 zu differenzieren. Danach handele es sich bei den meisten Tatbeständen, die eigenpersönliche Verwirklichung fordern, in Wahrheit lediglich um höchstpersönliche Pflichtdelikte und somit unechte eigenhändige Straftaten, zB §§ 153, 154, 156 (LK § 25 RN 45). Dem kann jedoch nicht zugestimmt werden, weil das Strafrecht Rechtsfolgen nicht für eine verfehlte Lebenseinstellung vorsieht und auch § 173 ein konkret bestimmbares Rechtsgut schützt (vgl. dort RN 1). In der ursprünglichen Diskussion sind nur Vorsatzdelikte einbezogen worden; eigenhändige Delikte sind aber auch bei Fahrlässigkeitstatbeständen möglich (Schröder v. Weber-FS 234 ff.). Weitgehend unbestritten ist lediglich die Einordnung der §§ 153, 160 als eigenhändige Delikte. Danach ist ebensowenig Täter, wer einen anderen unter Todesdrohung zum Meineid zwingt (vgl. Jescheck/Weigend 267, Welzel 106 f., hier § 153 RN 33), wie derjenige, der den Meineid des Anderen als eigenen will (krit. Roxin TuT 394, der die Aussagedelikte als unechte eigenhändige Straftaten den Pflichtdelikten zuordnet). Darüberhinaus werden folgende Tatbestände als eigenhändige Delikte diskutiert: Amtsanmaßung (§ 132, RG 55 266, OGH 1 304; and. Roxin LK RN 43), Fahnenflucht (§ 16 WStG, Jakobs 604) oder Rechtsbeugung (§ 339, BGH NJW 68, 1339 m. Anm. Steinlechner NJW 68, 1790, Jakobs 604; vgl. auch Roxin TuT 428 f., Samson SK RN 70), der Beischlaf zwischen Verwandten (§ 173, Lackner/Kühl § 25 RN 3, Tröndle 23 vor § 13 RN 23, M-Zipf I 294, Roxin LK 44), der sexuelle Mißbrauch Widerstandsunfähiger (§ 179, KG NJW 77, 817, vgl. dazu Schall JuS 79, 106, Lackner/Kühl § 25 RN 3, Tröndle 23 vor § 13) und §§ 316, 323 a (Tröndle aaO).

87/88 IV. Die **Rechtsprechung** des **BGH** grenzt für das seit 1975 bestehende Recht verbal (auch) nach subjektiven Kriterien ab. Allerdings hat sie ihre früher rein subjektive Theorie (o. 57) inzwischen stark mit objektiven Kriterien durchsetzt und stellt nunmehr auf eine Gesamtwertung ab, in der neben dem Tatinteresse auch die Tatherrschaft oder der Wille zur Tatherrschaft als Täterschaftsindizien eine wichtige Rolle spielen, ohne daß primär subjektiv begründete Urteile ausbleiben würden. Daß die Rspr vom *Ansatz* her der subjektiven Theorie zuneigt, zeigen folgende Urteile. So spricht BGH NJW **75**, 837 von „Gehilfenwillen" und entscheidet in weiteren Urteilen danach, ob der Täter „die Tat als eigene nicht als eigene wollte", was in „wertneutraler Betrachtung zu entscheiden" sei (vgl. BGH JZ **79**, 483, NStZ **82**, 243, StV **86**, 384 m. abl. Anm. Roxin; ähnl. Bay VRS **60**, 188). Auch Unterlassungstäterschaft und Beihilfe durch Unterlassen werden durch BGH NStZ **85**, 24, StV **86**, 59 subjektiv abgegrenzt. Gleiches gilt bei Mittäterschaft und der Mitwirkung im Vorbereitungsstadium (BGH **37**, 289, NStZ **95**, 122, u. § 25 RN 66). Hinsichtlich der stärkeren Berücksichtigung objektiver Momente heißt es sinngemäß in BGH NStZ **85**, 165: Als Mittäter wird angesehen, wer auf der Grundlage gemeinsamen Wollens einen die Tatbestandsverwirklichung fördernden Beitrag in Form einer Vorbereitungs- oder Unterstützungshandlung oder durch psychische Einwirkung leistet und die Tat als eigene wollte (eine ganz untergeordnete Tätigkeit reicht dagegen in der Regel nicht aus [BGH 30. 1. 86, 2 StR 574/85]). Dabei muß die innere Willensrichtung beim Mittäter darauf ausgerichtet sein, daß seine Handlungen nicht nur als bloße Förderung fremden Tuns, sondern vielmehr als Teil der Tätigkeit aller Beteiligten, d. h. den Tatbeitrag der anderen als Ergänzung seines eigenen Tatanteils erscheinen läßt. Diese Frage müsse unter Berücksichtigung aller Umstände, die von der Vorstellung des Beteiligten umfaßt waren, in wertender Betrachtung beantwortet werden. Bei BGH NJW **89**, 2826 wird als obiter dictum sogar ausgeführt, daß nur als Täter in Betracht kommt, wer alle Merkmale des gesetzlichen Tatbestandes erfüllt, „also auch bei Wegdenken weiterer Beteiligter" als Täter zu betrachten wäre. Bei BGH NStZ **84**, 413 und BGH **34** 125 heißt es, Mittäterschaft komme vor allem in Betracht, wenn der Beteiligte in der Rolle des gleichberechtigten Partners mitgewirkt habe. Allgemein erlangt die „vom Täterwillen getragene objektive Tatherrschaft" auf der Grundlage einer Gesamtwertung besondere Bedeutung (BGH **35** 353, **40** 235, **43** 232, StV **94**, 241, **98**, 540, vgl. auch BGH **38** 315 m. Anm. Wiegmann JuS 93, 1003, **40** 237, NStZ **93**, 138, **87**, 224). Wesentliche Kriterien für diese Beurteilung stellen nach der Rspr der Grad des Tatinteresses, der Umfang der Tatbeteiligung sowie die Tatherrschaft dar (zB BGH **37** 297, GA **84**, 287, NStZ **82**, 27, NStZ-RR **98**, 136, BGHR § 25 Mittäter **11, 13, 14**, NStZ **94**, 92). Die flexible Linie der Rspr erlaubt häufig vertretbare Ergebnisse im Einzelfall, ausschlaggebend sind öfters (schillernde) Strafwürdigkeitserwägungen (vgl. Roxin TuT 631 ff., Jescheck/Weigend 651, Küpper NStZ 95, 332). Die Entwicklung der Rspr soll anhand folgender Urteile aufgezeigt werden (vgl. hierzu auch die ausführliche Übersicht bei Roxin TuT 557 ff.):

89 BGH GA **77**, 306 verurteilte unter Berücksichtigung des Tatinteresses und der Teilhabe an der Tatherrschaft einen Beteiligten als **Mittäter** an einem Raub, der weder Gewalt angewandt (vgl. auch BGHR § 249 Gewalt 8) noch die Beute selbst weggenommen hatte. Sein Beitrag an der Tat beschränkte sich darauf, das Kfz, mit dem sein Komplize, den den eigentlichen Raub ausführte, zum Tatort fuhr, zu stehlen und seinen eigenen Pkw als Fluchtfahrzeug zur Verfügung zu stellen. Darüber hinaus erhielt er verabredungsgemäß einen Teil der Beute. Nach Ansicht des BGH stellte der zur Verurteilung als Mittäter führende Tatbeitrag die Ermöglichung der Flucht durch den Angeklagten

dar, weil dieser Beitrag vor der Tat zugesagt und für das Gelingen der Tat wesentlich war. Dadurch besaß der Angeklagte die funktionelle Tatherrschaft, die die Mittäterschaft begründete. Anders in dem Urteil aus dem Jahre 1983 (BGH StV **83**, 501), in dem der Angeklagte als Fahrer bei umfangreichen Diebestouren fungierte. Hier ließ der BGH die Mittäterschaft an dem mangelnden Tatinteresse (lediglich 100 DM Fixum pro Fahrt) scheitern und nahm Beihilfe an (siehe auch BGH NStZ **82**, 243). BGH **27** 205 behandelt die Mittäterschaft bei einer Vergewaltigung. Unter Aufgabe der extremsubjektiven Theorie, die der gleiche Senat noch 1974 (BGH MDR/D **74**, 547; krit. dazu Schöneborn ZStW **87**, 902) vertrat, kommt er nun zu einem völlig abweichenden Ergebnis und verurteilte den Angeklagten, der im Bein des Opfers festhielt, um dem Mitangeklagten den Geschlechtsverkehr zu ermöglichen, den der Angeklagte weder vollzog noch beabsichtigte, ihn vollziehen zu wollen, als Mittäter. In erster Linie wurde diese Entscheidung allerdings auf den neuen Wortlaut des § 177 gestützt. Danach hat den Tatbestand erfüllt, „wer eine Frau zum außerehelichen Beischlaf mit ihm oder einem Dritten nötigt." Das bedeutet, daß auch der Beteiligte als Täter bestraft wird, dessen Tatbeitrag sich auf die Nötigung beschränkt, ohne daß es auf zusätzliche Erfordernisse (Tatinteresse) ankommt (vgl. ähnlich gelagerte Fälle BGH NStZ **85**, 70 und NStZ **85**, 71, NStE **4** zu § 25, NStZ/M **92**, 227). BGH NStZ **82**, 27 befaßte sich mit einem Fall, in dem der Angeklagte gemeinsam mit anderen einen gewalttätigen Angriff auf eine Gruppe ausgeführt hat. Zwar konnte ihm nicht nachgewiesen werden, ob er mit seinem Messer auf eine Person eingestochen hatte, fest stand jedoch, daß er mit einem Messer bewaffnet als Anführer auf die Gruppe losgestürmt war, und daß dabei eine Person durch einen Messerstich verletzt wurde. Der BGH verurteilte den Angeklagten als Mittäter, da er das Geschehen leitete und dabei eine zentrale Funktion inne hatte.

Eine weitere Entscheidung befaßt sich mit der **Abgrenzung von Mittäterschaft und Beihilfe** **90** beim Mord (BGH GA **84**, 287). Der BGH verurteilte beide Angeklagte, die in der Vorinstanz wegen mittäterschaftlichen Mordes schuldig gesprochen worden sind, nur als Gehilfen. Unter Zugrundelegung der Kombinationstheorie (Tatinteresse, Umfang der Tatbeteiligung, Tatherrschaft) konnte der erste Angeklagte lediglich als Gehilfe verurteilt werden, weil ihm die Abgabe der tödlichen Schüsse nicht nachgewiesen werden konnte und der nachgewiesene Tatbeitrag relativ gering war. Nach den Feststellungen des BGH hat der zweite Angeklagte zwar höher zu wertende Tatbeiträge geleistet und die Tat gesteuert. Da ihm aber nicht nachgewiesen werden konnte, daß er die tödlichen Schüsse abgegeben hatte, war auch er nur als Gehilfe zu verurteilen. Eine Entscheidung, die sich mit den Beteiligungsformen beim Raub beschäftigt, stammt aus dem Jahre 1987 (BGH NStZ **87**, 364). Der Angeklagte und sein Komplize, der eine Waffe mit sich führte, beabsichtigten, einen Raubüberfall zu begehen. Kurz vor der Tat verließ den Angeklagten jedoch der Mut, so daß der Komplize die Tat allein ausführte. Der Angeklagte wurde als Gehilfe verurteilt, da er vor Beginn der Tat fördernde Tatbeiträge leistete und diese auch noch bei der Tatausführung fortwirkten, jedoch weder das Ob noch das Wie der Tat beherrschen oder beeinflußen haben. Ähnlich auch das Urteil aus dem Jahre 1979 (BGH **28** 346). Danach hatte der Angeklagte ebenfalls nur fördernde Tatbeiträge (Auskundschaften des Tatorts, psychische Unterstützung) im Vorbereitungsstadium geleistet. Darüber hinaus besaß er aber ein erhebliches Eigeninteresse an der Tat. Eine Tatherrschaft mußte hingegen verneint werden, da er Bedenken vor der Ausführung bekam und sich vom Tatort entfernte, so daß seine beiden Komplizinnen den Raubüberfall alleine durchführten. Auch hier wurde der Angeklagte mangels Tatherrschaft lediglich als Gehilfe verurteilt.

In einer Reihe von Entscheidungen wurden die Angeklagten als **mittelbare Täter** bestraft. In **91** BGH MDR **81**, 631 hatte der Angeklagte wiederholt einem Geisteskranken Alkohol mitgebracht und ihn damit in den Zustand der Volltrunkenheit versetzt. Der Angeklagte wurde wegen Körperverletzung in mittelbarer Täterschaft verurteilt. Einer weiteren Entscheidung (BGH **30** 363) lag folgender Sachverhalt zugrunde: Der Angeklagte beabsichtigte, seinen Nebenbuhler aus Eifersucht zu töten. Deshalb überredete er drei Personen, dem Opfer ein vermeintliches Schlafmittel einzuflößen. In Wirklichkeit handelte es sich jedoch um Salzsäure. Nachdem die Mittelmänner davon Kenntnis erlangten, nahmen sie von Überfall Abstand. Daraufhin versuchte der Angeklagte eine weitere Person zu der Tat zu überreden und gab ihr eine Flasche, die angeblich essigsaure Tonerde, in Wahrheit jedoch tödliches Gift enthielt. Aber auch diese Person durchschaute den Plan und führte die Tat nicht aus. Der Senat nahm in beiden Fällen versuchten Mord in mittelbarer Täterschaft an, die nach BGH dann vorliegt, „wenn der Tatmittler infolge eines vom mittelbaren Täter erregten oder ausgenutzten Irrtums nicht vorsätzlich handelt, bezüglich des Opfers infolge des Irrtums glaubt, eine minderschwere Straftat zu begehen" (BGH **30** 364 f.). So lag der Fall hier, denn „der Angeklagte täuschte die von ihm ausgewählten Tatmittler zwar nicht darüber, daß sie eine strafbare Handlung begehen sollten. Er verheimlichte ihnen aber Tatumstände, die den Tatbestand einer schwereren Stafat begründeten, als die Tatmittler sie sich vorstellten"; vgl. auch die aufgrund dieser Entscheidung entstandene Diskussion bei Sippel JA **84**, 480 u. NJW **84**, 1866, Spiegel NJW **84**, 110, Teubner JA **84**, 144.

In zwei weiteren, höchst eigenartigen Fällen mußte sich der BGH mit der Abgrenzungsproblematik **92** zwischen der **mittelbaren Täterschaft** einerseits und der **Teilnahme an der Selbsttötung** („Sirius-Fall" BGH **32** 38; vgl. ausführlich 37 vor § 211) bzw. der **Anstiftung** („Katzenkönig-Fall" BGH **35** 347) andererseits beschäftigen. In beiden Fällen kam der BGH zu dem Ergebnis, versuchten Mord in mittelbarer Täterschaft anzunehmen und stützte seine Entscheidung auf die Tatherrschaft der jeweiligen Hintermänner. Im ersten Fall verschleierte der Angeklagte seinem Opfer, daß es zu Tode kommen würde, wenn sie einen Fön in das Badewasser fallen läßt. Vielmehr hat das Opfer in der

Überzeugung gehandelt, nach dem scheinbaren Unfalltod in einer neuen Identität weiterzuleben (vgl. auch Roxin TuT 585, 601, NStZ 84, 357, Hassemer JuS 84, 148). Der zweiten Entscheidung lag folgender Sachverhalt zugrunde: H, P und R lebten in einer von Mystizismus und Irrglauben geprägten Gemeinschaft zusammen. H und P hatten dem labilen und leicht beeinflußbaren R eingeredet, er sei auserwählt worden, die Menschheit vor der Ausrottung durch den „Katzenkönig" zu retten, indem er ihm ein Menschenopfer in Gestalt der Frau N bringt. Durch diese gezielte Irreführung des R verfolgten H und P die Tötung der Frau N aus Rache und Eifersucht. Entsprechend den Anweisungen versetzte der R dann der ahnungslosen N auf heimtückische Weise mehrere Messerstiche. In diesem Fall mußte die Frage entschieden werden, ob ein Hintermann eines schuldhaft handelnden Täters mittelbarer Täter sein kann. Dazu führt der erkennende Senat aus, daß die Abgrenzung im Einzelfall von Art und Tragweite des Irrtums und der Intensität der Einwirkung des Hintermannes abhängt. „Mittelbarer Täter eines Tötungs- oder versuchten Tötungsdelikts ist jedenfalls derjenige, der mit Hilfe des von ihm bewußt hervorgerufenen Irrtums das Geschehen gewollt auslöst und steuert, so daß der Irrende bei wertender Betrachtung als ein – wenn auch (noch) schuldhaft handelndes – Werkzeug anzusehen ist" (BGH **35** 354); vgl. auch die Besprechungen von Schaffstein NStZ 89, 153, Küper JZ 89, 617, 935, Herzberg Jura 90, 16, Schumann NStZ 90, 32, ferner Roxin TuT 601.

93 In einem Urteil aus dem Jahre 1985 (BGH GA **86**, 508) befaßte sich der BGH mit einem vorgetäuschten Doppelselbstmord. Die Angeklagte wollte ihren Ehemann umbringen. Zu diesem Zweck schlug sie ihm vor, gemeinsam Selbstmord zu begehen, jedoch in der Absicht, selbst nicht von dem tödlichen Gift zu trinken. Nachdem ihr Ehemann den ersten Schluck getrunken hatte, weigerte sie sich, das Gift einzunehmen. Er erkannte jetzt die Täuschung und nahm noch einen weiteren Schluck aus der Flasche. Der BGH verurteilte die Angeklagte wegen mittelbarer Täterschaft, da sie die Herrschaft über den von ihr geplanten Geschehensablauf fest in der Hand behalten wollte und behalten hat. Darüber hinaus hat sie die länger andauernde depressive Phase ihres Ehemannes ausgenutzt und die Ausführung in allen Einzelheiten bestimmt; krit. hierzu Roxin TuT 597, Charalambakis GA 86, 485, Neumann JA 87, 244, Brandts/Schlehofer JZ 87, 442; zur Beteiligung bei Selbsttötung vgl. RN 35 ff. vor § 211).

93 a Mittelbare Täterschaft eines Tötungsdelikts durch Nichtvornahme der gebotenen künstlichen Ernährung eines unheilbar Kranken, nicht mehr entscheidungsfähigen Patienten soll vorliegen, wenn innerhalb bestehender Organisationsstrukturen (Krankenhaus) eine Anordnungsbefugnis gegenüber untergeordnetem, grundsätzlich weisungsgebundenem Pflegepersonal in Anspruch genommen wird (BGH **40** 266 f.). Bei der „wertenden Betrachtung des Gesamtgeschehens" werden einerseits die Grundsätze von BGH **35** 353 (o. 92) angeführt, andererseits – auch mit Blick auf einen ebenfalls vorliegenden Verbotsirrtum der Hintermänner – finden sich gewisse Bezüge zur „Organisationsherrschaft" nach BGH **40** 236 f., 316 (zu Recht krit. Roxin TuT 612, s. u. § 25 RN 25).

94 Eine Vielzahl von Entscheidungen des BGH, die wegen ihrer besonderen Problematik hier gesondert behandelt werden, beschäftigt sich mit der Abgrenzung von Täterschaft und Teilnahme bei dem **Handeltreiben mit** bzw. bei der **Einfuhr von Betäubungsmitteln** (§ 29 I Nr. 1 BtMG). Bedingt durch die vom BGH weit gefaßte Auslegung des Begriffs des Handeltreibens, wonach schon jede eigennützige, auf Umsatz gerichtete, auch einmalige oder bloß vermittelnde oder fördernde Tätigkeit ausreicht, ohne daß Besitz oder eine gesicherte Bezugsquelle für das Betäubungsmittel notwendig wäre (BGH NJW **94**, 2162, StV **92**, 516, **93**, 474, **95**, 524; krit. Paul StV 98, 623), und der unerlaubten Einfuhr (keine Eigenhändigkeit erforderlich [BGH NStZ **90**, 130, **93**, 137, 138]), wird tendenziell der Bereich der Teilnahme zugunsten einer *Einheitstäterschaft* verdrängt. Der BGH versucht, dem entgegen zu wirken, indem er im Rahmen einer wertenden Gesamtschau (StV **94**, 423) verstärkt subjektive Kriterien betont (vgl. Roxin StV 92, 518; and. Harzer StV 96, 336), wobei die Eigennützigkeit den Maßstab liefert. So wird häufig Täterschaft abgelehnt, wenn der Beteiligte einen relativ geringen, erfolgsunabhängigen Lohn vom Täter erhalten hat (BGH StV **98**, 587, 596 f.). Umgekehrt kommt Mittäterschaft umso eher in Betracht, je mehr der Täter vom Erfolg profitiert und die Herrschaft über die Tat bei ihm liegt (BGHR BtMG § 30 a II Urteilsformel **1**).

95 Zur **Mittäterschaft** des Handeltreibens iSd § 29 BtMG gelangt der BGH in folgenden Fällen: In NJW **79**, 1259 wird entscheidend auf die Einflußmöglichkeiten bei der Durchführung sowie ein unmittelbares eigenes Interesse am Erfolg der Kuriertätigkeit abgestellt (vgl. auch BGH NJW **91**, 305, MDR/H **91**, 106, NStZ **94**, 92, BGHR BtMG § 30 a II Urteilsformel **1**). Im Fall eines Ankaufs von Drogen im Ausland, Schmuggeln-lassen ins Inland und dortige Empfangnahme war für Mittäterschaft entscheidend, daß die Tat maßgebend vom Willen des Initiators abhing und auch von ihm finanziert wurde (BGH StV **86**, 384; vgl. auch BGH NStZ **90**, 130, **93**, 137). Der 3. Senat des BGH hat hingegen stärker den Einfluß des Kuriers akzentuiert (Mittäter), obwohl dieser „nur unter dem Einfluß und in Gegenwart des Mittäters in dessen Interesse" handelte (BGH **38** 315 m. Anm. Wiegmann JuS 93, 1003) bzw. „nur aus Gefälligkeit" gegenüber dem Beifahrer handelte (BGH NStZ **93**, 138; vgl. aber auch BGH NStZ/S **92**, 323 FN 42), BGHR BtMG § 29 Abs. 1 Nr. 1 Einfuhr **34**, BtMG § 29 Abs. 1 Nr. 3 Besitz **4**, NStE § 29 BtMG **83** [Alleingewahrsam als entscheidendes Indiz]. Für die Tatherrschaft ist mitentscheidend, in welchem Umfang der Beteiligte in Planung und Durchführung des Transports einbezogen war, so daß ein Minus an Einflußnahme bei der Einfuhr ausgeglichen werden kann. Ausdrücklich am Merkmal des Tatinteresses festhaltend und damit in Fällen nicht eigenhändig vorgenommener Einfuhr die (Mit-)Täterschaft begründend aber BGH NStZ **93**, 137.

In folgenden Fällen hat der BGH hingegen nur **Beihilfe** angenommen: In NStZ 81, 394 lehnte der **96** BGH in einer bloßen Vermittler- und Überbringertätigkeit zwischen den eigentlichen Partnern des Heroingeschäfts nicht den für Täterherrschaft erforderlichen Eigennutz ab. Ähnlich stellte BGH (NStZ **82**, 243) in den Vordergrund, daß auch bei vorhandenem Tatinteresse Täterschaft ausscheidet, wenn der Angeklagte im Vorbereitungsstadium lediglich vermittelnd und im Ausführungsstadium gar nicht mehr mitgewirkt hat (vgl. BGH StV **85**, 106). Ähnlich ließ der BGH die Entlohnung für Kurierfahrten beim Handeltreiben mit Betäubungsmitteln für Mittäterschaft nicht ausreichen, wenn der Lohn erfolgsunabhängig war (BGH NStZ **84**, 413, JZ **85**, 100 m. Anm. Roxin StV 85, 278, 93, 474; and. aber NStZ/S **92**, 323 FN 41, StV **98**, 587 f., **98**, 596 f., **98**, 597 f., **99**, 427). In einigen Entscheidungen stellt der BGH fest, daß nicht jedes Eigeninteresse auch finanzieller Natur den erforderlichen Eigennutz begründet (BGH NStZ-RR **96**, 374, **97**, 86 f.) Insbesondere der bloße Eigenkonsum wird oft nicht in der Lage sein, das Eigeninteresse zu bejahen (BGH StV **94**, 422 f.). Auch ein Angeklagter, der lediglich auf Drängen seiner Begleiter, die Haschisch schmuggeln wollten, als Vorreiter die Grenze passierte und gegebenenfalls warnen sollte, wurde lediglich als Gehilfe verurteilt (BGH StV **83**, 461, vgl. auch BGH StV **85**, 14). In BGH StV **84**, 286 ging es um den Fall, daß zwei Angeklagte jeweils für ihren Eigenbedarf Heroin ankauften und in ihrem Körper über die Grenze schmuggelten. Das Gericht verurteilte beide hinsichtlich der Einfuhr des jeweils anderen als Gehilfen, da das Interesse der wesentliche Gesichtspunkt bei der Annahme der Mittäterschaft darstelle und es nicht ersichtlich sei, inwiefern der eine Angeklagte an dem Heroin des anderen interessiert gewesen sein solle. Im Rahmen einer Vermittlertätigkeit gelegentlich eigenhändig durchgeführte Verkäufe begründen nach Düsseldorf (StV **92**, 15) keine (Mit-)Täterschaft, wenn der Betreffende keine wesentlichen Entscheidungsbefugnisse hatte und nicht am Gewinn beteiligt war (vgl. auch BGH StV **99**, 436). Ebenso entschied der BGH (StV **92**, 232) für einen Angeklagten, der von einem Dritten überlassene Betäubungsmittel für diesen verkaufte und den Erlös mit diesen weiterleitete. Mit dem Willen zur Tatherrschaft über die Einfuhrhandlung setzt sich BGH NStZ **92**, 339 auseinander und verneint eine Mittäterschaft, wenn jemand lediglich Geld für den Erwerb im Ausland zur Verfügung stellt und auf die Ankunft des Rauschgiftes wartet. Ebenfalls als Teilnehmer wurde bestraft, wer nur nebensächliche Handlungen, wie zB das Verpacken von Heroinklumpen, vorgenommen hatte, da diese Tätigkeiten eine völlig untergeordnete Rolle darstellen und zur Annahme von Täterschaft in der Regel nicht genügen (BGH NStE § 29 BtMG **34**). Beihilfe liegt ebenfalls nahe, wenn sich der Tatbeitrag in der Lieferung von Chemikalien und anderen Gegenständen zur Herstellung des Rauschgiftes erschöpft (BGH NStZ **94**, 92). Für Beihilfe ausreichend sieht der BGH schon an, wenn der Gehilfe dem Täter ein Gefühl von Sicherheit vermitteln will (BGH StV **94**, 422, NStE § 29 BtMG **29** Beweiswürdigung **15**, StV **97**, 591, **98**, 598). Allerdings wird auch in diesen Fällen verlangt, daß die Gehilfenhandlung die Tat konkret erleichtert oder gefördert hat (BGH NStZ **98**, 517 f.). Daß dies aber nicht im Sinne echter Gehilfenkausalität (vgl. § 27 RN 7) zu verstehen ist, zeigt sich nicht zuletzt in einer Entscheidung, in der der BGH Beihilfe auch dann noch für möglich erachtete, obwohl das Betäubungsmittel schon polizeilich sichergestellt war (BGH NJW **94**, 2162 mit abl. Anm. Harzer StV 96, 336, Krack JuS 95, 585, ähnl. BGH StV **92**, 516, **92**, 517 mit abl. Anm. Roxin StV 92, 518).

Eine Reihe weiterer Entscheidungen befassen sich mit der Abgrenzung von Täterschaft und Teil- **97** nahme bei **Steuerhinterziehungen.** Jedenfalls in der Begehungsform des § 370 I Nr. 1 AO ist Steuerhinterziehung kein Sonderdelikt, so daß Täter auch sein kann, wer selbst weder Steuerschuldner noch sonst Steuerpflichtiger in bezug auf die verkürzte Steuer ist (BGH wistra **90**, 147 mwN). Als Mittäter wurde zB ein Angeklagter verurteilt, der in einem Unternehmen, das auf die Begehung von Steuerstraftaten angelegt war, falsche Steuererklärungen unterzeichnet hat, obwohl er im übrigen nach seiner Stellung im Betrieb eher eine untergeordnete Rolle spielte (Urteil vom 24. 9. 86 – 3 StR 336/86); vgl. in diesem Zusammenhang auch BGH NStZ **87**, 224, **86**, 463, wistra **88**, 261, MDR/S **92**, 212 und Düsseldorf wistra, NStZ **89**, 370, **88**, 119. Dabei kann der Steuerberater, der an Vortaten des Steuerpflichtigen nicht beteiligt war, auch dann wegen in Mittäterschaft mit dem Steuerpflichtigen begangener versuchter Steuerhinterziehung strafbar sein, wenn sich diese für den Steuerpflichtigen selbst als straflose Nachtat darstellt (BGH wistra **93**, 302 f.). Zur mittelbaren Täterschaft bei Steuerdelikten vgl. Braunschweig NJW **97**, 3254, Maier MDR 86, 358. Zur mittelbaren Täterschaft bei Parteispenden vgl. Wüllenkemper wistra 89, 46.

E. Täterschaft und Teilnahme an Unterlassungsdelikten und Beteiligung durch Unterlassen

Besonderer Erörterung bedarf die Frage, in welchem Umfang eine Teilnahme am Unterlassungs- **98** delikt und in welcher Weise eine Beteiligung durch Unterlassen an der Straftat eines anderen möglich ist.

I. An Unterlassungsdelikten ist Teilnahme möglich, und zwar Anstiftung uneingeschränkt, Bei- **99** hilfe regelmäßig nur in der Form psychischer Beihilfe (Bestärkung des Entschlusses); physische Beihilfe ist zwar auch denkbar, zB wenn dem Unterlassungstäter Schlaftabletten besorgt werden, damit er sich handlungsunfähig macht, um seiner Pflicht nicht nachkommen zu können, entfällt jedoch meistens mangels Kausalität (vgl. RG **27** 158, **48** 21, **51** 41, **77** 269, BGH **14** 280, B/W-Weber 668, Kühl 775,

Vorbem §§ 25 ff. 100–102   Allg. Teil. Die Tat - Täterschaft und Teilnahme

M-Gössel II 327 ff., Roxin TuT 510 ff., 525, Kielwein GA 55, 228 ff., eingeh. Stree GA 63, 1 ff.). Da in diesen Fällen der Teilnehmerbeitrag in einem positiven Tun besteht, gelten nicht die Regeln der Unterlassungsdelikte, sondern die der Begehungsdelikte; eine Pflicht zum Handeln braucht daher den Teilnehmer nicht zu treffen. Denkbar ist auch eine Teilnahme am Unterlassungsdelikt durch Unterlassen (der Aufsichtspflichtige unterläßt es, den zu Beaufsichtigenden zur Erfüllung seiner Handlungspflicht anzuhalten); vgl. dazu u. 101 ff.

100 Abweichend leugnen Kaufmann Unterlassungsdelikte 190 ff., 317 und Welzel 206 f. die Möglichkeit einer Teilnahme an Unterlassungsdelikten und wollen insoweit beim „Teilnehmer", der positiv handelt, die Grundsätze der Täterschaft durch Begehung anwenden. So soll der Nichthandlungspflichtige, der einen Hilfspflichtigen auffordert, einem Ertrinkenden keine Hilfe zu leisten, Täter eines Tötungsdelikts sein, und wegen Beihilfe zu der geplanten Tat soll strafbar sein, wer den Anzeigepflichtigen von der Verbrechensanzeige „abstiftet". Dem kann aus dogmatischen wie aus praktischen Gründen nicht gefolgt werden. Auch bei einem Unterlassungsdelikt kann der Entschluß, nicht tätig zu werden, vorhanden sein und somit durch den Anstifter hervorgerufen werden. Daß das Willenselement des Vorsatzes den Verwirklichungswillen zum Inhalt hat, daher also bei Unterlassungsdelikten, bei denen nichts verwirklicht wird, ein solcher Wille denkunmöglich sei (Kaufmann aaO 73 ff., 110 ff., Welzel 201), ist eine petitio principii (dagg. auch Stree GA 63, 5, Meyer MDR 75, 286). Vor allem stehen aber praktische Bedenken entgegen. Sie muß bei solchen Tatbeständen, bei denen das Gesetz Handeln und Unterlassen gleich behandelt, zur Straflosigkeit des Anstifters führen, wenn diesem die Täterqualitäten fehlen. Veranlaßt zB A den Vermögensverwalter B, das Vermögen von dessen Auftraggeber durch positive Handlung zu benachteiligen, so haftet A wegen Anstiftung zu § 266. Würde dagegen A den B zur Unterlassung einer vermögenserhaltenden Maßnahme veranlassen, so müßte A, da er nicht Täter des § 266 sein kann, straflos bleiben. Weitere Einwände vgl. 25. A.

101 II. Zweifelhaft ist, ob eine **Teilnahme durch Unterlassen** in der Weise möglich ist, daß die Nichtverhinderung strafbarer Handlungen, die durch positives Tun begangen werden, teils als täterschaftliche Begehung durch Unterlassen, teils als bloße Beihilfe zu der anderen Straftat qualifiziert werden kann (vgl. Schwab aaO 22, 39 f., Sowada Jura 86, 399, ferner Sánchez-Vera aaO 62 ff.). Einige Meinungen im Schrifttum lehnen eine derartige Differenzierung gänzlich ab und befürworten eine generelle Zuordnung des Untätigbleibens zu einer bestimmten Beteiligungsform (vgl. Übersicht bei Schwab aaO 63 ff.). Nach einer Ansicht kommt dem Tatbeitrag eines gegen einen vorsätzlich handelnden Begehungstäter nicht einschreitenden Garanten grundsätzlich nur die Bedeutung einer *Beihilfe* zu; die Tatherrschaft gehe erst auf den Unterlassenden über, wenn der Handelnde das Geschehen nicht mehr beherrsche (Jescheck/Weigend 696, Kühl 757 f., Ranft ZStW 94, 828 ff., 845 f., Gallas JZ 52, 371; 60, 687, Lackner/Kühl § 27 RN 5). Zur Annahme regelmäßiger *Täterschaft* des Unterlassenden gelangt die Literaturansicht, die die Unterlassungsdelikte der Gruppe der sog. Pflichtdelikte zuordnet und der Garantenstellung täterschaftskonstituierende Wirkung beimißt (Roxin TuT 458 ff., LK § 25 RN 206, Rudolphi SK 37 vor § 13, vgl. auch zu Stratenwerth 1079 ff.; krit. Sánchez-Vera aaO 49 ff.). Ein Teil der Rspr. und Lehre läßt die Unterscheidung nach Täter- und Teilnehmer*willen* (in dieser Richtung zB RG **58** 247, **64** 275, **66** 74, BGH **2** 151, **4** 21, **13** 166, **27** 12, VRS **18** 415, LM **Nr. 10** vor § 47, NJW **66**, 1763, StV **86**, 59 m. Anm. Arzt StV 86, 337 u. Ranft JZ 87, 908, NJW **92**, 1247 m. Anm. Seelmann StV 92, 416, Bay VRS **60** 188; vgl. auch BGH **19** 167 m. Anm. Schröder JR 64, 227, Seelmann AK § 13 RN 94) oder aber nach *Tatherrschafts*kriterien (M-Gössel II 328 f., Kielwein GA 55, 227, W-Beulke 734, vgl. auch Busse aaO 253 ff.) maßgeblich sein. In letzter Hinsicht soll insb. entscheidend sein, ob ein Einschreiten gegen eine Handlung des Täters erforderlich war (Beihilfe) oder aber gegen die von diesem bereits in Gang gesetzte Kausalkette (Täterschaft; Gallas JZ 60, 686 f.). Diese Auffassungen sind aus folgenden Gründen abzulehnen:

102 Die Differenzierung zwischen Täterschaft und Teilnahme ist auf positive Handlungen zugeschnitten und findet bei Unterlassungen keine Parallele. Wer den Mörder an seiner Tat nicht hindert, „hilft" ihm nicht, sondern unterläßt die Abwendung des Deliktserfolgs (vgl. auch Kaufmann aaO 295). Die **Unterlassung**, gegen deliktische Angriffe einzuschreiten, ist daher ebenso wie die Unterlassung, Gefahren anderer Art von dem bedrohten Rechtsgut abzuwenden, eine **eigenständige Form** strafrechtlich relevanten Verhaltens, also bestenfalls ein analoger Sachverhalt zu Täterschaft und Teilnahme (Grünwald GA 59, 110, Stratenwerth 1076 f.). Das gilt für alle Unterlassungen, gleichgültig, ob es sich um die Nichtabwendung von rechtswidrigen Taten oder sonstigen Gefahren für ein Rechtsgut handelt, dem gegenüber dem Unterlassenden eine Schutzpflicht obliegt. Da jedoch das StGB keine Regeln für eine solche Form strafrechtlicher Verantwortlichkeit enthält, bleibt keine andere Lösung, als sie dennoch einer der beiden Kategorien Täterschaft oder Teilnahme zuzuordnen und in Kauf zu nehmen, daß aufgrund der strukturellen Unterschiedlichkeit nur eine sinngemäße Übertragung in Frage kommen kann. Freilich kann es dabei keine für alle Fälle einheitliche Lösung geben, wie dies Grünwald GA 59, 112 ff. und Kaufmann aaO 291 ff. annehmen. Es ist weder möglich, ausschließlich Täterschaftsregeln anzuwenden, noch können hier in jedem Fall Beihilfegrundsätze maßgeblich sein. Gegen ersteres spricht, daß damit auf den Täter begünstigende Differenzierung, die bei positivem Tun über § 27 eine Strafmilderung vorschreibt und bei nur versuchter Beihilfe zur Straflosigkeit führt, verzichtet werden müßte, was zu einer wesentlich strengeren Behandlung im Bereich der Unterlassungsdelikte führen würde (and. Grünwald GA 59, 116, Kaufmann aaO 293, die einen Versuch hier immer für strafbar halten). Gegen die schematische Übertragung von Beihilferegeln spricht hingegen, daß in keineswegs allen der hier in Betracht kommenden Fälle eine obligatorische Strafmilderung wie bei § 27 gerechtfertigt ist. So ist der kriminelle Gehalt des Verhaltens der Mutter, die ihr Kind verhungern läßt, im Vergleich zur Herbeiführung dieses Erfolges durch positives Tun nicht generell schon deshalb geringer, weil ihr hier „nur" ein Unterlassen vorgeworfen wird (vgl. Roxin TuT 465, Sánchez-Vera aaO 149 f., Schwab aaO 74, Welzel 222). Auch das Gesetz selbst setzt in vielen Fällen (zB §§ 123, 225, 266 und zahlreichen Amtsdelikten) das Unterlassen dem positiven Tun gleich, woraus gleichfalls der Schluß zu ziehen ist, daß das Unterlassen in seinem Unwertgehalt nicht schlechthin hinter dem des vergleichbaren Tuns liegt, was auch durch die nur fakultative Strafmilderungsmöglichkeit des § 13 II zum Ausdruck kommt.

Erforderlich ist vielmehr, auch innerhalb der Unterlassungsdelikte zwischen den Fällen zu unterscheiden, die wertmäßig dem Bereich der Täterschaft, und solchen, die dem Bereich der Beihilfe zuzuweisen sind (zust. Schwab aaO 113), und zwar mit dem Ergebnis, daß bald die für die Täterschaft geltenden Regeln, bald Beihilferegeln eingreifen. Grundlage für eine Differenzierung bildet zunächst § 13. Als Erfolg, den es abzuwenden gilt, kommt für § 13 nicht nur ein Erfolg iS eines Erfolgsdelikts (Schaden, konkrete Gefährdung), sondern auch die rechtswidrige Tat eines anderen als solche in Betracht (vgl. § 13 RN 3). Das Kriterium für eine solche Differenzierung kann jedoch nicht der Gesichtspunkt der Tatherrschaft sein, weil die hier allein in Betracht kommende potentielle Tatherrschaft schon Voraussetzung dafür ist, daß überhaupt eine Erfolgsabwendungspflicht besteht (vgl. Gallas JZ 60, 651, 686). Ebensowenig kann die Entscheidung, wie besonders BGH 13 162 (Tötung auf Verlangen durch Unterlassen) zeigt, vom Vorliegen eines Täter- oder Gehilfenwillens abhängen (vgl. Roxin TuT 483 ff.). Maßgeblich sind vielmehr – auf der Grundlage des jeweiligen Tatbestandes – Qualität und Inhalt der Pflicht, die der Täter durch sein Unterlassen verletzt (Eser II 66, Herzberg TuT 82 ff., Herzberg/Amelung JuS 84, 938, vgl. auch Jakobs 844 ff., der iE teilweise vergleichbar zwischen „Pflichten institutioneller Zuständigkeit" und „Pflichten kraft Organisationszuständigkeit" unterscheidet sowie [weiter diff.] Sánchez-Vera aaO 58 ff.. Vgl. aber auch die Kritik bei Jakobs 799, Roxin TuT 703). Daraus ergibt sich für Allgemeindelikte: **103**

1. Hat der Unterlassende aufgrund **besonderer Beziehung zu dem geschützten Rechtsgut** für **104** dessen Bestand einzustehen, so gelten **Täterschaftsregeln**, wenn er es pflichtwidrig unterläßt, einen deliktischen Angriff auf das Rechtsgut abzuwenden (vgl. Eser II 66, Gropp 355, Herzberg TuT 82 f., Seier JA 90, 383, vgl. auch Kühl 757; krit. Arzt JA 80, 559, Jakobs 799, Nestler GA 94, 527, Ransiek aaO [u. 118] 52, Saal, Jura 96, 481, Seelmann AK § 13 RN 92; and. [Beihilfe] zB Jescheck/Weigend 696, Lackner/Kühl § 27 RN 5, Ranft ZStW 94, 858 f.; vgl. aber auch Gallas JZ 52, 372 u. 60, 687 Anm. 69, Schmidhäuser I 420 f., die hier Täterschaft jedenfalls nicht völlig ausschließen). Dies gilt zB, wenn der Vater die Vergiftung seiner Kinder durch die Mutter nicht verhindert (and. BGH MDR/D **57**, 266: Beihilfe) oder wenn die Mutter gegen eine strafbare Schwangerschaftsunterbrechung ihrer Tochter nicht einschreitet (and. RG **72** 373: Beihilfe trotz Anerkennung einer Garantenstellung gegenüber der Leibesfrucht). Es besteht hier insoweit kein Unterschied zu den Fällen, in denen die Gefahr für das Rechtsgut von Naturgewalten oder einem nicht verantwortlich Handelnden droht, da es, was den Unwert des Unterlassens betrifft, nichts ausmacht, ob zB der Vater sein Kind vor den Angriffen eines Tieres oder eines Menschen nicht rettet (vgl. auch Kaufmann aaO 296 f., Grünwald GA 59, 115). Das hiergegen vorgebrachte Argument (vgl. Gallas aaO), daß Naturgewalten eher beherrschbar seien als menschliches Handeln, ist in dieser Allgemeinheit nicht richtig (ebso Frisch, Tatbestandsmäßiges Verhalten 251). Ebensowenig macht es einen Unterschied, ob der Unterlassende vor oder nach dem Zeitpunkt nicht einschreitet, in dem der positiv handelnde Täter alles zur Tatbestandsverwirklichung Erforderliche getan hat. Verhindert daher zB der Vater nicht, daß seinem Kind von einem Dritten in Tötungsabsicht Gift beigebracht wird, so gelten ebenso Täterschaftsregeln, wie wenn er nichts unternimmt, nachdem das dem Kind schon eingegeben, der Erfolg jedoch noch abwendbar ist (Kaufmann aaO 296; and. Kielwein GA 55, 227, Gallas JZ 60, 687). Da der Unterlassende in diesen Fällen sämtliche Voraussetzungen des Deliktstatbestands in seiner Person und in seinem Verhalten erfüllt, kommt es ferner nicht darauf an, ob er die Tat des anderen als „fremde" oder als „eigene" will (vgl. o. 58 f.; and. RG **58** 247, **64** 275, **66** 74, BGH **2** 151, **4** 21, **13** 166, VRS **18** 416, LM **Nr. 10** vor § 47, wo auf die „Willensrichtung" oder den „Täterwillen" des Unterlassenden abgestellt wird, NJW **66**, 1763; and. wohl auch BGH **40** 268, NJW **51**, 205). Ebensowenig kann sich ein Garant seiner täterschaftlichen Verantwortlichkeit durch eine Beteiligung an einem Delikt gegen das zu schützende Rechtsgut entziehen.

Trotz einer Garantenstellung der hier genannten Art gelten jedoch nur **Beihilferegeln**, wenn die **105** Möglichkeit einer Täterschaft am Mangel der vom Tatbestand vorausgesetzten **Absicht** oder **Täterqualität** oder daran scheitert, daß das Delikt nur **eigenhändig** begangen werden kann (vgl. KG JR **56**, 150, Hamm VRS **15** 288, Roxin TuT 479 ff., Stratenwerth 1079). So ist zB bei einer Mitwirkung am Meineid ein Unterlassen nur in Form der Beihilfe denkbar, ebenso beim Diebstahl, wenn der Unterlassende selbst keine Zueignungsabsicht hat. Zu beachten ist jedoch, daß auch hier die Akzessorietätsregeln nicht ohne weiteres übertragen werden können. Dies ergibt sich daraus, daß der Unterlassende nur insoweit zur Verantwortung gezogen werden kann, als er Garant des verletzten Rechtsguts ist. Wer zB nur zum Schutz fremden Eigentums angestellt ist, ist nur wegen Beihilfe zum Diebstahl, nicht aber wegen Beihilfe zur Nötigung oder Körperverletzung strafbar, wenn er es geschehen läßt, daß der Haupttäter bei der Wegnahme gegenüber dem Eigentümer Gewalt anwendet (vgl. dazu auch Kaufmann aaO 297 ff.)

106 2. Daneben stehen die Fälle, in denen eine Handlungspflicht nicht wegen der besonderen Beziehung des Unterlassenden zu dem verletzten Rechtsgut besteht, seine Pflicht sich vielmehr darauf erstreckt, aber auch darin erschöpft, **deliktische Angriffe von bestimmten Personen zu verhindern, für die er besonders verantwortlich ist** (vgl. § 13 RN 51 ff.). Hier kommt wegen der qualitativ anderen Rechtspflicht grundsätzlich nur eine Bestrafung nach **Beihilferegeln** in Betracht (and. BGH NJW **66**, 1763 für Inhaber einer Gaststätte). So werden zB Eltern oder Lehrer nur wegen Beihilfe bestraft, wenn sie vorsätzlich begangene, rechtswidrige Taten ihrer minderjährigen Kinder oder Schüler nicht verhindern, ebenso ein Gefangenenaufseher, wenn er die von ihm zu beaufsichtigenden Gefangenen nicht an der Begehung von Diebstählen hindert (RG **53** 292, vgl. Heine Verantwortlichkeit 117), oder uU ein Schiffsoffizier, wenn er den Schmuggel seiner Mannschaft duldet (RG **71** 176); vgl. ferner zB RG **69** 349, BGH NJW **66**, 1763, vgl. auch Heine aaO 116, Jescheck/Weigend 628, 696). Eine Ausnahme (Täterschaft) gilt, wenn die zu beaufsichtigende Person nicht schuldhaft handelt (zB kleines Kind, Geisteskranker, vgl. Frisch, Tatbestandsmäßiges Verhalten 363 f.) oder sonst die Voraussetzungen der mittelbaren Täterschaft gegeben sind (vgl. u. § 25 RN 6 ff., RN 25 zu Organisationsbezügen); eine weitere – gesetzliche – Ausnahme enthält zB § 357, der die in dem wissentlichen Geschehenlassen von strafbaren Handlungen Untergebener liegende Beihilfe als Täterschaft bestraft (vgl. § 357 RN 7 f.). Gemeinsam ist allen diesen Fällen jedoch, daß der Aufsichtspflichtige nur zur Verhinderung der strafbaren Handlung verpflichtet und daher zB wegen Beihilfe nur strafbar ist, wenn er die Begehung eines vorsätzlichen Delikts nicht verhindert. Beschränkt sich sein Unterlassen dagegen darauf, daß, nachdem der zu Beaufsichtigende schon alles zur Tatbestandsverwirklichung Erforderliche getan hat, lediglich den Erfolgseintritt nicht verhindert, so ist er ggf. nur nach § 323 c strafbar, es sei denn, er würde es unterlassen, den zu Beaufsichtigenden zur noch möglichen Erfolgsabwendung anzuhalten. Eine weitere Ausnahme gilt in diesem Falle, wenn der Aufsichtspflichtige die Begehung der deliktischen Handlung dadurch ermöglicht, daß er vorsätzlich den Täter nicht genügend beaufsichtigt hat; hier ist ebenfalls Beihilfe zu dem betreffenden Delikt anzunehmen. So ist zB der Vater wegen Beihilfe zu §§ 211 ff. strafbar, wenn er nicht verhindert, daß sein minderjähriger Sohn einen Dritten tötet (vgl. § 13 RN 51 f.); kommt er dagegen erst hinzu, nachdem das Opfer schon verletzt ist, und unterläßt er die noch mögliche Rettung, so ist er nicht als Gehilfe strafbar, es sei denn, daß er die Tat des Sohnes durch eine pflichtgemäße Beaufsichtigung hätte verhindern können oder daß er ein unechtes Unterlassungsdelikt des Sohnes (etwa nach dessen vorangegangenen Tun) nicht verhinderte. Auch hier kommt nur eine Haftung wegen Beihilfe und nicht wegen Täterschaft in Frage, weil anderenfalls der Umfang der strafrechtlichen Reaktion größer sein würde als bei einer Förderung des Deliktes durch positive Handlungen; auch im letzteren Fall wird das Verhalten nicht deswegen Täterschaft, weil der Gehilfe die Möglichkeit gehabt hätte, den vom Haupttäter in Gang gesetzten Kausalverlauf später aufzuhalten.

107 Wie bei der versuchten Beihilfe ist der Versuch auch hier nicht strafbar, so wenn der Aufsichtspflichtige nicht einschreitet in der irrigen Annahme, der zu Beaufsichtigende wolle vorsätzlich eine rechtswidrige Tat begehen.

108 Entsprechende Grundsätze gelten, wenn sich die Pflicht zur Verhinderung strafbarer Handlungen aus der **Verantwortlichkeit** für **Sachen** oder einen bestimmten **räumlichen Herrschaftsbereich** ergibt, wobei vorrangig Inhalt und Umfang dieser Sicherungspflichten festzulegen sind (dazu § 13 RN 54). Bei der Wohnung als solcher müssen jedenfalls besondere Umstände, etwa eine besondere Eignung zur Durchführung von Straftaten, hinzutreten (BGH **30** 396, NJW **93**, 76, StV **93**, 26, Rudolphi SK 37 vor § 13). Derartige besonderen Umstände werden aber auch in der ehelichen Wohnung gesehen, so daß der Ehemann wegen Beihilfe zur Abtreibung strafbar sein soll, wenn er Abtreibungshandlungen seiner Frau in der ehelichen Wohnung nicht verhindert (BGH GA **67**, 115, hier 25. A.; zu Recht krit. Frisch, Tatbeständsmäßiges Verhalten 362 f., Kühl 642). Auch bei der Überlassung sicherungspflichtiger Gegenstände kann Beihilfe vorliegen, so kann zB der Eigentümer eines Gewehrs wegen Beihilfe zu §§ 211 ff. strafbar sein, wenn er zuläßt, daß dieses von einem anderen zur Tötung eines Dritten benutzt wird; hat der Täter den Schuß dagegen bereits abgegeben, so trifft ihn keine über § 323 c hinausgehende Haftung (vgl. BGH **11** 356), es sei denn, daß er die Benutzung des Gewehrs pflichtwidrig ermöglicht hat; vgl. hierzu auch § 15 RN 148 f.

109 3. Besondere Probleme tauchen bei den Pflichten aus **vorangegangenem Tun** auf, durch welches einem Dritten die Begehung eines Delikts ermöglicht und damit eine Gefahr für das bedrohte Rechtsgut geschaffen wird (vgl. hierzu Welp, Vorangegangenes Tun usw. [1968] 274 ff., ferner Frisch, Tatbestandsmäßiges Verhalten 244 ff.). Hierher gehört zB der Fall, daß A eine Waffe an B verkauft und später erfährt, daß B damit eine Tötung begehen will. Sicher ist zunächst, daß A, wenn er die Tötung nicht verhindert, nicht als Täter bestraft werden kann. Dies ergibt sich daraus, daß A auch dann, wenn er die Tötungsabsicht des B schon beim Verkauf gekannt hätte, allenfalls wegen Beihilfe (durch positives Tun), nicht aber wegen Täterschaft bestraft werden könnte, da der Gehilfe, der die Tat aktiv gefördert hat, nicht dadurch in die Rolle eines Täters aufrückt, daß er es unterläßt, den Haupttäter an der Ausführung der Tat zu hindern bzw. nach Ausführung der Tat den Deliktserfolg abzuwenden, (eingeh. Welp aaO 281, Sánchez-Vera aaO 41, vgl. auch Gallas JZ 60, 686, Grünwald GA 59, 113, Rudolphi, Unterlassungsdelikte, 146). Aber auch eine Bestrafung wegen Beihilfe ist zu verneinen, da dies in derartigen Fällen zu einer in ihren Konsequenzen unübersehbaren Erweiterung der Haftung aus dem Gesichtspunkt des vorangegangenen Tuns führen würde (vgl. auch Welp aaO 290 f., Rudolphi SK § 13 RN 40, trefflich „soziale Verklumpung" befürchtend Jakobs GA 97, 562). Eine Ausnahme ist nur dann anzuerkennen, wenn das eigene vorangegangene Tun pflichtwidrig war (zB A hätte erkennen müssen, daß B eine Tötung begehen will, vgl. auch Jakobs GA 96, 264). Hier ist A wegen Beihilfe zu bestrafen, wenn er es unterläßt, die Tötung zu verhindern; eine uU gleichzeitig begangene fahrlässige Tötung durch den Verkauf der Waffe tritt hinter die Beihilfe zurück (and. Rudolphi aaO 142 ff.). Vgl. im übrigen § 15 RN 148, 154.

4. Besondere Schwierigkeiten stellen sich bei Täterschaft/Teilnahme in **Betrieben** und **Unternehmen**, insbesondere wenn es um komplexe Organisationsformen und systemische Prozesse geht. Diese Schwierigkeiten rühren u. a. daher, daß Art und Inhalt der Pflichten und deren Einlösbarkeit umstritten und dogmatisch nicht hinreichend geklärt sind (vgl. zuerst Schünemann, Unternehmenskriminalität 62 ff. sowie zB Achenbach Coimbra-Symposium 296, Bottke wistra 91, 85, Goll/Winkelbauer aaO 759 ff., Heine Verantwortlichkeit 108 ff., Neudecker aaO 86 ff., Ransiek aaO 51 ff., Rotsch aaO 187 ff., Schlüchter Salger-FS 148 ff.). Überwiegend konsentiert ist jedoch, daß *subjektive Täterlehren* (58 f. vor § 25) im Grunde unergiebig sind. Denn ein Wille zur Tatherrschaft ist weder in der Führungsetage anzutreffen – dort ist man idR nur an einem bestimmten Ergebnis, nicht aber an der Art und Weise seiner Herbeiführung interessiert – noch bei Aufsichtspersonen im mittleren Management, die gerade durch mangelnde Aufsicht das Fehlen eines Tatherrschaftswillen dokumentieren (zutr. Winkelbauer Lenckner-FS 654 mwN). **109 a**

a) Ein Grundmangel ist, daß vielfach nicht hinreichend differenziert wird sowohl zwischen der Art des Betriebs als auch der Art der in Frage stehenden Risiken. Denn die für Täterschaft im Unterlassungsbereich erforderliche gesteigerte Verantwortung läßt sich prinzipiell nicht ohne Berücksichtigung von Tatbestand und Organisationsstrukturen festlegen (vgl. auch 24 ff. vor § 324). Dies wäre dann anders, wenn eine allgemeine Pflicht von Führungspersonen bestünde, Straftaten der Untergebenen zu verhindern (vgl. BGH 37 117 ff., dem [mE zu Unrecht] der Sache nach eine entsprechende Pflicht subintelligiert wird [Nachw. o. § 13 RN 52], schwBGE **96** IV 155, Karlsruhe GA **71**, 283, Schünemann, Unternehmenskriminalität 101 ff., Tiedemann, Freiburger Begegnungen [RN 118] 45, vgl. auch Bottke wistra 91, 85 ff.; krit. zB Heine Verantwortlichkeit 116 ff, Lütolf aaO [RN 118] 72, Otto Jura 98, 413). Soweit auf dieser Grundlage zwingend Täterschaft des unterlassenden Prinzipals angenommen wird (zB Schünemann aaO), wird jedoch nicht bloß das Prinzip der Eigenverantwortung hintangestellt, sondern es werden auch die gesetzlichen Teilnahmevorschriften ausgespielt (vgl. Rotsch aaO 168 f., Sánchez-Vera aaO 41). Die so begründete Unterlassungsverantwortung zeitigt einen Einheitstäter, ungeachtet der hier als maßgeblich erachteten Herkunft der Pflichten und der Gewichtigkeit des geforderten Beitrags im Einzelfall. **109 b**

b) Sieht man dagegen den dogmatischen Ausgangspunkt zutreffend in der besonderen Verantwortung für betriebliche Gefahrenquellen (Frisch Tatbestandsmäßiges Verhalten 359, Heine Verantwortlichkeit 118 ff., Jescheck LK § 13 RN 45, Krauß Plädoyer 1/1989, 44, Rudolphi SK § 13 RN 35 a, Tiedemann NJW 86, 1845, Vest SchwZStr 105,300 ff., vgl. o. § 13 RN 43 mwN), so kann eine Teilnahme in Kleinbetrieben entsprechend den Grundsätzen o. RN 108 uU vorliegen. Es geht dann in *einfach strukturierten Personenverhältnissen* um die Zuständigkeit als Beteiligter für betriebsbezogene Straftaten, die infolge besonderer betrieblicher Gelegenheiten eigenverantwortlich durchgeführt und vom Prinzipal vorsätzlich nicht verhindert werden. Mittelbare Täterschaft (durch Unterlassen) ist aber möglich, so wenn es etwa um ein Sonderdelikt geht und dem Vordermann die verlangte Qualifikation fehlt, zB bei § 327 (u. 28 c vor § 324, vgl. auch § 25 RN 18 f., vgl. weitergehend iE BGH NJW **98**, 769, zu dieser Organisationsherrschaft u. § 25 RN 25). **109 c**

c) Soweit dagegen nicht einfache Personal- und Betriebsstrukturen, vergleichbar mit fixen Gefahrquellen wie Wohnungen und Waffen, Thema sind, sondern *komplexe Organisationsverhältnisse* mit funktional differenzierten personalen Kompetenzen, ergibt das vom Strafrecht geforderte Organisationssoll den Maßstab. Im Vergleich zu linearen, überschaubaren Einheiten, bei denen die persönliche Pflichtenwahrnehmung und Eigenhändigkeit der Tatausführung vor Ort dominiert, wird durch solche komplexe Betriebsstrukturen das rechtlich relevante Risiko gegenüber direkt lenkbaren Vorgängen erheblich gesteigert. Gefordert ist (rechtsfortbildend) ein Risikomanagement, mit dem Unternehmen verbundene, aus betrieblichen Funktionen erwachsene, anders nicht kontrollierbare Gefahrenquellen unter eigenverantwortlicher Kontrolle zu halten (vgl. Heine Verantwortlichkeit 118 ff. und 28 a vor § 324 mwN). Mit dieser gesteigerten Verantwortung kann eine Zuständigkeit als (Supervisions-)Täter korrespondieren. Sie folgt aus der besonderen Qualität der Pflicht, namentlich aus der fehlenden Interventionsmöglichkeit des Staates bezüglich der Betriebsorganisation und aus dem unternehmerischen Informationsvorsprung mit Blick auf die gesetzten Risiken. Hieraus ergibt sich (tatbestandsspezifisch) eine besondere Beziehung zu jenen Rechtsgütern, die betriebstypischen Gefährdungen ausgesetzt sind (vgl. iE [Täterschaft] ebso Bottke wistra 91, 88, Goll/Winkelbauer aaO 760 ff., Ransiek aaO, Schall Zurechnung [vor § 324] 108 ff., Schlüchter Salger-FS 146, Winkelbauer Lenckner-FS 655 f, vgl. auch BGH **37** 121, Brammsen GA 93, 113, Kühl 639 f, Weißer aaO 57 ff. Ferner BGH NStE **§ 223 Nr. 5**, NJW **71**, 1093, **73**, 1379 und Nachw. b. MG-Schmidt § 30 RN 66 ff., § 56 RN 24 ff.). Die strafrechtliche Einlösung dieses täterschaftlichen Pflichtenpotentials ist jedoch voraussetzungsvoll (Heine Verantwortlichkeit 139 ff.); rechtspolitisch fragt sich, ob de lege ferenda nicht **109 d** besser zwischen der Verantwortung von Individualpersonen und der umfassenderen Verantwortlichkeit von Kollektiven zu unterscheiden ist (dazu u. RN 118 ff.).

110 III. Möglich ist in gewissem Rahmen auch eine **Teilnahme an Unterlassungsdelikten durch Unterlassen** (vgl. Kühl 774, Ranft ZStW 94, 861). So ist eine Beihilfe durch Unterlassen möglich, wenn dem „Gehilfen" eine Aufsichtspflicht gegenüber dem Unterlassungstäter obliegt. Ist zB nur der minderjährige Sohn als Garant aus vorausgegangenem Tun verpflichtet, den drohenden Tod eines Dritten abzuwenden, so ist der Vater als Gehilfe nach §§ 211 ff. strafbar, wenn er den Sohn nicht zur Erfolgsabwendung veranlaßt. Soweit den Vater außerdem eine eigene Hilfspflicht nach § 323 c trifft, tritt § 323 c hinter die Beihilfe zurück. Haben freilich alle Beteiligten dieselbe Rechtspflicht zum Handeln – sei es als Garanten, sei es aus einem echten Unterlassungsdelikt –, so ist jeder Täter (zB der Vater unternimmt nichts, wenn die Mutter das gemeinsame Kind verhungern läßt, vgl. Jescheck/Weigend 640, 682, Seelmann AK § 13 RN 94, Schwab aaO [§ 13] 213). Diese Fälle zeigen auch, daß es bei mehreren Garanten unmöglich ist, nach Täterschaft und Teilnahme zu differenzieren. Zum Unterlassen in gegenseitigem Einverständnis s. § 25 RN 79.

111 Bei Beihilfe durch Unterlassen ist eine **doppelte** Strafreduzierung (§§ 13 II, 27 II) möglich.

F. Täterschaft und Teilnahme an Fahrlässigkeitsdelikten

112 Für die inhaltliche Beschreibung der Täterschaft kann beim Fahrlässigkeitsdelikt im Ansatz nichts anderes gelten als beim Vorsatzdelikt. Ausgangspunkt kann nur der restriktive Täterbegriff sein (vgl. Renzikowski aaO 259, o. 7 a). Denn ebensowenig wie im Bereich vorsätzlichen Handelns soll durch die Deliktsbeschreibungen der Fahrlässigkeitstatbestände die bloße kausale Erfolgsherbeiführung erfaßt werden, wie dies vom extensiven Täterbegriff als Ausgangspunkt in Anspruch genommen wird. Vielmehr wird das Unrecht des Fahrlässigkeitsdelikts schon im objektiven Tatbestand über die bloße Erfolgsursächlichkeit hinaus durch das Merkmal der Sorgfaltspflichtverletzung gekennzeichnet, so daß dementsprechend als Täter eines Fahrlässigkeitsdelikts (ohne zusätzliche Abschichtung von Beteiligungsformen) jeder in Betracht kommt, der im Hinblick auf die zurechenbare Erfolgsherbeiführung sorgfaltswidrig handelt und gegebenenfalls die zusätzlichen Tätermerkmale der zahlreichen verhaltensbestimmten Fahrlässigkeitstatbestände und fahrlässigen Sonderdelikte erfüllt (vgl. o. 7 a, 84). Dogmatisch verfehlt ist es daher, die sorgfaltswidrige Veranlassung fremden deliktischen Tuns als fahrlässige Beteiligung anzusehen. Soweit das betreffende Verhalten strafbar ist, kann es sich nach geltendem Recht nur um fahrlässige Täterschaft handeln, so daß eine Bezeichnung als „fahrlässige Teilnahme" nur terminologische Verwirrung stiftet. Das geltende Recht kennt bei fahrlässigen Delikten folglich keine Unterscheidung zwischen Täterschaft und Teilnahme (vgl. Roxin LK § 15 RN 217 [„im Regelfall"]; and. Renzikowski aaO 292 ff.). Auch für die Begriffe Mittäterschaft oder mittelbare Täterschaft ist nach h. L. im Rahmen der Fahrlässigkeitsdelikte kein Raum. Dies ergibt sich daraus, daß mittelbare Täterschaft, Mittäterschaft, Anstiftung und Beihilfe Begriffe sind, die de lege lata ausschließlich auf die Form einer Haftung für Vorsatztaten zugeschnitten sind und hier dazu dienen, die verschiedenen Möglichkeiten der Beteiligung voneinander abzugrenzen. Da die §§ 26, 27 StGB eindeutig auf vorsätzliches Verhalten zugeschnitten sind, kennt das geltende Recht demgegenüber im Fahrlässigkeitsbereich nur fahrlässige Täterschaft.

113 Die Behauptung, bei den Fahrlässigkeitsdelikten gelte ein Einheitstäterbegriff, verdunkelt nur, daß hier nicht (konstruktive) Teilnahme der Täterschaft gleichgestellt wird, sondern von vornherein nur täterschaftliches Verhalten erfaßt werden soll. Täterschaftlich kann daher grundsätzlich auch handeln, wer fahrlässig einen Dritten zu einer (begehungsneutralen) Fahrlässigkeitstat (vgl. o. 7 a) veranlaßt, etwa leichtsinnig zu einer Trunkenheitsfahrt mit tödlichem Ausgang (§ 222 StGB) animiert oder in sonstiger Weise fahrlässig ein fremdes Erfolgsverursachungsdelikt fördert (ebenso Bottke aaO 25, der allerdings die Bezeichnung „Täterschaft" ablehnt). Erforderlich ist dabei jedoch ua, daß sich das Verhalten für den Betreffenden als Verletzung der ihm gegenüber dem Rechtsgut obliegenden Sorgfaltspflichten darstellt. Sind an dem jeweiligen deliktischen Geschehen weitere Personen beteiligt, bestimmt sich die Reichweite der fahrlässigen Täterschaft daher danach, inwieweit den Täter Sorgfaltspflichten zur Verhinderung fremden selbst- oder drittschädigenden Verhaltens treffen, was ist maßgebend nach dem Prinzip der Eigenverantwortung und der daraus herzuleitenden Abgrenzung von Verantwortungsbereichen beurteilt (vgl. näher § 15 RN 148 f., 155). Eine Sorgfaltspflicht im Hinblick auf fremdes Fehlverhalten besteht zB nicht, wenn ein Fahrgast ein Taxi mit abgefahrenen Reifen besteigt, diesen Mangel erkennt und es daher durchaus voraussehbar ist, daß es zu einem Unfall kommen kann (vgl. Lenckner Engisch-FS 505 ff.). Im einzelnen ist allerdings vieles streitig:

114 I. Bestritten ist, ob auch eine fahrlässige **mittelbare Täterschaft** möglich ist. Bejaht wird dies zB von Binding Grundriß 152, 155, Otto Jura 98, 412, Renzikowski aaO 268 ff., Roxin LK § 25 RN 220, Schumann aaO 108. Die Gegenmeinung verweist ua darauf, daß hier das die mittelbare Täterschaft begründende Merkmal des Täterwillens fehlt (zB Baumann JuS 63, 92, M-Gössel II 258 f.; diff. Samson SK 41). Eine mittelbare Täterschaft kommt – von weiteren Voraussetzungen abgesehen – überhaupt nur in Betracht, wenn es sich nicht um ein verhaltensgebundenes Fahrlässigkeitsdelikt handelt. So kann zB § 315 c III nicht durch eine fahrlässige Mitwirkung an der fahrlässigen Trunkenheitsfahrt begangen werden, weil der Charakter des § 315 c als eigenhändiges Delikt eine fahrlässige Nebentäterschaft ausschließt; Täter kann nämlich nur sein, wer selbst ein Fahrzeug führt (Cramer

§ 315 c RN 95, Rudolphi GA 70, 359; and. noch 17. A. RN 34 vor 47; Samson SK 41; vgl. auch BGH **18** 6, **14** 24, wo für den Halter eines Fahrzeugs, der sich an der Fahrt beteiligt, § 1 StVO zur Anwendung gebracht wird, sofern es zu einem der dort genannten Erfolge kam). Bei den reinen Erfolgsdelikten im Fahrlässigkeitsbereich fehlt es an der Notwendigkeit, eine Haftung über die mittelbare Täterschaft zu begründen. Veranlaßt jemand einen Dritten zur Vornahme einer sorgfaltswidrigen Handlung, so haftet er unmittelbar aus dem fahrlässigen Erfolgsdelikt, soweit die ihm gegenüber dem geschützten Rechtsgut obliegende Sorgfaltspflicht gerade auch die Hinderung fremder Fahrlässigkeit umfaßt (sog. „erweiterte Sorgfaltspflicht", vgl. RN 101a vor § 13; krit. Renzikowski aaO 272 f.). Hier liegen zwei fahrlässige Einzeltäterschaften vor, auch wenn der Erfolg durch zwei hintereinander geschaltete Personen sorgfaltswidrig herbeigeführt wird (Roxin LK § 25 RN 220): läßt der eine ein geladenes Gewehr achtlos herumliegen, während der andere es durch eine hinzukommende Sorgfaltswidrigkeit zur Entladung bringt und dadurch jemand tötet, so sind beide wegen fahrlässiger Tötung zu bestrafen; für eine Unterscheidung zwischen mittelbarer und unmittelbarer Täterschaft ist kein Raum. Dies gilt auch für fahrlässige Pflichtdelikte, für die insbesondere Roxin aaO die Möglichkeit einer mittelbaren Täterschaft in der Weise annimmt, daß ein Sonderpflichtiger den Tatbestand durch ein qualifikationsloses Werkzeug erfüllt. Indessen ist auch hier ein Rückgriff auf die mittelbare Täterschaft entbehrlich. Veranlaßt zB ein Amtsträger leichtfertig die Vollstreckung gegen einen Unschuldigen (§ 345 II), so ist er nicht deswegen mittelbarer Täter, weil der die Vollstreckungshandlung durchführende Dritte nicht Täter sein kann und daher als „leichtfertiger Gehilfe" straflos bleiben muß (Roxin aaO). Vielmehr steht nichts im Wege, den Amtsträger als unmittelbaren Täter zu erfassen, da er leichtfertig die Vollstreckungshandlung veranlaßt hat.

II. Bestritten ist weiter, ob **Mittäterschaft** auch bei fahrlässigen Delikten möglich ist. Im Schrifttum wird sie zunehmend anerkannt (zB Dencker Gesamttat 178 f., Hilgendorf NStZ 94, 563, Kamm aaO 17 ff., Küpper GA 98, 527, Otto Jura 90, 47; 98, 412 und Spendel-FS 270, 281 ff., Renzikowski aaO 288 ff., Weißer aaO 148 u. JZ 98, 236, vgl. auch Ransiek aaO 70, wohl auch Schumann StV 94, 110, Lampe ZStW 106, 692 f., vgl. auch Roxin LK § 25 RN 221 (allenfalls bei Pflichtdelikten); and. B/W-Weber 617, Gropp 320, Tröndle 5, Jescheck/Weigend 676 f., M-Gössel II 252, vgl. auch Lackner/Kühl § 25 RN 13, wN u. § 25 RN 76 a). Da auch hier ein Bewußtsein gemeinschaftlicher Gefahrschaffung vorliegen kann, sind der vorsätzlichen Mittäterschaft ähnliche Gestaltungen nicht notwendig ausgeschlossen, wobei deren Bewertung jedoch noch offen ist. Der Begriff der fahrlässigen Mittäterschaft wird aber teilweise deshalb für entbehrlich gehalten, da jeder Teilbeitrag eines Fahrlässigkeitstäters zum Erfolg unmittelbar in Beziehung gesetzt werden könne und somit zur Nebentäterschaft führe (Günther JuS 88, 368, Lackner/Kühl § 25 RN 13; 24. Aufl. RN 101 mwN). Zweifelhaft erscheint dies jedoch in den Fällen sog. *additiver Kausalität*, d. h. wenn nicht feststellbar ist, welche von mehreren arbeitsteilig vorgenommenen Handlungen für den Erfolg ursächlich war (Beulke/Bachmann JuS 92, 744, Bloy GA 96, 431, Lackner/Kühl § 25 RN 13, Stein aaO 327; and. Dencker Gesamttat 127 f.); als Beispiel sei auf den einer Entscheidung des schweizerischen Bundesgerichtes (BGE **113** IV, 58, dazu Otto Jura 90, 47) zugrundeliegenden Sachverhalt verwiesen: A und B ließen aufgrund eines gemeinsamen Entschlusses jeweils einen Felsbrocken einen Abhang hinunterrollen; es konnte nicht festgestellt werden, welcher der beiden Steine den C tötete. Da die zur Annahme von Nebentäterschaft erforderliche Sorgfaltspflichtverletzung hier allein darin liegen könnte, daß die arbeitsteilige Vornahme der gefährdenden Handlungen verabredet wird – also in der Veranlassung fremder Fahrlässigkeit – würde man auf diesem Wege jede Form der Beteiligung an fremden rechtsgutsgefährdenden Handlungen zur Begründung fahrlässiger Täterschaft ausreichen lassen (so Roxin LK § 25 RN 221, Günther JuS 88, 368; and. Herzberg TuT 73, Brammsen/Kaiser Jura 92, 36, Donatsch SJZ 89, 112, iE auch Schleswig NStZ **82**, 116). Mittlerweile ist aber gesichert, daß die dem Fahrlässigkeitsdelikt zugrundezulegenden Grundsätze nicht zu einer schrankenlosen Kausalhaftung führen dürfen (vgl. Seier JA 90, 345). Mit den zu diesem Zweck entwickelten Begrenzungen der Sorgfaltspflicht im Hinblick auf gefährdende Handlungen Dritter und der Abgrenzung von Verantwortungsbereichen (vgl. § 15 RN 148 ff. u. 176 ff.) ist nicht ohne weiteres vereinbar, daß im Fahrlässigkeitsbereich Verhaltensweisen zur Begründung von Nebentäterschaft ausreichen sollen, die im Vorsatzbereich nur unter den Voraussetzungen der Mittäterschaft zu erfassen sind (Brammsen Jura 91, 537, Donatsch SchwJZ 89, 113, vgl. auch Kamm aaO 179 f.). Die Lösung im Wege der Konstruktion einer fahrlässigen Mittäterschaft und damit aus Beteiligungsformen des Vorsatzdelikts ist jedoch ein mit dem geltenden Recht schwer vereinbarer Ausweg (so aber Otto Jura 90, 47, Spendel-FS, 281 ff., Brammsen Jura 91, 537).

Eine originäre Anwendung des § 25 II scheidet jedenfalls im Fahrlässigkeitsbereich deshalb aus, weil ein entscheidendes Kriterium des § 25 II die Gemeinschaftlichkeit des Deliktsvorsatzes ist (M-Gössel II 252, Jescheck/Weigend 676 mwN; and. Schumann StV 94, 111, Lesch ZStW 105, 276, Derksen GA 93, 163). Diese fehlt aber bei Fahrlässigkeit. Das dort mögliche Bewußtsein gemeinschaftlicher Gefahrschaffung ist hierzu ein aliud, das eine Zurechnung über § 25 II schwerlich trägt (Herzberg TuT 73, Lackner/Kühl § 25 RN 13, vgl. auch Ransiek aaO 50 f.; and. Otto Jura 98, 412, Spendel-FS 281 ff., Unternehmen [u. 118] 11 ff.; dagegen Kamm aaO 179 f., Renzikowski aaO 290 f.). Gemeinsames Sachproblem der neueren Diskussion ist typischerweise arbeitsteiliges Zusammenwirken und damit u. a. das Problem, daß dem einzelnen die Ursächlichkeit seiner Handlung für den Erfolg möglicherweise nicht zweifelsfrei nachzuweisen ist (dazu 83 a vor § 13). Herkömmlich wird versucht, die an der fahrlässigen gemeinsamen Gefahrschaffung Beteiligten bei nicht nachweisbarer individueller Kausalität für die Folgen als Ingerenzgaranten zu erfassen (so Walder Spendel-FS 363, zust. Lackner/Kühl aaO; vgl. Bay NJW **90**, 3032; krit. Renzikowski aaO 291). Das hängt zum einen davon ab, ob die Sachverhalte für die Annahme eines Unterlassens und die Begründung einer Garantenstellung Raum bieten (verneinend Schleswig NStZ **82** 116 für das achtlose Wegwerfen brennender Streichhölzer); zum anderen stellt sich die im Rahmen der Unterlassungsdogmatik zu beantwortende Frage, ob an die Stelle der personengebundenen Kausalität eine Garantenbeziehung treten kann, die bei arbeitsteiliger Gefahrschaffung eine wechselseitige Zurechnung der vom je anderen Teil geschaffenen Risiken außerhalb des § 25 II zur Folge hat (dazu Ransiek aaO 51 f. bez. Unternehmen). Diese Schwierigkeiten zu vermeiden versuchen Ansätze, die – mit unterschiedlicher Reichweite – selbständige Begründungen für eine Zurechnung als fahrlässige Mittäterschaft angeben. Gemeinsam ist ihnen eine Vorverlagerung der Anknüpfungspunkte. Subjektiv genügt meist ein gemeinsamer Handlungsentschluß (Dencker Gesamttat 178 f., Renzikowski aaO 288 f.), das Bewußtsein, gemeinsam zu handeln (Kamm aaO 199 ff., Otto Jura 98, 412, Weißer JZ 98, 238) bzw. bewußtes Solidarverhalten (Lampe ZStW 106, 693). Objektiv wird auf das Erfordernis einer kausalen Verknüpfung zwischen Erfolg und dem jeweiligen Tatbeitrag verzichtet (vgl. grdl. Dencker aaO 142 ff., wonach solche Beiträge aber kausale Verwirklichung eines „Gesamttatbestandes" sein können; diff. Kamm aaO 203). Stattdessen soll genügen: die Verletzung einer gemeinsamen Pflichtenstellung (Otto Jura 90, 49, Weißer JZ 98, 238, die ihrerseits herkömmliche Kausalität verlangt, daher die og Sachfrage nicht lösen kann, zudem geraten die Fahrlässigkeitsdelikte leicht insgesamt zu Pflichtdelikten, o. 84 a aE), das gemeinsame Handlungsprojekt als Setzung einer rechtlich mißbilligten Gefahr (Renzikowski aaO 288 f., vgl. auch Jakobs GA 96, 265) bzw. das funktionale Zusammenwirken als Nichtbeachtung der erforderlichen Sorgfalt (Dencker aaO 179, Lampe ZStW 106, 693; vgl. auch Lesch GA 94, 112, Eschenbach Jura 92, 637). Allgemein ist die Herausbildung eines ähnlich begrenzenden funktionalen Äquivalents noch nicht überzeugend gelungen, erweitert man den Blick bspw. auf vielfältige gemeinsame Risikounternehmungen, etwa im Freizeitbereich. Speziell bei arbeitsteiligen, kollektiven Phänomenen ermöglichen die neueren Ansätze zwar eine Individualisierung risikoträchtiger Fehlentwicklungen von Mehrheiten von Personen, Bedenken erwachsen aus der noch ungeklärten Abgrenzung zur Verantwortlichkeit von Organisationen als solchen (u. 118 ff.). Es fragt sich zudem, ob nicht eher spezifische Lösungen anzustreben sind, die sich der jeweiligen besonderen Gefahrenpotentiale vergewissern. Dazu bietet sich eher die Unterlassungsdogmatik an, zumal es eine Aufgabe des Unterlassungsdelikts auch ist, bestimmte Begründungs- und Beweisprobleme auf der Grenze zwischen Tun und Unterlassen auszugleichen (vgl. Heine Verantwortlichkeit 108 mwN), zu unternehmerischen Bezügen s. o. 109 a ff.

117 III. Auch **Anstiftung** und **Beihilfe** ist im Fahrlässigkeitsbereich prinzipiell nicht möglich (vgl. aber Renzikowski aaO 292 ff.). Von vornherein aus dem vorliegenden Zusammenhang auszuscheiden hat dabei die vorsätzliche Beteiligung an fremder Fahrlässigkeit. Da die §§ 26, 27 StGB eine vorsätzliche Haupttat voraussetzen, kommt hier allenfalls vorsätzliche mittelbare Täterschaft in Betracht. Eine andere Frage ist es, ob und inwieweit Verhaltensweisen, die im Vorsatzbereich über §§ 26, 27 StGB als Anstiftung oder Beihilfe erfaßt werden, bei fahrlässiger Vornahme von den Deliktsbeschreibungen der Fahrlässigkeitsdelikte umfaßt sind. Auf dem Boden des nach hier vertretener Auffassung auch den Fahrlässigkeitstatbeständen zugrunde liegenden restriktiven Täterbegriffs kommen die §§ 26, 27 schon deswegen nicht in Betracht, weil deren Anwendung gegen den Grundsatz nullum crimen sine lege verstoßen würde. Bei diesen Vorschriften handelt es sich nämlich um Strafausdehnungsgründe (o. 7), deren Anwendung sowohl auf seiten des Teilnehmers wie auch auf seiten des Täters eine vorsätzliche Tat voraussetzt. Etwas anderes gilt de lege lata für den Sonderfall des § 19 I Nr. 1 a, 2, IV KWKG, wo ausdrücklich auch das leichtfertige Verleiten bzw. Fördern unter Strafe gestellt ist, und damit ein verselbständigtes fahrlässiges Teilnahmedelikt geschaffen wurde (vgl. dazu Holthausen NJW 91, 203, vgl. auch § 328 RN 13 d). Denkbar bleibt daher nur, derartige Verhaltensweisen als fahrlässige Täterschaft zu erfassen. Demgegenüber wird im Schrifttum teilweise zwischen Täterschaft und Teilnahme begrifflich unterschieden (Spendel JuS 74, 756, Otto Spendel-FS 274 f.). Spendel (aaO) geht dabei von einem extensiven Täterbegriff aus, sieht also zunächst jeden als Fahrlässigkeitstäter an, der erfolgsursächlich gehandelt hat. Die Frage nach einer bloßen Teilnehmerschaft stellt er, um diese von der Strafbarkeit auszunehmen. Vom entgegengesetzten Ausgangspunkt eines restriktiven Täterbegriffs gelangt auch Otto (Spendel-FS 277) zu vergleichbaren Ergebnissen. Seiner Auffassung nach muß ein weiterer Zusammenhang als der der Kausalität und Voraussehbarkeit zwischen Subjekt und Erfolg ausgemacht werden, der es erlaubt, das Geschehen wertend als täterschaftliche Erfolgsverwirklichung einer bestimmten Person zu erfassen. Diesen Zusammenhang sieht Otto in der Steuerbarkeit des Geschehens durch den Täter: Täter sei, wer die Gefahr begründet oder erhöht hat, die sich im Erfolg realisiert. Da damit Täter jeder ist, der den Erfolg zurechenbar herbeigeführt hat, führt diese Auffassung jedoch zu einer Vermischung von Zurechnungs- und Täterschaftskriterien, ohne daß damit in der Sache etwas gewonnen wäre. Denn auch Otto (Spendel-FS 279 f.) greift zur Abgrenzung der strafbaren fahrlässigen Täterschaft von der straflosen Teilnahme letztlich auf den hier zugrundegelegten Ansatz einer Abgrenzung von Verantwortungsbereichen mittels des Autonomieprinzips zurück. Auf dem Boden des hier vertretenen Standpunkts ist bei der Mitwirkung mehrerer Personen an einem fahrlässigen Erfolgsdelikt von dem Prinzip auszugehen, daß grundsätzlich jeder Beteiligte allein dafür verantwortlich ist, daß er selbst die Rechtsgüter anderer nicht verletzt, nicht aber dafür, daß andere dies nicht tun (vgl. § 15 RN 148 ff.). Wenn zwischen der unvorsätzlichen Handlung und dem Erfolg die vorsätzliche Deliktsbegehung eines anderen steht, kommt eine Fahrlässigkeitsstrafbarkeit daher in der Regel (zu Ausnahmen vgl. 101 c oder § 13) nicht in Betracht. Diese Fälle wurden früher überwiegend durch die Annahme eines Regreßverbots gelöst (dazu *Renzikowski* aaO 160 ff., vgl. auch *Murmann* aaO 185 ff.). Auch hier handelt es sich in Wahrheit jedoch ua um eine Frage der Reichweite der Sorgfaltspflicht, die nach allgemeinen Kriterien, insbesondere dem Verantwortungsprinzip, zu beurteilen ist.

G. Strafrechtliche Verantwortlichkeit von juristischen Personen, Personenverbänden usw.

Schrifttum: Achenbach, Ahndende Sanktionen gegen Unternehmen, in Schünemann/de Figueiredo Dias, Bausteine des europäischen Strafrechts, Coimbra – Symposium für Claus Roxin, 283. – *ders.,* Das Zweite Gesetz zur Bekämpfung der Wirtschaftskriminalität, NJW 86, 1835. – *ders.,* Die Sanktionen gegen die Unternehmensdeliquenz im Umbruch, JuS 90, 601. – *ders.,* Diskrepanzen im Recht der ahnenden Sanktionen gegen Unternehmen, Stree/Wessels-FS 545. – *Ackermann,* Die Strafbarkeit juristischer Personen, 1984. – *Alwart* (Hrsg.), Verantwortung und Steuerung von Unternehmen in der Marktwirtschaft, 1998. – *ders.,* Unternehmensethik durch Sanktion?, in Alwart aaO, 75. – *ders.,* Strafrechtl. Haftung des Unternehmens usw., ZStW 105, 753. – *Bergmann,* Können Geldbußen gegen juristische Personen und Personenvereinigungen Betriebsausgaben sein?, DB 81, 2572. – *Blauth,* Zur kriminellen Strafbarkeit juristischer Personen, MDR 54, 466. – *ders.,* „Handeln für einen anderen" nach geltendem und kommendem Recht, 1968. – *Bokkelmann,* Die moderne Entwicklung der Begriffe, Dt. Beiträge zum VII. Int. Strafrechtskongreß 1957, 46. – *Bode,* Geldbuße gegen juristische Personen und Personenvereinigungen im Strafrecht, NJW 69, 1286. – *Bottke,* Empfiehlt es sich, die strafrechtliche Verantwortlichkeit für Wirtschaftsstraftaten zu verstärken?, wistra 91, 81. – *ders.,* Reform des Wirtschaftsstrafrechts der Bundesrepublik Deutschland, in Schünemann, Deutsche Wiedervereinigung Bd. III Unternehmenskriminalität, 1996, 73. – *ders.,* Standortvorteil Wirtschaftskriminalität: Müssen Unternehmen „strafmündig" werden?, wistra 97, 241. – *Brender,* Die Neuregelung der Verbandstäterschaft im Ordnungswidrigkeitenrecht, 1989. – *Busch, Ra.,* Unternehmen und Umweltstrafrecht, 1997. – *Busch, Ri.,* Grundfragen der strafrechtlichen Verantwortlichkeit der Verbände, 1903. – *Dahm,* Zur Problematik des Völkerstrafrechts, 1956. – *Dannecker,* Das Unternehmen als „Good corporate Citizen", in Alwart aaO 5. – *ders.,* Strafrecht der Europäischen Gemeinschaft, in Eser/Huber, Strafrechtsentwicklung in Europa 4.3, 1995, 1965. – *de Doelder/Tiedemann,* La criminalisation du Comportement Collectif, 1996. – *Delmas-Marty,* Towards a European Legal Area. Corpus Juris, 1997. – *Demuth/Schneider,* Die besondere Bedeutung des Gesetzes über Ordnungswidrigkeiten für Betrieb und Unternehmen, BB 70, 642. – *Deruyck,* Probleme der Verfolgung und Ahndung von Verbandskriminalität im deutschen und belgischen Recht, ZStW 103, 705. – *ders.,* Verbandsdelikt und Verbandssanktion, 1990. – *Ehrhardt,* Unternehmensdelinquenz und Unternehmensstrafe, 1994. – *Eidam,* Unternehmen und Strafe, 1993. – *ders.,* Straftäter Unternehmen, 1997. – *Engisch/Hartung,* Empfiehlt es sich, die Strafbarkeit der juristischen Person gesetzlich vorzusehen?, Verhandlungen des 40. DJT, Bd. II, 1953. – *Eser/Heine/Huber* (eds.), Criminal Responsibility of Legal and Collective Entities, 1999. – *Fleischer,* Vertreterhaftung bei Bankrotthandlungen einer GmbH, NJW 78, 96. – *Fuhrmann,* Die Bedeutung des „faktischen Organs" in der strafrechtl. Rechtsprechung des BGH, Tröndle-FS 139. – *Göhler,* Das neue Gesetz über Ordnungswidrigkeiten, JZ 68, 583, 613. – *ders.,* Zur strafrechtl. Verantwortlichkeit des Betriebsinhabers für in seinem Betrieb begangene Zuwiderhandlungen, Dreher-FS 611. – *Gröschner,* Unternehmensverantwortung und Grundgesetz, in Alwart aaO 60. – *Groth,* Verdeckte Ermittlung im Strafverfahren und Gewinnabschöpfung: eine verfassungsrechtliche Untersuchung zweier Maßnahmenkomplexe zur Bekämpfung der organisierten Kriminalität, 1996. – *Güntert,* Die Gewinnabschöpfung als strafrechtliche Sanktion, 1983. – *Gutzler/Nölkensmeier,* Das Bußgeldverfahren in Kartellsachen nach dem neuen Gesetz über Ordnungswidrigkeiten, WRP 69, 1. – *Hafter,* Die Delikts- und Straffähigkeit der Personenverbände, 1903. – *Hamm,* Auch das noch: Strafrecht für Verbände!, NJW 98, 662. – *Hartung,* Empfiehlt es sich, die Strafbarkeit der juristischen Person gesetzlich vorzusehen?, Verhandlungen des 40. DJT, Bd. II, E 43. – *Heine,* Strafrechtliche Verantwortlichkeit von Unternehmen, 1995. – *ders.,* Die strafrechtl. Verantwortlichkeit von Unternehmen: internationale Entwicklungen – nationale Konsequenzen, ÖJZ 96, 211. – *ders.,* Criminal Liability of Enterprises and New Risks, Maastricht Journal of European and Comparative Law 95, 107. – *ders.,* Strafrecht zwischen staatl. Risikolenkung und gesellschaftl. Selbstregulierung, in Lange (Hrsg.), Gesamtverantwortung statt Verantwortungsparzellierung, 1997, 207. – *ders.,* Technischer Fortschritt im Spannungsverhältnis von Unternehmen, Gesellschaft und Staat, in Schulte (Hrsg.), Technische Innovation und Recht, 1997, 57. – *ders.,* Plädoyer für ein Verbandsstrafrecht als „zweite Spur", in Alwart aaO, 90. – *ders.,* Corporate Criminal Liability usw., in Weick, Competition or Convergence – The Future of European Legal Culture, 1999, 87. – *ders.,* Sanctions, in Eser/Heine/Huber aaO, 237. – *ders.,* Kollektive Verantwortlichkeit, in Eser/Huber/Cornils, Einzelverantwortung und Mitverantwortung im Strafrecht, 1998, 95. – *Heinitz,* Empfiehlt es sich, die Strafbarkeit der juristischen Person gesetzlich vorzusehen?, Verhandlungen des 40. DJT, Bd. I 68. – *Hirsch,* Die Frage der Straffähigkeit von Personenverbänden, 1993. – *ders.,* Strafrechtl. Verantwortlichkeit von Unternehmen, ZStW 107, 285. – *Huss,* Die Strafbarkeit der juristischen Personen, ZStW 90, 237. – *Jäger,* Makroverbrechen als Gegenstand des Völkerstrafrechts, in: Lüderssen aaO, 325. – *Jescheck,* Die strafrechtl. Verantwortung der Personenverbände, ZStW 65, 210. – *ders.,* Die Behandlung der Personenverbände im Strafrecht, SchwZStr. 70, 243. – *ders.,* Zur Frage der Strafbarkeit von Personenverbänden, DÖV 53, 539. – *Kaiser,* Verbandssanktionen des Ordnungswidrigkeitengesetzes, 1975. – *Kohler,* Die Straffähigkeit der juristischen Person, GA 64, 500. – *Kohlhaas,* Die Straf-

und Bußgeldvorschriften des Außenwirtschaftsgesetzes, NJW 61, 2294. – *Korte,* Juristische Personen und strafrechtl. Verantwortlichkeit, 1991. – *Krauß,* Probleme der Täterschaft in Unternehmen, Plädoyer 1/89, 40. – *Krekeler,* Brauchen wir ein Unternehmensstrafrecht? Hanack-FS, 639. – *Lampe,* Systemunrecht und Unrechtssysteme, ZStW 106, 683. – *Lange,* Zur Strafbarkeit von Personenverbänden, JZ 52, 261. – *Lang-Hinrichsen,* Verbandsunrecht, H. Mayer-FS 49 ff. – *ders.,* Zur Frage der Schuld bei Straftaten und Ordnungswidrigkeiten (Kriminelles Unrecht und Verwaltungsunrecht), GA 57, 225. – *Lauterpacht/Oppenheim,* International Law: A Treatise, BD. I, 8. Aufl. 1955. – *Lenk/Maring,* Wer soll Verantwortung tragen? in Bayertz, Verantwortung: Prinzip oder Problem, 1995, 241. – *Lilienthal,* Die Strafbarkeit juristischer Personen, VDA V, 87. – *Lüderssen* (Hrsg.), Aufgeklärte Kriminalpolitik oder Kampf gegen das Böse?, 1998. – *Lütolf,* Strafbarkeit der juristischen Person, 1997. – *Malekian,* International Criminal Responsibility of States, 1985. – *Marcuse,* Die Verbrechensfähigkeit der juristischen Person, GA 64, 478. – *Maring,* Modelle korporativer Verantwortung, Conceptus 58, 25. – *Müller,* Die Stellung der juristischen Person im Ordnungswidrigkeitenrecht, 1988. – *Neumann,* Aussageverweigerungsrecht der Organmitglieder eines Unternehmens usw., 1974, 17. – *Ostermeyer,* Kollektivschuld im Strafrecht, ZRP 71, 75. – *Otto,* Die Haftung für kriminelle Handlungen in Unternehmen, Jura 98, 409. – *ders.,* Die Strafbarkeit von Unternehmen und Verbänden, 1993. – *Peltzer,* Die Berücksichtigung des wirtschaftl. Vorteils bei der Bußgeldbemessung im Ordnungswidrigkeitenrecht, DB 77, 1445. – *ders.,* Verfolgungsverjährung beim selbständigen Verfahren nach dem Ordnungswidrigkeitengesetz, NJW 78, 2131. – *Ransiek,* Unternehmensstrafrecht, 1996. – *Riebenfeld,* Die strafrechtl. Verantwortlichkeit von Verbänden, Jahrbuch der Basler Juristen-Fakulät (1934) 232. – *Rotberg,* Für Strafe gegen Verbände, DJT-FS 193. – *Roth,* Rapport sur la responsabilité pénale de la personne morale, 1996. – *Rütsch,* Strafrechtl. Durchgriff bei verbundenen Unternehmen, 1985. – *Schall/Schreibauer,* Gegenwärtige und künftige Sanktionen bei Umweltdelikten, NuR 96, 440. – *Schmitt,* Strafrechtliche Maßnahmen gegen Verbände, 1958. – *ders.,* Die strafrechtliche Organ- und Vertreterhaftung, JZ 67, 698, JZ 68, 123. – *Schroth,* Der Regelungsgehalt des 2. Gesetzes zur Bekämpfung der Wirtschaftskriminalität im Bereich des Ordnungswidrigkeitenrechts, wistra 86, 158. – *ders.,* Unternehmen als Normadressaten und Sanktionssubjekte, 1993. – *Schünemann,* Plädoyer zur Einführung einer Unternehmenskuratel, in Schünemann, Deutsche Wiedervereinigung Bd III Unternehmenskriminalität, 1996, 129 (zit. Unternehmenskuratel). – *ders.,* Die Strafbarkeit der juristischen Person aus deutscher und europäischer Sicht, in Schünemann/Suárez Gonzáles, Bausteine des europäischen Wirtschaftsstrafrechts, 1994, 265. – *ders.,* Ist eine direkte strafrechtl. Haftung von Wirtschaftsunternehmen zulässig und erforderlich? in Taiwan/ROC Chapter, Int. Assoc. of Penal Law, International Conference on Environmental Criminal Law 1992, 433. – *ders.,* Unternehmenskriminalität und Strafrecht, 1979. – *ders.,* Die Strafbarkeit der juristischen Personen aus deutscher und europäischer Sicht, in: Bausteine des europäischen Wirtschaftsstrafrechts, Madrid-Symposium für Klaus Tiedemann, hrg. von Schünemann u. a., 1994, 265. – *ders.,* Strafrechtsdogmatik und kriminalpolitische Grundfragen der Unternehmenskriminalität, wistra 82, 41. – *Schwander,* Der Einfluß der Fiktions- und Realitätstheorie auf die Lehre von der strafrechtl. Verantwortlichkeit der Juristischen Personen, Gutzwiller-FG 603. – *Schwinge,* Strafrechtliche Sanktionen gegenüber Unternehmen im Bereich des Umweltstrafrechts, 1996. – *Seiler,* Strafrechtliche Maßnahmen als Unrechtsfolgen gegen Personenverbände, 1967. – *Starck,* Das Auskunftsverlangen der Kartellbehörden, DB 59, 216. – *Stratenwerth,* Strafrechtl. Unternehmenshaftung?, Schmitt-FS 295. – *Tiedemann,* Die „Bebußung" von Unternehmen nach dem 2. Gesetz zur Bekämpfung der Wirtschaftskriminalität, NJW 88, 1169. – *ders.,* Allgemeiner Teil des europäischen supranationalen Strafrechts, Jescheck-FS 1985, 1411. – *ders.,* Strafrecht in der Marktwirtschaft, Stree/Wessels-FS 531. – *ders.,* Europäisches Gemeinschaftsrecht und Strafrecht, NJW 93, 23. – *ders.,* Strafbarkeit von juristischen Personen? in Schoch/Stoll/Tiedemann, Freiburger Begegnungen, 1996, 30. – *ders.,* Strafrechtl. Vertreter- und Unternehmerhaftung, NJW 86, 1842. – *Triffterer,* Prosecution of States for Crimes of State, RIDP 96, 364. – *ders.,* Gewalt und Völkerstrafrecht – Ein neues Gewaltmonopol zur Bekämpfung von Gewalt?, in: Lüderssen aaO, 272. – *Triffterer,* Umweltstrafrecht, 1980. – *v. Freier,* Kritik der Verbandsstrafe, 1998. – *v. Weber,* Über die Strafbarkeit juristischer Personen, GA 54, 237. – *Volk,* Zur Bestrafung von Unternehmen, JZ 93, 429. – *Weber,* Das Zweite Gesetz zur Bekämpfung der Wirtschaftskriminalität (2. WiKG), NStZ 86, 481. – *Wegner,* Strafrecht für Verbände?, ZRP 99, 186. – *Wiesener,* Die strafrechtl. Verantwortlichkeit von Stellvertretern und Organen, 1971.

119 I. 1. Als Täter können **nach geltendem Recht** grundsätzlich nur natürliche Personen bestraft werden. Seit den intensiven Diskussionen auf dem 40. Deutschen Juristentag 1953 (Heinitz aaO 85 ff., Engisch, Hartung 40. DJT Bd. 2, 7 ff., 43 ff.), den Ergebnissen der Großen Strafrechtskommission und des Sonderausschusses für die Strafrechtsreform galt als gesichert, daß **juristischen Personen** sowohl Handlungs-, Schuld- als auch Straffähigkeit fehlen (vgl. Jescheck/Weigend 225, 227 ff. mwN). Immerhin kann der *Verfall* des aus einer rechtswidrigen Tat Erlangten iSd §§ 73 ff. auch gegen eine juristische Person angeordnet werden, und ebenso kann sich die *Einziehung* von Tatprodukten und Tatmitteln bzw. von Beziehungsgegenständen gemäß § 75 gegen Verbände richten, wenn deren Organe bzw. Vertreter Verbandseigentum für Straftaten eingesetzt haben (näher Arzt Zipf-GS 165 ff.). Darin wird bereits ein spezifischer Anwendungsfall strafrechtlicher Verantwortlichkeit juristischer Personen gesehen (§ 75 RN 1).

120 2. Unter den weiteren Voraussetzungen des *§ 30 OWiG* kann gegen juristische Personen und Personenvereinigungen eine Geldbuße grundsätzlich bis zu 1 Mio DM verhängt werden, wobei die Möglichkeit, das Höchstmaß der Geldbuße bis zum Dreifachen des erlangten Mehrerlöses auszudehnen (vgl. § 38 IV GWB), zu wesentlich höheren Geldbußen führen kann (Achenbach Coimbra-Symposium 287 f.). Voraussetzung dieser **Verbandsgeldbuße** ist, daß entweder betriebsbezogene Pflichten der Personenvereinigung verletzt oder der Verband tatsächlich bereichert bzw. die Straftat/Ordnungswidrigkeit mit der entsprechenden Absicht des Täters vorgenommen worden ist. Als haftungsauslösende Personen erfasst sind neben den vertretungsberechtigten Organen einer juristischen Person die vertretungsberechtigten Gesellschafter einer Personenhandelsgesellschaft, der Vorstand eines nicht rechtsfähigen Vereins, nach dem 2. UKG nunmehr auch Generalbevollmächtigte sowie in leitender Stellung tätige Prokuristen und Handlungsbevollmächtigte. Zu beachten ist § 130 OWiG, der eine Brücke schlägt zwischen den Zuwiderhandlungen schlichter Mitarbeiter und der Verhängung einer Verbandsgeldbuße, gekoppelt mit der (seit dem 2. UKG) erweiterten Aufsichtspflichtverletzung von Leitungspersonen (vgl. BGH NStZ **86**, 79). Zu beachten ist weiter die Zulässigkeit einer sog. anonymen Verbandsgeldbuße, d. h. der Täter der konkreten Anknüpfungstat ist zwar nicht zu ermitteln, es steht aber fest, daß jemand aus dem Kreis des § 30I OWiG allein als Täter in Frage kommt (BGH wistra **94**, 223, zu weiterem Cramer KK-OWiG § 30, Heine in Brandt u. a. aaO [vor § 324] § 61 RN 94 ff.). Gleichwohl ist die praktische Bedeutung von § 30 OWiG bislang auf bestimmte Bereiche, wie insb. Kartellordnungswidrigkeiten, begrenzt.

II. De lege ferenda ist seit wenigen Jahren eine *Trendwende* zu verzeichnen. Sie geht dahin, eine **121 umfassendere Verantwortlichkeit von Verbänden** vom Strafrecht im weiteren Sinne einzufordern (Überblick bei Lütolf aaO 96 ff.). Doch unterscheiden sich nicht allein die sachlichen Zielsetzungen, sondern auch (entsprechend) die dogmatischen Begründungen. Motor dieser Trendwende ist die europäische Entwicklung.

1. a) In Europa kennen neben den „klassischen" Ländern Großbritannien und Irland eine **echte 122 Strafbarkeit von Verbänden** die Niederlande (seit 1976), Norwegen (1991), Frankreich (1994), Finnland (1995), Dänemark (1996) und Belgien (1999) (vgl. Eidam Straftäter aaO 76 ff., Heine aaO 213 ff., Maastricht Journal 95, 107, ferner BT-Drs. 13/11 425 S. 11 ff.), wobei erhebliche konzeptionelle Unterschiede zu registrieren sind (Heine aaO). Um Friktionen mit dem Schuldprinzip (vermeintlich) umgehen zu können, haben Schweden (1986) und Spanien (1995) ihre Unternehmenssanktionen als Nebenfolgen sui generis bezeichnet. Vielerorts liegen Reformentwürfe vor, so zB in der Schweiz (E v. 21. 9. 1998) ebenso wie in den meisten osteuropäischen Staaten. Sie sind überwiegend mitinitiiert durch die europäische und internationale Rechtsentwicklung (vgl. auch de Doelder/Tiedemann aaO, WJ-Dannecker 46).

b) Nach dem *Bußgeldrecht der EU* können auf dem Gebiet des Wettbewerbsrechts Geldbußen (nur) **123** gegen Unternehmen und Unternehmensvereinigungen verhängt werden (Art. 81, 82 EGV-Amsterdam). Dem Unternehmen wird prinzipiell das Verhalten aller natürlichen Personen zugerechnet, die befugterweise für den Verband handeln (Grenze: ultra-vires-Doktrin). Das Verschulden wird aus der Verletzung von Organisations- und Aufsichtspflichten hergeleitet; Maßstab ist das von dem konkreten Unternehmen mit Blick auf seine Marktstellung, Größe und wirtschaftliche Tätigkeit vom Recht Geforderte (vgl. KomE ABl 1988 L78, 42; 1988 L376, 19, 1982 L379, 13; Dannecker in Eser/Huber 2047 ff., Korthals/Bangard BB 98, 1013, Möhrenschlager in Eser/Heine/Huber 98, je mwN).

c) Eine Vielzahl von *internationalen Übereinkommen/Initiativen* fordern von nationalen Recht eine **124** Stärkung der Verantwortlichkeit von juristischen Personen und eine Effektivierung der Verbandssanktionen, so zB das 2. Protokoll v. 19. 6. 1997 zum Übereinkommen über den Schutz der finanziellen Interessen der EU v. 26. 7. 1995 (ABl. C221 v. 19. 7. 1997, 11), die Gemeinsame Maßnahme zur Bekämpfung des Menschenhandels und der sexuellen Ausbeutung von Kindern v. 24. 2. 1997 des Rates der EU (ABl. L63 v. 6. 3. 1997, 2), das Übereinkommen zum strafrechtlichen Schutz der Umwelt des Europarats v. 4. 11. 1998 (ETS Nr. 172) und das Übereinkommen zur Bekämpfung von Bestechung von ausländischen Amtsträgern im internationalen Geschäftsverkehr der OECD (BT-Drs. 13/10 428; vgl. G. v. 10. 9. 1998, BGBl I 2327; umfassend zum Ganzen Möhrenschlager aaO 99 ff.). Art. 3 II 2. Protokoll v. 19. 6. 1997 erweitert den Kreis der haftungsauslösenden Personen auf Mitarbeiter mit betrieblichen Kontrollbefugnissen, so daß § 30 OWiG (erneut) erweitert werden muß. Im übrigen ist diesen Rechtsakten eine bindende Verpflichtung vorgesehen, Kriminalstrafen gegenüber Verbänden einzuführen, vielmehr genügen auch nationale Verwaltungsstrafen bzw. Geldbußen nach OWiG. Demgegenüber spricht sich das Corpus Juris, eine Studie von europäischen Experten im Auftrag des Europäischen Parlaments, zum Schutz der finanziellen Interessen der EU für eine Kriminalstrafbarkeit von juristischen Personen aus (Art. 14, vgl. Delmas-Marty aaO 37 ff.). – Auf völkerrechtlicher Ebene lehnt dagegen das Statut eines Internationalen Gerichtshofs, Rom, v. 17. 7. 1998 ua mangels weltweit hinreichend konsentierter Zurechnungsregeln die strafrechtliche Verantwortlichkeit juristischer Personen ab (vgl. Ambos ZStW 111, 186).

2. Diese Zielrichtung, die Etablierung einer **umfassenderen Verantwortlichkeit von Verbän- 125 den** und die **Stärkung effektiver Unternehmenssanktionen**, gewinnt immer mehr Anhängerschaft. Doch sind sowohl die dogmatischen Begründungen kontrovers und damit auch die Frage, ob sich ein Einbau in das herkömmliche Kriminalstrafrecht empfiehlt, das Maßregelrecht die zutreffende Heimstatt oder das OWiG zu erweitern bzw. System-/Organisationsunrecht gedanklich von Individualunrecht zu trennen und ggfalls eine „zweite Spur" neben dem Individualstrafrecht für kollektive Prozesse einzurichten sei.

Vgl. *allgemein* Große Anfrage der SPD-Fraktion BT-Drs. 13/9682 u. Antwort der Bundesregierung **126** BT-Drs. 13/11 425; Diskussionsentwurf Hessisches Ministerium der Justiz BR-Drs. 690/98 S. 4 (Verbandsstrafen und -maßregeln im AT-StGB), Wegner ZRP 99, 186, Roxin I 202 f, Ronzani aaO (vor § 324) 153 ff. sowie *pro StGB:* Ackermann aaO, Alwart ZStW 105, 752, B/W-Weber 191, 388,

Vorbem §§ 25 ff. 126 a–129

Deruyck aaO 161, 205, Hirsch aaO 12 ff. u. ZStW 107, 322 f., Jakobs 149, Müller aaO 23, MG § 23 RN 47, Schroth aaO 328 ff., Tiedemann Stree/Wessels-FS 531, Jescheck-FS 1418 u. NJW 86, 1844, NJW 88, 1171, Volk JZ 93, 429, vgl. auch Ehrhardt aaO 255. *Pro Maßregelrecht* Jescheck ZStW 65, 210 u. SchwZStr 70, 264, Schmitt aaO 196 ff., Seifer aaO 42 ff., Korte aaO 152, eingeh. Stratenwerth Schmitt-FS 302 ff. *Pro OWiG* Bottke wistra 91, 90 u. in Schünemann aaO 93 ff., Brender aaO 101 ff., Otto aaO 28 ff. u. Jura 98, 416, Ransiek aaO 343 ff., Schünemann aaO 235, Unternehmenskuratel 129 ff., vgl. auch dens. in Schünemann/Suaréz Gonzáles, 265 ff. u. Taiwan/ROC Chapter, 435 ff. Für eine *Unterscheidung von System-/Organisationsunrecht* vom Individualunrecht Heine Verantwortlichkeit 271 ff., in Alwart 90 ff., in Eser/Huber/Cornils 112 ff., ÖJZ 96, 217 f, vgl. auch in Schulte aaO [vor § 324] 57 ff., Lampe ZStW 106, 713, 728 ff., Lütolf aaO 338 ff., vgl. auch Achenbach aaO Coimbra-Symposium 302 ff., Eidam aaO (Straftäter) 112, Roth aaO 28ff (für den Fahrlässigkeitsbereich), ferner Schall/Schreibauer NuR 96, 449, Seelmann ZStW 108, 652; vgl. Tiedemann, in Freiburger Begegnungen 51 ff. Generell krit. zB Frisch in Eser/Huber/Cornils 358, Hamm NJW 98, 662, Köhler 559, Krekeler Hanack-FS 663, v. Freier aaO, Winkelbauer Lenckner-FS 646. Zu *Verbandssanktionen* vgl. Heine in Eser/Heine/Huber 237, Schwinge aaO 143 ff.

126 a   a) Die *Gründe* für diese Neuorientierung liegen zusf. in folgendem: Präventionslücken des Individualstrafrechts resultieren aus praktischen Abschottungsmöglichkeiten in Verbänden bei der Zuordnung von individueller Verantwortung und aus der personalen Bedingtheit von Strafen (Busch aaO 245 ff., Heine Verantwortlichkeit 74 ff., Hirsch ZStW 107, 287, Roth aaO 13 f., Schall/Schreibauer NuR 96, 446, Schünemann in Schünemann/Suaréz Gonzáles 271). Das individualstrafrechtliche Täterpotential schwindet in Verbänden mit der Zunahme von Dezentralisierung und Kompetenzaufteilung innerhalb der Organisation (Heine aaO 67 ff., Krauß plädoyer 1/1989, 48, Lampe ZStW 106, 708 f., Roth aaO 14 f., Rotsch aaO 71 ff., Schünemann aaO 278 f.). Schließlich geht es um die Einlösung von Verantwortlichkeit bei der Wahrnehmung neuer Aufgaben in der modernen Industriegesellschaft, wie zB Produkthaftung, Umweltschutz, Organisierte Kriminalität. Wegleitend ist die Erkenntnis, daß eine (Groß-) Organisation faktisch mehr kann und rechtlich mehr bedeutet als nur die Summe von unternehmerischen Einzelaktivitäten (Heine aaO 249 ff., ÖJZ 96, 216, Lampe ZStW 106, 713, Lütolf aaO 340 ff., Ronzani aaO [vor § 324] 151; and. Frisch in Eser/Huber/Cornils 358).

127   b) Die wohl vorherrschenden *Zurechnungsansätze* rechnen grundsätzlich Handlungen und Schuld eines bestimmten, den Verband repräsentierenden Personenkreises (dazu o. RN 124) der juristischen Person zu (grdl. Tiedemann NJW 88, 1172 u. in Freiburger Begegnungen 48, vgl. zB Erhardt aaO 243, 245, Hirsch Straffähigkeit 26 f., wN b. Lütolf aaO 151 ff.). Wegleitend ist BVerfGE 20 336, wonach für die Schuld einer juristischen Person „nur die Schuld der für sie verantwortlich handelnden Personen maßgebend sein" könne (rechtsvgl. Heine ÖJZ 96, 214). Doch hat sich eine strikte Zurechnungstheorie gleichzeitig als zu eng und auch als zu weit erwiesen: zu eng, weil die Feststellung der Schuld einer natürlichen Person erforderlich ist (oder, wenn darauf verzichtet wird, die Feststellung subjektiver Elemente praktisch unmöglich ist), zu weit, als, wenn eine Straftat einer einschlägigen Person feststeht, die Verantwortlichkeit der juristischen Person automatisch eingreift (Heine ÖJZ 96, 214) – abgesehen davon, daß eine Schuldzurechnung dem Individualstrafrecht fremd ist. Deshalb haben sich auf der Grundlage eines an sozialen und rechtlichen Kategorien ausgerichteten Schuldbegriffs im weiteren Sinne Ansätze herausgebildet, eine *originäre Unternehmensschuld*, ausgerichtet meist an Organisationsmängeln, zu etablieren (grdl. Tiedemann NJW 86, 1844, 88, 1171, u. in Freiburger Begegnungen 49, Brender aaO 93 ff., Deruyck aaO 164, Müller aaO 23 ff., Schroth aaO 328 ff. Ferner Hirsch, Straffähigkeit 12 ff. u. ZStW 107, 291 ff., 313 f. Krit. Heine aaO 208, Lampe ZStW 106, 729, Otto aaO 17 ff., Schünemann in Taiwan/ROC Chapter 453 ff., Stratenwerth Schmitt-FS 300). Trotz geistreicher Bemühungen ist nicht daran vorbeizukommen, daß „Schuld" des Individualstrafrechts, wie sie als sittlich und ethischer Vorwurf aus guten Gründen formuliert wird, sinnvollerweise nur an Menschen gerichtet werden kann.

128   c) Um diesen Schwierigkeiten aus dem Weg zu gehen, werden Lösungen im *Maßregelrecht* angeboten (Stratenwerth Schmitt-FS 298 ff., Übersicht b. Lütolf aaO 300 ff. u. o. RN 126). Maßregeln setzen keine Schuld voraus, sie enthalten, wenigstens theoretisch, keinerlei sittlichen Tadel, und sie dürfen sich darauf beschränken, ohne weitergehende Ansprüche zweckmäßig zu sein. Jedoch wird konzeptionell die Möglichkeit vergeben, Verbandssanktionen unter dem Gesichtspunkt einer besonderen betrieblichen Verantwortlichkeit zu legitimieren (Heine ÖJZ 96, 214). Jedenfalls kann der *personalen* Bedingtheit strafrechtlicher Haftungskategorien so nicht ausgewichen werden (Heine Verantwortlichkeit 267).

129   d) Alle Versuche, Personen- und Verbandskonflikte auf einen gemeinsamen Nenner zu bringen, beschwören zwangsläufig die Gefahr von Dysfunktionen herauf (vgl. auch Schünemann in Taiwan/ROC Chapter 460 u. in Schünemann/Suárez Gonzalez 265 ff. mit dem Zurechnungsprinzip Rechtsgüternotstand und Übermaßverbot; krit. Lampe ZStW 106, 731, Otto aaO 25, Tiedemann in Freiburger Begegnungen 48). *Originäre Verantwortlichkeit* von Verbänden ist durch *funktions-analoge Übertragung* der Zurechnungskategorien des Individualstrafrechts neu zu entwickeln. Bei jeder Einzelkategorie, wie Handlung, Kausalität, Erfolg etc., ist neu zu ermitteln, welche Aufgabe ihr bei der Begründung kollektiver Verantwortlichkeit zukommt. Ein Großteil der Fälle einer Verbandsverantwortlichkeit ist das Ergebnis betrieblicher Fehlentwicklungen, die über Jahre hinweg allmählich zur aktuellen Lage führen. Es geht deshalb typischerweise nicht mehr um einzelne Handlungen, die als

individuelle Fehlentscheide markiert werden könnten, sondern um systemische Fehlentwicklungen, denen ein Defizit an betrieblicher Vorsorge über die Zeit des Verbandes als solchem entspricht. Bei diesem eigenen Systemunrecht geht es daher nicht um eine Einzeltatschuld, sondern darüber hinaus um einen Schuldsachverhalt, den man als *„Betriebsführungsschuld"* bezeichnen kann (Heine Verantwortlichkeit 266 u. in Alwart 104, zust. Otto Jura 98, 416 u. Nachw. o. RN 126). Bspw. träte an die Stelle personaler Tatherrschaft eine (umfassendere) systemische Organisationsherrschaft. Subjektive Erfordernisse bestimmen sich nicht nach den Kenntnissen einer einzigen Person, sondern nach dem auf verschiedene Abteilungen verteilten kollektiven Wissen. Bei technologiegestützten unternehmerischen Prozessen stünde das Unternehmen als Überwachergarant, wobei Leitlinie für eine originäre Verbandsverantwortlichkeit zwei Voraussetzungen wären: Notwendige Bedingung ist ein fehlerhaftes Risikomanagement, als hinreichend muß eine betriebstypische Gefahrverwirklichung, wie zB eine Gemeingefahr, hinzukommen (weiteres b. Heine aaO 268 ff.).

III. Im **Völkerrecht** wird zT die strafrechtliche Verantwortlichkeit der **Staaten** für völkerrechts- 130 widriges Handeln befürwortet (Dahm, Zur Problematik des Völkerstrafrechts, 1956, 5 ff., Lampe ZStW 106, 735 ff., Lauterpacht/Oppenheim Int. Law Bd I, 1955, 355, Malekian Int. Crim. Responsibility, 26 ff., Triffterer, in Bassiouni/Nanda, Treaties on Int. Criminal Law Bd II, 1973, 86 ff. u. RIDP 96, 341 ff. mwN, vgl. auch Jakobs, in Göppinger/Bresser, Sozialtherapie, 1982, 134 ff. Krit. zB Jäger KritV 93, 262, in Hankel/Stuby, Strafgerichte, 1995, 333 f., u. in Lüderssen, Aufgeklärte Kriminalpolitik Bd III Makrodelinquenz, 1998, 130 ff.), wobei mittels richterlicher Feststellung ein öffentliches Unwerturteil zum Ausdruck gebracht werden soll (Triffterer, in Lüderssen aaO 367 f. u. RIDP 96, 361). Die Staatenpraxis verhält sich jedoch zurückhaltend bzw. konzentriert sich derzeit darauf, bestimmte schwerwiegende Verbrechen bezüglich verantwortlicher Individualpersonen justitiabel zu machen. Zwar befürwortet Art. 19 des Konventionsentwurfs der ILC (YILC 1980 II 2, 30 ff.) bei völkerrechtlichen Verbrechen eine Verantwortlichkeit des „handelnden" Staates. Jedoch wird völkerrechtlich damit eine bloße Zuständigkeit, keine strafrechtliche Schuld subintelligiert (Hofmann ZaöRV 45, 195). So hat bereits die Konvention über die Bestrafung des Völkermords vom 9. 12. 1948 (vgl. Erl. zu § 220 a) nur eine Verfolgung natürlicher Personen vorgesehen (näher Jescheck, Die Verantwortlichkeit der Staatsorgane nach Völkerstrafrecht, 1952, 8 ff.). Zuletzt orientierte sich das Rom-Statut zur Errichtung eines Internationalen Gerichtshofs vom 17. 7. 1998 an dem Grundsatz des IMT, daß völkerrechtliche Verbrechen „von Menschen begangen werden, nicht von abstrakten Einheiten" (vgl. Art. 25I, II Rom-Statut, s. EuGRZ 98, 618). Auch wenn damit derzeit aus guten völkerrechtlichen Gründen die praktische Sanktionspolitik auf verantwortliche natürliche Personen für bestimmte Völkerrechtsverbrechen konzentriert wird (Ambos ZStW 111, 186), so schließt dieser fundamentale Schritt nicht aus, ergänzend für *systemische* Verbrechen Staaten als solche zur Rechenschaft zu ziehen. Mit Blick auf die jeweilige nationale Diskussion greift es jedenfalls zu kurz, eine weitergehende „strafrechtliche" Verantwortlichkeit von Staaten unter Hinweis darauf, daß „…Systeme… ja (nicht) irgendwie für irgend etwas … verantwortlich gemacht werden" können, abzutun (so aber Jäger, in Hankel/Stuby aaO 333 f.). „Ernsthaft" Verantwortlichkeit (mit) zuzuweisen verlangt ernsthafte Bemühungen zur Separierung von individueller Einzeltatschuld von gleichsam einer „Staatenführungsschuld" der Entität, wobei im Unterschied zur privaten Organisation und Anteilseigner sich etwa neue Probleme stellen mit Blick auf das Staatsvolk (and. insoweit Lampe ZStW 106, 739).

§ 25 Täterschaft

(1) **Als Täter wird bestraft, wer die Straftat selbst oder durch einen anderen begeht.**
(2) **Begehen mehrere die Straftat gemeinschaftlich, so wird jeder als Täter bestraft (Mittäter).**

Übersicht

I. Allgemeines	1	III. Mittelbare Täterschaft	6
II. Unmittelbare Täterschaft	2	IV. Mittäterschaft	61

Schrifttum: Vgl. die Angaben zu den Vorbem. zu §§ 25 ff.

I. Im Gegensatz zum früheren Recht (o. 2 vor § 25) will § 25 in der durch das 2. StrRG geschaf- 1 fenen Fassung für möglichst **alle Formen der Täterschaft** eine Legaldefinition bringen. Dabei betrifft § 25 Abs. 1 1.Alt. die unmittelbare, Abs. 1 2. Alt. die mittelbare Alleintäterschaft und Abs. 2 die Mittäterschaft. Nicht ausdrücklich geregelt sind die mittelbare Mittäterschaft, bei der sich mehrere Personen zur Tatbestandsverwirklichung eines Werkzeugs bedienen, und die Nebentäterschaft, bei der mehrere Personen unabhängig voneinander einen Tatbestand verwirklichen. Die durch § 25 festgelegte Existenz der verschiedenen Täterschaftsformen gibt jedoch weder über deren Voraussetzungen noch über die Abgrenzung zur Teilnahme (§§ 26, 27) Aufschluß (vgl. 51 ff. vor § 25). Die nähere Ausgestaltung dieser Beteiligtenregelung überließ der Gesetzgeber, von einigen grundsätzlichen Aussagen abgesehen, Rechtsprechung und Lehre. Zu den allgemeinen Lehren von Täterschaft und Teilnahme vgl. die Vorbem. zu § 25.

2 **II. Unmittelbare Täterschaft.** Als **Täter** wird entsprechend § 25 Abs. 1 1. Alt. bestraft, wer die Straftat **selbst** begeht, d. h. in seiner Person und in seinem Handeln **alle Deliktsvoraussetzungen** erfüllt, also voll tatbestandsmäßig handelt (**unmittelbarer Täter**). Dabei spielt es keine Rolle, ob der Täter in eigenem oder in fremdem Interesse handelt, aus welchen Motiven heraus er den Tatbestand verwirklicht usw. Zu Einzelheiten vgl. RN 75 vor § 25.

3 1. Die **Funktion der Tatbestände** des BT besteht darin, die Voraussetzungen zu bestimmen, unter denen ein Verhalten der Straffolge unmittelbar unterworfen sein soll. Daraus ergibt sich, daß derjenige, der diese Voraussetzungen in vollem Umfang erfüllt, von der Rechtsfolge des Tatbestandes ergriffen wird und damit immer und notwendig Täter ist (vgl. BGH NJW **68**, 1339 m. Anm. Steinlechner NJW 68, 1790, Stuttgart NJW **78**, 715, Frisch LdR 973, Gimbernat Ordeig ZStW 80, 932, Herzberg GA 71, 2, JuS 74, 235, M-Gössel II 232, Sax ZStW 69, 432, JZ 63, 329 ff., Stratenwerth 736, Eser II 147, Tröndle 2, Jakobs 615, Roxin JuS 73, 335; vgl. aber B/W-Weber 605 f., Baumann, JuS 63, 56, 88). Vgl. hierzu 7, 71 vor § 25. Soweit die Rspr auf dem Boden der (extrem) subjektiven Theorie (vgl. 56 ff. vor § 25) eine von diesen Grundsätzen abweichende Abgrenzung von Täterschaft und Teilnahme versucht, ist sie abzulehnen.

4 2. Ebenso kann **nur Täter** sein, wer nach den Grundsätzen der unechten **Unterlassungsdelikte** für die Verhinderung des Erfolges einzutreten hat, weil ihm aufgrund seiner besonderen Beziehung zu dem geschützten Rechtsgut eine Schutzpflicht für dessen Bestand zukommt (**Beschützergarant**); vgl. 104 vor § 25. Wer zB die Körperverletzung oder Tötung eines nahen Angehörigen nicht verhindert, ist als Täter nach den §§ 223, 211 ff. (also nicht nur wegen Beihilfe zu einer fremden Tat) zu bestrafen. Entsprechendes muß daher auch dann gelten, wenn die Tat eines Dritten nicht nur nicht verhindert, sondern unmittelbar veranlaßt oder unterstützt wird. Zu beachten ist jedoch, daß bestimmte Handlungspflichten (**Überwachungsgarantenpflicht**) nur zu einer Verantwortlichkeit wegen Beihilfe führen (vgl. dazu 106 vor § 25). Zur Täterschaft in **Betrieben** s. 109a vor § 25 und u. 25; vgl. auch 28 ff. vor § 324.

5 3. Auch bei eigentlichen **Sonderdelikten** (vgl. hierzu 84 f. vor § 25) kommt nur Täterschaft in Betracht, wenn der Sonderpflichtige sich in irgendeiner Form an der Tat beteiligt (Roxin JuS 73, 335; vgl. dagg. Langer, Sonderverbrechen 223). Dies ergibt sich, ähnlich wie bei den Unterlassungsdelikten (vgl. o. 4), aus der besonderen Pflichtenstellung des Täters. Dieser Standpunkt wird bestätigt durch die Tatbestandsfassungen einiger Sonderdelikte; so wird in § 340 nicht nur das Begehen, sondern auch das Nichteinschreiten gegen eine Körperverletzung erfaßt; vgl. auch § 354 II Nr. 3.

III. Die mittelbare Täterschaft

6 1. **Täter** ist auch, wer das Delikt dadurch begeht, daß er einen anderen (**Werkzeug, Tatmittler**) für sich handeln läßt. Die mittelbare Täterschaft wird mit der Neufassung des AT durch das 2. StrRG erstmalig im StGB erwähnt, ohne daß allerdings die Voraussetzungen dieser Täterschaftsfigur im einzelnen festgelegt werden; darauf hat der Gesetzgeber angesichts der Vielgestaltigkeit der Täterschaftsformen dieser Kategorie ausdrücklich verzichtet (Sonderausschuß BT-Drs. V/4095 S. 12 unter Hinweis auf BT-Drs. IV/650 S. 149, vgl. BGH **40** 232), weil der Rechtsentwicklung nicht vorgegriffen werden sollte. Folglich sind die konstruktiven Elemente der mittelbaren Täterschaft ebenso wie deren Voraussetzungen im einzelnen umstritten. So glaubt Samson SK 61 ff. bei den reinen Erfolgsdelikten auf die Figur der mittelbaren Täterschaft verzichten zu können, weil es gleichgültig sei, ob die Kausalkette über ein sachliches Werkzeug oder über einen anderen Menschen läuft; dem kann nicht zugestimmt werden, weil auch der Anstifter und der Gehilfe für die Tat kausal werden können. Nach M.-K. Meyer begründet sich die Täterschaft des Hintermannes insb. für die Fallgruppe des Hervorrufens oder Ausnutzens eines Irrtums in dem herbeigeführten Mangel an Autonomie des Werkzeugs (aaO 239; krit. zum Begriff der Autonomie Roxin LK 59 mwN). Schumann (aaO 69) überträgt das im Fahrlässigkeitsbereich haftungsbegrenzend wirkende Prinzip der Selbstverantwortung auf die Abgrenzung von mittelbarer Täterschaft und Anstiftung, wobei mittelbare Täterschaft bei fehlender Selbstverantwortung des Handelnden vorliegt; die Abschichtung der Verantwortungsbereiche wird von ihm jedoch auch unter Berücksichtigung sowohl objektiver als auch subjektiver Kriterien vorgenommen (aaO 71), vgl. auch Renzikowski aaO 81 ff. Stein differenziert auf der Basis seiner Beteiligungsformenlehre (vgl. 68 vor § 25) mittelbare Täterschaft aufgrund Pflichtmangels des Vordermannes und aufgrund mangelnder Pflichtbefolgungfähigkeit des Vordermannes (aaO 283), wobei diese Ansicht in ihren Ergebnissen der der Tatherrschaftslehre gleicht. Kindhäuser (Bemmann-FS 346) und Jakobs (GA 97, 553) stellen auf die Verantwortung bzw Zuständigkeit des Hintermanns für den Defekt des unmittelbar Handelnden ab, ohne bislang konsistentere Lösungen vorlegen zu können (vgl. auch Schmidhäuser I 298 f., Schild aaO 28 f.; gegen dessen Handlungsherrschaft Bloy GA 98, 438). Nicht mehr aufrechtzuerhalten ist der auf der extrem subjektiven Theorie (vgl. 57 vor § 25) beruhende Standpunkt der früheren Rechtsprechung, wonach allein der animus auctoris als maßgebliche Kriterium für die mittelbare Täterschaft sei. Folglich scheidet mittelbare Täterschaft des bloßen Tatveranlassers grundsätzlich aus, wenn das Werkzeug seinerseits voll deliktisch handelt, wie umgekehrt dieses bei voll deliktischem Handeln nicht bloß Gehilfe, sondern stets Täter ist (vgl. Lackner/ Kühl 2).

2. Die mittelbare Täterschaft beruht auf dem **(vertikalen) Zurechnungsprinzip**, daß für die Tatbestandserfüllung haftet, wer einen anderen durch Zwang, Täuschung oder auf andere Weise (vgl. dazu u. 25) veranlaßt, die zur Tatbestandserfüllung notwendigen Handlungen als Teil des von ihm verfolgten Gesamtplanes für ihn vorzunehmen. Wie auch sonst bei den Herrschaftsdelikten im Rahmen der Tatbestandsverwirklichung durch mehrere Personen (vgl. 71 ff. vor § 25) wird diese durch objektive bzw. objektivierbare Kriterien bestimmt. Die Tatherrschaft kann der an der tatbestandlichen Handlung nicht beteiligte Hintermann kraft *Willensüberlegenheit* erlangen, d. h. er beherrscht durch Nötigung des Tatmittlers das Geschehen derart, daß dieser nicht tatbestandsmäßig (vgl. u. 10), nicht rechtswidrig (vgl. u. 28) in einer Notlage iSd § 35 (vgl. u. 33) oder sonst in einer Situation handelt, in der ihm ein normgemäßes Verhalten nicht zumutbar ist (vgl. u. 35). Des weiteren kann die Tatherrschaft des Hintermanns auf *Wissensüberlegenheit* beruhen, wobei der beim Werkzeug herbeigeführte oder ausgenutzte Irrtum wiederum die Tatbestandsmäßigkeit seines Handelns (vgl. u. 11, 15, 17), die Rechtswidrigkeit (vgl. u. 26) oder die tatsächlichen Voraussetzungen des § 35 (vgl. u. 34), bzw. beim unvermeidbaren Verbotsirrtum (vgl. RN 38) die Schuld berührt. Eine Tatherrschaft kraft Irrtums ist allerdings auch bei einem voll deliktisch handelnden Werkzeug möglich (vgl. u. 22–25), welches zB einem vermeidbaren Verbotsirrtum unterliegt (str., vgl. u. 38). Den Nötigungs- und Irrtumsfällen nahestehend ist die Benutzung von Kindern, Jugendlichen oder sonst Schuldunfähigen bzw. vermindert Schuldfähigen (vgl. u. 39 ff.). *Sonderfälle* der Tatherrschaft sind bei Absichtsdelikten möglich, wenn der Hintermann ein absichtsloses Werkzeug benutzt oder bei Sonderdelikten (84 vor § 25), wenn allein dem Hintermann die Sonderpflicht obliegt und er sich insoweit eines qualifikationslosen Werkzeuges bedient (vgl. u. 18 f.). Schließlich kann die Tatherrschaft auf der Leitung eines organisierten Machtapparates beruhen (vgl. u. 25), wobei diese Grundsätze nach Rspr und Teilen der Lehre auch für sonstige Organisationen, wie Unternehmen, gelten sollen (*Organisationsherrschaft*, str.). Erfüllt der mittelbare Täter die genannten Voraussetzungen, wird ihm das Handeln des Werkzeugs der Idee nach wie eigenes zugerechnet, so daß er rechtlich so zu behandeln ist, als habe er diese Tatteile eigenhändig verwirklicht (vgl. W-Beulke 536).

3. Folglich sind alle **Deliktsvoraussetzungen** allein auf die **Person des mittelbaren Täters** zu beziehen (vgl. u. 43 ff.), weshalb für dessen Tatbestandsmäßigkeit als solche **gesetzlich** nicht maßgebend ist, was rechtlich beim Werkzeug vorliegt, ob es voll, nur teilweise oder überhaupt nicht tatbestandsmäßig handelt (zust. Baumann JuS 63, 91, Gropp 316 f., Lackner/Kühl 3, vgl. im einzelnen u. 21 ff.). Unerheblich ist auch, ob das Verhalten des mittelbaren Täters phänomenologisch, d. h. rein äußerlich, eher dem Bild einer „Anstiftung" oder einer „Beihilfe" entspricht; so ist zB ebenso mittelbarer Täter, wer einen Gutgläubigen zur Tat veranlaßt, was äußerlich dem Bild einer Anstiftung entspricht, wie derjenige, der einem zur Tat entschlossenen Geisteskranken die Tatwaffe liefert, was äußerlich einer Beihilfe gleicht. Im einzelnen lassen sich die wichtigsten Fallgruppen wie folgt beschreiben:

4. Mittelbare Täterschaft kommt typischerweise in Betracht, wenn das **Werkzeug** objektiv oder subjektiv **nicht tatbestandsmäßig** oder nur teilweise tatbestandsmäßig handelt. Umstritten sind Fälle der vollen Tatbestandserfüllung und insbesondere bei Vorliegen sämtlicher Deliktsvoraussetzungen.

a) Am **objektiven Tatbestand** auf seiten des Werkzeugs fehlt es bei der Veranlassung oder Unterstützung der Verletzung eines Rechtsguts, das dem Werkzeug zusteht und die als solche straflos ist, wie etwa bei der Beschädigung eigener Sachen, Selbstverletzung (RG **26** 242) oder der Selbsttötung. Wirkt hier der Täter, zB durch Täuschung, auf den Entscheidungsprozeß des Geschädigten ein oder nutzt er dessen Defektzustand für die Herbeiführung des von ihm beabsichtigten Schadens aus, so kommt mittelbare Täterschaft in Betracht; zB bei der Veranlassung eines Geisteskranken zum Suizid, der Täuschung des Eigentümers über den Wert der von ihm zerstörten Sache (A veranlaßt B, einen echten Picasso zu zerstören mit der Behauptung, es handle sich um einen wertlosen Nachdruck [and. M.-K. Meyer aaO 170, 185]; zu den ähnlich gelagerten Fällen einer Schadensquantifizierung vgl. u. 22). Freilich sind nicht alle Fälle einer Veranlassung zur Selbstschädigung als mittelbare Täterschaft zu erfassen:

α) Bei der **Nötigung** zur Selbstschädigung oder Selbsttötung (vgl. dazu 37 f. vor § 211) wird man eine mittelbare Täterschaft des Hintermannes nicht nur dann annehmen können, wenn der Hintermann eine Situation schafft oder ausnützt, die der des § 35 entspricht (so noch Roxin LK 66, Schmidhäuser I 302, Stratenwerth 773 f., Bottke GA 83, 30 ff., Charalambakis GA 86, 499), sondern auch bei rechtfertigungsähnlichen Situationen iSv § 34 (M.-K. Meyer aaO 158 ff., Küper JZ 86, 225, Zaczyk aaO 47, Kühl 682, Schild aaO 11 ff. in krit. Auseinandersetzung mit Roxin). Mittelbare Täterschaft des Hintermannes liegt daher nicht nur vor, wenn das Opfer durch Drohungen und Schläge zur Selbsttötung getrieben (vgl. Lange, Moderner Täterbegriff 32: Fall Hildegard Höfeld; OGH **2** 5) oder ein politischer Gefangener mit der Drohung zur Selbsttötung veranlaßt wird, er würde demnächst Folterungen ausgesetzt, sondern auch bei einer mittels Drohung mit Verletzung einer nicht iSd § 35 nahestehenden Person abgenötigten Selbstverletzung. Danach beurteilt sich die Täterschaft des Hintermannes bei der Nötigung des Opfers zur Selbstverletzung im Prinzip nach den gleichen Kriterien, wie eine dem Werkzeug abgenötigte Verletzung eines Dritten (sog. Exkulpationslehre, vgl. Hirsch JR 79, 429, Roxin LK RN 66 ff.). Dabei wird man eine Gleichwertigkeit der beteiligten Güter für eine Verlagerung der Verantwortlichkeit ausreichen lassen müssen (and. M.-K. Meyer aaO 160, die ein wesentliches Überwiegen des bedrohten Rechtsgutes fordert). Dagegen wird von einer im Vordringen begriffenen Auffassung eingewendet, daß im Fall der Selbstschädigung die Appellwirkung des rechtlichen Verbotes und damit ein „hemmendes Gegenmotiv" fehle (Amelung, Coimbra-Symp. 247, Herzberg TuT 35 f., JuS 74, 378 f., JA 85, 339). Diese Gegenansicht orientiert sich stattdessen an der Einwilligungslehre, wonach mittelbare Täterschaft schon dann angenommen wird, wenn unter der Voraussetzung einer Fremdschädigung die Einwilligung des Opfers unwirksam wäre, was schon bei einer „gewichtigen" Drohung der Fall sei bzw. beim Suizid beim Fehlen eines ausdrücklichen und ernstlichen Verlangens im Sinne des § 216 (Herzberg TuT 35 ff., JuS 74, 369, Brandt, Jura 86, 495, Geilen JZ 74, 151, W-Beulke 539, Lackner/Kühl 13 a vor § 211, Otto Jura 87, 256; vgl. 36 vor § 211). Diese Meinung verlagert die Verantwortlichkeit, soweit sie nicht den Exkulpationsregeln Indizfunktion zuerkennt (vgl. 36 vor § 211), jedoch in zu weitem Umfang auf den Hintermann. Selbst wenn man eine Gleichstellung von Selbstschädigung und Fremdschädigung bestreitet, trägt doch der unmittelbar Handelnde bis zur Grenze des § 34 die Verantwortung für sein Tun selbst, so daß der Außenstehende anders als in den Einwilligungsfällen nicht die Tatherrschaft hat und deshalb auch nicht mittelbarer Täter sein kann.

11 β) Bei einer **Täuschung** liegt nach einhelliger Meinung mittelbare Täterschaft vor, wenn das Werkzeug „unvorsätzlich" handelt (Jakobs 636, Kühl 680, Roxin LK 106, Samson SK 104): Das Werkzeug wird veranlaßt, eine Starkstromleitung zu berühren, die angeblich nicht unter Spannung stehen soll. Streitig ist dagegen die Behandlung der Fälle, in denen die Täuschung zu einem Motivirrtum führt, dem Opfer zB vorgespiegelt wird, es leide an einer unheilbaren Krankheit. Hier wird teilweise gefordert, daß das Opfer durch die Täuschung in eine § 20 entsprechende psychische Ausnahmesituation versetzt wird (Jescheck/Weigend 666, Roxin LK 106; vgl. auch Schmidhäuser I 299 f.). Dies ist jedoch zu eng; ausreichend muß sein, daß durch die Täuschung (zB über das Vorliegen einer Krebserkrankung) der seelische Leidensdruck beim Opfer so stark ist, daß es sich in einer subjektiv empfundenen Ausweglosigkeit zur Selbsttötung entschließt (ähnl. noch Roxin TuT 225 ff., vgl. auch Amelung NJW 96, 2395). Nach BGH GA **86**, 508 kommt eine mittelbare Täterschaft auch bei einem Motivirrtum in Betracht, zB weil der sich selbst Tötende („Werkzeug") nur deswegen Hand an sich legt, weil der Partner verspricht, mit in den Tod zu gehen und zusätzlich die gesamte Tatsituation gestaltet (zust. Brandts/Schlehofer JZ 87, 442, Neumann JA 87, 244, Zaczyk aaO 46, Kühl 681; krit. Charalambakis GA 86, 485, Muñoz Conde ZStW 106, 561 f.). Zu dieser Problematik M.-K. Meyer aaO, Küper JZ 86, 219. Nach BGH **32** 38 („Sirius-Fall") soll auch eine Täuschung zur mittelbaren Täterschaft führen, wenn das Opfer davon ausgeht, daß zwar sein „jetziger Körper" endgültig zerstört werden würde, es gleichwohl in anderer psycho-physischer Form weiterlebe (zust. Anm. Schmidhäuser JZ 84, 195, Sippel NStZ 84, 357; krit. Roxin NStZ 84, 70, Neumann JuS 85, 677, vgl. auch Küpper GA 98, 520, Bottke Suizid, 82).

12 γ) Beim Ausnutzen **konstitutioneller Mängel** des Opfers (iS von §§ 19, 20 StGB, § 3 JGG) durch den Hintermann, also bei Kindern, Jugendlichen oder Personen mit psychischen Defekten, wird danach zu unterscheiden sein, ob sie die notwendige Einsicht in die Bedeutung einer Selbstschädigung haben. Bei endogenen oder exogenen Psychosen, die zu einem Selbstzerstörungstrieb führen, wird mittelbare Täterschaft regelmäßig gegeben sein, nicht ohne weiteres jedoch bei depressiven Gemütszuständen. Aus Sicht des Hintermanns muß dessen zur Selbstschädigung führender Beitrag nicht nur in Kenntnis des Defektes des Opfers erfolgen, sondern auch durch diesen erfolgswirksam werden (Kühl 680, Zaczyk 43 f.). Demgegenüber verlegt Roxin (LK 127) bei schuldunfähigen Jugendlichen oder Geisteskranken die Verantwortung stets auf den Hintermann als mittelbaren Täter.

13 δ) Mittelbare Täterschaft kommt auch dann in Betracht, wenn das Werkzeug den objektiven Tatbestand nur teilweise verwirklicht, also zB durch eine § 35 entsprechende Drohung veranlaßt wird, Gewalt anzuwenden, um dem Hintermann die Wegnahme zu ermöglichen (§ 249).

14 b) Bei **subjektivem Tatbestandsmangel** kommen folgende Fallgruppen in Betracht:

15 α) Der klassische Fall einer mittelbaren Täterschaft liegt vor, wenn ein gutgläubiger, d. h. ein Werkzeug, das **mangels Vorsatzes** die Deliktszusammenhänge der vom Hintermann geplanten Tat nicht durchschaut, zur Tatbestandsverwirklichung eingesetzt wird (vgl. RG **39** 298, **47** 147 f., **62** 369, **70** 212, Kühl 682 f.). Dabei ist gleichgültig, ob das Werkzeug völlig ahnungslos ist (gutgläubige Krankenschwester, die ein angebliches Medikament, in Wahrheit aber eine tödliche Spritze verabreicht) oder ob es sich die Verwirklichung eines anderen als des vom Hintermann angestrebten Erfolges vorstellt (Werkzeug geht von Betäubungsmittel aus [§ 223], während das Mittel tödlich wirkt): Hinsichtlich der Taten, auf die sich der Vorsatz des Tatmittlers bezieht, ist der Veranlasser zwar in die Anstifterrolle zurückgedrängt; bzgl. der anderen Taten benutzt er indes ein vorsatzloses Werkzeug (Kühl 683); vgl. hierzu den Fall bei BGH **30** 363 (vgl. v. Spiegel NJW 84, 110, 1867; and. Sippel NJW 83, 2226, 84, 1866). Völlig unbestritten ist dabei der Fall, daß der „Handlungsentschluß" des vorsatzlos die Tat Ausführenden durch den Hintermann hervorgerufen wird, bestritten dagegen, ob dies auch so ist, wenn der Beitrag des Hintermanns sich nur als Beihilfe darstellen würde, sofern das Werkzeug vorsätzlich handelte; auch dies ist jedoch zu bejahen (vgl. M-Gössel II 272, Roxin LK 75, TuT 173 f., Stratenwerth 767; and. Schmidhäuser 523, der hier straflose Beihilfe zur unvorsätzlichen Tat annimmt, was dann konsequenterweise aber auch für die „Anstiftung" = Veranlassung des Gutgläubigen gelten müßte). Nach Schumann aaO 89 ff. setzt die seiner Auffassung nach zur mittelbaren Täterschaft erforderliche Handlungsherrschaft allerdings voraus, daß auf den Willen des Werkzeugs eingewirkt wird, während im übrigen unmittelbare Täterschaft in Betracht kommen kann (aaO 94 ff.).

Gleichgültig ist dabei, ob dem unvorsätzlich handelnden Werkzeug ein Fahrlässigkeitsvorwurf **16** gemacht werden kann oder nicht. Bei der unbewußten Fahrlässigkeit versteht sich dies von selbst; aber auch bei der bewußten Fahrlässigkeit, bei der auch das Werkzeug über den Erfolgseintritt reflektiert, aber auf dessen Ausbleiben vertraut (vgl. hierzu Jescheck/Weigend 666, Kühl 683, Roxin LK 77, Stratenwerth 766) liegt mittelbare Täterschaft des die Tat Veranlassenden vor. Dies gilt selbst dann, wenn der Hintermann die Chancen für den Erfolgseintritt nicht besser übersieht als das Werkzeug (and. insoweit noch Roxin TuT 180 ff., 220 ff.), sofern das Übergewicht des mittelbaren Täters hier in einem zusätzlichen Element liegt; er ist „spiritus rector" (Roxin LK 77) der Tat. Insoweit besteht eine Parallele zum absichtslos-dolosen Werkzeug (vgl. u. 77 vor § 25).

Neue Ansätze versuchen, Wissensdefizite zu normativieren. So stellt Jakobs (GA 97, 558) auf die **16 a** Zuständigkeit des unmittelbar Handelnden für den Gebrauch seines Wissens ab. Dies bestimme sich danach, ob das Werkzeug ein Recht auf Wahrheit gegenüber dem Hintermann habe (vgl. auch Murmann GA 98, 80 ff.). Diese Grundlage läßt sogar Irrtumsherrschaft über einen vollständig irrtumsfrei Handelnden zu. Abgesehen davon, daß das Recht auf Wahrheit bislang recht beliebig erscheint (vgl. auch krit. Küpper GA 98, 522), stellt sich die Frage, ob nicht eine Pflicht besteht, Ahnungslose nicht zu nutzen, um Straftaten zu begehen. Deshalb vermag auch nicht zu überzeugen, mittelbare Täterschaft dann zu verneinen, wenn der Hintermann einen bestehenden Irrtum des Tatmittlers für seine Zwecke einsetzt (so aber Jakobs GA 97, 553 ff., vgl. auch Murmann GA 98, 80, Kindhäuser Bemmann-FS 348). Nicht allein die Verletzung der Aufklärung kann maßgebend sein, sondern auch der Einsatz für Straftaten (vgl. zur Parallelproblematik beim Betrug auch Frisch Bokkelmann-FS 651 f., Kindhäuser aaO 349).

Bei einem Irrtum des Tatmittlers über die **Voraussetzungen eines Rechtfertigungsgrundes** **17** kommt mittelbare Täterschaft in Betracht, wenn der Hintermann das Fehlen dieser Voraussetzungen kennt und die Ahnungslosigkeit des Werkzeugs zur Tat ausnützt (vgl. Roxin LK 82).

β) Eine weitere Gruppe der mittelbaren Täterschaft durch ein tatbestandslos handelndes Werkzeug **18** stellen die Fälle des sog. **absichtslosen Werkzeuges** (o. 77 vor § 25) oder des **qualifikationslosen Werkzeuges** (der Ausführende besitzt nicht die zur Begehung des echten Sonderdelikts notwendige Eigenschaft; vgl. RG **28** 109, **39** 37 m. Anm. Beling ZStW 28, 589, **41** 61, Kühl 684 ff., Stratenwerth 793 ff.

Eine reine Tatherrschaftslehre hat in beiden Fällen prinzipiell Schwierigkeiten, eine mittelbare **19** Täterschaft des Hintermanns zu begründen; das dolose Werkzeug beherrscht hier die Tat im gleichen Maße wie ein Mittäter (vgl. Gallas Mat. I, 136, Jescheck/Weigend 669 f.); das Gesetz wertet nur sein Verhalten anders. Der Standardfall des absichtslosen dolosen Werkzeuges, die fehlende Sich-Zueignungsabsicht des Tatmittlers ist durch die Einbeziehung der Drittzueignungsabsicht in § 242 mittels des 6. StrRG typischerweise entfallen (vgl. DSNS-Dencker 18 mit Hinweis auf mögliche voluntative Defizite beim Vordermann, zu § 242 aF vgl. 25. A. hier u. § 242 RN 72). Das Sachproblem bleibt jedenfalls bei gänzlich fehlender (Dritt-) Zueignungsabsicht (W-Beulke 537). Häufig wird hier eine Irrtumsherrschaft in Frage kommen (s. o. 15, zur Überlegenheit s. 77 vor § 25). Teilweise wird in den Fällen des absichtslosen bzw qualifikationslosen Werkzeugs die Tatherrschaft normativ aufgefaßt, so daß wegen des rechtlich beherrschenden Einflusses des Hintermannes stets nur mittelbare Täterschaft vorliegt (Jescheck/Weigend 670, Tröndle 3, ähnl. Cramer Bockelmann-FS 398, Hünerfeld ZStW 99, 239; krit. Samson SK 109). Nach diesen Grundsätzen liegt mittelbare Täterschaft auch vor, wenn bei Sonderdelikten ein qualifizierter Hintermann einen Nichtqualifizierten zur Durchführung der tatbestandsmäßigen Handlung veranlaßt. Teilweise wird die Täterschaft des Hintermanns aber nicht auf die Tatherrschaft, sondern auf dessen Pflichtenbindung gestützt (Herzberg TuT 31, Roxin LK 134, vgl. o. 84 vor § 25; krit. zB Renzikowski aaO 28 f., Stratenwerth 795). Mittelbarer Täter ist zB der Urkundsbeamte, der einen anderen Urkundsbeamten bei einer Falschbeurkundung (§ 348 I) als Werkzeug einsetzt (vgl. Roxin TuT 361, RG **28** 110 zu § 348 II a. F.; and. wohl Spendel Lange-FS 154, Wagner, Amtsverbrechen [1975] 379); wird ein Extraneus, der nicht Urkundsbeamter ist, zur Anfertigung einer Urkunde veranlaßt, so scheidet mittelbare Täterschaft nach § 348 allerdings aus, da das von ihm hergestellte Produkt keine öffentliche Urkunde darstellt. Jede Strafbarkeit in diesen Fällen lehnen ab Bloy aaO 241, Jakobs 537, Samson SK 106, Stratenwerth 797, 801 f.

Ein Unterfall des absichtslosen Werkzeugs liegt vor, wenn bei Delikten, bei denen eine straferhö- **20** hende Absicht lediglich den auf einen bestimmten Erfolg gerichteten Willen kennzeichnet, der Hintermann diese Absicht verfolgt, der Ausführende jedoch in Unkenntnis dieser Absicht die Tat begeht. Veranlaßt zB A den B zu einer Körperverletzung an C, wobei A die Absicht des § 225 verfolgt, B hingegen nicht, so ist A aus § 225 zu verurteilen. A hat insoweit den B als sein Werkzeug benutzt (iE ebenso Roxin Lange-FS 184).

c) Mittelbare Täterschaft ist aber auch bei einem Verhalten des Werkzeugs möglich, das in **21** objektiver wie in subjektiver Beziehung den **Tatbestand voll erfüllt.** Dies soll nicht bloß gelten, wenn es beim Werkzeug an einem weiteren Verbrechenselement (zB Rechtswidrigkeit, Schuld) fehlt, sondern auch dann, wenn das Werkzeug alle Deliktsvoraussetzungen erfüllt. Es handelt sich hier um die Fälle des „Täters hinter dem Täter" (grdl. hierzu Schroeder aaO, Roxin Lange-FS 173 ff., vgl. auch Art 25 Abs. 3 a Statut int. Strafgerichtshof v. 17. 7. 1998; krit. zu diesem Begriff Spendel Lange-FS 147 ff., M.-K. Meyer 175; abl. Jakobs 632, 648 f., Jescheck/Weigend 664, 670, Renzikowski aaO 87 ff., vgl. auch Bloy aaO 345 ff.). Derartige Einschränkungen des Eigenverantwortungsprinzips sind für folgende Fallgruppen Thema (wobei nicht bloß umstritten ist, ob dieses Prinzip hier überhaupt als Abgrenzungskriterium taugt [abl. zB Roxin TuT 665 f. u. LK 63, 128], sondern auch, ob und unter welchen Voraussetzungen es Relativierungen erlaubt [vgl. zB Bloy aaO 353 ff. u. GA 96, 438 f., Gropp JuS 96, 15, 17, Herzberg Jura 90, 16, Hruschka ZStW 110, 935, Joerden aaO 62, Küper JZ 89, 935, Renzikowski aaO 87 ff. mwN]):

22 α) **Mittelbare Täterschaft** liegt vor, wenn der Hintermann einen voll deliktisch Handelnden einsetzt, der sich über die Bedeutung des von ihm angerichteten Schadens unzutreffende Vorstellungen macht (Herzberg JuS 74, 375: Ausnutzung eines **‚graduellen' Tatbestandsirrtums;** zu dieser Fallgruppe Roxin Lange-FS 184 f., Kühl 693, M.-K. Meyer aaO 175, Neumann JA 87, 250; and. Bottke Täterschaft 71, Jakobs 648, Schumann aaO 77, Renzikowski aaO 82). Veranlaßt A den B, eine wertvolle chinesische Vase des X zu zertrümmern unter dem Vorspiegelung, es handele sich um eine billige Imitation, so ist A mittelbarer Täter nach § 303. Dies ergibt sich daraus, daß dem B die Tragweite seines Verhaltens verborgen bleibt und daher dem A hinsichtlich des quantitativ „überschießenden Schadens" kraft seiner Kenntnis der Zusammenhänge die Verantwortung für die „Unrechtssteigerung" zukommt. Dabei gelten ähnliche Grundsätze wie bei der Ausnutzung eines Verbotsirrtums (vgl. 33 vor § 25). Unerheblich ist deshalb, ob der Irrtum des unmittelbar Handelnden erregt oder ein bestehender ausgenutzt wurde, ob er vermeidbar war oder nicht. Zweifelhaft kann sein, welches Ausmaß die „Unrechtssteigerung" erreichen muß. Die Auffassung Roxins (Lange-FS 186), der Schaden müsse „mehr als doppelt so groß" sein, überzeugt schon deshalb nicht, weil sie nur bei Vermögenseinbußen, nicht aber bei höchstpersönlichen Rechtsgütern (Gesundheit, Freiheit) eine Grenze bietet; es reicht jede nicht unwesentliche Unrechtssteigerung (so jetzt auch Roxin LK 98 f.).

23 β) Auch die Hervorrufung eines **error in persona vel obiecto** führt zur mittelbaren Täterschaft: A manövriert – ohne Kontakt mit B – den X in eine Situation, in der B ihn für Y hält und aufgrund dieses Irrtums erschießt; eingeh. hierzu Roxin TuT 212 ff., Lange-FS 190. Hier liegt mittelbare Täterschaft vor, weil A, der die Fäden in der Hand hat, den Tod eines bestimmten Menschen verursacht; daß B nicht dadurch entlastet wird, daß er ein aus seiner Sicht falsches Opfer umbringt, spielt keine Rolle (Kühl 693; and. Herzberg JuS 74, 576, Jakobs 648: Teilnahme, Spendel Lange-FS 167 ff., Schumann aaO 76: Anstiftung; vgl. auch Stratenwerth 783 f., Schild aaO 20).

24 γ) Eine Sonderform der mittelbaren Täterschaft bei voller Strafbarkeit des Werkzeugs besteht in den Fällen, in denen der **Hintermann** die Voraussetzungen eines **qualifizierten Tatbestandes** schafft, dem Werkzeug aber nur eine Tat nach dem Grunddelikt zur Last fällt (vgl. hierzu Roxin Lange-FS 186 f.). Stiftet zB A den B zu einer Brandstiftung an, so kann B nur aus § 306 I Nr. 1 bestraft werden, wenn ihm A wahrheitswidrig eingeredet hat, das Gebäude sei kein Wohnhaus. A selbst muß aber aus § 306 a I Nr. 1 verurteilt werden können.

25 δ) Die mittelbare Täterschaft des sog. „**Schreibtischtäters**" (eingeh. Schroeder aaO 143 ff., Roxin LK 128 ff.) hat in den letzten Jahren zunehmend Anerkennung, aber auch erhebliche Ausweitung erfahren. Im Wege einer sog. „**Organisationsherrschaft**" (BGH 40 316, NJW 98, 769, grdl. BGH 40 236 f. [Mauerschützen], vgl. auch NJW **97**, 952) wird insbes. von der Rspr (durchaus str.) praktisch für jede Organisationsform, insbes. auch Wirtschaftsunternehmen, mittelbare Täterschaft von tatsächlichen Leitungspersonen trotz voll verantwortlicher Tatmittlern angenommen, wenn durch Organisationsstrukturen bestimmte Rahmenbedingungen zur Tatbestandsverwirklichung ausgenutzt werden. Zur mittelbaren Täterschaft von Vorgesetzten innerhalb von Befehlshierarchien BGH **42** 68 f., vgl. auch Nachw b. Marxen/Werle aaO 23.

25 a Im einzelnen dürfte, soweit es um organisierte Machtapparate geht, die sich als ganze von den Normen des Rechts gelöst haben, mittelbare Täterschaft als weithin gesichert gelten (grdl. Roxin TuT 242 ff., mwN z. Meinungsstand 677 f., GA 63, 193, Lange-FS, 192 f., LK 129). Denn selbst auf der Grundlage eines eher strikten Verantwortungsprinzips (krit. Roxin TuT 666) ist bei *staatlichen Machtapparaten* maßgebend, daß die Zuweisung von Verantwortung intrasystemisch nicht eingelöst wird und der Tatmittler „orientierungslos" ist (Ambos GA 98, 244). Dieses Defizit (und korrespondierende faktische Tatherrschaft) lässt sich auf bestimmte *nicht-staatlich organisierte, rechtsgelöste Machtapparate* übertragen (Roxin JZ 95, 51 u. Grünwald-FS 561, Heine Eser-FG 63 f., Stratenwerth 790 f., W-Beulke 541). Der weitere Kerngedanke, nämlich daß der eigenhändig Tätige innerhalb hierarchischer Macht- bzw. Organisationsstrukturen reibungslos und austauschbar zur Begehung von Straftaten eingesetzt werden könne, seine Fungibilität also dem in einer solchen Organisation mit Befehlsgewalt Ausgestatteten die Herrschaft über das Tatgeschehen vermittle, so daß er mittelbarer Täter ist, obwohl der Tatmittler von der strafrechtlichen Verantwortung für sein Tun nicht befreit ist, wird aber häufig ohne jene Rechtsgelöstheit akzeptiert und auf „jegliche staatliche, unternehmerische oder geschäftsähnliche Organisationsstruktur" schlechthin erstreckt (BGH **40** 236 f. m. Anm. Gogger NStZ 94, 580, Jung JuS 95, 174, Prantl NJ 94, 582, Schroeder JR 95, 179 [unbedingte Tatbereitschaft]; insoweit krit. Murmann GA 96, 273, Roxin JZ 95, 45 u. Grünwald-FS 557 [deliktspezifische Rechtsgelöstheit], Sonnen JA 95, 98, Bspr. Gropp JuS 96, 16, Schulz JuS 97, 109 [Nötigungsherrschaft]; abl. Jakobs NStZ 95, 26 [Mittäterschaft, dagg. zutr. Ambos GA 98, 233]; BGH **40** 316, **43** 231 f., NJW **98**,

769 m. krit. Anm. Dierlamm StV 98, 416, Otto JK 98, § 25 I/7, NJW **00**, 448; vgl. auch BGH **40** 267 m. krit. Bspr. Rönnau JA 96, 112 u. o. 93 a. Generell zust. Lackner/Kühl 2, Ransiek aaO 46 ff., Tröndle 3 u. 25. A. Generell abl. Herzberg, in Amelung, 47, Jescheck/Weigend, 670 [Mittäterschaft]), Köhler 510 [Anstiftung], Renzikowski aaO 87 ff. [Anstiftung], Samson SK 26 [Mittäterschaft]). Teils wird ergänzend auf den (vagen) Gesichtspunkt sozialer Herrschaft (Gropp JuS 96, 16, Schild, Täterschaft 22 f.) hingewiesen. Weiterführend ist zwar der Ansatz, zwischen Organisationsunrecht derjenigen Personen zu unterscheiden, welche über die Organisation und mittels des Apparats herrschen, und der Individualtat des Vordermanns (Bloy GA 96, 441 ff., Lampe ZStW 106, 720, 743, zust. Ambos GA 98, 234). Organisationsherrschaft unterscheidet sich freilich strukturell grundlegend von Individualherrschaft (vgl. Heine Verantwortlichkeit 35 ff., 117 ff., Rotsch aaO 71 ff.), daher wird sie von Ambos mit guten Gründen auf spezifische, straff und hierarchisch strukturierte Organisationen beschränkt, die auf Machterhalt oder -zuwachs abzielen (GA 98, 239, 245), wobei sich die Frage stellt, ob darüber hinausgehendes Organisations- bzw. Systemunrecht nicht einer speziellen gesetzlichen Grundlage bedarf (vgl. auch Schünemann in Breuer aaO 146 ff.) Jedenfalls fehlt es sowohl an den Fungibilitätskriterien (bez. des Tatmittlers) als auch idR an einem Täterpotential im Sinne von aktueller, individualisierter Anordnungs- oder Vermeidemacht, soweit es, wie typischerweise in modernen Wirtschaftsunternehmen, um Organisationsstrukturen geht, die nicht hierarchisch-linear geprägt, sondern durch funktionelle Differenzierung der Kompetenzen und vertikale und horizontale Dezentralisierung gekennzeichnet sind (Heine Verantwortlichkeit 95 ff., u. in Eser-FG 65, zust. Ambos GA 98, 239 f., Kühl 693, Otto JK 98 StGB § 25 I/7, vgl. auch Dencker Gesamttat 190, Rotsch aaO 144 ff. u. NStZ 95, 491, Murmann GA 96, 278 ff., Schumann aaO 76 sowie Jung JuS 95, 174, Roxin JZ 98, 51 f u. Grünewald-FS 561, TuT 683, Schulz JuS 97, 113). Nicht ausgeschlossen ist jedoch, daß der einzelne vor Ort die rechtlichen und tatsächlichen Zusammenhänge nicht ausreichend überblickt und dieses Defizit von Leitungspersonen ausgenutzt wird (vgl. Heine Eser-FG 64 f.). Letztlich lässt sich Herrschaft über Organisationen und Systeme wohl nur dann überzeugend in den rechtlichen Griff bekommen, wenn Verantwortung von Individuen und Verantwortlichkeit von Kollektivpersonen de lege ferenda sachgerecht austariert wird (vgl. o. 119 ff. vor § 25).

5. Eine mittelbare Täterschaft kommt auch bei **rechtmäßigem Handeln des Werkzeugs** in 26 Betracht (vgl. Jakobs 638, Johannes aaO 59, Herzberg aaO, Kühl 686, Samson SK 80 ff.). Während die Teilnahme nach den §§ 26, 27 voraussetzt, daß der unmittelbare Täter tatbestandsmäßig, widerrechtlich und vorsätzlich handelt, kommt es bei der mittelbaren Täterschaft darauf an, daß das dem mittelbaren Täter zugerechnete Verhalten bei diesem eine Verwirklichung des Delikttatbestandes ergibt (vgl. o. 15). So kann der mittelbare Täter sich eines rechtmäßig handelnden Staatsorgans zu einer Freiheitsberaubung bedienen, zB dadurch, daß er durch einen Meineid die Verurteilung zu Freiheitsstrafe erreicht.

a) Voraussetzung ist aber stets, daß der **rechtmäßig Handelnde** als **Werkzeug** eingesetzt wird. 27 Hieran fehlt es bei der objektiv wahren Anzeige einer nach dem Recht der Tatzeit strafbaren Handlung; eine solche Anzeige, die zur Verurteilung durch den rechtmäßig handelnden Richter führt, begründet keine mittelbare Täterschaft der Freiheitsberaubung oder Tötung (BGH **3** 111, Roxin LK 81, M-Gössel II 276, Welzel 105; vgl. auch BGH **4** 66). Dagegen ist mittelbarer Täter einer Freiheitsberaubung, wer durch Täuschung einer Behörde die Festnahme oder Verurteilung eines anderen veranlaßt (BGH **3** 4, **10** 307, LM **Nr. 2** zu § 3, RG **13** 426, u. § 239 RN 10) oder mittelbarer Täter eines Betruges, wer durch Vorlage falscher Beweismittel im Zivilprozeß eine Vermögensschädigung des Beklagten erreicht, die unmittelbar der Richter durch sein Urteil bewirkt (Kühl 686); in einem solchen Fall benutzt der Hintermann die irregeleitete Behörde als Werkzeug. Zur Frage der politischen Denunziation vgl. Radbruch SJZ 46 Sp. 105, Coing SJZ 47 Sp. 61, Lange DRZ 48, 155, 185, SJZ 48 Sp. 302, Bamberg NJW **50**, 35 m. Anm. v. Weber u. Welzel DRZ 50, 303 u. Lange SJZ 50 Sp. 209. Hierher gehört auch der Fall, daß dem Werkzeug, nicht aber dem Hintermann § 193 zur Seite steht (vgl. RG **64** 23, Roxin LK 80). Mittelbare Täterschaft entfällt jedoch, wenn der Hintermann lediglich von den formal legalen Mitteln der Rechtsordnung Gebrauch macht, die er durch strafbare Mittel in die Hand bekommen hat. Wer ein Urteil auf Herausgabe einer Sache durch unwahre Angaben erschleicht und es dann durch den Gerichtsvollzieher vollstrecken läßt, kann zwar wegen Prozeßbetrugs belangt werden, nicht jedoch wegen Diebstahls oder Erpressung in mittelbarer Täterschaft. Vgl. zu diesen Fragen Herzberg GA 71, 1, M-Gössel II 273 f., Welzel 104 f.

b) Mittelbare Täterschaft kommt weiter in Betracht, wenn der mittelbare Täter absichtlich eine 28 **Notwehrlage** herbeiführt, damit der Gefährdete als sein Werkzeug zu seiner Rettung den Angreifer verletze. Voraussetzung ist allerdings, daß der Hintermann bereits die Notwehrlage durch ein Werkzeug herbeiführt, so zB, indem er ein Kind oder einen Geisteskranken mit der Absicht zu einem Angriff veranlaßt, daß der Angegriffene zu seiner Verteidigung den Angreifer verletzen möge; gleiches gilt, wenn der später Verletzte zum Angriff genötigt wird (Roxin LK 69). Der Täter benutzt also hier zwei Werkzeuge, den Angreifer und den Angegriffenen. Bestimmt der Täter jedoch zu einem Angriff jemanden, der hierbei nicht als sein Werkzeug handelt, so ist er auch für die Notwehrhandlung nicht mehr Herr der Tat; mittelbare Täterschaft liegt somit zB nicht vor, wenn A den B durch falsche Angaben über angebliche Beleidigungen des C zum Angriff auf diesen verleitet, wobei B in Notwehr verletzt wird, der hierdurch verursachte Motivirrtum begründet keine mittelbare Täterschaft; vgl. auch Jescheck/Weigend 667, Roxin TuT 162, Stratenwerth 789.

29 c) Ist bei einem **rechtswidrigen Befehl** der Untergebene hinsichtlich der sachlichen Voraussetzungen des ihm befohlenen Verhaltens gutgläubig, so handelt er unter den in 89 vor § 32 genannten Voraussetzungen nicht rechtswidrig mit der Konsequenz, daß der Vorgesetzte, der die Fehlerhaftigkeit seiner Weisung kennt, als mittelbarer Täter zu bestrafen ist. Die Streitfrage, ob auf der Grundlage einer rechtswidrigen aber verbindlichen Weisung mittelbare Täterschaft möglich ist, spielt nach dem Wegfall der Übertretungen nur noch im Ordnungswidrigkeitenrecht eine Rolle; vgl. dazu 88 a vor § 32, Cramer OWiG 66.

30 6. Bestritten ist die Zuordnung der Fälle, bei denen die Tat durch einen **nicht verantwortlich Handelnden** ausgeführt wird. Dies ist insb. der Fall, wenn der unmittelbar Handelnde schuldunfähig, vermindert schuldfähig ist oder ihm ein Entschuldigungsgrund zur Seite steht (vgl. RG **1** 148, **31** 82). Hier kann an sich sowohl Teilnahme wie mittelbare Täterschaft in Betracht kommen. Folgende Fallgruppen sind zu unterscheiden:

31 a) Bei **Unkenntnis** der **mangelnden Verantwortung** kommt für den die Tat Veranlassenden oder Unterstützenden wegen des fehlenden Bewußtseins der Tatherrschaft nur Teilnahme in Betracht; hier gilt der Grundsatz der Schuldunabhängigkeit mehrerer Tatbeteiligter (vgl. § 29).

32 b) Bei einer **Notlage** iS des § 35 wird man zu unterscheiden haben:

33 α) **Führt** der **Hintermann** die **Notlage herbei**, etwa durch eine Lebensbedrohung des Werkzeugs, so liegt ein klassischer Fall der mittelbaren Täterschaft vor (h. M.; vgl. etwa RG **64** 32, M-Gössel II 276, Stratenwerth 773, W-Beulke 537, M.-K. Meyer aaO 155). Da der Hintermann die Entscheidung zur Tatbegehung dem Aufgeforderten nur um den Preis seines eigenen Lebens überläßt, trifft die eigentliche Entscheidung über die Tatbegehung der auffordernde Hintermann (Kühl 688). Insoweit handelt es sich um einen Fall des Täters hinter dem entschuldigten Täter (Cramer Bockelmann-FS 392 f.); demgegenüber beschränkt Schumann aaO 81 ff. die Möglichkeit mittelbarer Täterschaft auf die Fälle des Nötigungsnotstandes iSv § 52 aF. Weiterhin ist umstritten, ob bei einer schon vorhandenen Zwangslage mittelbare Täterschaft in Betracht kommen kann (vgl. abl. Kühl 689 mwN). Jedenfalls ist der bloße Rat oder die Willensbestärkung, sich durch eine rechtswidrige Tat aus der Notlage zu befreien, nur als Teilnahme zu erfassen (vgl. 76 ff. vor § 25, Schumann aaO 87). Auch die physische Unterstützung des in Not geratenen Täters ist noch keine mittelbare Täterschaft (Blei I 259, Jescheck/Weigend 669; and. Roxin LK 65). Mittelbare Täterschaft kann nur in dem Fall diskutiert werden, in dem der Hintermann die Notlage für seine Zwecke mißbraucht („ich rette Dich nur, wenn Du zuvor den X tötest"); vgl. hierzu Roxin LK aaO, Jakobs 632, 644.

34 β) Beim **Irrtum** des Tatmittlers über die **tatsächlichen Voraussetzungen des § 35** gelten folgende Grundsätze: Hat der Hintermann den Irrtum erregt, ist er ebenso mittelbarer Täter wie im Falle der Herbeiführung einer tatsächlichen Zwangslage, da der Motivationsdruck beim Werkzeug der gleiche ist (vgl. Roxin LK 93). Hat der Hintermann den Irrtum nicht erregt, weiß er aber, daß eine Notlage tatsächlich nicht besteht, so ist jede Beeinflussung des irrenden Werkzeugs mittelbare Täterschaft, weil der Hintermann kraft seines überlegenen Wissens Tatherrschaft hat; dies gilt also auch für die Fälle, die sich bei bestehender Notlage nur als Teilnahme darstellen würden (vgl. o. 10). Geht auch der Hintermann von einer Zwangslage iSv § 35 aus, so gelten die für eine tatsächlich bestehende Notsituation entwickelten Grundsätze.

35 γ) Dagegen ist es fraglich, ob eine mittelbare Täterschaft auch dann in Betracht kommt, wenn die **Nötigung** nicht den Grad des § 35 erreicht. Schroeder (aaO 120 ff.) will im „Grenzbereich der Entschuldigungsgründe", in denen die Anwendung der Schuldausschließungsgründe materiell geboten wäre und nur an deren zwangsläufig formalen Grenzen scheitert (aaO 130), mittelbare Täterschaft annehmen; so soll je nach der Nötigungssituation auch schon eine Bedrohung der wirtschaftlichen Existenzgrundlage das Übergewicht so stark sein, daß der die Tat Veranlassende als mittelbarer Täter zu betrachten sei (aaO 124, ähnl. M-Gössel II 277: sexuelle Hörigkeit, Schild aaO 16). Dem kann nicht zugestimmt werden (eingeh. hierzu Roxin TuT 147 ff., Lange-FS 175 f., Herzberg JuS 74, 241, Kühl 688 f., Stratenwerth 773, Samson SK 79, Jakobs 644). Allerdings gibt es Fälle, in denen durch Schaffung einer Situation, in dem Täter ein normgemäßes Verhalten nicht zumutbar ist, der Hintermann als mittelbarer Täter verantwortlich ist (vgl. auch M. K. Meyer aaO 156, Renzikowski aaO 85). Würde im Leinenfängerfall (RG **30** 25) der mit Entlassung drohende Bauer den Tod eines Menschen aus Gleichgültigkeit in Kauf nehmen, so wäre er mittelbarer Täter einer vorsätzlichen Tötung, weil dem Knecht, der die Gefahr zwar erkennt, aber darauf vertraut, daß sie sich nicht realisiert, ein normgemäßes Verhalten nicht zumutbar ist (vgl. 4 ff. vor § 32). Das ändert aber kein Fall im Grenzbereich der Entschuldigungsgründe, sondern – ohne Rücksicht auf die verbrechenssystematische Stellung der Zumutbarkeit – auf seiten des Vordermannes ein strafbarkeitsausschließender Defekt, der beim Hintermann, der ihn geschaffen hat, als mittelbare Täterschaft zu Buche schlagen muß.

36 c) Beim **Verbotsirrtum des unmittelbar Handelnden** ergeben sich folgende Fallgruppen:

37 α) **Kennt** der die Tat Veranlassende oder Unterstützende den **Verbotsirrtum nicht**, so kommt nur Teilnahme (§§ 26, 27) in Betracht. Das gleiche gilt, wenn auch der Tatbeteiligte das Geschehen für erlaubt hält, mag auch der Grund für den Verbotsirrtum unterschiedliche Wurzeln haben (A kennt die Verbotsnorm nicht, B glaubt, einen nicht existierenden Erlaubnissatz für sich in Anspruch nehmen zu können). Schließlich ist auch derjenige, der im vermeidbaren Verbotsirrtum einen anderen zu einem

verbotenen Verhalten veranlaßt, das dieser unvermeidbar für erlaubt hält, nur Anstifter, da die Erkennbarkeit des Verbots nicht zur Tatherrschaft führt (Roxin LK 92).

β) **Kennt** der **Hintermann** den **Verbotsirrtum** und nützt er den gutgläubigen Vordermann zur Tat aus, so liegt mittelbare Täterschaft vor, in der die Anstiftung als subsidiär aufgeht; and. Köhler 509 (Anstiftung) u. (diff.) Murmann (GA 98, 81), wonach erst eine Pflicht zur Vermeidung der durch Verbotsirrtum begründeten Überlegenheit mittelbare Täterschaft begründe. Die Möglichkeit einer mittelbaren Täterschaft ergibt sich hier aber daraus, daß der Hintermann das Geschehen nicht nur in seiner tatsächlichen Bedeutung, sondern auch in seiner rechtlichen Tragweite kennt und daher den insoweit ahnungslosen Täter in der Hand hat; er ist Täter hinter dem Täter (zust. Schumann aaO 79). Dies gilt nicht nur, wenn der Vordermann einem unvermeidbaren Verbotsirrtum unterliegt (and. Köhler 509, Welzel 103: Anstiftung), sondern auch dann, wenn der Verbotsirrtum vermeidbar ist (M-Gössel II 276, Schroeder aaO 126 ff., Roxin Lange-FS 178 ff., Bottke JuS 92, 767, vgl. Kühl 696; and. Jeschek/Weigend 605, Jakobs 644, Stratenwerth 780, Herzberg JuS 74, 374). Denn das Recht hat seinen motivierenden Einfluß auf den Vordermann verloren, er ist anfällig zur Begehung einer Straftat, und der Hintermann gewinnt bei Ausnutzung dieses Defizits Herrschaft (vgl. Kindhäuser Bemmann-FS 343 f., Otto I 281). Entsprechend ist nicht maßgebend, ob der Verbotsirrtum vom Hintermann veranlaßt oder ein schon vorhandener ausgenutzt wurde (Roxin LK 90). Im Ergebnis ebenso BGH 35 347, 352 f. („Katzenkönig" -Fall auf der Grundlage der „vom Täterwillen getragenen objektiven Tatherrschaft" m. Anm. Schaffstein NStZ 89, 153, Schumann NStZ 90, 32, Küper JZ 89, 617, 935, BGH **40** 267 m. krit. Anm. Vogel MDR 95, 337). Nicht notwendig ist, daß der Vordermann neben der Rechtswidrigkeit den „sozialen Sinn" oder der Sozialschädlichkeit verkennt (zust. Schumann aaO 79; and. insoweit Roxin TuT 181, LK aaO), es genügt, daß sein Verbotsirrtum auf einem Subsumtionsirrtum (vgl. § 15 RN 16) beruht, da auch insoweit Wissensmacht auf Seiten des Hintermannes besteht, was vor allem im *Nebenstrafrecht* Bedeutung erlangen kann. Der im Verbotsirrtum handelnde Vordermann ist ebenso Werkzeug wie beim Tatbestandsirrtum. Erteilt zB ein Vorgesetzter einen widerrechtlichen Befehl, den der Untergebene – wie der Vorgesetzte weiß – für rechtmäßig hält, so ist er mittelbarer Täter der Befehlsausführung (vgl. o. 25). Kennt der Hintermann das Fehlen des Unrechtsbewußtseins nicht, verbleibt es bei der Möglichkeit einer Bestrafung wegen Teilnahme, sofern nicht Sondervorschriften (§ 357, § 33 WStG) eingreifen. Zu Anweisungen in Betrieben s. 28 c vor § 324.

d) Bei strafunmündigen **Kindern** (§ 19) als Tatmittler ist der Hintermann stets mittelbarer Täter **39** (ebenso Roxin LK 118, Kühl 689, Jakobs 643; diff. RG **61** 265, B/W-Weber 632, Bockelmann/Volk 181, Jescheck/Weigend 668: Bei hinreichendem Verständnis des Kindes für die Tat kommt Teilnahme in Betracht); dies ergibt sich daraus, daß der Hintermann einen ihm konstitutionell unterlegenen Tatmittler zum Einsatz bringt und daher selbst für die Tat einzustehen hat.

Hingegen ist bei **Jugendlichen** darauf abzustellen, ob der Hintermann die mangelnde Einsichts- **40** oder Steuerungsfähigkeit zur Tatbestandsverwirklichung einsetzt (§ 3 JGG); nur in diesem Fall kommt mittelbare Täterschaft in Betracht, während er ansonsten nur wegen Teilnahme und – bei entsprechendem Irrtum – ggf. wegen Versuch haftet (weitgehend übereinstimmend Roxin LK 118).

e) Die gleichen Grundsätze gelten für die mittelbare Täterschaft bei **Schuldunfähigkeit** (§ 20) und **41** **vermindert Schuldfähigen** (§ 21), Schaffstein NStZ 89, 156; and. Schumann aaO 76, Jescheck/Weigend 668, Jakobs 644: nur volle Schuldlosigkeit kann mittelbare Täterschaft begründen. Die Differenzierung bei Schuldminderungsgründen von Roxin (LK 120, zust. Kühl 690, Lackner/Kühl RN 4, Samson SK 79), wonach nur dann mittelbare Täterschaft des Hintermannes vorliegt, wenn die verminderte Schuldfähigkeit auf einem Einsichtsmangel beruht und der Ausführende sich somit in einem Verbotsirrtum befinde, erscheint zum einen in der Differenzierung zwischen Einsichts- und Steuerungsmangel schwierig; zum anderen ist nicht einsehbar, warum nicht auch die Ausnutzung eines Steuerungsdefizits Tatherrschaft begründen soll (Schaffstein NStZ 89, 157).

7. Liegen beim unmittelbar Handelnden **persönliche Strafausschließungsgründe** vor oder kann **42** bei ihm von Strafe abgesehen werden, so gelten die allgemeinen Regeln; die fehlende Bestrafung des „Täters" begründet keineswegs notwendig mittelbare Täterschaft (and. Mezger 431). Wer zB einen Ehegatten zu einer Strafvereitelung (§ 258 VI) veranlaßt, kann je nach den Umständen mittelbarer Täter oder Teilnehmer sein.

8. Da alle Deliktsvoraussetzungen auf den mittelbaren Täter zu beziehen sind (vgl. o. 6 ff.), müssen **43** auch die wesentlichen **Tätereigenschaften beim mittelbaren Täter** vorliegen. Demgemäß beurteilen sich auch alle rechtlichen Konsequenzen ausschließlich nach der Person des mittelbaren Täters (vgl. Roxin TuT 352 ff., 360 ff., Eser II 155 f.).

a) **Ausgeschlossen** ist mittelbare Täterschaft daher bei **echten Sonderdelikten** (vgl. 84 f. vor 25), **44** wenn der Veranlassende nicht die Sondereigenschaft besitzt, mag auch der Ausführende sie haben (RG **63** 315, BGH **4** 359, Hamburg DStR **35**, 58). Fehlt diese Eigenschaft beim Hintermann, so sind lediglich Anstiftung und Beihilfe möglich (Samson SK 72, vgl. auch BGH StV **95**, 71 f. [Wahlfälschung durch SED-Funktionäre]). Umgekehrt ist der Inhaber der Sondereigenschaft bei eigentlichen Sonderdelikten stets Täter, und zwar ohne Rücksicht auf Tatherrschaft oder animus auctoris; vgl. BGH **9** 217, Herzberg TuT 10, W-Beulke 521, Winkelbauer Lenckner-FS 657; ähnl. Schmidhäuser I 300, Jescheck/Weigend 670 (normative Tatherrschaft); and. Köhler 512, Renzikowski 91, Stratenwerth 227 f. [Straflosigkeit] (gg. ihn Roxin LK 139). Zum Ganzen Roxin, TuT 360.

45–48 b) **Ausgeschlossen** ist mittelbare Täterschaft weiter bei sog. **eigenhändigen Delikten**, bei denen die Auslegung des betreffenden Tatbestandes ergibt, daß nur die eigenhändige Vornahme der strafbaren Handlung den Unwert des Delikts realisiert (vgl. 86 vor § 25, Haft JA 79, 651). Das einzige positivgesetzliche Beispiel ergibt sich aus § 160, in dem die Auffassung des Gesetzgebers zum Ausdruck kommt, ein Eides- oder Aussagedelikt nach §§ 153, 154, 156 könne nicht in mittelbarer Täterschaft begangen werden (vgl. RG **75** 113). Welche Tatbestände darüber hinaus eigenhändige Delikte enthalten, ist eine im einzelnen sehr bestrittene Frage der Auslegung (Auerbach aaO, Herzberg ZStW 82, 896, o. 86 vor § 25). Dabei kommt es in allen Fällen darauf an, ob der Hintermann den Tatbestand durch einen Tatmittler verwirklichen, die Handlung des Werkzeugs ihm also zugerechnet werden kann; unerheblich ist, ob das Werkzeug selbst tatbestandsmäßig handelt. Soweit nach dem Vorstehenden mittelbare Täterschaft ausgeschlossen ist (eigenhändige Delikte, mangelnde Täterqualität des Hintermannes), kommt es für die Verantwortung des Hintermannes auf dessen Tatherrschaft nicht an. In diesen Fällen kommt **allein Anstiftung** oder **Beihilfe** in Betracht, sei es in der Form der Vollendung, sei es auch nur als Versuch. Je weiter man den Bereich der eigenhändigen Delikte zieht und damit mittelbare Täterschaft ausschließt, um so größer erscheint das Bedürfnis, Anstiftung und Beihilfe in Gestalt der Urheberschaft eingreifen zu lassen, was aber durch die Gesetzesfassung der §§ 26, 27 ausgeschlossen ist (vgl. 86 vor § 25).

49 9. In der Person des mittelbaren Täters müssen auch **alle subjektiven Voraussetzungen** des Delikts gegeben sein, insb. muß er bei Absichtsdelikten mit der erforderlichen subjektiven Tendenz tätig geworden sein, zB beim Betrug oder bei der Erpressung die Absicht gehabt haben, sich oder einem Dritten einen widerrechtlichen Vermögensvorteil zu verschaffen (Samson SK 59). Für den **Vorsatz** ist erforderlich, daß der mittelbare Täter die Tat nach allen wesentlichen Merkmalen erfaßt. Er braucht zwar nicht alle Einzelheiten der Ausführung zu kennen, muß aber „eine Vorstellung von den besonderen Umständen haben, die der Tat im gegebenen Falle ihr strafrechtlich bedeutsames Gepräge geben" (RG **69** 287, 302). Der mittelbare Täter muß weiter die Umstände kennen, die seine mittelbare Täterschaft begründen; fehlt diese Kenntnis, dann kommt Anstiftung oder Beihilfe in Betracht.

50 a) Für einen **Exzeß** des Werkzeugs hat der mittelbare Täter nicht einzustehen (Baumann JuS 63, 95, Roxin LK 148); es fehlt insoweit am Vorsatz (iE ebenso Jescheck/Weigend 672, M-Gössel II 326 f.: fehlende Tatherrschaft). Es kommt nur eine Fahrlässigkeitsverantwortung (vgl. Roxin LK 148) und ggf. ein Versuch im Hinblick auf die vom Täter beabsichtigte Tatbestandsverwirklichung in Betracht. Bei einer Tatübersteigerung (Raub statt Diebstahl) ist der mittelbare Täter für das von ihm beabsichtigte Grunddelikt zuständig.

51 b) Weitere Zweifel tauchen in den Fällen auf, in denen das **Werkzeug** aufgrund eines **Irrtums** ein **anderes Objekt** trifft als das vom mittelbaren Täter beabsichtigte.

52 α) Überläßt der mittelbare Täter die **Individualisierung dem Werkzeug**, so kann die Entscheidung nicht anders lauten als bei der Anstiftung: Der error in obiecto des Werkzeugs fällt in vollem Umfang dem mittelbaren Täter zur Last (vgl. § 26 RN 23). So zB, wenn A den B veranlaßt, für ihn ein bestimmtes von ihm genau beschriebenes Bild zu entwenden, B dann aber ein falsches bringt (Jakobs 538, vgl. auch Gropp 318 f.; and. Schmidhäuser I 308, Roxin LK 149). Der Grund hierfür liegt darin, daß nach der Vorstellung des Hintermannes das Werkzeug das Tatobjekt aufgrund bestimmter Charakteristika für ihn individualisieren soll, so daß er sich auch einen Auswahlfehler des Tatmittlers zurechnen lassen muß.

53 β) Handelt dagegen das (gut- oder bösgläubige) Werkzeug **ohne eigene Auswahlmöglichkeit** bei der **Individualisierung** des Tatobjekts, so sind die Fälle auftragswidriger Ausführung nach den Regeln der aberratio ictus (vgl. § 15 RN 57) zu entscheiden, da hier das Werkzeug nicht anders als ein mechanisches falsch funktioniert hat (ebenso Jakobs 651, Jescheck/Weigend 671; gegen dieses Unterscheidungskriterium Schreiber JuS 85, 877). So liegt zB nur versuchte Tötung vor, wenn der Arzt die gutgläubige Schwester beauftragt, einem bestimmten Patienten ein Gift zu injizieren, diese aber aufgrund eines Hörfehlers die Injektion bei einem anderen Patienten vornimmt.

54 10. Bestritten ist, ob auch bei **Unterlassungsdelikten** eine mittelbare Täterschaft möglich ist (bejahend zT M-Gössel II 280, verneinend Armin Kaufmann, Die Dogmatik der Unterlassungsdelikte 195 ff., Roxin TuT 471, Stratenwerth 1064, Welzel 206). Auch hier bestätigt sich der Satz, daß die Begriffe Täterschaft und Teilnahme auf die Unterlassungsdelikte wegen ihrer besonderen Struktur im Grunde nicht passen (vgl. 85, 98 ff. vor § 25). Zu unterscheiden sind zwei Situationen.

55 a) Hat der **Hintermann** die **Pflicht**, einen **Erfolg abzuwenden**, der durch nicht verantwortliches Handeln eines anderen verursacht zu werden droht, so kommt nur „Täterschaft" durch Unterlassen in Betracht. Dies gilt zB, wenn der Apotheker, der Gift unvorsichtig aufbewahrt, die irrtümliche Abgabe als Heilmittel durch einen Angestellten nicht verhindert oder wenn der mit der Beaufsichtigung eines Geisteskranken beauftragte Wärter es geschehen läßt, daß dieser einen anderen verletzt. Die in 104 ff. vor § 25 getroffene Unterscheidung zwischen Pflichten gegenüber dem verletzten Rechtsgut und bloßen Aufsichtspflichten, deren Verletzung zur Beihilfe führt, spielt in diesem Zusammenhang keine Rolle, da sie nur bei verantwortlichem Handeln eines Dritten bedeutsam ist (and. Schmidhäuser

418 f.). Mittelbare Täterschaft scheidet in diesen Fällen aus, weil es nichts ausmachen kann, ob der Kausalverlauf, in den nicht eingegriffen wird, durch Naturgewalten oder durch einen nicht verantwortlich handelnden Menschen in Gang gesetzt wird (Grünwald GA 59, 122, Jescheck/Weigend 673).

b) Wirkt jemand mit den Mitteln der mittelbaren Täterschaft (Zwang, Täuschung usw.) auf einen **56 Handlungswilligen** ein mit dem Ziel, ihn zu einer **Unterlassung zu veranlassen**, so handelt es sich ebenfalls nicht um mittelbare Täterschaft durch Unterlassen (iE ebenso Schmidhäuser I 422). Eine solche käme hier nach allgemeinen Grundsätzen nur in Betracht, wenn den „Hintermann" selbst eine Handlungspflicht träfe, da er nur dann die für ein Unterlassungsdelikt erforderliche persönliche Tätereigenschaft besäße. So könnte zB der Hintermann wegen Tötung in derartigen Fällen nur bestraft werden, wenn er eine Garantenstellung gegenüber dem Opfer innehat, so zB wenn der Vater einen rettungswilligen Dritten zwingt, die Rettung seines Kindes zu unterlassen, nicht aber, wenn der Dritte den Vater durch Anwendung von Zwang. usw. von der Rettungshandlung abhält. In Wahrheit handelt es sich jedoch in allen diesen Fällen um unmittelbare Täterschaft durch positives Tun, da der „Hintermann" hier aktiv in den Geschehensablauf eingreift mit dem Ziel, die Erfolgsabwendung zu vereiteln (vgl. auch Roxin TuT 472, Stree GA 63, 12; and. wohl Ranft JuS 63, 342, Arthur Kaufmann/Hassemer JuS 64, 156, denen allerdings zuzugeben ist, daß eine echte Kausalität zwischen der Verhinderung der Rettungshandlung und dem Erfolgseintritt nicht vorliegt, was aber an der objektiven Zurechenbarkeit nichts ändert). Die Situation ist hier nicht anders, als wenn der Täter zB ein Boot zerstört, mit dem ein anderer den Ertrinkenden retten will (insoweit übereinstimmend Ranft JuS 63, 345). Es liegt daher ein vollendetes Delikt vor, wenn die verhinderte Handlung zur Erfolgsabwendung geführt hätte; andernfalls kommt Versuch in Betracht. Da es sich um ein Begehungsdelikt handelt, ist es unerheblich, ob den „Hintermann" oder den zur Unterlassung Gezwungenen oder beide eine Handlungspflicht trifft (vgl. auch Rudolphi, Die Gleichstellungsproblematik der unechten Unterlassungsdelikte [1966] 114 f.).

Diese Konstruktion versagt allerdings dann, wenn dem Veranlassenden **eine Täterqualität** fehlt **57** (zB A bestimmt den Vormund durch Täuschung, eine das Mündelvermögen schützende Maßnahme nicht vorzunehmen; eine nach § 139 nicht anzeigepflichtige Person veranlaßt einen Meldepflichtigen, keine Anzeige zu erstatten). In diesen Fällen ist Straflosigkeit die Konsequenz der Akzessorietätsvorschriften, da weder Täterschaft noch – mangels Vorsatzes des Unterlassenden – Anstiftung in Betracht kommen; vgl. 30 vor § 25. Veranlaßt der Extraneus den Sonderpflichtigen durch Zwang, handelt dieser also vorsätzlich, so ist der die Unterlassung erzwingende Hintermann als Anstifter zu bestrafen.

Zu beachten ist schließlich, daß nicht Täterschaft durch positives Tun, sondern **Anstiftung zu 58–60 einem Unterlassen** in Frage kommt, wenn mit den Mitteln des § 26, d. h. durch bloße Willensbeeinflussung, ein Handlungspflichtiger veranlaßt wird, seinen Rettungsentschluß aufzugeben (eingeh. Roxin Engisch-FS 380 ff.; and. Kaufmann aaO 190 ff., Welzel 206). Zur Teilnahme am Unterlassungsdelikt vgl. näher 98 ff. vor § 25. Trifft den Anstifter eine eigene Handlungspflicht, so ist er selbst Täter (vgl. o. 4).

IV. Mittäterschaft

Täter ist endlich, wer die Tat mit **mehreren gemeinsam** durchführt (Mittäterschaft); zu den **61** Voraussetzungen der Mittäterschaft vgl. 80 vor § 25. Soweit mehrere Beteiligte dabei alle Tatbestandsmerkmale erfüllen (mehrere Diebe räumen zusammen ein Warenlager aus), ist jeder schon allein deswegen Täter (vgl. 75 vor § 25). Insofern würde es der Figur der Mittäterschaft zur Begründung der Täterschaft nicht bedürfen. Diese ist aber als Zurechnungsprinzip notwendig, wenn die **Tat arbeitsteilig** bzw. horizontal koordiniert **durchgeführt** wird, d. h. jeder Mittäter regelmäßig nur einen bestimmten Teil der Tatbestandshandlung vornimmt (A fälscht einen Scheck, B legt ihn bei der Bank vor: Urkundenfälschung und Betrug in Mittäterschaft) oder ein Beteiligter uU nur an Vorbereitungshandlungen mitwirkt (vgl. u. 64; 82 vor § 25). In diesem Fall behandelt das StGB alle Mitwirkenden als Täter, weil der Tatanteil eines jeden von ihnen allen anderen Beteiligten als eigener zugerechnet wird und deshalb jeder so behandelt werden kann, als hätte er selbst alle Tatbestandsmerkmale erfüllt. Daraus folgt ua, daß der Versuch der Mittäterschaft für jeden Tatbeteiligten beginnt, wenn auch nur einer von ihnen zur Tatbestandsverwirklichung ansetzt (vgl. § 22 RN 55). Mittäterschaft setzt allerdings voraus, daß der einzelne Tatbeitrag in einem Deliktszusammenhang erbracht wird: mehrere an sich nicht strafbare Handlungen werden nicht deswegen strafbar, weil sie aufgrund eines gemeinsamen Tatentschlusses begangen werden (vgl. Hamburg NJW **69**, 626 m. abl. Anm. Rutkowsky bez. § 13 StVO. Auch die bloße Zugehörigkeit zu einer Gruppe begründet noch keine Mittäterschaft bezüglich der konkreten Tat (BGH **41** 149).

Die Mittäterschaft wird teilweise als ein Fall mittelbarer Täterschaft bezeichnet (RG **58** 279, **66 62** 240, hier bis zur 19. A. RN 45; dagg. Welzel 107, ZStW 58, 550, Busch LK[9] § 47 RN 29). Dieser Auffassung, die nur auf der Grundlage der subjektiven Abgrenzungstheorie vertretbar ist, ist zudem entgegenzuhalten, daß die entscheidenden Zurechnungskriterien bei der mittelbaren Täterschaft und der Mittäterschaft unterschiedlich sind. Ist es dort das (objektive oder uU subjektive) Übergewicht des Hintermannes, das es erlaubt, aufgrund vertikaler Zuordnungsprinzipien das Handeln des Tatmittlers dem Hintermann als sein Werk zuzurechnen, so beruht die horizontale Zurechnung bei der Mittäterschaft der Idee nach auf der arbeitsteiligen Tatausführung, die auf einem gemeinsamen Entschluß der Tatbeteiligten basiert (zum Zurechnungsproblem vgl. BGH **11** 268, 271, Jescheck/Weigend 674 ff.,

Stratenwerth 820, M-Gössel II 290 ff., Küper JZ 79, 786). Zwar gibt es auch Fälle der mittelbaren Täterschaft, bei denen das Werkzeug voll tatbestandsmäßig handelt (vgl. o. 21 ff.); diese Fälle unterscheiden sich aber von der Mittäterschaft dadurch, daß nicht gleichberechtigte Partner gemeinsam tätig werden, mithin entweder keine horizontale Mitwirkung vorliegt (o. 25) oder der eine den anderen für seine Zwecke ausnützt.

63 1. In **objektiver Beziehung** setzt die Mittäterschaft voraus, daß der Tatbeteiligte aufgrund und im Rahmen des gemeinsamen Tatplanes einen Beitrag zur Durchführung der Tat liefert.

64 a) Unbestritten ist, daß eine **Mitwirkung** bei der **Tatausführung** (vgl. hierzu § 22 RN 24 ff.) ausreicht, sofern sie nicht bloß von untergeordneter Bedeutung und daher als Beihilfe zu bewerten ist. Mittäterschaft liegt also zB vor, wenn bei einem Raub der eine Gewalt anwendet, während der andere die Sache wegnimmt. Nicht notwendig ist ein physischer Tatbeitrag; ein psychischer Beitrag reicht uU aus, so zB die Anleitung, wie – etwa beim Diebstahl, bei der Urkundenfälschung, Brandstiftung usw. – ein technisches Problem gemeistert werden kann. Wer etwa körperlich nicht dazu in der Lage ist, ein schweres Brecheisen zu handhaben, kann Mittäter sein, wenn er aufgrund seiner Sachkunde sagt, wo es anzusetzen ist (vgl. RG 53 138, **64** 273); ebenso derjenige, der bei der Zurichtung des Brandherdes sachkundig mitwirkt (RG HRR **34** Nr. 146); in diesen Fällen kommt freilich auch Beihilfe in Betracht (vgl. u. 73).

65 Bei **mehraktigen** oder unvollkommen mehraktigen Straftaten (zB Raub, räuberische Erpressung, Urkundenfälschung) genügt die Mitwirkung an einem Teilakt des Tatbestandes, so etwa am Fälschen oder Gebrauchmachen der Urkunde, an der Gewaltanwendung oder Wegnahme usw. (vgl. RG **71** 353 zu § 177 a. F.; zust. Jescheck/Weigend 680; and. Schmoller Zipf-GS 322 f.).

66 b) Umstritten ist, ob eine **Mitwirkung im Vorbereitungsstadium** oder nur solche Handlungen zur Mittäterschaft ausreichen, die während oder unmittelbar nach der Tatausführung begangen werden. Ersteres wird von der h. M. bejaht (RG **71** 24, BGH **14** 128, **16** 12, **28** 346, **37** 289 m. abl. Anm. Roxin JR 91, 206, Herzberg JR 91, 857, Puppe NStZ 91, 571, Erb JuS 92, 197, Hauf NStZ 94, 263, BGH **40** 301 m. Anm. Graul JR 95, 427, NJW **51**, 410, **85**, 1035, StV **97**, 411, wistra **92**, 182, NStZ **95**, 122 m. krit. Anm. Küpper, NStZ **99**, 609, Celle NdsRpfl. **47**, 26, Köln JR **80**, 422 m. Anm. Beulke, Jakobs 620; vgl. auch Gropp 320, Jescheck/Weigend 680, Kühl 706, Seelmann JuS 80, 573, Stratenwerth 824; and. Bloy aaO 196, GA 96, 436, Herzberg ZStW 99, 58, Roxin LK 181 ff. u. TuT 275 ff., Renzikowski aaO 103, Rudolphi Bockelmann-FS 374, Samson SK 121, Zieschang ZStW 107, 361, die aber andererseits nicht einhellig fordern, daß der Täter am Tatort anwesend ist.) Der h. M. ist im Grundsatz zuzustimmen (vgl. auch o. 83 vor § 25). Zunächst dürfte kaum zweifelhaft sein, daß ein Beitrag, der die Verwirklichung der eigentlichen Tatbestandsmerkmale (zeitlich oder örtlich) maßgeblich unterstützt, zur Mittäterschaft ausreicht, auch wenn er nicht als Tatbestandsverwirklichung im engsten Sinne anzusehen ist. Wer mit laufendem Motor vor dem Haus, in das eingebrochen wird, in seinem Fahrzeug sitzt, um seinen Genossen den Abtransport der Beute überhaupt und die Flucht zu ermöglichen, hat maßgebenden Anteil am Gesamtgeschehen und kann daher Mittäter sein; hier besteht wenig Zweifel, daß diese Tätigkeit eine wesentliche Funktion innerhalb der arbeitsteiligen Tatdurchführung zu erfüllen hat. Wenn dies aber richtig ist, so besteht zwar die Möglichkeit, daß die Beförderung zum Tatort und das spätere Abholen von dort Mittäterschaft sein können. Dies ergibt sich daraus, daß die „Tat" als Gesamtgeschehen, an der ein Beteiligter mitwirken muß, um Mittäter zu sein, nicht in den engen zeitlichen – oder gar räumlichen – Grenzen gesehen werden darf, wie dies von der Mindermeinung geschieht. So veranschaulicht Lesch (GA 94, 125) dies passend an dem Beispiel einer Theateraufführung, die vom Regisseur gestaltet wird, der daher im strafrechtlichen Sprachgebrauch „Täter" ist, und nicht die Beleuchter und Bühnenarbeiter, die während der Aufführung die Kulissen schieben. Notwendige Voraussetzung ist aber, daß ein Beitrag bei der Tatbestandserfüllung iwS weiterwirkt (vgl. Stratenwerth 824, Kühl 707). Erweitert man die Möglichkeit einer Mittäterschaft auf Akte vor oder unmittelbar nach der Tatausführung, so ist in Abgrenzung zur Teilnahme sicherzustellen, daß nicht jede beliebige und noch so geringfügige Mitwirkung Mittäterschaft begründet (vgl. auch die krit. Rechtsprechungsanalyse bei Roxin LK 179). Allgemein gilt, daß, je gewichtiger die von entsprechendem Vorsatz getragene Mitwirkung bei der Tatplanung ist, desto eher die Anwesenheit bei der Tatausführung verzichtbar ist (vgl. BGH **33** 53, NStZ **95**, 285, Gropp 320, Jescheck/Weigend 680, Kühl 708, vgl. auch Frisch LdR 975, 979 f., Jakobs 620 f. u. o. 83 vor § 25; teilw. and. 25. A.).

67 α) Mittäter ist der „Bandenchef" oder Organisator eines Diebesunternehmens, der, ohne Anwesenheit bei der Tatdurchführung, im Vorbereitungsstadium die Tat insgesamt wesentlich mitgestaltet hat (vgl. BGH **33** 53, RG DJ **40**, 629, Jescheck/Weigend 680, Kühl 709, Lackner/Kühl 11, Stratenwerth 824). Wer die Mittel zur Ausführung der Tat herbeischafft (zB Einbrecherwerkzeuge bereitstellt) oder Hindernisse wegräumt, kann nur bei Vorliegen besonderer Umstände als Mittäter angesehen werden, so etwa dort, wo der Beitrag sich für die Tatdurchführung als unerläßlich erweist (vgl. Roxin LK 189, Stratenwerth 824). Weitergehend ist nach der Rspr Hausfriedensbruch mittäterschaftlich auch durch den begehbar, der, ohne die Räume des Berechtigten selbst zu betreten, das widerrechtliche Eindringen oder Verweilen anderer ermöglicht (RG **55** 61). Mittäter an einer Brandstiftung kann sein, wer den eigentlichen Brandstifter im Kfz in die Nähe des Tatortes befördert (vgl. Darmstadt JR **49**, 512). Zur Mittäterschaft kann ausnahmsweise auch eine geistige Mitwirkung ausreichen, ein vor oder bei der Ausführung erteilter Rat aber nur dann, wenn dabei die Tat planerisch mitgestaltet wird (weitergehend BGH **16** 14, **37** 292 m. krit. Anm. Schirrmacher JR 95, 386, abl. auch Roxin JR 91, 206, Herzberg JZ 91, 856, Puppe NStZ 91, 572). Mittäter beim Diebstahl kann danach auch sein, wer den anderen Mitwirkenden Mittel und Wege nachweist, wie die Tat nach den gegebenen Verhältnissen erfolgreich auszuführen ist (vgl. RG **53** 138).

β) **Nicht ausreichend** ist die bloße **Beteiligung an der Verabredung**, die sich nicht in hinreichender Form in der Tat selbst niederschlägt. Ebensowenig reicht die bloße Zusage aus, die Verwertung der Diebesbeute zu übernehmen (BGH **8** 390) oder Kurierdienste beim Betäubungsmittelhandel zu leisten (BGH StV **85**, 14). Ein zuvor zugesagtes Verhalten, das erst nach Tatvollendung ausgeführt werden soll, wird zur Mittäterschaft – wie in den obigen Beispielen – regelmäßig nur dann ausreichen, wenn es die Durchführung der Tat maßgeblich erleichtert oder ermöglicht, das Entdeckungsrisiko entsprechend erheblich vermindert usw. Auch hier ist bedeutsam, welche Relevanz dem Tatbeitrag nach dem gemeinsamen Tatentschluß zukommen soll. Mittäterschaft liegt schließlich nicht vor, wenn verschiedene Täter aufgrund gemeinsamer Überlegungen und Erkenntnisse, eine günstige Situation für getrennt und selbständig durchgeführte Straftaten nutzen (BGH **24** 288, Kühl 710, Roxin LK 174, Tröndle 7). 68

c) Völlig **untergeordnete Tatbeiträge** können die Mittäterschaft nicht begründen (vgl. BGH **34** 124, BGHR, Mittäter **11**, Dencker Gesamttat 162, 206 ff., Roxin LK 189, 191, Samson SK 122, Stratenwerth 824 f.). Ob der geplante Tatbeitrag wesentlich ist, richtet sich nicht allein nach der zwischen den Beteiligten vereinbarten Arbeitsteilung, sondern auch nach dem späteren Tatablauf (vgl. o. RN 66 aE, aber auch RG **26** 345). Beteiligt sich zB ein Sprengstoffspezialist an einem Bankeinbruch, um eingreifen zu können, wenn es nicht gelingt, den Tresor mit einem Nachschlüssel zu öffnen, so ist er Mittäter, auch wenn er nicht selbst nicht eingreifen muß. 69

2. Weiterhin setzt die Mittäterschaft einen **gemeinsamen Tatentschluß** voraus (vgl. BGH **8** 396, **14** 129). Da der Beitrag des einzelnen nicht während der Tatausführung geleistet werden muß (vgl. o. 66 ff., 83 vor § 25) und nicht jede Handlung in diesem Zeitraum notwendig zur Mittäterschaft führt, ist zur Bewertung des einzelnen Tatbeitrages auch die Vorstellung der Beteiligten heranzuziehen, die Tat als gleichberechtigte Partner durchzuführen; sie wird nicht zuletzt an der Rolle gemessen, die der einzelne willentlich übernimmt. Hieraus folgt, daß subjektive Vorbehalte irrelevant sind, und ebensowenig genügt allein der auf eine bestimmte gewichtete Tatbeteiligung gerichtete Wille als solcher (and. teilweise die Rspr, vgl. zB BGH **11** 271, **16** 12, **37** 292 [wN dazu u. 71]; vgl. auch o. 82, 89 vor § 25; wieder and. zB Dencker Gesamttat 160, 169 [Entschluß zu gemeinsamem Handeln], vgl. auch Lampe ZStW 106, 692, Renzikowski aaO 101). Zu neueren Ansätzen, die auf einen gemeinsamen Tatentschluß verzichten, o. 81 vor § 25. 70

a) **Gegenstand** des **gemeinschaftlichen Entschlusses** ist die Begehung eines bestimmten Deliktes dergestalt, daß jeder Beteiligte als **gleichberechtigter Partner** des anderen in allseits bewußter Koordination die Tat durchführt (vgl. Bloy GA 96, 431; das voluntative Element stärker betonend BGH GA **68**, 18, Hamm GA **73**, 385). Der gemeinschaftliche Entschluß kann auch gegeben sein, wenn die Beteiligten oder ein Teil von ihnen einander nicht kennen, sofern sich nur jeder darüber im Klaren ist, d. h. sofern sie alle in bewußtem und gewollten Zusammenwirken handeln (vgl. BGH **6** 249, NJW **87**, 268; vgl. auch Köln JR **80**, 422 m. krit. Anm. Beulke, vgl. aber auch Dencker Gesamttat 215). Nach der Rspr soll genügen, daß die Willensübereinstimmung irgendwie hergestellt wird; eine besondere Verabredung oder Verhandlung sei nicht erforderlich (OGH **2** 355, BGH MDR/D **71**, 545, NStE **4**, BGH **37** 292 m. abl. Anm. Roxin JR 91, 206, Puppe NStZ 91, 571, Herzberg JZ 91, 856, Erb JuS 92, 197, **39** 31, BGHR Mittäter **16**, vgl. auch Bloy aaO, Küpper ZStW 105, 295). Dagegen reicht das einseitige Billigen oder Unterstützen des Vorgehens eines anderen – anders als bei der Beihilfe (§ 27 RN 14) – nicht aus, da dieser einseitige Akt die notwendige Willensübereinstimmung im Rahmen eines gemeinsamen Tatplans nicht herzustellen vermag (vgl. BGH NStZ **85**, 70 f.; vgl. auch BGH GA **85**, 233, vgl. o. 81 vor § 25, auch zu Gegenstimmen). Bei Massenaktionen sind an die Willensübereinstimmung keine zu hohen Anforderungen zu stellen (BGH MDR/D **58**, 139). Ein Aufgeben des Tatentschlusses eines Mittäters während des Tatgeschehens ist nur dann erheblich, wenn es den anderen Mittätern zur Kenntnis gelangt (BGH **37** 293, **28** 347, Hauf NStZ 94, 265; krit. Stein StV 93, 412, vgl. auch Kühl 705, vgl. § 24 RN 76 ff.). 71

b) Da ein Tatbeitrag – wie übrigens auch das Verhalten des mittelbaren Täters (vgl. o. 6 ff.) – sich phänotypisch wie eine „Anstiftungs"- oder „Unterstützungs"-handlung darstellen kann, kommt es darauf an, welche Funktion ihm nach dem Tatplan der Beteiligten zukommen soll. Um als Mittäter beurteilt werden zu können, ist die im Rahmen des arbeitsteilig verwirklichten Gesamtgeschehens wesentlich übernommene Rolle richtungsweisend. Daraus ergibt sich folgendes: 72

α) Auch wer an der Tatausführung beteiligt ist, muß nicht notwendig Mittäter sein (and. Roxin LK 190, TuT 690). Er ist es zB dann nicht, wenn er gegenüber dem oder den anderen in einer nur unterstützenden Rolle tätig wird. Dagegen ist stets Täter, wer zB bei einer Körperverletzung die Schläge selbst verabreicht; dies ergibt sich aus den Grundsätzen der unmittelbaren Täterschaft (vgl. o. 2). Andererseits kann das in der Rolle objektivierte Bewußtsein, die Tat mit zu prägen, ein Manko an tatsächlicher Mitgestaltung ausgleichen. Dies zeigt sich nicht bloß in dem Fall eines für den Notfall vorgesehenen Tatbeteiligten (vgl. o. 69: Sprengstoffspezialist soll erst eingreifen, wenn Nachschlüssel 73/74 versagt), sondern zB auch dann, wenn nur einer der Mittäter – aus technischen oder anderen Gründen – handeln kann, wie beim Diebesgriff in die Rocktasche oder den Briefkastenschlitz oder beim Inbetriebsetzen eines Sprengkörpers.

75 β) Bleibt **zweifelhaft**, ob ein Tatbeteiligter Täter oder Teilnehmer ist, so kann nur wegen Teilnahme verurteilt werden (vgl. § 1 RN 94, BGH **23** 203 m. Anm. Fuchs NJW 70, 1052, Schröder JZ 70, 422).

76 c) Bei der strafrechtlichen Zurechnung von **Kollektiventscheidungen** stellen sich mehrere Fragen. Partizipatorische Beteiligung an einem Entscheidungskollektiv wirft immer besondere Probleme auf, wenn die für den Beschluß stimmende Mehrheit mindestens eine Stimme mehr als die notwendige Mehrheit erhält. Dann, so scheint es, kann sich jeder darauf berufen, daß der Beschluß auch ohne ihn zustandegekommen wäre. Verflochten sind Fragen der Kausalität der einzelnen Ja-Stimmen mit solchen der Zurechnung im Wege von Mittäterschaft und ggf. Elementen einer objektiven Zurechnung. Auszuscheiden hat in vorliegendem Zusammenhang neben der Kausalitätsproblematik auch die Problematik einer fahrlässigen Mitwirkung an der Beschlußfassung.

76 a Zur Möglichkeit der Kausalerklärung der einzelnen Ja-Stimmen s. o. 83 a vor § 13 und schwBGE **122** IV 129. Zur fahrlässigen Mittäterschaft s. o. 115 f. vor § 25 u. § 15 RN 223. Zum Ganzen vgl. Bloy GA 96, 431, Brammsen GA 93, 1, Jura 91, 533, Dencker Gesamttat 180 ff., Deutscher/Körner wistra 96, 292, 327, Heine Verantwortlichkeit 160 ff., Hilgendorf NStZ 94, 561, Hoyer GA 96, 160, Jakobs Miyazawa-FS 419, Kuhlen NStZ 90, 566, JZ 94, 1142, Lampe ZStW 106, 683, Meier NJW 92, 3193, Neudecker aaO 193, Puppe JR 92, 30, Radtke ZevKr 97, 23, Ransiek aaO [118 vor § 25] 50 f., Renzikowski aaO 101 f., Samson StV 91, 182, Schmidt-Salzer NJW 90, 2966, Vogel GA 90, 241, Weißer aaO 75 ff. u. wN o. 115 vor § 25.

76 b Bei Beteiligten, die sich **vorsätzlich**, d. h. im Wissen beteiligen, daß der Beschluß die gemeinsame Tatbestandsverwirklichung zum Gegenstand hat, stellt sich die Frage, unter welchen Voraussetzungen die einzelnen Voten den anderen mittäterschaftlich zugerechnet werden können. Beim *aktiven Tun* wird bereits das Vorliegen eines gemeinsamen Tatplans bezweifelt, weil es an einer notwendigen Abstimmung fehle (Hassemer Produktverantwortung aaO 68, ähnl. Bachmann/Beulke JuS 92, 743, Nettersheim BayVBl 89, 165, Weber BayVBl 89, 169). Selbst wenn es an einer entsprechenden Abstimmung im Vorfeld des Beschlusses fehlt und auch wenn, wie in aller Regel, der Beschluß keiner arbeitsteiligen Vollziehung durch die Gremienmitglieder bedarf, genügt hier wie auch sonst (o. 71), daß die Abstimmenden sich als gleichberechtigte Partner für den Gemeinschaftsbeschluß entscheiden (und dadurch die Tatausführung prägen, o. 83 vor § 25; zur mittelbaren Täterschaft und deren Grenzen s. o. 25). Entsprechend ist die *voll informierte Stimmabgabe* notwendige und unter den genannten Kautelen hinreichende Bedingung für eine mittäterschaftliche Zurechnung (vgl. iE BGH **37** 129 m. zust. Anm. Bachmann/Beulke JuS 92, 744, Kuhlen NStZ 90, 570, Meier NJW 92, 3197, Schumann StV 94, 110; ferner Neudecker aaO 206 f., Weißer aaO 90). So gesehen ist maßgebend, ob der Betreffende für oder gegen den Beschluß gestimmt hat. Wie auch sonst ist prinzipiell unerheblich, aus welchem Grund sich der Täter für die gemeinschaftliche Rechtsgutsverletzung entschieden hat. Er kann sich nicht entlastend auf eine bereits feststehende Mehrheit berufen (and. Samson StV 91, 185). Denn er hat sich für den Tatplan entschieden und muß sich daran, unabhängig von seinen Motiven, bei der Erfolgszurechnung festhalten lassen. Ebensowenig ist bedeutsam, ob der Täter wegen andernfalls zu befürchtender sozialer Folgen nur widerwillig zustimmt (so aber Brammsen Jura 91, 536). Denn auch sonst wird bspw. die Sorge um den Arbeitsplatz nicht als Grund anerkannt, eine objektive Zurechnung zu hindern (vgl. § 34 RN 35). Wer jedoch *gegen den Beschluß* gestimmt hat, dem kann richtigerweise das Stimmverhalten der Mehrheit nicht als aktives Tun strafrechtlich zugerechnet werden – sofern nicht nachträglich dieser Beschluß von allen gemeinsam mitumgesetzt wird (iE zutr. Dencker Gesamttat 188 f.). Dieser Grundsatz führt zwar bei geheimen Abstimmungen zu schwer überwindbaren Beweisproblemen (zutr. Deruyck ZStW 103, 711). Zu deren Bewältigung wird deshalb gelegentlich die Ansicht vertreten, unabhängig vom Inhalt der Stimmabgabe sei jedes an der Abstimmung beteiligte Mitglied des Kollegialorgans dafür verantwortlich, wenn eine strafrechtswidrige Maßnahme beschlossen wurde (Stuttgart NStZ **81**, 27, Düsseldorf NJW **80**, 71, ähnl. Dencker Gesamttat 182 f., Schmidt-Salzer Produkthaftung III 181 f.; and. Heine/Ringelmann aaO 374, Neudecker aaO 203). Dies folge aus dem Wesen der Kollegialentscheidung (Stuttgart aaO), das einzelne Mitglied könne sich strafrechtlicher Haftung nur durch rechtzeitige Amtsniederlegung entziehen (LG Göttingen NJW **79**, 1561). In Wahrheit geht es unter diesem Tenor nicht um eigenverantwortliche Teilhabe an einer gemeinsamen Tatverwirklichung, sondern um die Kriminalisierung gesteigerter Gefährlichkeit durch organisiertes Zusammenwirken mehrerer als solcher (vgl. Jung, in Eser/Huber/Cornils 185). Hierzu bedarf es aber jedenfalls einer speziellen gesetzlichen Grundlage (Bsp. bei Jung aaO). Im einzelnen kann auf der Grundlage von § 25 II der bloße Beitritt zu einem Kollektivorgan keine Zurechnung von Verantwortung begründen, weil die Tat zu diesem Zeitpunkt eindeutig noch nicht ausreichend konkretisiert ist (eingeh. Neudecker aaO 195 f.). Zudem stellt die Abgabe einer Gegenstimme keinen Tatbeitrag dar, der eine rechtlich hinreichend relevante Gefahr begründen könnte (vgl. Franke JZ 82, 582, Schmidt SchwZStr 88, 159, Schumann StV 94, 110).

76 c Verantwortung für *Unterlassen*, bspw. eines Produktrückrufs durch ein produzierendes Unternehmen (vgl. BGH **37** 123, wN bei Heine/Ringelmann aaO 386 f., vgl. § 15 RN 223), setzt jedenfalls eine Pflicht zum Handeln voraus; nach deren Art und Inhalt bemessen sich Umfang und Qualität strafrechtlicher Verantwortung; die Abgrenzung zwischen Täterschaft und Teilnahme erfolgt nach den o. 84 ff. vor § 25 aufgestellten Grundsätzen mit entsprechenden Maßgaben für unternehmerische Bezüge (o. 84 a, 109 a ff. vor § 25, 24 ff. vor § 324). Obliegt die einschlägige Pflicht allen Gremiumitgliedern gemeinsam, so kann Fehlverhalten eines Mitglieds das andere nicht entlasten, sofern es sich selbst pflichtwidrig verhält (and. Samson StV 92, 184). Voraussetzung für eine Zurechnung ist, wie stets, daß infolge gemeinschaftlicher Tatkoordination die Verhinderung des Taterfolges unterlassen wird und ein entsprechend positiver Beschluß die Konsequenzen mit hinreichender Sicherheit unterbunden hätte (vgl. iE BGH aaO, BGHR § 223 Mittäter **1**, Jakobs Miyazawa–FS 432, Weißer aaO 104; zur Kausalität vgl. Hilgendorf NStZ 94, 566, Neudecker aaO 258). Nicht ausreichend ist dabei das bloße Bewußtsein eines gemeinschaftlichen Handlungsprojekts (so aber Dencker Gesamttat 190 ff., vgl. auch Lampe ZtW 106, 693 [Solidarverhalten in einem funktionalen System]; krit. dazu auch oben 83 vor § 25).

3. Mittäterschaft bei **Pflicht-, Unterlassungs-** und **eigenhändigen Delikten.** Die vom Herrschaftsdelikt abweichenden Abgrenzungskriterien zwischen Täterschaft und Teilnahme gelten nicht bloß bei der mittelbaren Täterschaft, sondern auch bei der Mittäterschaft. 77

a) Zu den **Pflichtdelikten** vgl. 84 a vor § 25. Sind mehrere Sonderpflichtige an der Tat beteiligt, so kommt Mittäterschaft in Betracht, wobei es allerdings auf die Art des Tatbeitrages nicht ankommt. Hier kommt insb. auch eine Mittäterschaft durch positives Tun auf der einen und Unterlassen auf der Seite des anderen Beteiligten in Frage (Roxin LK 162: Ein Wärter schließt die Zellentür auf, der andere stellt sich dem so befreiten Gefangenen nicht in den Weg). 78

b) Die gleichen Grundsätze gelten bei den **Unterlassungsdelikten.** Es wird daher auch bei ihnen die Möglichkeit der Mittäterschaft anerkannt (zB RG **66** 74, BGH **37** 129 m. Anm. Beulke/Bachmann JuS 92, 737, Brammsen Jura 91, 533, Dencker aaO 167 ff., M-Gössel II 306, Schmidhäuser I 424 f., Schwab aaO 212 ff.). Es bedarf hier allerdings nicht der Konstruktion der Mittäterschaft, da jeder Unterlassungstäter bereits wegen seines pflichtwidrigen Nichthandelns als Täter angesehen wird (vgl. 85, 102 ff. vor § 25), ihm also zwecks Bestrafung als Täter kein Tatbeitrag eines anderen zuzurechnen ist. Dies gilt auch da, wo mehrere Personen nicht nur parallel laufende Pflichten haben, sondern gemeinsam zur Erfüllung bestimmter Aufgaben bestellt sind (and. Roxin TuT 469). Auch zwischen Begehungs- und Unterlassungsdelikten kommt eine Mittäterschaft in Betracht (vgl. Roxin TuT 470, Jescheck/Weigend 682). 79

c) Bei den **eigenhändigen Delikten** (vgl. o. 45 ff.) ist (arbeitsteilige) Mittäterschaft ausgeschlossen. Bekunden zwei Zeugen aufgrund vorheriger Absprache übereinstimmend unter Eid etwas Falsches, so liegt jeweils unmittelbare Alleintäterschaft vor. Nach Bay **84** 137 ist § 184 a ein eigenhändiges Delikt, weshalb nicht Mittäter sein kann, wer nicht selbst der Prostitution nachgeht (zusf. Herzberg ZStW 82, 896, Wohlers SchwZStr 98, 95). 80

4. Jeder Mittäter muß, da er Täter ist, sämtliche **Täterqualitäten** aufweisen. Setzt ein Tatbestand besondere persönliche Eigenschaften voraus, so kann Mittäter nur sein, wer diese besitzt (vgl. u. 82 ff.). Der Mittäter haftet nämlich nicht wie der Teilnehmer für die Veranlassung einer fremden Tat, sondern für eigenes täterschaftliches Unrecht, wenn dieses auch teilweise durch Zurechnung fremder Tatbeiträge zustande kommt. Daraus ergibt sich, daß alle rechtlichen Voraussetzungen bei jedem Mittäter selbständig zu prüfen sind. Er ist so zu behandeln, wie wenn er alle Tatbeiträge eigenhändig vorgenommen hätte (o. 61). Im einzelnen gilt folgendes: 81

a) Liegen **persönliche** Umstände nur bei einem Mittäter vor, so sind sie auch nur bei diesem zu berücksichtigen. 82

α) **Strafbegründende** persönliche Merkmale müssen als Voraussetzungen täterschaftlicher Verantwortlichkeit bei jedem Mittäter gegeben sein. Fehlen sie, so kommt nur Beihilfe, uU auch Anstiftung in Betracht. Dies gilt für sämtliche täterschaftsbegründenden Merkmale (vgl. RG **42** 382, ähnl. RG **51** 141, Bremen GRUR **56**, 230) sowie alle echten Sonderdelikte (BGH NStZ **86**, 463, Baumann JuS 63, 86, Langer aaO 468 ff., o. 5); die Eigenschaft als Steuerpflichtiger iSv § 370 AO ist kein die Mittäterschaft hinderndes Merkmal (BGH **41** 1, NStZ **86**, 463). Mittäter kann weiterhin nur der sein, bei dem auch die zur Tatbestandserfüllung notwendigen Absichten, Tendenzen usw. gegeben sind. So kann zB Mittäter bei der Hehlerei nur der sein, der selbst die Bereicherungsabsicht hat (vgl. Köln JMBlNRW **54**, 27), beim Diebstahl oder Raub nur derjenige, der Zueignungsabsicht hat (BGH NJW **87**, 77, NStZ **98**, 158, GA **86**, 417, JZ **86**, 764, MDR/H **85**, 284, StV **86**, 475, **88**, 526, **90**, 160, BGHR § 25 Mittäter **15**, Hamm JMBlNRW **65**, 68, Köln aaO). In diesen Fällen ist die Qualifikation des Tatbeitrages nach den Abgrenzungskriterien zwischen Täterschaft und Teilnahme bedeutungslos. 83

β) Auch **strafmodifizierende** persönliche Umstände sind nur bei dem Mittäter zu berücksichtigen, bei dem sie vorliegen. Ergibt sich danach die Anwendung verschiedener Tatbestände auf mehrere Beteiligte, so wird Mittäterschaft dadurch nicht ausgeschlossen. So ist sie zB bei der Körperverletzung zwischen Beamten und Nichtbeamten möglich, obwohl für beide verschiedene Tatbestände anzuwenden sind (Baumann JuS 63, 86, Schmidhäuser 506). Im Widerspruch hierzu wollen BGH **12** 275, MDR **53**, 54 bei Mischtatbeständen des Ordnungswidrigkeitenrechts (zu diesem Begriff vgl. Göhler 33 vor § 1) auch bei dem Beteiligten auf Strafe erkennen, in dessen Person die die Straftat begründenden Merkmale nicht vorliegen; ausreichend sei, daß der Betreffende das Vorhandensein 84 dieser Merkmale beim anderen kenne. Diese Rspr ist durch § 14 IV OWiG überholt (Cramer OWiG 84, Göhler § 14 RN 19).

85 b) **Tatbezogene Unrechtsmerkmale** (Qualifizierungen) sind jedoch auch dem Mittäter, der sie nicht eigenhändig verwirklicht, nach allgemeinen Regeln zuzurechnen. So ist aus § 244 I Nr. 1 a zu bestrafen, wer weiß, daß sein Mitbeteiligter eine Waffe bei sich führt. Vgl. im übrigen die Erl. zu § 28.

86 c) Da im Verhältnis der Mittäter zueinander das Prinzip der **Akzessorietät nicht** gilt (o. 7), ergeben sich die folgenden weiteren Konsequenzen:

87 α) Mittäterschaft ist möglich, auch wenn das Handeln der Mittäter **verschiedene Strafgesetze** erfüllt. Da jedoch Ergebnis eine gemeinsame Tat aller Beteiligten sein muß, kommen verschiedene Strafgesetze nur insoweit in Betracht, als sie nur als Modifikationen des gleichen Grundtyps darstellen. So kann zB bei einer Tötung ein Mittäter des Totschlags, der andere des Mordes schuldig sein (RG DR **44**, 147, BGH **36** 231 m. Anm. Timpe JZ 90, 96, Beulke NStZ 90, 277, Küpper JuS 91, 639; and. noch BGH **6** 330), oder der eine aus § 211 oder § 212, der andere aus § 216 strafbar sein. Erforderlich ist nur, daß den verschiedenen Strafdrohungen dasselbe strafrechtliche Verbot zugrunde liegt, so daß sie nur als Modifikationen der Strafe aufgrund verschiedener Unwertstufen erscheinen.

88 Nimmt ein Mittäter durch **eine Handlung** an Delikten **verschiedener Täter** teil, so gelten die zu § 52 RN 21 genannten Grundsätze.

89 β) Mittäterschaft ist auch möglich, wenn das **Handeln** des einen **Mittäters nicht tatbestandsmäßig** ist, aber dessen Handlung – vom anderen Beteiligten vorgenommen – tatbestandsmäßig wäre. So liegt zB Mittäterschaft vor, wenn B, der nach dem Tatplan eine Sache des X zerstören soll, irrtümlich seine eigene zerstört, oder wenn er sich zusammen mit A Sachen zueignet, die – ohne sein Wissen – durch Erbgang sein Eigentum geworden sind. Hier liegt Mittäterschaft in der Weise vor, daß dem A eine vollendete Tat, dem B nur ein (untauglicher) Versuch zur Last fällt (vgl. dazu u. 96). Entsprechendes gilt, wenn A und B sich des C, der selbst nicht tatbestandsmäßig handelt (Sonderdelikt; absichtslos doloses Werkzeug), als Werkzeug bedienen.

90 γ) Zweifelhaft ist, ob Mittäterschaft auch dann denkbar ist, wenn die Tatbeteiligten **verschiedene Ziele** verfolgen. Sie ist zu verneinen, wenn der Tatbeitrag eines jeden Beteiligten ausschließlich dem anderen zugewendet wird und damit letztlich wechselseitige Teilnahme an der Tat des anderen vorliegt (BGH NJW **58**, 350). Soweit ein Beteiligter lediglich einen weitergehenden Erfolg erstrebt, liegt ein **Exzeß** vor, der die Mittäterschaft nicht ausschließt, sondern nur zu einer verschiedenen Beurteilung der Täter führt (vgl. u. 95). Haben dagegen die Beteiligten von vornherein zwei verschiedene Taten geplant, so ist Mittäterschaft nur möglich, soweit die Täter eine Straftat gemeinsam zur Erreichung ihrer verschiedenen Ziele begehen **(teilweise Mittäterschaft**, vgl. Kühl 704, Roxin LK 169). Liegt Gemeinschaftlichkeit nicht mehr vor, kommt aber Teilnahme an der Tat des anderen in Betracht, sofern der eine die weitergehenden Absichten des anderen kennt (Roxin LK 174, Tröndle 7). Nach RG **44** 323 liegt Mittäterschaft vor, wenn bei einer gemeinsamen Mißhandlung der eine Täter mit Tötungsvorsatz, der andere nur mit Körperverletzungsvorsatz gehandelt hat, weil der Tötungsvorsatz notwendig den Vorsatz der Körperverletzung mitenthalte. Vgl. § 212 RN 13 ff.

91 5. Mittäterschaft kann auch vorliegen, wenn sich jemand an einer Tat beteiligt, die bereits begonnen, aber noch nicht zum Abschluß gebracht ist **(sukzessive Mittäterschaft);** vgl. RG **8** 43, BGH **2** 345, NStZ **96**, 227, GA **69**, 214, **86**, 229. Sie setzt allerdings voraus, daß bis zur Mittäterschaft begründende gemeinsame Tatplan vor Beendigung der Tat gefaßt wird. Die erst danach einsetzende einseitige Ausnutzung der von dem früher Tätigen herbeigeführten Tatsituation reicht folglich nicht aus (BGH NStZ **84**, 548, **85**, 70). Der Hinzutretende muß selbst auch einen für die Tatbestandsverwirklichung ursächlichen und rechtlich relevanten Beitrag leisten (weiter BGHR Tatbeitrag **4**). Ist eine solche Förderung der Tat nicht mehr möglich, kommt mittäterschaftliche Mitwirkung trotz Kenntnis, Billigung und Ausnutzung der von einem anderen geschaffenen Lage nicht in Betracht (vgl. auch BGH NStZ **98**, 565, NStZ-RR **97**, 319, GA **66**, 210, **77**, 144, MDR/D **75**, 365, MDR/H **82**, 446, BGHR Tatbeitrag **3**, vgl. auch BGH NStZ **97**, 82 m. Anm. Stein StV 97, 581, NStZ **97**, 272 u. Sonnen JA 97, 362). Zweifelhaft ist aber, ob die von den vorher Beteiligten bereits verwirklichte qualifizierende Umstände auch dem später Hinzutretenden zugerechnet werden können, zB wegen Raubes bestraft werden kann, wenn er nicht an der Gewaltanwendung an der Wegnahme beteiligt ist. Die wohl h. M. bejaht diese Frage (BGH **2** 344, NStZ **97**, 336, StV **94**, 240 [für Regelbeispiele], GA **66**, 210, JZ **81**, 596 m. abl. Anm. Küper JZ 81, 568 u. Kühl JuS 82, 189; Furtner JR 60, 369, M-Gössel II 301, Gössel Jescheck-FS 537, Niese NJW 52, 1146, Tröndle 9, vgl. auch auf der Grundlage „kollektives Werk" Dencker aaO 252; diff. B/W-Weber 621; and. RG **59** 82, Eser II 168, Kühl 716 f., Küper JuS 86, 867, Roxin TuT 289 ff., Samson SK 124, Schmidhäuser I 291 f., Seelmann JuS 80, 573; einschr. BGH GA **77**, 144, MDR/D **69**, 533, Frankfurt NJW **69**, 1915). Diese Auffassung ist abzulehnen, weil sie iE auf eine Haftung für das Verhalten Dritter hinausläuft, dabei weder das Gesetzlichkeitsprinzip noch die Erfordernisse der Mitbeherrschung der Tat und den gemeinschaftlichen Tatentschluß hinreichend berücksichtigt.

92 Denkbar ist auch eine **sukzessive Nebentäterschaft**, bei der jedoch für den später Eintretenden keinerlei Zurechnung erfolgt, so zB wenn der zweite Dieb – wenn auch im Einverständnis mit dem

ersten – die Öffnung des Gebäudes dazu benutzt, auch seinerseits einen Diebstahl zu begehen. Über sukzessive Beihilfe vgl. § 27 RN 17.

In den Bereich der sukzessiven Mittäterschaft soll sogar der Fall gehören, daß ein Mittäter während **93** der Tatausführung einen **Exzeß** begeht, der von den übrigen stillschweigend geduldet wird. Soweit dies als psychische Bestärkung angesehen werden kann (BGH MDR/D **71**, 545), wären alle Mittäter für die im Wege des Exzesses begangene Straftat verantwortlich; anders, wenn eine solche psychische Bestärkung nicht vorliegt, zB ein Mittäter von dem Exzeß überhaupt nichts erfährt (vgl. auch Samson SK 127). Vgl. auch u. 95.

6. In subjektiver Hinsicht ist **Vorsatz** bezüglich der die Mittäterschaft begründenden Umstände **94** erforderlich sowie das Bewußtsein gemeinschaftlicher, koordinierter Planverwirklichung, 81 vor § 25, o. 70 f. Hält sich die Durchführung der Tat im Rahmen des gemeinsamen Planes, dann kommt es nicht darauf an, ob jeder Mittäter die konkreten Umstände der Tat, wie sie tatsächlich durchgeführt wird, kennt (and. BGH GA **59**, 123). Zwar gelten auch hier etwa die Regeln über die wesentliche Abweichung des Kausalverlaufs, wonach bei eigenmächtigen Handlungen eines Mittäters für den anderen nur Versuch vorliegen könnte; jedoch wird dies regelmäßig nicht der Fall sein, wenn der Erreichung des gemeinsamen Ziels dienende Handlungen anders, zu einer anderen Zeit oder von einem anderen Beteiligten vorgenommen werden (bedenkl. daher Köln JMBlNRW **61**, 140). Denkbar ist aber auch, daß der gemeinsame Tatplan nur der Gattung nach bestimmte Taten umfaßt, deren Ausführung und Auswahl den einzelnen Mittätern überlassen bleibt (vgl. BGH MDR/D **66**, 197, Kühl 711 f.) Vereinbaren zB mehrere Personen, bei einer Firma solange auf Kredit zu kaufen, bis weiterer Kredit verweigert wird, so haften alle für die Handlungen der einzelnen Beteiligten, auch wenn die konkrete Tat nicht von vornherein in den Tatplan einbezogen war, sich aber im Rahmen dessen hält, was als gemeinsames Ziel ins Auge gefaßt war (bedenkl. daher BGH NJW **72**, 649). Mittäterschaft ist nicht dadurch ausgeschlossen, daß ein Teil der Mittäter mit bedingtem Vorsatz, ein anderer Teil mit unbedingtem Vorsatz handelt (RG **59** 246).

a) Jeder Mittäter **haftet** für das Handeln der übrigen nur **im Rahmen seines Vorsatzes**, ist also **95** für den Erfolg nur insoweit verantwortlich, als sein Wille reicht; ein **Exzeß** der anderen fällt ihm nicht zur Last (RG **57** 308, **67** 369, BGH **36** 234, GA **86**, 450, Baumann JuS 63, 90; vgl. auch o. 93). Kein Exzeß liegt aber vor, wenn sich die Tätigkeit jedes Mittäters im Rahmen des Einverständnisses hält, aber einen Erfolg verursacht, für den auch der Alleintäter ohne volles Verschulden haftet (RG **59** 390, Frankfurt HESt. **2** 309); jedoch ist bei erfolgsqualifizierten Delikten nach § 18 erforderlich, daß jeder Mittäter fahrlässig bezüglich des zurechenbaren Erfolges gehandelt hat; vgl. BGH MDR/H **93**, 1041, Roxin LK 176, Tröndle 8 a, vgl. auch Renzikowski aaO 292 ff. u. § 18 RN 7. Keinen Exzeß stellen solche Abweichungen dar, mit denen nach den Umständen des Falles gewöhnlich gerechnet werden muß (BGH GA **85**, 270, MDR/H **85**, 446, Schleswig SchlHA **51**, 48) oder die bei verständiger Auslegung eines offen gestalteten Tatplanes noch von diesem gedeckt sind (Kühl 711). Ohne Vorsatz handelt, wer nur zum Schein einen Tatbeitrag verspricht und dabei weiß, daß die Tat ohne seine Mitwirkung nicht verwirklicht werden kann; hier liegt eine dem agent provocateur (vgl. § 26 RN 20) vergleichbare Situation vor (Küper JZ 79, 781).

b) Für den **Irrtum** eines Mittäters und seine Rückwirkung auf die übrigen gelten grundsätzlich die **96** allgemeinen Regeln. So ist zB der error in obiecto des einen auch für die übrigen bedeutungslos, soweit die Fehlleistung im Tatplan gleichsam vorprogrammiert ist (Küper aaO 38 ff., Frisch LdR 980, Jakobs 619, Kühl 713, Scheffler JuS 92, 922, Toepel JA 97, 250 f.; and. BGH **11** 271 m. Anm. Schröder JR 58, 427, Jescheck/Weigend 675, Tröndle 8 und 25. A. [prinzipielle Unbeachtlichkeit]). Weitere Fragen stellen sich, wenn aufgrund des Objektirrtums eines Mittäters sich gegen einen anderen Mittäter richtet, so zB wenn A auf den Komplicen B als einen vermeintlichen Verfolger schießt oder das KFZ des B (§ 306 I Nr. 4) in Brand setzt in der Annahme, es handele sich um das ihres gemeinsamen Feindes. Da lediglich die Handlung den übrigen Beteiligten wie eine eigene zugerechnet wird – Risiko der Planverwirklichung vorausgesetzt –, haftet der getroffene Komplice in dem gleichen Umfange, wie wenn er selbst irrtümlich die betreffende Handlung vorgenommen hätte. In den genannten Bsp. wird B daher wegen (untauglichen) Versuchs haften (vgl. BGH aaO, B/W-Weber 623, Jakobs 619, Küper aaO 40, Streng JuS 91, 915, Tröndle 8 a; and. Herzberg TuT 63, Jescheck/Weigend 676, Roxin LK 178, Rudolphi Bockelmann-FS 380, Schmidhäuser I 288 f., Spendel JuS 69, 314, Eser II 155 ff.).

c) Zum **Versuch** bei Mittäterschaft vgl. § 22 RN 55; zum Rücktritt vgl. § 24 RN 87 f. **97**

7. In mehreren Tatbeständen ist für den Fall, daß die Handlung von **mehreren gemeinschaftlich** **98** **begangen wird**, eine erhöhte Strafe angedroht (zB § 224 I Nr. 4). In diesen Fällen genügt weder Mittäterschaft als solche, noch ist unbedingt gemeinsame Ausführung der Tat erforderlich. Entscheidend ist vielmehr die ratio des BT-Straftatbestandes und damit idR das Zusammenwirken mehrerer am Tatort (vgl. § 224 RN 11).

In diesen Fällen greift die Strafserhöhung auch dann ein, wenn einer der Beteiligten nicht schuld- **99** fähig gewesen ist oder sonst nicht schuldhaft gehandelt hat. ZB ist der A, der vorsätzlich gehandelt hat, auch dann wegen gemeinschaftlich begangener Körperverletzung aus § 224 zu bestrafen, wenn bei B, der mit ihm zusammen das Opfer mißhandelt hat, eine tiefgreifende Bewußtseinsstörung iSd § 20 vorliegt (BGH **23** 122, Hirsch LK § 223 a RN 19 mwN). Demgegenüber fordert die Gegen-

§ 26 1–4   Allg. Teil. Die Tat - Täterschaft und Teilnahme

meinung in solchen Fällen strafschärfender gemeinschaftlicher Begehung für die Anwendung des strengeren Strafrahmens Mittäterschaft (so zB RG **17** 414, **19** 192); damit wird vorausgesetzt, daß die mehreren Beteiligten schuldfähig sind und schuldhaft als Täter zusammenwirken.

100 8. Von **Nebentäterschaft** (krit. zu diesem Begriff Fincke GA 75, 161, Roxin LK 223, Samson SK 132, die ihn für überflüssig halten, dagg. Murmann aaO 183 ff. [eigenständige Rechtsfigur]) oder Mehrtäterschaft spricht man dann, wenn mehrere Personen, ohne in bewußtem und gewolltem Zusammenwirken zu handeln, Bedingungen setzen, die zusammen oder auch für sich allein den Erfolg herbeizuführen geeignet sind (BGH MDR/D **57**, 526, MDR/H **96**, 117; and. [nur Versuch] für den ersten Fall M-Gössel II 305). Nebentäterschaft kommt zB in Betracht, wenn bei einem Brand mehrere Personen unabhängig voneinander plündern oder – wie bei Fahrlässigkeitsdelikten – wenn jemand bei einem Unfall, der auf die Unachtsamkeit zweier Kraftfahrzeugführer zurückzuführen ist, verletzt wird (vgl. BGH VRS **28** 202, Bay NJW **60**, 1964), ebenso wenn mehrere Personen im Körper oder auch im gemeinsam benutzten Fahrzeug Betäubungsmittel einführen, ohne ihre Beiträge jeweils als Teil der Tätigkeit des anderen bzw. dessen Anteil als Ergänzung des eigenen Tuns zu sehen (vgl. BGH StV **92**, 160, 376 bzgl. der Frage, ob die Rauschgiftmengen zusammenzurechnen sind). Auch die Benutzung eines fahrlässig handelnden Werkzeugs durch einen mittelbaren Täter führt zu Nebentäterschaft. Bei der Nebentäterschaft ist der Tatbeitrag eines jeden Täters für sich zu dem strafrechtlich erheblichen Enderfolg in Beziehung zu setzen und zu würdigen (BGH **4** 20). Zur Kausalität und zu Zurechnungsfragen Murmann aaO 231 ff., vgl. 82 f. vor § 13. Keine Nebentäterschaft, sondern Mittäterschaft liegt vor, wenn der Straftatbestand die Beteiligung mehrerer voraussetzt, wie zB bei § 173.

101 9. Bestritten ist, ob Mittäterschaft auch bei **fahrlässigen Delikten** möglich ist. Im Schrifttum wird zunehmend die Möglichkeit einer fahrlässigen Mittäterschaft anerkannt (Nachw. u. Einzelheiten o. 115 vor § 25).

§ 26 Anstiftung

Als Anstifter wird gleich einem Täter bestraft, wer vorsätzlich einen anderen zu dessen vorsätzlich begangener rechtswidriger Tat bestimmt hat.

Schrifttum: Vgl. die Angaben in den Vorbem. vor §§ 25 ff.

1/2 I. Anstiftung ist das **vorsätzliche Bestimmen** eines anderen zu der von diesem **vorsätzlich begangenen rechtswidrigen Straftat.** Die Anstiftung stellt daher eine Willensbeeinflussung des Täters dar. Ihr Strafgrund liegt darin, daß der Anstifter als entfernterer Urheber die Begehung der Straftat herbeiführt und damit für die Rechtsgutverletzung der Haupttat ursächlich wird, wobei die Anstiftung auch einen eigenen Unwert verkörpert, o. 17 a vor § 25. Die Abgrenzung zur Beihilfe besteht in der Mitverantwortung des Anstifters für den vom Täter gefaßten Tatentschluß (Kühl 733).

3 II. Der **Anstifter** muß den Täter zu der **Straftat bestimmen.**

4 1. Der Täter ist bestimmt, wenn durch die Anstiftung der **Entschluß zur Tat** in ihm hervorgerufen wird. Die Einwirkung des Anstifters muß für den Tatentschluß ursächlich sein; nicht erforderlich ist, daß sie die einzige Ursache für den Tatentschluß gewesen ist (RG HRR **39** Nr. 1315, BGH **9** 379 f., NStZ **94**, 30, MDR/D **70**, 730, Roxin LK 17, Lackner/Kühl 2). Umstritten ist jedoch, ob die Verursachung des Tatentschlusses für das Bestimmen iSd § 26 allein ausreicht oder ob eine bestimmte Art der Willensbeeinflussung zu fordern ist. Läßt man insoweit jede Art der Verursachung des Tatentschlusses genügen, ist damit auch das **Mittel**, durch das der Anstifter den Täter bestimmt, gleichgültig. Damit liegt nach dieser Ansicht Anstiftung beim bloßen Schaffen einer zur Tat provozierenden Situation vor (Lackner/Kühl 2, Tröndle 3, Herzberg TuT 146 f., Widmaier JuS 70, 242, Samson SK 5 [Straflosigkeit jedoch aufgrund erlaubten Risikos]). Das bloße Arrangieren tatanreizender Situationen (eingeh. Christmann aaO 20 ff.) ist dagegen dann kein Bestimmen iSd § 26, wenn eine kommunikative Beeinflussung des Täters durch den Anstifter zu fordern ist (Meyer JuS 70, 529, Schmidhäuser I 311, Stratenwerth 881, Welzel 116, Roxin LK 4 u. Stree/Wessels-FS 376 f.: zielgerichtete Aufforderung, Kühl 735, vgl. auch Stein aaO 270 ff.). Daß die bloße Verursachung des Tatentschlusses nicht ausreichen kann, ergibt sich aus dem Strafgrund der Teilnahme. Zwar ist das Unrecht der Teilnahme vom Unrecht der Haupttat abhängig; sie verkörpert jedoch auch einen eigenen Unwert (vgl. 17 a f. vor § 25). Der Anstifter muß daher nicht einen Rechtsgutsangriff durch einen anderen ermöglichen, sondern das **Rechtsgut** auch selbst **mittelbar angreifen** (Roxin LK 4, Stree/Wessels-FS 376 f.). Dieser mittelbare Angriff liegt in der kommunikativen Beeinflussung des Täters. Zu diesem Erfordernis kommt man ebenfalls (vgl. Christmann aaO 32), wenn man mit Schumann aaO 49 ff. den Strafgrund der Anstiftung in der Solidarisierung des Anstifters mit dem Unrecht des Täters sieht. Ähnlich argumentiert Frisch (Tatbestandsmäßiges Verhalten 343 ff.), daß „das bloße Arrangement zugkräftiger Situationen" nicht als Schaffen einer unerlaubten Gefahr anzuerkennen ist und daher der Anstiftungserfolg nicht zugerechnet werden kann. Anderes gilt, wenn zugleich ein bestimmter objektiver Vorteil in Aussicht gestellt wird, für dessen Realisierung sich eine bestimmte Tatbegehung als geeignetes Mittel aufdrängt (Christmann aaO 129 ff auf der Grundlage einer Zweck-Mittel-Relation, demgegenüber kaum greifbar das von Hilgendorf Jura 96, 10 eingeführte Kriterium des Übersteigens eines „alltäglichen Reizpegels"). Eine weitergehende Einwirkung auf den Willen des Täters etwa in Form eines Unrechtspaktes zwischen Anstifter und Täter (Puppe GA 84, 111 ff.), einer Abhängigkeit des Täters vom Willen des Anstifters (Jakobs 666) oder einer Planherrschaft des Anstifters (Schulz JuS 86, 933 ff.) ist jedoch nicht erforderlich, zusf. Hilgendorf Jura 96, 9. Derartige Einschränkungen engen die Strafbarkeit des Anstifters zu sehr ein (krit. auch Gropp 332, Kühl 736, Roxin LK 7 ff.). Zu weiteren Ansätzen, eine über das Kausalitätserfordernis hinausgehende Eingrenzung des Unrechts der Anstiftung durch Kriterien der objektiven Zurechnung zu erreichen, vgl. auch Hilgendorf Jura 96, 10, Jakobs GA 96, 253, Weßlau ZStW 104, 105.

Dementsprechend kommt als **Mittel zur Anstiftung** in erster Linie jede ausdrückliche Aufforderung in Betracht, zB die Beauftragung, die Überredung (RG **53** 190), die Bitte (RG HRR **42** Nr. 741) oder das Versprechen einer Belohnung. Aber auch konkludente Aufforderungen in Form von Anregungen (RG **36** 405), Fragen (BGH GA **80**, 185; im einzelnen jedoch Tatfrage, rein informatorische Fragen scheiden aus, vgl. Kühl 736 f., Roxin LK 60), scheinbares Abraten oder auch das Aufzeigen von Möglichkeiten, wie Straftaten Schaden von sich abzuwenden, sind ausreichend (vgl. auch Roxin LK 58, Kühl aaO). Nicht ausreichend ist hingegen reines Unterlassen (B/W-Weber 654, Jescheck/Weigend 691, Meyer MDR 75, 982, Roxin TuT 484, LK 61 ff.; and. M-Gössel II 346, Bloy JA 87, 490, Jakobs 847). Wer allerdings fahrlässig einen fremden Tatentschluß verursacht hat und sodann die Anstiftung zurechenbar weiterwirken läßt, ist Garant aus Ingerenz für das „Zurückhalten" des Täters; er haftet daher strafrechtlich als Gehilfe (vgl. 109 aE vor § 25, Roxin LK 61, Langrock JuS 71, 533; krit. Welp, Vorangegangenes Tun usw. [1968] 286 f.). 5

Die Anstiftung kann auch durch ein Werkzeug (**mittelbare Anstiftung**) geschehen; die Regeln der mittelbaren Täterschaft gelten für die Teilnahme durch ein Werkzeug entsprechend (BGH **8** 138). Haben mehrere gemeinschaftlich einen anderen zur Tat bestimmt, so finden die Regeln der Mittäterschaft auf die Anstiftung entsprechende Anwendung (**Mitanstiftung**); vgl. RG **71** 24, HRR **41** Nr. 727, BGH MDR/D **53**, 400, Kühl 743, Lackner/Kühl 8). Ist der Entschluß zur Tat durch mehrere hervorgerufen worden, die nicht einverständlich handeln, so ist jede der mehreren auf den Täter einwirkenden Personen Anstifter zu der einen aus dieser Einwirkung hervorgehenden Tat (Düsseldorf SJZ **48** Sp. 470, Hamburg HESt. **2** 317). Hierbei ist zu beachten, daß der Tatentschluß schon dann hervorgerufen ist, wenn das Bestimmen mitursächlich etc. war (BGH NStZ **94**, 30, Weßlau ZStW 104, 119). 6

a) Ist der Täter bereits zu einer bestimmten Tat fest entschlossen (sog. **omnimodo facturus**), kann die Anstiftungshandlung für den Tatentschluß nicht mehr ursächlich werden. Daher kommt regelmäßig nur psychische Beihilfe (RG **36** 404, **59** 27, **72** 375 m. Anm. Kohlrausch ZAkDR 39, 245, BGH wistra **88**, 108, vgl. NStZ-RR **96**, 1) oder versuchte Anstiftung (§ 30) in Betracht; krit. zu diesem Begriff Puppe GA , 84, 116, vgl. Stork aaO. Wer noch schwankt, die Tat zu begehen, kann angestiftet werden (vgl. BGH MDR/D **72**, 569, Samson SK 3, Kühl 738). Der nur allgemein zur Tat Bereite kann noch angestiftet werden, sofern er durch die Einwirkung zu einer konkreten Tat veranlaßt wird (RG **37** 172, JW **39**, 222, BGH MDR/D **57**, 395, **72**, 569, NStZ **94**, 30, Geppert Jura 97, 304). Anstiftung ist auch möglich, wenn der Täter die Ausführung noch von einer Belohnung (LG Göttingen NdsRpfl. **52**, 191, Samson SK 3) oder dem Ergebnis einer Rechtsauskunft (Hruschka JR 84, 259) abhängig macht (vgl. u. 9 ff.). Die Anregung kann auch vom Angestifteten ausgehen, der sich bereit erklärt, die Tat gegen eine Belohnung auszuführen (vgl. H. Mayer AT 321). 7

b) Problematisch sind die Fälle, in denen der Anstifter erreicht, daß die Tat **in anderer Weise** als vorgesehen begangen, der zur Tat entschlossene Täter insoweit also umgestimmt wird. Hier sind verschiedene Fälle zu unterscheiden. Anstiftung liegt grundsätzlich vor, wenn nach der Einwirkung eine ganz **andere Tat** vorliegt, zB Erpressung statt Diebstahl (vgl. BGH NStZ-RR **96**, 1, Eser II 187, Kühl 738, Küpper JuS 96, 23, Otto JuS 82, 561; diff. bei identischem Rechtsgut Roxin LK 32, Samson 4). Soweit durch die Umstimmung zwar der ursprüngliche Entschluß des Täters zur Tat bestehen bleibt, aber erweitert oder verengt wird, gilt folgendes: Soll der zur Tat entschlossene Haupttäter nach dem Willen des Anstifters einen *qualifizierten Tatbestand* erfüllen (sog. **Aufstiftung**, zB Raub mit Waffen statt einfachen Raubes), so kann Anstiftung zum Raub nicht mehr begangen werden (zust. Gropp 331, Kühl 739, Samson SK 4; and. BGH **19** 339 m. krit. Anm. Cramer JZ 65, 31, Baumann JuS 63, 126, Geppert Jura 97, 305, M-Gössel II 352, Roxin LK 39, Tröndle 3, Stree Heinitz-FS 277, Stein 269); insoweit haftet der Anstifter nur für die qualifizierenden Umstände, soweit sie selbständig strafbar sind, als wegen psychischer Beihilfe (vgl. auch Jescheck/Weigend 624, Eser II 187, Bemmann Gallas-FS 273, Puppe GA 84, 116). Die Gegenmeinung lastet dem Anstifter Unrecht an, das nicht auf sein Bewirken zurückgeht. Läßt sich das Mehr an Unrecht nicht selbständig erfassen, so dürfte eine vermeintliche Anstiftungslücke eher dafür sprechen, daß der Gesetzgeber dieses Unwertplus nicht als besonders gravierend einstufte. – Wird der Täter veranlaßt, statt eines qualifizierten Delikts das Grunddelikt zu begehen (**Abstiftung**, zB einfache statt gefährliche Körperverletzung), so scheidet Anstiftung schon deshalb aus, weil der Täter hinsichtlich des leichteren Delikts omnimodo facturus ist; wer zu einem Diebstahl mit Waffen entschlossen ist, wird nicht zum einfachen Diebstahl angestiftet, wenn ihm ausgeredet wird, bei der geplanten Tat eine Waffe mitzuführen (Bemmann Gallas-FS 279, Eser II 187, Geppert Jura 97, 304, Roxin LK 33). Dies gilt auch, wenn die durch „Abstiftung" veranlaßte Tat gegenüber der geplanten zwar dasselbe Delikt, jedoch eine abgeschwächte Tatausführung darstellt, der den Täter Beeinflussende etwa erreicht, sich mit einem geringeren als dem beabsichtigten Schaden zu begnügen (Kühl 740, vgl. zum entspr. Problem bei der 8

§ 26 9–11   Allg. Teil. Die Tat - Täterschaft und Teilnahme

Beihilfe Stuttgart NJW **79**, 2573). Soweit das Abwiegeln den Entschluß des Täters zur Tatbegehung bestärkt, zB wegen des geringeren Strafrisikos, kommt psychische Beihilfe in Betracht (Roxin LK 33), die dem Anstifter jedoch nach dem für die Erfolgszurechnung maßgeblichen Prinzip der Risikoverringerung (vgl. 94 vor § 13) regelmäßig nicht zuzurechnen ist (Kühl 740, Roxin LK 34: Anwendbarkeit von § 34, wenn die schwerere Tat sonst nicht hätte verhindert werden können; vgl. auch Küpper JuS 96, 24). – Ändert der Täter infolge des Zutuns des Teilnehmers die Art und Weise oder den Zeitpunkt der Tatausführung (sog. **Umstiftung**), ändert also bspw. der zur Strafvereitelung Entschlossene infolge Nennung eines anderen Fluchtorts nur sein Fahrtziel, so ist Anstiftung ausgeschlossen und es kommt nur psychische Beihilfe in Frage (BGH NStZ-RR **96**, 1 m. Anm. Geppert JK 96, § 26/5 u. Jura 97, 305, Lackner/Kühl 2a, Roxin LK 31; and. Jakobs 189f., 668). Gleiches gilt grundsätzlich bei Änderung des Tatmotivs (Roxin LK 30, Schulz JuS 86, 938; and. Jakobs 669) und idR bei Umstiftung bezüglich des Tatobjekts, so etwa wenn dem Sprayer erfolgreich geraten wird, doch nicht ICEs, sondern Interregio-waggons zu besprühen (vgl. Roxin LK 28; and. Jakobs 668). In solchen Fällen weitergehend Anstiftung bejahen will Schulz (JuS 86, 933), die Identität der Tat ließe sich nicht feststellen, weshalb nicht von einem omnimodo facturus gesprochen werden dürfe. Als Kriterium der „normativen Dominanz" wird auf „Planherrschaft" abgestellt. Nicht hinreichend berücksichtigt wird, daß der Anstifter den „Ursprung" der Tat verursachen etc. und nicht nur den Plan beherrschen muß. Anstiftung läßt sich nicht durch abgeschwächte Formen der Täterherrschaft, scil. Planherrschaft, begründen, vielmehr muß es sich um, zwar strukturell unterschiedliche, funktional aber gleichwertige Verantwortung handeln (vgl. auch Stein aaO 176f.). Zudem bleibt offen, unter welchen Voraussetzungen Mittäterschaft vorliegt und wann eine bloße Beihilfe durch Raterteilung vorliegt (vgl. auch Roxin LK 7f., 41).

9 2. Die bloße **Erteilung von Rechtsauskunft** kann ebenfalls je nach Fallgestaltung tatbestandsmäßige Beteiligung des Ratgebers sein (vgl. ausführl. Mallison aaO 18ff., MG-Häcker § 94 RN 5ff.). Anstiftung kommt insbesondere in Betracht, wenn der zu beratende Klient die Begehung der Tat von dem Ergebnis der Rechtsauskunft abhängig macht. Darin liegt nicht etwa schon ein dergestalt bedingter Tatentschluß des Klienten, daß dieser ein omnimodo facturus wird. Soweit die Rechtsauskunft die entscheidende Bedingung für die Ausführung der Tat darstellt, ist sie auch ursächlich iSd Bestimmens für die Hervorrufung des Tatentschlusses (vgl. auch Hruschka JZ 84, 259 FN 5). Schwer nachvollziehbar ist daher, daß die Rspr in diesen Fällen generell lediglich Beteiligung in Form der Beihilfe erörtert (BGH NJW **92**, 3047, Düsseldorf JR **84**, 257 m. insoweit ebenfalls krit. Anm. Hruschka 259, Stuttgart NJW **87**, 2883). Zu Beihilfe s. auch § 27 RN 10a.

10 a) Keine strafbare Anstiftung liegt jedoch nach allgemeiner Ansicht bei der Erteilung von **zutreffenden Rechtsauskünften** vor (Mallison aaO 120ff., 136, Maiwald ZStW 93, 889, Hruschka JR 84, 261, Volk BB 87, 139ff., Lackner/Kühl 2, Rogat aaO 158f.). Dies gilt im Prinzip ebenfalls für den insoweit praxisrelevanteren Bereich der Berater in Wirtschaftssachen (vgl. hierzu MG-Häcker § 94 RN 1ff. mwN). Unterschiedliche Ansätze finden sich lediglich in der Begründung dieses allgemeinen Ergebnisses. Mallison leitet aus dem Rechtsstaatsprinzip und dem darin enthaltenen Erkennbarkeitsgebot hinsichtlich der geltenden Rechtsnormen einen besonderen Rechtfertigungsgrund her: Aus dem Erkennbarkeitsgebot folge ein Anspruch auf die Ermöglichung von Rechtskenntnis, mit dem ein strafrechtliches Verbot auf Erteilung einer Rechtsauskunft nicht vereinbar ist (Mallison aaO 130f.), vgl. Maiwald ZStW 93, 880, der darauf hinweist, daß § 17 die Pflicht des Bürgers voraussetze, rechtliche Gebote zu kennen, womit klargestellt sei, daß er auch das Recht habe, sich diese Verbotskenntnis durch Einholung von Rechtsrat zu verschaffen; vgl. aber Müller-Dietz GA 82, 282. Nach richtiger Ansicht ist ein solches Verhalten schon tatbestandlich nicht als strafbare Anstiftung oder Beihilfe zu qualifizieren (Maiwald ZStW 93, 889: teleologische Reduktion, wohl auch Rogat aaO 158, 167, Volk BB 87, 144: fehlende objektive Zurechnung). Dies ergibt sich letztlich aus der vom Eigenverantwortungsprinzip grundsätzlich vorausgesetzten Normkenntnis des Bürgers, dessen prinzipieller Pflicht, das Recht zu kennen (vgl. BVerfGE **75** 329) und umgekehrt der Pflicht zur Leistung von Rechtsrat; danach ist der Ratgeber auch dann nicht strafbar, wenn er weiß, daß der Anfragende die Begehung einer rechtswidrigen Tat vom Inhalt der Auskunft abhängig macht.

11 b) Anderer Beurteilung unterliegen die Fälle der Erteilung einer **falschen Auskunft**. Die Rspr hat in Fällen der Erteilung eines unrichtigen Rechtsrates eine Bestrafung der Rechtsanwälte stets mit der Begründung abgelehnt, aufgrund der Berufs- und Standespflichten sei davon auszugehen, daß das Bewußtsein und der Wille des Rechtsanwaltes allein darauf gerichtet sei, pflichtgemäß Rat zu erteilen und nicht etwa, zu einer strafbaren Handlung zu bestimmen oder eine solche zu fördern, so daß es am Vorsatz fehle (RG **37** 324, BGH NJW **92**, 3047, Düsseldorf JR **84**, 257 m. Anm. Hruschka 258, Stuttgart NJW **87**, 2883). Unabhängig von Fragen einer objektivierteren Zurechnung (vgl. u. § 27 RN 9a, 10a) kommt das pauschale Verneinen des Teilnehmervorsatzes in diesen Fällen im Ergebnis einem undifferenzierten Sonderrecht für Rechtsanwälte gleich (ähnl. auch Volk BB 87, 144f., der aus dem Berufsrecht Straflosigkeit für Rechtsanwälte abzuleiten sucht, es sei denn, diese gingen mit direktem Vorsatz davon aus, daß es zu einer Straftat kommen werde). Auch Rechtsanwälte und Berater sind jedoch prinzipiell nach allgemeinen strafrechtlichen Kriterien zu beurteilen (krit. zu Volk auch MG-Häcker § 94 RN 12, Baumgarte wistra 92, 45). Hierbei ist zu beachten, daß Anstiftung und Beihilfe sowohl den Vorsatz des Täters hinsichtlich der Hervorrufung des Tatentschlusses bzw. der Förderung der Haupttat erfordern als auch Vorsatz hinsichtlich der Haupttat. Danach gelten, wollte man allein nach subjektiven Kriterien urteilen, die allgemeinen Regeln über die Abgrenzung von Vorsatz und Fahrlässigkeit sowohl bei der Frage des Vorsatzes hinsichtlich der Teilnahmehandlung als auch hinsichtlich der Haupttat. Für eine strafbare Anstiftung kann es demnach genügen, wenn der Ratgeber zumindestens mit Eventualvorsatz davon ausging, daß der Beratene den Ratschlag zur Grundlage eines Verhaltens machen werde, das sämtliche Merkmale eines Straftatbestandes verwirklicht. Hält der Ratgeber die Auskunft irrig für zutreffend, ist entsprechend den o. g. Grundsätzen zum Erteilen eines richtigen Rechtsrates davon auszugehen, daß er sich damit über die Tatbestandsmäßigkeit bzw. seines Verhaltens irrt und dementsprechend einem Tatbestandsirrtum (bzw. einem Erlaubnistatbestandsirrtum) unterliegt (zu letzterem Mallison aaO 139 f.).

3. Nicht erforderlich ist das **Bewußtsein** des Angestifteten, zu einer rechtswidrigen Tat **angestiftet worden zu sein** (Samson SK 5, der daraus zu Unrecht folgert, daß eine psychische Beeinflussung, die aber auch unterschwellig erfolgen kann, zur Anstiftung nicht nötig sei). 12

4. Anstiftung zur Anstiftung ist mittelbare Anstiftung zur Haupttat (BGH **6** 361, **40** 231, 313, B/W-Weber 660, Jescheck/Weigend 687), sog. **Kettenanstiftung;** eingehend zu deren verschiedenen Fallgestaltungen Geppert Jura 97, 364 f., Küpper JuS 96, 25, Meyer JuS 73, 755. Dabei ist prinzipiell ohne Bedeutung, wie viele Personen zwischen dem ersten Anstifter und dem Haupttäter stehen (BGH **6** 361, **8** 137, **40** 231, Jescheck/Weigend 687, Eser II 192, Meyer JuS 73, 755, Sippel aaO) und ob der erste Anstifter diese Zahl (BGH NStZ **94**, 29, Kühl 743, Lackner/Kühl 8) oder die Person des Haupttäters namentlich kennt (vgl. auch u. 18). Wer mit dem Willen, die Tat des Haupttäters zu fördern, einen Dritten zur Beihilfe veranlaßt, leistet Beihilfe zur Haupttat (vgl. RG **59** 396, M-Gössel II 341), so daß ihm die Strafmilderung des § 27 zugute kommt. Die Anstiftung eines anderen zur Teilnahme an einer vom Anstifter selbst begangenen Tat wird durch die Selbstbegehung aufgezehrt (RG **72** 77). Zur Konkurrenz verschiedener Teilnahmeformen vgl. auch 48 f. vor § 25. 13

Anstiftungen zu **mehreren Straftaten** eines oder mehrerer Täter stehen in Idealkonkurrenz, wenn sie durch eine Handlung vorgenommen worden sind (vgl. § 52 RN 20). Straftat iS der §§ 52, 53 ist die Anstiftung, nicht die tatbestandsmäßige Handlung des Täters (RG **70** 26, 335, Roxin LK 103). Nur eine Anstiftung ist gegeben, wenn der Anstifter aufgrund eines einheitlichen Vorsatzes den Täter wiederholt zur Begehung der Tat bestimmt; vgl. RG **70** 388 u. § 52 RN 20. 14

5. Eine Verurteilung wegen Anstiftung setzt nicht voraus, daß der Haupttäter bekannt ist (RG JW **25**, 1512). Es genügt, wenn dem Anstifter nachgewiesen wird, daß er mit dem unbekannten Täter in Verbindung stand und auf ihn einwirkte. An die **rechtliche Beurteilung der Haupttat** ist der Richter im Verfahren gegen den Anstifter nicht gebunden (RG **58** 290). 15

III. Der Anstifter muß den anderen zu der Tat **vorsätzlich bestimmt haben**; bedingter Vorsatz genügt (RG **72** 29, BGH NJW **98**, 2835). Die fahrlässige Anstiftung ist als solche nicht strafbar. Evtl. kommt aber fahrlässige Täterschaft in Frage; vgl. § 25 RN 101, 114. 16

1. Der Vorsatz des Anstifters muß sich auf eine **bestimmte Straftat** beziehen. Die gleiche Rechtsfolge für die Anstiftung wie für die Täterschaft rechtfertigt sich nur dann, wenn die Tatbegehung auf den Anstifter als Veranlasser zurückzuführen ist. Hieraus folgt auch, daß die für den Anstiftervorsatz aufgestellten Grundsätze nicht gleichermaßen für den Gehilfenvorsatz gelten (BGH **42** 138, Geppert Jura 97, 360; vgl. Roxin Salger-FS 129). Eine Lenkung idS ist aber nur möglich, wenn der Anstifter eine genauere Vorstellung von der Haupttat besitzt (BGH JR **99**, 249 m. Anm. Graul). Dies erfordert, daß dem Täter die konkrete Angriffsrichtung vorgegeben wird (vgl. Ingelfinger aaO 82 ff., 110 ff., 150). Die präzise Kenntnis aller Tatumstände (Zeit, Ort, Objekt, Art der Ausführung) ist zwar nicht erforderlich (Kühl 742). Andererseits ist die Aufforderung, allgemein Straftaten oder Straftaten einer lediglich dem gesetzlichen Tatbestand nach beschriebenen Art zu begehen, nicht nach § 26 strafbar (RG **26** 361, **34** 328, BGH **34** 63, Geppert Jura 97, 358 f., M-Gössel II 343; and. Ingelfinger aaO für den Fall einer voluntativen Dominanz des Anstifters), ebensowenig ein Vorschlag, eine Tat zu begehen, die nur nach der Gattung der in Betracht kommenden Tatobjekte umrissen ist (BGH **34** 63, Ingelfinger aaO 229 ff.); jedoch kommt § 111 in Betracht (vgl. dort RN 1). Abw. läßt Roxin (LK 47, 88, Salger-FS 131 f.) die aus den gesetzlichen Tatbestandsmerkmalen folgende „wesentliche Unrechtsdimension" genügen (vgl. auch Rogall GA 87, 14), lockert jedoch durch die abstrakt-generelle Betrachtungsweise zu stark die Verknüpfung zwischen Anstiftung und Haupttat (zu Unterschieden beim Gehilfenvorsatz s. u. § 27 RN 19). Hinsichtlich der Umstände, unter denen die Haupttat begangen werden soll (einfacher – schwerer Diebstahl – Raub) ist Eventualvorsatz möglich. Ebenso kommt Anstiftung in Betracht, wenn ein „Näheverhältnis" in der Tatausführung besteht (zB bei Raub und räuberischer Erpressung, Trickdiebstahl und Betrug, Ingelfinger aaO 100 ff.). Bestimmt zB A den B, gewisse Sachen um jeden Preis zu beschaffen, und umfaßt seine Vorstellung mehrere Möglichkeiten der Tatdurchführung, so fällt ihm die von B dann tatsächlich gewählte Ausführung voll zur Last, möglicherweise in Idealkonkurrenz mit § 30, wenn nur eine der geplanten Ausführungsarten ein Verbrechen darstellen würde. 17

Nicht erforderlich ist, daß sich die Anstiftung an eine **individuell bestimmte Person** richtet. Genügend, aber auch erforderlich ist eine Aufforderung an einen individuell bestimmten Personenkreis (Hamm JMBlNRW **63**, 212, KG NJW 91, 2655, Kühl 741, Roxin LK 55, Stratenwerth 888; and. Dreher Gallas-FS 321 ff.). Eine mittelbare Anstiftung ist auch dann möglich, wenn es dem Angestifteten überlassen bleibt, den Haupttäter auszuwählen, oder der Anstifter die Zahl der Zwi- 18 schenglieder zwischen ihm und dem Haupttäter nicht kennt (BGH **6** 361, NStZ **94**, 30, Nürnberg NJW **49**, 874, Kühl 743, Lackner/Kühl 8).

19 2. Der Anstifter muß die **Umstände kennen**, welche die Strafbarkeit der Haupttat begründen; er muß wissen, daß es sich um eine „**rechtswidrige Tat**" handelt, die der Täter „**vorsätzlich begehen**" wird. Es genügt dabei, daß er sich der wesentlichen Punkte der dem Angestifteten angesonnenen Tat bewußt ist (Jescheck/Weigend 688 f., Samson SK 6 ff.). Nicht erforderlich ist, daß der Anstifter sich der Strafbarkeit der Haupttat bewußt ist (RG HRR **34** Nr. 835); es genügt der Vorsatz im gleichen Sinn und Umfang wie beim Haupttäter (Schumann, Stree/Wessels-FS 383, vgl. 43 vor § 25, § 15 RN 38 ff.). Der Irrtum des Anstifters über die Voraussetzungen eines Rechtfertigungsgrundes (A bestimmt B zu einer vermeintlichen Verteidigungshandlung, weil er glaubt, dieser handle in Notwehr), schließt ebenso wie beim Haupttäter vorsätzlich begangenes Unrecht aus (Roxin LK 66; and. Welzel 117). Erliegt auch der Haupttäter einem derartigen Irrtum, scheitert die Anstiftung wegen Fehlens einer vorsätzlichen Haupttat (vgl. 32 vor § 25). Für den Verbotsirrtum gelten die gleichen Regeln wie beim Haupttäter (vgl. § 17 RN 7 ff. u. § 15 RN 45). Bei der Anstiftung zu einem Sonderdelikt muß der Anstifter wissen, daß der Täter die ihm obliegende besondere Pflicht verletzt.

20 3. Am Anstiftervorsatz fehlt es, wenn der Anstifter nicht die Vollendung der Tat, sondern nur deren Versuch will. Der sog. **agent provocateur** (Lockspitzel) ist daher in der Regel straflos (RG **15** 317, **44** 174, BGH GA **75**, 333, StV **81**, 549, Geppert Jura 97, 362, Rudolphi Maurach-FS 66, M-Gössel II 348, Schmidhäuser I 312; B/W-Weber 649, Kühl 745, Lackner/Kühl 4, Tröndle 8, Samson SK 45 f. vor § 26, Roxin LK 67, Küper GA 74, 321, Jakobs 683, Sommer aaO 45 ff., Mitsch aaO 138, Keller aaO 161 ff., 195, Schwarzburg aaO 17). Die h. M. bestimmt die Grenze der Straflosigkeit *formal* nach der Vollendung des Deliktes. Wolle der Anstifter, daß es lediglich zum Versuch komme, so sei er straflos; dagegen würde er strafbar sein, wenn er die Vollendung der Haupttat ins Auge gefaßt habe (BGH aaO, Welzel 117, Franzheim NJW 79, 2014, Keller aaO 411, vgl. auch Sommer JR 86, 485). Diese Grenzziehung überzeugt jedoch nicht; sie versagt bei allen Tatbeständen, bei denen ein Verletzungserfolg nicht vorausgesetzt wird; bei Tätigkeitsdelikten, wie denjenigen des BtMG, spielt in der Praxis die Musik. Entscheidend muß daher sein, daß der *Wille* des Anstifters darauf gerichtet ist, eine tatsächliche Verletzung des geschützten Rechtsguts nicht eintreten zu lassen, mag dies nun deswegen der Fall sein, weil es nur zum Versuch des Deliktes kommt, sei es aber auch, daß durch das Eingreifen des Anstifters trotz formeller Vollendung des Deliktes eine Schädigung des Rechtsguts verhindert werden soll (Oldenburg NJW **99**, 2751, Geppert Jura 97, 362, Kühl 745, Maaß Jura 81, 517 ff., Roxin JZ 00, 370; vgl. auch Renzikowski aaO 129: fehlende Rechtsgutsgefährdung bei Gefahrabschirmung). Strenger verlangen Herzberg GA 71, 12 u. Plate ZStW 84, 306 f, daß der Anstifter noch nicht einmal eine Gefährdung des Tatobjekts in Kauf genommen hat, es also auch nicht zum (generell tauglichen) Versuch kommen lassen wollte. Diese Ansicht ist nur auf dem Boden einer reinen Verursachungstheorie haltbar, und hat sich daher mit Recht nicht durchgesetzt (vgl. jetzt auch Jescheck/Weigend 687 f., eingeh. Geppert Jura 97, 361). Bei der Anstiftung zum Diebstahl kann es zB nicht darauf ankommen, ob der Anstifter den Täter während der Ausführung zu verhaften trachtet oder ob er dies unmittelbar nach der Vollendung der Tat mit dem Ziel tun will, dem Dieb die gestohlene Sache sofort wieder abzunehmen. Ebenso kann nicht wegen Anstiftung zur Urkundenfälschung bestraft werden, wer es nicht zur Täuschung und damit zu einer Beeinträchtigung des Beweisverkehrs kommen lassen will (Maaß Jura 81, 519). Im gleichen Sinne stellt auch M-Gössel II 349 auf die „materielle Vollendung" (Irreparabilität des Schadens) ab; vgl. auch Stratenwerth 889, W-Beulke 573, ferner Jakobs 684. Zum gleichen Ergebnis bei den genannten Beispielsfällen kommen Vertreter einer nach *Deliktsarten differenzierenden* Lösung (Roxin LK 72 ff., Samson SK 49 ff. vor § 26). Bei einem Teil der Tatbestände gelangen sie aufgrund einer einengenden Auslegung zur Straflosigkeit des agent provocateur (vgl. auch Schwarzburg aaO 18 ff.). Bei Absichtsdelikten, bei denen sich die Absicht auf das geschützte Rechtsgut bezieht, handele es sich materiell um eine Versuchsstruktur. Daher sei der Tatveranlasser straflos, der es nicht zur Verwirklichung der Absicht kommen lassen will (and. Mitsch aaO 222 ff.). Schließlich ist trotz Vollendung der Haupttat Straffreiheit bei denjenigen Delikten, die einen Rücktritt von der vollendeten Tat vorsehen, möglich, wenn die Rücktrittswirkung vom agent provocateur von vornherein eingeplant war (so auch Jakobs 684; and. Geppert Jura 97, 362). Die in den verbleibenden Fällen vertretene Möglichkeit einer Rechtfertigung nach § 34 (Samson SK 53 vor § 26; eingeschränkt Keller aaO 277 ff.) wird häufig an der Interessenabwägung scheitern (Jakobs 685, Lüderssen Jura 85, 119 f., Roxin LK 76) und ist jedenfalls bei staatlichem Handeln problematisch und äußerst umstritten (vgl. § 34 RN 41 c). – Für die grundsätzliche Bestrafung des agent provocateur hingegen Olshausen § 48 Anm. 13, H. Mayer AT 336 (konsequent vom Boden der Schuldteilnahmetheorie).

21 Höchst umstritten sind die mit einem tatprovozierenden Verhalten **polizeilicher Lockspitzel** zusammenhängenden Rechtsfragen (vgl. Gropp, in Gropp Besondere Ermittlungsmaßnahmen, 1993, 878 ff., Harzer StV 96, 336, Krey aaO 431 ff., Pelchen KK RN 86 ff. vor 48 StPO). Zunächst ist festzustellen, daß der Einsatz von polizeilichen V-Leuten zur Bekämpfung des organisierten Verbrechens schon vor der durch Gesetz zur Bekämpfung des illegalen Rauschgifthandels und anderer Erscheinungsformen der organisierten Kriminalität (OrgKG vom 15. 7. 1992, BGBl. I 1302) in §§ 110a ff. StPO geschaffenen Eingriffsermächtigung für zulässig erachtet wurde (BVerfGE **57** 250, NJW **85**, 1767, BGH **32** 115, 121 ff., ferner **40** 213, **41** 43, NStZ **96**, 450 [§ 163 StPO] m. Anm.

Rogall), insb. um Rauschgiftverbrechen aufzudecken (vgl. auch BGH StV **84**, 4); eingeh. zu diesen Fragen Rebmann NJW 85, 1, Drywa aaO, Diercks AnwBl. 87, 154, Meyer Jescheck-FS 1311 (rechtsvergleichend), Warner Kriminalistik 85, 291 (rechtsvergleichend). Zu den rechtsstaatlichen Grenzen vgl. BVerfG NJW **85**, 1767, NStZ **87**, 276, zu den Voraussetzungen eines ausnahmsweise vorliegenden Verfahrenshindernisses BVerfG NJW **95**, 652. Solange sich ein tatprovozierendes Verhalten im Rahmen eines solchen Einsatzes darauf beschränkt, gegenüber bereits tatverdächtigen Personen etwa als Scheinkäufer aufzutreten, um deren latent vorhandenen Tatentschluß zu konkretisieren und sie dann in flagranti zu überführen, sieht die h. M. keine Bedenken (BGH NJW **80**, 1761, GA **75**, 333, Körner StV 82, 382, Roxin Strafverfahrensrecht 25. A., 65; and. Lüderssen Jura 85, 113 ff., Blank aaO 144; vgl. auch Ostendorf/Meyer-Seitz StV 85, 80, die ein gesetzliches Verbot des polizeilichen Lockspitzel-Einsatzes befürworten). Während die frühere Rspr offenbar von der Zulässigkeit ausging, einen Nichtverdächtigen als Mittel zur Verbrechensbekämpfung zu benutzen, also etwa zu veranlassen, mit Rauschgifthändlern Verbindung aufzunehmen, um der Polizei den Einstieg in einen Händlerring zu ermöglichen (BGH NJW **81**, 1626, NStZ **85**, 131 m. Anm. Meyer; and. Dencker Dünnebier-FS 461 ff., Franzheim NJW 79, 2014, Mache StV 81, 599, Sieg StV 81, 636), verlangen neuere Urteile das Bestehen eines Tatverdachts iSd § 160 I StPO (BGH **45** 326, NStZ **95**, 507, BGHR § 46 V-Mann **6**). Nur für den Fall, daß ein **Nichtverdächtiger** zur Tat verleitet wird, stellt sich die Frage, welche Folgen die Provokation auslöst: Für die Konsequenzen wird dabei als nicht maßgebend erachtet, ob der Einsatz als solcher unzulässig war oder die Grenzen zulässiger Ermittlungsmaßnahmen überschritten wurden (BGH NStZ **95**, 507). Die Entwicklung der **Rspr** ist wechselhaft (vgl. im einzelnen Roxin aaO 63 ff., Schünemann StV 85, 424). Der BGH hatte ursprünglich die prinzipielle Möglichkeit einer Verwirkung des staatlichen Strafanspruchs (sogar) gegenüber Beschuldigten anerkannt, die zu ihren Straftaten provoziert worden sind (NJW **80**, 1761, **81**, 1626, NStZ **81**, 70, **82**, 126, **83**, 80, **84**, 519, **85**, 361 [Strafverfolgungs- und Prozeßhindernis]). Demgegenüber neigte der 5. Sen. dazu, in entspr. Fällen einen „aus dem Rechtsstaatsprinzip herzuleitenden Strafausschließungsgrund" zu bejahen (NStZ **84**, 178). Daraufhin stellte der 1. Sen. (BGH **32** 345; s. hierzu auch Bruns StV 84, 388 u. Schumann JZ 86, 66) alle bisher vertretenen Grundsätze schlechthin in Frage, indem er danach differenzierte, ob der Angestiftete – generell tatbereit – nur die konkrete Gelegenheit wahrnimmt oder Personen durch die Provokation betroffen werden, die nicht von vornherein tatbereit sind. Nur im zweiten Fall soll, ohne Rücksicht darauf, ob der Spitzel seine Tätigkeit den Grenzen des Zulässigen angepaßt hat, eine wesentliche Strafmilderung, ggf eine Verwarnung mit Strafvorbehalt oder eine Einstellung nach § 153 I StPO in Betracht kommen. Denn ua dürften die dem Schutz des Staates anvertrauten Rechtsgüter nicht „zur Disposition des polizeilichen Lockspitzels gestellt" werden. Nach dem GrS (BGH **33** 362) wird die Auffassung, in solchen Fällen könne ein Verfahrenshindernis vorliegen, derzeit in der Rspr des BGH nicht mehr vertreten. Es hat sich also eine „völlige Wende vollzogen; die neueste Rspr beschränkt sich daher auf eine Berücksichtigung im Rahmen der Strafzumessung, wobei die gesamten Umstände der Tat und der Art und Weise der Provokation entscheidend sind (BGH NStZ **95**, 507, StV **92**, 462, **94**, 169; Rspr-Übersicht bei Zschockelt NStZ 96, 225). Unter Berücksichtigung der Auslegung der EMRK durch den EuGHMR, der bei Tatprovokation von Nichtverdächtigen „ab initio und endgültig" den Grundsatz des fairen Verfahrens (Art. 6 I MRK) als verletzt ansieht (EuGHMR, EuGRZ **00**, 663 f. m. Anm. Kempf StV 99, 127, Sommer NStZ 99, 47), hält der BGH an seiner Strafzumessungslösung fest (BGH **45** 321 m. krit. Anm. Roxin JZ 00, 369, Sinner/Kreuzer StV 00, 114, Vahle DSB 00, 16). Eine unzulässige Tatprovokation, d. h. die stimulierende Einwirkung in Richtung auf Weckung der Tatbereitschaft oder Intensivierung der Tatplanung mit einiger Erheblichkeit, ist nach der neuesten Rspr des BGH im Urteil ausdrücklich auszusprechen und als schuldunabhängiger Strafmilderungsgrund von besonderem Gewicht zu kompensieren (BGH aaO). Die Meinungen in der **Lit.** sind kontrovers. So wird etwa unter Bezugnahme auf das amerikanische „estoppel"-Prinzip ein Verfahrenshindernis angenommen (Lüderssen Peters-FS 349 ff., Seelmann ZStW 95, 797 ff.; vgl. grdl. zu einem „Verfahrensverbot besonderer Art" Wolfslast, Staatlicher Strafanspruch und Verwirkung, 1995, 216 ff., 266), teilweise ein Strafausschließungsgrund bejaht oder wenigstens de lege ferenda ein Beweisverbot in Anlehnung an § 136 a StPO vertreten (vgl. Berz JuS 82, 416, Franzheim NJW 79, 2014, Roxin aaO 65, Seelmann ZStW 95, 825, Fischer/Maul NStZ **92**, 12 f.). Ferner wird ein „Sonderopfer" des Angestifteten, das bis zum Absehen von Strafe führen kann, diskutiert (vgl. Puppe NStZ 86, 406 unter Bezugnahme auf BGH NStZ **86**, 162). Da in Fällen dieser Art die materiellen Voraussetzungen einer strafbaren Handlung unbestritten vorliegen und ein Strafausschließungsgrund kaum deshalb in Betracht kommen kann, weil der Täter durch ein staatliches Organ provoziert wurde (and. Paeffgen SK-StPO, § 206 a RN 28, Roxin JZ 00, 369, Wolter NStZ 93, 9 f. [Strafausschließungsgrund]), kann die Lösung der Frage wohl nur auf prozessualem Gebiet erfolgen. Der Staat, der Strafen im Interesse der Rechtsgemeinschaft und um des Rechtsgüterschutzes willen verhängt, schafft keinen straffreien Raum für den Fall, daß einer seiner Repräsentanten eine Straftat provoziert. Er kann nur an deren Verfolgung gehindert sein. Der Lockspitzel selbst ist nicht strafbar, soweit er dafür sorgt, daß keine materielle Rechtsgutsverletzung eintreten kann (Roxin JZ 00, 370 u. o. 20; and. Sinner/Kreuzer StV 00, 115).

4. Die vom Angestifteten **ausgeführte Tat muß** dem **Vorsatz** des Anstifters in ihren wesentlichen **22** Merkmalen **entsprechen**, um diesem zugerechnet zu werden. Soll zB der zum Meineid Angestiftete eine falsche Darstellung der Ereignisse geben, sagt er aber nur wahrheitswidrig aus, er wisse nichts

§ 26 23–25   Allg. Teil. Die Tat – Täterschaft und Teilnahme

über das Beweisthema, so liegt darin nur eine unwesentliche Abweichung (BGH LM Nr. **37** zu § 154), ebenso, wenn der Angestiftete wider Erwarten die Tat in Mittäterschaft mit einem Dritten begeht oder eine andere Alternative des gleichen Tatbestandes verwirklicht (BGH **23** 39 m. Anm. Dreher JR 70, 146). Vgl. zu diesen Fragen Montenbruck ZStW 84, 323. **Tut** der **Angestiftete weniger**, als er nach dem Willen und der Vorstellung des Anstifters tun soll, so haftet der Anstifter nur hinsichtlich dessen, was tatsächlich verwirklicht wurde (BGH **1** 133), es sei denn, daß die Voraussetzungen des § 30 vorliegen (vgl. dort RN 39); vgl. Baumann JuS 63, 134. Dies folgt aus Gründen der Akzessorietät der Teilnahme (vgl. 21 ff. vor § 25). Geht der Täter über das hinaus, was der Anstifter eingehalten wissen wollte (sog. **Exzeß**), so haftet der Anstifter hierfür nicht; insoweit handelt es sich um ein Vorsatzproblem (vgl. 43 vor § 25). Bei **erfolgsqualifizierten Delikten** haftet der Anstifter für den Erfolg nur dann, wenn ihm in bezug auf diesen wenigstens Fahrlässigkeit zur Last fällt (vgl. 34 vor § 25, § 18 RN 7); dabei ist es gleichgültig, ob auch den Haupttäter ein Fahrlässigkeitsvorwurf trifft (BGH **19** 341 m. zust. Anm. Cramer JZ 65, 32). Hat zB der Anstifter eine Körperverletzung veranlassen wollen, während der Täter Tötungsvorsatz gefaßt hat, so ist der Anstifter bei Fahrlässigkeit bzgl. des Erfolges aus § 227 zu bestrafen (BGH **2** 225). Zur Frage des aliud beim Haupttäter vgl. o. 6.

23   5. Ein **error in obiecto** des **Täters**, der für diesen unbeachtlich ist (vgl. § 15 RN 59 f.), ist nach h. M. auch für den **Anstifter unbeachtlich** (Pr. Obertribunal GA Bd. **7** 322: Fall Rose-Rosahl, RG **70** 296, Bachmann JuS 71, 119, Gropp 334, M-Gössel II 353 f., Tröndle 15, Baumann JuS 63, 135, Loewenheim JuS 66, 314, Welzel 75, 117). Diese Ansicht bestätigte den BGH (**37** 214) in einer Entscheidung, der ein dem Urteil des Pr. Obertribunals ähnlicher Sachverhalt zugrunde lag: Der Angeklagte hatte den mitangeklagten S dafür gewonnen, gegen Belohnung seinen Sohn M zu töten. S, dem das Aussehen von M geschildert und in einem Foto gezeigt wurde, verwechselte jedoch in der Dunkelheit den S mit dem diesen ähnlich sehenden K und erschoß irrtümlich K. Der BGH hielt diesen Irrtum auch für den Anstifter unbeachtlich, da ein derartiger Tatverlauf nicht außerhalb jeder Lebenserfahrung liegt und bestrafte wegen vollendeter Anstiftung (BGH **37** 218 m. iE zust. Anm. Streng JuS 91, 910, 917, Geppert Jura 92, 167, Küpper JR 92, 294, 296, Bespr. Gropp Lenckner-FS 55, Puppe NStZ 91, 214 und ähnl. Weßlau ZStW 104, 105, 130 f. auf der Grundlage der Lehre von der objektiven Zurechnung; and. Stratenwerth Baumann-FS, 68 f.: Anstiftung zum Versuch; Roxin JZ 91, 680 u. Spendel-FS 296, Müller MDR 91, 830 f., Schlehofer GA 92, 317, Bemmann Stree/Wessels-FS, 397, 402: versuchte Anstiftung). Der Auffassung der Rspr ist zuzustimmen, wenn der Anstifter – wie in der Regel – dem Täter die Individualisierung des Opfers überläßt. Beschreibt der Anstifter die Person des Opfers nach bestimmten Merkmalen, die der Täter seiner Individualisierung zugrunde legt, so entspricht das Vorstellungsbild des Anstifters dem Geschehen am Tatort, d. h. der Anstifter stellt sich vor, daß der Täter eine Person tötet, auf die nach des Täters Vorstellung die Beschreibung paßt (vgl. auch Toepel JA 97, 255, 350). Unterläuft dem Täter ein Fehler bei der Individualisierung, so muß der Anstifter sich dieses Ergebnis zurechnen lassen. Denn eine solche Verwechslung des Opfers durch den Täter stellt zwar eine Abweichung vom geplanten Tatablauf dar, hält sich aber in den Grenzen des nach allgemeiner Lebenserfahrung Vorhersehbaren (BGH **37** 218). Die tatbestandliche Identität des Erreichten mit dem Erstrebten beruht nicht auf Zufall oder Natur, sondern ist vorprogrammiert (Gropp Lenckner-FS 68). Da die Individualisierung des Opfers durch den Täter vom Vorsatz des Anstifters umfaßt ist, stellt sich die bloße Verwechslung des Opfers für den Anstifter gerade nicht als aberratio ictus (vgl. dazu § 15 RN 57 ff.) dar, worauf jedoch die Gegenansicht abstellt und wegen Anstiftung zum Versuch (Blei I 285, Schmidhäuser I 316, Stratenwerth 287, Samson SK vor § 26 RN 56) oder wegen versuchter Anstiftung (Bemmann MDR 58, 821, Hillenkamp aaO 63 f., Jescheck/Weigend 690, Letzgus, Vorstufen der Beteiligung [1972] 54 ff., Roxin LK 97, JZ 91, 680 f., Kühl 748, Köhler 528, Otto JuS 82, 562, Rudolphi SK § 16 RN 30, Sax ZStW 90, 946, Schreiber JuS 85, 877), ggf. in Tateinheit mit fahrlässiger Tötung (dagg. Puppe NStZ 91, 124) bestraft. Vielmehr sind die Fälle, in denen der Anstifter die Konkretisierung des Opfers dem Täter überläßt, vergleichbar mit den Fällen, in denen der Täter eine Autobombe anbringt und nicht weiß, wer durch sie getötet wird (vgl. § 15 RN 59 f.). Auch dort ist es unbeachtlich, wenn eine andere Person den Mechanismus auslöst und getötet wird, denn der Vorsatz richtet sich auf die Verletzung des Objekts, das in den Wirkungskreis der Handlung tritt. Richtet sich die Tat versehentlich gegen ein Rechtsgut des Anstifters, so führt die Tatsache, daß er insoweit als Täter nicht tatbestandsmäßig würde handeln können, dazu, daß in seiner Person kein Unrecht vorliegt. Stiftet zB A zur Körperverletzung des X an, begeht jedoch B in der Dunkelheit die Tat an A, so kommt nur eine Anstiftung zum Versuch, nicht aber zur vollendeten Tat in Betracht (vgl. Roxin TuT 268 f., Puppe NStZ 91, 125; and. Schröder JR 58, 427, 23. A.).

24   IV. Die Anstiftung setzt weiter voraus, daß die Handlung des Haupttäters eine vorsätzlich begangene rechtswidrige Tat darstellt (**Akzessorietät**). Zu den sich hieraus ergebenden Fragen vgl. 21 ff. vor § 25. Danach gilt:

25   1. Die Haupttat muß **alle das Unrecht verkörpernden Elemente** aufweisen. Sie muß die objektiven wie subjektiven (Absichten, Tendenzen) Tatbestandsmerkmale erfüllen und vorsätzlich begangen sein. Setzt ein Straftatbestand eine objektive Bedingung der Strafbarkeit voraus, so muß auch sie eingetreten sein. Einzelheiten hierzu bei 27 ff. vor § 25. Schuldhaft braucht die Haupttat nicht begangen zu sein; vgl. 36 f. vor § 25.

2. Anstiftung ist auch zu **(echten) Sonderdelikten** möglich, d. h. solchen, die der Anstifter als **26** Täter nicht hätte begehen können, weil ihm die Täterqualität fehlt; vgl. § 25 RN 44, 45–48, 71 f. vor § 25, Kühl 732. So kann zB der Extraneus wegen Anstiftung zu einem echten Amtsdelikt (zB § 336) strafbar sein. Da dies wegen der Akzessorietät zu der Konsequenz führt, daß der Anstifter, ohne selbst Täter sein zu können, der gleichen Strafdrohung unterliegt wie der Täter, hat § 28 I für diese Fälle eine obligatorische Strafmilderung nach Maßgabe des § 49 I angeordnet. Vgl. § 28 RN 1, 8 und Cortes Rosa ZStW 90, 413.

3. Möglich ist weiterhin eine Anstiftung zu **eigenhändigen Delikten**; vgl. § 25 RN 45–48, 86 **27** vor § 25, Kühl 732. Die Eigenhändigkeit ist allerdings kein besonderes persönliches Merkmal iSv § 28 (vgl. dort RN 19 aE), so daß eine Strafmilderung nicht in Betracht kommt.

4. Fehlt es an einem Verbrechen als Haupttat oder begeht der Haupttäter weniger als ihm **28** angesonnen, so kommt § 30 in Betracht **(versuchte Anstiftung)**.

V. Auf den Anstifter sind dieselben **Strafdrohungen** anzuwenden wie auf den Täter. Die für **29** Amtsträger bestehende Sondervorschrift des § 357 geht aber der allgemeinen Strafdrohung für die Anstiftung vor (RG **68** 92). Über die Teilnahme an der Straftat mehrerer Personen, für die das Gesetz verschiedene Strafdrohungen vorsieht, vgl. 50 vor § 25. Zu der Möglichkeit einer Strafmilderung bei **besonderen persönlichen Merkmalen** vgl. die Erl. zu § 28.

Über den **Rücktritt** des Anstifters vgl. § 24 RN 73 ff. **30**

VI. Ort der Begehung einer Teilnahme ist nach § 9 II u. a. sowohl der Ort, an dem der **31** Teilnehmer gehandelt hat, wie auch jeder Ort, an dem einer der Erfolge der Teilnehmerhandlung eingetreten ist, also insb. auch der Tatort der Haupttat.

Tatzeit der Anstiftung ist nach § 8 die der eigentlichen Anstiftertätigkeit; daher kommt es zB für **32** die Bestimmung des anzuwendenden Rechtes, für die Anwendung eines StFG (LG Kassel NJW **56**, 35) sowie für die allgemeinen Verbrechensvoraussetzungen beim Anstifter nicht darauf an, wann die Haupttat begangen worden ist. Anders bei der Verjährung, die die Möglichkeit der Strafverfolgung voraussetzt (vgl. § 78 b I).

§ 27 Beihilfe

(1) Als Gehilfe wird bestraft, wer vorsätzlich einem anderen zu dessen vorsätzlich begangener rechtswidriger Tat Hilfe geleistet hat.

(2) Die Strafe für den Gehilfen richtet sich nach der Strafdrohung für den Täter. Sie ist nach § 49 Abs. 1 zu mildern.

Schrifttum: Vgl. die Angaben zu den Vorbem. zu §§ 25 ff.

I. Beihilfe ist die **vorsätzliche Unterstützung** einer **fremden, vorsätzlich begangenen** und **1–3** **rechtswidrigen Tat**. Im Gegensatz zum alten Recht spricht das Gesetz nur noch von „Hilfeleistung", ohne die Mittel der Beihilfe, die bisher mit „Rat und Tat" umschrieben waren, näher zu kennzeichnen. Eine sachliche Änderung des Anwendungsbereichs der Beihilfevorschrift ist damit nicht verbunden. Als Hilfeleisten kommt grundsätzlich jeder Tatbeitrag in Betracht, der nicht als Täterschaft oder Anstiftung zu qualifizieren ist (Roxin LK 1, ebenso Kühl 749; vgl. u. 12, § 26 RN 1, 5 f.). Ganz **verselbständigt** ist die Beihilfe zB in §§ 120, 206 II Nr. 3, 328 II Nr. 4, 357 (vgl. Sommer JR 81, 490). An diesen Beihilfedelikten ist wiederum Beihilfe möglich.

II. Umstritten ist das **Wesen** der Beihilfe. Der Streit betrifft im Ausgangspunkt die Frage der **4** Ursächlichkeit der Beihilfe (eingeh. hierzu Baunack aaO 34, Geppert Jura 99, 268, Jakobs 671 ff., Kühl 752 f., Roxin LK 2 ff. u. Miyazawa-FS 501 ff., Vogler Heinitz-FS 295, Samson SK 9 ff. u. Peters-FS 121 ff.) und hat Konsequenzen für die Reichweite. Trotz unterschiedlicher begrifflicher, teils auch methodischer Ausgangspunkte ergeben sich in der Sache aber häufiger als zu erwarten Übereinstimmungen (vgl. Otto Lenckner-FS 195, Roxin Miyazawa-FS 502).

1. Für die Lösung des Problems, ob für die Beihilfe nur eine Förderung der **Handlung** des **5** Haupttäters ausreicht oder ein ursächlicher Beitrag zur **Tatbestandsverwirklichung** notwendig ist, dürften folgende Gesichtspunkte ausschlaggebend sein:

a) Der Begriff **Hilfeleistung** ist farblos. Er sagt jedenfalls nicht mit der Deutlichkeit, wie dies in **6** § 26 durch die Formulierung „zur Tat bestimmt hat" geschieht, darüber etwas aus, welche Anforderungen unter dem Gesichtspunkt der Kausalität an die Beihilfehandlung zu stellen sind. Daher sind vom Wortlaut her mehrere Deutungen möglich.

α) Man kann zunächst, wie es das *Schrifttum* überwiegend tut, fordern, daß der Tatbeitrag des **7** Gehilfen für die **Haupttat (mit-)ursächlich** geworden ist, d. h. durch (im Ansatz) noch so unwichtige Tatbeiträge zumindest die Art und Weise ihrer Durchführung beeinflußt hat (Baunack aaO 42 ff., 70 f., Dreher MDR 72, 556, Geppert Jura 99, 266, Gropp 337 f., Jescheck/Weigend 694 f., Jakobs 671 f., Kühl 752 f., Lackner/Kühl 2, Roxin LK 2 u. Miyazawa-FS 509, Spendel Dreher-FS 185, M-Gössel II 358 f., Seebald GA 69, 208, Samson aaO 84 [mit modifizierter Anwendung der Äquivalenztheorie, 86]; vgl. auch Samson Peters-FS 121 ff., ferner BGH **14** 282).

8   β) Man könnte sich mit der *Rspr* auf den Standpunkt stellen, daß der Gehilfenbeitrag nur die **Handlung** des Haupttäters **gefördert** zu haben, aber nicht ursächlich für die Haupttat selbst gewesen zu sein braucht (vgl. zB RG **58** 113, **67** 193, **71** 178, **73** 54, BGH **2** 130, VRS **8** 199, MDR/D **72**, 16, BGHR Vorsatz **8**, Bay **59**, 138, Stuttgart NJW **50**, 118, Hamburg JR **53**, 27). Beihilfe erfordert danach eine Handlung, welche die Rechtsgutsverletzung des Haupttäters ermöglicht oder verstärkt oder ihre Durchführung erleichtert, die Tat also dennoch tatsächlich fördert (grdl. RGSt **58** 113, BGH NStZ **85**, 318, **95**, 28, MDR/D **72**, 16, StV **95**, 524 m. Bespr. Harzer StV 96, 336, Bay **84**, 8, Karlsruhe NStZ **85**, 78). Dieser Auffassung stimmen zu B/W-Weber 667, JuS 63, 57, 136, Herzberg GA 71, 6, Tröndle 2. Zur Entwicklung der Rspr vgl. Samson aaO 57 ff., der zu Recht darauf hinweist, daß diese Rspr insb. der Überwindung von Beweisschwierigkeiten dient, was vor allem bei der psychischen Beihilfe und der Beihilfe durch Unterlassen Bedeutung erlangt (Samson aaO 58 ff.). Neuerdings einschr. BGH NStZ **93**, 233, 385, **95**, 490 f., **96**, 564 bei bloßer Anwesenheit am Tatort, vgl. u. 12).

9   γ) Denkbar ist schließlich auch, den Strafgrund der Beihilfe (allein) in der **Risikoerhöhung** für den Erfolg der Haupttat zu sehen (Otto JuS 82, 563 u. Lenckner-FS 196, Ranft ZStW 97, 284, Schaffstein Honig-FS 169, Stratenwerth 898, vgl. auch Frisch LdR 982; dagg. Baunack aaO 46 f., 60 f., Samson Peters-FS 125 f.); die Beihilfe wird danach zu einem konkreten Gefährdungsdelikt (Samson SK 8) bzw. zu einer Mischung aus Versuchs- und abstrakten Gefährdungselementen (Baunack aaO 62). Ähnlich, jedoch nicht auf den Erfolg, sondern schon auf die Handlung des Täters abstellend, Vogler Heinitz-FS 308. Diese Meinung entspricht der von der objektiven Eignung bei § 257 (vgl. dort RN 15); dagg. Baunack aaO 63 ff., Samson aaO 203, Dreher MDR 72, 553. Schließlich sieht Herzberg (GA 71, 7) die Beihilfe als abstraktes Gefährdungsdelikt, das mit der Hilfeleistung erfüllt sei; diese Auffassung läßt aber jegliche Modifizierung der Tat genügen und vermag Widersprüche beim agent provocateur nicht aufzulösen (zutr. Baunack aaO 69, Samson aaO 82 u. Peters-FS 126 f., abl. von Roxin Miyazawa-FS 504. Vgl. aber auch Renzikowski aaO 131 ff. [Beihilfe als konkretes Gefährdungsdelikt; krit. Bloy JZ 98, 242]).

9 a   δ) In jedem Fall sind Elemente einer **objektiven Zurechnung** (vgl. o. 91 ff. vor § 13) zur Einschränkung auch bei der Beihilfe heranzuziehen (vgl. zum Parallelproblem bei der Anstiftung § 26 RN 4 f.). Insofern läßt sich auch von einem *mittelbaren Rechtsgutangriff* sprechen. Art und Umfang der Berücksichtigung jener Elemente sind freilich nicht hinreichend geklärt, sie sind Thema insbes. bei sog. neutralen Beihilfehandlungen (u. 10 a). Zu Recht weithin anerkannt ist, daß in Fällen einer *Risikoverringerung* der geringere Erfolg dem Gehilfen nicht zugerechnet werden kann, da die Situation für das Rechtsgut nicht verschlechtert wird (vgl. Stuttgart NJW **79**, 2573 m. Anm. Müller JuS 81, 258 f., Kühl 753, Lackner/Kühl 2 a, Murmann JuS 99, 550 f., Roxin LK 5 u. Miyazawa-FS 509 f.; and. Köhler 147 [Rechtfertigung]).

10   b) Da der Wortlaut keine eindeutige Entscheidung ermöglicht, ist die **Grundorientierung** aus dem *Strafgrund* der Teilnahme abzuleiten. Teilnahme ist nach der herrschenden Verursachungstheorie (vgl. 17 vor § 25) Mitwirkung an fremdem Unrecht. An einer solchen fehlt es, wenn der Teilnehmer keinen kausalen Beitrag zur fremden Tatbestandsverwirklichung geleistet hat. Wird auf die **Kausalität** der **Hilfeleistung** als Voraussetzung für die Beihilfe verzichtet, so läuft dies praktisch darauf hinaus, in § 27 in Gestalt eines (konkreten oder abstrakten) Gefährdungsdelikts ein selbständiges Teilnehmerdelikt zu sehen (dagg. 20 vor § 25), das etwa der Hilfeleistung iSv § 257 vergleichbar wäre. Dies würde auf die Bestrafung der nur versuchten Beihilfe hinauslaufen und dem Verständnis der Beihilfe widersprechen (Baunack aaO 90, Geppert Jura 99, 268, Gores aaO 42, Lackner/Kühl 2, Murmann JuS 99, 549). Außerdem würde sie die einheitliche Grundstruktur von Anstiftung und Beihilfe aufgeben. Aus der Aufhebung des § 49 a III aF, der die versuchte Beihilfe bestrafte und damit das entscheidende Argument gegen die Lehre von der nichtkausalen Beihilfe bildete, kann nichts Gegenteiliges abgeleitet werden. Da überdies für die Beihilfe ein Zusammenwirken zwischen Täter und Teilnehmer nicht erforderlich ist, kann auf das Merkmal der Kausalität für die Haupttat und damit auf eine objektive Qualität des Gehilfenbeitrags nicht verzichtet werden (vgl. auch Roxin Miyazawa-FS 501). Kausalität iSv § 27 liegt auch vor, wenn der Gehilfenbeitrag zB dafür sorgt, daß der Schaden geringer ist als vom Haupttäter ursprünglich beabsichtigt; dies ergibt sich aus der Äquivalenztheorie, die nur erfordert, daß die Handlung für den Schaden in seinem konkreten Umfang kausal geworden ist. Daher ist Samson (SK 10, Peters-FS 134 f.), wonach Beihilfe nur solche Handlungen umfaßt, die die durch „die Haupttat verursachte Rechtsgutsverletzung ermöglichen oder verstärken oder dem Haupttäter die Durchführung der Tat erleichtern" (vgl. auch Frisch LdR 982), in der Begründung nicht zuzustimmen. Zur Begrenzung der objektiven Zurechnung in diesen Fällen o. 9 a. Ebenso ist entsprechend der Äquivalenztheorie das Hinzudenken hypothetischer Kausalverläufe unzulässig. Das Tragen einer Leiter zum Tatort ist daher kausal, wenn der Täter die Leiter hätte selber tragen können (Geppert Jura 99, 269, Kühl 751, Roxin LK 6). Da aber der Tatbeitrag des Gehilfen mindestens bis ins Versuchsstadium fortwirken muß, scheidet andererseits strafbare Beihilfe aus, wenn die Leiter beim Herannahen an das Haus liegen gelassen wird, weil − von weitem sichtbar − ein Fenster offen steht (die konstruktiv vorliegende versuchte Beihilfe ist im Gegensatz zur von § 30 I erfaßten versuchten Anstiftung nicht strafbar); anders, wenn der Diebstahlsversuch schon begonnen hat, das offene Fenster also erst bemerkt wird, als der Täter die Leiter benutzt (Kühl 751, Roxin LK 7). Kausal sind schließlich auch Gehilfenbeiträge, die sich nachträglich als überflüssig herausstellen.

Ohne sie wäre nicht bloß die Haupttat eine andere, vor allem kann in keinem Fall hinreichend ausgeschlossen werden, daß sie das Risiko einer Entdeckung (Schmierestehen) oder eines Scheitern der konkreten Tat vermindert haben (vgl. Roxin Miyazawa-FS 511; and. Baunack aaO 91: Beihilfe zur versuchten Tat mangels Auswirkung auf konkreten Tatertfolg).

Trotz Vorliegen eines kausalen Tatbeitrags kann eine Handlung uU nicht als Beihilfe strafbar sein (vgl. auch o. 9 a). Dies ist bedeutsam bei sog. **neutralen Handlungen**. Sie weisen keinen direkten Tatbezug auf, phänomenologisch verstehen sie sich als alltäglich oder berufstypisch (vgl. allgemein Rogat aaO 47 ff., Wohlleben aaO 4, typologisierend Hassemer wistra 95, 43 f., Ransiek wistra 97, 42, Roxin LK 16 ff., Tag JR 97, 55). Für die *Rspr* ist der Förderungswille maßgebend (vgl. BGH NStZ **00**, 34). Dies begünstigt jedoch „blauäugige" Entscheidungen (Otto Lenckner-FS 211 zu BGH NJW **93**, 273 [innerer Vorbehalt des Verteidigers bei mit Eventualvorsatz vorgelegter, von Dritten gefälschter Sterbeurkunde des Mandanten]; vgl. auch den Überblick bei Wolff-Reske aaO 41 ff., Amelung Grünwald-FS 17 f. u. o. § 26 RN 11). Zudem erlangen objektive Gesichtspunkte nur apokryphe Bedeutung. So soll nach RG **39** 48 straflosigkeit die Lieferung von Backwaren an ein Bordell sein, wenn Backwaren in ein Bordell geliefert werden, der Wein dagegen nicht (Beihilfe zu Kuppelei, zust. Meyer-Arndt wistra 89, 282; zu Recht krit. Ransiek wistra 97, 46, Roxin LK 20 u. Miyazawa-FS 515). Dagegen ist es zulässig, einen Vertrag mit einem Werkunternehmer abzuschließen, auch wenn man weiß, daß dieser die Einkünfte nicht versteuert (BGH NStZ **92**, 498, zust. Ransiek aaO). Demgegenüber liegt strafbare Beihilfe vor, wenn ein Rechtsanwalt eine Kundenwerbung von Warenvermittlungsgeschäften bestimmte Beratungsbroschüre erstellt, sofern das Handeln des Haupttäters ausschließlich darauf abzielt, eine strafbare Handlung zu begehen und der Hilfeleistende dies sicher weiß (BGH NStZ **00**, 34 m. Bespr. Wohlers NStZ 00, 169). Im *Schrifttum* will eine verbreitete Meinung „Alltagshandlungen" schlechthin straflos stellen (Jakobs 698 f. u. GA 96, 260 [aber auch 263], Schumann aaO 57; vgl. auch Frisch, Tatbestandsmäßiges Verhalten, 295 ff. [Grenze: §§ 138, 323 c], ferner Hefendehl Jura 92, 377, Tag JR 97, 56 f.; krit. Niedermair ZStW 107, 519 ff.). Prinzipiell Beifall verdienen dagegen jene Auffassungen, die (auf der Grundlage unterschiedlicher Ansätze, freilich mit bislang wenig konsentierten Ergebnissen) differenzieren (vgl. Amelung aaO 20 ff., Behr wistra 99, 249, Hassemer wistra 95, 41, 81, Löwe-Krahl aaO 127, Lüderssen Grünwald-FS 329, Meyer-Arndt wistra 89, 282, Niedermair ZStW 107, 507, Otto Lenckner-FS 212, Ransiek wistra 97, 42, Roxin Stree/Wessels-FS 378 u. Miyazawa-FS 512, Tag JR 97, 54, Weigend Nishihara-FS 197, Wohlers SchwZStr 117, 425, u. NStZ 00, 172, Wohlleben aaO 122, Wolff-Reske aaO 122; vgl. auch Kühl 754). Allgemein wird bei neutralen Handlungen für Strafbarkeit mit Blick auf den Strafgrund der Teilnahme (o. 7. u. 17 f. vor § 25) in objektiver Hinsicht prinzipiell eine Abstimmung auf die Haupttat zu verlangen sein (vgl. Hassemer aaO 86, Löwe-Krahl aaO 127 f., Ransiek aaO 44 f., Weigand aaO 210 f.; ferner Jakobs GA 96, 263; vgl. auch Roxin aaO u. Meyer-Arndt [deliktischer Sinnbezug], Schild Trappe aaO 165, Tag JR 97, 56 f.; diff. Amelung aaO 21, extensiver Niedermair ZStW 107, 544; restriktiver Lüderssen aaO 329 ff.; and. Otto aaO 213 ff.). Andernfalls nutzt der Täter die Welt nur so, wie sie eben (alltäglich oder berufstypisch) ist. Insofern ist nicht primär auf den Sinn der Hilfeleistung für die deliktischen Pläne des Täters abzustellen (so aber Roxin aaO), sondern vorrangig auf die Qualität der Unterstützungshandlung. Mit dieser Gewichtung korrespondiert jedenfalls die doppelte Beschränkung bei § 138. In subjektiver Hinsicht ist entsprechender Abstimmungsvorsatz zu verlangen (vgl. aber diff. Roxin aaO, der von einem „deliktischen Sinnbezug" spricht, wenn der Gehilfe sicheres Wissen besitzt, bei „erkennbarer Tatgeneigtheit" aber Eventualvorsatz genügen läßt (krit. Wohlers SchwZStr 117, 434); and. Otto aaO 213 ff [bei berufsspezifischen Handlungen Wissen/Absicht notwendig, sofern Berufsregeln eingehalten; bei Alltagshandlungen genüge Eventualvorsatz, sofern die Gefahr eines Verbrechens]; wieder and. Amelung aaO 27 [Strafbarkeit bei Hinwegsetzen mit Eventualvorsatz über konkrete Anhaltspunkte für Tatförderung]. Insgesamt folgt daraus, daß sich ein Taxifahrer nicht bereits deshalb strafbar macht, weil die Taxifahrt zum Tatort für den Bankräuber ohne die geplante Tat sinnlos wäre. Gefordert wird ein qualitatives Element, das die Interpretation der kausalen Unterstützungshandlung als mittelbaren Rechtsgutsangriff (o. 9 a, 17 a vor § 25) erlaubt (Ransiek aaO). Deshalb leistet der Buchhändler einen strafbaren Tatbeitrag zur Steuerhinterziehung, der einer Quittung „Fachbuch" vermerkt, obwohl es sich eindeutig um ein PC-Programm „Mathematik Oberstufe" für den Schulunterricht der Juraprofessorentochter handelt. Und ebenso leisten die Lieferanten von (richtig bezeichnetem) Antilopenfleisch Beihilfe zum Betrug (Verkauf durch die Täter als „europäisches Wildfleisch", weil kein Absatzmarkt für Antilope), wenn nur ein Etikettenschwindel das Geschäft lukrativ machen kann und die Lieferanten deshalb ihr Verhalten dadurch deliktisch abstimmen, daß sie den Tätern die Tatobjekte verschaffen und entsprechend deklarieren (vgl. schw BGE **119** IV 289, iE ebso Niedermair ZStW 107, 525, Roxin Miyazawa-FS 516, Wohlers SchwZStr 117, 437, NStZ 00, 173 f.). Umgekehrt bleibt die bloße Lieferung von Rohmaterial an einen ständig gegen Umweltvorschriften verstoßenden Unternehmer straflos (Meyer-Arndt wistra 89, 281, Roxin aaO 512 f.; and. Niedermair aaO 528, Otto aaO 208; wohl auch Amelung aaO 27). Zu Einzelfragen zulässiger Berufsausübung, zur Bedeutung staatlicher und nicht-staatlicher Berufsregeln vgl. Hassemer aaO 85, Otto aaO 213, Ransiek aaO 46, Tag aaO 52.

2. Der Begriff der Hilfeleistung, der auch bei der Begünstigung auftaucht (vgl. § 257 RN 15 ff.), muß anders ausgelegt werden als bei § 257. Dies ergibt sich daraus, daß der Gesetzgeber durch die Neufassung der Beihilfevorschrift deren sachlichen Anwendungsbereich — mit Ausnahme der Einschränkung der Beihilfe auf die Teilnahme an vorsätzlicher Tat — nicht einengen, andererseits den der

Begünstigung insoweit nicht ausdehnen wollte. Deswegen gibt es nach wie vor eine psychische Beihilfe, während etwa die Bestärkung des Entschlusses zum Verstecken der Beute noch nicht als Begünstigung bewertet werden kann (vgl. § 257 RN 20).

12 a) Nach wie vor ist zwischen **psychischer** oder **intellektueller** und **physischer** Beihilfe zu unterscheiden. Rat bedeutet in diesem Zusammenhang jede geistige Unterstützung. Konsentiert als Beihilfe zu bestrafen sind konkrete Ratschläge, die sich in der Tat auswirken. Probleme bereiten die Fälle der *Bestärkung des Tatentschlusses*. Feststellungsschwierigkeiten ändern nichts an der grundsätzlichen Möglichkeit des Bestärkens (Kühl 755; and. Samson SK 15, vgl. auch Hruschka JR 83, 177 f.). Ausreichen kann aber nicht schon eine bloße Billigung ohne irgendeine aktive Handlung (so aber Schild Trappe aaO 98; zu Recht krit. Baunack aaO 73 f., Roxin JZ 96, 29 f.). Die nicht immer eindeutige *Rspr* läßt in neueren Entscheidungen zutr. erkennen, daß für den Gehilfenbeitrag eine gewisse aktive Beteiligung notwendig ist (vgl. BGH NStZ **93**, 233, 385, StV **94**, 176 [bloße einseitige Kenntnisnahme und Billigung], NStZ **95**, 122, **95**, 490, **96**, 564, StV **96**, 87 [Beitrag erkennbar nicht erforderlich für Gelingen der Tat], aus der ält. Rspr vgl. aber RG **73** 53, BGH VRS **23** 208, **59** 186 sowie insbes. StV **82**, 517 [bloße Anwesenheit bei Tataußführung genügend] m. krit. Bspr. Rudolphi StV 92, 520, Sieber JZ 83, 431, Ranft JZ 87, 859). Andernfalls wird bloßes Unterlassen auch ohne Garantenpflicht pönalisiert (BGH wistra **96**, 184, Roxin Miyazawa-FS 507 f.). Für dieses aktive Verhalten soll es freilich schon genügen, daß der Gehilfe seine Billigung zum Ausdruck bringt und der Täter sich in seinem Tatentschluß bestärkt fühlt (BGH NStZ **98**, 5, 622, NStZ-RR **96**, 290, StV **95**, 363). In derartigen Fällen kann die Abgrenzung zwischen Beihilfe und Anstiftung problematisch sein (vgl. § 26 RN 6, Baunack aaO 132, 147; zur Alternativfeststellung vgl. Hruschka JA 83, 177). Psychische Beihilfe kann uU zB durch die Zusage späterer Hehlerei bzgl. der Beute (vgl. BGH **8** 390) oder der Hilfe bei der Flucht (vgl. BGH NStZ **93**, 535) begangen werden. Ausnahmsweise kann auch einem zur Begehung seiner Tat bereits entschlossenen Täter noch psychische Beihilfe geleistet werden (vgl. [zu weit gehend] BGH NJW **51**, 451, Murmann JuS 99, 552). Mangels Kausalität bzw. rechtlich relevanter Risikoerhöhung sind dies ausgeschlossen, wenn der Entschluß „felsenfest" gefaßt ist (Baunack aaO 128). Bei noch nicht abgeschlossenen Motivationsprozessen ist notwendig, daß der Täter tatsächlich bestärkt wird und dadurch die Chancen einer Rechtsgutsbeeinträchtigung erhöht werden (Otto Lenckner-FS 199). Dies kann sowohl in der Lieferung eines weiteren Tatmotivs liegen (Rudolphi StV 82, 520) als auch in einer Intensivierung der Rechtsgutsbeeinträchtigung, bspw. durch erfolgreiches Anfeuern, auf das Opfer heftiger einzuschlagen (vgl. Baunack aaO 119 f., Roxin Miyazawa-FS 506). Bloße Zustimmungs- und Solidarisierungsbekundungen genügen dagegen nicht, weil der Tatentschluß nicht hinreichend bestärkt wird (Kühl 755, Otto aaO 198, Roxin aaO; and. BGH **31** 136).

13 Die Beihilfe braucht nicht zur unmittelbaren Ausführung der Haupttat geleistet zu sein oder sich auf ein Tatbestandsmerkmal der Haupttat zu erstrecken (RG **67** 193). Es genügt, daß sie zu bloßen **Vorbereitungshandlungen** der Tat geleistet ist, sofern nur die Haupttat mindestens zu einer strafbaren Versuchshandlung führt (RG **59** 379, **61** 361, DR **41**, 987 m. Anm. Bockelmann, BGHR § 27 Hilfeleisten **11**, StV **94**, 429, NStZ **93**, 440, **95**, 122, Düsseldorf wistra **93**, 196, Jakobs 675, Lackner/Kühl 3). Beihilfe leistet zB auch, wer im Auftrag des Täters nachprüft, ob die Mittel zur Tat in Ordnung sind (RG **71** 188). Durch das Mitwirken in einer „Bande" (Bandenschmuggel) ist nicht ohne weiteres Mittäterschaft gegeben; es kann auch Beihilfe vorliegen (BGH **8** 70, 205); vgl. dazu § 244 RN 27.

14 b) Zwischen Haupttäter und Gehilfen braucht **keine Willensübereinstimmung** zu bestehen (ebso Roxin Miyazawa-FS 511), d. h. der Gehilfe ist auch dann strafbar, wenn er den Haupttäter ohne dessen Wissen unterstützt, indem er zB der Tatausführung entgegenstehende Hindernisse aus dem Weg räumt.

15 c) Die Beihilfe **durch Unterlassen** setzt voraus, daß eine Rechtspflicht zum Tätigwerden bestand (BGH MDR/H **85**, 89, wistra **92**, 339, **93**, 59, Jescheck/Weigend 696). Sie kann sich aus den gleichen Tatbeständen ergeben wie bei der täterschaftlichen Begehung unechter Unterlassungsdelikte (vgl. § 13 RN 17 ff.; zur Abgrenzung und zum Streitstand vgl. 98 ff. vor § 25), zB aus vorausgegangenem Tun (BGH NJW **53**, 1838, Köln NJW **73**, 861). Es muß dabei festgestellt werden, durch welche konkrete Handlung die Tat hätte verhindert werden können, ob gerade dieses Verhalten zumutbar war usw. (vgl. Köln aaO). Beihilfe durch Unterlassen ist es zB, wenn ein Gefangenenaufseher die Gefangenen während der Außenarbeit mit der Begehung von Diebstählen hindert (RG **53** 292). Möglich ist auch eine Beihilfe zum Meineid durch Unterlassen; vgl. 105 vor § 25. Zur Frage, ob eine Steuerhinterziehung an einem umsatzsteuerpflichtigen Geschäft als Beihilfe zur Umsatzsteuerhinterziehung betrachtet werden kann vgl. BGH wistra **88**, 261. Vgl. zum Ganzen Ranft ZStW 97, 268. Schreiten Polizeibeamte gegen ein Deliktvorhaben nicht bessen Versuch ein, so gelten die zum agent provocateur entwickelten Grundsätze vgl. § 26 RN 16, BGH MDR/D **68**, 727).

16 Auch bei der Beihilfe durch Unterlassen ist „**Kausalität**"(vgl. 139 vor § 13) in dem Sinne notwendig, daß durch das Einschreiten erreicht worden wäre, daß die Tat nicht oder nicht so hätte begangen werden können. Demgegenüber läßt die Rspr auch hier ausreichen, daß der Gehilfe in der Lage ist, ihre Vollendung durch seine Tätigkeit zu erschweren (RG **71** 178, **73** 54, BGH NJW **53**, 1838, Jakobs 846, Ranft ZStW 97, 288 zu Recht and. Roxin LK 44).

17 d) Ebenso wie eine **sukzessive** Mittäterschaft ist nach hM auch **Beihilfe** möglich, bis die Haupttat beendet ist, uU also auch über die tatbestandliche Vollendung hinaus (RG **67** 193, **71** 194, BGH **6**

248, NStZ **99**, 609, NStZ-RR **96**, 374, VRS **16** 267, NJW **85**, 814, NStE **1**, wistra **96**, 184, Köln NJW **56**, 154, BayObLG NJW **80**, 412 m. Anm. Bottke JA 80, 379 u. Küper JZ 81, 251 ff. [zu § 142], Düsseldorf MDR **88**, 515, B/W-Weber 669, Tröndle 4, Jescheck/Weigend 692, Vogler ZStW 98, 339, W-Beulke 583; and. Gallas ZAkDR 37, 438, Isenbeck NJW 65, 2326, Köhler 536, Stein aaO 270 ff.). Eine diff. Ansicht hält einen Beitrag nach tatbestandlicher Vollendung des Deliktes nur für strafbare Beihilfe, wenn der Angriff auf das betroffene Rechtsgut durch ihn aufrechterhalten wird – unstreitig daher auch nach dieser Ansicht bei **Dauerdelikten** – oder bei sukzessivem Ablauf des tatbestandsmäßigen Geschehens (Geppert Jura 99, 272, Jakobs 675, Kühl 760 f., Roxin LK 35 f. mwN, die eine weitere Ausdehnung der Beihilfe über den Eintritt der Rechtsgutsverletzung hinaus für einen Verstoß gegen den Bestimmtheitsgrundsatz halten). Vereinzelt wird die Auffassung vertreten, das Hilfeleisten sei an ein tatbestandsmäßiges Handeln des Täters gebunden, d.h. möglich bis zur Verhaltensbeendigung des Täters (Rudolphi Jescheck-FS I 576). Dies ergibt sich jedoch nicht aus dem Strafgrund der Teilnahme, die nur in dem Sinne erfolgsorientiert ist, als daß der Gehilfe zur Rechtsgüterverletzung einen Beitrag geleistet haben muß, was auch nach dem Handeln des Haupttäters möglich ist, zB hinsichtlich des Schadenseintritts beim Betrug (so auch Kühl 760). Daher kommt Beihilfe in Betracht, wenn der Ablauf des vom Täter in Gang gesetzten Kausalverlaufs überwacht wird, zB nachgesehen wird, ob die vom Täter gelegte Zeitbombe noch tickt. Darüber hinaus ist jedoch anzunehmen, daß mit der formellen Vollendung des Tatbestandes das Rechtsgut noch nicht endgültig beeinträchtigt zu sein braucht, so daß bis zum endgültigen Eintritt der Rechtsgüterverletzung, d. h. bis zur Beendigung, Beihilfe möglich sein muß – vorausgesetzt, jener Zeitpunkt wird restriktiv interpretiert (vgl. krit. zur „willkürlichen" Festlegung in der Rspr Kühl 761 u. JuS 82, 191). Diese Möglichkeit zeigt gerade das Beispiel des Betruges: Läßt sich der Täter durch Täuschung einen Scheck ausstellen, so ist das Opfer mit Übergabe des Schecks geschädigt (Vermögensgefährdung); löst der Gehilfe den Scheck ein und verschafft er dem Täter das Geld, so bewirkt er zunächst, daß die Vermögensgefährdung sich in einem endgültigen Schaden realisiert (so auch BGH wistra **99**, 21) – insoweit trägt er zur Beendigung der Tat bei –; er bewirkt weiterhin, daß dem Täter der Vorteil der Tat zufließt – er hilft ihm insoweit also bei der Verwirklichung seines endgültigen Zieles –. Dies ist aber als Beihilfe zu dessen Betrug (and. insoweit Kühl 761) zu werten. Zum Ganzen Lesch aaO, der unter Ablehnung der hM den spätesten Zeitpunkt normativ festlegt. Nach der Tatbeendigung ist eine Teilnahme nicht mehr möglich (BGH aaO), auch wenn der Gehilfe davon ausgeht, daß die Tat noch nicht beendet sei (BGH NJW **85**, 814: Straflose versuchte Beihilfe; JZ **89**, 759; vgl. Küper JuS 86, 862). Zur Abgrenzung von der Begünstigung vgl. Laubenthal Jura 85, 630 u. § 257 RN 7 f. Leistet der Gehilfe seinen Tatbeitrag erst nach Beginn der Tat, so sollen ihm durch den Täter vorher verwirklichte erschwerende Umstände zuzurechnen sein (RG **52** 202, BGH **2** 346; vgl. aber BGH StV **94**, 241), sofern der erschwerende Umstand in der weiteren Durchführung der Tat fortwirkt. Soweit aber jegliche Anpassungsleistung des Gehilfen fehlt, ist für eine Zurechnung prinzipiell kein Raum.

3. Beihilfe zur Beihilfe (sog. *Kettenbeihilfe*) ist Beihilfe zur Haupttat (RG **23** 306, **59** 396, **18** Hamburg JR **53**, 27, Jescheck/Weigend 697). Zwar mag es dem Gehilfen nur darauf ankommen, dem Unterstützten die Möglichkeit zur Teilnahme zu geben, jedoch weiß er, daß sein Handeln auf diesem Wege auch der Förderung der Haupttat dient, was für den Gehilfenvorsatz ausreicht (and. [Beihilfe nur zur Teilnahme] Martin DRiZ 55, 290; vgl. auch Herzberg GA 71, 1). Eine doppelte Herabsetzung der Strafe bei der Beihilfe zur Beihilfe wäre unzulässig (RG **23** 300, Jescheck/Weigend 697). Entsprechendes gilt für die Anstiftung zur Beihilfe, sie ist Förderung der Haupttat und damit Beihilfe. Dagegen ist die Unterstützung des Anstifters keine mittelbare Beihilfe zur Haupttat, sondern unmittelbare Beihilfe zur Anstiftung, weil der Tatbeitrag die Ausführung der Tat nicht fördert (vgl. RG **14** 318; and. BGH NStZ **96**, 562, Kühl 763, Samson SK 50 vor § 26: Beihilfe).

III. Für die Beihilfe ist **Vorsatz** erforderlich. Bedingter Vorsatz genügt (RG **72** 24, BGH **42** 136, **19** wistra **93**, 182); nach BGH StV **85**, 100 liegt dieser vor, wenn der Gehilfe nach den ihm bekannten Umständen nicht mehr auf ein Ausbleiben der Tatverwirklichung vertrauen konnte (vgl. BGH NJW **90**, 1055). Der Gehilfe muß wissen, daß er eine bestimmte fremde Tat unterstützt (RG **72** 24) und daß es mit Hilfe seines Beitrags zur Vollendung des Delikts kommen wird (BGH MDR/H **85**, 284; zu diesem doppelten Gehilfenvorsatz vgl. auch Geppert Jura 99, 273), auch wenn ihm der Eintritt des Erfolges an sich unerwünscht ist (BGH MDR **89**, 305). Was dabei den *Konkretisierungsgrad* der Vorstellung hinsichtlich der *Haupttat* angeht, so sind die Anforderungen geringer als bei der Anstiftung (BGH **34** 64, **42** 137 f. m. Anm. Büscher JuS 98, 384, Fahl JA 97, 257, Kindhäuser NStZ 97, 273, Loos JR 97, 297, Otto JK § 27/11, Roxin JZ 97, 210, Scheffler JuS 97, 598, Schlehofer StV 97, 415, **42** 334 m. Anm. Schlüchter/Duttge NStZ 97, 595; vgl. o. § 26 RN 17). Dies ergibt sich daraus, daß der Anstifter die Tat vorzeichnen muß, während der Gehilfe die Konzeption der geplanten Tat bereits vorfindet (BGH **42** 138, Roxin Salger-FS 136, vgl. auch Lackner/Kühl 7, Loos aaO). Danach ist die Erfassung der „Dimension des Unrechts der ins Auge gefaßten Tat" maßgebend (BGH aaO, vgl. bereits Roxin JZ 86, 908; and. Schlehofer aaO), d. h. der wesentliche Unrechtsgehalt und die Angriffsrichtung (BGH NStZ **90**, 501). Einzelheiten der Tat muß der Gehilfe nicht kennen, er braucht prinzipiell nicht zu wissen, wann, wo, gegenüber wem und unter welchen besonderen Umständen die Tat ausgeführt wird (vgl. Bay NJW **91**, 2582 m. Anm. Wolf JR 92, 428, Wild JuS 92, 911; vgl. auch bereits RG **67** 343, BGH MDR/D **55**, 143, GA **67**, 115). Auch von der Person des Täters ist keine genaue Kenntnis notwendig (BGH **3** 65). Vorsätzlich handelt daher derjenige, der dem

Täter ein maßgebliches Tatmittel zur Verfügung stellt und gerade dadurch einen kausalen mittelbaren Rechtsgutsangriff tätigt, sofern er die entsprechenden Umstände in seine Vorstellung aufgenommen hat. Dies ist bspw der Fall, wenn der Ersteller eines falsches Wertgutachtens Kenntnis davon besitzt, daß dieses dem Auftraggeber als Täuschungsmittel bei einem Betrug zum Nachteil von Kreditgebern dient (BGH **42** 135; zum Nachweis bei Betrugsfällen vgl. auch BGH wistra **90**, 20). Der Gehilfenvorsatz wird auch nicht dadurch ausgeschlossen, daß der Gehilfe dem Täter gegenüber erklärt, er mißbillige das mit seiner Unterstützung durchgeführte Unternehmen und überlasse dem Täter allein die Verantwortung (RG **56** 170, Stuttgart NJW **50**, 118, Bay **51**, 195). Nicht vorsätzlich handelt, wessen Tun zwar objektiv eine geeigneten Tatbeitrag darstellt, der Betreffende sich aber nicht bewußt ist, daß dadurch eine konzeptionierte Tat unterstützt wird (vgl. auch u. 25). Zur Verneinung des Vorsatzes durch die Rspr bei der Erteilung von Rechtsauskünften vgl. BGH NJW **92**, 3047, § 26 RN 9 ff. Zum Vorsatz bei der Beihilfe durch Unterlassen vgl. Oldenburg NdsRpfl. **51**, 75.

20 1. Erfüllt die Haupttat die Voraussetzungen eines anderen als des vom Gehilfen ins Auge gefaßten Tatbestandes, so kann fraglich sein, wann ein **Exzeß** des Haupttäters (vgl. dazu 43 vor § 25) vorliegt und wann die Tat sich noch im Rahmen des Gehilfenvorsatzes hält. Dafür sind folgende Grundsätze maßgeblich:

21 a) Hat der Haupttäter zwar ein **anderes Delikt** begangen, sind aber in diesem die Voraussetzungen des vom Vorsatz des Gehilfen umfaßten enthalten, so haftet letzterer wegen Beihilfe zur vorgestellten Tat. So zB, wenn der Haupttäter statt des Diebstahls einen Raub oder statt des Betruges eine mit einer betrügerischen Täuschung gekoppelte Erpressung begeht (BGH **11** 66; vgl. auch Lang-Hinrichsen Engisch-FS 378).

22 b) Anders liegt es, wenn sich die Haupttat als ein völliges **aliud** gegenüber dem Tatplan darstellt, so zB, wenn der Täter die geliehene Eisenstange statt zur Körperverletzung zum Einbruch benutzt oder wenn er in dem Raum, den er mit dem vom Gehilfen gelieferten Schlüssel geöffnet hat, statt des vorgestellten Diebstahls eine Urkundenvernichtung begeht. Im ersten Fall ist nur ein strafloser Beihilfeversuch gegeben, im zweiten nur eine Beihilfe zum Hausfriedensbruch (vgl. auch Kühl 762, Roxin LK 51).

23/24 c) Zweifelhaft sind die Fälle, in denen eine **tatbestandliche Verwandtschaft** zwischen dem vorgestellten und dem ausgeführten Delikt besteht (zB räuberische Erpressung statt Raub, Diebstahl statt Betrug), ohne daß die Voraussetzungen des einen in dem anderen enthalten sind und damit die Einbeziehung der begangenen Tat möglich ist. Macht der Gehilfe sich keine konkreten Vorstellungen über die Tatausführung, will er aber zB dem Täter bei der gewaltsamen Beschaffung eines Gegenstandes behilflich sein, so liegt vollendete Beihilfe zu der tatsächlich begangenen Tat (Raub oder räuberischer Erpressung) vor. Wo das nicht der Fall ist (vgl. o. 19), sind die Grenzen für die Annahme vollendeter Beihilfe eng zu ziehen. Es handelt sich insoweit um ein Problem der Wesentlichkeit der Abweichung (B/W-Weber 671; vgl. aber RG **67** 344; auch eine Wahlfeststellung kommt in Betracht).

25 2. Am Gehilfenvorsatz fehlt es, wenn der Gehilfe weiß oder glaubt, daß sein Tun kein taugliches Mittel zur Förderung der Haupttat ist (RG **60** 23, BGH MDR/D **54**, 335; vgl. RG **44** 174); hier liegt eine dem agent provocateur vergleichbare Situation vor (ebenso Samson SK 19; vgl. § 26 RN 20). Der Gehilfenvorsatz fehlt zB demjenigen, der bewußt ein **untaugliches Mittel** zu einer (versuchten) Straftat liefert (RG JW **33**, 1727, Roxin LK 48). Bei einer versuchten Abtreibung muß der Gehilfe mindestens damit rechnen, daß das Abtreibungsunternehmen nicht bloß bei einer wirklich schwangeren Frau, sondern auch mit einem dafür geeigneten Mittel ins Werk gesetzt werde (RG **56** 27, 170). Bleibt die Haupttat gegen den Willen des Gehilfen Versuch, so ist aber eine strafbare Beihilfe möglich.

26/27 IV. Die Beihilfe ist nur strafbar, wenn der Haupttäter **vorsätzlich** eine **rechtswidrige Tat** begeht (**Akzessorietät**); vgl. hierzu 27 ff. vor § 25 u. bzgl. der Teilnahme an Selbsttötungen RN 35 ff. vor § 211. Nach dem Wegfall der Übertretungen, zu denen nach früherem Recht Beihilfe ausgeschlossen war (vgl. § 49 aF), kommt als Haupttat jede Straftat in Betracht. Beihilfe ist – wie Anstiftung – auch zu (echten) Sonderdelikten und zu eigenhändigen möglich (vgl. § 26 RN 26 f., Kühl 750). Soweit die früheren Übertretungen zu Ordnungswidrigkeiten umgestaltet sind (vgl. § 111 ff. OWiG), ist eine Beteiligung an ihnen ahndbar (vgl. § 14 OWiG; krit. hierzu Cramer NJW 69, 1929).

28 1. Zweifelhaft sind die Fälle, in denen der **Gehilfe** eine die Tat **qualifizierende** Voraussetzung **ohne Wissen des Haupttäters** verwirklicht, zB nach § 244 I Nr. 1 eine Waffe bei sich führt. Hier ist zu unterscheiden:

29 a) Soweit es sich um Bestimmungen mit **eigenem Tatbestandscharakter** handelt, gilt der Grundsatz der **Akzessorietät**. Kann der Haupttäter aus dem qualifizierenden Tatbestand nicht verurteilt werden, so ist die eigene Verwirklichung des qualifizierenden Umstandes durch den Gehilfen nur im Rahmen der Strafzumessung von Bedeutung.

30 b) Handelt es sich um Erschwerungsumstände, die als **Regelbeispiele** ausgestaltet sind (zB §§ 113 II, 125 a Nr. 1, 2), so gilt der Grundsatz der Akzessorietät unmittelbar nicht, jedoch ist er analog anwendbar, sofern es sich um Umstände handelt, die tatbezogen sind (vgl. § 28 RN 9). Führt daher der Täter eines Landfriedensbruchs eine Waffe bei sich, so führt dies grundsätzlich auch beim Teilnehmer zur Anwendung des § 125 a. Nimmt dagegen umgekehrt nur der Teilnehmer eine Waffe mit, ohne daß der Täter es weiß, so kann der Akzessorietätsgrundsatz keine Anwendung finden, da die

Struktur der Regelbeispiele eine selbständige Bewertung der Teilnahme möglich macht. Auf den Teilnehmer ist daher § 125 a anwendbar, wobei dahinstehen kann, ob dieser Fall unmittelbar als Regelbeispiel anzusehen oder ob er in die sonstigen besonders schweren Fälle einzuordnen ist.

c) Soweit das Gesetz die erschwerenden Umstände überhaupt nicht charakterisiert (**besonders** **31** **schwerer Fall**), ist anzuerkennen, daß das Gericht in der Einordnung der Täterschaft und Teilnahme nach Strafzumessungskriterien völlig frei ist, also beim Gehilfen einen besonders schweren Fall annehmen kann, ohne daß ein solcher beim Haupttäter vorliegen müßte.

V. Die **Strafe** für die Beihilfe richtet sich nach der Strafdrohung für den Täter, jedoch ist die Strafe **32** nach Maßgabe des § 49 I zu mildern. Diese **Strafmilderung** ist im Gegensatz zum früheren Recht obligatorisch, die Beachtung dieser Grundsätze muß aus den Urteilsgründen hervorgehen (BGH NStZ/D **93**, 473). Bei einem minder schweren Fall ist eine doppelte Strafmilderung geboten, vgl. BGH NStZ **88**, 128, StV **92**, 371, 372. Zu Einzelheiten vgl. die Erläuterungen bei § 49.

VI. Der **Versuch** der **Beihilfe** ist straflos. § 49 a III aF, der eine Bestrafung bei Verbrechen **33** ermöglichte, wurde 1953 gestrichen. Über den Rücktritt des Gehilfen vgl. § 24 RN 73 ff.

VII. Für **Ort** und **Zeit** der Beihilfe gilt das zu § 26 RN 31 f. Gesagte entsprechend. **34**

VIII. Bei der Beihilfe zu **mehreren Haupttaten** oder bei **mehrfacher Beihilfe** gilt folgendes: **35**

1. Fördert der Gehilfe durch eine Handlung **mehrere Haupttaten** eines oder mehrerer Haupttäter, **36** so liegt nur eine einzige Beihilfe vor (RG **70** 26, BGH wistra **96**, 141, **97**, 62 [maßgebend der individuelle Tatbeitrag des Gehilfen]), auf die uU die Regeln der Idealkonkurrenz anzuwenden sind. Gleiches soll nach BGH (NStZ **93**, 584) gelten, wenn die Beihilfe aus einer pflichtwidrigen Unterlassung besteht.

2. Fördert der Gehilfe nur einen **Einzelakt einer Fortsetzungstat** (zu dieser vgl. aber BGH [GrS] **37** **40** 138, dazu 31 ff. vor § 52), so fällt ihm nur Beihilfe zu diesem (nicht zur ganzen fortgesetzten Handlung) zur Last (RG **56** 328). Bei der Unterstützung mehrerer Einzelakte kann die Beihilfe in Fortsetzungszusammenhang oder in Realkonkurrenz stehen (RG HRR **39** Nr. 714, vgl. auch 77, 78 vor § 52).

3. **Mehrere Hilfeleistungen zu einer Haupttat** bilden regelmäßig nur eine Beihilfe (Roxin LK **38** 54), jedoch ist Realkonkurrenz möglich (BGH NStZ **91**, 489, Celle HannRpfl. **47**, 51, Roxin LK 55). Läßt sich nicht klären, durch welche Anzahl von Handlungen Beihilfe geleistet wurde, so ist in dubio von einer einzigen begangenen Unterstützungshandlung auszugehen (BGH wistra **97**, 62). Möglich ist Idealkonkurrenz zwischen Beihilfe und Mittäterschaft, wenn – echte Sonderdelikte – bei einem einzelnen Tatbestand Täterschaft ausscheidet (vgl. Roxin TuT 359, Hoffmann NJW 52, 963).

§ 28 Besondere persönliche Merkmale

(1) **Fehlen besondere persönliche Merkmale (§ 14 Abs. 1), welche die Strafbarkeit des Täters begründen, beim Teilnehmer (Anstifter oder Gehilfe), so ist dessen Strafe nach § 49 Abs. 1 zu mildern.**

(2) **Bestimmt das Gesetz, daß besondere persönliche Merkmale die Strafe schärfen, mildern oder ausschließen, so gilt das nur für den Beteiligten (Täter oder Teilnehmer), bei dem sie vorliegen.**

Schrifttum: Arzt, „Gekreuzte" Mordmerkmale, JZ 73, 681. – *Cortes Rosa,* Teilnahme am unechten Sonderverbrechen, ZStW 90, 413. – *Geppert,* Zur Problematik des § 50 Abs. 2, ZStW 82, 40. – *Hake,* Beteiligtenstrafbarkeit und „besondere persönliche Merkmale", 1994. – *Hardwig,* § 50 StGB und die Bereinigung des StGB, GA 54, 65.– *Herzberg,* Die Problematik der „besonderen persönlichen Merkmale" im Strafrecht, ZStW 88, 68. – *ders.,* Akzessorietät der Teilnahme und persönliche Merkmale, GA 91, 145. – *ders.,* Akzessorietät der Teilnahme und persönliche Merkmale, GA 91, 145. – *Jakobs,* Niedrige Beweggründe bei Mord und die besonderen persönlichen Merkmale in § 50 Abs. 2 und 3 StGB, NJW 69, 489. – *Koffka,* Ist § 50 Abs. 2 StGB nF auf den Gehilfen anwendbar usw., JR 69, 41. – *Küper,* „Besondere persönliche Merkmale" und „spezielle Schuldmerkmale", ZStW 104, 559. – *Lange,* Die notwendige Teilnahme, 1940, 52. – *ders.,* Die Schuld des Teilnehmers, JR 49, 165. – *Langer,* Das Sonderverbrechen, 1972. – *ders.,* Zum Begriff der „besonderen persönlichen Merkmale", Lange-FS 241. – *Maurach,* Die Mordmerkmale aus der Sicht des § 50 StGB, JuS 69, 249. – *Niedermair,* Tateinstellungsmerkmale als Strafbedürftigkeitskorrektive, ZStW 106, 388. – *Schröder,* Der § 50 StGB nF und die Verjährung beim Mord, JZ 69, 132. – *Schwerdtfeger,* Besondere persönliche Unrechtsmerkmale, 1992. – *Vogler,* Zum Bedeutung des § 28 StGB für die Teilnahme am unechten Unterlassungsdelikt, Lange-FS 265. Vgl. ferner das Schrifttum vor § 25 und zu § 14.

I. Die Vorschrift entspricht in ihrem Anwendungsbereich dem früheren § 50 II, III, während die **1** Regel des früheren § 50 I sich jetzt in § 29 findet (zur Entwicklung eingeh. Roxin LK vor RN 1, Vogler Lange-FS 274 f., Schwerdtfeger aaO 33 ff.). **Grundgedanke beider Vorschriften** ist es, personale Unrechtselemente, die mehr die Person des Täters als die Rechtsgutsverletzung charakterisieren, nur der Person zuzuschreiben, die sie „hatte" (vgl. Geppert Jura 97, 301). Gleiches gilt für sonstige täterbezogene Kautelen, welche die Strafbarkeit mehrerer Beteiligten personal mitbestimmen (Lackner/Kühl 1; s. u. RN 6 f., 10 f.). So können die Konsequenzen einer in einem strengen Sinne verstandenen Akzessorietät gemildert werden. Dies verwirklicht das Gesetz dadurch, daß einerseits die

§ 28 2–5   Allg. Teil. Die Tat - Täterschaft und Teilnahme

Schuld eines Beteiligten selbständig beurteilt wird (§ 29), andererseits persönliche Umstände, welche das Unrecht oder die Schuld modifizieren oder ausschließen oder sonstige Strafbarkeitsvoraussetzungen oder Strafausschließungsgründe betreffen, in möglichst weitgehendem Umfang nur bei dem Beteiligten berücksichtigt werden, bei dem sie vorliegen. Bei § 28 geht es um die Frage, welche Strafnorm auf den einzelnen Beteiligten bzw. ob überhaupt eine Strafnorm auf ihn zur Anwendung kommen soll, während § 29 regelt, wie innerhalb des nach § 28 bestimmten Straftatbestandes die Strafe festgesetzt wird. Die Änderungen in §§ 28, 29 gegenüber dem früheren Recht bestehen zwar lediglich in einer Aufteilung der Regelungsmaterie auf zwei Vorschriften. Immerhin ist durch die Voranstellung von § 28 klargestellt, daß § 29 nur für den Schuld- und Strafzumessungsbereich eine Rolle spielen soll. Die schon früher bestehenden Auslegungsfragen werden noch dadurch verschärft, daß die Vorschrift in Abs. 1 auf die Legaldefinition der besonderen persönlichen Merkmale in § 14 verweist, obwohl dort diese Merkmale eine andere Funktion zu erfüllen haben als hier (vgl. Jakobs 679, Jescheck/Weigend 658, Hake aaO 291; and. Herzberg GA 91, 148, Langer Lange-FS 254 f.); vgl. dazu § 14 RN 8.

2   1. Umstritten sind der sachliche Aussagegehalt und das **Verhältnis** der **Vorschriften zueinander**. Dabei geht es zunächst um den **Anwendungsbereich des § 29** und damit um die Abgrenzung zwischen Schuldmerkmalen, die nach § 29 zu behandeln sind, und besonderen persönlichen Merkmalen, für die § 28 gilt. Von dieser Streitfrage nicht ganz zu trennen, aber doch zu unterscheiden ist das Problem, ob § 28 nur Merkmale des personalen Unrechts betrifft (vgl. u. 6) und weiterhin, ob zB vertypte Schuldmerkmale einem eigenen Schuldtatbestand zu unterstellen sind oder ob auf letztere § 29 (direkt oder analog) Anwendung findet (vgl. dazu u. 5 f.).

3   a) Der wohl überwiegende Teil des Schrifttums und ein Teil der Rspr sind der Auffassung, daß **§ 29 nur** die **Schuld** im eigentlichen Sinne (vgl. 118 ff. vor § 13) betreffe (trotz Abweichungen im einzelnen Lackner/Kühl 1, Samson SK 8, 12 ff., Stratenwerth 926, Vogler Heinitz-FS 267; vgl. auch OHG 1 328, BGH 8 209). Nach dieser Auffassung berührt die Vorschrift nur die allgemeinen Schuldausschließungs- und Entschuldigungsgründe, zB die Schuldunfähigkeit und verminderte Schuldfähigkeit (§§ 19 ff.), den Verbotsirrtum (§ 17), den entschuldigenden Notstand (§ 35) und die entschuldigende Notwehrüberschreitung (§ 33); zur Frage der Berücksichtigung von Strafzumessungsumständen vgl. u. 9 und § 29 RN 4. Daraus ergibt sich nun nach h. M. umgekehrt, daß alle anderen besonderen persönlichen Merkmale, welche die Strafe ausschließen oder modifizieren, in den Regelungsbereich des § 28 II fallen (vgl. u. 7). Nur nach dieser Vorschrift und nicht etwa nach § 29 kann eine Durchbrechung der limitierten Akzessorietät und damit eine **Tatbestandsverschiebung** (vgl. dazu u. 28) oder die Berücksichtigung eines persönlichen Strafausschließungsgrundes erfolgen (ebenso Stratenwerth 926). Während also nach § 28 II festgelegt wird, aus welchem Tatbestand ggf. ein Beteiligter zu bestrafen ist, folgt die Bemessung der Strafe aus dem so gefundenen Straftatbestand im Rahmen des § 29 nach Maßgabe der Schuld, bzw. wird ein etwa vorhandener allgemeiner Schuldausschließungs- oder Entschuldigungsgrund bei den berücksichtigt, in dessen Person er vorliegt. Gegen diese Auffassung spricht nicht, daß § 29 in dieser Verengung nichts anderes sagt, als was sich aus allgemeinen Grundsätzen ohnehin schon ergibt, zB daß § 20 nur auf den Anwendung findet, der schuldunfähig ist, daß sich auf § 35 nur berufen kann, wer selbst in einem entschuldigenden Notstand handelt usw. (so zB Gallas, Beiträge zur Verbrechenslehre [1968] 154 ff.). In der Tat lassen sich jene Ergebnisse auch ohne § 29 erzielen (vgl. Herzberg ZStW 88, 73). Es ist jedoch dem Gesetzgeber unbenommen, zur Klarstellung Konsequenzen, die sich aus allgemeinen Grundsätzen ergeben, in einer Vorschrift legislatorisch festzuschreiben (Herzberg aaO), wie dies zB auch in § 15 geschehen ist (vgl. dort RN 1).

4   b) Demgegenüber wird teilweise die Auffassung vertreten, § 29 erfasse neben den allgemeinen auch die **tatbestandlich typisierten Schuldmerkmale** (vgl. 123 f. vor § 13), so daß auch auf diese § 28 nicht anzuwenden sei (so mit teils abw. Begründung Jescheck/Weigend 659, Schmidhäuser I 278 f., W-Beulke 558 f., Langer Lange-FS 252 f., Jakobs 680; unter Beschränkung auf die strafbegründenden Schuldmerkmale ebenso Roxin LK 14, Gropp 330, Herzberg ZStW 88, 71 f., Kühl 728 f.; vgl. [mit beachtlichen Gründen] Küper ZStW 104, 587 ff.). Diese Auffassung kommt bei den strafmodifizierenden Schuldmerkmalen zu den gleichen Ergebnissen wie die h. M. (vgl. o. 3), weil die Rechtsfolgen von § 28 II und § 29 die gleichen sind, hat dabei jedoch erhebliche Begründungsschwierigkeiten zu bewältigen. Wer zB unter Mutter bei der Tötung ihres nichtehelichen Kindes hilft, dessen Strafe mußte sich nach der Mindermeinung mangels Anwendbarkeit des § 28 II nach § 217 aF statt nach § 212 richten, weil die Strafe für den Gehilfen sich gem. § 27 nach der für den Täter geltenden Strafdrohung richtet. Um solche offensichtlich unbilligen Ergebnisse zu korrigieren, müßte dann auf allgemeine Grundsätze verwiesen oder aber die Strafrahmenverschiebung nach § 29 vorgenommen werden, obwohl diese Vorschrift insoweit nur die Festlegung der Rechtsfolgen innerhalb des schon vorher festgestellten Strafrahmens zuläßt, wie der gegenüber § 28 abweichende Wortlaut zeigt (insoweit übereinstimmend Roxin LK 17).

5   Unterschiede ergeben sich jedoch zwischen der Mindermeinung und der h. M. bei den **strafbegründenden Schuldmerkmalen**, wie zB der Böswilligkeit in § 90 a I Nr. 1 oder der Rücksichtslosigkeit nach § 315 c I Nr. 2, sofern man dieses Merkmal überhaupt als Schuldmerkmal auffassen will (so Roxin LK 12, Samson SK 10; vgl. auch die Unterscheidungen bei 122 vor § 13). Bei diesen Merkmalen kommt die Mindermeinung zu dem Ergebnis, daß eine Teilnahme straflos ist, wenn nicht auch der Teilnehmer das Schuldmerkmal aufweist. Zur Begründung führt diese Ansicht an, daß die Anwendung des § 28 I den Täter schlechter stellt, als er stünde, wenn er die Tat als Täter begangen hätte; denn dann wäre er mangels des Schuldmerkmals straflos (Kühl 729, Küper ZStW 104, 582 ff.; vgl. auch Hake aaO 162 ff.); umgekehrt ist dieser auch strafbar, wenn beim Haupttäter das betreffende Merkmal nicht vorliegt, weil sich insoweit § 29 zu seinem Nachteil auswirkt (aus diesen Gründen wird die hier referierte Meinung abgelehnt von Samson SK 12, Vogler Lange-FS 267, vgl. auch Niedermair ZStW 106, 388). Abweichend hiervon gelangt Roxin (LK 12 f.) auch im letztgenannten Fall, wenn auch beim Teilnehmer das strafbegründende Schuldmerkmal vorliegt, zur Straflosigkeit „wegen der Bindung jeder Teilnahme an ein den Garantietatbestand erfüllendes Täterverhalten"; d. h. insofern stimmt er iE mit der h. M. überein. Nicht akzeptieren läßt sich jedoch aus den o. 3 f. genannten Gründen das den Mindermeinungen gemeinsame Ergebnis bezüglich der strafbegründenden Schuldmerkmal, daß der im Gegensatz zum Haupttäter dieses Merkmal nicht aufweisende Teilnehmer straflos ist, anstatt nach § 28 I nur milder bestraft zu werden. Im übrigen bringt die Auffassung der Mindermeinung neue Schwierigkeiten bei der Abgrenzung zwischen tatbestandlich vertypten Schuldmerkmalen und solchen personalen Unrechts wie zB bei den Merkmalen Bereicherungsabsicht, Habgier (vgl. hierzu die unterschiedlichen Bewertungen bei Jescheck/Weigend 472, Stratenwerth 930 ff., Jakobs NJW 69, 489), worauf Samson (SK 12) zutreffend hinweist.

c) Schließlich kann auch nicht jener Auffassung gefolgt werden, § 28 betreffe *nur* **Merkmale personalen Unrechts** (vgl. zB B/W-Weber 677 f., M-Gössel II 379 ff., Lange JZ 49, 1945, Langer Lange-FS 260 f., Welzel 120 f., JZ 52, 74; Jakobs 680 [beschränkt akzessorische Unrechtsmerkmale]; dagg. Schröder NJW 52, 650, Hardwig GA 54, 74). Sie ist schon deswegen zu eng, weil Abs. 2 auch besondere persönliche Umstände nennt, welche die Strafe ausschließen, wozu – schon nach der ersten Fassung des § 50 – persönliche Strafausschließungs- und Strafaufhebungsgründe gehören, Merkmale also, die jenseits von Unrecht und Schuld liegen. Hier könnte zwar eingewandt werden, daß die Rechtsfolgen dieser Merkmale sich unmittelbar aus allgemeinen Erwägungen ergeben, wonach zB ein persönlicher Strafausschließungsgrund per se nur bei dem eingreifen soll, in dessen Person er vorliegt. Dagegen aber spricht der Wortlaut des § 28 II, der hinsichtlich der strafausschließenden Merkmale diese Gruppe mitumfassen muß, weil es persönliche Unrechtsausschließungsgründe nicht gibt, § 28 II also höchstens dort eingreifen könnte, wo besondere persönliche Merkmale das Unrecht schärfen oder mildern.

2. Der **Anwendungsbereich** des § 28 betrifft damit iE Fragen der durch täterbezogene Faktoren bestimmten Strafbarkeit mehrerer Beteiligter. Dabei hat die Inhaltsbestimmung des Begriffs „besonderes persönliches Merkmal", welcher in beiden Absätzen des § 28 vorkommt, besondere Bedeutung (vgl. dazu u. 10 ff.). Der genannte Begriff ist innerhalb des § 28 einheitlich auszulegen (zur unterschiedlichen Auslegung im Verhältnis zu § 14 vgl. dort RN 8), wobei jedoch im Einzelfall – wegen der unterschiedlichen Gesetzesformulierung (bei Abs. 1 „begründen", bei Abs. 2 „schärfen, mildern oder ausschließen") – einige Merkmale nur für Abs. 1 bzw. nur für Abs. 2 in Betracht kommen.

3. Zum Regelungsgehalt der Vorschrift des § 28 sei noch folgendes bemerkt: Der Schwerpunkt der Regelung liegt auf § 28 II, der eine echte **Durchbrechung** der **Akzessorietät** bringt (and. Roxin LK 3 ff., Cortes Rosa ZStW 90, 413, Hake aaO 141 ff.; vgl. u. 28). Sind Tatbestand und Strafen auf persönliche Umstände zugeschnitten, so sollen sie nur auf den Anwendung finden, der diese Merkmale selbst aufweist, d. h. der Beteiligte wird aus dem Tatbestand bestraft, dessen persönliches Merkmal er verwirklicht hat (zur Tatbestandsverschiebung vgl. u. 28). Demgegenüber bringt § 28 I keine echte Durchbrechung der Akzessorietät, da der Extraneus (Teilnehmer) aus dem gleichen Straftatbestand iVm §§ 26, 27 bestraft wird, der auch für den Täter gilt, in dessen Person die strafbegründenden persönlichen Umstände vorliegen. Eine Verschiebung des Tatbestandes ist bei begründenden Merkmalen schon begrifflich nicht möglich. Dem geminderten Unrecht (Schuld) auf seiten des Extraneus trägt das Gesetz hier durch eine obligatorische Strafmilderung Rechnung.

4. Schließlich kann zweifelhaft sein, in welchem Umfang durch § 28 Akzessorietätsregeln durchbrochen werden. Unmittelbar gilt die Vorschrift nur für solche Umstände, die nach dem Wortlaut der einzelnen Vorschriften die Rechtsfolgen abschließend modifizieren. Dies ergibt sich daraus, daß nur bei ihnen das Prinzip der Akzessorietät gilt. Die Grundsätze des § 28 müssen aber **funktions-analog** auch für die **Strafzumessung** gelten, für die letztlich die gleichen Fragen gegenseitiger Zurechnung auftauchen. Nimmt nämlich der Gesetzgeber zu strafmodifizierenden Umständen nicht selbst Stellung, sondern überläßt er es dem Richter, die Unwert- und Strafwürdigkeitsstufen der Tat im Einzelfall zu bestimmen, so taucht ebenfalls die Frage auf, inwieweit das Gewicht der Tat bei der Strafzumessung auch den übrigen Beteiligten zuzurechnen ist. Dies ist vor allem bedeutsam für die Regelbeispiele. Hier können sich Situationen ergeben, die denen des § 28 I oder II entsprechen. Nach den hier maßgebenden Grundsätzen (vgl. u. 15 ff.) sind tatbezogene Unrechtsmodifizierungen im Prinzip bei allen Beteiligten zu berücksichtigen, soweit sie diese gekannt haben. Benutzt zB der Haupttäter ein besonders gefährliches Mittel zur Tat, so trifft dieses erhöhte Unrecht auch den Gehilfen, der die Tat in Kenntnis dieses Umstandes hinreichend unterstützt. Vermindert sich die Strafe, weil ein Beteiligter durch die Folgen der Tat betroffen ist, oder wird gar von Strafe abgesehen (§ 60), so sind diese Umstände nur bei dem Beteiligten in Ansatz zu bringen, bei dem sie vorliegen.

§ 28 10–16 Allg. Teil. Die Tat - Täterschaft und Teilnahme

10 II. Die Anwendung des § 28 setzt das Vorliegen eines **besonderen persönlichen Merkmals** voraus. Neben der Begriffsbestimmung des persönlichen Merkmals (vgl. u. 11 ff.) ist jedoch weiterhin die Unterteilung dieser Merkmale in tat- bzw. täterbezogen (vgl. u. 15 ff.) vorzunehmen, da auch erstere – wie die nicht persönlichen Merkmale – akzessorisch zu behandeln, d. h. dem Teilnehmer zuzurechnen sind, der ein beim Haupttäter vorliegendes Merkmal kennt, und nur für die täterbezogenen Merkmale § 28 Anwendung findet.

11 1. **Persönliche Merkmale** sind alle diejenigen, die einen Bezug zur Person des Täters haben. Darunter fallen alle Merkmale, die persönliche Eigenschaften, Verhältnisse oder Umstände (zur abweichenden Funktion des Begriffs bei § 14 vgl. dort RN 8) des Beteiligten betreffen, unabhängig davon, ob sie als objektive oder subjektive Merkmale dem Unrecht, der Schuld oder gar nur der Strafzumessung (vgl. o. 3 ff.) oder Strafausschließung zuzurechnen sind.

12 a) Besondere **persönliche Eigenschaften** sind die untrennbar mit der Person eines Menschen verbundenen Merkmale geistiger, körperlicher oder rechtlicher Art. Merkmale dieser Art sind zB Geschlecht, Alter (vgl. § 173 III) und Angehörigeneigenschaft (§ 258 VI) usw.

13 b) Besondere **persönliche Verhältnisse** sind solche, die die äußeren Beziehungen einer Person zu anderen Menschen, Institutionen oder Sachen kennzeichnen (vgl. RG **25** 270, BGH **6** 262); näher hierzu § 14 RN 10. Hierzu gehören zB die Eigenschaft als Amtsträger (RG **65** 102, **75** 289, BGH NJW **55**, 720), als Soldat, Richter (vgl. § 11 RN 32 f.) oder für den öffentlichen Dienst besonders Verpflichteter (vgl. § 11 RN 34 ff.), das Anvertrautsein einer Sache (§ 246), da die Tat hier wegen der besonderen Vertrauensstellung des Täters qualifiziert ist (RG **72** 328, Jescheck/Weigend 658, Roxin LK 72, Tröndle 5; vgl. auch BGH **2** 317, StV **95**, 84, § 246 RN 29), der amtliche Gewahrsam, zB in § 133 III (vgl. RG **75** 289, BGH LM **Nr. 8** zu § 350) usw.

14 c) Besondere **persönliche Umstände** sind sonstige persönliche Merkmale, die nicht besondere Eigenschaften oder Verhältnisse darstellen. Hierzu gehören nicht nur solche Umstände, wie die Rückfälligkeit (RG **54** 274, BGH MDR **52**, 407), die Gewerbs- oder Gewohnheitsmäßigkeit (RG **26** 3, **61** 268, **71** 72, vgl. BGH **6** 260, StV **96**, 87) oder die Schwangerschaft von einer gewissen Dauer sind, sondern auch solche nur vorübergehender Art, insbes. täterpsychische Merkmale wie Motive und Gesinnungen (vgl. dazu u. 20); hierzu gehört zB auch die Böswilligkeit bei § 90 a. Ebenfalls ist hierzu der Rücktritt vom Versuch (§ 24) zu rechnen; ferner Exemption und Indemnität, sofern man diese dem materiellen Recht zuordnet (vgl. 42 f. vor § 3–7, 131 vor § 32, § 36 RN 1).

15 2. Bei allen persönlichen Merkmalen ist jedoch zu fragen, ob es sich um **tatbezogene** oder **täterbezogene** handelt (vgl. BGH **22** 375, **23** 39, 103, **39** 328, NJW **95**, 1765, Dreher JR 70, 147, Geppert ZStW 82, 65, grds. ebenso Samson SK 16, Vogler Lange-FS 268; nach jew. anderen Kriterien grenzen ab Roxin LK 28 f., 51, Herzberg ZStW 88, 75, GA 91, 145 ff., Jakobs 681, Langer Lange-FS 260 f., Stratenwerth 933 [vgl. dazu u. 16]), weil die in § 28 genannten Rechtswirkungen nur den täterbezogenen Merkmalen zukommen (vgl. hierzu den Streit um die Mordmerkmale, § 211 RN 6 ff.). Einzelheiten dieser Unterscheidung sind allerdings höchst streitig. Die Differenzierung resultiert aus folgender Überlegung:

16 a) In der ersten Fassung des § 50 (jetzt § 28) war nur von „persönlichen Eigenschaften oder Verhältnissen" strafmodifizierenden Charakters die Rede, unter denen nach herrschender Auffassung nur Merkmale von einer gewissen Dauer, wie zB die Beamteneigenschaft, verstanden wurden. Bis zur Änderung des § 50 durch das EGOWiG waren daher nach h. M. bloße Absichten, Tendenzen und ähnliche seelische Einstellungen sowie Gesinnungsmerkmale akzessorisch zu behandeln. Die Neufassung des § 50, die neben die persönlichen Eigenschaften und Verhältnisse auch die „besonderen persönlichen Umstände" stellte, hatte dazu geführt, daß der Anwendungsbereich der Vorschrift auch auf jene vorübergehenden Gesinnungen usw. bezogen wurde. Darin lag insofern eine gewisse Konsequenz, als neben den bleibenden „Eigenschaften" und den wechselnden „Verhältnissen" auch sonstige persönliche Absichten usw. unbestreitbar persönlichen Charakter haben. Eine undifferenzierte Anwendung des § 50 auf alle diese subjektiven Merkmale hätte jedoch zur Konsequenz gehabt, daß beispielsweise der Anstifter zum Diebstahl milder bestraft werden müßte, weil ihm die Zueignungsabsicht fehlt; ein Ergebnis, das vom Gesetzgeber keineswegs beabsichtigt war und auch nicht berechtigt ist, weil die Absicht in § 242 nur das Unrecht der Tat, keineswegs aber eine besondere Pflichtenbindung des Täters kennzeichnet. Folglich ergab sich die Notwendigkeit, innerhalb der persönlichen Merkmale – und zwar nicht nur hinsichtlich der Absichten usw., sondern auch in bezug auf andere persönliche Eigenschaften und Verhältnisse – (zu den uneigentlichen Sonderdelikten vgl. 63 vor § 25) – eine Grenze zu ziehen zwischen solchen, die akzessorisch behandelt werden müssen und solchen, die in den Anwendungsbereich des § 28 fallen. Die Grenzziehung ist allerdings außerordentlich umstritten (vgl. Geppert ZStW 82, 40, Jescheck/Weigend 657 f., Roxin TuT 515, Stratenwerth 930, 933, der der Möglichkeit einer Grenzziehung leugnet). So hält der BGH ein Merkmal für tatbezogen, wenn es die „Verwerflichkeit der Tat als solcher" erhöht (BGH 5 StR 501/58 in BGH **22** 380) oder das äußere Bild der Tat prägt, indem eine besondere Gefährlichkeit des Täterverhaltens gekennzeichnet oder die Ausführungsart des Delikts beschrieben wird (BGH NJW **94**, 272, Bay StV **99**, 257). Dies gelte zB für die Absichten, welche – wie bei den kupierten Erfolgsdelikten – die tatsächliche Beendigung kennzeichnen, d. h. „anstelle eines entsprechenden äußeren Merkmals" stünden (BGH **22** 380) oder auf eine hohe Gefährlichkeit des kriminellen Tuns schließen lassen (BGH NJW **94**, 272,

BGHR Merkmal **5**); täterbezogen seien dagegen Motive und Tendenzen, die das besondere Gesinnungsunrecht kennzeichnen (bei § 211 BGH **23** 39 [Verdeckungsabsicht], **22** 375 [niedrige Beweggründe], nach BGH **23** 103 nicht aber Heimtücke). Nach anderer Auffassung ist jede Absicht tatbezogen, die „außerhalb des Tatbestandes auf Verwirklichung in der Außenwelt zielt (überschießende Innentendenz)" (Dreher JR 70, 146, Tröndle 6; krit. Jakobs NJW 70, 1089). Schließlich wird zwischen tat- und täterbezogenen Merkmalen danach differenziert, ob sich das Merkmal auf eine „weitere Rechtsgutverletzung" bezieht (Samson SK 19; vgl. auch Jakobs NJW 69, 1089). Bereicherungs- und Zueignungsabsicht (§§ 253, 263, 242 usw.) sollen in eine Enteignungs- und eine Vorteilsintention zu spalten sein mit dem Ergebnis, daß § 28 I auf denjenigen zutrifft, der ohne Bereicherungstendenz oder Aneignungsabsicht handelt (Samson SK 20; and. Karlsruhe Justiz **75**, 314); dem ist jedoch schon deshalb nicht zu folgen, weil die Bereicherungsabsicht (Vermögensverschiebungsdelikt!) die Tat kennzeichnet (ebenso Kühl 729 f., Stratenwerth 932). Herzberg (ZStW 88, 75 ff.) reduziert – bei im wesentlichen gleichen Ergebnissen – den Begriff der Tatbezogenheit auf den der Wertneutralität; akzessorisch seien diejenigen Merkmale des Tatbestandes, die für die Kennzeichnung des typischen Unrechts neutral seien (Beispiel: Bereicherungsabsicht, vgl. Herzberg ZStW 88, 89 f.); dem kann schon deswegen nicht zugestimmt werden, weil „tatbezogene" Merkmale gerade nicht wertneutral sind, beim Betrug zB die beabsichtigte Vermögensverschiebung den Unwertgehalt der Tat mitbestimmt (ebenso Vogler Lange-FS 271, 273, 277, Schwerdtfeger aaO 179 ff.). Neuerdings ist nach Herzberg (GA 91, 145 ff., 176) ein persönliches Merkmal dann streng akzessorisch zu behandeln, wenn es entweder funktionell ein sachliches ist oder keine Bedeutung für den Tatunwert hat; diese Auffassung soll auf der grundsätzlich gleichen Wertentscheidung beruhen wie seine frühere. Endlich will Langer (Lange-FS 260 f., ebenso schon Sonderdelikte 280 ff., 338 ff., 390 ff., 436 ff.) die Unterscheidung danach treffen, ob ein Merkmal das von jedermann zu verwirklichende „Gemeinunrecht" oder „Sonderunrecht" betrifft, also solche Merkmale, „die das Besondere seines Unrechts (sc. des Intraneus) – nämlich das relative Unrechtselement – individualisieren"; außer neuen Bezeichnungen bringt auch dieser Abgrenzungsversuch keine durchgreifenden Erkenntnisse. Stratenwerth (933) wendet § 28 bei Sonderdelikten und solchen Merkmalen an, bei denen „nicht auszuschließen ist, daß ein subjektives Merkmal auch die Schuld betrifft" (ähnl. Roxin LK 51 ff.); eine Auslegungsregel „in dubio mitius" gibt es jedoch nicht (vgl. § 1 RN 53). Schwerdtfeger (aaO 238) unterscheidet zwischen Institutionenschutztatbeständen, die in etwa den echten Sonderdelikten entsprechen und Potentialschutztatbeständen, für die die Gründe, aus denen der Tatbestand täterschaftlich nur durch bestimmte Personen erfüllt werden kann, sehr vielfältig sind (aaO 243 ff.); diese Unterscheidung hat eher klassifikatorischen als prinzipiellen Wert. Sánchez-Vera schließlich unterwirft sämtliche Pflichtdelikte (Verletzung einer positiven Institution) § 28 I (aaO 180 ff.).

b) Bei der Unterscheidung zwischen tatbezogenen und täterbezogenen Merkmalen, an der hier **17** festgehalten wird, wird man davon auszugehen haben, daß der Gesetzgeber bei der obligatorischen Strafmilderung des § 28 I die Fälle im Auge hatte, in denen eine strenge Akzessorietät wegen der **höchstpersönlichen Pflichtenbindung** des Täters zu Ungerechtigkeiten führen würde. Daraus resultiert dann eine Differenzierung, die in jedem einzelnen Fall, in dem das Gesetz die Täterschaft durch persönliche Merkmale kennzeichnet, an die Frage anzuknüpfen ist, ob dieses Merkmal nur die Tat als solche in ihrem Unrechtscharakter beschreibt, wie bei den meisten Absichtsdelikten, oder ob darüber hinaus eine persönliche Inpflichtnahme des Täters vorliegt. Freilich bleiben auch bei diesem Standpunkt zahlreiche Zweifelsfragen. So wird bei § 266 überwiegend die Anwendbarkeit des § 28 I bejaht (vgl. BGH **41** 2, NStZ **97**, 281, NJW **75**, 837, MDR/H **91**, 484, StV **95**, 73; wN bei § 266 RN 52), obwohl dies zumindest beim Mißbrauchstatbestand nur möglich ist, wenn auch hier die Täterqualität als durch eine besondere Vertrauensstellung gekennzeichnet betrachtet wird (vgl. § 266 RN 2); anderseits ließe sich auch hier der Standpunkt vertreten, daß die Treuepflicht nur eine Garantenstellung des Täters gegenüber dem ihm anvertrauten Vermögen begründet, also – ähnlich wie bei den Unterlassungsdelikten – die persönliche Bindung nur zur Kennzeichnung der Tat ins Gesetz aufgenommen ist. Zweifelhaft kann zB auch sein, ob die Täterqualitäten des § 354 solche sind, die sich nach § 28 I regeln. Bei dem zu dieser Vorschrift vertretenen Standpunkt (vgl. § 354 RN 41) soll diese Frage zu verneinen sein, weil die Tätereigenschaft hier nur eine Situation beschreibt, welche die faktische Zugriffsmöglichkeit auf das Postgeheimnis als Rechtsgut der Vorschrift kennzeichnet. Gleiches gilt ferner nach dem zu § 203 vertretenen Standpunkt, obwohl hier in Abs. 2 auch ein Amtsdelikt unter Strafe gestellt ist. Ebenso hat der BGH für den Tatbestand der §§ 34 I, 33 I AWG den Sonderdeliktscharakter und damit die Anwendung von § 28 I verneint (BGH NJW **92**, 3114 m. Anm. Ricke ZfZ 93, 24); dazu und zur Frage des Sonderdeliktscharakters von § 22a I KWKG vgl. Holthausen NStZ 93, 12. Bei der Einordnung der persönlichen Merkmale in solche, die als „besondere" täterbezogen, und solche, die tatbezogen sind, dürften folgende Gesichtspunkte entscheidend sein:

α) Beschränkt das Gesetz die Strafbarkeit auf einen bestimmten Personenkreis, so muß dies seinen **18** Grund nicht stets darin haben, daß diese Personen Sonderpflichten hätten, die die betreffende Handlung nur bei ihnen als strafwürdig oder strafwürdiger erscheinen läßt. Das Gesetz benutzt gelegentlich die Beschreibung des Täters nur dazu, um die tatbestandsmäßige Handlung einem bestimmten Lebensbereich oder einer sozialen Situation zuzuordnen, ohne daß dadurch eine Sonderpflicht und damit ein den Täter kennzeichnendes spezifisches Unrecht zum Ausdruck käme; in einigen Fällen dieser Art wird durch die Kennzeichnung des Täterkreises zugleich das Rechtsgut bestimmt (vgl. §§ 175, 177, je aF). Nur für die Gruppe von Fällen, in denen personale Unrechtselemente eine Sonderpflicht begründen, erscheint die Anwendung des § 28 I sachgerecht (vgl. auch Sánchez-Vera aaO [vor § 25] 225), während bei der zweiten der Grundsatz der Akzessorietät anzuwenden ist. So ist die Rechtsbeugung ua gerade durch das Moment einer besonderen personalen Pflichtverletzung gekennzeichnet, so daß für den Extraneus zu Recht § 28 I angewendet werden kann. Bei der Vollstreckungsvereitelung (§ 288) dagegen ist zwar die Täterschaft auf den Vollstreckungsschuldner beschränkt, ohne daß jedoch seine Person für das Unrecht der Tat (Schädigung des Gläubigers) von entscheidender Bedeutung wäre. In die Situation des Vollstreckungsschuldners kann jedermann geraten; die Beschränkung des Täterkreises resultiert nicht aus einer etwaigen besonderen Treuepflicht gegenüber dem Gläubiger (personales Unrecht), sondern allein daraus, daß die Tat nur in einer bestimmten Lebenssituation begangen werden kann. Entsprechendes gilt auch für die Verletzung der Unterhaltspflicht (§ 170), bei der Rädelsführerschaft (zB §§ 84, 85, 88), der Eigenschaft als Wehrpflichtiger (§ 109), Mitglied einer kriminellen Vereinigung (§ 129), Anzeigepflichtiger (§ 138), Verwandter (§ 173, BGH **39**, 326 m. Anm. Dippel NStZ 94, 182, Stein StV 95, 253; krit. Jung JuS 94, 440), Erziehungsberechtigter (§ 180 III), Bandenmitglied (§ 244 I Nr. 2, § 30 I Nr. 1, BGH NStZ **96**, 128, StV **92**, 379; vgl. Vogler Lange-FS 278), Insolvenzschuldner (§§ 283 f.) usw. Auch bei der Verkehrsunfallflucht (§ 142) kann Täter nur derjenige sein, der möglicherweise den Unfall mitverursacht hat; gleichwohl liegt das Unrecht allein in der Verschlechterung der Beweislage für die übrigen Unfallbeteiligten; weitgehend übereinstimmend Jakobs 568.

19 β) Entsprechendes gilt auch für die **Garantenpflicht** bei den Unterlassungsdelikten mit der Konsequenz, daß § 28 I hier nicht zur Anwendung kommt (Geppert ZStW 82, 70, Gropp 328, Lackner/Kühl 6, Jescheck/Weigend 658; vgl. BGH **41** 1 für die Pflicht aus § 370 I Nr. 2 AO m. Anm. Grunst NStZ 98, 548, Hake JR 96, 162, Ranft JZ 95, 1186; and. B/W-Weber 679, Tröndle 6, Dreher JR 70, 146, Eser II 180 ff., Roxin TuT 515, LK 64, Samson SK 21, Vogler Lange-FS 282 f.); diff. Herzberg GA 91, 161 ff., der zwischen Beschützer- und Überwachungsgarant unterscheidet und Abs. I nur auf erstere anwendet, vgl. auch Sánchez-Vera aaO 195 ff. Zwar kann hier eine Bestrafung aus dem Begehungstatbestand nur dann erfolgen, wenn der Unterlassende eine besondere Pflicht zur Hilfe gegenüber dem Verletzten hatte. Diese Pflicht ist jedoch nur der Teilaspekt, unter dem die Gleichstellung der Unterlassung mit dem positiven Tun erfolgen. Das Unrecht der Tötung, Körperverletzung usw. ist grundsätzlich (vgl. § 13 RN 4) deswegen kein anderes, weil es durch Unterlassung geschaffen wird. Infolgedessen dürfte auch bei diesen Delikten § 28 I unanwendbar sein. Auch der von Vogler Lange-FS 281 zur Begründung seines gegenteiligen Ergebnisses herangezogene Gesichtspunkt des Vertrauensschutzes kann letztlich nicht entscheidend sein, weil er nur ein Reflex der Garantenpflicht ist; Aufgabe der Garantenstellung ist die Begrenzung des Täterkreises auf Personen, die zum Rechtsgut in einer bestimmten Beziehung stehen. Daraus ergibt sich zwar eine Vertrauenstatbestand aus der Sicht des Opfers, aber kein besonderer persönlicher Umstand, der die Anwendung von Abs. 1 rechtfertigen würde. Auch die **Eigenhändigkeit** eines Delikts (vgl. § 25 RN 45–48) ist kein täterbezogenes persönliches Merkmal.

20 c) Die Abgrenzungsfrage ist vor allem für die **Absichten** und **Motive** erörtert worden, die zwar als persönliche Umstände, nicht notwendig aber als Merkmale des Abs. 1 anerkannt sind. Als **täterbezogen** bezeichnet man auch die Motive (vgl. § 15 RN 25), die wie Habgier, Neid usw. die Einstellung des Täters zu seiner Tat kennzeichnen (vgl. Jakobs 683 ff., Koffka JR 69, 41, Maurach JuS 69, 249). Auch die niedrigen Beweggründe des § 211 sind in diesem Sinn täterbezogen und führen auf der Grundlage der Rspr des BGH zur Anwendung des Abs. 1 (BGH **22** 375 m. Anm. Körting NJW 69, 1093, vgl. auch Heine aaO [vor § 211] 233 f., **23** 23 [Absicht eine Straftat zu verdecken] m. Anm. Dreher JR 70, 146, Jakobs NJW 71, 1089, BGH StV **84**, 69). Vgl. auch Roxin LK 75 ff. Zu § 211 vgl. dort RN 44 ff. Dagegen handelt es sich um **tatbezogene** Unrechtsmerkmale, wo das Gesetz unter Absicht nur den auf einen Erfolg gerichteten Vorsatz versteht und damit lediglich die subjektive Wiederspiegelung eines das Unrecht der Tat modifizierenden Erfolges meint (Kühl 729 f., Stratenwerth 933). Wer zB den Täter bei einer mittelbaren Falschbeurkundung unterstützt, die dazu dient, einem anderen Schaden zuzufügen, ist daher aus § 272 zu bestrafen, wenn er den Schädigungswillen kennt oder auch nur mit ihm rechnet. Ferner ist aus § 274 und nicht aus § 303 zu bestrafen, wer bei einer Urkundenvernichtung in Kenntnis des Willen, einem anderen Nachteil zuzufügen, Hilfe leistet. Ähnliches gilt zB für § 226 und § 306 b II Nr. 2 sowie für die Zweckverfolgung bei §§ 129, 234, 248 c, 267, 274, 278, 288, 289. Gemeinsam ist diesen Fällen, daß hier die Absicht einen Angriff des Täters auf weitere Rechtsgüter bezeichnet, die außerhalb des Grundtatbestandes liegen, und daß dieses Mittel-Zweck-Verhältnis nach Akzessorietätsregeln auch den Teilnehmer belastet, wie dies auch bei der Bereicherungsabsicht in §§ 253, 259 und 263 der Fall ist. Zur Spaltung der Bereicherungs- und Zueignungsabsicht vgl. o. 16. Nach Jakobs 683 ff. sind hingegen sowohl der Vorsatz wie auch Absichten besondere persönliche Merkmale; iE stimmt seine Auffassung mit der h. M. weitgehend überein, weil auch beim Teilnehmer ein entsprechender Vollendungswille gefordert wird.

21 III. Erst nach der Feststellung, daß ein bestimmtes persönliches Merkmal täterbezogen und damit die Anwendbarkeit des § 28 gegeben ist, stellt sich die Frage, ob der Regelungsbereich des Abs. 1 oder 2 der genannten Vorschrift betroffen ist. Dabei gilt **§ 28 I** nur für die **strafbegründenden**

Merkmale, während § 28 II die Fälle betrifft, in denen das Gesetz bestimmt, daß besondere persönliche Merkmale die Strafe **schärfen, mildern oder ausschließen.**

1. Ob ein täterbezogenes Merkmal strafbegründenden oder strafmodifizierenden Charakter hat, ergibt sich durch **Auslegung** des **jeweiligen Tatbestandes**, kann hier also nicht abschließend, sondern nur grundsätzlich geklärt werden. Dabei ist zu beachten, daß das gleiche Merkmal bald strafbegründende, bald strafmodifizierende Funktion haben kann, so zB die Eigenschaft als Amtsträger bei den echten oder unechten Amtsdelikten (vgl. 6 ff. vor § 331).

2. Für die **Abgrenzung** von strafbegründenden und -modifizierenden Merkmalen bzw. solchen, welche die Strafe ausschließen, sind folgende allgemeine Grundsätze maßgeblich: Enthalten unselbständige Abwandlungen (Qualifizierungen, Privilegierungen) eines Grunddelikts besondere persönliche Merkmale iSv § 28 (zB §§ 133 II, 213 II, 221, 260, 340), so ist eindeutig Abs. 2 zur Anwendung zu bringen (BGH StV **94**, 17). Das gleiche gilt aber auch bei selbständigen Abwandlungen (zB § 216, Kühl 732) oder beim sog. delictum sui generis (zu diesem Begriff 59 vor § 38), sofern die Merkmale des einen Tatbestandes in dem anderen vollständig enthalten sind (vgl. Jescheck/Weigend 659, Samson SK 23; and. M-Gössel II 395 f.). So schlägt das Verlangen des Getöteten nach § 216 wegen § 28 II nur bei dem Beteiligten strafmildernd zu Buche, der sich durch den Wunsch des Getöteten hat motivieren lassen (vgl. § 216 RN 18). Bei den unechten Sonderdelikten wirkt die Sondereigenschaft wegen § 28 II strafhöhend, so zB bei den unechten Amtsdelikten (RG **65** 105, **68** 91, **75** 290, BGH **1** 389, LM **Nr. 1** zu § 351, **Nr. 12** zu § 50 aF), während bei Tatbeständen, die nicht auf einem Grundtatbestand aufbauen, wie die echten Amtsdelikte, § 28 I Anwendung findet (Kühl 730). Als strafbegründend sind der Sache nach die Merkmale der Mischtatbestände des Ordnungswidrigkeitenrechts, welche die Zuwiderhandlung wegen personaler Umstände erst zur Straftat machen, anzusehen (so zutr. für die frühere Rechtslage BGH **12** 276, MDR **53**, 54); § 14 IV OWiG schreibt jedoch eine Behandlung dieser Umstände als strafmodifizierende Merkmale vor (Cramer OWiG 84, Göhler § 14 RN 19). Somit kann einerseits nur der Beteiligte strafrechtlich verantwortlich gemacht werden, der jene Merkmale erfüllt, während der Teilnehmer, der diese Merkmale nicht aufweist, wegen Beteiligung an einer Ordnungswidrigkeit verfolgt werden kann (Tröndle 12). Andererseits kann deshalb aber auch der qualifizierte Beteiligte Gehilfe einer Straftat sein, obwohl ein „Haupttäter" der Straftat fehlt (vgl. Bay **84** 137). Strafbegründend iSv § 28 I sind auch (subjektive) Absichten und Motive (vgl. Gallas, Beiträge 39), soweit es sich um täterbezogene Merkmale handelt (vgl. o. 20); hierher gehört zB die Böswilligkeit bei § 90 a.

IV. Die Rechtsfolgen von § 28 I und II sind verschieden:

1. Die **Rechtsfolge** von § 28 I besteht in einer **obligatorischen Strafmilderung** nach Maßgabe des § 49 I (vgl. dort RN 2 ff.), die jedoch für die Frage der Verjährungsfrist gemäß § 78 IV ohne Bedeutung ist (vgl. § 78 RN 10). Kann ein Tatbeteiligter an einem echten Sonderdelikt mangels Tätersqualität nur Gehilfe sein, so stellt sich die Frage, ob die Strafe sowohl nach § 28 I wie auch nach § 27 II gemildert werden muß (bejahend Herzberg GA 91, 163, Samson SK 25). BGH NJW **75**, 837, wistra **88**, 303, StV **94**, 305 differenzieren hier danach, ob allein das Fehlen der Täterqualität zur Beihilfe führt oder ob der Tatbeteiligte sich in seinem Verhalten nur auf eine unterstützende Tätigkeit beschränkt, d. h. einen Tatbeitrag geleistet hat, der auch sonst nur als Beihilfe zu bewerten wäre; nur im zweiten Fall soll eine doppelte Strafmilderung nach den genannten Vorschriften in Betracht kommen.

Den **umgekehrten Fall** (strafbegründende Merkmale liegen lediglich beim Teilnehmer vor) regelt § 28 I nicht. Insoweit gilt (von mittelbarer Täterschaft abgesehen) Akzessorietät mit der Folge, daß der Teilnehmer straflos ist, weil und soweit es mangels der Sonderdeliktseigenschaft beim Haupttäter an der tatbestandsmäßigen Haupttat fehlt. Nach der Auffassung der Rspr über das Verhältnis der §§ 211, 212 zueinander könnte daher der mit niedrigen Beweggründen handelnde Anstifter nicht aus §§ 211, 26 bestraft werden, sofern der Haupttäter nur § 212 verwirklicht (vgl. § 211 RN 44 ff.).

Trotz der obligatorischen Strafmilderung nimmt die Tat (and. als regelmäßig bei den unechten Sonderdelikten; vgl. o. 23) weiterhin am **Deliktscharakter der Haupttat** teil. Dies hat besondere Bedeutung im Rahmen des § 30 bei der Frage, ob die in Aussicht genommene Haupttat Verbrechen ist (vgl. § 30 RN 12).

2. Die **Rechtsfolge** des Abs. 2 besteht darin, daß straferhöhende, strafmildernde oder strafausschließende besondere persönliche Merkmale bei der **Wahl des Tatbestandes** (bzw. Anwendung des Strafausschließungsgrundes) nur bei dem Täter oder Teilnehmer zu berücksichtigen sind, bei dem sie vorliegen (BGH StV **94**, 17, **95**, 84). Als Teilnahme iS des § 28 gelten auch die Beteiligungsformen des § 30 (vgl. BGH **6** 309, § 30 RN 11). So wird zB bei der Bereiterklärung zur Aussageerpressung der Beamte aus §§ 343, 30 bestraft, der anstiftende Nichtbeamte dagegen bleibt straflos, weil sich die Tat für ihn als Vergehen (§ 240) darstellen würde, das von § 30 nicht erfaßt wird (vgl. dort RN 11). Ebenso von einer **Tatbestandsverschiebung** durch § 28 II gehen aus Küper ZStW 104, 581, Lackner/Kühl 1, Tröndle 8 ff., Eser II 182, Jescheck/Weigend 657, B/W-Weber 682. Demgegenüber soll nach der Mindermeinung (Roxin LK 4 ff., Cortes Rosa ZStW 90, 413, Hake aaO 86, Stein aaO 49; vgl. auch Wagner, Amtsverbrechen [1975] 386 ff., ferner Sánchez-Vera aaO [vor § 25] 182 ff., 195 ff.) der Teilnehmer aus dem vom Täter verwirklichten Tatbestand schuldig zu sprechen sein, während lediglich bei der Strafzumessung auf den Tatbestand zurückgegriffen werden solle, dessen

Merkmale der Beteiligte aufweist (Strafrahmenverschiebung); § 28 II bringe daher keine Durchbrechung der Akzessorietät. Dieser Auffassung kann nicht zugestimmt werden, weil sie einseitig auf solche Fälle abstellt, in denen ein besonderes persönliches Merkmal beim Täter die Strafe schärft; im umgekehrten Fall, etwa wenn der Beteiligte das für § 216 relevante Sterbeverlangen des Getöteten nicht kennt (zur Frage der Unrechtsminderung bei § 216 vgl. dort RN 18), ist dem Beteiligten das Unrecht der §§ 211, 212 zuzurechnen, was nur über eine Durchbrechung der Akzessorietät ermöglicht wird; nicht überzeugend ist die Replik von Roxin LK 7, der ohne Strafrahmenverschiebung eine Teilnahme am Grundtatbestand des § 212 annimmt.

29 Enthält ein qualifizierter Tatbestand mehrere persönliche Merkmale (nach hL beispielsweise § 211; vgl. dort RN 6, 44 ff.), so ist für die Anwendung des gleichen Tatbestandes nicht erforderlich, daß Täter und Teilnehmer das gleiche Merkmal aufweisen (BGH **23** 39, Jakobs NJW 70, 1089, Jescheck/Weigend 660, Samson SK 25; and. Arzt JZ 73, 681).

30 Wenn die besonderen persönlichen Merkmale für die Wahl des Strafrahmens nur bei dem Täter oder Teilnehmer zu berücksichtigen sind, bei dem sie vorliegen, so schließt dies nicht aus, die Verletzung einer besonderen Pflicht durch den Haupttäter bei der **Strafzumessung** für den Teilnehmer strafschärfend zu berücksichtigen, sofern dadurch auch die Tat des Teilnehmers in einem ungünstigen Licht erscheint. Leistet jemand in nichtamtlicher Eigenschaft einem Amtsträger zu einer Körperverletzung im Amt Beihilfe, dann ist der Nichtbeamte nach § 223 zu bestrafen; es kann aber strafschärfend berücksichtigt werden, daß die Beihilfe zu einer Körperverletzung im Amt geleistet worden ist (RG JW **38**, 1583, Lange aaO 57 f, Sánchez-Vera aaO 183).

§ 29 Selbständige Strafbarkeit des Beteiligten

Jeder Beteiligte wird ohne Rücksicht auf die Schuld des anderen nach seiner Schuld bestraft.

Schrifttum: Vgl. die Angaben zu § 28.

1 I. Die Vorschrift des § 29 entspricht § 50 I aF. Sein Grundsatz der **Schuldunabhängigkeit**, wonach jeder Beteiligte ohne Rücksicht auf andere nur nach seiner Schuld zu bestrafen ist, war auch vor Einführung des § 50 I durch die VO vom 29. 5. 1943 (RGBl. I 339) als strafrechtspolitischer Grundsatz anerkannt gewesen (vgl. RG **25** 166); zur Entwicklung vgl. Roxin LK § 28 vor RN 1. Das gesetzgeberische Anliegen, das dem § 50 I aF zugrunde lag, war u. a. die Einführung der sog. limitierten Akzessorietät (vgl. hierzu 23 vor § 25). Die Funktion einer Anerkennung der limitierten Akzessorietät braucht § 29 nach geltendem Recht nicht mehr zu erfüllen, da diese sich aus §§ 26, 27 unmittelbar ergibt (vgl. § 28 RN 3) und hinsichtlich ihres Umfanges durch § 28 begrenzt wird (vgl. § 28 RN 6 ff.).

2 II. Die Vorschrift bringt zum Ausdruck, daß **jeder** an einer Straftat Beteiligte unabhängig von der Schuld der anderen **nach seiner** Schuld zu bestrafen ist; sie betrifft nur die allgemeinen Entschuldigungs-, Schuldausschließungs- und Schuldmilderungsgründe (vgl. § 28 RN 1 ff.). Zur Frage der Teilnahme an einer entschuldigten Tat vgl. 24 vor § 25.

3 1. Beteiligte iS der Vorschrift sind **Mittäter, Anstifter** und **Gehilfen;** vgl. § 28 RN 1. Bei **Nebentätern** bedarf es der Vorschrift nicht, da sie ohnehin unabhängig voneinander praktisch also wie Alleintäter beurteilt werden (vgl. § 25 RN 100).

4 2. Die Vorschrift betrifft nur die **Schuld** im eigentlichen Sinne (vgl. 118 ff. vor § 13), die innerhalb des nach § 28 festzustellenden Straftatbestandes für die **Strafzumessung** von Bedeutung ist. Unter Schuld ist der psychische Sachverhalt zu verstehen, der den Täter für sein willentliches Handeln verantwortlich erscheinen läßt bzw. diese Beurteilung modifiziert oder ausschließt. Wobei die tatbestandlich typisierten Schuldmerkmale jedoch nicht § 29 unterfallen, da diese nach § 28 zu behandeln sind (vgl. § 28 RN 4 f.). Die Anwendung des § 29 betrifft somit insbes. die Fälle, daß einer der Beteiligten als Kind (§ 19), wegen geistiger Mängel schuldunfähig (§ 20), vermindert schuldfähig (§ 21) ist, sich in einem entschuldigenden Notstand befindet (§ 35, o. 24 vor § 25) usw. In allen diesen Fällen ist jedoch zu beachten, daß auch eine mittelbare Täterschaft in Betracht kommt, wenn ein „Beteiligter" den geistigen Defekt des anderen ausnutzt, ihn zur Begehung des Delikts in eine Notlage bringt usw. Näher zu diesen Fragen § 25 RN 10 ff.

5 Im Rahmen der Tatbewertung nach § 29 können also auch **persönliche Faktoren**, die das Unrecht betreffen und damit zu erhöhter Schuld führen, berücksichtigt werden, sofern sie nicht schon bei der Wahl des anzuwendenden Straftatbestandes nach § 28 eine Rolle spielen. Wenn zB ein Amtsträger und ein Nichtbeamter staatliche Gelder unterschlagen, so kann die Beamteneigenschaft ggf. bei dem einen straferschwerend berücksichtigt werden. Andererseits kann ein Ausschluß der Schuld beim Täter, zB nach § 35, beim Teilnehmer, der ihm „Nothilfe" leistet, strafmildernd berücksichtigt werden. Zur Strafzumessung vgl. auch § 46 I S. 1.

6 III. § 29 bestätigt zudem das Prinzip der **limitierten Akzessorietät;** vgl. hierzu 23 ff. vor § 25.

§ 30 Versuch der Beteiligung

(1) Wer einen anderen zu bestimmen versucht, ein Verbrechen zu begehen oder zu ihm anzustiften, wird nach den Vorschriften über den Versuch des Verbrechens bestraft. Jedoch ist die Strafe nach § 49 Abs. 1 zu mildern. § 23 Abs. 3 gilt entsprechend.

(2) Ebenso wird bestraft, wer sich bereit erklärt, wer das Erbieten eines anderen annimmt oder wer mit einem anderen verabredet, ein Verbrechen zu begehen oder zu ihm anzustiften.

Schrifttum: Börker, Zur Bedeutung besonderer persönlicher Eigenschaften oder Verhältnisse bei der versuchten Anstiftung zu einem Verbrechen, JR 56, 286. – *Bottke,* Strafrechtswissenschaftliche Methodik und Systematik bei der Lehre vom strafbefreienden und strafmildernden Täterverhalten, 1979. – *ders.,* Rücktritt vom Versuch der Beteiligung nach § 31 StGB, 1980. – *Busch,* Zur Teilnahme an den Handlungen des § 49 a StGB, Maurach-FS 245. – *Dreher,* Grundsätze und Probleme des § 49 a StGB, GA 54, 11. – *Jakobs,* Kriminalisierung im Vorfeld einer Rechtsgutsverletzung, ZStW 97, 751. – *Küper,* Versuchs- und Rücktrittsprobleme bei mehreren Tatbeteiligten, JZ 79, 775. – *ders.,* Zur Problematik des Rücktritts von der Verbrechensverabredung, JR 84, 265. – *Letzgus,* Vorstufen der Beteiligung, 1972. – *Maurach,* Die Problematik der Verbrechensverabredung, JZ 61, 137. – *Meister,* Zweifelsfragen zur versuchten Anstiftung, MDR 56, 16. – *Schröder,* Grundprobleme des § 49 a StGB, JuS 67, 289. – *ders.,* Der Rücktritt des Teilnehmers vom Versuch nach § 46 und § 49 a, MDR 49, 714. – *Vogler,* Funktion und Grenzen der Gesetzeseinheit, Bockelmann-FS 715. Vgl. im übrigen Schrifttum vor § 25.

I. Vorbereitungen des Einzeltäters sind auch bei schwersten Verbrechen in der Regel straflos; die Strafbarkeit beginnt erst mit dem Anfang der Ausführung nach § 22. Auch der Teilnehmer kann aus Gründen der Akzessorietät nur bestraft werden, wenn die Haupttat mindestens in das Stadium des strafbaren Versuchs getreten ist (vgl. 25 vor § 25). Hiervon macht § 30 eine Ausnahme für **gewisse Vorbereitungshandlungen**, die sich als **Vorstufen** der **Beteiligung** darstellen (Roxin LK 2). Erfaßt werden durch § 30 die versuchte Anstiftung (Abs. 1) sowie gewisse andere Vorbereitungshandlungen (Abs. 2), das Bereiterklären, die Annahme des Erbietens und die Verabredung. Die Vorschrift entspricht § 49 aF und ist wie ihr Vorbild in ihrer kriminalpolitischen Berechtigung umstritten (vgl. B/W-Weber 686, Stratenwerth 637, 910, Köhler 544; krit. zur gesetzgeb. Legitimation Jakobs ZStW 97, 756, dagg. Lagodny, Grundrechte aaO 232). Die Strafwürdigkeit resultiert nicht so sehr aus der objektiven Gefährlichkeit, sondern wird vor allem in der Kundgabe der Absicht, bestimmte Verbrechen zu begehen, oder in der Erklärung des Einverständnisses damit gesehen (Jakobs 767: „. . . die Kommunikation darüber, daß das Verbrechen stattfinden soll . . ."). Der aus dem „angestoßenen" verbrecherischen Geschehen resultierende Einflußverlust und die innere Bindung der Beteiligten stellen Strafgrund und Gefährlichkeitsindiz des § 30 dar; vgl. BGH NJW **98**, 2684, 2835, NStZ **97**, 348, Bloy JR 92, 495, Geppert Jura 97, 547, Letzgus aaO 126 ff., 222 ff. (zur Gefährlichkeit der Beteiligung an einem „konspirativen" Tatentschluß), Schröder JuS 67, 289, Roxin LK 9 f., der die Strafwürdigkeit des Sich-Bereiterklärens in Frage stellt; vgl. zum Ganzen auch Kühl 764. Wegen der relativ **geringen objektiven Gefährlichkeit** ist § 30 **restriktiv zu interpretieren** (vgl. Bloy JZ 99, 157, Schröder JuS 67, 290, Jakobs 767); zu eng jedoch Letzgus aaO 135, der Abs. 1 auf die Fälle beschränkt, in denen der Angestiftete zur Tat entschlossen ist, sie dann aber – aus welchen Gründen auch immer – nicht ausführt. Entsprechendes soll für die anderen Alternativen gelten (Letzgus aaO 175 ff.).

Systematisch handelt es sich um die **Vorbereitung von Deliktstäterschaft oder Teilnahme** (vgl. Roxin LK 2, Tröndle 2; and. Jescheck/Weigend 701 f. mwN [Erscheinungsformen der Teilnahme]). § 30 enthält keine selbständigen Straftaten (BGH **40** 75, B/W-Weber 684, Jescheck/Weigend 701 f., Kühl 763, Roxin LK 1; and. Sax ZStW 90, 927), wie seine Stellung im Gesetz sowie die Anlehnung an eine, wenn auch nur geplante, Haupttat zeigen (vgl. Dreher GA 54, 14, Letzgus aaO 219 f.). Das Verbrechen, das geplant oder vorbereitet war, muß daher im Urteilstenor erscheinen (BGH MDR/D **69**, 722, MDR/H **86**, 271). Außerdem ist zB bei der Strafzumessung zu berücksichtigen, ob das Gesetz minder schwere Fälle des geplanten Verbrechens vorsieht; gegebenenfalls ist bei Vorliegen der Voraussetzungen von dem milderen Strafrahmen auszugehen (BGH **32** 135 f., MDR/H **68**, 739).

II. Die in § 30 genannten Vorbereitungshandlungen müssen sich auf **Verbrechen** oder die **Anstiftung zu einem Verbrechen** beziehen. Da § 30 nur Bedeutung erlangt, wenn die angesonnene Bezugstat nicht einmal ins Versuchsstadium gelangt ist, besteht diese nur in der **Vorstellung des Beteiligten.** Als solche müßte sie – objektiv verwirklicht – ein Verbrechen sein, und zwar in der Form der Täterschaft, Mittäterschaft oder der Anstiftung (zur Straflosigkeit im Falle der Beihilfe vgl. u. 34).

1. Aus dem Umstand, daß § 30 weitestgehend den rechtsfeindlichen Willen, wie er in den gesetzlich genannten Varianten zum Ausdruck kommt, bestrafen will (vgl. o. 1), folgt, daß es – wie beim Versuch – entscheidend auf die subjektive Tatseite, d. h. die **Vorstellung des jeweiligen Beteiligten** ankommt.

a) So muß sich der Vorsatz des Täters darauf beziehen, daß durch sein Verhalten der Tatentschluß im Haupttäter geweckt und dieser eine als Verbrechen mit Strafe bedrohte Handlung begehen wird (zur Ernstlichkeit vgl. u. 26 ff.). Seine Vorstellung muß ein Verhalten des Haupttäters umfassen, das die Voraussetzungen eines Verbrechenstatbestandes erfüllt. Sein Vorsatz muß daher ein Anstiftervorsatz sein, der alle für § 26 notwendigen Momente, insbes. auch die Vollendung der Haupttat (vgl. Schröder JuS 67, 290, Samson SK 7; and. der agent provocateur, der auch nicht unter § 30 fällt (vgl. Geppert Jura 97, 549; vgl. § 26 RN 20), zu umfassen hat. Dies gilt für die Teilnahmeformen des § 30 II entsprechend. Der Vorsatz aller Beteiligten muß die Vollendung der geplanten Tat umfassen. Daher liegt zB ein Verabreden nicht vor, wenn jemand ein Gift zur gemeinschaftlichen Tötung eines anderen zu besorgen verspricht, aber von der Wirkungslosigkeit dieses Mittels überzeugt ist (vgl. BGH MDR/D **54**, 335 zu § 218 aF). Die geplante Tat muß nach der Vorstellung der Beteiligten tatbestandsmäßig und rechtswidrig sein. Ohne Bedeutung ist dagegen, ob sie schuldhaft begangen werden soll. Insoweit gelten hier die gleichen Grundsätze wie bei der Anstiftung; vgl. § 26 RN 25. Danach ist insb. auch erforderlich, daß in den Fällen des Abs. 1 der Anstifter in Abgrenzung zur Täterschaft mit Anstiftervorsatz handelt. Kennt er die mangelnde Schuldfähigkeit oder Vorsätzlichkeit des Täters, so liegt nach allgemeinen Regeln mittelbare Täterschaft vor, § 30 scheidet daher aus. Darüber, inwieweit hier eine Bestrafung aus § 22 erfolgen kann, vgl. u. 30 ff. Geht der Anstifter irrtümlich davon aus, der Haupttäter würde vorsätzlich handeln, so schließt dies § 30 nicht aus, da es bei der versuchten Anstiftung nur auf die Vorstellung des Anstifters ankommt.

6 b) In der Vorstellung des Vorbereitenden muß die Tat einen weitgehenden Grad der **Konkretisierung** erreicht haben, der freilich im Einzelfall unterschiedlich sein kann (vgl. auch § 26 RN 17). So schließt Ungewißheit über die Art des vorbereiteten Verbrechens die Anwendung der Vorschrift aus, sofern noch kein bestimmtes Verbrechen in Auge gefaßt ist. Dagegen liegt § 30 vor, wenn die Teilnehmer mehrere Begehungsmöglichkeiten, von denen nur eine verwirklicht werden soll, in ihren Willen aufnehmen (BGH MDR/D **73**, 554). Zwar brauchen die Art der Ausführung, sowie auch deren Zeit und Ort, noch nicht in allen Einzelheiten festgelegt zu sein (RG **69** 165, BGH MDR **60**, 595, Köln NJW **51**, 612, Roxin LK 25, Schröder JuS 67, 293); vgl. auch BGH **18** 160, NJW **73**, 156, Hamm JR **92**, 523 m. zu Recht krit. Anm. Bloy 493). Jedoch stellt der neuere Rspr – im Hinblick auf das Gebot der restriktiven Auslegung (o. 1) zutreffend – darauf ab, ob die Tat so konkretisiert war, daß (aus der Sicht des Initiators) der präsumtive Haupttäter die ihm angesonnene Tat „begehen könnte, wenn er wollte" (BGH NStZ **98**, 348 m. krit. Anm. Kretschmer NStZ 98, 401, vgl. auch BGH NJW **98**, 2835 m. Bspr. Bloy JZ 99, 156, Roxin NStZ 98, 616, s. auch BGH **34** 63; vgl. Bloy aaO, Geppert Jura 97, 550, Kühl 766, Lackner/Kühl 3; extensiver wohl 25. A.). Diese Voraussetzung läßt sich nur mit Blick auf das vorbereitete Verbrechen und damit auf die BT-Vorschriften ermitteln, so daß bspw. bei Vermögensdelikten nicht bereits das Opfer konkret festgelegt sein muß (vgl. Bay NJW **54**, 1257; vgl. auch Roxin LK 24 u. JuS 79, 172, Samson SK 19). Allgemein ist eine nach Lage des Falles wenigstens umrißhafte Individualisierung des tatbestandlichen Unrechts notwendig (vgl. Geppert Jura 97, 550).

7 c) Der Tatentschluß muß **endgültig** gefaßt sein. Daher reichen bloße Vorbesprechungen oder ein Abwägen der Erfolgschancen nicht aus (BGH **12** 309, BGHR Beteiligung **1**, Maurach JZ 61, 139, Samson SK 19). Ebensowenig wie beim Versuch entfällt der Deliktswille, wenn nur die Durchführung der Tat von Bedingungen abhängig gemacht wird, die Entscheidung über das Ob der Tat aber getroffen ist (BGH **12** 306, KG GA **71**, 55, Hamm JR **92**, 523; vgl. auch § 22 RN 18), bspw. der Einsatz eines gefährlichen Tatmittels nur von objektiven, dem Einfluß des Initiators entzogenen Umständen der konkreten Tatsituation abhängig sein soll (vgl. Hamm NStZ-RR **97**, 133). Umgekehrt liegt ein relevanter Entscheidungsvorbehalt vor, wenn der Tatentschluß des anderen mit der Vornahme einer ausstehenden Mitwirkungshandlung des Initianten „steht und fällt" (BGH NStZ **98**, 348). Entsprechendes gilt auch dann, wenn alternativ mehrere Verbrechen ins Auge gefaßt sind (Roxin LK 69). Handelt es sich hier um mehrere, nur in der Durchführung von Bedingungen abhängige Verbrechenspläne, so liegt eine § 30 unterfallende Vorbereitung vor; ein unbedingter Tatentschluß ist zB dann gegeben, wenn eine bestimmte Reihenfolge der Taten eingehalten werden soll und das Gelingen der ersten jeweils die Bedingung für die Durchführung der späteren ist (vgl. BGH **12** 306, Maurach JZ 61, 139). Nichts anderes gilt, wenn von zwei gleichzeitig vorgesehenen Begehungsmöglichkeiten nur eine ein Verbrechen ist (BGH NStZ **98**, 510, Hamm aaO).

8 d) Nicht erforderlich ist, daß die geplante Tat überhaupt hätte begangen oder vollendet werden können. Nach den Grundsätzen des untauglichen Versuchs ist es zB ohne Bedeutung, ob bestimmte Merkmale, welche die Tat als Verbrechen qualifizieren, objektiv wirklich gegeben sind, wenn nur der Vorbereitende glaubt, sie lägen vor (vgl. Geppert Jura 97, 551, Roxin LK 29, Tröndle 4; and. Letzgus aaO 185 ff.). Dies folgt aus der ratio des § 30 (o. 1). Hält zB der Anstifter zum echten Amtsdelikt den Nicht-Beamten für einen Beamten, glaubt er, der Täter werde etwas „Falsches" als Zeuge beschwören, während tatsächlich die Aussage der Wahrheit entsprechen würde, ist der in Aussicht genommene Raub undurchführbar, weil das Opfer bereits tot ist, so steht der Bestrafung aus § 30 nicht entgegen (so iE auch BGH **4** 254, GA **63**, 126). Ebensowenig macht es etwas aus, wenn der Anstifter fälschlich verbrechensbegründende Eigenschaften beim Täter annimmt (vgl. RG DR **43**, 138, OGH **3** 79). Vgl. zum Vorsatz noch RG **60** 90, Bay NJW **55**, 1120.

9 e) Hat der Täter aus **grobem Unverstand** verkannt, daß die geplante Tat nach der Art des Gegenstandes, an dem, oder des Mittels, mit dem sie begangen werden sollte, überhaupt nicht zur Vollendung kommen konnte, so kann das Gericht die Strafe nach § 49 II mildern oder von Strafe absehen. Da auf § 30 Versuchsgrundsätze anzuwenden sind, gilt auch hier selbstverständlich das

Privileg des § 23 III (vgl. B/W-Weber 685, Roxin LK 68); Abs. 1 S. 3 dient insoweit nur der Verdeutlichung. Zur sachlichen Tragweite der Regelung vgl. § 23 RN 17.

2. § 30 spricht von einem **Verbrechen**. Auf Vergehen kommt § 30 nicht zur Anwendung; die **10** versuchte Beteiligung daran ist nur ausnahmsweise zB in § 159, §§ 28, 34 WStG erfaßt. Verbrechen sind nach der Legaldefinition des § 12 I „rechtswidrige Taten" mit einer Mindeststrafdrohung von 1 Jahr Freiheitsstrafe. Für die Qualifikation der Tat als Verbrechen gilt im übrigen § 12 III und damit die abstrakte Betrachtungsweise (vgl. § 12 RN 7 ff.). Gerade hier würde eine konkrete oder spezialisierende Betrachtung, die die Strafzumessungserwägungen eines Beteiligten als für den anderen wesentlich einbezieht, zu unbilligen Ergebnissen führen. Soll die Tat im Ausland begangen werden, so ist die Frage, ob sie ein Verbrechen ist, nach deutschem Recht zu beurteilen (RG **37** 45, Schröder ZStW 61, 57 ff.).

a) Schwierigkeiten bereitet nach wie vor die Frage, ob § 30 bei **Verbrechen** anwendbar ist, die **11** diese Qualität nur durch **besondere persönliche Merkmale** erlangen. Die praktische Bedeutung des Problems ist allerdings durch die Verminderung der Zahl solcher Tatbestände stark reduziert. Da es sich im § 30 um Sonderformen der Deliktsbeteiligung handelt, sind §§ 28, 29 anzuwenden, und zwar nicht nur für den maßgeblichen Strafrahmen, wie BGH **6** 308 meint, sondern für den Deliktscharakter selbst (B/W-Weber 685 f.). Bedeutung hat diese Frage allerdings nur für die Fälle des § 30, die bei Durchführung der Haupttat Teilnahme wären, wie die versuchte Anstiftung oder die Annahme des Anerbietens. Wo dagegen, wie bei der Verabredung oder dem Sichbereiterklären, die Durchführung der Tat zur Täter- bzw. Mittäterschaft führen würde, sind die besonderen persönlichen Merkmale in ihrer Wirkung schon deswegen auf den einzelnen Beteiligten beschränkt, weil für sie das Prinzip der Akzessorietät nicht gilt (vgl. § 25 RN 61 ff.). Danach gilt folgendes:

α) **Strafbegründende Merkmale beim Täter** fallen nach § 28 I auch dem Beteiligten des § 30 **12** zur Last (ebenso Geppert Jura 97, 549, Samson SK 9, Roxin LK 44, Jakobs 768; and. Schmidhäuser 645 f.), da § 28 I keine Durchbrechung der Akzessorietät bringt (vgl. dort RN 8). Die versuchte Anstiftung zur Rechtsbeugung (§ 336) ist daher Anstiftung zu einem Verbrechen. § 28 I kann hier lediglich bewirken, daß die Strafe obligatorisch nach Maßgabe des § 49 I zu mildern ist. Da dies nicht bloß bei der vollendeten Teilnahme, sondern auch nach § 30 I S. 2 zu geschehen hat, ist die Strafe zweimal zu mildern. Für die versuchte Anstiftung zu einem Tötungsdelikt (§§ 211, 212) kommt es nach der von der Rspr zum Verhältnis von §§ 211/212 vertretenen Auffassung (vgl. RN 5 vor § 211) darauf an, ob dem Anzustiftenden angesonnene Tat sich als Mord oder Totschlag darstellen würde (BGH MDR/H **86**, 794).

β) Im umgekehrten Falle, wenn **strafbegründende Merkmale** lediglich **beim Teilnehmer** **13** vorliegen, ist zu differenzieren: Weiß dieser etwa im Falle der versuchten Anstiftung, daß dem Anzustiftenden die Täterqualität fehlt, so würde, da letzterer allenfalls Beihilfe begehen könnte (vgl. § 25 RN 81) und die versuchte Anstiftung zur Beihilfe nicht unter § 30 fällt (vgl. u. 17), eine Strafbarkeit nach § 30 ausscheiden. Allein die Tatsache, daß beim erfolglos Anstiftenden strafbegründende Merkmale vorliegen, vermag dessen Strafbarkeit nach § 30 nicht zu begründen. Glaubt der Anstifter dagegen, der Anzustiftende sei Inhaber der Sonderdeliktseigenschaften, so liegt ein untauglicher Versuch der Anstiftung vor, der schon nach allgemeinen Versuchsgrundsätzen, die auf § 30 anwendbar sind, die Strafbarkeit nach § 30 begründet. In beiden Fällen ist also die Tatsache, daß beim Anstifter strafbegründende Merkmale vorliegen, als solche irrelevant, weil und soweit Akzessorietätsregeln im Hinblick auf die (vorgestellte) Haupttat gelten.

γ) Bei **strafmodifizierenden Umständen** in der Person des Täters gilt § 28 II (Heinitz DJT-FS **14** 117). Daher ist nicht zu fragen, ob die Tat in der Person des Haupttäters Verbrechen ist, sondern ob es die Teilnahme wäre, falls sie Erfolg gehabt hätte. Das Problem hat vor allem bei § 218 aF eine Rolle gespielt, da hier die Selbstabtreibung Vergehen, die Fremdabtreibung Verbrechen war (vgl. BGH **3** 228, **4** 18, **14** 355, NJW **60**, 1727). Nachdem die Fremdabtreibung nur noch Vergehen ist, hat sich dieses Problem erledigt. Faßt man aber zB § 343 als Qualifikation der Nötigung und damit als unechtes Amtsdelikt auf (vgl. § 343 RN 1), so ist zu entscheiden, ob die versuchte Anstiftung zur Aussageerpressung § 30 unterfällt, obwohl der allgemeine Tatbestand des § 240 nur ein Vergehen ist. Ebenso, wenn der Anstifter durch das ernstliche Tötungsverlangen des Opfers motiviert, einen Dritten zur Tötung zu bestimmen versucht; der Dritte würde ein Verbrechen gem. §§ 211, 212 begehen, während A gem. § 28 II nur wegen eines Vergehens der Anstiftung zur Tötung auf Verlangen zu bestrafen wäre. § 30 ist zu verneinen, weil § 28 II schon für die Frage von Bedeutung ist, ob sich die Tat für den Anstifter als Verbrechen darstellen würde (B/W-Weber 685, Samson SK 11, Kühl 765, Lackner/Kühl 2; and. Dreher GA 54, 20, Börker aaO 287, Jescheck/Weigend 702, Letzgus aaO 205 f., Niese JZ 53, 549, Stratenwerth 915, Welzel 118). Nach Roxin LK 40 soll danach zu unterscheiden sein, ob das Merkmal, welches den Deliktscharakter bestimmt, dem Unrecht oder der Schuld zuzuordnen ist (zu Roxins Konzeption hinsichtlich der persönlichen Merkmale vgl. LK § 28 RN 30 ff. und hier § 28 RN 4 ff.). Nach BGH **6** 309 soll § 28 II nur bei der Bestimmung der Strafhöhe, nicht bei der Bestimmung des Deliktscharakters für den Anstifter anzuwenden sein (vgl. auch BGH StV **87**, 386). Entsprechendes gilt auch für alle anderen Fälle unechter Sonderdelikte, bei denen der Extraneus nur ein Vergehen begehen würde. Für den hier vertretenen Standpunkt spricht, daß die Ergebnisse für diejenigen Fälle des § 30, die vorbereitende Teilnahme, und für diejenigen, die vorbereitende Täterschaft sind, gleich sein müssen. Bei der Verabredung besteht kein Zweifel, daß ein Mittäter, bei dem die verabredete Tat nur Vergehen sein würde, nach § 30 nicht bestraft werden kann. Daher ist zB bei § 343 eine Verabredung zwischen einem Beamten und einem Nichtbeamten für ersteren nach § 30 II strafbar, für letzteren straflos (vgl. BGH **12** 307, Maurach JZ 61, 141). Das gleiche muß aber dann auch für den Anstifter sowie für die Fälle des Sichbereiterklärens gelten.

15 δ) Entsprechend muß dann die **Person des Teilnehmers** für die Qualifikation der Haupttat maßgeblich sein, wenn die straferhöhende Eigenschaft bei ihm, nicht aber beim Täter vorliegt.

16 b) Kann bei Taten gleicher Art keine eindeutige Feststellung darüber getroffen werden, welche Tat ausgeführt werden sollte, so hat der Richter nach dem Grundsatz **in dubio pro reo** die dem Täter günstigste Möglichkeit zugrunde zu legen; besteht zB die Möglichkeit, daß die verabredete Wegnahme nur Diebstahl (Vergehen) statt Raub wäre, so ist freizusprechen. Bei Verschiedenartigkeit der möglicherweise geplanten Taten kann der Richter eine **Wahlfeststellung** in dem gleichen Umfange treffen, wie sie bei vollendeten Delikten möglich wäre (Bay NJW **54**, 1257, Maurach JZ 61, 139, Roxin LK 25; vgl. auch BGH **12** 308, NJW **51**, 666).

17 III. Die versuchte Anstiftung (Abs. 1) erfaßt den **Versuch**, einen anderen zu einem **Verbrechen** zu **bestimmen**. Ausdrücklich erwähnt wird auch die erfolglose Anstiftung zur Verbrechensanstiftung (sog. *versuchte Kettenanstiftung*, näher Roxin LK 46 ff.), während die versuchte Anstiftung zur Beihilfe nicht erfaßt und damit straflos ist. § 30 I betrifft ebenso die versuchte Anstiftung zur Mittäterschaft, und zwar auch dann, wenn ein Mittäter einen weiteren Mittäter zu gewinnen trachtet. Daß bei Begehung der Tat diese Anstiftung hinter der Mittäterschaft zurücktreten würde, steht dem nicht entgegen.

18 1. **Bestimmen** ist gleichbedeutend mit Anstiften (Roxin LK 13); es bedeutet daher ein Handeln irgendwelcher Art, durch das in einem anderen der Verbrechensentschluß hervorgerufen werden soll. Wie bei der Anstiftung reicht prinzipiell jedes Mittel der intellektuellen Beeinflussung aus (vgl. § 26 RN 5), auch wenn es als solches vom Anzustiftenden nicht erkannt wird, wie uU scheinbares Abraten usw. (Dreher GA 54, 15). Es genügt zB ein bloßer Rat (RG **53** 351, BGH NJW **51**, 666) oder die Übersendung eines Rezepts zur Verbrechensverwirklichung (vgl. RG Recht **12** Nr. 331).

19 Zweifelhaft kann sein, in welchem Umfang die **Anstiftertätigkeit** bereits auf den Täter eingewirkt haben muß. BGH **8** 261 folgert aus der Ersetzung der früheren Fassung („aufgefordert") durch die Worte „zu bestimmen versucht", daß nunmehr allgemeine Versuchsgrundsätze maßgeblich seien. Dem ist grundsätzlich zuzustimmen (and. die 17. A. § 49 a RN 9 a). Danach beginnt der Strafbarkeitsbereich mit dem Beginn der Einwirkung auf den Anzustiftenden, zB mit dem Beginn des Gesprächs, durch das der andere zur Begehung eines Verbrechens veranlaßt werden soll, oder mit der Absendung eines entsprechenden Briefes. Ob die Erklärung den anderen erreicht, ist gleichgültig (BGH **8** 261, Tröndle 9, Lackner/Kühl 4, Roxin LK 14), weil der Anstifter den Einfluß über das Geschehen verloren hat. Voraussetzung ist aber, daß die schriftliche Erklärung überhaupt eine hinreichende rechtlich relevante Gefahr schafft, mithin die für die Tatbegehung unentbehrlichen Angaben enthält (vgl. Bloy JR 92, 494, Geppert Jura 97, 551, Kühl 766). Grundsätzlich unerheblich ist, ob der andere sie versteht (RG **47** 230, M-Gössel II 304). Demgegenüber verlangen Zugang der Erklärung bei schriftlicher Aufforderung Schröder JuS 67, 290, Samson SK 14, Stratenwerth 917. Zur Frage, ob das Bestimmen ernstlich versucht sein muß, vgl. u. 26 ff.

20 2. Adressat der Tätigkeit des Anstifters muß eine **bestimmte Person** oder eine Mehrheit **individuell feststellbarer Personen** sein, aus der sich zumindest einer zur Tat entschließen soll (Bay JR **99**, 83 m. Anm. Radtke, Roxin LK 13); ist das nicht der Fall, so greift uU § 111 ein (and. Dreher Gallas-FS 321 ff.). Bei der versuchten Kettenanstiftung (o. 17) ist die Kenntnis der eingeschalteten Zwischenglieder nicht notwendig, individuell bestimmbar muß aber idR der erste Ansprechpartner sein (vgl. Geppert Jura 97, 551).

21 3. Aus welchen Gründen die **Tat unterbleibt**, ist ohne Bedeutung. Der Grund kann zB darin liegen, daß der in Aussicht genommene Täter das Handeln des Anstifters nicht versteht (vgl. RG **47** 230), daß er die Begehung der Tat von vornherein ablehnt (mißlungene Anstiftung), oder daß der zunächst entschlossene Täter seine Meinung später ändert (erfolglose Anstiftung). Eine nur versuchte Anstiftung liegt auch dann nicht vor, wenn sie nicht ursächlich für die Haupttat geworden ist, weil der Täter bereits zur Tat entschlossen war (RG **72** 375, untaugliche Anstiftung) oder eine andere als die ihm bestimmte Tat begeht (zum *Exzeß* vgl. 43 vor § 25, § 26 RN 22, M-Gössel II 351 ff., Roxin LK 27 ff.); zu den verschiedenen Formen der versuchten Anstiftung vgl. Geppert aaO, Letzgus aaO 36 ff., 40 ff., Roxin LK 12.

22 IV. Die sonstigen Vorbereitungshandlungen (Abs. 2) erfassen das Sichbereiterklären, die Annahme des Erbietens und die Verabredung, wobei sich diese **Formen** der **Vorbereitung** auf ein Verbrechen oder die Anstiftung zu einem Verbrechen beziehen müssen; vgl. o. 3 ff. Diese Modalitäten entsprechen in ihrer deliktischen Bedeutung zT der versuchten Anstiftung. So bezeichnet die Annahme des Anerbietens eine Situation, die auch als versuchte Anstiftung erfaßt werden könnte, da die Zustimmung des Annehmenden Voraussetzung für die Ausführung der Tat sein soll (ebenso Samson SK 23). Beim Sichbereiterklären dagegen liegt die besondere Gefährlichkeit und damit der Strafgrund in der Verpflichtungswirkung gegenüber dem Erklärungsempfänger, die dadurch entsteht oder angestrebt wird, daß der Täter sich auf dessen Einwirkung hin bereit erklärt, oder daß in der Erklärung die

Ausführung der Haupttat von dessen Einverständnis abhängig gemacht ist (vgl. allgemein krit. Kühl 764). Bei der Verabredung endlich treffen Elemente des Sichbereiterklärens und der versuchten Anstiftung zusammen. Der Verabredende erklärt einerseits seine Bereitwilligkeit, an der Ausführung eines Verbrechens teilzunehmen, er veranlaßt aber überdies im Regelfall auch die übrigen Beteiligten, sich an der Verabredung zu beteiligen (konspirative intellektuelle Verbindung). Diese Differenzierung hat vor allem für die Frage Bedeutung, ob die abgegebenen Erklärungen ernst gemeint sein müssen (vgl. u. 26ff.).

1. Zunächst stellt Abs. 2 das **Sich-Bereiterklären** zu einem Verbrechen unter Strafe. Dazu reicht nicht aus, daß der Täter seine Bereitwilligkeit, ein Verbrechen zu begehen, nur irgendwie zum Ausdruck bringt (vgl. BGH NStZ-RR **97**, 133), vielmehr muß dies vorbehalten werden (Hamm NStZ-RR **97**, 133) und gegenüber einer Person geschehen, die entweder dem Deliktsplan zustimmen soll oder den Täter zur Begehung des Verbrechens aufgefordert hat (vgl. Schröder JuS 67, 291). Im ersteren Fall muß der Täter davon ausgehen, daß der Adressat seiner Erklärung deswegen zustimmt, weil er an der Herbeiführung des Erfolges ein eigenes Interesse hat. Erfaßt wird daher sowohl das Sichbieten wie die Annahme der Aufforderung, ein Verbrechen oder eine Anstiftung zu einem Verbrechen zu begehen (vgl. Schröder JuS 67, 291). Beide Fälle sind hinsichtlich der Frage, ob die Erklärung dem anderen Teil zugegangen sein muß, gleich zu behandeln. Es genügt, daß die Bereitwilligkeit erklärt wird (BGH GA **63**, 126, M-Gössel II 374, Roxin LK 87, Letzgus aaO 90, 94; diff. Jescheck/Weigend 705, Schröder JuS 67, 291 sowie die 17. A. § 49a RN 23, wonach nur beim Sicherbieten Zugang der Erklärung gefordert wurde, während Tröndle 10 für beide Fälle Zugang verlangt). Durch die Rücktrittsregelung des § 31 wird der Anwendungskreis dieser Alternative allerdings eingeschränkt (vgl. dort RN 5). **23**

2. Strafbar ist weiter die **Annahme des Erbietens**. Darunter ist die Erklärung des Einverständnisses damit zu verstehen, daß ein anderer, der sich zur Begehung des Verbrechens bereit erklärt hat, die Tat ausführt. Voraussetzung ist daher, daß ein Anerbieten vorausgegangen ist. Die Annahme kann ausdrücklich oder durch schlüssige Handlungen erklärt werden. Nicht erforderlich ist, daß das Anerbieten selbst ernst gemeint war (BGH **10** 388 gg. RG **57** 243, M-Gössel II 374, Lackner/Kühl 6; and. Blei NJW 58, 30, Jescheck/Weigend 705, Letzgus aaO 184f.); zur Frage, ob die Annahme ernst gemeint sein muß, vgl. u. 26ff. Im übrigen ist zwar erforderlich, daß dem sich Erbietenden die Annahmeerklärung zugegangen ist, nicht aber, daß er von der Annahme auch Kenntnis erhalten hat. **24**

3. Verabredung ist die – auch konkludente (Maurach JZ 61, 139) – Willenseinigung von mindestens zwei Personen zur gemeinsamen mittäterschaftlichen Ausführung eines Verbrechens oder einer gemeinsamen Anstiftung dazu (BGH NStZ **93**, 137, **88**, 406, Hamm NJW **59**, 1237, Jescheck/Weigend 704, Maurach JZ 61, 141, Letzgus aaO 110, Samson SK 19; zu weit RG **58** 393). Dies erfordert, daß die sich verabredenden Personen gleichrangig zueinanderstehen; d. h. eine „Verabredung" von Täter und Teilnehmer kommt nicht in Betracht (vgl. BGH MDR/H **88**, 452, Kühl 768, Roxin LK 71, Samson SK 19). Der Täter kann sich jedoch wegen der Bereiterklärung, ein Anstifter nach § 30 I strafbar machen, ein potentieller Gehilfe bleibt straflos. Auch wenn mehrere Täter eine Verabredung treffen, kann der Anstifter dazu nur über § 30 I erfaßt werden. Dabei sind an die Bestimmtheit der Verabredung zumindest die Anforderungen zu stellen, die für die Annahme eines Verbrechensplanes bei der Mittäterschaft als erforderlich angesehen werden (vgl. BGH NStZ-RR **97**, 134, NStZ **88**, 406, MDR/H **88**, 452, BGHR § 30 Mindestfeststellungen **1**). Mit Blick auf das Gebot der restriktiven Auslegung wird man verlangen müssen, daß der Tatplan bereits rechtlich relevante Konturen angenommen hat (vgl. Ingelfinger aaO [vor § 25] 164, Kühl 768, Roxin LK 66; and. Jescheck/Weigend 705). Die Verabredung, sich bei einer Institution mit Gewalt Geld zu verschaffen, genügt jedenfalls nicht (ebso Jakobs 770, Kühl aaO). Zu Fällen, in denen die Tat nur in der Person des einen ein Verbrechen ist, vgl. o. 14f. Zweifelhaft ist, ob jeder der Beteiligten die Absicht haben muß, die Tat aufgrund der Verabredung durch weitere Tatbeiträge zu fördern. Ausreichen muß, daß ein Beteiligter gleichzeitig etwas tut, was über seine Willensentscheidung hinausgeht, so zB daß A dem B, der ihm einen Raub mit Beuteteilung vorschlägt, seine Waffe zur Verfügung stellt, auch wenn er weitere Hilfsakte nicht vornehmen soll (vgl. o. § 25 RN 66). **25**

V. Problematisch ist, welche Bedeutung dem **Mangel der Ernstlichkeit** der Erklärung bei den verschiedenen Begehungsformen des § 30 zukommt. Es handelt sich hierbei um ein reines Vorsatzproblem (so jetzt auch BGH NJW **98**, 2835 m. zust. Anm. Bloy JZ 99, 157, Roxin NStZ 98, 616; vgl. auch Bloy JR 92, 495, Geppert Jura 97, 550, Lackner/Kühl 5). **26**

1. Wer sich nur **zum Schein bereit erklärt**, ein Verbrechen zu begehen, dem fehlt der Wille zur Ausführung und Vollendung der Haupttat (vgl. o. 5). Strafbarkeit tritt mangels Vorsatzes nicht ein (BGH **6** 347). Dagegen kommt es nicht darauf an, ob die Aufforderung, auf das Sichbereiterklären folgte, ihrerseits ernst gemeint war (BGH **10** 389, o. RN 24). **27**

2. In den Fällen der **versuchten Anstiftung** und der **Annahme des Erbietens** liegt der für § 30 erforderliche Vorsatz stets dann vor, wenn der Anstiftende oder Annehmende damit rechnet, daß der andere aufgrund seiner Erklärung die Haupttat ausführen und zur Vollendung bringen werde (BGH NJW **98**, 2835 u. Nachw. o. RN 26); ein etwaiger Vorbehalt, die Haupttat nicht zu wollen, wäre dann nur eine unbeachtliche reservatio mentalis (so für die versuchte Anstiftung BGH **18** 160, NStZ **98**, 404, Bay NJW **70**,769, Dreher GA 54, 15, Roxin LK 18; für die Annahme des Anerbietens BGH **28**

10 388; and. RG **57** 245, Jesceck/Weigend 705). Auch hier entfällt aber der Vorsatz, wenn der Anstifter die Tat verhindern will (agent provocateur; vgl. Roxin LK 21, § 26 RN 20).

29 3. Dieselben Grundsätze gelten für die **Verabredung**. Wenn von zwei Verabredenden der eine nur zum Schein mitwirkt, so liegt dennoch tatbestandlich eine Verabredung iS des § 30 vor (Eser II 214, Letzgus aaO 183, Schröder JuS 67, 294; and. Lackner/Kühl 6, M-Gössel II 372 f., Maurach JZ 61, 139, Roxin LK 62, Schmidhäuser 646, Tröndle 12, die den ernstlich entschlossenen Mittäter wegen Sich-Bereiterklärens oder Annahme eines Anerbietens bestrafen wollen, was iE ebenfalls zur Bejahung des § 30 II führt). Die hier vertretene Auffassung folgt aus dem Strafgrund der Modalität des Verabredens. Wie bei der beiderseitig ernstlichen Verabredung besteht auch bei der einseitigen Mentalreservation objektiv aus der Empfängersicht eine konspirative Verbindung und damit der in Abs. 2 als Tatbestandsmerkmal vorausgesetzte Erklärungswert. Daraus läßt sich ableiten, daß der ernstlich entschlossene Partner wegen Verabredung strafbar ist. Hingegen fällt der andere unter § 30 I, soweit er davon ausgeht, daß die Erklärung seiner Bereitwilligkeit, an der Tat mitzuwirken, bei den Partnern den endgültigen Entschluß zur Tat erst hervorruft; anders aber dann, wenn er davon ausging, ohne seine spätere Mitwirkung könne die Tat von den anderen nicht begangen werden (BGH **18** 160, NStZ **98**, 404, vgl. auch BGH NJW **56**, 30, RG **58** 393).

30 VI. Die Teilnahmeformen des § 30 sind gegenüber der **versuchten Täterschaft** abzugrenzen, da beim Vorliegen von Täterschaft § 30 nicht in Betracht kommt.

31 1. Bestritten ist, in welchem Umfang die **fehlende Verantwortlichkeit des Partners** die Anwendung des § 30 ausschließt. Bei der versuchten Anstiftung und der Annahme des Erbietens handelt es sich um die Veranlassung einer fremden Tat; hier ist deshalb erforderlich, daß der Täter des § 30 bei Ausführung der Tat nur deren Teilnehmer wäre. Daraus ergibt sich, daß zwar eine Verantwortlichkeit des anderen Beteiligten objektiv nicht zu fordern ist (RG **47** 230, Jesceck/Weigend 702), § 30 aber ausscheidet, wenn der Täter die mangelnde Verantwortlichkeit des anderen kennt. In diesem Fall liegt uU versuchte mittelbare Täterschaft vor (vgl. § 22 RN 54, § 24 RN 32, ebso Roxin LK 22, Dreher GA 54, 17). Entsprechendes gilt bei der Verabredung, da in ihr (vgl. o. 25) Elemente des Sichbereiterklärens mit solchen der versuchten Anstiftung zusammentreffen. Wer also ein Verbrechen mit einem Zurechnungsunfähigen verabredet, ist nur dann nach § 30 zu bestrafen, wenn er von dessen Verantwortlichkeit ausgeht (Dreher GA 54, 18; and. Roxin LK 64; vgl. auch Maurach JZ 61, 141), andernfalls liegt uU versuchte mittelbare Täterschaft vor.

32 2. Die Fälle der Einwirkung auf ein Werkzeug bei der **mittelbaren Täterschaft** können durch § 30 I, der den Versuch einer Anstiftung regelt, nicht erfaßt werden, und zwar gleichgültig, ob es sich um ein doloses oder nicht doloses Werkzeug handelt. Folgt man der hier vertretenen Ansicht, daß die Einwirkung auf den Tatmittler bereits Versuch der Tat sein kann (§ 22 RN 54), so kommt in diesen Fällen eine unmittelbare Bestrafung aus § 22 in Betracht, soweit es sich um nicht verantwortliche Tatmittler handelt, deren Handeln, durch keinen verantwortlichen Willen gelenkt, in der Hand des Täters gleich einem Naturkausalismus wirkt. Hier kann ein Beginn der Ausführung, ein unmittelbarer Angriff gegen das geschützte Rechtsgut, schon durch Einwirkung auf das Werkzeug erfolgen. Beim verantwortlichen Werkzeug (absichtsloses oder qualifikationsloses, doloses Werkzeug) versagt diese Konstruktion. Hier beginnt die Ausführung erst mit der Ausführungshandlung, die durch das Werkzeug vorgenommen wird (vgl. dazu § 22 RN 54 mwN). In diesen Fällen kommt daher eine Anwendung des § 22 für die bloße Einwirkung auf das Werkzeug nicht in Betracht; auch eine Verabredung nach Abs. 2 scheidet hier aus, weil das Werkzeug nur Gehilfe ist (vgl. o. 25).

33 VII. In welchem Umfang **Teilnahme an versuchter Teilnahme** möglich ist, ist durch die Erwähnung der Anstiftung in Abs. 1 und 2 nun geklärt und wie folgt zu beurteilen:

34 1. **Beihilfe** kommt zu keiner der in § 30 genannten Beteiligungsformen in Betracht (BGH NStZ **82**, 244, Geppert Jura 97, 552, Samson SK 25, Roxin LK 48, Lackner/Kühl 4, M-Gössel II 366 f., Tröndle 14). Dies ergibt sich aus den gleichen Gründen, die zur Straflosigkeit der versuchten Anstiftung zur Beihilfe führen. Ist die Beihilfe straflos, die dem Täter gewährt wird, solange dieser nicht zumindest einen Versuch unternommen hat, so kann nicht strafbar sein, wer lediglich einem anderen bei der versuchten Anstiftung hilft, ihm zB Geld für einen vergeblichen Anstiftungsversuch gibt (BGH **14** 156 m. abl. Anm. Dreher NJW 60, 1163, Düsseldorf NJW **93**, 2188, Schröder JuS 67, 293, Roxin LK 50; and. Busch Maurach-FS 245). Entsprechendes gilt für die Beihilfe zur Verabredung (Maurach JZ 61, 143; and. Dreher GA 54, 18).

35 2. Dagegen ist die **Anstiftung zur versuchten Anstiftung** ebenso strafbar wie die erfolglose Anstiftung zur Anstiftung (vgl. Geppert Jura 97, 552, Kühl 767, Roxin LK 47, Samson SK 25 f.). Dies ergibt der systematische Zusammenhang der Vorschrift. Wenn nämlich nach Abs. 1 der Versuch strafbar ist, einen anderen zur Anstiftung zu einem Verbrechen zu bestimmen (versuchte Kettenanstiftung, o. 17), obwohl die Gefährlichkeit dieses Verhaltens sehr gering ist (vgl. 17. A. § 49 a RN 24), weil der durch den Täter nach Abs. 1 Angesprochene das Ansinnen ablehnt, dann muß die gefährlichere Situation, daß der Angesprochene dem Wunsch nachgibt, seinerseits aber nicht erfolgreich ist, ebenfalls durch § 30 I erfaßt werden können.

36 Für die **Beteiligungsformen des Abs. 2** gilt Entsprechendes. Strafbar ist daher die Anstiftung zur Verabredung ebenso wie die – ausdrücklich genannte – Verabredung zur Anstiftung usw.

VIII. Die Bestimmung des § 30 ist **subsidiär**; sie kommt nur in Betracht, soweit nicht das Gesetz 37 eine andere Strafe androht (BGH **1** 135, Tröndle 16), und zwar gerade für das Verhalten, das § 30 erfüllt (Samson SK 4). Im übrigen ist Idealkonkurrenz möglich. Das bedeutet im einzelnen:

1. Kommt es zur **Vollendung** oder zum **Versuch** des geplanten Verbrechens, dann ist nur nach 38 dessen Tatbestand, evtl. iVm § 26 zu bestrafen; § 30 tritt zurück (BGH NStZ **83**, 364, **86**, 566, BGHR Konkurrenzen **1, 2**, Maurach JZ 61, 145). Dies gilt nicht, wenn die Verantwortlichkeit für die Durchführung der Tat aufgrund eines neuen Entschlusses eintritt; hier kommt Realkonkurrenz in Betracht, so wenn der erfolglosen Anstiftung aufgrund eines neuen Entschlusses eine erfolgreiche Anstiftung folgt (BGH NJW **98**, 2684 m. zust. Anm. Beulke NStZ 99, 26 u. BGH NStZ **98**, 189 [Anfragebeschluß] m. zust. Anm. Geppert), oder wenn nach einer Verabredung der Beteiligten den Plan aufgeben, ihn jedoch später trotzdem durchführen. Andererseits ist Subsidiarität auch dann gegeben, wenn die Aufforderung nicht ursächlich für das Verbrechen war, zB weil der Täter bereits zur Tat entschlossen war und der Auffordernde sich dann als Gehilfe am Verbrechen beteiligt; wie jede Form der strafrechtlichen Verantwortlichkeit für die Haupttat geht auch die **Beihilfe** dem § 30 vor (Geppert Jura 97, 553, Roxin LK 56, Maurach JZ 61, 144, Schröder JuS 67, 295; and. Dreher GA 54, 21, zT auch Meister MDR 56, 16, Samson SK 4, Tröndle 16). Subsidiarität ist auch dann anzunehmen, wenn der Täter mehrere Personen vergeblich zur Teilnahme aufgefordert hat und die geplante Tat alsdann allein oder mit dritten Personen ausführt (BGH **8** 38, NJW **92**, 2905). Gleiches gilt, wenn statt einer in Aussicht genommenen leichteren eine diese umfassende schwerere Tat durchgeführt wird (Lackner/Kühl 10, Tröndle 16).

2. Etwas anderes gilt jedoch, wenn die ausgeführte Tat hinter der geplanten in der Weise zurück- 39 bleibt, daß statt eines Verbrechens **nur ein Vergehen** zur Ausführung gelangt, das qualifizierende Umstände nicht enthält, die die geplante Tat enthalten sollte (BGH **1** 242, **9** 131; and. noch BGH **1** 135). Sagt zB der zum Meineid Angestiftete nur uneidlich falsch aus, so ist der Anstifter nach §§ 30, 154 in Idealkonkurrenz mit §§ 26, 153 zu bestrafen. Entsprechendes gilt (Idealkonkurrenz), wenn der Täter sich zum Meineid bereiterklärt, dann aber nur uneidlich falsch aussagt. Wie hier Geppert Jura 97, 552, Dreher GA 54, 20, Roxin LK 53; and. Schneider GA 56, 262, der übersieht, daß § 154 den § 153 einschließt. Entsprechendes gilt für das Verhältnis des Abs. 2 zur Begehung der geplanten Tat (BGH **14** 379, Maurach JZ 61, 144). Dasselbe gilt, wenn der Haupttäter statt eines Mordes einen Totschlag begeht, sofern die Anstiftung ein tatbezogenes Mordmerkmal betraf. Betraf sie ein täterbezogenes Merkmal, dann greift dagegen § 28 II ein (vgl. § 211 RN 44 ff., Maurach JuS 69, 256).

3. Tritt der Teilnehmer nach § 24 vom Versuch der Haupttat **zurück**, so kann auch aus § 30 40 keine Bestrafung erfolgen (BGH **14** 378, NStZ **83**, 364, Bottke, Methodik 560 ff., Maurach JZ 61, 145, Roxin LK 81). Die Wirkung des Rücktritts erstreckt sich auch auf die Strafbarkeit nach § 30, da diese Bestimmung lediglich die Gefährdung der gleichen Rechtsgüter erfaßt, für deren beabsichtigte Verletzung sich der Täter Straffreiheit verdient hat. Dies gilt auch dann, wenn die geplante Tat schwerer ist (zB § 250) als die versuchte (§ 249), von der dann zurückgetreten wird (Roxin LK 80; offengelassen von BGH **14** 380; and. Lackner/Kühl § 31 RN 7, Tröndle 16, Vogler-Bockelmann-FS 728).

4. Gegenüber **anderen Strafvorschriften**, die nicht das geplante Verbrechen betreffen, tritt § 30 41 nicht zurück. Dies gilt zunächst, wenn die versuchte Anstiftung zugleich einen anderen Tatbestand erfüllt, weshalb zB Idealkonkurrenz zwischen versuchter Anstiftung und versuchter Nötigung vorliegen kann (BGH **1** 307). § 30 tritt auch dann nicht zurück, wenn die begangene Tat von der geplanten erheblich abweicht (es wird zB statt A der B umgebracht; vgl. Maurach JZ 61, 144); hier liegt Realkonkurrenz zwischen § 30 und der späteren Haupttat vor.

IX. Die **Strafe** ist einheitlich für alle Formen des § 30 die Versuchsstrafe nach § 23, jedoch ist die 42 Strafmilderung im Gegensatz zu § 23 obligatorisch; liegt ein minder schwerer Fall vor, so ist dessen Strafrahmen nochmals nach § 49 I zu mildern, BGH NStE **3**. Zur Strafmessung allgemein vgl. BGH NStZ **89**, 571. Zur grob unverständigen versuchten Teilnahme vgl. o. 9 und § 23 RN 14 ff. IE wird also eine „dem Rechtsgut geringer gefährliche Vorbereitungshandlung" (BGH **1** 135) der intensiveren Gefährdung durch den Versuch gleichgestellt. Zur Strafzumessung vgl. BGH **32** 135 f.

Hat der Täter **mehrere Handlungsformen** des § 30 verwirklicht, so kann er dennoch nur 43 einmal aus § 30 verurteilt werden. Es handelt sich um gleichwertige, aber untereinander unselbständige Formen der Deliktsvorbereitung. Ein Subsidiaritätsverhältnis besteht nicht (and. BGHR § 30 Konkurrenzen **4**, Bay NJW **56**, 1000). Tateinheit oder -mehrheit ist jedoch möglich bei Beziehung auf verschiedene Verbrechen (Tröndle 15). Zwischen den einzelnen Begehungsformen ist Wahlfeststellung zulässig. Zur Verurteilung aufgrund mehrdeutiger Tatsachengrundlage (BGHSt **38** 83 m. Anm. Schmoller JZ 93, 247).

§ 31 Rücktritt vom Versuch der Beteiligung

(1) Nach § 30 wird nicht bestraft, wer freiwillig
1. den Versuch aufgibt, einen anderen zu einem Verbrechen zu bestimmen, und eine etwa bestehende Gefahr, daß der andere die Tat begeht, abwendet,
2. nachdem er sich zu einem Verbrechen bereit erklärt hatte, sein Vorhaben aufgibt oder,

§ 31 1–5 Allg. Teil. Die Tat - Täterschaft und Teilnahme

3. nachdem er ein Verbrechen verabredet oder das Erbieten eines anderen zu einem Verbrechen angenommen hatte, die Tat verhindert.

(2) Unterbleibt die Tat ohne Zutun des Zurücktretenden oder wird sie unabhängig von seinem früheren Verhalten begangen, so genügt zu seiner Straflosigkeit sein freiwilliges und ernsthaftes Bemühen, die Tat zu verhindern.

Schrifttum: Vgl. die Angaben bei § 30.

1 I. Die Vorschrift ersetzt § 49 a III und IV aF und bringt für die Fälle einer versuchten Beteiligung nach § 30, auf die § 24 mangels strafbarer Haupttat nicht paßt, eine **gesonderte Rücktrittsvorschrift**. Es handelt sich hierbei um einen persönlichen Strafausschließungsgrund, der Rechtswidrigkeit und Schuld des Täters unberührt läßt (BGH StV **91**, 246 m. Anm. Dahs, Kühl 769).

2 II. Das **Rücktrittsverhalten** ist auf die verschiedenen Beteiligungsformen abgestellt. Die Vorschrift berücksichtigt also die Unterschiede zwischen versuchter Anstiftung, Verabredung usw. Im einzelnen gilt folgendes:

3 1. **Versuchte Anstiftung** wird straflos, wenn der Beteiligte den Versuch aufgibt, den anderen zur Tat zu bestimmen, und eine etwaige Gefahr, daß die Tat begangen werden könnte, abwendet. Die Vorschrift stellt insoweit eine gewisse Parallele zu § 24 I S. 1 dar, als sie dem Täter der versuchten Anstiftung das Risiko der Erfolgabwendung aufbürdet (vgl. § 24 RN 76); sie spricht andererseits nicht davon, daß der Zurücktretende die „Vollendung verhindern" müsse, sondern begnügt sich damit, eine Pflicht zur Abwendung einer „etwaigen Gefahr" aufzustellen. Damit ist die Vorschrift hinsichtlich ihrer Rücktrittsvoraussetzungen in die Nähe der Unterscheidung zwischen unbeendigtem und beendigtem Teilnahmeversuch gerückt (vgl. Samson SK 9, 11), weil die Frage, ob eine etwaige Gefahr für die Tatbegehung besteht, nur nach der subjektiven Vorstellung des Zurücktretenden im Zeitpunkt des Rücktrittsverhaltens beurteilt werden kann: Glaubt er, durch sein Verhalten schon eine Beeinflussung des anderen erreicht zu haben, so besteht aus seiner Sicht eine Gefahr für die Durchführung der Tat, so daß er gehalten ist, durch entsprechende Gegenmaßnahmen dieser Gefahr zu begegnen; glaubt er, mit seinen bisherigen Beeinflussungsbemühungen erfolglos geblieben zu sein, so besteht für ihn auch keine Gefahr der Tatdurchführung, die es abzuwenden gilt (vgl. Kühl 770). Freilich ergeben sich insoweit gewisse Unterschiedlichkeiten zum Rücktrittsverhalten des Tatbeteiligten nach § 24 II, die aber angesichts des abweichenden Wortlauts hinzunehmen sind (vgl. § 24 RN 87).

4 Nach dem Wortlaut der Vorschrift des Abs. 1 Nr. 1 ist problematisch, ob der Zurücktretende nur eine **von ihm selbst geschaffene Gefahr** für die Tatbegehung oder auch eine solche beseitigen muß, zu der er nichts beigetragen hat. Es ist davon auszugehen, daß der Täter nur für die Beseitigung der Gefahren einzustehen hat, die auf seine Beeinflussung zurückgehen (E 62 Begr. 155, Roxin LK 12; ähnl. Samson SK 8: Gefahr vom Anstifter „mitverursacht"). Ist dies der Fall, so ist weiterhin zu fordern, daß der Täter nach § 30, falls die Haupttat zur Ausführung kommt, als Anstifter haften würde. Trifft er zB auf einen zur Tat fest Entschlossenen (omnimodo facturus), so besteht die Notwendigkeit einer Gefahrabwehr bei dem Rücktritt nach Nr. 1 selbst dann nicht, wenn die Beeinflussung den Tatentschluß stärkt. Dies folgt daraus, daß sich die Bestärkung des Tatentschlusses im Rahmen der Teilnahme nur als Beihilfe darstellen würde, die versuchte Beihilfe aber durch § 30 nicht erfaßt wird (and. B/W-Weber 688, M-Gössel II 377 f.). Hier sind demnach folgende Situationen zu unterscheiden. Kommt es zur Haupttat, so ist der den Tatentschluß Bestärkende wegen Beihilfe strafbar, die etwaige hierin enthaltene versuchte Anstiftung verdrängt (vgl. § 30 RN 38). Unterbleibt die Haupttat, so ist straflos, wer die Tat nur psychisch unterstützen wollte (Straflosigkeit der versuchten Beihilfe). Wer hingegen mit Anstiftervorsatz den Tatentschluß herbeiführen wollte, kann nach Abs. 2 zurücktreten, wenn er sich freiwillig und ernsthaft bemüht, die Tat zu verhindern; die Abwendung der Gefahr für die Tatbegehung ist nicht notwendig, da seine Beeinflussung im Falle der Tatvollendung sich nur als Beihilfe darstellen würde. Erkennt er dagegen, daß seine mit Anstiftervorsatz vorgenommene Beeinflussung keinerlei Eindruck auf den Anzustiftenden macht, so liegt ein fehlgeschlagener Versuch vor (ebenso Samson SK 8).

5 Für den Normalfall sind **folgende Situationen** zu unterscheiden: Wird das Ansinnen des Anstifters, ein Verbrechen zu begehen, sofort bedingungslos zurückgewiesen, so ist für einen Rücktritt kein Raum; der Anstiftungsversuch ist gescheitert (vgl. § 24 RN 19 f.); vgl. Kühl 770 f., Samson SK 8, Roxin LK 3. Erklärt sich der Angestiftete zur Tat bereit, so besteht aus der Sicht des Zurücktretenden eine Gefahr für die Durchführung der Tat, die er zB dadurch abwenden muß, daß er dem Täter die Tatausführung ausredet, das Opfer von dem geplanten Anschlag unterrichtet, die Polizei einschaltet usw. (vgl. RG **38** 225, **70** 295, BGH **4** 200 m. Anm. Maurach GA 54, 119). Denkbar ist schließlich der Fall, daß der Zurücktretende nicht sicher weiß, welchen Erfolg seine bisherigen Bemühungen zur Tatbestimmung gehabt haben; auch in diesem Fall besteht aus seiner Sicht eine Gefahr für die Tatdurchführung, weshalb er zu den genannten Maßnahmen greifen muß. Geht er allerdings davon aus, daß zur Tatbestimmung eine weitere Einflußnahme auf den Anzustiftenden notwendig sei, so genügt es, wenn er sie unterläßt. Gleiches gilt, wenn der verabredete Plan ohne Mitwirkung des Anstifters nicht verwirklicht werden kann (BGH NStZ-RR **97**, 289). In allen Fällen ist auf das (von konkreten Tatsachen getragene) Vorstellungsbild des Zurücktretenden abzustellen, weil der Normappell, die Tat zu verhindern, vernünftigerweise nur daran orientiert werden kann, welche Vorstellungen der Täter nach § 30 I vom möglichen oder tatsächlichen Erfolg seiner bisherigen Beeinflussungstätigkeit hatte (BGHR Freiwilligkeit 3, Samson SK 11, Jescheck/Weigend 706, Kühl 770, Roxin LK 5; and. wohl Tröndle 4, M-Gössel II 375f., Bottke, Rücktritt 54 ff.). Folglich kommt es auch nicht darauf an, ob der Anzustiftende ernsthaft oder nur zum Schein auf das an ihn gestellte Ansinnen einging; letzterenfalls genügt nach Abs. 2 das ernsthafte Bemühen des Zurücktretenden, die Tat zu verhindern.

Bei der **Kettenanstiftung** ergeben sich folgende Probleme: Da Abs. 1 Nr. 1 für den Rücktritt u. a. **6** die Abwendung einer etwaigen Gefahr der Tatbegehung verlangt, die Tat nach § 30 I bei der Kettenanstiftung aber in der „versuchten Anstiftung zu einem Verbrechen" besteht, fragt es sich zunächst, auf welches Verhalten sich die Gefahrabwendung beziehen muß. In Betracht kommt sowohl die Einwirkung auf den (potentiellen) Anstifter als auch dessen unmittelbare Beeinflussung des Haupttäters. Aus dem Zweck der Rücktrittsvorschriften, Rechtsgüterverletzungen zu verhindern, ist zu schließen, daß sowohl eine Abwendung der Gefahr einer Beeinflussung des Haupttäters als auch die Verhinderung der Haupttat selbst ausreichen muß (ebenso Roxin LK 14, Samson SK 12). Danach kommen folgende Situationen in Betracht: Wird das Ansinnen, einen anderen zu einem Verbrechen anzustiften, sofort bedingungslos zurückgewiesen, so ist für einen Rücktritt kein Raum; der Kettenanstiftungsversuch ist gescheitert (vgl. o. 5); Entsprechendes gilt, wenn der Angestiftete zur Anstiftung fest entschlossen ist (omnimodo facturus) und der Täter nach § 30 dies sofort erkennt (vgl. o. 4). Glaubt der Täter, das Ansinnen einer Anstiftung habe noch keinen Erfolg gehabt, so genügt es, wenn er seine weitere Beeinflussung unterläßt (vgl. o. 3). Geht er davon aus, daß der andere zur Anstiftung entschlossen, aber mit dem Haupttäter noch nicht in Kontakt getreten ist, so genügt es, wenn er ihm den Entschluß zur Anstiftung wieder ausredet oder den Haupttäter dazu bringt, das Ansinnen zur Tatbegehung zurückzuweisen. Ist nach seiner Vorstellung auch der Haupttäter schon beeinflußt oder zur Tat entschlossen, so muß er diesen von seinem Tatentschluß abbringen. In allen Fällen genügt es jedoch, wenn der Täter die Haupttat verhindert, sei es durch eine Benachrichtigung des durch die Tat Bedrohten oder der Polizei.

Kommt es in diesen Fällen zu einem strafbaren (untauglichen) Versuch des Haupttäters, so liegt **7** allerdings ein Rücktritt nach § 24 II vor. Bei Zweifeln an der Wirksamkeit bzw. der Entwicklung der Kettenanstiftung hat der Zurücktretende jeweils das zu tun, was nach seiner Vorstellung die Tat verhindert. Im übrigen gelten die o. 5 genannten Grundsätze entsprechend.

2. Bei der **Erklärung der Bereitwilligkeit**, ein Verbrechen zu begehen, genügt es, wenn der **8** Beteiligte sein Vorhaben aufgibt. Ein Widerruf wie nach § 49 a aF ist nicht mehr erforderlich (Samson SK 17). Folglich genügt auch die bloße Sinnesänderung; nicht notwendig ist, daß der Täter sich gegenüber dem Adressaten seiner Bereiterklärung lossagt. Angesichts des eindeutigen Wortlauts wird man nicht einmal verlangen können, daß er seine ursprüngliche Tatbereite auf andere Weise zu erkennen gibt, daß er nicht mehr bereit ist, die Tat auszuführen (Jakobs 772, Roxin LK 17, Samson SK 17, Bottke, Rücktritt 47 ff.; and. Jescheck/Weigend 706, Lackner/Kühl 4: „in nach außen erkennbarer Weise", Tröndle 6; B/W-Weber 687: „einfacher Widerruf"). Der Tatbereite kann also wie jeder Alleintäter beim unbeendeten Versuch durch Aufgabe des Tatentschlusses zurücktreten. Die Regelung stellt die Praktikabilität dieser Alternative im § 30 ernsthaft in Frage, weil die Aufgabe des Vorhabens anders als bei § 24 (vgl. dort RN 37 ff.) objektiv schwerer nachprüfbar ist. Beim Rücktritt des Alleintäters ist es nämlich schon zu Ausführungshandlungen gekommen, von denen der Täter jetzt Abstand nimmt, während der Entschluß des Tatbereiten vor Versuchsbeginn noch keine vergleichbaren Auswirkungen hatte. Ob ein Rücktritt als gegeben anzunehmen ist, unterliegt der freien richterlichen Beweiswürdigung, wobei Zweifel nach dem Grundsatz in dubio pro reo zu beurteilen sind. Indiz für den Rücktritt kann es sein, daß der Täter in die Wege geleiteten Vorbereitungshandlungen nicht weiter verfolgt oder mit ihnen noch nicht begonnen hat, obwohl er nach dem Verbrechensplan dazu Anlaß gehabt hätte (vgl. auch Roxin LK 18).

3. Bei der **Verabredung** muß der Täter die Tat verhindern; gleiches gilt für die **Annahme des 9 Anerbietens**. Die Erschwerung des Rücktritts entspricht § 24 II (Samson SK 18). Grundgedanke dieser Regelung ist, daß der Beteiligte das Risiko seiner Beteiligung durch die Verhinderung der Tat beseitigen muß. Kann bei der Verabredung die Tat ohne den Zurücktretenden nicht begangen werden, so genügt folglich die Verweigerung weiterer Beteiligung, um die Begehung zu verhindern, die auch in einem bloß passivem Verhalten liegen kann (BGH **32** 133 m. Anm. Kühl JZ 84, 292 u. Küper JR 84, 265, NJW **84**, 2169). Insoweit kann nichts anderes gelten als bei der nur zum Schein erfolgenden Verabredung, wenn der Täter davon ausgeht, das Verbrechen werde so nicht begangen werden können (vgl. BGH **18** 160, Roxin LK 20, Küper JZ 79, 782). Sonst muß auf andere Weise erreicht werden, daß das Verbrechen nicht zur Ausführung kommt. Erforderlich ist, daß die Tat verhindert wird. Insoweit ergeben sich Parallelen zum Rücktritt des Tatbeteiligten nach § 24 II; vgl. dort RN 73 ff. Zur Frage des Rücktritts durch Unterlassen, wenn die Tatdurchführung von weiteren Tatbeiträgen des Zurücktretenden abhängt vgl. BGH GA **74**, 243, NStZ-RR **97**, 289.

III. In allen Fällen muß der Rücktritt **freiwillig** erfolgen. Damit ist die gleiche Freiwilligkeit **10** gemeint, die auch für § 24 verlangt wird (BGH NStZ **98**, 510, wistra **93**, 190); vgl. dort RN 44. Der Täter darf also nicht durch eine wesentliche Veränderung der seine Motivation bestimmenden Faktoren zur Aufgabe des Entschlusses veranlaßt worden sein. Entscheidend sind daher die Vorstellungen des Beteiligten nach § 30. Nimmt er zB irrtümlich an, die Anstiftung habe Erfolg gehabt, während der Versuch in Wahrheit fehlgeschlagen ist, so schließt das die Freiwilligkeit und damit die Möglichkeit des Rücktritts nicht aus. Bemüht er sich nunmehr ernstlich, den Haupttäter umzustimmen, so ist er, da die Haupttat jedenfalls unterbleibt, straffrei. Mutlosigkeit als Motiv für den Rücktritt schließt dessen Freiwilligkeit ebensowenig aus wie Gewissensgründe oder Furcht vor Strafe (BGH wistra **93**, 190, Kühl 769). Hat der Täter zwei Möglichkeiten der Tatausführung erwogen, von denen die eine unmöglich wird, so kann das Absehen von der zweiten freiwillig sein (BGH **12** 306). Bleibt zweifelhaft, ob der Täter freiwillig gehandelt hat, so ist er ebenfalls straflos (BGH GA **63**, 126). Unfreiwillig ist dagegen die Verhinderung eines Meineides, die nur deswegen erfolgt, weil der Anstifterbrief dem Prozeßgegner in die Hände gefallen ist (Tübingen DRZ **49**, 44).

10 a   In allen Alternativen muß das Vorhaben **endgültig** aufgegeben werden. Eine vorübergehende Zurückstellung der Ausführung genügt ebensowenig wie die Aufgabe einer bestimmten Art der Tatausführung (BGH NStZ-RR **97**, 133 [Schreckschußpistole statt Chloroform]).

11   **IV.** Dem Rücktrittsverhalten nach Abs. 1 steht das freiwillige und **ernsthafte**, aber **erfolglose Bemühen** darum gleich (Abs. 2), sofern die Tat unabhängig von seinem früheren Verhalten begangen wird (vgl. Samson SK 14 ff.). Zur Freiwilligkeit vgl. § 24 RN 44. **Ernsthaftigkeit** bedeutet, daß der Täter alles getan haben muß, was nach seiner Überzeugung und nach seinen Kräften geeignet erscheint, den Erfolg abzuwenden oder die Begehung der Tat zu verhindern (vgl. § 24 RN 72). Unterbleibt die Tat zwar, aber nicht, weil der Täter sie verhindert, so würde er, auch ohne jede Schuld an ihrem Mißerfolg, strafbar sein. So zB wenn der Anstifter einen omnimodo facturus umzustimmen versucht. Ernsthaftigkeit erfordert auch, daß der Täter andere Maßnahmen ergreift, wenn er merkt, daß das bisher Getane nicht ausreicht (BGH GA **65**, 283, Bay JR **61**, 270 Roxin Lenckner-FS 281). Die Feststellung, daß das Bemühen des Täters objektiv ungeeignet war, schließt die Anwendung des Abs. 2 nur im Falle völlig irrealer Verhinderungsmaßnahmen aus (vgl. § 24 RN 103). Auch ein passives Verhalten kann ein ernsthaftes Bemühen sein, wenn dadurch die Tat verhindert wird, zB das potentielle Opfer nicht veranlaßt wird, an den Ort des geplanten Mordanschlages zu gehen (BGH GA **74**, 243). Voraussetzung ist aber, daß die geplante Tat nicht zur Ausführung kommt. Wird sie begangen, so hilft das Bemühen dem Täter des § 30 nichts; er haftet dann wegen Beteiligung an ihr, nicht nur (Subsidiarität) aus § 30. Das jedoch nur unter der Voraussetzung, daß der Tatbeitrag des Teilnehmers fortwirkt. Ausnahmsweise kann auch äußeres Untätigbleiben als Rücktrittsverhalten genügen, so nämlich dann, wenn feststeht, daß ohne ihn das Vorhaben nicht durchführbar ist (BGH NStZ-RR **97**, 289, Kühl 771). Wird die Haupttat unabhängig von seinem vorausgegangenen Verhalten begangen, so kann er mangels Kausalität wegen Teilnahme dann nicht bestraft werden, wohl aber könnte § 30 Anwendung finden, da der Tatbeitrag immerhin kausal werden sollte. Auch hier tritt jedenfalls Straflosigkeit ein, wenn der Beteiligte sich um die Verhinderung ernsthaft bemüht. Vgl. zu diesen Fällen Schröder MDR **49**, 716.

12   **V.** Eine **entsprechende Anwendung** der Vorschrift kommt in den Fällen in Betracht, in denen eine Versuchs- oder Vorbereitungshandlung als selbständiger Tatbestand ausgestaltet, der Rücktritt davon aber nicht besonders geregelt ist (BGH **6** 87 für § 234 a, Roxin LK 2; and. BGH **15** 198), vgl. dazu Bottke, Methodik 340, 614 ff.

13   **VI.** Liegen die Voraussetzungen des § 31 nicht vor, weil es zB dem Täter nicht gelungen ist, die geplante Tat zu verhindern, so kann sein Abstandnehmen von der Tat oder der Versuch, die anderen von einer Tatausführung abzuhalten, bei der **Strafzumessung** berücksichtigt werden (BGH MDR/H **86**, 271).

Vierter Titel. Notwehr und Notstand

Vorbemerkungen zu den §§ 32 ff.

Übersicht

A. Rechtfertigungsgründe

1. Allgemeine Grundsätze

I. Tatbestand u. Rechtfertigung 4	VII. Teilweises Vorliegen von Rechtfertigungsgründen 22
II. Rechtfertigungsprinzipien 6	VIII. Provozierte Rechtfertigungslage 23
III. Rechtfertigungs- u. Unrechtsausschließungsgründe 8	IX. Europäische Menschenrechtskonvention 24
IV. Eingriffs- u. bloße Handlungsrechte . 9	
V. Subjektive Rechtfertigungselemente . 13	X. Rechtfertigungsgründe u. Art. 103 II GG; Maßgeblichkeit des Tatzeitrechts 25
VI. Irrtum 21	

2. Einzelne Rechtfertigungsgründe

I.	Einwilligung		29
II.	Zivilrechtliche Verträge		53
III.	Mutmaßliche Einwilligung		54
IV.	Behördliche Genehmigung		61
V.	Notwehr		64
VI.	Widerstandsrecht		65
VII.	Selbsthilfe		66
VIII.	Notstand		67
IX.	Pflichtenkollision		71
X.	Züchtigungsrecht		78
XI.	Wahrnehmung berechtigter Interessen		79
XII.	Festnahmerecht (§ 127 I StPO)		81
XIII.	Handeln auf Grund von Amtsrechten u. Dienstpflichten		83
XIV.	Rechtfertigung nach Völkerrecht		91
XV.	Besonderheit der Rechtfertigung bei Fahrlässigkeitsdelikten		92
XVI.	Soziale Adäquanz: Kein Rechtfertigungsgrund		107 a
XVII.	Bedeutung des erlaubten Risikos		107 b

B. Entschuldigungsgründe

I. Schuldausschließungs- und Entschuldigungsgründe ... 108
II. Grundprinzipien der Entschuldigung . 110
III. Einzelne Entschuldigungsgründe, u. a. übergesetzlicher entschuldigender Notstand, Glaubens- und Gewissensfreiheit, Handeln auf dienstliche Weisung ... 112
IV. Unzumutbarkeit normgemäßen Verhaltens ... 122
V. Irrtum ... 126 a
VI. Schuldminderung ... 126 b

C. Strafausschließungs- u. Strafaufhebungsgründe

I. Strafausschließungsgründe ... 127
II. Strafaufhebungsgründe ... 133
III. In dubio pro reo b. Strafausschließungs- u. -aufhebungsgründen ... 134

Stichwortverzeichnis

Absicht, als subjektives Rechtfertigungselement 16
Abwehr gerechtfertigten Handelns 9 ff.
Actio illicita in causa 23
Amtliches Handeln als Rechtfertigungsgrund 83 ff.
Anordnung, dienstliche als Rechtfertigungsgrund 87 ff., als Entschuldigungsgrund 121 f.

Differenzierungstheorie 1, 67
Duldungspflicht des Betroffenen 10 ff., 86

Eingriffsrechte 10 ff.
Einverständnis, tatbestandsausschließendes 29 ff.
Einwilligung, rechtfertigende 29 f., 33 ff.
  Dispositionsbefugnis 37
  Erklärung der – 43
  – und Einwilligungsfähigkeit 39 ff.
  – in Fremdgefährdung 102 ff.
  Gegenstand der – 34
  – und Irrtum 52
  – und Mitwirkung an Selbstverletzung 52 a
  – und Sittenwidrigkeit der Tat 37, der Einwilligung 38
  – und Stellvertretung 41, 43
  – und Willensrichtungs- bzw. erklärungstheorie 43
  – und Willensmängel 45 ff.
  Wirksamkeit der – 35 ff.

Entschuldigungsgründe 108 ff.
  – und Schuldausschließungsgründe 108 f.
  einzelne – 112 ff.
  Prinzipien der – 110 ff.
Erlaubnis, behördliche 61 ff.
Erlaubnisnorm, Rechtfertigungsgrund bei – 4
Erlaubnistatbestandsirrtum 21, teilweiser – 22
Ex ante-Beurteilung bei Rechtfertigungsgründen 10 a

Fahrlässigkeitsdelikte, Rechtfertigung bei – 92 ff.
– und Einwilligung in Gefährdungshandlungen 103 f.
– und Mitwirkung an fremder Selbstgefährdung 107
Festnahme, vorläufige 81 f.

„Gefährlicher" Befehl 90
Genehmigung, behördliche 61 ff., 130 a
Geschäftsführung ohne Auftrag 55
Glaubens- und Gewissensfreiheit als Entschuldigungsgrund? 118 ff.
– bei Begehungsdelikten 119
– bei Unterlassungsdelikten 120

Handlungsbefugnis 11

Interesse, überwiegendes und mangelndes als allgemeines Rechtfertigungsprinzip 7
Irrtum, bei Rechtfertigungsgründen 21, bei Entschuldigungsgründen 126 a, bei Strafausschließungsgründen 132

Menschenrechtskonvention, Europäische 24
Mißbräuchliche Herbeiführung einer Rechtfertigungslage 23, 63
Mutmaßliche Einwilligung 54 ff.
  Voraussetzungen der – 54 ff.
  – und entgegenstehender Wille 57
  – und Irrtum 60
  – und pflichtgemäße Prüfung 59

Notstand
  aggressiver – gem. § 904 BGB 68
  defensiver – gem. § 228 BGB 69
  entschuldigender – 114
  rechtfertigender – 67 ff.
  übergesetzlicher 115

Vorbem §§ 32 ff. 1–3   Allg. Teil. Die Tat – Notwehr und Notstand

Pflichtenkollision 71 ff.
Prüfung, pflichtgemäße 17 ff., 58, 86, 97 ff.

Rechtfertigungselemente, subjektive 13 ff.
  Kenntnis der Sachlage als – 14 f.
  besondere Absichten als – 16
  pflichtgemäße Prüfung s. dort
Rechtfertigungsgründe 4 ff.
  Eingriffs- und Handlungsrechte 9 ff.
  einzelne – 28 ff.
  Konkurrenz von – 28
  Prinzipien der – 6 f.
– und sog. Unrechtsausschließungsgründe 8
  Verhältnis zum Tatbestand 4
Rechtswidriger verbindlicher Befehl 89
Risiko, erlaubtes 11, 19, 100 ff., 107 b

Sachwehr 69
Selbsthilfe 66
Soziale Adäquanz 107 a
Strafausschließungsgründe 127 ff.
  Grundgedanken der – 128 ff.
  Irrtum bei – 132
  persönliche 131
  sachliche 131
Strafaufhebungsgründe 130, 133

Tatbestandsmerkmale, negative 5

Übergesetzlicher entschuldigender Notstand 115 ff.
Unzumutbarkeit 110 f.
– kein allgemeiner Entschuldigungsgrund 122 ff.
– bei Begehungsdelikten 124
– bei Unterlassungsdelikten 125
– bei Fahrlässigkeitsdelikten 126

Verdeckter Ermittler 85
Verfolgungshindernisse 127
Vertrag als Rechtfertigungsgrund 53
Völkerrechtliche Rechtfertigungsgründe 91

Waffengebrauch 85
Wahrnehmung berechtigter Interessen 79 f.
Widerstandsrecht 65

Ziviler Ungehorsam 79
Züchtigungsrecht 78
Zwang, Anwendung von unmittelbarem durch Vollzugsbeamte 84 ff.
Zwecktheorie 6

1 Der **4. Titel** enthält eine Reihe von **Rechtfertigungs- und Entschuldigungsgründen** – erstere in den §§ 32, 34, letztere in § 35 und, obwohl dort offengelassen, in § 33 (vgl. dort 2; zum Unterschied zu den Schuldausschließungsgründen u. 108) –, denen gemeinsam ist, daß eine besondere Notlage zur Straflosigkeit führt. Darin besteht freilich auch das einzig Gemeinsame, was die §§ 32, 34 einerseits und die §§ 33, 35 andererseits miteinander verbindet. Schon in ihrer Wertstruktur besteht entsprechend der Abschichtung von Unrecht und Schuld (vgl. 12 ff. vor § 13) zwischen Rechtfertigungs- und Entschuldigungsgründen ein grundlegender Unterschied (rechtmäßiges-rechtswidriges und nur entschuldigtes Verhalten), und verschieden sind ferner ihre Voraussetzungen, wobei sich selbst bei ihren nominell übergreifenden Elementen und Wertgesichtspunkten inhaltliche Differenzierungen im einzelnen als notwendig erweisen (vgl. etwa zur Gefahr § 34 RN 13 ff., zur Erforderlichkeit § 32 RN 35, 40, § 34 RN 18 ff., § 35 RN 11, zum Verteidigungs- bzw. Rettungswillen § 32 RN 63, § 34 RN 48, § 35 RN 16; vgl. dazu aber auch Perron aaO 1991 [u. vor 4], 100 ff.). Verschieden sind schließlich aber auch die Konsequenzen, die sich, von der unterschiedlichen rechtlichen Bewertung abgesehen, in anderer Hinsicht aus der Einordnung eines Sachverhalts als Rechtfertigungs- oder Entschuldigungsgrund ergeben: Prinzipielle Zulässigkeit von Notwehr zwar gegen eine entschuldigte, nicht aber gegen eine gerechtfertigte Tat; Möglichkeit einer Teilnahme nur bei einer entschuldigten Haupttat; unterschiedliche Behandlung des Irrtums (u. 21, 126a). Die Unterscheidung von Rechtfertigungs- und Entschuldigungsgründen, die sich erst in der neueren Rechtsentwicklung deutlich herauskristallisiert hat (vgl. dazu zB Eser in: Eser/Fletcher aaO [u. vor 4] 26 ff., 34 ff., Hassemer ebd. 175 ff., Küper JuS 87, 82 ff., Perron aaO 1988 u. aaO 1995 [u. vor 4], Roxin JuS 88, 425), ist heute als eine der stabilsten Grundpfeiler der deutschen Strafrechtssystematik" (Perron GA 89, 486) in ihrer Berechtigung nahezu unbestritten (and. von der Linde aaO [u. vor 4]; mit Recht krit. dazu Perron GA 89, 489 ff.). Zum **Ausland** und der Unterscheidung zwischen Rechtfertigung und Entschuldigung dort vgl. die zahlreichen Beiträge in Eser u. a. (Hrsg.) u. vor 4 und zuletzt Tiedemann, Lenckner-FS 426 ff., speziell zum spanischen Recht auch Perron aaO (u. vor 4).

2 Die §§ 32–35 erfassen nur einen Teil der Rechtfertigungs- und Entschuldigungsgründe. Dies gilt schon im Hinblick auf den Notstand: Vorschriften über den rechtfertigenden Notstand enthalten außer § 34 zB auch die §§ 228, 904 BGB (u. 68 f.), und auch der entschuldigende Notstand wird durch § 35 nicht erschöpfend geregelt, da daneben noch ein übergesetzlicher entschuldigender Notstand anzuerkennen ist (u. 115). Völlig außerhalb des 4. Titels sind ferner die sonstigen Rechtfertigungsgründe geblieben, die sich nicht oder nur in einem weiteren Sinn als Notrechte darstellen und die vom Gesetz zT überhaupt nicht oder wegen des besonderen Sachzusammenhangs an anderer Stelle geregelt worden sind (vgl. im einzelnen u. 28 ff.). In einem anderen Zusammenhang hat das Gesetz schließlich auch die Schuldausschließungsgründe behandelt, die sich aus einem unvermeidbaren Verbotsirrtum (§ 17) oder der Schuldunfähigkeit des Täters (§§ 19, 20) ergeben.

3 Umstände, die zur Straflosigkeit führen, sind ferner die **Strafausschließungsgründe** und **Strafaufhebungsgründe.** Auch sie sind, obwohl sie zT ebenfalls auf einer notstandsähnlichen Lage beruhen (vgl. § 258 VI), wegen des besonderen Sachzusammenhangs an anderer Stelle geregelt. Mit den Rechtfertigungs- und Entschuldigungsgründen haben sie nur gemeinsam, daß auch sie eine Bestrafung ausschließen; i. U. zu diesen knüpfen sie jedoch an eine rechtswidrige und schuldhafte Tat an, bei der infolge besonderer Umstände lediglich das Strafbedürfnis entfällt (vgl. 13 vor § 13 sowie u.128).

A. Rechtfertigungsgründe

1. Allgemeine Grundsätze

Schrifttum: Alwart, Der Begriff des Motivbündels im Strafrecht, GA 83, 433. – *Cortes Rosa,* Die Funktion der Abgrenzung von Unrecht u. Schuld im Strafrechtssystem, in: Schünemann, Figueíredo Dias, Bausteine des europäischen Strafrechts, 1995, 183. – *Engisch,* Die Einheit der Rechtsordnung, 1935. – *Erb,* Die Schutzfunktion des Art. 103 II GG bei Rechtfertigungsgründen, ZStW 108, 266. – *Eser/Fletcher* (Hrsg.), Rechtfertigung und Entschuldigung. Rechtsvergleichende Perspektiven, Bd. I 1987, Bd. II 1988. – *Eser/ Perron* (Hrsg.), Rechtfertigung und Entschuldigung III, 1991. – *Eser/Nishihara* (Hrsg.), Rechtfertigung und Entschuldigung IV, 1995. – *Frisch,* Vorsatz und Risiko, 1983. – *ders.,* Grund- u. Grenzprobleme des sog. subjektiven Rechtfertigungselements, Lackner-FS 113. – *Gallas,* Zur Struktur des strafrechtlichen Unrechtsbegriffs, Bockelmann-FS 155. – *Gössel,* Überlegungen zum Verhältnis von Norm, Tatbestand u. Irrtum über das Vorliegen eines rechtfertigenden Sachverhalts, Triffterer-FS 95. – *Günther,* Strafrechtswidrigkeit und Strafunrechtsausschluß, 1983 (zit.: aaO). – *ders.,* Rechtfertigung in einem teleologischen Verbrechenssystem, in: Eser/Fletcher aaO I 363. – *ders.,* Die Auswirkungen familienrechtlicher Verbote auf das Strafrechtssystem, H. Lange-FS (1992) 877. – *ders.,* Klassifikation der Rechtfertigungsgründe im Strafrecht, Spendel-FS 189. – *ders.,* Mordunrechtsmindernde Rechtfertigungselemente, JR 85, 268. – *Hassemer,* Prozedurale Rechtfertigungen, Mahrenholz-FS 731. – *ders.,* Freistellung des Täters aufgrund von Drittverhalten, Lenckner-FS 97. – *Heinitz,* Zur Entwicklung der Lehre von der materiellen Rechtswidrigkeit, Eb. Schmidt-FS 266. – *Hellmann,* Die Anwendbarkeit der zivilrechtlichen Rechtfertigungsgründe im Strafrecht, 1987. – *Herzberg,* Handeln in Unkenntnis einer Rechtfertigungslage, JA 86, 190. – *ders.,* Die Sorgfaltswidrigkeit im Aufbau der fahrlässigen und vorsätzlichen Straftat, JZ 87, 536. – *ders.,* Erlaubnistatbestandsirrtum und Deliktsaufbau, JA 89, 243, 294. – *Hirsch,* Strafrecht und rechtsfreier Raum, Bockelmann-FS 89. – *ders.,* Rechtfertigungsgründe und Analogieverbot, Zong Uk Tjong-GedS (1985) 50. – *ders.,* Die Stellung von Rechtfertigung u. Entschuldigung im Verbrechenssystem usw., in Eser/Perron aaO (s. o.), 27. – *Hruschka,* Extrasystematische Rechtfertigungsgründe, Dreher-FS 189. – *ders.,* Der Gegenstand des Rechtswidrigkeitsurteils nach heutigem Strafrecht, GA 80, 1. – *Jungclaussen,* Die subjektiven Rechtfertigungselemente beim Fahrlässigkeitsdelikt usw., 1987. – *Kern,* Grade der Rechtswidrigkeit, ZStW 64, 255. – *Kindhäuser,* Gefährdung als Straftat, 1989. – *Küper,* Grundsatzfragen der „Differenzierung" zwischen Rechtfertigung und Entschuldigung, JuS 87, 81. – *Lampe,* Unvollkommen zweiaktige Rechtfertigungsgründe, GA 78, 7. – *Lange,* Gesetzgebungsfragen bei den Rechtfertigungsgründen, v. Weber-FS 162. – *Lenckner,* Der rechtfertigende Notstand, 1965. – *ders.,* Die Rechtfertigungsgründe und das Erfordernis pflichtgemäßer Prüfung, H. Mayer-FS 165. – *ders.,* Die Wahrnehmung berechtigter Interessen, ein „übergesetzlicher" Rechtfertigungsgrund?, Noll-GedS 243. – *ders.,* Der Grundsatz der Güterabwägung als Grundlage der Rechtfertigung, GA 85, 295. – *von der Linde,* Rechtfertigung und Entschuldigung im Strafrecht, 1988. – *Luzón,* „Actio illicita in causa" u. Zurechnung zum Vorverhalten bei Provokation von Rechtfertigungsgründen, in: Jahrb. f. Recht u. Ethik, 1994, 353 ff. – *Loos,* Zum Inhalt der subjektiven Rechtfertigungselemente, Oehler-FS 227. – *Noll,* Übergesetzliche Rechtfertigungsgründe, im besonderen die Einwilligung des Verletzten, 1955. – *ders.,* Übergesetzliche Milderungsgründe aus vermindertem Unrecht, ZStW 68, 181. – *ders.,* Die Rechtfertigungsgründe im Gesetz und in der Rechtsprechung, SchwZStr. 80, 160. – *ders.,* Tatbestand und Rechtswidrigkeit: die Wertabwägung als Prinzip der Rechtfertigung, ZStW 77, 1. – *Paeffgen,* Der Verrat in irriger Annahme eines illegalen Geheimnisses (§ 97b StGB) und die allgemeine Irrtumslehre, 1979. – *ders.,* Anmerkungen zum Erlaubnistatbestandsirrtum, A. Kaufmann-GedS 399. – *Perron,* Rechtfertigung und Entschuldigung im deutschen und spanischen Strafrecht, 1988 (zit.: aaO 1988). – *ders.,* Rechtfertigung u. Entschuldigung bei Befreiung aus besonderen Notlagen, in: Eser/Perron aaO (s. o.; zit.: aaO 1991) 79. – *ders.,* Rechtfertigung und Entschuldigung in rechtsvergleichender Sicht usw., ZStW 99, 902. – *ders.,* Die Stellung von Rechtfertigung und Entschuldigung im System der Strafbarkeitsvoraussetzungen, in: Eser/Nishihara aaO (s. o.; zit.: aaO 1995) 67. – *Priester,* Rechtsfreier Raum und strafloser Schwangerschaftsabbruch, Kaufmann-FS 499. – *Puppe,* Struktur der Rechtfertigung, Stree/Wessels-FS 183. – *Renzikowski,* Notstand u. Notwehr, 1994. – *Röttger,* Unrechtsbegründung u. Unrechtsausschluß, 1993. – *Roxin,* Kriminalpolitik und Strafrechtssystem, 2. A. 1973. – *ders.,* Rechtfertigungs- und Entschuldigungsgründe in Abgrenzung von sonstigen Strafausschließungsgründen, JuS 88, 425. – *Rudolphi,* Die pflichtgemäße Prüfung als Erfordernis der Rechtfertigung, Schröder-GedS 73. – *ders.,* Rechtfertigungsgründe im Strafrecht, A. Kaufmann-GedS 371. – *Runte,* Die Veränderung von Rechtfertigungsgründen durch Rechtsprechung u. Lehre, 1991. – *Schmidhäuser,* Der Unrechtstatbestand, Engisch-FS 433. – *ders.,* Zum Begriff der Rechtfertigung im Strafrecht, Lackner-FS 77. – *U. Schroth,* Die Annahme und das „Für-Möglich-Halten" von Umständen, die einen anerkannten Rechtfertigungsgrund bilden, Kaufmann-FS 595. – *Schünemann,* Die Abgrenzung von Unrecht u. Schuld, in: ders./Figueíredo Dias, Bausteine des europäischen Strafrechts, 1995, 149. – *Stratenwerth,* Prinzipien der Rechtfertigung, ZStW 68, 41. – *Triffterer,* Zur subjektiven Seite der Tatbestandsausschließungs- und Rechtfertigungsgründe, Oehler-FS 209. – *Waider,* Die Bedeutung der Lehre von den subjektiven Rechtfertigungselementen usw., 1970. – *Warda,* Zur Konkurrenz von Rechtfertigungsgründen, Maurach-FS 143. – *Wolter,* Objektive und personale Zurechnung von Verhalten, Gefahr und Verletzung in einem funktionalen Straftatsystem, 1981. – *Zielinski,* Handlungs- und Erfolgsunwert im Unrechtsbegriff, 1973.
Zum älteren Schrifttum vgl. die 24. A.; über weitere Schrifttumsnachweise zu den einzelnen Rechtfertigungsgründen vgl. u. vor 29, 54, 61, 71, 83, 92, ferner die Angaben zu §§ 32 und 34.

4 I. Tatbestand und Rechtfertigung. Die Rechtfertigung tatbestandsmäßigen Verhaltens (zum Begrifflichen vgl. Schmidhäuser, Lackner-FS 77) ergibt sich daraus, daß der dem Tatbestand zugrundeliegenden generellen Verbots- bzw. Gebotsnorm andere, ihr vorgehende Normen gegenübertreten, die das Verbot (Gebot) bzw. die aus ihr folgende Pflicht für den Einzelfall aufheben oder jedenfalls nicht wirksam werden lassen, indem sie das rechtsgutsverletzende Verhalten ausnahmsweise gestatten oder u. U. sogar gebieten (zB gesetzlich angeordneter Freiheitsentzug; vgl. dazu aber auch Armin Kaufmann, Klug-FS 280). Gemessen an den allgemeinen Verboten und Geboten stellen sich diese „Gegennormen" als **„Erlaubnisnormen"** dar (vgl. 49 vor § 13; krit. zur Terminologie Freund 72). Ihr sachliches Substrat sind die Rechtfertigungsgründe, die mithin – entsprechend den Verbotstatbeständen – **besondere Erlaubnistatbestände** enthalten (vgl. auch 45 f. vor § 13), wobei das damit gegebene „Dürfen" ebenso wenig wie das Verbotensein (vgl. 51 vor § 13) nicht mehr steigerungsfähig ist, weshalb es auch keine „schwächer und stärker gültige Rechtfertigungsgründe" gibt (so aber Lampe, Lenckner-FS 160).

5 Diese Sicht entspricht der wohl h. M. (vgl. zB B/W-Weber bzw. Mitsch 180, 280, Dreher, Heinitz-FS 218 ff., Hirsch LK 6, Jescheck/Weigend 322 ff., Armin Kaufmann, Normentheorie usw. [1954] 238 ff., Köhler 237, Lackner/Kühl 17, Noll ZStW 77, 8, Roxin I 501 ff., Rudolphi, A. Kaufmann-GedS 377, Stratenwerth 71, Tiedemann, in: Eser/Fletcher aaO 1009 f., Tröndle 27 vor § 13, Welzel 80, W-Beulke 83, Wolter aaO 38 ff., 134 ff.; vgl. ferner Gallas ZStW 67, 27, Hruschka, Dreher-FS 189 ff., GA 80, 1, Kindhäuser aaO 106 f., Renzikowski aaO 128 ff. u. krit. Schmidhäuser 285 f.). Konstruktiv anders verfährt hier die Lehre von den *Rechtfertigungsgründen als negativen Tatbestandsmerkmalen* (vgl. 15 ff. vor § 13), ohne daß dies, was die Feststellung der Rechtswidrigkeit betrifft, iE jedoch praktische Konsequenzen hätte (vgl. näher dazu und zum Verhältnis von Tatbestand und Rechtswidrigkeit 15 ff., 46 f. vor § 13). Zu der gleichfalls von der h. M. abweichenden Lehre von den *„echten Strafunrechtsausschließungsgründen"* u. 8.

6 II. Umstritten ist, auf welche **allgemeinen Prinzipien** die Rechtfertigungsgründe zurückzuführen sind bzw. ob es ein solches Prinzip mit genügender Aussagekraft überhaupt gibt. Nach den *„monistischen"* Theorien ist es ein einheitliches Grundprinzip, auf dem alle Rechtfertigungsgründe beruhen. Hierher gehört insbes. die sog. Zwecktheorie, nach der die Tat nicht rechtswidrig ist, wenn sie sich als die Anwendung des angemessenen (rechten) Mittels zur Verfolgung eines rechtlich anerkannten Zwecks darstellt (Dohna, Die Rechtswidrigkeit usw. [1905] 48, Recht und Irrtum [1925] 14, Liszt/Schmidt 187). Monistisch ist ferner die Deutung aller Rechtfertigungsgründe unter dem einheitlichen Gesichtspunkt des „Mehr-Nutzen-als-Schaden"-Prinzips (Sauer AT 56), der „Beachtung des vorgehenden Gutsanspruchs" (Schmidhäuser 288, I 134, ferner Röttger aaO 244 ff.), der „sozial richtigen Regulierung von Interessen und Gegeninteressen" (Roxin I 517, aaO 15, JuS 88, 426), des Vorliegens einer durch eine „Wertabwägung" zu lösenden „Wertkollision" (Noll ZStW 77, 9; vgl. auch Übergesetzliche Rechtfertigungsgründe usw. 75 sowie ZStW 68, 183, SchwZStr 80, 160 ff.). Demgegenüber arbeiten die *„pluralistischen"* Theorien mit einer Mehrheit allgemeiner Rechtfertigungsprinzipien, wobei als solche vor allem genannt werden: das „Prinzip des mangelnden Interesses" und das „Prinzip des überwiegenden Interesses" (bzw. des „mangelnden" und des „überwiegenden Schutzbedürfnisses"; vgl. insbes. Mezger Lehrb. 207, 225, GS 89, 270, ferner Eser in: Eser/Fletcher aaO 48 f., Freund 63 f. [mangelndes Interesse als Unterfall der Wahrung überwiegender Interessen], Lenckner, Notstand 134; ähnl. Blei I 130: Prinzipien des „mangelnden Unrechts" und des „überwiegenden Rechts"), die Prinzipien des „überwiegenden Gegeninteresses" und der „kumulativen Interessenbefriedigung" (B/W-Mitsch 298), der „Verantwortung durch das Eingriffsopfer", der „Interessendefinition durch das Opfer" und das „Solidaritätsprinzip" (Jakobs 350) sowie die „Güterabwägungs"- und der „Zweckgedanken" (Jescheck/Weigend 325). Krit. zu diesen Systematisierungsversuchen Hirsch LK 48 (vgl. aber auch in: Eser/Perron aaO 48), M-Zipf I 342.

7 Im wesentlichen sind es *zwei Grundsituationen*, auf die sich die Rechtfertigungsgründe zurückführen lassen (vgl. Dreher, Heinitz-FS I 218, Lenckner, Notstand 135, M-Zipf I 341): Entweder das Interesse am Schutz des verletzten Rechtsguts gerät in Widerstreit mit anderen wichtigeren Interessen und wird durch diese verdrängt (Notwehr, Notstand usw.), oder es entfällt deshalb, weil nach der alten Regel „volenti non fit iniuria" für das Recht kein Anlaß besteht, ein Gut gegen einen bestimmten Eingriff zu schützen, wenn es sein Inhaber gegen diese Verletzung in der konkreten Situation nicht geschützt wissen will (Einwilligung, mutmaßliche Einwilligung; dazu, daß diese nicht gleichfalls als eine durch eine Interessenabwägung zu lösende Wertkollision gedeutet werden können, vgl. Lenckner GA 85, 302 f.; and. Geppert ZStW 83, 952, Noll, Übergesetzliche Rechtfertigungsgründe usw. 74 ff., ZStW 77, 15, Rudolphi, A. Kaufmann-GedS 392 f., Schlehofer, Vorsatz u. Tatabweichung [1996], 70). Diese beiden Grundtypen sind es auch, die in dem System Mezgers (o. 6) wiederkehren, wonach die Rechtfertigungsgründe entweder auf dem Prinzip des **überwiegenden Interesses** beruhen (zu dem von Günther SK 49 insoweit Erfordernis eines „wesentlichen" Überwiegens vgl. § 34 RN 45) oder auf dem des **mangelnden Interesses**. In der Tat können die allermeisten Rechtfertigungsgründe mit dem einen oder anderen Prinzip erklärt werden (vgl. näher Lenckner Notstand 130 ff.), wobei die Wahrung überwiegender Interessen allerdings nicht mit dem Schutz des höherrangigen Guts gleichgesetzt werden darf, weil die „positiven und negativen Vorzugstendenzen" bei einem Interessenkonflikt nicht allein durch den abstrakten Wert der beteiligten Güter, sondern darüber hinaus noch durch zahlreiche weitere Faktoren bestimmt werden (vgl. näher dazu Lenckner GA 85, 295 ff., Noll-GedS 284 ff.; krit. Renzikowski aaO 35 ff.). Nur bei der faktischen Unmöglichkeit allseitiger Normerfüllung

Rechtfertigungsgründe **8 Vorbem §§ 32 ff.**

im Fall der Pflichtenkollision genügt – insoweit ein weiteres Rechtfertigungsprinzip – anstelle des Schutzes überwiegender Interessen bereits der eines *gleichwertigen Interesses* (u. 71 ff., Lenckner GA 85, 304 ff.; weitergehend Küper, Grund- u. Grenzfragen der rechtfertigenden Pflichtenkollision usw. [1979], 91 ff.). Auch die Zwecktheorie (o. 6), die an sich mit Recht beansprucht, die oberste Zusammenfassung aller Rechtfertigungsgründe zu sein, führt, wenn sie in ihre einzelnen Elemente aufgelöst wird, zu diesen Rechtfertigungsprinzipien (Lenckner, Notstand 133 ff.). Freilich gelangt man durch eine solche Systembildung, wie immer sie auch aussehen mag, stets nur zu mehr oder weniger *formalen* Maximen, die als solche noch nichts aussagen und daher erst der Ausfüllung bedürfen. Hier können es dann von Rechtfertigungsgrund zu Rechtfertigungsgrund verschiedene und vom Gesetz in unterschiedlichem Umfang konkretisierte Wertgesichtspunkte sein, die darüber entscheiden, ob sich die Tat als Wahrnehmung „überwiegender Interessen" oder als das „angemessene" Mittel zum „rechten" Zweck darstellt (vgl. näher Lenckner GA 85, 295 ff.). Zwar lassen sich diese Gesichtspunkte alle auf eine begrenzte Zahl sozialer Ordnungsprinzipien zurückführen (Güterabwägungs-, Autonomie-, Rechtsbewährungs-, Veranlasserprinzip usw.; vgl. dazu Roxin I 518 f., aaO 26 ff., Rudolphi, A. Kaufmann-GedS 393 ff., speziell zum Autonomieprinzip u. zur Verteilung von Autonomie im Hinblick auf ein Drittverhalten Hassemer, Lenckner-FS 107 ff., Stratenwerth ZStW 68, 41, zu prozeduralen Rechtfertigungen Hassemer, Mahrenholz-FS 731 ff.; gegen die Einbeziehung von überindividuellen Interessen aber Runte aaO 346 ff.). Da diese jedoch bei den einzelnen Rechtfertigungsgründen in sehr unterschiedlicher Weise zusammenspielen und weil sie zT selbst wieder in hohem Maße ausfüllungsbedürftig sind, sind dem Versuch einer *materialen* Systembildung von vornherein Grenzen gesetzt (vgl. auch Günther SK 74). Auch können solche (Teil-)Prinzipien ein richtig verstandenes Grundprinzip des überwiegenden Interesses niemals „modifizieren" (so aber Rudolphi aaO 395 f. zum Veranlasserprinzip), sondern immer nur konkretisieren.

III. Eine tatbestandsmäßige Handlung ist entweder **rechtswidrig oder gerechtfertigt;** eine dritte **8** Möglichkeit iS einer nicht rechtmäßigen, aber auch nicht rechtswidrigen, sondern nur **„unverbotenen"** Handlung, bei der sich das Recht einer Wertung enthält, ist nicht anzuerkennen (vgl. zB B/W-Mitsch 281, Eser/Burkhardt I 111, Günther aaO 263 f., SK 55 f., Hirsch LK 18, 64, Bockelmann-FS 89 u. in: Eser/Perron aaO 40, Jescheck/Weigend 333, Lenckner, Notstand 15 ff., M-Zipf I 338, Renzikowski aaO 172 ff., Roxin I 511 ff., JuS 88, 429 f.; and. – mit Unterschieden im einzelnen – zB Arthur Kaufmann, Maurach-FS 327, JZ 92, 983 f. – gegen diesen eingehend Hirsch aaO 96 ff. –, Otto, Pflichtenkollision und Rechtswidrigkeit, Nachtr. 1978, 122 ff., Priester aaO, Schild JA 78, 449, 570, 631 u. 82, 585 ff.). Es kann dahingestellt bleiben, ob und inwieweit es sonst für menschliches Verhalten einen „rechtsfreien Raum" gibt; im Bereich tatbestandsmäßigen Verhaltens jedenfalls muß jeder Ausnahme von der zunächst generellen Verbotsnorm eine entsprechende Wertung vorausgegangen sein, was eine rechtliche Indifferenz aber gerade ausschließt. Auch die Begriffe „Rechtfertigungsgrund", „Unrechtsausschließungsgrund", „Gründe, welche die Rechtswidrigkeit beseitigen" bezeichnen insoweit ebenso wie im Folgenden ein und dasselbe Phänomen, in sachlicher Unterschied ist damit nicht verbunden. – Nicht anzuerkennen ist aber auch die neuere, an eine besondere „Strafrechtswidrigkeit" anknüpfende Unterscheidung zwischen **Rechtfertigungsgründen** („unechte Strafunrechtsausschließungsgründe") und („echten") **„Strafunrechtsausschließungsgründen"**, von denen nur die ersteren allgemeine, Recht und Unrecht abgrenzende Rechtfertigungsgründe sein sollen (§§ 32, 34), während die letzteren, also die Erlaubnistatbestände, lediglich die Funktion haben sollen, das strafrechtliche Unrecht unter die Schwelle der Strafwürdigkeit zu senken (so Günther aaO 253 ff. u. pass., SK 29, 39 ff., 50 ff., 61 ff., 65 ff., Spendel-FS 189, H. Lange-FS 895 ff., JR 85, 275 sowie in: Eser/Fletcher aaO I 363 ff.; vgl. auch Amelung JZ 82, 619, Die Einwilligung usw., 1981, 56 f., B/W-Mitsch 293, Armin Kaufmann, Klug-FS 291, Kratzsch, Verhaltenssteuerung usw. 1985, 324, Küper JZ 83, 95, Perron aaO 1995, 83, Lenckner-FS 234, Reichert-Hammer, Politische Fernziele u. Unrecht [1991] 231 ff., JZ 88, 618 f., Renzikowski aaO 130, Schild AK 121 f. vor § 13, Schlehofer [o. 7] 73 ff., Schünemann aaO 175 ff., GA 85, 352, Sternberg-Lieben u. vor 29 aaO 176 ff.). Als Beispiele dafür werden u.a. genannt die §§ 193, 240 II (Günther aaO 309 ff., 322 f., SK 52, 77), die Indikationen des § 218a (aaO 314 ff.), die notstandsähnliche Lage (aaO 326 ff., SK 53), die Pflichtenkollision (aaO 331 ff.), der Nötigungsnotstand (aaO 335 ff.), die (mutmaßliche) Einwilligung (aaO 347 ff.) und das Züchtigungsrecht bzw. Erzieherprivileg des Lehrers (aaO 353 ff., SK 63, 69, H-Lange-FS 899; zum Ganzen vgl. u. a. auch Spendel-FS 195 ff.). Gegen diese Lehre spricht jedoch: Zwar ist nicht alles, was verboten ist, deshalb zugleich strafwürdiges Unrecht (vgl. 51 vor § 13); ist aber der – ggf. auch durch eine teleologische Reduktion einzuschränkende – Tatbestand erfüllt, so kann auch strafrechtliches Unrecht nur noch ausgeschlossen werden, wenn das zugrundeliegende Verbot durch eine Erlaubnisnorm aufgehoben ist, während im übrigen aus dem mit dem Tatbestand gegebenen vollständigen „Strafrechtstypus" komplettes „Strafrecht" wird, von dem Abstriche iS eines „echten Strafrechtsausschlusses" nicht mehr möglich sind. Auch ein auf den Binnenbereich des Strafrechts beschränkten Unrechtsausschluß, bei dem das fragliche Verhalten rechtswidrig bleibt, kann es mithin nicht geben. Bestätigt wird dies durch die o. aufgeführten Beispiele: Während bei § 240 II richtigerweise den Tatbestand betrifft (vgl. 66 vor § 13, § 240 RN 16; vgl. auch Günther SK 52: „Tatbestandseinschränkungsgrund"), der Nötigungsnotstand dagegen erst die Schuld (vgl. § 34 RN 41 b, § 35 RN 11), greift in den übrigen Fällen die Deutung als „echter Strafunrechtsausschließungsgrund" in dem genannten Sinn teils zu kurz, teils zu weit. So geht es bei § 193 nicht nur um die Voraussetzungen,

Lenckner 545

unter denen das Strafrecht unter Strafwürdigkeitsgesichtspunkten auf seine (strafrechtsspezifische) Mißbilligung der Tat ausnahmsweise verzichtet; enthalten ist dort vielmehr – dies nicht anders als bei den „unechten Strafrechtsausschließungsgründen" iS von Rechtfertigungsgründen – eine Ausnahme von dem den Ehrverletzungstatbeständen zugrunde liegenden Verbot und damit – dies mit entsprechenden Konsequenzen für das Zivilrecht – ein allgemeines rechtliches *Dürfen,* was sich von selbst versteht, soweit § 193 nur noch ein Anwendungsfall des Art. 5 GG ist, aber auch im Hinblick auf § 186 gilt, wo nach § 193 ehrenrührige Behauptungen unter bestimmten Voraussetzungen auf die Gefahr hin aufgestellt werden dürfen, daß sie sich hinterher nicht als wahr erweisen (vgl. § 193 RN 8, ferner u. 11, 79; daß § 193 als tatbestandsspezifischer Rechtfertigungsgrund auf einen engen Anwendungsbereich beschränkt ist [Günther, Spendel-FS 196], steht der Annahme einer über das Strafrecht hinausreichenden Erlaubnisnorm ebensowenig entgegen wie die – hier schon in ihrem Wortlaut eindeutige [„. . . nicht rechtswidrig"] – Regelung des § 201 II 3). Ebenso fehlt bei Schwangerschaftsabbrüchen unter den Voraussetzungen einer anerkannten Indikation (vgl. § 218 a aF, § 218 a II, III nF, BVerfGE **88** 203 [204, 256, 299]) nicht nur das „Strafunrecht", sondern sie *dürfen* vorgenommen werden, weil das Gesetz hier – ob aus guten Gründen oder nicht – die Interessen am Schutz des Embryos denen der Frau nachgeordnet hat (während es bei einem mit einer entsprechenden Tatbestandseinschränkung verbundenen Fristenmodell – vgl. BVerfG aaO 273 f., 279, 300 – der hier an sich möglichen Konstruktion eines „echten Strafrechtsausschlusses" gar nicht erst bedarf; vgl. dazu im übrigen § 218 a RN 22). Nicht anders verhält es sich zB bei der Kollision zweier gleichwertiger Handlungspflichten: Auch hier ist nicht erst das „Strafunrecht" zu verneinen, sondern die Rechtswidrigkeit, weil es andernfalls dabei bliebe, daß von Rechts wegen jede Handlungsmöglichkeit blockiert ist (u. 71 ff.; vgl. auch Renzikowski aaO 220, Roxin, Oehler-FS 185 ff.). Umgekehrt bestimmt zB § 34 („unechter Strafrechtsausschließungsgrund") nicht nur, wann Notstandshandlungen rechtlich erlaubt sind, vielmehr werden hier, wie schon die gesamte Entwicklungsgeschichte des „strafrechtlichen" rechtfertigenden Notstands bis zurück zu RG **61** 242 zeigt, zugleich abschließend die Grenzen von „Strafunrecht" gezogen, weshalb es mit § 34 nicht vereinbar ist, wenn nach Günther aaO 326 ff., SK 53, 73 auch ein – rein quantitativ verstandenes – nicht „wesentlich" überwiegendes und u. U. sogar schon ein gleichwertiges Interesse für einen „Strafrechtsausschluß" genügen soll (vgl. dagegen auch Roxin I 662 ff., aaO 183 ff.). Ebensowenig kann sonst bei einer die Grenzen eines Rechtfertigungsgrundes nur geringfügig überschreitenden „Fastrechtfertigung" ein „echter Strafunrechtsausschluß" die Konsequenz sein, vielmehr sind solche Fälle ebenso zu bewerten wie ein „gerade noch" tatbestandsmäßiges Verhalten (vgl. 70 a vor § 13): Hier wie dort ist das kriminelle Unrecht zwar deutlich gemindert (u. 22), nicht aber – dies liefe auf eine unzulässige Gesetzeskorrektur hinaus – gänzlich ausgeschlossen, wie schon die §§ 153, 153 a StPO zeigen, die voraussetzen, daß auch geringfügiges Unrecht strafrechtlich relevantes Unrecht bleibt (vgl. Rudolphi, A. Kaufmann-GedS 376 f.). Daß in Grenzsituationen einer Rechtfertigung eine prozessuale Erledigung einer materiell-rechtlichen Lösung sogar vorzuziehen sein kann (vgl. Roxin aaO 185), gilt insbes. auch für das Züchtigungsrecht (and. auch hier jedoch Günther aaO 352 ff., Reichert-Hammer aaO), bei dem eine zweifellos unerwünschte Kriminalisierungsautomatik ohne Annahme eines „Strafrechtsausschließungsgrundes" (vgl. dazu Günther, H. Lange-FS 877 ff.) im übrigen auch nach der Neufassung des § 1631 II BGB (KindschaftsreformG v. 16. 12. 1997, BGBl. I 2942) nicht zu befürchten ist, da mit dieser körperliche Züchtungen keineswegs schlechthin ausgeschlossen werden sollten (vgl. Palandt-Diederichsen, BGB, 58. A., § 1631 RN 9). Insgesamt nach wie vor berechtigt sind schließlich auch die Rechtssicherheitsbedenken, die gegen einen am Verhältnismäßigkeitsprinzip orientierten außergesetzlichen „Strafunrechtsausschluß" sprechen (zB Rudolphi aaO 376, Weber JZ 84, 277; vgl. aber auch Günther SK 43 u. in: Eser/Fletcher aaO I 397). Zur Kritik vgl. im übrigen Bacigalupo, A. Kaufmann-GedS 467 ff., Cortes Rosa aaO 205 ff., Eser/Burkhardt I 111, Hassemer NJW 84, 251, Hirsch LK 10, 64, Köln-FS 411 ff. u. in: Eser/Perron aaO 35 f., Lackner/Kühl 4, Otto I 100, Roxin I 501 f., 544, aaO 183 ff., JuS 88, 431, Rudolphi aaO 374 ff., Weber JZ 84, 276 ff., Wolter GA-FS 293; vgl. ferner auch u. 27.

9   **IV.** Trotz der bei allen Rechtfertigungsgründen übereinstimmenden Bewertung der Tat als rechtmäßig – ein weiteres positives Werturteil ist damit nicht verbunden (Hirsch LK 18) – können die **Auswirkungen für den Betroffenen** unterschiedlich sein. Zwar steht diesem mangels eines rechtswidrigen Angriffs in keinem Fall ein Notwehrrecht zu (vgl. § 32 RN 19 ff., aber auch Günther aaO 380 ff.), noch nicht gesagt ist damit aber, daß er sich auch auf § 34 nicht berufen kann, wenn er sich gegen die (rechtmäßige) Tat wehrt. Im Zusammenhang damit ist auch die weitere und umstrittene Frage zu nennen, ob die objektiven Rechtfertigungsvoraussetzungen im Zeitpunkt der Tatbegehung grundsätzlich *realiter vorliegen* müssen und damit u. U. erst ex post verifizierbar sind (vgl. Gallas aaO 167, 178 f., Jescheck/Weigend 331, Paeffgen, A. Kaufmann-GedS 419 f., Schroth aaO 605 f.; iE weitgehend auch Jakobs 288 ff.) oder ob bezüglich ihres Vorliegens auf eine objektive *ex ante-Betrachtung* abzustellen ist (vgl. zB Frisch, Vorsatz usw. 424 ff., Herzberg JZ 87, 539 f., JA 89, 247 ff., Armin Kaufmann, Welzel-FS 401, Rudolphi, Schröder-GedS 81 f., A. Kaufmann-GedS 383 ff., Wolter aaO 38, 137 ff.; vgl. ferner Freund 66, GA 91, 406 ff., Schlehofer [o. 7] 62 f., Zielinski aaO 244 ff.). Im einzelnen ist hier zu unterscheiden:

10   1. Überwiegend liegt den Rechtfertigungsgründen ein echtes **Eingriffsrecht** zugrunde (vgl. aber auch Frisch, Vorsatz usw. 424 f., Freund 72 ff., Günther aaO 158 u. pass.), nämlich immer dann, wenn

Rechtfertigungsgründe   10 a, 11 **Vorbem §§ 32 ff.**

das betroffene Gut in der konkreten Situation nicht mehr schutzwürdig ist, weil es entweder selbst *tatsächlich* nicht geschützt sein will oder weil es einem anderen, *tatsächlich* bedrohten und in concreto schutzwürdigeren Interesse geopfert werden muß (zB Einwilligung, Notwehr, Notstand usw.). In diesen Fällen wird nicht nur die Bestimmungsnorm, sondern zugleich die zu Gunsten des betroffenen Guts bestehende Gewährleistungsnorm suspendiert (vgl. 49 vor § 13), was bedeutet, daß die fragliche Rechtsgutsbeeinträchtigung auch in ihrem Ergebnis von Rechts wegen herbeigeführt werden darf, weil der mit der tatbestandsmäßigen Handlung an sich gegebene Erfolgsunwert (vgl. 57 vor § 13) seine rechtliche Relevanz verliert (Prinzip des mangelnden Interesses) bzw. durch einen entsprechenden „Erfolgswert" kompensiert wird (Prinzip des überwiegenden Interesses; vgl. aber auch Kindhäuser aaO 112, Röttger aaO 186 ff.). Hier korrespondiert daher auch das daraus folgende Eingriffsrecht mit einer entsprechenden **Duldungspflicht** des Betroffenen (vgl. auch BGH NJW 89, 2479 u. dazu Küpper JuS 90, 187 f., ferner Hirsch LK 65, Kaufmann-FS 547, Schroth aaO 606), die bei Gegenmaßnahmen auch eine Berufung auf § 34 von vornherein ausschließt (bei der Einwilligung allerdings nur für Dritte von Bedeutung, da der Betroffene selbst seine Einwilligung jederzeit widerrufen kann).

10 a Voraussetzung für das Entstehen eines solchen Eingriffsrechts und der ihr entsprechenden Duldungspflicht ist allerdings das **tatsächliche Vorliegen** der Umstände, die zum Rechtsschutzverzicht bei dem verletzten Gut bzw. zum Vorrang des durch die Tat verletzten Guts führen, bei § 32 also, daß ein gegenwärtiger rechtswidriger Angriff realiter stattfindet usw., bei der Einwilligung, daß eine solche tatsächlich erklärt wurde usw. Ist dies nicht der Fall, so kann auch eine „durchschnittlich vernünftige" oder „sachverständige", aber die tatsächlichen Gegebenheiten verfehlende *ex ante-Beurteilung* jedenfalls nicht zu einem Eingriffsrecht führen (im übrigen u. 11), weil sonst die Rechte des Betroffenen wegen der damit begründeten Duldungspflicht in unangemessener Weise eingeschränkt würden und außerdem Konflikte vorprogrammiert wären, in denen Eingriffsrecht gegen Eingriffsrecht steht (zB § 32 gegen § 34, wenn bei noch so objektiver ex ante-Beurteilung aus der Sicht des Angegriffenen nicht erkennbar ist, daß der Angreifer in Notstand handelt). Dies gilt auch, wenn Rechtfertigungsgründe Merkmale enthalten, die, wie zB beim „Fluchtverdacht" in § 229 BGB, § 127 I StPO oder bei der mutmaßlichen Einwilligung, auf eine *ex ante-Betrachtung* bezüglich eines bereits *in der Gegenwart gegebenen Sachverhalts* hinweisen, denn ein Eingriffsrecht mit einer entsprechenden Duldungspflicht – letztere bei der mutmaßlichen Einwilligung hier allerdings ohne praktische Bedeutung (vgl. aber auch u. 12) – kann es in diesen Fällen gleichfalls nur geben, wenn dieser Verdacht bzw. diese Vermutung iE tatsächlich zutrifft (tatsächliches Bestehen einer Fluchtabsicht, Übereinstimmung mit dem wirklichen Willen des Betroffenen bei der mutmaßlichen Einwilligung; vgl. im übrigen u. 11 f.). Grundlage von Eingriffsrechten kann eine ex ante-Beurteilung vielmehr nur bei Merkmalen *prognostischer Art* sein (zB „Gefahr", „Erforderlichkeit", „Geeignetheit", bei § 32 zB ob eine bestimmte Verteidigungsmaßnahme die Beendigung des Angriffs erwarten läßt), bei denen dann aber ebenfalls zu beachten ist, daß die der Prognose über die künftige Entwicklung als gegenwärtig zugrundegelegten Umstände tatsächlich gegeben sein müssen, soweit sie objektiv überhaupt erkennbar sind (vgl. zB § 32 RN 27, 34, § 34 RN 13, 18, ferner Gallas aaO 166 FN 27). Nur soweit es die Prognose selbst betrifft, ändert sich, weil niemand in die Zukunft blicken kann, am Bestehen eines Eingriffsrechts nichts, wenn sie sich ex post als falsch erweist (lediglich insoweit liegt daher auch Eingriffsrechten das Prinzip des erlaubten Risikos zugrunde). Andererseits ist für die Entstehung eines Eingriffsrechts idR aber auch nicht mehr erforderlich als die Preisgabe des verletzten Guts bzw. das Bestehen einer Konfliktslage, in der es einem schutzwürdigeren Interesse geopfert werden muß (zu den „unvollkommen zweiaktigen Rechtfertigungsgründen" vgl. jedoch u. 16). Deshalb ist das Eingriffsrecht selbst – mit der daraus folgenden Duldungspflicht des Betroffenen – auch unabhängig davon, ob der Täter den Sachverhalt, durch den es begründet wird, kennt (u. 20; and. Gallas aaO 174, 178, wonach hier zwischen Einwilligung und Notrechten zu differenzieren ist; vgl. dagegen mit Recht aber Frisch, Lackner-FS 120 f., ferner hier die 23. A.); dazu, daß die Tat bei einem Handeln in Unkenntnis dieses Sachverhalts gleichwohl rechtswidrig bleibt und als Versuch strafbar sein kann, vgl. u. 13 ff.

11 2. Etwas anderes gilt dagegen, soweit bei einzelnen Rechtfertigungsgründen kein Eingriffsrecht mit einer entsprechenden Duldungspflicht in dem o. 10 genannten Sinn, sondern nur eine schlichte **Handlungsbefugnis** besteht (zu der Unterscheidung von Handlungserlaubnis und Eingriffsbefugnis vgl. auch Gallas aaO 167 ff., Jescheck/Weigend 401, Renzikowski aaO 175 ff.; krit. dazu aber Günther aaO 269 f., SK 57, Jungclaussen aaO 125 ff., Röttger aaO 54 FN 107). Im Unterschied zu den echten Eingriffsrechten handelt es sich dabei um Fälle, in denen das fragliche Rechtsgut wegen Fehlens der o. 10 genannten Prämissen an sich schutzwürdig bleibt und seine Verletzung, von daher gesehen, iE deshalb zu Unrecht erfolgt. Gleichwohl können unter besonderen Voraussetzungen auch solche Handlungen erlaubt sein, dann nämlich, wenn ein Rechtfertigungsgrund, um bestimmte auf einen rechtlich anerkannten Zweck gerichtete Handlungen überhaupt erst zu ermöglichen, wegen der Ungewißheit der Situation an die ex ante-Beurteilung eines objektiv bereits gegebenen Sachverhalts anknüpfen muß. Anders als bei den Eingriffsrechten, deren Grundlage ein ex ante-Urteil nur bei Prognosen über eine künftige Entwicklung sein kann (o. 10 a), setzt sich hier also der Gedanke des **erlaubten Risikos** schon bei der Einschätzung einer *gegenwärtig bestehenden Sachlage* in der Weise durch, daß bestimmte Handlungen auch auf die Gefahr hin vorgenommen werden dürfen, daß sie ihren Zweck verfehlen und die dadurch bewirkte Rechtsgutsverletzung sich ex post iE als sachlich

nicht berechtigt erweist (vgl. Jescheck/Weigend 401, Lenckner, H. Mayer-FS 178 ff. u. dazu auch Eser, Lenckner-FS 49; zum Erfordernis pflichtgemäßer Prüfung u. 19, zum Unterschied zum bloßen Erlaubnistatbestandsirrtum u. 20). Tritt dieser Fall ein, so ergibt sich die Rechtfertigung zwar nicht aus einem Eingriffsrecht, wohl aber aus der genannten Handlungserlaubnis (ebenso Jescheck/Weigend aaO). Zu diesen bereits an eine ex ante-Betrachtung anknüpfenden und auf einer bloßen Handlungsbefugnis beruhenden Rechtfertigungsgründen gehören bei Vorsatztaten (zu Fahrlässigkeitsdelikten u. 100 ff.) jedoch nur diejenigen, die schon nach ihrer gesetzlichen Umschreibung oder ihrer Natur nach auf das Prinzip des erlaubten Risikos hin angelegt sind (weitergehend jedoch die o. 9 aE Genannten), wobei hier auch der begriffliche Unterschied zum objektiv nicht sorgfaltspflichtwidrigen Erlaubnistatbestandsirrtum liegt (u. 20). So kann bei der mutmaßlichen Einwilligung auch ein den wirklichen Willen des Betroffenen verfehlendes Handeln gerechtfertigt sein (u. 58), eine Freiheitsberaubung nach § 229 BGB, § 127 I StPO auch dann, wenn sich der „Verdacht" der Flucht nicht bestätigt (was i. U. zu § 32, wo der Verdacht eines Angriffs nicht genügt, damit zu erklären sein dürfte, daß es sich hier um überschaubare und zeitlich begrenzte Eingriffe handelt). Ebenso kann eine üble Nachrede (§ 186) gem. § 193 auch dann gerechtfertigt sein, wenn bereits im Zeitpunkt der fraglichen Äußerung objektiv feststeht, daß der Betroffene iE zu Unrecht in seiner Ehre verletzt wird (zB weil er die ihm nachgesagte ehrenrührige Handlung nie begangen hat, vgl. § 193 RN 8 ff.). Nach überkommener Auffassung würde hierher ferner das „Irrtumsprivileg" des Staats gehören (vgl. Jescheck/Weigend 404), wonach das Handeln von Staatsorganen bei pflichtgemäßer Prüfung der Eingriffsvoraussetzungen auch dann gerechtfertigt ist, wenn diese tatsächlich nicht gegeben sind (vgl. dazu aber auch u. 86). Es sind dies zugleich solche Fälle, in denen die Bewertungsnorm ambivalent und die Gewährleistungsnorm nicht nur ein Reflex der Bestimmungsnorm ist (vgl. 49 vor § 13). Bezogen auf den Täter ist das fragliche Verhalten ungeachtet des ihm innewohnenden, rechtlich jedoch gleichwohl erlaubten Risikos eines „Fehlschlags" kein Verstoß gegen die Verhaltensnorm, dies dann konsequenterweise zugleich mit der Folge, daß die Realisierung dieses vom Recht in Kauf genommenen Risikos in Gestalt einer tatsächlich eintretenden Rechtsgutverletzung gleichfalls hingenommen werden muß und deshalb nicht mehr als Erfolgsunrecht in Ansatz gebracht werden kann. Andererseits besteht hier aber aus der Sicht der Gewährleistungsnorm im Blick auf den Betroffenen auch kein Anlaß, diesem bei einer im Ergebnis unbegründeten Rechtsgutverletzung eine Duldungspflicht aufzuerlegen und ihm damit jeglichen Schutz zu entziehen. Was ihm hier erhalten bleibt, ist zwar nicht das Notwehrrecht (kein rechtswidriger Angriff, vgl. § 32 RN 21), wohl aber genießt der Betroffene den wenn auch begrenzten Schutz des Notstandsrechts (ebenso Jescheck/Weigend 401, iE zT auch Roxin I 544 f.; vgl. § 32 RN 21, § 34 RN 30 f.), begrenzt deshalb, weil die Voraussetzungen des § 34 strenger sind als diejenigen des § 32 (Unabwendbarkeit der drohenden Verletzung auf andere Weise, Güter- und Interessenabwägung).

12 Bei § 193 wird damit unter Vermeidung der Härten, die sich aus der Anwendung des § 32 ergeben würden, in angemessener Weise dem Anliegen der Lehre Rechnung getragen, die in § 193 einen bloßen Entschuldigungsgrund sieht (vgl. dort RN 1), um auf diese Weise dem Betroffenen die Möglichkeit von Notwehr offen zu halten. Kann dieser zB die durch § 193 gedeckte Veröffentlichung einer üblen Nachrede nicht mehr auf andere Weise verhindern (zB durch einstweilige Verfügung), so handelt er nach der hier vertretenen Auffassung zwar nicht in Notwehr, wohl aber im rechtfertigenden Notstand, wenn er in das Redaktionsbüro einbricht und das druckfertige Manuskript vernichtet (ebenso Roxin I 545; and. Renzikowski aaO 176). Entsprechendes gilt bei der mutmaßlichen Einwilligung, wenn ein Dritter, der den wahren Willen des Betroffenen kennt, dem Täter entgegentritt; auch hier muß eine maßvolle Nothilfe unter den Voraussetzungen des § 34 möglich sein. Ebenso sind bei § 229 BGB oder § 127 I StPO bei einem ex ante zwar begründeten, tatsächlich aber nicht gerechtfertigten Fluchtverdacht Fälle denkbar, in denen der Betroffene, weil für ihn wichtige Interessen auf dem Spiel stehen, die Möglichkeit haben muß, sich gegen seine Festnahme zu wehren. Zur Frage eines Notstandsrechts bei rechtmäßigen hoheitlichen Eingriffen vgl. u. 86.

13 **V. Subjektive Rechtfertigungselemente.** Umstritten ist, ob und gegebenenfalls welche subjektiven Voraussetzungen erfüllt sein müssen, damit eine vorsätzliche Tatbestandsverwirklichung gerechtfertigt ist (zu den verschiedenen Begründungsansätzen vgl. Frisch, Lackner-FS 116 ff.; zur Frage subjektiver Rechtfertigungselemente im Zivilrecht vgl. Braun NJW 98, 941). Während die Rspr. zu dieser Frage bisher nur bei einzelnen Rechtfertigungsgründen Stellung genommen hat (vgl. zB § 32 RN 63, § 34 RN 48 f., § 193 RN 23, zum Züchtigungsrecht § 223 RN 24), gibt es nach der h. M. im Schrifttum subjektive Rechtfertigungselemente bei allen Rechtfertigungsgründen, wobei freilich bezüglich ihrer Beschaffenheit und der Folge ihres Fehlens keine Einigkeit besteht (vgl. LK B/W-Mitsch 302 ff., Günther SK 87, Hirsch LK 50 ff., Jakobs 359, Jescheck/Weigend 329, Köhler 321 ff., Kühl 123 f., Lackner/Kühl 6, Lenckner, Notstand 187 ff., Loos aaO 229 ff., M-Zipf I 348, Perron aaO 1991, 112 ff., Puppe aaO, Röttger aaO 190 ff., Roxin I 538 ff., Stratenwerth 149, sowie die Nachw. u. 15 zur Frage von Versuch oder Vollendung). Teilweise wird die Existenz subjektiver Rechtfertigungselemente aber auch generell geleugnet (zB Runte aaO 307 f., 351, Spendel, Bokkelmann-FS 251 ff., Oehler-FS 197 ff., LK § 32 RN 138 ff.) oder zumindest in ihrer eigenständigen Bedeutung in Frage gestellt (Frisch aaO 126, 142 ff.) oder ihre Berechtigung nur bei einzelnen Rechtfertigungsgründen anerkannt (zB Gallas aaO 172 f., Trifterer aaO 221 ff.; zum Ganzen vgl. auch Waider aaO). Die Entscheidung dieser Frage ergibt sich zwangsläufig, wenn man davon ausgeht,

Rechtfertigungsgründe **14, 15 Vorbem §§ 32 ff.**

daß sich das Unrecht einer Tat aus dem Handlungs- und Erfolgs- bzw. Sachverhaltsunwert zusammensetzt (52 ff. vor § 13). Da sich das Vorliegen eines Sachverhalts, der unter dem Gesichtspunkt des mangelnden oder des überwiegenden Interesses eine Rechtsgutsverletzung zuläßt, lediglich beim Erfolgsunwert auswirkt (o. 10 f.), kann die Tat nur rechtmäßig sein, wenn auch ihr Handlungsunwert entfällt. Dies aber setzt voraus, daß – sozusagen als Gegenstück zu den subjektiven Tatbestandselementen – subjektive Rechtfertigungselemente zu den objektiven Rechtfertigungsvoraussetzungen hinzukommen, die so beschaffen sein müssen, daß auch der Handlungsunwert der Tat ausgeräumt wird (i. d. S. zB auch Burgstaller, Das Fahrlässigkeitsdelikt usw. 175, Jescheck/Weigend 329, M-Zipf 348, Rudolphi, Maurach-FS 58, Stratenwerth 149; vgl. auch mit einer auf die Strafbarkeit des untauglichen Versuchs gestützten Begründung Frisch aaO 124 ff.). Fehlen sie, so bleibt die Tat deshalb rechtswidrig (and. Spendel aaO: Straflosigkeit).

1. Was zunächst die inhaltlichen Voraussetzungen dieser subjektiven Rechtfertigungselemente **14** („Rechtfertigungsvorsatz") betrifft, so gilt hier der Grundsatz, daß es genügt, wenn der Täter **im Bewußtsein** der rechtfertigenden Sachlage das tut, was ihm objektiv erlaubt ist (vgl. Karlsruhe JZ **84**, 240 m. Anm. Hruschka [zu § 16 OWiG], Frisch, Vorsatz usw. 457 ff., Lackner-FS 133 f., Hruschka 437, GA 80, 15, Jakobs 360, Kindhäuser aaO 114 f., Köhler 322, Lackner/Kühl 6, Puppe aaO 195, Roxin I 539 f., Rudolphi, Maurach-FS 57, Stratenwerth 150 u. jedenfalls für die Notwehr auch Loos aaO 229 ff.; vgl. auch B/W-Mitsch 303, Kühl 123, M-Zipf I 349 [„Minimalvoraussetzung"] u. zum österreich. Recht die Nachw. b. Triffterer aaO 212; and. zB Alwart GA 83, 452, Gössel aaO 99, Hirsch LK 53, 56). Dabei steht der sicheren Kenntnis das bloße Für-Möglichhalten gleich, wenn der Täter im Vertrauen auf das Vorliegen der Rechtfertigungsvoraussetzungen handelt (vgl. Günther SK 90, Paeffgen JZ 78, 744, Schroth aaO 608, Stratenwerth 150, aber auch Arzt, Jescheck-FS 396 ff., Frisch, Vorsatz usw. 449 f., Lackner-FS 134, Jakobs 363 f.; für bloßen Schuldausschluß oder -minderung bei einem Handeln in ungewisser Vorstellung und unter Entscheidungszwang Warda, Lange-FS 126 ff.; vgl. auch § 32 RN 28). Nicht erforderlich ist dagegen – von allerdings nur scheinbaren Ausnahmen abgesehen (u. 16) – eine besondere Intention iS eines Handelns zum Zweck der Ausübung der verliehenen Befugnis (so aber zB Hirsch LK 53, 56 [„Zweck der Angriffsabwehr" usw.], ferner die Nachw. zu § 32 RN 63), da es zur Neutralisierung des schon durch den gewöhnlichen Vorsatz begründeten Handlungsunwerts keiner weitergehenden „Rechtfertigungsabsicht" bedarf (vgl. Burgstaller, Das Fahrlässigkeitsdelikt usw. 175 f., Frisch, Lackner-FS 135 ff., Jakobs 360, Prittwitz GA 80, 386, Jura 84, 80, Stratenwerth 150, iE auch Alwart aaO 450, 453; dazu, daß eine solche auch nicht den Worten „um ... abzuwenden" in § 34 entnommen werden kann, vgl. dort RN 47). Nicht notwendig ist aber auch, daß das Handeln des Täters durch die Situation motiviert ist, aus der seine Befugnis erwächst (für ein solches „rückschauendes Weil-Motiv" als subjektives Rechtfertigungselement jedoch Alwart aaO 452 ff., iE weitgehend auch Röttger aaO 208 ff., 285; dagegen mit Recht Frisch aaO 137 f., Roxin I 541 f.). Nicht verlangt werden kann daher zB, daß der Täter „aufgrund der Einwilligung" handelt (u. 51), und ebenso sind zB Rechtsgutsverletzungen in Notwehr nicht erst dann „erlaubt", wenn der Täter handelt, weil er angegriffen wird" (Alwart aaO; vgl. auch Gössel aaO): Sie sind dies vielmehr schon deshalb, weil er das Notwehrrecht hat, das ihm bereits wegen des rechtswidrigen Angriffs eingeräumt ist; auf die Gründe, aus denen er von diesem Recht Gebrauch macht – ob also (auch) wegen des Angriffs –, kann es dann nicht mehr ankommen, weil das Motiv desjenigen, der sich mit seinem Handeln objektiv in den Grenzen des Rechts hält, hier wie sonst rechtlich ohne Bedeutung ist. Nur wenn damit nicht eine besondere Absicht oder ein besonderes Motiv verbunden wird, ist es daher auch unbedenklich, wenn als subjektives Rechtfertigungselement der „Wille zur Rechtsausübung" (Günther SK 93), bei der Notwehr zB der „Verteidigungswille" oder beim Notstand (§ 34) der „Rettungswille" genannt wird (vgl. § 32 RN 63, § 34 RN 48).

Eine andere, auch unter den Befürwortern subjektiver Rechtfertigungselemente umstrittene Frage **15** ist es, ob bei einem – deswegen rechtswidrigen – Handeln in **Unkenntnis** einer objektiv gegebenen Rechtfertigungssituation (bzw. beim Inkaufnehmen ihres Nichtvorliegens) wegen **vollendeter Tat** oder nur wegen **Versuchs** zu bestrafen ist (zB Schwangerschaftsabbruch in Unkenntnis einer rechtfertigenden Indikation; für *Vollendung* zB BGH **2** 114 [Notstand], Alwart GA 83, 454 f., Gössel aaO 99, Hirsch LK 59 ff., Paeffgen aaO 156, A. Kaufmann-GedS 421 ff., Schmidhäuser 292, I 137, R. Schmidt JuS 63, 65, Tröndle JR 52, 14, § 34 RN 18, Zielinski aaO 259 f., zT auch Gallas aaO 172 ff.; für *Versuch* zB KG GA **75**, 213, B/W-Mitsch 304, Eser/Burkhardt I 132, Freund 69, Frisch, Lackner-FS 127 f., 138 ff., Gropp 444, Günther SK 91, Herzberg JA 86, 190 ff., Hruschka GA 80, 16 f., Jakobs 361, Jescheck/Weigend 330, Kühl 124, Lackner/Kühl § 22 RN 16, Lenckner, Notstand 192 ff., M-Zipf I 350, Otto I 240 f., Roxin I 542 f., Offene Tatbestände usw. 161, Rudolphi, Maurach-FS 58, A. Kaufmann-GedS 380, Schaffstein MDR 51, 199, Stratenwerth 151, Wolter aaO 134 f. und für das Handeln „nach ärztlicher Erkenntnis" in § 218 a aF auch BGH **38** 155 [vgl. dazu § 218a RN 36]; zum österreich. Recht vgl. die Nachw. b. Triffterer aaO 213 f., 225). Richtig ist es, hier die Versuchsregeln jedenfalls entsprechend anzuwenden (für unmittelbare Anwendung zB Frisch aaO 138 f., Herzberg JA 86, 193, Prittwitz Jura 84, 76, Schünemann GA 85, 373), womit zugleich der o. 13 dargestellte Theorienstreit an Bedeutung verliert, weil auch die Gegner subjektiver Rechtfertigungselemente ganz überwiegend zur Versuchsstrafbarkeit gelangen (and. aber zB Spendel aaO [o. 13]: Straflosigkeit). Mit dem untauglichen Versuch hat die vorliegende Situation bei einem objektiv gegebenen Eingriffsrecht (o. 10 f.) – die Fälle einer bloßen Handlungsbefugnis (o. 11) sind hier ohne

Bedeutung (u. 19) – das Fehlen des Erfolgsunwerts gemeinsam: Dort, weil es zu einer Rechtsgutsverletzung überhaupt nicht kommen konnte, hier, weil das Rechtsgut objektiv verletzt werden durfte (o. 10 f.). Was hier bleibt, ist der Handlungsunwert und der „Sachverhaltsunwert" eines untauglichen Versuchs (vgl. 57 vor § 13), weshalb auch eine Gleichstellung mit diesem gerechtfertigt ist (gegen den Einwand der Realitätsferne von Hirsch LK 61 vgl. Herzberg JA 86, 193). Zur Abgrenzung vom Wahnverbrechen vgl. § 22 RN 78 ff.

16 2. Besonderheiten bestehen bei den sog. **„unvollkommen zweiaktigen Rechtfertigungsgründen"** (Lampe GA 78, 7), bei denen der Zweck, um dessen willen die Rechtsgutsverletzung zugelassen wird, nicht schon durch die Tat selbst (wie zB bei der Notwehr; vgl. aber auch Loos aaO 238 f., Prittwitz GA 80, 388 f.), sondern erst durch *weitere Handlungen* erreichbar ist. Hier hat der Täter ein zum Wegfall des Erfolgsunwerts führendes Eingriffsrecht bzw. eine Handlungsbefugnis nur, wenn er mit der Tat den fraglichen Zweck verfolgt, weshalb diese nur gerechtfertigt ist, wenn er in der entsprechenden **Absicht** handelt (vgl. näher Lampe GA 78, 7, Loos aaO 236 ff., Röttger aaO 203 ff., 286 f., Wolter aaO 157 ff., ferner B/W-Mitsch 303 ff., Stratenwerth 150 [zw. jedoch für das dort genannte Züchtigungsrecht; vgl. dazu auch Loos aaO 234]; and. zB Herzberg JA 86, 198 ff., Hirsch LK 52, 56, Jakobs 360). Dabei liegt der Unterschied zu dem o. 14 genannten subjektiven Rechtfertigungselement der Kenntnis der rechtfertigenden Sachlage darin, daß dort die fragliche Handlung unabhängig von dieser Kenntnis objektiv erlaubt ist, während sie hier auch objektiv nur unter der Voraussetzung der besonderen Zwecksetzung vorgenommen werden darf (vgl. Roxin I 542; ähnl. Frisch, Lackner-FS 146). Bei Fehlen der erforderlichen Absicht erfolgt hier deshalb Bestrafung wegen vollendeter Tat, dies zugleich mit der Folge, daß der Täter in solchen Fällen bei Unkenntnis des rechtfertigenden Sachverhalts nicht nur wegen Versuchs strafbar ist (o. 15), weil er dann nämlich auch nicht die fragliche Absicht haben kann. In diesen Zusammenhang gehört etwa § 127 StPO, weil die bloße Festnahme als solche noch nicht die Strafverfolgung ermöglicht, dazu vielmehr noch weitere Handlungen notwendig sind (zB Überstellung an die Polizei). Hier genügt deshalb auch nicht die bloße Kenntnis vom Vorliegen der Voraussetzungen des § 127, vielmehr muß außerdem der Zweck verfolgt werden, um dessen willen § 127 eine Festnahme erlaubt, nämlich die Zuführung zur Strafverfolgung (daher zB auch Strafbarkeit nach § 239 wegen vollendeter Tat, wenn die „Festnahme" erfolgt, um den Festgenommenen durch Einsperren selbst zu „bestrafen"). Auch beim Notstand gibt es solche Fälle: So ist zB dem Arzt bei der Fahrt zur Unfallstelle die Verletzung von Verkehrsvorschriften nur zum Zweck rechtzeitiger Hilfeleistung erlaubt, den er deshalb bei seinem verkehrswidrigen Handeln tatsächlich auch verfolgt haben muß. Unerheblich ist dagegen ein späterer „Verrat an der Rechtfertigung" (Herzberg JA 86, 199), d. h. die im Zeitpunkt der Tatbestandsverwirklichung mit der erforderlichen Rechtfertigungsabsicht begangene Tat bleibt auch dann rechtmäßig, wenn der Täter sich nachher umbesinnt und seinen guten Vorsatz wieder aufgibt (vgl. auch Herzberg aaO 198 f., Loos aaO 239): Ist zB die in der Absicht der Hilfeleistung begangene Trunkenheitsfahrt eines Arztes an den Unfallort nach § 34 gerechtfertigt, so wird der Arzt nicht deshalb nachträglich nach § 316 strafbar, weil er, bei dem Verletzten angekommen, dann doch nicht hilft (ebenso wie umgekehrt eine ohne Hilfeleistungsabsicht begangene Trunkenheitsfahrt nicht dadurch rechtmäßig wird, daß der Arzt zufällig an eine Unfallstelle gerät und den Verletzten versorgt). Etwas anderes gilt selbstverständlich, wenn die Rechtfertigungsabsicht vor Abschluß der Tatbestandsverwirklichung wieder aufgegeben wird, so zB wenn der zunächst ordnungsgemäß Festgenommene später „zur Strafe" festgehalten wird: Hier wird die zunächst gerechtfertigte Tat von diesem Zeitpunkt an rechtswidrig.

17 3. Keine allgemeine subjektive Rechtfertigungsvoraussetzung ist die **pflichtgemäße Prüfung** der Sachlage durch den Täter. Vielmehr ist hier zu unterscheiden:

18 a) Bei Rechtfertigungsgründen, die auf einem **Eingriffsrecht** beruhen (Notwehr, Notstand, Einwilligung usw.; o. 10 f.), ist die pflichtgemäße Prüfung kein zusätzliches subjektives Rechtfertigungselement in dem Sinn, daß der Täter bei objektiv gegebenen Rechtfertigungsvoraussetzungen nur dann gerechtfertigt ist, wenn er deren Vorliegen gewissenhaft geprüft hat (and. die Rspr. zum früheren übergesetzlichen Notstand, vgl. § 34 RN 49). Hat er dies unterlassen, so mag dies zwar eine Sorgfaltspflichtverletzung sein; da der Erfolg jedoch von Rechts wegen eintreten durfte, ist dies ebenso unerheblich wie bei fahrlässigen Erfolgsdelikten das Ausbleiben des Erfolgs trotz sorgfaltswidrigen Handelns. Daher ist zB eine die Voraussetzungen des § 34 erfüllende Notstandshandlung nicht deshalb rechtswidrig, weil der Täter bereits nach oberflächlicher Prüfung zu dem (objektiv richtigen) Ergebnis kam, zu dem er auch bei größerer Sorgfalt gekommen wäre (vgl. zB Hirsch LK 54, Jescheck/Weigend 330, Roxin I 533 f. u. näher Lenckner, H. Mayer-FS 173 ff.; vgl. ferner Paeffgen aaO 154 ff., Puppe aaO 193 f., Rudolphi, Schröder-GedS 78, 80 ff., Zielinski aaO 275); zum Handeln „nach ärztlicher Erkenntnis" in § 218 a vgl. jedoch dort RN 36.

19 b) Etwas anderes gilt für die Rechtfertigungsgründe, denen lediglich eine mit dem Gedanken des erlaubten Risikos zu erklärende **Handlungsbefugnis** zugrundeliegt (o. 11 f.). Schon daraus, daß „erlaubte" Risiken von vornherein nur solche sein können, bei denen die Gefahr ihrer Realisierung in Gestalt einer iE ungerechtfertigten Rechtsgutsverletzung auf das nach den Umständen erreichbare Minimum beschränkt ist, folgt nämlich, daß der Täter hier unter Berücksichtigung der gebotenen Sorgfalt alles getan haben muß, was notwendig ist, um eine Fehleinschätzung der fraglichen Situation nach Möglichkeit auszuschließen. Geschieht dies nicht und ist der Sachverhalt nicht so offensichtlich,

daß sich jede Prüfung erübrigt, so entfällt damit für den Täter auch die Handlungsbefugnis. Von Bedeutung ist dies allerdings nur, wenn der wahre Sachverhalt verfehlt wird: Ist dieser tatsächlich gegeben (zB der Fluchtverdacht in § 229 BGB, § 127 I StPO ist iE begründet, weil der Betreffende tatsächlich fliehen wollte; Übereinstimmung mit dem wirklichen Willen bei der mutmaßlichen Einwilligung), so hat der Täter ein Eingriffsrecht (o. 10 a) und sein Handeln ist deshalb *aus diesem Grund* objektiv erlaubt (zu dem in diesem Fall genügenden subjektiven Rechtfertigungselement o. 14). Ist dies dagegen nicht der Fall und verwirklicht sich damit das Risiko einer Rechtsgutverletzung, zu der an sich kein Anlaß bestand (zB iE unbegründeter Fluchtverdacht, Widerspruch zum wirklichen Willen bei der mutmaßlichen Einwilligung), so ersetzt hier die pflichtgemäße Prüfung den tatsächlich nicht gegebenen Sachverhalt und wird damit zur – hier subjektiven – Rechtfertigungsvoraussetzung: Gerechtfertigt ist die tatbestandsmäßige Handlung dann deshalb, weil der Täter das Risiko einer iE unbegründeten Rechtsgutverletzung von Rechts wegen eingehen durfte (Jescheck/Weigend 330 f., 401, Lenckner, H. Mayer-FS 178 ff., zT auch Roxin, Welzel-FS 453 [vgl. jetzt aber I 534 f.]; gegen die pflichtgemäße Prüfung als Rechtfertigungsvoraussetzung auch hier jedoch Hirsch LK 54, Jakobs 362, Puppe aaO 194, Rudolphi, SchröderGedS 73; vgl. ferner Paeffgen aaO 159 f.). Fehlt es an einer solchen Prüfung, so bleibt das fragliche Handeln dagegen rechtswidrig und ist als vorsätzliche Tat zu bestrafen (vgl. Jescheck/Weigend 466; zum Verbotsirtum vgl. u. 20). Hätte allerdings auch eine pflichtgemäße Prüfung den tatsächlichen Sachverhalt verfehlt, so muß Entsprechendes gelten wie beim Fehlen des Pflichtwidrigkeitszusammenhangs bei der Zurechnung zum objektiven Tatbestand (99 vor § 13): Unrechtsgehalt eines bloßen Versuchs.

In seiner einen *nicht gegebenen Sachverhalt ersetzenden Funktion* unterscheidet sich die pflichtgemäße **20** Prüfung bei den schlichten Handlungsbefugnissen auch von der irrigen, wegen ordnungsgemäßer Prüfung der Sachlage aber objektiv nicht pflichtwidrigen Annahme eines rechtfertigenden Sachverhalts bei den Eingriffsrechten (Erlaubnistatbestandsirrtum; u. 21). Begründet ist dieser Unterschied durch den verschiedenen Inhalt der das generelle Verbot aufhebenden Erlaubnisnorm bei Eingriffsrechten und bloßen Handlungsbefugnissen: Während nämlich Eingriffsrechte nur, unabhängig von einer objektiven pflichtgemäßen Prüfung aber auch schon dann bestehen, wenn der ihnen zugrundeliegende Sachverhalt tatsächlich vorliegt, wird bei den Handlungsbefugnissen ein Verhalten zwar auch auf die Gefahr hin zugelassen, daß die fraglichen Umstände tatsächlich nicht gegeben sind, dies jedoch folgerichtig nur unter dem Vorbehalt einer das Risiko einer Fehleinschätzung nach Möglichkeit ausschließenden pflichtgemäßen Prüfung. Auch ein aufgrund einer besonderen Erlaubnisnorm rechtlich „erlaubtes" Handeln im Irrtum kann es daher nur bei den Handlungsbefugnissen, nicht aber bei den Eingriffsrechten geben, was zugleich erklärt, weshalb eine objektiv pflichtgemäße Prüfung beim Erlaubnistatbestandsirrtum nur zum Ausschluß des Handlungsunrechts führt (u. 21), während bei den Handlungsbefugnissen zugleich das Erfolgsunrecht entfällt (o. 12). Ist bei diesen das fragliche Verhalten nur unter der Voraussetzung pflichtgemäßer Prüfung erlaubt, so folgt daraus andererseits, daß hier auch der Irrtum, ohne sorgfältige Prüfung des dann tatsächlich falsch eingeschätzten Sachverhalts handeln zu dürfen, ein bloßer Verbotsirrtum ist (vgl. iE auch Roxin I 534 f.); bei einem den Regeln des § 16 folgenden Erlaubnistatbestandsirrtum (u. 21) wäre ein solcher Irrtum über die Sorgfaltsanforderungen dagegen lediglich bei der Fahrlässigkeitsschuld von Bedeutung.

VI. In der Sache nichts anderes als das isolierte Vorliegen subjektiver Rechtfertigungselemente (vgl. **21** Schumann NStZ 90, 33) ist der **„Erlaubnistatbestandsirrtum"**, d. h. die irrige Annahme von Umständen, die, wenn sie realiter gegeben wären, die Tat rechtfertigen würden (vgl. zu den einzelnen Rechtfertigungsgründen u. 52, 60, 86 ff., ferner § 32 RN 65, § 34 RN 50 f.). Hier ist entsprechend § 16 der Vorsatz und damit das *vorsätzliche* (Handlungs-)Unrecht ausgeschlossen (vgl. 19, 60 vor § 13, § 16 RN 14 ff.). In Betracht kommt daher nur eine Fahrlässigkeitstat (sofern diese unter Strafe gestellt ist, § 15), wobei jedoch auch *fahrlässiges* (Handlungs-)Unrecht ausgeschlossen ist, wenn sich der Täter objektiv sorgfaltsgemäß verhalten hat (vgl. 54 vor § 13, § 15 RN 121), d. h. wenn sein Irrtum auch bei objektiv pflichtgemäßer Prüfung nicht zu vermeiden war (Lenckner, Mayer-FS 182, Roxin I 545 u. eingehend Zielinski aaO 271 ff.). Da das Recht von niemand mehr als die Beachtung der objektiv gebotenen Sorgfalt verlangen kann, diese aber bei irriger Annahme eines Erlaubnistatbestandes (Putativnotwehr usw.) beachtet sein kann, ist es auch kein Widerspruch, wenn die sog. „strenge", „rechtsfolgeneinschränkende Schuldtheorie" (vgl. zu dieser § 16 RN 15 ff.) dem unvermeidbaren Irrtum hier erst bei der Schuld Rechnung tragen (so zB auch Herzberg JZ 87, 539 f., JA 89, 296). Der von der Handlung Betroffene hat hier daher auch kein Notwehrrecht, wohl aber kann eine Abwehr nach § 34 gerechtfertigt sein (vgl. § 32 RN 21, § 34 RN 30 f., ferner Gropp 209, Roxin I 545). Das heißt nicht, daß damit die objektive Rechtfertigungslehre ersetzt wird (so zB Hirsch ZStW 94, 259 ff., LK 52). Grundlage der Rechtfertigung bleiben vielmehr spezielle Erlaubnisnormen, die bei den Eingriffsrechten und den korrespondierenden Duldungspflichten (o. 10 f.) das Erlaubtsein einer Handlung vom Vorliegen eines objektiven Sachverhalts abhängig machen (Putativnotwehr ist u. U. zwar kein [Handlungs-]Unrecht, deshalb aber nicht „erlaubt"; vgl. o. 20, aber auch Eser, Lenckner-FS 51). Nur ein Fall des Verbotsirrtums (§ 17) ist dagegen der **Erlaubnis(norm)irrtum**, der vorliegt, wenn der Täter trotz Kenntnis des generellen Verbots sein Tun ausnahmsweise für rechtmäßig hält, weil er fälschlich vom Bestehen eines Rechtfertigungsgrunds (Erlaubnisnorm) ausgeht, der vom Recht überhaupt nicht oder jedenfalls nicht in diesem Umfang anerkannt ist (vgl. § 16 RN 24, § 17 RN 10; zu Einzelfällen u. 52, 60, § 32 RN 65, § 34 RN 51).

Vorbem §§ 32 ff. 22, 23   Allg. Teil. Die Tat – Notwehr und Notstand

22   **VII.** Bei nur **teilweisem Vorliegen** oder **Überschreitung der Grenzen eines Rechtfertigungsgrunds** bleibt die Tat – vorbehaltlich eines weitergehenden, das Handlungsunrecht insgesamt ausschließenden Erlaubnistatbestandsirrtums (o. 21) – rechtswidrig (zB Festnahme eines flüchtigen, aber nicht auf frischer Tat betroffenen Verbrechers durch Private; vorsätzlicher oder objektiv fahrlässiger Notwehrexzeß). Da zwar nicht die Rechtswidrigkeit, wohl aber das Unrecht ein abstufbarer Begriff ist (vgl. 51 vor § 13), sinkt hier jedoch der Unrechtsgehalt um so mehr ab, je näher die fragliche Situation an einen rechtfertigenden Sachverhalt heranreicht (vgl. zB Günther SK 18, 53 u. dazu auch Stuttgart NJW **91**, 995). Dabei sind es vor allem Merkmale mit einem quantitativen oder zeitlichen Einschlag, die mit der Folge einer entsprechend weitgehenden Unrechtsminderung bis zur „Fastrechtfertigung" erfüllt sein können (vgl. in diesem Zusammenhang die Klassifizierung der Rechtfertigungselemente von Günther JR 85, 270 f., Göppinger-FS 461 f.). So werden zB durch eine im Notstand begangene Tat, bei der es an dem durch § 34 geforderten Übergewicht des geschützten Interesses fehlt, nicht nur Werte verletzt, sondern auch solche bewahrt, weshalb das Unrecht um so geringer ist, je näher das geschützte Interesse der Grenzmarke kommt, jenseits der die Tat in eine Wahrung des „wesentlich überwiegenden Interesses" umschlagen würde (vgl. dazu auch Günther JR 85, 273). Darauf beruht es auch, daß bei den Entschuldigungsgründen (zB § 35) schon das Unrecht der Tat gemindert ist (u. 111). Auch kann man bei minimalen Grenzüberschreitungen die Frage stellen, ob das fragliche Verhalten trotz fortbestehender Rechtswidrigkeit überhaupt noch strafwürdiges Unrecht ist (vgl. Günther, Strafrechtswidrigkeit usw. 114 ff., 324 ff., 341 u. pass.), die dann freilich nicht anders beantwortet werden kann als bei einer „gerade noch" tatbestandsmäßigen Handlung (o. 8). Im übrigen kann der Unrechtsminderung, soweit das Gesetz sie nicht zur Grundlage eines besonderen Entschuldigungsgrunds gemacht hat, jedoch nur im Rahmen der Strafbemessung oder nach den §§ 153 ff. StPO Rechnung getragen werden (vgl. Hirsch LK 67, Jescheck/Weigend 334 u. näher Günther JR 85, 268 [speziell zur Unrechtsminderung in Grenzfällen des Mords], Hillenkamp, Vorsatztat und Opferverhalten, 242 ff., 269 ff., 284 ff., Kern ZStW 64, 263 ff., Lenckner, Notstand 34 ff., Noll ZStW 68, 184 ff. u. 77, 17 ff.). – Dieselbe Wirkung wie eine „Teilrechtfertigung" kann ein **„teilweiser Erlaubnistatbestandsirrtum"** haben. Entsprechend den Regeln über den Erlaubnistatbestandsirrtum (o. 21) wird auch hier das (Handlungs-)Unrecht gemindert, wenn der Täter fälschlich, aber unter Beachtung der objektiv gebotenen Sorgfalt einen Sachverhalt angenommen hat, bei dessen Vorliegen die Voraussetzungen eines Rechtfertigungsgrundes teilweise erfüllt wären. So ist zB die (vorsätzliche oder fahrlässige) Überschreitung der Grenzen der erforderlichen Verteidigung geringeres Unrecht nicht nur bei tatsächlichem Bestehen einer Notwehrlage, sondern auch bei irriger Annahme einer solchen, wenn dieser Irrtum objektiv nicht pflichtwidrig war (zB als solcher nicht erkennbarer Scheinangriff).

23   **VIII.** Bei der **pflichtwidrigen Herbeiführung einer Rechtfertigungslage** (Notwehrlage usw.), insbes. ihrer absichtlichen Verursachung nur zu dem Zweck, auf diese Weise die Tat „rechtmäßig" begehen zu können, kann der Ausschluß der Rechtfertigungswirkung nicht pauschal mit einer undifferenzierten Anwendung des Mißbrauchsgedankens (§ 226 BGB) und auch nicht schon mit dem Fehlen der subjektiven Rechtfertigungselemente (vgl. jedoch Hirsch LK 62) begründet werden, letzteres auch dann nicht, wenn man hier über die Kenntnis der rechtfertigenden Situation (o. 14) hinaus eine besondere Intention des Täters verlangt, da diese im Augenblick der Tatbestandsverwirklichung durchaus gegeben sein kann (zB der Verteidigungswille beim Notwehrprovokateur, vgl. § 32 RN 55). Vielmehr ist hier zu unterscheiden: Bei einer durch Täuschung oder Zwang erlangten Einwilligung sind schon die Voraussetzungen einer Rechtfertigung zu verneinen (u. 47 f.: Unwirksamkeit der Einwilligung), während bei einer behördlichen Genehmigung hier in der Tat auf den Gesichtspunkt des Rechtsmißbrauchs zurückgegriffen werden muß (u. 63; generell dagegen aber Kindhäuser aaO 117). Bereits an den Rechtfertigungsvoraussetzungen fehlt es auch bei den auf einer Interessenkollision beruhenden Rechtfertigungsgründen (oben o. 7, u. 28), wenn diese, weil sie pflichtwidrig geschaffen wurde, zu Lasten des Täters zu lösen ist (so bei § 32, wenn der Provokateur dem Angriff ausweichen kann; vgl. dort RN 56, 60). Ist dies dagegen nicht möglich, die Tatbestandsverwirklichung „in actu" also gerechtfertigt, so ist auf die pflichtwidrige Schaffung der Kollisionslage als unrechtsbegründende Handlung abzustellen (sog. *actio illicita in causa;* gegen die hier erhobenen prinzipiellen Einwände mit Recht Bertel ZStW 84, 14 ff., Dencker JuS 79, 782 u. eingehend Küper, Der „verschuldete" rechtfertigende Notstand [1983] 40 ff., m. Einschränkung auch Luzón aaO 360 ff.; zum Meinungsstand vgl. die Nachw. in § 32 RN 54, § 34 RN 42 u. umfassend bei Küper aaO FN 119). Nicht zulässig ist dies wegen Art. 103 II GG allerdings bei Tatbeständen mit einer speziellen Handlungstypisierung (vgl. Dencker aaO) und auch bei reinen Erfolgsdelikten nur dann, wenn der durch die „actio praecedens" verursachte Erfolg dem Täter noch allgemeinen Grundsätzen zurechenbar ist, was bei einem erst über das freie Handeln eines anderen vermittelten Kausalzusammenhang nicht der Fall ist (vgl. 100 ff. vor § 13). In diesen Grenzen aber ist nicht nur eine fahrlässige (näher Küper aaO 50 ff.), sondern auch eine vorsätzliche actio illicita in causa möglich (and. insoweit Küper aaO 59 ff.), je nachdem ob die Kollisionslage vorsätzlich oder fahrlässig herbeigeführt wurde. Damit beginnt der Vorsatztatstand nicht schon mit bereits die Tatbestandsverwirklichung (vgl. auch Luzón aaO 371 ff.; and. Kindhäuser aaO 116, Küper aaO 61 ff.), weil der Täter jetzt praktisch gezwungen ist, den Konflikt in seinem Sinn zu lösen (in dieser Zwangsläufigkeit des weiteren Geschehens liegt auch der Unterschied zur actio libera in causa durch das Sichversetzen in einen Rauschzustand; vgl. Lenckner

GA 61, 304 f., aber auch Küper aaO 73 f.). Reizt der Täter zB in einer für ihn ausweglosen Situation einen fremden Hund, so kann er gegenüber dessen Angriff nicht deshalb schutzlos sein, weil er die Notstandslage (§ 228 BGB) in der Absicht provoziert hat, durch eine Tötung des Tiers den Eigentümer zu schädigen (insoweit ebenso Hruschka 371 ff.; vgl. aber auch Küper aaO 32: „auf Null reduzierte" Schutzwürdigkeit); begonnen hat er die rechtswidrige Tatbestandsverwirklichung (§ 303) hier jedoch schon mit dem Reizen des Hundes, mag dieses auch erst über eine weitere, als solche rechtmäßige Handlung in den Erfolg einmünden (entsprechend beim Hetzen des Hundes auf ein Kind, wo der Täter, wenn er nicht wegen Tötung oder Körperverletzung verantwortlich sein will, praktisch gleichfalls zur Notstandshilfe gezwungen ist). Für die Notwehr des Betroffenen bedeutet dies, daß er u. U. zwar dem Schaffen der Kollisionslage (in dem genannten Beispiel: Reizen des Hundes), nicht aber deren Beseitigung (Abwehr des Hundes) entgegentreten darf (nicht berechtigt daher die Einwände von Küper aaO 79, Roxin ZStW 75, 548). Vgl. im übrigen u. 76, § 32 RN 54 ff., § 34 RN 42 und zum Schußwaffengebrauch in einer durch Mißbrauch der Befehlsgewalt absichtlich herbeigeführten, den Waffeneinsatz an sich rechtfertigenden Gefahrenlage RG DR **39**, 346; zum Ganzen vgl. auch Hruschka 212 f., Luzón aaO, Neumann GA 85, 389 u. krit. zum gegenwärtigen Stand B/W-Mitsch 306 f. („extrem diffuses... Bild").

IX. Keine Auswirkungen auf die Rechtfertigungsgründe hat die **Europäische Konvention zum** **24** **Schutz der Menschenrechte** v. 4. 11. 1950 (BGBl. 1952 II 686; innerstaatliches Recht im Rang eines einfachen Bundesgesetzes, vgl. BayVerfGH NJW **61**, 1619). Sie betrifft ohnehin nur das Verhältnis Staat-Bürger (vgl. § 32 RN 62), weshalb zB die medizinisch indizierte Perforation (vgl. 41 vor § 218), obwohl im Ausnahmekatalog des Art. 2 II MRK nicht genannt, weiterhin zulässig ist (Jescheck NJW 54, 784, Lenckner, Notstand 164). Aber auch für hoheitliches Handeln werden durch die MRK keine strengeren Rechtfertigungsvoraussetzungen aufgestellt als nach innerstaatlichem Recht (zur Notwehr vgl. § 32 RN 62). Da die MRK nur Mindestanforderungen enthält, führt sie hier umgekehrt aber auch nicht zu einer Erweiterung hoheitlicher Befugnisse (von Bedeutung zB für Art. 2 II b).

X. Die Garantiefunktion des Strafgesetzes (Art. 103 II GG) gilt, wenn überhaupt, für Recht- **25** fertigungsgründe nur beschränkt (vgl. näher § 1 RN 14). Das Gesetzlichkeitsprinzip steht weder der gewohnheitsrechtlichen Bildung neuer Rechtfertigungsgründe entgegen (vgl. zum früheren „übergesetzlichen Notstand" als Rechtfertigungsgrund § 34 RN 2) noch folgt aus Art. 103 II GG die Pflicht des Gesetzgebers, bisher nur gewohnheitsrechtlich anerkannte Rechtfertigungsgründe (zB Einwilligung außerhalb der §§ 223 ff.) gesetzlich zu normieren. Auch unter dem Aspekt des Bestimmtheitsgebots unterliegen die Rechtfertigungsgründe nicht den strengen Anforderungen, die für die Umschreibung des Tatbestands als Deliktstypus gelten (vgl. Hirsch LK 40, aber auch Erb ZStW 108, 285 u. zu den „sozialethischen Einschränkungen" des § 32 [s. dort RN 43 ff.] ebd. 294 ff.). Trotz ihres generalklauselartigen Charakters sind daher die §§ 34, 228 (vgl. dort RN 6) und die „Wahrnehmung berechtigter Interessen" in § 193 nicht verfassungswidrig, was nicht ausschließt, daß sich bei der Anwendung dieser Vorschriften das Fehlen sicherer Wertmaßstäbe nicht zu Lasten des Täters auswirken darf (zu den unterschiedlichen Möglichkeiten, dies sicherzustellen, vgl. Lenckner JuS 68, 308 ff.). Weil Art. 103 II, wenn das Gesetzlichkeitsprinzip nicht überfordert werden soll, uneingeschränkt nur für den Deliktstatbestand iS eines Unrechts- und Schuldtypus, nicht aber für die atypischen Erlaubnisnormen gelten kann, muß bei Rechtfertigungsgründen ferner neben der ausdehnenden Analogie (vgl. dazu Hirsch LK 36 ff., Tjong-GedS 53 ff.) auch eine vom Gesetzeswortlaut nicht mehr gedeckte teleologische Reduktion zulässig sein, bei der durch ein Zurückgreifen auf den Grundgedanken eines Rechtfertigungsgrunds lediglich dessen immanente Schranken aktualisiert werden (vgl. Lenckner, Pfeiffer-FS 32 f., ferner zB B/W-Mitsch 296, Günther SK 81 mwN [and. aber RN 82 für – s. o. 8 – „Strafunrechtsausschließungsgründe"]; krit. jedoch Erb aaO 274 ff.). Dies gilt unabhängig davon, ob es sich dabei um einen außerstrafrechtlichen oder strafgesetzlich geregelten Rechtfertigungsgrund handelt (aaO. insoweit zB Engels GA 82, 114 ff., Hirsch aaO; Bedenken dazu jetzt auch b. Eser hier § 1 RN 14 a mwN zum Meinungsstand): So ist zB unbestritten, daß für eine Rechtfertigung nach § 193 nicht schon die „Wahrnehmung berechtigter Interessen" genügt, sondern daß dazu – entgegen dem Gesetzeswortlaut – auch die berechtigte (!) Wahrnehmung solcher Interessen notwendig ist (woraus zB auch das Erfordernis einer pflichtgemäßen Prüfung abgeleitet wird; vgl. § 193 RN 9 a, 11), und umgekehrt, daß es bei Strafvorschriften, die ohne eine uneinschränkende Sonderregelung wie in § 330 d Nr. 5 das Merkmal einer rechtfertigenden behördlichen Genehmigung enthalten, dem Täter diesen Rechtfertigungsgrund, wenn die Ausnutzung der Erlaubnis trotz deren wirksamer Erteilung rechtsmißbräuchlich ist (u. 63). Speziell in den Mißbrauchsfällen sollte dies umso selbstverständlicher sein, als das Verbot eines Rechtsmißbrauchs als „nachgerade naturrechtliches Gemeingut der Rechtsordnungen" die gesetzliche Fixierung notwendiger Bestandteil des positiven Rechts ist (vgl. Neumann ZStW 97, 523 f., Otto I 200 f.; nicht überzeugend daher auch BGH **42** 241 zum „Schuld"- oder „Ausnahmemodell" bei der actio libera in causa bei § 20 [so noch hier die 25. A. § 20 RN 35; vgl. jetzt aber dort RN 35 a]).

Uneingeschränkt gilt dagegen auch bei Rechtfertigungsgründen, daß sie nicht rückwirkend aufge- **26** hoben oder eingeschränkt werden können, und zwar unabhängig davon, ob sie gesetzlich geregelt oder nur gewohnheitsrechtlich anerkannt sind (vgl. Hirsch LK 41, aber auch Lackner/Kühl § 1 RN 4; als allgemeiner Grundsatz offengelassen in BVerfGE **95** 96, 132 [zu den „Mauerschützen"-

Fällen vgl. jedoch u.]). Hier ist es ausschließlich das **Tatzeitrecht** – d. h. das Recht zZ der Ausführungshandlung und nicht des Erfolgseintritts (vgl. § 8) –, nach dem sich die Rechtswidrigkeit bzw. Rechtmäßigkeit eines Verhaltens bestimmt, weshalb zB auch ein zur Tatzeit nur gewohnheitsrechtlich anerkanntes Züchtigungsrecht bei einem späteren gesetzlichen Züchtigungsverbot (vgl. § 1631 II nF BGB) seine Bedeutung nicht verlieren würde. Bereits nach dem Tatzeitrecht waren dagegen die aufgrund geheimer Anordnungen oder Ermächtigungen begangenen NS-Gewaltverbrechen schon deshalb nicht gerechtfertigt, weil es hier an der für einen Rechtssatz erforderlichen formellen Verkündung fehlte (vgl. OGH **1** 324 m. Anm. Eb. Schmidt SJZ 49, 563 u. Welzel MDR 49, 375, Frankfurt SJZ **47**, 623 m. Anm. Radbruch, Hirsch LK 42 mwN; Werle NJW 92, 2529 u. dagegen Füßer ZRP 93, 180); jedenfalls aus diesem Grund verstößt ihre Bestrafung daher nicht gegen das Rückwirkungsverbot (vgl. näher Schünemann, Bruns-FS 227 ff.). Dasselbe gilt aber auch für formell gültiges Recht, wenn mit der Schaffung von – in diesem Fall unbeachtlichen – Rechtfertigungsgründen „extremes staatliches Unrecht" verbunden ist (so zu den „Mauerschützen-Fällen BVerfG aaO 133 unter Hinweis auf die hier fehlende besondere Vertrauensgrundlage; zur BGH-Rspr. vgl. u. a. BGH **39** 15 f., 183 f., **40** 232, 244, **41** 105, **42** 70, 361, zusf. Willnow JR 97, 221 u. im übrigen näher zum Ganzen – dort auch zu dem umfangreichen Schrifttum – § 2 RN 3 u. 99 f. vor § 3; vgl. ferner u. 89 a, 121 u. zu Art. 7 II EMRK und zu dem deutschen Sonderweg beim Rückwirkungsverbot Kenntner NJW 97, 2298). Werden umgekehrt Rechtfertigungsgründe erst nachträglich geschaffen oder erweitert, so wird der Täter bezüglich der Frage seiner Strafbarkeit zwar so behandelt, wie wenn der Rechtfertigungsgrund schon zur Tatzeit gegolten hätte; an der bei der Tatbegehung tatsächlich gegebenen Rechtswidrigkeit ändert dies aber jedenfalls insoweit nichts, als davon Rechte Dritter abhängen (zB Notwehr; vgl. Hirsch LK 45).

2. Einzelne Rechtfertigungsgründe

27 Rechtfertigungsgründe können sich aus geschriebenem wie aus ungeschriebenem Recht ergeben (aus einem örtlichen Brauchtum daher nur, wenn dieses zum Gewohnheitsrecht erstarkt ist; zum „Faustrecht in der Eifel" vgl. Lorenz MDR 92, 630). Da die Rechtswidrigkeit als Widerspruch zu einer Verhaltensnorm immer in solcher zur Gesamtrechtsordnung – Unterschiede in den einzelnen Rechtsgebieten kann es hier nur hinsichtlich des Ob und der Art der Rechtsfolgen geben –, gilt für die Rechtfertigungsprinzipien ferner das Prinzip der **Einheit der Rechtsordnung** (vgl. zB Engisch aaO 55 ff., Eser in: Eser/Fletcher aaO 49 f., Gropp 163, Hirsch LK 10, 34, Jescheck/Weigend 327, Kern ZStW 64, 262, Lange aaO 166, M-Zipf I 344, Roxin I 513 ff., Rudolphi, A. Kaufmann-GedS 371 f., ferner die Nachw. in § 32 RN 43 u, 34 RN 7; weitgehend auch. Günther aaO 9 ff., Spendel-FS 189 ff., Hellmann aaO 95 ff., [s. o. 8], zT auch Jakobs 352 f., Seebode, Klug-FS 362 f.; zur Bedeutung des Art. 103 II GG vgl. § 1 RN 14, o. 25 f.). Was nach bürgerlichem oder öffentlichem Recht erlaubt ist, stellt daher auch für das Strafrecht einen Rechtfertigungsgrund dar (vgl. zB RG **61** 247, BGH **11** 244), wobei sich auch aus dem Landesrecht Rechtfertigungsgründe für Tatbestände des Bundesrechts ergeben können, wenn die Materie, welcher der fragliche Erlaubnissatz angehört, in die Gesetzgebungskompetenz der Länder fällt (BGH aaO [Züchtigungsrecht des Lehrers]; vgl. auch RG **47** 276). Umgekehrt sind die Gründe, aus denen strafrechtliches Handlungsunrecht fehlt (zB o. 21), zwar nicht notwendig auch für andere Rechtsgebiete maßgebend (zB für die Rechtswidrigkeit eines Verwaltungsakts), wohl aber gelten spezielle, ihrer Herkunft nach strafrechtliche Erlaubnissätze, auch für diese, da insoweit eine Handlung nicht zugleich erlaubt und verboten sein kann (vgl. auch BVerfGE **88** 273 [„Durchschlagskraft" strafrechtlicher Rechtfertigungsgründe jedenfalls dann, wenn es sich um den Schutz elementarer Rechtsgüter handelt], ferner o. 8, § 32 RN 42 a, § 34 RN 7). Dabei ist Voraussetzung allerdings immer, daß das fragliche Verbot, auf welches sich der Erlaubnissatz bezieht, für die verschiedenen Teilbereiche des Rechts ein und dasselbe ist, was zB wegen der unterschiedlichen Angriffsrichtung nicht ausschließt, daß zB Handlungen eines Amtsträgers im Außenverhältnis zum Bürger gerechtfertigt, im Innenverhältnis zum Dienstherrn aber pflichtwidrig sein können (vgl. Hirsch LK 10 u. zum früheren Züchtigungsrecht des Lehrers entgegen dem Schul- u. Disziplinarrecht BGH **6** 267 f., **11** 251 mwN). Nicht weil sie im Widerspruch zum Prinzip der Einheit der Rechtsordnung stünden – Rechtswidrigkeit und (strafrechtliches) Unrecht sind nicht dasselbe (vgl. 51 vor § 13) –, sondern aus anderen Gründen nicht anzuerkennen ist dagegen die Lehre von einem die Rechtswidrigkeit unberührt lassenden „echten Strafunrechtsausschluß" (so insbes. Günther o. 8 mwN, iE auch Roxin I 495 für die mutmaßliche Einwilligung eines tatsächlich einsichtsfähigen Jugendlichen in eine Sachbeschädigung [u. 54, 40] und für amtliches Handeln ohne spezielle hoheitliche Eingriffsbefugnis in einer Notwehr- oder Notstandssituation, wo sich diese Frage – vgl. dazu § 32 RN 42 a f., § 34 RN 7 – jedoch nicht stellen kann).

28 Da es **keinen numerus clausus** der Rechtfertigungsgründe gibt und geben kann, können sich auch neue und ihrer Herkunft nach außergesetzliche Rechtfertigungsgründe entwickeln (so der frühere „übergesetzliche" rechtfertigende Notstand, vgl. § 34 RN 2), wobei diese sich dann aber immer als mehr oder weniger weitgehende Konkretisierungen der o. 7 genannten allgemeinen Rechtfertigungsprinzipien des überwiegenden usw. Interesses darstellen. Soweit sie in eine entsprechende gesetzliche Regelung eingehen (zB jetzt § 34), ist daher auch deren Entscheidungsgehalt umso geringer, je näher der fragliche Rechtfertigungsgrund jenen allgemeinen und obersten Rechtfertigungsprinzipien steht; je „offener" der Rechtfertigungstatbestand damit ist, umso mehr ist er andererseits auch geeignet, sich den wechselnden gesellschaftlichen Wertvorstellungen anzupassen (vgl. Lenckner, Notstand 205 f.). Von den zZ **wichtigsten Rechtfertigungsgründen** sind die *Einwilligung* (u. 29 ff.) und *mußmaßliche Einwilligung* (u. 54 ff.) auf das Prinzip des mangelnden Interesses (o. 7) zurückzuführen. Demgegenüber wird die rechtfertigende *behördliche Genehmigung* (u. 61 ff.) vielfach dem Prinzip des überwiegenden Interesses zugeordnet und zT als Anwendungsfall des § 34 angesehen (zB Jescheck/Weigend 369, Jünemann u. vor 61 aaO 28 f., Rudolphi ZfW 82, 201, Sternberg-Lieben u. vor 29 aaO 269 ff., Winkelbauer NStZ 88, 204). Daß hier eine Interessenabwägung gegenüber den jeweils betroffenen Allgemeininteressen stattfindet und die Genehmigung nur bei deren Nachrangigkeit erteilt werden darf, spricht aber noch nicht dagegen, daß die Rechtfertigung letztlich auf dem Prinzip des mangelnden Interesses beruht: Sind der Behörde hier Allgemeininteressen anvertraut und ist die Genehmigung deshalb eine solche quasi in Vertretung der Allgemeinheit, so ist – vergleichbar der Einwilligung, die ebenfalls ein Mittel zur Lösung von Interessenkonflikten sein kann (u. 33) – Grund der Rechtfertigung allein die wirksame Erteilung der Genehmigung, unabhängig davon, ob sie tatsächlich einem überwiegenden Interesse entspricht. Von den Rechtfertigungsgründen, denen das Prinzip des überwiegenden Interesses (o. 7) zugrundeliegt, ist der *Notwehr* (u. 64), dem *Widerstandsrecht* nach Art. 20 IV GG (u. 65) und der *Selbsthilfe* (u. 66) gemeinsam, daß sie dem Schutz vor Gefahren dienen, die aus einem rechtswidrigen Verhalten drohen. Weitere Notrechte, die dem Schutz von Rechtsgütern vor sonstigen Gefahren dienen, ergeben sich aus den verschiedenen Fällen des *rechtfertigenden Notstands* (u. 67 ff.). Mit diesem verwandt, aber gleichwohl anderen Regeln folgend, ist die *Pflichtenkollision* (u. 71 ff.). Während die genannten Rechtfertigungsgründe von allgemeiner Bedeutung sind, haben das *Züchtigungsrecht,* die *Wahrnehmung berechtigter Interessen* und das *Festnahmerecht* nach § 127 I StPO (u. 78 ff.) nur einen begrenzten Anwendungsbereich. Weitere Rechtfertigungsgründe ergeben sich ferner zB speziell für Träger hoheitlicher Gewalt aus den verschiedenen *Amtsrechten und Dienstpflichten* (u. 83 ff.); zu den Rechtfertigungsgründen des *Völkerrechts* u. 91. Treffen verschiedene Rechtfertigungsgründe (zB § 904 BGB und § 34) auf einen Sachverhalt zu (**„Konkurrenz" von Rechtfertigungsgründen;** vgl. Hirsch LK 46, Jakobs 357, Roxin I 519 ff. u. näher Warda aaO 143 ff.), so ist durch Auslegung zu ermitteln, welcher von ihnen zum Zuge kommt, wobei der Grundsatz gilt, daß der speziellere dem allgemeineren Rechtfertigungsgrund vorgeht (zu § 34 vgl. dort RN 6; zum Ganzen vgl. aber auch Hellmann aaO 111 ff., Renzikowski aaO 21, 24 ff.).

I. Die Einwilligung

Schrifttum: *Amelung,* Die Einwilligung in die Beeinträchtigung eines Grundrechtsguts, 1981 (zit.: aaO). – *ders.,* Die Zulässigkeit der Einwilligung bei den Amtsdelikten, Dünnebier-FS 487. – *ders.,* Die Einwilligung des Unfreien, ZStW 95, 1. – *ders.,* Probleme der Einwilligung in strafprozessuale Grundrechtsbeeinträchtigungen, StV 85, 257 (auch in: Rüthers-Stern, Freiheit u. Verantwortung im Verfassungsstaat, 1984, 1 ff.). – *ders.,* Über die Einwilligungsfähigkeit, ZStW 104, 525, 821. – *ders.,* Vetorechte beschränkt Einwilligungsfähiger in Grenzbereichen medizinischer Intervention, 1995 (zit.: aaO 1995). – *ders.,* Willensmängel der Einwilligung, ZStW 109, 490. – *ders.,* Irrtum u. Täuschung als Grundlage von Willensmängeln bei der Einwilligung von Verletzten, 1998 (zit.: aaO 1998). – *ders.,* Einwilligungsfähigkeit und Rationalität, JR 99, 45. – *Arzt,* Willensmängel bei der Einwilligung, 1970. – *Bichlmeier,* Die Wirksamkeit der Einwilligung in einen medizinisch nicht indizierten ärztlichen Eingriff, JZ 80, 53. – *Brandts/Schlehofer,* Die täuschungsbedingte Selbsttötung im Licht der Einwilligungslehre, JZ 87, 442. – *Eberbach,* Familienrechtliche Aspekte der Humanforschung an Minderjährigen, FamRZ 82, 450. – *Frisch,* Tatbestandsmäßiges Verhalten und Zurechnung des Erfolgs, 1988. – *ders.,* Die Einwilligung im deutschen Strafrecht, in: Eser/Nishihara o. vor 3, 321 (zit.: aaO 1995). – *Geerds,* Einwilligung u. Einverständnis des Verletzten im Strafrecht, GA 54, 262. – *ders.,* Einwilligung und Einverständnis des Verletzten im Strafgesetzentwurf, ZStW 72, 42. – *Geppert,* Rechtfertigende „Einwilligung" des verletzten Mitfahrers bei Fahrlässigkeitsstraftaten im Straßenverkehr?, ZStW 83, 947. – *Göbel,* Die Einwilligung im Strafrecht als Ausprägung des Selbstbestimmungsrechts, 1991. – *Haefliger,* Über die Einwilligung des Verletzten im Strafrecht, SchwZStr. 67, 92. – *Hinterhofer,* Die Einwilligung im Strafrecht, 1998. – *Hirsch,* Einwilligung und Selbstbestimmung, Welzel-FS 775. – *Honig,* Die Einwilligung des Verletzten, 1919. – *Joerden,* Einwilligung und ihre Wirksamkeit bei doppeltem Zweckbezug, RechtsTh 91, 165. – *Kientzy,* Der Mangel am Straftatbestand infolge Einwilligung des Rechtsgutträgers, 1970. – *Kioupis,* Notwehr und Einwilligung, 1992. – *Kothe,* Die rechtfertigende Einwilligung, AcP 185, 105. – *Kühne,* Die strafrechtliche Relevanz eines auf Fehlvorstellungen gegründeten Tatbestandsverzichts, JZ 79, 241. – *Kuhlmann,* Einwilligung in die Heilbehandlung alter Menschen, 1996. – *Küper,* „Autonomie", Irrtum und Zwang bei mittelbarer Täterschaft und Einwilligung, JZ 86, 219. – *Lenckner,* Die Einwilligung Minderjähriger und deren gesetzlicher Vertreter, ZStW 72, 446. – *ders.,* Einwilligung in Schwangerschaftsabbruch u. Sterilisation, in: Eser/Hirsch, Sterilisation und Schwangerschaftsabbruch, 1980, 173 ff. – *Lesch,* Die strafrechtliche Einwilligung beim HIV-Antikörpertest an Minderjährigen, NJW 89, 2309. – *Maiwald,* Die Einwilligung im deutschen Strafrecht, in: Eser/Perron aaO (o. vor 4) 165. – *M.-K. Meyer,* Ausschluß der Autonomie durch Irrtum, 1984. – *Neyen,* Die Einwilligungsfähigkeit im Strafrecht, 1991 (Diss. Trier). – *Noll,* Übergesetzliche Rechtfertigungsgründe, im besonderen die Einwilligung des Verletzten, 1955. – *Otto,* Einverständnis, Einwilligung und eigenverantwortliche Selbstgefährdung, Geerds-FS 603. – *Paul,* Zusammengesetztes Delikt und Einwilligung, 1998. – *Roxin,* Die durch Täuschung herbeigeführte Einwilligung im Strafrecht, Noll-GedS 275. – *ders.,* Über die Einwilligung im Strafrecht, Coimbra 1987. – *Schlehofer,* Einwilligung u. Einverständnis, 1985. – *Schlosky,* Die Einwilligung des Verletzten, DStR 43, 19. – *Schmidhäuser,* Handeln mit Einwilligung des Betroffenen: eine scheinbare Rechtsgutsverletzung, Geerds-FS 593. –

Vorbem §§ 32 ff. 29–32   Allg. Teil. Die Tat – Notwehr und Notstand

R. *Schmitt*, Strafrechtlicher Schutz des Opfers vor sich selbst?, Maurach-FS 113. – *Schrey*, Der Gegenstand der Einwilligung des Verletzten, 1928 (StrAbh. 248). – *Sternberg-Lieben*, Die objektiven Schranken der Einwilligung im Strafrecht, 1997. – *ders.*, Selbstbestimmtes Sterben: Patientenverfügung und gewillkürte Stellvertretung, Lenckner-FS 349. – *Traeger*, Die Einwilligung des Verletzten und andere Unrechtsausschließungsgründe im zukünftigen Strafrecht, GS 94, 192. – *Trockel*, Die Einwilligung Minderjähriger in den ärztlichen Heileingriff, NJW 72, 1493. – *Ulsenheimer*, Der Arzt im Strafrecht, in: Laufs/Uhlenbruck, Handbuch des Arztrechts, 1992. – *Weigend*, Über die Begründung der Straflosigkeit der Einwilligung des Betroffenen, ZStW 98, 44. – *Wimmer*, Die Bedeutung des zustimmenden Willens usw., 1980. – *Zipf*, Einwilligung und Risikoübernahme, 1970. – *ders.*, Die Bedeutung und Behandlung der Einwilligung im Strafrecht, ÖJZ 77, 379. – Vgl. weiter die Nachw. bei § 223 zum ärztlichen Heileingriff und zu § 228.

29   Während gewisse Delikte überhaupt nur mit Zustimmung des Betroffenen begehbar sind (zB § 291), schließt diese in anderen Fällen die Strafbarkeit aus. Umstritten (vgl. die Nachw. u. 30) sind allerdings die Gründe dafür und ihr systematischer Standort. Nach einer inzwischen verbreiteten Auffassung es sich dabei ausschließlich um ein Tatbestandsproblem (vgl. dagegen u. 33 a). Demgegenüber unterscheidet die wohl immer noch h. M. in diesen Fällen mit Recht zwischen dem bereits tatbestandsausschließenden **„Einverständnis"** und der **„Einwilligung"** als Rechtfertigungsgrund.

30   Zur h. M. vgl. zB BGH 23 3, Bay JZ 79, 146, Blei I 133, B/W-Mitsch 345 f., Geerds GA 54, 262, Geppert ZStW 83, 959 ff., Günther SK 51, Hirsch LK 96 ff., Jescheck/Weigend 373, Köhler 244 ff., Kratzsch, Verhaltenssteuerung usw. 1985, 376 f., Kühl 311, Lackner/Kühl 10, Lenckner ZStW 72, 446, Noll aaO, Otto I 121, Sternberg-Lieben aaO 62 ff., Stratenwerth 122 f., Tröndle 3 a, b, W-Beulke 105, vgl. auch Hruschka 379 f. u. mit zT anderer Grenzziehung Jakobs 239 ff., 357 ff., Triffterer, Oehler-FS 219 f. Zur *Gegenmeinung* vgl. zB Eser/Burkhardt I 155, Armin Kaufmann, Klug-FS 282, Kientzy aaO 65 ff., Kioupis aaO 115 ff., Kühne JZ 79, 242, Maiwald aaO 168 ff., Roxin I 461, Noll-GedS 275, Einwilligung 11 ff., ZStW 84, 1001, 85, 100 f., Rudolphi ZStW 86, 87, A. Kaufmann-GedS 374 f., Schlehofer aaO 4 u. pass., Schmidhäuser 267 ff., I 113 ff., Lackner-FS 90 f., Geerds-FS 593 ff., Zipf aaO 28 ff., ÖJZ 77, 380, M-Zipf I 225 ff., Weigend ZStW 98, 47 f., 60 ff. u. jedenfalls bei § 303 Gropengießer JR 98, 91 f.; vgl. ferner auch Wimmer aaO 260 u. zum Ganzen den Überblick von Frisch aaO 1995, 321 ff. mwN.

1. Tatbestandsausschließendes Einverständnis

31   a) Schon nicht tatbestandsmäßig ist eine Handlung, wenn sie ihren **deliktischen Charakter** gerade dadurch erhält, daß sie **gegen den Willen** des Betroffenen erfolgt, dieser aber – i. U. zu einer bloßen Duldung (vgl. Jakobs 241) – mit dem fraglichen Geschehen einverstanden ist (daher unmittelbare Anwendbarkeit des § 16 bei irriger Annahme eines Einverständnisses; im umgekehrten Fall: untauglicher Versuch). Das Vorliegen eines solchen Falles ergibt sich teils aus der Formulierung des Gesetzes (zB § 181 I Nr. 2), teils aus der besonderen Natur des Tatbestandes (vgl. aber auch Stratenwerth 123 f.). Hierher gehören zB alle Delikte, die, wenn auch nur als Mittel zur Verletzung weiterer Rechtsgüter, einen Angriff auf die Freiheit der Willensbildung und -betätigung enthalten (vgl. §§ 108, 177, 234 f., 239 [bestr.; vgl. BGH NStZ **93**, 387, § 239 RN 8], 240, 249 ff.). Setzt der betreffende Tatbestand Gewalt usw. voraus, so genügt es freilich nicht, daß der Betroffene zu dem fraglichen Verhalten „an sich", d. h. wenn er nicht genötigt worden wäre, bereit war, vielmehr muß er gerade mit der Gewaltanwendung einverstanden sein (Arzt aaO 25; vgl. auch BGH **21** 188). Hierher gehören ferner zB das „Eindringen" in § 123 (vgl. dort RN 11 ff.), die „Wegnahme" in § 242 (vgl. dort RN 36), die §§ 183, 184, die eine ungewollte Konfrontation mit den dort genannten Handlungen voraussetzen (vgl. dort RN 3 bzw. 5), gewisse Fälle der Beleidigung (vgl. § 185 RN 15) und die §§ 201 ff. (vgl. § 201 RN 13 f., 20, 29, § 202 RN 12, § 202 a RN 11, § 203 RN 22, § 206 RN 11); ebenso kann bei Heileingriffen die Einwilligung bereits für die Tatbestandsmäßigkeit iS der §§ 223 ff. relevant sein (vgl. § 223 RN 32 ff.). Noch weitergehend für einen Tatbestandsausschluß im Bereich tauschbarer Güter Jakobs 201 f., enger dagegen Geerds GA 54, 262, Otto I 121, Geerds-FS 605 f.: Begrenzung auf Tatbestände, die schon begrifflich ein Handeln gegen den realen Willen des Betroffenen verlangen.

32   b) Die **Voraussetzungen** des Einverständnisses folgen nicht in jeder Beziehung den Regeln der Einwilligung (u. 35 ff.), sondern ergeben sich aus der Funktion des jeweiligen Tatbestands und dem Wesen des dort geschützten Rechtsguts (vgl. Hirsch LK 100 ff., Jakobs 240 f., Jescheck/Weigend 374, Lenckner ZStW 72, 448, Stratenwerth 124; ebenso Hinterhofer aaO 60 ff.). So ist dort, wo der Tatbestand an die Verletzung der natürlichen Handlungs- oder Entschließungsfreiheit oder eines faktischen Herrschaftsverhältnisses (zB Gewahrsam in § 242, vgl. dort RN 22) anknüpft, keine besondere (qualifizierte) *Einwilligungsfähigkeit* des Betroffenen erforderlich, vielmehr genügt hier schon dessen natürliche Willensfähigkeit. Deshalb kann zB auch eine Geisteskranke, die mit dem fraglichen Geschehen einverstanden ist, nicht iS des § 181 I Nr. 2 „gegen ihren Willen" entführt werden (vgl. zu den früheren § 236 bzw. § 237 BGH **23** 1); ebensowenig kann einem Kind mit dessen Einverständnis eine in seinem Alleingewahrsam befindliche Sache „weggenommen" werden (§ 242). In anderen Fällen setzt dagegen auch das Einverständnis eine natürliche Einsichts- und Urteilsfähigkeit oder gar die Geschäftsfähigkeit des Betroffenen voraus, ersteres zB bei ärztlichen Eingriffen (sofern hier – umstr., iE aber ohne große Bedeutung – schon der Tatbestand des § 223 verneint wird; vgl. dort RN 28 ff.), ferner bei § 202, zT bei § 203 (vgl. dort RN 24) und in den Fällen des § 185, in denen die Zustimmung der Äußerung ihren beleidigenden Charakter nimmt, (vgl. dort RN 15), letzteres zB

beim Mißbrauchstatbestand des § 266, wenn durch die Zustimmung des Betroffenen der Rahmen des rechtlichen Dürfens erweitert wird (Roxin I 481; iE auch Amelung ZStW 104, 528; and. Labsch Jura 87, 415); zu § 142 vgl. Hamm VRS **23** 104, Karlsruhe GA **70**, 312 (jugendliches Alter nicht ausreichend). Entsprechend verschieden ist auch die Möglichkeit einer *gesetzlichen Vertretung*, die zB dort, wo ein Handeln gegen den natürlichen Willen des Betroffenen Voraussetzung ist, von vornherein entfällt und wo der gesetzliche Vertreter daher nur auf Grund seiner Sorge- oder Betreuungspflicht und entsprechender Rechte zu Maßnahmen gegen den Willen des Betroffenen – hier dann iS eines Rechtfertigungsgrunds – befugt sein kann (zB § 239 bei einer Heimunterbringung gegen den Willen des Betroffenen; zur Betreuung vgl. § 1906 BGB). – Auch die Frage, ob der *innere (zustimmende) Wille* genügt oder ob dieser, wenn auch nur konkludent, zum *Ausdruck gekommen* sein muß, kann nicht einheitlich beantwortet werden. Ersteres ist zB für das Einverständnis in eine „Wegnahme" und bei den Freiheitsdelikten anzunehmen (daher keine vollendete Tat nach § 239, wenn der Betroffene, ohne dies zu erkennen zu geben, mit dem Handeln des Täters einverstanden war; and. Roxin I 479, Einwilligung 37 f.), letzteres zB in den genannten Fällen der §§ 185, 202, 203, 223, 266. – Verschieden ist endlich auch die Bedeutung von *Willensmängeln:* Ist sich der Betroffene der Aufhebung seiner Sachherrschaft oder der Eröffnung des Zugangs zu seinen Räumen bewußt, so liegt eine Wegnahme iS des § 242 oder ein Eindringen iS des § 123 nicht deshalb vor, weil das Einverständnis auf Täuschung oder Irrtum beruht (zu § 123 vgl. dort RN 22), und auch bei § 181 Nr. 2 ist nicht jedes irrtumsbedingte, sondern nur das durch List erschlichene Einverständnis unbeachtlich; keine Bedeutung hat das Einverständnis dagegen zB bei der Heilbehandlung oder bei der Beleidigung, wenn der Betroffene infolge eines Irrtums die Bedeutung des fraglichen Tuns nicht erkennt. Auch bei der Drohung kann zu differenzieren sein: Soweit die Abnötigung des Einverständnisses sub specie Verletzung der Handlungs- und Entschließungsfreiheit strafbar ist, hängt es von dem jeweiligen Tatbestand ab, ob dafür jede Drohung mit einem empfindlichen Übel oder nur eine qualifizierte Drohung genügt (vgl. zB § 240 einerseits, § 177 I Nr. 2 andererseits). Dagegen kommt es zB bei § 123 darauf an, ob der Berechtigte, ohne seinen entgegenstehenden Willen aufzugeben, infolge der Drohung das Betreten des Raums durch den Täter lediglich duldet, ein Einverständnis also schon gar nicht vorliegt, oder ob er dem anderen, wenn auch nur gezwungenermaßen, den Zutritt erlaubt: Während es sich im ersten Fall um ein „Eindringen" handelt – ausreichend ist hier jede Drohung mit einem empfindlichen Übel –, kommt im zweiten nur § 240 in Betracht (vgl. dazu auch § 123 RN 22). Entsprechendes gilt zB für § 248b und die Wegnahme in § 242, wo allerdings, wenn sich das abgenötigte Verhalten als Vermögensverfügung darstellt, die §§ 253, 255 in Betracht kommen (vgl. § 253 RN 8). – Generell ausgeschlossen sind beim tatbestandsausschließenden Einverständnis dagegen eine analoge Anwendbarkeit des § 228 und Verfügungsschranken im Drittinteresse (Sternberg-Lieben aaO 200 ff.). Vgl. zum Ganzen – weitgehend wie hier – auch Hirsch LK 101 f., ferner – zT abw. – Schlehofer aaO, Wimmer aaO.

2. Rechtfertigende Einwilligung

a) Für eine Einwilligung als Rechtfertigungsgrund bleiben damit i. U. zum tatbestandsausschließenden Einverständnis solche Delikte mit disponiblen Rechtsgütern, bei denen ein Handeln gegen den Willen des Verletzten nicht bereits zum Tatbestand gehört (zB Körperintegrität, Eigentum; zur Abgrenzung von der Mitwirkung an einer Selbstverletzung s. u. 52 a). Ihrem Wesen nach ist die Einwilligung hier ein durch das Selbstbestimmungsrecht legitimierter **Verzicht auf Rechtsschutz** mit der Folge, daß die Verbotsnorm zurücktritt (zB BGH **17** 360, Bichlmeier JZ 80, 54, Geerds GA 54, 263, ZStW 72, 43, Kühl 311 f., Lackner/Kühl 10, Lenckner ZStW 72, 453, Tröndle 3 b, W-Beulke 370, iE weitgehend auch Hirsch LK 105; zur verfassungsrechtlichen Grundlage in den Grundrechten vgl. Amelung aaO 19 ff., Sternberg-Lieben aaO 39, 57 u. pass.). Es handelt sich hier mithin um einen aus dem Prinzip des mangelnden Interesses (o. 7) folgenden Rechtfertigungsgrund, der auf dem Gedanken beruht, daß für das Recht kein Anlaß besteht, Güter zu schützen, die ihr Inhaber bewußt dem Zugriff Dritter preisgibt (vgl. aber auch Jakobs 434 f., Jescheck/Weigend 377, Stratenwerth 122 f.; and. ferner Eser/Burkhardt I 155, Geppert ZStW 83, 952, Noll aaO 74 ff., ZStW 77, 15: Wertkollision mit Vorrang des Selbstbestimmungsrechts; vgl. dagegen Lenckner GA 85, 302 f., Weigend ZStW 98, 46 f.). Daß die rechtfertigende Einwilligung zugleich das Mittel zur Lösung „interner" Interessenkonflikte sein kann (Amelung ZStW 104, 549, B/W-Mitsch 347), ändert nichts daran, daß es der auf der Grundlage und in den Grenzen des Selbstbestimmungsrechts enthaltene Rechtsschutzverzicht ist, der die fragliche Tun zu einem rechtlich erlaubten macht.

Demgegenüber beruft sich die Lehre, nach der die *Einwilligung stets tatbestandsausschließend wirkt* 33 a (vgl. die Nachw. o. 29 a), insbes. darauf, daß der Schutz disponibler Rechtsgüter nicht der Unversehrtheit der jeweiligen Objekte, sondern der autonomen Herrschaft des Berechtigten über sie gelte und es bei der Einwilligung daher an einer Rechtsgutsverletzung fehle. Abgesehen davon, daß diese Auffassung unvereinbar ist mit der Einordnung des Einwilligungssurrogats der mutmaßlichen Einwilligung als Rechtfertigungsgrund (u. 54: vgl. Sternberg-Lieben aaO 65) und daß sie sich über den Wortlaut des § 228 hinwegsetzt (Tröndle 3 b) – das Gesetz geht hier ebenso wie in den §§ 32, 34 offensichtlich von der Tatbestandsmäßigkeit aus (and. Roxin I 469 ff., Einwilligung 23 f.) –, schützt das Strafrecht jedoch nicht die Selbstbestimmung in bezug auf Körperintegrität, Ehre, Eigentum usw., sondern diese selbst als Voraussetzung und Bezugsobjekt möglicher Selbstbestimmung (ebenso Jescheck/Weigend 375; vgl. auch Amelung aaO 26 f., ZStW 109, 505, B/W-Mitsch 347, Gropp 171, Hirsch LK 98, Geppert ZStW 83, 959 ff., Köhler 245, Otto I 121 f., Geerds-FS 610 ff., Stratenwerth

122). § 303 zB sichert den Eigentümer nicht in der Ausübung seiner Befugnisse aus § 903 BGB, sondern die ungeschmälerte Existenz der konkreten Sache als notwendige Voraussetzung dieser Befugnisse (and. Gropengießer JR 98, 92): Wer ihn zwingt, seine Sache zu zerstören, ist deshalb wegen Sachbeschädigung in mittelbarer Täterschaft und Nötigung strafbar, nicht – wie sonst konsequenterweise angenommen werden müßte – nur nach § 303 (and. Roxin I 463, aaO 13 f.). Der Einwand, daß zB dem Fällen eines fremden Baums im Auftrag des Eigentümers von vornherein der Erfolgsunwert fehle (Roxin I 464, aaO 15; vgl. auch Gropengießer aaO), verkennt die lediglich unrechtstypisierende Funktion des Tatbestands (vgl. 18, 45 vor § 13), für den bei § 303 ein Sachverhalt zugrunde gelegt werden muß, der nicht mehr und nicht weniger als das Beschädigen usw. fremder Sachen verlangt. Nicht zutreffend ist ferner der Hinweis auf die unter dem Aspekt der Opferzustimmung angeblich eher stilistische Zufälligkeit der gesetzlichen Tatbestandsformulierung (Schlehofer aaO 2): So ist es zB bei § 123 (Beispiel von Schlehofer aaO) gerade kein Zufall, daß die Tathandlung nicht als „rechtswidriges Betreten" umschrieben ist, weil ein Tatbestand „Betreten der Wohnung usw. eines anderen" keinen Sinn ergäbe (vgl. auch Hirsch LK 98). Ebensowenig handelt es sich hier um eine Frage der Erfolgszurechnung (vgl. aber auch Rudolphi, A. Kaufmann-GedS 374 f.), die zwar bei der Mitwirkung an einer Selbstverletzung, nicht aber bei einverständlicher Fremdverletzung ausgeschlossen sein kann (vgl. 101 vor § 13 sowie u. 107). Dafür, daß zwischen (tatbestandsausschließendem) Einverständnis und (rechtfertigender) Einwilligung in der Sache begründete Unterschiede bestehen, spricht schließlich auch, daß beide, was ihre Wirksamkeit betrifft, nicht denselben Regeln folgen und daß diese beim Einverständnis – i. U. zur Einwilligung (u. 35 ff.) – von Fall zu Fall verschieden sind (o. 32). Was die irrige Annahme bzw. die Unkenntnis der Einwilligung betrifft, so ist nach der hier dazu vertretenen Auffassung (u. 51 f.) der Theorienstreit im übrigen ohne praktische Bedeutung.

34 b) **Gegenstand** der Einwilligung ist bei Vorsatztaten die Handlung und der Erfolg (Hirsch LK 106, Jescheck 343, Roxin I 479, Einwilligung 39, Schild Jura 82, 525, Sternberg-Lieben aaO 214; vgl. aber auch M-Zipf I 233), bei konkreten Gefährdungsdelikten also der Gefahrerfolg (vgl. Ostendorf JuS 82, 433). Den Erfolg muß der Einwilligende zumindest in Kauf nehmen (Sternberg-Lieben aaO 215 f.); vertraut er, wenn auch „fahrlässig", auf dessen Ausbleiben, so willigt er nicht in eine (bedingt) vorsätzliche Tatbegehung ein (daher Strafbarkeit wegen Versuchs, wenn der Erfolg ausbleibt; vgl. aber auch Helgerth NStZ 88, 262). Auch sonst bleibt die Tat bei einem Exzeß rechtswidrig (vgl. Köln NJW **66**, 1468, m. Anm. Schweichel), wobei dann allerdings das Unrecht gemindert sein kann (o. 22). Zur Einwilligung bei Fahrlässigkeitstaten u. 102 ff., beim Unterlassen 154 vor § 13, § 323c RN 26.

35 c) **Wirksam** ist die Einwilligung nur, wenn sie eine Reihe von Voraussetzungen erfüllt, wozu insbes. gehört, daß der Betroffene über das verletzte Rechtsgut verfügen kann (u. 6 f.), daß er einwilligungsfähig ist bzw. daß beim Fehlen dieser Fähigkeit – von Bedeutung auch bei juristischen Personen – ein anderer für ihn einwilligen kann (u. 9 ff.), ferner daß die Einwilligung vor der Tat nach außen hin zum Ausdruck gekommen ist (u. 43 f.) und daß sie sich als eine bewußte und freiwillige Gestattung der fraglichen Rechtsgutsverletzung darstellt (u. 45 ff.). Bei konkurrierenden Delikten ist für jedes getrennt festzustellen, ob diese Voraussetzungen vorliegen (vgl. Frankfurt DAR **65**, 217).

36 α) Eine wirksame Einwilligung setzt zunächst voraus, daß der Betroffene **Inhaber** des **verletzten Rechtsguts** ist. Sie ist deshalb nicht möglich bei Tatbeständen, die Individualrechtsgüter schützen (zB §§ 223 ff., 185 ff. [jedoch entfällt hier u. U. bereits der Tatbestand, vgl. § 185 RN 15 und o. 31], Eigentums- und Vermögensdelikte; and. aber auch hier, wenn die Einwilligung zum gesetzlichen Tatbestand gehört [zB Wucher]). Unbeachtlich ist die Einwilligung bei Delikten gegen Gemeinschaftswerte, mag auch ein individuell „Betroffener" vorhanden sein, der mit der Tat einverstanden ist (zB §§ 153 ff., 169, 172, 306 a, 339). Zu unterscheiden ist bei Tatbeständen, denen sowohl Individual- als Universalrechtsgüter zugrunde liegen: Sind diese alternativ geschützt, so ist eine Einwilligung generell ausgeschlossen (vgl. zB § 164 RN 1, § 343 RN 1, 17, § 344 RN 1), während es bei einem kumulativen Schutz von den Besonderheiten des jeweiligen Tatbestands abhängt, ob die Einwilligung bezüglich des Individualguts zum Wegfall des Gesamtunrechts und damit zur Nichtanwendbarkeit der betreffenden Vorschrift führt (vgl. zB § 315 c RN 43) oder ob hier wegen der zugleich betroffenen Allgemeininteressen auch die Dispositionsbefugnis über das an sich disponible Individualgut entfällt (vgl. zB § 340 RN 5); zum Ganzen vgl. mwN – zT abw. – B/W-Mitsch 348, Maiwald aaO 172 f., Paul aaO 81 ff., Roxin I 472 f., Einwilligung 29 f., Sternberg-Lieben aaO 92 ff. u. zu den Amtsdelikten Amelung, Dünnebier-FS 487.

37 β) Auch der Rechtsgutsinhaber kann in die Verletzung seiner Güter nur einwilligen, wenn und soweit diese seiner **Dispositionsbefugnis** unterliegen. Bezüglich des *Lebens* ist eine solche, wie sich schon aus § 216 ergibt, i. U. zur bloßen Lebensgefährdung (u. 103 ff.) jedenfalls in dem Sinn zu verneinen, daß niemand in seine vorsätzliche Tötung einwilligen kann (zu den zT unterschiedlichen Begründungen dafür vgl. zB Roxin I 474, Sternberg-Lieben aaO 103 ff., Weigend ZStW 98, 62 ff.; zur Sterbehilfe vgl. 21 ff. vor § 211). Gesetzlich ausdrücklich vorgesehen sind auch Einwilligungsschranken hinsichtlich der *Körperintegrität,* indem hier eine Dispositionsbefugnis nur zuerkannt wird, soweit die **Tat** trotz der Einwilligung **gegen die guten Sitten** verstößt (§ 228 [vormals § 226 a]; vgl. zu den Einzelheiten dort, aber auch Sternberg-Lieben aaO 136 ff.: Verstoß gegen den Bestimmtheitsgrundsatz des Art. 103 II GG); vgl. in diesem Zusammenhang auch §§ 17 II, 18 TPG

Rechtfertigungsgründe **38, 39 Vorbem §§ 32 ff.**

u. krit. dazu Schroth JZ 97, 1152. Während die früher h. M. darin einen auch für *andere Individualrechtsgüter* geltenden allgemeinen Rechtsgrundsatz sah (vgl. 17. A., 44 vor § 51), wird dies heute überwiegend verneint (zB B/W-Mitsch 355, Berz GA 69, 145, Eser/Burkhardt I 159, Hirsch LK 124 f., Jescheck/Weigend 380, Kientzy aaO 96 f., Kühl 315, Lackner/Kühl 18, M-Zipf I 238, Noll ZStW 77, 21, Otto I 120, Roxin I 476, Einwilligung 34, Schlehofer aaO 80, Stratenwerth 126; and. zB Geerds GA 54, 268, iE auch Jakobs 438 u. für § 239 Göbel aaO 62, Schmidhäuser 272, I 118). Stellen kann sich diese Frage jedoch nur für den Kernbereich höchstpersönlicher Rechtsgüter, hier unter dem übergeordneten Gesichtspunkt der Wahrung der Menschenwürde, auf die wirksam nicht verzichtet werden kann (zB BVerwG NJW **82**, 664 mwN, ferner Schmidhäuser aaO; vgl. aber auch Amelung StV 85, 259, Sternberg-Lieben aaO 47). Auch dies ist freilich bei den Freiheitsdelikten ohne Bedeutung (and. Köhler 257), weil das dort bereits im Tatbestand vorausgesetzte Handeln gegen den Willen des Betroffenen im Fall des Einverständnisses nicht durch die Sittenwidrigkeit ersetzt werden kann. Für einen Ausschluß der Rechtfertigung bleiben damit im wesentlichen besonders schimpfliche und zugleich menschenunwürdige Ehrverletzungen, in die – insoweit entgegen der h. M. – wirksam nicht eingewilligt werden kann. Ein allgemeiner Grundsatz ist es dagegen, daß sich Einwilligungsschranken nicht mit dem Schutz von tatbestandsexternen Drittinteressen begründen lassen: Die Einwilligung in den Abbruch eines Gebäudes etwa schließt eine rechtswidrige Zerstörung von Bauwerken iS des § 305 auch dann aus, wenn dieses unter Denkmalschutz steht. Zum Ganzen vgl. eingehend Sternberg-Lieben aaO 75 ff. u. speziell zur Unzulässigkeit einer „Rechtsgutsvertauschung" in Fällen der zuletzt genannten Art S. 512 ff.

γ) Unschädlich ist nach h. M. in allen Fällen die **Sittenwidrigkeit der Einwilligung als solcher** **38** (zB RG **74** 95, DR **43** 234, BGH **4** 91, Bay **77** 106 [zu den früheren § 226 a, jetzt § 228], B/W-Mitsch 355, Hirsch LK 124, Lackner/Kühl 18, M-Zipf I 238, Roxin I 476, Stratenwerth 126; and. Amelung aaO 56 f. [unter Hinweis auf die Schranke des Sittengesetzes in Art. 2 I GG], Geerds GA 54, 268; zum Zivilrecht vgl. Kohte aaO 131 ff. mwN). Ist damit der *Inhalt* der Einwilligung gemeint, so kommt diesem Gesichtspunkt jedoch keine eigenständige Bedeutung zu, da die Einwilligung als Gestattung eines Eingriffs in Rechtsgüter nur dann sittenwidrig sein kann, wenn auch die Tat, auf die sie sich bezieht, gegen die guten Sitten verstößt: Ist zB die Sachbeschädigung mit Einwilligung des Eigentümers zur Begehung eines Versicherungsbetrugs sittenwidrig, so ist dies zwar auch die Einwilligung; daran, daß die Eigentumsverletzung nicht rechtswidrig ist, vermag dies jedoch ebenso wenig etwas zu ändern wie die Sittenwidrigkeit der Sachbeschädigung selbst (o. 37). Ist umgekehrt bei einer unter wucherischen Bedingungen zur Verfügung gestellten Blutspende die Blutentnahme (§ 223) nicht sittenwidrig (vgl. § 228 RN 9), so gilt dies auch für die Einwilligung hierzu, die als solche nicht deshalb gegen die guten Sitten verstößt, weil sie an eine wucherische Gegenleistung geknüpft ist: Damit wird zwar der entsprechende zivilrechtliche Vertrag sittenwidrig und nichtig, nicht aber die Körperverletzung rechtswidrig (auch nicht iS des § 823 BGB, weshalb hier entgegen Amelung aaO nicht erst das strafrechtliche Unrecht ausgeschlossen ist). Dies zeigt zugleich, daß die Sittenwidrigkeit der *Begleitumstände,* unter denen die Einwilligung erteilt wurde, unschädlich ist. Dasselbe gilt für die sittenwidrige *Art und Weise,* in der die Einwilligung erlangt wurde: Unbeachtlich wird diese damit nur im Fall von Täuschung und Zwang (u. 47 f.), nicht aber, wenn dazu sonst unlautere Mittel eingesetzt werden.

δ) Erforderlich ist zur Wirksamkeit der Einwilligung ferner die **Einwilligungsfähigkeit,** für die **39** nach h. M. im Strafrecht generell die von Geschäftsfähigkeit und bestimmten Altersgrenzen unabhängige tatsächliche („natürliche") Einsichts- und Urteilsfähigkeit genügen soll (zB RG **71** 349, BGH **4** 90, **5** 362, **8** 357, **12** 382, **23** 1, GA **56**, 317, **63**, 50, Bay NJW **99**, 372, B/W-Mitsch 350, Gropp 167, Hinterhofer aaO 65 ff. [zugleich zu Österreich], Hirsch LK 118, Jescheck/Weigend 382, Kühl 316, Lackner/Kühl 16, M-Zipf I 234, Neyen aaO 13 ff., Otto I 119, Geerds-FS 614, Schmidhäuser 273, I 120, Stratenwerth 126 f., W-Beulke 374 f. u. für die „strafrechtliche Einwilligung" als bloßer „Strafunrechtsausschließungsgrund" [o. 8] i. U. zur „zivilrechtlichen Einwilligung" auch Günther, Strafrechtswidrigkeit usw. 347 ff., SK 51, 62; vgl. auch Köhler 250 f., Kohte aaO 156 ff., Lesch NJW 89, 2310, Roxin I 482 ff.). Richtigerweise ist hier jedoch zu differenzieren, wobei davon auszugehen ist, daß die Frage der Einwilligungsfähigkeit für das Strafrecht nicht anders beantwortet werden kann als für das Zivilrecht und die Einwilligung in eine unerlaubte Handlung (§§ 823 ff. BGB), dies deshalb, weil Rechtfertigungsgründe auf besonderen Erlaubnisnormen beruhen (o. 4), die als Aufhebung eines Verbots für beide Rechtsgebiete gleichermaßen gelten (o. 27). Auch die Voraussetzungen der Einwilligungsfähigkeit können daher nicht vom Strafrecht nur für das Strafrecht bestimmt werden, vielmehr muß die Entscheidung für Zivil- und Strafrecht einheitlich aus dem Wesen der Einwilligung als Rechtsschutzverzicht getroffen werden. Dies bedeutet: Zwar ist die Einwilligung zivilrechtlich keine rechtsgeschäftliche Willenserklärung (vgl. BGHZ **29** 33, Karlsruhe FamRZ **83**, 276, MünchKomm-Gitter BGB, 3. A., 88 vor 104 mwN; and. München AfP **83**, 276, Kohte aaO 152 ff.), wohl aber ist sie eine Willensäußerung mit gewichtigen Rechtsfolgen (Verlust des Rechtsschutzes), was dafür spricht, bei der Frage der Einwilligungsfähigkeit die §§ 104 ff. BGB entsprechend anzuwenden, soweit nicht die besondere Natur der Einwilligung einer solchen Analogie entgegensteht (vgl. näher Lenckner ZStW 72, 454 ff.; zum gegenwärtigen zivilrechtlichen Meinungsstand vgl. einerseits zB Gitter aaO 87 ff. vor § 104, andererseits zB Staudinger-Dilcher, BGB, 12. A. § 105 RN 11, ferner Kohte aaO 111 ff.). Im einzelnen gilt danach folgendes:

40 αα) Bei der Einwilligung in die Verletzung von **Vermögensgütern** ist, solange dies im Zivilrecht nicht anders entschieden wird, bei der Einwilligungsfähigkeit an die **Geschäftsfähigkeit** anzuknüpfen, dies mit der Folge, daß analog zu §§ 104 ff. BGB ein Geschäftsunfähiger nicht und ein beschränkt Geschäftsfähiger nur mit vorheriger Zustimmung seines gesetzlichen Vertreters oder unter den Voraussetzungen des § 110 BGB wirksam einwilligen kann (vgl. Haft AT 106, Lenckner ZStW 72, 454 ff., Maiwald aaO 181, Tröndle 3 b, iE auch Jakobs 245; and. die h. M. im Strafrecht, s. o. 39). Dafür sprechen im übrigen auch die Ergebnisse: Kann der Minderjährige ohne Einwilligung des gesetzlichen Vertreters die Sache einem Dritten nicht schenken, so kann er diesem auch nicht die Zerstörung gestatten (vgl. Staudinger/Schäfer, BGB, 12. A., § 823 RN 457). – Etwas anderes gilt dagegen bei Eingriffen in **höchstpersönliche Rechtsgüter** (zB §§ 223 ff., 185 ff.). Hier sind Standards, wie sie die §§ 104 ff. BGB hinsichtlich der Geschäftsfähigkeit schaffen, nicht angemessen und auch nicht in derselben Weise notwendig wie bei Rechtsgeschäften: Ersteres nicht, weil die höchstpersönlichen Rechtsgüter zugleich integrierende Bestandteile des allgemeinen Persönlichkeitsrechts sind und dieses seiner Natur nach in viel stärkerem Maß Selbst- statt Fremdbestimmung verlangt, wenn die Fähigkeit hierzu tatsächlich vorhanden ist, letzteres nicht, weil die Einwilligung in die Verletzung höchstpersönlicher Rechtsgüter nicht zu den massenhaft vorkommenden Geschäften des täglichen Rechtsverkehrs gehört und das Bedürfnis nach Rechtssicherheit hier deshalb weniger dringend ist als dort (vgl. Gernhuber FamRZ 62, 94, Lenckner in: Eser/Hirsch 176 f., ZStW 72, 457). In diesen Fällen ist vielmehr für die Einwilligungsfähigkeit auf die von der Geschäftsfähigkeit unabhängige und mit der Schuld- oder Deliktsfähigkeit nicht identische tatsächliche („natürliche") **Einsichts- und Urteilsfähigkeit** zuzüglich der entsprechenden Steuerungsfähigkeit in dem Sinn abzustellen, daß der Einwilligende Wesen, Bedeutung und Tragweite des fraglichen Eingriffs voll zu erfassen und seinen Willen danach zu bestimmen imstande ist (aus dem strafrechtl. Schrifttum vgl. hier auch die Nachw. o. zur Verletzung von Vermögensrechten u. für das Zivilrecht inzwischen ebenso zB BGHZ 29 33, **105** 45, NJW **64**, 1177, **74**, 1950, Bay FamRZ **87**, 87, Celle MDR **60**, 136, Hamm NJW **83**, 2095, Karlsruhe FamRZ **83**, 742, München NJW **58**, 633, Staudinger/Peschel-Gutzeit, BGB, 12. A., § 1626 RN 89 mwN; and. aber Düsseldorf FamRZ **84**, 1221, München AfP **83**, 276, Gitter [o. 39] 89 vor § 104 u. enger auch BGH NJW **72**, 337; näher zur Einwilligungsfähigkeit, ihren verschiedenen Komponenten u. ihrer keineswegs einheitlichen Umschreibung in Spezialgesetzen vgl. Amelung ZStW 104, 525 ff., 821 ff., aaO 1995, 8 ff. u. zum Ganzen auch Kohte aaO 143 ff.). Bei *Volljährigen* kann diese Fähigkeit, von ins Gewicht fallenden psychischen Störungen und Beeinträchtigungen wie Geisteskrankheiten, Trunkenheit usw. abgesehen (zB BGH **4** 90, **6** 234, Frankfurt MDR **91**, 781, Hamm NJW **83**, 2095; vgl. auch BGH [Z] NJW **98**, 1784: Einwilligung auf dem Weg in den Operationssaal nach Beruhigungsspritze), im allgemeinen ohne weiteres angenommen und nicht schon deshalb verneint werden, weil die Einwilligung offensichtlich unvernünftig ist (Amelung ZStW 104, 546 f., JR 99, 45, Neyen aaO 45 ff., Roxin I 483 f.; zu weitgehend daher BGH NJW **78**, 1206 m. Anm. Rogall S. 2344, Horn JuS 79, 29, Hruschka JR 78, 519 u. Rüping Jura 79, 90). Ausnahmen, die deshalb nicht verallgemeinerungsfähig sind, gelten nur dort, wo das Gesetz zusätzlich zur Geschäftsfähigkeit auch die Einsichts- und Urteilsfähigkeit im Einzelfall (zB § 40 II Nr. 1 ArzneimittelG, § 41 Nr. 8 StrlSchVO, § 8 I Nr. 1 a TPG) oder die Erreichung einer höheren Altersgrenze verlangt (vgl. § 2 KastrG: 25 Jahre; vgl. dazu § 223 RN 56). Bei *Minderjährigen* kommt es auf den individuellen Reifegrad an, wobei die Frage der Urteilsfähigkeit nicht generell, sondern in bezug auf den konkreten Eingriff zu beurteilen ist. Hier gelten deshalb umso strengere Anforderungen, je schwerwiegender dieser ist bzw. je schwieriger seine Folgen abzuschätzen sind (vgl. zB BGH **12** 379, Bay NJW **99**, 372 m. Anm. Amelung NStZ 99, 458, VRS **53** 349; zu weitgehend jedoch Hamm NJW **98**, 3424: grundsätzlich keine Einwilligungsfähigkeit von Minderjährigen bei Heilbehandlungen u. Schwangerschaftsabbrüchen; zu letzteren vgl. demgegenüber AG Schlüchtern NJW **98**, 832). Andererseits ist die Einwilligungsfähigkeit umso eher anzunehmen, je näher der Einwilligende der Volljährigkeitsgrenze oder je geringfügiger die Verletzung ist (daher auch keine generelle Einwilligungsunfähigkeit von Kindern unter 14 Jahren; gegen feste Altersgrenzen auch Amelung ZStW 104, 830 ff., Neyen aaO 60 ff., 89 ff., 131 ff.; vgl. aber auch Roxin I 482). Die §§ 1631 c S. 2 BGB (ab 1. 1. 1992), 8 I Nr. 1 a TPG, 40 II Nr. 1 ArzneimittelG, 41 I Nr. 8 StrlSchVO, die Minderjährigen die Einwilligungsfähigkeit generell absprechen, betreffen Sonderfälle, die auch hier nicht verallgemeinerungsfähig sind (vgl. demgegenüber etwa § 81 c III StPO, § 2 II 3 TPG u. näher Eberbach FamRZ 82, 452). Speziell zu Blutspenden vgl. Kern FamRZ 81, 738, zum HIV-Antikörpertest Lesch NJW 89, 2309, zu Heileingriffen § 223 RN 38 u. hier zur Einwilligungsfähigkeit älterer Patienten Kuhlmann aaO 70 ff., zu Humanexperimenten § 223 RN 50 a, zur Kastration u. Sterilisation § 223 RN 56 f., 62, zum Schwangerschaftsabbruch § 218 a RN 61.

41 ββ) Bei fehlender Einwilligungsfähigkeit des Betroffenen kann die Einwilligung – allerdings nur in dem durch das Recht und die Pflicht zur Vermögens- bzw. Personensorge gesteckten Rahmen – von seinem **gesetzlichen Vertreter** erteilt werden (vgl. zB BGH **12** 379, Bay **60**, 269, Hirsch LK 117, Jesscheck/Weigend 382, Lenckner ZStW 72, 458 ff., Roxin I 486 ff., vgl. auch § 223 RN 38, 56, 62). Bei *Minderjährigen* sind gesetzliche Vertreter grundsätzlich die Eltern als Inhaber der die Vertretung umfassenden elterlichen Sorge, wobei die Eltern das Kind grundsätzlich gemeinschaftlich vertreten (§ 1629 I 1, 2 BGB; zum Alleinvertretungsrecht bei Gefahr im Verzug vgl. § 1629 I 4, zur elterlichen Sorge nicht miteinander verheirateter Eltern § 1626 a, zur Übertragung des Entscheidungsrechts auf

Rechtfertigungsgründe 42, 43 **Vorbem §§ 32 ff.**

einen Elternteil bei fehlender Einigung § 1628, zu Einschränkungen der elterlichen Sorge bei Pflegerbestellung § 1630, zur elterlichen Sorge bei Getrenntleben §§ 1671, 1672, 1687 a u. zum Vertretungsrecht von Pflegepersonen § 1688). Steht der Minderjährige nicht unter elterlicher Sorge oder sind die Eltern nicht zu dessen Vertretung berechtigt oder ist sein Familienstand nicht zu ermitteln, so ist gesetzlicher Vertreter der in solchen Fällen zu bestellende Vormund (§§ 1773, 1793 BGB). Ausdrücklich ausgeschlossen von jeglicher Vertretung ist die Einwilligung in eine Sterilisation (§§ 1631 c, 1800 BGB). Bei *Volljährigen*, die aufgrund einer psychischen Krankheit oder einer körperlichen, geistigen oder seelischen Behinderung einwilligungs- oder entscheidungsunfähig sind, ist gesetzlicher Vertreter der für den fraglichen Aufgabenkreis bestellte Betreuer (§§ 1896, 1902 BGB; zum Einwilligungsvorbehalt vgl. § 1903 u. zu dessen strafrechtlicher Bedeutung Kuhlmann aaO 190 ff.), wobei besondere ärztliche Risikomaßnahmen, Sterilisation und Kastration zusätzlich der vormundschaftsgerichtlichen Genehmigung bedürfen (§§ 1904, 1905 BGB, § 6 KastrG; zur analogen Anwendung des § 1904 bei passiver Sterbehilfe [s. 27 ff. vor § 211] – dies i. w. S. auch schon vor Beginn des Sterbevorgangs – vgl. BGH **40** 261 f.; Frankfurt NJW **98**, 2747, LG München I NJW **99**, 1788 u. aus der umfangreichen Lit. zuletzt Coepicus NJW 98, 3383, Frister JR 99, 73, Gründel NJW 99, 3391, Knieper NJW 98, 2720, Laufs NJW 98, 3399, Müller-Freienfels JZ 98, 1123, Saliger JuS 99, 16, Sternberg-Lieben, Lenckner-FS 370, Verrel JR 99, 5, jeweils mwN). Ausdrücklich geregelt ist hier, daß eine Sterilisation dem Willen des Betreuten nicht widersprechen darf (§ 1905 I Nr. 1; vgl. auch § 3 III Nr. 1 KastrG u. zu den hier bestehenden Unterschieden Amelung aaO 1995, 12 ff., 20 ff.), während bei den ärztlichen Maßnahmen des § 1904 die Frage einer zulässigen Zwangsbehandlung offenbleibt (vgl. dazu BT-Drs. 11/4528, 72, Staudinger-Bienwald, BGB, 12. A., § 1904 RN 28). – Überschreiten oder mißbrauchen gesetzliche Vertreter ihre Befugnisse, was auch bei einem entgegenstehenden Willen des Vertretenen der Fall sein kann, so ist die Einwilligung unwirksam (vgl. Lenckner ZStW 72, 461 f. u. dazu, ob das auch für § 1901 II 1 BGB pflichtwidrig erteilte Einwilligung des Betreuers gilt, Kuhlmann aaO 209 ff.). Mit Recht nicht in das TransfusionsG v. 1. 7. 1998 (BGBl. I 1752) übernommen wurde daher auch die ursprünglich vorgesehene, auf die Eigenblutspende nicht beschränkte Möglichkeit einer Einwilligung des gesetzlichen Vertreters bei Einwilligungsunfähigkeit des Spenders (vgl. dazu Bender ZRP 97, 355, Deutsch NJW 98, 3380); zur Frage eines „Vetorechts" des Betroffenen im übrigen vgl. Amelung aaO 1995, 19 ff. Stellt umgekehrt die Verweigerung einer Einwilligung (zB in eine Operation) durch Eltern oder Vormünder einen Mißbrauch des Sorgerechts dar, so hat zunächst das Familiengericht die erforderlichen Maßnahmen zu treffen, wozu auch die Ersetzung von Erklärungen gehört (§§ 1666, 1837 IV BGB). Über die Anwendung des § 34 in Eilfällen vgl. dort RN 8.

γγ) Zusätzliche Fragen stellen sich wegen der Möglichkeit eines **Kompetenzkonflikts** zwischen 42
dem **gesetzlichen Vertreter** und dem **Vertretenen** bei Eingriffen in höchstpersönliche Rechtsgüter, wenn der Minderjährige im vollen Besitz der für eine Einwilligung erforderlichen Reife ist (o. 40). Ist es eine mehr als berechtigte Forderung, „daß in jenem unschwer abgrenzbaren Dispositionsbereich, den die höchstpersönliche Formierung eines Rechtsguts beläßt, so früh wie möglich Selbstbestimmung und nicht Fremdbestimmung herrschen muß" (Gernhuber/Coester-Waltjen, Familienrecht, 4. A., 884; vgl. auch § 1626 II BGB), so kann die Lösung solcher Konflikte jedoch kaum zweifelhaft sein: Hier ist es, verbunden mit entsprechenden immanenten Schranken des Sorge- und Vertretungsrechts, der einwilligungsfähige Minderjährige, der grundsätzlich über die Erteilung oder Nichterteilung einer Einwilligung zu entscheiden hat (vgl. zB Jescheck/Weigend 282 FN 51, Lenckner ZStW 72, 462 ff., Lesch NJW 89, 2310, Roxin I 487 u. zum Zivilrecht Staudinger/Peschel-Gutzeit, BGB, 12. A., § 1626 RN 91 ff. mwN; enger hier noch BGHZ **29** 33, Bay FamRZ **87**, 87 u. and. zB Eberbach FamRZ **82**, 453 mwN, ferner Köhler 252 f.). Vorschriften in Spezialgesetzen, die wie zB § 41 Nr. 3 ArzneimittelG eine Doppeleinwilligung von Vertreter und Vertretenem verlangen, sind ersichtlich Sonderregelungen und daher ebensowenig verallgemeinerungsfähig wie das dort in § 40 II Nr. 1 enthaltene Gegenstück, wonach Minderjährige nie einwilligungsfähig sind (o. 40 aE). Bei gegebener Einwilligungsfähigkeit kann sich deshalb ein Minderjähriger auch gegen den Willen seiner Eltern als Blutspender zur Verfügung stellen (vgl. auch AG Schlüchtern NJW **98**, 832: wirksame Einwilligung einer 16jährigen in Schwangerschaftsabbruch gegen den Willen der Mutter); ebenso ist ausschließlich auf den mutmaßlichen Willen des einwilligungsfähigen Minderjährigen abzustellen, wenn zB bei einem dringend notwendigen ärztlichen Eingriff seine Entscheidung wegen Bewußtlosigkeit nicht eingeholt werden kann (zur mutmaßlichen Einwilligung vgl. u. 54 ff.). Zu entsprechenden Fragen im Betreuungsrecht vgl. zB Gernhuber/Coester-Waltjen, Familienrecht, 4. A., 1249, Kuhlmann aaO 124, 144 ff. Etwas anderes gilt nur, wenn der Minderjährige trotz voller Erkenntnis von Bedeutung und Tragweite eines Eingriffs aus sachfremden Erwägungen eine offensichtliche Fehlentscheidung trifft. Hier muß das durch die fortgeschrittene Entwicklung des Minderjährigen zum bloßen Aufsichtsrecht abgesunkene Personensorgerecht wieder zum Entscheidungsrecht erstarken (Lenckner aaO; and. Göbel aaO 82, Jakobs 244 FN 176, Schmidhäuser 278 FN 32).

ε) Die Einwilligung muß erklärt, d. h. **nach außen kundbar** geworden sein (h. M., vgl. zB BGH 43
NJW **56**, 1106, Bay NJW **68**, 665, Celle MDR **69**, 69, VRS **26** 292, Oldenburg NJW **66**, 2132, Hirsch LK 109, Geerds GA 54, 264, Jescheck/Weigend 381 f., Köhler 249, Lackner/Kühl § 228 RN 5, Roxin I 477, Einwilligung 35, Tröndle 3 b, Zipf ÖJZ 77, 381; iE auch Schleswig SchlHA **59**, 15). Bei mehreren Inhabern des fraglichen Guts (zB Miteigentümer) ist eine entsprechende Äußerung

durch alle erforderlich (vgl. Sternberg-Lieben aaO 87 ff., zur Stellvertretung s. u.). Nicht notwendig ist, daß die Einwilligung an den Täter gerichtet ist, und erst recht nicht, daß sie diesem (oder einem anderen) im zivilrechtlichen Sinne zugegangen ist (so jedoch die sog. Willenserklärungstheorie von Zitelmann AcP 99, 1; vgl. ferner BGH NJW **56**, 1106, Kohte aaO 121 ff.); genügend ist daher zB die Anweisung an einen Angestellten, gegen einen beobachteten Ladendiebstahl nicht einzuschreiten (zur Unkenntnis des Täters u. 51). Andererseits kann aus Gründen der Rechtssicherheit aber auch die nur innere Zustimmung nicht genügen (so jedoch die sog. Willensrichtungstheorie, zB KG JR **54**, 428, Hinterhofer aaO 83 ff., Mezger 209, Schlehofer aaO 79 f., Schmidhäuser 278 f.; I 119; vgl. auch Frisch aaO 1995, 332 f., Göbel aaO 135, Jakobs 245, 438). Nicht erforderlich ist eine expressis verbis erklärte Einwilligung, vielmehr kann diese auch konkludent zum Ausdruck gebracht werden, wofür ein bloß passives Dulden der Verletzungshandlung aber noch nicht genügt (vgl. Hirsch LK 111). Ob Formulareinwilligungen (zB vorformulierte Einwilligungserklärungen vor Operationen) unter das AGB-Ges. fallen, ist umstritten, dürfte aber, wenn auch nur iS einer entsprechenden Anwendbarkeit, zu bejahen sein (vgl. näher dazu Kohte aaO 128 ff. mwN). – Sieht das Gesetz ausnahmsweise eine **besondere Form** vor (zB §§ 40 II Nr. 2, 41 Nr. 6 ArzneimittelG: Schriftform, Erklärung vor Zeugen), so ist ihre Nichtbeachtung jedenfalls dann unschädlich, wenn das Formerfordernis ausschließlich Beweisinteressen dient, bei Vorliegen der sonstigen Einwilligungsvoraussetzungen materiell also nur diese verletzt sein können (so bei § 41 Nr. 6 ArzneimittelG; vgl. auch Hirsch LK 117). Strafrechtlich zweifelhaft können daher nur solche Fälle sein, in denen die vorgeschriebene Schriftform den Schutz vor Übereilungen und der damit verbundenen Gefahr von einwilligungsrelevanten Fehlvorstellungen (u. 46) bezweckt (so § 40 II Nr. 2 ArzneimittelG). Wenn die Nichtbeachtung der Form die fragliche Handlung trotz eines im übrigen wirksamen Rechtsschutzverzichts zu strafwürdigem Unrecht machen soll, so kann dies nur mit Erwägungen begründet werden, wie sie auch den abstrakten Gefährdungsdelikten zugrunde liegen, dies dann aber mit der Folge, daß dem Täter der Gegenbeweis einer in voller Verantwortung getroffenen Entscheidung des Einwilligenden möglich sein muß. – **Einwilligungsvollmachten** (zur gesetzlichen Vertretung vgl. o. 41 f.) sind bei einer bloßen Vertretung in der Erklärung uneingeschränkt möglich, ebenso bei einer Vertretung im Willen, wenn sie lediglich Vermögensgüter betreffen, während eine solche Vertretung im Kernbereich persönlicher Rechtsgüter grundsätzlich ausgeschlossen ist (B/W-Mitsch 349, Hinterhofer aaO 75, Hirsch LK 117, Roxin I 488; vgl. aber auch Sternberg-Lieben, Lenckner-FS 365 f.). Eine Ausnahme – ursprünglich umstritten, seit dem BetreuungsrechtsÄndG v. 25. 6. 1998 (BGBl. I 1580) jedoch auch gesetzlich ausdrücklich anerkannt – sind die für den Fall des Eintritts der Handlungs- oder Einwilligungsunfähigkeit erteilten sog. Vorsorgevollmachten für ärztliche Maßnahmen und geschlossene Unterbringungen (vgl. jetzt §§ 1904 II, 1906 III BGB u. dazu Dodegge NJW 98, 3076), wobei im letzteren Fall, wenn die spätere Unterbringung, bedingt durch den jetzigen Zustand des Betroffenen, gegen dessen natürlichen Willen erfolgt und damit tatbestandsmäßig iS des § 239 ist (vgl. o. 32), die frühere Vollmachterteilung eine mußmaßliche Einwilligung oder ein Rechtfertigungsgrund eigener Art sein muß; zur Einschaltung eines Vertreters in Gesundheitsangelegenheiten vgl. näher Sternberg-Lieben aaO 363 ff. mwN.

44 ζ) Die Einwilligung muß **vor der Tat** erklärt sein und sie muß **im Zeitpunkt der Rechtsgutsverletzung** noch bestehen (zum Problem antizipierter Einwilligung vgl. Kuhlmann aaO 199 ff.). Eine nachträgliche Genehmigung ist daher unbeachtlich (zB BGH **7** 295, **17** 359, Frankfurt VRS **29** 457, Köln [Z] MDR **92**, 447, München [Z] NJW-RR **91**, 478, B/W-Mitsch 350, Hirsch LK 112, Otto I 118); erfolgt sie nach Beginn, aber vor Vollendung der Tat, so kommt Versuch in Betracht. Die Einwilligung ist grundsätzlich frei widerruflich (vgl. zB § 40 II ArzneimittelG, RG **25** 382, B/W-Mitsch 351, Hirsch LK 113, Jescheck/Weigend 383, Roxin I 480 u. zum Zivilrecht Kohte aaO 137 f.), es sei denn, daß sie als Bestandteil eines Eingriffsrecht oder einer eine Duldungspflicht begründenden Vertrags erklärt ist (zB Verkauf eines Hauses auf Abbruch [u. 53]; zum Vorab-Ausschluß des Widerrufs der Einwilligung speziell im ärztlichen Bereich vgl. Sternberg-Lieben aaO 261 ff.). Ebenso wie eine mutmaßliche Einwilligung die tatsächliche Einwilligung ersetzen kann (u. 54), ist auch die Möglichkeit eines mutmaßlichen Widerrufs anzuerkennen, durch den eine zuvor erklärte Einwilligung ihre Wirkung verliert (ebenso Hirsch LK 113), wobei dies umso eher anzunehmen ist, je länger die Einwilligungserklärung zurückliegt (B/W-Mitsch 352).

45 ι) Eine Einwilligung ist nur die **bewußte** und **freiwillige Gestattung** der tatbestandsmäßigen Rechtsgutsverletzung (vgl. Oldenburg NJW **56**, 2133). Sie verlangt deshalb mehr als bloßes Geschehenlassen oder Dulden. Andererseits setzt die Einwilligung keine in jeder Hinsicht autonome Entscheidung des Rechtsgutsinhabers voraus, vielmehr genügt es, wenn eine solche speziell im Hinblick auf die Preisgabe des durch den fraglichen Tatbestand geschützten Rechtsguts vorliegt (vgl. auch Küper JZ 86, 226: Unbeachtlichkeit solcher Autonomiemängel, deren Anerkennung die Güterschutzintention des jeweiligen Tatbestands verfälschen würde; zu den Konsequenzen für den Irrtum u. 46). Nur insoweit bilden daher **Willensmängel** auch ein Einwilligungshindernis, dies in dem Sinn, daß sie die Einwilligung eo ipso, d. h. ohne Anfechtung, unwirksam machen (vgl. für das Zivilrecht BGH NJW **64**, 1177, aber auch Kohte aaO 139 ff.). Auch dem Problem des Vertrauensschutzes, das im Zivilrecht bei Willenserklärungen durch die Notwendigkeit einer Anfechtung (§ 122 BGB) gelöst wird, kann im Strafrecht deshalb nur auf andere Weise Rechnung getragen werden (u. 50). Im einzelnen gilt folgendes:

αα) Unbeachtlich ist die auf einem **Irrtum** beruhende Einwilligung, wenn es sich dabei um **46** *rechtsgutsbezogene Fehlvorstellungen* handelt, d. h. um solche, bei denen sich der Einwilligende über die Folgen, Bedeutung und Tragweite seines Tuns für das verletzte Rechtsgut nicht im klaren ist (vgl. Arzt aaO 20 ff., 30, Brandts/Schlehofer JZ 87, 446 f., Bichlmeier JZ 80, 55, Eser/Burkhardt I 157, Gropp 168, Hinterhofer aaO 104, Jescheck/Weigend 383, Küper JZ 86, 226, Kuhlmann aaO 111 ff., Maiwald aaO 182, Meyer aaO 166 ff., Michel JuS 88, 11, Müller-Dietz JuS 89, 281, Noll aaO 131, Rudolphi ZStW 86, 68, 82, Schlehofer aaO 77, Sternberg-Lieben aaO 532 ff., iE auch Jakobs 246 f., 438, Schmidhäuser 274 f., I 121 f.; and. mit Unterschieden im Ansatz und iE zB Amelung aaO 1998, 36 ff. [vgl. auch schon ZStW 109, 499 ff., 511 ff.], B/W-Mitsch 353 ff., Kühne JZ 79, 243 ff. Otto, Geerds-FS 617 f., Roxin I 493 f.). Beachtlich ist deshalb zB ein Irrtum über Art und Umfang der Verletzung oder einer damit verbundenen weitergehenden Gefährdung, so zB wenn der Patient bei einem nicht gänzlich ungefährlichen Eingriff den Behandelnden fälschlich für einen Arzt oder zugelassenen Heilkundigen hält (BGH NStZ **87**, 174 m. Anm. Sowada BGH **88**, 123; mit Recht verneint dagegen von BGH **16** 309 für einen „zweifelsfrei" geringfügigen Eingriff). Dasselbe gilt für Fehlvorstellungen über die Bedeutung des preisgegebenen Guts (zB über dessen Verwendungsmöglichkeit), aber auch über die preisbildenden Eigenschaften und den Marktwert einer Sache (and. hier Meyer aaO 172 ff.), ferner für die per saldo falsche Einschätzung von Schaden und Nutzen bei dem verletzten Gut (zB Irrtum über Notwendigkeit und Zweck einer Operation). Schließlich gehören hierher unter der Voraussetzung ihrer Rechtsgutsbezogenheit die den zivilrechtlichen Erklärungs- und Inhaltsirrtum entsprechenden Fälle (zB Versprechen, falsche Vorstellung über medizinische Fachausdrücke; zT and. Hirsch LK 122, Kühne JZ 79, 243 ff., Roxin I 494 u. für den Erklärungsirrtum auch Arzt aaO 48 ff. wegen des hier den Täter treffenden Notwehrrisikos [vgl. dazu jedoch u. 50]). Darauf, ob der Täter den Irrtum erkennt, kommt es in diesem Zusammenhang nicht an (and. Hirsch LK 122, Kühne aaO 247 f., Otto aaO 618, Roxin I 494; vgl. u. 50). Unbeachtlich sind dagegen Fehlvorstellungen lediglich über die Begleitumstände der Tat (Stuttgart NJW **62**, 62) und – soweit nicht rechtsgutsbezogen – bloße Motivirrtümer (vgl. zB RG **41** 396, Hirsch LK 121, Jescheck/Weigend 382, Kühl 317, Meyer aaO 174 ff., Schmidhäuser aaO; and. mit Unterschieden im einzelnen Amelung aaO 1998, 51 f., B/W-Mitsch 353, Kühne aaO 245 f.). Auszuscheiden haben trotz ihrer Rechtsgutsbezogenheit schließlich solche Fehlvorstellungen, die bei Kenntnis der zugrundeliegenden Tatsachen oder ihnen gleichstehender wissenschaftlicher Erfahrungssätze lediglich in einer unrichtigen persönlichen Beurteilung bestehen, vor welcher der Betroffene hier so wenig wie sonst (zB § 263) geschützt ist (gegen BGH NJW **78**, 1206 m. Anm. Rogall S. 2344, Bichlmeier JZ 80, 53, Horn JuS 79, 29 u. Hruschka JR 78, 519: Verlangen einer nicht indizierten Zahnextraktion trotz entsprechender Hinweise des Arztes; vgl. aber auch Meyer aaO 219). Zu den Konsequenzen für die Aufklärung des Patienten bei ärztlichen Eingriffen, wo das Erfordernis einer irrtumsfreien Einwilligung besondere praktische Bedeutung hat, vgl. näher § 223 RN 39 ff.; zu der besonders umstr. Einwilligungsproblematik bei heimlichen Aids-Tests vgl. dort RN 41, Joerden RechtsTh 91, 165.

ββ) Umstritten ist, wann eine **Täuschung** die Einwilligung unwirksam macht. Vielfach wird **47** angenommen, daß dafür jede für die Einwilligung ursächliche Täuschung genüge (zB B/W-Mitsch 353, Hirsch LK 119, Tröndle/Fischer 3 b; vgl. auch Stuttgart NJW **82**, 2267). Von grundsätzlichen Einwänden abgesehen – entscheidend ist hier nicht, daß, sondern in welcher Hinsicht die Entscheidung des Getäuschten fremdbestimmt war, weshalb hier auch § 123 BGB nicht als Vorbild dienen kann (vgl. Brandts/Schlehofer JZ 87, 445) –, sprechen dagegen aber schon die Ergebnisse: Allein unter dem Gesichtspunkt des § 263, nicht aber unter dem des § 223 könnte es zB relevant sein, wenn der Blutspender aufgrund einer Täuschung über ein zu erwartendes Entgelt in eine Blutentnahme einwilligt (vgl. Arzt aaO 21, Kühne JZ 79, 245, Roxin I 489 f., Noll-GedS, 283 ff.; and. Amelung aaO 1998, 77 ff., ZStW 109, 501), und noch weniger ist es eine rechtswidrige Körperverletzung, wenn die Einwilligung zu einer Blutspendeaktion mit der falschen Behauptung erschlichen wird, der Nachbar habe sich dafür gleichfalls zur Verfügung gestellt, mag hier auch die Aussicht auf Bezahlung bzw. der Gedanke, hinter dem Nachbar nicht zurückstehen zu wollen, das ausschlaggebende Motiv gewesen sein (and. Otto, Geerds-FS 615 ff.; ausreichend die Täuschung über das Warum der Handlung). Erst recht gilt dies für die Täuschung über – wenngleich motivationsrelevante – Begleitumstände (zB über die angemessene Höhe des ärztlichen Honorars bei einem Heileingriff; vgl. dazu auch Roxin aaO 288 ff.). Zwar wird auch in diesen Fällen jeweils ein Irrtum hervorgerufen, doch handelt es sich dabei nicht um einen solchen, der einer autonomen Verfügung über das Rechtsgut entgegensteht, wenn der Einwilligende im Hinblick auf dieses weiß, was er tut und seine Entscheidung insoweit das Ergebnis eines frei gefaßten Entschlusses ist. Nur dort, wo er auch *in dieser Hinsicht* nicht mehr autonom handelt, sondern heteronom bestimmt ist, kann daher auch eine Täuschung zur Unwirksamkeit seiner Einwilligung führen. Zu bejahen ist dies nur in folgenden Fällen: 1. wenn durch die Täuschung ein rechtsgutsbezogener Irrtum hervorgerufen wird (vgl. Arzt aaO 20 f., Baumann-FS 205 ff. [speziell zum Heileingriff], Eser/Burkhardt I 157, Göbel aaO 86 ff., Hinterhofer aaO 97, Janker NJW 87, 2902, Jescheck/Weigend 383, Kühl 317, Meyer aaO 168 ff., Michel JuS 88, 12, Roxin I 489, aaO 283, Rudolphi ZStW 86, 82 f.), wobei dies nur ein durch die besondere Entstehungsursache des Irrtums gekennzeichneter Anwendungsfall der o. 46 genannten Regeln ist und deshalb auch für eine „heilsame Täuschung" zu gelten hat (and. Hamm NStZ **88**, 546: Injektion eines Placebo-Mittels; vgl. dazu auch Kuhlmann aaO 115 f. u. ebd. zu objektiv sinnlosen „medizinischen" Maßnahmen);

2. darüber hinaus auch, wenn zwar nicht der Irrtum als solcher rechtsgutsbezogen ist, durch ihn für den Einwilligenden aber eine Situation rechtsgutsbezogener Unfreiheit geschaffen wird, die, wäre sie durch eine entsprechende Drohung herbeigeführt worden, eine wirksame Einwilligung gleichfalls ausschließen würde (vgl. auch Brandts/Schlehofer JZ 87, 446, Hinterhofer aaO 101, Jakobs 249, Otto, Geerds-FS 616 f., Roxin I 491 f., aaO 286). Unbeachtlich ist daher zB auch die Einwilligung einer Mutter in eine angeblich für ihr krankes Kind dringend benötigte Blutspende, weil diese zwangserzeugende Täuschung eine autonome Verfügung über das Rechtsgut Körperintegrität ebenso ausschließt wie die Drohung, das Kind andernfalls zu töten (vgl. auch Roxin I 491; auch Kühl 317 f.). Täuschungen anderer Art sind dagegen ohne Bedeutung. So werden für das Vorliegen einer autonomen Entscheidung über das betroffene Rechtsgut nicht mehr relevante Gesichtspunkte ins Spiel gebracht, wenn auch Täuschungen bezüglich eines mit der Einwilligung verfolgten altruistischen Zwecks zu deren Unwirksamkeit führen sollen: Wirksam bleibt daher zB die Einwilligung in eine angeblich wohltätigen Zwecken dienende Blutspende, die in Wahrheit kommerziell verwendet werden soll (vgl. Brandts/Schlehofer aaO 447; and. Roxin I 491, aaO 285 f.).

48 γγ) Unwirksam ist ferner die **unfreiwillig erteilte** Einwilligung. Dabei kann es allerdings nicht darum gehen, dem Einwilligenden die allgemeinen Lebensrisiken und die sich daraus ergebenden Zwänge abzunehmen, auch wenn diese von erheblichem Gewicht sind (zB Einwilligung in schwere Operation; zT and. für Einwilligungen im Grundrechtsbereich gegenüber staatlichen Organen Amelung aaO 82 ff., StV 85, 261 f., JuS 86, 333 f., ferner Schlehofer aaO 76). Selbst ein besonderer Status der Unfreiheit (Gefangene, Untergebrachte) macht eine Einwilligung ohne weiteres unfreiwillig (vgl. BGH **19** 201 u. näher Amelung ZStW 95, 1; vgl. auch § 40 I Nr. 3 ArzneimittelG). In Betracht kommen hier im wesentlichen vielmehr nur heteronom bestimmte Entscheidungen auf Grund von Gewalt und Drohung. Auch dabei genügt freilich nicht jede harmlose, im sozialen Zusammenleben hinzunehmende Drohung usw. Nicht notwendig ist allerdings, daß sie den Grad des § 35 erreicht (vgl. aber Rudolphi ZStW 86, 85) – dort geht es um die höhere Hemmschwelle bei der Überwindung der normativen Schranken einer Fremdverletzung, hier dagegen um die freie Selbstbestimmung durch eine von sozialinadäquaten Pressionen unbeeinflußte Verfügung über eigene Güter (vgl. auch Roxin I 496) –, und ebensowenig kann eine „unausweichliche Zwangssituation entsprechend § 34" verlangt werden (so jedoch Meyer aaO 160 ff. u. dagegen mit Recht Küper JZ 86, 224 f.). Ausreichend muß es vielmehr sein, wenn die Grenzen zu § 240 (einschließlich Abs. 2) überschritten sind, weil damit stets der Bereich erreicht ist, in dem die Selbst- zur rechtlich nicht mehr tolerierbaren Fremdbestimmung wird und wo deshalb auch zum Schutz des Genötigten ein von diesem erklärter Rechtsschutzverzicht unwirksam sein muß (zu § 240 als Grenze vgl. zB Hamm NJW **87**, 1035, Arzt aaO 33 f., Hirsch LK 120, Jescheck/Weigend 383, Kühl 317, Otto Geerds-FS 614 f., Roxin I 495; and. B/W-Mitsch 353, Jakobs 246 ff.). Weil es in diesem Zusammenhang allein um die Wirksamkeit der Einwilligung und nicht um die Straftatbestandsmäßigkeit einer Drohung geht, kann § 240 allerdings als ein uneingeschränkt als Vorbild dienen, wenn dort hinsichtlich des angedrohten Übels nicht verallgemeinernd auf die „Empfindlichkeitsschwelle" eines „besonnenen (Durchschnitts-)Menschen", sondern darauf abgestellt wird, ob „von *diesem* Bedrohten in *seiner* Lage erwartet werden kann, daß er der Drohung in besonnener Selbstbehauptung standhält (so jetzt BGH **31**, 201, NStZ **92**, 378; vgl. im übrigen § 240 RN 9): Sind zB geschwächte in der bekannten Weise abhängige alte Menschen gegen Drohungen anfälliger als Personen im Vollbesitz ihrer geistigen Kräfte, so muß dies auch entsprechende Konsequenzen für die Unwirksamkeit einer durch Drohung erlangten Einwilligung haben (vgl. dazu Kuhlmann aaO 113 f.). Zum Ganzen vgl. ferner Göbel aaO 118 ff.

49 δδ) Weil die Einwilligung dem wahren Willen des Betroffenen entsprechen muß, muß sie auch **ernstlich** sein (vgl. Blei I 135, Hirsch LK 122). Eine Schein- oder Scherzerklärung genügt daher nicht, und zwar unabhängig davon, ob sie als solche erkennbar ist (so zB auch Hinterhofer aaO 87 f.; and. insoweit Hirsch aaO; dazu, daß dies für den Täter keine unbillige Härte bedeutet, u. 50). Dagegen ist eine Einwilligung nicht schon deshalb unwirksam, weil sie leichtsinnig erteilt ist (Blei I 136, Hirsch aaO).

50 εε) Ist die Einwilligung wegen eines Willensmangels unwirksam, so trägt das Strafrecht dem Problem des **Vertrauensschutzes** beim Täter durch Ausschluß des – auch fahrlässigen – Handlungsunrechts Rechnung, wenn dieser sich wegen Nichterkennbarkeit des Willensmangels in einem auch bei objektiv pflichtgemäßer Prüfung nicht vermeidbaren Erlaubnistatbestandsirrtum befunden hat (o. 21, u. 52). Der Betroffene hat in einem solchen Fall mangels eines rechtswidrigen Angriffs auch kein Notwehrrecht, vielmehr kommt hier nur § 34 in Betracht (o. 21, § 32 RN 21, § 34 RN 30 f.), was allerdings voraussetzt, daß der Täter über den Willensmangel nicht aufgeklärt werden kann. Ist dagegen das Vertrauen des Täters auf die Erklärung nicht gerechtfertigt (zB erkennbar falsche Bezeichnung der Sache bei § 303), so liegt auch ein rechtswidriger Angriff vor; auch hier kann aber wegen des Irrtums des Täters das Notwehrrecht eingeschränkt sein (vgl. § 32 RN 52).

51 d) Als **subjektives Rechtfertigungselement** ist ein Handeln in Kenntnis der Einwilligung erforderlich (andernfalls untauglicher Versuch), ebensowenig wie sonst aber die Motivation durch diese (zB B/W-Mitsch 355, Kühl 318, Otto I 120, Geerds-FS 620, Stratenwerth 127, 149 f.; and. Eser/Burkhardt I 159, Hirsch LK 57, 126, Jescheck/Weigend 383, W-Beulke 109: Handeln „in Kenntnis und auf Grund" der Einwilligung; and. auch Gallas, Bockelmann-FS 174); vgl. näher o. 13 ff.

e) Nimmt der Täter irrig einen Sachverhalt an, der, wenn er vorliegen würde, eine wirksame **52** Einwilligung darstellen würde (**Putativeinwilligung,** zB Verhören, Fehlbeurteilung der Einsichtsfähigkeit eines Minderjährigen), so gilt § 16 entsprechend (BGH NStE § 16 **Nr. 1**; vgl. 19, 60 vor § 13, o. 21, § 16 RN 14 ff.). Ein Erlaubnistatbestandsirrtum überlagernder Verbotsirrtum liegt dagegen vor, wenn auch der vom Täter irrig angenommene Sachverhalt keine wirksame Einwilligung begründen würde; hier gilt § 17 (BGH NJW **78,** 1206 m. Anm. Rogall S. 2344, Horn JuS 79, 29 u. Hruschka JR 78, 919). Ein Verbotsirrtum ist zB die falsche Annahme, eine Einwilligung mache die fragliche Handlung auch dann zu einer erlaubten, wenn der Betroffene die dafür wesentlichen Umstände nicht kennt (vgl. auch StA Mainz NJW **87,** 2947).

f) Von der vorsätzlichen einverständlichen Fremdverletzung, die nur gerechtfertigt sein kann, ist die **52 a** bereits nicht tatbestandsmäßige „vorsätzliche" **Veranlassung oder Förderung fremder eigenverantwortlicher Selbstverletzung** zu unterscheiden. Maßgebend für die mitunter schwierige Abgrenzung (vgl. entsprechend § 216 dort RN 11) ist, ob die Herrschaft über das Geschehen bei der letzten, unmittelbaren Verletzungshandlung beim Täter oder Verletzten liegt bzw. ob im ersten Fall der Verletzte noch die freie Entscheidung über das Rechtsgut durch eigene Verhaltensmöglichkeiten hat; wird die Herrschaft von beiden quasi-mittäterschaftlich ausgeübt, so bleibt dies für den Täter die Mitwirkung an einer fremden Selbstverletzung (vgl. näher Otto, Tröndle-FS 163 ff., 167 sowie die Nachw. u. 107). Die o. 37 zur Einwilligung genannten Beschränkungen gelten bei der Mitwirkung an fremder Selbstverletzung nicht. Wohl aber dienen auch bei dieser jedenfalls prinzipiell die o. 39 ff., 45 ff. genannten Einwilligungs- und nicht etwa die Exkulpationsregeln der §§ 20, 35 als Maßstab dafür, ob noch von einem frei- und eigenverantwortlichen Opferverhalten gesprochen werden kann oder ob, wenn dies zu verneinen ist, damit auch die Grenzen von der tatbestandslosen Mitwirkung an fremder Selbstverletzung zur mittelbaren Täterschaft überschritten sein können; denn ungeachtet der anderen Struktur sind in dieser Hinsicht die Einwilligung in eine Fremdverletzung und die Selbstverletzung axiologisch gleichwertig – in beiden Fällen geht es auf der Opferseite um den im Zeichen des Selbstverantwortungsprinzips stehenden Umgang mit eigenen Gütern –, weshalb hier an die Mangelfreiheit der Willensbildung grundsätzlich keine anderen Anforderungen gestellt werden können als dort (vgl. zB Frisch aaO 165 ff., NStZ 92, 63 f., Geilen JZ 74, 151, Herzberg JuS 84, 369, Kühl 681, Meyer aaO 139 ff., 148 ff., 221 ff., Otto I 284, Wolff-FS 402; and. zB Dölling GA 84, 76, Hirsch JR 79, 432, Roxin, Dreher-FS 343, NStZ 84, 412: Orientierung an §§ 20, 35 u. differenzierend Renzikowski, Restriktiver Täterbegriff usw., 1997, 94 ff.; offengelassen von München JZ **88,** 201 m. Bspr. Herzberg S. 182; vgl. im übrigen 36 vor § 211 mwN u. zum Ganzen auch Jakobs 247 f. sowie Zaczyk, Strafrechtl. Unrecht und die Selbstverantwortung des Verletzten [1993] 32 ff.).

II. Zivilrechtliche Verträge

In gewissem Umfang kann sich ein **Rechtfertigungsgrund** auch aus zivilrechtlichen Verträgen **53** ergeben (vgl. H.-D. Weber, Der zivilrechtliche Vertrag als Rechtfertigungsgrund im Strafrecht, 1986, insbes. S. 77 ff. mwN zum Meinungsstand.). Ebenso wie bei der Einwilligung beruht auch die rechtfertigende Wirkung eines Vertrags (zB Verkauf eines Hauses auf Abbruch) auf einer Interessenpreisgabe (Prinzip des mangelnden Interesses; vgl. aber auch Weber aaO 119 ff.), die hier aber – anders als bei der Einwilligung als einer tatsächlichen und daher jederzeit widerruflichen Gestattung – rechtsverbindlich „festgeschrieben" ist und deshalb nicht nur ein Handlungsrecht für den Täter, sondern auch eine Duldungspflicht für den Betroffenen begründet (zum Verhältnis von Vertrag und Einwilligung vgl. auch Göbel aaO 1., Kohte AcP 185, 137 f., Weber aaO 68 ff.). Keine Bedeutung hat dies allerdings, solange der Verpflichtete mit der fraglichen Handlung tatsächlich einverstanden ist oder in sie einwilligt, weshalb es hier auch nicht auf die Wirksamkeit des Vertrags, sondern allein auf das Vorliegen der Voraussetzungen des Einverständnisses bzw. der Einwilligung ankommt. Zum eigenständigen Rechtfertigungsgrund wird der Vertrag aber als Ersatz für ein nicht mehr vorhandenes Einverständnis oder eine nicht mehr bestehende Einwilligung (weitergehend Weber aaO 8 ff. u. pass.), zB wenn der Hausrechtsinhaber bei einem vertraglich vereinbarten Zutritts- oder Aufenthaltsrecht dem Berechtigten vertragswidrig den Zutritt verweigert oder ihn zum Verlassen des fraglichen Raums auffordert: Hier handelt dieser von dem fraglichen Zeitpunkt an zwar tatbestandsmäßig iS des § 123, aufgrund seiner vertraglich erworbenen und noch fortbestehenden Rechte trotz des entgegenstehenden Willens des Hausrechtsinhabers aber nicht rechtswidrig. Im einzelnen setzt eine Rechtfertigung in solchen Fällen zunächst voraus, daß das fragliche Rechtsgut überhaupt Gegenstand einer rechtsgeschäftlichen Bindung sein kann – was idR nur bei Gütern mit einem geringen Persönlichkeitsbezug und bei Vermögensgütern möglich ist (vgl. dazu auch Weber aaO 72, 115 ff.) –, ferner daß der Vertrag auch sonst wirksam ist, was – anders als bei der Einwilligung – ausschließlich nach Bürgerlichem Recht zu beurteilen ist. Auch muß der vertragliche Anspruch gerade auf die Duldung der rechtsgutverletzenden Handlung des Berechtigten gerichtet sein (zB Betreten des befriedeten Besitztums und Sachbeschädigung beim Verkauf eines Hauses auf Abbruch, nicht aber die Duldung von Kontrollen in Selbstbedienungsläden beim Verdacht eines Diebstahls; vgl. dazu aber auch Schlüchter JR 87, 311). Gerechtfertigt sind durch den Vertrag daher auch nur Eingriffe in diejenigen Güter, auf die sich die Duldungspflicht bezieht, nicht dagegen die gewaltsame Durchsetzung des Anspruchs unter Verletzung anderer Rechtsgüter; hier kann jedoch Selbsthilfe (§ 229 BGB) in Betracht kommen, ferner Notwehr (so wenn der Gastwirt einen sich vertragsgemäß verhaltenden Gast ohne berechtigten Grund und unter Anwendung von Gewalt aus seinem Lokal entfernen will). Wegen Unvereinbarkeit mit dem staatlichen Gewaltmonopol kann aus Verträgen ferner keine Rechtfertigung für die eigenmächtige Verwirklichung solcher Ansprüche hergeleitet werden, die nicht auf die Duldung von Eingriffen des Berechtigten, sondern auf die Vornahme einer Handlung des Verpflichteten gerichtet sind (daher zB keine durch Vertrag gerechtfertigte Sachbeschädigung beim eigenmächtigen Einreißen einer Grenzmauer, zu deren Beseitigung sich der Nachbar verpflichtet hat; dazu, daß bei den Zueignungsdelikten und bei §§ 253, 263 die eigenmächtige Verwirklichung eines fälligen Anspruchs schon nicht tatbestandsmäßig iS dieser Vorschriften ist, vgl. § 242 RN 59, § 246 RN 22, § 253 RN 19, § 263 RN 82 f., 116, 170 ff., aber auch Weber aaO 31 ff., 44 ff., 86 ff. u. pass.: Rechtfertigungsgrund).

III. Die mutmaßliche Einwilligung

Schrifttum: *Eichler*, Handeln im Interesse des Verletzten als Rechtfertigungsgrund, 1931 (StrAbh. 284). – *v. Hippel*, Die Bedeutung der Geschäftsführung ohne Auftrag im Strafrecht, RG-FG Bd. V (1929) 1. – *Müller-Dietz*, Mutmaßliche Einwilligung und Operationserweiterung, JuS 89, 280. – *Roxin*, Über die mutmaßliche Einwilligung, Welzel-FS 447. – *Schroth*, Die berechtigte Geschäftsführung ohne Auftrag im Strafrecht, JuS 92, 476. – *Tiedemann*, Die mutmaßliche Einwilligung, JuS 70, 108. – *Zipf*, Einwilligung und Risikoübernahme, 1970.

54 1. **Gerechtfertigt** ist nach h. M. (vgl. die Nachw. bei Hirsch LK 129, aber auch Günther, Strafrechtswidrigkeit usw. 351, SK 51: Strafunrechtsausschluß [o. 8]) eine Tat auch bei **mutmaßlicher Einwilligung des Verletzten** bzw. seines gesetzlichen Vertreters (o. 41). Von Bedeutung ist dies in zwei Fällen: 1. wenn ein tatbestandsausschließendes Einverständnis (zB § 123) oder eine rechtfertigende Einwilligung (zB § 223) des Betroffenen rechtzeitig eingeholt werden kann, eine Würdigung aller Umstände aber die Annahme rechtfertigt, daß er, wenn er gefragt werden könnte, seine Zustimmung erklären würde (vgl. zB BGH **35** 246 m. Anm. Weitzel, Geppert, Giesen JZ 88, 1022 ff., Fuchs StV 88, 524 u. Hoyer StV 89, 245 sowie Bspr. Müller-Dietz JuS 89, 280, Bay JZ **83**, 268, Koblenz VRS **57** 13, StA Mainz NJW **87**, 2946); 2. darüber hinaus, wenn seine Einwilligung usw. zwar eingeholt werden könnte, zusätzlich aber – als freilich die Ausnahme sein dürfte – ohne weiteres davon ausgegangen werden kann, daß er auf eine Befragung keinen Wert legt (vgl. Hamburg NJW **60**, 1482, Jescheck/Weigend 385 f., Tiedemann JuS 70, 109; and. hier LSG Celle NJW **80**, 1352 [zu § 203], B/W-Mitsch 358, Roxin I 701, aaO 461; differenzierend Hirsch LK 136). Die mutmaßliche Einwilligung ist kein Sonderfall des rechtfertigenden Notstands bzw. des Prinzips des überwiegenden Interesses – maßgebend ist hier allein der hypothetische Wille des Betroffenen und nicht eine objektive Interessenabwägung –, sondern ein eigenständiger Rechtfertigungsgrund (vgl. zB BGH **35** 249, B/W-Mitsch 356, Eser/Burkhardt I 159, Geppert JZ 88, 1025, Hirsch LK 129, Hruschka, Dreher-FS 205, Jescheck/Weigend 385, Köhler 258; Müller-Dietz JuS 88, 281, Stratenwerth 128 f.; and. zB Otto I 122, Rudolphi, A. Kaufmann-GedS 393, Schmidhäuser 316 f., I 165 f., Zipf aaO 53 [einschr. M-Zipf 396]; vgl. auch Roxin I 697, Sternberg-Lieben o. von 29 aaO 206, Tröndle 4: „zwischen Einwilligung und rechtfertigendem Notstand", ähnl. Jakobs 449). Ebenso wie die Einwilligung beruht sie auf dem Prinzip des mangelnden Interesses (o. 7, 33, u. 55), enthält strukturell i. U. zu dieser aber noch Elemente des erlaubten Risikos (o. 11 f., u. 58, ferner B/W-Mitsch 357, Geppert aaO, Jescheck/Weigend 387, 404, Lenckner, H. Mayer-FS 183, Müller-Dietz aaO, Roxin I 695, aaO 453). Dennoch bleibt die mutmaßliche Einwilligung ein Einwilligungssurrogat, woraus zweierlei folgt: Tritt die mutmaßliche Einwilligung an die Stelle einer rechtfertigenden Einwilligung, so müssen, von der nicht vorhandenen Einwilligungserklärung abgesehen, deren sonstige Voraussetzungen erfüllt sein (vgl. B/W-Mitsch 358, Hirsch LK 135, Jescheck/Weigend 388, Roxin I 697 f.; zur Verfügungsbefugnis vgl. o. 36 ff., zur Einwilligungsfähigkeit, bei deren Fehlen auf den mutmaßlichen Willen des gesetzlichen Vertreters abzustellen ist, o. 39 ff. u. dazu aber auch Kühlmann aaO 125; zur Organentnahme bei toten Organspendern vgl. § 168 RN 8); zum anderen ist die mutmaßliche Einwilligung subsidiär (vgl. Geppert aaO 1026, Kühl 320, Müller-Dietz aaO 282), d. h. Rechtfertigungsvoraussetzung ist außer der Übereinstimmung der fraglichen Handlung mit dem mutmaßlichen Willen des Betroffenen auch, daß seine Entscheidung nicht oder nicht rechtzeitig erlangt werden kann und er auf seine Befragung nicht mit Sicherheit verzichtet hätte. Unbeachtlich ist beim Fehlen dieser Voraussetzungen zZ der Tat eine spätere Genehmigung (B/W-Mitsch 360).

55 Möglich ist eine mutmaßliche Einwilligung sowohl bei einem Handeln **im Interesse des Betroffenen** als auch bei einem solchen **im eigenen Interesse bzw. dem eines Dritten:** ersteres bei einer „internen Güter- und Interessenkollision im Lebensbereich des Verletzten" (Jescheck/Weigend 386; zB Aufbrechen der Tür eines fremden Hauses, aus dem Rauch dringt), letzteres bei einer zu vermutenden Interessenpreisgabe des Betroffenen zugunsten des Täters oder Dritter (zB schon wiederholt gestattetes Auflesen von Fallobst; vgl. Koblenz VRS **57** 13, B/W-Mitsch 359, Hirsch LK 133, Jescheck/Weigend aaO, Müller-Dietz JuS 89, 282, Roxin I 702, 704, Tiedemann JuS 70 109, W-Beulke 384; and. Jakobs 451, Schmidhäuser 318, ferner – vgl. dazu u. – Schroth JuS 92, 476 ff., U. Weber, F. Baur-FS [1981] 139 f.). Auch beim Handeln im Interesse des Verletzten ist Grund der Rechtfertigung dann freilich nicht die Wahrung des „intern" höherrangigen Interesses, entscheidend ist vielmehr – nicht anders als bei einer tatsächlich erklärten Einwilligung im Fall einer „internen Güter- und Interessenkollision" – das unter diesen Umständen anzunehmende Fehlen eines Schutzinteresses an dem in Anspruch genommenen Gut. Widersprüche zwischen Straf- und Zivilrecht würden sich hier allerdings ergeben, wenn die *Geschäftsführung ohne Auftrag* (§§ 676 ff. BGB) mit dem zur Übereinstimmung mit dem mutmaßlichen Willen zusätzlichen Erfordernis eines Handelns im objektiven („wohlverstandenen") Interesse des Geschäftsherrn ein eigenständiger Rechtfertigungsgrund wäre (so zB Günther, Strafrechtswidrigkeit usw. 363 f., Schroth aaO, U. Weber aaO u. zum Zivilrecht Staudinger/Wittmann [1995] 8 vor § 676 mwN). Richtigerweise sollen die §§ 677 ff. primär jedoch, ohne Eingriffsrechte zu begründen, nur die schuldrechtlichen Ansprüche und Pflichten im Verhältnis zwischen Geschäftsherr und Geschäftsführer regeln, wobei die weitergehenden Anforderungen mit dem Aufwendungsersatzanspruch des Geschäftsführers zu erklären sind (vgl. zB Hirsch LK 130, Jescheck/W 388, Roxin I 700, Sternberg-Lieben aaO o. vor 29, 209 FN 47). Ein Rechtfertigungsgrund eigener Art kann bei der Geschäftsführung ohne Auftrag allenfalls § 679 sein (Erfüllung im öffentlichen Interesse liegender Pflichten entgegen dem Willen des Geschäftsherrn; vgl. Günther aaO 364, SK 60, Roxin I 700). Da es sich dabei jedoch um einen Kollisionsfall handelt, der eine zusätzliche Interessenabwägung notwendig machen kann, liegt es näher, hier anstatt einer sonst gebotenen Einschränkung des § 679 BGB sogleich Notstandsregeln (§ 34) anzuwenden (vgl. auch Hirsch LK 130). – Zur Bedeutung der mutmaßlichen Einwilligung beim Heileingriff vgl. § 223 RN 38, 42, 44, bei der Sterbehilfe 21 ff. vor § 211, bei der Züchtigung fremder Kinder § 223 RN 23, bei § 142 dort RN 74, bei § 203 dort RN 27 f.

2. Da die mutmaßliche Einwilligung nur ein Einwilligungssurrogat ist (o. 54), folgt ihre rechtfertigende Wirkung nicht aus dem Handeln im objektiven Interesse des Verletzten (vgl. aber auch o. 55), sondern aus der Übereinstimmung der Täterhandlung mit dem auf welchen Gründen auch immer beruhenden, i. U. zur Einwilligung freilich nur **hypothetischen Willen des Betroffenen** (o. 33), wie er aufgrund einer objektiv-sorgfältigen Prüfung aller Umstände zu vermuten ist (vgl. BGH **35** 246 m. den Anm. o. 54, Bay JZ **83**, 268, B/W-Mitsch 359, Hirsch LK 132, Jescheck/Weigend 387, Kühl 320, Lenckner, H. Mayer-FS 175, Roxin I 704 ff., aaO 452 f., Sternberg-Lieben o. vor 29 aaO 207, Stratenwerth 129). Daraus folgt: **56**

a) Ein **erkennbar entgegenstehender Wille** – mag er auch bei objektiver Betrachtung noch so unvernünftig erscheinen – ist stets zu beachten und rechtfertigt ein davon abweichendes Verhalten jedenfalls nicht unter dem Gesichtspunkt der mutmaßlichen Einwilligung (RG **25** 382, Köhler 259, Müller-Dietz JuS 89, 282), und zwar auch dann nicht, wenn der Verletzte zu der vom Täter vorgenommenen Handlung rechtlich verpflichtet gewesen wäre (zB Hirsch LK 137, Jescheck/Weigend 388; and. Welzel 93); möglich ist hier eine Rechtfertigung nur nach § 34 (dazu, ob hier § 679 BGB als eigenständiger Rechtfertigungsgrund anzusehen ist, o. 55). Beim **Fehlen von Indizien** für eine bestimmte Willensrichtung des Betroffenen kann dagegen davon ausgegangen werden, daß er eine nach objektiven Maßstäben vernünftige Entscheidung getroffen haben würde (vgl. BGH **35** 249 f. m. Anm. o. 54, B/W-Mitsch 359, Kühl 320, Roxin I 704). Nur für die Ermittlung des mutmaßlichen Willens des Verletzten ist deshalb auch dessen objektives Interesse von Bedeutung (BGH aaO): Je größer dieses ist, umso eher kann bei Fehlen entgegenstehender Umstände daher eine mutmaßliche Einwilligung angenommen werden. Dies gilt auch für Rettungshandlungen, die für den Betroffenen hochgradig gefährlich sind, dies aber die einzige Chance ist, ihn vor dem sonst mehr oder weniger sicheren Tod zu bewahren. **57**

b) Gerechtfertigt ist die Tat nicht nur, wenn die **Vermutung** über den Willen des Verletzten im Ergebnis richtig ist, sondern auch dann, wenn sie sich **ex post als falsch** erweist, weil der Betroffene eine andere als die nach Lage der Dinge zu vermutende Entscheidung getroffen hätte, dies aber nicht erkennbar war (vgl. Bay JZ **83**, 268, Geppert JZ **88**, 1026 mwN). Die Rechtfertigung durch mutmaßliche Einwilligung beruht in diesem Fall auf dem Gedanken des erlaubten Risikos (o. 11 f., 54). Hier genügt es für die Rechtfertigung daher auch nicht, daß die Vermutung, der Betroffene würde zustimmen, ex ante objektiv begründet war oder der Täter in dieser Annahme gehandelt hat (iE zutr. daher die Prüfung eines Erlaubnistatbestandsirrtums [u. 60] in BGH **35** 246, wo es, obwohl dort nicht ausdrücklich verneint, an ersterem gefehlt haben dürfte; krit. zu BGH aaO insbes. Geppert JZ **88**, 1026 ff., Hoyer StV **89**, 245 f.). Hinzukommen muß vielmehr – wie stets beim erlaubten Risiko (o. 19) –, als subjektive Rechtfertigungsvoraussetzung, daß der Täter auch selbst gewissenhaft geprüft hat, ob Umstände vorliegen, die dieses hypothetische Wahrscheinlichkeitsurteil rechtfertigen (vgl. B/W-Mitsch 361, Jescheck/Weigend 388, Lenckner, H. Mayer-FS 181, M-Zipf I 399, W-Beulke 382; and. Geppert aaO 1026, Hirsch LK 140, Roxin I 686 [and. noch aaO 453 f.], Rudolphi, Schröder-GedS 86 ff.). Entspricht die Tat dagegen dem wahren Willen des Betroffenen, so ist die Verletzung der Prüfungspflicht ohne Bedeutung (vgl. o. 19, Jescheck/Weigend 388, Kühl 321). **58**

c) Ob die Voraussetzungen der mutmaßlichen Einwilligung vorliegen, bestimmt sich nach den Umständen **z. Zt. der Tat** (vgl. zB B/W-Mitsch 359, Jescheck/Weigend 388, Hirsch LK 137). Dazu gehört auch, daß in diesem Zeitpunkt die Zustimmung des Betroffenen – sofern sich dies nicht ausnahmsweise erübrigt (o. 54) – nicht beschafft werden kann. Wäre dies später möglich, so ist es eine Frage seines mutmaßlichen Willens, ob dennoch schon jetzt gehandelt werden darf oder ob seine Entscheidung abgewartet werden muß (vgl. zu diesem Problem bei Operationserweiterungen § 223 RN 44 und zu einer hier durchgeführten Sterilisation BGH **35** 246 m. den Anm. o. 54). Entsprechend stellt sich die Frage, ob der Betroffene unter diesen Umständen noch mit der fraglichen Handlung einverstanden wäre, wenn er früher hätte gefragt werden können. Ist dies jedoch zu bejahen, so entfällt **59**

Vorbem §§ 32 ff. 60 Allg. Teil. Die Tat – Notwehr und Notstand

die rechtfertigende Wirkung der mutmaßlichen Einwilligung nicht deshalb, weil der Täter vorher die Möglichkeit, eine ausdrückliche Entscheidung des Betroffenen herbeizuführen, fahrlässig ungenutzt gelassen hat (BGH aaO). Nicht ausgeschlossen ist damit allerdings bei reinen Erfolgsdelikten trotz einer für sich gesehen („in actu") gerechtfertigten Tat eine Strafbarkeit unter dem Gesichtspunkt einer fahrlässigen actio illicita in causa, sofern der Erfolg nach allgemeinen Grundsätzen zurechenbar ist (o. 23; and. Hoyer StV 89, 246). Möglich ist dies wegen des sonst fehlenden Pflichtwidrigkeitszusammenhangs (vgl. 99 vor § 13) jedoch nur, wenn sich der Betroffene, wäre er vorher pflichtgemäß gefragt worden, anders als nach seinem zu vermutenden Willen entschieden hätte (so in dem Fall BGH aaO: Verletzung der ärztlichen Aufklärungspflicht darüber, daß sich bei der vorgesehenen Operation zugleich die Frage einer Sterilisation stellen könnte, wenn bei deren Durchführung – dort zweifelhaft – von einer mutmaßlichen Einwilligung der Frau ausgegangen werden durfte).

60   **3.** Für den **Irrtum** gilt folgendes: Bei pflichtgemäßer Prüfung der für die Ermittlung des hypothetischen Willens des Betroffenen bedeutsamen Umstände ist die Tat schon aus diesem Grund nicht mehr rechtswidrig (o. 58); auch die Frage eines Irrtums kann sich insoweit daher nicht stellen. Für einen analog § 16 zu behandelnden *Erlaubnistatbestandsirrtum* (o. 21) bleiben damit, wenn der wahre Wille des Betroffenen verfehlt wird, folgende Fälle: 1. die auf einer objektiv nicht pflichtgemäßen Prüfung beruhende irrige Annahme von Umständen, die, wenn sie vorgelegen hätten, das hypothetische Wahrscheinlichkeitsurteil über die Zustimmung des Betroffenen rechtfertigen würden (zB der Täter entfernt sich vom Unfallort, weil ihm infolge unsorgfältiger Prüfung des anderen Fahrzeugs entgeht, daß dieses nicht nur geringfügig beschädigt ist; and. Jescheck/Weigend 466; vgl. auch Koblenz VRS **57** 13); 2. nach den für den Irrtum über ein normatives Erlaubnistatbestandsmerkmal geltenden Grundsätzen (vgl. § 16 RN 20) unter denselben Voraussetzungen bei richtig erkanntem Sachverhalt dessen unzutreffende Bewertung iS eines falschen hypothetischen Wahrscheinlichkeitsurteils (so wohl auch BGH **35** 250; and. Geppert JZ 88, 1029, Roxin I 709, aaO 458 f.: Verbotsirrtum; vgl. auch BGH NStZ/J **93**, 275); 3. irrige Annahme von Umständen, die nicht erst den mutmaßlichen Willen des anderen betreffen (und die deshalb auch nicht durch eine pflichtgemäße Prüfung ersetzt werden können), die aber im Falle ihres Vorliegens gleichfalls die Annahme einer mutmaßlichen Einwilligung rechtfertigen würden (zB der Täter züchtigt wegen einer vermeintlichen Unart ein fremdes Kind, von dessen Eltern er annehmen konnte, daß sie – hier jetzt allerdings vorbehaltlich des § 1621 II BGB – damit einverstanden wären, wenn das Kind tatsächlich die Unart begangen hätte; krit. dazu aber Herzberg JA 89, 246). – Ein *Verbotsirrtum* (§ 17) ist dagegen der Irrtum über die rechtlichen Voraussetzungen der mutmaßlichen Einwilligung (Stuttgart Justiz **83**, 265). Um einen solchen handelt es sich zB, wenn der Täter fälschlich glaubt, auch ohne pflichtgemäße Prüfung oder schon dann handeln zu dürfen, wenn dies im „wohlverstandenen" Interesse des Betroffenen liegt, obwohl die Umstände darauf hindeuten, daß dieser die Tat nicht will. Näher zu den Irrtumsfragen vgl. – zT abweichend – Müller-Dietz JuS 89, 284 ff., Roxin aaO 458 ff.

IV. Behördliche Genehmigung

Schrifttum: Brauer, Die strafrechtliche Behandlung genehmigungsfähigen aber nicht genehmigten Verhaltens, 1988. – *Breuer,* Empfehlen sich Änderungen des strafrechtlichen Umweltschutzes insbes. in Verbindung mit dem Verwaltungsrecht?, NJW 88, 2072. – *Dahs/Pape,* Die behördliche Duldung als Rechtfertigungsgrund im Gewässerstrafrecht, NStZ 88, 393. – *Dölling,* Umweltstrafrecht und Verwaltungsrecht, JZ 85, 461. – *Dolde,* Zur Verwaltungsakzessorietät von § 327 StGB, NJW 88, 2329. – *Ensenbach,* Probleme der Verwaltungsakzessorietät im Umweltstrafrecht, 1988. – *Fluck,* Die Duldung des unerlaubten Betreibens genehmigungsbedürftiger Anlagen, NuR 90, 197. – *Fortun,* Die behördliche Genehmigung im strafrechtlichen Deliktsaufbau, 1998. – *Franzheim,* Umweltstrafrecht, 1991. – *ders.,* Die Bewältigung der Verwaltungsrechtsakzessorietät in der Praxis, JR 88, 319. – *Frisch,* Verwaltungsakzessorietät und Tatbestandsverständnis im Umweltstrafrecht, 1993. – *Goldmann,* Die behördliche Genehmigung als Rechtfertigungsgrund, 1967 (Diss. Freiburg). – *Hallwaß,* Die behördliche Duldung als Unrechtsausschließungsgrund im Umweltstrafrecht, 1987 (Diss. Kiel). – *Heine/Meinberg,* Empfehlen sich Änderungen im strafrechtlichen Umweltschutz usw., 57. DJT, Gutachten D, 1988. – *Heine,* Verwaltungsakzessorietät des Umweltstrafrechts, NJW 90, 2425. – *Hermes/Wieland,* Die staatliche Duldung rechtswidrigen Verhaltens, 1988. – *Holthausen,* Die Strafbarkeit der Ausfuhr von Kriegswaffen und sonstigen Rüstungsgütern, NStZ 88, 256. – *Horn,* Strafbares Fehlverhalten von Genehmigungs- und Aufsichtsbehörden?, NJW 81, 1. – *ders.,* Umweltschutz-Strafrecht: eine After-Disziplin?, UPR 83, 362. – *ders.,* Bindung des Strafrechts an Entscheidungen der Atombehörde?, NJW 88, 2335. – *Hüwels,* Fehlerhafter Gesetzesvollzug und strafrechtliche Zurechnung, 1986. – *Jünemann,* Rechtsmißbrauch im Umweltstrafrecht, 1998. – *Keller,* Zur strafrechtlichen Verantwortlichkeit des Amtsträgers für fehlerhafte Genehmigungen im Umweltrecht, Rebmann-FS 241. – *Lenckner,* Behördliche Genehmigung und der Gedanke des Rechtsmißbrauchs im Strafrecht, Pfeiffer-FS 27. – *Malitz,* Zur behördlichen Duldung im Strafrecht, 1995. – *Marx,* Die behördliche Genehmigung im Strafrecht, 1993. – *Mumberg,* Der Gedanke des Rechtsmißbrauchs im Umweltstrafrecht, 1989. – *Paeffgen,* Verwaltungsakt-Akzessorietät im Umweltstrafrecht, Stree/Wessels-FS 587. – *Randelzhofer/Wilke,* Die Duldung als Form flexiblen Verwaltungshandelns, 1981. – *Rengier,* Die öffentlich-rechtliche Genehmigung im Strafrecht, ZStW 101, 874. – *Rogall,* Die Strafbarkeit von Amtsträgern im Umweltbereich, 1991. – *ders.,* Gegenwartsprobleme des Umweltstrafrechts, Köln-FS 505. – *ders.,* Die Verwaltungsakzessorietät des Umweltstrafrechts – Alte Streitfragen – neues Recht –, GA 95, 299. – *Rudolphi,* Primat des Strafrechts im Umweltschutz?, NStZ 84, 193. – *Rühl,* Grundfragen der Verwaltungsakzessorietät, JuS 95, 521. – *Samson,* Konflikte zwischen öffentlichem und strafrechtlichem Umweltschutz, JZ 88, 800. – *Scheele,* Zur Bindung des Strafrichters an fehlerhafte behördliche Genehmigungen im Umweltstrafrecht, 1993. – *Schmitz,* Verwaltungshandeln und Strafrecht, 1992. – *M. Schröder,* Verwaltungsrecht als Vorgabe für Zivil- u. Strafrecht, VVDStRL 50 (1991), 158. – *Schwarz*, Zum richtigen Verständnis der Verwaltungsakzessorietät des Umweltstrafrechts, GA 93, 318. – *Steindorf*, Verbote und behördliche Gestattungen im deutschen Waffenstrafrecht, Salger-FS 167. – *Tiedemann*, Die Neuordnung des Umweltstrafrechts, 1980, – *ders./Kindhäuser*, Umweltstrafrecht – Bewährung oder Reform?, NStZ 88, 337. – *Wasmuth/Koch*, Rechtfertigende Wirkung der behördlichen Duldung im Umweltstrafrecht, NJW 90, 2434. – *Weber*, Strafrechtliche Verantwortlichkeit von Bürgermeistern und leitenden Verwaltungsbeamten im Umweltrecht, 1988. – *ders.*, Zur Reichweite sektoraler gesetzlicher „Mißbrauchsklauseln", insbes. des § 330 d Nr. 5 StGB, Hirsch-FS 795. – *Wimmer*, Strafbarkeit des Handelns aufgrund einer erschlichenen behördlichen Genehmigung, JZ 93, 67. – *Winkelbauer*, Zur Verwaltungsakzessorietät des Umweltstrafrechts, 1985. – *ders.*, Die strafrechtliche Verantwortlichkeit von Amtsträgern im Umweltstrafrecht, NStZ 86, 149. – *ders.*, Atomrechtliches Genehmigungsverfahren und Strafrecht usw., JuS 88, 691. – *ders.*, Die Verwaltungsabhängigkeit des Umweltstrafrechts, DÖV 88, 723. – *ders.*, Die behördliche Genehmigung im Strafrecht, NStZ 88, 201.

61 Soweit das Einverständnis bzw. die Einwilligung des Rechtsgutsinhabers (o. 29 ff.) bei den dafür in Betracht kommenden Tatbeständen die Tatbestandsmäßigkeit bzw. die Rechtswidrigkeit ausschließen, gilt dies auch für entsprechendes behördliches Handeln (vgl. zu solchen Fällen Winkelbauer NStZ 88, 201 ff.). Ihre eigentliche Bedeutung hat die in Form eines Verwaltungsakts erteilte behördliche **Erlaubnis** bzw. **Genehmigung** jedoch bei den zahlreichen „verwaltungsakzessorischen" Tatbeständen (zB §§ 284 ff., 324 ff., § 23 ApothekenG, § 29 BtMG, § 64 II Nr. 1 BSeuchenG, § 21 StVG, § 53 WaffenG; zum Unterschied zur behördlichen Einwilligung vgl. Sternberg-Lieben o. vor. 29 aaO 268 ff.). Hier ist bereits die *Tatbestandsmäßigkeit ausgeschlossen*, wenn das Handeln ohne Erlaubnis lediglich ein negativ gefaßtes Tatbestandsmerkmal ist, nämlich bei sog. präventiven Verboten mit Erlaubnisvorbehalt, bei denen das fragliche Verhalten an sich sozialadäquat ist und das Erfordernis einer behördlichen Genehmigung nur den Sinn hat, die Kontrolle über möglicherweise entstehende Gefahren zu ermöglichen („Kontrollerlaubnis", zB § 23 ApothekenG, § 21 StVG, § 92 I Nr. 1 AusländerG, § 53 I Nr. 1 WaffenG, § 34 AWG). Ein *Rechtfertigungsgrund* – zum maßgeblichen Rechtfertigungsprinzip s. o. 28 – ist die behördliche Erlaubnis dagegen bei sog. repressiven Verboten mit Befreiungsvorbehalt („Ausnahmebewilligung", zB § 64 II Nr. 1 BSeuchenG, § 52 a I iVm § 37 III WaffenG, § 22 a I KWKG), bei denen nach Abwägung der hier kollidierenden Interessen ein an sich bestehendes Verbot im Einzelfall mit Rücksicht auf höherrangige Interessen aufgehoben wird (zB BGH NStZ **93**, 594 m. Anm. Puppe, Bay **92** 14, B/W-Mitsch 362 f., Dölling JZ 85, 461, Günther SK 66, Hirsch LK 160, Jakobs 462, Jescheck/Weigend 369, Lenckner aaO 27, M-Zipf I 411, Roxin I 239, 689 ff., Steindorf, Salger-FS 171 f., weitgehend auch Rogall aaO 170 u. näher zB Rengier ZStW 101, 878 ff., Tiedemann/Kindhäuser NStZ 88, 342 f., Winkelbauer aaO 16 f., NStZ 88, 202 mwN; vgl. aber auch Kühl 349 f.) [nur „widerlegbare Vermutung"], Marx aaO 129 ff. [„keine Automatik", S. 136], Frisch aaO 60 ff. [ausschließlich Tatbestandsproblem], Horn UPR 83, 365 f. [objektive Strafosigkeitsbedingung] u. dazu Hirsch LK 161, Jünemann aaO 29 ff.). Ob es sich um den einen oder anderen Fall handelt, kann mitunter zweifelhaft sein (vgl. zB § 284 RN 18 u. 12 ff. vor § 324, § 331 RN 45 ferner Fortun aaO 35 ff., Winkelbauer NStZ 88, 203 u. zu den einschlägigen WaffenG-Strafbestimmungen näher Steindorf aaO 172 ff.), ist im wesentlichen aber nur in den Mißbrauchsfällen (u. 63) und beim Handeln in Unkenntnis des Genehmigungserfordernisses von praktischer Bedeutung: Ein Verbotsirrtum (§ 17) ist dies nur bei der rechtfertigenden Genehmigung, ein Fall des § 16 dagegen wegen der besonderen Tatbestandsstruktur, wenn im Handeln ohne Erlaubnis bereits Tatbestandsmerkmal ist (vgl. zB BGH aaO m. Anm. Puppe, Bay aaO u.**93** 38, Rengier ZStW 101, 884, Steindorf aaO 185, and. noch hier die 25. A.; i. U. dazu auch bei der rechtfertigenden Genehmigung wegen eines Erlaubnistatbestandsirrtums [o. 21] Anwendung des § 16 bei der irrigen Annahme, das fragliche Verhalten sei durch eine Genehmigung wegen gedeckt; zum Handeln in Unkenntnis einer rechtfertigenden Erlaubnis vgl. o. 14 f.). Im übrigen folgen tatbestandsausschließende und rechtfertigende Genehmigung im wesentlichen denselben Regeln (u. 62).

62 **1. Gemeinsame Regeln** gelten für die tatbestandsausschließende und rechtfertigende Erlaubnis in folgender Hinsicht: 1. Ob und in welchem Umfang eine behördliche Erlaubnis diese Wirkung hat, bestimmt sich grundsätzlich nach *verwaltungsrechtlichen Kategorien*, dies nach h. M. freilich nicht iS einer „Verwaltungs*rechts*akzessorietät", bei der die materiellen Wertungen des Verwaltungsrechts unmittelbar auf das Strafrecht „durchschlagen", sondern iS einer als Anbindung des Strafrechts an die formelle Bestandskraft von Verwaltungsakten verstandenen **„Verwaltungsaktakzessorietät":** Strafrechtlich gleichfalls unbeachtlich ist eine Genehmigung danach, wenn sie gem. § 44 VwVfG verwaltungsrechtlich nichtig ist (vgl. aber auch Frisch aaO 102 ff., Paeffgen aaO 592, Rengier ZStW 101, 897 f.), während eine zZ des Handelns verwaltungsrechtlich wirksame Genehmigung bis zu ihrer – strafrechtlich immer nur ex nunc wirkenden – Rücknahme auch dann zur Tatbestandslosigkeit bzw. Rechtfertigung führt (über Ausnahmen u. 63 ff.), wenn sie inhaltlich rechtswidrig oder sonst fehlerhaft ist (iS der h. M. mit den u. 63 genannten Unterschieden zB Frankfurt NJW **87**, 2756, Hassemer, Lenckner-FS 114, Hirsch LK 165, Jakobs 463, Jescheck/Weigend 369, Lackner/Kühl § 324 RN 10, M-Zipf I 412, Rogall GA 95, 314 ff., Rühl JuS 99, 526, Tröndle/Fischer 4 b vor § 324, iS einer Verwaltungsrechtsakzessorietät jedenfalls bei der rechtfertigenden Genehmigung dagegen zB B/W-Mitsch 364 f., Schall NJW 90, 1267 f., Schmitz aaO 30 ff., Schwarz GA 93, 323 ff., ähnl. Frisch aaO 52, Winkelbauer aaO 72 f., NStZ 88, 205 [hier unter Anerkennung eines Strafausschließungsgrundes] u. für bloßen Strafunrechtsausschluß [o. 8] Fortun aaO 134 ff., Günther SK 67; offengelassen in BGH

39 388 u. näher zum Ganzen 16 a ff. vor § 324 mwN., sowie die umfass. Nachw. b. Schmitz aaO 14 ff.; zur Frage der Anerkennung ausländischer Erlaubnisse vgl. Martin ZRP 92, 19). Obwohl in der Gesetzesbegründung nur von einer „Verwaltungsakzessorietät" die Rede ist (vgl. BT-Drs. 12/7300, S. 21), ist offensichtlich auch der Gesetzgeber bei Einfügung der „Mißbrauchsklausel" des § 330d Nr. 5 durch das 21. StÄG – 2. UKG v. 27. 6. 1994 (BGBl. I 1440) von einer solchen „Verwaltungs*akt*akzessorietät" ausgegangen, womit sich der frühere Meinungsstreit insoweit nicht nur für die §§ 324 ff., sondern insgesamt erledigt haben dürfte. Sie gilt auch für behördliche Gestattungsakte, die zwar nicht „dem Typ" der gesetzlich geregelten Genehmigung entsprechen, die aber, weil nicht nichtig, in der Sache gleichfalls eine wirksame, wenn u. U. auch nur vorläufige Erlaubnis darstellen, so zB eine § 7 AtomG nicht entsprechende „Vorabzustimmung" (vgl. Bickel NStZ 88, 181, Burianek NJW 87, 2727, Lackner/Kühl § 325 RN 10, § 327 RN 2, Winkelbauer JuS 88, 693; and. LG Hanau NJW **88**, 571, NStZ **88**, 179 [keine tatbestandsausschließende Genehmigung iS des § 327 I, sondern nur Rechtfertigungsgrund], Dolde NJW 88, 2329 f., Heine/Meinberg, 57. DJT, Bd. I, Gutachten, Teil D, S. 46; vgl. auch Horn NJW 88, 2335). – 2. Handelt es sich um eine **Erlaubnis mit Nebenbestimmungen** (vgl. § 36 VwVfG), so ist zu unterscheiden: Bei Bedingungen oder Befristungen ist die fragliche Handlung nur tatbestandslos bzw. gerechtfertigt, wenn sie diesen entspricht, während die Nichterfüllung einer (echten) Auflage an der Zulässigkeit der Handlung, die Gegenstand der Erlaubnis ist, nichts ändert (vgl. § 21 StVG und eine Auflage nach § 12 II 1 StVZO BGH NJW **84**, 65, Bay JZ **82**, 300, zu § 327 II Bay NJW **87**, 2757, ferner Hirsch LK 167; and. zu § 324 zB Tröndle/Fischer § 324 RN 7 mwN, dagegen mit Recht aber Rudolphi ZfW 82, 204 ff., NStZ 84, 197). Hier kommt, sofern der Verstoß gegen die Auflage nicht seinerseits straf- oder bußgeldbewehrt ist (zB § 69 a I Nr. 6 i. V. mit § 12 II 1 StVZO), nur eine Rücknahme der Erlaubnis in Betracht (vgl. § 49 II Nr. 2 VwVfG). – 3. Die bloße **Genehmigungsfähigkeit**, d. h. das Vorliegen eines Sachverhalts, bei dem die Erlaubnis erteilt werden könnte oder müßte, genügt grundsätzlich nicht. Bei präventiven Verboten mit Erlaubnisvorbehalt, die im Vorfeld von Rechtsgütern gerade dem Schutz staatlicher Überwachungsmöglichkeiten dienen, versteht sich dies von selbst (vgl. zB Köln NStE § 327 **Nr. 11**, Dölling JZ 85, 462 f., Rudolphi NStZ 84, 198, Winkelbauer NStZ 86, 149 u. 88, 203 [in gewissen Fällen jedoch für einen Strafausschließungsgrund]; and. Brauer aaO 104; vgl. auch Frisch, Stree/Wessels-FS 96). Doch gilt das gleiche auch bei den repressiven Verboten mit einem Befreiungsvorbehalt, und zwar selbst dann, wenn die Erlaubnis erteilt werden müßte bzw. zu Unrecht versagt wurde (Fall der Erlaubnispflichtigkeit), da der Täter hier zwar einen Anspruch auf deren Erteilung, nach dem Sinn des vorgeschalteten behördlichen Verfahrens aber keine Befugnis dazu hat, die fragliche Handlung eigenmächtig vorzunehmen (vgl. zB BGH **37** 28 f., Bay **94** 78, Frankfurt NJW **87**, 2755 f., Ensenbach aaO 174, Hirsch LK 169, Lackner/Kühl § 324 RN 15, Malitz aaO 100 ff., Rengier ZStW **101**, 882 ff., 902 ff., KK-OWiG 22 vor § 15, Roxin I 692, Rogall, Köln-FS 525 mwN, ferner 19 vor § 324 u. zum Ganzen auch M. Schröder aaO 226; and. hier zB Bloy ZStW 100, 506 f., JuS 97, 586, Rudolphi aaO, ZfW 82, 209, ferner Brauer aaO 123 ff., Marx aaO 172 ff.). Ausnahmen davon sind nur in verhältnismäßig seltenen Grenzfällen anzuerkennen, so wenn der materielle Genehmigungsakt bereits vorliegt und lediglich die formelle Erteilung noch fehlt (vgl. Rengier ZStW 101, 903 f.; vgl. auch Winkelbauer NStZ 88, 203 FN 29). Im übrigen können es nur die allgemeinen Regeln sein, nach denen ein ungenehmigtes, aber genehmigungsfähiges Verhalten straflos bleibt. § 34 kommt hier jedoch, wenn überhaupt, nur dann in Betracht, wenn die Genehmigung nicht mehr beschafft werden konnte (vgl. dort RN 41). Da das Genehmigungserfordernis das staatliche Prüfungs- und Entscheidungsmonopol nicht um seiner selbst willen, sondern im Interesse eines möglichst effektiven Rechtsgüterschutzes sichern soll, kann das Vorliegen der materiellen Genehmigungsvoraussetzungen auch nicht generell zum Wegfall des Strafbedürfnisses und damit zu einem Strafausschließungsgrund führen (vgl. jedoch Otto Jura 91, 312, Winkelbauer NStZ 88, 203 ff.); zu denken ist an einen solchen vielmehr nur, wenn die Behörde in einem vorausgegangenen Genehmigungsverfahren und der damit gegebenen Prüfungsmöglichkeit die Genehmigung rechtswidrig versagt hat. Jedenfalls aber ist mit der Aufhebung dieser Erlaubnisversagung oder spätestens mit der nachträglichen Genehmigung ein Strafbedürfnis nicht mehr zu erkennen und daher ein Strafaufhebungsgrund anzunehmen (vgl. auch Ensenbach aaO 175, Roxin I 692 f., M. Schröder aaO 326, Wüterich NStZ 87, 108; and. die h. M. – näher zB Köln NStE § 327 **Nr. 11,** Malitz aaO 106 f. – und dazu 21 f. vor § 324; vgl. auch Hirsch LK 169 u. zur entsprechenden Frage bei der Aufhebung einer strafbewehrten vollziehbaren Anordnung u. 130 b). Dasselbe dürfte für eine erst nachträglich eingeholte, dann aber für die zurückliegende Zeit erteilte Genehmigung gelten (and. auch hier die h. M., zB Bay **94** 77 mwN). – 4. Kein Genehmigungsersatz ist ferner die bloße **Zusicherung** iS. des § 38 VwVfG oder eine entsprechende Verpflichtung in einem öffentlich-rechtlichen Vertrag (vgl. Dolde NJW 88, 2330). Dasselbe gilt für die behördliche **Duldung** einer genehmigungspflichtigen Tätigkeit, dies jedenfalls bei der in einem bloßen Hinnehmen oder Untätigbleiben bestehenden sog. „passiven Duldung" (vgl. zB BGH **37** 28, Stuttgart NJW **77**, 1408 m. Anm. Sack JR 78, 295, LG Bonn NStZ **88**, 224, Breuer aaO mwN, aber auch Karlsruhe Justiz **79**, 390), während die Bedeutung des in einem informellen Verwaltungshandeln bestehenden sog. „aktiven Duldens" umstritten ist (vgl. dazu 20 vor § 324 u. näher Malitz aaO 108 ff.).

63 2. Von dem Grundsatz, daß das Strafrecht an die Wirksamkeit, nicht dagegen an die Rechtmäßigkeit eines Verwaltungsakts anzuknüpfen hat (o. 62), machte die h. M. schon bisher überwiegend eine

Rechtfertigungsgründe **63 a, 63 b**   **Vorbem §§ 32 ff.**

Ausnahme, wenn – die Einzelheiten sind umstritten – der **Gebrauch der Genehmigung** ein **Rechtsmißbrauch** ist („eingeschränkte" gegen „strenge Verwaltungsaktakzessorietät"; vgl. zB BGH **39** 381 m. Anm. Horn JZ 94, 636 m. Anm. Rudolphi NStZ 94, 433, LG Hanau NJW **88**, 571, NStZ **88**, 179 m. Anm. Bickel, Bloy ZStW 100, 502 ff., Dölling JZ 85, 469, Horn NJW 81, 3, Lenckner aaO 37 ff., Mumberg aaO 39 ff., Otto Jura 91, 313, Roxin I 691, Rudolphi ZfW 82, 203, NStZ 84, 197, Rühl JuS 99, 526, Seier JR 85, 27, Tröndle/Fischer § 324 RN 7, Winkelbauer DÖV 88, 727; iS einer „strengen Verwaltungsaktakzessorietät" – zT unter Ausweitung der Nichtigkeit – dagegen zB Hirsch LK 165, Jünemann aaO 40 ff., Rengier ZStW 101, 885 ff., Rogall aaO 175 ff., NStZ 92, 565, Scheele aaO 134 ff.; krit. zur Rechtsmißbrauchslehre zB auch Frisch aaO 70 ff., Holthausen NStZ 88, 256 f., Hüwels aaO 42, Paeffgen aaO 595 [S. 600 ff.: teilweise Anlehnung an § 48 II VwVfG], Scheele aaO 151 f., M. Schröder aaO 225, Wimmer JZ 93, 69 ff.; näher zum Meinungsstand Rogall GA 95, 311 ff.). Für die §§ 324 ff. enthält nunmehr § 330 d Nr. 5 – daran anknüpfend jetzt auch § 311 – eine ausdrückliche Einschränkung der Verwaltungsaktakzessorietät, für die – gedacht als bloße Klarstellung – in der Gesetzesbegründung gleichfalls das Rechtsmißbrauchsprinzip in Anspruch genommen wird (BT-Drs. 12/7300 S. 21, 25). Tatsächlich ist das Gesetz, jedenfalls was die Umsetzung des Mißbrauchsgedankens betrifft, hier jedoch ebenso wie vorher schon in § 34 VIII AWG einen anderen Weg gegangen: Nach beiden Bestimmungen „gilt" in den dort genannten Fällen das Handeln als ein solches „ohne Genehmigung", d. h. das Fehlen der Genehmigung wird für das Strafrecht fingiert (vgl. zB auch Weber, Hirsch-FS 795, 797, Paetzold NStZ 96, 795); beim Rechtsmißbrauch bleibt der Betreffende dagegen Inhaber der Genehmigung und der damit verbundenen Rechtsposition und unzulässig ist nur das Gebrauchmachen davon, sei es, daß die Rechtsausübung schon als solche mißbräuchlich ist (Rechtsmißbrauch i. e. S.), sei es, daß sie dies wegen der Art und Weise ist, wie die Genehmigung erlangt wurde (Rechtsmißbrauch i. w. S.; vgl. Lenckner aaO 35 f. u. dazu auch Heine DtZ 91, 426). Daran, daß in den 330 d Nr. 5, 311 u. in § 34 VIII AWG (zu einem weiteren Beisp. vgl. Weber aaO 796 f.) für bestimmte Bereiche eine nur „eingeschränkte Verwaltungsaktakzessorietät" gesetzlich festgeschrieben ist und damit der bisherige Meinungsstreit jedenfalls insoweit seine Bedeutung verloren hat, ändert dies jedoch nichts. Dabei sind die betreffenden Vorschriften jeweils für ihren Anwendungsbereich als abschließende Regelungen zu verstehen, wenn auch beschränkt auf die dem Rechtsmißbrauch i. w. S. entsprechenden Fälle eines unlauteren Erwirkens der Genehmigung, so daß daneben ein Rechtsmißbrauch i. e. S. jedenfalls prinzipiell nach wie vor möglich ist (u. 63 d; vgl. auch Weber aaO 800 f.). Im übrigen bleibt es, von diesen Sonderregelungen abgesehen, bei den allgemeinen Grundsätzen, wonach im einzelnen folgendes gilt:

a) Nicht möglich ist außerhalb besonderer gesetzlicher „Mißbrauchsklauseln" der „Durchgriff" auf **63 a** die Rechtswidrigkeit eines wirksamen Verwaltungsakts mit Hilfe des Mißbrauchsgedankens bei der **tatbestandsausschließenden Erlaubnis**, bei der es deshalb bei der „strengen Verwaltungsaktakzessorietät" bleibt (vgl. zB Ensenbach aaO 115 f., Breuer NJW 88, 2080, Dolde aaO 2331, Jescheck/Weigend 369, Kühl 351, Lenckner aaO 30 ff., Marx aaO 109 ff., Rengier KK-OWiG § 14 RN 82, Roxin I 691, Steindorf, Salger-FS 182, Sternberg-Lieben o. vor 29 aaO 203, Weber aaO 37 f., Hirsch-FS 800, Wimmer JZ 63, 69, Winkelbauer aaO 67, NStZ 88, 201, JuS 88, 693 f., DÖV 88, 727, iE auch Dölling JZ 85, 464; and. jedoch Frisch aaO 112 ff., Keller aaO 256, Otto Jura 91, 313, Schmitz aaO 62 f., Schwarz GA 93, 327). Denn der Gesichtspunkt des Rechtsmißbrauchs kann zwar zur Begrenzung von Rechtfertigungsgründen (o. 23, § 32 RN 46), entgegen dem Gesetzlichkeitsprinzip des Art. 103 II GG aber nicht dazu dienen, ein fehlendes Tatbestandsmerkmal – hier das Handeln ohne die erforderliche Erlaubnis – zu ersetzen bzw. sein Vorliegen zu fingieren: Wer zB im Besitz einer wirksam erteilten Fahrerlaubnis ist, kann – die Grenzen des Gesetzeswortlauts einschließlich des Begriffs „erforderlich" wären damit deutlich überschritten – nicht deshalb, weil er die Fahrerlaubnis erschlichen hat, ein Kraftfahrzeug führen, „obwohl er die dazu erforderliche Erlaubnis nicht hat" (§ 21 StVG; vgl. auch RG **72** 158: Analogie!). Um bei der tatbestandsausschließenden Erlaubnis zu einer Gleichstellung mit einem Handeln ohne die erforderliche Erlaubnis zu kommen, bedürfte es hier vielmehr einer ausdrücklichen gesetzlichen Regelung nach Art des § 330 d Nr. 5 oder des § 34 VIII AWG, wobei die dort enthaltenen Kataloge, weil abschließend, nicht analogiefähig sind: Ist in § 34 VIII AWG nur das Erschleichen der Genehmigung durch unrichtige usw. Angaben genannt, so ist es deshalb ein Verstoß gegen Art. 103 II GG, wenn auch die durch Drohung oder Bestechung erlangte Genehmigung unbeachtlich sein soll (so jedoch Erbs-Kohlhaas/Fuhrmann § 34 AWG RN 10 u. dazu, daß das Handeln ohne Genehmigung hier Tatbestandsmerkmal ist, dort RN 8; wie hier zB Weber, Hirsch-FS 799 f.).

b) Bei der **rechtfertigenden Genehmigung** steht einer Einschränkung der Verwaltungsaktakzes- **63 b** sorietät durch den Rechtsmißbrauchsgedanken zwar nicht Art. 103 II GG entgegen (o. 23 u. näher Lenckner, Pfeifer-FS 32 f.), selbstverständlich ist eine solche aber auch hier nicht. Eingewandt wird dagegen vor allem, daß es mit dem Prinzip der Einheit der Rechtsordnung unvereinbarer Widerspruch sei, wenn das Strafrecht etwas verbiete, was das Verwaltungsrecht bis zur Rücknahme der Genehmigung wirksam erlaube (vgl. zB Hirsch LK 164 [„Schaffung eines eigenen strafrechtlichen Nichtigkeitsbegriffs"], Lackner/Kühl 3 vor § 324 sowie die Nachw. o. 63). Bei den – wenn auch nur „unechten" – Mißbrauchsklauseln in § 330 d Nr. 5 usw. (o. 63) dürfte dieses Problem inzwischen allerdings gelöst sein; denn wenn dort vom Gesetz ein Handeln ohne Genehmigung fingiert wird, so ist dies ein Schritt, den das Verwaltungsrecht um der Einheit der Rechtsordnung willen nachvollziehen muß, dies mit dem Ergebnis, daß der Betroffene auch verwaltungsrechtlich so behandelt wird, wie wenn die Genehmigung nie erteilt worden wäre, weil das Strafrecht hier eine gegenüber den §§ 43 ff. VwVfG speziellere Regelung trifft (vgl. dazu BT-Drs. 12/376, S. 10, 34). Bei den eigentlichen, gesetzlich nicht geregelten Mißbrauchsfällen dagegen läßt sich ein „Auseinanderdriften" von Strafrecht und Verwaltungsrecht nur dann verhindern, wenn einerseits das einen allgemeinen Rechtsgrundsatz ausdrückende Rechtsmißbrauchsverbot auch auf die verwaltungsrechtliche Beurteilung „durchschlägt", andererseits das Strafrecht aber die Bestandskraft des Verwaltungsakts respektiert: Der Genehmigungsinhaber bleibt hier – und. als bei einem nichtigen Gestattungsakt – zwar Inhaber der ihm durch die Genehmigung verliehenen Rechtsposition, doch ist ihm deren Ausübung auch verwaltungsrechtlich verboten; andererseits muß er, wenn er diesem Verbot zuwider handelt, durch die Bestandskraft der Genehmigung vor dem Strafrecht ebenso geschützt sein wie – jedenfalls prinzipiell – vor einem ordnungsbehördlichen Einschreiten. Ein Straf*bedürfnis* kann hier daher erst entstehen oder sich wegen der Tatbestandswirkung von Hoheitsakten – Ausdruck eines fundamentalen staatlichen Ordnungsprinzips – jedenfalls erst dann durchsetzen, wenn auch die Behörde die entsprechenden verwaltungsrechtlichen Konsequenzen zieht und die Genehmigung zurücknimmt (was – insoweit berechtigt die Kritik von Holthausen NStZ 88, 257, Wimmer JZ 93, 70 f. – bei einer durch ihre Ausnützung bereits endgültig „verbrauchten" Genehmigung voraussetzt, daß hier eine nachträgliche Rücknahme gleichwohl noch möglich ist). Strafrechtssystematisch ist die Rücknahme der Genehmigung damit eine objektive Strafbarkeitsbedingung, dies erst recht, wenn der eben genannte Weg nicht geht, weil dann nur so die Kluft zwischen Straf- und Verwaltungsrecht wenigstens äußerlich überbrückt werden kann (vgl. 124 vor § 13 u. näher Lenckner aaO 32 ff., ferner Bloy ZStW 100, 504, Breuer NJW 88, 2080, Dolde ebd. 2334, Heine ÖJZ 91, 373, Horn SK 19 vor § 324 [vgl. auch URP 83, 366], Hüwels aaO 41 ff., Keller aaO 250, Weber aaO 55, Tiedemann/Kindhäuser NStZ 88, 344; und. jedoch Frisch aaO 100 f., Geisler, Zur Vereinbarkeit objektiver Bedingungen der Strafbarkeit mit dem Schuldprinzip, 1998, 31, Mumberg aaO 82 ff., Rengier ZStW 101, 896, Rogall aaO 190, Köln-FS 257 FN 110, Scheele aaO 153, Schünemann, Triffterer FS 452, Steindorf, Salger-FS 184, Wimmer JZ 93, 70 f.; zur Bedeutung für die Amtsträgerhaftung vgl. Keller aaO 254 f., zum umgekehrten Fall der Aufhebung eines belastenden rechtswidrigen Verwaltungsakts als Strafausschließungs bzw. Strafaufhebungsgrund u. 130).

63 c Was die **sachlichen Voraussetzungen** eines Rechtsmißbrauchs betrifft, so geht es dabei vor allem um den Rechtsmißbrauch i. w. S. (o. 63; zum Mißbrauch i. e. S. u. 63 d) und damit um die Frage, wie das frühere Verhalten – hier das Sichverschaffen der Genehmigung – beschaffen sein muß, damit das Ausnutzen der Genehmigung rechtsmißbräuchlich wird. Soll hier der innere Zusammenhang gewahrt sein, der es ermöglicht, die Berufung auf einen vorsätzlich geschaffenen Rechtfertigungsgrund zu versagen, so genügt dafür nicht, daß das fragliche Verhalten als solches zu mißbilligen ist, vielmehr muß dieses von der Art sein, daß dadurch der Zweck des Genehmigungserfordernisses – bei der rechtfertigenden Genehmigung die Gewährleistung einer sachgerechten, die Befreiung von dem generellen Verbot rechtfertigenden Interessenabwägung – vereitelt, maW eine autonome Entscheidung der Behörde unmöglich gemacht wird (Lenckner aaO 37; vgl. auch Dolde NJW 88, 2334). Hierher gehören eindeutig die Fälle einer durch *Täuschung* oder *Zwang* erwirkten Genehmigung (dazu, daß eine durch unwiderstehliche Nötigung herbeigeführte Erlaubnis bereits nichtig ist, vgl. Kopp, VerwVerfG, 5. A., § 44 RN 14). Zweifelhaft ist dies aber schon bei der gleichfalls in diesem Zusammenhang genannten *Bestechung* und erst recht beim sog. *kollusiven Zusammenwirken* mit der Behörde (so aber – zT allerdings nur für die Bestechung – zB Bloy ZStW 100, 504, Dölling JZ 85, 469, Ensenbach aaO 166, Horn NJW 81, 3, Otto Jura 91, 313, Rudolphi NStZ 84,197, iE auch Paeffgen aaO 603 u. weitgehend Frisch aaO 77 f.; zum kollusiven Zusammenwirken vgl. BGH **39** 381 m. Anm. Horn JZ 94, 636 u. Rudolphi NStZ 94, 433). Bei der Bestechung mag sich der bestochene Beamte tatsächlich zwar in gewisser Weise gebunden fühlen; daran, daß er und über ihn der Staat rechtlich die Entscheidung allein zu verantworten haben, ändert dies aber nichts. Noch deutlicher wird dies beim lediglich kollusiven Zusammenwirken, bei dem der Behörde auch faktisch nichts an Entscheidungsmöglichkeiten genommen wird und wo es rechtlich deshalb allein ihr anzulasten ist, wenn sie mit dem Genehmigungsempfänger gemeinsame Sache macht (vgl. näher Lenckner aaO 37 ff., ebenso Breuer NJW 88, 2080, Rudolphi NStZ 94, 436, Scheele aaO 147; von einem „gemeinsamen Rechtsbruch" – so BGH **39** 387 – könnte hier nur gesprochen werden, wenn der Behördenangehörige und der Genehmigungsempfänger Mittäter wären, was jedoch – vgl. Rudolphi aaO – zu verneinen ist). Auch daß in § 330 d Nr. 5 die Bestechung und Kollusion ausdrücklich genannt werden – nicht dagegen in § 34 VIII AWG, dort nicht einmal die Drohung! – besagt in diesem Zusammenhang nichts, ist der Gesetzgeber dort in Wahrheit doch den anderen Weg einer Fiktionslösung gegangen; daß dies in der irrigen Vorstellung geschehen, es handle sich dabei nur um eine Klarstellung iS einer Mißbrauchslösung (BT-Drs. 12/7300, S. 21, 25), ändert daran nichts (zur Problematik des Begriffs „Kollusion", der nicht näher zu umschreiben sei [BT-Drs. aaO 25; zur Bestimmtheit vgl. krit. Tröndle/Fischer § 330 d RN 13, aber auch Junemann aaO 139] und mit der wohl kaum schon „einfache Fälle der „Anstiftung" und „Beihilfe" gemeint sein können [so aber Rogall GA 95, 319], vgl. im übrigen § 330 d RN 38). Nicht genügend für einen Mißbrauch – hier ginge es um einen solchen i. e. S., mit dem sich die genannten Mißbrauchsfälle i. w. S. ausnahmslos erledigen würden – ist schließlich schon das bloße Wissen um die Rechtswidrigkeit der erteilten Erlaubnis (zB Dolde NJW 88, 2333 f., Horn ebd. 2336 f., Ensenbach aaO 170, Franzheim JR 88, 321,

Rechtfertigungsgründe 63 d–65 **Vorbem §§ 32 ff.**

Rogall, Die Strafbarkeit von Amtsträgern usw. 182 f.; and. LG Hanau NJW **88**, 571, NStZ **88**, 179 m. Anm. Bickel sowie iE die Lehre von einer Verwaltungs*rechts*akzessorietät; vgl. zum Ganzen auch Winkelbauer aaO 71, JuS 88, 694, DÖV 88, 727).

3. Besondere Probleme ergeben sich, wenn es beim Gebrauch der Genehmigung zur **Verletzung** 63 d **oder konkreten Gefährdung von Individualrechtsgütern** und damit zum tatbestandsmäßigen Erfolg eines (anderen) Delikts kommt (zB Körperverletzung). Hier stellt sich als erstes nicht die Frage, was rechtlich erlaubnisfähig ist, sondern was nach dem objektiven Erklärungssinn des Gestattungsakts tatsächlich erlaubt wurde (vgl. dazu Heine NJW 90, 2431 f. mwN). Eine Fahrerlaubnis etwa bezieht sich nur auf das „Grundverhalten" (Steindorf LK[10] § 324 RN 107), nicht aber auf ein konkretes Verkehrsverhalten. Auf die Erlaubnisfähigkeit kommt es vielmehr an, wenn die fragliche Handlung, so wie sie vorgenommen wurde, von der Genehmigung gedeckt ist. Hier ist zu unterscheiden: Durfte die fragliche Tätigkeit auch unter Berücksichtigung des mit ihr verbundenen (Rest-) Risikos für Individualgüter *rechtlich zulässig* genehmigt werden, so kann auch ihre ordnungsgemäße Durchführung nicht deshalb rechtswidrig werden, weil sich die einkalkulierte Gefahr in einem entsprechenden Erfolg verwirklicht (vgl. zB Heine aaO, Hirsch LK 168, Otto Jura 91, 312, Roxin I 693 f., Seele aaO 157, Winkelbauer NStZ 88, 504 u. speziell zu der bis heute zugelassenen Verwendung von Amalgam für Zahnfüllungen Tiedemann, Hirsch-FS 775; and. zB Kühl 354, M. Schröder aaO 225). Eine strafrechtliche Haftung für einen Verletzungs- oder Gefährdungserfolg kann sich hier daher erst ergeben, wenn die Grenzen des Erlaubnisfähigen überschritten sind und die Genehmigung deshalb *rechtswidrig* ist. Eindeutig ist dies, wenn offensichtlich ist, daß die genehmigte Handlung mit mehr oder weniger hoher Wahrscheinlichkeit zu einem solchen Erfolg führen kann, weil dann die Genehmigung insgesamt nichtig und damit auch strafrechtlich unbeachtlich ist (dazu, daß § 44 I Nr. 5 VwVfG auch für die Erlaubnis einer strafbaren Handlung gilt, wenn die Rechtswidrigkeit der Gestattung offensichtlich ist, vgl. Kopp aaO [o. 63 c] § 44 RN 45). Zweifelhaft sind dagegen die „Normalfälle" einer rechtswidrigen Genehmigung. Sofern man auch bei diesen nicht von einer relativen Nichtigkeit ausgeht (vgl. dazu Winkelbauer NStZ 88, 205 f., aber auch Hirsch LK 168) – Wirksamkeit zB unter dem Aspekt des Umweltschutzes, nicht aber, weil schlechterdings nicht erlaubnisfähig, unter dem von Individualgütern (vgl. auch Düsseldorf OLGSt § 222 **Nr. 10**) –, kann die Strafbarkeit dort nur noch mit dem Rechtsmißbrauchsprinzip begründet werden: Dem Inhaber der Genehmigung wird danach die Berufung auf deren Wirksamkeit als Rechtfertigungsgrund versagt werden, wenn ihm die besondere Gefährlichkeit eines Tuns bewußt war, weil dann – Fall des Rechtsmißbrauchs i. e. S. (o. 63) – die Rechtsausübung bereits als solche mißbräuchlich ist. Dasselbe kann beim plötzlichen Auftreten unvorhergesehener Belastungen auch bei einer an sich ordnungsgemäß erteilten Genehmigung anzunehmen sein (offengelassen von BGH 7 StR 28/75 v. 13. 3. 1975 [insoweit b. Dallinger MDR **75**, 723 nicht abgedr., s. jedoch b. Tiedemann aaO 58 ff.]). Keine Bedenken dürften bestehen, daß in diesen Fällen mit der Gefährdung oder Verletzung von Individualgütern begründete Rechtsmißbrauch diese Eigenschaft auch unter dem Gesichtspunkt eines Delikts gegen Rechtsgüter der Allgemeinheit nicht verliert und dort deshalb zu entsprechenden Konsequenzen führt (vgl. LG Bonn NStZ **87**, 461 für § 324, StA Mannheim NJW **76**, 586; dazu, daß dies bei den §§ 324 ff. durch § 330 d Nr. 5 nicht ausgeschlossen wird, vgl. o. 63); bei der tatbestandsausschließenden Wirkung führt allerdings ein Weg an Art. 103 IV GG vorbei (o. 63 a). Zum Ganzen vgl. zB Dölling JZ 85, 469, Heine NJW 90, 2432, DtZ 91, 426, Horn NJW 81, 3, Lackner/Kühl § 330 a RN 6, Lenckner aaO 36, Roxin I 693 f., Scheele aaO 156 ff., Steindorf LK § 324 RN 107, § 330 a RN 15 f., Tiedemann aaO 26 f. u. näher Rogall aaO 183 ff., Scheele aaO 156 f., Winkelbauer NStZ 88, 205 f.

V. Ein klassischer Rechtfertigungsgrund ist die **Notwehr**, die in § 32 – vgl. daher dort – ausdrücklich geregelt ist (entsprechend § 227 BGB). Verwandte Fälle sind die *Besitzwehr* und *Besitzkehr* nach § 859 BGB. 64

VI. Ein Rechtfertigungsgrund ist auch das **Widerstandsrecht des Art. 20 IV GG**, das unter der 65 Voraussetzung, daß andere Abhilfe nicht möglich ist (vgl. dazu Köln NJW **70**, 1322, ferner schon BVerfGE **5** 377), allen Deutschen gegen jeden zusteht, der es unternimmt, die freiheitliche demokratische Grundordnung iS des Art. 20 I–III GG zu beseitigen (zu den Einzelheiten und der vielfach geäußerten Kritik vgl. das verfassungsrechtliche Schrifttum, zB Maunz-Dürig-Herzog Art. 20 IV mwN; dazu, daß ein „kleines Widerstandsrecht" [Karpen JZ 84, 251] in Gestalt des sog. *zivilen Ungehorsams*, der sich des Mittels der bewußten Normverletzung als Form politischer Auseinandersetzung bedient, nicht anzuerkennen ist, vgl. § 34 RN 41). Da dieses Recht sich entgegen dem klassischen Inhalt des Widerstandsrechts nicht nur gegen Staatsorgane („Staatsstreich von oben"), sondern auch gegen gesellschaftliche Kräfte richtet („Staatsstreich von unten"), handelt es sich insoweit um einen Unterfall der allgemeinen Staatsnotwehr (zu dieser vgl. § 32 RN 6 f.; vgl. Roxin I 664 f. [Fall des Staatsnotstands], bei einem schuldlosen Angriff auch Jakobs 441). Eine pflichtgemäße Prüfung kann hier als subjektives Rechtfertigungselement daher ebensowenig verlangt werden, wie bei der Notwehr oder beim Notstand (o. 17 ff., ferner Hirsch LK 91). Weil ein Widerstandsrecht wegen der Subsidiaritätsklausel nur in extremen Ausnahmesituationen besteht, dürfte als Irrtum hier in der Regel ohnehin nur ein Verbotsirrtum in Betracht kommen, der sich auf die rechtlichen Grenzen des Widerstandsrechts bezieht (vgl. den Fall von Köln aaO); liegt im Einzelfall dagegen tatsächlich ein echter Erlaubnistatbestandsirrtum vor, so besteht auch kein Anlaß, diesen nicht nach den dafür geltenden

Regeln (vgl. 19, 60 vor § 13, § 16 RN 14 ff., o. 21) zu behandeln (vgl. Jakobs 365, Roxin I 665 f., aber auch Tröndle 10, Hirsch aaO). Zum Ganzen vgl. näher Blank, Die strafrechtliche Bedeutung des Art. 20 IV GG, 1982.

66 VII. Die **Selbsthilfe** ist ein Rechtfertigungsgrund in den Grenzen der §§ 229 ff. BGB (Wegnahme, Zerstörung usw. von Sachen des Schuldners, Festnahme des fluchtverdächtigen Schuldners usw.; vgl. RG **69** 308, BGH **17** 87 u. näher die BGB-Kommentare sowie Hirsch LK 158, W. Schünemann, Selbsthilfe im Rechtssystem, 1985, H.-D. Weber aaO [o. vor 4] 90 ff., aber auch Hellmann aaO [o. vor 4] 117 ff.; Zu Taschenkontrollen in einem Einzelhandelsmarkt vgl. BGH JR **97**, 236 m. Anm. Hensen und zur Festnahme zwecks Feststellung der Personalien eines Betroffenen [zB nach unerlaubter Handlung] Volk JR 80, 251). Ein Sonderfall ist das Selbsthilferecht des Vermieters (§ 561 BGB) und die Besitzkehr nach verbotener Eigenmacht (§ 859 II BGB; vgl. dazu Schleswig NStZ **87**, 75, Kühl 289, aber auch Hellmann aaO 133 f. u. zu Schleswig Anm. NStZ 87, 455).

67 VIII. Auch durch **Notstand** kann ein Handeln gerechtfertigt sein. Notstand ist ein Zustand gegenwärtiger Gefahr für rechtlich geschützte Interessen, der nur durch eine an sich verbotene (tatbestandsmäßige) Verletzung oder Gefährdung anderer rechtlich geschützter Interessen abgewendet werden kann (vgl. näher zB Jescheck/Weigend 353, Küper JuS 87, 80, Lenckner, Notstand 7, M-Zipf I 374). Freilich trifft diese Definition des Notstands auch auf zahlreiche andere Rechtfertigungsgründe; auszunehmen sind deshalb die Fälle, in denen die Gefahr aus einem rechtswidrigen Angriff droht (Notwehr), ferner sonstige Interessenkonflikte, die ihre Lösung in besonderen Rechtfertigungsgründen gefunden haben. Der eigentliche Notstand erfaßt damit nur den Restbereich, wobei er freilich auch hier keine einheitliche Erscheinung darstellt, weil er sowohl Rechtfertigungs- als auch bloßer Entschuldigungsgrund sein kann (sog. Differenzierungstheorie; vgl. näher zu dieser – auch entwicklungsgeschichtlich – Küper aaO 82 ff. und zum entschuldigenden Notstand u. 114 f. und § 35).

68 1. Ein Rechtfertigungsgrund ist zunächst der **Notstand nach § 904 BGB**, wo Eingriffe in fremdes Eigentum (zB Sachbeschädigung, Benutzung eines fremden Pkw nach § 248 b) für zulässig erklärt werden, soweit sie zur Abwendung einer gegenwärtigen Gefahr erforderlich sind und „der drohende Schaden gegenüber dem aus der Einwirkung dem Eigentümer entstehenden Schaden unverhältnismäßig groß ist" (vgl. zB RG **23** 116: Benutzung fremder Sachen zur Verteidigung gegenüber dem Angreifer, Freiburg JZ **51**, 223: Rettung des eigenen Unternehmens durch Preisgabe anvertrauter Sachen). Doch genügt die Erfüllung dieser Voraussetzungen nicht immer für eine Rechtfertigung, da sich im Einzelfall Einschränkungen aus dem übergeordneten Rechtfertigungsprinzip der Wahrung überwiegender Interessen als notwendig erweisen können (vgl. dazu § 34 RN 6, Roxin I 655 f.; ebenso, wenn auch mit anderen Konsequenzen Hellmann aaO [o. vor 4] 163 f.: strafrechtlicher Vorrang des § 34). Sonderregelungen nach dem Vorbild des § 904 BGB enthalten zB die §§ 700 ff. HGB, 25 II LuftverkehrsG.

69 2. Rechtfertigend wirkt auch die **Sachwehr nach § 228 BGB** (auch „Defensiv"-Notstand i. U. zum „Aggressiv"-Notstand des § 904 BGB). Rechtmäßig ist danach die im Rahmen des Erforderlichen erfolgende Beschädigung oder Zerstörung fremder Sachen, um eine durch sie drohende Gefahr abzuwenden, wenn „der Schaden nicht außer Verhältnis zu der Gefahr steht" (zB Abwehr von Tierangriffen, Einreißen einer vom Einsturz bedrohten Mauer, um Schaden auf dem Nachbargrundstück zu verhindern). I. U. zu § 904 BGB richtet sich die Tat hier also gerade gegen die Sache, von der die Gefahr ausgeht. Weil die Gefahr im Fall des § 228 BGB ihren Ursprung im Herrschafts- und Verantwortungsbereich des Betroffenen hat, ist es hier auch gerechtfertigt, diesem eine Duldungspflicht schon dann aufzuerlegen, wenn der verursachte Schaden nicht unverhältnismäßig größer ist als der drohende Schaden (während umgekehrt im § 904 dieser unverhältnismäßig größer sein muß als jener, ein Gesichtspunkt, der auch für den Notstand nach § 34 von Bedeutung ist (vgl. dort RN 30 f.), ohne daß § 228 BGB deshalb jedoch seine Bedeutung als strafrechtlicher Rechtfertigungsgrund verloren hätte (vgl. § 34 RN 6; and. Hellmann aaO [o. vor 4] 164 ff.). Der früher wichtigste Anwendungsfall des § 228 BGB – Abschießen wildernder Hunde und Katzen; vgl. RG **34** 295 – ist heute durch Landesgesetze geregelt (vgl. zB § 23 I Nr. 1 LJagdG Bad.-Württ.).

70 3. Die o. 68 f. genannten Notstandsvorschriften sind zwar bei Gefahren aller Art anwendbar, lassen aber nur Sacheingriffe zu. Für Notstandshandlungen anderer Art kommt der **rechtfertigende Notstand** nach § 34 in Betracht, soweit nicht auf andere, speziellere Regelungen zurückgegriffen werden kann (zB § 218 a, § 106 III SeemannsG [Notrecht des Kapitäns bei Gefahr für Menschen oder Schiff]). Über das Verhältnis von § 34 zu § 904 BGB vgl. § 34 RN 6. Für das Ordnungswidrigkeitenrecht vgl. entsprechend § 16 OWiG.

IX. Die Pflichtenkollision

Schrifttum: Dingeldey, Pflichtenkollision und rechtsfreier Raum, Jura 79, 438. – *Gallas*, Pflichtenkollision als Schuldausschließungsgrund, Mezger-FS 311. – *Gropp*, Die „Pflichtenkollision": weder eine Kollision von Pflichten noch Pflichten in Kollision, Hirsch-FS 207. – *Hruschka*, Pflichtenkollisionen u. Pflichtenkonkurrenzen, Larenz-FS (1983) 257. – *Jakobs*, Kommentar: Rechtfertigung u. Entschuldigung bei Befreiung aus besonderen Notlagen (Notwehr, Notstand, Pflichtenkollision), in: Eser/Nishihara o. vor 4, 143. – *Jansen*, Pflichtenkollision im Strafrecht, 1930 (StrAbh. 269). – *Joerden*, Dyadische Fallsysteme im Strafrecht, 1986. – *Künschner*, Wirtschaftlicher Behandlungsverzicht u. Patientenauswahl, 1992. – *Küper*, Grund- und Grenzfragen der rechtfertigenden Pflichtenkollision im Strafrecht, 1979. – *ders.*, Noch einmal: rechtfertigender Notstand, Pflichtenkollision und übergesetzliche Entschuldigung, JuS 71, 474. – *ders.*, Grundfragen der Differenzierung zwischen Rechtfertigung und Entschuldigung, JuS 87, 81. – *Lampe*, Zum Verhältnis von Handlungsrecht und Handlungspflicht im Strafrecht, Lenckner-FS 159. – *Lenckner*, Ärztliche Hilfeleistungspflicht und Pflichtenkollision, Med. Klinik 64 (1969), 1000. – *Mangakis*, Die Pflichtenkollision als Grenzsituation des Strafrechts, ZStW 84, 447. – *Neumann*, Die Moral des Rechts, in: Jahrb. f. Recht u. Ethik, Bd. 2 (1994), 81. – *Otto*, Pflichtenkollision und Rechtswidrigkeitsurteil, 3. A., 1978. – *Perron*, Rechtfertigung u. Entschuldigung bei Befreiung aus besonderen Notlagen usw., in: Eser/Perron (vgl. o. vor 4). – *v. Weber*, Die Pflichtenkollision im Strafrecht, Kiesselbach-FS 233.

1. Die **Pflichtenkollision** (vgl. auch Köhler 294: „Kollision von Pflichtgründen") kommt als **selbständiger Rechtfertigungsgrund** nach h. M. zunächst bei Unterlassungsdelikten in Betracht, wenn den Täter *mehrere rechtliche Handlungspflichten* treffen, er aber nur die eine oder andere erfüllen kann (vgl. aber auch Jakobs aaO 146 f., 169 ff. sowie u. 73 aE). Denkbar, wenngleich praktisch selten, ist ferner eine Kollision *mehrerer Unterlassungspflichten* in der Weise, daß mehrere Verbote den Verhaltensspielraum des Täters vollständig erschöpfen. Während in diesen Fällen besondere Regeln gelten (u. 73, 76), ist beim Zusammentreffen einer *Handlungs-* mit einer *Unterlassungspflicht* nach Notstandsgrundsätzen (§ 34 usw.) zu entscheiden, ob die an sich verbotene Handlung gerechtfertigt ist: Wenn ja, so erledigt sich damit auch die Unterlassungspflicht, wenn nicht, so entfällt insoweit schon die Handlungspflicht, weil diese nicht auf ein rechtswidriges Tun gerichtet sein kann; auch eine eigentliche Pflichtenkollision liegt hier deshalb nicht vor (vgl. im übrigen § 34 RN 4; näher zum Ganzen – zT and. – Gropp, Hirsch-FS 210 ff., Hruschka aaO, Küper aaO u. JuS 87, 88 ff., Lampe aaO, Perron aaO 99). Nur Notstandsregeln folgt auch die Kollision einer *rechtlichen* Handlungs- oder Unterlassungspflicht mit einer lediglich *sittlich* begründeten Handlungspflicht (vgl. zB BGH NJW **68**, 2288, Köln VRS **59** 438; vgl. auch RG **38** 62 [Verletzung der ärztlichen Schweigepflicht gegenüber Hausbewohnern bei Ansteckungsgefahr] und München MDR **56**, 565 m. Anm. Mittelbach, wo bei ärztlichen Mitteilungen an die Verkehrsbehörde über den Gesundheitszustand des Patienten in der Sache die Grundsätze des § 34 angewandt wurden). Keine Pflichtenkollision in dem hier gemeinten Sinn, wo die Pflichten logisch miteinander vereinbar und nur tatsächlich nicht nebeneinander erfüllt werden können („materielle" Kollision, Frank III vor § 51 [S. 144], v. Weber aaO 234 f. im Anschluß an Simmel, Einl. in die Moralwissenschaft 384), ist auch die *„logische"* Pflichtenkollision, bei der ein Konflikt in Wahrheit überhaupt nicht besteht, weil die eine Pflicht die andere beschränkt: So besteht nach BGB schon kein Herausgabeanspruch, wenn die fragliche Sache zur Begehung einer Straftat benutzt werden soll; die Herausgabe an den Eigentümer wäre hier vielmehr als Beihilfe strafbar (RG **56** 169, Blei I 332, Hirsch LK 77; vgl. auch Hruschka, Dreher-FS 192 f.). Zu weiteren, jedoch fragwürdigen Unterscheidungen vgl. Otto aaO 44 ff., 50 ff. und dagegen Küper aaO 37 ff. Nicht in den vorliegenden Zusammenhang gehört endlich auch der zT als entschuldigende Pflichtenkollision bezeichnete übergesetzliche entschuldigende Notstand (u. 115).

2. Bei einer **Kollision mehrerer Handlungspflichten** ist der Täter nach heute wohl h. M. nicht nur dann gerechtfertigt, wenn er die *höherwertige* auf Kosten der geringwertigen erfüllt (zB Rettung eines Schwerverletzten auf Kosten eines nur Leichtverletzten), sondern bei einer Kollision *gleichwertiger* Pflichten – zB er kann von zwei ihm anvertrauten Menschenleben nur eines retten – auch dann, wenn er wenigstens einer von ihnen nachkommt (zB B/W-Mitsch 368, Gropp, 201, Hirsch-FS 215 ff., Hirsch LK 72 f., 75, 79, Jakobs 445, Armin Kaufmann, Dogmatik der Unterlassungsdelikte [1959] 137 f., Köhler 296 f., Kühl 649, Künschner aaO 319 f., Lackner/Kühl § 34 RN 15, Lenckner aaO 1001, Notstand 5, GA 85, 304 f., Mangakis ZStW 84, 473, M-Zipf I 390 f., Neumann aaO 92 f., Perron aaO 99, Rengier KK-OWiG 5 vor § 15, Roxin I 659, Rudolphi SK 29 vor § 13, Schmidhäuser 687, I 412, Stratenwerth 145, W-Beulke 736, iE auch Jakobs aaO 170 u. eingehend Küper aaO 19 ff., JuS 86, 89 f.; and. für den 2. Fall Blei I 334, Dingeldey Jura 79, 482, Arthur Kaufmann, Maurach-FS 337: „unverboten" [vgl. dagegen Hirsch, Bockelmann-FS 111 f., Joerden aaO 83 f., Künschner aaO 323 f. und o. 8], Günther, Strafrechtswidrigkeit usw. 333: „Strafunrechtsausschluß" [vgl. dazu o. 8], Gallas aaO 332, Jescheck/Weigend 368, Tröndle 11: Schuldausschließungsgrund). Dies ergibt sich daraus, daß das Recht als Verhaltensordnung mit seinen Geboten nichts Unmögliches verlangen kann. Hier muß der Verpflichtete deshalb eine Wahlmöglichkeit haben, mit der Folge, daß seine Entscheidung, wie immer sie lautet, vom Recht akzeptiert wird; andernfalls würde jegliche Rettung blockiert werden, da der Erfüllung der einen Pflicht immer zugleich die Anweisung im Wege stünde, auch der anderen nachzukommen und umgekehrt. Die Pflichtenkollision nimmt damit eine Sonderstellung innerhalb der Rechtfertigungsgründe ein, weil sich die Rechtfertigung hier – bedingt durch die besondere Situation, für die der Grundsatz „impossibilium nulla obligatio est" gelten muß – nicht erst aus dem Prinzip des überwiegenden Interesses ergibt (o. 7; dazu, daß sie auch solches nicht damit begründet werden kann, daß überhaupt etwas geschieht, vgl. Küper aaO 33 FN 54). Sie kann deshalb auch nicht lediglich als ein Unterfall des rechtfertigenden Notstands bezeichnet werden (vgl. § 34 RN 4, Hirsch LK 74 f. mwN). Fragen bleiben hier allerdings in anderer Hinsicht. Hängt nämlich die Rechtfertigung davon ab, daß der Täter wenigstens eine (d. h. die höher- oder eine gleichrangige) Pflicht erfüllt hat, so ist es schwer, plausibel zu machen, warum er dann, wenn er keinem der kollidierenden Handlungsgebote nachgekommen ist, nur im Umfang des für ihn Befolgbaren – d. h. nur wegen Nichtbefolgung der höher- oder einer gleichwertigen Pflicht – bestraft wird, also zB nicht wegen zehnfacher, sondern nur wegen *einer* Tötung durch Unterlassen, wenn er nur eines der zehn ihm anvertrauten Menschenleben retten konnte (vgl. Hirsch LK 81). Hier könnte es deshalb naheliegen, den Grund der Rechtfertigung nicht erst in der tatsächlichen Pflichterfüllung, sondern schon in der Situation der Pflichtenkollision als solcher zu sehen, wobei es dann verbrechenssystematisch allerdings folgerichtiger wäre, die Rechtfertigungslösung überhaupt aufzugeben und die Kollision mehrerer Handlungspflichten als ein bereits dem Tatbestand zuzuordnendes Problem der Pflichtbegrenzung anzusehen (vgl. dazu Freund 79, 209 f., Erfolgsdelikt u. Unterlassen [1992], 281 ff., Joerden aaO 84 ff.; and. Jakobs aaO 169 u. krit. auch Künschner aaO 319 f.; vgl. auch Gropp aaO 217: „keine Pflichten-‚Kollision' ", sondern eine „gleichrangige Pflichtenmehrheit"). – Was das Rangverhältnis der Pflichten betrifft, so gilt im übrigen folgendes:

74 a) Bei **Pflichten gleicher Art** (zB mehrere Garantenpflichten) bestimmt sich dieses nach dem *Grad der Schutzwürdigkeit der Rechtsgüter,* auf deren Erhaltung sie sich richten. Ebenso wie in § 34 (vgl. dort RN 25 ff.) kommt es dafür aber auch hier nicht allein auf den abstrakten Stellenwert der Rechtsgüter an, vielmehr können im Einzelfall noch weitere Umstände von Bedeutung sein, wie zB die unterschiedliche Nähe der drohenden Gefahren (zB entfernte Lebensgefahr einerseits, akute Gefahr eines schweren Gesundheitsschadens andererseits), das Ausmaß der drohenden Verletzung bei gleichwertigen Rechtsgütern (vgl. Hirsch LK 78, Jescheck/Weigend 366, Künschner aaO 325, Küper aaO 33, Lenckner aaO 1002, Notstand 106, M-Zipf I 392, Roxin I 661). Hat daher zB der Verursacher eines Verkehrsunfalls die Pflicht, sowohl dem Verletzten zu helfen als auch das verkehrsbehindernde Unfallfahrzeug von der Straße zu entfernen, so hat die Pflicht den Vorrang, die auf die Beseitigung der größeren Gefahr gerichtet ist (vgl. Stuttgart DAR **58**, 222). Grundsätzlich keine Bedeutung hat dagegen das Verschulden eines der Betroffenen: Die unterlassene Hilfeleistung gegenüber einem der Unfallbeteiligten ist nicht schon deshalb rechtswidrig, weil der Arzt dem anderen hilft, der den Unfall verschuldet hat (Künschner aaO 330, Lenckner aaO 1003; and. Blei I 168, Jakobs 423, Roxin I 661). Unerheblich sind ferner (utilitaristische) Kriterien wie zB die Erfolgsaussicht einer Maßnahme (sofern nicht wegen Aussichtslosigkeit die Behandlungspflicht ohnehin entfällt) und die Überlebensdauer, das Alter oder der soziale Status des Betroffenen, was auch bei Knappheit medizinischer Ressourcen gelten muß (Künschner aaO 324 ff.; vgl. auch Roxin I 662 u. zur Problematik der Wartelisten bei Organtransplantationen Künschner aaO 376 ff.). Noch weitgehend ungeklärt ist, ob bei gleich schutzwürdigen Gütern die bereits begonnene Erfüllung der einen Pflicht deren Wert erhöht mit der Folge, daß sie den Vorrang hat. Davon hängt es zB auch ab, ob das als bloßes Unterlassen der Fortsetzung einer Rettung zu bewertende Abschalten einer Herz-Lungen-Maschine unter dem Gesichtspunkt der Pflichtenkollision gerechtfertigt ist, wenn dies geschieht, um einen anderen Patienten am Leben zu erhalten (vgl. dazu Küper JuS 71, 476; nur für einen übergesetzlichen Entschuldigungsgrund hier Welzel 185; für Strafbarkeit Bockelmann, Strafrecht des Arztes 126, Krey JuS 71, 248, Künschner aaO 344 ff. u. grundsätzlich auch Hirsch LK 217; vgl. ferner Roxin, Engisch-FS 400).

75 b) Bei einer Kollision **ungleichartiger Pflichten** ist dagegen auch die Art der Pflicht zu berücksichtigen, was von Bedeutung ist, wenn eine Garantenpflicht mit einer schlichten Handlungspflicht konkurriert. Da der Garant speziell für die Unversehrtheit des einen Rechtsguts in besonderem Maß verantwortlich ist, muß dieses auch das bessere Recht auf Schutz haben, es sei denn, bei der anderen Pflicht stünden ungleich wichtigere Interessen auf dem Spiel (vgl. auch Jakobs 445 f., Joerden aaO 88 f., Neumann aaO 93, Roxin I 661, Stratenwerth 145; and. Blei I 333, Rudolphi SK 29 vor § 13, Schmidhäuser 689, I 413: bei Gleichwertigkeit der Güter auch Gleichwertigkeit der Pflichten; and. zT auch Hirsch LK 80). Soweit eine Garantenpflicht mit einer Hilfeleistungspflicht nach § 323 c zusammentrifft (zB der zu seinen Patienten gerufene Arzt sieht unterwegs bei einem Unfall Hilfe leisten), ist zu beachten, daß die Pflicht des § 323 c von vornherein nicht' entsteht, wenn der Täter „andere wichtige (nicht: wichtigere!) Pflichten" zu erfüllen hat, weshalb es in diesem Fall zu einer Pflichtenkollision gar nicht erst kommen kann (vgl. Roxin I 661; näher dazu Lenckner, Notstand 106 ff.). Entgegen Hirsch LK 80 kann es hier daher auch keine Wahlmöglichkeit geben, wenn es um mehrere Menschenleben geht: In dem genannten Fall muß der Arzt, dieselbe Dringlichkeit vorausgesetzt, mangels einer Hilfspflicht iS des § 323 c seinem Patienten helfen; tut er dies nicht und versorgt er statt dessen das Unfallopfer, so kommt bezüglich der Nichterfüllung des Garantengebots nur noch ein übergesetzlicher entschuldigender Notstand (u. 115 ff.) in Betracht.

76 3. Entsprechendes gilt für die **Kollision mehrerer Unterlassungspflichten**, bei der alle denkbaren Verhaltensalternativen gegen ein Handlungsverbot verstoßen (zB der Täter kann jeweils unter Gefährdung anderer nur bremsen oder weiterfahren; vgl. aber auch Hamm VM **70**, 86, Karlsruhe JZ **84**, 240 m. Anm. Hruschka, wo in ähnlichen Fällen § 16 OWiG angewandt wurde). Deshalb ist der Täter zunächst gerechtfertigt, wenn er – insoweit entsprechend dem auch für § 34 maßgeblichen Prinzip des überwiegenden Interesses – die *weniger wichtige* Unterlassungspflicht verletzt (zB die weniger gefährliche Handlung vornimmt). Da ihm das Recht jedoch in einer Situation, in der er faktisch etwas tun *muß,* nicht jede Handlungsmöglichkeit verwehren kann, muß er auch hier die Wahlfreiheit haben, wenn es sich um *gleich wichtige* Unterlassungspflichten handelt (vgl. Hruschka JZ 84, 242 f., Lenckner GA 85, 304 f., Rengier KK-OWiG 7 vor § 15; and. wegen der angeblich logischen Unmöglichkeit einer Kollision von Unterlassungspflichten Gropp 198 ff., Hirsch-FS 218 ff., ferner Jakobs 447, aaO 171, Jescheck/Weigend 368). Möglich bleibt in diesen Fällen allerdings bei

4. Als **subjektives Rechtfertigungselement** genügt auch hier das Handeln in Kenntnis der rechtfertigenden Situation (o. 14); eine pflichtgemäße Prüfung oder ein achtenswertes Motiv ist hier so wenig erforderlich wie zB im Fall des § 34 (o. 17 f., Küper aaO 28 f., Roxin I 660; zT and. Hirsch LK 82: Nichtbefolgung des einen Gebots zum Zweck der Erfüllung des anderen). 77

X. Das **Züchtigungsrecht,** soweit ein solches heute noch besteht, ist als Rechtfertigungsgrund von Bedeutung bei § 223 (vgl. dort RN 16 ff.), u. U. auch bei § 239 (vgl. dort RN 8). 78

XI. Wahrnehmung berechtigter Interessen. Ein Rechtfertigungsgrund ist bei den Beleidigungsdelikten nach h. M. auch die Wahrnehmung berechtigter Interessen gem. § 193 (vgl. dort RN 1). Er beruht auf dem Prinzip des „überwiegenden Interesses", wobei für dieses in § 185 u. § 186 – bei § 187 ist § 193 ohne Bedeutung (vgl. § 193 RN 2) – allerdings unterschiedliche Gesichtspunkte maßgeblich sind (vgl. § 193 RN 8 u. näher Lenckner, Noll-GedS 248 ff.): Bei ehrenrührigen Werturteilen iS des § 185 ist es vor allem das Grundrecht des Art. 5 GG, das gegenüber dem Recht auf Ehre den Vorrang haben und damit selbst vorsätzliche Ehrverletzungen rechtfertigen kann; demgegenüber ist die Wahrnehmung berechtigter Interessen bei § 186 ein Anwendungsfall des erlaubten Risikos, das sich seinerseits wieder auf einen nach dem Prinzip des überwiegenden Interesses gelösten Interessenkonflikt zurückführen läßt (o. 11 f.). Dagegen ist die Wahrnehmung berechtigter Interessen *kein allgemeiner Rechtfertigungsgrund,* weshalb sie § 193 auf andere Tatbestände nicht übertragen läßt (vgl. zB AG Berlin-Tiergarten NStZ-RR 00, 109, Herdegen LK § 193 RN 11, Hirsch LK 179, Kühl 322, Otto I 125, Roxin I 714, Rudolphi SK § 193 RN 3, Tröndle § 193 RN 4, Zaczyk NK § 193 RN 12 u. näher dazu Lenckner aaO 243 ff., JuS 88, 351 ff.). Nicht durch Wahrnehmung berechtigter Interessen gerechtfertigt sind daher zB Akte sog. „zivilen Ungehorsams", zB Taten nach §§ 123, 303 bei der „Besetzung" eines Militärlagers durch Atomwaffengegner (Stuttgart NStZ 87, 121, Lenckner JuS 88, 352 f.; vgl. auch § 34 RN 41 a). Weder sachgerecht noch notwendig ist es auch, hier bei Tatbeständen mit besonders „gemeinschaftsbezogenen" Rechtsgütern, die „so tief in das zwischenmenschliche und gesellschaftliche Leben hineinverwoben sind, daß sich ihr Gebrauch in besonders starkem Maß an den Interessen anderer stößt" – als Beispiele werden insbes. die §§ 201, 203, 240 genannt – eine Ausnahme zu machen (so aber Eser, Wahrnehmung berechtigter Interessen als allgemeiner Rechtfertigungsgrund, 1969, 46 ff., Schröder hier 17. A., 62 a vor § 51; ähnl. zT Noll ZStW 77, 31, Tiedemann JZ 69, 721; vgl. dagegen hier 25. A. RN 80 u. näher Lenckner aaO 244 ff., JuS 88, 352 f.; abl. ferner zB Kühl, Otto, Roxin aaO). Kein Anlaß zur Bildung eines allgemeinen Rechtfertigungsgrundes der Wahrnehmung berechtigter Interessen besteht schließlich dort, wo ausnahmsweise Rechtsgüter zur schöpferischen Wertverwirklichung durch den geistigen Inhalt einer künstlerischen oder wissenschaftlichen Aussage verletzt werden dürfen (zB § 131, vgl. dort RN 20), weil sich die Rechtfertigung hier bereits unmittelbar aus Art. 5 III GG ergeben würde (vgl. Kühl aaO, Lenckner aaO 252 ff., aber auch Noll ZStW 77, 32). 79, 80

XII. Ein Rechtfertigungsgrund ist auch das in **§ 127 I 1 StPO** enthaltene **Jedermanns-Recht** der **vorläufigen Festnahme** eines auf frischer Tat betroffenen oder verfolgten Täters, wenn Fluchtverdacht besteht (vgl. dazu o. 10 a f., 19 f.) oder seine Persönlichkeit nicht sofort festgestellt werden kann (zu den Zusammenhängen mit der Notwehr vgl. Arzt, Kleinknecht-FS 1 ff.). Umstritten sind die Voraussetzungen dieses Festnahmerechts: Während die heute wohl noch h. M. entsprechend dem eindeutigen Wortlaut mit Recht eine wirklich vorliegende Straftat verlangt, soll nach einer inzwischen verbreiteten Ansicht – allerdings einheitlich definierter – Tatverdacht genügen (zum Meinungsstand vgl. zB Kleinknecht/Meyer-Goßner, StPO, § 127 RN 4, KK-Boujong, § 127 RN 9, Paeffgen SK-StPO § 127 RN 7 ff.). Gerechtfertigt sind nach § 127 StPO Eingriffe in die Freiheit (§§ 239, 240, u. U. auch Fesselung, RG **17** 128), Körperverletzungen dagegen nur, soweit sie über das mit der Festnahme bzw. dem Festhalten notwendig verbundene Maß (festes Anfassen oder Anpacken) nicht hinausgehen (RG **34** 446, KG VRS **19** 115; entsprechend zu § 229 BGB RG **69** 311; vgl. aber auch Arzt aaO 11) oder lediglich ungewollte Auswirkungen eines durch § 127 gedeckten Vorgehens sind (vgl. Stuttgart NJW **84**, 1694). Erst recht unzulässig ist der über eine bloße Drohung (vgl. RG **12** 197) oder das Abgeben eines Warnschusses hinausgehende Gebrauch von Schußwaffen (vgl. RG **34** 443, **65** 394, **69** 312, **71** 52, **72** 306, BGH EzSt § 32 **Nr. 9**; and. BGH MDR/H **79**, 985 u. offengelassen von BGH NStZ-RR **98**, 50 [Verneinung jedoch bei „krassem Mißverhältnis"]), was auch für Gaspistolen gilt (KG VRS **19** 114). Weitergehende Rechte können sich hier nur aus § 32 ergeben, wenn sich der Widerstand gegen die Festnahme als Angriff darstellt. Erlaubt sind nach § 127 dagegen auch Maßnahmen anderer Art, die gegenüber der Festnahme weniger einschneidend sind, aber den gleichen Zweck erreichen (Saarbrücken NJW **59**, 1191: Wegnahme des Zündschlüssels, RG **8** 288: Wegnahme von Sachen, die eine Identifizierung ermöglichen; and. Eb. Schmidt, StPO § 127 RN 19: unzulässige Beschlagnahme). Gerechtfertigt sind nach § 127 nur Maßnahmen, die der Ermöglichung der Strafverfolgung dienen (RG **17** 128), nicht dagegen solche zum Zwecke der Verhinderung künftiger Taten (BGH VRS **40** 106); über die daraus sich ergebenden Folgerungen für das 81, 82 subjektive Rechtfertigungselement vgl. o. 16. Zu den Einzelheiten vgl. im übrigen die StPO-Kommentare.

XIII. Handeln auf Grund von Amtsrechten und Dienstpflichten

Schrifttum: Amelung, Die Rechtfertigung von Polizeivollzugsbeamten, JuS 86, 329 (vgl. auch in: Eser/Fletcher [o. vor 4] 1327 ff., dort erweitert auf Fragen der Entschuldigung). – *Arndt*, Die strafrechtliche Bedeutung des militärischen Befehls, NZWehrR 60, 145. – *Baumann*, Rechtmäßigkeit von Mordgeboten?, NJW 64, 1398. – *Beisel*, Straf- u. verfassungsrechtliche Problematiken des finalen Rettungsschusses, JA 98, 721. – *Bernsmann*, Zum Handeln von Hoheitsträgern aus der Sicht des „entschuldigenden Notstandes" (§ 35 StGB), Blau-FS 23. – *Bringewat*, Der rechtswidrige Befehl, NZWehrR 71, 126. – *Buchert*, Zum polizeilichen Schußwaffengebrauch, 1975. – *Doehring*, Befehlsdurchsetzung und Waffengebrauch, 1968. – *Fuhrmann*, Der höhere Befehl als Rechtfertigungsgrund im Völkerrecht, 1963. – *Gloria/Dischke*, Der „finale Todesschuß" im Landesrecht von Nordrhein-Westfalen, NWVBl. 89, 37. – *Grommek*, Unmittelbarer Zwang im Strafvollzug, 1992. – *ders./Hergesell*, Der unmittelbare Zwang, 1970/74. – *Heise/Riegel*, Musterentwurf eines einheitlichen Polizeigesetzes, 2. A., 1978. – *Herzog* (Hrsg.), Die strafrechtliche Verantwortlichkeit von Mauerschützen an der innerdeutschen Grenze, 1993. – *Hoyer*, Die strafrechtliche Verantwortlichkeit innerhalb von Weisungsverhältnissen, 1998. – *Huth*, Der sog. gefährliche Befehl im geltenden Wehrrecht, NZWehrR 88, 252. – *Jescheck*, Befehl und Gehorsam in der Bundeswehr, in: Bundeswehr und Recht 1965, 63. – *Klinkhardt*, Der administrative Waffengebrauch der Bundeswehr, JZ 69, 700. – *Küper*, Grundsatzfragen der „Differenzierung" zwischen Rechtfertigungs- und Entschuldigungsgründen, JuS 87, 81. – *Krey/Meyer*, Zum Verhalten von Staatsanwaltschaft und Polizei bei Delikten mit Geiselnahme, ZRP 73, 1. – *Krüger*, Polizeilicher Schußwaffengebrauch, 4. A., 1979. – *ders.*, Die bewußte Tötung bei polizeilichem Schußwaffengebrauch, NJW 73, 1. – *R. Lange*, Der „gezielte Todesschuß", JZ 76, 546. – *W. Lange*, Probleme des polizeilichen Waffengebrauchsrechts, MDR 74, 357. – *ders.*, Der neue Musterentwurf eines einheitlichen Polizeigesetzes – Fragwürdiges Schußwaffengebrauchsrecht, MDR 77, 10. – *Lenckner*, Der „rechtswidrige verbindliche Befehl" im Strafrecht – nur noch ein Relikt?, Stree/Wessels-FS 223. – *Lehleiter*, Der rechtswidrige verbindliche Befehl, 1995. – *Lisken*, Polizeibefugnis zum Töten?, DRiZ 89, 401. – *Merten*, Zum Streit um den Todesschuß, Doehring-FS (1989) 579. – *Neuheuser*, Die Duldungspflicht gegenüber rechtswidrigem hoheitlichen Handeln im Strafrecht, 1996. – *Nitz*, Einsatzbedingte Straftaten verdeckter Ermittler, 1997. – *Oehler*, Handeln auf Befehl, JuS 63, 301. – *Ostendorf*, Die strafrechtliche Rechtmäßigkeit rechtswidrigen hoheitlichen Handelns, JZ 81, 165. – *Peterson*, Der sog. gefährliche Befehl im geltenden Wehrrecht, NZWehrR 89, 239. – *Reindl/Roth*, Die Anwendung unmittelbaren Zwangs in der Bundeswehr, 1974. – *Rostek*, Der rechtlich unverbindliche Befehl, 1971. – *Rotthaus*, Zur Frage des Schußwaffengebrauchs gegenüber Strafgefangenen, MDR 70, 4. – *Roxin*, Der strafrechtliche Rechtswidrigkeitsbegriff beim Handeln von Amtsträgern – eine überholte Konstruktion, Pfeiffer-FS 45. – *Rupprecht*, Die tödliche Abwehr des Angriffs auf menschliches Leben, JZ 73, 263. – *ders.*, Polizeilicher Todesschuß und Wertordnung des Grundgesetzes, Geiger-FS (1974) 781. – *Schirmer*, Befehl und Gehorsam, 1965. – Eb. *Schmidt*, Befehlsdurchsetzung und Waffengebrauch, NZWehrR 68, 161. – *J. Schmidt*, Nochmals: Die bewußte Tötung bei polizeilichem Schußwaffengebrauch, NJW 73, 449. – *Schnorr*, Handeln auf Befehl, JuS 63, 293. – *Schreiber*, Befehlsbefugnis und Vorgesetztenverhältnis in der Bundeswehr, 1965. – *Schumann*, Strafrechtliches Handlungsunrecht und das Prinzip der Selbstverantwortung der Anderen, 1986. – *Schwabe*, Die Notrechtsvorbehalte des Polizeirechts, 1979. – *ders.*, Fürmöglichhalten und irrige Annahme von Tatbestandsmerkmalen bei Eingriffsrechten, Martens-GedS (1987) 419. – *Schwenck*, Die Gegenvorstellung im System von Befehl und Gehorsam, Dreher-FS 495. – *Seebode*, Gezielter tödlicher Schuß de lege lata et ferenda, StV 91, 81. – *Stratenwerth*, Verantwortung und Gehorsam, 1958. – *Stümper/Gerhards*, Rettungsschuß-Todesschuß, DRiZ 89, 432. – *Sundermann*, Polizeiliche Befugnisse bei Geiselnahmen, NJW 88, 3192. – *Thewes*, Rettungs- oder Todesschuß?, 1988. – *Trifferer*, Der tödliche Fehlschuß der Polizei, MDR 76, 355. – *ders.*, Ein rechtfertigender (Erlaubnistatbestands-) Irrtum – Irrtumsmöglichkeiten beim polizeilichen Einsatz, Mallmann-FS (1978) 373. – *Vitt*, Rechtsprobleme des sog. „gefährlichen Befehls", NZWehrR 94, 45. – *Wagner*, Die Neuregelung der Zwangsernährung, ZRP 76, 1. – *Westerburg*, Die Polizeigewalt des Luftfahrzeugkommandanten, 1961. – *v. Winterfeld*, Der Todesschuß der Polizei, NJW 72, 1881. – Zum Schußwaffengebrauch in den „Mauerschützen"-Fällen vgl. die Nachw. in 99 ff. vor § 3, zum Züchtigungsrecht des Lehrers in § 223 RN 16.

83 Die **Ausübung hoheitlicher Gewalt** rechtfertigt als solche noch nicht die Verwirklichung eines Straftatbestands. Nicht rechtswidrig ist diese vielmehr erst, wenn das fragliche Handeln nach öffentlichem Recht zulässig ist oder wenn speziell strafrechtliche Gründe jedenfalls das strafrechtliche Unrecht ausschließen. Von Bedeutung ist dies nicht nur für Amtsträger und die in § 114 I genannten Personen, sondern auch für Private, wenn sie von dem zuständigen Staatsorgan in zulässiger Weise zur Mitwirkung zugezogen worden sind (zB § 114 II, § 759 ZPO). Dagegen kommen bei freiwilligen Helfern nur die allgemeinen Rechtfertigungsgründe in Betracht (Hirsch LK 142, Jescheck/Weigend 390).

84 **1.** a) Tatbestandsmäßiges hoheitliches Handeln auf Grund **eigener Entschließung** des Amtsträgers ist zunächst dann gerechtfertigt, wenn hierfür eine besondere gesetzliche Ermächtigungsgrundlage gegeben ist und die dort genannten **Eingriffsvoraussetzungen objektiv erfüllt** sind. Einschlägige Vorschriften, deren Darstellung in das Prozeß-, Polizeirecht usw. gehört, enthalten die Prozeßordnungen (zum Anhalten von Briefen vgl. § 32 RN 42 a), das StVollzG (zur Zwangsernährung nach § 101 vgl. Tröndle, Kleinknecht-FS 411 mwN), das UZwG, UZwGBw, BundesgrenzschutzG, die Polizei- und Unterbringungsgesetze der Länder (zur Suizidverhinderung durch die Polizei vgl. zB Bay NJW **89**, 1815 m. Anm. Bottke JR 89, 475; vgl. auch VG Karlsruhe JZ **88**, 208 u. dazu Herzberg ebd. 188)

Rechtfertigungsgründe **85, 86 Vorbem §§ 32 ff.**

und zahlreiche andere Gesetze. Dabei ist es dann zB eine Frage des Polizeirechts, ob dort auf einen anderen als den sonst üblichen Gefahrbegriff abzustellen ist (vgl. dazu zB Schwabe, Martens-GedS 430 ff.). *Allgemeine Rechtmäßigkeitsvoraussetzungen* sind ferner die sachliche und örtliche Zuständigkeit (vgl. § 113 RN 24 f.) und die Einhaltung der wesentlichen, dem Schutz der Betroffenen dienenden Form- und Verfahrensvorschriften (vgl. § 113 RN 26; von Schleswig JR **85**, 474 m. Anm. Amelung/Brauer zB verneint für das Erfordernis psychiatrischer Erfahrung des ärztlichen Sachverständigen in einem Unterbringungsverfahren; krit. zu diesem „Kunstbegriff" aber Reinhart StV 95, 109). Für alle staatlichen Eingriffsrechte gilt schließlich, daß ihre Ausübung durch die allgemeinen rechtsstaatlichen Grundsätze der Erforderlichkeit (Geeignetheit, relativ mildestes Mittel) und der Verhältnismäßigkeit begrenzt ist, wodurch im Einzelfall die Zulässigkeitsvoraussetzungen noch weiter eingeschränkt werden können (vgl. zB BVerfGE **19** 348, BGH **4** 377, **26** 99, **35** 379 m. Anm. Dölling JR 90, 170 u. Waechter StV 90, 23, Bay **88** 72, Bremen NJW **64**, 735). Soweit die Amtshandlung den danach maßgeblichen rechtlichen Anforderungen tatsächlich entspricht, kommt es auf eine pflichtgemäße Prüfung durch den Amtsträger nicht an (o. 19 a, Bay JR **81**, 28 m. Anm. Thiele [zu § 113], Küper JZ 80, 637, aber auch BGH **35** 387 u. dazu Dölling aaO 173 für die nach dem Verhältnismäßigkeitsgrundsatz vorzunehmende Abwägung). Entsprechendes gilt, wenn auch bei Vorliegen der sachlichen Eingriffsvoraussetzungen noch ein Handlungsermessen besteht und die Ermessensausübung wenigstens iE objektiv im Rahmen des Vertretbaren bleibt (vgl. aber auch BGH aaO, Amelung JuS 86, 131, Dölling aaO 174). Zur Anwendbarkeit allgemeiner Rechtfertigungsgründe vgl. § 32 RN 42 f., § 34 RN 7 u. dort RN 41 c zu einsatz- bzw. milieubedingten Straftaten Verdeckter Ermittler (näher dazu vgl. auch Nitz aaO 90 ff.).

Die hoheitliche Befugnis zum **Schußwaffengebrauch** ergibt sich für Vollzugsbeamte des Bundes **85** aus den §§ 9 ff. UZwG, für Soldaten und zivile Wachpersonen der Bundeswehr aus den §§ 15 ff. UZwGBw und für Polizeivollzugsbeamte der Länder aus den Bestimmungen der jeweiligen Landesrechts (zB §§ 53, 54 PolG Bad.-Württ. idF v. 13. 1. 1992, GBl. 1); für Forst- und Jagdschutzberechtigte, Fischereibeamte usw. vgl. ferner das Ges. v. 26. 2. 1935, RGBl. I 313 (in den Ländern zT aufgehoben) und für bestätigte Jagdaufseher § 25 II BJagdG. Besondere Bedeutung kommt hier den Grundsätzen der Erforderlichkeit und der Verhältnismäßigkeit zu (zur Erforderlichkeit vgl. zB §§ 12 1, 13 UZwG u. zur Unzulässigkeit der sofortigen Abgabe eines gefährdenden Warnschusses BGH VersR **64**, 536). Dabei kann das verfassungsrechtliche Verhältnismäßigkeitsprinzip (aufgenommen zB in § 4 UZwG) auch dort zu Einschränkungen führen, wo die gesetzlichen Voraussetzungen ihrem Wortlaut nach an sich gegeben sind, so im Fall des § 10 I Nr. 3 d UZwG (vgl. BGH **26** 102), gegenüber Jugendlichen (BGH aaO 103) oder im Grenzdienst (§ 11 UZwG), wenn ein zu erwartender Schaden außer Verhältnis zu dem beabsichtigten Erfolg steht (BGH **35** 379 [387] m. Anm. Dölling JR 90,170 u. Waechter StV 90, 23). Hier kann ein Schußwaffengebrauch mit bedingtem Tötungsvorsatz überhaupt unzulässig sein, wenn von dem Betroffenen nicht eine Gefährdung von Leib oder Leben anderer zu befürchten ist (vgl. BGH **39** 22, 185 zu § 11 UZwG, §§ 15, 16 UZwGBw). Nicht ausgeschlossen ist ein solcher dagegen deshalb, weil sein Zweck nach dem betreffenden Gesetz – so § 12 II UZwG, § 16 UZwGBw – nur das Angriffs- oder Fluchtunfähigmachen sein darf (vgl. BGH **35** 386 m. Anm. Dölling u. Waechter aaO). Ob davon allerdings auch noch der mit an Sicherheit grenzender Wahrscheinlichkeit tödliche Schußwaffengebrauch („finaler Todesschuß") gedeckt ist – ausdrücklich vorgesehen ist dieser bisher nur in einigen Landesrechten (zB Bad.-Württ., Bayern, Rhld.-Pfalz, Sachsen), nicht aber im Bundesrecht –, ist nach den fraglichen Gesetzesformulierungen („nur") höchst zweifelhaft (bejahend aber zB Merten aaO 603 f., Sundermann NJW 88, 3193 f.; vgl. näher zu der derzeit uneinheitlichen und vielfach zweifelhaften Rechtslage Beisel JA 98, 721, Seebode StV 91, 82 ff. mwN). Vgl. im übrigen das einschlägige Schrifttum (Nachw. zT o. vor 83); speziell zum tödlichen Fehlschuß vgl. BGH **26** 99, BGH NJW **99**, 2533, LG Bielefeld MDR **70**, 74 (zugleich zum Schußwaffengebrauch gegen Strafgefangene u. dazu auch Rotthaus aaO 4; vgl. jetzt §§ 99, 100 StVollzG) und zum Schußwaffengebrauch von DDR-Grenzsoldaten an der innerdeutschen Grenze gegenüber Flüchtlingen 99 ff. vor § 3 sowie u. 89 a. Unberührt von diesen die hoheitliche Befugnis zum Schußwaffengebrauch regelnden Vorschriften bleibt das allgemeine Notwehr- u. Nothilferecht (vgl. § 32 RN 42 a).

b) Nach dem umstrittenen, von der h. M. aber auch zu § 113 vertretenen **„strafrechtlichen** **86** **Rechtmäßigkeitsbegriff"** ist tatbestandsmäßiges hoheitliches Handeln darüber hinaus auch beim Fehlen der sachlichen Eingriffsvoraussetzungen nicht rechtswidrig, wenn der Amtsträger nach (objektiv) *pflichtgemäßer Prüfung* von deren Vorliegen ausgehen durfte (vgl. aus der umfangreichen, zT allerdings mißverständlichen Rspr. zB RG **26** 27, **38** 375, **61** 299, **72** 311, BGH **4** 161, **21** 363, **24** 125, VRS **38** 115, Bay NJW **65**, 1088, JR **81**, 28 m. Anm. Thiele u. Bspr. Küper JZ 80, 633 [Erweiterung auf das Formerfordernis des § 105 II StPO], Celle NJW **79**, 57, Hamm VRS **26** 436, ferner zB Hirsch LK 146 f., Jescheck/Weigend 392, M-Zipf I 407, Stratenwerth aaO 170 f., Triffterer, Mallmann-FS 380 ff.; vgl. im übrigen u. näher zum Meinungsstand § 113 RN 21 ff., 27 ff., Roxin aaO 45 f.). Dabei kann es allerdings nicht darum gehen – insoweit wäre die Kritik an der h. M. berechtigt (vgl. zB Amelung JuS 86, 335 f., Reinhart StV 95, 103 f., NJW 97, 911 [verfassungswidrig], Roxin aaO 48, Schwabe, Martens-GedS 425 f.) –, daß *Eingriffsrechte* auch durch den (objektiv nicht pflichtwidrigen) guten Glauben des Amtsträgers an das Vorliegen der gesetzlichen Eingriffsvoraussetzungen begründet werden können, wenn diese tatsächlich fehlen. Ebensowenig gibt es hier ein

"Irrtumsprivileg des Staats", das bei einem tatbestandsmäßigen hoheitlichen Handeln weitergehend als sonst zum Ausschluß der Rechtswidrigkeit führt. So kann der „strafrechtliche Rechtmäßigkeitsbegriff" richtigerweise aber auch nicht verstanden werden. Dieser ist nicht etwa ein besonderer Rechtfertigungsgrund für Amtsträger, sondern lediglich ein Anwendungsfall allgemeiner strafrechtlicher Prinzipien: Soweit die Ermächtigungsnorm, wie bei den zahlreichen Verdachtstatbeständen (zB §§ 127 II, 163b I StPO), auf die ex ante-Beurteilung eines in der Gegenwart objektiv bereits gegebenen Sachverhalts abstellt, folgt die Rechtmäßigkeit schon aus den o. 11 f., 19 f. genannten Regeln, wonach der Täter bei pflichtgemäßer Prüfung aufgrund der hier bestehenden *Handlungsbefugnis* auch dann gerechtfertigt ist, wenn sich seine Annahme iE als falsch erweist (wobei die Frage dann nur noch sein kann, ob in solchen Fällen, in denen das Gesetz selbst den Tatsachenirrtum bereits einkalkuliert, dem Betroffenen das ihm an sich verbleibende Notstandsrecht [o. 11 f.] wegen des Vorrangs öffentlicher Interessen hier nicht generell zu versagen ist, was auf diesem Weg auch zur Annahme einer allgemeinen Duldungspflicht führen würde; zu den Merkmalen, die, wie zB „Gefahr", eine Prognose erfordern – nicht beachtet ist dieser Unterschied zu den eben genannten Fällen b. Amelung aaO 326 – vgl. dagegen bereits o. 10 f.). Im übrigen aber kann es sich hier, soweit nicht schon ein Tatbestandsirrtum vorliegt, nur um Fälle eines *Erlaubnistatbestandsirrtums* handeln, bei dem, wenn er auch bei objektiv pflichtgemäßer Prüfung des Sachverhalts nicht zu vermeiden war, gleichfalls schon nach allgemeinen Regeln und unabhängig von der verwaltungsrechtlichen Kategorie der Rechtswidrigkeit eines Verwaltungsakts (o. 27) das strafrechtliche (Handlungs-)Unrecht und damit die Rechtswidrigkeit der tatbestandsmäßigen Handlung entfällt (o. 21; ebenso Roxin I 672 f., aaO 49 f., Schumann aaO 38). Einer besonderen Rechtfertigung kraft eines Amtsrechts bedarf es auch hier nicht. Für den Betroffenen bedeutet dies, daß er hier zwar ebenfalls kein Notwehrrecht hat, wohl aber kann angemessener Widerstand nach § 34 gerechtfertigt sein (o. 21, § 32 RN 21, § 34 RN 30 f.), dies freilich nur, wenn aus der Amtshandlung ein schwerer, nicht wiedergutzumachender Schaden droht und die Gefahr für den Betroffenen nicht auf andere Weise (zB Aufklärung, Rechtsbehelfe) abwendbar ist (vgl. auch Gropp 214, Köhler 315, Roxin aaO 51). – Rechtswidrig bleibt die Tat dagegen bei einer Fehlbeurteilung der *rechtlichen* Zulässigkeitsvoraussetzungen (h.M., zB BGH NStZ **81**, 22 u. die Nachw. in § 113 RN 29; and. außer den dort Genannten zB auch Lehleiter aaO 126 ff., 135, Schwabe aaO 424 f.). Hier kommt lediglich § 17 in Betracht, wie für eine falsche Abwägung des richtig erkannten Sachverhalts bei Anwendung des Verhältnismäßigkeitsgrundsatzes gilt (vgl. BGH JR **90**, 170 [insoweit in BGH **35** 379 nicht abgedr.] m. Anm. Dölling, Amelung in: Eser/Fletcher [vor 4] 1386 f.).

86 a 2. Gerechtfertigt ist tatbestandsmäßiges Handeln, das in der **Vollstreckung** einer vollziehbaren **Entscheidung mit Außenwirkung** (Urteil, Verwaltungsakt usw.) besteht, sofern diese nicht nichtig ist (vgl. näher § 113 RN 32; weitergehend für Rechtswidrigkeit dagegen Roxin I 671, aaO 49, Spendel LK § 32 RN 105 ff.).

87 3. Zusätzliche Probleme entstehen beim tatbestandsmäßigen **Handeln auf dienstliche Weisung** innerhalb eines echten Vorgesetzten-Untergebenenverhältnisses („Anordnung" im zivilen, „Befehl" im militärischen Bereich, zB § 56 II BBG, § 38 II BRRG, § 11 SoldatenG, § 2 Nr. 2 WStG; zur Erfüllung von Aufträgen außerhalb solcher Verhältnisse vgl. § 113 RN 31). Nach h.M. macht die Rechtswidrigkeit der Weisung auch deren Ausführung rechtswidrig, weil der Untergebene i. U. zum Vorgesetzten keine originäre, sondern nur eine abgeleitete Handlungskompetenz habe (zB B/W-Mitsch 515 f., Hirsch LK 177, M-Zipf I 408, Ostendorf JZ 81, 173, Spendel LK § 32 RN 90 ff., Tröndle 8). Entsprechend wird umgekehrt in der dienstlichen Weisung ein Rechtfertigungsgrund für den Untergebenen gesehen, wenn sie selbst rechtmäßig ist, wobei es nach dem „strafrechtlichen Rechtmäßigkeitsbegriff" (o. 86) auch hier genügt, wenn die sachlichen Voraussetzungen für das fragliche Vorgehen objektiv nicht gegeben sind, der Vorgesetzte nach pflichtgemäßer Prüfung aber von ihrem Vorliegen ausgehen durfte (zB Hirsch LK 176 mwN). Beides gilt jedoch nur mit Einschränkungen (u. 88); Besonderheiten ergeben sich außerdem in den Fällen einer rechtswidrigen, für den Untergebenen aber dennoch verbindlichen Weisung (u. 89) und zusätzliche Fragen stellen sich auch beim sog. „gefährlichen Befehl" (u. 90).

88 a) Nach **allgemeinen Regeln**, wie sie ohne die u. 89, 90 genannten Besonderheiten im wesentlichen auch für privatrechtlich begründete Weisungsbefugnisse gelten würden (vgl. Schumann aaO 29 ff.; and. Hoyer aaO 25 ff.), ergibt sich zunächst folgendes: Ist der *Inhalt* der Weisung *als solcher rechtswidrig* – das angewiesene Verhalten ist (objektiv) tatbestandsmäßig und nicht durch eine besondere, im Außenverhältnis zu dem betroffenen Rechtsgut bestehende Erlaubnisnorm gedeckt –, so ist zu unterscheiden: 1. Fehlt es bereits an der *rechtlichen Zulässigkeit* einer Maßnahme der angeordneten Art, so ist sowohl die Erteilung der Weisung durch den Vorgesetzten wie ihre Ausführung in der Person des Untergebenen rechtswidrig, mag dieser auch über den Rahmen seiner Prüfungspflicht hinaus (u. 89) im Hinblick auf eine mögliche rechtliche Zulässigkeit aufgrund einer Verkennung der Rechtslage gutgläubig gewesen sein (vgl. auch § 113 RN 31; zur rechtswidrigen verbindlichen Weisung vgl. jedoch u. 89). Daß der Untergebene insofern keine oder allenfalls eine beschränkte Prüfungspflicht hat (vgl. u.), ist hier unter dem Gesichtspunkt eines Verbotsirrtums lediglich bei der Schuld von Bedeutung (u. 121 f.), rechtmäßig wird sein Handeln damit aber nicht. – 2. Etwas anderes gilt dagegen, wenn lediglich die *tatsächlichen Voraussetzungen* einer rechtlich an sich zulässigen Maßnahme nicht gegeben sind: Ist hier der Untergebene infolge einer Verkennung der Sachlage gutgläubig, so ist in seiner Person sowohl vorsätzliches wie fahrlässiges (Handlungs-) Unrecht ausgeschlos-

Rechtfertigungsgründe **89 Vorbem §§ 32 ff.**

sen und sein Handeln deshalb nicht (straf-)rechtswidrig, wenn sein (Tatbestands- oder Erlaubnistatbestands-)Irrtum objektiv nicht pflichtwidrig war (vgl. Schumann aaO 32 f., 36 ff. u. zum Erlaubnistatbestandsirrrtum o. 21, 86). Dabei ist es gleichgültig, ob sich auch der Vorgesetzte in einem solchen Irrtum befunden hat – die *Erteilung* der Weisung damit also gleichfalls rechtmäßig wäre –, weil zwar den Vorgesetzten, nicht aber den Untergebenen eine Prüfungspflicht trifft (vgl. unter Hinweis auf die st. Rspr. zB BGH **4** 162 mwN, für Soldaten zB BGH **39** 32, 189 u. näher dazu Schumann aaO 32 ff., 38 f., Stratenwerth aaO 178 ff., aber zB auch Rostek aaO 94 ff., NJW 75, 862; dazu, daß sich eine solche Pflicht auch nicht den beamtenrechtlichen Regelungen der Remonstrationspflicht in § 56 II BBG usw. entnehmen läßt, vgl. Schumann aaO 39 FN 26). Für den Untergebenen bedeutet dies, daß die *Ausführung* der Weisung in seiner Person nur dann rechtswidrig ist, wenn er – vorsätzliches Handlungsunrecht – den wahren Sachverhalt kennt oder wenn dieser – fahrlässiges Handlungsunrecht – für einen gewissenhaften Beamten usw. in der fraglichen Position ohne weiteres, d. h. ohne besondere Prüfung erkennbar gewesen wäre (vgl. Schumann aaO 32 f.; and. hier Stratenwerth aaO 178 ff., 198 f.: nur bei positiver Kenntnis, doch wird die Funktionsfähigkeit der Verwaltung usw. nicht schon deshalb in Frage gestellt, weil von dem Untergebenen verlangt wird, wenigstens hinzusehen, was er tut). Im übrigen jedoch kommt nur eine strafrechtliche Haftung des Vorgesetzten als mittelbarer Täter in Betracht (vgl. § 25 RN 15 ff.), und auch eine Notwehr des Betroffenen ist nur diesem gegenüber möglich, während ihm gegenüber dem Untergebenen nur die begrenzten Möglichkeiten des § 34 bleiben (vgl. entsprechend o. 86). – Umgekehrt kann es freilich auch sein, daß eine rechtmäßig erteilte Weisung von dem Untergebenen nicht ausgeführt werden darf, dann nämlich, wenn dieser weiß oder für ihn ohne weiteres erkennbar ist, daß sich die Sachlage geändert hat oder – denkbar bei einem Sonderwissen des Täters – daß der Vorgesetzte trotz pflichtgemäßer Prüfung von falschen Voraussetzungen ausgegangen ist (vgl. Schumann aaO 38 f., auch Jescheck/Weigend 395, enger Hirsch LK 176 [nur bei Kenntnis]; and. Neuheuser aaO 161 ff.). In solchen Fällen ist deshalb – zugleich mit entsprechenden Konsequenzen bei der Notwehr – die Ausführungshandlung durch den Untergebenen rechtswidrig, und zwar unabhängig davon, ob er zuvor Gegenvorstellungen erhoben hat oder erheben konnte (and. hinsichtlich der Möglichkeit von Gegenvorstellungen BGH **19** 231 u. krit. dazu Schwenck, Dreher-FS 503 ff.). Erst recht gilt dies, wenn der Untergebene die Weisung durch eine bewußt unwahre Meldung veranlaßt hat (BGH **19** 33 zu § 47 MStGB).

b) Teilweise modifiziert oder durchbrochen werden diese allgemeinen Regeln durch Besonderheiten beim **„rechtswidrigen verbindlichen Befehl"** (zu der umstrittenen Möglichkeit eines solchen vgl. Lehleiter aaO 71 ff.). Ob ein inhaltlich rechtswidrige (o. 88), gleichwohl aber verbindliche Weisung für den Untergebenen ein besonderer Rechtfertigungs- oder nur ein Entschuldigungsgrund ist, ist umstritten (für Rechtfertigung zB Ambos JR 98, 222, Hirsch LK 177, Jakobs 458, Jescheck/Weigend 394, Kühl 347, Lehleiter aaO 158 ff., Lenckner, Stree/Wessels FS 224 f., Neuheuser aaO 169 ff., Roxin I 676, Schmidhäuser 323, Schumann aaO 39 f., Stratenwerth aaO 168, 181 ff., W-Beulke 450; für bloße Entschuldigung zB Amelung JuS 86, 337, B/W-Mitsch 515 f., Blei I 155, Herzog (Hrsg.) aaO 53, Küper JuS 87, 92, M-Zipf I 408, Spendel LK § 32 RN 76 f., Tröndler 16; vgl. auch Günther SK 65 [„Strafunrechtsausschließungsgrund", o. 8], Hoyer aaO 17 f. [Interessenabwägung im Einzelfall] u. im übrigen die Nachw. b. Vitt NZWehrR 94, 48). Die besseren Gründe sprechen jedoch für die „Rechtfertigungslösung", und zwar schon deshalb, weil sonst der unlösbare Widerspruch entstünde, daß der Untergebene aufgrund der Weisung von Rechts wegen zu einem Tun verpflichtet wird, das ihm, weil rechtswidrig, vom Recht andererseits gerade verboten wird. Damit wird nicht etwa, wie vielfach eingewandt wird, Unrecht in Recht verwandelt, vielmehr gibt es, weil das Rechtswidrigkeitsurteil immer nur innerhalb einer bestimmten Relation möglich ist, auch eine „gespaltene Rechtswidrigkeitsbeurteilung" (zB mittelbare Täterschaft durch ein rechtmäßig handelndes Werkzeug). Darum geht es auch hier: Das von dem Weisungsgeber zu verantwortende staatliche Handeln bleibt im Außenrechtsverhältnis rechtswidrig, gerechtfertigt ist es nur in der Person des Ausführenden aufgrund seiner im Innenrechtsverhältnis bestehenden Befolgungspflicht (vgl. auch Roxin I 676 f.). Daß der Betroffene diesem gegenüber nur ein beschränktes Notstandsrecht hat (vgl. entsprechend o. 86, Roxin I 677; and. Neuheuser aaO 177), muß hingenommen werden, zumal auch die „Entschuldigungslösung" hier, wenn überhaupt, nur zu einem eingeschränkten Notwehrrecht führen würde (vgl. § 32 RN 24, 52). – **Praktische Bedeutung** für das Strafrecht hat der „rechtswidrige verbindliche Befehl" heute noch in zweifacher Hinsicht: 1. Während von Beamten im Vollzugsdienst (zB § 7 II UZwG), Justizvollzugsbediensteten (97 II StVollzG), Soldaten (§ 11 II SoldatenG) und Zivildienstleistenden (§ 30 II, III ZDG) eine Anordnung nicht befolgt werden darf, wenn dadurch eine Straftat begangen würde, eine Schuld den Untergebenen, wenn sie dennoch befolgt wird, aber nur im Falle der Kenntnis oder der Offensichtlichkeit der Strafbarkeit trifft, gehen die allgemeinen Beamtengesetze hier einen anderen Weg: Wird trotz der vom Untergebenen erhobenen Bedenken die Anordnung vom nächsthöheren Vorgesetzten bestätigt oder besteht der unmittelbare Vorgesetzte wegen Gefahr im Verzug auf ihrer sofortigen Ausführung, so muß der Untergebene sie ausführen, sofern nicht das ihm aufgetragene Verhalten strafbar und die Strafbarkeit für *ihn* erkennbar ist (zB § 56 II I 3, III BBG; zum Landesrecht u. zu der in dieser Hinsicht weniger eindeutigen, in der Sache aber ebenso verstandenen Fassung des § 38 II BRRG vgl. Lenckner aaO 226, 229 FN 22). Diese einem längst nicht mehr zeitgemäßen obrigkeitsstaatlichen Denken verpflichtete Regelung ist ebenso sach- wie strafrechtlich systemwidrig, führen doch schon das bloße subjektive

Vorbem §§ 32 ff. 89 a, 90

Nichterkennenkönnen des wirklichen Sachverhalts bei einem Tatbestands- oder Erlaubnistatbestandsirrtum und die Unvermeidbarkeit eines Verbotsirrtums zur Verbindlichkeit der fraglichen Anordnung und damit zur Rechtfertigung (!) des sie ausführenden Untergebenen. Dennoch ist dies, weil mit den Mitteln der Auslegung nicht korrigierbar, als geltendes Recht hinzunehmen; Abhilfe kann hier nur der Gesetzgeber schaffen (vgl. näher Lenckner aaO 227 ff., ferner Hoyer aaO 11, Hirsch LK 177, Roxin I 674 f.). Entsprechendes gilt nach den allgemeinen Beamtengesetzen für Ordnungswidrigkeiten, dies i. U. zu den Vollzugsbeamten, Justizvollzugsbediensteten, Soldaten und Zivildienstleistenden (s. o.), bei denen einer Begehung einer Ordnungswidrigkeit gerichtete Weisungen stets verbindlich sind. – 2. Ist die Sach- oder Rechtslage zweifelhaft, so muß bei Meinungsverschiedenheiten zwischen Weisungsgeber und Weisungsempfänger über die Zulässigkeit des aufgetragenen Verhaltens die Weisung auch dann befolgt werden, wenn sich später herausstellt, daß der Untergebene mit seiner einen Strafrechtsverstoß bejahenden Einschätzung der Rechts- oder Sachlage tatsächlich im Recht war. Dies folgt schon aus dem Effizienzgebot und erhält zudem seine Legitimation dadurch, daß die Funktionsfähigkeit der Verwaltung letztlich nur gewährleistet ist, wenn die dort bestehenden hierarchischen Verhältnisse nicht nur auf dem formalen Prinzip des Gehorsams des Untergebenen, sondern auch auf der größeren Sachkompetenz des Vorgesetzten beruhen, für die deshalb zumindest eine Vermutung besteht. Dabei ist die Grenze dort zu ziehen, wo die Entscheidung des Vorgesetzten in tatsächlicher oder rechtlicher Hinsicht nicht mehr „vertretbar" ist, die Gegengründe also so gewichtig sind, daß die fragliche Weisung von einer rechtsstaatlichen Verwaltung nicht mehr verantwortet werden kann. Hier und nicht erst bei einer offensichtlichen, d. h. jenseits aller Zweifel liegenden Fehlentscheidung des Vorgesetzten (so aber zB KG NJW **72**, 781, Karlsruhe NJW **74**, 2142 zu § 113) endet daher auch die Gehorsamspflicht des Untergebenen (vgl. näher Lenckner aaO 230 ff., ferner Hoyer aaO 13 f., Hirsch LK 177, Roxin I 675).

89 a   Diese Grenzen waren auch bei den **DDR-Schießbefehlen** in den **„Mauerschützen"-Fällen** usw. überschritten, bei denen, jedenfalls soweit sie den Schußwaffengebrauch mit (bedingtem) Tötungsvorsatz gegenüber den Umständen nach unbewaffneten und auch sonst ungefährlichen Flüchtlingen betrafen (Befehlslage: „besser der Flüchtling ist tot, als daß die Flucht gelingt"), nach der Rspr. ein „Strafrechtsverstoß" bzw. ein Verstoß „gegen elementare Gebote der Gerechtigkeit und gegen völkerrechtlich geschützte Menschenrechte" sogar „offensichtlich" war (vgl. u. a. BGH **39** 15 ff., 33 f., **39** 183 f., **40** 232, 244, **41** 105, **42** 70, 361 u. zusf. zur Rspr. Willnow JR 97, 221; vgl. auch o. 26 sowie u. 121 u. näher zum Ganzen und zu dem umfangreichen, zT unterschiedliche Standpunkte vertretenden Schrifttum 99 ff. vor § 3). Fraglos wurden diese Befehle zwar in der Staatspraxis der DDR als rechtlich bindend angesehen (mit der Folge der Strafbarkeit nach § 257 StGB-DDR bei Nichtbefolgung), dies aber deshalb, weil in den genannten Fällen der Schußwaffengebrauch selbst nach der in der DDR praktizierten Auslegung der maßgeblichen Bestimmungen rechtmäßig war. War er dies in Wahrheit dagegen „offensichtlich" nicht, so wären die Befehle dazu auch nach DDR-Recht unverbindlich gewesen, weil § 258 III StGB-DDR nur so verstanden werden konnte, daß gegen anerkannte Normen des Völkerrechts und gegen Strafgesetze verstoßende Befehle nicht befolgt zu brauchten (dazu, daß die Unverbindlichkeit hier nicht mit § 95 StGB-DDR begründet werden kann, vgl. BGH **39** 28 f., Arnold/Kühl JuS 92, 994, aber auch F. C. Schroeder JR 93, 50; zu einem völkerrechts- und damit zugleich strafrechtswidrigen Befehl vgl. BGH **40** 53: Schuß auf einen DDR-Fahnenflüchtigen, der die innerdeutsche Grenze bereits überschritten hatte). Um die Besonderheiten eines rechtswidrigen und dennoch – rechtlich und nicht nur faktisch – bindenden Befehls, dessen Ausführung den Untergebenen bereits gerechtfertigt oder nach der „Entschuldigungslösung" (o. 89) unabhängig von den engeren Voraussetzungen des § 258 I StGB-DDR bzw. des § 5 I WStG stets entschuldigt hätte, ging es hier mithin nicht (zum Verbotsirrtum bei irriger Annahme der Verbindlichkeit vgl. u. 121). Etwas anderes gilt dagegen, soweit der Schießbefehl auch rechtlich zweifelhafte Fälle umfaßte (o. 89 aE), so bei Schüssen auf unbewaffnete Flüchtlinge mit bloßem Körperverletzungsvorsatz oder bei bedingt vorsätzlichen Todesschüssen, mit denen die Flucht eines bewaffneten Fahnenflüchtlings aus der DDR verhindert werden sollte (von BGH **39** 194 f., **41** 15, NStZ **93**, 488 NStZ-RR **96**, 323 bzw. BGH **42** 361 offen gelassen unter Verneinung jedenfalls der Schuld [s. u. 121]). – Zur Nachkriegs-Rspr. zu den im Ausmaß ihrer Ungeheuerlichkeit mit den „Mauerschützen"-Fällen nicht vergleichbaren **verbrecherischen Befehlen der NS-Zeit** – u. a. „Reichskristallnacht", Deportation und Vernichtung von Juden, Tötung von Geisteskranken („Euthanasie"), Kriegsgefangenen und Fremdarbeitern, Prügelstrafe an Ostarbeitern – vgl. zB BGH **2** 234, **3** 271, 357, **5** 238, **15** 214, **22** 223, NJW **70**, 519, NStZ **86**, 313, OGH **1** 312, Frankfurt HESt. **1** 67, Freiburg JZ **51**, 85, KG DRZ **47**, 198, Stuttgart HESt. **2** 223, ferner die Sammlung deutscher Strafurteile wegen nationalsozialistischer Tötungsverbrechen 1945–1966 in: Bauer u. a. (Hrsg.), Justiz- und NS-Verbrechen, 20 Bde., 1968 ff. m. Bspr. Hanack JZ 71, 302, Wahle GA 71, 221.

90   c) Weitere Fragen ergeben sich beim sog. **„gefährlichen Befehl"**, d. h. einem solchen, dessen Ausführung mit dem Risiko eines Fahrlässigkeitsdelikts verbunden ist. Sicher ist zunächst, daß die Frage der Verbindlichkeit der Weisung und die Bewertung des Verhaltens des Untergebenen nicht von dem späteren Ausbleiben oder Eintritt des Erfolgs abhängen kann (vgl. näher Vitt NZWehrR 94, 48 ff.; and. Schölz/Lingens § 2 RN 39). Im übrigen ist hier zu unterscheiden (vgl. dazu auch Hirsch LK 177, Rengier KK-OWiG 32 vor § 15; generell für Verbindlichkeit des Befehls im militärischen Bereich jedoch Schwenck, Anm. zu Schleswig in: Kohlhaas-Schwenck § 5 WStG Nr. 2; offengelassen

von BGH **19** 232 und Schleswig aaO): 1. Auch hier gilt zunächst, daß den Untergebenen keine besondere Prüfungspflicht trifft (o. 88). Trotz objektiver Sorgfaltswidrigkeit der befohlenen Handlung verstößt dieser selbst daher nicht gegen Sorgfaltspflichten, wenn die fraglichen Umstände für einen gewissenhaften Beamten usw. in der Position des Untergebenen nicht ohne weiteres erkennbar sind; die Verantwortung trifft dann allein den Weisungsgeber. – 2. Ist das befohlene Verhalten zwar objektiv sorgfaltswidrig, nach den Regeln über das erlaubte (gerechtfertigte) Risiko aber rechtmäßig (u. 100 ff.), so ist selbstverständlich auch der Untergebene gerechtfertigt. – 3. Gerechtfertigt ist dieser ferner, wenn die Weisung aus den o. 89 genannten Gründen für ihn verbindlich war (Beurteilungskonflikt zwischen dem Vorgesetzten und Untergebenen über die Gefährlichkeit des fraglichen Handelns; Bestätigung der Weisung usw. nach § 56 II 3 BBG usw.), denn was für vorsätzliches Unrecht gilt, muß erst recht für fahrlässiges gelten. – 4. Eine Strafbarkeit des Untergebenen kommt mithin nur in den verbleibenden Fällen in Betracht. Eine uneingeschränkte Haftung des Untergebenen auch für den eingetretenen Erfolg besteht nach allgemeinem Beamtenrecht (o. 89), wenn – für den Untergebenen erkennbar – das aufgetragene Verhalten wegen seiner generellen Gefährlichkeit schon als solches strafbar oder ordnungswidrig und die Weisung deshalb für ihn unverbindlich ist (zB Anweisung zu einer zum Tode eines Dritten führenden Trunkenheitsfahrt [§ 316] oder Geschwindigkeitsüberschreitung). Dasselbe dürfte bei nicht eigens sanktionierten Sorgfaltswidrigkeiten jedenfalls für grobe Verstöße gelten. Besonderheiten ergeben sich dagegen bei Vollzugsbeamten, Justizvollzugsbediensteten, Soldaten und Zivildienstleistenden im Hinblick auf die dort bestehende Verbindlichkeit von Anordnungen bzw. Befehlen zur Begehung einer Ordnungswidrigkeit (o. 89), eine Eigenschaft, die Weisungen mit diesem Inhalt nicht schon deshalb verlieren können, weil die Ordnungswidrigkeit zugleich das Handlungsunrecht eines fahrlässigen Erfolgsdelikts erfüllt, wäre sonst doch die im Interesse der Funktionsfähigkeit bestimmter Befehlsapparate getroffene gesetzliche Entscheidung für den Vorrang der Gehorsamspflicht gerade in praktisch besonders bedeutsamen Bereichen – so vor allem bei Verkehrsordnungswidrigkeiten – nichts anderes als ein gesetzgeberisches Eigentor. Daß ein Schaden „reell möglich erscheint, also nach allgemeiner Lebenserfahrung durch die Befehlsausführung realistischerweise eintreten könnte" – bei Verkehrsordnungswidrigkeiten dürfte dies fast immer zu bejahen sein –, kann hier deshalb noch nicht genügen (so aber Vitt aaO 53; vgl. ferner Hirsch LK 177, Jakobs 459). Unverbindlich wird die Weisung in diesen Fällen vielmehr erst bei einem deutlich qualifizierten („groben") Sorgfaltsverstoß, d. h. wenn die befohlene Handlung besonders gefährlich ist, ein Schadenseintritt also nicht nur möglich, sondern in einem erhöhten Maß wahrscheinlich ist (vgl. auch Schölz/Lingens § 2 RN 39; für eine Unterscheidung zwischen abstrakten und konkreten Gefahren Jescheck/Weigend 394 FN 13, Roxin I 677, ferner Lehleiter aaO 146: konkret gegenwärtige Gefahr, bei der eine überwiegende Wahrscheinlichkeit den Erfolgseintritt befürchten läßt). Verbindlich ist deshalb zB, obwohl auch dabei immer „etwas passieren" kann, die Weisung zu einer – hier auch durch § 35 StVO nicht gedeckten (vgl. Jagusch/Henschel, Straßenverkehrsrecht, 35. A., § 35 RN 8) – Geschwindigkeitsüberschreitung bei der nächtlichen Heimfahrt von einem Manöver durch ein schlafendes Dorf, unverbindlich dagegen der nach § 35 StVO gleichfalls nicht gerechtfertigte Befehl, während eines Manövers bei Nacht auf einer belebten Straße mit unbeleuchteten Fahrzeugen zu fahren: Hier wäre bei dem Untergebenen die Rechtswidrigkeit einer fahrlässigen Körperverletzung oder Tötung zwar im ersten (o. 89), nicht aber im zweiten Fall ausgeschlossen. Dasselbe muß dann erst recht für eine nicht eigens sanktionierte Sorgfaltswidrigkeit gelten. Zum militärischen Befehl vgl. in diesem Zusammenhang auch Dau NZWehrR 86, 198, Huth NZWehrR 88, 252, Peterson NZWehrR 89, 239.

XIV. Rechtfertigungsgründe können sich auch aus dem **Völkerrecht** ergeben. Dies gilt zB für **91** völkerrechtsgemäße Kriegshandlungen (näher Schwenck, Lange-FS 101 ff.); dagegen sind die früher unter gewissen Voraussetzungen als zulässig angesehenen Kriegsrepressalien jetzt durch Art. 33 I, III des IV. Genfer Abkommens zum Schutz der Zivilbevölkerung v. 12. 8. 1949 (BGBl. 1954 II, 781, 917) verboten. Die heimtückische Tötung von Zivilpersonen durch Gestapoangehörige zur Bekämpfung einer Widerstandsbewegung in den besetzten Gebieten während des 2. Weltkrieges war jedoch auch nach damaligem Recht weder eine rechtmäßige Kriegshandlung noch eine zulässige Kriegsrepressalie (BGH **23** 103). Kein allgemein anerkannter Rechtfertigungsgrund des Völkerrechts ist der Grundsatz des „tu quoque": Daher keine Rechtfertigung der Tötung von ausländischen Zivilarbeitern vor Kriegsende unter dem Gesichtspunkt der Gegenseitigkeit (zB Greueltaten an der deutschen Bevölkerung während der Besetzung); vgl. näher BGH **15** 214 mwN.

XV. Besonderheiten der Rechtfertigung bei Fahrlässigkeitsdelikten

Schrifttum: Baumann, Die Rechtswidrigkeit der fahrlässigen Handlung, MDR 57, 646. – *Bickelhaupt*, Einwilligung in die Trunkenheitsfahrt, NJW 67, 713. – *Becker*, Sportverletzung und Strafrecht, DJ 38, 1720. – *Dach*, Zur Einwilligung bei Fahrlässigkeitsdelikten, Diss. Mannheim, 1979. – *Dölling*, Fahrlässige Tötung bei Selbstgefährdung des Opfers, GA 84, 71. – *Donatsch*, Sorgfaltsbemessung und Erfolg beim Fahrlässigkeitsdelikt, 1987. – *Engisch*, Der Unrechtstatbestand im Strafrecht, DJT-FS 401. – *Fiedler*, Zur Strafbarkeit der einverständlichen Fremdgefährdung unter bes. Berücksichtigung des viktimologischen Prinzips, Europ. Hochschulschr. II, Bd. 898, 1990. – *P. Frisch*, Das Fahrlässigkeitsdelikt und das Verhalten des Verletzten, 1973. – *W. Frisch*, Grund- und Grenzfragen des subjektiven Rechtfertigungselements, Lackner-FS 113. – *Geppert*, Rechtfertigende „Einwilligung" des verletzten Mitfahrers usw., ZStW 83, 947. – *Hammer*, „Auto-

Vorbem §§ 32 ff. 92–96   Allg. Teil. Die Tat – Notwehr und Notstand

Surfen" – Selbstgefährdung oder Fremdgefährdung?, JuS 98, 785. – *Himmelreich*, Notwehr und unbewußte Fahrlässigkeit, 1971. – *Hirsch*, Die Lehre von den negativen Tatbestandsmerkmalen, 1960. – *Jungclaussen*, Die subjektiven Rechtfertigungselemente beim Fahrlässigkeitsdelikt usw., 1987. – *Kienapfel*, Das erlaubte Risiko im Strafrecht, 1966. – *Kientzy*, Der Mangel am Straftatbestand infolge Einwilligung usw., 1970. – *Kindhäuser*, Zur Rechtfertigung von Pflicht- u. Obliegenheitsverletzungen im Strafrecht, in: Jahrb. f. Recht u. Ethik, Bd. 2 (1994), 339. – *Kohlhaas*, Strafrechtlich wirksame Einwilligung bei Fahrlässigkeitstaten?, DAR 60, 348. – *Maiwald*, Zur Leistungsfähigkeit des Begriffs „erlaubtes Risiko" für die Strafrechtsdogmatik, Jescheck-FS 405. – *Oehler*, Die erlaubte Gefahrsetzung und die Fahrlässigkeit, Eb. Schmidt-FS 232. – *Otto*, Eigenverantwortliche Selbstschädigung und -gefährdung sowie einverständliche Fremdschädigung und -gefährdung, Tröndle-FS 157. – *Preuß*, Untersuchungen zum erlaubten Risiko im Strafrecht, 1974. – *Prittwitz*, Strafrecht u. Risiko, 1993. – *Rehberg*, Zur Lehre vom „Erlaubten Risiko", 1962. – *Röttger*, Unrechtsbegründung und Unrechtsausschluß, 1993. – *Schaffstein*, Handlungsunwert, Erfolgsunwert und Rechtfertigung bei den Fahrlässigkeitsdelikten, Welzel-FS 357. – *R. Schmitt*, Subjektive Rechtfertigungselemente bei den Fahrlässigkeitsdelikten?, JuS 63, 64. – *Schürer-Mohr*, Erlaubtes Risiko. Grundfragen der Fahrlässigkeitsdogmatik, 1998. – *Stoll*, Zum Rechtfertigungsgrund des verkehrsrichtigen Verhaltens, JZ 58, 137. – *Walther*, Eigenverantwortlichkeit u. strafrechtliche Zurechnung, 1991. – *Weimar*, Der „Rechtfertigungsgrund" des verkehrsrichtigen Verhaltens, JuS 62, 133. – *Welzel*, Fahrlässigkeit und Verkehrsdelikte, 1961. – *Wiethölter*, Der Rechtfertigungsgrund des verkehrsrichtigen Verhaltens, 1960. – *Zipf*, Einwilligung und Risikoübernahme im Strafrecht, 1970. – Vgl. ferner die Schrifttumsangaben zur Fahrlässigkeit vor § 15.

92   Bei Fahrlässigkeitsdelikten ist nach h. M. ein **Ausschluß der Rechtswidrigkeit** durch Rechtfertigungsgründe ebenso möglich wie bei Vorsatzdelikten, wobei die Einzelheiten allerdings zT umstritten sind.

93   Aus dem *Schrifttum* vgl. zB Blei I 270, B/W-Weber 481 ff., Eser II 23, Hirsch LK 49, Jakobs 203, 364, Jescheck/Weigend 588 ff., Kühl 586 ff., M-Gössel II 147 ff., Röttger aaO 45 ff., Roxin I 952 ff., Samson SK 31 nach § 16, Schmidhäuser 292 f., Stratenwerth 298 ff., Tröndle § 15 RN 15 u. eingehend zum Ganzen Jungclaussen aaO, Preuß aaO, Schaffstein aaO; and. Donatsch aaO 76 ff. (Berücksichtigung der Rechtfertigungssituationen schon im Rahmen der Sorgfaltsbemessung; zur Entwicklung vgl. Schürer-Mohr aaO 29 ff.). Aus der *Rspr.*, die in diesem Zusammenhang zT freilich auch Fälle behandelt hat, die nicht hierher gehören (u. 107), vgl. zB RG 57 172 (Übersetzen über einen Fluß bei stürmischem Wetter auf Drängen der Opfer), JW 25, 2250 (Mitfahrt auf Motorrad trotz Kenntnis fehlender Fahrerlaubnis); BGH 4 88 (einverständliche Rauferei), 7 112 (Veranstalten einer Wettfahrt mit tödlichem Ausgang), 25 229 (tödliche Verletzung des Angreifers, obwohl nur Warnschuß beabsichtigt war; vgl. dazu auch Hamm NJW 62, 1169), BGH VRS 17 277 (Fahrt von 4 Personen auf einem Motorroller), Bay NJW 61, 2072 (Einwilligung in Sportverletzungen), VRS 53 349 (Anhängen eines Radfahrers an Pkw), Bay NJW 68, 665, KG VRS 7 184 (Überlassen eines Fahrzeugs an einen Fahrunkundigen, der anschließend bei einem Unfall verletzt wird), Celle VRS 26 294, Frankfurt VRS 29 457, Hamm VRS 40 25, Zweibrücken VRS 30 285 (Mitfahrt mit einem unter Alkoholeinfluß stehenden Fahrer; zu § 315 c vgl. dort RN 33), Celle VRS 36 417 (Teilnahme an Fahrten im polizeilichen Einsatzwagen mit erhöhtem Risiko), Karlsruhe NJW 86, 1358 (Verletzung des Angreifers bei riskantem Ausweichmanöver); vgl. ferner zB Oldenburg DAR 59, 128, Schleswig SchlHA 59, 154, DAR 61, 310, Stuttgart NJW 84, 1694; zum Zivilrecht vgl. auch BGHZ 24 28 (verkehrsrichtiges Verhalten).

94   Auch bei Fahrlässigkeitsdelikten gilt zunächst, daß sich die Rechtfertigungsfrage nur im Fall der Tatbestandsmäßigkeit des fraglichen Verhaltens und deshalb nur dort stellen kann, wo dieses wegen der objektiven Verletzung einer generellen Sorgfaltsnorm an sich sorgfaltswidrig ist (vgl. § 15 RN 120 ff., 188 f.). Soweit der Gesichtspunkt des sozialadäquaten und damit von vornherein unverbotenen („erlaubten") Risikos schon das Maß der im Verkehr erforderlichen Sorgfalt begrenzt (vgl. § 15 RN 127 ff.), bildet er daher nicht erst einen Rechtfertigungsgrund, sondern führt schon zur Verneinung der Tatbestandsmäßigkeit. Dies gilt für alle Handlungen, die zwar nicht ungefährlich, aber sozialadäquat sind, wobei sich im einzelnen aus teils ungeschriebenen, teils geschriebenen Regeln (zB Verkehrsvorschriften, Arbeitsschutzbestimmungen, technische Normen usw.) und ihrer Konkretisierung ergibt, wie weit hier wegen des Risikos von Verletzungen die für den fraglichen Lebensbereich geltenden generellen Sorgfaltspflichten reichen (vgl. dazu auch Schürer-Mohr aaO 89 ff., 151 ff.). Schon der Tatbestand des § 222 verkehrsrichtiges Verhalten, der Betrieb eines gefährlichen Unternehmens unter Beachtung der Arbeitsschutzbestimmungen oder noch tolerierte „Ausreißer" bei einer ordnungsgemäßen Produktion zum Tod eines Menschen führen (vgl. dazu § 15 RN 127, 144 ff. mwN – auch zur Gegenmeinung [Rechtfertigungsgrund] – in RN 146; dazu, daß dies entgegen Lampe ZStW 101, 18 f. nicht die Schutzlosigkeit der Betroffenen zur Folge hat, vgl. § 32 RN 21, § 34 RN 30 f.). Ist die Handlung dagegen an sich sorgfaltswidrig und damit tatbestandsmäßig, so gilt das gleiche wie bei den Vorsatzdelikten: Sie ist damit auch rechtswidrig, wenn nicht im Einzelfall ein Rechtfertigungsgrund vorliegt (vgl. aber auch Donatsch aaO 76 ff.). Entsprechend der o. 10 ff. getroffenen Unterscheidung von Eingriffs- und Handlungsrechten kommen auch hier zwei Fallgruppen in Betracht (and. Röttger aaO 54):

95/96   **1.** Denkbar ist zunächst, daß die fragliche Handlung wegen der Art und Weise ihrer Vornahme und der damit verbundenen weiteren Gefahren objektiv sorgfaltspflichtwidrig ist, daß aber der **konkret eingetretene Erfolg** aufgrund eines gegen das betroffene Gut insoweit bestehenden **Eingriffsrechts** (o. 10) von Rechts wegen **eintreten durfte** und deshalb auch vorsätzlich hätte herbeigeführt werden dürfen. *Beispiele* dafür sind etwa: Der unachtsam abgegebene Warnschuß trifft versehentlich den

Angreifer, wobei dessen Verletzung aber auch dann durch Notwehr gerechtfertigt wäre, wenn der Täter vorsätzlich gehandelt hätte (BGH **25** 229 [hier sogar tödliche Verletzung, dennoch nach BGH ein Erfolg, den der Täter „vorsätzlich hätte herbeiführen dürfen", S. 231], Hamm NJW **62**, 1169 m. Bspr. R. Schmitt JuS 63, 64); Schlag mit der Peitsche auf Pferde, um an dem den Weg versperrenden Angreifer vorbeizukommen, wobei versehentlich dieser getroffen wird, auch ein vorsätzlich gegen den Angreifer geführter Schlag jedoch nach § 32 gerechtfertigt wäre (Dresden JW **29**, 2760 m. Anm. Coenders); der unachtsam abgegebene Warnschuß eines Polizeibeamten, um einen fliehenden Täter zum Halten zu veranlassen, trifft versehentlich diesen, wobei nach den Bestimmungen über das Waffengebrauchsrecht aber auch ein gezielter Schuß zulässig gewesen wäre (vgl. den Sachverhalt von Frankfurt NJW **50**, 119 m. Anm. Cüppers); Trunkenheitsfahrt eines fahrlässig sich noch für fahrtauglich haltenden Arztes zu einer Unfallstelle (§ 316 II), um dort Hilfe zu leisten, wobei die Tat aber auch bei vorsätzlicher Begehung (§ 316 I) nach § 34 gerechtfertigt gewesen wäre (vgl. Jescheck/Weigend 589 im Anschluß an Hamm VRS **20** 232); unvorsichtiges Hantieren mit einer Waffe, wobei sich ein Schuß löst, der einen Angreifer verletzt, von dem der Täter überhaupt nichts wußte, auf den er aber nach § 32 auch vorsätzlich hätte schießen dürfen; der in fahrlässiger Unkenntnis seiner Fahruntauglichkeit versehentlich den Rückwärtsgang einlegende Fahrer vereitelt auf diese Weise den Angriff eines von ihm nicht bemerkten Räubers, wobei dessen Verletzung auch bei vorsätzlichem Handeln nach § 32 und die Trunkenheitsfahrt nach § 34 gerechtfertigt wäre (Bsp. v. Röttger aaO 54 Fn 107).

Umstritten ist, ob und in welcher Form hier **subjektive Rechtfertigungselemente** erforderlich **97** sind. Nach einer verbreiteten Auffassung spielen solche beim Fahrlässigkeitsdelikt überhaupt keine Rolle (zB Frisch, Lackner-FS 130 ff., Hruschka GA 80, 18, Jakobs 364, Otto I 180, Puppe, Stree/Wessels-FS 187, Samson SK 32 nach § 16, Schaffstein aaO 573 f., R. Schmitt JuS 63, 68, Stratenwerth 299 f. u. bei Erfolgsdelikten auch Jescheck/Weigend 589). Für die Gegenmeinung geht es dagegen darum, ob subjektive Rechtfertigungselemente unverändert hierher zu übertragen sind (Alwart GA 83, 455 [„Weil-Motiv"], wohl auch Hamm NJW **62**, 1169 [„Verteidigungswille"]; vgl. ferner Hirsch LK 58 u. zu § 904 BGB BGH [Z] NJW **85**, 490) oder ob dies in einer dem Wesen des Fahrlässigkeitsdelikts angepaßten Weise zu geschehen hat, zB bei der Notwehr in Gestalt eines jedenfalls „generellen Verteidigungswillens" (Eser II 23, Niese, Finalität, Vorsatz usw. [1951] 47, M-Gössel II 154) oder allgemein iS eines „von der Kenntnis der rechtfertigenden Sachlage getragenen Willens zur Ausübung des Rechtfertigungsgrundes" (Jungclaussen aaO 175, iE auch Roxin I 953 f.; vgl. auch Geppert ZStW 83, 979). Richtigerweise ist hier jedoch zu differenzieren:

a) Besonderheiten ergeben sich auch hier zunächst in den Fällen, die dem *„unvollkommen zweiaktigen* **98** *Rechtfertigungsgrund"* bei der Vorsatztat (o. 16) entsprechen. Ist danach zB eine Trunkenheitsfahrt zu einer Unfallstelle oder zu einem Krankenhaus objektiv nur dann erlaubt (§ 34), wenn dies subjektiv zu dem Zweck geschieht, den Verletzten Hilfe zu bringen bzw. ihn der Obhut des Krankenhauses zu übergeben (übersehen von Röttger aaO 54 Fn 107), so muß dies auch gelten, wenn der Täter in fahrlässiger Unkenntnis seiner Fahruntüchtigkeit handelt (vgl. Jescheck/Weigend 589, ferner Stratenwerth 300; iE auch Roxin I 955; and. Rengier KK-OWiG 53 vor § 15). Hat der Täter die fragliche Absicht nicht, gerät er zB nur aus Zufall an die Unfallstelle, so scheidet eine Rechtfertigung daher von vornherein aus und er bleibt nach § 316 II strafbar, auch wenn er dann tatsächlich Hilfe leistet.

b) Im übrigen sind, jedenfalls was das Ergebnis der *Straflosigkeit* betrifft, *subjektive Rechtfertigungs-* **99** *elemente* im vorliegenden Zusammenhang *ohne Bedeutung*. Ist Fahrlässigkeitsunrecht zugleich Erfolgsunrecht (57 ff. vor § 13), so ergibt sich dies schon aus dem Fehlen eines rechtlich mißbilligten Erfolgsunwerts. Beruht dies, wie hier, auf einem objektiv gegebenen Eingriffsrecht, das unabhängig davon besteht, ob der Täter um die fragliche Situation weiß, so ist in diesen Fällen für seine Straflosigkeit nicht einmal ein Handeln in Kenntnis der rechtfertigenden Sachverhalts erforderlich (vgl. auch B/W-Weber 490 f., Frisch, Lackner-FS 130 f., Gropp 407, Jakobs 365 f., Jescheck/Weigend 589, Kühl 586 f., Samson SK 32 nach § 16, Roxin I 953). Straflos bleibt der Täter daher nicht nur in den o. 96 genannten Fällen des den Angreifer aus Unachtsamkeit treffenden Warnschusses usw., sondern auch in den dort aE aufgeführten Beispielen der nur zufälligen Abwehr eines Angreifers durch unvorsichtiges Hantieren mit einer Schußwaffe oder durch versehentliches Rückwärtsfahren. Dabei zeigt dieser letzte Fall zugleich, daß es bei reinen Tätigkeitsdelikten – hier § 316 II – nicht immer auf ein Handeln zum Zweck der Ausübung der verliehenen Befugnis ankommen kann (so jedoch Jescheck/Weigend 589; der mit der Abwehr des Angreifers einhergehende Sachverhaltsunwert des § 316 dürfte hier unabhängig von einem solchen Willen objektiv gem. § 34 verwirklicht werden). Eine andere Frage ist es dagegen, ob der Täter in den fraglichen Fällen auch *gerechtfertigt* ist, was voraussetzen würde, daß neben dem Erfolgs- zugleich ein fahrlässiges Handlungsunrecht ausgeschlossen ist. Weiß der Täter nicht einmal, daß er sich in einer Notwehrlage usw. befindet, so ist dies selbstverständlich zu verneinen. Aber auch in den anderen Fällen ist es zumindest zweifelhaft, ob dafür ein „genereller Verteidigungswille" usw. (o. 97) genügt, kann es hier doch ganz vom Zufall abhängen, ob nicht ein anderer (zB Verletzung eines Dritten) oder ein schwererer Erfolg als der zulässige eintritt. Solange der fahrlässige Versuch straflos ist, ist dies jedoch eine rein akademische Frage.

2. Die zweite Fallgruppe ist dadurch gekennzeichnet, daß schon das fahrlässige Handlungsunrecht **100** beseitigt ist, weil der Täter ausnahmsweise auf Grund einer besonderen **Handlungsbefugnis** (o. 11) die an sich sorgfaltswidrige Handlung auf die Gefahr hin vornehmen durfte, daß es zu dem tatbestandsmäßigen Erfolg kommt. Es sind dies die Fälle des im eigentlichen Sinn „erlaubten", d. h. **gerechtfertigten Risikos** (i. U. zu dem schon die Sorgfaltspflicht begrenzenden „erlaubten", d. h. wegen seiner Sozialadäquanz bereits unverbotenen Risiko; o. 94), das darin besteht, daß die im Verkehr erforderliche Sorgfalt wegen besonderer Umstände nach dem Prinzip des überwiegenden oder mangelnden Interesses und unter der Voraussetzung verletzt werden darf, daß alle in der konkreten Situation möglichen Vorkehrungen getroffen werden, um den deliktischen Erfolg zu vermeiden (für einen Rechtfertigungsgrund des „erlaubten" Risikos in diesem Sinn zB Hirsch ZStW 74, 99 [vgl. aber auch LK 94], Lenckner, Engisch-FS 499, M-Zipf I 401 ff., Preuß aaO 161 ff.; zum Formalbegriff des „erlaubten Risikos", der unterschiedliche dogmatische Kategorien zusammenfaßt, denen das Fehlen eines Eingriffsrechts gemeinsam ist, vgl. im übrigen näher Maiwald aaO, Prittwitz aaO 267 ff. sowie u. 107 b). Tritt hier der Erfolg dennoch ein, so ist die Tat nicht rechtswidrig. Bedeutung hat dies freilich nur bei bewußter Fahrlässigkeit: Denkt der Täter überhaupt nicht an den möglichen Erfolg, so hat er auch nicht die Möglichkeit, diesen nach Kräften abzuwenden. Voraussetzung ist hier ferner als subjektives Rechtfertigungselement die Kenntnis des Sachverhalts (bzw. das Vertrauen auf dessen Vorliegen), der das riskante Handeln ausnahmsweise erlaubt (vgl. auch Geppert ZStW 83, 979; and. zB Schaffstein aaO 573 f., wobei die als Beleg dafür genannten Fälle auf S. 576 f. zT jedoch zu der o. 95 ff. behandelten Fallgruppe gehören). Eine besondere Absicht ist als subjektives Rechtfertigungselement auch hier nur unter den o. 98 genannten Voraussetzungen erforderlich (zB Verletzung eines Passanten durch einen zu schnell zu einer Unfallstelle fahrenden Arzt; vgl. dazu auch u. 101). Daraus, daß der Täter alles zur Vermeidung des Erfolgs Mögliche getan haben muß, folgt schließlich auch das Erfordernis pflichtgemäßer Prüfung (o. 19 f.). Als Fälle des gerechtfertigten Risikos kommen im einzelnen in Betracht:

101 a) Nach dem Prinzip des **überwiegenden Interesses** kann insbes. bei Bestehen einer Notwehr- oder Notstandslage die Vornahme einer an sich sorgfaltswidrigen und zu einem deliktischen Erfolg führenden Handlung unter dem Gesichtspunkt eines gerechtfertigten Risikos erlaubt sein, wobei die §§ 32, 34 dem Täter insoweit allerdings kein echtes Eingriffsrecht, sondern nur eine Handlungsbefugnis verleihen (o. 11 f.). Bei der Notwehr gehören hierher die ungewollten, und in ihrem Ergebnis zur Abwehr des Angriffs nicht notwendigen Auswirkungen einer trotz ihrer Gefahrenträchtigkeit als solcher erforderlichen Verteidigungshandlung (zB BGH 27 313 [Benutzen einer Pistole, aus der sich ein den Angreifer verletzender Schuß löst, als Schlagwaffe], Bay NStZ **88**, 409, Kühl 172 f., Roxin I 953; vgl. im übrigen § 32 RN 38). Ebenso kann durch § 34 die fahrlässige Verletzung eines anderen Verkehrsteilnehmers gerechtfertigt sein, wenn der Täter deshalb zu schnell gefahren ist, weil er einen Angehörigen wegen akuter Lebensgefahr so rasch als möglich in die Klinik bringen wollte (vgl. dazu auch Maiwald aaO 415, Roxin I 954). Ob dies im Einzelfall anzunehmen ist, hängt hier wesentlich von der Abwägung der jeweils drohenden Gefahren ab: Je größer das Risiko der Verletzung Dritter ist, umso weniger darf dieses vom Täter eingegangen werden. Das gleiche gilt zB für den trotz Anwesenheit zahlreicher Unbeteiligter erfolgenden Einsatz einer Schußwaffe zur Abwehr eines rechtswidrigen Angriffs, wenn dabei ein Dritter getroffen wird (vgl. dazu auch BGH NJW **78**, 2028, Maiwald aaO 418 f., Schaffstein aaO 574 ff.); zum Waffengebrauch der Polizei bei Gefährdung Unbeteiligter vgl. § 12 II UZwG und die entsprechenden landesrechtlichen Bestimmungen.

102 b) Ein gerechtfertigtes Risiko, dem das Prinzip des **mangelnden Interesses** zugrundeliegt, kann insbes. durch **Einwilligung** geschaffen werden, die auch beim Fahrlässigkeitsdelikt führt diese also nicht schon zum Tatbestandsausschluß (für eine Tatbestandslösung der hierher gehörenden Fälle mit unterschiedlicher Begründung – zB Begrenzung der Sorgfaltspflicht, des Schutzbereichs der Norm, sonstige Zurechnungserwägungen usw. – aber zB Fiedler aaO 59 ff., 145 ff., P. Frisch aaO 118 ff., Geppert ZStW 83, 992 f., M-Gössel II 121, Otto Jura 84, 539 f., Preuß aaO 133 ff., Roxin I 342, 955, Gallas-FS 242, Schünemann JA 75, 723; dagegen mit Recht jedoch Hirsch LK 94, 99, Dölling GA 84, 80 ff.). Bei dieser von der Mitwirkung an einer fremden Selbstgefährdung (u. 107 sowie 101 ff. vor § 13) zu unterscheidenden sog. **„einverständlichen Fremdgefährdung"** (zB Teilnahme an gefährlicher Autofahrt) braucht sich die Einwilligung allerdings nicht auf die Verletzung selbst zu beziehen – dann kann schon der o. 95 genannte Fall gegeben sein –, vielmehr genügt es, wenn der Verletzte in Kenntnis der besonderen Gefahr in die *Vornahme* der an sich *sorgfaltswidrigen Handlung* und damit in seine Gefährdung einwilligt, weil das hier bestehende gesteigerte Risiko einer Verletzung schon dann eingegangen werden darf, wenn der Einwilligende dieses bewußt auf sich nimmt (so – jedenfalls iE – die h. M., zB BGH **40**, 347, Bay **68** 6, **77** 105, Celle NJW **64**, 736, MDR **69**, 69, Düsseldorf NStZ-RR **97**, 325, Frankfurt MDR **70**, 695, Hamm VRS **40** 26, KG JR **54**, 428, Karlsruhe NJW **67**, 2321, Oldenburg VRS **32** 32, Schleswig SchlHA **59**, 154, **68**, 229, Zweibrücken JR **94**, 518 m. Anm. Dölling, ders. aaO 82 ff., B/W-Weber 490, ders., Baumann-FS 45, Eser JZ 78, 372 f., Frisch NStZ 92, 66, Hirsch LK 107, § 226 a RN 4, Jakobs 440, Jescheck/Weigend 590 f., Kühl 588, Lackner/Kühl § 228 RN 1, Rudolphi SK 81 a vor §, Samson SK 33 nach § 16, Schaffstein aaO 565 ff., Schild Jura 82, 523 ff., Schroeder LK § 16 RN 178 ff., Tröndle § 228 RN 5; zum Ganzen vgl. aber auch iS der Notwendigkeit einer eigenständigen Lösung Sternberg-Lieben o. vor 29 aaO 213 ff.

103 α) **Zweifelhaft** ist, **in welchem Umfang** in riskante Handlungen eingewilligt werden kann, insbes. ob eine Einwilligung auch in eine Lebensgefährdung möglich ist, die im Ergebnis zum Tode führt (grundsätzlich bejahend zB Berz GA 69, 148, Kientzy aaO 97 ff., Kühl 589, Samson SK 33 nach § 16, Schaffstein aaO 570 ff., iE auch RG **57** 172; zT unter Berufung auf § 216 and. dagegen zB BGH

4 93, wo jedoch „unter besonderen Voraussetzungen" die „Pflichtwidrigkeit" verneint wird, VRS **17** 279, Bay NJW **57**, 1245, Bickelhaupt NJW **67**, 713, Geppert ZStW **83**, 953 ff., Jescheck/Weigend 590, Zipf aaO 70 ff.). Soweit hier differenzierende Lösungen vorgeschlagen werden, wird zT ausschließlich auf die Schwere des tatsächlich eingetretenen Erfolgs (Hamm MDR **71**, 67), zT aber auch auf andere Kriterien abgestellt, so zB darauf, ob die Gefährdung, anknüpfend an den früheren § 226 a (jetzt § 228), sittenwidrig ist (zB Düsseldorf NStZ-RR **97,** 327 m. Bspr. Hammer JuS 98, 785, Karlsruhe NJW **67**, 2321, Hirsch LK 95, Ostendorf JuS 82, 432), ob „der Wert der Selbstbestimmung gemeinsam mit dem durch die Tat verfolgten Zwecken das Lebensrisiko überwiegt" (Dölling GA 84, 90, Helgerth NStZ 88, 263) oder ob die „einverständliche Fremdgefährdung unter allen relevanten Aspekten einer Selbstgefährdung gleichsteht" (Roxin, I 343, Gallas-FS 252, NStZ 84, 412, iE auch Zweibrücken JR **94**, 518 m. Anm. Dölling).

Sicher ist zunächst, daß die Einwilligung in eine Fremdgefährdung nicht schon deshalb wirksam ist, **104** weil das Recht auch die Selbstgefährdung nicht verbietet (Roxin, Gallas-FS 250). Andererseits kann es aber auch nicht auf die Schwere des tatsächlich eingetretenen Erfolgs ankommen, da es hier ausschließlich um die Frage geht, ob die *riskante Handlung als solche* vorgenommen werden durfte (vgl. auch Eser JZ 78, 373, Schaffstein aaO 573, Schild Jura 82, 524). Entgegen BGH VRS **17** 277, Hamm MDR **71**, 67 ist es daher nicht möglich, die Wirksamkeit der Einwilligung davon abhängig zu machen, ob es später zum Tod bzw. zu einer besonders schweren Körperverletzung kommt: Wäre hier die Einwilligung in die riskante Handlung deshalb unbeachtlich gewesen, weil als deren Folge auch der Tod oder besonders gravierende Verletzungen hätten eintreten können, so bleibt die Handlung auch dann rechtswidrig, wenn es zufällig nur zu einer weniger schweren Körperverletzung gekommen ist (zu BGH VRS **17** 277 vgl. auch Schaffstein aaO 573; eine andere Frage ist es, ob in solchen Fällen, in denen die Einwilligung wegen der Gefahr eines besonders schweren Erfolgs unbeachtlich ist, die Strafbarkeit wegen des tatsächlich eingetretenen leichteren Erfolgs unter dem – hier auf die Rechtfertigungsebene zu übertragenden – Gesichtspunkt des fehlenden Risikozusammenhangs [vgl. 95 f. vor § 13] zu verneinen ist). Das Problem ist mithin allein, ob und in welchem Umfang der Verletzte den Täter von der Beachtung an sich bestehender Sorgfaltspflichten befreien kann. Hier aber müssen auch bezüglich einer Lebensgefährdung andere Grundsätze gelten als bei der vorsätzlichen Tötung, da letztere den im Leben ausgeformten Achtungsanspruch in ganz anderer Weise berührt als eine unvorsätzlich-sorgfaltswidrige Handlung. Deshalb ist es auch nicht möglich, aus § 216 entsprechende Schlüsse für die fahrlässige Tötung zu ziehen (so zB auch Zweibrücken JR **94**, 518 m. Anm. Dölling, B/W-Mitsch 349, Hirsch LK 95, Kientzy aaO 97 ff., Ostendorf JuS 82, 431 f., Roxin NStZ 84, 412, Samson SK 33 nach § 16, Schaffstein aaO 571, Schroeder LK § 16 RN 188, Walther aaO 229 ff.; vgl. aber auch Dölling GA 84, 85 ff. u. die Nachw. o. 103), vielmehr muß hier selbst bei Gleichartigkeit des äußeren Erfolgs eine Rechtfertigung in weiterem Umfang möglich sein (vgl. auch Stratenwerth 298 f.). So kann nicht zweifelhaft sein, daß der Unfallverletzte wirksam in einen von einem Arzt an Ort und Stelle mit völlig unzulänglichen Mitteln durchgeführten und damit an sich sorgfaltswidrigen Eingriff auch dann einwilligen kann, wenn dieser für ihn mit Lebensgefahr verbunden ist (ebenso Kühl 589). Auch wäre bei einem generellen Ausschluß der Lebensgefährdung die Einwilligung in riskantes Verhalten, von minimalen Gefährdungen abgesehen, praktisch nahezu bedeutungslos, da gefährliche Handlungen, deren Risiko sich auf (nicht besonders schwere) Körperverletzungen begrenzen läßt, kaum vorkommen dürften (zB Teilnahme an einer gefährlichen Autofahrt). Andererseits ist das frivole Spiel mit fremdem Leben selbstverständlich nicht deshalb gerechtfertigt, weil der Betroffene damit einverstanden ist. Daher wird man die Frage, wo hier die Grenzen zu ziehen sind, nur nach den auch für § 228 maßgebenden Grundsätzen beantworten können, mit dem Unterschied, daß es hier nicht auf die Schwere des Erfolgs, sondern auf diejenige der Gefahr ankommt (zu § 228 als Anknüpfungspunkt vgl. auch die Nachw. o. 103, ferner Stratenwerth 299; and. Dölling GA 84, 89 f.). In diesem Zusammenhang können dann auch „Anlaß und Zweck des Unternehmens" – in BGH **7** 115 bei der Mitwirkung an fremder Selbstgefährdung (u. 107) neben der Größe der Gefahr als weiteres Kriterium genannt – von Bedeutung sein: Je größer die Wahrscheinlichkeit eines tödlichen Ausgangs oder eines schweren Körperschadens ist, um so gewichtiger muß auch der verfolgte Zweck sein, damit dessen Realisierung um den Preis eines derartigen Risikos noch angemessen erscheint (vgl. das genannte Beispiel einer Operation mit unzulänglichen Mitteln einerseits, den „Auto-Surfer"-Fall von Düsseldorf NStZ-RR **97,** 327 m. Bspr. Hammer JuS 98, 785 andererseits), während umgekehrt bei verhältnismäßig entfernten Gefährdungen (zB Mitfahrt in einem nur geringfügig verkehrsunsicheren Auto) ein positiver Zweck nicht verlangt werden kann (vgl. auch Zweibrücken aaO, Kühl 589, Stratenwerth 299; weitergehend für Bedeutungslosigkeit des Zwecks Samson SK 33 nach § 16, Schaffstein aaO 569, enger Dölling GA 84, 90 ff.; zum Ganzen vgl. auch Walther aaO 231 ff.). Unerheblich ist dagegen, ob die fragliche Handlung als solche wegen ihrer Gefährlichkeit ausdrücklich verboten ist (vgl. Celle VRS **26** 292: Trunkenheitsfahrt, Bay VRS **53** 349: Verstoß gegen § 23 III 1 StVO). Ist allerdings eine vorsätzliche Körperverletzung trotz Einwilligung sitten- und damit rechtswidrig (§ 228), so gilt dies immer auch für eine dadurch verursachte fahrlässige Tötung; jedoch folgt die Sittenwidrigkeit einer vorsätzlichen Körperverletzung nicht schon daraus, daß mit ihr eine Lebensgefährdung verbunden ist (vgl. aber auch Roxin JuS 64, 379).

β) Für die **Wirksamkeit** der Einwilligung in die riskante Handlung gelten im übrigen grundsätz- **105** lich die gleichen Voraussetzungen wie bei Vorsatzdelikten (o. 35 ff.; vgl. Helgerth NStZ 88, 263,

Schaffstein aaO 564). Erforderlich ist daher, daß der Einwilligende Inhaber des gefährdeten Rechtsguts ist (zu § 315 c vgl. o. 36 u. dort RN 43), daß er einwilligungsfähig ist (o. 39 ff.) und daß er die Einwilligung zumindest konkludent zum Ausdruck gebracht hat (o. 43; vgl. zB BGH **17** 360, Frankfurt VRS **29** 457). Eine konkludent erklärte Einwilligung kann zB in der Teilnahme am Sportbetrieb bezüglich leichterer Regelverletzungen (vgl. Bay **61** 182, aber auch Eser JZ 78, 372, Schild Jura 82, 576 f.) oder im Mitfahren in Kenntnis der Trunkenheit des Fahrers oder sonstiger Verkehrswidrigkeiten gesehen werden (vgl. BGH VRS **17** 279, Bay JR **63**, 27, Celle NJW **64**, 736, Hamm MDR **71**, 67, Zweibrücken VRS **30** 284; vgl. ferner Celle MDR **69**, 69 [Teilnahme an Fahrt im Einsatzwagen der Polizei]), nicht aber schon darin, daß die Mitfahrerin die Ehefrau des Täters ist (vgl. Oldenburg NJW **66**, 2132; and. KG JR **54**, 429, wo allein auf die innere Zustimmung [Willensrichtungstheorie, o. 43] abgestellt wird). Weitere Voraussetzung ist, daß der Einwilligende in klarer Erkenntnis des eingegangenen Risikos handelt; Willensmängel (o. 45 ff.), die sich darauf beziehen, führen auch hier zur Unwirksamkeit der Einwilligung. Rechtswidrig bleibt die Tat ferner immer dann, wenn der Täter riskante Handlungen vornimmt, die durch die Einwilligung nicht gedeckt sind und die Verletzung deshalb nicht mehr die Folge des eingegangenen Risikos, sondern anderer Sorgfaltspflichtverletzungen ist (so liegt zB in der Teilnahme an einer Trunkenheitsfahrt keine Einwilligung in jedes noch so gewagte Verkehrsmanöver). Unbeachtlich ist eine Einwilligung nicht deshalb, weil die Tat unter anderen Gesichtspunkten rechtswidrig bleibt (vgl. Hamm MDR **71**, 67 [§ 316], Bay VRS **53** 349 [§ 23 III 1 StVO]; vgl. aber auch Karlsruhe NJW **82**, 2322).

106 γ) Außer der Einwilligung kann auch die **mutmaßliche Einwilligung** ein gerechtfertigtes Risiko begründen. Dies gilt zB, wenn ein Arzt mit unzulänglichen Mitteln einen Bewußtlosen operiert, weil dies die einzige Möglichkeit ist, dessen Leben zu erhalten (vgl. auch Frankfurt MDR **70**, 694: Schuß auf den Angreifer in Nothilfe, wobei jedoch der Angegriffene verletzt wird). Zu den Voraussetzungen der mutmaßlichen Einwilligung o. 54 ff.

107 δ) Nicht in den vorliegenden Zusammenhang der erst die Rechtswidrigkeit (vgl. aber auch o. 102) betreffenden einverständlichen Fremdgefährdung gehört die **Veranlassung** bzw. **Förderung fremder Selbstgefährdung**, bei der es bereits um Zurechnungs- und damit um Tatbestandsfragen geht (vgl. 101 ff. vor § 13, § 15 RN 165 ff.). Während es dort der Täter ist, der, wenn auch mit Zustimmung des Betroffenen, die diesen unmittelbar gefährdende und schließlich verletzende Handlung vornimmt, setzt bei dieser das Opfer selbst die unmittelbare Ursache für den Verletzungserfolg, was zB auch dadurch geschehen kann, daß es sich bewußt in die von einem Dritten pflichtwidrig geschaffene Gefahrenlage begibt: Nur um eine Selbstgefährdung und die Veranlassung bzw. Förderung einer solchen handelt es sich daher zB bei der Teilnahme an einer leichtsinnigen, tödlich verlaufenden Motorradwettfahrt oder bei dem zu einer Ansteckung führenden Besuch eines von einem Dritten fahrlässig infizierten Pockenkranken in Kenntnis der Infektion (vgl. zB Puppe NK 224, Roxin I 336; von BGH **7** 112 bzw. **17** 359 zu Unrecht zT auch unter Einwilligungsgesichtspunkten behandelt). Ob der eine oder andere Fall vorliegt, kann mitunter zweifelhaft sein. Ebenso wie bei der Abgrenzung von einverständlicher Fremdverletzung und der Mitwirkung an fremder Selbstverletzung (o. 52 a), muß auch hier letztlich entscheidend sein, ob es das Opfer oder der Dritte war, der bis zuletzt die Herrschaft über das den Erfolg unmittelbar herbeiführende Geschehen hatte. Im ersten Fall handelt es sich um eine Selbstgefährdung, im zweiten um eine Fremdgefährdung; lag die Herrschaft bei beiden, so bleibt das Ganze dennoch eine Selbstgefährdung (vgl. Bay NJW **90**, 131 m. Anm. Dölling JR **90**, 474 u. Bspr. Hugger JuS 90, 972, ferner zB Dölling GA 84, 78, Kühl 66, Neumann JA **89**, 247, Prittwitz NJW 88, 2943, Roxin-Gallas-FS 249, Rudolphi 81 a vor § 1, iE auch Walther aaO 134 ff.; and. hier jedoch Otto I 65, Tröndle-FS 175 u. im Anschluß daran Bay JZ **97**, 521 m. Anm. Otto: Selbstgefährdung bei einem freiverantwortlichen Sichbegeben in eine Gefahrensituation in voller Kenntnis von Risiko und Tragweite seines Tuns, Fremdgefährdung dagegen bei einem besseren Sachwissen des anderen in dieser Hinsicht). Nur eine Mitwirkung an fremder Selbstgefährdung sind daher zB Sexualkontakte mit HIV-Virusträgern in Kenntnis der Infizierung (vgl. – von BGH **36** 17 offengelassen – Bay NJW **90**, 131 u. d. Nachw. o., ferner zB Herzog/Nestler-Tremel StV 87, 366, Meier GA 89, 219, Puppe NK 175 ff. vor § 13, Schramm JuS 94, 406; für einverständliche Fremdgefährdung dagegen zB Helgerth NStZ **88**, 262, Roxin I 344 u. für die Anwendung von Einwilligungsregeln Frisch NStZ 92, 66 f.; vgl. im übrigen § 223 RN 7), während im Fall des „Auto-Surfens" von Düsseldorf NStZ-RR **97**, 325 mit Recht eine einverständliche Fremdgefährdung angenommen wurde (and. Hammer JuS 98, 788). Die o. 103 f. für die einverständliche Fremdgefährdung genannten Beschränkungen gelten bei der Mitwirkung an fremder Selbstgefährdung nicht, wohl aber bestimmt sich die Verantwortungsfähigkeit entsprechend der Mitwirkung an eigenverantwortlicher Selbstverletzung nach Einwilligungsregeln (o. 52 a).

107 a XVI. **Kein Rechtfertigungsgrund** ist die **soziale Adäquanz** eines Verhaltens (so die h. M., nach der diese allenfalls ein Tatbestandskorrektiv ist [vgl. 69 vor § 13]; and. zB Celle NStZ **93**, 291, Röttger aaO [o. vor 92] 60, 280 ff., Schmidhäuser 298 ff., I 173 ff., zT auch Klug, Eb. Schmidt-FS 249 [rechtfertigende „Sozialadäquanz" i. U. zur tatbestandsausschließenden „Sozialkongruenz"]; offengelassen von BGH **23** 228 [vgl. auch BGH **19** 154], Düsseldorf NJW **87**, 2453, **91**, 1625, Schaffstein ZStW 72, 393). Beschränkt man den nicht sehr präzisen und deshalb zT auch unterschiedlich verstandenen Begriff der Sozialadäquanz auf „gänzlich unverdächtige" (BGH **23** 228), weil „völlig im Rahmen der ‚normalen', geschichtlich gewordenen sozialen Ordnung des Lebens" (Welzel 56)

liegende Verhaltensweisen, so ist es nicht erst eine spezielle Erlaubnis, die ein an sich verbotenes Verhalten ausnahmsweise rechtmäßig macht, vielmehr fehlt es dann richtigerweise schon an der Tatbestandsmäßigkeit der fraglichen Handlung, weil diese von den betreffenden Tatbestand sinnvollerweise überhaupt nicht gemeint sein kann (vgl. 69 f. vor § 13 u. näher Hirsch ZStW 74, 87 ff., Roxin, Klug-FS 304 ff.). Dies gilt zB auch für die allgemein üblichen und unter dem Gesichtspunkt ihrer „überindividuellen Zweckhaftigkeit" (Schmidhäuser 296 f., I 172) per saldo nützlichen Gefährdungshandlungen im Bereich von Verkehr und Technik, bei denen die Anerkennung eines „sozialadäquaten" Risikos schon zur Begrenzung der Sorgfaltspflicht führt (o. 94). Ebenso ist die normale, fischereirechtlich zulässige Angelfischerei iS des § 17 Nr. 2 b TierschutzG schon nicht tatbestandsmäßig und nicht erst wegen sozialer Adäquanz gerechtfertigt (vgl. Dietlein NStZ 94, 21 gegen Celle aaO; zur sog. „Lebendhälterung" gefangener Fische im sog. „Setzkescher" vgl. jedoch Drossé MDR 94, 242). Ist dagegen die Grenze der vom Tatbestand vorausgesetzten sozialen Handlungsfreiheit überschritten – wobei die Grenzziehung im Einzelfall schwierig sein kann –, so bedarf es zur Rechtfertigung eines solchen „sozialinadäquaten" Verhaltens eines besonderen, auf das Prinzip des mangelnden bzw. überwiegenden Interesses zurückführbaren Rechtfertigungsgrundes. Für die Anerkennung der sozialen Adäquanz ist, wenn darunter nicht etwas völlig anderes verstanden wird, hier mithin kein Raum (vgl. auch B/W-Mitsch 291).

XVII. Kein allgemeiner Rechtfertigungsgrund ist bei *Vorsatztaten* auch das sog. **erlaubte Risiko** 107 b (zur Bedeutung tatbestandsrelevanter „erlaubter" Risiken dort vgl. dagegen 70 c, 93 vor § 13). Zwar gibt es einzelne Rechtfertigungsgründe, bei denen dieses das gemeinsame Strukturprinzip darstellt, weil sie auf dem Gedanken beruhen, daß tatbestandsmäßige Handlungen infolge besonderer Umstände auch auf die Gefahr hin vorgenommen werden dürfen, daß der mit ihnen erstrebte sozial wertvolle Zweck verfehlt wird (o. 11, Jescheck/Weigend 401), und auch bei anderen Rechtfertigungsgründen finden sich einzelne, zugleich ein erlaubtes Risiko umfassende Elemente (o. 10 a). Darüber hinaus hat der Gedanke des erlaubten Risikos bei Vorsatztaten aber keine selbständige Bedeutung (vgl. dazu die 25. A., ebenso jetzt Jescheck/Weigend aaO [and. noch 3. A. 323 f.]; vgl. auch Hassemer wistra 95, 45, Hirsch LK 32 f.). Seine eigentliche Bedeutung hat das erlaubte Risiko als Rechtfertigungsgrund bei *Fahrlässigkeitsdelikten* („gerechtfertigtes" Risiko i. U. zum sozialadäquaten Risiko, das schon die Tatbestandsmäßigkeit ausschließt, o. 100), wobei sich hinter dem Begriff des „erlaubten Risikos" hier freilich recht unterschiedliche Fallgruppen verbergen, die sich selbst wieder auf die allgemeinen Rechtfertigungsprinzipien zurückführen lassen (o. 101 ff. sowie Maiwald, Jescheck-FS 405 ff.; vgl. ferner zB Neumann aaO 346, aber auch Kienapfel, Erlaubtes Risiko 26 f.

B. Entschuldigungsgründe

Schrifttum: Achenbach, Wiederbelebung der allgemeinen Nichtzumutbarkeitsklausel im Strafrecht?, JR 75, 492 – *ders.*, Fahrlässigkeit, Schuld und Unzumutbarkeit normgemäßen Verhaltens, Jura 97, 631. – *Ambos*, Straflosigkeit von Menschenrechtsverletzungen, 1997. – *ders.*, Die strafbefreiende Wirkung des „Handelns auf Befehl" aus deutscher und völkerstrafrechtlicher Sicht, JR 98, 221. – *Bacigalupo*, Unrechtsminderung und Tatverantwortung, A. Kaufmann-GedS 459. – *Bernsmann*, „Entschuldigung" durch Notstand, 1989. – *Bopp*, Der Gewissenstäter und das Grundrecht der Gewissensfreiheit, 1974. – *Braunek*, Der strafrechtliche Schuldbegriff, GA 59, 261. – *Ebert*, Der Überzeugungstäter in der neueren Rechtsentwicklung, 1975. – *Eisenberg/Wolke*, Zur strafrechtlichen Beurteilung der Totalverweigerung, JuS 93, 285. – *End*, Existentielle Handlungen im Strafrecht. Die Pflichtenkollision im Lichte der Philosophie Karl Jaspers, 1959. – *Eser*, Schuld und Entschuldbarkeit bei Mauerschützen und ihren Befehlsgebern, Odersky-FS, 1956, 327. – *Eser/Fletcher* (Hrsg.), Rechtfertigung und Entschuldigung. Rechtsvergleichende Perspektiven. I 1987, II 1988. – *Eser/Perron* (Hrsg.), Rechtfertigung u. Entschuldigung III, 1991. – *Eser/Nishihara* (Hrsg.), Rechtfertigung und Entschuldigung IV, 1995. – *Frister*, Die Struktur des „voluntativen Schuldelements", 1993. – *Gallas*, Pflichtenkollision und Übergesetzliche Schuldausschließungsgrund, Mezger-FS 311. – *Goldschmidt*, Der Notstand, ein Schuldproblem, Österr. Zeitschr. für Strafrecht 1913, 129, 224. – *Henkel*, Zumutbarkeit und Unzumutbarkeit als regulatives Rechtsprinzip, Mezger-FS 249. – *M. Herdegen*, Gewissensfreiheit und Strafrecht, GA 86, 97. – *Hirsch*, Die Stellung von Rechtfertigungs- u. Entschuldigungsgründen, in: Eser/Perron (s. o.) 27. – *ders.*, Strafrecht und Überzeugungstäter, 1996 (zit.: Überzeugungstäter). – *Arth. Kaufmann*, Das Gewissen u. das Problem der Rechtsgeltung, 1990. – *Klimsch*, Die dogmatische Behandlung des Irrtums über Entschuldigungsgründe unter Berücksichtigung der Strafausschließungs- und Strafaufhebungsgründe, 1993. – *Küper*, Noch einmal: Rechtfertigender Notstand, Pflichtenkollision und übergesetzliche Entschuldigung, JuS 71, 474. – *Lenckner*, Strafe, Schuld u. Schuldfähigkeit, in: Göppinger/Witter, Handb. d. forens. Psychiatrie I (1973), 68 ff. – *Lücke*, Der allgemeine Schuldausschließungsgrund der Unzumutbarkeit als methodisches Problem, JR 75, 55. – *Maiwald*, Die Unzumutbarkeit – Strafbarkeitsbegrenzendes Prinzip bei den Fahrlässigkeitsdelikten? Schüler-Springorum-FS 475. – *Mangakis*, Die Pflichtenkollision als Grenzsituation des Strafrechts, ZStW 84, 447. – *Maurach*, Kritik der Notstandslehre, 1935. – *Meissner*, Schuld und Verantwortung im Strafrecht, 1948. – *Müller-Dietz*, Gewissensfreiheit und Strafrecht, Peters-FS 91. – *Nestler-Tremel*, Zivildienstverweigerung aus Gewissensgründen, StV 85, 343. – *Oehler*, Die Achtung vor dem Leben und die Notstandshandlung, JR 51, 481. – *Otto*, Pflichtenkollision und Rechtswidrigkeitsurteil, 1965 (m. Nachtrag 1978). – *Perron*, Rechtfertigung und Entschuldigung im deutschen und spanischen Recht, 1988 (zit.: aaO 1988). – *ders.*, Rechtfertigung u. Entschuldigung bei Befreiung aus besonderen Notlagen usw., in: Eser/Perron (s. o.; zit. aaO 1991) 79. – *ders.*, Die Stellung von Rechtfertigung und Entschuldigung im System der Strafbarkeitsvoraussetzungen, in: Eser/Nishihara (s. o.; zit. aaO 1995) 67. – *Peters*, Überzeugungstäter und Gewissenstäter, H. Mayer-FS 257 (zit. aaO). – *ders.*, Der Wandel des Gewissensbegriffs, Stree/Wessels-FS 3 ff. – *Roxin*, Die Gewissenstat als Strafbefreiungsgrund, Maihofer-FS 389. – *ders.*, Rechtfertigungs- und Entschuldigungsgründe in Abgrenzung von sonstigen Strafausschließungsgründen, JuS 88, 425. – *ders.*, Strafrechtliche Bewertungen zum zivilen Ungehorsam, Schüler-Springorum-FS 441. – *Rudolphi*, Die Bedeutung des Gewissensentscheids für das Strafrecht, Welzel-FS 605. – *ders.*, Ist die Teilnahme an einer Notstandstat iS der §§ 52, 53 Abs. 3 und 54 strafbar? ZStW 78, 67. – *H. Schneider*, Grund u. Grenzen des strafrechtlichen Selbstbegünstigungsprinzips, 1990 (Diss. Berlin). – *Schulte* u. *Träger*, Gewissen im Strafprozeß, BGH-FS 251. – *Sproß*, Die Unrechts- u. Strafbegründung beim Überzeugungs- u. Gewissenstäter, 1992. – *Tenckhoff*, Strafrecht u. abweichende Gewissensentscheidung, A. Rauscher-FS (1993), 437 ff. – *Vogler*, Der Irrtum über Entschuldigungsgründe im Strafrecht, GA 69, 203. – *W. Weber*, Zumutbarkeit und Nichtzumutbarkeit als rechtliche Maßstäbe, Juristen-Jahrbuch 3 (1962/63) 212. – *Welzel*, Zum Notstandsproblem, ZStW 63, 47. – *Wittig*, Der übergesetzliche Schuldausschließungsgrund der Unzumutbarkeit in verfassungsrechtlicher Sicht, JZ 69, 546. – Vgl. ferner die Angaben vor § 35 u. zum älteren Schrifttum die 24. A.

108/ 109 I. Voraussetzung strafrechtlicher Schuld ist die Fähigkeit des Täters, das Unrecht der Tat einzusehen und nach dieser Einsicht zu handeln. Fehlt diese iS eines „normativ gesetzten Andershandelnkönnens" zu verstehende Fähigkeit (vgl. 118 vor § 13), so ist ein Schuldvorwurf von vornherein nicht möglich. Daher ist die Schuldunfähigkeit (vgl. §§ 19, 20, § 3 JGG) ein echter, d. h. zwingender **Schuldausschließungsgrund** (vgl. aber auch Freund 112 f.: schon kein Verhaltensnormverstoß u. daher bereits beim Tatbestand „auszufiltern"). Dasselbe gilt für den nicht iS des § 20 defektbehafteten, sondern „normalpsychologischen" und dennoch unvermeidbaren Verbotsirrtum (§ 17): Hier kann ein Schuldvorwurf von vornherein nicht erhoben werden, wenn sich der Täter zwar iS einer rein theoretischen Möglichkeit durch Ausschöpfung aller erdenklichen Erkenntnis- und Auskunftsmittel das erforderliche Wissen hätte verschaffen können, von ihm aber billigerweise nicht mehr, als er tatsächlich getan hat, erwartet werden konnte (entgegen Roxin, Bockelmann-FS 290 wird dem Täter hier daher auch nicht erst – wie zB in § 35 – „Nachsicht" gewährt; zur entsprechenden Bedeutung der Zumutbarkeit bei der Fahrlässigkeit vgl. u. 126). Davon zu unterscheiden sind die bloßen **Entschuldigungsgründe** (für diese Unterscheidung zumindest iE zB auch Amelung JZ 82, 621 f., B-Volk I 127, Eser in: Eser/Fletcher aaO 57 f., Gropp 240, Günther SK 12, Hirsch LK 194, § 35 RN 5, Jescheck/Weigend 476 f., Armin Kaufmann, Dogmatik der Unterlassungsdelikte 151 ff., Kühl 374, Lenckner aaO 68 f., Der rechtfertigende Notstand 35 ff., Rengier KK-OWiG 55 f. vor § 15, Rudolphi SK 5 f. vor § 19, ZStW 78, 80 f., Schild AK 128 ff. vor § 13, Vogler GA 69, 104, Welzel 179, Werner NZV 88, 88, W-Beulke 432, Wolter, GA-FS 275, 301 u. in Wolter/Freund, Straftat usw., 1996, 18 ff.; vgl. auch RG **66** 224 [„Schuldausschließungsgründe im weiteren Sinn"], während sonst der Begriff „Schuldausschließungsgrund" vielfach unterschiedslos auch für die Entschuldigungsgründe gebraucht wird, so zB von B/W-Weber 501, Blei I 207, Tröndle 14; krit. zu dieser Unterscheidung Roxin I 748, aaO 288 ff., JuS 88, 427 u. zum Ganzen auch Perron aaO 1995, 88 f.). Sie ändern zwar nichts am Vorliegen von „Strafunrecht" (so aber Köhler 122 ff., 329 ff.; vgl. auch Freund 121ff.), das mit einer (straf-) tatbestandsmäßigen und nicht gerechtfertigten Handlung stets gegeben ist, anders als bei den Schuldausschließungsgründen ist bei den Entschuldigungsgründen die Schuld jedoch nicht begriffsnotwendig ausgeschlossen, vielmehr handelt es sich hier um Situationen, in denen der Täter wegen einer außergewöhnlichen Konflikts- und Motivationslage die „Nachsicht der Rechtsordnung" findet (Schröder SchwStr. 76, 4), indem diese faktisch auf die Erhebung des an sich noch durchaus möglichen Schuldvorwurfs verzichtet. Nur so ist auch zu erklären, warum dem Gesetzgeber – zumindest in gewissem Umfang – die Entscheidung darüber freisteht, ob und unter welchen Voraussetzungen der Täter „entschuldigt" sein soll. Wäre dies nicht so und wäre zB im Fall des § 35 die Schuld zwingend ausgeschlossen, so hätten die §§ 52, 54 aF gegen das Schuldprinzip verstoßen, soweit die Notstandsvoraussetzungen dort enger waren als heute in § 35 (Notstand nur bei Lebens- und Leibesgefahr des Täters selbst oder eines Angehörigen); auch wäre dann nicht zu erklären, warum es bei § 35 nicht nur auf den „übermächtigen Motivationsdruck" ankommt, sondern dem Täter die Entschuldigung im Einzelfall aus Gründen versagt werden kann, die mit seinem individuellen Können ersichtlich nichts zu tun haben (zB Bestehen eines besonderen Rechtsverhältnisses nach Abs. 1 S. 2). Hier von einem „Verzicht" auf die Erhebung des Schuldvorwurfs zu sprechen, bedeutet entgegen Gallas aaO 323 Anm. 1 auch nicht, daß die Entschuldigungsgründe damit den persönlichen Strafausschließungsgründen angenähert werden, weil diese gerade keinen solchen Verzicht enthalten, der Täter vielmehr schuldig bleibt und nur aus anderen Gründen nicht bestraft wird. Dazu, daß mit dieser Deutung der Entschuldigungsgründe auch einem wesentlichen Argument für die von Maurach entwickelte, von der h. M. jedoch abgelehnten *Lehre von der Tatverantwortung* (vgl. 21 vor § 13) der Boden entzogen ist, vgl. die 25. A. RN 109 sowie 21 vor § 13.

110 II. Das **Grundprinzip** der Entschuldigungsgründe wird von der h. M. in der **Unzumutbarkeit normgemäßen Verhaltens** gesehen (zB RG **66** 398, Bay NStZ **90**, 391, B/W-Weber 502 f., Blei I 207, B-Volk I 127, Frister aaO 157 f., Gallas aaO 321 ff., Hirsch LK 194, Jakobs 497, Lackner/Kühl 30, Stratenwerth 177, Welzel 179). Der eigentliche Grund für eine Entschuldigung bleibt damit jedoch verdeckt, weil der vielseitig verwendbare und auch in anderen Rechtsgebieten vorkommende Begriff der „Unzumutbarkeit" nicht mehr als ein allgemeines „regulatives Rechtsprinzip" bezeichnet (Henkel, Mezger-FS 249, 260 ff.), das als solches noch keine sachlich-inhaltlichen Aussagen enthält (Jescheck/Weigend 477, Roxin, Henkel-FS 173). Terminologisch ist der Begriff der Unzumutbarkeit normgemäßen Verhaltens insofern sogar eher mißverständlich, als er einen Dispens von der Befolgung der Norm suggeriert, was er jedoch – jedenfalls bei Begehungsdelikten (zu den Unterlassungsdelikten vgl. 155 vor § 13) – gerade nicht bedeuten kann (vgl. auch Schmidhäuser 461). Nicht möglich ist deshalb auch eine Deutung der Unzumutbarkeit, wonach das fragliche Verhalten hier „zwar aus der neutralen Perspektive der Gemeinschaft falsch (und damit rechtswidrig), aus der Perspektive des Handelnden selbst aber nicht negativ zu bewerten" sei und von ihm deshalb „nicht verlangt" werden dürfe, „sich für die Beachtung des Rechts zu entscheiden" (so jedoch Frister aaO 158); denn da – entgegen Frister aaO 159 ff. – das „Rechtswidrigkeitsurteil" nicht nur eine „Bewertungs"-, sondern zugleich eine „Bestimmungsfunktion" hat (vgl. 49 vor § 13), wäre dies ein Widerspruch in sich. Keine zureichende – in der Unzumutbarkeitsformel selbst ohnehin nicht enthaltene – sachliche Begründung der Entschuldigungsgründe ist auch eine rein psychologische Deutung der Unzumutbarkeit und Exkulpation, indem deren Grund allein in der durch eine besondere Zwangslage erzeugten *psychischen Ausnahmesituation* des Täters („übermächtiger Motivationsdruck" u. ä.) gesehen wird (vgl. zB RG 66 225, 398, BT-Drs. V/4095 S. 16 [zu § 35], Brauneck GA 59, 269, Henkel, Mezger-FS 291; krit. dazu zB auch Bernsmann aaO 179 ff., Roxin JA 90, 98). Dagegen spricht schon die objektive Fassung des § 35: Käme es nur auf die subjektive Zwangslage des Täters an, so wäre unerklärlich, warum das Gesetz in § 35 I an das objektive Vorliegen der Notstandssituation anknüpft, denn hinsichtlich des besonderen Motivationsdrucks besteht zwischen dem wirklichen und dem nur vermeintlichen Notstand kein Unterschied. Auch kann diese Lehre nicht erklären, warum im Fall des § 35 dem in einem „besonderen Rechtsverhältnis" stehenden Täter „zugemutet" wird, die Gefahr hinzunehmen, obwohl bei ihm der Selbsterhaltungstrieb nicht geringer zu sein braucht als bei anderen Personen. Überhaupt ist es bei einem einseitig psychologischen Ansatz ausgeschlossen, die Entschuldigungsgründe und ihre Grenzen als ein Problem nicht nur des Könnens, sondern auch des Sollens zu begreifen (näher zur Kritik vgl. Bernsmann aaO 179 ff.).

Zu erklären sind die Entschuldigungsgründe vielmehr erst unter Hinzunahme normativer Aspekte **111** mit der **Kumulationswirkung zweier Schuldminderungsgründe,** von denen der eine seine Grundlage bereits in einer entsprechenden Unrechtsminderung hat (vgl. zB Eser/Burkhardt I 211 u. in: Eser/Fletcher aaO 58, Gropp 240, Günther SK 12, Hirsch LK 195, aaO 50 f., Jescheck/Weigend 478, Armin Kaufmann, Dogmatik der Unterlassungsdelikte 156 ff., Kühl 372, Küper JuS 71, 477, Lenckner, Der rechtfertigende Notstand 35 ff., Rudolphi SK 6 vor § 19, § 35 RN 2 ff., ZStW 78, 81 ff., JuS 69, 462, Welzel-FS 631, Stratenwerth 179, Vogler GA 69, 105, Welzel 178 f., Wolter GA 96, 212 f., u. weitgehend auch Perron aaO 83, 96; and. Achenbach JR 75, 494, Bacigalupo aaO 461 ff., Frister aaO 208 ff., Jakobs 569 u. in: Eser/Nishihara aaO 175, Otto I 207, Roxin [vgl. u.], Schild AK 128 ff. vor § 13, Schmidhäuser 461 f., I 243, Schneider aaO 93 ff. u. o. § 35 auch Bernsmann aaO 205 ff.). Auf einer Unrechtsminderung beruhen die Entschuldigungsgründe, weil sie, wie zB die objektive Fassung der §§ 33, 35 zeigt, ebenso wie die auf dem Prinzip des überwiegenden Interesses beruhenden Rechtfertigungsgründe an eine Güter- und Interessenkollision anknüpfen: Da die fragliche Handlung nicht nur Rechtsgüter verletzt, sondern zugleich dem Schutz von Werten dient, sinkt hier der Unrechtsgehalt umso mehr ab, je näher das Geschehen an die Grenze zur Rechtfertigung heranreicht (o. 22, wobei entgegen Frister aaO 208, Roxin I 830, JA 90, 98 der fehlende „Erfolgswert" bei einem fehlgeschlagenen Rettungsversuch kein Gegenargument ist, weil das Ausbleiben eines solchen auch eine Rechtfertigung nicht ausschließt [eine die Voraussetzungen des § 34 erfüllende Trunkenheitsfahrt zur Rettung eines Schwerverletzten bleibt zB auch dann gerechtfertigt, wenn sie wegen eines plötzlichen Verkehrsstaus ihr Ziel nicht rechtzeitig erreicht]; ebenso steht § 35 II der Annahme eines geminderten Handlungsunrechts nicht entgegen). Diese Reduzierung des Unrechts trägt für sich allein zwar keinen Entschuldigungsgrund – über die entsprechend geringere Schuld könnte sie isoliert immer nur zu einer mehr oder weniger ins Gewicht fallenden Strafmilderung führen –, wohl aber gemeinsam mit einem weiteren, speziell die Schuld betreffenden Milderungsgrund, der sich hier nun in der Tat daraus ergibt, daß die – auch hier „normativ gesetzte" – Motivierbarkeit zu normgemäßem Verhalten durch die psychische Ausnahmesituation des Täters („übermächtiger Motivationsdruck") zwar nicht ausgeschlossen, aber doch erheblich eingeschränkt ist. Weil schon das Unrecht der Tat geringer ist, sind es unter dieser weiteren Voraussetzung dann auch gute Gründe, die dafür sprechen, dem Täter die Befolgung der Norm nicht mehr „zuzumuten", dies nicht iS eines Dispenses, sondern in Form eines *Verzichts* auf die Erhebung des an sich noch durchaus möglichen Schuldvorwurfs. Darin liegt zugleich die Begründung dafür, warum hier auch eine „positiv"-generalpräventive Bestrafungsnotwendigkeit entfällt, während die Strafzwecklehre selbst für die Entschuldigungsgründe keine Erklärung liefert (zu deren unmittelbarer Ableitung aus den Strafzwecken vgl. jedoch Jakobs 570 u. aaO, Roxin I 724 u. pass., Henkel-FS 183, Bockelmann-FS 282 ff., Lackner-FS 311, JuS 88, 426 f., JA 90, 97, Schünemann GA 86, 300 f. u. dagegen 117 vor § 13; zum Ganzen vgl. auch Neumann, Zurechnung und „Vorverschulden" [1985]: mit den Regeln der Schulddogmatik nicht erklärbar). Nur aus dem Zusammenspiel dieser beiden, die Unrechts- und Schuldquantität der Tat berührenden Gesichtspunkte ergeben sich Grund und Grenzen der Entschuldigungsgründe, was sowohl für die Interpretation der §§ 33, 35 (vgl. dort RN 7 bzw. 18 ff.) als auch für die Frage eines übergesetzlichen entschuldigenden Notstands (u. 115) erhebliche Bedeutung hat.

III. Den **einzelnen Entschuldigungsgründen** liegen ausnahmslos besondere **Not- und** **112** **Zwangslagen** zugrunde, unter deren Eindruck der Täter eine rechtswidrige Tat begeht. Kein

Entschuldigungs-, sondern ein bloßer Strafaufhebungsgrund ist der Rücktritt vom Versuch (vgl. § 24 RN 4); nicht nur Entschuldigungs-, sondern bereits Rechtfertigungsgründe sind die besonderen Indikationen des § 218 a (vgl. dort RN 21).

113 1. Ein Entschuldigungsgrund ist, obwohl vom Gesetz nicht ausdrücklich als solcher bezeichnet, nach h. M. der **Notwehrexzeß** aus Verwirrung, Furcht und Schrecken gem. § 33 (vgl. dort RN 2).

114 2. Ein Entschuldigungsgrund ist auch – hier durch die Gesetzesfassung selbst kenntlich gemacht – der **Notstand** des § 35.

115 3. Als Entschuldigungsgrund wird zwar nicht von der Rspr., wohl aber von der h. M. im Schrifttum ferner der **übergesetzliche entschuldigende Notstand** anerkannt (zT auch als „entschuldigende Pflichtenkollision" bezeichnet). Es handelt sich dabei um Notstandssituationen, in denen der Täter die Nachsicht des Rechts verdient, obwohl eine Rechtfertigung nach § 34 ausgeschlossen und auch § 35 nicht anwendbar ist, ersteres weil die beteiligten Rechtsgüter eine quantitative oder qualitative Differenzierung nicht zulassen (so insbes., wenn Leben in verschiedener Zahl auf dem Spiel stehen, vgl. § 34 RN 23 f.), letzteres weil die Gefahr nicht dem Täter selbst oder einem Angehörigen usw. droht. Auf eine ausdrückliche gesetzliche Regelung wurde bei der Reform des AT (2. StrRG) bewußt verzichtet, um der weiteren Entwicklung nicht vorzugreifen. Anlaß zur Anerkennung eines übergesetzlichen entschuldigenden Notstands waren die „Euthanasie"-Prozesse der Nachkriegszeit, wo über jene Fälle von unlösbaren Gewissenskonflikts zu entscheiden war, in den sich Ärzte angesichts der Unausweichlichkeit eines totalitären Regimes gestellt sahen: Entweder an der von den Machthabern befohlenen Vernichtungsaktion gegen Geisteskranke in begrenztem Umfang mitzuwirken, um so möglichst viele Kranke zu retten, oder aber eine Beteiligung auf die Gefahr hin abzulehnen, daß andere, skrupellose Ärzte an ihre Stelle getreten wären, die alle Insassen der Anstalt in den Tod geschickt hätten (für einen bloßen Strafausschließungsgrund in diesen Fällen OGH **1** 335, **2** 126, Oehler JR 51, 489, Peters JR 49, 496; für bloße Strafmilderung Spendel, Engisch-FS 525; BGH NJW **53**, 513 versuchte hier mit der Annahme eines Verbotsirrtums zu helfen). Auf der gleichen Ebene liegen die im Schrifttum gebildeten Beispiele des quantitativen Lebensnotstands (vgl. § 34 RN 24); zum Abschalten einer Herz-Lungen-Maschine, um einen anderen Patienten anschließen zu können, vgl. o. 74.

115 a Aus dem Schrifttum vgl. zB Achenbach JR 75, 495, B/W-Weber 517 f., B-Volk 131 f., Eser/Burkhardt I 217, Gallas aaO 232 ff., Gropp 248 ff., Hartung NJW 50, 155, Henkel, Mezger-FS 300, Hirsch LK 212 ff., Jakobs 588, Jescheck/Weigend 501 ff., Kühl 404 ff., Küper JuS 87, 90, Lackner/Kühl 31, Lenckner aaO 75, M-Zipf I 450 f., Rudolphi SK 8 vor § 19, Schmidhäuser 476 ff., I 254 ff., Eb. Schmidt SJZ 49, 568, Stratenwerth 185, Tröndle/Fsicher 15, v. Weber, Kiesselbach-FS [1947] 248 ff., Welzel 184, ZStW 63, 51, MDR 49, 375; vgl. auch Roxin I 888, Henkel-FS 194: kein Schuld-, sondern Verantwortungsausschluß, Günther, Strafunwidrigkeit usw. (oben 8], Köhler 341: Strafunrechtsausschluß). Zur Rspr. vgl. BGH **6** 58, **35** 350, wo die Frage einer übergesetzlichen Entschuldigung jedoch offengelassen wird.

116 a) Die **Begründung** einer übergesetzlichen Entschuldigung kann in Fällen der genannten Art, in denen jede Strafe eine grobe Ungerechtigkeit wäre (für einen aus den Strafzwecken abgeleiteten Verantwortungsausschluß daher Roxin I 888, Henkel-FS 195), allerdings nicht schon darin liegen, daß das Gesetz hier wegen der Auswegslosigkeit der Lage keine verbindliche Entscheidung mehr treffen und deshalb nicht mehr als ein gewissenhaftes Handeln verlangen könne (so zB Gallas aaO 332 f.; vgl. auch Stratenwerth 186), weil dann folgerichtig schon die Rechtswidrigkeit verneint werden müßte (vgl. Blei I 213 f., Arthur Kaufmann, Maurach-FS 230, die hier zu einem „Unverbotensein" kommen; o. 8). Auch daß die Ärzte in dem o. 115 genannten „Euthanasie"-Fall das „kleinere Übel" gewählt haben (Welzel 185), ist nur bei einer rein numerischen Betrachtungsweise richtig; wäre die Tat deshalb auch für das Recht das „kleinere Übel", so hätte den Ärzten bereits ein Rechtfertigungsgrund zugebilligt werden müssen, da gerade auf diesem Gesichtspunkt § 34 beruht (die gerechtfertigte Notstandshandlung stellt sich für das Recht als das geringere Übel dar). Der eigentliche Grund der Straflosigkeit ergibt sich vielmehr auch hier – ebenso wie bei § 35 – aus dem Zusammentreffen zweier Schuldminderungsgründe (vgl. zB Jescheck/Weigend 503, Kühl 406, Küper JuS 71, 477, Rudolphi SK 8 vor § 19): Zwar bleibt zB im Falle des quantitativen Lebensnotstandes auch die Tötung eines einzelnen zur Rettung vieler rechtswidrig, weil das Recht das Verbot, Hand an unschuldiges Menschenleben zu legen, aus prinzipiellen Erwägungen nicht aufheben kann (was zugleich heißt, daß ein Geschehenlassen kein rechtswidriges Unterlassen sein kann, mag der Täter dadurch auch die gleiche sittliche Schuld auf sich laden wie durch ein Eingreifen; vgl. auch Schmidhäuser 480); wohl aber ist hier das Unrecht aus den gleichen Gründen und in derselben Weise gemindert wie im Fall des § 35, was wiederum das vom Unrechtsquantum abhängige Schuldmaß entsprechend reduziert. Hinzu kommt ein zweiter Schuldminderungsgrund, der zwar nicht in dem durch die Angst um die eigene Person oder einen Angehörigen usw. ausgelösten besonderen Motivationsdruck seine Grundlage hat – auch der Begriff der Unzumutbarkeit in seiner üblichen Form paßt hier deshalb nicht (vgl. Stratenwerth 186) –, wohl aber in der vergleichsweise ebenso starken motivatorischen Kraft der Gewissensentscheidung eines Täters, der sich zum Handeln entschließt, weil er sich auch dann in schwerste sittliche Schuld verstricken müßte, wenn er den Dingen einfach ihren Lauf ließe. Die Grundstruktur dieser Notstandsfälle entspricht insofern mithin der beim entschuldigenden Notstand (o. 111), was auch ihre entsprechende Behandlung rechtfertigt.

Entschuldigungsgründe 117, 118 **Vorbem §§ 32 ff.**

b) Schon weil es sich hier um eine vom Gesetz selbst nicht vorgesehene Entschuldigung von **117** Vorsatztaten handelt, muß diese jedoch auf **besondere** und **eng begrenzte Ausnahmefälle** beschränkt bleiben (vgl. zB Hirsch LK 217, Rudolphi SK 8 vor § 19, Schmidhäuser 479, iE auch Roxin I 888). Sie kann nur in Betracht kommen, wenn die Tat in jeder Hinsicht die ultima ratio darstellt, ihr Unrechtsgehalt erheblich oder jedenfalls deutlich gemindert ist und der Täter subjektiv aus schwerer Gewissensnot gehandelt hat. Dies ist – abweichend von § 35 – im allgemeinen nur bei einem Lebensnotstand anzunehmen (weitergehend Hirsch LK 215: auch Leib und Freiheit), und auch hier idR nur in den durch die „faktische Unaufhaltsamkeit des Verlustes" (Jakobs 589) gekennzeichneten Fällen einer Gefahrengemeinschaft (vgl. die Beisp. in § 34 RN 24), weil typischerweise nur bei Konstellationen dieser Art der Gewissenskonflikt des Täters so schwer sein kann, daß das Recht Anlaß hat, von einem Schuldvorwurf abzusehen. Nur ausnahmsweise kann auch in anderen Extremsituationen eine Entschuldigung angebracht sein, so u. U. bei einer aktiven direkten Sterbehilfe (Hirsch LK 216, Lenckner in: Forster, Praxis der Rechtsmedizin [1986] 604 mwN, aber auch 25 vor § 211; zu § 35 vgl. dort RN 33) oder in dem in § 34 RN 24 genannten Weichenwärter-Beispiel, in dem zwar das drohende Übel auf zuvor nicht gefährdete Dritte übergewälzt wird, die Gewissensnot des Täters aber nicht weniger übermächtig sein kann (vgl. Kühl 409; and. Jakobs 589 u. in: Eser/Nishihara aaO 176 [mit dem Hinweis auf die damit nicht vergleichbare Gewinnung einer Vielzahl lebenserhaltender Transplantate durch die Tötung nur eines Menschen], Roxin I 892 f.). Im übrigen bleibt es, von solchen Sonderfällen abgesehen, jedoch bei dem Grundsatz, daß es bei einer bloßen Umverteilung von Risiken auf Unbeteiligte an einem beachtenswerten Gewissenskonflikt fehlt (zB Wegnahme eines für den Betroffenen lebensnotwendigen Medikaments, um es einem Dritten zu geben; vgl. zB Hirsch LK 205, Jakobs 589, Kühl 409, Rudolphi SK 8 vor § 19). Schlechterdings ausgeschlossen ist ein solcher und damit auch eine Entschuldigung ferner bei der Abwendung einer nur wirtschaftlichen Notlage (zB Hirsch LK 217, Jakobs 589, Kühl 407, aber auch Hamm NJW **76**, 721). Ohne Bedeutung ist dagegen, ob gegenüber dem geschützten Gut eine Garantenpflicht bestand (vgl. das Bergsteigerbeispiel in § 34 RN 24, in dem die Entschuldigung nicht davon abhängen kann, ob der Täter selbst zu der Bergsteigergruppe gehörte oder nicht). Zweifelhaft könnte schließlich sein, ob hier – i. U. zu § 35 (vgl. dort RN 17) – Entschuldigungsvoraussetzung auch die „gewissenhafte Prüfung der Notstandslage" ist (vgl. BGH **35** 350 f. [„Katzenkönig"-Fall]), wofür immerhin sprechen könnte, daß ohne eine solche auch die subjektive Gewissensnot des Täters vielfach nicht sehr überzeugend sein dürfte; besteht eine solche freilich trotzdem, so kann kaum etwas anderes gelten als bei § 35, dies einschließlich der Irrtumsregelung des § 35 II, die hier entsprechend anzuwenden ist (zB Klimsch aaO 115 ff., Kühl 407, Roxin I 889, Schaffstein, NStZ 89, 154 u. näher Küper JZ 89, 626 ff. mwN).

4. Umstritten ist vor allem seit BVerfGE **32** 98 m. Anm. Blei JA 72, 231, 303, 369, Deubner NJW **118** 72, 814, Dreher JR 72, 342, Händel NJW 72, 327 u. Peters JZ 72, 83, ob und inwieweit aus der in **Art. 4 GG** garantierten **Glaubens- und Gewissensfreiheit** jedenfalls ein Entschuldigungsgrund abgeleitet werden kann, eine Frage, die sich freilich nur für eine echte Gewissensentscheidung stellen kann, d. h. für eine „an den Kategorien von ,Gut' und ,Böse' orientierte Entscheidung . . ., die der einzelne in einer bestimmten Lage als für sich bindend und unbedingt verpflichtend erfährt, so daß er gegen sie nicht ohne ernste Gewissensnot handeln könnte" (BVerfGE **12** 55; zu dem davon zu unterscheidenden Überzeugungstäter vgl. Ebert aaO 59, Hirsch, Überzeugungstäter 8 f., 27 ff., Roxin I 870 f., Maihofer-FS 392, Schulte/Träger aaO 251, Tenckhoff aaO 442 f.; gegen diese Differenzierung jedoch Köhler 426, M-Zipf I 470, Schünemann GA 86, 293; zum Wandel des Gewissensbegriffs vgl. Kaufmann aaO, Peters, Stree/Wessels-FS 5 ff.). Nach dem BVerfG ist eine vom Recht abweichende, durch eine bestimmte religiöse Überzeugung motivierte Entscheidung – im konkreten Fall: im gemeinsamen Glauben begründetes Unterlassen eines Ehemanns, die Frau zum Aufsuchen eines Krankenhauses zu überreden – „nicht mehr in dem Maße vorwerfbar, daß es gerechtfertigt wäre, mit der schärfsten . . . Waffe, dem Strafrecht, gegen den Täter vorzugehen"; dieses müsse vielmehr jedenfalls dann zurückweichen, „wenn der konkrete Konflikt zwischen einer nach allgemeinen Anschauungen bestehenden Rechtspflicht und einem Glaubensgebot den Täter in eine seelische Bedrängnis bringt, der gegenüber die kriminelle Bestrafung . . . sich als eine übermäßige und daher seine Menschenwürde verletzende soziale Reaktion darstellen würde" (aaO 109; wesentlich zurückhaltender dagegen in einem ähnlichen Fall Hamm NJW **68**, 212: religiös motivierte Verweigerung der Zustimmung zu einem Blutaustausch bei einem Kind). Nicht zugelassen hat aber auch das BVerfG die Berufung auf Art. 4 GG bei sog. „Totalverweigerern", d. h. der Verweigerung auch des Ersatzdienstes nach § 53 ZDG (vgl. BVerfGE **19** 165, **23** 132 m. Anm. Arndt NJW 65, 2195 bzw. 68, 979; ebenso zB Bay MDR **66**, 693, JR **81**, 171 m. Anm. Peters, Bremen NJW **63**, 1932, Frankfurt NStE § 35 **Nr. 3** [and. LG Frankfurt ebd. **Nr. 1**], Hamm NJW **65**, 777, **70**, 69, Karlsruhe JZ **64**, 761, Köln NJW **66**, 1326, **67**, 2188, **70**, 67, Saarbrücken NJW **69**, 1782, Stuttgart NJW **63**, 796, LG Darmstadt NJW **93**, 77; and. AG Lüneburg StV **85**, 64; zur Frage der Doppelbestrafung bei Nichtbefolgen einer erneuten Einberufung vgl. zB BVerfGE **23** 191, Bay StV **83**, 369 m. Anm. Werner, **85**, 315, Celle JZ **85**, 954 m. Anm. Struensee, Düsseldorf NJW **85**, 2429, Karlsruhe NStZ **90**, 41). – Höchst unterschiedliche Auffassungen finden sich im Schrifttum: Während die überkommene Meinung – dies jedenfalls beim positiven Tun – einen Schuldausschluß verneint und dem Gewissenstäter nur einen Strafmilderungsgrund zubilligt, wird inzwischen zunehmend aus Art. 4 GG ein Entschuldigungsgrund

und zT sogar ein Rechtfertigungsgrund abgeleitet, über deren Grenzen freilich keine Einigkeit besteht (für bloße Strafmilderung zB B/W-Weber 391, Bockelmann, Welzel-FS 543, Heinitz ZStW 78, 631, Jescheck/Weigend 505 f., M-Zipf I 470, Schmidhäuser II 46 u. weitgehend auch Hirsch aaO 11 ff., LK § 221 f.; im letzteren Sinn dagegen zB Bopp aaO 237 ff., Ebert aaO 58 ff., Günther, Spendel-FS 200 f., M. Herdegen GA 86, 97 ff., Jakobs 577 ff., Kühl 413, Lackner/Kühl 32, Müller-Dietz aaO 107, Nestler-Tremel StV 85, 343 ff., Peters aaO 276, JZ 66, 457 u. 72, 85, Stree/Wessels-FS 8, Reichert-Hammer, Politische Fernziele u. Unrecht [1991], 122 ff., 221 f., 280 ff., Roxin I 869 f., Maihofer 391 ff., Rudolphi SK 7 vor § 19, Welzel-FS 630, Schulte/Träger aaO 263, Sproß aaO 57 ff., 202 ff., Wittig JZ 69, 547, zT auch m. Nachw. aus dem verfassungsrechtlichen Schrifttum). Dabei ist, was die Frage einer Rechtfertigung betrifft, vorauszuschicken, daß Art. 4 GG eine unmittelbare Grundlage für eine solche nur sein kann, wenn die fragliche Tat als Gewissensbetätigung nicht gegen die auch bei Art. 4 bestehenden immanenten Schranken verstößt, was aber bei Eingriffen in Rechtsgüter, die in einem Rechtsraum den besonderen Schutz des Strafrechts genießen, wohl stets der Fall sein dürfte (vgl. näher Hirsch aaO 11 ff., der jedoch Ausnahmen für möglich hält; zu BVerfGE 32 98 [§ 323 c] vgl. u. 120). Selbstverständlich sollte ferner sein, daß ein „Hier stehe ich, ich kann nicht anders" kein Schuldausschließungsgrund (im eigentlichen Sinn, s. o. 108) sein kann, denn auch dies bleibt von dem Menschen zu verantworten, wäre er andernfalls doch – vgl. Hirsch aaO 22 – „in einer Rubrik mit dem wegen Unzurechnungsfähigkeit Schuldunfähigen einzuordnen". Im übrigen ist zu unterscheiden:

119 a) Jedenfalls bei **Begehungsdelikten** kann die Glaubens- und Gewissensfreiheit als solche unter rechtsstaatlichen Verhältnissen auch nicht zur Anerkennung eines strafrechtlichen Entschuldigungsgrunds führen (vgl. die Nachw. o. 118). Aus Art. 4 GG kann sich zwar für den Gesetzgeber die Pflicht ergeben, daß er sich beim Erlaß von Strafvorschriften unter Wahrung der weltanschaulichen und religiösen Neutralität auf die Pönalisierung eindeutig sozialschädlicher Verhaltensweisen beschränkt. Ist dies jedoch geschehen, so kann – und dies gilt nicht nur für die bekannten Schreckensbilder eines Gewissenstäters – die keine bestimmte inhaltliche Qualität der Gewissensentscheidung voraussetzende Gewissenstat nicht schon als solche entschuldigt sein, d. h. allein deshalb, weil der Täter glaubte, der übermächtigen Stimme seines Gewissens folgen zu müssen. Beruhen Entschuldigungsgründe immer zugleich auf einer Unrechtsminderung (o. 111), so müßten vielmehr – nicht anders als bei dem gleichfalls durch einen Gewissenskonflikt gekennzeichneten übergesetzlichen entschuldigenden Notstand (o. 115 ff.) – zu der subjektiven Gewissensnot des Täters objektive Umstände hinzukommen, die das Unrecht der Tat erheblich oder jedenfalls deutlich mindern (so zB auch Hirsch, Überzeugungstäter 23 f.), wobei hier dann aber nicht schon die Wahrung der persönlichen Identität des Gewissenstäters ein unrechtsminderndes „Erfolgswert" sein kann (so aber Rudolphi aaO 630, ähnl. Stratenwerth 183), ist dies doch kein eigenständiger Gesichtspunkt, sondern nur die „etwas zu dramatisch ausgemalte Kehrseite der bei gesetzmäßigem Handeln vorliegenden Motivationserschwerung" (Roxin I 879, Maihofer-FS 408 f.). Welche Fälle es jedoch sein sollen, in denen der Täter bei einem positiven Tun über den übergesetzlichen Notstand hinaus auch wegen des deutlich geringeren Unrechts der Tat die besondere Nachsicht des Rechts verdient, ist unklar; überzeugende Beispiele dafür werden jedenfalls nicht genannt (vgl. aber zB auch Kühl 413 ff., Roxin I 872 ff., Maihofer-FS 396 ff., Tenckhoff, A. Rauscher-FS 450 ff., wo die Straflosigkeit dann allerdings auf eng begrenzte Ausnahmen beschränkt wird). Daß der Landesverrat aus Gewissensgründen oder Wehrmittelbeschädigung durch pazifistische Gewissenstäter (§§ 109 e, 303), nicht hierher gehören, kann keine Frage sein, ebensowenig aber – soweit es sich dabei überhaupt um echte Gewissenstaten handelt – strafrechtswidrige Akte des sog. „zivilen Ungehorsams" (demonstrative Blockaden, Hausbesetzungen usw.; zur Rechtswidrigkeit s. o. 79, § 34 RN 41 a), für die auch vor dem Hintergrund des Art. 5 GG nicht anderes gilt, weil solche Proteste – vgl. BVerfG NJW **93**, 2432 – auch auf andere Weise zum Ausdruck gebracht werden können (für Strafbarkeit zB auch Hirsch aaO 28 ff., in Grenzfällen für Straflosigkeit dagegen Wolter in: Wolter/Freund, Straftat, Strafzumessung usw., 1996, 20 und unter bestimmten Voraussetzungen auch Roxin I 880 f., Schüler-Springorum-FS 441 ff.). Was hier bleibt, ist daher in Übereinstimmung mit dem „Wohlwollensgebot" in BVerfGE **23** 134 eine Strafmilderung (vgl. § 46 RN 15), wobei in entsprechenden Fällen auch eine analoge Anwendung der §§ 17 S. 2 und 21 keine Bedenken bestehen dürften (vgl. Hirsch aaO 26).

120 b) Auch bei **Unterlassungsdelikten** können Gewissensgründe nicht schon als solche, sondern erst über die – zugleich unter Berücksichtigung der äußeren Sachlage zu bestimmende – Unzumutbarkeit des Handelns zur Straflosigkeit führen (vgl. auch Hirsch, Überzeugungstäter 23), wobei in solchen Fällen dann bereits die Handlungspflicht und damit des Tatbestand entfällt (vgl. u. 125 u. näher 155 vor § 13). Da die Grenzen der Unzumutbarkeit hier weiter gezogen sind als beim positiven Tun (u. 125, ferner 155 vor § 13), ist hier auch eine „Ausstrahlungswirkung" (BVerfGE **32** 98) des Art. 4 GG prinzipiell möglich (vgl. iE – wenngleich mit Unterschieden im einzelnen – zB auch Arndt NJW 66, 2205, Jescheck/Weigend 506, Nestler-Tremel StV 85, 347 ff., Peters JZ 72, 85, Rudolphi aaO 622 ff., Schulte/Träger aaO 263 f.). Soweit es sich dabei um *Hilfs- und Rettungspflichten gegenüber Menschen* handelt (Garantenpflichten, § 323 c), kommt eine Unzumutbarkeit infolge der „übermächtigen Motivation" durch eine entgegenstehende Glaubensüberzeugung oder Gewissensentscheidung allerdings nur in engen Grenzen in Betracht (vgl. BGH **32** 380: Respektierung des ausdrücklichen Wunsches einer schwer und irreversibel geschädigten Patientin, nicht in eine Intensivstation einge-

Entschuldigungsgründe **Vorbem §§ 32 ff.**

liefert zu werden; vgl. dazu auch R. Schmitt JZ 85, 367 f.). Wenn Art. 12 II SchKG (vgl. § 218a RN 84 ff.) zB vom Arzt bei einer anders nicht abwendbaren Lebens- oder schweren Gesundheitsgefahr verlangt, notfalls auch gegen sein Gewissen zu handeln und einen Schwangerschaftsabbruch vorzunehmen – und dies, obwohl ihm hier dann zugemutet wird, etwas zu tun, was nach seiner Überzeugung gegen das Tötungsverbot verstößt –, so muß dies auch und erst recht in anderen Fällen gelten. Auch in dem in BVerfGE **32** 98 behandelten Fall (o. 118) ergab sich die Straflosigkeit des Ehemanns daher nicht aus Art. 4 GG – er hätte sich auf seine Glaubensüberzeugung nicht berufen können, wenn die kranke Ehefrau von ihm verlangt hätte, ins Krankenhaus gebracht zu werden (Rudolphi aaO 627 gegen Peters JZ 72, 86) –, sondern schon aus allgemeinen Grundsätzen, weil auch die Frau selbst aus religiösen Gründen eine Krankenhausbehandlung abgelehnt hatte (vgl. zB Deubner NJW 72, 814, Dreher JR 72, 342, Hirsch aaO 18, LK 222, Roxin I 875, Maihofer-FS 402; zum Problem der Hilfspflicht im Verhältnis zur Glaubensfreiheit vgl. auch Ranft, Schwinge-FS [1973] 111). Das gleiche gilt im Fall von Hamm NJW **68**, 212 m. Anm. Kreuzer (Vater verweigert aus religiösen Gründen die Zustimmung zu einer lebensnotwendigen Blutübertragung bei seinem Kind), wenn es der Vater wegen seiner Glaubensüberzeugung unterlassen hätte, überhaupt einen Arzt zuzuziehen (vgl. auch Roxin aaO 400). Als unzumutbar ist ein an sich gebotenes Handeln für den Gewissenstäter in solchen Fällen vielmehr erst dann anzusehen, wenn die Rettung, weil noch andere jederzeit realisierbare Alternativen zur Verfügung stehen, nicht gerade von ihm abhängt (vgl. Rudolphi aaO 623 u. allgemein dazu Roxin I 873, aaO 396 ff.), so kann zB im Fall von Art. 12 II SchKG davon ausgegangen werden kann, daß ein anderer zu dem Eingriff bereiter Arzt rechtzeitig erreichbar ist (vgl. auch Hamm aaO, Celle NJW **95**, 792: Bestellung eines Pflegers zur Ersetzung der vom Vater verweigerten Zustimmung bzw. Ersetzung durch das Vormundschaftsgericht selbst oder wenn der Arzt auch unabhängig davon hätte handeln dürfen und müssen [vgl. § 34 RN 8a, 4]). Eine weitergehende Anerkennung der Unzumutbarkeit ist allenfalls bei *Rechtsgütern geringeren Ranges* möglich (vgl. Roxin I 874, aaO 399 [Nichterfüllung der Impfpflicht], Tenckhoff, A. Rauscher-FS 451 ff.). Ausgeschlossen ist es jedoch, gesetzliche Regelungen, die in verfassungsrechtlich zulässiger Weise einem Gewissenskonflikt abschließend Rechnung tragen, durch auf Art. 4 GG gestützte Unzumutbarkeitserwägungen noch zusätzlich einzuschränken. Nicht entschuldigt ist daher eine Kriegsdienstverweigerung (§§ 15 I, 20 I Nr. 2 WStG) ohne Rücksicht auf das Ergebnis des Anerkennungsverfahrens (vgl. Bay JR **77**, 117), und dasselbe gilt für die Ersatzdienst-("Total"-)Verweigerung nach § 53 ZDG (vgl. die Nachw. o. 118): Hat der Kriegsdienstverweigerer, der aus Gewissensgründen auch den Zivildienst verweigert, von der ihm durch § 15a ZDG eingeräumten Möglichkeit der Begründung eines freien Arbeitsverhältnisses in einem Krankenhaus usw. keinen Gebrauch gemacht, so kann er sich bei seiner Heranziehung zum Ersatzdienst auf den Gedanken der Unzumutbarkeit schon deshalb nicht mehr berufen, weil er diese Situation selbst herbeigeführt hat und hier nichts anderes gelten kann als nach § 35 I 2 bei der pflichtwidrigen Herbeiführung einer Notstandslage (ebenso Eisenberg/Wolke JuS 93, 286, Tenckhoff aaO 452; nicht berücksichtigt von AG Lüneburg StV **85**, 64 m. Anm. Nestler-Tremel S. 343, Roxin I 874, aaO 399).

5. Das **Handeln auf dienstliche Weisung** stellt, sofern es rechtswidrig ist (o. 87 ff.), als solches **121** keinen Entschuldigungsgrund dar (dazu, daß auch der rechtswidrige, aber bindende Befehl nicht erst ein Entschuldigungs-, sondern bereits ein Rechtfertigungsgrund ist, o. 89). Auch die Furcht vor persönlichen Nachteilen bei Nichtbefolgung der Weisung entschuldigt den Untergebenen nur unter den Voraussetzungen des § 35 (vgl. dort RN 14). Was den Irrtum betrifft, so ist zu beachten, daß es sich im allgemeinen Beamtenrecht nicht erst um eine Frage der Schuld handelt, wenn bei einer Bestätigung der Anordnung durch den nächsthöheren Vorgesetzten die Strafbarkeit des fraglichen Verhaltens für den Untergebenen nicht erkennbar ist (o. 89). Im übrigen kann hier bei Fehlvorstellungen unter gewissen Voraussetzungen aber auch die Schuld über die allgemeinen Irrtumsregeln hinaus ausgeschlossen sein, was zT allerdings lediglich die Folge davon ist, daß den Untergebenen nur eine beschränkte Prüfungspflicht trifft (insoweit daher auch kein eigenständiger Entschuldigungsgrund; vgl. aber auch Jescheck/Weigend 495). Hier gilt dann im einzelnen folgendes: 1. Ein *Tatbestands-* oder *Erlaubnistatbestandsirrtum* begründet, sofern er nicht schon objektiv nicht pflichtwidrig war (o. 88), den Schuldvorwurf der Fahrlässigkeit mangels einer entsprechenden Prüfungspflicht des Untergebenen (o. 88) ohnehin nur dann, wenn es für diesen auch nach seinen persönlichen Fähigkeiten ohne weiteres – d. h. ohne besondere Prüfung der Sachlage – erkennbar war, daß die sachlichen Voraussetzungen für die Rechtmäßigkeit seines Handelns nicht gegeben sind. Eine zusätzliche Einschränkung enthalten hier § 7 II UZwG bzw. die entsprechenden Landesgesetze, § 97 II 2 StVollzG, § 5 I WStG, § 11 II 2 SoldatenG, § 30 III ZDG für Beamte im Vollzugsdienst, Justizvollzugsbedienstete, Soldaten und Zivildienstleistende insofern, als der Untergebene nur dann schuldhaft handelt, wenn der fragliche Sachverhalt „nach den ihm bekannten (!) Umständen offensichtlich ist", der entsprechende Schluß sich dem Untergebenen also schon allein auf Grund der ihm bekannten Tatsachen geradezu aufdrängen mußte (noch weitergehend der frühere § 47 MStGB: nur bei sicherer Kenntnis). – 2. Handelt der Täter in *Unkenntnis der Rechtswidrigkeit des ihm aufgetragenen Verhaltens,* so gelten zunächst die allgemeinen Grundsätze (§ 17). Besonderheiten bestehen jedoch in folgender Hinsicht: a) Bei den Angehörigen der o. genannten Sonderdienste (Soldaten usw.) liegt nach den für diese maßgeblichen Bestimmungen (s. o.) ein Verbotsirrtum hier auch vor, wenn der Untergebene zwar die Rechtswidrigkeit des befohlenen Verhaltens, nicht aber das darin liegende besondere strafrechtliche Unrecht kennt, weil bei sonstiger Rechtswidrigkeit die Weisung, abgesehen von einem Verstoß gegen die Menschenwürde oder dem Fehlen eines dienstlichen Zwecks, befolgt werden müßte (vgl. dazu Schumann aaO [o. vor 83] 40f., Stratenwerth aaO [o. vor 83] 184). – b) Was die Vermeidbarkeit betrifft, so ist bei „normalen" („Schreibtisch"-) Beamten davon auszugehen, daß ihre Prüfungspflicht zwar nicht aufgehoben, entsprechend ihren dienstlichen Aufgaben aber eingeschränkt ist (zur Bestätigung durch den nächsthöheren Vorgesetzten nach vorausgegangener Remonstration vgl. jedoch o. 89). Dagegen machen auch hier die o. genannten Sonderbestimmungen für Beamte im Vollzugsdienst, Soldaten usw. die Einschränkung, daß der Strafrechtsverstoß für den Untergebenen „nach den ihm bekannten Umständen offensichtlich" gewesen sein muß, d. h. unter Ausschluß einer besonderen Prüfungspflicht „jenseits aller Zweifel liegt" (vgl. zB BGH **39** 33, 189, Ambos JR 98, 221; zu dem auch hier weitergehenden früheren § 47 MStGB vgl. die Rspr.-Nachw. in der 24. A.). Bei dem rechtswidrigen Schußwaffengebrauch in den „Mauerschützen"-Fällen (o. 89 a u. näher 99 f. vor § 3), in denen die – mit der Beschränkung der Grundlage der Offensichtlichkeit auf die dem Täter „bekannten Umstände" über den sonst im wesentlichen inhaltsgleichen § 258 I StGB-DDR sogar noch hinausgehende – Regelung des § 5 I WStGB entsprechend anzuwenden ist (vgl. BGH **39** 32f.), bedarf die Frage der Offensichtlichkeit im Hinblick auf die besonders intensive politische Indoktrination der mit den bekannten Feindbildern aufgewachsenen DDR-Grenzsoldaten naturgemäß einer besonders sorgfältigen Prüfung (vgl. BVerfGE **95** 142 m. Bespr. Arnold JuS 97, 400 u. Anm. Starck JZ 97, 147; in der Rspr. bejaht für den Schußwaffengebrauch mit (bedingtem) Tötungsvorsatz von BGH **39**, 33f. m. Bspr. Amelung JuS 93, 643, **39** 189f., **40** 250f. m. Anm. Amelung NStZ 95, 30, BGH NStZ-RR **96**, 324, verneint dagegen – vgl. die Nachw. o. 89 – bei bloßem Körperverletzungsvorsatz und bedingt vorsätzlichen Todesschüssen zur Verhinderung der Flucht eines bewaffneten Fahnenflüchtigen; dazu, daß hier ein Handeln auf Befehl auch vorlag, wenn dieser aus einem Geflecht von offiziellen Anweisungen und hinreichend deutlichen informellen Einflußnahmen bestand, vgl. BGH **39** 186f.; näher bzw. krit. zum Ganzen zB Alexy, Mauerschützen, 1993, 36ff., Arnold/Kühl JuS 92, 996, Eser, Odersky-FS 337ff., Herzog o. vor 83 aaO 57ff., Miehe, Gitter-FS 663; vgl. auch § 17 RN 7 a). – 3. Um den *Normalfall eines Verbotsirrtums* handelt es sich dagegen, wenn der Untergebene glaubt, auch ein ihm als verbrecherisch erkannter Befehl sei verbindlich und rechtfertige daher sein Tun (BGH **22** 223 zu § 47 MStGB, Jescheck/Weigend 496 FN 6; and. Schölz/Lingens § 5 RN 10). Von der Rspr. wird dies auch für die „Mauerschützen"-Fälle angenommen, obwohl in der DDR-Lit. umstritten war, ob ein solcher Irrtum nicht den Vorsatz ausschließt (vgl. BGH **39** 35, 190f.; krit. Amelung JuS 93, 643). – Zur Rechtslage nach dem Völkerstrafrecht bei Kriegs- u. Menschlichkeitsverbrechen vgl. Ambos aaO 294ff., JR 98, 223ff.

122/ IV. Die Unzumutbarkeit normgemäßen Verhaltens ist **kein allgemeiner übergesetzlicher**
123 Entschuldigungsgrund (h. M., zB RG **66** 399, Achenbach JR 75, 492, Blei I 213, Eser/Burkhardt I 217, Henkel aaO 295, Hirsch LK 196, Jescheck/Weigend 504, Kühl 375, Lackner/Kühl 30, Lenckner aaO 69, Maiwald, Schüler-Springorum-FS 483ff., Roxin I 886f., M-Zipf I 448, Rudolphi SK 10 vor § 19, Stratenwerth 179; offengelassen in BGH NJW **53**, 513; and. Lücke JR 75, 55, Wittig JZ 69, 546, Nowakowski JBl. 72, 29f. u. mit Einschränkungen auch B/W-Weber 320f., Jakobs 591f.). Ein solcher allgemeiner Entschuldigungsgrund läßt sich insbes. auch nicht aus dem Verfassungsrecht ableiten (vgl. näher Achenbach aaO, Blei JA 60, 211 gegen Lücke aaO, Wittig aaO). Zu der bereits früher zeitweilig vertretenen Auffassung, daß der Täter entschuldigt sei, wenn ihm bzw. einem Durchschnittsmenschen nach den konkreten Umständen ein anderes Verhalten nicht hätte zugemutet werden können (Freudenthal, Goldschmidt), vgl. die 25. A., RN 123, ferner zB Jescheck/Weigend 503 f. u. näher Achenbach, Schuldlehre (vor RN 103 vor § 13) 137 f., 143 ff.; Jura 97, 633 f.

124 1. Daß die Unzumutbarkeit normgemäßen Verhaltens kein allgemeiner übergesetzlicher Entschuldigungsgrund ist, gilt uneingeschränkt für die **vorsätzlichen Begehungsdelikte**. Hier ist über die gesetzlich anerkannten Fälle hinaus nur die Entstehung einzelner, inhaltlich begrenzter Entschuldigungsgründe im Wege vorsichtiger Analogie möglich, was voraussetzt, daß Unrecht und Schuld in gleichem Maß gemildert sind wie dort (o. 115 ff.; vgl. auch Achenbach JR 75, 495, Jura 97, 635). Im übrigen kann die Zumutbarkeit nur die Funktion eines „regulativen Prinzips" (Henkel) bei der Auslegung einzelner Vorschriften haben (vgl. zB zum Umfang der Wartepflicht in § 142 dort RN 36). Auch hat das Gesetz Zumutbarkeitsgesichtspunkten in Einzelfällen durch Anerkennung eines persönlichen Strafausschließungsgrundes (zB § 258 VI, u. 129) oder dadurch Rechnung getragen, daß von Strafe abgesehen oder diese gemildert werden kann (zB § 157).

125 2. Dagegen ist nach h. M. der Gedanke der Unzumutbarkeit normgemäßen Verhaltens bei **Unterlassungsdelikten** in weiterem Umfang anzuerkennen als bei Begehungsdelikten und über § 35 hinaus auch in anderen Fällen zu berücksichtigen, in denen die Vornahme der Handlung eigene billigenswerte Interessen gefährden würde (vgl. 155 vor § 13). Dies ist damit zu rechtfertigen, daß das Unterlassen vielfach weniger schwer wiegt als die Vornahme einer verbotenen Handlung, was auch für unechte Unterlassungsdelikte gilt (vgl. § 13 II; and. Jescheck/Weigend 635). Freilich ist die Unzumutbarkeit – auch soweit es sich um einen Fall des § 35 handelt – hier nicht erst ein Entschuldigungsgrund, vielmehr begrenzt sie bei Unterlassungsdelikten bereits den Umfang der Handlungspflicht und damit die Tatbestandsmäßigkeit des Unterlassens, was für die Teilnahme und den Irrtum von Bedeutung ist (bestr.; vgl. Hamburg StV **96**, 437 u. näher 155 vor § 13, Stree, Lenckner-FS 393 ff.).

3. Auch bei **Fahrlässigkeitsdelikten** hat die Unzumutbarkeit die Funktion eines allgemeinen **126** Regulativs. Abgesehen davon, daß Zumutbarkeitserwägungen schon die objektive Sorgfaltspflicht begrenzen können (vgl. Henkel aaO 284 mwN), gilt hier der Grundsatz, daß den Täter ein Fahrlässigkeitsschuldvorwurf nicht trifft, wenn ihm die Erfüllung der objektiven Sorgfaltspflicht unzumutbar war. Dies ist heute im Prinzip weitgehend unbestritten (vgl. Hirsch LK 206 mwN; krit. jedoch Achenbach Jura 97, 635 u. für einen Strafunrechtsausschluß Köhler 340). Keine Einigkeit besteht allerdings darüber, ob dies daraus folgt, daß hier das Maß der vom Täter persönlich zu verlangenden Sorgfalt entsprechend begrenzt ist (so zB Frankfurt VRS **41** 35, Henkel aaO 285 ff., Jescheck/Weigend 597), oder ob die Unzumutbarkeit bei Fahrlässigkeitsdelikten einen allgemeinen übergesetzlichen Entschuldigungsgrund darstellt (vgl. zB RG **67** 18, BGH **2** 204, B/W-Mitsch 518 ff., Kühl 593, Stratenwerth 301, iE auch Schmidhäuser 477 f., I 253; zum Ganzen vgl. auch Jakobs 586 f., Studien zum fahrlässigen Erfolgsdelikt [1972] 141 ff., Samson SK 35 f. nach § 16). Doch dürfte der Zumutbarkeitsgedanke in diesem Zusammenhang eine doppelte Funktion haben (Lenckner aaO 76). Geht es darum, was gerade dieser Täter hätte erkennen bzw. voraussehen können, so können auch, wenn kein Fall des individuellen Unvermögens vorliegt (vgl. dazu Roxin I 958 f.), Zumutbarkeitserwägungen schon die den Täter persönlich treffende Sorgfaltspflicht begrenzen und insoweit dem Fahrlässigkeitsvorwurf bereits die Grundlage entziehen, so wenn der Täter sich zwar durch Ausschöpfung aller ihm zugänglichen Erkenntnismittel das erforderliche Wissen hätte verschaffen können, von ihm aber billigerweise nicht mehr, als er tatsächlich getan hat, verlangt werden konnte (vgl. auch Maiwald, Schüler-Springorum-FS 485 ff.). In seiner zweiten und hier interessierenden Bedeutung tritt der Zumutbarkeitsgedanke dagegen bei fahrlässigen Erfolgsdelikten (vgl. Köln VRS **59** 438) in Erscheinung, wenn der Täter zwar wußte oder (in für ihn zumutbarer Weise) erkennen konnte, daß er die objektiv gebotene Sorgfalt verletzt, ihm die Unterlassung des unsorgfältigen Tuns aber mit Rücksicht auf sonst eintretende Nachteile nicht zumutbar war (vgl. Frankfurt VRS **41** 32: mit Gefährdung von Fußgängern verbundenes Einbiegen eines Lkw, weil die Geradeausfahrt mit Sicherheit zu einer Verletzung des Fahrers geführt hätte). In dieser Funktion stellt die Unzumutbarkeit einen übergesetzlichen Entschuldigungsgrund dar, übergesetzlich deshalb, weil er wegen des geringeren Unwertgehalts der Fahrlässigkeit nicht auf den engen Bereich des § 35 beschränkt ist (vgl. den „Leinenfänger-Fall" in RG **30** 35: drohender Verlust des Arbeitsplatzes; and. insoweit Maiwald aaO 487: nur für Strafzumessung von Bedeutung). Dabei ist der Täter um so eher entschuldigt, je erheblicher der ihm drohende Nachteil und je geringer die Gefahr nach Art, Umfang und Grad der Wahrscheinlichkeit des Erfolgseintritts ist (vgl. auch Hirsch LK 207, ferner Roxin I 960 ff., Henkel-FS 192 [Strafzwecklehre als Begrenzungsmaßstab, was zu den gleichen Ergebnissen führen dürfte]). Danach ist zB die vorzeitige Freigabe eines Produkts zur Serienanfertigung jedenfalls dann nicht entschuldigt, wenn im Weigerungsfall lediglich die Versetzung an einen anderen Arbeitsplatz droht (vgl. Goll in: v. Westphalen, Produkthaftungshandb. 622 f.). Vgl. im übrigen § 15 RN 204 mwN.

V. Der **Irrtum über einen Entschuldigungsgrund** folgt anderen Regeln als der Irrtum über **126 a** einen Rechtfertigungsgrund (o. 21). Bei irriger Annahme eines vom Recht als Entschuldigungsgrund anerkannten Sachverhalts ist § 35 II (vgl. dort RN 39 ff.) in entsprechenden Fällen – so beim übergesetzlichen entschuldigenden Notstand (o. 117) – auch auf andere Entschuldigungsgründe anzuwenden (h. M. vgl. zB Hardtung ZStW 108, 49, Jescheck/Weigend 508 f. mwN), während der Irrtum über das Bestehen eines Entschuldigungsgrundes, den es überhaupt nicht gibt, in seinem Umfang egal, bedeutungslos ist (vgl. § 35 RN 45 u. näher zum Ganzen Tiedemann, in: Eser/Fletcher aaO 1014 ff.). Kein Bedürfnis besteht für die Bildung eines eigenständigen Entschuldigungsgrundes bei *Ungewißheit des Täters* über das Vorliegen rechtfertigender oder entschuldigender Umstände (so aber zB Rudolphi SK 9 a vor § 19, Warda, Lange-FS 132 ff.), da diese Fälle schon nach allgemeinen Regeln befriedigend gelöst werden können (o. 14, § 16 RN 32, § 32 RN 28, § 35 RN 41).

VI. Überschreitet der Täter die **Grenzen eines Entschuldigungsgrundes** oder liegen sonst **126 b** dessen Voraussetzungen wenigstens teilweise vor, so kann dies im Rahmen der Strafbemessung zu berücksichtigender **Schuldminderungsgrund** sein, der umso mehr Gewicht hat, je näher der fragliche Sachverhalt an eine Entschuldigung heranreicht (o. 22). Dazu, daß es keinen allgemeinen übergesetzlichen Schuldminderungsgrund der „Verstrickung in ein Unrechtssystem" gibt, der bei NS-Gewaltverbrechern die Unterschreitung der gesetzlich angedrohten Strafe rechtfertigen würde, vgl. die 25. A.

C. Strafausschließungs- und Strafaufhebungsgründe

Schrifttum: Bloy, Die dogmatische Bedeutung der Strafausschließungs- und Strafaufhebungsgründe, 1976. – *Graul*, Abstrakte Gefährdungsdelikte u. Präsumtionen im Strafrecht, 1991. – *Peters*, Zur Lehre von den persönlichen Strafausschließungsgründen, JR 49, 496. – *Roxin*, Rechtfertigungs- und Entschuldigungsgründe in Abgrenzung von sonstigen Strafausschließungsgründen, JuS 88, 425. – *Volk*, Entkriminalisierung durch Strafwürdigkeitskriterien jenseits des Deliktsaufbaus, ZStW 97, 871. – *Wolter*, Strafwürdigkeit und Strafbedürftigkeit in einem neuen Strafrechtssystem, GA-FS 269 ff. – *ders.*, Verfassungsrechtliche Strafrechts-, Unrechts- u. Strafausschließungsgründe im Strafrechtssystem von Claus Roxin, GA 96, 207. – *ders.*, Zur Dogmatik u. Rangfolge von materiellen Ausschlußgründen, Verfahrenseinstellung, Absehen u. Mildern von Strafe, in: Wolter/Freund, Straftat, Strafzumessung u. Strafprozeß im gesamten Strafrechtssystem, 1996, 1.

127 I. Von den Rechtfertigungs- und Entschuldigungsgründen sind die **Strafausschließungsgründe** zu unterscheiden, die einen Sachverhalt umschreiben, bei dem trotz Vorliegens einer rechtswidrigen und schuldhaften Tat die Strafbarkeit entfällt. Sie stellen insoweit das Gegenstück zu den objektiven Strafbarkeitsbedingungen (124 ff. vor § 13) dar, deren Umkehrung sie zT auch in der Sache sind (and. Hirsch LK 225). Zu den außerhalb des Straftatsystems stehenden Fällen des Absehens von Strafe und der Einstellung gem. §§ 153 ff. StPO vgl. 13 vor § 13, zum Fehlen des Strafantrags § 77 RN 8, zur Verjährung 3 vor § 78.

128 1. Ihrem **Inhalt** nach umfassen die Strafausschließungsgründe recht heterogene Sachverhalte (vgl. Volk ZStW 97, 881 ff. u. die Übersicht b. Bloy aaO 32 ff., Hirsch LK 226). Zurückzuführen sind sie jedoch alle auf dieselben Grundgedanken, die denen entsprechen, mit denen auch die objektiven Strafbarkeitsbedingungen zu erklären sind (vgl. 124 vor § 13). Anknüpfend an die Unterscheidung von Strafwürdigkeit und Strafbedürftigkeit (vgl. 13 vor § 13) sind es hier zT kriminalpolitische Gründe, die trotz Vorliegens einer schuldhaften und damit strafwürdigen Tat zur Verneinung eines Strafbedürfnisses führen; zT sind die Strafausschließungsgründe aber auch Einfallstore für außerstrafrechtliche Interessen, dies mit dem Ergebnis, daß ein an sich durchaus vorhandenes Strafbedürfnis anderen staatlichen Interessen weichen muß (vgl. Eser/Burkhardt I 222, Jescheck/Weigend 552, Lenckner, Pfeiffer-FS 41, Perron, in: Eser/Nishihara [o. vor 108], 82 ff., 90 f., Rudolphi SK 14 vor § 19, Stratenwerth 79 u. für die 2. Fallgruppe auch Roxin I 901 ff., Wolter GA 96, 215 ff. u. in Wolter-Freund, Straftat usw. 4 f., 23 ff.; and. Jakobs 343, Schmidhäuser 487 f., I 261; näher zum Ganzen Bloy aaO).

129 a) Unter **strafrechtlichen Vorzeichen** stehen die Strafausschließungsgründe zB in den Fällen einer (wirklichen oder vom Gesetz unwiderleglich vermuteten) *Schuldminderung*, ohne daß diese hier freilich den Grad erreicht, bei dem, wie bei den Entschuldigungsgründen, auf den Schuldvorwurf ganz verzichtet wird. Dies gilt zB für §§ 173 III, 258 VI, wo bereits das Maß der Strafwürdigkeit an der untersten Grenze liegt und – daher keine Strafbedürftigkeit – eine Bestrafung der Angehörigen eher auf Unverständnis stoßen würde (vgl. § 173 RN 9, § 258 RN 38, ferner zB B/W-Mitsch 524 ff., M-Zipf I 478, für § 173 III auch Rudolphi SK 14 vor § 19 u. für § 258 VI BGH JZ **98**, 738 m. Anm. Paul, Wolter in: Wolter/Freund, Straftat usw. 21, 24). Nach anderer Ansicht soll es hier dagegen um objektiv gefaßte Schuldausschließungsgründe bzw. um Entschuldigungsgründe handeln (so zB Hirsch LK 210, Jakobs 344 f., Jescheck/Weigend 471, Schmidhäuser 489, I 256, ähnl. Roxin I 882 ff, JuS 88, 432: Ausschluß der Verantwortlichkeit). Im Fall des § 173 III spricht dagegen aber, daß dieser nicht einmal eine entfernte Ähnlichkeit zu den sonstigen Schuldausschließungs- und Entschuldigungsgründen aufweist und deshalb nur mit dem fehlenden Strafbedürfnis erklärt werden kann. § 258 VI dagegen mag dem § 35 zwar „nahestehen" (Roxin aaO), aber auch er läßt sich selbst bei einer drohenden Freiheitsstrafe nicht in das System der Entschuldigungsgründe einfügen, dies schon deshalb nicht, weil hier weder das Unrecht gemindert ist (vgl. § 35 RN 29) noch ein Loyalitäts- und Gewissenskonflikt für den Täter tatsächlich bestehen muß. Zu § 257 III, der iU zu § 258 VI auf dem Gedanken des mitbestraften Nachtat beruht, vgl. § 257 RN 31. Nicht erst in Strafausschließungs-, sondern schon ein (übergesetzlicher) Entschuldigungsgrund ist dagegen der Notstand in den o. 115 ff. genannten Fällen (and. OGH **1** 335, **2** 126, Oehler JR 51, 489, Peters JR 49, 496).

130 Ferner können Strafausschließungsgründe jedenfalls bei einem Teil der *abstrakten Gefährdungsdelikte* das *strafrechtliche Korrektiv* sein, um bei an sich uneingeschränkt gegebener Strafwürdigkeit (i. U. zu o. 129) unter Verneinung der Strafbedürftigkeit die Strafbarkeit in Fällen zu beschränken, in denen das Gesetz im Interesse eines möglichst wirksamen Rechtsgüterschutzes und auf der Grundlage bestimmter Vermutungen ein Verhalten generell, d. h. ohne Rücksicht darauf verbietet, ob das geschützte Rechtsgut im Einzelfall durch die fragliche Handlung überhaupt betroffen sein kann. Dies gilt zB für § 186, der auf der Vermutung eines ungeschmälerten Geltungsanspruchs jedes Menschen beruht und wo deshalb die Erweislichkeit der Wahrheit der ehrenrührigen Tatsachenbehauptung einen Strafausschließungsgrund darstellt (bzw., was in der Sache keinen Unterschied macht, die Nichterweislichkeit eine objektive Strafbarkeitsbedingung; vgl. 124 vor § 13, § 186 RN 1, 10). In diesen Zusammenhang gehören ferner die „verwaltungsakzessorischen" Strafbestimmungen, die an den Verstoß gegen eine wirksame und vollziehbare behördliche Anordnung oder Untersagung anknüpfen (zB §§ 324 a, 325 iVm § 330 d Nr. 4 c, d, §§ 23, 26 Nr. 1 VersG, § 20 VereinsG). Im Anschluß an BVerfG NJW **93**, 581 ist hier jedoch noch zu unterscheiden: Setzt die Strafbarkeit neben der fraglichen Vorschrift außer der Vollziehbarkeit auch die Rechtmäßigkeit des Verwaltungsakts voraus (so BVerfG aaO zu § 29 I Nr. 2 VersG), so kann diese hier nicht als zusätzliches Tatbestandsmerkmal gedacht sein – Strafbarkeitslücken wären damit im Hinblick auf § 16 geradezu vorprogrammiert –, vielmehr kann davon allein das Strafbedürfnis abhängen, d. h. die Rechtswidrigkeit der Anordnung ist ein Strafausschließungsgrund bzw. ihre Rechtmäßigkeit eine objektive Strafbarkeitsbedingung. Begnügt sich das Gesetz dagegen mit der bloßen Vollziehbarkeit als Strafbarkeitsvoraussetzung (zur allerdings nicht unbegrenzten Zulässigkeit solcher Strafvorschriften vgl. BVerfG aaO u. zu § 20 VereinsG NJW **90**, 37), so kann auch das Strafbedürfnis erst dann verneint werden, wenn die Anordnung, weil rechtswidrig, später wieder aufgehoben wird: Da damit auch die kriminalpolitische Notwendigkeit einer strafrechtlichen Sanktion nicht mehr einsichtig ist – die nachträgliche Bestrafung des Nichtbefolgens eines Verwaltungsakts, der inzwischen beseitigt ist und mit dem der Adressat eingestandenermaßen zu Unrecht belastet wurde, wäre unter Strafzweckgesichtspunkten eher kontraproduktiv –, muß sich hier die verwaltungsrechtliche Aufhebung strafrechtlich in einem Strafaufhebungsgrund fortsetzen (vgl. auch Frankfurt StV **88**, 301 m. Anm. Wolf, Heine/Meinberg, 57. DJT, Bd. I, Gutachtenteil D, S. 50, M. Schröder VVDStrL 50, 224, Winkelbauer DÖV **88**, 726, Wüterich NStZ **87**, 108, iE auch Stern, Lange-FS 863; and. die h. M., zB BGH **23** 93, Hamburg JZ **80**, 110, Karlsruhe NJW **88**, 1604, Kuhlen WiVerw **92**, 262, Odenthal NStZ **91**, 418, Rogall, Köln-FS 528, Rudolphi NStZ **84**, 248, Seier JA **85**, 25; vgl. näher dazu u. zu Ausnahmen im Verkehrsbereich 21 f. vor § 324 mwN u. zur bloßen Aussetzung der Vollziehung bzw. zum Vollstreckungsverzicht der Behörde Odenthal aaO 420 f.). Zu den entsprechenden Fragen bei der rechtswidrigen Versagung einer behördlichen Genehmigung s. o. 62. – Zu der umstrittenen Frage, ob, inwieweit und auf welchem Weg auch bei anderen abstrakten Gefährdungsdelikten die Strafbarkeit zu verneinen ist, wenn die fragliche Handlung nach Lage der Dinge für das geschützte Rechtsgut schlechterdings nicht gefährlich sein kann, vgl. 3a vor § 306, ferner zB Graul aaO 232 ff., 355 ff., aber auch Roxin I 355 ff.; vgl. dazu auch BGH NStZ **97**, 344 mwN u. Anm. Lenckner NStZ **98**, 257. Eine ausdrückliche – inhaltlich allerdings kaum geglückte – Regelung iS eines Strafausschließungsgrundes enthält hier § 326 VI (vgl. dort RN 17 ff.).

b) In anderen Fällen ist es schließlich der **Vorrang außerstrafrechtlicher Interessen**, der, ohne 130a am Unrechts- und Schuldgehalt der Tat und deren Strafwürdigkeit etwas zu ändern, dazu führt, daß das Strafbedürfnis zurücktreten muß (zu einer solchen „überstrafrechtlichen Interessenabwägung" vgl. auch Bloy aaO 224 ff.). Dies gilt etwa für § 36 – Freistellung von Sanktionen im Interesse der Redefreiheit – und entsprechend für § 37 (vgl. dort RN 1), ferner für die Exterritorialität (vgl. 44 vor § 3) und die beleidigungsfreie Sphäre (9 a vor § 185).

2. Der Strafausschließungsgrund ist ein **persönlicher**, wenn er an bestimmte, zZ der Tat gegebene 131 persönliche Eigenschaften oder Verhältnisse anknüpft und deshalb auch nur demjenigen zugute kommt, der diese Voraussetzungen erfüllt. Hierher gehören zB die §§ 36 (o. 130 a), 173 III, 258 VI (o. 129). Um **sachliche** Strafausschließungsgründe handelt es sich dagegen, wenn ein sonstiger, d. h. nicht personengebundener Sachverhalt zur Straflosigkeit führt (vgl. § 37 und die o. 130 genannten Fälle); sie gelten uneingeschränkt auch für Teilnehmer.

3. Bei der **irrigen Annahme** und umgekehrt der **Unkenntnis** eines Strafausschließungsgrundes 132 ist zu unterscheiden (generell für deren Unbeachtlichkeit jedoch zB B/W-Mitsch 526): Beruht dieser auf im Schuldbereich liegenden Erwägungen (o. 129), so ist der Täter auch straflos, wenn er den fraglichen Umstand fälschlich für gegeben hält, während es bei der Strafbarkeit bleibt, wenn er ihn nicht kennt (vgl. auch § 16 RN 34 u. zu § 258 VI dort RN 39). Unbeachtlich bzw. unschädlich ist ein Irrtum bzw. die Unkenntnis dagegen, wenn es sonstige Gründe sind, die zur Straflosigkeit führen. Ausnahmen sind hier nur bei den auf dem Vorrang außerstrafrechtlicher Interessen beruhenden Strafausschließungsgründen (o. 130 a) denkbar, wenn – so bei der beleidigungsfreien Sphäre – der damit verfolgte Zweck die Kenntnis des fraglichen Umstands voraussetzt.

II. Während es sich bei den Strafausschließungsgründen um Umstände handelt, die zZ der Tat 133 vorliegen, sind es bei den **Strafaufhebungsgründen** erst nach Begehung der Tat eintretende Umstände, welche die bereits begründete Strafbarkeit rückwirkend wieder beseitigen (krit. dazu Volk ZStW 97, 883 u. zum Begriff auch Hirsch LK 225). Dazu gehören insbes. der Rücktritt nach §§ 24, 31, 149 II, 264 V usw. (vgl. § 24 RN 4; and. zB Rudolphi SK § 24 RN 6: Entschuldigungsgrund), ferner die Begnadigung und Amnestie, die ebenso wie der Tod des Täters sowohl als Strafaufhebungsgrund wie als Prozeßhindernis wirken (vgl. zB RG **53** 39, **55** 231, **59** 56, **69** 126, BGH **3** 136, **4** 289, NJW **72**, 262, Jescheck/Weigend 553, Tröndle 17; für bloßes Prozeßhindernis OVG Münster NJW **53**, 1240, M-Zipf I 478). Zur Aufhebung eines strafbewehrten, aber rechtswidrigen Verwaltungsakts vgl. o. 130 u. zur Frage eines „staatlich veranlaßten Strafaufhebungsgrundes" bei einer die abstrakt angedrohte Höchststrafe erreichenden Dauer der Untersuchungshaft Wolter, GA-FS 286 f., NStZ **93**, 10, GA **96**, 217.

III. Der Grundsatz „in dubio pro reo" ist prinzipiell auch bei Strafausschließungs- und Strafauf- 134 hebungsgründen anzuwenden (Bay NJW **61**, 1222, Hirsch LK 228, Stree, In dubio pro reo 61; and. OGH **1** 337, **2** 126 für den dort angenommenen Strafausschließungsgrund der unlösbaren Pflichtenkollision; vgl. auch Graul aaO 345 ff.). Dies gilt auch für die Amnestie (Jescheck/Weigend 554, Tröndle 17, Stree aaO 73; and. RG **56** 50, **71** 263, BGH JZ **51**, 655; differenzierend BGH NJW **58**, 392, Hamm NJW **55**, 75, 644). Ausnahmen ergeben sich jedoch, wenn und soweit der Strafausschluß gerade von der positiven Feststellung gewisser Tatsachen und Umstände abhängt (vgl. § 186: Erweislichkeit der Wahrheit, 326 V: offensichtliche Ungefährlichkeit).

§ 32 Notwehr

(1) **Wer eine Tat begeht, die durch Notwehr geboten ist, handelt nicht rechtswidrig.**

(2) **Notwehr ist die Verteidigung, die erforderlich ist, um einen gegenwärtigen rechtswidrigen Angriff von sich oder einem anderen abzuwenden.**

Übersicht

I. Allgemeines	1	IV. Einschränkungen		43
II. Notwehrlage	2	V. Subjektives Rechtfertigungselement		63
III. Erforderlichkeit der Verteidigung	29	VI. Irrtum		65

Stichwortverzeichnis

Absichtsprovokation 55 ff.
Abwehrprovokation 61 b
actio illicita in causa 54, 56 f., 61
Amtsträger, Notwehr gegen – 22
Angriff 3 ff.
– als hoheitliches Handeln 3, 22, 42 a
– auf einen Dritten 25, 32
– durch Unterlassen? 10, 30
– fahrlässiger 64
– gegenwärtiger 13 ff.
– objektiv nicht pflichtwidriger 21
– rechtswidriger 19 ff.
– schuldhafter bzw. schuldloser 23 f.
– unvorsätzlicher 3, 21
Ausweichen, Pflicht zum – 40, 47, 56 f., 60

Einschränkungen der Notwehr 38, 43 ff., 48 ff., 60
– Bagatellangriff 49
– Ehegatten, enge persönliche Beziehungen 53
– Mißverhältnis, grobes 50
– Provokation 54 ff.
– Rechtsmißbrauch 46, 54
– schuldlos Handelnde 52
– verschuldeter Angriff 58
Einverständliche Prügelei 23
Erforderlichkeit der Verteidigung 29 ff.

Gebotensein der Verteidigung 44
Geeignetheit der Verteidigung 35
Gegenwärtigkeit des Angriffs 13 ff.
Güter- und Schadensabwägung 1, 34, 50

Hoheitliche Eingriffsbefugnisse 42 a, 62

Irrtum s. Putativnotwehr

Menschenrechtskonvention, Europäische 62
Mildestes Gegenmittel 34, 36, 60

Nothilfe 25 f., 42, 61 a
Notwehrähnliche Lage 17
Notwehrexzeß s. § 33
Notwehrfähige Güter 4 ff.
Notwehrlage 2, 27

Präventivnotwehr 14, 16 ff.
Provozierte Notwehr 46, 54 ff.
Putativnotwehr 65

Rechtsbewährungsprinzip 1, 40 f., 47, 52 f., 57
Rechtsgüterabwägung 34, 47
Rechtsmißbrauch 46, 54
Rechtswidrigkeit des Angriffs 19 ff.

Scheinangriff 3, 28 f.
Schuldlos Handelnde s. Einschränkungen
Schußwaffengebrauch 37 f., 42 b f., 60, 61 b
Schutzwehr 30
Selbstschutzanlagen 18 a, 37
Staatsnotwehr bzw. -nothilfe 6 f.
Subjektives Rechtfertigungselement s. Verteidigungswille

Tierangriff 3
Trutzwehr 30

Überwiegendes Interesse 1
Überschreitung der Notwehr s. § 33

Verhältnismäßigkeitsgrundsatz 42, 46
Verschulden des Angriffs 19, 23 f., 58
Verteidigungshandlung 38
Verteidigungswille 33, 63

Wertverhältnis angegriffenes/verletztes Rechtsgut 34
Widerstandsrecht Art. 20 IV GG 6
Zumutbarkeit des Ausweichens 46

Schrifttum: Alwart, Zum Begriff der Notwehr, JuS 96, 953. – *Amelung,* Das Problem der heimlichen Notwehr gegen die erpresserische Androhung kompromittierender Enthüllungen, GA 82, 381. – *ders.,* Noch einmal: Notwehr gegen sog. Chantage, NStZ 98, 70. – *Arzt,* Notwehr gegen Erpressung, MDR 65, 344. – *ders.,* Notwehr, Selbsthilfe, Bürgerwehr, Schaffstein-FS 75. – *Bath,* Notwehr u. Notstand bei der Flucht aus der DDR, 1988 (Diss. Berlin). – *Baumann,* Notwehr im Straßenverkehr, NJW 61, 1745. – *ders.,* Rechtsmißbrauch bei Notwehr, MDR 62, 349. – *ders.,* § 53 StGB als Mittel der Selbstjustiz gegen Erpressung, MDR 65, 346. – *Beisel,* Straf- und verfassungsrechtliche Problematiken des finalen Rettungsschusses, JA 98, 721. – *Bernsmann,* Zum Handeln von Hoheitsträgern aus der Sicht des „entschuldigenden Notstands" (§ 35 StGB), Blau-FS 23 (zit. aaO). – *ders.,* Überlegungen zur tödlichen Notwehr bei nicht lebensbedrohlichen Angriffen, ZStW 104, 290. – *Bertel,* Notwehr gegen verschuldete Angriffe, ZStW 84, 1. – *Berz,* An der Grenze von Notwehr und Notwehrprovokation, JuS 84, 340. – *Beulke,* Die fehlgeschlagene Notwehr zur Sachwertverteidigung, Jura 88, 641. – *Bitzilekis,* Die neue Tendenz zur Einschränkung des Notwehrrechts, 1984. – *Bockelmann,* Menschenrechtskonvention und Notwehrrecht, Engisch-FS 456. – *ders.,* Notwehr gegen verschuldete Angriffe, Honig-FS 19. – *ders.,* Notrechtsbefugnisse der Polizei, Dreher-FS 235. – *Born,* Die Rechtfertigung der Abwehr vorgetäuschter Angriffe, 1984. – *Bressendorf,* Notwehr und notwehrähnliche Lage im Straßenverkehr, 1990. – *Burr,* Notwehr und staatliches Gewaltmonopol, JR 96, 230. – *Busse,*

Notwehr im Straßenverkehr, 1968. – *Constadinidis*, Die „Actio illicita in causa", 1982. – *Courakis*, Zur sozialethischen Begründung der Notwehr. Die sozialethischen Schranken des Notwehrrechts nach deutschem und griechischem Recht, 1978. – *D. Engels*, Der partielle Ausschluß der Notwehr bei tätlichen Auseinandersetzungen zwischen Ehegatten, GA 82, 109. – *H.-J. Engels*, Die Angriffsprovokation bei der Nothilfe, 1992 (Diss. Würzburg). – *Erdsiek*, Notwehr bei Eingriff in die Intimsphäre, NJW 62, 2240. – *Eser*, Rechtfertigung und Entschuldigung im japanischen Recht aus deutscher Perspektive, Nishihara-FS 41. – *Fechner*, Grenzen polizeilicher Notwehr, 1991. – *Felber*, Die Rechtswidrigkeit des Angriffs in den Notwehrbestimmungen, 1979. – *Frister*, Zur Einschränkung des Notwehrrechts durch Art. 2 MRK, GA 85, 553. – *ders.*, Die Notwehr im System der Notrechte, GA 88, 291. – *Fuchs*, Grundfragen der Notwehr, 1986. – *Geilen*, Eingeschränkte Notwehr unter Ehegatten, Jura 76, 314. – *ders.*, Notwehr und Notwehrexzeß, Jura 81, 200, 256, 308, 370. – *Graul*, Notwehr oder Putativnotwehr – Wo ist der Unterschied?, JuS 95, 1049. – *Gribbohm*, Zumutbarkeitserwägungen im Notwehrrecht, SchlHA 64, 155. – *Gropengießer*, Die Rechtswidrigkeit bei der Sachbeschädigung (§ 303 StGB), JR 98, 89. – *Gutmann*, Die Berufung auf das Notwehrrecht als Rechtsmißbrauch, NJW 62, 286. – *Haas*, Notwehr und Nothilfe, 1978. – *Haberstroh*, Notwehr gegen unbefugte Bildaufnahmen usw.?, JR 83, 314. – *Haug*, Notwehr gegen Erpressung, MDR 65, 548. – *W. Hassemer*, Die provozierte Provokation oder über die Zukunft des Notwehrrechts, Bockelmann-FS 225. – *R. Hassemer*, Ungewollte, über das erforderliche Maß hinausgehende Auswirkungen einer Notwehrhandlung, JuS 80, 412. – *Himmelreich*, Erforderlichkeit der Abwehrhandlung usw., GA 66, 129. – *ders.*, Nothilfe und Notwehr, insbes. zur sog. Interessenabwägung, MDR 75, 733. – *ders.*, Notwehr und unbewußte Fahrlässigkeit, 1971. – *Hinz*, Die fahrlässig provozierte Notwehrlage usw., JR 93, 353. – *Hirsch*, Die Notwehrvoraussetzung der Rechtswidrigkeit des Angriffs, Dreher-FS 211. – *Hoyer*, Das Rechtsinstitut der Notwehr, JuS 88, 89. – *Joecks*, Erfolglose Notwehr, Grünwald-FS 251. – *Kargl*, Die intersubjektive Begründung und Begrenzung der Notwehr, JZ StW 110, 38. – *Kiefner*, Die Provokation bei Notwehr (§ 32 StGB) u. Notstand (§ 34 StGB), 1991 (Diss. Gießen). – *Kioupis*, Notwehr u. Einwilligung, 1992. – *Kirchhof*, Notwehr und Nothilfe des Polizeibeamten aus öffentlich-rechtlicher Sicht, in: Merten, Aktuelle Probleme des Polizeirechts (1977), 67. – *ders.*, Polizeiliche Eingriffsbefugnisse und private Nothilfe, NJW 78, 969. – *Klesczewski*, Ein zweischneidiges Recht – Zu Grund und Grenzen der Notwehr in einem voluntativen System der Erlaubnissätze, E. A. Wolff-FS 225. – *Klose*, Notrecht des Staates aus staatlicher Rechtsnot, ZStW 89, 61. – *Koriath*, Das Brett des Karneades, JA 98, 250. – *Kratzsch*, § 53 StGB und der Grundsatz nullum crimen sine lege, GA 71, 65. – *ders.*, Grenzen der Strafbarkeit im Notwehrrecht, 1968. – *ders.*, Das (Rechts-)Gebot zu sozialer Rücksichtnahme als Grenze des strafrechtlichen Notwehrrechts, JuS 75, 435. – *ders.*, Der „Angriff" – ein Schlüsselbegriff des Notwehrrechts, StV 87, 224. – *Krause*, Zur Problematik der Notwehr, Bruns-FS 71. – *ders.*, Zur Einschränkung der Notwehrbefugnis, GA 79, 329. – *ders.*, Notwehr bei Angriffen Schuldloser und bei Bagatellangriffen, H. Kaufmann-GedS 673. – *Krey*, Zur Einschränkung des Notwehrrechts bei der Verteidigung von Sachgütern, JZ 79, 702. – *Kühl*, „Sozialethische" Einschränkungen der Notwehr, Jura 90, 244. – *ders.*, Angriff u. Verteidigung bei der Notwehr, Jura 93, 57, 118, 233. – *ders.*, Notwehr u. Nothilfe, JuS 93, 177. – *ders.*, Die Notwehr: Ein Kampf ums Recht oder Streit, der mißfällt?, Trifftterer-FS 149. – *ders.*, Die gebotene Verteidigung gegen provozierte Angriffe, Bemmann-FS 193. – *ders.*, Freiheit und Solidarität bei den Notrechten, Hirsch-FS 259. – *Kunz*, Die organisierte Nothilfe, ZStW 95, 973. – *ders.*, Die automatisierte Gegenwehr, GA 84, 539. – *Lagodny*, Notwehr gegen Unterlassen, GA 91, 360. – *Lange*, Zum Bewertungsirrtum über die Rechtswidrigkeit des Angriffs bei der Notwehr, 1994. – *Lenckner*, Notwehr bei provoziertem und verschuldetem Angriff, GA 61, 299. – *ders.*, „Gebotensein" und „Erforderlichkeit" der Notwehr, GA 68, 1. – *Lesch*, Notwehr u. Beratungsschutz, 2000. – *Lilie*, Zur Erforderlichkeit der Verteidigungshandlung, Hirsch-FS 277. – *Loos*, Zur Einschränkung der Notwehr in Garantenbeziehungen, GA 85, 859. – *ders.*, Zur Einschränkung des Notwehrrechts wegen Provokation, Deutsch-FS 233. – *Ludwig*, „Gegenwärtiger Angriff", „drohende" u. „gegenwärtige Gefahr" im Notwehr- und Notstandsrecht usw., 1991. – *Lüderssen/Nestler-Tremel/Weigend* (Hrsg.), Modernes Strafrecht und ultima-ratio-Prinzip, 1990. – *Lührmann*, Tötungsrecht bei Eigentumsverteidigung?, 1999. – *Luzón*, „actio illicita in causa" u. Zurechnung zum Vorverhalten usw., in: Jahrb. f. Recht u. Ethik, Bd. 2 (1994), 352. – *Maatz*, Zur materiell-verfahrensrechtl. Beurteilung verbotenen Waffenbesitzes in Notwehrfällen, MDR 85, 881. – *Matt*, Eigenverantwortlichkeit u. Subjektives Recht im Notwehrrecht, NStZ 93, 271. – *Marxen*, Die „sozialethischen" Grenzen der Notwehr, 1979. – *Mayr*, Aberratio in persona vel obiecto u. abgeirrter ictus bei der Notwehr, 1992. – *Mitsch*, Nothilfe gegen provozierte Angriffe, GA 86, 533. – *ders.*, Tödliche Schüsse auf flüchtende Diebe, JA 89, 79. – *Montenbruck*, Thesen zum Notwehrrecht, 1983. – *Müller*, Zur Notwehr bei Schweigegelderpressung (Chantage), NStZ 93, 366. – *Münzberg*, Verhalten und Erfolg als Grundlagen der Rechtswidrigkeit und Haftung, 1966. – *Neumann*, Zurechnung und „Vorverschulden", 1985 (zit.: aaO). – *ders.*, Individuelle und überindividuelle Begründung des Notwehrrechts, in: Lüderssen/Nestler-Tremel/Weigend (s. o.), 215 (zit.: aaO 1990). – *Novoselec*, Notwehr gegen Erpressung i. e. S. und Chantage, NStZ 97, 218. – *Otte*, Der durch Menschen ausgelöste Defensivnotstand, 1998. – *Otto*, Rechtsverteidigung und Rechtsmißbrauch im Strafrecht, Würtenberger-FS 129. – *ders.*, Die vorgetäuschte Notwehr-/Nothilfelage, Jura 88, 330. – *Pelz*, Notwehr- und Notstandsrechte und der Vorrang obrigkeitlicher Hilfe, NStZ 95, 305. – *Perron*, Rechtfertigung u. Entschuldigung bei Befreiung aus besonderen Notlagen usw., in: Eser/Perron, Rechtfertigung u. Entschuldigung III, 1991, 79. – *Pitsounis*, Die Notwehr als Gegenstand d. Rechtsvergleichung, in: Lüderssen/Nestler-Tremel/Weigend (s. o.), 227. – *Puppe*, Die strafrechtliche Verantwortlichkeit für Irrtümer bei der Ausübung der Notwehr und für deren Folgen, JZ 89, 728. – *Prittwitz*, Zum Verteidigungswillen bei der Notwehr, GA 80, 381. – *ders.*, Der Verteidigungswille als subjektives Merkmal der Notwehr, Jura 84, 74. – *Radtke*, Der praktische Fall-Strafrecht: Notwehrprovokation im Vollrausch, JuS 93, 577. – *Rath*, Zur strafrechtlichen Behandlung der aberratio ictus u. des error in persona des Täters, 1993. – *Reichert-Hammer*, Politische Fernziele u. Unrecht, 1991. – *Renzikowski*, Notstand u. Notwehr, 1994. – *Rogall*, Das Notwehrrecht des Polizeibeamten, JuS 92, 551. – *Roxin*, Die provozierte Notwehrlage, ZStW 75, 541. – *ders.*, Die „sozialethischen Einschränkungen" des Notwehrrechts, ZStW 93, 68. – *ders.*, Von welchem Zeitpunkt an ist ein Angriff gegenwärtig usw.?, Zong Uk Tjong-GedS (1985) 137. – *Runte,* Die Veränderung von Rechtfertigungsgründen durch Rechtsprechung und Lehre, 1991. – *Satzger,* Der Schutz ungeborenen Lebens durch Rettungshandlungen Dritter, JuS 97, 800. – *Sax,* Zur Frage der Notwehr bei Widerstandsleistungen gegen Akte sowjetzonaler Strafjustiz, JZ 59, 385. – *Schaffstein,* Notwehr und Güterabwägungsprinzip, MDR 52, 132. – *ders.,* Die strafrechtlichen Notrechte des Staats, Schröder-GedS 97. – *Schlüchter,* Antizipierte Notwehr, Lenckner-FS 313. – *R. Schmidt,* Der rechtswidrige Angriff bei der Notwehr, NJW 60, 1706. – *Schmidhäuser,* Über die Wertstruktur der Notwehr, Honig-FS 185. – *ders.,* Notwehr und Nothilfe des Polizeibeamten aus strafrechtlicher Sicht, in: Merten, Aktuelle Probleme des Polizeirechts (1977), 53 ff. – *ders.,* Die Begründung der Notwehr, GA 91, 97. – *Schöneborn,* Zum Leitgedanken der Rechtfertigungseinschränkung bei Notwehrprovokation, NStZ 81, 201. – *F. C. Schroeder,* Die Notwehr als Indikator politischer Grundanschauungen, Maurach-FS 127. – *ders.,* Zur Strafbarkeit der Fluchthilfe, JZ 74, 113. – *ders.,* Notwehr bei Flucht aus der DDR, NJW 78, 2577. – *C. Schröder,* Angriff, Scheinangriff und die Erforderlichkeit der Abwehr vermeintlich gefährlicher Angriffe, JuS 00, 235. – *H. Schröder,* Notwehr bei schuldhaftem Vorverhalten, JuS 73, 157. – *Schroth,* Notwehr bei Auseinandersetzungen in engen persönlichen Beziehungen, NJW 84, 2562. – *Schulte,* Gefahrenabwehr durch private Sicherheitskräfte im Lichte des staatlichen Gewaltmonopols, DVBl. 95, 130. – *Schumann,* Zum Notwehrrecht und seinen Schranken, JuS 79, 559. – *Schwabe,* Grenzen des Notwehrrechts, NJW 74, 670. – *ders.,* Zur Geltung von Rechtfertigungsgründen des StGB für Hoheitshandeln, NJW 72, 1902. – *ders.,* Notrechtsvorbehalte der Polizei, 1979. – *Seebode,* Polizeiliche Notwehr und Einheit der Rechtsordnung, Klug-FS 359. – *ders.,* Gesetzliche Notwehr und staatliches Gewaltmonopol, Krause-FS 375. – *ders.,* Gezielt tödlicher Schuß de lege lata et ferenda, StV 91, 80. – *Seelmann,* Grenzen privater Nothilfe, ZStW 89, 36. – *Seier,* Umfang und Grenzen der Nothilfe im Strafrecht, NJW 87, 2476. – *Sohm,* Rechtsfragen der Nothilfe bei friedensunterstützenden Einsätzen der Bundeswehr, NZWehrR 96, 89. – *Spendel,* Gegen den „Verteidigungswillen" als Notwehrerfordernis, Bockelmann-FS 245. – *ders.,* Der Gegensatz rechtlicher und sittlicher Wertung am Beispiel der Notwehr, DRiZ 78, 327. – *ders.,* Keine Notwehreinschränkung unter Ehegatten, JZ 84, 507. – *ders.,* Notwehr und „Verteidigungswille", objektiver Zweck und subjektive Absicht, Oehler-FS 197. – *Sternberg-Lieben/Sternberg-Lieben,* Zur Strafbarkeit der aufgedrängten Nothilfe, JuS 99, 444. – *Stiller,* Grenzen des Notwehrrechts bei der Verteidigung von Sachwerten, 1999. – *Stöckel,* Ungeklärte Notwehrprobleme bei Widerstand gegen die Staatsgewalt (§ 113 StGB), JR 67, 281. – *Suppert,* Studien zur Notwehr und „notwehrähnlichen Lage", 1973. – *Trechsel,* Haustyrannen„mord" – ein Akt der Notwehr?, Hassemer-FS 183. – *Wagner,* Individualistische oder überindividualistische Notwehrbegründung, 1984. – *Warda,* Die Eignung der Verteidigung als Rechtfertigungselement bei der Notwehr, Jura 90, 344, 393. – *ders.,* Die Geeignetheit der Verteidigungshandlung bei der Notwehr – Strittiges in der aktuellen Diskussion, GA 96, 405. – *Wentzek,* Zur Geltung des deutschen Strafrechts im Auslandseinsatz, NZWehrR 97, 25. – *Wimmer,* Das Anhalten beleidigender Gefangenenbriefe aus der Untersuchungshaft, GA 83, 145. – *Wittemann,* Grundlinien und Grenzen der Notwehr in Europa, 1997. – *Wohlers,* Einschränkungen des Notwehrrechts innerhalb sozialer Näheverhältnisse, JZ 99, 434. – Zum älteren Schrifttum vgl. die Angaben in der 24. A.

1   I. Die Notwehr ist, wie sich schon aus dem Gesetzeswortlaut ergibt, ein **Rechtfertigungsgrund**, und zwar ein solcher, der dem Prinzip des überwiegenden Interesses folgt (Lenckner GA 68, 2 u. 85, 300, 307, Spendel LK 6, Stratenwerth 134) und dem Täter ein echtes Eingriffsrecht verleiht (vgl. dazu 9 ff. vor § 32). Dabei hat der hier bestehende Interessenkonflikt einen *doppelten Aspekt,* woraus sich die beiden Wurzeln des Notwehrrechts ergeben (zur geschichtlichen Entwicklung vgl. Bitzilekis aaO 24 ff., Günther SK 19 ff., Haas aaO 19 ff., Krause, Bruns-FS 71 ff., Lührmann aaO 6 ff., Stiller aaO 7 ff., Suppert aaO 43 ff.): Auch bei der Notwehr geht es – ebenso wie beim Notstand – zunächst einmal um den Schutz von Rechtsgütern des Täters oder eines anderen (individualrechtlicher Aspekt: „**Schutzprinzip**"), wobei sie mit dem Defensivnotstand (§ 34 RN 30) gemeinsam hat, daß die dem „Erhaltungsgut" drohende Gefahr von dem Inhaber des „Eingriffsguts" – d. h. also dem Angreifer – zu verantworten ist (insofern daher auch eine Verknüpfung von Schutz- u. Autonomieprinzip; vgl. auch Kühl JuS 93, 183, Rudolphi JR 91, 211). Schon allein dies reduziert auch die Schutzwürdigkeit des Angreifers. Darüber hinaus dient § 32 aber auch der Erhaltung und Bewährung der Rechtsordnung im ganzen, weil bei der Notwehr die Gefahr für das bedrohte Gut speziell aus einem *rechtswidrigen* menschlichen Verhalten (Angriff) droht und – darin liegt auch der entscheidende Unterschied zu § 34 und zum bloßen Defensivnotstand (vgl. auch BGH NJW **89**, 2479) – hier der Grundsatz gilt, daß Recht dem Unrecht nicht zu weichen braucht (sozialrechtlicher Aspekt: „**Rechtsbewährungsprinzip**").

1a   Diese „**Zwei-Elemente-Theorie**" zur Notwehr (Marxen aaO 35) ist zwar nicht unangefochten, entspricht aber jedenfalls iE der ganz h. M. (vgl. zB BGH **24** 356 m. Anm. Lenckner JZ 73, 253, BSG NJW **99**, 2302 m. Anm. Roxin JZ 00, 99, Roxin NJW 72, 1821 u. Schröder JuS 73, 157, Bertel ZStW 84, 7, Blei I 150, Courakis aaO 74, Eser, Nishihara-FS 55 f., EB-Eser I 117, Felber aaO 88 ff., 95 ff., Graul JuS 95, 1052, Hinz JR 93, 355, Hirsch aaO 216 f., Jescheck/Weigend 337, Krause, H. Kaufmann-GedS 674, Kühl 126 ff., JuS 93, 178 ff., Lackner/Kühl 1, Lenckner GA 61, 309 sowie 68, 3 u. 85, 307, M-Zipf I 354, Otto I 101, Perron aaO 87 f., Roxin I 550 f., ZStW 75, 566 u. 93, 70, Rudolphi, A. Kaufmann-GedS 386, JR 91, 211, Spendel LK 3, 11 ff., Stiller aaO 71 ff., Stratenwerth 134, Tröndle 2, ähnl. Kratzsch StV 87, 227 f.; vgl. auch Matt NStZ 93, 272; gegen das Rechtsbewährungsprinzip bzw. einseitig auf das Individualschutzprinzip abstellend dagegen Constadinidis aaO 103 ff., Freund 93, Frister GA 88, 301 f., Günther SK 7, 12, Hohmann/Matt JR 89, 162, Hoyer JuS 88, 89 [s. aber auch ders., Strafrechtsdogmatik nach Armin Kaufmann, 1997, 205 ff.], Kioupis aaO 58 ff., Klose ZStW 89, 86 f., Lesch aaO 23 ff., Mitsch JA 89, 84, Neumann aaO 165 ff., Pitsounis aaO

257 ff., Renzikowski aaO 79 ff., Runte aaO 318 ff., Wagner aaO 29 ff., 56 ff. u. zum österreich. Recht Fuchs aaO 41 ff., 67 ff.; für eine rein überindividualistische Notwehrbegründung zB Bitzilekis aaO 59, Haas aaO 216 ff., 354 ff., Schmidhäuser 340, I 149, Honig-FS 192 ff. u. – mit Modifikationen – GA 91, 124 f.; für die Vereinigung von individualistischer und überindividualistischer Notwehrbegründung in einer „intersubjektiven" Theorie Kargl aaO 38 ff.; s. auch Klesczewski aaO 240 ff. [Begründung der Notwehr nach den „Gerechtigkeitsformen Kants"], Köhler, 261 ff. [„interpersonale" Verantwortlichkeit des Angreifers]). Daß § 32 nicht allein mit dem Individualschutzprinzip, sondern nur unter Hinzunahme des Rechtsbewährungsprinzips erklärt werden kann, zeigt die besondere „Schneidigkeit" des Notwehrrechts (nicht einsichtig Fuchs aaO 29, Günther SK 12, Hoyer JuS 88, 90 f., Strafrechtsdogmatik nach Armin Kaufmann 207 f., Renzikowski aaO 81 ff. [„Antinomie"]), die dieses aus allen anderen Rechtfertigungsgründen einschließlich des Defensivnotstands heraushebt, weil hier – beides i. U. zum Notstand – die Güter- und Schadensabwägung grundsätzlich keine Rolle spielt (u. 34, 50) und die Verteidigung regelmäßig auch dann zulässig ist, wenn der Angegriffene dem Angriff ausweichen, die Gefahr also auf andere Weise abwenden könnte (u. 40). Der Hinweis auf die eingeschränkte Handlungsfreiheit des Angegriffenen, seine Bedrängnissituation und seine angebliche Ungeübtheit in der Angriffsabwehr – Umstände, die sich auch beim Notstand finden – vermag diesen Unterschied nicht plausibel zu machen, und noch weniger kann die Schärfe des uU bis zur Tötung des Angreifers reichenden Notwehrrechts unter Güterabwägungsgesichtspunkten mit dem hohen Rang des auch bei Angriffen auf Sachen „mitangegriffenen Guts der freien Entfaltung der Persönlichkeit" erklärt werden (so aber Wagner aaO 30 ff., zT auch Kratzsch StV 87, 228). Nicht überzeugend ist auch eine rein individualrechtliche Notwehrbegründung, die den Satz „Recht braucht dem Unrecht nicht zu weichen" auf das subjektive Recht des Angegriffenen und das „subjektive Unrecht" des Angreifers verkürzt (so Neumann aaO 165 f., aaO 1990, 225; ähnl. Kioupis aaO 59 f., Renzikowski aaO 222): Hier sind es allemal auch Interessen der Rechtsgemeinschaft und nicht nur solche des Angegriffenen, die dazu führen, daß einem rechtswidrigen Angriff grundsätzlich deshalb nicht ausgewichen werden muß, weil andernfalls der Angegriffene „mit seinen Gütern quasi ständig auf der Flucht sein müßte" (S. 166). Ebensowenig trägt der Gedanke der Risikoübernahme durch den Angreifer (vgl. Montenbruck aaO 33 ff.) zur Erklärung des § 32 Wesentliches bei: Wird der Angreifer anders behandelt als der Angegriffene, der das Notwehrrecht nicht schon deshalb verliert, weil er sich bewußt dem Risiko des Angriffs ausgesetzt hat (u. 59), so kann der Grund dafür nur in der Rechtswidrigkeit des Angriffs liegen, was dann aber wieder auf das Rechtsbewährungsinteresse hinausläuft. Nicht zureichend zu begründen ist die Notwehr weiterhin damit, daß es hier der Angreifer ist, der es bis zum Schluß in der Hand hat, eine Beeinträchtigung seiner Güter abzuwenden (vgl. jedoch Frister GA 88, 301 f., Mitsch JA 89, 84). Denn dies kann zB auch auf Fälle des Defensivnotstands, der Selbsthilfe und § 127 StPO zutreffen – obwohl zB der Flüchtende lediglich stehen zu bleiben braucht, darf auf ihn nicht geschossen werden –, weshalb gerade die besondere Schärfe des Notwehrrechts nicht schon damit, sondern nur mit der Rechtswidrigkeit des Angriffs erklärt werden kann. Andererseits kann die Notwehr aber auch nicht auf das überindividuelle Rechtsbewährungsprinzip reduziert werden, weil § 32 kein allgemeines Unrechtsverhinderungsrecht enthält (u. 8), sondern nur gilt, wenn der Täter einen Angriff „von sich oder einem anderen" abwehrt, das Rechtsbewährungsinteresse hier also „allein durch das Medium des Einzelschutzes" in Erscheinung tritt (Jescheck/Weigend 337; vgl. im übrigen speziell gegen Schmidhäuser aaO zB Hirsch, Dreher-FS 218 ff., Kühl JuS 93, 182, Stiller aaO 36 ff.). Die Kritik von Kargl (aaO 39 ff.) und Klesczewski (aaO 230 ff.) an beiden Prinzipien ist schließlich zwar insoweit berechtigt, als diese Grund und Grenzen der Notwehr nicht in jeder Hinsicht vollständig erklären; sie verkennt jedoch, daß Individualschutz und Rechtsbewährung ihrerseits den Anforderungen der Verfassung (insbesondere dem Verhältnismäßigkeitsprinzip) genügen müssen und daher nur unter Rückgriff auf übergeordnete allgemeine Gerechtigkeitsgrundsätze konkretisierbar sind. Beide Grundgedanken der Notwehr stehen somit – mag auch der Individualschutz das „Fundament" des § 32 sein (Kühl 127) – insofern gleichberechtigt nebeneinander, als sie sich gegenseitig ergänzen: Das Rechtsbewährungsprinzip, das keineswegs nur mit einem absoluten Staatsverständnis zu begründen ist und dessen Sinn sich auch nicht in bloßer Generalprävention erschöpft (so aber Frister GA 88, 295 ff., Kargl aaO 39), erweitert einerseits die aus dem Gesichtspunkt des Individualschutzes folgenden Rechte des Täters, wie sie sich aus § 34 ergeben würden; andererseits begrenzt der individualrechtliche den sozialrechtlichen Aspekt, indem die Notwehr eine „Gewaltermächtigung" (Merten, Rechtsstaat und Gewaltmonopol [1957] 57 f.) zur Wahrnehmung der an sich dem Staat vorbehaltenen Rechtsbewährungsaufgabe insoweit nicht enthält, als dies aus Gründen des Individualschutzes notwendig ist (weshalb es entgegen Wagner aaO 46 ff. u. pass. auch kein Widerspruch ist, wenn die Merkmale des „Angriffs" usw. von der h. M. „rein individualistisch" gedeutet werden [zur Rechtswidrigkeit vgl. jedoch u. 19 ff.]; nicht berechtigt auch die Kritik von Neumann aaO 162 f., Renzikowski aaO 94 ff.). Zur kriminalpolitischen Funktion der Notwehr vgl. näher Arzt, Schaffstein-FS 75; zur Rechtslage im europäischen Ausland vgl. Lührmann aaO 86 ff., Wittemann aaO).

II. Rechtfertigungsvoraussetzung ist zunächst eine (tatsächlich bestehende, u. 27) **Notwehrlage,** 2 die durch einen gegenwärtigen, rechtswidrigen Angriff auf den Täter selbst oder einen anderen begründet wird (Abs. 2). Im Unterschied zum Notstand, wo die Gefahr beliebige Ursachen haben kann und deren Gegenwärtigkeit schon dann zu bejahen ist, wenn die Notwendigkeit zum Handeln eine gegenwärtige ist (vgl. § 34 RN 16 f.), betrifft die Notwehr daher nur einen Teilausschnitt gegenwärtiger Rechtsgutsgefährdungen, nämlich solche, die das Ergebnis eines hic et nunc stattfindenden rechtswidrigen Angriffs sind (vgl. auch Kratzsch StV 87, 228).

3 1. **Angriff** ist die unmittelbare Bedrohung rechtlich geschützter Güter durch menschliches Verhalten. Ein Verhalten, das nur bedrohlich erscheint, dies aber in Wirklichkeit nicht ist (Scheinangriff), ist kein Angriff (u. 27). Obwohl der Begriff „Angriff" an sich eine finale Tätigkeit bezeichnet, ist ein Verletzungswille oder auch nur ein Gefährdungsbewußtsein keine generell erforderliche Voraussetzung für einen solchen (allgemein verneinend zB OGH **1** 274, Herzog NK 5, Hirsch aaO 224 f., Jescheck/Weigend 338, Roxin I 554, Spendel LK 24, Tröndle 4; and. zB Schaffstein MDR 52, 136; vgl. ferner die Nachw. u. 24). Vielmehr ist hier zu unterscheiden: Auch unvorsätzliche oder nicht einmal fahrlässige Handlungen sind dann ein Angriff (zur Rechtswidrigkeit vgl. jedoch u. 19 ff.), wenn sie ihrer objektiven Tendenz nach unmittelbar auf eine Verletzung gerichtet sind (zB Anlegen und Abdrücken einer vermeintlich ungeladenen Schußwaffe; über die Einschränkungen der Notwehr bei einem Irrtum des Angreifers u. 52). Ist die Handlung dagegen äußerlich ambivalent, so wird sie zu einem Angriff nur durch eine entsprechende Absicht: Daher ist es zB noch kein Angriff, wenn jemand einem anderen bei dessen Flucht aus einem brennenden Haus lediglich im Weg steht (weshalb der Flüchtende hier auf die §§ 34, 35 angewiesen ist; vgl. BGH NJW **89**, 2479 m. Anm. Eue JZ 90, 765 u. Bspr. Küpper JuS 90, 188), wohl aber dann, wenn er diesem den Fluchtweg absichtlich versperren will (vgl. auch Bay NJW **91**, 934 m. Bspr. u. Anm. in RN 66 vor § 32). Ob das fragliche Verhalten, von solchen Fällen abgesehen, wenigstens durch einen Willensentschluß vermittelt sein muß (so zB BW-Mitsch 312, Jescheck/Weigend 338; eingehend Otte aaO 41 ff.; noch weitergehend Günther SK 25: objektiv sorgfaltswidriges Verhältnis; and. Spendel LK 27, Tröndle 4), kann letztlich dahingestellt bleiben, da Nichthandlungen jedenfalls kein „rechtswidriger" Angriff sind (u. 21; zur Anwendbarkeit des § 34 in solchen Fällen vgl. dort RN 31). Spätestens daraus ergibt sich auch, daß Tierangriffe nur dann eine Notwehrlage begründen, wenn das Tier als Angriffsmittel benutzt wird (dann zugleich ein menschlicher Angriff); im übrigen gilt für Tierangriffe lediglich - gem. § 90 a S. 3 BGB in analoger Anwendung (vgl. Lorz, MDR 90, 1057) – § 228 BGB (h. M., zB RG **34** 296, **36** 236, BW-Mitsch 311, Günther SK 23, Herzog NK 10, Jakobs 385, Jescheck/Weigend 338, Kühl 134, Jura 93, 58 mwN, Otte aaO 38 ff.; Tröndle 5; and. im neueren Schrifttum nur Spendel LK 38 ff. [im Widerspruch zu RN 13, da ein „Kampf gegen das Unrecht" bei Tierangriffen nicht in Betracht kommt]). Körperschaften (zB der Staat) können als solche nicht Angreifer iS des § 32 sein, sondern nur die für sie handelnden Personen (vgl. Herzog NK 4, Spendel LK 33 ff., aber auch Polzin ROW 57, 86 und zum Schießbefehl für Grenzsoldaten der ehemaligen DDR [99 ff. vor § 3, 89 a vor § 32] F. C. Schroeder JZ 74, 115 f.), wobei hier in Notwehr aber auch Rechtsgüter der Körperschaft verletzt werden dürfen (zB Aufbrechen der Tür durch den rechtswidrig Inhaftierten), da diese sich die rechtswidrigen Angriffe ihrer Organe zurechnen lassen muß.

4 a) **Notwehrfähig** ist jedes rechtlich geschützte Interesse des Täters oder eines anderen. Unerheblich ist, ob es sich dabei um strafrechtlich geschützte Güter handelt. Eine „Abschichtung" des „Umfelds" vom „Kernbereich" notwehrfähiger Güter (so Montenbruck aaO 12 ff. mit zT nicht mehr akzeptablen Konsequenzen, zB S. 50 ff.) ist weder durch den Wortlaut („von sich ... abzuwenden") noch durch die Entstehungsgeschichte noch in der Sache begründet.

5 α) Unbeschränkt notwehrfähig sind zunächst alle **Individualgüter**, u. a. die in § 34 beispielhaft genannten Rechtsgüter Leben, Leib, Freiheit usw., ersteres einschließlich des ungeborenen Lebens (vgl. auch u. 19), das als „anderer" nothilfefähig ist, und zwar auch gegenüber der Mutter (vgl. Roxin I 566, Satzger JuS 97, 800, aber auch Spendel LK 171).

5 a Zur Notwehrfähigkeit der **Ehre** vgl. RG **21** 168, **29** 240, BGH **3** 217, Bay **91** 45, zur Erforderlichkeit der Verteidigung u. 36, zum Anhalten beleidigender Gefangenenpost u. 42 d. Die **allgemeine Handlungsfreiheit** kann nicht schon als Freiheit schlechthin ein Rechtsgut und damit notwehrfähig sein, zumal eine Freiheit, in jeder Lebenslage Beliebiges zu tun, ohnehin irreal ist. Andererseits kann seit BVerfG **92** 1 und der dort vorgenommenen Einschränkung des strafrechtlichen Gewaltbegriffs aber auch nicht mehr verlangt werden, daß die Schwelle einer rechtswidrigen Nötigung iS des § 240 überschritten ist (so zB noch Düsseldorf NJW **94**, 1232, Stuttgart NJW **66**, 745 m. Anm. Bockelmann u. Möhl JR 66, 229, LG Frankfurt NStZ **83**, 25, Herzog NK 16, hier 24. A.), hätte dies doch zur Folge, daß zB beim Versperren des Zugangs zu einem Gebäude dem Betroffenen das Notwehrrecht zu versagen wäre. Ein notwehrfähiges Rechtsgut muß die allgemeine Handlungsfreiheit deshalb nach wie vor insoweit sein, als es um den Schutz vor sozialinadäquaten Zwängen geht und damit auch um Einwirkungen, die, obwohl keine körperliche Gewalt iS des § 240, ähnlich wirksam sind wie diese und im Verhältnis zu dem verfolgten Zweck nicht das angemessene Mittel sind (vgl. auch u. 9). Speziell zur Freizügigkeit und zur Frage eines Notwehrrechts gegen sog. Republik-Flüchtigen in der ehem. DDR vgl. F. C. Schroeder JZ 74, 114, NJW 78, 2577. Notwehrfähig sind ferner: die **Intimsphäre** als Ausprägung des allgemeinen Persönlichkeitsrechts (vgl. den Fall RG **73** 385) – nicht aber die „Intimsphäre in der Öffentlichkeit" (zB Intimitäten auf einer Parkbank; vgl. Bay NJW **62**, 1782 m. Anm. Erdsiek, Jescheck/Weigend 339, Rötelmann MDR 64, 208; and. Spendel LK 184) –, das **Recht am eigenen Bild,** das bereits durch unbefugtes Fotografieren verletzt wird (h. M., zB Hamm [Z] JZ **88**, 308, Karlsruhe NStZ **82**, 123; vgl. aber auch Haberstroh JR 83, 314, Herzog NK 18; zum Fotografieren von Demonstranten durch Polizeibeamte vgl. BGH JZ **76**, 31 m. Anm. Schmidt, **78**,

762 m. Anm. Paeffgen S. 738; zum Fotografieren im Rahmen einer Observation des Verfassungsschutzes vgl. LG Bremen StV **83**, 427; zum Fotografieren von Polizeibeamten während eines Einsatzes vgl. Bremen NJW **77**, 158, Celle NJW **79**, 57 m. Anm. Dittmar S. 1311 u. Täubner JR **79**, 424, LG Frankfurt NStZ **82**, 35 m. Anm. Franke S. 208, Hamburg NJW **72**, 1290 m. Anm. F. C. Schroeder JR **73**, 70, Karlsruhe StV **81**, 408 m. Anm. Olenhusen u. Stechl u. näher zum Ganzen Franke NJW **81**, 2033, JR **82**, 48, Herzog NK 18, Jarass JZ **83**, 282, Krüger NJW **82**, 89, Müller NJW **82**, 863, Rebmann AfP **82**, 193), die gleichfalls vom allgemeinen Persönlichkeitsrecht umfaßte u. schon durch bloßes Fotografieren verletzbare **Privatsphäre** einschließlich der Wohnung (Düsseldorf NJW **94**, 1971), die **Nachtruhe** (Koblenz VRS **42** 365; zur Lärmbelästigung durch ein Rockkonzert vgl. auch Karlsruhe [Z] NJW **92**, 1329), das **Hausrecht** (OGH **1** 275, BGH GA **56**, 49, MDR/H **79**, 986, StV **82**, 219; and. Frankfurt [Z] NJW **93**, 946), der **Hausfrieden** iS des geordneten Zusammenlebens der Hausbewohner (BGH NStZ **87**, 171), der **Besitz** (RG **60** 278), wobei beim unrechtmäßigen Besitz jedoch unter. ist, ob § 859 BGB gegenüber § 32 eine ausschließliche Sonderregelung ist (vgl. Kühl 139 mwN), das **Vermögen** (RG **21** 168, **46** 348; zur Notwehrfrage bei erpresserischer Androhung von Enthüllungen usw. u. 18), das **Jagdrecht** (RG **35** 403, **55** 167), das **Pfandrecht** (Bay NJW **54**, 1377), das **Recht auf Gemeingebrauch** (Bay NJW **53**, 1722, **63**, 824, Saarbrücken VRS **17** 27; and. Stuttgart NJW **66**, 745 m. Anm. Bockelmann: Unterfall der allgemeinen Handlungsfreiheit und notwehrfähig nur gegen Nötigungen; zur Notwehr im Straßenverkehr vgl. auch u. 9). Zweifelhaft ist, inwieweit **familienrechtliche Verhältnisse** notwehrfähig sind (allgemein bejahend Jescheck/Weigend 339, zum Verlöbnis vgl. RG **48** 215). Wird dem sorgeberechtigten Gatten von dem anderen Gatten das Kind weggenommen, so begründet dies eine Notwehrlage. Dagegen ist die Ehe als solche nicht notwehrfähig, wenn die Verletzung mit Willen des anderen Gatten geschieht: Daher kein Notwehrrecht des Ehemannes, der seine Frau beim Ehebruch überrascht (vgl. Köln NJW **75**, 2344, Herzog NK 15; and. – unter dem Gesichtspunkt der Verletzung des Hausrechts – wenn dies in der ehelichen Wohnung geschieht; vgl. aber auch Spendel LK 183). Zum Ganzen vgl. ferner Felber aaO 177 ff.

β) Zweifelhaft ist, ob und inwieweit auch **Rechtsgüter des Staates** für den einzelnen notwehr- **6** fähig sind. Da ein „anderer" iS des Abs. 2 auch eine juristische Person sein kann (RG **63** 220), ist dies jedenfalls für solche Güter zu bejahen, die – wie Eigentum, Besitz, Vermögen – dem Staat als Fiskus zustehen (Günther SK 53, Herzog NK 22, Jescheck/Weigend 340, Roxin I 568, Spendel LK 152). Bestritten dagegen, ob – Problem der sog. Staatsnotwehr – auch der Schutz von Rechtsgütern des Staates in seiner Eigenschaft als Hoheitsträger nach Notwehrregeln zu beurteilen ist (so grundsätzlich RG **63** 215, BW-Mitsch 313, Herzog NK 21 f., Lackner/Kühl 3, Schmidhäuser 357, I 151, Spendel LK 153 ff., Tröndle 7; offengelassen in RG **56** 259, **64** 101; vgl. auch BGH **5** 247: „regelmäßig" nicht notwehrfähig) oder ob hier eine Rechtfertigung nur nach § 34 (Blei I 159, Jescheck/Weigend 340, M-Zipf I 371 f., Roxin I 569) oder durch einen Rechtfertigungsgrund eigener Art (Baldus LK[9] 53 RN 39, Welzel 88; vgl. auch Jakobs 383 f.) möglich ist. In den praktischen Ergebnissen besteht jedoch weitgehend Übereinstimmung: Rechtfertigung nur in den äußersten Fällen einer evidenten Bestandsbedrohung, d. h. nur dort, wo vitale staatliche „Lebens-Interessen" (RG **63** 220) auf dem Spiel stehen und wo der Staat nicht imstande ist, sich durch seine Organe selbst zu schützen. In diesem begrenzten Umfang ist ein Staatsnotwehrrecht auch weiterhin neben dem – einen besonderen Anwendungsfall darstellenden – Widerstandsrecht des Art. 20 IV GG (65 vor § 32) anzuerkennen (and. Günther SK 54 f.), da dieses nicht den gesamten, hier in Betracht kommenden Bereich abdeckt (zB Überwältigung des die Grenze mit wichtigen Staatsgeheimnissen überschreitenden Spions; vgl. dazu RG **63** 220).

Die nur begrenzte Zulässigkeit von Staatsnotwehr ergibt sich schon aus der richtig verstandenen **7** Notwehrregelung selbst (vgl. dazu auch Wagner aaO 47 ff.), so daß kein Anlaß besteht, auf § 34 oder einen Rechtfertigungsgrund eigener Art auszuweichen, zumal die Probleme dadurch nur verschoben werden. Das Notwehrrecht muß dem einzelnen mit Rücksicht darauf zugestanden werden, daß er sonst vielfach schutzlos wäre, weil der für den Schutz seiner Bürger an sich zuständige Staat mit seinen Machtmitteln nicht allgegenwärtig sein kann. Bei Angriffen auf staatliche Rechtsgüter kann dagegen im allgemeinen davon ausgegangen werden, daß sich der Staat durch seine Organe selbst wirksam schützen kann; hier wäre es unerträglich und mit dem Sinn des staatlichen Gewaltmonopols unvereinbar, wenn jedermann das Recht hätte, als Hilfspolizist im Wege der Nothilfe tätig zu werden (zB gegen Bestechungen, Amtsanmaßung usw.). Anders ist dies nur, wenn höchste Güter des Staates bedroht sind und ein Anrufen bzw. Einschreiten der zuständigen Staatsorgane nicht möglich ist, so daß dem Gemeinwesen ohne private Nothilfe schwerster Schaden drohen würde. Hier besteht dann auch kein Anlaß, die Schärfe des Notwehrrechts dadurch abzumildern, daß der Täter auf § 34 verwiesen wird (vgl. auch Stratenwerth 134), wobei jedoch schon zweifelhaft ist, ob § 34 in diesen Fällen, was das Maß der zulässigen Verteidigung betrifft, wirklich zu anderen Ergebnissen führen würde. Wird die Anwendbarkeit des § 32 in der genannten Weise begrenzt, so kommt auch dem Einwand, daß der einzelne häufig die Situation nicht sachgerecht beurteilen könne (Blei I 158), kein Gewicht zu, zumal diesem auch durch ein Ausweichen auf § 34 nicht Rechnung getragen werden könnte, da das Erfordernis der gebotenen Prüfung dem § 34 so wenig entnommen werden kann wie dem § 32 (vgl. § 34 RN 49).

γ) Die Notwehrbefugnis ist nach Ursprung und Funktion *kein allgemeines Unrechtsverhinderungsrecht* **8** und sie dient auch nicht der allgemeinen Verbrechensbekämpfung (BGH VRS **40** 107, Herzog NK

§ 32 9, 10   Allg. Teil. Die Tat – Notwehr und Notstand

24, Spendel LK 198). Unbestritten ist deshalb, daß die **Rechtsordnung** im ganzen und die **öffentliche Ordnung** als solche nicht notwehrfähig sind (vgl. zB BGH **5** 247, VRS **40** 107, NJW **75**, 1161, Düsseldorf NJW **61**, 1783, Stuttgart NJW **66**, 748). Das gleiche gilt für **Rechtsgüter der Allgemeinheit,** die kein Rechtssubjekt und daher auch kein „anderer" iS des § 32 II ist (h. M., zB Herzog NK 24, Lackner/Kühl 3, Spendel LK 152, 195; vgl. aber auch M-Zipf I 357): Keine Notwehr daher zB gegen Fahren ohne Fahrerlaubnis (BGH VRS **40** 104), gegen das Auslegen pornographischer Schriften in einem Bahnhofskiosk (BGH[Z] NJW **75**, 1161), Blutschande, verbotene Prostitutionsausübung, Urkundenfälschung usw. Hier besteht für den einzelnen ein Notwehr- bzw. Nothilferecht nur, wenn mit dem Angriff auf Güter der Allgemeinheit unmittelbar zugleich notwehrfähige Individualinteressen betroffen sind (BGH [Z] NJW **75**, 1161, Jescheck/Weigend 340, Kühl 139, Reichert-Hammer aaO 161 ff., Roxin I 566, Spendel LK 199, Stratenwerth 134; vgl. aber auch Bitzilekis aaO 68). Dies ist zB der Fall bei einer Straßenverkehrsgefährdung iS des § 315c, bei ruhestörendem Lärm oder bei gesundheitsschädlichen Gewässer- oder Luftverunreinigungen (zu umweltpolitischen Protestaktionen vgl. Reichert-Hammer aaO), während unter dem Vorzeichen eines „ethischen Tierschutzes" zweifelhaft geworden ist, ob in diesen Zusammenhang auch noch die Tierquälerei gehört: Daß § 1 TierschutzG als Gesetzeszweck nur den Schutz des Lebens und Wohlbefindens des Tieres nennt, schließt jedoch nicht aus, daß damit auch das im Mitgefühl für Tiere sich äußernde menschliche Empfinden noch wie vor mitgeschützt wird, und auch § 90 a BGB dürfte daran nichts geändert haben (vgl. zu dieser Notwehrbegründung Spendel LK 189; and. Roxin I 566); da gegen Tierquälerei selbstverständlich Notwehr zulässig sein muß, bliebe andernfalls nur der Weg, das Tier selbst als nothilfefähigen „anderen" anzuerkennen (so Roxin aaO).

9   Für die **Notwehr im Straßenverkehr** gilt folgendes: Verkehrsverstöße als solche sind, weil sie lediglich Allgemeininteressen berühren, mangels eines wehrfähigen Rechtsguts kein Angriff iS des § 32 (zB Düsseldorf NJW **61**, 1783, Stuttgart NJW **66**, 745 m. Anm. Bockelmann u. Möhl JR 66, 229, Herzog NK 17, Rengier KK-OWiG § 15 RN 8, Spendel LK 198). Nicht nach § 32 gerechtfertigt ist es daher zB, wenn ein alkoholisierter Fahrer (§ 316) zum Anhalten gezwungen wird (vgl. BGH VRS **40** 107). Notwehr kommt hier vielmehr erst in Betracht, wenn zugleich Individualinteressen betroffen sind. Dafür genügen allerdings nicht bloße Belästigungen oder geringfügige Behinderungen (s. auch Herzog NK 17), weshalb zB der „Langsamfahrer", der wegen des Gegenverkehrs nicht überholt werden kann, nicht durch dichtes Auffahren zu schnellerem Fahren gezwungen werden darf (vgl. auch Jakobs 381, ferner Düsseldorf aaO [Fahren mit vollem Scheinwerferlicht hinter einem anderen PKW], NJW **94**, 1232 [Öffnen der Wagentür bei verkehrsbedingtem Stau, um dem anderen Fahrer Vorhaltungen zu machen]). Wohl aber kann ein Notwehrrecht bei konkreten Gefährdungen entstehen (vgl. die Bsp. b. Jakobs 381), ferner bei solchen Behinderungen, die unter den o. 5 a genannten Voraussetzungen ein Angriff auf die allgemeine Handlungsfreiheit sind, so wenn durch Versperren der Fahrbahn die Weiterfahrt blockiert wird (zB BGH aaO, Bay NJW **93**, 211 m. Anm. bzw. Bspr. Dölling JR 94, 113, Heinrich JuS 94, 17, Jung JuS 93, 427 [zw. dort allerdings, ob bereits ein Angriff vorlag bzw. ob dieser schon gegenwärtig war; vgl. hier auch Düsseldorf NJW **94**, 1232], Karlsruhe NJW **86**, 1358, Schleswig NJW **84**, 1470, Günther SK 39 f., Roxin I 565). In der Sache auf dasselbe läuft es hinaus, wenn hier zT die Freiheit, sich ohne verkehrsfremde Beeinträchtigung im Straßenverkehr zu bewegen, als notwehrfähiges Gut bezeichnet wird (Bay aaO, Schleswig aaO, Tröndle 6). Zumindest mit einem Fragezeichen zu versehen ist dagegen, ob das gleichfalls in diesem Zusammenhang genannte Recht auf ungestörten Gemeingebrauch weitergehende Notwehrmöglichkeiten schafft (so zB Dölling aaO 113, Rengier aaO RN 3), da auch dieses als „Konkretisierung der individuellen Handlungs- und Fortbewegungsfreiheit im Verhältnis der Bürger untereinander" (Dölling aaO) nicht unbegrenzt notwehrfähig sein kann. Von Bedeutung ist das Recht auf Gemeingebrauch, soweit es zugleich einen Nutzungsvorrang enthält und damit die Handlungsfreiheit anderer entsprechend eingrenzt, so nach § 12 V StVO in den sog. Parklückenfällen, in denen der den Parkplatz „Reservierende" den Parkberechtigten durch Verstellen der Zufahrt – mangels Gewalt zwar keine Nötigung, gleichwohl ein sozialinadäquater Zwang – in seiner ihm hier rechtlich garantierten Handlungsfreiheit verletzt und damit zum Angreifer wird (vgl. zu diesen Fällen zB Bay NJW **63**, 824, **95**, 2646, Hamburg NJW **68**, 662 m. Bspr. Berz JuS 69, 367, Hamm NJW **70**, 2074, Stuttgart NJW **66**, 745 m. Anm. o., Cramer 12 StVO RN 109 ff., Rengier aaO RN 3; vgl. auch u. 10 f.). Eine andere Frage ist es, wo in den Notwehrfällen im Straßenverkehr die Grenzen zulässiger Verteidigung liegen; Einschränkungen können sich hier insbes. unter dem Gesichtspunkt des Gebotenseins ergeben (u. 43 ff.; vgl. zB Bay **63**, 824, Hamm aaO [Drohung, den eine Parklücke „Reservierenden" zu überfahren bzw. dessen gewaltsames Herausdrücken mit dem fahrenden Auto] u. zu Bay NJW **93**, 211, wo sich die Frage einer Notwehrprovokation gestellt hätte, die Anm. bzw. Bspr. o.). Näher zum Ganzen vgl. Baumann NJW 61, 1745, Bressendorf aaO, Busse aaO.

10   b) Nach h. M. kann auch ein pflichtwidriges **Unterlassen** ein Angriff sein, wobei die Voraussetzungen im einzelnen allerdings umstritten sind (für das Genügen einer schlichten Rechtspflicht zum Handeln, zT allerdings mit der Einschränkung, daß staatlicher Rechtsschutz nicht rechtzeitig zu erlangen ist, zB BW-Mitsch 312, Herzog NK 11, 13, Jakobs 389, Lackner/Kühl 2, Lagodny GA 91, 306 ff., 320, Otto I 101, Renzikowski aaO 293 f., Spendel LK 46 ff.; enger iS einer Garantenpflicht dagegen zB Roxin I 555, Stratenwerth 134, iE auch Felber aaO 196, Fuchs aaO 79; für eine Beschränkung auf straf- oder ordnungsrechtlich sanktionierte Handlungspflichten Geilen Jura 81, 204,

Jescheck/Weigend 339, auf Gefahren aus der Sphäre des Unterlassenden Hruschka, Dreher-FS 201, M-Zipf I 356, auf Individualrechtsgüter schützende Pflichten Günther SK 28; zum Ganzen vgl. auch Kühl Jura 93, 59 f.). Doch erfordert ein „Angriff" schon begrifflich ein aktives Tun (vgl. RG **19** 299, OGH **3** 123, BGH [Z] NJW **67**, 47; and. zB Lagodny aaO 302, Roxin aaO), ein Problem, für das auch § 13 keine Lösung bringt, weil dieser eine Gleichstellung des Unterlassens nur bei Angriffen auf strafrechtlich geschützte Güter ermöglichen würde. Ebenso gibt es bei einem bloßen Unterlassen nichts – jedenfalls nicht iS einer „Verteidigung" –, was abzuwehren wäre: „Abgewehrt" wird hier vielmehr eine sonstige, nicht von einem Angriff des „Angreifers" ausgehende Gefahr, die dieser lediglich abzuwenden unterläßt (vgl. dazu auch Felber aaO 194, Schmidhäuser 345 f., I 151 f.). Nach seinem insoweit eindeutigen Wortlaut ist § 32 deshalb in den Fällen eines „Angriffs durch Unterlassen" jedenfalls nicht unmittelbar anwendbar. Aber auch eine Analogie kommt hier nur in Betracht, soweit tatsächlich eine Regelungslücke besteht, d. h. nicht andere Vorschriften eine abschließende oder angemessenere Regelung enthalten (vgl. auch Joerden JuS 92, 27 f.: Befürwortung einer Sondervorschrift unter Hinweis auf die besonderen Probleme bei der Gegenwärtigkeit, Erforderlichkeit und Verhältnismäßigkeit).

Im einzelnen gilt folgendes: Da die Nichtbeendigung eines rechtswidrig geschaffenen Dauerzustands ein noch gegenwärtiger rechtswidriger Angriff durch aktives Tun ist (u. 15; zB Eindringen und anschließendes Verweilen in einer fremden Wohnung, Verstellen des Wegs zur Weiterfahrt [Karlsruhe NJW **86**, 1358, Schleswig NJW **84**, 1470], Versperren eines Ausgangs [Bay NJW **91**, 934] oder einer Parklücke [and. Bay NJW **63**, 825: Unterlassen]), bestehen gegen eine analoge Anwendung des § 32 keine Bedenken, wenn der „Angreifer" pflichtwidrig die Beendigung des von ihm zunächst rechtmäßig herbeigeführten Zustands unterläßt (zB Nichtweggehen nach § 123 2. Alt., vgl. Hamm GA **61**, 181, Schmidhäuser 346, I 151 f.). Allerdings gilt auch dies nur vorbehaltlich spezieller Regelungen (zB § 229 BGB; daher keine Notwehr gegen Nichtrückgabe der Mietsache, vgl. RG **19** 298, BGH[Z] NJW **67**, 47, Herzog NK 12, iE auch Spendel LK 49). Im übrigen ist eine Notwehr gegen Unterlassen nur beschränkt möglich. Dabei ist davon auszugehen, daß eine solche nur auf zweierlei Weise denkbar ist: Entweder durch Nötigung des „Angreifers" zu der fraglichen Handlung oder dadurch, daß der Täter unter Verletzung von Rechtsgütern des „Angreifers" den Zustand, den dieser herbeiführen müßte, selbst herstellt bzw. daß er den drohenden Erfolg selbst abwendet. Im ersten Fall aber führt allein der elastischere § 240 II zu sachgerechten Ergebnissen (auch bezüglich einer mit der Gewaltanwendung verbundenen Körperverletzung, da diese in die Zweck-Mittelrelation mit einzubeziehen ist; vgl. auch Schmidhäuser 346, I 152; and. Felber aaO 194, Renzikowski aaO 294): So darf zB der Hauseigentümer als Garant nicht durch Prügel zur Erfüllung seiner Streupflicht, der Arzt jedenfalls nicht schlechthin auf diese Weise zur Erfüllung seiner Garanten- und Hilfeleistungspflicht (§ 323 c) gezwungen werden, selbst wenn dies mangels eines milderen Mittels iS des § 32 erforderlich wäre. Für die zweite Fallgruppe gelten dagegen primär die hier gegenüber § 32 spezielleren Selbsthilfe- und Notstandsregeln: Nimmt zB der Gläubiger die geschuldete Sache weg, so ist dies ausschließlich nach § 229 BGB zu beurteilen, der auch eine zur Durchführung der Wegnahme erforderliche Sachbeschädigung usw. rechtfertigen kann (Erman-Hefermehl, BGB, 9. A., § 229 RN 7, Günther SK 32). Unterläßt der Eigentümer einer Sache die Beseitigung einer von dieser ausgehenden Gefahr, so gilt vorrangig § 228 BGB; eine analoge Anwendung des § 32 bei Einwirkungen auf die Sache ist hier erst dann geboten, wenn sich der Eigentümer den gefahrdrohenden Zustand vorsätzlich in einer Weise zunutze macht, die der Benutzung der Sache als Angriffsmittel entspricht (weshalb zB abweichend von § 228 BGB einem Hund nicht ausgewichen werden muß, wenn der Eigentümer dessen „Angriff" vorsätzlich geschehen läßt). Wird schließlich sonst eine Sache des Pflichtigen zur Abwendung einer Gefahr in Anspruch genommen (zB Benutzung eines PKW für einen Krankentransport, § 248 b), so ist dafür § 34 bzw. § 904 BGB maßgebend (der freilich, wie S. 2 zeigt, von einem völlig Unbeteiligten ausgeht – was der Garant nicht ist – und wo es deshalb auch möglich sein muß, von dem Erfordernis der Unverhältnismäßigkeit des drohenden Schadens Abstriche zu machen). Vgl. zum Ganzen auch Arzt, Schaffstein-FS 81 f.

c) Ein Angriff ist nur ein für das angegriffene Rechtsgut **konkret gefährliches** Verhalten (vgl. auch BGH NJW **89**, 2479). Kein Angriff ist daher der untaugliche Versuch (Günther SK 22, Graul JuS 95, 1052 FN 36, Herzog NK 4, Hirsch aaO 228, Spendel LK 29, Tröndle 4; and. C. Schröder JuS 00, 238); erkennt der vermeintlich Angegriffene dies nicht, so liegt ein Fall der Putativnotwehr vor (u. 65).

2. Gegenwärtig ist der Angriff von seinem Beginn bis zu seiner Beendigung. Da es hier auf die Gegenwärtigkeit des den Angriff bildenden Verhaltens ankommt – nur damit rechtfertigt sich nach das Rechtsbewährungsprinzip die „scharfe Waffe" des Notwehrrechts (vgl. aber auch Frister GA 88, 307, Renzikowski aaO 288 f.) –, liegt in einem gegenwärtigen Angriff zwar immer auch eine gegenwärtige Gefahr iS des Notstands, nicht aber gilt umgekehrt, daß eine von Menschen ausgehende gegenwärtige Gefahr deshalb auch schon ein gegenwärtiger Angriff ist (vgl. zB den u. 16 aE genannten Fall einer „notwehrähnlichen Lage"). Ein Angriff ist daher auch nicht schon deshalb gegenwärtig, weil die drohende Schädigung sonst nicht mehr abgewendet werden kann (u. 16).

a) Der Angriff **beginnt,** wenn der Angreifer unmittelbar zu diesem ansetzt, d. h. mit einem Verhalten, das unmittelbar in die eigentliche Verletzungs*handlung* umschlagen soll oder – bei einem unvorsätzlichen Angriff – in eine solche umzuschlagen droht (vgl. RG **67** 339, aber auch BGH NJW

73, 255, NStE **Nr. 5, 26**, Bay **85** 8, wo – was nicht dasselbe ist – von einem unmittelbaren Umschlagen in die „Verletzung" gesprochen wird; vgl. dazu auch Kratzsch StV 87, 225 ff.). Bei einem vorsätzlichen Angriff ist dies die Handlung, die dem Versuchsbeginn unmittelbar vorgelagert ist (vgl. Roxin I 561, Tjong-GedS 142, Kühl 141, Otto Jura 99, 522; enger Günther SK 70, Jakobs 389 [analog § 22]). Gegenwärtig ist der Angriff daher zB nicht erst mit dem Ausholen zum Schlag (vgl. RG HRR **40** Nr. 1102) oder mit dem Anlegen der Waffe, sondern auch schon mit dem Griff zur Brusttasche, in der sich die geladene Pistole befindet (BGH NJW **73**, 255) oder mit dem Zugehen auf den anderen in bedrohlicher Haltung (BGH **25** 229), hier freilich nur, wenn dies mit dem Willen geschieht, in jedem Fall oder je nach Reaktion des anderen unmittelbar zum Angriff überzugehen (vgl. BGH NStE **Nr. 5**; vgl. ferner BGH NJW **95**, 973 [Eindringen der Vorhut eines „Rollkommandos" in eine Bar als gegenwärtiger Angriff auf die dort Anwesenden], aber auch BGH **39** 376 m. Anm. Arzt JZ 94, 315, Spendel NStZ 94, 279). Dagegen ist die Flucht mit einem geladenen Gewehr in der Absicht, bei passender Gelegenheit zu schießen, solange noch kein gegenwärtiger Angriff, als der Flüchtende keine Anstalten macht, dies zu tun (zu weitgehend daher RG **53** 132, **61** 216, **67** 337; vgl. dazu auch Jescheck/Weigend 342, Roxin I 562, aaO 144 f., Spendel LK 120), ebensowenig eine verbale Auseinandersetzung, solange der Wille, zu Tätlichkeiten überzugehen, nach außen hin noch in keiner Weise betätigt wird (Bay **85** 7 m. Anm. Bottke JR 86, 292 u. Kratzsch StV 87, 224). Auch ist ein Angriff nicht schon deshalb gegenwärtig, weil das Hinausschieben der Abwehr den Erfolg gefährden würde (vgl. jedoch RG **53** 133, **67** 340, BGH NJW **73**, 255, NStE **Nr. 5**, Schmidhäuser 347). Diese Situation kann vielmehr auch bei einem erst künftig zu erwartenden Angriff gegeben sein (vgl. das Bsp. u. 16 a. E.), wobei für die hier in Betracht kommende „Präventiv-Notwehr" dann aber nicht § 32, sondern § 34 gilt (u. 17). Vgl. im übrigen näher zum Ganzen Ludwig aaO 101 f., Roxin aaO, Kratzsch aaO.

15 b) Gegenwärtig ist auch der noch **fortdauernde** Angriff, bis er endgültig aufgegeben, fehlgeschlagen oder die Verletzung endgültig eingetreten ist, ein weiterer Schaden also nicht mehr abgewendet werden kann (vgl. zB RG **29** 240, BGH **27** 339, NStE **Nr. 15**, Düsseldorf NJW **94**, 1972). Flieht der Dieb mit der Beute, so dauert der Angriff bis zur Sicherung der Beute noch an (RG **55** 84, BGH MDR/H **79**, 985; vgl. auch RG **60** 277, BGH NJW **79**, 2053). Hat der Dieb den Tatort dagegen zunächst unbehelligt verlassen, wird er also nicht auf frischer Tat betroffen oder verfolgt, so ist eine spätere „Besitzkehr" (§ 859 II BGB) auch durch § 32 nicht mehr gerechtfertigt (vgl. näher Mitsch JA 89, 83, NStZ 89, 26, zu § 859 II BGB aber auch Schleswig NStZ **87**, 75 m. Anm. Hellmann S. 455). Flieht deshalb zB der Dieb, der, nachdem er zuvor bereits andere Autos aufgebrochen hatte, bei einem weiteren Diebstahl aus einem Auto überrascht wird, so besteht nur noch insoweit eine Notwehrlage, da bezüglich der früheren Taten kein gegenwärtiger Angriff mehr vorliegt (vgl. Mitsch aaO, Puppe JZ 89, 728 zu LG München NJW **88**, 1860; and. Beulke Jura 88, 641 f.). Bei einem mehraktigen Angriff ist dieser erst mit dem letzten Akt abgeschlossen, weshalb zB beim unbefugten Fotografieren (Recht am eigenen Bild usw., o. 5 a) der Angriff vom Ansetzen zur Betätigung des Auslösers bis zum Herstellen der Abzüge reicht (Düsseldorf NJW **94**, 1972). Bei Dauerdelikten endet der Angriff nicht schon, wenn der Täter aufgehört hat zu handeln, sondern erst mit der Beendigung des dadurch geschaffenen rechtswidrigen Zustands (vgl. Günther SK 80, Herzog NK 28, Jescheck/Weigend 342, Kühl 143 f., Roxin I 563, Spendel LK 115, Tröndle 10; and. Renzikowski aaO 279 [Angriff allenfalls durch Unterlassen]). Ob ein unterbrochener Angriff noch gegenwärtig ist, hängt vom Bestehen eines zeitlich und räumlich unmittelbaren Zusammenhangs mit der beabsichtigten Fortsetzung ab (Kühl 144).

16 c) Nicht gegenwärtig ist der bereits **abgeschlossene** bzw. endgültig aufgegebene oder abgeschlagene (vgl. RG **64** 103, BGH NStZ **87**, 20; vgl. auch u. 27) und der erst **künftige** – also auch unmittelbar bevorstehende, aber noch nicht begonnene (o. 14) – Angriff (RG **43** 342, **48** 217, BGH NJW **79**, 2053). Ein Schuß, der einen Flüchtenden nach abgeschlossenem Angriff lediglich am künftigen Wiederkommen hindern soll, ist daher kein Fall der Notwehr (vgl. BGH NJW **79**, 2053), ebensowenig die Störung der Angriffsvorbereitungen durch eine entsprechende Nötigung (BGH **39** 136 m. Bspr. Müller-Christmann JuS 94, 649 u. Anm. Arzt JZ 94, 314, Drescher JR 94, 423, Lesch StV 93, 578, Roxin NStZ 93, 335). Nach RG **65** 160 soll gegenüber einem künftigen Angriff nur die Vorbereitung der Abwehr gestattet sein, sofern – was dann freilich selbstverständlich ist – die fragliche Handlung nicht ihrerseits verboten ist. Doch können Präventivmaßnahmen gegen einen noch nicht unmittelbar bevorstehenden und damit noch nicht gegenwärtigen Angriff in Fällen, in denen wegen der Notwendigkeit sofortigen Handelns bereits eine iS des § 34 gegenwärtige Gefahr besteht, nach § 34 gerechtfertigt sein (vgl. 34 RN 16 f., 30 f.), was allerdings u. a. voraussetzt, daß eine andere Abhilfe (zB polizeiliche Hilfe) nicht möglich ist und eine spätere Notwehrhandlung entweder keinen Erfolg verspricht oder den Angreifer wesentlich härter treffen würde (vgl. auch BGH **39** 136 f. m. Bspr. u. Anm. s. o., dort wegen Erreichbarkeit polizeilicher Hilfe verneint). Dies gilt z. B., wenn der Inhaber einer abgelegenen Gastwirtschaft hört, wie seine Gäste verabreden, ihn nach Eintritt der Polizeistunde zu überfallen, und er ihnen deshalb, weil er ihrem Angriff nicht gewachsen wäre, ein betäubendes Mittel in die Getränke schüttet (Lenckner, Der rechtfertigende Notstand [1965] 102; vgl. ferner Kühl 142 u. die Bsp. b. Spendel LK 128 f., aber auch Trechsel, Hassemer-FS 187).

17 Vielfach wird in solchen Fällen der Abwehr eines künftigen Angriffs von einer **„Präventivnotwehr"** oder **„notwehrähnlichen Lage"** iS eines besonderen Rechtfertigungsgrundes gesprochen, in der Rspr. insbes. im Zusammenhang mit heimlichen Tonbandaufnahmen von beleidigenden, erpresserischen usw. Äußerungen zur Abwehr einer späteren Beeinträchtigung rechtlich geschützter Interessen (zB BGHZ **27** 289, BGH[Z] NJW **82**, 277 m. Anm. Dünnebier NStZ 82, 255, Celle NJW **65**, 1679 m. Bspr. R. Schmitt JuS 67, 24, Düsseldorf NJW **66**, 214, Frankfurt NJW **67**, 1047, KG JR **81**, 254; aus dem Schrifttum vgl. insbes. Suppert aaO 356 ff., 381, ferner zB Arzt JZ 73, 508, Haug NJW 65, 2391, Jakobs 391, Klug, Sarstedt-FS 125, Samson SK § 201 RN 25, Welzel 87; s. auch Trechsel, Hassemer-FS 187 [„Dauerangriff"] u. dagegen Günther SK 66). Zur sachgerechten Behandlung dieser Fälle bedarf es jedoch nicht der Bildung eines neuen Rechtfertigungsgrundes der „Präventiv-Notwehr" oder der „notwehrähnlichen Lage" in Analogie zu § 32 (ebenso zB Geilen Jura 81, 210, Günther SK 74, Herzog NK 31 Hillenkamp, Vorsatztat und Opferverhalten, 116 ff., 150 f., 164 ff., Hirsch JR 80, 116, Kühl 142, Ludwig aaO 186 ff., Otte aaO 77 ff., Otto I 105, Roxin I 562 f., Tjong-GedS 147 f., Jescheck-FS 479 f., Schaffstein, Bruns-FS 92 f., F. C. Schroeder JuS 80, 341, Spendel LK 127, Stratenwerth 134 f., Tenckhoff JR 81, 257; vgl. aber auch Günther, Strafrechtswidrigkeit u. Notwehr [1983], 326 ff., 338 ff.; zu § 201 vgl. dort RN 31 a). Die hier erforderlichen weitgehenden Einschränkungen gegenüber dem „scharfen" Notwehrrecht, die sich daraus ergeben, daß ein Angriff überhaupt noch nicht vorliegt, sondern nur die Gefahr eines Angriffs besteht, lassen sich unmittelbar und zwanglos aus § 34 ableiten (vgl. dort RN 16 f., 30 f.). In Wahrheit sind denn auch die von Suppert (aaO 381 ff.) genannten zusätzlichen Rechtfertigungserfordernisse der „Präventiv-Notwehr" in der Sache Konkretisierungen des § 34; durch diese Analogie zu § 32 lassen sie sich jedoch nicht gewinnen, da dessen entscheidende Voraussetzung in Gestalt eines bereits gegenwärtigen rechtswidrigen Angriffs, die der Notwehr als „Kampf um das Recht" ihr spezifisches (auch sozialrechtliches) Gepräge gibt, hier gerade fehlt. Besonderheiten ergeben sich im übrigen nur in folgenden Fällen:

α) Umstritten ist die Frage der Notwehr gegen **erpresserische** und **nötigende Drohungen** **18** (prinzipiell bejahend zB Amelung GA 82, 381 ff., NStZ 98, 70 f., Eisenberg/Müller JuS 90,122, Günther SK 76, Haug MDR 64, 548, Herzog NK 32, Lackner/Kühl 4, Roxin I 563, Spendel LK 133, W-Beulke 103; and. mit Unterschieden im einzelnen KG JR **81**, 254 m. Anm. Tenckhoff, Arzt MDR 65, 344, Baumann MDR 65, 346, Fuchs aaO 116, Jakobs 391 FN 49 a. E., Kratzsch StV 87, 229, Müller NStZ 93, 366; diff. Novoselec NStZ 97, 219). Hier ist zunächst zu unterscheiden: 1. Die *künftige Verwirklichung* des für den Weigerungsfall *angedrohten Übels* (zB Erstattung einer Strafanzeige, öffentliche Bloßstellung, Verwüstung eines Lokals bei einer „Schutzgelderpressung") ist noch kein gegenwärtiger Angriff (and. Novoselec aaO); eine „Präventivnotwehr" könnte insoweit daher nur unter Notstandsgesichtspunkten in den Grenzen des § 34 erlaubt sein, wenn die Gefahr dieser erst in Zukunft zu erwartenden Schädigung wegen der Notwendigkeit sofortigen Handelns bereits als „gegenwärtig" anzusehen ist (vgl. § 34 RN 17). – 2. Was dagegen die *Handlungsfreiheit* (zu deren Notwehrfähigkeit o. 5 a) des Opfers betrifft, liegt wegen des fortwirkenden psychischen Drucks auch nach Aussprechen der Drohung noch ein gegenwärtiger Angriff vor, der solange andauert, wie dieser Zwang aufrechterhalten wird (vgl. Herzog NK 32; and. hier noch die 24. A. RN 16). Auch kann in diesen Fällen wegen der „stets gegebenen Möglichkeit, das abgenötigte Verhalten zu verweigern" nicht generell die Erforderlichkeit der Verteidigung verneint werden (so aber Jakobs aaO). Eine andere und noch offene Frage ist es jedoch, in welchen Grenzen und in welcher Form hier Notwehr zulässig ist. Unzureichend sind die Schranken, die sich in dieser Hinsicht aus dem Merkmal der Erforderlichkeit der Verteidigung ergeben: Daran fehlt es zwar, wenn das angedrohte Übel und damit das Fortwirken der Drohung durch Inanspruchnahme behördlicher Hilfe abgewendet werden kann (u. 41) – auch das Androhen einer entsprechenden Anzeige wäre deshalb selbstverständlich immer zulässig –, im übrigen aber könnte nach den dafür geltenden Regeln (u. 34 ff., 36 c) als letztes Mittel sogar das heimliche Erschießen des Erpressers „erforderlich" sein (vgl. Roxin I 575). Die notwendigen Beschränkungen der Notwehr könnten sich dann vielmehr nur aus dem Merkmal des „Gebotenseins" in Abs. 1 entnommen werden (vgl. Amelung GA 82, 391 ff., NStZ 98, 71, Herzog NK 32, Roxin I 593 f., W-Beulke 103; s. auch Novoselec aaO 221; and. Günther SK 77), wobei die Ergiebigkeit der dort maßgeblichen Prinzipien (u. 47) in den vorliegenden Fällen allerdings mit einem Fragezeichen zu versehen ist (krit. dazu auch Müller NStZ 93, 367, der deshalb einen notwehrkonstituierenden Angriff verneint [dagegen zu Recht Amelung NStZ 98, 70, Novoselec aaO 219]). Dies zeigen schon die unterschiedlichen Ergebnisse, die auf diese Weise gewonnen werden: Teilweise werden hier nur eine „kommunikative Gegenwehr" (zB Gegendrohungen – deren Zulässigkeit sich allerdings auch aus § 240 II ergeben würde – und Täuschungen) und die Fixierung des Erpresserverhaltens durch heimliche Tonaufnahmen (§ 201) für zulässig gehalten (Amelung GA 82, 397 ff.), zT weitergehend auch Taten iS der §§ 123, 242, 274, 303, soweit sie der Beseitigung des erpresserischen Materials dienen (Roxin I 594).

β) Nicht um die Abwehr eines künftigen Angriffs handelt es sich bei der sog. **antizipierten** **18 a** **Notwehr** durch Anbringen von **selbständig wirkenden Selbstschutzanlagen** (Selbstschüsse, elektrischer Strom usw.), weil diese erst im Augenblick des stattfindenden Angriffs wirksam werden sollen (vgl. zB Günther SK 73, Herzog NK 72, Kühl 142, Lackner/Kühl 10, Roxin I 564, Spendel LK 114 u. näher Kunz GA 85, 540 f., Schlüchter, Lenckner-FS 314 f.; and. BW-Mitsch 315); zum Versuchsbeginn einer durch die Installation beabsichtigten oder in Kauf genommenen Tötung vgl. Schlüchter aaO 329 ff. sowie § 22 RN 42). Das Vorliegen oder Fehlen einer polizeilichen Genehmigung solcher Anlagen ist auch dort, wo eine Erlaubnispflicht besteht (vgl. § 11 LandesOWiG Bad.-Württ. v. 8. 2.

1978, GBl 102 u. früher § 368 Nr. 8 StGB), für § 32 ohne Bedeutung (and. BW-Mitsch 316). Das Problem liegt hier bei der Erforderlichkeit der Verteidigung (u. 37).

19/20 **3. Rechtswidrig** ist der Angriff, wenn er objektiv im Widerspruch zur Rechtsordnung steht (vgl. zB Jescheck/Weigend 341; enger Schmidhäuser GA 91, 127: „grobe Rechtsmißachtung"). Um speziell durch einen Straftatbestand vertyptes Unrecht vertreiben zu können, braucht es sich dabei nicht zu handeln, was schon daraus folgt, daß auch strafrechtlich nicht geschützte Güter notwehrfähig sind (o. 4). Die lediglich aus dem Tatbestand des § 218 herausgenommenen, grundsätzlich aber nach BVerfGE **88** 203, 251 ff. nach wie vor verbotenen Schwangerschaftsabbrüche gemäß der Fristen- und Beratungslösung sind daher auch iS des § 32 rechtswidrige Angriffe auf den Nasciturus (vgl. auch Eser JZ 94, 506, Lesch aaO 13 ff., Satzger JuS 97, 801 f.), weshalb in diesen Fällen die vom BVerfG aaO 279 offenbar als völlig unproblematisch angesehene Verneinung eines Nothilferechts nur mit den in dem Merkmal des Gebotenseins in Abs. 1 (u. 43 ff.) enthaltenen Einschränkungen des Notwehrrechts begründet werden könnte (hier damit, daß ein Verbot, das bei einem solchen Modell aus übergeordneten Gründen – effektiverer Schutz des ungeborenen Lebens durch eine entsprechende Beratung – nicht mit einer strafrechtlichen Sanktionierung verbunden ist, auch nicht mit der scharfen Waffe eines Jedermannsrechts auf Nothilfe durchgesetzt werden darf: Andernfalls bestünde das Risiko, daß Frauen die Beratungsstellen schon gar nicht in Anspruch nehmen, wenn sie nach ihrer Entscheidung für einen Abbruch noch mit einem legalen Einschreiten Dritter zu rechnen hätten (vgl. Satzger JuS 97, 802 f.; and. Lesch aaO 55 ff., 64 ff.: Beschränkung der Notwehrhilfe durch Angemessenheit entspr. § 34 S. 2). Im übrigen ist umstritten, ob und unter welchen Voraussetzungen der Angriff in dem genannten Sinn als rechtswidrig anzusehen ist (vgl. eingehend Otte aaO 47 ff.). Richtigerweise ist er dies nicht bereits dann, wenn der Angegriffene zur Duldung des Angriffs nicht verpflichtet ist (so aber zB RG **21** 171, **27** 46, OGH **1** 274, BSG NJW **99**, 2301 f. m. Anm. Roxin JZ 00, 99, Geilen Jura 81, 256, Spendel LK 57). Ebensowenig ist der Angriff schon deshalb rechtswidrig, weil das Handeln des Angreifers nicht durch einen besonderen Erlaubnissatz gedeckt und daher nicht „befugt" ist (so aber W-Beulke 103 u. wohl auch Tröndle 11; zum Unterschied vgl. u. 20). Maßgeblich ist vielmehr, ob der Angriff – was kein straftatbestandsmäßiges Handeln voraussetzt (zB furtum usus) – rechtlichen *Verhaltens*normen widerspricht. Dies folgt aus dem Grundgedanken der Notwehr, deren besondere Schärfe darauf beruht, daß sich hier zugleich das Recht als Verhaltensordnung gegenüber dem Unrecht behaupten soll: Nur wenn „ein *Verhaltensunwert* des Angreifers den Gesichtspunkt der Schadensproportionalität verdrängt" (Hirsch aaO 214), ist es auch legitim, den Umfang des Notwehrrechts prinzipiell allein nach der Erforderlichkeit der Verteidigung zu bestimmen (ebenso BW-Mitsch 317, Bitzilekis aaO 114 f., Günther SK 56, 61, Graul JuS 95, 1052, Herzog NK 34, Lackner/Kühl 5, M-Zipf I 357, Otte aaO 52, Roxin I 557, ZStW 93, 84, Jescheck-FS 458 f., Schumann JuS 79, 560, iE auch Kioupis aaO 68 f., Wagner aaO 53 f. u. weitgehend Felber aaO 135 ff. sowie Klesczewski aaO 244 [nur vorsätzliches oder bewußt fahrlässiges Verhalten]; vgl. ferner Münzberg aaO 342 ff.). Die Unterschiede dieser Auffassungen liegen darin, daß auch die Duldungspflicht des Betroffenen abstellende Rechtswidrigkeitsdefinition strenggenommen auch dort zur Zulässigkeit der Notwehr führen müßte, wo dem Angreifer zwar kein Eingriffsrecht, wohl aber eine Handlungsbefugnis eingeräumt ist, da in diesem Fall der Betroffene gerade nicht zur Duldung des Eingriffs verpflichtet ist (so zB § 193, vgl. 11 f. vor § 32). Dies wird zwar vermieden, wenn statt dieses oder zusätzlich auf eine Handlungsbefugnis des Angreifers abgehoben wird (ausdrücklich gegen Notwehr im Fall des § 193 daher zB Baldus LK[9] § 53 RN 8), doch bleibt dann Notwehr nach wie vor zulässig gegen objektiv sorgfaltsgemäßes Handeln, für das eine besondere „Befugnis" fehlt (so ausdrücklich zB B-Volk I 90, Jescheck/Weigend 341; dagegen mit Recht Graul JuS 95, 1052, Hirsch aaO 213 ff.).

21 a) Rechtswidrig ist der Angriff demnach, wenn die Verletzung rechtlich geschützter Interessen aus einem **objektiv pflichtwidrigen Verhalten** droht (vgl. näher Graul JuS 95, 1052, Hirsch aaO 211, Kühl 146 ff.). Nicht rechtswidrig iS des § 32 ist der Angriff daher in folgenden Fällen: 1. wenn der Angreifer seinerseits ein *Eingriffsrecht* hat: daher zB keine Notwehr gegen Notwehr (RG **54** 198, **66** 289), rechtfertigenden Notstand (RG **23** 117 zu § 904 BGB), eine Festnahme nach § 127 I StPO (RG **54** 197, **57** 80; vgl. dazu auch 10 a vor § 32), berechtigte Selbsthilfe gem. § 229 BGB (vgl. dazu auch Bay NJW **91**, 934 m. Bspr. u. Anm. in RN 66 vor § 32) oder nach dem Arbeitsverhältnis zulässige Türkontrollen und Leibesvisitationen (vgl. Hamm NJW **77**, 590 mwN); weiß der Angreifer von diesem Eingriffsrecht nichts (vgl. das Bsp. b. F. C. Schroeder JZ 91, 683), so fehlt es, weil dann nur das Unrecht eines untauglichen Versuchs vorliegen kann (15 vor § 32), bereits an einem Angriff (o. 12; s. auch Günther SK 63); 2. wenn das Handeln des Angreifers zwar nicht durch ein Eingriffsrecht, aber durch eine *besondere Handlungsbefugnis* gerechtfertigt ist (11 f., 19 vor § 32): daher keine Notwehr gegen Wahrnehmung berechtigter Interessen gem. § 193 oder eine Festnahme gem. § 127 I StPO, auch wenn der ex ante begründete Fluchtverdacht sich ex post als falsch erweist; 3. wenn das Handeln des Angreifers zwar nicht durch eine spezielle Erlaubnis gedeckt ist, aber wegen des fehlenden Handlungsunrechts (unvorsätzliches und nicht objektiv sorgfaltswidriges Verhalten, vgl. 52 ff. vor § 13, 21 vor § 32) nach *allgemeinen Grundsätzen* nicht rechtswidrig ist: daher zB keine Notwehr, wenn sich der Angreifer in einem objektiv nicht pflichtwidrigen (Erlaubnis-)Tatbestandsirrtum befindet (näher dazu Graul JuS 95, 1050 ff.) oder wenn im Straßenverkehr eine den Verkehrsregeln entsprechendes Verhalten eine Verletzung droht (Hirsch aaO 213 ff., M-Zipf I 357 f., Otte aaO 56 ff., Roxin I 557; and. zB B-Volk I 90, Jescheck/Weigend 341, Scheffler Jura 93, 625; and. Gropp 174 f., Günther SK

17: kein Angriff). Dasselbe gilt, wenn – sofern dies überhaupt ein „Angriff" ist (vgl. Herzog NK 6 f.) – kein willentliches Verhalten und daher keine Handlung im Rechtssinn (37 ff. vor § 13) vorliegt (iE auch Blei I 143). Das bedeutet nicht, daß der Betroffene hier völlig schutzlos ist: Entfällt die Rechtswidrigkeit aus anderen Gründen als infolge eines speziellen Eingriffsrechts und einer daraus sich ergebenden Duldungspflicht, so kann § 34 in Betracht kommen (§ 34 RN 30 f.; vgl. auch BGH NJW **89**, 2479 m. Anm. Eue JZ 90, 765 u. Bspr. Küpper JuS 90, 184, EB-Eser I 119, Graul JuS 95, 1052, Hirsch aaO 225, Münzberg aaO 371, Stratenwerth 135), dessen Regelung hier auch angemessener ist, weil sie im konkreten Fall zu einer Interessenabwägung führt und im Gegensatz zur Notwehr voraussetzt, daß ein Ausweichen nicht möglich ist. Unberührt bleibt in diesen Fällen ferner die Möglichkeit einer Entschuldigung nach § 35 (vgl. dazu den Fall von BGH aaO, bei dem auch § 34 zu verneinen wäre).

Diese Grundsätze gelten auch, wenn der Angriff in einem **hoheitlichen Handeln** besteht. Maßgebend dafür, ob dieser rechtswidrig ist, sind demnach die in 83 ff. vor § 32 dargestellten Regeln (vgl. entsprechend zum strafrechtlichen Rechtmäßigkeitsbegriff in § 113 dort RN 21 ff.; dazu daß Widerstandshandlungen gegen rechtswidrige Hoheitsakte unter dem Gesichtspunkt des § 113 nicht erst durch Notwehr gerechtfertigt, sondern insoweit schon nicht tatbestandsmäßig sind, vgl. § 113 RN 20, 36). Gegen eine Amtshandlung, die, obwohl sie von falschen sachlichen Voraussetzungen ausgeht, objektiv pflichtgemäß ist, kommt deshalb allenfalls § 34 in Betracht, der in solchen Fällen auch angemessenere Lösungen ermöglicht (vgl. 11, 21, 86 vor § 32; zur Ausführung einer rechtswidrigen Weisung durch einen – seinerseits rechtmäßig handelnden – Untergebenen vgl. 87 ff. vor § 32). Dies ist kein Rückfall in „obrigkeitsstaatliches Denken" (so aber Spendel LK 68; s. auch Herzog NK 42 f.), sondern die Konsequenz daraus, daß Angreifer hier nicht der Staat, sondern der für diesen handelnde Amtsträger ist (o. 3), Notwehr gegen diesen aber nur unter den o. 19 ff. genannten Voraussetzungen zulässig ist. Auch dann bleibt allerdings zu beachten, daß es bei der Möglichkeit, die drohende Beeinträchtigung auf dem Rechtsweg abzuwenden, an der Erforderlichkeit der Verteidigung fehlen kann (BGH JZ **76**, 31 m. Anm. W. Schmidt; vgl. aber auch Paeffgen JZ 78, 743) und daß bei einem schuldlosen Irrtum des Beamten nur ein eingeschränktes Notwehrrecht besteht (u. 52). Zu § 32 bei einem den Verhältnismäßigkeitsgrundsatz offensichtlich verletzenden Einsatz von Polizeihunden vgl. BVerfG NJW **91**, 3023; zur Frage der Notwehr bzw. Nothilfe für § 120 vgl. KG JR **81**, 513 u. § 121 RN 1, beim Fotografieren eines Demonstrationszuges zur Ermittlung unbekannter Straftäter BGH JZ **76**, 31 m. Anm. W. Schmidt, **78**, 762, Paeffgen JZ 78, 732; zur Notwehr gegen DDR-Grenzorgane bei der Flucht aus der ehemaligen DDR vgl. Hamm JZ **76**, 610, LG Stuttgart NJW **64**, 64; ferner zB Bath aaO, F. C. Schroeder JZ 74, 113, NJW 78, 2577 u. näher zur Frage der Rechtmäßigkeit des Schußwaffengebrauchs usw. an der früheren innerdeutschen Grenze 99 ff. vor § 3, 89 a vor § 32 mwN; zur Notwehr gegen Fehlurteile und Gesetze vgl. Herzog NK 44 ff.

b) Die Rechtswidrigkeit entfällt nicht deshalb, weil der Angegriffene den **Angriff schuldhaft verursacht** (RG **73** 342, JW **26**, 1171) oder gar provoziert hat (allerdings kann die Provokation – zB eine Beleidigung – selbst ein rechtswidriger Angriff sein, gegen den Notwehr zulässig ist). Über die Grenzen der Notwehr in diesen Fällen vgl. u. 54 ff. Dagegen fehlt es bei einer im Rahmen des Üblichen bleibenden **einverständlichen Prügelei,** bei der beide Seiten gleichermaßen Angreifer und Verteidiger sind, an einem rechtswidrigen Angriff, weil die gegenseitigen Angriffshandlungen hier nach § 228 gerechtfertigt sind (vgl. dort RN 19). Wer dabei den Kürzeren zieht und deshalb zum Messer greift und auf den anderen einsticht, handelt daher nicht in Notwehr (vgl. BGH NJW **90**, 2263, MDR/H **75**, 724, **78**, 109 mwN, Stuttgart NJW **92**, 851, LG Köln MDR **90**, 1033, ferner zB Herzog NK 36, Jescheck/Weigend 339). Eine Notwehrlage entsteht hier erst, wenn die Gegenseitigkeit entfällt, weil der eine über das Maß der von beiden vorausgesetzten Rauferei hinausgeht (zB zur Waffe greift) oder weiter handelt, obwohl der andere aufgegeben hat (vgl. RG **73** 341, BGH MDR/D **66**, 23). Ist die Auseinandersetzung von vornherein darauf angelegt, die Grenzen des § 228 zu überschreiten, so sind beide rechtswidrige Angreifer, so daß sich keiner auf Notwehr berufen kann (and. auch hier erst, wenn der eine den Kampf aufgibt).

c) **Schuldhaft** – und noch weniger außerdem vorsätzlich – braucht der Angriff nicht zu sein (zB RG **27** 44, BGH **3** 217, BSG NJW **99**, 2302, München NJW **66**, 1165, BW-Mitsch 316, Bitzilekis aaO 111 ff., Fuchs aaO 47 ff., Günther SK 28, Herzog NK 101, Jescheck/Weigend 341, Lackner/Kühl 5, Lange aaO 54 f., M-Zipf I 360, Otte aaO 64, Roxin I 559, ZStW 93, 82, Jescheck-FS 459 f., Spendel LK 26, 62 f., Tröndle 11, Wagner aaO 52 u. näher Hirsch aaO 215 ff.; einschr. Felber aaO 118 ff.; and. Freund 95, Frister GA 88, 305, Haas aaO 236, Hoyer JuS 88, 89, Hruschka 140 ff., Jakobs 385, Köhler 268, Koriath JA 98, 253 f., Krause, Bruns-FS 83 f., GA 80, 332 f., Otto I 101 f., Würtenberger-FS 140 ff., Renzikowski aaO 279 ff., Schmidhäuser 348, I 154, GA 91, 129; s. auch Lesch aaO 40: quasi-schuldhaft). Dies ergibt sich eindeutig schon aus dem Gesetzeswortlaut (and. Hoyer JuS 88, 89), der lediglich von der Rechtswidrigkeit, nicht aber von der Schuldhaftigkeit des Angriffs spricht, wobei diese auch nicht in das Merkmal „Angriff" hineingelesen werden kann (vgl. aber Otto aaO), da dort sonst implizit auch schon dessen Rechtswidrigkeit enthalten sein müßte, wovon das Gesetz jedoch ersichtlich nicht ausgegangen ist. Auch eine teleologische Reduktion des Gesetzeswortlauts – und nur durch eine solche könnte das zusätzliche Erfordernis eines schuldhaften Angriffs gewonnen werden (zur Frage ihrer Zulässigkeit bei Rechtfertigungsgründen vgl. 25 vor § 32, aber auch § 1 RN 14 a) – ist hier weder in der Sache begründet noch besteht dafür ein Bedürfnis:

Ersteres nicht, weil das Rechtsbewährungsprinzip in diesen Fällen zwar an Bedeutung verliert, aber nicht völlig außer Kraft gesetzt ist – auch hier steht Recht gegen Unrecht und nicht Recht gegen Schuld –, letzteres nicht, weil schon das „Gebotensein" der Notwehr (Abs. 1; u. 52) eine hinreichende Grundlage für eine der jeweiligen Situation angepaßte Einschränkung des Notwehrrechts bietet (ebenso zB Roxin I 559; krit. dazu aber Renzikowski aaO 100 ff. u. näher zum Ganzen Kühl Jura 93, 64 f., Otte aaO 62 ff.). Erst recht sind Strafausschließungsgründe (vgl. 127 ff. vor § 32) für das Vorliegen eines notwehrfähigen Angriffs ohne Bedeutung.

25/26 **4.** Bei einem **Angriff auf einen Dritten** fehlt es an der zur Nothilfe berechtigenden Notwehrlage jedenfalls dann, wenn in dem Verzicht des Angegriffenen auf eine Verteidigung zugleich eine wirksame Einwilligung bzw. ein Einverständnis zu sehen ist (dann schon kein Angriff bzw. kein rechtswidriger Angriff). Aber auch wenn dies nicht der Fall ist – und nicht immer liegt in dem Entschluß, sich nicht zu verteidigen, eine Einwilligung in die Verletzung des bedrohten Guts – besteht das Nothilferecht als ein von dem Angegriffenen abgeleitetes Recht nur, wenn und soweit dies dem (wirklichen oder mutmaßlichen) Willen des Angegriffenen entspricht. Will der Angegriffene sich nicht oder will er sich selbst ohne fremde Hilfe verteidigen, so ist dies grundsätzlich auch von Dritten zu respektieren (zu den Ausnahmen u. 26; dazu, daß insoweit auch die Notwehr gegenüber der Nothilfe subsidiär sein kann, u. 41). Dies entspricht im wesentlichen der h. M. (zB BGH 5 248, StV 87, 59, Bay 54 113, Blei I 148, Herzog NK 19, 57, Jescheck/Weigend 349, Kinnen MDR 74, 633, Kioupis aaO 222, Kühl 185 f., Jura 93, 236, Lackner/Kühl 12, M-Zipf I 371, Roxin I 599, Tröndle 7; and. zB Bitzilekis aaO 72, Schmidhäuser 356, I 161, F. C. Schroeder, Maurach-FS 141, Spendel LK 145; diff. Seier NJW 87, 2478 ff., Sternberg-Lieben/Sternberg-Lieben JuS 99, 447 f.). Zu begründen ist diese Abhängigkeit des Nothilferechts mit dem individualrechtlichen Aspekt der Notwehr (o. 1 f.; s. auch Kargl aaO 63 f. [intersubjektive Begründung der Notwehrhilfe]), aus dem sich ergibt, daß grundsätzlich nur der Angegriffene das Recht hat, darüber zu entscheiden, ob und durch wen das bedrohte Gut geschützt werden soll. Schließt er, gleichgültig aus welchen Gründen, eine Nothilfe aus, so fehlt dem Dritten zum Außenverhältnis zum Angreifer die Legitimation, unter Individualschutzgesichtspunkten für das angegriffene Gut einzutreten (and. Seier aaO 2482, Sternberg-Lieben/ Sternberg-Lieben aaO 447): Hier besteht deshalb für den Dritten schon keine der Notwehrlage entsprechende Nothilfelage, jedenfalls aber ist seine Intervention nicht erforderlich oder spätestens nicht iS des Abs. 1 geboten (so Tröndle 7). Voraussetzung für eine derartige Nothilfesperre ist allerdings, daß der Angegriffene „einen solchen Entschluß fassen darf und kann" (BGH 5 248), wozu zB auch Gründe des Selbstschutzes – zB der Geisel vor dem Schuß des Nothelfers zu riskant – oder der Schonung des Angreifers gehören können (Lackner/Kühl 12; vgl. ferner Kühl Jura 93, 236, Roxin I 600, Sternberg-Lieben/Sternberg-Lieben aaO 448, aber auch Fechner aaO 229 f.). Dagegen bleibt Nothilfe zulässig, wenn der Angegriffene von dem Angriff nichts weiß (vorbehaltlich eines entgegenstehenden mutmaßlichen Willens), wenn er die Situation nicht richtig einschätzt oder einschätzen kann (Irrtum über die Gefährlichkeit des Angriffs; Angriff auf ein Kind) oder wenn es sich um einen nicht einwilligungsfähigen Angriff auf nicht oder nur beschränkt disponible Güter handelt (vgl. BGH 5 247 f., Lackner/Kühl 12, Roxin I 600, Sternberg-Lieben/Sternberg-Lieben aaO 448): Kann er hier nicht wirksam in eine Verletzung einwilligen, so kann er auch nicht eine Nothilfe verbieten, wenn sie zu seinem Schutz erforderlich ist. Unbeachtlich, weil rechtsmißbräuchlich, ist ferner ein Verbot der Nothilfe, wenn es dem Angegriffenen nur darum geht, den Grundsatz des relativ mildesten Mittels zu unterlaufen und damit den Angreifer unnötig zu schädigen, weil er bei fremder Unterstützung auf ein milderes Mittel übergehen müßte (zB Möglichkeit gemeinsamer Abwehr auch ohne den sonst zulässigen Waffengebrauch); der Wille des Angegriffenen, die Verteidigung – zB aus falsch verstandener Mannesehre – eigenhändig durchzuführen, ist ansonsten vom Nothelfer aber zu respektieren (and. Sternberg-Lieben/Sternberg-Lieben aaO 448). Im übrigen ist eine Auslegungsfrage, ob die Ablehnung fremder Hilfe nur als Entbindung von einer bestehenden Hilfspflicht oder als Versagung des Nothilferechts zu verstehen ist (vgl. Seier aaO 2480 ff.), wobei der Angegriffene für letzteres vor allem dann gute Gründe haben kann, wenn er eine Eskalation des Geschehens zu befürchten hat (and. Seier aaO 2482: Nur bei einer „Erklärung mit angreiferbegünstigendem Inhalt"). Abzulehnen ist dagegen eine objektive Beschränkung der Nothilfe durch eine Angemessenheitsklausel entspr. § 34 S. 2 (so Lesch aaO 55 ff.): Diese Klausel hat schon bei § 34 keine selbständige Bedeutung (vgl. dort RN 46); erst recht lassen sich die entsprechenden Probleme (insbes. Nothilfe zugunsten des ungeborenen Lebens bei straflosem Schwangerschaftsabbruch) bei § 32 durch einen Rückgriff auf die tragenden Notwehrprinzipien lösen (vgl. o. 20 sowie u. 43 ff.).

27 **5.** Ob eine Notwehrlage in dem genannten Sinn besteht, hängt vom **tatsächlichen Vorliegen** eines gegenwärtigen, rechtswidrigen Angriffs ab (vgl. 10 f. vor § 32, ferner zB RG 21 190, 64 102, OGH 3 123, B-Volk 91 f., Günther SK 22, Herzog NK 4, 25, Hirsch, A. Kaufmann-FS 547 f., Kühl 130 f., Otto Jura 88, 330). Ist dies nicht der Fall, so ist § 32 nicht anwendbar, auch wenn eine objektive ex ante-Betrachtung zum gegenteiligen (positiven) Ergebnis führt (zur Gegenmeinung vgl. 9 vor § 32) und an ein solches Urteil hier besonders hohe Anforderungen gestellt werden (vgl. Rudolphi, A. Kaufmann-GedS 386: „Sicherheit oder doch an Sicherheit grenzende Wahrscheinlichkeit"). Eine ex ante-Beurteilung findet hier nur statt, soweit das Merkmal des Angriffs eine Prognose erfordert, was zwar bezüglich der Gefahr einer Verletzung von Rechtsgütern des Angegriffenen der Fall ist (o. 12), nicht aber hinsichtlich des Angriffsverhaltens selbst, das tatsächlich vorliegen muß. Insoweit

genügt daher auch der **äußere Anschein** nicht: Ein Scheinangriff ist noch kein Angriff, ebenso wie die nur zu befürchtende, von dem Angreifer tatsächlich aber nicht beabsichtigte Fortsetzung seines Angriffs kein gegenwärtiger Angriff mehr ist, weshalb solche Fälle auch keine Notwehrlage begründen (vgl. Stuttgart NJW **92**, 851, Günther SK 22, Kühl aaO, C. Schröder JuS 00, 238, aber auch RG **53** 133, Bay **90** 141 m. Anm. Schmidhäuser JZ 91, 937 u. Spendel JR 91, 250, **91** 46 m. Bspr. Mitsch JuS 92, 291 u. Anm. Vormbaum JR **92**, 162). Zur Anwendung des Zweifelsatzes, wenn über das Vorliegen und die Gefährlichkeit des Angriffs keine sicheren Feststellungen möglich sind, vgl. zB BGH NJW **91**, 503, 2496.

Hier kommt daher nur Putativnotwehr (u. 65) in Betracht. War freilich auch bei Anwendung der 28 rechtlich gebotenen Sorgfalt nicht zu erkennen, daß ein wirklicher Angriff nicht vorlag (bzw. dieser nicht gegenwärtig usw. war), so ist die vermeintliche Notwehrhandlung schon nach allgemeinen Grundsätzen nicht rechtswidrig (vgl. 21 vor § 32, aber auch Freund GA 91, 408; noch weitergehend Otto Jura 88, 330: Rechtfertigung bei vorgetäuschtem Angriff auch im Fall leichter Fahrlässigkeit); sie ist daher ihrerseits auch kein rechtswidriger Angriff iS des § 32 (o. 21), so daß sich der andere dagegen nur nach Notstandsregeln wehren darf (vgl. § 34 RN 30 f.). Besondere Probleme ergeben sich, wenn der äußere Anschein für einen Angriff spricht und der Täter sich wehrt, um dem Risiko zu entgehen, daß es sich tatsächlich um einen Angriff handelt (vgl. BGH VRS **40** 107, wo das Problem jedoch an der falschen Stelle gesehen wurde: ein Verteidigungswille werde nicht dadurch ausgeschlossen, daß der Täter zugleich andere Zwecke verfolgt). Nach Schröder (17. A., § 53 RN 15 ff.) sollte der Täter hier nur straffrei sein, wenn ihm in der konkreten Situation nicht zugemutet werden könne, das Risiko des Abwartens einzugehen (ähnl. Rudolphi SK 9 a vor § 19, Warda, Lange-FS 126 ff., Welzel-FS 514 ff.: mangelnde oder geminderte Vorwerfbarkeit). Hält man jedoch das subjektive Rechtfertigungselement in Gestalt des Wissens um die objektiven Rechtfertigungsvoraussetzungen und entsprechend einen Erlaubnistatbestandsirrtum auch dann für gegeben, wenn der Täter im Vertrauen auf das Vorliegen des rechtfertigenden Sachverhalts handelt (vgl. 14 vor § 32, u. 65, § 16 RN 22), so bleiben strafbar nur die Fälle, in denen es dem Täter letztlich gleichgültig ist, ob die Notwehrvoraussetzungen gegeben sind (Bestrafung wegen vollendeter Tat, wenn sie fehlten, wegen Versuchs [u. 63], wenn sie tatsächlich vorlagen). Hier besteht dann, unabhängig von Zumutbarkeitserwägungen, auch kein Anlaß, den Täter straffrei zu lassen. Zum Ganzen vgl. auch Born aaO, Freund GA 91, 407 f., Herzberg JA 89, 247 f., C. Schröder JuS 00, 235 ff.

III. Besteht eine Notwehrlage (o. 2 ff.), so ist die Notwehrhandlung **gerechtfertigt,** wenn und 29 soweit sie die **erforderliche Verteidigung** darstellt.

1. Verteidigung, die uU auch in einem Unterlassen bestehen kann (vgl. Herzog NK 56, Spendel 30 LK 200), ist sowohl die rein defensive Abwehr des Angriffs (sog. Schutzwehr, zB Parieren eines Schlags, BGH MDR/D **58**, 12: Vorhalten eines Messers) als auch die Abwehr in Form eines Gegenangriffs (sog. Trutzwehr, vgl. RG **16** 71, Bay NJW **63**, 824, Herzog NK 53); zur Erforderlichkeit der Trutzwehr vgl. u. 36.

a) Schon begrifflich muß sich die Verteidigung **gegen den Angreifer** richten, und auch von der 31 Sache her kann die scharfe Waffe der Notwehr nur insoweit ein legitimes Mittel sein, als von der Notwehrhandlung Rechtsgüter des Angreifers betroffen sind. Dies können auch solche sein, die selbst nicht zum Angriff eingesetzt werden (vgl. Jakobs 392; vgl. aber auch u. 35). Wirkt sich die Verteidigung dagegen zugleich auf unbeteiligte Dritte aus, so ist dies durch Notwehr nicht gedeckt (h. M., zB RG **58** 29, BGH **5** 248, Celle NJW **69**, 1775, Frankfurt MDR **70**, 695, München VersR **61**, 454, BW-Mitsch 318, Günther SK 84, Herzog NK 54, Lackner/Kühl 18, Roxin I 602, Spendel LK 205, Stratenwerth 135, Tröndle 15; and. Frank § 53 Anm. 11). Jedoch kann die Verletzung des Dritten hier aus anderen Gründen (zB Notstand, mutmaßliche Einwilligung) gerechtfertigt sein (vgl. zB Frankfurt MDR **70**, 694: mutmaßliche Einwilligung, wenn im Fall der Nothilfe die gegen den Angreifer gerichtete Abwehr versehentlich den Angegriffenen trifft; RG **23** 116: durch § 904 BGB gerechtfertigte Benutzung fremder Sachen zur Abwehr des Angriffs; vgl. zum Notstand vgl. auch 101 vor § 32). Wird ein Mensch als Angriffswaffe benutzt und fehlt es bei dem Werkzeug bereits an einer Handlung – A stößt B auf C –, so ist (rechtswidriger) Angreifer allein der Hintermann; gegen das Werkzeug kommt nur § 34 in Betracht (o. 3, 21 u. näher zu diesen Fällen Spendel LK 212 ff.). Auch nicht nach § 34 – und erst recht nicht nach § 32 – gerechtfertigt jedoch der (u. U.) tödliche Schuß auf einen vom Angreifer als „lebender Kugelfang" benutzten Dritten (vgl. BGH **39** 380 m. Anm. Spendel NStZ 94, 279; and. Spendel LK 216 [vgl. jedoch auch RN 217: Schutzschild für den Verteidiger]; hier bleibt deshalb nur § 35, der jedoch, was den Dritten betrifft, das Fehlen einer Ausweichmöglichkeit voraussetzt. Dazu, daß eine die objektive Strafbarkeitsbedingung des § 231 verwirklichende Notwehrhandlung nicht die gesamte Schlägereibeteiligung rechtfertigt, vgl. BGH **39** 305 m. Bspr. Wagner JuS 95, 296 u. Anm. Seitz NStZ 94, 185, Stree JR **94**, 370 sowie § 231 RN 8 ff.

Von dem Grundsatz, daß die Verletzung von Rechtsgütern unbeteiligter Dritter als Nebenfolge 32 einer Verteidigung durch Notwehr nicht gerechtfertigt ist, werden zT jedoch *zwei Ausnahmen* gemacht: Einmal, wenn sich der Angreifer bei Durchführung des Angriffs fremder Sachen bedient (zB RG **58** 29, Spendel LK 211 mwN), zum anderen, wenn im Zusammenhang mit der Verteidigung Vorschriften zum Schutz der öffentlichen Sicherheit und Ordnung verletzt werden (vgl. RG **21** 168 [§ 167 aF: Störung des Gottesdienstes bei Notwehr gegen beleidigende Angriffe des Predigers], JW **32**, 1971, BGH NStZ **99**, 347, StV **91**, 63, **96**, 660 [unerlaubtes Führen einer Schußwaffe; and. aber

BGH NStZ **86**, 357: Notstand], Jescheck/Weigand 333, M-Zipf I 370), wobei letzteres allerdings nur gelten soll, wenn die Verteidigung gegen den Angreifer und die Beeinträchtigung der öffentlichen Sicherheit und Ordnung zusammenfallen, nicht aber, wenn diese bereits zuvor den Tatbestand eines Dauerdelikts verwirklicht (zB unerlaubter Waffenbesitz) und insoweit gegenüber dem Geschehen in der Notwehrsituation (Verwendung der Schußwaffe) eine rechtlich selbständige Straftat darstellt (BGH NStZ **99**, 347) oder wenn die Beeinträchtigung der öffentlichen Sicherheit und Ordnung nur die spätere Abwehr ermöglichen soll (Celle NJW **69**, 1775: Verletzung von Verkehrsvorschriften, um dem Angegriffenen rechtzeitig zu Hilfe zu kommen). Eine solche „Drittwirkung" der Notwehr ist, weil diese sich auf das Verhältnis zwischen Verteidiger und Angreifer beschränken muß, hier jedoch ebensowenig anzuerkennen wie sonst (BW-Mitsch 318, EB-Eser I 113, Günther SK 84 a, Herzog NK 55, Hirsch LK 66 vor § 32, Jakobs 322, Rengier KK-OWiG § 15 RN 23, Roxin I 604, Schmidhäuser 352, I 157, Widmaier JuS 70, 612 und für den zweiten Fall auch Maatz MDR **85**, 881 [zu BGH NStZ **81**, 299 betr. § 33], Spendel LK 208 f.). Dafür besteht auch keinerlei Bedürfnis: Die Beschädigung von Sachen Dritter, die der Angreifer benutzt (zB als Angriffsmittel), ist nach §§ 228, 904 BGB zu beurteilen und in der Regel (über Ausnahmen vgl. Widmaier aaO 614) nach diesen Vorschriften gerechtfertigt; Beeinträchtigungen der öffentlichen Sicherheit und Ordnung – gleichgültig, ob sie mit der Verteidigungshandlung zeitlich zusammenfallen oder ihr, um die Abwehr erst zu ermöglichen, vorausgehen – können dagegen nach § 34 gerechtfertigt sein (zu § 53 WaffenG vgl. Maatz MDR **85**, 882 f. u. BGH NStZ **86**, 357: Hinweis auf §§ 34, 35; demgegenüber stammt RG **21** 168 aus einer Zeit, in welcher der übergesetzliche rechtfertigende Notstand – jetzt § 34 – noch nicht anerkannt war). Diese Lösung verdient schon deshalb den Vorzug, weil eine automatische „Drittwirkung" des § 32 der Vielfalt möglicher Fallgestaltungen nicht gerecht wird.

33 b) Zu dem in subjektiver Hinsicht erforderlichen **Verteidigungswillen** vgl. u. 63.

34 **2. Erforderlich** ist die Verteidigung, wenn und soweit sie einerseits zur Abwehr des Angriffs geeignet ist und andererseits das relativ mildeste Gegenmittel darstellt. Ob dies der Fall ist, bestimmt sich, wie hier eine Prognose zu stellen ist, nach einem objektiven ex ante-Urteil, dies jedoch auf der Grundlage der zZ der Handlung tatsächlich gegebenen – und deshalb uU erst nachträglich bekannt werdenden – Umstände (vgl. 10 a vor § 32, aber auch Roxin I 572, C. Schröder JuS 00, 240). Was hiernach für erforderlich gehalten werden darf, muß der Angegriffene grundsätzlich hinnehmen (vgl. BGH NJW **69**, 802 [Beurteilung „vom zeitlichen Standpunkt des Angegriffenen aus im Weg der nachträglichen objektiven Prognose"], StV **99**, 143, BSG NJW **99**, 2302, Bay NStZ **89**, 409, Frankfurt VRS **40** 425, Hamm JMBlNW **61**, 142, Günther SK 90, Herzog NK 60, Jescheck/Weigand 343, Spendel LK 219, Warda Jura 90, 347 f.). Bei Fehlvorstellungen des Täters hierüber liegt je nachdem Putativnotwehr (u. 65) oder Versuch (u. 63; and. Spendel LK 220) vor. Prinzipiell ohne Bedeutung ist dagegen das Wertverhältnis des angegriffenen und des verletzten Rechtsguts bzw. das Verhältnis zwischen dem aus dem Angriff drohenden Schaden und der mit der Verteidigung verbundenen Verletzung, so daß auch höherwertige Güter des Angreifers verletzt werden dürfen, wenn eine weniger intensive Abwehr nicht ausreichen würde (h. M., zB RG **69** 310, **72** 58, BGH GA **68**, 183, **69**, 24, VRS **30** 281, StV **82**, 219, **96**, 146 LM § 53 **Nr. 3**, Bay **54** 65, Braunschweig NJW **53**, 997, KG VRS **19** 116, Köln OLGSt. § 32 S. 1, BW-Mitsch 319 f., Herzog NK 62, Jescheck/Weigand 343, Köhler 272, Kratzsch, Grenzen usw. 52, Kühl 174, Lackner/Kühl 11, Lenckner GA 68, 3, M-Zipf I 366, Roxin I 572 f., Spendel LK 224 ff.; vgl auch o. 1; and. Bernsmann ZStW 104, 326 [Tötung in Notwehr nur zum Schutz des Lebens oder bei einer drohenden Lebensentwertung; vgl. dagegen mit Recht Roxin aaO], Klesczewski aaO 245 f. [Differenzierung zwischen Angriff auf Leben, Leib, Freiheit einerseits und Sachwerte andererseits], sowie de lege ferenda im Hinblick auf eine europäische Rechtsangleichung Wittemann aaO 264 ff. [allgemeines Angemessenheits- und Verhältnismäßigkeitserfordernis]; s. auch Günter SK 112 ff., Lagodny, Strafrecht vor den Schranken der Grundrechte, 1996, 265 f., Lilie, Hirsch-FS 277); über die Grenzen dieses Grundsatzes vgl. jedoch u. 48 ff.

35 a) An die **Eignung** der Verteidigungshandlung dürfen mit Rücksicht auf die Besonderheit der Notwehr keine allzu hohen Anforderungen gestellt werden (vgl. näher Warda Jura 90, 349 f., GA 96, 406 ff.). Dem Grundsatz der Geeignetheit würde an sich nur eine Verteidigung entsprechen, die nach Art und Maß die Beendigung oder jedenfalls ein Abschwächen oder Hinausschieben des Angriffs erwarten läßt (vgl. Warda Jura 90, 346 f., GA 96, 406). Diese Grenze muß aber auch unterschritten werden dürfen: Auch dem Schwachen muß es erlaubt sein, sich zu wehren, ebenso wie es dem Starken unbenommen bleiben muß, sich unter Inkaufnahme eigener Risiken freiwillig mit einem Weniger zu begnügen (vgl. dazu BGH **25** 229). Ausreichen muß es deshalb – und schon dann ist die Abwehrmaßnahme „nach den Grundsätzen des Notwehrrechts sinnvoll" (Düsseldorf NJW **94**, 1972) –, wenn ein Abwehrerfolg, und sei es nur in Form einer Abschwächung oder Verzögerung des Angriffs oder einer Verringerung der Gefahr einer Verletzung, nicht von vornherein aussichtslos erscheint (vgl. auch Günter SK 91 ff., Herzog NK 63, Joecks, Grünwald-FS 47 ff., Kühl 164 f. u. näher Warda Jura 90, 350, GA 96, 408 ff. [ausreichend „jede, auch die geringste Aussicht"]; noch weitergehend Alwart JuS 95, 956 [auch der von vornherein aussichtslose Kampf gegen den Angreifer]; and. wohl Jakobs 394, ferner Rudolphi, A. Kaufmann-FS 386: naheliegende Möglichkeit einer erfolgreichen Abwehr). Nicht durch Notwehr gerechtfertigt ist danach zB zwar die Zerstörung von in keinem Zusammenhang mit dem Angriff stehenden Sachen, wenn klar ist, daß sich der Angreifer dadurch von der Fortsetzung seines Angriffs nicht abhalten lassen wird (vgl. auch BGH NStZ **83**, 500, Joecks aaO 265), wohl aber

sind dies die nur schwächlich geführten Faustschläge gegen einen weit überlegenen Angreifer (vgl. auch Warda Jura 90, 351, GA 96, 409) oder „symbolische" Verteidigungen wie zB Beißen und Kratzen eines Vergewaltigers, die dessen Angriff den Charakter der Intimität nehmen (vgl. Joecks aaO 263 f.). Erst recht ist der Schuß in das Bein eines flüchtenden Diebs nicht deshalb nicht erforderlich, weil dieser dann trotz der Verletzung seine Flucht fortsetzt (vgl. dazu auch Mitsch JA 89, 87 zu LG München NJW **88**, 1861). Bei mehreren Angreifern ist die Eignung nicht deshalb zu verneinen, weil der Angegriffene nur einen abwehren, die anderen dadurch aber von der Fortsetzung ihres Angriffs nicht abhalten kann (vgl. näher Warda Jura 90, 393 f., GA 96, 411 ff.).

b) Besteht nur eine geeignete Abwehrmöglichkeit, so ist diese immer auch erforderlich. Gibt es **36** dagegen mehrere, so muß die Verteidigung nach **Art und Maß** das **relativ mildeste Gegenmittel** sein. Ist sie dies, ist die Notwehrrecht nicht deshalb eingeschränkt, weil sich der Täter auf die bevorstehende Notwehrsituation einstellen konnte (vgl. BGH StV **86**, 15, Pelz JuS 95, 307) oder weil er sich für eine zu erwartende Auseinandersetzung, der er nicht auszuweichen braucht, mit besonderen Abwehrmitteln ausgerüstet hat (vgl. BGH NJW **80**, 2263 m. Anm. Arzt JR 80, 212), auch wenn dies unter einem anderen Gesichtspunkt – zB Verstoß gegen das WaffenG (vgl. auch u. 37) – rechtswidrig sein sollte (vgl. aber auch u. 61 b). Maßgebend für die Bestimmung des relativ mildesten Gegenmittels sind die Stärke und Gefährlichkeit des Angriffs einerseits, die dem Angegriffenen zur Verfügung stehenden Verteidigungsmittel und -möglichkeiten und ihre Erfolgsaussichten andererseits, wobei die gesamten Umstände der „konkreten Kampflage" – also auch solche, die in der Person der Beteiligten begründet sind (konstitutionell bedingte Schwäche oder Stärke, vom Alter abhängige Reaktionsfähigkeit usw.) – zu berücksichtigen sind (h. M., zB RG **55** 83, BGH **26** 256, **27** 336, NJW **89**, 3027, **91**, 503 m. Anm. Rudolphi JR 91, 210, **95**, 973, NStZ **81**, 181, **83**, 117, **87**, 172, 322, **89**, 113, 474, **93**, 332, **98**, 508, NStE **Nr. 8, 14**, EzSt **Nr. 2, 5, 6**, BGHR § 32 Abs. 2 Erforderlichkeit 12, Bay NStZ **88**, 409, Frankfurt VRS **40** 424, Köln JMBlNW **66**, 258, Günther SK 95, Herzog NK 60 a, 64, Jakobs 392 ff., Jescheck/Weigend 343 f., Kühl 167, Lackner/Kühl 9, Roxin I 569, Spendel LK 224 ff., Stratenwerth 136 f., Tröndle 16 c; vgl. dazu aber auch Bernsmann ZStW 104, 313). Auch hier bestimmt sich der Umfang des Notwehrrechts allein nach der objektiven „Kampflage", während es darauf, wie diese sich in der Vorstellung des Täters darstellt, allein beim subjektiven Rechtfertigungselement bzw. in Fällen des Irrtums ankommt (vgl. Bay NStZ **88**, 409, u. 63, 65; mißverständl. daher BGH NJW **89**, 3027, NStZ **83**, 117). Sind sichere Feststellungen nicht möglich, so gilt der Zweifelsatz (zB BGH NJW **95**, 973). Im einzelnen gilt folgendes:

α) Unter **mehreren verfügbaren Abwehrmitteln** muß das am wenigsten schädliche oder gefähr- **36 a** liche gewählt werden, sofern dafür noch genügend Zeit ist und dieses gleich wirksam ist (zB BGH **42** 100, NJW **91**, 503 m. Anm. Rudolphi JR 91, 210, GA **56**, 49, **65**, 147, **68**, 182, **69**, 23, Bay **90** 141 m. Anm. Schmidhäuser JZ 91, 937 u. Spendel JR 91, 250, Braunschweig NJW **53**, 997, Hamm JMBlNW **61**, 142, KG VRS **19** 116, Köln JMBlNW **66**, 258). Deshalb ist zB Trutzwehr (o. 30) unzulässig, wenn bloße Schutzwehr genügt (zB BGH **24** 356, **26** 147, was freilich nicht nur für provozierte Angriffe gilt), ebenso eine Verletzung des Angreifers, wenn der Angriff schon durch ein Festhalten des Angriffsmittels (zB der Kamera beim unbefugten Fotografieren; vgl. Düsseldorf NJW **94**, 1972) oder durch dessen Wegnahme vereitelt werden kann (vgl. BGH NStE **Nr. 6**). Bei einem (noch fortdauernden) Ehrangriff durch Verbalinjurien kommt eine tätliche Abwehr erst in Betracht, wenn der andere nicht gleichfalls verbal (zB entsprechende Erwiderung, zulässige Drohungen) zum Schweigen gebracht werden kann, was nach BGH MDR/D **75**, 175, Bay **91** 47 m. Anm. Vorbaum JuS 92, 289 u. Anm. Vormbaum JR 92, 163 „nur ausnahmsweise" der Fall sein soll, von Bay aaO aber auch bei einer Beleidigung durch ein Kind (vgl. dazu auch u. 52) für möglich gehalten wird (Abwehr im konkreten Fall durch eine „geringfügige Körperverletzung" in Gestalt einer Ohrfeige, die aber immerhin ein zehnpfenniggroßes Hämatom und eine leichte Schwellung zur Folge hatte; zur Frage der „Ehrennotwehr" vgl. auch BGH **3** 217 u. die Nachw. b. Vormbaum aaO; zum Anhalten von beleidigenden Gefangenenbriefen vgl. u. 42 d). Unmittelbare Gewaltanwendung ist nicht erforderlich, wenn bereits eine entsprechende Drohung Erfolg verspricht, was vor allem von Bedeutung ist, wenn es um den Einsatz besonders gefährlicher oder weit überlegener Abwehrmittel (Waffe, geübter Boxer) geht, die dem Angreifer unbekannt sind (vgl. zB BGH **26** 258, NStZ **88**, 451 m. Anm. Sauren, **89**, 113 sowie u. 37). Waffen u. a. gefährliche Werkzeuge dürfen erst verwendet werden, wenn eine Abwehr mittels einfacher körperlicher Gewalt (Faustthiebe) nicht ausreicht; der lebensgefährliche Einsatz einer (Schuß-)Waffe kann immer nur das letzte Mittel sein (u. 37). Der Grundsatz des relativ mildesten Mittels kann hier deshalb auch dazu führen, daß Notwehr nur in Form einer abgestuften Notwehrausübung zulässig ist (vgl. zB BGH **26** 147; zum Schußwaffengebrauch u. 37). Zur Abwehr durch Beschädigung von Sachen vgl. Gropengießer JR 98, 89; zur Inanspruchnahme fremder Hilfe, um dadurch zu einem milderen Mittel zu kommen, vgl. u. 41.

β) Das danach zulässige Verteidigungsmittel ist, was die **Art und Weise seiner Anwendung** **36 b** betrifft, so schonend wie möglich einzusetzen (vgl. auch u. 38). So darf beim unbefugten Fotografieren dem Angreifer bei Verweigerung der Herausgabe zwar auch der Film abgenommen werden – auf die Möglichkeit einer einstweiligen Verfügung braucht sich der Angegriffene hier idR nicht verweisen zu lassen, da eine solche zu spät kommen könnte – dies aber nur im Hinblick auf die fraglichen Negative und deshalb auch nur unter der Voraussetzung, daß die übrigen zurückgegeben werden sollen (vgl. Düsseldorf NJW **94**, 1972, Karlsruhe NStZ **82**, 123). Faustschläge gegen den Kopf sind nicht erforderlich, wenn der Angegriffene als geübter Boxer den Angriff durch weniger gefährliche Schläge abwehren könnte (BGH **26** 256). Je gefährlicher das Abwehrmittel ist, um so mehr ist darauf Bedacht zu nehmen, daß durch die Art, wie es benutzt wird, die Gefährlichkeit des Angriffs nicht unnötig überboten wird, was auch hier zu einer abgestuften Verteidigung führen kann (vgl. BGH NJW **89**, 3027: Verwendung einer Eisenstange). Beim Gebrauch von Waffen u. a. lebensgefährlichen Werkzeugen muß deshalb, wenn möglich, zunächst ein das Leben des Angreifers nicht gefährdender Einsatz versucht werden (u. 37). Grenzen ergeben sich hier auch bezüglich des Umfangs der Verteidigung: Genügt zB ein Schlag, so ist jeder weitere nicht mehr erforderlich (vgl. zum ganzen auch Herzog NK 66).

36 c γ) Eine **Gefährdung eigener Güter**, um den Angreifer zu schonen, muß der Angegriffene aber **in keinem Fall hinnehmen** (zB RG HRR **39** Nr. 792, BGH NJW **80**, 2263 m. Anm. Arzt JR 80, 211, GA **68**, 183, **69**, 24). Bieten daher die verschiedenen Verteidigungsmittel unterschiedliche Erfolgschancen, so darf der Täter nicht auf dasjenige verwiesen werden, das für den Angreifer zwar weniger riskant ist, aber eine sofortige und endgültige Beseitigung der Gefahr nicht erwarten läßt (vgl. BGH **25** 229, NJW **91**, 503 m. Anm. Rudolpi JR 91, 210, NStZ **81**, 138, **82**, 285, **83**, 117, 500, **87**, 172, 322, **94**, 539, 581, **98**, 508, NStZ-RR **99**, 40, StV **90**, 543, **96**, 146, EzSt **Nr. 6**, StV **99**, 143, 145, BGHR § 32 Abs. 2 Erforderlichkeit 8, 12, Bay **90** 141 m. Anm. Schmidhäuser JZ 91, 937, NStZ **99**, 9, Spendel JR 91, 250, NStZ **88**, 409, Stuttgart NJW **92**, 851). Nach BGH **24** 358, GA **56**, 49, **65**, 147, **69**, 24, Bay **85** 7, NStZ **88**, 409, Karlsruhe NJW **86**, 1358 darf der Täter hier sogar das Mittel benutzen, bei dem mit einem „sicheren Abwehrerfolg" zu rechnen ist. Doch kann dies nicht wörtlich verstanden werden, denn „sicher" ist letztlich nur die gezielte Tötung, die aber nur in Ausnahmefällen zulässig sein kann (u. 38); ein gewisses Risiko muß der Angegriffene daher idR trotz allem hinnehmen (vgl. auch Spendel LK 237), wobei die Grenze freilich schon dort verläuft, wo die Wirkung einer milderen Abwehrmaßnahme zweifelhaft wird (vgl. Lenckner JZ 73, 253 u. zum Ganzen eingehend Warda Jura 90, 396 ff.). Nichts einzuwenden ist daher auch gegen die vielfach anzutreffende Formulierung, daß sich der Angegriffene grundsätzlich nicht mit der Anwendung weniger gefährlicher Abwehrmittel begnügen muß, wenn deren Abwehrwirkung zweifelhaft ist (zB BGH **24** 356, NJW **91**, 503, NStZ **98**, 508, StV **90**, 543, **96**, 146), wobei hier selbstverständlich vorauszusetzen ist (vgl. die Kritik b. Roxin I 570), daß nicht nur die Abwehreignung des milderen Mittels zweifelhaft sein muß, sondern auch die Möglichkeit, im Falle seines erfolglosen Einsatzes den Angriff noch rechtzeitig mit dem stärkeren Mittel abwehren zu können.

37 δ) Diese Grundsätze gelten auch für die **Benutzung einer (Schuß-)Waffe** oder eines anderen gefährlichen Werkzeugs, die unter den genannten Voraussetzungen selbst dann zulässig ist, wenn der Angreifer unbewaffnet ist (vgl. zB BGH **24** 356, **25** 229, **26** 143, **27** 336 m. Anm. Kienapfel JR 79, 72, NJW **80**, 2263 m. Anm. Arzt JR 80, 211, **83**, 2667 m. Anm. Berz JuS 84, 340 u. Lenckner JR 84, 206, **84**, 986 m. Anm. Spendel JZ 84, 507, **86**, 2716, **89**, 3027, **91**, 503 m. Anm. Rudolphi JR 91, 210, GA **56**, 49, **65**, 147, **68**, 182, NStZ **81**, 138, **82**, 285, **83**, 117, **87**, 172, 322, **88**, 450 m. Anm. Sauren, **89**, 113, 474, **97**, 96, **98**, 508, StV **86**, 15, **90**, 543, **96**, 146, **99**, 145, NStE **Nr. 8, 14**, EzSt **Nr. 2, 5, 6**, MDR/He **85**, 649, MDR/H **77**, 281, **78** 985, **79** 985, BSG NJW **99**, 2302, LG München NJW **88**, 1860 m. Anm. bzw. Bspr. Beulke Jura 88, 641, Mitsch NStZ **89**, 26, JA 89, 79, Puppe JZ 89, 728, F. C. Schroeder JZ 88, 567). Ist der Angegriffene dem Angreifer nicht so überlegen, daß er den Angriff zB auch mit Fäusten abwehren kann, so braucht er sich nicht auf eine körperliche Auseinandersetzung und ein „Kräftemessen" einzulassen, sondern darf sich grundsätzlich einer (Schuß-)Waffe bedienen (vgl. zB BGH **24** 337, NJW **86**, 2716, NStZ **87**, 172, 322, **89**, 113, 474, NStZ-RR **99**, 40, StV **96**, 146, NStE **Nr. 14**, BGHR § 32 Abs. 2 Erforderlichkeit 10). Auch auf einen mit der Beute flüchtenden Dieb (o. 15) darf notfalls geschossen werden (zB BGH MDR/H **79**, 985, LG München NJW **88**, 1861 m. Anm. o., Spendel LK 246, 315 mwN), ebenso nach RG **61** 217 auf einen zum weiteren Schußwaffengebrauch entschlossenen Flüchtling. Auch die Grenzen zulässiger Notwehr mit Waffen ergeben sich aus den o. 36 ff. genannten Grundsätzen: Jedenfalls ein für den Angreifer lebensgefährlicher Waffeneinsatz ist prinzipiell erst nach einer (erfolglosen) *Androhung* zulässig, es sei denn, daß eine solche keinen Erfolg verspricht oder wegen der Bedrohlichkeit der Situation nicht mehr möglich ist (vgl. dazu zB BGH NJW **86**, 2716, NStZ **94**, 581, **98**, 508, StV **86**, 15, **90**, 543, **99**, 145, EzSt **Nr. 6**, BGHR § 32 Abs. 2 Erforderlichkeit 10). Dies gilt vor allem, wenn dem Angreifer unbekannt ist (zB BGH **26** 258, NStZ **88**, 450, **89**, 114, **98**, 508, NStZ-RR **97**, 65, **99**, 40, StV **96**, 146, JR **91**, 381 f.) oder der Angreifer selbst unbewaffnet ist (BGH NStE **Nr. 22, 28**). Bei einer Schußwaffe muß deren Einsatz nach BGH NStZ **87**, 172, 322, **97**, 96, LG München NJW **88**, 1861 i. d. R. zunächst angedroht und, sofern dies nicht ausreicht, nach Möglichkeit außerdem noch ein Warnschuß abgegeben werden (zur Notwendigkeit eines solchen vgl. auch BGH MDR/D **75**, 195, MDR/H **78**, 985; krit. zur Erforderlichkeit eines Warnschusses nach vorangegangener Androhung F. C. Schroeder JZ 88, 568). Ein Warnschuß, der als besonders deutliche Drohung stets – also auch ohne vorherige Ankündigung – zulässig ist, ersetzt jedoch immer zugleich die Androhung des Schußwaffengebrauchs, während das Umgekehrte nicht gilt, wenn aus der Sicht des Angreifers Zweifel bestehen können, ob der Angegriffene nicht blufft (zB entsprechender Anruf bei Dunkelheit, vgl. den Fall LG München aaO). Hier ist deshalb, soweit möglich und unabhängig davon, ob eine mündliche Androhung des Schußwaffengebrauchs vorangegangen ist, zunächst die Abgabe eines Warnschusses notwendig (wobei – auch bei mehreren Angreifern – ein Schuß genügt,

vgl. BGH NStZ **89**, 475, StV **99**, 143). Sofort geschossen werden darf hier nur, wenn bei einer ex ante-Beurteilung auf der Grundlage der im Zeitpunkt der Handlung tatsächlich gegebenen Umstände die Prognose gerechtfertigt ist, daß ein Warnschuß entweder wirkungslos bleiben oder wegen des damit verbundenen Zeitverlusts die weitere Verteidigung für den Angegriffenen, uU aber auch für den Angreifer riskanter machen wird (vgl. zB BGH NStZ **97**, 96; zu weitgehend in seinen Anforderungen daher LG München aaO; mit Recht krit. dazu Beulke Jura 88, 642, Puppe JZ 89, 729 f., F. C. Schroeder aaO; zum sofortigen lebensgefährlichen Einsatz eines Messers vgl. BGH StV **99**, 145). Ist dies dagegen zu verneinen, so sind dem Angegriffenen die Folgen eines unzulässigen Waffengebrauchs auch dann zuzurechnen, wenn sich hinterher herausstellt, daß der Angreifer seinen Angriff ungeachtet eines Warnschusses fortgesetzt hätte (LG München aaO). and. Puppe aaO 729). Für den *Waffeneinsatz selbst* gilt, daß die Berechtigung dazu noch kein Freibrief dafür ist, wie die Waffe eingesetzt wird (vgl. Lenckner JZ 79, 253 f.). Er darf nach Art und Weise nur so erfolgen, daß Intensität und Gefährlichkeit des Angriffs dadurch zu gefährden, d. h. den Abwehrerfolg dadurch zu gefährden, überboten werden (vgl. BGH **26** 147, **27** 337, NJW **80**, 2263, NStZ **87**, 172, 322, **98**, 508, NStZ-RR **97**, 194, GA **69**, 24, MDR/H **77**, 281 mwN). Nicht erforderlich ist daher zB der Stich mit einem Dolch, wenn dessen bloßes Vorhalten genügt. Ein das Leben des Angreifenden gefährdender Waffeneinsatz ist immer die ultima ratio; wenn möglich und erfolgversprechend, muß deshalb zunächst ein weniger gefährlicher Einsatz versucht werden (Schuß, Stich oder Schlag gegen nicht lebenswichtige Körperteile; vgl. BGH **26** 146, **42** 100, NJW **89**, 3027, NStZ **87**, 172, 322, **89**, 474, **94**, 539, NStZ-RR **97**, 65, 194, NStE **Nr. 22**). Das Risiko, mit dem letzten zur Verfügung stehenden Schuß das Bein oder den Fuß des Angreifers zu verfehlen, muß der Angegriffene allerdings nicht auf sich nehmen; hier darf der Angriff daher auch durch einen gezielten und uU tödlichen Schuß auf den Rumpf beendet werden (BGH NJW **91**, 503 m. Anm. Rudolphi JR 91, 210). Ungezielte Schüsse oder Stiche gegen den Angreifer sind erst zulässig, wenn sie nicht gezielt möglich sind (vgl. BGH **27** 336 [Messerstich nach rückwärts], NStZ **86**, 357 [ungezielter Schuß im Steinhagel mehrerer Angreifer]). Von der konkreten „Kampflage" hängt es auch ab, wie oft von der Waffe Gebrauch gemacht werden darf und ob zB das Abgeben mehrerer von vornherein beabsichtigter Schüsse nach dieser wirklich das letzte Mittel war; genügt ein Schuß, so ist jeder weitere ein Exzeß (vgl. BGH NStZ **94**, 539; zu einer Vielzahl von Messerstichen vgl. BGH NStZ **88**, 450, **89**, 113, NStZ-RR **99**, 40; bedenkl. BGH NStZ **81**, 139, NJW **83**, 2267 m. Bspr. Berz JuS 84, 340 u. Anm. Lenckner JR 84, 206 [zwei gezielte Messerstiche bzw. mehrere Schüsse in die Brust]; zumindest mißverständl. auch BGH NStE **Nr. 9**, wenn dort aus der Berechtigung zum lebensgefährdenden Einsatz eines Messers ohne weiteres die Zulässigkeit von drei Stichen in den Leib gefolgert wird). Ohne Bedeutung für § 32 ist dagegen, ob der Täter die Waffe rechtmäßig sich führte; daß er also keine Erlaubnis hatte oder das sonst verboten war (§§ 28, 37 WaffenG), ändert deshalb nichts an der Rechtmäßigkeit einer erforderlichen Verteidigung mittels einer Waffe (BGH NJW **86**, 27, **91**, 503, NStZ **87**, 172, **99**, 347, StV **99**, 143, LG München NJW **88**, 1861), vielmehr ist hier für diesen Zeitraum (nicht aber für die Zeit davor; vgl. BGH NStZ **99**, 347), auch der Verstoß gegen das WaffenG (§ 53) zwar nicht nach § 32 (o. 32), wohl aber nach § 34 gerechtfertigt (vgl. Maatz MDR **85**, 881; iE für Rechtfertigung auch BGH NJW **91**, 503, StV **96**, 660), nach BGH NStZ **86**, 2716 „zumindest entschuldigt" (vgl. auch BGH NJW **91**, 503; zur verfahrensrechtlichen Beurteilung des Dauerdelikts nach § 53 WaffenG in einem solchen Fall vgl. Maatz aaO). Zum Schußwaffengebrauch durch Polizeibeamte vgl. u. 42 b f. – Bei der **selbständigen Gegenwehr** durch **entsprechende Anlagen** (Selbstschüsse usw.) oder Tiere ist wesentlich, ob für den Angreifer die Schutzvorkehrung erkennbar ist (vgl. Schlüchter, Lenckner-FS 319 ff., Spendel LK 250; zur Gegenwärtigkeit des Angriffs o. 18 a). War sie dies, so kommt bereits ein Tatbestandsausschluß wegen eigenverantwortlicher Selbstgefährdung in Betracht (vgl. näher Schlüchter aaO u. allgemein 101/101 a vor § 13). Aber auch wenn der tatbestandliche Erfolg dem Aufsteller der Selbstschußanlage etc. zuzurechnen ist, bildet die Tatsache, daß der Angreifer eine solche Schutzvorkehrung zu überwinden sucht, ein wichtiges Indiz für die besondere Gefährlichkeit des Angriffs, weshalb hier auch die Erforderlichkeit einer derart „antizipierten" Verteidigung zu bejahen ist (vgl. Kunz GA 84, 539). Selbstschußanlagen, die tödlich wirken können, sind danach ohne eindeutige – uU auch akustische – Vorwarnung schlechterdings unzulässig (vgl. Braunschweig MDR **47**, 205, Roxin I 575, Spendel LK 251 f.; noch restriktiver Herzog NK 72; s. auch BGH **43**, 177 [Giftfalle], wo die Rechtfertigungsfrage erst gar nicht erörtert wurde). Dasselbe gilt für scharfe Hunde, nicht dagegen für das Postieren eines normalen, wenn auch bissigen Wachhundes. Auch im übrigen gilt, soweit ein System abgestufter Reaktionen möglich ist, Überreaktionen voll zu Lasten des Angegriffenen (vgl. Lackner/Kühl 10; näher zum Ganzen Kunz aaO, Spendel LK 249 ff., sowie Schlüchter aaO 317 ff. u. 326 ff. zu sonstigen Einschränkungen des Notwehrrechts).

c) Maßgebend ist die **Erforderlichkeit** der Verteidigungs**handlung** und **nicht** diejenige des **38** Abwehr**erfolgs:** War daher die konkrete Abwehrhandlung trotz des Risikos eines weitergehenden Erfolgs erforderlich, so sind ihre ungewollten Auswirkungen durch Notwehr auch dann gedeckt, wenn sie im Ergebnis zur Abwehr des Angriffs nicht notwendig gewesen wären (BGH **27** 313 [Schlag mit Pistole, aus dem sich ein Schuß löst], **27** 336, MDR/H **77**, 281 [Messerstich], **79**, 985 [Warnschuß], NStZ **86**, 357 [ungezielter Schuß], StV **99**, 143 [auf die Beine gezielter Schuß, der den Rumpf trifft], Bay NStZ **89**, 408 [zu Gehirnerschütterung führender, weil auch das Kinn treffender Schlag gegen den Arm), AG Köln MDR **85**, 1047 [zum Verlust des Auges führender Faustschlag], Herzog

NK 67, Jescheck/Weigend 343, Kunz GA 85, 549 f., Lenckner JZ 73, 253 f., Roxin I 571 f., Schmidhäuser 353, I 158, Spendel LK 222 f., JZ 84, 508; vgl. aber auch R. Hassemer JuS 80, 412, Jakobs 396). Insofern findet sich deshalb auch hier ein Element des erlaubten Risikos (vgl. dazu auch 10 f. vor § 32), das zugleich aber eine das Merkmal der Erforderlichkeit limitierende Funktion hat: Erforderlich ist danach die Verteidigung nur, wenn dabei, *wie* sie geführt wird, alle nach den Umständen vermeidbaren, über den notwendigen Abwehrerfolg hinausgehenden zusätzlichen Gefährdungen des Angreifers ausgeschlossen oder jedenfalls auf ein vertretbares Mindestmaß beschränkt werden (vgl. Lenckner JZ 73, 254). Je gefährlicher die Verteidigung nach Art und Maß ist, um so höher sind auch die hier zu stellenden Anforderungen. Zu den – entgegen R. Hassemer JuS 80, 413 – anders liegenden Fällen der unvorsätzlichen, an sich sorgfaltswidrigen Verursachung eines Erfolgs, den der Täter nach § 32 auch vorsätzlich hätte herbeiführen dürfen, vgl. 95 ff. vor § 32.

39   Unter diesen Voraussetzungen kann auch eine **Tötung des Angreifers** als Folge einer Verteidigungshandlung gerechtfertigt sein, obwohl vom Erfolg her in aller Regel ein bloßes Kampfunfähigmachen genügt hätte (vgl. zB BGH GA **56**, 49, **65**, 147, **68**, 182, NJW **83**, 2267 m. Anm. Berz JuS 84, 340 u. Lenckner JR 84, 206, StV **86**, 15, EzSt **Nr. 2, 5, 6**, MDR/He **55**, 650; vgl. aber auch RG **71** 134, **72** 58). Eine gezielte Tötung kann dagegen allenfalls in besonderen Ausnahmen erforderlich sein, so bei einem zum äußersten entschlossenen Gewalttäter, wenn das Risiko besteht, daß er durch eine bloße Verletzung nicht sofort kampfunfähig gemacht werden kann (vgl. auch Spendel LK 247; krit. zur Tötung des Angreifers bei nicht lebensbedrohlichen Angriffen Bernsmann ZStW 104, 290) zu den Beschränkungen auch hier u. 50.

40   d) Anders als beim Notstand (vgl. § 34 RN 20) entfällt bei der Notwehr die Erforderlichkeit der Verteidigung grundsätzlich nicht wegen der **Möglichkeit mühelosen Ausweichens** (Günther SK 86, Herzog NK 68, Jakobs 395, Kratzsch GA 71, 75, Lenckner GA 61, 309 u. 68, 3, Roxin ZStW 75, 541, Schröder JR 62, 188, Stratenwerth 136); über die Ausnahmen vgl. u. 48 ff. Demgegenüber wird die Erforderlichkeit (bzw. das Gebotensein, u. 44) der Verteidigung vielfach verneint, wenn der Angegriffene ausweichen kann, „ohne seiner Ehre etwas zu vergeben oder sonst seine Belange zu verletzen" (zB RG **66** 245, **71** 134, **72** 58, BGH **5** 248, GA **68**, 183, **69**, 117, VRS **40** 107, Bay NJW **63**, 825, Braunschweig NdsRpfl. **53**, 166, Düsseldorf NJW **61**, 1784, KG VRS **19** 117, Fuchs aaO 135 ff., Spendel LK 232 mwN [vgl. aber auch RN 13]; vgl. auch BGH MDR/D **58**, 12, NJW **80**, 2263 m. Anm. Arzt JR 80, 211: nicht zumutbar „schimpfliche Flucht"; wesentlich zurückhaltender dagegen BGH GA **65**, 147, VRS **30** 281 und vor allem BGH **24** 356 m. Anm. Lenckner JZ 73, 253, Roxin NJW 72, 1821 u. Schröder JuS 73, 157, wo nach Blei JA 72, 210 eine „Wende in der Rechtsprechung" eingeleitet wurde; zumindest mißverständlich aber jetzt wieder Bay **91** 47 m. krit. Bspr. Mitsch JuS 92, 291 [„Laokoonknäuel verschiedener Notwehraspekte"] u. Anm. Vormbaum JR 92, 164). Diese Auffassung, die, wie insbesondere BGH NJW **62**, 308 m. Anm. Baumann MDR 62, 349, Gutmann NJW 62, 286 u. Schröder JR 62, 187 zeigt, zu einer weitgehenden Entwertung des Notwehrrechts führen muß, verkennt jedoch, daß die Notwehr nicht nur – wie der Notstand – dem Schutz des durch den Angriff betroffenen Guts dient, sondern zugleich auf dem Rechtsbewährungsprinzip (o. 1) beruht (so mit Recht zB auch Karlsruhe NJW **86**, 1358, Roxin I 573 f., Bitzilekis aaO 79 f. mwN).

41   e) Könnte sich der Angegriffene zur Abwehr **fremder Hilfe bedienen**, so ist zu unterscheiden: Weil private Notwehr gegenüber staatlichem Schutz subsidiär ist – dies gerade auch sub specie Rechtsbewährungsprinzip –, ist die Erforderlichkeit der Selbstverteidigung nicht nur bei präsenter *polizeilicher Hilfe*, sondern auch dann zu verneinen, wenn eine solche ohne weiteres herbeigerufen werden kann (zB RG **32** 392, BGH **39** 137 m. Bspr. u. Anm. o. 16 [zu § 240 II; krit. dazu die Anm. Lesch], VRS **30** 282, Burr JR 96, 232, Günther SK 99, Herzog NK 70, Kühl 177, Lackner/Kühl 11 a, Spendel LK 234; and. Pelz JuS 95, 307 ff.; vgl. aber auch BGH NJW **80**, 2263 m. Anm. Arzt JR 80, 211: Keine Pflicht zur Inanspruchnahme der Hilfe eines Lehrers bei Auseinandersetzung unter 18jährigen Schülern [„unzumutbares Kneifen"; mit Recht krit. dazu Roxin I 574 f.]). Selbstverständliche Voraussetzung ist dabei allerdings, daß die Erfolgsaussichten staatlich organisierter Abwehr nicht geringer sind (vgl. Günther SK 100, Rudolphi, A. Kaufmann-GedS 392, Seebode, Krause-FS 390 f.; and. zB Jakobs 400). Unerheblich ist dagegen, ob die staatlichen Abwehrmittel milder sind als diejenigen des Angegriffenen oder ob sie in dieser Hinsicht gleichwertig sind (and. insoweit Seebode aaO 388 ff.); sollten ausnahmsweise die privaten Mittel die milderen sein, so wäre ein staatliches Einschreiten rechtswidrig, weshalb es hier beim privaten Notwehrrecht bleibt (vgl. Seebode aaO 386 ff.). Im übrigen ist folgendes zu beachten: Da es hier um die Frage der erforderlichen Verteidigung gegen einen bereits gegenwärtigen Angriff geht, muß zu diesem Zeitpunkt das Herbeirufen staatlicher Hilfe noch möglich sein (vgl. Lesch StV 93, 582); daß diese Möglichkeit nur vorher bestand, der Angegriffene davon aber keinen Gebrauch gemacht hat, kann dagegen nur unter dem Gesichtspunkt einer „Abwehrprovokation" (u. 61 b) zu seinen Lasten gehen. – Im Unterschied zur Inanspruchnahme staatlichen Schutzes muß sich der Angegriffene auf die Möglichkeit wirksamer *privater Hilfe* nur verweisen lassen, wenn sie ihm angeboten und dadurch eine Abwehr mit milderen Mitteln ermöglicht wird (zB durch bloße Faustschläge anstatt des sonst erforderlichen Einsatzes eines Messers; vgl. RG **66** 244, BGH MDR/H **75**, 195, Günther SK 98). Daß er fremde Hilfe herbeirufen könnte, ist hier mithin ohne Bedeutung (RG **66** 244, **71** 134, Herzog NK 71, Spendel LK 233, JZ 84, 508; vgl. auch BGH **27** 337, NJW **80**, 2263, **84**, 986; and. Kühl 178, Lackner/Kühl 11 a, Roxin I 574). Nur in den

Fällen eines eingeschränkten Notwehrrechts (u. 43 ff.) muß sich der Angegriffene notfalls auch um privaten Beistand bemühen, wenn er so zum Einsatz eines milderen Mittels gelangen kann (vgl. BGH **42** 100, 102 m. Anm. Kühl StV 97, 299, NStZ-RR **97**, 65 zur Notwehrprovokation, BGH NJW **84**, 986 zur Notwehr unter Ehegatten). Zum Ganzen vgl. auch Bitzilekis aaO 71 ff., Felber aaO 169 ff., Fuchs aaO 138 ff., Haas aaO 279 ff.

3. Besteht eine zur **Nothilfe** berechtigende Sachlage (o. 25), so ist auch die Nothilfehandlung eines **42** Dritten gerechtfertigt, soweit sie in dem genannten Sinn erforderlich ist (vgl. BGH **27** 313, Spendel LK 145; and. Seelmann ZStW 89, 56 ff.: Nur in den Grenzen des – unzulässig auf die Güterproportionalität verengten – Verhältnismäßigkeitsprinzips [Einbrecherbanden könnten danach zB also nahezu risikolos alte Menschen heimsuchen, da der Nothelfer, der angesichts der Übermacht nur noch zur Schußwaffe greifen kann, selbst zum rechtswidrigen Angreifer würde, gegen den die Einbrecher Notwehr üben dürften!]; näher zur Kritik Seier NJW 87, 2477). Dies gilt auch für private Sicherheitsdienste (näher Kunz ZStW 95, 973; Schulte DVBl. 95, 133 f.; and. Hoffmann-Riem ZRP 77, 283, der diesen durch eine angeblich teleologische, aber schon im Ansatz verfehlte Auslegung des § 32 jedes Nothilferecht abspricht). Das Maß des Erforderlichen bestimmt sich hier, wenn der Nothelfer die schonenderen Mittel zur Verfügung hat, nach dessen Möglichkeiten und nicht nach denen des Angegriffenen (zB Nothilfe durch geübten Boxer, wenn sich der Angegriffene nur mittels einer Waffe wehren könnte); hat umgekehrt der Angegriffene selbst ebenso wirksame, aber mildere Mittel, so darf auch der Nothelfer, wenn seine Nothilfe überhaupt erforderlich ist, darüber nicht hinausgehen (vgl. Seier aaO 2476 u. die Umkehrung des Bsp.). – Eine *Haftung des Angegriffenen* für einen *Exzeß des Nothelfers* besteht unter den Voraussetzungen der Mit- oder mittelbaren Täterschaft; im übrigen kommt nur Teilnahme in Betracht. Dagegen ist er nicht deshalb Fahrlässigkeitstäter, weil er die Unterstützung des Nothelfers erbeten hat, obwohl er dessen in eigener Verantwortung begangenen Exzeß hätte voraussehen können (vgl. aber BGH NStZ **89**, 113). Hier ist ihm schon der Erfolg nicht zurechenbar (vgl. 101 e vor § 13); im übrigen können in diesen Fällen nichts prinzipiell anderes gelten als bei Verteidigungshandlungen des Angegriffenen selbst, die auch dann noch erforderlich sein können, wenn sie mit dem Risiko eines weitergehenden Erfolgs verbunden sind (o. 38).

4. Umstritten ist dagegen, ob auch **hoheitliche Maßnahmen** zum Schutz des Angegriffenen nach **42 a** § 32 gerechtfertigt sein können oder ob hier nur auf speziell öffentlich-rechtliche Ermächtigungsnormen zurückgegriffen werden darf.

a) Von Bedeutung ist dies insbes. beim **Schußwaffengebrauch**, der zB nach § 10 UZwG – **42 b** ebenso zT das Landesrecht, zB § 54 PolG Bad-Württ. i. d. F. v. 13. 1. 1992 (GBl. 1) – nur zulässig ist zur Verhinderung von Verbrechen und solchen Vergehen, die mittels Schußwaffen oder Sprengstoff begangen werden. Ausgeschlossen ist dieser danach zB – auch als ultima ratio –, wenn eine Rokkerbande in brutaler Weise Passanten zusammenschlägt, bei der Zerstörung von Versorgungseinrichtungen (§ 316 b) oder beim Diebstahl wertvoller Kunstschätze. Zumindest zweifelhaft ist auch die Zulässigkeit eines mit an Sicherheit grenzender Wahrscheinlichkeit tödlichen Schußwaffengebrauchs, wenn nach dem betreffenden Gesetz nur zu dem Zweck geschossen werden darf, den Angreifer angriffsunfähig zu machen (zB § 12 II UZwG; vgl. 85 vor § 32). Das Nothilferecht des § 32 kennt solche Beschränkungen dagegen nicht; nach ihm dürfte der Polizeibeamte in den genannten Fällen vielmehr auch von der Schußwaffe Gebrauch machen, vorausgesetzt, daß dies wirklich erforderlich ist (über weitere Unterschiede zwischen § 32 und Polizeirecht vgl. Fechner aaO 13 ff.; dazu und einzelne polizeirechtliche Regelungen – zB Art. 66 ff. Bay PAG v. 14. 9. 1990, GVBl. 397 – auch als Erweiterung des Notwehr- und Nothilferechts zu verstehen sind, vgl. Bernsmann aaO 27 ff., Spendel LK 276). Obwohl, wie vor allem die zunächst genannten Beispiele zeigen, ein unbestreitbares Bedürfnis für die Anerkennung eines über die polizeirechtlichen Befugnisse hinausgehenden Nothilferechts besteht, soll hier nach einer verbreiteten Meinung § 32 nicht oder nur in den Grenzen des Polizeirechts anwendbar sein, und zwar zT nicht nur im Falle der Nothilfe (so zB Amelung NJW 77, 840, Jus 86, 332, Blei JZ 55, 626, Hirsch LK 153 vor § 32, § 34 RN 18 ff., Krey/Meyer ZRP 73, 4, Krüger NJW 70, 1484 u. 73, 1, Lisken DRiZ 89, 401, Ostendorf JZ 81, 172), sondern auch bei der Selbstverteidigung des angegriffenen Beamten (zB Jakobs 398 ff., Kunz ZStW 95, 981 ff., Lerche, v. d. Heyde-FS, Bd. II, 1977, 1041 f., Seelmann ZStW 89, 50 ff.). Begründet wird dies insbes. damit, daß – wie in der Tat unbestreitbar sein dürfte (vgl. Rogall JuS 92, 558 mwN, ferner u. 62) – der polizeiliche Schußwaffengebrauch immer hoheitliches Handeln sei, hoheitliche Eingriffsbefugnisse aber nicht durch das Strafrecht begründet werden könnten. Dies trifft jedoch nicht zu: Wenn alle strafrechtlichen Verbotsnormen auch – und die §§ 331 ff. zT sogar ausschließlich – hoheitliches Handeln betreffen, so ist nicht ersichtlich, weshalb die ein solches Verhalten unter Verleihung eines Eingriffsrechts (vgl. 10 f. vor § 32) ausnahmsweise gestattenden Erlaubnisnormen nicht auch auf solche wie im Strafrecht finden sollen (vgl. zB Gössel JuS 79, 164 f., Lackner/Kühl 17, Schaffstein, Schröder-GedS 107, Wimmer GA 83, 153 u. näher Schwabe, Notrechtsvorbehalte usw. 37 ff., NJW 77, 1903 f.; entsprechend bei § 34 vgl. dort RN 7 mwN. So gilt zB § 193 unzweifelhaft auch für ehrenrührige Äußerungen im Rahmen hoheitlicher Tätigkeit (dort durch den Hinweis auf „dienstliche Aussagen und Urteile" sogar ausdrücklich bestätigt) und der Rechtfertigungsgrund des § 201 II 3 ebenso eindeutig zugleich für die Amtsträgerstrafbarkeit nach § 201 III. Ebenso können sich auf § 127 I StPO sowohl Private als auch Amtsträger berufen, was gleichfalls die These widerlegt, daß die „Jedermanns"-Rechte nicht zugleich

Ermächtigungsgrundlage für hoheitliches Handeln sein können (so mit Recht Schwabe aaO 55, NJW 77, 1904). Die Frage kann deshalb nur sein, ob die von Haus aus für das gesamte Recht geltenden strafrechtlichen Rechtfertigungsgründe im Einzelfall durch besondere öffentlich-rechtliche Regelungen für den Bereich hoheitlichen Handelns eingeschränkt worden sind. Abgesehen davon, daß dies durch Landesrecht ohnehin nicht möglich wäre (zB Bockelmann, Dreher-FS 241, Schwabe aaO 39 ff., JZ 74, 636; vgl. aber auch Kunz ZStW 95, 982), enthalten die Polizeigesetze eine solche Beschränkung der aus § 32 folgenden Befugnisse aber gerade nicht: Zwar sprechen die Polizeigesetze einerseits davon, daß sich Schußwaffengebrauch „nur" in den dort namentlich genannten Fällen zulässig sei (vgl. zB § 10 I UZwG, § 54 I PolG Bad.-Württ.), andererseits aber sehen sie in einem anschließenden „Notrechtsvorbehalt" auch vor, daß das Recht zum Schußwaffengebrauch auf Grund von „Notwehr und Notstand" bzw. „auf Grund anderer gesetzlicher Vorschriften" unberührt bleiben soll. Da eine solche Regelung keinerlei Sinn hätte, wenn sie nicht als eine ergänzende Verweisung zu verstehen wäre, kann dies nur heißen, daß sich aus § 32 weitergehende Befugnisse zum Schußwaffengebrauch ergeben können als nach den polizeirechtlichen Vorschriften und daß der Polizeibeamte diese Rechte ebenso haben soll wie jedermann (and. zB Hirsch LK § 34 RN 18 f., ferner Kunz ZStW 95, 981, dessen Interpretation die Notrechtsvorbehalte jedoch gegenstandslos macht). Zwar erscheint es wenig folgerichtig, wenn die Polizei zunächst („nur") auf bestimmte Befugnisse beschränkt, wenn ihr dann aber anschließend das weitergehende allgemeine Notwehrrecht eingeräumt wird. Doch kann dieser Widerspruch nicht dadurch ausgeräumt werden, daß man die Rechtfertigung nach § 32 auf den „Binnenbereich des Strafrechts" bzw. „im Hinblick auf die Rechtsfolge Strafe" beschränkt, während die Rechtswidrigkeit nach Polizeirecht davon unberührt bleiben soll (so zB Beisel JA 98, 722 f., Cohen, Die Polizei 1973, 65, Günther SK 17, Herzog NK 58, 79 ff., Klose ZStW 89, 79, Kirchhof, in: Merten aaO 70, NJW 78, 690, Kühl 190, Renzikowski aaO 297 ff., Rogall JuS 92, 556 ff., Riegel NVwZ 85, 640, Schmidhäuser, in: Merten aaO 77, GA 91, 137, Schulte DVBl. 95, 135, Seebode aaO 368, StV 91, 84 f., v. Sydow JuS 78, 224). Eine solche Aufspaltung in eine strafrechtliche und polizeirechtliche Rechtswidrigkeit wäre bei Rechtfertigungsgründen, die ein Eingriffsrecht gewähren, unvereinbar mit dem Prinzip der Einheit der Rechtsordnung (vgl. 27 vor § 32, ferner zB Krey u. a., Rechtsprobleme der strafprozessualen Einsatzes Verdeckter Ermittler, Sonderbd. BKA-Forschungsreihe [1993] RN 614 f., Lerche aaO 1037, Roxin I 596, Schaffstein aaO 108, Schwabe aaO 46 ff., NJW 77, 1904 ff.; vgl. ferner Spendel LK 273 ff., aber auch 279 f.). Wo immer der Grund für die genannte Unstimmigkeit der Polizeigesetze liegen mag (Redaktionsversehen [Blei JZ 55, 627 Anm. 10]?, politische „Optik"?), ausgeschlossen ist es jedenfalls, die ausdrücklichen Notrechtsvorbehalte „einfach hinwegzueskamotieren" (so mit Recht Schaffstein aaO 108; vgl. aber auch Seebode aaO 369). Schon nach dem Gesetzeswortlaut nicht möglich ist es auch, die Notrechtsvorbehalte auf den Fall der Selbstverteidigung zu beschränken (so zB Hirsch LK § 34 RN 19), da der Begriff der Notwehr – vgl. § 32 II – immer auch die Nothilfe mitumfaßt (zum Schußwaffengebrauch durch Soldaten der Bundeswehr bei Auslandseinsätzen vgl. Sohm NZWehrR 96, 89, Wentzek NZWehrR 97, 25).

42 c Deshalb ist daran festzuhalten, daß sich für Polizeibeamte ein Recht zum Schußwaffengebrauch auch aus § 32 ergeben kann, und zwar sowohl im Fall der Selbstverteidigung (vgl. BGH NJW **58**, 1405) als auch zum Zweck der Nothilfe (h. M., vgl. zB Bay **90** 141 [allg. zur Notwehr] m. Bspr. Rogall JuS 92, 551 u. Anm. Schmidhäuser JZ 91, 337, Spendel JR 91, 250; Bockelmann, Engisch-FS 467, Dreher-FS 235, Jescheck/Weigend 344, Kinnen MDR 74, 631, Köhler 277 f., Kühl 190, Lackner/Kühl 17, R. Lange JZ 76, 547, W. Lange MDR 74, 358, MDR 77, 11, Otto I 108, Roxin I 596 f., Rupprecht JZ 73, 264, Schwabe aaO 54 ff., NJW 77, 1902, Spendel LK 275, Tröndle 6 vor § 32; ebenso für Soldaten im Auslandseinsatz Sohm NZWehrR 96, 108). Dies bedeutet entgegen Hirsch LK § 34 RN 19 nicht, daß staatlichen Organen der Schußwaffengebrauch immer dann gestattet wäre, wenn auch ein Privater schießen dürfte, denn nicht selten stehen gerade dem Polizeibeamten auf Grund seiner Ausbildung und Erfahrung Möglichkeiten zu Gebote, die ebenso wirksam und zugleich schonender sind und wo deshalb ein Schußwaffengebrauch auch nach § 32 nicht erforderlich ist (vgl. auch Roxin I 598). Ist er dies jedoch, so kann dem Polizeibeamten nicht verwehrt sein, was jedem Privaten nach § 32 erlaubt wäre. Weitergehende Beschränkungen ergeben sich hier auch nicht aus der besonderen beruflichen Gefahrtragungspflicht von Polizeibeamten (vgl. jedoch Bernsmann aaO 32 ff., Fechner aaO 110 ff.) oder dem allgemeinen Verhältnismäßigkeitsprinzip (so aber zB Herzog NK 59, 85, Kunz ZStW 95, 982, Schaffstein aaO 111, Stratenwerth 139): Ersteres nicht, weil eine besondere Gefahrtragungspflicht, die ohnehin nur unter dem individualrechtlichen Notwehraspekt (o. 1) von Bedeutung sein könnte, gegenüber einem rechtswidrigen Angreifer nicht bestehen kann (vgl. auch § 34 RN 34), letzteres nicht, weil das, was „verhältnismäßig" ist, bei der Notwehr entscheidend durch das Rechtsbewährungsinteresse mitbestimmt wird (o. 1), das nicht dadurch aufgehoben wird, daß sich der Angreifer einem Staatsorgan gegenübersieht (vgl. auch Seebode aaO 370). Dagegen spricht auch die rechtspolitische Überlegung, daß andernfalls der Grundsatz der Subsidiarität der privaten Notwehr gegenüber staatlichem Schutz nicht mehr durchgehalten werden könnte, wenn im Einzelfall eine intensivere und iS des § 32 erforderliche Verteidigung durch den Staat nicht sichergestellt werden kann. Würde diesem für sein wirksamen Schutz seiner Bürger abgesprochen, so bliebe als Alternative nur die Einrichtung von Bürgerwehren und privaten Selbstschutzorganisationen, eine Entwicklung, vor der schon Schröder (17. A., § 53 RN 22) und zuletzt wieder Schaffstein aaO 100 ff. mit Recht gewarnt haben (zu ähnlichen Erscheinungen in

b) Ob auch das **Anhalten beleidigender Gefangenenpost** auf § 32 gestützt werden kann (so 42 d
Celle NJW **68**, 1342, Hamburg JR **74**, 119 m. Anm. Peters, Kreuzer NJW **73**, 1261, Pawlik NJW **67**,
168, Wimmer GA **83**, 151 mwN; and. Herzog NK 20), ist für das Strafrecht ohne Bedeutung: Soweit
es sich um die Briefkontrolle handelt (Öffnen von Briefen, § 202), kommt als Ermächtigungsgrundlage ohnehin nicht Notwehr, sondern nur § 29 StVollzG bzw. § 119 III StPO in Betracht; das
eigentliche Anhalten (vgl. § 31 StVollzG) unterfällt dagegen keinem Straftatbestand. Der Anwendung
des § 32 zum Schutz des Betroffenen stünde zwar auch hier nicht der hoheitliche Charakter der
Maßnahme entgegen, wohl aber enthält in diesem Fall § 31 StVollzG für den Strafvollzug eine
abschließende Sonderregelung, während für die Untersuchungshaft nach h. M. § 119 III StPO eine
besondere Ermächtigungsnorm enthält (vgl. BVerfGE **35** 311 und zuletzt NJW **97**, 186, ferner
Koblenz MDR **89**, 479, KK-Boujong § 119 RN 37 mwN; and. jedoch Wimmer GA **83**, 147).
Dürfen deshalb zB nach § 31 I Nr. 4 StVollzG nur „grobe Beleidigungen" enthaltende Schreiben
angehalten werden, so kann das Anhalten von Briefen mit einfachen Beleidigungen auch nicht auf
Nothilfe nach § 32 gestützt werden. Dasselbe gilt aber auch für grobe Beleidigungen innerhalb der
„beleidigungsfreien Sphäre" (vgl. 9 vor § 185): Nimmt am Grundrechtsschutz der Privatsphäre
(Art. 2 I iVm Art. 1 I GG) nach BVerfG **90** 255, NJW **97**, 186, StV **95**, 144 auch die vertrauliche
Kommunikation gegenüber Familienangehörigen und Vertrauenspersonen teil und ist hier deshalb
§ 31 I Nr. 4 StVollzG nicht anwendbar, so muß § 32 gleichfalls ausgeschlossen sein. Daran, daß
Beleidigungen in der „beleidigungsfreien Sphäre" und damit auch beleidigende Äußerungen in der
Gefangenenpost rechtswidrig bleiben, ändert dies allerdings nichts (vgl. 9 vor § 185).

IV. Ist die Verteidigung in dem genannten Sinn erforderlich, so ist sie **grundsätzlich gerecht-** 43
fertigt (Folge: keine Gegen-Notwehr des Angreifers, keine Garantenstellung des Täters für das Leben
des Angreifers [vgl. dazu § 13 RN 37]). Doch ist heute nahezu unbestritten, daß dies **nicht ausnahmslos** gilt, daß vielmehr das Notwehrrecht bei aller Strenge außer seiner Begrenzung durch das
Erfordernis der Proportionalität von Abwehr- und Angriffsverhalten im Einzelfall noch **weitere
Einschränkungen** erfahren kann. Mit Recht spricht Jescheck[4] 309 davon, daß die moderne Entwicklung des Notwehrrechts die Geschichte seiner sozial-ethisch begründeten Einschränkungen sei
(näher dazu Courakis aaO), in der sich freilich zeitweise auch die Gefahr einer Entwertung des
Notwehrrechts abzeichnete (vgl. zB o. 40; krit. zu dieser Entwicklung Hassemer aaO 225 ff., Spendel
LK 308). Ein Verstoß gegen Art. 103 II GG liegt darin nicht, da es sich bei diesen Einschränkungen
nur darum handeln kann, durch ein Zurückgehen auf den Grundgedanken des Notwehrrechts dessen
immanente Schranken zu aktualisieren (vgl. Bitzilekis aaO 84 ff., Günther SK 104, Jescheck/Weigend
344, Lenckner GA 68, 9, Lührmann aaO 84, Kühl, Bemmann-FS 197, Roxin I 575 ff., ZStW 93, 78,
Stiller aaO 128 f. sowie hier § 1 RN 14 u. 25 vor § 32; and. Engels GA 82, 119, Erb ZStW 108,
294 ff., Hillenkamp aaO [o. 17], 167 ff., Kratzsch, Grenzen usw. 29 ff., Ga 71, 65, JuS 75, 435). Bei
Nichtbeachtung dieser Schranken ist die Tat rechtswidrig und strafbares Unrecht (and. Günther,
Strafrechtswidrigkeit usw. [1983] 341 ff.: „echter Strafunrechtsausschließungsgrund" wegen notstandsähnlicher Lage; vgl. dagegen 8 vor § 32 u. näher Roxin, Oehler-FS 191 ff.).

1. Nur von terminologischer Bedeutung ist die vor allem früher umstrittene Frage, ob bei diesen 44
zusätzlichen („sozialethischen") Einschränkungen an das Merkmal des **„Gebotenseins"** in Abs. 1
anzuknüpfen ist oder ob das maßgebliche Korrektiv in die **„Erforderlichkeit"** in Abs. 2 hineinzulesen ist, diese also noch zusätzliche normative Elemente enthalten, oder ob beide Begriffe dasselbe
bedeuten und der Streit über die richtige Einordnung daher müßig ist (vgl. dazu die Nachw. in der
24. A. sowie Herzog NK 51, 86). Entscheidend dürfte heute sein, daß der Gesetzgeber mit der
Wiedereinfügung des Merkmals des „Gebotenseins" in § 32 I – § 37 E 62 hatte es, weil als überflüssig
angesehen, nicht enthalten – die Möglichkeit offenhalten wollte, solche Fälle einer an sich erforderlichen Verteidigung aus der Notwehr auszuschließen, die aus sozialethischen Gründen keine Rechtfertigung verdienen (BT-Drs. V/4095 S. 14; näher dazu Stree JuS 73, 461). Nicht jede iS des Abs. 2
erforderliche Verteidigung ist danach auch iS des Abs. 1 „durch Notwehr geboten" und damit erlaubt
(so zB auch BGH **42** 102, BSG NJW **99**, 2302 m. Anm. Roxin JZ 00, 99, Günther SK 89, Herzog
NK 88, Kühl 194, Krey JZ 79, 714, Lackner/Kühl 13, Roxin I 575). Gewonnen ist damit in der
Sache jedoch nichts, weil der Begriff des „Gebotenseins" – ebenso wie übrigens auch das Merkmal
der Erforderlichkeit – völlig offen läßt, nach welchen zusätzlichen Kriterien das Notwehrrecht zu
beschränken ist (vgl. auch Bitzilekis aaO 95 ff., Kühl 194 f.); er stellt letztlich daher eine Leerformel
dar, die allenfalls zum Ausdruck bringt, daß es überhaupt Fälle geben kann, in denen die Notwehr
zusätzlichen Einschränkungen unterliegt.

2. Wesentlich bedeutsamer als die rein theoretische Frage nach dem richtigen Anknüpfungspunkt 45
im Gesetz ist das Problem, nach welchem **materialen Prinzip** die Einschränkungen der Notwehr zu
bestimmen sind.

In der Rspr. finden sich hier vielfach **Zumutbarkeitserwägungen**, indem das Notwehrrecht 46
versagt wird, wenn dem Angegriffenen ein Ausweichen zumutbar sei, was schon dann der Fall sein
soll, wenn er sich dem Angriff entziehen könne, ohne seiner eigenen Ehre etwas zu vergeben oder
sonst seine Belange zu verletzen (vgl. die Nachw. o. 40, ferner Henkel, Mezger-FS 273, Himmelreich
GA 66, 130). Abgesehen davon, daß damit im Grunde lediglich an die Stelle der einen Leerformel

eine andere gesetzt wird, die über einen Appell an das Rechtsempfinden nicht hinausgeht, ist das sonst eine persönliche Opfergrenze andeutende Zumutbarkeitskriterium in diesem Zusammenhang aber auch in der Sache unzutreffend oder zumindest mißverständlich, weil dabei völlig außer acht bleibt, daß das Notwehrrecht nicht nur dem individuellen Selbstschutz dient, sondern auch der Bewährung des Rechts im ganzen (Lenckner GA 61, 308 u. 68, 2; vgl. auch Bitzilekis aaO 97 ff., Jescheck/Weigend 345, Krause, Bruns-FS 81, Kratzsch, Grenzen usw. 45). Demgegenüber ist die von BGH NJW **69**, 802, Bay NJW **63**, 825 und Schröder (17. A., § 53 RN 19) in Anlehnung an Art. 33 des Schweiz. StGB benutzte Formel, daß die Abwehr in einer im ganzen den Umständen **angemessenen Weise** erfolgen müsse, zwar nicht unrichtig, doch bleibt auch hier die entscheidende Frage, wonach sich denn bestimmt, wann die Verteidigung im Einzelfall nicht mehr „angemessen" ist, völlig offen. Das gleiche gilt für den **Verhältnismäßigkeitsgrundsatz** als Regulativ (vgl. EB-Eser I 125, Lagodny, Strafrecht vor den Schranken der Grundrechte, 1996, 265 f., Lührmann aaO 73, F. C. Schroeder, Maurach-FS 137 ff.). Auch er ist zwar ein allgemeines und deshalb für alle Eingriffsrechte gültiges Rechtsprinzip, das aber in einer Weise der Konkretisierung bedarf, so daß zusätzliche Kriterien notwendig sind, die nur der Eigenart des jeweiligen Eingriffsrechts entnommen werden können (krit. auch Herzog NK 89, Krause, Bruns-FS 80 und eingehend Otto, Würtenberger-FS 132 ff., Renzikowski aaO 314 ff.). Wieder anders formuliert die heute wohl h. M. den maßgeblichen Gesichtspunkt, indem sie die Einschränkungen des Notwehrrechts aus dem Gedanken des **Rechtsmißbrauchs** ableitet (vgl. zB BGH **24** 356 m. Anm. Lenckner JZ 73, 253, Roxin NJW 72, 1821 u. Schröder JuS 73, 153, **26** 143 m. Anm. Kratzsch NJW 75, 1933, NJW **62**, 308 m. Anm. Gutmann S. 286 u. Schröder JR 62, 187, **83**, 2267 m. Anm. Berz JuS 84, 340 u. Lenckner JR 84, 206, GA **68**, 183, **69**, 24, **75**, 305, MDR/D **54**, 335, Bay NJW **54**, 1377, **63**, 825, **65**, 163, Braunschweig NdsRpfl. **53**, 166, Frankfurt VRS **40** 425, Hamm NJW **72**, 1826, **77**, 590 m. Anm. Schumann JuS 79, 559, Karlsruhe NJW **86**, 1358, Köln JMBlNW **66**, 258, Gallas DRZ 49, 43, M-Zipf 367, Roxin ZStW 75, 556, Rudolphi JuS 69, 464, Schaffstein MDR 52, 135, Welzel 87, Tröndle 18; gegen die Mißbrauchslehre: Kiel HESt. **2** 207, Baumann MDR 62, 349, Bitzilekis aaO 100 ff., B-Volk 94, Hohmann/Matt JR 89, 162, Kratzsch, Grenzen usw. 38 ff., JuS 75, 437, Krause, Bruns-FS 79, Matt NStZ 93, 273, Naucke, H. Mayer-FS 571 ff., Schmidhäuser 354, I 158 f., Honig-FS 188 f., Spendel LK 293, Wagner aaO 42 ff. u. in ihrer herkömmlichen Form auch Neumann aaO 154 ff., 180 ff., Renzikowski aaO 304 ff.). Auch hier gilt jedoch, daß der Mißbrauchsgedanke seinen Inhalt erst aus den Besonderheiten des jeweiligen Rechtsstoffs empfängt und daß er daher als solcher keine Aussage darüber erlaubt, wann und warum eine Notwehr im Einzelfall unzulässig ist (Blei I 149, Herzog NK 93, Lenckner GA 68, 5, Roxin ZStW 75, 583 ff.).

47 Die Lösung des Problems kann deshalb nicht in der formelhaften, die Rechtssicherheit gefährdenden Verwendung undifferenzierter Generalklauseln bestehen, vielmehr müssen die Einschränkungen des Notwehrrechts aus dessen Grundgedanken selbst hergeleitet werden (vgl. Bitzilekis aaO 106 ff., Blei I 149, B-Volk 94, Felber aaO 168, Herzog NK 98 f., Jescheck/Weigend 345, Kioupis aaO 77, Krause, Bruns-FS 81 f., Kühl 195, Lenckner GA 68, 1, Otto, Würtenberger-FS 138, Perron aaO 88, Roxin ZStW 75, 541 ff. u. 93, 70 ff., Schünemann GA 85, 367 ff., Wagner aaO 45; s. auch Kargl aaO 62, Kleszewski aaO 226 ff.). Beruht die besondere Strenge des Notwehrrechts – keine Güterproportionalität, Zulässigkeit auch bei der Möglichkeit des Ausweichens usw. – auf dem Zusammentreffen von Individualschutz mit Rechtsbewährungsinteressen (o. 1), so können sich auch die Beschränkungen der Notwehr nur daraus ergeben, daß diese Gesichtspunkte im Einzelfall nicht mehr voll zur Geltung kommen (and. insoweit, von einer rein individualrechtlichen Notwehrbegründung ausgehend, Günther SK 105 ff., Neumann aaO 57 ff., aaO 1990, 226, Renzikowski aaO, Runte aaO 353 ff., Wagner aaO 64 ff.). Dabei folgt aus dem o. 1 gekennzeichneten Verhältnis der beiden Notwehraspekte, daß das Recht zur uneingeschränkten Notwehr nicht schon dann entfällt, wenn sich der Angegriffene dem Angriff ohne Preisgabe eigener Belange entziehen könnte (ein Ausweichen für ihn also „zumutbar" wäre), sondern erst dann, wenn ausnahmsweise auch das Interesse an der Rechtsbewährung in den Hintergrund tritt, sei es, daß das Recht wegen besonderer Umstände im konkreten Fall der Bewährung durch die scharfe Waffe der Notwehr nicht bedarf, sei es, daß es aus Rücksicht auf andere Wertgesichtspunkte nicht um den Preis der iS der Proportionalität von Angriff und Verteidigung „erforderlichen" Notwehr durchgesetzt werden will (vgl. krit. dazu aber auch Neumann aaO 162 ff., Renzikowski aaO 108 ff.). Je mehr dieser überindividuelle Aspekt an Gewicht verliert, um so mehr reduziert sich das Notwehrrecht auf die Rechte, wie sie auch im (Defensiv-)Notstand bestehen, um schließlich dort, wo die Verteidigung auch unter dem Gesichtspunkt des Individualschutzes nicht mehr geboten ist, ganz zu entfallen. Hier findet dann in dem auch bei der Notwehr vorhandenen und sonst grundsätzlich zugunsten des Täters gelösten Interessenkonflikt eine Verlagerung der Gewichte in der Weise statt, daß der Täter das überwiegende Interesse nicht mehr auf seiner Seite hat (Lenckner GA 68, 2 ff.).

48 3. Auf dieser Grundlage ergeben sich **Beschränkungen der Notwehr** insbes. in **folgenden Fällen**, sei es, daß der Angegriffene dem Angriff nach Möglichkeit ausweichen muß, sei es, daß er in seinen Abwehrmöglichkeiten jedenfalls erheblich beschränkt ist (zum Ausschluß der Nothilfe beim Schwangerschaftsabbruch nach der Beratungsregelung vgl. o. 19; zu den gleichfalls in diesem Zusammenhang diskutierten Notwehreinschränkungen bei erpresserischen usw. Drohungen o. 18 u. zu weiteren hier gelegentlich genannten Fällen Kühl 237 f. mwN):

a) Bei der sog. **Unfugabwehr**, d. h. gegenüber Bagatellangriffen, die an der Grenze zu den noch **49** sozial üblichen Belästigungen liegen (zB Anleuchten mit Taschenlampe [vgl. jedoch KG JW **35**, 553], bloßes Anfassen des anderen bei Wortwechsel ohne Angriffsabsicht [BGH MDR **56**, 372], Körperberührungen in der Menge durch Vordrängen, Zudringlichkeiten, Belästigungen im Straßenverkehr [vgl. auch o. 9]), fehlt es vielfach schon an einem Angriff. Im übrigen tritt in diesem Bagatellbereich das Rechtsbewährungsprinzip völlig in den Hintergrund, und auch der Gesichtspunkt des Individualschutzes rechtfertigt hier im allgemeinen keine Abwehr, welche die Grenze zur Körperverletzung überschreitet (vgl. auch BGH MDR **56**, 372, StV **82**, 219, Arzt, Schaffstein-FS 82, Herzog NK 105, Jescheck/Weigend 348, Krause, H. Kaufmann-GedS 684 f., Otto, Würtenberger-FS 148, Wagner aaO 58 ff. und zum Ausschluß des § 34 in Bagatellfällen § 34 RN 40).

b) Besteht zwischen Art und Umfang der aus dem Angriff drohenden Verletzung und der mit der **50** Verteidigung verbundenen Beeinträchtigung oder Gefährdung des Angreifers ein **grobes** („unerträgliches") **Mißverhältnis**, so ist Notwehr, mag sie auch das einzige Mittel sein, sowohl aus Rechtsbewährungs- als auch aus Individualschutzgründen unzulässig: Ersteres, weil die Rechtsordnung nicht durch jeden Rechtsbruch in gleicher Weise in Frage gestellt wird und auch das Recht nicht mit Mitteln verteidigt werden will, die im Hinblick auf das in dem Angriff liegende Unrecht eindeutig unverhältnismäßig sind, letzteres, weil sich in einem solchen Fall die bedrohten Individualinteressen auch nach Notstandsregeln nicht behaupten dürften (so iE auch die h. M., zB BGH NJW **76**, 41, MDR **56**, 372, MDR/H **79**, 985, GA **68**, 183, VRS **30** 281, NStZ **81**, 22 f., Bay NJW **95**, 2646, Frankfurt VRS **40** 426, Hamm NJW **77**, 590, Karlsruhe NJW **86**, 1358, Koblenz OLGSt § 32 S. 5, Köln OLGSt § 32 S. 1 sowie die Nachw. u. 51, ferner Bitzilekis aaO 131 f., Frister GA 88, 310 ff., Günther SK 110, Herzog NK 106 ff., Jescheck/Weigend 347 f., Köhler 270, Krause, Bruns-FS 86, Krey JZ 79, 702, Kühl 197 ff., Lackner/Kühl 14, Lenckner GA 68, 4, M-Zipf I 367, Otto, Würtenberger-FS 146 f., Roxin I 586 ff., ZStW 93, 94, Spendel LK 313 ff., Tröndle 20, W-Beulke 106; and. BW-Mitsch, 323, Renzikowski aaO 312 ff., Schmidhäuser 354, I 159, Honig-FS 198 [dagegen Roxin aaO 96]; vgl. ferner Jakobs 401, Kioupis aaO 79 f., Wagner aaO 83 ff. u. zu der o. gegebenen Begründung auch Neumann aaO 169 ff., Renzikowski aaO 108 ff.). Nur iS eines solchen (negativen) Korrektivs hat daher der Grundsatz der Güter- und Schadensabwägung auch bei § 32 Bedeutung, wobei sich aus dem Vergleich mit § 228 BGB ergibt, daß nicht schon die „einfache" Disproportionalität iS des § 228 BGB, sondern nur ein besonders grobes Mißverhältnis zum Verlust des Notwehrrechts führen kann, weil bei diesem noch der Rechtsbewährungsaspekt hinzukommt, der bei § 228 BGB keine Rolle spielt (vgl. auch Köln OLGSt § 32 S. 3, Spendel LK 318; and. Bay NJW **63**, 824, Stratenwerth 138 u. mißverständl. auch BGH NStZ **87**, 171 [172]). Auch ein Mißverhältnis, das „offensichtlich" ist, genügt deshalb noch nicht (so aber F. C. Schroeder, Maurach-FS 139; zum österreich. Recht vgl. Fuchs aaO 33 ff.). Auch Eigentum und Hausrecht dürfen daher mit scharfen Mitteln verteidigt werden (BGH StV **82**, 219), und selbst lebensgefährliche Abwehrhandlungen (o. 37) können zum Schutz von Sachgütern zulässig sein (Schuß auf den mit der Beute flüchtenden Dieb; vgl. zB Günther SK 115, u. Lührmann aaO 78; zu Art. 2 MRK vgl. u. 62). Sofern bei dem Angegriffenen lediglich Vermögensinteressen auf dem Spiel stehen (also zB nicht bei Wegnahme eines lebenswichtigen Medikaments oder bei Angriffen auf Versorgungsbetriebe), ist bei der Verteidigung von Sachen die Grenze hier erst erreicht, wenn sie mehr oder weniger sicher zum Tod des Angreifers führt (vgl. Roxin ZStW 93, 100 gegen Krey JZ 79, 709) oder wenn es sich um Sachen von unbedeutendem Wert handelt (vgl. BGH MDR/H **79**, 985 sowie u. 51 und näher im Ganzen Beulke Jura 88, 645 f., Krey JZ 79, 702 ff., Stiller aaO 144 ff.). Dabei können dafür dann zwar auch die persönlichen Verhältnisse des Betroffenen von Bedeutung sein (zB Verlust von 20 DM bei einem Millionär oder der letzte Spargroschen einer Rentnerin); daß nach diesen die drohende Einbuße für den Betroffenen „relativ geringfügig" gewesen wäre, weil die Sache „weder besonders wertvoll noch unersetzbar ist", genügt für eine Einschränkung des Notwehrrechts aber noch nicht (so jedoch LG München NJW **88**, 1862 [Autoradio und Fahrzeugpapiere] m. abl. Bspr. bzw. Anm. Beulke aaO, Mitsch JA 89, 88 f., NStZ 89, 27 [zT allerdings unter Einbeziehung von Gesichtspunkten, die nicht in diesen Zusammenhang gehören], F. C. Schroeder JZ 88, 568; zu weitgehend auch Montenbruck JR 85, 117). Dem Eigentümer über die eigentlichen Bagatellfälle hinaus die Möglichkeiten des Selbstschutzes zu beschneiden, besteht um so weniger Anlaß, je deutlicher die Ohnmacht des Staats gegenüber einer massenhaften Eigentumskriminalität wird (s. auch Herzog NK 109). Zu weitgehend ist es auch, bei der Abwehr drohender Straftaten, für welche die §§ 153, 376, 383 II StPO gelten würden, eine mit lebensgefährlichen Verletzungen verbundene Verteidigung generell für unzulässig zu erklären (vgl. jedoch Krause, Bruns-FS 86 f., GA 79, 334, H. Kaufmann-GedS 686, Roxin I 590, ZStW 93, 95), da ein fehlendes öffentliches Strafverfolgungsinteresse noch nicht bedeutet, daß einem rechtswidrigen Angriff nicht hic et nunc wirksam begegnet werden darf. Ebenso zweifelhaft ist die Konstruktion einer nur „entschuldigenden Notwehr" in den unsicheren Rand- und Übergangsbereichen (so Montenbruck JR 85, 118); da der Notwehrtäter grundsätzlich das eindeutig (iS des § 34 – vgl. dort RN 45 – „wesentlich") überwiegende Interesse auf seiner Seite hat und die Güter- und Schadensabwägung bei § 32 nur die Funktion eines Korrektivs in Grenzfällen hat, dürfen hier vielmehr – anders als bei § 34 – Wertungsschwierigkeiten auch nicht zu seinen Lasten gehen.

Beispiele aus der Rspr., in denen die Notwehr als unzulässig angesehen wurde: Schutz eines Pfirsich- **51** baums durch tödlich wirkende elektrische Anlage (Braunschweig MDR **47**, 205); tödlicher Schuß auf

§ 32 52, 53 Allg. Teil. Die Tat – Notwehr und Notstand

den mit einer Sirupflasche im Wert von 0,10 DM entfliehenden Dieb (Stuttgart DRZ **49**, 42 m. Anm. Gallas); Verteidigung des Pfandrechts an einem Huhn durch Axthiebe auf den Kopf des Angreifers (Bay NJW **54**, 1377); Drohung eines Grundstückseigentümers, mit Hunden und Schußwaffen gegen Wanderer vorzugehen, die seinen nicht als gesperrt gekennzeichneten Privatweg benutzen (Bay NJW **65**, 163); schwere Gefährdung eines anderen Verkehrsteilnehmers als Verteidigung gegen geringfügige Einschränkung des Gemeingebrauchs (Saarbrücken VRS **17** 25); Drohen des Überfahrens bzw. Überfahren zur Erzwingung der Freigabe einer Parklücke (Bay NJW **63**, 824, **95**, 2646) oder zur Erzwingung freier Durchfahrt bei einer nur kurzfristigen Beschränkung der Bewegungsfreiheit (Hamm NJW **72**, 1826; vgl. auch BGH VRS **30** 281; and. jedoch bei einem hartnäckigen Angriff auf die Bewegungsfreiheit, vgl. Karlsruhe NJW **86**, 1358). Vgl. ferner RG **23** 117 (Revolverschüsse zum Schutz von Biergläsern, wo es jedoch schon an einem rechtswidrigen Angriff fehlte), KG JR **73**, 72 m. Anm. Schröder; zu weitgehend BGH NJW **62**, 309 m. Anm. Baumann MDR 62, 349, Gutmann NJW 62, 286 u. Schröder JR 62, 187, LG München NJW **88**, 1860 (o. 50: tödlicher Schuß auf flüchtigen „Autoaufbrecher" in der Annahme eines vollendeten Diebstahls von Autoradio, Fahrzeugpapieren und ADAC-Schutzbrief).

52 c) Nur ein beschränktes Notwehrrecht besteht nach h. M. ferner gegenüber Angriffen von **schuldlos Handelnden** (zB BGH **3** 217, GA **65**, 148, MDR/D **74**, 722, **75**, 194, BSG NJW **99**, 2302, Bay **86**, 52 m. Bspr. Schlüchter JR **87**, 309, NStZ-RR **99**, 9, Frankfurt VRS **40** 426, BW-Mitsch 325, Bockelmann, Honig-FS 30, Felber aaO 171, Günther SK 119, Herzog NK 101 ff., Jescheck/Weigend 345, Kioupis aaO 77 f., Köhler 273, Kühl 208, Lenckner GA 61, 313 u. 68, 3, M-Zipf I 367, Roxin I 578 f., ZStW 93, 81, Schumann JuS 79, 565, W-Beulke 107; and. zB Krause GA 79, 335, Otto aaO 141, Schmidhäuser 348, Honig-FS 196 [nur Notstand], zT auch Spendel LK 235 f., 309, Wagner aaO 76 ff.; vgl. auch Hamm NJW **77**, 590 m. Anm. Schumann JuS 79, 565 u. zu BGH NStZ **87**, 171 Ranft JZ 87, 866, ferner Fuchs aaO 93 ff.). Hierher gehören zB Angriffe von Schuldunfähigen, ferner die Fälle, in denen der Angreifer sich schuldlos irrt (BSG NJW **99**, 2302, das allerdings auch den schon objektiv nicht pflichtwidrigen Irrtum hierzu rechnet; vgl. dagegen o. 21) oder nach §§ 33, 35 entschuldigt ist, und zwar bei § 33 unabhängig davon, ob der Angegriffene als der ursprüngliche Angreifer auch den u. 54 ff. genannten Einschränkungen unterliegt; zur Notwehr gegen ehemalige DDR-Grenzsoldaten F. C. Schroeder NJW 78, 2579. Zu begründen sind die Notwehreinschränkungen in diesen Fällen damit, daß das Rechtsbewährungsprinzip hier zwar nicht völlig zurücktritt (zB Betrunkene) – § 32 verlangt nur einen rechtswidrigen und keinen schuldhaften Angriff (o. 24) –, aber erheblich an Bedeutung verliert und die Notwehr damit dem Defensiv-Notstand angenähert ist (vgl. aber auch Bitzilekis aaO 118 f.). Daraus folgt, daß eine die bloße Schutzwehr nicht nur unwesentlich übersteigende Verteidigung unzulässig ist, wenn dem Angriff ohne nennenswerte Risiken ausgewichen – so in aller Regel bei Ehrangriffen eines Kindes (vgl. aber auch Bay **91** 45 m. Bspr. Mitsch JuS 92, 289 m. Anm. Vormbaum JR 92, 163) – oder der in einem Irrtum befindliche Angreifer auf diesen hingewiesen werden kann (vgl. auch Bay **86** 52 m. Bspr. Schlüchter JR 87, 309). Ist dies nicht möglich, so ist zwar auch eine aktive Gegenwehr erlaubt, dies aber nach dem Vorbild des § 228 BGB nur unter Beachtung des Verhältnismäßigkeitsgrundsatzes (vgl. Blei I 150, Günther SK 119, Krause, H. Kaufmann-GedS 683, Kühl 208, Lenckner GA 68, 4, Roxin I 578 [„riskante Schonung"], Schumann JuS 79, 565, Suppert aaO 322, Stratenwerth 137, iE auch Hruschka, Dreher-FS 206; Renzikowski aaO 285). Dabei können je nach dem Gewicht, welches dem Rechtsbewährungsinteresse in diesen Fällen noch zukommt, die Grenzen im einzelnen verschieden zu ziehen sein – zB Angriff eines Kindes einerseits, eines Betrunkenen andererseits, der sich schuldhaft in diesen Zustand versetzt hat (vgl. Bay NStZ-RR **99**, 9; für volles Notwehrrecht gegen Betrunkene Krause, H. Kaufmann-GedS 679) –, ebenso wie es unter Individualschutzgesichtspunkten von Bedeutung sein kann, wenn der Angegriffene den Irrtum des Täters selbst herbeigeführt hat (vgl. auch Hamm NJW **77**, 590, § 34 RN 42). Eine gewisse Proportionalität ist auch zu verlangen, wenn der Angreifer zwar nicht völlig ohne Schuld ist, diese aber in keinem Verhältnis zu der mit der Verteidigung verbundenen Verletzung steht (zB Waffengebrauch bei erheblich verminderter Schuldfähigkeit oder bei fahrlässigem Irrtum des Angreifers; enger Roxin I 579 u. zustimmend Herzog NK 104 [Geltung der Notwehrgrenzen wie bei schuldlosen Angreifern]). Zur Haftung unter dem Gesichtspunkt der actio illicita in causa vgl. u. 61.

53 d) Nach BGH NJW **69**, 802 m. Anm. Deubner NJW 69, 1184, NJW **75**, 62 m. Anm. Kratzsch JuS 75, 435 u. Geilen JR 76, 314 gilt das Notwehrrecht unter **Personen mit engen persönlichen Beziehungen** (zB Ehegatten) nur beschränkt (vgl. auch BGH GA **69**, 117, NStE **Nr. 30**, BW-Mitsch 325 f., Bitzilekis aaO 120 ff., Günther SK 130, Herzog NK 111, Jakobs 335, Jescheck/Weigend 346, Köhler 275, Kühl 209 ff., Lackner/Kühl 14, M-Zipf I 364, Otto, Würtenberger-FS 148 f., Roxin I 591 ff.; offengelassen von BGH NJW **84**, 986; and. Engels GA 82, 109, Freund 104, Frister GA 88, 308 f., Kioupis aaO 304, Renzikowski aaO 310 ff., Runte aaO 354 f., Spendel LK 310, JZ 84, 507, Wohlers JZ **99**, 441 f.). Danach muß hier der Angegriffene, sofern der Angriff nur leichtere Körperverletzungen befürchten läßt, jedenfalls auf möglicherweise tödliche Abwehrmittel verzichten, auch wenn mit einer milderen Art der Abwehr nur eine „starke Wahrscheinlichkeit" der Beendigung des Angriffs verbunden sei (vgl. mit dieser Klarstellung BGH NJW **75**, 62; vgl. aber auch BGH NJW **84**, 986 m. Anm. Loos JuS 85, 859, Montenbruck JR 85, 115, Schroth NJW 84, 2562 u. Spendel JZ 84, 507, wo diese Voraussetzungen bei einem tödlichen Messerstich verneint und einer schwangeren Ehefrau das volle Notwehrrecht zuerkannt wurde). Eine Einschränkung der Notwehr läßt sich hier

allerdings nicht schon mit dem Bestehen einer Garantenstellung gegenüber dem Angreifer rechtfertigen (vgl. jedoch Blei I 151, Marxen aaO 38 ff., Roxin I 591, ZStW 93, 101, Schumann JuS 79, 566, Stratenwerth 139), verletzt hier umgekehrt auch dieser durch mit diesem Angriff seine besonderen Schutzpflichten gegenüber dem Angegriffenen (insoweit ebenso Engels GA 82, 113 u. iE Wohlers JZ 99, 439). Entscheidend ist vielmehr, daß auch hier das Rechtsbewährungsprinzip nicht voll zur Geltung kommt (vgl. aber auch Neumann aaO 171 ff., Pitsounis aaO 250 ff.), wenn und weil von dem Angegriffenen mit Rücksicht auf den Fortbestand einer rechtlich besonders geschützten Beziehung Zurückhaltung erwartet werden kann (vgl. auch EB-Eser I 37, Wohlers JZ 99, 440 f.). Dies ist nur bei Auseinandersetzungen in Ehe und Familie der Fall – nicht dagegen unter Betriebsangehörigen (offengelassen von Hamm NJW **77**, 590) oder Mitschülern (vgl. BGH NJW **80**, 2263) –, und auch dies nur bei noch intakten, wenn auch nicht konfliktfreien Verhältnissen also zB nicht bei fortgesetzten Mißhandlungen durch den Ehemann (vgl. dazu BGH NStZ **94**, 581) oder – wie im Fall BGH NJW **84**, 986 – bei einer sonst zerrütteten Ehe (vgl. auch Bitzilekis aaO 125, Geilen JR 76, 317, Kühl 212, Loos JuS 85, 863, Roxin I 591, ZStW 93, 103, Schroth NJW 84, 2563, Wohlers JZ 99, 441). Kein Kriterium ist, ob der Angegriffene bei früheren Tätlichkeiten auf eine wirksame Abwehr ganz oder zT verzichtet hat (so mit Recht Loos aaO gegen Montenbruck JR 85, 116); auch hängt davon nicht ab, ob ein gefährliches Abwehrmittel jetzt nur nach einer entsprechenden Vorwarnung eingesetzt werden darf (so Montenbruck aaO), vielmehr betrifft dies die allgemeine Frage der Erforderlichkeit (o. 36 f.; s. auch Herzog NK 112). Auch bedeutet die Einschränkung der Notwehr hier nur eine erhöhte Gefahrtragungs-, aber keine Duldungspflicht für den Angegriffenen (and. Kühl 211), weshalb zB der Ehegatte in einer ausweglosen Situation auch gegenüber leichteren Körperverletzungen das volle Notwehrrecht behält. Zum Ganzen vgl. näher Marxen aaO, Wohlers JZ 99, 434.

e) Einschränkungen der Notwehr ergeben sich nach h. M. ferner bei einem von dem Angegriffenen **54** **provozierten Angriff** (and. BW-Mitsch 324, Bockelmann, Honig-FS 19, Frister GA 88, 310, Hassemer, Bockelmann-FS 243 f., Matt NStZ 93, 273, Mitsch GA 86, 544 f., Renzikowski aaO 302 ff., Runte aaO 355, Spendel LK 281 ff.; für die Berücksichtigung nur bei der Strafzumessung Hillenkamp, Vorsatztat und Opferverhalten 125 ff.). Nicht in diesen Zusammenhang gehört jedoch der Fall, daß die Provokation selbst ein gegenwärtiger und rechtswidriger Angriff ist und die Reaktion des Provozierten hierauf die erforderliche Verteidigung darstellt, vielmehr liegen die eigentlichen Provokationsfälle so, daß der Provozierte trotz der Provokation der rechtswidrige Angreifer ist. Begründet werden hier die Notwehreinschränkungen vor allem in der Rspr. mit dem Gesichtspunkt des Rechtsmißbrauchs (o. 46), zT aber auch mit dem Gedanken der Ingerenz (Marxen aaO 56 ff., ähnl. Jakobs 403; mit Recht krit. Neumann aaO 144 ff., Roxin I 585, ZStW 93, 92 ff.), der „verständlichen und honorierungswürdigen Gemütserregung" des Angreifers (Schöneborn NStZ 81, 203), der Risikoübernahme (Montenbruck aaO 41 ff.) oder der Lehre von der actio illicita in causa (vgl. 23 vor § 32), die, ohne die Rechtmäßigkeit der Verteidigungshandlung selbst im Zeitpunkt der Notwehr in Frage zu stellen, an die vorausgegangene Provokation anknüpft (zB Baumann MDR 62, 349 [ablehnend dagegen BW-Mitsch 324], Bertel ZStW 84, 14 ff., EB-Eser I 133, Kohlrausch-Lange II 2 vor § 51, Tröndle 23, zT auch Lenckner GA 61, 301 ff., Schröder JR 62, 168, JuS 73, 160 und iE weitgehend Schmidhäuser 358, I 162 ff.; dagegen aber zB BGH NJW **83**, 2267, NStZ **88**, 450, **89**, 113, Bitzilekis aaO 139 f., 153, Bockelmann, Honig-FS 19, Constadinidis aaO 46 ff., Fuchs V 174 f., Herrmann, in Eser/Fletcher [vor 4 vor § 32] 752 ff., Günther SK 122, Herzog NK 125, Hinz JR 93, 354, Neumann aaO 149 ff., Roxin ZStW 75, 568 ff. u. 93, 91, NJW 72, 1822 u. insoweit auch Luzón aaO 361). Speziell bei der Absichtsprovokation (u. 55) wird gelegentlich auch – dies allerdings zu Unrecht, weil es am psychischen Faktum eines solchen nicht fehlt – das Vorliegen des Verteidigungswillens verneint (zB RG HRR **40** Nr. 1143, BGH MDR/D **54**, 335, Blei I 144, Kratzsch, Grenzen usw. 39; dagegen mit Recht zB Bertel ZStW 84, 3) oder eine Einwilligung des Provokateurs angenommen (M-Zipf I 368 [dagegen mit Recht zB Hillenkamp aaO [o. 17] 127 ff.]; vgl. auch Kioupis aaO 82); vgl. in diesem Zusammenhang ferner Neumann aaO 176 ff., dessen von allen herkömmlichen Überlegungen abweichender Lösungsvorschlag – Bildung von „dogmatischen Regeln zweiter Stufe" in Gestalt von „Argumentationsregeln" – den Beweis seiner Leistungsfähigkeit allerdings noch schuldig ist. Demgegenüber ist auch hier richtigerweise wieder vom Grundgedanken der Notwehr auszugehen (o. 47, Bitzilekis aaO 171, Blei I 150, Herzog NK 115, Jescheck/Weigend 346 f., Lenckner JR 84, 206, Otto, Würtenberger-FS 142 ff., Roxin ZStW 93, 85 ff., Schumann JuS 79, 564; ähnl., wenn auch auf der Basis einer rein individualrechtlichen Notwehrkonzeption, Günther SK 125; krit. zu dieser Begründung Drescher JR 94, 424, Loos, Deutsch-FS 239, Renzikowski aaO 112 ff.). Aus diesem Grund ergeben sich bei der „Angriffsprovokation" folgende Einschränkungen des Notwehrrechts (zur Nothilfe u. 61 a):

α) Im Fall der sog. **Absichtsprovokation**, d. h. bei absichtlicher Herausforderung des Angriffs **55** ausschließlich zu dem Zweck, den Angreifer unter Ausnutzung der so entstehenden Notwehrlage verletzen zu können, wird jedenfalls iE (zu den unterschiedlichen Begründungen vgl. o. 54) eine Rechtfertigung von der h. M. seit jeher verneint (vgl. zB RG DR **39**, 346, HRR **40** Nr. 1143, BGH MDR/D **54**, 335, BGH NJW **83**, 2267 m. Anm. Berz JuS 84, 340 u. Lenckner JR 84, 206, Braunschweig NdsRpfl. **53**, 166 sowie die Schrifttumsnachw. o. 54 u. näher Kühl 222 ff., Lenckner GA 61, 299, Roxin ZStW 75, 558 ff.). Allerdings ist nicht jedes Verhalten, mit dem insgeheim eine solche Absicht verfolgt wird, deshalb auch schon eine Absichtsprovokation (vgl. Roxin aaO). Zwar braucht dieses hier i. U. zu den u. 58 ff. genannten Fällen als solches noch nicht rechtswidrig zu sein (and. Roxin I 579 f.), erforderlich ist aber eine „Mitzuständigkeit" des Provokateurs für den Angriff (Jakobs 334), die dadurch begründet wird, daß er, um den Angriff auszulösen, die Situation bewußt entsprechend manipuliert (vgl. Kühl 222, Lenckner JR 84, 208, Roxin ZStW 93, 87; zum Ganzen vgl. auch Bitzilekis aaO 144 ff., 170 ff.). Dies ist zB beim Vortäuschen eines eigenen Angriffs und wohl auch bei planmäßig auf die Provokation des anderen angelegten Sticheleien anzunehmen, nicht aber, wenn der Täter ein Lokal ausschließlich zu dem Zweck aufsucht, dort den späteren Angreifer schon durch sein bloßes Erscheinen zu einem Angriff herauszufordern. Auch sonst ist hier noch näher zu unterscheiden:

56 αα) Ist dem Provokateur ohne größere eigene Risiken ein *Ausweichen möglich*, oder kann er den Angriff sonst gegenstandslos machen, so verliert er, soweit der Angriff nicht außer Verhältnis zu der Provokation steht, auch das Notwehrrecht. Hier würde das der Notwehr zugrunde liegende Rechtsbewährungsprinzip geradezu in sein Gegenteil verkehrt, wenn ohne Not Handlungen zugelassen würden, die in einem „unverantwortlichen Spiel mit dem Recht" (Baldus LK^9 § 53 RN 37) von vornherein einzig und allein auf die Schädigung des anderen angelegt sind; erst recht würde das Individualschutzinteresse bei bestehender Ausweichmöglichkeit eine Verletzung des Angreifers nicht rechtfertigen (für eine rein individualrechtliche Begründung dagegen Wagner aaO 69 ff.). In der Sache das gleiche besagt in diesem Zusammenhang die Mißbrauchslehre: Rechtswidrig, weil rechtsmißbräuchlich (vgl. § 226 BGB) ist danach die Verteidigung selbst, weshalb es in diesem Fall auch nicht der Figur der actio illicita in causa bedarf (u. 61).

57 ββ) Ist dagegen ein *Ausweichen nicht oder nur mit erheblichen Risiken möglich*, so kann dem Provokateur das Notwehrrecht als solches nicht versagt werden, und zwar auch nicht im Hinblick auf das Rechtsbewährungsprinzip: Denn das Recht kann auf die unbedingte Respektierung seines Geltungsanspruches notfalls zwar verzichten, wenn dies ohne Einbuße an Rechtsgütern möglich ist; ist der Konflikt aber auch so nicht mehr lösbar, so wäre die Verweigerung der Notwehr nicht nur die Kapitulation vor dem Unrecht, sondern dessen ausdrückliche Sanktionierung, weil dem Provokateur damit im praktischen Ergebnis eine Pflicht zur Duldung eines rechtswidrigen Angriffs auferlegt würde (Bertel ZStW 84, 6, Berz JuS 84, 343, Herzog NK 116, Jescheck/Weigend 346 f., Köhler 273 f., Lenckner GA 61, 301 f., JZ 73, 256; and. Bitzilekis aaO 175, Roxin I 580 f., ZStW 75, 568 ff. u. 93, 86, 91; vgl. dazu auch Neumann aaO 157 ff.). Dennoch bleibt die Provokation in diesen Fällen, in denen zwar nicht das Notwehr*recht*, wohl aber die *Institution* der Notwehr mißbraucht wird (Schröder JR 62, 188), nicht folgenlos, vielmehr kann der Täter hier – auch unter Individualschutzgesichtspunkten (zum Notstand vgl. § 34 RN 42) – um so eher auf ein milderes, aber weniger sicheres Mittel verwiesen werden, je schwerwiegender die Folgen einer ansonsten noch im Rahmen des Erforderlichen liegenden Abwehr sein würden. Auch kann das Bewirken des tatbestandsmäßigen Erfolgs bei einer danach an sich zulässigen Verteidigung nach den Regeln der actio illicita in causa rechtswidrig sein (u. 61).

58 β) Nach heute h. M. gelten Einschränkungen der Notwehr auch bei einem zwar nicht absichtlich provozierten, aber **auf andere Weise verschuldeten Angriff** (and. außer den o. 54 Genannten hier aber zB auch Hinz JR 93, 356, Loos, Deutsch-FS 240 ff., Wagner aaO 72 ff.). Zweifelhaft ist jedoch die Tragweite dieses Grundsatzes im einzelnen. Während die Rspr. ursprünglich Einschränkungen in dieser Richtung überhaupt nicht machte (vgl. Lenckner GA 61, 307, Schröder JR 62, 188 mwN), wurde später zunehmend die Tendenz sichtbar, dem Täter das volle Notwehrrecht mit der Begründung zu versagen, ein Ausweichen sei ihm um so eher zuzumuten, als er selbst Anlaß zu dem Angriff gegeben habe (vgl. zB RG **71** 134, BGH MDR/D **58**, 12, NJW **62**, 308 m. Anm. Gutmann S. 286, Baumann MDR 62, 349 u. Schröder JR 62, 187, Braunschweig NdsRpfl. **53**, 166, Celle HannRpfl. **47**, 15, Hamm JMBlNW **61**, 142, NJW **65**, 1928 m. Anm. Rudolphi JuS 69, 461, Neustadt NJW **61**, 2076). Erst mit BGH **24** 356 m. Anm. Lenckner JZ 73, 253, Roxin NJW 72, 821 u. Schröder JuS 73, 157 hat die Rspr. wieder zu einer Linie zurückgefunden, die dem Grundgedanken der Notwehr (o. 1) in angemessener Weise Rechnung trägt (zur daran anknüpfenden neueren Rspr. vgl. die Nachw. u. 59).

59 αα) Bei den **Voraussetzungen** für eine Einschränkung des Notwehrrechts geht es hier zunächst um die Frage, *welche Qualität* das den Angriff auslösende Vorverhalten des Täters aufweisen muß. Die Rspr. dazu ist nicht eindeutig (vgl. auch Hinz JR 93, 354, Kühl 219, Roxin I 583 f.). Nach BGH **24** 356 m. Anm. Lenckner JZ 73, 253, Roxin NJW 72, 1821 u. Schröder JuS 73, 157, NStZ **89**, 474, EzSt **Nr. 5** muß dieses „vorwerfbar" bzw. „von Rechts wegen vorwerfbar" gewesen sein, ohne daß freilich näher gesagt wäre, was darunter zu verstehen ist (offen geblieben auch in BGH **26** 143 m. Anm. Kratzsch NJW 75, 1933, **26** 256, **39** 133 m. Bspr. u. Anm. o. 16, NJW **91**, 503 m. Anm. Rudolphi JR 91, 210, NStZ **83**, 117, 500, **88**, 450 m. Anm. Sauren, **89**, 113, **92**, 327 m. krit. Bspr. Matt NStZ 93, 271, JR **89**, 160 m. Anm. Hohmann/Witt, GA **75**, 305, NStE **Nr. 14**, EzSt **Nr. 2**). Auch aus BGH **27** 336 m. Anm. Kienapfel JR 79, 72, NStZ **89**, 474, NStE **Nr. 21** ergibt sich expressis verbis nur, daß ein „sozialethisch nicht zu mißbilligendes Vorverhalten" nicht genügt; ob die „Pflichtverletzung", als deren adäquate und voraussehbare Folge der Angriff erscheinen müsse, an rechtliche oder sozialethische Pflichten anknüpft, bleibt dagegen offen (s. auch BGH **39** 374 m. Anm. Arzt JZ 94, 315, Spendel NStZ 94, 279, EzSt **Nr. 5**, Hamm [Z] NJW **91**, 1897). BGH **42** 101 m. Anm. Krack JR 96, 468, Kühl StV 97, 298 läßt demgegenüber bereits ein sozialethisch zu beanstandendes Vorverhalten ausreichen, das seinem „Gewicht nach einer schweren Beleidigung gleichkommt" (s. auch BGH NStZ-RR **97**, 65, wo tatsächlich aber ein rechtswidriges Vorverhalten vorlag [offensichtlich nicht gerechtfertigte Beleidigung], Kühl, Bemmann-FS 199 f.); unklar ist dabei freilich, ob durch die Analogie zu § 185 (oder § 213) nicht doch eine rechtliche Mißbilligung verlangt wird (vgl. Krack aaO; s. auch Kühl StV 97, 299, Bemmann-FS 199 f.). – Sicher ist zunächst, daß ein rechtlich gebotenes oder erlaubtes Tun auch dann nicht zu Einschränkungen der Notwehr führen kann, wenn der Täter wußte oder wissen mußte, daß andere durch dieses Verhalten zu einem rechtswidrigen Angriff veranlaßt werden könnten (vgl. BGH NStZ **93**, 332, Bertel ZStW 84, 27, Günther SK 125, Kühl 200, Lenckner GA 61, 309, Roxin I 583, ZStW 75, 574, 578 u. **93**, 89, Schröder JuS 73, 160). Wer in einer politischen Veranstaltung heftige Kritik an der Gegenpartei übt oder wer sich in eine Gaststätte begibt, in der er mit tätlichen Auseinandersetzungen rechnen muß (vgl. dazu RG JW **26**, 1171), behält deshalb im Falle eines Angriffs das volle Notwehrrecht (verfehlt daher BGH NJW **62**, 308 m. Anm. Gutmann S. 286, Baumann MDR 62, 349 u. Schröder JR 62, 187, wo praktisch verlangt wurde, mit dem Betreten der eigenen Wohnung zu warten, wenn dabei mit dem Angriff eines Dritten gerechnet werden mußte). Dasselbe gilt für berechtigte Vorhaltungen (BGH NStZ **89**, 474) oder das Öffnen der Wohnungstür für den mit einer Pistole „herumfuchtelnden" späteren Angreifer, der „mal eine Frage" hatte (BGH NStZ **93**, 332). Nicht genügen kann aber auch ein nur sozialethisch mißbilligenswertes Vorverhalten (so aber zB EB-Eser I 134, Schünemann JuS 79, 279, Stratenwerth 138, W-Beulke 107), weil es hier allein der Angreifer ist, der den Rechtsfrieden bricht, während der Täter selbst den Boden des Rechts nie verlassen hat und deshalb auch nicht ohne jene „überpersönliche Legitimation" (Roxin ZStW 75, 567) handelt, die sich aus dem der Notwehr zugrundeliegenden Rechtsbewährungsprinzip ergibt (Lenckner JZ 73, 254). Erforderlich ist vielmehr, daß das fragliche Verhalten selbst *rechtswidrig* gewesen ist (vgl. Hamm NJW **77**, 590, Bitzilekis aaO 144 ff., Freund 101, Günther SK 110, Herzog NK 121, Jescheck/Weigend 347, Köhler 274, Lenckner aaO, Loos, Deutsch-FS 237, M-Zipf I 269, Otto, Würtenberger-FS 145, Roxin I 584, ZStW 93, 90, Schumann JuS 79, 565). Hierher gehören deshalb zB Straftaten, durch die andere zu rechtswidrigen Angriffen provoziert werden (zB BGH **39** 378 m. Anm. o. [durch massive Bedrohung iS des § 241 provozierter rechtswidriger Gegenangriff des Bedrohten], BGHR § 32 Abs. 2 Verteidigung 8 [durch Straftaten veranlaßte Festnahme, bei der die Voraussetzungen des § 127 I StPO nicht gegeben waren]), nicht dagegen schon die bewaffnete Rückkehr an den Schauplatz einer vorausgegangenen Schlägerei in der Absicht, sich an den früheren Angreifern zu rächen (vgl. BGH NJW **83**, 2267 m. Anm. Lenckner JR 84, 206, ferner Kühl 221; and. jedoch Berz JuS 84, 340 u. für den Fall einer leichtfertigen Rückkehr auch noch BGH **26** 145), oder das „Herausekeln" eines Betrunkenen, der sich ohne Berechtigung in einem Zugabteil der 1. Klasse aufhält, durch Öffnen des Fensters (and. BGH **42** 100; s. auch die Kritik von Krack aaO, Kühl aaO). – Die Rechtswidrigkeit des Vorverhaltens ist jedoch nur eine Voraussetzung. Hinzukommen muß ferner, daß zwischen dem Vorverhalten und dem Angriff ein *enger zeitlicher Zusammenhang* besteht (vgl. BGH NStZ **98**, 508) und daß der Angriff – auch hinsichtlich Art und Intensität – als dessen *adäquate Folge* erscheint, weil die Abwehr nur in diesem Fall, gemessen an vorausgegangenen eigenen Unrecht und noch in dessen Zeichen stehend, in keiner Weise diskreditiert ist, daß sie nicht mehr uneingeschränkt als Mittel der Rechtsbewährung angesehen werden kann (vgl. dazu BGH **27** 338 m. Anm. Kienapfel JR 79, 72, NStZ **89**, 474, NStZ-RR **99**, 40, NStE **Nr. 21**, StV **96**, 87, Düsseldorf [Z] NStZ-RR **98**, 273, Lenckner GA 61, 311 f., JZ 73, 254 f., Roxin I 584, Schröder JuS 73, 160; iE ebso. Günther SK 126 u. weitgehend auch Bertel ZStW 84, 32 ff.). Erfolgt der Angriff erst nach längerer Zeit oder ist er völlig unverhältnismäßig, so bleibt das Notwehrrecht daher uneingeschränkt bestehen (zB leicht fahrlässiges Fehlverhalten im Straßenverkehr einerseits, „Verkehrserziehung" durch brutale Mißhandlungen andererseits; zu weitgehend Hinz JR 93, 353 für generellen Ausschluß eines fahrlässigen Vorverhaltens); dasselbe gilt, wenn die Provokation von einem erkennbar Geisteskranken oder sonst schuldlos Handelnden ausgeht (vgl. auch Radtke JuS 93, 578 ff.). Bei einem durch die wechselseitigen Handlungen eskalierenden Geschehen, bei dem beide Seiten sich in schwerstes Unrecht gesetzt haben, müssen beide Einschränkungen ihres Notwehrrechts hinnehmen (vgl. BGH **39** 374 m. Anm. o.). – Besondere Regeln gelten schließlich in den Fällen einer „*provozierten Provokation*" (Hassemer aaO 232): Hier behält der zunächst „provozierte Provokateur" das volle Notwehrrecht, wenn seine den Angriff des ursprünglichen Provokateurs auslösende (rechtswidrige) Reaktion lediglich eine adäquate Folge von dessen Verhalten ist (zB Erwiderung einer Beleidigung mit einer Gegenbeleidigung, körperlicher Angriff des Erstbeleidigers; ist sie dies hingegen nicht, so muß sich der „provozierte Provokateur" auch Einschränkungen seines Notwehrrechts gefallen lassen (zB die „Antwort" des Beleidigten besteht in der Zertrümmerung einer wertvollen Vase des Beleidigers; vgl. auch BGH **39** 374 m. Anm. o. [dort allerdings offengelassen, ob die „provozierte Provokation" nicht selbst schon ein gegenwärtiger und noch fortdauernder Angriff war] u. näher zum Ganzen Hassemer aaO).

ββ) Liegen die genannten Voraussetzungen vor, so ist bezüglich der **Folgen** entsprechend dem o. **60** 56 f. Gesagten auch hier zu unterscheiden: Kann der Täter dem Angriff ohne größere Risiken ausweichen oder den Konflikt sonst entschärfen (zB durch ein klärendes Gespräch; vgl. BGH **39** 377), so verliert er grundsätzlich das Notwehrrecht, und zwar unabhängig davon, ob er den Angriff vorausgesehen hat oder voraussehen konnte (vgl. BGH **24** 356 m. Anm. Lenckner JZ 73, 253, Roxin NJW

72, 1821 u. Schröder JuS 73, 157, **26** 143 m. Anm. Kratzsch NJW 75, 1933, **39** 374 m. Anm. Arzt JZ 94, 315, Spendel NStZ 94, 279, **42** 100, NStZ **88**, 450 m. Anm. Sauren, **89**, 113, **92**, 327, **93**, 133, NStZ-RR **97**, 65, 194, StV **96**, 87, GA **75**, 305, JR **89**, 160 m. Anm. Hohmann/Matt, NStE **Nr. 9, 10, 14**, BGHR § 32 Abs. 2 Verteidigung 8, 10, Günther SK 127, Herzog NK 124, Lenckner GA 61, 311, M-Zipf I 369, Roxin I 582, ZStW 75, 582; krit. Loos, Deutsch-FS 237; and. diejenigen, die auch hier den Gedanken der actio illicita in causa anwenden [o. 54], zB Bertel ZStW 84, 9 f.); nur das Recht zu einer maßvollen, d. h. den Angreifer nur unerheblich verletzenden Verteidigung bleibt ihm auch hier erhalten (vgl. Jescheck/Weigend 347, Lenckner JZ 73, 255). Ist ein solches Ausweichen usw. dagegen nicht möglich, so bleibt das Notwehrrecht als solches zwar bestehen (vgl. hier auch Roxin I 582, ZStW 93, 87 f.; and. zB Otto, Würtenberger-FS 144: § 34), dies jedoch auch hier nur unter den o. 57 genannten Einschränkungen (vgl. BGH aaO; zur Strafbarkeit nach den Regeln der actio illicita in causa vgl. u. 61). Der Täter muß hier deshalb im Rahmen des Möglichen und uU auch unter Inkaufnahme geringerer Verletzungen versuchen, über ein Ausweichen oder das Bemühen um private Hilfe (o. 41) zu einem milderen Verteidigungsmittel zu gelangen oder, wenn dies nicht möglich ist, den Angriff durch ein weniger sicheres, aber auch weniger gefährliches Mittel bzw. bei der als ultima ratio notwendigen Verwendung einer lebensgefährlichen Waffe durch einen weniger gefährlichen Waffeneinsatz abzuwehren (vgl. BGH jeweils aaO; krit. Sauren NStZ 88, 451). Dabei sind die Anforderungen, die hier zu stellen sind, einerseits um so höher, je schwerer das Unrecht des fraglichen Vorverhaltens wiegt und je gefährlicher die – wenn auch erst noch zulässigen – Mittel und Art der Abwehr sind (vgl. BGH **39** 379 m. Anm. o.); andererseits sind die Beschränkungen des Notwehrrechts um so geringer, je schwerer das durch den Angriff drohende Übel wiegt (vgl. BGH **42** 101 m. Anm. Krack JR 96, 486, Kühl StV 97, 298). Sind jedoch alle diese Möglichkeiten verschlossen bzw. ausgeschöpft, so besteht ein ungeschmälertes Notwehrrecht. Auch gelten diese Beschränkungen nicht unbegrenzt; hat sich der Angegriffene eine angemessene Zeit mit der Abwehr zurückgehalten, ohne daß dies etwas gefruchtet hätte, so steht ihm wieder das volle Notwehrrecht zu (zB BGH **26** 256, **39** 379, NJW **91**, 503 m. Anm. Rudolphi JR 91, 210).

61 γ) Nur wenn der Angegriffene dem Angriff nicht ausweichen kann und seine Verteidigung den o. 57, 60 genannten Einschränkungen entspricht, ist ein Bedürfnis für die Begründung der Strafbarkeit nach den Regeln der **actio illicita in causa** anzuerkennen (zu der teils weitergehenden, teils gänzlich ablehnenden Gegenmeinung vgl. die Nachw. o. 54). Möglich ist dies allerdings nur bei der Veranlassung des Angriffs eines *unfrei Handelnden* (nicht berechtigt insoweit die Kritik von Neumann aaO 149 ff.), da es an dem für die Provokation und dem späteren Erfolg notwendigen Zurechnungszusammenhang fehlt, wenn die Kausalität durch den freien Entschluß des Angreifers vermittelt wird (vgl. 23 vor § 32, auch zur Vereinbarkeit dieser Rechtsfigur mit Art. 103 II GG weitergehend hier noch die 21. A. RN 57, 60). In diesen Fällen ist der Täter jedoch, trotz Rechtmäßigkeit der Verteidigungshandlung als solcher, wegen vorsätzlicher oder fahrlässiger Tat strafbar, je nachdem, ob er die Zwangslage, in der er den Angreifer verletzen mußte, vorsätzlich oder fahrlässig herbeigeführt hat: Daher kommt zB § 229 in Betracht, wenn der Täter den anderen, den er lediglich erschrecken wollte, der aber im Glauben an einen ernsthaften Überfall sofort zur Waffe greift, niederschlägt, weil ein Ausweichen bzw. die Aufklärung des Irrtums (o. 52) nicht mehr möglich ist (Lenckner GA 61, 313 f.). Hier ist es auch kein Widerspruch, wenn das Recht – gezwungenermaßen – den Interessenkonflikt iS des Provokateurs löst, dem aber zugleich zum Anlaß repressiver Maßnahmen gegen ihn macht, weil er diesen Konflikt heraufbeschworen hat. Über die eigentlichen Provokationsfälle hinaus kann es hier für die strafrechtliche Verantwortlichkeit des Notwehrtäters uU sogar schon genügen, daß er sich überhaupt der Gefahr des Angriffs eines schuldlos Handelnden ausgesetzt hat, wenn der Anlaß dazu in keinem angemessenen Verhältnis zu den evtl. notwendig werdenden Abwehrmaßnahmen steht: Strafbar kann daher auch sein, wer sich ohne Grund und sehenden Auges in die Nähe eines hochgradig gefährlichen Geisteskranken begibt und in der ausweglosen Situation, in die er dabei gerät, nur noch Notwehr üben kann (vgl. auch Schröder JR 62, 189, F. C. Schroeder NJW 78, 2579).

61 a δ) Für die **Nothilfe** gilt folgendes: Hat der *Angegriffene* selbst den Angriff provoziert und ist oder wäre seine Verteidigung nach den o. 55 ff. genannten Grundsätzen rechtswidrig, so muß dies auch für die Nothilfe gelten. Soweit diese in einer bloßen Beihilfe zu der Notwehrhandlung des Angegriffenen besteht, folgt dies schon aus allgemeinen Teilnahmeregeln (vgl. § 27: Rechtswidrigkeit der Haupttat). Ist der Nothelfer dagegen (Mit-)Täter, so handelt es sich damit zwar in dem Bereich, in dem die Nothilfe einen eigenen Rechtfertigungsgrund darstellt; da diese aber nur in demselben Umfang erlaubt sein kann wie die Notwehr selbst, muß deren Rechtswidrigkeit hier auch zur Unzulässigkeit der Nothilfe führen (Lenckner GA 61, 306; and. Mitsch GA 86, 534; vgl. auch Bitzilekis aaO 193, H.-J. Engels aaO). – Hat der *Nothelfer* den Angriff provoziert, so ist zu unterscheiden: Bei einem mittäterschaftlichen Zusammenwirken mit dem Angegriffenen wirken sich die Einschränkungen des Notwehrrechts bei diesem in gleicher Weise auf die Nothilfe aus. Behält der Angegriffene dagegen, weil er an der Provokation nicht mitbeteiligt ist, das volle Notwehrrecht, so ist, vorbehaltlich der allgemeinen Voraussetzungen (o. 25 f.), auch die Nothilfe durch den Provokateur zulässig. Dies gilt nicht nur für bloße Beihilfehandlungen (Rechtmäßigkeit der Haupttat!), sondern ebenso für die täterschaftlich geleistete Nothilfe, weil auch hier wegen des Angriffs auf einen Unschuldigen das Rechtsbewährungsinteresse nicht geleugnet werden kann (vgl. dazu auch Mitsch GA 86, 538 ff.); daß der Provokateur hier, wenn er selbst angegriffen würde, kein (volles) Notwehrrecht mehr hätte, steht dazu nicht im Widerspruch. Eine Strafbarkeit des Provokateurs kommt hier nur unter den Voraussetzungen der actio illicita in causa (o. 61) in Betracht.

f) Zweifelhaft ist, ob es neben der „Angriffsprovokation" (o. 54 ff.) auch eine **„Abwehrprovoka-** 61 b
tion" durch eine pflichtwidrige Auswahl der Abwehrmittel gibt (dagegen Herzog NK 119): Der Täter hat sich für eine zu erwartende Auseinandersetzung, der er an sich nicht auszuweichen braucht, mit einer Abwehrwaffe (zB Schußwaffe) ausgerüstet, deren Einsatz in der konkreten Situation mangels anderer Möglichkeiten erforderlich ist; er hätte den Angriff jedoch auch mit einem weniger gefährlichen Mittel (zB Gaspistole) abwehren können, wenn er sich vorher mit diesem, statt mit der gefährlicheren Waffe versehen hätte. Zu bejahen dürfte dies mit den gleichen Konsequenzen wie bei der sog. Absichtsprovokation (o. 56 f.) nur sein, wenn er von vornherein in der entsprechenden Absicht handelt: Er läßt zB die (nach seiner Vorstellung genügende) Gaspistole nur deshalb zu Hause, um die wesentlich gefährlichere Schußwaffe zum Einsatz bringen zu können (vgl. aber auch Arzt JR 80, 211). Entsprechendes gilt, wenn der Täter, der sich in einem früheren Stadium des Angriffs mit weniger gefährlichen Mitteln verteidigen oder – dies auch schon im Vorfeld – Hilfe herbeiholen könnte, absichtlich zuwartet, bis er zu einem schwereren Mittel greifen muß (vgl. auch Stuttgart NJW 92, 851, Loos JuS 85, 861; and. Baldus LK⁹ § 53 RN 20); nicht ausreichend ist es dagegen, wenn ein vorher möglicher Einsatz milderer Mittel versäumt worden ist (vgl. BGH NStZ 86, 357; vgl. dazu auch den Sachverhalt von BGH NStZ 87, 322).

4. Umstritten ist, inwieweit das Notwehrrecht über die aus seinem Grundgedanken folgenden 62 Einschränkungen hinaus (vgl. in diesem Zusammenhang o. 50) durch die **Europäische Menschenrechtskonvention** (vgl. 24 vor § 32) geändert worden ist. Verschiedentlich wird aus Art. 2 II a MRK entnommen, daß eine Tötung in Notwehr nur noch zur Abwehr von Angriffen auf Leben, Gesundheit und allenfalls die Freiheit zulässig sei, nicht aber bei Angriffen auf andere Rechtsgüter, insbesondere auf das Vermögen (zB Köln OLGSt. § 32 S. 1, Echterhölter JZ 56, 143, Frister GA 85, 553, Lührmann aaO 209 ff., 258 ff., Maunz-Dürig Art. 1 RN 62, Art. 2 II RN 15, Stiller aaO 165 ff., Woesner NJW 61, 1381; zur Diskussion im europäischen Ausland vgl. Wittemann aaO 240 ff. u. passim); hier soll deshalb Art. 2 II a MRK auch in früher anerkannten Notwehrfällen zu einer Umwandlung des § 32 in einen bloßen Entschuldigungsgrund (Schröder, 17. A., § 53 RN 3; vgl. auch – über die MRK noch hinausgehend – Montenbruck aaO 77 ff.) oder sogar zur Strafbarkeit geführt haben (Frister aaO 565). Abgesehen von den höchst unbefriedigenden Konsequenzen, zu denen dies führt (vgl. dazu Lenckner, Der rechtfertigende Notstand [1965], 164 f.), besteht aber auch nach Wortlaut, Sinn und Entstehungsgeschichte der MRK kein Anlaß, aus Art. 2 II a solche weitreichenden Folgerungen für das Notwehrrecht zu ziehen (vgl. vor allem Bockelmann, Engisch-FS 459 ff., Partsch in: Bettermann-Neumann-Nipperdey, Die Grundrechte I 1 [1966], 333 ff.). Mit Recht geht vielmehr die h. M. davon aus, daß Art. 2 nur das Verhältnis Staat-Bürger, nicht aber die Rechtsverhältnisse der Staatsbürger untereinander betreffe, was bedeutet, daß jedenfalls das Notwehrrecht des einzelnen durch die MRK nicht berührt wird (Gutachten des BJM, Niederschr. 2 Bd., Anh. Nr. 26, BW-Mitsch 323, Bitzilekis aaO 133, Blei I 147, Günther SK 117, Guradze, Nipperdey-FS 760, Herzog NK 94, Jescheck/Weigend 349 f., Krey JZ 79, 708, Krüger NJW 70, 1485, Lenckner GA 68, 5, Lerche, v. d. Heydte-FS II 1050, M-Zipf 364, Schlüchter, Lenckner-FS 328, Schmidhäuser 343, Spendel LK 259, Tröndle 21, W-Beulke 106; vgl. auch Wagner aaO 65 ff.; and. insoweit Roxin I 587 f.). Die Frage kann dann allenfalls noch sein, ob Art. 2 II a MRK das Nothilferecht von staatlichen Organen über die o. 50 genannten immanenten Notwehrschranken hinaus noch zusätzlich eingeschränkt ist, wobei dies auch hat praktische Bedeutung nur im Fall eines bedingten Tötungsvorsatzes, weil ungewollte Tötungen von Art. 2 ohnehin nicht erfaßt sind und eine mit dolus directus begangene Tötung zum Schutz von Sachgütern schon nach allgemeinen Grundsätzen kaum jemals zulässig sein dürfte (o. 50; vgl. auch Roxin I 588). Zwar kann hier die Anwendbarkeit der MRK nicht schon deshalb verneint werden, weil sich diese gegen hoheitliche Eingriffe richte, ein Akt der Nothilfe aber nicht dadurch zu einem solchen werde, daß er von einem Polizeibeamten vorgenommen werde (so aber Bockelmann, Engisch-FS 466 f.; vgl. dagegen näher Schwabe JZ 74, 635). Auch dürfte sich das Problem einer bedingt vorsätzlichen Tötung bei Art. 2 MRK nicht schon damit erledigen, daß dort nur von einer „absichtlichen" Tötung die Rede ist (so aber zT unter Berufung auf den englischen und französischen Text [„intentionally" bzw. „intentionellement"] Blei I 147 f., Herzog NK 97, Jescheck/Weigend 349 FN 53, Krey JZ 79, 709, Roxin ZStW 93, 99 und hier die 22. A.; dagegen jedoch Frister GA 85, 560 f., Lührmann aaO 276 ff.), weil bei einer – vom Wortlaut her durchaus naheliegenden – Beschränkung auf den dolus directus die Regelung des Abs. 2 lit. b (Tötung zur Durchführung einer ordnungsgemäßen Festnahme usw.) völlig unverständlich wäre (vgl. Frister aaO). Entscheidend muß vielmehr sein, daß die Unterzeichnerstaaten der MRK kein neues Notwehrrecht schaffen wollten – so läßt zB das generelle Recht eine Tötung in Notwehr auch bei Angriffen zu, die sich nicht gegen die Person selbst richten (vgl. Grünhut in: Mezger/Schönke/Jescheck, Das ausländische Strafrecht der Gegenwart, Bd. III [1959] 205, Wittemann aaO 132 ff., aber auch Lührmann aaO 123 ff.) – und daß jedenfalls die englische und französische Fassung eine Auslegung zuläßt, die mit § 32 im wesentlichen übereinstimmt (vgl. dazu Lenckner GA 68, 6 FN 20, Spendel LK 260 ff. mwN). Im übrigen zwingt auch die deutsche Wendung „Verteidigung eines Menschen" nicht zu der Annahme, daß damit nur die Verteidigung höchstpersönlicher Rechtsgüter gemeint sei (dagegen mit Recht zB Lerche aaO 1051), eine Beschränkung, die von der MRK im übrigen schon deshalb nicht

gewollt sein kann, weil dies zu schweren Wertungswidersprüchen zu Art. 2 II b führen würde (vgl. Lenckner aaO, Spendel aaO, aber auch Frister GA 85, 562, Lührmann aaO 273 f.). Zuzustimmen ist daher der Auffassung, wonach Art. 2 MRK (nach Lange b. Spendel LK 258 FN 500 „erbärmlich schlecht gefaßt") weder im privaten noch im hoheitlichen Bereich zu einer Einschränkung des Notwehrrechts geführt hat (so iE zB auch Bockelmann aaO, Jakobs 397, Jescheck/Weigend 350, Otto, Würtenberger-FS 137, Roxin ZStW 93, 99, Spendel LK 258 ff., Schwabe, Notrechtsvorbehalte 28 f. mwN; zum Ganzen vgl. auch EB-Eser I 126, Kühl ZStW 100, 624 ff., Trechsel ZStW 101, 820 ff.).

63   V. Die h. M. verlangt als **subjektives Rechtfertigungselement** den **Verteidigungswillen** (vgl. zB RG **54** 199, BGH **2** 114, **3** 198, **5** 247, EzSt **Nr. 9**, NStE **Nr. 6**, VRS **40** 107, BGHR § 32 Abs. 1 Putativnotwehr 1, Abs. 2 Verteidigung 7, MDR/D **69**, 16, Bay **85** 7 m. Anm. Bottke JR 86, 292, NStZ-RR **99**, 9, BW-Mitsch 322, Blei I 144, EB-Eser I 131, Jescheck/Weigend 342, M-Zipf I 362, Mitsch JA 89, 85 f., Perron aaO 113, Schmidhäuser 355 f., Tröndle 14; and. zB Spendel DRiZ 78, 329, Bockelmann-FS 245 ff., Oehler-FS 197 ff., LK 138 ff. mwN, gegen diesen näher Herzberg JA 86, 200 f., Prittwitz, Jura 84, 74). Nach dem in 13 f. vor § 32 Gesagten kann dies jedoch nicht bedeuten, daß die Abwehr der Zweck oder der Angriff ein – wenn auch nur neben anderen Beweggründen wirksames – Motiv der Handlung sein muß, eine Rechtfertigung also entfällt, wenn der Täter ausschließlich oder ganz überwiegend aus anderen Gründen (zB Haß, Rache usw.) handelt (so aber zB BGH **3** 198, VRS **40** 107, MDR/D **69**, 16, **72**, 16, MDR/H **79**, 634, GA **80**, 67, NStZ **83**, 117, StV **83**, 456, **96**, 146, NStE **Nr. 23**, Bay **90** 141 m. Anm. Schmidhäuser JZ 91, 937, Spendel JR 91, 250 [„regelmäßig" Notwehrwille bei einem zugleich aus Verärgerung handelnden Polizeibeamten], BW-Mitsch 322, EB-Eser I 131, Jescheck/Weigend 342 f., Tröndle 14; vgl. auch Stuttgart NJW **92**, 851 sowie iS eines Verteidigungsmotivs Alwart GA 83, 446 ff.). Dies folgt auch nicht aus dem Begriff der „Verteidigung" (so aber Alwart aaO), so wenig wie das Merkmal des „Angriffs" ein entsprechendes finales Element enthält (o. 3). Entscheidend ist vielmehr, ob der Täter in Kenntnis der Notwehrlage bzw. im Vertrauen auf deren Vorliegen von dem ihm zustehenden Notwehrrecht in objektiv zulässiger Weise Gebrauch macht (ebso. Günther SK 132, 135). Daran wird es i. d. R. bei einem Handeln in Tötungsabsicht fehlen (Kenntnis der fehlenden Erforderlichkeit; and. BGH MDR/H **78**, 279). Ist dies aber der Fall, – wofür die Kenntnis der notwehrrelevanten Tatsachen genügt, während zB ein Irrtum über die Person des Bestohlenen im Fall der Nothilfe unschädlich ist (Beulke Jura 80, 643, Puppe JZ 89, 729; and. Mitsch JA 89, 85 f., NStZ 89, 26) –, so ist er ohne Rücksicht auf seine Beweggründe gerechtfertigt, da Motive allein niemals über die Frage der Rechtmäßigkeit entscheiden können, ihre Berücksichtigung vielmehr die Grenze zur sittlichen Beurteilung überschreiten würde (Gallas, Bockelmann-FS 176, Herzog NK 127, Kühl 180 f., Jura 93, 233 f., Lackner/Kühl 7, Loos, Oehler-FS 229 ff., Prittwitz GA 80, 386, Roxin I 604, ZStW 75, 563, Rudolphi, Maurach-FS 57, Stratenwerth 149). Ohne Bedeutung ist es daher zB auch, daß der Nothelfer, der sich in einem (nicht relevanten) Irrtum über die Person des Bestohlenen befindet, sich für den tatsächlich Betroffenen nicht oder in geringerem Maß eingesetzt hätte (vgl. Beulke aaO, F. C. Schroeder JZ 88, 567 gegen LG München NJW **88**, 1861). Ebenso ist ein error in persona unbeachtlich, wenn auch gegenüber dem irrtümlich Getroffenen Notwehr ausgeübt werden darf (dazu u. zur aberratio ictus bei der Notwehr vgl. Mayr aaO 87 ff., Rath aaO 86 ff., 328 ff.). Weiß der Täter dagegen nicht, daß die Voraussetzungen der Notwehr gegeben sind, handelt er also mit gewöhnlichem Deliktsvorsatz, so bleibt die Tat rechtswidrig; eine Bestrafung ist hier jedoch richtigerweise nur wegen Versuchs möglich (vgl. näher 15 vor § 32; and. Spendel LK 138 ff.).

64   Bei *fahrlässigen Verletzungen* des Angreifers bei einer objektiv bestehenden Notwehrlage spielen subjektive Rechtfertigungselemente dagegen überhaupt keine Rolle. Hier ist allein die objektive Sachlage maßgebend, weshalb in den Grenzen dessen, was als Abwehrhandlung objektiv erforderlich gewesen wäre, die Herbeiführung eines deliktischen Erfolgs auch dann gerechtfertigt ist, wenn er vom Täter nicht gewollt war und bei Anwendung der ihm möglichen Sorgfalt hätte vermieden werden können; vgl. näher dazu 97 ff. vor § 32 mwN.

65   VI. Bei irriger Annahme eines Sachverhalts, bei dessen Vorliegen das Handeln des Täters als Notwehr gerechtfertigt wäre (**Putativnotwehr**, zB Irrtum über das Vorliegen eines Angriffs, dessen Gegenwärtigkeit oder die Erforderlichkeit der Verteidigung, Unkenntnis eines das Notwehrrecht einschränkenden Sachverhalts), gilt § 16 entsprechend (Erlaubnistatbestandsirrtum, in der Rspr. zB BGH **3** 195, NJW **68**, 1885, **89**, 3027, **92**, 517, **95**, 973, NStZ **97**, 96, StV **96**, 146, **99**, 143, Bay **74** 47, NStZ **83**, 500, **87**, 20, 172, 322, **88**, 269, StV **90**, 543, NStE **Nr. 26**, Düsseldorf NJW **94**, 1232, 1972, Hamburg JR **64**, 265, Karlsruhe NJW **73**, 380, Neustadt NJW **61**, 2076, Stuttgart NJW **92**, 851, LG München NJW **88**, 1860 u. dazu Puppe JZ 89, 730; vgl. im übrigen 19 vor § 32, § 16 RN 14 ff. u. 21 vor § 32). Putativnotwehr liegt ferner nicht nur vor, wenn der Täter den Angriff in Verkennung der tatsächlichen Situation fälschlich für rechtswidrig hält (vgl. BGH StV **93**, 241), sondern auch dann, wenn er dies infolge falscher rechtlicher Bewertung des zutreffend erkannten Sachverhalts tut (vgl. § 16 RN 20, Engisch ZStW 58, 584, Lackner/Kühl 19, Spendel LK 344, Tröndle 27; and. Bay NJW **65**, 1926, Schaffstein, OLG Celle-FS 193: Verbotsirrtum; diff. Lange aaO 114 ff.). Hat der Täter Zweifel, so ist § 16 gleichfalls anwendbar, wenn er im Vertrauen auf das Vorliegen der Notwehrvoraussetzungen handelt (vgl. § 16 RN 22, o. 28; iE auch BGH JZ **78**, 762: kein Irrtum nach § 16, wenn der Täter Umstände in Betracht zieht, die den Angriff rechtmäßig machen würden, er jedoch auch für den Fall ihres Nichtvorliegens handelt; vgl. dazu ferner Paeffgen JZ 78, 745). Der **Irrtum**

über die rechtlichen **Grenzen der Notwehr** ist als Erlaubnisnormirrtum ein Verbotsirrtum (vgl. BGH GA **69**, 24, JZ **78**, 762, NStZ **87**, 172, 322, **88**, 269, StV **99**, 143 LM § 53 **Nr. 2**, Neustadt NJW **61**, 2076; vgl. § 17 RN 10), so wenn der Täter jede beliebige Verteidigung für zulässig hält oder wenn er glaubt, zu dem gefährlicheren Abwehrmittel auch dann greifen zu dürfen, wenn ihm ein milderes zur Verfügung steht (vgl. dazu BGH NStZ **87**, 172, 322). Dasselbe gilt, wenn er die o. 48 ff. genannten Einschränkungen des Notwehrrechts nicht kennt, zB auch gegenüber Kindern von einem uneingeschränkten Notwehrrecht ausgeht (vgl. Vormbaum JR 92, 165 zu Bay **91** 45; and. wenn er sich lediglich über den die fragliche Einschränkung begründenden Sachverhalt irrt, zB nicht sieht, daß der Angreifer geisteskrank ist: Putativnotwehr; vgl. Neustadt NJW **61**, 2076). Ausschließlich nach § 17 zu behandeln ist auch der sog. *Doppelirrtum* – irrige Annahme einer Notwehrlage oder der Erforderlichkeit der Verteidigung (Erlaubnistatbestandsirrtum) i. V. mit einem hinzukommenden Irrtum über die rechtlichen Grenzen der Notwehr (Verbotsirrtum) –, was daraus folgt, daß die strengeren Regeln des § 17 auch dann anzuwenden wären, wenn der vom Täter fälschlich angenommene Notwehrsachverhalt tatsächlich vorgelegen hätte (vgl. § 17 RN 11; and. Herzog NK 132). Um einen solchen Fall handelt es sich z. B., wenn auch bei Bestehen der irrig angenommenen Notwehrlage kein Notwehrrecht bestanden hätte (vgl. BGH GA **75**, 305) oder wenn der Täter bei irriger Annahme eines gegenwärtigen Angriffs in Verkennung der rechtlichen Grenzen der Notwehr mehr tut, als ihm objektiv erlaubt ist (vgl. BGH NStZ **87**, 322, MDR/D **75**, 366 sowie – dort auch zur Strafbemessung – MDR/H **78**, 985).

§ 33 Überschreitung der Notwehr

Überschreitet der Täter die Grenzen der Notwehr aus Verwirrung, Furcht oder Schrecken, so wird er nicht bestraft.

Schrifttum: Aschermann, Die Rechtsnatur des § 33 StGB, 1990 (Diss. Hamburg). – *Frister,* Die Struktur des „voluntativen Schuldelements", 1993. – *Hardtung,* Der Irrtum über die Schuld im Lichte des § 35 StGB, ZStW 108, 26. – *Müller-Christmann,* Der Notwehrexzeß, JuS 89, 717. – *ders.,* Überschreiten der Notwehr, JuS 94, 649. – *Otto,* Grenzen der straflosen Überschreitung der Notwehr usw., Jura 87, 604. – *Renzikowski,* Der verschuldete Notwehrexzeß, Lenckner-FS 249. – *Roxin,* Über den Notwehrexzeß, Schaffstein-FS 105. – *Rudolphi,* Notwehrexzeß nach proviziertem Angriff, JuS 69, 461. – *Sauren,* Zur Überschreitung des Notwehrrechts, Jura 88, 567. – *Timpe,* Grundfälle zum entschuldigenden Notstand (§ 35 I StGB) und zum Notwehrexzeß (§ 33 StGB), JuS 85, 117.

I. Eine **Notwehrüberschreitung** ist in zweifacher Hinsicht denkbar: Zum einen so, daß der Täter bei einer objektiv bestehenden Notwehrlage – d. h. also bei einem schon und noch gegenwärtigen Angriff (vgl. § 32 RN 13 ff.), wenn vielleicht auch bereits nachlassenden, aber noch nicht endgültig beendeten Angriff – über das Maß der zulässigen Verteidigung hinausgeht (sog. **intensiver Exzeß**; vgl. zB RG **21** 190, **54** 37, BGH NStZ **87**, 20, Bay **51**, 363), zum anderen in der Weise, daß er die zeitlichen Grenzen der Notwehr überschreitet, d. h. daß er sich wehrt, obwohl der Angriff noch nicht oder nicht mehr gegenwärtig ist (sog. **extensiver Exzeß**). In beiden Fällen kommt eine Rechtfertigung nach § 32 in Betracht (uU jedoch auch § 34 bei der „Präventiv"-Notwehr, vgl. § 32 RN 16 f., § 34 RN 16 f., 30 f.). Zwar kann hier das (Handlungs-)Unrecht ausgeschlossen sein, wenn der Exzeß auf einem objektiv nicht sorgfaltspflichtwidrigen Erlaubnistatbestandsirrtum beruht (vgl. 21 vor § 32; zu den Gegenrechten des Betroffenen in einem solchen Fall vgl. § 32 RN 21, § 34 RN 30 f.), handelt der Täter aber vorsätzlich oder objektiv fahrlässig, so ist sein Tun auch rechtswidrig (dies mit der Folge, daß nunmehr der ursprüngliche Angreifer in eine Notwehrlage gerät; vgl. dazu auch § 32 RN 59). Nach allgemeinen Grundsätzen würde sich hier folgendes ergeben: Strafbarkeit wegen vorsätzlicher Tat, wenn der Täter weiß, daß er einen intensiven oder extensiven Exzeß begeht; Strafbarkeit wegen fahrlässiger Tat (sofern unter Strafe gestellt), wenn er irrig annimmt, daß seine Abwehr erforderlich oder ein gegenwärtiger Angriff gegeben sei (Putativnotwehr) und ihm der Vorwurf der Fahrlässigkeit gemacht werden kann (vgl. § 32 RN 65; zu minimalen Überschreitungen vgl. auch 52 vor § 32).

II. Diese Regeln modifiziert § 33 in der Weise, daß der Täter straffrei bleibt, wenn er die Grenzen der Notwehr aus Verwirrung, Furcht oder Schrecken überschritten hat. Seine **systematische Einordnung** wurde mit der neutralen Fassung „so wird er nicht bestraft" bewußt offen gelassen. Die h. M. nimmt mit Recht einen **Entschuldigungsgrund** an (zB RG **56** 33, BGH **3** 198, NStZ **81**, 299, **95**, 77, GA **69**, 24, NStE **Nr. 8**, BW-Weber 512, Herzog NK 5, Hirsch LK 204 vor § 32, Jakobs 582, Jescheck/Weigend 491, Kühl 418, Lackner/Kühl 5, Otto I 207, Jura 87, 607, Rudolphi SK 1, JuS 69, 461, Spendel LK 39 ff., Tröndle 3, W-Beulke 135; vgl. auch M-Zipf I 446, 465 ff.: Ausschluß der Tatverantwortung u. dazu 109 vor § 32). Zu erklären ist dieser i. U. zu den Schuldausschließungsgründen (vgl. 108/109 vor § 32, aber auch Aschermann aaO 72 ff.) und ebenso wie § 35 durch das Zusammentreffen einer *doppelten Schuldminderung,* die einerseits auf dem verminderten Unrecht der Notwehrüberschreitung, andererseits auf dem durch das Gefühl des Bedrohtseins verursachten psychischen Ausnahmezustand des Täters beruht (vgl. 22, 111 vor § 32, Jescheck/Weigend, Kühl, Otto, Rudolphi, Spendel, W-Beulke jeweils aaO, ferner Sauren Jura 88, 569; krit. dazu aber Frister aaO 227 ff., Roxin I 856 f., Timpe JuS 85, 118). Daß es eine Regelung, wie sie § 33 enthält, nur bei der

Notwehr, nicht aber bei anderen Rechtfertigungsgründen (insbes. Notstand) gibt, hat seinen Grund in dem erhöhten Gewicht, das hier dem zweiten Schuldminderungsgrund zukommt: Eingedenk der alten Erfahrung, daß vor allem der Mensch des Menschen Feind ist, verdienen auch bei der Konfrontation mit menschlichen Angriffen Fehl- und Überreaktionen besondere Nachsicht, wenn sie Ausdruck speziell einer der in § 33 genannten besonderen Affekte der Schwäche (i. U. zum Zorn usw., u. 4) sind. Andere Auffassungen sehen in § 33 einen trotz an sich bestehender Schuld aus Strafzweckerwägungen folgenden Verantwortlichkeitsausschluß (Roxin I 855 f. u. aaO 126; vgl. dazu 111 vor § 32, 117 vor § 13), eine bloße Beweisregel für das Fehlen von Fahrlässigkeit (zB Schröder ZAkdR 44, 124, hier 17. A. § 53 RN 36) – weshalb sich eine solche gerade bei § 33 findet, bleibt dabei freilich ebenso offen wie bei der früher häufigen Annahme eines reinen Strafausschließungsgrundes (zB Jagusch LK⁸ § 53 Anm. 7 b) – oder eine typisierte Erlaubnistatbestandsirrtumsregelung mit einer unwiderlegbaren Vermutung für eine unbewußte Notwehrüberschreitung (vgl. auch u. 6), dies dann allerdings – nach der Ausgangsbasis wenig einleuchtend – unter Beschränkung auf den intensiven Exzeß (Frister aaO 229 ff.). Umstritten ist auch die Frage einer Analogiefähigkeit des § 33 bei anderen Rechtfertigungsgründen (vgl. dazu Roxin I 867 f. mwN; s. auch Herzog NK 17); wenn überhaupt, so kommt eine solche bei der o. zugrundegelegten Deutung des § 33 jedoch nur beim Defensivnotstand in Betracht (vgl. § 34 RN 52). Unbedenklich ist dagegen eine Analogie zu § 33 bezüglich eines mit der Notwehrüberschreitung zusammentreffenden Verstoßes gegen das WaffenG (vgl. BGH NStZ **81**, 299, BGHR § 32 Abs. 2, Angriff 3).

3 1. Voraussetzung ist, daß die Notwehrüberschreitung **auf Verwirrung, Furcht oder Schrecken beruht.** Gemeinsam ist diesen, daß der normale psychologische Prozeß infolge des durch das Gefühl des Bedrohtseins ausgelösten Erregungszustandes gestört ist (sog. asthenische Affekte; vgl. dazu aber auch Spendel LK 59 ff.). Dabei wird man jedoch angesichts der vom Gesetz vorgesehenen völligen Straflosigkeit einen Störungsgrad verlangen müssen, bei dem die Fähigkeit, das Geschehen richtig wahrzunehmen und zu verarbeiten, erheblich reduziert ist (so auch BGH NJW **91**, 505, NStZ **95**, 77, NStZ-RR **97**, 65, 194, NStE § 32 **Nr. 28**, StV **99**, 148; s. aber auch StV **99**, 146 m. Bspr. Heuchemer JA 00, 382). Dies gilt auch für die Furcht, weshalb hier nicht schon jedes Angstgefühl genügt, sondern erst zB eine panische Angst (vgl. BGH NStE § 32 **Nr. 30**, LG München NJW **88**, 1862); bei entsprechend bedrohlicher objektiver Tatsituation muß diese im Zweifel allerdings angenommen werden (vgl. BGH StV **99**, 146). Die genannten Affekte müssen auf der Wahrnehmung des Angriffs beruhen (vgl. näher Hardtung aaO 50 ff., Kühl 426) und sind meist die Folge einer überraschenden Vorgehensweise des Angreifers (vgl. RG **69** 270). Zwingend ist letzteres – insbes. bei der Furcht – jedoch nicht (BGH **3** 197, NJW **62**, 308, **80**, 2263), und auch auf das Unverschuldetsein des Affekts kommt es nicht an. Erst recht nicht ist § 33 deshalb unanwendbar, weil sich der Angegriffene dem Angriff durch Flucht oder vorsorgliche Einschaltung der Polizei hätte entziehen können (BGH NJW **95**, 973).

4 Eine Erweiterung der Vorschrift auf andere (sog. sthenische) Affekte wie Haß, Zorn, Empörung, Kampfeseifer usw. ist unzulässig (h. M., zB RG JW **32**, 2432, BGH NJW **69**, 802, BW-Weber 514, Herzog NK 19, M-Zipf I 466, Rudolphi SK 3, Tröndle 3), und zwar auch dann, wenn diese gleichfalls zu einem Zustand der „Verwirrung" führen, da § 33, wie sich aus der Gleichsetzung mit der Furcht usw. ergibt, nur die auf „Schwäche" beruhenden Gemütserregungen privilegieren will (ebenso Herzog NK 20, Roxin I 858, Sauren Jura 88, 568; and. insoweit Spendel LK 68 f.). Dies schließt jedoch nicht aus, daß hier im Einzelfall der Schuldvorwurf der Fahrlässigkeit nach allgemeinen Grundsätzen entfallen kann.

5 Damit, daß der Täter „*aus*" Verwirrung usw. die Grenzen der Notwehr überschritten haben muß, ist gegenüber § 53 III aF („in" Bestürzung usw.) klargestellt, daß gerade der Affekt *die Ursache* für den Exzeß gewesen sein muß. Da es nach dem Grundsatz „in dubio pro reo" aber auch genügt, wenn ein solcher Zusammenhang nicht auszuschließen ist, dies aber immer der Fall sein dürfte, wenn der Täter „in" – entsprechend erheblicher – Verwirrung usw. gehandelt hat, hat sich im praktischen Ergebnis gegenüber § 53 III aF nichts Wesentliches geändert (vgl. auch Roxin I 859, aaO 106, Spendel LK 70 ff.). Auch schließt das Hinzukommen anderer Motive die Anwendbarkeit des § 33 nicht aus, wenn die hier genannten Erregungszustände in diesem Motivbündel dominieren (vgl. Jescheck/Weigend 491 f., M-Zipf I 466, Roxin I 860, aaO 121 f., Tröndle 3; and. BGH **3** 198, GA **69**, 23, NStZ **87**, 20, NStE § 32 **Nr. 15**, StV **99**, 145 m. Bspr. Heuchemer JA 00, 382, 148, Herzog NK 23, Kühl 425, Otto Jura 87, 606, Rudolphi SK 3: ausreichend schon die Mitursächlichkeit der in § 33 genannten Affekte). Danach wäre in BGH **39** 133 mit Bspr. Müller-Christmann JuS 94, 649 u. Anm. Arzt JZ 94, 310, Drescher JR 94, 423, Lesch StV 93, 578, Roxin NStZ 93, 335 nicht um eine Einschränkung des § 33 gegangen, sondern bereits ein Handeln „aus" Furcht usw. zu verneinen gewesen, wenn „die eigentliche Ursache für die Notwehrüberschreitung nicht in einer durch den rechtswidrigen Angriff ausgelösten, auf asthenischen Affekten beruhenden Schwäche des Angegriffenen" lag, „sondern in dem vor Eintritt der Notwehrlage gefaßten, auf sthenischen Affekten beruhenden Entschluß, den ‚Krieg' mit dem Gegner selbst auszutragen" (S. 140; vgl. Müller-Christmann aaO 652).

6 2. Zweifelhaft ist, ob die Vorschrift nur bei **unbewußter Überschreitung** der Notwehr (so zB Baldus LK⁹ § 53 RN 43, Frister aaO 231 ff., Schmidhäuser 472, I 250, Welzel 88) oder auch für den **vorsätzlichen Exzeß** gilt (so die h. M., zB RG **56** 34, BGH **39** 139 m. Bspr. u. Anm. o. 5, NStZ **87**, 20, **89**, 474 m. Anm. Beulke JR 90, 380, **95**, 77, NStE § 32 **Nr. 15**, BGHR § 32 Angriff 3, Bay JR

52, 113, BW-Weber 514, EB-Eser I 136, Herzog NK 24, Hirsch LK 203 vor § 32, Jakobs 583 f., Jescheck/Weigend 492, Kühl 425 f., Lackner/Kühl 3, Müller-Christmann JuS 89, 719, Otto I 210, Jura 87, 606, Rudolphi SK 4, JuS 69, 463, Roxin I 861, aaO 108 ff., Sauren Jura 88, 569, Spendel LK 52 ff., Stratenwerth 140, Timpe JuS 85, 117, Tröndle 3). Die Gesetzesfassung läßt diese Frage offen. Ihrem Sinn nach ist die Vorschrift jedoch auf den Fall zugeschnitten, daß die Furcht usw. die „Fähigkeit, das Geschehen richtig zu verarbeiten, erheblich reduziert hat" (BGH NJW **91**, 505, NStZ **95**, 77, NStE § 32 **Nr. 28**), d. h. also auf solche Situationen, in denen die Wahrnehmungen des Täters infolge des Affekts fehlerhaft sind oder nur bruchstückhaft in sein Bewußtsein dringen und er sich deshalb entweder positiv falsche Vorstellungen oder aber überhaupt keine Gedanken mehr macht, sondern in dem Gefühl, in Gefahr zu sein, das tut, was ihm spontan in den Sinn kommt (vgl. dazu etwa den Sachverhalt von BGH NStZ **89**, 474 m. Anm. Beulke aaO). Beschränkt man außerdem die hier genannten Schwächeaffekte auf hochgradige Erregungszustände (o. 4), so ist eine Notwehrüberschreitung infolge Verwirrung usw., bei welcher der Täter aber trotzdem das Bewußtsein haben soll, daß er einen Exzeß begeht, kaum denkbar (and. zB Roxin I 861, Sauren aaO; s. auch Köhler 424 f.): hat er dieses, so spricht vielmehr alles dafür, daß er nicht aus Verwirrung usw. gehandelt bzw. der fragliche Affekt nicht die vom Gesetz vorausgesetzte Stärke erreicht hat (vgl. AE, AT, 2. A., Begr. 53, Gropp 246, Schmidhäuser 472, I 250). Zwar ist der Gegenauffassung zuzugeben, daß sich in praxi die Grenzen zwischen vorsätzlicher und unvorsätzlicher Überschreitung bei affektbedingtem Handeln vielfach verwischen, doch dürfte der Gesetzgeber gerade für diese Fälle nach dem Grundsatz „in dubio pro reo" von einem unvorsätzlichen Exzeß auszugehen ist. Auch ist § 33 bei Beschränkung auf den unvorsätzlichen Exzeß keineswegs überflüssig (vgl. jedoch Schmidhäuser aaO), da hier ungeachtet eines im Einzelfall uU noch möglichen Fahrlässigkeitsvorwurfs generell auf die Erhebung des Schuldvorwurfs verzichtet wird (vgl. auch Sauren aaO). Nicht zutreffend ist es deshalb auch, wenn nach BGH NStZ **87**, 20 § 33 mit § 16 „nichts zu tun" haben soll, vielmehr wird es gerade § 33, der bei affektbedingten Fehlvorstellungen zB über die Gefährlichkeit des Angriffs die sonst für die Putativnotwehr geltenden Regeln (vgl. § 32 RN 65) in der Weise modifiziert, daß hier ungeachtet des § 16 I 2 eine Strafbarkeit in jedem Fall ausgeschlossen sein soll. Auch ist damit die Straflosigkeit in den Fällen sichergestellt, in denen sich der Täter infolge seines Affekts keinerlei Gedanken mehr macht, sondern nur noch instinktiv reagiert und wo deshalb zweifelhaft sein könnte, ob ein analog § 16 zu behandelnder Irrtum (irrige Annahme einer rechtfertigenden Sachlage) überhaupt vorliegt (vgl. auch AE aaO).

3. Entschuldigt ist nach § 33 zunächst der **intensive Exzeß** (o. 1), zu dem auch die Überschreitung der durch das „Gebotensein" der Notwehr gezogenen Grenzen (vgl. § 32 RN 43 ff.) gehört, sofern der Täter überhaupt noch ein Notwehrrecht hat (zum verschuldeten Angriff u. 9). Bei erheblichen Überschreitungen ist er umso eher entschuldigt, je schwerer der Affekt ist (Ausgleich innerhalb der beiden Schuldminderungsgründe, o. 2), wobei die Grenze allerdings erreicht ist, wenn wegen grober Unverhältnismäßigkeit der Verteidigung (vgl. § 32 RN 50) Notwehr ganz entfällt (vgl. Roxin I 860, Rudolphi SK 5 b; auch Tröndle 3). – Von einer verbreiteten Meinung generell verneint wird die Anwendbarkeit des § 33 dagegen beim **extensiven Exzeß** (o. 1); von der nur seltenen Anwendbarkeit des § 20 (vgl. dort RN 15) abgesehen, bleibt der Täter hier danach also nur straflos, wenn er in Putativnotwehr handelt und der Irrtum infolge des Affekts im Einzelfall tatsächlich unvermeidbar war (zB RG **62** 77, OGH **3** 124, BGH NStZ **87**, 20, NStE **Nr. 2**, Bay JR **52**, 113, Frankfurt GA **70**, 286, EB-Eser I 137, Frister aaO 233, Gropp 245, Jescheck/Weigend 493, Lackner 2, M-Zipf I 465, Rudolphi SK 2, JuS 69, 463, Schmidhäuser 473, Sauren Jura **88**, 571, Stratenwerth 140, Tröndle 2 u. § 32 RN 27). Aus dem Gesetzeswortlaut folgt diese Beschränkung auf den intensiven Exzeß jedoch nicht, da die „Grenzen der Notwehr" (und nicht, wie in § 53 III a. F.: „Grenzen der Verteidigung") begrifflich auch in zeitlicher Hinsicht überschritten werden können, indem der Täter zu einem Zeitpunkt handelt, in dem ein Angriff nicht mehr gegenwärtig ist (ebenso Müller-Christmann JuS 89, 718, Roxin I 863, aaO 112 u. beim „nachzeitigen" Exzeß zB auch BW-Weber 513, Kühl 422 f., Lackner/Kühl 2; and. Hardtung aaO 50). Aber auch in der Sache besteht kein Anlaß den extensiven Exzeß schlechthin auszuschließen (vgl. Beulke Jura 88, 643, Blei I 211, Jakobs 584, Roxin aaO u. Henkel-FS 189, F. C. Schroeder JuS 80, 311 u. beim „nachzeitigen" Exzeß auch BW-Weber 513, Herzog NK 11, Köhler 424, Lackner/Kühl 2, Otto I 210, Spendel LK 6 ff., Timpe JuS 85, 120 f., W-Beulke 136; auch Kühl 421 ff.). Ob der Täter die Grenzen einer rechtmäßigen Verteidigung in der Intensität oder in zeitlicher Hinsicht überschreitet, macht keinen grundsätzlichen Unterschied: Unter Schuldgesichtspunkten nicht, weil die durch den Affekt bedingte Erschwerung einer normgemäßen Willensbildung hier wie dort die gleiche sein kann, unter Unrechtsgesichtspunkten nicht, weil das Unrecht auch gemindert sein kann (o. 2), wenn der Täter bei einem tatsächlich bevorstehenden Angriff im Augenblick zu früh losschlägt (vgl. auch das in § 32 RN 16 genannte Bsp. einer „Präventiv-Notwehr": zwar keine Rechtfertigung nach § 34, aber geringeres Unrecht, wenn polizeiliche Hilfe rechtzeitig erreichbar gewesen wäre) oder wenn der nachträgliche Exzeß in einem so engen zeitlichen Zusammenhang mit der vorausgegangenen Verteidigung steht, daß sich beide, wäre nicht die im Wegfall der Rechtfertigung liegende Zäsur, als eine Bewertungseinheit („natürliche Handlungseinheit") darstellen würden und wo der Unterschied zum intensiven Exzeß auch unter normativen Aspekten zu einer Quantité négligeable werden kann (Vergleich *eines*, aber zu kräftig geführten Schlags [intensiver Exzeß] mit *mehreren*, unmittelbar hintereinander geführten Schlägen, von denen jedoch bereits der erste genügte, dem Angreifer die Lust an einem weiteren Angriff zu nehmen [extensiver Exzeß]). Keine Bedenken gegen die Anwendbarkeit des § 33 bestehen deshalb auch beim Zusammentreffen eines extensiven und intensiven Exzesses (der Täter hält den Angriff fälschlich für schon oder noch gegenwärtig und überschreitet dabei außerdem noch die Grenzen der unter Zugrundelegung dieser Annahme erforderlichen Verteidigung, vgl. Roxin I 864); erst recht gilt dies, wenn bezüglich des extensiven Exzesses ein bereits objektiv nicht sorgfaltspflichtwidriger Erlaubnistatbestandsirrtum vorliegt, das Handlungsunrecht insoweit also ebenso gemindert ist wie bei einem ausschließlich intensiven Exzeß (vgl. 22 vor § 32).

8   Zu unterscheiden vom extensiven Exzeß ist der **Putativnotwehrexzeß**, bei dem eine Notwehrlage mangels eines Angriffs zu keinem Zeitpunkt bestand und auch nicht bevorsteht, der Täter sich aber irrtümlich für angegriffen hält und dabei außerdem die Grenzen der vermeintlichen Notwehr überschreitet. Auch hier ist nach h. M. § 33 nicht anwendbar (zB BGH NJW **62**, 309, **68**, 1885, MDR **75**, 366, NStZ **83**, 453, EB-Eser I 137, Herzog NK 15 f., Jakobs 585, Jescheck/Weigend 493, Spendel LK 32, Timpe JuS 85, 122, W-Beulke 136; and. Köhler 424), was freilich nicht ausschließt, daß das Handeln in Verwirrung usw. im Rahmen der Fahrlässigkeitsprüfung von Bedeutung sein kann (BGH NJW **68**, 1885). Doch sollten gegen eine analoge Anwendung des § 33 dann keine Bedenken bestehen, wenn das Fehlen der Notwehrlage trotz *objektiv pflichtgemäßer Prüfung* nicht erkennbar war (vgl. Tröndle § 32 RN 27 u. näher Rudolphi SK 6, JuS 69, 464, Sauren Jura 88, 572; weitergehend BW-Weber 515, Blei I 212: ausreichend schon der unverschuldete Irrtum; enger Hardtung aaO 60, Kühl 429 f., Otto I 226 f., Jura 87, 607, Roxin I 866 f., aaO 120, Timpe aaO: nur bei einem vom Betroffenen vorgetäuschten Angriff bzw. von ihm verschuldeten Irrtum). Hält sich der Täter aufgrund eines solchen Irrtums fälschlich für angegriffen, so ist insoweit wenigstens das Handlungsunrecht in gleicher Weise gemindert wie beim tatsächlichen Vorliegen eines Angriffs (vgl. 22 vor § 32), weshalb es auch gerechtfertigt ist, ihn hier ebenso zu behandeln wie dort (and. Müller-Christmann JuS 89, 720). Noch weitergehend soll nach Schröder der Putativnotwehrexzeß aus Verwirrung usw. immer straflos sein, weil die Exzeßregelung allein die Schuld betreffe, für diese aber die subjektive Vorstellung entscheidend sei, die sich bei einer vermeintlichen Notwehrlage von der bei einer wirklich bestehenden nicht unterscheide (ZAkDR 44, 125, hier 17. A., § 53 RN 36; vgl. auch Frister aaO 233). Dagegen spricht jedoch, daß die Straflosigkeit nach § 33, der auch an objektive Voraussetzungen anknüpft, nicht allein auf den subjektiven Gründen einer besonderen psychischen Ausnahmesituation beruht, ferner der Vergleich mit § 35, wo gleichfalls nicht schon das subjektive Empfinden einer (wirklichen oder vermeintlichen) Notsituation allein die Straflosigkeit begründet (vgl. im übrigen o. 2). Damit verbietet sich auch die Deutung des § 33 als einer bloßen Beweisregel (so Schröder aaO), da eine solche nur Sinn hätte, wenn § 33 ausschließlich den Affekt als solchen durch einen Schuldausschluß privilegieren würde.

9   4. Bei einem **schuldhaft provozierten** Angriff (§ 32 RN 54 ff.) wird die Anwendbarkeit des § 33 zT uneingeschränkt bejaht (Spendel LK 74), zT aber auch generell verneint (BGH NJW **62**, 308 m. Anm. Gutmann 286, Baumann MDR **62**, 349 u. Schröder JR **62**, 187; iE auch Jakobs 585), dies jedenfalls bei einem „grob mißbilligenswerten" Vorverhalten (Hamm NJW **65**, 1928 m. Bspr. Rudolphi JuS 69, 461; vgl. zum ganzen auch Renzikowski aaO 251 ff.). Daß die Berufung auf § 33 in solchen Fällen jedoch nicht pauschal versagt werden kann, folgt schon daraus, daß es eine dem § 35 I 2 entsprechende Beschränkung auf die „unverschuldete" Notwehr in § 33 nicht gibt (vgl. zB Kühl 428 mwN, ferner Müller-Christmann JuS 94, 651, Roxin NStZ 93, 336, aber auch Drescher JR 94, 425, Renzikowski aaO 255 ff.) und deshalb auch eine Heranziehung der Grundsätze der actio libera in causa nicht in Betracht kommt (and. Renzikowski aaO 263 f. für schuldlose Angriffe). Richtigerweise ist hier vielmehr zu unterscheiden: Nur wenn der Täter überhaupt kein Notwehrrecht hat (vgl. § 32 RN 56, 60), scheidet auch § 33 aus, weil er dann ebenso zu behandeln ist, wie wenn eine Notwehrlage überhaupt nicht bestanden hätte. Hat er dagegen lediglich die Grenzen des ihm verbliebenen – hier im Rahmen des Gebotenseins (o. 7) – eingeschränkten, Notwehrrechts (§ 32 RN 57, 60) überschritten, so bleibt insoweit auch § 33 anwendbar (so jetzt grundsätzlich auch BGH **39** 133 m. Bspr. u. Anm. o. 5, BGHR § 32 Abs. 2, Verteidigung 10; vgl. ferner zB BW-Weber 512, Herzog NK 25, Jescheck/Weigend 493, Kühl 428, Müller-Christmann JuS 89, 719, Roxin I 865 f., aaO 123, Rudolphi SK 5 u. aaO 465, Sauren Jura 88, 570, NStZ **88** 451). In diesem Fall bedarf es dann allerdings besonders sorgfältiger Prüfung, ob der Notwehrprovokateur wirklich aus Verwirrung usw. gehandelt hat (vgl. auch BGH NStZ-RR **97**, 194, Tröndle 3), und nur unter diesem Gesichtspunkt wäre auch die in BGH **39** 133 gemachte Einschränkung zu rechtfertigen, wonach sich der rechtswidrig Angegriffene nicht auf § 33 berufen kann, wenn er sich planmäßig in eine tätliche Auseinandersetzung mit seinem Gegner eingelassen hat, um unter Ausschaltung der erreichbaren Polizei einen ihm angekündigten Angriff mit eigenen Mitteln abzuwehren und die Oberhand über seinen Gegner zu gewinnen (vgl. dazu auch Renzikowski aaO 265 sowie BGH NJW **95**, 973).

10   5. Bei der **Verletzung unbeteiligter Dritter** gilt § 33 nicht (vgl. RG **54** 36, Herzog NK 13, Kühl 424, Roxin I 864, aaO 124, Spendel LK 16 ff.). Eine Ausnahme bei Verletzungen von Rechtsgütern der Allgemeinheit ist hier ebensowenig möglich wie bei § 32 (vgl. dort RN 32), an den § 33 anknüpft (Roxin I 864 f., Rudolphi SK 2; and. BGH NStZ **81**, 299 [§ 53 I Nr. 7 a WaffenG] u. krit. dazu Maatz MDR 85, 881); in Betracht kommt hier jedoch ein Putativnotstand nach § 34.

§ 34 Rechtfertigender Notstand

Wer in einer gegenwärtigen, nicht anders abwendbaren Gefahr für Leben, Leib, Freiheit, Ehre, Eigentum oder ein anderes Rechtsgut eine Tat begeht, um die Gefahr von sich oder einem anderen abzuwenden, handelt nicht rechtswidrig, wenn bei Abwägung der widerstreitenden Interessen, namentlich der betroffenen Rechtsgüter und des Grades der ihnen drohenden Gefahren, das geschützte Interesse das beeinträchtigte wesentlich überwiegt. Dies gilt jedoch nur, soweit die Tat ein angemessenes Mittel ist, die Gefahr abzuwenden.

Übersicht

I.	Allgemeines		1
II.	Anwendungsbereich		3
III.	Notstandslage		8
IV.	Abwägungsklausel		22
V.	Angemessenheitsklausel		46
VI.	Subjektives Rechtfertigungselement		48
VII.	Irrtum (Putativnotstand)		50
VIII.	Notstandsexzeß		52
IX.	Einzelfälle		53

Stichwortverzeichnis

Abwägungsklausel 22 ff.
Aggressivnotstand s. Notstand
Angemessenheitsklausel 2, 46 f.
Anscheinsgefahr s. Gefahr

Dauergefahr s. Gefahr
Defensivnotstand s. Notstand

Gefahr
– Anscheinsgefahr 13
– Dauergefahr 17
– Gegenwärtigkeit 8, 12, 17
– -engemeinschaft 24, 32
– Grad der 27
– Nicht-anders-Abwendbarkeit der – 18 ff.
– Prognose 13 ff.
– -quelle 16
– -tragungspflicht 34 f.
Gefährdungsdelikte 28
Gegenwärtigkeit der Gefahr s. Gefahr
Garantenstellung bzw. -pflicht 5, 34, 42
Güterabwägung 2, 22 ff., 36, 43, 49

Interessenabwägung 1 f., 22 ff., 38 ff., 43 ff.
– und Angemessenheitsklausel 46 f.
– Interesse, überwiegendes 22 ff., 45 f.
– Wertmaßstab 43 ff.
Irrtum 50 f.

Lockspitzel-Fälle 41 c

Mittel
– Geeignetheit des 19, 29, 42, 46
– relativ mildestes (Erforderlichkeit) 20

Nicht-anders-Abwendbarkeit der Gefahr s. Gefahr
Nötigungsnotstand 41 b

Notstand
– Aggressiv- 30
– Defensiv- 30
– im Nebenstrafrecht 53 f.
– -sprovokation 42
– übergesetzlicher 2
– beim Unterlassungsdelikt 5
– Verhältnis zu anderen Rechtfertigungsgründen 6
Notstandsfähige Rechtsgüter 9
– der Allgemeinheit 10, 43
– Rangverhältnis 23
– staatliche 11
Notstandshilfe 9 f.
Notstandslage 8, 22
– unverschuldete/verschuldete 42
Notstandsexzeß 52

Pflichtenkollision 4
Pflichtgemäße Prüfung durch Täter 49
Putativnotstand s. Irrtum

Rechtsordnung, Bedeutung für die 40, 42
Rettungschancen 19, 29
Rettungswille s. subjektives Rechtfertigungselement

Schadensgröße 26
– Bagatellschäden 40
Schutzpflichten, Berufe mit besonderen 34
Schutzwürdigkeit der Rechtsgüter 2, 9 f., 23 ff., 33, 36, 43
Sozialnot 41 e
Staatsgewalt, Eingriffe der 7
Subjektives Rechtfertigungselement 48
„Wesentliches" Überwiegen des geschützten Interesses 45
Ziviler Ungehorsam 41 a

Schrifttum: Amelung, Erweitern allgemeine Rechtfertigungsgründe, insbes. § 34 StGB, hoheitliche Eingriffsbefugnisse des Staates?, NJW 77, 833. – *ders.,* Nochmals: § 34 StGB als öffentlich-rechtliche Eingriffsnorm, NJW 78, 623. – *ders. u. Schall,* Zum Einsatz von Polizeispitzeln, Hausfriedensbruch und Notstandsrechtfertigung usw., JuS 75, 565. – *Arzt,* Kleiner Notstand bei kleiner Kriminalität?, Rehberg-FS 25. – *Bergmann,* Die Grundstruktur des rechtfertigenden Notstands, JuS 89, 109, – *Delonge,* Die Interessenabwägung nach § 34 StGB und ihr Verhältnis zu den übrigen Rechtfertigungsgründen, 1988. – *Dencker,* Der verschuldete rechtfertigende Notstand, JuS 79, 779. – *Dimitratos,* Das Begriffsmerkmal der Gefahr in den strafrechtlichen Notstandsbestimmungen, 1989. – *Eisenberg,* Straf(verfahrens)rechtliche Maßnahmen gegenüber „Organisiertem Verbrechen", NJW 93, 1033. – *Eser,* Rechtfertigung und Entschuldigung im japanischen Recht aus deutscher Perspektive, Nishihara-FS 41. – *Giesen/Poll,* Recht der Frucht/Recht der Mutter in der embryonalen und fetalen Phase aus juristischer Sicht, JR 93, 177. – *Gimbernat,* Der Notstand: Ein Rechtswidrigkeitsproblem, Welzel-FS 485. – *Gössel,* Über die Rechtmäßigkeit befugnisloser strafprozessualer rechtsgutsbeeinträchtigender Maßnahmen, JuS 79, 162. – *Grebing,* Die Grenzen des rechtfertigenden Notstands im Strafrecht, GA 79, 81. – *Grünhut,* Grenzen des übergesetzlichen Notstands, ZStW 51, 455. – *Günther,* Strafrechtswidrigkeit und Strafunrechtsausschluß, 1983. – *Hardtung,* Der Irrtum über die Schuld im Lichte des § 35 StGB, ZStW 108, 26. – *Heinitz,* Zur Entwicklung der Lehre von der materiellen Rechtswidrigkeit, Eb. Schmidt-FS 266. – *Henkel,* Der Notstand nach gegenwärtigem und künftigem Recht, 1932. – *Herzberg,* Gedanken zur actio libera in causa: Straffreie Deliktsvorbereitung als „Begehung der Tat" (§§ 16, 24, 34 StGB), Spendel-FS 203. – *ders.,* Sterbehilfe als gerechtfertigte Tötung im Notstand?, NJW 96, 3043. – *Heuermann,* Verfassungsrechtliche Probleme der Schwangerschaft einer hirntoten Frau, JZ 94, 133. – *Hilgendorf,* Forum: Zwischen Humanexperiment und Rettung ungeborenen Lebens – Der Erlanger Schwangerschaftsfall, JuS 93, 97. – *Hilger,* Neues Strafverfahrensrecht durch das OrgKG, NStZ 92, 523. – *Hirsch,* Gefahr und Gefährlichkeit, Kaufmann-FS 545 (zit.: aaO). – *ders.,* Können strafgesetzlichen Vorschriften, insbes. der rechtfertigende Notstand als Ermächtigungsgrundlage für hoheitliche Eingriffe dienen?, Cies´lak-FS, 1993, 111. – *Hruschka,* Rettungspflichten in Notstandssituationen, JuS 79, 385. – *ders.,* Rechtfertigung oder Entschuldigung im Defensivnotstand?, NJW 80, 21. – *Joerden,* § 34 S. 2 StGB u. das Prinzip der Verallgemeinerung, GA 91, 411. – *ders.,* Interessenabwägung im rechtfertigenden Notstand bei mehr als einem Eingriffsopfer, GA 93, 245. – *Kelker,* Der Nötigungsnotstand, 1993. – *Keller,* Rechtliche Grenzen der Provokation von Straftaten, 1989. – *Kienapfel,* Der rechtfertigende Notstand, ÖJZ 75, 421. – *Koriath,* Das Brett des Karneades, JA 98, 250. – *Krekeler,* Darf der Staat im Rahmen der Verbrechensbekämpfung Straftaten begehen?, AnwBl. 87, 443. – *Krey,* Der Fall Peter Lorenz – Probleme des rechtfertigenden Notstands bei der Auslösung von Geiseln, ZRP 75, 97. *ders. u. a.,* Rechtsprobleme des strafprozessualen Einsatzes Verdeckter Ermittler, Sonderbd. d. BKA-Forschungsreihe, 1993 (zit.: aaO). – *Kühl,* Zur rechtsphilosophischen Begründung des rechtfertigenden Notstands, Lenckner-FS 143. – *ders.,* Freiheit und Solidarität bei den Notrechten, Hirsch-FS 259. – *Künschner,* Wirtschaftlicher Behandlungsverzicht u. Patientenauswahl, 1992. – *Küper,* Noch einmal: Rechtfertigender Notstand, Pflichtenkollision und übergesetzliche Entschuldigung, JuS 71, 474. – *ders.,* Zum rechtfertigenden Notstand bei Kollision von Vermögenswerten, JZ 76, 515. – *ders.,* Grund- und Grenzfragen der rechtfertigenden Pflichtenkollision, 1979. – *ders.,* Die sog. „Gefahrtragungspflichten" im Gefüge des rechtfertigenden Notstandes, JZ 80, 755. – *ders.,* Tötungsverbot u. Lebensnotstand, JuS 81, 745. – *ders.,* Der „verschuldete" rechtfertigende Notstand, 1983 (zit.: Notstand). – *ders.,* Das „Wesentliche" am „wesentlich überwiegenden Interesse", GA 83, 289. – *ders.,* Darf sich der Staat erpressen lassen? Zur Problematik des rechtfertigenden Nötigungsnotstands, 1986 (zit.: Nötigungsnotstand). – *ders.,* Grundsatzfragen der „Differenzierung" zwischen Rechtfertigung und Entschuldigung, JuS 87, 81. – *ders.,* „Es kann keine Not geben, welche, was unrecht ist, gesetzmäßig machte", Immanuel Kants Kritik des Notrechts, E. A. Wolff-FS 285. – *O. Lampe,* Defensiver und aggressiver übergesetzlicher Notstand, NJW 68, 88. – *Lange,* Terrorismus kein Notstandsfall? Zur Anwendung des § 34 StGB im öffentlichen Recht, NJW 78, 784. – *de Lazzer/Rohlf,* Der „Lauschangriff", JZ 77, 207. – *Lenckner,* Der rechtfertigende Notstand, 1965 (zit.: aaO). – *ders.,* Der Grundsatz der Güterabwägung als allgemeines Rechtfertigungsprinzip, GA 85, 295. – *ders.,* Das Merkmal der „Nicht-anders-Abwendbarkeit" der Gefahr in den §§ 34, 35 StGB, Lackner-FS 95. – *Lesch,* Soll die Begehung „milieutypischer" Straftaten durch verdeckte Ermittler erlaubt werden?, StV 93, 94. – *Ludwig,* „Gegenwärtiger Angriff", „drohende" u. „gegenwärtige Gefahr" im Notwehr- und Notstandsrecht, 1991. – *Lugert,* Zu den erhöht Gefahrtragungspflichtigen im differenzierten Notstand, 1991. – *Maurach,* Kritik der Notstandslehre, 1935. – *Meißner,* Die Interessenabwägungsformel in der Vorschrift über den rechtfertigenden Notstand (§ 34 StGB), 1990. – *Merkel,* Zaungäste?, in: Institut für Kriminalwiss. Frankf. a. M. (Hrsg.), Vom unmöglichen Zustand des Strafrechts, 1995, 171 ff. – *Mitsch,* Trunkenheitsfahrt im Notstand, JuS 89, 965. – *Neumann,* Der strafrechtliche Nötigungsnotstand – Rechtfertigungs- oder Entschuldigungsgrund?, JA 88, 329. – *ders.,* Die Moral des Rechts, in: Jahrb. f. Recht u. Ethik, Bd. 2 (1994), 81 (zit.: aaO). – *Onagi,* Die Notstandsregelung im japanischen u. deutschen Strafrecht im Vergleich, 1993. – *Otte,* Der durch Menschen ausgelöste Defensivnotstand, 1998. – *Otto,* Pflichtenkollision und Rechtswidrigkeitsurteil, 3. A., 1978. – *Perron,* Rechtfertigung u. Entschuldigung bei Befreiung aus besonderen Notlagen usw., in: Eser/Perron (Hrsg.), Rechtfertigung und Entschuldigung III, 1991, 79. – *Peters, K.-H.,* „Wertungsrahmen" und „Konflikttypen" bei der „Konkurrenz" zwischen § 34 und den besonderen Rechtfertigungsgründen?, GA 81, 445. – *Prittwitz,* Sitzblockaden – ziviler Ungehorsam und strafbare Nötigung?, JA 87, 17. – *Reichert-Hammer,* Politische Fernziele u. Unrecht, 1991. – *Renzikowski,* Notstand u. Notwehr, 1994. – *Riegel,* §§ 32, 34 StGB als hoheitliche Befugnisgrundlage?, NVwZ 85, 639. – *Roxin,* Zur Tatbestandsmäßigkeit und Rechtswidrigkeit der Entfernung von Leichenteilen (§ 168 StGB), insbes. zum rechtfertigenden strafrechtlichen Notstand (§ 34 StGB), JuS 76, 505. – *ders.,* Der durch Menschen ausgelöste Defensivnotstand, Jescheck-FS 457. – *ders.,* Die notstandsähnliche Lage – ein Strafunrechtsausschließungsgrund?, Oehler-FS 181. – *ders.,* Strafrechtliche Bemerkungen zum zivilen Ungehorsam, Schüler-Springorum-FS 441. – *Roxin,* Die Veränderung von Rechtfertigungsgründen durch Rechtsprechung u. Lehre, 1991. – *Ruppelt,* Maßnahmen ohne Rechtsgrundlage, 1983. – *Satzger,* Der Schutz ungeborenen Lebens durch Rettungshandlungen Dritter, JuS 97, 800. – *Schaffstein,* Der Maßstab für das Gefahrurteil beim rechtfertigenden Notstand, Bruns-FS 89. – *ders.,* Die strafrechtlichen Notrechte des Staates, Schröder-GedS 97. – *Schall,* Die Relevanz der Arbeitsplätze im strafrechtlichen Umweltschutz, Osnabrücker Rechtswissenschaftl. Abhandlungen, Bd. 1 (1985) 1. – *ders.,* Zur Strafbarkeit von Amtsträgern in Umweltverwaltungsbehörden – BGHSt 38, 325, JuS 93, 719. – *Eb. Schmidt,* Das Reichsgericht und der „übergesetzliche Notstand", ZStW 49, 350. – *Schröder,* Die Not als Rechtfertigungs- und Entschuldigungsgrund, SchwZStr. 76, 1. – *ders.,* Die Notstandsregelung im Entwurf 1959 II, Eb.-Schmidt-FS 290. – *F. C. Schroeder,* Notstandslage bei Dauergefahr, JuS 80, 336. – *Schumacher,* Freiheitsberaubung u. „Fürsorglicher Zwang" in Einrichtungen der stationären Altenhilfe, Stree/Wessels-FS 431 ff. – *Schwabe,* Zur Geltung von Rechtfertigungsgründen des StGB für hoheitliches Handeln, NJW 77, 1902. – *Schwarzburg,* Einsatzbedingte Straftaten verdeckter Ermittler, NStZ 95, 469. – *Seelmann,* Das Verhältnis von § 34 StGB zu anderen Rechtfertigungsgründen, 1978. – *Siegert,* Notstand und Putativnotstand, 1931. – *Stree,* Rechtswidrigkeit und Schuld im neuen Strafgesetzbuch, JuS 73, 461. – *Sydow,* § 34

StGB – kein neues Ermächtigungsgesetz, JuS 78, 222. *Unberath*, Ist der Schwangerschaftsabbruch ein Unterlassen? JRE 1995, 437.– *Wachinger*, Der übergesetzliche Notstand nach der neuesten Rechtsprechung des Reichsgerichts, Frank-FG I 469. – *Wasek*, Der Notstand im polnischen Strafrecht aus rechtsvergleichender Sicht, ZStW 105, 306 ff. – *v. Weber*, Das Notstandsproblem und seine Lösung in den deutschen Strafgesetzentwürfen von 1919 und 1925, 1925. – *Welzel*, Zum Notstandsproblem, ZStW 63, 47. – *ders.*, Der übergesetzliche Notstand und die Irrtumsproblematik, JZ 55, 142.

Materialien zu § 34 bzw. dem damit wörtlich übereinstimmenden § 39 I E 62: Niederschr. Bd. 2 S. 141 ff., Anh. Nr. 22 ff., Bd. 12, S. 152 ff., Anh. Nr. 36 ff. – Prot. V. 1638 ff., 1736, 1735 ff., 1792 ff., 2110, 2907, 3159. – BT-Drs. V/4095 S. 15.

I. Der Notstand des § 34 stellt – im Unterschied zu dem des § 35 – einen **Rechtfertigungsgrund** 1 dar, der ein echtes Eingriffsrecht gewährt (vgl. zB Kühl, Lenckner-FS 149 f., sowie 10 f. vor § 32 ; und. Köhler 282 ff.; über das Verhältnis der hier bestehenden Duldungspflicht des Betroffenen zur Handlungspflicht des § 323 c vgl. Hruschka JuS 79, 390); gegen eine nach § 34 gerechtfertigte Notstandshandlung kann der davon Betroffene daher weder Notwehr üben, noch kann er sich seinerseits auf § 34 berufen (and. Delonge aaO 178 ff., was auf ein Recht des Stärkeren hinausläuft; zu § 35 vgl. dort RN 32). Grundgedanke der sowohl die Fälle eines „Agressiv"- wie die eines „Defensivnotstands" (vgl. entspr. §§ 904, 228 BGB) erfassenden Vorschrift (u. 30) ist, daß das Recht in Konfliktfällen die Inanspruchnahme fremder Rechtsgüter zulassen muß (vgl. näher Küper JuS 87, 86 ff.), wenn dies im Vergleich zu dem sonst eintretenden Schaden als das geringere Übel erscheint, wobei ein Notstand jedoch nur dann vorliegt, wenn es um die Erhaltung bedrohter, nicht dagegen um die Schaffung neuer Werte geht (auch die Schaffung unsterblicher Kunstwerke rechtfertigt daher nicht den Diebstahl des dafür benötigten Materials durch den mittellosen Künstler; vgl. dazu Lenckner, Noll-GedS 255). Von der Wertstruktur der *Notwehr* (vgl. § 32 RN 1) unterscheidet sich diejenige des rechtfertigenden Notstands dadurch, daß das überwiegende Interesse, das die Inanspruchnahme des „Eingriffsguts" (Küper JZ 76, 516) rechtfertigt, hier nur mit dem Schutz des bedrohten „Erhaltungsguts" (Küper), nicht aber mit dem Rechtsbewährungsprinzip begründet werden kann. Daraus erklären sich auch die wichtigsten Unterschiede zur Notwehr: Kein Notrecht nach § 34, wenn der Gefahr ausgewichen werden kann; Berücksichtigung des Rangverhältnisses der beteiligten Rechtsgüter im Rahmen der Interessenabwägung, während bei der Notwehr die Güterabwägung grundsätzlich keine Rolle spielt. Der *Defensivnotstand*, bei dem die Gefahr aus der Sphäre des Eingriffsopfers droht, hat mit der Notwehr zwar das Bestehen eines zivilrechtlichen Unterlassungsanspruchs gemeinsam (Perron aaO 92 f.); um das spezifische Rechtsbewährungsinteresse, auf das sich der in Notwehr Handelnde berufen kann, geht es beim Defensivnotstand jedoch nicht, weshalb auch bei diesem der Gefahr nach Möglichkeit ausgewichen werden muß. Im übrigen mag es sich beim Defensiv- und Agressivnotstand zwar um zwei unterschiedliche Notstandstypen handeln (vgl. §§ 228, 904 BGB); da § 34 jedoch beide umfaßt, schlägt dies nur bei der Interessenabwägung zu Buche (u. 30). Deshalb führt es in der Sache auch nicht weiter, wenn beim Agressivnotstand, bei dem die Güter eines unbeteiligten Dritten in Anspruch genommen werden, der Solidaritätsgedanke in den Vordergrund gestellt wird (vgl. zB Neumann NK 9 ff., Perron aaO, Renzikowski aaO 196 ff.; s. auch Kühl, Lenckner-FS 157 f.): Zwar kann hier § 34 nicht schon mit der Sozialnützlichkeit der Handlung, sondern nur auf der weiteren Grundlage einer entsprechenden Sozialbindung von Rechtsgütern und einer daraus folgenden Solidaritätspflicht ihres Inhabers erklärt werden (vgl. zB Jakobs 350, Kühl 240, Neumann GA 92, 94 f., Samson SK 2; and. Meißner aaO 123 ff.); ob dieser im Einzelfall aber tatsächlich zur Solidarität mit fremder Not rechtlich in der Weise verpflichtet ist, daß er den Eingriff in seine Güter dulden muß, ist gerade die Frage, die gleichfalls wieder zum Interessenabwägungsprinzip (u. 22 ff.) führt.

Die durch das 2. StrRG in das StGB eingefügte, wörtlich dem § 39 I E 62 entsprechende Vorschrift 2 stellt eine gesetzliche Fixierung des vorher nur gewohnheitsrechtlich anerkannten Rechtfertigungsgrundes des **„übergesetzlichen Notstands"** (vgl. 17. A., 50 ff. vor § 51) dar. Dieser hatte sich als notwendig erwiesen, weil die Notstandsregelungen des BGB (§§ 904, 228) und anderer Gesetze (vgl. 68 vor § 32) nur Eingriffe in Sachgüter, nicht aber die Verletzung anderer Rechtsgüter zulassen. In der Rspr. wurde ein rechtfertigender „übergesetzlicher Notstand" erstmals bei der medizinisch indizierten Schwangerschaftsunterbrechung angenommen (RG 61 242, 62 137, vgl. jetzt § 218 a II) und dabei der Grundsatz der Güterabwägung aufgestellt: Nicht rechtswidrig sei daher die Verletzung eines geringerwertigen Rechtsguts als geeignetes Mittel zum Schutz eines höherwertigen Guts, wobei sich das Wertverhältnis der kollidierenden Rechtsgüter aus den zu ihrem Schutz aufgestellten Strafdrohungen ergeben sollte *(Güterabwägungstheorie)*. Tatsächlich war der Güterabwägungsgrundsatz in dieser Form jedoch, was sich auch in der Rspr. zeigte, von Anfang an zu eng (vgl. dazu Lenckner aaO 56 ff., GA 85, 296 f.). Mit Recht hat daher auch das 2. StrRG den zu seinem Güterabwägungsansatz nur noch als ein Teilelement in sich aufnehmenden – umfassenden *Interessenabwägungsgrundsatz* ersetzt, der eine Abwägung *aller* die konkrete Kollisionslage kennzeichnenden „positiven und negativen Vorzugstendenzen" ermöglicht. Eine Änderung der Rechtslage ist damit, weil in der Sache schon die frühere Rspr. nach diesem Grundsatz verfuhr, nicht verbunden (vgl. auch BGH NJW 76, 680). Im älteren Schrifttum wurde das maßgebliche Entscheidungsprinzip vielfach auch in der sog. *Zwecktheorie* gefunden („nicht rechtswidrig ist das angemessene Mittel zu einem berechtigten Zweck"; vgl. zB Henkel aaO 88, Eb. Schmidt ZStW 49, 375). Ihr ist die Angemessenheitsklausel des § 34 S. 2 entnommen; dazu, daß diese bei einem richtig verstandenen Interessenabwägungsgrundsatz überflüssig ist, vgl. u. 46. Näher zur Entwicklung vgl. Lenckner aaO 50 ff., Neumann NK 1 ff.; zum österreichischen Recht vgl. Kienapfel ÖJZ 75, 421.

3 II. Der **Anwendungsbereich** der Vorschrift (zur Bedeutung bei Fahrlässigkeitsdelikten vgl. 95 ff., 101 vor § 32) ist in verschiedener Hinsicht begrenzt, vor allem durch den Vorrang spezieller Regelungen, die in bezug auf § 34 eine „Rückgriffssperre" enthalten, soweit sie für einen bestimmten Sachverhalt abschließend sind. Im einzelnen ist auf folgendes hinzuweisen:

4 1. Die Vorschrift **gilt nicht** für die **Pflichtenkollision** („echte" Kollision mehrerer Handlungspflichten bzw. mehrerer Unterlassungspflichten), die anderen Regeln folgt (vgl. 71 ff. vor § 32; vgl. auch E 62, Begr. 159). Gegenteilige Äußerungen beruhen meist darauf, daß der Begriff „Pflichtenkollision" auch für das Zusammentreffen einer Handlungs- und einer Unterlassungspflicht – Verwirklichung eines Verbotstatbestandes als Mittel zur Erfüllung einer Handlungspflicht – benutzt wird (zB RG **61** 254, Hruschka, Dreher-FS 193, Jescheck/Weigend 365, Otto I 137, aaO 120, Schall JuS 93, 720, Tröndle 11 vor § 32), wo in der Tat Notstandsregeln gelten, während es an einer wirklichen Pflichtenkollision hier gerade fehlt (71 vor § 32). Denn ob die tatbestandsmäßige Handlung in diesem Fall eines „Pflichtennotstands" vorgenommen werden darf, folgt ausschließlich und unmittelbar aus § 34, ohne daß es dafür von Bedeutung ist, daß die Verletzung einer Unterlassungspflicht hier das einzige Mittel zur Erfüllung einer Handlungspflicht ist: Gerechtfertigt ist zB der ärztliche Schwangerschaftsabbruch in den Fällen des § 218 a II, III oder die Geheimnisoffenbarung zum Schutz der von einer Ansteckung bedrohten Angehörigen (§ 203), weil der Arzt hier die höheren Interessen wahrnimmt, was ganz unabhängig davon ist, ob er dort Schwangeren bzw. den Angehörigen gegenüber eine Schutzpflicht hatte (vgl. auch den Sachverhalt von Saarbrücken NJW **91**, 3045: gesetzliche Abwasserbeseitigungspflicht von Gemeinden, die vorübergehend nur durch eine Gewässerverunreinigung gem. § 324 erfüllt werden kann). Ist umgekehrt die erzwungene Blutentnahme zur Rettung des Lebens eines anderen nach § 34 nicht gerechtfertigt (u. 41 e), so bleibt sie auch rechtswidrig, wenn der Arzt dem bedrohten Angehörigen gegenüber eine Garantenpflicht hatte. Daß in der konkreten Situation ein Verbot mit einem Gebot kollidiert, führt m. a. W. zu keinen weitergehenden Eingriffsrechten (h. M., zB BW-Mitsch 366, Hirsch LK 76 vor § 32, Jakobs 446, Küper, Pflichtenkollision 32 ff., JuS 71, 475 u. 87, 88, Lenckner aaO 5, Neumann aaO 91, NK 59, Renzikowski aaO 290 ff., Roxin I 659, Samson SK 57, Stratenwerth 146 u. grds. auch Perron aaO 99; and. Otto I 137, aaO 100 [keine rechtswidrige (!) Tat, wenn der Vater zur Rettung seines Kindes einen unschuldigen Dritten tötet] und dagegen mit Recht Küper aaO 113 ff.; vgl. auch Bay **54** 114). Auch ein bloßer „Strafrechtsausschluß" bei fortbestehender Rechtswidrigkeit ist hier nicht anzuerkennen (so aber Günther aaO 333 ff. u. dagegen mit Recht Roxin, Oehler-FS 186 f.; vgl. auch 8 vor § 32). Die einzige Besonderheit dieser Situation besteht vielmehr darin, daß der Täter, wenn sein Tun nach § 34 gerechtfertigt ist, nicht nur handeln darf, sondern in der Regel – d. h. vorbehaltlich Zumutbarkeitserwägungen – handeln muß (vgl. BGH MDR/D **71**, 361 [Pflicht des Vaters, bei einem Brand seine Kinder trotz der Möglichkeit von Verletzungen aus dem Fenster zu werfen; vgl. dazu auch Spendel JZ 73, 140 und krit. Ulsenheimer JuS 72, 254], JZ **83**, 151 m. Anm. Geiger), während andernfalls schon seiner Handlungspflicht entsprechende Grenzen gesetzt sind.

5 2. Aus dem eben Gesagten folgt auch, daß § 34 bei **Unterlassungsdelikten** nur Bedeutung hat, wenn der Täter einer Handlungspflicht nicht nachkommt, um andere Güter schützen zu können, ohne daß er insoweit jedoch zum Handeln verpflichtet wäre. Stehen freilich diese Güter dem Täter selbst zu, so bedarf es auch hier des § 34 nicht, wenn man annimmt, daß bei Unterlassungsdelikten schon der Tatbestand durch Zumutbarkeitserwägungen begrenzt wird (vgl. dazu 155 vor § 13, Neumann NK 100, aber auch Jakobs 447). Nach § 34 zu beurteilen ist dagegen die Nichterfüllung einer Garantenpflicht zugunsten fremder Güter (zB der Verwahrer rettet bei einem Brand auf Kosten der ihm anvertrauten Sache das Leben eines Dritten); hier genügt es daher auch nicht, daß die Unterlassung der Wahrung eines gleichrangigen Werts dient, da das Gut, zu dessen Schutz eine besondere Rechtspflicht besteht, nur höherrangigen Interessen zu weichen braucht (and. Küper, Pflichtenkollision 92). Von BGH **32** 367 wurde § 34 in der Sache auch auf das Unterlassen ärztlicher Maßnahmen im Konflikt zwischen der Pflicht zum Lebensschutz und der Respektierung des Selbstbestimmungsrechts eines schwer und irreversibel geschädigten Suizidenten angewandt (ebenso Herzberg JA 85, 177 ff., NJW 86, 1639 ff., JZ 88, 184 ff.; vgl. auch München JZ **88**, 205); richtigerweise geht es hier aber bereits um die Tatbestandsfrage des Bestehens einer Erfolgsabwendungspflicht (vgl. 39 ff. vor § 211, München aaO 203). Dies gilt auch – Fall eines „Unterlassens durch Tun" –, wenn der Ehemann auf Verlangen seiner im Todeskampf befindlichen Frau das Beatmungsgerät abschaltet (Roxin NStZ 87, 350; and. LG Ravensburg NStZ **87**, 229, Herzberg JZ 88, 186; vgl. auch 160 vor § 13).

6 3. Für das **Verhältnis des § 34 zu anderen Rechtfertigungsgründen** gilt folgendes: Da jede Notstandsregelung die Lösung eines Interessenkonflikts darstellt, bedarf es des § 34 nicht, wenn ein solcher Konflikt überhaupt nicht besteht, der Eingriff in das fremde Gut vielmehr schon unter dem Gesichtspunkt der *Einwilligung* oder *mutmaßlichen Einwilligung* zulässig ist (vgl. auch Hirsch LK 93, Müller-Dietz JuS 89, 281, Seelmann aaO 69 ff. und u. 8 a). Dagegen handelt es sich bei den *sonstigen rechtfertigenden Notstandsregelungen* (§§ 228, 904 BGB usw., vgl. 68 f. vor § 32) im Verhältnis zu § 34 um Sonderregelungen, die in § 34 nur ganz allgemein formuliert und in seinem Kern rein formalen Kategorie („überwiegendes Interesse", „angemessenes Mittel") angehörende Entscheidungsprinzip für bestimmte Notstandssituationen in unterschiedlichem Umfang näher konkretisieren (vgl.

auch Lackner/Kühl 14, Neumann NK 122 f.; and. Hellmann, Die Anwendbarkeit zivilrechtlicher Rechtfertigungsgründe im Strafrecht [1987] 157 ff.: strafrechtlicher Vorrang des § 34). Daraus folgt jedoch nicht, daß diese Bestimmungen dem § 34 schlechthin vorgehen (so jedoch Hirsch LK 82). Sie sind abschließend zwar immer insofern, als der Eingriff in die dort genannten Güter nur unter den dort aufgestellten Voraussetzungen zulässig ist (Lenckner aaO 152 f., Seelmann aaO 36 ff., iE auch Warda, Maurach-FS 160 ff.; and. Neumann NK 123), nicht aber umgekehrt auch in dem Sinn, daß dieser bei Erfüllung der Erfordernisse der speziellen Notstandsregelung in jedem Fall rechtmäßig wäre. Seinen Grund hat dies darin, daß die dort vorgenommene Konkretisierung mit Vergröberungen verbunden sein kann, die es dann notwendig machen, auf die allgemeinen Grundsätze, von denen sie sich herleiten und die in § 34 ihren Ausdruck gefunden haben, als Korrektiv zurückzugreifen: Daher zB keine Rechtfertigung nach § 904 BGB, wenn der Täter durch Bedrohung mit dem Tode zur Teilnahme an einem Diebstahl gezwungen wird, wenn der zu einer lebenslangen Freiheitsstrafe Verurteilte zur Erlangung seiner Freiheit die Zellentür aufbricht oder wenn sich ein mittelloser Kranker das Geld für eine notwendige Kur stiehlt (vgl. zB Jescheck/Weigend 358, Lenckner aaO 136, 153, Roxin I 655 f., Samson SK 50 f. vor § 32, Stratenwerth 141; and. Hirsch LK 82, Seelmann aaO 49 f.). Um eine im Verhältnis zu § 34 in jeder Hinsicht abschließende, weil eine gesetzliche Vorwegbewertung bestimmter Einzelfälle enthaltende Sonderregelung handelt es sich dagegen bei dem Indikationenkatalog des § 218a II, III, wo für eine weitere individualisierende Interessenabwägung nur in den dort gezogenen Grenzen Raum ist (vgl. dazu auch Hirsch LK 85, Küper, Notstand 119 ff., Neumann NK 123; and. Köhler 291) und auf § 34 nur zurückgegriffen werden kann, wenn ein medizinisch-indizierter Schwangerschaftsabbruch in besonderen Notfällen durch einen Nichtarzt (Hebamme) vorgenommen werden muß (vgl. § 218 RN 37; zur Frage der Anwendbarkeit von § 34 bei der Vornahme eines Schwangerschaftsabbruchs an einer hirntoten Frau vgl. Hilgendorf JuS 93, 100 ff. [„Erlanger Fall"] u. zu dessen verfassungsrechtlicher Problematik Giesen JR 93, 177, Heuermann JZ 94, 133). Ebenso gehen die übrigen, dem Prinzip des überwiegenden Interesses folgenden Rechtfertigungsgründe (vgl. 7 vor § 32) dem § 34 vor, soweit sie diesen – in seiner allgemeinsten Form auch in § 34 enthaltenen – Grundsatz für bestimmte Interessenkonflikte abschließend konkretisieren. Dies ist zB in § 32 für den Fall geschehen, daß die Gefahr aus einem gegenwärtigen und rechtswidrigen Angriff droht; insoweit stellt daher § 32 eine abschließende Sonderregelung in dem Sinn dar, daß jede erforderliche Abwehr grundsätzlich gerechtfertigt ist. Dagegen folgt aus § 32 nicht, daß die Abwehr rechtmäßiger Angriffe immer rechtswidrig wäre – nur das „schneidige" Notwehrrecht gilt hier nicht –, weshalb in solchen Fällen der Weg wieder frei ist für eine differenzierende Beurteilung nach § 34 (vgl. 9 ff. vor § 32, § 32 RN 21 sowie u. 30, Hirsch LK 93, Neumann NK 13; and. Seelmann aaO 64); dasselbe gilt für den Fall der sog. Präventivnotwehr (vgl. § 32 RN 17, u. 31). Zum Ganzen vgl. auch Peters GA 81, 445, Renzikowski aaO 24 ff.

4. Ebenso wie § 32 (vgl. dort 42 a ff.) ist § 34 grundsätzlich auf **staatliches Handeln** anwendbar. **7** Dies gilt zunächst – hier wohl unproblematisch – in den Fällen eines persönlichen Notstands des Amtsträgers, ferner wenn „Eingriffsgut" ein Rechtsgut des Staats oder der Allgemeinheit ist (vgl. Hirsch LK 20, Cies'lak-FS 123, 126 m. w. N.): Nach § 34 zulässig ist daher zB eine Gewässerverunreinigung (§ 324) bei einem polizeilichen Katastrophenschutz (vgl. § 324 RN 13) oder das Ausstellen falscher Papiere (§ 348), um einem ehemaligen, von seinen Komplizen bedrohten Terroristen das Untertauchen zu ermöglichen; zur – aus anderen Gründen umstrittenen – Freilassung von Gefangenen (§§ 120, 258 a) zur Rettung von Geiseln vgl. u. 41 b. Mit Recht nimmt die h. M. jedoch an, daß § 34 grundsätzlich auch *hoheitliches Eingriffshandeln* in Individualgüter rechtfertigen kann (zB BGH **27** 260 [Kontaktsperre; offengelassen von Frankfurt NJW **77**, 2177; vgl. jetzt §§ 31 ff. EGGVG], **31** 304 m. Anm. Gössel JZ 84, 361 [zu § 201], Frankfurt JZ **75**, 379 m. Anm. Geilen, Martens NJW 75, 1668 u. Roxin JuS 76, 505 [zu § 168; vgl. aber auch Frankfurt NJW **77**, 859], München NJW **72**, 2275 m. Anm. Otto NJW 73, 668 u. Amelung/Schall JuS 75, 565 [zu § 123], Saarbrücken NStZ **91**, 386 m. Anm. Krehl [zu § 354], Bottke JA 80, 95, Delonge aaO 223 ff., Franzheim NJW 79, 2017, Gössel JuS 79, 164 f., Krey/Meyer ZRP 73, 2, Krey u. a. aaO RN 312 ff., Kühl 301, Lackner/Kühl 14, Lange NJW 78, 784, M-Zipf I 384, Ostendorf JZ 81, 169, Röhmel JA 78, 308, Roxin I 652, Schaffstein, Schröder-GedS 114 ff., Schwabe NJW 77, 1902, Stratenwerth 141, Tröndle 24; and. zB Amelung NJW 77, 833 u. 78, 623, JuS 86, 331 f., Böckenförde NJW 78, 1883 f., Günther aaO 367 ff., 371 f., Hirsch LK 7 ff., Cies'lak-FS 113 ff., Jakobs 429, Keller aaO 354 ff., de Lazzer/Rohlf JZ 77, 212, Mann/Müller ZRP 95, 184 f., Neumann NK 113, Renzikowski aaO 206 ff., Riegel NVwZ 85, 639, Rudolphi SK 12 vor § 331, Runte aaO 289 ff., 355 f., Ruppelt aaO 90 ff., Samson SK 10 f., Sydow JuS 78, 222; zusfass. vgl. auch Küper, Nötigungsnotstand 77 ff.). Die gegen die Anwendbarkeit des § 34 erhobenen normtheoretischen Einwände – betreffend der strafrechtlichen Rechtfertigungsgründe nur für privates Handeln – treffen hier so wenig zu wie bei § 32, und ebenso wie dort ist es auch hier nicht möglich, ein und dieselbe Handlung öffentlich-rechtlich als rechtswidrig, strafrechtlich dagegen als gerechtfertigt anzusehen (vgl. näher dazu § 32 RN 42 b mwN, ferner Hirsch, Cies'lak-FS 121, LK 15, Küper, Nötigungsnotstand 88 FN 177). Hinzu kommt, daß § 34, obwohl „nur" als strafrechtlicher Erlaubnistatbestand formuliert, in der Sache der Kodifikation eines allgemeinen Rechtsprinzips ist, das angibt, wie in Gefahrenlagen, in denen rechtlich geschützte Interessen Schaden zu nehmen drohen, die daraus entstehenden Interessenkonflikte rechtlich zu lösen sind und das deshalb unabhängig davon, wo es als Gesetzesregelung erscheint, für öffentliches Handeln ebenso gelten muß wie für privates.

Daß § 34 – wie andere Rechtfertigungsgründe auch – zugleich die Voraussetzungen einer öffentlichrechtlichen Eingriffsnorm erfüllt, ist ferner nicht schon durch dessen generalklauselartigen Charakter in Frage gestellt (so jedoch Amelung NJW 77, 836, Hirsch LK 9 mwN, aaO 114 f., NK 114). Sowohl im Verwaltungs- wie auch im Verfassungsrecht ist überwiegend anerkannt, daß auch Generalklauseln Eingriffsrechte gewähren können (vgl. zB BVerfGE **8** 326, **13** 161, Leibholz/Rinck/Hesselberger, GG, Art. 20 RN 696, Schnapp, in: v. Münch, GG Art. 20 RN 25, Schulze-Fielitz, in: Dreier, GG, Art. 20 RN 121, Wolff/Bachof/Stober VerwR I, 10. A., 365; vgl. auch Gössel JuS 79, 163, Schwabe NJW 77, 1906), und mit Recht wird darauf hingewiesen, daß zB die polizeirechtlichen Generalklauseln § 34 an Unbestimmtheit nichts nachstehen (Schaffstein aaO 116; unter diesem Gesichtspunkt noch fragwürdiger daher auch die Berufung auf ungeschriebene Verfassungsgrundsätze [vgl. Hirsch, Cieślak-FS 126]). Wenn gleichwohl § 34 für hoheitliches Handeln nur beschränkt von Bedeutung ist, so deshalb, weil überall dort, wo ein bestimmter Interessenkonflikt durch **öffentlichrechtliche Sondervorschriften abschließend geregelt** ist, ein Rückgriff auf § 34 versperrt ist (vgl. zB EB-Eser I 144, Kühl 301, Lackner/Kühl 14, Otto NJW 73, 668, Roxin I 630, 659, JuS 76, 509 f., Schwabe NJW 77, 1907, Schwarzburg NStZ 95, 473, Stratenwerth 141, Tröndle 24 a, W-Beulke 93; ohne diese Einschränkung dagegen zB BGH **27** 260, Gössel JuS 79, 162, GA 80, 154; zum Ganzen vgl. aber auch Hirsch LK 14, Cieślak-FS 117 ff., ferner Ostendorf JZ 81, 171 f.). Dies folgt freilich nicht erst aus der Angemessenheitsklausel des S. 2 (so jedoch Grebing GA 79, 95 ff., Jescheck/Weigend 364), die dem S. 1 hier so wenig wie sonst zusätzliche Gesichtspunkte hinzufügen kann (u. 46). Hat der Gesetzgeber vielmehr an anderer Stelle Spezialnormen geschaffen, die unter bestimmten Voraussetzungen den Eingriff in ein Rechtsgut zulassen, so liegt dem immer eine Interessenabwägung zugrunde, wie sie auch S. 1 verlangt; diese gesetzliche Interessenbewertung aber kann selbstverständlich nicht durch § 34 und eine abweichende richterliche Wertung im Rahmen der Interessenabwägung nach S. 1 überspielt werden (Roxin I 520 f., 630). Das Problem der Anwendbarkeit des § 34 für staatliches Handeln reduziert sich mithin auf die Frage, ob das Fehlen einer speziellen Eingriffsnorm für den fraglichen Fall zugleich bedeutet, daß der Gesetzgeber hier ein überwiegendes Interesse iS des S. 1 verneinen wollte. Dies ist zB anzunehmen bei Maßnahmen zum Zweck der *Strafverfolgung*, die in der StPO usw. keine Grundlage haben: Da die Voraussetzungen für das heimliche Abhören und Aufnehmen des nichtöffentlich gesprochenen Worts (§ 201), für die Durchsuchung usw. abschließend in der StPO geregelt sind (zum Abhören usw. vgl. §§ 100 a ff., zur Durchsuchung §§ 102 ff.), können sie, weil diese auf eine Korrektur des Gesetzes hinauslaufen würde, nach § 34 auch dann nicht erweitert werden, wenn andernfalls eine Überführung des Verdächtigen nicht möglich ist (zum Abhören usw. vgl. zB BGH **31** 307, **34** 51 f. u. näher § 201 RN 34 f.; and. Gössel JuS 79, 165 und für einen Hausfriedensbruch, bei dem die Voraussetzungen für eine aussichtsreiche Durchsuchung schaffen soll, München NJW **72**, 2275 m. Anm. Otto NJW 73, 668 u. Amelung/Schall JuS 75, 565, wo freilich schon der Tatbestand des § 123 zu verneinen gewesen wäre [vgl. dort RN 22]; s. auch Perschke, Die Zulässigkeit nicht spezialgesetzlich geregelter Ermittlungsmethoden im Strafverfahren, 1997, 126 f.). Aber auch im Bereich der *präventiv-polizeilichen Gefahrenabwehr* gibt es heute in den einschlägigen Gesetzen vielfach spezielle und zugleich abschließende Regelungen, die den Rückgriff auf § 34 gleichfalls ausschließen. Unzulässig, aber auch überflüssig ist ein solcher etwa bei dem zur Rettung einer Geisel erforderlichen „Lauschangriff" auf eine Wohnung, wenn es eine entsprechende Ermächtigungsgrundlage an anderer Stelle gibt (vgl. dazu § 201 RN 34 f.). Ebenso wie bei § 32 und dem polizeilichen Schußwaffengebrauchsrecht (vgl. § 32 RN 42 b) kann sich allerdings auch hier die Frage stellen, was gilt, wenn sich aus der bundesrechtlichen Notstandsvorschrift des § 34 möglicherweise weitergehende (oder auch weniger weitgehende) Befugnisse ergeben, als sie in landesrechtlichen Regelungen vorgesehen sind (wobei diese zB beim „Lauschangriff" auf Wohnungen im übrigen keineswegs einheitlich sind; vgl. zB § 28 IV Saarländ. PolG v. 8. 11. 1989, ABl. 1750: nur bei Gefahr für Leib und Leben, andererseits zB § 23 I Bad.-Württ. PolG i. d. F. v. 13. 1. 1992, GBl. I: u. a. auch bei Gefahr für die Freiheit). Gegenüber der inhaltlich einigermaßen fest umrissenen Notwehrbestimmung wird man bei dem Umstand Rechnung tragen müssen, daß § 34 dies nicht ist und daß deshalb der Interessenabwägung, die auch ein Landesgesetzgeber bei der Schaffung spezieller Eingriffsbefugnisse vornimmt, ein gewisser Spielraum bleiben muß. Solange dieser nicht in unvertretbarer Weise überschritten ist, bleibt für den Umfang des Eingriffsrechts daher auch allein die speziellere Bestimmung des Landesrechts maßgebend. Trotz der in der neueren Gesetzgebung deutlich gewachsenen Zahl solcher Sonderbestimmungen wird § 34 auch in Zukunft angesichts der Unvorhersehbarkeit und Vielgestaltigkeit möglicher Konfliktsituationen als Rechtsgrundlage für behördliches Handeln unverzichtbar sein (vgl. etwa § 201 RN 34 a, § 203 RN 54, 56), wobei es sich von selbst versteht, daß die für besondere Ausnahmefälle gedachte Notstandsregelung hier nicht zur „kleinen Münze" gemacht werden darf. Darauf, ob solche Fälle mehr oder weniger häufig sind und ob sie der Gesetzgeber ausdrücklich regeln könnte oder sollte, kann es – solange eine solche spezielle Bestimmung fehlt – nicht ankommen (vgl. Roxin JuS 76, 510, aber auch Frankfurt NJW **77**, 859, Bottke JA 80, 95, Franzheim NJW 79, 2017, Krey u. a. aaO RN 312 f., M-Zipf I 372, Roxin I 653, Seelmann ZStW 95, 811).

8   **III.** Für die **Notstandslage** ist wesentlich das Bestehen einer Interessenkollision derart, daß eine gegenwärtige Gefahr für das „Erhaltungsgut" nur durch die in der Inanspruchnahme des „Eingriffsguts" liegenden Verletzung anderer rechtlich geschützter Interessen abgewendet werden kann. Insofern stellt daher das Merkmal der „Nicht-anders-Abwendbarkeit" der Gefahr in § 34 nicht nur bestimmte Anforderungen an die Notstandshandlung (u. 18), sondern kennzeichnet auch schon die Notstandslage (vgl. Kühl 242 u. näher Lenckner, Lackner-FS 95 f.; and. Hirsch LK 21, Samson SK 8, wonach dafür schon das Bestehen einer gegenwärtigen Gefahr genügen soll). Andererseits setzt die Notstandslage aber auch nicht mehr als eine solche Interessenkollision voraus. Insbes. können hier nicht bestimmte Gefahren – zB solche, die jeden treffen oder die sich als Folge einer gesetzlichen Regelung ergeben – von vornherein ausgenommen werden (so aber Hirsch LK 38), vielmehr betrifft dies Gesichtspunkte, die erst bei der Interessenabwägung zu Buche schlagen (u. 35, 41 d). Erforderlich ist für eine Notstandslage allerdings immer, daß es sich um Gefahren handelt, die über die allgemeinen Lebensrisiken – auch diejenigen in einer modernen, durch die Fortschritte der Technik geprägten Gesellschaft (Atomkraft!) – hinausgehen (u. 15).

Was die **am Notstand Beteiligten** betrifft, so sind Inhaber der kollidierenden Güter idR **8a** verschiedene Personen. Denkbar ist aber auch eine **Personenidentität**, dann nämlich, wenn beide Güter derselben Person zustehen oder wenn das Erhaltungsgut aus einer akuten Gefahr nur dadurch gerettet werden kann, daß es einer anderen Gefahr ausgesetzt wird (Ebert JuS 76, 321, Hirsch LK 41, 59, 61, Jakobs 425 f., Lackner/Kühl 4, Roxin I 652, Schumacher, Stree/Wessels-FS 447; vgl. dazu auch BGH MDR/D **71**, 361, Spendel JZ 73, 140, Ulsenheimer JuS 72, 254; and. BW-Mitsch 330, Renzikowski aaO 64 f., Samson SK 12, Schmidhäuser 330, I 141; zweifelnd auch Freund 81). In solchen Fällen beurteilt sich die Zulässigkeit des Eingriffs freilich primär schon nach den Regeln der Einwilligung und mutmaßlichen Einwilligung (54 ff. vor § 32, Neumann NK 14, 19, 32, Roxin I 652), so zB bei gefährlichen Rettungshandlungen (Geiselbefreiung usw.) oder bei der Vornahme einer lebensrettenden, aber riskanten Operation (vgl. Lackner/Kühl 4, aber auch Stratenwerth 142; zur Einwilligung in Gefährdungshandlungen vgl. 102 ff. vor § 32). § 34 kommt hier erst in Betracht, wenn diese für eine Rechtfertigung nicht genügen (zB der Vater wirft bei einem Brand sein kleines Kind in die Arme auffangbereiter Personen; zur indirekten Sterbehilfe vgl. u. 23, 39) oder wenn es darum geht, ob sich der Täter über den wirklichen oder zu vermutenden Willen des Betroffenen hinwegsetzen darf. Dies ist jedoch grundsätzlich zu verneinen, weshalb es zB auch unter dem Gesichtspunkt des § 34 kein Zwangsbehandlungsrecht gegenüber einem Patienten gibt, der sich in ein ihm auferlegtes Krankheitsschicksal fügen will (ebenso Ebert JuS 76, 322, Müller-Dietz JuS 89, 281, Neumann NK 16). Hier ist § 34 nur in Ausnahmefällen anwendbar, so zB bei Maßnahmen gegen einen Suizidgefährdeten (u. 33) oder wenn der Betroffene einwilligungsunfähig ist und ein gesetzlicher Vertreter (noch) nicht bestellt ist oder dieser die Einwilligung mißbräuchlich verweigert. Allerdings kommt hier § 34 nur in Betracht, wenn die hier vorgesehenen gesetzlichen Verfahren (zB Ersetzung der Einwilligung gem. § 1666 BGB, Bestellung eines Betreuers gem. § 1896 BGB) nicht eingehalten werden können und die Gefahr deshalb auch auf andere Weise abwendbar ist, so zB im Fall der Nichterreichbarkeit des Vormundschaftsgerichts bei einer dringend notwendigen, von den Eltern jedoch verweigerten Operation eines einwilligungsunfähigen Kindes (vgl. RG **74** 350; Neumann NK 15).

1. **Notstandsfähig** ist jedes **Rechtsgut** (and. Köhler 290 [nur Lebensnotstand oder vergleichbar **9** schwere Rechtsgutsgefahr]), mag es dem Täter selbst oder einem Dritten zustehen (im letzteren Fall: *Notstandshilfe*). Der beispielhafte Hinweis in S. 1 auf Leben, Leib, Freiheit usw. dient lediglich der besseren Veranschaulichung und besagt nicht, daß auch die „anderen" Rechtsgüter solche des Strafrechts sein müßten. Es genügt vielmehr jedes rechtlich geschützte Interesse, gleichgültig, von welchem Teil der Rechtsordnung es diesen Schutz erfährt (Köln VRS **59** 438, wo dies jedoch zu Unrecht – vgl. u. a. § 12 II SonderurlaubsVO v. 18. 8. 1965, BGBl. I 902 – für den Wunsch, am Sterbebett der Mutter zu sein, verneint wird; vgl. näher Lenckner aaO 72 ff., Neumann NK 22 ff.). Notstandsfähig ist deshalb zB im Hinblick auf die zum Schutz des Arbeitsplatzes bestehenden Vorschriften und das Sozialstaatsprinzip des GG auch das Interesse an der Erhaltung der Arbeitsplätze in einem Betrieb (BGH MDR/D **75**, 723, Bay NJW **53**, 1602, Hamm NJW **52**, 838, Köln NJW **53**, 1844, StA Mannheim NJW **76**, 586 m. Anm. Wernicke S. 1233, Oldenburg NJW **78**, 1868, Kühl 247, Randelzhofer/Wilke, Die Duldung als Form flexiblen Verwaltungshandelns [1981] 44 f., Schall aaO 6, NStZ 92, 215 mwN; and. Neumann NK 26, 30 f.), ferner das Interesse der Versicherten an der ordnungsgemäßen Verwendung des Beitragsaufkommens für die Hinterbliebenenrente (Frankfurt JZ **75**, 379 m. Anm. Geilen u. Roxin JuS 76, 508), das Interesse an der Unfallaufklärung (Köln VRS **57** 143) oder das Recht auf ein gesetzmäßiges Strafverfahren (Frankfurt NJW **79**, 1172, Kühl 246, Neumann NK 25). Nur von theoretischer Bedeutung ist die Frage, ob schon das Bestehen einer Notstandslage zu verneinen ist, wenn das bedrohte Gut *im Einzelfall nicht schutzbedürftig* oder *nicht schutzwürdig* ist (Lenckner aaO 76, 121, W-Beulke 96; vgl. zum Vermögen Neumann NK 27 ff.), oder ob dieser Umstand erst an späterer Stelle (Interessenabwägung [Hirsch LK 24, 39], nach M-Zipf I 379 sogar erst im Rahmen des S. 2) zu berücksichtigen ist. Im Ergebnis jedenfalls besteht Einigkeit: Bedarf das fragliche Gut in der konkreten Situation keines Schutzes, weil es von seinem Inhaber in rechtlich zulässiger Weise preisgegeben worden ist, oder verdient es diesen nicht, weil seine Beeinträchtigung vom Recht geradezu gewollt ist (zB Freiheit eines rechtskräftig Verurteilten), so kommt eine Rechtfertigung nach § 34 nicht in Betracht.

Zweifelhaft könnte nach dem Wortlaut sein, inwieweit auch **Rechtsgüter der Allgemeinheit 10** notstandsfähig sind, weil § 34 bei der Notstandshilfe die Abwendung der Gefahr „von einem anderen"

§ 34 11–13 Allg. Teil. Die Tat – Notwehr und Notstand

voraussetzt und dies ebenso verstanden werden könnte wie bei § 32 (vgl. dort RN 8: Notwehr nur, wenn unmittelbar zugleich Individualinteressen bedroht sind). Dem Wesen des Notstands würde eine solche Beschränkung jedoch nicht entsprechen (and. Arzt, Rehberg-FS 29 ff.). Mit Recht hat die Rspr. daher zB auch die Sicherheit des Straßenverkehrs (Düsseldorf NJW **70**, 674, VRS **30** 39, Koblenz NJW **63**, 1991, München MDR **56**, 565; vgl. auch Rengier KK-OWiG § 16 RN 9 ff.), die Volksgesundheit und damit das Interesse an der Bekämpfung des Rauschgifthandels (BGH StV **88**, 433, München NJW **72**, 2275; and. Neumann NK 30 f.) und das Interesse an der Aufrechterhaltung der Lebensmittelversorgung als notstandsfähig anerkannt (RG **77** 113, Stuttgart DRZ **49**, 93; vgl. auch RG **62** 46: Erhaltung der Wirtschaft im besetzten Ruhrgebiet durch Einfuhr unverzollter Waren). Der Hinweis auf den „anderen" ist deshalb in § 34 nur iS einer Klarstellung dahin zu verstehen, daß „Erhaltungsgut" auch ein für den Täter fremdes Gut sein kann. Einer Rechtfertigung sind hier jedoch schon unter dem Gesichtspunkt der Erforderlichkeit (u. 18) enge Grenzen gesetzt: Zulässig ist danach privates Handeln zum Schutz der Allgemeinheit wegen der primären Zuständigkeit staatlicher Organe nur in einem dafür zur Verfügung gestellten Notfall (vgl. Koblenz NJW **63**, 1991, Hirsch LK 23, Roxin I 613; vgl. auch BGH StV **88**, 433, Meißner aaO 222); erst recht liefert § 34 in einem demokratischen Rechtsstaat keine Legitimation für Straftaten, die zur Beseitigung (angeblicher oder wirklicher) öffentlicher Mißstände begangen werden (daher kein rechtfertigender Notstand bei gewaltsamen Demonstrationen; vgl. auch BGH **23** 56, Stuttgart NJW **69**, 1543 u. zum „zivilen Ungehorsam" u. 41 a). Ferner besteht auch hier eine „Rückgriffssperre" bezüglich des § 34, wenn die Abwendung der Gefahr nur in einem dafür zur Verfügung gestellten Verfahren und unter den dort genannten Voraussetzungen erfolgen kann (u. 41). So wenig wie aus § 32 folgt schließlich aus § 34 ein allgemeines Unrechtverhinderungsrecht (vgl. auch Keller aaO 286 f., Roxin I 613), weshalb zB ein verbotenes Glücksspiel, das kein Angriff iS des § 32 ist (vgl. dort RN 8), auch nicht nach § 34 verhindert werden kann.

11   Bei **staatlichen Rechtsgütern** (vgl. auch § 32 RN 6) ist unproblematisch die Notstandsfähigkeit von Fiskalgütern u. a. rechtlich geschützten Interessen, die in gleicher Weise auch ein Privater haben könnte. Dagegen kommt in den Fällen des eigentlichen Staatsnotstands § 34 unter Beachtung der eben genannten Grundsätze nur bei Gütern in Betracht, die auch staatsnotwehrfähig sind (vgl. § 32 RN 6). Denkbar ist dies zB im Vorfeld der Staatsnotwehr („Präventivnotwehr", u. 17, 30 f.). Ein Recht zu Tötungen ist aber auch hier ausgeschlossen (vgl. die Femermordfälle in RG **63** 215, **64** 101; diskutabel nur im eindeutigen Fall eines Tyrannenmords [u. 30]). Ein notstandsfähiges Gut ist an sich auch das staatliche Strafverfolgungsinteresse (vgl. Krey u. a. aaO RN 564; and. Keller aaO 286 ff., Neumann NK 30), wo auf § 34 bei privatem Handeln aber nur ausnahmsweise in den o. 10 genannten Grenzen und bei behördlichen Maßnahmen nur bei Fehlen einer erschöpfenden spezialgesetzlichen Ermächtigungsgrundlage zurückgegriffen werden kann (vgl. o. 7 u. zu §§ 201, 203 dort RN 34 bzw. 54). Dasselbe gilt für die Funktionsfähigkeit und Lauterkeit von Verwaltung und Justiz (zum Aspekt ihrer drohenden Unterwanderung u. Korruption durch die organisierte Kriminalität vgl. Krey u. a. aaO RN 566 ff.).

12   2. Die **Gefahr**, in der sich das „Erhaltungsgut" befinden muß, bedeutet für dieses einen objektiven Zustand (vgl. dazu Hirsch, Kaufmann-FS 548 ff.) in dem Sinne, daß bestimmte tatsächliche Umstände nicht nur die gedankliche Möglichkeit, sondern eine über die allgemeinen Lebensrisiken hinausgehende (o. 8) Wahrscheinlichkeit seiner Schädigung – Eintritt oder Intensivierung eines Schadens, Fortdauer einer schädigenden Einwirkung – begründen (vgl. zB – in der Sache weitgehend übereinstimmend – BGH **18** 272, **26** 179, NStZ **88**, 554, Frankfurt NJW **75**, 840, Blei I 164, Hirsch LK 26, Lackner/Kühl 2, M-Zipf I 379, Neumann NK 39 f., Roxin I 614, Tröndle 3, W-Beulke 97 u. näher Dimitratos aaO, Hirsch aaO 545, Schaffstein, Bruns-FS 89). Das Vorliegen einer Gefahr drückt sich demnach in einem Urteil über eine künftige Entwicklung aus, wobei diese Prognose an die in der Handlungssituation in ihrer ganz konkreten Gestalt (vgl. Blei I 163) gegebenen Umstände anknüpft und mit Hilfe des allgemeinen Kausalwissens gewonnen wird. Nicht erforderlich ist hingegen ein „Gefahrunwert" iS eines mit der Rechtsordnung nicht in Einklang stehenden drohenden Schädigungserfolgs (and. BW-Mitsch 330 f.); ob der Betroffene rechtlich zur Hinnahme der Gefahr verpflichtet ist etc., muß vielmehr im Rahmen der Interessenabwägung (u. 22 ff.) geklärt werden. Im übrigen hat die nähere Bestimmung des Merkmals der Gefahr hier unter Berücksichtigung der spezifischen Funktion des § 34 zu erfolgen, was zugleich heißt, daß eingedenk der Relativität der Rechtsbegriffe der Begriff der Gefahr – iS eines objektiven Zustands – keineswegs überall dieselbe Bedeutung zu haben braucht (vgl. zB auch Dimitratos aaO 25 f., 54, 176, Roxin I 614; and. Hirsch aaO 555 ff., Schaffstein aaO 100; zu § 35 vgl. dort 11). Im einzelnen gilt folgendes:

13   a) Ob eine Gefahr besteht, ist zT aus der Sicht **ex ante**, zT durch eine **ex-post**-Betrachtung zu bestimmen (vgl. dazu schon 10 f. vor § 32; and. die h. M.: ausschließlich eine ex-ante-Beurteilung zB Hirsch LK 27, Jakobs 415, Roxin I 614, Rudolphi, A. Kaufmann-GedS 383, Schaffstein, Bruns-FS 97, W-Beulke 97, ferner d. Nachw. 9 vor § 32 a. E.; für eine rein objektive ex-post-Betrachtung dagegen Samson SK 19 ff.). Nur um eine (objektive) ex-ante-Beurteilung (zum Maßstab u. 14) kann es sich handeln, soweit die Gefahr „ein Kind der Unwissenheit" (Finger, Frank-FG 237) ist. Dazu gehört die *Prognose* über die weitere Geschehensentwicklung, weil selbst bei Bekanntsein aller in der Handlungssituation bereits angelegten Kausalfaktoren niemand in die Zukunft blicken kann (der nicht vorprogrammierte „glückliche Zufall" ändert deshalb nichts an dem zunächst prognostizierten Vor-

liegen einer Gefahr; vgl. aber auch Samson SK 25: Gefahr nur dann, wenn das fragliche Interesse ohne Eingreifen des Notstandstäters mit Sicherheit verletzt worden wäre). Etwas anderes gilt – eine Unterscheidungsmöglichkeit, die vielfach zu Unrecht geleugnet wird (zB Dimitratos aaO 147, Roxin I 615 f., Schaffstein aaO 95 ff.; wie hier jedoch Samson SK 19) – für die Daten, die iS einer *Diagnose* der Prognose als gegenwärtig vorhanden zugrunde gelegt werden (zB ein krankhafter Zustand). Über deren Vorliegen kann, von Ausnahmen abgesehen (vgl. u.), nicht aus der ex-ante-Sicht eines fiktiven Betrachters entschieden werden – eine solche kann, wie sachkundig sie auch sein mag, den wirklichen Sachverhalt verfehlen –, vielmehr müssen diese Umstände tatsächlich gegeben sein, weil sich nur dann ein mit einer Duldungspflicht des Betroffenen verbundenes Eingriffsrecht in rechtlich geschützte Interessen rechtfertigen läßt (vgl. auch Bay JR **96**, 477). So wie ein Scheinangriff, und mag er bei einer ex-ante-Beurteilung noch so echt aussehen, kein Angriff iS des § 32 und damit folgerichtig auch keine Gefahr iS des § 34 ist, so sind auch sonst echte Gefahr und bloße Anscheinsgefahr nicht dasselbe (ebso. Bay NJW **00**, 888, Hirsch aaO 547, 552, Köhler 288, Neumann NK 49, 50; vgl. dazu auch Herzberg JA 89, 249 f.). Bei einer solchen kann zwar das Handlungsunrecht der „Rettungshandlung" entfallen (vgl. 21 vor § 32) – daher kein rechtswidriger Angriff und damit keine Notwehr des Betroffenen (vgl. § 32 RN 21) –, ein Eingriffsrecht und eine entsprechende Duldungspflicht entstehen hier aber nicht (vgl. aber auch Dimitratos aaO 178 ff., Roxin I 616: Einräumung eines maßvollen Widerstandsrechts trotz Bejahung einer Notstandsgefahr, womit jedoch Eingriffsrecht gegen Eingriffsrecht steht). Dies hat jedenfalls für diejenigen im Prognosezeitpunkt gegebenen Umstände zu gelten, die objektiv feststellbar sind, hier dann allerdings unabhängig davon, ob dies gerade in der konkreten Situation möglich ist (and. insoweit Hirsch aaO 552, Neumann NK 49): Keine Gefahr besteht daher zB bei einem perfekt inszenierten künstlichen „Unglücksfall", selbst wenn sich der herbeigerufene Notarzt trotz aller Sachkunde gleichfalls täuschen läßt und die Wahrheit erst in der Klinik ans Tageslicht kommt; in keinem Augenblick aber auch Bestehen einer Lebensgefahr bei einem wirklichen Unfallopfer, wenn die eine solche verneinende Diagnose der Unfallverletzung erst im Krankenhaus gestellt werden kann (and. hier Hirsch aaO, Neumann NK 49). Für eine ex-ante-Beurteilung der in der Handlungssituation bereits angelegten Umstände bleiben damit nur solche, die objektiv nicht feststellbar sind (zB Auftreten einer bisher noch unbekannten Krankheit): Hier genügt es, wenn sie ex ante als gegeben angenommen werden dürfen, wobei der Beurteilungsmaßstab ebenso zu bestimmen ist wie bei der Prognose selbst (u. 14).

b) Soweit eine Beurteilung ex ante erfolgt, muß **Beurteilungsmaßstab** die Sachkunde sein, welche das gesamte menschliche Erfahrungswissen im Zeitpunkt der Handlung umfaßt, wobei diese Sachkunde freilich insofern situationsgebunden ist, als besondere Erkenntnismittel, die in der konkreten Handlungssituation auch einem mit dem Höchstwissen seiner Zeit ausgestatteten Beobachter nicht zur Verfügung stünden, außer Betracht bleiben müssen (vgl. Blei I 164 f., aber auch Rudolphi, A. Kaufmann-GedS 387). Maßgebend ist also nicht das Urteilsvermögen des individuellen Täters, ebensowenig aber auch dasjenige eines verständigen, über das Spezialwissen des Täters verfügenden Beobachters aus dem Verkehrskreis des Handelnden (so jedoch M-Zipf I 379, Reichert-Hammer aaO 179 f., Rudolphi aaO 383, Schaffstein, Bruns-FS 101 ff.) und auch nicht schon das eines sachkundigen Beobachters (so zB Hirsch LK 29 ff., aaO 554, Jakobs 415, Kühl 255 f., Lackner/Kühl 2, Neumann NK 51, W-Beulke 97; differenzierend Dimitratos aaO 168 ff., Roxin I 616), wenn damit nur ein durchschnittlicher Sachverstand vorausgesetzt wird. Jedenfalls bei § 34 (zu § 35 vgl. dort 11) ist dieser strenge Maßstab deshalb berechtigt, weil das Bestehen einer Gefahr hier Voraussetzung eines echten Eingriffsrechts ist, das für den Betroffenen eine entsprechende Duldungspflicht begründet. Ist das Urteil objektiv falsch, so kann diesem eine solche Pflicht aber nicht schon deshalb auferlegt werden, weil ein besonnener Beobachter aus dem Verkehrskreis des Handelnden oder ein durchschnittlich sachkundiger Beobachter zum gegenteiligen Ergebnis gekommen wäre.

c) Problematisch ist ferner, **welchen Wahrscheinlichkeitsgrad** dieses objektive, sachkundige ex-ante-Urteil ergeben muß, damit von einer Gefahr gesprochen werden kann. Sicher ist hier zwar, daß eine nur ganz entfernte Möglichkeit nicht ausreicht (vgl. zB RG **68** 433), ebensowenig die nur „gedankliche Möglichkeit", aber nicht auf „tatsächliche Umstände gegründete Wahrscheinlichkeit eines schädigenden Ereignisses" (BGH **18** 272), weshalb zB auch die in der Vergangenheit von Nachrüstungsgegnern in Anspruch genommene Gefahr eines Atomkriegs nicht ausreichte (vgl. auch Celle NdsRpfl. **86**, 104, Köln NStZ **85**, 551, Stuttgart OLGSt. § 123 **Nr. 2**, Hirsch LK 32, Lenckner JuS 88, 353 f., Roxin, Schüler-Springorum-FS 445, ferner BVerfGE **66** 59, **77** 170; and. Reichert-Hammer aaO 180 ff.). Andererseits liegt eine Gefahr nicht erst vor, wenn der Schaden mit Sicherheit zu erwarten ist (so aber – versehentlich? – RG **61** 255). Mit Recht aufgegeben (BGH **18** 272, Tröndle 3) ist auch die in der Rspr. gelegentlich benutzte Formel, der Eintritt des Schadens müsse wahrscheinlicher sein als sein Ausbleiben (BGH **8** 31, **11** 164, **13** 70, Braunschweig VRS **21** 346, Celle VRS **36** 279). Im übrigen aber wird der Grad der zu fordernden Wahrscheinlichkeit unterschiedlich formuliert: Nach OGH **1** 369 muß der Eintritt des schädigenden Ereignisses mit an „Gewißheit grenzender Wahrscheinlichkeit", nach RG **66** 225, BGH MDR/H **82**, 447 „sicher oder doch höchst wahrscheinlich" zu erwarten sein; dagegen genügt es nach BGH NJW **51**, 769, wenn die Befürchtung „in hohem Maß" begründet ist, während RG **30** 179, BGH **18** 217, **19** 373, **22** 345 darauf abstellen, ob die Möglichkeit eines Schadens „naheliegt" oder in „bedrohliche Nähe" gerückt ist. Dies zeigt jedoch nur, daß eine exakte begriffliche Fixierung im Grunde ebensowenig möglich ist wie eine Bestimmung des Gefahrbegriffs mit Hilfe von Prozentzahlen (vgl. auch Hirsch LK 32). Vielmehr wird man sich mit dem allgemeinen Kriterium begnügen müssen, daß es ausreicht, wenn die Wahrscheinlichkeit einen über die allgemeinen Lebensrisiken – auch solcher in einer modernen Gesellschaft (Atomkraft!) – hinausgehenden Grad erreicht hat, von dem an man sich vernünftigerweise auf die Möglichkeit des schädigenden Ereignisses einzustellen pflegt (vgl. dazu auch Köln NStZ **85**, 551 [Möglichkeit eines Atomkriegs], ferner Dimitratos aaO 112 f.). Das aber ist schon dann der Fall, wenn die Wahrscheinlichkeit eines Schadens zumindest meßbar ist, also nicht völlig fern liegt (vgl. auch Roxin I 614, aber auch Hirsch aaO 554), ohne daß es dann noch darauf ankäme, ob sie nur in hohem oder höchstem Maß besteht. Bei § 34 ist dies um so unbedenklicher, als hier die Interessenabwägungsklausel, in deren Rahmen auch der Grad der den betroffenen Rechtsgütern drohenden Gefahren zu berücksichtigen ist, ein Korrektiv liefert: Je schwerwiegender der Eingriff in fremde Güter ist und je geringer das geschützte Interesse wiegt, um so höher muß die Wahrscheinlichkeit eines Schadens sein, während umgekehrt die Anforderungen sinken, je höher das geschützte Gut zu veranschlagen ist und je leichter die Verletzungshandlung wiegt (vgl. auch Bergmann JuS 89, 110, Jakobs 415, Kühl 253, Ludwig aaO 125, 210, Neumann NK 39, Roxin I 614, Rudolphi, A. Kaufmann-GedS 385, Schaffstein, Bruns-FS 104 f. sowie u. 27).

16 d) Gleichgültig ist, wo die Gefahr ihren **Ursprung** hat (zB Naturereignisse, wirtschaftliche Verhältnisse usw.; vgl. aber auch u. 30 f.). Gefahrenquelle kann deshalb auch ein menschliches Verhalten sein. Stellt sich dieses freilich als gegenwärtiger, rechtswidriger Angriff dar, so ist die Verletzung des Angreifers nicht Notstand, sondern Notwehr (Roxin I 616); Notstand kommt hier nur in den Fällen der „Präventiv"-Notwehr in Betracht (vgl. § 32 RN 16 f. und u. 30 f.; zu eng F. C. Schroeder JuS 80, 338 f.), ferner dann, wenn zur Abwendung der von dem Angriff drohenden Gefahr unbeteiligte Interessen verletzt werden müssen, sei es zB als notwendige Nebenwirkung der Verteidigungshandlung (vgl. § 32 RN 31 f.), sei es beim Ausweichen vor dem Angriff (zB der Angegriffene flüchtet in ein fremdes Haus und erfüllt damit den Tatbestand des § 123). Zum Fall des Nötigungsnotstandes vgl. u. 41 b. Auch bei fremden Sachen als Gefahrenquelle gilt eine Einschränkung: Wird gerade die Sache beschädigt oder zerstört, von der die Gefahr ausgeht, so ist § 228 BGB lex specialis (o. 6).

17 3. **Gegenwärtig** ist die Gefahr zunächst, wenn sie – was gleichfalls nach den o. 13 f. genannten Grundsätzen zu beurteilen ist – alsbald oder in allernächster Zeit in einen Schaden umschlagen kann. Dies kann eine „Augenblicksgefahr" sein (zB Gefahr des Verblutens), aber auch eine sog. Dauergefahr, bei der infolge eines gefahrdrohenden Zustands von längerer Dauer der Schaden jederzeit – also auch alsbald – eintreten kann (zB Einsturzgefahr eines baufälligen Hauses, Gefährlichkeit eines unberechenbaren Geisteskranken; vgl. zB RG **66** 225 mwN, OGH **1** 369, BGH **5** 373, NJW **66**, 1824, **79**, 2053, Bay JR **96**, 477, Düsseldorf VRS **81** 470, Hirsch LK 36, Neumann NK 56). Darüber hinaus hat schon die Rspr. zu §§ 52, 54 aF die Gegenwärtigkeit der Gefahr mit Recht auch bejaht, wenn der Eintritt des drohenden Schadens – insoweit anders als bei der Dauergefahr – zwar erst in Zukunft zu erwarten ist, aber feststeht, daß er nur durch sofortiges Handeln abgewendet werden kann (zB RG **36** 339, **60** 318, **66** 100, in der Sache auch BGH **39** 137 m. Anm. Lesch StV 93, 578 u. Roxin NStZ 93, 335, NJW **79**, 2053 m. Anm. Hruschka NJW 80, 21, Hirsch JR 80, 115 u. F. C. Schroeder JuS 80, 336 [Gefährlichkeit eines flüchtenden „Spanners", dessen künftiges Wiederkommen zu befürchten ist], ferner zB EB-Burkhardt I 212, Hirsch LK 37, Köhler 289, Krey ZRP 75, 98, Kühl 262, Küper, Nötigungsnotstand 24, Neumann NK 57, Otto Jura 99, 553, Roxin I 617, Samson SK 28, Tröndle 4; offen gelassen in BGH **5** 373; vgl. auch BGH MDR/H **82**, 447, Ludwig aaO 123, 170, 200 ff.). Dies muß auch für den rechtfertigenden Notstand gelten, bei dessen Ausgangsfall des medizinisch indizierten Schwangerschaftsabbruchs dies übrigens praktisch immer anerkannt war (Zulässigkeit des Eingriffs, auch wenn die Gefahr erst im Augenblick der Geburt in ihr akutes Stadium tritt). Zwar ist hier streng genommen die Gefahr selbst noch nicht gegenwärtig, doch ist es gerechtfertigt, solche Fälle einer gegenwärtigen Gefahr gleichzustellen, weil es für den Notstand wesentlich ist, daß die Zwangslage, entweder zu handeln oder den drohenden Schaden hinzunehmen, eine gegenwärtige ist. So gesehen ist deshalb das entscheidende Kriterium die Notwendigkeit zu sofortigem Handeln (RG **66** 225, BGH NJW **51**, 769, GA **67**, 113). Eine solche besteht zwar noch nicht bei einem erst in der Ferne drohenden Schaden (vgl. auch BGH MDR/H **82**, 447); im übrigen aber ist es gleichgültig, ob dieser alsbald, jederzeit oder erst nach Ablauf einer gewissen Zeit eintreten kann (die Schranke ist hier das Erfordernis, daß die Gefahr nicht anders abwendbar sein darf). Die beiden zuletzt genannten Fälle machen zugleich deutlich, daß Notstandslagen auch im Vorfeld der Notwehr entstehen können (vgl. BGH **39** 137 m. Anm. Lesch u. Roxin aaO), so bei der permanenten Gefährlichkeit eines Geisteskranken oder eines gewalttätigen Menschen, die sich jederzeit in entsprechenden Handlungen realisieren kann (vgl. RG **60** 319, BGH **13** 197, NJW **66**, 1823), ferner in dem in § 32 RN 16 aE genannten Beispiel der „Präventiv-Notwehr".

18 4. Nach dem Wortlaut des § 34 ist erforderlich, daß die Gefahr **nicht anders abwendbar** ist. Diese Gesetzesfassung ist ebenso mißverständlich wie die in der Rspr. zT anzutreffende Wendung, daß die Tat das „einzige Mittel" zur Abwendung der Gefahr gewesen sein müsse (zB RG **61** 254, BGH **3** 9, NJW **51**, 770, GA **56**, 383, Bay JR **65**, 66, Köln VRS **75** 118), weil sie in die Irre führt, wenn es nicht nur eine, sondern mehrere Möglichkeiten gibt, die Gefahr abzuwenden (vgl. dazu Lenckner, Lackner-FS 96, Stree JuS 73, 463). Was in der Sache mit der mißglückten Gesetzesfassung gemeint ist, ergibt sich jedoch auch hier aus dem Grundgedanken des Notstands: Die Notstandshandlung muß zur

Abwendung der Gefahr **erforderlich** sein, dies unter dem doppelten Aspekt, daß sie unter den gegebenen Umständen zum Schutz des Erhaltungsguts so geeignet und im Hinblick auf das Eingriffsgut so schonend wie möglich ist (Grundsatz der Geeignetheit und Grundsatz des relativ mildesten Mittels; vgl. zB Karlsruhe JZ **84**, 240, BW-Mitsch 332 f., Grebing GA 79, 85, Hirsch LK 50, Jakobs 417, Jescheck/Weigend 361 f., Küper JZ 76, 516, Lackner/Kühl 3, Neumann NK 58, Roxin I 617 f., Samson SK 29 u. näher Lenckner aaO 79 ff., Lackner-FS 96 f.). Dabei wird verschiedentlich betont, daß für die Erforderlichkeit strenge Maßstäbe zu gelten haben (Hamm NJW **76**, 721, Grebing GA 79, 85 f., M-Zipf I 380, F. C. Schroeder JuS 80, 339). Festzustellen ist sie nach denselben Regeln, die auch über das Vorliegen einer Gefahr entscheiden (o. 13 ff.): So wie dort unter Zugrundelegung der objektiv bereits gegebenen Umstände eine Prognose bezüglich eines in Zukunft möglichen Schadenseintritts zu stellen ist, geschieht dies hier bei der Frage der Geeignetheit unter dem Gesichtspunkt der Schadensabwendung und bei der Frage nach dem relativ mildesten Mittel unter dem Aspekt eines mit diesem möglicherweise verbundenen zusätzlichen Verletzungsrisikos (vgl. Lenckner, Lackner-FS 98 f., 100 f.).

a) Der Grundsatz der **Geeignetheit des Mittels** (näher dazu Lenckner, Lackner-FS 97 ff.; vgl. auch BGH **2** 245) umfaßt sowohl die zweckentsprechende Auswahl des Mittels als auch dessen sachgemäße Anwendung. Um erstere geht es selbstverständlich nur beim Vorhandensein mehrerer Handlungsalternativen, wo deshalb zunächst festzustellen ist, ob sie zur Erhaltung des bedrohten Guts gleich oder unterschiedlich geeignet sind (vgl. im übrigen u. 20 f.); ist die Tat dagegen das einzige Mittel, so ist mit ihrer Geeignetheit auch ihre Erforderlichkeit zu bejahen. Dabei muß es für die Geeignetheit zunächst genügen, daß eine erfolgreiche Gefahrabwendung nicht ganz unwahrscheinlich ist (vgl. Lenckner Lackner-FS 99, Neumann NK 60), während es erst eine Frage der Interessenabwägung ist, wie groß das Risiko eines Mißlingens im Einzelfall sein darf (u. 29). Als ungeeignet und damit als nicht erforderlich sind jedoch solche Handlungen von vornherein auszuscheiden, durch welche die Rettungschancen nicht oder nur ganz unwesentlich erhöht werden (vgl. auch Neumann NK 61). Dies gilt zB für Blockade- u. ä. Aktionen als Mittel zur Abwendung eines Atomkriegs (vgl. Köln NStZ **85**, 551, Lenckner JuS 88, 354, Roxin, Schüler-Springorum-FS 446; zu § 16 OWiG i.V. mit § 29 I Nr. 2 VersG vgl. auch Celle NdsRpfl. **86**, 104), für die Demontage von Schienen zur Verhinderung von Atommüll-Transporten (LG Dortmund NStZ-RR **98**, 140), für die Trunkenheitsfahrt eines Arztes, der infolge des Alkoholgenusses zu effektiver Hilfe nicht mehr imstande ist (Koblenz MDR **72**, 885; zur „Rettungsfahrt" eines Betrunkenen vgl. auch Oldenburg VRS **29** 264) oder für Verkehrsverstöße bei einer Rettungsfahrt, die keinen nennenswerten Zeitgewinn bringen (zur Rspr. vgl. die Nachw. u. 28 u. zum Verkehrsrecht im übrigen Rengier KK-OWiG § 16 RN 17). Sind schon anderweitige Rettungsmaßnahmen eingeleitet, so ist die Tat nur dann ein geeignetes Mittel, wenn durch sie die Rettungschance erhöht wird (Hirsch LK 51). Zur Frage der Geeignetheit vgl. auch München NJW **72**, 2276 m. Anm. Amelung/Schall JuS 75, 569 (Hausfriedensbruch durch Kontaktpersonen der Polizei zur Aufdeckung von Rauschgifthandel, wenn vor dem Haus eingriffsbereite Polizisten stehen), ferner BGH NJW **76**, 680 m. Anm. Kienapfel JR 77, 27 (Veruntreuung von Mandantengeldern zur Tilgung von Bankforderungen, um durch die Verhinderung des sonst drohenden wirtschaftlichen Zusammenbruchs das Ansehen des Berufsstandes zu wahren), wo jedoch die Ungeeignetheit des Mittels mit dessen Unangemessenheit verwechselt wird (Küper JZ 76, 517).

b) Nach dem **relativ mildesten Mittel** ist erst zu fragen, wenn unter dem Gesichtspunkt der Geeignetheit mehrere Handlungsmöglichkeiten zur Verfügung stehen. Während es bei der Geeignetheit der vorhandenen Mittel um den Nutzen auf der Erhaltungsseite in Gestalt einer mehr oder weniger großen Rettungschance geht, ist hier zu entscheiden, welches der auf der Eingriffsseite zu erbringenden Opfer nach den Maßstäben des Rechts das kleinste Übel. Dabei ist selbstverständlich, daß hier – anders als bei der Notwehr (vgl. § 32 RN 1, 40) – die Möglichkeit, der Gefahr auszuweichen oder sie abzuwenden, ohne dabei eigene oder fremde Güter opfern zu müssen, immer das mildeste Mittel ist (vgl. zB Koblenz NJW **88**, 2316: telefonischer Hilferuf statt Verbringen eines Verletzten in die Ambulanz durch Trunkenheitsfahrt; dasselbe gilt für die mögliche Inanspruchnahme staatlicher Hilfe – hier insbes. auch in den Fällen der nach § 34 zu beurteilenden „Präventivnotwehr" (o. 17, u. 30) –, wenn sie in gleicher Weise rettungsgeeignet ist (BGH **39** 137 m. Anm. Lesch StV 93, 578 u. Roxin NStZ 93, 335; Rudolphi, A. Kaufmann-GedS 391 f.; and. Pelz NStZ 95, 309; vgl. auch BGH NJW **79**, 2053, StV **88**, 433, Frankfurt [Z] NJW **92**, 946 [wobei dort jedoch bereits § 32 in Betracht gekommen wäre]). Kann dagegen die Gefahr nur durch Verletzung rechtlich geschützter Interessen *Dritter* abgewendet werden, so bedarf es zur Ermittlung des relativ mildesten Mittels einer Abwägung der hier in Betracht kommenden Eingriffsgüter unter dem Gesichtspunkt ihrer geringeren oder größeren Schutzwürdigkeit, wobei sich diese Abwägung von der im Rahmen der Interessenabwägung erforderlichen Güterabwägung zwar in ihrem Gegenstand unterscheidet, im übrigen aber denselben Regeln folgt wie dort (u. 23 ff. u. näher Lenckner, Lackner-FS 101 ff.). Dabei wird sich dann auch ergeben, daß die Inanspruchnahme eines strafrechtlich geschützten Guts im Vergleich zu einer nicht straftatbestandsmäßigen Handlung im Einzelfall das mildere Mittel ist (vgl. aber auch Hirsch LK 52), so zB eine nur geringfügige Sachbeschädigung gegenüber einer straflosen, für den Betroffenen aber mit schweren Nachteilen verbundenen Gebrauchsanmaßung. Kann die drohende Gefahr auch durch eine Handlung abgewendet werden, die schon aufgrund eines anderen Rechtfertigungsgrundes gerechtfertigt ist, so ist diese idR auch das mildere Mittel, so zB wenn der Inhaber eines der potentiellen Eingriffsgüter in dessen Verletzung zum Zweck des Schutzes des Erhaltungsguts einwilligt. Dagegen ist die Gefahr nicht schon deshalb anders abwendbar, weil der Inhaber des Eingriffsguts um seine Einwilligung gefragt werden könnte. Denn eine sinnvolle Alternative zum Notstand ist dies dann nicht, wenn die Notstandshandlung auch bei Verweigerung der Einwilligung zulässig wäre: Hier kann, da die Befragung des Betroffenen iE nichts ändern würde, die Erforderlichkeit der fraglichen Handlung nicht deshalb verneint werden, weil sie möglicherweise auch mit dessen Zustimmung straflos vorgenommen werden könnte (vgl. zB Geilen JZ 71, 47, Hirsch LK 52, Jakobs 418, Kühl 271 f., Neumann NK 62, Roxin I 618, JuS 76, 508, Samson SK 37, ferner § 168 RN 8 mwN auch zur Gegenmeinung). Eine zu Transplantationszwecken durchgeführte Organentnahme bei einem Toten kann danach, soweit sie überhaupt tatbestandsmäßig ist (vgl. § 168 RN 6), nach § 34 auch dann gerechtfertigt sein, wenn sich der Arzt, obwohl ihm dies möglich gewesen wäre, nicht um die Einwilligung der Angehörigen bemüht hat (vgl. § 168 RN 8). Entsprechend würde sich die Frage bei heimlichen Aids-Tests zum Schutze Dritter (eine gegenwärtige Gefahr für diese vorausgesetzt; vgl. dazu Eberbach NJW 87, 1477, Hirsch LK 68 a, Janker ebd. 2902 mwN) stellen. – Ist die Gefahr dagegen auch durch Inanspruchnahme *eigener Güter* des im Notstand Befindlichen oder desjenigen, der Notstandshilfe leistet, abwendbar, so ist deren Einsatz prinzipiell auch das mildeste Mittel (vgl. auch BW-Mitsch 334, Neumann NK 63, Roxin I 619, Samson SK 35), und zwar selbst dann, wenn das fragliche Gut, stünde es einem Dritten zu, schutzwürdiger wäre als die anderen potentiellen Eingriffsgüter. Hier ist die Opfergrenze für den Betroffenen erst dann erreicht, wenn er dadurch in eine Situation geriete, die ihrerseits wieder die fragliche Handlung nach Notstandsregeln zulässig machen würde: Ließe sich zB im Fall des § 218 a II (Sonderfall des § 34) eine bestehende Lebensgefahr auch durch eine zu einem bleibenden Gesundheitsschaden führende Behandlung abwenden, so wäre diese nicht das mildere Mittel, weil die Gefahr eines solchen Schadens den Schwangerschaftsabbruch gleichfalls rechtfertigen würde. Zum Ganzen vgl. näher Lenckner, Lackner-FS 99 ff.

20 a c) Bei mehreren möglichen Handlungsalternativen ergibt sich daraus für die **Erforderlichkeit** der Notstandshandlung folgendes: Ist das mildeste Mittel zugleich das aussichtsreichste, so ist dieses auch das allein erforderliche. Das gleiche gilt für das geeignetste unter mehreren gleich oder annähernd gleich schweren Mitteln und umgekehrt für die am wenigsten gravierende unter mehreren (annähernd) gleich geeigneten Maßnahmen (vgl. zB BGH 3 7, NJW 51, 769, GA 56, 382, Bay JR 56, 307, Celle VRS 26 27, Düsseldorf VRS 63 384, Hamm VRS 36 37, AG Schwäbisch-Hall NJW 97, 2765, Hirsch LK 51 f.). Nicht erforderlich ist daher zB die Trunkenheitsfahrt (§ 316) eines Arztes zum Erreichen eines Patienten, wenn dieser zugleich mit einem Taxi erreichbar wäre (Koblenz MDR 72, 885; zum Wenden auf der Autobahn durch „Geisterfahrer" vgl. Karlsruhe JZ 84, 240 m. Anm. Hruschka, aber auch 76 vor § 32) oder – sofern hier mangels anderer Rechtsgrundlagen auf § 34 zurückgegriffen werden muß (o. 8 a) – das Anbinden (§ 239) von zu Selbstverletzungen neigenden Menschen in Anstalten usw., wenn genügend Personal zur Verfügung steht, das deren Gefährdung durch die persönliche Betreuung abwenden könnte (vgl. Schumacher, Stree/Wessels-FS 446 ff.). Divergieren dagegen die Schwere und Geeignetheit der möglichen Handlungsalternativen in der Weise, daß das mildere zugleich das weniger geeignete und umgekehrt das gravierendere zugleich das aussichtsreichere Mittel ist, so kann, weil bei § 34 die Grundsätze der Geeignetheit und des relativ mildesten Mittels von gleichem Gewicht sind – der eine soll gewährleisten, daß das Opfer auf der Eingriffsseite nicht vergeblich, der andere, daß es nicht unnötig groß ist –, unter dem Gesichtspunkt der Erforderlichkeit keine Auswahl mehr getroffen werden. Hier muß diese deshalb für jede der vorhandenen Rettungsmöglichkeiten bejaht und das Weitere der nach § 34 notwendigen Interessenabwägung überlassen werden (u. 29, 42). Vgl. näher zum Ganzen Lenckner, Lackner-FS 109 ff. u. zu § 16 OWiG mwN insbes. zum Verkehrsrecht Rengier KK-OWiG § 16 RN 20 ff.

21 5. Verlangt wird gelegentlich für das Bestehen eines Notstandes noch eine **spezifische Kollisionsbeziehung** zwischen den beteiligten Rechtsgütern derart, daß das geopferte Gut von vornherein als verfügbares Rettungsmittel für das bedrohte Gut erscheint; daraus soll sich ergeben, daß zB der Diebstahl von beliebigen Geldmitteln zur Behebung einer Notlage nicht nach § 34 gerechtfertigt ist (Bockelmann JZ 59, 495, EB-Eser I 145). Letzteres ist iE richtig, folgt aber aus anderen Erwägungen (u. 41, ferner Hirsch LK 24, Kühl 251, Neumann NK 64, Roxin I 619). Daß im übrigen eine solche spezifische Zuordnung nicht verlangt werden kann, zeigt schon der Fall, zum Transport eines Schwerkranken in Notfällen jedes beliebige Kraftfahrzeug benutzt werden dürfte, wenn dem auch aus praktischen Gründen Grenzen gesetzt sind (näher dazu Grebing GA 79, 86 ff., Küper JZ 76, 516, der mit Recht darauf hinweist, daß das für § 34 erforderliche „Kollisionsverhältnis" schon durch das Erforderlichkeitsprinzip definiert wird).

22 IV. Mit der **Abwägungsklausel** des S. 1 wird ein **umfassender,** nicht auf die bloße Güterabwägung (o. 2) beschränkter **Interessenabwägungsgrundsatz** zum maßgeblichen Entscheidungsprinzip erhoben. Damit ist der Erkenntnis Rechnung getragen, daß das (abstrakte) „Wertverhältnis der im Widerstreit stehenden Rechtsgüter" (RG 61 254) für sich allein noch keine Schlüsse zuläßt, eine an der allgemeinen Rangordnung der Güter orientierte Güterabwägung vielmehr immer nur Teil einer den konkreten Interessenkonflikt in allen seinen „positiven und negativen Vorzugstendenzen" (Hubmann AcP 155 [NF 35], 92) erfassenden *Gesamtabwägung* sein kann (vgl. zB BW-Mitsch 335, Hirsch LK 53, 62, Jescheck/Weigend 362, Kühl 275, M-Zipf I 380, Mitsch JuS 89, 966, Neumann NK 68, Perron aaO 91, 94, 108, Roxin I 611 f., 619, Jescheck-FS 464 f., Samson SK 39, Tröndle 8, u. näher

Lenckner aaO 90 ff., GA 85, 295 ff.; and. Köhler 290). Eine solche Gesamtabwägung zu ermöglichen, ist Sinn der Abwägungsklausel in S. 1; sie auf utilitaristisch bedeutsame Interessen (so Meißner aaO 164 ff.; zur Kritik vgl. Küper ZStW 106, 829 ff.) oder auf eine bloße Güterabwägung (so Renzikowski aaO 34 ff., Runte aaO 356) zu beschränken, widerspricht sowohl der Entstehungsgeschichte also auch dem Wortlaut und der vom Gesetz bezweckten Offenheit des § 34 für eine umfassende Abwägung aller in der Notstandssituation berührten Interessen. Freilich eignet sich die Abwägungsklausel des S. 1 dazu nur dann, wenn der Begriff des „Interesses" nicht zu eng, insbes. nicht nur iS von materiellen Interessen verstanden wird. Doch besteht weder vom Wortsinn noch von der Sache her Anlaß, den Interessenbegriff in dieser Weise zu beschränken, zumal die Interessenabwägung dann nicht wesentlich über die vom Gesetz selbst als unzulänglich erkannte bloße Güterabwägung hinausführen würde. Gegenstand eines Interesses (iS eines Verwirklichen- oder Erhaltenwollens) kann vielmehr jeder Wert, in § 34 also jeder Rechtswert sein, und zwar auch dann, wenn er sich nicht in einem konkreten Rechtsgut, sondern nur in allgemeinen Rechtsprinzipien niederschlägt (and. Gallas ZStW 80, 27, Grebing GA 79, 93, Neumann NK 66). So ist zB das durch die Notstandshandlung „beeinträchtigte Interesse" nicht nur das Interesse des Betroffenen an der Integrität seines Rechtsguts, sondern auch das Interesse der Allgemeinheit an der Ordnungs- und Friedensfunktion des Rechts, die immer berührt wird, wenn ein drohender Schaden auf ein unbeteiligtes drittes Gut abgewälzt wird. Die Reichweite der Abwägungsklausel erschließt sich daher erst, wenn gefragt wird, ob nach der Gesamtlage des konkreten Falles (vgl. Frankfurt NJW 79, 1172) das Interesse am Schutz des bedrohten Rechtsguts und damit an der Zulassung einer sonst verbotenen Handlung das Interesse an der Unterlassung dieser Handlung überwiegt (näher Lenckner aaO 123 ff., GA 85, 308 ff. u. ebenso Hirsch LK 62; zu eng dagegen Rudolphi, A. Kaufmann-GedS 395 für den Defensivnotstand [u. 30 f.]). Dazu bedarf es zunächst einer sorgfältigen Analyse der konkreten Kollisionslage, um so den Interessenkonflikt in allen seinen Einzelheiten offenzulegen und die in die Gesamtabwägung einzustellenden Faktoren sichtbar zu machen. Eine abschließende Aufzählung der hier im Einzelfall etwa zu berücksichtigenden Umstände ist naturgemäß nicht möglich, doch lassen sich folgende allgemeine Richtlinien aufstellen:

1. Ausgangspunkt ist – insoweit in Übereinstimmung mit der herkömmlichen Güterabwägungstheorie – das **allgemeine Rangverhältnis der „betroffenen Rechtsgüter"** (S. 1; vgl. Hirsch LK 53, 58, Jakobs 419, Lenckner aaO 90 ff., GA 85, 309 f., Samson SK 40, Stratenwerth 142, Tröndle 10; zur Bedeutung des Strafrahmenvergleichs u. 43). Dabei ist, da nur die Rechtfertigung einer jeweils tatbestandsmäßigen Handlung in Frage steht, auf der Eingriffsseite zunächst allein auf die durch den betreffenden Tatbestand unmittelbar oder mittelbar geschützten Rechtsgüter abzustellen (vgl. Dencker JuS 79, 779, Keller aaO 303; and. Hirsch LK 55, Jakobs 425, Küper, Notstand 144, Nötigungsnotstand 117 ff., Merkel aaO 192, Neumann NK 69), was allerdings nicht ausschließt, daß bei der über den abstrakten Rechtsgütervergleich hinausführenden Frage nach dem Grad der konkreten Schutzwürdigkeit des „Eingriffsguts" (u. 25 ff.) dieses dann auch in seiner Bedeutung für die mit ihm jeweils verknüpften weiteren Interessen des Rechtsgutsinhabers zu sehen ist (vgl. dazu auch BGH GA **55**, 178, MDR **79**, 1039, Hirsch LK 55, Jakobs 425 f., Küper, Notstand 144 ff.). Ebenso ist bei einer Mehrheit von „Eingriffsgütern" keine Gesamtabwägung, sondern eine auf den jeweiligen Tatbestand bezogene Einzelabwägung vorzunehmen – dies uU mit der Folge einer „gespaltenen" Rechtswidrigkeit bzw. Rechtfertigung (zu § 32 vgl. dort 31) – und dabei bleibt es auch, wenn zwei verschiedenen Personen zustehen: Außer Betracht bleibt zB bei einer notstandsbedingten Boden- oder Gewässerverunreinigung, daß damit zugleich fremdes Eigentum verletzt wird, während es eine andere Frage ist, ob eine darin liegende Sachbeschädigung nach § 904 BGB gerechtfertigt ist (vgl. Dencker aaO, Neumann NK 70; and. Hirsch, Jakobs aaO u. näher mit Differenzierungen zwischen verschiedenen Fallkonstellationen Joerden GA 93, 245). Dagegen sind auf der „Erhaltungsseite" bereits bei der abstrakten Güterabwägung alle irgendwie betroffenen Güter zu berücksichtigen. Bei diesem Gütervergleich kann dann schon der unterschiedliche Stellenwert der beteiligten Rechtsgüter so entscheidend ins Gewicht fallen, daß die Güterabwägung zugleich das Ergebnis der in S. 1 geforderten Interessenabwägung bestimmt. So spricht bereits auf Grund einer bloßen Güterabwägung die Vermutung für die Annahme eines überwiegenden Interesses iS des S. 1, wenn Güter von höchstem Rang durch Verletzung von untergeordneten Ordnungswerten gerettet werden (zB nach § 92 AuslänG strafbare Einreise eines Ausländers in das Bundesgebiet, um sein Leben in Sicherheit zu bringen; vgl. auch Frankfurt GA **87**, 552, StV **97**, 78). Aus einem bloßen Wertvergleich zwischen den Gütern folgt umgekehrt auch, daß wirtschaftliche Interessen in der Regel nicht um den Preis der Gefährdung von Leben und Gesundheit anderer verfolgt werden dürfen (vgl. BGH MDR/D **75**, 723, StA Mannheim NJW **76**, 585, Müller NJW 64, 1352: Gewässerverunreinigung zur Aufrechterhaltung der Produktion; vgl. auch Stuttgart DB **77**, 347, Neumann NK 72 und u. 35, 41). Erst recht gilt dies für eine Tötung zum Schutz von Vermögenswerten, weshalb zB ein sog. wirtschaftlicher Behandlungsverzicht bei einer mit hohen Kosten verbundenen lebensrettenden Behandlung nicht durch § 34 gedeckt ist (Künschner aaO 183 f.). Überhaupt sind *Tötungshandlungen* im Notstand grundsätzlich nicht gerechtfertigt (vgl. auch Hamm JZ **76**, 610). Ausnahmen sind hier nur in gewissen Sonderfällen des Defensivnotstands (u. 30 f.), bei bestimmten Formen der Sterbehilfe (u. 39) und in solchen Fällen anzuerkennen, in denen es schon bisher ein entsprechendes Gewohnheitsrecht gab (vgl. das u. 39 genannte Bsp.). Im übrigen bleibt eine Tötung aber auch rechtswidrig, wenn dadurch eine größere Zahl von Menschen gerettet wird, da jedes Leben für das Recht einen absoluten Höchstwert darstellt und quantitative Gesichtspunkte damit von vornherein ausscheiden (vgl. auch BGH **35** 350; and. Delonge aaO 118 ff.).

24 Dies ist im wesentlichen unbestritten bei der **Tötung von Unbeteiligten** (so in dem Beispiel von Welzel ZStW 63, 51: Um einen Zusammenstoß mit einem vollbesetzten Personenzug zu vermeiden, stellt der Bahnbeamte die Weiche auf ein Nebengleis um, wo drei Bahnarbeiter beschäftigt sind; and. Günther aaO 333 f.: „Strafunrechtsausschluß"; vgl. dazu 8 vor § 32). Rechtswidrig bleibt die Tötung aber auch in den Fällen der sog. **Gefahrengemeinschaft,** in denen sich mehrere Personen in einer gemeinsamen Lebensgefahr befinden und der Täter vor der Alternative steht, entweder durch sein Untätigbleiben alle umkommen zu lassen oder durch die Tötung einzelner die übrigen zu retten (vgl. zB Gallas, Mezger-FS 327, Hirsch LK 65 vor § 32, § 34 RN 65, Jakobs 420, Jescheck/Weigend 361, 363, Kienapfel ÖJZ 75, 426, Kühl 293, Küper, Pflichtenkollision 48 ff., JuS 81, 785, Lenckner aaO 27 ff., GA 85, 309 f., M-Zipf I 382, Neumann NK 76 ff., Renzikowski aaO 258 ff., Roxin I 624, Oehler-FS 193 f., Samson SK 50; Schmidhäuser 333, Stratenwerth 143; iE auch Maurach/Zipf aaO 200 ff.; and. Blei I 214, Arthur Kaufmann, Maurach-FS 327, [„unverboten", vgl. dazu 8 vor § 32], Otto I 132 ff., aaO 108 ff.). Rechtswidrig war daher auch die Mitwirkung an den Massentötungen Geisteskranker im Zuge der von den NS-Machthabern befohlenen „Euthanasie"-Aktion mit dem Ziel, möglichst viele Kranke zu retten (h. M., vgl. BGH NJW **53**, 513, OGH **1** 321, **2** 117 u. die Nachw. o., umfassend b. Küper JuS 81, 791 FN 56; and. Klefisch MDR 50, 259, Otto aaO 108 ff.; differenzierend Mangakis ZStW 84, 471 ff.). Dabei kann es aus prinzipiellen Erwägungen keinen Unterschied machen, ob der Täter aus dem Kreise der Todgeweihten selbst die Auswahl getroffen hat (so in dem Fährmann-Beispiel von Klefisch MDR 50, 261: der Fährmann stößt einen Teil der überzusetzenden Kinder ins Wasser, weil er sonst infolge eines Lecks das andere Ufer nicht erreichen würde) oder ob der Getötete vom Schicksal Insofern schon gezeichnet war, als gerade er unter keinen Umständen gerettet werden konnte (so in dem Bergsteiger-Beispiel von Eb. Schmidt SJZ 49, 565: der bei einer Bergpartie abgestürzte Teilnehmer droht die anderen mitzureißen, wenn das Seil nicht sofort gekappt wird; wie hier zB Jakobs 421, Jescheck/Weigend 361, Samson SK 50 u. näher Küper JuS 81, 792 ff.; and. Hirsch LK 74, Bockelmann-FS 108, Neumann aaO 90, NK 77, Renzikowski aaO 266 f., Eb. Schmidt aaO). Ohne Bedeutung ist ferner, ob der Täter bzw. der Gerettete gerade durch das Opfer in die fragliche Situation geraten ist (vgl. das genannte Bergsteigerbeispiel), weil der bloße Umstand der Gefahrverursachung auch dort, wo Leben gegen Leben steht, noch kein Recht (mit einer entsprechenden Duldungspflicht des Betroffenen!) begründen kann, einen anderen zu töten (vgl. dazu auch u. 30 f.; and. Renzikowski aaO 243 ff., Roxin, Jescheck-FS 472, Oehler-FS 194; and. auch Günther aaO 345 f.: Strafunrechtsausschluß). In allen diesen Fällen kommt nur ein übergesetzlicher Enschuldigungsgrund in Betracht (vgl. 115 ff. vor § 32).

25 2. Entscheidend ist letztlich jedoch nicht, ob das durch die Tat geschützte Rechtsgut seinem absoluten Rang nach höherwertig ist, sondern ob es in der **konkreten Lebenssituation schutzwürdiger** ist (Lenckner aaO 96 ff., 127 ff., GA 85, 310 ff.; vgl. ferner Küper, Nötigungsnotstand 107 ff.: „modifizierte, konkretisierende Güterabwägung"). Dies hängt zwar auch und uU sogar ausschließlich vom Stellenwert der kollidierenden Rechtsgüter in der allgemeinen Güterordnung ab (o. 23), meist sind hier jedoch noch weitere Faktoren zu berücksichtigen (so in der Sache schon die Rspr. zum übergesetzlichen Notstand [o. 2]; vgl. ferner zB Blei I 166 ff., Hirsch LK 53, 58, 62, Jescheck/Weigend 362, Kienapfel ÖJZ 75, 428, M-Zipf I 381, Mitsch JuS 89, 966, Neumann NK 71 f., Perron aaO 94, 108, Schmidhäuser 332, I 143 f., Stratenwerth 142 f.). So ist eine Körperverletzung nicht schon deshalb gerechtfertigt, weil sie zur Rettung des höherwertigen Rechtsguts Leben erforderlich ist; umgekehrt kann das zeitweise Einschließen eines Geisteskranken zum Schutz von Sachwerten gerechtfertigt sein (vgl. BGH **13** 197), obwohl die Freiheit wegen des Vorrangs personaler Werte als das höherwertige Rechtsgut anzusehen ist. Notwendig ist deshalb sowohl eine Konkretisierung als auch Individualisierung der hinter den beteiligten Rechtsgütern stehenden Interessen: Eine Konkretisierung, weil Rechtsgut nur der abstrakte Rechtswert (zB das Eigentum als solches), nicht aber das konkrete Objekt ist (zB die bestimmte einzelne Sache); eine Individualisierung, weil immer zu fragen ist, welche Interessen gerade die Betroffenen im Einzelfall tatsächlich haben und berechtigterweise haben dürfen (vgl. auch Frankfurt NJW **79**, 1172). Im einzelnen können u. a. folgende Gesichtspunkte von Bedeutung sein:

26 a) die **Art der konkreten Verletzung** und die **Größe des konkreten Schadens**, die einerseits dem „Erhaltungsgut" drohen und die anderseits das „Eingriffsgut" erleidet (EB-Eser I 146, Hirsch LK 63, Lenckner aaO 100, GA 85, 311, Roxin I 622, JuS 76, 511, Samson SK 42, Stratenwerth 142 f., Tröndle 11). Daraus kann sich ergeben, daß das stärker betroffene Gut schutzwürdiger ist und daß sich möglicherweise sogar ein geringerwertiges Gut auf Kosten eines höherwertigen behaupten darf, wenn dieses nur geringfügig beeinträchtigt wird, jenem aber schwere Einbußen drohen. Gerechtfertigt kann danach uU auch eine harmlose Körperverletzung oder kurzfristige Freiheitsberaubung zum Schutz von Sachwerten sein (Hirsch LK 64, Jakobs 423, Jescheck/Weigend 362, Kühl 281, Neumann NK 79, Roxin I 622, Samson SK 42). Bei Eingriffen in die Rechtspflege kann es darauf ankommen, ob diese durch eine unrichtige Rechtsentscheidung (bzw. durch die Verursachung einer solchen) in ihrem Kern getroffen werden oder ob sie nur faktisch, vorübergehend und „reparabel" gehemmt wird (Küper, Nötigungsnotstand 114 ff., 121 f.). Bei der Kollision gleichartiger Vermögensinteressen ist der quantitativ größere Verlust ein maßgeblicher Abwägungsfaktor (vgl. BGH **12** 301 m. Anm.

Bockelmann JZ 59, 498, NJW **76**, 680 m. Anm. Kienapfel JR 77, 27 u. Küper JZ 76, 515, M-Zipf I 381, Roxin I 622). Voraussetzung für die Rechtmäßigkeit der Inanspruchnahme fremder Vermögenswerte ist hier jedoch entsprechend § 904 BGB immer, daß es sich um die Abwendung eines „unverhältnismäßig großen Schadens" handelt (vgl. Küper JZ 76, 517, Notstand 106 sowie u. 38), wofür es zB auch von Bedeutung sein kann, ob der angerichtete Schaden nur in einer vorübergehenden Blockierung von Geldmitteln oder in deren endgültigem Verlust besteht (vgl. BGH NJW **76**, 680). Weil sich die Abwägung aber auch bei einer Kollision von Vermögenswerten nicht in einem rein rechnerischen Schadensvergleich erschöpft (vgl. BGH NJW **76**, 680), kann trotz einer solchen Disparität ein überwiegendes Interesse aufgrund anderer Umstände, etwa der individuellen Bedeutung des Schadens (u. 33, Küper JZ 76, 518 zu BGH aaO), zu verneinen sein; auch die Unersetzlichkeit einer Sache für den Betroffenen kann hier deshalb eine Rolle spielen (Hirsch LK 63). Nur bei „internen" Kollisionen innerhalb ein und desselben Rechtsguts der Allgemeinheit kann uU auch schon eine rein quantitative Abwägung genügen (zB geringfügige Gewässerverunreinigung [§ 324] als einziges Mittel zur Abwendung größerer Umweltschäden, vgl. LG Bremen NStZ **82**, 164 m. Anm. Möhrenschlager zu AG Bremen NStZ **81**, 268, wo eine Rechtfertigung nach § 34 allerdings aus anderen Gründen zweifelhaft war; zur Bedeutung des § 34 beim Weiterbetreiben einer überlasteten kommunalen Kläranlage vgl. Weber, Strafrechtliche Verantwortlichkeit von Bürgermeistern usw. im Umweltrecht [1988], 30 ff.).

b) der in S. 1 besonders hervorgehobene **Grad** der den kollidierenden Gütern **drohenden Gefahren**. Das bedrohte Gut ist um so schutzwürdiger, der „Wertanruf" um so „dringlicher" (Schmidhäuser 332, I 143), je mehr sich die in dem Gefahrbegriff liegende Wahrscheinlichkeit eines Schadens zu einer Schadensgewißheit verdichtet; umgekehrt kann die Notstandshandlung um so eher hingenommen werden, je geringer die Wahrscheinlichkeit ist, daß sie zu einer Verletzung führt. Daraus ergibt sich auch, daß für ein überwiegendes Interesse die Wahrscheinlichkeit des schädigenden Ereignisses um so größer sein muß, je schwerwiegender der Notstandseingriff und je geringer der drohende Schaden ist (o. 15).

Auf den Grad der Gefahr kommt es insbesondere auch bei *Gefährdungsdelikten* an. Danach kann zB die Begehung eines abstrakten Gefährdungsdelikts zulässig sein, wenn dies zur Abwendung einer konkreten Gefahr notwendig ist, und zwar auch dann, wenn das durch die Tat geschützte Gut gegenüber dem des abstrakten Gefährdungsdelikts nicht höherwertig ist (Hirsch LK 60, Jakobs 350, Jescheck/Weigend 362, Kühl 279, Küper, Notstand 131, Lenckner aaO 96 f., GA 85, 311, M-Zipf I 385, Neumann NK 81, Roxin I 626, Samson SK 44). Nach § 34 kann deshalb zB eine Trunkenheitsfahrt (§ 316) gerechtfertigt sein, wenn sie das einzige Mittel ist, zum Zweck der Hilfeleistung möglichst rasch an eine Unfallstelle zu gelangen oder einen Verletzten ins Krankenhaus zu bringen und das dabei eingegangene Risiko (Verkehrsverhältnisse, Grad der Trunkenheit) sich in angemessenen Grenzen hält (vgl. Celle VRS **63** 449, Hamm VRS **20** 233, aber auch Koblenz NJW **88**, 2316 m. Bspr. Mitsch JuS 89, 964; von Hamm NJW **58**, 271, VRS **36** 27, Karlsruhe MDR **72**, 885 aus anderen Gründen verneint). Ebenso kann eine Autofahrt ohne Fahrerlaubnis (§ 21 StVG) zum Vertreiben von Dieben gerechtfertigt sein (Düsseldorf VM **76**, 27). Ein umfangreiches, in diesen Zusammenhang gehörendes Fallmaterial findet sich heute jedoch vor allem im Verkehrsordnungswidrigkeitenrecht (§ 16 OWiG). Dazu gehören u. a. Geschwindigkeitsüberschreitungen in Fällen dringender Behandlungsbedürftigkeit bei Arztfahrten oder Krankentransporten in eine Klinik, wo es u. a. jedoch auch darauf ankommt (o. 19), ob durch den erzielten Zeitgewinn die Rettungshandlung wirklich gefördert wird (vgl. RG HRR **40** Nr. 255, Bay NJW **00**, 888, **91**, 1626 m. Anm. Habersack AR 91, 246, Düsseldorf VRS **30** 444, **88** 454, KG VRS **53** 60, Karlsruhe VRS **46** 276, Schleswig VRS **30** 463, Stuttgart Justiz **63**, 38, u. näher Schrader DAR 95, 84; s. auch Düsseldorf VRS **93** 442; keine Rechtfertigung nach Düsseldorf NJW **90**, 2246 dagegen bei Rettungsfahrten für ein Tier), Geschwindigkeitsüberschreitung, um einen vorausfahrenden Kraftfahrer auf den nicht verkehrssicheren Zustand seines Fahrzeugs hinzuweisen (Düsseldorf VRS **30** 39, NJW **70**, 674, Hamm VRS **91** 187) oder um zur Vermeidung eines Unfalls noch rechtzeitig eine vorausfahrende Radfahrergruppe überholen zu können (Frankfurt DAR **63**, 244), Geschwindigkeitsüberschreitung bei der Flucht vor einem rechtswidrigen Angriff, wo § 34 jedoch nur in Betracht kommt, wenn die Gefahr des Angriffs nicht durch Notwehr abgewendet werden kann (vgl. Hamm VRS **41** 141), Geschwindigkeitsüberschreitung, um rechtzeitig an das Sterbebett der Mutter zu kommen (Köln VRS **59** 438; vgl. auch o. 9), Rotlichtverstoß bei dringendem Blutkonserventransport (Hamm NJW **77**, 1892) oder zur Vermeidung eines drohenden Auffahrunfalls (Düsseldorf VRS **82** 204, KG NZV **93**, 362, Naumburg DAR **97**, 30), verkehrswidriges Abstellen eines LKW wegen plötzlichen Unwohlseins des Fahrers (Bay JR **65**, 66; zu Parkverstößen vgl. auch Köln VRS **64** 298, **75** 116), Wenden auf der Autobahn durch („Geisterfahrer") (Karlsruhe JZ **84**, 240 m. Anm. Hruschka; vgl. aber auch 76 vor § 32), Rückwärtsfahren – § 18 VII StVO – als Notmaßnahme (Köln VRS **56** 63, **59** 53; nach Düsseldorf VRS **81** 467 dagegen nicht bei einem Verstoß gegen §§ 2 I, 18 VII StVO zur Bergung der verlorenen Brieftasche). In allen diesen Fällen sind letztlich jedoch die Umstände des Einzelfalles maßgeblich (Verkehrsverhältnisse, Fahrweise [vgl. Karlsruhe VRS **46** 275: kopflose Fahrt durch Innenstadt], Geschicklichkeit des Fahrers, Art des Verstoßes usw.). Eine Rechtfertigung kommt hier nur in Betracht, wenn und soweit die abzuwendende Gefahr wesentlich größer ist als die mit der Rettungshandlung verbundene; werden andere Verkehrsteilnehmer konkret gefährdet, so bleibt die Tat, von vergleichsweise geringfügigen Risiken abgesehen, grundsätzlich auch dann rechtswidrig, wenn sie dem Schutz von Leben dient (vgl. Bay

NJW 00, 888, **91**, 1626 m. Anm. Habersack AR 91, 246, Düsseldorf VRS **88** 455, Karlsruhe aaO, Hirsch LK 60, Jakobs 425, Küper, Pflichtenkollision 102 f. und zum Ganzen Kohlhaas DAR 68, 231, Meißner aaO 241, Mitsch JuS 89, 964, Roxin I 627, Strutz DAR 69, 183, ferner Rengier KK-OWiG § 16 RN 30 ff.). Zur Bedeutung einer durch die Notstandshandlung nur mittelbar über das Verhalten eines Dritten geschaffenen Gefahr vgl. Küper, Nötigungsnotstand 125, zur Rechtfertigung einer fahrlässigen Tötung aufgrund eines durch Notstand geschaffenen erlaubten Risikos vgl. 101 vor § 32.

29 c) die **Größe** der **Rettungschancen** einerseits bzw. eines weitergehenden **Schadensrisikos** auf der Eingriffsseite andererseits. Je geringer die Rettungschance ist, um so schwerer wiegt das durch die Notstandshandlung beeinträchtigte Interesse, m. a. W., das Risiko eines Mißlingens darf um so höher sein, je größer die Gefahr und je schutzwürdiger das Erhaltungsgut bzw. umgekehrt je unbedeutender der Schaden auf der Eingriffsseite ist (vgl. Hamm VRS **20** 232, Hirsch LK 66, Kühl 282, Küper, Nötigungsnotstand 25, Neumann NK 80, Rudolphi, A. Kaufmann-GedS 390, Tröndle 11). Entsprechend muß das geschützte Interesse um so höher zu veranschlagen sein, je größer das Risiko weiterer Opfer auf der Eingriffsseite ist. Eine Frage der Interessenabwägung ist es auch, ob und inwieweit in den o. 20 aE genannten Fällen (Divergenz von Geeignetheit und Schwere mehrerer Handlungsalternativen) das Risiko eingegangen werden muß, daß die weniger gravierende Maßnahme nicht zum gewünschten Erfolg führt (vgl. auch Hirsch LK 52), was um so eher zu bejahen ist, je geringer die Gefahr und je unbedeutender das bedrohte Gut ist.

30 d) das Vorliegen eines **Aggressiv-** oder **Defensivnotstands**, d. h. ob der Betroffene ein Unbeteiligter oder gerade derjenige ist, dem die Gefahr zuzurechnen ist, weil sie in seinem Herrschaftsbereich ihren Ursprung hat. Darauf, daß das durch die Tat verletzte Gut in diesem Fall weniger schutzwürdig ist als bei der Inanspruchnahme eines völlig unbeteiligten, beruhen die unterschiedlichen Schadensrelationen in den §§ 228, 904 BGB. Weil es sich dabei aber nur um spezielle Ausprägungen des allgemeinen Interessenabwägungsprinzips handelt, wie es sich in § 34 findet, muß dieser Unterschied selbstverständlich auch dort in der Weise zu Buche schlagen, daß beim Defensivnotstand ein überwiegendes Interesse wesentlich früher anzunehmen ist, d. h. qualitativ und quantitativ weitergehende Beeinträchtigung zulässig sind als beim Aggressivnotstand (h. M., zB BW-Mitsch 336, Blei I 167, Gropp 189 f., Hirsch LK 72, JR 80, 116, Jescheck/Weigend 365, Kühl 285, Küper, Pflichtenkollision 72 f., Notstand 15, Lackner/Kühl 9, O. Lampe NJW 68, 91, Lenckner, aaO 102 f., 137, GA 85, 311, Otte aaO 120, 157 ff., Perron aaO 93 f., Roxin I 640 f., Jescheck-FS 457 ff., Oehler-FS 190, Samson SK 45, F. C. Schroeder JuS 80, 340, W-Beulke 99). Auf einem Mißverständnis des dem S. 1 zugrunde liegenden Interessenabwägungsprinzips beruht es deshalb, wenn zT analog § 228 BGB die Bildung eines selbständigen (übergesetzlichen) Rechtfertigungsgrundes des Defensivnotstandes für notwendig gehalten wird (so Jakobs 411 f., 431 f., Hruschka, Dreher-FS 203, NJW 80, 22, Köhler 278, 281, Koriath JA 98, 256, Ludwig aaO 155 ff., Lugert aaO 35, Meißner aaO 250 ff., Neumann NK 86, Renzikowski aaO 47 ff., Unberath JRE 95, 448; näher dagegen Otte aaO 96 ff., Roxin, Jescheck-FS 461 ff.); ebensowenig handelt es sich hier um unterschiedliche Interessenabwägungsformeln (so Joerden GA 93, 246) und auch nicht um einen bloßen „Strafunrechtsausschluß" (so Günther aaO 239 ff. u. dazu Otte aaO 123 ff., Roxin aaO 468; vgl. auch 8 vor § 32). Bedeutung hat der Defensivnotstand im Rahmen des § 34 insbes. in Fällen einer *„notwehrähnlichen Lage"*, d. h. wenn die Gefahr aus einem menschlichen Verhalten droht, das (noch) keinen gegenwärtigen rechtswidrigen Angriff iS des § 32 darstellt und Notwehr deshalb ausscheidet (vgl. § 32 RN 16 f.; ebenso BGH **39** 137 m. Anm. Lesch StV 95, 578, Roxin NStZ 93, 335, NJW **89**, 2479 m. Anm. Hirsch LK 73, Küpper JuS 90, 188, Otte aaO 141, Roxin I 644 u. näher Jescheck-FS 457 ff.). Hier können Maßnahmen, die sich gegen den Urheber der Gefahr richten, nach § 34 gerechtfertigt sein, wobei uU auch zum Schutz bloßer Sachwerte höchstpersönliche Güter wie Körperintegrität und Freiheit verletzt werden dürfen, deren Beeinträchtigung sonst nach § 34 nur in seltenen Fällen zulässig ist (vgl. auch Schaffstein, Bruns-FS 92 f. u. näher Roxin, Jescheck-FS 468 f.). Dagegen sind Tötungen grundsätzlich auch im Defensivnotstand unzulässig. Dies gilt selbst dann, wenn Leben gegen Leben steht, weil auch in diesem Fall der bloße Umstand der Gefahrverursachung durch das Opfer noch kein Recht begründen kann, dieses zu töten (and. hier Hirsch LK 74, Küper, Pflichtenkollision 74 f., Renzikowski aaO 246 f., Roxin I 642 f., Jescheck-FS 470 ff.). Soweit hier Ausnahmen anzuerkennen sind – so bei der sog. Perforation (vgl. 34/35 vor § 218) wegen der dort bestehenden Nähe zum medizinisch indizierten Schwangerschaftsabbruch (vgl. § 157 II E 62, Jescheck/Weigend 365, Kühl 287 f., Lackner/Kühl 9, Lugert aaO 56, Neumann NK 91, 104 u. näher Otte aaO 75 ff., Roxin I 643, Jescheck-FS 475 ff., s. auch Unberath JRE 95, 460 f.; and.; zB Tröndle 21) oder bei der Vereitelung einer gewaltsamen Blutentnahme durch Gegenwehr, wenn dadurch nicht nur gegen den unmittelbaren Angreifer Notwehr geübt, sondern zugleich auch die letzte Rettungschance eines lebensgefährlich erkrankten Patienten vereitelt wird, zu dessen Gunsten die Blutentnahme erzwungen werden sollte (zu ähnlichen Konstellationen vgl. Unberath JRE 95, 444 ff.) –, handelt es sich um Sonderfälle, die nicht verallgemeinerungsfähig sind. Davon abgesehen, bleibt es hier deshalb bei einer Entschuldigung nach § 35 bzw. bei einem übergesetzlichen entschuldigenden Notstand (vgl. 115 ff. vor § 32).

31 Im einzelnen ist § 34 bei **von Menschen ausgehenden Gefährdungen** insbes. in folgenden Fällen von Bedeutung (vgl. näher Otte aaO 33 ff.). 1. Gefahrverursachung durch *Nicht-Handlungen* (zB durch einen bewußtlos gewordenen Kraftfahrer, vgl. 37 ff. vor § 13; dazu, daß hier § 32 ausscheidet, vgl. dort RN 3). Hier können zum Schutz bedeutender Sachgüter auch leichtere, zum Schutz von

Leib und Leben auch erhebliche Körperverletzungen zulässig sein (vgl. näher dazu, jedoch weitergehend auch für die Rechtmäßigkeit von Tötungen, Otte aaO 158 ff., Roxin, Jescheck-FS 468 ff., 475 ff.). – 2. Das gleiche gilt für die Gefahrverursachung durch ein Verhalten, das *kein rechtswidriger Angriff* iS des § 32 ist (BGH NJW **89**, 2479 m. Anm. Eue JZ 90, 765; vgl. dazu § 32 RN 19 ff. näher dazu – zT and. – Otte aaO 158 ff., Roxin, Jescheck-FS 473 ff.). Soweit der Gefahrverursacher seinerseits gerechtfertigt ist, gilt dies allerdings nur in den Fällen einer bloßen Handlungsbefugnis (11 f. vor § 32), während dort, wo ihm ein Eingriffsrecht zusteht, § 34 wegen der damit korrespondierenden Duldungspflicht des Betroffenen von vornherein ausscheidet (10 vor § 32; s. auch Neumann NK 13). – 3. Gefahrverursachung durch ein Verhalten, das noch *kein gegenwärtiger Angriff* iS des § 32 ist (sog. Präventiv-Notwehr, vgl. § 32 RN 16 f. sowie Otte aaO 173 ff.). Hierher gehört zB der in § 32 RN 16 aE genannte Fall (vgl. dazu auch Roxin, Jescheck-FS 483), ferner kann unter diesem Gesichtspunkt zB das zeitweise Einschließen eines gefährlichen Geisteskranken zulässig sein (BGH **13** 197 m. Anm. Sax JZ 59, 778, Roxin aaO 481; zur „Fixierung" eines Untergebrachten vgl. auch Schleswig SchlHA **91**, 110), ebenso die gewaltsame Wegnahme des Zündschlüssels, um den betrunkenen Fahrer an der Benutzung seines Fahrzeugs zu hindern (Frankfurt NStZ-RR **96**, 136, Koblenz NJW **63**, 1991 m. Anm. Seidel NJW 64, 214). Rechtfertigung nach § 34 wäre auch in dem „Spanner"-Fall von BGH NJW **79**, 2053 m. Anm. Hirsch JR 80, 115, Hruschka NJW 80, 21 u. F. C. Schroeder JuS 80, 336 anzunehmen gewesen (dort offengelassen): Körperverletzung durch Schußwaffengebrauch, um einen flüchtenden „Spanner", der eine Familie durch wiederholtes nächtliches Eindringen in die Wohnung terrorisiert hatte, dingfest zu machen und so eine unerträglich gewordene Dauergefahr abzuwenden (wobei die den Schußwaffengebrauch rechtfertigende geringere Schutzwürdigkeit des Betroffenen allerdings nur solange anzunehmen ist, als noch ein enger zeitlicher Zusammenhang zu dem vorausgegangenen eigenen Angriff besteht [vgl. entsprechend zur verschuldeten Notwehrlage § 32 RN 59 und die zeitliche Begrenzung in § 127 I StPO]; unzulässig wäre das Verhalten des Täters daher gewesen, wenn er den „Spanner" erst Wochen später auf der Straße getroffen hätte; vgl. näher zu diesem Fall auch Neumann NK 89, Roxin Jescheck-FS 481 f.). Tötungen (zB des schlafenden Familientyrannen) sind grundsätzlich auch hier nicht gerechtfertigt (vgl. aber auch o. 30 a. E.), sondern allenfalls entschuldigt (so hier auch Neumann NK 90, Otte aaO 179 f., Roxin I 646, Jescheck-FS 482 f.; vgl. § 35 RN 11).

e) das Bestehen einer **Gefahrengemeinschaft** derart, daß auch das in Anspruch genommene Gut gefährdet ist, und zwar so, daß der ihm drohende Schaden ohnehin nicht abwendbar ist, während das andere Gut auf seine Kosten noch gerettet werden kann. Hier kann das Gut, für das noch eine Chance besteht, schutzwürdiger sein, selbst wenn es nicht das höherwertige ist (Lenckner, Notstand 101, Meißner aaO 246); dies gilt allerdings nicht für das Rechtsgut Leben, da dieses allen Nützlichkeitserwägungen entzogen ist (o. 24).

f) die **individuellen Interessen**, welche **gerade die Beteiligten** in der konkreten Situation an ihren Gütern haben, was wesentlich von den damit jeweils verknüpften weiteren Interessen abhängt (vgl. Küper JZ 76, 518, Lenckner aaO 98 f., Neumann NK 82, Roxin I 639, Schröder SchwZStr. 75, 9; iE auch Samson SK 43; and. Renzikowski aaO 63 f.). Bei Individualrechtsgütern ergibt sich dies daraus, daß diese nicht nur als Rechnungsposten im Güterhaushalt der Allgemeinheit zu Buche schlagen, sondern gerade in ihrer Zuordnung an den einzelnen geschützt sind. Dabei ist die Frage freilich nicht nur, welche besonderen Interessen der einzelne tatsächlich hat, sondern auch, ob und inwieweit sie vom Recht zu respektieren sind (s. auch Neumann NK 82). Nicht zulässig ist danach zwar zB ein medizinisch indizierter Schwangerschaftsabbruch gegen den Willen der Frau (vgl. § 218 a II) oder die zwangsweise Unterbringung eines lebensgefährlich Erkrankten in einer Klinik, wohl aber, auch wenn es § 101 StVollzG nicht gäbe, die Zwangsernährung in einem rechtsstaatlichen Strafvollzug bei einem politisch motivierten Hungerstreik (and. Ostendorf GA 84, 326). Ebenso kann auch ein freiverantwortlicher Selbstmordversuch zB im vorübergehenden Einsperren nach § 34 gerechtfertigt sein, wenn aufgrund der objektiven Gegebenheiten Hoffnung auf einen erfolgreichen Zuspruch besteht und es deshalb zunächst entscheidend auf einen Zeitgewinn ankommt; handelt es sich allerdings um eine Situation, in welcher der Tod nur noch als Erlösung von einem schweren Leiden empfunden wird, so ist unabhängig davon, ob es ein „Recht auf Freitod" gibt (vgl. dazu Bottke GA 82, 350 mwN; offengelassen von BayVerfGH BayVBl. **89**, 205), eine gewaltsame Intervention auch durch § 34 nicht gedeckt (vgl. auch Neumann NK 35, 84; generell verneinend bzw. bejahend Samson SK 14, Roxin I 652, Wolter NStZ 93, 8; näher dazu Bottke aaO 356 ff. u. zu § 240 vgl. auch dort RN 32). Zur Offenbarung eines Patientengeheimnisses, um den Patienten vor weiterem Schaden zu bewahren, vgl. Bay JR **96**, 476 m. Anm. Gropp.

g) das Bestehen einer **besonderen Gefahrtragungspflicht** bei einem der beteiligten Rechtsgutsinhaber (vgl. zB Bernsmann, Blau-FS 33 ff., EB-Eser I 146, Hirsch LK 67, Kühl 6, Lackner/Kühl 6, Lenckner aaO 101, Neumann NK 99, 105, Roxin I 636, Samson SK 46 u. näher Küper JZ 82, 755; and. Renzikowski aaO 70 ff., 260 ff.: Notwendigkeit einer eigenen Notstandsregelung); dazu, daß es sich hier nicht erst um ein Problem des S. 2 handelt, vgl. u. 47. Hier sind die Güter des Betreffenden zwar nicht weniger wert als die anderer, wohl aber sind sie – eine notwendige Folge der Pflicht – wegen der Erhöhung der Opfergrenze weniger schutzwürdig. Dies gilt insbes. für die Angehörigen von Berufen mit besonderen Schutzpflichten gegenüber der Allgemeinheit (zB Soldaten, Polizeibeamte, Feuerwehr-, Seeleute usw., vgl. § 35 RN 23), aber auch bei einer Garantenstellung gegenüber dem gefährdeten Gut, weil sich die besondere Schutzpflicht hier – entsprechend den gegenüber § 323 c höheren Anforderungen an den Garanten (vgl. 155 vor § 13) – auch in einer höheren Opferpflicht auswirken muß (vgl. auch Hirsch LK 67, Hruschka 145 ff., Jakobs 424, Lugert aaO 42 ff., Roxin I 637; and. Küper, Pflichtenkollision 107, Neumann NK 102 f.). Ein nicht unwesentlicher Unterschied besteht dabei allerdings insofern, als bei einem Notstandstäter der ersten Gruppe eine Rechtfertigung noch zusätzlich dadurch erschwert wird, daß hier mit der Folge einer entsprechend höher anzusetzenden Opfergrenze immer auch das Allgemeininteresse an der Funktionsfähigkeit von Institutionen ins Gewicht fällt, die in besonderer Weise für die Abwehr von Gefahren zuständig sind (vgl. auch Delonge aaO 113 ff.). Beiden Fallgruppen gemeinsam ist dagegen, daß nur solche Gefahrtragungspflichten zu berücksichtigen sind, die sich gerade auf Gefahren der fraglichen Art beziehen und die auch für die fragliche Kollisionsbeziehung gelten: So können die besonderen Pflichten eines Polizeibeamten zwar ein Abwägungsfaktor sein, wenn dieser sich durch einen Hausfriedensbruch bei einem Unbeteiligten vor einem ihn bedrängenden Angreifer in Sicherheit bringt (and. Neumann NK 101), nicht aber, wenn er dazu dessen am Straßenrand abgestellten PKW benützt (§ 248 b). Schlechthin ausgeschlossen ist eine Rechtfertigung nach § 34, wenn dem Inhaber des bedrohten Guts nicht nur eine erhöhte Gefahrtragungspflicht auferlegt ist, sondern dessen Beeinträchtigung vom Recht geradezu gewollt ist (so zB wenn der Strafgefangene zur Erlangung der Freiheit eine Fensterscheibe zertrümmert; o. 6).

35   h) die **Entstehung der Gefahr als** eine vom Gesetzgeber **einkalkulierte Folge einer gesetzlichen Regelung**. Von Bedeutung ist dies, wenn zB Maßnahmen zum Schutz der Wirtschaft, des Umwelt-, Arbeitsschutzes usw. für einzelne zu der Gefahr von Einbußen führen, die nur durch einen Verstoß gegen die fragliche Vorschrift beseitigt werden kann. Hier ist davon auszugehen, daß jedenfalls die gesetzesadäquaten Risiken und Einschränkungen – d. h. diejenigen, die bei Verfolgung des Gesetzeszwecks als mögliche Nebenfolge der Gesetzesausführung in Kauf genommen werden müssen – von den Betroffenen hinzunehmen sind, weil der Gesetzgeber insoweit die gesamtgesellschaftlichen Interessen offensichtlich als schutzwürdiger angesehen hat. Mit Recht war deshalb die Nachkriegs-Rspr. bei Preisverstößen und verbotenen Kompensationsgeschäften zur Erhaltung eines Betriebs und der dort vorhandenen Arbeitsplätze in der Annahme eines rechtfertigenden Notstands außerordentlich zurückhaltend (OGH NJW **49**, 472, **50**, 182, Bay NJW **53**, 1602, Hamm NJW **52**, 838, Köln NJW **53**, 1844, Stuttgart DRZ **49**, 93; vgl. in diesem Zusammenhang auch BGH GA **56**, 382: keine Rechtfertigung bei Verstoß gegen Devisenbestimmung zum Schutz des Vermögens von Bankkunden). Ebenso sind zB Umweltdelikte nicht deshalb gerechtfertigt, weil die Produktionsfähigkeit oder die Arbeitsplätze eines Betriebs durch gesetzlich vorgesehene Umweltschutzmaßnahmen in Frage gestellt werden (iE auch BGH JR **97**, 254 m. Anm. Sack, Jakobs 430, Kühl 300, Neumann NK 120; zu § 325 vgl. Rudolphi NStZ **84**, 253; vgl. auch o. 23). Eine Rechtfertigung ist hier nur ausnahmsweise möglich, wenn es sich um die Abwendung einer außergewöhnlichen, vom Gesetzgeber nicht einkalkulierten Gefahr handelt (vgl. RG **62** 35, Rengier KK-OWiG § 16 RN 41 f.), wobei es in solchen Fällen dann allerdings auch nicht mehr auf die Zahl der bedrohten Arbeitsplätze ankommen kann, da dem größeren Betrieb nicht erlaubt sein kann, was dem kleineren verboten ist (vgl. Bay NJW **53**, 1603; and. Hamm aaO, Meißner aaO 248; zum Ganzen vgl. auch Randelzhofer/Wilke aaO [o. 9] 44 ff., Schall NStZ **92**, 215 mwN). Gleiches gilt für den gegen das BtMG verstoßenden Konsum von Cannabisprodukten, um die Folgen einer AIDS-Erkrankung zu lindern (Köln StraFo **99**, 314). Voraussetzung einer Rechtfertigung ist aber auch hier immer, daß für die Abwendung der Gefahr kein eigens dafür vorgesehenes Verfahren zur Verfügung steht (u. 41).

36   3. Auch eine derart modifizierte Güterabwägung, die unter dem Gesichtspunkt der geringeren oder größeren Schutzwürdigkeit der kollidierenden Güter erfolgt, erschöpft die nach S. 1 erforderliche Gesamtabwägung dabei nicht, weil dabei unberücksichtigt ist, daß sich beim Notstand typischerweise **Güter in unterschiedlicher Lage** gegenüberstehen.

37   Sie ermöglicht eine endgültige Entscheidung nur unter der Voraussetzung, daß sich zwei Güter unter den gleichen Vorzeichen gegenüberstehen, d. h. beide in Gefahr sind und infolge der Unmöglichkeit, beide zu erhalten, eine Wahl zu treffen ist, welches gerettet und welches seinem Schicksal überlassen werden soll (Fall der Kollision zweier Handlungspflichten, vgl. Lenckner aaO 106, GA **85**, 311 f.). Demgegenüber sind die typischen Fälle des § 34 dadurch gekennzeichnet, daß der Täter den drohenden Schaden durch eine an sich verbotene Handlung von dem zunächst allein betroffenen auf ein anderes, im Regelfall des Aggressivnotstands (o. 30) unbeteiligtes Gut abwälzt oder daß er durch ein an sich pflichtwidriges Unterlassen ein Gut opfert, um ein anderes zu retten, obwohl nur ersteres den Anspruch hatte, von ihm geschützt zu werden. Hier genügt auch eine modifizierte Güterabwägung nur dann, wenn auf beiden Seiten Rechtsgüter der Allgemeinheit stehen, weil der Täter in diesem Fall schon dann gerechtfertigt ist, wenn das von ihm geschützte Gut für die Gemeinschaft in concreto wichtiger, d. h. schutzwürdiger ist (vgl. Lenckner aaO 109, Schröder SchwZStr. 76, 11). Im übrigen aber sind in die nach S. 1 notwendige Interessenabwägung noch weitere Faktoren miteinzubeziehen.

38   a) Da dem Betroffenen mit der Notstandshandlung ein Sonderopfer durch einen von außen her erfolgenden Eingriff in seine Rechts- und Herrschaftssphäre aufgezwungen wird, ist bei der Interessenabwägung nicht nur der Gutsverlust als solcher, sondern auch die **Mißachtung fremder Autonomie** zu berücksichtigen (vgl. Hirsch LK 68, Lenckner aaO 111 ff., GA **85**, 312, Roxin I 627 f.,

Stratenwerth ZStW 68, 50, aber auch Delonge aaO 141 ff., Neumann NK 21, Renzikowski aaO 60 ff.). Richtet sich die Tat gegen einen Unbeteiligten, so kann daher ein überwiegendes Interesse gem. S. 1 nur angenommen werden, wenn – ein Gedanke, der auch in § 904 BGB seinen Niederschlag gefunden hat – das gerettete Gut *unverhältnismäßig* mehr Schutz verdient, denn nur dann wird auch die Verletzung fremder Selbstbestimmung aufgewogen (Lenckner aaO, Roxin aaO, iE auch Stratenwerth 144).

b) Von Bedeutung kann ferner die **Begehungsart** (unterschiedlicher Unwertgehalt von Tun und – **39** vgl. § 13 II – Unterlassen, bei ersterem auch die besondere Art der Ausführung) und die Größe des **Handlungsunwerts** sein, wobei hier auch eine Rolle spielen kann, ob sich die Notstandshandlung unmittelbar gegen das fremde Rechtsgut richtet (dolus directus iS eines zielgerichteten Handelns) oder ob dessen Verletzung nur eine als unvermeidbar vorhergesehene Nebenfolge eines seiner Art und Tendenz nach an sich unverbotenen Tuns ist (Hirsch LK 71 [and. noch LK¹⁰ 71], Lenckner aaO 114 ff., Noll ZStW 77, 29; vgl. auch BGH NJW **76**, 680 m. Anm. Kienapfel JR 77, 27, Küper JZ 76, 515 [Veruntreuung von Mandantengeldern zur Tilgung von Bankforderungen]; and. Meißner aaO 254). Nur so ist es auch zu begründen, daß zwar nicht die indirekte Euthanasie, nicht aber die direkte Euthanasie – diese auch nicht im Fall des § 216 (and. Neumann NK 38, 85) – unter Notstandsgesichtspunkten gerechtfertigt sein kann (vgl. 26 vor § 211 und zB auch BGH **42** 305 m. Anm. Dölling JR 98, 160, Schöch NStZ 97, 409, Verrel MedR 97, 248, LG Ravensburg NStZ **87**, 229, Herzberg NJW 86, 1640, 96, 3043 ff., JZ 88, 185 ff., Neumann NK 34), weil der Handlungsunwert im ersten Fall geringer zu veranschlagen ist als bei dem zielgerichteten Tötungsvorsatz der direkten Euthanasie (vgl. Kühl 295 f., Lenckner in: Forster, Praxis der Rechtsmedizin [1986] 604; zur Frage der Entschuldigung vgl. 117 vor § 32, § 35 RN 33). Dasselbe gilt für das nach Seegewohnheitsrecht als zulässig angesehene Schließen der Schotten bei einer drohenden Schiffskatastrophe, wobei ein Teil der Besatzung den Tod findet (vgl. H. Mayer AT 179).

c) Die Basis, auf der die Interessenabwägung zu erfolgen hat, wird schließlich noch dadurch **40** erweitert, daß die Frage der Zulässigkeit der Notstandshandlung auch in ihrer **Bedeutung für die Rechtsordnung im ganzen** zu sehen ist (vgl. Lenckner aaO 113 f., 116 ff., 128, GA 85, 312, ferner Küper, Nötigungsnotstand 120; and. Meißner aaO 254, Renzikowski aaO 73). Hier tritt zunächst die in der Abwälzung des Schadens auf einen Dritten liegende Störung des allgemeinen Rechtsfriedens als eine selbständige Größe auf, woraus sich zB die Unzulässigkeit von Notstandshandlungen bei der Gefahr bloßer Bagatellschäden ergibt (Blei I 166, Jakobs 425, Lenckner aaO; vgl auch Hirsch LK 69). Daneben kann im Einzelfall das Interesse an der Wahrung allgemeiner Rechtsprinzipien und oberster Rechtswerte mit der Folge zu berücksichtigen sein, daß insgesamt ein überwiegendes Interesse trotz der an sich ungleich größeren Schutzwürdigkeit des geretteten Guts zu verneinen ist (insoweit auch Hirsch aaO). Von Bedeutung ist dies zB in folgenden Fällen:

α) Ist die Lösung bestimmter Konflikte ausschließlich einem **besonderen Verfahren** oder beson- **41** deren Institutionen vorbehalten, so ist eine eigenmächtige Beseitigung der Gefahr durch Private, selbst wenn sie in der konkreten Situation das einzige Mittel sein sollte, schon deshalb nicht gerechtfertigt, weil hier auch fundamentale Ordnungsprinzipien auf dem Spiel stehen, die in die nach S. 1 erforderliche Gesamtabwägung miteinzubeziehen sind und dort zur Verneinung eines „überwiegenden Interesses" führen (ebenso Meißner aaO 248): Daher zB keine Rechtfertigung nach § 34, wenn der unschuldig Inhaftierte nach Ausschöpfung aller legalen Möglichkeiten seine Freiheit nur durch eine Sachbeschädigung wieder erlangen kann (vgl. auch Bernsmann JuS 89, 111; zu § 904 BGB vgl. o. 6, zu § 35 dort RN 26), wenn ein Privater zur Wahrung staatlicher Strafverfolgungsinteressen – zB Sicherstellung wichtiger Beweismittel, die andernfalls verloren wären – einen Hausfriedensbruch begeht oder wenn ein politisch Verfolgter bei der Einreise in die Bundesrepublik einen gefälschten Paß vorlegt anstatt einen Asylantrag zu stellen (and. Frankfurt StV **97**, 78), desgleichen nicht bei einer Gewässer- oder Luftverunreinigung zum Zweck der Arbeitsplatzsicherung, wenn die dafür erforderliche Genehmigung nicht eingeholt oder versagt wurde oder gegen eine behördliche Anordnung verstoßen wird (vgl. § 324 RN 13, § 325 RN 25, BGH JR **97**, 254 m. Anm. Sack, Möhrenschlager NStZ 82, 166, Rudolphi ZfW 82, 208 ff., NStZ 84, 196, 252 u. näher Schall aaO 6 ff., der dies jedoch mit S. 2 begründet) oder wenn ein rechtswidriger, aber nach § 218a I tatbestandsloser Schwangerschaftsabbruch mit Gewalt verhindert werden soll (vgl. Satzger JuS 97, 804); zum Ganzen vgl. auch Grebing GA 79, 95 ff., Jakobs 427 ff., Jescheck/Weigend 364, Neumann NK 119, Rengier KK-OWiG § 16 RN 43, Renzikowski aaO 253 ff., Samson SK 5, 52, die darin freilich ein Problem des S. 2 sehen (u. 46), ferner Keller aaO 317 ff.

β) Ebensowenig gerechtfertigt ist der sog. **zivile Ungehorsam**, d. h. – so die Denkschrift „Evan- **41 a** gelische Kirche und freiheitliche Demokratie" (1985) 21 f. – „das Widerstehen des Bürgers gegenüber einzelnen gewichtigen staatlichen Entscheidungen, um ihnen vor verhängnisvoll und ethisch illegitim gehaltenen Entscheidung durch demonstrativen, zeichenhaften Protest bis zu aufsehenerregenden Regelverletzungen zu begegnen" (vgl. BVerfG **73** 250 ff. jedenfalls für solche Akte zivilen Ungehorsams, die, wie bei Verkehrsbehinderungen, in die Rechte Dritter eingreifen, die ihrerseits unter Verletzung ihres Selbstbestimmungsrechts als Instrument zur Erzwingung öffentlicher Aufmerksamkeit benutzt werden; vgl. ferner zB BVerfG NJW **93**, 2432, Bay JZ **86** 406, Stuttgart OLGSt § 123 **Nr. 2**, LG Dortmund NStZ-RR **98**, 141, Hassemer, Wassermann-FS 325 ff., Jakobs 444, Kühl 248, 303, StV 87, 133 f., Lenckner JuS 88, 353 f. Roxin I 632, Schüler-Springorum-FS 441, Tröndle 10 a vor § 32;

zur Diskussion über den zivilen Ungehorsam vgl. im übrigen die umfassenden Nachw. b. BVerfG **73** 232 ff., Tröndle aaO speziell zu § 240 vgl. dort 26 ff.). Auch auf § 34 kann die Rechtfertigung zivilen Ungehorsams nicht gestützt werden (vgl. auch BVerfG NJW **93**, 2432, LG Dortmund NStZ-RR **98**, 141; and. Schüler-Springorum in: Glotz, Ziviler Ungehorsam im Rechtsstaat [1983] 87 ff., wohl auch Reichert-Hammer aaO 174 ff.). Dies ist, von anderen Gründen abgesehen (vgl. Lenckner aaO), schon deshalb ausgeschlossen, weil bei der dort erforderlichen Interessenabwägung stets auch zu berücksichtigen wäre, daß bewußte Normverletzungen als Mittel einer Minderheit, auf den öffentlichen Willensbildungsprozeß einzuwirken, mit den Grundprinzipien des demokratischen Rechtsstaates schlechterdings unvereinbar sind (iE zB auch Prittwitz JA 87, 24, Roxin, Schüler-Springorum-FS 446). Abgesehen davon hat es das BVerfG (**73** 252) mit Recht als „widersinnig" bezeichnet, den Gesichtspunkt des zivilen Ungehorsams, der per definitionem illegale Mittel einschließt, als Rechtfertigungsgrund für Gesetzesverletzungen geltend zu machen. Auch die Schuld kann in diesen Fällen nicht verneint werden (zu Art. 4 GG vgl. 119 vor § 32). Dem Umstand, daß diese hier bei geringfügigen Gesetzesverstößen an der untersten Grenze des strafrechtlich Relevanten liegen, kann nach geltendem Recht nur durch die §§ 153, 153 a StPO Rechnung getragen werden (für die Möglichkeit eines „Verantwortlichkeits"-Ausschlusses [117 vor § 13] jedoch Roxin I 880 f., aaO 451 ff.).

41 b γ) Nicht nach § 34 gerechtfertigt sind ferner Handlungen im **Nötigungsnotstand** (§ 52 a. F.; vgl. § 35 RN 11), bei dem sich der Täter zur Abwendung eines ihm angedrohten oder zugefügten Übels zum Werkzeug eines rechtswidrig handelnden Dritten machen läßt, und zwar auch nicht im Falle eines ungleich wertvolleren Erhaltungsgutes, so zB wenn der Täter durch Bedrohung mit dem Tod zur Mitwirkung an einem Diebstahl gezwungen wird (vgl. Blei I 170, Kelker aaO 124 ff., Kienapfel ÖJZ 75, 430, Kühl 283 ff., Lange NJW 78, 785, Lenckner aaO 117, Spendel LK § 32 RN 212, Weber ZStW 96, 396, W-Beulke 134; and. BW-Mitsch 339, Bernsmann, „Entschuldigung" durch Notstand [1989] 147, Delonge aaO 133 ff., EB-Burkhardt I 209 f., Göbel aaO [vor 29 vor § 32] 105 ff., Hirsch LK 69 a, Jakobs 416, Keller aaO 308 ff., Köhler 293, Krey Jura 79, 321, Lackner/Kühl 2, Meißner aaO 255, Renzikowski aaO 67 ff., Samson SK 31, Schmidhäuser 331, 466, I 140 u. näher iS der Gegenmeinung Küper, Nötigungsnotstand 47 ff.; differenzierend nach der Schwere des abgenötigten Delikts Roxin I 638, Oehler-FS 187 ff. bzw. nach Art des Eingriffs – i. Erhaltungsguts Neumann JA 88, 334 f., NK 53 ff. u. krit. dazu Kelker aaO 50 ff.; für bloßen „Strafunrechtsausschluß" Günther aaO 336 u. dagegen mit Recht Roxin aaO, Kelker aaO 65 ff.; s. auch Düsseldorf VRS **91** 296 [Geschwindigkeitsüberschreitung kann nach § 16 OWiG gerechtfertigt sein, wenn der Fahrer durch Schläge vom Beifahrer dazu gezwungen wird]). Dies folgt daraus, daß der Täter hier, wenn auch gezwungenermaßen, auf die Seite des Unrechts tritt, was das Recht jedoch, wenn es nicht auf eine elementare Voraussetzung seines eigenen Geltungsanspruchs verzichten will, grundsätzlich nicht billigen kann; in dem Konflikt von Rechtsbewährungsinteresse und Solidarität mit dem Genötigten muß letztere deshalb zurücktreten (vgl. Lenckner aaO u. zu weiteren Gesichtspunkten – Autonomieprinzip, Fehlen eines „inneren Rettungszusammenhangs" – Kelker aaO 124 ff.). Auch eine „gespaltene Rechtswidrigkeitsbeurteilung" – rechtswidriges Handeln in der Person des Nötigers, auf die Gefahrenabwendung beschränktes Eingriffsrecht des Genötigten – entgeht diesem Einwand nicht (so aber Küper aaO 56 ff.): Auch sie ändert nichts daran, daß das „Vertrauen in die Geltungskraft der Rechtsordnung zutiefst erschüttert" würde (so mit Recht W-Beulke aaO), wenn – Konsequenz einer dann auch „gespaltenen" Duldungspflicht für das Eingriffsgut – der Betroffene der unmittelbaren Bedrohung durch den Vordermann völlig schutzlos ausgeliefert wäre und auf seine Notwehrbefugnis gegenüber dem Hintermann beschränkt bliebe, obwohl diese vielfach wenig effektiv oder überhaupt nicht realisierbar ist (so zB wenn dieser gar nicht anwesend ist). Jedenfalls bei Eingriffen in Individualrechtsgüter ist deshalb in Übereinstimmung mit § 52 aF und der dort zum Ausdruck gekommenen gesetzlichen Wertung daran festzuhalten, daß der Genötigte – vorbehaltlich eines anderen Rechtfertigungsgrundes, zB weil wegen der Zwangslage des Täters eine mutmaßliche Einwilligung des Betroffenen angenommen werden darf – nur entschuldigt sein kann (§ 35 bzw. übergesetzlicher entschuldigender Notstand, wenn der angedrohte Nachteil weder den Täter noch eine Sympathieperson trifft [vgl. 115 ff. vor § 32]). Aber auch wenn sich die abgenötigte Tat gegen überindividuelle Güter richtet, gilt grundsätzlich nichts anderes, weshalb die Rspr. zB einen durch Drohungen mit gegenwärtiger Gefahr für Leib oder Leben abgenötigten Meineid mit Recht nur als entschuldigt angesehen hat (vgl. zB RG **66** 98, 397, JW **25**, 961, BGH **5** 371; lediglich für Entschuldigung hier zB auch Hirsch LK § 35 RN 27, Neumann JA 88, 335, Roxin I 638; unzutreffend daher auch Düsseldorf aaO). Nur in extremen Situationen, in denen es um die Abwendung schwerster Schäden für die Allgemeinheit geht (zB atomare Erpressung), kann hier auch § 34 in Betracht kommen, und dasselbe dürfte in den „Freipressungsfällen" gelten, in denen die zuständige politische Instanz zum Schutz des bedrohten Lebens der Geisel die Freilassung von Gefangenen anordnet („Fall Lorenz"; vgl. näher dazu Krey ZRP 75, 97, Küper aaO 14 ff., 77 ff.; s. auch Neumann NK 125; and. aber auch hier zB Lange NJW 78, 785, Tröndle 24). Dies ergibt sich hier daraus, daß sich in diesem Fall – letztlich ein verfassungsrechtliches Problem – auch die Legitimationsfrage einer solchen Entscheidung anders stellt, weil es nur der Staat als dem Hüter des Rechts vorbehalten sein kann, im Rahmen seiner politischen Gesamtverantwortung den Gedanken der Rechtsbewährung, der sonst einer Rechtfertigung entgegensteht, im Einzelfall zwingenden anderen Interessen – hier der Schutzpflicht gegenüber seinen Bürgern – nachzuordnen (vgl. auch BVerfGE **46** 160).

δ) Besonders problematisch ist die Anwendbarkeit des § 34 auf die **staatlich gesteuerte oder** **41 c** **gebilligte Deliktsbegehung oder -beteiligung** durch Verdeckte Ermittler (zum Begriff vgl. § 110 a II StPO, § 22 I Nr. 3 PolG Bad.-Württ. i. d. F. v. 13. 10. 1992, GBl. 1), Vertrauens- und Kontaktpersonen („V-Leute") als ultima ratio bei der Bekämpfung des immer bedrohlicher werdenden organisierten Verbrechens (Rauschgiftkriminalität usw.; zu den Voraussetzungen für den Einsatz Verdeckter Ermittler vgl. § 110 a StPO u. dazu K/Meyer-Goßner § 110 a RN 9 ff., Nack KK § 110 a RN 13 ff., Rudolphi SK § 110 a RN 6 ff., ferner die Polizeigesetze der Länder, zB § 22 PolG Bad.-Württ. [s. o.]; vgl. im übrigen die Nachw. in § 26 RN 21). Unzweifelhaft ist hier zwar, daß eine Berufung auf § 34 unbeschränkt möglich sein muß, wenn diese Personen in Ausübung ihrer Tätigkeit selbst in eine besondere Notstandssituation geraten (vgl. dazu auch Neumann NK 116, Rebmann NJW 85, 5, Schwarzburg NStZ 95, 472 und im Rahmen der Strafverfolgung die gemeinsamen Richtlinien der Justizminister usw. der Länder über den Einsatz Verdeckter Ermittler usw. RiStBV Anl. D II Ziff. 2.2., zB Bad.-Württ. Justiz 95, 105), und geklärt – wie allerdings nur für Verdeckte Ermittler – ist durch inzwischen geschaffene und damit einen Rückgriff auf § 34 ausschließende (o. 7) Sonderregelungen jetzt auch die Zulässigkeit der Teilnahme am Rechtsverkehr unter einer sog. Legende sowie die Befugnis zur Herstellung, Änderung und zum Gebrauch der für den Aufbau und die Aufrechterhaltung der Legende unerläßlichen Urkunden, was Konsequenzen insbes. für die §§ 267, 273, 348 hat (vgl. zB § 110 a II, III StPO, § 24 I PolG Bad.-Württ. [s. o.]; keine Bedeutung für § 123 hat dagegen die in § 110 c StPO und in den entsprechenden Bestimmungen der Landespolizeigesetze eingeräumte Befugnis, unter Verwendung der Legende mit dem Einverständnis des Betroffenen eine Wohnung zu betreten, da Täuschungen gleich welcher Art die Wirksamkeit eines den Tatbestand des § 123 ausschließenden Einverständnisses nicht beseitigen [vgl. dort RN 22; vgl. im übrigen K/Meyer-Goßner § 110 c RN 1 m. w. N.]). Nach wie vor von höchster Brisanz ist aber die Frage, ob Verdeckte Ermittler usw. auch *einsatz-* bzw. *milieubedingte Straftaten* im übrigen (zB sog. „Keuschheitsprobe", vgl. die Fallgruppen b. Krey u. a. aO RN 77 ff.) begehen dürfen, wofür die Rechtsgrundlage zZ allein § 34 sein könnte (Eisenberg NJW 93, 1039, Hilger NStZ 92, 525 FN 161, K/Meyer-Goßner § 110 c RN 3, Krey u. a. aaO RN 555 ff., Lesch StV 93, 94, Nack KK § 110 c RN 4, Schwarzburg NStZ 95, 473). Hier geht es über die unmittelbar betroffenen Güter hinaus immer auch um die Frage, welchen Schaden die Autorität des Rechts und die Rechtstreue der Bevölkerung nehmen, wenn der Rechtsstaat selbst sich illegaler Mittel bedient. Aus bloßen *Strafverfolgungsgründen* ist dies in keinem Fall zulässig. Insoweit sind Eingriffe in die Rechte Dritter nur nach den Vorschriften der StPO möglich, die durch § 34 nicht überspielt werden können; auch gehört § 34 nicht als Generalermächtigung für Begehung von Straftaten zu den in § 110 c S. 3 genannten Befugnissen nach „anderen Rechtsvorschriften" (vgl. auch die o. genannten Richtlinien II Ziff. 2.2, ferner K/Meyer-Goßner § 110 c RN 2 mwN, Neumann NK 116; and. jedoch Krey u. a. aaO RN 440 ff., 558 ff. [zur Einbeziehung der Strafverfolgung RN 564]). Etwas anderes muß aber gelten, wenn nicht (repressive) Strafverfolgungsinteressen – und nur im Hinblick auf diese sind die prozessualen Eingriffsbefugnisse mit der Folge einer weitergehenden Eingriffssperre konzipiert –, sondern Zwecke der *Gefahrenabwendung* im Vordergrund stehen. Bei einer solchen „Prädominanz der Prävention" (Schäfer GA 86, 49; vgl. dazu auch Krey u. a. aaO RN 186 ff.) ist bis zum Erlaß spezieller gesetzlicher Regelungen (vgl. Art. 30 ff. Bay PAG [s. o.]) jedenfalls prinzipiell auch § 34 anwendbar (o. 7, München NJW **72**, 2275 m. Anm. Otto NJW 73, 668 u. Amelung/Schall JuS 75, 565, Suhr JA 85, 632; and. Dencker, Dünnebier-FS 457, Franzheim NJW 79, 2014, Hirsch LK 17 a [speziell zu den Lockspitzel-Fällen], Keller aaO 377 ff., Krekeler AnwBl. 87, 445 f., Lüderssen Jura 85, 119, Ostendorf/Meyer-Seitz StV 85, 79, Riegel NVwZ 85, 639, Seelmann ZStW 95, 808 ff.). Soll der Rechtsstaat nicht selbst ins Zwielicht geraten, so müssen einer Rechtfertigung nach § 34 hier allerdings enge Grenzen gesetzt sein: Sie setzt einerseits das Bestehen schwerer und schwerster Gefahren im sozialen Raum voraus, denen wegen des hier bestehenden Ermittlungsnotstands nur noch mit unorthodoxen Mitteln beizukommen ist (zur Notstandsfähigkeit von Gütern der Allgemeinheit o. 10, zur Gegenwärtigkeit der Gefahr o. 17), und sie kommt andererseits nur bei Taten in Betracht, die im Vergleich dazu nach Art und Schwere nicht ins Gewicht fallen und deshalb eine Irritation des allgemeinen Rechtsbewußtseins nicht besorgen lassen (vgl. im einzelnen zu den dort zwar in anderem gesetzlichen Zusammenhang genannten, in der Sache aber auch bei § 34 maßgeblichen Abwägungskriterien Evers NJW 87, 156 u. hier nur zu den in Betracht kommenden Delikten – zT sehr weitgehend – den Bericht des Arbeitskreises II der Innenministerkonferenz StV 84, 350 [krit. dazu die Stellungnahme des Justizmin. NRW ebd. 354], Krey u. a. aaO RN 555 ff.; zum Fall einer primär allerdings Tatbestandsfragen betreffenden staatlich inszenierten „Befreiungsaktion" für Terroristen, um über Lockspitzel in den harten Kern von Terrorgruppen einzudringen, vgl. Evers aaO 153, Kühne JuS 87, 188). Zur Bedeutung des tatprovozierenden Verhaltens für den provozierten Täter vgl. § 26 RN 21, ferner 131 vor § 32.

ε) In ihrer Bedeutung für die Rechtsordnung im ganzen sind auch Notstandshandlungen zu sehen, **41 d** wenn die drohende Gefahr einer allgemeinen Notlage (sog. **Sozialnot**) entspricht. Hier ist eine Rechtfertigung grundsätzlich zu verneinen, weil andernfalls das, was dem Täter erlaubt ist, auch allen anderen gestattet werden müßte, damit aber das verletzte Gesetz gegenstandslos würde (Lenckner, Notstand 118; vgl. auch Hirsch LK 38, wonach es hier schon an einer Gefahr iS des § 34 fehlen soll, u. dagegen Joerden GA 91, 412, Meißner aaO 226); nicht gerechtfertigt war daher das zusätzliche

Sichbeschaffen bewirtschafteter Lebensmittel vor der Währungsreform, um einen infolge der mangelhaften Versorgung drohenden Gesundheitsschaden abzuwenden (vgl. dazu Celle HESt. **1** 139, Kiel HESt. **1** 140, v. Weber MDR 47, 78).

41 e ζ) **Weitere Beispiele:** Unter dem Gesichtspunkt fundamentaler Rechtsprinzipien nicht gerechtfertigt nach § 34 ist eine zwangsweise Blutentnahme als einziges Mittel zur Erhaltung fremden Lebens, da dies dem Freiheitsprinzip schlechthin und der Menschenwürde widersprechen würde (E 62, Begr. 160, Blei I 167, Gallas, Mezger-FS 326, Jescheck/Weigend 364, Köhler 291, Lenckner aaO 117, M-Zipf I 388, Neumann NK 118, Samson SK 48, Schmidhäuser 332, W-Beulke 100; einschränkend Hirsch LK 68; zT and. BW-Mitsch 338, Kühl 298, Renzikowski aaO 269 f.; and. auch Delonge aaO 150 ff., Joerden GA 91, 426; ferner Roxin I 629, unter Hinweis auf § 81 a StPO und die Impfgesetze, womit jedoch der entscheidende Unterschied übersehen wird, daß es sich bei einer Blutspende um einen Akt mitmenschlicher Hilfsbereitschaft handelt, die nicht mit Brachialgewalt erzwungen werden darf). Die Menschenwürde ist es auch, die § 34 unanwendbar machen würde bei der Folterung eines gefangenen Terroristen, um so den Aufenthalt der mit dem Tode bedrohten Geisel in Erfahrung zu bringen (vgl. Neumann NK 118, Roxin I 651); ob dies allerdings auch noch bei einer atomaren Erpressung gilt, bei der ganze Völker in Gefahr sind, ist eine Frage, die man wohl besser nicht stellen sollte, weil hier auch ein Rechtsstaat an seine Grenzen stößt. – Aus anderen Gründen scheidet § 34 aus bei dem von einem mittellosen Kranken begangenen Diebstahl von Geld, um einen für die Heilung von einem schweren Leiden erforderlichen Sanatoriumsaufenthalt finanzieren zu können: Hier ist der Gedanke, daß die Behebung einer solchen Not ausschließlich eine öffentliche Aufgabe ist und daß deshalb der Staat, wenn er selbst die erforderlichen Mittel nicht zur Verfügung stellt, auch dem einzelnen keine weitergehende Opferpflicht auferlegen darf (Lenckner, Notstand 161 mwN; iE auch Hirsch LK 69, Jakobs 427).

42 4. **Keine Voraussetzung** für die Annahme eines überwiegenden Interesses ist das Bestehen einer **Schutzpflicht** des Täters zugunsten des bedrohten Guts (Düsseldorf VRS **30** 40, NJW **70**, 674, Hirsch LK 25), ebenso wie umgekehrt aus einer solchen keine weitergehenden Eingriffsrechte folgen (o. 4). Jedenfalls eine generelle Rechtfertigungsvoraussetzung ist, wie sich schon aus § 228 S. 2 BGB ergibt, nach h. M. auch das **Unverschuldetsein** der Notstandslage (zB RG **61** 255, BGH VRS **36** 24, Bay NJW **78**, 2046 m. Anm. Dencker JuS 79, 779 u. Hruschka JR 79, 125, Celle VRS **63** 449, Düsseldorf VRS **30** 444, Hamm VM **70**, 86, Köln VRS **56** 63, Delonge aaO 136 ff., Hirsch LK 70, Jescheck/Weigend 363, Küper, Notstand 21 ff., Lenckner aaO 103 ff., M-Zipf I 389, Neumann NK 93, Roxin I 633, Tröndle 6). Die Frage ist jedoch, ob die schuldhafte Herbeiführung der Gefahren- oder Notstandslage durch den Inhaber des „Erhaltungsguts" (bzw. durch das ihm zurechenbare Verhalten eines Dritten, vgl. dazu Küper aaO 151 ff.) bei der Interessenabwägung im Einzelfall nicht doch von Bedeutung sein kann (so zB BW-Mitsch 338, Dencker aaO, EB-Eser I 146, Herrmann, in: Eser/Fletcher [vor 4 vor § 32] 762, Hirsch LK 70, Jakobs 423, Kühl 288 f., Lackner/Kühl 2, Neumann NK 95 f., Otto I 130, Rengier KK-OWiG § 16 RN 54, Roxin I 634 u. eingehend Küper aaO 24 ff.; vgl. auch BGH NJW **76**, 680 m. Anm. Kienapfel JR 77, 27 u. Küper JZ **76**, 515, **89**, 2479 m. Anm. Eue JZ 90, 765 u. Bspr. Küpper JuS 90, 184, Delonge aaO 141 ff.; and. Hruschka aaO, GA 81, 241, Meißner aaO 252 f., Renzikowski aaO 54 ff., Runte aaO 349 ff.). Zu bejahen ist dies wegen der hier geminderten Schutzwürdigkeit des „Erhaltungsguts" zwar insofern, als der Täter in solchen Fällen eher auf ein milderes, aber weniger sicheres Mittel verwiesen werden kann (vgl. auch zu § 32 dort RN 57, 60). Ist dies aber nicht möglich, so kann die Auflösung des hier entstehenden Konflikts, anders als bei § 35 (vgl. dort RN 20), grundsätzlich nicht darin liegen, daß das an sich schutzwürdige „Erhaltungsgut" in einer hoffnungslosen Lage deshalb schutzlos gestellt wird, weil ihr Inhaber sich diese selbst zuzuschreiben hat. Es gilt dann vielmehr nichts anderes als bei § 228 BGB, dessen S. 2 – Ersatzpflicht bei Verschulden der Gefahr einschließlich der Notstandssituation (vgl. Soergel-Fahse, BGB, 12. A., § 228 RN 26). – die Rechtmäßigkeit der Notstandshandlung geradezu voraussetzt (vgl. aber auch Küper aaO 88 FN 290): Ebenso wie man sich von dem zum Angriff provozierten Hund nicht zerfleischen zu lassen braucht (§ 228 BGB), so ist zB die Rechtfertigung einer Geschwindigkeitsüberschreitung zur Rettung eines Schwerkranken nicht deshalb zu verneinen, weil dieser sich nicht rechtzeitig um ärztliche Hilfe bemüht hat (vgl. Düsseldorf VRS **30** 446), einer Unfallflucht nicht deshalb, weil der Täter den Unfall bedingt vorsätzlich herbeigeführt oder die Gefahr schwerer körperlicher Mißhandlung durch aufgebrachte Unfallzeugen miteinkalkuliert hat (and. Küper aaO 91 ff., Roxin I 635 [unter Hinweis auf die Möglichkeit von Notwehr]; offengelassen in BGH VRS **36** 23). Ausnahmen, in denen ein Verschulden zu Lasten des „Erhaltungsguts" auf das Abwägungsergebnis durchschlägt, sind allenfalls bei der vorsätzlichen Gefährdung eines disponiblen Guts denkbar, sofern dabei nur verhältnismäßig geringfügige Einbußen drohen (vgl. auch Jakobs 423). Im übrigen aber kann selbst eine absichtliche Notstandsprovokation eine iS des „Erhaltungsguts" positive Interessenbilanz nicht verändern (and. Küper aaO 33, M-Zipf I 389, Roxin I 634): So kann etwa die Schwangere nicht deshalb durch das Verbot eines lebensnotwendigen Schwangerschaftsabbruchs dem Tod überantwortet werden, weil sie, um den nach § 218a II (Sonderfall des § 34) zulässigen Eingriff zu erzwingen, die Lebensgefahr selbst herbeigeführt hat (vgl. aber auch BGH **3** 7, Küper aaO 123 ff.). Dies alles heißt freilich nicht, daß der Täter hier stets straflos bliebe: In diesen Fällen einer „in actu" gerechtfertigten Notstandshandlung kann Anknüpfungspunkt für eine Strafbarkeit bei reinen Erfolgsdelikten vielmehr bereits der Umstand sein, daß dieser den Notstand – d. h.

nicht nur die Gefahr, sondern auch die Notwendigkeit der Verletzung des „Eingriffsguts" – pflichtwidrig veranlaßt hat (daher Strafbarkeit der Schwangeren – nicht dagegen des Arztes – in dem genannten Beispiel nach § 218; sog. actio illicita in causa, vgl. 23 vor § 32, ferner Bay NJW **78**, 2046 [iE zutr., da Erfolgsdelikt; vgl. dazu auch Delonge aaO 136 ff., Küper aaO 136 ff.; and. Dencker JuS 79, 783], Celle VRS **63** 449, Hamm VM **70**, 86 [mit Recht abl. hier aber Küper aaO 133 ff.], BW-Mitsch 338, Blei I 163, Henkel aaO 135, Herzberg, Spendel-FS 229 ff., Jakobs 639 f., 541, Lenckner aaO 105, Luzón aaO [§ 32 vor RN 1] 363, Meißner aaO 253, Weber aaO [o. 26 a. E.] 32; and. jedoch Herrmann, in: Eser/Fletcher [vor 4 vor § 32] 762 ff., Hruschka 356 ff., JR 79, 125, JZ 84, 243, Neumann NK 98, Roxin I 635 f., u. bei der vorsätzlichen a. i. i. c. auch Küper aaO 59 ff.; offengelassen von BGH VRS **36** 25).

5. Die **Abwägung** der widerstreitenden Interessen geschieht durch ein vergleichsweises Bewerten, **43** was einen entsprechenden **Wertmaßstab** voraussetzt. In der Auffindung dieses Maßstabes, der es gestattet, die unterschiedlichen Wertgehalte der kollidierenden Interessen und ihre Rangfolge zu bestimmen, liegen die eigentlichen Probleme der Vorschrift. Selbstverständlich ist hier zunächst immer das (gesamte) **positive Recht** als Auskunftsmittel heranzuziehen (vgl. auch Köln VRS **75** 118), wobei es vielfach auch möglich sein wird, an Hand der einzelnen gesetzlichen Bestimmungen, ihrem Zusammenhang, allgemeinen Rechtsgrundsätzen usw. zu entnehmenden Wertungen zu entscheiden, welche Interessen im Einzelfall höher zu bewerten sind (vgl. näher Lenckner aaO 157 ff.). Von besonderer Bedeutung ist hier der Vergleich mit der gesetzlichen Entscheidung paralleler Kollisionsfälle (vgl. zB Küper, Nötigungsnotstand 112 ff. zur Bedeutung des § 455 II StPO bei der Bestimmung der unterschiedlichen Schutzwürdigkeit der Strafrechtspflege und des Lebens einer bedrohten Geisel in den „Freipressungsfällen"). Nur von sehr begrenztem Erkenntniswert sind dagegen die in ihrer Aussagekraft früher weit überschätzten (vgl. zB RG **61** 266, München NJW **72**, 2276) gesetzlichen Strafdrohungen, die für den Rang eines Rechtsguts nur indizielle Bedeutung haben (vgl. auch BGH MDR/D **75**, 722), weil die Höhe der angedrohten Strafe auch durch mannigfache andere Faktoren (Begehungsmodalität, kriminalpolitische Gesichtspunkte usw.) bestimmt wird (Hirsch LK 56, Kühl 277, Lenckner aaO 157 f., Roxin I 620, JuS 76, 510, Stratenwerth 142). Auch kann daraus, daß ein Gut nur zivilrechtlich geschützt ist, nicht schlechthin auf seine Geringerwertigkeit gegenüber den strafrechtlichen Rechtsgütern geschlossen werden (zB allgemeines Persönlichkeitsrecht einerseits, Eigentum andererseits). Davon abgesehen würden Art und Höhe einer Sanktion Schlüsse auch nur bezügl. der abstrakten gesetzlichen Bewertung der fraglichen Guts zulassen, auf die es bei der Interessenabwägung nach S. 1 zwar auch, aber nicht ausschließlich ankommt (o. 2, 22). Lediglich einen Anhaltspunkt gibt auch die Reihenfolge der in § 34 genannten Güter (BGH MDR/D **75**, 723). Nur als Grundsatz ist es deshalb auch zu verstehen, daß Persönlichkeitswerten im allgemeinen Vorrang vor Sachgütern zukommt (vgl. Hirsch LK 56, Roxin I 621, aber auch Jakobs 422); im Einzelfall kann freilich auch hier etwas anderes gelten, so zB aus den o. 30 genannten Gründen oder wegen der Vielzahl der ihnen gegenüberstehenden Interessen (vgl. Krey ZRP 75, 99) oder bei nur geringfügigen Eingriffen in Persönlichkeitsgüter (zB Entnahme von Leichenblut zur Feststellung einer die Hinterbliebenenrente ausschließenden Trunkenheitsfahrt, Frankfurt NJW **75**, 271, Roxin I 620, JuS 76, 511; and. Geilen JZ 75, 383; vgl. auch Frankfurt NJW **77**, 859). Angesichts der Notwendigkeit derart komplexer Erwägungen, wie sie § 34 voraussetzt (instruktiv Küper JZ 76, 517 zu BGH NJW **76**, 680), wird man allenfalls als grobe Richtlinie den Satz aufstellen können, daß eine Rechtfertigung am ehesten bei Verletzung formaler Ordnungsbelange möglich ist (vgl. Köln VRS **75** 116: Parkverstoß; and. Arzt, Rehberg-FS 36 ff.) und daß sie an um so strengere Anforderungen gebunden ist, je persönlichkeitsnäher das verletzte Rechtsgut ist, um schließlich im Bereich der Höchstwerte überhaupt auszuscheiden (Blei I 168, W-Beulke 99; vgl. auch Samson SK 53). Daß Güter des einzelnen schlechthin den Vorrang vor solchen der Allgemeinheit haben, kann dagegen dem geltenden Recht ebensowenig entnommen werden wie der umgekehrte Grundsatz (vgl. auch Bay NJW **53**, 1603, Köln NJW **52**, 839, Küper, Nötigungsnotstand 106, M-Zipf I 383).

Auch bei Ausschöpfung aller Erkenntnismöglichkeiten kann an Hand des positiven Rechts jedoch **44** nicht immer mit Sicherheit entschieden werden, welche Interessen im Einzelfall höher zu bewerten sind. Hier liegt es daher nahe, auf **außerrechtliche Wertungen** zurückzugreifen, wobei in diesem Zusammenhang vielfach auf die „anerkannten Wertvorstellungen der Allgemeinheit", die „Anschauungen der Sozialethik", „in der Gemeinschaft herrschenden Kulturanschauungen" usw. verwiesen wird (Nachw. bei Lenckner aaO 166, ferner Hirsch LK 57). Aber auch hier ergeben sich Schwierigkeiten, weil darüber, was in der konkreten Situation höher zu bewerten ist, die in der Gemeinschaft bestehenden Anschauungen oft ebensowenig eine eindeutige Antwort geben wie eine einer sicheren Einsicht nicht zugängliche Wertordnung selbst. Nicht selten wird daher die im Rahmen der Interessenabwägung erforderliche Wertentscheidung auf eine Eigenwertung des Richters hinauslaufen, was dann in der Tat dazu führt, daß hier immer „ein letzter Schuß irrationaler Erwägung" hinzukommt (Gallas, Niederschr. Bd. 12, 164/165, Roxin I 620, JuS 76, 511); näher zum Ganzen vgl. Heinitz aaO 283 ff., Lenckner aaO 180 ff.

6. Mißverständlich ist das in S. 1 genannte Erfordernis eines „**wesentlichen**" Überwiegens des **45** geschützten Interesses. Nach dem E 62 (Begr. S. 159) sollte damit verhindert werden, daß eine Rechtfertigung schon dann eintritt, wenn die kollidierenden Interessen im Wert nicht wesentlich verschieden sind (vgl. dagegen Delonge aaO 167 ff., 178 ff., wonach – entgegen dem Gesetzeswortlaut –

sogar Gleichwertigkeit genügen soll; für die Möglichkeit eines „Strafunrechtsausschlusses" in diesen Fällen auch Günther aaO 328 u. dagegen Roxin I 663). Vielfach wird daher für das Überwiegen ein „qualifiziertes" Interessenübergewicht verlangt (zB Bergmann JuS 89, 111, Blei I 166, Hirsch LK 76, Jakobs 426, Krey u. a. aaO RN 585, M-Zipf I 385, Neumann aaO 87, NK 21, 67, Rengier KK-OWiG § 16 RN 38, Renzikowski aaO 240 ff.). Nach dem Grundgedanken der Vorschrift kann es auf ein solches aber nicht ankommen: Da S. 1 in der Sache nichts anderes sein kann als die Wiedergabe des allgemeinen Rechtfertigungsprinzips des überwiegenden Interesses, bei dem zu fragen ist (o. 22), ob das mit der Tat geschützte Interesse höher zu veranschlagen ist als das Interesse an der Unterlassung der fraglichen Handlung – dazu, daß S. 2 für die Bewertung der Notstandshandlung keine zusätzlichen Gesichtspunkte mehr liefert, u. 46 –, sind begrifflich die Voraussetzungen für eine Rechtfertigung schon gegeben, wenn überhaupt ein Übergewicht in diesem Sinn besteht. Richtigerweise hat deshalb das Merkmal „wesentlich" nur eine – im Hinblick auf die o. 43 f. genannten Wertungsschwierigkeiten allerdings berechtigte – Klarstellungsfunktion: Es soll sicherstellen, daß ein „überwiegendes Interesse" (und damit eine Rechtfertigung) nur dann angenommen wird, wenn dies zweifelsfrei oder jedenfalls nahezu eindeutig ist (vgl. auch BW-Mitsch 339, EB-Eser I 146, Lackner/Kühl 6, Roxin I 647, Oehler-FS 184, Stratenwerth 143 u. näher Küper GA 83, 296, Lenckner aaO 150 ff.; für einen „Beurteilungsspielraum" in Ausnahmefällen jedoch Krey ZRP 75, 100 u. krit. dazu Küper, Nötigungsnotstand 98 ff.). Die Unsicherheit des Maßstabs dem Täter zugute zu halten und Zweifel in der Bewertung daher zu seinen Gunsten zu berücksichtigen (vgl. Grünewald ZStW 73, 35 ff.), ist hier schon deshalb nicht möglich, weil es bei § 34 immer auch darum geht, was der von der Tat Betroffene an Einbußen hinnehmen muß, diesem aber eine Duldungspflicht nur auferlegt werden kann, wenn feststeht, daß der Täter ein vorzugswürdiges Interesse schützt (Küper GA 83, 297, Lenckner aaO 177 ff., Roxin I 647; vgl. auch Stratenwerth 144). Empfehlenswert ist daher nach Bejahung eines überwiegenden Interesses immer auch eine Überprüfung des Abwägungsergebnisses aus der Sicht des Betroffenen, indem gefragt wird, ob dieser sich den Eingriff wirklich gefallen lassen muß („Notwehrprobe"; vgl. § 15 AE, Küper GA 83, 297 f., M-Zipf I 382, Stree JuS 73, 464). Zu den Folgen beim Irrtum vgl. jedoch u. 51.

46 V. Die der sog. Zwecktheorie (6 vor § 32 und o. 2 a. E.) entnommene **Angemessenheitsklausel** des § 34 S. 2 wurde der Interessenabwägungsklausel des S. 1 angefügt, um ein zusätzliches Korrektiv zu gewinnen, durch das sichergestellt werden soll, daß eine Rechtfertigung nur dann angenommen wird, wenn „das Verhalten des Notstandstäters auch nach den anerkannten Wertvorstellungen der Allgemeinheit als eine sachgemäße und dem Recht entsprechende Lösung der Konfliktslage erscheint" (Begr. zu § 39 E 62, S. 159, BT-Drs. V/4095 S. 15; für diese selbständige Funktion des S. 2 auch Amelung/Schall JuS 75, 569, Gallas ZStW 80, 26, Grebing GA 79, 93 ff., Hruschka JuS 79, 390, Jakobs 411, 352, Jescheck/Weigend 363, Joerden GA 91, 411 ff., Kühl 297, Lackner/Kühl 6, Meißner aaO 182 ff., M-Zipf I 386, Neumann aaO 89, NK 21, Renzikowski aaO 251 ff., Stratenwerth 144, Tröndle 12, Unberath JRE 95, 442, W-Beulke 92; enger Samson SK 52; vgl. auch BGH NJW **76**, 680 m. Anm. Kienapfel JR 77, 27 u. Küper JZ 76, 517, Perron aaO 110 f.). In Wahrheit läuft S. 2 jedoch leer, weil auch die Frage, ob die Handlung das zum Schutz des bedrohten Guts „angemessene Mittel" ist, nur durch eine umfassende Abwägung aller im konkreten Fall für und gegen ihre Zulässigkeit sprechenden Umstände beantwortet werden kann. Eben diese Abwägung erfolgt aber schon in S. 1, und zwar, wenn die Interessenabwägungsklausel richtig verstanden wird, in der gleichen umfassenden Weise. Raum für einen selbständigen Wertungsvorgang nach S. 2 bliebe deshalb nur, wenn der Rahmen der Abwägung nach S. 1 enger gezogen und dort nur ein Teil der für die Gesamtentscheidung relevanten Gesichtspunkte in Ansatz gebracht würde. Doch wäre dies eine willkürliche Verengung des Interessenabwägungsgrundsatzes, die in der Sache nichts einbringt und die überdies auch gar nicht möglich ist, weil es keine Kriterien gibt, nach denen eine sachliche partielle Umverteilung der insgesamt abzuwägenden Faktoren von S. 1 auf S. 2 möglich ist. Ebensowenig ist die für S. 2 in Anspruch genommenen „anerkannten Wertvorstellungen der Allgemeinheit" ein neuer und zusätzlicher Gesichtspunkt, der erst mit S. 2 zur Geltung gebracht würde, denn in Wahrheit sind diese nichts anderes als ein (möglicher) Abwägungsmaßstab, wie er schon nach S. 1 notwendig ist, wenn es um die Frage geht, ob das geschützte Interesse wesentlich überwiegt (u. 44). S. 2 ist daher überflüssig (AE, AT, 2 A., Begr. 53, BW-Mitsch 340, Hirsch LK 3, 78 ff., Krey ZRP 75, 98, Lenckner aaO 70 ff., 128 ff., 146 ff., Merkel aaO 191, Otto I 130, Schröder, Eb. Schmidt-FS 293, Stree JuS 73, 464, iE bzw. weitgehend auch EB-Eser I 147, Noll ZStW 77, 29, Roxin I 648 ff.). Wenn überhaupt, hat S. 2 nur die Bedeutung, einer bloßen „Kontroll-Klausel", was praktisch auf die „Notwehrprobe" hinausläuft (Hirsch aaO).

47 Dies zeigen auch die Beispiele, mit denen die angebliche Notwendigkeit des S. 2 begründet wird. So folgt nicht erst aus S. 2, daß das Bestehen einer besonderen Gefahrtragungspflicht einer Rechtfertigung entgegenstehen kann (so jedoch E 62 S. 159, BT-Drs. V/4095 S. 15, Jescheck/Weigend 364, M-Zipf I 385 f., Neumann aaO 87 f., NK 100, Tröndle 13 ff.), vielmehr kann dieser Umstand, der ebenso wie zB der Grad der Gefahr das Maß der Schutzwürdigkeit des Interesses an der Erhaltung des fraglichen Guts mitbestimmt, ebensogut und mit dem gleichen Ergebnis in der Interessenabwägung nach S. 1 berücksichtigt werden (o. 34, Küper JZ 80, 755, Lugert aaO 81). Ebensowenig bedarf es des S. 2, wenn das bedrohte Gut in der konkreten Situation nicht schutzbedürftig ist (and. M-Zipf I 387), da hier schon das Bestehen einer Notstandslage zu verneinen sein dürfte (o. 9), spätestens aber die

Abwägung nach S. 1 zu einem negativen Ergebnis führt. Ferner ergibt sich die für staatliches Handeln uU bestehende „Rückgriffssperre" auf § 34 und die Bindung an ein besonders geregeltes Verfahren bereits aus S. 1 (o. 7, 41). Auch der hier immer wieder ins Feld geführte Fall der erzwungenen Blutentnahme zur Rettung eines Schwerverletzten (E 62 aaO, BT-Drs. V/4095 S. 15, Tröndle 16), kann nicht erst durch S. 2, sondern schon mit Hilfe des S. 1 gelöst werden: Hier ist es nicht nur das Interesse an der Körperintegrität, das gegen das Lebensinteresse des Verletzten abzuwägen ist, vielmehr ist in diese Abwägung auch das Interesse der Rechtsgemeinschaft an der Wahrung der Personenautonomie als einem Grundprinzip unserer Rechtsordnung einzubeziehen (o. 38, 41 c; and. Gallas ZStW 80, 26, Joerden GA 91, 426, Meißner aaO 211, Unberath JRE 95, 448 f.). Erst recht nicht folgt erst aus dem „soweit" des S. 2, daß der Täter stets das schonendste Mittel zu wählen hat (E 62, Begr. 160), vielmehr ergibt sich diese Einschränkung schon aus dem in S. 1 enthaltenen Grundsatz der Erforderlichkeit; dasselbe gilt für die Fälle, in denen für die Gefahrabwendung ein rechtlich geordnetes Verfahren zur Verfügung steht (and. Samson SK 52). Schließlich ist es nicht erst S. 2, wo sich die Frage stellt: „Was wäre wohl, wenn das jeder täte" (so aber Joerden GA 91, 414 ff.: S. 2 als „regelutilitarisches Korrektiv"): Der Ort dafür ist gleichfalls schon S. 1, wo ein Abwägungsfaktor auch die Bedeutung für die Rechtsordnung im ganzen ist (o. 40; besonders deutlich zB bei der Sozialnot o. 41 d); jedenfalls aber ist der Wertungsmaßstab für die Interessenabwägung (o. 43) nach S. 1 immer ein solcher, die der von vornherein bereits auf die Verallgemeinerungsfähigkeit der danach zu findenden Ergebnisse angelegt ist (vgl. auch Roxin I 650).

VI. Als **subjektives Rechtfertigungselement** (vgl. 13 ff. vor § 32) wird meist der **Rettungswille** 48 verlangt (vgl. zB BGH **2** 114, Schleswig VRS **30** 464, BW-Mitsch 340, Hirsch LK 45 ff., Jescheck/Weigend 365, Lackner/Kühl 5, M-Zipf I 388, Otto I 131, Perron aaO 113, Samson SK 54, Schmidhäuser 335, Tröndle 18). Doch ist hier zu unterscheiden: Ein Rettungswille iS einer Rettungsabsicht ist nur in den in 16 vor § 32 genannten Fällen erforderlich, während es im übrigen genügt, wenn der Täter in Kenntnis der rechtfertigenden Sachlage oder jedenfalls im Vertrauen auf ihr Vorliegen das objektiv Richtige tut (Kühl 303); daß er zum Zweck der Rettung handelt oder durch die Gefahr motiviert ist, kann hier für den „Rettungswillen" dagegen nicht verlangt werden (vgl. auch Karlsruhe JZ **84**, 240 m. Anm. Hruschka, Lackner/Kühl 5, Neumann NK 106; zT and. Alwart GA 83, 455 f.; näher dazu 14 vor § 32, Lenckner aaO 189 u. entsprechend zum Verteidigungswillen bei § 32 dort RN 63). Auch die Worte „um . . . abzuwenden" haben in § 34 insoweit daher eine andere Bedeutung als in § 35 (vgl. dort RN 16: Motiv). So rechtfertigt zB der Transport des schwerverletzten Unfallopfers in das nächste Krankenhaus das Sich-Entfernen vom Unfallort (§ 142 I) auch dann, wenn der Täter darin nur eine willkommene Gelegenheit sieht, den polizeilichen Ermittlungen vorläufig zu entgehen (vgl. auch Neumann NK 106, Rengier KK-OWiG § 16 RN 47 f.); ebenso ist § 34 nicht deshalb unanwendbar, weil es dem professionellen Fluchthelfer nur um den Gewinn und nicht um die Gründe des Flüchtlings geht (Neumann NK 106, Roxin I 654; and. BGH MDR **79**, 1039). Handelt der Täter in Unkenntnis der rechtfertigenden Notstandslage, so bleibt die Tat zwar rechtswidrig, doch handelt es sich hier nur um das Unrecht des Versuchs (umstr., vgl. näher 15 vor § 32; and. auch hier nur in den in 16 vor § 32 genannten Fällen: Vollendung). Nur ein Wahndelikt liegt vor, wenn der Täter infolge falscher Interessenbewertung und -abwägung glaubt, Unrecht zu tun (u. 51).

Keine subjektive Rechtfertigungsvoraussetzung ist die **pflichtgemäße Prüfung** durch den Täter 49 (vgl. 18 vor § 32). Die von der Rspr. zum früheren übergesetzlichen Notstand erhobene Forderung, der Täter müsse das Bestehen einer Notstandslage gewissenhaft geprüft und die kollidierenden Güter pflichtgemäß abgewogen haben (so schon RG **61** 255, **62** 138, ferner zB BGH **2** 114, **3** 10, **14** 2, NJW **51**, 770, Bay NJW **53**, 1603, JR **56**, 307, Celle MDR **69**, 778, Hamm VRS **20** 233, **36** 27), ist bei der h. M. im Schrifttum mit Recht auf Ablehnung gestoßen (vgl. zB EB-Eser I 149, Hirsch LK 77, 90, Jescheck/Weigend 365, 466, Kühl 304, Küper, Notstand 115 ff., Lackner/Kühl 13, Lenckner aaO 168 ff., H. Mayer-FS 165, M-Zipf I 389, Neumann NK 110, Rudolphi, Schröder-GedS. 78, 84 f., Samson SK 55, Schmidhäuser 335, Stratenwerth 146, Tröndle 18, Wolter, Objektive u. personale Zurechnung 169 f.; and. BW-Mitsch 340 f., Blei I 170). Ist der Täter – iE zutreffend – vom Vorliegen der objektiven Rechtfertigungsvoraussetzungen ausgegangen, so kann ihm die Rechtfertigung nicht deshalb versagt werden, weil er, obwohl dies nichts geändert hätte, die Sachlage nicht sorgfältig geprüft hat; denn das Eingriffsrecht besteht nicht, wenn und weil der Täter das Vorliegen einer Gefahr pflichtgemäß geprüft hat, sondern es folgt unabhängig davon aus der Gefahr selbst. Waren umgekehrt die objektiven Notstandsvoraussetzungen nicht gegeben, so handelt es sich um ein Problem des Irrtums. Für § 34 kann die frühere Rspr. ohnehin nicht aufrechterhalten werden, da dessen Wortlaut eine solche Einschränkung nicht zuläßt (and. Blei I 170) und dies nach der Begr. zu § 39 E 62 (160) offensichtlich auch nicht gewollt war, wo darauf hingewiesen wird, daß die Verletzung einer Prüfungspflicht nur beim Irrtum von Bedeutung sei. Daran hat sich auch durch den Verzicht auf die besondere Irrtumsvorschrift des § 39 II E 62 nichts geändert.

VII. Bei irriger Annahme eines nach § 34 rechtfertigenden Sachverhalts (**Putativnotstand,** zB 50 irrige Annahme einer Gefahr oder eines Sachverhalts, der im Fall seines Vorliegens die Bejahung eines überwiegenden Interesses gerechtfertigt hätte) gilt § 16 entsprechend (zB Koblenz NJW **88**, 2316 m. Bespr. Mitsch JuS 89, 964 u. zu § 12 OWiG of Hamm VRS **41** 143, **43** 289; vgl. auch Hamm VRS **14** 431, Düsseldorf VRS **30** 446, Oldenburg VRS **29** 266; näher dazu 19, 60 vor § 13, § 16 RN 14 ff. u. 21 vor § 32), wobei, was die Fahrlässigkeit betrifft, die besondere Situation des Täters (Zwang zur raschen Entscheidung) zu berücksichtigen ist. Die in der Reformdiskussion abgelehnte Sonderregelung des § 39 II E 62 (zB Arthur Kaufmann ZStW 76, 571, Roxin ZStW 76, 587, Schröder, Eb. Schmidt-FS 294; vgl. aber auch Dreher, Heinitz-FS 226 ff.) wurde bewußt nicht übernommen; unzulässig wäre es deshalb auch, wenigstens die Rechtsfolgen des Putativnotstands nach den Regeln der strengen Schuldtheorie zu bestimmen oder – was ein Verstoß gegen Art. 103 II GG wäre – § 35 II analog anzuwenden (vgl. auch Neumann NK 111; and. Hirsch LK 91).

51 Ein **Verbotsirrtum** (§ 17) liegt dagegen vor, wenn sich der Täter über die rechtlichen Grenzen des § 34 irrt (zum Fall des sog. Doppelirrtums vgl. Koblenz NJW **88**, 2316 m. Bspr. Mitsch JuS 89, 964 u. entsprechend § 32 RN 65). Um einen – praktisch besonders wichtigen – Fall des Verbotsirrtums handelt es sich auch, wenn der Täter die den Interessenkonflikt kennzeichnenden Umstände zwar richtig erkennt, aber auf Grund fehlerhafter Bewertung und Abwägung zu dem unzutreffenden Ergebnis kommt, daß das geschützte Interesse wesentlich überwiege bzw. – was das gleiche bedeutet – die Tat das angemessene Mittel sei (BGH **35** 350 u. näher zu der besonderen Problematik dort [„Katzenkönig-Fall"] Küper JZ 89, 621 ff., Schumann NStZ 90, 34 f., ferner Düsseldorf NJW **90**, 2264, Hamm VRS **41** 143, Köln NJW **82**, 2740, Koblenz NJW **88**, 2316, Grebing GA 79, 94). Ein Verbotsirrtum ist dies deshalb, weil die fraglichen Rechtfertigungsvoraussetzungen der besonderen Gruppe der „gesamttatbewertenden" Merkmale zuzurechnen sind und der Irrtum hier nicht die Bewertungsgrundlagen, sondern die Bewertung selbst betrifft (vgl. Jescheck/Weigend 248, 466, im Anschluß an Roxin, Offene Tatbestände und Rechtspflichtmerkmale, 1959; vgl. dazu § 16 RN 20/21). Von besonderer Bedeutung ist in diesem Fall die Frage der Vermeidbarkeit des Irrtums. Bleibt das Ergebnis der Abwägung zweifelhaft, so hat dies nach dem o. 45 Gesagten zwar nicht die Folge, daß zugunsten des Täters von der Rechtmäßigkeit seines Tuns auszugehen wäre. Wohl aber wird man dem Täter, der sich hier immer darauf berufen wird, daß er seine Abwägung für richtig gehalten habe, diesen Irrtum nicht vorwerfen dürfen (näher Lenckner JuS 68, 310). Hier – aber auch erst an dieser Stelle – erweist sich deshalb der Satz als richtig, daß die Unsicherheit des Wertmaßstabs dem Täter zugute gehalten werden muß.

52 **VIII.** Bei Überschreitung der Grenzen des Erforderlichen (**Notstandsexzeß**; vgl. Bay **59**, 40) bleibt die Handlung zwar rechtswidrig, doch ist das Unrecht gemindert, was bei der Strafzumessung zu berücksichtigen ist (22 vor § 32). Bei unvorsätzlicher Überschreitung gilt das o. 50 Gesagte; eine entsprechende Anwendung des § 33 ist hier allenfalls in den Fällen des Defensivnotstands (o. 30) vertretbar (vgl. Hirsch LK 92, Dreher-FS 229 f., für § 228 BGB auch Roxin I 868; s. auch Herzog NK § 33 RN 17; and. zB Jakobs 388, Spendel LK § 33 RN 76), im übrigen aber angesichts der eindeutigen gesetzlichen Regelung nicht möglich (Roxin, Bockelmann-FS 283; s. auch Hardtung ZStW 108, 54 FN 108; and. zB Rudolphi SK § 33 RN 1 a, Stratenwerth 184). Um Fälle geminderten Unrechts handelt es sich auch, wenn sonst eine Situation gegeben ist, welche die Voraussetzungen des § 34 nicht erfüllt, diesen aber doch mehr oder weniger nahekommt (bes. deutlich, wenn das geschützte Interesse nicht wesentlich hinter dem beeinträchtigten zurückbleibt).

53 **IX. Einzelfälle.** Einen rechtfertigenden Notstand hat die Rspr. u. a. in folgenden Fällen *bejaht oder für möglich gehalten:* § 123: Hausfriedensbruch von Kontaktpersonen der Polizei zur Aufdeckung von Rauschgifthandel (München NJW **72**, 2275; vgl. o. 41 c). – *§ 142:* Verlassen der Unfallstelle, um Mißhandlungen zu entgehen (BGH VRS **25** 196, **30** 281, **36** 25). – *§ 168:* Organtransplantation, sofern Einwilligung der Angehörigen nicht eingeholt werden kann (LG Bonn JZ **71**, 56; o. 20); Entnahme einer Blutprobe auch bei tödlich Verunglückten zur Feststellung der die Hinterbliebenenrente ausschließenden Trunkenheit (Frankfurt JZ **75**, 379, aber auch Frankfurt NJW **77**, 859; vgl. dazu jetzt die ausdrückliche Regelung in § 1559 IV RVO). – *§ 201:* heimliche Aufnahme von beleidigenden Äußerungen zur Ermöglichung einer Privatklage oder zivilrechtlichen Ehrenschutzklage (BGH NStZ **82**, 254, Frankfurt NJW **67**, 1047), Abhören u. Aufnehmen von Gesprächen als Beweismittel für Scheidungsverfahren (KG NJW **67**, 115; and. Stuttgart MDR **77**, 683); Vorlage eines einem Verteidiger zugespielten Tonbands mit einem Gespräch zwischen Staatsanwalt und Richter, wenn nur auf diese Weise ein Ablehnungsantrag nach § 24 StPO glaubhaft gemacht werden kann (Frankfurt NJW **79**, 1172; vgl. ferner § 201 RN 31 ff.). – *§ 203:* Verletzung der Schweigepflicht zur sachgemäßen Verteidigung im Strafprozeß (RG JW **35**, 2637, BGH **1** 366), zur gerichtlichen Geltendmachung einer Honorarforderung (Oldenburg [Z] NJW **92**, 759), im Interesse der Verkehrssicherheit (BGH NJW **68**, 2288, München MDR **56**, 565) bzw. zur Verhinderung einer gefährlichen Ansteckung (RG **38** 62, Frankfurt a. M. [Z] NJW **00**, 875 m. Anm. Bender VersR **00**, 323 u. Bspr. Spickhoff NJW **00**, 848, MedR **00**, 196 [HIV-Infenktion]) bzw. zur Aufklärung von Angehörigen über lebensgefährlichen Zustand eines Patienten (BGH JZ **83**, 151); vgl. § 203 RN 30 ff. – *§ 218:* Medizinisch indizierte Schwangerschaftsunterbrechung (RG **61** 242, **62** 137, BGH **2** 111, **3** 7); vgl. jetzt § 218 a. – *§ 223:* Operation eines nichteinwilligungsfähigen Kindes bei pflichtwidriger Verweigerung der Einwilligung durch die Eltern (RG **74** 350). – *§ 239:* zeitweilige Einschließung eines gefährlichen Geisteskranken (BGH **13** 197; o. 31). – *§ 240:* gewaltsame Wegnahme des Zündschlüssels zur Verhinderung der Fahrt eines betrunkenen Kraftfahrers (Frankfurt NStZ-RR **96**, 136, Koblenz NJW **83**, 1991; o. 31). – *§ 246* (auch *§ 266*): vorübergehende Inanspruchnahme anvertrauter Gelder zur Abwendung eines hohen materiellen und immateriellen Schadens (BGH **12** 299; o. 26). – *§ 259:* Beschaffung von Wehrmachtsbenzin zur Versorgung der Zivilbevölkerung mit lebenswichtigen Gütern (RG **77** 115). – *§ 267:* Vorlage eines gefälschten Ausweispapiers bei Einreise in die Bundes-

republik durch einen in seinem Heimatland an Leib und Leben gefährdeten Flüchtling. – *§ 316:* Einsatzfahrt eines Fahrers der freiwilligen Feuerwehr (Celle VRS **63** 449); Trunkenheitsfahrt zur Unfallstelle zum Zweck der Hilfeleistung (Hamm VRS **20** 233; vgl. aber auch Hamm NJW **58**, 271, VRS **36** 27, Karlsruhe MDR **72**, 885, Koblenz NJW **88**, 2316; o. 28). – *§ 324:* Gewässerverunreinigung durch Erfüllung der Gewässerunterhaltungspflicht (GenStA Celle NJW **88**, 2394) oder durch Einsatz eines Bilgenentölerboots zur Abwendung größerer Umweltschäden (LG Bremen NStZ **82**, 164; o. 26). – *Nebenstrafrecht:* Einfuhr unverzollter Waren in das besetzte Ruhrgebiet zur Erhaltung der Wirtschaft (RG **62** 46); Ablagerung von Fäkalien entgegen §§ 4, 18 AbfG zur Vermeidung des Umkippens eines LKW (Bay NJW **78**, 2046; o. 42); zur Frage der Rechtfertigung von Verstößen gegen Preis- und Bewirtschaftungsvorschriften zur Sicherung von Produktion und Arbeitsplätzen eines Betriebs vgl. die Nachw. o. 9, 35; zum rechtfertigenden Notstand bei Verkehrsordnungswidrigkeiten vgl. die Nachw. o. 28.

Verneint wurde ein rechtfertigender Notstand u. a. in folgenden Fällen, wobei die genannten **54** Entscheidungen freilich nicht ohne weiteres verallgemeinert werden können, da die Frage der Interessenabwägung zT mit dem Hinweis darauf offengelassen wurde, daß die Tat nicht das erforderliche oder geeignete Mittel gewesen sei oder daß der Täter seiner Prüfungspflicht (o. 49) nicht nachgekommen sei: *§ 123:* „Hausbesetzungen" und begleitende Aktionen unter Berufung auf Fehlentwicklungen in der Wohnungs- oder Baupolitik (Düsseldorf NJW **82**, 2678); „Besetzung" eines Militärlagers als demonstrativer Akt gegen Raketenaufstellung (Stuttgart OLGSt. § 123 **Nr. 2** [auch zu § 303]). – *§ 129:* Teilnahme an einer kriminellen Vereinigung zur Durchsetzung des Selbstbestimmungsrechts der Südtiroler (BGH NJW **66**, 310). – *§ 142:* Entfernung vom Unfallort wegen einer nicht dringenden ärztlichen Behandlung (Koblenz VRS **57** 13) oder zur Wahrnehmung geschäftlicher Angelegenheiten (Stuttgart MDR **56**, 245). – *§ 154:* Meineid vor DDR-Gericht zur Abwendung einer Lebensgefahr, aber nicht einer gleichzeitigen Gefährdung eines anderen (BGH GA **55**, 178). – *§ 201:* Abhören von Telefongesprächen zur Beschaffung von Beweisen für Ehescheidungsverfahren (Stuttgart MDR **77**, 683; and. KG NJW **67**, 115); heimliche Aufnahme eines Gesprächs zum Zweck seiner auditiv-phonetisch-sprachwissenschaftlichen Auswertung als Beweismittel (BGH **34** 39); vgl. näher § 201 RN 31 ff. – *§ 203:* Abtretung einer Honorarforderung zum Zweck der Einziehung und gerichtlichen Geltendmachung (Oldenburg NJW **92**, 758); Offenbarung eines von einer Patientin ausdrücklich als Geheimnis anvertrauten sexuellen Mißbrauchs durch einen Diplom-Psychologen gegenüber der Supervision ohne vorhergehenden Versuch, den als Folge des Mißbrauchs befürchteten psychischen Störungen durch eigene therapeutische Bemühungen entgegenzuwirken (Bay JR **96**, 476 m. Anm. Gropp). – *§ 212:* Tötung angeblicher Landesverräter in der „Schwarzen Reichswehr" (RG **63** 224, **64** 104); Tötung von DDR-Grenzsoldaten bei Flucht aus der DDR (Hamm JZ **78**, 610). – *§ 222:* andere Verkehrsteilnehmer gefährdende Fahrweise (mit tödlichem Unfall) zur Rettung einer Selbstmörderin (Karlsruhe VRS **46** 275). – *§ 223 a:* Prügelstrafe gegen Kriegsgefangene zur Bekämpfung von Diebstählen (BGH NJW **51**, 769). – *§§ 239, 240:* Blockadeaktionen von Atomwaffengegnern (Köln NStZ **85**, 550; zu § 16 OWiG i. V. mit § 29 I Nr. 2 VersG vgl. Celle NdsRpfl. **86**, 104). – *§ 259:* Erwerb von gestohlenen Paßformularen aus dem Betrieb eines gewerblichen Fluchthilfeunternehmens (BGH MDR **79**, 1039). – *§ 266:* Verwendung von Mandantengeldern zur Verhinderung des Zusammenbruchs einer Anwaltspraxis (BGH NJW **76**, 680; o. 26). – *§ 316:* Trunkenheitsfahrt (1,81‰) zum Transport eines nicht lebensgefährlich Verletzten ins Krankenhaus (Koblenz NJW **88**, 2316; vgl. auch Köln BA **78**, 219 sowie o. 28). – *§§ 324 ff.:* gesundheitsschädliche Emissionen bzw. Gewässerverunreinigung zur Sicherung der Arbeitsplätze und Produktion eines Betriebes (BGH MDR/D **75**, 723, Stuttgart DB **77**, 347, StA Mannheim NJW **76**, 585; o. 23, 35, 41). – *§ 354 aF:* Öffnung eines beleidigenden Briefs (RG JW **28**, 662); Schalten einer Zählvergleichseinrichtung im Telefondienst u. Mitteilung der entsprechenden Daten an den Fernsprechteilnehmer bei belästigenden u. beleidigenden Anrufen (Saarbrücken NStZ **91**, 386); bei § 206 nF ist § 34 hingegen generell nicht mehr anwendbar (vgl. § 206 RN 14). – *Nebenstrafrecht:* Devisenvergehen zum Schutz von Vermögenswerten von Bankkunden (BGH GA **56**, 382); Besitz von Betäubungsmitteln (§ 29 I Nr. 3 BtMG), um diese der Polizei zuzuspielen (BGH StV **88**, 232); Befahren einer gesperrten Straße zur Durchführung eines Transports (Bay JR **56**, 307); Abschuß von Wild während der Schonzeit zur Abwehr von Wildschaden (Bay NJW **53**, 1563); Kriegsdienstverweigerung (§§ 15, 20 WStG) ohne Rücksicht auf das Ergebnis des Anerkennungsverfahrens (Bay JR **77**, 117). Zum Verkehrsrecht o. 28.

§ 35 Entschuldigender Notstand

(1) **Wer in einer gegenwärtigen, nicht anders abwendbaren Gefahr für Leben, Leib oder Freiheit eine rechtswidrige Tat begeht, um die Gefahr von sich, einem Angehörigen oder einer anderen ihm nahestehenden Person abzuwenden, handelt ohne Schuld. Dies gilt nicht, soweit dem Täter nach den Umständen, namentlich weil er die Gefahr selbst verursacht hat oder weil er in einem besonderen Rechtsverhältnis stand, zugemutet werden konnte, die Gefahr hinzunehmen; jedoch kann die Strafe nach § 49 Abs. 1 gemildert werden, wenn der Täter nicht mit Rücksicht auf ein besonderes Rechtsverhältnis die Gefahr hinzunehmen hatte.**

§ 35 1–2

(2) **Nimmt der Täter bei Begehung der Tat irrig Umstände an, welche ihn nach Absatz 1 entschuldigen würden, so wird er nur dann bestraft, wenn er den Irrtum vermeiden konnte. Die Strafe ist nach § 49 Abs. 1 zu mildern.**

Schrifttum: Bernsmann, „Entschuldigung" durch Notstand, 1989. – *ders.,* Zum Handeln von Hoheitsträgern aus der Sicht des „entschuldigenden Notstands" (§ 35 StGB), Blau-FS 23. – *Broglio,* Der strafrechtliche Notstand, 1928. – *Eser/Perron* (Hrsg.), Rechtfertigung u. Entschuldigung III, 1991. – *Frister,* Die Struktur des „voluntativen Schuldelements", 1993. – *Hardtung,* Der Irrtum über die Schuld im Lichte des § 35 StGB, ZStW 108, 26. – *Hirsch,* Die Stellung von Rechtfertigung u. Entschuldigung usw., in: Eser/Perron aaO (s. o.) 26. – *Arthur Kaufmann,* Die Irrtumsregelung im Strafgesetz-Entwurf 1962, ZStW 76, 543. – *Küper,* Der entschuldigende Notstand, ein Rechtfertigungsgrund?, JZ 83, 88. – *Kuhnt,* Pflichten zum Bestehen des strafrechtlichen Notstands (§§ 52, 54 StGB), Diss. Freiburg, 1966. – *Lenckner,* Das Merkmal der „Nicht-anders-Abwendbarkeit" der Gefahr in den §§ 34, 35 StGB, Lackner-FS 95. – *Lugert,* Zu den erhöht Gefahrtragungspflichtigen im differenzierten Notstand, 1991. – *Maurach,* Kritik der Notstandslehre, 1935. – *Neumann,* Zurechnung und „Vorverschulden", 1985. – *Perron,* Rechtfertigung u. Entschuldigung bei Befreiung aus besonderen Notlagen usw., in: Eser/Perron aaO (s. o.) 71. – *Roxin,* Die Behandlung des Irrtums im E 1962, ZStW 76, 582. – *ders.,* Der entschuldigende Notstand nach § 35 StGB, JA 90, 97 u. 137. – *Rudolphi,* Ist die Teilnahme an einer Notstandstat strafbar?, ZStW 78, 67. – *Satzger,* Der Schutz ungeborenen Lebens durch Rettungshandlungen Dritter, JuS 97, 800. – *Schröder,* Die Notstandsregelung des Entwurfs 1959 II, Eb. Schmidt-FS. 290. – *Stree,* Rechtswidrigkeit und neuen StGB, JuS 73, 461. – *Timpe,* Strafmilderungen aus Allgem. Teils des StGB u. das Doppelverwertungsverbot, 1983. – *Ulsenheimer,* Zumutbarkeit normgemäßen Verhaltens bei Gefahr eigener Strafverfolgung, GA 72, 1. – *Vogler,* Der Irrtum über Entschuldigungsgründe im Strafrecht, GA 69, 103. – *Watzka,* Die Zumutbarkeit normgemäßen Verhaltens im strafrechtlichen Notstand, Diss. Freiburg, 1967. – Vgl. ferner den Nachw. vor 108 vor § 32. u. zu § 34 u. zum älteren Schrifttum die 24. A. – *Materialien:* Niederschr. Bd. 2 S. 141 ff., Anh. Nr. 21 ff., Bd. 12, S. 152 ff., 495 ff. – Prot. V 1839 ff., 2111 ff., 2138. – BT-Drs. V/4095, S. 16.

1 I. Der Notstand kann nicht nur Rechtfertigungs-, sondern auch Entschuldigungsgrund sein (and. zuletzt noch Gimbernat Ordeig, Welzel-FS 485; gegen diesen eingehend Küper JZ 83, 88). Entsprechend der bereits zum früheren Recht vertretenen sog. Differenzierungstheorie (vgl. Bernsmann aaO 15, Küper aaO, JuS 87, 82 ff. mwN, ferner 1 vor § 32) behandelt § 35 im Anschluß an den rechtfertigenden Notstand (§ 34), die §§ 52, 54 aF in einer Vorschrift zusammenfassend, den **entschuldigenden Notstand** (zu den Unterschieden zum früheren Recht vgl. die 21. A. RN 1 f., Hirsch LK vor RN 1). Dabei ergibt sich nicht erst aus der Reihenfolge der Vorschriften, sondern schon aus Gründen der allgemeinen Verbrechenssystematik – § 35 setzt eine rechtswidrige Tat voraus –, daß § 35 nur anwendbar ist, wenn eine Rechtfertigung nach § 34 ausscheidet (vgl. Hirsch LK 1, JR 80, 115, Hruschka NJW 80, 23, Roxin I 827 gegen BGH NJW **79**, 2053, wo dies nicht beachtet wurde; auch das Entfernen vom Unfallort, um die schwerverletzten Ehefrau der Fahrt im Krankenwagen menschlich beizustehen, dürfte entgegen Köln VRS **66** 128 bereits gerechtfertigt sein). Obwohl nach beiden Vorschriften Straflosigkeit eintritt, hat die Entscheidung, ob § 34 oder § 35 anzuwenden ist, nicht nur für die unterschiedliche rechtliche Bewertung der Tat Bedeutung, sondern auch erhebliche praktische Konsequenzen: Kein Notwehrrecht des von der Notstandshandlung Betroffenen im Fall des § 34, wohl aber – wenn auch eingeschränkt (vgl. § 32 RN 52) – in dem des § 35; Möglichkeit strafbarer Teilnahme zwar im Fall des § 35 (u. 46), nicht aber in dem des § 34; verschieden ist endlich auch die Behandlung des Irrtums (vgl. § 34 RN 50 f. und u. 38 ff.).

1 a Praktische Bedeutung hatte die Frage eines entschuldigenden Notstands in der bisherigen Rspr. vor allem bei der Beteiligung an NS-Gewaltverbrechen (vgl. BGH **2** 251, **3** 271, **18** 311, NJW **64**, 370, **72**, 834, OGH **1** 311), bei der Leistung von Spitzeldiensten für und gegen totalitäre Regime (BGH ROW **58**, 81, MDR/D **56**, 395, OGH **3** 121, Freiburg HESt **2** 200), bei der Tötung von gewalttätigen, eine Dauergefahr darstellenden Angehörigen (RG **60** 318, JW **34**, 422, BGH NJW **66**, 1823, OGH **1** 369; vgl. dazu auch Spendel, Schmitt-FS 209 ff., zu einer notstandsähnlichen Lage in diesem Zusammenhang, bei der die Strafe des § 211 gem. § 49 I gemildert wurde, vgl. BGH NStZ § 211 Nr. **28**), bei Eidesdelikten zur Vermeidung drohender Verhaftung oder Tötung (RG **66** 98, 222, 397, JW **25**, 961, BGH **5** 371), bei Straftaten aus Furcht vor Strafverfolgung (RG **54** 338, **72** 19, BGH LM § 52 **Nr. 8**, ROW **58**, 34); vgl. ferner zB RG **38** 123 (Entziehung eines Minderjährigen vor der Fürsorge auf dessen Selbstmorddrohung hin), **64** 30 (durch die Drohung, andernfalls selbst umgebracht zu werden, erzwungene Tötung), BGH GA **67**, 113 (Beischlaf zwischen Mutter und Sohn unter der Drohung des Ehemanns mit Schlägen).

2 II. Trotz der Formulierung: „. . . handelt ohne Schuld" (vgl. dazu Horstkotte, Prot. V 1841) ist der in § 35 geregelte Notstandsfall *kein echter Schuldausschließungs-*, Sondern ein **bloßer Entschuldigungsgrund** (zum Unterschied vgl. 108/109 vor § 32; and. Köhler 331, 334 [Strafunrechtsausschließungsgrund], Bernsmann aaO 379 ff. [zT bloßer Strafausschließungsgrund; krit. dazu Hirsch aaO 45, Neumann NK 3; s. auch Lagodny, Strafrecht vor den Schranken der Grundrechte, 1996, 381]). Er beruht auf dem Zusammentreffen zweier, teils mit der geringeren Unrechtsquantität, teils mit der besonderen seelischen Zwangslage des Täters erklärbarer Schuldminderungsgründe, dies mit dem Ergebnis, daß hier auf die Erhebung des an sich noch möglichen Schuldvorwurfs verzichtet wird (vgl. näher 117 vor § 13, 111 vor § 32; zu abweichenden Theorien des entschuldigenden Notstands ebd. u. 108 f. vor § 32, ferner Bernsmann aaO 174 ff., 305 ff., dessen u. a. staatsphilosophisch begründeter

Erklärungsansatz die Annahme eines unverbotenen Notstands jedoch wesentlich näher legen würde; krit. zu Bernsmann auch Hirsch LK 6). Daß es vergleichbare Reduzierungen des Unrechts auch in anderen Kollisionsfällen gibt, widerspricht dem nicht, da die Unrechtsminderung zwar immer eine notwendige, aber nicht die einzige Voraussetzung für eine Entschuldigung ist: Weil Leben, Leib und Freiheit die „fundamentalsten persönlichen Güter" sind (Hirsch LK 9; vgl. auch die Reihenfolge in § 34) und weil auch die Erschwerung der Motivierbarkeit zu rechtmäßigem Verhalten nicht allein als rein psychischer Sachverhalt, sondern zugleich unter normativen Vorgaben zu sehen ist, sind es hier gute Gründe, wenn das Gesetz dem Täter zwar in den Fällen des § 35 mit Nachsicht begegnet, nicht aber wenn zB bloße Vermögenswerte auf dem Spiel stehen (nicht berechtigt daher die Kritik von Bernsmann aaO 205 ff. u. pass., Timpe aaO 293; vgl. dagegen auch Rudolphi SK 3a, 5).

Was **die Struktur des § 35** betrifft, so ist Abs. 1 S. 1 als Grundsatz gedacht, der seine Begrenzung **2a** erst durch die als Ausnahmeregelung konzipierte Zumutbarkeitsklausel des S. 2 erfahren soll. In Wahrheit enthält jedoch schon S. 1 mit dem Merkmal der „nicht anders abwendbaren" Gefahr ein Einfallstor für Zumutbarkeitserwägungen, neben denen die Zumutbarkeitsklausel des S. 2 erheblich an Bedeutung verliert (u. 13f., 18). Doch auch davon abgesehen, erscheint es zumindest zweifelhaft, ob S. 1 und 2 wirklich in einem Regel-Ausnahmeverhältnis stehen, wie es durch die äußerliche Lösung des Zumutbarkeitsgedankens von der Grundnorm des S. 1 verdeutlicht werden sollte (vgl. BT-Drs. V/4095 S. 16). Nur bei der Abwendung einer Lebensgefahr kann S. 1 als Regel gelten; im übrigen aber sind die aus S. 2 folgenden Einschränkungen so erheblich (o. 18ff.), daß S. 1 nicht nur zahlenmäßig, sondern auch begrifflich kaum noch als Regel gelten kann.

III. Die **Notstandslage** setzt eine gegenwärtige, nicht anders abwendbare Gefahr für Leben, Leib **3** oder Freiheit entweder des Täters selbst oder eines Angehörigen bzw. einer anderen ihm nahestehenden Person voraus (and. bzgl. der Nicht-anders-Abwendbarkeit der Gefahr Hirsch LK 8, 41 ff.; vgl. dagegen Lenckner aaO 95 f.). Im Unterschied zu § 34 sind hier nur bestimmte Rechtsgüter notstandsfähig (vgl. dazu Lagodny, Strafrecht vor den Schranken der Grundrechte, 1996, 410 ff.); ferner ist die Notstandshilfe nur zugunsten besonderer „Sympathiepersonen" möglich, wobei dann aber auch hier – entsprechend zu § 34 (vgl. dort RN 8a) – Situationen denkbar sind, in denen der andere Inhaber sowohl des geschützten wie des verletzten Guts ist (vgl. das u. 33 genannte Bsp. zu § 216). Diese Voraussetzungen müssen objektiv gegeben sein. Ihre irrige Annahme erzeugt zwar die gleiche psychische Zwangslage wie eine wirklich bestehende Notstandslage, genügt aber für Abs. 1 nicht, sondern ist nur im Rahmen des Abs. 2 von Bedeutung; darin liegt zugleich eine Absage an die Lehre, daß schon der besondere Motivationsdruck den Täter entschuldige (vgl. 111 vor § 32, Hirsch LK 4).

1. Als **notstandsfähige Rechtsgüter** werden in § 35 – anders als in § 34 – nur Leben, Leib und **4** Freiheit anerkannt. Darin liegt eine gewollte Beschränkung auf die Rechtsgüter, welche die physische Existenz des Menschen ausmachen oder für diese von elementarer Bedeutung sind (vgl. E 62, Begr. 161; krit. Stree JuS 73, 469). Gefahren für andere Rechtsgüter rechtfertigen daher, mag der Motivationsdruck auch noch so groß sein – zB drohender Verlust der gesamten, mühsam erarbeiteten Habe oder eines „gewissenskonformen Lebens mit der Folge des inneren Zerbrechens" (LG Frankfurt NStE **Nr. 1**; zust. Neumann NK 13; s. auch Köhler 334) – keine entsprechende Anwendung der Vorschrift (Frankfurt NStE **Nr. 3**, Hirsch LK 9f., Kühl 380, Lackner/Kühl 3, M-Zipf I 461, Roxin I 836, JA 90, 100f., Rudolphi SK 5, zu § 54 aF auch RG **60** 120; and. LG Frankfurt aaO, BW-Weber 520, Köhler 335, Stratenwerth 180; vgl. auch Jakobs 572, Timpe JuS 84, 863). Auch ein selbständiger übergesetzlicher entschuldigenden Notstand kommt hier nicht in Betracht (vgl. 117 vor § 32, aber auch Lackner/Kühl 3, ferner Hamm NJW **76**, 721, wo dies bei einer Tat nach § 15 I WStG zur Behebung einer wirtschaftlichen Notlage für möglich gehalten wird).

a) Ungeachtet des geringeren Strafrechtsschutzes, den das *werdende Leben* genießt, ist auch dieses **5** **Leben** und damit notstandsfähig iS des § 35. Rechtswidrige Handlungen zum Schutz der Leibesfrucht können deshalb nicht entschuldigt sein, auch wenn der Nasciturus noch kein „Angehöriger" bzw. noch keine dem Täter „nahestehende Person" im Vollsinn des Wortes ist (Jakobs 571, Rudolphi SK 5, Satzger JuS 97, 804, Tröndle 3; and. Bernsmann aaO 42, Hirsch LK 12, Neumann NK 14, Roxin I 836, JA 90, 101). Nicht entschuldigt ist allerdings die rechtswidrige Verhinderung einer gerechtfertigten oder tatbestandslosen Schwangerschaftsunterbrechung (u. 32); auch für die Verhinderung einer tatbestandsmäßigen und rechtswidrigen Abtreibung hat § 35 nur dann Bedeutung, wenn keine Notwehr in Betracht kommt (vgl. § 32 RN 5, 19/20).

b) Mit dem **Leib** als schutzfähigem Gut ist nur die leibliche Unversehrtheit – nicht auch die geistig- **6/7** seelische (vgl. aber Frankfurt NStE **Nr. 3**) –, diese jedoch im ganzen gemeint. Ein Leibesnotstand besteht daher nicht nur bei Gefahren für die Gesundheit (zB RG JW **33**, 700: Erkrankungsgefahr durch Aufenthalt in durchnäßten Räumen), sondern auch bei solchen für das körperliche Wohl im übrigen (zB Gefahr von Mißhandlungen). Nicht hierher gehört die sexuelle Integrität als solche (and. Jakobs 571), wohl aber schließen die Nötigungsmittel des § 177 Abs. 1 Nr. 1 u. 2 – Drohung mit gegenwärtiger Gefahr für Leib oder Leben, körperlich wirkende Gewalt – in aller Regel wenigstens zugleich eine Leibesgefahr ein (vgl. jetzt auch Hirsch LK 13, 15, Neumann NK 16; zur sexuellen Selbstbestimmung u. 8). Dabei können auch nur vorübergehende Beeinträchtigungen genügen (RG **29** 78), immer aber muß es sich, wie schon die Gleichstellung mit dem Leben zeigt, um die Gefahr nicht völlig unerheblicher Beeinträchtigungen handeln (vgl. RG **29** 78, **66** 399, BGH DAR **81**, 226, Hirsch LK 16, Jescheck/Weigend 481, Kühl 382, M-Zipf I 461, Roxin I 836, Rudolphi SK 8,

Stratenwerth 180, Tröndle 4; krit. dazu Bernsmann aaO 69 ff. Lugert aaO 108, Neumann NK 9, 15: Problem des Abs. 1 S. 2); weitere Einschränkungen können sich im Einzelfall – insbes. unter dem Gesichtspunkt der Verhältnismäßigkeit – aus S. 2 ergeben (u. 18 ff., 33). Beeinträchtigungen der Gesundheit und des körperlichen Wohlbefindens, die mit einer in einem rechtsstaatlichen Verfahren angeordneten und vollzogenen Freiheitsentziehung üblicherweise verbunden sind, sind von dem Betroffenen ebenso hinzunehmen wie diese selbst (vgl. RG **54** 341, BGH LM § 52 **Nr. 8** m. Anm. Martin). Ein Leibesnotstand kommt hier erst bei Krankheit, gesundheitsschädlicher Unterbringung, unzureichender Verpflegung oder der Gefahr von Mißhandlungen in Betracht (BGH aaO; vgl. auch RG **41** 216: Mißstände bei Fürsorgeerziehung; zur Haft in früheren DDR-Gefängnissen: BGH ROW **58**, 34), wobei aber weitere Voraussetzung ist, daß die Gefahr auf andere Weise, insbes. durch die entsprechenden Rechtsbehelfe, nicht abwendbar ist. Jedenfalls aus diesem Grund sollte ein Leibesnotstand von Gefangenen in einem Rechtsstaat ausgeschlossen sein.

8   c) Die **Freiheit** wurde durch das 2. StRG in den Kreis der notstandsfähigen Güter aufgenommen, weil sie in der vom Gesetz vorausgesetzten Wertordnung „einen ähnlichen hohen Rang genießt wie Leib und Leben" (E 62, Begr. 161). Gemeint ist damit jedoch nicht die allgemeine Handlungs- und Entscheidungsfreiheit iS des § 240, sondern allein der durch § 239 geschützte Freiheitsbereich, weil nur dieser eine mit Leib und Leben annähernd vergleichbare existentielle Bedeutung hat (zB Hirsch LK 14, Jescheck/Weigend 481, Kühl 382, Lackner/Kühl 3, Neumann NK 17, Rudolphi SK 5, Stree JuS 73, 469, Tröndle 5, W-Beulke 132; vgl. auch Bernsmann aaO 75 ff., 391; and. Schmidhäuser I 240). Daß ein Wohnungsinhaber aus Furcht vor weiteren nächtlichen Besuchen eines „Spanners" das Haus nicht mehr verläßt, genügt entgegen BGH NJW **79**, 2053 daher nicht (zust. jedoch F. C. Schroeder JuS 80, 338; wie hier Hirsch LK 14, JR 80, 115, Hruschka NJW 80, 23, Kühl 382, Rudolphi aaO). Auch sollte die klare Begrenzung auf den Freiheitsbegriff des § 239 nicht durch eine Erweiterung auf die Freiheit sexueller Selbstbestimmung in den Fällen des § 177 aufgegeben werden, selbst wenn nach der Ausdehnung des § 177 Abs. 1 Nr. 3 nF eine sexuelle Nötigung auch ohne konkrete Leibesgefahr denkbar ist, weil dann in aller Regel die §§ 32, 34 eingreifen (s. auch Hirsch LK 15, Neumann NK 17; and. Roxin I 838, JA 90, 101, Tröndle 5). Im übrigen gelten hier die gleichen Beschränkungen wie beim Leibesnotstand (o. 6): Geringfügige Beeinträchtigungen bleiben schlechthin außer Betracht (and. Neumann NK 17); darüber hinaus können sich noch weitergehende Einschränkungen im Einzelfall aus S. 2 ergeben.

9   Nach Einbeziehung der persönlichen Freiheit in den Kreis der schutzfähigen Güter kann eine Notstandslage iS des S. 1 an sich zwar auch durch eine *Freiheitsentziehung* aufgrund eines rechtmäßigen Hoheitsakts (zB Strafurteil, Haftbefehl usw.) begründet werden, sofern die Gefahr des (weiteren) Freiheitsverlusts nicht auf andere Weise (Rechtsbehelfe) abwendbar ist. Trotz Vorliegens der Voraussetzungen des Abs. 1 S. 1 sind Taten, mit denen der Täter seine verlorene Freiheit wieder erlangen will, in aller Regel aber nach S. 2 nicht entschuldigt, und nicht ausnahmsweise ist hier auch die Rechtsfolgenregelung des S. 2 2. Halbs. (dazu u. zu den Ausnahmen u. 24 ff.; dazu, daß dies auch gilt, wenn die Tat von Angehörigen begangen wird, u. 29).

10 **2.** Erforderlich ist, daß für die genannten Rechtsgüter eine **gegenwärtige, nicht anders abwendbare Gefahr** besteht.

11 a) Zum Begriff der **Gefahr** vgl. zunächst § 34 RN 12 ff. Dafür, daß der Gefahrbegriff in § 35 ebenso zu bestimmen ist wie dort, könnte zwar sprechen, daß § 35 auch an eine Unrechtsminderung anknüpft (o. 1). Anderseits ist hier aber die Gefahr i. U. zu § 34 nicht die Grundlage eines Eingriffsrechts und einer damit korrespondierenden Duldungspflicht für den Betroffenen, weshalb es § 35 auch keinen Bedenken begegnet, für die Annahme einer Gefahr durchgängig das ex ante-Urteil eines durchschnittlich sachkundigen Beobachters – ergänzt freilich um das Sonderwissen des Täters – ausreichen zu lassen (Hirsch LK 17, Kühl 385; and. Neumann NK 10). Dagegen kommt es auch hier auf den *Ursprung der Gefahr* nicht an (RG **60** 318, Bernsmann aaO 141, Hirsch LK 20, M-Zipf I 459, Neumann NK 10, Roxin I 833, Rudolphi SK 6; and. Köhler 336); sie kann daher nicht nur auf Naturereignisse (zB RG **72** 246 [drohende Schlagwetterexplosion], JW **33**, 700 [Überschwemmung]), den Zustand von Sachen (zB RG **59** 69: Baufälligkeit eines Hauses), eine wirtschaftliche Notlage (zur sog. Sozialnot u. 35), sondern auch auf menschliches Verhalten zurückzuführen sein (zB RG **60** 318, JW **34**, 422, BGH NJW **66**, 1823, OGH **1** 369 [durch ständige Gewalttätigkeiten von Angehörigen begründete Notlage; vgl. auch BGH NStZ **84**, 20 m. Anm. Rengier], BGH NStZ **60** 319, **66** 222 [politischer Aufruhr bzw. Terror]), wobei hier allerdings schon § 32 in Betracht kommt, wenn es sich um einen rechtswidrigen Angriff handelt und die Tat sich gegen den Angreifer richtet. Auch Mißstände infolge behördlicher Maßnahmen oder Unterlassungen können eine Gefahr iS des § 35 sein (vgl. RG **41** 214, **60** 319, Bay GA **73**, 208 [rechtswidriger militärischer Befehl], Neustadt NJW **51**, 852; vgl. auch RG DR **43**, 1136); doch dürfte die Gefahr hier i. d. R. auf andere Weise abwendbar sein. Insbesondere kann jetzt, nachdem § 52 aF in § 35 aufgegangen ist, die Gefahr auch durch eine Nötigung (Gewalt, Drohung) herbeigeführt sein, durch die der Täter zu der Tat gezwungen wird (*Nötigungsnotstand;* vgl. BGH NStZ **92**, 487). Soweit es sich um Gewalt handelt, kommt freilich nur vis compulsiva in Betracht (vgl. 15 vor § 234; bei vis absoluta fehlt es bereits an einer Handlung, vgl. 38 vor § 13); auch müssen Gewalt und Drohung immer mit einer gegenwärtigen Gefahr für Leben, Leib oder Freiheit verbunden sein, was bei der Gewalt voraussetzt, daß mit der Übelszufügung fortgefahren werden soll. Nicht notwendig ist, daß die Gefahr für den Betroffenen von außen kommt; daher kann auch die

Selbstmordgefahr bei einem Angehörigen eine Notstandslage iS des § 35 begründen (Hirsch LK 25 ff., Jakobs 571, Kühl 386, Rudolphi SK 6; vgl. auch RG **38** 127, HRR **37** Nr. 133).

b) Zur **Gegenwärtigkeit** der Gefahr einschließlich der sog. Dauergefahr vgl. § 34 RN 17. **12**

c) Daß die Gefahr **nicht anders abwendbar** sein darf (zur Kritik an der Gesetzesfassung vgl. § 34 **13** RN 18), bedeutet – ebenso wie in § 34 – auch hier die Erforderlichkeit der Notstandshandlung in dem doppelten Sinn, daß diese unter den gegebenen Umständen zum Schutz des Erhaltungsguts so geeignet und im Hinblick auf das Eingriffsgut so schonend wie möglich sein muß (vgl. § 34 RN 18, ferner zB Bernsmann aaO 106 f., Hirsch LK 42, Jescheck/Weigend 482, Kühl 386, Lenckner aaO 97, Neumann NK 21, Rudolphi SK 10 b). Dabei ist methodisch hier ebenso vorzugehen wie bei § 34 (vgl. dort RN 18 ff.), während sich inhaltlich, bedingt durch den Unterschied zum rechtfertigenden Notstand, gewisse Abweichungen ergeben (vgl. näher dazu Lenckner aaO 97 ff.). Im einzelnen gilt hier folgendes: 1. Auch hier ist zunächst zu fragen, ob die gegebenen Handlungsmöglichkeiten zur Abwendung der Gefahr **geeignet** sind, was schon dann anzunehmen ist, wenn dies nicht ganz unwahrscheinlich ist (vgl. § 34 RN 19). Ist die Notstandshandlung das einzige geeignete Mittel, so ist damit auch ihre Erforderlichkeit zu bejahen, wobei es hier dann eine Frage des S. 2 ist, wie groß das Risiko eines Mißlingens im Einzelfall sein darf (u. 34). – 2. Unter mehreren – gleich oder unterschiedlich – geeigneten Handlungsmöglichkeiten ist sodann das **relativ mildeste Mittel** festzustellen (vgl. auch BGH NStZ **92**, 487). Dafür gelten zunächst dieselben Grundsätze wie in § 34 (vgl. dort RN 20): Kann die Gefahr ohne Verletzung rechtlich geschützter (fremder oder eigener) Interessen abgewendet werden, so ist dies immer auch das mildeste Mittel (zB Bay GA **73**, 209: Beschreiten des Beschwerdewegs nach der WehrbeschwerdeO statt Fahnenflucht; vgl. auch Hamm NJW **76**, 721); ist dies dagegen nur durch Beeinträchtigung von Rechtsgütern Dritter möglich, so bedarf es auch hier einer Abwägung der potentiellen Eingriffsgüter unter dem Gesichtspunkt ihrer größeren oder geringeren Schutzwürdigkeit, wobei deren Inanspruchnahme, soweit sie rechtmäßig erfolgen könnte (zB nach §§ 32, 34), gegenüber der von § 35 vorausgesetzten rechtswidrigen Notstandshandlung stets die weniger einschneidende Maßnahme darstellt (vgl. auch Hirsch LK 44, M-Zipf I 462, Neumann NK 25 ff., Roxin I 834, Rudolphi SK 10 c). Dasselbe gilt, wenn das Eingriffsgut selbst rechtmäßig hätte verletzt werden können (vgl. BGH **2** 245: medizinisch indizierter Schwangerschaftsabbruch durch Arzt statt Abtreibung durch Laien). Besonderheiten ergeben sich, wenn der Täter die Gefahr auch durch Aufopferung eigener Güter – bei der Notstandshilfe auch von solchen der Sympathieperson – abwenden kann. Hier ist diese das mildeste Mittel, es sei denn, sie wäre deshalb unzumutbar, weil der Täter usw. dadurch in eine Situation geriete, die ihrerseits wieder die Inanspruchnahme der anderen potentiellen Eingriffsgüter nach § 35 entschuldigen würde (vgl. Rudolphi SK 10 c u. näher Lenckner aaO 105 ff.). Dies bedeutet z. B., daß die unberechtigte Aussageverweigerung eines Zeugen, der bei einer wahrheitsgemäßen Aussage um Leib und Leben fürchten muß, gegenüber einem Meineid das kleinere Übel ist, wenn der Zeuge gem. § 70 StPO lediglich mit der Festsetzung von Ordnungsgeld rechnen muß, nicht aber, wenn ihm Erzwingungshaft und damit eine Gefahr iS des S. 1 droht und keine Umstände von der Art des S. 2 vorliegen, nach denen ihm die Hinnahme dieser Gefahr zugemutet werden könnte (vgl. auch EB-Burkhardt I 213, Hirsch LK 45, F. C. Schroeder JuS 80, 340 f.; and. Roxin JA 90, 100; überholt RG **66** 227, BGH LM § 52 **Nr. 8** zu §§ 52, 54 a. F., wo die Freiheit als notstandsfähiges Rechtsgut noch nicht genannt war). – 3. Unter den mehreren, unterschiedlich oder gleich geeigneten und schweren Handlungsmöglichkeiten ist das **erforderliche Mittel** zu bestimmen. Erforderlich ist die Notstandshandlung danach, wenn sie das mildeste und zugleich das geeignetste Mittel ist oder wenn sie unter mehreren annähernd gleich geeigneten die am wenigsten einschneidende oder unter mehreren annähernd gleich schweren die geeignetste Maßnahme ist (vgl. § 34 RN 20 a). Besonderheiten ergeben sich auch hier, wenn Schwere und Geeignetheit in der Weise divergieren, daß das mildere zugleich das weniger geeignete und umgekehrt das gravierendere zugleich das aussichtsreichere Mittel ist. Während bei § 34 in einem solchen Fall jede der gegebenen Alternativen als erforderlich angesehen und das Weitere der Interessenabwägung überlassen werden kann (vgl. dort RN 20 a), ist der entsprechende Weg bei § 35 über eine Korrektur durch Abs. 1 S. 2 nicht möglich, weil es hier nicht um die Frage geht, ob dem Täter die Hinnahme der den Notstand begründenden Gefahr zugemutet werden kann, sondern darum, ob für ihn das verbleibende Risiko zumutbar ist, wenn er statt der aussichtsreicheren, aber gravierenderen die weniger schwere und dafür auch weniger geeignete Maßnahme ergreift (vgl. näher Lenckner aaO 110 f.).

Schon das Merkmal der Nicht-anders-Abwendbarkeit der Gefahr (Erforderlichkeit der Notstands- **13 a** handlung) wird deshalb in weitem Umfang durch **Zumutbarkeitserwägungen** mitbestimmt (ebenso Jescheck/Weigend 482 FN 9, Kühl 387, Roxin I 834, JA 90, 100, W-Beulke 133; vgl. auch BGHR § 35 Abs. 1 Gefahr, abwendbare 1; and. Bernsmann aaO 73, 107 ff., Hirsch LK 46, Neumann NK 21). Dies war schon für das frühere Recht unbestritten (vgl. zB RG **59** 72, **66** 227, BGH NJW **52**, 113, **72**, 834, GA **67**, 113, MDR/D **56**, 395, Bay GA **73**, 208, Baldus LK[9] § 52 RN 21, § 54 RN 17), und daran hat sich auch durch die Neufassung, welche die Zumutbarkeit in den als Ausnahmeregelung gedachten S. 2 verwiesen hat, nichts geändert. Dort ist lediglich der Fall geregelt, daß dem Täter die Hinnahme der den Notstand begründenden Gefahr, obwohl sie nicht anders abwendbar ist, zugemutet werden kann, während es hier um die bereits nach S. 1 zu entscheidende Frage geht, ob die Gefahr deshalb anders abwendbar ist, weil es für den Täter zumutbar ist, zu diesem Zweck eigene

Güter aufzuopfern bzw. die Risiken hinzunehmen, die mit dem Ausweichen auf ein milderes, aber weniger geeignetes Mittel verbunden sind. Ist dies zu bejahen, so hat S. 2 keine Bedeutung mehr, weil es dann bereits an den Voraussetzungen einer Entschuldigung nach S. 1 fehlt. Dabei sind für die hier anzustellenden Zumutbarkeitserwägungen dann allerdings die gleichen Umstände von Bedeutung, die auch bei S. 2 eine Rolle spielen. So ist zB dem in einem „besonderen Rechtsverhältnis" stehenden Polizeibeamten, der im Dienst angegriffen wird, eher als einem sonstigen Bürger zuzumuten, Notwehr zu üben, anstatt auf Kosten eines unbeteiligten Dritten aus der Gefahr zu retten. Schon bisher anerkannt war auch, daß dem Täter bei einer selbstverschuldeten Notstandslage idR andere Maßnahmen zur Abwendung der Gefahr zuzumuten sind, als wenn er unverschuldet in diese Lage geraten wäre (zB BGH GA **67**, 113, OGH **2** 228, Baldus LK9 § 52 RN 8), ferner daß ihm die Benutzung eines milderen Mittels um so eher zuzumuten ist, je schwerer die Tat bzw. je geringer die abzuwendende Gefahr ist (vgl. BGH **18** 311, NJW **52**, 113, NStZ **92**, 487). Soweit hier aus Gründen, die nach S. 2 die Hinnahme der Gefahr zumutbar machen würden, bereits die Erforderlichkeit nach S. 1 verneint wird, weil es dem Täter zugemutet werden konnte, die Gefahr auf andere Weise abzuwenden, dürften dann allerdings auch keine Bedenken bestehen, die Strafmilderungsmöglichkeit des S. 2 2. Halbs. einschließlich der dort gemachten Ausnahme entsprechend anzuwenden (ebenso Jescheck/Weigend 488, Roxin I 850, JA 90, 141 u. wohl auch Rudolphi SK 18 b; and. Bernsmann aaO 108, Hirsch LK 70; zu Unrecht nicht angesprochen in BGHR § 35 Abs. 1 Gefahr, abwendbare 1). Dabei bedeutet eine entsprechende Anwendung auch, daß von einer Strafmilderung um so eher abzusehen ist, je offensichtlicher es ist, daß dem Täter ein anderer Ausweg aus der Gefahr zugemutet werden konnte.

14 Aus der **Rspr.**: Zumutbar sind sonstige Maßnahmen, die der „durchschnittliche, sittlich denkende Mensch unter den gegebenen individuellen Begleitumständen ergreifen würde"; dabei wird einerseits kein „Heldenmut" verlangt, andererseits entschuldigen Charakter- oder Willensschwäche nicht (BGH MDR/D **51**, 537). Der Täter darf daher nicht den einfachsten und bequemsten Weg gehen (BGH NJW **52**, 113, **72**, 834), sondern muß sich mit allen Kräften bemüht haben, der Gefahr auf andere Weise zu entgehen (BGH **18** 311; vgl. auch Hamm NJW **76**, 721). Eine Tötung ist deshalb nicht entschuldigt, solange die nicht fernliegende Möglichkeit eines anderen Auswegs besteht (BGH 5 StR 353/54 v. 14. 12. 1954). Zumutbar können auch mit einem Risiko verbundene Auswege sein (BGH NJW **52**, 113, BGHR § 35 Abs. 1 Gefahr, abwendbare 1), uU sogar bis zum Einsatz des eigenen Lebens (BGH 5 StR 21/52 v. 30. 4. 1952: SS-Mann als Hilfspolizist; wesentlich zurückhaltender dagegen NJW **64**, 730). Die bloße Verzögerung des Schadenseintritts kommt als andere Möglichkeit der Abwendung nur in Betracht, wenn sie die Möglichkeit weiterer Maßnahmen eröffnet (RG **66** 102; vgl. ferner BGH **5** 375, NJW **66**, 1825: sofortiges Beenden einer Dauergefahr). Als *unzumutbar* wurde im einzelnen angesehen: Inanspruchnahme eines nur vorübergehenden und daher ungenügenden gerichtlichen oder polizeilichen Schutzes bei einer Dauergefahr (RG **60** 322: Tötung eines gewalttätigen Angehörigen, **66** 226: Meineid; vgl. ferner JW **22**, 1583, BGH **5** 375, GA **67**, 113); das Wohnen in einem vom Einsturz bedrohten Haus bzw. die mit einem Auszug verbundene Obdachlosigkeit statt einer Brandstiftung (RG **59** 69); das Betreiben der Ehescheidung oder der Unterbringung wegen Trunksucht statt Tötung des gewalttätigen Ehemannes, weil bis zum etwaigen Erfolg dieser Maßnahmen die unmenschliche Behandlung durch den Mann fortgedauert hätte (BGH NJW **66**, 1825; vgl. aber auch RG **60** 322, OGH **1**, 369); der ein erhebliches Risiko darstellende Versuch, sich bei einem mit akuter Lebensgefahr verbundenen Nötigungsversuch durch Beschwichtigungen des Nötigers der geforderten Mitwirkung zu einer Tötung zu entziehen (BGH NStZ **92**, 487), das sofortige Verlassen der damaligen DDR unter Aufgabe der bisherigen Existenzgrundlage statt Leistung von Spitzeldiensten (BGH MDR/D **56**, 395). Als *zumutbar* wurde dagegen angesehen: die mit einem Verfahren nach § 70 StPO verbundenen Nachteile im Vergleich zu einem Meineid (RG **66** 227 [zu §§ 52, 54 a. F.; jetzt überholt, o. 13]; vgl. aber auch BGH **5** 375); das Vortäuschen der Ausführung eines verbrecherischen Befehls oder das Untertauchen im Verborgenen statt Begehung eines Mords durch SS-Angehörigen (OGH **2** 228), Befehlsverweigerung statt Beihilfe zum Mord im Zusammenhang mit der „Röhm-Revolte" (BGH **2** 257); die Inanspruchnahme obrigkeitlicher Hilfe durch einen seit Jahren in Deutschland lebenden Ausländer statt gewaltsame Intervention in ein Heroingeschäft, um die angedrohte Tötung von Familienmitgliedern abzuwenden (BGHR § 35 Abs. 1 Gefahr, abwendbare 1); zu den zumutbaren Möglichkeiten, dem Zwang zur Ausführung eines verbrecherischen oder sonst rechtswidrigen Befehls zu entgehen, vgl. auch BGH NJW **52**, 113 (Mitwirkung an Entführung in den früheren Ostsektor Berlins), NJW **72**, 834 (Massenerschießungen durch Angehörige eines Einsatz-Kommandos; vgl. dazu auch Roesen NJW 64, 135), Bay GA **73**, 209 (Fahnenflucht wegen des Befehls zum Uniformtragen trotz Allergie).

15 3. Die Gefahr muß dem **Täter selbst** oder einem **Angehörigen** oder einer **anderen ihm nahestehenden Person** drohen; zur Frage eines übergesetzlichen entschuldigenden Notstands, wenn die Gefahr sonstigen Dritten droht, vgl. 115 ff. vor § 32. Der Kreis der *Angehörigen* bestimmt sich nach § 11 I Nr. 1 (vgl. dort RN 3 ff.); auf das tatsächliche Bestehen einer engen persönlichen Beziehung kommt es hier nicht an (ebenso Bernsmann aaO 83, Hirsch LK 32, Kühl 383 f., Neumann NK 18, Rudolphi SK 9). Der Begriff der *„nahestehenden Person"* setzt, wie sich aus der Gleichstellung mit den Angehörigen ergibt, das Bestehen eines auf eine gewisse Dauer angelegten zwischenmenschlichen Verhältnisses voraus, das ähnliche Solidaritätsgefühle wie (idR) unter Angehörigen hervorruft und das deshalb im Fall der Not auch zu einer vergleichbaren psychischen Zwangslage führt (vgl. auch Koblenz NJW **88**, 2317, Bernsmann aaO 89, Hirsch LK 33, Kühl 384, Roxin I 839, JA 90, 102, Rudolphi SK 9). Personen, die dem Täter außerhalb eines solchen zwischenmenschlichen Verhältnisses nur sonst „nahestehen" (zB als Arbeitskollege, durch gemeinsame politische Überzeugung usw.), sind in § 35 nicht gemeint. Auch wird es sich hier, um den fraglichen Personenkreis in angemessenen Grenzen zu halten, immer um ein Verhältnis handeln müssen, das auf Gegenseitigkeit beruht (and. Jakobs 531); die „heimliche Liebe" ist daher keine nahestehende Person (ebenso Neumann NK 18, Roxin I 839, JA 90, 102). Anders als bei den Angehörigen, zu denen nach § 11 I Nr. 1 zB auch der geschiedene Gatte zählt, ist schließlich bei den sonst nahestehenden Personen zu verlangen, daß die fragliche Bindung zur Zeit der Tat noch besteht; die ehemalige Freundin des Täters gehört deshalb nicht hierher, selbst wenn sich dessen Gefühle für sie nicht geändert haben sollten. Als einander nahestehende Personen iS des § 35 kommen zB in Betracht (vgl. auch Neumann NK 18): die Partner eheähnlicher Gemeinschaften (zB Hirsch LK 35), aber ein naher Freund (Koblenz aaO, Tröndle 7) oder die „feste" Freundin, die Mitglieder von Großfamilien („Kommunen"), in denen neue Formen des Zusammenlebens praktiziert werden, Personen, die in den Haushalt des Täters aufgenommen worden sind (zB die langjährige Haushälterin). Nicht genügend sind dagegen Betreuungsverhältnisse, wie sie zB zwischen der Lehrerin und einem Schulkind bestehen (ebenso Hirsch LK 35; and. Horstkotte Prot. V 1843). Zu Beziehungen in subkulturellen Gruppen und Sekten vgl. auch Bernsmann aaO 87 f.

IV. Als „**subjektives Entschuldigungselement**" ist erforderlich, daß der Täter gehandelt hat, **um die Gefahr abzuwenden.** Ob dieser Erfolg tatsächlich erreicht wird, ist gleichgültig, vielmehr genügt insoweit die bloße Eignung der Handlung (o. 13); unter dieser Voraussetzung gilt § 35 auch für Taten, welche die Rettung nicht unmittelbar herbeiführen, sondern für diese lediglich die Voraussetzungen schaffen sollen. Anders als nach § 34 (vgl. dort RN 48) muß hier die Rettung des bedrohten Guts das aber jedenfalls ein *Motiv* der Tat gewesen sein, d. h. der Täter muß unter dem Druck der Gefahr und zum Zwecke ihrer Abwendung gehandelt haben (vgl. BGH **3** 275, OGH **1** 313, BW-Weber 508, Bernsmann aaO 105, EB-Burkhardt I 215, Hardtung aaO 28, Hirsch LK 38, Jescheck/Weigend 483, Kühl 390, M-Zipf 462, Neumann NK 19, Roxin I 840, JA 90, 102, Rudolphi SK 10, Stratenwerth 182). Soweit § 35 auf einer Unrechtsminderung beruht (o. 2, 111 vor § 32), bestünde zwar kein Anlaß, den Rettungswillen hier anders zu bestimmen als in § 34. Da dies aber nur die eine Wurzel des Notstands ist, während die andere in der aus der besonderen psychischen Zwangslage des Täters folgenden Schuldminderung liegt, ist der Entschuldigung insgesamt die Grundlage entzogen, wenn der Täter nicht unter dem Eindruck der Not, sondern aus anderen Beweggründen handelt. Das Handeln in Kenntnis der Gefahr genügt im Fall des § 35 daher nicht (so aber Jakobs 473; vgl. dagegen auch Küper JZ 89, 625, Roxin I 840, JA 90, 102): Daher zB keine Entschuldigung bei Ausführung eines verbrecherischen Tötungsbefehls, wenn der Täter aus Ergebenheit oder Gleichgültigkeit handelt, auch wenn ihm im Fall der Nichtbefolgung eine Lebensgefahr gedroht hätte (OGH **1** 313, BGH **3** 276, **18** 311). Auch wird die Kausalität der Not für den Handlungsentschluß nicht präsumiert (vgl. jedoch Hirsch LK 39, Jakobs 572, Tröndle 8), sondern ist im Einzelfall festzustellen (was selbstverständlich eine Anwendung des Satzes „in dubio pro reo" nicht ausschließt).

Nicht erforderlich ist dagegen eine **pflichtgemäße Prüfung** der Notstandsvoraussetzungen, wenn diese objektiv vorliegen und der Täter mit der o. 16 genannten Motivation gehandelt hat (zB Hardtung aaO 42, Hirsch LK 40, Köhler 338 f., Kühl 390, Lackner/Kühl 5, 14, Neumann NK 20; and. Jescheck/Weigend 482). Entgegen der Rspr. ist es daher keine „Voraussetzung für die Anerkennung eines wirklichen ... Notstands, daß der Täter die Frage, ob die Gefahr auf andere, ihm zumutbare Weise abwendbar ist, gewissenhaft geprüft hat" (so aber BGHR § 35 Abs. 2 S. 1, Gefahr, abwendbare 1, im Anschluß an BGH **18** 311 mwN u. zuletzt BGH NStZ **92**, 487), wobei für die Prüfungspflicht umso strengere Maßstäbe gelten sollen, je schwerer die Tat wiegt, während umgekehrt zB von Bedeutung sei, ob sofortiges Handeln notwendig ist oder die Möglichkeit zu ruhiger Überlegung besteht (BGH NStZ **92**, 487). Die pflichtgemäße Prüfung ist vielmehr nur bei der Frage der Vermeidbarkeit eines Irrtums nach Abs. 2 von Bedeutung (u. 43).

V. Liegen die genannten Voraussetzungen vor, so handelt der Täter nach S. 1 **ohne Schuld**, d. h. er ist entschuldigt. Das nach dem Aufbau des Gesetzes ist jedoch durch den **Grundsatz**, der durch die **Zumutbarkeitsklausel** des S. 2 wieder **eingeschränkt** wird. Dabei ist freilich die Bedeutung des S. 2 dadurch erheblich reduziert, daß Zumutbarkeitserwägungen auch schon bei der Bestimmung der Erforderlichkeit der Notstandshandlung eine Rolle spielen können (o. 13 f.), weshalb es zu einer selbständigen Prüfung des S. 2 nur kommen kann, wenn die Gefahr auch unter Zumutbarkeitsgesichtspunkten nicht anders abwendbar gewesen ist. Hier wie dort erfolgt die Zumutbarkeitsprüfung durch eine Abwägung der im Einzelfall relevanten Gesichtspunkte, wobei die beiden in S. 2 genannten Beispiele nur den Sinn haben, den sachlichen Gehalt des Zumutbarkeitskriteriums zu verdeutlichen. Daß es sich hier nicht um eine abschließende Aufzählung in dem Sinn handelt, daß die Hinnahme der Gefahr nur in den genannten und nicht auch in anderen Fällen zumutbar sein kann, folgt schon aus der Gesetzesfassung („namentlich"). Umgekehrt kann das Notstandsprivileg aber auch in den beiden Beispielsfällen nicht stets versagt werden, vielmehr kommt es auch hier immer wieder darauf an, ob dem Täter, weil er die Gefahr verursacht hat usw., ein normgemäßes Verhalten tatsächlich zugemutet werden konnte, was im Einzelfall weiterer Prüfung bedarf (Horstkotte Prot. V 1858,

Hirsch LK 48, 50, Jescheck/Weigend 484, Kühl 391, Lackner/Kühl 7, M-Zipf I 458, Neumann NK 30, Tröndle 10; krit. Lugert aaO 118 ff.). Immerhin machen die beiden Beispielsfälle klar, daß nur Gesichtspunkte von ähnlichem Gewicht die Bejahung der Zumutbarkeit trotz Vorliegens einer Notstandssituation iS des S. 1 rechtfertigen können, und sie zeigen auch die Richtung an, in der die fraglichen Umstände zu suchen sind. Für diese liefert im übrigen schon der Grundgedanke des § 35 den richtigen Ansatz: Beruht die Entschuldigung auf einer doppelten Schuldminderung, wobei die eine ihre Grundlage in dem verminderten Unrecht hat, während die andere auf den besonderen Motivationsdruck und die dadurch normalerweise bedingte Erschwerung eines normgemäßen Verhaltens zurückzuführen ist, so kann auch der Ausschluß der Entschuldigung seinen Grund nur darin haben, daß besondere Umstände von der Art hinzukommen, bei denen einem der beiden Schuldminderungsgründe die Basis entzogen ist (vgl. auch Jescheck/Weigend 484 ff.; nur für Wegfall der Unrechtsminderung Rudolphi SK 11; für eine Konkretisierung der Zumutbarkeitsgrenze mit Hilfe der Strafzwecklehre – vgl. dazu jedoch 117 vor § 13, 111 vor § 32 – Jakobs, Schuld u. Prävention [1976] 8 ff., Roxin, Henkel-FS 184; zum Ganzen vgl. ferner Neumann aaO 207 ff., 269 ff., NK 31 ff.). Außer Betracht bleiben deshalb solche Umstände, die keinen der beiden Schuldminderungsgründe berühren (zB ein vom Täter früher in ähnlichen Fällen gezeigtes besonderes Beharrungsvermögen.

19 Bereits *unrechtsbezogene Erwägungen* liegen dem vom Gesetz genannten *zweiten Beispiel* (Bestehen eines besonderen Rechtsverhältnisses) zugrunde. Hier ist es der bezüglich des geschützten Guts gesteigerte bzw. hinsichtlich des verletzten Guts geringere „Wertanruf", der die für § 35 erforderliche Unrechtsminderung mit der Folge ausschließen kann, daß auch der darauf basierende Schuldminderungsgrund entfällt (ebenso zB Hirsch LK 47, Jescheck/Weigend 487, Rudolphi SK 11; krit. dazu jedoch Bernsmann aaO 212, Neumann aaO 221 f., NK 31). Dabei geht es um besondere Schutz- und damit korrespondierende Gefahrtragungspflichten sowie um Duldungspflichten, die schon bei § 34 das Wertverhältnis der kollidierenden Interessen zu Lasten des Täters verschieben und eine Rechtfertigung ganz ausschließen können (vgl. § 34 RN 34) und die deshalb auch im Fall des § 35 für die Quantität des Unrechts von Bedeutung sein müssen. Entsprechende höhere Anforderungen gelten hier für den zweiten, speziell im Schuldbereich wurzelnden Schuldminderungsgrund, der hier gleichfalls nicht voll zum Tragen kommt. – Dagegen betrifft das *erste Beispiel* (Verursachung der Gefahr durch den Täter) jedenfalls nicht primär das Unrecht (so aber Hirsch LK 47, Rudolphi SK 11), was sich gleichfalls schon daran zeigt, daß eine Rechtfertigung nach § 34 in keinem Fall allein deshalb ausgeschlossen ist, weil der Täter die Notstandslage verschuldet hat (vgl. § 34 RN 42). In diesem Fall ist vielmehr der zweite, aus der *besonderen psychischen Zwangslage* des Täters folgende *Schuldminderungsgrund*, der nach dem Prinzip, das auch der actio libera in causa zugrunde liegt (vgl. § 20 RN 33 ff.), wieder in einem Umfang aufgehoben wird, daß der Täter nicht mehr die (volle) Nachsicht des Rechts verdient: So wie dort gegen den Täter der Schuldvorwurf erhoben wird, obwohl er sich im Augenblick der Tat aus den Gründen des § 20 nicht mehr normgemäß motivieren lassen konnte (Wegfall der Steuerungsfähigkeit), so braucht hier seine Schuld nicht wesentlich gemindert zu sein, wenn er sich in eine Situation begibt, in der seine Steuerungsfähigkeit wegen des besonderen Motivationsdrucks beeinträchtigt ist (vgl. dazu auch Hruschka JZ 89, 313 ff., Stratenwerth, A. Kaufmann-GedS 496 sowie § 20 RN 34). Die dagegen erhobenen Einwände (vgl. insbes. Hirsch LK 47, Neumann aaO 224 ff., NK 31, Roxin I 842, JA 90, 137 f., Rudolphi SK 11) sind nicht begründet, denn es geht hier weder um eine Verneinung der seelischen Zwangslage zZ der Tat noch um eine Bestrafung der Herbeiführung der Notstandslage (actio praecedens), sondern darum, daß dem Täter die bei der Tatbegehung bestehende und an sich schuldmindernde Erschwerung normgemäßen Verhaltens nicht zugute gehalten wird, wenn er sich selbst im Hinblick auf diese Tat um seine normale Motivierbarkeit gebracht hat. Da das Vorverschulden bei § 35 i. U. zu § 20 nicht die zZ der Tat fehlenden Schuldvoraussetzungen ersetzen soll, sondern nur dazu dient, den auf dem Täter lastenden Motivationsdruck in dem Maß zu kompensieren, daß er als eigenständiger Schuldminderungsgrund nicht mehr das für eine Entschuldigung erforderliche Gewicht hat, dies aber auch bei einer lediglich fahrlässigen Herbeiführung der Notstandslage der Fall sein kann, ist es hier ferner kein Widerspruch, den Täter wegen vorsätzlicher Tat zu bestrafen, obwohl das Vorverhalten nur fahrlässig war.

20 1. Während § 54 aF einen „unverschuldeten Notstand" vorausgesetzt hatte, ist nach S. 2 1. Beispielsfall das Notstandsprivileg ausgeschlossen, wenn dem Täter die **Hinnahme der Gefahr** deshalb **zuzumuten** ist, **weil er diese selbst verursacht** hat. In der Sache bedeutet dies jedoch keine Änderung (ebenso Blei I 209, JA 75, 307, Jescheck/Weigend 485; and. zB Stree JuS 73, 470: ungerechtfertigte Verschärfung), zumal eine solche angeblich ebenfalls gegenüber BT-Drs. V/4095 S. 16 auch nach den Gesetzesberatungen nicht gewollt war (vgl. dazu näher Blei JA 75, 307). Das bloße Verursachen der Gefahr ist als solches noch ein völlig schuldindifferenter Vorgang, der deshalb auch nicht zum Ausschluß der Entschuldigung führen kann (h. M., zB BW-Weber 509, Hirsch LK 50, Jescheck/Weigend 485, Neumann NK 34, Rudolphi SK 15). Auch nach dem Gesetzeswortlaut ist der Täter nicht schon deshalb nicht entschuldigt, weil er die Gefahr selbst verursacht hat – dies hat zB auch der Zeuge, der wahrheitsgemäß einen anderen belastet und von diesem dann mit dem Tode bedroht wird, wenn er bei der nächsten Vernehmung seine Aussage nicht „richtigstelle" –, vielmehr ist ihm die Entschuldigung erst zu versagen, wenn und soweit ihm *wegen der eigenen Verursachung* der Gefahr *zugemutet* werden kann, diese hinzunehmen (vgl. auch Stratenwerth 181, Tröndle 11). Dies aber ist nach dem

Gedanken der actio libera in causa, der hier zum Wegfall des einen den entschuldigenden Notstand tragenden Schuldminderungsgrundes führt (o. 19), erst dann der Fall, wenn der Täter die *Notstandslage verschuldet* hat (ebenso iE Hamm JZ **76**, 612, Blei I 209, Jescheck/Weigend 485, Köhler 338 und in der Sache weitgehend auch Roxin I 846, JA 90, 139 f.; nur für objektive Pflichtwidrigkeit dagegen Hirsch LK 49, M-Zipf I 459, Rudolphi SK 15, W-Beulke 133; and. ferner Frister aaO 213, Jakobs 574 f., Neumann aaO 231 ff., NK 35 ff., Timpe aaO 289 ff., 307 ff., JuS 85, 37 f.; offengelassen von Oldenburg NJW **88**, 3217). Auch die Rspr. zu § 54 aF hat insoweit daher ihre Bedeutung behalten (zB BGH RÖW **58**, 34: Einreise in die frühere DDR in Kenntnis einer dort drohenden Strafverfolgung; vgl. auch RG **54** 339, **72** 19, 249). „Verschuldet" ist die Notstandslage in dem hier gemeinten Sinn einer dem Täter zum Vorwurf gereichenden Obliegenheitsverletzung nicht schon mit dem bewußten oder leichtsinnigen Herbeiführen der Gefahrensituation, sondern erst, wenn dies objektiv ohne zureichenden Grund geschieht und der Täter subjektiv vorausgesehen hat oder voraussehen konnte, daß er dadurch in eine Zwangslage gerät, in der er sich nicht auf Kosten anderer würde retten können (vgl. dazu Hruschka 287 f., Kühl 392 u. näher Roxin I 845 ff., JA 90, 139 f.). Dabei gilt im einzelnen folgendes: Bei einem vorsätzlichen Vorverschulden ist die Hinnahme der Gefahr immer zumutbar und auch zu einer Strafmilderung (S. 2 2. Halbs.) besteht hier keinerlei Anlaß; bei einer nur fahrlässigen Verursachung kommt es dagegen auf die näheren Umstände an, wobei nicht nur der Grad des Verschuldens von Bedeutung sein kann, sondern zB auch, wie schwer die Gefahr einerseits und die Folgen der Tat andererseits wiegen (zur Bedeutung bei der Bestimmung des relativ mildesten Mittels o. 13 a).

Von diesem Ansatz her ist schließlich auch zu erklären, daß und warum bei der **Notstandshilfe** für eine **Sympathieperson** eine Entschuldigung im 1. Beispielsfall nur ausgeschlossen ist, wenn der Täter den Notstand verschuldet hat, nicht aber, wenn das Verschulden den Angehörigen usw. trifft (so zB auch M-Zipf I 459). Diese früher umstrittene Frage (vgl. 17. A., § 54 RN 9) sollte jetzt auch durch die Gesetzesfassung ausdrücklich in dem genannten Sinn entschieden werden (BT-Drucks. V/ 4095 S. 16; krit. dazu BW-Weber 510, Stree JuS 73, 470). Nach h. M. soll hier allerdings die Zumutbarkeitsklausel dennoch zu anderen Ergebnissen führen können: Danach soll eine Entschuldigung des Täters auch möglich sein, wenn er den Angehörigen usw. pflichtwidrig in die Zwangslage gebracht hat, sich hier vielfach besonders und uU sogar noch mehr als bei einer ihm drohenden Gefahr zu der Tat gedrängt fühle (vgl. zB Hirsch LK 51, Jescheck/Weigend 485, Neumann NK 38, Roxin I 847, JA 90, 140, Rudolphi SK 17, Tröndle 11, W-Beulke 133); umgekehrt soll bei einem von dem Angehörigen verschuldeten Notstand die Hinnahme der Gefahr auch für den Notstandshelfer zumutbar sein (zB Bernsmann aaO 437, Blei I 210, Hirsch LK 65, Jakobs aaO, Lackner/Kühl 10, Rudolphi aaO, Timpe JuS 85, 38; für „unterschiedlichen Maßstab" in beiden Fällen auch BGHR § 35 Abs. 1, Gefahr, gegenwärtige 2). Beides ist jedoch zumindest zweifelhaft: Im ersten Fall spricht gegen eine Entschuldigung, daß der Täter auch hier in seiner Person keine Nachsicht mehr verdient, weil er sich auch hier den besonderen Motivationsdruck (einschließlich des Drangs zur Wiedergutmachung), der ihm normgemäßes Verhalten erschwert und der sonst seine Schuld mindert, selbst zuzuschreiben hat (iE hier ebenso Jakobs 512, zT auch Bernsmann aaO); im zweiten Fall dagegen kann ein Verschulden des Angehörigen nicht dem Täter entgegengehalten werden, weil die besondere psychische Zwangslage, die in seiner Person zu einer Erschwerung rechtmäßigen Verhaltens führt, nicht von ihm, sondern von dem andern zu verantworten ist (so hier auch Jescheck/Weigend 485 f., Neumann NK 39 f., Roxin I 848, JA 90, 140 u. zu § 54 aF Köln NJW **53**, 116; nicht ausgeschlossen ist damit eine Versagung des Notstandsprivilegs aus anderen Gründen).

2. Als weiteres Beispiel, in dem eine Entschuldigung ausgeschlossen ist, nennt S. 2 den Fall, daß dem Täter die **Hinnahme der Gefahr zuzumuten** ist, weil er **in einem besonderen Rechtsverhältnis steht.** Hier ist es die Neutralisierung des sonst zu einer Schuldminderung führenden Unrechtsminderungsgrunds, die auch zur Versagung des Privilegs nach S. 1 führt (o. 19).

a) Der Begriff des **„besonderen Rechtsverhältnisses"** kennzeichnet die Fälle, die hier erfaßt werden sollen, nur unvollkommen (krit. zur Vieldeutigkeit dieses Begriffs auch Bernsmann aaO 116 ff., 398 f., Blau-FS 39 ff.). Von einem „besonderen Rechtsverhältnis" in dem hier fraglichen Sinn könnte immer dann gesprochen werden, wenn für den Täter aufgrund einer schon vor der Tat bestehenden Sonderpflicht die Opfergrenze erhöht ist, was zB auch auf Garantenpflichten im Rahmen einer Individualbeziehung zutreffen kann (zB der Vater kann sich nur gegenüber der Tat gegenüber dem Kind aus der Gefahr retten). In diesem umfassenden Sinn ist der Begriff des „besonderen Rechtsverhältnisses" hier jedoch nicht gemeint, wie sich aus dem gleichfalls an diesen Begriff anknüpfenden Ausschluß der Strafmilderung im 2. Halbs. ergibt (krit. dazu Bernsmann aaO, Jakobs 575). Der Gesetzgeber hatte hier vielmehr Fälle im Auge, „in denen die betreffenden Personen eine besondere Schutzpflicht gegenüber der Allgemeinheit übernommen haben, aufgrund deren sie verpflichtet sind, eine Gefahr für ihre Person hinzunehmen" (BT-Drs. V/4095 S. 16). Dies entspricht auch dem bereits bei § 34 angelegten Unterschied zwischen einer gewöhnlichen Garantenstellung und solchen Schutz- und damit verbundenen Gefahrtragungspflichten, bei denen eine Rechtfertigung des Notstandstäters nach § 34 zusätzlich dadurch erschwert wird, daß als weiterer Abwägungsfaktor das Interesse der Allgemeinheit an der Funktionsfähigkeit speziell zur Abwehr von Gefahren zuständiger Einrichtungen und Dienste ins Gewicht fällt (vgl. § 34 RN 34). Entsprechend vermag auch bei § 35 nur eine derart qualifizierte Gefahrtragungspflicht die mit der Notstandslage an sich vorprogrammierte Unrechtsminderung in der Weise zu kompensieren, daß selbst eine Strafmilderung in jedem Fall ausgeschlossen ist (vgl. zB auch Hirsch LK 53, Jescheck/Weigend 486 f., Kühl 396, Neumann NK 42, Roxin I 843, JA 90, 138, Rudolphi SK 3; krit. Bernsmann aaO 210 ff.). Ebenso ändern sich hier die normativen Vorgaben, unter denen das Recht dem besonderen Motivationsdruck mit Nachsicht begegnet. Auf diese Weise sind auch die generalpräventiven Erwägungen legitimierbar, die nach der Entstehungsgeschichte dazu geführt haben, bei Bestehen eines „besonderen Rechtsverhältnisses" eine Strafmilderung nach § 49 I generell zu versagen (vgl. Prot. V 1845 ff., 1853 ff., 2111 ff., 2138; vgl. auch Roxin, Henkel-FS 184, JA 90, 137). Für andere Gefahrtragungspflichten gilt dies nicht in gleichem Maß; sie bleiben daher auch außerhalb des gesetzlichen Beispielsfalls. Im einzelnen gilt folgendes:

23   α) Kraft eines „besonderen Rechtsverhältnisses" ergeben sich **Gefahrtragungspflichten** in dem genannten Sinn zunächst aus den *besonderen Schutzpflichten gegenüber der Allgemeinheit*, die sich für bestimmte Personengruppen aus ihrer besonderen sozialen Rolle ergeben und deren Erfüllung typischerweise mit erhöhten Gefahren verbunden ist (zB Jescheck/Weigend 486 f., Lackner/Kühl 9, M-Zipf I 460, Neumann NK 41 f., Rudolphi SK 12 u. mit Einschränkungen Hirsch LK 53; vgl. auch BGH NJW **64**, 730; krit. zur Möglichkeit einer hinreichenden Konkretisierung Bernsmann aaO 121 ff. u. pass.). Ob dieses besondere Pflichtverhältnis durch Gesetz begründet wird – nur bei einseitiger Auferlegung solcher Pflichten bedarf es auch einer besonderen gesetzlichen Grundlage (vgl. aber auch Bernsmann, Blau-FS 43 ff.) – oder durch freiwillige Übernahme, ist unerheblich. Hierher gehören zB Soldaten (§ 6 WStG; vgl. näher Scholz/Lingens), Zivildienstleistende (§ 27 III ZDG), Polizeibeamte (vgl. dazu Amelung in: Eser/Fletcher [vor 4 vor § 32] 1379 ff.), Angehörige des Bundesgrenzschutzes, des Katastrophenschutzes, Feuerwehrleute, Wettermänner in Bergwerken (RG **72** 249), Seeleute (§§ 106, 109 SeemannsG), fliegendes Personal (vgl. Weimer, Zeitschr. f. Luftrecht 1956, 107), Ärzte, Krankenpflegepersonal, Angehörige privater Schutzorganisationen (Bergwacht usw.), Beamte als Geheimnisträger, uU auch Richter. Was den Inhalt der hier bestehenden Gefahrtragungspflichten betrifft, so beziehen sie sich immer nur auf die mit der fraglichen Tätigkeit typischerweise verbundenen Gefahren (BGH NJW **64**, 730, Kühl 395, Neumann NK 43, Roxin I 843, Rudolphi SK 13; vgl. im übrigen entsprechend auch § 34 RN 34).

24   β) In diesen Zusammenhang gehören ferner bestimmte gesetzlich institutionalisierte **Duldungspflichten**. Zwar spricht das Gesetz nur von der Zumutbarkeit, „die Gefahr" hinzunehmen, doch muß S. 2 erst recht gelten, wenn der Täter nicht nur die Gefahr einer Beeinträchtigung, sondern – noch weitergehend – diese selbst von Rechts wegen hinzunehmen hat. Für die Interpretation des gesetzlichen Beispiels bedeutet dies, daß von ihm solche auf einem „besonderen Rechtsverhältnis" beruhenden Duldungspflichten mitumfaßt sein müssen, bei denen die Gründe für einen Ausschluß der Strafmilderung nach S. 2 2. Halbs. von ähnlichem Gewicht sind wie bei den o. 22 f. genannten Gefahrtragungspflichten. Dies trifft auf Rechtsverhältnisse zu, die durch hoheitliche Maßnahmen begründet sind und bei denen der Betroffene wegen besonders wichtiger *öffentlicher Interessen* Eingriffe in seine Freiheit und Körperintegrität – das Rechtsgut Leben scheidet hier ohnehin aus – hinnehmen muß. Unter das gesetzliche Beispiel fallen daher insbes. auch die Pflichten, körperliche Eingriffe gem. § 81 a StPO über sich ergehen zu lassen und Freiheitsentziehungen aufgrund eines rechtmäßigen Hoheitsakts zu dulden (ebenso zB Jakobs 574, Rudolphi SK 12, Stratenwerth 182, Timpe JuS 85, 336; iE auch Frister aaO 215; and. Hirsch LK 58: Fälle der Generalklausel, Roxin I 844, JA 90, 138: kein Notstand iS des S. 1; zum Ganzen vgl. ferner Bernsmann aaO 126 ff., 428 u. zu den Grenzen u. 25 f.).

25   b) Auch für den 2. Beispielsfall gilt, daß der Täter nicht schon deshalb nicht entschuldigt ist, weil er in einem besonderen Rechtsverhältnis mit den entsprechenden Sonderpflichten steht, sondern erst dann, wenn ihm *deshalb* **die Hinnahme der Gefahr** bzw. der Einbuße selbst **zugemutet** werden kann (auch o. 18). Für *Gefahrtragungspflichten* ergibt sich daraus spätestens an dieser Stelle (schon o. 23), daß das Nichtbestehen von Gefahren, die für das fragliche Rechtsverhältnis atypisch sind, eine Entschuldigung nicht ausschließt (vgl. Hirsch LK 55). Nicht zumutbar ist die Erfüllung einer besonderen Gefahrtragungspflicht ferner dann, wenn damit – und dies gilt auch für Soldaten, da die soldatische Pflicht (§ 6 WStG) in keinem Fall die bewußte Selbstaufopferung verlangt – der sichere oder höchstwahrscheinliche Tod verbunden wäre (ebenso zB Hirsch LK 56, Kühl 396, M-Zipf I 460, Neumann NK 44, Roxin I 844, JA 90, 138, Rudolphi SK 13, Tröndle 12, iE auch Bernsmann aaO 422 ff.; vgl. aber auch Lugert aaO 123 f., 126 ff. [Rechtfertigung]). Im übrigen kommt es für die Zumutbarkeit auf die konkreten Umstände an: Je verantwortungsvoller die fragliche Stellung ist, je geringer die drohenden Einbußen und je wichtiger die zu schützenden Interessen sind, umso mehr ist dem Täter die Hinnahme der Gefahr zuzumuten. Für *Duldungspflichten* (o. 24) gilt dagegen, daß der Betroffene Einbußen, die ihm von Rechts wegen auferlegt sind, grundsätzlich zu akzeptieren hat und sie ihm deshalb auch zumutbar sind. Davon ist jedenfalls auszugehen, wenn der zu duldende Eingriff und das ihm zugrunde liegende Verfahren rechtsstaatlichen Grundsätzen entsprechen (vgl. auch RG **54** 341, BGH LM § 52 **Nr. 8** mit Anm. Martin; zu den Unrechtsakten einer Gewalt- und Willkürherrschaft, wo schon die §§ 32, 34 in Betracht kommen, vgl. dagegen BGH ROW **58**, 33 f., 82, Kiel SJZ **47** 330, Hirsch LK 60 mwN). Ausnahmen sind hier lediglich bei in dieser Form nur im Ausland vorkommenden und nach unseren Maßstäben die Grenzen des Zumutbaren eindeutig übersteigenden

Duldungspflichten (vgl. Bernsmann aaO 430 ff.) und in Extremfällen auch bei materiell unrichtigen Entscheidungen anzuerkennen.

In den letzteren Zusammenhang gehört die auch im Sonderausschuß (vgl. Prot. V 1850 f.) umstrittene Frage, ob die Berufung auf § 35 ausgeschlossen ist, wenn der Täter zur Rettung seiner Freiheit, die ihm zwar in einem rechtsstaatlich ordnungsgemäßen Verfahren, materiell aber zu Unrecht entzogen worden ist (zB Strafverfahren gegen einen Unschuldigen), eine strafbare Handlung begeht. Hier wird man vor dem rechtskräftigen Abschluß des Verfahrens einen entschuldigenden Notstand schon deshalb verneinen müssen, weil die Gefahr, solange das weitere Verfahren die Unschuld des Betroffenen ergeben kann, noch auf andere Weise abwendbar ist; jedenfalls hier muß der Betroffene auf die verfahrensrechtlichen Rechtsbehelfe als die ihm im Interesse eines geordneten Verfahrensgangs zumutbaren milderen Mittel verwiesen werden. Zweifelhaft wird dies angesichts der engen Voraussetzungen eines Wiederaufnahmeverfahrens erst nach Rechtskraft der Verurteilung. In diesem Fall kann dem Täter das Privileg des § 35 nicht schlechthin versagt werden. Zwar besteht formal auch hier aufgrund des rechtskräftigen Urteils eine besondere Duldungspflicht und damit ein besonderes Rechtsverhältnis iS des S. 2; trotzdem erscheint es etwa für den zu lebenslanger Freiheitsstrafe Verurteilten, der Opfer eines Justizirrtums geworden ist und der alle legalen Möglichkeiten ausgeschöpft hat, unzumutbar, den lebenslangen Verlust seiner Freiheit nur deshalb hinzunehmen, weil übergeordnete Rechtskraftgesichtspunkte einer Beseitigung des Urteils entgegenstehen. Hier hat die Rechtsgemeinschaft, die Fehlurteile nicht ausschließen kann (vgl. Peters StV 88, 457), allen Anlaß, jedenfalls Nachsicht iS des § 35 zu üben, was selbstverständlich nicht heißt, daß jede Tat, zB auch eine Tötung, zu entschuldigen wäre (vgl. auch Bernsmann aaO 433 f., Kühl 399 f., Lugert aaO 19 f., Neumann NK 52; and. Hirsch LK 60, Jakobs ZStW 101, 521, Jescheck/Weigend 487, Roxin I 844, Rudolphi SK 12, Timpe aaO 306, JuS 85, 36). Das gleiche muß dann auch für die Angehörigen gelten (ebenso Kühl 400), ungeachtet des Bedenkens, daß diese vielfach zu Unrecht an die Unschuld des verurteilten Ehemanns, Vaters usw. glauben, was ihnen zumindest immer eine obligatorische Strafmilderung nach Abs. 2 sichern würde.

c) Nach der Gesetzesfassung ist maßgebend, ob der Täter in einem besonderen Rechtsverhältnis **27** stand, was zu Sonderproblemen bei der **Notstandshilfe zugunsten von Angehörigen usw.** führt. Hier ist zu unterscheiden:

α) Befindet sich der *Täter* in einem besonderen Rechtsverhältnis, so ist er schon nach dem gesetz- **28** lichen Beispiel nicht entschuldigt, wenn – die Zumutbarkeit im übrigen vorausgesetzt – seine Sonderpflicht auch Gefahren betrifft, die nicht ihm, sondern der Sympathieperson drohen. Eine dahingehende Pflicht kann nicht generell deshalb verneint werden, weil damit der Sympathieperson eine erhöhte Gefahrtragungslast auferlegt würde (so aber noch Hirsch LK 55, iE auch Rudolphi SK 14), denn entschuldigt wird die Notstandshilfe nicht aus Rücksicht auf den Angehörigen usw., sondern wegen der Zwangslage, in welcher sich der Täter befindet, wenn er einen solchen in Gefahr weiß. Vielmehr hängt es von Art und Inhalt des in Frage stehenden Rechtsverhältnisses und der daraus sich ergebenden Pflichten ab, ob diese auch die Hinnahme von Gefahren für Angehörige einschließen. Zu bejahen ist dies jedenfalls im Prinzip bei den o. 23 genannten Schutzaufgaben gegenüber der Allgemeinheit, weil auf deren Erfüllung durch die dafür Zuständigen bei Kollisionsfällen dieser Art idR ebenso Verlaß sein muß, wie wenn sie selbst in Gefahr wären. Hier kann daher für den Angehörigennotstand grundsätzlich nichts anderes gelten als in Fällen eigener Not: Zwar ist bei diesem das geschützte Gut nicht selbst mit einer entsprechenden Gefahrtragungspflicht belastet; hat der Täter aber von Rechts wegen auch solche Gefahren wie eigene zu bestehen, so fehlt es wegen dieses besonderen Pflichtverhältnisses in seiner Person ebenfalls bereits an der für § 35 erforderlichen Unrechtsminderung (vgl. iE auch Bernsmann aaO 439, Hirsch LK 55, Neumann NK 45, Roxin I 844, JA 90, 138). Sofern daher die Zumutbarkeitsgrenze im Einzelfall nicht überschritten ist – wobei diese dort verläuft, wo sie auch im Fall eigener Gefahr zu ziehen wäre –, ist danach zB nicht entschuldigt der Soldat, der bei einem Katastropheneinsatz (vgl. Art. 35 GG) eigenmächtig seine Truppe verläßt (§ 15 WStG), um Angehörigen beizustehen, ebenso der Polizeibeamte, der aus Furcht vor seiner Frau angedrohten Repressalien eine Strafvereitelung im Amt begeht. Etwas anderes gilt dagegen für die besonderen Rechtsverhältnisse, die sich in einer Duldungspflicht erschöpfen (o. 24). Bei diesen kann es schon ihrem Inhalt nach eine solche Drittwirkung nicht geben, weshalb zB der Gefangene, der sich durch die Verletzung eines Aufsichtsbeamten befreit, um seine Angehörigen schützen zu können, nicht deshalb nicht entschuldigt ist, weil er den Eingriff in seine Freiheit hinnehmen muß.

β) Befindet sich dagegen nicht der Täter, sondern nur die *Sympathieperson* in einem besonderen **29** Rechtsverhältnis, so ergibt sich der Ausschluß der Entschuldigung zwar nicht aus dem gesetzlichen Beispielsfall, wohl aber – entgegen dem hier am Wortlaut naheliegenden Umkehrschluß – aus der übergreifenden Zumutbarkeitsklausel des S. 2 (ebenso zB Bernsmann aaO 439, Hirsch LK 64, Jakobs 512, Lackner/Kühl 10, Neumann NK 46, Roxin I 844, JA 90, 139, Rudolphi SK 14, Tröndle 12). Auch in diesem Fall steht schon das nicht oder nicht wesentlich geminderte Unrecht einer Entschuldigung entgegen, hier deshalb, weil das geschützte Gut selbst mit einer besonderen Gefahrtragungs- oder Duldungspflicht belastet ist. Hinzu kommt, daß der Wert solcher Pflichten von vornherein in Frage gestellt wäre, wenn damit auch den Angehörigen usw. die Pflichten als den davon mittelbar Mitbetroffenen zugemutet würde, das fragliche Verhältnis zu respektieren. Eine derart „abgeleitete" Zumutbarkeit (vgl. Bernsmann aaO) muß es bereits bei den besonderen Gefahrtragungs-, erst recht aber bei Duldungspflichten geben: Nicht entschuldigt sind daher zB Handlungen nach § 109, um einem Angehörigen einen für ihn gefährlichen Einsatz zu ersparen, und noch weniger sind dies Straftaten, die zur Vereitelung einer einem Angehörigen drohenden Freiheitsstrafe begangen werden (vgl. zB auch Jescheck/Weigend 487, Krey Jura 79, 333, Timpe JuS 85, 38 f.), zumal sonst auch die §§ 157, 258 VI gegenstandslos und schwere Wertungswidersprüche unvermeidlich wären (zB Straflosigkeit bei Abwendung einer Geldstrafe nur im Fall des § 258 VI, bei einer drohenden Freiheitsstrafe dagegen auch bei anderen Delikten und nicht nur bei Angehörigen; vgl. näher 22. A., RN 28); zur Frage der Strafmilderung gem. Abs. 1 S. 2 u. 37.

30 3. Auch in **anderen Fällen** ist der Täter nicht entschuldigt, wenn es ihm **nach den Umständen zuzumuten** ist, die **Gefahr hinzunehmen.** Dabei können die „Umstände", von denen S. 2 hier spricht, immer nur solche sein, die ebenso wie die namentlich genannten Beispiele (o. 19) trotz Bestehens einer Notstandslage einer Unrechts- und Schuldminderung in dem vom Gesetz für einen völligen Verzicht auf die Erhebung des Schuldvorwurfs vorausgesetzten Umfang entgegenstehen. Im Unterschied zum 2. Beispielsfall müssen sie aber nicht von dessen Gewicht sein, weil hier nach S. 2 2. Halbs. eine Strafmilderung möglich ist. Zu diesen Umständen, welche die Hinnahme der Gefahr zumutbar machen können, gehören insbesondere:

31 a) **solche besonderen Gefahrtragungspflichten,** die nicht schon dem gesetzlich genannten Beispiel des Bestehens eines „besonderen Rechtsverhältnisses" zugeordnet werden können (o. 22 f.). Eine Gefahrtragungspflicht in diesem Sinn kann sich insbes. aus einer Garantenpflicht speziell gegenüber dem Opfer der Notstandstat ergeben (vgl. Hirsch LK 59, Jescheck/Weigend 487, Kühl 401, Lackner/Kühl 11, Neumann NK 51, Roxin I 848, JA 90, 140, Rudolphi SK 18, aber auch Bernsmann aaO 135 f., and. Köhler 337): So im Verhältnis des Vaters zu seinem Kind, wenn dieser sich nur durch eine Tat gegenüber dem Kind retten könnte, ferner aus der Übernahme einer Gefahrenabwehr (vgl. § 13 RN 26 ff.) im Verhältnis zu demjenigen, für dessen Schutz der Täter einzustehen hat (zB der Täter übernimmt es, einen schwerverletzten Skiläufer zu bergen und nimmt diesem dann, weil ihm selbst schwere Erfrierungen drohen, die Kleider weg). Gesteigerte Gefahrtragungspflichten bestehen insbes. auch zwischen den Mitgliedern einer freiwillig eingegangenen Gefahrengemeinschaft (vgl. § 13 RN 23 ff.); nur unter diesem Gesichtspunkt kann deshalb auch für die Angehörigen einer in der politischen Illegalität eines Terrorsystems tätigen Widerstandsgruppe eine gesteigerte Zumutbarkeit begründet werden (vgl. OGH **3** 130, Freiburg DRZ **49**, 423, Hirsch LK 59, Roxin I 849, JA 90, 141; vgl. auch Neumann aaO 237 f.). Über die Zumutbarkeit aufgrund einer besonderen Gefahrtragungspflicht vgl. im übrigen o. 25.

32 b) das Bestehen einer **Duldungspflicht,** die nur deshalb nicht unter den 2. Beispielsfall des S. 2 subsumierbar ist, weil sie ihre Grundlage nicht in einem „besonderen Rechtsverhältnis" in dem o. 24 genannten Sinn hat. In diesen Zusammenhang gehören insbes. Eingriffe, die aufgrund eines fremden Not- oder Selbsthilferechts hinzunehmen sind. Auch für sie gilt, daß eine von Rechts wegen auferlegte Einbuße für den Betroffenen immer zumutbar ist (vgl. o. 25). Deshalb gibt es keine entschuldigte „Gegenwehr" gegen berechtigte Notwehr (vgl. zB Hirsch LK 59, 61, Jakobs 574, Kühl 401 f., Neumann NK 52, aber auch Bernsmann aaO 139, 418 ff.). Für den schuldhaft handelnden Angreifer folgt dies bis hin zum Duldenmüssen einer für ihn lebensgefährlichen Verteidigung schon aus dem 1. Beispielsfall des S. 2 und dem Wegfall des diesem zugrunde liegenden speziellen Schuldminderungsgrunds (o. 19 f.), wobei die Kumulierung mit dem hier infolge der Duldungspflicht geminderten Unrecht auch eine Strafmilderung nach S. 2 2. Halbs. von vornherein ausschließt. Bei einem nicht schuldhaften Angriff besteht zwar nur ein eingeschränktes Notwehrrecht (vgl. § 32 RN 52) und damit eine entsprechend beschränkte Duldungspflicht; in diesen Grenzen ist aber auch hier die Hinnahme von Körperverletzungen oder Freiheitsbeeinträchtigungen immer zumutbar, wofür außer der fehlenden Unrechtsreduzierung der Umstand spricht, daß dem Angegriffenen in keinem Fall das Risiko einer straflosen „Gegenwehr" des Angreifers aufgebürdet werden darf. Schon deshalb ist auch eine Nothilfe nicht entschuldigt, wenn Angreifer eine Sympathieperson ist. Ebenso ist die Hinnahme nach § 34 gerechtfertigter Notstandshandlungen – bei Eingriffen in Körperintegrität und Freiheit ohnehin nur in Ausnahmefällen denkbar – stets zumutbar, dies schon deshalb, weil die Gesichtspunkte, die einer Zumutbarkeit für den Betroffenen entgegenstehen könnten, bereits bei der Interessenabwägung nach § 34 zu berücksichtigen waren und mit der Bejahung eines überwiegenden Interesses daher schon dort ihre Erledigung gefunden haben (vgl. aber auch Stree JuS 73, 464, Welzel 92). Bei der Notstandshilfe zu Gunsten einer duldungspflichtigen Sympathieperson ergibt sich die Zumutbarkeit aus den o. 29 genannten Erwägungen. Zumutbar ist ferner für die Angehörigen die Hinnahme eines nach § 218 a II, III gerechtfertigten (vgl. Satzger JuS 97, 805) sowie – wegen der gesetzgeberischen Entscheidung, das ungeborene Leben effektiver durch Beratung als durch Bestrafung zu schützen (vgl. § 32 RN 19/20) – eines nach § 218 a I tatbestandslosen Schwangerschaftsabbruchs (insoweit and. Satzger aaO; s. auch o. 5).

33 c) die **Unverhältnismäßigkeit** des dem Täter bzw. Angehörigen usw. **drohenden Schadens** einerseits und den **Folgen der Tat** andererseits (vgl. Gropp 242, Hirsch LK 62, Kühl 402, Lackner/Kühl 11, Neumann NK 6, 47, Roxin I 849, JA 90, 141, Stratenwerth 181, Tröndle 14 u. näher Bernsmann aaO 401 ff., iE auch Frister aaO 212). Zwar setzt § 35 keine Abwägung in dem Sinn voraus, daß der Täter nur entschuldigt wäre, wenn er ein höher- oder gleichrangiges Gut schützt (vgl. RG **61** 249, **66** 399, BGH **2** 243, NJW **64**, 730; and. Lugert aaO 108 f.). Da der entschuldigende

Notstand u. a. jedoch auf dem geringeren Unrecht der Tat beruht und für den Umfang der Unrechtsminderung auch die Relation der kollidierenden Werte u. Interessen eine entscheidende Rolle spielt, wurde schon früher mit Recht eine gewisse Verhältnismäßigkeit zwischen der Schwere des drohenden Nachteils und der Schwere der Tat verlangt (vgl. RG **66** 399, Baldus LK[9] § 52 RN 7, § 54 RN 18). Damit ist zwar – vorbehaltlich der übrigen Zumutbarkeitskriterien – die Entschuldigung selbst von Tötungshandlungen im Lebensnotstand in keinem Fall ausgeschlossen, dies nach BGH NJW **64**, 730 auch nicht bei einer Vielzahl von Opfern (Mitwirkung an Massenerschießungen; vgl. auch Bernsmann aaO 408 f., Neumann NK 50). Zu einer erheblichen Einschränkung des S. 1 führt dieser Grundsatz aber beim Leibes- und Freiheitsnotstand (womit zugleich zweifelhaft wird, ob zwischen S. 1 und 2 wirklich das in BT-Drs. V/4095 S. 16 angenommene Regel-Ausnahmeverhältnis besteht; o. 2). Auch bei einer das Maß des Geringfügigen übersteigenden Leibes- oder Freiheitsgefahr – bei der Gefahr nur unerheblicher Beeinträchtigungen scheidet § 35 ohnehin aus, o. 6, 8 – ist hier nicht jede Tat entschuldigt, vielmehr sind umso strengere Anforderungen an das Beharrungsvermögen des Täters zu stellen, je schwerer die fragliche Tat wiegt (vgl. auch Hirsch LK 63, Neumann NK 50, Roxin I 849 f.). Tötungen können deshalb nur in ganz besonders schwerwiegenden Fällen eines Leibesnotstands entschuldigt sein, so zB bei der Gefahr ständig sich wiederholender schwerster Mißhandlungen durch das gewalttätige Opfer (o. 1 a) oder bei einer Tötung auf Verlangen (§ 216), wenn diese erfolgt, um einem schwer leidenden Angehörigen die Qualen des Todeskampfes zu verkürzen (ebenso Neumann NK 22; vgl. dazu auch den Fall von LG Ravensburg NStZ **87**, 229 m. Bspr. Herzberg JZ 88, 185 ff., wo bei Annahme eines aktiven Tuns – dagegen mit Recht Roxin NStZ 87, 350 – jedoch keine Rechtfertigung, sondern nur § 35 in Betracht kommen konnte; zur aktiven direkten Sterbehilfe als übergesetzlichem Entschuldigungsgrund außerhalb des von § 35 privilegierten Personenkreises vgl. 117 vor § 32). Bei weniger schwerwiegenden Notstandshandlungen in einem Leibes- oder Freiheitsnotstand ist zwar auch die Grenze der Disproportionalität entsprechend später erreicht. Auch bei einem Meineid genügt aber nicht schon die Drohung mit Schlägen, wenn nicht zu befürchten ist, daß diese das Ausmaß einer erheblichen Mißhandlung angenommen hätten (vgl. RG **66** 400, Hirsch aaO, and. Neumann NK 50; vgl. zur Entschuldigung eines Meineids auch RG **66** 98, 222, JW **32**, 3068, BGH **5** 373 u. o. 13).

d) der **Grad** der dem Täter usw. **drohenden Gefahr** (zur Bedeutung dieses Gesichtspunkts bei § 34 vgl. dort RN 27). Je geringer die Wahrscheinlichkeit eines Schadens ist, umso eher kann vom Täter zugemutet werden, die Gefahr hinzunehmen (aber auch Hirsch LK 63). In Verbindung mit dem Verhältnismäßigkeitsgrundsatz (o. 33) gilt dies umso mehr, je geringer der drohende Schaden ist und je schwerer die zur Abwendung der Gefahr erforderliche Tat wiegt. **34**

e) soweit die Tat das erforderliche Mittel ist (o. 13 ff.), die **Größe der Rettungschance** einerseits, eines **weiteren Schadensrisikos** andererseits. Hier gelten unter Zumutbarkeitsgesichtspunkten die gleichen Regeln wie bei § 34 (vgl. dort RN 29). Daher kann dem Täter die Hinnahme der Gefahr zB umso eher zumutbar sein, je größer das Risiko eines Mißlingens der Rettungshandlung ist, wobei auch dies iVm dem Verhältnismäßigkeitsprinzip umso mehr gilt, je geringer der drohende Schaden ist und je schwerer die Tat wiegt. **34 a**

f) das Bestehen einer sog. **Sozialnot** (zB drohende Gesundheitsschäden infolge radioaktiver Verseuchung eines Gebietes [M-Zipf I 459], allgemeiner Lebensmittelknappheit usw.; zu § 34 vgl. dort RN 41). Soweit hier die dem Täter usw. drohende Gefahr über die allgemeine Notlage nicht hinausgeht, ist ihm die Hinnahme der Gefahr deshalb zuzumuten, weil sie auch allen anderen zugemutet wird; andernfalls müßte jedermann das Privileg des § 35 eingeräumt werden, was für einen weiten Bereich des Strafrechts dessen völliger Suspendierung gleichkäme. Hier kann daher nur eine besondere, über die der Allgemeinheit hinausgehende Notlage zu einer Entschuldigung nach § 35 führen (vgl. Neustadt NJW **51**, 852, BW-Weber 510, Lackner/Kühl 11, M-Zipf I 459 und iE auch Hirsch LK 18, 28, Kühl 386, Neumann NK 11, Roxin I 837, Rudolphi SK 6, die hier jedoch bereits eine Gefahr iS des § 35 verneinen; enger Celle HESt. **1** 139; weitergehend, wenn auch unter Beschränkung auf Ausnahmefälle Kiel SJZ **47**, 674 m. Anm. v. Weber). **35**

4. Kann dem Täter die Hinnahme der Gefahr zugemutet werden, obwohl die Voraussetzungen des S. 1 vorliegen, so ist er zwar nicht entschuldigt, doch **kann** hier nach S. 2 2. Halbs. **die Strafe nach § 49 I gemildert** werden. Ausgenommen davon sind jedoch die Fälle, in denen eine Entschuldigung deshalb ausgeschlossen ist, weil der Täter in einem besonderen Rechtsverhältnis stand (o. 21 ff.); hier kann die Notstandslage nur innerhalb des Regelstrafrahmens strafmildernd berücksichtigt werden (vgl. Hirsch LK 68, aber auch Jakobs 576, Rudolphi SK 18 sowie u. 37). Dagegen muß die Regelung des 2. Halbs. auch gelten, wenn schon die Voraussetzungen des S. 1 fehlen, weil der Täter die Gefahr auf eine andere für ihn zumutbare Weise hätte abwenden können (Rudolphi SK 18 b, o. 13 a). Strafmilderung bedeutet auch hier Übergang auf den milderen Sonderstrafrahmen des § 49 I, wobei ausschließlich notstandsspezifische Gesichtspunkte sind, die über die Rahmenwahl entscheiden (vgl. Hirsch LK 69 u. im übrigen 51 vor § 38, § 46 RN 49, § 50 RN 1 ff. u. entsprechend auch § 21 RN 13, 23, § 23 RN 4 ff.). **36**

Die Strafmilderung iS des § 49 I steht im *pflichtgemäßen richterlichen Ermessen*, dessen Grenzen sich aus dem Grundgedanken des entschuldigenden Notstands ergeben: Beruht dieser auf dem Zusammentreffen eines Unrechts- und eines Schuldminderungsgrunds, die das Maß der Schuld insgesamt so wesentlich reduzieren, daß ein völliger Verzicht auf Strafe angebracht erscheint, so ist auch eine **37**

Strafmilderung nach S. 2 2. Halbs. umso eher angezeigt, je deutlicher der Schuldgehalt der nach S. 2 nicht entschuldigten Tat dieser den Übergang zur völligen Straflosigkeit rechtfertigenden Grenze angenähert ist (zB bei nur geringfügiger Überschreitung des Verhältnismäßigkeitsgrundsatzes). Da solche Grenzsituationen einer „Fast-Entschuldigung" auch bei einem besonderen Rechtsverhältnis (o. 21 ff.) denkbar sind – zB Vorliegen einer nur knapp unter der Grenze des noch Zumutbaren liegenden Gefahr –, ist der generelle Ausschluß einer Strafmilderung nach S. 2 2. Halbs. hier nicht unproblematisch (krit. dazu auch Jescheck/Weigend 488, Rudolphi SK 18a, Stree JuS 73, 471; vgl. aber auch Roxin I 850). Umgekehrt besteht für eine Strafmilderung kein Anlaß, wenn die besonderen Zumutbarkeitsgesichtspunkte von solchem Gewicht sind, daß trotz Vorliegens der Voraussetzungen des S. 1 die Schuld des Täters nicht oder nur geringfügig gemindert ist. Dies gilt vor allem, wenn weder das Unrecht noch speziell die Schuld gemindert ist (zB Notwehr-„Abwehr" bei schuldhaftem Angriff, o. 32), aber auch in anderen Fällen, in denen das Bestehen einer Notstandslage unter Unrechts- oder Schuldgesichtspunkten in einer Weise vernachlässigt werden kann, daß auch eine Strafmilderung nicht mehr angemessen erscheint, so bei einem extremen Mißverhältnis zwischen der Schwere der Tat und der drohenden Gefahr (o. 33) oder bei vorsätzlicher Herbeiführung der Notstandslage (o. 20; vgl. ferner Frisch/Bergmann JZ 90, 650, aber auch Hirsch LK 69). Auch bei der Notstandshilfe zugunsten einer gefahrtragungs- oder duldungspflichtigen Sympathieperson dürfte dies meist anzunehmen sein, insbes. wenn diese sich in einem besonderen Rechtsverhältnis befindet (o. 22 ff.; vgl. auch Bernsmann aaO 439, Hirsch aaO; and. Neumann NK 46, Roxin I 844). Hier steht zwar, weil vom gesetzlichen Beispielsfall nicht erfaßt (o. 29), die Ausschlußklausel des S. 2 2. Halbs. einer Strafmilderung nicht schlechthin entgegen; ein Widerspruch wäre es aber z. B., dem Strafgefangenen, der bei einem Ausbruchsversuch einen Aufsichtsbeamten schwer verletzt, eine solche zu versagen, sie dem Angehörigen, der die gleiche Tat begeht, jedoch zu gewähren (vgl. auch Timpe aaO 305).

38 VI. Überschreitet der Täter die Grenzen des Erforderlichen (**Notstandsexzeß**, vgl. zB Bay DAR **56**, 15; vgl. auch BGH ROW **58**, 163), so ist er nicht entschuldigt. Im Fall eines Irrtums gilt jedoch Abs. 2 (u. 42); im übrigen kann das Vorliegen der Notstandslage strafmildernd berücksichtigt werden. Eine entsprechende Anwendung des § 33 ist auch hier – zu § 34 vgl. dort RN 52 – angesichts der eindeutigen gesetzlichen Regelung nicht möglich (Hirsch LK 80).

39 VII. Ein **Putativnotstand** liegt vor, wenn der Täter irrig Umstände annimmt, bei deren Vorliegen er nach § 35 I entschuldigt wäre. Es handelt sich hier um einen *Irrtum eigener Art*, da er weder den Vorsatz ausschließt (der Täter kennt alle Umstände, die das Unrecht der Tat begründen), noch das Unrechtsbewußtsein berührt (daher kein Verbotsirrtum).

40 Dessen Behandlung im früheren Recht war umstritten (vgl. die 21. A. RN 45, Hirsch LK 73 u. näher Vogler GA 69, 106). Das 2. StrRG schloß sich mit der besonderen Irrtumsregelung des **Abs. 2** der sog. Vorsatzlösung – Bestrafung bei vorwerfbarem Irrtum mit gemilderter Vorsatzstrafe – an (zur Begr. näher Vogler aaO 113 ff.; krit. Frisch in: Eser/Perron aaO 275, Frister aaO 235 ff., Köhler 339). Dabei trägt die hier i. U. zu § 17 obligatorische Strafmilderung dem besonderen Motivationsdruck Rechnung, unter dem der Täter steht und der sich von dem bei einer wirklich bestehenden Notstandslage nicht unterscheidet (s. auch Hardtung aaO 43 f.); hinzukommt, daß die Fälle der Rechtsfeindschaft, die bei § 17 das Absehen von Strafmilderung rechtfertigen, hier keine Parallele haben (Neumann NK 62, Roxin I 852, JA 90, 142). Beim Zusammentreffen eines Putativnotstands mit einem Verbotsirrtum (der Täter hält sein Tun außerdem für rechtmäßig), sind beide Irrtümer gesondert zu prüfen (vgl. näher Roxin I 852).

41 1. Geregelt ist in Abs. 2 nur der Fall, daß der Täter **irrig Umstände annimmt**, die ihn **nach Abs. 1 entschuldigen würden**. Dabei sind dem Irrtum auch hier die Fälle gleichzustellen, in denen der Täter Zweifel hat, aber im Vertrauen auf das Vorliegen der fraglichen Umstände handelt (ebenso Bernsmann aaO 443, Hirsch LK 74; and. Hardtung aaO 38 [Frage der „Gefahr"], Neumann NK 64 [nur bei nicht behebbaren Zweifeln], Rudolphi SK 19a, Warda, Lange-FS 138).

42 a) Dieser **Irrtum** kann zunächst darin bestehen, daß der Täter irrig von einem Sachverhalt ausgeht, der die Voraussetzungen des S. 1 erfüllen würde (zB irrige Annahme einer gegenwärtigen Gefahr [vgl. BGH **5** 374], Unkenntnis eines milderen Auswegs [vgl. RG **64** 32, Hamm NJW **58**, 271, VRS **35** 342]). Ein solcher Irrtum liegt ferner vor, wenn der Täter die Umstände nicht kennt, die für ihn nach S. 2 die Hinnahme der Gefahr zumutbar machen: zB er weiß nicht, daß er selbst durch eigene Fahrlässigkeit die Notstandslage heraufbeschworen hat oder daß der andere, den er verletzt, ein Angehöriger ist, dem gegenüber er eine erhöhte Gefahrtragungspflicht hat (vgl. näher Hardtung aaO 28 ff., sowie Hirsch LK 74, aber auch Jakobs 514). Zweifelhaft sind dagegen die Fälle, in denen der Irrtum nicht im Bereich des Tatsächlichen, sondern des Normativen liegt: zB der Täter glaubt, die Gefahr sei nicht anders abwendbar, weil er infolge falscher Bewertung der ihm bekannten Umstände den milderen Ausweg für unzumutbar hält; der Täter kennt zwar seine Gefahrtragungspflicht, macht sich aber falsche Vorstellungen darüber, was ihm in der konkreten Situation zugemutet wird. Obwohl es sich hier streng genommen noch nicht um einen Irrtum über die Grenzen des entschuldigenden Notstands handelt (u. 45), wird man Fehlvorstellungen dieser Art für unbeachtlich halten müssen; denn ebenso wie dort muß auch hier entscheidend sein, daß der Täter das Unrecht der Tat kennt (sonst Verbotsirrtum) und sein Irrtum sich darauf beschränkt, daß er dem Recht fälschlich mehr Nachsicht unterstellt als es tatsächlich zu üben bereit ist (vgl. auch Hardtung aaO 28, Bernsmann aaO 443, Hirsch LK

75 f., Jescheck/Weigend 489, Roxin I 852 f.; and. offenbar BGH 5 StR 344/63 v. 8. 10. 1963: Irrtum über die Zumutbarkeit eines anderen Auswegs als Verbotsirrtum, was jedoch voraussetzen würde, daß der Täter sein Tun für rechtlich erlaubt hält).

b) War der Irrtum für den Täter **unvermeidbar**, so ist er entschuldigt; war er **vermeidbar**, so *muß* 43 die Strafe nach § 49 I gemildert werden, d. h. die Strafe ist auf der Grundlage des sich aus § 49 ergebenden milderen Sonderstrafrahmens zu bemessen, wobei die größere oder geringere Vorwerfbarkeit des Irrtums, aber auch sonstige erschwerende oder mildernde Umstände innerhalb dieses Sonderstrafrahmens zu berücksichtigen sind. Nur bei der Frage der Vermeidbarkeit ist auch die von der Rspr. für die Erforderlichkeit der Notstandshandlung aufgestellte Prüfungspflicht von Bedeutung (vgl. zB BGH **18** 311, NJW **52**, 113, BGHR § 35 Abs. 2 S. 1, Gefahr, abwendbare 1 u. dazu o. 17; vgl. auch Kühl 390 f., Lackner/Kühl 14, Neumann NK 65, Rudolphi SK 10 a, 19). Danach muß der Täter umso sorgfältiger prüfen, ob die Tat den einzigen Ausweg darstellt, je schwerer diese ist. Dies ist richtig, gilt jedoch nicht nur für die Erforderlichkeit, sondern auch für die übrigen Notstandsvoraussetzungen. Andererseits ist aber auch zu berücksichtigen, daß der Täter gerade in einer Situation, in der er seine physische Existenz unmittelbar bedroht sieht, durch die sorgfältige Abwägung der bestehenden Möglichkeiten überfordert sein kann (Hirsch LK 78, zu weitgehend jedoch Schmidhäuser 470, I 248 [dagegen zu Recht Hardtung aaO 41]). Nicht vorgesehen ist vom Gesetz die Möglichkeit eines völligen Absehens von Strafe. Hier wäre deshalb eine analoge Anwendung des § 157 (Vogler GA 69, 115) eine eindeutige Entscheidung contra legem; ebenso wie in § 258 VI liegt in § 157 eine bewußte Beschränkung, die nicht beliebig erweiterungsfähig ist (wie hier Jescheck[4] 458, Hirsch LK 78).

2. Nicht geregelt ist in Abs. 2 der Fall eines **Irrtums lediglich** über die **Voraussetzungen des** 44 **Abs. 1 S. 1,** wobei aber eine **Entschuldigung nach Abs. 1 S. 2 ohnehin ausgeschlossen** wäre: zB der Soldat hält irrtümlich eine Notstandslage iS des Abs. 1 S. 1 für gegeben oder der Täter wähnt sich fälschlich in einer Notstandssituation, von der er glaubt, daß er sie selbst schuldhaft herbeigeführt habe. Hier ist Abs. 2, der eine obligatorische Strafmilderung vorsieht, nicht anwendbar, da auch dann, wenn die vom Täter angenommene Notstandslage tatsächlich bestanden hätte, allenfalls eine fakultative Strafmilderung nach Abs. 1 S. 2 2. Halbs. in Betracht gekommen wäre. Abgesehen von dem Fall des Bestehens eines „besonderen Rechtsverhältnisses", bei dem eine Strafmilderung nach Abs. 1 S. 2 2. Halbs. ausgeschlossen wäre, muß hier jedoch nach dem Grundgedanken des Abs. 2 eine fakultative Strafmilderung jedenfalls dann möglich sein, wenn der Irrtum über die Voraussetzungen des Abs. 1 S. 1 für den Täter unvermeidbar war (ebenso Hirsch LK 77, Roxin I 853, JA 90, 142). Aber auch bei Vermeidbarkeit des Irrtums spricht für die Möglichkeit einer Strafmilderung, daß sowohl das Verschulden bezüglich des Irrtums als auch die Überschreitung der Zumutbarkeitsgrenze nach Abs. 1 S. 2 außerordentlich gering sein kann (zB bei nur geringfügiger Überschreitung des Verhältnismäßigkeitsgrundsatzes, wobei für den Täter nur schwer erkennbar war, daß eine Gefahr überhaupt nicht bestand; and. Hirsch aaO, Roxin I 853, JA 90, 142).

3. Nicht geregelt ist in Abs. 2 ferner der **Irrtum über die rechtlichen Grenzen des entschul-** 45 **digenden Notstands** nach Abs. 1 (zB der Täter hält auch eine bloße Vermögensgefahr für ausreichend oder er kennt nicht die Beschränkungen bei Bestehen einer besonderen Gefahrtragungspflicht). Nach ganz h. M. ist ein solcher Irrtum ebenso unbeachtlich wie die irrige Inanspruchnahme eines vom Recht überhaupt nicht anerkannten Entschuldigungsgrundes, da die Entscheidung darüber, in welchem Umfang der Täter die Nachsicht des Rechts finden soll, allein beim Gesetzgeber liegt (vgl. zB EB-Burkhardt I 216, Hardtung aaO 26, Hirsch LK 75, 200 vor § 32, Jescheck/Weigend 489, Neumann NK 63, Roxin I 853, Rudolphi SK 19, Tröndle 17; and. Frister aaO 239 f.: Verbotsirrtum). Ein Verbotsirrtum liegt hier nur vor, wenn der Täter glaubt, daß sein Handeln unter den genannten Umständen überhaupt kein Unrecht sei (ebenso Hirsch LK 72).

VIII. Sind an der Tat **mehrere beteiligt,** so ist nur der entschuldigt, in dessen Person § 35 46 vorliegt. Ist dies nur der Täter, so schließt dies eine Bestrafung des Teilnehmers nicht aus (B-Volk 195, Hirsch LK 71, Jescheck/Weigend 476, Lackner/Kühl 15, Neumann NK 68, Roxin I 853, JuS 88, 427, JA 90, 143, Tröndle 9, iE auch Frister aaO 243; aaM. M-Zipf I 456, Rudolphi ZStW 78, 67). Dies folgt aus § 29: Hier führt das geringere Unrecht der Haupttat zwar auch zu einer Minderung des Unrechts der Teilnahme, jedoch trifft der zweite, in dem besonderen Motivationsdruck liegende Schuldminderungsgrund, der zur Entschuldigung hinzukommen muß, nur für den Haupttäter selbst zu. Das geringere Unrecht der Teilnahme kann hier nur bei der Strafzumessung berücksichtigt werden (Hirsch LK 71, Roxin I 854; vgl. auch Rudolphi SK 21); völlig straffrei ist der Teilnehmer nur, wenn für ihn ein übergesetzlicher entschuldigender Notstand gegeben ist (so in dem Bsp. von Welzel 185; vgl. dazu 115 ff. vor § 32) oder wenn sich seine Mitwirkung darin erschöpft, daß er den in Not Geratenen auf die Regelung des § 35 hinweist (Roxin I 854). Umgekehrt gilt § 35 in der Person eines Teilnehmers oder Mittäters nicht für den Täter bzw. den anderen Mittäter (Hirsch LK 71; and. M-Zipf I 456). Ist der Täter durch einen anderen unter den Voraussetzungen des § 35 zu der Tat genötigt worden, so ist der Hintermann mittelbarer Täter (vgl. § 25 RN 33), eine Beihilfe also schon als solche zu dessen Tat strafbar.

IX. Bei **Fahrlässigkeitsdelikten** ist die Unzumutbarkeit normgemäßen Verhaltens als regulatives 47 Prinzip nicht auf den engen Bereich des § 35 beschränkt (vgl. § 15 RN 204, 126 vor § 32); das

§ 36 1   Allg. Teil. Die Tat – Straflosigkeit parl. Äußerungen

gleiche gilt nach h. M. bei **vorsätzlichen Unterlassungsdelikten** (vgl. 155 vor § 13). Zum **übergesetzlichen entschuldigenden Notstand** bei vorsätzlichen Begehungsdelikten vgl. 115 ff. vor § 32; zur Frage eines **übergesetzlichen Schuldminderungsgrunds** bei Verstrickung in ein Gewaltsystem vgl. 126 b vor § 32; zu den notstandsähnlichen Lagen im Bes. Teil vgl. §§ 139 III, 157, 258 VI, 313 II.

Fünfter Titel. Straflosigkeit parlamentarischer Äußerungen und Berichte

Vorbemerkungen

1   **I.** Die §§ 36, 37, regeln einheitlich für den Bundestag, die Bundesversammlung und die Gesetzgebungsorgane der Länder die **Straflosigkeit parlamentarischer Äußerungen und Berichte** (für den Bundestag vgl. bereits Art. 42 III, 46 GG, für die Bundesversammlung § 7 Ges. über die Wahl des Bundespräsidenten v. 25. 4. 1959, BGBl. I 230). In der Sache entsprechen sie trotz Erweiterung der §§ 11, 12 aF auf Bundestag und Bundesversammlung dem früheren Recht (vgl. näher die 20. A.). Dies gilt auch für die Ersetzung der „Gesetzgebungsorgane eines zur Bundesrepublik Deutschland gehörenden Landes" (§§ 11, 12 aF) durch die „Gesetzgebungsorgane eines Landes", da dadurch vor der Vereinigung lediglich Zweifel an der Gültigkeit der Vorschrift auch für Westberlin ausgeschlossen werden sollten (BT-Drs. V/4095 S. 17).

2   **II.** Trotz der weitergehenden, in Anpassung an Art. 46 I und 42 III GG gewählten Formulierung „dürfen zu keiner Zeit ... zur Verantwortung gezogen werden" (§ 36) bzw. „bleiben von jeder Verantwortlichkeit frei" (§ 37) können die §§ 36, 37 in der Sache nur die **Freiheit von strafrechtlicher Verantwortung** meinen (StaatsGH Bremen MDR **68**, 24, München JuS **75**, 326, Neumann NK § 36 RN 2, Samson SK § 36 RN 2, Tröndle LK1080, 780 mwN; and. Rinck JZ 61, 250). Inwieweit sich die Indemnität auch auf die disziplinar- und standesrechtlichen Maßnahmen oder zivilrechtlichen Klagen – insbes. Unterlassungs- und Schadensersatzklagen – bezieht, ist daher kein Problem der §§ 36, 37, sondern bestimmt sich nach Art. 42 III, 46 I GG bzw. den entsprechenden Landesverfassungen (s. auch Neumann NK § 36 RN 2).

3   **III.** Eine vom Verfassungsrecht zu entscheidende Frage ist es, ob die §§ 36, 37 wenigstens in strafrechtlicher Hinsicht (o. 2) eine **abschließende Regelung** darstellen, mit der Folge, daß die zT abweichenden Bestimmungen den Landesverfassungen (zB Art. 37 Verf. v. Bad.-Württ.) nach Art. 31 GG als gegenstandslos anzusehen sind. Der Sonderausschuß hatte die Aufnahme einer entsprechenden Vorbehalts in § 36 zugunsten weiterreichender Vorschriften des Landesrechts, der dann auch für das Strafrecht von Bedeutung gewesen wäre, abgelehnt (BT-Drs. V/4095; für eine abschließende Regelung zB auch Lackner/Kühl § 36 RN 1, M-Zipf I 150, Rinck JZ 61, 249; diff. Neumann NK § 36 RN 6; vgl. auch BGH NJW **80**, 780). Neuerdings mehren sich jedoch die verfassungsrechtlichen Bedenken am Bestehen einer entsprechenden bundesrechtlichen Regelungskompetenz (vgl. Friesenhahn DÖV 81, 512, M. Schröder, Der Staat 82, 49, Wolfrum DÖV 82, 674, Tröndle LK[10] 3 vor § 36, Tröndle § 36 RN 2; s. auch Neumann § 36 RN 5 f.).

§ 36 Parlamentarische Äußerungen

Mitglieder des Bundestages, der Bundesversammlung oder eines Gesetzgebungsorgans eines Landes dürfen zu keiner Zeit wegen ihrer Abstimmung oder wegen einer Äußerung, die sie in der Körperschaft oder in einem ihrer Ausschüsse getan haben, außerhalb der Körperschaft zur Verantwortung gezogen werden. Dies gilt nicht für verleumderische Beleidigungen.

Schrifttum: Bockelmann, Die Unverfolgbarkeit der Abgeordneten nach deutschem Immunitätsrecht, 1950. – *Friesenhahn*, Zur Indemnität von Abgeordneten in Bund und Ländern, DÖV 81, 512 – *Graul*, Idemnitätsschutz für Regierungsmitglieder?, NJW 91, 1717. – *Rinck*, Die Indemnität des Abgeordneten usw., JZ 61, 248. – *M. Schröder*, Rechtsfragen des Indemnitätsschutzes, Der Staat 1982, 25 ff. – *Walter*, Indemnität für Landtagsabgeordnete, JZ 99, 981. – *Witte-Wegmann*, Parlamentarische Rechtsfreiheit auch für Regierungsmitglieder?, DVBl. 74, 866. – *Wolfrum*, Indemnität im Kompetenzkonflikt zwischen Bund Ländern, DÖV 82, 674. – *Wurbs*, Regelungsprobleme der Immunität und Idemnität in der parlamentarischen Praxis, 1988.

1   **I.** Die Bestimmung regelt die sog. **Indemnität**, die vor dem Forum des Parlaments eine möglichst freie Diskussion ermöglichen soll (vgl. BGH NJW **80**, 781) und die, soweit das Strafrecht in Betracht kommt, einen **persönlichen Strafausschließungsgrund** (127 ff. vor § 32) darstellt, dessen Wirkungen auch nach Beendigung des Mandats fortdauern (h. M.; vgl. zB StaatsGH Bremen MDR **68**, 24, BT-Drs. V/4095 S. 17, BW-Weber 82, Jescheck/Weigend 188, M-Zipf I 149, Roxin I 902, Samson SK 5, Tröndle LK[10] 2, Walter JZ 99, 986; and. Jakobs 343 [„rollenbezogene Bedingung des Ausschlusses der Straftatbestandlichkeit"], Köhler 242 [Rechtfertigungsgrund], Mezger Lehrb. 74 [Prozeßhindernis]; Neumann NK 3 [objektiver Strafausschließungsgrund]; vgl. näher Bloy, Die dogmatische Bedeutung der Strafausschließungs- und Strafaufhebungsgründe [1976] 58 ff.). Voraussetzung für die Anwendung des § 36 ist mithin, daß die fragliche Äußerung alle Merkmale einer Straftat erfüllt

Parlamentarische Berichte **1 § 37**

(womit sie, weil rechtswidrig, zugleich notwehrfähig ist); ist sie schon aus anderen Gründen nicht strafbar (zB § 193), so bedarf es des § 36 nicht.

Demgegenüber ist die in Art. 46 II GG und entsprechenden Bestimmungen des Landesrechts **2** geregelte **Immunität** ein Prozeßhindernis. Sie soll verhindern, daß ein Abgeordneter ohne Genehmigung seines Parlaments strafrechtlich verfolgt wird; vgl. dazu auch § 152 a StPO.

II. Der Strafausschließungsgrund des § 36 ist in persönlicher Hinsicht beschränkt auf **Mitglieder** **3** **des Bundestags,** der **Bundesversammlung** (Art. 54 GG, Ges. über die Wahl des Bundespräsidenten v. 25. 4. 1959, BGBl. I 230) und der **Gesetzgebungsorgane der Länder** (einschließlich West-Berlin, vgl. 1 vor § 36). Zu den letzteren gehören auch die Bürgerschaften der Freien Städte; maßgebend sind im einzelnen die Landesverfassungen. Versammlungen, die nur einen Teil eines Landes vertreten und keine Befugnis zum Erlaß formeller Gesetze haben (zB Kreistage, Landschaftsversammlungen in Nordrhein-Westf.), gehören nicht hierher. „Mitglieder" dieser Gesetzgebungskörperschaften sind nur Abgeordnete (vgl. auch Art. 46 I GG), nicht dagegen Beamte und Angestellte des Organs oder die etwa in einem „Hearing" angehörte Sachverständige (BGH NJW **81**, 2117, Neumann NK 8). Auch Minister, die zugleich Abgeordnete sind, genießen den Schutz des § 36 nicht, wenn sie in ihrer Eigenschaft als Minister handeln (h. M. zB OVG Münster DVBl. **67**, 51, Maunz in: Maunz-Dürig Art. 46 RN 8, Lackner/Kühl 2, Neumann NK 8, Tröndle LK[10] 4; vgl. aber auch Graul NJW 91, 1717: idR zugleich als Abgeordneter).

III. In sachlicher Hinsicht ist der Strafausschließungsgrund des § 36 beschränkt auf Straftaten bei **4** **Abstimmungen und Äußerungen** (d. h. Tatsachenbehauptungen, Meinungsäußerungen, Willenskundgebungen jeder Form mit Ausnahme von Tätlichkeiten; vgl. näher Maunz in Maunz-Dürig Art. 46 RN 13, Neumann NK 9, Tröndle LK[10] 7) **in der Körperschaft oder einem ihrer Ausschüsse;** ausgenommen sind nach S. 2 lediglich verleumderische Behauptungen (§§ 90 III, 103, 109 d, [and. Neumann NK 13], 187, 187 a, 188 II). Dabei heißt „in" der Körperschaft bzw. „in" einem ihrer Ausschüsse, daß die fragliche Äußerung in einer Sitzung des Plenums oder eines Ausschusses im Zusammenhang mit der parlamentarischen Tätigkeit erfolgt sein muß (vgl. näher Maunz aaO RN 14, Tröndle LK[10] 8); für Privatgespräche unter Abgeordneten gilt § 36 daher nicht. Der Begriff des „Ausschusses" ist nach h. M. (vgl. Maunz aaO RN 15) nicht im technischen Sinn zu verstehen, so daß zB auch Äußerungen im Präsidium oder Ältestenrat den Schutz des § 36 genießen (and. Neumann NK 11). Zu weitgehend ist jedoch die Erstreckung des § 36 auf Äußerungen in Fraktionsbesprechungen (so zB StaatsGH Bremen MDR **68**, 24, Jescheck/Weigend 187, Lackner/Kühl 5, Maunz aaO RN 16, Tröndle LK[10] 9; wie hier Neumann NK 12, Samson SK 4), da das Privileg des § 36 seinem Grunde nach – Schutz der parlamentarischen Redefreiheit – nur dort berechtigt ist, wo es sich um die unmittelbare politische Willensbildung handelt. Kein Ausschuß iS des § 36 ist auch der Vermittlungsausschuß nach Art. 77 II GG, da dieser kein Ausschuß (nur) des Bundestags ist (Maunz aaO RN 15; and. Neumann NK 11, Tröndle LK[10] 10), sowie der Richterwahlausschuß nach Art. 95 II GG (Lackner/Kühl 5, Neumann NK 11) wohl aber der gemeinsame Ausschuß nach Art. 53 a GG (Herzog in: Maunz/Dürig Art. 53 a RN 24, Neumann NK 11; and. Lackner/Kühl 5). Äußerungen außerhalb des Parlaments oder eines seiner Ausschüsse fallen nicht unter § 36, und zwar auch dann nicht, wenn der Abgeordnete dabei „in Ausübung seines Berufs" (so § 11 i. d. F. bis zum 3. StÄG v. 8. 4. 1953) handelt, wie zB bei Verhandlungen mit der Regierung oder bei Erklärungen vor der Presse (StaatsGH Bremen MDR **68**, 24, Neumann NK 13), auch wenn es sich dabei um die Weitergabe einer schriftlichen Parlamentsanfrage handelt (BGH NJW **80**, 780 m. Anm. Meyer-Hesemann DÖV 81, 288, Friesenhahn DÖV 81, 518).

IV. Da es sich bei § 36 um einen persönlichen Strafausschließungsgrund handelt (o. 1), ist eine **5** **strafbare Teilnahme** Dritter möglich (and. Jakobs 343 f., Neumann NK 3, 14), soweit sie nicht ebenfalls Mitglieder des fraglichen Gesetzgebungsorgans sind.

§ 37 Parlamentarische Berichte

Wahrheitsgetreue Berichte über die öffentlichen Sitzungen der in § 36 bezeichneten Körperschaften oder ihrer Ausschüsse bleiben von jeder Verantwortlichkeit frei.

I. Die Vorschrift ergänzt den Schutz, den § 36 den Abgeordneten gewährt, zugunsten der Parla- **1** mentsberichterstattung, indem sie ungezwungene Erörterungen bei gleichzeitiger Gewährleistung der Publizität der Parlamentsarbeit sicherstellt (vgl. BGH NJW **80**, 781 mwN). Die **Rechtsnatur** dieser Privilegierung ist umstritten: zT wird ein Rechtfertigungsgrund angenommen (Braunschweig NJW **53**, 516 [Irrtum über die Zulässigkeit der Berichterstattung als Verbotsirrtum], Jakobs 465, Maunz in: Maunz-Dürig Art. 42 RN 36, Neumann NK 2, Samson SK 3, Schmidhäuser I 184, Roxin I 899, Ruhrmann NJW 54, 1513, Tröndle LK[10] 2), wogegen jedoch spricht, daß § 37 keine weitergehende Wirkung haben kann als die Indemnität der Abgeordneten selbst (Jescheck/Weigend 188); auch kann das Verbreiten ehrenrühriger Tatsachen (§§ 186, 187) nicht schon deshalb erlaubt und der Betroffene damit schutzlos sein, weil dies durch Wiedergabe entsprechender Äußerungen im Parlament geschieht. Auch hier handelt es sich deshalb um einen bloßen Strafausschließungsgrund, i. U. zu § 36 freilich nicht um einen persönlichen, sondern um einen sachlichen, der auch dritten Beteiligten zugute kommt und daher eine strafbare Teilnahme ausschließt (BW-Weber 83, Jescheck/Weigend

188, Lackner/Kühl 1; and. Gropp 258 [persönlicher Strafausschließungsgrund]). Soweit es sich um die Wiedergabe beleidigender Werturteile handelt, ist zu beachten, daß diese nur bei einer Identifikation mit dem Inhalt der wiedergegebenen Äußerung tatbestandsmäßig iS des § 185 ist (vgl. dort RN 1). § 37 schließt auch eine selbständige Anordnung der Einziehung nach § 76 a aus.

2 II. Ausgeschlossen ist die Strafbarkeit nur bei **wahrheitsgemäßen Berichten über öffentliche Sitzungen** der in § 36 genannten Gesetzgebungsorgane oder ihrer Ausschüsse; eine Erweiterung auf andere Gesetzgebungskörperschaften ist unzulässig (BGH NJW **54**, 1252, Braunschweig NJW **53**, 516 für die Volkskammer der ehem. DDR).

3 1. **Bericht** ist jede Wiedergabe iS einer erzählenden Darstellung (RG **18** 210), gleichgültig, in welcher Form dies geschieht (mündlich, schriftlich), ob der Empfänger ein einzelner oder ein größerer Personenkreis ist (Presse, Hör- und Bildfunk) und auf wen sich die Berichterstattung stützt (eigene Pressebeobachter, Mitteilung von Abgeordneten; vgl. BGH NJW **80**, 781, Neumann NK 1, 5). Dagegen genießen eigene Betrachtungen des Berichterstatters nicht den Schutz des § 37, weil es sich dann nicht mehr um einen Bericht handelt (RG aaO; s. auch Neumann NK 7), es sei denn, daß sie völlig am Rande liegen und deshalb an dem Berichtscharakter im ganzen nichts ändern (Tröndle LK[10] 4).

4 2. Bericht über eine **öffentliche Sitzung** (vgl. Art. 42 I GG; also zB nicht über eine schriftliche Parlamentsanfrage, vgl. BGH NJW **80**, 780) ist nur die Schilderung des Gesamtverlaufs der Sitzung über einen bestimmten Verhandlungsgegenstand (näher dazu RG **18** 210, Maunz aaO [o. 1] RN 31, Tröndle LK[10] 5). Die Wiedergabe einzelner Reden oder Äußerungen fällt daher nicht unter § 37 (and. Neumann NK 6, Samson SK 2). Dies bedeutet nicht, daß die gesamte Verhandlung in allen Einzelheiten wiedergegeben werden muß; vielmehr genügt es, wenn über die Sitzung insgesamt ein objektives Bild vermittelt wird (u. 5).

5 3. **Wahrheitsgetreu** ist der Bericht, wenn er das Geschehen richtig und vollständig wiedergibt. Die Weglassung einzelner Teile ist nur dann unschädlich, wenn dies nicht zu einer Entstellung führt. Eine wortgetreue Wiedergabe ist dagegen nicht erforderlich (RG **18** 210, Maunz aaO [o. 1] RN 33, Samson SK 2, Tröndle LK[10] 6). Es genügt daher auch ein gekürzter Bericht, wenn er nur in der Sache alles Wesentliche wiedergibt.

Dritter Abschnitt. Rechtsfolgen der Tat

Erster Titel. Strafen

Vorbemerkungen zu den §§ 38 ff.

Schrifttum: Ancel, Die geistigen Grundlagen der Lehren von der sozialen Verteidigung (Défense sociale), MschrKrim. 1956 Sonderheft S. 51. – *ders.,* La défense sociale nouvelle, 2. A. 1966 (Übersetzung: Die neue Sozialverteidigung, 2. A. 1970). – *Baumgarten,* La défense sociale, 1985. – *Baumgarten,* Die Idee der Strafe, 1952. – *Bianchi,* Ethik des Strafens, 1966. – *Bockelmann,* Strafe und Erziehung, v. Gierke-FS (1950) 27, *ders.,* JZ 51, 494. – *Cramer,* Das Strafensystem des StGB nach dem 1. 4. 1970, JurA 70, 183. – *Dreher,* Die Vereinheitlichung von Strafen und sichernden Maßregeln, ZStW 65, 481. – *Ebert,* Das Vergeltungsprinzip im Strafrecht, in Geisteswissenschaften – wozu? 1988, 35. – *Eisenberg,* Strafe und freiheitsentziehende Maßnahme, 1967. – *Exner,* Sinnwandel in der neuesten Entwicklung der Strafe, Kohlrausch-FS 24. – *Frey,* Ausbau des Strafensystems?, ZStW 65, 3. – *Gimbernat-Ordeig,* Hat die Strafrechtsdogmatik eine Zukunft?, ZStW 82, 379. – *Gössel,* Wesen und Begründung der strafrechtlichen Sanktionen, Pfeiffer-FS 3. – *Gramatica,* Principi di difesa sociale, 1961. – *Grasnick,* Über Schuld, Strafe und Sprache, 1987. – *Graven,* Die Zukunft des Freiheitsentzuges im schweizerischen und deutschen Strafrecht, ZStW 80, 199. – *Hall,* Die Freiheitsstrafe als kriminalpolitisches Problem, ZStW 65, 77. – *Heinitz,* Der Ausbau des Strafensystems, ZStW 65, 26. – *v. Hentig,* Die Strafe, I. Frühformen und kulturgeschichtliche Zusammenhänge (1954), II. Die modernen Erscheinungsformen (1955). – *Kadecka,* Von der Schädlichkeit der Schuld und von der Schuld zur Schädlichkeit, SchwZStr. 50, 343. – *Klee,* Die Krise der Sühnetheorie, DStR 42, 68. – *Klug,* Die zentrale Bedeutung des Schutzgedankens für den Zweck der Strafe, 1938. – *Köhler,* Der Begriff der Strafe, 1986. – *Lang-Hinrichsen,* Das Strafensystem, Mat. II AT 33. – *ders.,* Zum System der Strafen und bessernden und sichernden Maßnahmen im englischen Recht, Kraft-FS 138. – *Lenckner,* Strafe, Schuld und Schuldfähigkeit, in: Göppinger-Witter, Hdb. d. forens. Psychiatrie, 1972, 9 ff. – *Ludwig,* Der Sühnegedanke im schweizerischen Strafrecht, 1952. – *Nagler,* Die Strafe, 1. Hälfte, 1918. – *Noll,* Schuld und Prävention usw. H. Mayer-FS 219. – *Ostmann von der Leye,* Vom Wesen der Strafe (1959). – *Pfänder,* Der zentrale Begriff „Strafe", SchwZStr. 61, 173. – *Prins,* La défense sociale, 1910. – *Roxin,* Sinn und Grenzen staatlicher Strafe, JuS 66, 377. – *Schlotheim,* Sinn und Zweck des Strafens und der Strafe, MSchrKrim. 1967, 1. – *E. Schmidt,* Vergeltung, Sühne und Spezialprävention, ZStW 67, 177. – *Schmidhäuser,* Vom Sinn der Strafe, 2. A. 1971. – *Schröder,* Zur Verteidigung der Rechtsordnung, JZ 71, 241. – *Schwalm,* Schuld und Schuldfähigkeit, JZ 70, 487. – *Stratenwerth,* Zur Rechtsstaatlichkeit der freiheitsentziehenden Maßnahmen im Strafrecht, SchwZStr. 82, 337. – *ders.,* Tatschuld und Strafzumessung (1972). – *Streng,* Schuld, Vergeltung, Generalprävention, ZStW 92, 637. – *ders.,* Strafrechtliche Sanktionen, 1991. – *Volk,* Der Begriff der Strafe in der Rechtsprechung des BVerfG, ZStW 83, 405. – *Warda,* Die dogmatischen Grundlagen des richterlichen Ermessens im Strafrecht, 1962. – *v. Weber,* Die Sonderstrafe, DRiZ 51, 153. – *Wessels,* Zur Problematik der Regelbeispiele usw, Maurach-FS 295. – *Würtenberger,* Défense sociale, MschrKrim. 1956 Sonderheft S. 60.

Rechtsvergleichend: Darstellungen der Strafensysteme der verschiedenen Länder im Recueil IV, VI, XIV S. 241 ff. mit Ergänzungen in der International Review of Criminal Policy, zB 1952 Nr. 2 S. 53 ff. – *H. Pfander,* Le problème de l'unification des peines privatives de liberté.

I. Dem Strafrecht obliegt im System des Rechtsganzen in besonderem Maß der Schutz der Rechtsordnung, genauer gesagt: der **Rechtsgüterschutz** (vgl. BVerfGE 96 249: Strafrecht ist „ultima ratio" des Rechtsgüterschutzes, Roxin I 11 ff., aber auch Jakobs 37 ff.). Ohne strafrechtliche Reaktionsmittel wäre ein geordnetes und gedeihliches Zusammenleben in einer menschlichen Gemeinschaft auf die Dauer undenkbar. Zum Chaos, wenn es keine Strafen mehr gäbe, vgl. auch Schmidhäuser Wolff-FS 445 f. Das Strafrecht mit seinen Sanktionen ist mithin unentbehrlich für die Aufrechterhaltung der Ordnung in einer Gemeinschaft. Bereits die Androhung von Sanktionen soll sozialschädlichen Eingriffen in schützenswerte Güter vorbeugen. Der Verwirklichung des Angedrohten fällt es dann zu, dem Angedrohten das nötige Gewicht zu verleihen. In dieser rationalen Aufgabe ist der eigentliche Rechtsgrund für die strafrechtlichen Rechtsfolgen zu erblicken, die sich an eine den Strafvorschriften zuwiderlaufende Tat knüpfen (staatspolitische Rechtfertigung der strafrechtlichen Rechtsfolgen; vgl. Jescheck/Weigend 64, ferner Lenckner aaO 21 f., M-Zipf I 80 f., Schmidhäuser 56 ff., 76 ff.). Dementsprechend hat BVerfGE 45 254 als oberstes Ziel des Strafens die Aufgabe herausgestellt, die Gesellschaft vor sozialschädlichem Verhalten zu bewahren und die elementaren Werte des Gemeinschaftslebens zu schützen. Dieser Funktion sind die Zwecke, die mit der im Einzelfall auszusprechenden Sanktion verfolgt werden, unterzuordnen. Eine für den Schutz der Rechtsordnung nicht gebotene Rechtsfolge ist vom Gemeinschaftsschutz her nicht gerechtfertigt; ihr Ausspruch kann infolgedessen als unnötig belastender, entbehrlicher staatlicher Eingriff nicht Rechtens sein. Vgl. auch Freund GA 95, 4 (nur die notwendige Strafe ist eine gerechte Strafe). Im übrigen wird mit einem die Rechtsordnung hinreichend schützenden Strafrecht etwaigen Selbstjustizhandlungen seitens der Opfer entgegengewirkt (vgl. Jescheck/Weigend 64, Baumann/Weber/Mitsch 18). 1

1. Nach diesem relativen, auf den Gemeinschaftsschutz bezogenen Ansatzpunkt sind sämtliche Aspekte staatlichen Strafens, die man im allgemeinen als **Strafzwecke** bezeichnet (vgl. Roxin I 41 ff.), auszurichten. Der Strafe kommt zunächst ein generalpräventiver Aspekt zu. Mit ihr wird der Allgemeinheit gegenüber zum Ausdruck gebracht, daß das Recht sich zum Schutz der Rechtsgüter durchsetzt und welche Rechtsfolgen jemand zu erwarten hat, wenn er sich über die strafrechtlichen Verbote und Gebote hinwegsetzt (vgl. dazu Curti ZRP 99, 234, Schmidhäuser Wolff-FS 443 ff.). Potentielle Täter sollen hierdurch von Straftaten abgeschreckt werden (negative Generalprävention, Abschreckungsgeneralprävention). Vor allem aber soll im Bewußtsein der Allgemeinheit die Unverbrüchlichkeit des Rechts erwiesen werden. Mit einer solchen Einwirkung auf das Rechtsbewußtsein soll die Rechtstreue der Allgemeinheit erhalten und gestärkt werden (positive Generalprävention, Integrationsgeneralprävention; vgl. dazu Müller-Dietz Jescheck-FS 813 sowie Arth. Kaufmann H. Kaufmann-GedS 431 [soziale Wiedergutmachung], Dölling ZStW 102, 1, aber auch Baumann GA 94, 368). Ohne die strafrechtliche Ahndung von Straftaten würde diese Rechtstreue auf die Dauer abnehmen und dem Bewußtsein weichen, daß sie sich nicht auszahlt. Zum neueren Verständnis von Generalprävention vgl. Wolff ZStW 97, 786. Zur Generalprävention vgl. ferner die Beiträge in Pallin-FS, 1989, 31 (Bertel), 283 (Moos), 479 (Zipf). Neben dem generalpräventiven Faktor tritt ein spezialpräventiver Aspekt. Die Strafe soll den Täter selbst ansprechen und ihn von weiteren Straftaten abhalten. Mit ihr sollen speziell bei ihm das Rechtsbewußtsein und die Rechtstreue geweckt und gestärkt werden. Sie soll so bemessen sein, daß sie nachhaltig auf ihn einwirkt und er demzufolge nicht wieder die Strafvorschriften mißachtet. Allgemein zur Prävention im Strafrecht Hassemer JuS 87, 258. Geschichtlich vgl. Frommel, Präventionsmodelle in der deutschen Strafzweck-Diskussion, 1987. Empirisch vgl Vilsmeier MSchrKrim 90, 273. 2

2. Ihre general- und spezialpräventiven Zwecke vermag die Strafe in hinreichendem Maß nur zu erfüllen, wenn sie gerecht ist (**Gerechtigkeitserfordernis;** vgl. dazu Müller-Dietz Jescheck-FS 823 mwN). Dh, sie muß in einem gerechten Verhältnis zum Verschulden des Verurteilten stehen (BVerfG NJW **93,** 3255). Die öffentliche Mißbilligung, die gegenüber dem Täter mit der Strafe ausgesprochen wird, ist nur dann gerecht und wird von der Allgemeinheit und vom Verurteilten auch nur dann als gerecht empfunden, wenn dieser sie nach Art und Höhe der Strafe auf Grund seines Fehlverhaltens verdient. Eine unverdiente Strafe mag vielleicht vorübergehend abschrecken; das erforderliche Rechtsbewußtsein erzeugt oder bekräftigt sie nicht (vgl. Kunz ZStW 98, 832). Verdient hat der Täter nur die Strafe, die gerade ihm wegen seines Fehlverhaltens und der persönlichen Verantwortlichkeit hierfür aufzuerlegen ist. Sie muß mithin an der begangenen Tat orientiert sein, und zwar am verschuldeten Unrecht. Eine hiervon losgelöste Strafe aus generalpräventiven Gründen würde den Täter zum bloßen Objekt machen. Er würde als Sache behandelt werden und nicht mehr als Mensch, der für seine Tat einzustehen hat. Aber auch aus spezialpräventiven Gründen darf die Strafe sich nicht vom verschuldeten Unrecht lösen. Sie würde sonst dem Verurteilten nicht hinreichend verständlich machen, weswegen er die Strafe erhält und daß er mit dem Strafmaß gerade für seine Tat zur Verantwortung gezogen wird. Hinzu kommen Rechtssicherheitsbelange. Nur für eine an der begangenen Tat ausgerichtete Strafe lassen sich einigermaßen sichere Maßstäbe aufstellen, an Hand derer das richterliche Urteil zu fällen ist und nachgeprüft werden kann. 3

4 3. Die hiernach zu bemessende Strafe kann uU nicht ausreichen, um dem Bedürfnis der Allgemeinheit nach Sicherung vor einem gefährlichen Täter gerecht zu werden, oder nicht hinreichend lange dauern, um durch pädagogische Einwirkung auf den Verurteilten seine Resozialisierung zu fördern. Andererseits können die Aufgaben der Strafe aber auch dafür sprechen, auf die begangene Tat nicht mit der ganzen Strenge des Gesetzes zu antworten und das der Tat entsprechende Strafmaß nicht voll auszuschöpfen oder sogar von Strafe abzusehen. So kann uU davon Abstand genommen werden, eine Freiheitsstrafe zu vollstrecken, weil schon die Verurteilung als solche für den Täter eine hinreichende Warnung bedeutet und sich durch Auflagen und Weisungen resozialisierend auf den Täter einwirken läßt (vgl. §§ 56 ff.). Von Strafe kann ua bei schweren Tatfolgen, die den Täter getroffen haben, abgesehen werden (§ 60). Daß auch dies seine Grenzen hat, zeigt das Straflimit als Voraussetzung für die Strafaussetzung nach § 56 oder für das Absehen von Strafe nach § 60.

5 4. Dem Umstand, daß die Strafe uU zum Schutz der Gemeinschaftsordnung nicht ausreicht, trägt das Strafrecht durch seine Entscheidung für die sog. **Zweispurigkeit** der strafrechtlichen Reaktionsmittel Rechnung. Die Strafe stellt die Antwort auf die begangene schuldhafte Tat dar und ist somit das eigentliche Reaktionsmittel. Ihre präventive Aufgabe, künftige Straftaten zu verhindern, hat sie im Rahmen dieser Antwort zu erfüllen. Was darüber hinaus zur Resozialisierung des Täters und zur Sicherung der Allgemeinheit zwecks Verhinderung künftiger Rechtsverletzungen erforderlich ist, läßt sich nicht mittels der Strafe verwirklichen. Insoweit kommen selbständige Maßnahmen neben der Strafe in Betracht, vor allem die *Maßregeln der Besserung und Sicherung*. Die Maßregeln sind rein präventiver Natur. Sie werden nicht als Antwort auf eine Tat, sondern aus Anlaß der Tat im Hinblick auf eine aus dieser hervorgehende Gefährlichkeit des Täters angeordnet. Daher gibt diese und nicht das verschuldete Unrecht Art und Maß für sie ab. Ihre Rechtfertigung, ihre Art und ihr Umfang werden durch das Bedürfnis der Allgemeinheit nach Sicherung vor dem gefährlichen Täter bestimmt (vgl. Anm. vor § 61).

6 II. Den vorhergehenden Ausführungen entsprechend ist das Strafrecht des StGB ein **Schuldstrafrecht**. Die Schuld des Täters ist zwar nicht der ausschlaggebende Grund für die Strafe; sie ist für diese aber Voraussetzung (vgl. BVerfGE 96 249 = NJW **98**, 443), nicht bloße Straflimitierung (vgl. Bruns Leitf. 92, Arth. Kaufmann JZ 67, 555, JuS 86, 230, Lange-FS 32, Kunz ZStW 98, 829, Lenckner aaO 18, Otto ZStW 87, 584 ff., Schöneborn ZStW 88, 352, 359; and. Roxin JuS 66, 384, Henkel-FS 186). Ein reiner Straflimitierungsfaktor kann sie nicht sein, da ein strafbegrenzender Faktor immer zugleich eine Voraussetzung für die Strafe und deren Höhe ist. Das zeigt sich deutlich bei fehlender Schuld. Hier wird die Strafe nicht bloß auf Null begrenzt; sie wird vielmehr gar nicht ausgelöst. Dem Grundsatz, daß jede Strafe Schuld voraussetzt, hat das BVerfG Verfassungsrang zugemessen und dies aus den Grundlagen der Rechtsstaatlichkeit abgeleitet (BVerfGE **6** 439, **20** 331, **23** 132, **25** 285 f., **41** 125, **45** 259 f., **50** 133, **95**, 140; vgl. auch BayVerfGHE **3** II 109, BGH **13** 192, Jescheck/Weigend 23, Lenckner aaO 17 ff., M-Zipf I 85, Schmidhäuser 108, 366, Stree, Deliktsfolgen und Grundgesetz, 1960, 51 ff., Warda aaO 135, 146). Strafe ist daher nur dort möglich, wo der Täter durch sein Fehlverhalten Schuld auf sich geladen hat. Das bedeutet zugleich, daß Strafe nur im Umfang der Schuld verhängt werden darf (vgl. BVerfGE **50** 12, **54** 108, ferner BGH NStZ **85**, 415: gerechter Schuldausgleich); denn sobald sie dieses Ausmaß überschreiten würde, ließe sich jedenfalls ein Teil von ihr nicht mehr als eine Strafe für Schuld ansehen (Jescheck/Weigend 23, Stree aaO). Gegen eine schuldübersteigende Strafe ebenfalls BVerfGE **45** 260, **50** 12, **54** 108.

7 Die programmatische Erklärung für das Schuldstrafrecht, die ursprünglich in den Entwürfen gestanden hatte, ist zwar in das StGB nicht hineingenommen worden; es bestimmt lediglich im § 46, daß die Schuld Grundlage für die Zumessung der Strafe sein soll. Obwohl die Regelung nur im Rahmen der Strafzumessungsregeln getroffen ist, ergibt sich aus ihr, daß der Gesetzgeber den Grundsatz „keine Strafe ohne Schuld" und „jede Strafe nur im Ausmaß der Schuld" akzeptieren wollte. Danach ist die Schuld des Täters Grundlage für die Zumessung der Strafe nicht nur in dem Sinne, daß Voraussetzung für jede Strafe die Feststellung einer schuldhaften Tat ist, sondern es ist zugleich anerkannt, daß Schuld und Strafe in ein Gleichgewichtsverhältnis zueinander zu bringen sind (BGH **20** 267, **24** 134; vgl. aber Foth NStZ 90, 219). Eine strafrechtliche Reaktion, die ihre Grundlage nach Art und Umfang nicht in der Schuld des Täters hat, kann nach dem Willen des StGB den Namen Strafe nicht zu Recht tragen.

8 Die amtliche Begründung (BT-Drs. V/4094 S. 5) glaubte zwar eine Formulierung gefunden zu haben, die es als zulässig erscheinen läßt, die Strafhöhe über das Maß dessen hinaus auszudehnen, was schuldangemessen ist. Wenn jedoch die Schuld des Täters Grundlage für die Zumessung der Strafe ist, so bedeutet dies, daß sie zugleich auch Strafvoraussetzung ist; denn wie sollte etwas für das angemessene Quantum der Strafe entscheidend sein können, das nicht auch zugleich ihre Voraussetzung darstellt; diesen Zwiespalt zeigt deutlich Stratenwerth auf (Tatschuld und Strafzumessung, 1972). Daraus ergibt sich, daß entgegen der Annahme des Sonderausschusses die Überschreitung der schuldangemessenen Strafe unzulässig ist, weil jeder Tag, der über dieses Maß hinaus festgesetzt wird, seine Grundlage nicht mehr in der Schuld des Täters findet (vgl. Cramer JurA 70, 189, Gallas ZStW 80, 1, Schwalm JZ 70, 488).

9 Einen anderen Weg hat die beachtenswerte Lehre von der **„défense sociale"** beschritten, die in ihrer radikalen Richtung (Gramatica, De Vincentiis; vgl. Sax in: Bettermann-Nipperdey-Scheuner, Die Grundrechte, III/2, S. 935 FN 86) die Art und die Stärke der erforderlichen Deliktsreaktion nicht von der Schuld des Täters, sondern allein von seiner sozialen Gefährlichkeit abhängig sein lassen will. Ein solches soziales Schutzrecht wird jedoch der Aufgabe des Strafrechts, die Rechtsordnung zu schützen, nicht hinreichend gerecht, da bei fehlender Sozialgefährlichkeit eine strafrechtliche Sanktion entfallen müßte, selbst wenn der Täter ein schweres Verbrechen begangen hat. Daß sich in solchen Fällen nicht auf eine Deliktsreaktion verzichten läßt, zeigen deutlich die NS-Verbrechen, deren Ahndung aus spezialpräventiven Gründen auf Grund der längst erfolgten Resozialisierung des Täters häufig überflüssig ist, nicht aber im Hinblick auf das Bedürfnis, die Unverbrüchlichkeit des Rechts zu erweisen und auf das Rechtsbewußtsein der Allgemeinheit einzuwirken. Zum andern läßt sich ein solches soziales Schutzrecht nicht uneingeschränkt mit den Postulaten der Rechtsstaatlichkeit vereinbaren. Weder ist es ein angemessenes Mittel, im Fall einer geringfügigen Tat einen Täter wegen seiner Gefährlichkeit, die nur mit langandauernder Freiheitsentziehung behoben werden kann, einer solchen Behandlung auszusetzen, noch vermag der Gefährlichkeitsaspekt einen den Rechtssicherheitsbelangen genügenden Maßstab für die Sanktion zu liefern. Zu den Bedenken gegen die Lehre von der défense sociale vgl. H. Kaufmann v. Weber-FS 418 ff., Lenckner aaO 16 f., Sax aaO 936 f., Tröndle LK 12. Die Bedenken richten sich auch gegen die vor allem von Marc Ancel vertretene gemäßigte Richtung, die das Schuldprinzip und die Verantwortlichkeit des Menschen anerkennt, ihn aber trotzdem einer resozialisierenden „Behandlung" unterwirft, deren Ergebnisse sich zugegebenermaßen durch das Schuldstrafrecht nicht in gleichem Maß erreichen lassen. Vgl. zum Ganzen Schulz JA 82, 532, auch Jescheck Blau-FS 425 ff.

III. Wenn sonach jede Strafe sich am Umfang der Schuld auszurichten hat, so ist damit nicht gesagt, **10** daß sie dem Schuldmaß voll entsprechen muß (vgl. u. 18 a). Zudem fragt sich, ob der Schuld eine feste Strafhöhe entspricht, die als einzige als schuldangemessene Strafe bezeichnet werden kann, oder ob das Verhältnis zur Schuld nur so zu verstehen ist, daß sich bei der Gegenüberstellung von Schuld und Strafe nur Annäherungswerte, jedenfalls im praktischen Bereich, ergeben können. Die Meinungen zu dieser Frage sind geteilt. Während zT die Auffassung vertreten wird, jeder einzelnen Tatschuld entspreche eine feste Strafgröße (Punktstrafe), möge diese auch vielleicht bei der richterlichen Strafbemessung nicht genau feststellbar sein, wird überwiegend die sog. **Spielraumtheorie** (Schuldrahmentheorie) vertreten (BGH **7** 32, **20** 267, **24** 133, **29** 320, MDR/D **71**, 720, Köln MDR **57**, 247, Bruns StrZR 281 ff., M-Zipf II 562 [Schuldrahmen], Roxin Schultz-FG 466 ff., Schaffstein Gallas-FS 101 ff., Spendel, Zur Lehre vom Strafmaß, 1954, v. Weber, Die richterliche Strafzumessung, 1956, 12). Danach besteht innerhalb der Strafrahmen ein gewisser Spielraum, innerhalb dessen jede Strafe noch als schuldangemessen angesehen werden kann, wobei allerdings zuzugeben ist, daß es sich nur um die Unmöglichkeit exakter Bestimmung der Schuldangemessenheit handelt. Deshalb ist der praktische Unterschied der Auffassungen gering (vgl. Bruns NJW 79, 289 ff.). Lediglich die Überschreitung oder Unterschreitung dieses Spielraums würde zu einer Strafe führen, die nicht mehr dem Schuldmaß entspricht. Innerhalb des Spielraums kann die Festsetzung der Strafe mit der Begründung, sie sei ungerecht, nicht angegriffen werden. Zur Kritik an der Spielraumtheorie vgl. aber Dreher JZ 67, 45 f. Zum Ganzen vgl. Grasnick aaO, Jescheck/Weigend 880 f., Streng, Strafrechtl. Sanktionen 183 ff.

IV. Für die Aufgaben, die dem Strafrecht in einer staatlichen Gemeinschaft gestellt sind, bleibt **11** daher innerhalb des Instituts der Strafe nur Raum, soweit sie durch die Strafe in dem oben gekennzeichneten Sinn und Umfang verwirklicht werden können.

1. Dies gilt einmal für die sog. **Generalprävention** (vgl. o. 2). Die Strafdrohung soll nicht nur die **12** Voraussetzungen dafür schaffen, daß das Gericht eine Strafe verhängen kann, sondern bedeutet zugleich einen Appell an die Allgemeinheit, Taten der beschriebenen Art nicht auszuführen. Die Realisierung des Strafrechts durch Verfolgung und Verurteilung der Rechtsbrecher verschafft dieser Forderung im Bewußtsein der Allgemeinheit Geltung und wirkt so sozialpädagogisch und sittenbildend. Der kritische Punkt bei der generalpräventiven Aufgabe des Strafrechts wird erst erreicht, wenn die Vorstellung von der abschreckenden Wirkung der Strafdrohungen und Strafen zu Reaktionen führt, die den Umfang schuldangemessener Strafe überschreiten.

Die Geschichte unseres Strafrechts bietet genügend Beispiele dafür, daß sowohl Gesetzgeber wie **13** Gerichte immer wieder der Versuchung erlegen sind, aus generalpräventiven Gründen überhöhte Strafen anzudrohen und zu verhängen. Die Generalprävention wurde als gleichberechtigter Strafzweck neben dem Sühnegedanken anerkannt und daraus die Folgerung abgeleitet, daß eine Strafe aus generalpräventiven Gründen über das schuldadäquate Maß hinaus ausgedehnt werden könne (vgl. RG **58** 109, DR **43**, 138, auch BGH **17** 324, NJW **66**, 1276). Erst nach langen Auseinandersetzungen hat die Rspr. den Standpunkt akzeptiert, daß das Schuldprinzip es verbietet, einen Täter mit einer das Schuldmaß übersteigenden Strafe deswegen zu belegen, weil dies für die Abschreckung der Allgemeinheit wichtig sei. Heute ist auch in der Rspr. gesicherte Erkenntnis, daß eine Strafschärfung nur im Rahmen der **Schuldangemessenheit** zulässig ist (vgl. BGH **7** 33, **10** 264, **20** 264, **28** 326, **34** 151, JR **69**, 187 m. Anm. Koffka, GA **74**, 78, StV **90**, 109, NJW **93**, 340, NStE **68**, NStZ **97**, 336, Hamm MDR **72**, 254, Roxin JuS 66, 384; vgl. jedoch Hamburg MDR **64**, 691, Tröndle/Fischer § 46 RN 12). Ausnahmen sind auch nicht bei bestimmten Deliktsgruppen gerechtfertigt. Zutreffend hat sich der BGH MDR/H **76**, 812 daher gegen die einseitige Heranziehung generalpräventiver Erwägungen bei Wirtschaftsdelikten ausgesprochen. Das Gericht darf ferner nicht das Sicherungsbedürfnis unter Verzicht auf eine Sicherungsmaßregel durch eine höhere Strafe befriedigen (BGH **20**

264, NJW **88**, 2748). Dennoch kann nicht verkannt werden, daß bei Entscheidungen über die Auswahl der Strafarten, über die Strafhöhe und über die Strafaussetzung der Gedanke der Generalprävention immer wieder übermäßig durchschimmert (vgl. Bruns v. Weber-FS 75 ff., StrZR 236 ff., Tröndle GA 68, 299).

14 Abweichend haben Warda aaO 163 ff. u. Badura JZ 64, 337 ff. der Generalprävention bei der Bestimmung strafrechtlicher Konsequenzen jegliche Berechtigung abgesprochen. Der Täter würde sonst entgegen Art. 1 GG zum bloßen Objekt für die Zwecke anderer gemacht. Diese Argumentation überzeugt jedoch nicht, weil es sich bei der Berücksichtigung der Generalprävention nicht allein darum handelt, dem Täter im Interesse kriminalpolitischer Bedürfnisse ein persönliches Opfer aufzubürden. Seine Sonderbehandlung ergibt sich vielmehr ua daraus, daß er selbst durch seine Tat dazu beigetragen hat, daß das Bedürfnis nach Generalprävention entstanden ist. Sein eigenes böses Exempel gegenüber der Allgemeinheit ist daher mit Anlaß dafür, daß die Allgemeinheit an ihm ein Exempel statuiert (vgl. Stree, Deliktsfolgen und Grundgesetz, 1960, 45, 49). Vgl. auch BVerfGE **28** 386, Lange ZStW 95, 609 ff., Ostendorf ZRP 76, 281, Roxin JuS 66, 383. Zum Verhältnis der Strafzwecke vgl. auch Arthur Kaufmann JZ 67, 553. Umgekehrt baut Schmidhäuser (aaO) seine Lehre von der Strafe auf der Generalprävention, dh der staatlichen Notwendigkeit des Strafens auf, der er alle anderen Gesichtspunkte unterordnet. Vgl. auch Schmidhäuser Wolff-FS 443 ff.

15 **2.** Neben den generalpräventiven stehen die **spezialpräventiven** Aufgaben des Strafrechts. Sie bestehen einmal in der Resozialisierung des Täters, für den die Bestrafung nicht nur eine Übelszufügung bedeuten soll, sondern bei dem versucht werden soll, ihn derart in die soziale Gemeinschaft wieder einzugliedern, daß er in Zukunft als ihr vollwertiges Mitglied ohne Straftaten in ihr zu leben vermag. Diesen Gedanken stellt § 46 I 2 neben das Postulat der schuldgerechten Strafe. Berücksichtigt werden sollen bei der Strafzumessung danach die Wirkungen, die von der Strafe für das künftige Leben des Täters in der Gesellschaft zu erwarten sind. Daraus ergibt sich die Forderung, Art und Umfang der Strafe so zu bestimmen, daß diese Resozialisierungsaufgabe möglichst vollkommen erfüllt werden kann, wobei die Forderung nicht nur an das Gericht gerichtet ist, sondern auch und vor allem den Strafvollzug angeht, in dem die Weichen für das künftige Leben des Täters in der Gesellschaft gestellt werden können. Vgl. Frankfurt VRS **44** 184. Ferner ist zu berücksichtigen, daß eine Freiheitsstrafe bei sozial integrierten Tätern uU eine desintegrierende Wirkung haben kann (Frankfurt VRS **44** 184, Lenckner aaO 180). Insoweit sind namentlich die Auswirkungen auf das Berufsleben, zB Verlust des Arbeitsplatzes, Beendigung eines Beamtenverhältnisses (vgl. § 46 RN 55), auf persönliche Bindungen oder auf Wohnverhältnisse zu beachten (vgl. Hamm VRS **67** 425). Andererseits kann eine berufsbedingte Anfälligkeit für bestimmte Straftaten, etwa Zolldelikte, unter spezialpräventiven Gesichtspunkten bei der Strafzumessung ins Gewicht fallen (BGH NJW **71**, 2141), ebenso charakterliche Unreife (BGHR § 46 Abs. 1 Spezialprävention **2**).

16 Beide Forderungen – schuldangemessene Strafe und Resozialisierung des Täters – stehen häufig nicht in einer völligen Harmonie. Die Resozialisierung des Täters kann uU Maßnahmen nach Art und Dauer erfordern, die über das Maß dessen hinausgehen, was an schuldangemessener Strafe zulässig ist. So könnte zB die pädagogische Einwirkung durch den Strafvollzug ohne Effektivität bleiben, wenn der Täter ihr nicht hinreichend lange ausgesetzt wird. Umgekehrt gibt es Fälle, in denen der Resozialisierungsgedanke zu der Forderung führt, das Maß der schuldadäquaten Strafe nicht auszuschöpfen. Vgl. dazu Müller-Dietz MDR 74, 4.

17 Das Bedürfnis, längere Zeit auf den Täter resozialisierend einzuwirken, darf indes nicht dazu führen, diesem eine höhere Strafe aufzuerlegen, als er sie nach dem schuldhaft verursachten Unrecht verdient hat (vgl. BGH MDR/H **91**, 294). Nicht nur die Reihenfolge, in der in § 46 I auf die Schuld und auf spezialpräventive Aspekte abgehoben wird, sondern auch der absolute Vorrang des Schuldprinzips ergibt, daß die spezialpräventive Aufgabe der Resozialisierung des Täters nur im Rahmen einer schuldangemessenen Strafe verwirklicht werden kann und daß daher, falls zur Resozialisierung des Täters mehr erforderlich ist, das Mehr nur im Rahmen von Rechtsinstituten erreicht werden kann, die außerhalb der Strafe stehen (BGH **24** 133 m. Anm. Blei JA 71, 165; vgl. auch Braunschweig GA **70**, 87).

18 Gleiches gilt für die **übrigen** spezialpräventiven **Aufgaben**. Weder die Sicherung der Allgemeinheit vor dem gefährlichen Täter noch der Gedanke, dieser müsse von weiteren Straftaten abgeschreckt werden, kann eine Strafe rechtfertigen, die über das schuldangemessene Maß hinausgeht. Auch hier ist der Richter auf die Maßregeln der Besserung und Sicherung verwiesen. Vgl. BGHR § 46 Abs. 1 Schuldausgleich **21**.

18 a **3.** Das Schuldprinzip steht nur einer schuldübersteigenden, nicht jedoch einer **schuldunterschreitenden Strafe** entgegen. Denn die Strafe hat nicht die Aufgabe, Schuld um ihrer selbst willen auszugleichen, ist sie doch nur gerechtfertigt, wenn sie sich zugleich als notwendiges Mittel zur Erfüllung der präventiven Schutzaufgabe des Strafrechts erweist (BGH **24** 42; vgl. auch o. 1). Spezialpräventive Gründe können und dürfen dazu führen, hinter dem zurückzubleiben, was dem verschuldeten Unrecht entspricht. Das geht insb. aus den §§ 47, 56, 59, 60 hervor. Berührt sind aber nicht nur Strafart, Strafaussetzung, Verwarnung mit Strafvorbehalt und Absehen von Strafe, sondern auch Strafhöhe (and. Horn Schaffstein-FS 246 ff., Schöch Schaffstein-FS 259 ff.). Wenn zB bei schweren Tatfolgen, die den Täter getroffen haben, auf Grund präventiver Erwägungen gänzlich von Strafe abgesehen werden kann, muß es ebenfalls zulässig sein, auf einen Teil der schuldentsprechenden Strafe zu

verzichten, dh die Strafe zu mildern (vgl. § 46 RN 55, § 60 RN 12). Bei der Strafherabsetzung bleibt das Gericht allerdings an die gesetzliche Mindeststrafe gebunden. Es darf ferner das für die Strafaussetzung gesetzlich festgelegte Limit nicht unterlaufen, indem es allein zu dem Zweck, die Strafe zur Bewährung aussetzen zu können, eine schuldunterschreitende Strafe verhängt (vgl. BGH **29** 321, § 56 RN 6). Darüber hinaus sind der aus spezialpräventiven Gründen angebrachten Unterschreitung der schuldangemessenen Strafe weitere Grenzen gesetzt. Ihre Aufgabe des Gemeinschaftsschutzes vermag die Strafe nicht hinlänglich zu erfüllen, wenn sie gegenüber dem verschuldeten Unrecht zu niedrig ist und dadurch das Rechtsbewußtsein der Allgemeinheit ernstlich beeinträchtigen kann. Diese Gefahr ist vorhanden, wenn die auf einen Rechtsbruch erfolgende Antwort, die außer Verhältnis zur Schuld des Täters steht, die Sachgerechtheit der Milde nicht genügend ersichtlich macht. Unverständliche Unterschreitung der schuldentsprechenden Strafe macht die Bestrafung unglaubwürdig (vgl. Schmidhäuser 794). Die schuldunterschreitende Strafzumessung muß daher auf besondere Gründe gestützt sein, die dem allgemeinen Rechtsbewußtsein den Verzicht auf die volle Strafhöhe als angemessen erscheinen lassen (vgl. auch u. 22). Ein solcher Grund kann zB die Tatprovokation einer an sich nicht tatbereiten Person durch einen V-Mann sein (BGH NJW **86**, 1764, StV **88**, 296, **94**, 169, **95**, 130, 365, NStZ **99**, 501, NJW **2000**, 1127; and. Bruns MDR 87, 177, Tröndle/Fischer § 46 RN 35 c), erheblicher Eigenschaden des Täters durch die Tat, überlange Verfahrensdauer oder schwere Erkrankung des Angekl., die nur noch eine geringe Lebenserwartung läßt (BGH NStZ **91**, 527, Köln StV **88**, 67), dagegen nicht ein bloßer „Deal" mit dem Täter (vgl. BGH StV **97**, 587). Wie hier Lackner, Über neue Entwicklungen in der Strafzumessungslehre und ihre Bedeutung für die richterliche Praxis, 1978, 23 ff., Roxin Schultz-FG 473 ff., ZStW 96, 657; ähnl. Frisch ZStW 99 369, Günther JZ 89, 1029. Gegen schuldunterschreitende Strafzumessung jedoch Bruns Leitf. 92, MDR 87, 178, Welzel-FS 746 f., Jescheck/Weigend 880, Schaffstein Gallas-FS 105; vgl. auch BGH **24** 132, **29** 321, JZ **76**, 650, NJW **78**, 175, Hamm NJW **77**, 2087. Zum Ganzen vgl. Bruns Dreher-FS 251, Tomforde, Die Zulässigkeit einer Unterschreitung der schuldangemessenen Strafe aus präventiven Gesichtspunkten, Nomos Univ.Schriften Recht Bd. 318, 1999 (Diss. Regensburg).

4. Generalpräventive und **spezialpräventive** Strafzwecke können in einem **Spannungsverhält-** **19** **nis** zueinander stehen. Entsprechend der kriminalpolitischen Gesamtkonzeption des Strafgesetzes ist daher eine Rangordnung zwischen beiden Prinzipien festzulegen. Die Tendenz des § 46 geht dahin, spezialpräventiven Gesichtspunkten, insb. der Resozialisierung, vor generalpräventiven Erwägungen den Vorrang einzuräumen (vgl. insb. § 46 I, ferner Lenckner aaO 181, JurA 71, 325 f.; entspr. für schweiz. Recht BGE 118 IV 342). Aus diesem Grund wird auf resozialisierungsfeindliche Verhängung kurzer (§ 47) und Vollstreckung mittlerer Freiheitsstrafen (§ 56) idR verzichtet. Ausnahmen gelten nur, wenn die **Verteidigung der Rechtsordnung** es gebietet (zur Einschränkung der Spezialprävention durch das Erfordernis der Verteidigung der Rechtsordnung vgl. auch Schwalm JZ 70, 491). Diese Formulierung ist im Lauf der Vorarbeiten immer wieder geändert worden („Bewährung der Rechtsordnung"), enthält aber kein Novum, sondern sollte nur der Verdeutlichung dienen (vgl. BGH **24** 40, zur Entstehungsgeschichte vgl. insb. Horstkotte NJW 69, 1603, JZ 70, 126, Kunert MDR 69, 709, Sturm JZ 70, 85).

a) Nach hM handelt es sich bei der Verteidigung der Rechtsordnung um generalpräventive Ge- **20** sichtspunkte (vgl. Horstkotte NJW 69, 1602, Kunert MDR 69, 705), wobei Generalprävention in einem erweiterten Sinn gemeint ist (vgl. Schröder JZ 71, 241); vgl. auch Tröndle § 46 RN 6, Eser I 29. Sie bedeutet einmal Abschreckung der Allgemeinheit von der Begehung strafbarer Handlungen durch Verhängung bzw. Vollstreckung einer Strafe. Hinzukommen muß aber, daß die Sanktion in so starkem Maß geboten erscheint, daß der Verzicht auf sie die Rechtstreue der Bevölkerung und ihr Vertrauen in die Unverbrüchlichkeit des Rechts erschüttern würde (BGH **24** 40, 64, Bay NJW **70**, 1382, **71**, 107, Celle NJW **70**, 872, DAR **70**, 188, Stuttgart Justiz **70**, 237, Frankfurt NJW **71**, 1813, Düsseldorf VRS **41** 22; krit. zu dieser Rspr. Schröder JZ 71, 241, Eickhoff NJW 71, 272). Nach der Rspr. des BGH sind der Gesichtspunkt der Sühne für das begangene Unrecht und die Rücksicht auf die Belange des Verletzten vom Begriff der Verteidigung der Rechtsordnung nicht umfaßt (vgl. BGH aaO u. VRS **38** 334; für Einbeziehung der Belange des Verletzten aber Köln NJW **70**, 258). Auch die Schwere der Schuld soll für sich allein die Verhängung oder Vollstreckung einer Freiheitsstrafe nicht rechtfertigen können (BGH aaO, Köln NJW **70**, 258 m. Anm. Koch NJW 70, 842, Gribbohm LK § 47 RN 31, Hohler NJW 69, 1227, Kunert MDR 69, 709, NJW **70**, 539; and. Zipf Bruns-FS 211). Ferner können bei der Gesamtabwägung berücksichtigt werden: besondere Tatfolgen (vgl. BGH GA **79**, 60: Steuerhinterziehung in Millionenhöhe), eine sich aus der Tatausführung ergebende erhebliche verbrecherische Intensität, ein hartnäckiges rechtsmißachtendes Verhalten (vgl. Koblenz VRS **40** 99), Verletzung von Rechtsgütern mit ungewöhnlicher Gleichgültigkeit, häufige besonders herausfordernde Mißachtung entsprechender Normen, rasche Wiederholungstaten sowie einschlägige Vorstrafen. Bei den genannten Faktoren handelt es sich sämtlich um solche, die die Rspr. schon früher, und zwar im Rahmen des Sühnebedürfnisses, berücksichtigt hat. Aus dieser Tatsache sowie daraus, daß auch die Schwere der

Schuld immerhin mittelbar Berücksichtigung findet, hat Schröder JZ 71, 241 entgegen der Auffassung des BGH gefolgert, daß mit dem Begriff Verteidigung der Rechtsordnung letztlich nichts anderes beabsichtigt ist, als allen übrigen Straffaktoren, die neben der Resozialisierung des Täters stehen, Geltung zu verschaffen. Dieser Ansicht steht entgegen, daß die spezialpräventiven Aspekte nur zurücktreten sollen, wenn sonst der Schutz der Rechtsordnung nicht hinlänglich gewährleistet ist. Dafür ist maßgebend, wie das Urteil auf Personen der Allgemeinheit, denen es bekannt wird, wirken muß. Einschr. zum Ganzen Zipf Bruns-FS 214 ff.

21 b) In § 47 kann mit Verteidigung der Rechtsordnung nichts anderes gemeint sein als in § 56 (Hamm VRS **39** 331, Cramer JurA 70, 203), so daß für beide Vorschriften qualitativ gleiche Auslegungskriterien maßgeblich sind. Da die generalpräventive Intention aber im Bereich der kleinen und mittleren Kriminalität idR schon durch die *Verhängung* einer Freiheitsstrafe als solche erreicht wird (vgl. BGH **24** 45), sind in quantitativer Beziehung bei der *Vollstreckung* kurzer und mittlerer Freiheitsstrafen strengere Maßstäbe anzuwenden als bei § 47 (vgl. BGH **24** 164, Schröder JZ 71, 243; and. Cramer aaO unter Berufung auf die rein plakative Wirkung nicht vollstreckter Freiheitsstrafen, Köln NJW **70**, 258).

22 c) Das in den §§ 47, 56 und auch in § 59 sich abzeichnende Verhältnis zwischen spezialpräventiven und generalpräventiven Aspekten ist ebenfalls für die Bemessung der Strafhöhe von Bedeutung. Generalpräventive Gründe können demgemäß einer das Schuldmaß aus spezialpräventiven Gründen unterschreitenden Strafhöhe nur entgegenstehen, wenn der Schutz der Rechtsordnung es gebietet (vgl. Lenckner aaO 183). Das ist allerdings schon der Fall, wenn es an besonderen Gründen fehlt, die im allgemeinen Rechtsbewußtsein die schuldunterschreitende Strafhöhe als angemessen erscheinen lassen (vgl. o. 18 a). Sonst würde der Eindruck erweckt, ein Rechtsbrecher habe nicht die verdiente Strafe zu erwarten. Das Strafrecht würde dann seine Aufgabe, die Rechtsordnung zu sichern, nicht mehr zur Genüge erfüllen.

23 V. Das **Prinzip der Zweispurigkeit,** das dem StGB zugrunde liegt, ist durch die Entscheidung für die schuldangemessene Strafe vorgegeben (Jescheck/Weigend 83). Die §§ 61 ff. enthalten das Maß dessen, was das Gesetz als für die Sicherung der Allgemeinheit und die Besserung des Täters unbedingt erforderlich ansieht. Sie stellen insofern eine gewisse Entscheidung und einen gewissen **Ausgleich** in dem Widerstreit zwischen den Freiheitsrechten des Einzelnen und den Bedürfnissen der Allgemeinheit dar, einen Ausgleich, den überdies auf Grund des § 62 das Gericht im Einzelfall zu überprüfen hat (vgl. § 61 RN 2).

24 Im Gegensatz dazu kennt das Prinzip der **Einspurigkeit** nur eine Deliktsreaktion, die die Aufgaben der Strafe und der Maßregeln in sich vereinigt. Es könnte zB der Gewohnheitsverbrecher unter Verzicht auf Strafe nur in die zeitlich nicht begrenzte Sicherungsverwahrung genommen werden, oder es könnte eine zeitlich unbestimmte Strafe die Funktionen der Sicherungsmaßregel mit übernehmen. In beiden Fällen würde das Ausmaß der Deliktsreaktion allein durch präventive Notwendigkeiten bestimmt sein, deren Fixierung nicht einmal im Urteil möglich wäre, sondern erst auf die Erfahrungen des Vollzugs gestützt werden könnte. Das Problem besteht freilich nur für solche Maßregeln, die mit einer Freiheitsentziehung verbunden sind. Zur Diskussion um Monismus und Dualismus der Deliktsreaktionen vgl. Dt. Landesreferate zum 6. Intern. Strafrechtskongreß in Rom 1953, ZStW 65, 481 (Dreher), 66, 172 (Mezger-Schröder), Revue internationale de droit pénal 1953, Nr. 1 und 2; Gr. Strafrechtskommission Niederschriften Bd. 11; vgl. ferner Bockelmann Mat. 140 ff., Dünnebier ZStW 72, 42, Grünwald ZStW 76, 633, Hall ZStW 70, 41, Hellmer, Der Gewohnheitsverbrecher und die Sicherungsverwahrung, 1961, Röhl JZ 55, 145, Stooß SchwZStr. 41, 54.

25 VI. Aus dem Schuldprinzip ergibt sich ferner, daß der Gesetzgeber in der Bestimmung seiner **Strafen und Strafrahmen** nicht frei ist, sondern Mindest- und Höchststrafe so festzusetzen hat, daß den möglichen Schuldstufen eines Deliktstypus Rechnung getragen werden kann (vgl. Geerds Engisch-FS 406). Tatbestand und Rechtsfolge müssen insoweit sachgerecht aufeinander abgestimmt sein (vgl. BVerfGE **25** 285 f., **41** 125). Überschreitet eine Strafvorschrift diesen Rahmen, so kann eine Strafdrohung verfassungswidrig sein (BayVerfGHE **3** II 109; vgl. auch Art. 3 MRK). Vgl. zum Ganzen Raiser JZ 63, 663 mwN, gegen ihn Seibert JZ 63, 749.

26 VII. Das **Strafensystem.** Zu unterscheiden ist zwischen Haupt- und Nebenstrafen. Hauptstrafen sind solche, auf die allein erkannt werden kann, Nebenstrafen sind solche, die nur zusammen mit einer Hauptstrafe verhängt werden können. Das Strafensystem des StGB hat sich durch die Einführung der sog. **Einheitsfreiheitsstrafe** mit der Beseitigung von Zuchthaus, Gefängnis, Einschließung und Haft wesentlich vereinfacht. Die im StGB vorgesehenen Strafdrohungen der Freiheitsstrafe und der Geldstrafe sind nach Art. 315 c EGStGB auch für fortgeltende Straftatbestände der ehemaligen DDR an Stelle der bisherigen Strafdrohungen maßgebend. Zur Ausnahme für Vermögenseinziehung vgl. Art. 315 c S. 2 EGStGB iVm § 10 S. 2 des 6. StÄG der DDR.

27 Die **Todesstrafe** ist durch Art. 102 GG abgeschafft. Zum Kampf um die Beibehaltung oder **Abschaffung** der Todesstrafe und über die Stellungnahme in den Arbeiten an der Strafrechtsreform vgl. Kohlrausch Handwörterbuch der Kriminologie Bd. II, 1936, 795, v. Liszt-Schmidt 373. E 1927 sah die Todesstrafe vor; die Reichskommission lehnte sie aber ab (Mezger 488). Zur Abschaffung der Todesstrafe vgl. Ebel/Kunig Jura 98, 617. Zu ausländischen und internationalen Bestrebungen gegen die Todesstrafe vgl. Möhrenschlager Dünnebier-FS 611. Vgl. ferner Möhrenschlager, Tagungsbericht über internat. Konferenz über die Todesstrafe in Syrakus, ZStW 100, 252, ders., Völkerrechtliche Abschaffung der Todesstrafe, Baumann-FS 297, Peters, A. EuGRZ 99, 650.

Schrifttum: Baumann, Diskussion um die Todesstrafe, ARSP 1960, 73. – *Dreher,* Für und wider die Todesstrafe, ZStW 70, 543. – *Düsing,* Die Geschichte der Abschaffung der Todesstrafe, 1952. – *Greinwald,* Die Todesstrafe, 1948. – *Hagemann,* Gedanken zur Todesstrafe, Rosenfeld-FS (1949) 193. – *Helfer,* Todesstrafe, Handwörterbuch der Kriminologie Bd. III, 2. A., 1975, 326. – *Keller,* Die Todesstrafe in kritischer Sicht, 1968. – *Malaniuk,* Die Todesstrafe, JBl 57, 85. – *Middendorff,* Todesstrafe – Ja oder Nein?, 1962. – *v. Weber,* Vom Sinn der Todesstrafe, ZAkDR 40, 156. – *Todesstrafe?,* Theologische Argumente (Dorfmüller, Krämer, Künneth, Maurach, Wolf), Kirche und Volk, 1960 Heft 24. – *Niederschriften über die Sitzungen der großen Strafrechtskommission, 1959 Bd.* 11 *(Beratung zur Todesstrafe).* – *Vgl. auch Beristain,* Katholizismus und Todesstrafe, ZStW 89, 215. – *Frankowski,* Die Todesstrafe in den USA, ZStW 100 951. – *Wieck,* Wider alle Vernunft: Die Todesstrafe in den Vereinigten Staaten, MDR 1990, 113.

1. **Hauptstrafen** sind die Freiheitsstrafe und die Geldstrafe sowie für Soldaten der Strafarrest (§ 9 WStG). Es ist idR nur auf eine von ihnen zu erkennen (vgl. Art. 12 III EGStGB). Eine Verbindung von Hauptstrafen kommt nur ausnahmsweise in Betracht, so nach den §§ 41, 53 II 2 die gleichzeitige Verhängung von Freiheits- und Geldstrafe und nach § 13 II 2 WStG die gleichzeitige Verhängung von Freiheitsstrafe und Strafarrest. Nicht als Hauptstrafe ist die Vermögensstrafe (§ 43 a) als besondere Art einer Geldstrafe anzusehen. Da sie nur neben einer Freiheitsstrafe (über 2 Jahren) verhängt werden kann, ist sie den Nebenstrafen zuzuordnen (Lackner § 43 a RN 3: Nebenstrafe besonderer Art). 28

2. Als **Nebenstrafe** nennt das StGB ausdrücklich nur noch das Fahrverbot (§ 44). Den Verlust der Amtsfähigkeit, der früher zT als Nebenstrafe angesehen wurde (vgl. BGH MDR/D 56, 9), ordnet das Gesetz den Nebenfolgen zu. Verfall und Einziehung zählen nach § 11 I Nr. 8 zu den Maßnahmen. Außerhalb des StGB ist das iVm einer Strafe ausgesprochene Verbot der Jagdausübung gem. § 41 a BJagdG als Nebenstrafe anzusehen. Zur Vermögensstrafe vgl. o. 28 aE. 29

3. Als **Nebenfolge** bezeichnet man Rechtsfolgen der Straftat, die keinen spezifischen Strafcharakter haben. Die Grenze zwischen Nebenstrafe und Nebenfolge ist flüssig. Den Nebenfolgen zugerechnet werden die Rechtsinstitute mit Doppelcharakter, bei denen zwar ein repressives Element vorhanden ist, aber nicht eindeutig ihren Charakter bestimmt. 30

a) Ausdrücklich als Nebenfolge anerkannt ist der **Verlust der Amtsfähigkeit,** der Wählbarkeit und des Stimmrechts (§ 45). And. noch § 56 E 62: Nebenstrafe. Ferner gehört hierzu die **Bekanntgabe der Verurteilung** (§§ 165, 200). Zu ihrer Rechtsnatur vgl. § 165 RN 1. 31

b) Dagegen hat das Gesetz in § 11 I Nr. 8 **Verfall** und **Einziehung** den Maßnahmen zugeordnet. Gegen diese Systematisierung M-Zipf II 487. Nach BGH NJW 83, 2710, StV 94, 76 hat die Einziehung gem. § 74 II Nr. 1 den Charakter einer Nebenstrafe (vgl. auch BGH StV 89, 529, 93, 70, 359). Zur Rechtsnatur vgl. näher 12 ff. vor § 73. 32

4. Zweifelhaft kann der Charakter der in § 56 b vorgesehenen **Auflagen** sein. Da § 56 b es ausdrücklich als ihre Aufgabe bezeichnet, der Genugtuung für das begangene Unrecht zu dienen, kann man ihnen einen strafähnlichen Charakter nicht absprechen. Vgl. § 56 b RN 2. 33

5. Ein Reaktionsmittel eigener Art ist die **Verwarnung mit Strafvorbehalt** (§ 59). Zu ihrer Rechtsnatur vgl. § 59 RN 3. Einem Genugtuungsbedürfnis dient hierbei die nach § 59 a mit der Verwarnung verbundene Erteilung von Auflagen (vgl. § 59 a RN 4). 33 a

6. Zum Gesetzesvorschlag einer **gemeinnützigen Arbeit** als neue Sanktion vgl. Böhm ZRP 98, 360, Feuerhelm BewH 98, 400, Rautenberg NJ 99, 451. 33 b

VIII. Das Strafensystem des StGB und seine rechtliche Regelung gelten **nur** für das **kriminelle** Rechtsverstöße erfassende **Strafrecht,** wie es im StGB und in den strafrechtlichen Nebengesetzen kodifiziert ist. Für andere Deliktsreaktionen sind andere Grundsätze maßgebend. Das gilt zB für Jugendarrest, der keine Strafe, sondern ein Zuchtmittel ist (§ 13 JGG), ferner für sog. **Disziplinarstrafen** des Beamtenrechts oder die Reaktionen innerhalb der Ehrengerichtsbarkeit für Ärzte, Rechtsanwälte usw. Geldbußen, die in diesem Bereich verhängt werden, können nicht nach § 43 in Freiheitsstrafen umgewandelt werden. Auch sog. Prozeßstrafen des Zivil- und Strafprozeßrechts (Ordnungsgeld, Ordnungshaft) sind keine Strafen iS des StGB. Sie dienen entweder der Ahndung prozessualer Verstöße oder der Erzwingung bestimmter prozessual notwendiger Handlungen des Täters. 34

IX. Ebensowenig gelten die Sanktionen des StGB für das sog. **Ordnungs-** oder **Verwaltungsstrafrecht.** Dieses unterscheidet sich vom Kriminalstrafrecht jedenfalls quantitativ dadurch, daß es weniger schwere Beeinträchtigungen geschützter Interessen erfaßt und für sie keine Strafen, sondern nur Geldbußen vorsieht. Streitig ist dagegen, ob es darüber hinaus auch eine qualitative Unterscheidung zwischen Strafrecht und Ordnungswidrigkeitenrecht gibt. Gewiß kann der Gesetzgebung bislang noch keine klare Grenzziehung entnommen werden, da nicht selten gleich schwere Rechtsverstöße teils mit krimineller Strafe, teils nur mit Buße bedroht werden (vgl. Jescheck/Weigend 58 f.). Dennoch wird das Bemühen sichtbar, das mit der Kriminalstrafe verbundene sittliche Unwerturteil auf solche Taten zu beschränken, die über die Interessenverletzung hinaus durch einen besonderen sozialethischen Unwertgehalt gekennzeichnet sind. In diesem Sinn einer Abgrenzung nach Strafwürdigkeits- und Strafbedürftigkeitskriterien insb. Sax in Bettermann-Nipperdey-Scheuner, Grundrechte III/2, 35

S. 909 ff., Eser aaO 123 ff., Hamann, Grundgesetz und Strafgesetzgebung, 1963, 25 ff., Roxin I 30. Ähnlich abstellend auf den Mangel eines sozialethischen Unwerturteils bei reinen Ordnungsstrafen und Geldbußen RG **64** 195, **75** 235, BGH (GrS) **11** 266, Lange GA 53, 3. Vgl. auch Hamm GA **69**, 156. Für rein graduellen Unterschied hingegen Baumann/Weber/Mitsch 46, Hafter I 90, H. Mayer AT 72; vgl. auch Göhler, OWiG, 2 ff. vor § 1, Jescheck/Weigend 58 f. sowie den Bericht Jeschecks über das Vorkolloquium zur Vorbereitung des XIV. Int. Strafrechtskongresses in ZStW 101, 237. Eingehend zum Ganzen Krümpelmann aaO, Mattes aaO, Wolff in: Hassemer, Strafrechtspolitik, 137 ff., Lagodny, Strafrecht vor den Schranken der Grundrechte, 1996, 454 ff.

36   Eine umfassendere gesetzliche **Kodifizierung** hat das Ordnungsunrecht erstmals durch das OWiG erhalten.

Schrifttum: Eser, Die Abgrenzung von Straftaten und Ordnungswidrigkeiten, Diss. Würzburg 1961. – *Göhler,* Das neue Gesetz über Ordnungswidrigkeiten, JZ 68, 583. – *Goldschmidt,* Das Verwaltungsstrafrecht, 1902. – *Jescheck,* Das deutsche Wirtschaftsstrafrecht, JZ 59, 457. – *Krümpelmann,* Die Bagatelldelikte, 1966. – *Mattes,* Untersuchungen zur Lehre von den Ordnungswidrigkeiten, 1966. – *Michels,* Strafbare Handlung und Zuwiderhandlung, 1963. – *E. Schmidt,* Das neue westdeutsche Wirtschaftsstrafrecht, 1950. – *E. Wolf,* Die Stellung der Verwaltungsdelikte im Strafrechtssystem, Frank-FG II 516. – Rechtsvergleichend: *Schottelius,* Die Trennung zwischen kriminellem Unrecht und Verwaltungsunrecht, Mat. II 11.

37   Zur privaten „**Strafjustiz**" in **Betrieben** vgl. Baur, Betriebsjustiz, JZ 65, 163, Feest, Betriebsjustiz, ZStW 85, 1125, Franzheim. Die Verfassungsmäßigkeit der sog. Betriebsjustiz, JR 65, 459, Kienapfel, Betriebskriminalität und Betriebsstrafen, JZ 65, 599, Meyer-Cording, Betriebsstrafen und Vereinsstrafen im Rechtsstaat, NJW 66, 225, Zöllner, Betriebsjustiz, ZZP 83, 365, Galperin, Betriebsjustiz, BB 70, 933 sowie den von Kaiser/Metzger-Pregizer herausg. Sammelband „Betriebsjustiz" 1976. Vgl. auch Entwurf eines Ges. zur Regelung der Betriebsjustiz in: Recht und Staat, 1975, H. 447/448 und dazu Rössner ZRP 76, 14, Pfarr ZRP 76, 233. Über Vereinsstrafen vgl. Flume Bötticher-FS 101.

38   X. Die **Strafdrohungen** sind entweder absolut oder relativ bestimmt oder unbestimmt.

Schrifttum: Creifelds, Die unbestimmte Strafe im geltenden und künftigen Recht, GA 54, 289. – *Dohna,* Die gesetzliche Strafzumessung, MonKrimBiol. 43, 138. – *Dreher,* Die erschwerenden Umstände im Strafrecht, ZStW 77, 202. – *Gramsch,* Strafrahmenkonkurrenz, 1999 (Diss. Kiel). – *Lange,* Die Systematik der Strafdrohungen, Mat. 169. – *Mezger,* Strafzweck und Strafzumessungsregeln, Mat. I 1. – *Radbruch,* Die gesetzliche Strafänderung, VDA 3 S. 189. – *Schmidt,* Strafzweck und Strafzumessung in einem künftigen StGB, Mat. 19. – *Schröder,* In welcher Weise empfiehlt es sich, die Grenzen des strafrechtlichen Ermessens im künftigen Strafgesetzbuch zu regeln?, Gutachten zum 41. DJT (1955). – *Sieverts,* Würde sich für ein neues StGB die Einführung der unbestimmten Verurteilung empfehlen?, Mat. I 107. – *Würtenberger,* Die unbestimmte Verurteilung, Mat. I 89.

39   **1. Absolut bestimmt** ist die Strafdrohung dann, wenn die Strafe vom Gesetz so festgelegt ist, daß für das richterliche Ermessen kein Spielraum bleibt. Das ist in § 211 und in § 220 a I Nr. 1 mit der ausschließlichen Möglichkeit einer lebenslangen Freiheitsstrafe der Fall.

40   **2. Relativ bestimmt** ist die Strafdrohung, wenn das Gesetz einen *Strafrahmen* gibt, innerhalb dessen der Richter die genaue Strafe für den Einzelfall zu bestimmen hat. Der Strafrahmen kann mehrere *Strafarten* zur Wahl stellen oder kann *innerhalb* einer bestimmten Strafart einen Ermessensraum zwischen einem Mindest- und einem Höchstmaß geben (so zB, wenn Freiheitsstrafe schlechthin oder nicht unter 6 Monaten oder bis zu 2 Jahren angedroht ist). Relative Strafdrohungen verstoßen nicht gegen den Grundsatz nulla poena sine lege; vielmehr ist es auch hiernach zulässig, daß dem Richter ein Strafrahmen zur Aburteilung einer Straftat zur Verfügung steht. Die Weite eines Strafrahmens findet ihr Gegengewicht in den verpflichtenden Grundsätzen der Strafzumessung (BGH **1** 308).

41   **3. Unbestimmt** ist die Strafdrohung dann, wenn das Gesetz keinen Strafrahmen enthält. Solche Strafdrohungen enthielt das frühere Recht in Gestalt der in unbeschränkter Höhe angedrohten Geldstrafe. Nach geltendem Recht läßt sich allenfalls die Vermögensstrafe als unbestimmte Strafdrohung ansehen, da der als Grenze festgesetzte Wert des Tätervermögens keine genau bestimmte Strafrahmengrenze ergibt, zumal wenn dieser geschätzt wird.

42   **4.** Mit dem **Strafrahmen** bei relativ bestimmten Strafdrohungen legt das Gesetz die Grenzen fest, innerhalb derer das richterliche Ermessen über die angemessene Strafe im Einzelfall entscheidet. Mindest- und Höchstmaß sind allerdings nicht nur zwei Grenzwerte, sondern zugleich Orientierungspunkte für die Strafzumessung (vgl. Bruns Leitf. 46 ff., Dreher Bruns-FS 149). Das **Mindestmaß** ist für die leichtesten Fälle vorgesehen, dh Fälle, in denen die Schuld des Täters an der unteren Grenze liegt (BGH NStZ **84**, 117), ohne jedoch auf die denkbar leichteste Schuld beschränkt zu sein (BGH NStZ **84**, 359 m. Anm. Zipf, **88**, 497, StV **92**, 570). Es darf nur verhängt werden, wenn neben erheblichen Strafmilderungsgründen keine wesentlichen Strafschärfungsgründe vorliegen (Frankfurt NJW **80**, 654). Liegen Erschwerungsgründe vor, so müssen strafmildernde Umstände so deutlich überwiegen, daß die Erschwerungsgründe nicht mehr ins Gewicht fallen (BGH NStZ **84**, 117, 410). Das **Höchstmaß** kommt bei Taten in Betracht, die in ihrem Schweregrad an der Spitze liegen und die der Täter in voller Verantwortung begangen hat (vgl. RG **69** 317, Mösl DRiZ 79, 166, auch BayVRS **59** 187, Schleswig SchlHA/E-L **86**, 97). Dementsprechend ist für den denkbaren Durchschnittsfall die Mitte des Strafrahmens maßgebend (vgl. dagegen Bruns JZ 88, 1057, Horn SK § 46

RN 94). Die Strafzumessung in den übrigen Fällen ist je nach Unrechts- und Verschuldensgrad an dieser **Wertskala** auszurichten. Der denkbare Durchschnittsfall ist nicht mit dem Regelfall, dh den erfahrungsgemäß immer wieder vorkommenden Fällen, gleichzusetzen (vgl. BGH **27** 4 m. Anm. Bruns JR 77, 164 u. Frank NJW 77, 686, Bruns StrZR 85 ff., Tröndle/Fischer § 46 RN 14). Die Mehrzahl der Straftaten erreicht nicht den Schweregrad des denkbaren Durchschnittsfalles (vgl. BGH aaO), so daß die Strafrahmenmitte nicht als Strafmaß für den Regelfall angesetzt werden darf (vgl. BGH NStZ **83**, 217, **84**, 20, Horn StV 86, 168). Das gilt jedoch nur für den Normalstrafrahmen, nicht für einen Ausnahmestrafrahmen (BGH **34** 355 m. Anm. Meyer NStZ 88, 87). Zum Regelfall als Funktionswert für die Strafzumessung vgl. Horn SK § 46 RN 87 ff., Bruns JZ 88, 1057 und zu Bedenken gegen einen solchen Ansatzpunkt vgl. Frisch GA 89, 352. Zur Ausrichtung der Strafzumessung an normativen Kategorien der einzelnen Tatbestände (Regeltatbild) vgl. Frisch GA 89, 355 ff. Grundsätzliches zu Orientierungspunkten für die Strafzumessung Streng NStZ 89, 393, Strafrechtl. Sanktionen 187 ff. Vgl. ferner Giehring in Pfeiffer/Oswald, Strafzumessung, 1989, 79 ff., der eine homogene Strafzumessungspraxis unter Berücksichtigung der Wirkungen einer Strafe zu erreichen sucht. Zum Ganzen vgl. Montenbruck, Strafrahmen und Strafzumessung, 1983.

Verschiedentlich engt der Gesetzgeber die Weite des richterlichen Ermessens dadurch ein, daß er **42 a** dem Grundtyp einer Straftat qualifizierte und privilegierte Fälle (**Strafschärfungs-** und **Strafmilderungsgründe**) hinzufügt. Diese sind durch Umstände gekennzeichnet, die sonst bei der Strafzumessung des Richters eine Rolle spielen würden. Die gesetzliche Abschichtung schwerer und leichter Fälle geschieht auf unterschiedliche Weise:

a) Durch *abschließende gesetzgeberische Nominierung* der strafändernden Umstände (zB §§ 224, 244, **43** 250, 260, 315 II). Hier kann der Richter die modifizierte Strafdrohung *nur* anwenden, sofern einer der im Gesetz genannten Umstände festgestellt wird, und er muß es in diesem Fall *immer* tun. Er hat keine Freiheit der Wahl zwischen Anwendung und Nichtanwendung des modifizierten Falles (sog. **benannte Strafänderungsgründe**). Diese können den Charakter des Delikts als Verbrechen oder Vergehen ändern (zB §§ 226, 315 II). Die modifizierenden Umstände können entweder den Umfang des Unrechts (zB § 244) oder den der Schuld verändern. Beides kann aber auch zusammentreffen. Neben diesen besonderen modifizierten Tatbeständen bestehen *allgemeine*, die Strafhöhe beeinflussende Erschwerungs- oder Milderungsgründe (zB in den §§ 23, 27, 28). Solche allgemeinen Strafänderungsgründe bleiben jedoch für die Einteilung der Delikte in Verbrechen und Vergehen außer Betracht (§ 12 III).

b) Durch **Regelbeispiele** (zB §§ 94 II, 113 II, 243, 253 IV 2, 261 IV 2, 263 III). Mit ihnen **44** kennzeichnet das Gesetz ohne abschließende Regelung die wichtigsten Fälle einer Abschichtung bei der Strafe. Es handelt sich um eine Strafzumessungsregel, nicht um eine tatbestandliche Änderung (vgl. BGH **23** 256, **26** 105, NJW **70**, 2120, Schröder Mezger-FS 427, Wessels Maurach-FS 298; abw. Calliess NJW 98, 929). Allerdings sind die Regelbeispiele auf Grund ihrer „Indizfunktion" den Tatbestandsmerkmalen angenähert. Der Deliktscharakter ändert sich nicht, mag auch für den modifizierten Fall eine abweichende Mindestfreiheitsstrafe angedroht sein, gleichgültig, ob ein Regelbeispiel vorliegt oder nicht (vgl. § 12 RN 10).

Sind die Voraussetzungen eines Regelbeispiels erfüllt, so ist die Strafe idR dem geänderten Straf- **44 a** rahmen zu entnehmen. Die indizielle Bedeutung eines Regelbeispiels kann jedoch durch andere Strafzumessungsfaktoren kompensiert werden, so daß dann auf den normalen Strafrahmen zurückzugreifen ist (vgl. BGH **23** 257, **24** 249, StV **99**, 251). Das ist der Fall, wenn diese Faktoren jeweils für sich oder als Gesamtheit so gewichtig sind, daß sie bei der Gesamtabwägung die Regelwirkung entkräften (BGH StV **92**, 118). Die Tat muß in ihrem Unrechts- und (oder) Schuldgehalt im konkreten Einzelfall derart vom Normalfall des Regelbeispiels abweichen, daß die Anwendung des modifizierten Strafrahmens als unangemessen erscheint (BGH NJW **87**, 2450, StV **89**, 432). Das läßt sich im Fall eines strafschärfenden Regelbeispiels zB bei nachhaltiger Einwirkung auf den Täter durch einen V-Mann annehmen (BGH StV **85**, 323, **86**, 100). Bei der Gesamtabwägung darf der Sinn, der einem Regelbeispiel zugrunde liegt, nicht außer acht gelassen werden (vgl. Karlsruhe NJW **78**, 1699), ebensowenig, in welchem Maß der Schutzzweck der Strafvorschrift beeinträchtigt worden ist (BGH StV **89**, 432). Zur Entkräftung der Regelwirkung bei besonders schweren Fällen reicht ein spezieller gesetzlicher Milderungsgrund (zB verminderte Schuldfähigkeit) allein nicht aus (vgl. § 50 RN 7), ebensowenig allein ein Milderungsgrund allgemeiner Art (etwa Reue, Bereitschaft zur Schadenswiedergutmachung, besondere Strafempfänglichkeit), da er die Gründe, die zur Typisierung des Regelbeispiels geführt haben, nicht auszuräumen vermag (vgl. Wessels Maurach-FS 302). Hält ein Gericht die Indizwirkung eines Regelbeispiels für widerlegt, so hat es die Besonderheiten, auf die es das Abweichen vom modifizierten Strafrahmen stützt, in den Urteilsgründen darzulegen (Bay NJW **73**, 1808). Fehlen solche Besonderheiten und liegen sie auch nicht nahe, so kann das Gericht andererseits sich mit einem kurzen Hinweis hierauf begnügen.

Das Gesagte gilt uneingeschränkt für die Fälle, in denen die Regelbeispiele ausdrücklich nur „in der **44 b** Regel" dem geänderten Strafrahmen zuzuordnen sind. Fraglich ist, ob in den sonstigen Fällen (zB § 241 a IV) die modifizierte Strafdrohung bei Vorliegen eines Regelbeispiels immer anzuwenden ist. Es handelt sich hier um eine Auslegungsfrage. Ist die Strafänderungsvorschrift nur eine Kann-Bestimmung (wie § 241 a IV), so steht nichts entgegen, im Fall besonderer Faktoren dem Regelbeispiel die strafändernde Bedeutung abzusprechen. Aber auch sonst ist auf Grund allgemeiner Bedenken gegen

Kasuistik und des Umstandes, daß die Beispiele in einem unbenannten Strafänderungsgrund eingebettet sind, angezeigt, im Zweifel anzunehmen, daß der Richter auch in Beispielsfällen den modifizierten Strafrahmen nicht anzuwenden braucht, wenn deren Gewicht durch andere Strafzumessungsfaktoren kompensiert wird.

44 c Außer bei Vorliegen eines Regelbeispiels kann das Gericht auch aus anderen Gründen die modifizierte Strafdrohung anwenden. Das setzt voraus, daß sich die objektiven und (oder) subjektiven Tatumstände von den erfahrungsgemäß vorkommenden und deshalb beim normalen Strafrahmen bereits berücksichtigten Fällen wesentlich abheben. Ähnlichkeit mit den Regelbeispielen ist nicht erforderlich, mag auch sie in erster Linie den Rückgriff auf den Sonderstrafrahmen begründen; es genügt, daß Umstände in ihrem Gewicht den Regelbeispielen entsprechen (BGH NJW **90**, 1489). Ebensowenig ist Vergleichbarkeit mit einem der den Regelbeispielen zugrunde liegenden Leitbilder zu verlangen (and. Eser IV 69 für § 243). Als entscheidender Maßstab läßt sich auch nicht der Wertgruppencharakter der Regelbeispiele mit der Folge heranziehen, daß ihm die besonderen Umstände des Falles qualitativ entsprechen müssen (and. Wessels Maurach-FS 303). Ein solcher Wertgruppencharakter ist als Maßstab vor allem ungeeignet, wenn das Gesetz, wie in § 129 IV (Rädelsführer, Hintermänner) nur ein oder zwei Regelbeispiele nennt (vgl. BGH NJW **90**, 1489). Besteht Ähnlichkeit mit einem Regelbeispiel, erreichen die ähnlichen Umstände aber nicht seinen Unrechts- oder Schuldgehalt, so ist der Rückgriff auf den Sonderstrafrahmen idR nicht zulässig (Gegenschlußwirkung der Regelbeispiele; vgl. Tröndle/Fischer § 46 RN 46). Hier müssen zur Anwendbarkeit des Sonderstrafrahmens weitere Besonderheiten hinzukommen.

44 d Bei der **Teilnahme** ist in eigener Gesamtbewertung unter Mitberücksichtigung der Haupttat zu beurteilen, ob vom modifizierten Strafrahmen auszugehen ist (BGH MDR/H **80**, 814, **82**, 101, NStZ **81**, 394, **83**, 217, NStZ/D **90**, 175, MDR **82**, 1031, Tröndle/Fischer § 46 RN 49). Das gilt auch bei Vorliegen eines Regelbeispiels. In diesem Fall ist zwar, soweit es sich um tatbezogene Unrechtsmodifizierungen handelt, der geänderte Strafrahmen idR ebenfalls für den Teilnehmer maßgebend, der die unrechtsmodifizierenden Umstände gekannt hat. Die indizielle Bedeutung des Regelbeispiels kann aber durch Strafzumessungsfaktoren, die nur beim Teilnehmer zu verzeichnen sind, kompensiert werden, so daß die Regelwirkung allein für den Teilnehmer entkräftet ist. Umgekehrt kann sich ein Regelbeispiel auch nur auf der Strafe für die Teilnahme auswirken. So kann es etwa, obwohl es beim Haupttäter mangels Vorsatzes nicht berücksichtigt werden kann, dem Teilnehmer bei vorliegendem Vorsatz zugerechnet werden (vgl. das Beispiel § 283a RN 10). Zur analogen Anwendung des § 28 vgl. § 28 RN 9. Handelt es sich um Beihilfe, so ändert sich bei Anwendung des modifizierten Strafrahmens nichts an der obligatorischen Strafmilderung nach den §§ 27 II, 49 I. Zum Ganzen vgl. Bruns GA **88**, 346 ff.

Zu den Problemen der Regelbeispiele vgl. Arzt JuS 72, 385, 515, 576, Blei Heinitz-FS 419, Wessels Maurach-FS 295. Bedenken gegen Regelbeispiele erhebt Maiwald Gallas-FS 137 ff.; krit. ferner Gössel Hirsch-FS 183 ff. Vgl. auch Calliess JZ 75, 112 ff. und gegen ihn Blei JA 75, 237. Zur Bindung an die Feststellungen, aus denen sich ein Regelbeispiel ergibt, bei Berufungsbeschränkung auf den Strafausspruch vgl. BGH **29** 359.

45 c) Durch *kasuistische, aber nicht bindende Aufzählung*, wie es für § 211 anzunehmen ist. Hier kann der Richter auf Mord nur in den genannten Fällen erkennen. Er muß es jedoch nicht immer tun, sondern kann die indizierende Wirkung der Umstände des § 211 als durch mildernde Umstände kompensiert ansehen. Vgl. Schröder aaO 84, § 211 RN 10.

46 d) Durch *einfache Änderung der Strafrahmen* ohne Normierung der Voraussetzungen, unter denen die modifizierte Strafe anzuwenden ist. Das gilt für besonders schwere Fälle (zB §§ 106 III, 107, 108) und für minder schwere Fälle (zB §§ 100 III, 154, 225 IV, 226 III, 227 II, 249). Hier bleibt es dem Richter ganz überlassen, in welchen Tatumständen er die Voraussetzungen des schweren oder leichten Falles sehen will (einschr. Neuhaus DRiZ 89, 95). Seine Stellung ist keine andere, als wenn nur der Strafrahmen des Grunddelikts um die Möglichkeiten des modifizierten Falles erweitert würde (and. Warda aaO 106; vgl. auch Bruns StrZR 106 f.). Soweit ein veränderter Strafrahmen in Betracht kommt, hat der Richter vor der Strafzumessung ieS zunächst zu klären, von welchem Strafrahmen auszugehen ist (BGH NStZ **83**, 407). Bei Teilnahme ist unter Mitberücksichtigung der Haupttat in eigener Gesamtbewertung zu beurteilen, ob auf den veränderten Strafrahmen zurückzugreifen ist (vgl. BGH StV **85**, 411 zu minder schwerem Fall, ferner o. 44 d.) Besondere persönliche Merkmale (§ 28) sind beim Teilnehmer nur zu berücksichtigen, wenn sie bei ihm vorliegen (§ 28 RN 9; and. Bruns GA 88, 354).

47 Bei der Entscheidung darüber, ob ein **besonders schwerer Fall** vorliegt, sind die äußeren und inneren Tatumstände unter Heranziehung sämtlicher hierfür belangreicher Umstände gegeneinander abzuwägen (BGH **2** 181). Es steht dazu die Gesamtheit aller Strafzumessungsgründe zur Verfügung, sofern sie an die Tat selbst anknüpfen (einschr. Neuhaus DRiZ 89, 97: nur tatbestandsbezogene Umstände). Der Gesamtwürdigung bedarf es auch dort, wo sich angesichts bestimmter Tatumstände, etwa Tatumfang und Schadenshöhe, die Annahme eines besonders schweren Falles aufdrängt (BGH wistra **89**, 305). Ein besonders schwerer Fall ist anzunehmen, wenn die objektiven und subjektiven Tatumstände selbst (Jescheck/Weigend 270) die erfahrungsgemäß gewöhnlich vorkommenden und deshalb für den ordentlichen Strafrahmen bereits berücksichtigten Fälle derart an Strafwürdigkeit übertreffen, daß dieser Strafrahmen zur Ahndung der Tat nicht ausreicht (BGH **5** 130, **28** 319, **29**

Strafmodifizierungen   48, 49   **Vorbem §§ 38 ff.**

322, NStZ **81**, 391). Das bedeutet nicht die Notwendigkeit einer Strafe, die das Höchstmaß des normalen Strafrahmens überschreitet, sondern nur die Unangemessenheit, die Strafe nach diesem Strafrahmen zu bestimmen. Bei Annahme eines besonders schweren Falles kann die nach dem Sonderstrafrahmen bemessene Strafe daher durchaus unter dem Höchstmaß des normalen Strafrahmens liegen (vgl. Bruns StrZR 107). Ein besonders schwerer Fall kann etwa auf Grund einer außergewöhnlichen Hartnäckigkeit und Stärke des verbrecherischen Willens oder der besonderen Gefährlichkeit des angewandten Mittels zu bejahen sein (BGH MDR/D **76**, 17), ferner bei außergewöhnlich großem Schaden, den die Tat verursacht hat (BGH NStZ **82**, 465, NJW **91**, 2575, wistra **95**, 188, StV **99**, 252), bei besonders wertvoller Beute (BGH **29** 322), bei erheblichen Auswirkungen auf einen größeren Personenkreis oder die Allgemeinheit, bei Ausnutzung einer besonderen beruflichen Stellung zur Tat (BGH **29** 322: Amtsträger, NJW **91**, 2574), bei gewerbsmäßigem Handeln (BGH NStZ **81**, 392), bei Bandentätigkeit sowie bei außergewöhnlich niederträchtigem Verhalten, dagegen nicht auf Grund des bewußten Genießens der Früchte eines Vermögensdelikts (BGH wistra **89**, 98). Trotz Vorliegens von an sich hinreichenden Umständen kann ein besonders schwerer Fall auf Grund strafmildernder Faktoren entfallen, so bei außergewöhnlich hohem Schaden, wenn Wiedergutmachungsleistungen des Täters den Schaden behoben oder erheblich gemindert haben (vgl. BGH NStZ **84**, 413) oder besondere Nachlässigkeit des Opfers die Tat leicht gemacht hat (BGH wistra **86**, 172), ferner bei nachhaltiger Beeinflussung durch polizeilichen V-Mann (BGH NJW **86**, 1764), auch wenn dieser im ausländischen Staatsdienst steht (BGH MDR/H **88**, 626). Es ist stets eine Gesamtwürdigung aller für und gegen den Angekl. sprechenden Umstände vorzunehmen (BGH JZ **88**, 472). Zur Verfassungsmäßigkeit der Rechtsfigur „besonders schwerer Fall" vgl. BVerfGE **45** 371 ff.; zu Bedenken gegen diese Rechtsfigur vgl. Maiwald NStZ 84, 435 f. mwN, Montenbruck NStZ 87, 311.

Ebenfalls ist bei der Entscheidung darüber, ob ein **minder schwerer Fall** vorliegt, auf die 48 Gesamtheit der äußeren und inneren Tatumstände und die hierfür belangreichen Faktoren abzustellen (vgl. BGH **4** 8, **26** 97 m. Anm. Zipf JR 76, 24, GA **76**, 304, MDR/D **75**, 542, MDR/H **80**, 105). Frühere Versuche, minder schwere Fälle gegenüber mildernden Umständen abzugrenzen (vgl. 17. A. 44 vor § 13), sind mit der generellen Umstellung der mildernden Umstände auf minder schwere Fälle überholt (vgl. BGH **26** 97). Grundlage für die Annahme eines minder schweren Falles ist die Intensität des Unrechts und des Verschuldens, die hinter der in den erfahrungsgemäß gewöhnlich vorkommenden und beim normalen Strafrahmen berücksichtigten Fällen wesentlich zurückbleiben muß. Bei der Beurteilung sind alle Umstände, die für die Wertung von Tat und Täter in Frage kommen, gegeneinander abzuwägen (vgl. BGH StV **88**, 248, 249), so zum Nachteil des Täters das Vorliegen tateinheitlicher Gesetzesverstöße (BGH NStZ **89**, 72). Für die Abwägung genügt nicht, daß gegenüber den strafmildernden Umständen das Fehlen bestimmter Milderungsgründe in den Vordergrund gestellt wird (BGH StV **90**, 206). Dagegen ist zulässig, Tatsachen heranzuziehen, die außerhalb des Tathergangs liegen, aber Schlüsse auf das Schuldmaß zulassen (BGH **4** 8: Täterpersönlichkeit, Not, Mitleid, Konfliktslage u. dgl; vgl. auch BGH NJW **81**, 135, GA **86**, 450, NStZ/D **90**, 174), sowie Umstände, die der Tat nachfolgen (BGH StV **82**, 421: freiwillige Offenlegung der Straftat), zB unverzügliche, freiwillige Schadenswiedergutmachung oder freiwilliges Absehen von der Tatbeendigung (vgl. § 146 RN 28). Bei Ausländern können tatauslösende gesellschaftlich-kulturelle Auffassungen der Heimat trotz ihres Widerspruchs zu inländischen Wertvorstellungen die Schuld mindern und zur Annahme eines minder schweren Falles führen (vgl. LG Osnabrück StV **94**, 430), allerdings mit längerer Aufenthaltsdauer kaum noch. Nicht erforderlich ist, daß sowohl das Unrecht als auch die Schuld wesentlich gemildert sind. Eine Abweichung vom normalen Strafrahmen kann bereits gerechtfertigt sein, wenn eines von beiden wesentlich herabgesetzt ist (BGH StV **83**, 202). Nach dem BGH genügt auch ein besonderer Strafmilderungsgrund, wie verminderte Schuldfähigkeit (vgl. § 50 RN 2 f. und die dortigen Gegenargumente), ferner eine lange Zeitspanne zwischen Tat und Urteil sowie eine lange Verfahrensdauer (BGH StV **92**, 154), eine massive Einwirkung auf einen Täter durch einen V-Mann (BGH StV **95**, 365), die Wirkung der Strafe auf das künftige Leben des Täters, so daß auch eine besondere Strafempfindlichkeit (BGH StV **89**, 152: stark belastende, schwere Erkrankung) sowie Nebenfolgen wie Verlust der Beamtenrechte zu berücksichtigen sind (BGH **35**, 148 m. abl. Anm. Bruns JZ 88, 467; gegen den BGH ferner Streng NStZ **88**, 485, wie jedoch Schäfer Tröndle-FS 404; vgl. auch BGH GA **89**, 515). Nach BGH StV **93**, 27 sind bei jungen Tätern gewichtige Nachteile einer langen Haft für die weitere Entwicklung bereits bei der Strafrahmenwahl zu berücksichtigen. Zum minder schweren Fall vgl. noch Hettinger GA-FS 77.

e) Die Einstufung einer Tat als besonders bzw. minder schweren Fall braucht in der **Urteilsformel** 49 nicht angegeben zu werden, auch nicht, wenn die Strafzumessungsnorm Regelbeispiele aufweist oder in einer besonderen Strafbestimmung (zB § 243) enthalten ist (BGH **27** 289, NJW **88**, 779, Granderath MDR 84, 988, Willms DRiZ **76**, 83). Andererseits bestehen – von der Ausnahme bei Anwendung von Jugendstrafrecht (BGH MDR **76**, 769, MDR/H **82**, 625) abgesehen – gegen eine Kennzeichnung „in einem besonders (bzw. minder) schweren Fall" keine rechtlichen Bedenken (vgl. BGH NJW **70**, 2120, **77**, 1830, MDR/D **75**, 543, Börtzler NJW 71, 682); sie ist vielmehr dem richterlichen Ermessen (§ 260 IV 6 StPO) überlassen. Die den besonders bzw. minder schweren Fall regelnde Vorschrift ist unabhängig von der Fassung der Urteilsformel nach dieser anzuführen (§ 260 V StPO).

50 Die Annahme eines besonders (minder) schweren Falles ist als Strafzumessungsakt vom **Revisionsgericht** nur darauf überprüfbar, ob die für das Ergebnis angeführten Gründe vertretbar sind. Vgl. dazu BGH NStZ **82**, 464. Das Fehlen naheliegender Erörterungen stellt einen sachlich-rechtlichen Mangel dar (BGH NStZ **82**, 465).

51 f) Treffen **mehrere selbständige Milderungsgründe** (zB §§ 21, 23 II) zusammen, so ist eine mehrfache Herabsetzung der Strafe möglich. Vgl. § 50 RN 6. Zweifelhaft war früher, wie sich **allgemeine** mildernde Umstände (minder schwere Fälle) zu **speziellen** Möglichkeiten der Strafherabsetzung (zB §§ 21, 49 I) verhalten (vgl. 17. A. 47 vor § 13). Diese Zweifel sind durch § 50 zT behoben worden. Vgl. Anm. zu § 50. Zum Verhältnis zwischen einem besonders schweren Fall und einem besonderen Strafmilderungsgrund vgl. § 50 RN 7.

52 g) Die materielle **Bedeutung** aller **strafmodifizierenden Umstände** ist die gleiche, gleichgültig, ob sie vom Gesetzgeber bei der Bildung abschließend benannter modifizierter Tatbestände berücksichtigt wurden oder ob der Richter dies bei der Strafzumessung tut. Immer sind es entweder Unrechts- (Kern ZStW 64, 255, Noll ZStW 68, 181) oder Schuldstufen, die ermittelt werden müssen (Bruns StrZR 102, Koffka JR 55, 323, Sauer GA 55, 325), und es ist nicht angängig, die eine Gruppe von Gesichtspunkten entweder nur dem Gesetzgeber oder nur dem Richter vorzubehalten (vgl. auch § 46 RN 26).

53 h) Treffen bei einer Handlung sowohl die Voraussetzungen eines **qualifizierenden** wie **privilegierenden** Umstandes zusammen (Tötung auf Verlangen mit gemeingefährlichen Mitteln), so kann zweifelhaft sein, ob der mildere Tatbestand den schweren ausschließt oder umgekehrt. Die Entscheidung kann nur aus dem Rangverhältnis der einzelnen Deliktsstufen getroffen werden; jedoch schließt bei Verselbständigung in der Form eines eigenständigen Verbrechens (u. 59) der Sondertatbestand (zB § 216) alle Modifikationen des Grunddelikts unzweifelhaft aus (vgl. Maurach Mat. I 255).

54 i) In zahlreichen Fällen bestimmt das StGB, daß der Richter **von Strafe absehen** kann. Hier erfolgt ein Schuldspruch ohne Strafausspruch (v. Weber MDR 56, 707). Es handelt sich hierbei um Fälle von unterschiedlicher Bedeutung. Neben dem Fall des § 60 gehören hierhin die Bestimmungen, in denen wegen des Bagatellcharakters, insb. wegen geringen Unrechts oder geringer Schuld des Täters, ein Strafbedürfnis nicht besteht. Hier fehlt der Tat die Strafwürdigkeit (vgl. Schröder aaO 94, v. Weber aaO). In diesen Zusammenhang gehören zB die §§ 86 IV, 129 V, 139 I, 174 IV, 236 V. Diese Fälle haben ihre Parallele in den §§ 153 ff. StPO. In anderen Fällen läßt dagegen das StGB ein Absehen von Strafe zu, weil der Täter durch sein späteres Verhalten bewiesen hat, daß er zur Beseitigung der Tatfolgen und zur Tilgung seiner Schuld bereit war. Insb. in zahlreichen Rücktrittsvorschriften (zB §§ 306 e I, 314 a II), bei Bemühungen, die Tatauswirkungen auszugleichen (§ 46 a), sowie bei Beiträgen zur Tataufdeckung (zB § 261 X) ist das Absehen von Strafe eine Vergünstigung für den Rücktritt des Täters oder für den Beitrag zum Tatausgleich oder zur Tataufdeckung. Neben dem Fall des § 60 erscheint es für die erste Gruppe durchaus berechtigt, den Angekl. der ihm zur Last gelegten Tat für schuldig zu sprechen und daran die Kostenfolge nach § 465 I 2 StPO zu knüpfen (BGH **4** 176). Bei der zweiten Gruppe dagegen ist diese Folge nur bei Beiträgen zur Tataufdeckung und zur Tataufdeckung angebracht. In Rücktrittsfällen hat sich der Täter die Straflosigkeit „verdient", so daß nicht zu begründen ist, daß er bei Rücktrittsvorschriften dieses Typs anders zu behandeln sein sollte als in Fällen der §§ 24, 31, 306 e II. Da jedoch neuere Regelungen des Rücktrittsproblems nicht mehr auf der Alternative Verurteilung oder Freispruch aufgebaut sind, sondern – der Sache nach zum Recht – dem Richter eine volle Skala der Milderungsmöglichkeiten bis zum Absehen von Strafe eröffnen, müssen de lege ferenda die §§ 24, 31 usw den neuen Regelungen angepaßt werden; de lege lata ist die Unstimmigkeit nicht zu beseitigen. Vgl. Schröder H. Mayer-FS 390. Im BZR wird das Urteil nicht vermerkt, da nicht auf Strafe erkannt ist (vgl. § 4 BZRG, v. Weber aaO 707). Zur Reform vgl. Lange Mat. I 80, der die Möglichkeit des Absehens von Strafe neben § 153 StPO für unnötig hält (hiergegen Schröder aaO 97; vgl. auch v. Weber aaO 707). Absehen von Strafe ist auch im Strafbefehl möglich (§ 407 II Nr. 3 StPO).

55 Daß der Richter von Strafe absehen kann, legitimiert ihn nicht, die Strafe gegenüber dem gesetzlichen Mindestmaß zu reduzieren (BGH **21** 139). Wohl aber kann er eine Strafe verhängen, die das schuldentsprechende Maß unterschreitet (vgl. o. 18 a, § 60 RN 12).

56 Liegen die Voraussetzungen vor, unter denen das Gericht von Strafe absehen kann, so kann die StA mit Zustimmung des zuständigen Gerichts bereits davon absehen, öffentliche Klage zu erheben (§ 153 b I StPO; näher hierzu Dallinger JZ 51, 623). Nach Klageerhebung kann das Gericht bis zum Beginn der Hauptverhandlung mit Zustimmung der StA und des Angeschuldigten das Verfahren einstellen (§ 153 b II StPO).

57 Auch die Einstellung des Verfahrens wegen „geringer Schuld" (**§§ 153 f. StPO**) wird zT als Institut des materiellen Rechts bezeichnet (Naucke Maurach-FS 197, Schmidhäuser 805). Die Konsequenzen wären, wie Eser (Maurach-FS 258) nachweist, erheblich, jedoch dürfte die systematische gesetzgeberische Entscheidung den Ausschlag geben.

Schrifttum: Eser, Absehen von Strafe usw, Maurach-FS 257. – *Maiwald*, Das Absehen von Strafe nach § 16 StGB, ZStW 83, 663. – *v. Weber*, Das Absehen von Strafe, MDR 56, 705.

58 j) Eine weitere Besonderheit bei den Strafdrohungen stellt die Regelung dar, die sich in einigen Rücktrittsvorschriften, Irrtumsvorschriften oder besondere Umstände berücksichtigenden Vorschriften findet. Danach kann das Gericht auch bei Androhung einer Mindeststrafe die Strafe **nach seinem Ermessen mildern** (§ 49 II), wenn der Täter freiwillig zurückgetreten ist (vgl. zB § 83 a I, § 84 V, § 98 II), zur Tataufdeckung Wesentliches beigetragen hat (vgl. § 261 X), sich über bestimmte Umstände geirrt hat (vgl. § 113 IV) oder ihm eine Konfliktslage zugute gehalten wird (vgl. § 157). Hier steht dem Gericht die gesamte Variationsbreite der Strafmöglichkeiten zur Verfügung. Es kann also zwischen Geldstrafe von 5 Tagessätzen und der im einzelnen Tatbestand vorgesehenen Höchststrafe auswählen. Die Bedenken gegen eine derart weite Ausdehnung des strafrichterlichen Ermessens lassen sich damit beschwichtigen, daß beim Rücktritt der Grad der Freiwilligkeit, mit dem der Täter gehandelt hat, nicht quantifizierbar ist und daher nur im Einzelfall bestimmt werden kann, in welchem Umfang die Strafwürdigkeit durch den Rücktritt gemindert oder beseitigt wird. Ähnliches gilt für die sonstigen Voraussetzungen, an die das Gesetz die Möglichkeit der Strafmilderung nach § 49 II knüpft.

5. Einen Sonderfall der Tatbestandsmodifizierungen bilden die sog. **eigenständigen Verbrechen** 59 (delicta sui generis). Sie haben mit den benannten Modifizierungsgründen gemeinsam, daß das Gesetz unter Zugrundelegung der Elemente eines Tatbestands einen neuen bildet, dessen Voraussetzungen abschließend umrissen sind. Der Unterschied zwischen den beiden Formen liegt darin, daß der Zusammenhang zwischen Grundtypus und Sonderfall beim eigenständigen Delikt stärker gelöst ist, die hinzutretenden Deliktsmerkmale dem Delikt eine so eigene Note geben, daß es nicht mehr nur als Spezialfall des Grundtypus angesehen werden kann (Maurach Mat. I 249 ff.). Das ist zunächst bei den zusammengesetzten Delikten der Fall; der Raub ist kein Tatbestand des § 242, obwohl er dessen Voraussetzungen enthält. Aber auch innerhalb einzelner Deliktsgruppen sind delicta sui generis denkbar, die sich vom Grundtypus durch Intensitätsmerkmale unterscheiden, wie § 216 gegenüber §§ 211 ff. Hier kann freilich zweifelhaft sein, ob angesichts der Tatbestandsähnlichkeit der Begriff delictum sui generis oder eigenständiges Verbrechen eine richtige Kennzeichnung ist (vgl. Hardwig GA 54, 258, Schneider NJW 56, 702). Dennoch hat dieser Begriff seine Berechtigung insoweit, als er zur Kennzeichnung der Tatsache dient, daß der gesetzgeberische Zusammenhang zwischen Grundtypus und delictum sui generis derart gelöst ist, daß auf Modifikationen des Grunddelikts nicht zurückgegriffen werden darf (vgl. § 216 RN 1 f.). Über weitere Folgerungen aus der Unterscheidung vgl. Maurach Mat. I 253 ff. Der Begriff „delictum sui generis" dient also nur zur Kennzeichnung einer bestimmten „Relation"; insoweit ist er sinnvoll (and. Schneider NJW 56, 702; gegen ihn treffend Hillebrand NJW 56, 1270). Auch künftig wird man auf die Unterscheidung zwischen Abwandlung des Grunddelikts und eigenständigem Verbrechen nicht verzichten können (Maurach Mat. I 256). Vgl. zum Ganzen Hassemer, Delictum sui generis, 1974.

XI. Nach zahlreichen Bestimmungen des StGB ist zu entscheiden, ob und in welchem Umfang 60 frühere Verurteilungen zu Lasten des Täters berücksichtigt werden können, so bei der allgemeinen Strafzumessung oder bei Anordnung der Sicherungsverwahrung (§ 66). Diese Frage hat das BZRG ausdrücklich geregelt, und zwar mit der Tendenz, die Resozialisierung eines Verurteilten zu fördern, so daß ihm nach Ablauf bestimmter Fristen frühere Verfehlungen nicht mehr vorgehalten werden dürfen. Vor allem können diese Grundsätze des BZRG von Bedeutung sein, wo an die Straftat lebenslange Berufsverbote geknüpft werden.

Sämtliche rechtskräftigen Verurteilungen durch ein Strafgericht werden in das **Bundeszentralregi-** 61 **ster** eingetragen (§§ 3, 4 BZRG). Unbeschränkte Auskünfte über Verurteilungen dürfen nur den Strafverfolgungsbehörden und den weiteren in § 41 I BZRG abschließend aufgeführten Behörden mitgeteilt werden. Andere Behörden und Privatpersonen erhalten nur Auskunft in Form von Führungszeugnissen nach §§ 30 f. BZRG. Die Frist für die endgültige Tilgung richtet sich nach der Höhe der Strafe (5–15 Jahre); vgl. § 46 BZRG. Getilgte oder tilgungsreife Verurteilungen dürfen – ausgenommen die im § 52 BZRG geregelten Fälle – im Rechtsverkehr, insb. in einem neuen Strafverfahren, nicht zum Nachteil des Täters verwendet werden (§ 51 BZRG). So darf eine bei Ende der Hauptverhandlung in der (letzten) Tatsacheninstanz tilgungsreife (BGH NStZ **83**, 30, Stuttgart MDR **85**, 341) oder bereits getilgte Vorstrafe bei der Strafzumessung nicht strafschärfend berücksichtigt werden (BGH **24** 378, Bay NJW **72**, 443); vgl. auch § 46 RN 31. Ebensowenig können bereits getilgte Strafen samt der ihnen zugrunde liegenden Taten für die Anordnung von Sicherungsmaßregeln herangezogen werden (BGH **25** 100, StV **85**, 322). Eine Ausnahme gilt für die Fahrerlaubnisentziehung, solange die Verurteilung nach den §§ 28–30 b StVG verwertet werden darf (§ 52 II BZRG). Diese Ausnahmeregelung gestattet dem Gericht jedoch nicht, die in Frage stehende Vortat strafschärfend zu berücksichtigen (Karlsruhe VRS **55** 284; vgl. auch Düsseldorf VRS **54** 50). Zur Verfassungsmäßigkeit des § 51 BZRG vgl. BVerfGE **36** 174 m. Anm. Klinghardt NJW 74, 491, aber auch Willms JZ 74, 224 f. Zur Frage, ob ein im BZR getilgtes Strafurteil als Wahrheitsbeweis iSv § 190 gelten kann, vgl. § 190 RN 3. Zum Ganzen vgl. Güllemann-Spellenberg NJW 72, 1969, Creifelds GA 74, 129, Haffke GA 75, 65, Schoreit GA 75, 362. Zu weiteren Problemen des BZRG vgl. Sawade/Schomburg NJW 82, 551, Pfeiffer NStZ 00, 402. Überblick über das BZRG bei Veith BewH 99, 111 ff. Vgl. ferner Götz BZRG 4. A. 1999, Rebmann/Uhlig BZRG, 1985.

– Freiheitsstrafe –

§ 38 Dauer der Freiheitsstrafe

(1) **Die Freiheitsstrafe ist zeitig, wenn das Gesetz nicht lebenslange Freiheitsstrafe androht.**

(2) **Das Höchstmaß der zeitigen Freiheitsstrafe ist fünfzehn Jahre, ihr Mindestmaß ein Monat.**

1   I. Entsprechend dem früheren Recht sieht das Gesetz die lebenslange und die zeitige **Freiheitsstrafe** vor. Das Mindestmaß ist wegen der mehr schädlichen als nützlichen Wirkungen einer allzu kurzen Freiheitsstrafe auf einen Monat festgesetzt worden. Ein noch höheres Mindestmaß hat der Gesetzgeber für verfehlt gehalten, weil die Geldstrafe nicht in allen Fällen die Aufgabe der kurzzeitigen Freiheitsstrafe übernehmen könne und andere ausreichende Ersatzmaßnahmen nicht zur Verfügung ständen (BT-Drs. V/4095 S. 18).

2   1. **Lebenslange Freiheitsstrafe** ist ua in §§ 80, 81, 211, 212 II, 220a, 251, 306c, 308 III, 316a III, 316c III angedroht. Sie gilt ebenfalls für Anstifter. Auch bei Versuch kann, allerdings nur ausnahmsweise, auf lebenslange Freiheitsstrafe erkannt werden (vgl. LG Frankfurt NJW **80**, 1402), ebenso bei Taten im Zustand verminderter Schuldfähigkeit (BGH StV **90**, 157, **93**, 355, NStZ-RR **99**, 171), sogar bei Versuch in vermindert schuldfähigem Zustand (BGH NStZ **94**, 183: Ausgleich der Schuldminderung durch besondere erschwerende Umstände). Liegt Beihilfe oder versuchte Anstiftung vor oder ist die Strafe nach § 28 I zu mildern, dann kann gegen den Beteiligten nur zeitige Freiheitsstrafe verhängt werden.

3   Das BVerfG (BVerfGE **45** 187) hat entgegen LG Verden NJW **76**, 980 (dazu Erichsen NJW **76**, 1721, Trifterer ZRP **76**, 91) die lebenslange Freiheitsstrafe als verfassungsgemäß angesehen (vgl. dazu aber Schmidhäuser JR **78**, 265; wie BVerfG schon BGH NJW **76**, 1755), auch bei verminderter Schuldfähigkeit (BVerfGE **50** 5) und beim Totschlag in besonders schweren Fällen (BVerfG JR **79**, 28 m. Anm. Bruns). Aus verfassungsrechtlichen Gründen hält es jedoch eine gesetzliche Regelung für geboten, die dem zu dieser Strafe Verurteilten eine konkrete und grundsätzlich realisierbare Chance gibt, die Freiheit wiederzugewinnen. Dem entspricht § 57a. Bedenken gegen die lebenslange Freiheitsstrafe gründen sich vor allem auf den Persönlichkeitsverfall, zu dem eine Haft von 20 Jahren und mehr führen soll (vgl. dagegen Bresser JR **74**, 264, ZRP **76**, 265; zum Meinungsstreit vgl. auch BVerfGE **45** 229 ff.). De lege ferenda sprechen sich zB Arzt ZStW 83, 27 f., Schmidhäuser 761, Weber MSchrKrim 90, 65, Die Abschaffung der lebenslangen Freiheitsstrafe, 1999, gegen eine lebenslange Freiheitsstrafe aus. Vgl. noch Hanack u. Kerner in: Kriminolog. Gegenwartsfragen, 1974, H. 11 S. 72 ff., 85 ff., Röhl, Über die lebenslange Freiheitsstrafe, 1969, Zipf in Roxin-Stree-Zipf-Jung, Einführung in das neue Strafrecht, 2. A. 1975, 65, aber auch Jescheck/Weigend 758. Zu kriminologischen Aspekten vgl. Kreuzer ZRP 77, 49. Zum Ganzen vgl. Jescheck/Triffterer, Ist die lebenslange Freiheitsstrafe verfassungswidrig?, 1978, Beckmann GA 79, 441, Bock/Mährlein ZRP 97, 376, Grünwald Bemmann-FS 161. Vgl. zur Problematik auch Baltzer StV 89, 42.

4   2. Der Höchstbetrag der **zeitigen Freiheitsstrafe** ist 15 Jahre (Abs. 2), auch im Fall einer Gesamtstrafe (§ 54 II 2). Eine 15 Jahre überschreitende Vollzugsdauer kann indes eintreten, wenn mehrere Verurteilungen zu Freiheitsstrafe, nicht aber die Voraussetzungen des § 55 vorliegen (RG **4** 54, BGH **33** 368 f., Hamm NJW **71**, 1373) oder mehrere Gesamtfreiheitsstrafen gebildet werden (BGH **43** 216). Strafvorschriften des Landesrechts dürfen von 6 Monate bis zu 2 Jahren Freiheitsstrafe als Höchstmaß androhen (Art. 3 I Nr. 1, II Nr. 2 EGStGB).

5   Das Mindeststrafmaß der Freiheitsstrafe ist ein Monat (Abs. 2). Es ist auch für landesrechtliche Strafvorschriften maßgebend (Art. 3 II Nr. 2 EGStGB). Dagegen gilt es nicht für die Ersatzfreiheitsstrafe; ihr Mindestbetrag ist ein Tag (§ 43 S. 3). Bei der Vermögensstrafe entspricht jedoch das Mindestmaß der Ersatzfreiheitsstrafe dem Mindestmaß der Freiheitsstrafe (§ 43 a II 2). Lauten in erstinstanzlichen Urteil entgegen Abs. 2 Einzelstrafen auf je 1 Woche Freiheitsstrafe, so ist vom Berufungsgericht bei alleiniger Berufung des Angekl., auch wenn die Gesamtstrafe 1 Monat Freiheitsstrafe übersteigt, auf Einzelgeldstrafen und eine Gesamtgeldstrafe zu erkennen (LG Stuttgart NStZ-RR **96**, 292).

6   Die **Strafeinheiten** der zeitigen Freiheitsstrafe werden in § 39 bestimmt.

7   II. Andere Höchst- und Mindestbeträge gelten für den **Strafarrest** nach dem WStG. Bei ihm beträgt das Höchstmaß 6 Monate, das Mindestmaß 2 Wochen (§ 9 WStG). Wäre nach den §§ 53 ff. eine Gesamtstrafe von mehr als 6 Monaten Strafarrest zu bilden, so ist statt auf Strafarrest auf Freiheitsstrafe zu erkennen; die Gesamtstrafe darf dann 2 Jahre nicht überschreiten (§ 13 I WStG). Ist die Ersatzfreiheitsstrafe Strafarrest (§ 11 WStG), so bestimmt sich das Mindestmaß nach § 43 S. 3 (vgl. BT-Drs. 7/550 S. 335).

8   III. Gegen Jugendliche kommt, von der Nebenstrafe des Fahrverbots abgesehen, als einzige Strafart die **Jugendstrafe** in Betracht (§§ 5 II, 17 ff. JGG). Es handelt sich hierbei um eine besondere Strafart, die sich von der Freiheitsstrafe des Erwachsenenstrafrechts ihrer Art, Tragweite und Durchführung nach unterscheidet (vgl. BGH NJW **80**, 1967). Das Höchstmaß der Jugendstrafe ist 5 Jahre; bei

Verbrechen, für die das allgemeine Strafrecht eine Höchststrafe von mehr als 10 Jahren androht, erhöht es sich auf 10 Jahre. Das Mindestmaß der Jugendstrafe beträgt 6 Monate (§ 18 I JGG).

§ 39 Bemessung der Freiheitsstrafe

Freiheitsstrafe unter einem Jahr wird nach vollen Wochen und Monaten, Freiheitsstrafe von längerer Dauer nach vollen Monaten und Jahren bemessen.

Die Vorschrift bestimmt die **zeitlichen Einheiten**, die von den Gerichten bei der zeitigen Freiheitsstrafe zugemessen werden dürfen. Unterschieden wird hierbei zwischen der Freiheitsstrafe unter einem Jahr und der über einem Jahr. Daß insb. bei den nach Monaten bemessenen Strafen die tatsächlich zu verbüßende Strafe wegen der unterschiedlichen Längen der Kalendermonate verschieden lang ausfallen kann, je nachdem, in welchem Monat die Strafe vollstreckt wird, ist hinzunehmen und läßt sich nicht als unzuträglich beanstanden (vgl. Saarbrücken NStZ **94**, 408). 1

1. Freiheitsstrafe **unter einem Jahr** ist stets nach vollen Wochen oder Monaten zu bemessen. Auf den Bruchteil einer Woche darf ebensowenig erkannt werden wie auf den Bruchteil eines Monats oder eines Jahres. Fehlerhaft ist zB die Festsetzung der Freiheitsstrafe auf 7$^{1}/_{2}$ Monate; es muß statt dessen heißen: 7 Monate 2 Wochen Freiheitsstrafe (vgl. BGH **7** 322, RG **46** 304, Düsseldorf NStE **15** zu § 56). Zulässig ist dagegen die Bemessung nur nach Wochen, wie etwa die Verhängung einer Freiheitsstrafe von 6 Wochen (Bay NJW **76**, 1951, Koblenz VRS **51** 350; krit. dazu Blei JA 76, 801). 2

2. Die Strafe **über einem Jahr** darf nur nach vollen Monaten oder Jahren bemessen werden. Der Gesetzgeber ist davon ausgegangen, daß bei einer solchen Strafe weder die Möglichkeit noch ein Bedürfnis besteht, die schuldangemessene Strafe genauer als nach Monaten oder Jahren zu bestimmen (BT-Drs. V/4095 S. 20). Unzulässig ist daher eine Freiheitsstrafe von 1 Jahr 3$^{1}/_{2}$ Monaten oder von 1 Jahr 6 Wochen. Andererseits steht § 39 einer Bemessung nur nach Monaten, zB der Verhängung einer Freiheitsstrafe von 15 Monaten, nicht entgegen. 3

3. Die Maßeinheiten sind auch bei einer **Gesamtstrafe** zu beachten. Ist etwa aus zwei Freiheitsstrafen von je 4 Monaten eine Gesamtstrafe zu bilden, so beträgt deren Mindestmaß 4 Monate und 1 Woche. Eine Ausnahme ist jedoch zu machen, wenn sonst die Summe der Einzelstrafen erreicht wird (vgl. BGH **16** 167, NStZ **96**, 187, RG **60** 289). In einem solchen Fall geht § 54 II 1 dem § 39 vor (Karlsruhe MDR **95**, 404). Sind also eine Freiheitsstrafe von 1 Jahr und eine von 1 Monat (oder Geldstrafe von 30 Tagessätzen) zu einer Gesamtstrafe zusammenzufassen, so ist diese etwa auf 1 Jahr und 2 Wochen festzusetzen. Ferner kann eine Freiheitsstrafe über 1 Jahr auch nach Wochen bemessen werden, wenn der erforderliche Härteausgleich für die Nichtheranziehbarkeit einer vollstreckten Strafe zur Gesamtstrafmilderung es bedingt (BGH NJW **89**, 236 m. Anm. Bringewat JR 89, 248). 4

4. Für eine **Ersatzfreiheitsstrafe** ist § 39 nicht maßgebend. Vgl. § 43. Ebensowenig hat sich die Anrechnung von U-Haft usw gem. § 51 nach § 39 zu richten. 5

– Geldstrafe –

Vorbem. Die §§ 40–43 gelten gem. Art. 315 II EGStGB auch für Taten in der früheren DDR vor Wirksamwerden des Beitritts zur BRep. Deutschland mit der Maßgabe, daß die Geldstrafe nach Zahl und Höhe der Tagessätze insgesamt das Höchstmaß der bisher angedrohten Geldstrafe nicht übersteigen darf, sofern für die Tat das Strafrecht der BRep. nicht schon vor dem Beitritt gegolten hat (Art. 315 IV EGStGB). Die Regeln der Geldstrafe sind nach Art. 315 c EGStGB auch für fortgeltende Straftatbestände der ehemaligen DDR maßgebend.

§ 40 Verhängung in Tagessätzen

(1) **Die Geldstrafe wird in Tagessätzen verhängt. Sie beträgt mindestens fünf und, wenn das Gesetz nichts anderes bestimmt, höchstens dreihundertsechzig volle Tagessätze.**

(2) **Die Höhe eines Tagessatzes bestimmt das Gericht unter Berücksichtigung der persönlichen und wirtschaftlichen Verhältnisse des Täters. Dabei geht es in der Regel von dem Nettoeinkommen aus, das der Täter durchschnittlich an einem Tag hat oder haben könnte. Ein Tagessatz wird auf mindestens zwei und höchstens zehntausend Deutsche Mark festgesetzt.**

(3) **Die Einkünfte des Täters, sein Vermögen und andere Grundlagen für die Bemessung eines Tagessatzes können geschätzt werden.**

(4) **In der Entscheidung werden Zahl und Höhe der Tagessätze angegeben.**

Schrifttum: Albrecht, Strafzumessung und Vollstreckung bei Geldstrafen, 1980. – *Brandis,* Geldstrafe und Nettoeinkommen, 1987. – *Frank,* Das „Nettoeinkommen" des § 40 II 2 StGB, MDR 76, 626. – *ders.,* Probleme der Tagessatzhöhe im neuen Geldstrafensystem, NJW 76, 2329. – *Grebing,* Recht und Praxis der Tagessatz-Geldstrafe, JZ 76, 745. – *ders.,* Probleme der Tagessatz-Geldstrafe, ZStW **88**, 1049. – *Horn,* Das Geldstrafensystem des neuen Allgemeinen Teils des StGB und die Ratenzahlungsbewilligung, NJW 74, 625. –

ders., Alter Wein in neuen Schläuchen?, JZ 74, 287. – *D. Meyer,* Zu Fragen bei der Festsetzung der Höhe eines Tagessatzes im neuen Geldstrafensystem, MDR 76, 274. – *ders.,* Probleme bei der Berechnung der Höhe des Tagessatzes gemäß § 40 Abs. 2 StGB, MDR 81, 275. – *Nowakowski,* Das Tagesbußensystem nach § 19 der Regierungsvorlage (1971) eines Strafgesetzbuches, ÖJZ 72, 197. – *Schaeffer,* Die Bemessung der Tagessatzhöhe unter Berücksichtigung der Hausfrauenproblematik, 1978. – *Seib,* Die Strafzumessung nach Einführung der Tagessätze, DAR 76, 104. – *Tröndle,* Die Geldstrafe im neuen Strafensystem, MDR 72, 461. – *ders.,* Die Geldstrafe in der Praxis und Probleme ihrer Durchsetzung unter besonderer Berücksichtigung des Tagessatzsystems, ZStW 86, 545. – *ders.,* Geldstrafe und Tagessatzsystem, ÖJZ 75, 589. – *von Selle,* Gerechte Geldstrafe, Diss. Berlin 1997. – *Würtenberger,* Die Reform des Geldstrafenwesens, ZStW 64, 17. – *Zipf,* Die Geldstrafe, 1966. – *ders.,* Zur Ausgestaltung der Geldstrafe im kommenden Recht, ZStW 77, 526. – *ders.,* Probleme der Neuregelung der Geldstrafe in Deutschland, ZStW 86, 513.

Rechtsvergleichend: *Finkler,* Vermögensstrafen und ihre Vollstreckung, Mat. II 105. – *Jescheck,* Die Geldstrafe als Mittel moderner Kriminalpolitik in rechtsvergleichender Sicht, Würtenberger-FS 257. – *Jescheck/ Grebing,* Die Geldstrafe im deutschen und ausländischen Recht, 1978. – *Driendl,* Die Reform der Geldstrafe in Österreich, 1978.

1 I. Die Vorschrift regelt die Bemessung einer Geldstrafe nach dem **Tagessatzsystem** entsprechend skandinavischen Vorbildern (zu skandinavischen Erfahrungen mit diesem System vgl. Thornstedt ZStW 86, 595). Der Strafzumessungsvorgang gliedert sich hiernach in 2 Phasen. Zunächst ist die Zahl der Tagessätze nach der Tatschwere zu bestimmen, anschließend die Höhe der Tagessätze nach den persönlichen und wirtschaftlichen Verhältnissen des Täters. Mit der Zweiaktigkeit soll erreicht werden, daß die wirtschaftliche Bemessungsgrundlage sachgerecht in Ansatz gebracht und damit Opfergleichheit bei Tätern hergestellt wird, deren Taten im Unrechts- und Schuldgehalt vergleichbar sind. Für Täter, die Taten gleicher Schwere begangen haben, soll die mit der Geldstrafe verbundene finanzielle Belastung gleichermaßen fühlbar sein. Da Zahl und Höhe der Tagessätze in der Entscheidung anzugeben sind (Abs. 4), wird zugleich die jeweilige Tatschwere nach außen hin sichtbar. Mit der größeren Transparenz gegenüber dem früheren Recht verknüpft sich eine bessere Vergleichbarkeit der Geldstrafe mit der Freiheitsstrafe. Dem Strafzumessungsvorgang schließt sich sodann als dritter Akt die Prüfung an, ob und welche Zahlungserleichterungen (§ 42) zu bewilligen sind.

2 II. Zunächst ist die **Zahl der Tagessätze** zu bestimmen. Dieser Vorgang stellt die eigentliche Strafzumessungstätigkeit dar, die sich wie bei der Verhängung einer Freiheitsstrafe am Unrechts- und Schuldgehalt der Tat und an präventiven Gesichtspunkten auszurichten hat. Dementsprechend ist die Tagessatzzahl auch maßgebend dafür, ob eine im BZR allein eingetragene Geldstrafe in das Führungszeugnis aufgenommen wird (§ 32 II Nr. 5 a BZRG: Nichtaufnahme einer Geldstrafe von nicht mehr als 90 Tagessätzen).

3 1. Das **Mindestmaß** beträgt 5 Tagessätze. Es darf auch bei Vorliegen eines besonderen Strafmilderungsgrundes (Versuch usw) nicht unterschritten werden. Ist eine geringere Zahl von Tagessätzen verhängt worden, so ist der Strafausspruch nicht unwirksam; an ihm ist festzuhalten, wenn der Angekl. allein ein Rechtsmittel eingelegt hat (BGH **27** 176; and. Köln MDR **76**, 597). Das **Höchstmaß** beläuft sich, soweit eine Vorschrift nichts anderes bestimmt, auf 360 Tagessätze (Abs. 1 S. 2). Eine geringere Höchstzahl enthalten zB die §§ 107b, 160, 184a, 285. Ferner ermäßigt sich das Höchstmaß in den Fällen, in denen eine Strafmilderung nach § 49 I vorgeschrieben ist, etwa bei der Beihilfe oder der versuchten Beteiligung gem. § 30, auf drei Viertel des angedrohten Höchstmaßes (§ 49 I Nr. 2), also idR auf 270 Tagessätze. Andererseits erweitert sich das Höchstmaß im Fall einer Gesamtstrafe auf 720 Tagessätze (§ 54 II). Zu verhängen sind stets volle Tagessätze; Bruchteile von Tagessätzen sind nicht zulässig.

4 2. Maßgebend für die Tagessatzzahl sind die **allgemeinen Strafzumessungsgrundsätze** des § 46 (vgl. dazu Anm. zu § 46). Der Richter hat sich hierbei der korrespondierenden Ersatzfreiheitsstrafe bewußt zu sein. Da einem Tagessatz ein Tag Ersatzfreiheitsstrafe entspricht (§ 43), darf die Tagessatzzahl nicht höher sein als eine das Schuldmaß nicht übersteigende Freiheitsstrafe. Daß für die Ersatzfreiheitsstrafe keine anderen Strafzumessungsgrundsätze als für eine sonstige Freiheitsstrafe gelten und nicht etwa ein Zuschlag für mangelnde Zahlungsmoral in Ansatz zu bringen ist, dürfte sich von selbst verstehen. Der Richter hat danach zu erwägen, welche Freiheitsstrafe zur Ahndung der Straftat unter Berücksichtigung präventiver Gesichtspunkte angemessen wäre (vgl. BGH **27** 72, Albrecht NK 16, Horn SK 4; and. Tröndle/Fischer 3 vor § 40, Tröndle LK 11). Ihr hat die Tagessatzzahl zu entsprechen. Unmaßgeblich ist, daß die Geldstrafe idR den Täter nicht so hart trifft wie eine zu verbüßende Freiheitsstrafe. Würde deswegen die Tagessatzzahl erhöht, so würde der Täter im Fall einer zu verbüßenden Ersatzfreiheitsstrafe eine Freiheitseinbuße erleiden, die er nicht verdient hat. Bei Bemessung der Tagessatzzahl sind ferner die wirtschaftlichen Verhältnisse des Täters grundsätzlich außer Betracht zu lassen. Sie sind erst bei Festsetzung der Tagessatzhöhe heranzuziehen. Nur wenn die wirtschaftlichen Verhältnisse des Täters den Unrechts- und Schuldgehalt seiner Tat beeinflussen, können sie bereits für die Tagessatzzahl von Bedeutung sein, etwa beim Handeln aus Not. Werden diese Gesichtspunkte beachtet, so entfallen Bedenken (vgl. etwa Tröndle JR 76, 163) gegen den Umrechnungsschlüssel nach § 43 S. 2 (Hamm JMBlNW **83**, 29). Zur Anforderung an die Begründung der Strafzumessung bei einer Tagessatzzahl, die den Tagen der U-Haft entspricht, vgl. Hamburg JR **82**, 160 m. Anm. v. Spiegel.

III. Der zweite Akt des Strafzumessungsvorgangs betrifft die **Höhe eines Tagessatzes.** Er ist vom 5 ersten Akt klar zu trennen und erst vorzunehmen, wenn die Tagessatzzahl feststeht. Wird nicht so verfahren, sondern statt dessen die Endsumme als Ausgangspunkt gewählt und in Tagessätze zerlegt, so wird das Tagessatzsystem unterlaufen und verfälscht. Zum Erfordernis der strikten Einhaltung des in 2 Phasen aufgegliederten Verfahrens vgl. auch Tröndle LK 61 vor § 40. Die Zweiaktigkeit des Strafzumessungsvorgangs bedeutet indes nicht, daß Zahl und Höhe der Tagessätze in aufeinanderfolgenden Verfahrensgängen durch getrennte Entscheidungen festzusetzen sind; beides ist vielmehr in einem einheitlichen Verfahrensgang in ein und derselben Entscheidung zu bestimmen (vgl. E 62 Begr. 170).

Die Bemessung der Tagessatzhöhe ist das Kernproblem des Tagessatzsystems (vgl. E 62 Begr. 170). 6 Von ihrer sachgemäßen Handhabung hängt es wesentlich ab, ob die Geldstrafe zum echten Ersatz für die kurze Freiheitsstrafe wird und darüber hinaus bis hinein in die mittlere Kriminalität die Freiheitsstrafe zurückdrängt. Soll nicht durch vermehrte Verhängung von Geldstrafen ein Verlust an Präventionswirkung eintreten, so müssen sie annähernd wie fühlbar sein wie Freiheitsstrafen. Andererseits darf die Tagessatzhöhe nicht so extrem hoch sein, daß die Geldstrafe den Täter (und mit ihm evtl. dessen Familie) in seiner sozialen Existenz über Gebühr beeinträchtigt. Die Geldstrafe würde sonst ihr Ziel verfehlen und eine mit den Strafzwecken unvereinbare Wirkung entfalten, nämlich den Täter entsozialisieren. Die Schwierigkeiten bestehen somit darin, das richtige Maß für die Tagessatzhöhe zu finden. Zu beachten ist, daß den allgemeinen Strafzumessungsgrundsätzen in der zweiten Phase des Strafzumessungsvorgangs grundsätzlich kein Platz mehr eingeräumt werden darf. Unrechts- und Schuldgesichtspunkte sind allein bei der Tagessatzzahl von Bedeutung. Die Tagessatzhöhe bestimmt sich nach der wirtschaftlichen Leistungsfähigkeit des Täters im Rahmen seiner persönlichen und wirtschaftlichen Verhältnisse. Fraglich kann sein, ob daneben **präventive Gesichtspunkte** herangezogen werden dürfen. Die Frage ist damit verneint worden, daß die Tagessatzhöhe mit Präventionsbedürfnissen bei der Strafzumessung nichts zu tun habe (so Zipf ZStW 86, 523; vgl. auch Albrecht NK 18, Frank NJW 76, 2330, Grebing ZStW 88, 1094). Indes lassen sich präventive Aspekte hier nicht gänzlich ausscheiden. Nach § 46 I 2 sind bei der Strafzumessung die Wirkungen zu berücksichtigen, die von der Strafe für das künftige Leben des Täters in der Gesellschaft zu erwarten sind. Für diese Wirkungen ist aber nicht allein die Tagessatzzahl ausschlaggebend, sondern ebenso der zu zahlende Betrag, damit also auch die Tagessatzhöhe. Dementsprechend ist bei deren Bemessung das Augenmerk nicht ausschließlich auf den einzelnen Tagessatz zu richten, dessen Höhe dann für die gesamte Zahl der Tagessätze maßgebend ist, sondern auch auf die Endsumme, da gerade diese dafür entscheidend ist, ob und wie sich die Geldstrafe auf den Betroffenen auswirkt. Vgl. dazu Hamburg StV 97, 472, das bei hoher Tagessatzzahl es für angebracht hält, die Tagessatzhöhe niedriger als das durchschnittliche Tagesnettoeinkommen anzusetzen, um aus von einer summenmäßig hohen Geldstrafe ausgehende besondere Strafleiden abzuschwächen. Würden spezialpräventive Aspekte nur dem ersten Akt des Strafzumessungsvorgangs zugeordnet, so würden sie, soll die Relation zur Ersatzfreiheitsstrafe stimmen, uU unvollkommen zu Buche schlagen, oder es müßten Unstimmigkeiten bei der Ersatzfreiheitsstrafe in Kauf genommen werden. Denn spezialpräventive Gesichtspunkte können beim Freiheitsentzug und bei der Geldabschöpfung durchaus unterschiedliches Gewicht haben. Bei Tätern, denen gegenüber spezialpräventiv die gleiche Ersatzfreiheitsstrafe angezeigt ist, gilt keineswegs immer Entsprechendes für die Höhe der Geldstrafe. Außerdem ist zu bedenken, daß eine Strafe sich im notwendigen Rahmen halten muß. Eine das notwendige Maß übersteigende Strafe ist nicht mehr sachgerecht. Dieser Gesichtspunkt berührt aber nicht nur die Tagessatzzahl, sondern ebenso die Höhe der Geldstrafe. Vgl. auch Horn JR 77, 98, Jescheck/Weigend 773, Lackner 13, Tröndle LK 19.

1. Die **Mindesthöhe** eines Tagessatzes beträgt 2 DM, sein **Höchstbetrag** 10 000 DM (Abs. 2 7 S. 3). Der Mindestsatz soll der Geldstrafe eine gewisse Mindestwirkung sichern. Zu geringe Sätze würden der Geldstrafe jegliche Eignung nehmen. Der Höchstsatz soll aus rechtsstaatlichen Gründen die staatliche Strafgewalt begrenzen. Er ist indes so hoch angesetzt, daß eine im Einzelfall zu niedrige Geldstrafe kaum zu befürchten ist. Der Streit darüber, ob überhaupt ein Höchstsatz angebracht ist, dürfte deshalb nach den derzeitigen Verhältnissen rein theoretische Bedeutung haben. Krit. zur Weite des Höchstmaßes Naucke, Tendenzen in der Strafrechtsentwicklung (1975) 7 ff., Tröndle LK 23 vor § 40 mwN. Der Betrag des Tagessatzes muß stets auf volle DM lauten (Köln MDR **76**, 597); unzulässig ist etwa, ihn auf 2,50 DM festzusetzen.

2. Bei **Berechnung der Tagessatzhöhe** ist idR vom Nettoeinkommen auszugehen (Abs. 2 S. 2). 8 Das Gesetz hat damit das nach dem 2. StrRG ursprünglich vorgesehene Einbußeprinzip (vgl. dazu BT-Drs. V/4095 S. 20) durch das rigorosere **Nettoeinkommensprinzip** ersetzt (zu den Gründen vgl. Prot. VII 632 ff., Horn JZ 74, 287). Nicht zu verkennen ist jedoch, daß die Geldstrafe mit ansteigender Tagessatzzahl zunehmend bedrückender für den Täter wird. Bei größerer Tagessatzzahl kann der Rückgriff auf das Nettoeinkommen zu einer derartigen Belastung werden, daß die Gefahr einer entsozialisierenden Wirkung und damit einer zweckwidrigen Geldstrafe entsteht. Die Möglichkeit, Härten durch Zahlungserleichterungen (§ 42, § 459 a StPO) und Nichtvollstreckung der Ersatzfreiheitsstrafe (§ 459 f StPO) zu unterbinden, ist nur ein unvollkommener Ausgleich. So kann die Einräumung langfristiger Ratenzahlungen zu einer bedenklich langen Belastungsdauer führen, die nicht dem Gewicht der Tat und dementsprechend auch nicht dem Verhältnismäßigkeitsgrundsatz entspricht. Es ist daher eine möglichst flexible, den Besonderheiten des Einzelfalles entsprechende Handhabung der Bemessungsgrundsätze geboten. Diese Flexibilität wird dadurch ermöglicht, daß nur

§ 40 9, 9a   Allg. Teil. Rechtsfolgen der Tat – Strafen

idR vom Nettoeinkommen auszugehen ist. Ein Abweichen von der Regel ist nicht auf besonders gelegene Ausnahmefälle zu beschränken. Es ist aber nachvollziehbar zu begründen (BGH NStZ **89**, 178). Die Voraussetzungen für Ausnahmen dürfen, sollen unbillige oder gar untragbare Härten vermieden werden, nicht zu eng gefaßt werden. So ist ein Unterschreiten der Nettobezüge idR bei Sozialhilfeempfängern angebracht (Stuttgart StV **93**, 364, Köln StV **93**, 365). Die Tagessatzhöhe muß so ausfallen, daß sich die Geldstrafe von Rigorismus freihält (vgl. Prot. VII 636). Für möglichst flexibles Vorgehen und gegen zu kleinliche Begrenzung der Ausnahmefälle spricht zudem, daß gem. Abs. 2 S. 1 die Tagessatzhöhe unter Berücksichtigung der persönlichen und wirtschaftlichen Verhältnisse des Täters zu bestimmen ist. Bei gleichem Nettoeinkommen können diese Verhältnisse erhebliche Unterschiede aufweisen. Solchen Umständen ist durch eine unterschiedliche Tagessatzhöhe Rechnung zu tragen. Im übrigen ist vom Nettoeinkommen nur auszugehen. Es hat also bloßer Ausgangspunkt, bloßer Einstieg zu sein (Köln NJW **77**, 307; and. Tröndle LK 21, Tröndle/Fischer 6) und nicht den schlechthin ausschlaggebenden Faktor zu bilden. Vgl. dazu Horn JZ **74**, 288 f., der allerdings insoweit zu einseitig auf das Fehlen verwertbaren Vermögens abstellt. Vgl. auch Schleswig MDR **76**, 243, NStZ **83**, 317, Hamm NJW **80**, 1534 m. Anm. D. Meyer NJW **80**, 2481. Bedenklich ist jedoch, eine nach dem Nettoeinkommen sich ergebende niedrige Tagessatzhöhe nur deswegen anzuheben, weil sonst kein angemessenes Verhältnis zur Bedeutung der Straftat besteht (so aber Hamburg NJW **78**, 551 m. Anm. Naucke NJW **78**, 1171; vgl. dagegen Schleswig SchlHA/E-L **83**, 82, Grebing SchwZStr **98**, 63 f.). Zur Festsetzung der Tagessatzhöhe auf mehr als 2 DM auf Grund des Lebenszuschnitts bei Angekl. ohne feststellbares Einkommen vgl. Hamburg JR **82**, 160 m. Anm. v. Spiegel.

9 a) Ausgangspunkt für die Bemessung der Tagessatzhöhe ist das **Nettoeinkommen,** das der Täter durchschnittlich an einem Tag hat oder haben könnte. Abzuziehen vom Einkommen sind also Steuern, Sozialabgaben, vergleichbare Ausgaben für private Kranken- oder Altersversicherung (Bay DAR/R **79**, 235, **82**, 248), Werbungskosten (Celle NStE **12**: auch bei Unselbständigen), Betriebsausgaben u. -verluste, Beiträge zur Weiterversicherung, nicht jedoch Unterhaltsverpflichtungen und Schulden (zu deren Berücksichtigung vgl. u. 14), wohl aber Steuerersparnisse auf Grund der Anerkennung außergewöhnlicher Belastungen als Sonderausgaben (vgl. u. 15). Zum Einkommen zählen außer den Einkünften aus selbständiger und nichtselbständiger Arbeit die Einkünfte aus einem Gewerbebetrieb (einschließlich unbarer Vorteile; vgl. Hamm MDR **83**, 1043), aus Land- und Forstwirtschaft, aus dem Vermögen (Miet- u. Pachtzinsen, Kapitalzinsen, Dividenden usw), Renten, Versorgungsleistungen und Unterhaltsbezüge, auch Sozialhilfeleistungen (Bay DAR/R **78**, 206, Köln NJW **77**, 307). Bei diesen Einkünften ist aber nur der Überschuß der Einnahmen über die damit verbundenen Aufwendungen zu berücksichtigen. So sind bei Pachtzinsen Aufwendungen des Verpächters für Grundsteuer, Grundstücksgebühren, Versicherungen, etwaige Instandhaltungskosten hinsichtlich des Pachtobjekts sowie Zinsen für Belastungen des Pachtobjekts usw abzuziehen (Bay DAR/R **76**, 173). Soweit Vermögenswerte auf andere Personen übertragen sind, können Einkünfte daraus für die Tagessatzhöhe (nur) herangezogen werden, wenn sie dem Täter unmittelbar oder mittelbar zufließen (BGH NJW **93**, 409). Mittelbar kommt dem Täter auch ein Vermögensertrag zugute, der die Unterhaltspflicht mindert (BGH aaO). Bei Einnahmen aus einer Geschäftsbeteiligung kommt es nicht darauf an, ob sie voll dem Geschäft entzogen werden. Als Nettoeinkommen eines Kommanditisten ist daher dessen Gewinnauszahlungsanspruch (§ 169 HGB) abzüglich der hierauf fallenden Einkommensteuer und ohne Rücksicht auf die Höhe der tatsächlichen Entnahmen anzusehen (Bay DAR/R **76**, 173, vgl. aber auch u. 9 a). Bei unterbezahlter Mitarbeit des Hoferben auf dem Hof kann im Hinblick auf die künftige Hofübernahme der volle wirtschaftliche Wert der Arbeit in Ansatz gebracht werden (Köln MDR **79**, 691). Zu den Unterhaltsbezügen zählen auch Sachbezüge, die sonst notwendige Aufwendungen für den Lebensunterhalt ersetzen, wie freie Kost und Wohnung im Elternhaus (Hamm MDR **76**, 418) oder Verpflegung, Unterkunft und Dienstbekleidung bei Soldaten (Tröndle LK 33). Bei berufstätiger Ehefrau kann auch das wesentlich höhere Einkommen des Ehemannes bedeutsam sein (Bay DAR/R **83**, 247). Es ist aber nicht auf die Hälfte der Summe beider Einkommen abzustellen, sondern darauf, wie sich das höhere Einkommen des Ehegatten auf die wirtschaftlichen Verhältnisse des angeklagten Ehegatten auswirkt (vgl. Zweibrücken StV **2000**, 203). Unerheblich ist, ob der Täter über die Einnahmen verfügen kann. Auch gepfändete Einnahmen sind zu berücksichtigen. Nicht einzubeziehen sind dagegen Kindergeld und andere familienbezogene Zuwendungen (vgl. u. 14). Vgl. zum Ganzen Frank MDR **76**, 626, NJW **76**, 2332 (keine Berücksichtigung einmaliger Vermögenszuflüsse wie Schenkungen, Erbschaften, Lottogewinne). Zur Berücksichtigung steuerlicher Grundsätze bei der Ermittlung der Einkommenshöhe vgl. Hamm MDR **83**, 1043.

9 a Aus der **Rspr.:** Nachträglich beglichene Steuerrückstände auf Grund bewußter Verletzung von Steuerpflichten sind nicht zu berücksichtigen (Stuttgart NJW **95**, 67). Fahrten zum Arbeitsplatz sind als Werbungskosten vom Einkommen abzuziehen (Celle NStE **12**). Beim Zusammentreffen von Gewinn aus einer und Verlust aus einer anderen Einkommensart sind Gewinn und Verlust zu saldieren (Bay NJW **77**, 2088). Den Einkünften aus Vermietung sind dabei der Mietwert der eigengenutzten Wohnung zuzurechnen (Bay aaO). Einkommensmindernd sind nach Bay aaO normale Abschreibungen (dagegen zutreffend Frank JR **78**, 31, Tröndle LK 22; vgl. auch Hamm MDR **83**, 1043, Zweibrücken MDR **93**, 887), nicht Sonderabschreibungen. Ratenzahlungen auf Verkaufspreis für Vermögenswerte sind nur in Höhe des Zinsanteils Einkommen (Hamm JR **78**, 165). Von Pachtein-

nahmen ist der hierin enthaltene Anteil für die Übereignung des Inventars abzuziehen (Hamm JR **78**, 166). Kein Einkommen sind Beträge, die der alleinige Komplementär einer mit Verlust arbeitenden KG zwar vertragsgemäß entnehmen kann, tatsächlich aber nicht in Anspruch genommen hat (Bay DAR/R **78**, 207). Zum Einkommen gehören jedoch Vorteile aus der privaten Nutzung von Geschäftseinrichtungen (Hamm MDR **83**, 1043). Ausgaben für Kauf von Betriebsfahrzeugen mindern das Einkommen nicht, ebensowenig Kreditrückzahlungen, wohl aber Kreditzinsen (Bay DAR/R **84**, 238, StV **99**, 651). Bei Strafgefangenen ist der Lohn für die Arbeit in der JVA heranzuziehen, nicht Unterkunft und Verpflegung als Sachbezüge (Bay NJW **86**, 2842, Zweibrücken OLGSt S. **35**). Zum Tagessatz eines Strafgefangenen, der nur Taschengeld erhält, vgl. LG Freiburg StV **91**, 521. Bei Sozialhilfe für Familie ist zu berücksichtigen, daß Hilfe jedem Hilfesuchenden selbständig zusteht (Düsseldorf NStZ **87**, 556), so daß sich die Tagessatzhöhe beim unterhaltspflichtigen Sozialhilfeempfänger allein nach der Sozialhilfe für ihn bestimmt (Düsseldorf NJW **94**, 744). Zur Tagessatzhöhe bei Sozialhilfeempfängern vgl. auch Stuttgart NJW **94**, 745, bei Arbeitslosen Celle NStZ-RR **98**, 272, Bay StV **99**, 651. Bei Ordensgeistlichen sind die Zuwendungen seitens des Ordens maßgebend (Frankfurt NJW **88**, 2624). Zur Tagessatzberechnung bei Asylbewerbern AG Lübeck NStZ **89**, 75. Gegen Tendenzen in der Rspr., bei geringem Einkommen die Tagessatzhöhe niedriger als das Nettoeinkommen festzusetzen, Heglmanns NStZ 94, 522.

b) Auszugehen ist vom **durchschnittlichen** Nettoeinkommen (vgl. dazu Frank MDR 76, 628 f.). **10** Es ist somit nicht irgendein Tag herauszugreifen. Ein bestimmtes Nettotageseinkommen könnte uU ein völlig falsches Bild über die wirtschaftliche Leistungsfähigkeit des Täters ergeben. Abzuheben ist vielmehr auf einen längeren Zeitraum (nicht nur Arbeitstage; BGH DAR/S **80**, 200), der das Durchschnittseinkommen erkennbar macht (Düsseldorf NStZ **98**, 464), und aus den in dieser Zeit erzielten Nettoeinkünften ist der Tagesdurchschnitt zu ermitteln. Maßgeblich ist dabei der Zeitpunkt der Urteilsverkündung, nicht der Zeitpunkt, in dem die Geldstrafe zu zahlen ist (and. Horstkotte Prot. VII 635; vgl. auch BGH **26** 328, Frank MDR 76, 629). Eine auf den Fälligkeitszeitpunkt abstellende Berechnung würde zu viele Unsicherheiten enthalten. Nur soweit sich bereits im Urteilszeitpunkt eine sichere Veränderung der Einkommenslage abzeichnet (zB Täter steht unmittelbar vor Pensionierung oder Beförderung), kann dies berücksichtigt werden (zur Nichtberücksichtigung unsicherer Einkommensveränderungen vgl. BGH NStE **10**). Dabei läßt sich jedoch nur der Zeitraum heranziehen, der der Tagessatzzahl entspricht (vgl. D. Meyer MDR 77, 17 ff.), nicht ein Zeitpunkt in absehbarer Zukunft (so aber Celle NdsRpfl **77**, 108), auch nicht der Zeitpunkt, in dem die Geldstrafe zu zahlen ist (so aber BGH **26** 328, Hamm JR **78**, 165), da sonst Stundung oder Bewilligung von Ratenzahlungen unzulässigerweise (vgl. u. 16) die Tagessatzhöhe beeinflussen könnte. Es ist dann nicht ohne weiteres allein von der als sicher bevorstehenden Einkommensveränderung auszugehen. Das durchschnittliche Nettoeinkommen wird vielmehr idR auch durch die bisherigen Einkünfte mitbestimmt. So ist bei seit längerer Zeit Erwerbslosen nicht nur auf den demnächst zu erwartenden Arbeitslohn abzustellen (vgl. aber Hamburg NJW **75**, 2030, MDR **76**, 156), da die Erwerbslosigkeit für seine wirtschaftliche Lage nicht sogleich völlig bedeutungslos wird. Hat der Erwerbslose allerdings die Wiederaufnahme der Arbeit bewußt bis nach Verfahrensabschluß hinausgeschoben, so kommen die u. 11 erörterten Grundsätze des potentiellen Nettoeinkommens zum Tragen.

c) Zu berücksichtigen ist auch das Nettoeinkommen, das der Täter durchschnittlich haben könnte, **11** dh das **potentielle Nettoeinkommen** (vgl. BGH MDR/D **75**, 541). Der Rückgriff hierauf ist indes auf Fälle beschränkt, in denen der Zweck der Geldstrafe ihn gebietet, weil ohne ihn deren Wirksamkeit herabgesetzt wäre (vgl. Tröndle LK 37). Das sind namentlich die Fälle, in denen der Betroffene zumutbare Einkommensmöglichkeiten aus unbeachtlichen Gründen nicht ausnutzt (vgl. Hamm NJW **78**, 230, Bay DAR/R **84**, 238, wistra **98**, 233 m. Anm. Krehl NStZ 99, 189 u. Dölling JR 99, 215, KG StV **2000**, 203). Hierzu gehört nicht nicht, wer aus persönlichen Gründen, etwa als Ordensgeistlicher (Frankfurt NJW **88**, 2624) oder aus Bequemlichkeit, sich mit einem geringeren Einkommen begnügt, als er nach seinen Fähigkeiten haben könnte (vgl. Bay wistra **98**, 234, M-Zipf II 514, Tröndle LK 37). Ebensowenig darf ein potentielles Einkommen deswegen herangezogen werden, weil jemand selbstverschuldet an der Erzielung eines höheren Einkommens verhindert ist, zB eine langfristige Freiheitsstrafe verbüßt (Zweibrücken GA 79, 72) oder nach Verlust der Fahrerlaubnis arbeitslos geworden ist (vgl. Koblenz StV **98**, 424). Dagegen kann dem Arbeitsscheuen nicht zugute kommen, daß er ohne nennenswertes Einkommen ist. Er ist vielmehr bei der Tagessatzhöhe so zu stellen, wie er bei Ausnutzung der ihm zumutbaren Erwerbsmöglichkeiten stände. Ferner gewinnt das potentielle Nettoeinkommen Bedeutung bei Tätern, die im Hinblick auf die zu erwartende Geldstrafe Einkommensmöglichkeiten ungenutzt lassen. Wer zur Vermeidung einer höheren Geldstrafe seine wirtschaftliche Leistungsfähigkeit nach der Tat bewußt herabsetzt, indem er seine Arbeitsstelle aufgibt oder zu einer schlechter bezahlten Arbeitsstelle überwechselt, ist nach der tatsächlich vorhandenen Möglichkeit zur Ausschöpfung seiner Erwerbskraft zu beurteilen. Entsprechendes gilt für den Täter, der nach der Tat eine Verbesserung seiner wirtschaftlichen Lage ausschlägt oder verschiebt, um einer höheren Geldstrafe zu entgehen. Bei einem Arbeitslosen kann die ihm zustehende, aber nicht in Anspruch genommene Arbeitslosenunterstützung Berechnungsmaßstab sein (vgl. Hamburg NJW **75**, 2031). Zu potentiellen Vermögenserträgnissen vgl. Celle NStZ **83**, 315 m. Anm. Schöch.

11 a Als weitere Beispiele sind bei den gesetzgeberischen Beratungen noch **Hausfrauen** und **Studenten** genannt worden. Insoweit ist auf das Nettoeinkommen hingewiesen worden, das diese Personen haben könnten, wenn sie einer ihren Fähigkeiten entsprechenden Arbeit nachgegangen wären, ohne ihre Verpflichtungen gegenüber anderen zu vernachlässigen (vgl. Prot. VII 635). Eine derartige Berücksichtigung potentieller Einkünfte ist jedoch unangemessen. Wer in der Berufsausbildung steht, kann schwerlich darauf verwiesen werden, daß er die Möglichkeit gehabt hätte, Geld zu verdienen (vgl. Celle NdsRpfl **77**, 108), etwa als Aufgabe der Ausbildung (Köln VRS **61** 344) oder mit Nebentätigkeiten, die das Studium beeinträchtigen und dessen Abschluß hinausschieben. Bei ihm sind daher, soweit er keine Nebeneinkünfte bezieht, grundsätzlich nur die Beträge zugrunde zu legen, die ihm als Unterhaltsleistung einschließlich der Naturalbezüge und staatlicher Förderungsleistungen zufließen (vgl. Frankfurt NJW **76**, 635, VRS **51** 120, Köln NJW **76**, 636, Hamm MDR **77**, 596, Grebing ZStW **88**, 1078, Jescheck/Weigend 772, Lackner 9; zT and. D. Meyer MDR **81**, 279, Seib NJW **76**, 2203, Tröndle LK 31; zu Leistungen nach BAföG vgl. Nierwetberg JR **85**, 316). Hat er allerdings auf Nebeneinkünfte wegen der drohenden Geldstrafe verzichtet, so sind sie als potentielles Nebeneinkommen heranzuziehen. Verfehlt ist dagegen, auch sonst mögliche Nebeneinkünfte zu berücksichtigen (and. Köln VRS **61** 344). Wer sich auf seine Ausbildung konzentriert, läßt nicht Einkommensmöglichkeiten aus unbeachtlichen Gründen (vgl. o. 11) ungenutzt. Er kann nicht gehalten sein, nach vorhandenen Möglichkeiten und Kräften für begangenes Unrecht derart einzustehen, daß er mit Nebeneinkünften eine höhere Geldstrafe bezahlen kann (vgl. dagegen aber BGH **27** 214). Entsprechendes gilt für eine nichtberufstätige Ehefrau (oder Ehemann, den Haushalt versieht). Ihr kann grundsätzlich – unabhängig von der Belastung durch den Haushalt (einschr. Tröndle LK 26 aE mwN.) – ebensowenig angerechnet werden, daß sie erwerbstätig hätte sein können, auch nicht, wenn keine Kinder zu versorgen sind (Köln NJW **79**, 277, D. Meyer MDR **79**, 899, MDR **86**, 103; and. Baumann NStZ **85**, 393). Maßgebend ist auch hier der ihr gewährte Unterhalt einschließlich des Taschengeldes (Köln JMBlNW **83**, 126, Düsseldorf JZ **84**, 683, Tröndle LK 26), nicht etwa der Unterhaltsanspruch, den sie bei Scheidung oder Getrenntleben hätte (so aber Grebing ZStW **88**, 1081), oder der Betrag, der sonst für eine Haushälterin oder Wirtschafterin aufzubringen wäre, auch nicht ein prozentualer Anteil am Einkommen des erwerbstätigen Ehepartners (so aber Schall JuS **77**, 313, der hiermit Schwierigkeiten bei Ermittlung des tatsächlichen Unterhalts überwinden will), es sei denn, der Richter ist auf eine Schätzung angewiesen. Demgegenüber will Hamm MDR **76**, 595 bei nicht berufstätigen Ehefrauen von der Hälfte des Gesamtbetrags ausgehen, der beiden Eheleuten für den Lebensunterhalt zur Verfügung steht (zust. Seib NJW **76**, 2202; abl. BGH **27** 228, Düsseldorf NJW **77**, 260, Hamm NJW **77**, 724, Horn JZ **76**, 585, Grebing JZ **76**, 748, D. Meyer NJW **76**, 1110, Schall JuS **77**, 312, Tröndle LK 29); noch weitergehend Frommel NJW **78**, 862 (vgl. auch Blei JA **76**, 527), wonach auf die Hälfte der Summe von Manneseinkommen und Wert der Hausfrauenarbeit abzuheben ist (hiergegen mit Recht Tröndle LK 29 FN 70). Besonderheiten können sich bei unentgeltlicher Mitarbeit im Betrieb des Ehegatten ergeben. Hier kann uU das von diesem ersparte Entgelt potentielles Einkommen des Mitarbeitenden sein. Es kommt jedoch stets auf die konkreten Verhältnisse an. Bleibt die Hauptlast der Haushalt, so berechtigt die unentgeltliche Mithilfe nicht zur Annahme eines potentiellen Einkommens (so Bay DAR/R **78**, 206, wenn Ehefrau für 5 Kinder zu sorgen hat). Ebenso ist bei nur gelegentlicher Aushilfe ohne Entgelt zu urteilen.

11 b Soweit das potentielle Nettoeinkommen nicht genau feststellbar und auf eine Schätzung (vgl. u. 20) zurückzugreifen ist, muß das Gericht klären, welche Erwerbsmöglichkeiten dem Täter zur Verfügung standen und welchen Verdienst sie ihm eröffnet hätten. Es kann sich dabei unter Berücksichtigung der wirklichen Lage auf dem Arbeitsmarkt (Düsseldorf NStZ **98**, 464) mit der Feststellung des allgemein üblichen Durchschnittslohns begnügen, der im Rahmen dieser Erwerbsmöglichkeiten gezahlt wird (Koblenz NJW **76**, 1276), und hiernach das potentielle Nettoeinkommen berechnen.

12 3. Da das Nettoeinkommen bloßer Ausgangspunkt für die Bemessung der Tagessatzhöhe ist, fragt sich, welche weiteren Faktoren von Bedeutung sind. Von den wirtschaftlichen Verhältnissen her gesehen bietet sich als zusätzlicher Faktor das **Vermögen** an. Daß es in die Betrachtung einzubeziehen ist, läßt Abs. 3 erkennen, in dem das Vermögen nach den Einkünften ausdrücklich als Grundlage für die Bemessung eines Tagessatzes genannt wird. Inwieweit es zu berücksichtigen ist, läßt das Gesetz jedoch offen. Sicher ist zunächst, daß nur das bei Erlaß des Urteils (noch) vorhandene Vermögen berücksichtigt werden darf (BGH NStE **10**). Es dürfte ferner sicher sein, daß bei seiner Heranziehung weitgehende Zurückhaltung geboten ist. Mit Recht ist bei den gesetzgeberischen Beratungen die Unzulässigkeit konfiskatorischer Eingriffe hervorgehoben worden (vgl. Prot. VII 645). Es ist nicht Aufgabe der Geldstrafe, Vermögen zu konfiszieren (vgl. Hamm NJW **68**, 2255, Bay NJW **87**, 2029). Unzulässig wäre demnach, bestimmte Teile des Vermögens, etwa ein Stück Land oder ein wertvolles Gemälde, in der Weise herauszugreifen, daß bei Bemessung der Tagessatzhöhe ein Zuschlag erfolgt, der mit der Tagessatzzahl multipliziert dem Wert dieser Vermögensbestandteile entspricht. Zurückhaltung ist im übrigen auch deswegen geboten, weil die Schwierigkeiten, vorhandene Vermögenswerte richtig zu erfassen und bei Bemessung der Tagessatzhöhe sachgemäß zu berücksichtigen, kaum zu bewältigen sind, abgesehen davon, daß der hierfür erforderliche Arbeitsaufwand und das insoweit notwendige Eindringen in den Privatbereich des Betroffenen ohnehin schwerlich in einem angemessenen Verhältnis zur Straftat und zu deren Ahndung stehen. Zur Verfahrensvereinfachung darf in solchen Fällen nicht vorschnell auf Schätzungen gem. Abs. 3 ausgewichen werden; vgl. u. 20. Unsachgemäß wäre es auch, wenigstens auf das leichter feststellbare liquide Vermögen, etwa Bankguthaben, zurückzugreifen. Wer gespart hat, darf nicht schlechter wegkommen als jemand, der sein Geld, anstatt zu sparen, in Sachwerten angelegt oder es immer sogleich ausgegeben hat (vgl. Hamm NJW **68**, 2255, Tröndle JR 76, 163). Bei den gesetzgeberischen Beratungen ist daher zu Recht betont worden, daß die Heranziehung des Vermögens als Bemessungsgrundlage nur in beschränktem Umfang in Betracht komme. Das Vermögen soll danach (nur) insoweit zu berücksichtigen sein, als die Nichtberücksichtigung eine unangemessene Bevorzugung darstellen würde (Prot. VII 647).

Von dieser Warte aus erscheint es sinnvoll, kleinere und mittlere Vermögen idR unberücksichtigt zu **13** lassen (Bay NJW **87**, 2029), zB ein Eigenheim mittlerer Art (vgl. Bay DAR/R **78**, 207). Ein solches Verfahren würde der schwedischen Gerichtspraxis entsprechen (vgl. Thornstedt ZStW 86, 611: Vermögen unter 100 000 Kronen wird nicht berücksichtigt). Nur wenn sich im Einzelfall herausstellt, daß ohne Erfassen des Vermögens die mit der Geldstrafe bezweckte Strafwirkung nicht erreichbar ist, darf solches Vermögen bei der Bemessung der Tagessatzhöhe ins Gewicht fallen. So können dann mit Rücksicht auf vorhandenes Vermögen sonst zu beachtende Faktoren, die zur Verringerung der Tagessatzhöhe führen, außer Ansatz bleiben, zB bei hoher Tagessatzzahl (Tröndle LK 57). Bei größerem Vermögen kann erforderlich sein, es in einem weiteren Umfang heranzuziehen, um eine in etwa gleiche Strafwirkung zu gewährleisten (Bay DAR/R **78**, 207; vgl. aber auch D. Meyer MDR 80, 16, der sich gegen jegliche Heranziehung des Vermögens bei der Bemessung der Tagessatzhöhe wendet). Nicht zu befürworten ist allerdings die schwedische Praxis, ab einem bestimmten Vermögen schematisch dem einzelnen Tagessatz einen bestimmten Zuschlag je nach Höhe des Vermögens hinzuzufügen (vgl. zu dieser Praxis Thornstedt aaO; ihre Übernahme befürwortet Seib aaO 108; vgl. auch Krehl NStZ 88, 63). Vielmehr ist auf die besonderen Umstände des Einzelfalles abzuheben. Hierbei ist zu bedenken, daß bei Vermögenswerten, die als Einnahmequellen dienen (zB Betriebsvermögen), die hieraus erzielten Einkünfte bereits im Rahmen des Nettoeinkommens in Ansatz gebracht werden (vgl. Celle NStZ **83**, 315). Solche Vermögenswerte können deshalb nicht mehr die Bedeutung erlangen wie anderweitiges Vermögen, das ohne weiteres verwertbar ist und mit dem der Betroffene die durch die Geldstrafe erlittenen Einbußen sofort ausgleichen könnte (vgl. Bay NJW **87**, 2029 u. dazu Krehl NStZ 88, 63). Jedes Übermaß bei Einbeziehung des Vermögens als Bemessungsgrundlage hat aber auch hier zu unterbleiben. Die Geldstrafe soll den Täter fühlbar treffen; allein auf das hierfür notwendige Maß ist abzustellen. Vgl. dazu Frank NJW 76, 2333 f., MDR 79, 100 f. Soweit auf Vermögenswerte zurückgegriffen wird, sind die mit ihnen verbundenen Schulden abzuziehen (vgl. Bay DAR/R **78**, 207: belastetes Grundstück). Nach Celle NStZ **83**, 315 m. Anm. Schöch sind Wertsteigerungen als potentielle Vermögenserträgnisse zu berücksichtigen (mindestens 3% p. a.).

4. Andererseits können wirtschaftliche Belastungen des Täters eine Verringerung der Tagessatzhöhe **14** bedingen. Da die Tagessatzhöhe unter Berücksichtigung der persönlichen und wirtschaftlichen Verhältnisse des Täters zu bestimmen ist (Abs. 2 S. 1), diese sich aber nicht allein im Nettoeinkommen und im Vermögen widerspiegeln, ist auf wirtschaftliche Belastungen von vornherein Rücksicht zu nehmen, nicht erst zur Vermeidung von Härten (and. Horstkotte Prot. VII 636; wie hier Seib aaO 106 f., Tröndle ZStW 86, 584). Zu berücksichtigen sind insb. **Unterhaltsverpflichtungen**, und zwar sämtliche, nicht nur außergewöhnliche (Oldenburg MDR **75**, 1038, Celle NJW **75**, 2029, JR **77**, 382 m. Anm. Tröndle, Hamburg MDR **76**, 156, Hamm NJW **76**, 733, Bay NJW **77**, 2088). Einem Täter, der eine Familie ernährt, würden somit größere Opfer abverlangt als einem Alleinstehenden mit gleichem Nettoeinkommen. Bestritten ist, wie Unterhaltspflichten in Ansatz zu bringen sind. Bei Unterhaltspflichten gegenüber *Kindern* wird zT die RegelunterhaltsVO (vgl. Palandt BGB-Komm., 57. A. 1998, Anhang zu §§ 1615 f, 1615 g) herangezogen (so zB Hamm NJW **76**, 722, Frankfurt NJW **76**, 2220, Seib aaO 107, NJW 76, 2202; krit. dazu Celle NJW **77**, 1248, JR **77**, 384, Tröndle LK 44), ferner die Düsseldorfer Tabelle (vgl. Frank NJW 76, 2333; zu dieser Tabelle vgl. NJW 99, 1845) oder eine ähnliche Tabelle (vgl. Tabellenüberblick in NJW 99 Beilage zu H. 34); zT wird ein prozentualer Abschlag vom Nettoeinkommen befürwortet (vgl. Tröndle LK 44 mwN). Indes kann es sich bei diesen Bewertungsmaßstäben stets nur um Anhaltspunkte handeln. Auszugehen ist – entsprechend der Ermittlung des Nettoeinkommens bei Unterhaltsempfängern (vgl. o. 11 a) – an sich von den tatsächlich erbrachten geldwerten Unterhaltsleistungen (Bay NStZ **88**, 499 m. Anm. Terhorst, NJW **92**, 2582; vgl. dazu auch Krehl NStZ 89, 464), so daß eine Minderung der Tagessatzhöhe entfällt, wenn solche Leistungen nicht erbracht werden (vgl. Hamm NJW **76**, 2221). Vielfach werden genaue Ermittlungen jedoch unmöglich oder unangebracht sein (vgl. u. 20). Hier ist dann unter Berücksichtigung der konkreten Verhältnisse des Einzelfalles (vgl. etwa Celle NJW **77**, 1248) auf pauschalierte Werte der genannten Art als Orientierungshilfen zurückzugreifen (Frankfurt NStE **9**). Entsprechendes gilt für den Unterhalt, der *Ehegatten* gewährt wird. Abzustellen ist ebenfalls auf die tatsächlichen Leistungen oder, falls genaue Feststellungen unmöglich oder unangebracht sind, auf pauschalierte Werte – Düsseldorfer Tabelle (Hamm DAR **77**, 304); prozentualer Abzug (Tröndle LK 46) – unter Einbeziehung der konkreten Verhältnisse. Mit beachtenswerten Gründen befürwortet Frank MDR 79, 103, Unterhaltsleistungen nur zT zu berücksichtigen, wenn der Ehegatte mit häuslichen Diensten dem Unterhaltleistenden wirtschaftliche Vorteile erbracht hat. Diesem Vorschlag stehen allerdings manche Bedenken entgegen, namentlich die Unangemessenheit, insoweit nähere Ermittlungen vorzunehmen oder auf vage Schätzungen zurückzugreifen. Nicht sachgemäß ist die von Hamm NJW **76**, 723 u. Frankfurt NJW **76**, 2220 (dagegen Frankfurt NStE **9**) vertretene Ansicht, beim alleinverdienenden Ehegatten sei nur die Hälfte des Nettoeinkommens Berechnungsgrundlage für die Tagessatzhöhe (vgl. Düsseldorf NJW 77, 260, Celle JR 77, 382 m. Anm. Tröndle, Grebing JZ 76, 747, Schall JuS 77, 311, Seib NJW 76, 2203, Tröndle LK 48). Aus dem Erfordernis, familiäre Verhältnisse zu berücksichtigen, folgt ferner, daß Kindergeld und andere familienbezogene Zuwendungen wegen ihrer Zweckbestimmung nicht dem Nettoeinkommen zuzurechnen sind (Frank MDR 76, 627, Grebing in Jescheck/Grebing aaO 101, Jescheck/Weigend 771, M-Zipf II 512; and. Düsseldorf NJW 77, 260, Lackner 7, Tröndle LK 22). Die Berücksichtigung der Unterhaltslast ist hierauf jedoch nicht beschränkt (vgl. Düsseldorf aaO).

14 a Umstritten ist, ob und inwieweit sonst wirtschaftliche Belastungen, insb. **Schulden**, die Tagessatzhöhe beeinflussen können. In Betracht kommen nur überdurchschnittliche Belastungen. Solche, die idR jeder Täter hat, wie Aufwendungen für Wohnung, Verpflegung, Kleidung u. dgl., sind für die Tagessatzhöhe bedeutungslos (Celle NJW **75**, 2029 m. Anm. Tröndle JR 75, 472, Karlsruhe MDR **77**, 65), da sie keine Faktoren sind, die eine Abweichung des Nettoeinkommens zwecks Opfergleichheit (vgl. o. 1) bedingen. Ebensowenig sind Verpflichtungen zu berücksichtigen, die aus übermäßigem Aufwand, namentlich aus leichtsinniger Lebensführung, erwachsen sind (Karlsruhe MDR **77**, 65, Braunschweig VRS **53** 263, Düsseldorf JMBlNW **78**, 194), da ihre Heranziehung zu einer unsachgemäßen Bevorzugung führen würde. Hingegen kommt solchen Schulden Gewicht zu, die zum Zwecke einer angemessenen Lebensführung gemacht worden sind (vgl. Karlsruhe MDR **77**, 65, das indes eine deutliche Abweichung von Durchschnittsverhältnissen verlangt, ferner Braunschweig VRS **53** 262, Düsseldorf JMBlNW **78**, 194, Köln VRS **64** 115, Horstkotte Prot. VII 636, Jescheck/Weigend 771, Lackner 11, Schall JuS 77, 310; and. Horn SK 7, M-Zipf II 515), auch dann, wenn sie der Vermögensbildung dienen (vgl. Tröndle LK 49; and. Celle JR **77**, 384, Grebing ZStW 88, 1078). Beachtlich sind etwa krankheits- oder ausbildungsbedingte Schulden (vgl. Bay NJW **92**, 2582 m. Anm. Streng JR 93, 472, ferner Karlsruhe NStZ **88**, 500: Ausbildungskosten je nach den Umständen zu berücksichtigen, und dazu Krehl NStZ 89, 465), Hypotheken auf Einfamilienhaus, soweit sie eine sonst zu zahlende Miete übersteigen, Raten für angemessene Anschaffungen. Demgegenüber sind nach Hamm JR **78**, 165 Schuldzahlungen – ausgenommen Tilgungsleistungen bei Vermögensbildung – ohne irgendwelche Differenzierungen auf Vermögenseinkünfte und nur auf diese anzurechnen. Diese Ansicht stellt ohne überzeugenden Grund die Bezieher von Vermögenseinkünften besser als andere Einkommensbezieher und ist daher abzulehnen (vgl. Grebing JR 78, 145). Anrechenbar sind ferner rückständige Steuerschulden, die sich bei Berechnung des Nettoeinkommens nicht ausgewirkt haben und den Täter in dem für die Bemessung der Tagessatzhöhe maßgeblichen Zeitraum wirtschaftlich belasten (vgl. Hamm JR **78**, 165, das auf den Fälligkeitszeitpunkt abstellt, und dazu Grebing JR 78, 146). Entsprechendes gilt für Nachversicherungen (Bay DAR/R **84**, 238). Soweit es sich bei den Steuerschulden um Rückstände auf Grund einer Steuerhinterziehung handelt, sollen sie jedoch nach Stuttgart NJW **95**, 67 nicht zu berücksichtigen sein. Fraglich ist, ob finanzielle Verbindlichkeiten, die sich aus der Straftat ergeben (Schadenswiedergutmachung, Anwalts- und Verfahrenskosten), berücksichtigt werden können. Zumeist wird der Vorrang der Geldstrafe als Einwand hervorgehoben und auf die Möglichkeit der Bewilligung von Zahlungserleichterungen hingewiesen (vgl. Tröndle LK 50 mwN.). Bei starken Belastungen läßt sich jedoch mit guten Gründen vertreten, sie sowohl bei der Tagessatzzahl (so Tröndle aaO) als auch bei der Tagessatzhöhe strafmildernd in Ansatz zu bringen. Zu denken wäre etwa an eine Fahrlässigkeitstat mit erheblichen Folgekosten. Vgl. zur Berücksichtigung von Tatfolgen für den Täter § 46 RN 55 und allg. zu den Verfahrenskosten als Strafzumessungsfaktor Bruns StrZR 496 f. Überblick über die zu berücksichtigenden Gesichtspunkte bei von Selle aaO, der seinerseits das Konsumverhalten des Betroffenen in den Vordergrund stellt. Vgl. auch Bay VRS **99** 51.

14 b Soweit wirtschaftliche Belastungen sich auf die Tagessatzhöhe auswirken, ist wie beim Nettoeinkommen von einem durchschnittlichen Betrag auszugehen, der an einem Tag anfällt. Das o. 10 Gesagte gilt entsprechend. Das Maß der Berücksichtigung liegt weitgehend in der Hand des Tatrichters. Die Revisionsgerichte haben wiederholt dargetan, daß es nicht ihre Sache sei, insoweit bindende Regeln aufzustellen, die Berücksichtigung der wirtschaftlichen und persönlichen Verhältnisse vielmehr dem pflichtgemäßen Ermessen des Tatrichters überlassen bleibe (vgl. Celle NJW **75**, 2030, JR **77**, 382, Braunschweig VRS **53** 262, Hamm NJW **76**, 722, DAR **77**, 304; zust. Tröndle LK 43). Der Tatrichter hat aber zwecks Nachprüfungsmöglichkeit die für ihn maßgeblichen Umstände und Erwägungen in den Urteilsgründen darzulegen (Celle JR **77**, 383).

15 5. Zu den persönlichen und wirtschaftlichen Verhältnissen des Täters, die zur Flexibilität bei der Bemessung der Tagessatzhöhe zwingen und im Einzelfall deren Herabsetzung erfordern können, gehören auch **außergewöhnliche Belastungen.** Wer etwa als Körperbehinderter (vgl. Bay JR **76**, 161) zu besonderen finanziellen Aufwendungen genötigt ist, die ihm laufend infolge der Körperbehinderung erwachsen, würde von der Geldstrafe bei Nichtberücksichtigung dieser Belastungen härter getroffen als ein Gesunder. Zumindest wird man die Steuerersparnisse auf Grund der Anerkennung solcher außergewöhnlichen Belastungen als Sonderausgaben vom Nettoeinkommen abzuziehen haben. Den Belastungen kann aber auch in weiterem Umfang Rechnung zu tragen sein, wenn es erforderlich ist, eine andernfalls entstehende Opferungleichheit auszugleichen. Außergewöhnlichen Belastungen ist auch jemand ausgesetzt, der alters- oder krankheitsbedingt zusätzliche Hilfe für die Haushaltsführung benötigt, ferner der Witwer, der zur Betreuung seiner unmündigen Kinder auf eine

6. Eine **Verringerung der Tagessatzhöhe** kann ferner **auf Grund der Tagessatzzahl** angebracht sein (BGH **26** 331, Bay DAR/R **81**, 243, Düsseldorf StV **87**, 489, Hamburg StV **97**, 472, Horn SK 13, Jescheck/Weigend 773, Jescheck, Würtenberger-FS 268, Lackner 13, Tröndle JR 76, 162, LK 57; and. Frank NJW 76, 2331, Grebing JZ 76, 750, ZStW 88, 1089, D. Meyer NJW 76, 2219, MDR 78, 445, Vogler JR 78, 355); denn mit zunehmender Zahl steigert sich die Fühlbarkeit der Geldstrafe bei gleichbleibender Tagessatzhöhe nicht in entsprechender Weise, sondern wächst progressiv (nach Düsseldorf NStZ **98**, 464 schon bei Tagessatzzahl über 90). Vor allem können dann spezialpräventive Gesichtspunkte (vgl. o. 6) zugunsten des Täters eine Senkung der Tagessatzhöhe gebieten. Demgegenüber hält Heglmanns NStZ 94, 521 es wegen überproportionaler Strafempfindlichkeit für angebracht, die Tagessatzzahl zu senken. Ein solches Vorgehen steht jedoch mit einer korrespondierenden, dem Schuldmaß entsprechenden Ersatzfreiheitsstrafe (vgl. o. 4) nicht im Einklang. Bloße **Billigkeitserwägungen** wegen wahrheitsgemäßer Angaben über hohe Einkünfte oder der Umstand, daß eine Schätzung des Nettoeinkommens erheblich günstiger für den Angekl. als dessen Angaben ausgefallen wäre, rechtfertigen dagegen keine Senkung der Tagessatzhöhe (BGH DAR/S **81**, 191).

7. Für die Tagessatzhöhe ist die vorgesehene Bewilligung von **Ratenzahlungen** unerheblich. Insb. darf der einzelne Tagessatz nicht im Hinblick darauf angehoben werden, daß Ratenzahlungen den Täter weniger belasten als die Sofortzahlung (Tröndle LK 54). Zur Begründung vgl. 19. A.

8. Die Tagessatzhöhe ist unabhängig davon zu bemessen, ob vermutlich ein **anderer** dem Verurteilten das **Geld** für die Zahlung der Geldstrafe **zur Verfügung stellen** wird. Daher darf die Vermutung, der Arbeitgeber des Täters werde die Geldstrafe bezahlen, nicht zu einer Erhöhung des Tagessatzes führen (vgl. Hamm VRS **12** 188), ebensowenig die Vermutung, der vermögende Vater werde für sein in der Ausbildung befindliches Kind die Geldstrafe aufbringen. Dementsprechend bestimmt sich die Tagessatzhöhe gegenüber einem Vertreter, der beim Handeln für einen anderen straffällig geworden ist, allein nach seinen wirtschaftlichen Verhältnissen, nicht nach denen des Vertretenen (vgl. § 14 RN 46), mag auch damit zu rechnen sein, daß der Vertretene die Zahlung der Geldstrafe übernimmt.

9. Ferner ist für die Tagessatzhöhe **ohne Bedeutung**, ob der Täter für seine Tat oder aus ihr **Vermögensvorteile** erlangt hat. Die Entziehung solcher Vorteile ist dem Verfall (§ 73) vorbehalten. Die Abschöpfung des Tatgewinns oder des Tatentgelts im Rahmen der Geldstrafe ist mit dem Tagessatzsystem unvereinbar. Vgl. auch BGH NJW **76**, 634, wonach der Tatgewinn allenfalls berücksichtigt werden darf, wenn sich durch diesen die wirtschaftliche Belastbarkeit des Täters erhöht.

IV. Um die Tagessatzhöhe sachgemäß festsetzen zu können, müssen dem Gericht die **Bemessungsgrundlagen** bekannt sein. Deren genaue **Feststellung** stößt aber häufig auf große Schwierigkeiten. Verläßliche Angaben des Angekl. über seine wirtschaftlichen Verhältnisse sind oftmals nicht zu erreichen. Zwar mag die in § 172 Nr. 2 GVG vorgesehene Möglichkeit, für die Verhandlung oder einen Teil davon die Öffentlichkeit auszuschließen, wenn ein wichtiges Steuergeheimnis zur Sprache kommt, die Bereitschaft zu Auskünften erleichtern. Der Angekl. ist aber nicht verpflichtet, sich zu seinen wirtschaftlichen Verhältnissen zu äußern. Auch ist nicht immer Gewähr gegeben, daß Auskünfte der Wahrheit entsprechen. Der im Art. 19 Nr. 51 EEGStGB enthaltene Vorschlag, die Finanzbehörden zu verpflichten, Gerichten und StA auf deren Ersuchen Auskünfte über die ihnen bekannten wirtschaftlichen Verhältnisse des Beschuldigten zu erteilen (vgl. BT-Drs. 7/550 S. 300f.), ist nicht Gesetz geworden (vgl. Prot. VII 1070ff., 1275). Sonstige Beweisermittlungen können äußerst schwierig sein und übermäßigen Aufwand erfordern, der in keinem angemessenen Verhältnis zur Aufgabe und Bedeutung der Verhängung einer Geldstrafe steht. Überdies können sie den Täter über Gebühr belasten, ein mit dem Verhältnismäßigkeitsgrundsatz schwer vereinbarer Eingriff in den Bereich des Täters. Zur Problematik vgl. auch Krehl, Die Ermittlung der Tatsachengrundlage zur Bemessung der Tagessatzhöhe bei der Geldstrafe, 1985 (Frankfurter kriminalwiss. Studien Bd. 14).

1. Zur Überwindung dieser Schwierigkeiten räumt Abs. 3 dem Gericht die Befugnis ein, die Einkünfte des Täters, sein Vermögen und andere Grundlagen für die Bemessung eines Tagessatzes zu **schätzen**. Offen läßt es jedoch, wann sich das Gericht mit einer Schätzung begnügen darf. Nach dem Bericht des Sonderausschusses (BT-Drs. V/4095 S. 21) soll es verpflichtet sein, zunächst die ihm zur Verfügung stehenden Beweismittel voll auszuschöpfen. Die Bemessungsgrundlagen soll es nur schätzen dürfen, soweit solche Beweismittel fehlen. Die Schätzung wäre damit die ultima ratio (so M-Zipf II 519; ähnlich Hellmann GA 97, 514). Indes engt diese Ansicht die Schätzungsmöglichkeit zu sehr ein. Sie fordert uU Ermittlungen, die für die Organe der Strafrechtspflege und den Betroffenen unzumutbare oder gar unerträgliche Belastungen darstellen können (vgl. Tröndle ZStW 86, 589). Die hM sieht daher zu Recht von einer Ausschöpfung der Beweismittel als Voraussetzung für eine Schätzung ab (vgl. Bay DAR **78**, 206, Tröndle/Fischer 26a, Tröndle LK 61, Albrecht NK 48). Jedoch darf das Gericht nicht vorschnell zu Schätzungen übergehen und hierbei willkürlich verfahren. Insb. darf es die Schätzung, etwa durch bewußte Überschätzung der wirtschaftlichen Leistungsfähigkeit nicht als Druckmittel einsetzen, um den Betroffenen zu veranlassen, seine wirtschaftlichen Verhältnisse offen zu legen. Die Schätzung unterliegt vielmehr seinem pflichtgemäßen Ermessen (vgl. Meyer DAR 76,

§ **40** 21–24 Allg. Teil. Rechtsfolgen der Tat – Strafen

148), das an konkreten Grundlagen ausgerichtet sein muß (Koblenz NJW **76**, 1275, Frankfurt StV **84**, 157), und ist stets nur als Ersatzmittel, wenn auch nicht unbedingt als ultima ratio, heranzuziehen (vgl. Grebing ZStW 88, 1102). Sie kommt in Betracht, wenn der Angekl. keine oder unzureichende (auch unglaubhafte) Angaben über seine wirtschaftlichen Verhältnisse macht (Bay wistra **98**, 234), genaue Feststellungen der Bemessungsgrundlagen nicht möglich sind oder unverhältnismäßig große Schwierigkeiten bereiten und einen übermäßigen, der jeweiligen Strafsache nicht entsprechenden Aufwand erfordern (vgl. zum letzteren aber Bay VRS **60** 104). Um weitgehend genaue Schätzwerte zu erlangen, sind die Grundlagen für das zu schätzende Einkommen dann aber so konkret zu ermitteln, wie es ohne große Schwierigkeiten und ohne übermäßigen Aufwand möglich ist (Stree JR 83, 206; vgl. dazu Koblenz VRS **65** 355). Zu geringe Anforderungen stellt insoweit Celle NJW **84**, 185. Zweifel bei Schätzungsgrundlagen sind nach dem Grundsatz in dubio pro reo zu werten (vgl. BGH NStZ **89**, 361). Mit vorliegenden Ergebnissen der Beweisaufnahme darf die Schätzung nicht in Widerspruch stehen (E 62 Begr. 171). Zur Schätzung der Einkünfte eines Gesellschafters vgl. Bay DAR/R **79**, 235. Bei unzureichenden oder unglaubhaften Angaben des Angekl. ist zu begründen, warum sie für unvollkommen gehalten werden (Bay DAR/B **89**, 364). Grundsätzliches zur Schätzung Hellmann GA 97, 503.

21 2. Bei einer Schätzung muß dem Angekl. Gelegenheit gegeben werden, nachteiligen Folgen, die mit einer Fehleinschätzung verknüpft sind, dadurch zu begegnen, daß er nunmehr seine wirtschaftlichen Verhältnisse offen legt und deren Überprüfung ermöglicht. Das Gericht hat dann im Rahmen der Prozeßordnung angebotene Beweise zu erheben (vgl. Bay DAR/R **78**, 206, Tröndle ZStW 86, 589, LK 63). Die Möglichkeit, auf Überprüfung seiner wirtschaftlichen Verhältnisse hinzuwirken, muß dem Angekl. bereits in der jeweiligen Instanz zustehen. Das setzt voraus, daß er mit Schätzungsergebnissen nicht im Urteil überrascht wird. Es sind daher jedenfalls die konkreten Schätzungsgrundlagen im wesentlichen vorher zu erörtern (vgl. Tröndle 26 a).

21a 3. Das Gericht hat zwecks Überprüfbarkeit seiner Entscheidung in den Urteilsgründen darzulegen, warum eine Schätzung erfolgt ist, auf welchen tatsächlichen Grundlagen sie beruht und welche Maßstäbe ihr zugrunde liegen. Vgl. BGH NJW **76**, 635, Bay DAR/R **76**, 174, **79**, 235, **84**, 238, Koblenz NStE **13**, Meyer DAR **76**, 149. Bei mehreren, voneinander unabhängigen Einkommensgrundlagen sind die Schätzwerte für die Einzelposten anzugeben; globale Einkommensschätzung ist unangemessen (Stree JR 83, 205). Das Revisionsgericht hat nur nachzuprüfen, ob die Schätzung sich in einem vertretbaren Rahmen hält.

22 V. Die **Entscheidung** muß **Zahl** und **Höhe der Tagessätze** enthalten (Abs. 4). Höhe der Tagessätze bedeutet nicht Endsumme. Es reicht aus, wenn neben der Tagessatzzahl die Höhe des einzelnen Tagessatzes angegeben wird, der Urteilstenor etwa lautet: Der Angekl. wird wegen . . . zu einer Geldstrafe von 100 Tagessätzen in Höhe von je 50 DM verurteilt. Es kann jedoch angebracht sein, daneben auch die Gesamtsumme zu nennen (Lackner 18, Naucke NJW 78, 408, Tröndle LK 68, Vogler JR 78, 353; and. Horn SK 16). Die Ersatzfreiheitsstrafe ist nicht in das Urteil aufzunehmen (vgl. § 43 RN 3).

23 VI. **Rechtsmittel** und Urteilsaufhebung können auf Tagessatzhöhe beschränkt werden (BGH **27** 70 m. Anm. Grünwald JR **78**, 71, MDR **86**, 947, NStZ **89**, 178, **93**, 34, Bay JR **76**, 161 m. Anm. Tröndle, VRS **51** 22, Hamm NJW **76**, 723, Koblenz NJW **76**, 1275, Frankfurt StV **84**, 157, NStE **9**, Zweibrücken StV **2000**, 202; and. Hamburg MDR **76**, 156). Beschränkung auf Tagessatzzahl ist dagegen unzulässig (Grünwald JR 78, 73, Lackner 19, Tröndle LK 77; zT abw. Koblenz NJW **76**, 1275, Schall JuS 77, 308; and. Vogler JR 78, 356); denn von der Zahl der Tagessätze kann deren Höhe abhängen (vgl. o. 15 a). Legt allein der Angekl. ein Rechtsmittel ein, so dürfen sich wegen des **Verschlechterungsverbots** Tagessatzzahl und Gesamtbetrag der Geldstrafe nicht erhöhen (Köln VRS **60** 46, Düsseldorf JR **86**, 122 m. Anm. Welp, Tröndle LK 79; and. Grebing JR 81, 3, Schröter NJW 78, 1302 beim Gesamtbetrag; hiergegen D. Meyer NJW 79, 148); Anheben der Tagessätze bei Verringerung ihrer Zahl ist dagegen zulässig (Celle NJW **76**, 121, Köln VRS **60** 46; and. Kadel GA 79, 463). Erhöhung der Tagessatzzahl widerspricht dem Verschlechterungsverbot auch dann, wenn in neben der Geldstrafe angeordnetes Fahrverbot aufgehoben wird (Bay MDR **76**, 602, NJW **80**, 849; and. LG Köln NStZ-RR **97**, 370, Grebing JR 81, 4). Demgegenüber will Lackner (§ 44 Anm. 12) in einem solchen Fall eine Erhöhung unter der Voraussetzung zulassen, daß die Ersatzfreiheitsstrafe entgegen § 43 auf die ursprüngliche Höhe festgesetzt wird. Eine solche Möglichkeit sieht das Gesetz jedoch nicht vor. Ein Ausgleich für den Wegfall des Fahrverbots läßt sich allenfalls bei der Tagessatzhöhe vornehmen, wenn bei deren Bemessung das Fahrverbot seine wirtschaftlichen Auswirkungen berücksichtigt worden ist (vgl. Bay MDR **76**, 602, NStZ/J **88**, 267, **89**, 257, KG VRS **52** 113; für weitergehende Berücksichtigung wirtschaftlicher Faktoren des Fahrverbots anscheinend Bay NJW **80**, 849, LG Köln NZV **99**, 99; zu eng D. Meyer DAR 81, 33; abl. Kadel, Die Bedeutung des Verschlechterungsverbots für Geldstrafenerkenntnisse nach dem Tagessatzsystem, 1984, 64 ff.). Vom Verschlechterungsverbot unberührt bleibt die Möglichkeit, die unangetastete Tagessatzhöhe anders zu berechnen und inzwischen eingetretene Vermögensverbesserungen zu berücksichtigen (Hamm NJW **77**, 724).

24 VII. Zur **Fälligkeit der Geldstrafe** und zur Möglichkeit von Zahlungserleichterungen vgl. Anm. zu § 42. Zur Vollstreckung der Geldstrafe vgl. §§ 459, 459c StPO und § 43 RN 6. Eine Vollstrekkung in den Nachlaß des Verurteilten ist unzulässig (§ 459 c StPO). Zur Ersatzfreiheitsstrafe vgl. § 43. Zur Möglichkeit von Regelungen, nach denen die Vollstreckungsbehörde dem Verurteilten gestatten kann, eine uneinbringliche Geldstrafe durch freie Arbeit zu tilgen, vgl. § 43 RN 1.

§ 41 Geldstrafe neben Freiheitsstrafe

Hat der Täter sich durch die Tat bereichert oder zu bereichern versucht, so kann neben einer Freiheitsstrafe eine sonst nicht oder nur wahlweise angedrohte Geldstrafe verhängt werden, wenn dies auch unter Berücksichtigung der persönlichen und wirtschaftlichen Verhältnisse des Täters angebracht ist. Dies gilt nicht, wenn das Gericht nach § 43 a eine Vermögensstrafe verhängt.

Vorbem. S. 2 eingefügt durch Art. 1 Nr. 1 OrgKG.

I. Im allgemeinen ist als Hauptstrafe entweder Geld- oder Freiheitsstrafe zu verhängen. Bei Vorschriften, die bisher Geldstrafe neben Freiheitsstrafe vorgeschrieben oder zugelassen haben, entfällt die kumulative Geldstrafe (Art. 12 III EGStGB; vgl. auch Art. 290 III EGStGB). Ausnahmsweise sieht § 41 die Möglichkeit vor, bei Tätern, die sich durch die Tat bereichert oder zu bereichern versucht haben, **neben einer Freiheitsstrafe** eine sonst nicht oder nur wahlweise angedrohte **Geldstrafe** zu verhängen. Damit soll erreicht werden, daß Täter, die es auf Vermögensvorteile abgesehen haben, durch die Strafe auch wirtschaftlich getroffen werden (E 62 Begr. 172), zumal solche Täter häufig gerade Geldstrafen gegenüber besonders empfindlich sein sollen (BT-Drs. V/4095 S. 22). Ob für eine solche Regelung ein kriminalpolitisches Bedürfnis besteht, ist indes zweifelhaft (vgl. Tröndle LK 2, Zipf in Roxin/Stree/Zipf/Jung, Einf. in das neue Strafrecht, 1974, 70 f.; vgl. auch die Bedenken im AE, AT 2. A. 1969, 101). Entziehung eines Vermögensvorteils, den die Tat eingebracht hat, ist der Verfallanordnung (§ 73) vorbehalten. Wirtschaftlich getroffen wird der Täter überdies regelmäßig bereits durch die Freiheitsentziehung. Ist die Strafe zur Bewährung ausgesetzt worden, so läßt sich eine fühlbare Belastung des wirtschaftlichen Bereichs durch eine Auflage nach § 56 b II Nr. 2 oder 4 erreichen. Andererseits muß eine kumulative Geldstrafe zur Reduzierung der Freiheitsstrafe führen (vgl. u. 8). Sie darf keineswegs als bloßer Zusatz hinzukommen, da die Strafe dann nicht mehr unrechts- und schuldangemessen ist. Weshalb es nun sinnvoll sein soll, allein bei Tätern, die es auf ihre Bereicherung abgesehen haben, die Strafe zwischen Freiheits- und Geldstrafe aufzugliedern, nicht jedoch bei sonstigen Tätern, ist nicht ohne weiteres einleuchtend. In der Anwendung des § 41 ist daher weitgehend Zurückhaltung geboten (and. Eberbach NStZ 87, 488). Für Ausnahmecharakter des § 41 auch BGH **26** 330, **32** 65, Lackner 1, Tröndle LK 2. Im übrigen ist eine zusätzliche Geldstrafe nach § 41 unzulässig, wenn eine Vermögensstrafe nach § 43 a verhängt wird (vgl. u. 11).

II. **Voraussetzung** für eine kumulative Geldstrafe ist, daß der Täter sich durch die Tat bereichert oder zu bereichern versucht hat. Die einem Dritten verschaffte oder zugedachte Bereicherung genügt nicht. Unerheblich ist dagegen, ob die Bereicherung zum Tatbestand des begangenen Delikts gehört. Ferner muß es angebracht sein, neben der Freiheitsstrafe eine Geldstrafe zu verhängen, namentlich auch unter Berücksichtigung der persönlichen und wirtschaftlichen Verhältnisse des Täters.

1. **Bereichert** hat sich der Täter, wenn er sich einen Vermögensvorteil verschafft hat. Mittelbar durch die Tat erlangte Vorteile genügen (BGH **32** 60). Unerheblich ist an sich, ob der erlangte oder erstrebte Vermögensvorteil rechtswidrig ist. Es kommt allein darauf an, daß die Tat, die den Vermögensvorteil einbringt oder einbringen soll, gegen das Recht verstößt. Bei nicht rechtswidrigen Vermögensvorteilen wird aber das Bedürfnis nach einer kumulativen Geldstrafe idR geringer sein als bei rechtswidriger Bereicherung. Bereicherung liegt auch vor, wenn der Täter eine Vermögensminderung verhindert (vgl. BGH NJW **76**, 526: Steuerhinterziehung). Der Vermögensvorteil muß vorsätzlich erlangt sein. Das ergeben die Gesetzesformulierung „sich durch die Tat bereichert" und die Alternative des Bereicherungsversuchs (vgl. BT-Drs. 7/550 S. 212). Gewinnsucht ist nicht erforderlich, ebensowenig Bereicherungsabsicht (and. Hamm NJW **75**, 1370) oder direkter Vorsatz (and. Düsseldorf GA **76**, 118); bedingter Vorsatz genügt (Tröndle/Fischer 3, Lackner 2, Tröndle LK 4). Das Vorsatzerfordernis betrifft nur die Bereicherung, nicht auch die Tat. Bei einer mit Bereicherungsvorsatz begangenen Fahrlässigkeitstat, zB Baugefährdung (§ 319 IV), ist § 41 daher anwendbar.

2. Die kumulative Geldstrafe muß nach den allgemeinen Strafzumessungsgrundsätzen **angebracht** sein. Als besonders gewichtigen Gesichtspunkt hebt das Gesetz insoweit die **Berücksichtigung der persönlichen und wirtschaftlichen Verhältnisse** des Täters hervor. Sie sind jedoch, wie aus dem Wort „auch" hervorgeht, nicht die einzigen Faktoren, auf die bei der Entscheidung, ob zur Freiheitsstrafe eine Geldstrafe hinzutreten soll, abzustellen ist.

a) Die *persönlichen und wirtschaftlichen Verhältnisse* sind – anders als sonst bei der Entscheidung, ob Geld- oder Freiheitsstrafe zu verhängen ist – bereits beim Ob der kumulativen Geldstrafe zu berücksichtigen (BGH **26** 327, MDR/H **86**, 97). Sie sind hier schon deswegen heranzuziehen, weil eine kumulative Geldstrafe im Einzelfall die Resozialisierung des Täters gefährden kann (vgl. BT-Drs. V/4095 S. 22, 7/550 S. 212). Zeichnet sich wegen der zum Freiheitsentzug hinzutretenden Wirkungen der Geldstrafe eine solche Gefahr ab, so wäre es verfehlt, Freiheits- u. Geldstrafe miteinander zu kombinieren. Nicht angebracht ist zusätzliche Geldstrafe idR bei vermögens- und einkommenslosen Tätern (BGH JR **86**, 71). Für das Ob der kumulativen Geldstrafe ist auch die Tagessatzzahl von

§ 41 6–10 Allg. Teil. Rechtsfolgen der Tat – Strafen

Bedeutung. Den persönlichen und wirtschaftlichen Verhältnissen ist daher – anders als grundsätzlich bei alleiniger Verhängung einer Geldstrafe (vgl. § 40 RN 4) – auch bei der Tagessatzzahl Rechnung zu tragen. Überdies behalten sie ihr entscheidendes Gewicht bei der Tagessatzhöhe (vgl. auch u. 9). Maßgeblich sind grundsätzlich die wirtschaftlichen Verhältnisse zZ der Entscheidung. Nach BGH **26** 328 f. sollen auch sichere Erwerbsaussichten zu berücksichtigen sein. Es ist jedoch Zurückhaltung geboten, da die Zukunft mit zu vielen Unsicherheitsfaktoren belastet ist. Zumindest sind den Erwerbsaussichten sämtliche Zahlungsverpflichtungen des Täters gegenüberzustellen. Dabei ist zu klären, ob der Täter einer zusätzlichen Belastung mit Geldstrafe gewachsen ist und diese nicht zur finanziellen Überforderung führt, die mit der Gefahr der Entsozialisierung behaftet ist (vgl. BGH aaO).

6   b) Ob eine kumulative Geldstrafe *angebracht* ist, richtet sich im übrigen nach den allgemeinen Strafzumessungsgrundsätzen. Zu prüfen ist insb., ob es auf Grund des Bereicherungsvorsatzes angezeigt erscheint, zur Einwirkung auf den Täter nicht nur seine Freiheit zu entziehen, sondern ihm außerdem eine besondere finanzielle Belastung aufzubürden. Zwar enthält § 41 im Gegensatz zu seiner Fassung nach dem 2. StrRG keinen Hinweis auf ein solches Einwirkungserfordernis; mit dem Verzicht auf den Hinweis sollte dieser Gesichtspunkt aber nicht entfallen (vgl. BT-Drs. 7/550 S. 212). Der Bereicherungsvorsatz kann in dieser Hinsicht seine Bedeutung verlieren, wenn der Täter sich nach der Tat bemüht hat, den Schaden, der zu seiner Bereicherung geführt hat oder führen sollte, wiedergutzumachen (vgl. BGH **26** 327). Ein Bedürfnis für eine kumulative Geldstrafe wird ferner angenommen, wenn die Freiheitsstrafe zur Bewährung auszusetzen ist, es aber angebracht erscheint, den Täter auch mit einer sofort vollstreckbaren Strafe zu treffen (so Tröndle/Fischer 4). Indes fragt sich, weshalb unter diesen Umständen die kumulative Geldstrafe auf Täter beschränkt ist, die sich bereichert oder zu bereichern versucht haben, andererseits aber auch, warum eine Auflage nach § 56b II Nr. 2 oder 4 nicht genügen soll. Bedenklich ist auch, zusätzlich eine Geldstrafe zu verhängen, um die Freiheitsstrafe in ihrer Höhe senken und dann nach § 56 Strafaussetzung bewilligen zu können (BGH NJW **85**, 1719; and. anscheinend BGH **32** 66 m. Anm. Horn JR 84, 211; vgl. auch BGH StV **99**, 424). Abgesehen davon, daß die Strafe unabhängig von einer etwaigen Strafaussetzung zu bemessen ist (vgl. § 56 RN 6), würde die kumulative Geldstrafe dann nicht auf Grund des Bereicherungsvorsatzes angezeigt sein und Täter mit Bereicherungswillen gegenüber sonstigen Tätern grundlos begünstigen. Zulässig ist es jedoch, Freiheits- und Geldstrafe so zu verbinden, daß beides zusammen das Schuldmaß erreicht, mag auch ohne die zusätzliche Geldstrafe eine nicht mehr aussetzbare Freiheitsstrafe geboten sein (BGH StV **97**, 633).

7   III. Die Entscheidung über eine kumulative Geldstrafe steht im pflichtgemäßen **Ermessen** des Richters. Er darf Freiheits- u. Geldstrafe nur verhängen, wenn er beide Strafen für erforderlich hält. Eine nicht erforderliche Strafe kann nicht angebracht sein. Werden Unrecht und Schuld durch die Freiheitsstrafe hinreichend ausgeglichen, so erübrigt sich eine kumulative Geldstrafe (Tröndle 4). Wegen des Ausnahmecharakters (o. 1) ist die Verhängung einer kumulativen Geldstrafe näher zu begründen (Tröndle LK 8). Dagegen ist die Nichtanwendung des § 41 idR nicht zu begründen, es sei denn, ein erheblicher Gewinn aus der Straftat legt den Rückgriff auf § 41 nahe (BGH NStZ/D **91**, 276).

8   1. Wird eine kumulative Geldstrafe als erforderlich angesehen, so sind die **Höhe der Freiheitsstrafe** und die **Tagessatzzahl aufeinander abzustimmen.** Beides zusammen darf das Schuldmaß nicht überschreiten (BGH NJW **85**, 1719), da der Täter sonst eine Strafe erleiden würde, die von seiner Tatschuld nicht gedeckt ist. Daraus folgt die Notwendigkeit, die der oberen Grenze des Schuldmaßes entsprechende Höhe der Freiheitsstrafe um die Zahl der Tagessätze herabzusetzen, so daß der Täter im Falle der evtl. zu verbüßenden Ersatzfreiheitsstrafe keiner längeren Freiheitsentziehung ausgesetzt ist als bei alleiniger Verhängung einer zulässigen Freiheitsstrafe. Demgemäß dürfen Freiheitsstrafe und Tagessatzzahl insgesamt nicht über das Höchstmaß einer angedrohten Freiheitsstrafe hinausgehen (Horn SK 3, Tröndle LK 11, Tröndle/Fischer 4, Lackner 5). In BGH **32** 67 bleibt diese Frage offen; der BGH billigt hier aber die Berücksichtigung der Geldstrafe durch Herabsetzen der sonst gebotenen Dauer der Freiheitsstrafe. Für die Gegenmeinung, nach der § 41 einen allgemeinen Strafschärfungsgrund enthält, muß das Höchstmaß der angedrohten Freiheitsstrafe jedenfalls dort eine Schranke bilden, wo die anzuwendende Strafvorschrift bereits den Bereicherungswillen berücksichtigt. Hier darf der Bereicherungswille nicht strafschärfend wirken (Doppelverwertungsverbot; vgl. § 46 RN 45), auch dort nicht, wo Drittbereicherungsabsicht genügt. Daß § 41 nur auf die eigene Bereicherung des Täters abstellt, rechtfertigt keine Strafschärfung beim eigennützigen Betrüger gegenüber dem fremdnützigen Betrüger.

9   2. Die **Höhe eines Tagessatzes** ist gem. § 40 II zu bemessen. Es ist also in diesem Rahmen nochmals auf die persönlichen und wirtschaftlichen Verhältnisse des Täters abzustellen. Hierbei sind Einkommensverluste, die der Täter als Folge des Freiheitsentzugs erleidet, zu berücksichtigen. Auch die den Täter treffenden Verfahrenskosten lassen sich uU als relevanter Faktor für die Tagessatzhöhe heranziehen (vgl. § 40 RN 14 a, Tröndle LK 12).

10   IV. Ein **Rechtsmittel** kann wegen der Einheit der kumulierten Strafe weder auf die Freiheitsstrafe noch auf die Geldstrafe beschränkt werden, ausgenommen die Tagessatzhöhe (vgl. Tröndle LK 11).

Für eine Urteilsaufhebung gilt Entsprechendes; zur Möglichkeit, die Aufhebung auf die Tagessatzhöhe zu beschränken, vgl. BGH NJW **93**, 409.

V. § 41 ist **nicht anwendbar, wenn** das Gericht nach § 43 a eine **Vermögensstrafe** verhängt (S. 2). Mit der Einschränkung sollen mögliche schwierige Konkurrenzprobleme ausgeschlossen werden (BT-Drs 11/5461 S. 7). Es wäre ohnehin sachwidrig, den Täter neben einer an seinem Vermögen ausgerichteten Vermögensstrafe noch zusätzlich mit einer weiteren Geldzahlung zu belegen.

§ 42 Zahlungserleichterungen

Ist dem Verurteilten nach seinen persönlichen oder wirtschaftlichen Verhältnissen nicht zuzumuten, die Geldstrafe sofort zu zahlen, so bewilligt ihm das Gericht eine Zahlungsfrist oder gestattet ihm, die Strafe in bestimmten Teilbeträgen zu zahlen. Das Gericht kann dabei anordnen, daß die Vergünstigung, die Geldstrafe in bestimmten Teilbeträgen zu zahlen, entfällt, wenn der Verurteilte einen Teilbetrag nicht rechtzeitig zahlt.

I. Eine Geldstrafe ist an sich mit Eintritt der Rechtskraft der sie aussprechenden Entscheidung **fällig**, und zwar in voller Höhe. Je nach ihrer Höhe und nach den jeweiligen persönlichen und wirtschaftlichen Verhältnissen des Verurteilten kann ihm diesem jedoch die sofortige Zahlung des ganzen Betrags unmöglich oder für ihn untragbar sein. Dem trägt § 42 Rechnung, indem er vorschreibt, daß bei Unzumutbarkeit sofortiger Zahlung eine **Zahlungsfrist** oder **Ratenzahlung** zu bewilligen ist.

II. Voraussetzung einer Zahlungserleichterung ist, daß dem Verurteilten nach seinen persönlichen oder wirtschaftlichen Verhältnissen nicht zuzumuten ist, die Geldstrafe sofort zu zahlen. Für Zahlungserleichterung genügt demnach, daß entweder die persönlichen oder die wirtschaftlichen Verhältnisse des Betroffenen einer sofortigen Zahlung entgegenstehen. Eine saubere Trennung zwischen beiden Faktoren ist allerdings nicht immer möglich, aber auch nicht erforderlich. Zu den persönlichen Verhältnissen, aus denen sich die Unzumutbarkeit sofortiger Zahlung ergeben kann, zählen in erster Linie die familiären Verhältnisse. Rücksicht zu nehmen ist etwa darauf, daß jemand für eine große Familie zu sorgen oder für kranke oder in Ausbildung befindliche Angehörige hohe Beträge aufzuwenden hat. Auch eigene Belange des Verurteilten, wie krankheits- oder altersbedingte Belastungen, sind zu berücksichtigen. Infolge der wirtschaftlichen Verhältnisse ist sofortige Zahlung unzumutbar, wenn der Verurteilte auf Grund der laufenden Einkünfte die Geldstrafe nicht auf einmal aufbringen kann, ohne in Bedrängnis zu geraten. Ob und inwieweit erwartet werden kann, auf Vermögen zurückzugreifen oder Kredit aufzunehmen, hängt von den Umständen des Einzelfalles ab. Zu beachten ist, daß die Zumutbarkeit der Vermögensverwertung zwecks Zahlung der Geldstrafe nicht nur bei unentbehrlichen Vermögensgegenständen zu verneinen ist, sondern auch bei Objekten, die für ein angemessenes Lebensdasein benötigt werden. So kann vom Verurteilten nicht verlangt werden, sein bescheidenes Einfamilienhaus zu veräußern, um die Geldstrafe alsbald entrichten zu können. Unzumutbar kann sofortige Zahlung der Geldstrafe auch sein, wenn der Verurteilte ihretwegen außerstande ist, Schuldverpflichtungen nachzukommen.

1. Ob die Voraussetzungen einer Zahlungserleichterung vorliegen, hat das erkennende Gericht **von Amts wegen zu prüfen** (Bremen NJW **54**, 522). Eines Antrags oder einer Anregung seitens des Betroffenen bedarf es nicht. Diesem steht es jedoch frei, auf eine solche Prüfung hinzuwirken und Zahlungserleichterungen zu beantragen. Das Fehlen einer Entscheidung über Zahlungserleichterungen ist idR nicht zu beanstanden, wenn die Geldstrafe ein Monatsnettoeinkommen nicht übersteigt (Schleswig NJW **80**, 1535 m. Anm. Zipf JR 80, 425).

2. Liegen die Voraussetzungen vor, so **muß** das Gericht Zahlungserleichterungen von Amts wegen bewilligen (RG **64** 208, Bremen NJW **54**, 522, Bay NJW **56**, 1166, Köln NJW **77**, 308, Stuttgart StV **93**, 475). Die Bewilligung hat nur dann zu unterbleiben, wenn Zahlungserleichterungen keinen Sinn haben. Das ist der Fall, wenn nicht zu erwarten ist, daß der Verurteilte innerhalb angemessener Frist oder in angemessenen Teilbeträgen zahlt (BGH **13** 356, Stuttgart StV **93**, 475). Unmöglichkeit der Ratenzahlung für 1 Jahr wegen Strafverbüßung in anderer Sache genügt insoweit noch nicht (Stuttgart aaO). Ebensowenig sind Zahlungserleichterungen schon deswegen zu versagen, weil im Augenblick nicht absehbar ist, in welcher Zeit der Verurteilte die Geldstrafe in voller Höhe ratenweise tilgen kann (Bremen NJW **62**, 217). In solchen Fällen sind sie durchaus noch sinnvoll. Dagegen ist von ihnen abzusehen, wenn damit zu rechnen ist, daß sich der Täter seiner Zahlungspflicht entziehen wird, etwa durch Absetzen ins Ausland. Auch der Umstand, daß der Täter seinen Wohnsitz im Ausland hat oder demnächst auswandern will, kann Zahlungserleichterungen entgegenstehen (Tröndle 3). Kein Versagungsgrund ist der Umstand, daß die Geldstrafe wegen der Zahlungserleichterung zu milde wird (RG **64** 208), ebensowenig, daß der Angekl. genug Zeit gehabt hat, sich auf sofortige Zahlung einzurichten (Schleswig SchlHA/E-L **80**, 169, das jedoch Ausnahmen zuläßt).

3. Welche Zahlungsfrist, welche Raten und welche Fälligkeitstermine festzusetzen sind, obliegt dem pflichtgemäßen **Ermessen** des Gerichts. Zeiten, Zahl und Höhe der Raten sind so zu bestimmen, daß dem Verurteilten nach seinen persönlichen und wirtschaftlichen Verhältnissen zumutbar ist, die bestimmten Beträge zu den festgelegten Zeiten zu zahlen. Es besteht weder eine zeitliche Begrenzung – Vollstreckungsverjährung ist nicht zu befürchten (vgl. § 79 a Nr. 2 c) – noch ein Mindestmaß für Teilbeträge. Zahlungserleichterungen dürfen jedoch nicht so ausgestaltet werden, daß sie die Geldstrafe in ihrem Wesen verändern (BGH **13** 357; nach Stuttgart NJW **94**, 745 sollte Ratenzahlungsdauer des 3–4fache der Tagessatzzahl nicht übersteigen; vgl. andererseits Düsseldorf StV **99**, 387: Überschreiten von 2 Jahren Ratenfrist zulässig). Unzulässig sind zB derart minimale Teilbeträge oder derart lange Zeitabstände zwischen den Fälligkeitsterminen der einzelnen Raten, daß der Verurteilte die Geldstrafe nicht mehr als Strafe empfindet (vgl. Bremen NJW **62**, 217). Die Zahlungen müssen für den Verurteilten stets eine fühlbare finanzielle Einbuße bedeuten. Muß er sich erst (wieder) eine neue Existenz aufbauen, so kann es angemessen sein, die Geldstrafe für längere Zeit zu stunden, um ihm eine Chance zum Aufbau der neuen Existenz einzuräumen. Bei einer Geldstrafe gegen eine nicht berufstätige Ehefrau ist zu beachten, daß ihr nicht zugemutet werden kann, ihren Taschengeldanspruch gegen den Ehemann einzuklagen (vgl. LG Essen FamRZ **70**, 494).

6 4. Der **Ausspruch der Zahlungserleichterung** hat im **Urteilstenor** zu erfolgen (RG **60** 16, BGHR Zahlungserleichterungen 1). Zahlungsfrist oder Raten und deren Fälligkeit sind genau zu bestimmen. Ihre Bewilligung darf nicht mit einer Klausel verbunden werden, die der Zahlung der Verfahrenskosten dient. Unzulässig ist, Ratenzahlungen unter der Auflage zu bewilligen, daß gezahlte Teilbeträge zunächst auf die Verfahrenskosten zu verrechnen sind (Bay NJW **56**, 1166). Vgl. auch § 459 b StPO.

7 5. In das Urteil kann eine **Verfallklausel** aufgenommen werden. Mit der Bewilligung von Ratenzahlungen kann das Gericht zugleich anordnen, daß die Vergünstigung entfällt, wenn der Verurteilte einen Teilbetrag nicht rechtzeitig zahlt (S. 2). Die Aufnahme einer solchen Klausel in das Urteil steht im Ermessen des Gerichts. Bleibt der Verurteilte mit einer Teilzahlung im Rückstand, so wird, wenn das Urteil eine Verfallklausel enthält, die gesamte Reststrafe automatisch fällig. Eines besonderen Widerrufs der Zahlungserleichterung bedarf es nicht (zum Aktenvermerk vgl. § 459 a III 1 StPO). Etwaige sich hieraus ergebende Unbilligkeiten können dadurch ausgeglichen werden, daß die Vollstreckungsbehörde gem. § 459 a III 2 StPO erneut Zahlungserleichterung bewilligt. Enthält das Urteil keine Verfallklausel, so kann im Falle einer nicht rechtzeitigen Teilzahlung die Vollstreckungsbehörde gem. § 459 a II StPO die Entscheidung über Zahlungserleichterungen aufheben. Zu den hierbei zu berücksichtigenden Gesichtspunkten vgl. Hamm GA **75**, 56.

8 6. Ob ein Urteil dem § 42 entspricht, ist in der **Revisionsinstanz** nachprüfbar. Das Revisionsgericht kann eine unterbliebene Entscheidung über Zahlungserleichterungen aber selbst grundsätzlich nicht nachholen (and. BGH JR **79**, 73, MDR/H **80**, 453, Karlsruhe MDR **79**, 515, D. Meyer MDR **76**, 714), sondern muß die Sache zurückverweisen (Bremen NJW **54**, 522, Tröndle/Fischer 4; vgl. auch Schleswig b. Meyer MDR **76**, 715). Hat jedoch das Tatsachengericht Zahlungserleichterungen verfehlt in einem Beschluß und nicht im Urteil bestimmt, so kann das Revisionsgericht entsprechende Zahlungserleichterungen zum Bestandteil seines Urteils machen (BGHR Zahlungserleichterungen 1). Zur Frage des Verschlechterungsverbots vgl. Schleswig NJW **80**, 1535 m. Anm. Zipf JR **80**, 425, Hamburg MDR **86**, 518, Kadel, Die Bedeutung des Verschlechterungsverbots für Geldstrafenerkenntnisse nach dem Tagessatzsystem, 1984, 70 ff.

9 III. **Zahlungserleichterungen** können auch noch **nach Rechtskraft des Urteils** bewilligt werden. Zuständig ist die Vollstreckungsbehörde (§ 459 a I StPO; vgl. dazu Kölsch NJW **76**, 408). Über die gerichtliche Befugnis nach § 42 hinaus kann sie Zahlungserleichterungen auch gewähren, wenn ohne diese die Schadenswiedergutmachung durch den Verurteilten erheblich gefährdet wäre (§ 459 a I 2 StPO). Sie kann ihre Entscheidung, aber auch eine im Urteil getroffene Entscheidung über Zahlungserleichterungen nachträglich ändern oder aufheben, zum Nachteil des Verurteilten jedoch nur auf Grund neuer Tatsachen oder Beweismittel (§ 459 a II StPO). Die Entscheidung über Zahlungserleichterungen erstreckt sich auch auf die Verfahrenskosten und kann zudem allein hinsichtlich dieser Kosten getroffen werden (§ 459 a IV StPO).

§ 43 Ersatzfreiheitsstrafe

An die Stelle einer uneinbringlichen Geldstrafe tritt Freiheitsstrafe. Einem Tagessatz entspricht ein Tag Freiheitsstrafe. Das Mindestmaß der Ersatzfreiheitsstrafe ist ein Tag.

Schrifttum: Seebode, Problematische Ersatzfreiheitsstrafe, Böhm-FS 519.

1 I. Da die Zahlung einer Geldstrafe nicht in jedem Fall durchgesetzt werden kann, bedarf es, soll die Geldstrafe nicht ihre Wirksamkeit als Strafsanktion einbüßen, einer Ersatzsanktion. § 43 läßt mangels einer sonstigen hinreichend geeigneten Sanktion an die Stelle einer uneinbringlichen Geldstrafe die Freiheitsstrafe (**Ersatzfreiheitsstrafe**) treten. Der Gesetzgeber hat damit notgedrungen um der Effektivität der Strafe willen kurze Freiheitsstrafen in Kauf genommen. Um diese jedoch weitgehend zu beschränken, hat er in der StPO Möglichkeiten zur Vermeidung ihrer Vollstreckung vorgesehen (vgl. dazu u. 6 ff.). Abgesehen hat er indes von einer dem § 28 b aF entsprechenden Regelung, nach der die Vollstreckungsbehörde dem Verurteilten gestatten kann, eine uneinbringliche Geldstrafe durch freie Arbeit zu tilgen (vgl. BT-Drs. 7/550 S. 455). Er hat in Art. 293 EGStGB idF des 23. StÄG u. des Art. 6 OrgKG lediglich die Landesregierungen ermächtigt, durch Rechtsverordnung entsprechende Regelungen zu treffen, wonach die Vollstreckungsbehörde dem Verurteilten gestatten kann, die Vollstreckung einer Ersatzfreiheitsstrafe durch freie Arbeit abzuwenden (vgl. dazu BR-Drs. 370/84 S. 18). Soweit der

Verurteilte die freie Leistung erbracht hat, ist die Ersatzfreiheitsstrafe erledigt. Zu den Regelungen der Länder vgl. Tröndle 8. Zu den Problemen der gemeinnützigen Arbeit als Surrogat der Geldstrafe vgl. Schall NStZ 85, 104, auch Kawamura BewH 98, 338. Zum Projekt „Gemeinnützige Arbeit" in Hessen auf Grund des Art. 293 EGStGB vgl. Zimmermann BewH 82, 113. Vgl. auch Kerner/Kästner, Gemeinnützige Arbeit in der Strafrechtspflege, 1986. Gegen Arbeit als Geldstrafenersatz Köhler GA 87, 159 (Zwangsarbeitsstrafe). Vgl. auch Rautenberg NJ 99, 451 (Anordnung gemeinnütziger Arbeit gegen Willen des Verurteilten läuft Verbot der Zwangsarbeit zuwider), Seebode aO 536 ff., Streng ZStW 111, 838, Mrozynski JR 87, 275 (Abarbeiten statt Absitzen), Albrecht/Schädler ZRP 88, 278, Feuerhelm, Gemeinnützige Arbeit als Alternative in der Geldstrafenvollstreckung, 1991, BewH 93, 200 u. 98, 323, Kriminalpolitik 99, 22. Art. 293 EGStGB gilt nicht für die Ersatzfreiheitsstrafe bei der Vermögensstrafe. Zu praktischen Erfahrungen mit der Ersatzfreiheitsstrafe vgl. Villmow Kaiser-FS 1291 ff.

II. Ersatzfreiheitsstrafe ist eine **echte Strafe** (BGH **20** 16, Köln NJW **67**, 1727, Frankfurt VRS **31** 184), nicht nur ein Zwangsmittel, die Zahlung der Geldstrafe durchzusetzen. Dementsprechend ist bei ihr Aussetzung des Strafrestes zulässig (vgl. § 57 RN 4), nicht jedoch Strafaussetzung zur Bewährung gem. § 56, da die erkannte Strafe die Geldstrafe ist. Ist die Ersatzfreiheitsstrafe verbüßt, so kann die Geldstrafe nicht mehr vollstreckt werden, mag auch der Verurteilte später Vermögen erworben haben (vgl. RG **45** 333). Zur verfassungsrechtlichen Problematik der Ersatzfreiheitsstrafe vgl. Tiedemann GA 64, 366 mwN. Zur sonstigen Problematik vgl. Hamdorf/Wölber ZStW 111, 929. 2

1. Der **Umrechnungsmaßstab** ist in S. 2 einheitlich auf 1 : 1 festgelegt worden. Einem Tagessatz entspricht ein Tag Freiheitsstrafe. Auf Grund dieses Umrechnungsmaßstabes erübrigt sich, im Urteil die Ersatzfreiheitsstrafe auszusprechen (Bremen NJW **75**, 1524). Anders ist es jedoch bei der Vermögensstrafe nach § 43 a (vgl. dort RN 7). Zu Bedenken gegen den Umrechnungsmaßstab nach S. 2 vgl. Tröndle/Fischer 4 u. dagegen RN 4 zu § 40. 3

2. Das **Mindestmaß** der Ersatzfreiheitsstrafe ist ein Tag (S. 3). Der Hinweis soll das Mißverständnis verhindern, daß § 38 II auch für die Ersatzfreiheitsstrafe maßgebend ist. Zugleich stellt er klar, daß Ersatzfreiheitsstrafe auch dann vollstreckt werden kann, wenn von der verhängten Geldstrafe nur ein Tagessatz uneinbringlich ist. Bei einem darunter liegenden Teilbetrag entfällt dagegen die Ersatzfreiheitsstrafe (vgl. § 459 e III StPO). 4

III. Die Vollstreckung der Ersatzfreiheitsstrafe setzt voraus, daß die **Geldstrafe uneinbringlich** ist. Dem Verurteilten steht nicht zur Wahl, ob er die Geldstrafe entrichten oder Ersatzfreiheitsstrafe verbüßen will. Zahlt er nicht, so ist die Geldstrafe beizutreiben. Nur wenn sie mittels Vollstreckung nicht eingebracht werden kann oder die Vollstreckung gem. § 459 c II StPO unterblieben ist, weil ein Erfolg in absehbarer Zeit nicht zu erwarten war, darf die Vollstreckungsbehörde anordnen, die Ersatzfreiheitsstrafe zu vollstrecken (§ 459 e II StPO). 5

1. Für die **Vollstreckung der Geldstrafe** gilt grundsätzlich die Justizbeitreibungsordnung (§ 459 StPO). Vor Ablauf von 2 Wochen nach Fälligkeit wird die Geldstrafe oder ihr Teilbetrag nicht beigetrieben, es sei denn, daß auf Grund bestimmter Tatsachen der Wille des Verurteilten erkennbar ist, sich der Zahlung zu entziehen (§ 459 c I StPO). Das Gericht kann – auch nach der Anordnung, die Ersatzfreiheitsstrafe zu vollstrecken (Koblenz MDR **78**, 248) – anordnen, daß die Vollstreckung ganz oder zT unterbleibt, wenn in demselben Verfahren Freiheitsstrafe vollstreckt oder zur Bewährung ausgesetzt worden ist oder in einem anderen Verfahren Freiheitsstrafe ohne die Möglichkeit einer nachträglichen Gesamtstrafenbildung verhängt ist und die Vollstreckung der Geldstrafe die Wiedereingliederung des Verurteilten erschweren kann (§ 459 d StPO). Vgl. dazu Hamm JMBlNW **76**, 107. 6

2. Soweit die Geldstrafe entrichtet oder beigetrieben wird, entfällt die Vollstreckbarkeit der Ersatzfreiheitsstrafe. Gleiches gilt, soweit das Gericht nach § 459 d StPO angeordnet hat, daß die Vollstreckung der Geldstrafe unterbleibt (§ 459 e IV StPO). Zu **vollstrecken** ist nur die **Ersatzfreiheitsstrafe, die dem uneinbringlichen Teil der Geldstrafe entspricht.** Ausgenommen sind Teilbeträge, die keinem vollen Tag Freiheitsstrafe entsprechen (§ 459 e III StPO). Der Verurteilte kann die Vollstreckung der Ersatzfreiheitsstrafe jederzeit, auch nach Antritt dieser Strafe, dadurch abwenden, daß er den noch ausstehenden Betrag zahlt. Durch Teilzahlungen kann er die Verbüßung eines Teiles der Ersatzfreiheitsstrafe verhindern. 7

3. Trotz Uneinbringlichkeit der Geldstrafe kann das Gericht anordnen, daß die **Vollstreckung der Ersatzfreiheitsstrafe unterbleibt,** wenn sie für den Verurteilten eine unbillige Härte wäre (§ 459 f StPO). Entgegen § 29 IV aF genügt noch nicht, daß die Geldstrafe ohne Verschulden des Verurteilten nicht eingebracht werden kann (vgl. BGH **27** 93, Düsseldorf VRS **77** 455; and. Köhler GA 87, 161). Es muß sich vielmehr um einen besonderen Härtefall handeln. Eine unbillige Härte ist die Vollstreckung der Ersatzfreiheitsstrafe aber noch nicht allein deswegen, weil der Verurteilte unverschuldet zahlungsunfähig geworden ist (Düsseldorf MDR **83**, 341). Die Freiheitsstrafe nach § 43 dient nicht allein als Ersatz für eine Geldstrafe, deren Nichtdurchsetzbarkeit auf Verschulden des Verurteilten beruht. Sie soll schlechthin die nicht durchsetzbare Geldstrafe um der Effektivität der Strafe willen ersetzen. Nur wenn die mit ihrer Vollstreckung verbundene Härte für den Verurteilten unbillig wird, ist von der Verwirklichung der Ersatzsanktion abzusehen. Anknüpfungspunkt für Annahme einer unbilligen Härte bleibt allerdings idR die unverschuldete Zahlungsunfähigkeit. Gegenüber einem 8

Stree

Verurteilten, dessen Zahlungsunfähigkeit auf eigenes Verschulden zurückzuführen ist, stellt die Vollstreckung der Ersatzfreiheitsstrafe zumeist keine unbillige Härte dar. Diese kommt etwa in Betracht, wenn der Verurteilte infolge Krankheit oder unverschuldeten Verlustes des Arbeitsplatzes zur Zahlung der Geldstrafe, auch ratenweise, nicht imstande ist und eine günstige Täterprognose die Einwirkung auf ihn mittels Vollstreckung der Ersatzsanktion als nicht erforderlich erscheinen läßt. Bei einem Süchtigen kann eine unbillige Härte entstehen, wenn die Vollstreckung der Ersatzfreiheitsstrafe die Aufnahme in eine Therapieeinrichtung gefährdet (Schleswig StV **98**, 673). Zu berücksichtigen sind stets alle Umstände des Einzelfalles, die für die Beurteilung, ob die Vollstreckung eine unbillige Härte ist, von Bedeutung sind. Vgl. noch Tröndle ZStW 86, 570f., LK 14, der die Härteklausel eng auslegt und Vollstreckung der Ersatzfreiheitsstrafe als regelmäßige Folge der Uneinbringlichkeit verstanden wissen will. Vgl. auch Düsseldorf VRS **77** 455, LG Frankfurt StV **83**, 292, LG Flensburg Rpfleger **83**, 326 sowie LG Bremen StV **98**, 152 (Sozialhilfeempfänger).

9   a) Liegt ein Härtefall vor, so ist das Gericht zur Anordnung *verpflichtet*, daß die Vollstreckung der Ersatzfreiheitsstrafe unterbleibt. Die Entscheidung steht nicht in seinem Ermessen (BT-Drs. 7/550 S. 311). Zur Zuständigkeit und zum Verfahren vgl. §§ 462, 462 a StPO.

10   b) Die Anordnung nach § 459 f StPO bedeutet *keinen Erlaß der Strafe*. Sie ist zu widerrufen, wenn nachträglich die unbillige Härte entfällt. Auch ohne Widerruf ist eine Vollstreckung der Geldstrafe weiterhin möglich, so zB, wenn sich nachträglich die wirtschaftlichen Verhältnisse des Verurteilten bessern (vgl. § 49 II 2 StVollstrO).

– Vermögensstrafe –

§ 43 a Verhängung der Vermögensstrafe

(1) **Verweist das Gesetz auf diese Vorschrift, so kann das Gericht neben einer lebenslangen oder einer zeitigen Freiheitsstrafe von mehr als zwei Jahren auf Zahlung eines Geldbetrages erkennen, dessen Höhe durch den Wert des Vermögens des Täters begrenzt ist (Vermögensstrafe). Vermögensvorteile, deren Verfall angeordnet wird, bleiben bei der Bewertung des Vermögens außer Ansatz. Der Wert des Vermögens kann geschätzt werden.**

(2) **§ 42 gilt entsprechend.**

(3) **Das Gericht bestimmt eine Freiheitsstrafe, die im Fall der Uneinbringlichkeit an die Stelle der Vermögensstrafe tritt (Ersatzfreiheitsstrafe). Das Höchstmaß der Ersatzfreiheitsstrafe ist zwei Jahre, ihr Mindestmaß ein Monat.**

Vorbem. Eingefügt durch Art. 1 Nr. 2 OrgKG v. 17. 5. 1992, BGBl. I 1302.

Schrifttum: Ries, Die Vermögensstrafe, 1999. – *Liedke*, Die Vermögensstrafe gem § 43 a StGB in ihrer kriminalpolitischen Bedeutung, 1996. – *Thiele*, Vermögensstrafe und Gewinnabschöpfung, Diss. Göttingen, 1999.

1   I. Die vor allem zur Bekämpfung der organisierten Kriminalität bestimmte Vermögensstrafe soll dem **Zweck** dienen, in kriminellen Organisationen oder im Rauschgiftbereich tätig werdende Rechtsbrecher mit einem noch (!) dem Schuldprinzip genügenden Zugriff auf ihr Vermögen an einer besonders empfindlichen Stelle zu treffen und ihnen die finanziellen Mittel für weitere kriminelle Aktivitäten, insb. für den Erhalt, den Ausbau oder den Neuaufbau einer auf kriminellen Erwerb gerichteten Organisation, zu entziehen (vgl. BT-Drs 11/5461 S. 5). Sie wird jedoch zu Recht als Fremdkörper im Strafensystem gekennzeichnet, und gegen sie sind schwere Bedenken erhoben worden, die sich nicht ohne weiteres mit dem Zweck, der mit der Vermögensstrafe verfolgt wird, beschwichtigen lassen. Zu den Bedenken vgl. ua LG Bad Kreuznach StV **94**, 141, Tröndle/Fischer 3 b, Eser-Stree/Wessels-FS 837 ff., Jescheck/Weigend 779 f., Lackner 1, Perron JZ 93, 920, jeweils mwN; zu Gegenargumenten gegen einzelne Einwände vgl. Horn SK 8, von Selle wistra 93, 216 u. 95, 161, Liedke aaO 97 f., Ries aaO 137 ff. Die beachtlichen Bedenken lassen es ratsam sein, eine Vermögensstrafe nur ausnahmsweise auszusprechen. BGH NStZ **94**, 429 teilt verfassungsrechtliche Bedenken nicht (vgl. dazu Barton/Park StV **95**, 17). Eingehend BGH **41**, 20 m. Anm. Dierlamm NStZ **95**, 334, Park JR **95**, 343, v. Selle StV **95**, 582 zu einer verfassungsmäßigen Handhabung der Vermögensstrafe (vgl. auch BGH **41** 278 m. Anm. Park JR **96**, 230, Hörnle ZStW **108**, 333). Vgl. dazu auch Park, Vermögensstrafe und „modernes" Strafrecht, Diss. Bielefeld, Kriminolog u. sanktionsrechtl. Forschungen Bd. 8, 1997. Gesamtüberblick über die Probleme des § 43 a bei Liedke aaO 18 ff.

2   II. Der **Anwendungsbereich** der Vermögensstrafe ist durch zwei bedeutsame Voraussetzungen erheblich **eingeschränkt**. Zum einen ist erforderlich, daß zur Aburteilung eine Strafvorschrift herangezogen wird, die § 43 a für anwendbar erklärt. Zum andern läßt sich eine Vermögensstrafe nur neben einer lebenslangen Freiheitsstrafe oder einer zeitigen Freiheitsstrafe von mehr als 2 Jahren verhängen. Im übrigen ist zu beachten, daß der Erweiterte Verfall gem. § 73 d der Vermögensstrafe vorgeht (BGH StV **95**, 633, § 73 d RN 5).

Verhängung der Vermögensstrafe   3–7 **§ 43 a**

1. Zulässig ist die Vermögensstrafe nur, wenn der Verurteilung ein **Gesetz** zugrunde gelegt wird, **3** das **auf § 43 a verweist.** Unerheblich ist, ob dieses Gesetz allein oder zusammen mit anderen Strafvorschriften die Verurteilung trägt und ob sich nach diesem Gesetz die Freiheitsstrafe bestimmt (vgl. § 52 IV). § 43 a ist sogar anwendbar, wenn das verweisende Gesetz im Weg der Gesetzeskonkurrenz hinter ein Gesetz ohne Verweisung zurücktritt (vgl. 141 vor § 52). Die meisten der auf § 43 a verweisenden Vorschriften – §§ 150 I, 181 c, 244 III, 244 a III, 256 II, 260 III, 260 a III, 261 VII, 286, 302 II, 338 II – betreffen Delikte, bei denen der Täter im Rahmen einer kriminellen Organisation handelt, nämlich als Mitglied einer Bande, die sich zur Begehung der jeweils erfaßten Taten verbunden hat. Im weitergehenden Rahmen ist § 43 a nach § 30 c BtMG anwendbar (einschr. LG Bad Kreuznach StV **94**, 141). Eingeschlossen sind Versuch, Vorbereitungshandlung nach § 30 und Teilnahme. Die in den genannten Vorschriften gewählte Formulierung, wonach § 43 a anzuwenden ist, bedeutet nicht, daß § 43 a angewendet werden muß, aus einer Kann-Vorschrift also eine Muß-Vorschrift wird. In allen Fällen steht es im richterlichen Ermessen (u. 9), ob dem Täter die Vermögensstrafe auferlegt wird. Nicht erforderlich ist, daß ein Zusammenhang zwischen den begangenen Taten und den Vermögenswerten feststellbar ist.

2. Um die Vermögensstrafe auf schwerwiegende Fälle zu beschränken, ist ihre Verhängung von der **4** **Verurteilung** zu lebenslanger Freiheitsstrafe oder zu zeitiger **Freiheitsstrafe von mehr als 2 Jahren** abhängig gemacht worden (vgl. BT-Drs 12/989 S. 22). Entsprechend dem Sinn der Beschränkung kommt es bei einer Gesamtstrafe nicht auf diese an, sondern auf die Höhe einer Einzelstrafe (nicht unbedingt Einsatzstrafe) nach einem Gesetz, das auf § 43 a verweist. Dagegen stellt § 52 IV 1 bei Tateinheit nicht darauf ab, daß die 2 Jahre übersteigende Freiheitsstrafe gerade dem Gesetz entnommen wird, das die Vermögensstrafe zuläßt. Mit dem Sinn des Erfordernisses einer Freiheitsstrafe von mehr als 2 Jahren ist die Verhängung der Vermögensstrafe jedoch nur vereinbar, wenn der Schuldgehalt der Tat, für die die Vermögensstrafe angedroht ist, an sich zu einer 2 Jahre übersteigenden Freiheitsstrafe geführt hätte, mag auch die konkrete Strafe nach einem anderen Gesetz, zB § 211, bestimmt worden sein. Dem hat das Gericht im Rahmen seines Ermessens (u. 9) Rechnung zu tragen. In allen Fällen kommt es nur auf das Strafmaß an, nicht auf die Vollstreckungsdauer, so daß unerheblich ist, wenn diese wegen Anrechnung nach § 51 unter 2 Jahren liegt. Zu beachten ist im übrigen, daß mit der Vermögensstrafe keine Strafrahmenerweiterung verknüpft sein darf, da sonst das Schuldprinzip mißachtet würde (näher dazu u. 8).

III. Die Vermögensstrafe ist die Verurteilung zur Zahlung eines am Tätervermögen ausgerichteten **5** und genau bezifferten Geldbetrages (vgl. dazu Düsseldorf StV **96**, 549: Verweisung auf sichergestellte Geldbeträge genügt nicht). Ihr **Höchstmaß** ist der gesamte Wert des Tätervermögens (zum Urteilszeitpunkt) abzüglich der Vermögensvorteile, deren Verfall angeordnet worden ist. Zum Vermögen zählen alle geldwerten Güter. Bei der Berechnung ihres Wertes sind die mit ihnen verbundenen Schulden abzuziehen (Nettoprinzip, Saldierungsgrundsatz; BGH **41** 278 m. Anm. Park JR 96, 380). Sonstige Belastungen (Unterhaltsverpflichtungen usw) bleiben bei der Ermittlung des Vermögenswertes außer Ansatz; sie sind aber bei der richterlichen Ermessensausübung zu berücksichtigen. Dem richterlichen Ermessen ist es überlassen, inwieweit er der Vermögensstrafe Vermögenswerte zugrunde legt. Es besteht weder ein gesetzlich bestimmtes Mindestmaß, noch sind stets die gesamten Vermögenswerte abzuschöpfen. Als Mindestmaß der Vermögensstrafe ist jedoch der Geldbetrag anzusehen, der in Abs. 3 S. 2 festgelegten Mindestmaß der Ersatzfreiheitsstrafe entspricht (BGH **41** 280). Nach dem Zweck der Vermögensstrafe ist diese im übrigen an den wesentlichen Vermögenswerten auszurichten. Ist das nicht angebracht, so ist eine Vermögensstrafe verfehlt.

Der Ermittlung der Vermögenswerte können erhebliche Beweisschwierigkeiten entgegenstehen. **6** Wie bei der Geldstrafe nach § 40 ist deswegen den Gerichten die Befugnis eingeräumt worden, den Wert des Vermögens zu **schätzen** (Abs. 1 S. 3). Die Schätzung soll auf Grund hinreichend erarbeiteter Grundlagen zulässig sein, weil sonst mit ihr eine dem Schuldprinzip gerecht werdende Strafzumessung sabotiert würde (so Tröndle/Fischer 8). Zu bedenken ist jedoch, daß die Ersatzfreiheitsstrafe das ausschlaggebende Moment für eine schuldangemessene Strafe bildet (vgl. u. 7) und die Schätzung sich weitgehend nur auf den zu zahlenden Geldbetrag auswirkt. Für die Schätzung gilt das in RN 20 ff. zu § 40 Gesagte entsprechend. Sie kann sich auf die Aktiva und die Passiva erstrecken (BGH **41** 278, Düsseldorf StV **98**, 549). Insb. ist sie an konkreten Grundlagen auszurichten und darf sich keinesfalls auf bloße Vermutungen stützen (BT-Drs 11/5461 S. 6). Das Gericht hat zudem in den Urteilsgründen darzulegen, warum eine Schätzung erfolgt ist und welche tatsächlichen Grundlagen und welche Maßstäbe ihr zugrunde liegen. Grundsätzliches zur Schätzung bei Hellmann GA 97, 515. Seiner Ablehnung einer Schätzung aus prozeßökonomischen Gründen ist nicht zu folgen. Wie im Fall der Geldstrafe nach § 40 muß auch bei der Vermögensstrafe die Schätzung zulässig sein, wenn sonst mit den Ermittlungen unzumutbare oder gar unerträgliche Belastungen anfallen. Der von Hellmann aaO 518 angeführte Ausweg, bei solcher Belastung auf die Vermögensstrafe zu verzichten, wird dem Zweck der Vermögensstrafe nicht gerecht.

IV. Nach Abs. 3 hat das Gericht eine **Ersatzfreiheitsstrafe** für den Fall der Uneinbringlichkeit der **7** Vermögensstrafe zu bestimmen, und zwar zwischen 1 Monat und 2 Jahren. Sie ist auch dann zu verhängen, wenn die Uneinbringlichkeit ausgeschlossen ist (Düsseldorf StV **96**, 549, **98**, 549). Nur dann wird ersichtlich, welches Gewicht das Gericht der Vermögensstrafe im Rahmen der schuldangemessenen Sanktion zulegt. Kriterien für die Bemessung der Ersatzfreiheitsstrafe hat der Gesetzgeber

Stree

bewußt nicht aufgestellt, da sich alle in Betracht kommenden Fallgestaltungen nur schwer erfassen lassen (BT-Drs 11/5461 S. 6). Es bleibt den Gerichten überlassen, im jeweiligen Fall einen Maßstab für die Ersatzfreiheitsstrafe zu finden und unter Berücksichtigung aller Umstände zu entscheiden, in welcher Höhe die Vermögensstrafe einer Freiheitsstrafe entspricht. Zu berücksichtigen ist insoweit der Gesichtspunkt der Belastungsgleichheit bei den Wirkungen auf die jeweiligen Täter (vgl. BGH NJW 95, 1368, Düsseldorf StV **98**, 549). Festzulegen ist dabei, welcher Anteil der auferlegten Geldzahlung auf einen Tag der Ersatzfreiheitsstrafe fällt (vgl. dazu Jescheck/Weigend 778: Aufteilung des von der Vermögensstrafe erfaßten Vermögens in Tagesrationen). Nur dann wird bei Teilzahlungen dem Täter hinreichend ersichtlich, wieviel von der Ersatzfreiheitsstrafe evt. noch zu verbüßen ist. Die Ersatzfreiheitsstrafe kann nicht durch freie Arbeit abgewendet werden, da Art. 293 EGStGB sich nur auf die Ersatzfreiheitsstrafe nach § 43 erstreckt.

8   V. Bei der Verhängung der Vermögensstrafe ist das **Schuldprinzip** zu beachten. § 43 a begründet keine Strafrahmenerweiterung (BT-Drs 11/5461 S. 6). Demgemäß darf die Höhe der Freiheitsstrafe und die Vermögensstrafe, dh genauer die insoweit ausgesprochene Ersatzfreiheitsstrafe, zusammen bei der schuldangemessene Strafe nicht überschreiten. Freiheits- und Ersatzfreiheitsstrafe dürfen mithin bei einer zeitigen Freiheitsstrafe nicht über das angedrohte Höchstmaß hinausgehen (BGH NJW **95**, 1368, Düsseldorf StV **98**, 549). Das Gericht hat also, wenn es das Höchstmaß einer zeitigen Freiheitsstrafe, zB 10 Jahre bei der Verurteilung aus § 260, für schuldangemessen hält, entweder von der Vermögensstrafe abzusehen oder die Freiheitsstrafe um das Maß der Ersatzfreiheitsstrafe zu kürzen. Neben einer lebenslangen Freiheitsstrafe ist die Vermögensstrafe nur zulässig, wenn dem abgeurteilten Tatgeschehen eine besondere Schuldschwere zugrunde liegt, die nach § 57 a eine Verlängerung der Vollstreckungsdauer rechtfertigt. Nur dann liegt ein höheres Schuldmaß vor, das eine zusätzliche Strafe erlaubt, und nur dann läßt sich die zusätzliche Strafe bei der Festlegung der Vollstreckungsdauer (vgl. § 57 a RN 7) ausgleichen. IdR wird allerdings eine besondere Schuldschwere zu bejahen sein. Denn die Delikte, bei denen die Verhängung einer Vermögensstrafe zulässig ist, stehen zumeist neben (Tateinheit oder Tatmehrheit) dem Delikt, das zur lebenslangen Freiheitsstrafe führt (zB Mord), und sie müssen als solche bereits ein Schuldmaß aufweisen, das zu einer 2 Jahre übersteigenden Freiheitsstrafe geführt hätte (vgl. o. 4).

9   VI. Ob die Vermögensstrafe verhängt und inwieweit sie dem Höchstmaß angenähert wird, liegt im pflichtgemäßen **Ermessen** der Gerichte. Abzuwägen ist, ob es unter Berücksichtigung der Gesamtumstände einschließlich des unter § 43 a zugelegten Zwecks angebracht ist, die an sich schuldangemessene Freiheitsstrafe zu kürzen und ihr die Vermögensstrafe anzufügen oder ohne Kürzung allein auf die schuldangemessene Freiheitsstrafe zurückzugreifen. Von wesentlicher Bedeutung ist insoweit, ob zu befürchten ist, daß ein unangetastetes Vermögen (ganz oder zT) dem Bereich der organisierten Kriminalität zufließen und zum Erhalt, Ausbau oder Neuaufbau einer auf kriminellen Erwerb gerichteten Organisation eingesetzt oder anderweitig kriminellen Zwecken dienen wird (vgl. auch LG Bad Kreuznach StV **94**, 141). Ist das nicht der Fall, etwa bei bandenmäßigem Diebstahl oder bandenmäßiger Hehlerei von Autoradios durch junge Leute, so bedarf es keiner Vermögensstrafe. Eine nur vage Möglichkeit, das Vermögen könne einer kriminellen Organisation zugute kommen, begründet nicht die Notwendigkeit der Vermögensstrafe. Zu erwägen ist auch, ob statt der Vermögensstrafe eine Geldstrafe nach § 41 neben die Freiheitsstrafe zu treten hat, um den Täter mit einer fühlbaren Einbuße an finanziellen Mitteln zu belasten. Reicht eine kumulative Geldstrafe nach § 41 aus, so erübrigt sich die Vermögensstrafe. Unzulässig ist, eine Geldstrafe über § 41 zusammen mit der Vermögensstrafe zu verhängen (§ 41 S. 2). Bei der Gesamtwürdigung sind auch der Unrechtsgrad und die Schuldgröße zu berücksichtigen. Bei erheblicher Unrechts- und Schuldschwere ist eher auf die Vermögensstrafe oder auf einen den Gesamtwert des Vermögens erreichenden oder ihm nahekommenden Geldbetrag zu erkennen als bei weniger schwerem Unrecht und geringer Schuld. Ferner kann der Vermögensumfang bedeutsam sein. Bei größerem Umfang läßt sich der durch einen Geldbetrag abzuschöpfende Anteil am Vermögen idR höher festsetzen als bei kleinerem Vermögen (vgl. Lackner 7). Ein weiterer Faktor bei der Gesamtwürdigung ist die Auswirkung der Vermögensstrafe auf Angehörige, die an der abgeurteilten Tat nicht beteiligt waren. Je mehr sie durch die Vermögensstrafe betroffen werden und unter ihr leiden müssen, desto größer sind die Abstriche an dem zu leistenden Geldbetrages an den Vermögenswerten lassen sich vertreten. Je mehr der Täter über die Vermögenswerte für eigene, insb. kriminelle Zwecke verfügen kann oder mutmaßlich verfügen wird, desto mehr kann der Geldbetrag in die Nähe des Höchstmaßes rücken. Zur Zumessung der Vermögensstrafe vgl. auch v. Selle wistra 95, 165.

10   VII. Entsprechend § 42 hat das Gericht **Zahlungserleichterungen** zu bewilligen, wenn die sofortige Zahlung des auferlegten Geldbetrages dem Verurteilen nach seinen persönlichen und wirtschaftlichen Verhältnissen nicht zuzumuten ist (Abs. 2). Zu den Voraussetzungen und den Modalitäten von Zahlungserleichterungen vgl. die Ausführungen zu § 42, die für die Vermögensstrafe sinngemäß gelten. Wie bei der Geldstrafe können Zahlungserleichterungen auch noch nach Rechtskraft des Urteils gewährt werden (§ 459 i I StPO iVm § 459 a StPO). Im Rahmen des § 43 a sind wegen der Gefahr, daß Vermögenswerte kriminellen Organisationen zugeführt werden (vgl. o. 9), an die Unzumutbarkeit sofortiger Zahlung strengere Anforderungen zu stellen als bei § 42. Eine sofortige Zahlung kann etwa unzumutbar sein, wenn sie sich für Angehörige, die an der abgeurteilten Tat unbeteiligt waren, überaus nachhaltig auswirkt, zB in wirtschaftliche Not bringt.

VIII. Zur Vermögensstrafe bei der **Konkurrenz** von Delikten vgl. § 52 IV (Tateinheit) und §§ 53 **11** III, 54 II, 55 II (Tatmehrheit). Zur **verfahrensrechtlichen Sicherung** der Durchsetzung der Vermögensstrafe vgl. § 111 o StPO (dinglicher Arrest) und § 111 p StPO (Vermögensbeschlagnahme). Zum Verstoß gegen das **Verschlechterungsverbot** gilt das in RN 23 zu § 40 Gesagte entsprechend (vgl. auch BGH NJW 97, 2335 m. Anm. Radtke JR 98, 114: Erhöhung einer Freiheitsstrafe bei Wegfall einer Vermögensstrafe unzulässig).

– Nebenstrafe –

§ 44 Fahrverbot

(1) Wird jemand wegen einer Straftat, die er bei oder im Zusammenhang mit dem Führen eines Kraftfahrzeugs oder unter Verletzung der Pflichten eines Kraftfahrzeugführers begangen hat, zu einer Freiheitsstrafe oder einer Geldstrafe verurteilt, so kann ihm das Gericht für die Dauer von einem Monat bis zu drei Monaten verbieten, im Straßenverkehr Kraftfahrzeuge jeder oder einer bestimmten Art zu führen. Ein Fahrverbot ist in der Regel anzuordnen, wenn in den Fällen einer Verurteilung nach § 315 c Abs. 1 Nr. 1 Buchstabe a, Abs. 3 oder § 316 die Entziehung der Fahrerlaubnis nach § 69 unterbleibt.

(2) Das Fahrverbot wird mit der Rechtskraft des Urteils wirksam. Für seine Dauer werden von einer deutschen Behörde ausgestellte nationale und internationale Führerscheine amtlich verwahrt. Dies gilt auch, wenn der Führerschein von einer Behörde eines Mitgliedstaates der Europäischen Union oder eines anderen Vertragsstaates des Abkommens über den Europäischen Wirtschaftsraum ausgestellt worden ist, sofern der Inhaber seinen ordentlichen Wohnsitz im Inland hat. In anderen ausländischen Führerscheinen wird das Fahrverbot vermerkt.

(3) Ist ein Führerschein amtlich zu verwahren oder das Fahrverbot in einem ausländischen Führerschein zu vermerken, so wird die Verbotsfrist erst von dem Tage an gerechnet, an dem dies geschieht. In die Verbotsfrist wird die Zeit nicht eingerechnet, in welcher der Täter auf behördliche Anordnung in einer Anstalt verwahrt worden ist.

Vorbem. Abs. 2 aF aufgehoben durch 32. StÄG v. 1. 6. 1995, BGBl. I 747. Bisherige Abs. 3 u. 4 in teilweise neuer Fassung sind auf Grund des Ges. v. 24. 4. 1998, BGBl I 747 nunmehr Abs. 2 u. 3.

Schrifttum: Bode, Voraussetzungen des Fahrverbots, DAR 70, 57. – *Cramer,* Die Austauschbarkeit der Entziehung der Fahrerlaubnis gegen ein Fahrverbot, NJW 68, 1764. – *Herlan,* Entziehung der Fahrerlaubnis und Fahrverbot durch Strafrichter und Verwaltungsbehörden (1972). – *Himmelreich-Hentschel,* Fahrverbot, Führerscheinentzug, 8. A. 1995. – *Kulemeier,* Fahrverbot (§ 44 StGB) und Entzug der Fahrerlaubnis (§§ 69 ff. StGB), 1991. – *Pohlmann,* Das Fahrverbot in vollstreckungsrechtlicher Sicht, Rpfl. 65, 73. – *Warda,* Das Fahrverbot gem. § 37 StGB, GA 65, 56. – *Wollentin-Breckerfeld,* Verfahrensrechtliche Schwierigkeiten bei der Durchsetzung des Fahrverbots, NJW 66, 632. – Vgl. ferner das Schrifttum zu § 315 c.

I. § 44 ermöglicht, als **Nebenstrafe** das Führen von Kraftfahrzeugen jeder oder einer bestimmten **1** Art für die Dauer von 1 bis zu 3 Monaten zu verbieten. Im Gegensatz zur Fahrerlaubnisentziehung (§ 69), die als Maßregel der Besserung und Sicherung zum Führen von Kraftfahrzeugen ungeeignete Personen vom Straßenverkehr ausschließt (vgl. § 69 RN 2), soll das Fahrverbot bei Verkehrsverstößen, die noch nicht die mangelnde Eignung ergeben, der Repression und Warnung dienen, wobei die spezialpräventive Einwirkung auf den Täter im Vordergrund steht („Denkzettelstrafe", vgl. BVerfGE **27** 36, Stuttgart NJW **67**, 1766, Celle MDR **68**, 862, NJW **69**, 1187, Köln NZV **96**, 286, Lackner JZ 65, 94, Warda GA 65, 72 f.), jedoch auch die Abschreckung anderer in Betracht kommt (Bay DAR **67**, 138). Das **Fahrverbot** hat **Strafcharakter** (vgl. E 62 Begr. 175 ff., Hamburg DAR **65**, 215). Es ist daher eine ungeeignete und unzulässige Sanktion, wenn altersbedingter Abbau einen Eignungsmangel ergibt (LG München II DAR **76**, 22). Da es sich nur gegen bestimmte Tätergruppen richtet, stellt es eine Sonderstrafe dar (vgl. dazu v. Weber DRiZ 51, 153). Zur Entstehungsgeschichte vgl. Lackner JZ 65, 94. Zur Reform vgl. Jagusch NJW 59. DJT NJW 92, 3022. Zu Ansätzen, das Fahrverbot zu einer Hauptstrafe zu machen, und gegen sie Fehl DAR 98, 379.

Fahrverbot und *Fahrerlaubnisentziehung* schließen sich grundsätzlich gegenseitig aus, da ein Fahrverbot **2** nur bei Tätern in Betracht kommt, die sich noch nicht als ungeeignet zum Führen von Kraftfahrzeugen erwiesen haben, die Fahrerlaubnisentziehung hingegen gerade den Eignungsmangel voraussetzt (Braunschweig VRS **31** 104, Nüse JR 65, 43). Ausnahmsweise kann ein Fahrverbot neben der Entziehung ergehen, wenn auch das Führen fahrerlaubnisfreier Fahrzeuge (zB Mofas) untersagt werden soll (Düsseldorf VM **70**, 68, LG Bonn DAR **78**, 195) oder der Täter auf Grund einer Ausnahme von der Sperre eine beschränkte Fahrerlaubnis (vgl. § 69 a II) besitzt und eine Tat gemäß § 44 geahndet werden soll (vgl. Warda GA 65, 66 f., Cramer 10). Über die Wirkung des Fahrverbots für die Verwaltung vgl. OVG Lüneburg NJW 71, 956.

Trotz unterschiedlicher Ausgestaltung von Fahrverbot und Fahrerlaubnisentziehung als Nebenstrafe **3** und Maßregel ähneln sich beide in der Auswirkung auf Betroffene (krit. Cramer § 69 RN 8); daher steht das Verbot der **reformatio in peius** einem Austausch von Fahrerlaubnisentziehung gegen Fahrverbot durch das Rechtsmittelgericht nicht entgegen (Frankfurt NJW **68**, 1793, Stuttgart NJW **68**, 1792, Celle NdsRpfl **69**, 192, Schleswig SchlHA **71**, 57, Koblenz VRS **47** 416, Cramer NJW **68**, 1764). Ferner verstößt das in 2. Instanz angeordnete Fahrverbot nicht gegen das Verschlechterungsverbot, wenn es zusammen mit einer Geldstrafe an die Stelle einer Freiheitsstrafe tritt und seine Dauer und die Tagessatzzahl die Höhe der Freiheitsstrafe nicht übersteigen (Bay MDR **78**, 422). Wohl aber ist die Verhängung eines Fahrverbots in 2. Instanz mit dem Verschlechterungsverbot unvereinbar, wenn zum Ausgleich nur die Tagessatzzahl einer Geldstrafe herabgesetzt wird (vgl. Geppert LK 110, Lackner 12; and. Schleswig NStZ **84**, 90, das auf die konkreten Umstände des Einzelfalles abstellt). Zur Auswirkung des Verschlechterungsverbots auf eine Geldstrafe bei Aufhebung des Fahrverbots in der Rechtsmittelinstanz vgl. § 40 RN 23.

II. Die **Voraussetzungen** des Fahrverbots sind folgende:

4   1. Der Täter muß eine **Straftat** begangen haben. Nach § 25 StVG kann zwar auch wegen einer Verkehrsordnungswidrigkeit ein Fahrverbot ergehen. Es ist dann aber keine Strafe, sondern eine erzieherische Nebenfolge (vgl. BVerfGE **27** 36).

5   a) *Straftat* ist nur die tatbestandsmäßig-rechtswidrige u. schuldhafte Tat. Im Gegensatz zur Fahrerlaubnisentziehung, die auch gegen Schuldunfähige ausgesprochen werden kann (vgl. § 69 RN 23 ff.), setzt das Fahrverbot als Nebenstrafe volldeliktisches Handeln voraus. Deshalb kann es zwar gegen vermindert schuldfähige, nicht aber gegen schuldunfähige Täter verhängt werden. Unerheblich ist, ob die Tat vorsätzlich oder fahrlässig begangen wurde. Auch einen versuchte Tat reicht aus. Dagegen ist ein Fahrverbot nicht (mehr) möglich, wenn die Straftat verjährt oder ein erforderlicher Strafantrag nicht gestellt ist.

6   b) Außer den u. 7 genannten Voraussetzungen enthält § 44 keine Einschränkungen hinsichtlich der Straftat. Grobe oder beharrliche Verletzung der Pflichten eines Kraftfahrzeugführers, wie sie § 25 StVG voraussetzt, ist nicht erforderlich (BGH **24** 350). Auszuscheiden haben aber, sofern der Täter sich nicht bereits mehrfach über verkehrsrechtlich hinweggesetzt hat, *Straftaten von geringem Gewicht*, etwa eine durch eine Verkehrsordnungswidrigkeit verursachte leichtfahrlässige Körperverletzung geringen Ausmaßes (zust. Herzog NK 11). Einem Fahrverbot in solchen Fällen steht der Verhältnismäßigkeitsgrundsatz (vgl. § 46 RN 74) entgegen. Zum Verhältnis zu § 25 StVG, § 2 KatV vgl. Köln NZV **96**, 286.

7   2. Wie bei § 69 muß die Straftat entweder **beim Führen eines Kraftfahrzeugs** oder im Zusammenhang damit oder unter Verletzung der Pflichten eines Kraftfahrzeugführers begangen werden. Vgl. dazu § 69 RN 10 ff.

8   3. Weiter muß der Täter wegen einer solchen Straftat zu einer **Freiheits-** oder einer **Geldstrafe verurteilt** worden sein. Für ein hiervon unabhängiges Fahrverbot als Hauptstrafe Schöch Gutachten zum 59. DJT C 119; and. 59. DJT (NJW 92, 3022), Kulemeier NZV 93, 212.

9   a) Da das Fahrverbot nur Nebenstrafe sein soll, setzt es die Verurteilung zu einer Freiheits- oder einer Geldstrafe voraus. Gegenüber Jugendlichen kann es jedoch auch neben Erziehungsmaßregeln und *Zuchtmitteln* verhängt werden (vgl. §§ 8 III, 76 JGG; dazu Warda GA 65, 68, Bay DAR/R **70**, 261) sowie neben der Aussetzung der Verhängung der Jugendstrafe gem. § 27 JGG (Diemer/Schoreit/Sonnen JGG, 2. A. 1995, § 27 RN 11, Ostendorf JGG, 4. A. 97, § 27 RN 9, Cramer 34, Lackner 5; and. Tröndle/Fischer 8, Eisenberg § 27 RN 20, Himmelreich-Hentschel aaO RN 272, Horn SK 6, Geppert LK 12, Herzog NK 13, J/Hentschel 9, Warda GA 65, 68).

10   b) Das Fahrverbot wird nicht dadurch ausgeschlossen, daß das Gericht gem. § 56 die Hauptstrafe zur *Bewährung aussetzt* (Tröndle 8); denn auch dann liegt eine Verurteilung zur Hauptstrafe vor; daß die Strafe einstweilen nicht vollstreckt wird, ändert daran nichts. Vgl. auch § 69 RN 21. Wird dagegen trotz Schuldspruchs *von Strafe abgesehen* (nach § 60 oder zB § 320), so ist ein Fahrverbot ausgeschlossen, da es an einer Hauptstrafe fehlt (Warda GA 65, 67f., Geppert LK 8). Ebensowenig ist mangels einer Verurteilung zu einer Hauptstrafe ein Fahrverbot zulässig, wenn eine Verwarnung mit Strafvorbehalt ausgesprochen wird (vgl. § 59 RN 5). Es kann auch nicht in den Strafvorbehalt einbezogen werden (Bay NJW **76**, 301).

11   4. **Nicht** erforderlich ist hingegen, daß die Straftat die **mangelnde Eignung** des Täters zum Führen von Kraftfahrzeugen ergibt. Liegt eine solche Ungeeignetheit vor, so hat das Gericht ggf eine Fahrerlaubnisentziehung nach § 69 anzuordnen (Lackner JZ 65, 94 f.).

12   5. **Unerheblich** ist, ob der Täter zZ der Tat oder der Aburteilung eine **Fahrerlaubnis** besitzt. Deshalb kann ein Fahrverbot insb. auch verhängt werden, wenn der Täter im Zeitpunkt der Entscheidung kurz vor Erlangung einer Fahrerlaubnis oder vor Ablauf einer Sperrfrist steht (vgl. Warda GA 65, 68 f.), ferner, wenn es um das Führen fahrerlaubnisfreier Kraftfahrzeuge geht.

III. Die **Anordnung** des **Fahrverbots**.

13   1. Das Fahrverbot kann durch **Urteil** oder durch Strafbefehl (§ 407 II Nr. 1 StPO) ausgesprochen werden, ebenso im beschleunigten Verfahren (§§ 417 ff. StPO, K/Meyer-Goßner § 419 RN 1). Zur Aufrechterhaltung im Berufungsverfahren trotz teilweisen Freispruchs vgl. Bay DAR **66**, 270.

14   2. Die Verhängung des Fahrverbots steht im **Ermessen** des Gerichts (vgl. Abs. 1). Dabei ist stets zu beachten, daß Hauptstrafe und Fahrverbot zusammen das Maß der Tatschuld nicht überschreiten

dürfen (BGH **29** 60, Düsseldorf VRS **84** 337). Dauer einer Freiheitsstrafe oder Tagessatzahl bei Geldstrafe und Dauer des Fahrverbots dürfen das Höchstmaß der Hauptstrafe nicht überschreiten.

a) Im Gegensatz zur Fahrerlaubnisentziehung (vgl. § 69 RN 57) muß ein Fahrverbot nicht angeordnet werden, wenn die Voraussetzungen an sich gegeben sind. Der Richter hat vielmehr nach pflichtgemäßem Ermessen zu entscheiden, ob die **Strafzwecke** (vgl. o. 1) durch eine Hauptstrafe allein oder besser durch deren Verbindung mit einem Fahrverbot erreicht werden können. Reicht die Hauptstrafe aus, so bedarf es eines Fahrverbots nicht (BGH **24** 350, Bremen DAR **88**, 389, Köln NZV **92**, 159, Stuttgart DAR **98**, 153). Zu prüfen ist, ob der Täter die Fahrerlaubnis derart zur Störung der Rechtsordnung mißbraucht hat, daß die Verhängung eines Fahrverbots neben der Hauptstrafe angebracht erscheint. Insoweit ist weder erforderlich, daß der Täter Verkehrsregeln wiederholt und hartnäckig mißachtet hat, noch, daß er besonders verantwortungslos gehandelt hat (BGH **24** 348). Straftaten von geringem Gewicht reichen jedoch für sich allein idR nicht aus (vgl. o. 6). Wesentlicher Faktor für die Ermessensentscheidung ist der Umfang, in dem der Täter auf das Fahren angewiesen ist (Celle VRS **62** 39). In Fällen außergewöhnlicher Härte ist vom Fahrverbot abzusehen (vgl. Celle DAR **86**, 152, Bay NJW **89**, 2004 zu § 25 StVG). Gehbehinderung allein genügt insoweit noch nicht (vgl. Frankfurt NZV **94**, 287 zu § 25 StVG). Nicht zu berücksichtigen ist, daß dem Täter der Führerschein nach §§ 94, 111 a StPO einstweilen entzogen worden war (and. Warda GA 65, 78 ff.); dieser Gesichtspunkt ist bei der Anrechnung gemäß § 51 V zur Geltung zu bringen (Geppert LK 26). Wäre das Fahrverbot wegen der Anrechnung allerdings nur noch von symbolischer Bedeutung, so kann das Gericht uU mangels eines kriminalpolitischen Bedürfnisses bereits vom Fahrverbot absehen (vgl. § 51 RN 36). Ein Fahrverbot kann sich ferner erübrigen, wenn die Tat lange Zeit vor der Aburteilung liegt und der Täter seitdem im Straßenverkehr nicht mehr aufgefallen ist (Düsseldorf VRS **68** 263, **84** 338; vgl. aber auch LG Stuttgart NZV **93**, 412); es steht dann zumeist auch das Verhältnismäßigkeitsprinzip einem Fahrverbot entgegen (Stuttgart DAR **99**, 180). Eine Zeit von ½ Jahren zwischen Tat und Aburteilung steht jedoch einem Fahrverbot noch nicht entgegen (Koblenz NZV **88**, 74), etwa bei körperlicher Mißhandlung eines anderen Verkehrsteilnehmers (LG Koblenz NStZ-RR **96**, 117).

b) Das *Ermessen* des Richters ist *eingeschränkt*, wenn der Täter wegen vorsätzlicher oder fahrlässiger **Trunkenheitsfahrt** (§ 315 c I Nr. 1 a, III, § 316) verurteilt wird und die Fahrerlaubnisentziehung nach § 69 unterbleibt (Abs. 1 S. 2). In diesen Fällen ist das Fahrverbot idR anzuordnen. Von der Anordnung darf der Richter nur absehen, wenn besondere Gründe dies rechtfertigen. Die Gründe sind in der Urteilsbegründung darzulegen. Ein Ausnahmefall, der das Absehen vom Fahrverbot begründet, kann etwa vorliegen, wenn die Fahrerlaubnis für längere Zeit vorläufig entzogen und deshalb eine endgültige Entziehung unterblieben war (Bay MDR **76**, 772, LG Frankfurt StV **81**, 628, Hentschel DAR 78, 102; and. BGH **29** 58, Frankfurt VRS **50** 418, Bay NStZ/J **89**, 257, Zweibrücken StV **89**, 251, Lackner 7); denn für ein Fahrverbot, das wegen Anrechnung der vorläufigen Entziehung nach § 51 V nur symbolische Bedeutung hat, besteht idR kein kriminalpolitisches Bedürfnis (ebenso Frankfurt VRS **55** 41 bei nachhaltigen Auswirkungen der vorläufigen Entziehung). Dagegen läßt sich eine Ausnahme nicht allein darauf stützen, daß es sich um einen Ersttäter handelt (vgl. Hamm NJW **74**, 1778) oder nichts passiert war. Vom Fahrverbot läßt sich auch nicht ohne weiteres absehen, wenn mit ihm Nachteile wirtschaftlicher oder beruflicher Art verbunden sind, wohl aber, wenn es den Täter insoweit außergewöhnlich hart trifft (vgl. Hamm NJW **75**, 1983). Die Ermessenseinschränkung bezieht sich allein auf das Fahrverbot wegen einer Trunkenheitsfahrt, auch im Fall des § 315 c III trotz Verweisung auf den ganzen Abs. 3, da Fahrlässigkeitstäter nicht schlechter gestellt sein dürfen als vorsätzlich Handelnde. In den anderen Fällen, in denen ein Regelbeispiel des § 69 II vorliegt und die Fahrerlaubnisentziehung unterbleibt, ist das Ermessen des Richters nicht eingeschränkt (vgl. Koblenz VRS **47** 97, Bay VRS **58** 362).

c) Im Ermessen des Gerichts steht ferner, ob es das Fahrverbot auf bestimmte Arten **beschränken** will (Abs. 1). Dies sollte die Ausnahme sein, da Verkehrsverstöße idR nicht auf Fahrzeugarten, sondern auf das Verkehrsverhalten des Täters zurückzuführen sind und eine Beschränkung auf bestimmte Fahrzeugarten den Zweck des Fahrverbots uU beeinträchtigen würde. Das trifft insb. auf Verkehrsverstöße zu, die auf charakterlicher Unzuverlässigkeit beruhen (vgl. Celle BA **89**, 288). Andererseits ist anders als bei der Fahrerlaubnisentziehung der Verhältnismäßigkeitsgrundsatz zu beachten. Bedarf es des Fahrverbots als Denkzettelstrafe nicht für jede Art von Kraftfahrzeugen, so wäre es unverhältnismäßig, dennoch ein uneingeschränktes Fahrverbot zu verhängen (vgl. Düsseldorf NZV **94**, 407: Ausnahme für landwirtschaftliche Fahrzeuge bei Verkehrsverstoß mit PKW). Eine Beschränkung des Fahrverbots ist nur zulässig, soweit nach § 5 I 2 StVZO eine Beschränkung der Fahrerlaubnis auf bestimmte Fahrzeugarten möglich ist (vgl. Geppert LK 48, Warda GA 65, 77; weitergehend LG Göttingen NJW **67**, 2320, wonach auch eine räumliche Begrenzung möglich sei). Unzulässig ist daher die Beschränkung auf Taxis (Stuttgart DAR **75**, 305; vgl. auch BGH VRS **40** 263); ebensowenig darf ein einzelnes bestimmtes Kfz. vom Fahrverbot ausgenommen werden (Hamm NJW **75**, 1983). Im übrigen gelten die für § 69 a II maßgeblichen Gesichtspunkte entsprechend (vgl. § 69 a RN 3 f.), etwa bei Berufskraftfahrern (Köln NStZ/J **91**, 577). Nachträgliche Beschränkung des Fahrverbots (Herausnahme bestimmter Fahrzeugarten) entsprechend der vorzeitigen Aufhebung einer Sperre für bestimmte Fahrzeugarten (vgl. § 69 a RN 22) ist allerdings nicht zulässig (LG Aschaffenburg DAR **78**, 277).

§ 44   18–21 a   Allg. Teil. Rechtsfolgen der Tat – Strafen

18   d) Hinsichtlich der **Dauer** des Fahrverbots steht ein Rahmen von 1–3 Monaten zur Verfügung. Damit hat das Gesetz das Fahrverbot von der Fahrerlaubnisentziehung, deren Mindestfrist 6 Monate beträgt, deutlich abgesetzt. Auch wenn mehrere Taten iSv § 44 zur Verurteilung führen, darf das Fahrverbot die Höchstgrenze von 3 Monaten nicht übersteigen; vgl. näher u. 26 f. Für Verlängerung der Verbotsdauer 59. DJT (NJW 92, 3023), Schöch Gutachten zum 59. DJT C 117.

18 a   e) Für das richterliche Ermessen bei Verhängung des Fahrverbots und Bemessung der Dauer sind die **allgemeinen Strafzumessungsregeln** maßgebend. Demgemäß darf zum Nachteil des Täters dessen Prozeßverhalten nur ausnahmsweise berücksichtigt werden (vgl. § 46 RN 41 ff., Köln VM **85**, 8), zB, wenn es das Maß zulässiger Verteidigung überschreitet und sich hieraus ein verfehlte Einstellung des Angekl. zu seiner Tat ergibt (Bay DAR/R **85**, 239). Das Nachtatverhalten kann sich auch zugunsten des Täters auswirken (vgl. Düsseldorf VRS **84** 337). Teilnahme an 4 Sitzungen eines Aufbaukurses für Verkehrsteilnehmer rechtfertigt aber nach Düsseldorf DAR **97**, 161 noch kein Absehen von einem Fahrverbot.

19   **3.** Die **Wirkung** des Fahrverbots besteht darin, daß der Täter innerhalb des festgesetzten Zeitraums von seiner Fahrerlaubnis keinen Gebrauch machen darf. Im Gegensatz zur Fahrerlaubnisentziehung nach § 69 führt das Fahrverbot nicht zum Verlust der durch die Verwaltungsbehörde erteilten Fahrerlaubnis. Das Verbot bezieht sich nur auf den Straßenverkehr (vgl. hierzu § 315 b RN 2).

20   a) Das Fahrverbot wird mit Rechtskraft der Entscheidung, auf der das Fahrverbot beruht, **wirksam** (Abs. 3 S. 1), und zwar ohne Rücksicht darauf, ob bereits eine andere Verbotsfrist läuft (vgl. dazu u. 21, 25). Ein von einer deutschen Behörde ausgestellter (nationaler oder internationaler) Führerschein ist bis zum Ablauf der Verbotsfrist in amtliche Verwahrung zu nehmen (Abs. 3 S. 2). Das hat auch dann zu gelten, wenn das Fahrverbot auf bestimmte Kraftfahrzeugarten beschränkt ist; damit der Fahrer im übrigen von seiner Fahrerlaubnis Gebrauch machen kann, muß ihm die Verwaltungsbehörde für die Dauer des Fahrverbots einen Ersatzführerschein ausstellen, aus dem die Beschränkung ersichtlich ist (vgl. E 62 Begr. 178, Geppert LK 54). Dieser Weg ist für den Betroffenen günstiger als ein Vermerk im Führerschein, da dieser sonst für immer den Stempel einer früheren Verurteilung tragen würde. Gibt der Verurteilte den Führerschein nicht freiwillig heraus, dann ist dieser nach § 463 b I StPO zu beschlagnahmen. Ist der Führerschein bereits in amtlicher Verwahrung, bleibt diese fortbestehen, wobei sich nur ihre Rechtsgrundlage ändert. Hinsichtlich ausländischer Führerscheine vgl. u. 28 f. Wie ein deutscher Führerschein wird jedoch der Führerschein eines EU-Mitgliedstaates oder eines anderen Vertragsstaates des Abkommens über den Europäischen Wirtschaftsraum behandelt, wenn sein Inhaber den ordentlichen Wohnsitz im Inland hat (Abs. 2 S. 3). Über die verfahrensrechtliche Durchsetzung des Fahrverbots vgl. Wollentin-Breckerfeld NJW 66, 632. In Härtefällen wird in Analogie zum Berufsverbot (§ 456 c StPO) ein Aufschub des Verbotseintritts oder eine Aussetzung des Verbots in Betracht zu ziehen sein (vgl. Köln NJW **87**, 82; and. AG Mainz MDR **67**, 683, Geppert LK 57; vgl. dazu Mürbe DAR 83, 47, der für Aufschub im Gnadenweg eintritt). Mit einem Aufschub ließe sich Entsprechendes bewirken, wie es § 25 II a S. 1 StVG für ordnungswidrige Verkehrsverstöße ermöglicht. Ein Härtefall kann zB bei Versäumung der Rechtsmittelfrist vorliegen, gegen die Wiedereinsetzung in den vorigen Stand beantragt worden ist; der Wiedereinsetzungsantrag als solcher beseitigt die Wirksamkeit des Fahrverbots noch nicht (Köln NJW **87**, 80).

21   b) Für die **Berechnung** der tatsächlichen Fahrverbotsdauer ist nicht der Zeitpunkt maßgebend, in dem das Fahrverbot wirksam wurde, sondern der Tag, an dem der Führerschein zwecks Vollstreckung des Fahrverbots in amtliche Verwahrung gegeben wird (Abs. 4 S. 1), wobei Abgabe bei Polizei oder Gericht genügt (Königsbauer/Birner Rpfleger 91, 492, Schäpe DAR 98, 13); über den für den Verwahrungsbeginn entscheidenden Zeitpunkt vgl. auch Koch DAR 66, 343 f. Dadurch verlängert sich das Fahrverbot um die Zeit zwischen Rechtskraft und Beginn der Verwahrung. Diese Regelung soll verhindern, daß der Täter mit Verweigerung der Herausgabe des Führerscheins das Fahrverbot praktisch umgeht (vgl. Warda GA 65, 88, auch Uhlenbruck DAR 67, 158 f., Weigelt DAR 65, 15). Über den Beginn der Verbotsfrist ist der Täter zu belehren (§ 268 c StPO), damit sich die Frist nicht unbegründet zu dessen Lasten verlängert. § 268 c StPO ist jedoch nur eine Ordnungsvorschrift, so daß die unterbliebene Belehrung den Fristbeginn unberührt läßt. Wird der Führerschein bereits amtlich verwahrt, etwa weil eine andere Fahrverbotsfrist läuft (vgl. u. 25), so beginnt die Verbotsfrist mit Rechtskraft des Fahrverbots (vgl. o. 20) zu laufen, nicht etwa erst mit Ablauf der anderen Verbotsfrist (vgl. Bay VRS **51** 223, DAR **94**, 74 m. Anm. Hentschel, LG Münster NJW **80**, 2481, Geppert LK 82, Karl NJW 87, 1063, Lackner 11, Tröndle/Fischer 12; and. Himmelreich-Hentschel aaO RN 294). Die Gegenmeinung (vgl. Himmelreich-Hentschel aaO) unterläuft den Gesetzeswortlaut damit, daß sie die amtliche Verwahrung des Führerscheins auf das jeweils zu vollstreckende Fahrverbot bezieht. Ein derartiger Bezug ergibt jedoch weder aus dem Wortlaut des Abs. 4 noch aus dessen Sinn hervor (vgl. dagegen § 25 a II a S. 2 StVG). Die Rechtskraft ist für den Fristbeginn ebenfalls maßgebend, wenn der Verurteilte bei Eintritt der Rechtskraft keine Fahrerlaubnis besitzt (vgl. Weigelt DAR 65, 15).

21 a   Zweifelhaft ist der Beginn der Verbotsfrist, wenn der vom Fahrverbot Betroffene behauptet, seinen Führerschein verloren zu haben. Es ist dann auch nach § 463 b StPO zu verfahren, so daß der Betroffene bei Nichtvorfinden des Führerscheins eine eidesstattliche Versicherung über dessen Verbleib abzugeben hat. Mit deren Abgabe, die als Ersatz für die Inverwahrnahme anzusehen ist, beginnt nunmehr die Verbotsfrist (Düsseldorf NZV **99**, 521). Wer statt dessen auf die Wirksamkeit des Fahrverbots abstellt (vgl. Grohmann DAR 88, 47), gelangt zu einer unangebrachten Besserstellung des Betroffenen gegenüber demjenigen, dessen Führerschein gefunden und beschlagnahmt wird. Zulässig dürfte auch die Aufforderung sein, sich einen Ersatzführerschein ausstellen zu lassen und diesen abzugeben. Die Abgabe des Ersatzführerscheins ist dann der maßgebliche Zeitpunkt, nach dem sich die Verbotsfrist berechnet (vgl. Düsseldorf NZV **99**, 522, Seib DAR 82, 283 und dagegen Geppert LK 65, Grohmann DAR 88, 47, Schäpe DAR 98, 13).

Die Zeit, in der sich der Täter auf Grund behördlicher Anordnung in einer (in- oder ausländischen) **22** *Anstalt* befindet (zB Verbüßung einer Freiheitsstrafe), wird in die Verbotsfrist *nicht eingerechnet* (Abs. 4 S. 2), da sonst der Zweck des Fahrverbots vereitelt werden könnte. Das gilt nicht nur für die Zeit nach Rechtskraft des Fahrverbots, sondern muß sinngemäß auch bei Anrechnung einer vorläufigen Fahrerlaubnisentziehung gelten (vgl. § 51 RN 36). Zur Anstaltsverwahrung zählt auch die Zeit des Urlaubs aus der Anstalt und des Freigangs (Stuttgart NStZ **83**, 429, Frankfurt NJW **84**, 812; Bedenken hiergegen bei Herzog NK 42).

c) Zur **Anrechnung einer vorläufigen Fahrerlaubnisentziehung** gem. § 111 a StPO bzw. einer **23** Verwahrung, Sicherstellung oder Beschlagnahme des Führerscheins gem. § 94 StPO vgl. § 51 V und RN 36 zu § 51. Zur Nichtberücksichtigung der Zeit bis zur Rechtskraft des Fahrverbots bei vorzeitiger freiwilliger Abgabe des Führerscheins vgl. Königbauer/Birner Rpfleger 91, 491.

Hat sich auf Grund der Anrechnung das Fahrverbot erledigt, so ist der Führerschein mit Verkün- **24** dung des Urteils an den Verurteilten zurückzugeben.

IV. Ist bereits ein Fahrverbot verhängt, so steht der Anordnung eines **weiteren Fahrverbots** wegen **25** einer anderen Tat grundsätzlich nichts im Weg; denn § 44 setzt nicht einmal voraus, daß der Täter eine Fahrerlaubnis besitzt (vgl. o. 12). Auch kann die erneute Straffälligkeit des Täters zeigen, daß das erste – und vielleicht zu kurz bemessene – Fahrverbot kein ausreichender Denkzettel war. Werden mehrere Fahrverbote notwendig, so wird freilich zu prüfen sein, ob nicht bereits die Voraussetzungen des § 69 vorliegen.

Für die Behandlung des mehrfachen Fahrverbots gelten die für die isolierte Sperrfrist entwickelten **26** Grundsätze entsprechend (vgl. § 69 a RN 23 ff.). Danach darf jedes der einzelnen Fahrverbote bis zur zulässigen Höchstgrenze von 3 Monaten gehen, so daß dem Betroffenen uU über einen viel längeren Zeitraum das Fahren untersagt wird.

Dies gilt jedoch gemäß § 53 III iVm § 52 IV **nicht** für die Fälle, in denen die Voraussetzungen für **27** die Bildung einer **Gesamtstrafe** gegeben sind (§§ 53, 55 bzw. § 460 StPO); vgl. hierzu § 53 RN 31, § 55 RN 61. Hier darf die Höchstgrenze von 3 Monaten nicht überschritten werden. Das gilt auch, wenn gemäß § 53 II 2 aus Freiheits- u. Geldstrafe keine Gesamtstrafe gebildet wird (vgl. § 53 RN 33) oder die nachträgliche Gesamtstrafenbildung deshalb ausscheidet, weil die frühere Strafe bereits verbüßt ist (vgl. § 55 RN 54). Vgl. auch LG Stuttgart NJW **68**, 461, Warda GA 65, 84 ff., Cramer 41. Ebenfalls ergeht nur ein Fahrverbot bis zu 3 Monaten, wenn neben § 44 an sich auch § 25 StVG anwendbar ist (Celle NZV **93**, 157).

V. Ein Fahrverbot kann für den inländischen Verkehrsbereich auch gegen Inhaber eines **ausländi- 28 schen** oder internationalen **Führerscheins** ausgesprochen werden. Zu dem hierbei erfaßten Personenkreis vgl. § 69b RN 2 f. Die frühere Einschränkung, nach der nur Taten gegen Verkehrsvorschriften Grundlage eines ausländischen Fahrverbots sein können, ist durch das 32. StÄG v. 1. 6. 1995, BGBl I 747, aufgehoben worden, so daß nunmehr Inhaber einer ausländischen Fahrberechtigung mit den Inhabern einer deutschen Fahrerlaubnis gleichgestellt sind.

Die **Wirkung** ist die gleiche wie beim Fahrverbot, das gegen Inhaber eines deutschen Führer- **29** scheins ausgesprochen wird (vgl. o. 19 f.). An die Stelle der amtlichen Verwahrung tritt jedoch beim ausländischen Führerschein ein Vermerk über das Fahrverbot (Abs. 2 S. 4). Erst mit Eintragung des Vermerks läuft die Verbotsfrist (Abs. 3 S. 1). Zur Eintragung des Vermerks kann der Führerschein beschlagnahmt werden (§ 463 b II StPO). Er ist jedoch nach Eintragung sofort an den Verurteilten zurückzugeben. Um den Eintragungsvermerk zu vermeiden, kann der Verurteilte seinen Führerschein in amtliche Verwahrung geben.

VI. Zuwiderhandlungen gegen das Fahrverbot sind nach **§ 21 StVG** strafbar, und zwar bei **30** vorsätzlicher Mißachtung des Fahrverbots mit Freiheitsstrafe bis zu 1 Jahr oder Geldstrafe, bei fahrlässiger Tatbegehung mit Freiheitsstrafe bis zu 6 Monaten oder Geldstrafe bis zu 180 Tagessätzen (verfassungsrechtliche Bedenken bei Cramer DAR 98, 464). Gleiche Strafe trifft den Fahrzeughalter, der vorsätzlich oder fahrlässig anordnet oder zuläßt, daß sein Fahrzeug von jemandem geführt wird, gegen den gem. § 44 ein Fahrverbot verhängt ist. Nach § 21 III StVG ist zudem die **Einziehung** des Fahrzeugs zulässig, wobei die §§ 74 ff. zu beachten sind. Auch Verhängung eines weiteren Fahrverbots ist nicht ausgeschlossen (vgl. o. 25).

VII. Ein **Rechtsmittel** läßt sich grundsätzlich nicht auf das Fahrverbot beschränken, da Haupt- **31** und Nebenstrafe zumeist einen inneren Zusammenhang aufweisen (vgl. Düsseldorf NZV **93**, 76, Händel NJW 71, 1472). Ausnahmsweise ist eine Beschränkung zulässig, wenn das Fahrverbot erkennbar Art und Höhe der Hauptstrafe nicht beeinflußt hat und selbst unabhängig von der Bemessung der Hauptstrafe ist (Hamm VRS **49** 275, Bay DAR/R **85**, 239).

Stree

– Nebenfolgen –

§ 45 Verlust der Amtsfähigkeit, der Wählbarkeit und des Stimmrechts

(1) Wer wegen eines Verbrechens zu Freiheitsstrafe von mindestens einem Jahr verurteilt wird, verliert für die Dauer von fünf Jahren die Fähigkeit, öffentliche Ämter zu bekleiden und Rechte aus öffentlichen Wahlen zu erlangen.

(2) Das Gericht kann dem Verurteilten für die Dauer von zwei bis zu fünf Jahren die in Absatz 1 bezeichneten Fähigkeiten aberkennen, soweit das Gesetz es besonders vorsieht.

(3) Mit dem Verlust der Fähigkeit, öffentliche Ämter zu bekleiden, verliert der Verurteilte zugleich die entsprechenden Rechtsstellungen und Rechte, die er innehat.

(4) Mit dem Verlust der Fähigkeit, Rechte aus öffentlichen Wahlen zu erlangen, verliert der Verurteilte zugleich die entsprechenden Rechtsstellungen und Rechte, die er innehat, soweit das Gesetz nichts anderes bestimmt.

(5) Das Gericht kann dem Verurteilten für die Dauer von zwei bis zu fünf Jahren das Recht, in öffentlichen Angelegenheiten zu wählen oder zu stimmen, aberkennen, soweit das Gesetz es besonders vorsieht.

1 I. Die Vorschrift läßt als automatische Nebenfolge bei bestimmten schwerwiegenden Verurteilungen den zeitlich begrenzten **Verlust der Amtsfähigkeit** und der **Wählbarkeit** eintreten (krit. dazu Jekewitz GA 77, 169). Außerdem räumt sie dem Gericht die Befugnis ein, diese Fähigkeiten oder das aktive Wahlrecht für eine bestimmte Dauer abzuerkennen, soweit das Gesetz diese Möglichkeit besonders vorsieht. Unabhängig von § 45 ist ferner vom Wahlrecht und von der Wählbarkeit ausgeschlossen, wer nach § 63 in einem psychiatrischen Krankenhaus untergebracht ist (§§ 13 Nr. 3, 15 II BWahlG idF v. 23. 7. 1993, BGBl I 1288). Andererseits ist § 45 auf Jugendliche nicht anwendbar (§ 6 JGG); bei Heranwachsenden kann das Gericht anordnen, daß die Folgen des Abs. 1 nicht eintreten (§ 106 II 2 JGG). Gegen § 45 und für dessen Streichung Nelles JZ 91, 17; vgl. auch AE AT, 2. A., Begr. 77, Jescheck/Weigend 786. Aus kriminalpolitischer Sicht ist § 45 in der Tat mehr als fragwürdig und durchaus entbehrlich.

2 **II. Amtsunfähigkeit und Verlust des passiven Wahlrechts**

3 1. Die Unfähigkeit, öffentliche Ämter zu bekleiden und Rechte aus öffentlichen Wahlen zu erlangen, ist nach Abs. 1 die **automatische Folge** der Verurteilung wegen eines Verbrechens zu einer Freiheitsstrafe von mindestens **einem Jahr**. Es genügt Verurteilung wegen Versuchs, Teilnahme oder nach § 30, da diese Begehungsformen ebenfalls Verbrechen sind. Abs. 1 gilt auch, wenn die Strafe zur Bewährung ausgesetzt wird oder wegen U-Haft als verbüßt gilt. Bei Gesamtstrafenbildung sind die jeweiligen Einzelstrafen maßgebend, nicht die Gesamtstrafe (Tröndle LK 12; and. BGH NStZ **81**, 342). Verhängt das Gericht bei einem Verbrechen auf Grund einer Strafmilderungsvorschrift eine Freiheitsstrafe unter einem Jahr, so ist Abs. 1 nicht anwendbar. Abs. 1 erfaßt auch Ausländer (Diether Rpfleger 81, 219).

4 2. Das Gericht hat ferner die **Möglichkeit**, die in Abs. 1 genannten Fähigkeiten für die Dauer von 2–5 Jahren **abzuerkennen (Abs. 2)**, soweit das Gesetz es besonders vorsieht, zB in §§ 92 a, 101, 102 II, 109 i. Die Aberkennungsmöglichkeit ist in § 358 auf die Amtsfähigkeit beschränkt, in den §§ 108 c, 108 e II auf das passive und aktive Wahlrecht. Die in das Ermessen des Gerichts gestellte Anordnung ist nicht von den in Abs. 1 genannten Voraussetzungen abhängig, kann also auch bei Vergehen und bei Freiheitsstrafe unter einem Jahr erfolgen. Welche Voraussetzungen im einzelnen vorliegen müssen, ist jeweils in den genannten Bestimmungen des BT gesagt. Zweifelhaft ist, ob es sich um eine Nebenfolge mit strafähnlichem oder präventivem Charakter handelt (vgl. dazu Jescheck/Weigend 785). Je nach der Einstufung bestimmt sich die Bemessung der Aberkennungsdauer (vgl. u. 13). Für strafähnlichen Charakter spricht die systematische Einordnung innerhalb des StGB. Die Nebenfolge ist als Annex im Titel „Strafen" und vor dem Titel „Strafbemessung" geregelt. Wer hingegen die Notwendigkeit, den Täter angesichts der abgeurteilten Straftat für eine bestimmte Zeit von öffentlichen Funktionen und Rechten fernzuhalten, in den Vordergrund stellt, läßt das präventive Moment überwiegen und löst sich von der systematischen Einordnung. Dem ist entgegenzuhalten, daß hiernach das Schuldprinzip seine begrenzende Wirkung verliert, was mit der systematischen Einordnung schwer vereinbar ist. Unter dem Gesichtspunkt des strafähnlichen Charakters ist die Dauer der Aberkennung nach den allgemeinen Zumessungsregeln des § 46 zu bemessen (vgl. u. 13). Die Aberkennung der in Abs. 1 genannten Fähigkeiten ist auch gegenüber Ausländern möglich (BGH NJW **52**, 234).

5 3. Der Verlust der in Abs. 1 genannten Fähigkeiten hat zugleich den **Verlust des bisherigen Besitzstandes** zur Folge. Nach Abs. 3 verliert der Verurteilte mit der Amtsunfähigkeit die entsprechenden Rechtsstellungen und Rechte, die er innegehabt hat; nach Abs. 4 gilt Entsprechendes für Rechtsstellungen und Rechte, die aus öffentlichen Wahlen hervorgegangen sind. Letzteres geschieht allerdings nur unter der Einschränkung, daß das Gesetz nichts anderes bestimmt. Eine solche abweichende Bestimmung enthält § 47 BWahlG für den Verlust des Mandats im Bundestag.

Diese Folgen treten nicht nur dann ein, wenn nach Abs. 1 die genannten Fähigkeiten automatisch **6** verlorengehen, sondern **auch bei** der ausdrücklichen Aberkennung nach **Abs. 2.**

4. Öffentliche Ämter sind alle (inländischen) Stellungen, in denen Dienstverrichtungen wahr- **7** zunehmen sind, die sich aus der Staatsgewalt ableiten und staatlichen Zwecken dienen (RG **62** 26). Dazu gehören nicht nur alle Ämter der staatlichen Verwaltung und der Justiz, sondern auch der Körperschaften des öffentlichen Rechts und der öffentlichen Anstalten, soweit sie staatlichen Zwecken dienen (OVG Münster DÖV **54**, 439). Das ist zB im Bereich der Sozialversicherung der Fall (vgl. RG **41** 129). Ein öffentliches Amt bekleiden ebenfalls Laienrichter und Notare. Kirchliche Ämter werden nicht erfaßt, auch nicht, wenn es sich um religiöse Gesellschaften handelt, die Körperschaften des öffentl. Rechts sind, da diese keine staatlichen Zwecke verfolgen (RG **47** 51).

Nicht erfaßt sind die **Rechtsanwälte.** Für sie führen aber die §§ 7 Nr. 2, 14 II Nr. 2 BRAO zur **8** entsprechenden Rechtsfolge.

5. Die Unfähigkeit, Rechte aus öffentlichen Wahlen zu erlangen, betrifft nur (inländische) **Wahlen** **9** **in öffentlichen Angelegenheiten.** Es brauchen nicht notwendig solche des Staates wie die Bundestags- oder die Landtagswahlen zu sein; es kommen auch andere Wahlen in Frage, soweit sie Betätigungen des Verurteilten im öffentlich-rechtlichen Bereich betreffen. Daher gehören zu den Wahlen auch solche zu den Gremien der Körperschaften des öffentlichen Rechts. Ebensowenig wie kirchliche Ämter (o. 7) werden aber Wahlen zu kirchlichen Organen erfaßt.

6. Für Beamte spricht das **Beamtenrecht** die sich aus § 45 ergebenden Folgen **noch einmal** aus. **10** Mit der Rechtskraft eines Urteils mit den Wirkungen des § 45 scheidet der Beamte aus dem Amt aus (§ 48 BBG). Er hat keinen Anspruch auf Dienstbezüge und Versorgung und darf die Amtsbezeichnung und die Titel, die ihm in seinem Amt verliehen worden sind, nicht führen (vgl. § 49 BBG). Wird eine nach § 45 amtsunfähige Person zum Beamten ernannt, dann ist die Ernennung nichtig (§ 11 II Nr. 3 BBG). Sie ist jedoch Amtsträger iS des Strafrechts (RG **54** 15), solange ihr nicht die weitere Führung der Dienstgeschäfte untersagt worden ist (vgl. § 13 BBG). Vgl. auch § 24 BRRG.

7. § 45 verbindet mit der Amtsunfähigkeit nicht den Verlust der **Würden, Titel, Orden** und **11** Ehrenzeichen. Insoweit gelten die Gesetze, die sich mit der Verleihung von Titeln usw beschäftigen und Vorschriften darüber enthalten, unter welchen Voraussetzungen und auf welche Weise diese Titel usw wieder entzogen werden können. Vgl. AkadG sowie Ges. über Titel, Orden und Ehrenzeichen v. 26. 7. 1957, BGBl. I 844.

8. Weitere Rechtsfolgen knüpfen sich an eine Verurteilung iSv § 45 nach anderen gesetzlichen **12** Vorschriften, so der Verlust der Wählbarkeit als Personalratsmitglied (§ 14 I PersonalvertretungsG), der Ausschluß vom Wehrdienst (§ 10 I WehrpflichtG) und vom Zivildienst (§ 9 I ZDG) usw.

III. Das Gericht hat ferner die Möglichkeit, dem Verurteilten für die Dauer von 2–5 Jahren das **13** **aktive Wahlrecht abzuerkennen,** soweit das Gesetz es besonders vorsieht **(Abs. 5),** wie in den §§ 92 a, 101, 102 II, 108 e II, 109 i. Bei der Entscheidung sind, sofern der Nebenfolge strafähnlicher Charakter zugesprochen wird (o. 4), die allgemeinen Zumessungsregeln des § 46 einschließlich präventiver Aspekte zu berücksichtigen (Tröndle LK 15, Tröndle/Fischer 9, Lackner 3). Wird dagegen der Nebenfolge präventiver Charakter zuerkannt, so ist allein auf Präventivgesichtspunkte abzustellen (so Horn SK 12).

IV. Wird ein Strafurteil, das die Wirkungen des § 45 ausgelöst hat, im **Wiederaufnahmeverfahr-** **14** **en** aufgehoben und durch ein Urteil ersetzt, das diese Folgen nicht hat, so entfallen damit die Wirkungen des § 45. Ausgenommen sind die nach Abs. 3, 4 eingetretenen Folgen, da sie sich nicht ohne weiteres rückgängig machen lassen (vgl. RG **57** 313, Diether Rpfleger 81, 220, Tröndle LK 43). Das gilt auch für einen Abgeordneten, der nach Abs. 4 sein Mandat verloren hat. Für den Verlust der Amtsfähigkeit bei Beamten vgl. § 51 BBG.

V. Die Folgen des § 45 treten **von Rechts wegen** ein, und zwar mit Rechtskraft des Urteils **15** (§ 45 a I). Einer besonderen Anordnung bedarf es nur dort, wo § 45, wie in Abs. 2 und 5, die Entscheidung in das Ermessen des Gerichtes stellt. Ohne Bedeutung ist, ob die Freiheitsstrafe später verbüßt wird. Bei Beamten bedarf es zum Erlöschen ihrer Rechtsstellung keines Disziplinarverfahrens, die Wirkungen treten nach Abs. 3 automatisch ein (vgl. § 48 BBG).

VI. Das **Begnadigungsrecht** kann auch in die Rechtsfolgen des § 45 eingreifen. Es umfaßt außer **16** den Hauptstrafen auch die Nebenstrafen und Nebenfolgen, die im Urteil ausgesprochen sind oder sich kraft Gesetzes aus ihm ergeben (§ 3 II GnadenO). Der Gnadenerweis muß sich jedoch ausdrücklich auf die genannten Nebenwirkungen erstrecken. Wird eine wegen eines Verbrechens ausgesprochene Strafe von 2 Jahren im Gnadenweg in eine solche von 10 Monaten umgewandelt, so werden dadurch die Wirkungen des § 45 nicht beseitigt.

Für die **beamtenrechtlichen Folgen** sieht § 50 BBG eine Beseitigung der Wirkungen im **17** Gnadenweg vor. Geschieht dies, so sind die Folgen die gleichen, wie wenn ein solches Urteil im Wiederaufnahmeverfahren beseitigt werden würde (§ 51 BBG).

VII. Zur Berücksichtigung der Nebenfolgen, namentlich des Verlustes der Beamtenrechte, bei der **18** Strafzumessung vgl. § 46 RN 55, bei der Strafrahmenwahl vgl. 47 vor § 38.

§ 45 a Eintritt und Berechnung des Verlustes

(1) **Der Verlust der Fähigkeiten, Rechtsstellungen und Rechte wird mit der Rechtskraft des Urteils wirksam.**

(2) **Die Dauer des Verlustes einer Fähigkeit oder eines Rechts wird von dem Tage an gerechnet, an dem die Freiheitsstrafe verbüßt, verjährt oder erlassen ist.** Ist neben der Freiheitsstrafe eine freiheitsentziehende Maßregel der Besserung und Sicherung angeordnet worden, so wird die Frist erst von dem Tage an gerechnet, an dem auch die Maßregel erledigt ist.

(3) **War die Vollstreckung der Strafe, des Strafrestes oder der Maßregel zur Bewährung oder im Gnadenweg ausgesetzt, so wird in die Frist die Bewährungszeit eingerechnet, wenn nach deren Ablauf die Strafe oder der Strafrest erlassen wird oder die Maßregel erledigt ist.**

1 I. Die Vorschrift enthält Regelungen über den Zeitpunkt, in dem die Folgen des § 45 wirksam werden und von dem an die Dauer dieser Folgen zu rechnen ist.

2 II. Die **Wirkungen** des Verlustes der in § 45 genannten Fähigkeiten und Rechte treten mit der **Rechtskraft des Urteils** ein (Abs. 1). Die damit verbundenen Folgen nach § 45 III, IV werden mit der Aufhebung des Urteils im Wiederaufnahmeverfahren nicht rückgängig gemacht (vgl. § 45 RN 14).

3 III. Für die in § 45 vorgesehenen **Fristen** bestimmt Abs. 2, daß sie von dem Tag an zu berechnen sind, an dem die **Freiheitsstrafe verbüßt,** verjährt oder erlassen ist (krit. dazu Jekewitz GA 77, 170). Dabei ist nur auf die Hauptfreiheitsstrafe abzuheben, nicht auf eine daneben eventl. zu verbüßende Ersatzfreiheitsstrafe (§ 43), auch dann nicht, wenn aus beiden eine Gesamtfreiheitsstrafe gebildet wurde (§ 53 RN 26 f.). Bei einer sonstigen Gesamtfreiheitsstrafe ist dagegen deren Verbüßung maßgebend. Ist neben der Strafe eine freiheitsentziehende **Maßregel** der Besserung und Sicherung angeordnet worden, dann beginnt die Frist erst von dem Tag an, an dem auch die Maßregel **erledigt** ist. Treten die Rechtswirkungen des § 45 auf Grund einer Verurteilung in verschiedenen Verfahren ein, so läuft jede Frist vom Ende der Verbüßung der jeweiligen Hauptstrafe an, also ohne Rücksicht darauf, ob der Verurteilte jetzt Freiheitsstrafen aus anderen Verfahren zu verbüßen hat (RG JW 37, 2643).

4 Dies muß auch dann gelten, wenn das zweite Urteil die Wirkungen des § 45 nicht nach sich zieht, wohl aber der Verurteilte eine Freiheitsstrafe zu verbüßen hat. Die Anwendung des Grundsatzes des § 45 b II, wonach die Fristen nur laufen, wenn der Verurteilte in Freiheit ist, wäre unzulässige Analogie zuungunsten des Täters (Tröndle LK 4; and. Horn SK 6).

5 **Erledigt** ist eine **Maßregel,** wenn sie verbüßt oder verjährt ist, das Gericht sie für erledigt erklärt oder bei einer nicht widerrufenen Aussetzung der Vollstreckung die damit verbundene Führungsaufsicht beendet ist. Von einer Erledigung durch Verbüßung kann aber nur bei der Unterbringung gesprochen werden, für die eine Höchstfrist besteht und bei der die Entlassung erst nach Ablauf der Höchstfrist erfolgt (vgl. § 67 d). In allen anderen Fällen erfolgt die Entlassung, wenn die weitere Vollstreckung der Unterbringung ausgesetzt wird. Hier erledigt sich die Maßregel, sofern die Aussetzung der Unterbringung nicht widerrufen wird, erst mit dem Ende der Führungsaufsicht (§ 67 g V). Diesen Fall regelt Abs. 3 (u. 8).

6 Ist die erkannte **Strafe** nach § 51 **durch** Anrechnung von **U-Haft** oder anderer Freiheitsentziehung **vollständig getilgt,** so ist damit der Zustand der Verbüßung eingetreten; die Fristen laufen daher hier schon von der Rechtskraft des Urteils an, vorausgesetzt, daß neben der Strafe keine freiheitsentziehende Maßregel angeordnet worden ist.

7 Wird eine Freiheitsstrafe, nachdem sich der Täter bewährt hat, gemäß § 56 g erlassen, so betreffen die Wirkungen dieser Entscheidung nur die Freiheitsstrafe als solche. Die Wirkungen des § 45 bleiben dadurch unberührt. U. U. ist aber die Frist für diese Wirkungen wegen der Anrechnung der Bewährungszeit auf ihren Ablauf bereits verstrichen (vgl. u. 8).

8 IV. Abs. 3 ergänzt die Regelung des § 45 a für die Fälle der **Aussetzung der Strafe,** des Strafrestes oder der Maßregel. Wird dem Verurteilten nach § 56 Strafaussetzung gewährt, nach § 57 der Strafrest oder nach den §§ 67 b, 67 c, 67 d eine Maßregel ausgesetzt, so werden die in § 45 bestimmten Fristen um die Dauer der Bewährungszeit verkürzt, wenn auf Grund der Bewährung die Strafe oder der Strafrest erlassen wird oder die Maßregel erledigt ist. Der Grund dafür liegt darin, daß ein Teil der Rechtswohltaten, die dem Verurteilten durch Zubilligung einer Bewährungszeit gewährt werden, ihm sonst wieder genommen werden würde, wenn nach Erlaß der Strafe oder Erledigung der Maßregel die Wirkungen des § 45 in vollem Umfang eintreten würden. Entsprechend diesem Sinn ist in die Frist entgegen dem Gesetzeswortlaut nicht nur die Bewährungszeit einzurechnen, sondern auch die zwischen ihrem Ende und dem Straferlaß liegende Zeit (Hamann Rpfleger 81, 220; and. Diether Rpfleger 81, 218). Außerdem besteht nach Bewährung die Möglichkeit einer Verkürzung der Fristen nach § 45 b.

§ 45 b Wiederverleihung von Fähigkeiten und Rechten

(1) Das Gericht kann nach § 45 Abs. 1 und 2 verlorene Fähigkeiten und nach § 45 Abs. 5 verlorene Rechte wiederverleihen, wenn
1. der Verlust die Hälfte der Zeit, für die er dauern sollte, wirksam war und
2. zu erwarten ist, daß der Verurteilte künftig keine vorsätzlichen Straftaten mehr begehen wird.

(2) In die Fristen wird die Zeit nicht eingerechnet, in welcher der Verurteilte auf behördliche Anordnung in einer Anstalt verwahrt worden ist.

I. Die Vorschrift ermöglicht dem Gericht, die Amtsfähigkeit, die Wählbarkeit und das Wahlrecht **vorzeitig wiederzuverleihen**. Ihr Sinn besteht darin, nach einer bestimmten Zeit gerichtlich überprüfen zu lassen, ob im Interesse der Resozialisierung des Verurteilten die verlorenen Fähigkeiten und Rechte schon vor Ablauf der nach § 45 festgesetzten Frist zurückgegeben werden können. Ergibt sich bei der Überprüfung, daß vom Verurteilten künftig keine vorsätzlichen Straftaten zu erwarten sind, so soll ihm mit der vorzeitigen Wiederverleihung der Fähigkeiten und Rechte die Resozialisierung erleichtert werden. 1

II. Die **Voraussetzungen** für die Wiederverleihung sind folgende: 2

1. Es muß die **Hälfte** der Zeit, für die der Verlust nach § 45 wirksam war, **abgelaufen** sein. Dabei ist zu beachten, daß in die Frist die Zeit nicht einzurechnen ist, während der der Verurteilte auf behördliche Anordnung (vgl. § 66 RN 61) in einer Anstalt verwahrt wird (Abs. 2). Ferner muß zu erwarten sein, daß der Verurteilte künftig keine vorsätzlichen Straftaten mehr begehen wird. Entsprechend der in §§ 56, 57 getroffenen Regelung bezieht sich die Erwartung lediglich auf die Unterlassung zukünftiger Straftaten (zu deren Art und Schwere vgl. jedoch § 56 RN 15), wobei es sich hier um vorsätzliche Taten handeln muß, während in den §§ 56, 57 alle Straftaten ausreichen. Auch wenn das Gesetz ohne Einschränkung auf vorsätzliche Taten abhebt, kann entsprechend dem Sinn der §§ 45 ff. der Wiederverleihung der verlorenen Fähigkeiten und Rechte nur die Gefahr solcher vorsätzlichen Taten entgegenstehen, die § 45 voraussetzt (Jescheck/Weigend 788 FN 18). Nichtbehebbare Zweifel gehen zu Lasten des Verurteilten. 3

2. Liegen die genannten Voraussetzungen vor, so **kann** das Gericht die verlorenen Fähigkeiten und Rechte wiederverleihen. Es handelt sich um eine Ermessensentscheidung (pflichtgemäßes Ermessen). Das richterliche Ermessen hat sich am Sinn des § 45 auszurichten. Ist im Verlust der Amtsfähigkeit usw eine Nebenfolge strafähnlicher Art (vgl. § 45 RN 4, 13) zu erblicken, so können insb. Tatschwere und generalpräventive Aspekte für die Entscheidung maßgebend sein. Für die Wiederverleihung verlorener Fähigkeiten kann es danach zB einen erheblichen Unterschied ausmachen, ob der Verlust der Amtsfähigkeit nach § 45 I auf eine wegen eines Verbrechens erfolgte Verurteilung zu 1 Jahr oder zu 5 Jahren Freiheitsstrafe zurückgeht. Bei Aberkennung von Fähigkeiten und Rechten nach § 45 II, V sind ua die Gründe hierfür zu berücksichtigen. Die Wiederverleihung der verlorenen Fähigkeiten und Rechte hängt hiernach davon ab, ob auf Grund einer Gesamtwürdigung von Tat und Täter einschließlich des Verhaltens nach der Verurteilung sich verantworten läßt, dem Verurteilten das Verlorene zurückzugeben. Sie ist sowohl bei den Wirkungen des § 45 Abs. 1 und 2 wie auch des Abs. 5 möglich, auch getrennt (Tröndle/Fischer 4, Tröndle LK 6). 4

III. Die Wiederverleihung der verlorenen Fähigkeiten und Rechte wirkt **nur für die Zukunft**; die nach § 45 III, IV verlorenen Positionen werden nicht wiedererlangt. 5

IV. Zum **Verfahrensrecht** vgl. § 462 StPO. Der Verurteilte kann mit einem **Antrag** auf eine Entscheidung nach § 45 b hinwirken. Der Antrag ist bereits vor Ablauf der Mindestdauer des Verlustes der Amtsfähigkeit usw zulässig; er darf jedoch nicht zu früh gestellt werden, sondern erst in einem Zeitraum, den das Gericht voraussichtlich benötigt, um die Voraussetzungen der Wiederverleihung der Amtsfähigkeit usw zu klären. Ein abgelehnter Antrag kann jederzeit erneuert werden (Tröndle 5); die Möglichkeit einer den §§ 57 VI, 67 e III, 68 e II entsprechenden Beschränkung räumt § 45 b den Gerichten nicht ein. 6

Zweiter Titel. Strafbemessung

§ 46 Grundsätze der Strafzumessung

(1) **Die Schuld des Täters ist Grundlage für die Zumessung der Strafe. Die Wirkungen, die von der Strafe für das künftige Leben des Täters in der Gesellschaft zu erwarten sind, sind zu berücksichtigen.**

(2) **Bei der Zumessung wägt das Gericht die Umstände, die für und gegen den Täter sprechen, gegeneinander ab.** Dabei kommen namentlich in Betracht:
die Beweggründe und die Ziele des Täters,
die Gesinnung, die aus der Tat spricht, und der bei der Tat aufgewendete Wille,
das Maß der Pflichtwidrigkeit,
die Art der Ausführung und die verschuldeten Auswirkungen der Tat,
das Vorleben des Täters, seine persönlichen und wirtschaftlichen Verhältnisse sowie
sein Verhalten nach der Tat, besonders sein Bemühen, den Schaden wiedergutzumachen, sowie das Bemühen des Täters, einen Ausgleich mit dem Verletzten zu erreichen.

(3) Umstände, die schon Merkmale des gesetzlichen Tatbestandes sind, dürfen nicht berücksichtigt werden.

Vorbem. Abs. 2 aE ergänzt durch OpferschutzG v. 18. 12. 1986, BGBl. I 2496.

Übersicht

I. Bedeutung des § 46	1, 2	VIII. Normalstrafe	58, 59
II. Gegenstand der richterlichen Bewertung	3–5	IX. Auswahl der Straftat	60–64
III. Abwägung der Umstände	6, 7	X. Revisibilität der Strafzumessung	65–67
IV. Schuld des Täters und äußere Umstände	8–9 a	XI. Die Strafzumessung als Ermessensentscheidung und der Gleichheitssatz	68
V. Der Katalog des § 46 Abs. 2	10–44	XII. Nebenstrafen und Maßregeln	69
VI. Verbot der Doppelverwertung	45–51	XIII. Gesamtkonzeption des Gerichts	70, 71
VII. Weitere Gesichtspunkte für die Strafzumessung	52–57 a	XIV. Zur Strafrechtsreform	72, 73
		XV. Der Rechtsgrundsatz der Verhältnismäßigkeit	74

Stichwortverzeichnis

Abwägen der Umstände (Abs. 2 S. 1) 6
Alter eines Getöteten 20
Anreize zur Tat 13
Ausführung, Art der – 18 ff.
Ausgleich für Tat 40
Ausländereigenschaft 36
Auswirkungen der Tat 18 f.
– und Schuld 26

Beseitigung von Tatspuren 39
Beweggründe 12 ff.
Bewährung 50
Beziehungen des Täters zum Opfer 23

Doppelverwertung, Verbot der – (Abs. 3) 45 ff., 60

Einwilligung (des Verletzten als Strafmilderungsgrund) 25
Ermessen, strafrichterl. – 7, 66 ff.

Folgen, verschuldete – s. Auswirkungen
–, für Täter 55
Freiheitsstrafe 38
Frühere Straflimitierungen 53 a

Geldstrafe 37
Generalprävention 5
Gesamtkonzeption des Gerichts 70 f.
Gesamtwürdigung der Strafzumessungsfaktoren 6
Geständnis 41 a

Gewissenstäter 15
Gleichheitssatz 36, 68

Ideologietäter 15
In dubio pro reo 57 a

Kompensation mehrerer Deliktsreaktionen 70 f.
– von strafmildernden mit strafschärfenden Umständen 6
Kulturkonflikt 36

Lebensführung 8, 30
Leugnen 42

Maßregeln 69
Mitwirkendes Verschulden des Verletzten oder eines Dritten 24

Nebenstrafen 69
Normalstrafe 59
Not, Handeln aus – 13, 37

Opferverhalten 24

Persönliche Verhältnisse 34 ff.
Pflichtwidrigkeit, Maß der – 17
Präventivzwecke 5, 28

Revisibilität der Strafzumessung 7, 65 f.
Richterliche Wertungen 51

Schadenshöhe 19
Schadensvertiefung 40
Schuldangemessene Strafe 9 b
Schuldstrafrecht 1, 4, 8
Schweigen 42
Soziale Stellung 35
Spurenbeseitigung 16, 39
Stellenwerttheorie 5
Strafart, Auswahl der – 60 ff.
Strafempfänglichkeit des Täters 54
Strafempfindlichkeit 54
Strafrahmen als Wertmaßstab 2
Strafzumessungsgründe allgem. 2 ff.
– nicht geregelte – 52 ff.
Strafzumessungsschuld 9 a
Strafzwecke 3

Tatstrafrecht 4, 8
Tätergesinnung 16
Täterstrafrecht 4, 8
Täterwille 16
Trunkenheit 22, 46

Überzeugungstäter 15

Verfahrensdauer 57
Verhalten des Täters vor der Tat, s. Vorleben; bei der Tat, s. Ausführung; nach der Tat 39 f.
– im Strafverfahren 41 f.
Verhältnismäßigkeitsgrundsatz 74
Verkehrsdelikte 63
Verteidigung der Rechtsordnung 64
V-Mann 13, 16, 19
Vorleben 29 ff.
Vorstrafen 31 ff.

Wiedergutmachung des Schadens 40
Wirkungen der Strafe 9 b
Wirtschaftl. Verhältnisse 37 f.

Ziele 12 ff.

Schrifttum: Albrecht, Strafzumessung bei schwerer Kriminalität, 1994. – *Bader*, Das Ermessen des Strafrichters, JZ 55, 525. – *Baumann*, Das Verhalten des Täters nach der Tat, NJW 62, 1793. – *Bruns*, Zum gegenwärtigen Stand der Strafzumessungslehre, NJW 56, 241. – *ders.*, Zum Verbot der Doppelverwertung usw, H. Mayer-FS 353. – *ders.*, Alte Grundfragen und neue Entwicklungstendenzen im modernen Strafzumessungsrecht, Welzel-FS 739. – *ders.*, Neues Strafzumessungsrecht?, 1988. – *Dreher*, Über die gerechte Strafe, 1947. – *ders.*, Doppelverwertung von Strafzumessungsumständen, JZ 57, 155. – *ders.*, Zur Spielraumtheorie als der Grundlage der Strafzumessungslehre des Bundesgerichtshofs, JZ 67, 41. – *ders.*, Gedanken zur Strafzumessung, JZ 68, 209. – *Drost*, Das Ermessen des Strafrichters, 1930. – *Ebert*, Der Überzeugungstäter in der neueren Rechtsentwicklung, 1975. – *Exner*, Über Gerechtigkeit im Strafmaß, 1920. – *Frisch*, Die verschuldeten Auswirkungen der Tat, GA 72, 321. – *ders.*, Gegenwärtiger Stand und Zukunftsperspektiven der Strafzumessungsdogmatik, ZStW 99, 349, 751. – *ders.*, Über die „Bewertungsrichtung" von Strafzumessungstatsachen, GA 89, 338. – *ders.*, Straftatsystem und Strafzumessung, 140 Jahre GA, 1993, 1. – *Gramsch*, Strafrahmenkonkurrenz, 1999 (Diss. Kiel). – *Graßberger*, Die Strafzumessung, 1932. – *Greffenius*, Der Täter aus Überzeugung und der Täter aus Gewissensnot, 1969. – *Hanack*, Zur Frage geminderter Schuld der vom Unrechtsstaat geprägten Täter, Verhandlungen d. 46. DJT Bd. II C 53. – *Hart-Hönig*, Gerechte und zweckmäßige Strafzumessung, 1992. – *Heinitz*, Strafzumessung und Persönlichkeit, ZStW 63, 57. – *Henkel*, Die „richtige" Strafe, 1969. – *Hertz*, Das Verhalten des Täters nach der Tat, 1973. – *Hillenkamp*, Vorsatztat und Opferverhalten, 1981. – *Hörnle*, Das antiquierte Schuldverständnis der traditionellen Strafzumessungsrechtsprechung und -lehre, JZ 99, 1080. – *dies.*, Tatproportionale Strafzumessung, StrAbh NF 123, 1999 (Diss. München) – *Hofmann* und *Sax*, Der Ideologie-Täter, 1967. – *Hülle*, Anleitung zur Bemessung zeitiger Freiheitsstrafen, DRiZ 51, 4, 35. – *Jakobs*, Schuld und Prävention, 1976. – *Kern*, Grade der Rechtswidrigkeit, ZStW 64, 255. – *Koffka*, Welche Strafzumessungsregeln ergeben sich aus dem geltenden StGB?, JR 55, 322. – *Krumme*, Ermessensfreiheit oder gesetzliche Bindung des Richters bei der Verhängung der Strafe und sonstiger Unrechtsfolgen, DRiZ 55, 208. – *Lackner*, § 13 StGB – eine Fehlleistung des Gesetzgebers?, Gallas-FS 117. – *Lang-Hinrichsen*, Bemerkungen zum Begriff der Tat im Strafrecht, Engisch-FS 353. – *Lenckner*, Strafe, Schuld und Schuldfähigkeit, in: Göppinger-Witter, Handb. d. forens. Psychiatrie, 1972, 179 ff. – *Maeck*, Opfer und Strafzumessung, 1983. – *Mösl*, Tendenzen der Strafzumessung in der Rspr. des BGH, DRiZ 79, 165. – *Montenbruck*, Strafrahmen und Strafzumessung, 1983. – *ders.*, Abwägung und Umwertung, Schriften zum Strafrecht H. 83, 1989. – *Oswald*, Was wird gemessen bei der Strafzumessung?, GA 88, 147. – *Pallin*, Die Strafzumessung in rechtlicher Sicht, 1982. – *Peters*, Die kriminalpolitische Stellung des Strafrichters bei der Bestimmung der Strafrechtsfolgen, 1932. – *ders.*, Strafzumessung, in: Handwörterbuch der Kriminologie, 2. A. 1977, Erg. Bd. 132. – *ders.*, In welcher Weise empfiehlt es sich, die Grenzen des strafrichterlichen Ermessens im künftigen StGB zu regeln?, Gutachten zum 41. DJT 1955. – *ders.*, Überzeugungstäter und Gewissenstäter, H. Mayer-FS 257. – *Pfeiffer/Oswald*, Strafzumessung (Symposionsbeiträge zur unterschiedlichen Strafzumessung), 1989. – *Pfenninger*, Die Freiheit des Richters in der Strafzumessung, SchwJZ 34, 193, 209. – *Rabl*, Strafzumessungspraxis und Kriminalitätsbewegung, 1936 (KrimAbh. Heft 25). – *Sarstedt/Hamm*, Die Revision in Strafsachen, 6. A. 1998, 559. – *Seelig*, Lehrb. der Kriminologie (3. A. 1963) 344 ff. – *Schaffstein*, Spielraum-Theorie, Schuldbegriff und Strafzumessung nach den Strafrechtsreformgesetzen, Gallas-FS 99. – *L. Schmidt*, Die Strafzumessung in rechtsvergleichender Darstellung, 1961. – *Schöch*, Strafzumessungspraxis und Verkehrsdelinquenz, 1973. – *Schöneborn*, Die regulative Funktion des Schuldprinzips bei der Strafzumessung, GA 75, 272. – *Schröder*, Gesetzliche und richterliche Strafzumessung, Mezger-FS 415. – *ders.*, In welcher Weise empfiehlt es sich, die Grenzen des strafrichterlichen Ermessens im künftigen StGB zu regeln?, Gutachten zum 41. DJT 1955. – *Seibert*, Fehler bei der Strafzumessung, MDR 1952, 457; 1959, 258; 1966, 805. – *Spendel*, Zur Lehre vom Strafmaß, 1954. – *ders.*, Die Begründung des richterlichen Strafmaßes, NJW 64, 1758. – *ders.*, Der conditio-sine-qua-non-Gedanke als Strafmilderungsgrund, Engisch-FS 509. – *ders.*, Zur Entwicklung der Strafzumessungslehre, ZStW 83, 203. – *Stratenwerth*, Tatschuld und Strafzumessung (1972). – *Stree*, Deliktsfolgen und Grundgesetz, 1960. – *Stöckel*, Zur Revisibilität des Strafuntermaßes, NJW 68, 1862. – *Streng*, Strafzumessung und relative Gerechtigkeit, 1984. – *ders.*, Strafrechtliche Sanktionen, 1991. – *Tröndle*, Gedanken zur Strafzumessung, GA 68, 258. – *Warda*, Dogmatische Grundlagen des richterlichen Ermessens im Strafrecht, 1962. – *v. Weber*, Die richterliche Strafzumessung, 1956. – *Wimmer*, Die rechtlichen Einschränkungen der Strafzumessungsfreiheit, DRZ 50, 268. – *Zipf*, Die Geldstrafe, 1966. – *ders.*, Die Strafmaßrevision, 1969. – Vgl. auch die Angaben zu Vorbem. vor § 38.

1   I. Die **Richtlinien für** die **Strafzumessung** tragen den Forderungen Rechnung, die wichtigsten Kriterien für die Strafzumessung gesetzlich festzulegen. Ob und inwieweit § 46 diesen Forderungen gerecht wird, ist zweifelhaft. So wird etwa die Grundlagenformel des Abs. 1 S. 1 als gesetzgeberische Fehlleistung von besonderem Rang gerügt (so Stratenwerth aaO 13, gegen ihn Lackner Gallas-FS 117 ff.) oder die ganze Regelung wegen ihrer Unklarheit und Widersprüche als nicht geglückt gekennzeichnet (so Schaffstein Gallas-FS 102). Andererseits ist nicht zu verkennen, daß bereits der Vorläufer des § 46 (§ 13 aF) zu fruchtbaren Diskussionen über die Strafzumessung geführt hat. Eine gesetzgeberische Lösung, die alle zufriedenstellt, konnte ebensowenig erwartet werden wie die Lieferung fester Rechengrößen, die die Strafbemessung zu einem reinen Subsumtionsvorgang machen würden. Es konnte sich vielmehr nur darum handeln, die Gesichtspunkte zusammenzustellen, auf die der Richter bei der Strafbemessung sein besonderes Augenmerk zu richten hat. Zudem besteht die fundamentale Bedeutung des § 46 darin, die Schuld des Täters expressis verbis jedenfalls zur Grundlage für die Strafzumessung gemacht zu haben; vgl. dazu 7 vor § 38. Zu den systematischen Grundlagen der Strafzumessung vgl. Günther JZ 89, 1025 (8 Stufen der Strafzumessung).

2   Die Strafzumessungsgrundsätze des § 46 ergänzen als Richtlinien den Wertmaßstab, den das Gesetz bereits in der Strafdrohung als Grundlage für die Strafbemessung aufstellt. Zur Bedeutung der **Strafrahmen als Wertmaßstab** vgl. 42 vor § 38.

3   II. Oberste Richtschnur für jede Strafzumessung müssen die **Strafzwecke** sein. Da die Aufgabe des Gerichts in der Konkretisierung des gesetzlichen Werturteils und in der Vollziehung der im Gesetz vorgezeichneten Ziele besteht, kann sein Ermessen nur durch die gleichen Kriterien bestimmt werden, die den Gesetzgeber bei der Bewertung menschlicher Handlungen leiten; vgl. dazu Bruns StrZR 193 ff., Jescheck/Weigend 871. Insoweit gilt das in 1 ff. vor § 38 Gesagte.

4   Gegenstand der richterlichen Bewertung sind bei der Strafzumessung die **Tat** und der Täter (vgl. BGH NStZ **81**, 389: Ganzheitsbetrachtung von Tatgeschehen und Täterpersönlichkeit). Da das Strafrecht ein Schuldstrafrecht ist und Schuld als Tatschuld, dh die in bestimmten Handlungen oder Unterlassungen aktualisierte Schuld, zu verstehen ist, bildet die Tat *einen* der wesentlichen Bewertungsgegenstände bei der Bemessung der Strafe. Ihr Gewicht, die durch sie bewirkte Rechtsverletzung, ist daher der eine Faktor, der bei der Strafzumessung zu berücksichtigen ist. Daneben steht die Bewertung des Täters. Er ist es, der die Tat begangen hat, für den sie also ein Stück seiner menschlichen Aktivität darstellt. Er hat die Strafe zu erleiden, und gegen ihn soll sie als wirksames kriminalpolitisches Instrument eingesetzt werden. Die Persönlichkeit des **Täters** ist daher der zweite wesentliche Faktor, dem die Aufmerksamkeit des Richters bei der Bemessung der Strafe zu gelten hat, und zwar in dem Sinn, daß bei der Bemessung der strafrechtlichen Reaktion auf die Persönlichkeit des Angekl. abzustellen sind, zum anderen aber auch gefragt werden muß, in welchem Umfang die Persönlichkeit des Täters sich in der Tat manifestiert hat, inwieweit also die Tat als ein spezifischer Ausdruck der Täterpersönlichkeit gelten kann. Unter diesem Aspekt sind die in Abs. 2 genannten Umstände in einen größeren Zusammenhang einzuordnen. Sie gewinnen ihre Bedeutung, indem sie zu den Strafzwecken und zur Tat und Täter in Beziehung gesetzt werden.

5   Dementsprechend dürfen **Präventionszwecke** (vgl. 2, 12 ff. vor § 38) bei der Strafbemessung bis zum Ausgleich des verschuldeten Unrechts berücksichtigt werden, nicht darüber hinaus (vgl. 6 ff., 13, 17 f. vor § 38); eine aus spezialpräventiven Gründen schuldunterschreitende Strafe ist dagegen zulässig (vgl. 18 a vor § 38). Soweit es sich vertreten läßt, ist die Strafe so zu bemessen, daß sie einen bisher sozial eingeordneten Täter nicht aus der sozialen Ordnung herausreißt (vgl. BGH **24** 42, wistra **89**, 306, StV **89**, 25). Demgegenüber wird die Ansicht vertreten, Präventionszwecke seien ausschließlich bei der Frage der Strafart, der Strafaussetzung, der Verwarnung mit Strafvorbehalt und des Absehens von Strafe heranzuziehen, bei der Strafhöhe sei nur auf das Tatunrecht und die Schuld abzustellen (Stellenwert- oder Stufentheorie; so Henkel aaO 23 ff., Horn Schaffstein-FS 241, Bruns-FS 165, Schöch Schaffstein-FS 259). Eine solche Einschränkung entspricht jedoch nicht dem § 46 I 2 (Lackner 27, Über neue Entwicklungen in der Strafzumessungslehre und ihre Bedeutung für die richterliche Praxis, 1978, 18 ff., Roxin Bruns-FS 186 f., Streng Strafrechtl. Sanktionen 186). Nach anderer Ansicht sollen allein generalpräventive Zwecke, jedenfalls in Form der Abschreckung, bei Bemessung der Strafhöhe ausscheiden (Frisch ZStW 99 371, Roxin Schultz-FG 470 f., Bruns-FS 196, Schmidhäuser 798; and. Rspr., vgl. BGH **20** 267, **28** 326, GA **79**, 60, MDR/H **80**, 813). Zur Begründung wird auf § 46 (Roxin) oder das Doppelverwertungsverbot (Schmidhäuser) verwiesen. Indes steht beides der Berücksichtigung generalpräventiver Zwecke nicht entgegen. Deren Nichterwähnung in § 46 bedeutet nicht die Unzulässigkeit, solchen Zwecken Bedeutung für die Strafbemessung einzuräumen (vgl. Bruns StrZR 325, Gribbohm LK 30). Das Doppelverwertungsverbot greift nicht ein, weil der Strafrahmen als solcher nichts darüber besagt, welche Strafe im konkreten Fall generalpräventiven Erfordernissen dient. Reine Abschreckungsgesichtspunkte haben allerdings, wie das sich in den §§ 47, 56, 59, 60 abzeichnende Verhältnis zwischen spezial- und generalpräventiven Aspekten erkennen läßt, keinen Vorrang vor spezialpräventiven Erfordernissen; eine Strafmaßbe-

schränkung aus spezialpräventiven Gründen hat jedoch zu unterbleiben, wenn zur Verteidigung der Rechtsordnung eine höhere Strafe geboten ist (vgl. 22 vor § 38). Soweit jedoch die Spezialprävention ohnehin keine oder nur eine untergeordnete Rolle spielt, wie bei geheimdienstlicher Agententätigkeit, bestehen keine Bedenken, auf die bloße Abschreckung anderer abzuheben (vgl. BGH **28** 326). Deren Zulässigkeit setzt aber deren Notwendigkeit für den Gemeinschaftsschutz voraus (vgl. 1 vor § 38). Diese ist gegeben, wenn der Rückgriff auf generalpräventive Zwecke auf Grund von Umständen geboten ist, die außerhalb der beim Strafrahmen vom Gesetzgeber berücksichtigten Abschreckung liegen (BGH wistra **92**, 212: Erpressung von Schutzgeldern), namentlich bereits eine gemeinschaftsgefährliche Zunahme von Straftaten, die der abzuurteilenden Tat entsprechen oder ähneln, festzustellen ist (BGH StV **82**, 522, **83**, 195, NStZ **84**, 409, **86**, 358, **92**, 275, NStE **62**, Düsseldorf NJW **85**, 276, Bay NJW **88**, 3165, NStZ **88**, 571). Die gemeinschaftsgefährliche Zunahme ähnlicher Taten kann sich auf einen LG-Bezirk beschränken (Düsseldorf NStE **80**). Dagegen genügt nicht schon der Hinweis auf die Dunkelziffer im Bereich des abgeurteilten Delikts (BGH StV **94**, 424) oder allein das erhebliche Aufsehen, das die Tat in der Öffentlichkeit erregt hat (BGH NStZ/T **86**, 494), ebensowenig, daß dem Angekl. politisch Gleichgesinnte generell die Herausnahme des Geschehens aus dem Strafbereich fordern (BGH NStZ/T **86**, 494), auch nicht der Zweck, einzelne Personen abzuschrecken, zB Familienangehörige des Täters (BGH wistra **87**, 60). Zur generalpräventiven Strafschärfung bei zunehmenden Nationalitätenkonflikten von Ausländern vgl. BGH NStE **75** sowie bei ausländischen Drogenhändlern vgl. BGH NStZ **82**, 112 m. Anm. Wolfslast. Eine hiernach zulässige Heranziehung generalpräventiver Gesichtspunkte kommt entsprechend bei Überhandnehmen kurzzeitiger Einreisen zwecks Diebstahls („Diebstahlstourismus") oder sonstiger Straftaten in Betracht, so uU auch die Einreisen zur Beteiligung an Kommandounternehmen (zB Killer- oder Rauschgiftkommando, Terrorakte). Bei unerlaubter Einfuhr von Betäubungsmitteln durch Drogenkuriere darf sich der generalpräventive Aspekt nicht allein auf das Herkunftsgebiet beschränken, sondern muß sich allgemein auf die Situation des inländischen Drogenhandels erstrecken (BGH NStZ **95**, 77). Für Berücksichtigung generalpräventiver Zwecke auch BGH NStZ **96**, 79, BGE 107 IV 63. Zum Ganzen vgl. auch Zipf ÖJZ 79, 197. Vgl. ferner Köhler, Über den Zusammenhang von Strafrechtsbegründung und Strafzumessung, 1983, der sich zwar gegen Heranziehung generalpräventiver Gesichtspunkte ausspricht, aber bei „Ansteigen einer bestimmten Deliktsart" für hierunter fallende Taten eine gesteigerte Allgemeinbedeutung annimmt, die eine strafzumessungserhebliche Unrechtssteigerung begründet.

III. Nach Abs. 2 S. 1 hat das Gericht die **Umstände**, die für und gegen den Täter sprechen, **gegeneinander abzuwägen.** Milderungs- und Schärfungsgründe sind demnach nicht einfach einander gegenüberzustellen; sie müssen vielmehr nach ihrer Bedeutung und ihrem Gewicht gegeneinander abgewogen werden (vgl. BGH NStZ/T **86**, 495: Gesamtwürdigung). Das kann zu einer gegenseitigen Kompensation führen, so daß auch bei Vorliegen von Umständen, die die Tat zu einem schweren Delikt machen würden, dennoch die Regelstrafe angemessen erscheint, weil diese Umstände durch mildernde Umstände aufgewogen werden. Eine objektiv schwere Rechtsverletzung kann dadurch kompensiert werden, daß der Täter aus Not oder einen verständlichen Affekt zur Tat hingerissen wurde. Eine solche Kompensation findet ihre Stütze im Gesetz selbst, das bei seinen mildernden Vorschriften häufig Umstände berücksichtigt, die auch eingreifen, wenn die Tat sich als ein objektiv schweres Delikt darstellt. So können zB die Strafmilderungsgründe des § 213 dazu führen, daß nicht nur den Totschlag in seinem Gewicht erheblich vermindert wird, sondern auch Fälle, die ein Mordmerkmal aufweisen, dennoch nur als Totschlag bestraft werden (vgl. § 211 RN 10).

Welche Umstände für oder gegen den Täter sprechen, bestimmt das Gesetz nicht selbst. Es dürfte auch kaum einen Strafzumessungsgrund geben, der unter allen denkbaren Umständen entweder straferschwerend oder strafmildernd wirken müßte. Die Beurteilung der Bedeutung von Strafzumessungstatsachen ist Aufgabe **strafrichterlichen Ermessens.** Die endgültige Tatbewertung ist aus der gesetzgeberischen Ebene weitgehend in die des Richters verschoben worden. Die sich daraus ergebende Gefahr für Rechtssicherheit und Gleichmäßigkeit der Entscheidungen wird durch den Katalog des Abs. 2 gemildert. Zudem wird das Minus an fester gesetzlicher Regelung durch ein Plus an **Revisibilität** der Ermessensentscheidungen („rechtlich gebundenes Ermessen") ausgeglichen (vgl. § 267 StPO, Bruns Engisch-FS 709). Im übrigen ist die Möglichkeit einer Uneinheitlichkeit gerichtlicher Entscheidungen im Bereich der Strafhöhe gegenüber der Willkür, die die Folge gesetzlicher Kasuistik sein kann, das kleinere Übel.

IV. Da das Strafrecht des StGB ein Schuldstrafrecht ist und Schuld insoweit die in der Tat aktualisierte Schuld bedeutet, ist für die Strafzumessung in erster Linie erheblich, wie groß die **Schuld des Täters** gewesen ist, der sich in einer konkreten Situation über strafrechtliche Ge- oder Verbote hinweggesetzt hat. Das schließt jedoch nicht aus, auch Umstände zu berücksichtigen, die in keinem unmittelbaren Zusammenhang mit der Tat stehen, sondern ihr vorhergehen oder ihr nachfolgen (Bruns StrZR 562 ff., BGH MDR **54**, 693). Davon ist auch der Gesetzgeber ausgegangen, wie Abs. 2 ergibt. So können Umstände im Verhalten des Täters vor Tatbegehung seine Persönlichkeit kennzeichnen und damit für die Art der strafrechtlichen Reaktionsmittel oder die Strafhöhe wesentlich sein. Ein Beispiel hierfür ist schuldhaftes Verweilen in einer kriminellen Umgebung, in der die potentielle Bereitschaft zu Straftaten offen hervorgetreten ist (BGH NStZ/T **86**, 494). Unsteter Lebenswandel genügt dagegen allein noch nicht (BGH NStZ/T **86**, 494). Ebensowenig kann krankhaft bedingtes Verhalten dem Täter angelastet werden (BGH MDR/D **72**, 569). Zu berücksichtigen

§ 46 9–12 Allg. Teil. Rechtsfolgen der Tat – Strafbemessung

sind auch Umstände, die erst nach der Tat eingetreten sind, insb. das Verhalten des Angekl. nach der Tat. So wie nach § 56b Auflagen der Genugtuung für begangenes Unrecht dienen können, das verletzte Rechtsgefühl der Allgemeinheit also durch Leistungen des Verurteilten wieder versöhnt werden kann, muß bei der Strafzumessung berücksichtigt werden können, wie sich der Täter nach der Tat verhalten hat, ob er zB den angerichteten Schaden wiedergutgemacht oder sich jedenfalls darum bemüht hat (Baumann NJW 62, 1797).

9 Die Einbeziehung dieser Umstände verstößt nicht gegen den Grundsatz, daß das Strafrecht ein Tat- und ein Schuldstrafrecht ist. Zwar wird verschiedentlich angenommen, daß in den Bewertungsbereich der Strafzumessung außer den Tatumständen nur Tatsachen einbezogen werden dürfen, die sich an der Peripherie des eigentlichen Tatgeschehens bewegen und damit der Charakterisierung der Tat als solcher dienen können, zB der Schaden, der über den tatbestandlich vorausgesetzten Schaden hinausgeht, und Verwirklichung der deliktischen Absicht, die zur Tatvollendung nicht mehr erforderlich ist, zB in § 235 IV Nr. 2 (vgl. zB Spendel, Zur Lehre vom Strafmaß, 231, Heinitz aaO 72). Da die Tat als Bewertungsobjekt jedoch nicht eine isolierte Erscheinung im Leben des Täters sein kann, sondern in seine gesamte Lebensführung eingebettet ist, ist es durchaus legitim, auch **Umstände außerhalb des eigentlichen Tatbereichs** zu berücksichtigen, sofern sie für den Schuldumfang bedeutsam sind, und damit zur Ermittlung der schuldgerechten Strafe dienen (vgl. BGH MDR **80**, 240, MDR/H **83**, 984, Bruns StrZR 575 ff., Arth. Kaufmann, Schuldprinzip, 259, Lang-Hinrichsen Engisch-FS 355, der das Problem über einen erweiterten Begriff der „Tat" zu lösen sucht). Vgl. dazu auch Schaffstein Gallas-FS 113 f. Soweit Umstände in der bezeichneten Richtung nichts auszusagen vermögen, ist ihre Verwertung bei der Strafzumessung allerdings unzulässig (BGH MDR **80**, 240, StV **85**, 102).

9 a Die hiernach maßgebende Schuld (**Strafzumessungsschuld**) ist mit der Strafbegründungsschuld (vgl. 111 vor § 13) nicht gleichbedeutend. Sie ist zwar von dieser nicht völlig unabhängig (vgl. Roxin I 747, Rudolphi SK 1 vor § 19, aber auch Roxin Bockelmann-FS 304); sie betrifft aber einen anderen Aspekt der Schuld. Mit ihr wird der gesamte Umfang dessen gekennzeichnet, was dem Täter in bezug auf die begangene Tat einschließlich des insoweit relevanten Vor- und Nachverhaltens subjektiv zuzurechnen und dementsprechend vorzuwerfen ist. An diesem Umfang schuldrelevanter Faktoren hat sich die Bemessung der Strafe gegen den schuldig gewordenen Täter auszurichten. Zur Strafzumessungsschuld vgl. noch Achenbach, Historische und dogmatische Grundlagen der strafrechtssystematischen Schuldlehre, 1974, 4, 10 ff., Bruns StrZR 395, Tröndle/Fischer 4, Frisch ZStW 99 380 (388: Strafzumessungsschuld ist die der Tat entsprechende Rechtsfriedensstörung, die dem Täter nach den der Rechtsordnung immanenten Maßstäben angelastet werden kann).

9 b Die **schuldangemessene Strafe** als gerechter Schuldausgleich bedeutet hiernach nicht, daß bei gleichem Schuldumfang auch der Strafumfang in seiner Länge sich entsprechen muß. Wie bei der Geldstrafe das Tagessatzsystem eine gleich schwere Belastung des Täters bei gleicher Schuld bewirken soll, muß auch bei der Freiheitsstrafe das Bemühen auf Belastungsgleichheit, dh darauf gerichtet sein, bei gleicher Schuldschwere eine **gleich schwere Strafe** zu erreichen (vgl. dazu Dencker StV 92, 127, aber auch Streng JZ 93, 115). Faktoren, die der Strafe bei einem Täter ein ganz anderes Gewicht geben als bei einem anderen Täter mit gleich schwerer Schuld, rechtfertigen daher eine unterschiedliche Straflänge. Solche Faktoren sind ua eine besondere Strafempfindlichkeit (vgl. u. 54), eine lange Verfahrensdauer (vgl. u. 57) oder schwere Folgen der Tat (vgl. u. 55). Im übrigen bestimmt Abs. 1 S. 2 ganz allgemein, daß die **Wirkungen,** die von **der Strafe** für das künftige Leben des Täters in der Gesellschaft zu erwarten sind, zu berücksichtigen sind (vgl. dazu 15 vor § 38). Solche Wirkungen können trotz gleicher Schuld bei den einzelnen Tätern höchst unterschiedlich sein und können demgemäß unterschiedlich hohe Strafen begründen.

10 V. Abs. 2 S. 2 enthält eine Zusammenfassung von **Umständen,** die bei der Strafzumessung **namentlich zu berücksichtigen** sind. Seine Formulierung ergibt, daß die genannten Umstände zwar am häufigsten bei der Strafzumessung eine Rolle spielen, daß aber das Gericht auch alle übrigen für die Strafhöhe bedeutsamen Umstände zu berücksichtigen hat (vgl. u. 52). Zum anderen ergibt sie, daß das Gesetz eine Entscheidung über Gewicht und Bedeutung der einzelnen Strafzumessungsgründe nicht getroffen hat, sondern dem Gericht die Bewertung überläßt, ob eines der aufgeführten Merkmale zu einer Erhöhung oder einer Milderung der Strafe führt. Die Merkmale des Abs. 2 sind im übrigen so formuliert, daß eine eindeutige Fixierung iS einer Straferhöhung oder -milderung nicht möglich ist. Jeder der dort genannten Umstände kann in der einen wie in der anderen Richtung bedeutsam sein. Ein und derselbe Umstand kann sogar im konkreten Fall sowohl strafmildernd als auch strafschärfend wirken (BGH NJW **95**, 1038 m. Anm. Streng StV 95, 411, Joerden JZ 95, 907: Ausnutzung der Naivität des Opfers). Zu achten ist jedoch darauf, daß ein Umstand nicht in sich widersprüchlich bewertet wird und aus ihm Folgerungen gezogen werden, die nicht miteinander in Einklang gebracht werden können (vgl. BGH StV **87**, 62).

11 Die Umstände, die in Abs. 2 S. 2 genannt sind, können entweder das Gewicht der Tat betreffen oder aber die Persönlichkeit des Täters erhellen. Abs. 2 hat freilich diese beiden Gesichtspunkte nicht unterschieden, sondern stellt **subjektive und objektive Kriterien** der Strafzumessung ohne innere Konsequenz nebeneinander. Danach kommen folgende Umstände für die Strafzumessung in Betracht:

12 1. Als einen wesentlichen Strafzumessungsfaktor nennt Abs. 2 zunächst die **Beweggründe und Ziele des Täters.** Beide Faktoren sind gewichtige Erkenntnismittel zur Beurteilung der Täterpersönlichkeit und der Verwerflichkeit der Tat. Vgl. zum Ganzen Bruns StrZR 549 ff.

Grundsätze der Strafzumessung 13, 13 a § 46

a) Die **Beweggründe**, denen wertungsmäßig äußere Anreize zur Tat als motivierende Kraft gleichstehen, sind unter zwei Gesichtspunkten für die Strafzumessung bedeutsam: nach ihrer Qualität und nach ihrem Stärkegrad (Bruns StrZR 550). Bei ihrer Bewertung sind sozialethische Maßstäbe anzulegen. Je nach ihrem sozialethischen Wert sind die Motive auf die Plus- oder Minusseite der Strafzumessung zu setzen. Strafschärfend können sich niedrige Beweggründe auswirken, etwa reiner Egoismus (BGH NJW **66**, 788), Habgier, Gewinnsucht, nicht jedoch das bloße Fehlen eines nachvollziehbaren Anlasses für die Tat (BGH StV **82**, 419), etwa eines vom Opfer gegebenen Anlasses bei Sexualdelikten (BGH NStZ **82**, 463). Zum Eigennutz in Form des Strebens nach beruflichem Erfolg und geschäftlichem Gewinn vgl. BGH GA **79**, 59. Strafschärfende Eigensucht ist aber nicht ohne weiteres darin zu erblicken, daß jemand zur Wahrung seines Ansehens ein bloßstellendes Verhalten des Opfers mit einer Straftat beantwortet (BGH NStZ **88**, 125). Achtenswerte (vgl. § 34 Nr. 3 öst. StGB, Art. 64 schweiz. StGB) oder jedenfalls begreifliche Beweggründe können zur Strafmilderung führen, zB das Motiv, der Bitte einer bestehenden Person um materielle Hilfe entsprechen zu können (BGH StV **82**, 522), oder mittels der Straftat (über §§ 34, 35 hinaus) eigene Rechtsgüter oder Rechtsgüter nahestehender Person zu retten, etwa in einer gegenwärtigen, nicht anders abwendbaren Gefahr für wertvolle persönliche Habe oder ein ans Herz gewachsenes Tier. Ein strafmildernder Beweggrund kommt ferner in Betracht bei Handeln aus Mitleid, Not oder einer sonstigen Zwangslage (Düsseldorf wistra **94**, 353: wirtschaftliche Verhältnisse), aber auch bei menschlich verständlichem Vergeltungsbedürfnis nach einer Provokation. Ist der Täter vom Verletzten gereizt worden, so kann dies bei einer Körperverletzung zugunsten des Täters ins Gewicht fallen (vgl. § 226 RN 11). Der Beweggrund der Vergeltung ist jedoch nicht stets strafmildernd. Wer erst nach längerer Zeit Vergeltung übt, steht einem Täter, der auf der Stelle zur Vergeltungstat hingerissen worden ist, nicht gleich. Artet der Beweggrund in reine Rachsucht aus, so kann darin ein strafschärfender niedriger Beweggrund zu erblicken sein. Bei Sexualdelikten kann sich eine strafmildernde Zwangslage aus einem sexuellen Notstand ergeben (BGH MDR **80**, 240). Beim Handeln aus Not setzt eine Strafmilderung nicht unbedingt eine unverschuldete Notlage voraus; sie entfällt jedoch, wenn der Täter die Not auf zumutbar redliche Weise hätte beheben können. Politische Beweggründe können achtenswert, aber auch ethisch neutral oder gar verwerflich sein (vgl. BGE 104 IV 245; 107 IV 30). Unterschiedliche Bedeutung kann auch dem Beweggrund zukommen, sich der eigenen Verantwortung für eine Straftat zu entziehen. Soweit er zB zu einer Tat gegen höchstpersönliche Rechtsgüter anderer führt, namentlich zur Tötung eines anderen (vgl. § 211, BGH MDR/H **88**, 277), zu einer erheblichen Körperverletzung oder zur Freiheitsberaubung (eigene Tat wird einem Unschuldigen in die Schuhe geschoben), kann er als besonders verwerflich anzusehen sein. Denn hier soll ein anderer höchst individuell für den Täter geopfert werden. In anderen Fällen, namentlich bei Delikten gegen die Rechtspflege, kann das Motiv, sich strafrechtlicher Verantwortung zu entziehen, dagegen zugunsten des Täters wirken (vgl. § 157 I, § 258 V, ferner § 145 d RN 15). Bei diesen Delikten kann auch ein Handeln zugunsten einer nahestehenden Person, soweit nicht ohnehin § 157 I oder § 258 VI eingreift, eine milder zu beurteilende Tat sein (vgl. § 258 RN 39 a). **Äußere Anreize** als motivierende Kraft können die Tat in einem milderen Licht erscheinen lassen, wenn sich Verständnis dafür aufbringen läßt, daß der Täter ihnen nicht widerstanden hat. Das kann ua der Fall sein, wenn jemand einer Versuchung erliegt, sich zB durch eine höchst verlockende Gelegenheit verführen läßt, gruppendynamischen Einflüssen (BGH StV **93**, 521; vgl. auch Schumacher StV 93, 549) oder dem Drängen eines anderen nachgibt (vgl. BGH **32** 355, StV **84**, 200, **95**, 249, NJW **86**, 1764, KG NJW **82**, 838: Tatveranlassung durch V-Mann), auch wenn der Tatprovokateur als V-Mann sich in rechtsstaatlichen Grenzen hält (BGH NStZ **92**, 488) oder im Dienst eines ausländischen Staates steht (BGH MDR/H **88**, 626). Fehlt es an einem nachhaltigen Drängen oder Überreden, so hat das tatprovozierende Verhalten nur geringe Bedeutung für die Strafzumessung (BGH NStZ **92**, 275). Besonderes Gewicht kommt ihm dagegen zu, wenn es eine massive Einwirkung, zB eine Nötigung darstellt (BGH StV **91**, 460, **95**, 365). Zur Tatprovokation durch V-Mann vgl. noch BGH StV **93**, 115, 127, ferner EMRK NStZ 99, 47, wonach kein faires Verfahren vorliegt, wenn ein bis dahin Unverdächtiger, wenn er ein V-Mann zu einer Tat angestiftet wird; vgl. dazu BGH NJW **2000**, 1123 (Strafzumessungslösung, Lösungsansätze) m. Anm. Roxin JZ 2000, 363 (Strafausschließungsgrund) u. Endriß/Kinzig NStZ 2000, 271 sowie ferner Kempf StV 99, 128 mit Erörterung der BGH-Rspr. zur Tatprovokation durch V-Mann. Zur Möglichkeit, in solchen Fällen die schuldangemessene Strafe zu unterschreiten, vgl. 18 a vor § 38.

b) Für die verfolgten **Ziele**, dh die mit der Tat erstrebten Erfolge, gilt Entsprechendes, zumal Zielsetzung und Beweggrund korrespondieren können. Das zeigt sich etwa deutlich bei deliktischer Beschaffung von Geld zum Drogenerwerb. Egoistische Ziele sind zumeist anders zu werten als uneigennützige. Bei der Untreue eines Testamentsvollstreckers hat das RG (DR **41**, 2179) als wesentlich angesehen, ob der Täter zum eigenen Vorteil oder zum Besten des Nachlasses gehandelt hat. OLG München (JFG Erg. **17** 150) hat bei der Untreue strafmildernd berücksichtigt, daß der Täter sie zur Erhaltung des vom Vater ererbten Geschäfts begangen hat. Wer eine Trunkenheitsfahrt unternimmt, um eine vermeintlich erforderliche Hilfe zu leisten, verdient Nachsicht (Bay DAR/R **78**, 207), so auch idR, wer im Trunkenheitszustand mangels sonstiger Hilfe einen Verletzten ins Krankenhaus fährt, obwohl die Voraussetzungen der §§ 34, 35 nicht vorliegen. Eine Strafschärfung ist zulässig, wenn der über ein ausreichendes Einkommen verfügende Täter Geld entwendet hat, um augenblicklichen Vergnügungen nachgehen zu können (BGH MDR/D **74**, 544), so zB der Spieler, der

13

13 a

§ 46   14–16   Allg. Teil. Rechtsfolgen der Tat – Strafbemessung

nach Verlust seines Geldes im Spielkasino einen anderen bestiehlt, um sofort weiterspielen zu können. Bei deliktischer Beschaffung von Geld zum Drogenerwerb kann bedeutsam sein, ob und wie sehr der Täter von seiner Sucht beherrscht war.

14   Erschwerend kann berücksichtigt werden, daß der Täter ein deliktisches Ziel angestrebt hat, das über die verwirklichte Tat hinausgeht, er also mehr als das Erreichte an Unrecht hat bewirken wollen (vgl. BGH 1 136, NJW 82, 2265). Wer mehr als das Erlangte zu erbeuten suchte, verdient grundsätzlich eine höhere Strafe als beim alleinigen Absehen auf die tatsächliche Beute. Dem Anstifter kann auch ohne Vorliegen der Voraussetzungen des § 30 strafschärfend zur Last fallen, daß er versucht hat, den Angestifteten, der sich nur zum Grunddelikt hat verleiten lassen, zu einer qualifizierten Tat zu bestimmen.

15   c) Zu den Motiven des Täters gehört auch seine Überzeugung, auf Grund derer er sich zu seiner Tat für verpflichtet hielt. **Überzeugungstäter** können sich zwar weder auf Rechtfertigung noch auf Entschuldigung ihres Tuns berufen. Das Strafrecht, das im Interesse der Allgemeinheit Mindestforderungen an jeden einzelnen stellt, kann von diesem Respektierung seiner Verbote verlangen. Überzeugungstäter können aber im Rahmen der Strafzumessung anders behandelt werden, weil und insoweit ihre Überzeugung achtenswert ist (vgl. BGH 8 163, Bremen NJW 63, 1932, GA 63, 60, Hamm NJW 65, 787 m. abl. Anm. Peters JZ 65, 488, Bay 70, 122, MDR 66, 693, JZ 76, 530 m. Anm. v. Hippel JR 77, 119, NJW 80, 2424, Stuttgart NJW 92, 3251, Gallas Mezger-FS 320, Bokkelmann Welzel-FS 543 ff., aber auch Horn SK 114). Politische Überzeugung und Pflichtgefühl gegenüber dem Heimatland entlasten ausländische Agenten jedoch nicht (vgl. BGH 101 IV 209, aber auch Koblenz StV 91, 464). Zur Differenzierung zwischen Überzeugungs- und **Gewissenstäter** vgl. Peters H. Mayer-FS 257, Ebert aaO 59 ff. Vgl. weiter Greffenius aaO, Hofmann und Sax aaO (zum **Ideologietäter**), Müller-Dietz Peters-FS 91 ff. (zum Gewissenstäter), Bopp, Der Gewissenstäter und das Grundrecht der Gewissensfreiheit, 1974, Schünemann in: Politisch motivierte Kriminalität – echte Kriminalität?, Schriftenreihe des Inst. f. Konfliktforschung, H. 4, 1978, 78 ff. Zur Strafzumessung bei Zivildienstverweigerung aus Gewissensgründen Düsseldorf NStZ-RR 96, 90. Zu Beweggründen eines Terroristen vgl. BGE 104 IV 245 ff.; 107 IV 63.

16   2. Zu berücksichtigen sind des weiteren die **Gesinnung** des Täters und der bei der Tat aufgewendete **Wille**. Die Gesinnung muß aus der Tat sprechen (BGH NJW 79, 1835), also in der Tat zum Ausdruck gekommen sein, wie besondere Niedertrachtigkeit, Skrupellosigkeit, Bosheit, Böswilligkeit, Gewissenlosigkeit oder Rücksichtslosigkeit. Eine klare Grenze zu den Beweggründen und Zielen des Täters läßt sich allerdings nicht ziehen, da deren Bewertung entscheidende Kriterien für die Beurteilung der Tätergesinnung liefert. Dagegen ist der bei der Tat aufgewendete Wille ein neues Kriterium für die Strafzumessung. Die Nachhaltigkeit eines solchen Willens ist wesentliches Indiz für die verbrecherische Energie (gegen Verwendung dieses Begriffs Walter GA 85, 197). Je größer die Schwierigkeiten waren, die der Täter bei der Tat zu überwinden hatte, und je hartnäckiger er sein Ziel verfolgte, desto mehr läßt sich ihm vorwerfen und desto größer ist demgemäß seine Schuld. Die Stärke des Tatwillens kann auch aus sorgfältigen Tatvorbereitungen ergeben. Eine Strafschärfung kann sich mithin darauf gründen, daß es sich um keine Gelegenheitstat, sondern um eine geplante Tat gehandelt hat (BGH MDR/D 74, 544, NJW 82, 2265), insb. bei monatelanger Tatvorbereitung (BGH NStZ/D 90, 177). Straferschwerend kann sich auch eine Maskierung bei der Tatausführung als ein Umstand besonderer krimineller Intensität auswirken (BGH NStZ 98, 188; vgl. aber auch BGH StV 91, 106). Gleiches gilt uU sogar für die Spurenbeseitigung, nämlich soweit sich aus der Art ihrer Durchführung auf besondere verbrecherische Energie schließen läßt (BGH MDR/H 77, 982). Generell läßt sich aus ihr indes kein Strafschärfungsgrund herleiten (vgl. u. 39). Auch die Intensität des Unrechtsbewußtseins ist für die Strafzumessung bedeutsam (vgl. BGH 11 266). Absicht der Erfolgsherbeiführung deutet für sich allein noch nicht auf besondere Stärke des verbrecherischen Willens (BGH NJW 81, 2204 m. Anm. Bruns JR 81, 512), ebensowenig direkter Vorsatz (BGH MDR/H 84, 980, NStZ/D 90, 177), bewußtes Inkaufnehmen des Scheiterns der Tat (BGH MDR/H 81, 981) oder Fortsetzung des Heroinkonsums nach Entdeckung eines Teils des Heroins, sofern sie auf Betäubungsmittelabhängigkeit beruht (BGH StV 88, 385). Strafmildernd kann eine Willensschwäche zu werten sein, zB eine nicht erhebliche (somit von § 21 nicht erfaßte) Verminderung der strafrechtlichen Verantwortlichkeit (vgl. BGH StV 98, 259), etwa infolge jahrelangen Rauschgiftgenusses (BGH MDR/D 74, 544). Solcher Willensschwäche darf nicht strafschärfend entgegengehalten werden, der Täter habe es nicht geschafft, mit der Drogenabhängigkeit fertig zu werden (BGH MDR/H 80, 813). Entsprechendes gilt für sonstige psychische Störungen. Verfehlt wäre es daher, eine Strafschärfung dem Umstand zu entnehmen, daß es trotz Beistands dem Täter nicht gelungen sei, die Zerrüttung seiner Ehe zu verkraften und in einer ausgeglichenen psychischen Verfassung zurückzufinden (BGH MDR/H 80, 813). Strafmildernd kann auch zu berücksichtigen sein, daß jemand die Tat nur aus Unbesonnenheit begangen hat (vgl. § 34 Nr. 7 öst. StGB) oder dem Täter die Tatausführung leicht gemacht worden ist und er deswegen keine besondere Willensstärke zur Tat hat aufwenden müssen, so etwa, wenn sorgloses und nachlässiges Verhalten eines Beamten ein betrügerisches Vorgehen gegen den Staat erleichtert hat (BGH StV 83, 326). Hat der Täter jedoch planmäßig auf das Erleichtern der Tat hingewirkt, etwa die Sorglosigkeit eines Beamten durch geschicktes Zerstreuen jeglicher Bedenken herbeigeführt, so entfällt eine auf Erleichtern der Tatausführung beruhende Strafmilderung. Ferner können Willensbeeinflussungen sich strafmildernd auswirken. Wer mittels Drohung zur Tat

gedrängt worden ist, hat wegen der Willensbeeinträchtigung mit einer geringeren verbrecherischen Willensstärke gehandelt. Ebenfalls kann sonstiges Drängen zur Tatbegehung (zB durch V-Mann) oder Überreden die verbrecherische Willensstärke mindern. Zur Strafmilderung bei Anstiftung durch Lockspitzel vgl. BGH StV **2000**, 57 m. Anm. Sinner/Kreutzer StV 2000, 114. Auch die Einbindung in ein Unrechtssystem kann dazu führen, daß dem Täter es schwerer fällt, das Recht zu beachten, als sich dagegen zu stellen, zumal wenn massive äußere Einflüsse ihn bedrängen; dieser Umstand ist strafmildernd zu werten (vgl. BGH NJW **96**, 863). Strafmilderung kann trotz Erfolgseintritts zudem bei freiwilliger Aufgabe des verbrecherischen Willens vor Tatvollendung angebracht sein, etwa dann, wenn der Täter sich freiwillig und ernsthaft bemüht, die Tatvollendung zu verhindern, und ein Dritter den erfolgreichen Rücktritt vereitelt.

3. Ferner ist das **Maß der Pflichtwidrigkeit** zu berücksichtigen. Dieser Faktor, der für den Unrechts- und den Schuldumfang erheblich sein kann, hat Bedeutung vor allem bei Fahrlässigkeitsdelikten. Die Größe der Pflichtverletzung, die dem Täter zur Last fällt, und das Maß seiner Nachlässigkeit bei der Tat bestimmen hier die Strafhöhe. Das StGB differenziert zwar im allgemeinen nicht zwischen verschiedenen Fahrlässigkeitsgraden (vgl. aber zB §§ 176b, 251, 283 IV). Für die Strafzumessung aber ist wesentlich, ob leichte oder schwere (grobe) Fahrlässigkeit vorgelegen hat (vgl. BGH VRS **18** 201, Bay DAR/R **66**, 260, Köln VRS **58** 26, Koblenz VRS **63** 44). Leichtfertigkeit enthält ein weit höheres Maß an Pflichtwidrigkeit als geringfügige Fahrlässigkeit. Dagegen ist grundsätzlich unerheblich, ob der Täter bewußt oder unbewußt fahrlässig gehandelt hat. Bei Vorsatzdelikten ist das Maß der Pflichtwidrigkeit insb. bei Verstößen gegen besondere Pflichten als Strafzumessungsfaktor beachtlich. So kommt es bei der Untreue für das Strafmaß ua darauf an, wie weit sich der Täter von den ihm gegebenen Richtlinien entfernt hat oder wie gewichtig der Verantwortungsbereich gewesen ist. Bei geheimdienstlicher Agententätigkeit ist die Verletzung einer erhöhten Treupflicht gegenüber der BRep. ein Strafschärfungsgrund (BGH MDR/H **81**, 453). Das Maß der Pflichtwidrigkeit kann auch bei der Bestechlichkeit (§ 332) für die Strafhöhe bedeutsam sein. Fordern eines Vorteils für eine geringfügige Pflichtwidrigkeit wiegt nicht so schwer wie Fordern eines Vorteils für eine erhebliche Pflichtverletzung.

4. Die nächste Gruppe von Strafzumessungsfaktoren – **Art der Ausführung** und **verschuldete Auswirkungen** der Tat – betrifft im wesentlichen die objektive Tatseite. Mit ihr wird der Umfang der Rechtsverletzung als strafzumessungserheblich herausgestellt.

a) Für den Umfang der Straftat, dh die **Größe der Rechtsverletzung,** ist die Höhe des angerichteten Schadens von entscheidendem Gewicht, so ua bei Vermögensdelikten (vgl. zB RG HRR **40** Nr. 1214) oder bei Körperverletzungs- und Sexualdelikten (RG JW **39**, 752). Köln JR **47**, 124 konnte demgemäß für den Begünstiger eine höhere Strafe als für die Begünstigten für angemessen halten, weil ohne die Begünstigung der unermeßliche Schaden in mäßigen Grenzen geblieben wäre. Beim Schaden sind die Verhältnisse des Opfers zu berücksichtigen, soweit sie maßgebend dafür sind, in welchem Ausmaß das Opfer von der Tat betroffen ist (vgl. dazu Pallin aaO RN 28; and. Kunst WK, § 32 RN 53 b). In Ansatz zu bringen sind auch Nachteile außerhalb des tatbestandlichen Schadens, da das Gewicht der Tat nicht allein durch den vom Tatbestand vorausgesetzten Schaden bestimmt wird. So können bei Tötungsdelikten die Folgen für Hinterbliebene berücksichtigt werden (BGH NStZ/Mü **85**, 161, NStZ **93**, 385) oder beim Betrug die über den eigentlichen Betrugsschaden hinausgehenden wirtschaftlichen Einbußen (BGH VRS **15** 112), zB die Vernichtung der wirtschaftlichen Existenz auf Grund der erschlichenen Leistung. Auszuscheiden haben jedoch außertatbestandliche Schäden, die vom Schutzbereich der verletzten Strafnorm überhaupt nicht berührt sind (vgl. Horn SK 109), so zB Körperschäden, die ein Bestohlener bei der Verfolgung des Diebes infolge eines Sturzes erlitten hat. Für die Strafzumessung erheblich sind alle Arten von Schäden, nicht nur materielle, körperliche und, auch bei Vermögensdelikten (vgl. Hillenkamp StV 89, 533), seelische, sondern auch ideelle (RG **69** 241). Sind psychische Schäden die Folge mehrerer Delikte eines Täters, so können sie ihm nur einmal angelastet werden bei der Gesamtstrafenbildung (BGH NStZ-RR **98**, 107). Auch der Schaden, der auf sozial bedeutsamen Opfereigenschaften beruht, kann berücksichtigt werden, ohne daß dies dem Gleichheitsgrundsatz widerstreitet (Bay NJW **54**, 1211, Stree aaO 75 f.). Für die Größe der Rechtsverletzung ist ferner das Ausmaß von Gefährdungen von Bedeutung, und zwar außer bei Gefährdungsdelikten und beim Versuch auch bei vollendeten Erfolgsdelikten (vgl. BGH VRS **14** 285; and. Hamm VRS **15** 45 für § 230, und wohl auch Celle VRS **14** 305). Hat zB eine Körperverletzung, eine Sachbeschädigung oder eine Brandstiftung über den eingetretenen Schaden hinaus andere Objekte erheblich gefährdet, so kann dies zur Strafschärfung führen. Entsprechendes gilt bei Sexualdelikten für die konkrete Gefahr seelischer Schäden (vgl. § 176 RN 27), dagegen noch nicht für die bloße Möglichkeit einer konkreten Gefahr (BGH StV **88**, 250). Andererseits spricht bei einer Tatveranlassung durch einen V-Mann zugunsten des Täters, daß die Tat kontrolliert werden kann und daher weniger gefährlich ist (BGH NJW **86**, 1764, NStE **26**). Zur Strafmilderung bei weitgehendem Ausschluß einer Gefährdung der Allgemeinheit auf Grund der Täterüberwachung durch V-Mann vgl. BGH NStZ **88**, 133; vgl. auch BGH NStZ/D **90**, 176, NStE **72** (polizeiliche Überwachung der Tat). Bei der Bewertung der Tat und ihrer Folgen darf berücksichtigt werden, daß in der Tat zugleich Verstöße gegen mehrere als Warnung dienende polizeiliche Verbote oder Gebote enthalten sind (RG JW **25**, 487, BGH VRS **26** 429), zB Verstöße gegen Unfallverhütungsvorschriften, ebenso die Verletzung mehrerer Strafgesetze (BGH VRS **37** 365). Es genügt allerdings noch nicht, daß der Täter lediglich die objektiven Merkmale eines weiteren Strafgesetzes verwirklicht hat (BGH NStE **58**). Eine Strafmilderung ist andererseits angezeigt, wenn die Tat Schlimmeres verhütet, ohne daß ein rechtfertigender oder entschuldigender Notstand vorliegt (vgl. Bruns StrZR 402, Spendel Engisch-FS 509 ff., Bruns-FS 249 ff.). Das ist insb. der Fall, wenn die Tat einem rechtfertigenden Notstand nahekommt (vgl. § 34 RN 52). Bei abstrakten Gefährdungsdelikten, mit denen im Durchschnittsfall ein Schaden oder eine konkrete Gefährdung verknüpft ist, kann das Ausbleiben jeglicher Gefahr strafmildernd wirken (vgl. BGH StV **86**, 149). Auch läßt sich strafmildernd berücksichtigen, daß das Opfer das Tatgeschehen ohne bleibende Schäden alsbald verarbeitet hat (BGH StV **93**, 25).

20 Kein beachtlicher Strafzumessungsfaktor ist das **Alter eines Getöteten**, da hiervon nicht der Wert eines Menschen abhängt (vgl. BGH VRS **5** 213, StV **95**, 634, **96**, 148, Köln DAR **63**, 306, Bay NJW **74**, 250 m. Anm. Schroeder, Koblenz VRS **48** 181, Frankfurt JR **80**, 76 m. Anm. Bruns, Stree aaO 75), ebensowenig das Ansehen eines Getöteten. Allenfalls kann sich uU strafmildernd auswirken, daß der Getötete bereits im Sterben lag (and. Spendel JZ 97, 1188). Bei Nötigung zu sexuellen Handlungen ist unzulässig, die Strafe zu mildern, weil das Opfer (nur) eine Prostituierte war (BGH MDR/D **71**, 895).

21 b) Das Gewicht der Tat bestimmt sich ferner nach der **Art und Weise** der Tatausführung. Von Bedeutung sind insoweit vor allem die eingesetzten Mittel (zB relativ ungefährliche oder besonders gefährliche Werkzeuge), die Art des Vorgehens (zB besondere Brutalität oder Hinterhältigkeit, auch Maskierung, vgl. BGH NStZ **98**, 188), das Ausnutzen besonderer Umstände (etwa Hilflosigkeit, Zwangslage oder Willensschwäche des Opfers), das Zusammenwirken mit anderen (vgl. aber BGH StV **94**, 15: Hilfe durch V-Mann Strafmilderungsgrund), uU auch der Tatort (vgl. BGH MDR/D **73**, 16: Vergewaltigung in Kirche), die Tatzeit (Nacht; jedoch nicht schlechthin; vgl. BGH StV **86**, 58) und die Tatdauer, namentlich bei Dauerdelikten (vgl. BGH NJW **86**, 598 zu § 180 a: ungewöhnlich kurzer Tatzeitraum als Milderungsgrund). Soweit diese Umstände bereits Tatbestandsmerkmale sind, wie Beisichführen von Waffen nach § 244 I Nr. 1, dürfen sie jedoch nicht nochmals bei der Strafzumessung herangezogen werden (Abs. 3; vgl. u. 45 ff.). Zulässig ist aber, das Vorliegen mehrerer Modalitäten des Tatbestands strafschärfend zu berücksichtigen, so bei der gefährlichen Körperverletzung die Tatbegehung mittels einer Waffe und eines hinterlistigen Überfalls. Außerdem kann größere oder geringere Intensität des angewandten Mittels bei der Strafzumessung verwertet werden, zB besondere Raffinesse beim Betrug, Stärke der Gewalt beim Raub, gewissenlose und rohe Ausführung einer Körperverletzung (RG DR **43**, 754) oder Druckausübung über längere Zeit bei der Erpressung (BGH NJW **67**, 61). Beim einfachen Diebstahl kann gewaltsames Vorgehen des Täters die Strafhöhe beeinflussen (RG JW **36**, 737), bei Verkehrsdelikten der Grad der Fahruntüchtigkeit oder das Maß der überhöhten Geschwindigkeit. Überhöhte Geschwindigkeit kann bei Verkehrsunfällen auch dann zur Strafschärfung führen, wenn sie für den Unfall nicht ursächlich war (BGH VRS **12** 46). Zugunsten des Täters kann sich bei Trunkenheit am Steuer die Benutzung einer wenig befahrenen Nebenstraße auswirken (and. LG Verden DAR **76**, 137, wenn Täter die Nebenstraße zumindest auch als Schleichweg benutzt, um polizeiliche Kontrolle zu vermeiden). Bei Mittätern kann der Umfang der Tatbeteiligung für die jeweilige Strafe bedeutsam sein (BGH NJW **94**, 1886).

22 c) Für die Strafzumessung erheblich kann zudem die **Trunkenheit** bei der Tat sein, zB bei fahrlässiger Tötung (BGH VRS **21** 45). Ihre Bedeutung als Strafzumessungsfaktor ist jedoch bei den einzelnen Straftaten unterschiedlich (zum ambivalenten Charakter vgl. Bruns StrZR 48, 459). So kann sie, selbst wenn sie verschuldet ist, strafmildernd wirken (BGH MDR/D **74**, 365), etwa dann, wenn der Angetrunkene unerwartet einen Rivalen trifft und ihn beleidigt oder verprügelt. Strafschärfende Wirkung kann sie haben, wenn der Täter beim Alkoholgenuß mit der späteren Tat rechnete oder rechnen mußte (vgl. BGH NStZ **90**, 537), zB erkannt hat, daß er gegenüber anderen aggressiv werde (BGH MDR/H **88**, 98) oder möglicherweise in eine Lage gerate, in der er sich geführte Waffe zu benutzen, und er die Waffe infolge seines Zustands wahlloser und risikobereiter einsetzen werde (BGH MDR/D **73**, 899). Namentlich bei Trunkenheit am Steuer ist zu berücksichtigen, ob der Täter wußte oder damit rechnen mußte, daß er noch fahren werde (Hamm VRS **22** 217). Unbeachtlich ist die Trunkenheit, die ohne Einfluß auf die Tat geblieben ist. Das gilt auch für Verkehrsdelikte. Ist Fahruntüchtigkeit infolge Alkoholgenusses nicht nachzuweisen, so kann dieser bei der Strafzumessung für ein Verkehrsdelikt nicht strafschärfend berücksichtigt werden (and. BGH VRS **43** 419, Bay VRS **44** 180, DAR/R **80**, 263; vgl. jedoch BGH DAR **63**, 353). Vgl. zum Ganzen Foth DRiZ 90, 417.

23 d) Kennzeichnend für die Tat sind auch die **Beziehungen** zwischen **Täter** und **Opfer**, insb. nahe Bindungen zwischen beiden, Schutzpflichten gegenüber dem Opfer sowie besondere Vertrauensverhältnisse. Vgl. dazu Schultz SchwZStr 71, 188, Maeck aaO 85, 103. Bei den Beziehungen zum Opfer zeigt sich augenfällig die Ambivalenz der Strafzumessungstatsachen. Das trifft namentlich auf Delikte zu, bei denen der Täter das ihm vom Opfer entgegengebrachte Vertrauen mißbraucht. Ein solcher Mißbrauch kann die Tat besonders verwerflich und Strafschärfung angezeigt erscheinen lassen. Das ist insb. der Fall, wenn der Täter hinterlistig vorgeht, etwa mittels Vortäuschen der Hilfsbedürftigkeit, amtlicher Befugnisse oder harmloser Auskünfte, und die ihm hierbei entgegengebrachte Arglosigkeit zur Tatausführung ausnutzt. Andererseits kann die Tatsache, daß Vertrauensseligkeit die Tat erleichtert hat, häufig Anlaß sein, die Tat milder zu beurteilen, namentlich, wenn den Täter eine günstige Gelegenheit, die nicht auf ihn zurückgeht, zur Tat verleitet hat. Strafschärfung kommt bei Taten in

Betracht, bei denen der Täter eine Obhutspflicht gegenüber seinem Opfer verletzt hat. Die Körperverletzung von Schutzbefohlenen kann nicht nur unter den Voraussetzungen des § 225, sondern auch bei Zumessung der Strafe aus § 223 strenger geahndet werden. Nahe Beziehungen zum Opfer sind für den Täter nicht stets belastend; sie können sich ebensogut strafmildernd auswirken, etwa bei Vermögensdelikten.

In diesen Zusammenhang gehören auch das **Opferverhalten** und seine Auswirkungen auf die Tat 24 (vgl. dazu Hillenkamp aaO 211 ff., Schüler-Springorum Honig-FS 201 ff.), wobei das Alter des Opfers wesentliche Bedeutung haben kann (vgl. Streng StV 95, 413). Erheblich ist vor allem das **Mitverschulden** des Verletzten als Strafmilderungsgrund. Dabei ist gleichgültig, ob dieses sich vor, bei oder nach der Tat ausgewirkt hat. Mitverschulden vor der Tat kann etwa darin liegen, daß ungenügende Kontrolle oder bestimmtes Anreizen die Tatbegehung erleichtert hat, zB bei Unterschlagung oder Untreue durch unzureichend beaufsichtigte Angestellte (vgl. BGH wistra **86**, 172) oder bei der vom Opfer provozierten Vergewaltigung (vgl. BGH StV **86**, 149 m. Anm. Hillenkamp). Eine tataulösende Provokation kann für die Strafzumessung auch noch bedeutsam sein, wenn der Täter seinerseits die Provokation ausgelöst hat (BGH StV **84**, 151). Zur Notwehrnähe als Strafzumessungsfaktor vgl. Hillenkamp aaO 269 ff. Mitverschulden spielt namentlich bei Fahrlässigkeitstaten, insb. Verkehrsdelikten, eine große Rolle (vgl. BGH **3** 220, VRS **14** 191, **15** 430, **19** 108, **22** 446, **23** 438, **29** 277, **30** 351, **36** 273, 362, Celle DAR **56**, 17, KG VRS **31** 67, **36** 202, Karlsruhe VRS **46** 425, Frankfurt NStZ-RR **99**, 337, Dresden BA **99**, 387). Bei Verkehrsdelikten mit tödlichem Ausgang oder Körperschäden kann als Mitverschulden auch das Nichtanlegen des Sicherheitsgurts seitens des Opfers berücksichtigt werden (Bay VRS **55** 269, Hamm VRS **60** 32). Soweit ein Mitverschulden nach der Tat, wie schuldhafte Vergrößerung des Schadens, vorliegt, kann die Schadensausweitung dem Täter zumeist nicht zugerechnet werden. Ausweitungen des Taterfolges, die das Opfer (oder ein Dritter) eigenverantwortlich verursacht hat, sind diesem, nicht dem Täter anzulasten (and. BGH NStZ **92**, 489 bei Lieferung von Rauschgift, dessen eigenverantwortlicher Genuß zum Tod des Süchtigen führt; vgl. dagegen Hoyer StV **93**, 128). Der Richter (Tatrichter; BGH VRS **36** 273) entscheidet die Frage des Mitverschuldens selbständig, auch wenn der andere Beteiligte rechtskräftig freigesprochen ist (Köln DAR **57**, 104). Er hat unabhängig von einer zivilrechtlichen Ausgleichspflicht nach § 254 BGB zu beurteilen, ob ein strafzumessungserhebliches Mitverschulden vorliegt (Bay NStE **88**). Bei Fahrlässigkeitstaten braucht es sich nicht um ein Mitverschulden im technischen Sinn zu handeln, auch rechtswidrige Mitverursachung, zB durch Kinder, ist strafmildernd zu berücksichtigen (BGH VRS **18** 123, Celle NdsRpfl **58**, 80, Hamm VRS **25** 445). Auch Mitverschulden eines Dritten kann strafmildernd wirken, zB Taterleichterung durch mangelnde Kontrolle bei Untreue (BGH JZ **88**, 472) oder durch sorgloses und nachlässiges Verhalten eines Beamten bei Betrug gegen den Staat (BGH StV **83**, 326), Unterlassung der Polizei, Warnschilder aufzustellen (BGH VRS **16** 131), Verzögerung der Operation zur Abwendung des Todes (BGH MDR/H **79**, 986) oder Verfahrensverstöße bei der Vernehmung oder Vereidigung (vgl. 24 vor § 153), uU auch Mitwirkung eines agent provocateur (KG NJW **82**, 838). Mängel der Dienstaufsicht ergeben aber nicht stets einen Strafmilderungsgrund, so nicht bei Bestechlichkeit oder Verletzung von Dienstgeheimnissen (BGH NJW **89**, 1938). Bei Zweifeln über das Vorliegen eines Mitverschuldens gilt der Grundsatz in dubio pro reo (BGH VRS **19** 126, **25** 113, **27** 125, **28** 208, **36** 362, KG VRS **17** 142, **23** 133, **31** 67). Fehlt es an einem Mitverschulden, so läßt sich daraus noch kein Strafschärfungsgrund herleiten (BGH VRS **21** 263, **22** 121, **23** 232, Schleswig SchlHA/E–L **86**, 97). Trotz überwiegenden Verschuldens eines Beteiligten ist es zulässig, gegen beide die gleiche Strafe zu verhängen (Bay NJW **68**, 2157). Vgl. zum Ganzen Bruns StRZR 430 ff., Frisch ZStW **99**, 759 ff.

e) Wo **Einwilligung** des Verletzten die Tat nicht rechtfertigt, wie bei sittenwidriger Körperverlet- 25 zung (§ 228), kann sie strafmildernd berücksichtigt werden (BGH MDR/D **69**, 194), vorausgesetzt natürlich, daß Einwilligungsfähigkeit vorgelegen hat. Vgl. näher Hillenkamp aaO 240 ff., Maeck aaO 56 ff.

f) Soweit danach objektive Umstände für die Strafzumessung maßgeblich sind, können sie dem 26 Täter nur zur Last gelegt werden, wenn er sie gekannt hat bzw. hätte kennen müssen (vgl. zu unrechtsteigernden Tatmodalitäten Bay NStZ-RR **97**, 134). § 46 räumt nur **verschuldeten Auswirkungen der Tat** Bedeutung für die Strafzumessung ein (vgl. BGH StV **91**, 64). Er klärt freilich nicht, ob das Verschuldetsein sich nach den Regeln der §§ 15, 16 oder des § 18 bestimmt, ob also beim Vorsatzdelikt allein der Täter vorausgesehenen Tatfolgen berücksichtigt werden oder auch Tatfolgen, die für ihn voraussehbar waren. Mehr spricht dafür, den Grundgedanken der §§ 15, 16 anzuwenden. Seine Anwendung liegt bei den sonstigen Strafzumessungstatsachen, die objektiv den Umfang der Rechtsverletzung kennzeichnen, auf der Hand, da sie letzten Endes nichts anderes sind als individualisierte Tatmerkmale. Hätte der Gesetzgeber diese in seine Tatbestände aufgenommen, wenn auch nur ausnahmsweise eine Vorsatz-Fahrlässigkeitsregelung zu treffen, so würde kein Zweifel daran bestehen können, daß § 16 anwendbar wäre. Gleiches ist bei Umständen anzunehmen, die der Richter bei der Strafzumessung heranzuziehen hat. Bei besonders schweren Fällen ist dies anerkannt, soweit es sich um die Voraussetzungen eines Regelbeispiels handelt. So setzt § 243 I Nr. 1 zB beim Nachschlüsseldiebstahl das Wissen des Diebes voraus, daß er einen falschen Schlüssel benutzt. Für andere Umstände, die einen besonders schweren Fall ergeben oder im Rahmen des Regelstrafrahmens zu berücksichtigen sind, kann nichts anderes gelten. Wer Edelsteine stiehlt, die er für

Imitationen hält, dem darf deren hoher Wert nicht zur Last gelegt werden (vgl. BGH MDR/D **69**, 533); ebenso darf der Umstand, daß der Verletzte Schwerkriegsbeschädigter ist, nur dann strafschärfend verwertet werden, wenn dies dem Täter bekannt war (vgl. BGH MDR/D **66**, 26). Beim Handel mit Rauschgift kann dessen besondere Gefährlichkeit nur bei Kenntnis des Täters hiervon eine strengere Strafe begründen (BGH MDR/S **89**, 1037). Da zwischen den Tatauswirkungen und den sie auslösenden Umständen als Strafzumessungsfaktor kein entscheidender Unterschied besteht, ist auch bei den Tatauswirkungen auf die §§ 15, 16 zurückzugreifen. Muß der Diebstahlsvorsatz sich zB auf den Wert der Beute erstrecken, so ist es geboten, Entsprechendes bei den Diebstahlsfolgen vorauszusetzen, etwa bei der wirtschaftlichen Not, in die der Bestohlene gerät. Beim Herbeiführen der Gefahr des Todes oder einer schweren Körperverletzung als Qualifikation oder als Regelbeispiel für besonders schwere Fälle hat auch der BGH nur Vorsatz ausreichen lassen (vgl. BGH **26** 176, 245). Demgegenüber soll nach BGH NStE **55** für eine Strafschärfung bei einer Vergewaltigung genügen, daß schwere seelische Schäden beim Opfer als Folge der Tat für den Täter voraussehbar waren. Ferner soll nach BGH **26** 182 (krit. dazu Backmann MDR 76, 976) zulässig sein, im Rahmen eines aus § 113 II Nr. 1 (Waffe) herzuleitenden besonders schweren Falles strafschärfend zu berücksichtigen, daß der Täter den betroffenen Amtsträger fahrlässig in die Gefahr des Todes gebracht hat. Jedoch ist hier nicht anders zu entscheiden als im Diebstahlsfall. Wie das gefährliche Tatmittel müssen bei Vorsatzdelikten auch die Folgen seines Einsatzes vom Vorsatz umfaßt sein, sollen sie straferschwerend herangezogen werden können (and. Gribbohm LK 151). Anderes gilt nur für erfolgsqualifizierte Delikte (§ 18) sowie allgemein für Delikte, bei denen auch fahrlässiges Verhalten strafbar ist. Hier steht die fahrlässige Erfolgsverursachung zwar nicht in Tateinheit zum Vorsatzdelikt; einem Erfolg, der über den vorsätzlich herbeigeführten hinausgeht, ist aber im Rahmen einer Vorsatztat eine strafschärfende Bedeutung zuzumessen, soweit er fahrlässig verursacht worden ist. Wer vorsätzlich einen anderen körperlich verletzt, hat auch für nicht vorausgesehene, jedoch voraussehbare Körperschäden als Tatfolgen einzustehen. Nicht als Strafschärfungsgrund zurechenbar sind jedoch voraussehbare Tatauswirkungen, die das Tatopfer selbst eigenverantwortlich herbeigeführt hat (and. BGH JR **93**, 419 m. Anm. Helgerth bei Abgabe von Betäubungsmitteln mit Todesfolge, die auf eigenverantwortlichem Verhalten des Empfängers zurückgeht). Grundsätzliches zu verschuldeten Tatfolgen Puppe Spendel-FS 451.

27   Eine differenzierende Lösung vertritt Frisch GA 72, 321, dem sich Bruns StrZR 424 anschließt. Danach sollen die Grundsätze für erfolgsqualifizierte Delikte auf die typischen Gefahren einer Tat und die hieraus erwachsenden Folgen entsprechend anwendbar sein, sonst die allgemeinen Grundsätze für Vorsatz und Fahrlässigkeit (ebenso Horn SK 109, Jescheck/Weigend 888; vgl. dazu noch Frisch ZStW 99 752 ff.). Gegen diese Lösung spricht, daß § 18 als solcher schon erheblichen Bedenken ausgesetzt ist (vgl. Hirsch GA 72, 65) und daher nicht erweiternd als Richtlinie für das Verschulden an Tatfolgen heranzuziehen ist. Vgl. auch § 15 RN 35 sowie Puppe Spendel-FS 453.

28   g) Eine andere Frage ist, ob unverschuldete Auswirkungen der Tat für die strafzumessungserheblichen **Präventivzwecke** Bedeutung erlangen dürfen. Da das Präventionsbedürfnis von der Schuld des Täters nicht abhängt, steht nichts entgegen, solche Tatauswirkungen, soweit sie präventionsrelevant sind, innerhalb der Präventionszwecke zu berücksichtigen. Die Annahme einer „Sperrwirkung" in dem Sinn, daß unverschuldete Tatauswirkungen auch unter präventiven Zielsetzungen bei der Strafzumessung nicht ins Gewicht fallen dürfen, würde den Präventivzwecken eine sachwidrige Schranke setzen. Vgl. dazu Karlsruhe VRS **49** 346, Bruns NJW 74, 1747, StrZR 358, Zipf, Strafmaßrevision S. 126. Daraus folgt jedoch nicht, daß die Strafe über den Schuldausgleich hinausgehen darf. Entsprechend der durch das Schuldmaß begrenzten Strafhöhe (vgl. 6 ff. vor § 38) dürfen unverschuldete Tatauswirkungen nur im Rahmen der Schuldangemessenheit unter präventiven Gesichtspunkten die Strafhöhe beeinflussen.

29   5. Ferner sind für die Strafzumessung das **Vorleben** des Täters und seine **persönlichen und wirtschaftlichen Verhältnisse** bedeutsam. Diese Merkmale stellen nur Ausschnitte aus der Gesamtpersönlichkeit des Angekl. dar. In erster Linie ist auf die Persönlichkeit selbst abzustellen, und zwar in dem Sinn, daß die Struktur des Charakters zu erforschen und zu berücksichtigen ist, die Stärke und Schwäche gegenüber Versuchungen und die daraus zu gewinnende Erkenntnis über die Wirkung der Strafe auf diesen Täter (vgl. BGH MDR/D **72**, 196).

30   a) Ein wesentlicher Faktor für die Erkenntnis der Persönlichkeit des Täters ist sein **Vorleben**. Bisherige gute Führung und Straflosigkeit können mildernd berücksichtigt werden (BGH MDR/H **80**, 628, NStZ **82**, 376, **88**, 70, StV **96**, 205; vgl. dazu Frisch GA 89, 358 FN 82, der zutreffend darauf hinweist, daß bisherige Unbestraftheit ein Indiz für besondere situative oder habituelle Umstände bei der Tat ist). So ist die Unbestraftheit eines Beamten grundsätzlich ein Milderungsgrund (BGH GA **56**, 154), ebenso eine gute Führung (BGH **8** 186, VRS **56** 191). Auch Verdienste durch soziale Leistungen können zugunsten des Täters sprechen, etwa ein Einsatz in Katastrophenfällen, eine Betätigung in gemeinnützigen Einrichtungen usw. Umgekehrt kann erschwerend berücksichtigt werden, daß sich der Täter keine Kenntnis von Vorschriften oder Rechtsregeln verschafft hat (Bay NJW **64**, 364), derer er in seinem Beruf oder auf einem anderen Gebiet bedarf. Langjähriges unfallfreies Fahren kann bei Verkehrsdelikten strafmildernd wirken (KG VRS **8** 43). Immer aber muß es sich um Umstände handeln, die mit dem Tatgeschehen eine konkrete Sinneinheit bilden (BGH MDR/H **89**, 857) und für die Schuld des Täters von Bedeutung sind. Handlungen ohne jede Beziehung zur Tatschuld dürfen bei der Strafzumessung nicht herangezogen werden, da sonst eine Lebensführungsschuld oder die

Tätergesinnung als solche bestraft werden würde. Vgl. BGH **5** 132, NJW **54**, 1416, **79**, 1835, StV **82**, 419, 568, **88**, 148, NStZ/D **90**, 221, v. Weber aaO 10. An der erforderlichen Beziehung zur Tatschuld kann es sogar mangeln, wenn eine verfehlte, strafrechtlich aber noch nicht bedeutsame Lebensführung mitursächlich für die spätere Tat geworden ist (vgl. BGH MDR/H **84**, 89). So läßt zB bei einer Tat, für die finanziellen Schwierigkeiten mitursächlich waren, vorheriges Verspielen erheblicher Geldbeträge nicht ohne weiteres Rückschlüsse auf die Tatschuld zu, ebensowenig vorheriges Aufgeben eines gesicherten Arbeitsplatzes (BGH StV **85**, 102). Fehlerhaft ist auch, als Strafzumessungsfaktor den Umstand heranzuziehen, daß der Angekl. sein bisheriges Leben nicht zu gestalten gewußt und wenig gearbeitet hat oder daß er eine Anspruchshaltung eingenommen habe, ohne sich selbst etwas abzuverlangen (BGH NStZ/D **90**, 221). Zur Verwertung strafbarer Handlungen, die von der Anklage nicht erfaßt sind, vgl. BGH NJW **51**, 770, MDR/D **75**, 195. Soweit eine gewerbsmäßige Tat vorgelegen hat, kann dies bei der Ahndung der Tatwiederholung strafschärfend berücksichtigt werden; das Doppelverwertungsverbot steht dem nicht entgegen (vgl. 93 vor § 52).

In der Praxis spielen vor allem die **Vorstrafen** (gegen ihre Berücksichtigung Geiter ZRP 88, 376). Dabei ist sorgfältig zwischen einschlägigen und nicht einschlägigen Vorstrafen, zwischen solchen, die ein Licht auf die kriminelle Persönlichkeit des Täters werfen können, und solchen, bei denen das nicht der Fall ist, zu differenzieren (RG JW **25**, 2138, München JFG Erg. **17** 150). Die Heranziehung nicht einschlägiger Vorstrafen ist freilich nicht unzulässig (BGH **24** 199, Koblenz OLGSt Nr. **2**), so nicht, wenn die abgeurteilten Taten erkennen lassen, daß der Täter sich rücksichtslos über Strafvorschriften hinweggesetzt, um eigene Interessen zu verfolgen (vgl. BGH NStE **13**). Einschlägige Vorstrafen entfalten jedoch zumeist mehr an Warnfunktion im Hinblick auf die neue Tat und sagen idR mehr über den Grad der inneren Verbundenheit zwischen dem Täter und der zur Aburteilung anstehenden Tat aus (vgl. BGH MDR/D **54**, 18, Hamm NJW **59**, 305). Deshalb kann es fehlerhaft sein, bei einschlägigkeitsnahen nicht einschlägige Vorsatztaten zu berücksichtigen (BGH VRS **28** 420, Bremen NJW **57**, 355). Bei fahrlässiger Tötung kann eine Strafschärfung jedoch uU auf Grund einer Vorstrafe wegen vorsätzlicher Körperverletzung berechtigt sein (BGH MDR/D **76**, 13). Auch einschlägige Vorstrafen dürfen aber nicht schematisch strafschärfend berücksichtigt werden (vgl. Bremen NJW **54**, 1899). Das gilt insb., wenn sie längere Zeit zurückliegen und deshalb fraglich ist, ob sie für die Beurteilung der jetzigen Tat noch maßgeblich sein können (BGH **5** 131). Bei großem zeitlichen Abstand zur neuen Tat rechtfertigen Vorstrafen nur bei Vorliegen besonderer Umstände eine Strafschärfung, etwa bei Rückkehr des Täters zum eingeübten strafbaren Tun (BGH StV **92**, 225). Der Berücksichtigung von Vorstrafen sind durch das BZRG (§ 51) Grenzen gesetzt; vgl. 60 f. vor § 38. Vorstrafen, die im BZR getilgt oder tilgungsreif sind, dürfen danach dem Täter nicht mehr entgegengehalten und daher auch bei der Strafzumessung nicht mehr verwertet werden (vgl. BGH **24** 378, Bay NJW **72**, 443), auch nicht unter dem Gesichtspunkt, daß der Vollzug der getilgten Freiheitsstrafe nicht ausgereicht hat, um den Täter von weiteren Straftaten abzuhalten (BGH NStZ **83**, 19). Krit. zum Verwertungsverbot Dreher JZ 72, 618. Ausnahmen vom Verwertungsverbot finden sich im § 52 BZRG. Das Verwertungsverbot gilt jedoch nicht für eine Warnung, die der Täter durch ein Verfahren erhalten hat, das mit Einstellung (BGH **25** 64) oder Freispruch mangels Beweises endete (BGH MDR/H **79**, 635; and. Köln NJW **73**, 378). Ebenso darf nicht im BZR einzutragende Verurteilung grundsätzlich zum Nachteil des Täters berücksichtigt werden (Bay NJW **73**, 1091). Ferner darf eine noch nicht tilgungsreife Vorstrafe, deren Höhe nunmehr getilgte Vorstrafen beeinflußt haben, ohne Einschränkung strafschärfend herangezogen werden (Hamm NJW **74**, 1717, Koblenz VRS **49** 379). Ebensowenig begründet der Straferlaß (§ 56 g) oder die Beseitigung des Strafmakels gem. § 100 JGG ein Verwertungsverbot (BGH MDR/H **82**, 972).

Unter Vorstrafen sind hier nur rechtskräftige Verurteilungen vor der neuen Straftat zu verstehen (Hamburg HESt **3** 68). Bei Strafbefehlen ist insb. sorgfältig zu prüfen, ob das Nichteinlegen des Einspruchs Schlüsse auf die Schuld des Täters zuläßt (Hamm NJW **59**, 305). Die Vorverurteilung nach Gesetzen, die inzwischen aufgehoben oder abgeändert worden sind, kann im Rahmen des § 46 berücksichtigt werden (Hamburg NJW **72**, 265). Auch Verurteilungen im Ausland sind bei der Strafzumessung verwertbar (Bay JZ **78**, 449; vgl. auch BGE 105 IV 226). Bei der Heranziehung einer Vorstrafe zur Strafzumessung kann das Gericht auf die Warnwirkung der früheren Verurteilung abstellen; es kann aber auch die Art und Weise der früheren Taten berücksichtigen (vgl. dazu BGH **43** 106 m. Anm. Loos JR 98, 118). Gerade die Besonderheiten der früheren Taten können für die Gewichtung der Vorstrafen als Strafzumessungsfaktor von wesentlicher Bedeutung sein (vgl. Koblenz StraFo **98**, 236). Nach BGH **43** 106 ist das Gericht nicht an die Feststellungen im früheren Urteil gebunden. Es kann sich zwar von der Richtigkeit der Schlüsse anhand der mitgeteilten Gründe überzeugen, muß aber bei geeigneten Beanstandungen selbst klären (and. Tolksdorf Grünwald-FS 731: Bindung an Feststellungen im früheren Urteil). Allgemein zur Rückfälligkeit als Strafzumessungsfaktor Zipf Tröndle-FS 439. Besondere Bedeutung für die Strafzumessung kann auch dem Umstand zukommen, daß der Täter seine freiheitsentziehende Vorstrafe verbüßt hat und der Strafvollzug nicht zur Warnung hat dienen lassen. Hat jedoch ein besonders harter Strafvollzug die Resozialisierung des Betroffenen beeinträchtigt, so kann dieser Faktor die Schuld für die neue Tat verringern und damit strafmindernd wirken (BGH NStZ **92**, 33, 327).

Daneben können aber auch **Handlungen** des Täters, für die er **nicht bestraft** worden ist, die Strafzumessung zu seinen Lasten beeinflussen, soweit sich aus ihnen nachteilige Schlüsse auf die zur Aburteilung anstehende Tat und die Täterpersönlichkeit ergeben. Unter dieser Voraussetzung lassen sich etwa nicht (mehr) verfolgbare Taten, zB mangels Strafantrags (BGHR § 46 Abs. 2 Tatumstände **9**) oder verjährte (vgl. BGH MDR/D **74**, 721, MDR/H **77**, 809, NStZ/D **89**, 468, **92**, 172, wistra **90**, 146, Jähnke Salger-FS 47), strafschärfend berücksichtigen. Als selbst nicht (mehr) verfolgbare Taten dürfen sie aber nicht in ihrer vollen Schwere zu Lasten des Täters gewertet werden, da sonst mittelbar eine Bestrafung nachgeholt würde (BGH StV **94**, 423). Sie verlieren als Strafzumessungsfaktor an Gewicht, je weiter sie zurückliegen. Entsprechendes gilt für jetzt nicht mehr strafbare Handlungen (vgl. BGH MDR/D **70**, 559) oder für (konkret festgestellte; BGH NStZ **95**, 227) Taten, deretwegen das Verfahren nach § 154 II StPO eingestellt ist oder die nach § 154a II StPO aus dem Verfahren ausgeschieden worden sind (Terhorst MDR 79, 17; and. BGH MDR/H **77**, 982, **80**, 813, GA **80**, 311 m. Anm. Rieß), jedenfalls dann, wenn das Gericht den Angekl. auf ihre mögliche Berücksichtigung als Strafzumessungsfaktor hingewiesen hat (BGH **30** 197, **31** 302 m. krit. Anm. Terhorst JR 84, 170, NStZ **81**, 100, MDR **81**, 769, **86**, 1040, NJW **87**, 510, wistra **89**, 303, Bruns NStZ 81, 85 f.). Gleiches gilt für Tatteile, die nach § 154a I StPO aus dem Verfahren ausgeschieden sind (BGH **30** 147), oder für Taten, bei denen die StA gem. § 154 I StPO von der Verfolgung abgesehen hat (BGH **30** 165 m. Anm. Terhorst JR 82, 247, NStZ **83**, 20). Vgl. dazu Vogler Kleinknecht-FS 429, Appl, Die strafschärfende Verwertung von nach §§ 154, 154a eingestellten Nebendelikten und ausgeschiedenen Tatteilen bei der Strafzumessung, 1987. Beim an sich strafbefreienden Rücktritt vom Versuch können dessen Umstände, die sich auf dem Unrechts- und Schuldgehalt eines vollendeten Delikts ausgewirkt haben, strafschärfend herangezogen werden (BGH **42** 43). Auch nicht strafbares Vorverhalten kann sich strafschärfend auswirken (vgl. BGH **6** 245, NJW **51**, 769, Bay HESt **3** 65), so bei einem Diebstahl, daß der Täter ihn als Raub vorbereitet hat, bei fahrlässiger Körperverletzung, daß eine Mordvorbereitung sie verursacht hat (and. Bay NStZ **82**, 288 m. abl. Anm. Bruns), oder bei einer Verurteilung aus § 170, daß der Täter Angehörige in Notsituationen im Stich gelassen hat. Ferner können frühere Strafverfahren, die nicht zu einer Verurteilung geführt haben, zB wegen Rücknahme des Strafantrags, bei der Strafzumessung ins Gewicht fallen, wenn sie für die Schuld des Täters bedeutsam sind, dieser sich etwa das Verfahren nicht hat zur Warnung dienen lassen (vgl. BGH **25** 64, VRS **44** 183, MDR/D **54**, 151, NStZ/T **87**, 162, Schleswig SchlHA **56**, 362, Hamm NJW **65**, 924, Stuttgart NJW **61**, 1491 m. Anm. Seibert; einschr. Köln NJW **60**, 449). Soweit ein Unschuldiger einem Strafverfahren ausgesetzt war, verliert der Gesichtspunkt der Warnung idR seine strafzumessungserhebliche Bedeutung (vgl. Tepperwien Salger-FS 196). Unzulässig ist, unschuldig erlittene U-Haft (BGH MDR/H **79**, 635) oder eine Auslandstat, für die die Auslieferung nicht bewilligt wurde, zu berücksichtigen (BGH **22** 319), unstatthafte Wahlfeststellungen strafschärfend heranzuziehen (BGH MDR/H **84**, 89) oder den bloßen Verdacht auf Straftaten als Strafzumessungsgrund zu verwerten (Kiel SchlHA **47**, 296, Bay NJW **52**, 314, Köln NJW **60**, 449). Der Richter kann oder muß jedoch iU einem solchen Tatverdacht nachgehen und darf dann hierbei festgestellte Tatsachen, die für die Schuld des Angekl. bedeutsam sind, in die Strafzumessungserwägungen einbeziehen (BGH NStZ **82**, 326). Art. 6 II MRK steht dem nicht entgegen (BGH **34** 209), Bisher nicht abgeurteilte Straftaten dürfen aber nur berücksichtigt werden, wenn ihr wesentlicher Unrechtsgehalt prozeßordnungsgemäß so bestimmt festgestellt ist, daß die Berücksichtigung eines bloßen Verdachts ausscheidet (BGH NStZ-RR **97**, 130). Zur strafmildernden Berücksichtigung einer Jugendstrafe, für die eine Gesamtstrafenbildung mit einer Strafe des allgemeinen Strafrechts ausgeschlossen ist, vgl. BGH **14** 287 sowie § 55 RN 34. Zum Nachteil des Täters darf nicht verwertet werden, daß er bei einer früheren Strafverbüßung seine Einwilligung zur Aussetzung des Strafrestes (§ 57) verweigert hat (BGH NJW **69**, 244). Zum Ganzen vgl. Bruns StrZR 562 ff., Frisch ZStW 99 770 ff. (einschränkend).

34 b) Im Rahmen der **persönlichen Verhältnisse** des Täters sind alle Umstände zu berücksichtigen, die für die Bewertung seiner Tat und seiner Schuld und für die Notwendigkeit bestimmter strafrechtlicher Reaktionsmittel von Bedeutung sein können. Familienstand, Beruf, Gesundheit und Wohnverhältnisse sind häufig der äußere Rahmen, in dem sich der Wille zur Straftat bildet, so daß die Täterbeurteilung davon abhängen kann, inwieweit widrige oder günstige Lebensumstände die Tatbegehung mitbestimmt haben. Derartige Verhältnisse können sowohl zugunsten wie auch zuungunsten des Täters ins Gewicht fallen. So wurde zB bei der Vergewaltigung die Zubilligung mildernder Umstände (nach heutigem Recht: Annahme eines minder schweren Falles) abgelehnt, weil der Angekl. „aus geordneten Verhältnissen stamme, verheiratet sei und niemals die Not kennengelernt habe" (RG JW **38**, 3157); infolgedessen bedeute seine bisherige Straflosigkeit kein Verdienst. Beim Strafmaß selbst hat das RG aaO aber die strafmildernde Berücksichtigung bisheriger Straflosigkeit gebilligt. Vgl. insoweit auch BGH NStZ **82**, 376, o. 30. Vgl. zum Ganzen Bruns StrZR 484 ff. Zur Nichtberücksichtigung von Belastungen durch Medieninteressen an persönlichen Verhältnissen vgl. BGH NJW **2000**, 157.

35 Bei Delikten, die sich im Rahmen sozialer Gemeinschaften oder innerhalb von Betrieben ereignen, kann auch das Maß der Verantwortung, die der einzelne übernommen hat, von Bedeutung für seine Strafwürdigkeit sein, jedoch ist dabei nur eine Entscheidung im Einzelfall möglich. Ein allgemeiner Grundsatz, daß der Vorgesetzte kraft höherer Verantwortung härter zu bestrafen sei, besteht nicht (OGH **3** 125), ebensowenig ein allgemeiner Rechtssatz, demzufolge Angehörigen bestimmter Berufssparten, etwa Staatsbediensteten, grundsätzlich eine erhöhte Pflicht zum normgemäßen Verhalten obliegt und diese Personen somit eine höhere Strafe verdienen (Stree aaO 67; vgl. auch BGH NStZ/T **86**, 496: Beamteneigenschaft kein Strafschärfungsgrund bei Sexualdelikten). Auch bei Verkehrsdelikten kann die **gehobene soziale Stellung** idR eine Strafschärfung nicht begründen (Hamm NJW **56**, 1849, JMBlNW **59**, 173; krit. v. Gerkan MDR 63, 269, Bruns StrZR 492), so zB nicht bei Abgeordneten (Hamm DAR **58**, 192), Bürgermeistern (Köln NJW **61**, 1593 m. Anm. Arndt) oder Rechtsanwälten (Köln VRS **33** 31, Bay DR/R **81**, 243). Es kann auch keine Rolle spielen, ob der Täter Autoverkäufer (Hamm DAR **59**, 48), Müllwagenfahrer (Hamm VRS **68** 441) oder Soldat ist (BGH VRS **24** 47). Die berufliche oder amtliche Stellung kann aber dann strafschärfend wirken, wenn zwischen ihr und der Straftat eine innere Beziehung besteht (BGH MDR/H **82**, 280, NStZ **88**, 175, NJW **2000**, 157), zB beim Mißbrauch der Stellung als Rechtsanwalt zur Begehung einer Straftat (BGH NStZ **88**, 126). Bringt sie die Pflicht mit sich, für die Erhaltung bestimmter Rechtsgüter besondere Sorge zu tragen, so kann sich bei Verletzung dieser Rechtsgüter aus der beruflichen Stellung die Rechtfertigung für eine erhöhte Strafe ergeben. Bei Verkehrsdelikten hat die Rspr. Polizisten, Verkehrsrichter und Fahrlehrer als in diesem Sinn besonders verpflichtet angesehen (Hamm NJW **57**, 1449). Gleiches soll gelten für die Trunkenheitsfahrt von Taxifahrern (Oldenburg NJW **64**, 1333; bedenklich), Kriminalbeamten (Braunschweig MDR **60**, 1073) oder Ärzten (Frankfurt NJW **72**, 1524 m. abl. Anm. Hanack NJW **72**, 2228; bedenklich) und für den Schwangerschaftsabbruch durch Ärzte (BGH NJW **61**, 1591 m. abl. Anm. Arndt), dagegen nicht für die Brandstiftung durch einen Arzt trotz der eidlichen Verpflichtung, die Gesundheit anderer Menschen zu schützen (BGH NJW **96**, 3089), oder für eine außerberuflich begangene Körperverletzung mit Todesfolge (BGH StV **98**, 469). Vgl. auch Schleswig SchlHA/E-J **79**, 201: unterlassene Hilfeleistung eines Polizeibeamten im Sonntagsdienst. Für die innere Sicherheit der BRep. trifft einen ausländischen Soldaten keine besondere Verantwortlichkeit, so daß insoweit keine Strafschärfung aus dessen beruflicher Stellung hergeleitet werden kann (BGH NStZ **81**, 258). Andererseits verpflichten mangelnde oder geringe Fähigkeiten zu besonderer Vorsicht; eine Verletzung dieser Pflicht kann – zB bei ungeübten Kraftfahrern – strafschärfend berücksichtigt werden (BGH VRS **34** 272). Ist der Täter in bestimmten Berufen bereits mehrfach straffällig geworden, so kann von ihm ein Berufswechsel erwartet werden. Dessen Nichtvornahme geht zu seinen Lasten (and. Bay NJW **64**, 1580 m. abl. Anm. Braun NJW **65**, 25; vgl. auch Seibert NJW **65**, 679). Nach Oldenburg NdsRpfl **57**, 122 u. KG DAR **67**, 325 kann auch die Vorbildung (Kraftfahrer) bei der Strafzumessung berücksichtigt werden, auch wenn die Tat nicht im Zusammenhang mit der Berufsausbildung steht. Vgl. andererseits aber BGH MDR/H **78**, 985, wonach eine frühere Tätigkeit als Polizeibeamter keine Schärfung der Strafe für Steuerhinterziehung rechtfertigt, ferner BGH NStE **71**, wonach bei Steuerhinterziehung hohe Intelligenz und gründliche Kenntnisse des Steuerrechts nicht ohne weiteres strafschärfend berücksichtigt werden dürfen, sondern nur, wenn eine innere Beziehung zur Straftat besteht und das Maß der Schuld erhöht.

Die in **Art. 3 III GG** genannten Eigenschaften dürfen weder strafschärfend noch strafmildernd **36** berücksichtigt werden, so nicht die Ausländereigenschaft (BGH NJW **72**, 2191, NStE **75**, NJW **98**, 690, Celle NJW **53**, 1603, Karlsruhe NJW **74**, 2062), auch nicht unter dem Aspekt des „Mißbrauchs der Gastfreundschaft" (BGH MDR/D **73**, 369, StV **91**, 105, 557, NStZ **93**, 337) und des alsbaldigen Ausnutzens des Inlandsaufenthalts zu Straftaten (vgl. BGH NStZ/T **86**, 496) oder der Erwägung, der Täter habe Vorurteile gegen Asylbewerber vertieft (Bremen StV **94**, 130) oder ein Ausländer habe sich des Vertrauens, das ihm als Ausländer ausnahmsweise entgegengebracht werde, in besonderem Maß würdig zu erweisen (BGH MDR/H **76**, 986). Bei Ausländern (BGH StV **92**, 106) oder Frauen kann aber uU eine größere Strafempfindlichkeit von Bedeutung sein (Hamm JR **65**, 234; vgl. dazu u. 54); ebenso sind die aus Schwangerschaft usw sich ergebenden Schuldmilderungsgründe zu berücksichtigen (vgl. Bay VRS **15** 41, Köln VRS **58** 23). Zu den Grundsätzen, die sich aus dem **Gleichheitssatz** ergeben, vgl. auch Bruns StrZR 508 ff., Stree aaO 61 ff., Tiedemann GA 64, 360 ff. Gegen den Gleichheitssatz verstößt nicht die strafschärfende Erwägung, der Täter sei als Ausländer mit seiner Tat bewußt das Risiko der Ausweisung und damit des Verlustes einer gesicherten Existenz zum Nachteil seiner Familie eingegangen (BGH MDR/H **76**, 812), oder die Strafschärfung wegen Mißbrauchs besonderer Vorteile, die dem Täter mit Rücksicht auf seine Ausländereigenschaft gewährt worden waren (BGH DAR/S **78**, 149). Mit dem Gleichheitssatz vereinbar ist auch eine Strafminderung mit Rücksicht auf einen Kulturkonflikt des Ausländers, allerdings mit längerer Aufenthaltsdauer kaum noch (vgl. BGE 117 IV 8). So können im Heimatland maßgebliche Wertvorstellungen, die dem deutschen Recht widersprechen, sich strafmildernd auswirken, soweit dem Täter die inländische Wertordnung noch nicht genügend vertraut ist oder hätte vertraut sein können (vgl. dazu BGH NStZ **96**, 80, LG Osnabrück StV **94**, 430). Aus einem anderen Kulturkreis mitgebrachte Vorstellungen sind jedoch nur zu berücksichtigen, wenn sie im Einklang mit der fremden Rechtsordnung stehen (BGH NStZ-RR **98**, 298). Angemaßte Unsitten können keine Strafe mildern. Nicht vertretbar ist, das Strafmaß an den vom inländischen Recht abweichenden Strafdrohungen des Heimatlandes auszurichten (vgl. Nestler-Tremel NJW 86, 1408 gegen Grundmann NJW 85, 1252), etwa eine Strafschärfung damit zu begründen, daß der Täter im Heimatland eine höhere Strafe gedroht hätte (BGH NStZ-RR **96**, 71). Erfolgt jedoch die Verurteilung im Wege der stellvertretenden Strafrechtspflege, so ist das Tatortrecht zu berücksichtigen und keine härtere Strafe als nach dem Tatortrecht zu verhängen (vgl. § 7 RN 21, BGH **39** 321). Zur möglichen Ausweisung eines Ausländers als strafzumessungserhebliche Tatfolge vgl. u. 55.

c) Die **wirtschaftlichen Verhältnisse des Täters** sind vor allem für **Geldstrafen** von Bedeutung. **37** Sie bestimmen insoweit in erster Linie die Tagessatzhöhe (vgl. § 40 II 1). Bei Bemessung der Tagessatzzahl können sie nur dann ins Gewicht fallen, wenn sie den Unrechts- und Schuldgehalt der Tat beeinflussen (vgl. § 40 RN 4), zB wenn der Täter aus Not gehandelt hat.

38 Die **wirtschaftlichen Verhältnisse** des Täters sind aber auch **bei Freiheitsstrafen** zu berücksichtigen, nicht nur insoweit, als sie das Tatmotiv kennzeichnen können (zB finanzielle Schwierigkeiten; BGH NStZ **82**, 113, StV **92**, 570), sondern auch hinsichtlich der Lebensverhältnisse des Täters, die für die Tatbeurteilung von Bedeutung sein können (Düsseldorf wistra **94**, 353). Diese Gründe sind ambivalent (BGH MDR/D **73**, 369). Eine ungünstige wirtschaftliche Lage, durch die der Täter zu einem Vermögensdelikt verleitet worden ist, verliert ihr strafmilderndes Gewicht nicht schon deshalb, weil der notwendigste Lebensunterhalt auch ohne die Tat gesichert war (BGH wistra **88**, 145). Ob andererseits eine gute wirtschaftliche Lage des Täters bei Vermögensdelikten strafschärfend wirken kann, hängt von den Umständen des Einzelfalles ab (BGH GrS **34** 345 m. Anm. Bruns NStZ 87, 451 u. Grasnick JZ 88, 157; vgl. dazu Frisch GA 89, 366, Streng NStZ 89, 399). Zur Bedeutung der wirtschaftlichen Verhältnisse für Beweggründe und Ziele des Täters vgl. BGH StV **95**, 525.

39 6. Als Strafzumessungsfaktor nennt Abs. 2 schließlich noch das **Verhalten** des Täters **nach der Tat**. Neben dem hervorgehobenen Bemühen, den Schaden wiedergutzumachen oder einen Ausgleich mit dem Verletzten zu erreichen, kann jedes Tun oder Unterlassen berücksichtigt werden, das Schlüsse auf die Tat oder die Schuld bzw die Gefährlichkeit des Täters zuläßt, etwa dessen Einstellung zu seiner Tat kennzeichnet (vgl. RG **67** 280, BGH VRS **40** 418, NJW **71**, 1758, NStZ **81**, 257, **85**, 545), zB Anzeichen von Reue (vgl. KG VRS **30** 200, v. Weber aaO 10). Es muß stets eine gewisse innere Beziehung zwischen dem Verhalten nach der Tat und der Tat selbst vorhanden sein, da andernfalls die Gefahr einer Gesinnungsstrafe besteht (BGH NJW **54**, 1416, Baumann aaO; vgl. auch Dreher ZStW 77, 224 ff.) oder die Gefahr einer Strafe dafür, daß der Täter sich der Strafverfolgung entziehen wollte. Insoweit genügen nicht ohne weiteres bewußte Erschwerungen der Tataufklärung, wie Begraben des Getöteten im Wald (BGH NJW **71**, 1758, NStE 29), Beseitigung von Tatwerkzeugen (BGH StV **90**, 259) oder sonstige Spurenbeseitigung (BGH MDR/H **77**, 982, NStZ **85**, 21, StV **89**, 12, Bay DAR/B **94**, 383), auch nicht, wenn der Täter hierbei umsichtig (BGH NStE **86**), aufwendig (BGH NStZ-RR **97**, 197) oder kaltblütig vorgeht (BGH StV **90**, 16, **95**, 131), ebensowenig das bloße Vortäuschen entlastender Umstände (BGH StV **88**, 340: Vortäuschen mehrerer Selbstmordversuche, das die Tat als Verzweiflungstat hinstellen soll). Derartigen Handlungen sind ebenso wie einem auffässigen Verhalten in der U-Haft (Köln NStZ **84**, 75) noch keine Schlüsse auf den Täter in Beziehung zu seiner Tat zu entnehmen. Berechtigen sie jedoch zu einem solchen Schluß, so können sie strafschärfend herangezogen werden (BGH NStZ-RR **97**, 196). Das ist etwa der Fall, wenn die Tatverdeckung vorausgeplant war und sich hieraus eine besondere kriminelle Energie ergibt (BGH NStZ/T **86**, 158, NStZ-RR **97**, 197), uU auch beim Nachtrunk nach unerlaubtem Entfernen vom Unfallort (BGH **17** 143; krit. dazu Baumann aaO) oder einem sonstigen Verkehrsdelikt (Oldenburg NJW **68**, 1293, Bruns StrZR 610) oder beim Vertauschen einer Blutprobe (Frankfurt NJW **72**, 1525 m. abl. Anm. Hanack NJW 72, 2228). Zur strafschärfenden Berücksichtigung einer qualifizierten Spurenbeseitigung vgl. Gribbohm LK 188, 191. Strafschärfend kann ferner berücksichtigt werden, daß der Täter nach einem Tötungsdelikt die Leiche besonders verabscheuungswürdig behandelt (vgl. BGH NJW **71**, 1758, NStZ/D **90**, 221), sich nach der Tat seinem Opfer gegenüber besonders roh verhalten (RG DR **43**, 754) oder nach der Tat weitere Delikte begangen hat, wodurch die zur Aburteilung anstehende Tat in ihrer Bedeutung erhellt und verändert wird (BGH NStZ **98**, 404, Hamburg HRR **32** Nr. 298, BGH MDR/D **57**, 528, GA **86**, 371, wistra **89**, 267, Schleswig MDR **76**, 1036 [Berücksichtigung nicht rechtskräftig abgeurteilter Taten], Zweibrücken VRS **56** 24, Bruns NStZ 81, 81; and. RG JW **28**, 2993, auch Saarbrücken NJW **75**, 1040 m. krit. Anm. Zipf JR 75, 470, soweit die spätere Tat Gegenstand eines selbständigen, noch nicht abgeschlossenen Strafverfahrens ist), nicht dagegen, daß er sich nicht um die Witwe des Getöteten gekümmert (BGH VRS **40** 418, MDR/D **71**, 721) oder seinem Opfer kein Mitleid entgegengebracht hat, sofern eine solche Gemütsregung als Eingeständnis gewertet werden kann (BGH StV **82**, 418). Ein längerer Zeitraum zwischen Tat und Aburteilung, in dem sich der Täter gut geführt hat, kann zu seinen Gunsten sprechen (BGH StV **88**, 487, Karlsruhe MDR **73**, 240). Ferner kann sich zugunsten des Täters auswirken, daß er freiwillig zur Tataufdeckung über den eigenen Tatbeitrag hinaus beigetragen (vgl. § 261 X, § 31 BtMG), sich hierum bemüht (BGH NStZ/T **88**, 304), sich selbst gestellt (vgl. § 34 Nr. 16 öst. StGB) oder einer Rückfälligkeit vorgebeugt hat, zB durch freiwillige Entmannung (vgl. BGH **19** 206), Suchtbehandlung (vgl. KG StV **97**, 250) oder Teilnahme an einem Nachschulungskurs für alkoholauffällige Kraftfahrer (vgl. Rspr.-Nachweise b. Bode DAR 83, 40). Insoweit kann schon ernsthaftes Bemühen ein tätergünstiger Umstand sein (Bode BA 84, 32; unklar Koblenz VRS **66** 41). Zum Ganzen vgl. Hertz aaO u. dazu krit. Stratenwerth ZStW 87, 969, ferner Bottke, Strafrechtswiss. Methodik u. Systematik bei der Lehre vom strafbefreienden und strafmildernden Täterverhalten, 1979, 662 ff., Frisch ZStW 99 776 ff.

40 a) Strafmildernd kann berücksichtigt werden, daß der Täter den eingetretenen **Schaden** (ganz oder teilweise) **wiedergutgemacht** oder sich darum bemüht hat (vgl. Köln NJW **58**, 2079). Bei einem solchen Verhalten kommt nach § 46 a unter bestimmten Voraussetzungen sogar eine Strafmilderung nach § 49 I oder das Absehen von Strafe in Betracht. Wiedergutmachung kommt auch bei immateriellen Schäden in Betracht, etwa in Form von Schmerzensgeld. Unerheblich ist, ob zivilrechtlich

Grundsätze der Strafzumessung 41 § 46

eine Ersatzpflicht bestanden hat. Wiedergutmachung durch Dritte ist grundsätzlich ohne Bedeutung (vgl. BGH VRS **14** 59, Jescheck/Weigend 896 FN 60; and. M-Zipf II 612), zB Ersatzleistung im Rahmen einer Diebstahlsversicherung (vgl. BGH MDR/D **66**, 560, aber auch Gribbohm LK 215), es sei denn, für den Täter ist auf dessen Bemühen hin ein Dritter eingesprungen. Vgl. jedoch Schleswig SchlHA/E-L **80**, 170, das die Schadensbeseitigung durch Dritte zwar nicht dem Katalog des Abs. 2 zuordnet, sie aber als zusätzlichen Faktor zugunsten des Täters anerkennt. Vgl. ferner § 34 Nr. 14 öst. StGB, wonach auch die Schadenswiedergutmachung für den Täter einen Strafmilderungsgrund ergibt, nicht jedoch eine sonstige Ersatzleistung durch Dritte (Kunst WK § 34 RN 43). Strafmildernd wirkt nur die freiwillige Schadenswiedergutmachung (and. Gribbohm LK 213, Kunst aaO). Erzwungenes Verhalten (zB Verletzter hat mit Strafanzeige gedroht) läßt keinen günstigen Schluß auf die Einstellung des Täters zu seiner Tat zu. Überdies darf der Täter, der vor Verurteilung zum Schadensersatz gezwungen wird, nicht besser gestellt werden als der Täter, der auf Grund einer Bewährungsauflage den Schaden wiedergutmacht. Nicht unbedingt erforderlich ist, daß der Täter aus eigenen Mitteln den Schaden ersetzt. Neben der Schadenswiedergutmachung kann ein anderweitiger **Tatausgleich**, den der Verletzte vom Täter erhält, diesem strafmildernd zugute kommen, uU sogar gem. § 46 a zu einer Strafmilderung nach § 49 I oder zum Absehen von Strafe führen. Auch insoweit genügt schon das Bemühen, einen Ausgleich mit dem Verletzten zu erreichen. In Betracht kommen Leistungen jeglicher Art, die (ganz oder zT) das aufwiegen, was dem Opfer mit der Straftat zugefügt worden ist, namentlich Genugtuungsleistungen. Zum Täter-Opfer-Ausgleich vgl. noch Bem. zu § 46 a. Strafmildernd kann sich auswirken, wenn der Täter nach Tatvollendung den Eintritt oder die Ausweitung eines Schadens verhindert, zB ärztliche Hilfe herbeiholt (BGH MDR/H **79**, 806) oder vor Tatbeendigung freiwillig zurücktritt. Das gilt etwa für den Falschmünzer, der freiwillig vom Inverkehrbringen der hergestellten Falschstücke absieht, oder, sofern man nicht Rücktrittsregeln eingreifen läßt (vgl. § 257 RN 27), für den Begünstiger, der nach seiner Hilfeleistung einer endgültigen Vorteilssicherung entgegenwirkt, nicht jedoch für den Brandstifter, der den Brand gelegt hat, um sich beim Löschen hervorzutun. Andererseits kann eine **Schadensvertiefung** oder -aufrechterhaltung dem Täter strafschärfend zur Last fallen. Es müssen jedoch besondere Umstände vorliegen, die Rückschlüsse auf die Tat oder den Täter zulassen (vgl. BGH NStZ **94**, 582). Bloße Verwertung der Beute genügt noch nicht, auch nicht deren sinnloses Verprassen (BGH MDR/D **73**, 899), ebensowenig bloße Nichtwiedergutmachung des Schadens (BGH MDR/D **66**, 560, NStZ **81**, 343, wistra **87**, 98, MDR/H **87**, 798, Köln VRS **64** 259, StV **89**, 533), wie etwa, wenn der Täter keine Angaben zur Sache macht und nur Freispruch beantragt, ohne sich um Wiedergutmachung zu bemühen (Stuttgart Justiz **72**, 322), oder das Nichtherbeiholen ärztlicher Hilfe (BGH MDR/H **79**, 806). Auch die Weigerung, den Schaden wiedergutzumachen, reicht nicht aus, wenn die Bereitschaftserklärung als Schuldeingeständnis gewertet werden könnte (BGH NJW **79**, 1835). Das mit dem Bestreiten der Tat verknüpfte Unterbleiben der Schadenswiedergutmachung reicht auch nach Rechtskraft des Schuldspruchs nicht aus (BGH NStZ **93**, 77; vgl. auch BGH StV **95**, 132). Eine Strafschärfung ist dagegen berechtigt, wenn der Täter trotz Nichtbestreitens der Tat Schadenswiedergutmachung ablehnt (BGH MDR/H **94**, 1070) oder der überführte Täter trotz Zahlungsfähigkeit die Wiedergutmachung hintertreibt (vgl. BGH StV **93**, 242), etwa durch irreführende Angaben über den Beuteverbleib seine fehlende Bereitschaft zur Schadenswiedergutmachung erkennen läßt (BGH GA **75**, 84) oder die Wiedergutmachung verhindert, indem er die Beute verheimlicht, um sie nach Strafverbüßung verwerten zu können (vgl. BGH MDR/D **66**, 560). Entsprechendes gilt, wenn ein Verkehrsdelinquent bewußt eine verzögerliche Schadensabwicklung seiner Versicherung verursacht, zB durch falsche Sachverhaltsschilderung (Koblenz VRS **51** 122).

b) Das **Verhalten** des Täters im **Strafverfahren** kann für die Strafzumessung Bedeutung haben, **41** wenn sich daraus Schlüsse auf die Täterpersönlichkeit ziehen lassen (RG **67** 279, BGH **1** 106, MDR/D **71**, 545, Düsseldorf VRS **34** 294, Saarbrücken VRS **34** 391). Straferschwerend kann wirken, daß der Täter versucht hat, Zeugen in unzulässiger Weise zu beeinflussen (OGH **2** 333, BGH MDR **80**, 240, StV **85**, 147; vgl. auch Köln MDR **80**, 594), seine Verteidigungsinteressen mit Verleumdung eines Zeugen überschreitet (BGH MDR/H **94**, 1070; vgl. auch BGH StV **96**, 259 m. Anm. Jahn) oder bewußt wahrheitswidrig zu eigenem Vorteil einen anderen beschuldigt (BGH StV **85**, 147), etwa den Tatverdacht von sich auf andere lenkt (vgl. BGH NStZ **91**, 181: Belastung von Hilfspersonen, die der Täter ausgenutzt hat), nicht dagegen unwahre Angaben als solche (vgl. BGH NStZ **96**, 80), das Verschweigen von Hintermännern (BGH StV **96**, 88), das Abschieben der Schuld auf Mittäter (BGH StV **89**, 388), das Herunterspielen des eigenen Tatbeitrags zu Lasten des Mittäters (BGH StV **90**, 403), das Fallen des Tatverdachts auf andere als Folge einer Tatvertuschung (BGH StV **85**, 455), auch nicht bei Inkaufnehmen einer solchen Folge (BGH MDR/D **74**, 721) oder der Folge, daß ein Zeuge in ein schlechtes Licht rückt (BGH StV **82**, 523), ebensowenig das bloße Benennen eines Entlastungszeugen, von dem eine unwahre Aussage erwartet wird, das Dulden der Falschaussage (BGH StV **94**, 125) oder des Meineids eines Zeugen (Bay DAR/R **84**, 238), das Hinstellen von Belastungszeugen als unglaubwürdig (BGH StV **81**, 620, **85**, 147), die (unberechtigte) Frage an das Tatopfer „warum lügst Du?" (BGH StV **94**, 424) oder die wahrheitswidrige Beschuldigung eines Polizeibeamten, es sei denn, das Verhalten lasse eine rechtsfeindliche Einstellung erkennen (vgl. BGH MDR **80**, 240 f.), ferner nicht ein Verteidigungsverhalten, das den Tatvorgang zu bagatellisieren versucht (BGH NStZ **85**, 545), dem Tatopfer die Schuld an der zur Tat führenden Ausgangssituation zuschiebt (BGH StV **94**, 423; vgl. auch BGH NStZ-RR **99**, 328) oder auf bloße Ausflüchte deutet (Köln MDR **81**, 69), die Verweige-

Stree

rung von Angaben über Tatbeteiligte, etwa Rauschgiftlieferanten, mag auch von diesen weiterer Schaden drohen (BGH NStZ **81**, 257), oder die Ablehnung einer Einstellung gem. § 153 StPO durch Angekl. aus Starrsinn (Köln MDR **81**, 954).

41a Umstritten ist, ob und wann ein **Geständnis** strafmildernd zu werten ist. Die Gerichte ziehen es häufig als Strafmilderungsgrund heran, obwohl schon BGH **1** 105 für eine Einschränkung eingetreten ist und das Geständnis nur dann für strafzumessungsrelevant erklärt hat, wenn es Schlüsse auf das Schuldmaß und die Gefährlichkeit des Täters ermöglicht. Mit der weitergehenden Berücksichtigung des Geständnisses als Strafzumessungsfaktor wird anscheinend ein kooperatives Verhalten des Angekl. belohnt, das die Tataufklärung fördert und den Rechtspflegeorganen Zeit, Kosten und sonstigen Aufwand erspart (vgl. BGH NJW **98**, 89, Niemöller StV **90**, 36). Abgesehen von der Förderung der Tataufklärung (vgl. BGH NJW **98**, 89) hat das kooperative Verhalten jedoch weder nach Abs. 1 noch nach Abs. 2 Bedeutung für die Strafzumessung (vgl. Dencker ZStW 102 58 ff., Weigend NStZ 99, 60 f.). Die gegenteilige Meinung, nach der mit dem Geständnis die Tatauswirkungen begrenzt werden (Schmidt-Hieber StV **86**, 356, Wassermann-FS 998), verkennt, daß mit den Tatauswirkungen iSv Abs. 2 nicht der Strafverfolgungsaufwand gemeint sein kann (vgl. Grünwald StV **87**, 454). Ebensowenig läßt sich entgegen Schmidt-Hieber NStZ **88**, 304 das Geständnis unter dem Aspekt einer Genugtuungs- und Friedensfunktion dem Bemühen eines Ausgleichs mit den Verletzten zuordnen. Daß der Täter seine Tat eingesteht, ergibt für die Verletzten noch keinen Ausgleich für das ihnen Zugefügte. Strafmilderung kommt bei einem Geständnis nur in Betracht, wenn es auf eine geringere Tatschuld, auf Einsicht in das begangene Unrecht und Distanzierung von der Tat sowie auf Reue schließen läßt (vgl. hierzu BGH MDR/D **71**, 545, M-Zipf II 613, Weigend NStZ 99, 61, ferner § 34 Nr. 17 östStGB: reumütiges Geständnis; Kunst WK § 34 RN 47 ff.). Es ist allerdings fraglich, ob sich derartiges wirklich einem Geständnis entnehmen läßt (vgl. die Bedenken bei Dencker ZStW 102 56 f. mwN). Auf die erforderliche Einsicht und Reue läßt zumindest ein eingeschränktes Geständnis nicht schließen (BGH NStE **70**). Gibt das Geständnis für geringere Tatschuld usw keinen Anhaltspunkt, so läßt sich mangels eines möglichen Ansatzes auch nicht über den Grundsatz in dubio pro reo hierauf abstellen (vgl. Grünwald StV **87**, 454 gegen Schmidt-Hieber StV **86**, 356). Zugunsten des Täters kann sich aber auswirken, wenn er freiwillig sich stellt und sich zu seiner Tat bekennt, obwohl er keine Entdeckung zu befürchten hatte (vgl. o. 39). Anderseits kann ein rein prozeßtaktisches Geständnis dem Täter nicht zugute kommen (and. BGH NJW **98**, 89 im Rahmen einer Verständigung), etwa Zugeben der Tat bei erdrückenden Beweisen (vgl. BGH MDR/D **66**, 727). Auf bloße Verdachtsmomente, die auf ein angepaßtes Geständnis deuten, darf insoweit jedoch nicht zurückgegriffen werden (BGH NStZ/D **90**, 221). Auch eine täterungünstige Beweislage schließt Einsicht und Reue nicht aus (BGH NStZ **98**, 103). Strafmildernde Bedeutung kann dagegen dem Umstand zukommen, daß der Täter mit dem Geständnis weitere Nachteile vom Opfer abwendet, etwa dadurch, daß sich die Vernehmung eines sexuell mißbrauchten Kindes erübrigt (vgl. BGH GA **62**, 339). Ferner kann der mit einem Geständnis verbundene Beitrag zur Aufklärung der Tat über den eigenen Tatanteil hinaus zur Strafmilderung führen (vgl. o. 39).

42 **Leugnen** des Angekl. darf grundsätzlich nicht zu dessen Ungunsten verwertet werden (BGH MDR **80**, 240, StV **82**, 418, **83**, 501, NStZ **83**, 118), auch nicht bei klarer Beweislage (Köln MDR **80**, 510) oder nach rechtskräftigem Schuldspruch im Rahmen der Verhandlung über den Strafausspruch (BGH NStZ **87**, 181, wistra **89**, 57, StV **94**, 125). Unerheblich ist insoweit, daß ein Geständnis dem Tatopfer die Unannehmlichkeiten einer Zeugenaussage erspart hätte (BGH StV **87**, 100), mag es sich auch um jugendliche Opfer eines Sexualdelikts handeln (Düsseldorf StV **90**, 13), oder daß das Leugnen zwangsläufig die Verdächtigung enthält, ein Zeuge habe falsch ausgesagt (Bay NJW **86**, 442). Nach § 243 IV StPO ist das Gericht daran gehindert, das **Schweigen** des Angekl. zu dessen Nachteil zu verwenden, auch das Schweigen nur bei Einzelfragen (BGH NStZ-RR **96**, 71). Das schließt nicht aus, daß aus einem hartnäckigen substantiierten Leugnen, das die Ermittlungen des Gerichts in eine falsche Richtung lenken soll, nachteilige Schlüsse gezogen werden. Wahrheitswidrige Behauptungen, aus denen sich auf Verstocktheit, Verschlagenheit, Mangel an Reue oder Einsicht schließen läßt, können daher straferhöhend berücksichtigt werden (vgl. BGH **1** 104, 106, **3** 199, NJW **55**, 1158, Braunschweig NJW **48**, 150, Hamm JMBlNW **55**, 83, KG JR **66**, 355, Köln GA **58**, 251; vgl. auch Bay MDR **65**, 318, Koblenz VRS **50** 205, BGE 113 IV 56). Mangel an Reue und Einsicht ist allerdings für sich allein noch kein Strafschärfungsgrund, insb. nicht, wenn das auf einen solchen Mangel deutende Verhalten des Angekl. von dessen Willen getragen ist, die Verteidigungsposition nicht zu beeinträchtigen (BGH StV **87**, 5, wistra **88**, 304, **93**, 221); hinzu kommen muß Rechtsfeindschaft, die auf die Gefahr künftiger Rechtsbrüche schließen läßt (vgl. BGH NStZ **83**, 453, Düsseldorf NZV **99**, 172, Stuttgart DAR **99**, 180).

43 Bei Fahrlässigkeits-, insb. Verkehrsdelikten, wird man aus dem Bestreiten des Angekl. nur ausnahmsweise auf Uneinsichtigkeit schließen können (Saarbrücken VRS **17** 431, KG VRS **18** 59, **23** 115, **35** 287, Frankfurt NJW **65**, 2312, Hamm VRS **33** 130, Düsseldorf VRS **34** 294, Koblenz VRS **51** 122). Vgl. zum Ganzen auch BGH VRS **31** 428, DAR/S **78** 150, Bruns StrZR 595 ff., 604 ff., Wessels JuS 66, 174, Seibert DRiZ 66, 183.

44 7. Diese Grundsätze gelten auch für Fortsetzungstaten und die Bemessung von **Gesamtstrafen** (vgl. § 54 RN 14 ff.). Bei Fortsetzungstaten dürfen nur zweifelsfrei festgestellte Akte zur Straferhöhung führen (BGH MDR/D **71**, 895, NStZ/T **86**, 494).

VI. Nach Abs. 3 dürfen Umstände, die schon Merkmale des gesetzlichen Tatbestands sind, bei **45** der Strafzumessung nicht berücksichtigt werden **(Verbot der Doppelverwertung).** Unzulässig ist danach, **Tatbestandsmerkmale** als Argument für die Erhöhung oder die Reduzierung der Strafe zu verwenden. So darf mit der Strafe nach § 142 nicht mit der Begründung erhöht werden, der Täter habe sich den Feststellungen über seine Unfallbeteiligung bewußt entzogen, auch dann nicht, wenn er damit seine alkoholbedingte Fahruntüchtigkeit verbergen wollte (Düsseldorf VRS **69** 282; vgl. auch BGH DAR/S **88**, 225). Bei Verurteilung aus § 222 darf nicht die Vernichtung eines Menschenlebens straferschwerend herangezogen werden (RG JW **25**, 962; vgl. auch BGH StV **82**, 418), bei § 212 der Vernichtungswille (BGH MDR/H **84**, 276) oder bei der Untreue die Zufügung eines Schadens (vgl. BGH MDR/D **72**, 923). Beim Diebstahl (Raub) mit Waffen darf die Gefährlichkeit, die vom Besitz der Waffe ausgeht, die Bereitschaft, die vom Waffeneinsatz ausgehenden Wirkungen auszunutzen (BGH JZ **82**, 868 m. Anm. Hettinger JZ 82, 849), oder der Umstand, daß der Täter sich zur Tatdurchführung mit einer Waffe „versorgt" hat (BGH StV **82**, 417), bei der Strafzumessung nicht berücksichtigt werden, ebensowenig beim schweren Raub der Einsatz der Waffe als Drohmittel (BGH NJW **90**, 2570) sowie bei Raub und Vergewaltigung das Streben nach Geld oder sexueller Befriedigung (BGH MDR/D **71**, 15). Dementsprechend genügt bei Erpressung nicht, dem Täter ohne nähere Begründung egoistische Beweggründe strafschärfend zur Last zu legen, da nicht auszuschließen ist, daß der Tatrichter die Bereicherungsabsicht bei der Strafzumessung verwertet hat (BGH MDR/D **76**, 14). Bei Wilderei nach § 292 II ist unzulässig, die besondere Verwerflichkeit der Verwendung von Schlingen bei der Strafzumessung zu verwerten (RG **70** 223). Bei Zuhälterei darf das Ausbeuten nicht zu einer Straferhöhung führen, da es Tatbestandsmerkmal ist (vgl. RG HRR **37** Nr. 898). Beihilfe darf nicht wegen des gemeinschaftlichen Handelns mit einem anderen strenger geahndet werden (BGH MDR/H **82**, 101, StV **92**, 570) oder auf Grund der regelmäßigen Auswirkungen auf die Tatbereitschaft des Täters (BGH NStZ **98**, 404).

Fehlerhaft ist zudem die Verwertung von Umständen, die für die Durchführung der **Tat typisch** **45 a** sind und diese nicht über den Tatbestand hinaus besonders kennzeichnen (vgl. BGH MDR/D **72**, 923: Schußwaffe als Tötungswerkzeug, MDR/H **78**, 985: fehlende Notwendigkeit der Fahrt bei Straßenverkehrsgefährdung) oder die **regelmäßige Begleitumstände** eines Delikts sind, zB beim Betrug die Ausnutzung der Gutgläubigkeit und der Unerfahrenheit des Opfers (BGH StV **93**, 76), bei Vergewaltigung die Erniedrigung des Opfers zum Sexualobjekt (BGH NStZ/T **86**, 496), die Nichtverwendung eines Kondoms (and. BGH NStZ **99**, 505) oder die Gefahr der Schwängerung (BGH NStZ **85**, 215; and. BGH **37** 153; vgl. dazu Grasnick JZ **91**, 933, Neumann StV 91, 256, Weßlau StV 91, 259, Schall/Schirrmacher Jura 92, 624, Hettinger GA 93, 1), bei Blutschande der Vertrauensbruch gegenüber Ehefrau (BGH MDR/D **71**, 362, vgl. auch BGH MDR/D **71**, 750), bei sexuellem Mißbrauch Schutzbefohlener die Beeinträchtigung der Familienverhältnisse (BGH StV **94**, 306), beim Raub, daß der Täter das Opfer durch die Drohung mit einer Waffe in Todesangst versetzt hat (BGH StV **93**, 241, **96**, 206, **97**, 520, **99**, 597; vgl. auch BGH NStZ **98**, 404 entspr. für räuberische Erpressung), bei Untreue das Gewinnstreben (BGH NStZ **81**, 343), bei Tötungsdelikten das Leid für die Familie des Opfers und des Täters (BGH NStZ/T **89**, 174; and. Bay NZV **94**, 115). Weichen allerdings Begleitumstände vom Typischen beträchtlich ab, so steht einer Berücksichtigung bei der Strafzumessung das Doppelverwertungsverbot nicht entgegen (vgl. u. 48). Andererseits ergibt das Fehlen typischer Begleitumstände noch keinen Strafmilderungsgrund. So kann dem Vergewaltiger nicht zugute kommen, daß die Vergewaltigte nicht schwanger werden kann, oder dem Totschläger, daß das Opfer alleinstehend war und damit keine leidtragende Familie vorhanden ist. Für Totschlag typisch ist die Tötung mit direktem Vorsatz, so daß dieser als solcher nicht strafschärfend herangezogen werden darf (BGH NStE **81**). Bei anderen Delikten verhält es sich vielfach entsprechend (vgl. Düsseldorf MDR **90**, 564). Zur Bedeutung des Regeltatbildes für die Strafbemessung vgl. noch Fahl ZStW 111, 156.

Das Verbot der Doppelverwertung gilt nicht nur für Tatbestandsmerkmale, sondern auch für **45 b** sonstige **unrechts- und schuldbegründende Merkmale** (BGH StV **97**, 519, Stuttgart MDR **76**, 690). Verfehlt ist daher, einen minder schweren Fall mit der Begründung zu verneinen, der Täter habe gewußt, daß er die Handlung habe nicht vornehmen dürfen (BGH MDR/D **74**, 366). Das Fehlen strafmildernder Umstände ergibt nicht umgekehrt schon einen strafschärfenden Gesichtspunkt (BGH MDR **80**, 240 m. Anm. Bruns JR 80, 336, NStZ **84**, 359). So darf einem nach § 323 a strafbaren Täter nicht strafschärfend zur Last gelegt werden, daß er ohne triftigen Grund zuviel Alkohol getrunken habe (BGH MDR/D **75**, 541). Ebensowenig ist Strafschärfung zulässig wegen Alleinschuld des Täters bei einem Verkehrsunfall (BGH VRS **23** 232), wegen Fehlens einer sexuellen Notlage bei einer Vergewaltigung (BGH MDR **80**, 240, NStZ/T **86**, 496) oder Fehlens einer Notlage bei einem Vermögensdelikt (BGH MDR/H **80**, 272, NJW **81**, 2073, NStZ **81**, 343, **82**, 113) oder einer Geldfälschung (BGH StV **87**, 195). Entsprechendes gilt für das Selbstverschulden einer finanziellen Not (BGH StV **95**, 584). Beim Versuch ist für die Strafhöhe unerheblich, daß der Täter nicht zurückgetreten ist (BGH NStZ **83**, 217, NStZ/D **90**, 176). Weitere Fälle bei Bruns StrZR 365 ff., Mösl NStZ 83, 164. Zu den Grenzen des Doppelverwertungsverbots vgl. Seebald GA 75, 230, Hettinger, Das Doppelverwertungsverbot bei strafrahmenbildenden Umständen, 1982. Zur Begründung des Doppelverwertungsverbots vgl. Timpe, Strafmilderungen des AT des StGB und das Doppelverwertungsverbot, 1983, 32 ff.

§ 46   46–48   Allg. Teil. Rechtsfolgen der Tat – Strafbemessung

46   **1. Das Verbot der Doppelverwertung** gilt auch für die Berücksichtigung der **gesetzgeberischen Intention** eines Tatbestands insgesamt (vgl. BGH NStZ **84**, 358, **91**, 558, Bay NStE **46**). Dem Gericht ist daher verwehrt, bei der Strafzumessung die Gründe, die den Gesetzgeber veranlaßt haben, bestimmte Verhaltensweisen unter Strafe zu stellen, nochmals zu verwerten. So ist unzulässig, bei der Steuerhinterziehung deren Sozialschädlichkeit wegen des Steuerausfalls strafschärfend heranzuziehen (BGH StV **96**, 605), bei Geldfälschungen eine höhere Strafe darauf zu stützen, daß die Sicherheit des Zahlungsverkehrs eine abschreckend wirkende Ahndung bedingt (BGH NStE **20**), beim Diebstahl aus bedenkenlosem Hinwegsetzen über die Eigentumsordnung einen strafschärfungsgrund herzuleiten (BGH NStZ/D **90**, 177), bei Trunkenheit am Steuer (§§ 315 c, 316) straferhöhend zu berücksichtigen, daß der Straßenverkehr durch fahruntaugliche Fahrer erheblich gefährdet wird, oder im Rahmen des § 306 a die Höhe der Strafe damit zu begründen, daß das Inbrandsetzen von Wohngebäuden Menschenleben gefährden kann. Ebensowenig darf die Gefährlichkeit einer Schußwaffe beim Verstoß gegen WaffenG (BGH NStE **76**) oder die Gefährlichkeit der Abgabe rezeptpflichtiger Arzneimittel ohne Verschreibung strafschärfend gewertet werden (BGH NStZ **82**, 813). Bei Verurteilung aus § 113 darf nicht berücksichtigt werden, daß Vollstreckungsbeamte energisch geschützt werden müßten (KG JW **28**, 1070), bei Verurteilung nach § 153 nicht, daß der Rechtspflege durch wahrheitswidrige Zeugenaussagen erheblicher Schaden droht (Düsseldorf NJW **87**, 277), bei Verurteilung wegen Meineids nicht, daß die hervorragende Bedeutung des Eides für die Rechtspflege eine strenge Bestrafung fordere (RG HRR **37** Nr. 616, BGH **17** 324, NJW **58**, 1832, **66**, 1276, MDR/D **53**, 148), ebensowenig bei Verurteilung wegen Rauschgifthandels, daß der Täter sich am Unglück anderer zu bereichern suchte (BGH MDR/H **77**, 808) oder sich vom Gewinnstreben hat leiten lassen (BGH GA **79**, 27, NJW **80**, 1344, StV **85**, 102, MDR/S **89**, 1037). Beim sexuellen Mißbrauch eines Kindes (§ 176) verstößt gegen Abs. 3 die strafschärfende Erwägung, das Opfer werde in seiner natürlichen sexuellen Entwicklung und seiner Psyche gestört (BGH StV **98**, 656, 657). Bei § 259 darf die Gleichgültigkeit des Täters gegenüber fremdem Rechtsgut nicht strafschärfend berücksichtigt werden (Hamm MDR **58**, 326). Erfolgt Verurteilung aus § 260, so ist unzulässig, die Höhe der Strafe damit zu begründen, daß die Existenz eines gewerbsmäßigen Hehlers einen Anreiz für präsumtive Vortäter bilden kann (BGH NJW **67**, 2416, vgl. ferner Köln JMBlNW **58**, 83, Neustadt DAR **52**, 236, Hamburg NJW **66**, 682). Eine Strafe nach § 142 darf nicht deswegen höher ausfallen, weil der Täter persönlichen Interessen gegenüber Interessen des Geschädigten den Vorrang eingeräumt hat (Bay DAR/R **84**, 238). Bei einem Totschlag darf der Täter nicht deswegen mit höherer Strafe belegt werden, weil er das mit der Tötung bewältigte Problem auf einem anderen, einfacheren Weg hätte lösen können (BGH NStZ/T **86**, 496: Scheidung als einfacherer Weg zur Trennung gegenüber Tötung). Zur Frage der Doppelverwertung bei Bildung einer Gesamtstrafe vgl. § 53 RN 10, § 54 RN 15.

47   **2. Keine Doppelverwertung** liegt vor, wenn die Begehung mehrerer Alternativen desselben Tatbestands als Strafhöhungsgrund verwertet wird (BGH MDR/D **71**, 363, NStZ **96**, 383, **99**, 131), zB bei einer gemeinschaftlichen Körperverletzung iSv § 224 strafschärfend berücksichtigt wird, daß die Täter gemeinschaftlich mit gefährlichen Werkzeugen, hinterlistig und lebensgefährdend vorgegangen sind. Entsprechendes gilt bei mehreren Erfolgen, etwa Verlust eines wichtigen Gliedes, des Sehvermögens und des Gehörs gem. § 226. Gegen das Verbot der Doppelverwertung verstößt es auch nicht, wenn die Strafschärfung sich darauf stützt, daß der Täter in gleichartiger Idealkonkurrenz eine weitere Person angegriffen (BGH NJW **82**, 2265, MDR/H **92**, 932) oder sich für mehrere mißbilligte Ziele eingesetzt hat (vgl. BGH MDR/H **76**, 986 zu § 89). Ebensowenig steht Abs. 3 einer Strafschärfung wegen fehlender Bereitschaft zur Schadenswiedergutmachung entgegen (BGH GA **75**, 84) oder einer Strafmilderung innerhalb eines milderen Strafrahmens, wenn dessen Voraussetzungen mehrfach erfüllt sind, zB die des § 157 (vgl. BGH **5** 377, GA **67**, 52, Stuttgart NJW **78**, 713) oder des § 213 (neben Provokation weiterer Faktor für Vorliegen eines minder schweren Falles).

48   **3.** Die durch das Doppelverwertungsverbot gesetzten Grenzen gelten nur, soweit die Vorabwertung durch das Gesetz reicht. Darüber hinaus kann die **konkrete Ausgestaltung eines Tatbestandsmerkmals** oder das konkrete Ausmaß der Gefährdung, die der Täter ausgelöst hat (vgl. Koblenz VRS **55** 278), den Strafumfang bestimmen. Zulässig ist, bei § 222 straferschwerend zu werten, daß mehrere Menschen getötet worden sind (BGH MDR **57**, 369, VRS **23** 231, vgl. aber o. 26). Zu berücksichtigen sind ferner die dem Tod vorangegangenen Leiden der Getöteten (BGH NJW **82**, 393), die Wirkungen der Verletzungen und des Todes sowie die über die Verletzung hinausgehende Gefahr für andere, dagegen beim Totschlag nicht die besondere Gefährlichkeit des Angriffsmittels für das Opfer (BGH StV **84**, 152: besonders gefährliche Munitionsart) und die zur Tötung erforderliche besondere Gewalt (BGH StV **98**, 657), so nach BGH StV **96**, 148 nicht die besondere, für den Taterfolg erforderliche Intensität des Vorgehens (für Tötung erforderliches massives, minutenlanges Würgen). Einer Strafschärfung wegen besonderer Brutalität der Tatausführung, etwa bei einer Körperverletzung, steht Abs. 3 nicht entgegen (vgl. auch ÖstOGH ÖJZ **96**, 232). Bei einer Freiheitsberaubung kann je nach ihrer Dauer die Strafe unterschiedlich ausfallen; eine monatelange Dauer führt idR zu einer härteren Strafe als eine zehntägige. Ebenso kann für das Strafmaß bedeutsam sein, wie die Freiheitsberaubung vollzogen worden ist. Ihr Unrechtsgehalt ist, wenn das Opfer unter grauenvollen, höchst belastenden Umständen festgehalten wird, erheblich höher als beim Einsperren in normal eingerichteten Räumen. Beim Meineid kann die besonders raffinierte Form der Täuschung des Gerichts oder die Intensität der Beeinträchtigung der Rechtspflege straferschwerend wirken (BGH NJW 58, 1832), ebenso bei Verurteilung aus § 176 das besonders jugendliche Alter des Opfers (vgl. BGH MDR/D 69, 193, Bruns H. Mayer-FS 362), bei Vergewaltigung eine die üblichen Fälle erheblich übertreffende Demütigung des Opfers (BGH NStZ/T 86, 496), bei Untreue die enorme Höhe des dem Opfer zugefügten Nachteils und beim Betrug ein großer Vermögensschaden (vgl. BGH VRS 15 112) sowie die Zahl der Täuschungshandlungen. In diesem Sinn ist auch der Satz zu verstehen, es bestünden keine Bedenken dagegen, bei der Strafzumessung „den Grundgedanken der Vorschrift nicht aus den Augen zu verlieren" (BGH MDR/D 53, 148; vgl. auch Bruns NJW 56, 243, StrZR 372 ff., Koffka JR 55, 323). In Anwendung dieser Grundsätze kann bei § 244 Nr. 1, 2 die besondere Gefährlichkeit der mitgeführten Waffe oder bei unerlaubter Einfuhr einer Waffe deren besondere Gefährlichkeit berücksichtigt werden, bei § 250 die aus dem gewöhnlichen Rahmen erheblich herausfallende Beeinträchtigung des Opfers (BGH NStZ/T 86, 495), bei § 306 a die Tatsache, daß der Brand Menschen tatsächlich in erhöhte Gefahr gebracht hat (BGH NStZ/D 89, 468) oder daß es sich um ein Wohnhaus mit besonders vielen Bewohnern gehandelt hat. Bei Trunkenheit im Verkehr können der besondere Grad der Fahruntüchtigkeit (Bay NZV 92, 453) und die besonders gefährlichen Umstände der Fahrt in Ansatz gebracht werden. Beim Handeln mit Heroin kann dessen besondere Gefährlichkeit eine Strafschärfung begründen (BGH MDR/H 79, 986), ebenfalls eine beträchtliche Drogenmenge und ein Gewinnstreben, das den üblichen Rahmen weit übersteigt. Dagegen darf die Strafe wegen besonderer Gefährlichkeit einer Droge nicht beim Erwerb zum Eigenverbrauch (Bay StV 93, 29) oder beim Vollrausch idR nicht wegen hoher Blutalkoholkonzentration erhöht werden (Bay DAR/R 84, 238).

4. Zweifelhaft ist, ob ein Umstand sowohl für die **Strafrahmenwahl** wie auch für die **konkrete Strafbemessung** herangezogen werden darf. Insoweit kann das Doppelverwertungsverbot nicht schlechthin eingreifen (Bruns H. Mayer-FS 371 f., StrZR 375 ff.; and. Dreher JZ 57, 156). Zulässig muß sein, Umstände, die zur Annahme eines besonders schweren Falles führen, bei der Strafbemessung innerhalb des erhöhten Strafrahmens zu berücksichtigen (BGH VRS 9 352, MDR/D 75, 541, Bruns StrZR 377; vgl. dazu aber auch BGH StV 99, 489), weil mit Annahme eines besonders schweren Falles nur festgestellt wird, daß der Regelstrafrahmen zur Ahndung nicht ausreicht. Diese Feststellung klärt nicht, welches Gewicht den Umständen im einzelnen für die Strafhöhe zukommt. Die innerhalb des besonderen Strafrahmens angemessene Strafe muß daher unter Berücksichtigung der einzelnen Umstände festgesetzt werden, mögen sie auch Anlaß dafür gewesen sein, einen besonders schweren Fall anzunehmen. Die Situation ist nicht anders, als wann das Gesetz, statt besonders schwere Fälle vorzusehen, nur einen erweiterten Strafrahmen enthalten würde (vgl. insoweit auch Dreher JZ 57, 158). Entsprechendes gilt für minder schwere Fälle (BGH MDR/H 80, 453) oder für Fälle eines besonderen gesetzlichen Milderungsgrundes. Die Urteilsgründe müssen das Gewicht der einzelnen Umstände für die Strafhöhe wiedergeben; eine pauschale Bezugnahme auf die Gesichtspunkte, die für die Strafrahmenwahl maßgebend waren, genügt für die Begründung der Strafzumessung nicht (BGH NStZ 84, 214). Soweit eine Strafherabsetzung nach § 49 I wegen eines besonderen Strafmilderungsgrundes (Versuch, verminderte Schuldfähigkeit, Beihilfe usw) in Betracht kommt, darf der besondere Strafmilderungsgrund als solcher, zB der Umstand, daß die Tat im Versuch stecken geblieben oder der Täter vermindert schuldfähig gewesen ist, innerhalb des milderen Strafrahmens nicht nochmals strafmildernd berücksichtigt werden (BGH 16 354, 26 311, NStZ 87, 504, NJW 89, 3230, Bruns StrZR 378, 448, 527, Gribbohm LK 304). Zulässig ist dagegen, den Besonderheiten des speziellen Strafmilderungsgrundes für die Strafzumessung innerhalb des milderen Strafrahmens Bedeutung einzuräumen (BGH NStZ 92, 538), etwa dem Versuchsgrad, bis zu dem die Tat gediehen war (vgl. BGH 17 267, 26 312, NStZ 87, 504), der Gefährlichkeit eines fehlgeschlagenen Versuchs (BGH StV 86, 378), der Unvollkommenheit einer Verbrechensverabredung (BGH NStZ 86, 453) oder der an den Versuchsbeginn nahe heranreichenden Ausführung (BGH NStZ 89, 571), der Art und Stärke der Beihilfe, dem Grad und der mehr oder weniger verschuldeten Herbeiführung der verminderten Schuldfähigkeit (BGH NStZ 84, 548, DAR/S 88, 226) oder einer zusätzlichen Verminderung der Schuldfähigkeit bei einem Täter, der bereits auf Grund eines Hirnschadens vermindert schuldfähig ist (Bay VRS 67 221). Stellt man in den Fällen des besonderen Strafmilderungsgrundes bei der Wahl des milderen Strafrahmens auf eine Gesamtbeurteilung der Tat ab (so BGH 16 351, 17 266; vgl. dagegen § 13 RN 64, § 23 RN 7, Jescheck/Weigend 900, auch BGH 36 18, wonach bei § 23 II den spezifisch versuchsbezogenen Umständen besonderes Gewicht zukommt), so können die für diese Wahl maßgebenden Gründe – außer dem Strafmilderungsgrund als solchem – bei der Strafbemessung innerhalb des gewählten Strafrahmens verwertet werden (BGH aaO, StV 84, 151, Bruns StrZR 379). Hat andererseits die Gesamtbeurteilung die Wahl des Regelstrafrahmens bewirkt (vgl. hiergegen die Bedenken in RN 19 zu § 21), so ist dem Richter ebensowenig die nochmalige Berücksichtigung schuldrelevanter Umstände verwehrt (BGH MDR 80, 241, Bruns StrZR 448, 526).

Ferner ist zulässig, bei der Entscheidung über die **Strafaussetzung zur Bewährung** dieselben Umstände zu verwerten, die für die Strafzumessung maßgeblich sind (vgl. BGH NStZ/T 86, 498). Die besondere Schuld des Täters oder die besonders strafwürdigen Tatumstände können daher zur Strafschärfung und zur Versagung der Strafaussetzung führen (Bruns GA 56, 203, H. Mayer-FS 370).

5. Unzulässig ist jedoch, daß der Richter eigene moralische oder rechtliche Wertungen dem Gesetz entgegensetzt und bei der Strafzumessung berücksichtigt (BGH 24 178, OGH 3 135; and. LG Hamburg NJW **51**, 853). Fehlerhaft ist daher die Verhängung der Mindeststrafe in einem Fall mittlerer Schwere, weil das Mindestmaß als für leichtere Fälle zu hoch beurteilt wird (BGH NStZ **84**, 117). Andererseits ist nichts dagegen einzuwenden, daß der Richter Umwertungsprozesse in der staatlichen Gemeinschaft bei der Strafzumessung beachtet, auch wenn sie zu neuen gesetzgeberischen Entscheidungen noch nicht geführt haben (LG Frankenthal NJW **68**, 1685 [Ehebruch]).

52 **VII.** Außer den in Abs. 2 genannten Umständen sind bei der Strafzumessung viele **andere Gesichtspunkte** von Bedeutung. Der Katalog des § 46 ist nicht abschließend (vgl. o. 10, BGH MDR/D **71**, 721).

53 1. Für alle Straftaten lassen sich **Grundsätze** für die Strafzumessung **aus** solchen **Tatbestandsmerkmalen** oder Strafzumessungsfaktoren ableiten, die das Gesetz bei einzelnen Straftatbeständen zur Kennzeichnung schwerer oder minder schwerer Fälle verwendet (vgl. Bruns StrZR 71, Koffka JR 55, 323, v. Weber aaO 7). So können Eigennützigkeit, grober Eigennutz, Gewinnsucht, Handeln gegen Entgelt, Grausamkeit, Roheit, Hinterlist, Heimtücke, Gewerbs- oder Gewohnheitsmäßigkeit, bandenmäßige Tatbegehung und gemeinschaftliche Tatausführung, Umstände also, die bei einzelnen Delikten die Tat als schwerer erscheinen lassen, auch bei anderen Delikten für die Strafhöhe von Bedeutung sein (BGH **11** 19). Entsprechendes gilt für die in § 213 genannte Provokation als Strafmilderungsgrund, zB bei Körperverletzung mit Todesfolge (vgl. § 227 RN 8). Dennoch muß der gleiche Umstand nicht bei allen Delikten gleiche Bedeutung haben. So ist zB ein Handeln zur Verdeckung einer Straftat in § 211 Strafschärfungs-, in § 157 Strafmilderungsgrund (vgl. Koffka JR 55, 324, o. 13). Wie bei § 157 läßt sich der Selbstbegünstigungswille etwa bei § 145 d strafmildernd berücksichtigen (Stree JR 79, 254).

53 a 2. Strafzumessungsgrundsätze lassen sich zudem **früheren** gesetzlichen **Straflimitierungen** entnehmen, wenn deren Aufhebung auf andere Gründe als auf veränderte gesetzliche Bewertung des Unrechts- oder Schuldmaßes zurückgeht. Die Strafgrenzen sind insoweit weiterhin beachtlich, jedenfalls idR. Nach wie vor verdient jemand, der aus Not geringwertige Sachen stiehlt oder unterschlägt, allenfalls 3 Monate Freiheitsstrafe (vgl. § 248 a aF). Für die Entwendung von Sachen in geringer Menge oder von geringem Wert zum alsbaldigen Verbrauch (früher Mundraub; § 370 I Nr. 5 aF) kommen idR höchstens 6 Wochen Freiheitsstrafe in Betracht (LG Münster NStZ **94**, 191). Wer Falschgeld nach gutgläubigem Empfang und späterem Erkennen der Unechtheit als echt abschiebt, ist idR allenfalls mit Freiheitsstrafe bis zu 3 Monaten zu belegen (vgl. § 148 aF). In allen Fällen ist eine höhere Strafe, die nur ausnahmsweise angebracht sein kann, eingehend zu begründen. Rückfall allein begründet noch keine solche Ausnahme.

54 3. Auch **Strafempfindlichkeit** und **Strafempfänglichkeit** des Täters sind, soweit sie einiges Gewicht aufweisen, bei der Strafzumessung zu berücksichtigen (BGH **7** 31, NStZ **83**, 408, NStE **38**, NJW **98**, 3286; vgl. auch Pallin aaO RN 74, 110, Schäfer Tröndle-FS 398). Alter (vgl. StV **90**, 303, **91**, 206, Hamm VRS **33** 344), Geschlecht (Hamm JR **65**, 324), Vorleben sowie sonstige Lebensumstände lassen das Gewicht einer Freiheitsstrafe für die einzelnen Verurteilten sehr unterschiedlich erscheinen. So ist vom Freiheitsentzug besonders betroffen, wer an einer Haftpsychose leidet oder weiß, daß er nicht mehr lange zu leben hat. Der hiernach unterschiedlichen Strafschwere ist bei der Strafzumessung Rechnung zu tragen (vgl. RG **65** 230, 309, DR **43**, 754, BGH StV **84**, 151 [Haftpsychose], StV **87**, 101, 346 [nur noch kurze Lebenserwartung], StV **89**, 152 [stark belastende, schwere Erkrankung], StV **90**, 259, 91, 207 [Krebs], NJW **91**, 763 [AIDS], NJW **98**, 3286, Hamm NJW **57**, 1003, Neustadt GA **60**, 285, Köln StV **88**, 67, Bruns StrZR 497 ff., Henkel H. Lange-FS [1970] 179 ff.). Zur Berücksichtigung der Strafempfindlichkeit bei AIDS-Kranken vgl. näher Dencker StV **92**, 125, Nestler-Tremel, AIDS und Strafzumessung, 1992. Auch einen Ausländer kann der Freiheitsentzug in einer deutschen JVA besonders schwer treffen (vgl. BGH StV **92**, 106). Die Ausländereigenschaft allein rechtfertigt aber noch nicht die Annahme einer besonderen Strafempfindlichkeit (BGH **43** 233 m. Anm. Laubenthal NStZ **98**, 349, NStZ-RR **97**, 1, NJW **97**, 403, **99**, 370). Bei einer Schwangerschaft ist nur bei Vorliegen besonderer Umstände von einer ins Gewicht fallenden Strafempfindlichkeit auszugeben, auch dann, wenn die Geburt des Kindes voraussichtlich in der Zeit des Freiheitsentzugs erfolgt (BGH NJW **98**, 3286 m. Anm. Laubenthal JR 99, 163). Zum Unterschied zwischen Strafempfindlichkeit und Strafempfänglichkeit vgl. Henkel aaO, M-Zipf II 593 (das erste bezieht sich auf die repressive, das zweite auf die präventive Wirkung der Strafe).

55 4. Ferner sind **Tatfolgen** für den Täter nicht nur zu berücksichtigen, soweit ein Absehen von Strafe in Frage kommt (§ 60), sondern auch bei der Strafhöhe, etwa die erhebliche Verletzung, die der Täter selbst beim Mordversuch erlitten hat (BGH MDR/D **74**, 547). Vgl. 18 a vor § 38 u. näher Bruns StrZR 407 ff. sowie 496 (Berücksichtigung von Verfahrenskosten; für deren Berücksichtigung auch Härri SchwZStr 116, 222). Zu den strafmildernden Folgen gehören auch berufliche Nachteile (BGH NStZ-RR **98**, 205), wie die Beendigung eines Beamtenverhältnisses (BGH MDR/H **79**, 634, NStZ **81**, 342, **85**, 215, NStZ/T **88**, 305, NStZ/D **90**, 221, NStZ-RR **97**, 195, wistra **83**, 145, Köln MDR **84**, 162) oder des Dienstverhältnisses als Zeitsoldat (BGH **32** 79), eine obligatorische Disziplinarmaßnahme (BGH NStZ **82**, 507), der Wegfall der Versorgungsbezüge eines Ruhestandsbeamten (BGH GA **85**, 566), der Widerruf einer Approbation (BGH StV **91**, 157) u. die Ausschließung aus der Rechtsanwaltschaft (BGH MDR **86**, 794, NStZ **87**, 550, NStZ/D **90**, 221). Zu möglichen Bedenken vgl. Horn SK 138, Jescheck/Weigend 891. Berufliche Folgen der Tat verlieren allerdings ihre strafmildernde Bedeutung, wenn mit ihnen nicht die alleinige Grundlage der beruflichen Tätigkeit betroffen ist (BGH NStZ **96**, 539). Den zwingenden beruflichen Folgen einer Verurteilung vergleichbar kann die zwingende Ausweisung eines Verurteilten sein (BGH NStZ **99**, 240, Stuttgart StV **2000**, 82), jedenfalls, wenn diese sich nachteilig auf Beruf und familiäre Verhältnisse auswirkt, nicht aber schlechthin (BGH NStZ-RR **2000**, 79). Ferner können Angriffe in der Presse den Täter erheblich mitnehmen, so daß ihm dies strafmildernd verbucht werden kann (BGH NStZ/D **90**, 222). Auch zivilrechtliche Folgen können für die Strafzumessung bedeutsam sein (vgl. BGH NStZ/T **86**, 496, Hamm VRS **67** 423, Frankfurt StV **94**, 131, Bay StV **99**, 651: Verlust des Arbeitsplatzes). So kann sich strafmildernd auswirken, daß der Täter zur Zahlung von Schmerzensgeld verurteilt worden ist, jedenfalls, soweit das Genugtuungsbedürfnis des Verletzten die Schmerzensgeldhöhe beeinflußt hat (vgl. D. Meyer JuS 75, 87). Nachteilige Folgen für den Täter sind jedoch nicht schlechthin strafmildernd. Wer bei seiner Tat bestimmte Nachteile für sich selbst bewußt auf sich genommen hat, verdient idR keine strafmildernde Berücksichtigung solcher Folgen. Das kann auch beim drohenden Widerruf einer ausgesetzten Freiheitsstrafe der Fall sein (vgl. dagegen aber Hamm NStZ **98**, 374). Wer im Bewußtsein dieser Möglichkeit eine erneute Tat begeht, kann wegen des drohenden Widerrufs keine Nachsicht erwarten. Ebensowenig wirken nachteilige Folgen strafmildernd, die der Täter mit einer Vorsatztat herbeiführt, indem er die Quelle für Leistungen an ihn zum Versiegen bringt (Unterhaltsberechtigter tötet Unterhaltsverpflichteten). Vgl. dazu BGH NStE **57** (vorsätzliche Tötung eines Beamten, aus dessen Rechtsverhältnis mit dem Staat der Täter eigene Versorgungsansprüche gehabt hätte, sie aber als Folge seiner Tat verliert). Gemäß dem Doppelverwertungsverbot (vgl. o. 45) sind von der Strafmilderung ferner Folgen auszunehmen, die Tatbestandsmerkmal (vgl. zB § 109) oder typische Auswirkungen einer Tat sind (vgl. Terhorst JR **89**, 187). Keine strafmildernde Bedeutung kommt ebenfalls den Folgen zu, die der Täter mit seiner strafaufschiebenden Flucht ins Ausland erlitten hat (BGH NStZ/M **83**, 404), wohl aber der Umstand, daß der Täter wegen derselben Tat eine erneute Bestrafung im Ausland zu erwarten hat (BGH StV **92**, 155). Vgl. zum Ganzen Müller-Dietz Spendel-FS 413, Härri SchwZStr 116, 212.

5. Auch die dem Gedanken der Verteidigung der Rechtsordnung (§§ 47, 56) zugrundeliegenden Erwägungen gehören ganz allgemein zu den Strafzumessungsgesichtspunkten (BGH MDR/D **72**, 196, **73**, 16). 56

6. Zugunsten des Angekl. ist eine **überlange Verfahrensdauer** zu berücksichtigen (BVerfG StV **93**, 352, BGH **24** 239, GA **77**, 275, NStZ **82**, 292, **87**, 232, **88**, 552, **92**, 78 m. Anm. Scheffler, StV **83**, 502, **85**, 322, **89**, 394, **95**, 130, MDR/H **84**, 89, Karlsruhe NJW **72**, 1908, Bay wistra **89**, 318, Düsseldorf MDR **89**, 935, vgl. auch BVerfG NStZ **84**, 128, das in extrem gelegenen Fällen sogar ein Verfahrenshindernis annehmen will; ähnlich BGH **35** 137, Zweibrücken NStZ **89**, 134, Stuttgart StV **93**, 289; vgl. ferner BVerfG NJW **92**, 2472). Gegen allg. Verfahrenshindernis BGH wistra **94**, 21. Unter Hinweis auf die Möglichkeit einer Verfahrenseinstellung hat sich LG Bremen StV **98**, 378 für die Zulässigkeit, die Mindeststrafe zu unterschreiten, ausgesprochen. Der Milderungsgrund entfällt nicht deswegen, weil das Leugnen des Angekl. die Verurteilung verzögert hat (BGH wistra **83**, 106). Zur Berücksichtigung einer Verfahrensverzögerung durch verspätetes Vorlegen der Akten beim Revisionsgericht vgl. BGH NJW **95**, 1101. Vgl. auch Scheffler, Die überlange Dauer von Strafverfahren, 1991, 201 ff. Ebenso muß sich ein längerer Zeitraum zwischen der Tat und deren Aburteilung auswirken (BGH NStZ **83**, 167, **86**, 217, **92**, 229, StV **90**, 17, wistra **94**, 346), und zwar unter Beachtung des Verhältnisses zu den jeweiligen Verjährungsfristen. Daneben kann die lange Verfahrensdauer eigenständiger Strafmilderungsgrund sein (BGH NStZ **92**, 229, NStZ-RR **98**, 108, Düsseldorf wistra **94**, 351; vgl. auch BVerfG NJW **93**, 3255), daneben auch noch eine Verletzung des Beschleunigungsgebotes nach Art. 6 I 1 MRK (BGH NJW **99**, 1198). Das Ausmaß der Herabsetzung der Strafe ist kenntlich zu machen (BGH NStZ-RR **98**, 108). Er kann, wenn mehrere Taten mit sehr verschiedenen Tatzeiten abzuurteilen sind, bei den Einzelstrafen unterschiedlich ausfallen (vgl. dazu LG Kaiserslautern wistra **98**, 270). Andererseits sind verfahrensrechtliche Vorgänge, die weder mit der Tat selbst zusammenhängen oder strafähnliche Auswirkungen haben noch die MRK verletzen, für die Strafzumessung unbeachtlich (BGH NStZ **89**, 526: Verfahrensverstöße). Zur Verfahrenseinstellung nach § 153 a StPO vgl. Frankfurt NStZ-RR **98**, 52, LG Frankfurt NJW **97**, 1994. 57

7. Unzulässig ist, aus dem bloßen **Fehlen eines** bestimmten **Strafmilderungsgrundes** einen strafschärfenden Umstand herzuleiten (vgl. BGH NJW **80**, 2821, NStZ **82**, 463, NStZ/T **86**, 496, StV **93**, 132, o. 45, auch 24, 40), etwa daraus, daß der Verletzte keinen Anlaß zur Tat gegeben hat (BGH StV **93**, 25) oder der Dieb sich nicht in einer wirtschaftlich desolaten Lage befunden hat (Bay **93**, 135). Ebensowenig darf das Fehlen eines bestimmten Strafschärfungsgrundes strafmildernd berücksichtigt werden. Vgl. dazu BGH NStZ/M **83**, 163, Bruns JR 80, 337 mwN, 87, 89, aber auch die Bedenken bei Foth JR 85, 397, Horn StV 86, 168. Ein Verstoß gegen diese Grundsätze liegt indes nicht vor, wenn bei der Abwägung der für und gegen den Täter sprechenden Umstände nur auf das Fehlen bestimmter strafmildernder oder strafschärfender Faktoren hingewiesen wird (vgl. BGH NJW **80**, 2821 m. Anm. Bruns NStZ 81, 60). Soweit keine sicheren Feststellungen über wesentliche Strafzumessungsfaktoren getroffen werden können, ist nach dem Grundsatz **in dubio pro reo** zu entscheiden (BGH StV **86**, 5, NStZ/T **88**, 174), auch bei möglichem Vorliegen strafmildernder Umstände (BGH NStZ/T **86**, 493), etwa bei möglichen Tatfolgen für den Täter (Terhorst JR **89**, 185). 57a

58 **VIII.** Die verschiedenen **objektiven** und **subjektiven** Gesichtspunkte haben für die Strafzumessung grundsätzlich die **gleiche Bedeutung.** Bei der Bewertung des Gewichts einer Straftat ist nicht allein die Tat mit ihren unmittelbaren Begleitumständen als Einzelvorgang, sondern in Verbindung mit der Persönlichkeit des Täters zu würdigen (KG DRZ **48**, 181). Trotz grundsätzlicher Gleichwertigkeit von objektiven und subjektiven Strafzumessungsgründen ist aber möglich, im Einzelfall einem dieser Gründe erhöhte Bedeutung beizulegen (vgl. BGH VRS **31** 429). Wertvolle Hilfe für die Erfassung und Abwägung dieser Gründe bietet die kriminologische Verbrechensformel von Mezger ZAkDR 44, 100; vgl. hierzu Hülle aaO 5.

59 Man hat versucht, für die Normalfall eine **Normalstrafe** zu errechnen (vgl. Graßberger aaO 78 ff.), um die Einheitlichkeit der Rspr. nach Möglichkeit zu gewährleisten. Ein solcher Versuch kann nicht gelingen, weil es bei der Strafzumessung in jedem Einzelfall der Gesamtwürdigung aller Umstände (OGH **2** 71, **3** 34) bedarf und jede Schablone dem Gerechtigkeitsprinzip widerspricht (Hamm MDR **64**, 254, Köln NJW **66**, 895, vgl. auch BGH VM **61**, 63, Hamburg NJW **63**, 2387, Zipf, Strafmaßrevision, 78 f.). Andererseits ist nicht zu verkennen, daß bei der Massenkriminalität, vor allem im Bereich des Verkehrsstrafrechts, eine wesentliche Verschiedenheit der strafrechtlichen Reaktionen zu nachteiligen Vergleichen unter den Betroffenen führt und das Gefühl für Gerechtigkeit beeinträchtigen kann, etwa bei Trunkenheitsfahrt gemäß § 316. Aus diesem Grund sind Versuche verständlich, die auf eine gewisse Schematisierung der Strafzumessung bei Massendelikten deuten, wie sie zB von Schöne NJW **68**, 635 berichtet werden (vgl. aber u. 63). Zur Frage, ob und inwieweit durch Strafzumessungsempfehlungen und Absprachen die Strafzumessungspraxis einander angeglichen und divergierenden Strafsätzen begegnet werden kann, vgl. einerseits Jagusch NJW 70, 401, 1865, andererseits Seebald GA 74, 193, DRiZ 75, 4; vgl. auch Leonhard DAR 79, 89, Würzberg DAR 79, 96 (Trunkenheitsfahrt). Soweit die Strafzumessung vom Üblichen in vergleichbaren Fällen abweicht, muß der Tatrichter jedenfalls die Abweichung verständlich machen (BGH GA **74**, 78, NStE **59**). Geht es jedoch nur um den Vergleich mit vereinzelten Entscheidungen, so darf der Richter sich ihnen nicht ohne weiteres anpassen, sondern hat nach eigener Überzeugung die Strafe zu bemessen (BGH **28** 324, NStZ-RR **97**, 196; vgl. dazu Bruns JR 79, 355). Gegen vergleichende Strafzumessung Terhorst JR 88, 272. Zu deskriptiven Analysen unterschiedlicher Strafzumessung und deren Ursachen vgl. Symposionsbeiträge in Pfeiffer/Oswald aaO.

60 **IX.** Die Strafzumessungsgrundsätze gelten auch bei der **Auswahl der Strafart.** Dies macht dann Schwierigkeiten, wenn Geld- oder Freiheitsstrafe zur Wahl steht, da Geld und Freiheit keine vergleichbaren Größen sind. Da das Gesetz bei der Bestimmung der Strafart allein das Gewicht der Tat berücksichtigt und jedenfalls die finanzielle Leistungsfähigkeit des Täters dabei ausschaltet, muß auch der Richter bei der Entscheidung, ob Geld- oder Freiheitsstrafe zu verhängen ist, in erster Linie davon ausgehen, ob die Tat in den mit Geldstrafe ausreichend geahndeten Deliktsbereich fällt, wobei dem Gewicht der Tat und der Schuld des Täters entscheidende Bedeutung zukommt. Die **finanziellen Verhältnisse** des Verurteilten müssen daher zwar bei Bemessung einer Geldstrafe im Rahmen der Tagessatzhöhe berücksichtigt werden (vgl. § 40), sie können aber die Entscheidung, ob Geld- oder Freiheitsstrafe zu verhängen ist, nicht tragen (BGH **3** 263, MDR/H **78**, 986, Tröndle LK 46 vor § 40). Dabei muß in Kauf genommen werden, daß nach § 43 der Mittellose das Strafübel voll in Form einer Freiheitsentziehung zu spüren bekommt. I. E. ebenso Bay **57** 106, Cramer JurA 70, 200, Tröndle § 40 RN 3, Stree aaO 71; and. Tiedemann GA 64, 359, Zipf MDR 65, 633. In Kauf zu nehmen ist auch, daß die Fühlbarkeit einer Geldstrafe sich erheblich verringert, weil ein anderer deren Zahlung übernimmt.

61 Unzulässig ist demgemäß, Freiheitsstrafe nur deswegen anzuordnen, weil der Täter eine Geldstrafe voraussichtlich nicht bezahlen kann (BGH GA **68**, 84, Bay NJW **58**, 919; and. RG **65** 230) oder sie voraussichtlich nicht aus eigenen Mitteln wird aufbringen müssen (Bay NJW **64**, 2120; and. RG **65** 309; vgl. auch § 47 RN 18). Sieht das Gesetz für vorsätzliche oder fahrlässige Begehung gleichermaßen Freiheits- oder Geldstrafe vor, so ist die Freiheitsstrafe für eine Fahrlässigkeitstat besonders zu begründen (Köln NJW **62**, 825).

62 Für die Wahl zwischen Freiheitsstrafe und Geldstrafe ist unerheblich, daß in einer Vorschrift Freiheitsstrafe zuerst genannt wird (Hamm wistra **89**, 234). Das Gesetz stellt die schwerere Strafdrohung voran, ohne mit dieser Reihenfolge andeuten zu wollen, daß sie die Regelstrafe sein soll. Es hängt vielmehr in allen Fällen von den jeweiligen Umständen des Einzelfalles ab, auf welche Strafart zu erkennen ist (vgl. BT-Drs. 7/550 S. 192 f.).

63 Frühere Versuche in der Strafzumessungspraxis zu den **Verkehrsdelikten,** insb. im Rahmen der §§ 56, 316, ein Regel-Ausnahme-Verhältnis zu begründen, um auf diese Weise eine Rechtsungleichheit innerhalb der Massenkriminalität nach Möglichkeit auszuschalten, waren verfehlt. In BGH **22** 192 werden die Tatsacheninstanzen zutreffend darauf hingewiesen, daß gerade auf diesem Gebiet ein Schematismus nicht Rechtens sei, vielmehr der Richter sich über das Neben- und Ineinander der verschiedenen strafrechtlichen Reaktionen im Einzelfall Klarheit verschaffen und danach die angemessene Strafe festsetzen müsse.

64 Bei der Wahl zwischen Freiheits- u. Geldstrafe ist § **47** zu beachten. Das dort enthaltene Ausnahmeprinzip für Freiheitsstrafen unter 6 Monaten ist nicht schlechthin auch für die Wahl zwischen höherer Freiheitsstrafe und Geldstrafe maßgebend (vgl. aber Horn SK § 47 RN 7). Die Beschränkung des § 47 I auf Freiheitsstrafen unter 6 Monaten wäre andernfalls unverständlich. Freiheitsstrafe von

6 Monaten kann der Richter daher bereits verhängen, wenn er Geldstrafe für nicht ausreichend hält. Er braucht nicht darzulegen, daß Freiheitsstrafe zur Einwirkung auf den Täter oder zur Verteidigung der Rechtsordnung unerläßlich ist. Reicht jedoch Geldstrafe aus, so wäre Freiheitsstrafe verfehlt. Anders als grundsätzlich im Fall des § 47 (vgl. dort RN 19) ist aber zu begründen, weshalb Geldstrafe genügt.

X. Die Strafzumessung ist **revisibel**. Das richterliche Ermessen findet darin das notwendige rechtsstaatliche Korrektiv. Der Richter hat in den Urteilsgründen die Umstände anzuführen, die für die Strafzumessung bestimmend gewesen sind (§ 267 III StPO; vgl. BGH 24 268, VRS 18 423); das Revisionsgericht hat die Strafzumessungsgründe nachzuprüfen. Damit dies möglich ist, genügt nicht, daß der Tatrichter sich mit gehaltlosen Floskeln begnügt, zB die Strafe als „angemessen und ausreichend" bezeichnet (Frankfurt VRS 37 60), bloße Wertungen ausspricht, etwa die „Schwere der Schuld" ohne nähere Darlegung als Strafzumessungsgrund hinstellt (BGH NStE 52), oder ohne nähere Erörterungen ausführt, die von der Strafe zu erwartende Wirkung für das künftige Leben des Angekl. sei berücksichtigt worden (BGH StV 91, 19). Er darf sich auch nicht mit einer Aufzählung der Milderungs- u. Schärfungsgründe begnügen. Vielmehr muß er die Abwägung der einzelnen Umstände nach Bedeutung und Gewicht erkennbar machen (BGH GA 79, 60, Koblenz VRS 56 338). Er hat hierbei die Tatsachen anzugeben, die seine Wertung stützen (BGH MDR/D 70, 559), und zwar soweit, daß die rechtlichen Überlegungen nachprüfbar sind. Unzureichend ist etwa, eine Strafschärfung mit erheblichen Vorstrafen ohne nähere Angaben (BGH MDR/D 76, 13, Bay MDR 76, 598, Koblenz VRS 71 444) oder mit zu pauschalen Angaben zu begründen (BGH StV 84, 151, wistra 88, 64). Verfehlt ist aber auch, nur den gesamten Wortlaut längerer Vorstrafenurteile in das Urteil einzufügen; vielmehr müssen die Urteilsgründe eine inhaltliche Würdigung der Vortaten nach Art und Ausmaß erkennen lassen (BGH NStZ/D 91, 177). Ferner geht es nicht an, daß nach Aufhebung des Strafausspruches in der Revisionsinstanz der neue Tatrichter bei der Strafzumessung nur auf die früheren Strafzumessungserwägungen Bezug nimmt (BGH NStZ-RR 98, 204). Eine unzureichende Begründung führt zur Zurückverweisung, da das Urteil an einem sachlich-rechtlichen Mangel leidet (vgl. BGH 24 268, NJW 76, 2220 m. Anm. Bruns JR 77, 162, Düsseldorf NStZ 88, 326). Die Strafzumessungsgründe brauchen freilich nicht erschöpfend angeführt zu werden (vgl. BGH NJW 82, 393, 86, 598). So schadet das Fehlen weniger bedeutsamer Erwägungen nichts, wohl aber das Fehlen wesentlicher Gesichtspunkte (vgl. BGH NJW 92, 3310, Koblenz VRS 47 256), etwa, auch bei Schweigen des Täters (BGH StV 92, 463, Düsseldorf BA 94, 264 m. Anm. Schneble), Feststellungen über die Persönlichkeit des Täters (BGH NStZ 81, 389, 91, 231), insb. dessen persönliche Verhältnisse (BGH NJW 76, 2220, NStZ 81, 299, MDR/H 79, 105 f., StV 83, 456, NStZ-RR 99, 46), wozu auch Feststellungen zu seinem Lebensweg und über seine familiären und wirtschaftlichen Verhältnisse gehören (BGH NStZ 85, 309), oder Feststellungen zu den Auswirkungen der Strafe auf das künftige Leben des Verurteilten (BGH StV 83, 456; vgl. auch Frankfurt VRS 44 184, Hamm VRS 67 423, Bay DAR/R 80, 263). Soweit Feststellungen über die persönlichen Verhältnisse des Täters bei dessen Schweigen fehlen, muß das Urteil zumindest erkennen lassen, daß das Gericht um die Aufklärung dieser Verhältnisse, wenn auch vergeblich, bemüht hat (Düsseldorf BA 94, 264). Einer besonderen Begründung bedarf es, wenn das Berufungsgericht die erstinstanzliche Gesamtstrafe bestätigt, obwohl es die Einzelstrafen ermäßigt (Köln NJW 55, 356) oder die erstinstanzliche Strafe trotz einer nunmehr zugrunde gelegten weniger schwerwiegenden Straftat nicht mildert (BGH StV 89, 341, NStE 64, Schleswig SchlHA/E-L 84, 82, Köln NJW 86, 2328, Karlsruhe StV 89, 347, Düsseldorf NJW 89, 2408, Hamburg StV 95, 643). Gleiches gilt, wenn ein Gericht nach Zurückverweisung eine gleich hohe Strafe wie im aufgehobenen Urteil verhängt, obwohl ihr nunmehr ein niedriger Strafrahmen zugrunde gelegt (BGH NJW 83, 54 m. Anm. Terhorst JR 83, 376) oder nunmehr auf erhebliche Strafmilderungsgründe zurückgegriffen wird (BGH StV 91, 19). Bei extrem hohen oder niedrigen Strafen ist der Abweichung vom Üblichen an den Besonderheiten des Falles verständlich zu machen (BGH MDR/H 78, 623, StV 83, 102, 86, 57); straferschwerende und strafmildernde Umstände sind umfassend gegeneinander abzuwägen (BGH NStE 87). Je mehr sich die Strafe dem Höchstmaß nähert, desto ausführlicher müssen die Strafzumessungserwägungen sein (BGH StV 84, 152, 98, 480, NStZ/D 91, 178). Wird die Höchststrafe verhängt, so ist darzulegen, daß strafmildernde Gesichtspunkte in die Prüfung einbezogen sind, es sei denn, der Sachverhalt legt solche Gesichtspunkte nicht nahe (BGH MDR/H 78, 623, NStZ 83, 269; vgl. auch Bay VRS 59 187). Nichteingehen auf einen sich aufdrängenden Milderungsgrund ist fehlerhaft (vgl. BGH NJW 86, 598), zB Nichterörterung eines Mitverschuldens des Verletzten, wenn nach den Urteilsgründen ein Mitverschulden naheliegt (vgl. BGH 3 220, VRS 19 30). Darzulegen ist ebenfalls, ob und wie sich die Einziehung von Gegenständen auf die Strafzumessung ausgewirkt hat (BGH StV 89, 529). Vgl. noch Sarstedt-Hamm aaO 559 ff., v. Weber aaO 12 ff. Über das Verhältnis von Tatrichter u. Revisionsinstanz vgl. BGH 17 36, MDR/D 74, 721, Köln VRS 22 115, Hamm NJW 67, 1333, 77, 2087, VRS 33 346, Bruns Engisch-FS 708.

Ferner hat das Revisionsgericht das Urteil im Strafausspruch aufzuheben, wenn die Strafzumessungsgründe einen **Ermessensfehler** ergeben (vgl. BGH 17 36). Ein solcher liegt ua vor, wenn der Tatrichter sich von Fehlvorstellungen über die Bedeutung der Strafzwecke oder die Methode des Einordnens der konkreten Tat in den Strafrahmen (vgl. dazu 42 vor § 38) hat leiten lassen (vgl. BGH

§ 46 67–70   Allg. Teil. Rechtsfolgen der Tat – Strafbemessung

MDR **76**, 1032). Ebenso verhält es sich, wenn das Gericht „grundsätzlich nur auf Freiheitsstrafe" erkennt, obwohl das Gesetz Freiheits- oder Geldstrafe androht (Celle NJW **56**, 1249; and. Celle MDR **58**, 364, Hamm JMBlNW **58**, 81, Martin NJW **57**, 1708). Denn durch das Wort „grundsätzlich" wird ein Regel-Ausnahme-Verhältnis geschaffen, das der Gesetzgeber nicht beabsichtigt hat (vgl. o. 62) und durch das die Geldstrafe auf minder schwere Fälle abgedrängt wird. Entsprechendes gilt, wenn gesagt wird, bei Trunkenheit am Steuer sei die Verhängung von Geldstrafen die Ausnahme von der Regel (Schleswig DAR **57**, 55; vgl. auch Köln DAR **57**, 130). Das gilt insb. für § 316, bei dem die Geldstrafe in der Praxis eine Zeitlang nahezu völlig in den Hintergrund gedrängt war. Unvertretbar ist andererseits die Verhängung einer Geldstrafe mit der Begründung, die Freiheitsstrafe habe keine abschreckende Wirkung gezeigt (Hamm VRS **30** 450). Fehlerhaft ist ferner der Ausspruch, dieselbe Gesamtstrafe wäre verhängt worden, wenn die eine oder andere Rechtsverletzung nicht festzustellen sei (BGH LM **Nr. 17** zu § 74), oder das Gericht wäre zur gleichen Strafe auch gekommen, wenn ein tatsächlich oder rechtlich abweichender Sachverhalt der Strafzumessung zugrunde zu legen wäre (Schleswig SchlHA/E-L **80**, 170; zT. Bruns Leitf. 288 f.), etwa verminderte Schuldfähigkeit vorgelegen hätte (RG **71** 104, BGH **7** 359; and. Hamm NJW **57**, 434). Gleiches gilt für das Offenlassen der Wahl zwischen zwei Strafrahmen mit der Begründung, die festgesetzte Strafe liege innerhalb der beiden möglichen Strafrahmen (Schleswig NStZ **85**, 511), oder für den Satz, „nach dem heutigen Stand der Rspr." sei eine bestimmte Strafe die mildeste (Hamburg VRS **26** 121). Zur Revisibilität unvertretbar milder Strafen vgl. BGH NJW **77**, 1247 m. Anm. Bruns JR **77**, 160, NJW **90**, 846, NStZ-RR **96**, 84 (Verstoß gegen BtMG), Bay NStZ **88**, 408 m. krit. Anm. Meine NStZ **89**, 353. Zu einfach macht es ein Revisionsgericht sich aber, wenn es ein Urteil ohne konkrete Argumentation mit der Begründung aufhebt, die Strafe stehe nicht mehr in einem annehmbaren Verhältnis zur Straftat (vgl. BGH MDR **92**, 399 m. abl. Anm. Schäfer).

67 Vgl. näher zur Revisibilität der Strafzumessung Bruns StrZR 645 ff., Leitf. 296, Henkel-FS 287 ff., Frisch, Revisionsrechtliche Probleme der Strafzumessung (1971), Gribbohm LK 325 ff., Schmid ZStW 85, 392 ff., Zipf, Strafmaßrevision (1969), Streng, Strafrechtl. Sanktionen 192 ff.

68 **XI.** Trotz aller Bemühungen um Rationalisierung und Systematisierung der Strafzumessungsgründe bleibt die Strafzumessung eine echte **Ermessensentscheidung** mit allen Unwägbarkeiten persönlicher Entscheidungen (vgl. Bruns StrZR 87 ff., aber auch Engisch-FS 708, Engisch Peters-FS 21 ff., Schmidhäuser 786). Sie kann daher zwar auf Ermessensfehler, aber letztlich nicht auf ihre Gerechtigkeit nachgeprüft werden (Heinitz aaO, v. Weber aaO 13; vgl. auch BGH VRS **31** 428, NStZ/D **90**, 173; enger Zipf, Strafmaßrevision 164 ff.). Diese Feststellung ist von Bedeutung für die Entscheidung der Frage, ob unterschiedliche Strafsätze bei gleichartigen Taten den **Gleichheitssatz des Art. 3 GG** verletzen. Mit BVerfGE **1** 345 f. ist diese Frage zu verneinen (so auch BGH VRS **21** 54, BayVerfGH GA **64**, 151, Bay StV **54**, 56, Hamburg NJW **54**, 1737; vgl. ferner BVerfG NStZ **92**, 405). Das gilt auch für die Änderung der Strafzumessungspraxis desselben Gerichts. Die Abweichung von Strafsätzen in anderen Fällen stellt als solche keinen Rechtsfehler dar (BGH DAR/S **78**, 149), auch nicht die unterschiedliche Strafhöhe bei Mittätern und Mitangeklagten (BGH MDR/H **77**, 808, **79**, 986, StV **90**, 403, NStZ-RR **98**, 50), wobei allerdings ein gerechtes Verhältnis zueinander bestehen muß (BGH JZ **88**, 264; vgl. auch BGH NStZ **92**, 381, NJW **94**, 1886) und die unterschiedliche Strafhöhe nachvollziehbar zu begründen ist (BGH StV **99**, 418). Das bedeutet jedoch nicht, daß im Einzelfall die Strafbemessung nicht gegen Art. 3 GG verstoßen könnte. Vgl. zB Bay **58**, 54, wonach die Entscheidung über Freiheits- oder Geldstrafe nicht von den Einkommensverhältnissen der Angekl. abhängig gemacht werden dürfe. Art. 3 GG gewährleistet also nicht nur die Anwendung des vorgeschriebenen Strafrahmens, wie BGH **1** 184 meint, sondern ist auch bei der Ermessensausübung im Rahmen der Strafzumessung zu beachten (vgl. auch o. 36).

69 **XII.** Die vorstehend für die Hauptstrafen entwickelten Strafzumessungserwägungen gelten auch für **Nebenstrafen**. Für die **Maßregeln** der Besserung und Sicherung dagegen und für die Nebenfolgen ohne Strafcharakter sind die aus den Strafzwecken abgeleiteten Grundsätze nicht anwendbar (zust. Frankfurt VRS **44** 186). Vielmehr erfolgt die Entscheidung über Art und Umfang dieser Deliktsreaktionen nach den ihnen zugrunde liegenden Aufgaben.

70 **XIII.** Eine andere Frage ist, ob und in welchem Umfang die Entscheidung über sämtliche Deliktsreaktionen von einer **Gesamtkonzeption des Gerichts** abhängen kann und die Entscheidung über eine von ihnen entsprechende Konsequenzen für die anderen hat. So fragt sich, ob die Höhe einer Freiheitsstrafe oder die Tagessatzzahl bei der Geldstrafe davon abhängen kann, ob neben einer solchen Strafe ein Fahrverbot angeordnet wird. Ebenso kann erwogen werden, eine Geldstrafe mit Rücksicht darauf, daß wertvolles Eigentum des Täters eingezogen wird, geringer zu bemessen. Die Rspr. läßt nicht immer erkennen, ob sie die Bedeutung dieser Fragestellung, die sich aus dem Grundsatz der Verhältnismäßigkeit ergibt (vgl. dazu u. 74), bewußt gemacht hat. Aus Äußerungen höchstrichterlicher Entscheidungen läßt sich jedoch rückschließen, daß die Tatgerichte das Gewicht aller von ihnen angeordneten Deliktsreaktionen gemeinsam in die Waagschale werfen und demgemäß bei der Entscheidung über eine Reaktion die Tatsache berücksichtigen, daß eine andere den Verurteilten ebenfalls belastet (vgl. etwa BGH **10** 338, **16** 288, VRS **4** 361, GA **74**, 177, Bay VRS **75** 215, KG VRS **3** 127, Hamm VRS **32** 32, NJW **73**, 719). Zur Berücksichtigung der Einziehung bei der Hauptstrafe vgl. BGH NJW **83**, 2710, JZ **84**, 104, NStZ **85**, 362, StV **87**, 389, **89**, 529, StV **92**, 570, **93**, 359, **94**, 76,

96, 206, Saarbrücken NJW **75**, 65, Eser, Die strafrechtlichen Sanktionen gegen das Eigentum, 1969, 356 f.; zur Berücksichtigung des Berufsverbots bei der Strafzumessung vgl. BGH wistra **90**, 99. Zur Nichtberücksichtigung einer Verfallsanordnung vgl. BGH NStZ **2000**, 137. Zur Herabsetzung einer an sich angemessenen Freiheitsstrafe bei Anordnung des Vorwegvollzugs der Strafe vor der zugleich verhängten Maßregel vgl. BGH NStZ **85**, 91, MDR/H **93**, 1038. BGH **24** 132 lehnt allerdings eine Unterschreitung der schuldadäquaten Strafe mit Rücksicht auf eine daneben verhängte Maßregel ab. Im Rahmen des § 47 ist aber unabweisbar, die Kombination von Geldstrafe und Maßregel der kurzen Freiheitsstrafe als Alternative gegenüberzustellen. Keine strafmildernde Wirkung kommt nach BGH NJW **95**, 2235 idR der mit dem erweiterten Verfall verbundenen Vermögenseinbuße zu.

Zu beachten ist jedoch, daß eine summarische Kompensation mehrerer Deliktsreaktionen mit der **71** Tatsache unvereinbar ist, daß den verschiedenen Reaktionsmitteln verschiedene Aufgaben gestellt sind und aus diesem Grund sorgsam zu prüfen ist, ob allen Aufgaben, die den Strafen und Maßregeln gestellt sind, entsprochen wird. Eine Kompensation erscheint daher nur insoweit legitim, als die verschiedenen Reaktionen auf einen Generalnenner gebracht werden können. So kann auf eine Maßregel der Besserung und Sicherung, soweit sie nicht angeordnet werden muß, verzichtet werden, wenn ihre Aufgabe durch eine Freiheitsstrafe übernommen werden kann. Maßstäbe für eine solche Vergleichbarkeit der einzelnen Reaktionsmittel lassen sich der Möglichkeit des Vikariierens von Strafen und Maßregeln entnehmen, aus der jedenfalls so viel zu erkennen ist, daß eine völlige gegenseitige Ersetzung von Strafen und Maßregeln nicht in Betracht kommen kann. Vgl. zum Vorstehenden vor allem Bruns StrZR 221 ff. u. dazu Frisch ZStW 99 373. Über das Verhältnis von Kriminal- u. Disziplinarstrafen vgl. BVerfG NJW **67**, 1651 m. Anm. Rupp, ferner Baumann JZ 67, 657. Zum Verschlechterungsverbot beim Austausch von Deliktsreaktionen vgl. Köln VRS **40** 257, Hamm NJW **71**, 1190, Koblenz VRS **47** 416.

XIV. Die Diskussion der Strafzumessungsprobleme ist vom Bestreben getragen, die Prinzipien zu **72** ermitteln, nach denen über das subjektive Ermessen des Richters hinaus die Strafzumessung gleichartiger und nachprüfbarer gemacht werden kann (vgl. Spendel aaO). Strafrahmen, die ohne nähere Kennzeichnung der Wertabstufungen und ohne gesetzgeberische Akzentuierung von 1 Monat bis zu 15 Jahren Freiheitsstrafe reichen, sind mit so hohen Risiken der Rechtsungleichheit belastet, daß durch einen Katalog von Strafzumessungsregeln versucht werden muß, eine größere Einheitlichkeit der Entscheidung zu erreichen. Dagegen sollte das „Wie" der Wirkung der Regeln, ob sie also straferhöhend oder strafmindernd zu berücksichtigen sind, nicht oder jedenfalls nicht regelmäßig festgelegt werden, da ein und derselbe Umstand bei der Strafzumessung von durchaus verschiedener Bedeutung sein kann (vgl. Bruns NJW **56**, 243, Peters, Gutachten S. 35, Schröder, Gutachten S. 79).

Vgl. noch Heinitz, Der Strafzweck bei der richterlichen Strafbemessung mit besonderer Berück- **73** sichtigung der deutschen Entwürfe, Archiv für Rechts- und Wirtschaftsphilosophie, Bd. 27 S. 259, Mezger, Strafzumessung im Entwurf, ZStW 51, 855 sowie die Symposionsbeiträge in Pfeiffer/Oswald aaO.

XV. Als staatliche Eingriffe in die Rechtssphäre des Bürgers unterliegen Strafen ebenso wie Maß- **74** regeln dem **Verhältnismäßigkeitsgrundsatz.** Im StGB ausgesprochen ist dies jedoch nur für die Maßregeln der Besserung und Sicherung (§ 62). Gleiches ist aber auch für Strafen anzunehmen. Das BVerfG hat wiederholt ausgesprochen, daß für jede Grundrechtsbeschränkung das Verhältnismäßigkeitsprinzip gelte, der Staat also seine eigenen Zwecke in einer angemessenen Relation zu den Rechten seiner Bürger zu setzen habe (BVerfGE **16** 302, **19** 342). Danach ist jede staatliche Deliktsreaktion im Einzelfall darauf hin zu prüfen, ob es zur Erreichung staatlicher Aufgaben erforderlich ist, gerade diesen Eingriff in die Sphäre des Bürgers vorzunehmen, und ob Wert und Wichtigkeit des wahrgenommenen Interesses in einem angemessenen Verhältnis zur Beschränkung der Rechte des Betroffenen stehen. Diesen Grundsatz hat BVerfGE **23** 134 m. Anm. Arndt NJW **68**, 979 (ebenso BVerwG NJW **69**, 630) für alle Deliktsreaktionen aufgestellt und es zB für unzulässig erklärt, wenn Art und Umfang der Sanktionen so beschaffen seien, daß sie die Persönlichkeitssubstanz des Verurteilten zerstören könnten: „den Gewissenstäter durch übermäßig harte Strafen als Persönlichkeit mit Selbstachtung zu brechen, ist verfassungswidrig". Vgl. auch BVerfGE **45** 260 zum Verhältnismäßigkeitsgrundsatz bei der lebenslangen Freiheitsstrafe gem. § 211. Zum Verhältnismäßigkeitsgrundsatz beim Fahrverbot vgl. § 44 RN 17. Grundsätzliches zum Verhältnismäßigkeitsgrundsatz bei Weigend Hirsch-FS 917.

§ 46 a Täter-Opfer-Ausgleich, Schadenswiedergutmachung

Hat der Täter

1. in dem Bemühen, einen Ausgleich mit dem Verletzten zu erreichen (Täter-Opfer-Ausgleich), seine Tat ganz oder zum überwiegenden Teil wiedergutgemacht oder deren Wiedergutmachung ernsthaft erstrebt oder
2. in einem Fall, in welchem die Schadenswiedergutmachung von ihm erhebliche persönliche Leistungen oder persönlichen Verzicht erfordert hat, das Opfer ganz oder zum überwiegenden Teil entschädigt,

§ 46 a 1–3

so kann das Gericht die Strafe nach § 49 Abs. 1 mildern oder, wenn keine höhere Strafe als Freiheitsstrafe bis zu einem Jahr oder Geldstrafe bis zu dreihundertsechzig Tagessätzen verwirkt ist, von Strafe absehen.

Vorbem. Eingefügt durch VerbrechensbekämpfungsG v. 28. 10. 1994, BGBl. I 3186.

1 I. Die Vorschrift dient dazu, dem **Täter-Opfer-Ausgleich** noch mehr Gewicht als bisher zu verleihen. Einem Täter wird mit der Möglichkeit, über § 49 I eine geringere Strafe zu erhalten oder uU sogar von Strafe verschont zu bleiben, ein Anreiz gegeben, das mit seiner Tat Angerichtete nachträglich durch Wiedergutmachung oder durch Entschädigung des Opfers auszugleichen. Zugleich wird hiermit dem Opfer geholfen, dem mit einem solchen Ausgleich vielfach mehr gedient ist als mit einer (strengen) Bestrafung des Täters. Der Anwendung des § 46 a steht nicht entgegen, daß der Täter Entschädigungsleistungen erst erbringt, nachdem er vom Opfer auf Zahlung in Anspruch genommen wird (BGH NStZ **95**, 284). Es muß sich aber noch um ein freiwilliges Tun handeln; eine zwangsweise erfolgte Wiedergutmachung genügt nicht (vgl. Meier JuS 96, 440). Die Motive für die Wiedergutmachung sind jedoch insoweit ohne Bedeutung (Meier GA 99, 6). Zu den Problemen des § 46 a vgl. Brauns, Die Wiedergutmachung der Folgen der Straftat durch den Täter, 1996, 298 ff., Kilchling NStZ 96, 309, Loos Hirsch-FS 851, Meier JuS 96, 436, Stein NStZ 00, 393. Gegen Anwendung des § 46 a auf Steuerstraftaten Blesinger wistra 96, 90, Schabel wistra 97, 201, Meier GA 99, 9; vgl. auch Bay NJW **96**, 2806 m. abl. Anm. Briel NStZ 97, 33, wistra **97**, 314 u. abw. Brauns wistra 96, 214, Briel StraFo 96, 165, Lackner 1 b. Zur Ergänzungsbedürftigkeit des § 46 a vgl. Meier JuS 96, 442.

2 II. Die Vergünstigung gem. § 46 a kann nach dessen Nr. 1 einem Täter zuteil werden, der sich nach der Tat um einen **Ausgleich mit dem Verletzten** bemüht und seine Tat ganz oder zum überwiegenden Teil wiedergutmacht oder jedenfalls deren Wiedergutmachung ernsthaft erstrebt hat. Voraussetzung für die Anwendung des § 46 a ist, daß die (erstrebte) Wiedergutmachung der Tat mit dem Bemühen des Täters verbunden ist, sich mit dem Verletzten über einen Ausgleich für dessen Beeinträchtigung zu verständigen. Ein solcher Täter-Opfer-Ausgleich soll zur Wiederherstellung des durch die Tat gestörten Rechtsfriedens beitragen. Wiedergutmachung kommt dementsprechend auch bei versuchten Taten in Betracht, namentlich als Ausgleich für immaterielle Schäden (vgl. auch Loos Hirsch-FS 864). Da der Verletzte sich ohne weiteres weigern kann, am Ausgleich mitzuwirken, oder der Ausgleich an der Höhe des angerichteten Schadens scheitern kann, reicht das Bemühen aus, einen Ausgleich zu erreichen (vgl. dazu BGH NStZ **99**, 454). Es muß jedoch ernsthafter Art sein; ein halbherziges Bemühen, das keinen ernsthaften Willen zur Verständigung mit dem Verletzten erkennen läßt, dient nicht der Wiederherstellung des gestörten Rechtsfriedens und kann daher nicht genügen. Auf welche Weise der Täter mit dem Verletzten „ins reine kommt", ist unerheblich. So geht zB aus dem Gesetz nicht hervor, daß dies tunlichst unter Anleitung eines Dritten (vgl. Bay NJW **95**, 2120) zu geschehen hat. Es ist auch nach dem Gesetzessinn keineswegs geboten (vgl. Horn SK 6, Loos Hirsch-FS 861). Ferner steht der Anwendung des § 46 a nicht entgegen, daß der in U-Haft befindliche Täter den Ausgleich über seinen Verteidiger bewirkt (BGH StV **99**, 89). Die Zusage späterer Wiedergutmachung genügt jedoch nicht (BGH NStZ **99**, 454). Zum Ausgleichsbemühen muß hinzukommen, daß der Täter seine Tat ganz oder zum überwiegenden Teil wiedergutmacht oder zumindest die Wiedergutmachung ernsthaft erstrebt. Diese wird in erster Linie im Schadensersatz einschließlich eines Ausgleichs für immaterielle Schäden, etwa Schmerzensgeld, bestehen, nach BGH StV **95**, 465 vor allem in immateriellen Folgen. Bei immateriellen Schäden kommt es noch weniger als bei § 56 b (vgl. dort RN 9) darauf an, daß dem Verletzten nach dem BGB ein Anspruch auf Ersatz der immateriellen Schäden zusteht. Auch ein vom BGB nicht zugestandener Ersatz ist geeignet, die Tat wiedergutzumachen. Zur Schadenswiedergutmachung vgl. noch § 46 RN 40. Die Wiedergutmachungsleistungen müssen nicht unbedingt aus eigenen Mitteln des Täters erfolgt sein (BGH NStZ-RR **98**, 297). Einseitige Wiedergutmachung ohne den Versuch, das Opfer einzubeziehen, genügt für Nr. 1 nicht (BGH NStZ **95**, 493, **00**, 205), insbesondere die bloßen Schadensersatzleistungen einer (Kfz-)Versicherung (Bay NJW **98**, 1654 m. abl. Anm. Horn JR 99, 41).

3 Fraglich ist, ob nur der Schadensersatz als Tatwiedergutmachung anzusehen ist. Der Vergleich mit der Alternative nach Nr. 2 sowie mit den im VerbrechensbekämpfungsG geänderten §§ 56 II, 56 b II Nr. 1 u. 59 a II Nr. 1, wo auf den durch die Tat verursachten Schaden abgestellt wird, läßt erkennen, daß mit der Tatwiedergutmachung nach Nr. 1 nicht allein die Schadenswiedergutmachung gemeint sein kann. In Betracht kommen daher auch sonstige Wiedergutmachungsleistungen, die Ausgleich mit dem Verletzten dienlich sind, namentlich, wenn bereits ein Dritter den verursachten Schaden ersetzt oder wenn die Tat, wie bei einem Versuch oder einem konkreten Gefährdungsdelikt, noch keinen effektiven Schaden verursacht hat. Die Wiedergutmachung muß zumindest zum überwiegenden Teil die Tat ausgeglichen haben oder insoweit ernsthaft erstrebt sein. Ein geringer Teil reicht nicht aus, auch wenn das Opfer sich damit zufrieden gegeben hat. Bei schwerwiegenden Taten ist mehr an (anzustrebenden) Ausgleich erforderlich als bei Taten mit geringerer Schwere. So genügt bei einer brutalen Vergewaltigung nicht, daß der Täter sich lediglich zu entschuldigen versucht und Schmerzensgeld zahlt, mag er hierfür auch einen Kredit aufgenommen haben (BGH StV **95**, 465). Zu berücksichtigen ist ein Mitverschulden des Opfers an der Tat. Hat der Verletzte wegen seines Mitverschuldens einen Teil des Schadens selbst zu tragen, so ist beim Erfordernis der Wiedergutmachung nur an dem Teil anzusetzen, für den der Täter einzustehen hat.

Grundsätzlich unerheblich ist sowohl bei Nr. 1 als auch bei Nr. 2 die **Art der Tat**. Weder 4 Verbrechen noch Gewalttaten sind von der Anwendbarkeit des § 46 a ausgeschlossen (vgl. LG Potsdam NJ **98**, 214 m. Anm. Lemke). Die Schwere einer Tat kann jedoch für den Ausgleichsumfang (vgl. o. 3) sowie für das richterliche Ermessen (u. 6) bedeutsam sein. Dem Täter steht offen, zu welchem Zeitpunkt vor Verfahrensabschluß er sich um einen Ausgleich mit dem Opfer bemüht. Der Zeitpunkt kann aber für die Ermessensentscheidung des Gerichts erheblich sein (u. 6). Zweifelhaft ist, wer **Verletzter** im Fall der Nr. 1 sein kann. Denken läßt sich daran, dem Verletztenkreis nur natürliche Personen zuzuordnen (so Meier JuS 96, 440). Indes besteht kein zwingender Grund, juristische Personen einschließlich des Staates als Vermögensinhaber vom Täter-Opfer-Ausgleich auszunehmen (vgl. BGH NStZ **00**, 205, Loos Hirsch-FS 863). Auch insoweit besteht durchaus ein Ausgleichsbedürfnis. Zudem würde der Täter, wäre er bei juristischen Personen auf deren Entschädigung nach Nr. 2 beschränkt, sich schlechter stehen als nach Nr. 1, da ein Ausgleichsbemühen für eine Strafmilderung nicht ausreicht. Das ist weder sinnvoll noch sachgerecht. Ob zB ein Einzelkaufmann oder eine GmbH betrogen worden ist, kann für den Rahmen eines Ausgleichs keinen Unterschied begründen. Nur bei Taten gegen die Allgemeinheit fehlt es an einem Verletzten iSd § 46 a, es sei denn, bei solchen Taten ist eine Person mitbetroffen (Meier aaO).

III. Dem Ausgleichsbemühen ist als Alternative in Nr. 2 die **Schadenswiedergutmachung** 5 gleichgestellt, vorausgesetzt, sie hat vom Täter erhebliche persönliche Leistungen oder persönlichen Verzicht erfordert. Mit dieser Einschränkung sollen von der besonderen Vergünstigung nach § 46 a Täter ausgeschlossen sein, die ohne eine ins Gewicht fallende persönliche Belastung das Opfer entschädigen, so daß sich nicht ein weiteres mit Schadensersatzleistungen von einer strengeren Bestrafung freikaufen kann (vgl. BGH NStZ **95**, 493). Erst mit Einbringen erheblicher persönlicher Leistungen oder mit erheblichen persönlichen Einschränkungen hat der Täter den Schaden in einer Weise wiedergutgemacht, die über eine (rein rechnerische) Kompensierung des Angerichteten hinaus den Willen des Täters erkennen läßt, für seine Tat die volle Verantwortung zu übernehmen und unter eigenen Opfern das Geschehene wettzumachen. Und erst in einem solchen Verhalten läßt sich zur Wiederherstellung des durch die Tat gestörten Rechtsfriedens ein hinreichender Beitrag erblicken, der es rechtfertigt, gegenüber dem Täter eine besondere Milde walten zu lassen (vgl. Stuttgart NJW **96**, 2109, KG StV **97**, 473). Erhebliche persönliche Leistungen sind etwa die persönliche Fürsorge für den Verletzten oder umfangreiche Arbeiten in der Freizeit, mit denen der Täter sich die Mittel für die Schadenswiedergutmachung verschafft. Ein erheblicher persönlicher Verzicht ist anzunehmen, wenn der Täter sich in seinem finanziellen Bereich weitgehend einschränkt, um den Verletzten entschädigen zu können. Im Unterschied zu Nr. 1 muß das Opfer ganz oder zum überwiegenden Teil entschädigt worden sein (vgl. dazu BGH NStZ **00**, 84). Zur Stellung einer Sicherheit vgl. BGH NStZ **00**, 206. Ein ernsthaftes Erstreben der Wiedergutmachung genügt nicht. Dem liegt anscheinend die Erwägung zugrunde, daß nur ein Wiedergutmachungserfolg einen dem Ausgleichsbemühen nach Nr. 1 gleichwertigen Beitrag zur Wiederherstellung des durch die Tat gestörten Rechtsfriedens zu liefern vermag. Auf die Art der Entschädigung kommt es nicht an. Diese wird idR in Geld oder geldwerten Leistungen bestehen. Sie ist hierauf jedoch nicht beschränkt. Beim Tatversuch kommt die Wiedergutmachung eines immateriellen Schadens in Betracht, etwa in Form von Schmerzensgeld. Opfer iSv Nr. 2 kann sowohl eine natürliche wie auch eine juristische Person sein, ausgenommen die Allgemeinheit (Meier JuS 96, 440; vgl. auch Bay wistra **96**, 152). Eine Nr. 2 nicht genügende Teilentschädigung kann bei der allgemeinen Strafzumessung nach § 46 zu berücksichtigen sein. Bei Schadenswiedergutmachung erstreckt sich § 46 a auch auf Delikte, die mit der auf die Schädigung angelegten Tat in Tateinheit stehen (Karlsruhe NJW **96**, 3286: §§ 263, 267, 52).

IV. Die **Strafmilderung** nach § 49 I steht im pflichtgemäßen **Ermessen des Gerichts**. Sie 6 betrifft zunächst eine Verschiebung des Strafrahmens (vgl. § 49 RN 7), innerhalb dessen dann die jeweiligen Umstände des Ausgleichs bei der Strafzumessung berücksichtigt werden können (vgl. § 46 RN 49). Das richterliche Ermessen richtet sich danach, ob einer Strafmilderung präventive Gründe entgegenstehen, etwa bei schwerwiegenden Taten, oder solche Gründe angesichts der Ausgleichsleistungen (teilweise) entfallen (vgl. Meier JuS 96, 441). Zu würdigen ist hierbei neben der Intensität des Bemühens und der damit verknüpften Belastung des Täters, wie es zum Bemühen, einen Ausgleich mit dem Opfer zu erreichen, gekommen ist. Wesentlich kann sein, ob der Täter allein von sich aus um den Ausgleich bemüht war oder mehr oder minder hierzu gedrängt worden ist, sei es vom Opfer selbst oder von Dritten. Ebenso kann es für die Ausübung des Ermessens bedeutsam sein, ob der Täter spontan gleich nach der Tat oder erheblich später sich zur Wiedergutmachung entschlossen hat, etwa erst dann, als der Tatverdacht auf ihn gefallen war. Ausgleichsbemühungen erst nach Rechtskraft des Schuldspruchs schließen die Anwendbarkeit des § 46 a aber nicht mehr aus (BGH StV **00**, 129). Im Fall der Nr. 2 kann von entscheidender Bedeutung sein, wie erheblich die persönlichen Leistungen oder der persönliche Verzicht des Täters zwecks Schadenswiedergutmachung gewesen sind. Je aufopferungsvoller der Täter mit persönlichen Leistungen zur Entschädigung beigetragen hat und je einschneidender sein persönlicher Verzicht war, desto mehr kann ihm nachgesehen werden. Zur Pflicht, in den Urteilsgründen zur Nichtanwendung des § 46 a Stellung zu nehmen, wenn Anhaltspunkte für das Vorliegen seiner Voraussetzungen gegeben sind, vgl. Hamm StV **99**, 89. Zum Ganzen vgl. Loos Hirsch-FS 865 f.

7   V. Ist keine höhere Strafe als Freiheitsstrafe bis zu 1 Jahr oder Geldstrafe bis zu 360 Tagessätzen verwirkt, so kann das Gericht **von Strafe absehen.** Zum Absehen von Strafe vgl. 54 ff. vor § 38. Der Täter ist der begangenen Tat schuldig zu sprechen, und es sind ihm die Verfahrenskosten aufzuerlegen. Außerdem ist im Urteilstenor das Absehen von Strafe auszusprechen. Zulässig bleibt die Anordnung einer Maßregel der Besserung und Sicherung, soweit diese nicht an eine Bestrafung anknüpft, namentlich die Fahrerlaubnisentziehung. In den Urteilsgründen sind im einzelnen die Erwägungen anzugeben, die zum Absehen von Strafe geführt haben. Aus den Urteilsgründen muß sich auch nachprüfbar ergeben, weshalb die verwirkte Strafe nicht mehr als 1 Jahr betragen hätte.

§ 47 Kurze Freiheitsstrafe nur in Ausnahmefällen

(1) **Eine Freiheitsstrafe unter sechs Monaten verhängt das Gericht nur, wenn besondere Umstände, die in der Tat oder der Persönlichkeit des Täters liegen, die Verhängung einer Freiheitsstrafe zur Einwirkung auf den Täter oder zur Verteidigung der Rechtsordnung unerläßlich machen.**

(2) **Droht das Gesetz keine Geldstrafe an und kommt eine Freiheitsstrafe von sechs Monaten oder darüber nicht in Betracht, so verhängt das Gericht eine Geldstrafe, wenn nicht die Verhängung einer Freiheitsstrafe nach Absatz 1 unerläßlich ist. Droht das Gesetz ein erhöhtes Mindestmaß der Freiheitsstrafe an, so bestimmt sich das Mindestmaß der Geldstrafe in den Fällen des Satzes 1 nach dem Mindestmaß der angedrohten Freiheitsstrafe; dabei entsprechen dreißig Tagessätze einem Monat Freiheitsstrafe.**

Schrifttum: Blei, Die Verteidigung der Rechtsordnung, JA 70, 397, 461. – *Cramer,* Das Strafensystem des StGB nach dem 1. 4. 1969, JurA 70, 183. – *Dünnebier,* Die Strafzumessung bei Trunkenheitsdelikten im Straßenverkehr nach dem ersten Gesetz zur Reform des Strafrechts, JR 70, 241. – *Eickhoff,* Das Verhältnis von Fahrerlaubnisentziehung und kurzfristiger Freiheitsstrafe, NJW 71, 272. – *Hohler,* Die Strafrechtsreform – Beginn einer Erneuerung, NJW 69, 1225. – *Horstkotte,* Der Allgemeine Teil des Strafgesetzbuches nach dem 1. 9. 1969, NJW 69, 1601. – *ders.,* Die Vorschriften des Ersten Gesetzes zur Reform des Strafrechts über die Strafbemessung, JZ 70, 122. – *Koch,* Die „Verteidigung der Rechtsordnung" bei Verkehrsvergehen, NJW 70, 842. – *Kunert,* Kurze Freiheitsstrafe und Strafaussetzung zur Bewährung ... MDR 69, 705. – *ders.,* Der zweite Abschnitt der Strafrechtsreform, NJW 70, 537. – *Lackner,* Strafrechtsreform und Praxis der Strafrechtspflege, JR 70, 1. – *Lenckner,* Die kurze Freiheitsstrafe nach den Strafrechtsreformgesetzen, JurA 71, 319. – *Maiwald,* Die Verteidigung der Rechtsordnung – Analyse eines Begriffs, GA 83, 49. – *Naucke* u. a., „Verteidigung der Rechtsordnung". Kritik an der Entstehung und Handhabung eines strafrechtlichen Begriffes (1971). – *Payer,* § 14 StGB i. d. F. des 1. StrRG (1971). – *Schröder,* Zur Verteidigung der Rechtsordnung, JZ 71, 241. – *Sturm,* Die Strafrechtsreform, JZ 70, 81.

1   I. Die Bestimmung dient dazu, die **kurzzeitige Freiheitsstrafe** möglichst weit **zurückzudrängen.** Freiheitsstrafen unter 6 Monaten sind danach nur zulässig, wenn dies zur Einwirkung auf den Täter oder zur Verteidigung der Rechtsordnung unerläßlich ist. Den frei werdenden Raum füllt die **Geldstrafe** aus. Ist sie ausnahmsweise uneinbringlich, so tritt an ihre Stelle gem. § 43 Ersatzfreiheitsstrafe. Die weitergehende Forderung, die kurzzeitige Freiheitsstrafe in diesem Bereich völlig zu beseitigen, hat das Gesetz nicht berücksichtigt, da es keinen adäquaten Ersatz gibt (vgl. BT-Drs. V/4094 S. 6, Schmidhäuser 762). Es läßt also die Möglichkeit, in besonderen Fällen eine kurzzeitige Freiheitsstrafe zu verhängen, offen und behält in vollem Umfang die Ersatzfreiheitsstrafe bei, die verhindert, daß eine nicht beitreibbare Geldstrafe praktisch zur Straflosigkeit führt. Zur Verfassungsmäßigkeit des § 47 vgl. BVerfGE **28** 386. Zu den Gesichtspunkten für und wider die kurze Freiheitsstrafe vgl. Weigend JZ 86, 260, auch Kunz SchwZStr 103, 182, insb. zum „short sharp shock". Zum Programm, kurze Freiheitsstrafen als Freizeitstrafen zu vollziehen, vgl. Dolde/Rössner ZStW 99, 424.

2   Bei **Straftaten von Soldaten** darf Geldstrafe nicht verhängt werden, wenn besondere Umstände, die in der Tat oder der Persönlichkeit des Täters liegen, die Verhängung von Freiheitsstrafe zur Wahrung der Disziplin gebieten (§ 10 WStG). In solchen Fällen ist, wenn eine Freiheitsstrafe von mehr als 6 Monaten nicht in Betracht kommt, auf Strafarrest zu erkennen (§ 12 WStG). Entsprechende Einschränkungen für die Geldstrafe gelten nach § 56 ZDG für Dienstleistende, die eine Straftat nach diesem Gesetz begangen haben. Einen besonderen Umstand ergibt noch nicht der von einer Geldstrafe bewirkte Eindruck, man könne sich von bestimmten Pflichten freikaufen (Bay NStE **4**). Echte Gewissensentscheidung bei Dienstflucht kann einer Freiheitsstrafe entgegenstehen (Bay NStE **5**, vgl. auch Hamm NJW **80**, 2425, Bremen StV **96**, 378).

3   Aus § 47 ergibt sich jedoch nicht, daß dann, wenn Geldstrafe zur Einwirkung auf den Täter nicht ausreicht, Freiheitsstrafe von 6 Monaten und mehr zu verhängen wäre, weil der Gesetzgeber davon ausging, kürzere Freiheitsstrafen hätten keinen Resozialisierungseffekt (verfehlt Braunschweig GA **70**, 87). Vielmehr hat das Gericht in diesen Fällen die Freiheitsstrafe nach allgemeinen Gesichtspunkten (vgl. § 46) zu bemessen. Zur Wahl zwischen Geldstrafe und Freiheitsstrafe von 6 Monaten und mehr vgl. § 46 RN 64.

4   II. **Freiheitsstrafen unter 6 Monaten** werden grundsätzlich **durch** die **Geldstrafe ersetzt.** Wird ausnahmsweise eine Freiheitsstrafe verhängt, so ist das näher zu begründen (vgl. u. 19).

Kurze Freiheitsstrafe nur in Ausnahmefällen 5–11 § 47

1. Ohne Bedeutung ist, ob es sich um **Verbrechen oder Vergehen** handelt. Bei Verbrechen kann 5
eine Freiheitsstrafe von 6 Monaten oder darüber nicht geboten sein, wenn ein minder schwerer Fall
vorliegt (vgl. etwa §§ 146 III) oder eine spezifische Möglichkeit der Strafherabsetzung (zB beim
Versuch oder bei verminderter Schuldfähigkeit) besteht.

Unzulässig ist, bestimmte Straftaten, wie Unterhaltspflichtverletzungen (Köln NJW **81**, 64, Bay **87**, 6
71), Amtsdelikte, Trunkenheit am Steuer oder Dienstflucht nach ZDG (Zweibrücken StV **89**, 397,
Bay NJW **92**, 191), von § 47 auszunehmen (vgl. RG **68** 227, **71** 47, BGH VRS **27** 102). Unrichtig
wäre dahr, die Anwendung des § 47 wegen der „enormen Verkehrsgefahren, die von angetrunkenen
Kraftfahrern ausgehen", abzulehnen (Frankfurt NJW **71**, 667; vgl. auch RG JW **30**, 909, BGH
MDR/D **53**, 15, VRS **27** 102); vgl. auch u. 14. Ferner hat das Berufungsgericht bei alleiniger
Berufung des Angekl. die Voraussetzungen des § 47 auch zu prüfen, wenn es entgegen dem Erstgericht einen besonders schweren Fall mit einer Mindestfreiheitsstrafe von 6 Monaten für gegeben hält,
die erstinstanzliche Freiheitsstrafe unter 6 Monaten aber wegen des Verschlechterungsverbots nicht
erhöhen darf (Köln MDR **74**, 774).

2. Für die **Bemessung der Geldstrafe,** die an die Stelle der Freiheitsstrafe tritt, ist § 40 maßgebend. Ist für die Tat ein erhöhtes Mindestmaß der Freiheitsstrafe angedroht (vgl. zB § 146 III), so 7
richtet sich im Fall des Abs. 2 das Mindestmaß der Geldstrafe nach diesem Mindestmaß, wobei
30 Tagessätze einem Monat Freiheitsstrafe entsprechen (Abs. 2 S. 2). Anderseits ist das Mindestmaß
des § 38 II unbeachtlich, so daß in den Fällen, in denen kein besonderes Mindestmaß der Freiheitsstrafe angedroht ist, Geldstrafe ab 5 Tagessätzen verhängt werden kann. Das ergibt sich daraus, daß
Geldstrafe wahlweise neben Freiheitsstrafe tritt, wenn das Gesetz Freiheitsstrafe ohne besonderes
Mindestmaß androht (Art. 12 I EGStGB). Bei einer nach Abs. 2 verhängten Geldstrafe muß die
Tagessatzzahl unter 180 liegen, da sonst eine Diskrepanz gegenüber der nicht verhängten Freiheitsstrafe entstehen würde (vgl. Grünwald Schaffstein-FS 220).

3. Stehen **mehrere Straftaten** zur Aburteilung, so fragt sich, ob die zeitlichen Grenzen des § 47 8
für jede Einzelstrafe oder für die nach § 54 zu bildende Gesamtstrafe gelten. Der Sinn des § 47 spricht
für die erste Lösung (so auch BGH **24** 164, VRS **37** 350, **39** 95, Frankfurt NJW **71**, 667, Hamm GA
70, 117, Hamburg MDR **70**, 437, Tröndle/Fischer 10, Gribbohm LK 5). Aus der Tatsache, daß der
Täter mehrere, wenn auch für sich betrachtet, geringfügige Straftaten begangen hat, kann sich jedoch
ergeben, daß eine Freiheitsstrafe unerläßlich ist (BGH MDR/D **70**, 196, Tröndle/Fischer 10, Gribbohm LK 19; vgl. auch § 53 RN 10). Die Unerläßlichkeit ist jedoch auch in diesen Fällen im
einzelnen zu begründen (BGH NStE 2). Als Begründung genügt nicht der bloße Hinweis auf die
Vielzahl der Einzelfälle (BGH StV **82**, 366). Möglich ist, Geldstrafen nur für einen Teil der mehreren
Straftaten zu verhängen, so etwa beim Zusammentreffen von Vorsatz- mit Fahrlässigkeitsdelikten. Vgl.
§ 53 RN 21.

Vor Anwendung des § 47 hat sich das Gericht **zunächst** darüber schlüssig zu werden, **welche** 8 a
Strafe an sich angemessen ist. Bei einer Freiheitsstrafe unter 6 Monaten ist dann weiter zu prüfen, ob
die besonderen Umstände des Abs. 1 eine Freiheitsstrafe unerläßlich machen. Ist dies nicht der Fall, so
ist auf Geldstrafe zu erkennen.

III. Um in den Fällen, in denen die einzelnen **Strafgesetze** eine **Geldstrafe nicht vorsehen,** eine 9
entsprechende Möglichkeit zu eröffnen, bestimmt **Abs. 2,** daß auch in diesen Fällen auf Geldstrafe zu
erkennen ist, wenn keine Freiheitsstrafe von 6 Monaten oder mehr in Betracht kommt und Verhängung einer Freiheitsstrafe nicht nach Abs. 1 unerläßlich ist. Auf Abs. 2 braucht freilich nicht bei
Gesetzen zurückgegriffen zu werden, die Freiheitsstrafe ohne besonderes Mindestmaß androhen, da
bei ihnen bereits nach Art. 12 I EGStGB stets die wahlweise Androhung der Geldstrafe neben die
Freiheitsstrafe tritt. Für die Ausübung der Wahl sind die in Abs. 1 festgelegten Grundsätze zu
beachten.

IV. Der Grundsatz, daß Freiheitsstrafe bis zu 6 Monaten nicht verhängt werden soll, wird für die 10
Fälle durchbrochen, in denen Verhängung einer **Freiheitsstrafe unerläßlich** ist. Das ist der Fall,
wenn auf Grund einer Gesamtwürdigung aller die Tat und den Täter kennzeichnenden Umstände die
notwendige Einwirkung auf den Täter oder die Verteidigung der Rechtsordnung eine Freiheitsstrafe
unverzichtbar erscheinen läßt (BGH NStZ **96**, 429, Düsseldorf StV **86**, 64, KG StV **97**, 641, Tröndle/
Fischer 7, Lackner 6), weil andere Sanktionen keinesfalls ausreichen (Bremen StV **94**, 130, Düsseldorf
NZV **97**, 47).

1. Eine Freiheitsstrafe kann einmal verhängt werden, wenn dies **zur Einwirkung auf den Täter** 11
unerläßlich ist. Damit ist die spezialpräventive Funktion der Strafe gemeint, so daß der Richter zu
klären hat, ob eine täterungünstige Prognose (drohende weitere Straftaten) die Freiheitsstrafe bedingt
(vgl. dazu Frisch, Prognoseentscheidungen im Strafrecht, 1983, 83, 128) und ob irgendeine den Täter
weniger belastende und dennoch kriminalpolitisch erfolgversprechende Alternative zur Freiheitsstrafe
besteht. Letzteres ist der Fall, wenn durch eine Geldstrafe iVm einer Maßregel, zB der fühlbaren
Fahrerlaubnisentziehung (Frankfurt NJW **71**, 669, Eickhoff NJW 71, 272, Lenckner aaO 332 f.), der
gleiche kriminalpolitische Zweck erreicht werden kann. Gleiches gilt für die Verhängung einer Geldstrafe iVm einer Nebenstrafe, etwa einem Fahrverbot (Tröndle/Fischer 7, Cramer JurA 71, 201). Ist
mit solchen Reaktionsmitteln die erforderliche Einwirkung auf den Täter nicht zu erreichen, so ist
die Verhängung einer Freiheitsstrafe unerläßlich. Das soll nach Bay JZ **89**, 696 m. abl. Anm. Köhler

§ 47 12–14   Allg. Teil. Rechtsfolgen der Tat – Strafbemessung

sogar gelten, wenn die Freiheitsstrafe ihrerseits den Täter voraussichtlich unbeeindruckt lassen wird. Aber was keinen Eindruck macht, kann zur Einwirkung auf den Täter schwerlich unerläßlich sein. Besondere Umstände, die eine Freiheitsstrafe zur Einwirkung auf den Täter unerläßlich machen, können zB einschlägige Vorstrafen sein (Hamm VRS **38** 178, **40** 100, GA **71**, 57, Frankfurt NJW **70**, 956, Koblenz MDR **70**, 693; vgl. auch Hamburg MDR **70**, 437, Bay StV **92**, 322), uU aber auch nicht einschlägige Vorstrafen (Koblenz OLGSt § 46 Nr. 2). Bei Wiederholungstätern läßt sich die Unerläßlichkeit einer Freiheitsstrafe jedoch nicht schematisch bejahen (Schleswig NJW **82**, 116, StV **93**, 29); es sind vielmehr die besonderen Umstände des Einzelfalles (Zahl der Vorstrafen, Dauer des Zurückliegens usw) zu berücksichtigen (Hamm VRS **38** 257, **39** 444, MDR **70**, 779, Karlsruhe VRS **38** 331, Frankfurt NJW **70**, 956, StV **95**, 27, Celle DAR **70**, 188, KG StV **97**, 641, Horstkotte NJW 69, 1602; bedenklich daher Koblenz MDR **70**, 693, VRS **40** 11, wonach bei Wiederholungstätern Verhängung einer Freiheitsstrafe zur Einwirkung auf den Täter „meist" erforderlich sein wird). So rechtfertigt erneute Straffälligkeit nach § 316 allein noch keine kurze Freiheitsstrafe (AG Landstuhl MDR **75**, 1039; vgl. auch Köln GA **80**, 267, StV **84**, 378, **99**, 8); namentlich nicht, wenn Rückfälliger nach der neuen Tat mit Erfolg an einem Nachschulungskurs für alkoholauffällige Täter teilgenommen hat (Saarbrücken NStZ **94**, 192) oder wenn die neue Tat von Anlaß u. Motivation her Ausnahmecharakter hat (Bay NStE **7**). Als zusätzliche besondere Umstände können Trinken in Fahrbereitschaft und nicht unerhebliche Blutalkoholkonzentration sowie Fahren nach erstinstanzlicher Aburteilung trotz vorläufig entzogener Fahrerlaubnis ausreichen (Koblenz VRS **51** 428) oder mehrfache Rückfälligkeit und Tatbegehung kurz nach Zustellung der Anklageschrift wegen gleicher Tat (Koblenz VRS **54** 31). Aber auch bei Erstbestrafungen können besondere Umstände die Unerläßlichkeit einer Freiheitsstrafe ergeben, nämlich dann, wenn sich klar abzeichnet, daß diese das einzige Mittel ist, dem Täter vom Fortsetzen seines strafbaren Verhaltens abzubringen (Bay NJW **88**, 2750). Allerdings ist bei Ersttäter idR eine kurze Freiheitsstrafe nicht unerläßlich (Hamm wistra **89**, 234, Düsseldorf StV **91**, 264, Frankfurt StV **97**, 252). Bloße Sammelleidenschaft gebietet zB noch keine Freiheitsstrafe (BGH StV **93**, 360). Keine besonderen Umstände sind günstige Einkommensverhältnisse (BGH MDR/H **78**, 986). Ebensowenig ist bei einer Tat nach § 170 ein besonderer Umstand, der eine Freiheitsstrafe gebietet, darin zu erblicken, daß eine Geldstrafe die Leistungsfähigkeit des Täters beeinträchtigt (Bay NJW **88**, 2751). Die Unerläßlichkeit einer Freiheitsstrafe muß sich speziell für den Angekl. ergeben; sie läßt sich nicht generell bei bestimmten Tätertypen bejahen, etwa bei Hehlern mit der Begründung, sie seien durch Geldstrafen nicht zu beeindrucken (BGH StV **93**, 360).

12 Worin die Einwirkung auf den Täter besteht, wenn der Richter sich für Freiheitsstrafe entscheidet, ist strittig (vgl. Tröndle/Fischer 4, Lackner 3, Horstkotte NJW 69, 1602, Kunert MDR 69, 708 f.). Unstreitig ist nur, daß uU der psychologische Effekt, der von der Anordnung der Freiheitsstrafe ausgeht, bereits eine Einwirkung sein kann. Ferner ist zu beachten, daß Freiheitsstrafen unter 6 Monaten nach § 56 grundsätzlich ausgesetzt werden und sich damit dem Richter das besondere Instrumentarium der §§ 56a ff. eröffnet, das bei Verhängung einer Geldstrafe nicht zur Verfügung stehen würde (vgl. BGH **24** 164). Zu denken ist insb. an Weisungen und Bewährungshilfe durch einen Bewährungshelfer. Unerläßliche Verhängung einer Freiheitsstrafe und deren Aussetzung zur Bewährung sind daher ohne weiteres miteinander vereinbar. Effektive Verbüßung einer Freiheitsstrafe unter 6 Monaten sollte zur Einwirkung auf den Täter im übrigen wegen der möglichen desintegrierenden und damit schädlichen Auswirkungen weitgehend vermieden werden.

13 Wegen der verschiedenartigen Wirkungen, die von einer ausgesetzten und einer vollstreckten Freiheitsstrafe ausgehen, hat sich der Richter bereits bei der Entscheidung darüber, ob Verhängung einer Freiheitsstrafe zur Einwirkung auf den Täter unerläßlich ist, darüber klarzuwerden, ob er die Strafe vollstrecken lassen oder zur Bewährung aussetzen soll (so Grünwald Schaffstein-FS 227, Lackner JR 70, 5 f., Lenckner JurA 71, 337, Horstkotte NJW 69, 1602; and. Kunert MDR 69, 708).

14 2. Ferner kann die **Verteidigung der Rechtsordnung** eine kurze Freiheitsstrafe gebieten. Zum Begriff vgl. 19 ff. vor § 38. Krit. Grünwald Schaffstein-FS 228 ff. Verhängung einer Freiheitsstrafe zur Verteidigung der Rechtsordnung ist unerläßlich, wenn ohne sie ernstlich zu befürchten ist, daß die Allgemeinheit ihr Vertrauen in die Wirksamkeit der Strafrechtspflege verliert und dadurch das allgemeine Rechtsbewußtsein nachhaltig beeinträchtigt wird (vgl. KG StV **93**, 120: positive Generalprävention, nicht Abschreckung potentieller Täter). Das ist nicht ohne weiteres der Fall, wenn die Allgemeinheit das Absehen von Freiheitsstrafe nicht versteht (Celle StV **93**, 195: Straftat eines Asylbewerbers). Ebensowenig läßt sich annehmen, daß Verhängung einer Freiheitsstrafe bei Schädigungen der Allgemeinheit, etwa bei Vergehen gegen die Umwelt, oder bei häufig auftretenden Deliktstypen, etwa Trunkenheitsfahrten, generell geboten wäre. Vielmehr müssen stets besondere Umstände in der Tat oder der Person des Täters hinzutreten, die den Verstoß von den Durchschnittsfällen negativ abheben und als so schwerwiegend erscheinen lassen, daß das Absehen von Freiheitsstrafe die Rechtstreue der Bevölkerung und ihr Vertrauen in die Unverbrüchlichkeit des Rechts ernstlich erschüttern würde (Frankfurt NJW **70**, 956, **71**, 667, Hamm NJW **71**, 1384, DAR **70**, 328, VRS **39** 330, 480, **40** 345, MDR **70**, 693, Düsseldorf NJW **70**, 767). Bei einer Straßenverkehrsgefährdung durch Trunkenheit am Steuer, die einen mittleren Schweregrad erreicht, ist das idR noch nicht der Fall (Köln NJW **70**, 258, VRS **38** 27, Hamm DAR **70**, 190, Frankfurt DAR **72**, 49). Jedoch gilt dies nicht ausnahmslos (Frankfurt DAR **72**, 48, Bay DAR **72**, 130, KG VRS **44** 92). Zur

Verteidigung der Rechtsordnung kann eine Freiheitsstrafe unerläßlich sein bei Wiederholungstätern, die vorsätzlich gehandelt haben (Celle NJW **70**, 872, Hamm VRS **41** 410; weitergehend Koblenz MDR **70**, 693, VRS **40** 11, wonach auch fahrlässige Begehung ausreichen soll), uU dann auch bei einer Bagatelle (vgl. Düsseldorf NStZ **86**, 512: Diebstahl einer Sache im Wert von 8,80 DM, Bay VRS **76** 130), oder bei besonders gefährlichen oder hartnäckigen Rechtsbrechern (Bay NJW **70**, 871; vgl. auch Hamm DAR **72**, 245), ferner bei lokaler Häufung bestimmter Rechtsverletzungen (Stuttgart NJW **71**, 629), dagegen nicht ohne weiteres beim Übergriff (Körperverletzung im Amt) eines unbestraften Polizeibeamten gegenüber Demonstranten (Köln NJW **81**, 411). Bei fahrlässiger Straßenverkehrsgefährdung darf die Entscheidung, ob Freiheitsstrafe zur Verteidigung der Rechtsordnung unerläßlich ist, nicht schlechthin oder überwiegend von den Tatfolgen abhängig gemacht werden (Hamm VRS **39** 330). So genügt noch nicht eine fahrlässige Tötung, die zwar auf grober Unaufmerksamkeit beruht, nicht aber Ausfluß einer verkehrsfeindlichen Grundeinstellung ist (vgl. Bay DAR/R **76**, 174: Ablenkung durch Anzünden einer Zigarre während der Fahrt). Jedoch hat bei alkoholbedingtem tödlichem Verkehrsunfall das Gericht zu begründen, warum es keine der Ausnahmen für gegeben hält (Stuttgart NJW **71**, 2181). Im übrigen bietet die Judikatur nur Kasuistik; vgl. zB Karlsruhe DAR **71**, 188 (einschlägige Vorstrafen), Schleswig SchlHA/E-L **84**, 83 (Zunahme von Falschaussagen zugunsten Trunkenheitsfahrer). Vgl. auch Hamburg StV **00**, 353.

Für die Entscheidung darüber, ob die Verteidigung der Rechtsordnung die Verhängung einer **15** Freiheitsstrafe gebietet, kann die Schuld des Täters wesentlich ins Gewicht fallen. Je größer sie ist, desto eher wird das Vertrauen in die Unverbrüchlichkeit des Rechts erschüttert, wenn nur auf Geldstrafe erkannt wird. Unzulässig ist jedoch, allein auf die Schuldschwere abzuheben und ausschließlich aus ihr die Notwendigkeit der Freiheitsstrafe herzuleiten. Trotz erhöhter Schuld kann eine Geldstrafe das Rechtsbewußtsein und die Rechtstreue der Allgemeinheit unbeeinträchtigt lassen. Das kann ua der Fall sein, wenn die Folgen der Tat den Täter schwer getroffen haben, die Verhängung einer Strafe aber noch nicht offensichtlich verfehlt ist und somit ein Absehen von Strafe nach § 60 ausscheidet, ferner dann, wenn der Täter sich nach der Tat verdienstvoll verhält, zB den angerichteten Schaden ersetzt oder sich ernsthaft bemüht, ihn wiedergutzumachen (vgl. Lenckner JurA **71**, 347 f.). Die Schuld kann demgemäß nur mittelbar von Bedeutung dafür sein, ob Freiheitsstrafe zur Verteidigung der Rechtsordnung unerläßlich ist (vgl. Koblenz VRS **65** 29, Gribbohm LK 31; vgl. aber auch Maiwald GA **83**, 52 ff.).

3. Grundlage der Entscheidung über die Verhängung einer Freiheitsstrafe müssen **besondere Um- 16 stände** sein, die in der Tat oder in der Persönlichkeit des Täters liegen. Das sind alle Umstände, die für die qualitative und quantitative Strafzumessung bedeutsam sind, die sich ihrerseits wieder an den Strafzwecken zu orientieren hat. Sie müssen gegenüber den gewöhnlichen Taten gleicher Art und dem durchschnittlichen Täter, für den Geldstrafe in Betracht kommt, einen Unterschied ergeben, der die Verhängung einer Freiheitsstrafe unerläßlich macht (vgl. Düsseldorf StV **86**, 64, NStE **6**, Bay VRS **76** 131, NJW **96**, 798). Eine scharfe Trennung zwischen besonderen Tatumständen und besonderen Umständen in der Täterpersönlichkeit ist nicht immer möglich und auch nicht unbedingt erforderlich. Wie bei den besonderen Umständen iSd § 56 (vgl. dort RN 27) genügt es auch für § 47, daß eine Gesamtwürdigung von Tat und Täter die Besonderheit der Umstände ergibt, die zur Verhängung einer Freiheitsstrafe zwingt. Im übrigen lassen sich besondere Umstände lassen sich Faktoren allgemeiner Art beurteilen. Verfehlt wäre es zB, für bestimmte Taten generell einen besonderen Umstand anzunehmen, etwa für die Hehlerei die oftmals gute Finanzlage eines Hehlers, der deswegen von einer Geldstrafe idR unbeeindruckt bleibt (vgl. o. 11 aE). Ebensowenig läßt sich die besondere Gefährlichkeit einer Droge als besonderen Umstand ansehen (Bay NStE **8**) oder die Eigenschaft als Asylbewerber (vgl. Celle StV **93**, 120). Zu besonderen Umständen, die bei Verletzung der Fürsorge- oder Erziehungspflicht (§ 171) die Verhängung einer kurzen Freiheitsstrafe unerläßlich machen, vgl. AG Wermelskirchen NJW **99**, 590.

4. Wird Freiheitsstrafe unter 6 Monaten verhängt, so ist zu beachten, daß nach § 56 eine **obliga- 17 torische Aussetzung** der Strafe bei günstiger Prognose erfolgen muß. Dem Gericht ist daher verwehrt, die Gründe, die für die Verhängung einer kurzen Freiheitsstrafe maßgeblich gewesen sind, bei der Entscheidung über die Strafaussetzung zur Bewährung noch einmal zu berücksichtigen, soweit sie nicht die Prognose betreffen.

5. Grundsätzlich ohne Bedeutung ist für die Anwendbarkeit des § 47, **ob der Verurteilte** eine **18 Geldstrafe selbst bezahlen** kann und wird und nicht andere für ihn eintreten (Bay NJW **64**, 2120, Hamm JMBlNW **69**, 53, MDR **75**, 329, D. Meyer SchlHA **77**, 111), etwa die Eltern (Bay NJW **94**, 1167). Im Institut der Geldstrafe liegt das Risiko mangelnder Leistungsfähigkeit des Verurteilten eingeschlossen. Dieser Gesichtspunkt darf daher auch nicht bei einer Entscheidung nach § 47 maßgebend sein (Düsseldorf MDR **70**, 1024 mit der Einschränkung, daß die Mittellosigkeit des Angekl. nicht auf einem sozialschädlichen Verhalten beruhen darf). Dann kann aber die Annahme, der Verurteilte werde die Geldstrafe nicht selbst zu tragen haben, eine solche nicht ohne weiteres ausschließen (Bay NJW **94**, 1167; and. Horn SK 29). Eine mittellose Ehefrau zB verdient nicht deswegen Freiheitsstrafe, weil ihr Ehemann für alle finanziellen Belastungen aufkommt, ebensowenig ein Arbeitnehmer, dessen Geldstrafe für die berufsbedingte Tat sein Arbeitgeber ausgleichen wird. Nur wenn sich klar abzeichnet, daß die Geldstrafe den Verurteilten unbeeindruckt läßt, weil ein anderer sie für ihn bezahlt, kann es zur Einwirkung auf den Täter unerläßlich sein, eine Freiheitsstrafe zu verhängen. Vgl.

Stree

dazu Hillenkamp Lackner-FS 467. Auch die Tatsache, daß der Angekl. sich den Geldstrafenbetrag durch Kredit beschaffen würde, ist kein in seiner Person liegender Grund für eine Freiheitsstrafe (Frankfurt NJW **71**, 669).

19 V. Liegt keiner der Ausnahmefälle vor, dann **muß** auf **Geldstrafe** erkannt werden. Einer **Begründung,** weshalb Freiheitsstrafe nicht in Betracht gekommen ist, bedarf es nur, wenn Freiheitsstrafe unter 6 Monaten beantragt worden ist (Gollwitzer LR § 267 StPO RN 101) oder auf Grund des Falles nahegelegen hat (Stuttgart VRS **41** 413, Koblenz VRS **45** 176; vgl. auch Bay DAR/R **78**, 207). Dagegen sind nach § 267 III 2 StPO bei Verhängung einer Freiheitsstrafe die maßgebenden Umstände in den Urteilsgründen so eingehend darzulegen, daß die Entscheidung nachprüfbar ist (Braunschweig GA **70**, 87, Köln NJW **81**, 411, Hamm wistra **89**, 235). Unvollständige Strafzumessungserwägungen genügen nicht (Düsseldorf BA **96**, 375), so nicht summarische Hinweise auf frühere Bestrafungen (Celle DAR **70**, 188), ebensowenig der bloße Hinweis auf die Vielzahl der abzuurteilenden Einzelfälle (BGH StV **82**, 306) oder auf die Rigorosität eines Verhaltens (Koblenz OLGSt Nr. **1**). Einer Begründung bedarf es grundsätzlich auch, wenn die Einzelstrafe in eine Gesamtfreiheitsstrafe einbezogen wird (zu Ausnahmen vgl. Köln NStZ **83**, 264). Die tatrichterliche Beurteilung ist vom Revisionsgericht nur zu beanstanden, wenn sie auf unrichtigen oder unvollständigen Erwägungen beruht oder die ihr gesetzten Grenzen überschreitet (vgl. Hamm VRS **41** 96, Koblenz VRS **51** 429, Köln StV **84**, 378).

§ 48 [Rückfall] (aufgehoben durch 23. StÄG vom 13. 4. 1986, BGBl. I 393)

§ 49 Besondere gesetzliche Milderungsgründe

(1) Ist eine Milderung nach dieser Vorschrift vorgeschrieben oder zugelassen, so gilt für die Milderung folgendes:
1. An die Stelle von lebenslanger Freiheitsstrafe tritt Freiheitsstrafe nicht unter drei Jahren.
2. Bei zeitiger Freiheitsstrafe darf höchstens auf drei Viertel des angedrohten Höchstmaßes erkannt werden. Bei Geldstrafe gilt dasselbe für die Höchstzahl der Tagessätze.
3. Das erhöhte Mindestmaß einer Freiheitsstrafe ermäßigt sich
im Falle eines Mindestmaßes von zehn oder fünf Jahren auf zwei Jahre,
im Falle eines Mindestmaßes von drei oder zwei Jahren auf sechs Monate,
im Falle eines Mindestmaßes von einem Jahr auf drei Monate,
im übrigen auf das gesetzliche Mindestmaß.

(2) Darf das Gericht nach einem Gesetz, das auf diese Vorschrift verweist, die Strafe nach seinem Ermessen mildern, so kann es bis zum gesetzlichen Mindestmaß der angedrohten Strafe herabgehen oder statt auf Freiheitsstrafe auf Geldstrafe erkennen.

1 I. Die Vorschrift bestimmt für eine Reihe von Fällen, in denen das Gesetz Strafmilderungen vorsieht und auf § 49 verweist, den Strafrahmen, innerhalb dessen die mildere Strafe festzusetzen ist. Sie enthält zwei allgemeine **Maßstäbe**, nach denen sich die **Strafrahmen** ändern, wenn das Gericht die vorgeschriebene oder zugelassene Milderung der Strafe vornimmt, nämlich einen Maßstab für eine begrenzte Strafherabsetzung (Abs. 1) und einen für eine nahezu schrankenlose, nur durch das gesetzliche Mindestmaß begrenzte Reduzierung des Strafrahmens (Abs. 2). Dagegen regelt sie nicht, wann in den Fällen, in denen eine eigene Strafmilderung gem. § 49 fakultativ zuläßt, auf dessen Sonderstrafrahmen zurückzugreifen ist. Insoweit sind die allgemeinen Grundsätze über die Strafzumessung maßgebend. Vgl. etwa zur Strafmilderung bei verminderter Schuldfähigkeit § 21 RN 14 ff., BGH NStZ **86**, 115.

2 II. Abs. 1 **begrenzt die Herabsetzung des Regelstrafrahmens** auf ein bestimmtes Maß. Auf ihn ist in den Fällen verwiesen worden, in denen das Gesetz nur eine umfangmäßig beschränkte Strafmilderung gewähren will, so in §§ 13 II, 17, 21, 23 II, 27 II, 28 I, 30, 35 I, 46 a, 239 a IV. Eine entsprechende Strafmilderung ist entgegen LG Hamburg NJW **76**, 1756 m. Anm. Hanack nicht deswegen zulässig, weil jemand im System staatlich befohlener Verbrechen in Straftaten verstrickt worden ist (BGH NJW **77**, 1544, **78**, 1336; zur Verfassungsmäßigkeit dieser Ansicht vgl. BVerfGE **54** 100). Der Sonderstrafrahmen nach Abs. 1 ist unterschiedlich, je nachdem, an welchen Regelstrafrahmen er anknüpft.

3 1. An die Stelle einer **lebenslangen Freiheitsstrafe** tritt zeitige Freiheitsstrafe von 3–15 Jahren (Nr. 1). Droht eine Vorschrift lebenslange Freiheitsstrafe neben einer zeitigen wahlweise an (zB §§ 251, 306 e, 307 III Nr. 1, 308 III, 309 IV), so steht dem Gericht der Strafrahmen der Nr. 1 neben dem sich aus Nr. 2 und 3 ergebenden Strafrahmen zur Verfügung. Die Wahl richtet sich danach, welche Regelstrafe ohne die Strafmilderung angemessen ist; der Richter hat also vor Rückgriff auf § 49 I zu klären, ob beim Fehlen des besonderen Milderungsgrundes lebenslange oder zeitige Freiheitsstrafe verhängt werden müßte (BGH MDR/H **79**, 279, NStZ **94**, 485).

4 2. Bei **zeitigen Freiheitsstrafen** ändern sich Höchst- u. Mindestmaß. Das *Höchstmaß* ist auf drei Viertel ermäßigt worden (Nr. 2). Es beträgt, wenn der Regelstrafrahmen 10 Jahre Freiheitsstrafe als Höchstmaß enthält, 7 Jahre 6 Monate. Ein Höchstmaß von 6 Monaten mindert sich auf 4 Monate

Besondere gesetzliche Milderungsgründe   5–8 **§ 49**

2 Wochen (Anpassung an § 39; Lemke NK 11; and. Tröndle/Fischer 5). Das *Mindestmaß* ist bei einer Mindeststrafe von 5 oder 10 Jahren auf 2 Jahre, bei einer Mindeststrafe von 2 oder 3 Jahren auf 6 Monate, bei einer Mindeststrafe von 1 Jahr auf 3 Monate und im übrigen auf das gesetzliche Mindestmaß, also 1 Monat (§ 38 II), herabgesetzt worden (Nr. 3). Keine besondere Regelung ist für den Übergang zu einer Geldstrafe getroffen worden. Soweit der Regelstrafrahmen kein erhöhtes Mindestmaß der Freiheitsstrafe aufweist, ist ohnehin Geldstrafe neben Freiheitsstrafe wahlweise angedroht (Art. 12 I EGStGB). Kommt in den Fällen, in denen sich das Mindestmaß auf weniger als 6 Monate ermäßigt, Freiheitsstrafe von 6 Monaten oder mehr nicht in Betracht, so ist § 47 II zu beachten. Wird danach statt Freiheitsstrafe von mindestens 3 Monaten eine Geldstrafe verhängt, so beträgt gem. § 47 II 2 ihr Mindestmaß 90 Tagessätze.

3. Bei **Geldstrafen** ermäßigt sich das Höchstmaß auf drei Viertel der Höchstzahl der Tagessätze   5
(Nr. 2). Die Höchststrafe beläuft sich somit, falls der Regelstrafrahmen nicht von § 40 I abweicht, auf 270 Tagessätze, auch wenn Geldstrafe neben Freiheitsstrafe angedroht ist (Lackner 2; and. Horn NStZ 90, 270). Das Mindestmaß nach § 40 I bleibt dagegen unberührt; es darf also bei Anwendung des § 49 I nicht unterschritten werden (vgl. § 40 RN 3).

4. Treffen **mehrere Strafmilderungsgründe** zusammen, bei denen Strafherabsetzung nach   6
Abs. 1 vorgeschrieben oder zugelassen ist, so ist mehrfache Herabsetzung des Strafrahmens gem. Abs. 1 zulässig (vgl. § 50 RN 6). Mindestmaß der Freiheitsstrafe für Beihilfe zum versuchten Mord ist demnach 6 Monate. Ist allerdings ein Tatbeteiligter allein mangels eines besonderen persönlichen (Täter-)Merkmals nur wegen Beihilfe zu verurteilen, so kommt die in § 27 II und in § 28 I vorgeschriebene Strafmilderung nach § 49 I nur einmal in Betracht, da sonst derselbe Umstand bei der Strafmilderung doppelt verwertet würde (BGH **26** 53 m. Anm. Bruns JR 75, 511, wistra **88**, 303, **94**, 139; and. Roxin LK § 28 RN 60). In sonstigen Fällen des Fehlens besonderer persönlicher Merkmale beim Gehilfen ist die Strafe dagegen nach den §§ 27 II, 28 I zweimal zu mildern (BGH MDR/H **79**, 105, NStZ **81**, 299, NStZ/D **90**, 177).

5. Bei der **Strafzumessung** ist zunächst zu klären, ob die Strafe dem Sonderstrafrahmen des § 49 I   7
oder dem Regelstrafrahmen zu entnehmen ist. Für die Entscheidung sind die jeweiligen Vorschriften, die auf § 49 I verweisen, iVm den allgemeinen Strafzumessungsregeln maßgebend (vgl. § 13 RN 64, § 17 RN 26, § 21 RN 14 ff., § 23 RN 4 ff.). So können schulderhöhende Umstände bei fakultativer Strafmilderung einem Rückgriff auf den milderen Strafrahmen entgegenstehen (vgl. dazu BGH NStZ-RR **99**, 171). Bei verminderter Schuldfähigkeit auf Grund von Trunkenheit kann der Rückgriff auf den Sonderstrafrahmen entfallen, wenn der Täter schon früher unter Alkoholeinfluß straffällig geworden ist und deshalb wußte, daß er in einem solchen Zustand zu Straftaten neigt (BGH NStZ/D **90**, 175, NStZ **94**, 184, NStZ-RR **99**, 12). Rückfall in eine Rauschmittelabhängigkeit schließt aber die Anwendung des milderen Strafrahmens nicht ohne weiteres aus (BGH StV **92**, 570). Der herangezogene Strafrahmen muß in den Urteilsgründen ersichtlich gemacht werden (Schleswig SchlHA/E-L **84**, 82, Celle NdsRpfl **85**, 284). Soweit die Entscheidung im richterlichen Ermessen steht, ist zudem in den Urteilsgründen darzulegen, welche Umstände für die Strafrahmenwahl bestimmend gewesen sind (vgl. BGH MDR/H **82**, 169, DAR/S **89**, 249). Wird der Sonderstrafrahmen angewandt, so bedeutet das nicht, daß die Strafe unter dem Mindestmaß des Regelstrafrahmens liegen muß. Vielmehr hat sie sich nach der durch den Sonderstrafrahmen vorgezeichneten Wertskala (vgl. dazu 42 vor § 38) zu richten. Innerhalb der Grenzen des Sonderstrafrahmens bestimmen die allgemeinen Strafzumessungsgrundsätze die konkrete Strafe. Zur Zulässigkeit der nach dem Sonderstrafrahmen möglichen Höchststrafe vgl. BGH MDR/H **77**, 106. Zur Frage, ob und inwieweit der besondere Strafmilderungsgrund innerhalb des Sonderstrafrahmens bei Bemessung der konkreten Strafe herangezogen werden darf, vgl. § 46 RN 49. Wird auf den Regelstrafrahmen zurückgegriffen, so ist der besondere Milderungsgrund innerhalb dieses Rahmens zu berücksichtigen. Verhängung der Höchststrafe kann hier unzulässig sein (vgl. § 21 RN 23, § 23 RN 9). Ist die Strafe beim Regelstrafrahmen lebenslange Freiheitsstrafe, so müssen besondere erschwerende Umstände vorliegen, die den besonderen Milderungsgrund so ausgleichen, daß die Verhängung der lebenslangen Freiheitsstrafe angebracht ist (BGH StV **90**, 157, NStZ **94**, 184, NStZ-RR **96**, 162, **99**, 295 zum Mord bei verminderter Schuldfähigkeit). Es muß aber nicht eine besonders schwere Schuld iSv § 57 a sein. Beim Mord ist Heimtücke als solche, da sie Mordmerkmal ist, kein derartiger Umstand; sie kommt insoweit nur in Betracht, wenn das heimtückische Vorgehen besonders gravierende Momente aufweist und damit mehr als Heimtücke im allgemeinen in höchstem Maß verwerflich ist (vgl. BGH StV **90**, 157) oder zusammen mit anderen Mordmerkmalen besonders erschwerende Umstände ergibt. Zum Verhältnis zwischen besonderen Strafmilderungsgründen und minder schweren oder besonders schweren Fällen vgl. Anm. zu § 50.

III. Abs. 2 weitet den Regelstrafrahmen in erheblichem Maß aus und begrenzt die Strafherab-   8
setzung nur durch das gesetzliche Mindestmaß. Da andererseits eine Herabsetzung des im Regelstrafrahmen enthaltenen Höchstmaßes nicht erfolgt ist, wird dem Richter zT, etwa in § 83 I, ein fast uferloser Strafrahmen zur Verfügung gestellt, so daß von einem Maßstab kaum noch gesprochen werden kann (vgl. dazu Baumann/Weber/Mitsch 128). Auf Abs. 2 verweist das Gesetz, wenn es dem Richter die Befugnis zu einer **umfangmäßig unbeschränkten Strafmilderung** einräumen will, so ua in § 23 III, 83 a I, 90 II, 98 II, 113 IV, 129 VI, 157, 158 I, 261 X, 314 a, 320, 330 b. Außer der Strafmilderung nach Abs. 2 lassen diese Vorschriften durchweg auch das Absehen von Strafe zu. Zu

Stree

§ 50 1–3 Allg. Teil. Rechtsfolgen der Tat – Strafbemessung

den Gesichtspunkten, die bei Anwendung des Abs. 2 zu beachten sind, vgl. Bergmann, Die Milderung der Strafe nach § 49 Abs. 2 StGB, 1988. Für die Strafmilderung gilt folgendes:

9 1. Das Gericht kann bis auf das **gesetzliche Mindestmaß** der Freiheitsstrafe, also auf einen Monat (§ 38 II), herabgehen, wenn das anzuwendende Strafgesetz an sich eine höhere Mindeststrafe androht. Hält es eine Freiheitsstrafe unter 6 Monaten für angemessen, so hat es § 47 zu beachten und darf sie nur unter den dort genannten Voraussetzungen verhängen.

10 2. Statt auf Freiheitsstrafe kann auf **Geldstrafe** erkannt werden. Diese Regelung hat nur dort Bedeutung, wo das anzuwendende Strafgesetz allein Freiheitsstrafe androht und die zeitlichen Grenzen des § 47 überschritten werden. Kommt eine Freiheitsstrafe von 6 Monaten oder mehr nicht in Betracht, so geht die strengere Regel des § 47 vor (Tröndle/Fischer 6, Gribbohm LK 18). Bei Straftaten von Soldaten darf Geldstrafe allerdings nicht verhängt werden, wenn besondere Umstände, die in der Tat oder der Persönlichkeit des Täters liegen, die Verhängung von Freiheitsstrafe zur Wahrung der Disziplin gebieten (§ 10 WStG). Entsprechendes gilt für Zivildienstleistende (§ 56 ZDG).

11 3. Verhängung der **Höchststrafe** ist, obwohl Abs. 2 sie an sich zuläßt, unangemessen (vgl. Frisch JR 86, 93). Sind nämlich die Voraussetzungen einer Milderungsmöglichkeit gegeben, so liegt die Tat in ihrem Schweregrad nicht an der Spitze, wie es für das Höchstmaß erforderlich ist (vgl. 42 vor § 38). Sind die Voraussetzungen des Abs. 2 und zudem die eines minder schweren Falles erfüllt, so bildet das Höchstmaß für den minder schweren Fall die obere Strafgrenze (Frisch JR 86, 93). Demgegenüber sollen nach BGH **33** 93 zwei Milderungsmöglichkeiten – die des Abs. 2 und die des minder schweren Falles – zur Wahl stehen und der nach den Besonderheiten des Einzelfalles für den Angekl. günstigste Strafrahmen zu wählen sein.

§ 50 Zusammentreffen von Milderungsgründen

Ein Umstand, der allein oder mit anderen Umständen die Annahme eines minder schweren Falles begründet und der zugleich ein besonderer gesetzlicher Milderungsgrund nach § 49 ist, darf nur einmal berücksichtigt werden.

1 I. Enthält eine Vorschrift einen Sonderstrafrahmen für **minder schwere Fälle**, so war früher deren **Verhältnis zu den besonderen gesetzlichen Strafmildungsgründen** (Versuch, verminderte Schuldfähigkeit usw) zweifelhaft (vgl. 17. A. 47 vor § 13). § 50 klärt diese Zweifel insofern, als er eine Doppelverwertung spezieller Milderungsgründe verbietet. Er wirkt damit einer zu milden Bestrafung entgegen. Indes hat er nicht alle Zweifelsfragen beseitigt.

2 1. **Unzulässig** ist, den besonderen gesetzlichen **Strafmilderungsgrund zweimal** bei der Strafmilderung zu **berücksichtigen,** etwa bei einem Totschlag auf Grund verminderter Schuldfähigkeit einen minder schweren Fall nach § 213 anzunehmen und dann die Strafe nochmals nach den §§ 21, 49 I zu mildern. Das Gesetz geht hierbei anscheinend davon aus, daß allein der besondere Strafmilderungsgrund zur Annahme eines minder schweren Falles führt und zur Anwendbarkeit des hierfür geltenden Sonderstrafrahmens berechtigt (so auch BGH **16** 360, **21** 57, MDR/D **75**, 542, MDR/H **76**, 813, **78**, 987, **80**, 104, **85**, 627, NStZ **82**, 246, **86**, 117, StV **88**, 385, NStZ/D **90**, 174; zur BGH-Rspr. zu § 213 vgl. dort RN 14, Eser NStZ 84, 54, Middendorff-FS 77 ff.). Es sieht es also als möglich an, daß die Strafe dem Strafrahmen für minder schwere Fälle oder dem des § 49 entnommen wird. Verboten ist nur eine doppelte Herabsetzung des normalen Strafrahmens. Offen bleibt allerdings, ob auf den Strafrahmen für minder schwere Fälle nur zurückgegriffen werden darf, wenn dessen Mindeststrafe niedriger ist als die des Strafrahmens für den besonderen Milderungsgrund (so BGH **16** 360), oder auch, wenn die Mindeststrafe höher ist (so BGH **21** 57), wobei insoweit die Fälle ausscheiden, in denen der besondere Milderungsgrund, wie die Beihilfe, eine obligatorische Strafherabsetzung gem. § 49 I nach sich zieht. Will der Tatrichter wegen eines besonderen Milderungsgrundes einen minder schweren Fall verneinen, so muß nach BGH MDR/H **79**, 105 aus den Urteilsgründen hervorgehen, daß der Tatrichter sich der Wahlmöglichkeit bewußt war. Die Wahl, die vorrangig zu treffen ist (BGH NStZ **84**, 357), muß auf der Grundlage einer Gesamtwürdigung aller wertungserheblichen Umstände erfolgen, wobei auch außerhalb der Tatausführung liegende Umstände, die Schlüsse auf den Unrechts- und Schuldgehalt zulassen, zu berücksichtigen sind (BGH MDR/H **84**, 275). Vgl. dazu noch BGH StV **87**, 245, **88**, 385, NStZ **93**, 278, Goydke Odersky-FS 380.

3 Fraglich erscheint jedoch, ob der Ausgangspunkt – Annahme eines minder schweren Falles allein auf Grund des besonderen Strafmilderungsgrundes – zu billigen ist. Für ihn könnte sprechen, daß ein besonderer Milderungsgrund das Unrecht und die Schuld ebenso wesentlich mindern kann wie andere Umstände, die einen minder schweren Fall begründen. Indes ist nicht zu verkennen, daß das Gesetz bei speziellen Milderungsgründen die Herabsetzung der Strafe auf ein bestimmtes Maß limitiert hat. Diese Limitierung würde unterlaufen, dürfte bei Versuch, verminderter Schuldfähigkeit usw allein ihretwegen ein minder schwerer Fall angenommen und auf dessen niedrigeren Strafrahmen zurückgegriffen werden. Diese gesetzliche Wertung, die in der Limitierung der Strafherabsetzung zum Ausdruck kommt, ist daher auch zu beachten, wenn für minder schwere Fälle eine niedrigere Mindeststrafe vorgesehen ist (and. Jescheck/Weigend 901, Horstkotte Dreher-FS 275, Lackner 2, Lemke NK 7). Der Strafrahmen für minder schwere Fälle, dessen Mindeststrafe niedriger ist als die sich aus § 49 I ergebende, darf demnach nicht allein wegen Vorliegens eines speziellen Milderungsgrundes herangezogen werden. Die Strafe für versuchten Totschlag etwa ist, falls keine sonstigen Umstände einen minder schweren Fall ergeben, den §§ 212, 23 II, 49 I zu entnehmen, nicht dem § 213 (zur abw. BGH-Rspr. vgl. § 213 RN 14, Eser NStZ 84, 55 u. krit. dazu Timpe JR 86, 76). Beihilfe zum Totschlag ist ohne Vorliegen sonstiger mildernder Umstände nach den §§ 212 I, 27 II, 49 I zu ahnden, nicht nach § 213. Strafmilderung für eine Tötung durch Unterlassen ist ohne sonstige Milderungsgründe nach §§ 13 II, 49 I vorzunehmen, nicht nach § 213. Ist die Mindeststrafe für minder schwere Fälle höher als die für einen fakultativen besonderen Milderungsgrund, so hängt die Wahl des Strafrahmens davon ab, ob die Strafmilderung tatsächlich dem Ermessen des Richters unterliegt (vgl. § 21 RN 14 ff.). Steht es im richterlichen Ermessen, ob er den Regelstrafrahmen oder den Sonderstrafrahmen für den besonderen Milderungsgrund heranzieht, so kann dem Richter auch nicht verwehrt werden, die Strafe aus dem Strafrahmen für minder schwere Fälle festzusetzen.

2. Entscheidende Bedeutung erlangt § 50 danach erst, wenn der **besondere Strafmilderungs-** 4 **grund** zusammen **mit anderen Umständen** die Annahme eines minder schweren Falles begründet. Diese können sich auch aus speziellen Eigenheiten eines besonderen Strafmilderungsgrundes ergeben, so etwa beim Versuch das Vorliegen von Merkmalen, die den Voraussetzungen des § 23 III nahe kommen, bei der Beihilfe deren geringe Bedeutung für die Tat, bei verminderter Schuldfähigkeit eine fast an Schuldunfähigkeit heranreichende Erheblichkeit oder bei einer Unterlassungstat das Heranreichen der Handlungspflicht an die Schwelle der Unzumutbarkeit. Hier bestehen keine Bedenken, auf den Strafrahmen für minder schwere Fälle mit niedrigerer Mindeststrafe gegenüber dem für den besonderen Milderungsgrund geltenden zurückzugreifen. Nur darf der Strafrahmen nicht zusätzlich nach § 49 I reduziert werden. Das Verbot der doppelten Berücksichtigung des besonderen Milderungsgrundes betrifft die Strafrahmenwahl (BGH NStZ-RR **98**, 295). Hat sich der Richter für den Strafrahmen des minder schweren Falles entschieden, so kann er die einzelnen Umstände, die zur Annahme eines minder schweren Falles geführt haben, bei der Festsetzung der konkreten Strafe nochmals berücksichtigen. Vgl. näher § 46 RN 49, auch BGH StV **83**, 60, NStZ/D **90**, 177, NStZ-RR **98**, 295, Horstkotte Dreher-FS 278 ff.

II. Nicht berührt werden von § 50 die Fälle, in denen ein **minder schwerer Fall unabhängig** 5 **von einem besonderen Strafmilderungsgrund** vorliegt und dieser hinzu kommt. Bei ihnen ist es möglich, den Strafrahmen für den minder schweren Fall nach § 49 I zu reduzieren (vgl. BGH **27** 300, NJW **80**, 950 m. Anm. Bruns JR 80, 226, MDR/H **77**, 107, **79**, 107, **85**, 445 f., StV **84**, 283), so bei provoziertem Totschlag (§ 213) im Zustand erheblich verminderter Schuldfähigkeit (BGH NStZ **86**, 115, StV **93**, 421), beim Versuch eines minder schweren Totschlags (§ 213; vgl. BGH **30** 167) oder Raubes (§ 249 II) oder bei der Beihilfe, die bereits wegen geringer Auswirkung auf die Tat als minder schwer zu werten ist (BGH GA **80**, 255; vgl. auch BGH NStZ **88**, 128). Will der Richter § 49 I anwenden, so ist zuvor zu entscheiden, ob der Fall ohne Berücksichtigung des besonderen Milderungsgrundes als minder schwer zu beurteilen ist. Unberührt von § 50 bleibt die Anwendbarkeit des § 60 (BGH **27** 298), ebenso die Berücksichtigung sonstiger Milderungsgründe, die nicht zu denen des § 49 zählen (BGH NStZ **87**, 504).

III. Ebenfalls erfaßt § 50 nicht die Fälle, in denen **mehrere besondere Strafmilderungsgründe** 6 zusammentreffen, wie bei der Beihilfe eines vermindert Schuldfähigen zu einer versuchten Tat. In solchen Fällen ist mehrfache Herabsetzung des Strafrahmens zulässig (BGH **26** 54, **30** 167, VRS **36** 267, Bay NJW **51**, 284, Bruns StrZR 515; vgl. auch BT-Drs. V/4095 S. 24). Vgl. auch § 49 RN 6. Bei einer Beihilfe zur Beihilfe entfällt jedoch eine doppelte Herabsetzung des Strafrahmens (vgl. § 27 RN 18).

IV. Liegt ein **besonderer Strafmilderungsgrund** bei einer Tat vor, die ohne ihn als **besonders** 7 **schwerer Fall** zu werten ist (zB idR Versuch eines Einbruchdiebstahls), so ist grundsätzlich der Strafrahmen für den besonders schweren Fall nach § 49 I herabzusetzen (vgl. BGH **33** 377 m. Anm. Schäfer JR 86, 522, Braunsteffer NJW 76, 736, Horn SK § 46 RN 77, Lackner § 46 Anm. 15, Lemke NK 17). Die abweichende Ansicht, derzufolge der besondere Milderungsgrund den Strafrahmen für besonders schwere Fälle nicht verändert (vgl. Tröndle/Fischer § 46 RN 48 f.), wird dem Milderungsgrund nicht gerecht. Wie der Strafrahmen für benannte Strafschärfungsgründe muß auch der Strafrahmen für besonders schwere Fälle bei Versuch usw nach § 49 I reduziert werden können. Andererseits läßt sich nicht ohne weiteres ein besonders schwerer Fall verneinen (so aber Arzt JuS 72, 517 für Diebstahlsversuch unter den Voraussetzungen eines Regelbeispiels gem. § 243) oder den Regelbeispielen die Regelwirkung absprechen (so Wessels Maurach-FS 306 f.; vgl. auch Bay NJW **80**, 2207 m. abl. Anm. Zipf JR 81, 119, Stuttgart NStZ **81**, 222, Düsseldorf NJW **83**, 2712, Lieben NStZ 84, 538). Das damit verbundene Zurückgehen auf den Regelstrafrahmen würde, wenn dieser den Strafrahmen unterschreitet, der sich aus i Vm dem Strafrahmen für besonders schwere Fälle ergibt, die nach § 49 I limitierte Strafherabsetzung unterlaufen. Ein solches Vorgehen mißachtet die gesetzliche Wertung des besonderen Milderungsgrundes und ist entsprechend dem zur Annahme eines minder schweren Falles Gesagten (vgl. o. 3) nicht zu billigen. Der besondere Milderungsgrund kann daher grundsätzlich nur zusammen mit anderen Umständen den Ausschluß eines besonders schweren Falles und soweit die Anwendung des Regelstrafrahmens begründen (and. BGH NJW **86**, 1699 bei verminderter Schuldfähigkeit). Dessen Herabsetzung nach § 49 I hat dann allerdings entsprechend dem Grundgedanken des § 50 zu unterbleiben (BGH NJW **86**, 1699). Der Richter muß sich infolgedessen überlegen, ob er es bei Annahme eines besonders schweren Falles belassen und die Strafe über § 49 I festsetzen oder ob er die Strafe dem Regelstrafrahmen entnehmen soll.

§ 51 Anrechnung

(1) **Hat der Verurteilte aus Anlaß einer Tat, die Gegenstand des Verfahrens ist oder gewesen ist, Untersuchungshaft oder eine andere Freiheitsentziehung erlitten, so wird sie auf zeitige Freiheitsstrafe und auf Geldstrafe angerechnet. Das Gericht kann jedoch anordnen, daß die Anrechnung ganz oder zum Teil unterbleibt, wenn sie im Hinblick auf das Verhalten des Verurteilten nach der Tat nicht gerechtfertigt ist.**

(2) **Wird eine rechtskräftig verhängte Strafe in einem späteren Verfahren durch eine andere Strafe ersetzt, so wird auf diese die frühere Strafe angerechnet, soweit sie vollstreckt oder durch Anrechnung erledigt ist.**

(3) **Ist der Verurteilte wegen derselben Tat im Ausland bestraft worden, so wird auf die neue Strafe die ausländische angerechnet, soweit sie vollstreckt ist. Für eine andere im Ausland erlittene Freiheitsentziehung gilt Absatz 1 entsprechend.**

(4) **Bei der Anrechnung von Geldstrafe oder auf Geldstrafe entspricht ein Tag Freiheitsentziehung einem Tagessatz. Wird eine ausländische Strafe oder Freiheitsentziehung angerechnet, so bestimmt das Gericht den Maßstab nach seinem Ermessen.**

(5) **Für die Anrechnung der Dauer einer vorläufigen Entziehung der Fahrerlaubnis (§ 111a der Strafprozeßordnung) auf das Fahrverbot nach § 44 gilt Absatz 1 entsprechend. In diesem Sinne steht der vorläufigen Entziehung der Fahrerlaubnis die Verwahrung, Sicherstellung oder Beschlagnahme des Führerscheins (§ 94 der Strafprozeßordnung) gleich.**

Vorbem. Abs. 2 ergänzt durch 23. StÄG vom 13. 4. 1986, BGBl. I 393.

Schrifttum: Baumgärtner, Die Auswirkungen der Neufassung des § 60 Abs. 1, MDR 70, 190. – Dencker, Die Anrechnung der Untersuchungshaft, MDR 71, 627. – Dreher, Zweifelsfragen zur Anrechnung der Untersuchungshaft nach der Neufassung des § 60 StGB, MDR 70, 965. – Gross, Die Anrechnung der Untersuchungshaft bei Zurücknahme eines Rechtsmittels, NJW 70, 127. – Würtenberger, Die Anrechnung der Untersuchungshaft, JZ 52, 545. – Zum schweiz. Recht vgl Ruedin, Die Anrechnung der Untersuchungshaft, 1979.

1 I. Die Vorschrift über Anrechnung von U-Haft usw. stellt grundsätzlich auf eine **gesetzliche Anrechnung** ab mit dem Ergebnis, daß es einer richterlichen Anordnung in dieser Richtung nicht bedarf. Die Strafvollstreckungsbehörde hat von sich aus die Anrechnung zu beachten (vgl. BT-Drs. V/4094 S. 24). Dogmatisch handelt es sich um eine Strafvollstreckungsbestimmung. Eine richterliche Entscheidung ist nur erforderlich, wenn eine Anrechnung unterbleiben soll, sowie in den Fällen, in denen Freiheits- u. Geldstrafe nebeneinander verhängt werden (§§ 41, 52 III, 53 II) und deshalb klarzustellen ist, welche Strafe von der Anrechnung betroffen sein soll, außerdem noch in den Fällen, in denen das Gesetz dem richterlichen Ermessen die Entscheidung überlassen hat, nach welchem Maßstab die Anrechnung zu erfolgen hat (Abs. 4 S. 2). Vgl. dazu BGH **27** 288.

2 **Verweigert** das Gericht die Anrechnung der U-Haft, so betrifft dies **nur** den **Teil bis zur Urteilsverkündung** (Horn SK 6, Lackner 6, Lemke NK 19; and. Dreher MDR 70, 965). Über den späteren Teil kann das Gericht nicht disponieren; er wird automatisch auf die Strafe angerechnet. Das schließt nicht aus, daß das Rechtsmittelgericht nach § 51 völlig neu befinden und die Entscheidung des Vorderrichters abändern kann. Liegen jedoch die Voraussetzungen des § 450 I StPO vor, so ist der von dieser Bestimmung erfaßte Zeitraum uneingeschränkt anzurechnen und damit der Disposition des Rechtsmittelrichters entzogen; ein Versagungsgrund nach Abs. 1 S. 2 käme ohnehin nicht in Betracht (Horn SK 7).

2a **Sonderregelungen** für eine Anrechnung enthalten § 56f III (Anrechnung von erbrachten Leistungen bei Widerruf der Strafaussetzung), § 67 IV (Anrechnung eines Maßregelvollzugs), § 36 I, III BtMG (Anrechnung von Suchtbehandlungszeiten).

3 II. **Gegenstand der Anrechnung** nach Abs. 1 ist Untersuchungshaft oder eine andere Freiheitsentziehung, soweit der Verurteilte sie aus Anlaß einer Tat, die Gegenstand des Verfahrens ist oder gewesen ist, erlitten hat. Zwischen der Freiheitsentziehung und dem zur Aburteilung anstehenden Gegenstand muß ein Zusammenhang bestanden haben (BGH NJW **97**, 2394).

4 1. **Untersuchungshaft** ist iSv §§ 112 ff. StPO zu verstehen. Es muß sich jedoch um wirkliche U-Haft gehandelt haben. Nicht anrechenbar ist die Zeit, in der der Verurteilte in Unterbrechung der U-Haft eine andere Strafe verbüßt hat (BGH **22** 303, Hamm MDR **69**, 407) oder der Vollzug des Haftbefehls nach § 116 StPO ausgesetzt war.

5 2. Anzurechnen ist auch **jede andere Freiheitsentziehung** aus Anlaß einer Tat, die Gegenstand des Verfahrens ist oder gewesen ist, so die einstweilige Unterbringung nach §§ 81, 126a StPO, 71 II, 72 III, 73 JGG (vgl. BGH **4** 325, Köln JMBlNW **66**, 227), eine Haftmaßnahme der Polizei, zB nach §§ 127, 128 StPO (RG DR **39**, 362), die zwangsweise erfolgte Vorführung zur Untersuchung (LG

Anrechnung 6–10 § 51

Osnabrück NJW **73**, 2256, Tröndle/Fischer 3; and. Waldschmidt NJW 79, 1921), Haft gem. § 230 II StPO (Löffler MDR 78, 726), nicht jedoch Vorführung zur Hauptverhandlung. Auch Unterbringung in einem Internierungslager hat die Praxis für anrechenbar erklärt (vgl. 14. A. § 60 RN 2). Erfaßt werden ferner militärische Arreststrafen (vgl. BVerfGE **21** 378, Celle NdsRpfl **68**, 286, Oldenburg NJW **68**, 2256, Frankfurt NJW **71**, 852, ferner BVerwG NJW **69**, 629, Baumann JZ 67, 657, H. Arndt DÖV 66, 809; vgl. aber auch Lackner 17). Anrechenbar ist auch Freiheitsentziehung nach den Unterbringungsgesetzen der Länder (BGH MDR/D **71**, 363, Düsseldorf MDR **90**, 172), nicht dagegen Arrest des Strafgefangenen nach § 103 StVollzG (Hamm NJW **72**, 593). Keine Freiheitsentziehung iSv Abs. 1 ist die einem Soldaten auferlegte Ausgangssperre (vgl. Zweibrücken NJW **75**, 509) sowie nach BGH NJW **98**, 767 m. krit. Anm. Gullo/Murmann wistra 98, 261 eine sonstige bloße Freiheitsbeschränkung wie der Hausarrest in der eigenen Wohnung. Zur Anrechnung inländischer Auslieferungshaft vgl. Köln MDR **82**, 70, von Abschiebehaft vgl. Hamm NJW **77**, 1019, von Disziplinarbußen auf Geldstrafe vgl. Hamm NJW **78**, 1063.

3. Anzurechnen ist die **gesamte während des Verfahrens erlittene** U-Haft bis zur Rechtskraft 6 des Urteils. Vgl. Celle NJW **70**, 768, Frankfurt NJW **70**, 1140, München NJW **70**, 1141, **71**, 2276, Düsseldorf MDR **90**, 172. Nach Rechtskraft erlittene Freiheitsentziehungen sind entsprechend § 450 StPO anzurechnen. Zur Abschiebehaft nach Rechtskraft des Urteils vgl. aber Frankfurt NJW **80**, 537.

4. Die Anrechnung erfolgt **nach vollen Tagen** (§ 39 IV StVollstrO). Tagesteile einer U-Haft oder 7 einer anderen Freiheitsentziehung sind zusammenzuziehen, so daß zB eine auf 2 Tage verteilte vorläufige Festnahme von insg. 17 Stunden Dauer mit einem Tag anzurechnen ist (Stuttgart NStZ **84**, 381, LG Bayreuth Rpfleger **81**, 243). Das gilt auch bei längeren Freiheitsentziehungen (Pohlmann/Jabel StVollstrO, 6. A. 1981, § 39 RN 66; and. München Rpfleger **81**, 317).

III. U-Haft und sonstige Freiheitsentziehungen müssen **aus Anlaß** einer Tat erlitten sein, die Gegen- 8 stand des jetzigen Verfahrens (gewesen) ist. Zweifel darüber, ob dieser Zusammenhang besteht, gehen zugunsten des Betroffenen. Eine Unterbringung nach § 81 StPO in einem anderen (eingestellten) Verfahren ist nach Karlsruhe MDR **94**, 1032 entsprechend § 51 anrechenbar, wenn sie für das jetzige Verfahren von Nutzen war (Verwertung medizinischer Erkenntnisse aus der Unterbringung); vgl. dazu BGH **43** 120 m. Anm. Stree NStZ 98, 136.

1. Der erforderliche Zusammenhang ist einmal gegeben, wenn die U-Haft wegen der Tat angeord- 9 net ist, die den jetzigen Urteilsgegenstand bildet.

2. Ein die Anrechnung rechtfertigender Zusammenhang besteht auch, wenn die **Tat**, wegen der 10 U-Haft angeordnet wurde, **Gegenstand** des jetzigen Verfahrens **gewesen ist** (Grundsatz der Verfahrenseinheit). Ist jemand in einem Verfahren wegen mehrerer Taten angeklagt und in Haft genommen worden und wird er nur wegen einer dieser Taten verurteilt, so wird ihm die U-Haft voll angerechnet. Gleichgültig ist, ob sie wegen aller Taten angeordnet war (Celle NJW **67**, 405, Frankfurt MDR **88**, 794). Ohne Bedeutung ist ferner, ob die Tat, wegen der die Verurteilung erfolgt, im Haftbefehl angeführt war (RG **71** 142) oder zu welchem Zeitpunkt die den Haftgrund ergebende Tat aus dem Verfahren ausgeschieden ist. Das kann zB durch Freispruch, durch Abtrennung während der Hauptverhandlung (BGH GA **66**, 210) oder bereits vor der Hauptverhandlung (zB durch Einstellung) geschehen sein (vgl. dazu Karlsruhe MDR **75**, 250). Der Anrechnung der U-Haft steht dann nicht entgegen, daß diese bereits beendet war, bevor der Täter die zur Verurteilung führende Tat begangen hat (BGH **28** 29 m. Anm. Tröndle JR 79, 73, Schleswig NJW **78**, 115). Ein einheitliches Verfahren liegt auch vor, wenn ein schwebendes Verfahren während der U-Haft durch Nachtragsanklage ausgedehnt und Verbindung beider Verfahren angeordnet worden ist (RG **71** 143). Es genügt ferner, daß zwei Verfahren nur vorübergehend verbunden waren, auch wenn während der Verbindung keine U-Haft mehr vollzogen wurde (Frankfurt MDR **88**, 794, Gribbohm LK 9; and. Celle NJW **67**, 405). Außerdem kann eine funktionale Verfahrenseinheit zur Anrechenbarkeit einer an sich verfahrensfremden Freiheitsentziehung führen, so wenn ein Haftbefehl eine Überhaftnotierung auslöst, weil in einem anderen Verfahren U-Haft vollzogen wird; die U-Haft ist dann im Verfahren mit Überhaftnotierung anrechenbar (BGH **43** 112 m. Anm. Stree NStZ 98, 136). Entsprechendes gilt, wenn eine verfahrensfremde Freiheitsentziehung sich verfahrensnützlich auf das zur Verurteilung führende Verfahren auswirkt (vgl. BVerfG NStZ **99**, 24, 125, Braunschweig MDR **94**, 1032, auch BGH **43** 120, Stree NStZ 98, 136). Dagegen reicht die bloße Möglichkeit, daß eine Verfahrenseinheit hätte hergestellt werden können, nicht aus (BGH MDR **93**, 66; and. Naumburg NStZ **97**, 129). Nicht anrechenbar ist daher U-Haft in einem anderen Verfahren, das nach § 154 II StPO eingestellt worden ist und das mit dem Verfahren, in dem auf Strafe erkannt wird, hätte verbunden werden können (Hamm NStZ **81**, 480, NStZ-RR **96**, 377, Stuttgart NJW **82**, 2083, Oldenburg MDR **84**, 772, Celle NStZ **85**, 168 m. abl. Anm. Maatz, Düsseldorf NJW **86**, 268 m. abl. Anm. Puppe StV 86, 394, StV **91**, 266 m. abl. Anm. Maatz, StV **97**, 85, KG NStE **13**, Hamburg NStZ **93**, 204, LG München I NStZ **88**, 554, Gribbohm LK 12, Jescheck/Weigend 904; and. Schleswig MDR **80**, 70, Frankfurt MDR **81**, 69, StV **89**, 490, Nürnberg NStZ **90**, 406, Düsseldorf StV **94**, 549, Saarbrücken wistra **96**, 70, Dresden NStZ-RR **97**, 205, LG Marburg StraFo **97**, 123, Maatz MDR 84, 712). Ebensowenig ist U-Haft in einem zweiten Verfahren auf eine frühere Strafe anrechenbar, deren Aussetzung wegen der die U-Haft auslösenden Tat widerrufen wird (vgl. BGE **104** IV 9). Der Umstand, daß für die Einstellung das zur Verurteilung führende Verfahren funktional bedeutsam war, begründet nicht die für die Anrechenbarkeit erforderliche funktionale Verfahrenseinheit (vgl. dagegen BGH **43** 120 m. krit. Anm. Stree NStZ 98, 137, KG StV **98**, 562, auch BVerfG NStZ **99**, 24, 477, NJW **99**, 2430).

11   IV. Die **Anrechnung** erfolgt auf die **erkannte Strafe.** Wird nach § 67 II der Vorwegvollzug eines Teiles der Strafe angeordnet, so ist U-Haft auf diesen Teil anzurechnen (BGH NJW **91**, 2431 m. Anm. Funck JR **92**, 475; and. Schleswig NStZ **90**, 407). Anrechenbar ist die U-Haft auf alle Strafen, die ihrer Natur nach mit ihr vergleichbar sind. Dies gilt für alle zeitigen Freiheitsstrafen, auch Strafarrest, sowie für Geldstrafen, auch wenn sie neben einer Freiheitsstrafe verhängt worden ist. Übersteigt die Dauer der U-Haft die erkannte Strafe, so kann sie nur in deren Höhe zur Anrechnung herangezogen werden (BGH MDR/D **74**, 544). Bestritten ist, ob eine Anrechnung auf die Vermögensstrafe erfolgen kann (dafür Jescheck/Weigend 904 FN 12; dagegen Gribbohm LK 32, 37, Lackner 2). Da diese eine Geldstrafe ist, wenn auch eine besondere, läßt sie sich der sonstigen Geldstrafe an sich gleichstellen. Ihrem Sinn (vgl. § 43 a RN 1) entspricht die Anrechnung jedoch kaum. Im Rahmen der ohnehin bei zwei Strafen gebotenen gerichtlichen Entscheidung (vgl. u. 16) sollte das Gericht daher bestimmen, daß die U-Haft usw. auf die Freiheitsstrafe anzurechnen ist. Nur wenn deren Dauer unter der Zeit der anrechenbaren Freiheitsentziehung liegen sollte, läßt sich eine Teilanrechnung auf die Vermögensstrafe vertreten. Bei lebenslanger Freiheitsstrafe ist für die Anrechnung § 57 a II maßgebend.

12   Ist die U-Haft auf **Geldstrafe** anzurechnen, so ist ein Tag Freiheitsentziehung einem Tagessatz gleichzusetzen (Abs. 4 S. 1). Ist Geldstrafe neben Freiheitsstrafe verhängt worden (§§ 41, 53 II 2), so bestimmt das Gericht, auf welche der Strafen die Anrechnung erfolgt (vgl. u. 16).

13   Zur Anrechnung von U-Haft auf **Jugendstrafe** vgl. § 52 a JGG und auf Jugendarrest vgl. § 52 JGG.

14   Auf **Nebenstrafen** und **Nebenfolgen** ist U-Haft **nicht** anrechenbar. Das ist unbestritten für die Einziehung nach §§ 74 ff. sowie für Verlust der Amtsfähigkeit oder Fahrverbot. Dagegen hat die Rspr. (BGH **10** 235) Anrechenbarkeit auf die Einziehung des Entgelts nach § 92 b II aF angenommen. Diese Rspr. ist überholt, da § 92 b II durch die allgemeinen Verfallsvorschriften (§§ 73 ff.) ersetzt worden ist. Bei ihnen hat aber der Gesetzgeber in Anlehnung an § 86 AE und dessen Begründung bewußt von der Übernahme der Anrechnungsvorschrift des § 111 II E 1962 abgesehen, weil es an einer funktionellen Vergleichbarkeit der Maßnahmen fehlt (vgl. BT-Drs. V/4095 S. 41). Ebenfalls kann U-Haft auf eine andere Freiheitsstrafe nicht auf Sicherungsmaßnahmen angerechnet werden. Das gilt auch für die einstweilige Unterbringung nach § 126 a StPO.

15   Bei **nachträglicher Gesamtstrafenbildung** nach § 55 wird die U-Haft des gegenwärtigen Verfahrens in vollem Umfang angerechnet, auch dann, wenn sie die gegenwärtige Einzelstrafe übersteigt (BGH **23** 297 m. Anm. Koffka JR 71, 336; and. RG **41** 318, **71** 143); es hat hier dasselbe wie bei der Gesamtstrafenbildung nach § 54 zu gelten (vgl. o. 10). Das gilt auch bei U-Haft im Ausland wegen einer Einzeltat (Hamm NJW **72**, 2192).

16   V. **Anrechnung** der U-Haft erfolgt **kraft Gesetzes.** Einer gerichtlichen Entscheidung bedarf es nicht (BGH **24** 30, **27** 288; and. Dreher MDR 70, 966). Es ist Aufgabe der Vollstreckungsbehörde, bei der Strafzeitberechnung die bis zur Rechtskraft des Urteils erlittene U-Haft abzuziehen. Das gilt auch für Geldstrafen, für die Abs. 4 S. 1 den Umrechnungsmaßstab enthält. Einer ausdrücklichen Anordnung bedarf es jedoch, wenn Zweifel über die Art der Anrechnung entstehen können, zB U-Haft auf mehrere Freiheitsstrafen anrechenbar ist (vgl. Frankfurt NStZ **90**, 147: Anrechnung derart, daß möglichst früh gemeinsame Aussetzungsreife innerhalb den Strafrest eintritt). Sie ist ebenfalls erforderlich, wenn der Angekl. zu Freiheits- u. zu Geldstrafe verurteilt wird (BGH **24** 30, Bay NJW **72**, 1632). Das Gericht bestimmt dann nach seinem pflichtgemäßen Ermessen, ob U-Haft auf die Freiheitsstrafe oder auf die Geldstrafe anzurechnen ist. Zulässig ist auch die Anordnung, daß die Anrechnung in erster Linie auf die Geldstrafe erfolgt (Gribbohm LK 50), zB, wenn die Dauer der U-Haft die Tagessatzzahl übersteigt. Soweit wegen der gesetzlichen Anrechnung ein richterlicher Ausspruch über die Anrechnung von U-Haft nur deklaratorische Bedeutung hat, kann er keine die gesetzliche Anrechnung verändernde Wirkung haben (BGH NStZ **83**, 524, **94**, 335, Düsseldorf MDR **90**, 172).

17   Das Gericht kann im Hinblick auf das Verhalten des Verurteilten nach der Tat **anordnen,** daß die **Anrechnung** ganz oder teilweise **unterbleibt** (Abs. 1 S. 2); dies hat im Urteilstenor zu geschehen (BGH **24** 30). Zur Frage, ob die Anordnung nur die bis zur Urteilsverkündung erlittene U-Haft ergreift oder auch die Zeit bis zur Rechtskraft des Urteils, vgl. o. 2.

18   1. Die **Gründe** für eine **Versagung** der Anrechnung hat die frühere Rspr. in einem Verschulden des Verurteilten an der Haft oder deren Dauer erblickt (vgl. 14. A. § 60 RN 13). Da der Übergang von der fakultativen zur obligatorischen Anrechnung seinen Grund darin hat, daß auch die U-Haft eine verfahrensbedingte Freiheitsentziehung bedeutet (Schröder JR 71, 28, Dencker MDR 71, 627), können diese Grundsätze für § 51 nicht gelten. Anrechnung der U-Haft kann dem Verurteilten vielmehr nur versagt werden, wenn er die Anordnung oder Fortdauer der U-Haft um der Anrechnung willen provoziert hat (BGH **23** 307 m. Anm. Schröder JR 71, 28, wistra **89**, 96; vgl. auch BGE 117 IV 394). Bloße Flucht reicht nicht aus (BGH aaO), ebensowenig eine bloße sonstige Herbeiführung eines Haftbefehls (BGH NStZ **99**, 347), auch nicht die verfahrensverzögernde Stellung unbegründeter Beweisanträge (BGH NStE **7**). Ebensowenig ist Haftanrechnung allein deswegen zu versagen, weil ein von der Verurteilung unabhängiger Grund zum Ausschluß der Entschädigung nach dem StrEG vorliegt, zB (§ 5 III StrEG) Haft nach § 230 II StPO schuldhaft verursacht worden ist (Löffler MDR

78, 726) oder nach § 116 IV Nr. 1 StPO (BGH MDR/H **79**, 454). Wohl aber kann nach BGH **23** 307 die böswillige bzw. nach BGH MDR/H **79**, 454 die absichtliche Verfahrensverschleppung die Versagung der Haftanrechnung rechtfertigen. Vgl. auch BGH StV **86**, 293, **99**, 312, LG Freiburg StV **82**, 338.

Daß der Angekl. keine verfahrensfördernden Handlung vorgenommen hat, ist kein Grund für die **19** Nichtanrechnung, da eine Pflicht zur Förderung des Strafverfahrens nicht besteht (BGH MDR/D **53**, 272). Anrechnung der U-Haft ist kein Gnadenakt für Geständige; sie darf daher dem Leugnenden nicht allein wegen des Leugnens versagt werden (BGH NJW **56**, 1845, Bremen NJW **51**, 286, Ackermann NJW 50, 367, Würtenberger aaO 546). Dagegen rechtfertigt die unlautere Zeugenbeeinflussung (nur) dann die Nichtanrechnung, wenn mit ihr die Anordnung oder Verlängerung der U-Haft bezweckt wird (BGH MDR/H **78**, 459).

Keine Berücksichtigung kann die frühere Rspr. insoweit finden, als dem Angekl. aus der „mut- **20** willigen" Einlegung von Rechtsmitteln Nachteile erwachsen sind (vgl. RG JW **38**, 29, Hamm MDR **63**, 333). Gleiches gilt für Einlegen von Haftbeschwerden (BGH MDR/D **54**, 150). Einlegen von Rechtsmitteln gehört zu den prozessualen Rechten des Beschuldigten und kann ihm daher nicht zum Nachteil gereichen (vgl. BT-Drs. V/4094 S. 25). Eine Entscheidung des Rechtsmittelgerichts gem. Abs. 1 S. 2 ist damit nicht schlechthin ausgeschlossen (Lackner 6; vgl. auch Gribbohm LK 64), wenn sich im Rechtsmittelverfahren andere Versagungsgründe ergeben. Eine dem früheren Gerichtsgebrauch (vgl. 14. A. § 60 RN 17) entsprechende bloß teilweise Anrechnung der „weiteren" U-Haft ist jedoch nicht möglich.

2. Zur Anrechnung ist in den **Urteilsgründen** nur Stellung zu nehmen, soweit Entscheidungen **21** vom Gericht noch zu treffen sind. Insb. ist die Nichtanrechnung von U-Haft näher zu begründen. Bietet sich die Nichtanrechnung nach den Umständen an, so ist darzulegen, warum von dieser Möglichkeit kein Gebrauch gemacht worden ist (and. Lemke NK 28). Zur Begründungspflicht vgl. auch BGH MDR/H **90**, 885, NStE **17**. Soweit das Gericht Nichtanrechnung von U-Haft hätte aussprechen können, kann es die Entscheidung nicht nachholen, wenn sie versehentlich unterblieben ist (Köln VRS **44** 15).

3. Die Anrechnung gilt als **Verbüßung** der Strafe. Vgl. §§ 57 IV, 66 IV 2 sowie Gribbohm LK 58. **22** Vgl. auch § 57 a II u. § 45 a RN 6.

VI. Abs. 2 regelt die Anrechnung von **Strafen,** die in einem **früheren Verfahren** rechtskräftig **23** verhängt wurden und mindestens zT schon vollstreckt oder durch Anrechnung erledigt sind. Daß die Anrechnung hier obligatorisch ist, wenn die Strafe neu festgesetzt oder in eine neue Strafe einbezogen wird, ergibt sich schon aus der Rechtskraft (Art. 103 III GG, vgl. BGH **21** 187). Abs. 2 hat daher nur deklaratorischen Charakter.

1. Die Anrechnung setzt voraus, daß eine rechtskräftig verhängte Strafe später **durch eine andere** **24** **Strafe ersetzt** wird. Dies geschieht vor allem bei Anwendung der §§ 55 StGB, 460 StPO. Entsprechendes kann sich auch im Wiederaufnahmeverfahren ergeben, wenn die früher ausgesprochene Strafe geändert wird. Bei Freispruch im Wiederaufnahmeverfahren ist die bereits erlittene Freiheitsentziehung in entsprechender Anwendung des Abs. 2 auf eine Strafe anzurechnen, mit der bei erneuter Verurteilung im Wiederaufnahmeverfahren eine Gesamtstrafe hätte gebildet werden müssen (Frankfurt GA **80**, 262).

2. Die obligatorische Anrechnung gilt nicht nur für Strafen im eigentlichen Sinn, sondern **für alle** **25** **Deliktsreaktionen,** also auch für Nebenstrafen, Nebenfolgen und Maßregeln der Besserung und Sicherung (and. Tröndle/Fischer 14, Horn SK 17). Zur Art und Weise der Anrechnung bei den verschiedenen Nebenfolgen usw. vgl. § 55 RN 61ff. Zur Anrechnung eines Fahrverbots zwischen Rechtskraft und Wiedereinsetzung in den vorigen Stand vgl. Mürbe JR 89, 1.

3. Die frühere Strafe wird nur angerechnet, soweit sie **vollstreckt** oder **durch Anrechnung** **26** **erledigt** ist, etwa gem. Abs. 1 oder 3, gem. § 67 IV oder § 56f III 2. Auch eine Erledigung der früheren Strafe durch gnadenweise Anrechnung genügt (vgl. Hamann Rpfleger 86, 355). Dagegen reicht Erledigung auf andere Weise (Begnadigung, Verjährung usw) nicht aus.

4. Die Anrechnung erfolgt auch hier automatisch kraft Gesetzes (vgl. o. 1). Damit ist der Gesetz- **27** geber BGH **18** 36, **21** 186 gefolgt, wonach die Anrechnung rechtskräftig verhängter Strafen eine Frage der Strafzeitberechnung und deshalb Sache der Strafvollstreckungsbehörde sei (Lemke NK 33). Gleichwohl kann es angebracht sein, zur Klarstellung die Anrechnung im Urteil auszusprechen, wenn auch nur mit deklaratorischer Bedeutung (Gribbohm LK 51). Soweit Geldstrafe auf Freiheitsstrafe oder Freiheitsstrafe auf Geldstrafe angerechnet wird, entspricht ein Tag Freiheitsstrafe einem Tagessatz (Abs. 4 S. 2).

VII. Abs. 3 bestimmt ua, daß auf eine inländische Strafe eine wegen derselben Tat bereits im **28** Ausland vollstreckte Strafe anzurechnen ist. Vgl. dazu Müller-Dietz Salger-FS 105. Nicht mehr betroffen sollen Taten sein, die in einem Mitgliedstaat der Europäischen Gemeinschaften bereits rechtskräftig abgeurteilt worden sind, vorausgesetzt, daß die insoweit verhängte Sanktion schon vollstreckt worden ist, gerade vollstreckt wird oder nach dem Recht des Urteilsstaates nicht mehr vollstreckt werden kann. Für solche Taten soll der Täter im Inland nicht mehr verfolgt werden (ZustimmungsG v. 7. 9. 1998, BGBl II 2266 zum Übereinkommen der EG über das Verbot der doppelten Strafverfolgung vom 25. 5. 1987).

29 1. Aus den §§ 3 ff. ergibt sich, daß die Aburteilung im Ausland die inländische Strafverfolgung nicht ausschließt, so daß der Täter für dieselbe Tat uU zweimal verurteilt wird. Abs. 3 gleicht damit verbundene Härten dadurch aus, daß die **im Ausland vollstreckte Strafe** auf die inländische Strafe **anzurechnen** ist. Unerheblich ist, ob es sich um eine im Ausland oder im Inland begangene Tat handelt (Lemke NK 38). Ohne Bedeutung ist auch, ob Freiheits- oder Geldstrafe vorliegt (Bay NJW **72**, 1632). Daneben besteht die Möglichkeit, auf die Durchführung des inländischen Strafverfahrens nach § 153 c I Nr. 3 StPO zu verzichten.

30 2. Die ausländische Verurteilung muß **wegen derselben Tat** erfolgt sein. Dieser Begriff ist nach § 264 StPO zu bestimmen und bezeichnet den gleichen historischen Vorgang ohne Rücksicht auf die rechtliche Würdigung der Tat nach ausländischem Recht (BGH NJW **53**, 1522, Bay NJW **51**, 370, Gribbohm LK 22). Das gilt auch bei ausländ. Verwaltungsstrafverfahren (Bay NJW **72**, 1632). Bei Verurteilung wegen einer Fortsetzungstat ist auch eine Auslandsstrafe anzurechnen, die nur wegen eines Einzelakts der Fortsetzungstat verhängt und vollstreckt worden ist (BGH **29** 65). Wie bei Anrechnung inländischer Freiheitsentziehung (vgl. o. 10) genügt es, daß die im Ausland vollstreckte Strafe eine Tat betrifft, die Gegenstand des inländischen Strafverfahrens gewesen ist (BGH **35** 172, NStZ **97**, 337), so bei einer Tat, bei der die StA von der Verfolgung gem. § 153 c I StPO abgesehen hat (BGH NJW **90**, 1428). An der Tatgleichheit fehlt es, wenn die Handlung im Ausland im gegenläufigen Sinn strafbar ist und geahndet wurde (KG NJW **89**, 1374).

31 3. Die Anrechnung setzt voraus, daß die Strafe im Ausland bereits **vollstreckt** ist. Sie erfolgt also nicht, wenn die Strafe ausgesetzt, erlassen oder verjährt ist; zur Erfüllung von Auflagen erbrachte Leistungen sind jedoch entsprechend § 56 f III anrechenbar. Die Anrechnung erfolgt auch bei einer Teilvollstreckung. Entsprechend Abs. 2 ist auch die durch Anrechnung erledigte Strafe anzurechnen, etwa bei einer auf die Strafe angerechneten U-Haft (Bay NJW **63**, 2238, Gribbohm LK 26, Tröndle/Fischer 16 a; and. Horn SK 21). Entgegen Bay NJW **51**, 370 hat das Gericht nicht zu berücksichtigen, ob eine Geldstrafe aus Mitteln des Verurteilten oder von dritter Seite bezahlt wurde. Die Anrechenbarkeit beschränkt sich auf die Strafe für dieselbe Tat. Übersteigt die im Ausland vollstreckte Strafe die im Inland verhängte, so darf der überschießende Teil nicht auf eine Strafe wegen einer anderen Tat angerechnet werden (vgl. Hamm NJW **72**, 2193). Bei einer Gesamtstrafe ist daher die Einzelstrafe wegen derselben Tat für die Anrechnung maßgebend.

32 4. Nach welchem **Maßstab die Anrechnung** zu erfolgen hat, insb. bei Strafen und Maßnahmen, die mit den deutschen nicht vergleichbar sind, bestimmt das Gesetz nicht. Es überläßt die Entscheidung dem richterlichen Ermessen (Abs. 4 S. 2; vgl. dazu BGH **30** 283). Das Gericht hat deshalb eine ausdrückliche Entscheidung über den Anrechnungsmaßstab zu treffen (BGH NStZ **82**, 326, **83**, 455, Gribbohm LK 54 ff.; vgl. auch RG **35** 42), und zwar im Urteilstenor (BGH wistra **94**, 235). Bei der Entscheidung hat es das im Ausland erlittene Übel in ein dem inländischen Strafensystem zu entnehmendes Äquivalent umzusetzen und zu erwägen, wieviel dieses Übel von dem vorweggenommen hat, das den Angekl. mit dem inländischen Urteil belasten soll (BGH NStZ **86**, 312). So kann es berücksichtigen, daß die Freiheitsentziehung im Ausland unter besonders belastenden Haftumständen erfolgt ist, und demgemäß die Anrechnung länger als die tatsächliche Zeit anrechnen (vgl. BGH StV **82**, 468, NStZ **85**, 497, Stuttgart OLGSt Nr. 2, Zweibrücken NStE **21**, NStZ-RR **97**, 206, München NStE **22**, LG Landau NStZ **81**, 64, LG Stuttgart NStZ **86**, 362, LG Essen StV **91**, 170, LG Bremen StV **92**, 326). Das ist auch zulässig, wenn die schweren Haftumstände bereits bei der Strafzumessung berücksichtigt worden sind (BGH StV **82**, 468, NStZ **85**, 21). Zu weiteren besonderen Umständen vgl. BGH wistra **99**, 463 (Krankheit, Mißachtung völkerrechtlicher Bestimmungen). Abweichungen von anderen Gerichtsentscheidungen begründen noch keinen Ermessensfehler (Hamm StV **99**, 652). Zur Anrechnung einer Geldstrafe auf Freiheitsstrafe vgl. BGH **30** 282, MDR/S **86**, 973. Nicht anwendbar ist Abs. 4 S. 2 nach BGH **38** 88 hinsichtlich Haft in der früheren DDR. Eine Revision kann auf Anrechnung (Nichtanrechnung) von im Ausland erlittener Freiheitsentziehung beschränkt werden (Hamm StV **99**, 652).

33 5. Die Anrechnung der ausländischen Strafe **gilt als Verbüßung** der inländischen Strafe, so daß die Vorschriften, die eine durch Anrechnung erledigte Strafe als verbüßt werten, anwendbar sind, zB § 57 IV.

34 6. Hat der Verurteilte im Ausland **U-Haft** oder eine andere Freiheitsentziehung aus Anlaß der Strafverfolgung erlitten, so ist Abs. 1 entsprechend anwendbar (Abs. 3 S. 2). Erfaßt werden insoweit aber nur Freiheitsentziehungen, die nicht auf eine ausländische Strafe angerechnet worden sind. Eine auf die Auslandsstrafe angerechnete Freiheitsentziehung ist als vollstreckte Strafe zu behandeln und nach Abs. 3 S. 1 anzurechnen (Tröndle/Fischer 16 a, Lackner 12; and. Horn SK 21). Den Maßstab der Anrechnung bestimmt das Gericht nach seinem (pflichtgemäßen) Ermessen (Abs. 4 S. 2), wobei es die ausländischen Haftbedingungen berücksichtigen muß (vgl. o. 32, Frankfurt StV **88**, 20, Zweibrücken GA **93**, 126 zur Auslieferungshaft). Soweit das ausländische Recht eine Teilanrechnung auf die Strafe zuläßt (vgl. BGE 113 IV 118: Anrechnung von 2/3 der Unterbringung in einem Männerheim), kann dies auch bei Anrechnung auf die im Inland ausgesprochene Strafe geschehen, da es nicht darauf ankommen kann, ob bereits in einem ausländischen Urteil eine gekürzte Anrechnung erfolgt ist. Wie bei Anrechnung einer ausländischen Strafe ist somit eine gerichtliche Entscheidung erforderlich (BGH NStZ **84**, 214, wistra **87**, 60). Eine unterbliebene Entscheidung ist über § 458 StPO nachholbar (Lackner 16; and. Oldenburg NJW **82**, 2741, Tröndle/Fischer 21). Aus der entsprechenden Anwendung des Abs. 1 folgt, daß die ausländische Freiheitsentziehung voll auf eine Gesamtstrafe auch anzurechnen ist, wenn die Einzelstrafe für die Tat, derentwegen die Freiheitsentziehung erfolgt ist, die Dauer der Freiheitsentziehung unterschreitet (Hamm NJW **72**, 2192). Ferner kann die Anrechnung unter den in Abs. 1 genannten Voraussetzungen versagt werden.

Anzurechnen ist ebenfalls **Auslieferungshaft** (vgl. RG **38** 183, BGH GA **56**, 120, **65**, 56, **68**, 336), auch dann, wenn sie nicht zur Auslieferung geführt hat (Wendisch LR § 450 a RN 6). Soweit der Verurteilte sie im Auslieferungsverfahren zum Zweck der Strafverfolgung erlitten hat, ergibt sich die Anrechnung aus Abs. 3 S. 2. Für eine nach Rechtskraft des Urteils erfolgte Auslieferungshaft zum Zweck der Strafvollstreckung schreibt § 450 a StPO Entsprechendes vor. Beim Anrechnungsmaßstab hat unberücksichtigt zu bleiben, daß der Verurteilte die strengeren Haftbedingungen im Ausland sich selbst zuzuschreiben hat (Celle NStZ **98**, 138). Die Anrechnung kann das Gericht auf Antrag der StA ganz oder zT versagen, wenn sie im Hinblick auf das Verhalten des Verurteilten nach Erlaß des Urteils, in dem die dem Urteil zugrunde liegenden tatsächlichen Feststellungen letztmalig geprüft werden konnten, nicht gerechtfertigt ist (§ 450 a III StPO). Versagungsgrund soll etwa sein, daß der Verurteilte die Strafvollstreckung durch Absetzen ins Ausland beim Urlaub aus der Strafhaft böswillig verschleppt hat (Hamburg MDR **79**, 603; vgl. dagegen zutr. Karlsruhe MDR **84**, 165, Zweibrücken GA **83**, 280, NStZ-RR **96**, 241). Die Flucht allein genügt nicht. Ähnlich den Versagungsgründen bei Anrechnung von U-Haft (o. 18) muß das Verhalten entgegenwirkend Verhalten eine enge Beziehung zur an sich anrechenbaren Freiheitsentziehung auf Kosten der Strafvollstreckung aufweisen, wie bei vorwerfbarer Verschleppung der Strafvollstreckung durch Verlängern der Auslieferungshaft. Kein Versagungsgrund ist daher schon das Mitnehmen der Beute bei der Flucht ins Ausland (and. Chlosta KK § 450 a RN 10, Wendisch LR § 450 a RN 15). Wäre der flüchtende Täter mit seiner Beute kurz vor der Grenze gefaßt worden, so stünde, wenn die Festnahme zur Auslieferungshaft führt, deren Anrechnung der Wille, die Beute ins Ausland zu bringen, nicht entgegen. Eine Festnahme kurz nach der Grenze mit anschließender Auslieferungshaft kann hinsichtlich deren Anrechnung keine andere Beurteilung nach sich ziehen. Kein Versagungsgrund ist auch ein deliktisches Verhalten, mit dem sich der Geflohene die Mittel für eine Verlängerung des Aufenthalts in Freiheit verschafft hat. Entgegen Koblenz OLGSt § 450 a StPO **Nr. 2** läßt sich die Anrechnung der Auslieferungshaft nicht deswegen versagen, weil der Verurteilte Mittel eines deutschen Konsulats, die er für die Rückkehr ins Inland zwecks Strafverbüßung in Anspruch genommen hat, für eine weitere Flucht eingesetzt hat. Erfolgt die Auslieferung zum Zweck der Strafverfolgung sowie zum Zweck der Strafvollstreckung, so ist die Auslieferungshaft vorrangig auf die zur Vollstreckung anstehende Strafe anzurechnen (BGH NStZ **85**, 497, Zweibrücken OLGSt Nr. 7). Der Auslieferungshaft steht Abschiebehaft nicht gleich (Koblenz GA **81**, 575), es sei denn, sie ist aus Anlaß der Tat infolge der internationalen Fahndung durch die deutschen Behörden erfolgt (BGH NStZ **97**, 385).

VIII. Nach Abs. 5 ist eine **vorläufige Entziehung der Fahrerlaubnis** oder eine sonstige das Führen von Fahrzeugen verhindernde Maßnahme (Verwahrung, Sicherstellung oder Beschlagnahme des Führerscheins) in entsprechender Anwendung des Abs. 1 auf das Fahrverbot (§ 44) anzurechnen. Auf andere Strafen ist eine solche vorläufige Maßnahme nicht anrechenbar. Abs. 5 berührt auch nicht die Fahrerlaubnisentziehung (einschl. der Fälle des § 69 b; LG Köln MDR **81**, 954, Hentschel MDR **82**, 107). Für diesen Fall gelten die besonderen Vorschriften des § 69 a IV–VI. Abs. 5 ist grundsätzlich auch nicht anwendbar, wenn das Fahrverbot neben der Fahrerlaubnisentziehung ausgesprochen wird (vgl. Karl DAR **87**, 283); ausgenommen ist die Zeit, die eine nach § 69 a V 2 abgelaufene Sperrfrist überschreitet. Ferner greift Abs. 5 nicht ein, wenn der Führerschein vor Rechtskraft des Fahrverbots freiwillig abgeliefert worden ist (Königsbauer/Birner Rpfleger **91**, 491). Bei der Anrechnung auf das Fahrverbot ist nicht erforderlich, daß die vorläufige Maßnahme gerade wegen der Tat, die zum Fahrverbot geführt hat, getroffen worden ist. Es genügt die Anordnung wegen einer Tat, die entsprechend dem o. 10 Gesagten Gegenstand des Verfahrens (gewesen) ist (Tröndle/Fischer 19, Lackner 14; and. Warda GA **65**, 82). Angerechnet wird, ohne daß es eines besonderen Ausspruchs im Urteil bedarf, die gesamte Zeit ab Zustellung des Beschlusses über die vorläufige Entziehung (auch wenn Führerschein nicht abgegeben wurde; LG Frankenthal DAR **79**, 341, Maatz StV **88**, 85) bis zur Rechtskraft des Urteils. Auszunehmen ist jedoch die Zeit, in der sich der Täter in amtlicher Verwahrung befunden hat, da das Fahrverbot die Zeit in Freiheit erfaßt (§ 44 IV 2) und für die anrechenbare Zeit nicht anderes gelten kann. Erreicht oder übersteigt die anrechenbare Zeit die Dauer des Fahrverbots, so ist diese Nebenstrafe damit abgegolten. Ihre Verhängung kann dennoch sinnvoll sein, weil sie zum Ausdruck bringt, daß die vorläufige Maßnahme auch als endgültige Reaktion auf die Tat sachlich begründet war (Gribbohm LK 41, vgl. auch Düsseldorf VRS **39** 133; and. LG Aachen NJW **67**, 1287 m. abl. Anm. Keller). Das Gericht kann aber auch wegen der nur noch symbolischen Bedeutung des Fahrverbots von dessen Verhängung absehen, wenn es ein Bedürfnis für die Nebenstrafe als nicht mehr gegeben ansieht (vgl. § 44 RN 16). Entsprechend Abs. 1 kann eine Anrechnung ganz oder teilweise versagt werden, etwa, wenn der Angekl. die vorläufige Maßnahme mißachtet hat und weiterhin gefahren ist. Insoweit genügt allerdings nicht die auf polizeiliche Weisung erfolgte weitere Trunkenheitsfahrt zur Polizeistation (Frankfurt VRS **55** 181). Die Anrechnung darf nicht versagt werden, soweit die Voraussetzungen des § 450 II StPO vorliegen.

Dritter Titel. Strafbemessung bei mehreren Gesetzesverletzungen

Vorbemerkungen zu den §§ 52 ff.

Schrifttum: v. Buri, Einheit und Mehrheit der Verbrechen, 1879. – *Blei*, Die natürliche Handlungseinheit, JA 72, 711; 73, 95. – *Coenders*, Über die Idealkonkurrenz, 1921. – *Geerds*, Zur Lehre von der Konkurrenz im Strafrecht, 1961. – *Höpfner*, Einheit und Mehrheit der Verbrechen, Bd. I 1901, Bd. II 1908. – *Honig*, Studien zur juristischen und natürlichen Handlungseinheit, 1925. – *Hartung*, Tateinheit und künstliche Verbrechenseinheiten in der neueren Rspr. des RG, SJZ 50 326. – *Hellmer*, Das Zusammentreffen von natürlicher Handlungs- und rechtlicher Tateinheit, GA 56, 65. – *Jescheck*, Die Konkurrenz, ZStW 67, 529. – *Krauss*, Zum Begriff der straflosen Nachtat, GA 65, 173. – *Maiwald*, Die natürliche Handlungseinheit, 1964. – *P. Merkel*, Konkurrenz, VDA V, 269. – *Schmidhäuser*, Über die strafrechtliche Konkurrenzlehre, GA-FS 191. – *R. Schmitt*, Die Konkurrenz im geltenden und künftigen Strafrecht, ZStW 75, 43, 179. – *Schneidewin*, Inwieweit ist es möglich und empfehlenswert, die Art der Konkurrenz zwischen mehreren Straftatbeständen im Gesetz auszudrücken?, Mat. I 221. – *Vogler*, Funktion und Grenzen der Gesetzeseinheit, Bockelmann-FS 715. – *Warda*, Grundfragen der strafrechtlichen Konkurrenzlehre, JuS 64, 81. – *Werle*, Die Konkurrenz bei Dauerdelikt, Fortsetzungstat und zeitlich gestreckter Gesetzesverletzung, 1981 (StrAbh. N. F. 42).

Rechtsvergleichend: *Nickel*, Der Begriff des fortgesetzten Delikts, 1931. – *Stoecker*, Die Konkurrenz, Mat. II 449. – *Wegscheider*, Echte und scheinbare Konkurrenz, 1980 (öst. Recht).

Übersicht

I. Allgemeines	1–9	V. Die Sammelstraftat	93–100
II. Die Einheit der Handlung	10–29	VI. Die Konkursstraftaten	101
III. Das fortgesetzte Delikt	30–80	VII. Die Formen der Gesetzeskonkurrenz	102–141
IV. Das Dauerdelikt	81–92		

Stichwortverzeichnis

Alternativität 133
Äußerungen in einer Schrift 29

Bewertungseinheit 12, 17

Dauerdelikte 27, 81 ff.
Durchgangsdelikte 120 ff.

Einheitlicher Deliktserfolg 17
Einheitsstrafe 7
Eventualität 105

Fortgesetzte Handlung, Fortsetzungszusammenhang 31–80

Gefährdungsdelikt 129
Geschäftsmäßigkeit 97
Gesetzeseinheit 5, 6, 102
Gesetzeskonkurrenz, allgem. 5, 102 ff.
 Arten der – 104 ff.
 Folge der – 134 ff.
 Strafzumessung bei – 141
Gewerbsmäßigkeit 95 f.
Gewohnheitsmäßigkeit 98
Gleichartige Verbrechensmenge 60
Grundgedanken der Konkurrenzregelung 4

Handlung
 fortgesetzte –, s. Fortsetzungszusammenhang
 – im natürlichen Sinne 11
 – im Rechtssinne 12
Handlungseinheit, allgem. 2, 7, 10
 – bei Äußerungen in einer Schrift 29
 – und Idealkonkurrenz 21
 natürliche – 22 f.
 rechtliche – 12 ff., 27, 31
 tatbestandliche – 13
 – bei Unterlassungsdelikt 28

Handlungskomplex 15 ff.
Handlungsmehrheit 3, 7
 – bei Unterlassungsdelikten 28
Idealkonkurrenz 2, 21
 scheinbare –, s. Gesetzeskonkurrenz
In dubio pro reo 17 a, 26 a

Klammerwirkung 20
Kollektivdelikt 93 ff.
Konkursstraftaten 101
Konsumtion 131

Lebenslange Freiheitsstrafe 4

Massenverbrechen 27
Mehraktige Delikte 14
Mitbestrafte Nachtat 112

Realkonkurrenz 3, 7 f.
 scheinbare –, s. Gesetzeskonkurrenz

Sammelstraftaten 93 ff.
Sperrwirkung des milderen Gesetzes 141
Spezialität 110 f., 135
Straflose Nachtat, allgem. 112 ff.
 Folge der – 140
 Teilnahme an – 118
Straflose Vortat 119 ff.
Subsidiarität 105 ff., 112, 138 f.

Tateinheit 2
Tatmehrheit 3
Tatplan, einheitlicher 22 f.

Unterlassungseinheit 28

Verkehrsunfall 85
Versuch 120 ff.

Zusammengesetzte Delikte 14
Zustandsdelikte 82

I. Allgemeines

1. Die in den Tatbeständen des BT festgelegten Strafrahmen sind auf Fälle zugeschnitten, in denen 1 der Täter einen Straftatbestand einmal erfüllt hat. Sie besagen nichts darüber, wie zu verfahren ist, wenn der Täter durch eine oder mehrere Handlungen denselben Tatbestand mehrmals (Körperverletzung mehrerer Personen) oder mehrere Tatbestände erfüllt hat (Körperverletzung und Raub). Diese Frage regeln die §§ 52 ff. Sie stellen für die **Art und Weise der Straffestsetzung** entscheidend darauf ab, ob die mehreren Tatbestandserfüllungen durch eine Handlung oder durch mehrere Handlungen des Täters erfolgt sind.

a) Liegt nur **eine Handlung** vor, so wird nur auf **eine einheitliche Strafe** erkannt, gleichviel, ob 2 die Handlung verschiedene Strafgesetze oder dasselbe Strafgesetz mehrmals verletzt. Die Strafe wird dem Tatbestand entnommen, der die schwerste Strafe androht. Dies ist die Regelung des § 52: sog. **Idealkonkurrenz** oder nach dem Sprachgebrauch der Rspr. (vgl. etwa BGH **4** 304, 346, **8** 243, **24** 80) und der Überschrift zu § 52 **Tateinheit**.

b) Liegen mehrfachen Tatbestandserfüllungen **mehrere Handlungen** zugrunde, hat der Täter also 3 „mehrere Straftaten begangen" (vgl. § 53), so wird zunächst für jede von ihnen eine eigene Strafe festgesetzt. Die Einzelstrafen werden sodann zu einer **Gesamtstrafe** zusammengezogen, und zwar durch Erhöhung der schwersten Einzelstrafe. Dies ist die Regelung der §§ 53, 54: sog. **Realkonkurrenz** oder **Tatmehrheit**.

c) Die Regelung von Ideal- u. Realkonkurrenz in den §§ 52 ff. wird von dem **Grundgedanken** 4 getragen, daß beim Zusammentreffen mehrerer Gesetzesverletzungen (zur Terminologie krit. Schmidhäuser Dünnebier-FS 407) die Addition der in Betracht kommenden Strafen nicht angebracht ist. Bei der addierenden Aneinanderreihung von Freiheitsstrafen wächst das Leiden der Verurteilten progressiv und daher über das Maß seiner Schuld hinaus (vgl. RG **25** 307, OGH **2** 359, Bay JZ **51**, 524, Rissing-van Saan LK § 52 RN 4; and. Bohnert ZStW 105, 848, Frister NK § 53 RN 4); im übrigen würde die Vollstreckung längerzeitiger Freiheitsstrafen hintereinander deren Charakter ändern: sie könnten zu lebenslangen Strafen werden (vgl. Frank § 74 Anm. II). Die Strafe muß deshalb nach anderen Gesichtspunkten festgesetzt werden (wie in §§ 53, 54 durch Erhöhung der verwirkten schwersten Einzelstrafe). Ähnliche Überlegungen gelten für die Geldstrafe; ihre Kumulierung potenziert die Belastung des Verurteilten (vgl. E 62 Begr. 193). Deshalb ist in § 53 auch für Geldstrafen die Gesamtstrafenbildung vorgeschrieben. Soweit eine der Strafen auf lebenslange Freiheitsstrafe lautet, ist auf diese zugleich als Gesamtstrafe zu erkennen (§ 54 I 1). Hier wirken sich die weiteren Einzelstrafen erst im Rahmen der Aussetzung des Strafrestes nach § 57b aus. Zu einem anderen Ansatz bei der Gesamtstrafenbildung vgl. Bohnert ZStW 105, 846, GA 94, 97.

2. Auch wenn der Täter durch eine oder mehrere Handlungen denselben Tatbestand mehrmals 5 oder mehrere Tatbestände erfüllt hat und damit Ideal- u. Realkonkurrenz gegeben scheint, kann dennoch die Auslegung dieser Tatbestände oder deren Wertverhältnis zueinander ergeben, daß sie nicht alle nebeneinander, sondern nur ein einziger von ihnen anzuwenden ist. Man bezeichnet diese Fälle nur scheinbarer Ideal- oder Realkonkurrenz als **Gesetzeskonkurrenz** oder **Gesetzeseinheit** (vgl. u. 102 ff.).

3. Die Konkurrenzlehre ist terminologisch und zT auch sachlich umstritten. Sachliche Meinungs- 6 verschiedenheiten betreffen etwa die Handlungseinheit, vor allem die Zusammenfassung mehrerer Handlungen als natürliche Handlungseinheit (vgl. u. 22 ff.) oder als fortgesetzte Tat (vgl. u. 31 ff.). Der terminologische Streit betrifft namentlich die Fälle der Gesetzeskonkurrenz, die auch als unechte Konkurrenz (so zB Stratenwerth 311) oder zunehmend als Gesetzeseinheit (so ua BGH **25** 377, Jescheck/Weigend 731, Wessels/Beulke RN 787) bezeichnet wird. Insb. geht es um den Begriff der Konsumtion und der Alternativität (vgl. u. 131 ff.). Vgl. zum Ganzen auch R. Schmitt ZStW 75, 48 ff.

4. Die auf der Unterscheidung von Handlungseinheit u. Handlungsmehrheit aufbauende gesetz- 7 liche Differenzierung zwischen Ideal- u. Realkonkurrenz und damit zwischen einheitlicher und Gesamtstrafe wurde vielfach als kriminalpolitisch verfehlt abgelehnt (zum Meinungsstand vgl. Geerds aaO 244 ff.). Denn häufig entscheiden Zufälle darüber, ob es zu einheitlicher Strafe nach § 52 oder zu Gesamtstrafe nach § 53 kommt: nimmt zB der Vater seine beiden im Kinderwagen liegenden Kinder nacheinander heraus, um sie ins Wasser zu werfen, so liegt Realkonkurrenz vor, dagegen ist Idealkonkurrenz gegeben, wenn er den Wagen mitsamt den Kindern ins Wasser wirft. Deshalb wurde gefordert, die Unterscheidung zwischen Ideal- u. Realkonkurrenz aufzugeben und stattdessen eine **Einheitsstrafe** für alle Konkurrenzformen zu schaffen (vgl. E 27 §§ 65, 66, Coenders aaO, Geerds aaO 483 ff., Honig aaO 60, Jescheck ZStW 67, 541 ff., Niese Mat. I, 159 ff., Peters Kohlrausch-FS 199, Rebmann Bengl-FS [1984] 99, R. Schmitt ZStW 75, 193 ff., 219, Kintzi DRiZ 99, 309). Auch das geltende Jugendstrafrecht (§§ 31, 66 JGG) kennt nur die Einheitsstrafe.

Dennoch hat der Gesetzgeber in den §§ 52 ff. an der Unterscheidung zwischen Ideal- u. Realkon- 8 kurrenz festgehalten. Maßgeblich dafür waren insb. pragmatische Erwägungen (vgl. E 62 Begr. 190, BT-Drs. V/4094 S. 25): zum einen die Beeinträchtigung der Verfahrensökonomie dadurch, daß auch bei Teilaufhebung eines wegen mehrerer selbständiger Straftaten ergangenen Urteils die Straffrage stets bezüglich aller Taten neu erörtert werden müßte; zum anderen die Befürchtung, die Strafzumessung

Stree

könne summarisch und oberflächlich werden, wenn bei mehreren Straftaten nur eine pauschale Einheitsstrafe – ohne die Zwischenstufe der Einzelstrafen – festzusetzen sei. Diese Bedenken sind nicht zu unterschätzen; fraglich ist jedoch, ob sie die Nachteile der geltenden Regelung aufwiegen. Weitere Stellungnahmen gegen die Einheitsstrafe zB bei Mezger 480.

9 5. Die Grundsätze, nach denen die Strafe bei den einzelnen Konkurrenzformen zu finden ist, sind verschieden. Es ist daher unzulässig, daß das Gericht im Urteil erklärt, es hätte auch dann die gleiche Strafe verhängt, wenn ein anderes Verhältnis zwischen den einzelnen Straftaten bestünde (RG **70** 403).

10 II. Für die Abgrenzung der Konkurrenzformen ist zunächst die Feststellung erforderlich, wann **eine Handlung** (gleichbedeutend mit: „**Handlungseinheit**") vorliegt (vgl. R. Schmitt ZStW 75, 46). Maßgebend hierfür ist nicht in erster Linie der „Mindestbegriff" der Handlung als einer gewillkürten Körperbewegung; eine Handlung iSv §§ 52 ff. kann vielmehr auch aus einer Vielzahl solcher natürlicher (Minimal-)Handlungen bestehen, wenn diese rechtlich (nämlich durch den betreffenden Gesetzestatbestand) zu einer Einheit zusammengefaßt sind (**rechtliche Handlungseinheit**; vgl. u. 12 ff.).

11 1. **Eine Handlung** liegt zunächst vor, wenn ein Willensentschluß eine Körperbewegung hervorgerufen hat (BGH 1 21, 18 26). Man spricht hier von einer Handlung **im natürlichen Sinn** (nicht zu verwechseln mit der sog. „natürlichen Handlungseinheit"; vgl. u. 22 ff.). Dabei ist ohne Bedeutung, wieviele Tatbestandserfolge die Handlung hervorgerufen hat. Auch dann, wenn das Werfen einer Handgranate mehrere Menschen tötet oder eine Äußerung mehrere Personen beleidigt, liegt nur eine Handlung vor. Gleichgültig ist, ob materielle oder höchstpersönliche Rechtsgüter verletzt werden. Dagegen genügt nicht bereits, daß mehrere Straftatbestände zur gleichen Zeit erfüllt werden (BGH NStZ-RR **98**, 203). Notwendig ist, daß dies durch dieselbe Willensbetätigung (Handlung) geschieht (vgl. BGH **18** 32 ff.). Die Gleichzeitigkeit zweier Bewegungen begründet daher keine Handlungseinheit, so wenn A den B tritt und auf C schießt. Verschiedene Willensbetätigungen sind auch das Mitführen von Waffen (Verstoß gegen WaffenG) und das Vorzeigen eines verfälschten Personalausweises (BGH MDR/D **74**, 13).

12 2. **Eine Handlung** iS einer „**rechtlichen Handlungseinheit**" liegt aber auch vor, wenn mehrere natürliche Handlungen durch den Tatbestand des Gesetzes zu einer Bewertungseinheit verknüpft werden (vgl. Schleswig SchlHA/L-G **88**, 104, Maiwald aaO 70 ff., Jescheck/Weigend 711, Rissing-van Saan LK 20 ff.).

13 a) Häufig ergibt die Auslegung, daß die einmalige Verwirklichung eines Tatbestands eine Mehrheit natürlicher Einzelhandlungen voraussetzt oder jedenfalls zuläßt (vgl. R. Schmitt ZStW 75, 46, Rissing-van Saan LK 21): „**tatbestandliche Handlungseinheit**".

14 α) Das gilt einmal bei **mehraktigen** oder **zusammengesetzten Delikten,** die auf mehreren Einzelhandlungen im natürlichen Sinn aufbauen (zB Raub: Nötigung u. Wegnahme), auch dann, wenn der objektiv verwirklichte zweite Akt an sich vom Tatbestand nur als subjektives Tatbestandsmerkmal (Absicht) vorausgesetzt wird, wie bei §§ 239 a, 267, 307 Nr. 2 (and. aber Rspr. zu § 265 aF [Realkonkurrenz zwischen §§ 265, 263]; vgl. § 265 RN 16). Hierzu gehören auch die Fälle, in denen bestimmte Vorbereitungstätigkeiten der rechtsgutbeeinträchtigenden Tathandlung gleichgestellt sind, wie das Nachmachen von Geld zwecks Inverkehrbringens (§ 146); vorbereitende Tätigkeit und eigentliche Tathandlung bilden eine deliktische Einheit (vgl. § 146 RN 26).

15 β) Zahlreiche weitere Tatbestände erfassen ganze **Handlungskomplexe** pauschal als eine Tat, so daß insgesamt eine tatbestandliche Handlungseinheit vorliegt.

16 Z. T. ergibt dies unmittelbar der Gesetzeswortlaut, wenn dort pauschalisierende Handlungsbeschreibungen verwandt werden. Das gilt für zahlreiche Staatsschutzdelikte, zB die Rädelsführerschaft in §§ 84, 85 (vgl. BGH **15** 259), für die nachrichtendienstliche Tätigkeit nach §§ 98, 99 (vgl. BGH **16** 32 zu § 92 aF, **28** 169) und ähnliche Fälle, ferner etwa für die Beteiligung an einer Schlägerei (§ 232) sowie für das Handeltreiben mit Betäubungsmitteln (BGH **30** 28, StV **95**, 641). In diesen Zusammenhang gehören auch die Dauerdelikte; vgl. näher u. 81 ff. Zum Völkermord (§ 220 a) vgl. BGH **45** 64 m. Anm. Werle JZ 99, 1181.

17 In anderen Fällen ergibt erst die Auslegung, daß der Tatbestand sowohl durch eine Einzelhandlung im natürlichen Sinn wie auch durch einen Handlungskomplex (einmal) verwirklicht werden kann. Das gilt vor allem, wenn der Täter durch mehrere Einzelhandlungen einen **einheitlichen Deliktserfolg** herbeiführt, von denen jede an sich den Tatbestand erfüllt, die jedoch als Teilstücke eines einheitlichen Ganzen erscheinen (quantitative Steigerung) und daher zu einer rechtlichen Einheit zusammengefaßt sind **(Bewertungseinheit)**. Wiederholte Erfüllung des gleichen Tatbestands in engem räumlichen und zeitlichen Zusammenhang und einheitlichem Vorsatz lassen die verschiedenen Einzelhandlungen als einheitliche Tat erscheinen (für Einbeziehung in die Gruppe fortgesetzter Taten Schmoller, Bedeutung und Grenzen des fortgesetzten Delikts, 1988, 19). Hierher gehören zB verschiedene Sexualdelikte (vgl. RG **70** 335, BGH **1** 170), weiter § 146 (Nachmachen mehrerer Falschstücke in einem Arbeitsgang; vgl. § 146 RN 12; Inverkehrbringen von Falschgeld in mehreren Einzelakten; vgl. BGH NStZ-RR **2000**, 105), § 185 (Beleidigung durch mehrere Schimpfworte), § 223 (Mißhandlung durch mehrere Schläge; vgl. auch BGH NStZ **2000**, 25), § 225 (Quälen durch mehrere Handlungen; vgl. BGH **41** 113 m. Anm. Hirsch NStZ 96, 37), § 259 (Lieferung angekaufter

Sachen in Raten, § 283 (mehrere Einzelverstöße gegen Buchführungspflicht; vgl. § 283 RN 37), § 292 („Nachstellen"), § 325 (andauernde Luftverunreinigung), §§ 331, 332 (ratenweise Annahme von Vorteilen; vgl. dazu BGH NStZ **95**, 92) oder § 153 (mehrere falsche Angaben bei einer Aussage; vgl. Köln StV **83**, 507), § 132 a (mehrfaches Tragen derselben Uniform oder Führen desselben Titels; vgl. § 132 a RN 21). Auch beim Diebstahl sind entsprechende Situationen denkbar, so wenn der Dieb die Beute stückweise aus dem Haus trägt und auf den bereitstehenden Wagen lädt, uU sogar dann, wenn der Dieb die gesamte Tat nur in mehreren Nächten verwirklichen kann, oder wenn er bei einer Gelegenheit mehrere Sachen entwendet. Hierbei ist ohne Bedeutung, ob sein Vorsatz von vornherein alle Sachen umfaßt oder sich erst während der Tat erweitert hat (vgl. § 242 RN 45). Ein als Handlungseinheit zu wertender Handlungskomplex läßt sich sogar noch annehmen, wenn der Täter gleich nach der Tat erneut in gleicher Weise tätig wird, so etwa, wenn ein Dieb zu Haus bei Sichtung der Beute feststellt, daß er einen Teil des ins Auge Gefaßten vergessen hat oder die Beute nicht reicht, und daraufhin unverzüglich das Vergessene oder das noch Benötigte holt. Ebenso liegt nur eine Tat nach § 232 vor, wenn ein Beteiligter sich zur Versorgung einer Wunde zurückzieht und alsbald nach Behandlung erneut in die Schlägerei eingreift; unerheblich ist, ob er das erneute Eingreifen schon beim Entfernen vom Tatort eingeplant oder erst nach der Behandlung beschlossen hat. Als rechtliche Handlungseinheit läßt sich ein Handlungskomplex auch beurteilen, wenn auf die jeweiligen Einzelhandlungen an sich verschiedene Strafbestimmungen anwendbar sind, so zB, wenn der Täter das Opfer zunächst mit Faustschlägen mißhandelt und dann zu Schlägen mit einem Knüppel übergeht. Zur Bewertungseinheit beim Bandenhandeln mit Betäubungsmitteln vgl. BGH NStZ **96**, 442, NStZ-RR **99**, 219 sowie BGH **43** 252 (keine Bewertungseinheit zwischen Handeltreiben u. späterer Wiederbeschaffung des gehandelten Rauschgiftes), vgl. ferner Zschockelt StraFo 96, 131, Körner StV 98, 627 zur Bewertungseinheit des Rauschgifthandels sowie BGH NStZ **99**, 192 (Veräußern u. Absetzen von Betäubungsmitteln).

Nach BGH NStZ **98**, 360 sollen, um eine Bewertungseinheit annehmen zu können, hinreichende **17 a** tatsächliche Anhaltspunkte vorliegen müssen. Der Zweifelsgrundsatz soll sonst die Annahme einer Bewertungseinheit nicht gebieten. Damit dürfte aber, wie die Verweisung auf BGH StV **95**, 417 zeigt, nur gemeint sein, daß nicht jede erdenkbar mögliche Fallgestaltung zu berücksichtigen ist. Erforderlich sind sichere Anzeichen für tätergünstige Umstände. Ist das der Fall, so ist wie auch sonst bei zweifelhaften tatsächlichen Anhaltspunkten für die Annahme einer Handlungseinheit oder Handlungsmehrheit (vgl. u. 26 a) oder bei Zweifeln über das Vorliegen der tatsächlichen Voraussetzungen der Tateinheit oder der Tatmehrheit (vgl. § 52 RN 48) nach dem Grundsatz **in dubio pro reo** zu entscheiden. Nur bei der rechtlichen Würdigung, ob ein Geschehen als Bewertungseinheit zu beurteilen ist, kann nicht der Zweifelsgrundsatz maßgebend sein.

Handlungseinheit liegt auch vor, wenn der Täter seinen teilweise ausgeführten Plan zwar im **18** Augenblick aufgegeben oder irrig für voll verwirklicht gehalten hat, ihn aber sofort danach aufgreift und zu Ende führt (vgl. BGH **4** 219, NJW **90**, 2896; and. Jakobs 889) oder auf den gleichen Erfolg mit mehreren, nacheinander benutzten Mitteln hinwirkt (BGH **10** 129). Teilakte, die der Vollendung einer Tat dienen, sind immer dann als Handlungseinheit zu werten, wenn sie als einheitlicher Lebensvorgang anzusehen sind (BGH NStZ **96**, 430). Dementsprechend sind mehrere Einwirkungshandlungen des Anstifters, die auf Hervorrufen desselben Tatentschlusses abzielen, nur eine Anstiftung (BGH StV **83**, 456). Ein einheitlicher Lebensvorgang entfällt nicht schon deswegen, weil der Täter die Angriffsmittel wechselt (BGH NStZ **96**, 430). Vgl. den o. 17 aE angeführten Fall der Körperverletzung. Keine Handlungseinheit liegt dagegen vor, wenn die Tat fehlgeschlagen ist und nach dem Fehlschlag ein erneutes Ansetzen zur Tatverwirklichung notwendig ist (BGH **41** 369, **44** 91, NJW **98**, 1570). Ebenfalls liegt eine Mehrheit von Taten vor, wenn zwischen dem Versuch einer Tat und ihrer Vollendung kein enger räumlicher und zeitlicher Zusammenhang besteht oder der Täter nach einer Handlung, bei der es ihm auf eine ganz bestimmte Beschaffenheit (zB Giftbeibringen) ankam, auf Grund eines neuen Entschlusses ein anderes Tatmittel benutzt (BGH **10** 129); der Versuch kann allerdings als subsidiär zu beurteilen sein (vgl. u. 123). Bei einer Bestechung ist die Annahme mehrerer Teilleistungen als Handlungsmehrheit zu werten, wenn die versprochenen Vorteile von der künftigen Entwicklung abhängen, insb. ihre Gewährung „open-end"-Charakter trägt (BGH NStZ **95**, 92). Die Rspr. spricht in den oben genannten Fällen häufig von natürlicher Handlungseinheit, zB RG **58** 116, BGH **1** 21, 170, **4** 219, **10** 129, 230, **20** 272, **36** 116; vgl. auch u. 23.

Zu beachten ist jedoch, daß für einen Handlungskomplex als Handlungseinheit eine gewisse **19** Kontinuität und innere Beziehung der einzelnen Handlungsakte zueinander vorausgesetzt wird. Beruhen diese auf einem neuen Entschluß und besteht keine innere Beziehung zur früheren Tatbestandserfüllung, so liegt auch keine rechtliche Handlungseinheit vor. Wer jemanden nach gewisser Zeit auf Grund eines anderen Anlasses erneut verprügelt, erfüllt den Tatbestand des § 223 zweimal. Zu einer Zäsur bei Handlungskomplexen führt die rechtskräftige Verurteilung. Wird zB der Täter wegen unbefugter Titelführung rechtskräftig verurteilt und führt er danach den Titel erneut, so liegen zwei selbständige Handlungen vor. Ebenso verhält es sich, wenn nach einem rechtskräftig abgeurteilten Handeltreiben mit Betäubungsmitteln ein nicht entdeckter Rest aus dem Vorrat veräußert wird (Karlsruhe NStZ-RR **98**, 80).

b) Eine Folge der tatbestandlichen Handlungseinheit ist die Idealkonkurrenz durch sog. **Klam-** **20** **merwirkung**: treffen mit den verschiedenen natürlichen Einzelhandlungen einer tatbestandlichen

Stree

Handlungseinheit jeweils andere, an sich selbständige Straftaten zusammen, so werden diese unter bestimmten Voraussetzungen durch die „durchlaufende" Handlungseinheit zu Idealkonkurrenz verbunden. Vgl. näher hierzu § 52 RN 14 ff.

21 c) Tatbestandliche **Handlungseinheit** in diesem Sinn ist **nicht identisch mit Tateinheit**, sondern nur deren Voraussetzung (vgl. Warda Oehler-FS 244). Deshalb liegt gleichartige Idealkonkurrenz nicht schon dann vor, wenn ein Tatbestand durch eine aus mehreren Einzelhandlungen bestehende Handlungseinheit erfüllt wird, wie bei einer Körperverletzung durch mehrere Schläge oder einer Beleidigung durch mehrere Schimpfworte usw. Regelmäßig liegt hierin nur eine einmalige, nicht, wie § 52 voraussetzt, eine mehrmalige Verletzung desselben Strafgesetzes. Zur gleichartigen Idealkonkurrenz vgl. § 52 RN 22 ff.

22 3. Soweit jedoch der Tatbestand die mehreren Einzelhandlungen nicht zu einer Bewertungseinheit verklammert, ist die **natürliche Handlungseinheit** (vgl. hierzu Maiwald aaO; Blei JA 72, 711 ff.; 73, 95 ff., Sowada Jura 95, 245) als Form der rechtlichen Verbundenheit mehrerer natürlicher Handlungen **nicht anzuerkennen** (vgl. Jakobs 900, M-Gössel II 410 ff., Puppe NK § 52 RN 33, R. Schmitt ZStW 75, 58, Stratenwerth 319, Wessels/Beulke RN 765; vgl. jedoch Warda JuS 64, 83, Oehler-FS 257 ff., Wahle GA 68, 110 f., auch Wolter StV 86, 320, der für eine normative Handlungseinheit eintritt). Der einheitliche Plan, dessen Verwirklichung mehrere Handlungen dienen, stellt insb. keine Klammer dar, die eine Handlungseinheit im Rechtssinn herstellen kann. Diebstahl der Mordwaffe und Tötung sind zwei Handlungen auch da, wo sie zeitlich und räumlich nahe beieinander liegen. Vgl. weiter die Beispiele in § 52 RN 6.

23 Demgegenüber hat die **Rspr.** häufig mit einem sehr weiten und nicht nur auf die o. 12 ff. genannten Fälle beschränkten Begriff der „natürlichen Handlungseinheit" operiert (zur Kritik an ihr vgl. Rissing-van Saan LK 18). Diese soll vorliegen, wenn mehrere gleichartige strafrechtlich bedeutsame Betätigungen durch einen engen räumlichen und zeitlichen Zusammenhang so verbunden sind, „daß sich das gesamte Tätigwerden an sich (objektiv) auch für einen Dritten als ein einheitliches zusammengehöriges Tun bei natürlicher Betrachtungsweise erkennbar macht" (vgl. zB RG **58** 116, **74** 375, **76** 140, HRR **39** Nr. 391, BGH **4** 219, **10** 130 f., 231, VRS **13** 135, **36** 354, **56** 142, NJW **96**, 937, NStZ **97**, 276). Das soll auch bei Angriffen auf höchstpersönliche Rechtsgüter verschiedener Personen (BGH MDR/H **84**, 981 f., JZ **85**, 250, NStZ **85**, 217, StV **90**, 544; dagegen mit Recht Maiwald NJW 78, 301, JR 85, 514, Wolter StV 86, 321), beim Zusammentreffen von positivem Tun und Unterlassen (Bremen JR **53**, 388) sowie bei Fahrlässigkeitstaten gelten (vgl. zB RG **53** 227, DJ **39**, 1284, Hamm VRS **25** 258, JMBlNW **64**, 167); vgl. ferner BGH GA **70**, 84, MDR/D **73**, 17, VRS **48** 345. Einen Gesamtvorsatz verlangt die Rspr. für die natürliche Handlungseinheit nicht (BGH MDR/D **73**, 17, VRS **48** 18, Bay DAR/R **76**, 174; vgl. aber auch BGH NJW **77**, 2321, wonach einheitlicher Tatentschluß erforderlich sein soll, und dazu krit. Maiwald NJW 78, 300, ferner BGH NStZ **84**, 215, 86, 314, 98, 621, JZ **85**, 250, StV **90**, 544, wonach die Einzelhandlungen Ausdruck eines einheitlichen Willens sein müssen, aber auch BGH **36** 116, wonach eine nachfolgende Handlung auch auf einem neuen Entschluß beruhen kann, sowie BGH NStZ **97**, 276, wonach Brandstiftung vor Beendigung eines Diebstahls auch ohne engeren motivatorischen Zusammenhang eine natürliche Handlungseinheit bilden kann; vgl. andererseits noch BGH NStZ-RR **98**, 69). Bei Angriffen auf höchstpersönliche Rechtsgüter verschiedener Personen hat BGH StV **94**, 538 einen einschränkenden Standpunkt eingenommen (vgl. auch BGH NStZ **95**, 129, NJW **98**,620 u. dazu Momsen NJW 99, 982). Natürliche Handlungseinheit soll nur ausnahmsweise bei einem außergewöhnlich engen und situativen Zusammenhang zu bejahen sein (BGH NStZ-RR **98**, 233), etwa bei gleichzeitigen wechselseitigen Angriffen auf verschiedene Opfer (BGH StV **98**, 72, ferner bei Messerstichen oder Schüssen innerhalb weniger Sekunden oder gegen eine aus Tätersicht nicht individualisierte Personenmehrheit. Bloßer einheitlicher Tatentschluß und enger räumlicher und zeitlicher Zusammenhang allein soll bei Angriffen nacheinander nicht genügen. Abgesehen von den unscharfen Grenzlinien spricht gegen eine natürliche Handlungseinheit in begrenztem Rahmen, daß die Abgrenzungskriterien sachlich kaum vertretbar sind. Ob jemand bei Schüssen in eine Menschenmenge auf von ihm individualisierte oder auf irgendwelche Personen zielt, begründet für die Annahme von Handlungsmehrheit oder Handlungseinheit sachlich ebensowenig einen Unterschied wie das zeitliche Auseinanderfallen der Handlungen um Minuten oder Sekunden.

24 Während diese auf das *objektive Erscheinungsbild* abstellende Definition noch einigermaßen klare Abgrenzungen ermöglicht, hat die Rspr. in anderen Fällen den Begriff der natürlichen Handlungseinheit dadurch überdehnt, daß sie vor allem auf die *Einheitlichkeit des Willensentschlusses* abstellte. So sollen nach RG HRR **39** Nr. 391 mehrere Schüsse auf mehrere Personen eine einheitliche Handlung sein, wenn der Täter „die verschiedenen Schüsse aufgrund des einheitlichen Willensentschlusses, in der Gegend zu feuern und dabei gegebenenfalls wen auch immer zu treffen und zu verletzen, in enger Aufeinanderfolge abgegeben hat" (ebenso RG HRR **34** Nr. 764; vgl. auch BGH StV **94**, 538, Hellmer GA 56, 65; dagegen jedoch BGH **16** 397 und § 52 RN 10). Ähnlich Celle SJZ **47**, 272 m. Anm. Leß, wonach der Diebstahl und das nachfolgende Schlachten eines Tieres eine Handlung seien (and. insoweit Hamburg HESt **1** 145). Vgl. weiter BGH MDR/H **81**, 452 (Kfz-Diebstahl und anschließende Urkundenfälschung durch Veränderung der Motor- und Fahrgestellnummern; vgl. dagegen BGH NStE **38** zu § 52, MDR/H **94**, 129 (Tat nach § 145 d zur Verdeckung eigenen Diebstahls), Bremen JR **53**, 388 (gegen RG **76** 144). Vollends führt BGH VRS **28** 359 den

Begriff der natürlichen Handlungseinheit ad absurdum, indem das Urteil den einheitlichen Fluchtwillen des Angekl. dazu benutzt, um zwischen Fahren ohne Führerschein, gefährlicher Körperverletzung, Widerstand gegen Vollstreckungsbeamte und Unfallflucht Handlungseinheit herzustellen. Vgl. ferner BGH **22** 76, VRS **48** 191, **57** 277, **65** 428, **66** 20, MDR **89**, 834, NStZ-RR **97**, 332 zur natürlichen Handlungseinheit bei Verkehrsstraftaten im Verlauf einer ununterbrochenen Flucht vor der Polizei ("Polizeiflucht") und dagegen Warda Oehler-FS 250 ff.

Durch BGH VRS **36** 354 wird dies vorsichtig dahin korrigiert, daß Einheitlichkeit des Willensentschlusses oder Gesamtzieles nicht schlechthin eine natürliche Handlungseinheit begründe, sondern daß der Entschluß sich auf gleichartige Betätigungen gerichtet haben müsse. Demgemäß genügt nach BGH NJW **95**, 1766 (dazu Sowada NZV 95, 465) nicht der einheitliche Tatentschluß, während einer ununterbrochenen Fahrt mehrere in sich voneinander unabhängige Gefahrenlagen zu schaffen. Nach BGH MDR/D **74**, 13 begründet der Fluchtwille keine natürliche Handlungseinheit bei Straftaten, die der vor der Polizei zu Fuß fliehende Täter begeht. Die Verletzung höchstpersönlicher Rechtsgüter gebietet nach BGH MDR/H **79**, 987 eine Aufspaltung in mehrere Tatkomplexe (vgl. auch BGH NStZ **84**, 311, StV **94**, 538, MDR/H **95**, 880). Keine natürliche Handlungseinheit bildet nach BGH NJW **84**, 1568 die (versuchte) Tötung mit der vorher abgeschlossenen Körperverletzung, die mittels der Tötung verdeckt werden soll (vgl. dazu Kindhäuser JuS 85, 100). Vgl. auch BGH StV **86**, 293: keine natürliche Handlungseinheit, wenn Täter nach Körperverletzung oder Tötungsversuch dem Opfer Hilfe leistet und anschließend auf Grund eines neuen Entschlusses tötet (krit. dazu Wolter StV 86, 315). Rechtlich selbständig ist nach BGH DRiZ/H **79**, 149 idR das Fahren ohne Fahrerlaubnis bis zum Zeitpunkt, in dem der Täter beschließt, die von ihm bemerkte Polizeistreife durch verkehrsfeindlichen Einsatz seines Fahrzeugs abzuschütteln. **25**

Auch in der bisherigen Rspr. finden sich zahlreiche Entscheidungen, die iE dem hier vertretenen Standpunkt entsprechen. Vgl. zB RG **44** 31, **59** 318, **66** 362, **72** 123, OGH **3** 37. Auf der Grundlage der Einschränkungen bei der fortgesetzten Tat (vgl. u. 31) wird der BGH ohnehin seine bisherige Rspr. zur natürlichen Handlungseinheit überdenken müssen. Es ist allerdings nicht ausgeschlossen, daß nach der weitgehenden Einschränkung der fortgesetzten Tat die natürliche Handlungseinheit ausgedehnt wird, um die Annahme realkonkurrierender Taten zu vermeiden. Vgl. etwa für natürliche Handlungseinheit BGH StV **96**, 605 (Diebstahl aus verschiedenen Kraftfahrzeugen in einer Tiefgarage während derselben Nacht), Bay NStZ-RR **96**, 136 (Befestigungen von Plakaten gleichen verbotswidrigen Inhalts in zeitlicher Nähe an verschiedenen Stellen), Düsseldorf NStZ-RR **98**, 57 (mehrfache Geschwindigkeitsüberschreitungen auf einer Fahrt), BGH wistra **98**, 224 (mitausgeübte Geschäftsleitung und einzelne betrügerische Geschäftsvorfälle). Für Ausdehnung der natürlichen Handlungseinheit Meyer-Goßner (vgl. ZStW 110, 399) unter Hinweis auf den Fall der Hausangestellten, die nach und nach Sachen aus dem Haus ihres Dienstherrn entwendet, ein Beispiel, das früher als Fortsetzungstat angesehen wurde. Zur natürlichen Handlungseinheit bei Sexualdelikten vgl. BGH NStZ **96**, 390. Vgl. auch die krit. Bem. von Wolfslast/Schmeisner JR 96, 338 zu BGH **41**, 113 (Quälen). **26**

Ob eine natürliche Handlungseinheit oder ob Handlungsmehrheit anzunehmen ist, soll nach BGH NStZ-RR **98**, 68 einem **tatrichterlichen Ermessensspielraum** unterliegen. Die revisionsgerichtliche Überprüfung soll darauf beschränkt sein, ob die tatrichterliche Bewertung vertretbar ist und nicht von unzutreffenden Maßstäben ausgeht. Soweit nicht aufklärbare tatsächliche Ansatzpunkte für die Annahme einer Handlungseinheit oder einer Handlungsmehrheit bedeutsam sind, ist wie bei Zweifeln über das Vorliegen der tatsächlichen Voraussetzungen der Tateinheit oder der Tatmehrheit (vgl. § 52 RN 48) nach dem Grundsatz in dubio pro reo zu entscheiden. **26 a**

4. Besondere Formen der rechtlichen Handlungseinheit sind die **fortgesetzte Tat** (u. 30 ff.) und das **Dauerdelikt** (u. 81 ff.). Dagegen ist das „Massenverbrechen", dh die wiederholte Verwirklichung gleichwertiger Tatbestände auf Grund derselben charakterlichen Grundhaltung, als rechtliche Handlungseinheit nicht anzuerkennen (BGH **1** 221, NJW **51**, 666). Ebensowenig ist die sog. Sammelstraftat (Kollektivdelikt) als rechtliche Handlungseinheit zu beurteilen (vgl. u. 93). **27**

5. Die Regeln für Handlungseinheit und Handlungsmehrheit gelten grundsätzlich auch für (echte wie unechte) **Unterlassungsdelikte.** Da jedoch das Wesen der Unterlassung in der Nichtvornahme bestimmter Handlungen besteht (vgl. 139 ff. vor § 13), beurteilt sich die „Handlungseinheit" hier nach der Identität der vom Täter geforderten Handlungen (RG **76** 140, BGH **18** 379, **37** 134, JR **85**, 244 m. Anm. Puppe, Bay NJW **60**, 1730, Köln wistra **86**, 275). Dient ein und dieselbe Handlung dem Schutze mehrerer Rechtsgutträger, so liegt bei ihrer Nichtvornahme **Unterlassungseinheit** vor (Schrankenwärter unterläßt es, Schranke zu schließen; § 222 in gleichartiger Idealkonkurrenz). Nimmt der Täter jedoch eine Mehrzahl verschiedener Handlungen nicht vor, so liegt Handlungsmehrheit vor (BGH MDR/H **79**, 987), so wenn er mehreren Meldepflichten nicht nachkommt (RG **76** 140), Lohnsteuer und Arbeitnehmeranteile zur Sozialversicherung weder anmeldet noch abführt (BGH JR **88**, 25 m. Anm. Otto) oder mehrere Kinder nicht rettet (Herzberg MDR 71, 883, Spendel JZ 73, 144). Vgl. auch BGH **18** 376, Bay NJW **60**, 1730, Celle MDR **64**, 862 zu § 170b (and. insoweit Düsseldorf MDR **62**, 923), ferner Schleswig SchlHA/E-J **79**, 209. Die Einheit der Tat kann bei einer Mehrzahl verschiedener notwendiger Handlungen nur über die rechtliche Handlungseinheit herbeigeführt werden. So liegt nur eine Handlung vor, wenn der Wächter eines Lagerhauses es unterläßt, Waren verschiedener Eigentümer bei einem Brand zu retten (Handlungskomplex gem. dem **28**

o. 17 Ausgeführten). Vgl. dazu Geerds JZ 64, 593 ff., Jakobs 897, Struensee, Die Konkurrenz bei den Unterlassungsdelikten (1971). Von einer Unterlassungseinheit geht BGH NStZ **2000**, 83 auch aus, wenn der Garant von vornherein einem Geschehen seinen Lauf läßt, mag es auch aus mehreren Handlungen bestehen.

29   6. Umstritten ist, ob mehrere **Äußerungen** strafbarer Art (Beleidigung, Falschverdächtigung usw) **in einer Schrift** stets eine Handlungseinheit bilden. Das RG hat diese nur bejaht, wenn die Äußerungen durch ihren inhaltlichen Zusammenhang oder ihre Fassung so eng miteinander verbunden sind, daß sie nach natürlicher Auffassung als Einheit erscheinen; Handlungsmehrheit soll dagegen bei einem nur losen Zusammenhang vorliegen (vgl. ua RG 33 46, **34** 134, **66** 4, JW **35**, 2961, **36**, 389, DR **39**, 623; ähnlich Bay GA **73**, 112 bei verschiedenen Steuerstraftaten in einer Steuererklärung durch unrichtige Angaben). Andererseits hat der BGH (GA **62**, 24) die falsche Verdächtigung mehrerer Personen in einem Schreiben ohne Einschränkung als Handlungseinheit gewertet (gleichartige Idealkonkurrenz). Die Meinungen im Schrifttum sind geteilt. Z. T. wird darauf abgestellt, ob die Äußerungen in einem materiellen Zusammenhang stehen (Handlungseinheit) oder voneinander unabhängig sind (Handlungsmehrheit; vgl. etwa Blei I 344, Tröndle/Fischer 9, M-Gössel II 415, Rissing-van Saan LK § 52 RN 10). Nach anderer Ansicht ist allein die Kundgabe als einheitlicher Realakt das entscheidende Moment; das Überlassen einer Schrift mit verschiedenen strafbaren Äußerungen an einen anderen begründet danach eine Handlungseinheit (so zB Herdegen LK[10] § 185 RN 46, Rudolphi SK § 185 RN 25). Für diese Ansicht spricht an sich der Umstand, daß die in einer Schrift niedergelegten Äußerungen erst mit dem Entäußerungsakt, dh mit Übergabe der Schrift an einen anderen, strafrechtliche Bedeutung erlangen. Gegen sie ist jedoch einzuwenden, daß sie der Äußerlichkeit des Übermittlungsvorgangs zu viel Gewicht beimißt. Es besteht sachlich kein sinnvoller Grund, verschiedene strafbare Äußerungen unter dem Gesichtspunkt der Handlungseinheit bzw. -mehrheit unterschiedlich zu behandeln, je nachdem, ob sie schriftlicher oder mündlicher Art sind. Strafbare Äußerungen in einer Rede etwa können, da sie sofort mit ihrer Kundgebung Bedeutung erlangen, nur unter den Voraussetzungen einer rechtlichen Handlungseinheit als einheitliches Geschehen beurteilt werden. Für eine durch Tonband (Schrift gem. § 11 III) übermittelte Rede kann nichts anderes gelten, will man nicht sachlich Gleiches ungleich werten. Ebensowenig kann für die Frage der Handlungseinheit oder Handlungsmehrheit maßgeblich sein, ob ein Schreiben diktiert oder vom Täter selbst hergestellt worden ist. Schriftliche Äußerungen sind daher nur auf Grund ihres materiellen Zusammenhangs zu einer Handlungseinheit zusammenzufassen (vgl. dazu Düsseldorf StraFo **99**, 357).

III. Das fortgesetzte Delikt

30   *Schrifttum: Buchholz*, Die Selbständigkeit der Einzelakte beim fortgesetzten und Kollektivdelikt, 1940 (StrAbh. Heft 413). – *Doerr*, Die Lehre vom fortgesetzten Delikt, FG Frank II 210. – *Graf zu Dohna*, Betrachtungen über das fortgesetzte Verbrechen, DStR 42, 19. – *Jähnke*, Grenzen des Fortsetzungszusammenhangs, GA 89, 376. – *Koch*, Zur fortgesetzten Fahrlässigkeitstat, NJW 56, 1267. – *Mann*, Materielle Rechtskraft und fortgesetzte Handlung, ZStW 75, 251. – *Mezger*, Der Fortsetzungszusammenhang im Strafrecht, JW 38, 3265. – *Nickel*, Der Begriff des fortgesetzten Delikts usw. 1931. – *Nowakowski*, Fortgesetztes Verbrechen und gleichartige Verbrechensmenge, 1950. – *Preiser*, Aufspaltung der Sammelstraftat, insb. der fortgesetzten Handlung, ZStW 58, 743. – *Roth-Stielow*, Kritisches zur fortgesetzten Handlung, NJW 55, 450. – *Schirmeyer*, Wesen und Voraussetzungen des fortgesetzten Verbrechens, 1941 (StrAbh. Heft 425). – *Schlosky*, Über Tateinheit und fortgesetztes Verbrechen, ZStW 61, 245. – *Schmoller*, Bedeutung und Grenzen des fortgesetzten Delikts, 1988. – *Schroeder*, Die Zusammenrechnung im Rahmen von Qualitätsbegriffen bei Fortsetzungstat und Mittäterschaft, GA 64, 225. – *Stree*, Teilrechtskraft und fortgesetzte Tat, Engisch-FS 676. – *ders.*, Probleme der fortgesetzten Tat, Krause-FS 1990, 393. – *v. Weber*, Zur Behandlung des zum Teil im Ausland begangenen fortgesetzten Delikts, ZStW 57, 490. – Über das ältere Schrifttum vgl. die Nachw. b. Frank, § 74 Anm. V 2 c.

31   Die **Fortsetzungstat** ist trotz einiger Kritik jahrzehntelang von der Rspr. und der Rechtslehre als Fall der **rechtlichen Handlungseinheit** (nicht schlechthin Tateinheit) gewertet worden. Gestützt wurde diese Einstufung überwiegend auf Strafwürdigkeitsbelange (vgl. Jung JuS 89, 290), auf praktische Bedürfnisse (Prozeßökonomie, Vereinfachung der Rechtsanwendung) und auf eine natürliche Betrachtungsweise (vgl. ua RG **70** 244, DJ **41**, 553, OGH **1** 346, BGH **35** 323, **36** 109). So wurde es in Fällen umfangreicher Tatserien „als lästige, überflüssige und wunderlich anmutende Arbeit" empfunden, sollte für jedes einzelne Handeln eine Strafe festzusetzen und dann aus den Einzelstrafen eine Gesamtstrafe zu bilden sein (RG **70** 244), etwa in dem Fall, in dem ein Tankwart monatelang unberechtigt Benzin aus dem Tank seines Arbeitgebers entnimmt oder ein Dieb sein Vorhaben auf mehrere Nächte verteilt. Jede einzelne Handlung sollte sich in solchen Fällen nach natürlicher Betrachtungsweise als unselbständiger Teil (Einzelakt) einer einheitlichen fortgesetzten Tat darstellen (vgl. Jähnke GA 89, 383). Von dieser Auffassung ist nunmehr der GrS des BGH für Strafsachen (BGH **40** 138) weitgehend abgerückt (ähnlich bereits schweiz. BG; vgl. NStZ 93, 331, BGE 117 IV 409; krit. zum BGH Gribbohm Odersky-FS 387). Die Verbindung mehrerer Handlungen, die jede für sich einen Straftatbestand erfüllen, zu einer fortgesetzten Tat soll danach nur noch in Ausnahmefällen anzuerkennen sein. Ein wesentlicher Grund für das Abrücken von einer jahrzehntelang vertretenen Ansicht dürfte gewesen sein, daß es der höchstrichterlichen Rspr. nicht gelungen war, die Voraussetzungen für eine Fortsetzungstat mit klaren Leitlinien hinreichend und befriedigend zu präzisieren

Fortgesetztes Delikt 32–80 **Vorbem §§ 52 ff.**

(vgl. etwa die Kritik zur bisherigen BGH-Rspr. bei Fischer NStZ 92, 415). Ausdrücklich hat der GrS zwar nur für den Bereich des Betrugs und die Fälle des sexuellen Mißbrauchs gem. den §§ 173, 174, 176 entschieden, daß an der Rechtsfigur der fortgesetzten Tat nicht mehr festzuhalten sei (ebenso BGH **40** 195 für Steuerhinterziehung, BGH StV **94**, 479 bei Straftaten nach BtMG). Seine Begründung läuft aber auf eine weitgehende „Abschaffung" dieser Rechtsfigur auch bei den sonstigen Straftatbeständen hinaus (zu den Auswirkungen der Entscheidung des GrS vgl. Zschockelt NStZ **94**, 361, Ruppert MDR 94, 973, Geppert NStZ 96, 57). Nur soweit es, gemessen am Straftatbestand, zur sachgerechten Erfassung des verwirklichten Unrechts und der Schuld unumgänglich ist, sollen mehrere Einzelhandlungen noch zu einer fortgesetzten Tat zusammengefaßt werden dürfen. Welche Fälle insoweit in Betracht kommen, läßt der GrS offen. Denken läßt sich etwa an das Fahren ohne Fahrerlaubnis (§ 21 StVG); ohne seine Zusammenfassung als fortgesetzte Tat kann hier durchaus eine sachgerechte Erfassung des Unrechts und der Schuld ausgeschlossen sein, zB dann, wenn zwar die Gesamtfahrleistung in ihrem Mindestmaß feststeht, unaufklärbar aber die genauen Zeiten der einzelnen Fahrten und die jeweils zurückgelegten Strecken bleiben. Ähnlich kann es bei einer Unterschlagung sein; erstreckt sie sich mit ihren Teilakten über einen längeren Zeitraum und steht der Gesamterfolg fest, nicht aber das Ausmaß der jeweiligen Teilmengen und auch nicht der Zeitpunkt ihres Erlangens, so läßt sich das gesamte Unrecht nur über die Annahme einer fortgesetzten Tat sachgerecht erfassen. BGH NStZ **94**, 586 ist in einer solchen Beurteilung im Fall mehrerer Untreuehandlungen, bei denen nur der Gesamterfolg, nicht aber die konkrete Zahl der Einzelhandlungen ermittelt werden kann, mit der These ausgewichen, zugunsten des Täters sei anzunehmen, der Gesamterfolg beruhe auf einer Handlung. Eine solche Lösung ist gegenüber der Annahme einer fortgesetzten Tat keineswegs vorzugswürdig. Sie wird insb. fragwürdig, wenn Einzelhandlungen verjährt sind, andere dagegen nicht und unaufklärbar bleibt, wie sich das Geschehen aufteilt. Einen anderen Weg zur Lösung der Fälle, in denen ein Gesamtgeschehen sich nicht genau aufgliedern läßt, hat BGH wistra **96**, 21 beschritten. Danach sollen die Teile des Gesamtgeschehens bestimmten Verhaltensweisen mittels Schätzung unter Berücksichtigung des Grundsatzes in dubio pro reo zuzuweisen sein (vgl. auch BGH StV **98**, 475 m. krit. Anm. Hefendehl, ferner BGH NStZ **99**, 581, Bohnert NStZ 95, 460). Auch diese Lösung ist gegenüber der Annahme eines Fortsetzungszusammenhangs nicht sachgerecht. Die der BGH-Rspr. zugrunde liegende Erwägung, bei Serienstraftaten offenbare erst eine Gesamtwürdigung den deliktischen Gesamtumfang, eine Aufteilung des Gesamtschadens sei daher kein zwingendes Gebot der Gerechtigkeit, spricht eher für das Festhalten an einem Fortsetzungszusammenhang als für die BGH-Lösung. Ansätze an den Fortsetzungszusammenhang finden sich in BGH wistra **99**, 99, wonach bei Serienstraftaten, die nach früherer Rspr. als fortgesetzte Tat zu werten waren, die Aufgabe der Rechtsfigur der fortgesetzten Handlung zu keiner Erhöhung des Strafniveaus führen soll; abzustellen sei auf das Gesamtgewicht des abzuurteilenden Sachverhalts, also auf einen Faktor, der für die rechtliche Handlungseinheit einer fortgesetzten Tat Bewertungsmaßstab war. In anderen Fällen läßt sich bereits ohne Rückgriff auf die Rechtsfigur der fortgesetzten Tat ein Handlungskomplex nach dem o. 17 Ausgeführten als Handlungseinheit beurteilen, so uU auch, wenn ein Dieb seine geplante Tat aus bestimmten Gründen aufteilen muß und nur in mehreren Nächten durchführen kann. Zu neuen Lösungsansätzen vgl. auch Schmoller, Zur Zukunft des „fortgesetzten Delikts" in Leitner, Aktuelles zum Finanzstrafrecht, 1998, 53 ff. Zum Festhalten an der Rechtsfigur „fortgesetztes Delikt" in Österreich vgl. Ratz WK 83 ff. vor §§ 28–31.

Soweit überhaupt noch die Möglichkeit einer fortgesetzten Tat anzuerkennen ist, bleibt nach wie **32** vor zu beachten, daß sich die rechtliche Handlungseinheit aus einer Anzahl äußerlich selbständiger und bereits für sich gesehen tatbestandsmäßiger Handlungen zusammensetzt. Daher ist bei jeder rechtlichen Konsequenz zu entscheiden, ob der Fortsetzungszusammenhang eine in jeder Beziehung einheitliche Tat begründet oder ob in der einen oder anderen Hinsicht den einzelnen **Teilakten** eine **gewisse rechtliche Selbständigkeit** zuzusprechen ist (vgl. zB § 56 g RN 7, auch BGH **35** 36: Strafanzeige bei Selbstanzeige wegen unentdeckter Einzelakte einer fortgesetzten Steuerhinterziehung, LG Bielefeld NStZ **86**, 282 m. Anm. Peters: Zulässigkeit der Verfahrenswiederaufnahme hinsichtlich einzelner Teilakte; vgl. dazu Marxen StV 92, 536). Auch die Gewohnheitsmäßigkeit wird durch Fortsetzungszusammenhang nicht eo ipso ausgeschlossen, was der Fall wäre, wenn man einerseits eine Mehrheit gleichartiger Taten verlangt, zugleich aber die Fortsetzungstat als eine einzige Straftat behandelt. Vor allem aber ist zu bedenken, daß es sich bei der fortgesetzten Tat nicht um ein gesetzlich geschaffenes Gebilde handelt und daher mit ihrer Annahme täternachteilige Folgen, die bei Annahme von Handlungsmehrheit unterbleiben, nicht ohne weiteres verbunden sein dürfen (vgl. Ostendorf DRiZ 83, 426). Diesen Gesichtspunkt übergeht BVerfG NJW **92**, 223 bei der Annahme, die Rspr. zur Verjährung fortgesetzter Taten (u. 33) sei verfassungsrechtlich nicht zu beanstanden. Er gewinnt auch Bedeutung, wenn ein Teilakt im Ausland begangen wird und die Wertung des gesamten Geschehens als Inlandstat (vgl. BGH MDR/H **92**, 631) dem Täter Nachteile bringt.

Die Rspr. hat sich nach der Entscheidung des GrS des BGH in BGH **40** 138 von der Rechtsfigur **33–80** der fortgesetzten Handlung im herkömmlichen Sinn gelöst. Irgendwelche Ausnahmen für einen Rückgriff der Rspr. auf den Fortsetzungszusammenhang zeichnen sich nicht ab, obwohl der GrS des BGH eine solche Möglichkeit offengelassen hat. Ausnahmen sind allem Anschein nach auch nicht zu erwarten. Aus diesem Grund sei davon abgesehen, zum Fortsetzungszusammenhang näher Stellung zu nehmen. Hinsichtlich der einzelnen Voraussetzungen, auf die bei der Annahme einer fortgesetzten Tat abzustellen wäre, sei auf die Vorauf. verwiesen (RN 33–80 vor § 52).

Stree 769

IV. Rechtliche Handlungseinheit kann bei den Dauerdelikten vorliegen.

81   1. Dies sind solche Straftaten, bei denen der Täter einen andauernden rechtswidrigen Zustand herbeiführt oder pflichtwidrig nicht beseitigt und diesen Zustand dann willentlich aufrechterhält (zB bei der Freiheitsberaubung oder bei Hausfriedensbruch) oder bei denen er sein Verhalten kontinuierlich fortsetzt, wie beim Fahren ohne Fahrerlaubnis (§ 21 StVG) oder in fahruntüchtigem Zustand (vgl. BGH VRS **49** 185), auch im Fall des § 315 c I (Düsseldorf NZV **99**, 389, § 315 c RN 53), sowie beim unbefugten Waffenbesitz (vgl. RG **58** 13, Hamm NJW **79**, 117) oder bei der andauernden Verletzung der Unterhaltspflicht (vgl. § 170 RN 36) oder bei der Zuhälterei (BGH **39** 391). Nimmt hier der Täter Handlungen vor, die, indem sie den Dauerzustand aufrechterhalten, den Tatbestand noch einmal erfüllen, so liegt dennoch nur eine einzige Tat vor, so zB, wenn er das Entweichen eines Eingesperrten, der die Tür aufzubrechen sucht, durch Vernageln der Tür unmöglich macht (vgl. Hruschka GA 68, 193 ff., Geerds aaO 266 mwN). Kein Dauerdelikt liegt vor, wenn der Täter mehrfach dasselbe Verkehrszeichen mißachtet (vgl. Bay DAR **57**, 271). Zur verbotenen Beschäftigung mehrerer Kinder als Dauerdelikt nach dem JugendarbeitsschutzG vgl. Bay GA **75**, 54. Zum Unterlassungsdauerdelikt und zur Abgrenzung gegenüber dem fortgesetzten Unterlassungsdelikt vgl. Struensee, Die Konkurrenz bei Unterlassungsdelikten, 1971, 58 ff., 69.

82   2. Nicht alle Delikte, die einen widerrechtlichen Zustand herbeiführen, sind Dauerdelikte. Vielmehr ergibt die Auslegung einer ganzen Anzahl derartiger Tatbestände, daß der Vorwurf nur an die Herbeiführung, nicht aber an die Aufrechterhaltung des widerrechtlichen Zustands anknüpft; so bei §§ 169, 171, 223 ff., 242, 246, 271, 303. Man pflegt diese Gruppe als **Zustandsdelikte** zu bezeichnen. Die Bedeutung dieses Begriffs erschöpft sich mit der negativen Abgrenzung zu den Dauerdelikten. Das Zustandsdelikt kann allerdings mit einem Dauerdelikt verknüpft sein, so beim unbefugten Waffenbesitz nach Diebstahl der Waffe (Hamm NJW **79**, 117). Dagegen wird es selbst trotz fortdauernder Nachwirkungen nicht zum Dauerdelikt, wie bei längerer Nichtbenutzbarkeit einer beschädigten Sache oder bei Lähmung eines Beins, auch nicht bei anhaltenden Schmerzen als Folge einer Körperverletzung (vgl. LG Frankfurt NStZ **90**, 592; zT and. Jakobs 171). Dementsprechend beginnt die Verjährung auch bei fortbestehenden Nachwirkungen mit Herbeiführung des rechtswidrigen Zustands.

83   3. Dauerdelikte können **vorsätzlich** und **fahrlässig** begangen werden (vgl. zB RG **59** 53, **76** 70); fahrlässige Begehung kann in vorsätzliche übergehen, ohne daß dadurch die Einheitlichkeit des Dauerdelikts unterbrochen würde (so zB, wenn dem betrunkenen Autofahrer erst während der Fahrt seine Fahruntüchtigkeit bewußt wird, vgl. Bay MDR **80**, 867, § 315 c RN 46, auch RG **73** 230). Ist insoweit einem Teil des Dauerdelikts weniger Gewicht beizumessen, so ist das bei der Strafzumessung zu berücksichtigen. Entsprechendes gilt, wenn die Strafdrohung während der Dauerstraftat angehoben wird. Bei deren Ahndung greift dann zwar der neue Strafrahmen ein; für die Strafzumessung ist aber bedeutsam, daß ein Teil der Tat noch einer geringeren Strafe ausgesetzt war (Bay wistra **96**, 78).

84   4. Das Dauerdelikt ist mit der Herbeiführung des rechtswidrigen Zustands vollendet, zB mit dem Einsperren des Opfers, und **endet** mit Aufhebung des rechtswidrigen Zustands, zB der Freilassung des Gefangenen bei § 239. Problematisch ist, ob auch vorübergehende Unterbrechungen des Dauerzustands dessen rechtliche Beendigung herbeiführen (zB bei § 123, wenn der des Hauses verwiesene Täter sofort wieder eindringt, oder bei § 170, wenn der Täter vorübergehend leistungsunfähig wird [vgl. § 170 RN 36]). Praktisch wird dies insb. bei Verkehrsdelikten (vorübergehende Fahrtunterbrechungen). Unzweifelhaft wird die Tat nach § 316 nicht dadurch unterbrochen, daß der Täter vor einer Ampel oder Bahnschranke anhält (vgl. Bay NJW **60**, 879, Stuttgart NJW **64**, 1913, Celle VRS **33** 113). Nicht anders kann es sein, wenn er in einen Stau gerät und immer wieder, sei es auch für längere Zeit, anhalten muß oder wenn er anhält, um eine Person aus- oder einsteigen zu lassen (vgl. BGH VRS **47** 178), zu tanken oder kurz eine Gaststätte zu besuchen (vgl. Karlsruhe VRS **35** 267, Bay DAR/R **83**, 247, NStZ/J **87**, 114). Vgl. aber auch Bay VRS **35** 421, wonach das Dauerdelikt des Linksfahrens auf der Autobahn durch jedes Zurückkehren auf die rechte Fahrspur unterbrochen wird. Legt der führerscheinlose oder fahruntüchtige Kraftfahrer eine längere Ruhepause ein (etwa Nachtruhe), so unterbricht er das Dauerdelikt; kürzere Fahrtunterbrechungen wie beim Imbiß in einer Gaststätte oder bei Versorgung von Tieren (Bay DAR **95**, 411) beenden das Dauerdelikt des Fahrens ohne Fahrerlaubnis dagegen nicht.

85   Ein **Verkehrsunfall** soll nach der Rspr. grundsätzlich die Einheitlichkeit der Fahrt **unterbrechen**, gleichviel ob der Täter vorübergehend anhält (vgl. § 315 c RN 47, bes. BGH VRS **13** 121, Stuttgart NJW **64**, 1913, Hamm VRS **42** 21, auch Krüger NJW 66, 489) oder ohne Halt weiterfährt (BGH **21** 203, VRS **48** 191, Granicky SchlHA 66, 60; and. Bay DAR/R **66**, 260, **78**, 206), so daß Tatmehrheit zwischen Trunkenheitsfahrt und Unfallflucht anzunehmen ist (Celle JR **82**, 79 m. Anm. Rüth). Als Begründung wird angeführt, der Täter sei durch den Unfall „nunmehr sowohl im äußeren Geschehen wie in seiner geistig-seelischen Verfassung vor eine neue Lage gestellt" (BGH VRS **13** 122), deshalb beruhe die Weiterfahrt nach dem Unfall, selbst wenn der Täter sein ursprüngliches Fahrtziel nicht ändere, notwendig auf einem neuen, selbständigen Tatentschluß (BGH **21** 205). Dem kann nicht gefolgt werden (ebenso Samson/Günther SK 27). Der Entschluß, mit einem Kfz. zu fahren, wird durch das Hinzutreten des Fluchtvorsatzes weder beseitigt noch geändert, jedenfalls dann nicht, wenn der Täter auf der Flucht die ursprünglich eingeschlagene Fahrstrecke verläßt (ebenso BGH VRS **48** 354, **49** 185, NJW **83**, 1744, sofern Täter mit der Flucht lediglich einer Polizeikontrolle entgehen will).

Eine Unterbrechung kommt demnach nur in Betracht, wenn sowohl im äußeren wie im inneren Geschehen eine eindeutige Zäsur vorliegt; das mag etwa der Fall sein, wenn der Täter nach einem Unfall anhält, um sich mit dem anderen Unfallbeteiligten zu einigen, und sich erst zur Flucht entschließt, als dieser die Polizei herbeiholt. Auf demselben Standpunkt stehen BGH VRS **9** 353, Braunschweig NJW **54**, 933, KG VRS **10** 52, DAR **61**, 145, Bay **70**, 52, NJW **63**, 168, Cramer § 315 c RN 104. Fehlt es an einer Unfallflucht, so ist auch nach der neueren Rspr. die Weiterfahrt nach einem Verkehrsunfall nicht als selbständige Tat gegenüber dem vorhergegangenen Fahrtablauf zu beurteilen (vgl. BGH **25** 76, Hamm VRS **48** 266, Bay VRS **59** 195, DAR/R **82**, 251). Zum Ganzen vgl. noch Geerds BA 66, 134, Wahle GA 68, 97 ff., 106, Seier NZV 90, 129.

Möglich ist auch eine mehrmalige Begehung des gleichen Dauerdelikts, so bei verschiedenen **86** Fahrten ohne Fahrerlaubnis an verschiedenen Tagen (BGH VRS **29** 114); ein in solchen Fällen früher angenommener Fortsetzungszusammenhang (vgl. Bay **70**, 52, Geerds aaO) kommt nach der neueren BGH-Rspr. nicht mehr in Betracht.

5. Die **Verurteilung** wegen eines Dauerdelikts bewirkt dessen **Zäsur**. Da die Verurteilung nur die **87** Herbeiführung und die Aufrechterhaltung des rechtswidrigen Zustands bis zum Urteilszeitpunkt erfaßt, ist das Aufrechterhalten des Dauerzustands nach dem Urteil als selbständige Tat zu werten. Entsprechendes trifft auf ein kontinuierliches Verhalten zu, zB auf eine andauernde Verletzung der Unterhaltspflicht. Eine neue Verurteilung ist daher möglich, so zB, wenn der Täter die Waffe weiterhin unerlaubterweise in Besitz behält oder wenn er weiterhin einer Unterhaltspflicht nicht nachkommt (vgl. Bay **77**, 39, das auf Erlaß des Ersturteils abstellt).

6. Die **Konkurrenzverhältnisse** zwischen Dauerdelikten und anderen Straftaten, die während des **88** Dauerzustands begangen werden, sind umstritten. Zur Problematik vgl. Lippold, Die Konkurrenz bei Dauerdelikten als Prüfstein der Lehre von den Konkurrenzen, 1985.

a) Unstreitig besteht **Idealkonkurrenz** dann, wenn sich die Ausführungshandlungen der Dauer- **89** straftat und des anderen Delikts zumindest teilweise decken (vgl. § 52 RN 9 ff.), wie beim Widerstand nach § 113, wenn dadurch die Weiterfahrt bei Trunkenheit im Verkehr ermöglicht wird (Koblenz VRS **56** 38) oder der Täter eines Hausfriedensbruchs von einem Beamten entfernt werden soll (Bay GA **57**, 219), oder beim Fahren ohne Fahrerlaubnis, das zu Unfall und Körperverletzung führt. Die Rspr. (vgl. zB RG **54** 289, **66** 347, BGH **18** 29, 70, LM **Nr. 8** zu § 177, VRS **30** 283) beschränkt zumeist die Idealkonkurrenz auf diese Fälle; vgl. dagegen u. 91. Soweit das Dauerdelikt mit Taten, die unter sich in Tatmehrheit stehen, eine Tateinheit bildet, kann es unter den in § 52 RN 14 ff. genannten Voraussetzungen die anderen Taten durch Klammerwirkung zur Tateinheit verbinden (vgl. BGH NStE **26** zu § 52).

b) Unstreitig ist außerdem, daß die nur **gelegentlich eines Dauerdelikts** vorgenommenen Straf- **90** taten, zB betrügerisches Kartenspiel mit einem Eingesperrten oder sexuelle Nötigung einer Beifahrerin durch Fahruntüchtigen (Koblenz NJW **78**, 716), mit dem Dauerdelikt in Realkonkurrenz stehen (vgl. auch BGH NJW **52**, 795). Das gilt auch für zwei zeitlich zusammenfallende Dauerdelikte (vgl. BGH VRS **49** 177: unbefugtes Führen einer Schußwaffe bei Trunkenheitsfahrt).

c) Problematisch sind die Fälle, in denen das *Dauerdelikt* dazu *dient, eine andere Straftat vorzunehmen*, **91** ohne daß sich die Ausführungshandlungen decken. Hier ist Idealkonkurrenz anzunehmen, wenn der Dauerzustand eine Voraussetzung für die Begehung der anderen Tat schafft und zu diesem Zweck herbeigeführt worden ist, so zB, wenn der Täter Hausfriedensbruch begeht, um einen Hausbewohner zu berauben (vgl. § 123 RN 37; and. RG **32** 138, **54** 289, **66** 347, BGH **18** 32, LM **Nr. 8** zu § 177, Hamm JMBlNW **54**, 67, Lackner § 52 RN 7, Schmidhäuser 738), oder wenn das unbefugte Führen einer Schußwaffe von vornherein eine bestimmte Tat ermöglichen soll (RG **59** 361, JW **30**, 2963 m. abl. Anm. Coenders, JW **32**, 407 m. abl. Anm. Hoche, HRR **41** Nr. 945, BGH NStZ **92**, 276; and. Schlüchter JZ 91, 1059; gegen sie Peters JR 93, 269). Erforderlich ist, daß sich der Vorsatz schon bei Beginn des Dauerdelikts auf eine konkretisierte andere Tat gerichtet hat. Bei späterer Konkretisierung des Vorsatzes, mag auch der Täter von Anfang an zu Delikten bestimmter Art entschlossen gewesen sein, liegt Tatmehrheit zwischen dem Dauerdelikt und dem anderen Delikt vor, so etwa, wenn jemand eine Schußwaffe unbefugt führt, um sie bei passender Gelegenheit zu einer nicht von vornherein konkretisierten Tat einzusetzen. Ebenso ist Tatmehrheit gegeben, wenn der Täter sich erst während des Dauerdelikts entschließt, es zu einer anderen Tat auszunutzen, zB mit der unbefugt geführten Schußwaffe die andere Tat verübt (RG **59** 361, JW **30**, 2963, **33**, 441, BGH **36** 154 m. Anm. Mitsch JR 90, 162 u. Peters JR 93, 268, NStZ-RR **99**, 9, Zweibrücken NJW **86**, 2841, Tröndle/Fischer § 211 RN 15; and. BGH NStE **7, 20** zu § 52, NJW **92**, 584, Hamm NStZ **86**, 278 m. Anm. Puppe JR 86, 205, Maatz MDR 85, 883). Nach diesen Grundsätzen ist auch das Verhältnis zwischen der Tat nach § 129 und einer dem Zweck der kriminellen Vereinigung entsprechenden Tat zu beurteilen (vgl. § 129 RN 28).

d) Ferner ist problematisch der Fall, daß der Täter die Beseitigung des von ihm geschaffenen **91a** Dauerzustands mit einer Straftat vereitelt, ohne daß diese mit der Begehung des Dauerdelikts zusammentrifft. In solchen Fällen ist Idealkonkurrenz anzunehmen, wenn die Straftat die Beendigung des Dauerdelikts unmittelbar verhindert und hierauf ausgerichtet ist, so zB, wenn ein Dritter beim Versuch, einen Eingesperrten zu befreien, niedergeschlagen wird oder wenn der Fahrer ohne Fahrerlaubnis bei einer Kontrolle einen gefälschten Führerschein vorzeigt, um weiterfahren zu können (and.

Vorbem §§ 52 ff. 91 b–95   Allg. Teil. Rechtsfolgen – Mehrere Gesetzesverletzungen

BGH VRS **30** 185, Köln VRS **61** 349). Realkonkurrenz ist dagegen anzunehmen, wenn dieser unmittelbare Berührungspunkt fehlt, mag auch ein enger Zusammenhang bestehen, so etwa, wenn der Fahrer ohne Fahrerlaubnis einen Kanister Benzin stiehlt, um die Weiterfahrt zu ermöglichen.

91 b e) Außerdem sind die Fälle problematisch, in denen das Dauerdelikt zu einem fahrlässigen Verletzungsdelikt führt, ohne daß die dem Dauerdelikt zugrundeliegende Pflichtwidrigkeit für die Verletzung ursächlich war. Da bei Fahrlässigkeitsdelikten der Erfolg gerade auf der Pflichtwidrigkeit beruhen muß, ist hier Tatmehrheit gegeben. Unrichtig Bay **56**, 162, das zwischen § 25 II StVG aF (jetzt § 22 II StVG) und § 230 aF (jetzt § 229) Tateinheit angenommen hat. Idealkonkurrenz kommt nur in Betracht, wenn sich die Pflichtwidrigkeit, die Ursache der Verletzung war, mit der des Dauerdelikts deckt.

92 7. **Mehrere Dauerdelikte** stehen zueinander im Verhältnis der Tateinheit, wenn die Ausführungshandlungen sich mindestens teilweise überschneiden, so zB Fahren ohne Fahrerlaubnis (§ 21 StVG) mit Trunkenheitsfahrt gem. § 316 (vgl. auch Neustadt VRS **27** 28).

93 V. Keine rechtliche Handlungseinheit bildet die **Sammelstraftat** (Kollektivdelikt). Für das Verhältnis der hierunter fallenden Taten zueinander gelten vielmehr die allgemeinen Grundsätze. So lassen sich bei der Ahndung der einzelnen Taten die vorhergehenden Taten strafschärfend berücksichtigen. Die schon bei den Vortaten vorhandene Absicht der Tatwiederholung schließt zB bei gewerbsmäßigen Taten nicht aus, das vorhergehende gewerbsmäßige Verhalten straferschwerend heranzuziehen. Dem steht nicht das Doppelverwertungsverbot entgegen (vgl. ÖstOGH ÖJZ 95, 505).

Schrifttum: Kohlrausch, Der Sammelbegriff der Sammelstraftat, ZAkDR 38, 473. – *Preiser*, Aufspaltung der Sammelstraftat, ZStW 58, 743. – *Schwarz*, Sammelstraftat und fortgesetzte Handlung, ZAkDR 38, 539. Vgl. auch *Buchholz*, Die Selbständigkeit der Einzelakte beim fortgesetzten und Kollektivdelikt, 1940 (StrAbh. Heft 413). – Über die Frage der Beihilfe zu gewerbs- oder gewohnheitsmäßig begangenen Straftaten vgl. *Goedel* JW **37**, 715. Über die täterrechtliche Bedeutung der Gewerbs- und Gewohnheitsmäßigkeit vgl. *Bockelmann*, Studien zum Täterstrafrecht, Teil II, 1940, 4.

94 1. Unter dem Begriff der Sammelstraftat oder des Kollektivdelikts werden die Fälle der gewerbsmäßigen, geschäftsmäßigen und gewohnheitsmäßigen Straftaten zusammengefaßt.

95 a) Gewerbsmäßigkeit ist nicht gleichbedeutend mit dem Begriff des Gewerbes nach der GewO (Selbständigkeit) oder mit dem Begriff des kriminellen Gewerbes (BGH NJW **53**, 955, NStZ **95**, 85). Für die **gewerbsmäßige** Straftat ist vielmehr kennzeichnend die Absicht des Täters, sich durch wiederholte Begehung von Straftaten (auch wenn nur bei günstiger Gelegenheit; Bremen wistra **93**, 35) eine fortlaufende Einnahmequelle von einiger Dauer und einigem Umfang zu verschaffen (RG **58** 20, **64** 154, **66** 21, BGH **1** 383, GA **55**, 212; vgl. auch § 70 östStGB sowie östOGH JBl 89, 732: Zeitspanne von 3 Monaten genügt). Die Wiederholungsabsicht muß sich dabei auf das Delikt richten, dessen Tatbestand durch das Merkmal der Gewerbsmäßigkeit qualifiziert ist (BGH NJW **96**, 1069). Die Einnahmequelle braucht nicht den hauptsächlichen oder regelmäßigen Erwerb zu bilden. Erforderlich sind aber täterseigene Einnahmen; Einnahmen für Dritte, zB Betriebseinnahmen für Arbeitgeber, reichen nicht aus (vgl. ÖstOGH JBl 80, 436: Ehefrau, ÖJZ 95, 466), es sei denn, der Täter verspricht sich mittelbare geldwerte Vorteile über Dritte aus den Tathandlungen (BGH wistra **94**, 232, NStZ **98**, 622). Die erforderliche Absicht kann sich schon aus der ersten Einzelhandlung ergeben (RG **54** 230, BGH MDR/S **89**, 1033, NStZ **95**, 85, ÖstOGH ÖJZ 61, 404; 63, 103; 64, 244). Sie liegt jedoch nicht vor, wenn jemand entgegen seinem ursprünglichen nur für eine Teilmenge absetzen kann und bei Abschluß dieses Geschäfts sich dann vornimmt, den anderen Teil später zu veräußern (BGH NJW **92**, 382). Ebenso fehlt es an der erforderlichen Absicht, wenn die Vergütung für ein Einzelgeschäft in Teilbeträgen gezahlt werden soll (BGH MDR/S **89**, 1033). Sollen dagegen Teilmengen von vornherein in mehreren Absatzgeschäften veräußert werden, so entfällt die Gewerbsmäßigkeit nicht deswegen, weil die gesamte Menge, etwa Diebesgut oder Rauschgift, in einem Vorgang erlangt worden ist (BGH NStZ **93**, 87). Sie entfällt auch nicht deswegen, weil die Absichtsverwirklichung vom Vorbehalt des Geschäftspartners abhängt (BGHR § 260 gewerbsmäßig **3**). Handlungseinheit in Form einer Bewertungseinheit (vgl. o. 17), etwa beim Handel mit Betäubungsmitteln, schließt Gewerbsmäßigkeit nicht aus, so daß diese vorliegen kann, wenn sich der Täter die fortlaufende Einnahmequelle nur mittels einer als Bewertungseinheit zu beurteilenden Tat verschaffen will (entspr. zur fortgesetzten Tat BGH **26** 5). Ebensowenig entfällt Gewerbsmäßigkeit deswegen, weil die Gesamtsumme, die dem Täter zufließen soll, von vornherein feststeht (BGH NStZ **98**, 622). Als Teil einer fortlaufenden Einnahmequelle fällt unter die Gewerbsmäßigkeit auch die Handlung noch, mit der jemand seine bisherigen gewerbsmäßigen Taten abschließen will (letzter Coup; and. Pallin WK § 70 RN 13). Gewerbsmäßigkeit ist nicht gleichbedeutend mit Gewinnsucht (Braunschweig MDR **47**, 136); ein Erwerbssinn in einem ungewöhnlichen und sittlich anstößigen Maß ist für sie nicht Voraussetzung (BGH StV **83**, 281). Erstrebte Einnahmen müssen aber ins Gewicht fallen; geringfügige Beträge reichen nicht aus (BGH MDR/H **75**, 725). Der Täter braucht das Entgelt nicht ausdrücklich zu fordern; es genügt, wenn er es regelmäßig entgegennimmt (vgl. ÖstOGH JBl 60, 24). Ferner ist nicht erforderlich, daß der Täter die erlangten Sachen weiterveräußern will; es genügt, wenn er sie im eigenen Bereich verwenden will (vgl. BGH MDR/H **76**, 633, StV **83**, 282, ÖstOGH JBl 89, 732). Es kommt zudem nicht darauf an, ob die Tat unmittelbar oder nur mittelbar als Einnahmequelle dient (BGH MDR/H **83**, 622, wistra **99**, 465) oder ob die Gewinnerwartung sich realisiert hat (BGHR § 260 gewerbsmäßig **3**). Zur Gewerbsmäßigkeit vgl. aber auch Stratenwerth Schultz-FG 88 sowie BGE 116 IV 329, wonach im Hinblick auf hohe Mindeststrafen „berufsmäßiges" Handeln erforderlich ist.

Bzgl. des Erwerbs muß der Täter mit Absicht iS zielgerichteten Willens gehandelt haben; hinsichtlich der übrigen Deliktsvoraussetzungen kann bedingter Vorsatz ausreichen (Bay **51**, 502). Die Gewerbsmäßigkeit ist zT strafbegründender Faktor (so nach §§ 180 a, 181 I 3, 181 a II); ferner wirkt sie in einzelnen Tatbeständen straferhöhend (so beim Bandendiebstahl in § 244 a, beim Bandenbetrug in § 263 V u. bei der Hehlerei in den §§ 260, 260 a, bei unerlaubter Veranstaltung eines Glücksspiels in § 284 III). Ferner kann sie bei der Strafzumessung straferschwerend wirken (so insb. nach § 243 I Nr. 3, § 253 IV, § 261 IV, § 263 III, § 291 II, § 292 II, § 300), und zwar unterschiedlich, je nach ihrer Intensität. Sie ist zudem ein besonderes persönliches Merkmal iSv § 28. **96**

b) Für die **geschäftsmäßige** Straftat ist kennzeichnend, daß der Handelnde beabsichtigt, sie in gleicher Art zu wiederholen und sie dadurch zu einem dauernden oder wenigstens zu einem wiederkehrenden Bestandteil seiner wirtschaftlichen oder beruflichen Betätigung zu machen (RG **61** 52, **72** 315, Bay NStZ **81**, 29). Bei Vorliegen dieser Absicht erfüllt bereits die erste Handlung das Merkmal der Geschäftsmäßigkeit (Bay aaO). Die Absicht, sich einen Vermögensvorteil zu verschaffen, braucht nicht vorzuliegen (RG **61** 52, Frank § 74 Anm. V 1 b). Zur Geschäftsmäßigkeit nach dem RechtsberatungsG vgl. Hamm NJW **98**, 92. **97**

c) Für die **Gewohnheitsmäßigkeit** ist kennzeichnend ein durch wiederholte Begehung erzeugter, eingewurzelter und selbständig fortwirkender Hang (RG **32** 397, **59** 143, BGH **15** 377 m. Anm. Bindokat NJW 61, 1731, GA **71**, 209, Bay MDR **62**, 325). Der Täter hat sich dadurch an die Begehung von Straftaten „so gewöhnt, daß ihm jeder weitere Förderungsakt gleichsam von der Hand geht, ohne daß es in diesem Augenblick für ihn noch zu einer Auseinandersetzung mit irgendwelchen sittlichen Bedenken kommt" (BGH **15** 380; vgl. auch RG **32** 397, Bay MDR **62**, 325). Gewohnheitsmäßigkeit setzt daher voraus, daß mindestens zwei Einzeltaten begangen sind. Auch aus bereits abgeurteilten Fällen kann die Gewohnheit gefolgert werden (RG **58** 25; vgl. auch östOGH ÖJZ 60, 75). Das Motiv für die Begehung der einzelnen Taten ist zwar grundsätzlich bedeutungslos (vgl. BGH **15** 381), jedoch muß die Begehung der späteren Delikte gerade auf dem Hang beruhen, so daß Gewohnheitsmäßigkeit ausgeschlossen ist, wenn der Täter zu der letzten Tat ausschließlich durch die gleichen Umstände veranlaßt ist, die schon seiner ersten zugrunde lagen, zB Freundschaft, Unerfahrenheit, Schwäche ihn bestimmt haben (vgl. auch Bay MDR **62**, 325). Stehen mehrere Handlungen zur Aburteilung, so treten die Straffolgen der Gewohnheitsmäßigkeit nur bei den Taten ein, die auf dem Hang beruhen. Gewohnheitsmäßige Handlungen werden häufig in ihrem äußeren Erscheinungsbild ähnlich sein, jedoch schließt das nicht aus, daß gewohnheitsmäßig auch handelt, wer stets nur ganz bestimmte Handlungen oder Handlungen im Zusammenwirken mit ganz bestimmten Personen begeht (RG **58** 25). Der **Strafgrund** der Gewohnheitsmäßigkeit ist weitgehend ungeklärt (vgl. Bokkelmann, Studien zum Täterstrafrecht, 1. Teil 1939, 29 ff., 2. Teil 1940, 4 ff.). Die Auslegung dieses Merkmals deutet jedoch darauf, daß eine Art von Lebensführungsschuld erfaßt werden sollte, jedenfalls aber in der erhöhten Strafe für Gewohnheitsmäßigkeit präventive Überlegungen keine Rolle gespielt haben. Die Gewohnheitsmäßigkeit kann nach § 292 II bei der Strafzumessung straferschwerend wirken. Sie ist strafbegründend nach § 30 a I BNatSchG. Gewohnheitsmäßigkeit ist außerdem Voraussetzung für die Gleichstellung der Veranstaltung von Glücksspielen in Vereinen oder geschlossenen Gesellschaften mit einem öffentlich veranstalteten Glücksspiel (§ 284 II). **98/99**

2. Die **Einzeltaten** bilden **nicht** allein wegen Gewerbs-, Gewohnheits- oder Geschäftsmäßigkeit eine **Handlungseinheit**. Auch bei ihnen steht die einzelne Verfehlung im Vordergrund, die wegen der inneren Einstellung des Täters strafwürdiger erscheint und deshalb nicht den Weg der rechtlichen Handlungseinheit privilegiert werden darf. Dabei macht es keinen Unterschied, ob die Gewerbsmäßigkeit usw straferhöhend oder strafbegründend ist (RG **72** 164, 258, 285, 401, **73** 216, BGH **1** 42, NJW **53**, 955, KG JR **51**, 213, Geerds aaO 268 ff., M-Gössel II 467, Samson/Günther SK 78, Schmidhäuser 729, R. Schmitt ZStW 75, 62). Abweichend ist früher Verbrechenseinheit von H. Mayer AT 410, E. Schmidt JZ 52, 136, Welzel 230 angenommen worden. **100**

VI. Von der Rspr. des RG wurden verschiedene **Konkursstraftaten** durch dieselbe Zahlungseinstellung oder Konkurseröffnung zu einer Einheit verbunden (RG **66** 269). Diese Auffassung hat sich nicht durchgesetzt und ist auch nicht begründet; vielmehr sind die einzelnen Handlungen als selbständige Taten anzusehen (BGH **1** 191, Hartung SJZ 50, 333). Vgl. § 283 RN 66. **101**

VII. Zu scheiden von den im Gesetz behandelten echten Konkurrenzformen ist die sog. **Gesetzeskonkurrenz** oder unechte Konkurrenz. Bei ihr treffen auf die Straftat zwar dem Wortlaut nach mehrere Strafgesetze zu; aus dem Verhältnis der Vorschriften zueinander ergibt sich aber, daß in Wirklichkeit nur eine von ihnen anwendbar ist. Der Ausdruck Gesetzeskonkurrenz ist daher irreführend, da in Wahrheit die Gesetze nicht konkurrieren (vgl. auch Eser II 229, Geerds aaO 166, Jescheck/Weigend 732, M-Gössel II 432, R. Schmitt ZStW 75, 45). Es wird daher zunehmend der Begriff **Gesetzeseinheit** vorgezogen (so zB BGH **25** 377, **28** 13, 19). Eine solche unechte Konkurrenz kommt sowohl bei Handlungseinheit wie bei Handlungsmehrheit in Betracht (abw. Baumann MDR 59, 10). Gemeinsam ist allen Fällen der Vorrang eines Tatbestands gegenüber den anderen und damit das Zurücktreten der letzteren. Dieser Vorrang ergibt sich daraus, daß mit der Heranziehung des einen Tatbestands das deliktische Geschehen erschöpfend erfaßt und abgegolten wird (vgl. BGH **102**

Vorbem §§ 52 ff. 103–107   Allg. Teil. Rechtsfolgen – Mehrere Gesetzesverletzungen

31 380, Lenckner JR 78, 425). Zur Funktion und zu den Grenzen der Gesetzeseinheit vgl. zudem Vogler Bockelmann-FS 715 ff.

103   Hervorzuheben ist jedoch, daß die **Bedeutung der Unterscheidung** zwischen Tateinheit und Gesetzeseinheit von der Praxis nahezu **auf Null reduziert** wird, indem durch den Grundsatz der Sperrwirkung des verdrängten Gesetzes nahezu sämtliche für die Tateinheit geltenden Grundsätze auch bei der Gesetzeseinheit angewendet werden. Abgesehen von der Fassung des Urteilstenors werden Tateinheit und Gesetzeseinheit fast gleich behandelt (vgl. dazu u. 141). Andererseits ist aber auch zu beachten, daß in vielen Fällen, in denen die Rspr. Gesetzeseinheit mit Sperrwirkung annimmt, in Wahrheit Tateinheit vorliegt (zu dieser sog. **Klarstellungsfunktion der Idealkonkurrenz** vgl. § 52 RN 2).

104   Die Gründe für den Ausschluß eines der mehreren scheinbar zutreffenden Gesetze lassen sich unter der Bezeichnung **Subsidiarität, Spezialität** und **straflose Nachtat** (Vortat) zusammenfassen, wobei letztere als Sonderfall der Subsidiarität zu verstehen ist (vgl. u. 112 ff.). Wichtig für die Abgrenzung dieser Konkurrenzformen ist die von Gesetz als typisch vorausgesetzte Form der Deliktsbegehung (Grünhut Frank-FG I 9, 18). Gemeinsam ist diesen Fällen, daß das Gesetz nur scheinbar mehrfach anwendbar ist; in Wahrheit ergeben Auslegung und Verhältnis der Tatbestände, daß nur die Bewertung unter *einem* der in Betracht kommenden Gesichtspunkte zulässig ist. Die anderen treten nach dem Willen des Gesetzes zurück.

Schrifttum: Baumann, Straflose Nachtat und Gesetzeskonkurrenz, MDR 59, 10. – *Baumgarten,* Die Lehre von Idealkonkurrenz und Gesetzeskonkurrenz, 1909 (StrAbh. Heft 103). – *Hirschberg,* Zur Lehre von der Gesetzeskonkurrenz, ZStW 53, 34. – *Hochmayr,* Subsidiarität und Konsumtion, Diss. Salzburg, 1997. – *Honig,* Straflose Vor- und Nachtat, 1927. – *Köhler,* Die Grenzlinien zwischen Idealkonkurrenz und Gesetzeskonkurrenz, 1900 – *Klug,* Zum Begriff der Gesetzeskonkurrenz, ZStW 68, 399. – *Krauß,* Zum Begriff der straflosen Nachtat, GA 65, 173. – *Seier,* Die Gesetzeseinheit und ihre Rechtsfolgen, Jura 83, 225.

105   1. Von **Subsidiarität** (oder Eventualität; Sauer AT 231) spricht man dann, wenn von mehreren auf eine oder mehrere Handlungen zutreffenden Gesetzen das eine nur hilfsweise für den Fall zur Anwendung kommt, daß nicht bereits das andere durchgreift.

106   a) Die Subsidiarität ist bisweilen **ausdrücklich im Gesetz** ausgesprochen (Subsidiaritätsklausel, formelle Subsidiarität). Das kann in der Weise geschehen, daß das subsidiäre Gesetz hinter jede anderweitige Bestrafungsmöglichkeit zurücktritt oder ein Vorrang nur für das Gesetz begründet wird, das eine schwerere Strafe vorsieht (dies ist die Regel; vgl. §§ 125, 246, 248 b, 265 a). Bestritten ist, ob in diesen Fällen das subsidiäre Gesetz gegenüber allen Tatbeständen zurücktritt oder nur gegenüber solchen, die das gleiche Rechtsgut schützen oder jedenfalls die gleiche Angriffsrichtung erfassen sollen (vgl. Jescheck/Weigend 735). Die Entscheidung kann nur durch Auslegung der einzelnen Bestimmungen getroffen werden (vgl. aber BGH **43** 239 zu § 125). Im Zweifel ist unbedingtes Zurücktreten anzunehmen (and. M-Gössel II 435: im Zweifel Idealkonkurrenz). Zuweilen schränkt das Gesetz selbst die subsidiäre Wirkung ein, so in §§ 98, 99, 145 II, 145 d, 183 a, 265, 316. Vgl. im übrigen noch RG **42** 428, BGH **6** 297, OGH **3** 111, Bay NJW **56**, 1768, Schneidewin Mat. I 223.

107   b) Die **Subsidiarität** kann sich aber auch **aus Zweck und Zusammenhang** der Vorschriften ergeben (materielle Subsidiarität). Sie bedeutet dann, daß nach dem Gesetzeswillen ein Tatbestand die ausschließliche Qualifikation der Tat enthält. Insb. schließt bei einem Angriff auf dasselbe Rechtsgut die intensivere Angriffsform die weniger intensive aus. So sind bei derselben Haupttat Beihilfe gegenüber Anstiftung, Anstiftung und Beihilfe gegenüber Täterschaft subsidiär (BGHR vor § 1 Begehungsformen **1**; vgl. 49 vor § 25); das gilt auch bei Unterlassungsdelikten, so wenn ein Elternteil den anderen veranlaßt, gleichfalls von der Rettung des Kindes abzusehen (zum Ausschluß der Strafmilderung nach § 13 II in solchen Fällen vgl. § 13 RN 64). Entsprechendes gilt für das Verhältnis der Täterschaft zur Anstiftung eines Mittäters. Subsidiär ist auch die fahrlässige Begehungsform eines Delikts gegenüber der am selben Objekt begangenen vorsätzlichen Tat (BGH **39** 195). So wird der Täter, der fahrlässig sein Wohnhaus in Brand setzt, nur wegen vorsätzlicher Brandstiftung bestraft, wenn er den Brand rechtzeitig entdeckt und nicht löscht. Anders ist es, wenn die Vorsatztat nur versucht ist (untauglicher Versuch); dann liegt Realkonkurrenz zwischen Versuch und Fahrlässigkeitstat vor (so für das Verhältnis der §§ 211 ff. und § 222 BGH **7** 287). Auch eine vorsätzliche Begehungstat kann gegenüber einer Idealkonkurrenz, die dasselbe Objekt betrifft, subsidiär sein. Das trifft zB auf einen Totschlag zu, wenn das Opfer wider Erwarten wesentlich später unter großen Qualen stirbt, der Täter hiergegen jedoch nichts unternommen hat (grausamer Mord durch Unterlassen; zur Handlungspflicht vgl. § 13 RN 38). Ferner ist § 323 c subsidiär gegenüber den unechten Unterlassungsdelikten (vgl. § 323 c RN 34). Subsidiarität ist auch dort anzunehmen, wo ein Tatbestand so gefaßt ist, daß seine Verwirklichung regelmäßig zugleich einen anderen Tatbestand erfüllt und mit seiner Anwendung der Unrechtsgehalt des anderen Tatbestands mitabgegolten wird, etwa bei einer Vergewaltigung die zu ihrer Verwirklichung dienende Freiheitsberaubung (vgl. § 177 RN 16). Das kann auch der Fall sein, wenn verschiedene Rechtsgüter betroffen sind. So wird die im Eingriff zum Schwangerschaftsabbruch liegende Körperverletzung der Schwangeren nach § 223 durch § 218 verdrängt (vgl. BGH **28** 11 m. Anm. Wagner JR 79, 295). Die mit unbefugtem Öffnen eines verschlossenen Briefes verbundene Sachbeschädigung tritt hinter § 202 zurück (vgl. § 202 RN 22). Ferner besteht Subsidiarität dort, wo der Gesetzgeber bei qualifizierten Tatbeständen deren regelmäßige Verknüpfung

mit leichteren Begleittaten vorausgesetzt und bei der Strafdrohung des schwereren Tatbestands berücksichtigt hat. Entsprechendes gilt bei strafschärfenden Regelbeispielen; so sind Hausfriedensbruch und Sachbeschädigung gegenüber dem Einbruchsdiebstahl subsidiär (vgl. § 243 RN 59). Subsidiarität kommt jedoch nicht in Betracht, wenn es sich nicht um einen bloßen Begleitumstand handelt, sondern es dem Täter gerade auch auf den Erfolg des Nebendelikts ankommt. So tritt zwar die Freiheitsberaubung als Folge einer Körperverletzung idR als subsidiär zurück, jedoch liegt Tateinheit vor, wenn die Verletzung Mittel der Freiheitsberaubung ist. Kein regelmäßiger Begleitumstand der Tat nach § 202, sondern eine darüber hinausgehende Beschädigung ist das anschließende Verbrennen des Briefes, so daß § 202 und § 303 in Realkonkurrenz stehen (vgl. Lenckner JR 78, 425).

Auch hier kann zweifelhaft sein, ob eine Bestimmung hinter jede andere Vorschrift oder nur hinter **108** bestimmte Vorschriften zurücktritt. Die Entscheidung ergibt sich aus der Auslegung der einzelnen Bestimmungen. So tritt zB § 30 nur hinter Versuch oder Vollendung der Tat, zu der angestiftet worden ist, zurück, nicht hinter andere Straftaten. Vgl. § 30 RN 38 f.

Über weitere Fälle der Subsidiarität, insb. das Verhältnis von Versuch und Vollendung, der Gefähr- **109** dungs- zu den Verletzungsdelikten, vgl. u. 112 ff., 120 ff. Krit. Übersicht über die verschiedenen Fälle bei Schneidewin Mat. I 223 ff. Vgl. ferner Geerds aaO 179 ff., Dünnebier GA 54, 271.

2. Spezialität liegt vor, wenn mehrere Strafgesetze denselben Sachverhalt erfassen und sich in ihren **110** Voraussetzungen nur dadurch unterscheiden, daß das eine Gesetz eines oder mehrere der Begriffsmerkmale enger begrenzt und spezieller ausgestaltet (RG **14** 386, **60** 122, Geerds aaO 193). So ist der Tatbestand der Tötung auf Verlangen spezieller ausgestaltet als der Tatbestand des Totschlags, ebenso der Tatbestand der Brandstiftung nach § 306 im Verhältnis zu den Tatbeständen der Sachbeschädigung nach den §§ 303, 305. Das Verhältnis der Spezialität besteht ferner etwa zwischen Diebstahl und Raub. Die §§ 176, 177 sind gegenüber § 185 die speziellen Gesetze (vgl. RG **68** 25). Weiter ist etwa § 357 die spezielle Bestimmung gegenüber § 26 (vgl. RG **68** 92).

Zwischen *Straferhöhungs-* u. *Strafmilderungsgründen* einerseits und dem Grundtatbestand andererseits **111** besteht stets Spezialität. Zweifelhaft ist jedoch, ob Tat- oder Gesetzeseinheit vorliegt, wenn **gleichzeitig verschiedene Qualifikationen** desselben Grundtatbestands erfüllt sind. Für die Entscheidung ist maßgeblich, ob der deliktische Unwert einer Qualifikation durch eine andere bereits voll ausgeschöpft wird oder neben dem des anderen Tatbestands erhalten bleibt. So ist zB möglich, daß die durch § 224 erfaßte Gefahr größer ist als die nach § 226 eingetretene Verletzung. Das wird nur mit Annahme von Idealkonkurrenz hinreichend berücksichtigt. Für den Fall, daß es nur zum Versuch des schwersten Delikts gekommen ist (§§ 226, 22), hat auch die Rspr. (BGH **21** 195 m. Anm. Schröder JZ 67, 370) die Möglichkeit von Idealkonkurrenz mit dem vollendeten Qualifikationstatbestand (§ 224) eingeräumt (sonst soll Gesetzeseinheit mit Vorrang des schwersten Delikts anzunehmen sein; vgl. BGH JR **67**, 146 m. abl. Anm. Schröder zum Verhältnis der §§ 223 a, 224 aF). Auch zwischen §§ 224 ff., 227 kann Idealkonkurrenz vorliegen (and. RG **70** 359, **74** 311, Bay **60**, 285). Die gleichen Grundsätze sind auf das Verhältnis zwischen §§ 251, 250 anzuwenden (and. BGH **21** 183). In einem ähnlichen Fall (Verhältnis der §§ 223 ff. zu § 340) hat auch RG **75** 359 Idealkonkurrenz angenommen. Vgl. im übrigen 2 vor § 223, § 224 RN 17, § 251 RN 9. Vgl. zum Ganzen Geerds aaO 200 ff., Vogler Bockelmann-FS 722 ff.

3. Straflose Nachtat (oder „mitbestrafte Nachtat"; vgl. BGH MDR/D **55**, 269) ist eine tatbe- **112** standsmäßige Handlung, die nicht bestraft wird, weil die Gesetzesauslegung ergibt, daß der Gesamtkomplex der Straftaten nur unter dem Gesichtspunkt einer vorhergehenden Tat geahndet werden soll. Es handelt sich um einen Fall der Subsidiarität der Nachtat gegenüber der Vortat; insoweit zustimmend R. Schmitt ZStW 75, 55. Andere erblicken hierin einen Fall der Konsumtion (so ua Baumann/Weber/Mitsch 725, Jescheck/Weigend 736; vgl. aber auch Vogler Bockelmann-FS 733 ff.).

In der Begründung der Straflosigkeit gehen die Meinungen auseinander (vgl. M-Gössel II 461, **113** Geerds aaO 205 ff., Warda JuS 64, 90; schlechthin ablehnend das schweiz. BG, vgl. BGE 71 IV 205, 77 IV 16, 92). Auszugehen ist davon, daß es sich nicht um eine Konsumtion der einen Strafe durch die andere, sondern darum handelt, daß Vor- und Nachtat eine Bewertungseinheit bilden, dergestalt, daß der Eingriff in den fremden Rechtsbereich gegenüber Ausbau und Vertiefung dieser Interessenverletzung eine exklusive Wirkung besitzt (vgl. Jescheck/Weigend 736, Krauß GA 65, 177, Samson/Günther SK 101, Stree JZ 93, 476; and. BGH MDR/D 55, 269, vgl. u. 116). Ausnutzung, Verwertung oder Sicherung der durch eine Straftat erlangten Position kommt gegenüber dem rechtswidrigen Einbruch in die fremde Rechtssphäre weder zum selbständigen strafrechtlichen Ansatz, noch kann sie dessen Gewicht übersteigen (vgl. Schröder MDR 50, 398). Das bedeutet im einzelnen:

a) Straflosigkeit tritt nur ein, soweit es sich um Ausbau oder Sicherung der durch die Vortat **114** erlangten Position handelt. Eine Nachtat ist also nur straflos, wenn **kein neues Rechtsgut** verletzt, sondern nur das mit der Vortat angegriffene erneut beeinträchtigt wird (vgl. Geerds aaO 209 f.). Daher ist nach Diebstahl oder Unterschlagung eine Sachbeschädigung straflose Nachtat (BGH NStZ-RR **98**, 294, hM; and. Jakobs 879, Jescheck/Weigend 736 FN 27; vgl. § 303 RN 16), ebenso Unterschlagung nach einem Betrug (RG **62** 62; and. [fehlende Tatbestandsmäßigkeit] BGH [GrS] **14** 38 m. abl. Anm. Baumann NJW 61, 1141, Bockelmann JZ 60, 621, Schröder JR 60, 305; gegen BGH vgl. § 263 RN 185). Auch Vernichtung einer gestohlenen Urkunde ist gegenüber dem Diebstahl straflose Nachtat (RG **35** 64, **59** 175, BGH LM **Nr. 5** zu Vorbem. § 73 [Gesetzeseinheit]; and. M-Gössel II 462), ferner die der Untreue nachfolgende Unterschlagung, wenn der Täter schon bei der Untreue die erhaltenen Gegenstände für sich behalten wollte (BGH GA **55**, 271). Zur wirtschaftlichen Verwertung eines unterschlagenen Schecks vgl. Bay NJW **99**, 1648. Unerheblich ist, ob das angegriffene Rechtsgut bei der Nachtat noch dem durch die Vortat Verletzten gehört (Jakobs 880; and. M-Gössel II 463); straflos bleibt die Sachbeschädigung daher auch, wenn der Bestohlene die gestohlenen Sachen inzwischen nach § 931 BGB veräußert hat (andernfalls müßte der Verbrauch nach Veräußerung eine selbständige Unterschlagung sein). Dagegen ist der Verkauf der gestohlenen Sache gegenüber dem gutgläubigen Erwerber als Betrug zu bestrafen, da insoweit ein neues Rechtsgut verletzt wird (RG **49** 18, 407). Entsprechendes gilt für die einer Unterschlagung nach einem Diebstahl nachfolgende Urkundenfälschung (RG **60** 371, BGH MDR/D **57**, 652). Ebenfalls ist die Nachtat nicht straflos, die den durch die Vortat angerichteten Schaden noch vergrößert und somit über eine bloße erneute Beeinträchtigung hinausgeht. Daher liegt keine straflose Nachtat beim Betrug vor, der mittels der gestohlenen Urkunde gegenüber dem Bestohlenen begangen wird (RG **64** 283). An Beispielen, in denen eine straflose Nachtat abgelehnt wurde, vgl. noch RG **68** 229, JW **33**, 2287, BGH NJW **55**, 508, wistra **93**, 184 (Mißbrauch einer Kreditkarte gem. § 266 b nach Betrug), Frankfurt NJW **62**, 1879 [verfehlt] m. abl. Anm. Kohlhaas, Hamm NJW **79**, 117 (illegaler Besitz der vom Täter gestohlenen Waffe). Eine straflose Nachtat kommt nicht nur bei Vermögensdelikten, sondern auch bei Verletzung anderer Rechtsgüter in Betracht (Kiel SchlHA **47**, 163, M-Gössel II 462; and. Frankfurt NJW **48**, 392); immer muß es sich aber um Verwertung oder Sicherung von Vorteilen handeln, die der Täter durch die Vortat erlangt hat. Das ist auch der Fall, wenn der Dieb die Realisierung eines gegen ihn wegen Untergangs der gestohlenen Sache erhobenen Schadensersatzanspruchs vereitelt. Dagegen liegt Realkonkurrenz zum Betrug vor, wenn der Täter nach einer Sachbeschädigung den Geschädigten durch Täuschung veranlaßt, den Schadensersatzanspruch nicht geltend zu machen. Greift die Nachtat nicht nur in dasselbe Rechtsgut ein, sondern auch in ein anderes, so kommt nur diesem Eingriff ein Eigenwert neben der Vortat zu. Sicherungserpressung ist daher nur als realkonkurrierende Nötigung zu bestrafen (BGH NJW **84**, 501, StV **86**, 530). Vgl. näher Schröder MDR 50, 398, SJZ 50, 98.

115 b) Es ist *ohne Bedeutung*, ob die Verwertungs- oder Sicherungstat mit einer *höheren Strafe* bedroht ist oder einen anderen Deliktscharakter (Verbrechen, Vergehen) besitzt. Vgl. Braunschweig NJW **63**, 1936, Jakobs 880, Jescheck/Weigend 736, Krauß GA 65, 179; and. Maurach JZ 56, 258, M-Gössel II 463, Kohlmann JZ 64, 492. Wer zB nach einer Unterschlagung einen Bösgläubigen zum Erwerb der unterschlagenen Sache bestimmt, ist nicht wegen Anstiftung zur Hehlerei zu bestrafen (vgl. § 259 RN 58).

116 c) *Ohne Bedeutung* ist auch, ob der Täter wegen der Vortat *tatsächlich bestraft* werden kann oder Hindernisse der Bestrafung entgegenstehen (and. Schmidhäuser 734, Rissing-van Saan LK 136, auch BGH MDR/D **55**, 269, NJW **68**, 2115; weitgehend wie hier Blei I 363, Jakobs 883, Jescheck/Weigend 736, M-Gössel II 465, Samson/Günther SK 102; vgl. auch u. 134 ff.). Denn nicht die eine Strafe verdrängt die andere, sondern der Eingriff in die fremde Rechtssphäre ist ausschließliche Bewertungsgrundlage und schließt die selbständige strafrechtliche Beurteilung der Sicherung und Verwertung der durch die Vortat erlangten Vorteile aus. Die Nachtat ist daher auch straflos, wenn die Vortat wegen Verjährung nicht geahndet werden kann (Braunschweig NJW **63**, 1936 m. krit. Anm. Dreher MDR 64, 168 u. Kohlmann JZ 64, 492, Krauß GA 65, 178, Jescheck/Weigend 736, Welzel 235; and. BGH **38** 366 m. abl. Anm. Stree JZ 93, 476, MDR/D **55**, 269, NJW **68**, 2115 [offengel. jedoch in GA **71**, 84], Geerds aaO 169, 229, Rissing-van Saan LK 136, auch noch Braunschweig NdsRpfl **60**, 90; vgl. zu dieser Entscheidung auch § 267 RN 79 d). Soweit der Nachtat zT noch ein Eigenwert neben der Vortat zukommt, wie bei der Sicherungserpressung (vgl. o. 114 aE), bleibt es bei der Möglichkeit, nur diesen Teil zu bestrafen (zB Nötigung statt Sicherungserpressung). Die Gegenmeinung berücksichtigt zu wenig die Bewertungseinheit; sie führt praktisch nicht nur zu einer (unangemessenen) Verlängerung der Verjährung, sondern kann zudem eine nicht tragbare Schlechterstellung des Täters bewirken, so bei einer Sicherungserpressung nach einer Unterschlagung (vgl. näher Stree aaO). Ebensowenig lebt die Strafbarkeit der Nachtat wieder auf, weil die Vortat mangels eines Strafantrags oder auf Grund eines StFG nicht verfolgt werden kann.

117 d) Die Nachtat bleibt aber **nicht straflos,** wenn eine Bestrafung der Vortat unterbleibt, weil diese **nicht nachgewiesen** werden kann (BGH MDR/D **55**, 269, GA **71**, 84, Samson/Günther SK 102, Stree, In dubio pro reo, 28; vgl. auch BGH **23** 360 m. Anm. Schröder JZ 71, 141, Hamm JMBlNW **67**, 138, die Wahlfeststellung annehmen) oder den Täter für die Vortat kein Verschulden (zB wegen Schuldunfähigkeit) trifft. In diesen Fällen fällt die Vortat als ausschließliche Bewertungsgrundlage fort. Daher schließt der Umstand, daß der Täter die unterschlagene Sache möglicherweise bereits durch Betrug erlangt hatte, die Verurteilung wegen Unterschlagung nicht aus (Hamm JMBlNW **55**, 236; vgl. aber auch Hamm NJW **74**, 1957 [Wahlfeststellung]). Sofern jedoch die unbewiesene Vortat leichter wäre als die feststehende Nachtat, müssen ihre Strafsätze die Bestrafung aus der Nachtat begrenzen (vgl. Stree, In dubio pro reo, 28 f.).

118 e) Die Nachtat bleibt **für Dritte** eine **Straftat,** weil bei ihnen eine strafbare Vortat nicht vorhanden ist. Teilnahme an ihr ist daher strafbar (RG **67** 77; vgl. weiter Geerds aaO 229, Siegert GA Bd. 77, 98). Ferner bildet die Nachtat eine taugliche Vorhandlung für eine Hehlerei (BGH NJW **59**, 1378, **69**, 1261) oder Begünstigung (vgl. § 257 RN 4). Delikte, die mit der Nachtat tateinheitlich zusammentreffen, stehen mit der Vortat in Tatmehrheit.

4. Entsprechendes gilt für die **straflose Vortat.** Sie wird nicht bestraft, weil das Schwergewicht bei **119** der Nachtat liegt und der Gesamtkomplex der Straftaten nur unter dem Gesichtspunkt der nachfolgenden Tat zu bewerten ist (Fall der Subsidiarität). Wie bei der straflosen Nachtat ist Voraussetzung, daß die Vortat sich nicht gegen ein anderes Rechtsgut richtet. Das Vortäuschen einer Straftat nach § 145 d als Vorbereitung eines Betrugs ist daher keine straflose Vortat (vgl. ÖstOGH 54, 276).

Die wichtigste Gruppe strafloser Vortaten bilden die sog. **Durchgangsdelikte,** die dadurch ge- **120** kennzeichnet sind, daß sie als notwendige oder nur zufällige Durchgangsstufe des Handlungsgeschehens das geschützte Rechtsgut weniger intensiv beeinträchtigen als die Nachtat. Das ist nicht bei selbständig strafbaren Vorbereitungshandlungen (zB §§ 30, 83, 234 a III) und dem **Versuch** gegenüber dem **vollendeten Delikt** der Fall, und zwar auch, wenn die vollendete Tat tatbestandlich geringfügig abweicht (vgl. BGH NJW **67**, 60: versuchter Raub straflose Vortat gegenüber vollendeter räuberischer Erpressung). Es ist auch typisch für das Verhältnis der **Gefährdungs-** zu den **Verletzungsdelikten** (zB § 149 zu §§ 146 ff.). Ferner gehören hierher die Fälle, in denen die Straftat notwendig die **Verletzungsstufen verschiedener Tatbestände** durchläuft, wie bei Körperverletzungs- und Tötungsdelikten (vgl. aber auch § 212 RN 17 f.) oder uneidlicher Falschaussage und Meineid (§§ 153, 154). Diese Beispiele sind jedoch nicht abschließend. So kommt eine straflose Vortat etwa auch dort in Betracht, wo ein Betrug zur Vorbereitung einer Unterschlagung dient (zB Verwahrer täuscht dem Eigentümer den Untergang der Sache vor, damit er sie sich unbehelligt von Rückforderungsansprüchen zueignen kann; vgl. näher Schröder MDR 50, 339). Vgl. auch Hamm MDR **79**, 421 (Unterschlagung eines Fahrzeugschlüssels als straflose Vortat gegenüber Diebstahl des dazugehörigen Fahrzeugs).

Diese Problematik besteht nicht nur in Fällen der Handlungsmehrheit, sondern auch dort, wo in **121** **einer Handlung** im rechtlichen Sinn sowohl Versuchs- wie Vollendungselemente enthalten sind, so wenn der Täter mit Mordvorsatz auf sein Opfer einsticht, bis es stirbt. Vgl. auch Maiwald 90 ff., Schröder JZ 67, 396 f. **Im einzelnen** gilt folgendes:

a) Soweit die Vortat lediglich die **Durchgangsstufe** eines durch die Nachtat noch weiter vergrö- **122** ßerten oder **vertieften Unrechts** darstellt, bleibt in entsprechender Anwendung der für die straflose Nachtat geltenden Grundsätze (o. 114) die deliktische Vor- oder Zwischenstufe straflos. Anders ist jedoch zu entscheiden, wenn sich die Durchgangsstufe nicht in dem durch die Nachtat gezogenen Bewertungsrahmen hält. Hier muß die Eigenbedeutung des bei alleiniger Bestrafung der Nachtat nicht hinreichend erschöpften Unwerts durch Annahme von Ideal- bzw. Realkonkurrenz noch besonders zum Ausdruck gebracht werden.

b) Das ist insb. für das Verhältnis des **Versuchs** zur **Vollendung** von Bedeutung. Beziehen sich **123** Versuch und Vollendung auf den gleichen Tatbestand, so tritt der Versuch als subsidiär zurück. Der Täter, der mit mehreren Handlungen sich bemüht, einen Diebstahl zu begehen, ist bei Erfolg nur wegen vollendeten Diebstahls zu bestrafen (vgl. BGH NJW **67**, 61). Das gilt jedoch nicht für einen fehlgeschlagenen Versuch und ein späteres erneutes Vorgehen gegen dasselbe Rechtsgut auf andere Weise (Tatmehrheit; vgl. BGH NStZ **98**, 189 m. Anm. Geppert, NJW **98**, 2684 m. Anm. Beulke NStZ 99, 26).

Problematisch sind die Fälle, in denen Versuch und Vollendung verschiedene Deliktstatbestände **124** erfüllen. Hier kommt Subsidiarität insoweit nicht in Betracht, als durch beide Handlungen ein jeweils **eigenwertiges Unrecht** verwirklicht wird.

α) Das ist insb. dort anzunehmen, wo die Vorbereitungshandlung oder der **Versuch** auf einen **125** Tatbestand gerichtet ist, der **gegenüber** dem **nachfolgenden** vollendeten **Delikt** eine **Qualifizierung** darstellt. Würde hier nur wegen des vollendeten einfachen Delikts bestraft, so käme der Täter besser weg, als wenn er nach dem Mißlingen des Versuchs die Tat ganz aufgegeben hätte. Das gilt zB im Verhältnis von versuchtem Raub und vollendetem Diebstahl (vgl. BGH **21** 78); vgl. ferner RG **15** 281, BGH **10** 230.

Entsprechendes hat für den Fall zu gelten, daß der **qualifizierte Versuch zugleich** ein **voll-** **126** **endetes Durchgangsdelikt** enthält (zB der Mordversuch zu einer vollendeten Körperverletzung führt, vgl. § 212 RN 23; ähnliche Fälle bei § 244 RN 35). Würde man hier die vollendete Körperverletzung neben der versuchten Tötung nicht in Ansatz bringen, so würde der Tötungsversuch, der noch nicht bis zur Körperverletzung gediehen ist (Täter schießt vorbei), seiner Unwertkennzeichnung nach nicht anders behandelt als ein bis zur Körperverletzung gelangter Tötungsversuch. Entsprechendes gilt für das Verhältnis zwischen § 224 und §§ 226 II, 22 (vgl. BGH **21** 194 m. Anm. Schröder JZ 67, 369 f.), zwischen § 223 und §§ 218, 22 (BGH **28** 11) sowie zwischen § 303 und §§ 305, 22. Vgl. dagegen Jakobs 882.

β) Für die Straflosigkeit der Vortat ist ferner dort kein Raum, wo diese nicht nur den Charakter **127** eines Durchgangsdelikts hat, sondern ihr auf Grund des gesamten Handlungsgeschehens oder nach der Vorstellung des Täters ein von der Nachtat abhebbares **Eigengewicht** zukommt, so etwa, wenn der Tötungsvorsatz erst nach einer Körperverletzung (vgl. BGH NJW **84**, 1568) oder einer Kindesmißhandlung gefaßt wird (vgl. RG **42** 214, BGH NJW **62**, 115; weitere Beispiele bei § 212 RN 20).

γ) Die gleichen Grundsätze haben zu gelten, wenn das versuchte und das vollendete Delikt **jeweils** **128** **arteigenes Unrecht** verkörpern: nachdem die Täuschung mißlingt, nötigt der Täter das Opfer zur Herausgabe des Gegenstandes. Hier ist je nach den Umständen Ideal- oder Realkonkurrenz zwischen

Vorbem §§ 52 ff. 129–136   Allg. Teil. Rechtsfolgen – Mehrere Gesetzesverletzungen

versuchtem Betrug und vollendeter Erpressung anzunehmen. Ein derart unterschiedlicher Unrechtsgehalt besteht dagegen nicht zwischen Raub und räuberischer Erpressung, so daß Raubversuch hinter eine vollendete, auf dieselbe Sache gerichtete räuberische Erpressung zurücktritt (BGH NJW **67**, 60), ebenso umgekehrt Erpressungsversuch hinter vollendeten Raub (BGH MDR/H **82**, 280). Für das Verhältnis von Raubversuch und vollendeter Erpressung nach § 253 gilt dagegen das o. 125 Ausgeführte. Vgl. auch Mohrbotter GA 68, 112 ff.

129 c) Auch das **Gefährdungsdelikt** bleibt gegenüber der **nachfolgenden Verletzungstat** nur straflos, wenn es sich jeweils um dasselbe Rechtsgut handelt und die Gefährdung nicht über die Verletzung hinausreicht (vgl. RG **59** 113, **70** 402, BGH **8** 244, Geerds aaO 213, Jescheck/Weigend 735). Das trifft idR nur auf konkrete Gefährdungsdelikte zu, da die abstrakten Gefährdungstatbestände nicht nur dem Schutz bestimmter Rechtsgüter, sondern auch der Allgemeinheit dienen. Deshalb werden zwar § 221 durch §§ 211 ff. (RG **25** 322), § 306 f durch § 306 verdrängt, nicht aber § 306 f durch § 303 (BGH MDR **93**, 459), § 231 durch § 227 oder § 226 (vgl. RG **59** 112). Auch eine konkrete Gefährdung kann über die nachfolgende Verletzung hinausgehen; deshalb tritt § 224, durch lebensgefährdende Behandlung begangen, nicht hinter § 226 zurück, anders bei Behandlung mittels eines gefährlichen Werkzeugs (vgl. Schröder JR 67, 147 f.). Keinesfalls kann ein vorsätzliches Gefährdungsdelikt gegenüber einer fahrlässigen Verletzungstat straflos sein, da sonst ein intensiveres Fehlverhalten unberücksichtigt bliebe.

130 5. Im Schrifttum werden zT die Fälle der Gesetzeseinheit noch zu **anderen Gruppen** zusammengefaßt. Vgl. die Übersicht bei Klug aaO 400 ff., ferner Geerds aaO 161 ff. Auch de lege ferenda empfiehlt sich eine gesetzliche Festlegung nicht; die Klärung der Streitfragen muß Rspr. und Rechtslehre überlassen bleiben (Schneidewin Mat. I 229).

131 a) Eine Reihe von Fällen wird verschiedentlich unter dem Begriff der **Konsumtion** zusammengefaßt (vgl. Tröndle 20, Jescheck/Weigend 735, Stratenwerth 313, Geerds aaO 203 ff.). So wird angenommen, der Raub konsumiere die Nötigung und den Diebstahl. Sehr verschieden ist dabei die Abgrenzung der hierher gehörigen Fälle. Einigkeit herrscht im wesentlichen darüber, daß nur Fälle in Betracht kommen, bei denen nicht bereits Spezialität oder Subsidiarität vorliegt; zweifelhaft ist aber, wie die Fälle der Konsumtion von denen der Spezialität zu trennen sind (vgl. etwa die Abgrenzung bei Frank § 73 Anm. VII 2 c, Vogler LK[10] 108, 118, 131 ff., R. Schmitt ZStW 75, 49 ff., Welzel 234 f., Tröndle 20). Der Begriff der Konsumtion befriedigt nicht, weil er namentlich nicht den Vorgang erklärt, daß eine geringere Strafdrohung eine schwerere verdrängen kann, wie die unbefugte Benutzung eines Kraftfahrzeugs (§ 248 b) den Diebstahl durch Treibstoffverbrauch. Es ist auch nicht notwendig, diese Gruppe zu bilden; man darf nur nicht die Begriffe der Subsidiarität und Spezialität unnötig einengen (Klug aaO 414; and. Meister DStR 43, 27). Gegen eine Unterscheidung zwischen Subsidiarität und Konsumtion Hochmayr, Subsidiarität und Konsumtion, Diss. Salzburg, 1997.

132 Vogler LK[10] 131 ff. hat als Fälle der Konsumtion die *mitabgegoltenen Begleittaten* zusammengefaßt, deren Unrechts- oder Schuldgehalt durch die Bestrafung der Haupttat ausgeglichen sein soll, so daß kein weiteres Strafbedürfnis mehr bestehe (vgl. ferner Geerds aaO 216 ff.). Ein Teil dieser Fälle ist bereits als straflose Vor- oder Nachtat zu werten. Aber auch soweit die unwesentliche Begleittat mit der Haupttat zusammentrifft, läßt sie sich unter die Fälle der Subsidiarität oder Spezialität einordnen. So ergeben zB Zweck und Zusammenhang der Vorschriften im Fall des Benzinverbrauchs bei unbefugter Ingebrauchnahme eines Kraftfahrzeugs, daß der Diebstahl des Benzins als subsidiäre Erscheinung hinter den unbefugten Gebrauch zurücktritt. Entsprechendes gilt für den Hausfriedensbruch und die Sachbeschädigung beim Einbruchsdiebstahl gem. § 243 I Nr. 1.

133 b) Verschiedentlich wird als Fall der Gesetzeskonkurrenz auch die **Alternativität** angeführt. Wird dieselbe Handlung von mehreren Gesetzen unter verschiedenen rechtlichen Gesichtspunkten mit verschiedenen Strafen bedroht, so soll nicht Spezialität, sondern Alternativität vorliegen, wenn anzunehmen ist, daß jedes dieser Gesetze nur insoweit Anwendung finden will, als nicht das andere eine schwerere Strafdrohung enthält (so Binding Hdb. 349; ihm folgend zB Jagusch LK[8] C 8 vor § 73). Dieser Begriff erscheint ebenfalls überflüssig; auch hier genügen Subsidiarität und Spezialität (Frank § 73 Anm. VII 3, Geerds aaO 224 ff., M-Gössel II 434, Rissing-van Saan 69, R. Schmitt ZStW 75, 52). I. E. wie hier Klug aaO 414, Baumann/Weber 665.

134 6. Die **Folge** der Gesetzeseinheit ist, daß das ausgeschlossene Gesetz idR nicht mehr die Grundlage für strafrechtliche Sanktionen bilden kann. Es sind jedoch einige Ausnahmen zu beachten, sowohl in den Fällen der Spezialität als auch in den Fällen der Subsidiarität.

135 a) Bei **Spezialität** kann auf das allgemeine Delikt nur zurückgegriffen werden, wenn es für das spezielle Delikt an einem Merkmal des objektiven oder subjektiven Tatbestands fehlt (BGH **30** 236). Soweit das Fehlen besonderer Bestrafungsvoraussetzungen die Anwendung der Spezialvorschrift unmöglich macht, ist zwischen privilegierender und qualifizierender Spezialität zu unterscheiden:

136 α) Bei **privilegierender** Spezialität ist der allgemeine Tatbestand unanwendbar; die Privilegierung würde sonst unterlaufen (RG **47** 388). So kann zB der Versuch eines speziellen Delikts nicht bestraft werden, wenn nur beim allgemeinen Delikt der Versuch für strafbar erklärt worden ist (vgl. BGH **30** 236 zu den §§ 113, 240). Die verjährte Tötung auf Verlangen kann nicht als unverjährter Totschlag geahndet werden.

β) Bei **qualifizierender** Spezialität kann dagegen grundsätzlich auf den allgemeinen Tatbestand 137 zurückgegriffen werden. Praktisch wird dies vor allem beim Rücktritt vom Spezialdelikt. Ist hier das allgemeine minderschwere Delikt tatbestandlich bereits vollendet, so kann aus ihm eine Bestrafung erfolgen, da nach § 24 nur der Versuch als solcher straflos ist. Wer zB vom Vergewaltigungsversuch zurücktritt, kann noch wegen Beleidigung (BGH StV **82**, 15) zu bestrafen sein. Beim Rücktritt von der versuchten Zerstörung eines Bauwerks (§ 305) oder einer versuchten Tat nach den §§ 305 a, 306 bleibt eine bereits vollendete Tat nach § 303 strafbar. Entsprechendes gilt bei einer Amnestie, die sich nur auf den qualifizierenden Tatbestand bezieht (vgl. BGH **24** 265).

b) Anders liegen die Dinge zT bei der **Subsidiarität.** Hier kann die Bewertung des Verhältnisses 138 zwischen subsidiärem und primärem Deliktstatbestand ergeben, daß nur eine tatsächliche Bestrafungsmöglichkeit das subsidiäre Delikt verdrängt. Das gilt vor allem bei den gesetzlichen Subsidiaritätsklauseln. Zwar stellen sie zumeist nur auf die Bedrohung mit einer schwereren Strafe (vgl. o. 106) ab; aber ihrem Sinn ist zu entnehmen, daß das Wort „bedroht" iSv „verwirkt" zu verstehen ist, das subsidiäre Gesetz also nur zurücktritt, soweit der Täter tatsächlich aus dem schwereren Gesetz bestraft werden kann (Bay NJW **78**, 2563, Rissing-van Saan LK 112). Die subsidiäre Norm ist regelmäßig auch anzuwenden, wenn dem Täter hinsichtlich des primären Delikts ein Strafausschließungsgrund zur Seite steht, zB der Täter durch Vortäuschen einer Straftat (§ 145 d) sich selbst oder einen Angehörigen der Bestrafung entziehen will (§ 258 V, VI; vgl. Bay aaO, Celle NJW **80**, 2205) oder insoweit eine Verfolgungsvoraussetzung (Strafantrag) fehlt. Bricht zB der Sohn bei seinen Eltern ein und stellt nur der Hauseigentümer Strafantrag wegen Beschädigung einer Tür, so ist der Täter aus § 303 zu bestrafen. Wer eine Sachbeschädigung vornimmt, indem er ein Warnzeichen usw iSv § 145 II zerstört, ist nach dieser Vorschrift trotz ihrer Subsidiaritätsklausel zu bestrafen, wenn eine Strafverfolgung wegen Sachbeschädigung mangels Strafantrags unzulässig ist (vgl. § 145 RN 22).

In anderen Fällen ergibt die Bewertung des Gesamtkomplexes, daß es auf eine tatsächliche Bestra- 139 fung aus dem primären Gesetz nicht ankommt. Das ist vor allem der Fall, wenn das primär anwendbare Gesetz günstiger für den Täter ist. Hier folgt aus dem Bewertungsvorrang des primären Tatbestands, daß der Täter nicht schlechter gestellt sein darf, wenn seiner Bestrafung aus diesem Tatbestand ein Hindernis entgegensteht. Wer unbefugt ein Kfz. benutzt, kann nicht wegen Benzindiebstahls bestraft werden, wenn der Verletzte keinen Strafantrag stellt (Celle NJW **53**, 37, Rissing-van Saan LK 120; krit. Dreher JZ 71, 33). Aus dem Rangverhältnis zwischen dem primären und subsidiären Tatbestand ergibt sich auch die Lösung der Frage, wieweit sich ein straffreier Rücktritt vom primären Delikt auf das bereits vollendete subsidiäre Delikt auswirkt. Bei einem solchen Rücktritt bleibt der Täter insgesamt straffrei, wenn das primär anwendbare Gesetz günstiger für ihn ist. Dagegen schließt der Rücktritt von einem schwereren Delikt nicht die Bestrafung wegen des bereits vollendeten leichteren und subsidiären Delikts aus. Das gilt auch, wenn das subsidiäre Delikt Durchgangsstadium, zB Vorbereitungshandlung, für das primäre Delikt ist (zB § 149 gegenüber §§ 146 ff.; vgl. RG JW **24**, 1525), nicht dagegen in den Fällen der §§ 306 f, 30, die ausschließlich die gefährliche Vorstufe der Verletzungsdelikte bilden, für deren Versuch der Täter sich Straffreiheit verdient hat (vgl. § 30 RN 40).

c) Entsprechend ergibt bei der **straflosen Nachtat** das Rangverhältnis zwischen dem Eingriff in 140 ein Rechtsgut und dessen späterer erneuter Verletzung, daß die Tat ausschließlich nach den Vorschriften zu behandeln ist, die für den ersten Eingriff gelten (vgl. näher o. 115 f.).

d) Bei der **Strafzumessung** darf das ausgeschlossene Delikt in gewissem Umfang mitberücksichtigt 141 werden (RG **26** 314, **59** 148, **63** 424, JW **39**, 337, BGH **1** 155, **6** 26, NStE **40** zu § 52; krit. M-Gössel II 437; gegen jede Berücksichtigung Geerds aaO 167, 231 f.), sofern die Umstände, die die Straferhöhung begründen sollen, nicht schon zu den Merkmalen des primären Delikts gehören und bei der Strafdrohung in Ansatz gebracht sind, wie idR im Verhältnis des Grundtatbestands zum qualifizierten Delikt. Zur straflosen Nachtat vgl. RG **62** 61. Die Mindeststrafe für die zurücktretende Tat, sofern diese nicht verjährt ist, darf nicht unterschritten werden (BGH **1** 156, **30** 167; and. Köln NJW **53**, 1762); deren Nebenstrafen und Maßregeln müssen oder können ebenfalls verhängt werden (BGH **8** 52, **19** 189); „**Sperrwirkung des milderen Gesetzes**" (vgl. auch § 52 II 2 und hierzu § 52 RN 34), zB auch eine Vermögensstrafe nach § 43 a. Eine strenge Bindung an die Höchststrafe des verdrängten Gesetzes besteht dagegen nicht (BGH **30** 167 m. Anm. Bruns JR 82, 166; and. Jakobs 882). Diese Grundsätze gelten nicht ausnahmslos; es kommt immer auf die Auslegung der einzelnen Vorschriften an (and. zT Dünnebier GA 54, 274, der generell die Rechtsfolgen eines verdrängten Gesetzes berücksichtigt wissen will, soweit sie dem verdrängenden Gesetz nicht zu entnehmen sind). Enthält das speziellere oder das primäre Gesetz eine Privilegierung, so darf diese nicht mittels des verdrängten Gesetzes ausgeschlossen werden (Cramer JurA 70, 207). Eine Ordnungswidrigkeit, die nach § 21 OWiG verdrängt wird, kann für die Strafzumessung erheblich sein, soweit sie nicht zu den strafbarkeitsbegründenden Umständen gehört (Bay DAR/B **93**, 370).

Stree

§ 52 Tateinheit

(1) **Verletzt dieselbe Handlung mehrere Strafgesetze oder dasselbe Strafgesetz mehrmals, so wird nur auf eine Strafe erkannt.**

(2) **Sind mehrere Strafgesetze verletzt, so wird die Strafe nach dem Gesetz bestimmt, das die schwerste Strafe androht. Sie darf nicht milder sein, als die anderen anwendbaren Gesetze es zulassen.**

(3) **Geldstrafe kann das Gericht unter den Voraussetzungen des § 41 neben Freiheitsstrafe gesondert verhängen.**

(4) **Läßt eines der anwendbaren Gesetze die Vermögensstrafe zu, so kann das Gericht auf sie neben einer lebenslangen oder einer zeitigen Freiheitsstrafe von mehr als zwei Jahren gesondert erkennen. Im übrigen muß oder kann auf Nebenstrafen, Nebenfolgen und Maßnahmen (§ 11 Abs. 1 Nr. 8) erkannt werden, wenn eines der anwendbaren Gesetze sie vorschreibt oder zuläßt.**

Vorbem. Abs. 4 durch OrgKG neugefaßt.

Schrifttum: Abels, Die „Klarstellungsfunktion" der Idealkonkurrenz, Krim. wiss. Studien Bd. 11, 1991. – *Baumgarten*, Die Idealkonkurrenz, Frank-FG II 188. – *Bockelmann*, Zur Lehre von der Idealkonkurrenz, ZAkDR 41, 293. – *Bürk*, Über das Wesen der Idealkonkurrenz, 1927. – *Coenders*, Die Idealkonkurrenz, 1931. – *Graf von Dohna*, Grenzen der Idealkonkurrenz, ZStW 61, 131. – *Deiters*, Strafzumesung bei mehrfach begründeter Strafbarkeit, Düsseldorfer Rechtswissenschaftl. Schriften Bd. 8, Diss. Düsseldorf 1999. – *Hartung*, Die Strafe bei Tateinheit, DR 39, 1484. – *ders.*, Nochmals die Strafe der Tateinheit, DRM 40, 49. – *Köhler*, Die Grenzlinien zwischen Idealkonkurrenz und Gesetzeskonkurrenz, 1900. – *Kubisch*, Tateinheit und Tatmehrheit, DJ 42, 97, und *Maschinsky* DJ 42, 503. – *Puppe*, Idealkonkurrenz und Einzelverbrechen, 1979. – *dies.*, Funktion und Konstitution der ungleichartigen Idealkonkurrenz, GA 82, 143. – *Rippich*, Die verfahrensrechtlichen Auswirkungen der Idealkonkurrenz und der Realkonkurrenz, 1935 (StrAbh. Heft 352). – *Schwarz*, Die Straffestsetzung bei der Tateinheit, ZAkDR 39, 672. – *Wahle*, Die sogenannte „Handlungseinheit durch Klammerwirkung", GA 68, 97. – Vgl. ferner das Schrifttum zu Vorbem. vor § 52.

1   **I. Für eine Handlung** ist stets **nur eine Strafe** zu verhängen. Das gilt nach § 52 auch, wenn die Handlung mehrere Straftatbestände oder denselben Tatbestand mehrmals erfüllt (**Idealkonkurrenz, Tateinheit**). Gem. § 52 II bleibt es für die Festsetzung dieser „einen Strafe" trotz Zusammentreffens mehrerer Gesetzesverletzungen bei den Normalstrafrahmen dieser Tatbestände: die Strafe ist unmittelbar entweder dem mehrmals verletzten Strafgesetz oder bei Erfüllung mehrerer Tatbestände dem strengsten dieser Strafgesetze zu entnehmen; deren Strafrahmen dürfen nicht überschritten werden. Diese gegenüber der Tatmehrheit nach §§ 53, 54 mildere Regelung beruht darauf, daß (bei sonst gleichen Verhältnissen) das Schuldmaß geringer ist, wenn mehrere Gesetzesverletzungen durch eine einzige Handlung anstatt durch mehrere begangen werden (RG 70 29, Rissing-van Saan LK 5; vgl. auch E 62 Begr. 191).

2   Die Vorschrift über Tateinheit regelt zum einen die Art und Weise der Straffestsetzung bei Erfüllung mehrerer Tatbestände durch eine Handlung. Daneben stellt die Verurteilung wegen idealkonkurrierender Taten zugleich den Umfang des deliktischen Handelns klar (**Klarstellungsfunktion der Idealkonkurrenz**): der Täter erhält nur eine Strafe; da er aber wegen aller von ihm verwirklichten Tatbestände oder wegen mehrmaliger Tatbestandsverwirklichung verurteilt wird, dokumentiert der Urteilstenor, welche Delikttatbestände erfüllt worden sind oder wie oft der Täter einen Tatbestand erfüllt hat. Das führt zB dazu, bei Versuch eines qualifizierten Delikts den zugleich vollendeten Grundtatbestand in Tateinheit verwirklicht im Tenor anzugeben, also zB wegen versuchter Zerstörung eines Bauwerks (§ 305 II) in Tateinheit mit einer vollendeten Tat nach § 303 zu verurteilen. Aus demselben Grund ist Tateinheit zwischen versuchter Tötung und vollendeter Körperverletzung anzunehmen, da sonst aus dem Urteilsspruch nicht zu ersehen ist, ob das Opfer nur gefährdet oder tatsächlich verletzt worden ist (BGH **44** 196 m. Anm. Satzger JR 99, 203; and. noch die frühere Rspr.; vgl. § 212 RN 23). Für Tateinheit auch BGH **28** 51 bei versuchtem Schwangerschaftsabbruch und vollendeter Körperverletzung, BGH MDR/H **95**, 880 bei Tötungsversuch und vollendeter schwerer Körperverletzung. Vgl. auch 126 vor § 52 sowie Abels aaO, Maatz NStZ 95, 209.

3   **II.** Streitig ist die **theoretische Konstruktion** der Tateinheit. Die sog. **Mehrheitstheorie** sieht in der Verletzung mehrerer Strafgesetze mehrere Delikte und daher in der Idealkonkurrenz eine Verbrechensmehrheit (so zB Frank § 73 Anm. I, Jakobs 891, H. Mayer AT 142, Niese Mat. I 156, Tröndle 4 vor § 52, Schmidhäuser 736, GA-FS 198, RG **57** 81, **62** 87). Die **Einheitstheorie** dagegen betont, daß eine Handlung stets nur ein Verbrechen sein könne, auch wenn sie mehrere Strafgesetze verletze (so zB Baumgarten aaO, Mezger 469). Der Gegensatz beider Auffassungen beruht auf unterschiedlicher Bestimmung des Begriffes „Delikt" (vgl. Geerds aaO 325 f.). Der Sache nach besteht Einigkeit darüber, daß Idealkonkurrenz mehrfache Bewertung einer Handlung bedeutet: Idealkonkurrenz ist eine auf Handlungseinheit aufbauende Bewertungsmehrheit. Beide Merkmale sind gleich wichtig; ob von „Deliktseinheit" oder „-mehrheit" zu reden ist, ist überwiegend eine Frage der Formulierung. Deshalb kommen, etwa für den Schuldspruch (vgl. u. 49),

Tateinheit 4–11 § 52

auch beide Auffassungen zu denselben Ergebnissen (vgl. Cramer JurA 70, 205, Jescheck/Weigend 719, Jescheck ZStW 67, 533, Mezger 470; and. Frank § 73 Anm. II).

III. Tateinheit setzt voraus, daß **eine Handlung mehrere Gesetzestatbestände oder denselben Tatbestand mehrmals erfüllt.** Erforderlich ist also Handlungseinheit im o. 10 ff. vor § 52 dargelegten Sinn; es reicht nicht aus, daß mehrere Straftaten am selben Ort und zur gleichen Zeit begangen werden (RG 57 178, 66 362, BGH MDR/D 74, 13, NStZ-RR 98, 203). **4**

1. Zu den Erfordernissen der **Handlungseinheit** vgl. näher 10 ff. vor § 52. Zum Dauerdelikt als Handlungseinheit vgl. 81 ff. vor § 52. **5**

2. Tateinheit ist das **Zusammentreffen** mehrerer Strafgesetze in einer Handlung, also **im objektiven Tatbestand;** Zusammentreffen nur in subjektiven Tatbestandsteilen genügt nicht (BGH JZ 2000, 319). Tateinheit zwischen mehreren Delikten wird also weder dadurch begründet, daß der Täter ein einheitliches Ziel verfolgt (RG 58 116, 60 241, BGH 14 109, wistra 85, 19) oder daß die Delikte demselben Beweggrund entspringen (BGH 7 151, wistra 85, 19), noch dadurch, daß der Täter den Entschluß zur Begehung mehrerer Taten gleichzeitig gefaßt hat (RG 58 116, BGH 14 109), auch dann nicht, wenn nach seinem Plan die eine Tat Voraussetzung für die Begehung der anderen ist. Es liegt also keine Idealkonkurrenz vor zwischen Diebstahl der Mordwaffe und Mord, zwischen Verbrechensverabredung und Diebstahl einer Sache zur Ermöglichung des verabredeten Verbrechens (vgl. BGH NJW 84, 2170) oder zwischen Raub (Diebstahl) zwecks Heroinkaufs und Heroinerwerb (BGH MDR/H 92, 17). **6**

Da es nur auf das Zusammentreffen im objektiven Tatbestand ankommt, wird Tateinheit durch Verschiedenheit der Schuldformen nicht ausgeschlossen. Sie ist daher zB zwischen vorsätzlichem und fahrlässigem Delikt möglich (RG 48 251, 49 272, 59 319, 72 123, BGH 1 278, NJW 71, 153), etwa zwischen vorsätzlicher und fahrlässiger Brandstiftung oder zwischen Sachbeschädigung und fahrlässiger Körperverletzung. **7**

3. Tateinheit liegt danach zunächst dann vor, wenn sich die objektiven Ausführungshandlungen der mehreren Tatbestände im konkreten Fall **völlig decken,** wie zB Körperverletzung und Sachbeschädigung, wenn ein Schuß beide Erfolge herbeiführt, oder Tötung durch Brandstiftung oder Tötung mehrerer Personen durch eine Explosion. **8**

4. Ausreichend ist aber auch **Teilidentität,** also bloße **Überschneidung** der objektiven Ausführungshandlungen. Das ist der Fall, wenn ein objektiver Teil der einen Tatbestandshandlung zur Verwirklichung des anderen Tatbestands mitgewirkt hat (RG 56 59, 66 362, BGH MDR/D 70, 382, NStE 18, Geerds aaO 279, Jescheck/Weigend 720, M-Gössel II 447; vgl. auch R. Schmitt ZStW 75, 57; gegen die Teilidentität Wahle GA 68, 110). Ein Beispiel ist das Zusammentreffen von Körperverletzung und Raub nur in dessen einem Element, der Gewaltanwendung (BGH 22 362; vgl. auch BGH 20 272, VRS 60 102) oder das Zusammentreffen von Vergewaltigung und Raub nur im Merkmal der Drohung (BGH MDR/H 90, 294), ferner die gleichzeitige Gewaltanwendung gegenüber zwei Frauen (Einschließen in einem Raum) mit anschließender Vergewaltigung (vgl. BGH MDR/H 80, 272). Hingegen führt das Ausnutzen einer durch Gewalt verursachten Einschüchterung zu neuer Gewalt nicht zu einer Überschneidung der Gewalttaten (BGH MDR/H 79, 987). Zur Tateinheit zwischen Prozeßbetrug und Anstiftung zur uneidlichen Falschaussage vgl. BGH 43 317 m. abl. Anm. Momsen NStZ 99, 306. Voraussetzung für Teilidentität ist stets die Überschneidung unmittelbarer **Ausführungs**handlungen. **9**

a) Tateinheit zwischen (in ihrer weiteren Ausführung selbständigen) Delikten wird deshalb weder durch Einheitlichkeit der **Vorbereitungshandlungen** (Verschaffen von Gift, um damit zwei Morde zu begehen; vgl. auch BGH NStZ 85, 70: Inserat zum Ausfindigmachen von in Betracht kommenden Betrugsopfern, ferner Bay NStZ 86, 173), einheitliche Zielsetzung, übereinstimmenden Beweggrund, Verfolgung eines Endzwecks (BGH 33 165, 43 319, wistra 2000, 17) noch durch das Zusammentreffen solcher **Versuchs**handlungen geschaffen, die die verschiedenen Tatbestände nicht bereits teilweise verwirklichen, sondern nur „tatbestandsnahe Gefährdungshandlungen" sind (vgl. § 22 RN 32 ff.). Lauert der Täter zugleich drei Personen auf, um sie nacheinander zu erschlagen, so besteht zwischen den einzelnen Morden Tatmehrheit, obwohl das Auflauern einheitliche Versuchshandlung aller drei Morde war (BGH 16 397; and. Samson/Günther SK 12). Ausnahmsweise kann sich allerdings in solchen Fällen Tateinheit durch sog. Klammerwirkung ergeben (vgl. u. 14 ff.): das verklammernde Band ist die zwischen Vollendungshandlung einerseits und Versuchs- oder selbständig strafbarer Vorbereitungshandlung andererseits (zB § 30) bestehende rechtliche Handlungseinheit (vgl. 12 ff. vor § 52). So besteht Tateinheit etwa zwischen Raub und versuchter Nötigung, wenn der Täter des Raubes zuvor vergeblich versucht hatte, einen anderen durch Drohung zur Mittäterschaft anzustiften (§ 30); ebenso zwischen Mord und zweifachem Mordversuch, wenn im vorangegangenen Beispiel nur eines der drei Opfer tödlich verletzt wurde. **10**

b) Tatbestandsverwirklichende Ausführungshandlungen in diesem Sinn können unter bestimmten Voraussetzungen auch noch im **Zeitraum zwischen Vollendung und Beendigung** des Delikts gegeben sein (vgl. Jescheck/Weigend 720, BGH 26 27, StV 83, 104, NStZ 93, 77, 95, 588, StraFo 99, 100), so zB, wenn ein Räuber die angewandte Gewalt vor Tatbeendigung zusätzlich zu einer Vergewaltigung einsetzt (BGH MDR/H 79, 106), ein Dieb die Beute mittels einer Trunkenheitsfahrt wegbringt (Bay NJW 83, 406) oder sich ein Kfz. zum Fortschaffen der Beute erpresserisch verschafft **11**

§ 52 12–18   Allg. Teil. Rechtsfolgen – Strafbemessung bei mehreren Gesetzesverletzungen

(vgl. BGH StV **83**, 413), ein Erpresser zur Sicherung der Beute Widerstand gegen Vollstreckungsbeamte leistet (BGH MDR/H **88**, 453).

12   Dies gilt insb. für **Absichtsdelikte:** Tateinheit wird hier auch bei Überschneidung mit solchen Handlungen begründet, die nach Vollendung zum Zweck der Verwirklichung der im Tatbestand vorausgesetzten Absicht vorgenommen werden. So besteht etwa Tateinheit zwischen § 239 a und § 255, wenn der Entführer später seiner Absicht gemäß einen anderen räuberisch erpreßt; vgl. § 239 a RN 47. Der mit dem Gebrauchmachen einer falschen Urkunde verbundene Betrug steht in Tateinheit zur Urkundenfälschung (vgl. § 267 RN 100). Gleiches gilt bei Steuerhinterziehung mittels gefälschter Urkunde (BGH wistra **88**, 345). Vgl. noch BGH **18** 70, DRiZ/H **78**, 85, NStZ **84**, 409.

13   Diese Grundsätze gelten auch für **Dauerdelikte.** Insoweit genügt es, daß eine Tat mit einem Dauerdelikt nach dessen Vollendung, aber vor dessen Beendigung zusammentrifft. Es können sich jedoch einige Besonderheiten ergeben. Zu den hier besonders zahlreichen Konkurrenzproblemen vgl. 88 ff. vor § 52.

14   5. Treffen die Ausführungshandlungen verschiedener Tatbestände nicht unmittelbar zusammen, so kann Tateinheit dadurch hergestellt werden, daß sie sich jeweils mit der („durchlaufenden") Ausführungshandlung eines dritten Tatbestands überschneiden (**Idealkonkurrenz durch Klammerwirkung;** vgl. zur Entwicklung dieser Rechtsfigur Wahle GA 68, 97 ff.). Die Einheit wird dadurch geschaffen, daß verschiedene Teilhandlungen des verbindenden Delikts zur Erfüllung der anderen Tatbestände mitwirken (vgl. 20 vor § 52). Wenn ein Geheimagent (§ 99) Unterlagen stiehlt (§ 242) und später Ferngespräche abhört (§ 201 II), so bestünde an sich zwischen § 242 und § 201 Tatmehrheit; da beide Delikte jedoch zugleich Ausübungen derselben geheimdienstlichen Tätigkeit nach § 99 I waren, werden sie durch dieses Delikt zur Tateinheit verbunden (vgl. auch § 98 RN 36). Krit. dazu Jakobs 912, R. Schmitt ZStW 75, 48 und Wahle GA 68, 103 ff., der statt dessen entscheidend auf die „natürliche Betrachtung" abstellen will, ferner Schmidhäuser 737, Peters JR 93, 265.

15   a) Als **verbindende Straftaten** kommen Handlungseinheiten aller Arten in Betracht, also neben tatbestandlichen Handlungseinheiten (vgl. 13 ff. vor § 52) auch tatbestandsfremde Handlungseinheiten, etwa Dauerdelikte (vgl. 89 vor § 52). Nicht erforderlich ist, daß die verbindende Straftat mitabgeurteilt werden kann (BGH NStE **36**); ein insoweit fehlender Strafantrag steht der Klammerwirkung nicht entgegen (BGH JR **83**, 210 m. Anm. Keller, NStE **14**), ebensowenig eine die verbindende Tat erfassende Verfahrensbeschränkung nach § 154 a StPO (BGH StV **83**, 457, NStZ **89**, 20).

16   b) Die Verbindungswirkung besteht jedoch nur, wenn zwischen den an sich selbständigen Straftaten und dem das Bindeglied bildenden Tatbestand annähernde **Wertgleichheit** besteht oder die verbindende Tat die schwerste darstellt. Vgl. RG **60** 243, **66** 120, **68** 218, **72** 195, BGH NJW **75**, 986, MDR **80**, 685, 860, StV **82**, 524. Der Wertvergleich ist nicht an einer abstrakten generalisierenden Betrachtungsweise auszurichten; maßgebend ist die konkrete Gewichtung der Taten. Ein Vergehen in einem besonders schweren Fall kann daher ein gleichwertiges Bindeglied zwischen Verbrechen in minder schweren Fällen sein (vgl. BGH **33** 6 u. dazu Peters JR 93, 265). Gegen mögliche Bedenken (vgl. Rissing-van Saan LK 31) ist einzuwenden, daß es nicht darauf ankommen kann, ob die strafschärfende Gewichtung einer Tat vom Gesetzgeber als Qualifikation oder als besonders schwerer Fall behandelt worden ist, zumal der Gesetzgeber insoweit von keinen klaren Maßstäben ausgeht. Zum Völkermord (§ 220 a) als Bindeglied zwischen mehreren Mordtaten vgl. BGH NStZ **99**, 404.

17   Ist die **verbindende Tat leichter** als die verbundenen Taten, so würde der Satz, daß die dritte Tat Idealkonkurrenz zwischen den beiden anderen schafft, dazu führen, daß die an sich begründete Tatmehrheit zwischen schweren Delikten aufgehoben wird und diese zur leichteren Form der Tateinheit zusammengefügt werden könnten, wenn jede Tat mit einem leichteren Delikt zusammentrifft. So wenn der Täter zum Zweck des Raubes alle Bewohner eines Hauses nacheinander tötet (RG **44** 223, BGH **2** 246). Die Rspr. nimmt daher zutreffend an, daß das Prinzip der Verklammerung durch eine dritte Tat dann nicht gelte, wenn die selbständigen Handlungen gegenüber der dritten einen unverhältnismäßig größeren Unwert verkörpern (BGH **1** 68, **3** 165, **6** 97, **18** 26 m. Anm. Hellmer NJW 63, 116, NJW **52**, 795, **63**, 57, VRS **35** 420, MDR/H **82**, 969, NStZ **93**, 133, KG NJW **89**, 1374). Ein sukzessiv ausgeführter Versuch der schweren räuberischen Erpressung kann nicht mehrere dabei verübte und für sich genommen selbständige Mordversuche gegen verschiedene Personen zur Tateinheit verklammern (BGH NJW **98**, 619 mit Anm. Satzger JR 98, 518). Ferner kann die vor und nach einem Unfall begangene fahrlässige Verkehrsgefährdung (§ 315 c III) nicht fahrlässige Tötung und Verkehrsunfallflucht zur Idealkonkurrenz verbinden (Bay NJW **57**, 1485, Oldenburg NdsRpfl **64**, 18, Stuttgart NJW **64**, 1913, Oldenburg NJW **65**, 117). Der Täter ist in einem solchen Fall aus § 222 und § 142, beide jeweils in Idealkonkurrenz mit § 315 c III, zu verurteilen (BGH VRS **8** 49, **9** 353, **21** 422, Köln MDR **64**, 524). Ebensowenig kann § 142 die §§ 222 und 211, 22 zur Tateinheit verbinden (BGH VRS **17** 191), ein Verstoß gegen § 145 c mehrere Betrugsfälle (BGH NStZ **91**, 549) oder ein Vergehen nach § 21 StVG mehrere Kfz.-Diebstähle (BGH **18** 66; vgl. auch BGH DAR/M **69**, 149, BGHR § 52 Abs. 1 Handlung, dieselbe **20**). Einschränkend ferner Bremen JZ **51**, 20 m. Anm. E. Schmidt. Vgl. noch BGH **23** 149, Geerds aaO 280 f., M-Gössel II 449, Schöneborn NJW **89**, 734.

18   Fraglich ist, ob die Verklammerung auch entfällt, wenn nur eines der zu verbindenden Delikte schwerer wiegt als die an sich verklammernde Tat. Mit BGH **31** 29, MDR/H **83**, 620, NStZ **93**, 51 ist dies entgegen BGH **3** 165 zu verneinen. Die rechtliche Folge einer Verklammerung wird nur untragbar, soweit eine minderschwere Tat mehrere schwerere Taten zur Tateinheit verbinden könnte.

Wer mehrere selbständige Taten begeht, darf sich nicht auf Grund einer zusätzlichen leichteren Tat besser stehen als ohne diese. Ist dagegen nur eine Tat schwerer als das verbindende Delikt, so besteht kein Grund, anders zu entscheiden als bei gleichwertigen Taten, da ihnen gegenüber der Täter nicht ungleich besser gestellt wird. Zu denken ist etwa an einen Raub, zu dessen Zweck der Täter entweder nacheinander jemanden tötet und einen anderen niederschlägt oder zwei Personen nacheinander verletzt. Ein wesentlicher Unterschied im Konkurrenzverhältnis ergibt sich erst bei mehreren Tötungshandlungen zum Zweck des Raubes. Zutreffend daher BGH NStZ **88**, 70, wonach eine Freiheitsberaubung eine versuchte Vergewaltigung und eine Straßenverkehrsgefährdung zur Tateinheit verklammern kann, ferner BGH NStZ **89**, 20, wonach ein Verstoß gegen das WaffenG einen Diebstahlsversuch mit anschließender Nötigung zur Tateinheit verbinden kann, sowie BGHR § 52 Abs. 1 Klammerwirkung **6**, wonach einem Verstoß gegen § 53 I WaffG bei einem Totschlagsversuch, einer versuchten gefährlichen Körperverletzung und einer fahrlässigen Körperverletzung Klammerwirkung zukommen kann. Vgl. auch Celle NStE **27**.

6. Auch bei **Unterlassungsdelikten** setzt Tateinheit sinngemäß Identität der „Ausführungshandlung" voraus (vgl. RG **76** 140 u. 28 vor § 52). Daran fehlt es aber im Verhältnis zwischen (echten und unechten) Unterlassungsdelikten und Begehungstaten (vgl. RG **68** 317, BGH **6** 230, Jescheck/Weigend 723, Baumann/Weber/Mitsch 731; and. Jakobs 911, auch Tröndle/Fischer 3 vor § 52 bei unechten Unterlassungsdelikten), es sei denn, das Unterlassungsdelikt ist ein Dauerdelikt und das Begehungsdelikt dient der Aufrechterhaltung dieses Zustands (zB Vollstreckungsvereitelung, um sich auf diese Weise der Unterhaltspflicht zu entziehen; vgl. auch 91 a vor § 52). So liegt zB keine Tateinheit zwischen § 323 c und der zZ der Hilfepflicht begangenen Vergewaltigung vor, ebensowenig zwischen § 323 c und § 142 (Begehungsdelikt; and. RG **75** 359, BGH GA **56**, 120, Oldenburg VRS **11** 54) oder zwischen § 212 durch Unterlassen und § 142 (and. BGH NStZ **92**, 125, Bay NJW **57**, 1485). Die Gleichzeitigkeit beider Delikte kann gegenüber der Verschiedenartigkeit des Verhaltens nichts ausmachen.

7. Bei **Teilnehmern** ist selbständig zu beurteilen, ob ihr Tatbeitrag eine einheitliche Handlung ist; es hängt dies nicht von der Bewertung der Haupttat ab (BGH MDR/D **76**, 14). So liegt Tateinheit vor, wenn durch eine Handlung (oder Unterlassung) zu einer Mehrheit selbständiger Handlungen angestiftet oder Beihilfe geleistet wird (M-Gössel LK 16; Rissing-van Saan LK 16; ebenso die Rspr. seit RG **70** 26 m. Anm. Mezger JW 36, 728, JW **38**, 2198, BGH **40** 314, MDR/D **57**, 266, NStZ **93**, 584, wistra **94**, 349, StV **2000**, 195, Hamburg NJW **53**, 1684, Bay NJW **89**, 2142). Hiergegen Schneidewin Mat. I 222. Soweit mehrere Teilnahmehandlungen an einer Tat vorliegen, ist grundsätzlich in Anbetracht des geförderten einmaligen Unrechts eine Bewertungseinheit (vgl. 17 vor § 52) anzunehmen (vgl. BGH NStZ **99**, 451, 513). So liegt nur eine Anstiftung vor, wenn jemand mit mehreren Einwirkungshandlungen (zB Anstiftung in mehreren Gesprächen) darauf abzielt, denselben Tatentschluß hervorzurufen (BGH StV **83**, 456). Bleibt ungeklärt, ob der Teilnehmer die Haupttat mit einer oder mehreren Handlungen gefördert hat, so ist zu seinen Gunsten von einer Handlung auszugehen (BGH NStZ **97**, 121). Hat der Täter einen anderen zur Unterstützung seiner Tat durch ein täterschaftlich begangenes Delikt angestiftet, so steht die Anstiftung in Tateinheit mit der Haupttat (vgl. BGH **43** 317: Prozeßbetrug, Anstiftung zur falschen uneidlichen Aussage).

Diese Grundsätze können auf die Sonderformen der Täterschaft (**Mittäterschaft, mittelbare Täterschaft**) nicht ohne weiteres übertragen werden (and. RG **70** 387, **76** 358, BGH MDR/D **68**, 551, **76**, 14, MDR/H **79**, 280, NJW **94**, 2707, NStZ-RR **96**, 227, **98**, 234, StV **2000**, 196, Bay **51**, 184, Rissing-van Saan 16). Denn bei beiden handelt es sich um eigene Täterschaft, bei der jeder wie ein voll eigenhändig handelnder Täter behandelt wird. Es kann daher bei Mittäterschaft an mehreren Taten nichts ausmachen, ob ein Mittäter einen besonderen Beitrag zu jeder einzelnen Tat geleistet hat oder einen Beitrag, der allen einzelnen Deliktsausführungen gleichermaßen zugute kommt; es ist auch im letzten Fall wegen jeder der realkonkurrierenden Taten getrennt zu verurteilen (§ 53). Wer zB als Mittäter zwei getrennte Morde begehen läßt, hat diese Verbrechen auch dann tatmehrheitlich begangen, wenn er das Werk seiner unabhängig voneinander vorgehenden Mittäter durch eine Handlung in Gang gesetzt hat. Entsprechendes gilt für mittelbare Täterschaft, nur daß hier die Deliktsausführung verschieden zu bestimmen ist, je nachdem, ob das Werkzeug gut- oder bösgläubig gewesen ist (vgl. § 22 RN 54). Während beim gutgläubigen Werkzeug dessen Beeinflussung die eigentliche Tatbegehung des mittelbaren Täters darstellt und daher dieser, wenn er durch die Beeinflussung zwei Taten veranlaßt, nicht anders zu behandeln ist, als wenn er ein mechanisches Werkzeug oder ein Tier einsetzt, durch das nacheinander mehrere Tatererfolge hervorgerufen werden, beginnt beim bösgläubigen Werkzeug die Tatausführung erst mit dessen Tatdurchführung. Daher ist hier wie bei Mittäterschaft Tatmehrheit anzunehmen, wenn das Werkzeug durch mehrere Handlungen mehrere Deliktstatbestände verwirklicht. Vgl. zum Ganzen auch Hartung DJ 36, 1804.

IV. Gleichartige und ungleichartige Idealkonkurrenz

1. § 52 erfaßt sowohl den Fall, daß eine Handlung mehrere Strafgesetze verletzt (sog. **ungleichartige Idealkonkurrenz**), als auch die mehrfache Verletzung desselben Strafgesetzes durch eine Handlung (sog. **gleichartige Idealkonkurrenz**).

23 2. Die gesetzliche Anerkennung der gleichartigen Idealkonkurrenz löst jedoch nicht das Problem der **Abgrenzung von einfacher und mehrfacher Erfüllung desselben Tatbestands** durch eine Handlung. Diese Frage stellt sich vor allem, wenn ein Tatbestand durch verschiedene Einzelhandlungen jeweils voll erfüllt wird, diese aber nach den o. 12 ff. vor § 52 genannten Grundsätzen zu einer rechtlichen Handlungseinheit zusammengefaßt sind. Rein begrifflich läge hier zwar mehrfache Erfüllung desselben Tatbestands durch eine Handlungseinheit vor. Die Annahme gleichartiger Idealkonkurrenz widerspräche aber dem Wesen solcher Handlungseinheiten, die gerade darauf beruhen, daß der Gesetzeswortlaut die Ausführungshandlung mehr oder weniger als Handlungskomplex beschreibt; dieser erfüllt den Tatbestand nur einmal, so etwa bei einer Körperverletzung durch mehrere Schläge, einer Beleidigung durch mehrere Schimpfworte oder einem Diebstahl, bei dem der Dieb die Beute stückweise aus dem Hause trägt (vgl. weitere Beispiele bei 15 ff. vor § 52).

24 Gleichartige Idealkonkurrenz kann demnach nur dann vorliegen, wenn im Rahmen desselben Tatbestands **mehrere**, trotz ihrer Gleichartigkeit **selbständige Tatobjekte** durch eine Handlung beeinträchtigt werden. Sie kommt nicht in Betracht bei solchen Tatbeständen, die auf die Verletzung von Gesamtheiten abstellen, also die quantitative Steigerung des Angriffsobjekts schon einschließen. Wann dies der Fall ist, richtet sich nach Wortlaut und Charakter des jeweiligen Tatbestands. Vgl. BGH MDR/D **72**, 386.

25 a) Gleichartige Idealkonkurrenz **ist** danach bei zwei Fallgruppen **möglich:** bei Delikten gegen höchstpersönliche Rechtsgüter verschiedener Rechtsgutträger sowie bei Delikten gegen sonstige Rechtsgüter mit individuellem Eigenwert. Die für Haupttaten maßgebliche Beurteilung gilt entsprechend für die Anstiftung zu mehreren Taten (vgl. BGH **40** 314).

26 α) Bei Delikten gegen **höchstpersönliche Rechtsgüter** (Leib und Leben, geschlechtliche Integrität, Freiheit, Ehre u. dgl.) kommt gleichartige Idealkonkurrenz in Betracht, weil die Rechtsgutträger in ihrer Individualität betroffen sind (BGH MDR/H **92**, 932). Ein gleichzeitiger Angriff auf mehrere Personen ist deshalb mehrfache Tatbestandserfüllung und nicht nur quantitative Intensivierung innerhalb des einmal erfüllten Tatbestands (vgl. dagegen [allerdings zum früheren Rechtszustand] Geerds aaO 272 ff.). Gleichartige Idealkonkurrenz besteht also etwa, wenn mehrere Menschen durch eine Explosion getötet werden, der Täter zwei Kinder gleichzeitig zur Duldung sexueller Handlungen auffordert (BGH **1** 21, **6** 82) oder mehrere Personen in einem Raum einsperrt.

27 β) Die Individualität ist ebenso für die Annahme gleichartiger Idealkonkurrenz maßgebend bei Delikten gegen sonstige Rechtsgüter mit **individuellem Eigenwert**. Das gilt zB bei verschiedenen Rechtsgütern des Staates oder der Allgemeinheit. So liegt gleichartige Idealkonkurrenz vor bei gleichzeitiger Strafvereitelung zugunsten mehrerer Täter oder falscher Verdächtigung mehrerer Personen (vgl. BGH GA **62**, 24), bei gleichzeitigem Gebrauchmachen von mehreren gefälschten Urkunden, bei Bestechung mehrerer Amtsträger durch ein gemeinsames Geschenk, bei Anstiftung mehrerer Personen zum Meineid in einer Besprechung (RG **70** 335).

28 b) Gleichartige Idealkonkurrenz **kommt nicht in Betracht**, wenn verschiedene Tatmodalitäten eines Tatbestands erfüllt sind, zB mehrere gemeinschaftlich eine gefährliche Körperverletzung mittels Waffen und eines hinterlistigen Überfalls begehen; hier liegt nur eine Gesetzesverletzung vor (vgl. § 176 RN 25, § 224 RN 16, § 244 RN 33, § 250 RN 27, auch BGH NStZ **94**, 284, NJW **94**, 2034 m. Anm. v. Hippel JR 95, 125 zu § 250 I Nr. 2, 3 [and. BGH NStZ **94**, 285], Bay JZ **87**, 788, ÖstOGH 54, 286). Unerheblich ist, ob die Tatmodalitäten nebeneinander (vgl. § 225), voneinander abgehoben (vgl. § 211 II) oder unter verschiedener Nr. (vgl. § 224 I, § 244 I) aufgezählt sind, da es sich hierbei um formale Gesetzestechnik ohne sachlich-rechtliche Bedeutung handelt (vgl. BGH NJW **94**, 2035). Anders ist es nur, wenn die Tatmodalitäten unterschiedlichen Schutzzwecken zuwiderlaufen (vgl. § 184 RN 68, auch östOGH 56 140) oder in unterschiedlichen Taterfolgen mit selbständigem Unwertgehalt bestehen (vgl. § 283 b RN 10). Zum Ganzen vgl. Altenhain ZStW 107 382. Zudem scheidet gleichartige Idealkonkurrenz aus:

29 α) bei Straftaten gegen **materielle Rechtsgüter**. So stellt § 242 nicht darauf ab, ob die Beute aus einem oder mehreren Stücken besteht oder einem oder mehreren Eigentümern gehört; es liegt daher nur ein Diebstahl vor, wenn der Täter in einem Geschäft mehrere Sachen stiehlt, die teilweise unter Eigentumsvorbehalt stehen, oder aus einem Tresor Wertpapiere verschiedener Eigentümer nimmt (Jakobs 893, Rissing-van Saan LK 36; and. Jescheck/Weigend 720, Samson/Günther SK 26). Gleiches trifft zu, wenn ein Hehler durch eine Handlung verschiedenen Eigentümern gehörende Sachen aus mehreren Vortaten erwirbt oder absetzt. Diese Grundsätze gelten auch für § 263 (and. BGH MDR/D **70**, 382) und § 266 (and. BGH wistra **86**, 67): hier besteht zwar wegen der Täuschung bzw. Treupflichtverletzung ein gewisser „höchstpersönlicher" Einschlag; letztlich ist in beiden Tatbeständen aber nur fremdes Vermögen geschützt. Gleichartige Idealkonkurrenz ist jedoch bei Delikten anzunehmen, die wie Raub und Erpressung sich auch gegen höchstpersönliche Rechtsgüter richten: wer zugleich mehrere Personen erpreßt, verletzt § 253 mehrmals (BGH MDR/H **92**, 932).

30 β) bei solchen **abstrakten Gefährdungsdelikten**, die zwar an die Herbeiführung eines konkreten Einzelerfolges anknüpfen, bei denen aber eine Erfolgsmehrheit nur die (quantitative) Intensivierung der einheitlichen Gefahrenlage bedeutet. Das gilt etwa für Brandstiftung: wer durch ein Zündmittel einen ganzen Straßenzug in Brand setzt, erfüllt § 306 a ebenso nur einmal, wie wenn er ein Hochhaus angezündet hätte.

c) Letztlich ist allerdings – dies ist Geerds aaO 273 zuzugeben – der praktische Unterschied **31** zwischen gleichartiger Idealkonkurrenz und einfacher Erfüllung eines Tatbestands gering (vgl. auch Dallinger MDR 70, 382 Anm. 12); auch bei gleichartiger Idealkonkurrenz kann die Höchststrafe des betreffenden Tatbestands nicht überschritten werden (vgl. u. 33), andererseits kann auch bei nur einfacher Tatbestandserfüllung der Umfang des Erfolges bei der Strafzumessung voll berücksichtigt werden. Nur die Urteilstenorierung ist verschieden: bei gleichartiger Idealkonkurrenz ist wegen mehrfacher Gesetzesverletzung schuldig zu sprechen (vgl. u. 49).

V. In den Fällen der Idealkonkurrenz ist für die mehreren Gesetzesverstöße nur **eine Strafe** **32** verwirkt. Das besagt natürlich nicht, daß sich eine Strafe nicht aus zwei Strafarten zusammensetzen kann, zB Freiheitsstrafe und Geldstrafe gem. § 41.

1. Die Festsetzung der Strafe ist bei **gleichartiger Idealkonkurrenz** unproblematisch: sie ist **33** unmittelbar dem mehrmals verletzten Strafgesetz zu entnehmen, wie wenn dieses nur einmal verletzt wäre. Bei der Strafbemessung ist es jedoch im allgemeinen angebracht, die mehrfache Tatbestandserfüllung strafschärfend zu berücksichtigen. Dabei darf die angedrohte Höchststrafe nicht überschritten werden. Im Einzelfall kann aber die mehrfache Tatbestandserfüllung zur Annahme eines besonders schweren Falles führen (vgl. BGH StV **81**, 545, NJW **82**, 2265). Vgl. auch u. 47.

2. Bei **ungleichartiger Idealkonkurrenz** richtet sich die Straffestsetzung nach Abs. 2–4. Danach **34** sind die Strafdrohungen aller verletzten Strafgesetze zu einer „gemeinsamen Strafdrohung" zu kombinieren, der dann die einheitliche Strafe (Abs. 1) entnommen wird **(Kombinationsprinzip).** Diese Kombinationsstrafdrohung weist für die Hauptstrafe einen Strafrahmen auf, der nach unten durch die höchste der Mindeststrafen und nach oben durch die höchste der Höchststrafen der verletzten Einzelstrafgesetze begrenzt wird (Abs. 2); vgl. u. 36. Neben der Hauptstrafe muß oder kann auf Nebenstrafen, Nebenfolgen oder Maßnahmen erkannt werden, wenn nur eines der verletzten Gesetze sie vorschreibt oder zuläßt (Abs. 4); vgl. u. 43. Diese Sperrwirkung des milderen Gesetzes beruht auf der Überlegung, daß der Rechtsbrecher nicht deshalb bessergestellt sein darf, weil seine Handlung mehrere Tatbestände erfüllt.

Der Wortlaut des Abs. 2 S. 1 lehnt sich ebenso wie der Sprachgebrauch der Rspr. noch an das **35** Absorptionsprinzip an (vgl. etwa BGH MDR/D **70**, 560). Dies ist jedoch irreführend. Der Satz, daß die Strafe „nach dem Gesetz bestimmt wird, das die schwerste Strafe androht", begründet **keinen Vorrang** des strengeren Straftatbestandes (vgl. u. 49), sondern hat nur technische Bedeutung für die obere Grenze des Kombinationsstrafrahmens und für die Fälle, daß in den verschiedenen Tatbeständen verschiedene Strafarten angedroht sind (vgl. u. 38 ff.).

a) Die Bildung der Kombinationsstrafdrohung

α) Ist in den verschiedenen Gesetzen übereinstimmend **dieselbe Strafart** angedroht, so wird der **36** Strafrahmen nach unten durch die höchste Mindeststrafe, nach oben durch die höchste Höchststrafe der einzelnen Gesetze begrenzt. Unerheblich ist, ob bei Tateinheit eines Verbrechens und eines Vergehens das Höchstmaß im ersteren oder im letzteren Tatbestand angedroht ist (vgl. BGH MDR/D **70**, 560 und o. 35).

Der Kombinationsstrafrahmen ist nach den Umständen des Einzelfalles **konkret zu ermitteln.** **37** Sehen also eines oder mehrere der verletzten Strafgesetze bei erschwerenden oder mildernden Umständen andere Höchst- oder Mindeststrafen vor, so sind, wenn Erschwerungs- oder Milderungsgründe vorliegen, die veränderten Strafrahmen zu kombinieren.

β) Sind in den idealkonkurrierenden Strafgesetzen **verschiedene Strafarten** angedroht, so wird **38** für die Bildung des Kombinationsstrafrahmens die mildere durch die schwerere Strafart verdrängt (vgl. o. 35). Dies kann in drei Fällen praktisch werden:

αα) Wenn eines der Gesetze Freiheitsstrafe, das andere nur Geldstrafe androht (im Bereich des **39** StGB nicht praktisch), so hat der Täter Freiheitsstrafe verwirkt, da diese stets schwerer als Geldstrafe ist (vgl. § 54 RN 5). Auf eine Geldstrafe kann also nur über § 47 erkannt werden.

ββ) Entsprechendes gilt, wenn im einen Gesetz Freiheitsstrafe, im anderen wahlweise Freiheits- **40** oder Geldstrafe (wie etwa in §§ 123, 303) angedroht ist; hier entfällt die gegenüber der ausschließlichen Androhung von Freiheitsstrafe mildere Wahlmöglichkeit; dh, daß der Täter hier primär Freiheitsstrafe verwirkt hat und auf Geldstrafe nur über § 47 erkannt werden kann.

γγ) Droht das eine Gesetz Freiheitsstrafe an, das andere Strafarrest nach dem WStG (etwa bei **41** Tateinheit von militärischen und nichtmilitärischen Straftaten; vgl. BGH **12** 244), so ist Freiheitsstrafe verwirkt, da Strafarrest ihr gegenüber milder ist (vgl. § 54 RN 5).

γ) Auf **Geldstrafe** kann unter den Voraussetzungen des § 41 gesondert **neben Freiheitsstrafe** **42** erkannt werden **(Abs. 3).** Die **Vermögensstrafe** kann neben einer lebenslangen oder zeitigen Freiheitsstrafe von mehr als 2 Jahren verhängt werden, wenn eines der anwendbaren Gesetze sie zuläßt **(Abs. 4 S. 1).** Auch insoweit genügt es, wenn allein das mildere Gesetz auf § 43 a verweist. Wer zB ein Drogendelikt, das von § 30 c BtMG erfaßt wird, tateinheitlich mit einem Tötungsdelikt begeht, kann mit der Vermögensstrafe belegt werden, obwohl die §§ 211, 212, denen die Freiheitsstrafe entnommen wird, keine Vermögensstrafe vorsehen. Nach dem Gesetzeswortlaut ist nicht einmal erforderlich, daß bereits das mildere Gesetz zu einer 2 Jahre übersteigenden Freiheitsstrafe geführt hätte. Nach dem Sinn der in § 43 a enthaltenen Beschränkung der Vermögensstrafe auf schwerwiegende Fälle ist diese jedoch nur vertretbar, wenn der Schuldgehalt der Tat, die mit der Vermögensstrafe bedroht ist, an sich eine Freiheitsstrafe von mehr als 2 Jahren getragen hätte (vgl. § 43 a RN 4). Demgegenüber wird in den Gesetzesmaterialien auf eine einheitliche Tatbewertung abgestellt (BT-Drs 11/5461 S. 7; ebenso Lackner 9).

43 δ) Ebenso müssen oder können nach **Abs. 4** S. 2 auch alle **Nebenstrafen, Nebenfolgen** und **Maßnahmen** iSv § 11 I Nr. 8 angeordnet werden, die in den verschiedenen verletzten Strafgesetzen vorgeschrieben oder zugelassen sind. So kann bei Idealkonkurrenz von (öffentlicher) Beleidigung und Körperverletzung im Amt sowohl gemäß § 358 der Verlust der Fähigkeit, öffentliche Ämter zu bekleiden, wie gemäß § 200 die Bekanntgabe der Verurteilung ausgesprochen werden. Die gesetzlichen Höchstgrenzen von Nebenstrafen usw dürfen auch dann nicht überschritten werden, wenn sie aufgrund mehrerer der in Idealkonkurrenz stehenden Strafgesetze angeordnet werden können oder müssen; denn § 52 ordnet nicht Addition, sondern Kombination der verschiedenen Sanktionen an.

44 ε) Der Kombinationsstrafdrohung dürfen **nur die** idealkonkurrierenden **Strafgesetze** zugrundegelegt werden, nach denen im Einzelfall **eine Bestrafung** erfolgen kann.

45 αα) Außer Ansatz bleiben deshalb Strafgesetze, die wegen **Fehlens einer Prozeßvoraussetzung** nicht anwendbar sind, so wenn der erforderliche Strafantrag nicht gestellt oder Verjährung eingetreten ist (RG **47** 388, **62** 88). So ist bei Idealkonkurrenz von §§ 224, 303 nur 224 anwendbar, wenn der für § 303 erforderliche Strafantrag fehlt. Stehen Entziehung Minderjähriger und Freiheitsberaubung in Tateinheit, so ist allein auf § 239 zurückzugreifen, wenn kein Strafantrag gem. § 235 VII gestellt ist (vgl. BGH **39** 239; krit dazu Fahl GA 96, 476). Zulässig ist es jedoch, bei der Strafzumessung die mangels Strafantrags nicht verfolgbare Tat zu berücksichtigen, wenn auch nur mit einem geringeren Gewicht als eine verfolgbare Tatbestandsverwirklichung (BGHR § 46 Abs. 2 Tatumstände 9). Entsprechend sind auch die Voraussetzungen eines StFG für jedes der konkurrierenden Gesetze gesondert zu prüfen (RG **67** 235, BGH **7** 305).

46 ββ) Außer Ansatz bleiben auch Strafgesetze, bei denen ein **Strafausschließungs- oder Strafaufhebungsgrund** vorliegt. Vereitelt jemand mittels Widerstands gegen einen Vollstreckungsbeamten, daß ein Angehöriger bestraft wird, so ist er nur nach § 113 zu verurteilen. Bei Tateinheit zwischen Beleidigung und Bedrohung ist der gemäß § 199 für straffrei erklärte Angekl. zwar wegen beider Delikte schuldig zu sprechen, die Strafe ist aber allein § 241 zu entnehmen (vgl. Naumburg HöchstRR **1** 254, Nürnberg MDR **50**, 503). Dasselbe gilt, wenn einer der konkurrierenden Tatbestände die Möglichkeit des Absehens von Strafe eröffnet. Macht der Richter hiervon Gebrauch, so ist die Strafe nur den anderen Tatbeständen zu entnehmen; daneben ist im Urteilstenor das Absehen von Strafe zum Ausdruck zu bringen (zB: „Der Angeklagte ist des Meineids in Tateinheit mit Verleumdung schuldig. Von einer Strafe wegen Meineids wird gemäß § 158 abgesehen; wegen Verleumdung wird der Angeklagte zu . . . verurteilt."). Gegen diese Möglichkeit anscheinend Celle JZ **59**, 541 m. Anm. Klug. Sind freilich die Wirkungen der Bestimmung, die ein Absehen von Strafe ermöglicht, auf das ideell konkurrierende Delikt zu erstrecken (vgl. zB § 158 RN 11), so entfällt eine Bestrafung ganz.

47 b) Bei der **Strafzumessung** ist zu berücksichtigen, daß der Unrechts- und Schuldgehalt der Tat sich mit der Verletzung mehrerer Strafgesetze erhöht hat. Die Strafe ist dementsprechend anzuheben (vgl. Jakobs 909; einschr. RG **22** 193, **49** 402, BGH GA **87**, 28, Hamburg JR **51**, 86: keine Pflicht zur Strafschärfung; nach BGH VRS **80** 126, NStZ **93**, 434 idR Strafschärfungsgrund; vgl. auch BGH NJW **92**, 325, **99**, 370, NStZ **93**, 591). Eine Strafschärfung entfällt jedoch, wenn der Unrechtsgehalt der verschiedenen Tatbestände gleichgerichtet ist und der Annahme von Tateinheit nur klarstellende Bedeutung zukommt (BGH NStZ **93**, 537, NStZ-RR **2000**, 104).

VI. Strafprozessuale Bedeutung der Idealkonkurrenz

48 1. Ist zweifelhaft, ob die tatsächlichen Voraussetzungen der Tateinheit oder der Tatmehrheit vorgelegen haben, so ist nach dem Grundsatz **in dubio pro reo** zu entscheiden (vgl. BGH MDR/D **72**, 923, MDR/H **80**, 455, 628, **82**, 101, NStZ **83**, 365, StV **88**, 202, **92**, 54). Dementsprechend ist, wenn zweifelhaft bleibt, ob die einem Diebstahl vorangegangene Körperverletzung die Wegnahme ermöglichen sollte, von Tateinheit zwischen beiden Taten auszugehen, da der möglicherweise vorliegende Raub beide Handlungen zu einer Einheit verbunden hätte (BGH StV **84**, 242). Vgl. dazu aber auch Montenbruck, In dubio pro reo, 1985, 108 ff.

49 2. Der **Schuldspruch** hat sich auf **alle idealkonkurrierenden Strafgesetze** zu erstrecken. Bei gleichartiger Idealkonkurrenz ist anzugeben, wie oft der Tatbestand erfüllt wurde (dreifacher Mord usw). Ausnahmsweise läßt sich bei ihr von deren Kenntlichmachung wegen eines sonst unübersichtlichen Urteilstenors absehen (BGH NStZ **96**, 610). Ein im Eröffnungsbeschluß als idealkonkurrierend angeführtes Delikt, das nicht nachzuweisen ist, bleibt im Urteilstenor unerwähnt; es erfolgt insoweit kein Freispruch (RG **52** 190, BGH NJW **84**, 136). Nur wenn nach Ansicht des erkennenden Gerichts Tatmehrheit vorgelegen hätte, ist insoweit freizusprechen (Köln NJW **58**, 838, Bay NJW **60**, 2014).

50 3. Der strafprozessuale Tatbegriff (§ 264 StPO) ist weder identisch mit materiell-rechtlicher Handlungseinheit noch mit Tateinheit; vielmehr kann eine Tat iSv § 264 StPO auch bei Tatmehrheit vorliegen (vgl. Gollwitzer LR § 264 RN 3, aber auch BGH VRS **83** 186: idR auch prozessual

selbständig). Umgekehrt liegt aber bei materiell-rechtlicher Handlungseinheit und damit auch bei Tateinheit stets eine Tat iS des Prozeßrechts vor. Aus diesem Grund erstreckt sich die **Rechtskraft** stets auf idealkonkurrierende Delikte (vgl. RG **51** 241, BGH MDR/H **81**, 457, NStZ **84**, 135), auch bei Verurteilung nur wegen des milderen der tateinheitlich zusammentreffenden Gesetzesverstöße (RG **3** 210). Nach BGH **29** 288 m. Anm. Werle NJW 80, 2671 soll dies jedoch nicht bei einer Verurteilung nach § 129 für schwerer wiegende Straftaten gelten. Ferner kann ein Rechtsmittel nicht auf eine idealkonkurrierende Straftat beschränkt werden (RG **65** 125).

4. Sind bei idealkonkurrierenden Taten teils **Freispruch,** teils **Einstellung** wegen eines nicht 51 behebbaren Verfahrenshindernisses geboten, so kann nur eins von beiden zum Tragen kommen (vgl. RG **66** 54). Grundsätzlich ist dann insgesamt auf Freispruch zu erkennen (vgl. § 77 RN 48), da der Sachentscheidung der Vorrang gebührt (Eb. Schmidt StPO II § 260 RN 27). Einstellung kann allenfalls angebracht sein, wenn das Delikt, deretwegen sie geboten ist, an sich den schwerer wiegenden Vorwurf begründet hätte, was nur ausnahmsweise der Fall sein dürfte. Demgegenüber soll nach hM Freispruch nur erfolgen, wenn das Prozeßhindernis den leichteren Anklagepunkt berührt, so daß bei Gleichwertigkeit das Verfahren einzustellen ist (vgl. Gollwitzer LR § 260 RN 103 f. mwN). Zum Problem vgl. auch Frankfurt DAR **80**, 282, Düsseldorf NJW **82**, 2884.

§ 53 Tatmehrheit

(1) **Hat jemand mehrere Straftaten begangen, die gleichzeitig abgeurteilt werden, und dadurch mehrere Freiheitsstrafen oder mehrere Geldstrafen verwirkt, so wird auf eine Gesamtstrafe erkannt.**

(2) **Trifft Freiheitsstrafe mit Geldstrafe zusammen, so wird auf eine Gesamtstrafe erkannt. Jedoch kann das Gericht auf Geldstrafe auch gesondert erkennen; soll in diesen Fällen wegen mehrerer Straftaten Geldstrafe verhängt werden, so wird insoweit auf eine Gesamtgeldstrafe erkannt.**

(3) **Hat der Täter nach dem Gesetz, nach welchem § 43 a Anwendung findet, oder im Fall des § 52 Abs. 4 als Einzelstrafe eine lebenslange oder eine zeitige Freiheitsstrafe von mehr als zwei Jahren verwirkt, so kann das Gericht neben der nach Absatz 1 oder 2 zu bildenden Gesamtstrafe gesondert eine Vermögensstrafe verhängen; soll in diesen Fällen wegen mehrerer Straftaten Vermögensstrafe verhängt werden, so wird insoweit auf eine Gesamtvermögensstrafe erkannt. § 43 a Abs. 3 gilt entsprechend.**

(4) **§ 52 Abs. 3 und 4 Satz 2 gilt sinngemäß.**

Vorbem. In Abs. 1 u. 2 das Wort „zeitige" gestrichen durch 23. StÄG v. 13. 4. 1986, BGBl. I 393. Fassung der Abs. 3 u. 4 durch Art. 1 Nr. 4 OrgKG.

Schrifttum: Bringewat, Die Bildung der Gesamtstrafe, 1987. – *Montenbruck,* Gesamtstrafe – eine verkappte Einheitsstrafe?, JZ 88, 332. – *ders.,* Abwägung und Umwertung, Schriften zum Strafrecht H. 83, 1989. – *Niederreuther,* Die prozessuale Behandlung der Realkonkurrenz im geltenden und künftigen Recht, 1930 (StrAbh. Heft 278). – *Niese,* Empfiehlt sich die Einführung einer einheitlichen Strafe auch im Falle der Realkonkurrenz?, Mat. I 155. – *Schweling,* Die Bemessung der Gesamtstrafe, GA 55, 289. Vgl. auch das Schrifttum zu Vorbem. vor § 52.

I. Die §§ 53, 54 regeln die Art und Weise der Straffestsetzung für den Fall, daß in einem Straf- 1 verfahren mehrere selbständige Straftaten desselben Täters abgeurteilt werden (**Realkonkurrenz, Tatmehrheit**). Danach sind grundsätzlich die verschiedenen verwirkten Strafen nicht zusammenzurechnen, sondern es ist durch Erhöhung der verwirkten schwersten Strafe eine **Gesamtstrafe** zu bilden. Zum Grundgedanken dieser Regelung vgl. 4 vor § 52.

Ebenso wie bei der Idealkonkurrenz ist auch hier zwischen ungleichartiger und gleichartiger Kon- 2 kurrenz zu unterscheiden. *Ungleichartige* Realkonkurrenz liegt vor, wenn durch mehrere selbständige Handlungen mehrere verschiedene Straftaten begangen werden; *gleichartige* Realkonkurrenz ist gegeben, wenn durch mehrere selbständige Handlungen die gleiche Straftat mehrmals begangen wird. Besondere Bedeutung kommt dieser Unterscheidung jedoch nicht zu.

II. Abs. 1 setzt für Realkonkurrenz voraus, daß der Täter „mehrere Straftaten begangen" hat. 3 Erforderlich ist danach eine **Mehrheit selbständiger Straftaten.** Dabei ist gleichgültig, ob die in Realkonkurrenz stehenden Einzeltaten jeweils nur nach einem Tatbestand oder aber nach verschiedenen idealkonkurrierenden Straftatbeständen strafbar sind.

Wann mehrere selbständige Handlungen vorliegen, richtet sich nach den o. 10 ff. vor § 52 darge- 4 legten Grundsätzen. **Handlungsmehrheit** liegt danach vor, wenn mehrere natürliche Einzelhandlungen (iS willkürlicher Körperbewegung) jeweils rechtlich selbständig bewertet werden, so etwa, wenn durch drei Schüsse drei Menschen getötet werden; drei Verbrechen nach § 212 in Tatmehrheit. Realkonkurrenz liegt aber auch vor, wenn mehrere rechtliche Handlungseinheiten (zB Dauerdelikte) selbständig nebeneinander stehen. Dagegen besteht keine Tatmehrheit zwischen den Einzelakten einer rechtlichen Handlungseinheit; vgl. 12 ff. vor § 52.

Beispielsweise liegt Tatmehrheit vor, wenn von derselben falschen Urkunde gegenüber verschie- 5 denen Personen wiederholt Gebrauch gemacht wird (RG **58** 35), zwischen Diebstahl des Tatwerk-

§ 53   6–15   Allg. Teil. Rechtsfolgen – Strafbemessung bei mehreren Gesetzesverletzungen

zeugs und nachfolgender Tat (vgl. 22 vor § 52), zwischen Vorteilsgewährung (§ 333) und Diebstahl, auch wenn erstere der Durchführung des letzteren dienen soll (vgl. RG **56** 59), zwischen Vortäuschen einer Straftat und dem dadurch vorbereiteten Betrug (vgl. 119 vor § 52), weiter zwischen Hinterziehung der Schlachtsteuer und Hinterziehung der Umsatzsteuer (RG HRR **39** Nr. 1148), zwischen Diebstahl entwerteter amtlicher Wertzeichen und ihrer Wiederverwendung nach § 148 II (vgl. BGH **3** 289), zwischen mehreren während einer Fahrt begangenen Verkehrsverstößen ohne innere Beziehung (Hamm VRS **46** 338, 370). Zum Verhältnis zwischen Hausfriedensbruch und den dann folgenden Delikten vgl. 88 ff. vor § 52, § 123 RN 37.

6   **III.** Eine Gesamtstrafe kann nach § 53 nur gebildet werden, wenn die mehreren selbständigen Straftaten **gleichzeitig abgeurteilt** werden (Abs. 1), wenn also die Aburteilung in demselben Verfahren vor demselben Gericht erfolgt. Bloße Verhandlungsverbindung eines Berufungsverfahrens mit erstinstanzlichem Verfahren nach § 237 StPO genügt nicht (BGH **37** 42). Eine nachträgliche Gesamtstrafenbildung ist unter den Voraussetzungen von § 55 oder § 460 StPO möglich; vgl. die Anm. zu § 55.

7   Zweifelhaft ist, ob auch dann nach § 53 auf eine einheitliche Gesamtstrafe erkannt werden kann, wenn die mehreren abzuurteilenden Taten **teils vor, teils nach einem früheren Urteil begangen** worden sind. Vgl. hierzu § 55 RN 14 ff. Kommt es nach den dort angegebenen Grundsätzen zur getrennten Bildung mehrerer Gesamtstrafen, so ist es nicht möglich, diese zu einer Gesamtstrafe zusammenzuziehen: es gibt **keine Gesamtstrafe aus Gesamtstrafen.**

8   Werden mehrere Taten nacheinander abgeurteilt, ohne daß die Voraussetzungen des § 55 oder des § 460 StPO vorliegen, so kann eine Gesamtstrafe nicht gebildet werden; es verbleibt bei Einzelstrafen. Das kann bei zeitigen Freiheitsstrafen zur Überschreitung der Höchstgrenze (15 Jahre) führen (BGH JR **98**, 249). So könnte ein zu 12 Jahren Freiheitsstrafe Verurteilter, der nach Verbüßung eines halben Jahres ausgebrochen ist und eine neue schwere Straftat begangen hat, deretwegen erneut zu 10 Jahren Freiheitsstrafe verurteilt werden, so daß jetzt insgesamt über 21 Jahre Freiheitsstrafe vor ihm lägen. Das steht zwar mit dem Wesen zeitiger Freiheitsstrafen (vgl. dazu 4 vor § 52) nicht voll im Einklang. Eine Korrektur durch Reduzierung der Strafe für die zweite Tat scheidet aber aus (vgl. Hamm NJW **71**, 1373). Der Täter verdient sie nicht, weil er seine frühere Verurteilung nicht ernst genug genommen hat. Zudem führt eine Korrektur zu Ungereimtheiten. Sie würde dem Täter, der die erste Strafe noch nicht voll verbüßt hat, einen unverdienten Vorteil gegenüber einem Täter bringen, der wegen der neuen Tat gleich nach Verbüßung der ersten Strafe verurteilt wird. Zudem wäre das Ergebnis unangemessen, wenn das erste Urteil im Wiederaufnahmeverfahren aufgehoben würde (vgl. Jakobs 915). Es läßt sich auch nicht § 57a analog anwenden, wenn $^2/_3$ der kumulierten Strafen 15 Jahre überschreiten (and. Jakobs 916, Frister NK 4). Auch insoweit würden sonst Ungereimtheiten entstehen, so gegenüber einem Verurteilten, der die zweite Strafe nach Aussetzung des Restes der ersten Strafe erhält.

9   **IV.** Die Gesamtstrafenbildung richtet sich danach, welche **konkreten Einzelstrafen** der Täter für die verschiedenen Straftaten verwirkt hat.

10 1. Zunächst ist **für jede Straftat eine Einzelstrafe** nach dem für sie maßgebenden Strafrahmen auszuwerfen. Da gemäß § 54 I 2 bei der Festsetzung der Gesamtstrafe eine eigene „Gesamt-Strafzumessung" zu erfolgen hat (vgl. § 54 RN 14 ff.), werden sich die Erwägungen bei der **Strafzumessung** für die Einzeltaten regelmäßig auf Umstände beschränken, die sich aus der jeweiligen Einzeltat ergeben (also zB § 21; vgl. BGH NJW **66**, 509, aber auch Schoreit Rebmann-FS 457). Das gilt auch für die Anwendung des § (BGH **24** 165, MDR **69**, 1022); jedoch kann die Tatsache, daß der Täter mehrere – wenngleich einzeln gesehen leichte – Delikte begangen hat, ggf als ein in seiner Persönlichkeit liegender Umstand angesehen werden, der die Verhängung von Einzelfreiheitsstrafen unerläßlich macht (BGH **24** 271, MDR/D **70**, 196, Hamburg MDR **70**, 437, Tröndle § 54 RN 6); das ist schon deswegen geboten, weil aus mehreren Einzelgeldstrafen auch dann keine Gesamtfreiheitsstrafe gebildet werden könnte, wenn man nach dem Gesamtgewicht aller Taten erforderlich wäre.

11 Aus dem Urteil muß hervorgehen, welche Einzelstrafen für die verschiedenen Straftaten festgesetzt wurden (BGH **4** 346) und welche Strafzumessungsgründe für jede Einzelstrafe maßgebend waren (BGH LM **Nr. 4** zu § 74). Die Festsetzung der Einzelstrafen hat, wenn aus ihnen eine Gesamtstrafe gebildet wird, nur in den Entscheidungsgründen zu erfolgen, nicht im Tenor (RG **2** 235, **74** 389).

12 2. Nach der Art der verschiedenen verwirkten Einzelstrafen bestimmt sich, **ob eine Gesamtstrafe gebildet werden muß oder kann.**

13 a) Eine **Gesamtstrafe muß gebildet werden:**

14 α) wenn **mehrere Freiheitsstrafen** verwirkt sind (Abs. 1). Hierher gehört auch der Strafarrest nach dem WStG. Danach ist eine Gesamtstrafe sowohl dann zu bilden, wenn die Einzelstrafen ausschließlich auf Strafarrest lauten, wie auch, wenn teils Freiheitsstrafe, teils Strafarrest verwirkt ist (vgl. § 13 WStG, Köln NJW **66**, 165 und § 54 RN 5, 8). U. U. ist jedoch nach § 13 II 2 WStG auf Freiheitsstrafe und Strafarrest gesondert zu erkennen.

15 β) wenn **mehrere Geldstrafen** verwirkt sind; es ist dann auf eine **Gesamtgeldstrafe** zu erkennen (Abs. 1), keinesfalls auf eine Gesamtfreiheitsstrafe (BGH wistra **99**, 297). Zum kriminalpolitischen Zweck dieser Regelung vgl. 4 vor § 52. Ob die Einzelgeldstrafen unmittelbar der eingreifenden Strafvorschrift entnommen oder gem. § 47 verhängt wurden, ist unerheblich (BGH NStZ **95**, 178). Zur Gesamtgeldstrafe neben Freiheitsstrafe vgl. Abs. 2 S. 2 sowie u. 22.

Geldbußen nach dem **OWiG** sind keine Geldstrafen und können deshalb, wenn in einem Straf- **16** verfahren zugleich (tatmehrheitliche) Straftaten und Ordnungswidrigkeiten abgeurteilt werden (vgl. §§ 42, 45, 83 OWiG), nicht in die Gesamtgeldstrafe einbezogen werden (BGH NStZ-RR **99**, 138, Köln NJW **79**, 379, LG Verden NJW **75**, 127). Sie sind vielmehr kumulativ neben der (Gesamt-) Geldstrafe auszusprechen. Das Ergebnis befriedigt nicht, denn die kriminalpolitischen Überlegungen, die zur Einführung der Gesamtgeldstrafe führten (vgl. 4 vor § 52), gelten der Sache nach auch für Geldbußen (krit. auch Cramer JurA **70**, 205). Andererseits sind die verfahrensrechtlichen Schwierigkeiten nicht zu verkennen, die sich im Bereich des OWiG durch Einführung einer Gesamtgeldbuße ergäben und den Gesetzgeber von der Angleichung des § 20 OWiG an die §§ 53, 54 StGB abgehalten haben: die Ahndung mehrerer Ordnungswidrigkeiten kann jeweils verschiedenen Verwaltungsbehörden zustehen, so daß es an einer gemeinsamen Instanz zur Festsetzung der Gesamtgeldbuße fehlt (vgl. BR-Drs. 420/66 S. 54).

b) Eine **Gesamtstrafe kann gebildet werden**, wenn **Freiheits- mit Geldstrafe** zusammentrifft **17** (Abs. 2).

α) Das Gesetz gibt nicht ausdrücklich an, **wann** der Richter von dieser Möglichkeit Gebrauch **18** machen soll; die Formulierung des Abs. 2 läßt jedoch erkennen, daß im Regelfall (nach BGH **23** 260 [ob. dict.]: „grundsätzlich") eine Gesamtstrafe zu bilden sei. Das ist bedenklich. Denn die Gesamtstrafenbildung bedeutet hier – im Gegensatz zu Abs. 1 – eine Strafverschärfung, soweit nicht eine lebenslange Freiheitsstrafe vorliegt. Gemäß § 54 I 1 wird auch bei Zusammentreffen von Geld- und Freiheitsstrafen die Gesamtstrafe durch Erhöhung der höchsten Einzelstrafe gebildet, dh, der Wegfall der Geldstrafe bringt dem Täter eine höhere Freiheitsstrafe ein (vgl. auch § 54 RN 5). Das widerspricht dem auch hier verbindlichen (and. Tröndle/Fischer 3, Rissing-van Saan LK 15) Grundgedanken des § 47, wonach im Bereich der kleineren Kriminalität die Geldstrafe Vorrang hat. Im übrigen zeigt gerade die Verhängung von Einzelgeldstrafen, daß wegen dieser Taten eine Freiheitsstrafe nicht „zur Einwirkung auf den Täter oder zur Verteidigung der Rechtsordnung unerläßlich" (§ 47 I) war. Vgl. auch Samson/Günther SK 14.

Eine Gesamtstrafe aus Freiheits- und Geldstrafen ist demnach auf Fälle zu beschränken, in denen **19** erst die zusammenfassende Würdigung aller Taten (vgl. § 54 I 2) – im Gegensatz zu den bei Bemessung der Einzelgeldstrafen getroffenen Erwägungen – ergibt, daß nur eine Gesamt-Freiheitsstrafe, nicht aber eine geringere Freiheitsstrafe und daneben Geldstrafe „zur Einwirkung auf den Täter oder zur Verteidigung der Rechtsordnung" ausreicht. Außerdem ist auf sie zurückzugreifen, wenn auch ohne Berücksichtigung der Geldstrafe das Höchstmaß der Gesamtfreiheitsstrafe (15 Jahre, lebenslang) erreicht ist; sonst würde die zusätzliche Geldstrafe den Täter schlechter stellen und im Fall der Ersatzfreiheitsstrafe, sofern sie nicht in die Gesamtstrafe einbezogen wird (vgl. u. 27), sogar insgesamt eine Freiheitsstrafe über 15 Jahre ermöglichen. Das durch Abs. 2 angedeutete Regel-Ausnahmeverhältnis ist irreführend.

Im **Regelfall** ist danach auf **Freiheits- und Geldstrafe gesondert** zu erkennen (and. Bringewat **20** aaO RN 117, Cramer JurA **70**, 209, Tröndle/Fischer 3, Jescheck/Weigend 728, Lackner 4, die jedes Regel-Ausnahme-Verhältnis ablehnen und nur die Umstände des Einzelfalles entscheiden lassen wollen). Der BGH (MDR/D **73**, 17, GA **87**, 80, JR **89**, 425 m. Anm. Bringewat, wistra **94**, 61) sieht die Gesamtstrafenbildung als Regel an, verlangt jedoch vom Tatrichter eine genaue Darlegung der Gründe für oder gegen eine der beiden Möglichkeiten (ebenso Koblenz GA **78**, 188, Schleswig SchlHA/L-G **88**, 104; vgl. aber auch BGH VRS **43** 422, Celle NdsRpfl **76**, 263). Vermutungen, daß die Familie des Täters für die Geldstrafe aufkommen wird, dürfen nicht für die Gesamtstrafe ausschlaggebend sein (BGH DAR/N **94**, 166). Nach BGH MDR/H **85**, 793, wistra **86**, 256, NJW **89**, 2900, Bay NStZ-RR **98**, 49 ist eine Gesamtstrafe jedenfalls dann besonders zu begründen, wenn nach den Umständen des Falles eine Gesamtstrafe das schwerere Übel ist, so etwa, wenn bei Bestehenlassen der Geldstrafe die Freiheitsstrafe zur Bewährung ausgesetzt werden kann (BGH NStE 7, StV **99**, 598, wistra **2000**, 177, Bay StV **99**, 598) oder beamtenrechtliche Folgen ausbleiben, die sonst wegen der Höhe der Gesamtstrafe eintreten. Steht die Gesamtstrafe wegen ihrer Höhe einer sonst anzuordnenden Strafaussetzung entgegen, so ist auch nach der Rspr. (BGH GA **87**, 80, NJW **90**, 2897, Bay MDR **82**, 770) idR von einer Gesamtstrafe abzusehen (nach LG Flensburg GA **84**, 577 idR bei jeder Strafaussetzung). Aussetzbare Freiheitsstrafe und Geldstrafe müssen aber zusammen schuldangemessen sein (BGH NStZ-RR **98**, 108). Nach Stuttgart Justiz **88**, 489 soll eine Gesamtstrafe bei Verschiedenartigkeit des Unrechtsgehalts der jeweiligen Delikte entfallen. Vgl. auch BGH wistra **98**, 58, wonach bei Taten gegen unterschiedliche Rechtsgüter eine Begründung geboten ist, weshalb nicht gesondert auf Geldstrafe zu erkennen war. Nach Düsseldorf JMBlNRW **92**, 249 ist das Absehen von einer Geldstrafe nur dann besonders zu begründen, wenn dadurch ein schwerwiegendes Übel für den Angekl. eintritt. Sind mehrere Einzelfreiheits- oder Einzelgeldstrafen verwirkt, so sind uU selbständig nebeneinandertretende Gesamt-Freiheits- und Gesamt-Geldstrafen zu bilden (Abs. 1, Abs. 2 S. 2). Zur Rspr. vgl. noch Rissing-van Saan LK 16.

β) Bei mehreren Einzelgeldstrafen neben Freiheitsstrafe kann aus einem **Teil der Geldstrafen** mit **21** der Freiheitsstrafe eine Gesamtstrafe gebildet und auf die übrigen Geldstrafen gesondert (Gesamtgeldstrafe) erkannt werden. Das kann etwa angebracht sein, wenn die Gesamtfreiheitsstrafe alle Vorsatztaten erfaßt, eine wegen einer Fahrlässigkeitstat ausgesprochene Geldstrafe aber selbständig verhängt werden soll. Nicht möglich ist allerdings, eine Einzelgeldstrafe aufzuteilen und nur zu einem Teil in eine Gesamtfreiheitsstrafe einzubeziehen. Ist eine Geldstrafe in eine Gesamtfreiheitsstrafe einbezogen worden, so ist dennoch die Tagessatzhöhe in den Urteilsgründen festzusetzen (BGH **30** 96, MDR/H **78**, 985, VRS **60** 192, Hamm MDR **78**, 420); ihre fehlerhafte Festsetzung kann in der Rechtsmittelinstanz zur Aufhebung des Urteils führen (Köln JMBlNW **77**, 139). Wird auf das Rechtsmittel des Angekl. hin aufgehoben, so haben Einkommensverbesserungen nach der aufgehobenen Entscheidung unberücksichtigt zu bleiben (BGH **30** 97, VRS **60** 192). Hat das Erstgericht die Tagessatzhöhe nicht festgesetzt, so kann das Berufungsgericht das Versäumte nachholen (Bay DAR/R **80**, 262, D. Meyer MDR 78, 894, K. Meyer JR 79, 389; and Hamm MDR **78**, 420), auch bei Teilrechtskraft (Karlsruhe Justiz **82**, 233). Das Verschlechterungsverbot steht nicht entgegen (BGH **30** 97). Unterläßt auch das Berufungsgericht die Festsetzung der Tagessatzhöhe, so hat das Revisionsgericht die Sache an das Berufungsgericht zurückzuverweisen (Hamm MDR **79**, 518), wobei es sich auf die Nachholung der Bestimmung der Tagessatzhöhe beschränken kann (BGH **34** 90). Zur revisionsgerichtlichen Zurückverweisung an das Tatgericht vgl. auch BGH **30** 93 m. Anm. D. Meyer JR 82, 73, Bay NStZ **85**, 202. Die in die Gesamtstrafe einbezogene Geldstrafe kann durch Zahlung nicht mehr getilgt werden (Kaiserslautern Rpfleger **72**, 373).

22   γ) Eine Gesamtstrafenbildung aus Freiheits- und Geldstrafen kommt allerdings idR bei solchen Geldstrafen **nicht** in Betracht, die nach § 41 für eine oder mehrere der verschiedenen Taten neben Freiheitsstrafe als **zweite Hauptstrafe** verhängt worden sind **(Abs. 4 iVm § 52 III)**. Das gilt auch, wenn im übrigen aus Freiheits- und Geldstrafen eine Gesamtstrafe gebildet wird. Denn eine als zweite Hauptstrafe verhängte Geldstrafe verfolgt eigenständige Strafzwecke; auf sie kann auch im Fall der Gesamtstrafenbildung im allgemeinen nicht verzichtet werden. Vgl. dazu Bringewat aaO RN 125. Wird jedoch auf mehrere derartige Geldstrafen erkannt, so ist insoweit auf eine Gesamtgeldstrafe zu erkennen (vgl. BGH **23** 260). Sie tritt zwar selbständig neben die Freiheitsstrafe; andere Geldstrafen sind aber einzubeziehen, wenn der Richter auf sie gesondert neben der Freiheitsstrafe erkennen und sie nicht gem. Abs. 2 S. 1 in die Gesamt-Freiheitsstrafe aufnehmen will (BGH **25** 380 m. Anm. Küper NJW 75, 548).

23   Zur gesonderten Verhängung einer **Vermögensstrafe** vgl. Abs. 3 S. 1. Die Voraussetzungen des § 43 a müssen sich hiernach auf eine Einzelstrafe beziehen. Der Richter kann sich auch bei mehreren danach zulässigen Vermögensstrafen im Rahmen seines pflichtgemäßen Ermessens mit der Verhängung einer Einzelvermögensstrafe begnügen (BGH **41** 282 f.: Regelfall). Soweit wegen mehrerer Einzelstrafen auf jeweils Vermögensstrafe erkannt wird (nach BGH **41** 282 f. nur in Ausnahmefällen), ist eine Gesamtvermögensstrafe festzusetzen, die jedoch gem. § 54 II 2 das Tätervermögen nicht übersteigen darf. Das Höchstmaß der Ersatzfreiheitsstrafe von 2 Jahren darf nicht überschritten werden. Zur Gesamtvermögensstrafe vgl. Bringewat NStZ 93, 316. Wird nur eine Einzelvermögensstrafe verhängt, so ist sie allein bei der Bemessung der zugehörigen Einzelfreiheitsstrafe sowie bei der Bemessung der Gesamtfreiheitsstrafe zu berücksichtigen (BGH **41** 282 f.).

24   δ) Ist in 1. Instanz auf Freiheits- und Geldstrafe gesondert erkannt worden, so steht, wenn der Angekl. allein ein Rechtsmittel eingelegt hat, der Abänderung in eine Gesamtfreiheitsstrafe das *Verschlechterungsverbot* entgegen (BGH NStZ-RR **98**, 136, Düsseldorf wistra **00**, 359). Das gilt auch, wenn die Freiheitsstrafe in 2. Instanz niedriger ausfällt und die Gesamtfreiheitsstrafe zur Bewährung auszusetzen wäre (vgl. Hamburg MDR **82**, 776).

25   c) Eine Gesamtstrafe kann auch zusammen mit einer *lebenslangen Freiheitsstrafe* gebildet werden, wobei unerheblich ist, ob die sonstigen Einzelstrafen in einer Geldstrafe, in einer zeitigen oder in einer lebenslangen Freiheitsstrafe bestehen. In diesem Fall ist die lebenslange Freiheitsstrafe zugleich als Gesamtstrafe auszusprechen (§ 54 I 1). Zur Bedeutung der weiteren Einzelstrafen für die Strafvollstreckung vgl. § 57 b und die dortigen Anm.

26   3. Die §§ 53, 54 geben keine Auskunft darüber, ob auch aus Freiheits- und Ersatzfreiheitsstrafe eine Gesamtstrafe gebildet werden kann. Ersatz- neben (Primär-) Freiheitsstrafe kumulativ zu vollstrecken, wäre unbefriedigend. Der gesondert zu Freiheits- und Geldstrafe Verurteilte wäre bei Uneinbringlichkeit der Geldstrafe schlechter gestellt, als wenn das Gericht von vornherein von der erschwerenden Möglichkeit des Abs. 2 S. 1 Gebrauch gemacht hätte, aus Freiheits- und Geldstrafe eine Gesamt(freiheits)strafe zu verhängen: er hätte – entgegen dem Grundgedanken des § 53 (vgl. 4 vor § 52) – die Summe beider Strafen zu verbüßen, während die Gesamtstrafe nach Abs. 2 S. 1 wegen § 54 III notwendig niedriger liegen würde (vgl. KG JR **71**, 254). Dem Prinzip der Gesamtstrafenbildung ist nur dann voll genügt, wenn sämtliche nebeneinandertretenden Freiheitsstrafen in eine Gesamtstrafe einbezogen sind.

27   In die **Gesamtstrafenbildung** sind deshalb **auch Ersatzfreiheitsstrafen einzubeziehen** (Cramer JurA 70, 210, Frister NK 28, Samson/Günther SK 15; and. LG Flensburg GA **84**, 577, Bringewat aaO RN 130, Tröndle 2, Jescheck/Weigend 728, Rissing-van Saan LK 16). Welche Gesamtfreiheitsstrafe bei Uneinbringlichkeit der Geldstrafe verbüßt werden muß, ist schon im Urteil, nicht erst später nach § 460 StPO auszusprechen. Der Urteilstenor könnte etwa lauten: „Der Angeklagte wird zu einem Jahr Freiheitsstrafe und zu einer Geldstrafe von 150 Tagessätzen in Höhe von . . ., für den Fall der Uneinbringlichkeit zur Gesamtfreiheitsstrafe von fünfzehn Monaten verurteilt." Schwierigkeiten, die entstehen können, wenn die Geldstrafe teilweise bezahlt worden ist, lassen sich durch anteilmäßige Berücksichtigung der verbliebenen Ersatzfreiheitsstrafe beheben.

Bildung der Gesamtstrafe 1, 2 § 54

V. Nebenstrafen, Nebenfolgen, Maßnahmen (Abs. 4 iVm § 52 IV S. 2) 28

1. Ebensowenig wie bei Tateinheit die einzelnen Strafgesetze verlieren bei Tatmehrheit die einzel- 29
nen Straftaten mit der Bildung der Gesamtstrafe ihre Eigenbedeutung: Nebenstrafen, Nebenfolgen
und Maßnahmen iSv § 11 I Nr. 8 müssen oder können nicht nur verhängt werden, wenn sie auf
Grund aller Einzeldelikte zugleich, sondern auch, wenn sie nur **neben einer Einzelstrafe** notwendig
oder möglich sind. Vgl. zur entsprechenden Regelung bei Tateinheit § 52 RN 43.

Die genannten Folgen sind **einheitlich neben der Gesamtstrafe,** nicht neben den verwirkten 30
Einzelstrafen zu verhängen. Das folgt aus der entsprechenden Anwendbarkeit des § 52 IV S. 2. Wenn
es nämlich dort heißt: „... muß oder kann ... erkannt werden, wenn eines der anwendbaren Gesetze
sie vorschreibt oder zuläßt", so ergibt sich hieraus, daß zwar alle Einzeltaten für den Umfang der
Nebenstrafen usw maßgeblich sind, diese aber insgesamt und einheitlich verhängt werden. Für die
Zulässigkeit einer Nebenstrafe usw. kommt es allerdings auf das Tatzeitalter und die Art und Höhe
der insoweit festgesetzten Einzelstrafe an (BGH 12 87, 34 144; vgl. auch § 68 RN 5). Ob zB nach § 358
die Fähigkeit, öffentliche Ämter zu bekleiden, aberkannt werden darf, hängt nicht von der Gesamtstrafe ab, sondern von der betreffenden Einzelstrafe.

Ordnen die verschiedenen Gesetze **verschiedene Nebenstrafen** u. dgl. an, so sind sie **nebenein-** 31
ander zu verhängen (BGH 12 85). Ist **dieselbe Folge mehrmals** angedroht, so ist **nur einmal** auf
sie zu erkennen (RG 36 89; vgl. Bay VRS 51 221); etwaige Höchstgrenzen dürfen nicht
überschritten werden (vgl. zB § 44 RN 27 zum Fahrverbot, § 69 a RN 27 zur Sperrfrist).

Zur Frage, ob sich die Aufhebung der Gesamtstrafe im Rechtsmittelverfahren auch auf die gemein- 32
sam angeordneten Nebenstrafen usw erstreckt, vgl. § 54 RN 23.

2. Nebenstrafen, Nebenfolgen und Maßnahmen sind bei gleichzeitiger Aburteilung mehrerer Taten 33
gemäß Abs. 4 **auch dann einheitlich** anzuordnen, **wenn** es **nicht zur Gesamtstrafenbildung**
(etwa zum Nebeneinander von Freiheits- u. Geldstrafe) kommt (vgl. Bay VRS 51 223, Frister NK 32,
Lackner 6 a; and. Bringewat aaO RN 145). Mehrfache Anordnung gleichartiger Nebenstrafen hat also
auch hier zu unterbleiben (vgl. o. 31); jede Folge kann nur einmal verhängt werden; die Höchstgrenzen (etwa beim Fahrverbot) sind zu beachten. Von besonderer Bedeutung ist dies im Rahmen des
§ 55; vgl. dort RN 52.

VI. Hat ein **Jugendlicher** mehrere Straftaten begangen, so setzt der Richter abweichend von § 53 34
nur **eine** Strafe, **ein** Zuchtmittel oder **eine** Erziehungsmaßregel derselben Art fest (§ 31 JGG). Die
Höchstgrenzen der Jugendstrafe und des Jugendarrests dürfen nicht überschritten werden. Hat jemand
mehrere Taten teils als Jugendlicher (Heranwachsender), teils als Erwachsener begangen, so erfolgt bei
einheitlicher Aburteilung nur eine einheitliche Reaktion. Liegt das Schwergewicht der Taten bei den
Jugendverfehlungen, so ist ausschließlich Jugendstrafrecht, anderenfalls allgemeines Strafrecht anzuwenden (§ 32 JGG). Vgl. dazu BGH 29 67, 37 34, NJW 94, 744. Eine bereits erfolgte Verurteilung
zur Höchstjugendstrafe stellt kein Hindernis für die Verfolgung von Straftaten dar, die der Täter als
Erwachsener vor dieser Verurteilung begangen hat (BGH 36 294).

§ 54 Bildung der Gesamtstrafe

(1) **Ist eine der Einzelstrafen eine lebenslange Freiheitsstrafe, so wird als Gesamtstrafe auf
lebenslange Freiheitsstrafe erkannt. In allen übrigen Fällen wird die Gesamtstrafe durch
Erhöhung der verwirkten höchsten Strafe, bei Strafen verschiedener Art durch Erhöhung
der nach ihrer Art nach schwersten Strafe gebildet. Dabei werden die Person des Täters und
die einzelnen Straftaten zusammenfassend gewürdigt.**

(2) **Die Gesamtstrafe darf die Summe der Einzelstrafen nicht erreichen. Sie darf bei
zeitigen Freiheitsstrafen fünfzehn Jahre, bei Vermögensstrafen den Wert des Vermögens des
Täters und bei Geldstrafe siebenhundertzwanzig Tagessätze nicht übersteigen; § 43 a Abs. 1
Satz 3 gilt entsprechend.**

(3) **Ist eine Gesamtstrafe aus Freiheits- und Geldstrafe zu bilden, so entspricht bei der
Bestimmung der Summe der Einzelstrafen ein Tagessatz einem Tag Freiheitsstrafe.**

*Vorbem. Geändert durch 23. StÄG vom 13. 4. 1986, BGBl. I 393; Abs. 2 S. 2 durch Art. 1 Nr. 5
OrgKG neugefaßt.*

*Schrifttum: Cramer, Das Strafensystem des StGB (Die Bildung der Gesamtstrafe), JurA 70, 205. – Schweling,
Die Bemessung der Gesamtstrafe, GA 55, 289. Vgl. auch die Angaben bei § 53 und den Vorbem. vor § 52.*

I. § 53 regelt die Voraussetzungen, § 54 die **Art und Weise der Gesamtstrafenbildung.** Beden- 1
ken gegen deren Regeln bei Schoreit Rebmann-FS 458.

II. Zunächst sind bei Tatmehrheit für die verschiedenen Taten **Einzelstrafen** festzusetzen (vgl. 2
BGH 4 346 und § 53 RN 10), aus denen sodann die Gesamtstrafe gebildet wird. Soweit eine der
Einzelstrafen auf lebenslange Freiheitsstrafe lautet, ist auf diese zugleich als Gesamtstrafe zu erkennen
(Abs. 1 S. 1). In den übrigen Fällen erfolgt die Gesamtstrafenbildung durch **Erhöhung der verwirk-
ten höchsten Einzelstrafe** (Abs. 1 S. 2; sog. **Asperationsprinzip**). Die Gesamtstrafe darf dabei die

Summe der Einzelstrafen nicht erreichen und gewisse absolute Höchstgrenzen nicht übersteigen (Abs. 2).

3 1. Abgesehen vom Fall der lebenslangen Freiheitsstrafe als Gesamtstrafe ist zunächst zu ermitteln, welche der verschiedenen Einzelstrafen die schwerste ist; diese wird als **Einsatzstrafe** bezeichnet. Sie bildet die Grundlage der „Asperation".

4 a) Sind ausschließlich **gleichartige** Einzelstrafen verwirkt, so ist Einsatzstrafe die **quantitativ höchste** Einzelstrafe. Dies gilt sowohl für Freiheitsstrafen iS des StGB, für mehrfach verwirkten Strafarrest (vgl. aber § 13 WStG) wie für Geldstrafen.

5 b) Sind **ungleichartige** Einzelstrafen verwirkt, so ist Einsatzstrafe die **ihrer Art nach schwerste** Strafe (bzw. bei mehreren Einzelstrafen der „schwersten" Art deren quantitativ höchste). Als schwerste Strafart ist, wie besonders § 47 zeigt, stets die Freiheitsstrafe anzusehen (vgl. BGH **37** 133). Beim Zusammentreffen von Freiheits- und Geldstrafe ist also immer die Freiheitsstrafe die Einsatzstrafe, mag sie noch so gering und die Zahl der Tagessätze noch so hoch sein. (Gerade dies spricht gegen das durch § 53 II angedeutete Regel-Ausnahme-Verhältnis; vgl. § 53 RN 17 ff.). Der Strafarrest nach § 9 WStG ist ebenfalls milder als die Freiheitsstrafe des StGB (vgl. BGH **12** 244); Geldstrafe wiederum ist auch im Verhältnis zu Strafarrest milder.

6 2. Ist die Einsatzstrafe ermittelt, dann wird die Gesamtstrafe durch deren **Erhöhung** gebildet. Eine der Einsatzstrafe entsprechende Gesamtstrafe ist rechtsfehlerhaft (BGH NStE **4**), es sei denn, die Einsatzstrafe erreicht bereits das Höchstmaß der Gesamtstrafe (vgl. u. 11). Das Ausmaß der Erhöhung bestimmt sich nach richterlichem Ermessen (vgl. u. 14 ff.), dem jedoch durch § 54 zwei **Grenzen** gezogen sind (zur Begrenzungswirkung des strafprozessualen Verschlechterungsverbots vgl. BGH **8** 205, Bay NJW **71**, 1193).

7 a) Die Gesamtstrafe darf **nicht die Summe der verwirkten Einzelstrafen erreichen;** sie muß also um mindestens eine Strafeinheit niedriger sein (Abs. 2 S. 1; vgl. dazu auch § 39 RN 4). Für die Bestimmung der Summe bei ungleichartigen Einzelstrafen gilt folgendes:

8 α) Trifft *Freiheitsstrafe* des StGB mit **Strafarrest** nach § 9 WStG zusammen, so ist trotz des unterschiedlichen Gewichts beider Strafarten (vgl. o. 5) ohne eine Umwandlung zu addieren. Das hat deswegen zu geschehen, weil § 13 WStG erkennen läßt, daß Freiheitsstrafe und Strafarrest, was die Länge der Freiheitsentziehung betrifft, als gleichwertig zu behandeln sind.

9 β) Beim Zusammentreffen von **Freiheitsstrafe** mit **Geldstrafe** ist gemäß **Abs. 3** einem Tag Freiheitsstrafe ein Tagessatz gleichzustellen, so daß sich die Summe der Einzelstrafen aus der Dauer der Freiheitsstrafe und der Zahl der Tagessätze zusammensetzt.

10 b) Die Gesamtstrafe darf bestimmte **absolute Grenzen** nicht übersteigen.

11 α) Bei zeitigen Freiheitsstrafen beträgt die Höchstgrenze für die Gesamtfreiheitsstrafe **15 Jahre** (Abs. 2 S. 2). Erreicht bereits eine Einzelstrafe dieses Höchstmaß (vgl. § 38 II), so kann sie nicht mehr zur Bildung einer Gesamtstrafe erhöht werden (RG **63** 243, BGH MDR/D **71**, 545). Von gesonderter Verhängung einer Geldstrafe (§ 53 II 2) ist dann abzusehen (vgl. § 53 RN 19). Ebensowenig darf neben der Freiheitsstrafe von 15 Jahren zusätzlich eine Vermögensstrafe verhängt werden (Tröndle/Fischer 4, Rissing-van Saan LK 7).

12 β) Eine Gesamtfreiheitsstrafe, die bei auf Strafarrest lautenden Einzelstrafen an Stelle einer Gesamtstrafe von mehr als 6 Monaten *Strafarrest* zu bilden ist, darf gem. § 13 I 2 WStG 2 Jahre nicht übersteigen. Wird dagegen eine Gesamtfreiheitsstrafe aus einer zeitigen Freiheitsstrafe und aus Strafarrest gebildet, so bleibt die in Abs. 2 S. 2 festgesetzte Höchstgrenze von 15 Jahren maßgebend. Wird auf Freiheitsstrafe und Strafarrest gesondert erkannt, dann sind beide Strafen so zu kürzen, daß ihre Summe die Dauer der sonst zu bildenden Gesamtstrafe nicht überschreitet (§ 13 II 3 WStG).

13 γ) Für **Gesamtgeldstrafen** besteht eine Höchstgrenze von 720 Tagessätzen (Abs. 2 S. 2). Das gilt sowohl für eine selbständige Gesamtgeldstrafe nach § 53 I als auch für eine nach § 53 II 2 gesondert neben einer Freiheitsstrafe verhängte Gesamtgeldstrafe. Eine **Gesamtvermögensstrafe** darf das Vermögen des Täters nicht übersteigen. Es ändert sich insoweit also nichts am Vermögen als Grenzwert, ebensowenig an der Zulässigkeit, den Wert des Vermögens zu schätzen. Für die Begrenzung der Ersatzfreiheitsstrafe ist § 43 a III 2 maßgebend.

14 3. Die Festsetzung der Gesamtstrafe innerhalb der genannten Grenzen ist echte **Strafzumessung** und unterliegt den Grundsätzen des § 46, insb. § 46 I. Sie hat unabhängig davon zu erfolgen, ob Strafaussetzung bewilligt oder versagt werden soll (BGH StV **96**, 263; vgl. dazu § 56 RN 6). Da bei den Einzelstrafen bereits eine Einzelstrafzumessung stattgefunden hat, beschränken sich die Gesichtspunkte für die Bemessung der Gesamtstrafe notwendig auf solche, die auf einer **Gesamtschau aller Taten** beruhen. Dem enspricht **Abs. 1 S. 3**, wonach bei der Gesamtstrafbemessung „die Person des Täters und die einzelnen Straftaten zusammenfassend gewürdigt" werden müssen (vgl. auch RG **44** 306, Bremen HESt **2** 232, BGH **24** 268 m. Anm. Jagusch NJW 72, 454, StV **94**, 370, NStZ-RR **97**, 288, **98**, 236, Bringewat aaO RN 182 ff., Schweling aaO 291 ff.). Das bedeutet im einzelnen:

15 a) Zu berücksichten sind einmal das **Verhältnis der einzelnen Straftaten** zueinander, ihr Zusammenhang, ihre größere oder geringere Selbständigkeit, ihr Gesamtgewicht (vgl. BGH **24** 269, StV **94**, 370). Ein enger zeitlicher, sachlicher und situativer Zusammenhang zwischen den einzelnen

Straftaten muß idR, jedoch ohne Schematismus (BGH NStZ **96**, 187), zu einer geringeren Erhöhung der Einsatzstrafe führen (BGH NStZ **88**, 126, StV **92**, 226, **93**, 302, NStZ **95**, 77). Bei ihnen ist die Schuldsteigerung auf Grund der zusätzlichen Delikte nicht so groß wie bei Straftaten, die keinerlei Zusammenhang aufweisen. Entsprechendes kann sich bei Taten ergeben, die bis vor kurzem noch als fortgesetzte Taten beurteilt wurden (vgl. BGH StV **94**, 371). Bei Serienstraftaten ist insb. deren besonderen Erscheinungsformen im Rahmen der zusammenfassenden Würdigung der gesamten Taten Rechnung zu tragen, namentlich, wenn sie ihre Wurzel in einer krankheitswertigen Anomalie haben (vgl. BGHR § 54 Abs. 1 Bemessung **4**: Telefonterror zu sexueller Befriedigung). Argumente, die ausschließlich für die Bemessung einer Einzelstrafe maßgeblich waren und deshalb bereits „verbraucht" sind, dürfen nicht nochmals berücksichtigt werden (vgl. Bremen HESt **2** 232, Köln NJW **53**, 275, Dreher JZ 57, 157, Jakobs 918, Jescheck/Weigend 730; vgl. auch Schweling aaO 294; and. zT Bruns H. Mayer-FS 374, StrZR 473, Rissing-van Saan LK 12, wohl auch BGH **8** 210). Das entspricht in etwa dem Doppelverwertungsverbot des § 46 III. Eine völlige Trennung der für Einzel- und Gesamtstrafenbemessung maßgeblichen Argumente läßt sich jedoch nicht durchführen; vgl. § 53 RN 10, BGH **24** 270, Bruns aaO, Rissing-van Saan LK 12. Umstände aber, die für die Strafzumessung nur bei einer Einzelstrafe bedeutsam sind (zB § 21), müssen bei dieser berücksichtigt werden und nicht erst bei der Gesamtstrafe (vgl. § 53 RN 10).

b) Maßgeblich ist weiter die **zusammenfassende Würdigung der Person des Täters** (vgl. BGH **16** StV **94**, 370, auch § 46 RN 4). Es wird hier vor allem darauf ankommen, ob die mehreren Straftaten einem kriminellen Hang (oder bei Fahrlässigkeitstaten einer allgemeinen gleichgültigen Einstellung) entspringen oder ob es sich um Gelegenheitsdelikte ohne innere Verbindung handelt (BGH **24** 270). Zu prüfen ist ferner, welchen Einfluß die Verlängerung der Strafzeit auf den Verurteilten nach dessen besonderen Verhältnissen voraussichtlich haben wird (RG **44** 302, Bremen HESt **2** 232, Schweling aaO 291 ff.).

c) **Nicht vereinbar** mit dem richterlichen Ermessen ist es, wenn die Einzelstrafen nach einem **17** gleichen Verhältnis gekürzt und darauf die Einsatzstrafe zugezählt werden (RG **44** 303, HRR **40** Nr. 325), wenn statt Erhöhung der Einsatzstrafe die Summe der Einzelstrafen vermindert wird (BGH DAR/M **67**, 95/96, StV **94**, 424) oder wenn ohne nähere Begründung die Spanne zwischen Einsatz- und Gesamtstrafe ungewöhnlich groß ist (BGH StV **2000**, 254, Köln NJW **53**, 1684), bei annähernd gleich hohen Einzelstrafen die höchste nur unwesentlich erhöht wurde (BGH **5** 57, **8** 205; vgl. auch BGH **24** 271, Köln NJW **63**, 1513) oder die Gesamtstrafe weit hinter der Summe der Einzelstrafen zurückbleibt (Hamm MDR **77**, 947). Überhaupt ist die Gesamtstrafenbildung weder ein „Rechenexempel" (BGH **24** 269), noch sind die Einzelstrafen ohne wesentliche Bedeutung.

d) Soweit die Gesamtstrafe auf **lebenslange Freiheitsstrafe** lautet, hat das Gericht zugleich **17 a** darüber zu befinden, ob der Gesamtstrafe eine besonders schwere Schuld zugrunde liegt. Deren Feststellung ist im Urteilstenor festzuhalten (vgl. § 57 a RN 6). Zur insoweit notwendigen Gesamtwürdigung der einzelnen Straftaten vgl. § 57 b RN 2.

e) Die **Gründe** der Gesamtstrafenbemessung sind **im Urteil** anzugeben, da es sich auch insoweit **18** um einen Strafzumessungsakt handelt (BGH **24** 268, Köln NJW **53**, 275, Düsseldorf StV **83**, 333, Bruns StrZR 471; and. BGH **8** 210; vgl. auch Hamm JMBlNW **68**, 100, § 46 RN 65). Nähere Begründung ist geboten, wenn die Einsatzstrafe nur geringfügig überschritten oder die Summe der Einzelstrafen fast erreicht wird (BGH **24** 271, StV **83**, 237). Für die revisionsgerichtliche Überprüfung gilt das in RN 65 f. zu § 46 Ausgeführte entsprechend (vgl. auch BGH NStE **73**). Die Revision kann auf den Gesamtstrafenausspruch beschränkt werden, soweit nicht auf Erwägungen zu den Einzelstrafen Bezug genommen worden ist (BGH NStZ-RR **2000**, 13).

III. Verhältnis von Gesamtstrafen und Einzelstrafen

1. Nur die Gesamtstrafe wird in den **Urteilstenor** aufgenommen; die Einzelstrafen erscheinen nur **19** in den Entscheidungsgründen (RG **2** 235, **74** 389, Rissing-van Saan LK 15; and. Frank § 74 Anm. IV). Allein die Gesamtstrafe bildet auch die Grundlage der Vollstreckung; deshalb wird U-Haft nur auf sie angerechnet, und deshalb ist die Rechtskraft der Gesamtstrafe für den Beginn der Vollstreckungsverjährung maßgebend (vgl. § 79 RN 3).

2. Für die **Verbüßung** bildet die Gesamtstrafe eine **Einheit**; jeder Teil von ihr, der verbüßt wird, **20** ist wegen aller bezeichneten Straftaten verbüßt (RG **60** 206, **77** 152). Dies hat Bedeutung im Rahmen des § 66, wenn zu entscheiden ist, ob eine verbüßte Freiheitsstrafe sich auf eine vorsätzliche Straftat bezog (vgl. § 66 RN 14). Zur Bedeutung für nachträgliche Gesamtstrafe vgl. § 55 RN 21.

3. Andererseits verlieren die **Einzelstrafen** durch die Gesamtstrafenbildung nicht ganz ihre Bedeu- **21** tung. Sie sind nicht nur Rechnungsfaktoren, sondern bewahren eine **gewisse rechtliche Selbständigkeit**. Das hat Bedeutung vor allem im **Strafverfahrensrecht**:

a) Wird das die *Gesamtstrafe* aussprechende Urteil bezüglich der einer Einzelstrafe zugrunde liegen- **22** den Feststellungen *aufgehoben*, so bleiben die auf andere Feststellungen gegründeten Einzelstrafen als solche regelmäßig bestehen (RG **25** 297, BGH **1** 253, Oldenburg NdsRpfl **48**, 203; and. RG **2** 204); Entsprechendes gilt für die Teilaufhebung im Wiederaufnahmeverfahren (vgl. Bay NJW **71**, 1194). Das Verschlechterungsverbot der §§ 331, 358 II StPO erfaßt auch die Einzelstrafen (BGH **1** 252). Der

§ 55 1–4   Allg. Teil. Rechtsfolgen – Strafbemessung bei mehreren Gesetzesverletzungen

Tatrichter ist jedoch nicht gehindert, dieselbe Gesamtstrafe wie im früheren Urteil festzusetzen, auch wenn eine der mehreren Einzelstrafen weggefallen ist (BGH **7** 86, Frister NK 33, Rissing-van Saan LK 16; and. Tröndle/Fischer 5). Bei Teilanfechtung wird die nicht angefochtene Verurteilung zur Einzelstrafe rechtskräftig.

23 Bei Aufhebung der Gesamtstrafe entfallen die neben ihr angeordneten Nebenstrafen, Nebenfolgen und Maßnahmen insoweit, als sie von einer Ermessensentscheidung abhängig sind, da diese durch die Höhe der Gesamtstrafe beeinflußt sein kann (vgl. BGH **14** 381). Solche Nebenfolgen usw, die neben einer rechtskräftig gewordenen Einzelstrafe zwingend vorgeschrieben sind, erwachsen dagegen in Rechtskraft und bleiben von der Aufhebung der Gesamtstrafe unberührt. Zu ihrer weiteren Aufrechterhaltung vgl. BGH NJW **79**, 2113.

24 b) Ist bei einem Urteil, das auf eine Gesamtstrafe lautet, ein Teil der **Einzelstrafen** (zB wegen beschränkter Revision) **bereits rechtskräftig** geworden, so dürfen diese nicht vollstreckt werden, solange nicht auch das Gesamtstrafenurteil rechtskräftig ist (RG **74** 387, Frankfurt NJW **56**, 1290, Oldenburg NJW **60**, 62, Eb. Schmidt StPO II § 449 Anm. 7 ff., Tröndle 5, Frister NK 27; and. Bremen NJW **55**, 1243, Celle NJW **58**, 153, Fischer KK § 449 RN 16 f., K/Meyer-Goßner § 449 RN 11, Wendisch LR § 449 RN 27). Sonst könnten durch Verbüßung der Einzelstrafen die Voraussetzungen des § 53 bei der später neu festzusetzenden Gesamtstrafe entfallen sein (vgl. § 55 RN 19 ff.).

25 IV. Anders als bei Tateinheit (vgl. § 52 RN 50) erstreckt sich bei Tatmehrheit die **Rechtskraft** grundsätzlich nur auf die abgeurteilten Fälle; andere selbständige Taten, auf die auch § 264 StPO nicht zutrifft, können Gegenstand eines neuen Verfahrens sein.

§ 55 Nachträgliche Bildung der Gesamtstrafe

(1) **Die §§ 53 und 54 sind auch anzuwenden, wenn ein rechtskräftig Verurteilter, bevor die gegen ihn erkannte Strafe vollstreckt, verjährt oder erlassen ist, wegen einer anderen Straftat verurteilt wird, die er vor der früheren Verurteilung begangen hat. Als frühere Verurteilung gilt das Urteil in dem früheren Verfahren, in dem die zugrundeliegenden tatsächlichen Feststellungen letztmals geprüft werden konnten.**

(2) **Vermögensstrafen, Nebenstrafen, Nebenfolgen und Maßnahmen (§ 11 Abs. 1 Nr. 8), auf die in der früheren Entscheidung erkannt war, sind aufrechtzuerhalten, soweit sie nicht durch die neue Entscheidung gegenstandslos werden. Dies gilt auch, wenn die Höhe der Vermögensstrafe, auf die in der früheren Entscheidung erkannt war, den Wert des Vermögens des Täters zum Zeitpunkt der neuen Entscheidung übersteigt.**

Vorbem. Abs. 2 durch Art. 1 Nr. 6 OrgKG neugefaßt.

Schrifttum: Bender, Art und Weise nachträglicher Gesamtstrafenbildung, NJW 71, 791. – *Küper*, Zur Problematik der nachträglichen Gesamtstrafenbildung, MDR 70, 885. – Vgl. auch das Schrifttum zu § 53.

1 I. Eine Gesamtstrafe für realkonkurrierende Straftaten kann nach den §§ 53, 54 nur bei gemeinsamer Aburteilung gebildet werden. Häufig hängt es jedoch von Zufällen ab, ob es zu einem einheitlichen Strafverfahren kommt. Dies darf sich nicht zu Lasten des Täters auswirken, soll aber auch nicht zu seiner Besserstellung führen (BGH **35** 211, **44** 184, MDR/H **93**, 1039, Lackner 1; vgl. aber die u. 40 gen. Rspr.). Deshalb bestimmt § 55, daß die Vorschriften über die Gesamtstrafenbildung auch anzuwenden sind, wenn mehrere selbständige Handlungen zwar nicht einheitlich abgeurteilt wurden, aber – nach ihren Begehungszeitpunkten – **hätten einheitlich abgeurteilt werden können**. Damit erlaubt § 55 in beschränktem Maß einen Eingriff in die Rechtskraft früherer Urteile; vgl. dazu u. 38 ff., 45, 56. Eine Gesamtstrafe nach § 55 ist aber auch zu bilden, wenn eine einheitliche Verurteilung nur wegen eines Teilfreispruchs unterblieben ist und dann nach dessen Aufhebung durch das Revisionsgericht die erneute Verhandlung zur Verurteilung führt (BGH NJW **83**, 1131 m. Anm. Bloy JR 84, 123). Bei mehreren gesamtstraffähigen Vorverurteilungen ist bei der Aburteilung einer vor dem ersten Urteil begangenen Tat eine Gesamtstrafenbildung auch dann geboten, wenn bei der zweiten Vorverurteilung nicht auf eine mögliche Gesamtstrafe erkannt worden ist (BGH NJW **96**, 668; and. Bringewat, Die Bildung der Gesamtstrafe, 1987, RN 232).

2 Im *Jugendstrafrecht* ist die Möglichkeit vorgesehen, auch bei getrennter Aburteilung mehrerer Taten eine Einheitsstrafe zu bilden. Weiß das später erkennende Gericht, daß eine rechtskräftige Vorverurteilung vorliegt, so erfolgt eine Einbeziehung gemäß § 31 II JGG; ergibt sich das Vorliegen mehrerer Verurteilungen erst später, so erfolgt eine Zusammenfassung gemäß § 66 JGG. Vgl. auch u. 34.

3 II. **Voraussetzung** für die nachträgliche Bildung einer Gesamtstrafe nach § 55 ist, daß die später abgeurteilte Tat schon vor der früheren Verurteilung begangen war und daher mit ihr zusammen hätte abgeurteilt werden können (u. 5 ff.) und daß die früher erkannte Strafe zZ der späteren Aburteilung noch nicht völlig vollstreckt, auch nicht verjährt oder erlassen ist (u. 19 ff.). Weiter erforderlich ist die Rechtskraft der früheren Verurteilung (u. 32).

4 1. Nur frühere Verurteilungen durch **inländische Gerichte** können in eine Gesamtstrafe einbezogen werden. Wegen des mit ihr verbundenen Eingriffs in die Vollstreckbarkeit früherer Verurteilungen sind solche durch ausländische Gerichte (BGH **43** 79, NStZ **98**, 134, Hamm JMBlNW **50**,

144, Bremen NJW **50**, 918) von der Gesamtstrafe ausgeschlossen. Zum möglichen Härteausgleich bei einer nicht zur Gesamtstrafenbildung führenden Strafe im Ausland vgl. u. 30 a. Im übrigen sind Verurteilungen durch inländische Gerichte nicht zu berücksichtigen, wenn sie bei einer Auslieferung mangels Zustimmung des ausliefernden Staates nicht vollstreckbar sind (BGH NStZ **98**, 149).

2. Vor der früheren Verurteilung muß die später abgeurteilte Tat begangen sein. Für eine danach 5 begangene Tat verdient der Täter die Zusammenziehung der Strafen zu einer Gesamtstrafe, mit der eine progressive Wirkung der Strafen vermieden werden soll, nicht mehr, weil er seine frühere Verurteilung nicht ernst genug genommen hat (BGH NStZ **99**, 500; krit. dazu Frister StV 93, 432, NK 3; vgl. dagegen Stree NStZ **99**, 185).

a) Als **Zeitpunkt der früheren Verurteilung** gilt gem. **Abs. 1 S. 2** der Verkündungszeitpunkt 6 desjenigen Urteils im früheren Verfahren, „in dem die zugrundeliegenden tatsächlichen Feststellungen letztmals geprüft werden konnten", also des letzten tatrichterlichen Urteils. § 55 will den Täter so stellen, wie wenn im früheren Verfahren sämtliche Taten gemeinsam nach § 53 abgeurteilt worden wären. Das hätte dort aber nur bis zur Verkündung des letzten tatrichterlichen Urteils geschehen können; dieser Zeitpunkt ist deshalb entscheidend, nicht der der Rechtskraft (seit RG **3** 213 ständ. Rspr.; vgl. aber u. 32).

Die Formulierung des Abs. 1 S. 2: „... das Urteil, in dem die zugrundeliegenden tatsächlichen 7 Feststellungen letztmals geprüft werden konnten", ist irreführend, da sie scheinbar nur auf solche Urteile zutrifft, in denen die den Schuldspruch tragenden Feststellungen erörtert wurden, nicht dagegen auf solche, in denen nur über die Straffrage zu befinden war. Eine solche Einschränkung entspricht jedoch nicht dem Sinn des § 55. Nach dem o. 1 Gesagten muß entscheidender Zeitpunkt der sein, bis zu dem es nach den Vorschriften des Prozeßrechts noch möglich gewesen wäre, die weitere (jetzt abzuurteilende) Tat in das frühere Verfahren einzubeziehen. Das hätte aber – rechtzeitige Anklageerhebung vorausgesetzt – bis zur Verkündung schlechthin des **letzten tatrichterlichen Sachurteils** im früheren Verfahren geschehen können, auch wenn sich dieses nicht mehr mit der Schuld-, sondern nur noch mit der Straffrage zu befassen hatte (vgl. vor allem BGH **15** 69, 70).

α) **Tatrichterliche** Entscheidungen sind das erstinstanzliche Urteil oder eine ihm gleichstehende 8 Entscheidung (Strafbefehl), das Berufungsurteil (RG **53** 145, **60** 382, BGH **15** 69) und die Entscheidung nach Zurückverweisung durch das Revisionsgericht (RG **60** 382, BGH **15** 69), nicht das Revisonsurteil (RG **60** 384).

β) Tatrichterliche **Sachurteile** sind alle Entscheidungen zur Schuld- oder Straffrage, auch solche, 9 in denen nur noch über die Strafaussetzung zur Bewährung (BGH **15** 66, Hamm GA **59**, 183) oder eine in früherer Instanz unterbliebene Gesamtstrafenbildung zu entscheiden war (vgl. BGH **15** 71, Celle NJW **73**, 2214; and. insoweit Hamm GA **59**, 183, Bay NJW **56**, 480, die sich zu Unrecht auf BGH **4** 366, NJW **53**, 389 berufen [in diesen Urteilen es nicht um den Zeitpunkt der Tatbegehung, sondern um der Verbüßung der früher erkannten Strafe; vgl. BGH **15** 71, u. 26 aE]). **Nicht** um ein **Sachurteil**, sondern um eine reine Prozeßentscheidung handelt es sich dagegen bei einem Berufungsurteil, das die Berufung als unzulässig (RG **33** 231, **60** 382, BGH **15** 69) oder wegen Ausbleibens des Angekl. (BGH **17** 173) verwirft. Ferner genügt nicht ein Gesamtstrafenbeschluß nach § 460 StPO (Karlsruhe GA **74**, 347) oder eine Entscheidung nach § 42 (Celle NdsRpfl **79**, 207; and. Bringewat aaO RN 200).

γ) Beim **Strafbefehl** soll nach BGH **33** 230 der Zeitpunkt seines Erlasses maßgebend sein (ebenso 10 Frister NK 7, Rissing-van Saan LK 7, Tröndle/Fischer 2, Remmele NJW 74, 486; and. [Zustellung] München b. Remmele NJW **74**, 1855, Schleswig SchlHA/E–L **82**, 99, Sieg NJW 75, 530), und zwar deswegen, weil nur bis zu diesem Zeitpunkt richterliche Überprüfungen möglich sind. Die Ansicht mißt indes der richterlichen Lage Bedeutung zu. Sie wird dem Grundgedanken der Gesamtstrafenregelung, eine Addition der Einzelstrafen wegen ihrer progressiven Wirkung bei der Strafvollstreckung zu vermeiden (vgl. 4 vor § 52), nicht vollauf gerecht. Die Berücksichtigung dieses Grundgedankens verdient der Mehrfachtäter nur dann nicht, wenn er seine Verurteilung nicht ernst genug genommen hat und erneut straffällig geworden ist. Das ist beim Strafbefehl erst bei einer Tat nach dessen Zustellung der Fall, so daß dieser Zeitpunkt maßgebend sein muß. Bei Einspruch gegen den Strafbefehl gilt das o. 6 f. Gesagte.

δ) Wird in einem **Wiederaufnahmeverfahren** erneut auf Strafe erkannt, so ist der Zeitpunkt 11 dieses Urteils maßgeblich, nicht der des aufgehobenen (Bremen NJW **56**, 316, Bay JR **82**, 335 m. Anm. Stree, Bringewat aaO RN 199, 205).

b) Der **Zeitpunkt der** Begehung der jetzt abzuurteilenden **Tat** richtet sich grundsätzlich nach 12 deren Beendigung (Hamm NJW **54**, 324 für ein Dauerdelikt; vgl. auch BGH wistra **88**, 69, **96**, 145, Rissing-van Saan LK 8, Tröndle/Fischer 4; and. Bringewat aaO RN 219, Frister NK 8, Samson/ Günther SK 6, die auf Tatvollendung abstellen), bei Teilnahme nach Beendigung der Haupttat (BGH NStZ **94**, 482, Stuttgart MDR **92**, 177). Hängt die Strafbarkeit der abzuurteilenden Tat von einer objektiven Strafbarkeitsbedingung ab, so ist entscheidender Zeitpunkt für die Gesamtstrafenfähigkeit die Tatbegehung, nicht der Bedingungseintritt (RG **7** 300, Bay wistra **83**, 164, Rissing-van Saan LK 10, Tröndle/Fischer 4; and. Frister NK 10). Zwar hätte eine gemeinsame Aburteilung im früheren Urteil nicht erfolgen können, wenn nur die Tatbegehung diesem vorausgegangen ist. Der Täter darf aber nicht darunter leiden, daß die objektive Strafbarkeitsbedingung erst später eingetreten ist, da sie nicht zum Unrechtstatbestand gehört und der Täter insoweit die frühere Verurteilung nicht unbeachtet gelassen hat. Entsprechendes gilt bei Antragsdelikten; der Gesamtstrafe steht nicht entgegen, daß Strafantrag erst nach dem früheren Urteil gestellt worden ist. Bei einem Versuch ist nicht die Versuchshandlung maßgebend, wenn noch eine Tatvollendung möglich ist (BGH NStZ **94**, 482, Samson/Günther SK 6; and. Frister NK 9. Entsprechendes gilt für die Teilnahme an einem Versuch (BGH aaO).

13 Bei **Zweifeln,** ob die Tat vor oder nach der früheren Verurteilung begangen ist, muß zugunsten des Angekl. die erste Möglichkeit angenommen werden (BGH MDR/H **93**, 1039, Oldenburg GA **60**, 28). Vgl. auch BGH NStZ/D **89**, 470: Gesamtstrafe, wenn zweifelhaft ist, ob der letzte Teilakt einer Fortsetzungstat noch vor dem früheren Urteil liegt. Anders ist jedoch zu entscheiden, wenn aus der Strafe für die Tat mit der Strafe für eine spätere Tat eine Gesamtstrafe gebildet werden kann und dies für den Täter günstiger ist als bei einem Vorgehen nach § 55 (vgl. u. 18).

14 c) Hat der **zweite Richter mehrere Taten abzuurteilen,** die teils vor, teils nach einer früheren Verurteilung liegen, so ist bestritten, ob er aus allen Einzelstrafen (einschl. der vom ersten Richter festgesetzten) eine einheitliche Gesamtstrafe bilden muß (so iE Sacksofsky NJW 63, 894, Samson SK § 53 RN 9) oder ob die erste Verurteilung eine Zäsur bildet mit der Folge, daß nur für die vor dem ersten Urteil begangenen Straftaten zusammen mit den schon abgeurteilten eine Gesamtstrafe zu verhängen ist, während für die späteren Taten eine neue Gesamtstrafe (bzw. Einzelstrafe) festgesetzt werden muß (so hM; vgl. RG **4** 53, BGH **9** 383, **33** 367, **44** 179, GA **55**, 244, **56**, 51, **63**, 374, StV **81**, 620, Bay **55**, 123, 152, NJW **71**, 1193, Celle GA **57**, 56, NdsRpfl **66**, 22, Zweibrücken NJW **73**, 2116, Karlsruhe GA **74**, 347, Köln VRS **60** 426, Bender NJW **64**, 807).

15 Die Problematik beruht auf einem gewissen Spannungsverhältnis zwischen § 53 und § 55. Nach § 55 können in eine nachträgliche Gesamtstrafe nur solche Taten einbezogen werden, die vor der früheren Verurteilung begangen wurden. § 53 andererseits ordnet für die gleichzeitige Aburteilung mehrerer Taten schlechthin Gesamtstrafenbildung an (es sei denn, es liegt ein Fall von § 53 II vor) und hebt nicht darauf ab, ob etwa zeitlich zwischen diesen Taten eine Verurteilung wegen eines weiteren Deliktes liegt. Das Gesetz enthält keine ausdrückliche Regelung des Problems. Mit der hM ist im Wege der Auslegung für den Regelfall dem aus § 55 zu entnehmenden Gedanken den Vorrang zu geben. Die Vergünstigung der Gesamtstrafenbildung soll nicht dem Täter zugute kommen, der sich durch eine frühere Verurteilung nicht von weiteren Straftaten hat abhalten lassen (vgl. Bender aaO, Stree NStZ 99, 185). Die **frühere Verurteilung bildet** also eine **Zäsur:** für die danach begangenen Taten ist eine selbständige Strafe (Gesamt- oder Einzelstrafe) festzusetzen. Kommt es auf Grund dessen zur Bildung mehrerer Gesamtstrafen, so stehen diese selbständig nebeneinander; es ist nicht möglich, sie ihrerseits zu einer „Gesamtstrafe aus Gesamtstrafen" zusammenzuziehen (vgl. § 53 RN 7). Die Höchstgrenze von 15 J. Freiheitsstrafe gilt dann nicht für die Summe der Gesamtstrafen (BGH NStZ **2000**, 84; vgl. auch § 53 RN 8). Ein Gesamtstrafenurteil hat eine Zäsurwirkung auch dann, wenn den Urteilsgründen keine Einzelstrafen zu entnehmen sind (BGH **44** 179 m. Anm. Stree NStZ 99, 184 u. Bringewat JR 99, 514; and. Rissing-van Saan LK 31).

16 Von einer Zäsurwirkung ist jedoch dann nicht schlechthin auszugehen, wenn die frühere Verurteilung nach der Art der abgeurteilten Tat **nicht geeignet** sein konnte, im Hinblick auf die spätere Tat einen **warnenden Appell** auf den Täter auszuüben (and. BGH NJW **98**, 171, Bringewat aaO RN 227, Frister NK 16). So kann etwa, wenn der Täter mehrere Raubüberfälle oder Meineide begangen hat, die Einbeziehung der hierfür verhängten Einzelstrafen in eine Gesamtstrafe nach § 53 nicht dadurch gehindert sein, daß der Täter in der Zeit zwischen den Verbrechen wegen fahrlässiger Körperverletzung oder fahrlässiger Trunkenheit im Verkehr verurteilt worden ist. Andernfalls könnte allein deshalb die Höchstgrenze des § 54 II unbeachtlich bleiben. Mit dem Grundgedanken des Gesamtstrafensystems (vgl. 4 vor § 52, auch Sacksofsky NJW 63, 894) wäre dies unvereinbar. Eine Zäsur kann der Verurteilung demgemäß in solchen Fällen nur zukommen, wenn sonst eine Schlechterstellung des Täters eintreten würde. So muß die Verurteilung wegen Raubes ihre Zäsurwirkung behalten, wenn danach eine fahrlässige Körperverletzung begangen worden und diese zusammen mit einem Verbrechen abzuurteilen ist, das der Angekl. vor seiner Verurteilung wegen Raubes verübt hat. Ist aber die Gesamtstrafenbildung nach § 53 für den Angekl. günstiger, so hat § 55 zurückzustehen (ähnlich Vogler LK[10] 13). **Keine Zäsur** bildet ferner die bereits **vollstreckte Verurteilung** (BGH **32** 193, NJW **82**, 2080, **88**, 1801, NStZ **88**, 552, Schleswig SchlHA **80**, 188, Saarbrücken NStZ **89**, 120, Bay NJW **93**, 2127, Tröndle/Fischer 5 a, Lackner 8; and. BGH **33** 369 m. abl. Anm. Stree JR 87, 73 u. Maatz NJW 87, 478, Bringewat aaO RN 228, JR 88, 216, Frister NK 23). Der Bildung einer Gesamtstrafe steht dann nicht entgegen, daß eine vollstreckte Strafe zu einer Milderung der einzubeziehenden Strafe durch Härteausgleich geführt hat (BGH NJW **94**, 2493, Hamm MDR **82**, 595). Ferner kommt einer Entscheidung nach § 55 keine Zäsurwirkung zu (BGH **44** 183).

16 a Nach BGH **41** 313, **44** 186, NStZ **2000**, 137 ist in den Fällen, in denen die Zäsurwirkung eine Gesamtstrafenbildung nach § 53 verhindert, eine etwaige **Härte auszugleichen.** In den Urteilsgründen muß der Tatrichter erkennen lassen, daß er sich dieser Möglichkeit bewußt war. Soweit die voraussichtliche Gesamtvollstreckungsdauer der voraussichtlichen Dauer einer lebenslangen Freiheitsstrafe erreicht oder überschreitet, soll dem Aspekt des Härteausgleichs gesteigerte Bedeutung zukommen (BGH **44** 186). Der Tatrichter soll dann die besondere Größenordnung der Gesamtstrafensumme im Urteil erörtern und ihr mit einem erheblichen Härteausgleich sichtbar Rechnung tragen (vgl. dazu

Stree NStZ 99, 185). Beim Härteausgleich ist das Ausmaß der Warnwirkung des zäsurbildenden Urteils zu berücksichtigen (BGH **44** 186). Je geringer die Warnwirkung ist, desto mehr ist dem Täter mit einem Härteausgleich entgegenzukommen. Hat das zäsurbildende Urteil eine erhebliche Warnkraft hinsichtlich der späteren Tat, so entfällt ein Härteausgleich, da jemand, der sich gar nicht von einer früheren Verurteilung beeindrucken läßt, kein Entgegenkommen mit einem Härteausgleich verdient (Stree NStZ 99, 185).

d) Entsprechendes gilt, wenn **mehrere Vorverurteilungen** vorliegen und nunmehr eine oder mehrere Taten abzuurteilen sind, die vor einer der früheren Verurteilungen liegen. Hier wird durch das erste Urteil eine erste **Zäsur**, durch die nächstfolgende Aburteilung solcher Taten, die nach dem ersten Urteil begangen sind, eine weitere Zäsur gebildet, usw es sei denn, es liegt der o. 16 genannte Fall vor. Es wird also mitunter zu mehreren Gesamtstrafen kommen, und zwar hat der Richter jeweils Gesamtstrafengruppen bezüglich sämtlicher vor dem ersten oder zwischen den weiteren Urteilen begangener Taten zu bilden (vgl. Zweibrücken NJW **68**, 310, Hamm MDR **76**, 162; vgl. auch BGH MDR/H **79**, 987, Köln VRS **60** 426). Das kann uU auch zur Nichtanwendung des § 55 führen: hat etwa bereits das frühere Urteil gemäß § 55 eine nachträgliche Gesamtstrafe gebildet, so darf im späteren (also dritten) Verfahren wegen einer dritten Tat nur dann eine alle drei Urteile umfassende nachträgliche Gesamtstrafe gebildet werden, wenn auch die dritte Tat vor dem ersten Urteil begangen worden ist. Wurde sie dagegen zwischen den beiden früheren Verurteilungen begangen, so ist eine Einzelstrafe auszusprechen, obwohl die Voraussetzungen des § 55 im Verhältnis der zweiten zur dritten Tat gegeben sind (Zäsurwirkung des ersten Urteils; BGH **32** 193, **33** 367, Stuttgart NJW **50**, 316, Celle NdsRpfl **66**, 22; and. LG Frankenthal NJW **67**, 794 m. abl. Anm. Mecker NJW **68**, 1382; vgl. auch Zweibrücken NJW **68**, 310). Damit bleibt, da § 55 nicht anwendbar ist, auch die alte Gesamtstrafe bestehen. Vgl. dazu BGH **32** 190. Zur Zäsurwirkung einer Vorverurteilung, in der nach § 53 II 2 Geld- und Freiheitsstrafe nebeneinander verhängt worden sind, vgl. Karl MDR **88**, 365. Zum Ausgleich eines Nachteils bei der Strafbemessung auf Grund der wegen der Zäsurwirkung nicht möglichen Gesamtstrafenbildung vgl. BGH NJW **96**, 667, StV **96**, 431. Die Rechtskraft einer rechtsfehlerhaft gebildeten nachträglichen Gesamtstrafe hindert nicht deren Auflösung und eine anderweitige richtige Gesamtstrafenbildung, wenn früher begangene Straftaten später abgeurteilt werden (BGH **35** 243 m. Anm. Stree JR **88**, 517, Karlsruhe NStZ **87**, 186, LG Ulm NStZ **84**, 361 m. Anm. Sick; and. Schleswig SchlHA **87**, 102, LG Koblenz NStZ **81**, 392. Vgl. ferner Bay VRS **64** 259, Bringewat aaO RN 235 ff. Zur Vermeidung einer Doppelbestrafung kann eine rechtsfehlerfrei gebildete Gesamtstrafe aufgehoben werden, wenn ihr Einzelstrafen zugrunde liegen, die fehlerhaft zur Bildung einer anderen Gesamtstrafe herangezogen worden sind (BGH **44** 1).

e) Bleibt zweifelhaft, ob von mehreren abzuurteilenden Taten eine vor einer früheren Verurteilung begangen worden ist, so richtet sich die Entscheidung, ob mit der früheren Strafe oder der Strafe für die andere abzuurteilende Tat eine Gesamtstrafe zu bilden ist, nach dem Grundsatz **in dubio pro reo**. Es ist also von der tätergünstigeren Möglichkeit auszugehen (and Bringewat aaO RN 229, der bei Zweifeln eine Tatbegehung vor dem früheren Urteil annehmen und damit uU zuungunsten des Täters verfahren will). Gleiches gilt, wenn in den o. 17 genannten Fällen zweifelhaft bleibt, vor welcher Verurteilung die abzuurteilende Tat begangen worden ist.

3. Die früher erkannte Strafe darf **nicht** mehr in eine nachträgliche Gesamtstrafe **einbezogen** werden, wenn sie zum Zeitpunkt der späteren Verurteilung **vollstreckt, verjährt oder erlassen** ist. Diese Regelung ist an sich sinnvoll; es wäre ein Widerspruch, wenn eine durch Vollstreckung, Verjährung oder Erlaß endgültig erledigte Strafe dennoch förmlich in eine Gesamtstrafe einbezogen werden könnte. Dieser Widerspruch würde auch durch die Anrechnung der früheren Vollstreckung nicht beseitigt. Bedenklich ist die gesetzliche Regelung dagegen insoweit, als sie eine Strafmilderung nach §§ 53, 54 von Zufällen abhängig macht (vgl. auch Merkel VDA V 392, Schrader MDR 74, 719). Nicht nur der Zeitraum zwischen früherem und späterem Verfahren, sondern ebenso dessen Dauer selbst hängt von Zufällen ab (zB Unterbrechung der Hauptverhandlung wegen Erkrankung eines Richters oder langdauerndes Rechtsmittelverfahren infolge Überlastung der höheren Gerichte usw); der Zufall bestimmt also, ob sich die frühere Strafe zum Zeitpunkt der maßgeblichen Entscheidung im späteren Verfahren bereits erledigt hat. § 55 will dem Angekl. aber gerade die nachteiligen Auswirkungen solcher Zufälligkeiten ersparen und ihn so stellen, wie wenn seine Taten einheitlich nach §§ 53, 54 abgeurteilt worden wären. Das Gesetz hätte es also nicht beim Ausschluß der nachträglichen Gesamtstrafenbildung bewenden lassen dürfen; vielmehr hätte durch eine zusätzliche Vorschrift sichergestellt werden müssen, daß der Täter durch die getrennte Bestrafung nicht benachteiligt wird. Indessen ergibt sich dies zwingend – auch ohne eine solche Vorschrift – unmittelbar aus dem Grundprinzip des Gesamtstrafensystems.

a) Zunächst ist also zu klären, **wann die Erledigung** der früheren Strafe **ihre Einbeziehung** in die nachträgliche Gesamtstrafe **hindert**. Es kommt nur auf die Erledigung der früheren Strafe an; unerheblich ist, ob mit dieser zugleich angeordnete Maßnahmen ebenfalls erledigt sind (Bay DAR/B **91**, 364).

α) Die *frühere Strafe* muß durch Vollstreckung, Verjährung oder Erlaß *endgültig* erledigt sein. Zu den Fragen der Teilerledigung vgl. u. 27. Handelt es sich bei der früheren Strafe um eine Gesamtstrafe, so gilt diese hinsichtlich der Erledigung als Einheit (Bay NJW **57**, 1810; vgl. auch § 54 RN 20).

22 αα) Eine Freiheitsstrafe ist *vollstreckt*, wenn sie verbüßt wurde, eine Geldstrafe, wenn sie bezahlt oder die Ersatzfreiheitsstrafe verbüßt wurde oder sich durch Leistung freier Arbeit (vgl. § 43 RN 1) erledigt hat. Als verbüßte Strafe gilt auch die auf sie angerechnete Freiheitsentziehung, zB nach § 67 IV, oder die Strafe, die sonstwie durch Anrechnung erledigt ist (vgl. § 57 RN 6).

23 ββ) Die *Verjährung* früherer Strafen richtet sich nach § 79. Liegt eine frühere Gesamtstrafe vor, so ist ihre Rechtskraft, nicht die der Einzelstrafen für den Beginn der Verjährungsfrist und ihre Höhe für die Dauer der Verjährungsfrist maßgebend. Vgl. im einzelnen die Anm. zu § 79.

24 γγ) Der *Straferlaß* iSv § 55 muß endgültig sein; das ist bei der bedingten Begnadigung noch nicht der Fall (vgl. Hamm JMBlNW **52**, 35); auch bei der Strafaussetzung gemäß §§ 56, 57 tritt der Erlaß gem. § 56 g I erst nach Ablauf der Bewährungszeit ein. Im übrigen ist gleichgültig, ob die Strafe aufgrund einer allgemeinen Amnestie, eines Gnadenakts oder nach den Vorschriften des StGB erlassen wurde. Zur Frage, ob ein Straferlaß zurückzustellen ist, damit eine Gesamtstrafenbildung noch möglich ist, vgl. § 56 g RN 1.

25 β) Nach Abs. 1 S. 1 ist die Gesamtstrafenbildung ausgeschlossen, wenn sich die frühere Strafe *vor der späteren Verurteilung* erledigt hat. Dies führt zu Schwierigkeiten, wenn sich die frühere Strafe erst im Verlauf des späteren Verfahrens erledigt. An sich müßte auf den Eintritt der Rechtskraft des späteren Urteils abgestellt werden; denn erst damit wird der Ausspruch der Gesamtstrafe wirksam. Das läßt sich jedoch praktisch nicht durchführen, da bei Urteilsfällung nicht abzusehen ist, wann das Urteil rechtskräftig wird. Maßgebend muß deshalb die *letzte richterliche Entscheidung vor Eintritt der Rechtskraft* (bzw. Teilrechtskraft für den Strafausspruch) sein, also die letzte Entscheidung, in der eine durch die Vorinstanz erfolgte Gesamtstrafenbildung noch – falls sich inzwischen die frühere Strafe erledigt – beseitigt werden kann. Das braucht keine tatrichterliche Entscheidung zu sein (etwa Berufungsurteil); auch der Revisionsrichter muß die nachträgliche Gesamtstrafe aufheben, wenn sich im Laufe des Revisionsverfahrens die frühere Strafe erledigt hat; denn es fehlt jetzt an den materiellrechtlichen Voraussetzungen des § 55. Es kann hier nicht anders sein, als wenn während des Revisionsverfahrens eines der dem Urteil zugrundeliegenden Strafgesetze aufgehoben worden wäre. Ohne Rest geht dies nicht auf: erledigt sich die frühere Strafe nach der letzten richterlichen Entscheidung, aber vor Eintritt der Rechtskraft, so besteht keine Möglichkeit, das Wirksamwerden der Gesamtstrafe zu verhindern, obwohl ihre Voraussetzungen jetzt nicht mehr vorliegen. Das Vollstreckungsgericht wird jedoch in solchen Fällen durch Anrechnung u. dgl. geeigneten Ausgleich schaffen können.

26 Demgegenüber hält die hM das letzte tatrichterliche Urteil des späteren Verfahrens, das zur Schuld- oder Straffrage ergeht, für den entscheidenden Zeitpunkt (RG **32** 7, **39** 275, BGH **2** 230, **4** 367, **12** 94, **15** 71, NJW **82**, 2081, Jescheck/Weigend 730, Rissing-van Saan LK 5; and. Schrader MDR 74, 719, der auf das erstinstanzliche Urteil abstellt). Eine in erster Instanz vorgenommene Gesamtstrafenbildung soll also im Berufungsurteil (nicht aber im Revisionsurteil) rückgängig gemacht werden, wenn sich die frühere Strafe zwischen beiden Urteilen erledigt; hat allerdings nur der Angekl. Rechtsmittel eingelegt, so soll wegen des Verbots der reformatio in peius die Strafe im Berufungsurteil zusammen mit der verbüßten Strafe die frühere Gesamtstrafe nicht übersteigen dürfen (BGH **12** 94, Bay **59**, 80, NJW **58**, 1406; and. Braunschweig NJW **57**, 1644, dessen Begründung sich aber ebenfalls nur auf § 331 I StPO stützt; vgl. auch BGH NJW **53**, 1880). Entsprechendes soll gelten, wenn der Erstrichter fehlerhaft eine Gesamtstrafenbildung unterlassen hat und das Berufungsgericht sie wegen Verbüßung einer Einzelstrafe nicht nachholen kann (Bay DAR/R **80**, 263). Hat sich allerdings das letzte tatrichterliche Urteil des späteren Verfahrens nur mit der Bildung einer Gesamtstrafe zu befassen, so soll die Anwendung des § 55 nicht deswegen entfallen, weil die frühere Strafe noch vor dieser Entscheidung verbüßt ist, denn andernfalls könne eine in der Vorinstanz fehlerhaft vorgenommene oder unterbliebene Gesamtstrafenbildung entgegen dem Zweck des § 55 nicht nachgeholt werden (BGH **15** 71, StV **82**, 569, NStE **13**, Stuttgart Justiz **68**, 233, MDR **83**, 337, Hamm JMBlNW **82**, 104, Rissing-van Saan LK 21; and. BGH NJW **53**, 1880 [aufgegeben durch BGH 4 StR 501/55, zit. b. Düsseldorf NJW **59**, 59], Schleswig MDR **81**, 866, Bringewat aaO RN 248); iE gleich BGH **4** 366, NJW **53**, 389, Düsseldorf NJW **59**, 59, jedoch mit der unzutreffenden Begründung, die Entscheidung nur über die Gesamtstrafe sei keine „tatrichterliche Entscheidung iSv § 79 [aF]" (vgl. dagegen BGH **15** 71, o. 9).

27 γ) Sonderprobleme bestehen, wenn die frühere Strafe zum maßgeblichen Zeitpunkt nur *zum Teil erledigt* ist. Ist die Teilerledigung durch Vollstreckung eingetreten, so ist dennoch die gesamte frühere Strafe in die nachträgliche Gesamtstrafe einzubeziehen; dies kann sich für den Angekl. wegen § 51 II nicht zum Nachteil auswirken. Anderes gilt dagegen bei Teilerlaß; wurde ein Teil der früheren Strafe endgültig erlassen (Reduzierung von Freiheits- u. Geldstrafe durch allgemeine Amnestie oder Einzelgnadenakt), so kann nur noch der Rest der Strafe gem. § 55 in die nachträgliche Gesamtstrafe einbezogen werden (Rissing-van Saan LK 22; and. Bringewat aaO RN 264). Bei der Strafbemessung müssen jedoch die u. 28 ff. genannten Grundsätze entsprechend berücksichtigt werden.

28 b) Kommt es **nicht zur nachträglichen Gesamtstrafenbildung**, weil sich die frühere Strafe vor der späteren Verurteilung (vgl. o. 25 f.) erledigt hatte, so ist dennoch dem Grundgedanken des § 55 durch eine **Strafmilderung** im späteren Urteil Rechnung zu tragen, es sei denn, das Urteil lautet auf lebenslange Freiheitsstrafe. Der Umfang der Strafmilderung liegt nicht im freien Ermessen des Richters. Die neue Strafe ist vielmehr unter **entsprechender Anwendung der §§ 53, 54** zu bilden: sie

darf nicht höher sein als die Differenz zwischen einer nachträglichen Gesamtstrafe, wie sie bei Anwendung des § 55 zu bilden gewesen wäre, und der früheren (jetzt erledigten) Strafe. Geringfügige Abweichungen ergeben sich insoweit bei verjährten und erlassenen Strafen; vgl. hierzu u. 30. Eine Strafmilderung erübrigt sich jedoch idR, wenn wegen der Vollstreckung eine Zäsurwirkung entfallen ist (o. 16) und die deswegen mögliche anderweitige Gesamtstrafenbildung eine sonstige Härte ausgleicht (Bay NJW **93**, 2127).

Bei der *Strafzumessung* ist zunächst für die jetzt abzuurteilende Tat eine Einzelstrafe nach den bei § 53 RN 10 genannten Grundsätzen festzusetzen und sodann aus dieser und der früheren (erledigten) Strafe unter Anwendung des § 55 iVm §§ 53, 54 eine (fiktive) Gesamtstrafe zu bilden. Von dieser Gesamtstrafe ist die frühere Strafe entweder voll oder nach einem bestimmten Verhältnis gekürzt (u. 30) abzuziehen. Die verbleibende Differenz ist die im späteren Urteil auszuwerfende Strafe (ebenso Frister NK 34; vgl. auch BGH NStZ **83**, 260, Zweibrücken NJW **80**, 2265, MDR **88**, 874, Bay DAR/R **86**, 244, wonach ein solches Vorgehen jedoch nur zulässig, nicht geboten sein soll). Sie ist auch maßgebend, wenn sie eine gesetzliche Mindeststrafe unterschreitet. **29**

Die frühere Strafe ist voll von der als Rechengröße gebildeten Gesamtstrafe abzuziehen, wenn sie sich durch Vollstreckung erledigt hat. Das ergibt § 51 II, der sinngemäß heranzuziehen ist. Ist die frühere Strafe durch Verjährung oder Erlaß weggefallen, so kann sie nicht voll, sondern nur in Höhe ihres verhältnismäßigen Anteils an der (fiktiven) Gesamtstrafe abgesetzt werden; denn andernfalls würde der Täter von dieser Art der Strafzumessung unberechtigt profitieren. Betrügen etwa die erlassene Strafe und die Strafe, die der Richter für die jetzt abzuurteilende Tat allein verhängen würde, je 1 Jahr, und würde der Richter daraus, wenn die Voraussetzungen des § 55 noch vorgelegen hätten, eine Gesamtstrafe von 1 Jahr u. 6 Monaten gebildet haben, so beträgt danach die im späteren Verfahren zu verhängende Strafe nicht nur 6 Monate, sondern die Hälfte der fiktiven Gesamtstrafe, also 9 Monate. Der Härteausgleich kann auch dazu führen, daß die 1 Jahr übersteigende Freiheitsstrafe nach Wochen zu bemessen ist (BGH NJW **89**, 236 m. Anm. Bringewat JR 89, 249; vgl. auch § 39 RN 4). **30**

Hat sich die frühere Strafe auf Grund der **Anrechnung einer Freiheitsentziehung** erledigt (vgl. o. 22) und hätte die Anrechnung sich auch auf den die frühere Strafe überschreitenden Teil der Gesamtstrafe ausgewirkt, die sonst hätte gebildet werden müssen, so ist im Urteil zur Vermeidung einer Härte die Anrechnung der Freiheitsentziehung auf die neue Strafe auszusprechen. Ist die anrechenbare Zeit kürzer als die Gesamtstrafe, die an sich in Betracht gekommen wäre, so ist die Anrechnung entsprechend auf einen Teil der neuen Strafe zu beschränken (and. Bringewat aaO RN 259). Ein Härteausgleich kommt ebenfalls in Betracht, wenn eine Gesamtstrafenbildung mit einer Strafe ausländischer Gerichte zu unterbleiben hat (vgl. o. 4) und die Auslandstat sowie die Inlandstat von zeitlichem Ablauf her untereinander hätten abgeurteilt werden können (BGH **43** 79, NStZ **98**, 134, NStZ-RR **2000**, 105; and. Rissing-van Saan LK 23). Er ist insb. bei Überschreitung gesetzlicher Höchstgrenzen als Folge der getrennten Aburteilungen angezeigt (BGH aaO). **30 a**

Die **Rspr.** hat bisher keine festen Regeln für eine Strafmilderung aufgestellt. So wird in BGH **2** 233 nur ausgeführt, der Tatrichter habe die Möglichkeit, auftretende Härten für den Angekl. bei der Strafzumessung auszugleichen (vgl. auch Bay DAR/R **80**, 263). Nach BGH GA **79**, 189, MDR/H **79**, 987, NStZ-RR **97**, 131, Schleswig MDR **81**, 866, Koblenz VRS **64** 22, Frankfurt StV **82**, 116 muß die Härte, die infolge der Nichtanwendbarkeit des § 55 wegen Verbüßung der früheren Strafe entsteht, bei der Strafzumessung berücksichtigt werden. Entgegen dem o. 28 ff. Ausgeführten soll der Umfang der Strafmilderung im richterlichen Ermessen liegen (BGH NStZ **83**, 260 m. abl. Anm. Loos), wobei jedoch die Höchstgrenze des § 54 II 2 zu beachten ist (BGH **33** 131). Der Härteausgleich darf aber auch hiernach zum Unterschreiten einer gesetzlichen Mindeststrafe führen (BGH MDR/H **80**, 454), so zum Unterschreiten der Untergrenze des § 54 I 2 (BGH NStZ **83**, 260, NStZ/T **88**, 307). Strafmilderung ist nach BGH NStZ **83**, 261 indes nicht stets geboten, wenn die Gesamtstrafenbildung entfällt, weil die frühere Strafe inzwischen erlassen ist. Maßgebend soll hier sein, ob im Einzelfall mit Entfallen der Gesamtstrafenbildung ein ausgleichsbedürftiger Nachteil entstanden ist. Vgl. dazu Bringewat NStZ 87, 385 **31**

4. Die frühere Strafe kann nur dann in eine nachträgliche Gesamtstrafe einbezogen werden, wenn das **frühere Urteil rechtskräftig** ist; denn andernfalls hinge die nachträgliche Gesamtstrafe vom Bestand des früheren Urteils ab und fiele mit dessen Aufhebung weg. (Dagegen kommt es bei der Frage, ob die jetzt abzuurteilende Straftat vor dem früheren Urteil begangen wurde, auf den Zeitpunkt der Rechtskraft nicht an; vgl. Abs. 1 S. 2 und o. 6.) Die Rechtskraft des früheren Urteils muß bis zur Entscheidung über die Gesamtstrafe im späteren Verfahren eingetreten sein. Vgl. auch BGH LM Nr. 7 zu § 79 aF; einer Revision, die sich darauf stützt, daß der Tatrichter eine nicht rechtskräftige Verurteilung einbezogen hat, wird die Grundlage entzogen, wenn die Rechtskraft inzwischen eintritt. Die Anwendung des § 55 hat zu unterbleiben, wenn die Rechtskraft des früheren Urteils wegen eines Wiedereinsetzungsantrags voraussichtlich entfallen wird (BGH **23** 98 m. Anm. Küper MDR 70, 885; vgl. u. 72). Sonst ist die Rechtskraft des früheren Urteils verbindlich, so daß nicht zu prüfen ist, ob dieses zu Recht ergangen ist (vgl. BGH MDR **82**, 1031: keine Nachprüfung, ob der Verurteilung ein Verfahrenshindernis entgegengestanden hat, etwa auf Grund eines Auslieferungsvertrags). **32**

Trotz Vorliegens der Voraussetzungen des § 55 dürfen solche Einzelstrafen zur Gesamtstrafenbildung nicht herangezogen werden, die bereits zur Bildung einer anderen noch nicht rechtskräftigen **33**

§ 55 34–37a   Allg. Teil. Rechtsfolgen – Strafbemessung bei mehreren Gesetzesverletzungen

Gesamtstrafe gedient haben; denn andernfalls besteht die Gefahr einer Doppelbestrafung (BGH **9** 192, **20** 292).

34   **5.** Zweifelhaft ist, ob eine Gesamtstrafe nach § 55 mit einer früheren **Jugendstrafe** gebildet werden kann. Das wäre an sich wünschenswert, weil andernfalls die für die gleichzeitige Aburteilung geltende Regel des § 32 JGG bei getrennter Aburteilung nicht anwendbar wäre und damit der Grundgedanke des § 55, dem Angekl. aus einer getrennten Aburteilung keine Nachteile erwachsen zu lassen, nicht berücksichtigt werden könnte (für analoge Anwendung des § 55 daher Schoreit NStZ 89, 462; vgl. auch Schoreit ZRP 90, 175 mit der Forderung an den Gesetzgeber, die Einbeziehung von Jugendstrafen in Gesamtstrafen zu ermöglichen, ferner Frister NK 39). Angesichts des eindeutigen Gesetzeswortlauts wird man aber mit BGH **10** 100, **14** 287, **36** 270, 295 die Frage verneinen (ebenso Schleswig NStZ **87**, 225 m. abl. Anm. Knüllig-Dingeldey), jedoch dem zweiten Richter auferlegen müssen, bei der Strafzumessung die Ungerechtigkeit des Gesetzes auszugleichen (vgl. BGH **36** 297, MDR/H **79**, 106, NStZ-RR **98**, 151), und zwar bereits bei Festsetzung der Einzelstrafen (BGH **36** 270 m. Anm. Böhm/Büch-Schmitz NStZ 91, 131; vgl. aber auch BGH **36** 297, Bringewat JuS 91, 24). Die Anwendung des § 55 ist auch dann unzulässig, wenn gemäß § 92 II JGG angeordnet worden ist, die Jugendstrafe nach den Vorschriften des Strafvollzugs für Erwachsene zu vollziehen (so aber LG Braunschweig MDR **65**, 594). Ist gegenüber einem Heranwachsenden, der wegen eines Teils seiner Straftaten bereits rechtskräftig nach allgemeinem Strafrecht verurteilt worden ist, bei der Aburteilung weiterer Straftaten Jugendstrafrecht anzuwenden, so kann gem. §§ 105 II, 31 II 1 JGG unter Einbeziehung des früheren Urteils einheitlich auf Sanktionen nach dem JGG erkannt werden, sofern die rechtskräftige Strafe noch nicht vollständig erledigt ist (vgl. dazu BT-Drs. 7/550 S. 332 f.).

35   **III.** Liegen die Voraussetzungen des § 55 vor, so sind die Vorschriften über die Realkonkurrenz (§§ 53, 54) ebenso anzuwenden, **wie wenn alle Taten einheitlich abgeurteilt** würden.

36   **1.** Für den Bereich der **Strafen** ist zunächst nach den Grundsätzen des **§ 53** (vgl. dort RN 12 ff.) zu prüfen, **ob eine Gesamtstrafe zu bilden ist.** Dabei sind die neue und die frühere Strafe als Einzelstrafen zugrunde zu legen (vgl. § 53 RN 10). Eine nach § 41 neben einer Freiheitsstrafe verhängte Geldstrafe behält idR ihre Eigenständigkeit und ist nicht in eine Gesamtfreiheitsstrafe aufzunehmen (vgl. § 53 RN 22). Zur Gesamtgeldstrafe in solchen Fällen vgl. § 53 RN 23. Ist die frühere Strafe selbst eine Gesamtstrafe, so ist sie aufzulösen und unmittelbar auf die ihr zugrundeliegenden Einzelstrafen zurückzugreifen (vgl. u. 38). Die Grundsätze über eine Gesamtstrafe aus Freiheits- und **Ersatzfreiheitsstrafe** (§ 53 RN 26 f.) gelten ebenfalls, so daß eine Einbeziehung des früheren Urteils in einen einheitlichen nachträglichen Urteilsspruch auch dann zu erfolgen hat, wenn das eine Urteil auf Freiheits-, das andere auf Geldstrafe lautet und der Richter gemäß § 53 II 2 von einer Gesamtfreiheitsstrafe absehen will. Vgl. auch u. 51 f.

37   a) Ergibt sich in Anwendung des § 53, daß eine *Gesamtstrafe zu bilden* ist, so ist hierfür gemäß § 54 zu verfahren (vgl. die Anm. zu § 54), bei einer lebenslangen Freiheitsstrafe als Einzelstrafe somit auf lebenslange Freiheitsstrafe als Gesamtstrafe zu erkennen. Gegenüber der Gesamtstrafenbildung bei gleichzeitiger Aburteilung aller Taten bestehen jedoch verschiedene Besonderheiten:

37a   α) Eine **Gesamtgeldstrafe** ist bei gleicher Tagessatzhöhe der Einzelstrafen durch Erhöhung der Tagessatzzahl der Einsatzstrafe zu bilden. Weisen die Einzelstrafen unterschiedliche Tagessatzhöhen auf, so muß nach der Rspr. des BGH für die Gesamtstrafe eine einheitliche Tagessatzhöhe bestimmt werden. Diese ist hiernach an den wirtschaftlichen Verhältnissen des Täters zZ der Gesamtstrafenbildung mit folgender Einschränkung auszurichten: bei Verschlechterung der Verhältnisse gegenüber dem Zeitpunkt des früheren Urteils muß sie so bemessen sein, daß das Produkt aus ihr und der Tagessatzzahl zumindest die Gesamtgeldsumme jeder einbezogenen Einzelstrafe gerade noch überschreitet (BGH **27** 359); bei Verbesserung der wirtschaftlichen Lage des Täters muß die Summe der Gesamtgeldstrafe mindestens hinter der Gesamtgeldsumme aller einbezogenen Einzelstrafen zurückbleiben (BGH **28** 360). Bereits erbrachte Teilzahlungen sollen nach § 51 II entsprechend dem Maßstab des früheren Urteils anzurechnen sein (BGH **28** 364, Bringewat aaO RN 301; and. LG Konstanz Rpfleger **90**, 221, Lackner 14, Meyer-Goßner NStZ 91, 435; vgl. dazu u. aE). Eine solche Gesamtstrafenbildung ist zwar praktikabel; zu bezweifeln ist aber, ob sie bei Verbesserung der wirtschaftlichen Lage sachgerecht ist. Sie benachteiligt den Täter, da nunmehr ein gegenüber dem früheren Urteil höherer Tagessatz einem Tag Ersatzfreiheitsstrafe gegenübersteht. Das Argument bei BGH **28** 363, das Strafübel werde durch Angleichung der Tagessatzhöhe an die verbesserte wirtschaftliche Lage nicht verstärkt, vermag nicht zu erklären, warum der Täter bei der nachträglichen Gesamtstrafenbildung anders behandelt wird als sonst bei der Geldstrafe, bei der eine Anpassung der Tagessatzhöhe an spätere Einkommensverbesserungen nicht erfolgt. Mehr für sich hat daher die vom BGH abgelehnte Aufspaltung der Tagessatzhöhe, wonach die Tagessatzzahl, die der Einzelstrafe mit der größeren Tagessatzhöhe entspricht, mit dieser Höhe festzusetzen ist und der Rest mit der niedrigeren Tagessatzhöhe (vgl. 20. A., Oldenburg MDR **78**, 70, Hamburg MDR **78**, 505, Regel MDR 77, 446, aber auch Vogler LK[10] 31, JR 78, 358, Frister NK 52, Kadel, Die Bedeutung des Verschlechterungsverbotes für Geldstrafenerkenntnisse nach dem Tagessatzsystem, 1984, 85 ff.). Wie der BGH jedoch Frankfurt NStZ-RR **97**, 264, Tröndle LK § 40 RN 72 ff. Vgl. zum Ganzen Tröndle/Fischer 8 f., Lackner 11 f., Rissing-van Saan LK 35 ff., Vogt NJW 81, 899. Mißlich kann auch die Anrechnung bereits erbrachter Teilzahlungen nach der BGH-Rspr. sein. Bei Verschlechterung der Einkommensverhältnisse stellt diese Rspr. den Zahlungswilligen schlechter als den Zahlungssäumigen (vgl. Hamann Rpfleger 90, 222); sie kann sogar dazu führen, daß der Verurteilte trotz der Gesamtstrafenbildung mehr als die Summe der Einzelstrafen zahlen müßte (vgl. LG Konstanz Rpfleger **90**, 221). Zur Vermeidung einer solchen Schlechterstellung ist die Anrechnung daher an der Tagessatzhöhe der Gesamtgeldstrafe auszurichten (vgl. LG Konstanz aaO m. Anm. Hamann). Haben sich dagegen die Einkommensverhältnisse verbessert, so ist entsprechend dem früheren Urteil anzurechnen, da dem Verurteilten sonst nachträglich etwas genommen würde; zudem war die Zahlung für den Verurteilten im Zahlungszeitpunkt zumeist noch so fühlbar, wie sie nach dem Urteil sein sollte (vgl. auch Tröndle/Fischer 8 d). Zum Problem vgl. noch Meyer-Goßner NStZ **91**, 434, Siggelkow Rpfleger **99**, 245. Zu den Auswirkungen auf eine Ersatzfreiheitsstrafe vgl. Siggelkow Rpfleger **94**, 285.

β) Eine **Gesamtstrafe im früheren Urteil** wird durch die nachträgliche Gesamtstrafenbildung **gegenstandslos**. Dieser Eingriff in die Rechtskraft (vgl. BGH **7** 181 f.) ergibt sich daraus, daß § 55 iVm §§ 53, 54 eine Gesamtstrafenbildung wie bei gleichzeitiger Aburteilung aller Taten, also ein Zurückgehen auf die Einzelstrafen vorschreibt (RG **6** 283, **44** 302, **48** 277, BGH **15** 164, MDR/H **79**, 280). Das gilt auch, wenn nicht alle dort erkannten Einzelstrafen einbezogen werden können (BGH **9** 5), etwa wegen des auslieferungsrechtlichen Spezialitätsgrundsatzes (vgl. BGH GA **67**, 154). Auch steht nicht entgegen, daß in die frühere Gesamtfreiheitsstrafe Geldstrafen einbezogen sind, bei denen die Tagessatzhöhe fehlt (Karlsruhe Justiz **82**, 374). Enthält das frühere Gesamtstrafenurteil keine Einzelstrafen, so soll § 55 nicht anwendbar sein; Nachteilen für den Betroffenen soll mittels eines Härteausgleichs (vgl. o. 28 ff.) entgegenzuwirken sein (BGH **41** 374, **43** 34, NStZ-RR **98**, 296; vgl. aber dagegen BGH NStZ **99**, 185 u. LG Hamm BGH NStZ-RR **99**, 137 wonach es vertretbar sein soll, die frühere Gesamtstrafe als Einzelstrafe zu behandeln).

38

γ) Für die **Bemessung der neuen Gesamtstrafe** gilt § 54 I 2 (vgl. dort RN 14 ff.), es sei denn, die Gesamtstrafe lautet auf lebenslange Freiheitsstrafe. Bei der Gesamtstrafenbemessung ist der Richter an die Feststellungen des früheren Urteils zu den Einzelstrafen gebunden und hat auch deren Strafzumessungserwägungen zu berücksichtigen (BGH NJW **53**, 1360, Braunschweig NJW **54**, 569; vgl. auch Karlsruhe Justiz **65**, 119). Dagegen ist er in der eigentlichen Gesamtstrafenbildung frei und nicht an die Gründe einer früheren Gesamtstrafenbildung gebunden (BGH **7** 182, NJW **53**, 1360). Er kann etwa bei mehrfacher Begehung von Taten, die jeweils als minder schwer gewertet worden sind, in einer Gesamtbetrachtung zur Beurteilung des gesamten Verhaltens als besonders verwerflich gelangen (vgl. BGH NStZ **88**, 126). Es können auch Umstände berücksichtigt werden, die dem ersten Richter noch nicht bekannt waren oder die erst später entstanden sind, zB nachträgliches Verhalten (Schweling GA 55, 297, Rissing-van Saan LK 27).

39

Ist als Gesamtstrafe auf **lebenslange Freiheitsstrafe** zu erkennen, so ist zugleich darüber zu befinden, ob ihr eine besondere Schuldschwere zugrunde liegt. Ist bereits bei einer einbezogenen lebenslangen Freiheitsstrafe eine besondere Schuldschwere festgestellt worden, so ist hieran wegen der bindenden Wirkung (vgl. o. 39) festzuhalten (Lackner § 57 b RN 4). Es ist dann nur noch zu klären, ob wegen der weiteren Straftaten ein größeres Ausmaß der besonderen Schuldschwere anzunehmen ist. Hat die einbezogene lebenslange Freiheitsstrafe noch nicht auf einer besonderen Schuldschwere beruht, so kann die zusammenfassende Würdigung aller für die Gesamtstrafe maßgebenden Straftaten zur Annahme einer besonders schweren Schuld führen (vgl. § 57 b RN 2). Die besonders schwere Schuld ist im Urteilstenor auszusprechen.

39 a

Nach hM soll die *frühere Gesamtstrafe* allerdings insoweit *fortwirken*, als die neue Gesamtstrafe nicht niedriger sein dürfe als die alte (RG **6** 285, **44** 302, BGH **7** 183, Rissing-van Saan LK 28, Frister NK 47, Schorn JR **64**, 46) und anderseits die alte Gesamtstrafe, vermehrt um die neue Einzelstrafe, nicht übersteigen dürfe (RG **48** 277, DR **40**, 1417, BGH **8** 203, **9** 383, **15** 164, Karlsruhe Justiz **65**, 119, Stuttgart NJW **68**, 1731, Bay NJW **71**, 1194). Dem ist nicht zu folgen (ebenso LG Halle NStZ **96**, 456, Bringewat aaO RN 274, MDR **87**, 793). Auch im Fall des § 55 bestehen, wie die uneingeschränkte Verweisung auf § 54 ergibt, nur die Grenzen, daß die Gesamtstrafe die Einsatzstrafe übersteigen muß und die Summe der Einzelstrafen nicht erreichen darf (ebenso Dresden HRR **37** Nr. 606, Schulz MDR **64**, 559). Wenn RG **6** 285 die Unterschreitung der früheren Gesamtstrafe als unzulässige Korrektur des früheren Urteils ansieht, so widerspricht dies dem im selben Urteil (ebenso auch BGH VRS **44** 22, Köln JMBlNW **64**, 107) enthaltenen Satz, daß anderseits die neue Gesamtstrafe nicht höher zu sein brauche als die alte (vgl. auch BGH NJW **73**, 63, MDR/H **92**, 16); auch dies kann nur auf einer Korrektur des früheren Urteils beruhen (vgl. Schulz aaO). Ebensowenig trägt die Begründung der Rspr. die These, daß die neue Gesamtstrafe die alte, vermehrt um die neue Einzelstrafe, nicht überschreiten dürfe; weder schafft die alte Gesamtstrafe ein „wohlerworbenes Recht" des Täters (RG **46** 183), noch ist § 55 eine den Täter nur begünstigende Vorschrift, deren Anwendung ihn nicht benachteiligen dürfe (RG **48** 277, BGH **15** 166). § 55 will den Täter so stellen, wie wenn seine verschiedenen Taten einheitlich abgeurteilt worden wären; darüber hinausgehende Vorteile können ihm aus § 55 nicht erwachsen. Insb. wäre es auch falsch, hier die Grundsätze des Verschlechterungsverbots (§ 331 I StPO) heranzuziehen (in dieser Richtung aber BGH **8** 203), dessen Grundgedanke, den Angekl. nicht vom Gebrauch der ihm zustehenden Rechtsmittel abzuschrecken, mit der Situation des § 55 nichts gemeinsam hat (Hamm NJW **64**, 1285, Düsseldorf VRS **36** 179, LG Hamburg MDR **65**, 760). Vgl. aber auch u. 42, 75.

40

Stree

41 Eine Limitierung der neuen durch die alte Gesamtstrafe, wie sie die hM annimmt, würde auch zu unbefriedigenden Ergebnissen führen. Stellt sich etwa im neuen Verfahren heraus, daß alle Taten auf Grund einer einheitlichen Notlage begangen wurden, so kann uU begründeter Anlaß bestehen, trotz Einbeziehung der neuen Tat unter die frühere Gesamtstrafe herunterzugehen. Umgekehrt kann das Hinzutreten der neuen Tat eine besondere, bei der ersten Verurteilung noch nicht erkannte Gefährlichkeit des Täters erweisen, so daß eine die Summe der alten Gesamt- und neuen Einzelstrafe übersteigende neue Gesamtstrafe angebracht erscheint.

42 δ) Das Verbot der **reformatio in peius** (§ 331 I StPO) hindert, wenn in 1. Instanz § 55 übersehen wurde, nicht daran, im Berufungsurteil eine nachträgliche Gesamtstrafe zu bilden, die in 1. Instanz verhängte (Einzel-)Strafe überschreitet (vgl. o. 40 aE, Düsseldorf JMBlNW **91**, 275, VRS **95**, 250). Wurde allerdings bereits in 1. Instanz eine Gesamtstrafe gebildet und ergibt sich in der Berufungsinstanz die Notwendigkeit, ein (in 1. Instanz nicht berücksichtigtes) früheres Urteil gem. § 55 einzubeziehen, so darf dabei unter den Voraussetzungen des § 331 I StPO der dem Angekl. durch die Gesamtstrafenbildung in 1. Instanz erwachsene Vorteil nicht mehr genommen werden; dh hier darf die Summe der Gesamtstrafe aus der 1. Instanz und der in der Berufungsinstanz einzubeziehenden Einzelstrafe durch die neue Gesamtstrafe nicht überschritten werden (vgl. BGH **15** 166, LG Hamburg MDR **65**, 760). UU kann das Zusammenwirken von § 55 mit dem Verschlechterungsverbot auch eine Gesamtstrafe ergeben, die die Einsatzstrafe entgegen § 54 I 1 unterschreitet (BGH **8** 205, Saarbrücken MDR **70**, 65, Bay NJW **71**, 1194). Ist in 1. Instanz davon abgesehen worden, aus einer Freiheitsstrafe mit bereits rechtskräftiger Geldstrafe eine Gesamtfreiheitsstrafe zu bilden, so läßt das Verschlechterungsverbot es nicht zu, in 2. Instanz eine solche Entscheidung nachzuholen (vgl. BGH **35** 212, MDR/H **77**, 109, Bay MDR **75**, 161, Düsseldorf StV **93**, 31, 34 m. Anm. Bringewat StV 93, 49). Dagegen gilt das anfangs Gesagte, wenn dem erstinstanzlichen Gericht die Geldstrafe unbekannt und deshalb eine Gesamtstrafenbildung unterblieben war (vgl. Hamm MDR **77**, 861, Bay JZ **79**, 652 m. abl. Anm. Maiwald JR 80, 353). Anders soll es sich nach Karlsruhe NStZ **83**, 137 m. abl. Anm. Ruß u. Gollwitzer JR **83**, 165 verhalten, wenn das erstinstanzliche Gericht eine Geldstrafe verhängt und eine Gesamtstrafe mangels Kenntnis von einer Freiheitsstrafe nicht bildet. Hier soll einer Gesamtstrafenbildung in 2. Instanz das Verschlechterungsverbot entgegenstehen. Dem läßt sich nicht zustimmen (BGH **35** 208 m. Anm. Böttcher JR 89, 205), da kein wesentlicher Unterschied gegenüber dem umgekehrten Fall besteht (vgl. Ruß NStZ **83**, 138). Bedenken gegen die Entscheidung ergeben sich zudem aus dem dort gegebenen Hinweis auf die Möglichkeit einer Gesamtstrafenbildung nach § 460 StPO. Was im Nachtragsverfahren zulässig ist, kann in der 2. Instanz schwerlich untersagt sein (vgl. auch BGH **35** 213, Hamm NStZ **87**, 557, Gollwitzer JR 83, 167).

43 ε) Zur Gesamtstrafenbildung bei mehreren Vorverurteilungen oder mehreren abzuurteilenden Taten vgl. o. 14 f.

44 ζ) In die neu zu bildende Gesamtstrafe sind *auch solche Strafen einzubeziehen*, für die **Strafaussetzung zur Bewährung** gewährt worden war (BGH NStZ-RR **97**, 228, Düsseldorf VRS **95**, 250). Das ergibt sich unmittelbar aus § 58 II. Gleichgültig ist, ob die Strafaussetzung unmittelbar auf dem früheren Urteil beruht (§ 56) oder ob erst später gem. § 57 die Vollstreckung des Strafrests ausgesetzt wurde.

45 αα) Ebenso wie eine frühere Gesamtstrafe (vgl. o. 38) wird also auch eine *Strafaussetzung durch das frühere Urteil* mit der nachträglichen Gesamtstrafenbildung *gegenstandslos;* ein Widerruf ist nicht erforderlich (BGH **7** 180, NJW **55**, 1485, Bay GA **62**, 375, Celle NJW **57**, 1644). Es kann jedoch zweckmäßig sein, den Wegfall der Strafaussetzung im neuen Urteil klarzustellen.

46 ββ) Gegenstandslos wird aber auch die Aussetzung der Restvollstreckung gem. § 57. Dies leuchtet ohne weiteres in den Fällen ein, in denen sich die bereits verbüßte Strafzeit auf weniger als zwei Drittel (§ 57 I) bzw. die Hälfte (§ 57 II) der nachträglich gebildeten Gesamtstrafe beläuft. Hier fehlt es, da ausschließlich die nachträgliche Gesamtstrafe Gegenstand der Vollstreckung ist (vgl. § 54 RN 20), bereits an den Voraussetzungen des § 57. Die Aussetzung entfällt aber auch dann, wenn die Höhe des bereits verbüßten Strafteils an sich die sofortige Aussetzung auch der Gesamtstrafe gestatten würde. Das ergibt sich daraus, daß § 57 kein Verfahren vorsieht, wonach die Aussetzung des Strafrestes widerrufen werden könnte, wenn ihre Voraussetzungen nachträglich wegfallen (vgl. § 57 iVm § 56 f I). In geeigneten Fällen wird deshalb das zur Entscheidung nach § 57 berufene Gericht alsbald nach Rechtskraft des Gesamtstrafenurteils den Strafrest (nunmehr auf die Gesamtstrafe bezogen) erneut aussetzen.

47 γγ) Im übrigen ist die Art und Weise der Strafaussetzung bei nachträglichen Gesamtstrafen durch § 58 II geregelt; vgl. dort RN 5 ff.

48 η) Die *Anrechnung* bereits *verbüßter Teile* der früher verhängten Strafe richtet sich nach § 51 II; vgl. dort RN 23 ff. Zur Anrechnung einer zT bezahlten Geldstrafe bei einer Gesamtgeldstrafe vgl. auch o. 37 aE.

49 θ) Über die *Anrechnung von U-Haft* vgl. § 51 RN 15.

50 ι) Die *neue Gesamtstrafe* ist im *Tenor* des neuen Urteils *auszusprechen*. Da die Einzelstrafen Bestandteil der neuen Gesamtstrafe sind, darf ihr Wegfall im Tenor nicht angeordnet werden (BGH **12** 99). Dagegen muß eine frühere Gesamtstrafe, die in die neue Gesamtstrafe einbezogen wird, durch den

Tenor aufgehoben werden (BGH MDR/He **55**, 527). Über die Bemessung der neuen Gesamtstrafe ist nach § 267 III StPO Rechenschaft abzulegen (BGH NJW **53**, 1360; ähnl. Bremen NJW **56**, 1329; vgl. auch § 54 RN 18).

b) Ergibt die Anwendung des § 53 dagegen, daß eine **Gesamtstrafe nicht zu bilden** ist, so ist 51 eine nur deklaratorische Wiederholung des früheren Urteils entbehrlich. Dies bezieht sich vor allem auf die Fälle gesonderter Verhängung von Freiheits- und Geldstrafen nach § 53 II 2, wenn man mit der hM (and. § 53 RN 26 f., o. 36) die Bildung einer Gesamtstrafe aus Freiheits- und Ersatzfreiheitsstrafe ablehnt. Gegen die von Bender NJW 71, 791 vorgeschlagene Einbeziehung des früheren Urteils in derartigen Fällen vgl. KG JR **86**, 119, Stuttgart NStZ **89**, 47.

Dies kann jedoch nicht gelten, wenn die gesonderte Verhängung von Nebenstrafen, Nebenfolgen 52 oder Maßnahmen gem. §§ 53 III, 52 IV, 55 II in Betracht kommt; hier ist anders zu verfahren, damit etwaige *Höchstsätze* (etwa beim Fahrverbot und der Fahrerlaubnisentziehung) *nicht überschritten* werden (vgl. § 53 RN 33, u. 53 ff.). Kann allerdings die neue Straftat auf eine im früheren Urteil verhängte Nebenfolge usw – oder umgekehrt – offensichtlich keinen Einfluß haben, so ist auch insoweit auf die bloße deklaratorische Wiederholung zu verzichten; so etwa, wenn im früheren Urteil wegen eines Straßenverkehrsdelikts Fahrverbot verhängt wurde und jetzt ein Diebstahl abzuurteilen ist.

2. Liegen die Voraussetzungen des § 55 vor, so sind – wie bei gleichzeitiger Aburteilung aller Taten – 53 **Nebenstrafen, Nebenfolgen und Maßnahmen einheitlich durch das spätere Urteil** anzuordnen (Abs. 1 iVm §§ 53 III, 52 IV; § 55 II). Das gilt unabhängig davon, ob aus den Hauptstrafen eine Gesamtstrafe gebildet oder ob gesondert auf sie erkannt wird (vgl. § 53 RN 33, Frister NK 57; and. Bringewat aaO RN 302, Tröndle/Fischer 9).

Über den Wortlaut des § 55 hinaus sind Nebenstrafen usw auch dann einheitlich anzuordnen, wenn 54 zZ der späteren Aburteilung **nur** noch **Nebenstrafen, Nebenfolgen** oder **Maßnahmen** aus dem früheren Urteil **unerledigt** sind, dessen Hauptstrafe aber bereits vollstreckt, verjährt oder erlassen ist (so daß für diese die Anwendung des § 55 entfällt). Wurden etwa im früheren Urteil Geldstrafe und 3 Monate Fahrverbot verhängt und steht nach Zahlung der Geldstrafe, aber noch vor Ablauf der Dreimonatsfrist ein weiteres, vor dem früheren Urteil begangenes Verkehrsdelikt zur Aburteilung, so könnte der zweite Richter sonst ein zusätzliches Fahrverbot verhängen, so daß insgesamt die Höchstgrenze des § 44 überschritten wäre. Dieses unbefriedigende und dem Anliegen des § 55 zuwiderlaufende Ergebnis kann nur dadurch vermieden werden, daß wenigstens für die noch unerledigten Deliktsfolgen des früheren Urteils § 55 iVm §§ 53 III, 52 IV heranzuziehen ist. Wie hier Frister NK 57; and. Dresden NZV **93**, 402, das aber immerhin bei zeitigen Sperrfristen gem. § 69 a I 1 die Summe der Sperrfristen auf 5 Jahre beschränkt, Bringewat aaO RN 303, Rissing-van Saan LK 53.

a) Diese Alleinzuständigkeit des späteren Richters für die Anordnung von Nebenstrafen, Neben- 55 folgen und Maßnahmen hat **Eingriffe in die Rechtskraft des früheren Urteils** zur Folge: dessen Ausspruch hierzu wird ebenso gegenstandslos (vgl. Abs. 2, BGH **7** 182) und bindet den späteren Richter ebensowenig wie eine im früheren Urteil verhängte Gesamtstrafe (zu eng Hamm NJW **64**, 1285; vgl. dagegen o. 38 ff.). Er hat, sofern es sich nicht um zwingende Folgen handelt, sein eigenes Ermessen auszuüben, wobei er freilich die Erwägungen des früheren Urteils berücksichtigen muß und sich über dessen Feststellungen zum Schuldspruch und zu den Einzelstrafen nicht hinwegsetzen kann (vgl. BGH **7** 182: „er hat sich auf den Standpunkt des zuerst erkennenden Gerichts zu stellen"; ebenso Hamm NJW **64**, 1285, Zweibrücken NJW **68**, 312, Düsseldorf VRS **36** 180, Frankfurt VRS **55** 197).

α) Das spätere Urteil kann bereits früher ausgesprochene Folgen **verschärfen** (zB Erhöhung der 56 Sperrfrist nach § 69 a bei Hinzutreten eines weiteren Verkehrsdelikts; vgl. Hamm NJW **64**, 1285, Düsseldorf VRS **36** 180); es kann eine bereits früher angeordnete Folge durch eine schwerere ersetzen (Fahrerlaubnisentzug statt Fahrverbot, Sicherungsverwahrung statt Führungsaufsicht; vgl. RG **75** 212) oder auch erstmals eine der Folgen verhängen (etwa Sicherungsverwahrung, wenn sich durch die jetzt abgeurteilte Tat der Angekl. als gefährlicher Hangverbrecher erweist; and. Hamm NJW **64**, 1285, das sich zu Unrecht auf ein „Verschlechterungsverbot" beruft [vgl. dazu o. 40 f.]).

β) Umgekehrt kann auch eine **Milderung** erfolgen, sofern eine frühere Gesamtstrafe hinfällig wird 57 und die frühere Gesamtbeurteilung für den Umfang der Folgen maßgebend war. Insoweit gilt Entsprechendes wie zur früheren Gesamtstrafe; vgl. o. 40 f. Dagegen darf das neue Urteil eine Folge, für die allein eine Einzeltat ausschlaggebend war, nicht mildern (unzulässiger Eingriff in die Rechtskraft).

Die Milderungsmöglichkeit muß allerdings auf *Sonderfälle* beschränkt sein; der spätere Richter kann 58 nicht solche früher angeordneten Folgen mildernd „korrigieren", die mit der neu hinzutretenden Straftat nichts zu tun haben (vgl. o. 52 aE). So kann etwa der spätere Richter, der einen Diebstahl aburteilt, an der im früheren Urteil festgesetzten Sperrfrist bei der Fahrerlaubnisentziehung wegen mehrerer Trunkenheitsfahrten nichts ändern.

γ) Das spätere Urteil hat nicht nur neu hinzutretende, sondern auch bestehenbleibende Folgen 59 auszusprechen **(Abs. 2)**. Das hat zu geschehen, weil – nicht zuletzt aus Praktikabilitätsgründen – ausschließlich das spätere Urteil Vollstreckungsgrundlage ist (vgl. Köln NJW **53**, 1564). Die **Aufrechterhaltung** (vgl. dazu BGH NJW **79**, 2113) ist also auch dann nicht entbehrlich, wenn dies bei zwingenden Folgen nur eine Wiederholung bedeutet. Das die Gesamtstrafe verhängende Gericht ist an die frühere Entscheidung gebunden, soweit die neue Tat keine Grundlage für eine Rechtsfolge bietet, die ihrer Wirkung nach die früher angeordnete einschließt (vgl. BGH NStZ **92**, 231 zur

Stree

Sperrfrist). Eine Vermögensstrafe ist auch aufrechtzuerhalten, wenn deren Höhe den Wert des Tätervermögens zZ der neuen Entscheidung übersteigt (Abs. 2 S. 2). In einem solchen Fall ist das Gericht daran gehindert, erneut eine Vermögensstrafe als weitere Einzelstrafe auszusprechen (vgl. BT-Drs 11/5461 S. 8). Nicht erforderlich ist dagegen, den Wegfall gegenstandslos gewordener Nebenstrafen usw im Tenor des späteren Urteils auszusprechen. Gegenstandslos ist eine Rechtsfolge geworden, wenn sie in ihren Wirkungen von den neuen Rechtsfolgen voll erfaßt wird, wie die Aberkennung der Amtsfähigkeit nach § 45 II im Fall einer Gesamtstrafe, die ohnehin den Verlust der Amtsfähigkeit nach § 45 I zur Folge hat, idR auch ein Fahrverbot bei Anordnung der Fahrerlaubnis (vgl. BGH 30 307), es sei denn, es liegt ein Grund für ein Nebeneinander beider Sanktionen vor (vgl. § 44 RN 2; dann Aufrechterhaltung des Fahrverbots), oder die Unterbringung nach § 64 bei Anordnung der Unterbringung nach § 63 oder § 66 (vgl. BGH 30 307). Eine früher angeordnete Folge ist auch dann nicht aufrechtzuerhalten, wenn sie nicht durch die neue Entscheidung, sondern aus anderen Gründen gegenstandslos geworden ist, so etwa, wenn die rechtlichen Voraussetzungen ihres Vollzugs nicht mehr erfüllt sind (BGH 42 307 m. krit. Anm. Bringewat JR 98, 122), die früher angeordnete Einziehung durch Eigentumsübergang auf den Fiskus mit Rechtskraft des früheren Urteils bereits erledigt ist (vgl. Köln NJW 53, 1564) oder wenn bei einer Fahrerlaubnisentziehung die Sperre abgelaufen und dem Verurteilten bereits eine neue Fahrerlaubnis erteilt worden ist. Ist nur die Sperre abgelaufen, so ist die Sperrfrist nicht aufrechtzuerhalten (BGH DAR/S 78, 152, Schleswig SchlHA/L-G 88, 104), wohl aber die Fahrerlaubnisentziehung (BGH StV 83, 14, NStZ 96, 433). Wird eine Fahrerlaubnisentziehung nicht ausdrücklich im Urteilstenor aufrechterhalten, so bleibt die Fahrerlaubnis dennoch erloschen, wenn die Urteilsgründe klar ergeben, daß in die Rechtskraft des früheren Urteils nicht eingegriffen werden sollte (BayVGH VRS 88 269).

60   b) Da im späteren Urteil die Nebenfolgen, Nebenstrafen und Maßnahmen einheitlich festgesetzt werden, dürfen die jeweiligen **Höchstgrenzen nicht überschritten** werden (etwa bei §§ 44, 69 a; zust. BGH 24 205, Köln JMBlNW 72, 19) – sowenig wie bei gleichzeitiger Aburteilung aller Taten (vgl. § 53 RN 31). Gleichartige oder ähnliche, in dem früheren Urteil ausgesprochene Folgen, die bereits ganz oder teilweise durch Fristablauf erledigt sind, müssen deshalb bei der einheitlichen Neufestsetzung im späteren Urteil **angerechnet** oder, falls eine Anrechnung wegen Artverschiedenheit nicht möglich ist, sonst berücksichtigt werden. Dies ergibt sich aus § 51 II, der sich nicht nur auf Strafen, sondern auf Deliktsreaktionen aller Art bezieht (vgl. § 51 RN 25).

61   Im früheren Urteil verhängte **Folgen** sind *auch dann anzurechnen*, wenn zZ des späteren Urteils *schon vollständig erledigt* sind. Dem steht nicht entgegen, daß § 55 nur eingreift, wenn die früheren Strafen noch nicht vollstreckt, verjährt oder erlassen sind; denn die entsprechende Anwendung dieser Klausel auf die hier in Frage stehenden Fälle wäre unzulässige Analogie in malam partem (vgl. auch o. 19).

62   α) Bei der Unterbringung in einem *psychiatrischen Krankenhaus* entsteht kein Anrechnungsproblem, weil diese Maßregel keine zeitliche Begrenzung aufweist. Daß die Unterbringung zur Bewährung ausgesetzt worden ist, hindert nicht daran, die Maßregel im späteren Urteil aufrechtzuerhalten. Gleichzeitig ist darüber zu befinden, ob bei der neuen Sachlage an der Aussetzung festzuhalten ist.

63   β) Bei der Unterbringung in einer *Entziehungsanstalt* (§ 64) ist die früher ausgesprochene Anordnung aufrechtzuerhalten (vgl. § 67 f RN 5). Anrechnungsprobleme entstehen daher nicht.

64   Gleiches gilt für die *Führungsaufsicht* (§ 68), die Aberkennung der Fähigkeit, öffentliche Ämter zu bekleiden (§ 45 II), und die Aberkennung des Stimmrechts (§ 45 V), wenn dem früheren Urteil bereits die Höchstfrist als Dauer der Maßregel bzw. Nebenfolge zu entnehmen ist. Andernfalls kann im Gesamtstrafenurteil die Dauer verlängert werden. Bereits abgelaufene Fristen sind dann anzurechnen.

65   Für das *Berufsverbot* nach § 70 gilt Entsprechendes wie für die Entziehung der Fahrerlaubnis; vgl. näher u. 69 f.

66   γ) Die Anordnung der *Sicherungsverwahrung* ist auch dann aufrechtzuerhalten, wenn sie in dem Urteil, das in die Gesamtstrafenbildung einbezogen wird, erstmalig angeordnet worden ist. Der Umstand, daß die nunmehr abgeurteilte Tat ebenfalls Anlaß für die Anordnung der Sicherungsverwahrung bietet, berechtigt nicht zur Anordnung einer weiteren Sicherungsverwahrung.

67   δ) Praktische Bedeutung hat die Anrechnung ganz oder zum Teil erledigter Folgen vor allem beim *Fahrverbot* und bei der *Entziehung der Fahrerlaubnis*.

68   αα) Soll im späteren Urteil ein *Fahrverbot* verhängt werden, so ist, wenn es bereits im früheren Urteil enthalten war, die abgelaufene Frist in vollem Umfang anzurechnen; da es sich um eine Nebenstrafe handelt, kann hier nichts anderes als bei den Hauptstrafen gelten. Ein Fahrverbot kann im späteren Verfahren also nicht mehr verhängt werden, wenn bereits das frühere auf die Höchstfrist von 3 Monaten lautete und diese Frist abgelaufen ist. Ist diese Frist noch nicht abgelaufen, so ist das Fahrverbot von 3 Monaten lediglich aufrechtzuerhalten.

69   ββ) Eine bereits im einbezogenen Urteil angeordnete **Fahrerlaubnisentziehung** wird aufrechterhalten. Es kann jedoch eine gem. § 69 a II erfolgte Ausnahme von der Sperre aufgehoben sowie eine neue Sperrfrist festgesetzt werden. In diesem Fall fragt sich, ob der abgelaufene Teil der früheren Sperrfrist voll auf die einheitliche neue Sperrfrist anzurechnen ist (so Zweibrücken NJW 68, 312) oder ob der spätere Richter nur allgemein bei der Neubemessung der Sperre auf die frühere Entzie-

hung „Rücksicht zu nehmen" hat (so Stuttgart NJW **67**, 2071). Eine förmliche Anrechnung widerspricht zwar in gewissem Sinn dem Wesen einer Maßregel, die auf einer Prognose für die Zukunft basiert (vgl. Stuttgart aaO). Die Bedenken haben aber zurückzutreten, weil ohne vollständige Anrechnung der abgelaufenen Sperrfrist keine Gewähr dafür besteht, daß die Höchstgrenze von 5 Jahren eingehalten wird (BGH **24** 205, Köln JMBlNW **72**, 19, VRS **61** 348, Schleswig SchlHA/E-J **79**, 202, Stuttgart VRS **71** 276). Das folgt schon daraus, daß nach § 69 a V die Sperre erst mit der Rechtskraft beginnt, der Richter des späteren Verfahrens also noch nicht wissen kann, wann der Lauf der früheren Sperrfrist durch den Beginn der neuen angerechnet wird. Die Berücksichtigung der (teilweise) abgelaufenen Sperrfrist ist im Gesamtstrafenurteil anzuordnen (Düsseldorf NZV **91**, 317; vgl. auch Düsseldorf NZV **93**, 117). Die Gegenmeinung (Geppert MDR **72**, 285 f., Hentschel Rpfleger **77**, 282 f., Himmelreich-Hentschel, Fahrverbot, Führerscheinentzug, 8. A. 1997, RN 147) wird dem Grundgedanken des § 55 nicht gerecht, da nach ihr die nicht gleichzeitige Aburteilung sich zu Lasten des Täters auswirken kann. Vgl. auch Frankfurt VRS **55** 199, Karlsruhe VRS **57** 112. Zum Ganzen vgl. Bringewat aaO RN 315 ff.

Auf welche Weise die *Anrechnung* der früheren Sperrfrist *auszusprechen* ist, richtet sich danach, ob diese 70 zum Zeitpunkt des späteren Urteils noch läuft oder schon abgelaufen ist. Ist sie schon erledigt, so wird der spätere Richter im Urteil nur noch den Differenzbetrag zwischen der eigentlich anzuordnenden einheitlichen und der abgelaufenen Sperrfrist aussprechen, wobei er nicht an die Mindestfristen des § 69 a gebunden ist. Läuft sie dagegen noch, so muß im späteren Urteil die neue einheitliche Sperrfrist voll verhängt und gleichzeitig ausgesprochen werden, daß die frühere Sperrfrist, soweit sie bis zum Eintritt der Rechtskraft des späteren Urteils abgelaufen ist, anzurechnen ist (vgl. auch Tenorierungsvorschlag bei Mecker NJW **68**, 1382). Anders als bei Freiheitsstrafen ist hier ein ausdrücklicher Ausspruch der Anrechnung im Urteil angebracht, weil sonst für die Vollstreckungsbehörde (vgl. Diether Rpfleger **68**, 179) nicht die nötige Klarheit über den Fristablauf bestünde (vgl. auch Köln VRS **61** 349, Stuttgart VRS **71** 275: Klarstellung, daß Sperrfrist mit Rechtskraft des einbezogenen Urteils läuft).

Ein *Fahrverbot* aus dem früheren Urteil kann dagegen auf die im späteren Urteil ausgesprochene 71 Sperrfrist wegen der unterschiedlichen Zielsetzung von Nebenstrafe und Maßregel nicht förmlich angerechnet werden. Bei Bemessung der Sperrfrist ist es jedoch zu berücksichtigen.

IV. Die **Anwendung des § 55 ist zwingend;** die Bildung der Gesamtstrafe darf grundsätzlich 72 nicht dem Beschlußverfahren nach § 460 StPO vorbehalten werden (RG **64** 413, BGH [GrS] **12** 1, **23** 98 [hierzu Küper MDR **70**, 885], StV **83**, 60, NStZ/D **90**, 223). Das gilt jedoch bei ausreichender Terminsvorbereitung (vgl. Köln MDR **83**, 423) nicht, wenn der Tatrichter bei Entscheidungsreife weitere umfangreiche Ermittlungen hätte anstellen müssen, um eine Gesamtstrafe bilden zu können (vgl. RG **34** 267, **37** 284, BGH MDR/He **55**, 527, StV **82**, 569, Hamburg JR **55**, 308, Hamm NJW **70**, 1200 m. Anm. Küper NJW **70**, 1559; vgl. auch BGH [GrS] **12** 10), oder wenn der Angekl. mit Aussicht auf Erfolg um Wiedereinsetzung gegen Versäumung der Rechtsmittelfrist bzgl. des früheren Urteils nachgesucht hat (vgl. BGH **23** 98, Küper MDR **70**, 885), ebenso, wenn die Gesamtstrafenbildung keinen hinreichend gesicherten Bestand hat, weil eine weitere Gesamtstrafenbildung mit einer anderen Strafe zu erwarten ist (BGH NJW **97**, 2892). Andererseits darf der Tatrichter die Bildung einer Gesamtgeldstrafe nicht allein deswegen dem Beschlußverfahren nach § 460 StPO überlassen, weil er bei Ausspruch einer früheren Freiheitsstrafe keinen Gebrauch von der Möglichkeit macht, die Gesamtfreiheitsstrafe mit mehreren in anderen Verfahren rechtskräftig erkannten Geldstrafen zu bilden; er muß diese vielmehr gem. § 55 auf eine Gesamtgeldstrafe zurückführen (BGH **25** 382 m. Anm. Küper NJW **75**, 547). Ferner steht der Verpflichtung aus § 55 nicht entgegen, daß die einzubeziehenden Einzelstrafen möglicherweise auch zur Bildung einer anderen Gesamtstrafe hätten herangezogen werden können (BGH MDR/H **80**, 454), ebensowenig, daß der dem BZR beigefügte Auszug aus der Verurteilung nicht aufweist, sofern die Akten auf Grund der Angaben des Angekl. ohne zeitraubende Ermittlungen beigezogen werden können (BGH NStE **15**).

Ist die Anwendung des § 55 rechtsirrig unterblieben, so ist im Revisionsverfahren auf die Sachrüge 73 hin das Urteil im Strafausspruch aufzuheben (BGH [GrS] **12** 4, Hamm NJW **70**, 1200 m. Anm. Küper NJW **70**, 1559). Ausnahmsweise kann jedoch auch die Verfahrensrüge angezeigt sein; vgl. hierzu Küper aaO.

Über die **Begründung** der Entscheidung vgl. RG HRR **33** Nr. 1545, **38** Nr. 1316, BGH NJW 74 **57**, 509, Karlsruhe MDR **55**, 413, o. 50, § 54 RN 18.

V. Ist jemand durch verschiedene rechtskräftige Urteile zu Strafen verurteilt worden und sind dabei 75 aus tatsächlichen Gründen die Vorschriften über eine Gesamtstrafe außer Betracht geblieben, dann kann noch im Beschlußverfahren gemäß **§ 460 StPO** nachträglich eine Gesamtstrafe gebildet werden. Dagegen scheidet eine Gesamtstrafenbildung nach § 460 StPO aus, wenn § 55 bereits geprüft und auf Grund eines Rechtsirrtums für nicht anwendbar gehalten worden ist; das Beschlußverfahren nach § 460 StPO ist nicht dazu bestimmt, Rechtsfehler des erkennenden Gerichts zu beseitigen (Düsseldorf VRS **78** 291 mwN; vgl. auch Hamburg NStZ **92**, 607 m. Anm. Maatz). § 460 StPO verweist auf § 55; die zu dieser Vorschrift entwickelten Grundsätze sind also entsprechend anzuwenden (vgl. zB zu den Fragen, welche Zeitpunkte für die Verbüßung oder die Rechtskraft eines der früheren Urteile im Verfahren nach § 460 StPO maßgeblich sind, Frankfurt NJW **56**, 1609, Bay NJW **57**, 1810). Auszugehen ist grundsätzlich von der Rechtslage zZ der Entscheidung, in der die Gesamtstrafenbildung

§ 56 1, 2   Allg. Teil. Rechtsfolgen der Tat – Strafaussetzung zur Bewährung

unterblieben ist. § 460 StPO ist jedoch nicht mehr anwendbar, wenn inzwischen sämtliche Strafen verbüßt oder sonst erledigt sind. Zur Frage, ob und wann nachträglich erledigte Einzelstrafen noch zu berücksichtigen sind, vgl. KG JR **76**, 202. Anders als bei § 55 (vgl. o. 56) darf der Gesamtstrafenrichter nach § 460 StPO den Verurteilten nicht durch zusätzliche Nebenstrafen, Nebenfolgen und Maßnahmen belasten; er hat nur die bisher in den einzelnen Urteilen verhängten Folgen zu koordinieren. Dieses „Verschlechterungsverbot" hat allerdings mit § 331 I StPO nichts zu tun. Es ergibt sich vielmehr daraus, daß die Neuverhängung oder Verschärfung von Deliktsreaktionen dem Erkenntnisverfahren vorbehalten sein muß, während es sich beim Nachtragsverfahren nach § 460 StPO um ein Beschlußverfahren handelt, das nur mit geringeren verfahrensmäßigen Garantien ausgestattet ist (vgl. RG **73** 368, BGH **12** 7, Frankfurt VRS **55** 200). Zur Zuständigkeit für die nachträgliche Gesamtstrafenbildung vgl. BGH NJW **76**, 1512. Zur Begründung der nachträglich gebildeten Gesamtstrafe vgl. Düsseldorf StV **86**, 376.

Vierter Titel. Strafaussetzung zur Bewährung

§ 56 Strafaussetzung

(1) **Bei der Verurteilung zu Freiheitsstrafe von nicht mehr als einem Jahr setzt das Gericht die Vollstreckung der Strafe zur Bewährung aus, wenn zu erwarten ist, daß der Verurteilte sich schon die Verurteilung zur Warnung dienen lassen und künftig auch ohne die Einwirkung des Strafvollzugs keine Straftaten mehr begehen wird. Dabei sind namentlich die Persönlichkeit des Verurteilten, sein Vorleben, die Umstände seiner Tat, sein Verhalten nach der Tat, seine Lebensverhältnisse und die Wirkungen zu berücksichtigen, die von der Aussetzung für ihn zu erwarten sind.**

(2) **Das Gericht kann unter den Voraussetzungen des Absatzes 1 auch die Vollstreckung einer höheren Freiheitsstrafe, die zwei Jahre nicht übersteigt, zur Bewährung aussetzen, wenn nach der Gesamtwürdigung von Tat und Persönlichkeit des Verurteilten besondere Umstände vorliegen. Bei der Entscheidung ist namentlich auch das Bemühen des Verurteilten, den durch die Tat verursachten Schaden wiedergutzumachen, zu berücksichtigen.**

(3) **Bei der Verurteilung zu Freiheitsstrafe von mindestens sechs Monaten wird die Vollstreckung nicht ausgesetzt, wenn die Verteidigung der Rechtsordnung sie gebietet.**

(4) **Die Strafaussetzung kann nicht auf einen Teil der Strafe beschränkt werden. Sie wird durch eine Anrechnung von Untersuchungshaft oder einer anderen Freiheitsentziehung nicht ausgeschlossen.**

Vorbem. Abs. 2 geändert durch 23. StÄG v. 13. 4. 1986, BGBl. I 393. Abs. 2 S. 2 eingefügt durch VerbrechensbekämpfungsG v. 28. 10. 1994, BGBl. I 3186.

Schrifttum: Bruns, Die Strafaussetzung zur Bewährung, GA 56, 193. – *von Caemmerer*, Probation, 1952. – *Frisch*, Prognoseentscheidungen im Strafrecht, 1983. – *Grethlein*, Probleme der Strafaussetzung zur Bewährung und des Entzuges der Fahrerlaubnis, DAR 57, 253. – *Grünhut*, Bedingte Verurteilung, ZStW 64, 127. – *Jagusch*, Über die Strafaussetzung zur Bewährung, JZ 53, 689. – *Armin Kaufmann*, Die Strafaussetzung zur Bewährung und das Verbot der reformatio in peius, JZ 58, 297. – *Kunert*, Kurze Freiheitsstrafe und Strafaussetzung zur Bewährung, MDR 69, 705. – *Lackner*, Die Strafaussetzung zur Bewährung und die bedingte Entlassung, JZ 53, 428. – *Lorenz*, Die bedingte Verurteilung und die bedingte Entlassung, JR 49, 393. – *Mittelbach*, Die Strafaussetzung zur Bewährung durch den Richter, JR 55, 5. – *Peters*, Die kriminalpolitische Stellung des Strafrichters (1932) S. 127. – *Schröder*, Bedingte Verurteilung, NJW 52, 6. – *Schulze*, Inwieweit ist die Strafaussetzung eine Ermessensentscheidung?, NJW 57, 172. – *Simson*, Bedingte Verurteilung, ZStW 64, 140. – *Vrij*, Zum Problem der Strafaussetzung, ZStW 66, 218. – Zur Reform vgl. *Bietz* ZRP 77, 62.

1   **I.** Das 1953 in das StGB eingefügte und 1969 ausgebaute Institut der **Strafaussetzung zur Bewährung** hat die Funktion, kurze und mittelfristige Freiheitsentziehungen zurückzudrängen und die Resozialisierung des Täters in der Freiheit zu fördern. Hinter diesen Zweck treten bei Freiheitsstrafen unter 6 Monaten generalpräventive Zwecke zurück. Die Strafaussetzung ist insofern im Fall einer günstigen Resozialisierungsprognose zwingend vorgeschrieben. Erst bei Strafen ab 6 Monaten ist sie trotz günstiger Prognose zu versagen, wenn die Verteidigung der Rechtsordnung die Vollstreckung gebietet (Abs. 3).

2   Von der Aussetzung der Strafvollstreckung zu unterscheiden ist die **Zurückstellung der Strafvollstreckung** gem. § 35 BtMG (eingehend zur Problematik Tröndle/Fischer 10 a vor § 56). Sie kommt bei Freiheitsstrafen von nicht mehr als 2 Jahren in Betracht, wenn die Verurteilung wegen einer Straftat erfolgt ist, die auf Grund einer Betäubungsmittelabhängigkeit begangen worden ist, und der Verurteilte sich wegen seiner Abhängigkeit in einer seiner Rehabilitation dienenden Behandlung befindet oder zusagt, sich einer solchen zu unterziehen, und deren Beginn gewährleistet ist. Bei Gesamtfreiheitsstrafe von nicht mehr als 2 Jahren genügt es, daß die Drogenabhängigkeit für den ihrer Bedeutung nach überwiegenden Teil der abgeurteilten Taten bestimmend gewesen ist. Die Zurückstellung der Strafvollstreckung ist der Strafaussetzung nachgeordnet. Liegen die Voraussetzungen des § 56 vor, so hat die Strafaussetzung Vorrang vor der Zurückstellung der Strafvollstreckung (Tröndle MDR 82, 2).

Sie darf nicht unter Berufung auf die Möglichkeit, die Vollstreckung zurückzustellen, versagt werden. Zur Möglichkeit einer späteren Strafaussetzung nach Zurückstellung der Vollstreckung vgl. § 36 BtMG. Das Prognoseerfordernis weicht in diesem Fall von § 56 ab und entspricht dem des § 57. Zur Rspr. zu den §§ 35, 36 BtMG vgl. Katholnigg NJW 95, 1327, Weichert NJW 99, 827. Vgl. ferner Körner NStZ 98, 227.

II. Grundgedanke der Strafaussetzung ist, dem Täter Gelegenheit zu geben, durch straffreies 3
Leben und Erfüllung von Auflagen und Weisungen nach der Verurteilung von der Strafverbüßung verschont zu werden, um so seine Resozialisierung zu fördern und Schäden durch den Vollzug kurzer Freiheitsstrafen zu vermeiden. Die Strafaussetzung findet ihre Rechtfertigung sowohl in präventiven wie auch in Gerechtigkeitserwägungen (Schröder NJW 52, 9). Der Gedanke der gerechten Antwort auf ein Fehlverhalten ist aus ihr nicht wegzudenken (vgl. Bruns GA 56, 196 ff.). Das ergibt auch § 56 b, der den Auflagen ausdrücklich die Aufgabe zuweist, der Genugtuung für das begangene Unrecht zu dienen. Im Vordergrund steht jedoch der Resozialisierungsgedanke, also eine Erwägung aus dem spezialpräventiven Bereich. Der Täter soll Gelegenheit haben, sich auch ohne Verbüßung der Strafe wieder in die Gemeinschaft einzufügen. Diese Tatsache hat die Auslegung des § 56 zu bestimmen.

Ihrem **Wesen** nach ist die Strafaussetzung eine **Modifikation der Freiheitsstrafe**, und zwar ihrer 4
Vollstreckung (vgl. BGH **7** 184, **31** 28, JZ **56**, 101, Lackner 2, Gribbohm LK 1). Der Täter ist zu Freiheitsstrafe verurteilt und hat die Chance, sich durch Bewährung von der Strafverbüßung zu befreien (Bruns aaO 201, Maassen MDR 54, 2). Demgegenüber wird zT angenommen, es handle sich bei der Strafaussetzung um ein Rechtsinstitut eigener Art, eine „dritte Spur" strafrechtlicher Reaktionsmittel (Horn SK 2). In diese Richtung gehen die Meinungen von Jagusch JZ 53, 688, Jescheck/Weigend 834, Welzel 252; vgl. auch Dreher ZStW 65, 481 ff. Vgl. ferner BGH **24** 43, 166, wonach die Strafaussetzung zwar eine Modifikation der Strafvollstreckung ist, ihr aber „Eigenständigkeit im Sinne einer besonderen ambulanten Behandlungsart" zukommt.

Damit ist das deutsche Strafrecht Vorbildern nicht gefolgt, die – wie der belgische u. französische 5
„sursis" – das Urteil selbst als bedingt erlassen behandeln, so daß es nach der Bewährung automatisch zusammenfällt und als niemals ergangen gilt. Und ebensowenig ist das System der angelsächsischen „probation" insoweit übernommen, als entweder die Strafverfolgung überhaupt mit Rücksicht auf die Bewährungsfrist unterbleibt oder aber der Täter zwar verurteilt, die Strafe gegen ihn jedoch nicht festgesetzt wird. Die letztere Möglichkeit beruht auf der Unterscheidung zwischen conviction und sentence, die dem kontinentalen Recht unbekannt ist (vgl. dazu Schröder NJW 52, 6).

Die Strafaussetzung ist Teil der **Entscheidung über die Straffrage.** Von ihr unabhängig ist jedoch 6
die Strafe als solche zu bemessen (BGH NStZ **88**, 309, **92**, 489, wistra **89**, 306), auch eine Gesamtstrafe (BGH StV **96**, 263). Der Richter darf sich insoweit nicht davon leiten lassen, daß er Strafaussetzung bewilligen oder versagen werde (BGH NJW **54**, 40, MDR **81**, 64, Frankfurt NJW **56**, 113; vgl. aber BGE 118 IV 337). Er darf zB die schuldangemessene Strafe nicht unterschreiten, um Strafaussetzung bewilligen zu können (BGH **29** 321 m. Anm. Bruns JR 81, 335, **32** 65, NStZ **84**, 117; vgl. jedoch BGH MDR/H **92**, 16, NStZ **93**, 584: zulässig, zur Vermeidung unbeabsichtigter Nebenwirkungen durch Strafvollzug Strafe im Rahmen des Spielraums zu senken). Vgl. auch § 41 RN 6, § 54 RN 14. Ein Rechtsmittel kann demgemäß auf die Entscheidung über die Aussetzung beschränkt werden (vgl. u. 53). Unberührt bleibt jedoch die Möglichkeit, statt einer Gesamtstrafe eine aussetzbare Freiheitsstrafe und eine Geldstrafe gem. § 53 II 2 zu verhängen, sofern beides zusammen schuldangemessen ist (BGH NStZ-RR **98**, 108).

Für die Strafaussetzung zur Bewährung beim Strafarrest und bei Freiheitsstrafen, die nach dem 7
WStG verhängt werden, gelten einige Besonderheiten. Vgl. §§ 14, 14 a WStG.

III. Die Voraussetzungen der Strafaussetzung

1. Ausgesetzt werden können nach Abs. 1 **Freiheitsstrafen bis zu einem Jahr** einschließlich; 8
über die Aussetzung von Strafen bis zu zwei Jahren vgl. u. 25. Für Maßregeln der Besserung und Sicherung gilt § 56 nicht; bei ihnen ist jedoch eine sofortige Aussetzung nach § 67 b möglich.

a) Unerheblich ist, ob ein Vergehen oder ein Verbrechen vorliegt und ob der zeitliche Rahmen nur 9
durch Anwendung des § 49 oder wegen Annahme eines minder schweren Falles eingehalten wird. Einschränkungen lassen sich auch nicht für bestimmte Delikte machen.

b) § 56 bezieht sich **nicht** auf **Geldstrafen**, ein Umstand, der verschiedentlich gerügt worden ist. 10
Jedoch hat sich der Gesetzgeber einer Erweiterung in dieser Richtung verschlossen. Das kann dazu führen, daß die an sich mildere Geldstrafe den Täter schwerer trifft, falls er nicht imstande ist, sie zu bezahlen, und die an ihre Stelle tretende Ersatzfreiheitsstrafe, für die § 56 unanwendbar ist, vollstreckt werden muß (vgl. Bruns aaO 205). Die Möglichkeiten der Verwarnung mit Strafvorbehalt (§ 59), der Einstellung nach § 153 a StPO, der Zahlungserleichterungen (§ 42 StGB, § 459 a StPO) und des Absehens von der Vollstreckung der Ersatzfreiheitsstrafe (§ 459 f StPO) stellen insoweit keinen vollkommenen Ausgleich dar. Für beschränkte Aussetzungsmöglichkeit 59. DJT (NJW 92, 3022).

c) Bei einer **Gesamtstrafe** ist ihre Höhe, nicht die der Einzelstrafen für die Zulässigkeit der 11
Strafaussetzung entscheidend (§ 58). Es ist daher ohne Bedeutung, ob infolge Verbüßung einer Einzelstrafe der von der Gesamtstrafe noch zu verbüßende Rest weniger als ein Jahr beträgt (Schleswig

SchlHA **54**, 358). Bei nachträglicher Gesamtstrafenbildung (§ 55) entfällt mit Einbeziehung einer nach § 56 ausgesetzten Strafe die Strafaussetzung (BGH **7** 180). Es kann dann aber die Gesamtstrafe ausgesetzt werden, sofern sie 1 Jahr (2 Jahre) nicht übersteigt. Das gilt auch dann, wenn zuvor die Aussetzung der früheren Strafe rechtskräftig widerrufen worden war (LG Bayreuth NJW **70**, 2122, Gribbohm LK § 58 RN 5). Aussetzung der Gesamtstrafe setzt eine einheitliche Würdigung aller erfaßten Taten voraus. Eine Ausnahme kann gegeben sein, wenn eine Einzelfreiheitsstrafe für die nach Abs. 2 vorzunehmende Gesamtwürdigung ersichtlich kein Gewicht hat (BGH **25** 143). Vgl. im einzelnen § 55 RN 44 ff., § 58 RN 2 ff.

12 d) Ohne Bedeutung für die Strafaussetzung ist, ob **neben** der **Freiheitsstrafe** noch eine **Geldstrafe** verhängt wird, auch wenn die Freiheitsstrafe 1 Jahr beträgt. Unzulässig ist andererseits allerdings, Geldstrafe allein deswegen zu verhängen, um die Höhe der Freiheitsstrafe dem § 56 anpassen zu können (vgl. § 41 RN 6). Ferner ist Strafaussetzung trotz einer gleichzeitig angeordneten **Maßregel der Besserung und Sicherung** zulässig. So kann zB die Strafe bei Entziehung der Fahrerlaubnis ausgesetzt werden, da die günstige Prognose sich auf Grund der Fahrerlaubnisentziehung ergeben kann (Stuttgart NJW **54**, 611, Köln NJW **56**, 113, Celle NJW **56**, 1648, KG VRS **11** 277, Düsseldorf NStZ **97**, 495). Bei freiheitsentziehenden Maßregeln schließt jedoch die Notwendigkeit einer Unterbringung die günstige Prognose des Abs. 1 idR aus. Diese geht davon aus, daß sich der Täter in Freiheit bewährt. Zudem läßt sich die positive Wirkung des Maßregelvollzugs kaum hinreichend voraussagen. Können erst bestimmte Maßregeln, zB Unterbringung in Entziehungsanstalt, die Voraussetzungen für eine günstige Prognose schaffen, so wird die Maßregel gem. § 67 I vor der Strafe zu vollziehen sein. Die Zeit des Maßregelvollzugs wird dann auf die Strafe angerechnet, bis $^2/_3$ der Strafe erledigt ist. Der verbleibende Strafrest kann zur Bewährung ausgesetzt werden, wenn die Hälfte der Strafe erledigt ist (§ 67 V).

13 e) Maßgebliche Strafdauer ist stets die verhängte, nicht die zu verbüßende Freiheitsstrafe. Unberücksichtigt bleibt die **Anrechnung von U-Haft** oder sonstiger Freiheitsentziehung gem. § 51 (BGH **5** 377, **6** 394). Abs. 1 ist daher nicht anwendbar, wenn auf Freiheitsstrafe von 15 Monaten erkannt wird, von den 10 Monate als durch U-Haft verbüßt gelten. Hier kann allein auf § 57 zurückgegriffen werden. Andererseits wird die Strafaussetzung bei einer Freiheitsstrafe bis zu einem Jahr durch Anrechnung von U-Haft oder sonstiger Freiheitsentziehung nicht ausgeschlossen (Abs. 4 S. 2). Auszusetzen ist dann die gesamte Strafe, nicht etwa der nach Anrechnung verbleibende Strafrest. Strafaussetzung soll nicht mehr zulässig sein, wenn auf Grund der Anrechnung die Strafe als voll verbüßt anzusehen ist (so BGH **31** 25 m. abl. Anm. Stree NStZ **82**, 327, NStZ/T **87**, 498, StV **92**, 156, Tröndle/Fischer 2, Lackner 6, Gribbohm LK § 57 ; vgl. auch bei Haberstroh NStZ **84**, 293). Diese Ansicht ist im Hinblick auf § 34 I Nr. 1 BZRG bedenklich; sie wird obendrein dem Resozialisierungsaspekt wenig gerecht. Eine entgegen der angeführten Rspr. angeordnete Strafaussetzung ist nach Köln NStZ **99**, 534 jedenfalls nicht durch Erlaß der Strafe (§ 56 g) vor Ablauf der Bewährungszeit korrigierbar.

14 2. Erforderlich ist weiter eine günstige **Resozialisierungsprognose.** Es muß zu erwarten sein, daß der Verurteilte schon unter dem Eindruck der Verurteilung auch ohne Strafvollstreckung keine Straftaten mehr begehen wird, und zwar zeitlich unbegrenzt über die Bewährungszeit hinaus (BGH NStE **38**, Bay VRS **62** 37). Das bloße Durchstehen mehrerer Bewährungszeiten ergibt daher noch keine günstige Prognose (BGH aaO).

15 Andererseits stellt die Erwartung, daß der Verurteilte in Zukunft irgendwelche **Straftaten** begehen wird, nicht schon die Grundlage einer ungünstigen Prognose dar. Die zu erwartenden Straftaten müssen in ihrer **Art** oder **Schwere** den bereits begangenen Taten entsprechen; diese bilden ja auch die Grundlage für die Prognose (vgl. BGHR § 57 Abs. 1 Erprobung **1**, Karlsruhe NStE **53** zu § 57). Es ist deshalb nicht möglich, einem Dieb die Strafaussetzung deshalb zu versagen, weil von ihm etwa in Zukunft (leichtere) Verkehrsstraftaten zu erwarten sind. Ähnliche Grundsätze haben für die Art und Schwere der Straftaten zu gelten, vor denen der Verurteilte durch Weisungen nach § 56 c bewahrt werden soll.

15 a Auf welche Weise und mit welchen Mitteln die Prognose zu erstellen ist, überläßt das Gesetz der richterlichen Verantwortung. Es gibt nur einige Kriterien für die Prognose an, ohne sie abschließend zu umreißen. Die strafgerichtliche Praxis läßt sich allgemein unter Berücksichtigung der gesetzlichen Kriterien von einer intuitiven Prognose leiten. Da dieses Vorgehen mit erheblichen Fehlerquellen behaftet ist, bemüht sich die kriminologische Forschung, zuverlässigere **Prognoseverfahren** zu entwickeln. Nach der *klinischen Methode* haben Sachverständige die individuelle Täterpersönlichkeit zu erforschen. Unter Einbeziehung des Sozialbereichs sind die besonderen Verhältnisse des Täters zu untersuchen und zu werten; gezielte Explorationen, psychodiagnostische Tests usw sollen die Prognoseentscheidung empirisch stützen. Der hiermit verbundene große Aufwand läßt diese Methode angesichts der großen Zahl der Prognoseentscheidungen allerdings prozeßökonomisch kaum praktikabel erscheinen. Demgegenüber arbeitet die *statistische Methode* mit Prognosetafeln, mit deren Hilfe die Wahrscheinlichkeit eines Rückfalls ermittelt werden soll. Aussagekräftige Faktoren für und gegen die Straffälligkeit werden nach Schlecht- und Gutpunkten in Zahlen umgesetzt. Die danach ermittelte Gesamtzahl soll ergeben, ob die Prognose günstig oder ungünstig ist. Die Schwächen dieser Methode liegen vor allem darin, daß sie die wechselseitigen Beziehungen und Zusammenhänge der einzelnen Faktoren und deren Auswirkung auf Erfolg oder Mißerfolg im Resozialisierungsbemühen nicht

hinreichend erfaßt und daß auf diese Weise in einer großen Mittelgruppe mit etwa gleichen Erfolgs- und Mißerfolgswahrscheinlichkeiten keine ausreichend treffsichere Kriminalprognose mehr möglich ist. Diese Schwächen versucht die *Strukturprognose* zu überwinden. Nach ihr soll die Unterschiedlichkeit der Straffälligen durch spezifische Strukturen erfaßt werden, die sich ihrerseits nach dem Vorhandensein oder Fehlen von Merkmalen, die mit dem Kriterium Rückfall oder Nichtrückfall verschiedene Grade des Zusammenhangs aufweisen, voneinander unterscheiden. Für jede der strukturell relativ homogenen Risikogruppen werden dann die Prognosemerkmale miteinander kombiniert. Obgleich die Zuverlässigkeitsprüfungen der Strukturprognosetafeln in den USA gute Ergebnisse zeigten, bedarf diese Methode noch breiterer empirischer Erprobung. Insb. müssen die nordamerikanischen Strukturprognoseinstrumente auf deutsche Verhältnisse umgearbeitet werden. Selbst dann sind sie dem Richter nur ein – allerdings wertvolles – Hilfsmittel.

Vgl. näher zu den verschiedenen Prognosemethoden, deren jeweiligen Schwächen und zu den Bedenken gegen sie Eisenberg, Kriminologie, 1979, 126 ff., Frisch aaO 108 ff., ZStW 102, 728 ff., Göppinger, Kriminologie, 5. A. 1997, 193 ff., Horstkotte LK § 67 c RN 48 ff., Kaiser, Kriminologie, 2. A. 1988, 875 ff., Mannheim, Handwörterbuch der Kriminologie, 2. A. 3. Band 1974, 38 ff., Mey, Handbuch der Psychologie, 11. Band 1967, 511 ff., Schneider, Handwörterbuch der Kriminologie, 2. A. Ergänzungsband 1979, 273 ff. und Kriminologie, 1987, 313 ff., Streng, Strafrechtliche Sanktionen, 1991, 226 ff., Tenckhoff DRiZ 82, 95 jeweils mwN. Vgl. auch Hinkel, Zur Methode deutscher Rückfallprognosetafeln, Krim. Studien Band 21, 1975, Hinz, Gefährlichkeitsprognosen bei Straftätern: Was zählt?, 1987, Volckart, Praxis der Kriminalprognose, 1997, Recht & Psychiatrie 99, 58.

Eine günstige Prognose setzt voraus, daß ein künftiges (über Bewährungszeit hinaus; Bay VRS **62** 37) straffreies Leben des Verurteilten **erwarten** ist. Erwartung bedeutet nicht Gewißheit oder sichere Gewähr (vgl. BGH **7** 10). Sie läßt ein gewisses Risiko der Fehlprognose zu. Der Richter muß aber von der Wahrscheinlichkeit eines straffreien Lebens fest überzeugt sein (vgl. BGH NStZ **86**, 27, NStE 18: ausreichend die Überzeugung, daß weitere Straftaten nicht wahrscheinlich sind, NStZ **97**, 594: Wahrscheinlichkeit straffreien Lebens größer als diejenige neuer Straftaten). **Zweifel** gehen zu Lasten des Verurteilten (Koblenz VRS **53** 31, **74** 272, NJW **78**, 2044, Karlsruhe NJW **80**, 134, Bay **88**, 34, DAR/R **80**, 264, **86**, 244, Köln BA **81**, 17, Düsseldorf OLGSt Nr. **9**, NStE **15**, Tröndle/Fischer 5, Lackner 8, Stree, In dubio pro reo, 1962, 112; and. Terhorst MDR 78, 976). Das gilt indes nicht für die Tatsachen, die der Prognose zugrunde zu legen sind; insoweit greift der Grundsatz in dubio pro reo ein (Bay StV **94**, 187, Tröndle/Fischer 5; vgl. aber auch Montenbruck, In dubio pro reo, 1985, 102 ff., der wahrscheinlich gegebene Tatsachen als Prognosefaktoren genügen lassen will).

Für eine abweichende Lösung der Prognoseprobleme tritt Frisch aaO ein, wobei er den Weg einer Gesetzeskorrektur wählt. Von der Aussetzung soll nur abzusehen sein, wenn der Täter erwiesenermaßen eine Persönlichkeitsstruktur aufweist, die unter gewissen, naheliegenden situativen Voraussetzungen zur Begehung weiterer Straftaten führt. In einem breiten Mittelfeld soll dies nicht feststellbar sein („Fraglich-Fälle"). Das Gericht soll insoweit sogar auf eine Individualprognose verzichten können und sich nur bei greifbaren Anhaltspunkten für eine Schlechtprognose näher mit dieser befassen müssen. Eine Vollstreckung der Strafe soll überdies idR erst in Betracht kommen, wenn dem Täter gegenüber bereits erfolglos eine zur Bewährung ausgesetzte Strafe samt entsprechender Weisungen eingesetzt worden ist. Zudem soll die Strafvollstreckung einen „normativ ausreichenden Abschreckungs- oder Besserungserfolg als realistische Chance" ausweisen müssen. Vgl. namentlich Frisch aaO 53, 59, 84 ff., 136 ff., und dazu Bock NStZ 90, 458.

Maßgeblicher **Zeitpunkt** der Prognose ist der des Urteils, nicht der der Tat. Die Prognose kann also auch ungünstig ausfallen, wenn zZ der Tat zwar eine günstige Prognose zu stellen gewesen wäre, der Täter aber vor Urteilsfällung erneut straffällig geworden ist (Köln NJW **57**, 472). Andererseits sind, da die Prognose zukunftsgerichtet ist, auch Umstände zu berücksichtigen, die sich erst nach der Verurteilung, und zwar zugunsten des Täters umstände, also eine positive Wirkung erst erwarten lassen (BGH NJW **78**, 599), etwa Weisungen oder eine bevorstehende Arbeitsaufnahme. Die Erwartung, durch einen Maßregelvollzug die Voraussetzung für eine günstige Prognose zu schaffen, genügt allerdings nicht (vgl. o. 12).

Grundlage für die Prognose ist die Gesamtheit aller Umstände, die Rückschlüsse auf die künftige Straffälligkeit des Verurteilten ohne Einwirkung des Strafvollzugs zulassen (vgl. dazu Düsseldorf VRS **77** 212). Wie sich dieser voraussichtlich auswirkt, ist dagegen für die Prognose unerheblich (Dencker NStZ 82, 155, Greger JR 88, 75, Gribbohm LK 25; and. Frisch aaO 138). Das Gesetz gibt in Abs. 1 S. 2 einige Faktoren an, die zu berücksichtigen sind. Sie bedeuten jedoch keine abschließende Aufzählung (vgl. u. 24 c).

a) Ein wesentlicher Faktor für die Prognose ist nach Abs. 1 S. 2 die **Persönlichkeit des Täters.** Der Richter darf sich bei deren Beurteilung nicht mit einzelnen Merkmalen begnügen, sondern muß sich ein Gesamtbild in Hinsicht darauf verschaffen, ob ohne Strafverbüßung mit straffreiem Leben des Täters zu rechnen ist (vgl. Köln NJW **63**, 63, Koblenz VRS **67** 29). Zu berücksichtigen sind auch Wesenszüge, die auf krankhafter Grundlage beruhen (BGH **10** 287). Ferner gehören zur Persönlichkeit des Täters dessen Gesinnungen und Überzeugungen. Bei Gesinnungs- oder *Überzeugungstätern*, insb. bei politischen Delikten, führt indes das Festhalten an der Gesinnung bzw. Überzeugung allein noch nicht zu einer ungünstigen Prognose (vgl. BGH **6** 192, **7** 8, Stuttgart GA **64**, 60, Schleswig SchlHA **69**, 67, Karlsruhe NStZ-RR **96**, 58, aber auch Oldenburg MDR **66**, 943, LG

Göttingen NJW **79**, 173). Es muß jedoch zu erwarten sein, daß der Täter trotz seiner Gesinnung bzw. Überzeugung die Strafgesetze künftig achten wird (vgl. BGH GA **76**, 114, BGHR § 57 Abs. 1 Erprobung **1**, Hamm NJW **65**, 777, **69**, 890, Oldenburg MDR **66**, 943). Ergab sich die Straftat aus einem Gewissenskonflikt (zB Zivildienstverweigerung), so kommt es, soweit es sich um eine Pflichtverletzung gehandelt hat, auf die künftige Erfüllung dieser Pflicht nicht an, wenn der erneute Verstoß nicht mehr als Straftat verfolgt werden kann, weil es sonst zu einer unzulässigen Doppelbestrafung kommen würde (vgl. BVerfGE **23** 191, auch Schleswig SchlHA **69**, 97, SchlHA/L–T **93**, 249, Bay MDR **70**, 344, Hamm NStZ **84**, 456, Oldenburg NJW **89**, 1231, Bremen StV **89**, 395; and. Hamm NStZ **84**, 457 m. Anm. Bringewat; vgl. auch Bringewat MDR **85**, 93, Friedeck NJW **85**, 782, Gribbohm LK 13, Struensee StV **90**, 444 f.). Auf ein straffreies Leben ist ebenfalls bei einer Dirne abzustellen; allein der Umstand, daß sie weiterhin ihrem Gewerbe nachgehen wird, rechtfertigt die ungünstige Prognose noch nicht (BGH **20** 203). Zur Prognose bei Alkoholikern vgl. Stuttgart DAR **71**, 271, auch Karlsruhe VRS **55** 342.

20 Für die Persönlichkeitsbeurteilung ist auch die **Einsicht** des Täters in die Verwerflichkeit seiner Tat bedeutsam. Sie ist eine der wesentlichen, aber nicht unabdingbaren Voraussetzungen einer Besserung und damit der Strafaussetzung. Leugnen des Täters spricht jedoch grundsätzlich noch nicht gegen eine günstige Prognose (vgl. BGH VRS **26** 22, Köln VRS **56** 147, BG Pr. 1956, 322), insb. nicht bei Fahrlässigkeitstaten (vgl. Köln VRS **33** 100), wohl aber das Verheimlichen des Beuteverbleibs (vgl. Karlsruhe MDR **78**, 71), soweit es sich nicht als bloße Konsequenz des Ableugnens der Tat erweist.

21 b) Für die Persönlichkeitsbeurteilung können sich wichtige Erkenntnisse aus dem **Vorleben** des Täters ergeben. Zu dessen Gunsten kann zB sprechen, daß er sich sonst im Leben bewährt hat (vgl. BGH **6** 301). Ungünstig können Verfehlungen jeglicher Art ins Gewicht fallen, vor allem frühere Straftaten. Zu verwerten sind auch Straftaten, die unter ein StFG fallen (Hamm NJW **54**, 1498) oder bei denen die Strafe verbüßt ist. Zweifelhaft ist, in welchem Umfang Straftaten, die noch nicht rechtskräftig abgeurteilt sind, herangezogen werden können. Mit Hamm NJW **65**, 924 muß man jedenfalls eine Verurteilung berücksichtigen, die wegen einer gleichartigen Tat vor der nunmehr abgeurteilten Tat erfolgt ist, da dem Täter dadurch das Verbotswidrige seines Verhaltens vor Augen geführt worden ist. Dagegen hat ein schwebendes Verfahren, in dem ein Urteil noch aussteht, grundsätzlich, auch bei U-Haft (BGH StV **93**, 459), unberücksichtigt zu bleiben, da es hier an einem verläßlichen Anhalt für das Vorleben des Täters fehlt (KG GA **54**, 314, Köln NJW **67**, 839), es sei denn, das Gericht erlangt im eigenen Verfahren die feste Überzeugung von der Tatbegehung (Angekl. gibt Tat glaubhaft zu; vgl. BGH NStZ/T **87**, 498, StV **95**, 521, Koblenz BA **77**, 272). Deren Berücksichtigung steht dann die Unschuldsvermutung nicht entgegen (vgl. BVerfG NJW **88**, 1715, Stree NStZ **92**, 154). Hat der Täter die neue Tat während des schwebenden Verfahrens begangen, so kann bedeutsam sein, daß er sich das Verfahren nicht hat zur Warnung dienen lassen. Sogar ein Freispruch, zB wegen unvermeidbaren Verbotsirrtums, kann einen Warnappell enthalten (vgl. Horn SK 16), so daß er nicht schlechthin unverwertbar ist. Unbefristete Freiheitsentziehung in anderer Sache zZ der Aburteilung (zB Sicherungsverwahrung) schließt günstige Prognose grundsätzlich aus (Hamburg MDR **76**, 773 m. Anm. Grunau JR 77, 516).

22 **Vorstrafen**, auch einschlägige (BGH StV **92**, 417, Koblenz VRS **53** 29), stehen nicht ohne weiteres der Strafaussetzung entgegen, wie umgekehrt bisherige Straflosigkeit allein die Strafaussetzung nicht rechtfertigt. Sie sind aber, soweit sie nicht getilgt oder tilgungsreif sind (§ 51 I BZRG), stets bei der Prognose zu beachten (and. H. Mayer SchlHA 61, 59). Maßgeblich sind vor allem Zahl der Vorstrafen und zeitlicher Abstand der früheren Straftaten, aber auch Gründe für die Rückfälligkeit. Vgl. Horn SK 17, ferner KG JR **70**, 227 m. Anm. Dreher, Koblenz VRS **43** 258, **60** 36, Karlsruhe VRS **50** 98 u. Rspr.-Nachw. b. Rüth DAR 71, 205. Kommt das Gericht trotz Vorstrafen zu einer günstigen Prognose, so hat es die Gründe hierfür eingehend darzulegen (BGH VRS **17** 183, Stuttgart VRS **39** 420, Frankfurt NJW **77**, 2176, Hamm VRS **54** 30, Koblenz VRS **47**, 56 146, **59** 33, **60** 451, **62** 442, **71** 48, 446). Der Hinweis auf die vom Täter erlittenen beruflichen Nachteile genügt bei einschlägigen Vorstrafen allein nicht als Begründung (Koblenz VRS **51** 429), ebensowenig die Angabe, der Täter habe einen guten Eindruck gemacht (Karlsruhe VRS **55** 342), wohl aber die Feststellung, der Täter habe sich von einem ungünstigen Umfeld gelöst (Bay DAR/B **89**, 365), oder die Annahme eines Gesinnungswandels auf Grund einer erfolgreichen Entziehungskur (Bay DAR/R **78**, 207 **85**, 239), wofür jedoch nicht ausreicht, daß ein Trunkenheitstäter nach längerer Heilbehandlung glaubt, so gefestigt zu sein, daß er ohne nachteilige Folgen in Fahrbereitschaft einige Gläser Bier trinken könne (vgl. Koblenz VRS **60** 33). Hat der Verurteilte die neue Tat innerhalb einer Bewährungszeit begangen, so ist die Strafaussetzung zwar nicht zwingend ausgeschlossen (BGH NStZ **83**, 454, NStZ/D **90**, 223, Hamm VRS **67** 423, Bay DAR/R **85**, 239, Köln VRS **70** 276), sie kommt aber – vor allem bei Vorsatztaten – nur unter besonderen Umständen in Betracht (vgl. BGH StV **91**, 261: veränderte Lebenssituation, KG VRS **38** 330, Saarbrücken NJW **75**, 2215, Düsseldorf OLGSt Nr. **9**, JMBlNW **89**, 154). Der Widerruf einer früheren Strafaussetzung ist allein kein solcher Umstand (vgl. KG VRS **50** 98). Wesentlich kann indes sein, daß der Verurteilte infolge des Widerrufs längere Freiheitsstrafen vor früheren Straftaten zu verbüßen hat (vgl. Köln MDR **72**, 437, NStZ **94**, 205). War der Täter bereits wiederholt bewährungsbrüchig geworden, so wirkt sich das besonders negativ auf die Prognose aus (BGH NStZ **88**, 452, Karlsruhe NJW **80**, 134). Andererseits ist eine auf Vorstrafen gestützte ungünstige Prognose näher zu begründen, wenn ihnen kein eindeutiges Über-

gewicht bei den Prognosefaktoren zukommt, so zB, wenn die Vortaten zeitlich erheblich zurückliegen oder nur zu niedrigen Strafen geführt haben und familiäre sowie berufliche Bindungen zugunsten des Täters sprechen (BGH StV **86**, 293).

c) Ferner lassen sich aus den **Tatumständen** Schlüsse auf die Persönlichkeit des Täters ziehen. Für die Bewährungsfrage können vor allem die psychischen Wurzeln der Tat aufschlußreich sein (Tröndle 6 c), etwa die Beweggründe, die den Täter zu seiner Tat veranlaßt haben. Aber auch die Art der Tatausführung kann ein Indiz für oder gegen eine Bewährung sein. Nur eine begrenzte Indizwirkung kommt dem Taterfolg zu. So läßt sich bei Fahrlässigkeitstaten aus der Größe des angerichteten Schadens kaum etwas für die Prognose herleiten.

d) Mit dem **Verhalten nach der Tat** ist nicht nur die Einstellung des Täters zu seiner Tat (zB Reue) gemeint, sondern die gesamte Lebensführung seit der Tat unter Berücksichtigung der Lebensumstände (Stuttgart NJW **54**, 1418; vgl. auch BGH **5** 238). Gute Führung über längere Zeit nach der Tat (vgl. BGH **6** 301, StV **88**, 385, **91**, 346, auch BGE 117 IV 3: Bewährung am Arbeitsplatz) ist zugunsten des Täters zu berücksichtigen, auch dann, wenn er sich während dieser Zeit verborgen gehalten hat (BGH NStE **20**), ebenso das Bemühen, einer Rückfälligkeit vorzubeugen (zB Bemühen, Drogenabhängigkeit zu überwinden; vgl. BGH StV **92**, 13; Teilnahme an Nachschulungskurs für alkoholauffällige Kraftfahrer; vgl. Bode BA 84, 33, auch LG Hannover VRS **72** 360), oder die freiwillige Schadenswiedergutmachung. Nichtwiedergutmachung allein ist kein Grund, die Strafaussetzung zu versagen (BGH **5** 238), schon deswegen nicht, weil die Wiedergutmachung ausdrücklich als Auflage in § 56 b vorgesehen ist. Sie ist nur ein Faktor innerhalb der prognoseerheblichen Gesamtumstände. Zurückhaltung ist gegenüber der Verwertung des Prozeßverhaltens geboten. Es kann nur ausnahmsweise gegen künftige Straflosigkeit sprechen (vgl. Hamm NJW **60**, 61), etwa ein Verhalten, das eine rechtsfeindliche Einstellung klar erkennen läßt, zB beharrliches Verheimlichen des Beuteverbleibs (vgl. o. 20). Soweit der Täter weder Reue noch Schuldeinsicht erkennen läßt, darf dies, sofern ein anderes Verhalten die Verteidigungsposition gefährden würde, nicht zur Prognose herangezogen werden (BGH StV **89**, 149, **98**, 482). Auch sonstiges Nachtatverhalten, das der Strafverteidigung dienen soll, darf nicht nachteilig berücksichtigt werden (BGH NStZ **87**, 406), so nicht bloßes Nichteinlassen zur Sache (BGH StV **93**, 521).

e) Prognostischer Aussagewert kommt zudem den **Lebensverhältnissen** des Täters zu. Wesentlich kann etwa sein, ob dieser in geordneten oder ungeordneten Verhältnissen lebt. Bevorstehende Änderungen sind mitzuberücksichtigen. Ungünstige Verhältnisse allein schließen die Strafaussetzung nicht aus (vgl. KG GA **55**, 183). Zu prüfen ist, ob sie sich durch Weisungen nach § 56 c beeinflussen und ändern lassen. Umweltschwierigkeiten ergeben eine ungünstige Prognose, wenn zu erwarten ist, daß der Täter ihrer Herr wird oder behördliche (zB vormundschaftsgerichtliche) Maßnahmen sie beseitigen (BGH **8** 182). Andererseits kann positiv ins Gewicht fallen, daß er sich von Personen, die ihn negativ beeinflußt haben, gelöst hat oder eine sonstige Ursache für die Straffälligkeit fortgefallen ist (Bay StV **94**, 187).

f) Zu berücksichtigen sind des weiteren die **Wirkungen**, die von **der Aussetzung** für den Täter zu erwarten sind. Von Bedeutung kann sein, daß er seinem bisherigen Lebenskreis nicht entrissen wird, etwa in der Familie verbleibt, seinen Arbeitsplatz behält oder seine Ausbildung beenden kann, andererseits aber auch die Gefahr, daß er die Verurteilung zu leicht nimmt (Tröndle/Fischer 6 f). Zu den Wirkungen der Aussetzung gehört auch die Beeinflussung durch Auflagen und Weisungen (vgl. BGH StV **87**, 63, **92**, 62) oder iVm Aussetzung einer Unterbringung durch Führungsaufsicht (BGH StV **91**, 514). Für eine günstige Prognose genügt es, wenn anzunehmen ist, daß der Verurteilte auf Grund der Weisungen künftig straflos bleibt. Das Unterbleiben einer an sich förderlichen Weisung zu einer Heilbehandlung mangels Zustimmung darf nicht zu Lasten des Verurteilten berücksichtigt werden, wenn dieser sich mit der Zustimmung in Widerspruch zu seiner Verteidigung setzen würde (BGH StV **98**, 378). Zur psychiatrischen Behandlung vgl. BGH StV **82**, 222.

g) Die genannten Faktoren sind nicht isoliert zu werten, sondern in eine umfassende Gesamtwürdigung einzubetten. Sie bedeuten zudem **keine abschließende Aufzählung** der zu berücksichtigenden Umstände. Neben ihnen sind alle Umstände heranzuziehen, die Indiz für oder gegen eine Bewährung sind. Das können auch Umstände sein, die schon die Strafzumessung beeinflußt haben (vgl. § 46 RN 50). Bedeutsam können ebenfalls Rechtsfolgen sein, die neben der zur Aussetzung anstehenden Strafe ausgesprochen werden, zB die Wirkung eines Fahrverbots oder der Fahrerlaubnisentziehung (BGH DAR/M **59**, 67; vgl. auch Bremen DAR **62**, 210). Entsprechendes gilt für sonstige Nachteile (zB berufliche), die der Täter auf Grund seiner Tat, des Verfahrens oder der Verurteilung erlitten hat. Zu berücksichtigen ist auch U-Haft, wenn die starken Eindruck auf den Täter gemacht hat (BGH StV **91**, 519, KG StV **99**, 605). Andererseits ist für die Prognose an sich unerheblich, ob die Strafverbüßung den Verurteilten außergewöhnlich hart trifft (Hamm VRS **68** 441, Bay StV **94**, 187) oder eine heilsame Schock- u. Warnungswirkung zeitigen kann (vgl. aber BGE 116 IV 97); zu beachten ist jedoch der Verhältnismäßigkeitsgrundsatz. Er setzt ein Abwägen zwischen der Eingriffsschwere und den andererseits drohenden Gefahren voraus. Vgl. Dencker StV 92, 130 zur Berücksichtigung von AIDS, ferner Zweibrücken StV **93**, 30 zu kurzfristigen Strafen.

h) Auch bei **Ausländern** ist Strafaussetzung nicht generell ausgeschlossen, selbst dann nicht, wenn sie im Ausland wohnen oder ihre Abschiebung bevorsteht (vgl. Celle StV **83**, 290). Hier wird jedoch eine Strafaussetzung nur in Betracht kommen, wenn keine Auflagen oder Weisungen gemacht werden sollen, deren Innehaltung von deutschen Gerichten nicht überwacht werden kann (vgl. BGH **6** 138). Andererseits läßt sich eine günstige Prognose nicht allein darauf stützen, daß der Verurteilte infolge Abschiebung im Inland keine Straftaten mehr begehen kann (Stuttgart Justiz **88**, 104).

25 3. Liegen nach der Gesamtwürdigung von Tat und Persönlichkeit des Verurteilten besondere Umstände vor, so kann auch **Freiheitsstrafe bis zu 2 Jahren** einschließlich zur Bewährung ausgesetzt werden **(Abs. 2).** Der Aussetzung steht eine neben einer zweijährigen Freiheitsstrafe verhängte Geldstrafe nicht entgegen (BGH NJW **85**, 1719 m. Anm. Bruns JR 86, 70, wistra **93**, 297; krit. dazu Stein BewH 86, 99). Abs. 2 wurde ursprünglich als eng zu handhabende Ausnahmeregelung verstanden, nach der vor allem eine Konfliktslage beim Täter zu berücksichtigen war (vgl. BGH **24** 3, **25** 144, VRS **43** 172, **50** 340). Inzwischen hat sich zu Recht die Ansicht durchgesetzt, daß Abs. 2 nicht zu eng ausgelegt werden darf und die Berücksichtigung aller Umstände besonderen Gewichts zuläßt, die trotz erheblichen Unrechts- und Schuldgehalts die Strafaussetzung „als nicht unangebracht und als den allgemeinen vom Strafrecht geschützten Interessen nicht zuwiderlaufend erscheinen lassen" (BGH **29** 371, wistra **85**, 20, NStZ **87**, 21, DAR/S **88**, 226 f.). Nicht erforderlich ist, daß diese Umstände die Tat als minder schweren Fall erscheinen lassen (BGH NStE **21**). Die besonderen Umstände müssen jedoch um so gewichtiger sein, je näher die Freiheitsstrafe an der Zweijahresgrenze liegt (BGH JR **86**, 71). Unerheblich ist, daß die besonderen Umstände bei der Strafzumessung bereits berücksichtigt worden sind (BGH NStZ **85**, 261). Bei Mitangeklagten ist bei jedem Angekl. selbständig zu prüfen, ob besondere Umstände vorliegen (vgl. BGH NStE **19**).

26 a) Zunächst müssen die Voraussetzungen des Abs. 1 vorliegen, dh dem Täter muß eine **günstige Prognose** gestellt werden können (vgl. BGH DAR/S **89**, 250 sowie o. 14 ff.). Insoweit kommt es auf das Vorliegen besonderer Umstände nicht an (BGH StV **92**, 156). Andererseits kann eine günstige Prognose für das Vorliegen besonderer Umstände bedeutsam sein. Strafaussetzung nach Abs. 2 kann daher wegen Fehlens besonderer Umstände nicht ohne Klärung der Prognose versagt werden (BGH NStZ **97**, 434, Frankfurt NStZ-RR **99**, 337).

27 b) **Besondere Umstände** müssen zudem trotz der Tatschwere eine Strafaussetzung vertretbar erscheinen lassen. Ihr Vorliegen muß sich aus der Gesamtwürdigung von Tat und Täter ergeben, wobei es genügt, daß sie sich nicht ausschließen lassen (in dubio pro reo; vgl. BGH MDR/D **73**, 900). Die frühere Regelung, nach der besondere Umstände sowohl in der Tat als auch in der Persönlichkeit des Täters vorliegen mußten, wurde der Tatsache nicht gerecht, daß die verschiedenen Umstände sich vielfach nicht scharf voneinander trennen lassen. Die Rspr. ist daher zur Gesamtbewertung übergegangen und hat Tat und Täterpersönlichkeit in einer Gesamtbetrachtung gewürdigt (vgl. BGH NJW **76**, 1413 m. Anm. Schreiber JR 77, 167, GA **80**, 106; vgl. auch Schreiber Schaffstein-FS 288 f.). Dieser Rspr. trägt die jetzige Fassung des Abs. 2 Rechnung (vgl. BR-Drs. 370/84 S. 10). Umstände, die weder die Tat noch die Täterpersönlichkeit betreffen, bleiben außer Betracht, so der Umstand, daß die Freiheitsentziehung sich auf die Kinder des Verurteilten auswirkt (vgl. BGH GA **78**, 81, aber auch BGH VRS **62** 122). Die tatrichterliche Beurteilung unterliegt vom Revisionsgericht nur darauf zu überprüfen, ob die für das Ergebnis angeführten Gründe vertretbar sind (BGH NJW **76**, 1413, **77**, 639, GA **79**, 314, 399, NStZ **81**, 61, 343, 390, **82**, 286, **84**, 360). In Grenzfällen ist die tatrichterliche Wertung hinzunehmen (BGH wistra **94**, 193).

28 Es müssen Umstände sein, die über die positive Sozialprognose hinaus zusätzlich (vgl. BGH NStZ **81**, 389) einen *Verzicht auf* die in der Strafvollstreckung liegende Reaktion auf ein Fehlverhalten zulassen. Hierauf ist abzustellen, weil die zeitliche Begrenzung des § 56 ihren Grund allein in der Erwägung haben kann, bei Straftaten mit höherer Strafe und damit höherem Gewicht sei es zum Schutz der Rechtsordnung grundsätzlich nicht vertretbar, auf eine Vollstreckung der Strafe als Reaktion auf ein Fehlverhalten zu verzichten. Demgemäß ist ein einzelner Umstand nicht isoliert zu würdigen; er muß vielmehr im Zusammenhang mit allen Umständen des Falles diesem das besondere Gepräge geben, das zu einer Ausnahme vom Gebot der Strafvollstreckung berechtigt (vgl. BGH **29** 324, Koblenz StV **89**, 451). Das Bedürfnis nach Strafvollstreckung kann sich auch auf Grund von Umständen nach der Tat verringern, so daß diese in die Gesamtwürdigung einzubeziehen sind (vgl. BGH **29** 372: erheblicher Abstand zwischen Tatzeit und Aburteilung; BGH StV **83**, 502, **85**, 411: überlange Verfahrensdauer; BGH NStE **33**, StV **92**, 156, **94**, 76: längere U-Haft; vgl. auch BGH StV **98**, 260 sowie u. 30). Auch tatbedingte berufliche Nachteile sind zu berücksichtigen (BGH NStZ **87**, 172), ebenso Folgen der Bestrafung (BGH wistra **90**, 190: Verlust der Beamtenstellung; BGH StV **92**, 13: Verlust einer Stellung, die Schadenswiedergutmachung ermöglicht). Der Anwendung des Abs. 2 steht nicht entgegen, daß die Tat als besonders schwerer Fall gewertet worden ist (BGH wistra **89**, 262).

29 Besondere Umstände *der Tat* liegen vor, wenn gewichtige Tatsachen die begangene Tat zugunsten des Täters von durchschnittlichen, gewöhnlich vorkommenden Taten ähnlicher Art abheben, so etwa, wenn der Täter aus Not oder zur Behebung einer angespannten wirtschaftlichen Lage (vgl. BGH NStE **23**) gehandelt hat, zur Tat gereizt (zB durch Erpressung), mittels intensiver Beeinflussung durch Polizeiinformanten bestimmt (Hamburg StV **84**, 157) oder durch eine besondere Gelegenheit verlockt worden ist, aber auch, wenn der Täter selbst Verletzungen mit schweren Dauerfolgen erlitten hat (Bay VRS **65** 279). Eine besondere „Konfliktslage" ist nicht erforderlich (BGH NJW **77**, 639, GA **78**, 78, **79**, 313, MDR/H **79**, 107, Zweibrücken MDR **73**, 514 m. Anm. Blei JA 73, 535, Frankfurt NJW

74, 2062), wird aber häufig die Anwendung des Abs. 2 tragen (BGH **24** 5). Zu eng ist die noch in BGH **25** 144 vertretene Ansicht, eine Aussetzung komme regelmäßig nur in Betracht, wenn die Tat einer unerwarteten und unausweichlichen Konfliktslage entsprungen sei, die an Rechtfertigungs- oder Schuldausschließungsgründe heranreiche (vgl. Römer JR 73, 453). Weniger eng die spätere BGH-Rspr.; vgl. BGH StV **82**, 419, NStZ **86**, 27. Kein besonderer Umstand ist jedoch ein allgemeiner, bei Durchschnittstaten häufig vorkommender Strafmilderungsgrund (BGH **29** 324), grundsätzlich auch nicht der Alkoholgenuß vor der Tat (BGH MDR/D **74**, 544, Köln VRS **48** 424), die Gefahr, die Polizei werde das Fehlen der Fahrerlaubnis oder der auf Alkoholgenuß beruhende Fahruntüchtigkeit feststellen (BGH VRS **43** 172, **46** 101), oder die Gefahr von Nachteilen bei Ausscheiden aus einem zu Straftaten neigenden Personenkreis (BGH **25** 144). Ebensowenig stellt bereits eine mangelhafte Kontrolle (BGH **29** 324), die Erleichterung einer Tat durch behördliches Verhalten (BGH wistra **83**, 187) oder eine eheliche Krisensituation einen besonderen Umstand dar (BGH VRS **50** 342; vgl. aber auch Köln NJW **86**, 2328). Wohl aber kann das Zusammentreffen mehrerer einfacher Gründe zu einem besonderen Umstand führen (BGH GA **82**, 39, StV **82**, 167, NStZ **82**, 286, **83**, 119, **84**, 360, **86**, 27, **91**, 581, NStZ/D **90**, 224, NStZ-RR **99**, 281). Bei Gesamtstrafen ist zu berücksichtigen, daß die Einzelstrafen zT Geldstrafen oder für sich allein genommen aussetzbare Freiheitsstrafen sind (BGH NStE **31**). Vgl. auch den Überblick über nichtveröffentlichte BGH-Entscheidungen bei Römer JR 73, 453 f. u. Schreiber Schaffstein-FS 282 ff.

In der *Persönlichkeit* des Täters liegende Umstände sind zB Gebrechen (vgl. BGH NJW 77, 1247: **30** Hirnverletzung) oder besondere nervliche Belastung zur Tatzeit. Ein den Täter durch die Tat treffendes Opfer ist ebenfalls zu berücksichtigen, so etwa, wenn er durch ein Verkehrsdelikt eine nahestehende Person getötet hat (vgl. Hamm NStZ **81**, 352, auch § 60). Da die persönlichkeitsbezogenen Umstände vom Tatzeitpunkt unabhängig sind, genügt es, wenn sie erst bei Urteilsfällung vorliegen (BGH MDR/D **74**, 365, DAR/S **79**, 185). Ausreichend ist daher auch, wenn der Täter unter dem Eindruck der Tat ein „neues Leben" begonnen, einer Rückfälligkeit mit geeigneten Schritten vorgebeugt (vgl. BGH NStZ/T **88**, 307, Köln NJW **86**, 2328: Suchtbehandlung, Anschluß an Selbsthilfegruppe) oder Leistungen erbracht hat, die das Vollstreckungsbedürfnis entfallen lassen (zB Schadenswiedergutmachung, sonstige Leistungen für das Tatopfer, außergewöhnliche Mitwirkung bei der Tataufklärung). Vgl. BGH GA **72**, 208, NStZ **81**, 62, 454, **83**, 218, LG Bonn NJW **75**, 2112. Z. T. abw. Karlsruhe MDR **73**, 240; vgl. aber Karlsruhe GA **79**, 469 (Kastration nach Sexualdelikt). Das Bemühen des Verurteilten, den durch die Tat verursachten Schaden wiedergutzumachen, ist in Abs. 2 S. 2 als ein zu berücksichtigender Umstand besonders hervorgehoben. Die ausdrückliche Erwähnung soll diesem ein starkes Gewicht verleihen. Ein erfolgloses Bemühen muß vom ernsthaften Erstreben einer Wiedergutmachung getragen sein; ein nur halbherziges Bemühen genügt nicht. Ferner kann ein freiwilliges Absehen von der Tatbeendigung einen besonderen Umstand ergeben (BGH StV **85**, 404 zu § 316 a). Auch Haftpsychose mit Krankheitswert auf Grund längerer U-Haft kann ein besonderer Umstand sein (BGH MDR/H **81**, 452), ebenso hohes Alter oder eine schwere Erkrankung mit nur noch kurzer Lebenserwartung (AIDS, Krebs usw). Vgl. ferner BGH StV **86**, 529, **92**, 156, NStZ/D **90**, 224 (Stabilisierung der Lebensverhältnisse), Bremen VRS **62** 268 (Verlobung zwischen Täter und Verletzten). Keine besonderen Umstände in der Persönlichkeit des Täters sind jedoch Umstände, die allgemein die für die Strafaussetzung notwendige günstige Prognose begründen (BGH **25** 144, GA **78**, 78), ebensowenig bisheriges straffreies Leben (BGH GA **78**, 81), sonstige persönlichkeitsbezogene Strafmilderungsgründe allgemeiner Art (BGH GA **78**, 80), eine auf einem Charaktermangel beruhende fehlerhafte Grundeinstellung des Täters und dessen eigensüchtige Rücksichtslosigkeit (Hamm MDR **74**, 857) oder der Verlust an sozialer Stellung als soziale Folge der Verfehlung (BGH NStZ **82**, 286). Das Zusammentreffen mehrerer Umstände kann allerdings deren Besonderheit ergeben (vgl. BGH StV **93**, 243: bisheriges sozial geordnetes Leben, langjährige Tätigkeit beim selben Arbeitgeber, aus Strafverbüßung hervorgehende Gefahr für Familie u. Arbeitsplatz).

c) Sind die Voraussetzungen des Abs. 2 gegeben, so liegt die Strafaussetzung im richterlichen **31** **Ermessen** (Lackner 22; vgl. dagegen Ventzke StV 88, 367, auch Horn SK 31, Jescheck/Weigend 840). Das Gericht hat zu entscheiden, ob die festgestellten besonderen Umstände eine Strafaussetzung rechtfertigen oder ob trotzdem das Tatunrecht eine Strafvollstreckung erfordert (Oldenburg b. Ventzke aaO). Je näher die Strafe an die 2-Jahres-Grenze heranreicht, um so gewichtiger müssen die besonderen Umstände sein und um so mehr muß das Gericht von der günstigen Entwicklung des Täters überzeugt sein (Hamm NZV **93**, 317). Ferner ist Abs. 3 (dazu u. 33 ff.) zu beachten; doch dürfte dann, wenn die besonderen Umstände des Abs. 2 vorliegen, idR die Verteidigung der Rechtsordnung die Strafvollstreckung nicht gebieten. Da sich keine bestimmten Delikte von der Strafaussetzung ausnehmen lassen (vgl. o. 9), können besondere Umstände auch bei vorsätzlichem Vollrausch mit tödlichen Folgen zur Strafaussetzung führen (Karlsruhe NStZ-RR **96**, 198).

4. Nicht erforderlich ist, daß der Angekl. in die Strafaussetzung **einwilligt**. Über die Bedeutung **32** seines Antrags auf Strafaussetzung für die Urteilsbegründung vgl. u. 50.

IV. Bei Freiheitsstrafen **unter 6 Monaten** ist die Strafaussetzung bei günstiger Prognose **zwingend 33 vorgeschrieben.** Der Richter ist nicht befugt, sie aus generalpräventiven Gründen zu versagen, auch nicht „zur Verteidigung der Rechtsordnung". Die günstige Prognose ist nicht deswegen ausgeschlossen, weil die Verhängung einer Freiheitsstrafe zur Einwirkung auf den Täter unerläßlich war (vgl. BGH **24** 164).

§ 56 34–39   Allg. Teil. Rechtsfolgen der Tat – Strafaussetzung zur Bewährung

34   Bei Freiheitsstrafen **von 6 Monaten bis zu 1 Jahr** schreibt § 56 die Strafaussetzung grundsätzlich vor, gibt jedoch im Abs. 3 dem Richter die **Möglichkeit, sie zu versagen,** wenn die Verteidigung der Rechtsordnung dies gebietet. Entsprechendes gilt für die nach Abs. 2 mögliche Aussetzung von Strafen **bis zu 2 Jahren;** hier ist das Erfordernis der Verteidigung der Rechtsordnung schon im Rahmen der Ermessensentscheidung zu prüfen.

35   Der Begriff der **Verteidigung der Rechtsordnung** ist hier grundsätzlich derselbe wie in § 47 (vgl. BGH **24** 64, Schröder JZ 71, 241). Es genügt nicht, wenn die Strafvollstreckung bloß „erforderlich" ist, die Verteidigung der Rechtsordnung muß sie „gebieten". Für die Vollstreckung muß ein unabweisbares Bedürfnis bestehen. Dem Richter ist damit allerdings kein eindeutiger Maßstab dafür gegeben, nach welchen Kriterien er die Frage der Versagung einer Strafaussetzung zu entscheiden hat. Die Formel ist jedoch enger als die des öffentlichen Interesses an der Vollstreckung der Strafe, wovon früher auszugehen war, so daß die frühere Rspr. nur noch bedingt verwertbar bleibt.

36   Die Verteidigung der Rechtsordnung gebietet die Strafvollstreckung, wenn „die Tat einen so rechtsmißachtenden Angriff auf die Rechtsordnung darstellt, daß die erkannte Freiheitsstrafe auch vollstreckt werden muß, um die rechtliche Gesinnung der Bevölkerung zu erhalten" (Hamm NJW **70**, 1614), oder „wenn die Strafaussetzung den Bestand und die Verbindlichkeit der Rechtsordnung oder doch wenigstens das Vertrauen auf die Wirksamkeit des Rechtsgüterschutzes selbst gefährden würde" (Stuttgart Justiz **69**, 328), so auch, wenn sie von der Bevölkerung als ungerechtfertigte Nachgiebigkeit empfunden wird (vgl. BGH NStZ **85**, 165: Rechtsradikalismus). Vgl. dazu noch BGH **24** 40, NJW **72**, 832 m. Anm. Naucke, Frankfurt NJW **71**, 1814, **77**, 2176, Bay **87**, 149, NJW **70**, 1382, VRS **69** 284, Hamm NJW **73**, 1891, Koblenz MDR **74**, 768, VRS **48** 185, **49** 176, Karlsruhe VRS **48** 341, Saarbrücken NJW **75**, 2216, Tröndle/Fischer 8, Gribbohm LK 46, je mwN. Liegen diese Voraussetzungen vor, so steht der Versagung nicht die Beeinträchtigung des Resozialisierungsprozesses entgegen (Hamm NJW **74**, 1884), etwa die ungünstige Einwirkung der Strafverbüßung auf den Täter (Frankfurt NJW **71**, 1814).

37   **Im einzelnen** gilt folgendes: Das Gericht hat im Hinblick auf die Verteidigung der Rechtsordnung Tat und Täter allseitig zu würdigen (vgl. BGH **24** 46, 66, Saarbrücken NJW **75**, 2216), und zwar nach den Verhältnissen zZ der Aburteilung (BGH NJW **56**, 919). Generalpräventive Überlegungen, die sich auf Abschreckung potentieller Täter richten, sind kein selbständiger Versagungsgrund neben dem Gesichtspunkt der Verteidigung der Rechtsordnung, sondern nur eines der Elemente, die zu berücksichtigen sind (BGH VRS **19** 31, **20** 429, **23** 203). Dabei dürfen Gesichtspunkte, die bereits bei Festsetzung des Strafrahmens vom Gesetzgeber berücksichtigt sind, nicht nochmals verwertet werden (vgl. BGH NJW **58**, 1100, VRS **24** 118). Dagegen ist es unbedenklich, die gleichen Strafzumessungstatsachen bei der Strafbemessung und der Entscheidung nach § 56 zu verwerten (Bruns H. Mayer-FS 370, Gribbohm LK 55; vgl. auch § 46 RN 50), zB Mitverschulden des Opfers (Karlsruhe VRS **46** 423), Schadenshöhe (vgl. BGH GA **79**, 60: Steuerhinterziehung in Millionenhöhe, BGHR § 56 III Verteidigung **4**: Betrugsschaden in Millionenhöhe) oder Verfahrensdauer (Bay VRS **69** 285; vgl. auch BGH VRS **24** 183).

38   1. Zunächst sind **generalpräventive** Überlegungen iSv Abschreckung potentieller Täter von Bedeutung (vgl. Tröndle/Fischer 8, BGH NStZ **85**, 165, Bay NJW **70**, 871, 1382 mwN, Hamburg NStZ **84**, 141). Sie reichen allein jedoch nicht aus (vgl. BGH **24** 45) und können vor allem nicht dazu führen, generell für bestimmte Deliktsgruppen oder Deliktstypen (zB Verkehrs- oder Sexualdelikte) die Strafaussetzung zu versagen (BGH **6** 125, 299, **20** 138, **22** 192, **24** 46, 64, StV **89**, 59, u. 40 ff.), auch nicht bei Taten nach dem BtMG (BGH NStZ/T **86**, 498, StV **89**, 150, **90**, 548, NStZ-RR **99**, 281), gegen die Umwelt oder bei Fahnenflucht (LG Koblenz StV **83**, 245, LG Hildesheim NStE **24**). Denn entscheidend ist nicht das Gewicht des Tatbestands (BGH GA **55**, 209), sondern die Schwere der konkreten Tat einschließlich aller ihrer Umstände, insb. auch ihrer Folgen (vgl. BGH **24** 47, KG VRS **23** 27) und täterbezogener Umstände (vgl. BGH **24** 47, wonach erhebliche verbrecherische Intensität, hartnäckiges rechtsmißachtendes Verhalten, ungewöhnliche Gleichgültigkeit gegenüber Verletzungen von Rechtsgütern und dreistes Spekulieren auf Strafaussetzung die Strafvollstreckung gebieten können). Hierauf kommt es an, weil zu entscheiden ist, ob ausnahmsweise die spezialpräventiven Erwägungen, die der Strafaussetzung zugrunde liegen, hinter die Forderung nach Vollstreckung der Strafe zurücktreten haben (BGH **24** 40, Celle GA **54**, 123, MDR **69**, 327, Bremen NJW **62**, 928; vgl. auch Frankfurt NJW **70**, 956). Ein Zurücktreten spezialpräventiver Belange kann bei bestimmten Straftaten uU aber wegen großer Deliktshäufigkeit und stark ansteigender Tendenz geboten sein (Hamm NJW **74**, 1884; vgl. auch BGH StV **89**, 341: Feststellung der gemeinschaftsgefährdenden Zunahme von Straftaten der abgeurteilten Art). So kann die Strafvollstreckung zB notwendig sein, wenn die Tat Ausdruck einer verbreiteten Einstellung ist, die eine erhebliche Unrecht umfassende Norm nicht ernst nimmt und von vornherein auf Strafaussetzung vertraut (BGH wistra **84**, 29), dagegen noch nicht bei bloßer Vermutung eines Nachahmungseffekts (Bay wistra **94**, 118). Zur Berücksichtigung generalpräventiver Gesichtspunkte bei Wirtschaftsdelikten vgl. BGH JZ **75**, 185 m. Anm. Tiedemann. Zur Verteidigung der Rechtsordnung bei Taten extremistischer Prägung vgl. BGH NStZ **85**, 165, bei Taten gegen Asylbewerber vgl. Düsseldorf JMBlNW **92**, 251, gegenüber der sog. Vereinigungskriminalität BGH NStZ-RR **99**, 136.

39   Ein in der *Person des Täters* liegender Grund, der die Strafvollstreckung zur Verteidigung der Rechtsordnung gebietet, kann uU darin gesehen werden, daß ein Rechtsanwalt wiederholt ein

Rechtspflegedelikt begeht (Bay NJW **88**, 3026; vgl. auch BGH NStZ **88**, 126, wistra **95**, 186), ein Anlageberater seine berufliche Stellung durch grobe Vertrauensverletzung zur Tat mißbraucht (BGH NJW **91**, 2574), der wegen Trunkenheit am Steuer Verurteilte Verkehrsstaatsanwalt (BGH VRS **15** 412) oder Fahrlehrer ist (Hamm NJW **57**, 1449); vgl. auch BGH LM Nr. **17**, VRS **18** 424; jedoch wird zu Recht betont, daß auch in solchen Fällen alle übrigen Gesichtspunkte zu beachten sind; vgl. Köln MDR **67**, 514 (Bundeswehroffizier). Ein Versagungsgrund kann insoweit noch nicht allein darin erblickt werden, daß die Strafaussetzung zu einem Vertrauensschaden für öffentliche Einrichtungen führen würde (vgl. aber zum früheren Recht BGH NJW **60**, 491). Ferner ist zu beachten, daß durch die Verhängung der Strafe als solche bereits eine präventive Wirkung gegenüber der Allgemeinheit erzielt werden kann (BGH JZ **54**, 450). Es gibt andererseits keinen Erfahrungssatz, daß die Verbüßung kurzer Freiheitsstrafen keine generalpräventive Wirkung erzielt (Hamm VRS **12** 107). Auch bei jugendlichen Tätern gelten grundsätzlich die vorstehenden Regeln (Düsseldorf VRS **30** 175). Vgl. auch Mühlhaus DAR 65, 143. Ebensowenig kann zwischen Männern und Frauen ein grundsätzlicher Unterschied gemacht werden (BGH **17** 354; ebenso Köln NJW **61**, 1937) oder zwischen In- u. Ausländern (vgl. Düsseldorf StV **95**, 526). Auch ist ohne Bedeutung, ob Tat und Urteil einem größeren Personenkreis bekannt werden; maßgebend ist vielmehr, wie das Urteil auf Personen, denen es mit den Besonderheiten des Falles bekannt wird, wirken muß (BGH GA **76**, 144, StV **89**, 150, Bay NJW **67**, 300). Abzustellen ist insoweit auf die Allgemeinheit, nicht auf einen bestimmten Personenkreis, so daß unbeachtlich ist, wie die Tat und das Urteil gerade auf die Dorfgemeinschaft wirken, in der der Täter lebt (Koblenz GA **77**, 25, VRS **75** 39, Bay NJW **78**, 1337 m. Anm. Horn JR 78, 514), wie Unfallzeugen auf die fahrlässige Tötung durch verkehrswidriges Verhalten reagiert haben (BGH NStZ/T **86**, 498) oder wie die örtliche Presse die Tat und das Urteil bewertet (BGH NStE **9**). Der Meinung bestimmter Personen kann aber uU indizielle Wirkung auf die Allgemeinheit beigemessen werden (Karlsruhe DAR **93**, 397).

40 Diese Grundsätze gelten für alle Arten von Delikten (vgl. zB Schleswig SchlHA **58**, 315, Braunschweig NJW **57**, 111, Oldenburg MDR **66**, 943, Frankfurt MDR **66**, 862). Es ist also unzulässig, bei bestimmten Deliktsarten von vornherein anzunehmen, die Verteidigung der Rechtsordnung erfordere die Vollstreckung der Strafe (vgl. o. 38), auch nicht bei Verkehrsdelikten mit Todesfolgen, mag auch die Versagung der Strafaussetzung hier häufig näher liegen als deren Bewilligung (BGH NStZ **94**, 336), ebensowenig bei tödlichen Folgen eines vorsätzlichen Vollrausches (Karlsruhe NStZ-RR **96**, 198), beim Handeln mit Heroin (BGH StV **99**, 645) oder bei Entziehung von Fiskaleinkünften, auch nicht unter Berufung auf die angespannte Haushaltslage (BGH StV **96**, 265). Zu politisch motivierten Taten vgl. Karlsruhe NStZ-RR **96**, 58.

41 Diese Frage hat früher vor allem bei **Trunkenheit im Verkehr** eine große Rolle gespielt und zu unzähligen höchstrichterlichen Entscheidungen geführt (vgl. 15. A. § 23 RN 44). Einen gewissen Schlußpunkt hat BGH **22** 192 m. Anm. Geerds JZ 69, 341 gesetzt. Er hat ausgesprochen, daß auch in Durchschnittsfällen von Trunkenheitsfahrten eine Strafaussetzung nicht idR ausgeschlossen sei. Strafaussetzung ist auch bei Trunkenheitsfahrt mit Todesfolge möglich (BGH NJW **90**, 193, Stuttgart NZV **91**, 80, Karlsruhe StV **94**, 188, Dresden DAR **99**, 36), etwa bei erheblichem Mitverschulden des Getöteten oder eines anderen und geringem Trunkenheitsgrad. Bei vorsätzlicher Trunkenheitsfahrt nach Alkoholgenuß in Fahrbereitschaft soll jedoch nach Koblenz NZV **94**, 451 bei tödlichen Folgen idR die Strafvollstreckung geboten sein. Jedenfalls liegt die Versagung der Strafaussetzung dann häufig näher als deren Bewilligung (vgl. Celle BA **99**, 190).

42 BGH **22** 192 bildet auch den Ausgangspunkt für die Rspr. **nach** der gesetzlichen Einschränkung der Versagungsgründe. Die Verteidigung der Rechtsordnung gebietet eine Strafvollstreckung nur, wenn besondere Umstände vorliegen, zB schwere Unfallfolgen (auch einer Rauschtat beim Vollrausch; vgl. Karlsruhe GA **75**, 369, VRS **57** 189) oder zahlreiche einschlägige Vorstrafen. Auch in diesen Fällen ist die Strafaussetzung jedoch nicht schon in aller Regel ausgeschlossen, es kommt auf die Umstände des Einzelfalles und auf die Täterpersönlichkeit an; vgl. für den Fall einer fahrlässigen Tötung anläßlich einer Trunkenheitsfahrt BGH **24** 64, VRS **38** 333, Bay NJW **71**, 107, Stuttgart NJW **70**, 258, Koblenz VRS **49** 176, 317, **52** 179, **54** 349, **59** 33, **75** 39, GA **77**, 25; für den Fall einschlägiger Vorstrafen vgl. BGH VRS **38** 333, Frankfurt NJW **70**, 956, Koblenz MDR **71**, 235, Köln VRS **39** 418, Stuttgart VRS **39** 332, KG VRS **41** 254. Vgl. ferner Bay NStE **34**, Oldenburg NJW **70**, 820, Köln NZV **93**, 357, die Rspr.-Nachweise bei Rüth DAR 71, 205 u. zu dieser Rspr. Dede MDR **70**, 721, Koch NJW **70**, 842. Jedenfalls bedarf die Frage bei Vorstrafen besonders eingehender Prüfung (Hamm DAR **72**, 245, JMBlNW **72**, 213), namentlich, wenn eine (einschlägige) Tat während einer Bewährungszeit begangen worden ist (Saarbrücken NJW **75**, 2215, Bay DAR/R **85**, 239; vgl. jedoch Bay wistra **98**, 194) oder während eines Hafturlaubs (Hamburg NStZ **84**, 140: Strafvollstreckung idR geboten). Getilgte oder tilgungsreife Vorstrafen sind allerdings nicht zu berücksichtigen (§ 51 I BZRG). Vgl. andererseits auch Bay VRS **47** 96, wonach erhebliche Vorstrafen idR nicht die Annahme rechtfertigen, trotz günstiger Täterprognose sei die Strafvollstreckung zur Verteidigung der Rechtsordnung geboten.

43 **2.** Für die Entscheidung darüber, ob die Verteidigung der Rechtsordnung die Strafvollstreckung gebietet, kann auch die **Schwere der Schuld** wesentlich ins Gewicht fallen. Sie rechtfertigt allerdings für sich allein nicht die Versagung der Strafaussetzung, sondern kann nur im Rahmen der Gesamtabwägung Bedeutung erlangen (BGH **24** 44, Koblenz VRS **49** 176, **54** 349, Hamm NZV **93**, 317,

Gribbohm LK 47). So kann wegen besonders großen Verschuldens die Verteidigung der Rechtsordnung die Strafvollstreckung gebieten (vgl. auch Köln NJW **70**, 259, Bay NJW **70**, 1383, Hamm NJW **70**, 870, Karlsruhe VRS **46** 423, Dreher JR **70**, 228; iE ebenso BGH MDR/D **70**, 380). Das ist jedoch nicht schon deshalb der Fall, weil es sich bei der Trunkenheitsfahrt um eine reine Vergnügungsfahrt handelte (BGH VRS **18** 268). Auch das Interesse an einer Genugtuung für das begangene Unrecht ist bei der Gesamtabwägung zu berücksichtigen (Tröndle/Fischer 8; and. BGH **24** 44, Bay NJW **78**, 1337), und zwar auf Grund objektiver Maßstäbe, wobei jedoch die Möglichkeit einer Auflage zu beachten ist. Dieser Gedanke tritt bei eigenem Verschulden des Verletzten zurück (Koblenz DAR **57**, 213, Hamm DAR **60**, 140), wie überhaupt das Mitverschulden des Verletzten zu berücksichtigen ist (BGH VRS **30** 272, Karlsruhe VRS **46** 423, Dresden DAR **99**, 36). Ohne Bedeutung ist, ob der Verletzte Wert auf Bestrafung legt (Bay NJW **57**, 1644). Berücksichtigt kann jedoch werden, daß gegen den Täter in einem anderen Verfahren eine Freiheitsstrafe verhängt worden ist, die dieser verbüßen muß (Hamm NJW **63**, 361). Auch das Alter kann eine Rolle spielen (Hamm VRS **33** 344), ebenso der Gesundheitszustand.

44   3. Stets ist erforderlich, daß das Gericht das Bedürfnis nach Resozialisierung des Täters und die Interessen der Allgemeinheit einander gegenüberstellt und sorgfältig **abwägt** (Köln NJW **55**, 802, Preiser NJW **56**, 1012). Vgl. auch BGH VRS **13** 28, **24** 184 (Präponderanz des Unrechtsgehalts der Tat), Hamm VM **66**, 83, KG VRS **31** 259, Koblenz GA **75**, 121 (Kindesmißhandlung). Dabei ist zu prüfen, ob der vorliegende Fall geeignet erscheint, an ihm die Verteidigung der Rechtsordnung zu exemplifizieren (Köln NJW **55**, 802, DAR **57**, 130); daran kann es fehlen, wenn der Täter nur noch kurze Zeit zu leben hat (AIDS, Krebs usw), den Verletzten ein Mitverschulden trifft (Hamm DAR **60**, 140), der fahrlässig verursachte Tod eines anderen den Täter schwer trifft (vgl. AG Alzey DAR **78**, 166: Tötung eines Freundes) oder eine schwere Selbstverletzung des Täters die Folge war (Köln NJW **66**, 895, VRS **53** 265), jedoch nicht schon deswegen, weil die Verurteilung zum Verlust einer rechtswidrig erlangten Existenzgrundlage führt (Stuttgart Justiz **88**, 376). Das Vollstreckungsbedürfnis kann bei Zivildienstverweigerung entfallen, wenn der Täter sich bereit erklärt, Arbeitsleistungen gem. § 15a ZDG zu erbringen (LG Darmstadt NJW **93**, 77). Kann eine ausreichende Genugtuung mit einer **Auflage** gem. § 56b erreicht werden, so ist eine Strafverbüßung zur Verteidigung der Rechtsordnung nicht geboten (Köln NZV **93**, 357).

45   Gebietet die Verteidigung der Rechtsordnung die Vollstreckung, so kommt es nicht entscheidend darauf an, ob die Täterpersönlichkeit und die Aussicht auf Resozialisierung günstig zu beurteilen sind (BGH **6** 125, Braunschweig NJW **55**, 879; vgl. aber auch Celle NJW **55**, 33); denn dies wird von Abs. 3 gerade vorausgesetzt. Das bedeutet jedoch nicht, daß die Resozialisierungsprognose offen gelassen werden kann (vgl. Köln VRS **53** 264, NZV **93**, 357). Es bedarf auf jeden Fall einer sorgfältigen Abwägung aller Umstände und einer eingehenden Würdigung von Tat und Täter; denn nur so kann festgestellt werden, ob gerade gegenüber diesem Täter die Rechtsordnung verteidigt werden muß (Bay NStZ-RR **98**, 299). Vgl. etwa Köln GA **56**, 156 (Berücksichtigung der Kriegsgefangenschaft), MDR **67**, 514 (schwere Kriegsbeschädigung), NZV **93**, 357 (verminderte Schuldfähigkeit). Übersicht über die frühere Rspr. bei Preiser NJW **56**, 1009.

46   4. Die Verteidigung der Rechtsordnung kann auch bei **Fahrlässigkeitstaten** die Strafvollstreckung gebieten (Hamm NJW **70**, 870). Zu beachten ist, daß die Rechtsordnung bei fahrlässiger und damit geringerer Schuld die Nichtvollstreckung der Strafe eher hinnehmen kann. Dieser Gesichtspunkt tritt jedoch in den Hintergrund, wenn die fahrlässige Tötung auf bewußte Mißachtung von Sicherheitsvorschriften zurückgeht (vgl. BGH DAR/S **86**, 187) oder der Täter höchst leichtfertig gehandelt hat. Anderseits gewinnt er an Bedeutung, wenn das Opfer seinen Tod durch bewußte Mißachtung von Sicherheitsvorschriften mitverschuldet hat (vgl. LG Koblenz MDR **87**, 602: Nichtanlegen des Sicherheitsgurts).

47   5. Hat der Verurteilte **U-Haft** verbüßt, die nach § 51 anzurechnen ist, so ist zu fragen, ob gerade die Reststrafe zur Verteidigung der Rechtsordnung vollstreckt werden muß (vgl. auch BGH StV **90**, 496, **91**, 157). Ausgesetzt wird aber die gesamte Strafe; Aussetzung der Reststrafe ist allein nach § 57 möglich.

48   V. Die **Entscheidung** über die Strafaussetzung erfolgt durch **richterliches Urteil**. Sie kann in der Revisionsinstanz nur darauf nachgeprüft werden, ob ein Rechts- oder ein Ermessensfehler vorliegt (vgl. BGH **6** 392, MDR/H **79**, 987, Hamburg NJW **66**, 1468, MDR **76**, 773, Koblenz VRS **51** 24, Düsseldorf NStE **17**, NStZ-RR **96**, 260, VRS **96** 444). Bloße Fragwürdigkeit einer immerhin vertretbaren Prognose berechtigt zB nicht zur Urteilsaufhebung (BGH NJW **78**, 599), wohl aber das Verkennen entscheidungserheblicher Umstände oder deren unzureichende Würdigung (Düsseldorf JMBlNW **89**, 154, VRS **96** 444). Die Entscheidung darüber, ob die Verteidigung der Rechtsordnung die Strafvollstreckung gebietet, kann vom Revisionsgericht nur auf Rechtsfehler überprüft werden (BGH NStZ **85**, 459, Bay **87**, 150).

49   1. Das Gericht kann Strafaussetzung nur in vollem Umfang oder überhaupt nicht gewähren. Eine **teilweise Aussetzung** der Strafe ist **ausgeschlossen** (Abs. 4; für den Fall der Gesamtstrafenbildung vgl. § 58 RN 3). Das schließt nicht aus, daß eine Freiheitsstrafe trotz einer daneben verhängten Geldstrafe oder angeordneten Maßregel der Besserung und Sicherung, für die eine Aussetzung nicht gewährt werden kann, zur Bewährung ausgesetzt wird. Vgl. o. 12.

Strafaussetzung   50–54 § 56

2. Das Gericht hat im Urteil zu **begründen,** weshalb es die Strafe zur Bewährung ausgesetzt hat 50
(§ 267 III StPO). Es hat nachprüfbar darzulegen, aus welchen Tatsachen es die günstige Prognose
herleitet (Düsseldorf JR **94,** 39, VRS **96** 444). Auch hat es sich mit der Frage zu befassen, ob ein
Ausnahmefall des Abs. 3 vorliegt. Jedoch genügt es, wenn aus dem Zusammenhang der Urteilsgründe
mit hinreichender Sicherheit entnommen werden kann, diese Frage sei weder übersehen noch aus
rechtsirrigen Erwägungen verneint worden (BGH LM **Nr. 19**; vgl. auch BGH NStZ **87,** 21). Eine
ausdrückliche Erörterung des Abs. 3 ist unerläßlich, wenn der Sachverhalt, der Grundlage der Verurteilung ist, die Notwendigkeit der Strafvollstreckung zur Verteidigung der Rechtsordnung nicht von
vornherein als ausgeschlossen erscheinen läßt (Düsseldorf JR **94,** 39 m. Anm. Terhorst, VRS **96** 444),
wie idR ein hoher Schaden und grober Mißbrauch einer besonderen beruflichen Stellung (BGH
NStZ **89,** 527). Fehlende oder unzureichende Begründungen stellen einen sachlich-rechtlichen
Mangel dar, der zur Zurückverweisung durch das Revisionsgericht führt (vgl. BGH wistra **83,** 146,
NStZ **89,** 527, Braunschweig NJW **54,** 484, Koblenz VRS **69** 300, BA **88,** 333, Düsseldorf NStZ **88,**
326). Die Versagung der Aussetzung ist nach § 267 III StPO an sich nur zu begründen, soweit ein
Antrag auf Aussetzung gestellt ist; ihn sieht die Rspr. allerdings bereits in der Bitte um milde
Beurteilung (Braunschweig NJW **54,** 284), im Antrag, die Berufung der StA zu verwerfen (Bremen
NJW **54,** 613), oder im Antrag auf Freispruch (BGH VRS **66** 445, KG JR **64,** 110). Auch ohne
entsprechenden Antrag ist das Urteil fehlerhaft, wenn es den Schluß nahelegt, daß der Tatrichter die
Anwendbarkeit des § 56 nicht geprüft hat (BGH **6** 68), oder wenn die Umstände für Strafaussetzung
sprechen, so daß deren Ablehnung einer durch das Revisionsgericht nachprüfbaren Begründung
bedarf (BGH **6** 172, NJW **83,** 1624, Düsseldorf VRS **88** 270). Ohne Vorliegen solcher Umstände ist
im Fehlen einer Stellungnahme zur Frage der Strafaussetzung kein Sachmangel zu erblicken (BGH
NStZ **86,** 374). Nach Köln VRS **67** 119 müssen dagegen die Urteilsgründe stets erkennen lassen, daß
die Frage der Strafaussetzung geprüft ist, sofern diese nicht offensichtlich ausscheidet.

3. Die Entscheidung über die Dauer der Bewährungszeit erfolgt im Beschlußweg (§§ 268 a, 453 51
StPO, § 56 a) wie auch jede andere nach § 56 a ff. notwendig werdende Entscheidung. Dagegen
kann die Strafaussetzung selbst nicht nachträglich angeordnet werden (Hamm JMBlNW **54,** 84),
ausgenommen die Strafaussetzung nach Bildung einer Gesamtstrafe gem. § 460 StPO (BGH **7** 183).
Ein versehentlich unterbliebener Beschluß nach § 268 a StPO ist gem. § 453 StPO unverzüglich
nachzuholen; vgl. Celle MDR **70,** 68, Koblenz MDR **81,** 423, LG Osnabrück NStZ **85,** 378, K/
Meyer-Goßner § 268 a StPO RN 8 (§ 453 StPO entsprechend anwendbar), KMR § 453 StPO
RN 3 (ergänzende Entscheidung); and. Hamm NStZ-RR **2000,** 126, Düsseldorf NStZ-RR **2000,**
146, LG Kempten NJW **78,** 839 (Beschluß nicht nachholbar), LG Freiburg StV **93,** 122, **94,** 534 bei
Strafbefehl.

4. Der Verurteilte ist über die Bedeutung der Strafaussetzung und der erteilten Auflagen und 52
Weisungen sowie über die Möglichkeit des Widerrufs der Aussetzung zu **belehren** (§ 268 a III StPO).
Die unterbliebene oder fehlerhafte Belehrung schließt allerdings einen Widerruf der Aussetzung nicht
aus (BVerfG NJW **92,** 2877, Düsseldorf VRS **91** 115; and. Koch NJW **77,** 421); über Ausnahmen vgl.
§ 56 f RN 8. Zur Beschwerdemöglichkeit vgl. § 305 a StPO.

VI. Die Entscheidung über die Strafaussetzung ist Teil der Entscheidung über die Straffrage. Jedoch 53
läßt die Rspr. eine **isolierte Anfechtung** der Entscheidung nach § 56 zu, wenn die zugrundeliegenden Erwägungen von denen der eigentlichen Strafzumessung getrennt werden können (BGH
VRS **18** 347, DAR **63,** 353, MDR/D **55,** 394, NJW **83,** 1624, Bay **54,** 55, KG VRS **12** 184, StV **99,**
605, Oldenburg NJW **59,** 1983, Köln NJW **71,** 1417, Koblenz VRS **43** 256, **46** 337, **51** 25, Saarbrücken NJW **75,** 2215, Frankfurt NJW **77,** 2176, MDR **80,** 425, Hamburg JZ **78,** 655, Karlsruhe NJW
80, 133, Düsseldorf NStZ-RR **96,** 260). Nach BGH NStZ **82,** 286, NJW **83,** 1624 soll die Rechtsmittelbeschränkung sogar nur ausnahmsweise unwirksam sein. Maßgebend bleibt stets die jeweilige
Ausgestaltung des Einzelfalles. Eine enge Verknüpfung mit Strafzumessungserwägungen, die einer
Rechtsmittelbeschränkung entgegensteht, wird zumeist vorliegen, wenn die StA die Berufung damit
begründet, daß der Angekl. einschlägig vorbestraft sei (vgl. Hamm VRS **13** 449, Braunschweig NStZ-
RR **98,** 186). Ferner werden sich besondere Tatumstände iSv Abs. 2 vielfach nicht von der Straf-
zumessung trennen lassen. Wird allerdings die Berufung auf eine reine Falschbewertung bestimmter
Umstände als besonders iSv Abs. 2 gestützt, so bestehen gegen eine isolierte Anfechtung keine
Bedenken (vgl. BGH NStZ **82,** 286). Andererseits erfaßt die auf das Strafmaß beschränkte Berufung
stets auch die Entscheidung über die Strafaussetzung (Düsseldorf NJW **56,** 1889). Mangels Beschwer
ist ein auf Aufhebung der Strafaussetzung gerichtetes Rechtsmittel des Angekl. unzulässig (vgl. BGH
NJW **61,** 1220).

In der Rechtsmittelinstanz gilt auch für die Strafaussetzung das Verbot der **reformatio in peius.** 54
Der Angekl. ist schlechter gestellt, wenn entweder die Strafe erhöht wird oder die Strafaussetzung
wegfällt. Daher ist nicht nur die Aufhebung einer Strafaussetzung bei gleicher Strafhöhe eine Schlechterstellung (Hamm NJW **55,** 1000), sondern auch der Wegfall einer Strafaussetzung bei geringerer
Strafhöhe (and. Bruns aaO 237, Mittelbach JR **55,** 8; wie hier Kaufmann aaO 300, Gribbohm LK 65).
Ebenso verstößt Ersetzung einer Freiheitsstrafe ohne Strafaussetzung durch eine längere mit Strafaussetzung gegen das Verbot der Schlechterstellung (Oldenburg MDR **55,** 436, Köln MDR **76,** 71,
Kaufmann aaO 299, Preiser NJW **56,** 1222). Dagegen werden Weisungen nach § 56 c vom Verschlechterungsverbot nicht berührt; and. jedoch Auflagen gem. § 56 b (vgl. § 56 b RN 4). Nach

Stree

BGH JZ **56**, 101 soll „die Anordnung der Strafaussetzung bei der Prüfung der Schlechterstellung außer Betracht" zu bleiben haben, was Hellmer JZ 56, 715 dahin interpretiert, daß es ausschließlich auf die Strafhöhe ankommen solle. Das würde jedoch bedeuten, daß das Rechtsmittelgericht ohne Verstoß gegen §§ 331, 358 StPO bei gleichhoher Strafe die bewilligte Strafaussetzung streichen könnte (dagegen Bruns aaO 234). Auch der Widerruf nach § 56f ist dem Berufungsgericht versagt (vgl. § 56f RN 12), gleichgültig, ob Widerrufsgrund eine andere Beurteilung der Aussetzungsvoraussetzungen oder ein neues deliktisches Verhalten des Angekl. sein soll (and. Bay NJW **57**, 1119). Über Verhängung von Jugendarrest an Stelle einer ausgesetzten Freiheitsstrafe vgl. Düsseldorf NJW **61**, 891.

§ 56a Bewährungszeit

(1) **Das Gericht bestimmt die Dauer der Bewährungszeit. Sie darf fünf Jahre nicht überschreiten und zwei Jahre nicht unterschreiten.**

(2) **Die Bewährungszeit beginnt mit der Rechtskraft der Entscheidung über die Strafaussetzung. Sie kann nachträglich bis auf das Mindestmaß verkürzt oder vor ihrem Ablauf bis auf das Höchstmaß verlängert werden.**

Schrifttum: Oske, Strittige Fragen zur Bewährungszeit, MDR 70, 189.

1   I. Das **Gericht** bestimmt die **Dauer der Bewährungszeit** (Abs. 1). Ebenso wie die Entscheidungen über die sonstige Ausgestaltung der Bewährungszeit (Auflagen, Weisungen) erfolgt die Bestimmung der Frist nicht im Tenor des Urteils, sondern gemäß § 268a StPO durch Beschluß, der aber mit dem Urteil zu verkünden ist. Vgl. dazu BGH **25** 337.

2   II. Die **Dauer der Bewährungszeit** ist elastisch gestaltet. Sie beträgt mindestens 2 Jahre, da ein nachhaltiger Erfolg, insb. der Weisungen, in kürzerer Zeit nicht erwartet werden kann, höchstens aber 5 Jahre. Die Entscheidung innerhalb dieses Spielraums trifft das Gericht nach seinem Ermessen. Wesentlich ist insoweit, welche Zeit benötigt wird, um auf den Verurteilten nachhaltig einzuwirken. Auch die Strafdauer ist zu berücksichtigen (Tröndle/Fischer 1; and. Horn SK 3), allerdings nachrangig. Soweit die Frist nicht vom Einwirkungserfordernis abhängt, hat die Bewährungszeit bei geringerer Strafhöhe kürzer auszufallen als bei längerer Strafdauer, da nur so der Verhältnismäßigkeitsgrundsatz gewahrt bleibt. Bedarf es dagegen einer längeren Zeit der Einwirkung auf den Verurteilten, so tritt die Strafdauer in den Hintergrund. Denn hier ist die Einwirkungsmöglichkeit maßgebend für die günstige Prognose (vgl. § 56 RN 24b) und damit für die Strafaussetzung. Zur Abhängigkeit der Dauer der Bewährungszeit von Auflagen und Weisungen vgl. auch Düsseldorf NStE **1**. Über Fristen bei nachträglicher Gesamtstrafenbildung vgl. § 58 RN 11.

3   III. Die **Frist beginnt** mit Rechtskraft des Urteils, in dem die Strafaussetzung angeordnet worden ist (auch bei Gesamtstrafe trotz vertikaler Teilrechtskraft, Schleswig NStZ **90**, 359). Obgleich das Institut der Strafaussetzung auf Bewährung auf die Freiheit zugeschnitten ist, verschiebt sich der Fristbeginn mangels gesetzlicher Regelung nicht, solange der Verurteilte auf behördliche Anordnung in einer Anstalt verwahrt wird (Düsseldorf MDR **73**, 426, Hamm MDR **74**, 947, Tröndle/Fischer 2, Horn SK 4, Lackner 1, Oske MDR **70**, 189, grundsätzlich auch Braunschweig NJW **64**, 1581 m. Anm. Dreher; and. Zweibrücken MDR **69**, 861 m. abl. Anm. Pohlmann Rpfleger 69, 352). Eine noch während der Anstaltsverwahrung begangene Straftat kann daher nach § 56f I S. 1 Nr. 1 den Widerruf der Strafaussetzung auslösen (vgl. § 57 RN 33), zumal nach § 56f I S. 2 ohnehin die Entscheidung über die Aussetzung, nicht erst ihre Rechtskraft insoweit maßgebender Zeitpunkt ist.

4   Wird in einem **Wiederaufnahmeverfahren** erneut Strafaussetzung gewährt, so beginnt mit Rechtskraft dieses Urteils eine neue Frist. Unerheblich ist, ob das frühere Urteil aufrechterhalten oder anderweit in der Sache erkannt wird. Auf die neue Bewährungszeit ist jedoch die Zeit, in der Verurteilte auf Grund des früheren Urteils unter Bewährung stand, anzurechnen, da vom Täter wegen einer Tat nur eine bestimmte Bewährungsdauer abverlangt werden darf. U.U. kann also eine neue Bewährungszeit völlig entfallen. Bei Wiederaufnahme zuungunsten des Verurteilten ist indes die Bewährungszeit entsprechend § 56f II zu verlängern, wenn sich nur auf diese Weise die Aussetzung der Strafvollstreckung erreichen läßt, weil sonst an der für eine günstige Prognose benötigten Zeit des Einwirkens auf den Verurteilten fehlen würde.

5   IV. **Nachträgliche** (auch mehrmalige) Verkürzung oder Verlängerung (vgl. Stuttgart MDR **78**, 1044) ist zulässig, und zwar innerhalb des Spielraums zwischen 2 und 5 Jahren. Eine Verkürzung ist aber nicht schon deshalb angebracht, weil ein langer Zeitraum zwischen Tatbegehung und Ablauf der Bewährungszeit liegt (LG Hamburg MDR **92**, 1165). Eine Verlängerung kommt etwa in Betracht, wenn sich herausstellt, daß die Schadenswiedergutmachung durch Ratenzahlungen in der festgesetzten Bewährungszeit nicht möglich ist (Hamburg MDR **80**, 246). Sie ist ausgeschlossen, wenn die ursprünglich festgesetzte Frist abgelaufen ist, ausgenommen im Fall des § 56f II (vgl. § 56f RN 10). Das Verfahren richtet sich nach § 453 StPO. Fehler bei der vorausgegangenen Rechtsanwendung erlauben jedoch keine nachträgliche Korrektur (Düsseldorf NStZ **91**, 53).

6   V. Während der Bewährungszeit **ruht** die **Vollstreckungsverjährung** (§ 79a Nr. 2b).

Auflagen 1–5 **§ 56b**

§ 56b Auflagen

(1) Das Gericht kann dem Verurteilten Auflagen erteilen, die der Genugtuung für das begangene Unrecht dienen. Dabei dürfen an den Verurteilten keine unzumutbaren Anforderungen gestellt werden.

(2) Das Gericht kann dem Verurteilten auferlegen,
1. nach Kräften den durch die Tat verursachten Schaden wiedergutzumachen,
2. einen Geldbetrag zugunsten einer gemeinnützigen Einrichtung zu zahlen, wenn dies im Hinblick auf die Tat und die Persönlichkeit des Täters angebracht ist,
3. sonst gemeinnützige Leistungen zu erbringen oder
4. einen Geldbetrag zugunsten der Staatskasse zu zahlen.

Eine Auflage nach Satz 1 Nr. 2 bis 4 soll das Gericht nur erteilen, soweit die Erfüllung der Auflage einer Wiedergutmachung des Schadens nicht entgegensteht.

(3) Erbietet sich der Verurteilte zu angemessenen Leistungen, die der Genugtuung für das begangene Unrecht dienen, so sieht das Gericht in der Regel von Auflagen vorläufig ab, wenn die Erfüllung des Anerbietens zu erwarten ist.

Vorbem. Abs. 2 neugefaßt durch VerbrechensbekämpfungsG v. 28. 10. 1994, BGBl. I 3186.

Schrifttum: Baumann*, Der Auflagenkatalog im Strafrecht, GA 58, 193. –* Baur*, Die Bewährungsauflagen der Schadenswiedergutmachung und das Zivilrecht, GA 57, 338. –* Bruns*, Rechtsgrundlage und Zulässigkeit strafrechtlicher Auflagen usw., GA 59, 191. –* Stree*, Deliktsfolgen und Grundgesetz, 1960.*

I. Um sich zu bewähren und dadurch Straferlaß zu verdienen, genügt es im allgemeinen nicht, daß 1
der Täter keine neuen Straftaten begeht. Ein Sichbewähren, das einen Erlaß der Strafe rechtfertigt, setzt voraus, daß der Verurteilte in der Bewährungszeit mehr tut, als ohne neue Delikte zu leben. § 56 stellt zwar auf die bloße **Erwartung** ab, der Verurteilte werde unter Einwirkung des Strafvollzugs „**keine Straftaten**" mehr begehen". Er geht aber davon aus, daß dem Verurteilten nach § 56b regelmäßig Auflagen erteilt werden, die einen Teil der Reaktion auf ein Fehlverhalten zu übernehmen haben, und daß daher die nach § 56b auferlegten Leistungen Voraussetzung für die Strafaussetzung sind. Da zudem der gröbliche oder beharrliche Verstoß gegen Auflagen den Widerruf der Strafaussetzung begründet, ist somit zu prüfen, ob unter Berücksichtigung der Auflagen des § 56b eine günstige Prognose gestellt werden kann.

Daneben wird vom Verurteilten aber auch erwartet, er werde die **Weisungen** befolgen, die ihm 2
nach § 56c erteilt werden können. Während **Auflagen** einen repressiven Charakter tragen (strafähnliche Sanktion; vgl. Frankfurt MDR **94**, 499, Jescheck/Weigend 840, Lackner 1, Schmidhäuser 821), sollen Weisungen dem Verurteilten helfen, nicht wieder straffällig zu werden, und sind damit Hilfsmittel, die nach Auffassung des Gerichts erforderlich sind, um das Bewährungsziel zu erreichen. Auch die Befolgung dieser Weisungen ist daher Bestandteil der Strafaussetzung und Voraussetzung dafür, daß sich der Verurteilte bewährt. Zur Abgrenzung von Auflagen und Weisungen vgl. ferner § 56c RN 2.

II. Dem Verurteilten können **Auflagen** gemacht werden, die der Genugtuung für das begangene 3
Unrecht dienen. Das Gericht kann sich auf eine bestimmte Auflage beschränken oder mehrere Auflagen nebeneinander erteilen. Es kann aber auch verschiedene Auflagen alternativ nebeneinander stellen und dem Verurteilten überlassen, welche er erfüllen will (Schleswig OLGSt Nr. **1**). So kann es zB verschiedene gemeinnützige Einrichtungen benennen, an die ein Geldbetrag zu zahlen ist, und die Auswahl dem Verurteilten freistellen. Dagegen darf es die Auswahl nicht einer anderen Person übertragen, etwa einem Bewährungshelfer.

1. Der **Genugtuung für das begangene Unrecht** dienen Auflagen dann, wenn sie in der Rechts- 4
gemeinschaft ein Gefühl der Befriedigung darüber hervorrufen, daß die vom Täter verursachte Rechtsverletzung nicht ohne Sanktion geblieben ist. Zweck der in § 56b getroffenen Regelung ist es deshalb, einen Ausgleich für begangenes Unrecht zu schaffen. Die in Abs. 2 Nr. 2–4 genannten Auflagen stellen eine echte Reaktion auf die Straftat dar (Köln StV **98**, 177). Zugleich können sie, wie Strafen auch, präventiv und erzieherisch wirken; dies ist aber nicht ihre eigentliche Aufgabe. Als strafähnliche Sanktion unterliegen Auflagen dem Verschlechterungsverbot des § 331 I StPO (Koblenz NJW **77**, 1074 m. abl. Anm. Gollwitzer JR 77, 346, Frankfurt NJW **78**, 959, Jescheck/Weigend 865; and. Hamm NJW **78**, 1596, Hamburg MDR **80**, 598, Koblenz NStZ **81**, 154, Düsseldorf JMBlNW **86**, 273, Oldenburg NStZ-RR **97**, 9; vgl. dazu Horn MDR 81, 14, Loos NStZ 81, 363; and. auch BGH NJW **82**, 1544 m. Anm. K. Meyer JR 82, 338, wenn nach der früheren Entscheidung neue Umstände eingetreten sind, die eine Auflage rechtfertigen).

Genugtuung leistet der Täter aber auch, wenn er das beeinträchtigte Rechtsgefühl dadurch aus- 5
söhnt, daß er den **Schaden ausgleicht** und damit symbolisch begangenes Unrecht wiedergutmacht. Auch hier ist Grundgedanke der Regelung nicht eine Erziehung des Täters, sondern die Erwägung, daß bei manchen Straftaten, vor allem bei Taten gegen materielle Interessen, eine Strafvollstreckung nicht erforderlich ist, wenn der Täter Ersatz leistet. Die vorübergehende Beeinträchtigung kann dann hingenommen werden. Der Genugtuung dient jedoch nicht die Zahlung der Gerichtskosten (vgl. BGH **9** 365) oder der Kosten der Nebenklage (vgl. Frankfurt MDR **80**, 516), so daß eine hierauf

gerichtete Auflage unzulässig ist. Ebensowenig hat der Ausgleich des Schadensersatzes durch einen Dritten die erforderliche Genugtuungsfunktion; eine Auflage, den Dritten, der den Schaden beim Tatopfer beglichen hat, zu entschädigen, entspricht daher nicht dem Abs. 2 S. 1 (Hamm NStZ **97**, 237). Die Unzulässigkeit einer solchen Auflage darf auch nicht mit einer Kombination von Zahlungsverpflichtung gegenüber einer gemeinnützigen Einrichtung und Vorbehalt dieser Auflage bei Regreßzahlungen an den Dritten umgangen werden (Hamm NStZ-RR **98**, 138).

6 2. Durch die Auflage wird dem Verurteilten ein **besonderes Opfer** abverlangt. Eine Ausnahme bildet der Fall der Schadenswiedergutmachung, soweit hier der Verurteilte einer zivilrechtlichen Ersatzpflicht nachkommt. Aber auch in diesem Fall setzt er Teile seines Vermögens ein, um Genugtuung zu leisten, so daß die Sachlage ähnlich ist.

7 Da die Genugtuung durch Opfer auf verschiedenen Wegen erreicht werden kann, ist es auch bei Vermögensdelikten möglich, dem Verurteilten die Zahlung eines Geldbetrags zugunsten der Staatskasse aufzuerlegen, ohne daß die Schadenswiedergutmachung angeordnet wird. Entsprechend der Funktion der Auflage ist jedoch das Gericht verpflichtet, dem Täter ein **tatadäquates Opfer** abzuverlangen, zB die gemeinnützige Einrichtung, an die ein Geldbetrag zu zahlen ist oder für die sonstige Leistungen zu erbringen sind, möglichst so auszuwählen, daß eine Beziehung zur begangenen Tat besteht.

8 III. Abs. 2 enthält eine **abschließende Aufzählung** der möglichen Auflagen. Auflagen, die in Abs. 2 keine Grundlage haben, sind unzulässig, so daß ihre Nichterfüllung keinen Widerrufsgrund abgibt. Vgl. dazu BVerfG NJW **95**, 2279.

9 1. Im Vordergrund steht die Auflage, den **Schaden wiedergutzumachen** (Nr. 1). Ihre Vorrangstellung vor den übrigen Auflagen hat der Gesetzgeber durch den 1994 eingefügten S. 2 eindeutig herausgestellt. Die Auflage ist bei Vermögensdelikten idR – uU neben weiteren Auflagen – anzuordnen. Sie bezieht sich auf den Ausgleich des beim Tatopfer verursachten Schadens, auch des ideellen, der durch die Straftat entstanden ist, und zwar in erster Linie im Rahmen der zivilrechtlichen Ersatzpflicht (vgl. LG Zweibrücken NStZ **97**, 283, auch Baur GA 57, 340, Müller-Dietz D. Schultz-FS, 1987, 253). Daneben kommt aber auch eine Wiedergutmachung – etwa bei immateriellen Schäden – in dem vom BGB nicht geregelten Fällen in Betracht (Dilcher NJW 56, 1346 f.; and. LG Bremen NJW **71**, 153, Stuttgart MDR **71**, 1025, Horn SK 4; krit. zur Gegenmeinung Frehsee NJW 81, 1253). Zu denken ist etwa an einen Ausgleich für seelische Leiden als Tatfolgen. Ihm kommt uU eine zweckmäßigere Genugtuung tatadäquater Art zu als einer Geldzuwendung an eine gemeinnützige Einrichtung. Die Verjährung des privatrechtlichen Ersatzanspruchs schließt die Anwendung der Nr. 1 jedenfalls nicht aus (Stuttgart MDR **71**, 1025, Hamm NJW **76**, 527, Schall NJW 77, 1045). Die Ersatzpflicht kann einen finanziellen Ausgleich, aber auch jede andere Art der Wiedergutmachung zum Inhalt haben. Bei betrügerisch erlangter Vorleistung des Kaufpreises für ein Grundstück darf dem Täter jedoch nicht auferlegt werden, den Kaufvertrag nachzuholen (Stuttgart NJW **80**, 1114 m. krit. Anm. Frhr. v. Spiegel NStZ 81, 101). Ebensowenig darf, um die Schadenswiedergutmachung zu ermöglichen, die Auflage ergehen, unverzüglich ein Arbeitsverhältnis zu begründen (BVerfGE **58** 358). Es genügt die Auflage, den angerichteten Schaden zu ersetzen, und zwar in voller Höhe oder zu einem Bruchteil (zB bei mitwirkendem Verschulden des Verletzten). Die Schadenshöhe braucht der Strafrichter nicht festzustellen; er kann dies dem Verletzten und dem Verurteilten oder einem zivilgerichtlichen Verfahren überlassen. U. U. empfiehlt es sich, die Modalitäten der Wiedergutmachung festzulegen, zB einen Tilgungsplan aufzustellen. Ist vor der Entscheidung nach § 56 b über den Schadensersatzanspruch in einem Zivilurteil entschieden worden, so ist der Strafrichter grundsätzlich hieran gebunden, sofern dem Verurteilten keine die Grenzen zivilrechtlicher Ersatzpflichten überschreitende Wiedergutmachung auferlegt werden soll. Ist jedoch die Klage auf Schadensersatz erfolglos geblieben, weil der Verletzte die erforderlichen Beweise nicht erbringen konnte, so steht die Abweisung der Schadensersatzklage einer Auflage, den Schaden wiedergutzumachen, nicht entgegen, wenn der Strafrichter die Voraussetzungen für eine Schadensersatzpflicht festgestellt hat (Oldenburg NdsRpfl **90**, 40, Brandenburg. OLG NStZ **98**, 196). Bei einem später ergehenden, von der Auflage abweichenden Zivilurteil oder bei sonstiger Feststellung einer anderen Schadenshöhe (vgl. Hamburg MDR **80**, 246, **82**, 340) ist die Auflage gemäß § 56 e zu modifizieren. Vgl. § 56 e RN 3, Pentz NJW 56, 1867, Dilcher NJW 56, 1346, Hellmer, AcP 155, 527, Schnitzerling DAR 59, 201. Zu Problemen der Wiedergutmachung bei Konkurs des Verurteilten vgl. Schreiner DRiZ 77, 336. Zur Auflage, Schmerzensgeld zu zahlen, vgl. LG Bremen NJW **71**, 153. Bei dessen Bemessung ist im Hinblick auf die Genugtuungsfunktion die Ahndung der Tat zu berücksichtigen (vgl. BGH StV **93**, 118). Zur Unzulässigkeit der Auflage, die Gerichtskosten oder die Kosten der Nebenklage zu zahlen, sowie zur Unzulässigkeit der Auflage, einen Dritten für dessen Schadensersatzleistungen zu entschädigen, vgl. o. 5.

10 Die Auflage ist darauf zu beschränken, daß der Verurteilte der Verpflichtung nur **nach Kräften** nachzukommen hat. Widerruf der Strafaussetzung darf daher nicht erfolgen, wenn der Verurteilte sich ernsthaft um die Wiedergutmachung bemüht hat, diese jedoch ohne sein Verschulden vereitelt worden ist. Deshalb kann dem Verurteilten auch dann Schadenswiedergutmachung auferlegt werden, wenn zZ der Urteilsfällung zweifelhaft ist, ob ihm dies gelingen wird. So zB, wenn zur Wiedergutmachung die Mitwirkung des Verletzten erforderlich, dessen Bereitschaft hierzu aber ungewiß ist oder wenn Zahlungspflichten die derzeitige Leistungsfähigkeit des Verurteilten übersteigen (Düsseldorf NStZ **93**, 136). Zur Schadenswiedergutmachung gehört nicht die Pflicht, dem Geschädigten Auskunft

Auflagen 11–14 § 56 b

über den Beuteverbleib zu erteilen, so daß eine derartige Auflage im Abs. 2 Nr. 1 keine Grundlage hat (vgl. Bremen StV **86**, 253). Ebensowenig darf die Wiedergutmachungsauflage mit der Auflage verbunden werden, die Einkommensverhältnisse zwecks Nachweises der ordnungsgemäßen Erfüllung der Wiedergutmachung offenzulegen (BVerfG NJW **95**, 2279: Verstoß gegen Art. 2 I GG) oder dem Bewährungshelfer die finanzielle Lage zur Einschätzung der Leistungsfähigkeit darzulegen (Oldenburg NStZ-RR **97**, 9). Zum Ganzen vgl. Frehsee, Schadenswiedergutmachung als Instrument strafrechtlicher Sozialkontrolle, 1987, 231 ff.

2. Die **Geldauflage** zugunsten einer gemeinnützigen Einrichtung **(Nr. 2)** ist davon abhängig, daß **11** sie im Hinblick auf die Tat und die Persönlichkeit des Täters angebracht ist. Sie kommt danach nur in Betracht, wenn ohne sie im Hinblick auf das Absehen von der Strafvollstreckung das begangene Unrecht keinen hinreichenden Ausgleich und für die Rechtsgemeinschaft keine hinreichende Genugtuung erfahren hat. Die gemeinnützige Einrichtung muß nicht unbedingt steuerrechtlich als solche anerkannt sein. Die auferlegten Geldbeträge sind in ihrer Höhe unabhängig von § 40 (Stuttgart NJW **54**, 522, Tröndle/Fischer 7; and. Horn SK 9 a; vgl. dazu Fünfsinn NStZ 87, 98, ferner Frankfurt StV **89**, 250, wonach die Grundsätze für die Tagessatzhöhe herangezogen werden können). Sie müssen sich jedoch in einem angemessenen und zumutbaren Rahmen halten (vgl. Hamm VRS **12** 61, Braunschweig NdsRpfl **68**, 89); dieser ergibt sich aus der Zumutbarkeitsgrenze des Abs. 1 S. 2 und dem Verhältnismäßigkeitsgrundsatz. Danach ist zwar eine empfindliche Geldbuße nicht ausgeschlossen; der Betrag kann auch erheblich höher sein als eine neben der ausgesetzten Freiheitsstrafe verhängte Geldstrafe (vgl. Nürnberg GA **59**, 157); er muß aber in angemessenem Verhältnis zur Tatschwere und Tatschuld stehen. Zudem sind die persönlichen und wirtschaftlichen Verhältnisse des Täters zu berücksichtigen. Ein Betrag, den der Verurteilte auch nicht in Raten aufbringen kann, ist unzulässig (Düsseldorf VRS **74** 358; vgl. aber auch Düsseldorf NStZ **93**, 136, wo auf krasses Mißverhältnis zur wirtschaftlichen Lage abgestellt wird). Mit der Geldauflage hat das Gericht zugleich eine Zahlungsfrist festzusetzen, wobei es auch Zahlung in bestimmten Raten zu bestimmten Fälligkeitsterminen zubilligen kann. Es darf die Festlegung von Fristen und Raten nicht einem Bewährungshelfer überlassen, ebensowenig der Vollstreckungsbehörde (vgl. u. 35). Die Zahlung kann unmittelbar an die begünstigte Einrichtung erfolgen oder in der Weise, daß die Gerichtskasse sie entgegennimmt und weiterleitet (Händel JR **55**, 377). Ein Rechtsverhältnis zwischen Täter und Einrichtung entsteht nicht (Gribbohm LK 12). Die Auflage nach Nr. 2 hat hinter der Auflage nach Nr. 1 zurückzustehen. Das Gericht soll sie nur erteilen, soweit die Erfüllung der Auflage der Schadenswiedergutmachung nicht entgegensteht. Wird diese mit der Auflage nach Nr. 2 nicht beeinträchtigt, etwa weil der Täter auf Grund seiner finanziellen Lage neben Schadensersatzleistungen ohne weiteres weitere Zahlungen erbringen kann, so steht nichts im Wege, die Auflage nach Nr. 2 zu erteilen.

Da die Rspr. den **Staat** nicht als gemeinnützige Einrichtung betrachtet hatte (Köln NJW **67**, 455), **12** sieht Nr. 4 vor, daß dem Verurteilten auferlegt werden kann, einen Geldbetrag an die Staatskasse statt an eine gemeinnützige Einrichtung zu zahlen. Damit übernimmt diese Auflage – vor allem im Hinblick auf den von § 56 b verfolgten Zweck – die Funktion einer Geldstrafe (vgl. auch Bruns GA 56, 210, Baumann GA 58, 198). Bedenken daraus, daß letztere nach § 40 an bestimmte Regelungen gebunden ist, während dies bei § 56 b nicht der Fall ist, bestehen nicht, da es sich darum handelt, hier eine schwerere Freiheitsentziehung durch eine für den Täter leichtere Reaktion zu ersetzen. Nr. 2 ermächtigt jedoch nicht zu der Auflage, eine neben der ausgesetzten Freiheitsstrafe verhängte Geldstrafe zu zahlen. Die Wirksamkeit einer Geldstrafe soll die Ersatzfreiheitsstrafe nach § 43 sichern und ist nicht mit einer Auflage und der Möglichkeit des Widerrufs der ausgesetzten Freiheitsstrafe nach § 56 f sicherzustellen. Ebensowenig kann als Geldauflage die Entrichtung des Wertersatzes nach § 74 c auferlegt werden (vgl. Köln NJW **57**, 1120). Eine solche Geldauflage hätte nicht die vorausgesetzte Genugtuungsfunktion; sie würde vielmehr als Druckmittel zur Leistung des Wertersatzes dienen. Da mittels einer Auflage nicht die Herausgabe eines eingezogenen Gegenstandes erzwungen werden kann, darf dies auch nicht beim Wertersatz geschehen. Ebensowenig darf die Geldauflage zur Vorteilsabschöpfung eingesetzt werden (Hamm NStZ **91**, 583). Zum Zurückstehen der Auflage nach Nr. 4 hinter der Auflage nach Nr. 1 gilt das o. 11 aE Ausgeführte entsprechend.

3. Außerdem kann dem Verurteilten auferlegt werden, **sonstige gemeinnützige Leistungen** zu **13** erbringen (Nr. 3). Als solche kommen Leistungen jeder Art in Betracht, also sowohl finanzielle Opfer wie auch Handlungen, die der Allgemeinheit zugute kommen. Dazu gehören aber nicht „Bußzahlungen" an Tatopfer oder deren Hinterbliebene, auch wenn deren finanzielle Unterstützung im Interesse der Allgemeinheit liegt (LG Bremen NJW **71**, 153). Leistungen an Opfer lassen sich nur im Rahmen der Schadenswiedergutmachung auferlegen. Zum Zurückstehen der Auflage nach Nr. 3 hinter der Auflage nach Nr. 1 gilt das o. 11 aE Ausgeführte entsprechend.

Zweifel bestehen jedoch **an der Verfassungsmäßigkeit** dieser Bestimmung.

a) Einmal fragt sich, ob Nr. 3 in Einklang mit dem **Bestimmtheitsgrundsatz** des Art. 103 II GG **14** steht, da hier die Rechtsfolge einer Straftat nicht vom Gesetz, sondern nach Qualität und Quantität vom Richter bestimmt wird. Die Tatsache, daß überwiegend die Auffassung vertreten worden war, Auflagen könnten nur in dem vom Gesetz ausdrücklich umrissenen Rahmen gemacht werden (vgl. 15. A. § 24 a RN 16), hat den Gesetzgeber zu dem Versuch veranlaßt, die möglichen Auflagen gesetzlich festzulegen (vgl. BT-Drs. V/4094 S. 12). Dabei wurde übersehen, daß Nr. 3 weiterhin eine Generalklausel darstellt, die dem Richter – abgesehen von der Gemeinnützigkeit – keinerlei Anhaltspunkte für Art und Umfang der aufzuerlegenden Leistungen gibt. Aus diesem Grund stehen Nr. 3 ebenso verfassungsrechtliche Bedenken entgegen wie § 24 idF vor dem 1. StrRG, soweit es sich um Auflagen außerhalb der dort genannten handelte (vgl. ferner Stree aaO 144 FN 26, S. 147 FN 34).

15 b) Zweifel an der Verfassungsmäßigkeit sind aber auch insofern angebracht, als zwar finanzielle Leistungen an eine gemeinnützige Institution (zB unentgeltliche Lieferung von Lebensmitteln an Altersheime) keinen Bedenken begegnen, wohl aber fraglich ist, ob die Anordnung sonstiger Leistungen, als welche praktisch nur Dienst- u. Arbeitsleistungen in Frage kommen, mit **Art. 12 GG** vereinbar ist. Auch diese Frage ist schon für § 24 idF vor dem 1. StrRG verneint worden (Hamburg NJW **69**, 1780, Stree aaO 185, hier 14. A. § 24 RN 8, 21), und an dieser Problematik hat sich in § 56 b nichts geändert (vgl. Zöbeley Faller-FS, 1984, 354 f., Mrozynski JR **87**, 274, auch Köhler JZ **88**, 749, Gerken/Henningsen MSchrKrim **89**, 226). Danach ist es unzulässig, dem Verurteilten Arbeitsleistungen in gemeinnützigen Anstalten, wie Krankenhäusern, Kinderheimen usw (vgl. BT-Drs. V/4094 S. 12) oder Dienst bei der Feuerwehr aufzuerlegen oder von ihm zusätzliche Dienstleistungen innerhalb seines Berufs (zB Sonntagsdienst, unbezahlte Überstunden usw) zu verlangen (and. BVerfG **83** 119 = NJW **91**, 1043, wonach der Schutzbereich des Art. 12 GG nicht berührt sein soll, Schleswig OLGSt Nr. **1**, SchlHA **88**, 168, Tröndle/Fischer 8, Lackner 5; Bedenken dagegen bei Ostendorf, JGG, § 10 RN 13). Daß solche Tätigkeiten „Arbeit" iSv Art. 12 II GG sind, kann nicht bezweifelt werden (vgl. Mrozynski JR **83**, 400). Ebensowenig kann verkannt werden, daß die Alternative für den Verurteilten, nämlich Widerruf der Strafaussetzung, einen Zwang auf ihn ausübt, die auferlegte Arbeit zu leisten. Nur im Wege freiwilligen Anerbietens gem. Abs. 3 kann eine „Arbeitsauflage" gemacht werden, deren Befolgung jedoch nicht durchgesetzt werden kann (vgl. dazu u. 26 ff.). Zudem ist eine Geldauflage mit der Maßgabe zulässig, daß der Verurteilte die Geldauflage nach seinem Belieben durch freie gemeinnützige Arbeit nach einem bestimmten Schlüssel, etwa 10 DM pro Arbeitsstunde, tilgen darf (Celle NStZ **90**, 148 m. Anm. Arloth). Wird die Auflage einer gemeinnützigen Arbeit für zulässig erachtet, so hat das Gericht die inhaltliche Ausgestaltung (Leistungsumfang, Erfüllungszeit usw.) festzulegen; es darf diese nicht dem Bewährungshelfer übertragen (Frankfurt NStZ-RR **97**, 2).

16 c) Zulässig soll nach der Rspr. sein, einem Zivildienstverweigerer aufzuerlegen, den gesetzlichen **Zivildienst** abzuleisten (Hamburg NJW **69**, 1782, Hamm StV **81**, 75; and. LG Köln NJW **89**, 1171) oder ein Arbeitsverhältnis gem. § 15 a ZDG einzugehen (Bay **70**, 122, Hamm aaO, Nürnberg NStZ **82**, 429). Der Auflage, ein Arbeitsverhältnis einzugehen, stehen jedoch die o. 15 angeführten Bedenken entgegen. § 15 a ZDG geht von einer freiwilligen Arbeit aus, so daß entgegen Hamm aaO eine Pflicht auferlegt würde, die ohne die Auflage nicht bestünde. Die Auflage, eine Arbeitsleistung gem. § 15 a ZDG zu erbringen, ist daher allenfalls vertretbar, wenn der Verurteilte sich gem. Abs. 3 zu einer solchen Tätigkeit erboten und sich zudem mit der Auflage einverstanden erklärt hat. Sie dient dann nur dazu, das freiwillige Angebot auf sichere Füße zu stellen, da der Verurteilte nunmehr, wenn er sein Angebot nicht erfüllt, den Widerruf der Strafaussetzung zu erwarten hat. Bedenklich ist aber auch die Auflage, den Zivildienst abzuleisten. Sie hat eher den Zweck, den Willen des Verurteilten zu beugen und diesen zur Pflichterfüllung anzuhalten, als eine Genugtuungsfunktion. Ein solcher Zweck darf jedoch nicht die wesentliche Funktion einer Auflage sein (vgl. Bay NJW **80**, 2425). Vgl. zum Ganzen auch Koblenz NStZ-RR **97**, 149.

17 IV. Die Anordnung der Auflagen steht im **Ermessen** des Gerichts. Sie wird aber die Regel bilden, da § 56 b nicht nur die Möglichkeit gibt, der Rechtsgemeinschaft Genugtuung für das begangene Unrecht zu gewähren, sondern zugleich zum Ausdruck bringt, daß die Gemeinschaft hierauf ein Anrecht hat. Es wird hiermit vermieden, daß die Tat ohne fühlbare Folgen für den Verurteilten bleibt (Jescheck/Weigend 840), abgesehen von den Verfahrenskosten, die ohnehin anfallen.

18 1. Bei der Anordnung hat der Richter den Zweck der Auflage im Auge zu behalten, also darauf zu achten, daß die Auflage der Genugtuung für das begangene Unrecht zu dienen hat. Zweckwidrig wäre zB, wenn dem Verurteilten aufgegeben würde, eine wegen einer anderen Tat verhängte Geldstrafe zugunsten der Staatskasse zu zahlen (vgl. auch Köln NJW **57**, 1120). Unsachgemäß wäre auch eine nur spezialpräventiv ausgerichtete Auflage.

19 2. Ferner dürfen nach Abs. 1 S. 2 an den Verurteilten **keine unzumutbaren Anforderungen** gestellt werden. Unzumutbar ist etwa eine Auflage, die zu einer unerträglichen existentiellen Gefährdung in wirtschaftlicher Hinsicht führt (vgl. Koblenz NStZ-RR **97**, 149). Die Zahlung eines hohen Geldbetrags kann nicht verlangt werden, wenn der Verurteilte in besonders schlechten wirtschaftlichen Verhältnissen lebt (vgl. Hamburg VRS **40** 349, LG Zweibrücken StV **2000**, 86). Gleiches gilt etwa für die Auflage, als gemeinnützige Leistung eine Blutspende zu erbringen oder sich zum Entwicklungsdienst zu melden. Dies ist nur zulässig, wenn es vom Verurteilten freiwillig angeboten wird (vgl. dazu u. 30). Unzumutbar ist ferner die Auflage, mit dem Geschädigten einen Vertrag über die Schadensregulierung zu treffen, da der Verurteilte insoweit dem Geschädigten ausgeliefert sein kann (vgl. Bremen StV **86**, 253).

20 3. Eine weitere Schranke bildet der **Verhältnismäßigkeitsgrundsatz**. Er ist schon in dem Gedanken der Genugtuung enthalten und bedeutet, daß die Auflage auch in ihrer Art und Höhe dem Maß der Tatschuld angemessen sein muß. Eine schuldüberschreitende Genugtuung ist bei einer Auflage ebensowenig wie bei der Strafe tragfähig. Verhängt zB das Gericht nach § 47 I eine Freiheits-

4. Die Auflage darf ferner nicht gegen **Grundrechte** verstoßen. Grundrechtswidrige Auflagen sind als Verstoß gegen das GG auch dann unzulässig und für den Verurteilten unverbindlich, wenn dieser in ihre Erteilung eingewilligt hat. **21**

a) **Unzulässig** sind daher zB Auflagen, die die Glaubens- und Gewissensfreiheit (Art. 4 GG) einschränken, so wenn etwa die gemeinnützige Leistung in einer kirchlichen Tätigkeit bei einer dem Täter fremden Konfession bestehen sollte. Ebenso verhält es sich mit einer Auflage, deren Befolgung nach außen hin den Anschein erweckt, der Verurteilte habe sich die Ziele eines Vereins zu eigen gemacht (Verstoß gegen Art. 9 GG). Nicht zu billigen ist daher die von Buse DAR 59, 205 befürwortete Auflage an einen Verkehrssünder, sich an bestimmten Aufklärungsaktionen der Verkehrswacht zu beteiligen. Durch die Auflage, einem bestimmten Verein einen Geldbetrag zu zahlen, wird Art. 9 GG nicht verletzt. Ferner darf niemand durch eine Auflage zu einer bestimmten Berufs- oder Arbeitswahl angehalten oder zu einer Arbeitsleistung gezwungen werden (vgl. o. 15). Vgl. im einzelnen Stree aaO 151 ff., ferner Lang-Hinrichsen, Verhandlungen des 43. DJT (1960) Bd. I, 3. Teil B S. 77 ff. **22**

b) Eingriffe in Grundrechte sind im genannten Umfang nur unzulässig, wenn die Auflage eine Grundrechtseinschränkung zum Ziel hat. Grundrechtseinschränkungen, die sich lediglich als unerläßliche **Nebenwirkung** einer an sich zulässigen Auflage einstellen, führen nicht zum Verbot der Auflage (Stree aaO 149). Wer etwa infolge einer Auflage daran gehindert ist, Versammlungen zu besuchen, kann sich nicht auf Art. 8 GG berufen. **23**

c) Zur Bedeutung des **Art. 19 I 2 GG** für grundrechtseinschränkende Auflagen vgl. Bruns GA 59, 213, NJW 59, 1395, Maunz-Dürig Art. 2 Abs. 1 Anm. 78, Stree aaO 238 ff. **24**

d) Eine **weitergehende** Beschränkung der Grundrechte hat Braunschweig NJW **57**, 760 für zulässig gehalten (ebenso Heinitz ZStW 70, 13; ähnlich Grasnick NJW 59, 2000); dies sollte sich daraus ergeben, daß der Verurteilte im Strafvollzug einem besonderen Gewaltverhältnis unterworfen ist, das von sich aus eine Einschränkung der Freiheit der Person und der Meinungsäußerung mit sich bringt (vgl. dagegen BVerfGE **33** 1, **58** 366 f.). Diese Argumentation überzeugt nicht (vgl. Hamburg NJW **64**, 1814). Die über den Freiheitsentzug hinausgehenden Beschränkungen im Strafvollzug sind dessen notwendige Nebenwirkungen, nicht aber als solche beabsichtigte Eingriffe in Grundrechte, wie sie es bei ihrer Verselbständigung als Auflage sein würden. Ferner würde sich bei Weisungen, für die Entsprechendes zu gelten hat, die Dauer der Beschränkung zuungunsten des Verurteilten verlängern; als Strafvollzug käme in den Fällen des § 56 bis höchstens 2 Jahre in Betracht, während bei der Strafaussetzung die Bewährungszeit mindestens 2 Jahre beträgt. Es lassen sich daher von dem mit dem Strafvollzug verbundenen Beschränkungen keine Schlüsse auf die Auflagen ziehen (BVerfGE **58** 366). Ähnlich Bruns GA 59, 216, Peters JZ 57, 65, Stree aaO 141. Vgl. weiter die Ausführungen zu § 56 c. **25**

V. Eine weitere Einschränkung des Ermessens ergibt sich aus **Abs. 3**. Erbietet sich der Verurteilte **freiwillig** zu entsprechenden Leistungen, so ist idR von Auflagen vorläufig abzusehen, wenn die Erfüllung des **Anerbietens** zu erwarten ist. Abs. 3 hat den Zweck, den Verurteilten zu freiwilliger Mitarbeit bei der Bewährung anzuregen und ihm den Weg zu selbstgewählten Leistungen als Genugtuung zu öffnen (vgl. E 62 Begr. 201). **26**

1. Eine **angemessene Leistung** ist in erster Linie eine solche iSv Abs. 2 Nr. 3, es kommen jedoch auch Leistungen der in Abs. 2 Nr. 1 u. 2 genannten Art in Betracht. Die angebotenen Leistungen brauchen nicht denen des Abs. 2 zu entsprechen, zB nicht gemeinnützig zu sein. Zu denken ist zB an die Beschaffung einer Wohnung oder eines günstigen Arbeitsplatzes für den Verletzten oder für dessen Angehörige. Auch eine als Auflage unzulässige (vgl. o. 13) Bußzahlung an Hinterbliebene kommt in Betracht. Die Angemessenheit der Leistung setzt idR voraus, daß der Verurteilte hinreichende Fristen nennt, innerhalb derer er das Angebotene erfüllen will. **27**

2. Erforderlich ist aber auch hier, daß die Leistung der **Genugtuung** für das begangene Unrecht dient; sie muß also eine Einbuße enthalten, die in ihrem Gewicht derjenigen entspricht, die vom Gericht sonst nach Abs. 1, 2 für erforderlich gehalten würde. Wenn die angebotene Einbuße unter dieser Grenze bleibt, kann das Gericht von der Annahme des Anerbietens absehen oder eine zusätzliche Auflage als Ausgleich erteilen. Ein weitergehendes Ermessen in dieser Hinsicht kann ihm nicht eingeräumt werden, obwohl der Wortlaut des Abs. 3 auf eine solche Auslegung deuten könnte. Da Zweck der Auflage die Genugtuung für das begangene Unrecht ist, kann nicht zugelassen werden, daß das Gericht eine andersartige Genugtuung verlangt, wenn die angebotene ausreicht. Auch besondere Gründe rechtfertigen keine Ausnahme (and. E 62 Begr. 201). Dem Genugtuungszweck entspricht allerdings ein tatinadäquates Angebot nicht zur Genüge, wenn tatadäquate Leistungen in Betracht kommen, weil die angebotene Leistung dann als Genugtuung nicht angemessen ist. An der Angemessenheit kann es zB fehlen, wenn statt der gebotenen Schadenswiedergutmachung Geldzahlungen an eine gemeinnützige Einrichtung ohne jegliche Beziehung zur Tat angeboten werden, der Verurteilte zB auf Unterstützung einer ihm nahestehenden Einrichtung abzielt. **28**

§ 56 c   Allg. Teil. Rechtsfolgen der Tat – Strafaussetzung zur Bewährung

29   3. Die **Erfüllung** des Anerbietens muß (in einer genannten Frist) **zu erwarten** sein, dh die Persönlichkeit des Verurteilten und seine Lebensverhältnisse müssen eine gewisse Gewähr für die Ernsthaftigkeit des Angebots bieten. Da nur vorläufig von einer Auflage abzusehen ist (vgl. u. 31), sollte das Gericht auch bei Zweifeln zunächst auf das Angebot des Verurteilten eingehen.

30   4. Das Anerbieten kann sich auch auf ein Opfer beziehen, dessen **Auferlegung sonst nicht zulässig** wäre, vgl. o. 15. So kann sich der Verurteilte freiwillig zu einer Blutspende bereit erklären, eine (unentgeltliche) Arbeitsleistung anbieten (o. 15) oder sich etwa als Helfer im Entwicklungsdienst verpflichten. Aber auch hier ist die Schranke des Art. 1 GG zu beachten. Deshalb kann sich der Verurteilte beispielsweise nicht zu medizinischen Experimenten erbieten, durch welche seine Persönlichkeit verändert wird (Hirnoperation) oder die sonst ein erträgliches Maß überschreiten (Unterkühlungsversuche). Ebensowenig ist das Angebot, seinen Leichnam einer Klinik zu vermachen, annehmbar. Möglich wäre aber zB im Rahmen der Wiedergutmachung (Abs. 2 Nr. 1) das Angebot, zur Heilung des Verletzten ein Auge oder eine Niere zu spenden. Die Zulässigkeit ergibt sich aus dem vorläufigen Charakter des Angebots; seine Nichterfüllung hat für den Verurteilten keine Nachteile, sondern nur die Anordnung einer anderen Auflage zur Folge, so daß er sich keinem Zwang ausgesetzt fühlen muß. Anders könnte es jedoch mit der Organspende an Dritte sein oder etwa mit dem Angebot, sich sterilisieren zu lassen. Zwar würde hier der Genugtuungszweck erreicht, da das moderne Strafrecht aber keine in die Körperintegrität eingreifenden Strafen mehr kennt, sind solche Angebote zur Genugtuung nur beschränkt zulässig. Unzulässig sind ferner Anerbieten zu verbotenen oder sittenwidrigen Handlungen.

31   5. Geht das Gericht auf das Angebot des Verurteilten ein, so sieht es **nur vorläufig** von Auflagen nach Abs. 2 ab. Dem Verurteilten ist, soweit er nicht von sich aus eine Frist genannt hat, eine angemessene Frist zu setzen, in der das Anerbieten zu erfüllen ist. Unterbleibt die Erfüllung des Anerbietens innerhalb dieser Frist, so berechtigt dies nicht zum Widerruf der Strafaussetzung gem. § 56 f. Das Gericht wird nunmehr selbst nach Abs. 2 eine Auflage erteilen (vgl. § 56 e RN 4), und erst, wenn gegen diese Auflage gröblich oder beharrlich verstoßen wird, kommt ein Widerruf der Strafaussetzung in Betracht.

32   6. Besteht das Angebot in der Wiedergutmachung des Schadens, so reicht es aus, wenn sich der Verurteilte **nach Kräften** um die Erfüllung seines Anerbietens bemüht hat (vgl. o. 10).

33   7. Gem. § 265 a StPO ist der Angekl. in geeigneten Fällen zu **befragen,** ob er sich zu Leistungen iSv Abs. 3 erbieten wolle. Das Gericht kann hierbei Vorschläge machen. Dabei darf jedoch kein Druck auf den Angekl. ausgeübt werden; es kann ihm auch nicht „nahegelegt werden", eine Leistung anzubieten, gegen deren zwangsweise Anordnung Bedenken bestehen. Zu den Folgen der Nichtbefragung vgl. § 56 e RN 4.

34   VI. Die Auflagen müssen **klar** und **bestimmt** sein, andernfalls ist bei Nichtbefolgung der Widerruf der Strafaussetzung ausgeschlossen (vgl. LG Berlin DAR **61,** 144). Ihre nähere Ausgestaltung darf nicht einem Bewährungshelfer überlassen werden (vgl. § 56 d RN 4). Zu unbestimmt ist etwa die Auflage, einen bestimmten Geldbetrag an eine nicht näher bezeichnete gemeinnützige Einrichtung zu zahlen (entsprechend Schleswig SchlHA/L-G **90,** 109 bei nicht näher gekennzeichneter gemeinnütziger Arbeit; vgl. dagegen Hamm NStZ **98,** 56). Ferner ist gem. § 268 a StPO der Verurteilte über die Auflagen und die Widerrufsmöglichkeit des § 56 f zu belehren.

35   VII. Hat das Gericht den Verurteilten nicht der Aufsicht eines Bewährungshelfers unterstellt (§ 56 d), so hat es selbst (nicht die StA) zu **überwachen,** ob der Verurteilte die Auflagen erfüllt (§ 453 b StPO). Es ist ferner unzulässig, die Ausgestaltung der Auflagen der Vollstreckungsbehörde zu überlassen. So müssen zB Fristen und Raten einer Geldleistung vom Gericht bestimmt werden (Köln NJW **57,** 1120). § 459 a StPO ist nicht entsprechend anwendbar.

36   VIII. § 56 e sieht die Möglichkeit vor, daß Auflagen auch **nachträglich** angeordnet, geändert oder aufgehoben werden. Vgl. hierzu und zu den sich aus dem besonderen Charakter der Auflagen ergebenden Einschränkungen § 56 e RN 3.

37   IX. Gegen den Beschluß nach § 268 a StPO ist **Beschwerde** zulässig (§ 305 a StPO). Das Beschwerdegericht kann die Auflagen ändern, aufheben oder durch andere ersetzen. Zum Verbot der reformatio in peius gilt dasselbe wie für die nachträgliche Anordnung einer Auflage; vgl. § 56 e RN 5. Zum Verschlechterungsverbot vgl. auch o. 4. Gegen den Auflagenbeschluß allein ist Revision nicht zulässig (vgl. auch Hamm NJW **69,** 890).

§ 56 c Weisungen

(1) **Das Gericht erteilt dem Verurteilten für die Dauer der Bewährungszeit Weisungen, wenn er dieser Hilfe bedarf, um keine Straftaten mehr zu begehen. Dabei dürfen an die Lebensführung des Verurteilten keine unzumutbaren Anforderungen gestellt werden.**

(2) **Das Gericht kann den Verurteilten namentlich anweisen,**
   1. **Anordnungen zu befolgen, die sich auf Aufenthalt, Ausbildung, Arbeit oder Freizeit oder auf die Ordnung seiner wirtschaftlichen Verhältnisse beziehen,**
   2. **sich zu bestimmten Zeiten bei Gericht oder einer anderen Stelle zu melden,**

Weisungen 1–5 **§ 56 c**

3. mit bestimmten Personen oder mit Personen einer bestimmten Gruppe, die ihm Gelegenheit oder Anreiz zu weiteren Straftaten bieten können, nicht zu verkehren, sie nicht zu beschäftigen, auszubilden oder zu beherbergen,
4. bestimmte Gegenstände, die ihm Gelegenheit oder Anreiz zu weiteren Straftaten bieten können, nicht zu besitzen, bei sich zu führen oder verwahren zu lassen oder
5. Unterhaltspflichten nachzukommen.

(3) **Die Weisung,**
1. sich einer Heilbehandlung, die mit einem körperlichen Eingriff verbunden ist, oder einer Entziehungskur zu unterziehen oder
2. in einem geeigneten Heim oder einer geeigneten Anstalt Aufenthalt zu nehmen,

darf nur mit Einwilligung des Verurteilten erteilt werden.

(4) **Macht der Verurteilte entsprechende Zusagen für seine künftige Lebensführung, so sieht das Gericht in der Regel von Weisungen vorläufig ab, wenn die Einhaltung der Zusagen zu erwarten ist.**

Vorbem. Abs. 3 Nr. 1 geändert durch Ges. v. 26. 1. 1998, BGBl I 160.

I. Ein weiteres Mittel zur Einwirkung auf den Täter sind **Weisungen.** Während Auflagen strafähnliche Deliktsreaktionen darstellen, die an das begangene Unrecht anknüpfen, dienen Weisungen **nur** der Beeinflussung und **Resozialisierung** des Verurteilten. Sie dürfen deshalb allein Einwirkungen auf die künftige Lebensführung des Verurteilten zum Inhalt haben und sollen ihn vor weiteren Straftaten (vgl. dazu § 56 RN 15) bewahren. 1

Die Regelung der Auflagen und Weisungen in zwei verschiedenen Vorschriften verfolgt den Zweck, die Maßnahmen, die der Genugtuung für begangenes Unrecht dienen, klar von denen zu trennen, die dem Verurteilten bei seiner Resozialisierung helfen sollen. Dennoch ist nicht zu verkennen, daß die in § 56 b genannten Anordnungen auch die Funktion haben können, den Resozialisierungsvorgang zu unterstützen. Z. B. kann die Anordnung, für eine bestimmte Zeit wöchentlich einen bestimmten Betrag für ein Altersheim zu spenden (§ 56 b II Nr. 2), auch die Resozialisierung des Täters fördern. Aus diesem Grund hat das **Gericht klarzustellen,** ob es seine Anordnung auf § 56 b oder § 56 c stützt, damit nachprüfbar ist, ob die Voraussetzungen der herangezogenen Bestimmung vorliegen. 2

II. Weisungen sind zu erteilen, wenn der Verurteilte dieser Hilfe bedarf, um nicht wieder straffällig zu werden. Die in Abs. 2 und 3 genannten Maßnahmen werden am häufigsten in Betracht kommen. Jedoch ist die **Aufzählung nicht abschließend.** Das Gericht kann auch andere ihm zweckmäßig erscheinende Anordnungen treffen, so die Anordnung einer nicht (mehr) von Abs. 3 Nr. 1 erfaßten Heilbehandlung ohne körperlichen Eingriff, wie zB eine psychotherapeutische Behandlung. Ferner kann es etwa den Verurteilten anweisen, sich des Drogenkonsums (BVerfG NStZ **93**, 482) oder jeglichen Alkoholgenusses zu enthalten (Düsseldorf NStZ **84**, 332), an einem Verkehrsunterricht teilzunehmen oder sich einem Trainingsprogramm für Trunkenheitsfahrer zu unterziehen (vgl. näher Schädler BA 84, 319; zu diesem Programm vgl. auch Kunkel BA 84, 332). Insoweit kann es dem Verurteilten auch Handlungen auferlegen, die dazu beitragen, die Kontrolle des Bewährungsverhaltens zu erleichtern, vorausgesetzt, hiermit sind zugleich Auswirkungen auf dieses Verhalten verbunden (vgl. Stree JR 90, 122). Zulässig ist daher die Weisung, an einem Urinkontrollprogramm teilzunehmen (BVerfG NStZ **93**, 482, Stuttgart Justiz **87**, 235; vgl. auch u. 6), oder die Weisung, die Erfüllung von Unterhaltspflichten nachzuweisen. Die in § 56 c enthaltene Generalklausel verstößt nicht gegen rechtsstaatliche Grundsätze (Stree aaO 146 f., Maunz-Dürig Art. 103 GG RN 118; and. Bruns GA 59, 207 ff., NJW 59, 1395), da die Weisungen allein präventiven Zwecken dienen und ihr Zweck eine hinreichende Bestimmbarkeit und Meßbarkeit vermittelt. 3

1. Bei der **Auswahl** der Weisungen hat das Gericht den Hebel dort anzusetzen, wo die kriminogenen Faktoren sitzen. Das kann auch ein ungeordnetes Leben sein, so daß dann hieran anzusetzen ist, etwa bei desolaten wirtschaftlichen Verhältnissen. Einem Erziehungsberechtigten, der seine Erziehungspflicht iSd § 171 gröblich verletzt, können bestimmte Weisungen hinsichtlich seiner Erziehungsaufgaben auferlegt werden, so zB die Weisung, für einen regelmäßigen Schulbesuch des Kindes zu sorgen (vgl. AG Wermelskirchen NJW **99**, 591). Die Anordnung von Weisungen soll die Regel bilden. Von ihr ist jedoch abzusehen, wenn zu erwarten ist, daß der Verurteilte auch ohne sie keine Straftat mehr begehen wird (Abs. 1); vgl. auch Warda, Richterliches Ermessen (1962) S. 93. Der Hilfe durch Weisungen bedarf der Verurteilte nicht, wenn seine Straftat das Ergebnis einer Ausnahmesituation war, deren Wiederholung unwahrscheinlich ist, und wenn auch sonst die Persönlichkeit des Verurteilten weitere Straftaten nicht befürchten läßt. 4

2. Die **Grenzen,** innerhalb derer sich bei der Auswahl der Weisungen das **richterliche Ermessen** zu bewegen hat, können nach vielen Richtungen hin zweifelhaft sein. Das Gesetz selbst bestimmt diese Frage nur insofern, als es in Abs. 1 S. 2 festlegt, daß an die Lebensführung des Verurteilten keine unzumutbaren Anforderungen gestellt werden dürfen, und indem es in Abs. 3 die Erteilung der dort genannten Weisungen von der Einwilligung des Verurteilten abhängig macht. Im einzelnen gilt folgendes: 5

Stree

§ 56 c 6–9 Allg. Teil. Rechtsfolgen der Tat – Strafaussetzung zur Bewährung

6 a) Die Auswahl der Weisungen ist zunächst *durch* ihre *Funktion begrenzt* (vgl. BVerfG StV **93**, 465, Zweibrücken NStE **4**). Der Erziehungszweck (Bruns GA 56, 209), die Tendenz zur Unterstützung der Resozialisierung, ist das spezifische Merkmal der Weisungen. Sie müssen wenigstens mittelbar den Zweck haben, weitere Straftaten zu verhüten, wie es der Fall ist, wenn dem Verurteilten auferlegt wird, Urinproben zum Nachweis seiner Drogenfreiheit abzugeben (vgl. BVerfG NStZ **93**, 482, Zweibrücken NStZ **89**, 578 m. Anm. Stree JR **90**, 122, LG Berlin StV **97**, 642, aber auch Mrozynski JR **83**, 402). Durch diese Zielsetzung ist das richterliche Ermessen gebunden (BGH **9** 365). Aus diesem Grund sind Weisungen unzulässig, die, wie die Weisung, die Prozeßkosten zu zahlen, fiskalischen Interessen dienen (BGH **9** 365, Hamm NJW **56**, 1887, München MDR **57**, 500; and. LG Wiesbaden Rpfleger **58**, 266, Schneble DRiZ 55, 162) oder die, wie die Weisung, Anfragen der StVK unverzüglich zu beantworten, allein die richterliche Tätigkeit erleichtern sollen (Karlsruhe Justiz **84**, 427) oder die eine Genugtuung für begangenes Unrecht bezwecken. Für die letztere Aufgabe sind die Auflagen vorgesehen, die in § 56 b ihre abschließende Regelung gefunden haben. Über Überschneidungen vgl. o. 2. Unzulässig sind auch Weisungen, die die Vollstreckung einer neben der Freiheitsstrafe verhängten anderen Strafe oder einer Maßnahme sichern sollen; deren Durchsetzung regelt sich allein nach den allgemeinen Vollstreckungsvorschriften. So kann zB der Verurteilte nicht angewiesen werden, eine Geldstrafe oder Wertersatz (§§ 73 a, 74 c) zu entrichten (Köln NJW **57**, 1120). Unzulässig ist ferner, einen Zivildienstverweigerer anzuweisen, der von ihm mißachteten Pflicht nachzukommen (Bay NJW **80**, 2425, Hamm NStZ **84**, 456; vgl. dazu Struensee JZ 84, 651 FN 71). Nicht als Weisung iSv § 56 c ist die Anordnung zu werten, jeden Wohnungswechsel dem Gericht mitzuteilen, da sie allein dazu dient, die Überwachung zu erleichtern; eine Nichtbefolgung der Anordnung berechtigt daher nicht zum Widerruf der Strafaussetzung (Köln NStZ **94**, 509).

7 b) Die Weisung darf **keine** einschneidenden **unzumutbaren Eingriffe** in die Lebensführung des Verurteilten enthalten. Unzulässig wäre etwa, den Verurteilten anzuweisen, sich einer besonders gefährlichen ärztlichen Behandlung oder Kur zu unterziehen, selbst wenn er damit einverstanden wäre. Für einen Berufstätigen kann uU unzumutbar sein, während der Arbeitszeit sich zu oft und in zu kurzen Abständen bei einer Behörde melden zu müssen (vgl. auch u. 19) oder einen längeren Weg zur Arbeitsstätte zu Fuß oder mit öffentlichen Verkehrsmitteln zurückzulegen; ein Verbot, das eigene Moped zu benutzen, wäre dann unzulässig (vgl. LG Rottweil DAR **58**, 193). Zur Unzulässigkeit einer Weisung, nicht mit Kindern zusammenzuarbeiten, gegenüber einem Verurteilten, der in seiner beruflichen Tätigkeit auf Zusammenarbeit mit Kindern angewiesen ist, vgl. BGH StV **98**, 658 (zulässig aber, Kinder nicht in seine Wohnung zu lassen). Unzumutbar ist auch, den Kontakt zu nahen Angehörigen abzubrechen. Ferner enthält das (etwa gegenüber Ladendieben ausgesprochene) uneingeschränkte Verbot, Selbstbedienungsläden oder Warenhäuser zu betreten, unzumutbare Anforderungen an die Lebensführung (Gribbohm LK 2). Gegen ein eingeschränktes Verbot, etwa für die Zeit des Schlußverkaufs, ist jedoch nichts einzuwenden (Gribbohm aaO).

8 c) Da die Art der Weisungen nicht abschließend geregelt ist, sind hier vor allem die **Grundrechtsschranken** von Bedeutung. So sind Weisungen, die in ein unter Gesetzesvorbehalt stehendes Grundrecht eingreifen, nur zulässig, soweit sie ausdrücklich in § 56 c genannt sind (Maunz-Dürig Art. 2 Abs. 1 RN 78, Stree aaO 142 ff.; and. Stuttgart Justiz **87**, 235), zB Einschränkungen, die sich auf die Freiheit des Art. 2 II GG beziehen. Hierbei macht es nichts aus, daß der Gesetzgeber Inhalt und Ausmaß der Eingriffe nicht genauer festgelegt, sondern die nähere Ausgestaltung dem Richter überlassen hat (Stree aaO 143; zu eng Baumann GA 58, 202). Verfassungsmäßig ist daher die Weisung, ins Elternhaus zurückzukehren (Bremen GA **57**, 415). Allgemein gedeckt von § 56 c sind Einschränkungen der freien Entfaltung der Persönlichkeit (Art. 2 I GG), da Weisungen den Verurteilten lenken sollen (vgl. BVerfG StV **93**, 465; iE daher richtig Stuttgart Justiz **87**, 235; vgl. auch Zweibrücken NStZ **89**, 578 m. Anm. Stree JR 90, 122). Dagegen deckt der Gesetzesvorbehalt nicht solche Eingriffe, für die § 56 c keinerlei Richtlinien enthält, wie eine Postkontrolle durch Bewährungshelfer (Verstoß gegen Art. 10 GG) oder ein Eingriff in die Vereinsfreiheit, etwa die Weisung, in einem Sportverein einzutreten (Jescheck/Weigend 843). Ferner darf niemand zu einer bestimmten einzelnen Arbeit (vgl. Zöbeley Faller-FS, 1984, 354 f.) oder einer bestimmten Berufstätigkeit (zB Wechsel der Lehrstelle und Aufnahme einer bestimmten Lehre) angewiesen werden; für einen solchen Eingriff in die Berufsfreiheit läßt der Gesetzesvorbehalt des Art. 12 GG keinen Raum (and. Kohlhaas NJW 65, 1068, Birmanns NJW 65, 2001). Anders kann dies jedoch sein, wenn der auferlegte Berufswechsel nur der Verwirklichung sozialer Pflichten dient, der Verurteilte zB nur so seine Unterhaltspflichten erfüllen kann (vgl. dazu § 170 RN 21, Celle NJW **71**, 718); die Zumutbarkeit ist hier jedoch besonders zu beachten. Aus den gleichen Gründen kann auch die Weisung, seine Arbeitskraft voll auszunutzen, zulässig sein. Verfassungswidrig sind ferner Weisungen, die die Menschenwürde verletzen (Art. 1 GG), zB die Anordnung, § 315 c hundertmal abzuschreiben (and. Maunz-Dürig Art. 1 Abs. 1 RN 29 FN 1), oder die Weisung, der Täter solle die nichteheliche Mutter seines Kindes heiraten oder die Heirat einer bestimmten Person unterlassen. Vgl. ferner die Beispiele § 56 b RN 16, 23 ff.

9 d) Die Weisung darf in keinen *Lebensbereich* eingreifen, der nach dem Willen des Gesetzgebers *keinem staatlichen Zwang ausgesetzt* sein soll. Unzulässig ist daher die Weisung, die eheliche Lebensgemeinschaft wiederherzustellen (Verstoß gegen § 888 II ZPO; Bruns NJW 59, 1396, der die Menschenwürde als verletzt ansieht, Stree aaO 165; and. Nürnberg NJW **59**, 1452).

e) Ebenso wie bei den Auflagen ist der *Verhältnismäßigkeitsgrundsatz* zu beachten. Dem Verurteilten 10
dürfen keine Weisungen gegeben werden, die seine ganze Lebensführung erheblich beeinträchtigen,
wenn er lediglich von unbedeutenden Straftaten abgehalten werden soll. Entsprechendes gilt, wenn er
nur eine geringfügige Straftat begangen hat. Genügt eine die Lebensführung weniger beeinträchtigende Weisung, so verbietet sich eine strengere.

III. Problematisch ist das **Verhältnis zu den Maßregeln** der Besserung und Sicherung, insb., ob 11
der Richter bei Weisungen an der Grenze einer Maßregel haltzumachen hat oder ob er, was als
Maßregel möglich wäre, auch als Weisung anordnen kann.

1. Z. T. wird angenommen, daß die besonderen Voraussetzungen der Maßnahmen das Eindringen 12
der Weisungen in deren Bereich blockieren (Hamm NJW **55**, 34, Bruns GA **56**, 213 f., 222 ff., Horn
SK 7, Peters JZ **57**, 65; vgl auch Hamm VRS **10** 49, Düsseldorf NJW **68**, 2156). Das erscheint jedoch
angesichts der Tatsache wenig überzeugend, daß Abs. 3 ausdrücklich die Möglichkeit einräumt, in den
Bereich der §§ 63, 64 vorzudringen. Es wäre überdies auch pädagogisch durchaus zu rechtfertigen,
dem Richter zB zu gestatten, einem jugendlichen Rowdy die Benutzung eines Mopeds zu untersagen
(eingehend hierzu Köln JMBlNW **64**, 221 mwN; vgl. auch Gribbohm LK 25, BGE 102 IV 77) oder
eine Beschränkung der Berufsausübung anzuordnen (Abs. 2 Nr. 1, 3), die durch § 70 nicht vorgesehen ist. Die Beschränkung der Berufsausübung darf jedoch nicht in einem Berufsverbot bestehen
(vgl. u. 17).

2. Daher muß grundsätzlich anerkannt werden, daß der Richter auch solche Weisungen erteilen 13
kann, die in den Wirkungsbereich der §§ 61 ff. fallen, zB eine Alkoholentziehungskur anordnen (vgl.
auch Schnitzerling MDR **57**, 202). Jedoch ergeben sich für den Einzelfall aus dem Inhalt und den
Funktionen der Maßregeln Grenzen. So kann zB der Täter nicht angewiesen werden, sich für länger
als 2 Jahre in eine Entziehungsanstalt zu begeben (vgl. u. 25 ff.).

3. Im übrigen zeigen sich hier deutlich die Grenzen der Spezialprävention, die sich der rechtsstaat- 14
lichen Tatbestandsgarantie weitgehend entzieht und letztlich das Strafrecht in den Bereich der Verwaltung hineinführt. Vgl. dazu kritisch Bruns GA **59**, 204 f.

IV. Ebenso wie die Auflagen müssen die Weisungen **klar** und **bestimmt** sein, andernfalls ist bei 15, 16
Nichtbefolgung der Widerruf der Strafaussetzung ausgeschlossen. Inhaltlich und dem Umfang nach
muß also genau festgelegt sein, was der Verurteilte zu tun oder zu unterlassen hat. So muß zB die
Weisung, Unterhaltspflichten nachzukommen, ergeben, welcher Betrag zu einer bestimmten Zeit an
eine bestimmte Person zu entrichten ist (Schleswig SchlHA **85**, 91). Die genaue Eingrenzung muß, von
untergeordneten Detailergänzungen abgesehen, bereits das Gericht vornehmen; es darf sie nicht einem
Bewährungshelfer überlassen (vgl. näher 56 d RN 4). Zu unbestimmt ist etwa die Weisung, sich
tadelfrei zu führen (Düsseldorf OLGSt § 56 f Nr. **5**).

1. Bei Weisungen hinsichtlich des **Aufenthaltsorts** usw (Abs. 2 Nr. 1) ist besonders auf die Zu- 17
mutbarkeit zu achten (vgl. o. 7). Zulässig ist zB, den Verurteilten anzuweisen, sich nicht an Orten
aufzuhalten, wo Betäubungsmittel konsumiert werden (BVerfG StV **93**, 465), oder Spielkasinos oder
sonstige vereinsamte Vergnügungsstätten zu meiden (vgl. dazu unten § 68 b RN 6). Unzulässig dagegen,
einen Ausländer anzuweisen, das Bundesgebiet zu verlassen (Bay **80**, 106, Karlsruhe Justiz **64**, 90,
Stuttgart Justiz **88**, 104, Schleswig SchlHA/L-T **91**, 118) und es während der Bewährungszeit nicht
wieder zu betreten (Koblenz GA **85**, 517 m. Anm. M.-K. Meyer NStZ **87**, 25). Ferner soll ein
Verurteilter angewiesen werden können, auf eigene Kosten eine Fahrerlaubnis nach der StVZO zu
erwerben (AG Berlin-Tiergarten DAR **71**, 4; vgl. dazu Seiler DAR **74**, 260, Händel DAR **77**, 309)
oder an einem Nachschulungskurs für alkoholauffällige Kraftfahrer teilzunehmen (vgl. Schreiber BA
79, 21, Dittmer BA **81**, 283). Weisungen hinsichtlich der Arbeit können sich auf Einschränkungen der
Berufsausübung oder einer Nebentätigkeit beziehen. So kann untersagt werden, als Nebenbeschäftigung Nachrichten zu sammeln und zu verbreiten (BGH **9** 258). Auch kann einem Friseur aufgegeben
werden, Kinder nur zu bestimmten Geschäftsstunden zu bedienen, in denen erfahrungsgemäß viele
Kunden anwesend sind (BGH b. Bruns GA **56**, 210). Streitig ist, ob solche Weisungen einem Berufsverbot iSv § 70 gleichkommen dürfen. BGH **9** 258, Hamm JMBlNW **69**, 285, Hamburg NJW **72**,
168 bejahen diese Frage, verneinend dagegen Hamm NJW **55**, 34. Da ein Berufsverbot zumeist allein
der Sicherung der Allgemeinheit dient, also nicht den Zwecken einer Weisung entspricht, ist eine
solche Weisung unzulässig (vgl. auch Peters JZ **57**, 65). Aber auch ein Berufsverbot aus erzieherischen
Gründen ist gesetzwidrig, da es mit Art. 12 GG unvereinbar ist (Stree aaO 177 ff.). Ebensowenig darf
der Verurteilte zu einer bestimmten Arbeit gezwungen werden (vgl. jedoch Gusy JuS **89**, 715).
Zulässig ist dagegen, ihn anzuweisen, eine seinen Fähigkeiten entsprechende Tätigkeit mit festen
Einkünften aufzunehmen, so etwa, wenn ihm dadurch die Erfüllung von Unterhaltsverpflichtungen
möglich wird. Dem Verurteilten kann demgemäß die Weisung erteilt werden, binnen 2 Monaten eine
Bescheinigung über die Aufnahme und die Art der Arbeit oder eine Bescheinigung des Arbeitsamts
über die Meldung als Arbeitsuchender vorzulegen (Koblenz OLGSt § 57 Nr. **6**; vgl. auch Hamm
NStZ **85**, 310). Zur Weisung an eine werdende Mutter, sich nach der Entbindung um eine versicherungspflichtige Tätigkeit zu bemühen, vgl. BVerfG NJW **83**, 442, LG Würzburg NJW **83**, 463.

Weisungen, die sich auf die **Ordnung der wirtschaftlichen Verhältnisse** beziehen, sind zB die 18
Anordnung, Schulden nach einem bestimmten Tilgungsplan zu begleichen und keine weiteren
Schulden mehr zu machen, jeden Monat einen bestimmten Betrag zu sparen, über die Ausgaben Buch

zu führen, Börsenspekulationen zu unterlassen oder ein wirtschaftlich aussichtsloses Unternehmen aufzugeben. Hierbei ist darauf zu achten, daß durch übertriebene Sparmaßnahmen keine unzumutbaren Anforderungen gestellt werden.

19 2. Gemäß Abs. 2 Nr. 2 kann der Verurteilte ferner angewiesen werden, sich zu bestimmten (zumutbaren) Zeiten **bei Gericht** oder einer anderen Stelle **zu melden**. Als andere Stelle kommt neben dem Bewährungshelfer nur eine Behörde in Betracht, die das Gericht bei der Überwachung des Verurteilten unterstützt. Eine Meldepflicht bei Privatpersonen (zB Verwandten), sofern diese nicht besondere Amtspflichten ausüben, ist idR als unzumutbar anzusehen. Sie wäre zudem gegenüber der in § 68 b I Nr. 7 erfolgten Beschränkung auf Dienststellen wenig verständlich. Vgl. im übrigen § 68 b RN 12.

20 3. Dem Verurteilten kann ferner der **Kontakt mit bestimmten Personen** oder mit Personen einer bestimmten Gruppe untersagt werden, wenn ihm diese Anreiz oder Gelegenheit zu weiteren Straftaten bieten können (Abs. 2 Nr. 3). Das Kontaktverbot kann sich auf mögliche Opfer oder auf mögliche Anstifter erstrecken. Möglich ist danach das Verbot, fremde Kinder oder Jugendliche anzusprechen (vgl. Hamburg NJW **64**, 1814) oder in die Wohnung (BGH StV **98**, 658) bzw. auf das eigene Boot mitzunehmen (BGH MDR/H **78**, 623) oder minderjährige Lehrlinge auszubilden, auch die Weisung, jeden Kontakt zum geschiedenen Ehepartner zu unterlassen (BGH MDR/H **88**, 1001). Auch der Besuch von Gaststätten zweifelhaften Rufes oder der Verkehr mit Dirnen oder Zuhältern kann hiernach untersagt werden, ebenso der Kontakt mit früheren Komplizen. Die Weisungen nach Nr. 1 und Nr. 3 ergänzen sich so gegenseitig.

21 4. Der Verurteilte kann des weiteren angewiesen werden, **bestimmte Gegenstände**, die ihm Gelegenheit oder Anreiz zu weiteren Straftaten bieten können, **nicht zu besitzen**, bei sich zu führen oder verwahren zu lassen (Abs. 2 Nr. 4). In Frage kommt vor allem das Verbot, bestimmte Waffen zu besitzen, oder etwa die Anweisung, ein Motorrad oder ein sonstiges Fahrzeug für eine bestimmte Zeit der Polizei zur Aufbewahrung zu geben. Vgl. auch § 68 b RN 10. Zur Möglichkeit eines Handy-Verbots für organisierte Täter vgl. Lutz NStZ 00, 128.

22 5. Die Weisung, **Unterhaltspflichten nachzukommen** (Abs. 2 Nr. 5), ist ein Sonderfall der Nr. 1 (Ordnung der wirtschaftlichen Verhältnisse); wegen ihrer Bedeutung ist sie besonders aufgeführt. Sie ist idR bei Verletzung der Unterhaltspflicht nach § 170 angebracht (vgl. Bremen JR **61**, 226, Celle NJW **71**, 718), aber auch bei einem Betrug oder Eidesdelikt im Unterhaltsprozeß. Rückständige Unterhaltsbeträge, sofern sie noch geschuldet werden, dürfen einschließlich eines Tilgungsplans in die Weisung einbezogen werden. Es darf jedoch kein höherer Unterhaltsbetrag festgesetzt werden, als er sich aus der gesetzlichen Unterhaltspflicht ergibt (Schleswig NStZ **85**, 269). Bei mehreren Unterhaltsberechtigten ist die Rangfolge zu beachten; bei Gleichrangigkeit darf die Weisung keinen Berechtigten benachteiligen. Die Anordnung, Unterhaltsleistungen zu erbringen, ist nicht auf Geldzahlungen beschränkt (Tröndle/Fischer 9), mögen sie auch in erster Linie in Betracht kommen.

23 6. Zwei weitere, in Abs. 3 aufgeführte Weisungen dürfen **nur mit Einwilligung** des Verurteilten erteilt werden. Dabei darf keinerlei Druck ausgeübt werden. Der Verurteilte sieht sich ohnehin einer Zwangssituation ausgesetzt, da die Strafaussetzung allein von seiner Einwilligung abhängt, wenn nur eine Weisung nach Abs. 3 eine günstige Prognose zuläßt. Deshalb ist auch bei Weisungen nach Abs. 3 die Zumutbarkeitsschranke zu beachten, dh Weisungen, die in die Lebensführung in unzumutbarer Weise eingreifen, sind selbst mit Einwilligung nicht möglich (vgl. auch u. 32). Gibt der Verurteilte seine Einwilligung nach Abs. 3 ab, so wird damit idR auch eine Zusage iSv Abs. 4 vorliegen. Dennoch erübrigt sich die Weisung nach Abs. 3 nicht ohne weiteres, da nicht gesichert ist, daß der Verurteilte später nach Nichteinhalten der Zusage seine Einwilligung in die dann erforderliche Weisung nach Abs. 3 erteilen wird.

24 Die Einwilligung muß nur **im Zeitpunkt der Weisungserteilung** vorliegen (BGH **36** 99). Bis dahin ist sie frei widerruflich. Ist der Verurteilte später mit der erteilten Weisung nicht mehr einverstanden, so ändert dies an ihrer Wirksamkeit nichts. Es ist jedoch zu beachten, daß die Weisung nicht zwangsweise vollstreckt werden kann. Begibt sich der Verurteilte zB nicht freiwillig in die Entziehungsanstalt oder bricht er die Entziehungskur ab, dann kann die Befolgung der Weisung nicht durchgesetzt werden. Der Verurteilte ist vielmehr wie sonst zu behandeln, wenn er einer Weisung nicht nachkommt (Widerruf der Strafaussetzung [Karlsruhe MDR **82**, 341, Hamburg NStZ **92**, 301] oder andere Weisung; vgl. Düsseldorf StV **86**, 25, Celle MDR **87**, 956). Ob der mit der Rücknahme der Einwilligung verbundene Verstoß gegen die Weisung gröblich oder beharrlich ist und einen Widerrufsgrund nach § 56 f I Nr. 2 bildet, hängt von den jeweiligen Umständen ab. Vgl. dazu BGH **36** 97: kein Widerrufsgrund, wenn Verurteilter aus seiner Sicht die Einwilligung nachträglich aus verständlichen Gründen für verfehlt hält und er sich die Strafaussetzung nicht unter Vortäuschen seines Einverständnisses erschlichen hat; krit. dazu Terhorst JR 90, 72.

25 a) Die Weisungen des Abs. 3 stehen **neben den Maßregeln** des § 63 und § 64. Das Gericht kann also mit der Weisung dasselbe anordnen, was es auch als Maßregel anordnen könnte, ohne daß jedoch die Voraussetzungen einer derartigen Anordnung hier gesetzlich festgelegt wären. Ein Unterschied besteht nur darin, daß § 56 c eine Einwilligung des Verurteilten voraussetzt, ein Faktor, dessen Wert deswegen gering zu veranschlagen ist, weil bei Verweigerung der Einwilligung die Strafverbüßung droht. Diese Regelung, die den Richter von den Kautelen der §§ 61 ff. befreit, ist nicht unbedenklich. Diesen Bedenken sollte zumindest dadurch Rechnung getragen werden, daß die in den §§ 61 ff. dargelegten Grundsätze analog anzuwenden sind, zB die Unterbringung in einer Entziehungsanstalt, die aufgrund des § 56 c erfolgt, nicht für mehr als 2 Jahre angeordnet werden darf und ferner der gleiche Überprüfungsmodus gilt, den § 67 e vorsieht. Vgl. aber auch Mrozynski JR 83, 401.

26 b) Die Weisung, sich einer **Heilbehandlung** zu unterziehen, bedarf nach Abs. 3 Nr. 1 nF nur dann der Einwilligung des Verurteilten, wenn die Behandlung mit einem körperlichen Eingriff verbunden ist. Mit der Einschränkung soll verhindert werden, daß sich der Verurteilte einer sonstigen für sinnvoll erachteten Therapie ohne weiteres entziehen kann. Unwesentlich für das Einwilligungserfordernis ist, ob der körperliche Eingriff im Rahmen einer stationären oder einer ambulanten Behandlung erfolgen soll. Zu beachten ist die Zumutbarkeit des Eingriffs. Elektroschockbehandlungen sind idR unzumutbar (vgl. Bruns GA 56, 213), ebenso Insulinschockbehandlungen und sonstige vergleichbar gefährliche Eingriffe. Ferner darf zB ein Sexualtäter nicht angewiesen werden, sich entmannen zu lassen. Das gilt trotz der notwendigen Einwilligung des Verurteilten, da bei solch schwerwiegenden Eingriffen in den Persönlichkeitsbereich keinerlei Zwang ausgeübt werden darf, der schon darin zu sehen wäre, daß bei Nichtbefolgen der Weisung der Widerruf der Strafaussetzung droht (für das freiwillige Angebot einer solchen Maßnahme vgl. u. 33). Die Weisung, sich einer bestimmten Heilbehandlung zu unterziehen, darf nicht mit der Weisung verbunden werden, die behandelnden Ärzte (Therapeuten) von der Schweigepflicht zu entbinden (Nürnberg NStZ-RR **99**, 175). Eine solche Weisung würde insb. psychotherapeutische Behandlungen beeinträchtigen.

27 **Entziehungskuren** dienen der Entwöhnung von Alkohol- oder Rauschgiftsüchtigen. Auch hier kommt eine ambulante Behandlung in Betracht. Wie bei der Heilbehandlung haben Therapien zu unterbleiben, die mit unverhältnismäßig schwerwiegenden Eingriffen verknüpft sind. Medikamente mit uU gefährlichen Nebenwirkungen dürfen nicht verabreicht werden.

28 Die Weisungen nach Nr. 1 setzen voraus, daß die Heilbehandlung bzw. Entziehungskur eine gewisse **Aussicht auf Erfolg** hat. Eine von vornherein aussichtslose Behandlung darf ebensowenig angeordnet werden wie die Unterbringung in einer Entziehungsanstalt. Die Anordnung darf sich nicht als strafähnliche Maßnahme darstellen.

29 c) Die Weisung gem. Abs. 3 Nr. 2 ergänzt die des Abs. 3 Nr. 1, sie kann aber auch selbständige Bedeutung haben. IdR kommt hier der **Aufenthalt** in einem **psychiatrischen Krankenhaus** oder einer **Entziehungsanstalt** in Betracht. Möglich ist aber auch die Weisung, in einem Schwesternheim usw Aufenthalt zu nehmen. Da es sich bei der Weisung, in ein Heim oder eine Anstalt einzutreten, um einen Spezialfall einer Bestimmung über den Aufenthalt des Verurteilten handelt, fragt sich, wie sich Abs. 3 Nr. 2 zu Abs. 2 Nr. 1 verhält. Zwischen beiden Bestimmungen besteht insofern ein quantitativer Unterschied, als bei der Weisung, in ein Heim einzutreten, eine intensivere und dauerhaftere Bestimmung über den Aufenthalt des Verurteilten erfolgt, als es im Rahmen des Abs. 2 Nr. 1 der Fall wäre. Daraus ergibt sich, daß Weisungen, die auf Abs. 2 Nr. 1 gestützt werden, jedoch ihrer Intensität nach denen des Abs. 3 Nr. 2 gleichstehen (zB die Weisung, für ein Jahr auf einem Bauernhof zu wohnen), von einer Einwilligung des Verurteilten abhängig sein müssen.

30 V. Wie § 56 b sieht § 56 c in Abs. 4 die Möglichkeit eines **freiwilligen Angebots** des Verurteilten vor. Auch hier ist der Zweck, den Verurteilten zu freiwilliger Mitarbeit und zu Eigeninitiative bei seiner Resozialisierung anzuregen. Bei Zusagen für die künftige Lebensführung hat das Gericht, wenn die Zusagen dem Weisungsziel entsprechen, idR von Weisungen vorläufig abzusehen.

31 1. Die Zusagen des Verurteilten müssen **geeignet und ausreichend** sein, um ihn voraussichtlich von Straftaten abzuhalten. Ferner muß eine Wahrscheinlichkeit für die Einhaltung der Zusagen bestehen. Bei Zweifeln hieran ist jedoch Abs. 4 gleichfalls anzuwenden, da nur vorläufig von Weisungen abgesehen wird. Reichen die Zusagen nicht aus, so kann das Gericht sie durch Weisungen ergänzen oder völlig ersetzen. Hat der Verurteilte etwa zugesagt, keinen Alkohol mehr zu trinken oder seinen Unterhaltspflichten künftig pünktlich nachzukommen, so kann das Gericht sich damit begnügen, den Verurteilten zu Urinkontrollen oder zum Nachweis der Unterhaltszahlungen anzuhalten.

32 a) Auch wenn es sich um einen freiwilligen Vorschlag des Verurteilten handelt, ist die **Zumutbarkeitsschranke** des Abs. 1 S. 2 zu beachten; bietet der Verurteilte erhebliche Einschränkungen seiner Lebensführung an, obwohl er nur geringfügige Delikte zu begehen droht, dann hat das Gericht den Umfang der Zusagen auf ein vernünftiges Maß zu beschränken. Angesichts der Freiwilligkeit der Zusage kann sich allerdings die Zumutbarkeitsgrenze hinausschieben, zumal das Einhalten der Zusage nicht erzwungen werden kann.

33 b) Mit Rücksicht darauf, daß der Verurteilte durch die Zusage nicht gebunden ist und kein Zwang auf ihn ausgeübt werden kann, sind **auch Zusagen** zulässig, **die als Weisungen** gem. Abs. 1 **nicht angeordnet werden können.** So kann der Verurteilte anbieten, sich entmannen zu lassen, sofern die Voraussetzungen des KastrG vorliegen; andernfalls ist das Angebot ebensowenig annehmbar wie die Zusage, rechtswidrig zu handeln. In diesen Fällen ist jedoch sorgfältig zu prüfen, ob der hierdurch erreichbare Resozialisierungseffekt nicht durch eine wesentlich weniger belastende Weisung erzielt werden kann. Aus Gründen der Verhältnismäßigkeit wäre dann das Angebot abzulehnen.

34 2. Sind die genannten Voraussetzungen gegeben, so **hat das Gericht von Weisungen** (gänzlich oder jedenfalls teilweise) vorläufig **abzusehen**. Ausgenommen ist eine an sich erforderliche Weisung nach Abs. 3 (vgl. o. 23). Sonst entfällt ein richterliches Ermessen, da der Verurteilte bei hinreichenden Zusagen nicht der Hilfe anderer Weisungen bedarf, um keine Straftaten mehr zu begehen (Abs. 1 S. 1). In Betracht käme allein noch eine Weisung nach § 56 d; Aufgabe des Bewährungshelfers wäre dann nur, den Verurteilten bei der Einhaltung seiner Zusagen zu unterstützen und dem Gericht die Nichteinhaltung von Zusagen mitzuteilen.

35 3. Das **Nichteinhalten einer Zusage** berechtigt nicht zum Widerruf der Strafaussetzung; vielmehr kann das Gericht nunmehr nachträglich Weisungen nach Abs. 2 oder 3 erteilen; vgl. auch § 56 e RN 2.

36 VI. Gem. § 265 a StPO ist der Angekl. in geeigneten Fällen **zu befragen**, ob er eine Zusage nach Abs. 4 machen möchte, ferner im Falle einer möglichen Weisung nach Abs. 3, ob er dazu seine Einwilligung gibt. Die Befragung wegen einer Zusage nach Abs. 4 kann mit Vorschlägen verbunden werden. Zu den Folgen der Nichtbefragung vgl. § 56 e RN 4.

§ 56 d Bewährungshilfe

(1) **Das Gericht unterstellt den Verurteilten für die Dauer oder einen Teil der Bewährungszeit der Aufsicht und Leitung eines Bewährungshelfers, wenn dies angezeigt ist, um ihn von Straftaten abzuhalten.**

(2) **Eine Weisung nach Absatz 1 erteilt das Gericht in der Regel, wenn es eine Freiheitsstrafe von mehr als neun Monaten aussetzt und der Verurteilte noch nicht siebenundzwanzig Jahre alt ist.**

(3) **Der Bewährungshelfer steht dem Verurteilten helfend und betreuend zur Seite. Er überwacht im Einvernehmen mit dem Gericht die Erfüllung der Auflagen und Weisungen sowie der Anerbieten und Zusagen. Er berichtet über die Lebensführung des Verurteilten in Zeitabständen, die das Gericht bestimmt. Gröbliche oder beharrliche Verstöße gegen Auflagen, Weisungen, Anerbieten oder Zusagen teilt er dem Gericht mit.**

(4) **Der Bewährungshelfer wird vom Gericht bestellt. Es kann ihm für seine Tätigkeit nach Absatz 3 Anweisungen erteilen.**

(5) **Die Tätigkeit des Bewährungshelfers wird haupt- oder ehrenamtlich ausgeübt.**

Vorbem. Abs. 1 geändert durch 23. StÄG vom 13. 4. 1986, BGBl. I 393.

1 I. Die Vorschrift enthält den wichtigsten Fall einer Weisung, die Unterstellung des Verurteilten unter die Aufsicht und Leitung eines **Bewährungshelfers.** Zur Verfassungsmäßigkeit vgl. BVerfG NStE **1**. Zu den Problemen der Bewährungshilfe bei der faktischen Gestaltung und aus kriminologischer Sicht vgl. Bockwoldt GA 83, 546. Zur Rechtsstellung des Bewährungshelfers vgl. Jung Göppinger-FS 511.

2 1. Die **Aufgabe** des Bewährungshelfers besteht nach Abs. 3 zum einen in der Betreuung (Leitung) des Verurteilten, zum anderen in dessen Überwachung (Aufsicht). Die Überwachung hat im Einvernehmen mit dem Gericht zu erfolgen. Aber auch bei der Betreuung ist der Bewährungshelfer dem Gericht unterstellt. Es kann ihm für die Tätigkeit nach Abs. 3 Anweisungen erteilen (Abs. 4 S. 2). Dementsprechend kann der Bewährungshelfer ihm gegenüber nicht als Rechtsvertreter des Verurteilten auftreten und für diesen Rechtsmittel einlegen (Düsseldorf NStZ **87**, 340, Koblenz NStZ-RR **96**, 300).

3 a) Im Vordergrund steht die Aufgabe der **Betreuung.** Sie erschöpft sich nicht in bloßen Ratschlägen, zB in Hinsicht auf eine zweckmäßige Freizeitgestaltung. Soweit die Resozialisierung es bedingt, ist aktive (auch rechtliche; vgl. Bringewat MDR 88, 618) Hilfe zu leisten, etwa als Mitwirkung bei der Arbeits- oder Wohnungssuche, bei Anträgen gegenüber Behörden oder bei Absprachen über eine Schuldenregulierung (Stundung, Ratenzahlung usw; zur Schuldnerberatung vgl. Schmitt BewH 98, 385). Hierbei muß es sich stets nur um Hilfe handeln. Der Bewährungshilfe kommt nicht die Aufgabe zu, dem Verurteilten jegliche Schwierigkeiten aus dem Weg zu räumen, da er lernen muß, selbständig das Leben ohne Straftaten zu meistern.

3 a b) Die **Überwachung** hat sich nach Abs. 3 S. 2 auf die Erfüllung etwaiger Auflagen oder Weisungen sowie der Anerbieten und Zusagen zu erstrecken. Hierauf ist die Überwachungstätigkeit jedoch nicht beschränkt (and. Damian BewH 92, 335). Sie muß zumindest das Unterbleiben von Straftaten einschließen, da hiervon die Bewährung ebenso abhängt wie von der Erfüllung etwaiger Auflagen oder Weisungen. Aus der Pflicht, dem Gericht in von diesem bestimmten Zeitabständen über die Lebensführung des Verurteilten zu berichten (Abs. 3 S. 3), folgt zudem, daß der Bewährungshelfer den Verurteilten in der hierfür notwendigen Weise zu beobachten hat (and. Damian aaO 336). Nur so wird dem Gericht hinreichend ermöglicht, erforderliche Entscheidungen nach § 56 e zu treffen. Unabhängig von den gerichtlich bestimmten Berichtszeiten hat der Bewährungshelfer dem Gericht gröbliche oder beharrliche Verstöße gegen Auflagen oder Weisungen mitzuteilen, ebenso das Nichteinhalten von Anerbieten oder Zusagen. Gleiches gilt für Straftaten, zumindest solchen, die einen möglichen Widerruf begründen. Einer Beschränkung auf widerrufsbegründende Straftaten steht indes entgegen, daß nicht der Bewährungshelfer über den Widerruf zu bestimmen hat (Siedlinger BewH 92, 367). Soweit jedoch ein Widerruf offensichtlich nicht in Betracht kommt, erübrigt sich eine Mitteilung. Keine Mitteilungspflicht besteht bei bloßem Verdacht einer Straftat.

2. Ein **Anweisungsrecht** gegenüber dem Verurteilten hat der Bewährungshelfer **nicht**. Diese Befugnis kann ihm auch nicht in der Weise verliehen werden, daß eine Weisung erteilt wird, Anweisungen des Bewährungshelfers zu befolgen, etwa dessen Anweisung einer ambulanten Alkoholtherapie nach wiederholtem Alkoholgenuß (Zweibrücken BA **95**, 190). Das Recht, Auflagen zu erteilen und die Lebensführung des Verurteilten durch Anordnungen zu beeinflussen, ist durch § 56 b und § 56 c ausschließlich dem Gericht übertragen worden; es kann dies nicht delegieren (vgl. BVerfG NStE **5** zu § 56 c, Pentz NJW 58, 1768, Stree Deliktsfolgen und Grundgesetz 148). Dem Bewährungshelfer darf demgemäß, von untergeordneten Detailergänzungen abgesehen, nicht die nähere Ausgestaltung einer Auflage oder einer Weisung überlassen werden (Schleswig OLGSt § 56 b Nr. **1, 2**, Frankfurt NStZ-RR **97**, 2; einschr. Schleswig SchlHA **88**, 168, Hamm NStZ **98**, 56 bei Bestimmung der Art der auferlegten gemeinnützigen Arbeit), so nicht die Festlegung von Raten und Fristen bei einer Geldauflage oder die Auswahl der gemeinnützigen Einrichtung, der eine Geldauflage zukommen soll. Er kann auch nicht dadurch bei der Ausgestaltung der Weisungen eingeschaltet werden, daß der Richter dem Verurteilten ein Verbot mit dem Vorbehalt einer Erlaubnis seitens des Bewährungshelfers erteilt (Stree aaO 149 FN 41). Unzulässig wäre etwa, den Kinobesuch von der Erlaubnis des Bewährungshelfers abhängig zu machen. Wohl aber kann dem Verurteilten vom Gericht aufgegeben werden, bestimmte Handlungen vorher mit dem Bewährungshelfer zu besprechen, etwa einen Wohnungs- oder Arbeitsplatzwechsel (Hamm NStZ **85**, 310); dieser darf aber nicht die Zustimmung des Bewährungshelfers zur Voraussetzung haben. Ferner hat der Bewährungshelfer anders als nach § 24 II 4 JGG kein Recht auf Zutritt zum Verurteilten. Das Gericht kann diesen aber nach § 56 c anweisen, dem Bewährungshelfer zu bestimmten Zeiten Zutritt zu gewähren (Tröndle/Fischer 5). Es genügt die Angabe eines (nicht zu weit gespannten) Zeitraums, innerhalb dessen der Bewährungshelfer die genaue Terminstunde festlegen kann. Auch in anderen Fällen steht der Bestimmtheit nicht entgegen, daß es dem Bewährungshelfer überlassen wird, die Weisung in Einzelheiten, etwa zum technischen Ablauf ihrer Durchführung, zu ergänzen, sofern die Weisung bereits das Wesentliche enthält und nur in untergeordneten Punkten präzisiert wird (vgl. BVerfG NStE **5** zu § 56 c, Zweibrücken BA **95**, 190; recht weit insoweit Schleswig SchlHA **88**, 168, Zweibrücken NStZ **89**, 578 m. Anm. Stree JR 90, 122).

3. Die Bewährungshelfer werden aus dem Kreis der zur Verfügung stehenden Personen für den einzelnen Fall **vom Gericht bestellt.** Als dessen Beauftragte und nach dessen Weisungen haben sie ihr Amt zu führen. Das Gericht kann sie abberufen, wenn sie ihren Aufgaben nicht gerecht werden oder die Notwendigkeit einer Bewährungshilfe entfallen ist. In seiner Kontrollfunktion nimmt der Bewährungshelfer aus der Staatsgewalt abgeleitete Aufgaben wahr und ist damit Amtsträger iSv § 11 I Nr. 2 (Düsseldorf NStZ **87**, 340). Seine Tätigkeit übt er haupt- oder ehrenamtlich aus. Die nähere Regelung seiner Rechtsstellung ist durch die Landesgesetzgebung erfolgt; vgl. zB die Landesgesetze in Berlin (Ges. v. 13. 5. 1954, GVBl. 285), Nordrhein-Westfalen (Ges. idF v. 2. 2. 1968, GVBl. 26), Rheinland-Pfalz (Ges. v. 11. 7. 1956, GVBl. 86), Schleswig-Holstein (Ges. idF v. 24. 3. 1970, GVBl. 66), Niedersachsen (Ges. v. 25. 10. 1961, GVBl. 315, AV v. 23. 1. 1984, NdsRpfl 84, 29).

4. Die Bestellung eines Bewährungshelfers steht im **Ermessen** des Gerichts; sie erfolgt, sofern dies angezeigt ist, um den Verurteilten von weiteren Straftaten abzuhalten. Diese Voraussetzung liegt vor, wenn die günstige Prognose nach § 56 I von der Unterstellung des Verurteilten unter einen Bewährungshelfer abhängt. Wie bei den sonstigen Weisungen (vgl. § 56 c RN 10) ist der Verhältnismäßigkeitsgrundsatz zu beachten. Genügt eine Weisung, die den persönlichen Lebensbereich des Verurteilten weniger beeinträchtigt als die Beaufsichtigung und Leitung durch einen Bewährungshelfer, so scheidet eine Anordnung nach § 56 d aus. Wird indes eine Freiheitsstrafe von mehr als 9 Monaten ausgesetzt und ist der Verurteilte noch nicht 27 Jahre alt, dann soll die Bestellung eines Bewährungshelfers die Regel bilden (Abs. 2). In solchen Fällen besteht eine gesetzliche Vermutung, daß die Weisung angezeigt ist, so daß das Gericht einen Verzicht auf diese begründen muß. Abzusehen von dieser Weisung wäre in solchen Fällen insb. dann, wenn die Tat lediglich die Reaktion auf einen Ausnahmezustand war, dessen Wiederholung nicht zu erwarten ist, oder wenn der Verurteilte ohnedies der Aufsicht einer Autoritätsperson unterstellt ist (zB beim Wehrdienst). In den nicht von Abs. 2 erfaßten Fällen hat das Gericht andererseits darzutun, weshalb es die Bestellung eines Bewährungshelfers für geboten hält. Sie darf nicht ausschließlich zwecks Überwachung erfolgen, kommt andererseits aber auch nicht nur als „ultima ratio" in Betracht (vgl. BVerfG NStE **1**). Die Bestellung kann je nach den Erfordernissen für die gesamte Bewährungszeit oder für einen Teil erfolgen. Eine Beschränkung auf einen Teil der Bewährungszeit ist auch im Falle des Abs. 2 zulässig. Nachträgliche Änderungen sind nach § 56 e möglich.

II. Außer in § 56 d kennt das Gesetz die Bestellung eines Bewährungshelfers noch in den Fällen der §§ 57 III, 57 a III, 68 a, 70 a III; vgl. dazu die dortigen Anm. Andererseits entfällt die Möglichkeit, einen Bewährungshelfer zu bestellen, bei Aussetzung eines Strafarrests (§ 14 a WStG).

§ 56 e Nachträgliche Entscheidungen

Das Gericht kann Entscheidungen nach den §§ 56 b bis 56 d auch nachträglich treffen, ändern oder aufheben.

1 I. Mit § 56 e sollen eine Variabilität der Maßnahmen und eine möglichst elastische Ausgestaltung der Bewährungszeit gewährleistet werden. Nachträgliche Entscheidungen trifft das Gericht, das in der Strafsache im ersten Rechtszug erkannt oder nach § 460 StPO die Gesamtstrafe gebildet hat (§ 462 a II, III StPO). Es kann auch die Entscheidungen dem AG – dh dem Amtsrichter (BGH **10** 288) – übertragen, in dessen Bezirk der Verurteilte seinen Wohnsitz hat. Die Übertragung kann nachträglich aufgehoben oder geändert werden (BGH **11** 80).

2 1. Handelt es sich um **Weisungen** iSv §§ 56 c, 56 d, so bestehen gegen die Möglichkeit beliebiger Veränderung keine Bedenken. Da die Weisungen die Aufgabe haben, die Lebensführung des Verurteilten zu beeinflussen, und ihre Zweckmäßigkeit nur aufgrund einer Prognose im Urteilszeitpunkt beurteilt werden kann, muß die Möglichkeit bestehen, sie zu verändern, sobald sich die Umstände geändert haben oder sich die mangelnde Effektivität einer Weisung herausgestellt hat. Erforderlich ist jedoch in allen Fällen, daß neue Umstände eingetreten oder bekannt geworden sind (vgl. Stuttgart NJW **69**, 1220).

3 2. Anders ist es bei den **Auflagen** des § 56 b. Da sie eine strafähnliche Sanktion darstellen (vgl. § 56 b RN 2, 4 ff.) und die Entscheidung darüber, welche Leistungen des Verurteilten zur Genugtuung erforderlich sind, im Urteilszeitpunkt abschließend erfolgen kann, erscheint es weder kriminalpolitisch noch rechtsstaatlich legitim, dem Gericht die Befugnis zuzuerkennen, das Genugtuungsbedürfnis während der Bewährungszeit anders zu beurteilen, als dies bei Erlaß des Urteils geschehen ist (vgl. Jescheck/Weigend 845; and. Frankfurt NStZ-RR **96**, 220, Tröndle/Fischer 1; vgl. auch Gribbohm LK 6, Horn MDR 81, 13). Für die **Schadenswiedergutmachung** sind jedoch Einschränkungen zu machen. Da im Urteilszeitpunkt die Leistungsfähigkeit des Verurteilten und zumeist auch die Schadenshöhe nicht abschließend beurteilt werden können, ist eine Bezifferung der Schadenshöhe nur als vorläufig anzusehen. Erhöht sich nachträglich der Schaden oder bessert sich die Leistungsfähigkeit des Verurteilten, so kann die Auflage zu dessen Ungunsten abgeändert werden; in Wirklichkeit wird damit aber von ihm auch nicht mehr verlangt, als „den Schaden nach Kräften wiedergutzumachen". Läßt sich sonst im Urteilszeitpunkt eine genaue Auflage mangels der erforderlichen Kenntnis von der Leistungsfähigkeit des Verurteilten noch nicht festlegen, so kann das Gericht die Auferlegung einer Leistung vorbehalten; die nachträgliche Anordnung einer Auflage in diesem Rahmen ist dann zulässig (vgl. Hamm NJW **76**, 527). Eine Aufhebung der Auflage kommt in Betracht, wenn ein Zivilgericht die Schadensersatzlage rechtskräftig abgewiesen hat (LG Zweibrücken NJW **97**, 1084). Hat der Tatrichter ohne Vorbehalt von einer Auflage abgesehen, so kann eine solche im übrigen nicht nachträglich angeordnet werden. Eine Abänderung von Auflagen ist jedoch auch zulässig, soweit den Verurteilten nicht zusätzlich belasten und sich etwa der Erfüllung der ursprünglichen Auflage Hindernisse entgegenstellen. So kann zB der Empfänger der gemeinnützigen Leistung nachträglich anders bestimmt werden, nicht dagegen eine Erhöhung der Zahlungen an eine gemeinnützige Einrichtung mit der Begründung festgesetzt werden, die Vermögensverhältnisse des Verurteilten hätten sich verbessert. Unter den genannten Voraussetzungen kann zB auch eine Auflage gem. § 56 b II Nr. 1 durch eine solche der Nr. 2, 3 oder 4 ersetzt werden oder umgekehrt (vgl. Hamm NJW **76**, 527). Weigert sich der Verurteilte, eine Auflage zu erfüllen, so gelten dieselben Grundsätze; er darf für die Weigerung nicht durch Abfordern eines größeren Opfers „bestraft" werden.

4 Hatte das Gericht nach § 56 b III **zunächst von** einer **Auflage abgesehen**, so ist deren nachträgliche Anordnung im Rahmen der Genugtuungsfunktion (vgl. § 56 b RN 3 ff.) uneingeschränkt möglich, wenn sich herausstellt, daß der Verurteilte sein Angebot nicht erfüllt hat. Hat das Gericht eine Auflage oder Weisung angeordnet, ohne den Verurteilten gemäß § 265 a S. 1 StPO zu befragen, so kann der Verurteilte auch nachträglich ein Anerbieten nach § 56 b III bzw. § 56 c IV machen und die vorläufige Aufhebung der Anordnung beantragen; für die Behandlung seines Anerbietens gelten dann die für den Urteilszeitpunkt aufgestellten Grundsätze.

5 II. Entsprechendes gilt für die Entscheidung des **Beschwerdegerichts.** Dieses kann die Weisungen ohne Einschränkung abändern oder zusätzliche Weisungen erteilen (LG Nürnberg NJW **59**, 1452, KMR § 305 a StPO Anm. 7). Soweit es sich um Auflagen handelt, gilt aus den oben genannten Gründen jedoch das Verbot der reformatio in peius (vgl. § 56 b RN 4).

6 III. Einen **Sonderfall** der nachträglichen Anordnung von Auflagen und Weisungen enthält § 56 f II. Danach kann das Gericht vom Widerruf der Strafaussetzung trotz Vorliegens der Voraussetzungen von § 56 f I absehen, wenn es seiner Auffassung nach ausreicht, die Bewährungszeit zu verlängern oder weitere Auflagen oder Weisungen zu erteilen. § 56 f II setzt also eine Pflichtverletzung voraus und damit ein Mehr gegenüber § 56 e. Er ist aber doch nur ein Spezialfall des § 56 e, so daß der Umfang der richterlichen Möglichkeiten nicht größer sein kann als dort. Dies bedeutet, daß eine Auflage nicht nachträglich durch eine andere ersetzt werden kann, die den Verurteilten stärker beschwert, selbst dann nicht, wenn dieser die Erfüllung der zunächst angeordneten Auflage beharrlich verweigert hat (ähnlich Horn SK § 56 f RN 27 f.; and. Frankfurt NJW **71**, 720, Tröndle/Fischer 1;

Widerruf der Strafaussetzung 1–3 a § 56 f

vgl. auch § 56 f RN 11). Dagegen können Weisungen nachträglich uneingeschränkt geändert werden (vgl. o. 2).

IV. Zum **Verfahren** und zur Beschwerdemöglichkeit vgl. § 453 StPO. 7

§ 56 f Widerruf der Strafaussetzung

(1) Das Gericht widerruft die Strafaussetzung, wenn der Verurteilte
1. in der Bewährungszeit eine Straftat begeht und dadurch zeigt, daß die Erwartung, die der Strafaussetzung zugrunde lag, sich nicht erfüllt hat,
2. gegen Weisungen gröblich oder beharrlich verstößt oder sich der Aufsicht und Leitung des Bewährungshelfers beharrlich entzieht und dadurch Anlaß zu der Besorgnis gibt, daß er erneut Straftaten begehen wird, oder
3. gegen Auflagen gröblich oder beharrlich verstößt.

Satz 1 Nr. 1 gilt entsprechend, wenn die Tat in der Zeit zwischen der Entscheidung über die Strafaussetzung und deren Rechtskraft begangen worden ist.

(2) Das Gericht sieht jedoch von dem Widerruf ab, wenn es ausreicht,
1. weitere Auflagen oder Weisungen zu erteilen, namentlich den Verurteilten einem Bewährungshelfer zu unterstellen, oder
2. die Bewährungs- oder Unterstellungszeit zu verlängern.

In den Fällen der Nummer 2 darf die Bewährungszeit nicht um mehr als die Hälfte der zunächst bestimmten Bewährungszeit verlängert werden.

(3) Leistungen, die der Verurteilte zur Erfüllung von Auflagen, Anerbieten, Weisungen oder Zusagen erbracht hat, werden nicht erstattet. Das Gericht kann jedoch, wenn es die Strafaussetzung widerruft, Leistungen, die der Verurteilte zur Erfüllung von Auflagen nach § 56 b Abs. 2 Satz 1 Nr. 2 bis 4 oder entsprechenden Anerbieten nach § 56 b Abs. 3 erbracht hat, auf die Strafe anrechnen.

Vorbem. Abs. 1 S. 2 eingefügt, Abs. 2 geändert durch 23. StÄG v. 13. 4. 1986, BGBl. I 393, Abs. 3 S. 2 geändert durch 6. StrRG v. 26. 1. 1998, BGBl I 164.

Schrifttum: Kratzsch, Verstoß gegen Auflagen und Weisungen usw., JR 72, 369. – Stree, Probleme des Widerrufs einer Strafaussetzung wegen einer Straftat, NStZ 92, 153.

I. Bewährt sich der Verurteilte nicht, so ist die **Strafaussetzung** zu **widerrufen.** Zur Zuständigkeit vgl. § 462 a StPO. Die Maßstäbe für die Bewährung ergeben sich aus § 56 I und dem Wesen des Instituts der Strafaussetzung. Nach § 56 wird zwar nur erwartet, daß der Verurteilte keine Straftaten mehr begeht. Von der Strafvollstreckung kann aber nur abgesehen werden, wenn der Verurteilte auch die ihm auferlegten Auflagen erfüllt und die Weisungen befolgt, die den Resozialisierungsvorgang erfolgreich gestalten sollen. Insoweit liegt dem Widerruf nach Abs. 1 Nr. 1, 2 eine Berichtigung der ursprünglichen günstigen Prognose zugrunde, nicht eine Bestrafung für den Bewährungsbruch (Düsseldorf GA 93, 512, LG Hamburg StV 97, 90, Stree aaO 159). Der Widerruf nach Abs. 1 Nr. 3 gründet sich auf ein Nichteintritt der Genugtuung für das abgeurteilte Unrecht. 1

Die **Widerrufsgründe** sind in Abs. 1 Nr. 1–3 **abschließend aufgezählt.** Sie müssen im Beschlußverfahren positiv festgestellt sein: Zweifel gehen zugunsten des Verurteilten (vgl. Tröndle 6, Schulze NJW 57, 772, Terhorst MDR 78, 977). Das bedingt nicht nur der Gesetzeswortlaut, sondern auch die Sachgerechtigkeit, der die Entziehung eines Vorteils bei Ungewißheit über das Vorliegen der Voraussetzungen zuwiderlaufen würde. 2

1. Der Widerruf nach **Nr. 1** setzt voraus, daß der Verurteilte in der Bewährungszeit oder in der Zeit zwischen der Entscheidung über die Strafaussetzung und deren Rechtskraft (Abs. 1 S. 2) eine **Straftat** begeht und dadurch zeigt, daß die Erwartung, die der Strafaussetzung zugrunde lag, sich nicht erfüllt hat. Bei Aussetzung einer nachträglichen Gesamtstrafe kommt es auf diese Entscheidung und die Bewährungszeit für die Gesamtstrafe an (vgl. § 58 RN 8). Bleibt zweifelhaft, ob die neue Straftat innerhalb oder außerhalb des genannten Zeitraums begangen worden ist, kommt ein Widerruf nicht in Betracht (vgl. Hamm StV 87, 69). Maßgeblich ist die Tatbegehung, dh das Vorliegen der materiellen Strafbarkeitsvoraussetzungen (einschließlich objektiver Strafbarkeitsbedingungen und fehlender Strafausschließungsgründe oder Strafaufhebungsgründe; vgl. Streck/Spatscheck NStZ 95, 269). Auf das Vorliegen der Prozeßvoraussetzungen, zB eines Strafantrags, kommt es dagegen nicht an (Lackner 2; and. Tröndle/Fischer 3 b), da es nicht um eine Bestrafung für den Bewährungsbruch geht (vgl. o. 1). Subsidiarität einer in die Bewährungszeit fallenden Tat gegenüber dem vor dieser Zeit erfüllten primären Tatbestand schließt den Widerruf nicht aus (Düsseldorf NStZ 95, 256). 3

a) Vom Vorliegen der neuen **Straftat** muß das **Gericht fest überzeugt** sein (Düsseldorf StV 86, 346, NStZ 92, 132, KG StV 88, 26); Zweifel an der Schuldfähigkeit stehen einem Widerruf entgegen (Bremen StV 84, 125, 382). Worauf das Gericht seine Überzeugung stützt, ist unerheblich, sofern anerkannte Regeln beachtet bleiben. Eine Zustimmung des Verurteilten zu einer Verfahrenseinstellung nach § 153 a II StPO genügt allein nicht für die Überzeugung (BVerfG StV 96, 163). Rechtskräftige Aburteilung der neuen Tat ist andererseits nicht erforderlich (Stuttgart NJW 76, 200, MDR 3 a

§ 56f 4   Allg. Teil. Rechtsfolgen der Tat – Strafaussetzung zur Bewährung

91, 282, Hamm NJW **73**, 911, StV **92**, 284, Koblenz VRS **60** 427, 428, BA **81**, 111, Zweibrücken StV **85**, 465, Bremen StV **86**, 165, Hamburg NStZ **92**, 130, Düsseldorf NStZ **92**, 131 m. abl. Anm. Blumenstein, NJW **92**, 1183, **93**, 1280, Karlsruhe MDR **93**, 780, Tröndle/Fischer 3 b, Gribbohm LK 13, Jescheck/Weigend 846, Lackner 3, Geppert JuS 93, 163). Die Gegenmeinung (Celle StV **90**, 504, München NJW **91**, 2302, Schleswig NJW **91**, 2303, Bamberg StV **91**, 174, Koblenz MDR **91**, 659, Mrozynski JZ 78, 255, Ostendorf StV 90, 230, Vogler Kleinknecht-FS 442, Tröndle-FS 423), die sich auf die Unschuldsvermutung gem. Art. 6 II MRK beruft, dürfte sich kaum durchsetzen, zumal die EKMR StV 92, 282 diesen Standpunkt nicht teilt. Sie überdehnt die Auswirkung des Art. 6 II MRK und wird kriminalpolitischen Erfordernissen nicht gerecht (vgl. näher Stree NStZ 92, 153). Insb. führt sie zu sachlich unberechtigt strengeren Anforderungen an den Widerruf wegen einer Straftat gegenüber dem Widerruf wegen eines Weisungsverstoßes. Das trifft ebenfalls auf Schleswig NJW **92**, 2646 zu, das unter Aufgabe seiner oben angeführten Ansicht eine rechtskräftige Aburteilung der neuen Tat für entbehrlich hält, sofern der Täter seine Schuld vor einem Richter im Beisein eines Verteidigers eingestanden hat. Zu den Bedenken gegen diese Ansicht Stree JR 93, 39; wie Schleswig aber Horn SK 8, Ostendorf StV 92, 288. Ein Widerruf vor rechtskräftiger Aburteilung der neuen Tat ist bei hinreichend fundierten Tatsachen mit der Verfassung vereinbar (BVerfG NStZ **87**, 118, **91**, 30, NJW **88**, 1715). Er kann aber untunlich sein (vgl. Karlsruhe MDR **74**, 245, Hamm NJW **74**, 1520, Stuttgart NJW **77**, 1249, Düsseldorf VRS **88** 33). Bei rechtskräftiger Aburteilung kann das Gericht seine Überzeugung aus dem neuen Urteil gewinnen, ohne zu weiterer Beweiserhebung verpflichtet zu sein (Zweibrücken StV **85**, 466, Düsseldorf NStE **38**, StV **96**, 45); Bedenken sind insoweit jedoch beim Strafbefehl angebracht (Zweibrücken StV **91**, 270 m. Anm. Stree JR 91, 478). An die Feststellungen im neuen Urteil ist das Gericht nicht gebunden (Düsseldorf NStZ **90**, 541, NStE **38**; vgl. näher dazu Stree NStZ 92, 156). Dementsprechend schließt ein Freispruch den Widerruf nicht schlechthin aus (Stree NStZ 92, 157; vgl. auch Koblenz NStE **28**: Freispruch, weil zZ des Urteils Strafbarkeit entfallen ist). Zum Widerruf trotz ausgesetzter Strafe für die neue Tat vgl. u. 5. Unbeachtlich ist, daß der Verurteilte wegen der neuen Tat aus prozessualen Gründen, zB mangels Strafantrags oder bei Verfahrenseinstellung nach den §§ 153 ff. StPO nicht verurteilt wird (Hamburg MDR **79**, 515 m. Anm. Zipf JR 79, 380, Düsseldorf OLGSt Nr. **19**, Karlsruhe MDR **93**, 780) oder die neue Tat auslieferungsbedingt nicht verfolgt werden kann (Zweibrücken NStZ **91**, 497 m. krit. Anm. Lagodny StV **93**, 37; and. Vogler Salger-FS 763). Denn es geht nicht um die Bestrafung für den Bewährungsbruch, sondern um eine Prognoseberichtigung (vgl. o. 1). Ebensowenig wird der Widerruf dadurch ausgeschlossen, daß von Strafe für die neue Tat nach § 60 abgesehen worden ist; denn eine schwere Folge, die zum Absehen von Strafe führt, hat nichts mit der Korrektur der früheren Prognose (vgl. u. 4) zu tun. Zu berücksichtigen sind alle Straftaten, auch fahrlässige (Hamm MDR **71**, 942) oder im Ausland begangene (Köln MDR **72**, 438; ebenso BGE 106 IV 8 für schweiz. Recht), sofern sie in der maßgeblichen Zeit verübt worden sind. Vor der Entscheidung über die Strafaussetzung begangene Taten rechtfertigen keinen Widerruf, ebensowenig Delikte nach Ablauf der Bewährungszeit (Stuttgart Justiz **72**, 390, Hamm MDR **74**, 947). Bei einem Dauerdelikt genügt es, daß ein Teilakt in die maßgebliche Zeit fällt. Nicht erforderlich ist das Bewußtsein des Täters, seine Tat könne den Widerruf zur Folge haben (Düsseldorf NJW **67**, 1380, H. W. Schmidt SchlHA 63, 110, Schmitt NJW **69**, 1332; and. Neustadt NJW **59**, 951).

4   b) Zum Widerruf führt die Straftat aber nur, wenn sich mit ihr die **Erwartung nicht erfüllt** hat, die der Strafaussetzung zugrunde lag, wenn sich also die ursprüngliche Prognose als falsch erwiesen hat (Düsseldorf GA **93**, 512). Aus der Einschränkung geht hervor, daß nicht jede Straftat die Erwartung widerlegt. Es muß sich vielmehr um eine Tat handeln, die erkennen läßt, daß der Verurteilte die Verurteilung nicht hat zur Warnung dienen lassen und er sich nicht ohne die Einwirkung des Strafvollzugs straffrei verhält (vgl. dazu Düsseldorf StV **83**, 338). An dieser Voraussetzung fehlt es vielfach bei Fahrlässigkeitstaten, etwa, wenn jemand wegen eines Vermögensdelikts verurteilt worden war und in der Bewährungszeit ein fahrlässiges Verkehrsdelikt begeht (vgl. Gribbohm LK 13). Auch Bagatelldelikte, die der abgeurteilten Tat nicht entsprechen, stehen der an die Strafaussetzung geknüpften Erwartung zumeist nicht entgegen (vgl. auch Zweibrücken MDR **89**, 477, das den Verhältnismäßigkeitsgrundsatz heranzieht, LG Zweibrücken StV **98**, 666). Bei Aussetzung einer Freiheitsstrafe wegen Dienstflucht nach § 53 ZDG aus Gewissensgründen (zB den Zeugen Jehovas) kann nicht erwartet werden, daß einer erneuten Einberufung Folge geleistet wird; Widerruf wegen Nichtbefolgung der erneuten Einberufung ist daher unzulässig (BVerfGE **78** 391 m. krit. Anm. Struensee StV 90, 443, NdsRpfl **89**, 239). Andererseits wird die Erwartung idR nicht erfüllt sein, wenn die neue Tat in ihrer Art der abgeurteilten entspricht. Fahrlässigkeitsdelikte können demnach zB den Widerruf bewirken, wenn sie eine Wiederholung der abgeurteilten Tat sind (erneute fahrlässige Trunkenheitsfahrt usw) oder dieser ähneln (fahrlässige Trunkenheitsfahrt nach Verurteilung wegen vorsätzlicher Trunkenheitsfahrt; vgl. Koblenz VRS **68** 214). Beim Vollrausch kann genügen, daß die Rauschtat der abgeurteilten Tat entspricht (Koblenz VRS **54** 192, BA **81**, 111). Bedenklich ist dagegen, erhebliche Straftaten, auch wenn sie der früher abgeurteilten Tat nicht gleichen, ohne weiteres als Widerrufsgrund genügen zu lassen. Vgl. etwa Koblenz VRS **48** 263, **52** 24 sowie Schleswig StV **82**, 527, SchlHA **91**, 82 unter Berufung auf Nichtänderung der kriminellen Lebensführung. Einschränkend dagegen mit Recht Düsseldorf StV **83**, 338; vgl. dazu Stree NStZ 92, 158, auch Düsseldorf NStZ-RR **98**, 334 sowie LG Bremen StV **96**, 46 (Verletzung der Unterhaltspflicht – versuchter Totschlag). Die

Notwendigkeit des Widerrufs ist aber nicht isoliert nach der neuen Straftat zu beurteilen. Zu berücksichtigen ist auch die weitere Entwicklung des Verurteilten nach dieser Tat (Karlsruhe MDR **76**, 863; vgl. aber Schöch JR **81**, 164). Läßt sie erwarten, daß der Verurteilte sich künftig straffrei verhalten wird, so erübrigt sich der Widerruf. Das ergibt auch Abs. 2. Wenn danach weniger einschneidende Maßnahmen als der Widerruf zum Absehen von ihm ausreichen, muß hierzu auch das eigene Verhalten des Verurteilten genügen können, sofern es erkennen läßt, daß von diesem weitere Straftaten nicht zu befürchten sind. Umgekehrt kann das spätere Verhalten aber auch sichtbar machen, daß der Verurteilte mit der neuen Straftat die Erwartung nicht erfüllt hat (vgl. Hamm JMBlNW **82**, 167). Für den Widerruf unerheblich ist dagegen, ob der Verurteilte gem. § 268a III StPO belehrt worden ist (vgl. § 56 RN 52). Das gilt auch für eine Tat zwischen Urteilsverkündung und Rechtskraft (Hamm StV **92**, 22 m. abl. Anm. Budde; vgl. auch BVerfG NStZ **92**, 130: nicht verfassungswidrig).

c) Bei **mehreren Strafaussetzungen** ist für jede von ihnen selbständig zu prüfen, ob sie auf Grund 5 der neuen Straftat zu widerrufen ist (vgl. Klussmann NJW **73**, 685). Der Widerruf ist auch möglich, wenn die Strafe für die neue Tat zur Bewährung ausgesetzt wird (Düsseldorf VRS **89** 33; and. LG Bochum StV **90**, 270). Er kommt dann aber nur in Ausnahmefällen in Betracht (Düsseldorf aaO, StV **98**, 214, 216, VRS **94** 446, LG Dortmund StV **92**, 588; zur Verfassungsmäßigkeit vgl. BVerfG NStZ **85**, 357, **87**, 118, LG Berlin MDR **88**, 794); idR nach Abs. 2 zu verfahren (Köln StV **93**, 429).

2. Der Widerruf nach **Nr. 2** erfolgt, wenn der Verurteilte gegen **Weisungen** gröblich oder beharr- 6 lich **verstößt** oder sich der Aufsicht und Leitung des **Bewährungshelfers** beharrlich **entzieht** und dadurch Anlaß zu der Besorgnis gibt, er werde erneut Straftaten begehen. Die Weisungen müssen dem Verurteilten bekanntgemacht worden sein (Düsseldorf StV **85**, 464: öffentl. Zustellung des Weisungsbeschlusses genügt nicht). Sie müssen zudem zulässig gewesen sein; Zuwiderhandlungen gegen unzulässige Weisungen rechtfertigen nicht den Widerruf (vgl. München NStZ **85**, 411, LG Aachen NJW **57**, 1120, H. W. Schmidt SchlHA 63, 110, Stree, Deliktsfolgen und Grundgesetz, 1960, 215), auch dann nicht, wenn der Verurteilte sich nicht auf die Unzulässigkeit beruft (Karlsruhe Justiz **84**, 427, Frankfurt NStZ-RR **97**, 3). Unter gröblichen Verstößen sind die objektiv erheblichen und schuldhaften Zuwiderhandlungen zu verstehen, wobei es auf eine vorherige Mahnung hierbei nicht ankommt. Beharrlich ist der Verstoß, wenn der Verurteilte durch wiederholtes Handeln oder andauerndes Verhalten (Flucht, Verbergen usw) seine endgültige Weigerung, die Weisungen zu befolgen, zum Ausdruck bringt oder trotz Mahnung den Weisungen nicht nachkommt. Zu diesen Merkmalen bei Rücknahme einer Einwilligung zu einer Heilbehandlung (§ 56c III) vgl. § 56c RN 24. Ein Sonderfall des beharrlichen Verstoßes gegen Weisungen liegt vor, wenn der Verurteilte sich der Aufsicht und Leitung des Bewährungshelfers beharrlich entzieht. Erforderlich ist hiernach, daß der Verurteilte die Einflußmöglichkeiten des Bewährungshelfers durch wiederholtes oder andauerndes Verhalten ausschaltet, das erkennen läßt, daß er nicht gewillt ist, sich vom Bewährungshelfer beaufsichtigen und leiten zu lassen. Das Widersetzen gegen einzelne Maßnahmen des Bewährungshelfers reicht nicht aus, auch wenn es beharrlich geschieht. Ebensowenig berechtigt allein die beharrliche Weigerung, sich leiten zu lassen, den Widerruf. Solange der Verurteilte sich nicht zugleich der Aufsicht beharrlich entzieht, bleibt nur die Möglichkeit, mit gerichtlichen Weisungen einzugreifen.

Für den Widerruf relevant sind die Verstöße indes nur, wenn sie erneute Straftaten des Verurteilten 7 *befürchten* lassen. Das Gericht hat somit unter Abwägung des Verstoßes und des gesamten Verhaltens des Verurteilten in der Bewährung eine erneute Prognose zu stellen (vgl. Hamm MDR **76**, 505, LG Bayreuth NJW **70**, 2123, LG Kassel NJW **71**, 475, LG Hamburg MDR **76**, 946). Sie hat sich hierbei an der für die Strafaussetzung maßgebenden Erwartung auszurichten. Es muß Anlaß zu der Besorgnis bestehen, daß der Verurteilte sich die Verurteilung nicht zur Warnung dienen läßt und sich nicht ohne Einwirkung des Strafvollzugs straffrei verhält. Der Weisungsverstoß indiziert das nicht ohne weiteres (Frankfurt GA **75**, 243, Düsseldorf StV **83**, 70), wie sich zeigt, wenn der Verurteilte die Weisung, die Unterhaltsleistungen nachzuweisen, mißachtet hat, die Unterhaltspflichten aber erfüllt hat (vgl. Zweibrücken OLGSt S. **1** zu § 56c). Es muß die Begehung neuer Straftaten, nicht bloßer rechtswidriger Taten zu befürchten sein (KG JR **83**, 423).

3. Der Widerruf nach **Nr. 3** bedingt einen gröblichen oder beharrlichen **Verstoß gegen Auf-** 8 **lagen**. Weitere Erfordernisse verlangt das Gesetz im Gegensatz zum Fall der Nr. 2 nicht, weil bei Auflagen die an die Strafaussetzung geknüpfte Erwartung primär darauf gerichtet ist, daß der Verurteilte für das begangene Unrecht Genugtuung leistet, und bereits bei Nichterfüllung der Auflage ein entscheidendes Moment für die Strafaussetzung entfällt (vgl. auch BT-Drs. 7/550 S. 213). Verstöße gegen unzulässige Auflagen genügen ebensowenig wie bei Nr. 2 Verstöße gegen unzulässige Weisungen (vgl. o. 6). Zu den Merkmalen „gröblich" und „beharrlich" vgl. o. 6, auch Bremen StV **90**, 118 (Verstoß muß Einsichtslosigkeit im Hinblick auf die Bedeutung der Auflage erkennen lassen; Verurteilter muß sich der Schwere und der Bedeutung des Verstoßes bewußt gewesen sein). Ein gröbliches Zuwiderhandeln ist hier aber uU zu verneinen, wenn keine vorherige Mahnung erfolgt (insb. bei Geldauflagen; vgl. Düsseldorf VRS **91** 115, LG Karlsruhe NJW **60**, 495, LG Mainz MDR **75**, 772) oder eine Belehrung gem. § 268a III StPO unterblieben ist (vgl. Celle NJW **58**, 1009, Düsseldorf VRS **91** 115). Aus dem schuldhaften Verstoß muß hervorgehen, daß der Verurteilte nicht genugtuungswillig ist. Zu ermitteln sind daher die Gründe für die Nichterfüllung der Auflage (vgl. Oldenburg NJW **61**, 1368). Das Unterbleiben einer auferlegten Schadenswiedergutmachung oder Zahlung eines Geldbetrags schließt bei Zahlungsunfähigkeit idR den Widerruf aus (vgl. Hamm StV **93**, 259,

§ 56 f 9–10 a   Allg. Teil. Rechtsfolgen der Tat – Strafaussetzung zur Bewährung

Düsseldorf StV **95**, 595, VRS **91** 115). Ein gröblicher Verstoß gegen eine Geldauflage kann bei Zahlungsunfähigkeit jedoch vorliegen, wenn der Verurteilte diese verschuldet hat, zB durch Ausschlagen angebotener Arbeitsstellen mit der Folge der Einstellung von Arbeitslosenunterstützung (Hamm JMBlNW **79**, 247).

9 4. Eine Einschränkung der Widerrufsmöglichkeit enthält **Abs. 2**, der eine Kodifizierung des **Verhältnismäßigkeitsgrundsatzes** darstellt. Reichen weniger einschneidende Maßnahmen als der Widerruf aus, um den Verurteilten von Straftaten abzuhalten und dem Genugtuungsinteresse zu genügen, zB andere Weisungen oder Auflagen oder eine Langzeittherapie bei Drogenabhängigen (Düsseldorf StV **94**, 200), so ist zunächst diese Möglichkeit zu nutzen (vgl. Bremen MDR **74**, 593, das jedoch an die günstige Zukunftsprognose strengere Anforderungen stellt als bei § 56 und hohe Wahrscheinlichkeit straffreien Lebens verlangt; gegen diese Einschränkung mit Recht Schleswig NJW **80**, 2320 m. Anm. Schöch JR **81**, 164). Als mögliche Maßnahmen nennt Abs. 2 die Erteilung weiterer Auflagen oder Weisungen einschließlich der Unterstellung unter einen Bewährungshelfer (Nr. 1) sowie die Verlängerung der Bewährungszeit oder der Zeit, in der der Verurteilte einem Bewährungshelfer unterstellt ist (Nr. 2). Nach Schleswig aaO sollen diese Maßnahmen ausreichen, wenn mit ihnen das Resozialisierungsziel eher erreicht werden kann als mit dem Strafvollzug. Eine solche vergleichende Prognose ist bedenklich (vgl. Dencker NStZ **82**, 155, Klier NStZ **81**, 302, Gribbohm LK 26, aber auch Schöch JR **81**, 165). Entscheidend ist, ob auf Grund der Maßnahmen des Abs. 2 der Widerrufsgrund ausgeräumt und ein straffreies Leben des Probanden erwartet werden kann. Ist das nicht der Fall, so ist die Aussetzung unabhängig davon, wie sich der Strafvollzug auswirken kann, zu widerrufen (Düsseldorf VRS **94** 446). Umgekehrt steht der Anordnung nach Abs. 2 nicht entgegen, daß der Strafvollzug mit größerer Resozialisierungsaussicht bietet. Zur Berücksichtigung des Sühnegesichtspunkts vgl. LG Saarbrücken MDR **89**, 179. Zum Ganzen vgl. Horn JR **81**, 5. Eine Anordnung nach Abs. 2 darf im übrigen nur ergehen, wenn Widerrufsvoraussetzungen vorliegen (Düsseldorf VRS **80** 20); bei deren Annahme darf nicht großzügiger verfahren werden als im Rahmen des Abs. 1 (Stree NStZ **92**, 260).

10 a) **Verlängerung der Bewährungszeit** ist auch noch nach Ablauf der „regulären" Bewährungszeit möglich (KG JR **93**, 75). Hierzu hat sich 1981 der Gesetzgeber mit der Streichung der bisherigen Verweisung auf § 56 a II bekannt (vgl. BT-Drs. 8/3857 S. 12). Der frühere Meinungsstreit (vgl. 20. A.) sollte hiernach der Vergangenheit angehören (and. Hein NStZ **82**, 252). Die Möglichkeit, die Bewährungszeit noch nach deren Ablauf zu verlängern, entspricht allein den sachlichen Erfordernissen. Die abschließende Beurteilung des Verhaltens des Verurteilten nach Abs. 1 ist vielfach erst möglich, nachdem die Bewährungszeit abgelaufen ist. Es wäre unverständlich, wenn gerade jetzt bei entsprechenden Verfehlungen nur noch der Widerruf der Strafaussetzung in Betracht käme und eine am Verhältnismäßigkeitsgrundsatz ausgerichtete mildere Maßnahme nach Abs. 2 nicht mehr möglich wäre. Andererseits wäre ein Absehen vom Widerruf trotz eines vorliegenden Widerrufsgrundes ohne eine Maßnahme nach Abs. 2 sachwidrig (vgl. Stuttgart MDR **81**, 69, aber auch Celle StV **90**, 117, Düsseldorf NStZ **94**, 559, wonach bei Entfallen einer Verlängerungsmöglichkeit die Strafe zu erlassen ist). Fraglich ist, ob eine nach Ablauf der Bewährungszeit angeordnete Verlängerung sich (rückwirkend) unmittelbar an die abgelaufene Bewährungszeit anschließt (so KG StV **86**, 165, Schleswig NStZ **86**, 363, Celle StV **89**, 118, Zweibrücken NStZ **93**, 510, Stuttgart StV **98**, 666, Lackner 12, Dölling NStZ **89**, 348) oder die Bewährungszeit sich ab dem Zeitpunkt des Verlängerungsbeschlusses fortsetzt (vgl. dazu Frank MDR **82**, 360, Horn NStZ **86**, 356). Das Wort „verlängern" spricht für unmittelbaren Anschluß an die alte Bewährungszeit, zumal ihm damit dieselbe Bedeutung für eine Verlängerung der Bewährungszeit vor und nach deren Ablauf beigelegt wird. Dem Sinn einer weiteren Bewährungszeit, die der Vermeidung des Widerrufs dienen soll, entspricht jedoch nur deren Neubeginn ab dem Zeitpunkt des Verlängerungsbeschlusses, da der von der Rückwirkung erfaßte Zeitraum schwerlich als Bewährungszeit angesehen werden kann. Denn das Verhalten des Verurteilten in diesem Zeitraum kann keinen Widerruf begründen (vgl. KG StV **86**, 165, Schleswig NStZ **86**, 363, Zweibrücken NStZ **93**, 510, Düsseldorf StV **94**, 382, Hamm StV **98**, 215, Stuttgart StV **98**, 666, Horn SK 9, Lackner 3), so daß es sich auch nicht als ein Sichbewähren werten läßt. Zudem kann eine Verlängerung, die sich rückwirkend an die abgelaufene Bewährungszeit anschließt, als mildere Maßnahme gegenüber dem Widerruf ihren Sinn verlieren, wenn die Entscheidung nach § 56 f erst erhebliche Zeit nach Ablauf der Bewährungszeit erfolgt und infolge des mit der Rückwirkung einzubeziehenden Zeitraums wenig oder gar keine Bewährungszeit mehr zur Einwirkung auf den Verurteilten verbleibt. Wenig sachgerecht ist die von Celle StV **90**, 117, Düsseldorf VRS **88** 33 befürwortete Lösung, in solchen Fällen die Strafe zu erlassen; sie mißachtet den Umstand, daß sich der Verurteilte nicht bewährt hat, und entwertet damit in hinreichendem Grund das bewährungswidrige Verhalten als Widerrufsgrund. Die Verlängerung der Bewährungszeit führt nicht zur Unbeachtlichkeit aller vor der Verlängerung liegender Widerrufsgründe für einen späteren Widerruf. Er kann zB auf erst später bekannt gewordene Straftaten des Verurteilten während der alten Bewährungszeit gestützt werden (vgl. Hamburg MDR **80**, 600, Düsseldorf VRS **80** 18); zur Verfassungsmäßigkeit vgl. BVerfG StV **96**, 160 m. Anm. Lammer.

10 a Die **Verlängerung** der Bewährungszeit ist **begrenzt** auf nicht mehr als die Hälfte der zunächst bestimmten Bewährungszeit. Die Auslegung dieser etwas unklaren Vorschrift hat entsprechend dem Verhältnismäßigkeitsgrundsatz (vgl. o. 9) nach Möglichkeit günstig für den Verurteilten zu erfolgen.

Zweifelhaft ist, was unter „zunächst bestimmte" zu verstehen ist. Nach der Wortbedeutung ist das Merkmal als anfangs, dh zuerst festgesetzte Bewährungszeit aufzufassen (and. Maatz MDR 88, 1020, der auch die bisherige und somit die zuletzt festgesetzte Bewährungszeit vom möglichen Wortsinn getragen wissen will; vgl. auch LG Itzehoe SchlHA **87**, 186, Tröndle 8: die im letzten Beschluß bestimmte Bewährungszeit). Sachgerecht wäre es an sich, an die zuletzt (zuvor) festgesetzte Bewährungszeit anzuknüpfen (vgl. 22. A.). Der Wortlaut steht jedoch entgegen (vgl. Zweibrücken NStZ **87**, 328 m. Anm. Horn JR 88, 31, Celle StV **90**, 118, Düsseldorf MDR **94**, 931, Lackner 13). Fraglich ist ferner, ob bei Verlängerung das nach § 56 a I 2 bestehende Höchstmaß überschritten werden darf. Obwohl die in § 56 f II aF ausdrücklich erlaubte Höchstmaßüberschreitung in der Neufassung nicht mehr erwähnt ist, bestehen keine durchgreifenden Bedenken gegen Überschreitung des Höchstmaßes, da eine Einschränkung insoweit gesetzgeberisch nicht gewollt war und die Begrenzung der Verlängerung auf die Hälfte der ursprünglichen Bewährungszeit erst bei der Höchstmaßüberschreitung einen vernünftigen Sinn erhält (vgl. Oldenburg NStZ **88**, 502 m. abl. Anm. Kusch, Schleswig SchlHA **88**, 31, Braunschweig StV **89**, 25, Dölling NStZ 89, 347, Maatz MDR 88, 1018; and. LG Kiel NStZ **88**, 501, Schrader MDR 90, 391). Hatte zB das erkennende Gericht eine Bewährungszeit von 4 Jahren festgesetzt, so darf daher ihre gesamte Dauer nach der Verlängerung 6 Jahre betragen. Eine Bewährungszeit von 5 Jahren kann demnach bis zu 2½ Jahren verlängert werden. Soweit mit der Verlängerung insgesamt die Dauer von 5 Jahren nicht überschritten wird, entfällt die an der Hälfte der ursprünglichen Bewährungszeit ausgerichtete Begrenzung, die mit ihr keine Einschränkung gegenüber § 56 a II 2 bezwecht sein kann (Hamm JMBlNW **87**, 6, Celle StV **87**, 496, Düsseldorf StV **90**, 118, **96**, 218; and. Jescheck/Weigend 847). Das gilt ebenfalls für die Verlängerung nach Ablauf der Bewährungszeit (KG JR **93**, 75; and. Maatz MDR 88, 1018, Stein BewH 88, 218), da es vom Zufall abhängen kann, ob die Entscheidung vor oder nach Ablauf der Bewährungszeit ergeht, und der Zufall nicht für die Reichweite der Vergünstigung des Abs. 2 an Stelle des Widerrufs maßgebend sein darf. Eine Bewährungszeit von 2 Jahren kann somit bis zum Höchstmaß von 5 Jahren verlängert werden. Auch eine wiederholte Verlängerung anläßlich eines erneuten Widerrufsgrundes ist begrenzt möglich (Zweibrücken NStZ **87**, 328 m. Anm. Horn JR 88, 31, Frankfurt NStE **13**, Hamm NStZ **88**, 292, Dölling NStZ 89, 347). Über das Höchstmaß von 5 Jahren hinaus darf die Verlängerung die Hälfte der zunächst bestimmten Bewährungszeit nicht überschreiten (vgl. Dölling aaO). Nach KG JR **93**, 75 darf die verlängerte Bewährungszeit stets um die Hälfte der zunächst bestimmten das Höchstmaß überschreiten, da es nicht darauf ankommen dürfe, ob erst mit einer wiederholten Verlängerung eine solche Möglichkeit zu erreichen sei. Vgl. auch Düsseldorf MDR **94**, 931, NStZ-RR **96**, 185.

b) Die **nachträgliche Anordnung von Weisungen oder Auflagen** als mildere Maßnahme ist **11** nach Ablauf der ursprünglichen Bewährungszeit nur möglich, nachdem das Gericht die Bewährungszeit verlängert hat. Zu beachten ist, daß Auflagen nachträglich grundsätzlich nur unter besonderen Voraussetzungen angeordnet werden können (vgl. § 56 e RN 3, 6, auch Celle JR **91**, 290 m. Anm. Horn; and. Frankfurt NJW **71**, 720, Schöch JR 81, 165; vgl. auch Horn MDR 81, 14). Ferner stellen die Auflagen mit ihrer Genugtuungsfunktion kaum das geeignete Mittel dar, um die künftige Lebensführung des Verurteilten zu beeinflussen. Sie behalten jedoch ihre volle Bedeutung für eine Genugtuung, wenn der Widerrufsgrund nach Nr. 3 vorliegt und mit einer anderen Leistung eine hinreichende Genugtuungswirkung, die den Widerruf unnötig macht, erreichbar ist. Das Gericht darf allerdings keine neuen Maßstäbe für das Genugtuungsbedürfnis aufstellen. Die auferlegte Leistung darf demgemäß in ihrem Genugtuungswert den früheren nicht übersteigen; eine verschärfte Auflage ist unzulässig (vgl. § 56 e RN 6). Eine Beschränkung hinsichtlich der Anordnung von Weisungen besteht nicht, da diese im Fall des Abs. 2 immer durch eine Änderung der Umstände oder durch neue Tatsachen erforderlich geworden ist. In Betracht kommt vor allem auch die Unterstellung unter einen Bewährungshelfer oder Verlängerung der Unterstellungszeit, uU eine Auswechslung des Bewährungshelfers.

5. Eine weitere Einschränkung der Widerrufsmöglichkeit läßt die Rspr. zu, wenn gem. § 35 BtMG **11 a** eine Strafvollstreckung zurückgestellt ist. Hier soll es angebracht sein, die Entscheidung über den Widerruf zurückzustellen und den Erfolg der Therapie abzuwarten (vgl. Zweibrücken MDR **83**, 150, Düsseldorf StV **89**, 159 m. Anm. Helleblau). Gegen Zurückstellung in sonstigen Fällen Schleswig SchlHA/L-T **92**, 143, Düsseldorf NStZ **2000**, 55.

II. Der Widerruf kann erst **nach Rechtskraft des Urteils** erfolgen, da abgesehen von einer neuen **12** Straftat (vgl. o. 3) nur Handlungen in der Bewährungszeit ihn rechtfertigen und diese mit der Rechtskraft der Entscheidung über die Strafaussetzung beginnt. Zudem muß das, was widerrufen werden soll, erst einmal (rechtskräftig) gewährt sein (Hamm NJW **55**, 1000).

1. Nach Rechtskraft des Urteils kann der Widerruf sowohl **während** als auch **nach Ablauf** der **13** **Bewährungszeit** erfolgen (KG JR **58**, 189, Oldenburg NJW **57**, 1372, Schleswig SchlHA **59**, 270, Karlsruhe Justiz **64**, 153, Hamm MDR **66**, 165, NJW **74**, 1520, Kaiser NJW 63, 673, Oske MDR 66, 291), bis der Erlaß der Strafe rechtskräftig geworden ist. Danach kommt ein Widerruf des Straferlasses nach § 56 g II in Frage. Eine Frist, innerhalb derer der Widerruf nach Ablauf der Bewährungszeit auszusprechen ist, besteht nicht (LG Weiden MDR **70**, 940, Hamm NJW **74**, 1520), jedoch ist nach rechtsstaatlichen Grundsätzen so bald wie möglich zu entscheiden (Oldenburg NJW **57**, 1372, KG JR **67**, 307, LG Hamburg MDR **77**, 159; nach Schleswig SchlHA **59**, 270, Hamm MDR **66**, 165, LG Tübingen JZ **74**, 682 m. krit. Anm. Schroeder sollen nicht mehr als 6 Monate verstreichen; and.

§ 56 f 14–17 Allg. Teil. Rechtsfolgen der Tat – Strafaussetzung zur Bewährung

Hamburg NJW **70**, 65, Karlsruhe MDR **74**, 245, Schleswig MDR **79**, 1042). Andernfalls wird der Widerruf unzulässig (vgl. Celle NdsRpfl **80**, 91, Oske MDR **66**, 291 f.). Die neuere Rspr. läßt insoweit den Vertrauensschutz des Betroffenen maßgeblich sein (vgl. Stuttgart MDR **82**, 949, Hamm NStZ **84**, 362, Koblenz VRS **72** 288, Karlsruhe NStZ-RR **97**, 253, Nürnberg NStZ-RR **99**, 106). Aus Gründen der Rechtssicherheit soll der Widerruf unzulässig sein, wenn die Entscheidung ungebührlich lange hinausgezögert worden ist und der Verurteilte mit ihr nicht mehr zu rechnen braucht (Düsseldorf GA **83**, 87, NStZ-RR **97**, 254, Braunschweig StV **83**, 72, Celle StV **87**, 30, Köln StV **98**, 211). Auf dieser Linie liegt auch Hamm JMBlNW **82**, 166, das den Widerruf nach 3 Jahre nach Ablauf der Bewährungszeit zuläßt, wenn bis dahin der rechtskräftige Abschluß des Strafverfahrens wegen der Straftat noch aussteht, die uU zum Widerruf berechtigt (vgl. aber Koblenz MDR **85**, 70, wonach der 2 Jahre nach Ablauf der Bewährungszeit erfolgte Widerruf rechtsstaatlichen Grundsätzen widerspricht, ferner Zweibrücken NStZ **88**, 501, KreisG Saalfeld MDR **93**, 67). Indes ist das Merkmal des (konkreten) Vertrauens darauf, es werde kein Widerruf mehr erfolgen, reichlich vage, so daß die Gerichte zu leicht die Entscheidung hinausschieben können. Es ist daher **§ 56 g II analog** anzuwenden (and. Hamm NJW **72**, 500, **74**, 1520, Karlsruhe MDR **74**, 245, Düsseldorf NStZ-RR **97**, 254, Schrader NJW **73**, 832), damit der Verurteilte nicht über Gebühr mit der Ungewißheit eines Widerrufs belastet bleibt. Die Widerrufsmöglichkeit beschränkt sich danach auf einen Zeitraum bis zum Ablauf eines Jahres nach Ende der Bewährungszeit (ebenso § 44 II AE). Ein späterer Widerruf läßt sich im Hinblick auf den Vertrauensschutz allenfalls vertreten, wenn dem Verurteilten innerhalb des genannten Zeitraums mitgeteilt wird, daß und warum eine Entscheidung über den Straferlaß oder den Widerruf erst später ergehen kann (vgl. Celle StV **89**, 117), nach LG Kiel StV **90**, 556 aber nicht mehr nach 4 Jahren seit Ablauf der Bewährungszeit. Zur Problematik vgl. auch Horn H. Kaufmann-GedS 545, der bei ungebührlicher Verzögerung des zulässigen Widerrufs durch das zuständige Gericht Straferlaß fordert.

14 Nicht erforderlich ist, daß der Widerruf nach Abs. 1 Nr. 1 entsprechend § 56 g II spätestens 6 Monate nach Rechtskraft des Strafurteils erfolgt (Düsseldorf MDR **69**, 683 gegen Hamm MDR **66**, 165), da das Gericht trotz der Verurteilung möglicherweise erst mit Ablauf der Bewährungszeit unter Würdigung aller Umstände feststellen kann, ob der Verurteilte die in ihn gesetzten Erwartungen erfüllt hat (vgl. dazu o. 4).

15 2. Einen Widerrufsgrund kann nur ein Verhalten in der Bewährungszeit einschließlich der Verlängerungszeit nach Abs. 2 oder eine Straftat in der Zeit zwischen der Entscheidung über die Strafaussetzung und deren Rechtskraft ergeben. Das schließt aber nicht die **Mitberücksichtigung eines Verhaltens** vor dieser Zeit oder **nach Ablauf der Bewährungszeit** aus. Ein solches Verhalten kann für die Beurteilung aufschlußreich sein, ob der Verurteilte mit der neuen Straftat die Erwartung nach Abs. 1 Nr. 1 nicht erfüllt hat oder ob ein Weisungsverstoß Anlaß zu einer ungünstigen Prognose gibt. Ferner kann es für die Beurteilung bedeutsam sein, ob statt des Widerrufs nach Abs. 2 zu verfahren ist. Das Verhalten nach Ablauf der Bewährungszeit kann sich insoweit günstig oder ungünstig für den Verurteilten auswirken. Vgl. dazu Braunschweig NJW **64**, 1581 m. Anm. Dreher, Hamm JMBlNW **82**, 167.

16 3. Zur **Anhörung des Verurteilten** vor dem Widerruf vgl. § 453 StPO u. dazu Hamm MDR **87**, 341, Stuttgart MDR **87**, 342, Düsseldorf NStZ **88**, 243, VRS **80**, 284, Koblenz MDR **88**, 992, KG JR **88**, 39, Zweibrücken OLGSt Nr. **14**, Frankfurt NStZ-RR **96**, 91 m. Anm. Kropp NStZ **98**, 536. Zur Frage der Nachholung vgl. BGH **26** 127. Bei Vorliegen hinreichender Gründe für den Widerruf kann das Gericht bis zur Rechtskraft des Widerrufsbeschlusses vorläufige Maßnahmen treffen, um sich der Person des Verurteilten zu versichern, uU auch Haftbefehl erlassen (§ 453 c StPO). Zur Zulässigkeit eines Sicherungshaftbefehls zwecks Anhörung eines untergetauchten Verurteilten vgl. Hamburg MDR **75**, 1042, **77**, 512, LG München II NJW **75**, 2307, Krause NJW **77**, 2249 u. dagegen Bremen MDR **76**, 865, Frankfurt MDR **76**, 71. Zum Sicherungshaftbefehl vgl. auch Düsseldorf JR **89**, 166 m. Anm. Wendisch. Zur öffentlichen Zustellung eines Widerrufsbeschlusses vgl. Celle MDR **76**, 948, KG JR **76**, 424, Hamburg MDR **78**, 861, StV **88**, 161 m. Anm. Burmann u. Johann/Johnigk NStZ **88**, 292, Zweibrücken MDR **88**, 1077, Düsseldorf JR **89**, 166 m. Anm. Wendisch, aber auch Hamburg MDR **75**, 1042, Celle StV **87**, 30. Zur **Aufhebung des Widerrufs** bei Vorliegen von Wiederaufnahmegründen vgl. Oldenburg NJW **62**, 1169, Düsseldorf MDR **93**, 67, LG Bremen StV **90**, 311, Hanack JR 74, 115, Lemke ZRP 78, 281, Schall Stree/Wessels-FS 735, bei Zahlung einer auferlegten Geldbuße vor Rechtskraft des Widerrufs vgl. Koblenz NStZ **81**, 101, LG Mainz MDR **73**, 600. Ist der Widerruf wegen einer Straftat vor rechtskräftiger Aburteilung erfolgt (vgl. o. 3), so kann er aufgehoben werden, wenn das Verfahren wegen dieser Tat mit einem rechtskräftigen Freispruch endet (Tröndle 9), nicht dagegen bei Verfahrenseinstellung, etwa bei Rücknahme des Strafantrags. Gegen Aufhebung eines rechtskräftigen Widerrufs Stuttgart NStZ-RR **96**, 176, Zweibrücken NStZ **97**, 55, Hamburg StV **00**, 568 m. abl. Anm. Künz. LG Hamburg MDR **75**, 246, NStZ **91**, 149 m. abl. Anm. Hohmann NStZ 91, 507, LG Freiburg JR **79**, 161 m. abl. Anm. Peters, AG Lahn-Gießen MDR **80**, 595 m. abl. Anm. Groth. Zum Problem vgl. auch Gössel LR 64 vor § 359.

17 III. Hat der Verurteilte zur Erfüllung von Auflagen, Anerbieten, Weisungen oder Zusagen Leistungen erbracht (zB an Wohltätigkeitseinrichtungen Bußen bezahlt), so hat er keinen Anspruch auf **Rückerstattung**, wenn die Strafaussetzung widerrufen wird (Abs. 3). Das gilt für Wiedergutmachungsleistungen aber nur, soweit dadurch der Schaden behoben worden ist. Stellt sich nachträglich heraus, daß der Schaden geringer war, so können Mehrleistungen als Bereicherung zurückgefordert werden. Zuständig für Entscheidungen über die Rückerstattung ist der Zivilrichter (LG Frankfurt MDR **69**, 684).

IV. Beim Widerruf können die vom Verurteilten auf Grund von Auflagen erbrachten Leistungen **18** **auf die Strafe angerechnet** werden. Dabei kommen nach Abs. 3 S. 2 nur Leistungen in Betracht, die zur Erfüllung von Auflagen nach § 56 b II 1 Nr. 2–4 oder entsprechenden Anerbieten nach § 56 b III erbracht worden sind. Mit der Änderung des Abs. 3 S. 2 durch das 6. StrRG hat der Gesetzgeber den Streit behoben, ob auch Geldbeträge zugunsten der Staatskasse angerechnet werden können (zum Streit vgl. Voraufl.). Leistungen zur Schadenswiedergutmachung (§ 56 b II Nr. 1) sind nicht zu berücksichtigen, da der Verurteilte hiermit idR nur einer zivilrechtlichen Ersatzpflicht nachgekommen ist. Bei gleichwohl erfolgter Anrechnung gilt jedoch das Verschlechterungsverbot (München JZ **80**, 365). Leistungen zur Schadenswiedergutmachung sind auch Schmerzensgeldzahlungen (Funck MDR **88**, 878). Leistungen in Erfüllung einer Weisung sind nicht anzurechnen, da sie nicht der Genugtuung dienen, sondern resozialisierend auf den Verurteilten einwirken sollen. Ist jedoch die Leistung wie im Fall des § 56 c III Nr. 2 mit erheblichen Freiheitseinschränkungen verbunden, so ist analog § 36 I 1, III BtMG, § 67 IV die Zeit der Freiheitsbeschränkung bis zu $^2/_3$ auf die Strafe anzurechnen. Wer sich auf Grund einer Weisung nach § 56 c III Nr. 2 in eine Entziehungsanstalt begibt und dort Freiheitsbeschränkungen auf sich nimmt, darf grundsätzlich nicht schlechter stehen als jemand, der sich gemäß dem BtMG einer Suchtbehandlung mit Freiheitseinschränkungen unterzieht (vgl. Düsseldorf NJW **86**, 1558; and. LG Saarbrücken MDR **89**, 763, Tröndle 10 a). Ist jedoch der Widerruf nach Abs. 1 Nr. 2 erfolgt, weil der Verurteilte jegliche Behandlung gröblich verweigert hat, so ist von einer Anrechnung abzusehen. In einem solchen Fall besteht kein sinnvoller Grund, zugunsten des Verurteilten die Anrechnungsmöglichkeit zu erweitern.

Den **Maßstab der Anrechnung** hat das Gericht nach pflichtmäßigem Ermessen zu bestimmen **19** (vgl. BGH **33** 327 m. Anm. Stree NStZ **86**, 163, Celle StV **92**, 526, LG Frankfurt NJW **70**, 2121, Tröndle 10 a; and. Horn SK 40, StV **92**, 537: Anwendung des Tagessatzsystems). Zu berücksichtigen ist das Gewicht einer Auflage innerhalb der Bewährungsfaktoren im Hinblick auf die Genugtuung für das begangene Unrecht und als Ausgleich für die Nichtvollstreckung der Freiheitsstrafe (vgl. Stree aaO; vgl. auch Celle NStZ **92**, 336: Berücksichtigung der Höhe der Freiheitsstrafe u. der Höhe der Auflage). Das Tagessatzsystem kann gleichwohl Anhaltspunkte geben (BGH NJW **90**, 1675). Da den Verurteilten mit dem Widerruf der Strafaussetzung nur die Strafvollstreckung treffen soll, nicht ein zusätzliches Übel für die Nichtbewährung, hat die Anrechnung grundsätzlich zu erfolgen (Frank MDR **82**, 361, Horn SK 39, Janiszewski NStZ **81**, 333, Jescheck/Weigend 848; and. Bamberg MDR **73**, 154, Koblenz VRS **71** 181, Bloy JR **81**, 516, Tröndle/Fischer 10 a). Ausnahmen kommen nur bei Vorliegen besonderer Umstände in Betracht. Diese sind in den Urteilsgründen anzuführen. Solche Umstände sind etwa gegeben, wenn das Geleistete (unmittelbar oder mittelbar) aus einer Straftat des Verurteilten stammt (Tröndle/Fischer 10 a), zu geringfügig ist oder ihm kein materieller Wert beigemessen werden kann (zB bei einer Blutspende, für die zwar eine „Entschädigung" gezahlt wird, deren eigentlicher Wert aber nicht entgolten werden kann). Die Anrechnung hat mit dem Widerruf zu erfolgen; sie ist nicht nachholbar (Bay VRS **67** 427, Celle NdsRpfl **88**, 142, LG Saarbrücken MDR **89**, 763, Neumann NJW **77**, 1185).

V. Abs. 3 ist **entsprechend** anzuwenden, wenn die Strafaussetzung nicht durch Widerruf, sondern **20** dadurch entfällt, daß nachträglich durch Bildung einer Gesamtstrafe eine Freiheitsstrafe von mehr als einem Jahr (2 Jahren) verhängt wird, für die eine Aussetzung nach § 56 nicht in Betracht kommt (§ 58 II 2).

§ 56 g Straferlaß

(1) **Widerruft das Gericht die Strafaussetzung nicht, so erläßt es die Strafe nach Ablauf der Bewährungszeit. § 56 f Abs. 3 Satz 1 ist anzuwenden.**

(2) **Das Gericht kann den Straferlaß widerrufen, wenn der Verurteilte im räumlichen Geltungsbereich dieses Gesetzes wegen einer in der Bewährungszeit begangenen vorsätzlichen Straftat zu Freiheitsstrafe von mindestens sechs Monaten verurteilt wird. Der Widerruf ist nur innerhalb von einem Jahr nach Ablauf der Bewährungszeit und von sechs Monaten nach Rechtskraft der Verurteilung zulässig. § 56 f Abs. 1 Satz 2 und Abs. 3 gilt entsprechend.**

Vorbem. Abs. 2 S. 3 ergänzt durch 23. StÄG vom 13. 4. 1986, BGBl. I 393.

I. Durch den Ablauf der Bewährungszeit, ohne daß die Strafaussetzung widerrufen wäre, ist die **1** Strafe nicht automatisch getilgt. Es bedarf vielmehr eines ausdrücklichen **Erlasses durch gerichtlichen Bescheid**, der auf der Feststellung beruht, daß keine Widerrufsgründe vorliegen. Das Gericht hat sich also vor Straferlaß davon zu überzeugen, daß Widerrufsgründe nicht gegeben sind (BGH NStZ **93**, 235, Hamm NStZ **98**, 478). Besteht der Verdacht, daß ein Widerrufsgrund vorliegt, so ist der Straferlaß eine angemessene Zeit zurückzustellen, uU im Rahmen des § 56 a II 2 (nicht § 56 f II) die Bewährungszeit zu verlängern (Lackner 1) und eine Klärung des Verdachts abzuwarten (Zweibrücken MDR **89**, 178, Düsseldorf VRS **89** 365, Hamm NStZ **98**, 478). Fraglich ist, ob der Straferlaß

§ 56g   2–8   Allg. Teil. Rechtsfolgen der Tat – Strafaussetzung zur Bewährung

zurückzustellen ist, wenn hiermit die zum Straferlaß anstehende Strafe einer Gesamtstrafenbildung nach § 55 zugänglich bleibt. Das BVerfG NJW **91**, 558 hat weder § 55 noch § 56 g Priorität zugesprochen, sondern die Belange der beiden Vorschriften für gleichrangig erklärt. Das Spannungsverhältnis sollen die Gerichte unter Beachtung des Verhältnismäßigkeitsgrundsatzes im Einzelfall auflösen (ebenso BGH NJW **91**, 2847; and. Frister NK § 55 RN 29). Diesem Grundsatz entspricht es, nach § 56 g die Strafe jedenfalls zu erlassen, wenn sonst auf Grund der zu bildenden Gesamtstrafe eine Strafaussetzung entfällt (vgl. Thietz-Bartram wistra 90, 259). Nach BGH NStZ **93**, 235 ist zumindest die Härte, daß die Einbeziehung in eine Gesamtstrafe wie ein Widerruf der Strafaussetzung wirkt, zu berücksichtigen. Mit Erlaß der Strafe ist diese abgetan und deren Vollstreckung ausgeschlossen. Unberührt bleibt dagegen die Verurteilung, so daß der Täter weiterhin vorbestraft ist. Die Wirkungen treten nur für die ausgesetzte Strafe ein; andere Deliktsfolgen (zB Verlust von Rechtsstellungen) bleiben unberührt (Gribbohm LK 1; vgl. § 66 RN 11).

2   Die Wirkungen des Strafaussetzung ergreifen auch den Teil der Strafe, der infolge Anrechnung von **U-Haft** (§ 51) als **verbüßt** gilt. D. h., mit Straferlaß ist die angerechnete U-Haft nicht mehr als verbüßte Strafe (etwa iSv § 66 III 1) zu werten. Andernfalls würde sich die mit der Anrechnung gewährte Rechtswohltat negativ auswirken (vgl. § 66 RN 15).

3   Der Straferlaß ist zu begründen (Düsseldorf VRS **88** 29: bloße Bezugnahme auf § 56 g genügt nicht). Er ist nach § 453 II 3 StPO mit der **sofortigen Beschwerde** anfechtbar (vgl. näher Wendisch LR § 453 Rn 16, aber auch LG Frankfurt StV **82**, 118).

4   II. **Leistungen** zur Erfüllung von Auflagen, Anerbieten, Weisungen oder Zusagen werden **nicht erstattet** (Abs. 1 S. 2); insoweit gilt § 56 f III 1; vgl. dort RN 17. Eine Anrechnung der Leistung auf die Strafe kommt bei deren Erlaß nicht in Frage. Hat der Verurteilte jedoch zur Erfüllung einer zivilrechtlichen Pflicht (Wiedergutmachung, Unterhalt) zuviel geleistet, so kann dies wie im Fall des § 56 f III als Bereicherung zurückgefordert werden.

5   III. Unter engen Voraussetzungen ist der **Widerruf des Straferlasses** zulässig (Abs. 2). Diese Regelung entspricht einem dringenden Bedürfnis, da das Gericht zwar aus rechtsstaatlichen Gesichtspunkten nach Ablauf der Bewährungszeit so bald wie möglich über den Straferlaß zu entscheiden hat, dabei aber die Gefahr besteht, daß erhebliche Straftaten des Verurteilten während der Bewährungszeit übersehen werden.

6   1. Der Widerruf setzt zunächst **Rechtskraft des Beschlusses über den Straferlaß** voraus. Vor diesem Zeitpunkt hat das Gericht nach § 56 f vorzugehen, da hier einmal die Möglichkeit der Verlängerung der Bewährungszeit gegeben ist (§ 56 f II) und ferner der Widerruf der Strafaussetzung nach § 56 f I wegen seiner weniger engen Voraussetzungen Vorrang hat.

7   2. Der Verurteilte muß in der Bewährungszeit oder in der Zeit zwischen der Entscheidung über die Strafaussetzung und deren Rechtskraft (Abs. 2 S. 3 iVm § 56 f I 2) eine **vorsätzliche Straftat** begangen haben und deswegen im räumlichen Geltungsbereich des StGB zu Freiheitsstrafe von mindestens 6 Monaten rechtskräftig **verurteilt** worden sein. Verurteilung wegen Versuchs oder einer Vorbereitungshandlung genügt. Der Tatort kann auch im Ausland liegen. Die Tat darf dem Gericht bei Straferlaß noch nicht so bekannt gewesen sein, daß es von ihrem Vorliegen überzeugt war (Tröndle 2; weitergehend Horn SK 13, nach dem bereits hinreichender Verdacht bei Straferlaß dem Widerruf entgegensteht). Sonst würde unzulässigerweise auf Grund einer bloßen anderen Gesamtwürdigung (u. 10) die Rechtskraft durchbrochen. Die erforderliche Verurteilung liegt auch vor, wenn die Vollstreckung der neuen Strafe zur Bewährung ausgesetzt worden ist. Es wird dann aber vielfach an der u. 10 genannten Widerrufsvoraussetzung fehlen. Unerheblich ist, ob die Verurteilung vor oder nach Rechtskraft des Straferlasses erfolgt und rechtskräftig geworden ist (Gribbohm LK 8). Erfolgt es wegen **mehrerer Straftaten**, so muß sich unter ihnen mindestens eine Vorsatztat befinden, für die eine Einzelstrafe von mindestens 6 Monaten festgesetzt wird (Hamburg MDR **87**, 1046, Hamm NStZ **89**, 191). Es genügt nicht, daß Einzelstrafen für Vorsatztaten insgesamt die Summe von 6 Monaten erreichen, da nur bei einer Vorsatztat von einigem Gewicht die Durchbrechung der Rechtskraft sachgerecht ist (Gribbohm LK 9). Ebensowenig genügt eine Freiheitsstrafe von 6 Monaten für eine fortgesetzte Tat, wenn wesentliche Teilakte außerhalb der Bewährungszeit liegen (Hamm NStZ **89**, 191). Es muß zumindest für die in der Bewährungszeit liegenden Teilakte bereits eine Freiheitsstrafe von 6 Monaten verwirkt sein (Düsseldorf MDR **92**, 506). Zur Nachprüfung, ob die Verurteilung berechtigt war, ist der Richter nicht befugt (vgl. Hamm GA **57**, 57).

8   3. Der Widerruf ist nur innerhalb von einem Jahr nach Ablauf der Bewährungszeit und von 6 Monaten nach Rechtskraft der Verurteilung zulässig. Diese **Fristbestimmung** schränkt die Anwendung des Abs. 2 erheblich ein. Erfolgt nämlich eine Verurteilung vor Rechtskraft des Erlaßbeschlusses, so ist idR davon auszugehen, daß die ihr zugrundeliegende Straftat dem für den Widerruf der Strafaussetzung gem. § 56 f zuständigen Gericht noch so rechtzeitig bekannt wird, daß § 56 f Anwendung finden kann (vgl. o. 6). Erfolgt die Verurteilung aber erst nach Rechtskraft des Straferlasses, so stehen dem Verurteilten angesichts der hohen Freiheitsstrafe normalerweise genügend Möglichkeiten offen, die Rechtskraft dieser Verurteilung so lange hinauszuzögern, bis die Jahresfrist abgelaufen ist. Mit einem „Schnellverfahren" auch der Rechtsmittelgerichte zur Wahrung dieser Frist dürfte angesichts der Überlastung der Gerichte kaum zu rechnen sein. Andererseits ist schon aus

Gründen der Rechtsstaatlichkeit nicht möglich, die nachteilige Folge des Widerrufs allein auf Grund einer nicht rechskräftigen Verurteilung 1. Instanz eintreten zu lassen.

Daß die weitere Frist von **6 Monaten nach Rechtskraft** der erneuten Verurteilung gewahrt wird, dürfte idR zu erwarten sein, da im neuen Verfahren schon aufgrund eines Strafregisterauszuges die Anwendbarkeit des Abs. 2 bekannt sein wird. Erfolgt der Widerruf innerhalb der genannten Frist, so schadet es nicht, wenn er erst nach deren Ablauf rechtskräftig wird. 9

4. Liegen die genannten Voraussetzungen vor, so hat das Gericht ferner zu prüfen, ob der Verurteilte durch die Straftat gezeigt hat, daß die der Strafaussetzung zugrundeliegenden Erwartungen sich nicht erfüllt haben (vgl. dazu § 56 f RN 4). Die **Einschränkung** ergibt sich aus einem Vergleich mit § 56 f, da nicht einzusehen ist, in Fällen, in denen auch § 56 f die Strafaussetzung nicht widerrufen würde, ein Widerruf des Straferlasses möglich sein sollte. Wird jedoch auch diese Voraussetzung bejaht, so **hat** das Gericht – wie wiederum ein Vergleich mit § 56 f zeigt – den Straferlaß **zu widerrufen.** Ein Ermessen ist ihm trotz des zweifelhaften Wortlautes des Abs. 2 nicht eingeräumt (and. Gribbohm LK 12, Lackner 2, Tröndle/Fischer 2; wie hier Horn SK 11). Andernfalls könnte das Ergebnis aus rein formalen Gründen (bereits ausgesprochener Erlaß oder nicht) unterschiedlich sein. Um dies zu vermeiden, müßte der Erlaß möglichst lange hinausgezögert werden, was aber wiederum nicht den Intentionen des Gesetzgebers entsprechen würde. Die für ein Ermessen angeführte Erwägung, positive Entwicklungen des Verurteilten bis zum Bekanntwerden der neuen Verurteilung könnten einen Widerruf erübrigen, steht einem obligatorischen Widerruf nicht entgegen; denn zu den Widerrufsvoraussetzungen gehört auch das Fehlen solcher Entwicklungen (vgl. § 56 f RN 4). 10

5. Die **Wirkung des Widerrufs** besteht in der Wiederherstellung des Zustands vor Straferlaß. Ob darüber hinaus zugleich auch die Strafe vollstreckbar wird, ohne daß es noch eines ausdrücklichen Widerrufs der Aussetzung bedarf (so Düsseldorf MDR **87**, 865, Zweibrücken NStZ **95**, 206, Gribbohm LK 15; and. Hamm NStZ **89**, 323, Düsseldorf MDR **92**, 506, Jescheck/Weigend 848, Lackner 4), ist fraglich. Für Entbehrlichkeit dieses zusätzlichen Widerrufs spricht an sich Abs. 2 S. 3, der sonst wenig Sinn hätte. Andererseits muß dem Gericht auch bei Widerruf des Straferlasses die Möglichkeit offenstehen, nach § 56 f II zu verfahren und damit die Strafvollstreckung (zumindest vorläufig) abzuwenden. Der Verurteilte darf nicht deswegen schlechter gestellt sein, weil das Gericht mangels rechtzeitiger Kenntnis von der neuen Straftat die Strafe erlassen hat und nicht nach § 56 f vorgegangen ist. Die Schlechterstellung läßt sich nicht dadurch unterbinden, daß vom Widerruf abgesehen wird, wenn das Gericht bei Anwendung des § 56 f auf dessen Abs. 2 zurückgegriffen hätte (so aber Gribbohm LK 15). Ein Absehen vom Widerruf auf dieser Grundlage wäre sachwidrig (vgl. Hamm NStZ **89**, 323). Es würde den Umstand mißachten, daß der Widerruf nur unterbleiben kann, wenn Maßnahmen nach § 56 f II ihn entbehrlich machen. Mit Widerruf des Straferlasses hat daher das Gericht zugleich zu klären, ob die Strafvollstreckung angebracht ist oder ein Vorgehen nach § 56 f II ausreicht. Diese Klärung muß in einer Entscheidung neben dem Widerruf des Straferlasses zum Ausdruck kommen (Widerruf der Aussetzung oder Entscheidung nach § 56 f II; vgl. Hamm aaO). 11

6. Ist der Widerruf des Straferlasses erfolgt, dann gilt nach Abs. 2 S. 3 bzgl. der erbrachten **Leistungen** § 56 f Abs. 3 entsprechend (vgl. § 56 f RN 17 ff.). 12

7. Zum **Verfahren** und zur Möglichkeit der **sofortigen Beschwerde** gegen den Widerruf des Straferlasses vgl. § 453 StPO. 13

§ 57 Aussetzung des Strafrestes bei zeitiger Freiheitsstrafe

(1) **Das Gericht setzt die Vollstreckung des Restes einer zeitigen Freiheitsstrafe zur Bewährung aus, wenn**
1. **zwei Drittel der verhängten Strafe, mindestens jedoch zwei Monate, verbüßt sind,**
2. **dies unter Berücksichtigung des Sicherheitsinteresses der Allgemeinheit verantwortet werden kann, und**
3. **der Verurteilte einwilligt.**

Bei der Entscheidung sind namentlich die Persönlichkeit des Verurteilten, sein Vorleben, die Umstände seiner Tat, das Gewicht des bei einem Rückfall bedrohten Rechtsguts, das Verhalten des Verurteilten im Vollzug, seine Lebensverhältnisse und die Wirkungen zu berücksichtigen, die von der Aussetzung für ihn zu erwarten sind.

(2) Schon nach Verbüßung der Hälfte einer zeitigen Freiheitsstrafe, mindestens jedoch von sechs Monaten, kann das Gericht die Vollstreckung des Restes zur Bewährung aussetzen, wenn
1. der Verurteilte erstmals eine Freiheitsstrafe verbüßt und diese zwei Jahre nicht übersteigt oder
2. die Gesamtwürdigung von Tat, Persönlichkeit des Verurteilten und seiner Entwicklung während des Strafvollzugs ergibt, daß besondere Umstände vorliegen,
und die übrigen Voraussetzungen des Absatzes 1 erfüllt sind.

(3) Die §§ 56 a bis 56 g gelten entsprechend; die Bewährungszeit darf, auch wenn sie nachträglich verkürzt wird, die Dauer des Strafrestes nicht unterschreiten. Hat der Verur-

teilte mindestens ein Jahr seiner Strafe verbüßt, bevor deren Rest zur Bewährung ausgesetzt wird, so unterstellt ihn das Gericht in der Regel für die Dauer oder einen Teil der Bewährungszeit der Aufsicht und Leitung eines Bewährungshelfers.

(4) Soweit eine Freiheitsstrafe durch Anrechnung erledigt ist, gilt sie als verbüßte Strafe im Sinne der Absätze 1 bis 3.

(5) Das Gericht kann davon absehen, die Vollstreckung des Restes einer zeitigen Freiheitsstrafe zur Bewährung auszusetzen, wenn der Verurteilte unzureichende oder falsche Angaben über den Verbleib von Gegenständen macht, die dem Verfall unterliegen oder nur deshalb nicht unterliegen, weil dem Verletzten aus der Tat ein Anspruch der in § 73 Abs. 1 Satz 2 bezeichneten Art erwachsen ist.

(6) Das Gericht kann Fristen von höchstens sechs Monaten festsetzen, vor deren Ablauf ein Antrag des Verurteilten, den Strafrest zur Bewährung auszusetzen, unzulässig ist.

Vorbem. Geändert durch 23. StÄG vom 13. 4. 1986, BGBl. I 393, Abs. 1 S. 1 Nr. 2 u. S. 2 geändert durch Ges. v. 26. 1. 1998, BGBl I 160. § 57 ist gem. Art. 315 III EGStGB auch auf Verurteilungen auf Bewährung nach § 33 StGB der früheren DDR sowie auf Freiheitsstrafen anwendbar, die wegen vor dem Wirksamwerden des Beitritts zur BRep. in der früheren DDR begangener Taten verhängt worden sind, soweit sich nicht aus den Grundsätzen des § 2 III etwas anderes ergibt.

Schrifttum: Firsch, Dogmatische Grundfragen der bedingten Entlassung . . ., ZStW 102, 707. – *Mittelbach,* Die bedingte Entlassung, JR 56, 165. – *Mrozynski,* Aussetzung des Strafrests und Resozialisierung, JR 83, 133. – *Müller-Dietz,* Probleme der Sozialprognose, NJW 73, 1065. – *Simson,* Die bedingte Freilassung im modernen Recht, ZStW 67, 48. – *Terhorst,* Aussetzung einer Strafe zur Bewährung, MDR 73, 627.

1 I. Notwendige Ergänzung der Strafaussetzung zur Bewährung ist die Aussetzung des Strafrestes (**bedingte Entlassung**). Die kriminalpolitische Aufgabe beider Institute ist gleich. Soll die Strafaussetzung dem Verurteilten die Verbüßung der Strafe im Fall der Bewährung ganz ersparen, so gibt die bedingte Entlassung dem Verurteilten nach Verbüßung eines Teils der Strafe Gelegenheit, sich in der Freiheit zu bewähren, so daß ihm die Verbüßung des ausgesetzten Teiles der Strafe erspart bleibt. Während aber bei der Strafaussetzung neben spezialpräventiven Gründen die Verteidigung der Rechtsordnung zu berücksichtigen ist, steht bei Aussetzung des Strafrestes eindeutig die spezialpräventive Frage im Vordergrund, ob mit Teilverbüßung der Strafe dieser Strafzweck im Rahmen der Strafverbüßung als erreicht gelten kann (vgl. auch u. 14 ff.) und etwaige noch erforderliche Einwirkungen während der Bewährungszeit möglich sind. Betreuung, Aufsicht u. Weisungen, aber auch der Druck mit einem möglichen Widerruf der Aussetzung sollen den Verurteilten in der Bewährungszeit dabei unterstützen, ein straftatfreies Leben in der Freiheit zurückzufinden. Zum Zweck der Aussetzung vgl. noch Frisch ZStW 102, 715 ff.

2 Ihrem **Wesen** nach ist die Aussetzung des Strafrestes eine Maßnahme der **Strafvollstreckung** (BGH MDR/H **82**, 101, Dreher JR 55, 31, Jescheck/Weigend 849), nicht etwa eine Revision des Urteils in Gestalt einer Modifizierung des Strafausspruchs (Mittelbach JR 56, 165, Gribbohm LK 1). Es handelt sich um den Versuch einer Resozialisierung des Täters unter Verzicht auf einen Teil der Strafvollstreckung. Eingehende rechtsvergleichende Darstellung bei Simson ZStW 67, 48.

2 a Eine andere Möglichkeit, den Verurteilten von der Vollstreckung eines Strafrestes zu verschonen, bietet die **Zurückstellung der Strafvollstreckung** gem. § 35 BtMG. Sie kann sich auf einen Strafrest bis zu 2 Jahren erstrecken. Voraussetzungen sind eine Verurteilung wegen einer Straftat, die der Verurteilte auf Grund einer Betäubungsmittelabhängigkeit begangen hat, oder eine der Rehabilitation dienende Behandlung wegen der Abhängigkeit bzw. die Zusage, sich einer solchen Behandlung, deren Beginn gewährleistet ist, zu unterziehen. Die Aussetzung des Strafrestes geht der Zurückstellung der Vollstreckung vor und darf nicht unter Berufung auf die Möglichkeit der Zurückstellung versagt werden. Zur Möglichkeit einer späteren Aussetzung des Strafrestes nach Zurückstellung der Vollstreckung vgl. § 36 BtMG und München MDR **84**, 514, LG Nürnberg-Fürth NStZ **84**, 175 (mindestens Strafverbüßung zur Hälfte; and. insoweit Stuttgart NStZ **86**, 187 m. krit. Anm. Katholnigg, Celle MDR **86**, 519, Düsseldorf StV **90**, 214), Hamm NStZ **87**, 246, Zweibrücken GA **90**, 569 (Strafrest darf 2 Jahre nicht übersteigen). Vgl. auch § 56 RN 2, Tröndle/Fischer 15 vor § 56 sowie Katholnigg NJW 95, 1327, Weichert NJW 99, 827 zur Rspr. zu den §§ 35, 36 BtMG.

II. Die Voraussetzungen der bedingten Entlassung nach Abs. 1

3 1. Der Verurteilte muß zu einer **zeitigen Freiheitsstrafe** rechtskräftig (BGH NStZ **81**, 493, Düsseldorf JMBlNW **72**, 214, Schleswig SchlHA **76**, 44; zT and. Sandermann JZ 75, 628) verurteilt worden sein und **zwei Drittel** der Strafe, mindestens jedoch 2 Monate, **verbüßt** haben. Danach ist § 57 auch bei Freiheitsstrafen unter 3 Monaten anwendbar, nur müssen dann 2 Monate der Strafe verbüßt sein (Köln MDR **59**, 57, Tröndle 3). Wegen der Reduzierung kurzer Freiheitsstrafen durch § 47 sowie der nach § 56 zwingend vorgeschriebenen Aussetzung kurzer Freiheitsstrafen bei günstiger Prognose dürfte dieser Fall jedoch keine große Rolle spielen. Nicht erforderlich ist, daß der Verurteilte zZ der Entscheidung nach § 57 in Strafhaft einsitzt (Düsseldorf StV **94**, 194, VRS **89** 44; vgl. u. 6, 7). Zur Aussetzung des Strafrestes bei Jugendstrafe vgl. §§ 88 f. JGG, bei Strafarrest vgl. § 14 a II WStG, bei lebenslanger Freiheitsstrafe vgl. § 57 a.

§ 57 ist auch bei der **Ersatzfreiheitsstrafe** anwendbar, da sich bei deren Vollstreckung der Verurteilte in der gleichen Situation befindet wie bei Verbüßung einer Freiheitsstrafe (Zweibrücken NJW **76**, 155 m. Anm. Preisendanz JR **76**, 467, Hamm MDR **76**, 159, StV **98**, 151, Düsseldorf NJW **77**, 308, Koblenz MDR **77**, 423, NStZ **87**, 120, **95**, 254, Albrecht NK § 43 RN 6, Doller NJW **77**, 288, Dölling NStZ **81**, 86, Tröndle/Fischer 2 a, Weber Schröder-GedS 175, M-Zipf II 655; and. Celle MDR **77**, 65, NStZ **98**, 533, München NJW **77**, 309, Hamm MDR **77**, 422, KG GA **77**, 237, Stuttgart MDR **78**, 331, **86**, 1043, Karlsruhe MDR **78**, 506, Düsseldorf NJW **80**, 250, JMBlNW **86**, 262, Köln OLGSt Nr. 7, Oldenburg MDR **88**, 1071, Bamberg NESt **43**, NStZ-RR **98**, 380, Jena NStZ **99**, 117 m. krit. Anm. Seebode, Frank NJW **78**, 141, Horn SK 3, Jescheck/Weigend 849). Das Gegenargument, der Verurteilte habe es weitgehend selbst in der Hand, ob es zur Verbüßung der Freiheitsstrafe kommt (so Jena aaO), überzeugt nicht, zumal er nicht stets die Ersatzverbüßung zu vertreten hat. Bei Berechnung der Verbüßungszeit ist von der Tagessatzzahl auszugehen (Koblenz NStZ **95**, 254), auch wenn vor Verbüßung die Geldstrafe teilweise gezahlt (beigetrieben) ist (Zweibrücken MDR **87**, 782). Die Gegenmeinung, die auf die noch zu vollstreckende Ersatzfreiheitsstrafe abstellt (Koblenz MDR **77**, 423, Tröndle/Fischer 2 a, M-Zipf II 655), ist mit Abs. 4 unvereinbar; wenn nämlich eine angerechnete Geldstrafe oder Geldauflage zu berücksichtigen ist, kann für die Zahlung eines Teils der Geldstrafe vor Verbüßung der Ersatzfreiheitsstrafe nichts anderes gelten. Zahlung der Geldstrafe in der Bewährungszeit ist möglich und läßt diese hinfällig werden. Auch Beitreibung der Geldstrafe während der Bewährungszeit ist an sich zulässig (and. Tröndle/Fischer 2 a); ihr Unterbleiben sollte indes entsprechend § 459 d I Nr. 1 StPO angeordnet werden. Mit Erlaß der Strafe entfällt die Zulässigkeit, die Geldstrafe beizutreiben (Preisendanz JR **76**, 469). Zur gesamten Problematik vgl. Groß StV **99**, 508 sowie Bublies, Die Aussetzung des Restes der Ersatzfreiheitsstrafe, 1989, der selbst sich gegen eine Aussetzung unter Betonung des Zwangscharakters der Ersatzfreiheitsstrafe ausspricht.

Wird die Strafe im **Gnadenweg** reduziert, so ist für die Berechnung der zwei Drittel von der **reduzierten Strafe** auszugehen, da nur diese verbüßt werden muß (Hamm NJW **70**, 2126, Rostock MDR **93**, 1099 [AmnestieG], Horn SK 4, M-Zipf II 652, Volckart BewH **91**, 86; and. Saarbrücken NJW **73**, 2037, Hamm MDR **75**, 859, Oldenburg MDR **84**, 772, Brandenburg NStZ **95**, 407, LG Potsdam MDR **94**, 713 [AmnestieG], Tröndle/Fischer 4 b, Lackner 3, Gribbohm LK 7). Wird zB eine lebenslange Freiheitsstrafe in eine zeitige umgewandelt, so kann trotz qualitativer Veränderung der Strafe § 57 nicht deshalb unanwendbar sein, weil das Urteil ursprünglich nicht auf „zeitige Freiheitsstrafe" gelautet hat (vgl. BVerfG NJ **95**, 198, Brandenburg NStZ **95**, 102 bei Amnestie; and. Düsseldorf NStZ **84**, 218, Hamm NStZ **89**, 267 m. Anm. Laubenthal JR **89**, 434 u. Hohmann StV **89**, 493, BezG Potsdam NStZ **93**, 206 m. Anm. Alex: Anwendbarkeit des § 57 a). Auf § 57 a ist allerdings abzustellen, wenn die Umwandlung in eine Freiheitsstrafe erfolgt, die 15 Jahre so weit überschreitet, daß auch 2/3 von dieser hierüber liegen (vgl. Fall des OLG Hamm: 28 Jahre); sonst wäre der Verurteilte durch die Gnadenentscheidung benachteiligt. Ist aber lebenslange Freiheitsstrafe in zeitige Höchststrafe von 15 Jahren umgewandelt worden, so würde das Festhalten an § 57 a die Vollverbüßung der neuen Strafe bedeuten und dem Verurteilten die Bewährungsmöglichkeit vorenthalten, sofern nicht wiederum eine Gnadenentscheidung ergeht. Das widerspricht dem Sinn des § 57. Bei einer Gesamtstrafe, die auslieferungsbedingt nur zT vollstreckt werden darf, ist die verhängte Strafe als innerstaatliche Tatbewertung Anknüpfungspunkt (Düsseldorf JMBlNW **86**, 43; and. München NStZ **89**, 278, Tröndle/Fischer 4 b).

2. Als verbüßte Strafe gilt auch der Teil der Freiheitsstrafe, der durch **Anrechnung** erledigt ist **(Abs. 4).** Beim Angerechneten braucht es sich, wie die Neufassung des Abs. 4 ergibt, nicht um eine Freiheitsentziehung zu handeln. Der Streit zum früheren Recht (vgl. 22. A. RN 7), ist damit gesetzgeberisch geklärt worden. Zu berücksichtigen ist hiernach auch eine gem. § 51 II angerechnete Geldstrafe, eine nach § 56 f III 2 angerechnete Leistung oder eine nach § 36 I, III BtMG angerechnete Behandlungszeit. Der Aussetzung des Strafrestes steht in den Anrechnungsfällen nicht entgegen, daß der Verurteilte keinen Augenblick in Strafhaft gewesen ist, wie bei Anrechnung von 2 Jahren U-Haft bei einer Freiheitsstrafe von 3 Jahren. Auch im Gnadenweg angerechnete U-Haft ist zu berücksichtigen (Hamburg MDR **77**, 771, Tröndle/Fischer 4 b), ferner **Hafturlaub**, da er gem. § 13 V StVollzG die Strafvollstreckung nicht unterbricht (and. noch Nürnberg MDR **75**, 949 für gnadenweise gewährten Urlaub, Hamburg MDR **77**, 771 für gnadenweise angerechnete Strafunterbrechungszeiten).

Beträgt die Strafe nicht mehr als 1 Jahr (2 Jahre), so können die Möglichkeiten des **§ 56** und des **§ 57 nebeneinander** stehen. Sind zwei Drittel der Strafe durch U-Haft verbüßt, so kann das Gericht, wenn die Voraussetzungen des § 56 vorliegen, für die ganze Strafe Strafaussetzung gewähren (vgl. § 56 RN 13). Wenn zugleich die Voraussetzungen des § 57 gegeben sind, kann aber auch der Strafrest ausgesetzt werden, selbst dann, wenn der Täter bei Urteilserlaß bereits aus der U-Haft entlassen war oder sich aus anderen Gründen, zB wegen Unterbrechung der Strafhaft, auf freiem Fuß befindet (vgl. BGH MDR **59**, 1022, Hamm JMBlNW **54**, 180, Köln NJW **54**, 205, Oldenburg MDR **55**, 54, München NJW **56**, 1210; vgl. auch Mittelbach JR **56**, 167). Es kann dann auch nichts ausmachen, ob die Vollstreckung wegen Krankheit unterbrochen ist oder ob sich der Verurteilte nach Widerruf einer gnadenweisen Strafaussetzung noch in Freiheit befindet (and. KG JR **55**, 473). Da die bedingte Entlassung im Beschlußverfahren (§ 454 iVm § 462 a StPO) angeordnet wird, hat die Strafaussetzung

§ 57 8–11   Allg. Teil. Rechtsfolgen der Tat – Strafaussetzung zur Bewährung

nach § 56 jedoch **Vorrang.** Andererseits wird die Aussetzung nach § 57 nicht dadurch ausgeschlossen, daß zunächst nach § 56 ausgesetzt war, diese Aussetzung jedoch widerrufen wurde.

8   3. Sind **mehrere Strafen** unmittelbar nacheinander zu vollstrecken, so sind die Entscheidungen nach § 57 erst zu treffen, wenn über die Aussetzung der Reste aller Strafen gleichzeitig entschieden werden kann (§ 454 b III StPO). Zu entscheiden hat dann ein und dieselbe StVK (§ 78 a I 3 GVG). Damit die gleichzeitige Entscheidung sinnvoll erfolgen kann, hat die Vollstreckungsbehörde die Vollstreckung der zunächst zu vollstreckenden Freiheitsstrafe nach Verbüßung der Strafhälfte, mindestens jedoch von 6 Monaten, zu unterbrechen, wenn die Voraussetzungen des Abs. 2 Nr. 1 vorliegen, im übrigen nach Verbüßung von 2/3 der Strafe, mindestens jedoch von 2 Monaten (§ 454 b II StPO; für Zulässigkeit der Unterbrechung im Halbstrafenzeitpunkt auch im Fall des Abs. 2 Nr. 2 Hamm MDR **93**, 262, LG Itzehoe SchlHA **89**, 144; zurückhaltend insoweit Celle OLGSt Nr. **18**; vgl. dazu auch Zweibrücken MDR **90**, 463 m. Anm. Wendisch JR **90**, 212). Die Unterbrechung ist obligatorisch und hängt weder von einer Einwilligung noch vom Fehlen eines Widerspruchs des Verurteilten ab. Bei verspäteter Unterbrechung ist die Zeit, die den nicht eingehaltenen Unterbrechungszeitpunkt überschreitet, bei der weiteren Strafverbüßung anzurechnen, so daß sich am Zeitpunkt der Entscheidung nach § 454 b III StPO nichts ändert (Frankfurt Rpfleger **88**, 502, Hamburg MDR **94**, 934, LG Marburg NStZ **88**, 273); zur Verrechnung bei fehlerhaften Unterbrechungszeiten vgl. auch Celle NStZ **90**, 252. Zur rückwirkenden Unterbrechung bei Eintritt der Rechtskraft einer im Anschluß zu vollstreckenden Strafe, die im Unterbrechungszeitpunkt noch nicht rechtskräftig war, vgl. Frankfurt StV **90**, 122. Zur Folgenbeseitigung bei verspäteter oder unterbliebener Unterbrechung vgl. noch Karlsruhe NStZ-RR **96**, 60, Maatz NStZ **90**, 214, Wolf NStZ **90**, 575. Zu unterbrechen ist auch, wenn der Strafrestaussetzung zum Unterbrechungszeitpunkt eine ungünstige Prognose entgegenstehen würde oder wenn die Aussetzung bereits abgelehnt worden ist und später eine weitere Freiheitsstrafe vollstreckbar wird (vgl. BR-Drs. 370/84 S. 15). Von der Unterbrechung ausgenommen sind Strafreste, die auf Grund des Widerrufs ihrer Aussetzung vollstreckt werden (§ 454 b II StPO; vgl. dazu aber Ullenbruch NStZ **99**, 11). Gleichzeitige Entscheidung nach § 57 bedeutet bei ungünstiger Prognose, daß auch die Aussetzung des Strafrestes, der erst im Anschluß an einen anderen Strafrest zu vollstrecken ist, in die Ablehnung einzubeziehen ist. Es steht jedoch nichts im Weg, später erneut über die Frage der Aussetzung zu entscheiden. Da in § 454 b II StPO eine Unterbrechung der Vollstreckung nach Verbüßung der Strafhälfte bei Vorliegen der Voraussetzungen des Abs. 2 Nr. 2 nicht vorgesehen ist, soll nach Oldenburg MDR **87**, 75 eine Entscheidung, ob nach Abs. 2 Nr. 2 auszusetzen ist, auf Antrag schon vor der Entscheidung nach § 454 b III StPO ergehen (vgl. auch Düsseldorf NStZ **91**, 103 u. dagegen Frankfurt NStZ-RR **97**, 95).

9   4. Weitere Voraussetzung für eine **Aussetzung** ist, daß diese unter Berücksichtigung des Sicherheitsinteresses der Allgemeinheit **verantwortet** werden kann. Die gegenüber der früheren Fassung vorgenommene Änderung des Wortlauts ist nur optisch-kosmetischer Art. Mit ihr wird der zuvor, wenn auch nur zu vorschnell, möglich erscheinende Eindruck vermieden, ein Erproben iSd aF könne bedeuten, daß probiert werden kann, ob es gut geht. In der sachlichen Voraussetzung für die Aussetzung eines Strafrestes, wie sie schon bisher weitgehend von der Rspr. u. vom Schrifttum verstanden worden ist, hat sich praktisch nichts geändert (vgl. dazu eingehend Volckart Recht & Psychiatrie **98**, 3, auch Frankfurt NStZ-RR **98**, 306, Hamm NStZ **98**, 376, Bamberg NJW **98**, 3508). Es kann somit weiterhin auf die Auslegung des § 57 aF durch Rspr. u. Schrifttum zurückgegriffen werden (vgl. aber Koblenz NJW **98**, 734 m. Anm. Feuerhelm NStZ **99**, 270: Verschärfung der Aussetzungsmöglichkeit). In seinem Prognoseerfordernis weicht § 57 von § 56 ab, der auf die Erwartung abstellt, der Verurteilte werde keine Straftaten mehr begehen (vgl. dazu Hamm StV **88**, 348). Zur Art und Schwere der zu berücksichtigenden Straftaten gilt jedoch Entsprechendes wie zu § 56 (vgl. dort RN 15, auch BGHR § 57 Abs. 1 Erprobung **1**). Straftat in diesem Sinn soll nach Koblenz NJW **84**, 1978 auch die fortdauernde Zivildienstverweigerung sein, auch wenn eine erneute Ahndung unzulässig ist (vgl. dagegen § 56 RN 19, Bringewat MDR **85**, 93, Friedeck NJW **85**, 782). Zur Prognose bei Ausländern vgl. Frankfurt StV **85**, 23. Zu den verfassungsrechtlich gebotenen Anforderungen an die Prognoseentscheidung vgl. BVerfG NJW **2000**, 501, 502, StV **2000**, 265 (selbständige Bewertung der Grundlagen durch Richter, möglichst umfassendes Bild über die zu beurteilende Person).

10   a) Mit der von § 56 abweichenden Regelung wird berücksichtigt, daß der Verurteilte die gegen ihn verhängte Strafe bereits teilweise als Freiheitsentzug erlitten hat und im Strafvollzug resozialisierend auf ihn eingewirkt worden ist. Soweit dies verantwortet werden kann, soll dann die weitere Resozialisierung in der Freiheit erfolgen und insoweit ein größeres Risiko als bei § 56 eingegangen werden können. Eine Erwartungsklausel wie in § 56 würde die Möglichkeit der Aussetzung eines Strafrestes zu sehr einschränken und damit dem mit der Aussetzung verbundenen Resozialisierungsinteresse nicht dienlich sein.

11   b) Das mit der Aussetzung des Strafrestes verknüpfte Risiko muß **verantwortet** werden können. Verantworten läßt es sich nur, wenn sich eine reelle Chance für ein positives Ergebnis hinsichtlich der Bewährung in Freiheit abzeichnet, dh eine begründete Aussicht auf einen Resozialisierungserfolg besteht (vgl. Köln MDR **70**, 861, **71**, 154). Im Hinblick hierauf fragt sich, welches Maß an Erfolgswahrscheinlichkeit zugrunde zu legen ist (dazu u. 14) und wie weit Sicherheitsbedürfnisse der Allgemeinheit zu beachten sind (dazu u. 15). Daneben fragt sich, ob zusätzlich zur Resozialisierungsprognose noch andere Aufgaben der Strafe zu berücksichtigen sind (dazu u. 12, 13).

c) Denken ließe sich daran, *generalpräventive* Gesichtspunkte mit dem Argument heranzuziehen, die **12** Aussetzung eines Strafrestes ließe sich nicht verantworten, wenn eine Aussetzung das Vertrauen der Allgemeinheit in die Wirksamkeit des Rechtsgüterschutzes und damit die Rechtstreue der Bevölkerung beeinträchtigen würde. Gegen solche Erwägungen spricht jedoch zum einen, daß eine dem § 56 III entsprechende Regelung in § 57 ausdrücklich nicht getroffen ist (Hamm NJW **70**, 2124). Zum andern lassen sich sachliche Gründe dafür, den Strafrest aus generalpräventiven Gründen zu vollstrecken, kaum vorstellen. Mit der Verurteilung und der Überweisung des Täters in den Strafvollzug für immerhin eine längere Zeit ist den Forderungen der Generalprävention meist hinreichend Rechnung getragen (vgl. Braunschweig MDR **54**, 245, KG GA **54**, 344, München StV **99**, 550; and. zB noch Schleswig SchlHA **54**, 385, Bremen MDR **54**, 118, Oldenburg NJW **54**, 1297). Sollten ausnahmsweise generalpräventive Gründe eine weitere Strafvollstreckung erfordern, so haben sie hinter das Resozialisierungsbedürfnis zurückzutreten. Generalpräventive Erwägungen dürfen mithin bei der Entscheidung über die Aussetzung eines Strafrestes keine Rolle spielen (vgl. BVerfG NJW **94**, 378, Koblenz StV **98**, 389, München StraFo **99**, 105).

Ebensowenig ist die *Schuldschwere* bei der begangenen Tat zu berücksichtigen (BVerfG NJW **94**, **13** 378, Hamm NJW **70**, 2124, **72**, 1583, StV **88**, 348, Koblenz StV **98**, 389, Horn SK 11, Tröndle/Fischer 8; vgl. aber auch Bamberg NStZ **89**, 389). § 57 I beschränkt die materiellen Voraussetzungen der Aussetzung eines Strafrestes auf spezialpräventive Gesichtspunkte, so daß schuldbezogene Erwägungen auszuscheiden haben. Einem etwaig noch bestehenden Genugtuungsbedürfnis ist mittels einer Auflage zu entsprechen.

d) Bei der spezialpräventiv auszurichtenden Beurteilung eines Aussetzungserfolges ist auf das **wahr- 14 scheinliche Gelingen der Resozialisierung** abzustellen (vgl. Koblenz NStZ **98**, 591). Daß keine Gewißheit zu verlangen ist, ergibt bereits eindeutig die gegenüber § 56 abweichende Fassung des § 57. Diese wäre unverständlich, würde die Erwartung eines sicheren Aussetzungserfolges gefordert. Andererseits genügt aber auch keine nur geringe Möglichkeit für das Gelingen der Resozialisierung, und zwar schon allein wegen des zu beachtenden Sicherheitsbedürfnisses der Allgemeinheit (vgl. u. 15). Verantworten läßt sich die Aussetzung nur, wenn unter Berücksichtigung der Bewährungshilfen (Weisungen, Bewährungshelfer) die Aussicht auf eine Resozialisierung gegenüber deren Mißlingen klar überwiegt (vgl. aber auch BGH JR **70**, 347 m. abl. Anm. Meyer, wonach Resozialisierungserfolg nicht eben wahrscheinlich zu sein braucht). Allein dann läßt sich von einer begründeten Aussicht auf einen Resozialisierungserfolg sprechen, bei der sich die Aussetzung verantworten läßt. Ist das Gericht von einer solchen Aussicht nicht zweifelsfrei überzeugt, bestehen also Zweifel an einer günstigen Prognose, so geht das zu Lasten des Verurteilten; eine Aussetzung hat zu unterbleiben (Düsseldorf StV **92**, 287, VRS **86**, 113, Terhorst MDR **78**, 977). Für seine Prognose kann das Gericht ein Sachverständigengutachten heranziehen (vgl. dazu Düsseldorf NStZ **98**, 271). Dem Gutachten kommt aber nur eine begrenzte Bedeutung zu, da die Wissenschaft nach ihrem derzeitigen Erkenntnisstand sicherlich keine hinreichende Prognose liefern kann (ganz abl. KG NJW **72**, 2228; krit. dazu Müller-Dietz NJW **73**, 1065, Sonnen JuS **76**, 364; vgl. auch F. Meyer MschKrim **65**, 225; Stuttinger in Blau [Hrsg.], Gerichtl. Psychologie, 1962, 305). Es ist ohnehin nur eine Entscheidungshilfe für das Gericht. Soweit eine zeitige Freiheitsstrafe von mehr als 2 Jahren wegen einer Straftat der in § 66 III 1 bezeichneten Art zur Aussetzung ansteht, ist das Gericht allerdings gehalten, das Gutachten eines Sachverständigen einzuholen, wenn nicht auszuschließen ist, daß Gründe der öffentlichen Sicherheit einer vorzeitigen Entlassung des Verurteilten entgegenstehen (§ 454 II Nr. 2 StPO; vgl. dazu Stuttgart NStZ-RR **00**, 86, Karlsruhe StV **00**, 156 sowie Frankfurt NStZ **98**, 639 m. krit. Anm. Cramer: Gutachten auch bei gerichtlicher Annahme einer positiven Sozialprognose, es sei denn, vom Verurteilten geht zweifelsfrei keine Gefahr mehr aus); das Gutachten des Anstaltspsychologen genügt dann idR nicht (Hamm NJW **99**, 2453, Karlsruhe NStZ-RR **00**, 125). Aber auch sonst können Sachverständigengutachten eine wertvolle Hilfe für die richterliche Prognose sein. Das gilt insb. für Gutachten durch Personen, die in einer sozialtherapeutischen Abteilung der JVA an der Resozialisierung des Täters mitgewirkt haben (vgl. Sonnen aaO). Eine günstige Beurteilung zwingt allerdings noch nicht zu dem Schluß, ein weiterer Strafvollzug sei nicht mehr erforderlich. Das Verhalten in Haft unterscheidet sich oft grundsätzlich von dem in Freiheit (vgl. Terhorst MDR **73**, 627, Middendorff, Die kriminol. Prognose, 1967, 116); zudem gibt es für eine Kriminaltherapie noch kein Behandlungskonzept mit wissenschaftlich gesichertem Erfolg (vgl. KG NJW **73**, 1420 u. dazu Sonnen aaO). Bei Erstverbüßern soll nach Schleswig SchlHA/E-L **80**, 171 aber idR davon auszugehen sein, daß sie aus dem Strafvollzug Lehren für das künftige Leben ziehen werden. Zur problematischen sexualphallographischen Untersuchung vgl. Düsseldorf NJW **73**, 2255, LG Hannover NJW **77**, 1110. Bei der Prognose ist das Gericht grundsätzlich an die tatsächlichen Feststellungen des der Vollstreckung zugrundeliegenden Urteils gebunden (Braunschweig StV **83**, 338, Frankfurt NStZ-RR **99**, 346); ein Sachverständigengutachten, das sich auf eine im Urteil widerlegte Tatdarstellung stützt, ist daher im Ansatz verfehlt und wertlos (Hamm NJW **77**, 1071).

e) Die Frage, ob die Aussetzung eines Strafrestes verantwortet werden kann, ist unter Berück- **15** sichtigung des **Sicherheitsinteresses der Allgemeinheit** zu beantworten. Das wird in der Neufassung des Abs. 1 S. 1 Nr. 2 ausdrücklich hervorgehoben. Eine Veränderung der Prognosegrundlagen ist damit jedoch nicht verbunden. Die Sicherheitsbelange der Allgemeinheit sind schon zuvor von der Rspr. u. vom Schrifttum bei der Bewährungsprognose herangezogen worden. Je nach der Schwere der

§ 57 16   Allg. Teil. Rechtsfolgen der Tat – Strafaussetzung zur Bewährung

Straftaten, die möglicherweise vom Verurteilten nach Erlangung der Freiheit begangen werden können, ist einer günstigen Prognose ein unterschiedliches Maß zugrunde zu legen. Darauf deutet auch der dem Abs. 1 S. 2 eingefügte Hinweis auf das Gewicht des bei einem Rückfall bedrohten Rechtsguts. Kommen besonders gefährliche Straftaten in Betracht, zB erhebliche Sexualdelikte (vgl. KG JR **70**, 428 zu § 42 aF, Hamm StV **88**, 348, NStZ **98**, 376, Koblenz NStZ-RR **98**, 10), Tötungs- oder Brandstiftungsdelikte, schwere Raubtaten usw., ist eine größere Aussicht auf das Gelingen der Resozialisierung geboten als bei Straftaten geringer oder mittlerer Schwere. Je schwerer das Übel bei einem Rückfall sein wird, desto größer ist das Sicherheitsinteresse der Allgemeinheit und desto geringer darf das Risiko sein, das eine Aussetzung des Strafrestes mit sich bringt. Vgl. dazu Düsseldorf NJW **73**, 2255, Koblenz NJW **81**, 1522, Karlsruhe Justiz **82**, 437, Stuttgart StV **98**, 668 m. Anm. Schüler-Springorum, Frankfurt NStZ-RR **99**, 346 sowie Schleswig SchlHA/L-G **90**, 110 (Heroin- händler). Sind lediglich geringfügige Taten bei einem Rückfall zu erwarten, läßt es sich verantworten, ein höheres Risiko einzugehen. Zur Prognose bei Geheimagenten vgl. H. W. Schmidt MDR 77, 901, bei Terroristen BGHR § 57 Abs. 1 Erprobung **1.**

16   f) Welche **Umstände bei der Beurteilung** der Resozialisierungsaussichten namentlich heranzu- ziehen sind, besagt Abs. 1 S. 2. Hiernach ist bei der Prognose insb. auf nahezu die gleichen Umstände zurückzugreifen, die bei der Strafaussetzung zur Bewährung maßgeblich sind (vgl. dazu § 56 RN 19 ff.). Abs. 1 S. 2 stimmt weitgehend wörtlich mit § 56 I 2 überein. Abgesehen vom zusätz- lichen Hinweis auf das Gewicht des bei einem Rückfall bedrohten Rechtsguts ist nur an die Stelle des „Verhaltens nach der Tat" das „Verhalten im Vollzug" getreten. Daraus folgt jedoch nicht die Unbe- achtlichkeit des Verhaltens nach der Tat außerhalb des Strafvollzugs. Bei der Entscheidung werden die Persönlichkeitsentwicklung, eine geänderte Einstellung zur Straftaten, und die Führung des Ver- urteilten während der Haft von wesentlicher Bedeutung für die Annahme sein, er könne sich in Freiheit bewähren (vgl. BGH JR **70**, 347, ferner Köln MDR **71**, 155; krit. Middendorff, Die kriminol. Prognose, 1967, 116, Terhorst MDR 73, 629). Um eine hinreichende Berücksichtigung der im Vollzug erlangten Erkenntnisse über den Verurteilten zu gewährleisten, ist in § 454 I 2 StPO die Anhörung der Vollzugsanstalt vorgeschrieben (zu deren Aussagekraft vgl. Düsseldorf NStZ **88**, 273). Das Verhalten im Vollzug ist allerdings für die Prognose nur bedingt aussagekräftig. Reibungslose Einordnung in den Anstaltsbetrieb läßt noch keineswegs auf straffreies Leben in der Freiheit schließen, so nicht bei Verurteilten, die leicht verführbar sind und deren Taten auf Beeinflussung durch Dritte zurückgehen. Gute Führung im Vollzug verliert für die Prognose auch dann an Bedeutung, wenn der Verurteilte einschlägige Taten wiederholt jeweils kurz nach Strafverbüßung begangen hat (Hamm BA **81**, 109). Umgekehrt schließt der Umstand, daß der Verurteilte sich in den Anstaltsbetrieb nicht voll eingefügt und mehrfach Schwierigkeiten gemacht hat, eine günstige Prognose nicht aus, auch nicht mangelnde Mitarbeit am Vollzugsziel (Düsseldorf StV **86**, 346) oder Entweichen aus dem Vollzug (München StV **86**, 25); vgl. dazu Karlsruhe StV **93**, 260. Dennoch kann im Einzelfall das Verhalten im Vollzug, namentlich bei der Arbeit, beim Unterricht, beim Sport, gegenüber Mitgefangenen (vgl. Hamm MDR **74**, 1038) und vor allem im Rahmen der Vollzugslockerungen nach § 11 StVollzG, gewichtige Anhaltspunkte für die Beurteilung der zu erwartenden Lebensführung in der Freiheit liefern. Besonderes Gewicht können auch die nach der Entlassung zu erwartenden Lebensverhältnisse erlangen, wobei die Möglichkeit, mit Bewährungshilfen ungünstigen Umständen zu begegnen, zu berücksichtigen ist. Andere Straftaten, zB im Hafturlaub oder beim Freigang begangene, lassen sich für die Prognose auch dann verwerten, wenn sie noch nicht rechtskräftig abgeurteilt sind (Stuttgart Justiz **76**, 262, Schleswig SchlHA/E-L **81**, 89, **83**, 83, Karlsruhe Justiz **87**, 192, Hamm NStZ **92**, 350, Düsseldorf StV **92**, 287, Stree NStZ 92, 154). Von ihrem Vorliegen muß das Gericht fest überzeugt sein (vgl. Düsseldorf JMBlNW **84**, 35 [Tat muß zweifelsfrei beweisbar oder vom Täter zugegeben worden sein], NStZ-RR **97**, 60; and. LG Hamburg NStZ **92**, 455: hinreichender Verdacht genügt). Zur Verfassungsmäßigkeit einer hierauf gestützten Ablehnung der Reststrafenaussetzung vgl. BVerfG NJW **88**, 1716. Allein der Umstand, daß ein Strafverfahren wegen erheblicher Straftaten anhängig ist, steht einer günstigen Prognose nicht zwingend entgegen (Hamm StV **98**, 502). Gegen eine günstige Prognose spricht weiteres Verheimlichen des Beuteverbleibs (Karlsruhe MDR **78**, 81, Hamburg NStZ **88**, 274). Fällt trotz eines solchen Verhaltens die Prognose ausnahmsweise günstig aus, so kann dennoch von der Aussetzung abgesehen werden (Abs. 5; vgl. dazu u. 20 a). Andererseits ist für eine günstige Prognose nicht erforderlich, daß der Verurteilte geständig ist (Hamm StV **88**, 348); ständig weiteres Leugnen der Tat kann ihr aber nach den Umständen entgegenstehen (Hamm NStZ **89**, 27 m. Anm. Eisenberg NStZ 89, 366), jedoch keineswegs schlechthin (Koblenz NStZ-RR **98**, 10, Saar- brücken NJW **99**, 436, Frankfurt NStZ-RR **99**, 346). Bei einem Überzeugungstäter schließt das Festhalten an seiner Überzeugung allein eine günstige Prognose noch nicht aus (vgl. § 56 RN 19, BGH NStE **52**). Zur Bedeutung des Gewichts des bei einem Rückfall bedrohten Rechtsguts vgl. o. 15. Trotz des nach dem Gesetzeswortlaut auf ein einzelnes Rechtsgut deutenden Gewichts ist nicht allein hierauf abzustellen. Einzubeziehen ist, wenn bei einem Rückfall mehrere Rechtsgüter bedroht sind, das Gewicht dieser Rechtsgüter in ihrer Gesamtheit. Je mehr Rechtsgüter betroffen sein können, desto schwerer wiegt der Rückfall, so daß dementsprechend das Risiko zu beurteilen ist, das mit einer Aussetzung eingegangen werden kann. Für die Gewichtung der in Abs. 1 S. 2 genannten Umstände bei der Resozialisierungsprognose gibt es an sich keine festen Regeln. Bei längerem Strafvollzug gewinnen aber das Vollzugsverhalten, die augenblicklichen Lebensverhältnisse und sonstige Erkennt-

nisse über das Erreichen des Vollzugsziels an Bedeutung gegenüber den Umständen der Tat, denen nur noch eine eingeschränkte Aussagekraft zukommt (BVerfG NJW **2000**, 502).

g) Abweichend von den vorhergehenden Ausführungen sollen nach Frisch (Prognoseentscheidungen im Strafrecht, 1983, 90 ff., 142 ff.) Prognosegesichtspunkte die Aussetzung des Strafrestes nur ausschließen, wenn der Verurteilte erwiesenermaßen immer noch eine Persönlichkeitsstruktur aufweist, die unter gewissen, naheliegenden situativen Voraussetzungen zur Begehung weiterer Straftaten führt. Zudem soll die Weitervollstreckung geeignet sein müssen, das Risiko weiterer Straftaten maßgebend zu mindern. Reine Sicherungsmomente sollen insoweit nur bedeutsam sein, wenn die Vollverbüßung zur Sicherung vor weiteren erheblichen, etwa im Schwellenbereich der Sicherungsverwahrung liegenden Straftaten erforderlich erscheint. Von diesen Fällen abgesehen soll die erforderliche Eignung angesichts der Erfolglosigkeit der bisherigen Vollstreckung idR entfallen, so daß dann der Strafrest ausgesetzt werden soll. Vgl. Frisch aaO 143 ff.

5. Ferner ist erforderlich, daß der Verurteilte in die Aussetzung **einwilligt** (Abs. 1 Nr. 3). Das Gesetz verlangt dies, weil von einem Verurteilten, der gegen seinen Willen vorzeitig entlassen wird, eine Resozialisierung weniger erwartet werden kann als von anderen. Die Zustimmung kann noch im Beschwerdeverfahren erteilt (Karlsruhe MDR **77**, 333, Koblenz GA **77**, 374, Stuttgart MDR **90**, 845), auch wenn der Verurteilte sie zuvor verweigert hat, und bis zur Rechtskraft des Aussetzungsbeschlusses zurückgenommen werden (Celle NJW **56**, 1608, Koblenz MDR **81**, 425, Düsseldorf VRS **88** 348). Spätere Rücknahme ist unbeachtlich (Tröndle/Fischer 7). Bei Verweigerung der Einwilligung ist eine besondere Entscheidung der StVK über die Nichtaussetzung des Strafrestes nicht unbedingt erforderlich (Düsseldorf NStZ **94**, 454; and. Düsseldorf NJW **93**, 1665 jeweils mwN, auch zu Gegenmeinungen). Zum Ganzen vgl. noch Laubenthal JZ **88**, 951.

6. Aus dem wesentlichen Zweck der bedingten Entlassung (o. 1) folgt, daß diese grundsätzlich dem Verurteilten die Freiheit verschaffen muß. **Schließen sich** an die Strafvollstreckung **freiheitsentziehende Maßregeln** der Besserung und Sicherung **an**, so kommt die Aussetzung des Strafrestes nicht in Frage, es sei denn, daß zugleich gemäß § 67 c I die Aussetzung des Maßregelvollzugs angeordnet wird (vgl. Köln GA **55**, 311, KG GA **56**, 155, 57, 148, JR **58**, 30, **62**, 227 m. Anm. Mittelbach, Neustadt NJW **56**, 70, Schleswig SchlHA **58**, 206, Stuttgart MDR **75**, 241 [Sicherungsverwahrung], Frankfurt NJW **80**, 2535; auch Mittelbach JR 56, 169, Gribbohm LK 22). Der Aussetzung steht ferner die Anschlußvollstreckung einer Freiheitsstrafe wegen einer anderen Tat entgegen, und zwar solange, bis über die Aussetzung aller Strafreste entschieden werden kann (vgl. o. 8). Dementsprechend entfällt bereits die Entscheidung über die Aussetzung, wenn Verurteilter in anderer Sache zu Freiheitsstrafe verurteilt worden ist, das Urteil alsbald rechtskräftig wird und die Anschlußvollstreckung bevorsteht (vgl. Karlsruhe NStZ **88**, 73: Prognose noch nicht möglich, ob Verurteilter sich in Freiheit bewähren kann). U-Haft (Überhaft) in anderer Sache schließt dagegen die Aussetzung nicht aus (Bremen StV **84**, 384, Kölbel StV 98, 236). Andererseits steht nach Düsseldorf MDR **85**, 165 die Unterbringung nach einem UnterbringungsG der Aussetzung des Strafrestes ebenso entgegen wie eine freiheitsentziehende Maßregel.

7. Die Aussetzung des Strafrestes ist nach Abs. 1 **zwingend** vorgeschrieben, wenn ihre Voraussetzungen vorliegen. Sie setzt eine vorherige, rechtzeitige Prüfung voraus. Das Interesse an einer sachgerechten Entlassungsvorbereitung zur Förderung der sozialen Wiedereingliederung des Verurteilten setzt zudem frühzeitige Kenntnis vom Entlassungszeitpunkt voraus und demgemäß eine frühzeitige Entscheidung über die Aussetzung des Strafrestes (nach Zweibrücken NStZ **92**, 148 uU über 6 Monate vor Entlassungstag). Zeitliche Einschränkungen im Hinblick auf mögliche Prognoseänderungen (vgl. 22. A.) sind mit dem neuen § 454 a StPO entfallen (Bedenken hiergegen bei Karlsruhe Justiz **87**, 192). Nach dessen Abs. 2 kann das Gericht den Aussetzungsbeschluß bis zur Entlassung des Verurteilten wieder aufheben, wenn auf Grund neu eingetretener oder bekanntgewordener Tatsachen die Aussetzung unter Berücksichtigung des Sicherheitsinteresses der Allgemeinheit nicht mehr verantwortet werden kann. Der Aussetzungsbeschluß braucht in diesem Fall im Gegensatz zur Regelung des § 454 a I StPO nicht mindestens 3 Monate vor der Entlassung ergangen zu sein. Die Aufhebungsgründe decken sich nicht mit den Widerrufsgründen des § 56 f. Sie umfassen alle auf neuen Tatsachen beruhenden Gründe, die eine ungünstige Sozialprognose ergeben. Eine bloße andere Beurteilung bereits bekannter Tatsachen reicht nicht aus. Bekannte Tatsachen können aber im Zusammenhang mit neuen Tatsachen in einem anderen Licht erscheinen und demgemäß anders zu beurteilen sein. Neu sind Tatsachen, die sich nach der Aussetzungsentscheidung ergeben (LG Köln StV **86**, 542). Es genügt insoweit, daß eine der Aussetzung entgegenstehende Tatsache erst nach dem Aussetzungsbeschluß bekanntgeworden ist (Schleswig NStZ **88**, 293, SchlHA/L-T **91**, 162, Karlsruhe NStE **3** zu § 454 a StPO, Stuttgart NStZ **89**, 492). Früher entgegenstehende Auffassungen (vgl. Voraufl.) sind mit der Neufassung des § 454 a II 1 StPO hinfällig geworden. Soweit die Aufhebung des Aussetzungsbeschlusses auf eine neue Straftat gestützt wird, ist ebensowenig wie beim Widerruf einer Aussetzung (vgl. § 56 f RN 3 a) eine rechtskräftige Verurteilung erforderlich (BVerfG NJW **94**, 377). Die Aufhebung des Aussetzungsbeschlusses ist an sich nicht zwingend vorgeschrieben (Kann-Vorschrift). Sie ist jedoch geboten, wenn die Aussetzung unter Berücksichtigung des Sicherheitsinteresses der Allgemeinheit nicht mehr verantwortet werden kann und dementsprechend auch nicht die Entlassung. Nur wenn die neuen Tatsachen, die für eine ungünstige Prognose sprechen, sich kompensieren lassen, etwa mittels weiterer Weisungen, ist es berechtigt, an der Aussetzung festzuhalten. Der Aussetzungsbeschluß darf nur bis zur Entlassung des Verurteilten aufgehoben werden; danach kommt allein der Widerruf nach § 56 f in Betracht. Die Aufhebung erfolgt ohne mündliche Verhandlung durch Beschluß nach Anhörung der StA, des Verurteilten und der Vollzugsanstalt und ist mit der sofortigen Beschwerde anfechtbar (§ 454 a II iVm § 454 I 1, 2, III 1 StPO). Sie schließt erneute Aussetzung des Strafrestes zu einem späteren Zeitpunkt nicht aus. Unberührt von der Aufhebungsmöglichkeit bleibt die Zulässigkeit des Widerrufs nach § 56 f (vgl. u. 33). Zur Prüfung der Aussetzungsmöglichkeit ist das Gericht von Amts wegen verpflichtet (Celle NJW 72, 2054, Hamm NJW 73, 337, Zweibrücken MDR 74, 329, KG JR 94, 372; and. KG JR 72, 430, 73, 120 m. Anm. Peters; vgl. auch Blei JA 73, 327). Die StA und der Verurteilte können durch Anträge auf eine Entscheidung hinwirken. Ein zu früh vor dem möglichen Entlassungszeitpunkt gestellter Antrag gibt jedoch keinen Anlaß zu einer Sachentscheidung (Hamm JMBlNW 81, 11). Ein formeller Beschluß braucht nur zu ergehen, wenn ein formeller Antrag und Einwilligung nach Abs. 1 Nr. 3 (vgl. Hamburg MDR 79, 516) vorliegen oder das Gericht die Aussetzung der Vollstreckung anordnet (Celle NJW 72, 2054, Wolf NJW 75, 1962; and. Zweibrücken MDR 74, 329). Er kann indes in anderen Fällen zweckmäßig sein (vgl. Düsseldorf MDR 79, 956, o. 18). Die Anordnung wird mit ihrer Rechtskraft oder der eindeutigen Entschließung der StA, keine sofortige Beschwerde einzulegen, wirksam (Karlsruhe NJW 76, 814, Doller NJW 77, 2153; and. Zweibrücken JR 77, 292 m. Anm. Schätzler, Lackner 35), es sei denn, der Aussetzungstermin ist auf einen Zeitpunkt nach Rechtskraft der Anordnung festgesetzt. Im Aussetzungsbeschluß sollte zur Klarstellung angeordnet werden, daß der Verurteilte nach ²/₃ der Strafverbüßung oder zu einem bestimmten Termin, jedoch nicht vor Rechtskraft des Beschlusses zu entlassen ist (Stree JR 78, 340; für Bestimmung einer genauen Entlassungszeit Braunschweig NStZ 99, 532). Rückwirkend kann die Aussetzung nicht angeordnet werden (Zweibrücken JR 77, 292, Stuttgart NStZ 81, 393). Ist die Strafvollstreckung zur Vollstreckung einer Anschlußstrafe unterbrochen worden, so ist über die Aussetzung des Restes der ersten Strafe erst angemessene Zeit vor Verbüßung von ²/₃ der Anschlußstrafe zu entscheiden (vgl. o. 8). Wird die Strafvollstreckung aus anderen Gründen, zB nach § 455 a StPO oder § 456 a StPO, unterbrochen, so bleibt die Pflicht, nach § 57 zu entscheiden, unberührt (KG NStZ 83, 334, Karlsruhe NStE 53). Zu den Problemen, die sich nach Aussetzung des Strafrestes im Zusammenhang mit der Unterbrechung der Strafvollstreckung stellen, vgl. Maatz MDR 85, 100. Zur Zustellung des Aussetzungsbeschlusses vgl. Celle JR 78, 337, Hamm NJW 78, 175, Schleswig SchlHA 78, 87, Herrmann NJW 78, 653.

20 a 8. Eine **Ausnahme von der obligatorischen Aussetzung** nach Abs. 1 bei günstiger Sozialprognose und Einwilligung des Verurteilten sieht **Abs. 5** vor, wenn der Verurteilte unzureichende oder **falsche Angaben über** den **Verbleib von Gegenständen** macht, die als Vermögensvorteil für die begangene Tat oder aus ihr erlangt worden sind, etwa falsche Angaben über den Verbleib der Beute. Hierbei kommt es auf die Sachlage zZ der Entscheidung über die Aussetzung an; unmaßgeblich ist, daß unzureichende Angaben im Erkenntnisverfahren nicht widerlegt werden konnten und daher nicht strafschärfend berücksichtigt werden durften (München JR 88, 294 m. Anm. Terhorst). Unerheblich ist, ob die Gegenstände dem Verfall (§ 73) unterliegen oder ob der Verletzte auf sie iSv § 73 I 2 zur Erfüllung eines Anspruchs zurückgreifen kann. Das nach Abs. 5 maßgebliche Verhalten kann in einem völligen Schweigen, im Vortäuschen des Nichtwissens, in lückenhaften Angaben oder in erlogenen Hinweisen bestehen. Es genügt, wenn es sich auf einen Teil der erlangten Gegenstände beschränkt. Erforderlich ist jedoch, daß der Verurteilte vorsätzlich handelt. Nur wer bewußt den Zugriff auf erlangte Vermögensvorteile zu vereiteln oder zu erschweren sucht, verdient die weitere Strafvollstreckung (vgl. BR-Drs. 370/84 S. 12, aber auch Terhorst JR 88, 296). Im allgemeinen wird bewußtes Verheimlichen des Verbleibs erlangter Vermögensvorteile, insb. der Beute, bereits eine ungünstige Sozialprognose ergeben, so daß deswegen die Aussetzung des Strafrestes ohnehin zu unterbleiben hat (vgl. o. 17). Denkbar sind aber auch Fälle, in denen trotz falscher Angaben die Sozialprognose günstig ist, so etwa, wenn der Verurteilte sich aus Furcht vor Repressalien seiner Mittäter in der genannten Weise verhält (vgl. BR-Drs. 370/84 S. 12). Nur für diese Fälle ist den Gerichten die Entscheidung nach Abs. 5 eingeräumt worden (Hamburg NStZ 88, 274 m. Anm. Geiter/Walter StV 89, 212, Zweibrücken NStZ 99, 104). Es steht dann im richterlichen Ermessen, ob der Strafrest noch ausgesetzt oder die Aussetzung versagt wird. Insoweit kann uU bedeutsam sein, ob die Falschangaben eigene Beuteanteile des Verurteilten oder (nur) die vom Mittäter erlangten Vermögensvorteile betreffen. Macht der Verurteilte später richtige und vollständige Angaben, so ist nunmehr der noch verbleibende Strafrest auszusetzen (vgl. Zweibrücken NStZ 99, 104).

20 b 9. Zur gerichtlichen Zuständigkeit vgl. § 462 a StPO (StVK), auch BGH 27 302 m. Anm. Paeffgen NJW 78, 1443, NJW 76, 249, 860, NStZ 2000, 111, Tröndle/Fischer 12 a. Zum **Verfahren** vgl. BGH StV 2000, 263, § 454 StPO. Zu der dort vorgeschriebenen Anhörung des Verurteilten und den Ausnahmen hiervon vgl. Karlsruhe NJW 76, 302 m. abl. Anm. Kuckuk NJW 76, 815, Hamm NJW 76, 1907, NJW StrFO 98, 454, Stuttgart MDR 76, 1041, NStZ 86, 574, Hamburg MDR 78, 331, 81, 599, Frankfurt NStZ-RR 97, 28, Düsseldorf StV 96, 549, W. Schmidt NJW 75, 1485 u. 76, 224, Treptow NJW 75, 1105 u. 76, 222. Zur Frage, wer den Verurteilten anzuhören hat, vgl. BGH 28 138, Schleswig MDR 79, 518, Düsseldorf NJW 76, 158, 256, München NJW 76, 254, Karlsruhe NStZ 76, 512, Stuttgart NJW 76, 2274, Koblenz MDR 77, 160, 514, 80, 956, Hamburg NJW 77, 1071, Hamm MDR 77, 249, 952, NJW 78, 284, Nürnberg NStZ 98, 376, Franke JZ 77, 125, K/Meyer-Goßner § 454 RN 11, Peters GA 77, 105, Tröndle/Fischer 14 a.

10. Hat das Gericht bei Ablauf von ²/₃ der Strafdauer noch nicht über die Aussetzung entschieden, **20 c** so ist der Strafvollzug fortzuführen. Die Entscheidung ist unverzüglich nachzuholen. Fraglich ist, welche Möglichkeiten bestehen, nach einem Antrag auf Aussetzung auf ein alsbaldiges Nachholen der Entscheidung hinzuwirken. Vgl. dazu § 67 e RN 6.

III. Eine Erweiterung bringt Abs. 2, indem er dem Gericht ermöglicht, die Aussetzung des Straf- **21** restes schon **nach Verbüßung der Hälfte** einer zeitigen Freiheitsstrafe anzuordnen. Die Voraussetzungen sind jedoch gegenüber denen des Abs. 1 enger und strenger.

1. Der Täter muß bereits **mindestens 6 Monate** der Freiheitsstrafe **verbüßt** haben. Diese 6 **22** Monate müssen mindestens die Hälfte der Strafe ausmachen, die daher mehr als 9 Monate betragen muß, da sonst schon Abs. 1 eingreifen würde (vgl. Stuttgart Justiz **87**, 112). Das gilt auch bei nacheinander zu verbüßenden Strafen (Bamberg NStE **51**). Auch für Abs. 2 gilt die durch Anrechnung erledigte Strafe als verbüßt (Abs. 4).

2. Ferner muß der Täter erstmals eine 2 Jahre nicht übersteigende Freiheitsstrafe verbüßen (Nr. 1) **23** oder die Gesamtwürdigung seiner Tat, seiner Persönlichkeit und seiner Entwicklung während des Strafvollzugs ergeben, daß besondere Umstände vorliegen (Nr. 2). Im Fall der Nr. 2 besteht keine Obergrenze für die aussetzbare Freiheitsstrafe.

a) Bei der **Erstverbüßung** ist den Gerichten die Möglichkeit, die Vollstreckung des Strafrestes **23 a** schon mit der Hälfte der Vollstreckungsdauer auszusetzen, eingeräumt worden, weil der erste Freiheitsentzug idR am spürbarsten empfunden wird und es daher aus spezialpräventiven Gründen oft ausreicht, nur die Hälfte der Strafe zu vollstrecken (vgl. BR-Drs. 370/84 S. 11). Die Regelung beschränkt sich auf Freiheitsstrafen bis zu 2 Jahren einschließlich. Fälle schwererer Kriminalität sind damit von der Vergünstigung ausgeklammert, ebenso Fälle mehrerer Straftaten, bei denen die Gesamtstrafe 2 Jahre übersteigt. Eine Erstverbüßung liegt vor, wenn der Täter zuvor noch nicht wegen einer Freiheitsstrafe oder einer Jugendstrafe (Hamm JMBlNW **87**, 7, Oldenburg MDR **87**, 338, Stuttgart MDR **88**, 250, Karlsruhe NStZ **89**, 323; and. Eisenberg NStZ 87, 169) im Strafvollzug gewesen ist oder im Fall einer früheren Strafverbüßung die Eintragung der ihr zugrundeliegenden Verurteilung im BZR zZ der neuen Verurteilung getilgt oder tilgungsreif ist und somit ein Verwertungsverbot nach § 51 BZRG besteht. Andere vorherige Freiheitsentziehungen, zB U-Haft in einem früheren Verfahren (Zweibrücken StraFO **98**, 353, Braunschweig NStZ **99**, 532), schließen die Erstverbüßung nicht aus, auch dann nicht, wenn auf Grund ihrer Anrechnung eine Freiheitsstrafe als verbüßt gilt, etwa bei U-Haft (Stuttgart NStZ **90**, 103, Düsseldorf StV **97**, 93, Jescheck/Weigend 851, Lackner 15, Maatz MDR 85, 800, Volckart BewH 91, 84; and. Karlsruhe StV **90**, 119 m. abl. Anm. Groß, Greger JR 86, 356, Tröndle/Fischer 9 c). Ebensowenig entfällt eine nachträglicher Gesamtfreiheitsstrafe der Erstverbüßung deswegen, weil eine einbezogene Einzelfreiheitsstrafe schon teilweise vollstreckt ist. Aber auch dann, wenn eine nachträgliche Gesamtstrafe nicht mehr gebildet werden kann, weil die vorher verhängte Freiheitsstrafe bereits vollständig vollstreckt ist, muß die Verbüßung der späteren Strafe noch als Erstverbüßung gewertet werden. Nur so bleibt der Grundgedanke gewahrt, der für die nachträgliche Gesamtstrafe maßgebend ist und ebenfalls bei ihrer Bildung auf Grund der vollständigen Strafvollstreckung zu berücksichtigen ist (vgl. dazu § 55 RN 1, 28). Andernfalls würde der Täter entgegen diesem Grundgedanken durch die getrennte Bestrafung benachteiligt. Keine Erstverbüßung liegt jedoch vor, wenn eine teilweise verbüßte Strafe in eine zur Bewährung ausgesetzte Gesamtstrafe einbezogen worden ist und die Gesamtstrafe nach Widerruf der Aussetzung vollstreckt wird (Zweibrücken GA **87**, 182 m. Anm. Bietz JR 87, 518). Ebenso verhält es sich bei Widerruf einer Restfreiheitsstrafe nach Widerruf der gnadenweise erfolgten Strafrestaussetzung (Karlsruhe NStE **41**). Zweifelhaft ist, ob eine Anschlußvollstreckung noch zur Erstverbüßung zu rechnen ist. Hierfür spricht trotz formeller Selbständigkeit der jeweiligen Vollstreckung eine materielle Betrachtungsweise, wonach die nacheinander vollstreckten Freiheitsstrafen vollzugsbezogen als Ganzes erscheinen und vom Verurteilten insgesamt als erster Freiheitsentzug empfunden werden. Der kriminalpolitische Grund für die Erstverbüßerregelung erstreckt sich auch auf die Anschlußvollstreckung (Oldenburg NStZ **87**, 174, MDR **87**, 602, Zweibrücken NStZ **86**, 572 m. abl. Anm. Greger, Karlsruhe Justiz **87**, 319, NStZ **89**, 324, Stuttgart NStZ **88**, 128, StV **94**, 250, Nürnberg NStE **32**, Düsseldorf StV **89**, 215, Celle NdsRpfl **90**, 122, Jescheck/Weigend 852; and. Hamm MDR **87**, 512, Bietz JR 89, 513, Lackner 16, Tröndle 9 d). Etwaigen Bedenken, die sich bei der Anschlußvollstreckung einer Strafe für eine Tat während der vorhergehenden Strafverbüßung ergeben (vgl. etwa Lackner aaO), läßt sich im Rahmen der „Kann-Vorschrift" Rechnung tragen. Für eine solche Strafe ist in der Tat die Vergünstigung für Erstverbüßer unangebracht. Wird die Anschlußvollstreckung zur Erstverbüßung gerechnet, so ist insoweit für die Obergrenze von 2 Jahren die Summe der einzelnen Strafen maßgebend (Stuttgart MDR **88**, 879, Karlsruhe Justiz **88**, 436, NStZ **89**, 324; and. Zweibrücken MDR **87**, 73, **88**, 983, Oldenburg MDR **87**, 602, München MDR **88**, 601, Düsseldorf StV **89**, 215, Maatz MDR 85, 801, NStZ 88, 115, auch Stuttgart NStZ **87**, 575, soweit die Anschlußvollstreckung eine Jugendstrafe betrifft). Sonst würde der Verurteilte sich bei selbständigen Strafen unverhältnismäßig besser stehen als bei einer Gesamtstrafe, wofür kein sachlicher Grund gegeben ist. Mitzuberücksichtigen sind aber nur vorher (teilweise) vollstreckte Strafen, nicht anschließend noch zu vollstreckende (and. Karlsruhe Justiz **87**, 319, Nürnberg NStE **32**. Sind also mehr als 2 Strafen nacheinander zu vollstrecken, so kann sich ergeben, daß die ersten beiden Strafen noch unter der Obergrenze liegen und die weiteren nicht mehr. Der Anschlußvollstreckung soll nach Zweibrücken MDR 87, 73 eine weitere Strafverbüßung, die mit einem zeitlichen Abstand von der vorhergehenden erfolgt, gleichstehen, wenn die ihr zugrundeliegende Tat vor Beginn der ersten Strafvollstreckung begangen worden ist (and. Maatz StV 87, 62, NStZ 88, 115). Für diese Ansicht spricht, daß es vom Zufall abhängen kann, ob die weitere Strafverbüßung sich an die vorhergehende sofort anschließt oder erst später erfolgt, und daß der kriminalpolitische Grund für die Erstverbüßerregelung sich noch nicht erledigt hat. Dagegen handelt es sich nicht mehr um eine Erstverbüßung, wenn der Verurteilte nach Entweichen aus der Strafhaft erneut Straftaten begeht und die hierfür verhängte Freiheitsstrafe im Anschluß an die nach seinem Wiederergreifen weiter vollstreckte Strafe verbüßt (Stuttgart StV 88, 250). Fraglich ist ferner, ob eine Erstverbüßung noch anzunehmen ist, wenn der Täter bereits einen Strafarrest, eine Ersatzfreiheitsstrafe oder im Ausland eine Freiheitsstrafe verbüßt hat. Trotz des Strafcharakters dieser Freiheitsentziehungen ist die Frage zu verneinen. Der Strafarrest entspricht wegen seiner militärbezogenen Aspekte und seiner geringeren Mindestdauer nicht vollauf einer verbüßten Freiheitsstrafe (Lackner 15; and. Tröndle/Fischer 9 c), ebensowenig die Ersatzfreiheitsstrafe wegen ihres Mindestmaßes von 1 Tag (Zweibrücken MDR 88, 984, Stuttgart StV 94, 250; and. Jescheck/Weigend 851). Ihre Wirkungen sind denen des Strafvollzugs wegen einer Freiheitsstrafe nicht völlig gleichzusetzen (vgl. BR-Drs. 370/84 S. 11) und können somit der vorzeitigen Aussetzung nach Abs. 2 Nr. 1 nicht gleichermaßen entgegenstehen. Ähnliches gilt mangels hinreichender Vergleichbarkeit für die im Ausland verbüßte Freiheitsstrafe (Lackner 15; and. Tröndle/Fischer 9 c). Zur Vorverbüßung von Freiheitsstrafen in der ehemaligen DDR vgl. Zweibrücken MDR 92, 175, Gribbohm LK 35. Vgl. zum Ganzen Maatz MDR 85, 797, Herchen, Der „Erstverbüßer", Diss. Kiel 2000.

23 b b) Zu den **besonderen Umständen** vgl. grundsätzlich § 56 RN 27 ff. Im Rahmen der Nr. 2 können jedoch besondere Umstände in der Person des Täters gegenüber den Tatumständen größeres Gewicht erlangen als bei einer Entscheidung nach § 56 II (Stuttgart StV 95, 261). Bei der Gesamtwürdigung, zu der auch bereits im Urteil berücksichtigte Umstände heranzuziehen sind (Düsseldorf StV 89, 214, 97, 94, Karlsruhe NStZ-RR 97, 324), soll nach Abs. 2 zusätzlich die Entwicklung des Verurteilten während des Strafvollzugs zu berücksichtigen sein. Mit diesem Faktor kommt indes nicht wirklich Zusätzliches mit eigenständiger Bedeutung hinzu. Auch ohne besondere Erwähnung wäre die Täterentwicklung während des Strafvollzugs in die Gesamtwürdigung einzubeziehen, nämlich wie bei § 56 II die Entwicklung nach der Tat (vgl. § 56 RN 30) als ein in der Täterpersönlichkeit liegender Umstand. Wie im Rahmen der Prognose (vgl. o. 17) läßt sich der Entwicklung während des Strafvollzugs nur begrenzte Aussagekraft beimessen. Ist jedoch ein die vorzeitige Entlassung rechtfertigender Persönlichkeitswandel feststellbar, so kann er den Ausschlag bei der Gesamtwürdigung geben (vgl. Celle NStZ 86, 573). Zum Persönlichkeitswandel während des Strafvollzugs vgl. Zweibrücken MDR 79, 601, Hamburg StV 83, 114. Zur Berücksichtigung des Freigangs bei der Gesamtwürdigung vgl. Karlsruhe NStZ-RR 97, 324. Zu berücksichtigen ist auch Haftpsychose mit Krankheitswert. Zur Kastration als besonderem Umstand vgl. Karlsruhe GA 79, 469. Zur Überwindung einer Drogenabhängigkeit vgl. BGH NStZ 97, 434. Im übrigen sind bei der Gesamtwürdigung entsprechend die Umstände heranzuziehen, die für die Gesamtwürdigung nach § 56 II bedeutsam sein können. Wie dort kommt es nicht auf einen Ausnahmecharakter der besonderen Umstände an (BGH NStE 57); es genügt, wenn Milderungsgründe vorliegen, die gegenüber gewöhnlichen, einfachen Milderungsgründen von besonderem Gewicht sind (Stuttgart StV 85, 381, Bamberg StV 94, 252: enger Düsseldorf JMBlNW 86, 23: nur außergewöhnliche Fälle), so auch bei Zusammentreffen mehrerer einfacher Gründe (Düsseldorf NStE 36). Sie sind nicht deswegen ausgeschlossen, weil das erkennende Gericht bei der Aburteilung einen minderschweren Fall verneint hat (München NStZ 88, 129). Ebensowenig entfällt der Rückgriff auf einen besonderen Umstand deswegen, weil er sich bereits bei der Strafzumessung ausgewirkt hat (Hamburg StV 94, 551: erhebliche Zeitspanne zwischen Tat und Aburteilung; Düsseldorf wistra 97, 152). Die Gesamtwürdigung beschränkt sich auf tat- und täterbezogene Umstände, so daß dem Verurteilten gemachte Zusagen, die nicht eingehalten werden konnten, unbeachtlich sind (Koblenz wistra 88, 238). Zu besonderen Umständen bei NS-Verbrechen vgl. einerseits Hamburg MDR 76, 947 m. Anm. Schreiber JR 77, 167, andererseits Karlsruhe JR 77, 517 m. Anm. Bruns, Frankfurt NJW 79, 1903. Zu besonderen Umständen bei Verstrickung in Rauschgiftgeschäfte auf Grund intensiver Einwirkung durch polizeilichen V-Mann vgl. Stuttgart MDR 80, 1038, Düsseldorf StV 88, 160, Saarbrücken StV 90, 121. Vgl. auch Düsseldorf NStZ 87, 328 (Geldfälschung auf Veranlassung seitens V-Mannes), Koblenz StV 91, 429. Bei einer Gesamtstrafe gilt RN 3 zu § 58 entsprechend. Für großzügige Handhabung des Abs. 2 Nr. 2 Walter/Geiter/Fischer NStZ 90, 16.

24 3. Außerdem müssen die **Voraussetzungen des Abs. 1** erfüllt sein, dh, daß die in Abs. 1 Nr. 2 verlangte Prognose positiv ausfällt (vgl. o. 9 ff.) und der Verurteilte in die Aussetzung einwilligt (vgl. o. 18). Ein beanstandungsfreies Verhalten im Strafvollzug (vgl. o. 16) spricht bei Erstverbüßern idR für eine günstige Prognose, jedoch zumeist noch nicht bei Ausländern, die zur Begehung von Straftaten eingereist sind (Bamberg NStZ 97, 3).

25 4. Im Gegensatz zu Abs. 1 enthält Abs. 2 eine **Kannbestimmung,** bei der das Gericht alle Strafzwecke, auch Gesichtspunkte positiver Generalprävention, berücksichtigen kann (BGH NStZ 88, 495, Köln MDR 70, 861, Hamm MDR 72, 961, 74, 55 [mit Betonung des Ausnahmecharakters von Abs. 2], Karlsruhe MDR 75, 160 m. Anm. Zipf JR 75, 296, JR 77, 517 m. Anm. Bruns, MDR 87,

782, Frankfurt MDR **80**, 597, Düsseldorf JMBlNW **86**, 23, NStE **29** [Verteidigung der Rechtsordnung], NStZ **99**, 478, München NStZ **87**, 74, KG NStZ-RR **97**, 27 [Sühnezweck], Gribbohm LK 54, Tröndle/Fischer 9g; and. Roxin Bruns-FS 193, Bruns Leitf. 113, Jescheck/Weigend 852, Mrozynski JR 83, 138). Das kann damit begründet werden, daß mit der längeren Dauer des Strafvollzugs die Bedeutung der Generalprävention und der Strafverbüßung als Reaktion auf ein Fehlverhalten immer stärker zurücktritt und daher bei Verbüßung nur der halben Strafe strengere Maßstäbe für die Aussetzung angelegt werden können. Im Vordergrund bleibt jedoch der spezialpräventive Gesichtspunkt als maßgebliches Moment für die Aussetzung. Gründe, die der Aussetzung entgegenstehen, müssen daher erheblicher Art sein, soll die Strafe weiterhin vollstreckt werden (vgl. BGH NStE **49**, wonach generalpräventive Gesichtspunkte nur ausnahmsweise das Absehen von einer Aussetzung begründen können, so nach BGH uU beim Handtaschenraub gegenüber Hilf- und Wehrlosen auf einem Friedhof. Das ist insb. der Fall, wenn die Verteidigung der Rechtsordnung den Verbleib im Strafvollzug gebietet. An einem solchen Gebot fehlt es jedoch idR bei einer besonders günstigen Prognose bei innerer Umkehr des Verurteilten (vgl. Stuttgart MDR **93**, 157). Den generalpräventiven Erwägungen ist nur die Tat in ihrem tatsächlichen Unrechts- und Schuldgehalt zugrunde zu legen, nicht der Eindruck von der Tat, den Pressemitteilungen erwecken (Celle NStZ **86**, 458). Zu berücksichtigen sind auch unzureichende oder falsche Angaben über den Verbleib von Gegenständen, die als Vermögensvorteil für die begangene Tat oder aus ihr erlangt worden sind (Abs. 5; vgl. dazu o. 20 a). Weiteres Leugnen der Tat steht der Aussetzung nicht entgegen (Hamm StV **97**, 93). Für Ermessensbeschränkung im Falle von Abs. 2 Nr. 1 Düsseldorf JR **88**, 292 m. Anm. Zipf u. Maatz NStZ 88, 116 sowie (Bedenken) Stein BewH 89, 486, Zweibrücken NStE **56** (Aussetzung idR); vgl. aber auch Karlsruhe MDR **88**, 879.

5. Nach München MDR **87**, 74 braucht das Gericht die Möglichkeit einer Aussetzung des Strafrestes nach Abs. 2 grundsätzlich nur auf Antrag zu prüfen (vgl. dagegen Maatz NStZ 88, 116; für Beschränkung des Antragserfordernisses auf Abs. 2 Nr. 2 Celle NdsRpfl **89**, 300). Verfrühter Antrag ist unzulässig (vgl. Schleswig SchlHA/L-T **93**, 221). Wird ein **Antrag** nach Abs. 2 als unbegründet **abgelehnt**, so kann nach einem weiteren Zeitablauf eine Aussetzung **nach Abs. 1** möglich sein, uU auch nach Abs. 2 vor Verbüßung von 2/3 der Strafe (Hamburg MDR **76**, 66, KG NStZ-RR **97**, 27, LG Osnabrück StV **88**, 161). Beruft sich der Antragsteller nunmehr auf Abs. 1, so kann die Fristsetzung nach Abs. 6 keine Geltung haben (vgl. dazu Schleswig SchlHA/L-G **88**, 105, das eine Fristsetzung über den 2/3 Zeitpunkt hinaus bei Ablehnung eines Halbstrafengesuchs für unzulässig hält). Hat die StVK zum Halbstrafenzeitpunkt eine Aussetzung mangels günstiger Prognose abgelehnt, so soll nach LG Braunschweig MDR **94**, 607 auch nach Verbüßung von 2/3 der Strafe eine erneute Prüfung nur noch auf Antrag stattfinden (and. Lackner 30).

IV. Zum Schutz vor aussichtslosen Aussetzungsanträgen kann das Gericht **Fristen** von höchstens 6 Monaten festsetzen, vor deren Ablauf ein Aussetzungsantrag des Verurteilten unzulässig ist **(Abs. 6)**. Da die Fristsetzung eine Belastung des Gerichts mit unfruchtbarer Mehrarbeit durch ständige Wiederholung sachwidriger Anträge verhindern soll (vgl. E 62 Begr. 206), kommt sie in erster Linie bei Ablehnung eines Aussetzungsantrags in Betracht. Abs. 6 beschränkt sie jedoch nicht hierauf. Das Gericht kann auch dann, wenn es von Amts wegen die Möglichkeit der Aussetzung geprüft und diese mangels günstiger Prognose abgelehnt hat, nach Abs. 6 verfahren (Hamm NStZ **83**, 265). Maßgeblich ist allein eine ungünstige Prognose, die sich nach richterlicher Überzeugung nicht alsbald ändert. Da auch der Widerruf der Aussetzung von einer ungünstigen Prognose abhängen kann und eine erneute Aussetzung nicht ausschließt (vgl. u. 33), ist es ebenfalls zulässig, ihn mit einer Fristsetzung nach Abs. 6 zu verbinden. Diese hat sich an der Zeit auszurichten, in der eine günstige Veränderung der Prognose nicht zu erwarten ist (Stuttgart Justiz **76**, 212, Düsseldorf MDR **83**, 247, Hamm NStZ-RR **99**, 285). Zur Notwendigkeit, die Sperrfrist zu begründen, vgl. Hamm NStZ-RR **99**, 285, 286. Fristbeginn ist der Zeitpunkt der ersten Entscheidung, nicht der ihrer Rechtskraft (Hamm NJW **71**, 949, Braunschweig NJW **75**, 1847); nur so wird dem Gesetzeszweck genügt, dem Verurteilten spätestens nach 6 Monaten zu ermöglichen, eine erneute Prüfung der Aussetzung in die Wege zu leiten. Ist ein verfrüht gestellter Antrag bei Fristablauf noch nicht abgewiesen, so ist er als zulässig zu behandeln (KG NStZ **85**, 523). Das Gericht ist an sich an seine Entscheidung gebunden und darf sie nicht beliebig umstoßen (München MDR **87**, 783); die Selbstbindung entfällt jedoch, wenn eine grundlegende positive Veränderung in der Lage des Verurteilten eingetreten ist (Schleswig SchlHA **84**, 85, Gribbohm LK 68, Wittschier NStZ 86, 112; and. Bay GA **88**, 188, Neumann NJW 85, 1889). Die Bindung an die Sperrfrist entfällt zudem beim Übergang der Zuständigkeit auf eine andere StVK (vgl. BGH **26** 280).

V. Gegen die Ablehnung des Antrags auf bedingte Entlassung oder gegen deren Anordnung ist sofortige **Beschwerde** gegeben (§ 454 III StPO). Sie steht ebenfalls dem Verurteilten zu, auch gegen die Anordnung (Celle JR **78**, 337 m. Anm. Stree).

VI. Gemäß **Abs. 3** gelten die §§ 56 a bis 56 g für die Aussetzung des Strafrestes entsprechend; vgl. dazu die dortigen Anm. Als Besonderheit gilt neben der veränderten Zuständigkeit (§ 462 a I StPO) folgendes:

1. Die **Bewährungszeit** darf auch bei nachträglicher Verkürzung die Dauer des Strafrestes nicht unterschreiten. Die Bewährungsfrist beginnt entsprechend § 56 a mit Rechtskraft der Entscheidung

§ 57 a

(Düsseldorf MDR **73**, 426, Celle JR **78**, 337, Schleswig SchlHA **78**, 87, Stuttgart MDR **79**, 954, **86**, 687; vgl. § 56 a RN 3). Vorherige oder spätere Entlassung verändert den Fristbeginn nicht (Stree JR 78, 340, Horn JZ 81, 15, Frank MDR 82, 358; and. Hamm NJW **78**, 2207 bei vorheriger Entlassung, Peters GA 77, 104). Ist der Aussetzungsbeschluß 3 oder mehr Monate vor der Entlassung ergangen, so verlängert sich die Bewährungszeit um die Zeit von der Rechtskraft des Beschlusses bis zur Entlassung (§ 454 a I StPO).

31   2. Anders als in § 56 d II ist die regelmäßige Unterstellung des Verurteilten unter die Aufsicht und Leitung eines **Bewährungshelfers** nicht von seinem Alter, sondern von der Dauer der bisherigen Strafverbüßung (mindestens 1 Jahr) abhängig (Abs. 3 S. 2). Diese Regelung ersetzt jedoch nicht § 56 d II. Sie läßt diese Vorschrift vielmehr unberührt und sieht daneben zusätzlich bei allen Verurteilten, die eine längere Freiheitsentziehung erlitten haben, die grundsätzliche Unterstellung unter einen Bewährungshelfer vor, damit ihnen beim Übergang in die Freiheit Hilfe zur Seite steht. Vgl. dazu Gribbohm LK 62. Zu beachten bleibt stets der Verhältnismäßigkeitsgrundsatz. Er soll nach Koblenz MDR **76**, 946 der Bestellung eines Bewährungshelfers entgegenstehen, wenn nur ein geringer Strafrest zur Bewährung ausgesetzt wird (Strafrest von 11 Tagen bei Freiheitsstrafe von 4 Jahren). Das kann indes nicht für die Fälle gelten, in denen bei Vollverbüßung Führungsaufsicht eintreten würde (§ 68 f I) und dann gem. § 68 a I ein Bewährungshelfer zu bestellen wäre. Wer nach Vollverbüßung einem Bewährungshelfer zu unterstellen wäre, wird in seinem persönlichen Lebensbereich nicht unverhältnismäßig beeinträchtigt, wenn ihm bei Aussetzung eines geringen Strafrestes eine entsprechende Weisung erteilt wird. Anders verhält es sich, wenn bei Vollverbüßung die Anordnung gem. § 68 f II, daß Führungsaufsicht entfällt, zu erwarten wäre. Die Betreuung durch einen Bewährungshelfer kann auf einen Teil der Bewährungszeit beschränkt werden. Sie kann auch schon für die Bewährungszeit vor der Entlassung sinnvoll sein, etwa bei Freigängern oder Beurlaubten.

32   3. Sind die Genugtuungsbelange durch die bisherige Strafverbüßung nicht erreicht, so können nach den für § 56 b geltenden Grundsätzen **Auflagen** gemacht werden, wobei zu beachten ist, daß schon die bisherige Strafverbüßung der Genugtuung für die begangene Tat gedient hat (vgl. Celle StV **81**, 554, Frankfurt NStZ-RR **98**, 126). Insb. kommt die Auflage der Schadenswiedergutmachung in Betracht. Vgl. dazu Horn MDR 81, 14. Für Zurückhaltung bei Geldauflagen mit Recht Frankfurt StV **89**, 115, NStZ-RR **98**, 126. **Weisungen** müssen gem. § 56 c als Resozialisierungshilfen für die Lebensführung außerhalb des Strafvollzugs erteilt werden. Verfehlt ist daher die Weisung, bis zum Entlassungstag in Strafhaft zu bleiben (vgl. aber Hamburg NJW **79**, 2623; gegen die Entscheidung Frank MDR 82, 355) und die Anstaltsordnung zu beachten (München NStZ **85**, 411, Horn JZ 81, 16). Auf keinen Fall läßt sich derartiges dem Aussetzungsbeschluß als stillschweigende Weisung entnehmen (Stuttgart MDR **86**, 687).

33   4. Für den **Widerruf** der bedingten Entlassung, den Straferlaß (Strafrest) und dessen Widerruf gelten keine Besonderheiten. Der Widerruf ist unter den Voraussetzungen des § 56 f auch zulässig, wenn der Verurteilte noch nicht aus der Strafhaft entlassen ist und die Aussetzung nach § 454 a II StPO aufgehoben werden kann (§ 454 a II 2 StPO iVm § 57 III 1). Auch eine Straftat in der Zeit zwischen Aussetzungsbeschluß und dessen Rechtskraft kann nach Abs. 3 iVm § 56 f I 2 zum Widerruf führen, nicht jedoch eine Tat vor dem Aussetzungsbeschluß. Im Fall einer neuen Straftat ist entsprechend den Voraussetzungen für die Aussetzung zu widerrufen, wenn diese nicht weiter verantwortet werden kann (vgl. Meynert MDR 74, 808 f.). Zweifel sind zugunsten des Verurteilten zu buchen (vgl. § 56 f RN 2; and. Terhorst MDR 78, 977). Vom Widerruf ist wie bei der Strafaussetzung nach § 56 f II abzusehen, wenn weitere Auflagen oder Weisungen oder die Verlängerung der Bewährungszeit ausreichen. Der Widerruf schließt erneute Aussetzung des Strafrestes zu einem späteren Zeitpunkt nicht aus (vgl. Frankfurt NStZ **83**, 48, NStZ-RR **00**, 283, Stuttgart MDR **83**, 150, Schleswig SchlHA/L-G **88**, 105, **90**, 110, LG Hamburg NStZ **92**, 253 m. Anm. Volckart u. Funck NStZ 92, 511); sie ist bereits vor Beginn der Strafvollstreckung nach dem Widerruf möglich (Stuttgart NStZ **84**, 363 m. Anm. Ruß, Frankfurt StV **85**, 25). Zur Zuständigkeit vgl. Zweibrücken MDR **78**, 954.

§ 57 a Aussetzung des Strafrestes bei lebenslanger Freiheitsstrafe

(1) **Das Gericht setzt die Vollstreckung des Restes einer lebenslangen Freiheitsstrafe zur Bewährung aus, wenn**
1. **fünfzehn Jahre der Strafe verbüßt sind,**
2. **nicht die besondere Schwere der Schuld des Verurteilten die weitere Vollstreckung gebietet und**
3. **die Voraussetzungen des § 57 Abs. 1 Satz 1 Nr. 2 und 3 vorliegen.**

§ 57 Abs. 1 Satz 2 und Abs. 5 gilt entsprechend.

(2) **Als verbüßte Strafe im Sinne des Absatzes 1 Satz 1 Nr. 1 gilt jede Freiheitsentziehung, die der Verurteilte aus Anlaß der Tat erlitten hat.**

(3) **Die Dauer der Bewährungszeit beträgt fünf Jahre. § 56 a Abs. 2 Satz 1 und die §§ 56 b bis 56 g und 57 Abs. 3 Satz 2 gelten entsprechend.**

(4) Das Gericht kann Fristen von höchstens zwei Jahren festsetzen, vor deren Ablauf ein Antrag des Verurteilten, den Strafrest zur Bewährung auszusetzen, unzulässig ist.

Vorbem. Eingefügt durch das 20. StÄG v. 8. 12. 1981, BGBl. I 1329. Abs. 1 S. 2 ergänzt durch 23. StÄG vom 13. 4. 1986, BGBl. I 393.

Schrifttum: Beckmann, Die Aussetzung des Strafrestes bei lebenslanger Freiheitsstrafe, NJW 83, 537. – *Bode*, Die bedingte Aussetzung der lebenslangen Freiheitsstrafe, Faller-FS, 1984, 325. – *Böhm*, Zusammentreffen von lebenslanger Freiheitsstrafe mit anderen Strafen und freiheitsentziehenden Maßregeln, NJW 82, 135. – *v. Bubnoff*, Zur Problematik des Mehrfachtäters im Rahmen des § 57a StGB, JR 82, 441. – *Haffke*, Besondere Schwere der Schuld . . ., in: Antrieb und Hemmung bei Tötungsdelikten, Schriftenreihe des Inst. f. Konfliktforschung H. 9, 1982, 19. – *Kunert*, Gerichtliche Aussetzung des Restes der lebenslangen Freiheitsstrafe kraft Gesetzes, NStZ 82, 89. – *Lackner*, Zur rechtlichen Behandlung der Mehrfachtäter bei Aussetzung des Restes einer lebenslangen Freiheitsstrafe, Leferenz-FS 609. – *Laubenthal*, Lebenslange Freiheitsstrafe, 1987. – *Lenzen*, Die besondere Schwere der Schuld iS § 57a StGB in der Bewertung durch die Oberlandesgerichte, NStZ 83, 543. – *Mysegades*, Zur Problematik der Strafrestaussetzung bei lebenslanger Freiheitsstrafe, 1988. – *Revel*, Anwendungsprobleme der Schuldschwereklausel des § 57a StGB, 1989. – *Stree*, Das Merkmal der besonders schweren Schuld im Rahmen des § 57a StGB, NStZ 83, 289. – *ders.*, Neue Probleme der Aussetzung einer lebenslangen Freiheitsstrafe, NStZ 92, 464.

I. Mit Einbeziehung der lebenslangen Freiheitsstrafe in die Möglichkeit, einen Strafrest zur Bewährung auszusetzen, hat der Gesetzgeber der Entscheidung in BVerfGE 45 187 Rechnung getragen. Nach dieser Entscheidung muß aus verfassungsrechtlichen Gründen auch für zu lebenslanger Freiheitsstrafe Verurteilte eine konkrete und grundsätzlich realisierbare Chance bestehen, die Freiheit wiederzuerlangen. Da die Möglichkeit der Begnadigung diesem Erfordernis nicht genügt, vielmehr Rechtssicherheits- und Gerechtigkeitsbelange eine gesetzliche Regelung der Voraussetzungen, unter denen die lebenslange Freiheitsstrafe ausgesetzt werden kann, gebieten, hat der Gesetzgeber in § 57a im einzelnen festgelegt, wann der Rest einer lebenslangen Freiheitsstrafe auszusetzen ist, und die Entscheidung in den jeweiligen Fällen den Gerichten übertragen. Er hat hierbei berücksichtigt, daß im Interesse der Allgemeinheit nicht immer eine Aussetzung in Betracht kommt. Sie ist unvertretbar, solange der Allgemeinheit seitens des Verurteilten Gefahr droht, uU also bis zu seinem Lebensende (BT-Drs. 8/3218 S. 5). Aber auch bei besonders schwerer Tatschuld kann die weitere Vollstreckung geboten sein, insoweit allerdings nicht für immer (vgl. u. 10). Verzichtet hat der Gesetzgeber auf die zunächst vorgesehene Versagung der Aussetzung, wenn die Verteidigung der Rechtsordnung die weitere Vollstreckung gebietet. Er hat den Gesichtspunkt der besonderen Schuldschwere als Maßstab für eine Ablehnung der Aussetzung für ausreichend und die Verteidigung der Rechtsordnung als zusätzliches Kriterium für unangemessen gehalten (vgl. BT-Drs. 8/3857 S. 12). 1

II. Die Vollstreckung der lebenslangen Freiheitsstrafe ist frühestens zur Bewährung auszusetzen, wenn der Verurteilte **15 Jahre der Strafe verbüßt** hat. Mit diesem Zeitpunkt soll ein deutlicher Abstand zu den Aussetzungsmöglichkeiten bei zeitiger Freiheitsstrafe gewahrt bleiben und andererseits dem Verurteilten eine überschaubare Frist eingeräumt werden, die eine Resozialisierung noch zuläßt (vgl. BT-Drs. 9/450 S. 8). Vorherige gerichtliche Aussetzung ist unzulässig, auch dann, wenn die Strafvollstreckung den Verurteilten wegen hohen Alters besonders hart trifft (Hamburg MDR **84**, 163). Spätere Aussetzung kommt in Betracht, wenn bei Verbüßung von 15 Jahren die Voraussetzungen für eine Aussetzung nicht vorliegen, sondern erst nachher. Die Aussetzung nach 15 Jahren hat ferner im Fall einer Anschlußvollstreckung zu unterbleiben; die Vollstreckung der lebenslangen Freiheitsstrafe ist dann aber nach 15jähriger Verbüßungsdauer zu unterbrechen (§ 454b II Nr. 3 StPO). 2

1. Bei **Berechnung der verbüßten Zeit** ist jede Freiheitsentziehung zu berücksichtigen, die der Verurteilte aus Anlaß der Tat erlitten hat (Abs. 2). Unwesentlich ist, ob es sich um eine Freiheitsentziehung handelt, die bei zeitiger Freiheitsstrafe nicht angerechnet worden wäre. Von einer dem § 57 IV angepaßten Beschränkung ist abgesehen worden, weil es im Hinblick auf den Verhältnismäßigkeitsgrundsatz nicht vertretbar sein soll, die Mindesthaftzeit wegen eines Verhaltens, das idR nicht einmal strafbar ist, zu verlängern (vgl. BT-Drs. 8/3218 S. 8). Überdies fallen bei lebenslanger Freiheitsstrafe die Gründe für die Nichtanrechnung von U-Haft usw nicht ins Gewicht, so daß schon deswegen Einschränkungen nicht geboten sind. Aus Anlaß der Tat hat der Verurteilte eine Freiheitsentziehung erlitten, wenn eine der Taten, die Gegenstand des Verfahrens waren, zur Freiheitsentziehung geführt hat. Abs. 2 beschränkt sich nicht auf die mit lebenslanger Freiheitsstrafe geahndete Tat (Bode aaO 328); einbezogen sind die mitabgeurteilten Taten. Freiheitsentziehungen auf Grund von Taten, die in einem anderen Verfahren abgeurteilt worden sind, bleiben dagegen unberücksichtigt, mag auch die Verbüßung der lebenslangen Freiheitsstrafe sich sofort anschließen. 3

2. Die Aussetzung nach 15 Jahren Strafverbüßung hat zu unterbleiben, wenn die **besondere Schwere der Schuld** die weitere Vollstreckung gebietet (Abs. 1 Nr. 2). Bei dieser Regelung, die Beckmann NJW 83, 543 u. Haffke aaO 70 für verfassungswidrig halten (vgl. dagegen BVerfGE **72** 114 = NJW **86**, 2241, ferner Stree NStZ 83, 293, auch Bode aaO 341, Lackner 3, Laubenthal aaO 210), hat der Gesetzgeber sich davon leiten lassen, daß eine lebenslange Freiheitsstrafe auf ein höchst unterschiedliches Schuldmaß gegründet sein kann und es daher sachwidrig ist, für alle zur Höchststrafe Verurteilten ohne Rücksicht auf ihre Schuld den Aussetzungszeitpunkt unterschiedslos festzusetzen (vgl. BT-Drs. 8/3218 S. 7). Der Massenmörder, der unter widerwärtigsten Umständen vorgegangen 4

ist, verdient eine längere Strafverbüßung als der Täter, der einen Einzelmord ohne eine über die Mordvoraussetzungen hinausgehende Schuld verübt hat. Es kommt allein auf die besondere Schuldschwere an, nicht darauf, ob der Verurteilte seine Schuld verarbeitet hat und einsichtig geworden ist; eine etwaige Uneinsichtigkeit kann aber uU einer günstigen Prognose nach Abs. 1 Nr. 3 entgegenstehen. Zur hinreichenden Bestimmtheit der Schuldschwereklausel vgl. BVerfGE 86 310. Allgemein zur Problematik der Regelung Haffke aaO, Müller-Dietz StV 83, 162.

5 a) Mit der besonderen Schuldschwere knüpft Nr. 2 an die **Strafzumessungsschuld** iSv § 46 I an (vgl. BVerfG NJW **95**, 3245, BGH NJW **96**, 3425, aber auch Meurer JR 92, 444). Diese muß, soll eine weitere Strafvollstreckung nach 15 Jahren geboten sein, deutlich das Maß an Schuld übersteigen, das zur Verhängung der lebenslangen Freiheitsstrafe erforderlich ist (Koblenz NStZ **84**, 167). Gesichtspunkte, auf die sich überhaupt erst die Verhängung einer lebenslangen Freiheitsstrafe stützen läßt, können daher für sich genommen eine besonders schwere Schuld nicht begründen (BGH NStZ-RR **97**, 42). Aber auch ein bloßes Mehr an Schuld genügt noch nicht (and. Hamm NStZ **83**, 318, Kunert NStZ 82, 511); nur eine wesentlich ins Gewicht fallende Schuldsteigerung kann eine Verlängerung der Strafverbüßungszeit gebieten (vgl. BGH **39** 211, Karlsruhe NStZ **83**, 75, Laubenthal aaO 219). Ausgangspunkt für eine Bewertung ist insoweit die Mindestschuldvoraussetzung (BGH NStZ **94**, 77, 540, Karlsruhe aaO, JR **88**, 164 m. Anm. Müller-Dietz, Koblenz aaO, Düsseldorf NStZ **90**, 509, Hamm NStZ **93**, 452, MDR **93**, 888, Bode aaO 333, Foth NStZ 93, 368, Horn SK 7b, Lackner 3 a, Laubenthal aaO 217; vgl. aber die Bedenken bei Streng JZ 95, 559), nicht eine höchst unbestimmte und variable „Regelschuld", der erfahrungsgemäß gewöhnlich vorkommende Fall oder der „Durchschnittsfall" eines mit lebenslanger Freiheitsstrafe geahndeten Verbrechens (and. BGH **39** 211 m. abl. Anm. Stree JR 94, 166, NStE **14, 15**, Nürnberg NStZ **82**, 509 m. abl. Anm. Kunert, **83**, 319, Celle StV **83**, 156, Revel aaO 53, Salger DRiZ 93, 391). BVerfGE **86** 314 zwingt nicht zur Aufgabe eines solchen Ausgangspunkts. Demgegenüber hat BGH (GrS) **40** 360 m. Anm. Hauf NJW 95, 1072 u. Kintzi JR 95, 249 sich völlig von den angeführten Ausgangspunkten für eine Bewertung gelöst und allein auf Umstände von Gewicht abgestellt, die im Wege einer zusammenfassenden Würdigung von Tat und Täterpersönlichkeit zu ermitteln sind (Bedenken mit Recht bei Lackner 3 a, Tröndle/Fischer 7 b; krit. auch Horn SK 7 b, Streng JZ 95, 556, Krümpelmann NStZ 95, 337). Faktoren für eine wesentliche Schuldsteigerung gegenüber dem Ausgangspunkt können ua sein: Zahl der Opfer, erhebliches Ausmaß der Leiden des Ermordeten vor Eintritt des Todes, besondere Begleitumstände der Tat, eine überaus grausame Behandlung des Opfers bei der Ermordung (vgl. Nürnberg NStZ **83**, 319), übermäßig brutales oder hinterhältiges Vorgehen, sonst außerordentlich niederträchtiges Verhalten (vgl. Koblenz MDR **83**, 338: barbarische Art des geschlechtlichen Mißbrauchs eines Kindes vor dessen Ermordung) oder rücksichtslose Gefährdung weiterer Menschenleben bei einem Mordanschlag, ferner mehrere Beweggründe allerniedrigster Art. Auch das Vorliegen mehrerer Mordmerkmale kann die Tatschuld erheblich steigern (vgl. Karlsruhe JR **88**, 164 m. Anm. Müller-Dietz, Düsseldorf NStE **12**); jedoch ist dies nicht schlechthin der Fall (BGH NStZ **93**, 36, NStZ-RR **96**, 354, StV **98**, 420, NStZ **99**, 502), zB nicht bei Habgier neben der Absicht, einen Diebstahl zu ermöglichen (BGH **41** 63). Ferner kann bei Vorstrafen die Mißachtung der Warnfunktion zu einer besonderen Schuldschwere führen (Nürnberg NStZ-RR **97**, 168). Der dem Leugnen der Tat zu entnehmende Mangel an Reue ist kein Faktor für eine besondere Schuldschwere (BGH StV **93**, 639), ebensowenig ein Umstand, der dem § 46 III entspricht (BGH **42** 226, NStZ **97**, 124, **99**, 502: Doppelverwertungsverbot des § 46 III entspr. anwendbar). Andererseits können den schuldsteigernden Faktoren schuldmindernde Umstände gegenüberstehen, etwa mitwirkendes Verschulden des Opfers (vgl. Koblenz GA **83**, 280) und verständliche Reaktionen auf äußere Anreize zur Tat (zB Provokation), Zwangssituationen oder ähnliche Konfliktlagen, verminderte Schuldfähigkeit, uU auch Verstrickung des Täters in ein Unrechtssystem (vgl. Karlsruhe NStZ **83**, 75). Besonders schwere Schuld ist dann auf Grund einer Gesamtwürdigung (vgl. Karlsruhe JR **88**, 165 m. Anm. Müller-Dietz) nur anzunehmen, wenn die schuldmindernden Faktoren die schuldsteigernden Momente nicht hinreichend ausgleichen. Zum Ganzen vgl. noch Stree NStZ 83, 289, auch Fünfsinn GA 88, 169, Revel aaO 67 ff.

6 b) Die **Feststellung einer besonderen Schuldschwere** hat bereits durch das **erkennende Gericht** in seinem Urteil zu erfolgen (BVerfGE **86** 288 = NJW 92, 2947 m. Anm. Stree NStZ 92, 464), und zwar im Urteilsspruch des Tatgerichts (BGH **39** 121, NStZ **2000**, 194). Eines vorherigen Hinweises nach § 265 StPO, daß eine solche Feststellung erfolgen könnte, bedarf es nicht (BGH NJW **96**, 3285). Die Bewertung als solche ist entsprechend § 267 III 1 StPO in den Urteilsgründen darzulegen (BGH NStZ **96**, 321). Bei Verneinung einer besonderen Schuldschwere genügt es, daß dies in den Urteilsgründen geschieht (BGH **39** 212, NJW **93**, 2001). Zu ermitteln und in einer Gesamtwürdigung aller schuldbezogenen Umstände festzustellen ist das gesamte Ausmaß der Schuldsteigerung, dh auch die Quantifizierung der besonderen Schuldschwere (Lackner 6, Stree NStZ 92, 464, JR 94, 166). Einen anderen Standpunkt hat die Gr. Strafrechtskommission des Dt. Richterbundes eingenommen (vgl. Kintzi DRiZ 93, 344). Danach hat sich das Tatgericht auf das „Ob" der besonderen Schuldschwere zu beschränken und das „Wie" dem Vollstreckungsgericht zu überlassen. Mit dieser Ansicht wird BVerfGE **86** 288 unterlaufen. Mit der dort erfolgten Zuweisung der Schuldgewichtung an das Tatgericht kann keine halbe Gewichtung (nur das „Ob") unter Ausklammern des „Mehr" an besonders schwerer Schuld gemeint sein. Das Tatgericht hat somit auch darüber zu

befinden, ob die Schuld des Täters in mehrfacher Hinsicht besonders schwer ist. Darlegungen zur besonderen Schuldschwere sind in allen Fällen einer Verurteilung zu lebenslanger Freiheitsstrafe erforderlich, nicht nur bei deren Verhängung als absolute Strafe (K/Meyer-Goßner § 267 RN 20 a), so zB auch bei Verurteilung wegen versuchten Mordes (BGH **44** 350 m. Anm. Müller-Dietz JR 2000, 122). Die Gegenmeinung (Gribbohm LK 49) hält das nicht für nötig, soweit das Urteil zur Begründung der lebenslangen Freiheitsstrafe wie bei § 212 II ohnehin Strafzumessungserwägungen enthält; diese sollen bereits eine hinnehmbare Grundlage für eine nachträgliche Schuldbewertung durch die StVK bilden. Eine solche Ansicht unterläuft ebenfalls BVerfGE **86** 288. Sie berücksichtigt nicht zur Genüge, daß Strafzumessungsgründe, die eine Verurteilung zu lebenslanger Freiheitsstrafe tragen, nicht unbedingt die besondere Schuldschwere ergeben (vgl. BGH **44** 350). Das Gesagte gilt auch für Mehrfachtäterschaft (vgl. u. 9). Wird ein auf lebenslange Freiheitsstrafe lautendes Urteil nachträglich zur Bildung einer Gesamtstrafe herangezogen, so ist eine bereits festgestellte besondere Schuldschwere im Gesamtstrafenurteil zu vervollständigen. An die Schuldgewichtung ist das Vollstreckungsgericht bei der Entscheidung über die Strafaussetzung gebunden. Zu etwaigen Änderungen der Bewertung auf Grund von nachträglich eingetretenen Umständen vgl. Stree NStZ 92, 466, aber auch Lackner 9.

Die Feststellungen zur besonderen Schuldschwere einschließlich deren Ausmaßes unterliegen der **6a** **Revision** (BVerfGE **86** 288). Ebenso kann eine unterbliebene Gewichtung mit der Revision gerügt werden (vgl. Stree NStZ 92, 465), und zwar auch eine unterbliebene Quantifizierung der besonderen Schuldschwere. Fehlt eine Stellungnahme zur besonderen Schuldschwere oder ist diese verneint worden, so steht insoweit bei alleiniger Revision des Angekl. § 358 II StPO einer Urteilsänderung entsprechend entgegen, da Tatschuldbeurteilungen iSv § 57 a I Nr. 2 sich ähnlich wie die Strafhöhe auswirken können (BGH NStZ **93**, 449; vgl. auch Hamm NStZ **94**, 53; and. Gribbohm LK 59). Die Revisionsrüge kann sich auf die Gewichtung als solche beziehen, aber auch entsprechend einer Strafzumessungsrüge auf Fehler bei den zugrunde gelegten Feststellungen (vgl. Stree JR 94, 166). Möglich ist eine Revisionsbeschränkung auf den Ausspruch über die besondere Schuldschwere (BGH NJW **93**, 1999; vgl. auch BGH **41** 57). Das Revisionsgericht hat wie bei der Strafzumessung nur zu überprüfen, ob die Annahme bzw. Nichtannahme einer besonderen Schuldschwere rechtsfehlerfrei ist (BGH NJW **93**, 1725, 2000, Stree NStZ **92**, 465). Hinzunehmen ist eine tatrichterliche Beurteilung, soweit sie sich im vertretbaren Rahmen hält.

c) Die Feststellungen des erkennenden Gerichts haben sich auf das Ausmaß der besonderen **7** Schuldschwere zu beschränken. Die daraus herzuleitende Folge für die **Verlängerung der Vollstreckungszeit** über 15 Jahre hinaus hat – jedoch nicht isoliert (Frankfurt NStZ **94**, 54) und nicht zu früh (Karlsruhe MDR **94**, 390) – das **Vollstreckungsgericht** festzulegen (vgl. dazu BGH NStZ **97**, 277, Stree NStZ **92**, 464 u. **97**, 278, Kintzi DRiZ 93, 344), und zwar so zeitig, daß die Vollzugsbehörden die sich daraus ergebenden Entscheidungen ohne Verzug treffen können. Ist neben der lebenslangen Freiheitsstrafe eine Vermögensstrafe (§ 43 a) verhängt worden, so ist die insoweit festgesetzte Ersatzfreiheitsstrafe von der sonst gebotenen Verlängerung der Vollstreckung abzuziehen, wenn nach diese Vermögensstrafe erledigt ist (vgl. BT-Drs 11/5461 S. 7). Bereits bei der erstmaligen Ablehnung der Strafaussetzung (jedoch nicht bei ablehnendem Bescheid nach § 456 a StPO; Frankfurt NStZ **93**, 303) hat es mit verbindlicher Wirkung festzusetzen, um welche Zeit sich die Vollstreckungsdauer wegen der besonderen Schuldschwere verlängert, vorbehaltlich eines möglichen Wegfalls des Gebotenseins einer weiteren Vollstreckung (BVerfGE **86** 288 = NJW **92**, 2947). Die Verlängerungszeit kann zB 2, 4 oder mehr Jahre betragen (für Mindestverlängerung von 2 Jahren Bode aaO 334; zur beträchtlichen Verlängerung bei außergewöhnlich schwerer Schuld vgl. Karlsruhe MDR **95**, 841; vgl. auch den von BVerfG NJW **95**, 3244 beurteilten Fall: 38 Jahre). Obwohl das Gesetz insoweit keinen Endzeitpunkt nennt, verbietet sich eine schuldausgerichtete Vollbüßung, auch bei ganz ungewöhnlich schwerer Schuld (vgl. Hamm NStZ **86**, 315). Sie widerspricht dem Sinngehalt des § 57 a und darf daher nicht angeordnet werden (Beckmann NJW **83**, 542, Stree NStZ **83**, 293; vgl. auch Bode aaO 334 f., Laubenthal aaO 263, JZ 86, 850 f., Müller-Dietz Jura 83, 634, Revel aaO 17). Auch aus BVerfGE **46** 187 ff. (229, 239, 245) läßt sich eine solche Einschränkung herauslesen. Nach BVerfGE **64** 272 soll jedoch die besondere Schuldschwere im Einzelfall zu einer lebenslangen Vollstreckungsdauer führen können, weil sonst die lebenslange Freiheitsstrafe zwangsläufig entwertet und über die Strafaussetzungsregelung praktisch abgeschafft würde (vgl. dagegen Mahrenholz in BVerfGE **64** 297); ebenso Frankfurt NJW **86** 598, Gribbohm LK 11.

d) Im übrigen ist es ausschließlich die Aufgabe der StVK, im Fall einer besonderen Schuldschwere **8** darüber zu befinden, ob eine weitere **Vollstreckung** nach 15 Jahren **geboten** ist. Diese ist nicht mehr geboten, wenn ihr besondere Umstände entgegenstehen und die Allgemeinheit deshalb Verständnis für eine Strafaussetzung nach 15 Jahren (ggf. zu einem späteren Zeitpunkt) hat. In ständiger vollstreckungsrechtlicher Gesamtwürdigung (vgl. Koblenz StV **94**, 382, Nürnberg NStZ-RR **97**, 169) ist somit zu klären, ob besondere Gründe vorliegen, die dem allgemeinen Rechtsbewußtsein den Verzicht auf eine der Schuldschwere entsprechende Strafvollstreckung angebracht erscheinen lassen. Solche Gründe können etwa schwere Dauererkrankung eines alten Strafgefangenen oder sich anbahnendes Siechtum sein (vgl. Karlsruhe NStZ **83**, 75, Justiz **91**, 155, Hamm NStZ **86**, 315, Düsseldorf MDR **91**, 77). Hohes Alter genügt jedoch allein noch nicht (Frankfurt NJW **85**, 598,

§ 57 a   9–11   Allg. Teil. Rechtsfolgen der Tat – Strafaussetzung zur Bewährung

NStZ **87**, 329; vgl. dazu BVerfGE **72** 118 = NJW **86**, 2241 m. Anm. Beckmann StV 86, 486, auch BVerfG NStE **16**). Es ist aber ein gewichtiger Punkt und darf nicht erst bei Siechtum und Todesnähe berücksichtigt werden (vgl. BVerfG NStE **16**, NStZ **96**, 53). Aber auch eine positive Persönlichkeitsentwicklung (Frankfurt NStZ **94**, 54), Wiedergutmachungsbemühungen (Karlsruhe NStZ **91**, 37) sowie ein besonders verdienstvolles Verhalten des Gefangenen (Lebensrettung usw) können ergeben, daß die weitere Vollstreckung nicht mehr geboten ist. Fehlt es an solchen Gründen, so ist die Strafaussetzung zu versagen. Es bedarf nicht der Feststellung, daß ohne die weitere Strafvollstreckung generalpräventive Zwecke beeinträchtigt würden, etwa eine empfindliche Störung des Rechtsbewußtseins der Allgemeinheit zu befürchten ist. Vgl. noch Stree NStZ **83**, 289, auch Fünfsinn GA 88, 169, Revel aaO 67 ff. Bei der Entscheidung über das Gebotensein der weiteren Vollstreckung ist stets an den Schuldumfang gemäß dem Urteil des erkennenden Gerichts anzuknüpfen. Ausgenommen sind nachträgliche Feststellungen zum Schuldmaß, die sich zugunsten des Verurteilten auswirken (vgl. Karlsruhe NStZ **90**, 337, **91**, 37, Stree NStZ **92**, 466; and. Lackner 9; vgl. auch Frankfurt NStZ **94**, 54). Im übrigen kann sich die Vollstreckungsdauer verkürzen, wenn nicht tatschuldrelevante Faktoren sich grundlegend zum Positiven geändert haben und bisherige Gesamtwürdigung in ihrer Grundlage umstürzen; bloßes Fortsetzen einer bereits berücksichtigten positiven Entwicklung des Verurteilten reicht nicht aus (Frankfurt NStZ **96**, 56).

9   e) Nach der Schuldschwereklausel ist auch bei einem **Mehrfachtäter** zu verfahren, der wegen anderer Straftaten, die mit dem der lebenslangen Freiheitsstrafe zugrundeliegenden Verbrechen gleichzeitig aburteilbar waren, zu weiteren (zeitigen oder lebenslangen) Freiheitsstrafen verurteilt worden ist. Das geht aus § 57 b hervor (vgl. dort RN 1). Die Anwendbarkeit der Schuldschwereklausel beschränkt sich beim Mehrfachtäter indes nicht auf die Fälle, in denen die lebenslange Freiheitsstrafe nach Einfügen des § 57 b in eine Gesamtstrafenbildung einbezogen und auf die dann als Gesamtstrafe gem. § 54 I 1 erkannt worden ist. Die Klausel erfaßt ebenso die Fälle, in denen die lebenslange Freiheitsstrafe nach früherem Recht noch von der Gesamtstrafenbildung ausgeschlossen war und erst auf Grund der sinngemäßen Anwendung des § 460 StPO iVm Art. 316 II EGStGB zu einer Gesamtstrafe mit den weiteren Strafen zusammengefaßt worden ist. Eine nachträgliche Schlechterstellung des Verurteilten ist darin nicht zu erblicken, da die Mehrfachtäterschaft bereits nach früherem Recht im Rahmen der Schuldschwereklausel berücksichtigt worden ist (vgl. 22. A.). Unerheblich ist ferner, ob es sich um Verurteilungen vor Inkrafttreten des § 57 a (vgl. Karlsruhe NStZ **83**, 75 m. Anm. Horn JR 83, 380, KG NStZ **83**, 77, Celle StV **83**, 157) oder danach handelt, ob sie im selben oder in verschiedenen Verfahren erfolgte (Böhm NJW 82, 137 f., Bode aaO 339), ob die weiteren Strafen aus dem Urteilstenor oder nur aus den Urteilsgründen ersichtlich sind (Karlsruhe NStZ **83**, 75, KG NStZ **83**, 77) und ob eine weitere Freiheitsstrafe, die in die Urteilsformel aufgenommen worden ist, formell zunächst vollstreckt worden ist (Koblenz StV **83**, 510).

10   Zur **Gesamtwürdigung der einzelnen Straftaten** vgl. § 57 b RN 2. Entsprechend den Grundsätzen, die sonst bei Bemessung der Gesamtstrafe und deren Verbüßung gelten, darf die auf Mehrfachtäterschaft beruhende tatschuldungerechte Verlängerung der Vollstreckungsdauer nie die Mindestverbüßungszeit (§ 57 oder § 57 a) der zusätzlichen Strafen erreichen (vgl. dazu § 57 b RN 3). Straftaten, deren Verfolgung nach § 154 StPO unterblieben ist, berechtigen nicht zur Annahme einer besonderen Schuldschwere, die eine weitere Vollstreckung gebietet. Sonst würde dem Verurteilten nachträglich etwas angelastet, das keine endgültige Klärung in einem Erkenntnisverfahren gefunden hat. Soweit zusätzliche Strafen durch Anrechnung erledigt sind, gelten sie hinsichtlich der Verlängerung der Vollstreckungsdauer, die auf Mehrfachtäterschaft zurückgeht, entsprechend § 57 IV als verbüßte Strafe (vgl. § 57 b RN 4).

11   f) Die **Ermittlung der Schuldschwere** kann **in Altfällen** große Schwierigkeiten bereiten, weil das erkennende Gericht sich darauf beschränken konnte, den Schuldumfang festzustellen, der bereits die Verhängung der lebenslangen Freiheitsstrafe rechtfertigt. Bei der Beurteilung der Schuldsteigerung dürfen zum Nachteil des Verurteilten nur das Tatgeschehen, das vom erkennenden Gericht seinem Urteil zugrunde gelegt worden ist, und die dazu festgestellte weiteren Umstände der Ausführung und der Auswirkung der Tat berücksichtigt werden (BVerfGE **86** 288 = NJW **92**, 2947, NStZ **99**, 102; vgl. auch Brandenburg NStZ-RR **99**, 236). Danach dürfen nur Umstände herangezogen werden, die das erkennende Gericht bei seiner zur lebenslangen Freiheitsstrafe führenden Schuldfeststellung herangezogen hat. Dementsprechend lassen sich auch Feststellungen zum Vorleben und zu Vorstrafen berücksichtigen, soweit diese Umstände als schuldsteigernde Faktoren Bedeutung erlangt haben, wie beim Ausschluß einer Strafminderung nach den §§ 21, 49 (Hamm NStZ-RR **98**, 71). Nachträgliche Feststellungen zugunsten des Verurteilten sind nicht in gleicher Weise begrenzt. Sie sind zumindest bei nachträglich hervorgetretenen Umständen zulässig (vgl. Stree NStZ **92**, 466). Bei der Auswertung der Urteilsausführungen soll es nach dem BVerfG aaO in Mordfällen unzulässig sein, zum Nachteil des Verurteilten Angaben zu den Beweggründen und Zielen des Täters, zu der aus seiner Tat sprechenden Gesinnung und zur weiteren subjektiven, die Tatschuld prägenden Kriterien, soweit sie nicht der Annahme eines Mordmerkmals dienen, in die Schuldbewertung einzubeziehen. Die Einschränkung leuchtet nicht ein und darf nicht zu eng gesehen werden (vgl. Stree NStZ **92**, 468). Außerdem darf nach dem BVerfG aaO das Vollstreckungsgericht zur Begründung einer besonderen Schuldschwere die Umstände der Tatausführung nicht mit Begriffen umschreiben, die im Gesetz als Tatbestandsmerkmal genannt sind, soweit deren Vorliegen vom erkennenden Gericht nicht bejaht worden ist. Hat etwa das Schwurgericht die Tatausführung beim Mord nicht als grausam gekennzeichnet, so darf das Vollstreckungsgericht nicht auf diesen Begriff zurückgreifen. Es steht ihm aber frei, mit anderen Worten die besondere Schuldschwere kenntlich zu machen. Nach Hamburg StV **94**, 257 m. Anm. Böhm JR **95**, 302 hat die StVK idR nach 10 Jahren Strafverbüßung darüber zu befinden, ob besonders schwere Schuld vorgelegen hat, dann aber noch nicht, ob u. ggf. für welche Dauer Strafverbüßung über 15 Jahre hinaus geboten ist. Vgl. auch Hamburg JR **96**, 247, Brandenburg NStZ **95**, 457. Gegen eine isolierte Feststellung der besonderen Schuldschwere vor der Entscheidung über die Mindestverbüßungsdauer bestehen keine verfassungsrechtlichen Bedenken (BVerfG NStZ **97**, 333). Nach Nürnberg NStZ **97**, 408, NStZ-RR **98**, 220 fehlt es für eine solche Feststellung an einer gesetzlichen Grundlage. Celle NStZ **98**, 248 hält diese Feststellung für unzulässig, wenn der Verurteilte keine Einwilligung in die Aussetzung des Strafrestes erteilt hat.

g) **Kein Fall** einer von **der Schuldschwereklausel** erfaßten Mehrfachtäterschaft ist die Tat, für die 11 a der Täter bereits vor Begehung des mit lebenslanger Freiheitsstrafe geahndeten Verbrechens verurteilt worden ist. Gleiches gilt für eine Tat nach Verurteilung zu lebenslanger Freiheitsstrafe. Wer etwa im Strafvollzug einen weiteren Mord verübt, hat zumindest weitere 15 Jahre wegen der erneuten Verurteilung zu lebenslanger Freiheitsstrafe zu verbüßen. Unabhängig voneinander zu bemessende Strafverbüßungszeiten sind hier schon deswegen geboten, weil der Verurteilte sich durch die Vorverurteilung nicht hat beeindrucken lassen. Zudem würden sich sonst Unstimmigkeiten gegenüber der Vollstreckung von zeitigen Freiheitsstrafen ergeben. Zur Unterbrechung einer vor der lebenslangen Freiheitsstrafe vollstreckten zeitigen Freiheitsstrafe nach ²/₃ der Verbüßung vgl. Hamm NStZ **84**, 236. Zur Unterbrechung der Vollstreckung einer lebenslangen Freiheitsstrafe nach 15 Jahren im Falle einer Anschlußvollstreckung vgl. o. 2 aE.

3. Wie bei zeitiger Freiheitsstrafe ist für die Aussetzung des Strafrestes eine **günstige** Sozial- 12 prognose erforderlich (Abs. 1 Nr. 3). Das in RN 9 ff. zu § 57 Ausgeführte gilt insoweit entsprechend. Eine günstige Prognose entfällt nur bei zu befürchtenden Straftaten schwerwiegender Art, nicht bereits bei Gefahr von Straftaten geringeren oder mittleren Gewichts (KG NStZ-RR **97**, 382, Nürnberg StV **2000**, 266). Zum Erfordernis einer besonders sorgfältigen und eingehenden Prüfung vgl. BVerfG NJW **92**, 2344, **98**, 2203. Zu berücksichtigen sind namentlich die in § 57 I 2 genannten Faktoren. Bei der Frage, ob die Aussetzung verantwortet werden kann, ist insb. das Sicherheitsbedürfnis der Allgemeinheit zu beachten (vgl. auch BVerfG NJW **92**, 2345, **98**, 2203, Bode aaO 343, Gribbohm LK 24). Wenn auch ein straffreies Leben in der Freiheit nicht mit Gewißheit feststehen muß und eine vertretbares Restrisiko eingegangen werden kann (BVerfG NJW **98**, 2202), so muß jedoch die Gefahr eines neuen schweren Verbrechens entfernt liegen. Vor allem bei Mördern läßt sich nicht verantworten, sie vorzeitig zu entlassen, wenn noch die geringe Gefahr eines erneuten Tötungsdelikts besteht. Die bloße Möglichkeit einer solchen Tat steht aber einer Aussetzung nicht entgegen (BVerfG NJW **98**, 2203). Zweifel an einer günstigen Prognose gehen zu Lasten des Verurteilten (BVerfG NJW **92**, 2345). Vor seiner Entscheidung hat das Gericht ein Gutachten eines Sachverständigen über den Verurteilten einzuholen, namentlich darüber, ob keine Gefahr mehr vorhanden ist, daß dessen in der Tat zutage getretene Gefährlichkeit fortbesteht (§ 454 II 1 Nr. 1 StPO; vgl. dazu Karlsruhe MDR **93**, 1190, Laubenthal aaO 228 ff.). Zur Begutachtung durch einen Psychiater vgl. BGH NJW **93**, 2449 m. Anm. Blau JR **94**, 32. Kann ein sachgemäßes Gutachten wegen der Weigerung des Verurteilten, an seiner Begutachtung mitzuwirken, nicht erstellt werden, so entfällt die Aussetzungsmöglichkeit (Koblenz MDR **83**, 1044, Karlsruhe NStZ **91**, 207). Ein Gutachten ist an sich nur für die Aussetzung einzuholen. Es ist jedoch grundsätzlich ebenfalls angebracht, wenn die Ablehnung der Aussetzung auf eine ungünstige Prognose gestützt werden soll. Dagegen erübrigt es sich bei einer Ablehnung aus dem u. 12 a genannten Grund oder auf Grund der besonderen Schuldschwere. Bei der ersten Ablehnung auf Grund einer schlechten Prognose ist ggf. zugleich festzustellen, bis wann wegen der besonderen Schuldschwere sich die Vollstreckungsdauer verlängert (Lackner 13, Stree NStZ **92**, 467).

Entsprechend § 57 V kann das Gericht von der Aussetzung des Strafrestes absehen, wenn der 12 a Verurteilte unzureichende oder falsche Angaben über den Verbleib von Gegenständen macht, die als Vermögensvorteil für die begangene Tat oder aus ihr erlangt worden sind (Abs. 1 S. 2). Vgl. dazu § 57 RN 20 a.

4. Weitere Voraussetzung ist die **Einwilligung** des Verurteilten in die Aussetzung des Strafrestes 13 (Abs. 1 Nr. 3). Vgl. dazu § 57 RN 18. Sie kann bis zur Rechtskraft des Aussetzungsbeschlusses widerrufen werden (Celle StV **96**, 220). Eine zunächst verweigerte Einwilligung schließt die Einwilligung zu einem späteren Zeitpunkt nicht aus, so daß von dann ab die Aussetzung zulässig ist. Gegen das Einwilligungserfordernis Laubenthal aaO 238. Bei Verweigerung der Einwilligung braucht das Gericht seinen Beschluß über die Nichtaussetzung nur hierauf zu stützen; es ist dann auch nicht festzulegen, wielange eine besondere Schuldschwere einer Aussetzung entgegensteht (Düsseldorf NJW **93**, 1666; vgl. auch Celle StV **96**, 220). Zur Möglichkeit, auf einen besonderen Beschluß zu verzichten, vgl. § 57 RN 18.

5. Die Aussetzung hat **von Amts wegen** zu erfolgen, auch dann, wenn die Strafvollstreckung 14 wegen Haftunfähigkeit unterbrochen ist (Bamberg NStZ **83**, 320). Ihre Voraussetzungen sind so rechtzeitig zu prüfen, daß die Entscheidung über die Aussetzung vor dem Entlassungstermin zu einer Zeit ergehen kann, die einen hinreichenden Spielraum für eine sachgerechte Entlassungsvorbereitung

§ 57 b 1   Allg. Teil. Rechtsfolgen der Tat – Strafaussetzung zur Bewährung

zuläßt. Vgl. dazu und zur Möglichkeit, den Aussetzungsbeschluß bis zur Entlassung des Verurteilten wieder aufzuheben, § 57 RN 20. Zum Verfahren vgl. § 454 StPO; zur mündlichen Anhörung vgl. Karlsruhe MDR 83, 863, Frankfurt NStZ-RR **97**, 29. Der Verurteilte kann neben der StA durch einen Antrag auf eine Entscheidung hinwirken. Ein Antrag des Verurteilten vor Verbüßung von 13 Jahren Freiheitsstrafe kann jedoch ohne dessen Anhörung wegen verfrühter Antragstellung abgelehnt werden (§ 454 I 4 Nr. 2 b StPO; vgl. aber BVerfGE **86** 331 f., NJW **95**, 3247 zum Erfordernis einer Entscheidung über die Vollstreckungsdauer vor Verbüßung von 13 Jahren, ferner Frankfurt NStZ-RR **96**, 122, aber auch Karlsruhe StV **94**, 29, wonach bei offenkundiger besonderer Schuldschwere nicht vor Verbüßung von 13 Jahren zu entscheiden ist. Ein abgelehnter Antrag kann wiederholt werden. Vgl. dazu noch Hamburg NStE **19**, NStZ-RR **96**, 124. Zum Schutz vor häufig wiederholten Anträgen kann das Gericht gem. Abs. 4 Fristen von höchstens 2 Jahren festsetzen, vor deren Ablauf ein Aussetzungsantrag unzulässig ist (vgl. dazu § 57 RN 27).

15   III. Die **Dauer der Bewährungszeit** beträgt 5 Jahre (Abs. 3 S. 1). Da sie bereits gesetzlich festgelegt ist, hat das Gericht hierüber keine Entscheidung zu treffen. Es darf die Bewährungszeit auch nachträglich nicht verkürzen. Eine Verlängerung bis zu 2½ Jahren ist dagegen entsprechend § 56 f möglich (vgl. u. 17). Die Bewährungsfrist beginnt entsprechend § 56 a mit Rechtskraft des Aussetzungsbeschlusses und verlängert sich nach § 454 a I StPO um die Zeit bis zur Entlassung, wenn der Aussetzungsbeschluß 3 oder mehr Monate vor der Entlassung ergangen ist (vgl. dazu § 57 RN 30).

16   IV. Für die **Ausgestaltung der Bewährungszeit** gelten die §§ 56 b–56 e sowie § 57 III 2 entsprechend (Abs. 3 S. 2). Vgl. dazu die dortigen Anm. Eine Auflage dürfte allerdings kaum in Betracht kommen (vgl. auch Gribbohm LK 36: Ausnahmefall). Besondere Bedeutung kommt dagegen den Weisungen zu. Gerade jemand, der eine sehr lange Zeit im Strafvollzug verbracht hat, bedarf beim Übergang in die Freiheit der Resozialisierungshilfe. Ihm ist idR ein Bewährungshelfer an die Seite zu stellen (vgl. § 56 d II).

17   V. Für den **Widerruf** der Aussetzung, den Straferlaß und dessen Widerruf sind die §§ 56 f, 56 g entsprechend anwendbar (Abs. 3 S. 2). Beim Widerruf ist zu beachten, daß nicht jede Straftat oder Nichtbefolgung einer Weisung dazu zwingt, die Aussetzung zu widerrufen. Ein Widerruf ist nur geboten, wenn die Aussetzung unter Berücksichtigung des Sicherheitsinteresses der Allgemeinheit nicht weiter verantwortet werden kann. Zudem ist der Verhältnismäßigkeitsgrundsatz zu beachten, so daß nur Straftaten erheblichen Gewichts dazu berechtigen, den Vollzug der lebenslangen Freiheitsstrafe fortzusetzen (vgl. Stree NStZ **92**, 159). Fahrlässigkeitstaten und Vorsatztaten geringfügiger Art genügen daher idR nicht den Widerrufsvoraussetzungen. Vgl. auch § 56 f RN 4, 7. Reicht zur Einwirkung auf den bedingt Entlassenen eine Maßnahme nach § 56 f II aus, insb. Verlängerung der Bewährungszeit oder neue Weisung, so hat sie Vorrang vor dem Widerruf. Die Bewährungszeit kann um eine Dauer bis zu 2½ Jahren verlängert werden, auch noch nach Ablauf der „regulären" Bewährungszeit (vgl. § 56 f RN 10).

18   Der Widerruf schließt eine **erneute Aussetzung** nicht aus. Er kann jedoch, um einem zu frühen Aussetzungsantrag entgegenzuwirken, bereits mit einer Fristsetzung nach Abs. 4 verbunden sein (vgl. § 57 RN 27). Da es für die erneute Aussetzung neben der Einwilligung allein auf eine günstige Prognose ankommt, ist nicht unbedingt erforderlich, daß der Verurteilte einen weiteren Teil der Strafe verbüßt hat. Erfolgt der Widerruf wegen einer Straftat und ist wegen dieser Tat schon zZ des Widerrufs eine Freiheitsstrafe zu verbüßen, so ist diese zunächst zu vollstrecken. Bei günstiger Prognose ist dann mit der Aussetzung des Strafrestes zugleich die lebenslange Freiheitsstrafe erneut auszusetzen. Entsprechendes gilt nach Vollverbüßung der neuen Strafe, wenn die Prognose nunmehr günstig ausfällt.

§ 57 b Aussetzung des Strafrestes bei lebenslanger Freiheitsstrafe als Gesamtstrafe

Ist auf lebenslange Freiheitsstrafe als Gesamtstrafe erkannt, so werden bei der Feststellung der besonderen Schwere der Schuld (§ 57 a Abs. 1 Satz 1 Nr. 2) die einzelnen Straftaten zusammenfassend gewürdigt.

Vorbem. Eingefügt durch 23. StÄG vom 13. 4. 1986, BGBl. I 393.

1   I. Die Vorschrift trägt der Einbeziehung der lebenslangen Freiheitsstrafe in eine Gesamtstrafe (§ 54 I 1) Rechnung. Sie stellt klar, daß im Fall der lebenslangen Freiheitsstrafe als Gesamtstrafe bei der **Feststellung einer besonderen Schuldschwere** iSv § 57 a I Nr. 2 alle Straftaten, die den in der Gesamtstrafe aufgegangenen Strafen zugrunde liegen, zu berücksichtigen sind (vgl. dazu BGH NStZ-RR **99**, 171). Wie sonst bereits bei der Bildung einer Gesamtstrafe aus zeitigen Freiheitsstrafen (§ 54 I 3) sind nunmehr bei der Bemessung der tatschuldausgerichteten Vollstreckungsdauer die einzelnen Straftaten zusammenfassend zu würdigen. Das bedeutet nicht, daß bei der einbezogenen lebenslangen Freiheitsstrafe selbst auf die Feststellung einer besonderen Schuldschwere verzichtet werden kann. Es ist vielmehr bereits bei der lebenslangen Freiheitsstrafe als Einzelstrafe klarzustellen, ob dem Täter wegen der ihr zugrunde liegenden Tat eine besonders schwere Schuld trifft (Stree NStZ **92**, 465 u. **97**,

277; and. BGH NStZ **97**, 277, nach dem eine solche Feststellung im Ermessen des Tatrichters liegen soll). Die Feststellung einer besonders schweren Schuld ist schon allein deswegen geboten, weil sonst bei Aufhebung des Gesamtstrafenurteils, bei der die auf lebenslange Freiheitsstrafe lautende Einzelstrafe samt Feststellungen bestehen bleibt, das Versäumte nicht nachgeholt werden kann. Zur lebenslangen Freiheitsstrafe als nachträgliche Gesamtstrafe vgl. § 55 RN 39 a.

II. Bei der **zusammenfassenden Würdigung der einzelnen Straftaten** ist grundsätzlich ent- 2 sprechend den Regeln, die bei der Bemessung einer Gesamtstrafe aus zeitigen Freiheitsstrafen gelten (vgl. § 54 RN 14), zu verfahren. Die Feststellung einer besonderen Schuldschwere einschließlich deren Ausmaßes (vgl. § 57 a RN 6, Stree NStZ 97, 278) muß dementsprechend auf einer Gesamtschau aller Taten beruhen (BGH NStZ **98**, 353). Eine besondere Schuldschwere bei der Tat, die zur lebenslangen Freiheitsstrafe geführt hat, behält hierbei ihr besonderes Gewicht. Wie bei der lebenslangen Freiheitsstrafe als Einzelstrafe genügt noch nicht ein bloßes Mehr an Schuld auf Grund der mehreren Taten, sondern nur eine erhebliche Schuldsteigerung (vgl. § 57 a RN 5, BGH **39** 125, Frankfurt NStZ **94**, 54, Stree NStZ 92, 465; einschr. Tröndle 2). Ohne eine solche Schuldsteigerung fehlt es an der besonderen, dh deutlich sich abzeichnenden erhöhten Schuldschwere, die eine Verlängerung der Strafverbüßungszeit über 15 Jahre hinaus gebietet. Eine geringfügige Straftat hat, da mit ihr keine erhebliche Schuldsteigerung verbunden ist, somit unberücksichtigt zu bleiben (Bode Faller-FS 338; and. Lenzen NStZ 83, 545). Allenfalls bei mehreren Straftaten solcher Art kann auf Grund ihrer Quantifizierung eine wesentlich ins Gewicht fallende Schuldsteigerung zu verzeichnen sein. Für die zusammenfassende Würdigung der einzelnen Straftaten kann deren Verhältnis zueinander von großer Bedeutung sein. Ein enger zeitlicher, sachlicher und situativer Zusammenhang zwischen den einzelnen Straftaten bewirkt im allgemeinen eine geringere Schuldsteigerung als völlig selbständige Straftaten ohne jeglichen Zusammenhang (vgl. BGH **39** 126). Wer etwa zwei Morde kurz nacheinander (zB 2 Schüsse) um eines einheitlichen Zieles willen begangen hat, steht hinsichtlich der Schuldsteigerung kaum anders da als der Täter, der mit einer Handlung (zB mit einer Handgranate) zwei Personen ermordet hat. Ein zusätzlicher und von der ersten Tat völlig losgelöster Mord fällt dagegen stärker ins Gewicht. Für andere Straftaten gilt Ähnliches. Wer sich die Mordwaffe zur Durchführung seiner Tat mittels eines Raubes verschafft hat, lädt idR weniger zusätzliche Schuld auf sich als jemand, der unabhängig von der Mordtat einen Raub begangen hat.

III. Über das Vorliegen einer besonderen Schuldschwere hat bereits das erkennende Gericht zu 3 entscheiden (vgl. § 57 a RN 6). Die hierfür notwendige Gesamtwürdigung der einzelnen Straftaten ist so umfassend darzulegen, daß sich ihr entnehmen läßt, ob und um welche Zeit sich die Strafverbüßungsdauer verlängert. Die **Verlängerung der Vollstreckungszeit** über 15 Jahre hinaus obliegt dem Vollstreckungsgericht. Es gilt insoweit das in RN 57 a RN 7 Ausgeführte. Eine Höchstgrenze, bis zu der die Aussetzung aus schuldbezogenen Gründen versagt werden kann, enthält das Gesetz ebensowenig wie genauere Richtlinien für die Bemessung der Vollzugsverlängerung. Aus dem entsprechend anzuwendenden Grundgedanken, der für Gesamtstrafen maßgebend ist (vgl. 4 vor § 52), ergibt sich jedoch, daß eine tatschuldausgerichtete Verlängerung der Vollstreckungsdauer auf Grund der Mehrfachtäterschaft zumindest nicht die Mindestverbüßungszeit (§ 57) der zusätzlichen Strafen erreichen darf. Lautet auch die weitere Freiheitsstrafe auf lebenslang, so wäre dann zumindest die für sie nach § 57 a geltende Mindestverbüßungszeit unter Berücksichtigung der insoweit isoliert heranzuziehenden Schuldschwereklausel zu beachten. Indes ist es angesichts der ohnehin langen Vollzugsdauer und der damit verbundenen schweren Belastungen für den Verurteilten durch den weiteren Freiheitsentzug im allgemeinen geboten, bei der Verlängerung der Vollzugsdauer erheblich unter der Mindestverbüßungszeit der zusätzlichen Strafen zu bleiben. Nur so läßt sich im übrigen eine allzu starke Diskrepanz gegenüber einer Gesamtstrafe aus zeitigen Freiheitsstrafen vermeiden, bei denen bereits die Einsatzstrafe das Höchstmaß von 15 Jahren aufweist und die Gesamtstrafe daher nicht höher ausfallen kann, so daß sich an der Mindestverbüßungszeit gegenüber der der Einsatzstrafe nichts ändert. Zur beträchtlichen Verlängerung der Vollzugsdauer bei außergewöhnlich schwerer Schuld (etliche Morde und Mordversuche) vgl. Karlsruhe MDR **95**, 841; vgl. auch den von BVerfG NJW **95**, 3244 beurteilten Fall: 38 Jahre.

IV. Bei der Feststellung der besonderen Schuldschwere sind auch die Straftaten, deren Strafe teil- 4 weise durch Anrechnung erledigt ist, in vollem Umfang zu berücksichtigen. Die **durch Anrechnung erledigte Strafe** gilt dann aber, soweit auf Grund der Mehrfachtäterschaft und der sich daraus ergebenden besonderen Schuldschwere an sich eine Verlängerung der Vollstreckungsdauer geboten ist, entsprechend § 57 IV als verbüßte Strafe.

V. In **Altfällen**, in denen jemand neben der lebenslangen Freiheitsstrafe noch eine weitere lebens- 5 lange oder zeitige Freiheitsstrafe erhalten hat, ist § 460 StPO sinngemäß anzuwenden, wenn nach neuem Recht auf eine lebenslange Freiheitsstrafe als Gesamtstrafe erkannt worden wäre **(Art. 316 II EGStGB)**. Unerheblich ist, ob die mehreren Strafen in einem Urteil oder in verschiedenen Urteilen enthalten sind.

§ 58 Gesamtstrafe und Strafaussetzung

(1) **Hat jemand mehrere Straftaten begangen, so ist für die Strafaussetzung nach § 56 die Höhe der Gesamtstrafe maßgebend.**

(2) **Ist in den Fällen des § 55 Abs. 1 die Vollstreckung der in der früheren Entscheidung verhängten Freiheitsstrafe ganz oder für den Strafrest zur Bewährung ausgesetzt und wird auch die Gesamtstrafe zur Bewährung ausgesetzt, so verkürzt sich das Mindestmaß der neuen Bewährungszeit um die bereits abgelaufene Bewährungszeit, jedoch nicht auf weniger als ein Jahr. Wird die Gesamtstrafe nicht zur Bewährung ausgesetzt, so gilt § 56 f Abs. 3 entsprechend.**

1 I. Die Vorschrift enthält Regeln über die **Strafaussetzung zur Bewährung** bei primären und nachträglichen **Gesamtstrafen**. Zu ihrer Reform vgl. Sieg MDR 81, 273.

2 II. § 56 knüpft die Strafaussetzung je nach Strafhöhe an unterschiedliche Bedingungen. In Übereinstimmung damit, daß bei einer Gesamtstrafe nur sie Grundlage der Vollstreckung ist (vgl. § 54 RN 20), bestimmt **Abs. 1,** daß im Rahmen des § 56 die **Höhe der Gesamtstrafe** maßgeblich ist. Das gilt sowohl für § 56 I u. II als auch für § 56 III.

3 Aus Abs. 1 iVm § 56 IV 1 ergibt sich des weiteren, daß auch eine **Gesamtstrafe nur insgesamt**, nicht aber auf einen Teil der Einzelstrafen beschränkt, **zur Bewährung ausgesetzt** werden kann (BGH **25** 143). Bei Anwendung des § 56 II sind bei der Gesamtwürdigung die Umstände der Einzeltaten zu berücksichtigen (BGH **25** 143). Das gilt uneingeschränkt für Einzeltaten, für die als Einzelstrafe mehr als 1 Jahr Freiheitsstrafe verhängt worden ist (BGH NJW **76**, 1413). Bei den Einzeltaten, für die als Einzelstrafe Geldstrafe festgesetzt worden ist oder die für die Gesamtwürdigung ersichtlich kein Gewicht haben, brauchen die nach § 56 II erforderlichen besonderen Umstände nicht vorzuliegen (BGH **25** 143). Nach BGH **29** 370, wistra **86**, 106, Bay StV **83**, 66 kommt es, soweit keine Einzelstrafe 1 Jahr Freiheitsstrafe übersteigt, für die Annahme besonderer Umstände in der Tat nur auf eine Gesamtwürdigung aller Taten an. Vgl. auch BGH VRS **52** 115, GA **78**, 80, NJW **80**, 649, NStZ **82**, 420. Entsprechendes gilt für § 57 II (vgl. Karlsruhe GA **79**, 470).

4 Abs. 1 gilt für **alle Arten** der Bildung von Gesamtfreiheitsstrafen. Es kommt also weder darauf an, ob die Gesamtstrafe ausschließlich aus Freiheits- oder aus Freiheits- und Geldstrafen gebildet wurde (§ 53 II 1), noch darauf, ob es sich um gleichzeitige Aburteilung aller Taten gem. §§ 53, 54 oder um nachträgliche Gesamtstrafenbildung nach § 55 handelt.

5 III. Abs. 2 regelt für den Fall nachträglicher Gesamtstrafenbildung die **Berücksichtigung** bereits **abgelaufener Bewährungszeit** und solcher Leistungen des Verurteilten, die er zur Erfüllung von Bewährungsauflagen erbracht hat.

6 1. Aus Abs. 2 ergibt sich zunächst, daß in eine nachträglich gebildete Gesamtstrafe auch Strafen **einzubeziehen** sind, deren Vollstreckung im früheren Urteil zur Bewährung ausgesetzt worden war (vgl. § 55 RN 44f.). Das gilt auch für Strafen, bei denen gem. § 57 nur der Strafrest zur Bewährung ausgesetzt ist (vgl. § 55 RN 46).

7 **Nicht einbezogen werden** können allerdings frühere Strafen, die zum Zeitpunkt der späteren Verurteilung bereits **gem. § 56 g I erlassen** waren (vgl. § 55 RN 19 ff.). In diesem Fall richtet sich die Aussetzung der neuen Strafe allein nach ihrer Höhe; für die Länge der Bewährungszeit ist aber Abs. 2 entsprechend anzuwenden (vgl. § 55 RN 19, 28).

8 2. Die im früheren Urteil gem. § 56 gewährte Strafaussetzung wird durch die nachträgliche Gesamtstrafenbildung **gegenstandslos,** ebenso die Aussetzung des Strafrestes nach § 57 (vgl. § 55 RN 45 f.). Der Richter hat im späteren Verfahren über die Aussetzung der Gesamtstrafe unter Anwendung der §§ 56, 58 I neu zu befinden (vgl. o. 2 ff.). Daraus folgt, daß die Aussetzung der Gesamtstrafe nicht auf Grund einer Straftat widerrufen werden kann, die der Verurteilte zwar während der früheren Bewährungszeit, aber vor der Entscheidung über die Gesamtstrafe begangen hat (Karlsruhe MDR **76**, 862, NStZ **88**, 364, Hamburg MDR **82**, 246, Düsseldorf JR **84**, 508 m. Anm. Beulke, VRS **80** 20, Koblenz MDR **87**, 602, Hamm NStZ **87**, 382, MDR **88**, 74, wistra **98**, 29, Stuttgart MDR **89**, 282; and. Stuttgart MDR **84**, 867, Justiz **87**, 73). Anders verhält es sich gem. § 56 f I 2 bei Straftaten zwischen Erlaß des Gesamtstrafenbeschlusses und dessen Rechtskraft (Stuttgart MDR **92**, 1067). Die ursprünglich gewährte Strafaussetzung kann schon vor Rechtskraft der Entscheidung über die Gesamtstrafe nicht mehr widerrufen werden, wenn nur noch der Verurteilte den Eintritt der Rechtskraft verhindern kann (Düsseldorf MDR **83**, 862); sonst ist bis zur Rechtskraft der Gesamtstrafenentscheidung der Widerruf zulässig (Celle NStE § 56 f Nr. **19**). Die Strafaussetzung behält ihre eigenständige Bedeutung, wenn in der späteren Entscheidung von der nachträglichen Bildung einer Gesamtstrafe aus der ausgesetzten Freiheitsstrafe und einer Geldstrafe abgesehen wird; ein Widerruf der Aussetzung läßt sich dann auf ein bewährungsbrüchiges Verhalten vor der Entscheidung stützen (Karlsruhe MDR **85**, 160 m. abl. Anm. Horn StV **85**, 243).

9 Der Richter ist im späteren Verfahren an die Entscheidungen und Erwägungen zur Strafaussetzung im früheren Urteil nicht gebunden (vgl. BGH **7** 182); es gilt Ähnliches wie bei der Frage der Fortwirkung einer früheren Gesamtstrafe (vgl. § 55 RN 39 ff.). Die Aussetzung der Gesamtstrafe, auch wenn sie 1 Jahr nicht übersteigt, kann trotz Aussetzung der früheren Strafe unterbleiben; umgekehrt kann die Gesamtstrafe ausgesetzt werden, wenn dies im früheren Urteil abgelehnt worden

war (Bay **56**, 86, Hahnzog NJW 68, 1663), auch dann, wenn eine frühere Strafaussetzung bereits widerrufen ist (vgl. § 56 RN 11). Ist allerdings eine erneute Gesamtstrafenbildung erforderlich, weil einige der in der früheren Gesamtstrafe enthaltene Einzelstrafen in eine andere Gesamtstrafe einbezogen worden sind, so ist es unzulässig, die für die frühere Gesamtstrafe bewilligte Strafaussetzung wegfallen zu lassen (Hamm MDR **75**, 948).

Ob die Vollstreckung des Strafrestes ausgesetzt werden kann, wenn die Voraussetzungen des § 57 auch für die Gesamtstrafe gegeben sind, ist dagegen **nicht im späteren Urteil,** sondern durch Beschluß gem. § 454 StPO zu entscheiden (vgl. näher § 55 RN 46). 10

3. Wird die nachträglich gebildete Gesamtstrafe zur Bewährung ausgesetzt, so **verkürzt** sich das **Mindestmaß der Bewährungszeit** um eine bereits abgelaufene (und nicht widerrufene) Bewährungszeit aus der früheren Verurteilung, jedoch nicht auf weniger als 1 Jahr. Es erfolgt danach keine volle Anrechnung einer verstrichenen Bewährungszeit. Vielmehr ist nur das in § 56a I festgelegte Mindestmaß von 2 Jahren herabgesetzt; das Höchstmaß von 5 Jahren bleibt unverändert. Bei Bemessung der neuen Bewährungszeit hat das Gericht sich somit danach zu richten, welche Zeit nunmehr erforderlich ist, um auf den Verurteilten nachhaltig einzuwirken. Dabei hat es zu berücksichtigen, daß der Verurteilte sich bereits in einem bestimmten Zeitraum bewährt hat. Dieser Umstand kann vor allem dann, wenn schon ein großer Teil der ersten Bewährungszeit abgelaufen ist, ins Gewicht fallen. Er kann dazu führen, daß nur noch eine relativ kurze Bewährungsdauer geboten ist. Die neue Bewährungszeit darf aber das in § 56a I bestimmte Mindestmaß von 2 Jahren nur um die Zeit einer bereits erfolgten Bewährung unterschreiten. Sie muß also, wenn der Verurteilte ein halbes Jahr hinter sich gebracht hat, mindestens anderthalb Jahre betragen. Hat die frühere Bewährung schon länger als 1 Jahr gedauert, so ist das Mindestmaß stets 1 Jahr. 11

Zu berücksichtigen sind auch Leistungen, die der Verurteilte zur Erfüllung von Auflagen usw erbracht hat. Neue Auflagen oder Weisungen können sich daher uU erübrigen. Sollen frühere Auflagen oder Weisungen aufrechterhalten werden, so ist dies im Beschluß über die Bewährungsausgestaltung auszusprechen (vgl. LG Berlin JR **87**, 218). 12

4. Wird die Gesamtstrafe **nicht zur Bewährung ausgesetzt,** so gilt die Regelung des § 56f III entsprechend (Abs. 2 S. 2). Erbrachte Leistungen zur Erfüllung früherer Auflagen usw werden nicht erstattet. Bis zur Rechtskraft des Gesamtstrafenurteils (Bay wistra **94**, 310) erbrachte Leistungen zur Erfüllung von Auflagen nach § 56b II Nr. 2, 3 können auf die Gesamtstrafe angerechnet werden. Nach den Grundgedanken des § 55 (vgl. dort RN 1) besteht jedoch unabhängig von der Auslegung des § 56f III beim Widerruf der Strafaussetzung grundsätzlich eine Anrechnungspflicht (BGH **33** 326 m. Anm. Frank JR 86, 378 u. Stree NStZ 86, 163, BGH NJW **90**, 1675, Bay JR **81**, 514 m. Anm. Bloy, Bamberg MDR **88**, 600). Zu Ausnahmen vgl. § 56f RN 19. Zur Erweiterung der Anrechnung auf Leistungen zur Erfüllung bestimmter Weisungen vgl. § 56f RN 18. Unterbleibt eine Anrechnung, so müssen die Urteilsgründe das Nichtvorliegen der Voraussetzungen für eine Anrechnung erkennen lassen (Bay MDR **85**, 70). Die Anrechnung ist wie beim Widerruf der Strafaussetzung auf die Strafvollstreckung zu beschränken (BGH **36** 378, NStZ-RR **96**, 162, Bay NStZ **87**, 458, **89**, 432 m. Anm. Stree, Funck MDR 88, 879, Lackner 4, Tröndle/Fischer 4; and. – Minderung der Gesamtstrafe im Strafmaß – BGH **33** 326 m. abl. Anm. Stree NStZ 86, 163, NStE **1**). 13

Fünfter Titel. Verwarnung mit Strafvorbehalt; Absehen von Strafe

§ 59 Voraussetzungen der Verwarnung mit Strafvorbehalt

(1) Hat jemand Geldstrafe bis zu einhundertachtzig Tagessätzen verwirkt, so kann das Gericht ihn neben dem Schuldspruch verwarnen, die Strafe bestimmen und die Verurteilung zu dieser Strafe vorbehalten, wenn
1. zu erwarten ist, daß der Täter künftig auch ohne Verurteilung zu Strafe keine Straftaten mehr begehen wird,
2. eine Gesamtwürdigung der Tat und der Persönlichkeit des Täters besondere Umstände ergibt, nach denen es angezeigt ist, ihn von der Verurteilung zu Strafe zu verschonen, und
3. die Verteidigung der Rechtsordnung die Verurteilung zu Strafe nicht gebietet.

§ 56 Abs. 1 Satz 2 gilt entsprechend.

(2) **Die Verwarnung mit Strafvorbehalt ist in der Regel ausgeschlossen, wenn der Täter während der letzten drei Jahre vor der Tat mit Strafvorbehalt verwarnt oder zu Strafe verurteilt worden ist.**

(3) **Neben der Verwarnung kann auf Verfall, Einziehung oder Unbrauchbarmachung erkannt werden. Neben Maßregeln der Besserung und Sicherung ist die Verwarnung mit Strafvorbehalt nicht zulässig.**

Vorbem. Abs. 1 Nr. 2 geändert durch 23. StÄG vom 13. 4. 1986, BGBl. I 393.

§ 59 1–5   Allg. Teil. Rechtsfolgen der Tat – Verwarnung mit Strafvorbehalt

Schrifttum: Baumann, Über die Denaturierung eines Rechtsinstituts, JZ 80, 464. – *Dreher,* Die Verwarnung mit Strafvorbehalt, Maurach-FS 275. – *Grau,* Verwarnung mit Strafvorbehalt, in Gürtner, Das kommende deutsche Strafrecht, AT, 2. A. 1935, 183. – *Neumayer-Wagner,* Die Verwarnung mit Strafvorbehalt, Kriminol. u. sanktionenrechtl. Forschungen Bd. 9, Tüb. Diss. 1998. – *Peters,* Verwarnung mit Strafvorbehalt, DStR 34, 310. – *Rezbach,* Die Verwarnung unter Strafvorbehalt, 1970.

1   **I.** Die Vorschrift stellt bei Straftaten geringen Gewichts ein **Reaktionsmittel eigener Art** zur Verfügung (zur Entstehungsgeschichte vgl. Dreher aaO 276 ff.). Sie eröffnet die Möglichkeit, Täter, die eine Geldstrafe bis zu 180 Tagessätzen verwirkt haben, schuldig zu sprechen, sie daneben zu verwarnen und die Verurteilung zu der bereits bestimmten Strafe für die Dauer einer nach § 59a festzusetzenden Bewährungszeit vorzubehalten. Bewährt sich der Täter innerhalb dieser Zeit nicht, so erfolgt die Verurteilung zu der schon festgesetzten Strafe; im Fall der Bewährung stellt dagegen das Gericht fest, daß es bei der Verwarnung sein Bewenden hat (§ 59b). Im Unterschied zur Strafaussetzung (§ 56) unterbleibt also vorerst die Verurteilung zu einer Strafe; sie entfällt gänzlich, wenn sich der Täter bewährt. Er bleibt somit von einer Bestrafung vorerst und bei Bewährung überhaupt verschont und ist demgemäß nicht vorbestraft, es sei denn, die Strafe wird nachträglich verhängt. Gegenüber anderen Konzeptionen (vgl. § 57 AE) ist der Anwendungsbereich der Verwarnung mit Strafvorbehalt allerdings erheblich begrenzt. Wie insb. Abs. 1 Nr. 2 zeigt, hat das Rechtsinstitut Ausnahmecharakter. Dementsprechend darf es nicht losgelöst von seinen Voraussetzungen auf andere Fälle ausgedehnt werden, etwa auf Fälle überlanger Verfahrensdauer (BGH **27** 274 m. krit. Anm. Peters JR 78, 247).

2   **1. Sinn** der Regelung ist, im unteren Kriminalitätsbereich dem Täter, insb. dem Ersttäter, unter bestimmten Voraussetzungen die Bestrafung zu ersparen, gleichwohl aber auf diesen spezialpräventiv einzuwirken. Die Einwirkung soll einmal mit dem Schuldspruch und der Verwarnung geschehen, zum anderen mit einer Bewährungszeit einschließlich Auflagen oder Weisungen und dem Vorbehalt der Strafverhängung für den Fall der Nichtbewährung.

3   **2.** Zweifelhaft ist die **Rechtsnatur** der Verwarnung mit Strafvorbehalt. Es handelt sich weder um eine Strafe noch um eine rein präventive Maßnahme. Mit der Mißbilligung der Tat durch den Schuldspruch als poenalem Element und der Erteilung von Auflagen (§ 59a) als Genugtuungselement verbindet sich ein präventives Element in Gestalt spezialpräventiver Einwirkungen auf den Täter. Die Verwarnung ist daher ein Rechtsinstitut eigener Art (Jescheck/Weigend 856). Ihr wird jedoch maßnahmeähnlicher Charakter zugeschrieben (so Tröndle/Fischer 3 vor § 59, Dreher aaO 294, Lackner 2, Gribbohm LK 3 vor § 59).

4   **3.** Gegen das Rechtsinstitut der Verwarnung werden unterschiedliche **Bedenken** geltend gemacht. Z. T. hält man seine Voraussetzungen für zu eng und seine weitgehende Anpassung an die Strafaussetzung zur Bewährung für verfehlt (vgl. Rezbach aaO 129 f.). Nach entgegengesetzter Ansicht soll die Verwarnung mit Strafvorbehalt bedenklich sein, weil eine Beeinträchtigung der kriminalpolitischen Effektivität der Strafmittel und eine übermäßige Spannung zum Ordnungswidrigkeitenrecht befürchtet wird (so insb. Zipf ZStW 86, 536 sowie in Roxin-Stree-Zipf-Jung, Einführung in das neue Strafrecht, 2. A. 1975, 88). Zudem werden Bedenken schuldstrafrechtlicher Art erhoben (so Tröndle 3 vor § 59). Gegen solche Bedenken Jescheck/Weigend 856. Für vermehrte Anwendung des Rechtsinstituts in der Praxis Horn NJW 80, 106, Dencker StV 86, 399, für Entbehrlichkeit der Verwarnung dagegen Cremer NStZ 82, 449. Vgl. auch Schöch Baumann-FS 255.

II. Voraussetzungen der Verwarnung mit Strafvorbehalt

5   **1.** Der Täter muß wegen seiner Tat eine **Geldstrafe bis zu 180 Tagessätzen** verwirkt haben. Bei mehreren Taten ist die Gesamtgeldstrafe maßgebend, die bei einer Verurteilung auszusprechen wäre (vgl. § 59c RN 2). Die verwirkte Strafe muß sich auf eine Geldstrafe beschränken, wobei ausreicht, daß diese nach § 47 II an die Stelle einer kurzfristigen Freiheitsstrafe tritt. Ist noch eine andere Strafe verwirkt, so ist die Verwarnung mit Strafvorbehalt unzulässig. Sie kommt dann nicht in Betracht, weil der Zweck, den Täter von einer Bestrafung zu verschonen (vgl. o. 2), wegen der anderen Strafe nicht erreichbar ist. § 59 ist daher nicht anwendbar, wenn Geldstrafe neben Freiheitsstrafe (§§ 41, 53 II 2) zu verhängen ist. Die Verwarnung kann auch nicht mit einem Fahrverbot (§ 44) kombiniert werden (vgl. dazu Berz MDR 76, 332), auch nicht, wenn das Fahrverbot wegen Anrechnung einer vorläufigen Fahrerlaubnisentziehung als verbüßt anzusehen ist (Stuttgart MDR **94**, 933). Das Fahrverbot, dessen Anordnung nicht vorbehalten werden darf (Bay NJW **76**, 301 m. krit. Anm. Schöch JR 78, 74), setzt eine Verurteilung zu Freiheits- oder Geldstrafe voraus. Hält das Gericht ein Fahrverbot für unerläßlich, so muß es die verwirkte Geldstrafe verhängen (für Gesetzesänderung 59. DJT; NJW 92, 3022). Die Verwarnung kann auch nicht mit der Bekanntgabe der Verurteilung gem. § 165 verbunden werden (vgl. § 165 RN 4). Unzulässig ist ferner, nur für einen Teil der Geldstrafe die Verwarnung, für den anderen Teil dagegen die Verurteilung auszusprechen. Des weiteren scheidet die Verwarnung neben einer Maßregel der Besserung und Sicherung aus (Abs. 3 S. 2). Sie ist hier wegen der täterungünstigen Prognose ausgeschlossen. Andererseits kann neben ihr auf Verfall, Einziehung oder Unbrauchbarmachung erkannt werden (Abs. 3 S. 1). Diese Maßnahmen sind dann aber nicht Teil des Vorbehalts, sondern endgültig. Für sie gelten dementsprechend selbständig die Regeln über die Vollstreckungsverjährung.

2. Einer Verwarnung mit Strafvorbehalt steht nicht entgegen, daß der Täter zuvor anrechnungs- **6** fähige **U-Haft** oder andere Freiheitsentziehung erlitten hat (Lackner 3, Gribbohm LK 3). Eine andere Ansicht wird weder dem Sinn der Anrechnung noch dem der Verwarnung gerecht. Allein die Anrechenbarkeit erlittener Freiheitsentziehung gibt keinen sachgerechten Grund ab, den Täter von der Vergünstigung des § 59 auszuschließen. Das gilt auch dann, wenn auf Grund der Anrechnung eine verhängte Geldstrafe nicht zu vollstrecken wäre. Der Täter bleibt bei einer Verwarnung immerhin vom Strafmakel verschont und kann sich ihn im Fall der Nichtbewährung noch zuziehen.

3. Weitere Voraussetzung ist eine **günstige Täterprognose**. Es muß zu erwarten sein, daß der **7** Täter künftig auch ohne Verurteilung zu Strafe keine Straftaten mehr begehen wird (Abs. 1 Nr. 1). Maßgeblicher Zeitpunkt der Prognose ist der des Urteils (vgl. § 56 RN 17). Erwartung bedeutet nicht Gewißheit oder feste Überzeugung des Gerichts, der Täter werde nicht wieder straffällig werden. Es genügt die begründete Annahme, daß in Zukunft mit einem straffreien Leben des Täters zu rechnen ist. Zweifel gehen zu Lasten des Täters (vgl. § 56 RN 16).

a) Eine ungünstige Prognose ist bereits gegeben, wenn die Wahrscheinlichkeit künftiger *Straftaten* **8** *geringfügiger Art* nicht auszuschließen ist. Sind solche Straftaten vom Täter zu befürchten, so besteht kein sachlicher Grund, dem Täter die Bestrafung zu ersparen. Daß Bagatelldelikte bei der Prognose zu berücksichtigen sind, ergibt sich auch aus Abs. 2. Wenn danach eine in den letzten 3 Jahren ergangene Verwarnung mit Strafvorbehalt, also eine Sanktion für eine Tat der unteren Kriminalität, die erneute Verwarnung idR ausschließt, so müssen auch zu erwartende Straftaten dieser Art der Verwarnung entgegenstehen.

b) Die Prognose muß sich auf eine *Gesamtwürdigung* des Täters und seiner Tat stützen. Zu berück- **9** sichtigen sind namentlich die Persönlichkeit des Täters, sein Vorleben, die Umstände seiner Tat, seine Lebensverhältnisse und die Wirkungen, die vom Vorbehalt des Strafausspruchs ausgehen (Abs. 1 S. 2 iVm § 56 I 2; vgl. zu dieser Gesamtwürdigung auch § 56 RN 19 ff.). Zu den Wirkungen des Strafvorbehalts zählen auch die Wirkungen, die etwaige nach § 59 a II erteilte Auflagen oder Weisungen auslösen. Ferner kann für die Prognose eine überlange Verfahrensdauer von Bedeutung sein (BGH **27** 275).

c) Zuungunsten des Täters fällt eine *frühere Verwarnung* mit Strafvorbehalt oder *Verurteilung* ins **10** Gewicht. Ist der Täter in den letzten 3 Jahren vor der Tat, die zur Aburteilung ansteht, mit Strafvorbehalt verwarnt oder zu Strafe verurteilt worden, so ist die Verwarnung mit Strafvorbehalt idR ausgeschlossen (Abs. 2). Es handelt sich insoweit um eine Richtlinie, die vor allem für die Täterprognose von Bedeutung ist. Wer trotz Verwarnung oder Verurteilung innerhalb verhältnismäßig kurzer Zeit eine erneute Straftat verübt, bietet wenig Gewähr dafür, daß er künftig auch ohne Verurteilung zu Strafe keine Straftaten mehr begeht. Eine Verurteilung zu Strafarrest oder Jugendstrafe (nicht Jugendarrest) genügt, ebenfalls eine Verurteilung im Ausland (Tröndle/Fischer 3). Abs. 2 schließt indes nur idR die Verwarnung aus. Ausnahmen kommen etwa in Betracht, wenn sich die abzuurteilende Tat von der früheren derart unterscheidet, daß keine Zusammenhänge ersichtlich sind und sich der früheren Aburteilung keine Warnfunktion hinsichtlich der neuen Tat beimessen läßt. Zu denken ist zB an ein geringfügiges Vermögensdelikt nach Aburteilung wegen fahrlässiger Körperverletzung oder an den umgekehrten Fall.

4. Ferner muß es im Hinblick auf **besondere Umstände**, die sich aus einer Gesamtwürdigung der **11** Tat und der Persönlichkeit des Täters ergeben, angezeigt sein, den Täter von der Verurteilung zu Strafe zu verschonen (Abs. 1 Nr. 2). Diese Voraussetzungen, die den Ausnahmecharakter der Verwarnung mit Strafvorbehalt kennzeichnen (vgl. Stuttgart NStZ-RR **96**, 76, aber auch Dencker StV 86, 404), sind gegeben, wenn bestimmte Umstände, die das deliktische Geschehen von den Durchschnittsfällen deutlich abheben (vgl. Bay MDR **76**, 333 m. Anm. Zipf JR 76, 512) und ihnen gegenüber das Tatunrecht, die Schuld und die Strafbedürftigkeit wesentlich mindern, einen bedingten Verzicht auf die Verurteilung rechtfertigen (and. Horn SK 10 ff.). Das kann auch bei Taten mit schweren Folgen der Fall sein (vgl. AG Alzey DAR **75**, 163 sowie LG Berlin wistra **96**, 72 m. Anm. Hohmann/Sander). Besondere Umstände können in der Tat und in der Persönlichkeit des Täters liegen. Da sich zwischen tatbezogenen und täterbezogenen Umständen vielfach nicht scharf trennen läßt, hat der Gesetzgeber mit der Neufassung des Abs. 1 Nr. 2 auf eine Gesamtwürdigung der Tat und der Täterpersönlichkeit abgestellt (vgl. auch § 56 RN 27). Wie bei § 56 II (vgl. dort RN 29) kann der besondere Umstand sich auch aus dem Zusammentreffen mehrerer allgemeiner Milderungsgründe ergeben. Geringe Schuld und geringe Tatfolgen bei Verkehrsdelikten reichen nach Düsseldorf JR **85**, 376 m. Anm. Schöch indes noch nicht aus. Zu gewöhnlichen Verkehrsdelikten vgl. auch Düsseldorf NStE **3**, zu Taten früherer DDR-Bürger in Erfüllung ihrer damaligen beruflichen Aufgaben vgl. BGH wistra **99**, 299. Besondere Umstände müssen nicht bereits zur Tatzeit vorgelegen haben; sie können sich auch aus nachfolgenden Faktoren ergeben. Eine längere Verfahrensdauer stellt aber nicht ohne weiteres einen besonderen Umstand dar (KG NZV **97**, 127).

a) Besondere Umstände liegen insb. vor, wenn die Tat aus einer Konfliktslage erwachsen ist, **12** namentlich aus einer unerwarteten und unausweichlichen Konfliktslage, die an Rechtfertigungs- oder Entschuldigungsgründe heranreicht. Zu eng wäre es jedoch, allein oder idR nur in solchen Fällen besondere Umstände anzunehmen (vgl. § 56 RN 29). Es kommen auch sonstige Umstände in Betracht, die einer Tat gegenüber Durchschnittsfällen ein besonderes Gepräge geben (vgl. Bay NJW

90, 58 zur Verkehrsblockade), etwa bei Vorliegen ganz außergewöhnlicher und persönlicher Bedingungen zur Tatzeit (LG Berlin wistra **96**, 72 m. Anm. Hohmann/Sander). Eine solche Besonderheit ergibt aber noch nicht der Umstand, daß es sich um „Zeiterscheinungen verständlicher Reaktion auf Mißstände" handelt (vgl. Köln NStZ **82**, 333: Hausbesetzung). Bei den Gesetzesberatungen wurde die Rezeptfälschung durch eine Krankenschwester hervorgehoben, die sich mittels des gefälschten Rezepts Beruhigungstabletten verschaffen wollte (vgl. Prot. V 45, 812). Ein besonderer Umstand kann auch sein, daß der Täter zur Tat gereizt, etwa durch Erpressung, zur Tat gedrängt (vgl. BGH **32** 355: Tatveranlassung durch V-Mann) oder durch eine besondere Gelegenheit verlockt worden ist, ferner das Mitverschulden des Opfers oder eines Dritten. Vgl. dazu noch § 56 RN 29. Nach BGH MDR/D **76**, 15 soll die Besonderheit des Falles schon darin liegen, daß die Tathandlung in Umfang und Intensität ungewöhnlich geringes Gewicht hat. Eine solche Ansicht schränkt den Ausnahmecharakter des § 59 ein und erweitert – kriminalpolitisch allerdings sinnvoll – die Vorschrift auf Fälle der Kleinstkriminalität. Vgl. auch Celle NdsRpfl **77**, 89, 191, Zweibrücken StV **90**, 265, LG Ellwangen StV **89**, 112 (Sitzblockade) sowie Koblenz GA **78**, 207, das mit Recht an die besonderen Umstände keine so strengen Anforderungen stellt wie bei den §§ 56 II, 57 II. Für weite Auslegung Baumann JZ 80, 469.

13 b) Zu den in der *Persönlichkeit des Täters* liegenden besonderen Umständen vgl. § 56 RN 30. Allein die Tatsache, daß der Täter nicht vorbestraft ist, stellt noch keinen besonderen Umstand dar (Bay DAR/B **94**, 384). Sie kann aber zusammen mit anderen Faktoren die Besonderheit des Falles ergeben, so etwa, wenn sich die Tat als einmalige Entgleisung abzeichnet. Besondere Umstände beim Täter sind auch bei ungewöhnlichen außerstrafrechtlichen Folgen gegeben (BGH MDR/D **76**, 15; vgl. auch Grünwald Schaffstein-FS 239), etwa dann, wenn eine Bestrafung ihm voraussichtlich außergewöhnliche soziale Schwierigkeiten bereiten wird (Dreher aaO 293), zB berufliche Nachteile wie Entlassung oder Nichteinstellung befürchten läßt. Es reicht insoweit aber noch nicht aus, daß der Täter infolge der Tatentdeckung vorübergehend einen deutlichen Umsatzrückgang in seinem Betrieb erleidet (Stuttgart wistra **95**, 113). Ferner läßt sich als besonderer Umstand die unverzügliche Schadenswiedergutmachung noch vor Tatentdeckung werten, ebenso die beispielhafte Betreuung des Opfers nach einer fahrlässigen Körperverletzung (Zweibrücken NStZ **84**, 312 m. Anm. Lackner/Gehrig).

14 c) Im Hinblick auf die besonderen Umstände muß es **angezeigt** sein, den Täter von der Verurteilung zu Strafe zu verschonen. Gedacht ist an Fälle, in denen sich die Strafe sozial unverhältnismäßig auswirkt (so Güde Prot. V 46; vgl. auch Tröndle/Fischer 4; krit. Grünwald Schaffstein-FS 238). Indes ist § 59 nicht hierauf zu beschränken. Ein Täter, bei dem die sonstigen Voraussetzungen für eine Verwarnung vorliegen, darf nicht allein deswegen bestraft werden, weil für ihn keine sozialen Härten entstehen (Zweibrücken VRS **66** 200, Lackner 6). Ist zB eine Tat nicht ehrenrührig und läßt daher die Bestrafung keine sozialen Härten befürchten, so wäre es verfehlt, aus diesem Grund § 59 auszuschließen (and. Hamm NJW **76**, 1221). Verschonung von einer Bestrafung ist vielmehr schon angezeigt, wenn es sich wegen der Besonderheiten des Falles erübrigt, eine Strafe zu verhängen. Das ist idR der Fall, wenn für eine an sich angebrachte Verfahrenseinstellung nach den §§ 153, 153 a StPO die erforderliche Zustimmung fehlt (vgl. Dencker StV 86, 400, Horn NJW 80, 106, Lackner 6). Scheitert eine solche Einstellung an der fehlenden Zustimmung, so ist die Nichtanwendung des § 59 näher zu begründen (Schleswig SchlHA/L-T **93**, 222). Der Annahme, die Verhängung einer Strafe erübrige sich, steht idR, wenn auch nicht ausnahmslos, eine frühere Bestrafung oder Verwarnung mit Strafvorbehalt in den Grenzen des Abs. 2 entgegen.

15 5. Ausgeschlossen ist die Verwarnung, wenn die **Verteidigung der Rechtsordnung** die Verurteilung zu Strafe gebietet (Abs. 1 Nr. 3). Vgl. zu diesem Merkmal § 56 RN 35 ff. Eine Verurteilung zu Strafe ist danach notwendig, wenn sonst das Vertrauen auf wirksamen Rechtsgüterschutz erschüttert und die Rechtstreue der Bevölkerung ernstlich beeinträchtigt wird. Das käme zB in Betracht, wenn eine zu großzügige Handhabung des Rechtsinstituts der Verwarnung den Eindruck erweckte, in minder schweren Fällen gelte der Grundsatz „einmal ist keinmal". Der Gesichtspunkt der Verteidigung der Rechtsordnung darf jedoch nicht dazu führen, bestimmte Deliktsgruppen schlechthin von der Verwarnung auszunehmen. Auch bei häufig vorkommenden Delikten wie Verkehrsstraftaten kann im Einzelfall eine Verwarnung mit Strafvorbehalt gerechtfertigt sein (vgl. AG Alzey DAR **75**, 163: fahrlässige Verursachung eines Verkehrsunfalls bei eiligem Transport einer Blutkonserve; AG Landstuhl MDR **76**, 66: grobfahrlässiges Mitverschulden eines überfahrenen Fußgängers bei Sichtbehinderung; vgl. auch Zweibrücken NStZ **84**, 312, AG Wennigsen NJW **89**, 787). Bei Verkehrsstraftaten entfällt sie allerdings zumeist schon deswegen, weil solche Taten nur selten von den Durchschnittsfällen abweichen und die erforderlichen Besonderheiten aufweisen (vgl. Düsseldorf NStE 3). Sind diese gegeben, so ist sorgfältig zu prüfen, ob die Verteidigung der Rechtsordnung eine Verurteilung zu Strafe nicht gebietet. Insoweit kann auch eine überlange Verfahrensdauer ins Gewicht fallen (BGH **27** 275) oder die Möglichkeit, mit einer Auflage nach § 59 a ausreichende Genugtuung zu erreichen.

16 III. Liegen die genannten Voraussetzungen vor, so **ist** die Verwarnung mit Strafvorbehalt **auszusprechen** (Celle StV **88**, 109, Jescheck/Weigend 860, Lackner 10; and. Gribbohm LK 18, Tröndle/Fischer 2). Zwar stellt § 59 nach seinem Wortlaut eine bloße Kannvorschrift dar, die dem richterlichen Ermessen überläßt, ob der Täter nur mit Strafvorbehalt zu verwarnen ist. Sind aber sämtliche Voraussetzungen erfüllt, ist es also namentlich angezeigt, den Täter von der Verurteilung zu Strafe zu verschonen, so besteht vorerst keine Notwendigkeit, die Strafe zu verhängen. Eine unnötige

Bestrafung ist eine nicht sachgerechte und damit nicht vertretbare Belastung des Täters; sie hat daher zu unterbleiben.

1. In das **Urteil** ist zunächst der Schuldspruch aufzunehmen. Daneben ist der Täter ausdrücklich zu verwarnen (§ 260 IV 4 StPO). Die an sich verwirkte Geldstrafe muß nach Zahl und Höhe der Tagessätze bestimmt werden. Maßgebend hierfür sind die §§ 40, 46, wobei sich die Tagessatzhöhe nach den Verhältnissen des Täters zZ der Verwarnung bestimmt. Ferner ist der Vorbehalt der Verurteilung zu dieser Strafe auszusprechen. Außerdem sind dem Täter die Verfahrenskosten aufzuerlegen (§ 465 I 2 StPO). Dagegen ist noch nicht über Zahlungserleichterungen für den Fall der Verurteilung zur vorbehaltenen Strafe zu entscheiden (Gribbohm LK 19; and. Horn SK 19).

2. Die **Urteilsgründe** müssen ergeben, weshalb der Täter mit Strafvorbehalt verwarnt worden ist. Umgekehrt sind die Versagungsgründe darzutun, wenn in der Verhandlung ein Antrag auf Verwarnung gestellt worden ist (§ 267 III 4 StPO) oder die besonderen Umstände des Falles die Verwarnung nahelegen, dagegen noch nicht bei durchschnittlichen Taten (Düsseldorf JR **85**, 376). Anzuführen sind auch die Umstände, die für die Zumessung der vorbehaltenen Strafe (Zahl und Höhe der Tagessätze) bestimmend gewesen sind.

3. Die Entscheidung über die **Bewährungszeit** und etwaige Auflagen und Weisungen (§ 59 a) ist gem. § 268 a StPO in einem **Beschluß** zu treffen, der mit dem Urteil zu verkünden ist. Über die Bedeutung der Verwarnung mit Strafvorbehalt und etwaiger Auflagen und Weisungen ist der Täter zu belehren (§ 268 a III StPO). Während der Bewährungszeit ruht die Verfolgungsverjährung (vgl. § 78 b RN 3).

4. Die Verwarnung kann auch in einem **Strafbefehl** erfolgen (§ 407 II StPO). Zur Formulierung des Strafbefehls vgl. K/Meyer-Goßner § 407 RN 5. Mit dem Strafbefehl hat zugleich der erforderliche Beschluß (§ 268 a I StPO) über die Bewährungszeit und etwaige Auflagen und Weisungen gem. § 59 a zu ergehen. Ebenfalls zugleich hat die Belehrung nach § 268 a III StPO zu erfolgen (§ 409 I 2 StPO).

IV. Ein **Rechtsmittel** kann idR nicht auf die Prüfung beschränkt werden, ob § 59 anwendbar ist oder nicht (Celle MDR **76**, 1041, Gribbohm LK 21). Zur **Eintragung** einer Verwarnung mit Strafvorbehalt **in das BZR** vgl. § 4 Nr. 3, § 5 I Nr. 6 BZRG. Die Eintragung wird, dem Sinn des § 59 entsprechend, nicht in ein Führungszeugnis aufgenommen (§ 32 II Nr. 1 BZRG).

§ 59 a Bewährungszeit, Auflagen und Weisungen

(1) Das Gericht bestimmt die Dauer der Bewährungszeit. Sie darf drei Jahre nicht überschreiten und ein Jahr nicht unterschreiten.

(2) Das Gericht kann den Verwarnten anweisen,
1. sich zu bemühen, einen Ausgleich mit dem Verletzten zu erreichen oder sonst den durch die Tat verursachten Schaden wiedergutzumachen,
2. seinen Unterhaltspflichten nachzukommen,
3. einen Geldbetrag zugunsten einer gemeinnützigen Einrichtung oder der Staatskasse zu zahlen,
4. sich einer ambulanten Heilbehandlung oder einer ambulanten Entziehungskur zu unterziehen oder
5. an einem Verkehrsunterricht teilzunehmen.

Dabei dürfen an die Lebensführung des Verwarnten keine unzumutbaren Anforderungen gestellt werden; auch dürfen die Auflagen und Weisungen nach Satz 1 Nr. 3 bis 5 zur Bedeutung der vom Täter begangenen Tat nicht außer Verhältnis stehen. § 56 c Abs. 3 und 4 und § 56 e gelten entsprechend.

Vorbem. Abs. 2 u. 3 zusammengefaßt und geändert durch VerbrechensbekämpfungsG v. 28. 10. 1994, BGBl. I 3186.

I. Die Vorschrift enthält in Abs. 1 die Regelung für die **Bewährungszeit**, innerhalb derer der Verwarnte zeigen muß, daß er die ihm gewährte Vergünstigung verdient hat und es daher bei der Verwarnung sein Bewenden haben kann. Zudem ermächtigt sie im Abs. 2 die Gerichte, dem Verwarnten bestimmte **Auflagen** und **Weisungen** zu erteilen. Anders als nach § 56 c sind auch die in Betracht kommenden Weisungen abschließend aufgezählt. Sonstige Weisungen sowie die Bestellung eines Bewährungshelfers sind den Gerichten versagt. Der Gesetzgeber ist davon ausgegangen, daß für eine Verwarnung kein Raum ist, wenn der Verwarnte einer derartigen Hilfe bedarf, um mit dem Strafgesetz nicht mehr in Konflikt zu geraten (BT-Drs. V/4095 S. 25). Die Entscheidung über die Bewährungszeit, etwaige Auflagen und Weisungen ist in einem mit dem Urteil zu verkündenden Beschluß zu treffen (§ 268 a StPO).

II. Die **Dauer der Bewährungszeit** ist auf mindestens 1 Jahr festzusetzen; sie darf 3 Jahre nicht überschreiten (Abs. 1 S. 2). Die gegenüber § 56 a verkürzten Fristen rechtfertigen sich auf Grund der weniger schwerwiegenden Tat, die der Verwarnte begangen hat, und der Unangemessenheit, die

Verurteilung zu der Strafe hierfür zu lange vorzubehalten. Zu den Fristen bei nachträglicher Gesamtstrafenbildung vgl. § 59 c RN 4. Die Bewährungszeit beginnt entsprechend § 56 a II 1 mit Rechtskraft der Entscheidung über die Verwarnung.

3 Eine *Verkürzung* oder *Verlängerung der Bewährungszeit,* wie sie § 56 a II 2 bei der Strafaussetzung zur Bewährung ermöglicht, sieht § 59 a nicht vor. Sie wird dennoch entsprechend § 56 a II 2 für zulässig gehalten, und zwar mit der Begründung, der Ausschluß einer Verkürzung sei nicht begründbar und der einer Verlängerung beeinträchtige sachwidrig die nach § 59 b I vorgesehene entsprechende Anwendung des § 56 f, sowie mit dem Hinweis auf § 453 I StPO, der nachträgliche Entscheidungen im Gesamtbereich des § 59 a voraussetzen soll (so Lackner 1, auch Horn SK 2). Dieser Ansicht ist nicht zuzustimmen (ebenso Tröndle/Fischer 1 a, Gribbohm LK 2). Dem § 453 StPO ist nicht zu entnehmen, daß er die Regeln über die Bewährungszeit klarstellen oder § 59 a korrigieren soll. Auch ein sachliches Bedürfnis, die festgesetzte Bewährungszeit nachträglich zu verkürzen, ist anders als bei der Strafaussetzung zur Bewährung nicht festzustellen. Der Verwarnte erleidet, da er ohne die Verurteilung zur Strafe nicht vorbestraft ist, keine besonderen Nachteile, wenn ihm zugemutet wird, in der ursprünglich bestimmten Bewährungszeit straffrei zu leben und sich während der gesamten Zeit die ihm gewährte Vergünstigung zu verdienen. Eine nachträgliche Verlängerung stellt den Verwarnten ohne gesetzliche Grundlage schlechter. Nur wenn mit ihr die Verurteilung zur vorbehaltenen Strafe vermieden werden kann, ist nach § 59 b iVm § 56 f II eine Verlängerung zulässig (vgl. § 59 b RN 8).

4 III. Die Ausgestaltung der Bewährungszeit ist auf bestimmte **Auflagen** und **Weisungen** beschränkt (Abs. 2). Beide Möglichkeiten sind gegenüber dem früheren Recht in einem Absatz zusammengefaßt worden. Daraus ist jedoch, wie sich aus der Gesetzesüberschrift schließen läßt, ebensowenig wie mit der einheitlichen Formulierung „anweisen" für die Anordnung des Auferlegten keine völlige Angleichung in der Funktion herzuleiten. Auflagen und Weisungen behalten vielmehr die Aufgabe, die ihnen bei der Strafaussetzung zur Bewährung zugelegt worden ist. Auflagen dienen auch im Rahmen der Verwarnung der Genugtuung für das begangene Unrecht. Daneben sollen sie den Verwarnten präventiv beeinflussen. So hat die Auflage, einen Geldbetrag zugunsten einer gemeinnützigen Einrichtung zu zahlen, zum einen den Sinn, das begangene Unrecht nicht allein mit der Verwarnung unter Strafvorbehalt zu beantworten, sondern im Genugtuungsinteresse auch mit einer fühlbaren finanziellen Belastung des Verwarnten. Zum andern soll diese Belastung den Verwarnten über die Verwarnung hinaus das Einstehenmüssen für begangenes Unrecht vor Augen führen und dadurch präventiv auf ihn einwirken. Die Weisungen dienen ganz den Präventivbelangen. Sie sollen den Verwarnten dazu bringen, künftig Straftaten zu vermeiden. Für alle Anweisungen gilt nach Abs. 2 S. 2 die Einschränkung, daß an die Lebensführung des Verwarnten keine unzumutbaren Anforderungen gestellt werden dürfen. Zur Zumutbarkeitsschranke vgl. § 56 b RN 19 u. § 56 c RN 7.

5 1. An erster Stelle ist die Anweisung an den Verwarnten genannt, sich um einen **Ausgleich mit** dem **Verletzten** oder sonst um eine Schadenswiedergutmachung zu bemühen (Nr. 1). Der Anweisung kommt Auflagencharakter zu. Sie soll den Verwarnten dazu anhalten, eine Art Korrektiv für das mit der Tat Angerichtete zu schaffen. Das Bemühen, einen Ausgleich mit dem Verletzten zu erreichen, ist darauf zu richten, mit diesem hinsichtlich des Korrektivs „ins reine zu kommen" und mit einer angemessenen Tatwiedergutmachung gewissermaßen einen Schlußstrich zu ziehen. In erster Linie wird es um die Wiedergutmachung des angerichteten Schadens gehen, insoweit auch um den Ausgleich für immaterielle Schäden, etwa mit der Zahlung von Schmerzensgeld. Ein zivilrechtlicher Anspruch auf Wiedergutmachung des immateriellen Schadens braucht nicht unbedingt zu bestehen. Die Tat kann aber auch in sonstiger Weise wiedergutgemacht werden, insb. dann, wenn kein Schaden entstanden ist, wie bei einem Tatversuch oder einem konkreten Gefährdungsdelikt, oder wenn der Schaden bereits von dritter Seite beglichen worden ist. Es genügen ernsthafte Ausgleichsbemühungen, so daß die verweigerte Mitwirkung des Verletzten der Auflagenerfüllung nicht entgegensteht. Statt eines Ausgleichs mit dem Verletzten kann der Verwarnte sich damit begnügen, sonst den durch die Tat angerichteten Schaden wiedergutzumachen. Ein Wiedergutmachungserfolg braucht nicht eingetreten zu sein. Der Verwarnte muß sich ernsthaft bemühen, und nach Kräften bemühen, die erforderlichen Leistungen zu erbringen. Zur Schadenswiedergutmachung vgl. näher § 56 b RN 9.

6 2. Die Anweisung an den Verwarnten, seinen **Unterhaltspflichten** nachzukommen (Nr. 2), entspricht der Weisung nach § 56 c II Nr. 5 (vgl. dazu § 56 c RN 22). Das in Nr. 2 gegenüber § 56 c II Nr. 5 zusätzlich aufgeführte Wort „seinen" begründet keine unterschiedliche Reichweite.

7 3. Die Anweisung, einen **Geldbetrag** zugunsten einer gemeinnützigen Einrichtung oder der Staatskasse zu zahlen (Nr. 3), entspricht der Auflage nach § 56 b II Nr. 2, 4. Zwar fehlt der in § 56 b II Nr. 2 enthaltene Zusatz „wenn dies im Hinblick auf die Tat und die Persönlichkeit des Täters angebracht ist". Der Sache nach ist dieser Zusatz auch im Rahmen der Nr. 3 zu beachten. Ferner fehlt die in § 56 II 2 enthaltene Einschränkung, daß die Auflage nur erteilt werden soll, soweit ihre Erfüllung einer Schadenswiedergutmachung nicht entgegensteht. Sie bleibt gleichwohl auch für Nr. 3 beachtlich, da kein Grund besteht, bei der Verwarnung mit Strafvorbehalt der Schadenswiedergutmachung weniger Gewicht beizulegen. Andererseits ist in Abs. 2 S. 2 ausdrücklich der Verhältnismäßigkeitsgrundsatz als Schranke für die Geldauflage genannt. Er hätte jedoch ohnehin der Auflage eine Grenze gesetzt. Aus ihm ergibt sich noch nicht, daß die Höhe der vorbehaltenen Geldstrafe eine Grenze für die Höhe der Geldauflage bildet (vgl. Gribbohm LK 3). Deren Höhe sollte aber die

Verurteilung zu der vorbehaltenen Strafe 1, 2 § 59 b

Geldstrafenhöhe nicht wesentlich übersteigen. Vgl. im übrigen zur Geldauflage § 56 b RN 11, 12. Bedenken gegen die Anweisung, der Staatskasse einen Geldbetrag zu zahlen (so Jescheck/Weigend 857 FN 17: wenig sinnvoll, Geldstrafe vorzubehalten u. zugleich Geldleistung an den Staat aufzuerlegen) greifen nicht durch. Das Genugtuungsinteresse wird gewahrt, ohne daß eine Strafe verhängt wird.

4. Die Anweisung, sich einer ambulanten **Heilbehandlung** oder einer **Entziehungskur** zu unterziehen (Nr. 4), entspricht § 56 c III Nr. 1 mit der Maßgabe, daß eine stationäre Behandlung nicht angeordnet werden darf. Die Einschränkung beruht auf der Erwägung, daß für eine Verwarnung kein Raum ist, wenn mit einer stationären Behandlung weiteren Straftaten entgegengewirkt werden muß. Zur Anweisung vgl. § 56 c RN 26 ff. Wie nach § 56 c III setzt gem. Abs. 2 S. 3 die Anweisung die Einwilligung des Verwarnten voraus, bei einer Heilbehandlung allerdings nur, wenn sie mit einem körperlichen Eingriff verbunden ist. Vgl. dazu § 56 c RN 23 f. Zur Bedeutung der begangenen Tat darf die Anweisung nicht außer Verhältnis stehen (Abs. 2 S. 2). 8

5. Die Anweisung, an einem **Verkehrsunterricht** teilzunehmen (Nr. 5), ist für Verwarnte gedacht, die ein Straßenverkehrsdelikt begangen haben. Das Gericht hat insoweit genau zu bestimmen, was der Verwarnte zu tun hat, damit er weiß, was von ihm im einzelnen erwartet wird. Mit der bloßen Weisung, an einem Verkehrsunterricht teilzunehmen, ist es nicht getan, soll die Nichterfüllung der Weisung eine Nichtbewährung ergeben, die dazu führen kann, den Verwarnten zur vorbehaltenen Strafe zu verurteilen. Zu beachten ist auch hier der Verhältnismäßigkeitsgrundsatz (Abs. 2 S. 2). 9

6. Die genannten Anweisungen können entsprechend § 56 e **nachträglich getroffen,** geändert oder aufgehoben werden (Abs. 2 S. 3). Das zu § 56 e Ausgeführte gilt für § 59 a sinngemäß. Auch die dort gemachte Einschränkung für Auflagen hat entsprechend zu gelten. Hat etwa das ernsthafte Bemühen, einen Ausgleich mit dem Verletzten zu erreichen, keinen Erfolg gehabt, so besteht kein anerkennenswerter Grund, nunmehr vom Verwarnten die Zahlung eines Geldbetrages an eine gemeinnützige Einrichtung oder die Staatskasse zu verlangen. Weder ist jetzt ein hierauf gerichtetes Genugtuungsbedürfnis anzuerkennen, noch zeichnet sich das Erfordernis ab, mit der Zahlungsauflage präventiv auf den Verwarnten einzuwirken. Hat allerdings das Gericht von einer Geldauflage abgesehen, weil der Verwarnte von sich aus eine Geldzahlung an eine gemeinnützige Einrichtung angeboten hat, so ist es an einer nachträglichen Geldauflage nicht gehindert, wenn der Verwarnte das Angebotene nicht erfüllt hat. 10

7. Von Weisungen ist idR vorläufig abzusehen, wenn der Verwarnte entsprechende **Zusagen** gemacht hat und deren Einhaltung zu erwarten ist (Abs. 3 S. 3 iVm § 56 c IV; vgl. dazu § 56 c RN 31 ff.). Hält er seine Zusage nicht ein, so darf deswegen die Verurteilung zur vorbehaltenen Strafe noch nicht ausgesprochen werden. Das Gericht hat vielmehr erforderlichenfalls nachträglich die zulässigen Weisungen zu erteilen. Die gebotene Weisung, sich einer ambulanten Heilbehandlung oder Entziehungskurz zu unterziehen, sollte jedoch von vornherein trotz entsprechender Zusage ergehen. Da sie zT von einer Einwilligung des Verwarnten abhängt, ist sie nach Nichteinhalten der entsprechenden Zusage kaum noch zu erwarten. Für Auflagen fehlt eine Bezugnahme auf Zusagen entsprechend § 56 b III. Diese sind dennoch zulässig und können, wenn ihre Erfüllung zu erwarten ist, das Gericht zum Absehen von einer Auflage veranlassen. Das Fehlen einer Bezugnahme auf § 56 b III bedeutet aber, daß eine Befragung nach § 265 a StPO an sich unterbleiben kann; sie sollte dennoch erfolgen. 11

§ 59 b Verurteilung zu der vorbehaltenen Strafe

(1) **Für die Verurteilung zu der vorbehaltenen Strafe gilt § 56 f entsprechend.**

(2) **Wird der Verwarnte nicht zu der vorbehaltenen Strafe verurteilt, so stellt das Gericht nach Ablauf der Bewährungszeit fest, daß es bei der Verwarnung sein Bewenden hat.**

I. Bewährt sich der Verwarnte innerhalb der Bewährungszeit nicht, so hat ihn das Gericht, sofern nicht die Erteilung einer weiteren Auflage oder einer Weisung nach § 59 a II entsprechend § 56 f II ausreicht (vgl. u. 8), zur **vorbehaltenen Strafe** zu **verurteilen.** Die Voraussetzungen bestimmen sich sinngemäß nach den Widerrufsgründen des § 56 f, der für die Verurteilung zur vorbehaltenen Strafe entsprechend anwendbar ist (Abs. 1). 1

1. Entsprechend § 56 f I Nr. 1 hat die Verurteilung zur vorbehaltenen Strafe zu erfolgen, wenn der Verwarnte in der Bewährungszeit eine **Straftat** begeht und dadurch zeigt, daß die Erwartung, die dem Strafvorbehalt zugrunde lag, sich nicht erfüllt hat. Die Einschränkung, die sich für den Widerruf der Strafaussetzung aus der Erwartungsklausel ergibt (vgl. § 56 f RN 4), hat für § 59 b keine nennenswerte Bedeutung. Der Maßstab für die Erwartung, die an den Verwarnten gestellt wird, ist strenger als der Maßstab, der bei der Strafaussetzung zugrunde gelegt wird (ebenso Lackner 1; and. Jescheck/Weigend 860 FN 36). Der Strafvorbehalt gründet sich auf die Annahme, daß der Täter künftig überhaupt keine Straftaten, auch nicht solche geringfügiger Art, mehr begeht (vgl. § 59 RN 8). Die Erwartung erfüllt sich daher bereits bei einem Bagatelldelikt nicht, so daß dann die Verurteilung zur vorbehaltenen Strafe geboten ist. Im übrigen gilt für die Begehung einer Straftat das in RN 3 zu § 56 f Ausgeführte sinngemäß. 2

§ 59 c 1   Allg. Teil. Rechtsfolgen der Tat – Verwarnung mit Strafvorbehalt

3   2. Die Verurteilung zur vorbehaltenen Strafe ist ferner entsprechend § 56 f I Nr. 3 auszusprechen, wenn der Verwarnte **gegen Auflagen** gröblich oder beharrlich **verstößt**. Vgl. dazu § 56 f RN 8. Die für Weisungen geltende Einschränkung erstreckt sich trotz der Zusammenfassung von Auflagen und Weisungen als Anweisungen (§ 59 a II) auch hier nicht auf Anweisungen, die Auflagencharakter haben. Es kommt wie etwa bei auferlegten Geldleistungen allein auf das mit dem Verstoß verbundene Entfallen der Genugtuung an, nicht daneben auf zu befürchtende Straftaten. Entsprechend § 56 f I Nr. 2 ist der Verwarnte zur vorbehaltenen Strafe zu verurteilen, wenn er gegen die ihm erteilten **Weisungen** gröblich oder beharrlich verstößt und dadurch Anlaß zu der Besorgnis gibt, er werde erneut Straftaten begehen. Vgl. dazu § 56 f RN 6 f.

4   3. Die genannten Voraussetzungen müssen nach fester Überzeugung des Gerichts vorliegen. **Zweifel** sind zugunsten des Verwarnten zu buchen und stehen der Verurteilung entgegen. Zur Begründung gilt das in RN 2 zu § 56 f Gesagte entsprechend.

5   4. Liegen die genannten Voraussetzungen vor, so **hat** das Gericht die **vorbehaltene Strafe zu verhängen**. Eine Ausnahme besteht nur, wenn die Erteilung weiterer Auflagen oder Weisungen ausreicht, um hinreichend auf den Verwarnten einzuwirken (vgl. u. 8). Zu erkennen ist auf die im Verwarnungsurteil vorbehaltene Geldstrafe. Abänderungen sind unzulässig, auch dann, wenn sich die persönlichen und wirtschaftlichen Verhältnisse des Verwarnten verändert haben und deshalb die Tagessatzhöhe nunmehr anders zu bemessen wäre (Tröndle/Fischer 1). Zulässig ist aber, Zahlungserleichterungen gem. § 42 zu bewilligen. Härten können auch nach § 459 f StPO ausgeglichen werden.

6   5. Die Verhängung der vorbehaltenen Strafe kann sowohl **während** der **Bewährungszeit** als auch **nach** deren **Ablauf** erfolgen. Vgl. dazu das Entsprechende zum Widerruf der Strafaussetzung in RN 13 f. zu § 56 f. Die Entscheidung trifft das Gericht ohne mündliche Verhandlung durch Beschluß (§ 453 I StPO; zur Zuständigkeit vgl. § 462 a II, IV StPO). Zuvor sind jedoch die StA und der Verwarnte zu hören. Der Beschluß kann mit sofortiger Beschwerde angefochten werden. Die rechtskräftige Entscheidung wird in das BZR eingetragen (§ 12 II 1 BZRG). Sie kann anders als der Widerruf der Strafaussetzung bei Vorliegen von Wiederaufnahmegründen nicht ohne weiteres aufgehoben werden; es ist vielmehr ein Wiederaufnahmeverfahren erforderlich (Lackner 2, Gribbohm LK 16).

7   6. **Leistungen,** die der Verwarnte zur **Erfüllung einer Auflage** erbracht hat, werden entsprechend § 56 f III nicht erstattet. Gleiches gilt für Leistungen zur Erfüllung von Weisungen oder Zusagen. Soweit es sich um auferlegte Geldbeträge zugunsten einer gemeinnützigen Einrichtung oder der Staatskasse handelt, können sie durch das Gericht auf die erkannte Strafe angerechnet werden. Vgl. dazu § 56 f RN 18 f.

8   7. Die **Verurteilung** zur vorbehaltenen Strafe kann entsprechend § 56 f II **zurückgestellt** werden, wenn die Erteilung weiterer Auflagen oder Weisungen ausreicht, um hinreichend auf den Verwarnten einzuwirken (vgl. dazu § 56 f RN 11). Diese Möglichkeit kommt indes nur in Ausnahmefällen in Betracht. Hat der Verwarnte in der Bewährungszeit eine Straftat begangen oder ist er gröblich oder beharrlich gegen Auflagen oder Weisungen verstoßen, so ist es idR nicht angezeigt, ihn weiterhin von der Verurteilung zu der Geldstrafe zu verschonen. Unzulässig ist, dem Verwarnten andere als die in § 59 a II genannten Auflagen oder Weisungen zu erteilen oder ihn einem Bewährungshelfer zu unterstellen, um dadurch die Verurteilung abzuwenden. Dagegen darf an sich die Bewährungszeit verlängert werden (and. Gribbohm LK 11). Eine sachliche Berechtigung, dem Verwarnten, der die an ihn gestellten Anforderungen nicht erfüllt hat, durch Verlängerung der Bewährungszeit die Verurteilung nochmals zu ersparen, besteht im allgemeinen aber nicht.

9   II. Unterbleibt eine Verurteilung nach Abs. 1, so stellt das Gericht nach Ablauf der Bewährungszeit fest, daß es **bei der Verwarnung sein Bewenden** hat (Abs. 2). Die Entscheidung erfolgt durch Beschluß und ist mit der sofortigen Beschwerde anfechtbar (§ 453 StPO). Mit Rechtskraft der Entscheidung bleibt der Verwarnte endgültig von der Verurteilung zur Strafe verschont und bleibt damit nicht vorbestraft. Die Eintragung über die Verwarnung wird aus dem BZR entfernt (§ 12 II 2 BZRG); nach § 51 I BZRG entsteht ein Verwertungsverbot (BGH 28 338). Die gerichtliche Feststellung nach Abs. 2 kann anders als der Straferlaß nach § 56 g II nicht widerrufen werden. Leistungen zur Erfüllung von Auflagen usw werden ebensowenig wie beim Straferlaß erstattet. Zwar fehlt in § 59 eine derartige Regelung; sie ergibt sich aber aus dem Sinn solcher Leistungen.

§ 59 c Gesamtstrafe und Verwarnung mit Strafvorbehalt

(1) **Hat jemand mehrere Straftaten begangen, so sind bei der Verwarnung mit Strafvorbehalt für die Bestimmung der Strafe die §§ 53 bis 55 entsprechend anzuwenden.**

(2) **Wird der Verwarnte wegen einer vor der Verwarnung begangenen Straftat nachträglich zu Strafe verurteilt, so sind die Vorschriften über die Bildung einer Gesamtstrafe (§§ 53 bis 55 und 58) mit der Maßgabe anzuwenden, daß die vorbehaltene Strafe in den Fällen des § 55 einer erkannten Strafe gleichsteht.**

1   I. Die Vorschrift betrifft die **Gesamtstrafenbildung** im Zusammenhang mit einer **Verwarnung**. Sie ergänzt die §§ 53 ff., die auf verhängte Strafen abstellen. Eine Ergänzung war einmal für die Fälle

Absehen von Strafe   1 § 60

notwendig, in denen der Täter trotz mehrerer, gleichzeitig aburteilbarer Straftaten mit Strafvorbehalt zu verwarnen ist. Diese Fälle erfaßt Abs. 1. Zum anderen bedurfte es einer Ergänzung für die Fälle, in denen ein Verwarnter nach der Verwarnung wegen einer vorher begangenen Straftat zu Strafe verurteilt wird. Insoweit greift Abs. 2 ein.

II. Abs. 1 geht davon aus, daß der Täter auch für die Begehung mehrerer Straftaten mit Strafvorbehalt verwarnt werden kann. Voraussetzung ist, daß sämtliche Einzeltaten und ihre Gesamtbeurteilung den Erfordernissen des § 59 I Nr. 1–3 entsprechen. Außerdem darf die an sich verwirkte Gesamtgeldstrafe, dh die Gesamtgeldstrafe, die bei einer Verurteilung zu Strafe zu verhängen wäre, 180 Tagessätze nicht überschreiten. Das ergibt sich aus dem Erfordernis der Gesamtbeurteilung. Läßt bereits eine Tat die Verwarnung mit Strafvorbehalt nicht zu, so darf diese auch wegen der anderen Taten nicht ausgesprochen werden, da sie neben einer Strafe unzulässig ist (vgl. § 59 RN 5).   2

1. Werden mehrere **Straftaten** eines Täters **gleichzeitig abgeurteilt** und ist er mit Strafvorbehalt zu verwarnen, so hat die Bestimmung der vorzubehaltenden Strafe entsprechend den §§ 53, 54 zu erfolgen. Es ist also für jede Tat eine Geldstrafe als Einzelstrafe zu bestimmen und daraus gem. § 54 I die Gesamtgeldstrafe zu bilden (vgl. näher Anm. zu §§ 53, 54). Die Verurteilung zu dieser Gesamtgeldstrafe ist dann im Urteil vorzubehalten. Entsprechend § 53 III iVm § 52 IV ist neben der Verwarnung auf Verfall, Einziehung oder Unbrauchbarmachung zu erkennen, wenn eine solche Maßnahme bereits wegen einer Tat zu treffen ist.   3

2. Möglich ist auch, daß eine vor der Verwarnung begangene Tat erst **nachher** zur **Aburteilung** gelangt und unter Berücksichtigung der bereits abgeurteilten Tat wiederum eine Verwarnung auszusprechen ist. Die frühere Verwarnung ist dann entsprechend § 55 in die spätere Entscheidung einzubeziehen. Aus der im früheren Urteil vorbehaltenen Strafe und der Strafe, die für die nunmehr abzuurteilende Tat verwirkt ist, hat das Gericht eine Gesamtgeldstrafe zu bilden und die Verurteilung zu dieser Strafe vorzubehalten. War im früheren Urteil die Verurteilung zu einer Gesamtgeldstrafe vorbehalten, so gilt für die neue Gesamtgeldstrafe das in RN 38 ff. zu § 55 Ausgeführte entsprechend. Eine in der früheren Entscheidung ergangene Anordnung des Verfalls, der Einziehung oder der Unbrauchbarmachung ist entsprechend § 55 II aufrechtzuerhalten. Bei der neu festgesetzten Bewährungszeit ist die bereits abgelaufene Bewährungszeit entsprechend RN 11 zu § 58 zu berücksichtigen (and. Gribbohm LK 8).   4

III. Wird der Verwarnte wegen einer vor der Verwarnung begangenen Straftat nachher **zu Strafe verurteilt,** so ist nach Abs. 2 die vorbehaltene Strafe in die Gesamtstrafenbildung einzubeziehen. Einer Strafe, wie sie § 55 an sich voraussetzt, steht danach die vorbehaltene Strafe gleich. Aus dieser und der nunmehr zu verhängenden Strafe ist eine Gesamtstrafe zu bilden. Das gilt allerdings nur, wenn vor der neuen Entscheidung noch keine Feststellung nach § 59 b II getroffen worden ist, daß es bei der Verwarnung sein Bewenden hat. Andernfalls ist der vorbehaltenen Strafe einer erlassenen Strafe gleichzustellen, die nach § 55 I einer Gesamtstrafenbildung nicht mehr zugänglich ist. Wird die vorbehaltene Strafe in das neue Urteil einbezogen, so ist damit die Verwarnung mit Strafvorbehalt gegenstandslos geworden. Ist neben der Verwarnung auf Verfall, Einziehung oder Unbrauchbarmachung erkannt worden, so ist diese Maßnahme gem. § 55 II aufrechtzuerhalten. Leistungen, die der Verwarnte zur Erfüllung von Auflagen, Weisungen oder Zusagen erbracht hat, werden entsprechend § 58 I 2 iVm § 56 f III nicht zurückerstattet. Handelt es sich um Geldbeträge zugunsten einer gemeinnützigen Einrichtung oder der Staatskasse, so können die Leistungen durch das Gericht auf die Strafe angerechnet werden (vgl. dazu § 56 f RN 18 f., § 58 RN 13). Wird die in der neuen Entscheidung erkannte Strafe zur Bewährung ausgesetzt, so ist die mit der Verwarnung verbundene Bewährungszeit, die schon abgelaufen ist, entsprechend § 58 II zu berücksichtigen (vgl. dazu § 58 RN 11). Auf § 460 StPO läßt sich Abs. 2 nicht entsprechend anwenden (AG Dieburg NStZ **96**, 613, Tröndle/Fischer 2; and. Lackner 3, Gribbohm LK 10).   5

Keine Besonderheiten gelten, wenn vor der neuen Entscheidung bereits die Verurteilung zu der vorbehaltenen Strafe gem. § 59 b I erfolgt ist. Da hier auf Strafe erkannt worden ist, sind die allgemeinen Regeln des § 55 ohne besondere Maßgabe anwendbar.   6

§ 60 Absehen von Strafe

Das Gericht sieht von Strafe ab, wenn die Folgen der Tat, die den Täter getroffen haben, so schwer sind, daß die Verhängung einer Strafe offensichtlich verfehlt wäre. Dies gilt nicht, wenn der Täter für die Tat eine Freiheitsstrafe von mehr als einem Jahr verwirkt hat.

Schrifttum: Eser, Absehen von Strafe, Maurach-FS 257. – *Maiwald*, Das Absehen von Strafe nach § 16 StGB, ZStW 83, 663. – *Müller-Dietz*, Absehen von Strafe (§ 60 nF), Lange-FS 303. – *Wagner*, Die selbständige Bedeutung des Schuldspruchs usw, GA 72, 33.

I. Schwere Tatfolgen, die den Täter (oder Teilnehmer) unmittelbar oder mittelbar getroffen haben, können eine Strafe als unangebracht erscheinen lassen. § 60 ermöglicht in solchen Fällen daher, von Strafe abzusehen, wenn diese offensichtlich verfehlt wäre, zB der Täter infolge der Tat einen nahen Angehörigen verloren hat. Die Bestimmung betrifft als Ausdruck einer präventiven Betrachtungsweise den Strafzumessungsbereich. Tat und Schuld erscheinen durch die Tatfolgen, die den Täter getroffen   1

§ 60 2–8 Allg. Teil. Rechtsfolgen der Tat – Absehen von Strafe

haben, als hinreichend kompensiert, so daß das Strafbedürfnis entfällt. Krit. dazu Maiwald ZStW 83, 691, JZ 74, 775. Zur Anwendbarkeit des § 60 im Jugendstrafrecht vgl. Bay NJW **92**, 1520 m. Anm. Brunner JR 92, 387 u. Scheffler NStZ 92, 491.

2 II. Das Absehen von Strafe ist **obligatorisch,** wenn die Voraussetzungen des § 60 vorliegen. Eine Ermessensentscheidung ist dem Gericht nicht eingeräumt worden. **Voraussetzungen** für das Absehen von Strafe sind:

3 1. Die **Folgen** der Tat, die den Täter getroffen haben, müssen **schwer** sein. Dabei kommen nicht nur Folgen in Betracht, die der Täter am eigenen Leib zu spüren hat, sondern auch solche, die nahe Angehörige oder sonst nahestehende Personen treffen und so mittelbar für den Täter eine schwere Folge sind, wie bei fahrlässiger Tötung oder schwerer Verletzung des Ehegatten durch einen verschuldeten Verkehrsunfall (vgl. Bay NJW **72**, 696, Karlsruhe NJW **74**, 1006, AG Köln DAR **80**, 188) oder beim mißlungenen Doppelselbstmord. Daß daneben auch Dritte von den Folgen betroffen sind, schließt § 60 nicht aus (Celle NJW **71**, 575, Frankfurt NJW **71**, 767, Köln NJW **71**, 2036, Bay NJW **72**, 696, Karlsruhe NJW **74**, 1007; vgl. aber Tröndle/Fischer 4). Die Folgen brauchen nicht unverschuldet zu sein. Der Grad des Verschuldens kann jedoch wie auch das Mitverschulden des Verletzten für die Beurteilung von Bedeutung sein, ob die Verhängung einer Strafe offensichtlich verfehlt ist (vgl. Karlsruhe NJW **74**, 1007). Nicht nur die Schuld an einer schwereren Folge, sondern allgemein die Tatschuld ist für § 60 bedeutsam; bei geringerer Schuld sind geringere Anforderungen an die Schwere einer Folge als Voraussetzung für ein Absehen von Strafe zu stellen als bei größerer Schuld.

4 a) Zu berücksichtigen sind nicht nur **Folgen** an Leib oder Leben des Täters oder eines Angehörigen, sondern auch Folgen **materieller Art** (Tröndle/Fischer 3, Horn SK 6). Hat zB der Täter durch eine Untreue beim treuwidrig durchgeführten Geschäft nicht nur seinem Auftraggeber Schaden zugefügt, sondern auch selbst sein ganzes Vermögen verloren, so kann diese Tatsache im Rahmen des § 60 bedeutsam sein. Bei fahrlässiger Brandstiftung kann der erhebliche Sachschaden des Täters die Anwendung des § 60 bedingen (Tröndle/Fischer 3). Beschädigung des eigenen PKWs bei einem Verstoß gegen § 315 oder § 315 c genügt zumeist jedoch nicht, auch nicht bei Fahrlässigkeit (vgl. Bay NJW **71**, 766).

5 b) Die Maßstäbe, die bei der Frage, ob eine Folge „schwer" ist, anzulegen sind, haben auf die individuelle Situation, dh darauf Rücksicht zu nehmen, ob die Folge gerade diesen Täter trifft (Zweibrücken VRS **45** 107, Hirsch LK 31, Wagner GA 72, 51). Es darf daher kein Durchschnittsmaßstab angelegt werden. Zu beurteilen ist, ob sich der eingetretene Schaden gerade für diesen Angekl. als ein schwerer Nachteil darstellt, den er wie eine Strafe des Schicksals gleich schwer oder schwerer als eine staatliche Strafe empfinden würde. Erschütterung und Reue über die Tat können nicht als Folge iSv § 60 gelten (BT-Drs. V/4094 S. 7), wohl aber erhebliche psychische Störungen krankhafter Art und längerer Dauer (Tröndle/Fischer 3).

6 c) Was im übrigen als Tatfolge gelten kann, kann zweifelhaft sein. So fragt sich, ob nur unmittelbare Folgen der Tat zu berücksichtigen oder auch solche, die den Täter aus Anlaß seiner Tat treffen. Da sicher die durch eine Straftat bewirkte Arbeitsunfähigkeit als unmittelbare Folge relevant wäre, kann der Verlust des Arbeitsplatzes als **mittelbare Folge** oder eine ähnliche schwere Folge mittelbarer Art von der Berücksichtigung nicht ausgeschlossen werden (vgl. auch Jescheck/Weigend 863, Hirsch LK 30, Horn SK 5, Schäfer Tröndle-FS 401). Maßgeblicher Faktor ist allein, ob das, was dem Täter selbst auf Grund seiner Tat widerfahren ist, eine Strafe als Antwort auf die Tat schlechterdings erübrigt (vgl. Hirsch LK 26). Dementsprechend kann nicht nur eine schwere Verletzung, die das Opfer dem Täter in Notwehr zugefügt hat, zum Absehen von Strafe führen, sondern ebenfalls ein schwerer Verlust als Folge einer Notwehrüberschreitung oder einer Vergeltungsmaßnahme.

7 d) Sind neben einem Angehörigen auch Dritte geschädigt, so ist einheitlich darüber zu entscheiden, ob die Folge, die den Täter durch die Verletzung des Angehörigen trifft, ausreicht, das Strafbedürfnis hinsichtlich der Verletzung des Dritten auszuschließen (Bay NJW **72**, 696, **92**, 1521). Da § 60 eine Strafzumessungsregel enthält, ist er in die allgemeine Vorschrift des § 46 eingebettet zu interpretieren. Das bedeutet, daß nicht ausschließlich die Folgen, die den Täter treffen, maßgeblich sein können, sondern auch zu berücksichtigen ist, wie schwer die von ihm verursachten Folgen an anderen Rechtsgütern sind (Hamm MDR **72**, 66). Das gilt sowohl bei Schäden an der Person wie an Sachen (vgl. Frankfurt NJW **72**, 456).

8 2. Die Verhängung einer Strafe muß **offensichtlich verfehlt** sein. Es muß sich demnach das Urteil aufdrängen, daß eine Strafe unter keinem der für sie maßgebenden Gesichtspunkte eine sinnvolle Funktion hat. Das ist der Fall, wenn im Verhältnis zur schweren Tatfolge die Zufügung des staatlichen Strafübels für den Täter nicht mehr ins Gewicht fällt, er also als durch die schwere Folge hinreichend „bestraft" gelten kann und einer der üblichen Aufgaben der Strafe mehr als sinnvoll erscheinen (vgl. Hamm VRS **43** 19, ferner BGH **27** 298, MDR/D **72**, 750, Frankfurt NJW **71**, 768, Zweibrücken VRS **45** 107, Karlsruhe NJW **74**, 1006 m. krit. Anm. Maiwald JZ 74, 773). Daß sich eine Strafe unter täterbezogenen Gesichtspunkten erübrigt, reicht allein nicht aus. Außerdem muß von den Tatfolgen eine hinreichende generalpräventive Wirkung ausgehen; eine Bestrafung des Täters als weitere Folge der Tat muß sich für die Allgemeinheit erübrigen. An dieser Voraussetzung fehlt es nach BGH MDR/D **73**, 899, wenn ein Abtreibungseingriff bei der eigenen Ehefrau deren Tod verursacht hat. Zur Gesamtwürdigung vgl. Köln NJW **71**, 2036, Müller-Dietz aaO 311 ff. Zu beachten ist, daß

§ 60 eine Ausnahmevorschrift darstellt (Stuttgart Justiz **70**, 423, Bay NJW **71**, 766 [Schreck über Gefährdung naher Angehöriger genügt nicht], Hamm MDR **72**, 66). Der Grundsatz in dubio pro reo ist nicht anwendbar, soweit Zweifel bestehen, ob die Bestrafung verfehlt ist, wohl aber, soweit Zweifel die zugrunde zu legenden Tatsachen betreffen (BGH **27** 298). Dem Ausnahmecharakter entsprechend bedarf es einer Prüfung des § 60 nur, wenn sich die Möglichkeit des Absehens von Strafe unmittelbar aufdrängt (Karlsruhe NJW **74**, 1006).

3. § 60 ist auf **alle Arten von Straftaten** anwendbar. Weder Verbrechen allgemein noch bestimmte Deliktsgruppen wie Trunkenheitsfahrten sind ausgenommen (vgl. Karlsruhe NJW **74**, 1007 m. Anm. Maiwald JZ **74**, 773, Celle NStZ **89**, 385). So ist zB eine Strafe für fahrlässige Trunkenheitsfahrt nach § 316 offensichtlich verfehlt, wenn diese zu schweren Verunstaltungen im Gesicht des Täters geführt hat (LG Frankenthal DAR **79**, 337; vgl. auch Celle aaO). Auch bei vorsätzlichen Tötungsdelikten (zB § 216) kann § 60 zur Anwendung kommen (BGH **27** 298, MDR/D **72**, 750; and. Jescheck/Weigend 863). Ebensowenig sind sonstige Vorsatztaten von § 60 ausgenommen (zB schwere Verletzung eines Fassadenkletterers bei Absturz; vgl. BGE 121 IV 176). Bei mehreren Gesetzesverletzungen sind die Voraussetzungen des § 60 bezüglich jedes einzelnen Tatbestands zu prüfen. Im Falle der Idealkonkurrenz ist jedoch die Frage, ob von Strafe abzusehen ist, einheitlich zu beantworten (Bay NJW **72**, 696, Karlsruhe NJW **74**, 1007 m. Anm. Zipf JR **75**, 162).

III. Ausgeschlossen sind die Fälle, in denen Freiheitsstrafe (auch Jugendstrafe) von **mehr als einem Jahr** verwirkt wäre, gleichgültig, ob für ein Verbrechen oder ein Vergehen. Entscheidend ist nur, daß die höhere Freiheitsstrafe als 1 Jahr verhängt werden müßte. Das Gericht hat also zunächst zu entscheiden, ob es Freiheitsstrafe von über oder bis zu einem Jahr festsetzen würde (krit. dazu Maiwald ZStW 83, 691, JZ **74**, 775, Müller-Dietz aaO 318 f.), und zwar unter Berücksichtigung aller Zumessungsgründe (Tröndle/Fischer 2, Hirsch LK 14; vgl. auch BGE 121 IV 175). Dann erst ist darüber zu befinden, ob § 60 anwendbar ist. Es ist jedoch nicht erforderlich, die „an sich verwirkte" Freiheitsstrafe exakt zu bestimmen; es genügt, daß das Gericht sich darüber klar wird, ob Freiheitsstrafe bis zu oder über einem Jahr zu verhängen wäre (Hirsch LK 16, Lackner 4, Tröndle/Fischer 2). Unschädlich ist, daß die Strafe bis zu einem Jahr auf einem besonderen gesetzlichen Milderungsgrund beruht; § 50 schränkt § 60 nicht ein (BGH **27** 298).

Auch in den Fällen einer Strafe über einem Jahr könnte die Strafe „offensichtlich verfehlt" sein (Maiwald ZStW 83, 686). Der Gesetzgeber hat jedoch einen Kompromiß mit der Forderung nach hinreichender Reaktion auf ein Fehlverhalten schließen müssen, die bei schweren Taten ein Absehen von Strafe auch unter den Voraussetzungen des § 60 nicht zuläßt.

IV. Über **Absehen von Strafe** vgl. 54 ff. vor § 38. Der Täter ist der begangenen Straftat schuldig zu sprechen, und es sind ihm die Verfahrenskosten aufzuerlegen. Außerdem ist im Urteilstenor das Absehen von Strafe auszusprechen. Zulässig bleibt die Anordnung einer Maßregel der Besserung und Sicherung, soweit diese nicht an eine Bestrafung anknüpft, namentlich die Fahrerlaubnisentziehung (vgl. § 69 RN 22, Hirsch LK 45). In den Urteilsgründen ist im einzelnen die Erwägungen anzugeben, die zum Absehen von Strafe geführt haben. Aus den Gründen muß sich insb. auch nachprüfbar ergeben, weshalb die verwirkte Strafe nicht mehr als 1 Jahr betragen hätte. Zur begrenzten revisionsgerichtlichen Nachprüfbarkeit vgl. Karlsruhe NJW **74**, 1006, Hirsch LK 48. Wird nicht auf § 60 zurückgegriffen, so ist das, sofern eine Freiheitsstrafe 1 Jahr nicht überschreitet, (nur) zu begründen, wenn schwere Tatfolgen den Täter getroffen haben und deswegen ein Absehen von Strafe nahe liegt (vgl. Celle NStZ **89**, 385). Absehen von Strafe ist auch im Strafbefehl möglich (§ 407 II Nr. 3 StPO) mit der Folge, daß anders als bei der Verfahrenseinstellung nach § 153 b II StPO den Täter die Verfahrenskosten treffen und ihm ggf. die Fahrerlaubnis entzogen werden kann.

V. Soweit das Absehen von Strafe entfällt, weil trotz schwerer Tatfolgen die Verhängung einer Strafe nicht unter allen maßgebenden Gesichtspunkten offensichtlich verfehlt ist oder weil die verwirkte Freiheitsstrafe 1 Jahr übersteigt, sind die schweren Folgen bei der Strafzumessung **strafmildernd** zu berücksichtigen (Hirsch LK 44, Tröndle/Fischer 7, Zipf JR **75**, 164, BGE 119 IV 280; 121 IV 176). Das gesetzliche Mindestmaß darf jedoch nicht unterschritten werden. Das Strafmaß braucht andererseits nicht dem Schuldmaß voll zu entsprechen. Ein Unterschreiten der schuldangemessenen Strafe ist zulässig (vgl. 18 a vor § 38).

Sechster Titel. Maßregeln der Besserung und Sicherung

Vorbemerkungen zu den §§ 61 ff.

Schrifttum: Albrecht, Die Bekämpfung der Asozialität, Mat. II 229. – *Baumann*, Unterbringungsrecht, 1966. – *Blei*, Verhältnismäßigkeitsgrundsatz und Maßregeln der Sicherung und Besserung, JA 71, 235. – *Bokkelmann*, Studien zum Täterstrafrecht, Teil I 1939, Teil II 1940. – *Bruns*, Sicherungsmaßregeln und Verschlechterungsverbot, JZ 54, 730. – *Exner*, Die Theorie der Sicherungsmittel, 1914. – *Gribbohm*, Der Grundsatz der Verhältnismäßigkeit usw, JuS 67, 349. – *Horstkotte*, Über die Maßregeln der Sicherung und Besserung, JZ 70, 152. – *Lenckner*, Strafe, Schuld und Schuldfähigkeit, in: Göppinger-Witter, Handbuch der forensischen Psychiatrie (1972). – *Müller*, Anordnung und Aussetzung freiheitsentziehender Maßregeln der Besserung und Sicherung, 1981. – *Pfänder*, Inwiefern unterscheiden sich Strafen und Maßnahmen?,

§§ 61 ff. Vorbem 1–9 Allg. Teil. Rechtsfolgen d. Tat – Maßreg. d. Besserung u. Sicherung

SchwZStr. 59, 60. – *Rietzsch*, Gesetz gegen gefährliche Gewohnheitsverbrecher und über Maßregeln der Sicherung und Besserung (2. A.), in: Pfundtner-Neuberg, Das neue Deutsche Reichsrecht II c 10 (im folgenden angeführt als Rietzsch). – *E. Schäfer*, in: Die Rechtsentwicklung der Jahre 1933 bis 1935/36 S. 369. – *L. Schäfer-Wagner-Schafheutle*, Gesetz gegen gefährliche Gewohnheitsverbrecher und über Maßregeln der Sicherung und Besserung, 1934. – *Schröder*, Die Erforderlichkeit von Sicherungsmaßregeln, JZ 70, 92. – *Stooß*, Zur Natur der sichernden Maßnahmen, SchwZStr. 44, 261. – *Stratenwerth*, Zur Rechtsstaatlichkeit der freiheitsentziehenden Maßnahmen im Strafrecht, SchwZStr. 82, 337.

Wertvolle Beiträge auch rechtsvergleichender Art enthält: *Römischer Kongreß für Kriminologie* (Beiträge zur Rechtserneuerung Heft 8), 1939. Über die Bestrebungen zur Vereinheitlichung von Strafen und Sicherungsmaßnahmen vgl. Dt. Landesreferate für den 6. Internationalen Strafrechtskongreß (Rom 1953) in ZStW 65, 481 (Dreher), 66, 172 (Mezger, Schröder). Vgl. ferner *Heldmann*, Die Maßnahmen der Sicherung und Besserung ohne Freiheitsentziehung, Mat. II 239. – *Herrmann*, Die mit Freiheitsentziehung verbundenen Maßnahmen der Sicherung und Besserung, Mat. II 193.

1 **I.** Da das Strafrecht ein Schuldstrafrecht ist (vgl. 6 ff. vor § 38), können nicht alle Bedürfnisse der Allgemeinheit nach Sicherung vor gefährlichen Verbrechern und nach heilender Einwirkung auf kranke Täter durch das Institut der Strafe erfüllt werden. Dies bedingt die Entscheidung für die sog. **Zweispurigkeit**, indem die Strafe von reiner Prävention freigehalten und den weitergehenden präventiven Notwendigkeiten durch besondere Maßregeln außerhalb der Strafe Rechnung getragen wird.

2 Die Maßregeln finden ihre **Rechtfertigung** im Sicherungsbedürfnis der staatlichen Gemeinschaft sowie in deren Verpflichtung, besserungsfähige Täter nach Möglichkeit zu resozialisieren. Beide Aufgaben sind mit den Prinzipien des Rechtsstaats vereinbar. Die im Staat organisierte menschliche Gemeinschaft muß und darf sich vor gefährlichen Mitgliedern in einem Umfang schützen, der ihr Sicherungsbedürfnis befriedigt (vgl. Stree, Deliktsfolgen und Grundgesetz, 1960, 217 ff., Stratenwerth SchwZStr. 82, 337 ff. u. 105, 105 ff., Hanack LK 28, Jescheck/Weigend 86, Lenckner aaO 185 f.).

3 Die Maßregeln werden, soweit die Schuldfähigkeit des Betroffenen erwiesen ist, neben der Strafe angeordnet und, abgesehen von der Sicherungsverwahrung, gemäß § 67 grundsätzlich vor der Strafe vollzogen, wenn es sich um eine freiheitsentziehende Maßregel handelt. Das Gericht darf sich die Anordnung von Maßregeln nach §§ 61 ff. nicht vorbehalten (vgl. RG 68 384, BGH 5 350). Da dies bei Vollzug der Strafe vor dem Maßregelvollzug zu Schwierigkeiten in der Beurteilung der Frage führt, ob nach Verbüßung der Freiheitsstrafe ein Sicherungsbedürfnis noch besteht, bestimmt § 67 c, daß das Gericht vor dem Ende des Strafvollzugs zu prüfen hat, ob der Zweck der Maßregel die Unterbringung noch erfordert.

4 **II.** Entgegen der allgemeinen Meinung hat H. Mayer AT 378, 379 in der Sicherungsverwahrung und im Berufsverbot echte Strafen gesehen; auch die anderen Maßregeln sind für ihn keine echten Sicherungsmaßnahmen, vielmehr „personenrechtlicher Natur und den entsprechenden Maßnahmen des bürgerlichen oder Verwaltungsrechts wesensgleich". Vgl. auch Cramer NJW 68, 1764, der die Fahrerlaubnisentziehung wegen charakterlicher Mängel als Strafe ansieht (vgl. § 69 RN 2).

5 Die Maßregeln der Besserung und Sicherung sind in das Strafrecht durch das GewohnheitsverbrecherG v. 24. 11. 1933 eingeführt worden. Dies stellt die tiefgreifendste Maßnahme im Rahmen der allmählichen Anpassung des StGB an die Reformforderungen dar. Die Vorschriften über die sichernden Maßnahmen entsprechen jahrzehntealten Forderungen an den Gesetzgeber; eines der Hauptziele der Strafrechtsreformbewegung ist damit verwirklicht worden.

6 **III.** Liegen die Voraussetzungen für die Anordnung einer Maßregel vor, dann **muß** diese grundsätzlich erfolgen; nur die Anordnung der Sicherungsverwahrung nach § 66 II, III, der Führungsaufsicht und des Berufsverbots steht im pflichtmäßigen Ermessen des Gerichts. Drängen die Umstände des Falles zu einer Maßregelanordnung, so ist das Absehen von ihr näher zu begründen (BGH MDR/H **90**, 886). Zum späteren Wegfall der Voraussetzungen für eine Unterbringung vgl. § 67 d RN 14.

7 **IV.** Die Maßregeln sind sowohl gegen **Inländer** wie gegen **Ausländer** zulässig (vgl. RG JW **39**, 87, HRR **34** Nr. 1718, **40** Nr. 179). Gegen **Jugendliche** dürfen nur Unterbringung in einem psychiatrischen Krankenhaus oder einer Entziehungsanstalt sowie Führungsaufsicht und Entziehung der Fahrerlaubnis angeordnet werden (§ 7 JGG). Zur Unterbringung eines Jugendlichen in einem psychiatrischen Krankenhaus beim Zusammentreffen entwicklungsbedingter und krankhafter Störungen vgl. BGH **26** 67 m. Anm. Brunner JR 76, 116. Zur Unterbringung Jugendlicher in einer Entziehungsanstalt vgl. § 93 a JGG und dazu LG Bonn NJW **77**, 345.

8 **V.** Alle Maßregeln der Besserung und Sicherung erfordern als in die Zukunft gerichtete Maßnahmen eine **Prognose** über die **zukünftige Gefährlichkeit** des Täters. Zur Prognoseerstellung vgl. § 56 RN 15 a und näher Hanack LK 107 ff., Horstkotte LK § 67 c RN 48 ff. Zweifelhaft kann sein, welche Maßstäbe für die Beurteilung der Gefährlichkeit maßgeblich sind und auf welchen Zeitpunkt die Beurteilung zu beziehen ist.

9 **1.** Für alle Maßregeln gilt der Grundsatz, daß die bloße Möglichkeit weiterer Straftaten nicht ausreicht, sondern deren **Wahrscheinlichkeit** erforderlich ist. Ist die Gefahr nur möglich oder läßt sich ein sicheres Urteil über die Wahrscheinlichkeit nicht abgeben, so darf die Maßregel nicht angeordnet werden (BGH **5** 352, Bruns JZ 58, 651, Tröndle/Fischer 3, Hanack LK 49, Jescheck/Weigend 805, Lackner § 61 RN 4, Müller aaO 133, Stree, In dubio pro reo [1962] 96 ff.; vgl. weiter BGH GA **55**, 151, RG **73** 304; and. Geerds MSchrKrim 60, 94; vgl. auch Schröder JZ 70, 93). Vgl.

aber auch Frisch, Prognoseentscheidungen im Strafrecht, 1983, 61 ff., der das Vorhandensein einer Persönlichkeitsstruktur beim Täter verlangt, die unter bestimmten, naheliegenden situativen Voraussetzungen zur Begehung von Straftaten führt.

2. Bei der Gefährlichkeitsprognose ist im allgemeinen nur auf den **Zeitpunkt des Urteils** abzustellen (BGH NStZ-RR **97**, 230, **98**, 206) und die Wirkung, die von der Strafverbüßung auf den Täter ausgehen kann, außer Betracht zu lassen. Das gilt auch bei freiheitsentziehenden Maßregeln, die erst nach Verbüßung einer Freiheitsstrafe vollzogen werden. Das ergibt § 67 c, nach dem vor Ende des Strafvollzugs die fortdauernde Notwendigkeit des Maßregelvollzugs festgestellt werden muß. Das erkennende Gericht hat sich somit darauf zu beschränken, die Gefährlichkeit des Täters im Urteilszeitpunkt zu prüfen (BGH **25** 29 m. Anm. Schröder JR 73, 160, Lenckner aaO 190, Schröder JZ 70, 93). Nach dem BGH (vgl. § 66 RN 57) soll es aber zulässig sein, bei einer im richterlichen Ermessen liegenden Maßregelanordnung später zu erwartende Entwicklungen beim Täter zu berücksichtigen. Auch bei den Maßregeln ohne Freiheitsentziehung ist grundsätzlich der Urteilszeitpunkt für die Prognose maßgebend (vgl. § 68 RN 7, § 69 RN 52, § 70 RN 13). Zu den Ausnahmen vgl. § 68 RN 8, § 70 RN 13. **10**

3. Bei der Gefährlichkeitsprognose sind nur Delikte zu berücksichtigen, die vom Täter in der Zeit drohen, in der ihm die Freiheit belassen wird. Delikte, die als fluchttypische Taten nur bei oder nach Entweichen aus einer Vollzugsanstalt begangen werden, bleiben außer Betracht (vgl. BGH StV **81**, 71 m. Anm. Plähn), ebenso Delikte im Straf- oder Maßregelvollzug. Solchen Gefahren ist mit der Gestaltung des Vollzugs zu begegnen, nicht mit einer Maßregel. **11**

VI. Da die Maßregeln der Besserung und Sicherung ihre Rechtfertigung allein im Sicherungsbedürfnis der Allgemeinheit sowie in ihrer pädagogischen oder therapeutischen Aufgabe gegenüber einem gefährlichen Täter finden, ist gerade bei ihnen der **Grundsatz der Verhältnismäßigkeit** von besonderer Bedeutung. Die durch die §§ 61 ff. vorgesehenen Eingriffe in die Freiheitssphäre des Staatsbürgers müssen in einem angemessenen Verhältnis zu den Gefahren stehen, die der Allgemeinheit von diesen Tätern drohen. Vgl. näher Anm. zu § 62. **12**

VII. Soweit die Voraussetzungen einer Maßregel der Besserung und Sicherung zu prüfen sind, dürfen getilgte oder tilgungsreife Vorstrafen nach § 51 I BZRG nicht verwertet werden (vgl. BGH **25** 100). Ausgenommen ist die Fahrerlaubnisentziehung, solange die Verurteilung nach den §§ 28–30 b StVG verwertet werden darf (§ 52 II BZRG). **13**

VIII. Bei **Rechtsmitteln** gilt das Verbot der **reformatio in peius** nach §§ 331 II, 358 II, 373 II StPO nicht für die Unterbringung in einem psychiatrischen Krankenhaus oder einer Entziehungsanstalt. Eine solche Unterbringung kann daher in der Rechtsmittelinstanz neu angeordnet oder ausgetauscht werden oder auch nach Zurückverweisung von der 1. Instanz zusätzlich angeordnet werden. Für die übrigen Maßregeln besteht dagegen das Verbot der Schlechterstellung (BGH **5** 168). Demnach ist zwar der Übergang von der Sicherungsverwahrung auf die Unterbringung in einem psychiatrischen Krankenhaus zulässig, nicht dagegen umgekehrt (BGH **25** 38; and. BGH **5** 314, dem jedenfalls iE Bruns JZ 54, 737 u. Dallinger MDR 54, 334 zustimmen; es überzeugt jedoch nicht, daß der Rechtsmittelrichter bei unrichtiger Anordnung der Unterbringung in einem psychiatrischen Krankenhaus auf die Sicherungsverwahrung übergehen kann, während ihrer Anordnung das Verbot der Schlechterstellung entgegensteht, wenn der Erstrichter die Sicherungsverwahrung zu Unrecht abgelehnt hat; krit. auch Cramer NJW 68, 1765). Mit BGH **5** 314 ist allerdings anzuerkennen, daß es keine feste Rangordnung zwischen den einzelnen Maßregeln gibt, die eine Maßregel als den Angekl. belastender erscheinen läßt (vgl. Bruns JZ 54, 731). Zum Austausch von Fahrerlaubnisentzug gegen Fahrverbot vgl. § 44 RN 3. **14**

IX. Zur **Zuziehung eines Sachverständigen**, wenn mit der Anordnung einer freiheitsentziehenden Maßregel zu rechnen ist, vgl. § 246 a StPO (vgl. dazu BGH wistra **94**, 112: Möglichkeit einer Anordnung genügt). Zur Rolle des Sachverständigen bei Anordnung der Sicherungsverwahrung vgl. Feltes StV **00**, 281. Zur Möglichkeit **vorläufiger Maßnahmen** vgl. § 126 a StPO (einstweilige Unterbringung in einem psychiatrischen Krankenhaus oder in einer Entziehungsanstalt), § 111 a StPO (vorläufige Fahrerlaubnisentziehung), § 132 a StPO (vorläufiges Berufsverbot). **15**

§ 61 Übersicht

Maßregeln der Besserung und Sicherung sind
1. die Unterbringung in einem psychiatrischen Krankenhaus,
2. die Unterbringung in einer Entziehungsanstalt,
3. die Unterbringung in der Sicherungsverwahrung,
4. die Führungsaufsicht,
5. die Entziehung der Fahrerlaubnis,
6. das Berufsverbot.

Vorbem. Geändert durch Art. 4 StVollzÄndG.

§ 62   1, 2   Allg. Teil. Rechtsfolgen d. Tat – Maßregeln d. Besserung u. Sicherung

1   **I.** Die Vorschrift enthält nur einen **Katalog** der möglichen Maßregeln der Besserung und Sicherung. Die näheren Voraussetzungen für deren Anordnung sind in den folgenden Vorschriften geregelt. Der Katalog umfaßt nur die Maßregeln des StGB. Weitere Maßregeln enthält das Nebenstrafrecht, so § 41 BJagdG (Entziehung des Jagdscheins), § 20 TierschutzG (Verbot der Tierhaltung). Im übrigen schließt § 61 weitere Präventivmaßnahmen im StGB nicht aus; vgl. § 74 II Nr. 2, § 74 d.

2   **II.** Weder auf Grund der Reihenfolge der aufgezählten Maßregeln noch allgemein läßt sich sagen, wie die **Maßregeln im Vergleich zueinander** zu bewerten sind; insb. kann nicht allgemein die eine Maßregel als leichter oder schwerer als die andere bezeichnet werden; es kommt vielmehr immer auf den einzelnen Fall an (RG **69** 79, BGH **5** 314). Es ist möglich, verschiedene Maßregeln nebeneinander anzuordnen (§ 72). Bei der Wahl zwischen verschiedenen Maßregeln ist zunächst zu prüfen, welche von ihnen gesetzlich zulässig ist, sodann, welche dem Schutzbedürfnis der Allgemeinheit am besten genügt und den Umständen nach am zweckmäßigsten ist. Stehen dann noch mehrere Maßregeln zur Wahl, dann ist die den Täter am wenigsten beschwerende anzuordnen (§ 72 I 2; vgl. auch RG **73** 102, OGH **1** 197). Hierbei ist insb. der Grundsatz der Verhältnismäßigkeit zu beachten, so daß auch solche Maßnahmen ausscheiden, die dem Schutzbedürfnis der Allgemeinheit zwar optimal dienen, aber gegen das Übermaßverbot verstoßen. Vgl. noch Anm. zu § 72 sowie Bruns ZStW 60, 474.

3   **III.** Das Einschreiten gegen Geisteskranke sowie gewohnheitsmäßige Trinker und Rauschmittelsüchtige, deren Gefährlichkeit sich nicht aus einer rechtswidrigen Tat iSv § 11 I Nr. 5, sondern aus sonstigen Umständen ergibt, erfolgt nicht nach den Vorschriften dieses Abschnittes; hierfür sind vielmehr die **Verwaltungsbehörden** zuständig. Diese benötigen jedoch bei Freiheitsentzug eine richterliche Anordnung oder Bestätigung (vgl. Art. 104 II GG). Für das richterliche Verfahren sind, da die Verwaltungsbehörden auf Grund Landesrechts gegen Geisteskranke oder Süchtige einschreiten, landesrechtliche Vorschriften maßgebend, nicht das Bundesges. vom 29. 6. 1956, BGBl. I 599. Übersicht über die landesrechtlichen Vorschriften bei Tröndle/Fischer 9 vor § 61. Vgl. Baumann, Unterbringungsrecht, 1966, Saage-Göppinger, Freiheitsentziehung und Unterbringung, 3. A. 1994.

4   **IV.** Rechtliche **Nebenfolgen:** Wird die Unterbringung in einer Entziehungsanstalt oder in der Sicherungsverwahrung angeordnet, so ist der Betroffene vom Wehrdienst ausgeschlossen, solange die Maßregel nicht erledigt ist (§ 10 I Nr. 3 WehrpflichtG). Ist er bereits Soldat, so ist er von der Bundeswehr ausgeschlossen und verliert seinen Dienstgrad (§ 30 I WehrpflichtG). Entsprechendes gilt für die Begründung und die Beendigung eines Dienstverhältnisses als Berufssoldat oder als Soldat auf Zeit (§ 38 I Nr. 3, § 48 Nr. 1, § 54 II Nr. 2 SoldatenG). Die Anordnung der Unterbringung nach den §§ 64, 66 bewirkt ferner den Ausschluß vom Zivildienst (§ 9 I Nr. 3 ZDG). In einem psychiatrischen Krankenhaus Untergebrachte werden vom Wehrdienst und vom Zivildienst zurückgestellt (§ 12 I Nr. 2 WehrpflichtG, § 11 I Nr. 2 ZDG). Bei ihnen ruhen, soweit die Unterbringung iVm § 20 steht, zudem das Wahlrecht und die Wählbarkeit (§ 13 Nr. 3, § 15 II BWahlG).

§ 62 Grundsatz der Verhältnismäßigkeit

Eine Maßregel der Besserung und Sicherung darf nicht angeordnet werden, wenn sie zur Bedeutung der vom Täter begangenen und zu erwartenden Taten sowie zu dem Grad der von ihm ausgehenden Gefahr außer Verhältnis steht.

1   **I.** Da die Maßregeln der Besserung und Sicherung tief in Grundrechte des Betroffenen eingreifen, hebt die Vorschrift den als allgemeines Rechtsprinzip geltenden **Grundsatz der Verhältnismäßigkeit** (vgl. dazu BVerfGE **16** 202) besonders hervor und stellt ihn den sonstigen Voraussetzungen für die Anordnung einer Maßregel voran. Der Verhältnismäßigkeitsgrundsatz gilt für alle Maßregeln. Nur bei der Fahrerlaubnisentziehung hat der Gesetzgeber ihn auf Grund der vorher aufgestellten Voraussetzungen bereits als gewahrt angesehen und dementsprechend in § 69 I 2 angeordnet, daß es insoweit der in § 62 vorgeschriebenen Prüfung nicht bedarf (vgl. dazu aber AG Bad Homburg NJW **84**, 2840 u. dagegen Hentschel NJW 85, 1320). Bei der nach § 69a zu bestimmenden Sperre für die Erteilung einer neuen Fahrerlaubnis ist dagegen § 62 zu beachten.

2   **II.** Die Anordnung einer Maßregel hat zu unterbleiben, wenn sie zur Bedeutung der vom Täter begangenen und zu ihm zu erwartenden Taten sowie zu dem Grad der von ihm ausgehenden Gefahr **außer Verhältnis** steht. Bei den begangenen Taten sind nicht nur ihre Art und Schwere, sondern auch ihre Häufigkeit, der zeitliche Abstand zwischen ihnen und – darauf kommt es entscheidend an – ihre indizielle Bedeutung für künftige Rechtsverletzungen zu berücksichtigen. Für die zu befürchtenden Taten ist insb. ihr Ausmaß für die Allgemeinheit von Bedeutung. Der Grad der vom Täter ausgehenden Gefahr hängt davon ab, wie groß die Wahrscheinlichkeit weiterer Taten und deren zeitliche Nähe (vermutliche Rückfallgeschwindigkeit) ist. Die genannten Merkmale sind in einer Gesamtwürdigung zur Schwere des mit der Maßregel verbundenen Eingriffs ins Verhältnis zu setzen (BGH **24** 134, NStZ-RR **98**, 205). Sind die zu befürchtenden Gefahren und Schäden geringer einzustufen als die von der Maßregel ausgehende Freiheitseinbuße beim Betroffenen, so sind sie wegen Unverhältnismäßigkeit der Abwehr hinzunehmen (Roxin I 65). Da die Maßregeln der Besserung und Sicherung künftigen Taten vorbeugen sollen, wird bei Gesamtwürdigung regelmäßig der Gefährlichkeit des Täters für die Zukunft entscheidendes Gewicht zukommen, so daß die Anordnung einer

Maßregel auch zulässig ist, wenn die begangenen Taten für sich betrachtet weniger gewichtig erscheinen, für die Zukunft aber Taten von erheblicher Schwere zu erwarten sind (vgl. BT-Drs. V/ 4094 S. 17, BGH **24** 135). Vgl. auch BGH MDR/H **78**, 110. Bei der Gesamtwürdigung der widerstreitenden Interessen ist auch der Grad der Besserungschancen zu berücksichtigen (vgl. Frisch, Prognoseentscheidungen im Strafrecht, 1983, 101, 148). Wenn auch der Besserungszweck den Sicherungsbelangen untergeordnet ist (Besserung zur Sicherung der Allgemeinheit; vgl. auch BGH NStZ-RR **96**, 257), so bleibt er doch für den Betroffenen von wesentlicher Bedeutung. Je weniger Besserungschancen sich mit dem Vollzug einer freiheitsentziehenden Maßregel verbinden, desto belastender ist der Freiheitsentzug für den Betroffenen (vgl. Horstkotte LK § 67 d RN 54, Stratenwerth 28, aber auch Tröndle/Fischer 1 aE). Zur Verhältnismäßigkeit bei einer wiederholten Anordnung der Sicherungsverwahrung vgl. BGH NStZ-RR **97**, 2, **98**, 135, StV **2000**, 258; das Problem hat sich jedoch mit der Änderung des § 67 entschärft.

III. Die vorzunehmende Gesamtwürdigung ist auch dafür maßgebend, welche von mehreren in **3** Betracht kommenden Maßregeln im Einzelfall anzuordnen sind. Ferner ist der Verhältnismäßigkeitsgrundsatz, obwohl § 62 ausdrücklich nur auf die Anordnung einer Maßregel abhebt, im gesamten Bereich des Maßregelrechts zu beachten, also auch bei **nachträglichen Entscheidungen**, etwa im Fall des § 67 c oder § 67 d II (vgl. BT-Drs. V/4094 S. 17, BVerfGE **70** 312, NJW **93**, 778, Hamm NJW **70**, 1982, Karlsruhe NJW **71**, 204) oder beim Widerruf der Aussetzung gem. § 67 g (vgl. dort 4). Die Verhältnismäßigkeit ist hier wie bei der Anordnung an den Sicherungsbelangen zu messen, nicht am Besserungszweck (Horn SK 6, Hanack LK 18). Das bedeutet jedoch nicht die Unbeachtlichkeit jeglicher Besserungsgesichtspunkte. Im Rahmen der Gesamtwürdigung der widerstreitenden Interessen ist der Grad der Besserungschancen wegen der unterschiedlichen Belastung des Freiheitsentzugs für den Betroffenen mitzuberücksichtigen (vgl. o. 2). U. U. kann der Verhältnismäßigkeitsgrundsatz auch dazu führen, eine Maßregel für erledigt zu erklären (vgl. Celle NStZ **89**, 491 zur Maßregel des § 63, deren Vollstreckung mit fortschreitendem Freiheitsentzug im Hinblick auf die Bedeutung der Anlaßtat und das Gewicht der drohenden Taten unverhältnismäßig geworden ist; entspr. zur Sicherungsverwahrung Karlsruhe StV **2000**, 268; vgl. auch BVerfGE **70** 297, NJW **95**, 3048, Koblenz NStE **29**, Düsseldorf StV **91**, 69, Karlsruhe NStZ **99**, 37, LG Paderborn StV **91**, 73; Bedenken dagegen bei Tröndle 4).

– Freiheitsentziehende Maßregeln –

§ 63 Unterbringung in einem psychiatrischen Krankenhaus

Hat jemand eine rechtswidrige Tat im Zustand der Schuldunfähigkeit (§ 20) oder der verminderten Schuldfähigkeit (§ 21) begangen, so ordnet das Gericht die Unterbringung in einem psychiatrischen Krankenhaus an, wenn die Gesamtwürdigung des Täters und seiner Tat ergibt, daß von ihm infolge seines Zustandes erhebliche rechtswidrige Taten zu erwarten sind und er deshalb für die Allgemeinheit gefährlich ist.

Vorbem. Abs. 2 aufgehoben durch Art. 2 StVollzÄndG.

Schrifttum: Bruns, Die Bedeutung des krankhaft oder rauschbedingten Irrtums für die Feststellung „einer mit Strafe bedrohten Handlung" i. S. der §§ 42 b, 330 a StGB, DStR **39**, 225. – *ders.,* Zur Problematik rausch-, krankheits- oder jugendbedingter Willensmängel des schuldunfähigen Täters im Straf-, Sicherungs- und Schadensersatzrecht, JZ **64**, 473. – *Cramer,* Der Vollrauschtatbestand als abstraktes Gefährdungsdelikt, 1962. – *Creutz,* Psychiatrische Erfahrungen mit §§ 42 b und 42 c des Gesetzes gegen gefährliche Gewohnheitsverbrecher, Allg. Zeitschr. für Psychiatrie Bd. 111 (1939) S. 137. – *Haisch,* § 42 b – Erfahrungen aus der Sicht des Krankenhauspsychiaters, NJW 65, 330. – *In der Beck,* Zwangsunterbringung oder § 42 b StGB, NJW **65**, 2358. – *Last,* Zur Anwendung des § 42 b StGB, NJW 69, 1558. – *Lenckner* (angeführt vor § 61) 187 ff. – *Müller-Dietz,* Rechtsfragen der Unterbringung nach § 63 StGB, NStZ 83, 145, 203. – *Rietzsch* (angeführt vor § 61). – *Schmitz,* Die Unterbringung minderjähriger Rechtsbrecher nach § 42 b StGB, MSchrKrim. 64, 152. – *Schottky,* Psychiatrische und kriminalbiologische Fragen bei der Unterbringung in einer Heil- oder Pflegeanstalt nach § 42 b, Allg. Zeitschr. für Psychiatrie Bd. 117 (1941) S. 287. – Rechtsvergleichendes Material im Recueil XIV 90, 100, XV 259.

I. § 63 überträgt dem Strafrichter den Schutz vor gemeingefährlichen Geisteskranken durch An- **1** ordnung der **Unterbringung in einem psychiatrischen Krankenhaus** für die Fälle, in denen der Kranke eine rechtswidrige Tat (§ 11 I Nr. 5) begangen hat. Auch in diesen Fällen sind die Strafgerichte indes nicht ausschließlich zuständig; das Recht und die Pflicht der Verwaltungsbehörden, nach den für sie maßgebenden Vorschriften für die Unterbringung zu sorgen, bleiben unberührt (vgl. § 61 RN 3). Ebenso sind die Aufgaben des Strafrichters grundsätzlich unabhängig von Maßnahmen auf Grund landes- oder bundesrechtlicher Unterbringungsgesetze (BGH **7** 63, **19** 348, **24** 98, NJW **67**, 686). Zweifelhaft kann sein, ob von der Anordnung der Unterbringung abzusehen ist, weil auf Grund der nach einem UnterbringungsG erfolgten Einweisung die Unterbringung nach § 63 nicht erforderlich ist. Vgl. zum früheren Recht 17. A. § 42 b RN 1. Da § 63 nicht die Erforderlichkeitsklausel des § 42 b aF enthält, ist der Unterbringung nach § 63 grundsätzlich der Vorrang einzuräumen (zT and. Hanack LK 113 ff.). Zumindest muß, soll von einer Unterbringung nach § 63 abgesehen werden, auf

Stree

Grund des jeweiligen UnterbringungsG sichergestellt sein, daß das in § 63 zum Ausdruck kommende Sicherheitsbedürfnis befriedigt wird. Vorzuziehen ist jedoch eine Anordnung nach § 63, die dann mit einer Aussetzung der Vollstreckung nach § 67 b verbunden wird (vgl. dazu Horstkotte LK § 67 b RN 66 f., auch BGH **34** 313, MDR/H **85**, 979). Soweit allerdings jemand während seiner Unterbringung nach einem UnterbringungsG nur gegenüber dem Pflegepersonal rechtswidrige Taten begeht, ist nach BGH NStZ **98**, 405 für eine Maßnahme gem. § 63 kein Raum (vgl. auch BGH NStZ-RR **98**, 359). Die Unterbringung ist nicht auf Personen beschränkt, die im eigentlich medizinisch-psychiatrischen Sinn behandlungs- oder pflegebedürftig sind (Hanack JR 75, 442 f.; and. Karlsruhe NJW **75**, 1572; vgl. auch Lackner 1). Da sie sowohl dem Heilungs- wie dem Sicherungszweck dienen kann, setzt ihre Anordnung Heilungs- oder Pflegebedürftigkeit nicht voraus (vgl. BG Pr. 55, 327 gegen BGE 73 IV 151, auch BGH NStZ/D **90**, 224, StV **93**, 241, Hamburg NJW **95**, 2424). Der Sicherungszweck ist nach BGH MDR/H **78**, 110 vorrangig.

II. Die **Voraussetzungen** für die Unterbringung:

2 **1.** Der Unterzubringende muß eine **rechtswidrige Tat** (§ 11 I Nr. 5) begangen haben. Ordnungswidrigkeiten genügen ebensowenig wie vermutlich rechtswidrige Taten, die nicht hinreichend nachweisbar sind. Die rechtswidrige Tat muß noch zZ der Aburteilung unter Strafe gestellt sein.

3 a) Zunächst ist erforderlich, daß der Täter den *äußeren Tatbestand* eines Verbrechens oder Vergehens verwirklicht hat, und zwar durch ein Verhalten mit Handlungsqualität (Hanack LK 22). Teilnahmehandlungen genügen.

4 b) Die Handlung muß *rechtswidrig* sein; liegt ein Rechtfertigungsgrund vor, dann ist § 63 nicht anwendbar (vgl. RG HRR **38** Nr. 40, BGH NStZ **96**, 433). Eine Unterbringung bleibt auch dann unzulässig, wenn der Schuldunfähige einen rechtswidrigen Angriff provoziert hat, ohne dabei jedoch einen Straftatbestand erfüllt zu haben, und seine Verteidigung sich im Rahmen des nach § 32 Erlaubten gehalten hat.

5 c) Ein *innerer Tatbestand* im technischen Sinn braucht nicht erfüllt zu sein. Allerdings ist den Vorstellungen und Regungen des Täters, aus denen die Handlung hervorgegangen ist, nachzugehen, soweit dies bei der Geistesverfassung des Täters möglich ist. Das ist erforderlich, um zB festzustellen, ob er eine Brandstiftung nach § 306 versuchen wollte (RG **71** 220, JW **35**, 2368 m. Anm. Richter, HRR **37** Nr. 603) oder ob „vorsätzliche" oder „fahrlässige" Brandstiftung vorgelegen hat (BGHR Tat **2**). Sind keine sicheren Feststellungen möglich, dann ist von der tätergünstigsten Deutung auszugehen. In bezug auf das, was der Täter gewollt hat, spricht man zT von natürlichem Vorsatz (so zB BGH **3** 288), zT von natürlichem Tatwillen (so zB RG HRR **40** Nr. 177). Mit Recht bemerkt Engisch Kohlrausch-FS 172, daß dieses subjektive Erfordernis aus dem besonderen Sinn und Zweck der Vorschrift (§ 42 b aF) heraus zu entwickeln ist. Vgl. auch Bruns JZ 64, 473 ff., Cramer aaO 116 ff. Fehlt eine subjektive Tatvoraussetzung, ohne daß dies auf den krankhaften Geisteszustand zurückzuführen ist, so ist § 63 nicht anwendbar (vgl. BGH MDR/H **83**, 90 zur Bereicherungsabsicht beim Betrug).

6 Soweit eine innere Tatseite festgestellt werden kann, ist auch der „Versuch" eine für die Unterbringung ausreichende Handlung. Die Unterbringung hat hier jedoch zu unterbleiben, wenn der Täter gem. § 24 freiwillig vom Versuch zurückgetreten ist (BGH **31** 132, Tröndle/Fischer 2 a, Hanack LK 34, Horn SK 8; einschränkend Geilen JuS 72, 79).

7 Ein **Irrtum,** der allein für den die Schuldunfähigkeit begründenden seelischen Störungen beruht, ist nicht zugunsten des Täters zu berücksichtigen (RG **73** 315 für Putativnotstand, BGH **3** 289, MDR/H **83**, 90 für subjektiven Betrugstatbestand, BGH **10** 355 für Putativnotwehr, Hanack LK 24 ff., Lackner 2, Lenckner aaO 189; and. Horn SK 4, Tröndle/Fischer 2 a, M-Zipf II 674). Dieser kriminalpolitisch gebotenen Lösung werden zwar mit Hinweis auf die systematische Zuordnung des Vorsatzes zum Tatbestand dogmatische Gründe entgegengehalten (vgl. etwa Jescheck/Weigend 808). Sie sind aber nicht zwingend und werden dem Sinn des § 63 nicht gerecht, wie wa ein Vergleich mit einem Irrtum bei Fahrlässigkeitstaten zeigt. Wenn bei Fahrlässigkeitstaten das subjektive Versagen (Fehlbeurteilung), das auf die seelischen Störungen zurückgeht, die Anwendbarkeit des § 63 nicht ausschließt (vgl. Lenckner aaO 189 FN 85), darf für ein entsprechendes subjektives Versagen bei Vorsatztaten nichts anderes gelten. Dem steht die abweichende Lösung bei § 323 a nicht entgegen (and. Tröndle/Fischer 2 a), da es bei § 63 nicht um die Bestrafung des Täters geht, sondern um die Sicherung der Allgemeinheit vor gefährlichen Tätern. Unerheblich ist, ob es sich um einen Tatbestandsirrtum oder um einen Irrtum über Rechtfertigungsmerkmale handelt. Die Gegenmeinung (vgl. etwa Jescheck/Weigend 808 f.) geht von einem qualitativen Unterschied zwischen Tatbestandsirrtum und Irrtum über einen Erlaubnistatbestand aus. Abgesehen von den Bedenken gegen die Annahme eines solchen qualitativen Unterschieds (vgl. vor 17 zu § 13, § 16 RN 18) sprechen die Ergebnisse gegen eine Differenzierung. Wer wahnbedingt fremde Sachen als sein Eigentum ansieht und wegnimmt, darf im Rahmen des § 63 nicht anders behandelt werden als der Täter, der auf Grund eines Verfolgungswahns sich angegriffen fühlt und den vermeintlichen Angreifer verletzt.

8 d) Zur Anordnung der Unterbringung kann an sich jede rechtswidrige Tat führen, es sei denn, es greift ein Entschuldigungsgrund ein. Auf die Schwere oder besondere Gefährlichkeit der einzelnen Straftat kommt es nicht entscheidend an (BGH LM **Nr. 10** zu § 42 b, NStZ **86**, 237; and. Böllinger

NK 75, Jescheck/Weigend 808), ebensowenig auf die Höhe des angerichteten Schadens (RG JW **38**, 166, BGH **5** 140). Vgl. jedoch u. 18.

e) Ist die rechtswidrige Tat nur **auf Antrag** verfolgbar, so setzen auch die Einleitung eines **9** selbständigen Sicherungsverfahrens nach §§ 413 ff. StPO und die Anordnung der Unterbringung den Strafantrag voraus (RG **73** 156, BGH **31** 132, Geilen JuS 72, 78, Lackner 2, Schlegl NJW 68, 26; and. BGH **5** 140, Bruns JZ 54, 731). Da bei verminderter Schuldfähigkeit ein isoliertes Sicherungsverfahren gegen einen verhandlungsfähigen Täter ausgeschlossen ist, in diesen Fällen also der Verletzte mit dem Strafantragsrecht auch die Entscheidung über die Anordnung der Maßregel in der Hand hat, kann für die Fälle der Schuldunfähigkeit nichts anderes gelten. Vgl. § 77 RN 49 u. § 71 RN 3.

2. Der Täter muß bei der Tat **schuldunfähig** (§ 20) oder **vermindert schuldfähig** (§ 21) **10** gewesen sein. Diese Voraussetzungen müssen feststehen (BGH **34** 26, NStZ **90**, 538, NStZ-RR **99**, 137), auch bei einer Verurteilung nach § 323a (BGH NStZ **96**, 41, NStZ-RR **97**, 102); die bloße Möglichkeit genügt nicht (RG **70** 128, **72** 355). Festzustellen und im Urteil darzulegen ist auch, ob die Einsichts- oder die Steuerungsfähigkeit gefehlt hat (BGH MDR/H **87**, 93, NStE **16**). Bleibt zweifelhaft, ob Schuldunfähigkeit oder nur verminderte Schuldfähigkeit vorgelegen hat und ist deshalb wegen des Satzes in dubio pro reo freizusprechen, so kann § 63 wegen seines Sicherungszwecks trotzdem zur Anwendung kommen (vgl. zu § 42b aF BGH **18** 167 m. abl. Anm. Foth JZ 63, 604, **22** 4 m. Anm. Sax JZ 68, 533, vgl. dazu Geilen JuS 72, 75). Wird dagegen § 21 angewendet, weil sich verminderte Schuldfähigkeit nicht ausschließen läßt, so kommt eine Einweisung nach § 63 nicht in Betracht (BGH MDR/H **81**, 98, NJW **83**, 350, NStZ **86**, 237, NStE **27**; and. Montenbruck, In dubio pro reo, 1985, 132 ff.). Vgl. auch u. 21.

Ebenso wie bei § 21 ist erforderlich, daß der Täter bei der Tat, wegen der er verurteilt worden ist, **11** die Unrechtskenntnis tatsächlich nicht gehabt hat. Es genügt nicht, daß nur festgestellt wird, seine geistigen Fähigkeiten seien vermindert gewesen (BGH **21** 27 m. Anm. Schröder JZ 66, 451 u. Dreher JR 66, 350; vgl. auch BGH NStE **13**, § 21 RN 4). Liegen bei einem Jugendlichen die Voraussetzungen des § 21 vor, so steht der Unterbringung nicht entgegen, daß er zugleich nach § 3 JGG mangels Verantwortungsreife schuldunfähig ist (BGH **26** 67).

Die zZ der Tat bestehende Schuldunfähigkeit muß auf einer **geistigen Erkrankung** oder jedenfalls **12** auf einem **länger andauernden Zustand** beruhen (BGH MDR/D **75**, 724, NStZ **85**, 310, **93**, 181, NStZ-RR **97**, 229, **98**, 174); es genügt nicht, daß sich jemand, mag er auch psychopathische Wesenszüge aufweisen (BGH GA **76**, 221, MDR/H **78**, 803), in einem vorübergehenden Zustand krankhafter Störung der Geistestätigkeit, der auf Alkoholwirkung beruht, strafbar gemacht hat (RG **73** 46, BGH **7** 35, **34** 27, JZ **51**, 695, NStE **19**), es sei denn, die Alkoholsucht beruhe auf geistiger Erkrankung (BGH NStZ **82**, 218, **98**, 406, NStZ-RR **99**, 265, 267, GA **86**, 34) oder schwerer seelischer Abartigkeit (BGH NStE **27**, NStZ **94**, 30 m. Anm. Müller-Dietz NStZ 94, 336, NJW **99**, 1792). Die Unterbringung kann jedoch angeordnet werden, wenn die Erkrankung iVm Alkoholsucht zu gefährlichen Zuständen führt (BGH **7** 36) oder infolge der Erkrankung geringe Mengen Alkohol bereits Schuldunfähigkeit bewirken (BGH **10** 57, **34** 313, **44** 369, MDR/D **75**, 724, NStZ **86**, 332); daher kann § 63 neben einer Verurteilung aus § 323a Anwendung finden (RG HRR **38** Nr. 190, Oldenburg NJW **58**, 1200). Zum pathologischen Rausch vgl. auch BGH **40** 198 m. Anm. Blau JR 95, 117, NStZ-RR **97**, 102, StV **99**, 310. Unterbringung nach § 63 kommt auch in Betracht, wenn der Täter süchtig ist und die Unterbringung in der Entziehungsanstalt ausscheidet, weil infolge der Haft zZ keine Süchtigkeit, wohl aber akute Rückfallgefahr besteht (BGH **10** 353) oder weil eine Entziehungskur von vornherein aussichtslos erscheint. Der länger andauernde Zustand, auf dem die Schuldunfähigkeit beruht, muß Krankheitswert haben; bloßer Charaktermangel reicht nicht aus (BGH **10** 60, MDR/H **81**, 265 f., **83**, 448, NStE **28**; krit. Müller-Dietz NStZ 83, 150), auch nicht eine fehlende Hemmschwelle zum erheblichen Alkoholgenuß (BGH NStZ-RR **98**, 271. Altersmäßig bedingtem Hirnabbau kommt nicht ohne weiteres Krankheitswert zu (BGH MDR/H **76**, 633; krit. dazu Hanack LK 66). Dem Krankheitswert stehen schwere seelische, nicht pathologisch bedingte Abartigkeiten gleich, die in ihrem Gewicht den krankhaften seelischen Störungen entsprechen (BGH **34** 28, NStZ **90**, 122). Nicht pathologisch bedingte Störungen infolge hochgradigen Affekts genügen insoweit noch nicht, sofern sie nicht als länger dauernde Störungen den Täterzustand widerspiegeln (BGH StV **90**, 260). Zum Borderline-Syndrom vgl. BGH NStE **22**, NJW **97**, 1645, Faller NJW 97, 3073. Zu dissozialen Persönlichkeitsstörungen vgl. BGH NStZ-RR **99**, 136. Zu pädophilen Neigungen vgl. BGH StV **2000**, 18.

3. Die Anordnung setzt weiter die **Gefährlichkeit des Täters** für die Allgemeinheit voraus. Die **13** Gesamtwürdigung des Täters und seiner Tat muß ergeben, daß von ihm infolge seines Zustands erhebliche rechtswidrige Taten zu erwarten sind und er deshalb für die Allgemeinheit gefährlich ist. Die Gefährlichkeitsprognose ist auf den Zeitpunkt der Entscheidung abzustellen (vgl. 10 vor § 61); unberücksichtigt hat die Wirkung einer bevorstehenden Strafverbüßung zu bleiben (BGH MDR/H **77**, 460).

a) Vom Täter müssen in Zukunft erhebliche rechtswidrige Taten zu *erwarten* sein. Es muß die **14** Wahrscheinlichkeit solcher Taten bestehen; bloße Wiederholungsmöglichkeit genügt ebensowenig (vgl. RG **73** 305, DR **43**, 233, BGH NJW **51**, 724, MDR/H **79**, 280, NStZ **86**, 572, **93**, 78) wie eine nur latente Gefahr (vgl. BGH NJW **52**, 836, NStZ **99**, 611). Kurz- oder mittelfristige Ungefähr-

Stree

§ 63 15–18   Allg. Teil. Rechtsfolgen d. Tat – Maßregeln d. Besserung u. Sicherung

lichkeit steht einer Gefährlichkeitsprognose nicht entgegen, da diese längerfristig zu stellen ist (BGH NStE 17). Alkoholbedingte Gefahren genügen (BGH MDR/H **94**, 433).

15   b) Die zu erwartenden Taten müssen *erhebliche* sein; es muß eine schwere Störung des Rechtsfriedens drohen (BGH JZ **97**, 686 m. Anm. Laubenthal). Verfehlungen geringen Gewichts reichen nicht aus (vgl. RG DR **45**, 18, BGH NJW **55**, 837, **89**, 2959, StV **92**, 571, Hamm NJW **70**, 1982), auch noch nicht bei sich häufenden Taten (BGH NStE **33**, JZ **97**, 686) oder serienmäßiger Begehung (KG StV **92**, 580). Die Unterbringung darf daher nicht angeordnet werden, wenn zB mit Eingaben an Behörden zu rechnen ist, in denen die Ehre einzelner Personen angegriffen wird, ohne daß diese dadurch ernsthaft in ihrem Rechtskreis bedroht werden (vgl. RG JW **35**, 2367, HRR **38** Nr. 40, KG DRZ **48**, 255, auch BGH NJW **51**, 724). Ebensowenig genügen kleine Diebstähle (vgl. BGH NJW **55**, 837, NStZ-RR **97**, 230), kleine Betrügereien, etwa Zechprellereien (BGH NStZ **92**, 178, Hamm NJW **70**, 1982; vgl. aber noch BGH NJW **67**, 297), idR exhibitionistische Handlungen (BGH NStZ/D **92**, 173, NStZ-RR **99**, 298, Koblenz NStE **26**; vgl. auch BGH NStZ **95**, 228) oder Verstöße gegen das AusländerG (BGH NStZ-RR **97**, 290). Auch dauerndes Randalieren, das zu nervlichen Schädigungen führt, rechtfertigt nicht ohne weiteres die Unterbringung (and. noch Stuttgart Justiz **67**, 99); es müssen erhebliche Schädigungen zu befürchten sein. Die Anforderungen an die Erheblichkeit sind allerdings nicht so hoch anzusetzen wie bei der Sicherungsverwahrung (BGH NJW **76**, 1949, Tröndle/Fischer 8, Lackner 5), es sei denn, der Täter ist nicht behandlungsfähig (Kruis StV **98**, 97). Taten mittlerer Kriminalität können genügen (BGH **27** 248, NJW **89**, 2959), so der Versuch räuberischer Erpressungen (BGH NStE **18**). Für die Erheblichkeit kommt es, sofern sie sich nicht ohne weiteres aus dem Deliktscharakter der drohenden Taten ergibt, auf die zu befürchtende konkrete Ausgestaltung der Taten an (BGH NStZ **95**, 228, **98**, 167). Soweit erhebliche Taten zu erwarten sind, kommt es nicht darauf an, welcher Art sie sind; das Gesetz hat insoweit keine Beschränkungen auf bestimmte Taten vorgenommen (vgl. aber E 62 Begr. 209). Eigentums- und Vermögensdelikte der mittleren Kriminalität genügen zumindest bei Serientaten (BGH MDR/D **75**, 724, NJW **76**, 1949 m. Anm. Hanack JR **77**, 170); sie können aber auch in anderen Fällen genügen (BGH MDR/H **89**, 1051). Künftige Unterlassungstaten reichen jedoch nicht aus (Hanack LK 57).

16   c) Auf Grund der zu erwartenden Taten muß der Täter eine **Gefahr für die Allgemeinheit** bedeuten. Das setzt nicht unbedingt eine Gefahr für eine unbestimmte Vielzahl von Personen voraus. Es genügt, wenn der Täter für einen begrenzten Personenkreis (vgl. BGH LM **Nr. 3** zu § 42 b) oder eine Einzelperson gefährlich ist (vgl. BT-Drs. V/4095 S. 26, BGH **26** 321, MDR/H **95**, 1089; and Jescheck/Weigend 810). Es bedarf aber ein einzelne gehender Feststellungen (BGH NStE **25**). Dagegen ist die Allgemeinheit nicht erheblich betroffen, wenn sich der Täter Opiate verschafft, um damit ausschließlich seine eigene Sucht zu befriedigen (vgl. Düsseldorf JMBlNW **50**, 255, aber auch KG JR **59**, 391); anders kann es sein, wenn sich der Täter diese Mittel durch Straftaten (Betrug, Urkundenfälschung, Rauschgifthandel usw) verschafft. An der Gefährlichkeit für die Allgemeinheit fehlt es ferner, wenn beleidigende Schriftstücke, etwa Flugblätter, ohne weiteres als nicht ernstzunehmende Machwerke eines Geisteskranken zu erkennen sind (vgl. BGH NJW **68**, 1683). Entsprechendes gilt für sofort durchschaubare Betrugsversuche. Leichte Erkennbarkeit des Täters und seiner Taten relativiert im allgemeinen seine Gefährlichkeit und ist deshalb bei der Gesamtwürdigung (u. 18) zu berücksichtigen (BGH NStZ-RR **97**, 230). Keine Gefahr für die Allgemeinheit besteht zudem, wenn alleinige Ursache für die Tat die Beziehung zum Tatopfer ist (BGH MDR/H **94**, 433).

17   d) Die Gefährlichkeit des Täters muß *infolge seines Zustands* bestehen. Das bedeutet nicht, daß ausschließlich die geistige Störung die Gefährlichkeit hervorrufen muß und die erforderliche Kausalitätsbeziehung entfällt, wenn der Täter auch ohne diese Störung gefährlich wäre (BGH **27** 249 m. krit. Anm. v. Hippel JR 78, 387, Hanack LK 61). Es müssen nur rechtswidrige Taten im anomalen biologischen Zustand der Schuldunfähigkeit oder der verminderten Schuldfähigkeit zu erwarten sein. Dieser Zustand muß auf dem geistigen Defekt beruhen, auf den die abzuurteilende Tat zurückzuführen ist (BGH NStZ **86**, 572, NJW **98**, 2986); es muß insoweit ein symptomatischer Zusammenhang bestehen (BGH StV **84**, 508, NStZ **85**, 309, **91**, 528). Der Tat selbst brauchen die zu erwartenden Taten nicht zu entsprechen; sie können anderer Art sein (BGH **24** 136, MDR/H **77**, 106, NJW **98**, 2986 m. Anm. Müller-Dietz StV **99**, 482).

18   e) Die Wahrscheinlichkeit künftiger erheblicher Rechtsverletzungen muß sich aus der *Gesamtwürdigung* des Täters und seiner Tat ergeben (vgl. BGH **27** 248). Zwischen der Tat, die das Verfahren veranlaßt, und der künftigen Gefahr muß ein gewisser Zusammenhang bestehen. Die Tat muß symptomatisch sein, „und zwar symptomatisch für einen Zustand von nicht lediglich vorübergehender Natur, der eine ungünstige Prognose zu begründen geeignet ist" (Exner, Kriminologie, 3. A. 1949, 297; vgl. auch Lenckner aaO 189 f.). Es genügt hierfür, daß sie Ausfluß der geistigen Erkrankung ist, die seine künftige Gefährlichkeit begründet, und daß sie die künftige Gefahr für die Allgemeinheit auf irgendeine Weise erkennen läßt; nicht erforderlich ist, daß die Tat selbst die Allgemeinheit gefährdet oder für sich allein die Gefährlichkeit des Täters ergibt (vgl. RG **69** 243, DR **43**, 890, BGH **5** 140, **20** 232, **24** 136; vgl. auch BGH MDR/D **72**, 196). So reicht aus, wenn die Tat im Zusammenhang mit dem sonstigen Verhalten des Täters auf die künftige Gefahr schließen läßt (vgl. BGH **5** 140). Andererseits darf die Gefährlichkeit nicht ohne weiteres allein aus der Tat gefolgert werden; die Gesamtwürdigung erfordert eine umfassende Rückschau auf das frühere Verhalten im Krankheitszustand (vgl. BGH MDR/H **79**, 280), insb. auch auf die Gründe für die Begehung der bisherigen Delikte (BGH NJW

83, 350). Reine Gelegenheits- oder Konfliktstaten scheiden aus der Gesamtwürdigung aus (BGH StV **84**, 508, NStZ **85**, 309). Ebensowenig spielt für diese die Gewerbsmäßigkeit der Taten eine erhebliche Rolle (BGH NStZ-RR **97**, 230). Ergibt die Gesamtwürdigung die künftige Gefahr erheblicher Rechtsverletzungen, so steht der Unterbringung nicht entgegen, daß die Tat selbst, die den Anlaß hierzu bietet, von geringem Gewicht ist (vgl. BGH **24** 134, LM **Nr. 10** zu § 42b, MDR/D **70**, 730; vgl. o. 8). Die bei der Gesamtwürdigung berücksichtigten und die Gefährlichkeitsprognose begründenden Umstände sind eingehend darzulegen (vgl. BGH NStZ **86**, 237, **92**, 538), so insb., wenn die Tat, auf Grund derer die Unterbringung angeordnet wird, sich gegen eine ganz bestimmte Person gerichtet hat (BGH DAR **90**, 70). Es genügt nicht die bloße Bezugnahme auf die Überzeugungskraft eines ärztlichen Gutachtens (BGH StV **81**, 605).

4. Entgegen dem früheren Recht setzt die Anordnung der Unterbringung nicht voraus, daß diese 19 zur Gefahrenbeseitigung erforderlich ist. Das früher maßgebliche **Subsidiaritätsprinzip ist entfallen** (BGH NJW **78**, 599, Tröndle/Fischer 11, Horn SK 18, M-Zipf II 675; and. Hanack LK 83, Horstkotte LK § 67b RN 11, Müller-Dietz NStZ 83, 149). Auch wenn – abgesehen von einer anderen Maßregel (vgl. § 72 RN 4) – ein weniger einschneidendes Mittel zur Verfügung steht, etwa Übernahme der Betreuung und Überwachung des Täters durch zuverlässige Verwandte, kommt die Anordnung der Unterbringung in Betracht (vgl. BGH NJW **78**, 599, MDR/H **89**, 110, NStE **35**, NStZ-RR **00**, 300). In solchen Fällen bietet § 67b aber die Möglichkeit, die Vollstreckung der Unterbringung auszusetzen. Diese Regelung sichert eine Kontrolle darüber, ob die täterschonenden Mittel zur Gefahrenbeseitigung ausreichen. Vgl. aber BGH NStZ-RR **2000**, 138 zum Entfallen der Gefährdung der Allgemeinheit durch Lösung finanzieller Schwierigkeiten u. Sicherstellung einer Therapie.

III. Liegen die genannten Voraussetzungen vor, dann **muß** die Unterbringung angeordnet werden; 20 sie steht nicht im Ermessen des Gerichts (RG JW **36**, 1971). Die Anordnung hat auch zu erfolgen, wenn die Unterbringung bereits in einem früheren Verfahren ausgesprochen war (BGH MDR/D **56**, 525, NJW **76**, 1949, Bay JR **54**, 150) oder auf Grund bestehender Unterbringungsgesetze verfügt wurde (vgl. o. 1). Darauf, ob die Unterbringung eine Heilung des Betroffenen oder Besserung seines Zustands erwarten läßt, kommt es nicht an (BGH MDR/H **78**, 110, NStZ **90**, 123).

Bei Schuldunfähigkeit tritt die Unterbringung an die Stelle der Strafe. Bei verminderter Schuldfä- 21 higkeit tritt sie neben die Strafe (uU auch lebenslange Freiheitsstrafe). Das bedeutet nicht, daß eine Strafe effektiv verhängt werden müßte. Scheitert dies zB an § 358 II 1 StPO, so kann auch bei verminderter Schuldfähigkeit die Einweisung isoliert erfolgen (BGH **11** 323), desgleichen bei Absehen von Strafe nach § 60 (Hanack LK 90). Entsprechendes gilt, wenn zweifelhaft ist, ob die Voraussetzungen des **§ 20 oder** des **§ 21** vorliegen. Hier ist wegen des Satzes in dubio pro reo eine Bestrafung unmöglich. Die Möglichkeit, daß der Täter nur vermindert schuldfähig war, schließt, da auch bei ihm eine Unterbringung nach Abs. 1 vorgesehen ist, die Unterbringung nicht aus (vgl. o. 10). Allerdings muß feststehen, daß er mindestens vermindert schuldfähig war. Ist nicht auszuschließen, daß er geistig gesund war, so ist weder Strafe noch Maßregel möglich (vgl. Geilen JuS 72, 75). Andererseits ist nach BGH **26** 67 die Unterbringung anzuordnen, wenn bei einem Jugendlichen eine zur verminderten Schuldfähigkeit nach § 21 führende krankhafte Störung und eine die Nichtverantwortlichkeit nach § 3 JGG begründende Entwicklungshemmung zusammentreffen und die besonderen Voraussetzungen des § 63 vorliegen (vgl. auch Hanack LK 16).

Vielfach werden neben den Voraussetzungen des § 63 auch die für die Anordnung einer anderen 22 Maßregel vorliegen. Reicht zur Bekämpfung der Gefahr keine von ihnen allein aus, so können beide nebeneinander angeordnet werden (§ 72); andernfalls ist nur die allein erforderliche Maßnahme anzuordnen (RG **69** 152, 154, JW **39**, 621). Vgl. Anm. zu § 72.

1. Wird ein Strafverfahren eingeleitet, dann wird die Unterbringung in diesem angeordnet. Hierzu 23 ist in der Hauptverhandlung ein Sachverständiger über den geistigen und körperlichen Zustand des Angekl. zu vernehmen (§ 246a StPO; vgl. dazu BGH **9** 1). Eine kurze Untersuchung in der Hauptverhandlung genügt nicht (BGH NJW **68**, 2298). Zur Vorbereitung des Gutachtens schon im Vorverfahren vgl. § 80 a StPO.

2. Steht von vornherein oder nach den Ergebnissen des Ermittlungsverfahrens die Schuldunfähig- 24 keit des Täters fest und kann es daher nicht zu einer Bestrafung kommen, dann kann die StA ein **selbständiges Sicherungsverfahren** einleiten (§§ 413ff. StPO). Gegen vermindert Schuldfähige ist dieses Verfahren zulässig, wenn das Strafverfahren wegen Verhandlungsunfähigkeit des Täters undurchführbar ist (§ 71 I).

IV. Wird die **Unterbringung** neben einer Freiheitsstrafe angeordnet, so wird sie grundsätzlich **vor** 25 **der Strafe vollzogen**. Ein Vorwegvollzug der Strafe ist aber nicht ausgeschlossen (vgl. § 67 und die dort Anm.).

Die Auswahl der Anstalt ist Sache der Vollstreckungsbehörde; das Gericht kann nur die Unter- 26 bringung in einem psychiatrischen Krankenhaus anordnen (OGH **3** 112, BGH MDR/D **72**, 196). Die Anordnung der Unterbringung in einer bestimmten Anstalt durch das Gericht ist nicht zulässig (RG **70** 177, Hamm SJZ **50**, 213 m. Anm. E. Schmidt).

Die Unterbringung **dauert** so lange, wie ihr Zweck es erfordert; sie kann also auch lebenslang 27 dauern (für gesetzliche Befristung der Unterbringung Baur MDR 90, 485; vgl. auch Laubenthal Krause-FS 369ff. mwN). Vor Ablauf bestimmter Fristen ist jedoch zu prüfen, ob die weitere Vollstrekkung auszusetzen ist (§ 67 e). Das erkennende Gericht kann keine frühere Frist für die Überprüfung festsetzen (Karlsruhe MDR **78**, 158). Zur Aussetzung der Vollstreckung vgl. § 67 d II. Zur Berücksichtigung des Verhältnismäßigkeitsgrundsatzes bei Fortdauer des Vollzugs vgl. BVerfG NJW **93**, 778.

28 V. Die Anordnung der Unterbringung ist mit **Rechtsmitteln** selbständig anfechtbar, gleichgültig, ob sie auf Grund der Annahme des § 20 oder des § 21 angeordnet wird (BGH NJW **63**, 1414, **69**, 1578; die Entscheidung RG **71** 266 ist überholt). Sachlich-rechtlich wird sich freilich die Anordnung von der Schuldfrage kaum trennen lassen (BGH **5** 267). Zulässig ist auch die Beschränkung des Rechtsmittels auf die Nichtanordnung der Unterbringung (BGH MDR/H **77**, 460). Der Angekl. kann die Nichtanordnung jedoch mangels Beschwer nicht rügen. Ein Urteil kann jedoch trotz alleiniger Revision des Angekl. wegen fehlerhaften Absehens von der Unterbringung aufgehoben werden (BGH NStZ **98**, 191).

§ 64 Unterbringung in einer Entziehungsanstalt

(1) **Hat jemand den Hang, alkoholische Getränke oder andere berauschende Mittel im Übermaß zu sich zu nehmen, und wird er wegen einer rechtswidrigen Tat, die er im Rausch begangen hat oder die auf seinen Hang zurückgeht, verurteilt oder nur deshalb nicht verurteilt, weil seine Schuldunfähigkeit erwiesen oder nicht auszuschließen ist, so ordnet das Gericht die Unterbringung in einer Entziehungsanstalt an, wenn die Gefahr besteht, daß er infolge seines Hanges erhebliche rechtswidrige Taten begehen wird.**

(2) **Die Anordnung unterbleibt, wenn eine Entziehungskur von vornherein aussichtslos erscheint.**

Schrifttum: Creutz (angeführt zu § 63). – *Lenckner* (angeführt vor § 61). – *Neumann*, § 42 c StGB und seine heutige Anwendungspraxis aus der Sicht eines Krankenhauspsychiaters, MschrKrim. 62, 24. – *Penners*, Zum Begriff der „Aussichtslosigkeit" einer Entziehungskur in § 64 Abs. 2 StGB, 1985 (Diss. Berlin). – *Stree*, Probleme der Unterbringung in einer Entziehungsanstalt, Geerds-FS 581. – Vgl. auch *Dessecker/Egg*, Die strafrechtliche Unterbringung in einer Entziehungsanstalt (Kolloquiumsbeiträge), 1995.

1 I. **Zweck** der **Unterbringung in einer Entziehungsanstalt** ist, zur Sicherung der Allgemeinheit (vgl. BGH **28** 332, NStZ **2000**, 26: bloßer Besserungszweck genügt nicht) den gefährlichen Süchtigen durch Behandlungsmaßnahmen zu bessern (physische und psychische Entwöhnung; vgl. Köln NJW **78**, 2350). Nicht dagegen wird mit ihr ein bloßer Sicherungszweck verfolgt, so daß die Anordnung zu unterbleiben hat, wenn keine konkrete Aussicht auf einen Behandlungserfolg besteht (vgl. u. 11). Entfällt während des Vollzugs die konkrete Aussicht auf einen Behandlungserfolg, so ist die Unterbringung nicht weiter zu vollziehen (vgl. § 67 d RN 15). Die Strafgerichte sind allerdings nicht ausschließlich für eine Unterbringung in einer Entziehungsanstalt zuständig; das Recht und die Pflicht der Verwaltungsbehörden (vgl. § 61 RN 3), nach den für sie maßgebenden Vorschriften für die Unterbringung zu sorgen, bleiben unberührt (vgl. Hanack LK 112). Andererseits kann die Unterbringung nach § 64 auch angeordnet werden, wenn die Verwaltungsbehörden bereits tätig geworden sind (vgl. § 63 RN 1). Zu empirischen Forschungsergebnissen vgl. Dessecker in Dessecker/Egg aaO 18 ff. sowie NStZ **95**, 319.

2 II. Für die Anordnung bestehen drei **Voraussetzungen:** Der Täter muß den Hang haben, alkoholische Getränke oder andere berauschende Mittel im Übermaß zu sich zu nehmen; ferner muß eine rechtswidrige Tat des Süchtigen vorliegen, die er im Rausch begangen hat oder die auf seinen Hang zurückgeht; außerdem muß die Gefahr bestehen, daß er infolge seines Hanges erhebliche rechtswidrige Taten begehen wird. Ist nur eine dieser Voraussetzungen nicht feststellbar, so hat die Anordnung der Unterbringung nach dem Grundsatz in dubio pro reo zu unterbleiben.

3 1. Einen **Hang**, alkoholische Getränke oder andere berauschende Mittel im Übermaß zu sich zu nehmen, hat der Täter dann, wenn eine durch Gewöhnung erworbene Neigung zum übermäßigen Rauschmittelkonsum ihn so beherrscht, daß er ihr immer wieder nachgibt (vgl. BGH **3** 340), also psychische Abhängigkeit besteht (BGHR Hang **1**, NStZ-RR **97**, 291, NStZ **98**, 407). Diese kann auch auf einer Persönlichkeitsstörung beruhen (BGH **44** 338). Physische Abhängigkeit braucht nicht vorzuliegen (BGHR Abs. 1 Hang **4**, NStZ **98**, 407). Nicht erforderlich ist, daß die Gewöhnung auf täglichen oder häufig wiederholten Genuß geht (vgl. RG **74** 218); es genügt, daß jemand von Zeit zu Zeit (Quartalssäufer) oder bei passender Gelegenheit dem Hang folgt (and. Böllinger NK 83). Wer jedoch nur gelegentlich zu viel Alkohol trinkt, ohne daß sich ein Hang entwickelt hat, erfüllt nicht die Voraussetzungen des § 64, mag er auch im Rausch zu rechtswidrigen Taten neigen. Der Hang muß sich auf einen übermäßigen Verbrauch berauschender Mittel erstrecken. Die Unterbringung nach § 64 ist daher unzulässig, wenn jemand, der gewohnheitsmäßig Alkohol in geringen Mengen zu sich nimmt, einmal zu viel trinkt und dann eine rechtswidrige Tat begeht. Das Merkmal „*im Übermaß*" bezieht sich auf körperliche Verträglichkeit, nicht auf wirtschaftliche Leistungsfähigkeit. Im Übermaß nimmt jemand daher berauschende Mittel zu sich, wenn die Mengen so groß sind, daß er sie körperlich nicht vertragen kann, sei es, daß er in einen Rausch gerät oder daß seine Gesundheit oder seine Arbeits- und Leistungsfähigkeit erheblich beeinträchtigt wird (vgl. BGH **3** 339). Nicht dagegen kommt es darauf an, ob der Täter mehr trinkt, als er bezahlen kann.

Neben alkoholischen Getränken kommen alle Mittel in Betracht, die berauschend oder betäubend **4** wirken, zB Cannabis (Marihuana), Haschisch, Kokain, Opium, Morphium, Heroin, Mescalin, LSD, Crack, Amphetamin (vgl. BGH 33 169), Designer-Drogen, Ecstasy, MDMA (vgl. BVerfG StV **97**, 405, LG Stuttgart NStZ **89**, 326, dazu Endriß/Logemann NStZ **90**, 286), MDE (BVerfG StV **97**, 405, BGH **42** 257), Barbiturate, Psychopharmaka. Vgl. Göppinger Kriminologie (5. A. 1997) 585, Hanack LK 56 ff., Körner, BtMG, 4. A. 1994, Anhang C, Rommeney Handwörterbuch der Kriminologie II, 2. A. 1977, 473 sowie die Anlagen zu § 1 I BtMG. Zur Unterbringung bei langjährigem Haschischkonsum vgl. BGH StV **94**, 76 m. krit. Anm. Gebhardt.

2. Erforderlich ist weiter, daß der Süchtige wegen einer **rechtswidrigen Tat** (§ 11 I Nr. 5), die er **5** im Rausch begangen hat oder die auf seinen Hang zurückgeht, verurteilt (Schuldspruch bei Absehen von Strafe genügt; vgl. Hanack LK 27) oder nur deshalb nicht verurteilt wird, weil eine Schuldunfähigkeit erwiesen oder nicht auszuschließen ist. Unerheblich ist die Art der rechtswidrigen Tat. Diese braucht nicht erheblich zu sein (and. Böllinger NK 77). Sie muß jedoch ihre Wurzeln im Hang zum übermäßigen Genuß von berauschenden Mitteln haben (vgl. Celle NJW **58**, 270), auch die Tat im Rausch (BGH NJW **90**, 3282 m. Anm. Stree JR **91**, 162). Mit Strafe bedrohte Fahrlässigkeits-, Versuchs- oder Vorbereitungstaten sowie Teilnahme reichen aus. An einem alkoholbedingten Sexualdelikt kann es trotz Alkoholgenusses bei einer sexuellen Beziehungstat fehlen (BGH NStZ-RR **97**, 67).

a) Zu den *Taten im Rausch* zählen nicht nur die Fälle des § 323 a oder der hangbedingten actio libera **6** in causa, sondern auch sonstige Taten, bei denen der Täter hangbedingt unter dem Einfluß eines Rausches handelt. Verminderte Schuldfähigkeit braucht nicht vorzuliegen (BGH NJW **57**, 637, StV **98**, 75). Ein Irrtum, der auf der rauschbedingten Schuldunfähigkeit beruht, ist unbeachtlich (Hanack LK 24). Das in RN 7 zu § 63 Gesagte gilt entsprechend.

b) *Auf den Hang* zum übermäßigen Genuß berauschender Mittel *geht eine Tat zurück,* wenn sie mit **7** der Gewöhnung in ursächlichem Zusammenhang steht. Es ist nicht erforderlich, daß sie im akuten Rausch begangen wird. Es genügt ein indirekter symptomatischer Zusammenhang der Art, daß die Sucht den sozialen Verfall des Täters verursacht, der ihn auf kriminelle Wege führt (BGH MDR/D **71**, 895, Celle NJW **58**, 270). Dieser Zusammenhang ist zB gegeben, wenn jemand einen Diebstahl, einen Betrug oder eine Urkundenfälschung (Rezeptfälschung) begeht, um berauschende Mittel zu erhalten (vgl. Hanack LK 37). Unerheblich ist, ob die Tat sich unmittelbar auf den Erwerb berauschender Mittel erstreckt oder auf Sachen (Geld usw), mit denen Rauschmittel erworben werden sollen (vgl. BGH MDR/H **90**, 886).

c) Wegen der rechtswidrigen Tat muß entweder eine *Verurteilung* erfolgen (Schuldspruch bei **8** Absehen von Strafe genügt, aber auch lebenslange Freiheitsstrafe; BGH **37** 160) oder die Verurteilung nur deswegen unterbleiben, weil die Schuldunfähigkeit des Täters erwiesen oder nicht auszuschließen ist. Sonstige der Verurteilung entgegenstehende Umstände (zB Strafausschließungsgrund, Verjährung, fehlender Strafantrag) schließen die Unterbringung aus.

3. Die Anordnung setzt zudem die – nach den Verhältnissen zZ der Entscheidung zu beurteilende **9** (vgl. 10 vor § 61, BGH NStZ-RR **97**, 97, StV **98**, 72) – **Gefahr** voraus, daß der Täter infolge seines Hanges **erhebliche rechtswidrige Taten** begehen wird. Die Gefahr geringfügiger Taten reicht hier ebensowenig aus wie bei der Unterbringung in einem psychiatrischen Krankenhaus (vgl. § 63 RN 15), so nicht der Erwerb kleiner Rauschgiftmengen zum Eigenverbrauch (BGH NStZ **94**, 280) oder geringfügige Eigentumsdelikte aus dem Bereich der Beschaffungskriminalität (BGH StV **98**, 74). Im Unterschied zum § 63 verlangt § 64 aber nicht, daß der Täter wegen der zu erwartenden Rechtsverletzungen für die Allgemeinheit gefährlich ist. Auf dieses Zusatzmoment ist wegen des mit der Maßregel verknüpften Besserungszwecks verzichtet worden (vgl. E 62 Begr. 211). Von großer Bedeutung für die Tragweite des § 64 ist das Fehlen des Zusatzmomentes nicht, da mit der Gefahr erheblicher Rechtsverletzungen idR eine Gefahr für die Allgemeinheit (Gefahr für Einzelpersonen genügt) verbunden sein wird. Unter Berufung auf den Sicherungszweck der Maßregel stuft LG Köln MDR **86**, 339 nur solche Taten als erheblich ein, die geeignet sind, das Gefühl der Rechtssicherheit der Bevölkerung zu beeinträchtigen, was bei Rezeptfälschungen zwecks Beschaffung von Medikamenten nicht der Fall sein soll. Die Gefahr künftiger erheblicher Rechtsverletzungen besteht nur, wenn die Wahrscheinlichkeit gegeben ist, daß der Täter infolge seines Hanges rückfällig wird, also Rechtsverletzungen vornehmen wird, die mit seinem Hang in ursächlichem Zusammenhang stehen. Bloße Wiederholungsmöglichkeit genügt nicht (vgl. BGH MDR/H **96**, 880). Der Zusammenhang mit dem erforderlichen Hang ist nicht deswegen zu verneinen, weil außer dem Hang auch weitere Persönlichkeitsmängel eine Disposition für die Begehung von Straftaten begründen (BGH NStZ-RR **97**, 231, NStZ **2000**, 25). Nicht erforderlich ist, daß die zu erwartenden Straftaten mit der abgeurteilten Tat vergleichbar sind; die künftig zu befürchtenden Straftaten müssen nur suchtbedingt sein (BGH NStZ-RR **96**, 257).

4. Ob die Gefahr erheblicher Rechtsverletzungen besteht, ist unabhängig davon zu beurteilen, ob **10** mit gefahrabwendenden Gegenmaßnahmen zu rechnen ist (vgl. Bay VRS **90** 198 m. Anm. Müller-Dietz JR **95**, 515). Das **Subsidiaritätsprinzip ist** in § 64 ebenso wie in § 63 mit dem gesetzgeberischen Verzicht auf das in § 42 c aF enthaltene Erforderlichkeitsmerkmal **entfallen** (and. BGH NStZ **98**, 359, Hanack LK 82). Die Anordnung der Unterbringung hat daher nicht deswegen zu unterbleiben, weil bereits in einem anderen Verfahren die Maßregel angeordnet worden ist (BGH NStZ **92**, 432), der Täter sich einer Behandlung iSv §§ 35, 36 BtMG unterzieht (BGH MDR/H **92**, 932) oder andere Vorkehrungen, zB Weisungen nach § 56 c (Bay VRS **90** 198 m. Anm. Müller-Dietz JR **95**, 515), freiwillige Entziehungskur oder Anschluß an Enthaltsamkeitsverein, der Gefahr entgegenstehen. Für solche Fälle sieht aber § 67 b die Möglichkeit vor, die Vollstreckung der Unterbringung auszusetzen (BGHR § 64 Abs. 1 Gefährlichkeit **4**). Diese Möglichkeit verdient im übrigen den Vorzug vor einem Absehen von der Anordnung der Unterbringung, da mit ihr die Kontrolle gewahrt bleibt, ob täterschonende Mittel zur Gefahrenbeseitigung ausreichen. Vgl. auch § 63 RN 19.

11   **5.** Ist die Unterbringung in einer Entziehungsanstalt wegen **Aussichtslosigkeit der Entziehungskur** zur Einwirkung auf den Täter nicht sinnvoll, so hat die Anordnung zu unterbleiben (Abs. 2). Die Einschränkung ist eingefügt worden, weil mit der Maßregel des § 64 ein Besserungszweck verfolgt wird, nicht ein von diesem losgelöster Sicherungszweck (vgl. BT-Drs. V/4095 S. 26). Nach Abs. 2 muß eine Entziehungskur von vornherein aussichtslos erscheinen. Gegen die sich hieraus ergebende Konsequenz, daß im Zeitpunkt der Aburteilung keinerlei Aussicht auf eine erfolgreiche Entziehungskur bestehen darf, nicht einmal eine ganz geringe Chance (vgl. 24. A.), hat sich BVerfGE **91** 1 m. abw. Meinung Graßhof BVerfGE **91** 23 ausgesprochen (krit. dazu Lackner 1, Stree Geerds-FS 581, Müller-Dietz JR **95**, 358). Nach dieser Entscheidung kommt es nicht auf zweifelsfreies Fehlen jeglicher Eignung zur Heilung von der Sucht an. Vielmehr steht der Anordnung nach § 64 bereits entgegen, wenn sich keine konkrete Aussicht auf einen Behandlungserfolg prognostizieren läßt. Die Unterbringung in einer Entziehungsanstalt darf somit mangels Therapierbarkeit nicht angeordnet werden, wenn keine konkreten Anhaltspunkte festzustellen sind, daß der Süchtige zumindest über eine gewisse Zeitspanne von seiner Sucht geheilt werden kann. Bloße Erklärung des Angekl. vor Verurteilung, sich nicht in einer Entziehungsanstalt therapieren zu lassen, spricht nicht zwingend für Aussichtslosigkeit der Entziehungskur (vgl. BGH NStZ-RR **96**, 85, 163, **97**, 34, Köln NStZ-RR **97**, 360). Zu berücksichtigen ist, ob vom Betroffenen nach einer Anpassungszeit die Mitarbeit an einer Therapie zu erwarten ist. Als Behandlungserfolg ist bereits der Umstand anzusehen, daß der Süchtige für eine gewisse Zeit vor dem Rückfall in die Sucht bewahrt werden kann, so daß bei solcher Aussicht die Unterbringung nicht aussichtslos ist (BGH NStZ **95**, 229). Offen ist geblieben, ob Aussichtslosigkeit in dem genannten Rahmen auch bei Fehlen einer Anstalt für eine erfolgversprechende Behandlung anzunehmen ist. In einem solchen Fall hat der BGH die Anordnung der Unterbringung für geboten erachtet (BGH **28** 327, **36** 199, NStZ-RR **97**, 97; and. LG Dortmund StV **82**, 371). Erweist sich erst im Vollzug die Aussichtslosigkeit sinnvoller Behandlung, so bestimmt das Gericht, daß die Unterbringung nicht weiter zu vollziehen ist (vgl. § 67 d RN 15). Zur BVerfG-Entscheidung aus klinischer Sicht vgl. van der Haar NStZ 95, 315.

11 a   **Kriterien für die Aussichtslosigkeit** sind in erster Linie suchtbezogene Umstände, insb. Art und Stadium der Sucht, bereits eingetretene physische und psychische Veränderungen und Schädigungen, frühere Therapieversuche (BGH StraFO **98**, 541) und aktuelles Fehlen einer Therapiebereitschaft (BGH **36** 199). Aber auch sonstige Umstände in der Person des Täters können einer erfolgversprechenden Suchtbehandlung entgegenstehen; fehlende Sprachkenntnisse begründen jedoch nicht ohne weiteres die Aussichtslosigkeit einer Entziehungskur (BGH **36** 202, StV **98**, 74; vgl. dazu Lorbacher NStZ 90, 80). Therapieunwilligkeit allein begründet noch nicht die Aussichtslosigkeit (BGH MDR/H **94**, 761), so nicht, wenn durch Vorwegvollzug der Strafe (§ 67 II) Therapiebereitschaft zu erreichen ist (vgl. Celle JR **82**, 468 m. Anm. Stree). Es muß aber in solchen Fällen jedoch eine konkrete Aussicht erkennbar sein, daß die notwendige Therapiebereitschaft sich einstelle, etwa nach einer Anpassungszeit in der Entziehungsanstalt oder beim Vorwegvollzug der Strafe. Einer konkreten Aussicht auf Erfolg einer (erneuten) Therapie steht noch nicht unbedingt entgegen, daß der Täter nach einer Therapie rückfällig geworden ist oder selbst erfolglos Entgiftungsversuche vorgenommen hat (BGH NStZ-RR **97**, 131).

12   **III.** Liegen die Voraussetzungen des § 64 vor, dann **muß** das Gericht grundsätzlich die **Unterbringung anordnen,** auch dann, wenn eine Suchtbehandlung nach § 35 BtMG ansteht (BGH StV **93**, 302 m. Anm. Wegner). Es hat aber weder deren Dauer festzusetzen (Düsseldorf NStZ-RR **96**, 293) noch zu bestimmen, in welcher Entziehungsanstalt der Süchtige unterzubringen ist. Die Anordnung der Unterbringung tritt neben die Strafe oder ist, sofern die Schuldunfähigkeit erwiesen oder nicht auszuschließen ist, allein auszusprechen. Zulässig ist auch die selbständige Anordnung (§ 71).

13   Beruht die Sucht des Täters auf einer geistigen Erkrankung, so können neben den Voraussetzungen des § 64 auch die des § 63 gegeben sein. Es können dann beide Maßregeln nebeneinander angeordnet werden, wenn keine für sich allein ausreicht, den erstrebten Zweck zu erreichen (§ 72). U. U. können auch noch andere Maßregeln in Betracht kommen. Zur Verbindung von Maßregeln und zur Beschränkung auf einzelne Maßregeln vgl. Anm. zu § 72.

14   **IV.** Wird die **Unterbringung** neben einer Freiheitsstrafe angeordnet, so ist die Maßregel grundsätzlich **vor der Strafe zu vollziehen.** Vgl. § 67 und die dort. Anm., insb. auch zu einem möglichen Vorwegvollzug der Strafe.

15   Die Unterbringung **dauert** höchstens 2 Jahre (§ 67 d I). Diese Frist darf auch im Fall des Widerrufs der Aussetzung einer Unterbringung nicht überschritten werden (vgl. § 67 g IV). Zur Überprüfung der Unterbringung vgl. § 67 e.

V. Ein **Rechtsmittel** kann auf Nichtanordnung der Unterbringung beschränkt werden. Der 16
Angekl. kann sie jedoch nicht rügen, da er nicht beschwert ist, auch nicht im Hinblick auf § 67 (BGH
28 327 m. abl. Anm. Janssen/Kausch JA **81**, 202, NStE **3**, Köln NJW **78**, 2350; and. Tolksdorf Stree/
Wessels-FS 753). Dagegen soll nach BGH **37** 5, NStZ **92**, 33 das Revisionsgericht im Rahmen
einer Sachrüge des Angekl. prüfen dürfen, ob von einer Anordnung nach § 64 zu Recht abgesehen worden
ist (vgl. dazu Tolksdorf aaO 761, Hanack JR **93**, 430). Der Angekl. kann aber die Nichtanwendung
des § 64 von seiner Revision ausnehmen (BGH **38** 362, VRS **92** 205). Ist das jedoch iVm einer
Beschränkung der Revision auf Nichtaussetzung der Strafe erfolgt, so ist eine solche Beschränkung
unwirksam (BGH NStZ **94**, 449). Zur Anordnung der Unterbringung in einer seiner Rehabilitation
auf Rechtsfolgenausspruch Bay JR **96**, 79 m. Anm. Loos.

VI. Zur Möglichkeit, die **Vollstreckung** der Maßregel **zurückzustellen**, vgl. § 35 BtMG. Vor- 17
aussetzung ist, daß der Verurteilte die der Maßregelanordnung zugrundeliegende Straftat auf Grund
einer Betäubungsmittelabhängigkeit begangen und deswegen eine Freiheitsstrafe von nicht mehr als
2 Jahren erhalten hat (selbständige Anordnung der Unterbringung läßt Zurückstellung nicht zu; Maatz
MDR **88**, 11). Ferner muß er sich wegen seiner Abhängigkeit in einer seiner Rehabilitation
dienenden Behandlung befinden oder zusagen, sich einer solchen Behandlung zu unterziehen; bei der
Zusage muß der Behandlungsbeginn gewährleistet sein. Die Zurückstellungsmöglichkeit gilt nach
§ 35 II BtMG entsprechend für eine Gesamtfreiheitsstrafe von nicht mehr als 2 Jahren und für einen
zu vollstreckenden Rest gleicher Höhe bei höheren Freiheits- oder Gesamtfreiheitsstrafen. Von der
Zurückstellungsmöglichkeit unberührt bleibt die Möglichkeit der Aussetzung nach § 67 b. Diese geht
der Zurückstellung vor. Unberührt von § 35 BtMG bleibt überdies die Anordnung nach § 64 (BGH
StV **95**, 635, NStZ-RR **96**, 228, 257, **97**, 344).

§ 65 [Unterbringung in einer sozialtherapeutischen Anstalt]

aufgehoben durch Art. 2 StVollzÄndG zugunsten einer Vollzugslösung. Vgl. §§ 9, 123 ff. StVollzG.

§ 66 Unterbringung in der Sicherungsverwahrung

(1) **Wird jemand wegen einer vorsätzlichen Straftat zu zeitiger Freiheitsstrafe von mindestens zwei Jahren verurteilt, so ordnet das Gericht neben der Strafe die Sicherungsverwahrung an, wenn**

1. **der Täter wegen vorsätzlicher Straftaten, die er vor der neuen Tat begangen hat, schon zweimal jeweils zu einer Freiheitsstrafe von mindestens einem Jahr verurteilt worden ist,**
2. **er wegen einer oder mehrerer dieser Taten vor der neuen Tat für die Zeit von mindestens zwei Jahren Freiheitsstrafe verbüßt oder sich im Vollzug einer freiheitsentziehenden Maßregel der Besserung und Sicherung befunden hat und**
3. **die Gesamtwürdigung des Täters und seiner Taten ergibt, daß er infolge eines Hanges zu erheblichen Straftaten, namentlich zu solchen, durch welche die Opfer seelisch oder körperlich schwer geschädigt werden oder schwerer wirtschaftlicher Schaden angerichtet wird, für die Allgemeinheit gefährlich ist.**

(2) **Hat jemand drei vorsätzliche Straftaten begangen, durch die er jeweils Freiheitsstrafe von mindestens einem Jahr verwirkt hat, und wird er wegen einer oder mehrerer dieser Taten zu zeitiger Freiheitsstrafe von mindestens drei Jahren verurteilt, so kann das Gericht unter der in Absatz 1 Nr. 3 bezeichneten Voraussetzung neben der Strafe die Sicherungsverwahrung auch ohne frühere Verurteilung oder Freiheitsentziehung (Absatz 1 Nr. 1 und 2) anordnen.**

(3) **Wird jemand wegen eines Verbrechens oder wegen einer Straftat nach den §§ 174 bis 174 c, 176, 179 Abs. 1 bis 3, §§ 180, 182, 224, 225 Abs. 1 oder 2 oder nach 323 a, soweit die im Rausch begangene Tat ein Verbrechen oder eine der vorgenannten rechtswidrigen Taten ist, zu zeitiger Freiheitsstrafe von mindestens zwei Jahren verurteilt, so kann das Gericht neben der Strafe die Sicherungsverwahrung anordnen, wenn der Täter wegen einer oder mehrerer solcher Straftaten, die er vor der neuen Tat begangen hat, schon einmal zu Freiheitsstrafe von mindestens drei Jahren verurteilt worden ist und die in Absatz 1 Nr. 2 und 3 genannten Voraussetzungen erfüllt sind. Hat jemand zwei Straftaten der in Satz 1 bezeichneten Art begangen, durch die er jeweils Freiheitsstrafe von mindestens zwei Jahren verwirkt hat und wird er wegen einer oder mehrerer dieser Taten zu zeitiger Freiheitsstrafe von mindestens drei Jahren verurteilt, so kann das Gericht unter den in Absatz 1 Nr. 3 bezeichneten Voraussetzungen neben der Strafe die Sicherungsverwahrung auch ohne frühere Verurteilung oder Freiheitsentziehung (Absatz 1 Nr. 1 und 2) anordnen. Die Absätze 1 und 2 bleiben unberührt.**

(4) **Im Sinne des Absatzes 1 Nr. 1 gilt eine Verurteilung zu Gesamtstrafe als eine einzige Verurteilung. Ist Untersuchungshaft oder eine andere Freiheitsentziehung auf Freiheitsstrafe angerechnet, so gilt sie als verbüßte Strafe im Sinne des Absatzes 1 Nr. 2. Eine frühere Tat bleibt außer Betracht, wenn zwischen ihr und der folgenden Tat mehr als fünf Jahre**

§ 66 1–3   Allg. Teil. Rechtsfolgen d. Tat – Maßregeln d. Besserung u. Sicherung

verstrichen sind. In die Frist wird die Zeit nicht eingerechnet, in welcher der Täter auf behördliche Anordnung in einer Anstalt verwahrt worden ist. Eine Tat, die außerhalb des räumlichen Geltungsbereichs dieses Gesetzes abgeurteilt worden ist, steht einer innerhalb dieses Bereichs abgeurteilten Tat gleich, wenn sie nach deutschem Strafrecht eine vorsätzliche Tat, in den Fällen des Absatzes 3 eine der Straftaten der in Absatz 3 Satz 1 bezeichneten Art wäre.

Vorbem. Abs. 3 eingefügt durch Ges. v. 26. 1. 1998, BGBl. I 160, u. geändert durch 6. StrRG v. 26. 1. 1998, BGBl I 164. Abs. 3 aF jetzt Abs. 4 u. dessen S. 5 geändert durch Ges. v. 26. 1. 1998, BGBl. I 160. Abs. 3 ist nach Art. 1 a II EGStGB nur anwendbar, wenn die in Abs. 3 genannten Taten nach dem 31. 1. 1998 begangen worden sind.

Geltungsbereich: Bisherige Einschränkungen für die Anwendung des § 66 (vgl. 24. A.) gelten nach dem Ges. zur Rechtsvereinheitlichung der Sicherungsverwahrung v. 16. 6. 1995, BGBl I 818, nicht mehr für Straftaten, die nach dem 1. 8. 1995 verübt worden sind. Nach dem durch dieses Ges. neugefaßten Art. 1 a EGStGB gilt nunmehr folgendes: § 66 ist uneingeschränkt auf Taten anwendbar, die nach dem 1. 8. 1995 im Geltungsbereich des StGB begangen worden sind oder die § 66 schon bisher erfaßt hat. Bei sonstigen Taten nach dem 1. 8. 1995 muß im Fall des § 66 I eine Verurteilung zu einer zeitigen Freiheitsstrafe von mindestens 2 Jahren wegen einer Vorsatztat erfolgt und im Fall des § 66 II eine zeitige Freiheitsstrafe von mindestens 1 Jahr wegen einer Vorsatztat verwirkt sein. Krit. zum Ges. v. 1995 Kinzig NJ 97, 63.

Schrifttum: Allen, Die Behandlung der gefährlichen Gewohnheitsverbrecher im englischen Strafrecht, ZStW 80, 163. – *Beyer,* Die Gesamtstrafe als Vorverurteilung usw, NJW 71, 1597. – *Bockelmann,* Studien zum Tätersrafrecht, Teil I 1939, Teil II 1940. – *Dreher,* Liegt die Sicherungsverwahrung im Sterben?, DRiZ 57, 51. – *ders.,* Zur Auslegung des § 42 e Abs. 1 StGB usw, MDR 72, 826. – *Engisch,* Zur Idee der Täterschuld, ZStW 61, 166. – *Frey,* Der frühkriminelle Rückfallverbrecher, 1951. – *Geisler,* Die Sicherungsverwahrung im englischen und deutschen Strafrecht, 1967. – *Greiser,* Die Serientat und der schwere wirtschaftliche Schaden, NJW 71, 789. – *Heinke,* Die Frühkriminellen in der Sicherungsverwahrung, Blätter für Gefängniskunde Bd. 73 S. 2 f. – *Hellmer,* Der Gewohnheitsverbrecher und die Sicherungsverwahrung, 1934–1945, 1961. – *ders.,* Hangtäterschaft und Berufsverbrechertum, ZStW 73, 441. – *ders.,* Verurteilung als gefährlicher Gewohnheitsverbrecher, NJW 62, 2040. – *Lang-Hinrichsen,* Probleme der Sicherungsverwahrung, Maurach-FS 311. – *Lenckner* (angeführt vor § 61) 199 ff. – *Lotz,* Der gefährliche Gewohnheitsverbrecher, 1939 (KrimAbh. Heft 41). – *Maetzel,* Überleitungsprobleme der „alten" Sicherungsverwahrten, MDR 71, 85. – *ders.,* Zum Zweck der Maßregel der Sicherungsverwahrung, NJW 70, 1263. – *H. Mayer,* Behandlung der Rezidivisten (gefährliche Gewohnheitsverbrecher) im deutschen Strafrecht, ZStW 80, 139. – *Mezger,* Tätersrafrecht, DStR 34, 125, 145. – *Möller,* Die Entwicklung der Lebensverhältnisse von 135 Gewohnheitsverbrechern und über Maßregeln der Sicherung und Besserung (2. A.), in: Pfundtner-Neubert, Das neue Reichsrecht II c 10. – *Neu,* Die erhebliche Straftat gemäß § 42 e Abs. 1 Nr. 3 usw, MDR 72, 915. – *Röhl,* Fragen und Fragwürdigkeit der Sicherungsverwahrung, JZ 55, 145. – *Sauerlandt,* Zur Praxis der Sicherungsverwahrung in Rechtsprechung und Vollzug, MonKrimBiol. 38, 305. – *L. Schäfer-Wagner-Schafheutle,* Gesetz gegen gefährliche Gewohnheitsverbrecher und über Maßregeln der Sicherung und Besserung, 1934. – *Schafheutle,* Anwendbarkeit des § 20 a bei Begehung von Straftaten in zeitlich rascher Folge aufgrund eines einheitlichen Entschlusses, JZ 53, 45. – *Schnell,* Anlage und Umwelt bei fünfhundert Rückfallverbrechern, 1935 (KrimAbh. Heft 22). – *Schwaab,* Die soziale Prognose bei rückfälligen Vermögensverbrechern, 1939 (KrimAbh. Heft 43). – *Seibert,* Gewohnheitsverbrecher und Sicherungsverwahrung, DRiZ 55, 137. – *Stree,* Deliktsfolgen und Grundgesetz, 1960. – *Sveri,* Die Behandlung der gefährlichen Gewohnheitsverbrecher in den nordischen Ländern, ZStW 80, 176. – *Weihrauch,* Die materiellen Voraussetzungen der Sicherungsverwahrung, NJW 383, 1897. – Vgl. auch *Krebs,* Sicherungsverwahrung, in: Handwörterbuch d. Kriminologie III, 2. A. 1975, 168.

1   **I.** Die Vorschrift über **Sicherungsverwahrung** entspricht in ihren Abs. 1 u. 2 weitgehend § 42 e aF. Mit dem neuen Abs. 3 ist diese trotz einiger Stimmen, die für ihre Abschaffung eintreten, erheblich erweitert worden. Zur Praxis der Sicherungsverwahrung und für deren Abschaffung Kinzig ZStW 109 122; vgl. dazu Diskussionsbeiträge ZStW 109 165 ff. Für Abschaffung auch Böllinger NK 41.

2   Die Sicherungsverwahrung stellt die einschneidendste Maßregel des Strafrechts dar. Bei ihr überwiegt die **Sicherungsfunktion.** Ihr Zweck ist in erster Linie, die Allgemeinheit vor gefährlichen Hangtätern zu sichern. Der Besserungsgesichtspunkt scheidet jedoch nicht völlig aus (vgl. Jescheck/Weigend 814, auch § 67 a II).

3   Gegen die Sicherungsverwahrung sind aus **verfassungsrechtlicher** Sicht (Art. 1 I GG) **Bedenken** geltend gemacht worden (vgl. Weichert StV 89, 265). Wer um des Sicherungsbedürfnisses der Gemeinschaft willen seine Freiheit verliere, werde zum bloßen Mittel für die Zwecke anderer herabgewürdigt (H. Mayer AT 36, 380). Mit der Sicherungsverwahrung werde der Verbrecher wie „unbrauchbares Material" behandelt, das unschädlich gemacht werden müsse (Hall ZStW 70, 54). Diese Ansicht verkennt jedoch, daß der Freiheit des Einzelnen die Sozialbindung immanent ist (vgl. BVerfGE **4** 15, **7** 323). Wer die so gebundene Freiheit verbrecherisch mißbraucht und voraussichtlich weiterhin mißbrauchen wird, wird in seiner Menschenwürde nicht verletzt, wenn die Gemeinschaft ihm die Freiheit entzieht und dadurch weiterem Mißbrauch zwecks Aufrechterhaltung der Rechtsordnung vorbeugt (Stree aaO 223; vgl. auch Bockelmann, Niederschriften Band 1 S. 56, 247, Welzel ebenda S. 60, 267, Bruns ZStW 71, 211, Hanack LK 21, Jescheck/Weigend 814). I. E. ebenso Sax in

Bettermann-Nipperdey-Scheuner, Die Grundrechte III/2 S. 964 ff., der zwar einen Eingriff in die Menschenwürde bejaht, ihn aber für zulässig hält, weil er „zur Sozialverteidigung faktisch unerläßlich notwendig, aber auch notwehrrechtlich erforderliche Verteidigung" sei, sofern er sich „nach Reaktionsanlaß und Reaktionsmaß" auf das Unerläßliche beschränke. Dieser Beschränkung hat der Gesetzgeber durch Fixierung des Verhältnismäßigkeitsgrundsatzes in § 62 Rechnung getragen.

II. Die Sicherungsverwahrung bei Tätern mit mehreren Vorstrafen (Abs. 1)   4

1. Vorausgesetzt wird zunächst, daß der Täter wegen vorsätzlicher Straftaten, die er vor der jetzt 5 abzuurteilenden Tat begangen hat, schon mehrmals, mindestens **zweimal verurteilt** worden ist, und zwar jeweils zu Freiheitsstrafe von mindestens einem Jahr.

a) Es muß sich um **vorsätzliche Straftaten** handeln. Fahrlässigkeitsdelikte scheiden hier auch 6 dann aus, wenn eine Freiheitsstrafe von über einem Jahr verhängt worden sein sollte. Zu den Vorsatztaten zählen auch die Delikte, bei denen das Gesetz Vorsatz und Fahrlässigkeit kombiniert (§ 11 II). Im übrigen kommen Straftaten aller Art in Betracht, sowohl Verbrechen wie auch Vergehen, ebenso Versuchs- oder Teilnahmehandlungen oder Taten nach § 30.

b) Die Straftaten müssen **vor** der Tat, die jetzt zur Aburteilung steht, **begangen und** auch, da 7 andernfalls eine Gesamtstrafe (vgl. u. 8) zu bilden wäre, vor Begehung der jetzt abzuurteilenden Tat **abgeurteilt** worden sein. Weitere Voraussetzungen für die Reihenfolge der Taten oder Verurteilungen stellt das Gesetz nicht auf (Tröndle/Fischer 5 a, Streng, Strafrechtl. Sanktionen, 1991, 149; and. BGH 35 6, Hanack LK 30, Jescheck/Weigend 815: die zur 2. Vorverurteilung führende Tat muß nach Rechtskraft der 1. Vorverurteilung begangen sein; ein rechtskräftiger Schuldspruch genügt nach BGH 38 258 noch nicht). Die maßgebliche Warnfunktion eines Urteils wirkt sich entgegen der BGH-Ansicht nicht erst mit dessen Rechtskraft aus (vgl. u. 16). Zur Nichtberücksichtigung länger zurückliegender Taten vgl. u. 68 f.

c) Maßgebend sind nur **rechtskräftige** Vorverurteilungen (auch Verhängung einer Jugendstrafe 8 sowie Verurteilungen im Ausland; vgl. u. 63). Hinsichtlich einer Gesamtstrafe gilt als eine einzige Verurteilung (Abs. 4). Werden mehrere Strafen nachträglich gem. **§ 55 oder § 460 StPO** zu einer Gesamtstrafe zusammengezogen oder hätte aus ihnen eine Gesamtstrafe gebildet werden können (BGH NStZ/D **91**, 278), so verlieren sie ebenfalls ihren Charakter als selbständige Strafen; es liegt dann wie bei der ursprünglichen Gesamtstrafe nur eine Verurteilung vor (vgl. RG **68** 151, JW **39**, 619, BGH StV **82**, 420, NStZ/T **87**, 166, Tröndle 5, Lackner 5), auch dann, wenn Einzelstrafen zu Unrecht rechtskräftig zu einer Gesamtstrafe zusammengezogen worden sind (and. RG HRR **35** Nr. 829). Zwei iSv Abs. 1 selbständige Vorverurteilungen liegen ferner nicht vor, wenn eine Gesamtstrafe nur deshalb nachträglich nicht gebildet werden konnte, weil die frühere Strafe bereits verbüßt oder erlassen war (vgl. § 55 RN 1, 19). Zweimalige Verurteilung setzt im übrigen 2 gesonderte Urteile voraus. An ihr fehlt es, wenn 2 in einem Urteil verhängte Einzelstrafen nachträglich gem. § 460 StPO in 2 gesonderte Gesamtstrafen einbezogen werden (BGH **30** 220).

d) Bei beiden Verurteilungen muß **Freiheitsstrafe von mindestens einem Jahr** verhängt worden 9 sein, eines der Kriterien, denen das Gesetz die Gefährlichkeit des Täters und damit das Bedürfnis nach verstärkter Sicherung vor diesem Täter entnimmt. Stützt sich die Verurteilung auf die Annahme einer fortgesetzten Tat, so entspricht sie den Voraussetzungen auch dann, wenn Fortsetzungszusammenhang rechtsirrtümlich angenommen worden ist (BGH GA **74**, 307) oder wenn jetzt nach BGH (GrS) **40** 138 eine Beurteilung als fortgesetzte Tat nicht mehr zulässig ist (BGH **41** 97). Unerheblich ist, daß die Strafe für einen minder schweren Fall verhängt wurde (vgl. BGH MDR/H **94**, 761: § 250 II) oder zur Bewährung ausgesetzt war. Zweifelhaft ist, ob bei tateinheitlichem Zusammentreffen einer Vorsatztat mit einer Fahrlässigkeitstat entspr. einer Jugendstrafe nach § 31 JGG (vgl. u. 10) die Urteilsgründe erkennen lassen müssen, daß die erforderliche Freiheitsstrafe auf der Vorsatztat beruht (bejahend Horn SK 8). Abgesehen von den Schwierigkeiten einer Klärung (vgl. BGH NJW **99**, 3723) besteht kein hinreichender Grund, bei Vorsatztaten in Tateinheit mit Fahrlässigkeitstaten anders vorzugehen als bei einer Kombination von Vorsatz u. Fahrlässigkeit (vgl. dazu o. 6), d. h. maßgebend ist nur, daß auf die erforderliche Freiheitsstrafe erkannt worden ist. Bei der Gesamtwürdigung, ob auf einen Hang zu erheblichen Straftaten zu schließen ist (vgl. u. 19 ff.), ist jedoch die Vorsatztat entscheidend.

Bei einer **Gesamtstrafe** sind die in ihr enthaltenen Einzelstrafen maßgebend. Ausreichend, aber 10 auch erforderlich ist, daß eine der Einzelstrafen auf mindestens 1 Jahr Freiheitsstrafe lautet. Vgl. BGH **24** 243, 345, **30** 221, **34** 321, NJW **72**, 1869, Horstkotte JZ **70**, 155, Hanack LK 32, Jescheck/Weigend 815, Lackner 5, Beyer NJW **71**, 1597, Koffka JR **71**, 427, Blei JA **72**, 310; and. RG JW **34**, 3130. Entsprechendes gilt für eine einheitliche **Jugendstrafe** nach § 31 JGG; sie muß erkennen lassen, daß der Täter wenigstens für eine der zugrundeliegenden Vorsatztaten eine Jugendstrafe von mindestens einem Jahr verwirkt hätte (BGH **26** 152; vgl. auch BGH MDR/H **80**, 628, StV **89**, 248, **98**, 343 NStZ **96**, 331), und zwar nach der Bewertung des früheren Richters (BGH MDR/H **87**, 799, NStE **19**).

e) Die Verurteilung ist auch dann zu berücksichtigen, wenn die zur Bewährung ausgesetzte **Strafe** 11 **erlassen** wurde. Die abgeurteilte Tat bleibt trotz der Bewährung des Täters für die Feststellung seines Hanges und seiner Gefährlichkeit immer noch ein Indiz. Anders ist es nur, wenn die in Abs. 4 festgelegte Frist eingreift. Vgl. dazu u. 60 ff.

§ 66 12–20   Allg. Teil. Rechtsfolgen d. Tat – Maßregeln d. Besserung u. Sicherung

12   f) Erforderlich ist eine Verurteilung zu Freiheitsstrafe; die Anordnung einer **Unterbringung** nach § 63 **genügt nicht** (RG DJ **39**, 479), ebensowenig die an Stelle einer Geldstrafe tretende Ersatzfreiheitsstrafe (RG DJ **35**, 1769), wohl aber Jugendstrafe (BGH **12** 129, **26** 153, Bay **60**, 272, Jescheck/Weigend 815; zweifelnd BGH **21** 11; and. Eisenberg § 17 JGG RN 37).

13   2. Der Täter muß weiter wegen einer oder mehrerer dieser früheren Taten eine **Freiheitsstrafe von mindestens 2 Jahren verbüßt** haben oder sich für die gleiche Zeit im Vollzug einer freiheitsentziehenden Maßregel befunden haben. Die Verbüßung einer mindestens zweijährigen Jugendstrafe genügt (and. Eisenberg § 17 JGG RN 37).

14   a) Ohne Bedeutung ist, ob die Freiheitsstrafe von mindestens 2 Jahren nur wegen einer der mehreren Taten **verbüßt** ist oder ob sie die Summe von Freiheitsstrafen geringeren Umfangs, die für mehrere der Taten verhängt worden sind, darstellt (vgl. Lenckner aaO 202). Für die Maßregeln der Besserung und Sicherung gilt Entsprechendes; es genügt auch vorherige Sicherungsverwahrung. Ausreichend ist, wenn der Täter wegen einer Tat 2 Jahre, wegen der anderen überhaupt keine Freiheitsstrafe verbüßt hat oder wenn sich die zweijährige Freiheitsentziehung aus Strafverbüßung und Maßregelvollzug zusammensetzt. Wird eine Gesamtstrafe verbüßt, so bezieht sich die Verbüßung auf sämtliche darin einbezogenen Einzelstrafen; in der Gesamtstrafe muß aber mindestens 1 Jahr Freiheitsstrafe für eine Vorsatztat enthalten sein (vgl. o. 10).

15   b) Der Strafverbüßung ist gem. Abs. 4 die **Anrechnung der Untersuchungshaft** oder einer anderen Freiheitsentziehung gleichzusetzen, auch dann, wenn durch die Anrechnung die Freiheitsstrafe in vollem Umfang als verbüßt gilt oder es sich um eine nach § 51 III angerechnete Freiheitsentziehung im Ausland handelt. Das kann jedoch dann nicht gelten, wenn zwar U-Haft angerechnet, die Strafe aber zur Bewährung ausgesetzt und erlassen wurde, da dann eine „Verbüßung" trotz § 51 nicht erfolgt ist. Sonst würde sich die dem sich bewährenden Täter gewährte Wohltat negativ für ihn auswirken (Hanack LK 37). Bei Nichtbewährung besteht für diese Einschränkung kein Anlaß. Vgl. für die Frage der Verurteilung aber o. 11. Angerechneten Freiheitsentziehungen stehen anders als nach § 57 IV sonstige Anrechnungen nicht gleich, auch nicht eine nach § 36 BtMG angerechnete Behandlungszeit (Tröndle/Fischer 6).

16   3. Nach den 2 Verurteilungen und einem Freiheitsentzug von mindestens 2 Jahren muß der Täter eine neue **Vorsatztat** begangen haben, durch die eine **zeitige** (nicht lebenslange; BGH **33** 398 m. Anm. Maatz NStZ 86, 476 u. Müller-Dietz JR 87, 28) **Freiheitsstrafe** von **mindestens 2 Jahren** verwirkt ist. Unerheblich ist, daß der Täter daneben wegen einer anderen Tat lebenslange Freiheitsstrafe verwirkt hat (BGH NJW **85**, 2839 m. Anm. Müller-Dietz JR 86, 340) und dann auf lebenslange Freiheitsstrafe als Gesamtstrafe erkannt wird (BGH **34** 138). Zweifelhaft ist, ob die Tatzeit stets nach Rechtskraft der Vorverurteilungen liegen muß. Der Gesetzeszweck bedingt keine solche Einschränkung (and. BGH **35** 12, Hanack LK 43, Lackner 4). Der Warnappell, dessen Mißachtung auf die kriminelle Intensität des Täters deutet, ist von der Rechtskraft unabhängig (vgl. auch Tröndle 5 a). Rechtskraft der Vorverurteilungen muß jedoch bei Aburteilung der neuen Tat vorliegen. Diese muß eine Vorsatztat sein; es genügt eine Tat iSv § 11 II. Unerheblich ist, ob es sich um Täterschaft oder Teilnahme handelt, ob die Tat vollendet oder nur versucht ist (RG **71** 15, BGH NJW **56**, 1078). Bei Gesamtstrafen muß mindestens eine Einzelstrafe 2 Jahre betragen, da die erforderliche Gesamtstrafe wegen *einer* vorsätzlichen Straftat verwirkt sein muß (BGH NJW **72**, 834, 1869, MDR/H **80**, 272, Jescheck/Weigend 815). Eine nach § 55 in die Gesamtstrafe einbezogene Strafe genügt jedoch nicht (BGH MDR/H **82**, 447).

17, 18   Auch ein Vergehen nach § 323 a reicht aus (vgl. RG **73** 177 m. Anm. v. Weber DR 39, 1150, BGH GA **63**, 146). Wer wiederholt im Vollrausch Gewalttätigkeiten begangen hat, bildet für die Allgemeinheit eine Gefahr, sofern er Alkohol zu sich nimmt. Dabei ist ohne Bedeutung, ob die Rauschtat vorsätzlich oder fahrlässig begangen worden ist; die Berauschung muß jedoch vorsätzlich erfolgt sein.

19   4. Die **Gesamtwürdigung** des Täters und seiner Taten muß ergeben, daß er einen **Hang** zu erheblichen Straftaten besitzt und deshalb für die Allgemeinheit gefährlich ist (vgl. BGH **1** 98, NJW **53**, 673). Von einem solchen Hang ist auszugehen, wenn jemand dauernd zu Straftaten entschlossen ist oder bei sich bietender Gelegenheit aufgrund einer fest eingewurzelten Neigung immer wieder straffällig wird (BGH NStZ **99**, 502). Nicht ausdrücklich angeführt ist das Merkmal der Erforderlichkeit der Sicherungsverwahrung im Interesse der öffentlichen Sicherheit. Es ist entbehrlich, da die Kriterien des Hangtäters und seiner Gefährlichkeit ausreichen, um die Erforderlichkeit der Sicherungsverwahrung hinreichend exakt zu bestimmen. Es handelt sich um eine Ausprägung des Verhältnismäßigkeitsgrundsatzes (Köln MDR **71**, 154). Die Regelung des Abs. 1 Nr. 3 ist verfassungsmäßig (BVerfG NStZ-RR **96**, 122).

20   Das Gesetz begnügt sich daher für die Bestimmung der Gefährlichkeit eines Hangtäters weder mit einer Anzahl bestimmter Straftaten noch überläßt es die Bestimmung der Gefährlichkeit völlig dem Richter. Beide Möglichkeiten werden vielmehr kombiniert. Die Feststellung, daß der Angekl. mehrere Straftaten begangen hat, stellt bereits ein gewisses Indiz für seine Rückfälligkeit und damit seinen Hang zu Straftaten dar. Daneben muß das Gericht die Persönlichkeit des Täters würdigen und feststellen, ob seine Taten, die jetzige ebenso wie die früheren, den Schluß auf einen Hangverbrecher rechtfertigen. Zu den Voraussetzungen der Gesamtwürdigung vgl. auch BGH NStE **13**.

Da der Gesetzgeber die Sicherungsverwahrung auf die ganz schweren Fälle der Kriminalität **21** beschränken wollte, ist Abs. 1 Nr. 3 **restriktiv** auszulegen (vgl. Schleswig SchlHA **71**, 67, Jescheck/ Weigend 816, Weihrauch NJW 70, 1897).

a) Maßgebend ist zunächst, ob die Gesamtwürdigung der Persönlichkeit das Bild des **Hangtäters** **22** ergibt. Die Täterpersönlichkeit ist nicht nur aus den Straftaten zu beurteilen; heranzuziehen sind vielmehr auch Handlungen und Vorgänge außerhalb dieser Taten, zB ständiger Verkehr in Verbrecherkreisen, nicht jedoch zulässiges Verteidigungsverhalten (BGH NStZ **93**, 37). Als Symptome des Hangtäters kommen ua folgende Merkmale in Betracht (Exner, Kriminologie [3. A. 1949] 284, 293, DJ **43**, 377):

α) Wichtig ist einmal die *Herkunft* des Täters. Stammt er aus einer Familie, in der Psychopathie, **23** Trunksucht oder Kriminalität vorkommt, so kann dies für anlagemäßiges und daher auch dispositionelles Verbrechertum sprechen. Von Bedeutung sind ferner die Erziehungsverhältnisse, in denen er aufgewachsen ist. Zerrüttung der elterlichen Ehe, frühe Verwaisung, Trunksucht oder Kriminalität der Eltern sind die wichtigsten Faktoren, die einen ungünstigen Einfluß ausüben. Dagegen haben die wirtschaftlichen Verhältnisse, unter denen der Jugendliche aufwächst, anscheinend geringere Bedeutung. Möller aaO fand, daß mehr als die Hälfte der von ihm untersuchten Gewohnheitsverbrecher aus guten oder auskömmlichen wirtschaftlichen Verhältnissen stammte. Zu untersuchen ist ferner das Verhalten in der Jugendzeit. Dauerndes Versagen in der Schule, Versagen in der Lehre, äußerlich unbegründeter Berufswechsel ergeben Anhaltspunkte für eine ungünstige Diagnose.

β) Von erheblicher Bedeutung ist die *bisherige kriminelle Betätigung*. Der Umstand, daß eine Tat im **24** Rückfall begangen worden ist, genügt jedoch allein nicht, um sie als Ausfluß eines verbrecherischen Hanges anzusehen (RG **68** 175). In der Praxis wird meist das Hauptgewicht auf die Zahl der Vorstrafen gelegt; diese ist wichtig, aber nicht allein entscheidend. Ebenso bedeutsam ist die zeitliche Verteilung der Straftaten; für den Hangtäter ist hohe Rückfallgeschwindigkeit kennzeichnend. Bei den von Möller untersuchten Sicherungsverwahrten hatten zwei Drittel ein durchschnittliches Rückfallintervall von 4 Monaten. Lange straffreie Pausen hingegen sprechen dafür, daß es sich nicht um einen Hangtäter handelt (vgl. auch BGH GA **69**, 25). Für die Bewertung der kriminellen Vergangenheit können jedoch auch bereits verjährte Straftaten noch von Bedeutung sein (vgl. RG **69** 11), nicht jedoch Taten, bei denen das Verwertungsverbot des § 51 I BZRG eingreift (vgl. BGH **25** 104).

Wichtige Schlüsse auf die Persönlichkeit läßt der Zeitpunkt des Beginns der kriminellen Betätigung **25** zu. Frühkriminalität ist meist ein wichtiges Symptom für Hangtäterschaft (vgl. Hanack LK 101). Zu klären ist hierbei allerdings, ob im Jugenddelikt eine Episode oder ein Symptom ist. Einen Anhaltspunkt kann die Art des Delikts geben, zB ob der Rückfalldieb schon in der Jugend gestohlen hat. Aber auch Spätkriminelle können Hangtäter sein. Das ist vor allem bei Betrügern und gewissen Sexualverbrechern der Fall.

γ) Bedeutsam ist weiter die *Art der Straftaten*. Hangverbrecher sind oftmals Spezialisten, in der **26** Hauptsache Vermögensverbrecher. Auch die Ausführungsart ist bei ihnen oft gleich, etwa Geschäftseinbruch oder Taschendiebstahl. Der Hang kann jedoch auch umfassender sein und sich auf verwandte Rechtsgüter erstrecken.

Auch aus dem Ort der Tatbegehung lassen sich Schlüsse ziehen. Berufsverbrecher und gewisse **27** andere Zustandsverbrecher sind vielfach äußerst beweglich und wechseln häufig ihren Tätigkeitsort.

δ) Anhaltspunkte ergeben sich weiter aus dem *sozialen Verhalten des Täters*. Rückschlüsse lassen zB **28** zu der Personenkreis, mit dem er verkehrt, seine Trinkgewohnheiten, seine ehelichen Verhältnisse, die Verwendung der Freizeit. Besonders wichtig ist auch das Verhältnis des Täters zur Arbeit (vgl. auch BGH **1** 100), etwa Arbeitsscheu oder häufiger Wechsel des Arbeitsplatzes. Von Bedeutung kann zudem ein bindungsloses Leben sein, etwa Abbruch familiärer Beziehungen oder Fehlen eines festen Wohnsitzes.

ε) Für die Gesamtwürdigung bedeutsam ist vor allem der *Charakter* des Täters. Wesentliche Indizien **29** für einen verbrecherischen Hang sind etwa Gemütsarmut und Gefühlskälte, weiter Willensschwäche und Haltlosigkeit. Ein wichtiges und besonders ernst zu nehmendes Persönlichkeitsmerkmal des Zustandsverbrechers ist seine Arbeitsscheu (Villinger, in: Der nichtseßhafte Mensch [1938] 213, Seelig-Weindler, Die Typen der Kriminellen [1949] 180).

b) Vorzunehmen ist auch eine **Gesamtwürdigung der Taten**. Jede Einzeltat muß eine gleich- **30** geartete innere Beziehung zum Wesen des Täters aufweisen, die sie als Ausfluß seines verbrecherischen Hanges erscheinen läßt (RG **68** 156 m. Anm. Schafheutle JW 34, 1664, JW **34**, 1666, BGH MDR/ He **54**, 528, KG JR **48**, 164). Die drei Taten müssen als Anzeichen für die dem Täter eigentümliche Art und Richtung des verbrecherischen Hanges angesehen werden können; sie müssen sog. **Symptomtaten** sein (vgl. BGH **21** 263, GA **69**, 25, NStZ-RR **98**, 7, Exner ZStW 53, 639, Hanack LK 162, Mezger aaO 151, Lenckner aaO 204); doch braucht nicht schon jede Symptomtat für eine endgültige Persönlichkeitsbeurteilung auszureichen. Die Feststellung, eine Tat sei symptomatisch für den Hang zum Verbrechen und für die Gefährlichkeit des Täters, kann nicht getroffen werden, ohne den Beziehungen zwischen der Persönlichkeit des Täters und der Tat nachzugehen (BGH MDR/H **92**, 633). Taten in außergewöhnlichen Situationen sind zumeist keine Symptomtaten, wie ein Vermögensdelikt aus dem alleinigen Motiv, der Mutter entliehenes Geld zurückzuerstatten und damit das enge Verhältnis zu ihr wiederherzustellen (BGH MDR/H 79, 987). Nicht erforderlich ist, daß die Straftaten gleichartig sind oder ihrem inneren Ursprung nach derselben Gattung angehören oder dieselbe Richtung aufweisen (vgl. BGH StV 96, 540). Geht jemand im Lauf der Zeit von einer Verbrechensart zur anderen über, so kann das gerade auf verbrecherischer Veranlagung beruhen (RG DJ 34, 1351). Bei ungleichartigen Taten ist aber besonders sorgfältig zu prüfen, ob sie für einen verbrecherischen Hang und die Tätergefährlichkeit kennzeichnend sind (RG 68 156, JW 35, 932, BGH MDR/H 87, 445, StV 96, 540). Liegen nur Taten mit gänzlich verschiedenartigen Beweggründen und seelischen Einstellungen vor, so kann ihre Gesamtwürdigung kaum zur Beurteilung als Hangtäter führen (Exner, Kriminologie [3. A. 1949] 291); zu weitgehend daher BGH 16 296 m. Anm. Hellmer NJW 62, 543, wo die Gefährlichkeit aus mehreren Fällen von Betrug und Blutschande geschlossen wird. Symptomtat kann auch der Vollrausch gem. § 323 a sein, sofern sich der Täter jeweils vorsätzlich berauscht. Ohne Bedeutung ist, ob die Rauschtaten vorsätzlich oder fahrlässig begangen wurden. Vortaten, die nicht selbst erheblich iSv Abs. 1 Nr. 3 sind, scheiden bei der Gesamtwürdigung als Symptomtaten aus (BGH 24 156, NStZ 84, 309); sie lassen sich nur bei der Würdigung der Täterpersönlichkeit berücksichtigen (BGH 24 157).

31   Soweit die Gesamtwürdigung **rechtskräftig abgeurteilte Taten** umfaßt, darf nicht nur berücksichtigt werden, was bei den früheren Verurteilungen schon zur Würdigung der Taten herangezogen worden ist; das Gericht ist befugt und nach Maßgabe des § 155 II StPO verpflichtet, sich weitere Unterlagen für die Gesamtwürdigung – erforderlichenfalls durch neue Beweisaufnahme – zu verschaffen (RG JW 35, 934). In Betracht kommen zB weitere Ermittlungen über äußere Verhältnisse und innere Beweggründe, insb. darüber, ob die früheren Taten auf einem fest eingewurzelten verbrecherischen Hang beruhen oder auf Not, Verführung oder Gelegenheit zurückzuführen sind (RG JW 35, 165; vgl. auch die AV in DJ 38, 323; weiter noch RG HRR 39 Nr. 1060). Unzulässig sind aber neue Feststellungen, die den Sachverhalt der früheren Urteile ändern könnten; ferner darf das Gericht auch nicht die Vortat rechtlich anders würdigen, zB weil Diebstahl feststellen, wo das frühere Gericht Hehlerei angenommen hatte (RG JW 38, 165; zu eng in dieser Richtung aber RG DR 44, 901).

32   c) Weiter ist erforderlich, daß der Täter infolge eines auf charakterlicher Veranlagung beruhenden oder durch Übung erworbenen **Hanges** zur Wiederholung neigt (RG 68 155 m. Anm. Schafheutle JW 34, 1664, **72** 295, DR **43**, 747, HRR **39** Nr. 1551). Es genügt, daß er auf Grund einer fest eingewurzelten Neigung bei sich bietender Gelegenheit immer wieder straffällig wird, mögen auch äußere Einflüsse mitbestimmend sein (vgl. BGH MDR/H **89**, 682). Krit. zum Merkmal des Hanges Schüler-Springorum MSchrKrim 89, 147, Kinzig NStZ 98, 14. Hangtäter ist vor allem der Berufsverbrecher, also der Verbrecher, der einen kriminellen Lebensstil und ein kriminelles Selbstbild entwickelt hat (vgl. Schneider, Kriminologie, 1987, 316) und entschlossen ist, seinen Unterhalt ganz oder teilweise durch Verbrechen zu bestreiten, wie berufsmäßige Diebe, Hochstapler; aber auch andere Täter können Hangtäter sein. Den Gegensatz hierzu bilden die Zufalls- oder Gelegenheitsverbrecher (vgl. RG **68** 175, DR **39**, 1849, 1979, DJ **39**, 1473, BGH GA **69**, 25). Von diesen unterscheidet sich der Hangtäter darin, daß er von kriminellen Schwächen beherrscht wird, die ihn immer wieder straffällig werden lassen (vgl. Hanack LK 73, auch BGH wistra **88**, 304, NStZ **95**, 178). Eine Hangtat kann unter dieser Voraussetzung auch in einer Gelegenheits- oder Augenblickstat zu erblicken sein (BGH NStZ **94**, 280).

33   α) Unerheblich ist, *worauf der Hang zu Straftaten beruht* (RG **68** 155 m. Anm. Schafheutle JW 34, 1664, **69** 131, BGH NJW **68**, 1485, **80**, 1055, MDR/H **89**, 682). Es macht keinen Unterschied, ob er angeboren oder durch irgendwelche Umstände erworben oder gesteigert worden ist (Hanack LK 64, 86 f.); Hangtäter kann auch der sein, bei dem ein angeborener Hang durch ein unverschuldetes Leiden gesteigert worden ist (RG **69** 130). Der Hang kann auch darauf beruhen, daß der Täter willensschwach ist und aus Haltlosigkeit dem Tatanreiz nicht widerstehen kann und jeder neuen Versuchung zum Opfer fällt (RG **73** 46, DJ **39**, 869, BGH NJW **80**, 1055 m. Anm. Hanack JR 80, 340, StV **81**, 622, NStE **18**, NStZ **99**, 503; and. wohl Horstkotte JZ 70, 155 für „passiv-antriebsschwache" Täter, ferner Jescheck/Weigend 816). Die besondere Gefährlichkeit dieser Täter liegt darin, daß sie auf einen äußeren Anstoß reagieren, dem andere nicht nachgeben würden (vgl. BGH **24** 161, Mayer ZStW 80, 148). Eine Neigung zu Sexualdelikten kann auf Erscheinungen des Rückbildungsalters beruhen (RG **73** 277; hierzu aber RG DR **42**, 889). Verminderbar Schuldfähige können Hangtäter sein (RG JW **36**, 2805, HRR **39** Nr. 650, BGH **24** 161, GA **65**, 249), ebenso unreife Menschen, bei denen die Möglichkeit der Nachreife besteht (RG HRR **40** Nr. 33; vgl. aber RG DR **43**, 747). Auch ein auf Spielleidenschaft beruhender Hang zum Betrug kann den Täter als Hangtäter kennzeichnen (RG DR **44**, 231), ferner weltanschaulicher Fanatismus (Hanack LK 76, 87). Unberücksichtigt bleiben jedoch Delikte, die als fluchttypische Taten nur bei oder nach Entweichen aus der Vollzugsanstalt begangen werden (BGH StV **81**, 71 m. Anm. Plähn; vgl. auch 11 vor § 61).

34   β) Gleichgültig ist auch der äußere Anlaß zur Tat, sofern nur der Täter aus seinem verbrecherischen Hang heraus auf ihn reagiert (RG DJ **39**, 1473). Taten, bei denen Not (RG **73** 46), Alkoholgenuß (RG **74** 218 m. Anm. Mezger DR 40, 1278, BGH MDR/D **56**, 143, NJW **66**, 894), Haß oder Verleitung (RG DR **44**, 901) äußerer Anlaß gewesen ist, können trotz der mitwirkenden Umstände Ausfluß des verbrecherischen Hanges sein (RG **73** 181, HRR **39** Nr. 650, BGH NJW **80**, 1055). Ebensowenig entfällt Hangtäterschaft bereits deswegen, weil die Tat im Affekt begangen worden ist (BGH NStZ **92**, 382). Denn Hangtäter ist auch, wer einem ihm innewohnenden Hang zu Straftaten in solchen Fällen nachgibt, in denen andere Auswege finden und den Anreiz zur Tat überwinden (RG **72** 296, BGH NJW **55**, 800). Nur dann, wenn eine äußere Situation (zB Notlage, Trunkenheit) oder Augenblickserregungen allein die Straftat verursacht haben, ist § 66 nicht anwendbar (RG DJ **38**, 1878, HRR **39** Nr. 387, **41** Nr. 726, DR **43**, 137, BGH NJW **80**, 1055 m. Anm. Hanack JR 80, 340, MDR/H **79**, 987). Zweifel gehen zugunsten des Täters (BGH NJW **80**, 1055).

d) Der Hangtäter muß für die Allgemeinheit **gefährlich** sein. Das ist der Fall, wenn die Wahrscheinlichkeit (vgl. 9 f. vor § 61) besteht, daß er auch in Zukunft Straftaten begehen wird, die den Rechtsfrieden erheblich stören (vgl. RG **72** 260, 295, JW **39**, 620, BGH **1** 100, GA **65**, 28, NJW **68**, 997). Vgl. auch § 63 RN 16 sowie u. 39 f. Extrem hohe Wiederholungsgefahr braucht nicht gegeben zu sein (BGH NStE **10**). Gefährlich kann ein Täter nicht nur sein, wenn er aus starker Willenskraft heraus handelt, sondern auch, wenn sein verbrecherischer Hang auf Willensschwäche oder leichter Beeinflußbarkeit beruht (RG **72** 260, BGH **24** 161, GA **67**, 111). Daher schließen die vom Täter in der Hauptverhandlung gezeigte Reue und die bekundete ernsthafte Absicht, den kriminellen Lebensweg aufzugeben, die Gefährlichkeit nicht ohne weiteres aus. Es muß vielmehr zu erwarten sein, daß er den Umkehrwillen nach der Hauptverhandlung mindestens über längere Zeit hinweg durchhält (BGH MDR/Schnarr **90**, 97). Eine Gefahr für die Allgemeinheit besteht nicht nur, wenn eine unbestimmte Vielzahl von Personen betroffen ist. Es genügt die Gefahr für einen begrenzten Personenkreis (vgl. § 63 RN 16), so auch die Gefahr für Angehörige des Milieus, in dem der Angekl. tätig war (BGH NStZ-RR **98**, 208).

α) **Die Wahrscheinlichkeit weiterer Straftaten** ist idR gegeben, wenn die Eigenschaft als Hangtäter festgestellt ist (BGH NStZ **88**, 496, NStE **20**, MDR/H **94**, 761). Nur wenn außergewöhnliche Umstände vorliegen (zwischenzeitliche Entmannung eines Sexualverbrechers; vgl. auch RG **72** 358), kann die Gefährlichkeit verneint werden (BGH MDR/H **93**, 7). Diese Umstände müssen feststehen (BGH NStZ/T **88**, 308: statistische Wahrscheinlichkeit der Delinquenzabnahme ab bestimmtem Alter genügt nicht). Ungewisse zukünftige Entwicklungen bleiben unberücksichtigt (vgl. BGH MDR/H **89**, 682: fortschreitender Alterungsprozeß, NStZ **90**, 334: bloße Möglichkeit von Veränderungen). Die Wahrscheinlichkeit wird nicht ohne weiteres dadurch ausgeschlossen, daß sich Angehörige des Täters bereit erklärt haben, ihn später aufzunehmen. Es bedarf dann der Nachprüfung, ob sie dazu fähig sind und ernstlich erwartet werden kann, daß der Angekl. sich ihrer überwachenden Betreuung fügen wird (RG DJ **39**, 269). Zutreffend gibt Hanack LK 155 zu bedenken, daß sich diese Verhältnisse ändern können (Tod des Angehörigen usw); Betreuung durch Angehörige ist daher idR erst im Rahmen des § 67 c I zu berücksichtigen.

β) Zur Berücksichtigung des Grundsatzes in dubio pro reo und der Wirkung des zukünftigen Strafvollzugs vgl. 8 ff. vor § 61 und u. 44.

e) Die für die Gesamtwürdigung maßgeblichen Umstände sind in den **Urteilsgründen** anzugeben, damit eine revisionsgerichtliche Nachprüfung möglich ist. Insoweit ist regelmäßig auch eine kurze Schilderung der berücksichtigten Vortaten erforderlich (BGH MDR/H **80**, 454).

5. Die zu erwartenden Straftaten müssen den **Rechtsfrieden empfindlich stören** (vgl. BGH NStZ **86**, 165). Ob das der Fall ist, läßt sich nur bedingt nach dem Charakter des Straftatbestands beurteilen. Zumeist entscheidet die Schwere, aber auch die Häufigkeit der zu erwartenden Straftaten und die Rückfallgeschwindigkeit (BGH NStE **16**). Bei Verbrechen bedarf die Erheblichkeit idR keiner weiteren Erörterung. Das gilt für Raub (BGH NJW **80**, 1055; krit. Frommel NJW **81**, 1083; vgl. auch BGHR § 66 Abs. 1 Erheblichkeit **3**). Bei Vergehen unterscheidet die Rspr. zwischen mittlerer und unterer Kriminalität und erklärt für diese die Sicherungsverwahrung als unzulässig (BGH **24** 154, 162, MDR/D **70**, 560, 730, Köln MDR **71**, 154, Nürnberg NJW **71**, 1573). Taten mittlerer Kriminalität von hohem Schweregrad sollen dagegen ausreichen (BGH **24** 154, 162, GA **74**, 176, **80**, 423, **84**, 331, NStE **10**). Einen Anhaltspunkt für die Erheblichkeit ergibt die Tatsache, daß formelle Voraussetzung des § 66 die Vorverurteilung des Täters zu Freiheitsstrafen von mindestens einem Jahr ist. Trifft diese Voraussetzung zu, so muß es sich bei der einzelnen Tat um eine solche von erheblichem Gewicht gehandelt haben. Sind solche Taten in Zukunft zu erwarten, so ist die Sicherungsverwahrung idR gerechtfertigt (vgl. dazu Hanack LK 109). Bedenklich ist die von BGH JZ **80**, 532 vertretene Ansicht, der Tatrichter habe in Grenzfällen einen Spielraum bei der Beurteilung der Erheblichkeit (vgl. dagegen A. Mayer JZ 80, 533). An der Erheblichkeit kann es trotz des Hanges zu Straftaten mittlerer oder höherer Kriminalität jedoch fehlen, wenn die zu erwartenden Taten so stümperhaft sind, daß sie über das Versuchsstadium nicht hinausgelangen, etwa Betrügereien so dilettantisch angelegt sein werden, daß sie leicht zu durchschauen sind (BGH MDR/Schnarr **90**, 97).

Zweifelhaft ist, ob sich die Erheblichkeit auch aus einer **Vielzahl weniger schwerer Taten** ableiten läßt. Während nach Hamm NJW **71**, 205 eine Vielzahl von Verfehlungen der unteren Kriminalität die Sicherungsverwahrung nicht rechtfertigen kann, ist nach BGH **24** 155, MDR/D **70**, 560, GA **84**, 331, Hamm MDR **71**, 155, Köln MDR **71**, 154, Celle NJW **71**, 1199 („Gesamtschau"), Hamburg NJW **71**, 1574 wenigstens bei „mittlerer" Kriminalität auch der Quantitätsfaktor der Straftaten zu berücksichtigen (and. Horn SK 16, Lackner 14, Weihrauch NJW **70**, 1897, Neu aaO 915), wobei zudem die Rückfallgeschwindigkeit von Bedeutung sein soll (vgl. BGH GA **84**, 331, NStZ **88**, 496). Dieser Auffassung ist deswegen zuzustimmen, weil die Allgemeinheit auch dann als erheblich

§ 66 41–46   Allg. Teil. Rechtsfolgen d. Tat – Maßregeln d. Besserung u. Sicherung

gefährdet anzusehen ist, wenn Delikte mittleren Gewichts in großem Stil verübt werden, zB Diebstahl aus geparkten Fahrzeugen in rascher Folge. Für die Allgemeinheit ist der Täter, der mit vielen Einzeltaten insgesamt einen großen Schaden verursacht, nicht weniger gefährlich als der Täter, der den gleichen Schaden mittels einer Tat herbeiführt. Auszuscheiden hat die **Bagatellkriminalität,** die auch bei zahlreichen Taten nur eine Belästigung der Allgemeinheit darstellt. Für diese Fälle wäre die Sicherungsverwahrung unverhältnismäßig (BGH MDR/D **70,** 730; vgl. ferner Karlsruhe Justiz **71,** 358, Blei JA **71,** 235, Beyer aaO 1597). Vgl. zum Ganzen Hanack LK 110 ff.

41   Einen weiteren Anhaltspunkt für die Erheblichkeit von Straftaten gibt § 66, indem er solche nennt, „durch welche die Opfer seelisch oder körperlich **schwer geschädigt** werden oder schwerer wirtschaftlicher Schaden angerichtet wird" (vgl. dazu auch Greiser NJW **71,** 789), wobei nach der Rspr. des BGH die Schadensbetrachtung bei wirtschaftlichen Schäden an der materiellen Lebenshaltung der Durchschnittsbürger auszurichten sein soll (BGH **24** 163, MDR/H **76,** 986 [4000 DM als schwerer wirtschaftlicher Schaden], GA **84,** 331; vgl. aber u. 43). Bei wirtschaftlichen Schäden ist auch die empfindliche Wertminderung neuer und hochwertiger Fahrzeuge durch vorübergehende Nutzung zu berücksichtigen (BGH MDR/H **81,** 266). Die Anordnung der Sicherungsverwahrung ist jedoch nicht („namentlich") auf diese Fälle beschränkt (BGH **24** 154, Hamburg NJW **71,** 1574; vgl. auch BGH GA **74,** 175 [Zuhälterei]). Zudem hängt die Erheblichkeit von Vermögensdelikten nicht allein von der Schadenshöhe ab. Sie kann sich auch aus anderen Umständen ergeben (BGH **24** 163, MDR/H **76,** 986), so bei nächtlichen Wohnungseinbrüchen (BGH NJW **80,** 1055). Umgekehrt können andere Gründe der Erheblichkeit der zu erwartenden Vermögensdelikte entgegenstehen (vgl. BGH StV **83,** 503). Bei der Frage schwerer wirtschaftlicher Schäden ist allerdings unerheblich, ob die Beute mangels Absatzmöglichkeiten später sichergestellt werden kann (BGH StV **81,** 622).

42   a) Das Merkmal der **seelischen** oder **körperlichen** (nicht nur nach § 226; BGH MDR/D **72,** 16) **Schädigung** zeigt, daß es auf die konkrete Ausgestaltung der einzelnen Tat und ihre Wirkung auf das Opfer ankommt und daher ein genereller Maßstab für die Beurteilung der Erheblichkeit nicht angelegt werden kann und soll. Auch in ihrer generellen Bedeutung weniger erhebliche Straftaten können bestimmte Gruppen von Menschen seelisch oder körperlich schwer schädigen (vgl. § 226 RN 4, Lang-Hinrichsen, Maurach-FS 322 f.). Vgl. näher Hanack LK 130 ff. Zu schweren körperlichen Schäden vgl. auch § 225 RN 23.

43   b) Obwohl der Gesetzestext bei schweren wirtschaftlichen Schäden auf die Relation zum Opfer keinen Bezug nimmt und dadurch nur die Erheblichkeit der Tat charakterisiert werden soll, ist nicht auf einen von den gefährdeten Opfern völlig losgelösten objektiven Maßstab abzustellen (and. BGH **24** 155, Greiser NJW **71,** 789) und dieser etwa an den Folgen für die gesamte Ökonomie des Staates oder (so BGH **24** 163, MDR/H **76,** 986, NStZ **84,** 309) an der materiellen Lebenshaltung des Durchschnittsbürgers auszurichten. Ein solcher Maßstab ist zu pauschal und wird der jeweiligen Gefährlichkeit des Täters für die Allgemeinheit nicht vollauf gerecht. Diese ist zB höchst unterschiedlich betroffen, wenn bei drohenden Schäden gleicher Höhe das Vermögen des Staates oder einer finanzkräftigen Kapitalgesellschaft gefährdet ist oder die Habe mittelloser Rentner. Es ist daher der Kreis der Gefährdeten in die Betrachtung einzubeziehen. Zu berücksichtigen ist, wie sich der **Schaden für den Betroffenen** als Teil der Allgemeinheit auswirkt. Hierbei kommt es nicht auf eine konkrete individuelle Schadensempfindlichkeit an, sondern auf die objektiven Verhältnisse der gefährdeten Bevölkerungsschicht (Hanack LK 128, Lackner 14). In zahlenmäßigen Grenzen läßt sich der insoweit anzulegende Maßstab allerdings nicht, wie Lang-Hinrichsen, Maurach-FS 319, meint, festlegen. Dies bestätigt die o. 40 dargelegte These, wonach sich die Schwere des Schadens auch aus einer Addition von kleineren Schädigungen ergeben kann. Das ist etwa der Fall beim Betrüger, der alten Leuten ihre Ersparnisse abgaunert, auch wenn die Summe des jeweiligen Betrugs sich objektiv nicht als schwerer finanzieller Verlust darstellt (vgl. BT-Drs. V/4094 S. 20, Hamburg NJW **71,** 1574, Blei JA **71,** 444). Vgl. zum Ganzen Hanack LK 122 ff.

44   6. Welche Wirkung die Strafverbüßung auf die Gefährlichkeit des Täters haben wird, hat der Richter nicht zu entscheiden, da seine Beurteilung auf den Urteilszeitpunkt abzustellen ist (BGH **24** 164, GA **78,** 308, NStZ **85,** 261). Wohl aber ist zu prüfen, ob für den Urteilszeitpunkt anstelle der Sicherungsverwahrung eine andere Maßregel den gleichen Sicherungseffekt gewährleisten würde (vgl. § 72 I). Nach dem Grundsatz der **Verhältnismäßigkeit** (vgl. Celle NJW **70,** 1199) wäre dann auf die weniger einschneidende Maßnahme zu erkennen, wenn zB der Führungsaufsicht, wo diese auerichend erscheint (vgl. aber BGH NJW **80,** 1056 m. Anm. Hanack JR 80, 341), oder auf Unterbringung in einem psychiatrischen Krankenhaus (vgl. RG **72** 358, HRR **35** Nr. 1094). Die Bereitwilligkeit eines Sexualverbrechers, sich entmannen zu lassen, macht allein die Verwahrung nicht entbehrlich (BGH **1** 66).

45   7. Hat der Angekl. die Tat im Zustand **verminderter Schuldfähigkeit** begangen, so wird dadurch Sicherungsverwahrung nicht ausgeschlossen (RG JW **35,** 2731, BGH **24** 161); das Gericht muß aber erörtern, ob Unterbringung in einem psychiatrischen Krankenhaus gem. § 63 ausreicht (vgl. RG HRR **35** Nr. 1094); vgl. näher u. 76.

46   8. Liegen die genannten Voraussetzungen vor, so **muß** Sicherungsverwahrung angeordnet werden (BGH NJW **68,** 997 m. Anm. Hellmer JZ 69, 197), auch dann, wenn sie bereits in einem früheren Verfahren angeordnet wurde (vgl. u. 73). Es ist unzulässig, von ihr „noch einmal abzusehen" (RG JW

38, 2889; vgl. weiter RG HRR **40** Nr. 634). Die Anordnung kann auch nicht aus der Erwägung unterbleiben, in dem Verurteilten könnte sonst jede Besserungsmöglichkeit abgetötet werden (RG **73** 155, BGH GA **66**, 181). Die Frage der Sicherungsverwahrung ist auch ohne Antrag der StA zu prüfen.

III. Die Sicherungsverwahrung bei Tätern mit mehreren Vortaten (Abs. 2)

47 Neben der obligatorischen Sicherungsverwahrung von mehrmals verurteilten Hangtätern steht die **fakultative** Anordnung der **Sicherungsverwahrung** für Täter, bei denen lediglich mehrere Vortaten gegeben sind. Aufgabe des Abs. 2 ist, auch den gefährlichen Hangtäter zu erfassen, der sich bis jetzt der Strafverfolgung entziehen konnte (vgl. BGH NJW **76**, 300), namentlich den gefährlichen Serientäter (BGH NStZ **89**, 67). Aus diesem Zweck sind jedoch keine zusätzlichen Voraussetzungen für die Anwendbarkeit des Abs. 2 herzuleiten (BGH NStZ **99**, 614). Abs. 2 hat nur subsidiäre Bedeutung gegenüber Abs. 1, so daß zunächst zu prüfen ist, ob dessen Voraussetzungen vorliegen (vgl. RG DR **40**, 682). Da nach Abs. 1 die Anordnung der Sicherungsverwahrung zwingend vorgeschrieben ist, nach Abs. 2 jedoch im Ermessen des Gerichts steht, ist klarzustellen, welcher Absatz angewandt wird.

48 **1. Voraussetzung** für Sicherungsverwahrung ist hier zunächst, daß der Täter einschließlich der zur Aburteilung anstehenden Tat **3 vorsätzliche Straftaten** begangen hat, durch die er jeweils Freiheitsstrafe von mindestens einem Jahr verwirkt hat. Versuch oder Teilnahme genügt (vgl. RG **68** 169, **71** 15), auch ein minder schwerer Fall (BGH MDR/H **94**, 761: § 250 II). Bei Anwendung des Abs. 2 wird also keine Vorverurteilung verlangt, anderseits schließt aber eine solche Abs. 2 auch nicht an; er ist auch anwendbar, wenn eine abgeurteilte und eine nicht abgeurteilte Tat der jetzigen Verurteilung vorangegangen sind (RG **68** 330) oder die Anwendung des Abs. 1 scheitert, weil gem. §§ 53, 55 eine Gesamtstrafe zu bilden war (vgl. dazu o. 8, 10). Nur muß dann für die Tat auf mindestens 1 Jahr Freiheitsstrafe erkannt sein. Die Verbüßung einer Freiheitsstrafe ist ebenfalls nicht erforderlich.

49 Zumindest eine der Taten muß der Täter, wie § 106 II 1 JGG ergibt, als Erwachsener begangen haben (BGH NJW **76**, 301). Zur Anordnung der Sicherungsverwahrung bei Tätern unter 25 Jahren vgl. BGH NJW **76**, 300, 301 m. Anm. v. Bubnoff JR 76, 423. Besonders sorgfältige Prüfung fordert BGH NStZ **89**, 67 bei Tätern, die das 21. Lebensjahr noch nicht wesentlich überschritten haben.

50 **2.** Abs. 2 setzt 3 **rechtlich selbständige** Taten voraus, die einer selbständigen Aburteilung fähig sind (RG **75** 381; and. Nagler ZAkDR 39, 386). Daraus ergibt sich, daß die fortgesetzte Tat nur als eine Straftat anzusehen ist (RG **68** 297, BGH **1** 314 m. Anm. Eb. Schmidt JZ 51, 756, Kassel SJZ **49**, 570, Tröndle/Fischer 8, Eb. Schmidt SJZ **50**, 286; and. RG **77** 26, 99, Düsseldorf SJZ **50**, 284, Welzel 267). Das hiermit verbundene Problem etwaiger unerträglicher Ergebnisse dürfte nach der Entscheidung des BGH **40** 164 praktisch entfallen, da eine fortgesetzte Handlung im früheren Sinn von der Rspr. nicht oder kaum noch angenommen wird. Bei **gewerbsmäßigen** Taten ist jede einzelne Handlung als selbständige Tat anzusehen (vgl. 95ff. vor § 52, Hanack LK 56). Auch rasch aufeinanderfolgende, auf einheitlichem Entschluß beruhende (zB mehrere Morde) können die Voraussetzung des Abs. 2 erfüllen (BGH **3** 170).

51 **3.** Ferner ist zu verlangen, daß der Täter wegen der **früheren Taten** hätte **verfolgt** werden können. Daher kommen Delikte, für die der erforderliche Strafantrag fehlt (BGH **1** 386, Hanack LK 61) oder die im Zustand der Schuldunfähigkeit begangen worden sind (vgl. RG DR **43**, 1033), nicht in Betracht, auch wenn im letzteren Fall Maßregeln angeordnet werden könnten. Die Rspr. (RG **75** 381, BGH **1** 386) schließt auch Vortaten aus, die im Zeitpunkt der jetzigen Verurteilung verjährt sind. Dies erscheint zweifelhaft, führt jedoch zu keinen praktischen Konsequenzen, da die Verjährungsfristen so bemessen sind, daß solche Vortaten wegen der Fünfjahresfrist (Abs. 4 S. 3) nicht mehr zu berücksichtigen wären. Vortaten mit geringerer Verjährungsfrist spielen für Abs. 2 praktisch keine Rolle. Über weitere Ausnahmen vgl. u. 59ff.

52 **4.** Zweifelhaft kann sein, ob der Richter, der nach § 66 zu entscheiden hat, über alle 3 Straftaten, die Voraussetzung des Abs. 2 sind, zu urteilen hat oder ob Abs. 2 auch dann anwendbar ist, wenn die beiden anderen Taten bei anderen Gerichten anhängig sind oder anhängig werden könnten. Da dem Angekl. bei Anwendung des § 66 II Gelegenheit gegeben werden muß, sich gegen alle Voraussetzungen, die die Anwendbarkeit dieser Bestimmung begründen, zu verteidigen, ist mit BGH **25** 44 zu verlangen, daß alle 3 Taten beim gleichen Gericht anhängig sind. Ist das nicht der Fall, so kann nur der letzte Richter nach Abs. 2 entscheiden, vorausgesetzt, daß nach Aburteilung der beiden ersten Taten nicht schon die Voraussetzungen des Abs. 1 vorliegen (and. noch RG **75** 381).

53 **5.** Voraussetzung ist weiter, daß der Angekl. für jede der 3 Taten **Freiheitsstrafe von mindestens einem Jahr** verwirkt hat. Die Entscheidung dieser Frage hat das Gericht selbst zu treffen, wenn alle 3 Taten bei ihm anhängig sind. Ist eine dieser Taten bereits früher abgeurteilt worden, so ist die damals erkannte Strafe maßgeblich. Bei früherer Verurteilung zu Gesamtstrafe entscheiden die Einzelstrafen, da Abs. 2 allein auf die Schwere der Vortaten, nicht dagegen auf die Tatsache der Vorverurteilung abstellt. Erreichen zB bei einer Gesamtstrafe zwei Einzelstrafen 1 Jahr Freiheitsstrafe, so sind beide Taten heranzuziehen (Horn SK 24).

54 Fraglich erscheint allerdings, ob der Richter bei erfolgter Vorverurteilung an die Feststellung der Vortatbegehung gebunden ist. Da Abs. 2 nicht wie Abs. 1 auf die Verurteilung und deren Warnfunk-

tion, sondern auf die mehrfache *Begehung* von Straftaten abstellt, ließe sich daran denken, auch die früher abgeurteilten Taten wiederum der freien Beweiswürdigung gemäß § 261 StPO zu unterstellen. Das würde jedoch zu erheblichen praktischen Schwierigkeiten führen, weil der Richter dann gezwungen wäre, die Vortaten immer erneut aufzurollen. Weitere Bedenken bei Hanack LK 60. Es ist daher von einer Bindung an die Feststellung der Vortatbegehung auszugehen.

55   6. Der Täter muß zudem wegen einer oder mehrerer der 3 Taten zu zeitiger **Freiheitsstrafe von mindestens 3 Jahren** verurteilt werden. Eine Gesamtstrafe genügt (Hanack LK 63, Jescheck/Weigend 817; and. Böllinger NK 68). Das Erfordernis soll sicherstellen, daß sich unter den 3 Straftaten mindestens eine mit einer Strafe von über einem Jahr befindet (vgl. § 54 II). Unerheblich ist, ob der Täter neben einer zeitigen Freiheitsstrafe von mindestens 3 Jahren noch eine lebenslange Freiheitsstrafe erhält (BGH NJW 85, 2839) und dann die Gesamtstrafe auf lebenslang lautet (BGH 34 138, NStZ 00, 417). Dagegen ist Abs. 2 nicht anwendbar, wenn als Einzelstrafen ausschließlich lebenslange Freiheitsstrafen ausgesprochen werden (BGH 33 398 m. Anm. Maatz NStZ 86, 476) oder die neben der lebenslangen Freiheitsstrafe verhängten zeitigen Freiheitsstrafen nicht dem Abs. 2 entsprechen.

56   7. Ebenso wie in Abs. 1 wird in Abs. 2 vorausgesetzt, daß eine Gesamtwürdigung des Täters und seiner Taten seine **Eigenschaft als Hangtäter** und damit seine Gefährlichkeit für die Allgemeinheit ergibt. Vgl. hierzu. o. 22 ff.

57   8. Im Gegensatz zu Abs. 1 ist die Anordnung der Sicherungsverwahrung hier in das **Ermessen des Gerichts** gestellt (BGH NStZ 85, 261, 88, 496, 96, 331), eine Entscheidung, die nicht überzeugt, weil die Möglichkeit, Abs. 2 anzuwenden, von der Feststellung abhängt, daß der Angekl. ein gefährlicher Hangtäter ist. Ist er das, so erfordert die allgemeine Sicherheit idR die Sicherungsverwahrung. Ausnahmsweise kann die Anordnung unterbleiben, wenn die Sicherungsverwahrung nach der Strafverbüßung nicht mehr sinnvoll ist, weil die Gefährlichkeit des Täters nach Verbüßung einer langen Freiheitsstrafe nicht mehr besteht (vgl. BGH NStZ/D 95, 218), so zB, wenn gegen einen 60jährigen Fassadendieb eine Freiheitsstrafe von 10 Jahren verhängt wird. Dagegen ist es bedenklich, von der Anordnung deswegen abzusehen, weil zu erwarten ist, daß der Täter sich eine längere Strafverbüßung hinreichend zur Warnung dienen läßt (and. BGH NJW 76, 300, StV 82, 114, NStZ 85, 261, 88, 496, 89, 67, 96, 332, wistra 94, 224, Hanack LK 173). In einem solchen Fall ist die Möglichkeit vorzuziehen, nach der Strafverbüßung die Vollstreckung der Sicherungsverwahrung auszusetzen (§ 67 c I). Entsprechendes gilt für die mit fortschreitendem Lebensalter erfahrungsgemäß eintretenden Verhaltensänderungen (and. BGH StV 82, 114, NStZ 85, 261). Wie man sich auch dazu stellt, auf jeden Fall müssen die Urteilsgründe klar erkennen lassen, worauf der Tatrichter seine Ermessensentscheidung gestützt hat (BGH wistra 94, 224; vgl. auch BGH NStZ 96, 331, NStZ-RR 96, 196).

IV. Sicherungsverwahrung bei Verbrechen oder bei Straftaten gegen die sexuelle Selbstbestimmung und gegen die körperliche Unversehrtheit (Abs. 3).

58   Bei Verbrechen und bei bestimmten Straftaten gegen die sexuelle Selbstbestimmung sowie gegen die körperliche Unversehrtheit oder bei solchen im Rausch begangenen Taten kann im Falle einer Verurteilung zu zeitiger Freiheitsstrafe von mindestens 2 Jahren Sicherungsverwahrung angeordnet werden. Voraussetzung ist jedoch, daß der Täter vor der neuen Tat eine oder mehrere solcher Taten begangen und dafür schon einmal Freiheitsstrafe von mindestens 3 Jahren erhalten hat. Zudem muß er auf Grund dieser Verurteilung mindestens 2 Jahre Freiheitsstrafe verbüßt oder sich mindestens 2 Jahre im Vollzug einer freiheitsentziehenden Maßregel der Besserung und Sicherung befunden haben. Hinzu kommen muß die aus einer Gesamtwürdigung des Täters und seiner Taten hervorgehende Prognose, daß der Täter infolge seines Hanges zu erheblichen Straftaten für die Allgemeinheit gefährlich ist. Ohne frühere Verurteilung oder Freiheitsentziehung kann Sicherungsverwahrung angeordnet werden, wenn der Täter 2 der genannten Straftaten begangen, deswegen jeweils Freiheitsstrafe von mindestens 2 Jahren verwirkt hat und dann wegen dieser Taten zu zeitiger Freiheitsstrafe von mindestens 3 Jahren verurteilt wird. Unberührt bleiben die Abs. 1 und 2.

59   1. **Voraussetzung** für die Sicherungsverwahrung ist zunächst, daß der Täter entweder ein Verbrechen oder eine sonstige, im einzelnen genau bezeichnete Straftat begangen hat. Bei der Begehung eines Verbrechens (§ 12 I) ist unerheblich, welcher Art es ist. Ein vermögensbezogenes Verbrechen wie die gewerbsmäßige Bandenhehlerei (§ 260 a) genügt ebenso wie ein personenbezogenes Verbrechen, desgleichen eine Tat, die auf Grund einer Erfolgsqualifikation zu einem Verbrechen geworden ist. Außer einem Verbrechen kann der sexuelle Mißbrauch bestimmter Personenkreise gem. §§ 174–174 c, 176, 179 I–III, 182, die Förderung sexueller Handlungen Minderjähriger gem. § 180, eine gefährliche Körperverletzung gem. § 224 oder eine Tat gegen Schutzbefohlene gem. § 225 zur Anordnung der Sicherungsverwahrung nach Abs. 3 führen. Voraussetzung ist aus, daß eine solche Tat oder ein Verbrechen im Vollrausch gem. § 323 a begangen worden ist. Insoweit stellt Abs. 3 an sich nicht darauf ab, ob der Täter sich vorsätzlich oder fahrlässig in einen Rausch versetzt hat. Dennoch wird eine vorsätzliche Berauschung zu verlangen sein, wie sie als Voraussetzung für die Abs. 1 u. 2 maßgebend ist (and. Tröndle/Fischer 10 a). Es besteht kein hinreichender Grund, für Abs. 3 an geringere Anforderungen anzusetzen. Wird dieser Ansicht nicht gefolgt, so ist im Rahmen des Ermessens (vgl. u. 65), jedenfalls idR, von der Anordnung der Sicherungsverwahrung eines Fahrlässig-

keitstäters abzusehen. Im übrigen ist, wie der Hinweis auf § 179 III u. § 225 II klar ergibt, unwesentlich, ob eine vollendete oder eine versuchte Tat (BGH NJW **99**, 3724) vorgelegen hat. Ferner spielt es keine Rolle, ob der Verurteilte als Einzeltäter, als Mittäter oder als Teilnehmer gehandelt hat.

2. Wegen einer der genannten Straftaten muß eine **zeitige Freiheitsstrafe von mindestens 2 Jahren** verhängt worden sein. Eine lebenslange Freiheitsstrafe genügt nur als Gesamtstrafe, wenn eine der Einzelstrafen den Anforderungen des Abs. 3 entspricht (vgl. o. 16). Andererseits reicht eine Gesamtstrafe von 2 Jahren oder mehr nicht aus, wenn keine der Einzelstrafen die Voraussetzungen des Abs. 3 erfüllt oder eine solche Einzelstrafe lediglich nach § 55 in die Gesamtstrafe einbezogen worden ist (vgl. o. 16). Bei tateinheitlichem Zusammentreffen einer Katalogtat mit einer Nichtkatalogtat braucht nicht zu erkennen sein, daß auch ohne die Nichtkatalogtat eine Strafe von mindestens 2 J. verhängt worden wäre (BGH NJW **99**, 3723 m. Anm. Schöch NStZ **00**, 138). Die Ausführungen zu o. 9 aE gelten entsprechend. 60

3. Vor der zur Aburteilung anstehenden Tat muß der Täter eine oder mehrere Taten der in Abs. 3 genannten Art begangen und hierfür eine Freiheitsstrafe von mindestens 3 Jahren erhalten haben. Es genügt eine Gesamtstrafe in der geforderten Höhe. Die **frühere Verurteilung** muß vor Begehung der jetzt abzuurteilenden Tat erfolgt sein, da sonst eine Gesamtstrafe hätte gebildet werden müssen. Soweit es sich um eine Verurteilung im Ausland handelt, muß die dort abgeurteilte Tat nach deutschem Recht die in Abs. 3 genannte Art aufweisen (Abs. 4 S. 5; vgl. dazu u. 71). 61

4. Erforderlich ist des weiteren, daß der Täter wegen der früheren Taten für die Zeit von mindestens **2 Jahren** entweder eine **Freiheitsstrafe verbüßt** oder sich im Vollzug einer freiheitsentziehenden Maßregel der Besserung und Sicherung befunden hat. Näher hierzu o. 14, 15. Das dort Gesagte gilt für Abs. 3 entsprechend. 62

5. Schließlich ist noch erforderlich, daß die **Gesamtwürdigung** des Täters und seiner Taten ergibt, daß er infolge eines **Hanges zu erheblichen Straftaten** für die Allgemeinheit gefährlich ist. Näher zu diesen Voraussetzungen o. 19 ff. Wenn auch Abs. 3 uneingeschränkt auf Abs. 1 Nr. 3 verweist, so müssen doch nach seinem Sinn Straftaten der in Abs. 3 genannten Art zu befürchten sein. 63

6. Ohne Vorverurteilung oder früheren Freiheitsentzug kann Sicherungsverwahrung nach Abs. 3 S. 2 angeordnet werden, wenn jemand 2 (oder mehr) Straftaten der in S. 1 bezeichneten Art begangen, hierfür jeweils Freiheitsstrafen von mindestens 2 Jahren verwirkt und zeitige Freiheitsstrafe von mindestens 3 Jahren wegen einer oder mehrerer dieser Taten erhalten haben. Die Freiheitsstrafe von 3 Jahren oder mehr kann auch als Gesamtstrafe verhängt worden sein. Erforderlich ist dann jedoch, daß mindestens 3 Jahre der Gesamtstrafe auf Taten der in Abs. 3 genannten Art zurückgehen. Unter den Einzelstrafen müssen zumindest 2 eine Strafhöhe von 2 Jahren oder mehr aufweisen und ihnen eine Tat der in Abs. 3 genannten Art zugrunde liegen. Die Gesamtwürdigung des Täters und seiner Taten muß wie auch sonst als Voraussetzung für eine Sicherungsverwahrung dem Abs. 1 Nr. 3 entsprechen (vgl. o. 63). 64

7. Wie Abs. 2 ist die **Anordnung** der Sicherungsverwahrung nach Abs. 3 in das **Ermessen des Gerichts** gestellt. Vgl. hierzu das o. 57 Ausgeführte, das für Abs. 3 entsprechend gilt. Abs. 3 läßt die Abs. 1 u. 2 unberührt. Gegenüber Abs. 1 hat er nur subsidiäre Bedeutung. Liegen zugleich die Voraussetzungen des Abs. 1 vor, so muß nach ihm Sicherungsverwahrung angeordnet werden. Wird Sicherungsverwahrung nach Abs. 3 nicht angeordnet, obwohl dessen formelle Voraussetzungen vorliegen, so ist die Nichtanordnung zu begründen, wenn die Umstände zur Annahme eines gefährlichen Hangtäters drängen (BGH NJW **99**, 2606). 65

V. Für die Beurteilung der Erforderlichkeit der Verwahrung ist der **Zeitpunkt des Urteils** maßgebend (vgl. BGH NStZ **85**, 261, **88**, 496, NStZ-RR **98**, 226, Schröder JZ 70, 92 sowie 10 vor § 61). Das Gericht hat sich mit dem voraussichtlichen Einfluß der Strafvollstreckung auf den Täter nicht auseinanderzusetzen. Aus Vernunftgründen kann dem Gericht jedoch nicht verwehrt werden, von der Anordnung der Sicherungsverwahrung abzusehen, wenn im Urteilszeitpunkt mit Sicherheit feststeht, daß die Gefährlichkeit des Täters bei Ende des Strafvollzugs entfallen ist (BGH NStZ-RR **98**, 206), zB deshalb, weil der Täter zu einer so hohen Freiheitsstrafe verurteilt wird, daß er keine Gefahr mehr für die Allgemeinheit darstellen kann (vgl. o. 57 sowie BGH NStZ **93**, 78, Hanack LK 151). 66

VI. Gewisse **frühere Taten** sind bei der Anwendung des § 66 **auszuscheiden.** Einmal darf eine im BZR getilgte oder eine tilgungsreife Strafe weder für Abs. 1 noch für Abs. 2 als Vortat gerechnet werden (§§ 51, 66 BZRG). Zum anderen werden durch die in Abs. 4 S. 3, 4 geregelte **Rückfallverjährung** noch weitere Straftaten ausgeschieden. 67

1. Eine frühere Tat bleibt außer Betracht, wenn zwischen dem Tag ihrer Begehung (Tatbeendigung) und dem Tag der folgenden Tat mehr als **5 Jahre verstrichen** sind. Der Zeitpunkt der Verurteilung ist für die Rückfallverjährung nicht maßgebend. Abs. 4 bezieht sich sowohl auf die Zeit zwischen den jeweiligen Vortaten als auch auf die Zeit zwischen der letzten Vortat und der neuen Tat (vgl. BGH **25** 107 zur früheren Rückfallvorschrift). Bei fortgesetzten Taten kommt es auf deren letzten Teilakt an. Zu berücksichtigen sind nur Taten, die als Voraussetzung für eine Sicherungsverwahrung relevant sind (BGH NStZ **87**, 85). 68

2. Nicht eingerechnet wird in die Frist die Zeit, in welcher der Täter auf behördliche Anordnung in einer Anstalt verwahrt wird (Abs. 4 S. 4), zB eine Freiheitsstrafe verbüßt. Verwahrung im Ausland 69

§ 66 70–77 Allg. Teil. Rechtsfolgen d. Tat – Maßregeln d. Besserung u. Sicherung

genügt. Als Anstaltsverwahrung sind auch U-Haft (vgl. aber Hanack LK 40) und einstweilige Unterbringung nach § 126 a StPO anzusehen, nicht aber der Aufenthalt in einem Konzentrationslager, da widerrechtlicher Freiheitsentzug dem Täter nicht nachteilig sein darf (BGH **7** 160, LM **Nr. 12** zu § 42 e, OGH **1** 35, Hamburg HESt **1** 5; and. BGH **2** 12, Celle HannRpfl **46**, 135). Die zwischen den Taten liegenden Verwahrungszeiten müssen im Urteil genau angegeben werden, damit eine etwaige Rückfallverjährung überprüft werden kann (BGH NStZ/D **90**, 225).

70   3. Abs. 4 S. 3 schließt nur die Berücksichtigung gewisser Taten bei der Feststellung der formellen Voraussetzungen aus; unberührt bleibt die Möglichkeit, verjährte Taten als **Beweisanzeichen** bei der Gesamtwürdigung des Täters als gefährlichen Hangtäter zu verwerten (BGH NStZ **83**, 71, **99**, 503, Hanack LK 42; vgl. o. 24).

71   VII. Eine Tat, die **außerhalb des räumlichen Geltungsbereichs** dieses Gesetzes abgeurteilt worden ist, steht einer in dessen Geltungsbereich abgeurteilten Tat gleich, wenn sie nach deutschem Recht eine vorsätzliche Straftat, in den Fällen des Abs. 3 eine der Straftaten der in Abs. 3 S. 1 bezeichneten Art wäre (Abs. 4 S. 5). Ausländische Urteile können auf Ordnungsmäßigkeit ihres Verfahrens nachgeprüft werden (and. RG HRR **41** Nr. 452).

72   VIII. Die Sicherungsverwahrung tritt **neben** die **Strafe**; deren Schuldangemessenheit darf jedoch nicht mit Rücksicht auf die Anordnung der Sicherungsverwahrung unterschritten werden (BGH **24** 132). Sie ist gem. § 67 stets nach dem Strafvollzug zu vollziehen. Möglich ist dann aber auch eine Überweisung in den Vollzug einer anderen Maßregel (§ 67 a II).

73   Ist gegen einen Angekl. bereits rechtskräftig auf Sicherungsverwahrung erkannt, so ist dies kein Grund, in einer neuen Sache von der Anordnung abzusehen (RG **70** 204, JW **37**, 630, Hamm MDR **66**, 166), da nicht gewährleistet ist, daß das erste Urteil Bestand hat (vgl. dagegen BGH NJW **95**, 3263). Die weitere Anordnung ist auch dann zulässig, wenn die erste Sicherungsverwahrung noch nicht vollzogen worden ist (BGH NJW **95**, 3263 m. Anm. Dölling StV **95**, 542). Zur Beachtung des Verhältnismäßigkeitsgrundsatzes vgl. BGH StV **2000**, 258.

74   **Rechtsmittel** können auf die Anordnung oder die Ablehnung der Sicherungsverwahrung beschränkt werden. Vgl. BGH NJW **68**, 998, Hennke GA 56, 41 mwN aus der Rspr. Stellt das Revisionsgericht einen Rechtsmangel zur Frage der Sicherungsverwahrung fest, so ist deswegen nicht unbedingt auch der Strafausspruch aufzugeben (BGH NStZ **94**, 281; vgl. dagegen aber BGH NStE **11** u. **13**).

75   IX. Die **Dauer** der Unterbringung wird bei deren Anordnung nicht festgesetzt. Sind jedoch 10 Jahre der Unterbringung vollzogen worden, so ist die Maßregel für erledigt zu erklären, wenn nicht die Gefahr besteht, daß der Sicherungsverwahrte infolge seines Hanges erhebliche Straftaten begehen wird, durch welche die Opfer seelisch oder körperlich schwer geschädigt werden (§ 67 d III). Der nach 10 Jahren Entlassene steht dann aber noch unter Führungsaufsicht (§ 67 d III 2). Die Regelung des § 67 d III ist auch für eine wiederholte Sicherungsverwahrung maßgebend. Zur Möglichkeit, die Vollstreckung auszusetzen, vgl. § 67 c I, § 67 d II; zur Überprüfung, ob die Vollstreckung auszusetzen ist, vgl. § 67 e.

76   X. Sind auch die Voraussetzungen für andere Maßregeln der Besserung und Sicherung gegeben, so kann die Sicherungsverwahrung **neben diesen anderen Maßregeln** angeordnet werden, wenn keine Maßregel allein zum Schutz der Allgemeinheit ausreicht (§ 72). Zulässig ist zB die Verbindung von Sicherungsverwahrung und Unterbringung in einem psychiatrischen Krankenhaus (RG **72** 151, DJ **40**, 597, BGH NStZ **95**, 284). Bei vermindert Schuldfähigen ist die Unterbringung in einem psychiatrischen Krankenhaus allerdings das nächste Mittel, um die Allgemeinheit vor weiteren Störungen zu schützen (vgl. auch o. 44). Das Gericht darf daher nicht, ohne die Unterbringung gem. § 63 zu erörtern, sofort Sicherungsverwahrung anordnen (BGH NStZ **81**, 390), sondern erst, wenn die Unterbringung gem. § 63 nach der besonderen Lage des Falles nicht oder nicht dauernd ausreicht, um die Allgemeinheit genügend zu schützen (RG JW **35**, 2136, **36**, 2553, **37**, 1066; vgl. auch BGH **5** 312). Insoweit genügt nicht die Begründung, das psychiatrische Krankenhaus biete keine hinreichende Sicherung gegen Entweichung (vgl. BGH MDR/D **73**, 16). Bei einem erheblich vermindert Schuldfähigen, der weder heilbar noch pflegebedürftig ist, wird idR nicht die Unterbringung in einem psychiatrischen Krankenhaus, sondern Sicherungsverwahrung anzuordnen sein, wenn auch sie zulässig ist (RG **73** 103, BGH **5** 312, Celle SJZ **50**, 510 m. Anm. Sieverts; and. Freiburg DRZ **49**, 117). Maßgebend für die Auswahl zwischen beiden Maßregeln ist die Gesamtpersönlichkeit des Angekl., die Art seiner Erkrankung und die Einwirkung, die jede der beiden Maßregeln voraussichtlich auf ihn haben wird (Celle SJZ **50**, 510 m. Anm. Sieverts). Bei gleicher Eignung zur Erreichung des erstrebten Zwecks kommt es darauf an, welche Maßregel den Angekl. am wenigsten beschwert (BGH NStZ **81**, 390). Zum Verhältnis Sicherungsverwahrung – Entziehungsanstalt vgl. BGH GA **65**, 342. Vgl. ferner Anm. zu § 72.

77   XI. Gegen **Jugendliche** und **Heranwachsende** darf Sicherungsverwahrung nicht angeordnet werden (vgl. §§ 7, 106 II 1 JGG).

§ 67 Reihenfolge der Vollstreckung

(1) Wird die Unterbringung in einer Anstalt nach den §§ 63 und 64 neben einer Freiheitsstrafe angeordnet, so wird die Maßregel vor der Strafe vollzogen.

(2) Das Gericht bestimmt jedoch, daß die Strafe oder ein Teil der Strafe vor der Maßregel zu vollziehen ist, wenn der Zweck der Maßregel dadurch leichter erreicht wird.

(3) Das Gericht kann eine Anordnung nach Absatz 2 nachträglich treffen, ändern oder aufheben, wenn Umstände in der Person des Verurteilten es angezeigt erscheinen lassen.

(4) Wird die Maßregel ganz oder zum Teil vor der Strafe vollzogen, so wird die Zeit des Vollzugs der Maßregel auf die Strafe angerechnet, bis zwei Drittel der Strafe erledigt sind. Dies gilt nicht, wenn das Gericht eine Anordnung nach § 67 d Abs. 5 Satz 1 trifft.

(5) Wird die Maßregel vor der Strafe vollzogen, so kann das Gericht die Vollstreckung des Strafrestes unter den Voraussetzungen des § 57 Abs. 1 Satz 1 Nr. 2 und 3 zur Bewährung aussetzen, wenn die Hälfte der Strafe erledigt ist. Wird der Strafrest nicht ausgesetzt, so wird der Vollzug der Maßregel fortgesetzt; das Gericht kann jedoch den Vollzug der Strafe anordnen, wenn Umstände in der Person des Verurteilten es angezeigt erscheinen lassen.

Vorbem. Abs. 2, 4, 5 geändert durch 23. StÄG vom 13. 4. 1986, BGBl. I 393. Abs. 4 S. 2 ist nach BVerfGE 91 2 nichtig.

Schrifttum: Marquardt, Dogmatische und kriminologische Aspekte des Vikariierens von Strafe und Maßregel, 1972.

I. Wird eine freiheitsentziehende Maßregel neben Freiheitsstrafe angeordnet, so fragt sich, welche **Reihenfolge des Vollzugs** am beschten ist, um eine möglichst optimale Wirkung zu erzielen. § 67 löst das Problem in elastischer Weise. Er räumt grundsätzlich – mit Ausnahme der Sicherungsverwahrung – dem Maßregelvollzug den Vorrang ein. Dem Gericht wird jedoch ermöglicht, im Einzelfall eine andere Reihenfolge zu bestimmen. § 67 gilt allerdings nur (sonst § 44 b I StVollstrO; vgl. dazu Stuttgart NStZ **89**, 344, Hamm NStZ **99**, 535, Müller-Dietz NJW **80**, 2789), wenn Strafe und Maßregel in derselben Entscheidung angeordnet werden (Nürnberg MDR **78**, 72, Hamm MDR **79**, 957, Stuttgart MDR **80**, 778, Karlsruhe Justiz **82**, 163, Celle NStZ **83**, 188, Düsseldorf NStZ **83**, Schleswig SchlHA/E-L **84**, 85, München NStZ **88**, 94, LG Limburg NStZ **82**, 219; and. Köln MDR **80**, 511, München MDR **80**, 686, Brandstätter MDR **78**, 453). Zumindest sind die Abs. 4, 5 nicht analog anwendbar, wenn verschiedene Urteile vorliegen (München MDR **80**, 686). Eine vorgesehene gesetzliche Änderung (vgl. BR-Drs. 370/84) ist unterblieben.

II. Nach Abs. 1 ist eine freiheitsentziehende **Maßregel**, die neben einer Freiheitsstrafe angeordnet wird, grundsätzlich **vor der Strafe zu vollziehen.** Ausgenommen ist Sicherungsverwahrung, die stets im Anschluß an die Strafverbüßung vollzogen wird (vgl. u. 11). Bei den sonstigen freiheitsentziehenden Maßregeln ist ihrem Vollzug der Vorrang eingeräumt worden, weil sie mit spezieller Therapie auf Besserung des Täters ausgerichtet sind und ein Bedürfnis besteht, den Täter zwecks Resozialisierung so bald wie möglich der seiner Eigenart Rechnung tragenden besonderen Behandlung zuzuführen (vgl. BT-Drs. V/4095 S. 31). Wird die Maßregel vor der Strafe vollzogen, sei es auch nur teilweise, so gilt für den Strafvollzug folgendes:

1. Die Zeit des Maßregelvollzugs wird auf die Strafe **angerechnet,** bis zwei Drittel der Strafe erledigt sind (Abs. 4). Mit der Anrechnung wird berücksichtigt, daß beim Maßregelvollzug dem Täter auch die Freiheit entzogen und insoweit dem Strafzweck weitgehend Genüge getan wird. Die Anrechnung tritt von Gesetzes wegen automatisch ein, auch dann, wenn nach Abs. 3 (vgl. u. 9) der Vorwegvollzug der Maßregel nachträglich angeordnet wird oder die Strafe zur Bewährung ausgesetzt ist (Hamm MDR **79**, 157, Hanack LK 20, Tröndle/Fischer 12, Lackner 7; and. Horn SK 5, Horstkotte LK § 67 d RN 13). Sie ist auf höchstens $^2/_3$ der Strafe beschränkt (zu verfassungsrechtlichen Bedenken vgl. Hanack LK 19; demgegenüber hält BVerfGE **91** 2 = NJW **95**, 1080 die Regelung jedenfalls im Anwendungsbereich des § 64 für mit dem GG vereinbar). Die Regelung hat den Zweck, beim Verurteilten unter dem Druck eines noch vollstreckbaren Teiles der Strafe die Bereitschaft zu stärken, an Erfolg der Behandlung mitzuwirken, damit das letzte Strafdrittel zur Bewährung ausgesetzt werden kann (vgl. BR-Drs. 370/84 S. 13). Zudem ermöglicht sie Resozialisierungshilfen (Weisungen, Bewährungshelfer) bei Aussetzung des nicht durch Anrechnung erledigten Teiles der Strafe. Abs. 4 S. 2 hat sodann die Anrechnung des Maßregelvollzugs gänzlich ausgeschlossen, wenn das Gericht nach § 67 d V bestimmt hat, daß die Unterbringung wegen Aussichtslosigkeit der Suchtbehandlung aus Gründen, die in der Person des Untergebrachten liegen, nicht weiter zu vollziehen ist. Der Ausschluß der Anrechnung soll dem Untergebrachten den Anreiz nehmen, sich der Mitarbeit an der Behandlung zu entziehen und mit seiner negativen Haltung einen möglichen Behandlungserfolg zu vereiteln. Die Regelung des Abs. 4 S. 2 ist von BVerfGE **91** 2 für nichtig erklärt worden. Es hat jedoch eine gesetzliche Regelung als zulässig angesehen, die eine dem Abs. 4 S. 2 entsprechende Nichtanrechnung von Zeiten im Maßregelvollzug vorschreibt, wenn das Scheitern der Entziehungskur auf eine eindeutige und nachweisliche Therapieunwilligkeit des Betroffenen ohne achtenswerte Gründe zurückgeht. Anrechnung nach Abs. 4 hat auch zu erfolgen, wenn die Maßregel wegen Wegfalls ihrer Grundlagen aufgehoben wird (BVerfG NJW **95**, 2405; and. Frankfurt NStZ **93**,

§ 67 4–7   Allg. Teil. Rechtsfolgen d. Tat – Maßregeln d. Besserung u. Sicherung

252 m. abl. Anm. Loos). Von Abs. 4 nicht betroffen sind Anrechnungszeiten auf Grund anzurechnender U-Haft oder anderer Freiheitsentziehungen, etwa weiterer Haft nach Urteilsrechtskraft bis zur Verlegung in den Maßregelvollzug; solche Zeiten sind beim nicht von Abs. 4 erfaßten Teil der Strafe anzurechnen (Volckart Recht & Psychiatrie 95, 63; vgl. auch Düsseldorf StV **96**, 47 u. dagegen Zweibrücken NStZ **96**, 357 m. krit. Anm. Volckart StV 97, 479, Hamm NStZ **97**, 54, StV **97**, 481, Nürnberg NStZ-RR **97**, 265 bei U-Haft). Für Anrechnung von Organisationshaft erst auf das Restdrittel der Strafe auch BVerfG StV **97**, 476, Düsseldorf NStZ-RR **97**, 25, Zweibrücken aaO, Celle StV **97**, 447.

4 2. Endet der Maßregelvollzug, so ist bei günstiger Sozialprognose und Einwilligung des Verurteilten die Vollstreckung des von der Anrechnung ausgenommenen Drittels der Strafe zur Bewährung auszusetzen. Darüber hinaus läßt Abs. 5 S. 1 die **Aussetzung des Strafrestes** zu, wenn die Hälfte der Strafe durch Anrechnung erledigt ist und eine günstige Sozialprognose sowie die Einwilligung des Verurteilten vorliegen. Trotz gewisser Bedenken, die sich daraus ergeben, daß der gefährliche Täter, der neben der Strafe einer freiheitsentziehenden Maßregel unterworfen wird, günstiger gestellt ist als der nur zu Freiheitsstrafe verurteilte Täter, hat der Gesetzgeber aus spezialpräventiven Erwägungen die Aussetzungsmöglichkeit erweitert. In vielen Fällen, in denen der Maßregelzweck erreicht ist, kann es, soll der Behandlungserfolg nicht beeinträchtigt werden, unangebracht sein, den Verurteilten noch im Vollzug zurückzuhalten, bis $^2/_3$ der Strafe verbüßt sind. Einer zu weitgehenden Privilegierung wirkt die Beschränkung der Aussetzung auf die Hälfte der Strafe entgegen. Nicht erforderlich ist, daß die durch Anrechnung erledigte Hälfte der Strafe mindestens 6 Monate beträgt. Eine Mindestzeit, wie sie § 57 II enthält, fehlt in Abs. 5 S. 1. Aussetzung des Strafrestes ist auch bei Therapieunfähigen möglich (LG Bayreuth StV **95**, 205).

5 3. Wird die Vollstreckung des Strafrestes nicht zur Bewährung ausgesetzt, so wird der **Vollzug der Maßregel** grundsätzlich **fortgesetzt** (Abs. 5 S. 2). Die Regelung berücksichtigt das allgemeine Vollstreckungsprinzip, daß die Anstalten so wenig wie möglich gewechselt werden sollen, und soll vermeiden, daß zuvor erzielte Erfolge im Maßregelvollzug durch einen Strafvollzug beeinträchtigt werden (vgl. BT-Drs. V/4095 S. 32). Die Fortsetzung des Vollzugs schließt spätere Aussetzung des Strafrestes nicht aus. Diese ist dann nicht an die zeitliche Grenze des § 57 I gebunden; sie kann entsprechend Abs. 5 S. 1 auch schon vor Ablauf von $^2/_3$ der Strafzeit erfolgen (Marquardt aaO 166). Andererseits kann das Verbleiben im Maßregelvollzug eine sonst hierfür bestehende Höchstfrist überschreiten (vgl. Horstkotte LK § 67 c RN 17).

6 4. Da die Fortsetzung des Maßregelvollzugs nicht stets die zweckmäßigste Lösung ist, räumt der 2. Halbsatz des Abs. 5 S. 2 dem Gericht die Befugnis ein, den **Vollzug der Strafe** anzuordnen. Voraussetzung für die Anordnung ist, daß Umstände in der Person des Verurteilten es angezeigt erscheinen lassen, von einer Fortsetzung des Maßregelvollzugs abzusehen und den Verurteilten dem Strafvollzug zuzuführen. Andere Gründe, etwa generalpräventive Gesichtspunkte, berechtigen nicht zur Anordnung des Strafvollzugs. Umstände in der Person des Verurteilten können neben den Fällen des § 67 d V zB die Überweisung in den Strafvollzug angezeigt erscheinen lassen, wenn neben einer mehrjährigen Freiheitsstrafe die Unterbringung in einer Entziehungsanstalt angeordnet worden und eine Weiterbehandlung in der Entziehungsanstalt wenig sinnvoll ist (vgl. Karlsruhe MDR **81**, 867, Celle NStZ **83**, 384). Vgl. auch Hamm MDR **77**, 334. Die Anordnung des Strafvollzugs kann auch noch erfolgen, wenn zunächst der Maßregelvollzug fortgesetzt worden ist. So ist nach Fortsetzung des Maßregelvollzugs der Verurteilte dem Strafvollzug zuzuführen, wenn sich jegliche Weiterbehandlung im Maßregelvollzug als aussichtslos erweist. Die zusätzliche Zeit im Maßregelvollzug ist auf die Strafe anzurechnen.

7 III. Ist der Zweck der angeordneten Maßregel durch den **Vorwegvollzug der Strafe** oder eines Teiles der Strafe leichter zu erreichen, so bestimmt das Gericht, daß die Strafe oder ein Teil von ihr vor der Maßregel zu vollziehen ist (**Abs. 2**). Abzustellen ist auf leichteres Erreichen des Maßregelzwecks. Aus anderen Gründen, etwa Platzmangel in einer Anstalt (LG Dortmund NJW **75**, 2251, NStZ **89**, 340; and. Hamm MDR **78**, 864; vgl. auch LG Bonn NJW **77**, 345), Fehlen einer geeigneten Therapiestätte (BGH NStZ **81**, 492 m. Anm. Scholz, **82**, 132, **90**, 102, Hamburg NStZ **88**, 242, Dresden NStZ **93**, 511, LG Köln StV **88**, 215), unzureichenden Sicherungsmöglichkeiten in einer Anstalt, bessere Überwachungsmöglichkeiten in der JVA (BGH NStZ-RR **99**, 44), Sühnebedürfnis, Schuldvergeltung oder generalpräventiven Erwägungen, darf das Vorziehen des Strafvollzugs nicht angeordnet werden (vgl. BGH MDR/H **78**, 803). Auch die Erwartung, daß nach dem Strafvollzug die Vollstreckung der Maßregel ausgesetzt werden kann, genügt nicht (BGH NJW **83**, 240), ebensowenig die beabsichtigte Zurückstellung der Vollstreckung gem. § 35 BtMG (BGH NStZ **84**, 573 m. Anm. Müller-Dietz JR 85, 119, **90**, 102), es sei denn, die freiwillige Therapie biete bessere Erfolgsaussichten oder die Behandlung in einer Entziehungsanstalt und der vorwegzogene Strafvollzug fördere die freiwillige Therapie (BGH NStZ **85**, 571). Vorwegvollzug der Strafe kommt in Betracht, wenn er als Vorstufe der Behandlung für deren Zweck erforderlich ist (BGH **33** 285, NJW **83**, 240, NStZ **86**, 332). Das kann zB der Fall sein, wenn es sich als angezeigt erweist, dem Verurteilten zunächst einmal die Schwere seiner Tat durch den Vollzug der Strafe vor Augen zu führen, damit er auf die besondere Behandlung im Maßregelvollzug hinreichend ansprechit (vgl. dazu Karlsruhe NJW **75**, 1572, Hanack LK 49 f., JR 75, 444, Lackner 5, Müller-Dietz NStZ 83, 150). Es reicht hiernach aus, wenn durch eine Art „Leidensdruck" günstigere Voraussetzungen für die besondere Behandlung

Reihenfolge der Vollstreckung 8, 9 § 67

geschaffen werden, etwa Behandlungsunwillige, die an sich behandlungsfähig sind (vgl. BGH NJW **83**, 350), unter dem Eindruck des Strafvollzugs zu einer Behandlungsmotivation gelangen können (BGH **33** 285, MDR/H **81**, 98, **86**, 442, NStZ **88**, 216 m. krit. Anm. Volckart zu EzSt Nr. 8, Maul/Lauven NStZ **86**, 398; vgl. aber auch Streng StV **87**, 41). Nach BGH MDR/H **86**, 443, Bay NJW **81**, 1522 genügt insoweit aber noch nicht, daß der Vorwegvollzug der Strafe zweckmäßig ist; er muß vielmehr notwendig sein, um der Maßregel zum Erfolg zu verhelfen oder jedenfalls den Täter dem Maßregelziel näher zu bringen (vgl. BGH StV **86**, 489). Diese Notwendigkeit entfällt bei Therapiebereitschaft (BGH NStZ **84**, 573; vgl. auch BGH NStZ-RR **98**, 272). Ebensowenig genügt nach BGH NStZ **84**, 428 die Gefahr der Behandlungsunwilligkeit für den Vorwegvollzug der Strafe. Zu bedenken ist zudem, daß es zu den Aufgaben des Maßregelvollzugs gehört, die Therapiemotivation zu begründen (vgl. BGH NStZ-RR **99**, 10). Ist aber der Vorwegvollzug der Strafe mehr als der sofortige Maßregelvollzug geeignet, die Behandlungsbereitschaft zu fördern und den Verurteilten dem Maßregelziel näher zu bringen, so ist nach Abs. 2 zu verfahren (BGH NStZ **85**, 571). Die insoweit maßgebenden Gründe hat das Gericht nachvollziehbar darzulegen. Ferner kann der nachfolgende Maßregelvollzug bei der Anordnung der Unterbringung in einer Entziehungsanstalt neben einer mehrjährigen Freiheitsstrafe geboten sein, damit der Verurteilte nach der besonderen Behandlung in der Entziehungsanstalt sofort in die Freiheit entlassen werden kann. Vgl. zu diesen Fällen BT-Drs. V/4095 S. 31, BGH NStZ **86**, 428, **87**, 574 m. krit. Anm. Hanack JR **88**, 379, NStZ **88**, 216 m. krit. Anm. Volckart zu EzSt Nr. 8, NStZ **90**, 52, Celle NdsRpfl **89**, 260, aber auch Hanack LK **55** f., JR **78**, 402, Marquardt aaO 161 f. Entsprechendes kann sich bei der Unterbringung in einem psychiatrischen Krankenhaus ergeben, etwa bei schwerer anderer seelischer Abartigkeit des Verurteilten (BGH NJW **90**, 1124 m. Anm. Funck NStZ **90**, 509, NStZ **99**, 613). Bei lebenslanger Freiheitsstrafe scheidet jedoch ein Vorwegvollzug der Strafe idR aus (BGH **37** 160). Die Notwendigkeit der Entlassung in die Freiheit nach dem Maßregelvollzug muß begründet werden, wenn eine Abweichung von dem der gesetzlichen Wertung entsprechenden Regelfall vorliegt (vgl. BGHR § 67 II Vorwegvollzug, teilweiser **4**, NStZ-RR **99**, 11). Die bloße Annahme, es sei unvorteilhaft, wenn der Verurteilte nach dem Maßregelvollzug nicht sofort in die Freiheit entlassen wird, ist kein hinreichender Grund (BGH NStZ-RR **98**, 70). Ein hinreichender Grund ist dagegen die fundierte Erwartung, daß ein nachfolgender Strafvollzug das im Maßregelvollzug Erreichte wieder zunichte machen könnte (BGH MDR/H **94**, 762). Andererseits stellt BGH NStE **32** bei längerer Strafdauer darauf ab, daß ein sofortiger Maßregelvollzug dazu dient, den Täter frühzeitig von seinem Hang zum Rauschmittelkonsum zu befreien, damit er dann im Strafvollzug an der Verwirklichung des Vollzugsziels der Strafe arbeiten kann (vgl. auch BGH **37** 160). Der Vorwegvollzug der Strafe ist aber auch dann anzuordnen, wenn der Strafvollzug bessere Behandlungsmöglichkeiten bietet als der Maßregelvollzug (BGH **33** 285, MDR/H **81**, 98, Karlsruhe NJW **75**, 1571, Hamm NJW **79**, 2359, Hanack JR **75**, 444 f.; vgl. aber Hamm NStZ **87**, 44: unzulässig, Maßregel in der Vollzugsanstalt als sozialtherapeutischer Anstalt zu vollziehen). Zum Erfordernis einer ausreichenden Begründung des Vorwegvollzugs der Strafe vgl. BGH NStZ **86**, 524, NStE **20**, NStZ-RR **98**, 296.

Die von Abs. 1 abweichende Reihenfolge *muß* das Gericht anordnen, wenn es zu der Überzeugung **8** gelangt, der Vorwegvollzug der Strafe erleichtere das Erreichen des Maßregelzwecks. Die Anordnung kann sich auf den **Vorwegvollzug eines Teiles der Strafe** beschränken, wenn bereits mit dem Teilvollzug der Maßregelzweck leichter zu erreichen ist. Grundsätzlich hat schon der Tatrichter über die zeitliche Begrenzung des Vorwegvollzugs zu entscheiden; er darf sie nur ausnahmsweise dem Verfahren nach Abs. 3 überlassen (BGH NStZ **91**, 252). Die Beschränkung des Vorwegvollzugs auf einen Teil der Strafe kommt etwa in Betracht, wenn bereits ein zeitlich begrenzter Aufenthalt im Strafvollzug beim Verurteilten voraussichtlich die Behandlungsbereitschaft erweckt, die für die Erreichbarkeit des Maßregelzwecks erforderlich ist. Zu denken ist aber auch an die Fälle einer langen Freiheitsstrafe, in denen nach erfolgreicher Behandlung im Maßregelvollzug trotz Anrechnung der Zeit auf die Strafe noch ein Strafrest zu verbüßen ist, mag die Verbüßung auch nach Abs. 5 im weiteren Maßregelvollzug erfolgen. Hier kann es zur Förderung des Maßregelzwecks geboten sein, einen Teil der Strafe vorweg zu vollziehen (vgl. BR-Drs. 370/84 S. 12, auch BGH MDR/H **89**, 1051, NStZ-RR **99**, 45). Ist ungewiß, welcher Teil der Strafe vorwegzuvollziehen ist, so muß das Gericht eine Frist für die früheste Überleitung in den Maßregelvollzug bestimmen; es darf nicht einfach den vollständigen Vorwegvollzug mit der Maßgabe einer späteren Anordnung nach Abs. 3 anordnen (BGH NStZ **92**, 205) oder eine unbestimmte Frist (mindestens) festsetzen (BGH NStZ-RR **2000**, 7). Zeigt sich nach Teilverbüßung der Strafe die Erforderlichkeit, den Verurteilten weiterhin im Strafvollzug zu behalten, so hat das Gericht (StVK) nach Abs. 3 die ursprüngliche Anordnung zu ändern (vgl. u. 10). Umgekehrt kann nach Abs. 3 beim angeordneten Vorwegvollzug der gesamten Strafe der Wechsel zum Maßregelvollzug bereits nach Teilverbüßung der Strafe bestimmt werden (vgl. u. 10). Entsprechendes gilt, wenn beim angeordneten Vorwegvollzug eines Teiles der Strafe sich vorher ergibt, daß eine Überweisung in den Maßregelvollzug angezeigt ist (vgl. Maul/Lauven NStZ **86**, 400, Hanack JR **88**, 380). Wird die gesamte Strafe vor der Maßregel verbüßt, so ist vor Ende des Strafvollzugs zu prüfen, ob der Zweck der Maßregel die Unterbringung noch erfordert (§ 67 c). Etwaige U-Haft ist auf den vorwegvollzogenen Teil der Strafe anzurechnen (vgl. § 51 RN 11).

IV. Da sich die Lage, von der Abs. 1 oder das Gericht nach Abs. 2 ausgeht, im Verlauf des Vollzugs **9** ändern kann, ermächtigt Abs. 3 das nach §§ 462 a, 463 StPO zuständige Gericht (StVK), **nachträg-**

Stree

liche Änderungen in der Reihenfolge des Vollzugs vorzunehmen. Wird gemäß Abs. 1 zunächst die Maßregel vollzogen, so kann das Gericht eine Anordnung nach Abs. 2, dh die Anordnung des Vollzugs der Strafe oder eines Teiles der Strafe, nachträglich treffen, wenn Umstände in der Person des Verurteilten es angezeigt erscheinen lassen. Aus dem gleichen Grund kann es eine nach Abs. 2 getroffene Anordnung nachträglich ändern oder aufheben. Es kann also anordnen, daß nach einer Teilverbüßung der Strafe nunmehr der Maßregelvollzug zu erfolgen hat.

10 Die nachträgliche Entscheidung darf sich nur auf *Umstände in der Person des Verurteilten* stützen, nicht auf sonstige Umstände. Wenn auch die nachträgliche Änderung in der Reihenfolge des Vollzugs nur angezeigt zu erscheinen braucht, nicht also zwingend geboten sein muß, so hat das Gericht dennoch zu beachten, daß Änderungen nur in besonderen Fällen in Betracht kommen. So darf nicht allein der Umstand, daß der Untergebrachte in der Anstalt Schwierigkeiten bereitet, schon dazu führen, diesen in den Strafvollzug abzuschieben (vgl. BT-Drs. V/4095 S. 31). Die Gründe für eine nachträgliche Anordnung nach Abs. 2 sind jedoch nicht auf dessen Voraussetzung der leichteren Erreichbarkeit des Maßregelvollzugs beschränkt, da Abs. 3 hierauf nicht abhebt, sondern eine eigene Zulässigkeitsvoraussetzung enthält (vgl. Stree JR 80, 510; and. Schleswig MDR **80**, 1038, Hamburg MDR **93**, 1100). Überweisung in den Strafvollzug ist daher an sich zulässig, wenn sich bei einer Entziehungskur deren vorübergehende Aussichtslosigkeit herausgestellt hat und diese auf den Süchtigen zurückzuführen ist (Marquardt aaO 164, Stree aaO; ebenso Celle JR **82**, 468 m. Anm. Stree, soweit Suchtbehandlung nur gegenwärtig aussichtslos ist); die Maßregel als solche bleibt dann aufrechterhalten (and. Düsseldorf JR **80**, 508 m. abl. Anm. Stree). Einem solchen Vorgehen steht § 67 d V nicht schlechthin entgegen (vgl. aber Hamm NStZ **00**, 168). Es ist allerdings nach Einfügung dieser Vorschrift nur zulässig, soweit noch eine hinreichend konkrete Aussicht feststellbar ist, daß der Strafvollzug beim Verurteilten zu Änderungen führt, die eine spätere Wiederaufnahme des Maßregelvollzugs sinnvoll erscheinen lassen. Ist dagegen anzunehmen, daß die Aussichtslosigkeit der Suchtbehandlung auch nach der Strafverbüßung unvermindert andauert, so ist nach § 67 d V zu verfahren. Beim Vorwegvollzug der Strafe ist die Anordnung nach Abs. 2 aufzuheben, wenn bereits die Teilverbüßung die leichtere Erreichbarkeit des Maßregelzwecks bewirkt hat (vgl. Hamm MDR **80**, 952). Ist der Vorwegvollzug von vornherein schon auf einen Teil der Strafe beschränkt worden, so kommt eine Aufhebung der Anordnung in Betracht, wenn die Verbüßung eines geringeren Teiles der Strafe bereits genügt hat, die Erreichung des Maßregelzwecks zu erleichtern. Andererseits ist der Vorwegvollzug bei Beschränkung auf einen Teil der Strafe zu verlängern, wenn er noch nicht die Erwartungen erfüllt hat, ein weiteres Verbleiben im Strafvollzug aber das leichtere Erreichen des Maßregelzwecks erwarten läßt. Die gebotene Überstellung in den Maßregelvollzug darf nicht aus Platzmangel in einer Anstalt unterbleiben (vgl. Hamm MDR **80**, 952, das jedoch der Vollstreckungsbehörde eine angemessene Frist für die Durchführung der Entscheidung einräumt, auch Hamburg MDR **93**, 1100). Die Umstände in der Person müssen nachträglich, insb. während des Vollzugs in Erscheinung getreten sein. Eine lediglich abweichende Auffassung des Gerichts von der gleich gebliebenen Beurteilungsgrundlage rechtfertigt eine Entscheidung nach Abs. 3 nicht (vgl. E 62 Begr. 217, KG JR **79**, 77 m. Anm. Horn, Düsseldorf MDR **89**, 1012).

11 **V. Sicherungsverwahrung** wird ausnahmslos nach der Strafverbüßung vollzogen. Zur Begründung vgl. BT-Drs. V/4095 S. 31. Zu einer Änderung der Reihenfolge des Vollzugs ist das Gericht nicht befugt. Unzulässig ist auch, nach Teilverbüßung der Strafe anzuordnen, daß nunmehr die Sicherungsverwahrung zu vollziehen ist. Abs. 3 bezieht sich ausschließlich auf die in Abs. 1 genannten Maßregeln. Vor Ende des Strafvollzugs hat das Gericht aber zu prüfen, ob der Zweck der Sicherungsverwahrung die Unterbringung noch erfordert (§ 67 c).

§ 67 a Überweisung in den Vollzug einer anderen Maßregel

(1) Ist die Unterbringung in einem psychiatrischen Krankenhaus oder einer Entziehungsanstalt angeordnet worden, so kann das Gericht nachträglich den Täter in den Vollzug der anderen Maßregel überweisen, wenn die Resozialisierung des Täters dadurch besser gefördert werden kann.

(2) Unter den Voraussetzungen des Absatzes 1 kann das Gericht nachträglich auch einen Täter, gegen den Sicherungsverwahrung angeordnet worden ist, in den Vollzug einer der in Absatz 1 genannten Maßregeln überweisen.

(3) Das Gericht kann eine Entscheidung nach den Absätzen 1 und 2 ändern oder aufheben, wenn sich nachträglich ergibt, daß die Resozialisierung des Täters dadurch besser gefördert werden kann. Eine Entscheidung nach Absatz 2 kann das Gericht ferner aufheben, wenn sich nachträglich ergibt, daß mit dem Vollzug der in Absatz 1 genannten Maßregeln kein Erfolg erzielt werden kann.

(4) Die Fristen für die Dauer der Unterbringung und die Überprüfung richten sich nach den Vorschriften, die für die im Urteil angeordnete Unterbringung gelten.

1 **I.** § 67 a dient dem Bedürfnis, das System der Maßregeln so weit wie möglich Zweckmäßigkeitsgesichtspunkten unterzuordnen, und beruht auf der Erfahrung, daß sich oftmals erst im Vollzug herausstellt, welche besondere Behandlung für die Resozialisierung des Täters am geeignetsten ist. Voraus-

setzung für eine nachträgliche Überweisung in den Vollzug einer anderen Maßregel ist stets, daß die Resozialisierung des Täters dadurch besser gefördert werden kann. Bloßer Platzmangel in Entziehungsanstalt berechtigt daher nicht zur Überweisung in psychiatrisches Krankenhaus (BGH MDR/H **81**, 266, Celle NStZ **95**, 255; vgl. aber Hamm MDR **78**, 950, JMBlNW **80**, 226). Anders ist es, wenn in einer Anstalt ohne Platzmangel Behandlungen möglich sind und deswegen bessere Resozialisierungsmöglichkeiten bestehen. Umgekehrt kann ein Platzmangel in der vorgesehenen Anstalt das Absehen von einer Überweisung begründen, weil er einer besseren Förderung der Resozialisierung entgegensteht (Horstkotte LK 7). Die Überweisung darf nur in ein psychiatrisches Krankenhaus oder eine Entziehungsanstalt erfolgen, nicht in die sozialtherapeutische Anstalt einer JVA (Hamm NStZ **87**, 44) oder in die Sicherungsverwahrung (Frankfurt NStZ-RR **98**, 90). Sie kann schon vor Beginn des Vollzugs der angeordneten Maßregel erfolgen, so etwa, wenn sich im vorausgegangenen Strafvollzug (§ 67 II) herausstellt, daß eine andere Anstalt zur Resozialisierung besser geeignet ist. Zu den Resozialisierungsgesichtspunkten vgl. Horstkotte LK 14. Zur Zuständigkeit für die Überweisung vgl. § 462 a StPO iVm §§ 463 V, 462 StPO (StVK).

II. Die nach Abs. 1 zulässige **Überweisung in den Vollzug der anderen Maßregel** bedeutet 2
nicht deren Anordnung. Die eigentliche Vollzugsgrundlage bleibt die ursprüngliche Anordnung. Dementsprechend bestimmt Abs. 4, daß sich die Fristen für die Dauer der Unterbringung und die Überprüfung nach den Vorschriften richten, die für die im Urteil angeordnete Maßregel gelten. Mit dieser Regelung wird vermieden, daß der Täter auf Grund der nachträglichen Entscheidung eine Benachteiligung erfährt, zugleich aber auch verhindert, daß die Höchstdauer der Unterbringung auf Grund der Überweisung verkürzt. Ist der in einer Entziehungsanstalt Untergebrachte in den Vollzug der Unterbringung in einem psychiatrischen Krankenhaus überwiesen worden, so ist, da die Anordnung nach § 64 Vollzugsgrundlage bleibt, § 67 d V anwendbar (vgl. § 67 d RN 15).

III. In den Vollzug der in Abs. 1 genannten Maßregeln kann auch ein Täter, gegen den **Siche-** 3
rungsverwahrung angeordnet worden ist, überwiesen werden, sofern seine Resozialisierung dadurch besser gefördert werden kann (Abs. 2). Überweisung in die Sicherungsverwahrung ist dagegen unzulässig, wohl aber Rücküberweisung nach Aufhebung nach Abs. 2 erfolgten Überweisung (vgl. u. 5). Auch bei Überweisung nach Abs. 2 bleibt gem. Abs. 4 die ursprünglich angeordnete Maßregel, hier also Sicherungsverwahrung, für die Fristen maßgebend, die für die Dauer der Unterbringung und die Überprüfung gelten. Da die Anordnung der Sicherungsverwahrung die eigentliche Vollzugsgrundlage bildet und Sicherungsverwahrung stets nach der Strafverbüßung zu vollziehen ist (vgl. § 67 RN 11), kann eine Entscheidung nach Abs. 2 mangels einer anderen Regelung erst für die Zeit nach der Strafverbüßung getroffen werden.

IV. Die Überweisungen nach Abs. 1 und 2 sind keine endgültigen Entscheidungen darüber, mit 4
welchem Maßregelvollzug auf den Täter einzuwirken ist. Da sich während des Vollzugs herausstellen kann, daß die Behandlung in einer anderen Anstalt, sei es in der ursprünglich vorgesehenen oder in einer sonstigen, für die Resozialisierung des Täters besser geeignet erscheint, läßt Abs. 3 die **Abänderung** oder die **Aufhebung einer** nach Abs. 1 oder 2 getroffenen **Entscheidung** zu. Die Entscheidungen können danach immer dann (auch wiederholt) abgeändert oder aufgehoben werden, wenn sich nachträglich ergibt, daß die Resozialisierung des Täters dadurch besser gefördert werden kann. Zu beachten bleibt stets, daß mehrfacher Anstaltswechsel auch nachteilig für die Resozialisierung sein kann.

Ferner ist es unangebracht, einen gefährlichen Hangtäter, gegen den Sicherungsverwahrung an- 5
geordnet und der dann nach Abs. 2 zwecks Behandlung in den Vollzug einer anderen Maßregel überwiesen worden ist, bei fehlenden Resozialisierungsaussichten in einer Anstalt zu belassen, die nicht in erster Linie Sicherungsfunktionen zu erfüllen hat. Dementsprechend sieht Abs. 3 S. 2 die Möglichkeit vor, eine nach Abs. 2 getroffene Entscheidung aufzuheben, wenn sich nachträglich ergibt, daß mit dem Vollzug der in Abs. 1 genannten Maßregel kein Erfolg erzielt werden kann (Aussichtslosigkeit einer Entziehungskur, Irrtum über psychische Erkrankung; vgl. Tröndle 4). Mit Aufhebung der Entscheidung hat der Täter nunmehr Sicherungsverwahrung auf sich zu nehmen. Die Rücküberweisung in die Sicherungsverwahrung hat aber auch zu erfolgen, wenn der Untergebrachte von seiner Sucht oder psychischen Erkrankung geheilt worden ist, seine Gefährlichkeit jedoch aus anderen Gründen fortbesteht (sonst § 67 d II). Mangels weiterer Erfolgsmöglichkeiten durch spezielle Behandlung ist ein Verbleib in der anderen Anstalt ebenso unangebracht wie bei Aussichtslosigkeit der Suchtbehandlung usw.

§ 67 b Aussetzung zugleich mit der Anordnung

(1) **Ordnet das Gericht die Unterbringung in einem psychiatrischen Krankenhaus oder einer Entziehungsanstalt an, so setzt es zugleich deren Vollstreckung zur Bewährung aus, wenn besondere Umstände die Erwartung rechtfertigen, daß der Zweck der Maßregel auch dadurch erreicht werden kann. Die Aussetzung unterbleibt, wenn der Täter noch Freiheitsstrafe zu verbüßen hat, die gleichzeitig mit der Maßregel verhängt und nicht zur Bewährung ausgesetzt wird.**

(2) **Mit der Aussetzung tritt Führungsaufsicht ein.**

Stree

§ 67 b 1–8 Allg. Teil. Rechtsfolgen d. Tat – Maßregeln d. Besserung u. Sicherung

1 I. § 67 b regelt die sofortige **Aussetzung** der Vollstreckung **einer freiheitsentziehenden Maßregel**. Sie beschränkt sich auf die zugleich mit der Anordnung einer Maßregel zu erfolgende Aussetzung; die Möglichkeiten einer späteren Aussetzung sind in den §§ 67 c, 67 d geregelt. Der Vorschrift liegt das Bestreben zugrunde, die Maßregeln so elastisch wie möglich auszugestalten und eine nicht unbedingt erforderliche Freiheitsentziehung zu vermeiden. Mit der Möglichkeit, die Vollstreckung einer angeordneten Maßregel sogleich auszusetzen, konnte der Subsidiaritätsgrundsatz bei der Anordnung einer Maßregel entfallen (vgl. § 63 RN 19, § 64 RN 10, Horn SK § 61 RN 16, aber auch Horstkotte LK 11). Er gilt nunmehr erst für deren Vollstreckung.

2 II. Als **Voraussetzung** für sofortige Aussetzung der Vollstreckung bestimmt Abs. 1, daß die Unterbringung in einem psychiatrischen Krankenhaus oder einer Entziehungsanstalt angeordnet wird und besondere Umstände die Erwartung rechtfertigen, daß der Maßregelzweck, dh Verhinderung erheblicher rechtswidriger Taten, auch durch die Aussetzung erreicht werden kann.

3 1. Die Aussetzung ist nur zulässig, wenn die Unterbringung in einem **psychiatrischen Krankenhaus** oder einer **Entziehungsanstalt** angeordnet wird. Ausgenommen ist die Sicherungsverwahrung. Da ihr Vollzug erst nach Strafverbüßung erfolgt und ihre Vollstreckung nach § 67 c I auszusetzen ist, wenn die Überprüfung am Ende des Strafvollzugs ergibt, daß der Zweck der Maßregel die Unterbringung nicht mehr erfordert, erübrigt sich bei ihr die Möglichkeit einer sofortigen Aussetzung.

4 2. Erforderlich ist ferner eine **tätergünstige Prognose**. Besondere Umstände müssen die Erwartung rechtfertigen, daß der Zweck der Maßregel auch durch die Aussetzung erreicht werden kann. Sie sind in den Urteilsgründen genau anzuführen.

5 a) Die Erwartung muß sich auf *besondere Umstände* stützen. Eine allgemeine Annahme, die Aussetzung reiche aus, genügt nicht. Als besondere Umstände kommen etwa in Betracht: bei Anordnung der Unterbringung in einem psychiatrischen Krankenhaus die Übernahme der Betreuung und Überwachung durch zuverlässige Verwandte, die Begründung eines Betreuungsverhältnisses nach §§ 1896 ff. BGB (BGH NStZ-RR 97, 290, 291), der freiwillige Eintritt in eine Anstalt, die Unterbringung des Täters auf Grund einer vormundschaftsgerichtlich genehmigten Anordnung seines Pflegers (BGH MDR/H 85, 979) oder Vormunds (BGHR § 67 b Abs. 1 besondere Umstände 3) oder nach einem landesrechtlichen Unterbringungsgesetz (vgl. BGH 34 313, Horstkotte LK 66 f.), eine psychotherapeutische oder medikamentöse Behandlung (BGH StV 88, 260), die Entmannung eines Triebtäters (vgl. BGH MDR/D 75, 724); bei Anordnung der Unterbringung in einer Entziehungsanstalt der freiwillige Eintritt in eine solche Anstalt, eine Entziehungskur außerhalb einer Anstalt, der Anschluß an einen Enthaltsamkeitsverein oder an eine auf Therapie ausgerichtete Gruppe (vgl. Horstkotte LK 48), nicht jedoch bereits die Erklärung, sich freiwillig einer Suchtbehandlung unterziehen zu wollen (BGH NStZ 83, 167).

6 b) Die besonderen Umstände müssen die *Erwartung* rechtfertigen, daß der *Maßregelzweck auch durch die Aussetzung erreicht werden kann*. Hierbei ist zu berücksichtigen, daß nach Abs. 2 mit der Aussetzung Führungsaufsicht eintritt (vgl. u. 9). Es sind bei der Prognose somit die Einwirkungsmöglichkeiten, die mit der Führungsaufsicht verbunden sind, einzubeziehen, etwa Bestellung eines Bewährungshelfers oder bestimmte Weisungen (vgl. BGH NStE **1**, NStZ 88, 309). Prognoseerheblich können uU auch Vorkehrungen im Zusammenhang mit einer Betreuung nach den §§ 1896 ff. BGB sein (BGH NStZ 92, 538). Infolge der besonderen Umstände muß zu erwarten sein, daß die Gefährlichkeit des Täters auch durch Aussetzung der Vollstreckung iVm Führungsaufsicht behoben werden kann. Nach BGH MDR/D 75, 724 genügt, daß die vom Täter ausgehende Gefahr so herabgemindert wird, daß es angebracht erscheint, den Verzicht auf den Maßregelvollzug zu wagen. Erwarten bedeutet nicht sichere Gewißheit. Das Gericht muß aber, soll eine Aussetzung verantwortet werden können, fest damit rechnen, daß die vom Täter ausgehende Gefahr erheblicher Rechtsverletzungen, die zur Anordnung der Maßregel geführt hat, auch bei ausgesetzter Vollstreckung gebannt ist. Hat es Zweifel, so fehlt es an einer tätergünstigen Prognose. Es darf dann das mit einer Aussetzung verbundene Risiko nicht eingehen; die Aussetzung hat vielmehr zu unterbleiben (vgl. Düsseldorf OLGSt **4**, aber auch Horstkotte LK 25).

7 III. Liegen die genannten Voraussetzungen für eine Aussetzung vor, so ist das Gericht **verpflichtet**, die Vollstreckung der angeordneten Maßregel zur Bewährung **auszusetzen**. Zur Möglichkeit des Widerrufs der Aussetzung vgl. § 67 g.

8 IV. Trotz Vorliegens der genannten Voraussetzungen ist die **Aussetzung** jedoch **unzulässig**, wenn der Täter noch Freiheitsstrafe zu verbüßen hat, die gleichzeitig mit der Maßregel verhängt und nicht zur Bewährung ausgesetzt wird (Abs. 1 S. 2). Mit dieser Einschränkung wird berücksichtigt, daß der mit der Aussetzung angestrebte Zweck nicht erreicht werden kann, wenn der Täter in den Strafvollzug gelangt und damit ohnehin seine Freiheit verliert (vgl. BT-Drs. V/4095 S. 33). Wird in einem solchen Fall nach § 67 II der Vorwegvollzug der Strafe angeordnet, so ist die Vollstreckung der Maßregel indes am Ende des Strafvollzugs auszusetzen, sofern die Voraussetzungen des § 67 c I vorliegen. Freiheitsstrafe, die wegen Anrechnung von U-Haft usw insgesamt als verbüßt gilt, läßt die Aussetzungsmöglichkeit unberührt (BGH StV **94**, 260). Strafe, die in einem anderen Verfahren verhängt worden und noch zu verbüßen ist, steht der Aussetzung der Maßregelvollstreckung nicht entgegen (zur Problematik vgl. Horstkotte LK 89 ff.).

V. Wird die Vollstreckung der angeordneten Maßregel zur Bewährung ausgesetzt, so tritt nach 9 Abs. 2 kraft Gesetzes **Führungsaufsicht** ein. Eine besondere gerichtliche Entscheidung ergeht insoweit nicht. Wohl aber kann das Gericht die Dauer der Führungsaufsicht bis zum Mindestmaß von 2 Jahren gem. § 68 c I 2 abkürzen; es kann aber auch nach § 68 c II eine die Höchstdauer überschreitende unbefristete Führungsaufsicht anordnen. Ferner ist für die Ausgestaltung der Führungsaufsicht eine Entscheidung notwendig, soweit es hierfür einer solchen Entscheidung bedarf. Derartige Entscheidungen trifft das Gericht durch Beschluß, der mit dem Urteil zu verkünden ist (§ 268 a II StPO).

§ 67 c Späterer Beginn der Unterbringung

(1) Wird eine Freiheitsstrafe vor einer zugleich angeordneten Unterbringung vollzogen, so prüft das Gericht vor dem Ende des Vollzugs der Strafe, ob der Zweck der Maßregel die Unterbringung noch erfordert. Ist das nicht der Fall, so setzt es die Vollstreckung der Unterbringung zur Bewährung aus; mit der Aussetzung tritt Führungsaufsicht ein.

(2) Hat der Vollzug der Unterbringung drei Jahre nach Rechtskraft ihrer Anordnung noch nicht begonnen und liegt ein Fall des Absatzes 1 oder des § 67 b nicht vor, so darf die Unterbringung nur noch vollzogen werden, wenn das Gericht es anordnet. In die Frist wird die Zeit nicht eingerechnet, in welcher der Täter auf behördliche Anordnung in einer Anstalt verwahrt worden ist. Das Gericht ordnet den Vollzug an, wenn der Zweck der Maßregel die Unterbringung noch erfordert. Ist der Zweck der Maßregel nicht erreicht, rechtfertigen aber besondere Umstände die Erwartung, daß er auch durch die Aussetzung erreicht werden kann, so setzt das Gericht die Vollstreckung der Unterbringung zur Bewährung aus; mit der Aussetzung tritt Führungsaufsicht ein. Ist der Zweck der Maßregel erreicht, so erklärt das Gericht sie für erledigt.

I. Die **Erforderlichkeit**, eine angeordnete **Maßregel zu vollziehen**, ist stets besonders zu 1 **prüfen**, wenn vor einer freiheitsentziehenden Maßregel eine zugleich mit ihr verhängte Freiheitsstrafe vollzogen wird (Abs. 1) oder wenn sich der Beginn des Maßregelvollzugs aus anderen Gründen um 3 Jahre nach Rechtskraft ihrer Anordnung verzögert hat (Abs. 2). Beim Vorwegvollzug einer Freiheitsstrafe wird berücksichtigt, daß der Richter zZ des Urteils eine einigermaßen sichere Prognose, wie sich der Strafvollzug auf den Verurteilten auswirken wird und ob nach der Strafverbüßung noch ein Maßregelvollzug erforderlich ist, kaum erstellen kann. Abs. 1 geht deshalb davon aus, daß sich die bei Urteilsfällung erforderliche Prognose auf den Zeitpunkt der Entscheidung zu beschränken hat und eine freiheitsentziehende Maßregel anzuordnen ist, wenn festgestellt wird, daß der Täter in diesem Zeitpunkt gefährlich und die Anordnung der Maßregel begründet ist. Wie sich der Strafvollzug auf den Täter ausgewirkt hat und ob danach der Maßregelvollzug noch erforderlich ist, soll erst am Ende des Strafvollzugs geprüft werden. Ähnliche Erwägungen liegen Abs. 2 zugrunde. Sind nämlich seit Rechtskraft des Urteils 3 Jahre verstrichen, ohne daß mit dem Maßregelvollzug begonnen worden ist, so kann das ebenfalls bedeuten, daß der Zweck der Maßregel durch einen Vollzug nicht mehr erfordert. Eine Prüfung hat daher hier ebenfalls zu erfolgen. Vgl. ferner § 72 III zu dem Fall, daß vor dem Maßregelvollzug eine andere mit ihr zugleich angeordnete Maßregel vollzogen worden ist.

II. Zu einer Prüfung, ob der Zweck einer angeordneten freiheitsentziehenden Maßregel die Unter- 2 bringung des Verurteilten noch erfordert, ist das Gericht nach Abs. 1 im Fall des **Vorwegvollzugs einer** mit der Maßregel zugleich verhängten **Freiheitsstrafe** verpflichtet. Einer Entscheidung bedarf es jedoch nicht, wenn das Gericht kurze Zeit vor Strafende eine Aussetzung der Unterbringung gem. § 67 d I abgelehnt hat (Frankfurt NStZ-RR **99**, 348). Zur Zuständigkeit des Gerichts vgl. § 462 a StPO iVm §§ 463 III, 454 StPO.

1. Die Freiheitsstrafe, die vor der Maßregel vollzogen wird, muß mit dieser **zugleich** verhängt 3 worden sein. Strafverbüßung auf Grund eines anderen Urteils genügt nicht (KG JR **84**, 213, Lackner 1; and. Koblenz MDR **83**, 863, Tröndle 3 a), es sei denn, daß sie im Anschluß an den Vollzug der mit der Maßregel verhängten Freiheitsentziehung erfolgt. So entfällt insb. eine Prüfungspflicht bei Verbüßung einer anderen Strafe auf Grund einer Tat, die während der Aussetzung der Unterbringung begangen worden ist und zum Widerruf nach § 67 g geführt hat (Hamm JMBlNW **78**, 90). Im Fall einer Anschlußvollstreckung ist die Erforderlichkeit der Unterbringung zu prüfen, wenn das Gericht sich gem. § 454 b III StPO (vgl. § 57 RN 8) damit befaßt, ob die Vollstreckung aller Strafreste zur Bewährung auszusetzen ist (vgl. KG NStZ **90**, 54). Wird die Erforderlichkeit der Unterbringung bejaht und deswegen die Vollstreckung der Strafreste nicht ausgesetzt, so hat die nächste Prüfung zu erfolgen, wenn das Gericht sich erneut mit einer Aussetzung der Strafreste befaßt, oder so rechtzeitig vor dem Ende des gesamten Strafvollzugs, daß die Entscheidung bis zum Vollzugsende rechtskräftig werden kann (vgl. u. 5). Eine Freiheitsstrafe wird stets vor einer zugleich angeordneten Sicherungsverwahrung vollzogen. Im Fall einer anderen freiheitsentziehenden Maßregel erfolgt der Vorwegvollzug einer Freiheitsstrafe, wenn das Gericht dies gemäß § 67 II bestimmt. Als Voraussetzung für Abs. 1 genügt auch, daß gemäß § 67 III die Reihenfolge des Vollzugs geändert und nach einem Teilvollzug der Maßregel der sofortige Vollzug der Strafe angeordnet worden ist. Für die Anwendung des Abs. 1 ist ferner ohne Bedeutung, ob der Verurteilte die volle Strafe verbüßt oder der

Strafrest nach § 57 ausgesetzt wird. Eine Aussetzung des Strafrestes darf allerdings idR nicht erfolgen, wenn das Gericht die Notwendigkeit der Unterbringung bejaht (vgl. § 57 RN 19).

4 2. Zu prüfen ist, ob der **Zweck der Maßregel die Unterbringung noch erfordert.** Das ist nur zu bejahen, wenn im gegenwärtigen Zeitpunkt noch die für die Maßregelanordnung maßgebliche Gefährlichkeit des Täters festgestellt wird und nicht zu erwarten ist, daß der Maßregelzweck auch durch Aussetzung der Vollstreckung erreicht werden kann. Es muß also der Wahrscheinlichkeit weiterer rechtswidriger Taten bestehen, und zwar solcher Taten, wie sie für die Anordnung der Maßregel vorausgesetzt werden. Eine bloß mögliche Gefährlichkeit genügt nicht. Der Annahme, daß der Maßregelzweck die Unterbringung erfordert, stehen ebenfalls Zweifel an der Gefährlichkeit entgegen. Entsprechend § 67 b gilt ferner hinsichtlich der Vollstreckung der Unterbringung der Subsidiaritätsgrundsatz. Danach erfordert der Zweck der Maßregel nicht die Unterbringung, wenn besondere Umstände die Erwartung rechtfertigen, daß er auch durch Aussetzung der Vollstreckung erreicht werden kann (vgl. dazu Anm. zu § 67 b). Insoweit bestehende Zweifel schließen wie im Fall des § 67 b (vgl. dort RN 6 aE) die Aussetzung aus. In Anlehnung an § 67 d II ist die Erforderlichkeit der Unterbringung zu verneinen, wenn zu erwarten ist, daß der Verurteilte außerhalb des Maßregelvollzugs keine rechtswidrigen Taten mehr begehen wird (vgl. dazu § 67 d RN 8 ff.). Zum Prognoseverfahren vgl. § 56 RN 15 a, Horstkotte LK 48 ff.

5 3. Die **Prüfung** hat unter Heranziehung eines Sachverständigen (§§ 463 III, 454 II StPO) **vor dem Ende des Strafvollzugs** stattzufinden, und zwar so rechtzeitig, daß die daraufhin zu treffende Entscheidung bis zum Vollzugsende rechtskräftig werden kann (zur Anfechtbarkeit der Entscheidung vgl. §§ 463 III, 454 II StPO). Andererseits darf sie nicht zu früh erfolgen, da sich die Prognose noch ändern kann (vgl. Hamm GA **72**, 373, Düsseldorf NJW **74**, 198) und dem Gericht die Möglichkeit, die Aussetzung bis zur Entlassung des Verurteilten aufzuheben, anders als bei Aussetzung eines Strafrestes (vgl. § 454 a II StPO) nicht eingeräumt worden ist (die Widerrufsmöglichkeit nach § 67 f II entspricht nicht vollständig der Aufhebungsmöglichkeit nach § 454 a II StPO). Ein zu früh gestellter Antrag auf Prüfung ist als unzulässig zurückzuweisen (Köln JMBlNW **77**, 77, Koblenz OLGSt Nr. **2**, Düsseldorf StV **2000**, 270; vgl. auch KG NStZ **90**, 54 zur Anschlußvollstreckung). Nach Horstkotte LK 39 soll mit der Prüfung idR 6 Monate vor Vollzugsende zu beginnen sein (vgl. auch Stuttgart NStZ **88**, 45, Düsseldorf StraFo **97**, 83: Prüfungsbeginn frühestens 6 Monate vor Vollzugsende; LG Traunstein NStZ-RR **96**, 94: Prüfung in einfachen Fällen 3 Mon., sonst 6 Mon. vorher). Bei der Prüfung sind die StA, die Vollzugsanstalt und grundsätzlich auch der Verurteilte zu hören (§§ 463 III, 454 I StPO). Liegt bei Vollzugsende noch keine rechtskräftige Entscheidung vor, so ist jedenfalls dann, wenn sie in angemessener Zeit zu erwarten ist, die Maßregel zunächst zu vollstrecken (Tröndle/Fischer 3 a; ebenso Düsseldorf NJW **93**, 1087, Horstkotte LK 28 f., sofern das Prüfungsverfahren vor Vollzugsende schon eingeleitet ist). Ein solcher Maßregelvollzug ist nicht verfassungswidrig (BVerfGE **42** 1; and. Hirsch in BVerfGE **42** 12 ff.). Unzulässig wird er aber, wenn die Erforderlichkeitsprüfung sich monatelang sachwidrig verschleppt (Düsseldorf NJW **93**, 1087).

6 4. Erfordert der Maßregelzweck nicht mehr die Unterbringung, so hat das Gericht die **Vollstreckung** der Unterbringung zur Bewährung **auszusetzen** (Abs. 1 S. 2). Die Möglichkeit, die Maßregel schon in diesem Zeitpunkt für erledigt zu erklären, ist dem Gericht – anders als im Fall des Abs. 2 – nicht eingeräumt worden. Dem liegt die Erwägung zugrunde, daß die Einwirkung auf den Verurteilten allein mit dem Mitteln des Strafvollzugs grundsätzlich noch kein abschließendes Urteil darüber erlaubt, ob auf den Maßregelvollzug endgültig verzichtet werden kann (vgl. E 62 Begr. 237). Eine Ausnahme läßt sich auch dann nicht befürworten, wenn sich bei der Prüfung die Aussichtslosigkeit einer Entziehungskur herausstellt (and. Zweibrücken MDR **89**, 179 bei krankheitsbedingter Therapieunfähigkeit). Würde in entsprechender Anwendung des § 64 II die Unterbringung für erledigt erklärt, so würden die Einwirkungsmöglichkeiten im Rahmen der sonst eintretenden Führungsaufsicht ohne berechtigten Grund entfallen. Es ließe sich allenfalls daran denken, bei Aussichtslosigkeit einer Entziehungskur entsprechend § 67 d V zu verfahren. Mit der Aussetzung tritt kraft Gesetzes Führungsaufsicht ein (Abs. 1 S. 2 2. Halbsatz; vgl. dazu § 67 b RN 9).

7 III. Die Prüfung, ob der Maßregelzweck die Unterbringung noch erfordert, hat außerdem zu erfolgen, wenn der **Vollzug 3 Jahre nach Rechtskraft der Anordnung noch nicht begonnen** hat (Abs. 2), vorausgesetzt, die Vollstreckung ist noch nicht nach § 79 IV, V verjährt. Von Abs. 2 ausgenommen sind die Fälle, in denen die Verzögerung auf dem Vorwegvollzug einer mit der Maßregel zugleich verhängten Freiheitsstrafe beruht; sie sind ausschließlich nach Abs. 1 zu beurteilen. Des weiteren erfaßt Abs. 2 nicht die Fälle, in denen wegen der sofortigen Aussetzung der Vollstreckung einer Maßregel gemäß § 67 b der Vollzug nicht begonnen hat. Zur Frage, welches Gericht zuständig ist, und zum Verfahren vgl. §§ 463 V, 462, 462 a StPO.

8 1. In die Frist des Abs. 2 wird die **Zeit nicht eingerechnet,** in welcher der Täter auf behördliche Anordnung **in einer Anstalt verwahrt** worden ist. Diese Zeit bleibt außer Betracht, weil idR nur die in Freiheit verbrachte Zeit Aufschlüsse darüber geben kann, ob es des Vollzugs der Maßregel noch bedarf. Zur Anstaltsverwahrung auf Grund behördlicher Anordnung gehört etwa die Verbüßung einer Freiheitsstrafe oder U-Haft, nicht dagegen die Unterbringung durch Vormund oder Pfleger (Horstkotte LK 115). Unerheblich ist, ob die Verwahrung im In- oder Ausland erfolgt ist.

2. Ergibt die Prüfung, daß der Maßregelzweck die Unterbringung noch erfordert (vgl. dazu o. 4), **9**
so hat das Gericht den **Vollzug anzuordnen.** Ohne eine solche Anordnung darf mit Ablauf der
Dreijahresfrist die Maßregel nicht mehr vollstreckt werden (Vollstreckungshindernis; vgl. Horstkotte
LK 123).

3. Ist der Maßregelzweck zwar noch nicht erreicht, lassen aber besondere Umstände erwarten, daß **10**
er auch durch Aussetzung der Vollstreckung erreicht werden kann (vgl. dazu § 67 b RN 4 ff.), so ist
die **Vollstreckung der Unterbringung zur Bewährung auszusetzen.** Mit der Aussetzung tritt
kraft Gesetzes Führungsaufsicht ein (vgl. dazu § 67 b RN 9).

4. Stellt das Gericht dagegen fest, daß der Maßregelzweck erreicht ist, so hat es sie **für erledigt zu 11
erklären.** Diese Entscheidung ist auch zu treffen, wenn Zweifel bestehen, ob der Zweck der Maßregel
erreicht ist (in dubio pro reo; ebenso Böllinger NK 30; and. Horstkotte LK 120).

IV. Abs. 2 gilt entsprechend, wenn ein Ausgelieferter oder Ausgewiesener, bei dem im Hinblick auf **12**
die Auslieferung oder die Ausweisung von der Vollstreckung einer Maßregel abgesehen worden ist, in
die BRep. Deutschland zurückkehrt und die Maßregel nachgeholt werden soll (§ 456 a II 2 StPO).

§ 67 d Dauer der Unterbringung

(1) **Die Unterbringung in einer Entziehungsanstalt darf zwei Jahre nicht übersteigen. Die Frist läuft vom Beginn der Unterbringung an. Wird vor einer Freiheitsstrafe eine daneben angeordnete freiheitsentziehende Maßregel vollzogen, so verlängert sich die Höchstfrist um die Dauer der Freiheitsstrafe, soweit die Zeit des Vollzugs der Maßregel auf die Strafe angerechnet wird.**

(2) **Ist keine Höchstfrist vorgesehen oder ist die Frist noch nicht abgelaufen, so setzt das Gericht die weitere Vollstreckung der Unterbringung zur Bewährung aus, wenn zu erwarten ist, daß der Untergebrachte außerhalb des Maßregelvollzugs keine rechtswidrigen Taten mehr begehen wird. Mit der Aussetzung tritt Führungsaufsicht ein.**

(3) **Sind zehn Jahre der Unterbringung in der Sicherungsverwahrung vollzogen worden, so erklärt das Gericht die Maßregel für erledigt, wenn nicht die Gefahr besteht, daß der Untergebrachte infolge seines Hanges erhebliche Straftaten begehen wird, durch welche die Opfer seelisch oder körperlich schwer geschädigt werden. Mit der Erledigung tritt Führungsaufsicht ein.**

(4) **Ist die Höchstfrist abgelaufen, so wird der Untergebrachte entlassen. Die Maßregel ist damit erledigt.**

(5) **Ist die Unterbringung in einer Entziehungsanstalt** mindestens ein Jahr **vollzogen worden, so kann das Gericht nachträglich bestimmen, daß sie nicht weiter zu vollziehen ist, wenn ihr Zweck aus Gründen, die in der Person des Untergebrachten liegen, nicht erreicht werden kann. Mit der Entlassung aus dem Vollzug der Unterbringung tritt Führungsaufsicht ein.**

Vorbem. Abs. 1 u. 2 geändert, Abs. 3 eingefügt durch Ges. v. 26. 1. 1998, BGBl I 160. Zur uneingeschränkten Anwendung vgl. Art. 1 a III EGStGB (dazu Peglau NJW 00, 179 u. krit. Ullenbruch NStZ 98, 329). Abs. 5 ist von BVerfGE 91 2 für nichtig erklärt worden, soweit der Vollzug mindestens 1 Jahr gedauert haben muß.

I. Die Vorschrift über die **Dauer der Unterbringung** bei freiheitsentziehenden Maßregeln ist **1**
erforderlich, weil entsprechend dem Zweck dieser Maßregeln für die Unterbringung nicht wie bei der
Strafe schon im Urteil eine bestimmte Zeit festgesetzt werden kann. Freiheitsentziehende Maßregeln
haben die Aufgabe, mittels der Unterbringung resozialisierend auf gefährliche Täter einzuwirken und
die Allgemeinheit vor ihnen zu sichern. Die Unterbringung hat daher grundsätzlich so lange zu
dauern, wie es notwendig ist, um den mit ihr verfolgten Zweck zu erreichen. Bedarf es jedoch der
Unterbringung nicht mehr, so fehlt jeder Grund für ihre Fortdauer. Bloße Fürsorge für einen Kranken
etwa vermag die Fortdauer nicht zu rechtfertigen (Karlsruhe Justiz **71**, 358). Ist andererseits bei der
Unterbringung in einer Entziehungsanstalt der Maßregelzweck nicht zu erreichen, so hat das Gericht
zu bestimmen, daß die Unterbringung nicht weiter zu vollziehen ist (BVerfGE **91** 2; vgl. dazu u. 15).
Im übrigen ist es aus rechtsstaatlichen Gründen geboten, nicht in allen Fällen die Dauer der Unterbringung allein von deren Notwendigkeit abhängen zu lassen, sondern zT Höchstgrenzen festzulegen.

II. Eine **Höchstfrist** enthält Abs. 1 für die Unterbringung in einer Entziehungsanstalt. Eine nach **2**
§ 67 a erfolgte Überweisung in den Vollzug einer anderen Maßregel ändert hieran nichts (§ 67 a IV).
Die Frist läuft vom Beginn der Unterbringung ab, dh ab Aufnahme in die Anstalt zum Vollzug
(Stuttgart NStZ **85**, 332, Karlsruhe NStZ **92**, 456) oder beim Verbleib in der Anstalt nach einer
einstweiligen Unterbringung (§ 126 a StPO) ab Rechtskraft des Urteils (Hamm OLGSt § 67 e Nr. **1**).
Die Aufnahme in den Maßregelvollzug bleibt auch dann maßgebend, wenn der in U-Haft befindliche
Verurteilte nach Rechtskraft des Urteils aus organisatorischen Gründen noch einige Zeit in der JVA
verblieben ist (Hamm NStZ **89**, 549), jedenfalls wenn diese Zeit auf die neben der Maßregel
verhängte Strafe angerechnet werden kann (Stuttgart aaO; vgl. dazu Volckart BewH **91**, 82). Zur

§ 67 d 3–8   Allg. Teil. Rechtsfolgen d. Tat – Maßregeln d. Besserung u. Sicherung

Anrechnung dieser Zeit auf die Strafe vgl. § 67 RN 3. Wird die Vollstreckung nach einem Teilvollzug ausgesetzt und später nach Widerruf der Aussetzung fortgeführt, so ist der erste Teilvollzug mitzuberücksichtigen. Die Dauer der Unterbringung vor und nach dem Widerruf darf insgesamt die Höchstfrist nicht überschreiten (§ 67 g IV).

3   **1.** Die Höchstfrist für die Unterbringung in einer **Entziehungsanstalt** beträgt 2 Jahre. Sie gilt auch bei einer wiederholten Anordnung dieser Maßregel. Zur Bedeutung der Höchstfrist bei mehrfach erfolgter Anordnung der Maßregel vgl. Anm. zu § 67 f.

4   **2.** Die **Höchstfrist kann sich verlängern,** wenn die freiheitsentziehende Maßregel vor einer zugleich verhängten Freiheitsstrafe vollzogen wird. Sie verlängert sich dann um die Dauer der verhängten Freiheitsstrafe, soweit die Zeit des Maßregelvollzugs auf die Strafe angerechnet wird (Abs. 1 S. 3). Auch eine zur Bewährung ausgesetzte Freiheitsstrafe ist zu berücksichtigen, wenn die Voraussetzungen für den Widerruf der Aussetzung vorliegen (Hamm MDR **79**, 157; and. Horstkotte LK 13). Zum Sinn der Verlängerung vgl. E 62 Begr. 219, Hamm MDR **79**, 157. In die Verlängerung ist nicht die Zeit der Freiheitsstrafe einzubeziehen, die auf Grund von angerechneter U-Haft oder anderweitig durch Anrechnung erledigt ist, da insoweit keine Anrechnung des Maßregelvollzugs nach § 67 IV erfolgt. Zur Begrenzung der Höchstfristverlängerung vgl. Frankfurt NStZ **93**, 453, Hamm MDR **94**, 1232, Tröndle/Fischer 3 a, Volckart NStZ 87, 215.

5   **3.** Spätestens mit **Ablauf der Höchstfrist** ist der Untergebrachte zu entlassen (Abs. 3), auch dann, wenn der Zweck der Unterbringung nicht erreicht worden ist. Vorherige Entlassung wegen Unerreichbarkeit des Unterbringungszwecks ist nur unter den Voraussetzungen des Abs. 5 zulässig (vgl. u. 15). Mit **Entlassung des Untergebrachten** ist die Maßregel erledigt. Sie entfällt damit als Grundlage für irgendwelche Einwirkungen des Staates auf den Täter. Wird allerdings der in einer Entziehungsanstalt Untergebrachte gem. Abs. 5 entlassen (vgl. dazu u. 15), so tritt mit der Entlassung kraft Gesetzes Führungsaufsicht ein (Abs. 5 S. 2; vgl. dazu § 67 b RN 9).

6   **III.** Vor Ablauf der Höchstfrist oder bei unbefristeter Unterbringung hat das Gericht die weitere **Vollstreckung der Unterbringung zur Bewährung auszusetzen,** wenn zu erwarten ist, daß der Untergebrachte außerhalb des Maßregelvollzugs keine rechtswidrigen Taten mehr begehen wird (Abs. 2). Zur Frage der Zuständigkeit vgl. § 462a StPO iVm §§ 463 III, 454 StPO. Zur Berücksichtigung des Verhältnismäßigkeitsgrundsatzes vgl. BVerfGE **70** 313 ff. Insoweit ist auch die Dauer der Unterbringung von Bedeutung. Je länger die Freiheitsentziehung andauert, um so strenger sind die Voraussetzungen für die Verhältnismäßigkeit des Freiheitsentzugs (BVerfGE **70** 315 f., Düsseldorf NStZ **91**, 104, Celle StV **95**, 90; vgl. dazu Müller-Dietz JR 87, 45, Teyssen Tröndle-FS 407). Zu strengen Anforderungen an die Gründe für Fortdauer einer Sicherungsverwahrung vgl. BVerfG NJW **94**, 510. Trotz des Wortlauts des Abs. 2 (weitere Vollstreckung) braucht mit der Unterbringung noch nicht begonnen zu sein; Aussetzung ist möglich, wenn nach § 35 BtMG die Vollstreckung zurückgestellt und die Therapie erfolgreich war (Maatz MDR 88, 13; vgl. auch LG München I MDR **89**, 91).

7   **1.** Die Aussetzung hat zu erfolgen, wenn zu **erwarten** ist, daß der Untergebrachte außerhalb des Maßregelvollzugs **keine rechtswidrigen Taten** iSv § 11 I Nr. 5 mehr begehen wird. Die Neufassung des Abs. 2 hat nicht nur die Aussetzungsmöglichkeit gegenüber dem früheren Recht eingeschränkt, sondern weicht in den Voraussetzungen für die Aussetzung auch von der Aussetzung eines Strafrestes nach § 57 ab. Mit der Erwartungsklausel ist Abs. 2 der Strafaussetzung zur Bewährung gem. § 56 angeglichen worden. Es genügt also nicht mehr eine begründete Aussicht, daß der Untergebrachte mit Entlassung in die Freiheit nicht erneut mit dem Strafgesetz in Konflikt gerät. Das Gericht muß vielmehr überzeugt sein, daß rechtswidrige Taten seitens des Entlassenen unterbleiben. Zur Erwartungsklausel vgl. näher § 56 RN 14 ff. Wie nach § 56 läßt auch Abs. 2 ein gewisses Risiko der Fehlprognose zu, da man mit einer zukunftsgerichteten Prognose lassen sich keine sicheren Feststellungen treffen. Mehr als die Überzeugung von der Wahrscheinlichkeit, es werde seitens des Entlassenen zu keinen rechtswidrigen Taten mehr kommen, läßt sich daher nicht fordern. Zweifel über die Wahrscheinlichkeit, daß rechtswidrige Taten nicht zu befürchten sind, gehen zu Lasten des Untergebrachten. Eine Aussetzung der Unterbringung läßt sich dann nicht verantworten. Für Tatsachen, die der Prognose zugrunde zu legen sind, ist aber der Grundsatz in dubio pro reo anwendbar (vgl. § 56 RN 16).

8   a) Auf welche Weise und mit welchen Mitteln die **Prognose** zu erstellen ist, überläßt das Gesetz der richterlichen Verantwortung. Entsprechend heranzuziehen sind die Kriterien, die § 57 I 2 für die Prognose bei der Strafrestaussetzung enthält. Mit der Pflicht, die Vollzugsanstalt zu hören (§§ 454 I 2, 463 III StPO), soll sichergestellt werden, daß die im Vollzug erlangten Erkenntnisse über den Verurteilten hinreichend berücksichtigt werden. Wie bei der Strafrestaussetzung ist allerdings das Verhalten im Vollzug für die Prognose nur bedingt aussagekräftig (vgl. § 57 RN 17). Entsprechendes gilt für Behandlungsergebnisse. Eine erfolgreich verlaufende Beurlaubung von gewisser Dauer als Behandlungsmaßnahme spricht für eine günstige Prognose (Hamm StV **88**, 115 m. Anm. Pollähne). Zu den Gesichtspunkten, die bei der Prognose zu beachten sind, vgl. näher Horstkotte LK 34 ff. Zu Prognosemethoden und zum Verfahren der Prognose vgl. auch Baur MDR 90, 478 ff. Zur Heranziehung eines Sachverständigen vgl. § 463 III StPO; zur Heranziehung eines anstaltsfremden Sachverständigen bei längerer Unterbringung in derselben Anstalt vgl. BVerfG NJW **86**, 768, Düsseldorf StV **94**, 552.

b) Bei der Prognose ist, obwohl Abs. 2 nur auf rechtswidrige Taten abhebt, entsprechend dem 9 Verhältnismäßigkeitsgrundsatz (§ 62; vgl. dort RN 3, ferner BVerfGE **70** 313) auf solche Taten abzustellen, deren Begehung zur Anordnung der Maßregeln führen kann. Nur die fortbestehende **Gefahr erheblicher Taten** rechtfertigt die Fortsetzung des Maßregelvollzugs (vgl. Celle NJW **70**, 1199, Hamm NJW **70**, 1332, 1982, Hamburg NJW **70**, 1933, Karlsruhe NJW **71**, 204, **74**, 1390, Koblenz OLGSt Nr. **1**, Düsseldorf MDR **87**, 957). Bei der Entlassung aus einem psychiatrischen Krankenhaus oder einer Entziehungsanstalt muß es sich entsprechend den §§ 63, 64 jedoch nicht unbedingt um künftige Straftaten handeln (nur rechtswidrige Taten iSv § 11 I Nr. 5). Sind nur noch geringfügige Rechtsverletzungen zu erwarten, so ist die Vollstreckung der Unterbringung auszusetzen. Soweit zustandsbedingte Gefahren Voraussetzung für die Maßregel sind, dürfen nur sie bei der Prognose verwertet werden. Ist etwa die Alkoholsucht so weit behoben, daß von ihr wahrscheinlich keine Gefahr erheblicher Taten mehr ausgeht, so ist die Maßregel des § 64 auszusetzen, mögen auch aus anderen Gründen rechtswidrige Taten zu befürchten sein (Düsseldorf MDR **80**, 779). Unerheblich ist, daß rechtswidrige Taten möglicherweise nur im Ausland zu erwarten sind. Die Unterbringung eines Ausländers ist nicht schon deswegen auszusetzen, weil er nach der Entlassung ausgewiesen wird (Celle NStZ **89**, 589).

c) Ferner ist bei der Prognose zu prüfen, ob *besondere Umstände erwarten* lassen, daß der Zweck der 10 Maßregel auch durch die Aussetzung erreicht werden kann (vgl. dazu § 67 b RN 4 ff.). Bei Vorliegen solcher Umstände erübrigt sich eine weitere Unterbringung; sie läßt sich daher mit dem Verhältnismäßigkeitsgrundsatz (§ 62) nicht vereinbaren. Zu berücksichtigen sind auch die Einwirkungsmöglichkeiten im Rahmen der Führungsaufsicht, die mit der Aussetzung eintritt. Ist auf Grund dieser Möglichkeiten auszunehmen, daß erhebliche Taten nicht zu befürchten sind, so kann die Aussetzung verantwortet werden. Zur medikamentösen Behandlung von Triebtätern vgl. Hamm NJW **72**, 2230. Gegen Berücksichtigung eines erst vorzunehmenden hirnstereotaktischen Eingriffs bei Sexualtätern und gegen eine Weisung, sich einem solchen Eingriff zu unterziehen, vgl. Hamm NJW **80**, 1909. Nach Düsseldorf JMBlNW **79**, 167 genügt nicht, daß der Vormund mit vormundschaftsgerichtlicher Genehmigung den Aufenthalt in einer Anstalt angeordnet hat.

2. Zur **Pflicht,** in bestimmten zeitlichen Abständen zu **prüfen,** ob die weitere Vollstreckung 11 auszusetzen ist, vgl. § 67 e.

3. Liegen die Voraussetzungen für eine Aussetzung vor, so ist diese anzuordnen. Einer Einwilligung 12 des Verurteilten bedarf es anders als bei der Strafrestaussetzung nicht. Mit der Aussetzung, dh mit Rechtskraft des Aussetzungsbeschlusses, tritt kraft Gesetzes **Führungsaufsicht** ein (Abs. 2 S. 2; vgl. dazu § 67 b RN 9). Gegen die Aussetzung steht dem Verurteilten mangels Beschwer kein Rechtsmittel zu, auch dann nicht, wenn sie nur wenige Monate vor Ablauf der Höchstfrist für die Unterbringung erfolgt und mit erheblich belastenden Weisungen verbunden ist (Düsseldorf NStZ **85**, 27).

IV. Die Unterbringung in der **Sicherungsverwahrung** ist für **erledigt** zu erklären, wenn sie 10 13 Jahre vollzogen worden ist und nicht die Gefahr besteht, daß der Untergebrachte infolge seines Hanges erhebliche Straftaten begehen wird, durch welche die Opfer seelisch oder körperlich schwer geschädigt werden (Abs. 3). Anders als nach dem früheren Recht (§ 67 d aF) besteht auch bei der ersten Unterbringung in der Sicherungsverwahrung keine absolute Höchstfrist. Sie ist wie nunmehr auch jede weitere Unterbringung aber bei einer günstigen Prognose nach zehnjährigem Vollzug für erledigt zu erklären. Eine günstige Prognose setzt die richterliche Überzeugung voraus, daß erhebliche Straftaten, durch welche die Opfer seelisch oder körperlich schwer geschädigt werden, nach der Entlassung vom Sicherungsverwahrten infolge seines Hanges nicht zu befürchten sind. Die Prognosevoraussetzungen knüpfen an die in § 66 I Nr. 3 enthaltenen Voraussetzungen für die Anordnung der Sicherungsverwahrung an. Ausgenommen ist das Anrichten schwerer wirtschaftlicher Schäden, das nach Abs. 3 als Faktor einer günstigen Prognose nicht entgegensteht, es sei denn, mit solchen Schäden seien seelische Schäden für das Opfer verbunden. Zum Hang des Sicherungsverwahrten vgl. § 66 RN 32 ff.; zu erheblichen Straftaten vgl. § 66 RN 39; zu schweren seelischen oder körperlichen Schäden vgl. § 66 RN 42; zur Gefahr von Straftaten, die solche Schäden bewirken, vgl. § 66 RN 35 f. Von einer günstige Prognose ausschließenden Gefahr muß das Gericht überzeugt sein, soll die Sicherungsverwahrung weiter vollzogen werden. Wie bei der Anordnung der Sicherungsverwahrung muß es somit von der Wahrscheinlichkeit der genannten Straftaten ausgehen. Hat es Zweifel hinsichtlich einer solchen Wahrscheinlichkeit, ist zugunsten des Verwahrten die Sicherungsverwahrung für erledigt zu erklären. Zur Heranziehung eines Sachverständigen zur Prognose vgl. § 463 III StPO. Mit der Erledigung tritt Führungsaufsicht ein.

V. Nicht geregelt ist der Fall, daß der **Maßregelzweck erreicht** ist, zB nach § 63 Unter- 14 gebrachte nicht mehr an einem Defekt iSv § 20 leidet. Auch wenn auf Grund anderer Umstände erneute Straftaten des Untergebrachten in der Freiheit zu befürchten sind, verbietet sich eine weitere Unterbringung, da diese eine verkappte Sicherungsverwahrung bedeuten würde (Frankfurt NJW **78**, 2347, Hamm JMBlNW **82**, 58, Karlsruhe MDR **83**, 151, Justiz **87**, 463). Aussetzung nach Abs. 2 scheidet aus, da nur Vollstreckbares ausgesetzt werden kann (vgl. LG Göttingen NStZ **90**, 300, aber auch Hamburg MDR **86**, 1044, Horstkotte LK § 67 c RN 9, Tröndle 6 c, Lackner 7). Eine mit der endgültigen Entlassung verbundene Führungsaufsicht, die entgegen Frankfurt aaO an sich sinnvoll sein kann, sieht das Gesetz nur bei der nach Abs. 3 für erledigt erklärten Sicherungsverwahrung und

§ 67 e 1   Allg. Teil. Rechtsfolgen d. Tat – Maßregeln d. Besserung u. Sicherung

bei Entlassung aus der Entziehungsanstalt wegen Aussichtslosigkeit weiterer Behandlung vor. Diese Regelung läßt sich nicht zuungunsten des Untergebrachten auf andere Fälle erweitern. Es bleibt somit nur die Möglichkeit, entsprechend § 67 c II 5 die Maßregel für erledigt zu erklären (iE ebenso BVerfG NJW **95**, 2406, Frankfurt aaO, Hamm aaO, Karlsruhe aaO, Nürnberg OLGSt Nr. **1**, Schleswig SchlHA/L-G **88**, 106). Gleiches gilt, wenn sich im Vollzug ergibt, daß bei der Verurteilung auf Grund einer Fehldiagnose zu Unrecht ein Defekt iSv § 20 angenommen worden ist (Nürnberg OLGSt Nr. **1**). Eine nur vorübergehende, medikamentengestützte „Gesundung" berechtigt nicht zur Erledigterklärung, sondern nur zur Aussetzung der Unterbringung (Schleswig SchlHA/L-G **90**, 110). Zur Erledigterklärung auf Grund des Verhältnismäßigkeitsgrundsatzes vgl. § 62 RN 3. Zum Ganzen krit. *Radtke* ZStW 110 257. Seine Ansicht, die Maßregel sei nur bei Fortfall ihrer Voraussetzungen während der Unterbringung für erledigt zu erklären, sonst müsse sie in einem Wiederaufnahmeverfahren aufgehoben werden, befriedigt nicht, und zwar schon deswegen nicht, weil der Untergebrachte, der von Anfang an die Maßregelvoraussetzungen nicht erfüllt hat, hiernach länger auf die Maßregelaufhebung warten mußte als derjenige, bei dem die Voraussetzungen während der Unterbringung entfallen.

15   **VI.** Stellt sich im Verlauf der Unterbringung in einer Entziehungsanstalt heraus, daß der **Unterbringungszweck nicht erreichbar** ist, so hat das Gericht nachträglich zu bestimmen, daß die Unterbringung nicht weiter zu vollziehen ist **(Abs. 5).** Das in Abs. 5 verankerte Erfordernis einer Vollzugsdauer von mindestens einem Jahr ist von BVerfGE **91** 2 für nichtig erklärt worden. Abs. 5 entspricht dem mit § 64 verfolgten Besserungszweck, so daß reine Sicherungsinteressen einen weiteren Vollzug nicht rechtfertigen können. Die Nichterreichbarkeit des Unterbringungszwecks ist nach BVerfGE **91** 1 m. abw. Meinung *Graßhof* BVerfGE **91** 23 anzunehmen, wenn eine hinreichend konkrete Aussicht auf einen Behandlungserfolg nicht mehr besteht. Es ist danach nicht mehr, wie früher vertreten wurde (vgl. 24. A.), eine bloße, wenn auch nur geringe Erfolgschance noch zu nutzen und der Vollzug erst bei zweifelsfreier Aussichtslosigkeit abzubrechen. Vielmehr ist vom weiteren Vollzug schon bei Entfallen einer konkreten Erfolgsaussicht abzusehen. Unerheblich ist, ob Behandlungsunwilligkeit oder Behandlungsunfähigkeit einer aussichtsvollen Therapie entgegensteht. Bei Behandlungsunwilligkeit ist jedoch zu prüfen, ob durch Überweisung in den Strafvollzug gem. § 67 III beim Untergebrachten die Einsicht in die Erforderlichkeit der Entziehungskur und damit die Behandlungsbereitschaft geweckt werden kann. Ist dies der Fall, so ist nach § 67 III und nicht nach § 67 d V zu verfahren (vgl. § 67 RN 10). Sonst ist wie bei Therapieunfähigkeit entgegen dem Wortlaut „kann" die Anordnung nach Abs. 5 zwingend (BVerfGE **91** 1). Offen bleibt in der Entscheidung des BVerfG, ob über den Wortlaut des Abs. 5 hinaus auch Gründe außerhalb der Person des Untergebrachten zum Vollzugsabbruch zwingen, wenn der Unterbringungszweck ihretwegen nicht erreichbar ist, zB bei Wegfall eines geeigneten Therapieplatzes. Da das BVerfG den Gesetzeswortlaut insoweit nicht beanstandet hat, dürfte es bei der bisherigen Regelung (zu den für sie sprechenden Gründen bei fehlendem Therapieplatz vgl. Hamburg NStZ **88**, 242). Für die Entscheidung nach Abs. 5 ist unerheblich, ob die Unterbringung neben der Strafe oder selbständig angeordnet und ob sie vor oder nach der Strafe vollzogen worden ist. Auch eine nach § 67 a erfolgte Überweisung in den Vollzug der Unterbringung in einem psychiatrischen Krankenhaus steht der Anwendung des Abs. 5 nicht entgegen (Hamm MDR **89**, 664). Mit der Entlassung aus dem Vollzug der Unterbringung tritt kraft Gesetzes Führungsaufsicht ein (Abs. 5 S. 2; vgl. dazu § 67 b RN 9), und zwar sowohl bei der selbständig als auch bei der unselbständig angeordneten Unterbringung. Von der zunächst vorgesehenen Beschränkung auf die Entlassung bei einer selbständig angeordneten Unterbringung ist mit Recht abgesehen worden. Führungsaufsicht tritt auch bei Überführung in den Strafvollzug ein (Düsseldorf NStZ **96**, 567). Zur Beschwer durch eine Entscheidung nach Abs. 5 vgl. Celle NStZ-RR **97**, 240. Abs. 5 ist nicht entsprechend anwendbar, wenn die Unterbringung wegen Unverhältnismäßigkeit für erledigt erklärt wird (Karlsruhe NStZ **99**, 37).

§ 67 e   Überprüfung

(1) **Das Gericht kann jederzeit prüfen, ob die weitere Vollstreckung der Unterbringung zur Bewährung auszusetzen ist. Es muß dies vor Ablauf bestimmter Fristen prüfen.**

(2) **Die Fristen betragen bei der Unterbringung**

in einer Entziehungsanstalt sechs Monate,

in einem psychiatrischen Krankenhaus ein Jahr,

in der Sicherungsverwahrung zwei Jahre.

(3) **Das Gericht kann die Fristen kürzen.** Es kann im Rahmen der gesetzlichen Prüfungsfristen auch Fristen festsetzen, vor deren Ablauf ein Antrag auf Prüfung unzulässig ist.

(4) **Die Fristen laufen vom Beginn der Unterbringung an.** Lehnt das Gericht die Aussetzung ab, so beginnen die Fristen mit der Entscheidung von neuem.

1   **I.** Die Verwirklichung des Grundsatzes, daß eine Unterbringung auf Grund einer freiheitsentziehenden Maßregel nicht länger als notwendig dauern darf (vgl. § 67 d RN 1), bedingt eine gerichtliche **Überwachung der Unterbringungsdauer.** Um eine ausreichende Kontrolle darüber zu ermögli-

chen, ob es der Unterbringung noch bedarf, räumt § 67 e dem Gericht (StVK) die Befugnis ein, jederzeit zu prüfen, ob die weitere Vollstreckung der Unterbringung nach § 67 d II zur Bewährung auszusetzen ist. Zudem wird dem Gericht vorgeschrieben, dies vor Ablauf bestimmter Fristen zu prüfen.

II. Die **Prüfung**, ob die weitere Vollstreckung der Unterbringung zur Bewährung auszusetzen ist, kann das Gericht **jederzeit** vornehmen (Abs. 1 S. 1), auch dann, wenn die Unterbringung unterbrochen ist und der Verurteilte sich nicht im Maßregelvollzug befindet (Hamm JMBlNW **78**, 90, NStZ **90**, 252). Es kann sich von Amts wegen oder auf Grund eines Antrags zu einer solchen Prüfung veranlaßt sehen. Da jedoch vorzeitig gestellte und häufig wiederholte Anträge den an der Prüfung Beteiligten unfruchtbare Mehrarbeit aufbürden und den ungestörten Fortgang des Maßregelvollzugs beeinträchtigen können, kann das Gericht **Fristen** festsetzen, vor deren Ablauf ein Antrag auf Prüfung unzulässig ist (**Abs. 3 S. 2**). Die Fristen dürfen allerdings die gesetzlichen Prüfungsfristen nicht überschreiten. Gegen die Festsetzung einer Frist ist sofortige Beschwerde zulässig (§§ 463 III, 454 II StPO). Fristbeginn ist der Zeitpunkt der Entscheidung, nicht der ihrer Rechtskraft (Hamm NJW **71**, 949). Zur Fristsetzung und zu ihrer Wirkung vgl. auch § 57 RN 27, Horstkotte LK 16 ff. Ein verfrüht gestellter Antrag ist als zulässig zu behandeln, wenn er bei Fristablauf noch nicht abgewiesen ist (Düsseldorf MDR **90**, 173: Heilung des Mangels in Beschwerdeinstanz genügt). Im Rahmen der Prüfung, ob die weitere Vollstreckung auszusetzen ist, hat das Gericht die StA, die Vollzugsanstalt und grundsätzlich auch den Untergebrachten zu hören (§§ 463 III, 454 I StPO). Zur Anhörung des Untergebrachten vgl. Koblenz MDR **84**, 163. Ihm muß grundsätzlich auch Gelegenheit gegeben werden, sich zur Stellungnahme der Vollzugsanstalt zu äußern (vgl. BVerfGE **17** 139). Die Prüfung kann ohne Anhörung des Untergebrachten abgelehnt werden, wenn der Antrag gem. Abs. 3 S. 2 unzulässig ist (§§ 463 III, 454 I Nr. 3 StPO).

III. Um eine hinreichende Kontrolle darüber zu gewährleisten, ob es der weiteren Unterbringung noch bedarf, wird dem Gericht im Abs. 1 S. 2 die **Pflicht** auferlegt, vor Ablauf bestimmter Fristen **zu prüfen,** ob die weitere Vollstreckung auszusetzen ist. Diese Fristen sind bei den einzelnen Maßregeln verschieden. Sie betragen bei der Unterbringung in einer Entziehungsanstalt 6 Monate, in einem psychiatrischen Krankenhaus 1 Jahr und bei der Sicherungsverwahrung 2 Jahre (Abs. 2). Ihr Lauf ist bei Entweichen aus dem Vollzug gehemmt (Karlsruhe NStZ **92**, 456).

1. Das **Gericht** kann sich innerhalb der gesetzlichen Fristen einen anderen zeitlichen Rahmen für die Prüfung setzen und die in Abs. 2 bestimmten **Fristen kürzen** (Abs. 3 S. 1). Es hat hiernach die Möglichkeit, den Zeitpunkt für die Überprüfung den Besonderheiten und Erfordernissen des einzelnen Unterbringungsfalles anzupassen. Eine Abkürzung der gesetzlichen Prüfungsfrist kommt in Betracht, wenn bestimmte Umstände dafür sprechen, daß schon vor Ablauf dieser Frist eine weitere Unterbringung nicht mehr erforderlich ist (vgl. E 62 Begr. 219). Eine solche Fristbestimmung kann allerdings das erkennende Gericht noch nicht vornehmen (Karlsruhe MDR **78**, 158). Im übrigen bleibt die abgekürzte Frist aus Gründen des Vertrauensschutzes auch beim Übergang der Zuständigkeit auf eine andere Strafvollstreckungskammer maßgebend (Horstkotte LK 15).

2. Fristbeginn ist nach Abs. 4 S. 1 der Beginn der Unterbringung (vgl. dazu § 67 d RN 2). Lehnt das Gericht – sei es von Amts wegen, sei es auf (zulässigen) Antrag tätig geworden – die Aussetzung ab, so beginnen die in Abs. 2 bzw. Abs. 3 festgesetzten Fristen mit der Entscheidung von neuem zu laufen (Abs. 4 S. 2). Da die Fristen das Mindestmaß dessen bestimmen, was an Kontrolle über die Berechtigung für die Fortdauer einer Unterbringung erforderlich ist, muß für den erneuten Fristbeginn der Zeitpunkt der ablehnenden Entscheidung und nicht der ihrer Rechtskraft maßgebend sein (Hamm NJW **71**, 949, MDR **76**, 159, Horstkotte LK 13, Lackner 1). Nur so kann vermieden werden, daß dem Untergebrachten aus einer Beschwerde gegen die Ablehnung Nachteile erwachsen können.

3. Ein **Verstoß gegen** die **Prüfungspflicht** durch Untätigbleiben läßt den weiteren Maßregelvollzug unberührt (Horstkotte LK 14). Die Prüfung ist unverzüglich nachzuholen. Fraglich ist, welche Möglichkeiten der Verurteilte hat, auf eine alsbaldige Prüfung hinzuwirken, wenn er bereits Aussetzung des Vollzugs beantragt hat. Vgl. dazu Horstkotte LK 14, der die Untätigkeit des Gerichts als Ablehnung des Antrags mit der Möglichkeit sofortiger Beschwerde (§§ 463 III, 454 II StPO) wertet, sofern ein rechtzeitiger Antrag noch nicht bei Ablauf der Prüfungsfrist oder ein danach gestellter Antrag nicht unverzüglich beschieden worden ist.

§ 67 f Mehrfache Anordnung der Maßregel

Ordnet das Gericht die Unterbringung in einer Entziehungsanstalt an, so ist eine frühere Anordnung der Maßregel erledigt.

I. § 67 f klärt die Frage, welche Bedeutung der Höchstfrist für eine Unterbringung in einer Entziehungsanstalt in Fällen zukommt, in denen die **Unterbringung mehrfach angeordnet** wird. Sie beruht auf der Erwägung, daß bei der befristeten Maßregel die Einhaltung der Höchstfrist auch bei mehrfacher Anordnung der Maßregel kriminalpolitisch angebracht ist (vgl. BT-Drs. V/4094 S. 22/23). Dementsprechend bestimmt sie, daß mit der weiteren Anordnung der Unterbringung in einer Entziehungsanstalt eine frühere Anordnung der Maßregel erledigt ist.

§ 67 g 1, 2　　　Allg. Teil. Rechtsfolgen d. Tat − Maßregeln d. Besserung u. Sicherung

II. Im einzelnen folgt daraus:

2　　1. Wird die Unterbringung in einer Entziehungsanstalt nochmals angeordnet, bevor die zuerst angeordnete Maßregel erledigt ist, so ist die **frühere Anordnung** mit Rechtskraft der späteren Anordnung **rechtlich erledigt**. Aus ihr darf eine Fortsetzung der Unterbringung nicht mehr erfolgen. War die Vollstreckung der ersten Unterbringung ausgesetzt worden (§ 67 b, § 67 c, § 67 d II), so ist ein Widerruf dieser Anordnung nunmehr unzulässig. Die Aussetzung ist, ohne daß es eines Widerrufs bedarf, ipso jure erledigt, und zwar einschließlich der mit ihr verbundenen Führungsaufsicht (LG Heilbronn NStE 1) und deren Ausgestaltung.

3　　2. Die auf Grund der früheren Anordnung erfolgte **Unterbringung wird** ohne Unterbrechung kraft der späteren Anordnung **fortgesetzt** (Horstkotte LK 6). War die Vollstreckung der ersten Unterbringung ausgesetzt, so wird die Unterbringung ohne Widerruf der Aussetzung auf Grund der neuen Anordnung vollstreckt, es sei denn, daß mit dieser zugleich gemäß § 67 b die Vollstreckung der Unterbringung ausgesetzt wird.

4　　3. Für die **Höchstfrist der Unterbringung** ist nunmehr allein die **spätere Anordnung maßgebend**. Das gilt nicht nur, wenn sie vor Vollstreckung der Unterbringung auf Grund der früheren Anordnung ergangen ist, sondern auch, wenn bereits ein Teilvollzug stattgefunden hat. Weder sind eine Restfrist aus der ersten Unterbringung und die Höchstfrist aus der zweiten Anordnung zusammenzurechnen, noch wird die bisherige Unterbringungszeit auf die Höchstfrist der neuen Maßregel angerechnet.

5　　**III.** Anders ist die Rechtslage bei Bildung einer **Gesamtstrafe**. Wird nach Anordnung der Unterbringung eine Tat abgeurteilt, die gem. § 55 I 2 vor der Anordnung begangen worden ist, so ist, obwohl die nunmehr abzuurteilende Tat die Grundlage für die gleiche Maßregel bildet, nach § 55 II zu verfahren und die frühere Anordnung aufrechtzuerhalten (BGH 30 305). Nur so wird vermieden, daß sich die nicht gleichzeitige Aburteilung der begangenen Taten zu Lasten des Täters auswirkt. Mit der Aufrechterhaltung der Anordnung wird erreicht, daß der Täter dem Maßregelvollzug nicht länger unterworfen werden kann, als es bei gleichzeitiger Aburteilung aller Taten der Fall gewesen wäre. Nach § 55 II ist auch zu verfahren, wenn zwar keine Gesamtstrafe mehr gebildet werden kann, weil die erste Strafe schon vollstreckt war, aber die im früheren Urteil angeordnete Maßregel noch nicht erledigt ist (vgl. § 55 RN 54, Horstkotte LK 12).

§ 67 g Widerruf der Aussetzung

(1) **Das Gericht widerruft die Aussetzung einer Unterbringung, wenn der Verurteilte**
1. während der Dauer der Führungsaufsicht eine rechtswidrige Tat begeht,
2. gegen Weisungen gröblich oder beharrlich verstößt oder
3. sich der Aufsicht und Leitung des Bewährungshelfers oder der Aufsichtsstelle beharrlich entzieht

und sich daraus ergibt, daß der Zweck der Maßregel seine Unterbringung erfordert.

(2) **Das Gericht widerruft die Aussetzung einer Unterbringung nach den §§ 63 und 64 auch dann, wenn sich während der Dauer der Führungsaufsicht ergibt, daß von dem Verurteilten infolge seines Zustandes rechtswidrige Taten zu erwarten sind und deshalb der Zweck der Maßregel seine Unterbringung erfordert.**

(3) Das Gericht widerruft die Aussetzung ferner, wenn Umstände, die ihm während der Dauer der Führungsaufsicht bekannt werden und zur Versagung der Aussetzung geführt hätten, zeigen, daß der Zweck der Maßregel die Unterbringung des Verurteilten erfordert.

(4) Die Dauer der Unterbringung vor und nach dem Widerruf darf insgesamt die gesetzliche Höchstfrist der Maßregel nicht übersteigen.

(5) **Widerruft das Gericht die Aussetzung der Unterbringung nicht, so ist die Maßregel mit dem Ende der Führungsaufsicht erledigt.**

(6) **Leistungen**, die der Verurteilte zur Erfüllung von Weisungen erbracht hat, werden nicht erstattet.

1　　**I.** § 67 g verpflichtet ähnlich den für die Strafaussetzung zur Bewährung geltenden Grundsätzen das Gericht, die Aussetzung zu widerrufen, wenn sich der Verurteilte in der Freiheit nicht bewährt und sich zeigt, daß der Zweck der Maßregel seine Unterbringung erfordert. Zudem legt Abs. 5 fest, wann eine Maßregel erledigt ist.

2　　**II.** Die Voraussetzungen für den **Widerruf der Aussetzung** sind in den Abs. 1−3 abschließend umschrieben. Das kann dazu führen, daß eine zugleich vorliegende Strafaussetzung zu widerrufen ist (zB nach § 56 f I Nr. 3), nicht jedoch die Aussetzung des Maßregelvollzugs. Die Widerrufsgründe gelten sowohl für die Fälle, in denen die Unterbringung noch nicht vollzogen war, wie bei der sofortigen Aussetzung der Vollstreckung nach § 67 b, als auch dann, wenn nach einem Teilvollzug die Aussetzung der weiteren Unterbringung angeordnet war. Zur gerichtlichen Zuständigkeit und zum Verfahren beim Widerruf vgl. §§ 463 V, 462, 462 a StPO.

1. Zu widerrufen ist die Aussetzung, wenn der Verurteilte während der Führungsaufsicht eine 3 **rechtswidrige Tat** begeht und sich daraus die Notwendigkeit seiner Unterbringung ergibt (Abs. 1 Nr. 1). Zu berücksichtigen sind alle rechtswidrigen Taten iSv § 11 I Nr. 5, auch fahrlässige, nicht schuldhafte oder im Ausland begangene Taten. Voraussetzung ist allerdings, daß sie während der Dauer der Führungsaufsicht verübt worden sind. Zu deren Dauer zählt auch die Zeit, in der die Führungsaufsicht gem. § 68 b II ruht (Karlsruhe MDR **89**, 663). Vor Eintritt der Führungsaufsicht begangene Taten rechtfertigen keinen Widerruf nach Abs. 1 Nr. 1, uU aber nach Abs. 3. Bei Dauerdelikten genügt es jedoch, wenn ein Teil in die Zeit der Führungsaufsicht fällt. Maßgeblich ist die Tatbegehung, von der das Gericht überzeugt sein muß (Karlsruhe GA **75**, 86). Rechtskräftige Aburteilung ist nicht erforderlich (vgl. dazu § 56 f RN 3). Ein vorher erfolgter Widerruf kann jedoch bei einem rechtskräftigen, nicht auf Schuldunfähigkeit beruhenden Freispruch aufgehoben werden (Horstkotte LK 20; vgl. auch § 56 f RN 16).

Zum Widerruf führt die rechtswidrige Tat aber nur, wenn sich aus ihr ergibt, daß der *Zweck der* 4 *Maßregel die Unterbringung des Verurteilten erfordert*. Der Unterbringung bedarf es, wenn die rechtswidrige Tat die für die Unterbringung vorausgesetzte Gefährlichkeit indiziert (Karlsruhe Justiz **82**, 25). Auf Grund der begangenen Tat müssen mithin vom Verurteilten erhebliche Rechtsverletzungen zu befürchten sein. Die bloße Möglichkeit solcher Delikte oder die Gefahr geringfügiger Taten reicht nicht aus. Bei einer ausgesetzten Unterbringung, deren Anordnung zustandsbedingte Gefahren voraussetzt, genügen nur solche Gefahren für den Widerruf (Karlsruhe Justiz **82**, 25, Düsseldorf NStE **5**). Er hat daher bei einem Süchtigen zu unterbleiben, wenn die Tat lediglich auf die Gefahr suchtunabhängiger Delikte schließen läßt, auch dann, wenn eine Strafaussetzung wegen dieser Tat widerrufen wird. Nach Karlsruhe MDR **89**, 664 erfordert der Widerruf der Aussetzung einer nach § 64 angeordneten Unterbringung zudem einen symptomatischen Zusammenhang der neuen Verfehlungen zu den Anlaßtaten nach Art, rechtlicher Qualität und Gewicht (vgl. auch KG StV **97**, 315). Bei Aussetzung der Sicherungsverwahrung ist ein Widerruf erst zulässig, wenn sich aus der neuen Tat die Gefährlichkeitsprognose iSv § 66 I Nr. 3 herleiten läßt. Insoweit wird eine nicht schuldhafte Tat nur ausnahmsweise genügen (Horstkotte LK 18). Im übrigen ist für den Widerruf erforderlich, daß der Verhältnismäßigkeitsgrundsatz gewahrt ist (vgl. § 62 RN 3, Düsseldorf NStE **5**, KG StV **91**, 69, Horstkotte LK 8). Die Erforderlichkeit entfällt, wenn zur Einwirkung auf den Verurteilten Mittel zur Verfügung stehen, mit deren Einsetzen ein weiteres Belassen in der Freiheit entsprechend den Voraussetzungen für eine Aussetzung nach § 67 d II (vgl. dazu § 67 d RN 7 ff.) verantwortet werden kann.

2. Die Aussetzung ist ferner zu widerrufen, wenn der Verurteilte **gegen Weisungen** gröblich oder 5 beharrlich **verstößt** und sich daraus ergibt, daß der Zweck der Maßregel seine Unterbringung erfordert (Abs. 1 Nr. 2). Ein gröblicher Verstoß liegt vor, wenn der Verurteilte in objektiv erheblicher Weise dem ihm nach § 68 b Auferlegten zuwiderhandelt. Schuldhaftes Verhalten ist hier anders als beim Widerruf der Strafaussetzung (vgl. § 56 f RN 6) nicht unbedingt erforderlich. Auch kommt es auf eine vorherige Mahnung nicht an. Beharrlich ist der Verstoß, wenn der Verurteilte durch wiederholtes Handeln oder andauerndes Verhalten (Flucht, Verbergen usw) seine endgültige Weigerung, die Weisungen zu befolgen, zum Ausdruck bringt oder trotz Mahnung den Weisungen nicht nachkommt. Voraussetzung ist in beiden Fällen, daß die nicht befolgten Weisungen genau bestimmt gewesen sind (vgl. § 68 b RN 3).

Die Verstöße begründen den Widerruf jedoch nur, wenn aus ihnen die *Notwendigkeit der Unter-* 6 *bringung* folgt. Es ist somit unter Abwägung des Verstoßes und des gesamten Verhaltens des Verurteilten in der Zeit der Führungsaufsicht sowie der zur Verfügung stehenden Mittel, auf den Verurteilten einzuwirken, eine erneute Prognose zu treffen. Diese hat sich am Maßregelzweck auszurichten. Es muß, soll der Widerruf erfolgen, Anlaß zu der Besorgnis bestehen, daß der Verurteilte ohne die Unterbringung erhebliche rechtswidrige Taten begehen wird. Demgemäß muß der Weisungsverstoß bei Aussetzung einer Sicherungsverwahrung symptomatisch für den verbrecherischen Hang iSv § 66 I Nr. 3 sein (Karlsruhe MDR **80**, 71). Zum Verhältnis der Widerrufsmöglichkeit und der Bestrafungsmöglichkeit nach § 145 a vgl. dort RN 12.

3. Ein Widerrufsgrund liegt des weiteren vor, wenn der Verurteilte **sich der Aufsicht und** 7 **Leitung des Bewährungshelfers** oder der **Aufsichtsstelle** beharrlich **entzieht** und sich daraus die Notwendigkeit der Unterbringung ergibt (Abs. 1 Nr. 3). Erforderlich ist hiernach, daß der Verurteilte die Aufsichts- und Einflußmöglichkeiten des Bewährungshelfers oder der Aufsichtsstelle (vgl. dazu § 68 a) durch wiederholtes oder andauerndes Verhalten ausschaltet, das erkennen läßt, daß er nicht gewillt ist, sich beaufsichtigen und leiten zu lassen. Das Widersetzen gegen einzelne Maßnahmen des Bewährungshelfers oder der Aufsichtsstelle reicht nicht aus, auch wenn es beharrlich geschieht, ebensowenig die bloße Weigerung, sich leiten zu lassen, ohne zugleich der Aufsicht aus dem Weg zu gehen. Wohl aber kann es genügen, wenn sich der Verurteilte nur einem Betreuungsorgan, also nur dem Bewährungshelfer oder nur der Aufsichtsstelle, beharrlich entzieht. IdR wird sich allerdings aus diesem Verhalten noch nicht ergeben, daß der Zweck der Maßregel die Unterbringung erfordert (vgl. Horstkotte LK 24). Zum Schluß aus dem beharrlichen Entziehen auf die Notwendigkeit der Unterbringung gilt das o. 6 Ausgeführte entsprechend.

4. Die Aussetzung einer Unterbringung in einem psychiatrischen Krankenhaus oder einer Entzie- 8 hungsanstalt ist außerdem zu widerrufen, wenn sich während der Führungsaufsicht ergibt, daß vom

Stree

Verurteilten **infolge seines Zustands rechtswidrige Taten zu erwarten** sind und deshalb der Zweck der Maßregel seine Unterbringung erfordert (Abs. 2). Während der Führungsaufsicht muß sich danach herausstellen, daß der körperliche oder seelische Zustand des Verurteilten – nicht auch ein sonstiger Umstand, wie Veränderung der häuslichen Verhältnisse oder Tod eines Betreuers – zu der ernsthaften Besorgnis Anlaß gibt, der Verurteilte werde erneut mit dem Strafgesetz in Konflikt geraten. Abs. 2 kann insb. bei Verschlimmerung des Krankheitszustands oder bei erneutem Alkohol- oder Rauschmittelmißbrauch (and. Horstkotte LK 26) bedeutsam werden, aber auch, wenn das Ausbleiben einer positiven Entwicklung des Verurteilten auf die Gefahr weiterer rechtswidriger Taten schließen läßt (Schleswig SchlHA 81, 160), etwa bei Therapieabbruch (Horstkotte LK 26). Da der Maßregelzweck die Unterbringung nur bei Gefahr erheblicher Rechtsverletzungen erfordert, genügt für den Widerruf nicht, daß vom Verurteilten infolge seines Zustands rechtswidrige Taten von geringem Gewicht zu befürchten sind, ebensowenig die bloße Möglichkeit erheblicher Rechtsverletzungen.

9   5. Bei allen freiheitsentziehenden Maßregeln können schließlich noch **nachträglich bekanntgewordene Umstände** den Widerruf einer Aussetzung begründen (Abs. 3). Voraussetzung für den Widerruf ist hier, daß das Gericht während der Führungsaufsicht Kenntnis von Umständen erlangt, die zZ der Aussetzung bereits vorgelegen haben und zur Versagung der Aussetzung geführt hätten; diese Umstände müssen zudem zeigen, daß der Maßregelzweck die Unterbringung erfordert. Ein solcher Umstand kann auch eine ärztliche Fehlbeurteilung sein, wobei unerheblich ist, ob sie auf nicht richtig erkannten Befundtatsachen oder auf falschen Schlußfolgerungen beruht (Stuttgart OLGSt Nr. 2). Dagegen scheiden alle Umstände aus, die dem Gericht schon bei der Aussetzung bekannt waren. Eine lediglich abweichende Beurteilung solcher Umstände rechtfertigt den Widerruf nicht. Ebensowenig genügt das Bekanntwerden von Versagungsgründen nach dem Ende der Führungsaufsicht. Zur Kenntniserlangung während der Führungsaufsicht muß hinzukommen, daß die Umstände, der Aussetzung entgegengestanden hätten, weiterhin relevant sind. Erforderlich ist eine Gesamtwürdigung dieser Umstände und des gesamten Verhaltens des Verurteilten während der Führungsaufsicht. Läßt dessen Verhalten in dieser Zeit darauf schließen, daß trotz der nachträglich bekanntgewordenen Umstände von ihm keine erheblichen Rechtsverletzungen mehr zu befürchten sind, so bedarf es der Unterbringung nicht. Andererseits setzt der Widerruf nicht zwingend voraus, daß der Verurteilte bereits aus der Anstalt entlassen war. Hat sich die Entlassung nach Rechtskraft des Aussetzungsbeschlusses aus irgendwelchen Gründen verzögert, so ist der sofortige Widerruf der Aussetzung geboten, wenn das Gericht in dieser Zeit Kenntnis von Umständen erlangt, die zur Versagung der Aussetzung geführt hätten und die weiterhin die Notwendigkeit der Unterbringung ergeben (vgl. Bamberg NJW 69, 564).

10   6. Liegt ein Widerrufsgrund vor, so **muß** das Gericht die Aussetzung **widerrufen,** sofern nicht der Verhältnismäßigkeitsgrundsatz entgegensteht. Es läßt sich dann nicht verantworten, den Verurteilten in Freiheit zu belassen. Eine dem § 56 f II entsprechende Regelung weist § 67 g nicht auf. Sie ist auch nicht entsprechend anzuwenden (Düsseldorf NStZ 86, 525). Reichen allerdings andere Mittel, die weniger schwer wiegen als der Widerruf, zur Förderung des Maßregelzwecks aus, etwa eine andere Ausgestaltung der Führungsaufsicht, so fehlt es an dem für den Widerruf vorausgesetzten Umstand, daß der Maßregelzweck die Unterbringung erfordert. Vgl. dazu Horstkotte LK 36. Keine Einschränkung des Widerrufs folgt aus sich aus § 64 II. Die dort geregelte Ausnahme von der Anordnung der Unterbringung in einer Entziehungsanstalt ist für den Widerruf nicht maßgebend (Düsseldorf MDR 84, 772, Nürnberg NStZ 90, 253 m. abl. Anm. Baur; and. Hamm MDR 82, 1038, StV 95, 648, Düsseldorf NStZ 96, 408 m. Anm. Funck StV 97, 317, Lackner 1). Sie ist auch verfassungsrechtlich nicht geboten (BVerfG NStZ 85, 381). Das Gericht hat jedoch, wenn in der Person des Verurteilten liegende Gründe das Fehlen einer konkreten Aussicht auf einen Behandlungserfolg (vgl. § 64 RN 11, § 67 d RN 15) ergeben, entsprechend § 67 d V zu bestimmen, daß die Unterbringung nicht zu vollziehen ist (vgl. aber Funck StV 97, 317). Es wäre wenig sinnvoll, den Verurteilten für kurze Zeit in den Vollzug zurückzubringen und dann nach § 67 d V zu verfahren. Mit der Anordnung entsprechend § 67 d V tritt erneut Führungsaufsicht ein, so daß die Möglichkeit weiterer Einwirkungen auf den Verurteilten bestehen bleibt, ohne daß die Möglichkeit, den Widerruf sei in Anlehnung an § 64 II ausgeschlossen, abgeschnitten wird. Ist Widerrufsgrund ein Verstoß gegen eine Weisung der in § 68 b I bezeichneten Art, so entfällt bei entsprechender Anwendung des § 67 d V die in RN 12 zu § 145 a gemachte Einschränkung der Bestrafungsmöglichkeit. Der Widerruf muß vor dem Ende der Führungsaufsicht ausgesprochen werden (vgl. u. 14). Rechtskräftig braucht er zu diesem Zeitpunkt nicht zu sein (Tröndle/Fischer 6). Verbüßt der Verurteilte wegen einer neuen Tat Strafhaft, so ist erst kurz vor Strafvollzugsende (vgl. § 67 c RN 5) über den Widerruf zu entscheiden (Düsseldorf OLGSt Nr. 4).

11   7. Die Voraussetzungen für den Widerruf müssen nach der Überzeugung des Gerichts feststehen. **Zweifel** gehen zugunsten des Verurteilten und stehen dem Widerruf entgegen (vgl. Celle NJW 58, 33, Schleswig NJW 58, 1791, Hamm NJW 74, 915, aber auch Horstkotte LK 35).

12   8. Mit der erneuten Unterbringung nach dem Widerruf der Aussetzung ändert sich nichts an den **Höchstfristen** des § 67 d I. Die Dauer der Unterbringung vor und nach dem Widerruf darf insgesamt die Höchstfrist der Maßregel nicht überschreiten (Abs. 4), auch dann nicht, wenn der Verurteilte in den Vollzug einer anderen Maßregel überwiesen wird (§ 67 a IV). Ist die Unterbringung

in einer Entziehungsanstalt nach einem Jahr ausgesetzt worden, so darf die erneute Unterbringung nach dem Widerruf nur für die Dauer eines Jahres erfolgen.

9. Der Widerruf schließt eine **erneute Aussetzung** der Unterbringung nicht aus. Sie kann auf Grund neuer Tatsachen sogar schon erfolgen, wenn der Betroffene noch nicht wieder in Verwahrung ist (Hamm JMBlNW **76**, 93, Frankfurt StV **85**, 25). Ein Antrag auf abermalige Aussetzung, der sich auf neue Tatsachen stützt, ist daher vor der weiteren Unterbringung zulässig. Vgl. Hamm NStZ **90**, 251 (Antrag nach längerer Zeit im Strafvollzug unter Berufung auf günstige Veränderung der Prognose unter Hinweis auf Vollzugsverhalten).

III. Kommt es nicht zum Widerruf der Aussetzung, so ist die **Maßregel** mit dem Ende der Führungsaufsicht **erledigt** (Abs. 5). Ihr Widerruf ist von diesem Zeitpunkt ab nicht mehr zulässig (Koblenz MDR **81**, 336, Düsseldorf NStZ **86**, 525). Einer besonderen Entscheidung über die Erledigung der Maßregel bedarf es nicht. Die Führungsaufsicht endet mit Ablauf der in § 68 c festgesetzten Höchstfrist von 5 Jahren oder der vom Gericht abgekürzten Höchstfrist. Sie endet schon vorher, wenn das Gericht sie nach § 68 e aufhebt.

IV. Entsprechend der Regelung bei der Strafaussetzung ordnet Abs. 6 an, daß **Leistungen**, die der Verurteilte **zur Erfüllung von Weisungen** erbracht hat, **nicht erstattet** werden. Unerheblich ist, ob es zum Widerruf der Aussetzung oder zur Erledigung der Maßregel gekommen ist.

– Führungsaufsicht –

§ 68 Voraussetzungen der Führungsaufsicht

(1) Hat jemand wegen einer Straftat, bei der das Gesetz Führungsaufsicht besonders vorsieht, zeitige Freiheitsstrafe von mindestens sechs Monaten verwirkt, so kann das Gericht neben der Strafe Führungsaufsicht anordnen, wenn die Gefahr besteht, daß er weitere Straftaten begehen wird.

(2) **Die Vorschriften über die Führungsaufsicht kraft Gesetzes (§§ 67 b, 67 c, 67 d Abs. 2, 3 und 5 und § 68 f) bleiben unberührt.**

Vorbem. Abs. 2 geringfügig geändert durch Ges. v. 26. 1. 1998, BGBl I 160.

Schrifttum: Braun, Vorübungen zur Führungsaufsicht, BewH 69, 202. – *Bruns*, Die Maßregeln der Besserung und Sicherung im StGB-Entwurf 1956, ZStW 71, 210. – *Grünwald*, Sicherungsverwahrung, Arbeitshaus, vorbeugende Verwahrung und Sicherungsaufsicht im Entwurf 1962, ZStW 76, 633. – *Jescheck*, Die kriminalpolitische Konzeption des Alternativ-Entwurfs eines Strafgesetzbuches (AT), ZStW 80, 54. – *Kutschenbach*, In Konkurrenz mit der Polizei?, BewH 64, 203. – *Lenckner* (angeführt vor § 61) 220. – *Maurach*, Die kriminalpolitische Bedeutung der Strafrechtsreform, Gutachten zum 43. DJT 1960. – *Preiser*, Bewährungs- und Sicherungsaufsicht, Kritik und Vorschläge zur Strafrechtsreform, ZStW 81, 249. – *ders.*, Die Führungsaufsicht, ZStW 81, 912. – *Raabe*, Die Führungsaufsicht im 2. Strafrechtsreformgesetz, Diss. Hamburg 1973. – *Schröder*, Die kriminalpolitischen Aufgaben der Strafrechtsreform, Verhandlungen 43. DJT Bd. II S. E 3. – *Schultz*, Kriminalpolitische Bemerkungen zum Entwurf eines Strafgesetzbuches, E 62, JZ 66, 113.

I. Die **Führungsaufsicht** stellt eine verhältnismäßig neuartige Maßregel des Strafrechts dar. Ihr vergleichbare Maßregeln hat das frühere Recht nicht enthalten. Insb. läßt sich mit ihr das frühere Institut der Polizeiaufsicht nicht vergleichen (vgl. Tröndle/Fischer 2 vor § 68).

1. Gegen die Führungsaufsicht und ihre Ausgestaltung sind erhebliche und beachtliche **Bedenken** geltend gemacht worden. Vgl. ua AE, AT 2. A. 1969, Begr. 159, Zipf JuS 74, 277. In der Praxis hat sich die Führungsaufsicht jedoch ständig ausgeweitet. Zu Erfahrungen aus der Praxis und zur Reform vgl. v. Glasenapp ZRP 79, 31, Jacobsen, Führungsaufsicht und ihre Klientel, 1985. Vgl. ferner Nißl NStZ 95, 525, der für die Führungsaufsicht eintritt.

2. **Aufgabe** der Führungsaufsicht ist präventiver Art. Mit ihr wird bezweckt, gefährliche oder gefährdete Täter bei der Gestaltung ihres Lebens in der Freiheit über gewisse kritische Zeiträume hinweg zu unterstützen und zu betreuen sowie sie zu überwachen, um sie von künftigen Straftaten abzuhalten. Die Führungsaufsicht hat hiernach eine Doppelfunktion. Mit ihr sollen sowohl Resozialisierungshilfe gewährt als auch Sicherungsaufgaben zum Schutz der Allgemeinheit wahrgenommen werden.

3. Führungsaufsicht kann **kraft richterlicher Anordnung** oder **kraft Gesetzes** eintreten. Richterliche Anordnung kommt nach Abs. 1 in Betracht, wenn jemand wegen einer Straftat, bei der das Gesetz Führungsaufsicht besonders vorsieht, zeitige Freiheitsstrafe von mindestens 6 Monaten verwirkt und die Gefahr besteht, daß der Täter weitere Straftaten begehen wird. Führungsaufsicht kraft Gesetzes tritt ein bei sog. Vollbüßern (§ 68 f), bei Aussetzung einer freiheitsentziehenden Maßregel (§§ 67 b II, 67 c, 67 d II), bei Entlassung aus der Sicherungsverwahrung, wenn die Maßregel für erledigt erklärt worden ist (§ 67 d III) sowie bei vorzeitiger Entlassung aus der Entziehungsanstalt wegen Aussichtslosigkeit der Suchtbehandlung (§ 67 d V).

II. Führungsaufsicht kraft richterlicher Anordnung (Abs. 1)

5 1. Führungsaufsicht kann neben der Strafe angeordnet werden, wenn jemand wegen einer Straftat, bei der das **Gesetz Führungsaufsicht besonders vorsieht,** zeitige Freiheitsstrafe von mindestens 6 Monaten verwirkt. Besonders vorgesehen ist sie zB in den §§ 129 a, 181 b, 239 c, 245, 256, 262, 263, 263 a, 321. Wegen einer solchen Tat muß Freiheitsstrafe von mindestens 6 Monaten verwirkt sein. Bei Tateinheit genügt es, daß eines der anwendbaren Gesetze Führungsaufsicht zuläßt (§ 52 IV). Entsprechendes gilt für die Verurteilung zu einer Gesamtstrafe bei Tatmehrheit (§ 53 III). Für die Zulässigkeit der Führungsaufsicht ist jedoch nicht die Höhe der Gesamtstrafe entscheidend, sondern die Einzelstrafe für das Delikt, bei dem das Gesetz Führungsaufsicht besonders vorsieht (vgl. § 53 RN 30, BGH 12 87, GA 58, 367, NJW 68, 115); diese Einzelstrafe muß mindestens 6 Monate Freiheitsstrafe sein. Werden allerdings mehrere derartige Delikte gleicher Art abgeurteilt, so genügt es, wenn die für sie gebildete Gesamtstrafe die Mindesthöhe erreicht (vgl. Tröndle/Fischer 4; and. Frehsee NK 5, Jescheck/Weigend 822, Hanack LK 6). Solche Fälle machen gegenüber den Fällen, in denen die Einzelhandlungen zu einer Bewertungseinheit (vgl. 17 ff. vor § 52) zusammengefaßt werden, kriminalpolitisch keinen wesentlichen Unterschied. Ob gleichartige Einzelakten eine Bewertungseinheit bilden und zu einer Freiheitsstrafe von 6 Monaten oder mehr führen oder ob sie als realkonkurrierende Taten abzuurteilen sind und die Gesamtfreiheitsstrafe 6 Monate erreicht, vermag keine Abweichungen bei der Führungsaufsicht zu begründen. Die Einzelakten lassen sich in beiden Fällen zusammenfassend nicht als Bagatellen abtun. Unerheblich ist, ob die Verurteilung wegen Vollendung, Versuchs oder strafbarer Vorbereitung (zB nach §§ 30 II, 249) und wegen Täterschaft oder Teilnahme erfolgt.

5 a Führungsaufsicht kann uU auch angeordnet werden, wenn die verhängte *Strafe zur Bewährung* ausgesetzt wird (Hanack LK § 68 g RN 11, Horn SK 10, Jescheck/Weigend 822 FN 3). Die für die Strafaussetzung erforderliche günstige Prognose kann sich nämlich gerade auf Grund der besonderen Weisungs- u. Überwachungsmöglichkeiten im Rahmen der Führungsaufsicht ergeben. Zum Vorrang der Ausgestaltung der Führungsaufsicht nach den §§ 68 a u. 68 b vor der Ausgestaltung der Strafaussetzung vgl. § 68 g.

6 2. Es muß zudem die **Gefahr** weiterer Straftaten bestehen. Erforderlich ist somit die Wahrscheinlichkeit, daß der Verurteilte erneut straffällig wird; die bloße Möglichkeit genügt nicht. Der Richter muß von der Gefahr überzeugt sein; kann er nur die Gefahr nicht ausschließen, bestehen also Zweifel an der Wahrscheinlichkeit künftiger Straftaten, so darf Führungsaufsicht nicht angeordnet werden (BGH MDR/H 78, 623). Die zu befürchtenden Straftaten brauchen nicht unbedingt erheblich zu sein (Tröndle/Fischer 5, Lackner 4; and. Frehsee NK 7, Hanack LK 10, Horn SK 8). Zu beachten ist jedoch der Verhältnismäßigkeitsgrundsatz. Zur Bedeutung der zu erwartenden Straftaten darf die Führungsaufsicht nicht außer Verhältnis stehen (§ 62). Ist nur mit Bagatelldelikten zu rechnen, so ist die Anordnung der Führungsaufsicht demnach idR unzulässig.

7 a) Fraglich ist, ob das Gericht bei seiner **Prognose** nur auf den Zeitpunkt des Urteils abzustellen oder den der Entlassung aus dem Strafvollzug einzubeziehen hat. Diese Frage stellt sich in voller Schärfe allerdings nur bei Freiheitsstrafen bis zu 2 Jahren. Beträgt die Freiheitsstrafe mindestens 2 Jahre und wird sie voll verbüßt, so ist bei der Entlassung anzuordnen, daß die Führungsaufsicht entfällt, wenn zu erwarten ist, daß der Verurteilte auch ohne Führungsaufsicht keine Straftaten mehr begehen wird (vgl. u. 15). Wird ein Strafrest ausgesetzt, weil dies auf Grund einer günstigen Prognose unter Berücksichtigung des Sicherheitsinteresses der Allgemeinheit verantwortet werden kann, so kann das Ruhen der Führungsaufsicht bis zum Ablauf der Bewährungszeit angeordnet werden (§ 68 g II 1); die Führungsaufsicht endet dann, wenn der Strafrest nach Ablauf der Bewährungszeit erlassen wird (§ 68 g III). Es ist also stets vor Durchführung der Führungsaufsicht eine Täterprognose zu erstellen, bei der die Wirkungen des Strafvollzugs auf den Täter berücksichtigt werden. Aus diesem Grund erübrigt sich, schon bei der im Urteilszeitpunkt zu erstellenden Prognose die Wirkungen des Strafvollzugs auf den Täter einzubeziehen. Das ist auch sachlich gerechtfertigt, weil diese Wirkungen bei längeren Freiheitsstrafen vom erkennenden Gericht unmöglich sicher bewertet werden können.

8 b) Anders sieht es dagegen bei einer Freiheitsstrafe bis zu 2 Jahren aus. Hier ist nicht gesichert, daß vor Durchführung der Führungsaufsicht eine erneute Täterprognose erstellt wird. Bei voller Strafverbüßung hat der Verurteilte die angeordnete Führungsaufsicht mindestens 2 Jahre auf sich zu nehmen, da diese frühestens nach zweijähriger Dauer, in die gemäß § 68 c II 2 die Zeit des Strafvollzugs nicht eingerechnet wird, aufgehoben werden kann (§ 68 e I 2). Es wäre hier daher verfehlt, die Wirkungen des Strafvollzugs auf den Täter unberücksichtigt zu lassen und Führungsaufsicht auch dann anzuordnen, wenn auf Grund dieser Wirkungen damit zu rechnen ist, daß der Täter nicht erneut straffällig wird. Wer allerdings mit Hanack LK § 68 e RN 18 eine Bindung an die Zweijahresfrist gem. § 68 e bei Vollverbüßung aus Gründen des § 57 I Nr. 1, 3 verneint, hat bei der Prognose nur auf den o. 7 genannten Zeitpunkt abzustellen (vgl. Hanack LK 15).

9 3. Die Anordnung der Führungsaufsicht ist stets **fakultativ.** Dem Gericht wird dadurch ermöglicht, dem Subsidiaritätsgrundsatz, der bei den Voraussetzungen für die Anordnung nicht ins Gesetz aufgenommen worden ist, Rechnung zu tragen. Stehen zur Einwirkung auf den Täter und zur Abwendung der von ihm ausgehenden Gefahr weiterer Straftaten weniger einschneidende Mittel zur Verfügung, so ist Führungsaufsicht nicht erforderlich. Fehlt es jedoch an solchen Einwirkungsmöglichkeiten, so besteht, sofern der Verhältnismäßigkeitsgrundsatz nicht entgegensteht (vgl. o. 6), idR kein Grund, gleichwohl von der Führungsaufsicht abzusehen, es sei denn, daß auch die Voraussetzungen für andere Maßregeln erfüllt sind und daher § 72 zu beachten ist. Weitergehend Hanack LK 19 ff.

4. Die Anordnung der Führungsaufsicht erfolgt im **Urteil** neben der Verhängung der Strafe. Entscheidungen zur Ausgestaltung der Führungsaufsicht nach den §§ 68 a–68 c trifft das Gericht durch Beschluß, der mit dem Urteil zu verkünden ist (§ 268 a II StPO). Es kann sich aber auch mit der bloßen Anordnung der Führungsaufsicht begnügen und deren nähere Ausgestaltung einer nachträglichen Entscheidung gem. § 68 d überlassen (Hamm NStZ **82**, 260). Ein solches Verfahren empfiehlt sich vielfach, damit die notwendigen Maßnahmen den Verhältnissen des Verurteilten bei Entlassung aus dem Strafvollzug angepaßt werden können (vgl. Lackner 8). 10

5. Führungsaufsicht kann auch gegen **Jugendliche** angeordnet werden (§ 7 JGG). Vgl. dazu Eisenberg § 7 JGG RN 28 ff., der jedoch RN 32 dafür eintritt, § 68 I nur in Ausnahmefällen anzuwenden. Vgl. auch die Bedenken bei Hanack LK 28 vor § 68. 11

6. Wegen einer **Tat**, die in der früheren DDR vor Wirksamwerden des Beitritts zur BRep. Deutschland begangen worden ist, darf gem. Art. 315 I 2 EGStGB keine Führungsaufsicht nach Abs. 1 angeordnet werden, es sei denn, das Strafrecht der BRep. hat für die Tat schon vor dem Beitritt gegolten (Art. 315 IV EGStGB). 12

III. Führungsaufsicht kraft Gesetzes (Abs. 2)

1. Kraft Gesetzes tritt Führungsaufsicht ein, wenn die **Vollstreckung einer freiheitsentziehenden Maßregel zur Bewährung ausgesetzt** wird, sei es, daß die Aussetzung schon mit der Anordnung der Maßregel durch das erkennende Gericht erfolgt (§ 67 b), sei es, daß sie nach Vorwegvollzug einer Freiheitsstrafe, nach einer anderweitigen Verzögerung des Beginns des Maßregelvollzugs oder im Laufe des Maßregelvollzugs angeordnet wird (§ 67 c, § 67 d II). 13

2. Ferner schließt sich Führungsaufsicht kraft Gesetzes an die **Entlassung aus der Sicherungsverwahrung** an, wenn die Maßregel nach § 67 d III für erledigt erklärt worden ist. Gleiches gilt bei vorzeitiger Entlassung aus der Entziehungsanstalt wegen Aussichtslosigkeit der Suchtbehandlung (§ 67 d V) sowie bei Entlassung aus dem **Strafvollzug**, wenn der Verurteilte wegen einer vorsätzlichen Straftat eine Freiheitsstrafe von mindestens 2 Jahren voll verbüßt hat (§ 68 f), es sei denn, die Freiheitsstrafe ist wegen einer vor dem 1. 1. 1975 begangenen Tat verhängt worden (Art. 303 II EGStGB). 14

3. Die Vorschriften über die Führungsaufsicht kraft Gesetzes bleiben nach Abs. 2 von der Anordnung der Führungsaufsicht nach Abs. 1 **unberührt**. Das ist insb. für die Führungsaufsicht nach der vollen Verbüßung einer Freiheitsstrafe von mindestens 2 Jahren bedeutsam. Die für diesen Fall im § 68 f II vorgesehene Möglichkeit, die Führungsaufsicht entfallen zu lassen, wenn auch ohne Führungsaufsicht keine weiteren Straftaten vom Verurteilten zu erwarten sind, besteht auch dann, wenn bereits im Urteil Führungsaufsicht angeordnet worden ist. Die sonst geltende Beschränkung im § 68 e I 2, nach dem die Aufhebung der Führungsaufsicht frühestens nach Ablauf der gesetzlichen Mindestdauer von 2 Jahren zulässig ist, greift hier also nicht ein. Vgl. dazu § 68 f RN 12, Horn SK 12. 15

§ 68 a Aufsichtsstelle, Bewährungshelfer

(1) Der Verurteilte untersteht einer Aufsichtsstelle; das Gericht bestellt ihm für die Dauer der Führungsaufsicht einen Bewährungshelfer.

(2) Bewährungshelfer und Aufsichtsstelle stehen im Einvernehmen miteinander dem Verurteilten helfend und betreuend zur Seite.

(3) Die Aufsichtsstelle überwacht im Einvernehmen mit dem Gericht und mit Unterstützung des Bewährungshelfers das Verhalten des Verurteilten und die Erfüllung der Weisungen.

(4) Besteht zwischen der Aufsichtsstelle und dem Bewährungshelfer in Fragen, welche die Hilfe für den Verurteilten und seine Betreuung berühren, kein Einvernehmen, so entscheidet das Gericht.

(5) Das Gericht kann der Aufsichtsstelle und dem Bewährungshelfer für ihre Tätigkeit Anweisungen erteilen.

(6) Vor Stellung eines Antrags nach § 145 a Satz 2 hört die Aufsichtsstelle den Bewährungshelfer; Absatz 4 findet keine Anwendung.

I. Die Vorschrift betrifft die **Organe**, die **für die Durchführung der Führungsaufsicht** verantwortlich sind, und regelt insoweit ihren Aufgabenbereich. Beteiligte Organe sind die Aufsichtsstelle, der Bewährungshelfer und das Gericht. 1

2 II. Während der Führungsaufsicht untersteht der Verurteilte kraft Gesetzes einer **Aufsichtsstelle** (Abs. 1 1. Halbsatz). Ihre örtliche Zuständigkeit ergibt sich aus § 463 a II StPO. Bezeichnung in der Praxis: Führungsaufsichtsstelle.

3 1. Die Aufsichtsstellen gehören zum **Geschäftsbereich der Landesjustizverwaltungen** (Art. 295 I EGStGB). Bei welcher Justizbehörde sie zu errichten sind, bleibt den einzelnen Ländern überlassen (vgl. für Bayern VO v. 2. 12. 1974, GVBl. 808, für Nordrhein-Westfalen AV v. 18. 11. 1974, JMBlNW 75, 3). Die Aufgaben der Aufsichtsstelle werden von Beamten des höheren Dienstes, von staatlich anerkannten Sozialarbeitern oder Sozialpädagogen oder von Beamten des gehobenen Dienstes wahrgenommen (Art. 295 II EGStGB). Eine bestimmte Besetzung ist hiernach den Ländern nicht vorgeschrieben. Es ist ihnen vielmehr ein Spielraum eingeräumt worden. Nur für die Spitze der Aufsichtsstelle bestimmt Art. 295 II EGStGB, daß der Leiter die Befähigung zum Richteramt besitzen oder Beamter des höheren Dienstes sein muß. Zulässig ist aber auch, die Leitung einem Richter zu übertragen.

4 2. Aufgabe der **Aufsichtsstelle** ist, das Verhalten des unter Führungsaufsicht gestellten Verurteilten einschließlich der Erfüllung der erteilten Weisungen zu überwachen sowie dem Verurteilten durch Hilfe und Betreuung Beistand zu leisten.

5 a) Nach Abs. 3 **überwacht** die Aufsichtsstelle im Einvernehmen mit dem Gericht und mit Unterstützung des Bewährungshelfers das Verhalten des Verurteilten und die Erfüllung der Weisungen. Der Überwachung unterliegt danach einmal allgemein das Verhalten des Verurteilten. Zweck dieser Überwachung ist, gefährliche Entwicklungen beim Verurteilten rechtzeitig festzustellen und erforderlichenfalls für Abhilfe zu sorgen, namentlich dem Gericht Grundlagen für notwendige Änderungen der Anordnungen zu liefern. Zum anderen wird die Erfüllung der Weisungen überwacht, die das Gericht gemäß § 68 b dem Verurteilten erteilt hat. Zur Erfüllung ihrer Überwachungsaufgabe kann die Aufsichtsstelle von allen öffentlichen Behörden Auskunft verlangen und Ermittlungen jeder Art, ausgenommen eidliche Vernehmungen, vornehmen oder durch andere Behörden im Rahmen ihrer Zuständigkeit vornehmen lassen (§ 463 a I StPO). Bei Verstößen gegen Weisungen steht ihr das Strafantragsrecht nach § 145 a S. 2 zu. Sie hat jedoch vor Stellung des Antrags den Bewährungshelfer zu hören (Abs. 6). Diese Regelung dient der Zusammenarbeit mit dem Bewährungshelfer und soll diese vor unnötigen Belastungen bewahren. Da die Antragstellung in den Aufgabenbereich der Überwachung fällt, behält die Aufsichtsstelle ihre Entscheidungsbefugnis über den Antrag auch dann, wenn kein Einvernehmen mit dem Bewährungshelfer erzielt wird, wie Abs. 6 2. Hbs. ausdrücklich klarstellt. Die Wirksamkeit des Strafantrags hängt überdies nicht davon ab, ob der Bewährungshelfer gehört worden ist (vgl. § 145 a RN 11; and. Frehsee NK 26, Hanack LK 22).

6 Die Überwachung hat im Einvernehmen mit dem Gericht und mit Unterstützung des Bewährungshelfers zu erfolgen. Zweckmäßig dürfte es zudem sein, die Überwachungsmaßnahmen so weit wie möglich mit dem Bewährungshelfer abzustimmen, damit dessen Resozialisierungsarbeit nicht unnötig durch irgendwelche Aktionen beeinträchtigt wird. Die Aufsichtsstelle ist jedoch in ihrer Entscheidungsbefugnis, soweit es sich um Überwachungsmaßnahmen handelt, vom Bewährungshelfer unabhängig. Bei Meinungsverschiedenheiten braucht anders als in Fragen der Hilfe und Betreuung eine Entscheidung des Gerichts nicht eingeholt zu werden. Der Bewährungshelfer kann sich allerdings an das Gericht wenden, das dann der Aufsichtsstelle gemäß Abs. 5 Anweisungen erteilen kann.

7 b) Neben der Überwachungstätigkeit obliegt der Aufsichtsstelle die Aufgabe, im Einvernehmen mit dem Bewährungshelfer dem Verurteilten **helfend** und **betreuend** zur Seite zu stehen (Abs. 2). Ein einvernehmliches Zusammenarbeiten ist erforderlich, damit eine unmittelbare Doppelbetreuung des Verurteilten durch Aufsichtsstelle und Bewährungshelfer vermieden wird. Der Aufsichtsstelle kommt in diesem Aufgabenbereich keine vorrangige Stellung gegenüber dem Bewährungshelfer zu. Wird in Fragen der Hilfe und der Betreuung kein Einvernehmen zwischen beiden Organen hergestellt, so entscheidet das Gericht (Abs. 4). Die Betreuungsaufgabe steht trotz der Bezeichnung „Aufsichtsstelle" im Vordergrund. Hilfe ist etwa zu leisten durch Vermittlung geeigneter Ausbildungs- oder Arbeitsstellen und sonstiger Berufsförderungsmaßnahmen wie Umschulung, durch Vermittlung therapeutischer Behandlungen oder von Heimplätzen sowie durch Unterstützung bei der Geltendmachung von Ansprüchen auf Sozialleistungen, der Beschaffung notwendiger Papiere oder der Regelung finanzieller Verpflichtungen.

8 III. Der Verurteilte wird ferner für die Dauer der Führungsaufsicht einem **Bewährungshelfer** unterstellt (Abs. 1 2. Halbsatz). Dieser wird ihm vom Gericht zugeordnet. Nachträgliche Änderungen sind zulässig (§ 68 d). Das Gericht kann also einen Bewährungshelfer abberufen und einen neuen bestellen, nicht jedoch die Unterstellung unter einen Bewährungshelfer aufheben (Hamm JMBlNW 81, 227). Bewährungshelfer kann auch ein Bediensteter einer zum Vormund bestellten Behörde sein (BGH NStZ **82**, 132).

9 1. Der Bewährungshelfer hat in erster Linie dem Verurteilten **helfend** und **betreuend** (vgl. § 56 d RN 3) zur Seite zu stehen (Abs. 2). Er hat in diesem Rahmen mit der Aufsichtsstelle zusammenzuarbeiten, wobei ihm vor allem der persönliche, betreuende Kontakt mit dem Verurteilten zufällt. Kommt zwischen beiden Organen ein Einvernehmen in Fragen der Hilfe und Betreuung nicht zustande, so entscheidet das Gericht (Abs. 4). Weisungsrechte können dem Bewährungshelfer nicht übertragen werden (vgl. § 56 d RN 4).

2. Der Bewährungshelfer hat daneben die Aufsichtsstelle bei ihrer **Überwachungstätigkeit** zu unterstützen (Abs. 3). Diese Unterstützung dient zugleich seiner eigenen Betreuungstätigkeit, so etwa, wenn er dadurch Überwachungsmaßnahmen polizeilicher Art entbehrlich macht, die sich für die Entwicklung des Verurteilten nachteilig auswirken könnten. Sie hat aber auch die Interessen der Allgemeinheit zu wahren und ist insoweit darauf ausgerichtet, einem sozialschädlichen Verhalten entgegenzuwirken. In diesem Rahmen hat der Bewährungshelfer ähnlich wie im Fall der Bewährungshilfe bei der Strafaussetzung (vgl. § 56 d RN 3 a) Berichtspflichten. So ist er zB verpflichtet, einen Verstoß gegen Weisungen, der den Zweck der Führungsaufsicht gefährdet, der Aufsichtsstelle mitzuteilen, sofern er nicht selbst für Abhilfe sorgen kann (Hanack LK 20). 10

IV. Das **Gericht** hat bei der Durchführung der Führungsaufsicht eine übergeordnete Stellung. Es hat den Bewährungshelfer zu bestellen (Abs. 1) und entscheidet bei Meinungsverschiedenheiten, die zwischen diesem und der Aufsichtsstelle in Fragen bestehen, welche die Hilfe für den Verurteilten und dessen Betreuung berühren (Abs. 4). Ferner kann es in den gesamten Tätigkeitsbereich beider Organe mit Anweisungen eingreifen (Abs. 5). In diesem Rahmen kann es sich auch über den Verurteilten berichten lassen (einschr. Mainz NStZ 87, 541). Soweit es erforderlich ist, kann es dem Verurteilten für die Dauer der Führungsaufsicht oder für eine kürzere Zeit Weisungen erteilen (§ 68 b). Es kann des weiteren die Höchstdauer für die Führungsaufsicht abkürzen (§ 68 c I 2) und die Führungsaufsicht aufheben (§ 68 e I). Zur Möglichkeit nachträglicher Entscheidungen vgl. § 68 d. 11

Zur Frage, welches Gericht zuständig ist, vgl. § 462 a StPO iVm §§ 453, 463 II, VI StPO. Vgl. auch Stuttgart MDR **75**, 685 zur Zuständigkeit bei Führungsaufsicht kraft Gesetzes. 12

§ 68 b Weisungen

(1) **Das Gericht kann den Verurteilten für die Dauer der Führungsaufsicht oder für eine kürzere Zeit anweisen,**
1. den Wohn- oder Aufenthaltsort oder einen bestimmten Bereich nicht ohne Erlaubnis der Aufsichtsstelle zu verlassen,
2. sich nicht an bestimmten Orten aufzuhalten, die ihm Gelegenheit oder Anreiz zu weiteren Straftaten bieten können,
3. bestimmte Personen oder Personen einer bestimmten Gruppe, die ihm Gelegenheit oder Anreiz zu weiteren Straftaten bieten können, nicht zu beschäftigen, auszubilden oder zu beherbergen,
4. bestimmte Tätigkeiten nicht auszuüben, die er nach den Umständen zu Straftaten mißbrauchen kann,
5. bestimmte Gegenstände, die ihm Gelegenheit oder Anreiz zu weiteren Straftaten bieten können, nicht zu besitzen, bei sich zu führen oder verwahren zu lassen,
6. Kraftfahrzeuge oder bestimmte Arten von Kraftfahrzeugen oder von anderen Fahrzeugen nicht zu halten oder zu führen, die er nach den Umständen zu Straftaten mißbrauchen kann,
7. sich zu bestimmten Zeiten bei der Aufsichtsstelle oder einer bestimmten Dienststelle zu melden,
8. jeden Wechsel des Wohnorts oder des Arbeitsplatzes unverzüglich der Aufsichtsstelle zu melden oder
9. sich im Falle der Erwerbslosigkeit bei dem zuständigen Arbeitsamt oder einer anderen zur Arbeitsvermittlung zugelassenen Stelle zu melden.

Das Gericht hat in seiner Weisung das verbotene oder verlangte Verhalten genau zu bestimmen.

(2) **Das Gericht kann dem Verurteilten für die Dauer der Führungsaufsicht oder für eine kürzere Zeit weitere Weisungen erteilen, namentlich solche, die sich auf Ausbildung, Arbeit, Freizeit, die Ordnung der wirtschaftlichen Verhältnisse oder die Erfüllung von Unterhaltspflichten beziehen. § 56 c Abs. 3 ist anzuwenden.**

(3) **Bei den Weisungen dürfen an die Lebensführung des Verurteilten keine unzumutbaren Anforderungen gestellt werden.**

I. Um die Führungsaufsicht möglichst wirksam auszugestalten, räumt § 68 b dem Gericht die Befugnis ein, dem Verurteilten für die Dauer der Führungsaufsicht oder für eine kürzere Zeit **Weisungen** zu erteilen. Deren Aufgabe ist, den Verurteilten von weiteren rechtswidrigen Taten abzuhalten. Entsprechend der mit der Führungsaufsicht verbundenen Zielsetzung können die Weisungen dazu dienen, dem Verurteilten bei seinen Bemühungen um die Wiedereingliederung in die Gemeinschaft Hilfe zu geben oder der Allgemeinheit Schutz vor ihm zu gewähren. Sie können aber auch bezwecken, der Aufsichtsstelle notwendige Überwachungsmöglichkeiten zu verschaffen. § 68 b sieht hierfür 2 Gruppen von Weisungen vor. Abs. 1 enthält einen Katalog bestimmter Weisungen, deren Befolgung durch eine Strafvorschrift (§ 145 a) abgesichert wird. Außerdem ist das Gericht nach Abs. 2 befugt, andere ihm zweckmäßig erscheinende Weisungen zu erteilen. Sie sind weder inhaltsmäßig im Gesetz genau festgelegt worden, noch ist für ihre Nichtbefolgung Strafe angedroht. 1

§ 68 b 2–8   Allg. Teil. Rechtsfolgen d. Tat – Maßregeln d. Besserung u. Sicherung

2   II. Der Gruppe von **Weisungen nach Abs. 1** kommt besonderes Gewicht zu, weil ein Verstoß gegen eine solche Weisung, der den Zweck der Führungsaufsicht gefährdet, nach § 145 a mit Strafe bedroht ist. Die Strafvorschrift soll die Einhaltung dieser Weisungen sicherstellen (vgl. E 62 Begr. 221). Zur Strafvorschrift und zu den Bedenken gegen sie vgl. Anm. zu § 145 a.

3   1. Da § 145 a seine genaueren Konturen erst auf Grund der richterlichen Weisung erhält, hat das Gericht mit Rücksicht auf Art. 103 II GG das verbotene oder verlangte **Verhalten genau zu bestimmen** (Abs. 1 S. 2). Es muß inhaltlich und dem Umfang nach genau festlegen, was der Verurteilte zu tun oder zu lassen hat (vgl. dazu Karlsruhe Justiz **87**, 196). Hierzu gehören auch genaue Angaben über die Zeit, in der vom Verurteilten ein bestimmtes Verhalten gefordert wird. Damit jeder Irrtum über die Grundlage der Strafandrohung ausgeschlossen ist, muß das Gericht zudem klarstellen, daß es seine Weisung auf Abs. 1 (und nicht auf Abs. 2) stützt (vgl. auch Hamm JMBlNW **82**, 153). Das Erfordernis genau bestimmter Weisungen hat aber nicht nur für die Bestrafungsmöglichkeit Bedeutung, sondern auch für den Widerruf der Aussetzung einer Unterbringung. Entspricht eine Weisung nicht diesem Erfordernis, so ist ein Widerruf nach § 67 g I Nr. 2 unzulässig (vgl. § 67 g RN 5).

4   2. Die nach Abs. 1 zulässigen Weisungen sind in einem fest umrissenen Katalog abschließend aufgezählt. Der **Katalog** enthält folgende Möglichkeiten **von Weisungen**:

5   a) Das Gericht kann den Verurteilten anweisen, den *Wohn- oder Aufenthaltsort* oder einen bestimmten (genau abgegrenzten) Bereich *nicht ohne Erlaubnis* der Aufsichtsstelle zu *verlassen* (**Nr. 1**). Der Sinn eines solchen Verbots besteht darin, der Aufsichtsstelle eine planmäßige Überwachung zu ermöglichen. Der Verurteilte soll sich dieser Aufsicht nicht dadurch entziehen, daß er den Bereich, in dem sie wirksam ausgeübt werden kann, verläßt. Als Bereich kommt auch ein größerer in Betracht, etwa ein Land der BRep. Andererseits kann er aber auch auf einen Teil einer Stadt beschränkt werden, etwa in einer Großstadt. Die Bereichsgrenzen dürfen jedoch nicht zu eng gezogen werden. Nr. 1 deckt nicht die Begrenzung auf eine bestimmte Unterkunft und damit deren Zuweisung (Frehsee NK 9; and. Düsseldorf MDR **90**, 743: Verbleib auf offener Station eines psychiatrischen Krankenhauses). Eine derartige Weisung kommt einem Hausarrest gleich. Zur Zulässigkeit, das Grundrecht der Freizügigkeit einzuschränken, vgl. Art. 11 II GG. Versagt die Aufsichtsstelle die Genehmigung eines beantragten Aufenthaltswechsels, so kann sich der Verurteilte an das Gericht wenden, das der Aufsichtsstelle Anweisungen geben, selbst die Erlaubnis erteilen oder die Weisung aufheben kann. Das Gericht kann aber auch bereits bei Erteilung der Weisung das Genehmigungserfordernis auflockern. Da an sich schon ein kurzzeitiges Verlassen des genannten Bereichs ohne Genehmigung weisungswidrig ist (and. Hanack LK 19), ein solcher Verstoß jedoch den Maßregelzweck vielfach nicht gefährdet, kann es tunlich sein, nur das Verlassen eines Bereichs für längere Zeit (2 oder mehr Tage) unter Erlaubnisvorbehalt zu stellen.

6   b) Ferner kann das Gericht dem Verurteilten *untersagen, sich an bestimmten Orten aufzuhalten,* die diesem Gelegenheit oder Anreiz zu weiteren Straftaten bieten können (**Nr. 2**). Die Weisung kann sich auf einen einzelnen, genau konkretisierten Ort, zB einen bestimmten Zuhältertreffpunkt, beziehen oder auf Orte, die nur der Art nach gekennzeichnet sind. Sie kann mit bestimmten Tageszeiten verbunden sein. In Betracht kommt etwa das Verbot, sich auf Kinderspielplätzen, an Orten, wo Drogen konsumiert oder angeboten werden, oder in Lokalen bestimmter Art aufzuhalten, Spielkasinos, sonstige bestimmte Vergnügungsstätten oder Jahrmärkte aufzusuchen oder zur Nachtzeit in bestimmten öffentlichen Anlagen zu verweilen. Das Aufenthaltsverbot kann sich auch auf größere Gebiete erstrecken. So kann zB einem Schmuggler auferlegt werden, sich nicht in einem bestimmten Grenzbereich oder einem Freihafen aufzuhalten. Ein Aufenthaltsverbot kann namentlich gegenüber Verurteilten, die einer bestimmten Tätergruppe angehören, angebracht sein, so zB gegenüber Sexualdelinquenten, Rauschmittelsüchtigen oder Agenten.

7   c) Des weiteren kann dem Verurteilten *verboten* werden, *bestimmte Personen* oder Personen einer bestimmten Gruppe, die ihm Gelegenheit oder Anreiz zu weiteren Straftaten bieten können, zu *beschäftigen, auszubilden* oder zu *beherbergen* (**Nr. 3**). Diese Weisungsmöglichkeit entspricht weitgehend der in § 56 c II Nr. 3 genannten Weisung. Im Unterschied zu dieser Vorschrift läßt Nr. 3 jedoch nicht das Verbot zu, mit bestimmten Personen oder mit Personen einer bestimmten Gruppe zu verkehren. Von ihm hat der Gesetzgeber im Hinblick auf § 145 a abgesehen, weil er die gesetzliche Ermächtigung für zu unbestimmt und eine hinreichende Kontrolle der Beachtung des Verbots für unmöglich gehalten hat (vgl. BT-Drs. V/4095 S. 36). Das Gericht kann ein solches Verbot aber nach Abs. 2 aussprechen (vgl. u. 23). Nr. 3 ermächtigt ua zu dem Verbot, minderjährige Lehrlinge auszubilden, Jugendlichen weiblichen Geschlechts zu beschäftigen oder Jugendlichen Unterkunft zu gewähren.

8   d) Nach **Nr. 4** kann dem Verurteilten *verboten* werden, *bestimmte Tätigkeiten* auszuüben, die er nach den Umständen zu Straftaten mißbrauchen kann. Eine solche Anordnung kann auch zulässig sein, wenn sie einem Berufsverbot iSv § 70 gleichkommt (Lackner 2; and. Tröndle/Fischer 6, Frehsee NK 12, Hanack LK 24, Horn SK 10). Die aus § 70 hergeleitete Gegenmeinung überzeugt nicht. Weder setzt § 70 eine Schranke für Weisungen, noch greift § 70 a als Einwand durch, da an die Stelle der Aussetzung des Berufsverbots die Aufhebung der Weisung treten kann. Die einem Berufsverbot gleichkommende Anordnung muß allerdings zum Schutz der Allgemeinheit geboten sein. Ein Berufsverbot aus erzieherischen Gründen wäre mit Art. 12 GG unvereinbar (vgl. § 56 c RN 17); das gilt indes nicht für eine Anweisung nach Abs. 2, da ihre Befolgung nicht unter dem Druck der Strafandrohung im § 145a steht (vgl. u. 19). Soweit Sicherungsgründe das Berufsverbot gebieten, darf es mit Rücksicht auf den Verhältnismäßigkeitsgrundsatz (§ 62) nur angeordnet werden, wenn die Gefahren, die es abwenden soll, denen entsprechen, die ein Berufsverbot nach § 70 voraussetzt (vgl. dazu Karlsruhe NStZ **95**, 291). Weitergehende Einschränkungen, die bei den gesetzgeberischen Beratungen vertreten wurden (vgl. BT-Drs. V/4095 S. 36), haben im Gesetz keinen Niederschlag gefunden, so nicht das Erfordernis, daß sämtliche Voraussetzungen des § 70, also auch die Tatbegehung unter Mißbrauch des Berufs oder unter Verletzung der Berufspflichten, vorliegen müssen. Ebensowenig ist dem Gesetz zu entnehmen, daß in Fällen, in denen das erkennende Gericht trotz Vorliegens der Voraussetzungen für ein Berufsverbot auf dessen Anordnung verzichtet hat, das Nachholen eines solchen Verbots im Wege einer Weisung zu unterbleiben hat (offen gelassen von Karlsruhe NStZ **95**, 291). Dennoch sollte das Gericht sich insoweit zurückhalten und allenfalls ausnahmsweise, wenn es ein Berufsverbot für unerläßlich hält, eine solche Weisung erteilen.

Die Weisung kann auf bestimmte Tätigkeiten innerhalb der Berufsausübung beschränkt werden. Sie **9** kann zB einem Masseur auferlegen, keine Jugendlichen zu massieren. Diese Berufsbeschränkungen sind an die besonderen Voraussetzungen für ein Berufsverbot (vgl. o. 8) nicht gebunden. So kann das Verbot, als Kellner in einem Nachtlokal zu arbeiten, auch aus erzieherischen Gründen zulässig sein. Es können zudem außerberufliche Tätigkeiten untersagt werden, wie die ehrenamtliche Leitung einer Jugendgruppe oder die Tätigkeit in einem Jugendfreizeitlager während des Urlaubs.

e) Der Verurteilte kann zudem angewiesen werden, *bestimmte Gegenstände,* die ihm Gelegenheit **10** oder Anreiz zu weiteren Straftaten bieten können, *nicht zu besitzen,* sich zu führen oder verwahren zu lassen (**Nr. 5**). Diese Weisung kann sich insb. gegen den Besitz von bestimmten Diebeswerkzeugen, Waffen, Munition, Sprengstoff, Schlagringen, pornographischen Schriften oder Gegenständen, bestimmten Fälschungsmitteln oder Wildereigerät richten (vgl. E 62 Begr. 222). Soweit solche Gegenstände auch zum harmlosen Gebrauch dienen, genügt die allgemeine Kennzeichnung wie Diebeswerkzeug nicht. Sonst kann eine generelle Bezeichnung ausreichen, zB Schußwaffen. Zur Möglichkeit eines Handy-Verbots für organisierte Täter vgl. Lutz NStZ 00, 128.

f) Ebenfalls kann dem Verurteilten *verboten* werden, *Kraftfahrzeuge* oder bestimmte Arten von Kraft- **11** fahrzeugen oder anderen Fahrzeugen zu *halten* oder zu *führen,* die er nach den Umständen zu Straftaten mißbrauchen kann (**Nr. 6**). Zulässig ist danach auch ein begrenztes Benutzungsverbot, etwa Fahrten zur Nachtzeit oder außerhalb der Berufstätigkeit. Neben den durch Maschinenkraft bewegten Landfahrzeugen kommen zB Motorboote, Kähne oder Sportflugzeuge in Betracht. Soweit das Lenken eines Fahrzeugs einen Führerschein voraussetzt, kann das Verbot, Kraftfahrzeuge oder bestimmte Arten von Kraftfahrzeugen zu halten, uU auch sinnvoll sein, wenn die Fahrerlaubnis bereits entzogen worden ist. Zu denken ist etwa an einen Täter, der dazu neigt, sich auch ohne Fahrerlaubnis ans Steuer zu setzen, oder der seinen Wagen bei Begehung von Straftaten durch andere fahren läßt. Gegen das Verbot, Kraftfahrzeuge zu führen, Frehsee NK 14, Tröndle/Fischer 8 unter Berufung auf den Vorrang des § 69. Indes leuchtet wenig ein, daß zur Einwirkung auf den Täter (vgl. o. 1) das Radfahren nicht aber zB das Mopedfahren verboten werden kann; zudem geht eine Einschränkung aus dem Gesetz nicht hervor. Im übrigen können Einschränkungen beim Verbot, die nach den §§ 69, 69a unzulässig sind, sinnvoll sein, wie eine Ausnahme für Berufsfahrten; einer solchen flexiblen Ausgestaltung des Verbots, Kraftfahrzeuge zu führen, kann § 69 nicht entgegenstehen.

g) Um die Überwachung des Verurteilten zu erleichtern, kann ihm auferlegt werden, sich zu **12** bestimmten Zeiten *bei der Aufsichtsstelle* oder einer bestimmten Dienststelle (nicht bei Privatpersonen) zu *melden* (**Nr. 7**), zB bei einer bestimmten Polizeidienststelle (and. Hanack LK 32) oder bei der Dienststelle des ihm bestellten Bewährungshelfers (Stuttgart NStZ **90**, 279). Bei dieser Weisung ist auf eine berufliche Tätigkeit Rücksicht zu nehmen. Es sind daher nach Möglichkeit Zeiten zu wählen, die der Verurteilte ohne nennenswerte Beeinträchtigung seiner Berufsausübung einhalten kann. Aufzunehmen ist in die Weisung, daß er persönlich bei der angegebenen Dienststelle zu erscheinen hat. Eine telefonische Meldung entspricht nicht dem Sinn dieser Weisung. Die Meldezeiten sind an sich vom Gericht zu bestimmen. Um eines sinnvollen Ablaufs der Meldung willen kann aber der Aufsichtsstelle (Dienststelle) die Festlegung der genauen Terminstunde übertragen werden. Diese muß sich innerhalb der gerichtlich bestimmten Zeit (zB alle 14 Tage) halten, da sonst die gerichtliche Zuständigkeit bei der Weisung mißachtet würde. Vgl. dazu KG JR **87**, 125. In Nr. 7 ist nur die Auferlegung einer Meldepflicht eingeräumt worden. Nicht gedeckt durch Nr. 7 ist eine mit der Meldepflicht verbundene Weisung, sich einem Betreuungsgespräch mit dem Bewährungshelfer zu stellen; eine solche Weisung ist nur nach Abs. 2 zulässig (Stuttgart NStZ **90**, 279).

h) Dem Zweck, die Überwachung des Verurteilten zu erleichtern, dient auch die nach **Nr. 8** **13** zulässige Weisung, jeden *Wechsel des Wohnorts* oder des *Arbeitsplatzes* unverzüglich der Aufsichtsstelle zu *melden.* Anders als nach Nr. 7 darf der Verurteilte hiernach nur zu einer Meldung bei der Aufsichtsstelle, nicht bei einer anderen Dienststelle verpflichtet werden. Nähere Angaben darüber, wie die Meldepflicht wahrzunehmen ist, dürften sich hier erübrigen. Ob der Verurteilte persönlich erscheint oder die Meldung telefonisch, schriftlich oder durch einen Boten erstattet, dürfte anders als nach Nr. 7 idR unwesentlich sein. Sinnvoll ist jedoch, das Merkmal „unverzüglich" durch Fristen zu ergänzen, etwa durch „spätestens nach 3 Tagen". Die Pflicht, jeden Arbeitsplatzwechsel unverzüglich zu melden, kann sich auch erzieherisch auf den Verurteilten auswirken. Um nicht wegen allzu häufigen Wechsels der Arbeitsstelle aufzufallen, kann er sich veranlaßt sehen, einer geregelten Arbeit nachzugehen.

14 i) Schließlich kann dem Verurteilten noch aufgegeben werden, sich im Fall der Erwerbslosigkeit bei dem zuständigen *Arbeitsamt* oder einer anderen zur Arbeitsvermittlung zugelassenen Stelle zu *melden* (**Nr. 9**). Zweck dieser Weisung ist, die Resozialisierung des Verurteilten durch eine geregelte Arbeit zu fördern. Trotz dieses Zwecks darf sie nur eine Meldepflicht zum Inhalt haben, nicht auch die Pflicht, eine angebotene Arbeit anzunehmen. In die Weisung ist eine bestimmte Frist aufzunehmen, innerhalb derer die Meldung jeweils zu erfolgen hat.

15 3. Ob das Gericht von der Befugnis nach Abs. 1 Gebrauch macht, liegt in seinem pflichtgemäßen **Ermessen**. Soweit nach § 68 Führungsaufsicht angeordnet wird, ist es wegen der ungünstigen Täterprognose idR angebracht, dem Verurteilten eine Weisung zu erteilen, die er zu befolgen hat, will er sich nicht einer erneuten Bestrafung aussetzen. Anders kann es liegen, wenn kraft Gesetzes Führungsaufsicht eintritt. Ist zB gem. § 67 b die Vollstreckung einer Unterbringung sofort ausgesetzt worden, so kann eine Weisung nach Abs. 1 durchaus entbehrlich sein. Auch die Auswahl der Weisungen steht im richterlichen Ermessen. Das Gericht hat sich hierbei von den Zwecken der Führungsaufsicht und den jeweiligen Bedürfnissen des Einzelfalles leiten zu lassen. Es kann, wenn es ihm notwendig erscheint, mehrere Verbote und Gebote zugleich aussprechen. Weisungen nach Abs. 1 können auch mit Weisungen nach Abs. 2 verbunden werden. Begrenzt werden Auswahl und Inhalt der Weisungen durch deren Funktion (vgl. o. 1) sowie durch das in Abs. 3 enthaltene Verbot, an die Lebensführung des Verurteilten unzumutbare Anforderungen zu stellen (vgl. dazu u. 25).

16 4. Werden dem Täter Weisungen nach Abs. 1 erteilt, so ist er über die Möglichkeit einer Bestrafung nach § 145 a zu **belehren**. Vgl. dazu § 268 a III StPO, auch §§ 453 a, 463 II StPO. Zur Bedeutung einer unterlassenen Belehrung für die Strafbarkeit nach § 145 a vgl. dort RN 8.

17 III. Außer den Weisungen nach Abs. 1 kann das Gericht gem. Abs. 2 dem Verurteilten **weitere Weisungen** erteilen. Sie stehen nicht unter dem Strafrechtsschutz des § 145 a. Ein gröblicher oder beharrlicher Verstoß gegen sie kann jedoch, wenn sie im Rahmen der Führungsaufsicht bei Aussetzung einer Unterbringung erteilt worden sind, zum Widerruf der Aussetzung führen (vgl. § 67 g RN 5 f.). Entsprechendes gilt für den Widerruf der Strafaussetzung oder der Aussetzung des Strafrestes, wenn gem. § 68 g I die Weisungen nach § 68 b an die Stelle der Weisungen nach § 56 c treten. Von diesen Fällen abgesehen hat der Verurteilte aus dem Nichtbefolgen einer nach Abs. 2 erteilten Weisung keine Nachteile zu erwarten. Möglich ist jedoch, nichtbefolgte Weisungen durch Weisungen nach Abs. 1 zu ersetzen (vgl. § 68 d).

18 1. Abs. 2 zählt einige Weisungsmöglichkeiten auf. Sie sind jedoch, wie das Wort „namentlich" klarstellt, bloße **Beispiele von Weisungen,** die zudem zT wenig scharf umrissen sind.

19 a) Weisungen können sich danach auf *Ausbildung, Arbeit* oder *Freizeit* beziehen. So kann etwa einem ungelernten Verurteilten aufgegeben werden, eine seinen Fähigkeiten und Neigungen entsprechende Ausbildung aufzunehmen. Ein Arbeitsscheuer kann angewiesen werden, einer geregelten Arbeit nachzugehen oder pünktlich zur Arbeit zu erscheinen. Anordnungen hinsichtlich der Freizeit können sich etwa auf eine soziale Tätigkeit oder eine Fortbildung richten. Arbeitsbezogene Weisungen können über die für Abs. 1 Nr. 4 bestehenden Einschränkungen hinausgehen, sofern der Verurteilte, und zwar für ihn ersichtlich, aus der Nichtbefolgung der Weisung keine Nachteile zu erwarten hat. Die Weisung, einen bestimmten Beruf nicht auszuüben, ist dann auch aus erzieherischen Gründen zulässig. Sie ist mangels eines mit ihr verbundenen Drucks auf den Verurteilten als eine Art Richtlinie für diesen zu verstehen, die ihm den Weg zu einem straffreien Leben weisen und ebnen soll.

20 b) Weisungen können ferner die *Ordnung der wirtschaftlichen Verhältnisse* betreffen. Dem Verurteilten kann zB auferlegt werden, einen Plan zur Schuldentilgung aufzustellen und die Schulden regelmäßig abzutragen, über Ausgaben Buch zu führen, nicht lebensnotwendige Ausgaben einzuschränken, Börsenspekulationen zu unterlassen, ein wirtschaftlich aussichtsloses Unternehmen aufgeben oder monatlich bestimmte Beträge zu sparen.

21 c) Als Sonderfall der Ordnung der wirtschaftlichen Verhältnisse ist die *Erfüllung von Unterhaltspflichten* wegen ihrer Bedeutung besonders aufgeführt. Der Verurteilte kann hiernach angewiesen werden, geschuldete Unterhaltsbeträge regelmäßig und termingerecht zu zahlen. Höhere Beträge als zivilrechtlich geschuldete dürfen jedoch nicht festgesetzt werden. Soweit rückständige Beträge zivilrechtlich noch geschuldet werden, können sie in die Weisung einbezogen werden. Bei mehreren Unterhaltsberechtigten ist die Rangfolge zu beachten; bei Gleichrangigkeit darf die Weisung keinen Berechtigten benachteiligen.

22 d) Abs. 2 verweist außerdem auf § 56 c III. Dementsprechend kann mit Einwilligung des Verurteilten die Weisung ergehen, sich einer *Heilbehandlung* mit körperlichem Eingriff oder einer *Entziehungskur* zu unterziehen oder in einem geeigneten Heim bzw. in einer geeigneten Anstalt Aufenthalt zu nehmen. Vgl. dazu § 56 c RN 23 ff. Soweit eine Heilbehandlung nicht mit einem körperlichen Eingriff verbunden ist, bedarf es keiner Einwilligung, etwa die Weisung, sich einer psychotherapeutischen Behandlung zu unterziehen.

23 2. Die **Aufzählung von Weisungsmöglichkeiten** ist in Abs. 2 **nicht abschließend.** Das Gericht ist auch zu anderen zweckmäßig erscheinenden Weisungen befugt. So kann es zB das in § 56 c II

Nr. 3 genannte, in Abs. 1 Nr. 3 nicht aufgenommene Kontaktverbot aussprechen. Dem Verurteilten kann also untersagt werden, mit bestimmten Personen oder Personen einer bestimmten Gruppe, die ihm Gelegenheit oder Anreiz zu weiteren Straftaten bieten können, zu verkehren. Kontaktbeschränkungen können sich auf mögliche Opfer oder auf Personen beziehen, die den Verurteilten zu Straftaten bestimmen können. Zulässig ist ua das Verbot, fremde Kinder auf der Straße, in öffentlichen Anlagen usw anzusprechen, aber auch die Weisung, den Kontakt mit früheren Komplizen abzubrechen, ferner eine Weisung, die den Verurteilten zur Mitwirkung an bestimmten Kontrollen seines Verhaltens anhält, etwa zur Abgabe von Urinproben (vgl. § 56 c RN 3, 6). Soweit ein Weisungsverstoß zum Widerruf einer ausgesetzten Vollstreckung (vgl. o. 17) führen kann, darf die Ausgestaltung einer Weisung nicht einem Bewährungshelfer übertragen werden (vgl. § 56 d RN 4). Unzulässig ist danach die Weisung, Arbeits- oder Ausbildungsstelle und Wohnung nur mit Zustimmung des Bewährungshelfers aufzugeben oder zu wechseln (vgl. dazu Hamm JMBlNW **82**, 154), ebenso die Weisung, einer vom Bewährungshelfer gebilligten, versicherungspflichtigen Arbeit nachzugehen. Sind dagegen aus dem Nichtbefolgen einer Weisung für den Verurteilten ersichtlich keine Nachteile zu erwarten, so steht der Einbeziehung des Bewährungshelfers in die Ausgestaltung einer Weisung nichts entgegen. Hier handelt es sich um eine Resozialisierungshilfe ohne jeglichen Zwang. Ein solcher Fall hat BVerfGE **55** 28 zugrunde gelegen; das BVerfG hat allerdings die Weisung, einer vom Bewährungshelfer gebilligten Arbeit nachzugehen, nicht unter dem hier angeschnittenen Aspekt erörtert, sondern nur unter dem Gesichtspunkt des Art. 12 GG für verfassungsmäßig erklärt. Keine Bedenken bestehen gegen die Weisung, bestimmte Handlungen (Arbeitsplatzwechsel usw) vorher mit dem Bewährungshelfer zu besprechen, oder gegen die Weisung, sich einem Betreuungsgespräch mit dem Bewährungshelfer zu stellen (Stuttgart NStZ **90**, 279).

3. Auch die Weisungen nach Abs. 2 müssen **klar** und **bestimmt** sein. Unklare Weisungen berechtigen nicht dazu, im Fall eines Verstoßes gegen sie gem. § 67 g I Nr. 2 die Aussetzung einer Unterbringung zu widerrufen. Vgl. dazu Frankfurt NStZ **98**, 318. 24

IV. Bei sämtlichen Weisungen, gleichgültig, ob sie sich auf Abs. 1 oder 2 gründen, ist die **Zumutbarkeitsschranke** des Abs. 3 zu beachten. Danach dürfen an die Lebensführung des Verurteilten keine unzumutbaren Anforderungen gestellt werden. Zu berücksichtigen sind die Umstände des Einzelfalles wie die besonderen Verhältnisse des Verurteilten und dessen Interessen, soweit diese nicht zu mißbilligen sind. Unzumutbar kann eine Weisung sein, die dem Verurteilten die Chance nimmt, sich beruflich zu verbessern. Ihm kann ferner nicht zugemutet werden, die eheliche Lebensgemeinschaft wiederherzustellen. Andererseits dürfen ihm aber auch nicht die Kontakte zu seinen Angehörigen abgeschnitten werden. Unvereinbar mit Abs. 3 sind des weiteren zu kurz bemessene Zeitabstände bei einer Meldepflicht oder berufsschädigende Meldezeiten. Zur Zumutbarkeitsschranke vgl. noch § 56 c RN 7. 25

V. Weisungen sind mit der **Beschwerde** anfechtbar, soweit diese auf Gesetzwidrigkeit der Weisung gestützt wird (§§ 453 II, 463 II StPO). Das gilt auch für Weisungen nach Abs. 2 (Hanack LK 42). Die Beschwerde kann danach ua mit Unzumutbarkeit der Weisung begründet werden (vgl. Hamm MDR **75**, 1041). 26

§ 68 c Dauer der Führungsaufsicht

(1) Die Führungsaufsicht dauert mindestens zwei und höchstens fünf Jahre. Das Gericht kann die Höchstdauer abkürzen.

(2) Das Gericht kann eine die Höchstdauer nach Absatz 1 Satz 1 überschreitende unbefristete Führungsaufsicht anordnen, wenn der Verurteilte

1. in eine Weisung nach § 56 c Abs. 3 Nr. 1 nicht einwilligt oder
2. einer Weisung, sich einer Heilbehandlung oder einer Entziehungskur zu unterziehen, nicht nachkommt

und eine Gefährdung der Allgemeinheit durch die Begehung weiterer erheblicher Straftaten zu befürchten ist. Erklärt der Verurteilte nachträglich seine Einwilligung, so setzt das Gericht die weitere Dauer der Führungsaufsicht fest. Im übrigen gilt § 68 e Abs. 4.

(3) Die Führungsaufsicht beginnt mit der Rechtskraft der Anordnung. In ihre Dauer wird die Zeit nicht eingerechnet, in welcher der Verurteilte flüchtig ist, sich verborgen hält oder auf behördliche Anordnung in einer Anstalt verwahrt wird.

Vorbem. Abs. 2 eingefügt u. Abs. 2 aF in Abs. 3 geändert durch Ges. v. 26. 1. 1998, BGBl I 160.

I. Abs. 1 bestimmt die **Mindest- und Höchstdauer** der Führungsaufsicht, soweit nicht nach Abs. 2 eine Ausnahme in Betracht kommt, entsprechend der Regelung für die Bewährungszeit bei der Strafaussetzung. Im Unterschied zu dieser Regelung bedarf es bei der Führungsaufsicht keiner besonderen Entscheidung über die Dauer. Das erkennende Gericht bzw. das nach den §§ 463 II u. VI, 453, 462a StPO zuständige Gericht kann jedoch durch Beschluß die Höchstdauer bis zur Mindestdauer von 2 Jahren abkürzen (Abs. 1 S. 2). Ob es von dieser Möglichkeit Gebrauch macht, liegt in seinem Ermessen. Es hat sich idR mit einer Fristabkürzung zurückzuhalten und diese einer Nachtragsentscheidung gem. § 68 d zu überlassen (Koblenz NStZ **2000**, 92). Wesentlicher Faktor für 1

§ 68 c 2–8   Allg. Teil. Rechtsfolgen d. Tat – Maßregeln d. Besserung u. Sicherung

eine Abkürzung der Dauer ist, wie lange Hilfe, Betreuung und Überwachung nötig sein werden, um den Verurteilten zu resozialisieren. Zu berücksichtigen ist auch, wie lange Weisungen auf den Verurteilten einwirken müssen, um hinreichend wirksam zu sein. Trifft das Gericht keine Entscheidung über die Dauer der Führungsaufsicht, so ist die Höchstfrist maßgebend. Möglich ist aber auch dann noch eine Verkürzung der Dauer bis zur Mindestfrist entweder durch eine nachträgliche gerichtliche Entscheidung (§ 68 d) oder durch Aufhebung der Führungsaufsicht (§ 68 e). Über Fristen bei nachträglicher Gesamtstrafenbildung vgl. § 55 RN 64.

2   **II.** Eine **unbefristete,** die sonst bestehende Höchstdauer von 5 Jahren überschreitende **Führungsaufsicht** kann das Gericht nach Abs. 2 anordnen, wenn der Verurteilte sich einer auf eine Heilbehandlung oder eine Entziehungskur gerichteten Weisung entzieht, indem er entweder die erforderliche Einwilligung nicht erteilt oder der Weisung nicht nachkommt. Bei der nicht befolgten Weisung ist unerheblich, ob sie auf einer Einwilligung beruht oder ohne Einwilligung erteilt werden konnte. Ebenfalls ist unerheblich, ob der Verurteilte zunächst der Weisung nachkommt und dann vorzeitig die Heilbehandlung oder die Entziehungskur abbricht. Weitere Voraussetzung für die Anordnung einer unbefristeten Führungsaufsicht ist die Prognose, daß eine Gefährdung der Allgemeinheit durch Begehung weiterer erheblicher Straftaten zu befürchten ist. Wenn auch im Gesetzeswortlaut nicht ausdrücklich eine ursächliche Verbindung zwischen der unterbliebenen bzw. der nicht befolgten Weisung und den zukünftigen Straftaten hergestellt worden ist, kann nach dem Sinne des Abs. 2 nur ein ursächlicher Zusammenhang gemeint sein. Die zukünftigen Straftaten müssen also wegen der unterbliebenen Heilbehandlung oder Entziehungskur drohen. Zum Merkmal „erhebliche Straftaten" vgl. § 63 RN 15, § 64 RN 9. Im Gegensatz zu den Voraussetzungen für die Unterbringung in einer Entziehungsanstalt müssen die zu befürchtenden Straftaten die Allgemeinheit gefährden. Eine ins Gewicht fallende Einschränkung ist damit allerdings nicht verbunden (vgl. § 64 RN 9). Zur Gefährdung der Allgemeinheit vgl. § 63 RN 16. Allgemein zur Prognose § 56 RN 14 ff.

3   Im Falle einer **nachträglichen Einwilligung** hat das Gericht die weitere Dauer der Führungsaufsicht festzusetzen (Abs. 2 S. 2). Diese Dauer muß sich im Rahmen der in Abs. 1 genannten Zeiten halten, da kein Unterschied zwischen einer sofort erteilten und einer nachträglichen Einwilligung gemacht werden kann. Sie beginnt mit ihrer Festsetzung durch das Gericht. Nicht angesprochen ist die nachträgliche Erfüllung der von einer Einwilligung unabhängigen Weisung, sich einer Heilbehandlung zu unterziehen. In einem solchen Fall ist die unbefristete Führungsaufsicht nach § 68 d in eine zeitige Führungsaufsicht zu ändern. Andererseits kann ein vorzeitiger Abbruch der Heilbehandlung oder der Entziehungskur zur Wiederherstellung einer unbefristeten Dauer der Führungsaufsicht führen. Eine unbefristete Führungsaufsicht ist spätestens nach 5 Jahren daraufhin zu überprüfen, ob sie aufgehoben werden kann (§ 68 e IV).

4   **III.** Die Führungsaufsicht beginnt mit Rechtskraft der Anordnung (Abs. 3). Das trifft allerdings nur für die Fälle zu, in denen sie auf einer Anordnung beruht, also entweder durch Urteil angeordnet worden (§ 68) oder an die Aussetzung einer freiheitsentziehenden Maßregel bzw. im Falle der Sicherungsverwahrung an die Erklärung, die Maßregel sei erledigt, geknüpft ist (§§ 67 b, 67 c, 67 d II, III). Dagegen beginnt sie in den Fällen des § 67 d V und des § 68 f mit der Entlassung des Verurteilten. Die Entlassung ist ebenfalls bei der Aussetzung einer Unterbringung praktisch der entscheidende Zeitpunkt, wenn sie sich nach Rechtskraft der Aussetzungsanordnung aus irgendwelchen Gründen verzögert hat. Insoweit wirkt sich die Nichtanrechnung (vgl. u. 3) der in der Anstalt verbrachten Zeit aus.

5   **1.** In die Dauer der Führungsaufsicht wird die Zeit **nicht eingerechnet,** in welcher der Verurteilte flüchtig ist, sich verborgen hält oder auf behördliche Anweisung in einer Anstalt verwahrt wird (Abs. 2 S. 2). Die Anrechnung entfällt, weil während dieser Zeit der Zweck der Führungsaufsicht, einen gefährlichen oder gefährdeten Täter auf der Freiheit zu betreuen und zu überwachen, nicht erreicht werden kann.

6   a) *Flüchtig* ist ein Verurteilter etwa dann, wenn er, um längere Zeit für die Organe, die für die Durchführung der Führungsaufsicht verantwortlich sind, unerreichbar zu sein, seine Wohnung mit einem für sie unbekannten Ziel verläßt. Auch wer nach einer Reise im Ausland verbleibt, kann flüchtig sein. Es kommt dann nicht darauf an, ob er seinen Aufenthaltsort geheim hält.

7   b) *Verborgen* hält sich ein Verurteilter, der seinen Aufenthalt für längere Zeit bewußt den für die Führungsaufsicht verantwortlichen Organen vorenthält. Das kann zB in der Weise geschehen, daß er an einem für sie unbekannten Ort unter einem falschen Namen lebt.

8   c) Zu der behördlich angeordneten *Verwahrung in einer Anstalt* gehören nicht nur die Strafverbüßung und die Unterbringung im Fall einer freiheitsentziehenden Maßregel, sondern auch U-Haft und Einweisung in eine Anstalt durch eine Verwaltungsbehörde. Bei U-Haft ist unerheblich, wenn das Verfahren, in dem sie angeordnet war, mit einem Freispruch endet (Düsseldorf Rpfleger **92**, 173). Nicht hierzu gehört der Aufenthalt in einer Anstalt auf Grund einer Weisung nach § 68 b II; er ist der Aufnahme in eine Anstalt ohne behördliche Anordnung gleichzustellen. Ebensowenig gehört hierzu die anstaltliche Unterbringung durch Vormund oder Betreuer (LG Mönchengladbach NStZ **92**, 51, LG Landau NStE **3**, Frehsee NK 12, Tröndle/Fischer 9; vgl. § 67 c RN 8; and. LG Hamburg NStZ **87**, 187, Hanack LK 23).

Nachträgliche Entscheidungen 1–6 **§ 68 d**

2. Die **Voraussetzungen** für die Nichtanrechnung **müssen feststehen.** Zweifel über ihr Vor- 9
liegen sind zugunsten des Verurteilten zu werten, so etwa, wenn nicht geklärt werden kann, ob und
wie lange der Verurteilte flüchtig gewesen ist. Zur verfahrensmäßigen Feststellung einer Nichtanrechnung vgl. Hanack LK 25.

§ 68 d Nachträgliche Entscheidungen

Das Gericht kann Entscheidungen nach § 68 a Abs. 1 und 5, den §§ 68 b und 68 c Abs. 1 Satz 2 und Abs. 2 auch nachträglich treffen, ändern oder aufheben.

Vorbem. § 68 d geringfügig geändert durch Ges. v. 26. 1. 1998, BGBl I 160.

I. Um eine möglichst elastische Ausgestaltung der Führungsaufsicht zu gewährleisten, ermächtigt 1
§ 68 d das Gericht zu **nachträglichen Entscheidungen.** Bestimmte Maßnahmen zur Durchführung
der Führungsaufsicht kann es hiernach auch nach Verkündung des Beschlusses gemäß § 268 a StPO
oder nach Eintritt der Führungsaufsicht kraft Gesetzes treffen, ändern oder aufheben. Die Variabilität
dieser Maßnahmen ermöglicht deren Anpassung an die im Laufe der Führungsaufsicht sich ergebenden Erfordernisse. Zulässig sind auch mehrfache Änderungen.

1. Zu den modifizierbaren Maßnahmen gehört die **Bestellung eines Bewährungshelfers.** Das 2
Gericht kann einen Bewährungshelfer, wenn erforderlich, abberufen und einen neuen bestellen, nicht
jedoch die Unterstellung unter einen Bewährungshelfer aufheben (vgl. § 68 a RN 8), auch dann
nicht, wenn der Verurteilte in einer anderen Sache eine Freiheitsstrafe verbüßt (Düsseldorf MDR **85,**
866). Denkbar ist aber auch, daß die erste Bestellung eines Bewährungshelfers nachträglich erfolgt, so
zB, wenn der Verurteilte zunächst eine Freiheitsstrafe zu verbüßen hat und abgewartet werden soll,
welcher Bewährungshelfer nach der Strafverbüßung in Frage kommt.

2. Variabel sind stets die **Anweisungen** an die Aufsichtsstelle und den Bewährungshelfer gem. 3
§ 68 a V. Gerade insoweit kann die Sachlage es jederzeit erfordern, daß neue Anweisungen ergehen
oder frühere Anweisungen aufgehoben oder veränderten Umständen angepaßt werden.

3. **Weisungen** nach § 68 b sind einer nachträglichen Entscheidung zugänglich, wenn sich das 4
Gericht zunächst mit der bloßen Anordnung der Führungsaufsicht begnügt hat (vgl. § 68 RN 10)
oder später hervorgetretene oder bekanntgewordene Umstände eine Anpassung an die veränderte
Lage bedingen. Eine lediglich andere Beurteilung unverändert gebliebener Umstände genügt nicht
(vgl. § 56 e RN 2), wohl aber erst später erlangte Kenntnis von unveränderten Umständen. Eine
veränderte Lage liegt auch vor, wenn eine Weisung sich als ineffektiv erwiesen hat. Sie kann dann
durch eine andere ersetzt werden. Besonderes Gewicht kommt dieser Möglichkeit zu, wenn eine
Weisung nach § 68 b II vom Verurteilten mangels zu befürchtender Nachteile nicht ernst genommen
wird. An die Stelle dieser Weisung kann dann eine unter Strafrechtsschutz stehende Weisung nach
§ 68 b I treten. Möglich ist ferner, eine bereits ergangene Weisung genauer zu umreißen. Ergänzende
Weisungen kommen auch in Betracht, wenn sich damit ein Widerruf nach § 67 g vermeiden läßt (vgl.
§ 67 g RN 10). Haben Weisungen vorzeitig ihren Zweck erfüllt, so sind sie aufzuheben.

4. Schließlich kann das Gericht nachträglich (aber nur vor Ablauf der Führungsaufsicht; vgl. 5
Düsseldorf MDR **89,** 88) noch eine Entscheidung über die **Dauer der Führungsaufsicht** treffen,
ändern oder aufheben. Es kann also, wenn noch keine Entscheidung über die Dauer ergangen war, die
Höchstfrist von 5 Jahren bis auf 2 Jahre herabsetzen. War die Höchstfrist bereits verkürzt worden, so
kann es, wenn die gerichtlich bestimmte Frist die Mindestdauer überstieg, eine weitere Verkürzung
bis auf 2 Jahre anordnen. Andererseits ist auch eine Verlängerung der Dauer möglich, indem das
Gericht die Entscheidung über die Fristverkürzung aufhebt. Der Festsetzung einer neuen Frist bedarf
es dann nicht unbedingt. Wird keine neue Frist bestimmt, so ist die gesetzliche Höchstdauer von
5 Jahren wieder maßgebend. Ferner kann das Gericht eine nach § 68 c II angeordnete unbefristete
Führungsaufsicht in eine zeitige abändern, aber auch eine zeitige Führungsaufsicht unter den Voraussetzungen des § 68 c II für unbefristet erklären. Friständerungen sind wie die Änderungen von
Weisungen nur zulässig, wenn nachträglich hervorgetretene oder bekanntgewordene Umstände sie
erfordern, nicht dagegen, wenn gleich gebliebene Umstände lediglich anders beurteilt werden (vgl. o.
4). Eine abgekürzte Frist darf nicht allein zu dem Zweck verlängert werden, Zeit für die Überprüfung
etwaiger Widerrufsgründe gem. § 67 g zu gewinnen. Ein solcher Zweck ist kein neuer Umstand, der
es rechtfertigt, dem Verurteilten eine Vergünstigung (Fristabkürzung) zu nehmen (vgl. Hanack LK 12,
Horstkotte LK § 67 g RN 27).

II. Ob das Gericht eine nachträgliche Entscheidung trifft, liegt in seinem **Ermessen.** Es hat sie zu 6
treffen, wenn der Zweck der Führungsaufsicht sie erfordert. Stirbt etwa der Bewährungshelfer, fällt er
aus anderen Gründen aus oder versagt er, so muß unverzüglich ein neuer bestellt werden. Ist eine
Weisung infolge veränderter Umstände zu einer unzumutbaren Belastung des Verurteilten geworden,
so ist sie aufzuheben oder abzumildern. Stellt sich nach Verkürzung der Dauer der Führungsaufsicht
auf Grund neuer Umstände heraus, daß die verkürzte Dauer zu erfolgversprechenden Einwirkungen
auf den Verurteilten nicht ausreicht, so ist die Dauer der Führungsaufsicht zu verlängern. Einzugreifen
hat das Gericht auch dann, wenn die Aufsichtsstelle ihre Überwachungstätigkeit vernachlässigt oder

Stree

sonst ihre Aufgaben in unangemessener Weise erfüllt, zB die Genehmigung zum Verlassen des Wohnorts sachwidrig versagt.

7   III. Zur **Zuständigkeit** für nachträgliche Entscheidungen vgl. §§ 463 II u. VI, 453, 462 a StPO. Die Entscheidung trifft das Gericht ohne mündliche Verhandlung durch Beschluß. Gegen sie ist Beschwerde zulässig. Diese kann jedoch nur darauf gestützt werden, daß die getroffene Anordnung gesetzwidrig ist, ausgenommen die Verlängerung der Dauer der Führungsaufsicht. Vgl. dazu § 453 II StPO iVm § 463 II StPO.

§ 68 e Beendigung der Führungsaufsicht

(1) **Das Gericht hebt die Führungsaufsicht auf, wenn zu erwarten ist, daß der Verurteilte auch ohne sie keine Straftaten mehr begehen wird. Die Aufhebung ist frühestens nach Ablauf der gesetzlichen Mindestdauer zulässig.**

(2) **Das Gericht kann Fristen von höchstens sechs Monaten festsetzen, vor deren Ablauf ein Antrag auf Aufhebung der Führungsaufsicht unzulässig ist.**

(3) **Die Führungsaufsicht endet, wenn die Unterbringung in der Sicherungsverwahrung angeordnet ist und deren Vollzug beginnt.**

(4) Hat das Gericht nach § 68 c Abs. 2 unbefristete Führungsaufsicht angeordnet, so prüft es spätestens mit Verstreichen der Höchstfrist gemäß § 68 c Abs. 1 Satz 1, ob eine Entscheidung nach Absatz 1 Satz 1 geboten ist. Lehnt das Gericht eine Aufhebung der Führungsaufsicht ab, so beginnt die Frist mit der Entscheidung von neuem.

Vorbem. Abs. 4 eingefügt durch Ges. v. 26. 1. 1998, BGBl I 160.

1   I. § 68 e regelt die **vorzeitige Beendigung der Führungsaufsicht**. Kommt es nicht zu einem solchen vorzeitigen Ende, so endet diese mit Ablauf der gesetzlichen oder der vom Gericht verkürzten Höchstfrist, unabhängig davon, ob ihr Zweck erreicht worden ist. U. U. kann eine besondere Klarstellung erforderlich sein, nämlich dann, wenn der Fristablauf gehemmt war, etwa weil der Verurteilte sich eine Zeitlang verborgen gehalten hat, und zu klären ist, welche Zeitspanne in die Frist nicht eingerechnet werden kann.

2   II. Vorzeitig **aufzuheben** ist die Führungsaufsicht, wenn zu erwarten ist, daß der Verurteilte auch ohne sie keine Straftaten mehr begehen wird (Abs. 1). Diese Regelung entspricht dem allgemeinen Grundsatz, daß eine Maßregel nur so lange wie notwendig dauern soll, dh so lange, wie ihr Zweck es erfordert. Dementsprechend soll nach LG Bonn NStZ **94**, 358 m. krit. Anm. Koepsel Führungsaufsicht auch aufzuheben sein, wenn ihr Zweck gar nicht erreichbar ist, jedoch nicht vor Ablauf von 2 Jahren (and. Lackner 1).

3   1. Voraussetzung für die Aufhebung ist die Prognose, daß vom Verurteilten auch ohne Führungsaufsicht **keine weiteren Straftaten** zu erwarten sind. Die Erwartung kann auf der begründeten Annahme beruhen, daß der Verurteilte von sich aus nicht mehr straffällig wird. Der Grund hierfür kann auch in einer schweren, nicht nur vorübergehenden Erkrankung des Verurteilten liegen (vgl. Koblenz OLGSt § 68 c S. 7: multiple Sklerose). Die erforderliche Erwartung kann sich aber auch aus besonderen Umständen ergeben, etwa auf Grund von Änderungen des persönlichen Umfelds und der Lebensbedingungen des Verurteilten (vgl. Düsseldorf OLGSt § 68 f Nr. 5) oder daraus, daß nunmehr zur Einwirkung auf den Täter weniger einschneidende Mittel zur Verfügung stehen, die zur Abwendung der von ihm ausgehenden Gefahr genügen und daher die Führungsaufsicht entbehrlich machen. Entsprechend dem Verhältnismäßigkeitsgrundsatz, der auch bei nachträglichen Entscheidungen über Maßregeln zu beachten ist (vgl. § 62 RN 3), reicht für die Aufhebung aus, daß nur noch mit Bagatelldelikten zu rechnen ist, deren Gewicht gegenüber die Aufrechterhaltung der Führungsaufsicht außer Verhältnis steht. Im übrigen ist für die Aufhebung nicht die Gewißheit straffreien Lebens erforderlich; es genügt die begründete Erwartung. Diese muß sich jedoch auf nachträglich hervorgetretene oder bekanntgewordene Umstände stützen. Eine lediglich andere Beurteilung unveränderlicher gebliebener Umstände berechtigt nicht zur Aufhebung der Führungsaufsicht, es sei denn, während der Führungsaufsicht zu verzeichnende Umstände rücken sie in ein anderes Licht und führen zu einer anderen Beurteilung (vgl. Düsseldorf NStE § 68 f Nr. 2). Zweifel bei der Prognose gehen – wie bei der Strafaussetzung (vgl. § 56 RN 16) – zu Lasten des Verurteilten.

4   2. Ist die genannte Voraussetzung gegeben, so **muß** das Gericht die Führungsaufsicht aufheben. Ein Ermessen ist ihm insoweit nicht eingeräumt worden. Die Aufhebung darf **nicht vor Ablauf der gesetzlichen Mindestdauer** von 2 Jahren erfolgen (Abs. 1 S. 2), auch nicht bei Führungsaufsicht kraft Gesetzes (Hanack LK 19 ff., Maier NJW 77, 371; and. Horn SK 7), ausgenommen der Fall des § 68 f II. Die Einschränkung soll verhindern, daß die Bewährung des Verurteilten voreilig bejaht wird (vgl. E 62 Begr. 223). Indes erscheint zweifelhaft, ob sich die Einschränkung mit dem allgemeinen Grundsatz vereinbaren läßt, daß eine Maßregel nur so lange wie notwendig dauern soll. Auf eine Bewährung im eigentlichen Sinn kommt es nicht an, sondern auf die Notwendigkeit präventiver Gefahrenabwehr. Stellt sich vor Ablauf der Mindestfrist heraus, daß die Führungsaufsicht unnötig geworden ist, so erübrigen sich präventive Belastungen des Betroffenen. Das Gericht sollte daher in solchen Fällen wenigstens dafür sorgen, daß die Führungsaufsicht so milde wie möglich gehandhabt

Führungsaufsicht bei Nichtaussetzung des Strafrestes   1 § 68 f

wird. Im übrigen befreit die Einschränkung das Gericht davon, schon alsbald die Aufhebungsmöglichkeit prüfen zu müssen. Gegen Bindung an die Zweijahresfrist im Fall einer voll verbüßten Strafe unter 2 Jahren Hanack LK 18, wenn gem. § 57 I Nr. 1, 3 die Aussetzung des Strafrestes unterblieben ist, sowie RN 25, wenn Ungefährlichkeit des Verurteilten feststeht (vgl. auch Frehsee NK 12).

3. Ob die Führungsaufsicht vorzeitig aufzuheben ist, hat das Gericht **von Amts wegen** zu prüfen. 5
Eine bestimmte Frist, innerhalb derer es eine Prüfung vorzunehmen hat, ist ihm jedoch nicht vorgeschrieben, ausgenommen im Falle der unbefristeten Führungsaufsicht (vgl. u. 11). Es muß indes tätig werden, wenn ihm Anhaltspunkte bekannt werden, die auf die Möglichkeit der Aufhebung deuten.

4. Der Anstoß zur Aufhebung der Führungsaufsicht kann auch vom Verurteilten mittels eines 6
Antrags ausgehen. Der Antrag ist bereits vor Ablauf der gesetzlichen Mindestdauer zulässig (and. Tröndle/Fischer 9), wenn auch nicht zu viel früher; das insoweit zu § 69 a RN 21 a u. § 70 a RN 8 Ausgeführte gilt entsprechend. Damit nicht das Gericht laufend mit Anträgen überhäuft wird, ist es befugt, Fristen von höchstens 6 Monaten festzusetzen, vor deren Ablauf ein Aufhebungsantrag unzulässig ist (Abs. 2). Für den Fristbeginn gilt das in § 57 RN 27 Gesagte entsprechend. Wird ein Aufhebungsantrag gestellt, so hat das Gericht hierüber nach Anhörung der StA ohne mündliche Verhandlung durch Beschluß zu entscheiden (§§ 463 III, 454 I StPO). Einer mündlichen Anhörung des Verurteilten bedarf es nicht (§ 463 III 2 StPO), auch dann nicht, wenn das Gericht den Antrag ablehnen will. Zur Möglichkeit der sofortigen Beschwerde gegen die gerichtliche Entscheidung vgl. §§ 463 III, 454 III StPO.

5. Zur gerichtlichen **Zuständigkeit** vgl. §§ 463 III, VI, 454, 462 a StPO.   7

III. Kraft Gesetzes endet die Führungsaufsicht vorzeitig, wenn die Unterbringung in der Siche- 8
rungsverwahrung angeordnet ist und deren Vollzug beginnt (Abs. 3). Mit Vollzugsbeginn wird die Führungsaufsicht automatisch gegenstandslos. Wird die Unterbringung später zur Bewährung ausgesetzt oder wird die Sicherungsverwahrung nach § 67 d III für erledigt erklärt, so tritt erneut Führungsaufsicht ein (§§ 67 g II, III). Sie stellt jedoch keine Fortsetzung der zuvor beendeten Führungsaufsicht dar, sondern ist von dieser völlig losgelöst, so daß sich ihre Dauer unabhängig von der Zeit der früheren Führungsaufsicht bestimmt.

Die Unterbringung in einem psychiatrischen Krankenhaus oder einer Entziehungsanstalt sowie ein 9
sonstiger behördlich angeordneter Anstaltsaufenthalt (Strafverbüßung usw) beenden die Führungsaufsicht nicht (Düsseldorf MDR **85**, 866). Sie führen nur zum Ruhen des Fristablaufs gem. § 68 c III. Gegen eine gesetzeskorrigierende Auslegung, nach der die Führungsaufsicht auch mit Vollzug der in Abs. 3 nicht erwähnten Maßregeln endet vgl. Hamm MDR **86**, 255 m. Anm. Ranft JR 87, 123, LG Hamburg MDR **80**, 420, LG Köln MDR **86**, 513 m. Anm. Mainz, LG Kiel SchlHA **88**, 187; and. LG Regensburg MDR **83**, 423). Zum Fall der Verbüßung einer Freiheitsstrafe von mindestens 2 Jahren vgl. § 68 f RN 14.

IV. Zu sonstigen Möglichkeiten der Beendigung der Führungsaufsicht vgl. die §§ 68 f II, 68 g III. 10

V. Die Abs. 1–3 gelten auch für eine **unbefristete Führungsaufsicht.** Diese ist nach Abs. 4 11
spätestens mit Verstreichen der in § 68 e I 1 genannten Höchstfrist, also mit Ablauf von 5 Jahren, dahin zu überprüfen, ob ihre Aufhebung nach Abs. 1 geboten ist. Wird die Aufhebung abgelehnt, so beginnt die Frist von 5 Jahren mit der Ablehnungsentscheidung von neuem. Eine vorherige Überprüfung ist jedoch jederzeit möglich. Sie kann wie auch bei einer zeitigen Führungsaufsicht vom Verurteilten beantragt werden (vgl. dazu o. 6).

§ 68 f Führungsaufsicht bei Nichtaussetzung des Strafrestes

(1) Ist eine Freiheitsstrafe von mindestens zwei Jahren wegen einer vorsätzlichen Straftat oder eine Freiheitsstrafe von mindestens einem Jahr wegen einer in § 181 b genannten Straftat vollständig vollstreckt worden, so tritt mit der Entlassung des Verurteilten aus dem Strafvollzug Führungsaufsicht ein. Dies gilt nicht, wenn im Anschluß an die Strafverbüßung eine freiheitsentziehende Maßregel der Besserung und Sicherung vollzogen wird.

(2) Ist zu erwarten, daß der Verurteilte auch ohne die Führungsaufsicht keine Straftaten mehr begehen wird, so ordnet das Gericht an, daß die Maßregel entfällt.

Vorbem. Abs. 1 S. 1 erweitert durch Ges. v. 26. 1. 1998, BGBl I 160. Wegen einer Tat in der früheren DDR vor Wirksamwerden des Beitritts zur BRep. Deutschland tritt gem. Art. 315 I 3 EGStGB Führungsaufsicht nicht ein, es sei denn, für die Tat hat das Strafrecht der BRep. schon vor dem Beitritt gegolten (Art. 315 IV EGStGB).

I. § 68 f läßt **Führungsaufsicht kraft Gesetzes bei Vollverbüßern** eintreten, dh bei Tätern, die 1
eine wegen einer Vorsatztat verhängte Freiheitsstrafe von mindestens 2 Jahren vollständig verbüßt haben. Bei Verurteilung wegen einer der in § 181 b genannten Straftaten gegen die sexuelle Selbstbestimmung genügt die vollständige Verbüßung einer Freiheitsstrafe von mindestens 1 Jahr. Die gesetzlich angeordnete Führungsaufsicht beruht auf der Erwägung, daß ein kriminalpolitisches Bedürfnis besteht, Täter, die eine schwere Straftat begangen haben und dafür eine längere Freiheitsstrafe voll verbüßen, nach der Entlassung ebensowenig wie bei der Strafaussetzung sich selbst zu überlassen,

§ 68 f 2–5   Allg. Teil. Rechtsfolgen d. Tat – Maßregeln d. Besserung u. Sicherung

sondern für eine Übergangszeit zu betreuen und zu überwachen (vgl. E 62 Begr. 223, auch BT-Drs. V/4095 S. 36 f., Stree NStZ 90, 455). Unbilligkeiten und Härten für Vollverbüßer, von denen keine Straftaten mehr zu befürchten sind, werden dadurch ausgeschlossen, daß in solchen Fällen gem. Abs. 2 das Entfallen der Führungsaufsicht anzuordnen ist. Zur Verfassungsmäßigkeit des § 68 f vgl. BVerfGE **55** 30.

2 II. Voraussetzung für den Eintritt der Führungsaufsicht ist, daß **Freiheitsstrafe von mindestens 2 Jahren** wegen einer vorsätzlichen Straftat oder Freiheitsstrafe von mindestens 1 Jahr wegen einer der in § 181 b genannten Straftaten gegen die sexuelle Selbstbestimmung **vollständig vollstreckt** worden ist (Abs. 1 S. 1). Ausgenommen sind die Verurteilten, die eine derartige Freiheitsstrafe wegen einer Tat verbüßt haben, die vor dem 1. 1. 1975 begangen worden ist (Art. 303 II EGStGB).

3 1. Die Strafe muß wegen einer **vorsätzlichen Straftat** verhängt worden sein. Zu den Vorsatztaten zählen auch die Delikte, bei denen das Gesetz Vorsatz und Fahrlässigkeit kombiniert (§ 11 II). Auf die Art der Vorsatztat kommt es nicht an. Es genügt auch die Verurteilung wegen einer Straftat, deretwegen Führungsaufsicht nach § 68 nicht angeordnet werden kann. Unerheblich ist ferner, ob Täterschaft oder Teilnahme vorgelegen hat oder ob die Tat versucht oder vollendet war.

4 2. Wegen der Tat muß **Freiheitsstrafe von mindestens 2 Jahren** bzw. mindestens 1 Jahr verhängt worden sein. Bei einer Gesamtstrafe muß wenigstens eine der Einzelstrafen für eine Vorsatztat auf Freiheitsstrafe von mindestens 2 Jahren bzw. mindestens 1 Jahr lauten (KG JR **79**, 421, NStZ-RR **99**, 138, Koblenz MDR **80**, 71, OLGSt S. **21**, Bremen MDR **80**, 512, Karlsruhe NStZ **81**, 182, Schleswig JR **82**, 339 m. Anm. Kürschner, Celle StV **82**, 227, Zweibrücken GA **86**, 424, Stuttgart NStZ **92**, 101, Naumburg MDR **95**, 85, Hamm StV **96**, 48, Köln NStZ-RR **97**, 4, Bamberg NStZ-RR **2000**, 81, LG Osnabrück StV **86**, 26, LG Heilbronn MDR **87**, 691, 866, Frehsee NK 4, Hanack LK 14, Lackner 1; and. Nürnberg MDR **78**, 858, NStZ-RR **98**, 124, Hamburg JR **79**, 116 m. Anm. Zipf, MDR **82**, 689, NStZ-RR **96**, 262, Hamm MDR **79**, 601, Düsseldorf MDR **81**, 70, 336, NStZ-RR **99**, 138, Stuttgart NJW **81**, 2710, Frankfurt MDR **82**, 164, München NStZ **84**, 315, Jescheck/Weigend 822 FN 5, Tröndle/Fischer 2 a). Hierfür sprechen der Gesetzeswortlaut und der Umstand, daß nur schwerwiegende Taten und nicht eine Summe von leichteren Delikten den automatischen Eintritt der Führungsaufsicht rechtfertigen können. Die Gegenmeinung stützt sich darauf, daß die Eingliederungsschwierigkeiten, denen § 68 f entgegenwirken soll, unabhängig davon sind, ob eine Gesamtstrafe oder eine Einzelstrafe zum längeren Strafvollzug geführt hat. Dieser Gesichtspunkt erklärt jedoch nicht, warum nur vorsätzlichen Straftaten für § 68 f ausreichen und warum trotz gleicher Eingliederungsschwierigkeiten keine Führungsaufsicht eintritt, wenn der mehrjährige ununterbrochene Freiheitsentzug auf verschiedenen Urteilen mit nicht gesamtstrafenfähigen Freiheitsstrafen unter 2 Jahren bzw. 1 Jahr beruht (Anschlußvollstreckung; vgl. Celle StV **82**, 227). Vgl. auch Stein BewH **79**, 269 u. 81, 260 sowie zu entsprechenden Grundsätzen bei der Einheitsjugendstrafe Hamm NStZ-RR **98**, 61, LG Hamburg StV **90**, 508. Eingehend zum Ganzen Stree Baumann-FS 281. Ausnahmsweise kann allerdings die Gesamtstrafe ausreichender Ansatzpunkt sein, wenn sie sich aus Einzelstrafen für gleichartige Delikte zusammensetzt, bei denen Führungsaufsicht besonders vorgesehen ist (vgl. Lackner 1, Stree aaO 286).

5 3. Die verhängte Freiheitsstrafe muß **vollständig vollstreckt** worden sein. Das gilt auch für Strafen, die 2 Jahre bzw. 1 Jahr übersteigen. Zur vollstreckten Strafe zählt auch die nach § 51 angerechnete U-Haft, auch wenn die Anrechnung die Strafvollstreckung voll entfallen läßt (Lackner 1, Stree Baumann-FS 291; and. Frehsee NK 8, Hanack LK 18), oder sonstige Freiheitsentziehung, ebenfalls die nach § 67 IV angerechnete Maßregelvollzug (Tröndle/Fischer 2) oder eine nach § 36 BtMG angerechnete Behandlungszeit (München NStZ **90**, 454 m. Anm. Stree). Unerheblich ist, ob sich die Strafvollstreckung unmittelbar an die angerechnete Freiheitsentziehung anschließt oder zwischen beiden eine zeitliche Lücke besteht (Stree Baumann-FS 290). Ferner steht die Anrechnung von Einbußen nichtfreiheitseinschränkender Art (vgl. § 57 RN 6) der Vollverbüßung nicht entgegen (Lackner 1, Stree aaO 290, NStZ **90**, 456; and. ausweichend Tröndle 2, der eine Parallele zu § 66 III 2 [gemeint ist IV 2] zieht). Wird ein Strafrest zur Bewährung ausgesetzt (§ 57), so entfällt Führungsaufsicht nach § 68 f, gleichviel, wie lange der Verurteilte im Strafvollzug gewesen ist. Ebensowenig tritt Führungsaufsicht ein, wenn ein Teil der Strafe im Gnadenweg ausgesetzt oder erlassen wird oder der Verurteilte auf Grund eines strafFG die Strafe nicht voll zu verbüßen hat, mögen auch nur wenige Tage fehlen (KG JR **79**, 293). Dagegen ist bei Vorverlegung der Entlassung nach § 16 III StVollzG eine Vollverbüßung anzunehmen (Schleswig SchlHA/E-L **82**, 100, Düsseldorf MDR **87**, 603). Wird die Aussetzung des Strafrestes widerrufen und verbüßt der Verurteilte nunmehr den Strafrest, so steht er einem Täter gleich, der seine Strafe ohne zeitweilige Aussetzung vollständig verbüßt (Köln OLGSt S. **14**, München NStZ **90**, 455). Trotz der mißverständlichen Überschrift ist für den Eintritt der Führungsaufsicht allein entscheidend, ob die gesamte Strafe vollstreckt worden ist. Unerheblich ist, ob sie ununterbrochen oder mit Unterbrechungen vollzogen wird. Auch mehrmalige Unterbrechungen stehen der Führungsaufsicht nicht entgegen. Wird eine Gesamtstrafe gebildet, so muß sie vollständig vollstreckt worden sein. Es genügt nicht, daß die Dauer des Strafvollzugs die Zeit der Einzelstrafe erreicht hat, die an sich (vgl. o. 4) für die Führungsaufsicht maßgebend ist. Wird die Strafe nicht vollständig vollstreckt, so bleibt hiervon die gem. § 68 angeordnete Führungsaufsicht unberührt. Es kann dann jedoch uU deren Ruhen angeordnet werden (vgl. § 68 g II).

4. Liegen die Voraussetzungen des Abs. 1 S. 1 vor, so tritt **Führungsaufsicht automatisch mit** **6** **der Entlassung** des Verurteilten aus dem Strafvollzug ein, es sei denn, es schließt sich sofort der Vollzug einer Maßregel der Besserung und Sicherung an (Abs. 1 S. 2; vgl. dazu u. 8) oder das Gericht ordnet das Entfallen der Führungsaufsicht an (Abs. 2; vgl. dazu u. 9 ff.). Einer richterlichen Anordnung bedarf es nicht. Das Gericht hat zwar zu prüfen, ob die Führungsaufsicht entbehrlich ist (vgl. u. 10). Hält es sie aber nicht für entbehrlich, so hat es nur Entscheidungen über die Ausgestaltung der Führungsaufsicht zu treffen, zB einen Bewährungshelfer zu bestellen, Weisungen zu erteilen oder evtl. die Höchstdauer zu verkürzen. Im Fall der Anschlußvollstreckung einer anderen Strafe ist deren Verbüßung der ausschlaggebende Entlassungszeitpunkt, nicht das Ende der für § 68 f maßgebenden Strafe (Bremen MDR **80**, 512, Hamm OLGSt S. **11**, 1034 m. Anm. Kürschner JR 82, 340, Düsseldorf VRS **88** 187, München NStZ-RR **98**, 125).

Führungsaufsicht nach § 68 f tritt auch dann ein, wenn nach § 68 Führungsaufsicht angeordnet **7** war. Auf den ursprünglich für diesen Fall vorgesehenen Ausschlußgrund hat der Gesetzgeber verzichtet (vgl. Prot. VII 744). § 68 II, nach dem § 68 die Vorschriften über Führungsaufsicht kraft Gesetzes unberührt läßt, kommt somit voll zum Tragen. Es obliegt dann dem Gericht, evtl. notwendige Angleichungen vorzunehmen. Zu den Auswirkungen vgl. u. 12.

III. Führungsaufsicht tritt **nicht** ein, wenn der Strafverbüßung unmittelbar der **Vollzug einer** **8** **freiheitsentziehenden Maßregel** folgt (Abs. 1 S. 2). Sie kann dann aber später gem. § 67 d II, III oder V eintreten. Nur der tatsächliche Vollzug einer Maßregel schließt Führungsaufsicht aus. Wird am Ende des Strafvollzugs die Vollstreckung einer angeordneten Unterbringung ausgesetzt, so tritt Führungsaufsicht sowohl nach § 68 f als auch nach § 67 c I ein. Das hat zur Folge, daß Abs. 2 unanwendbar ist, weil § 67 c keine entsprechende Möglichkeit bietet (vgl. dazu Simons NJW 78, 985). Beim Vollzug einer Maßregel entfällt Führungsaufsicht nur dann, wenn er sich unmittelbar an den Strafvollzug anschließt. Einem späteren Vollzugsbeginn kommt diese Wirkung nicht zu. Er führt entweder zur Beendigung der Führungsaufsicht (§ 68 e III) oder hemmt ihren Fristablauf (§ 68 c III 2).

IV. Der automatische Eintritt der Führungsaufsicht nach Abs. 1 S. 1 wäre mit deren Aufgaben **9** unvereinbar, wenn vom Entlassenen keine Gefahr weiterer Straftaten droht. Würde man diesen dennoch der Führungsaufsicht unterstellen, so würde sein Freiheitsraum ohne innere Berechtigung beschnitten. Abs. 2 bestimmt deshalb, daß in den Fällen, in denen vom Verurteilten auch ohne Führungsaufsicht **keine Straftaten mehr zu befürchten** sind, vom Gericht anzuordnen ist, daß die **Führungsaufsicht entfällt**. Mit dieser Regelung wird insb. auch den Belangen eines Verurteilten Rechnung getragen, der seine Strafe nur deswegen voll verbüßen muß, weil er in die Aussetzung des Strafrestes nicht eingewilligt hat.

1. Die Entscheidung nach Abs. 2 bedingt eine vorherige **Prüfung, ob es der Führungsaufsicht** **10** nach dem Strafvollzug **bedarf**. Die Prüfung hat vor Ende des Strafvollzugs von Amts wegen zu erfolgen (Bremen MDR **77**, 772, Celle NStZ **86**, 238), bei Vollstreckung mehrerer Freiheitsstrafen nacheinander vor Entlassung aus der letzten Strafe (Bremen MDR **80**, 512, Hamm MDR **80**, 597, Düsseldorf VRS **88** 187), und zwar – von den Fällen des Abs. 1 S. 2 abgesehen – ausnahmslos und so rechtzeitig, daß die zu treffende Entscheidung bis zur Entlassung des Verurteilten rechtskräftig werden kann (zur Anfechtbarkeit der Entscheidung vgl. §§ 463 III, 454 II StPO). Sie darf andererseits nicht zu früh stattfinden, weil sich die Prognose noch ändern kann (Düsseldorf VRS **88** 188). Bei der Prüfung sind die StA, die Vollzugsanstalt (zu einer Ausnahme vgl. Koblenz OLGSt Nr. 2) und grundsätzlich auch der Verurteilte zu hören (§§ 463 III, 454 I StPO; vgl. dazu Hamm JMBlNW **80**, 106, 107, Düsseldorf MDR **86**, 255, Celle NStZ **86**, 238, KG JR **93**, 302). Bei einer nachträglichen Entscheidung (vgl. u. 13) verwirkt der Verurteilte sein Anhörungsrecht, wenn er sich nach der Entlassung in Kenntnis der noch ausstehenden Entscheidung für das Gericht nicht erreichbar hält (Hamm MDR **88**, 75).

2. Zu prüfen hat das Gericht, ob zu erwarten ist, daß der Verurteilte auch ohne Führungsaufsicht **11** **keine Straftaten mehr** begehen wird. Zu den maßgeblichen Gesichtspunkten für die Prognose vgl. das in RN 3 zu § 68 e Ausgeführte, das hier entsprechend gilt. Abweichend vom dort Gesagten ist für das Entfallen der Führungsaufsicht jedoch nicht zu fordern, daß die Prognose unzweifelhaft günstig ausfällt. Sie darf nur nicht ungünstig sein. Zweifel darüber, ob ein straffreies Leben zu erwarten ist, müssen sich wie bei Anordnung der Führungsaufsicht (vgl. § 68 RN 6) zugunsten des Täters auswirken (Stree Baumann-FS 295). Dieser darf bei Führungsaufsicht kraft Gesetzes nicht schlechter gestellt sein als bei der gerichtlichen Anordnung (and. Karlsruhe MDR **82**, 595, Frehsee NK 13, Hanack LK 25, Lackner 5). Das von der Gegenmeinung dagegen angeführte Argument, die Vollverbüßung nach Unterbleiben einer Reststrafenaussetzung indiziere idR eine ungünstige Sozialprognose (Karlsruhe MDR **87**, 784), berücksichtigt nicht genügend, daß die Aussetzung des Strafrestes bereits bei bloßen Zweifeln an einer günstigen Prognose oder mangels Einwilligung des Verurteilten unterblieben sein kann. Zudem entwertet die Gegenmeinung die Entscheidungsfreiheit des Verurteilten bei der Frage der Einwilligung in die Aussetzung des Strafrestes. Da die Anforderungen an eine Aussetzung nach § 57 geringer sind als an eine Entscheidung nach Abs. 2 (vgl. dazu KG JR **88**, 295, Düsseldorf MDR **90**, 356, wistra **00**, 314), kann die Wahl des Verurteilten, die Strafe voll zu verbüßen, höchst nachteilig für ihn sein. Eine echte Wahlfreiheit besteht dann kaum noch.

§ 68 g 1

12   3. Bei günstiger Prognose **muß** das Gericht anordnen, daß die Führungsaufsicht entfällt. Diese Entscheidung ist auch zu treffen, wenn Führungsaufsicht nach § 68 angeordnet war. Da nach § 68 II die Vorschriften über die Führungsaufsicht kraft Gesetzes unberührt bleiben, kann die Beschränkung in § 68 e I 2, nach dem die Aufhebung der Führungsaufsicht frühestens nach Ablauf der Mindestdauer von 2 Jahren zulässig ist, hier nicht eingreifen. Streng genommen dürfte die Anordnung, daß Führungsaufsicht entfällt, allerdings nur die sonst nach § 68 f kraft Gesetzes eintretende Führungsaufsicht erfassen. Es wäre indes wenig sinnvoll, allein die gerichtlich angeordnete Führungsaufsicht fortbestehen zu lassen. Der Verurteilte dürfte hierfür kaum Verständnis aufbringen. Allenfalls ließe sich daran denken, allein an der gerichtlich angeordneten Führungsaufsicht festzuhalten, wenn unaufklärbar ist, ob die Gefahr künftiger Rechtsverletzungen noch besteht. Eine solche Entscheidung würde dem Absehen von einer vorzeitigen Beendigung der Führungsaufsicht gem. § 68 e entsprechen. Ist aber zu erwarten, daß der Entlassene keine Straftaten mehr begeht, so ist angesichts der unterschiedslosen Interessenlage über die Führungsaufsicht kraft Gesetzes und die gerichtlich angeordnete Führungsaufsicht einheitlich in der Weise zu befinden, daß beide Maßregeln entfallen. § 68 e I 2 hat hinter § 68 f II zurückzutreten (AG Hamburg MDR **89**, 180, Frehsee NK 11, Hanack LK 10, Horn SK 8, Simons NJW **78**, 984; and. Hamm MDR **83**, 953, Düsseldorf NStZ **95**, 34, Tröndle/Fischer 3, Lackner 4).

13   4. Zum **Verfahren** und zur Zuständigkeit vgl. §§ 463 III, VI, 454, 462 a StPO. Eine Entscheidung nach Abs. 2 ist auch nach der Strafverbüßung noch zulässig, wenn die Akten dem Gericht versehentlich zu spät zugegangen sind (Schleswig SchlHA/E-L **83**, 83, Koblenz NStZ **84**, 189, Düsseldorf MDR **86**, 255) oder aus einem anderen Grund eine rechtzeitige Entscheidung unterblieben ist (vgl. Düsseldorf NStZ **84**, 428). Sie darf aber nur nachgeholt werden, wenn die Voraussetzungen des Abs. 2 bereits im Entlassungszeitpunkt gegeben waren, da sonst § 68 e unterlaufen würde (Lackner 5). Kommt eine Anordnung nach Abs. 2 nicht in Betracht, so ist eine förmliche Entscheidung nicht unbedingt geboten, es sei denn, der Verurteilte hat einen Antrag gestellt, nach Abs. 2 zu verfahren (Saarbrücken MDR **83**, 598; LG Zweibrücken MDR **91**, 272, Lackner 6; and. Hamm JMBlNW **80**, 106, Koblenz NStZ **84**, 189, Zweibrücken NStE **5**, Lassen MDR **91**, 593). Sie kann jedoch im Einzelfall zweckmäßig sein. Beschlüsse zu Abs. 2 sind mit sofortiger Beschwerde anfechtbar, ausgenommen die eines OLG (BGH **30** 250).

14   V. Führungsaufsicht nach § 68 f kann unabhängig von der Frist des § 68 e I 2 **aufgehoben** werden, wenn der Verurteilte eine neue Freiheitsstrafe von mindestens 2 Jahren bzw. 1 Jahr zu verbüßen hat (LG Hamburg MDR **80**, 419, LG Regensburg MDR **83**, 423; and. LG Köln MDR **86**, 513 m. Anm. Mainz). Aufzuheben ist die Führungsaufsicht jedenfalls, wenn die neue Freiheitsstrafe voll verbüßt ist und eine neue Führungsaufsicht nach § 68 f nach sich gezogen hat (LG Bonn MDR **88**, 880 m. Anm. Mainz; and. Nürnberg NStZ **90**, 301). Andererseits darf das Entfallen der Führungsaufsicht nach Abs. 2 nicht deswegen angeordnet werden, weil bereits Führungsaufsicht besteht.

§ 68 g Führungsaufsicht und Aussetzung zur Bewährung

(1) Ist die Strafaussetzung oder Aussetzung des Strafrestes angeordnet oder das Berufsverbot zur Bewährung ausgesetzt und steht der Verurteilte wegen derselben oder einer anderen Tat zugleich unter Führungsaufsicht, so gelten für die Aufsicht und die Erteilung von Weisungen nur die §§ 68 a und 68 b. Die Führungsaufsicht endet nicht vor Ablauf der Bewährungszeit.

(2) Sind die Aussetzung zur Bewährung und die Führungsaufsicht auf Grund derselben Tat angeordnet, so kann das Gericht jedoch bestimmen, daß die Führungsaufsicht bis zum Ablauf der Bewährungszeit ruht. Die Bewährungszeit wird dann in die Dauer der Führungsaufsicht nicht eingerechnet.

(3) Wird nach Ablauf der Bewährungszeit die Strafe oder der Strafrest erlassen oder das Berufsverbot für erledigt erklärt, so endet damit auch eine wegen derselben Tat angeordnete Führungsaufsicht.

1   I. Führungsaufsicht kann im Einzelfall in **Konkurrenz** mit einer **Aussetzung zur Bewährung** treten. Um zu verhindern, daß in solchen Kollisionsfällen Führungsaufsicht und Bewährungszeit unterschiedlich ausgestaltet werden, räumt § 68 g im Abs. 1 der Führungsaufsicht den Vorrang ein und schreibt dort vor, daß für die Aufsicht und die Erteilung von Weisungen nur die §§ 68 a, 68 b gelten. Grundgedanke dieser Lösung ist, daß die Führungsaufsicht als die einschneidendere Maßnahme die Aufgaben der Bewährungsaufsicht mit übernehmen kann, während das Umgekehrte im allgemeinen nicht zutrifft (vgl. E 62 Begr. 224). Ausnahmen von dieser Lösung ermöglicht Abs. 2, nach dem das Gericht in den Fällen, in denen Aussetzung zur Bewährung und Führungsaufsicht auf Grund derselben Tat angeordnet werden, das Ruhen der Führungsaufsicht bis zum Ablauf der Bewährungszeit bestimmen kann. Außerdem sieht § 68 g zeitliche Angleichungen vor. Nach Abs. 1 S. 2 endet die Führungsaufsicht nicht vor Ablauf der Bewährungszeit, und nach Abs. 3 endet die wegen derselben Tat angeordnete Führungsaufsicht, wenn nach Ablauf der Bewährungszeit die Strafe oder der Strafrest erlassen oder das Berufsverbot für erledigt erklärt wird.

Führungsaufsicht und Aussetzung zur Bewährung **2–10 § 68 g**

II. Abs. 1 knüpft an die Fälle an, in denen **Strafaussetzung (§ 56)**, **Aussetzung eines Strafrestes** 2 (§ 57, § 67 V) oder **Aussetzung eines Berufsverbots** (§ 70 a) angeordnet worden ist und der Täter zugleich unter Führungsaufsicht steht. Unerheblich ist, ob Führungsaufsicht kraft Gesetzes oder auf Grund richterlicher Anordnung besteht und ob der Aussetzung zur Bewährung und der Führungsaufsicht dieselbe Tat oder jeweils eine andere Tat zugrunde liegt. Nicht einbezogen ist die Aussetzung eines Maßregelvollzugs, weil in diesen Fällen stets Führungsaufsicht kraft Gesetzes eintritt (vgl. §§ 67 b II, 67 c I, II, 67 d II) und die Bewährungszeit ohnehin allein nach den Regeln für die Führungsaufsicht auszugestalten ist.

1. Für die genannten Kollisionsfälle begründet Abs. 1 S. 1 den **Vorrang der Führungsaufsicht**, 3 soweit es sich um die **Aufsicht** über den Verurteilten und die Erteilung von **Weisungen** handelt. Zum Grundgedanken dieser Lösung vgl. o. 1.

a) Maßgebend ist danach für die Führung der *Aufsicht* allein § 68 a. Der Verurteilte untersteht der 4 Aufsichtsstelle und dem obligatorisch zu bestellenden Bewährungshelfer, denen das Gericht übergeordnet ist. § 56 d ist nicht anwendbar. Das bedeutet jedoch nicht, daß sich der Inhalt der Aufsicht ausschließlich nach § 68 a bestimmt. Aufsichtsstelle und Bewährungshelfer haben vielmehr die in § 56 d genannten Aufgaben mit zu übernehmen. Es ist also nicht nur das Verhalten des Verurteilten und die Erfüllung von Weisungen zu überwachen (§ 68 a III), sondern ebenfalls die Erfüllung von Auflagen oder Anerbieten (§ 56 d III).

b) Ferner sind *Weisungen* allein nach den für die Führungsaufsicht geltenden Regeln zu erteilen. 5 § 56 c tritt hinter § 68 b zurück. Die Auswahl der Weisungen braucht sich dementsprechend nicht nur an den Zwecken der Bewährungshilfe auszurichten. Es können auch Weisungen ergehen, die eine planmäßige Überwachung sichern sollen. Anwendbar ist der gesamte Weisungskatalog des § 68 b. Für nachträgliche Entscheidungen ist § 68 d maßgebend.

2. Um den Erfolg der Aussetzung zur Bewährung nicht durch Veränderungen in der Aufsicht über 6 den Verurteilten zu gefährden (vgl. E 62 Begr. 224), gleicht Abs. 1 S. 2 die Dauer der Führungsaufsicht einer längeren Bewährungszeit an. Die Führungsaufsicht **endet** hiernach **nicht vor Ablauf der Bewährungszeit**. Die damit bewirkte Verlängerung der Führungsaufsicht gilt sowohl für deren gesetzliche Höchstfrist als auch für eine gerichtlich festgesetzte Dauer. Ferner ist dem Gericht verwehrt, nachträglich gem. § 68 d die Dauer der Führungsaufsicht zu verkürzen, sofern dadurch die Dauer der Bewährungszeit unterschritten wird. Umgekehrt gilt nichts Entsprechendes; die Dauer der Bewährungszeit bleibt von der Dauer der Führungsaufsicht unabhängig. Die Bewährungszeit kann also ohne weiteres vor Ablauf der Führungsaufsicht enden. Sie kann uU nachträglich (§ 56 a II) so verkürzt werden, daß sie vor der Führungsaufsicht endet, mag auch idR kein sachdienlicher Anlaß hierfür bestehen. Zulässig ist auch ihre Verlängerung, die sich dann auf die Dauer der Führungsaufsicht auswirken kann. Unberührt von Abs. 1 S. 2 bleibt die Möglichkeit, die Führungsaufsicht gem. § 68 e I aufzuheben (Hamm NStZ **84**, 188, Lackner 2).

3. Abs. 1 schließt nur die Anwendbarkeit der Vorschriften aus, die bei der Aussetzung zur Bewäh- 7 rung sonst für die Aufsicht und die Erteilung von Weisungen gelten. Alle anderen Regelungen läßt er unberührt. Außer der Bewährungszeit (vgl. o. 6) sind namentlich die Zulässigkeit, **Auflagen** nach § 56 b zu erteilen, und die Voraussetzungen für den **Widerruf der Aussetzung** (§§ 56 f, 70 b) nicht betroffen. Kommt als Widerrufsgrund ein Verstoß gegen Weisungen in Betracht, kann allerdings das Verhältnis zur Bestrafungsmöglichkeit nach § 145 a zweifelhaft sein. Vgl. dazu § 145 a RN 12. Trotz noch laufender Führungsaufsicht kann die Strafe oder der Strafrest erlassen sowie das Berufsverbot für erledigt erklärt werden. Eine wegen derselben Tat angeordnete Führungsaufsicht endet damit (vgl. u. 14).

III. Der Vorrang der Führungsaufsicht ist nicht unter allen Umständen die zweckmäßigste Lösung. 8 Beruhen Führungsaufsicht und Aussetzung zur Bewährung auf derselben Tat, so kann es angezeigt sein, dem Verurteilten die Möglichkeit zu geben, sich auch ohne die einschneidenden Belastungen zu bewähren, die sich mit der Führungsaufsicht verknüpfen. Dem trägt Abs. 2 dadurch Rechnung, daß er dem Gericht die Befugnis einräumt, das **Ruhen der Führungsaufsicht** bis zum Ablauf der Bewährungszeit anzuordnen. Wird eine derartige Anordnung getroffen, so richtet sich die Ausgestaltung der Bewährungszeit nach den für sie geltenden Vorschriften. Etwaige Anordnungen zur Ausgestaltung der Führungsaufsicht werden wirkungslos, so daß die Nichtbefolgung einer bereits nach § 68 b ergangenen Weisung weder zu einer Bestrafung nach § 145 a noch zu einem Widerruf der Aussetzung nach § 67 g berechtigt. Dagegen behält der Widerrufsgrund des § 67 g I Nr. 1 auch während des Ruhens der Führungsaufsicht seine Bedeutung (Karlsruhe MDR **89**, 663).

1. Voraussetzung für die Anordnung des Ruhens der Führungsaufsicht ist, daß Führungsaufsicht 9 und Aussetzung zur Bewährung **auf derselben Tat** beruhen. Bei der Aussetzung des Strafrestes ist es auch dann der Fall, wenn eine Gesamtstrafe gebildet war und die Führungsaufsicht nur auf eine der in die Gesamtstrafe einbezogenen Taten zurückzuführen ist. Dagegen stellt bei der Aussetzung eines Berufsverbots die Gesamtstrafenbildung nicht den erforderlichen Zusammenhang her, wenn dem Berufsverbot eine andere Einzeltat zugrunde liegt als der Führungsaufsicht.

2. Zweifelhaft kann sein, ob das Ruhen nur der **Führungsaufsicht kraft gerichtlicher Anord-** 10 **nung** (§ 68 I) oder auch der Führungsaufsicht kraft Gesetzes bestimmt werden kann. Für eine Beschränkung auf die gerichtlich angeordnete Führungsaufsicht könnte der Wortlaut des Abs. 2

Stree 927

§ 69

("angeordnet") sprechen. Mit dem Sinn des Abs. 2 läßt sich eine solche Einschränkung jedoch schwerlich vereinbaren. Ist etwa gem. § 68f Führungsaufsicht eingetreten und sodann ein Berufsverbot nach § 70a zur Bewährung ausgesetzt worden, so kann es wie bei einer gerichtlich angeordneten Führungsaufsicht durchaus sinnvoll sein, das Ruhen der Führungsaufsicht zu veranlassen und damit dem Verurteilten zu ermöglichen, sich ohne deren einschneidende Eingriffe in seinen Freiheitsbereich zu bewähren. Da der Wortlaut des Abs. 2 der Einbeziehung der gesetzlich eingetretenen Führungsaufsicht nicht zwingend entgegensteht – statt des Gerichts hat das Gesetz Führungsaufsicht „angeordnet" –, muß daher in beiden Fällen der Führungsaufsicht deren Ruhen zugelassen werden. Zur Gleichstellung der Führungsaufsicht kraft Gesetzes mit der gerichtlich angeordneten Führungsaufsicht vgl. auch u. 15, ferner Hamm NStE 1, Frehsee NK 7, Hanack LK 19, Lackner 3, Tröndle/Fischer 3; and. Hamm OLGSt S. 1.

11 3. Die Entscheidung nach Abs. 2 liegt im pflichtgemäßen **Ermessen** des Gerichts. Sie ist etwa zu treffen, wenn bei der Aussetzung des Strafrestes die Täterprognose derart günstig ist, daß eine Bewährung in der Freiheit auch ohne Führungsaufsicht zu erwarten ist. Die Anordnung, daß die Führungsaufsicht ruht, hat idR zusammen mit der Entscheidung über die Aussetzung zur Bewährung zu ergehen. Eine spätere Anordnung ist dem Gesetzeswortlaut nicht ausgeschlossen (vgl. auch Lackner 3); sie dürfte indes wegen der Veränderungen in der Aufsicht zumeist untunlich sein.

12 4. Die Führungsaufsicht ruht bis zum Ablauf der Bewährungszeit. Sie setzt sich anschließend automatisch wieder fort. Die **Bewährungszeit** wird **in die Dauer der Führungsaufsicht nicht eingerechnet** (Abs. 2 S. 2).

13 Diese Regelung ist berechtigt, wenn sich der Verurteilte nicht bewährt hat. Dagegen ist es im Fall der Bewährung unangemessen, ihn nach Ablauf der Bewährungszeit wieder der Führungsaufsicht auszusetzen. Das Gesetz hätte daher die Möglichkeit vorsehen müssen, die Führungsaufsicht bis zum Erlaß der Strafe oder des Strafrestes bzw. bis zur Erklärung, daß das Berufsverbot erledigt ist, weiterhin ruhen zu lassen. Um Unzuträglichkeiten zu begegnen, ist entgegen dem Gesetzeswortlaut das Ruhen der Führungsaufsicht bis zur Klärung der Bewährungsfrage zu verlängern (ebenso Frehsee NK 13, Hanack LK 27). Wer sich hieran durch das Gesetz gehindert sieht, wird jedenfalls vom Gericht fordern müssen, rechtzeitig zu prüfen, ob die Führungsaufsicht nach § 68e aufzuheben ist, so daß es mit Ablauf der Bewährungszeit die Aufhebung aussprechen kann. Es darf diese Entscheidung nicht zurückstellen, weil nach Abs. 3 die Führungsaufsicht ohnehin endet, wenn die Strafe oder der Strafrest erlassen oder das Berufsverbot für erledigt erklärt wird. Zumindest hat es dafür zu sorgen, daß die Führungsaufsicht so milde wie möglich gehandhabt wird, bis die Frage der Bewährung geklärt ist.

14 IV. Wird nach Ablauf der Bewährungszeit die Strafe oder der Strafrest erlassen oder das Berufsverbot für erledigt erklärt, so **endet** damit die wegen derselben Tat angeordnete **Führungsaufsicht** (Abs. 3). In diesen Fällen erübrigt sich das Fortbestehen der Führungsaufsicht, weil sich der Verurteilte in der Freiheit bewährt hat und mithin die Voraussetzungen für eine Führungsaufsicht entfallen sind. Diese endet dann kraft Gesetzes; einer gerichtlichen Entscheidung bedarf es nicht. Die Regelung gilt sowohl für die Fälle des Abs. 1 als auch für die des Abs. 2. Sie ist allerdings auf die Führungsaufsicht beschränkt, die wegen derselben Tat, auf der die erfolgreiche Aussetzung zur Bewährung beruht, angeordnet worden ist (vgl. dazu o. 9). Hat die Aussetzung zur Bewährung in einer anderen Strafsache zum Erfolg geführt, so bleibt die Führungsaufsicht bestehen. Das zuständige Gericht hat jedoch zu prüfen, ob die Führungsaufsicht aufgehoben werden kann, und hat ggf. diese Entscheidung unverzüglich zu treffen (vgl. auch Frehsee NK 12).

15 Zu der wegen derselben Tat „angeordneten" Führungsaufsicht zählt auch die wegen derselben Tat kraft Gesetzes eingetretene Führungsaufsicht (vgl. o. 10, Frehsee NK 10; and. Hamm NStZ **84**, 188). Es wäre sinnwidrig, diese auszuklammern, obwohl im Fall der Bewährung auch für sie kein Bedürfnis mehr besteht, und ihre Aufhebung einer richterlichen Entscheidung zu überlassen.

16 Wird der Erlaß der Strafe oder des Strafrestes gem. § 56g II widerrufen, so wird damit die Beendigung der Führungsaufsicht nicht hinfällig. Da dieser Widerruf nicht die Rechtskraft eingreift, kommen ihm nur die gesetzlich ausdrücklich vorgesehenen Wirkungen zu. Hinsichtlich der Führungsaufsicht schweigt aber das Gesetz. Sie ist daher weiterhin als beendet anzusehen. Erneut Führungsaufsicht tritt jedoch nach § 68f ein, wenn der Verurteilte nach dem Widerruf seine Strafe voll verbüßt, sofern diese mindestens 2 Jahre beträgt und keine Anordnung nach § 68f II ergeht.

– Entziehung der Fahrerlaubnis –

§ 69 Entziehung der Fahrerlaubnis

(1) **Wird jemand wegen einer rechtswidrigen Tat, die er bei oder im Zusammenhang mit dem Führen eines Kraftfahrzeuges oder unter Verletzung der Pflichten eines Kraftfahrzeugführers begangen hat, verurteilt oder nur deshalb nicht verurteilt, weil seine Schuldunfähigkeit erwiesen oder nicht auszuschließen ist, so entzieht ihm das Gericht die Fahrerlaubnis, wenn sich aus der Tat ergibt, daß er zum Führen von Kraftfahrzeugen ungeeignet ist. Einer weiteren Prüfung nach § 62 bedarf es nicht.**

(2) **Ist die rechtswidrige Tat in den Fällen des Absatzes 1 ein Vergehen**

1. der Gefährdung des Straßenverkehrs (§ 315 c),
2. der Trunkenheit im Verkehr (§ 316),
3. des unerlaubten Entfernens vom Unfallort (§ 142), obwohl der Täter weiß oder wissen kann, daß bei dem Unfall ein Mensch getötet oder nicht unerheblich verletzt worden oder an fremden Sachen bedeutender Schaden entstanden ist, oder
4. des Vollrausches (§ 323 a), der sich auf eine der Taten nach den Nummern 1 bis 3 bezieht,

so ist der Täter in der Regel als ungeeignet zum Führen von Kraftfahrzeugen anzusehen.

(3) Die Fahrerlaubnis erlischt mit der Rechtskraft des Urteils. Ein von einer deutschen Behörde ausgestellter Führerschein wird im Urteil eingezogen.

Schrifttum: *Arndt*, Entziehung der Fahrerlaubnis und Fahrverbot, SchlHA 69, 10. – *Bruns*, Die Entziehung der Fahrerlaubnis, GA 54, 161. – *Cramer*, Die Austauschbarkeit der Entziehung der Fahrerlaubnis gegen ein Fahrverbot, NJW 68, 1764. – *ders.*, Voraussetzungen für eine gerichtliche Entziehung der Fahrerlaubnis, MDR 72, 558. – *Granicky*, Zum Entzug der Fahrerlaubnis insb. bei Trunkenheitstätern, SchlHA 68, 153. – *Guelde*, Die Entziehung der Fahrerlaubnis, 1956. – *Hartung*, Der BGH zur Entziehung der Fahrerlaubnis, JZ 54, 137. – *ders.*, Entziehung der Fahrerlaubnis zum Führen von Kraftfahrzeugen als gerichtliche Maßnahme der Sicherung und Besserung, DRiZ 53, 120. – *Herlan*, Entziehung der Fahrerlaubnis und Fahrverbot durch Strafrichter und Verwaltungsbehörden, 1972. – *Himmelreich-Hentschel*, Fahrverbot, Führerscheinentzug, 8. A. 1995. – *Jagusch*, Der BGH zur Entziehung der Fahrerlaubnis, DAR 55, 97. – *Kulemeier*, Fahrverbot (§ 44 StGB) und Entzug der Fahrerlaubnis (§§ 69 ff. StGB), 1991. – *Lenckner*, s. Schrifttum vor § 61. – *Krehl*, Regel und Ausnahmen bei der Entziehung der Fahrerlaubnis, DAR 86, 33. – *Lackner*, Der Strafrechtsteil des Gesetzes zur Sicherung des Straßenverkehrs, MDR 53, 73. – *Schendel*, Doppelkompetenz von Strafgericht und Verwaltungsbehörde zur Entziehung der Fahrerlaubnis, 1974. – *Schmidt-Leichner*, Alkohol und Kraftfahrer, insb. die Entziehung der Fahrerlaubnis, NJW 53, 1849. – *v. Weber*, Die Rechtsnatur der Entziehung der Fahrerlaubnis, JZ 60, 52. – *Wimmer*, Entziehung der Fahrerlaubnis, Strafe und Strafaussetzung zur Bewährung, NJW 59, 1513. Vgl. auch das Schrifttum zu § 315 c.

Zur *Reform*: *Beine* ZRP 77, 295, *Cramer*, Unfallprophylaxe durch Strafen und Geldbußen?, 1975, *ders.*, Schröder-GedS 533, *Gontard* Rebmann-FS 211, *Himmelreich* DAR 77, 85, *Janiszewski* DAR 77, 312, GA 81, 385, *Koch* DAR 77, 90, 316, *Kürschner* ZRP 86, 305, *R. Peters* DAR 78, 184, *Rebmann* DAR 78, 300, *Scherer* DAR 80, 107, *Preisendanz* BA 81, 93, DAR 81, 307, *Schultz* BA 82, 325.

I. § 69 enthält die Voraussetzungen für die Entziehung der Fahrerlaubnis. Die Regelung der gleichzeitig oder allein anzuordnenden Sperrfrist für die Erteilung einer (neuen) Fahrerlaubnis enthält § 69 a, die über ausländische Fahrerlaubnisse § 69 b. Eine vorläufige Entziehung der Fahrerlaubnis kann nach § 111 a StPO erfolgen (vgl. dazu u. 62). **1**

1. Die Fahrerlaubnisentziehung ist eine **Maßregel der Besserung und Sicherung** (BGH 7 168, 15 393). Im Unterschied zum Fahrverbot (§ 44), das als kurzfristige Warnung dienen soll (vgl. § 44 RN 1), bezweckt sie, ungeeignete Kraftfahrer aus dem Straßenverkehr auszuschalten (BGH VRS **16** 424). Sie läßt sich nicht deswegen als Sonderstrafe ansehen, weil sie vom Betroffenen als Übel empfunden wird; denn das trifft ebenso auf die meisten anderen Maßregeln zu. Eine Maßregel bleibt sie auch, wenn sie wegen charakterlicher Mängel angeordnet wird; and. Cramer NJW 68, 1764, der ihr in diesen Fällen Strafcharakter zumißt („Etikettenschwindel"); vgl. auch Cramer RN 4. **2**

2. Der **präventive Charakter** der Fahrerlaubnisentziehung ist nicht nur für ihre Dauer (vgl. § 69 a RN 10) und für die Auslegung der einzelnen Voraussetzungen von maßgeblicher Bedeutung, sondern verbietet auch, sie im Einzelfall mit einem Sühnebedürfnis zu rechtfertigen (BGH VRS **11** 425). Er wirkt sich überdies bei Gesetzesänderungen aus (vgl. u. 70). **3**

3. Neben der Fahrerlaubnisentziehung durch den Richter steht die Fahrerlaubnisentziehung durch die **Verwaltungsbehörden** gem. § 3 StVG, § 15 b StVZO (vgl. eingehend Cramer 11 ff., Schendel aaO, Bonk BA 94, 238). Die richterliche Entziehung ist jedoch insofern vorrangig, als die Verwaltungsbehörde einen Sachverhalt, der Gegenstand eines Strafverfahrens ist, während der Anhängigkeit des Strafverfahrens nicht selbst zur Grundlage einer Entziehung machen darf (§ 3 III 1 StVG) und nach Abschluß des Strafverfahrens hinsichtlich des Sachverhalts, der Schuldfrage und der Eignung zum Fahren von Kraftfahrzeugen von den Feststellungen des Urteils bzw der diesem gleichgestellten richterlichen Entscheidungen (Strafbefehl, Ablehnung der Eröffnung des Hauptverfahrens oder des Antrags auf Erlaß eines Strafbefehls) zuungunsten des Betroffenen nicht abweichen darf (§ 3 IV StVG; vgl. dazu VG Frankfurt VRS **74** 394). Zur Bindungswirkung von Strafbefehlen in diesem Rahmen vgl. BVerwG VRS **49** 303. Andererseits ist die Befugnis der Verwaltungsbehörde weiter, da diese alle Eignungsmängel zum Anlaß nehmen kann, die Fahrerlaubnis zu entziehen (Cramer MDR 72, 558), nicht nur solche, die in der Tat ihren Ausdruck gefunden haben (Geppert MDR 72, 281). Zur Nichtbindung bei fehlender Beurteilung der Fahreignung durch das Strafgericht vgl. BVerwG NJW **89**, 116 u. dazu Himmelreich DAR 89, 285. **4**

4. Die Entziehung der Fahrerlaubnis kann sowohl gegen Inhaber einer **inländischen Fahrerlaubnis** als gegenüber Tätern mit einer **ausländischen Fahrerlaubnis** ausgesprochen werden. Sie ist im Falle einer ausländischen Fahrerlaubnis auch zulässig, wenn der Täter mit ihr am inländischen Kfz-verkehr nicht teilnehmen darf (BGH NJW **99**, 228 m. Anm. Hentschel NZV 99, 134). **4 a**

5. Über das Verhältnis des Fahrerlaubnisentzugs zum Fahrverbot vgl. § 44 RN 2 f. **5**

Stree

§ 69 6–13   Allg. Teil. Rechtsfolgen d. Tat – Maßregeln d. Besserung u. Sicherung

II. Die **Voraussetzungen** der Entziehung der Fahrerlaubnis sind folgende:

6   1. Der Täter muß eine **rechtswidrige Tat** begangen haben. Als Täter in diesem Sinn ist auch der Teilnehmer an einer rechtswidrigen Tat anzusehen.

7   a) Die Tat muß rechtswidrig den Tatbestand eines Strafgesetzes verwirklicht haben (vgl. § 11 I Nr. 5). Hinsichtlich der subjektiven Voraussetzungen darf nur die Schuldfähigkeit fehlen (krit. Cramer 18), d. h. der Täter entweder verurteilt oder nur wegen erwiesener bzw. nicht auszuschließender Schuldunfähigkeit nicht verurteilt worden sein muß (vgl. dazu u. 23 ff.). Fehlen andere Gründe subjektiver Verantwortung, etwa der Vorsatz, soweit Fahrlässigkeit nicht genügt, oder liegt ein Entschuldigungsgrund vor, so darf die Fahrerlaubnis nicht entzogen werden (Hamm VRS **26** 279).

8   b) Es muß der *Tatbestand eines Strafgesetzes* verwirklicht worden sein; eine Ordnungswidrigkeit genügt nicht. Dagegen ist gleichgültig, ob es sich bei der Tat um ein Verbrechen oder ein Vergehen handelt (BGH VM **55**, 34). Es genügt das Vorliegen eines unter Strafe gestellten Versuchs (Düsseldorf NZV **99**, 172), es sei denn, der Täter ist vom Versuch mit strafbefreiender Wirkung zurückgetreten (BGH DRiZ/H **83**, 183). Ebenso reicht die Teilnahme an einer rechtswidrigen Tat aus, sofern sie die u. 10 ff. angeführten Voraussetzungen erfüllt.

9   c) Da nur eine Verurteilung wegen einer rechtswidrigen Tat erfolgt sein muß, kommt es nicht darauf an, daß eine Strafe verhängt worden ist. Vgl. u. 18 ff.

10   2. Die rechtswidrige Tat muß **beim Führen eines Kraftfahrzeugs** oder im Zusammenhang damit oder unter Verletzung der Pflichten eines Kraftfahrzeugführers begangen werden.

11   a) Der Begriff des *Kraftfahrzeugs* ist durch §§ 1 II StVG, 4 StVZO festgelegt. Er gilt auch für § 69. Dabei ist ohne Bedeutung, ob für das Kfz. eine Fahrerlaubnis erforderlich ist. Auch sog. führerscheinfreie Kraftfahrzeuge (Mofa) fallen unter § 69, da auch sie mit der für den Verkehr erforderlichen Sorgfalt geführt werden müssen (Oldenburg NJW **69**, 199, Schleswig SchlHA/E-J **79**, 201). Ebenfalls ist ein Bagger, der selbständig durch Maschinenkraft fortbewegt werden kann, ein Kfz. (Düsseldorf GA **83**, 275), nicht dagegen ein geschleppter PKW (vgl. Frankfurt NJW **85**, 2961), ein Fahrrad (LG Mainz NJW **86**, 1769) oder eine Lokomotive (Bay MDR **93**, 1101).

12   b) Das **Führen** eines Kraftfahrzeugs erfaßt zunächst alle Verkehrsdelikte, daneben aber auch Taten allgemeiner Art (fahrlässige oder vorsätzliche Tötung), sofern sie durch das Führen des Fahrzeugs begangen werden. Ein Führen liegt nur vor, wenn der Täter eine Handlung vornimmt, zu der bei fahrerlaubnispflichtigen Fahrzeugen eine Fahrerlaubnis erforderlich wäre. Da dies nach § 2 StVG nur der Fall ist, wenn der Täter das Kfz. auf öffentlichen Straßen (auch Plätzen) führt, scheidet eine Fahrt im nichtöffentlichen Verkehrsraum aus, so daß hierbei begangene rechtswidrige Taten (Körperverletzung usw.) nicht zur Fahrerlaubnisentziehung berechtigten (Janiscewski NStZ 96, 587; and. Oldenburg VRS **55** 120, LG Stuttgart NZV **96**, 213, Geppert LK 24, Lackner § 44 Anm. 3). Ein Kfz. führt zudem nur, wer auf dessen Fortbewegung verantwortlich einwirkt. Handlungen, die den Bewegungsvorgang erst einleiten sollen, genügen nicht (Cramer § 44 RN 24), wie Besteigen des Fahrzeugs, Platznehmen am Steuer, auch wenn der Motor läuft (Köln NJW **64**, 2026), Lösen der Handbremse, Anlassen des Motors (BGH NJW **89**, 723, Celle NStZ **88**, 411, LG Hamburg VRS **74** 273; and. BGH **7** 315, Hamburg VRS **8** 290, Oldenburg DAR **62**, 130, Braunschweig VRS **74** 363), Betätigung des Blinkerhebels (vgl. Hamm NJW **84**, 137) oder der vergebliche Versuch, feststeckendes Kfz. freizubekommen (Karlsruhe MDR **92**, 1170). Ebensowenig reicht ein Verhalten nach Abschluß des Bewegungsvorgangs aus, d. B ungenügende Absicherung des Fahrzeugs gegen Abrollen auf abschüssiger Straße (and. BGH **19** 372). Zur Fortbewegung des Fahrzeugs muß nicht unbedingt dessen motorische Kraft eingesetzt werden. Ein Führen liegt auch vor, wenn das Inbewegungsetzen mittels anderer Kräfte (Anschieben, Anschleppen) unmittelbar (Karlsruhe DAR **83**, 365) dazu dient, den Motor zum Anspringen zu bringen (vgl. KG VRS **27** 237, Oldenburg DAR **55**, 165, MDR **75**, 421, Celle NJW **65**, 63), oder wenn die Schwerkraft des Fahrzeugs zur Fortbewegung ausgenutzt wird (Abrollenlassen; BGH **14** 185, Bay NJW **59**, 111, Köln VRS **15** 334, Düsseldorf DAR **83**, 301; and. Hamm VRS **13** 450, **15** 134). Das bloße Inbewegungsetzen durch andere Kräfte genügt dagegen nicht. Der Lenker eines geschobenen oder gezogenen Fahrzeugs führt dieses nicht iSv § 2 StVG (vgl. BGH DAR/M **70**, 113, Koblenz VRS **49** 366), grundsätzlich auch nicht der Lenker eines abgeschleppten Fahrzeugs (vgl. KG VRS **26** 125, Celle NJW **65**, 63, Bay VRS **62** 42, **65** 435, Hamm DAR **99**, 179). Ist ein Führen zu verneinen, so kann gleichwohl eine Verletzung der Pflichten eines Kraftfahrzeugführers in Betracht kommen (vgl. u. 15).

13   c) Im **Zusammenhang mit dem Führen** *eines Kraftfahrzeugs* ist eine Tat begangen, wenn die Benutzung des Fahrzeugs der Förderung von Straftaten dient (zB zum Transport beim Schmuggel oder Diebstahl [vgl. BGH **5** 179, Düsseldorf VRS **67** 255], zur Hehlerei [BGH DAR/M **67**, 96] oder zur eingeplanten Flucht vom Tatort [BGH NStZ **95**, 229], etwa nach einem Banküberfall, ferner das Herbeiführen abgesprochener „Unfälle" zu Betrugszwecken [BGH VRS **82**, 19, München NJW **92**, 2776]) oder wenn das Geschehen die Benutzung in ihrer Gefährlichkeit steigert, zB die Anordnung des Halters, verkehrsunsichere Fahrzeuge in Betrieb zu nehmen (Schleswig SchlHA **62**, 148, Stuttgart NJW **61**, 690; vgl. auch Oldenburg NdsRpfl **61**, 134; and. Himmelreich-Hentschel aaO RN 25), oder die Beschädigung des Fahrzeugs, so daß dieses verkehrsunsicher wird. Weitergehend BGH DAR/M **68**, 124, wonach bereits ausreicht, daß der Täter zum Tatort fuhr, um im Kfz. die Tat (Sexualdelikt) zu begehen. An der Förderung von Straftaten und damit am erforderlichen funktionalen

Zusammenhang mit dem Führen eines Kfz. mangelt es, wenn das Kfz. dem Täter nur als Beförderungsmittel dient, so auch bei der Fahrt zum Tatort und der Rückfahrt vom Tatort mit dem Opfer (BGH NStZ-RR **98**, 271), beim nicht tatbedingten Verlassen des Tatorts mit einem Kfz. (BGH NStZ **95**, 229). Der erforderliche Zusammenhang fehlt ebenfalls bei illegaler Einfuhr von Rauschgift, das der Täter am Körper mit sich führt (and. Düsseldorf NVZ **97**, 364, LG Krefeld StV **92**, 521). Denn ob der Täter die Eisenbahn oder ein Kfz. benutzt, spielt bei einer derartigen Einfuhr keine wesentliche Rolle. Anders ist es, wenn das Führen eines Kfz. Straftaten ermöglichen oder erleichtern soll (vgl. BGH NStZ **92**, 586, NStZ-RR **98**, 44, NStZ **2000**, 26 zu Beschaffungs- oder Kurierfahrten bei BtM-Geschäften), so etwa bei der Einfuhr von Rauschgift, das im Kfz. versteckt worden ist. Nach BGH NStZ-RR **97**, 197, Düsseldorf NJW **97**, 535 läßt einmaliges Benutzen eines Kfz. bei einer Rauschgifteinfuhr jedenfalls nicht zwingend auf charakterliche Ungeeignetheit zum Führen eines Kfz. schließen (and. BGH NStZ **97**, 232 bei widerholten Beschaffungsfahrten; ebenso Düsseldorf NJW **97**, 2765, auch bei ausschließlicher Eigenverbrauchsabsicht).

Der vorausgesetzte Zusammenhang liegt zudem vor, wenn der Fahrer einen gefälschten Führerschein bei einer Fahrzeugkontrolle vorzeigt (Hamm VRS **63** 346) oder andere Verkehrsteilnehmer grob mißhandelt (Bay NJW **59**, 2127, Hamm VRS **25** 186, Köln NJW **63**, 2379). Bei Beteiligung mehrerer ist ohne Bedeutung, wer das Fahrzeug eigenhändig gelenkt hat (BGH **10** 333, VRS **37** 350, MDR/H **78**, 986, **81**, 453, Bay DAR/R **66**, 259, München NJW **92**, 2777, H. W. Schmidt DAR 65, 153; and. Himmelreich-Hentschel aaO RN 24). Auch auf den Mitfahrer kann § 69 Anwendung finden, wenn er zu einer Verkehrsgefährdung Anlaß gegeben hat (vgl. Hamm JMBlNW **62**, 285, ferner BGH VRS **18** 420, LG Ravensburg NZV **93**, 325). Vgl. auch KG VRS **11** 357. Wer jedoch nur vortäuscht, an Stelle des betrunkenen Fahrers gefahren zu haben, erfüllt die Voraussetzungen des § 69 nicht (Hamm VRS **13** 452). Vgl. auch Köln VRS **41** 356 (Fälschung des Führerscheins, um Kfz. anzumieten). 14

d) Eine **Verletzung der Pflichten eines Kraftfahrzeugführers** ist anzunehmen, wenn nicht die eigentlichen Fahrvorschriften, sondern andere Pflichten des Kraftfahrers verletzt sind, der Täter zB sich unerlaubt vom Unfallort entfernt (§ 142) oder einem Vollstreckungsbeamten bei Maßnahmen zur Entnahme einer Blutprobe Widerstand leistet (Hamm VRS **8** 46). Auch das Überlassen des Steuers an eine Person, die keinen Führerschein besitzt, oder an einen Fahruntüchtigen kann zum Entzug der Fahrerlaubnis führen (Hamm VRS **12** 272, Koblenz NJW **88**, 152, Geppert LK 47; krit. dazu Herzog NK 25), selbst dann, wenn der Fahrzeughalter an der Fahrt teilnimmt (vgl. BGH **13** 226, Celle DAR **57**, 106, Braunschweig NdsRpfl **59**, 163). Eine Verletzung der Fahrerpflichten kann auch in der ungenügenden Absicherung eines geparkten Fahrzeugs gegen Abrollen auf abschüssiger Straße liegen sowie in ähnlichen Fällen, in denen kein „Führen" des Kraftfahrzeugs gegeben ist (vgl. o. 12). Ebenso reicht die unzulängliche Kenntlichmachung eines haltenden oder liegengebliebenen Fahrzeugs aus (vgl. § 315 c I Nr. 2 g). 15

e) Gemeinsam ist allen Fällen, daß es sich um die Verletzung der spezifisch dem *Kraftfahrer obliegenden Pflicht* handelt. Daher ist § 69 nicht anwendbar, wenn das Kfz. nur Objekt einer Straftat, zB eines Diebstahls, Betrugs oder unbefugten Gebrauchsanmaßung (§ 248b), war (Hartung JZ 54, 139, Himmelreich-Hentschel aaO RN 27, Lackner § 44 RN 3; and. BGH **17** 218, Bruns GA 54, 188). Ebensowenig genügt, daß der Täter Delikte begeht, bei denen lediglich der Besitz des Fahrzeugs ihm die Möglichkeit dazu gibt (vgl. Lackner § 44 RN 3, Lenckner aaO 225; and. BGH **5** 179, VRS **15** 114, Bruns aaO), zB Kreditbetrug mit Hilfe eines Fahrzeugs, gleichgültig, ob der Täter nur auf den Besitz verweist oder ihn durch Betrogenen demonstriert (Geppert LK 40, Hartung JZ 54, 139, Schmidt-Leichner NJW 54, 162; and. BGH **5** 179, VRS **30** 275). Zur Fahrerlaubnisentziehung reicht somit nicht aus, wenn der Täter das Kfz. als Versteck für Diebesbeute benutzt (Köln MDR **72**, 622). Auch Fahrten, die nach beendeter Hehlerei der Verwertung und Aufbewahrung des Hehlerguts dienen, genügen als solche nicht (Stuttgart NJW **73**, 2213). Ferner ist § 69 nicht anwendbar, wenn allgemeine Delikte bei Gelegenheit der Benutzung begangen werden (vgl. Hamm VRS **28** 260), so zB bei Diebstahl, Beleidigung oder Sexualdelikten gegenüber Mitfahrer (auch wenn Täter dabei nur mit einer Hand fährt; and. BGH **7** 167) oder bei Verursachung einer Brandgefahr beim Picknick im Wald. Vergewaltigt der Täter eine Mitfahrerin, so kann § 69 nur angewendet werden, wenn das Opfer mit Hilfe eines Fahrzeugs an einen geeigneten Ort geschafft wird (vgl. BGH LM **Nr. 7** zu § 42 m, VRS **36** 266, NJW **99**, 369, Saarbrücken NJW **65**, 2314), nicht dagegen, wenn die Tat in einem in der Garage stehenden Kfz. oder anläßlich einer Rast erfolgt (BGH DRiZ **81**, 338), ebensowenig, wenn sich der Täter erst nach Ende der Fahrt zur Tat entschließt (BGH **22** 328). Vgl. auch § 316 a RN 6. Das Vorzeigen eines verfälschten Führerscheins verletzt nur dann eine spezifische Kraftfahrerpflicht, wenn dies in unmittelbarem Zusammenhang mit der Teilnahme am Verkehr geschieht (vgl. Celle MDR **67**, 1026, Hamm VRS **63** 346, Geppert LK 41). Weitergehend Cramer MDR 72, 559 (Fälschung zwecks Fahrenkönnens). An einer spezifischen Pflichtwidrigkeit fehlt es des weiteren bei einem Kraftfahrer, der nach einem Verkehrsunfall ohne fremden Schaden das Unfallfahrzeug als gestohlen meldet, um Ermittlungen gegen sich abzuwenden (Bremen VRS **49** 102; and. Hamm VRS **57** 184, wenn Diebstahlsanzeige unmittelbar nach dem Unfall erfolgt), oder nach einem Verkehrsunfall die Versicherungsgesellschaft durch falsche Angaben über die Unfallursache betrügt (vgl. Bay VRS **69** 281: angeblicher Wildschaden). Eine spezifische Kraftfahrerpflicht wird auch nicht durch ein betrügerisches Schadensgutachten eines Kfz-Sachverständigen verletzt (vgl. aber München NJW **92**, 2777). 16

§ 69 17–28   Allg. Teil. Rechtsfolgen d. Tat – Maßregeln d. Besserung u. Sicherung

17   3. Wegen einer der vorgenannten Taten muß der Täter entweder **verurteilt** (1. Alt.) oder lediglich wegen erwiesener oder nicht auszuschließender **Schuldunfähigkeit nicht verurteilt** worden sein (2. Alt.).

18   a) Abs. 1 spricht nur von *Verurteilung,* nicht von Verurteilung zu einer Strafe. Daraus ergibt sich folgendes:

19   α) Es genügt die Anordnung von Erziehungsmaßregeln (Cramer 24) und *Zuchtmitteln* des Jugendstrafrechts (vgl. E 62 Begr. 226; so schon nach § 42 m aF BGH **6** 394), ferner die Schuldfeststellung nach § 27 JGG.

20   β) Auch eine Verurteilung aus § 323 a wegen eines im Vollrausch begangenen Verkehrsdelikts reicht aus (vgl. Braunschweig DAR **64**, 349). Gleiches gilt für Rauschtaten im Zusammenhang mit dem Führen eines Kfz. oder für Verletzungen der Pflichten eines Kfz.-führers im Vollrausch. Die Fahrerlaubnisentziehung ist aber auch dann zulässig, wenn ein Freispruch erfolgt, weil nicht feststellbar ist, ob der Täter im Vollrausch gehandelt oder die Tat in schuldfähigem Zustand begangen hat (Bay DAR/R **82**, 248).

21   γ) Ebensowenig ist die Fahrerlaubnisentziehung dadurch ausgeschlossen, daß dem Täter gem. § 56 *Strafaussetzung* bewilligt wurde (so bereits BGH **15** 316, VRS **25** 426, **28** 420, 423, Bremen VRS **10** 176, Düsseldorf NJW **61**, 979); denn auch dann ist der Täter verurteilt, nur die Vollstreckung der Strafe ist einstweilen ausgesetzt. Es ist jedoch eingehend zu begründen, warum trotz günstiger Prognose iSv § 56 eine Gefährlichkeit des Täters iSv § 69 gegeben sein soll (BGH VRS **19** 197, **29** 14, Hamm JMBlNW **57**, 53). Möglicherweise kann sich erst auf Grund der Fahrerlaubnisentziehung eine günstige Prognose ergeben (vgl. Düsseldorf NJW **97**, 2765). Die Fahrerlaubnisentziehung kann nicht damit begründet werden, daß ohne fühlbare Sühne der Täter bei Strafaussetzung erneut straffällig werden könnte (Hamm DAR **57**, 186). Umgekehrt zwingt die Versagung der Strafaussetzung nicht zur Fahrerlaubnisentziehung (Celle NJW **55**, 1648).

22   δ) Außerdem ist die Fahrerlaubnisentziehung möglich, wenn (etwa gem. § 60) von *Strafe abgesehen* wird, zB bei einem Trunkenheitsfahrer, der einen Verkehrsunfall verursacht und selbst schwere Verletzungen erlitten hat; denn auch hier wird der Täter verurteilt (Bay DAR **72**, 215, Hamm VRS **43** 19, vgl. § 54 ff. vor § 38). Dagegen sind Fahrerlaubnisentziehung und Verwarnung mit Strafvorbehalt miteinander unvereinbar (§ 59 III 2).

23   b) Ferner ist die Entziehung der Fahrerlaubnis zulässig, wenn der Täter wegen erwiesener oder nicht auszuschließender **Schuldunfähigkeit** (§ 20, § 3 JGG; vgl. Hamm VRS **26** 279, 281) **nicht verurteilt** wird.

24   Die Fahrerlaubnisentziehung ist hiernach allein oder zusammen mit einer sonstigen Maßregel der Besserung und Sicherung möglich, etwa neben der Unterbringung in einem psychiatrischen Krankenhaus (vgl. Grethlein DAR 57, 256, Geppert LK 19). Da es nur darauf ankommt, daß der Täter mangels Schuldfähigkeit nicht verurteilt wird, ist sie auch möglich, wenn eine formelle Freisprechung von der Tat, die den Entzug nach § 69 rechtfertigt, unterbleibt, weil sie mit einer anderen, deretwegen die Verurteilung erfolgt, ideell konkurriert (vgl. Grethlein aaO). Außerdem kann die Fahrerlaubnis in einem Sicherungsverfahren nach den §§ 413 ff. StPO selbständig entzogen werden (§ 71 II).

25   c) Über die Tat, auf die die Fahrerlaubnisentziehung gestützt werden soll, muß nicht notwendig durch **Urteil** entschieden werden. Nach § 407 II Nr. 2 StPO ist dies auch durch *Strafbefehl* möglich (bedenklich, da ohne Hauptverhandlung eine Prognose kaum möglich ist, vgl. Warda MDR 65, 7), auch neben Absehen von Strafe nach § 407 II Nr. 3 StPO. Auch bei Aburteilung im beschleunigten Verfahren ist die Entziehung zulässig (§ 419 I 3 StPO), ferner bei Aburteilung in Abwesenheit des Angekl. (§§ 232 I 3, 233 I 3 StPO).

26   Dagegen darf die Fahrerlaubnisentziehung nicht im Privatklageverfahren (§ 384 StPO) ausgesprochen werden, ebensowenig bei Einstellung des Verfahrens nach § 153 StPO oder bei einer Amnestie, es sei denn, es wäre im StFG eine Ausnahme gemacht, wie im § 13 StFG 1954 (Geppert LK 20, Tröndle/Fischer 7; and. – generell bei Amnestie zulässig – Köln NJW **54**, 1456; vgl. auch Bay **54**, 168, Schleswig SchlHA **54**, 328). Entsprechendes gilt für sonstige Verfahrenshindernisse, zB Verfolgungsverjährung (Bay DAR **55**, 44) oder fehlenden Strafantrag.

27   4. Weiter muß sich aus der Tat ergeben, daß der Täter zum Führen von Kraftfahrzeugen **ungeeignet** ist (Abs. 1); sie muß also **Indiz** für den Eignungsmangel sein. Dieser kann aus körperlichen, geistigen oder charakterlichen Mängeln hervorgehen (vgl. BGH **7** 173, **15** 396). Zum Charaktermangel vgl. näher BGH **5** 179.

28   Maßgebliche *Beurteilungsgrundlage* muß immer die abgeurteilte *Tat selbst* sein (Düsseldorf VRS **36** 96). Charaktermängel, die nur anläßlich der Tataufklärung zu Tage getreten sind, müssen ebenso außer Betracht bleiben (Celle MDR **66**, 431, Hamm VRS **48** 339) wie Leugnen in der Hauptverhandlung (Hamm VRS **36** 95; vgl. auch LG Hannover NdsRpfl **66**, 224). Gleiches gilt für körperliche und geistige Mängel. Sind sie erst durch die Tat verursacht worden oder später eingetreten, so berechtigen sie nicht zur Fahrerlaubnisentziehung (vgl. BGH **15** 393: Beeinträchtigung der Sehkraft; Frankfurt NStZ-RR **96**, 235: psychische Erkrankung). Auch mangelndes Fahrvermögen auf Grund fehlender Fahrpraxis oder sonstige bei der Fahrerlaubniserteilung zu kontrollierende Mängel begründen für sich allein keinen Eignungsmangel iSv § 69 (Hamm VRS **13** 32; bedenklich Düsseldorf VM **66**, 60).

Da durch die Fahrerlaubnisentziehung der gefährliche Kraftfahrer aus dem Straßenverkehr aus- 29
geschaltet werden soll (BGH VRS **16** 424), ist ein Eignungsmangel immer, aber auch nur dann
anzunehmen, wenn vom Täter *für die Zukunft* weitere Verletzungen der Kraftfahrerpflichten zu
befürchten sind, also gerade aus der Belassung der Fahrerlaubnis Gefahren für die Allgemeinheit
erwachsen (vgl. BGH **7** 165, 168, StV **94**, 314, **95**, 301). Als Pflichtverletzung ist insoweit auch der
Mißbrauch eines Kfz. zu Straftaten zu berücksichtigen (Bay NStZ/J **92**, 580). Einmaliges Versagen
läßt aber noch nicht den Schluß auf einen charakterlichen Eignungsmangel zu, so nicht ein einmaliges
Bereitstellen eines Kfz zum Abtransport erhoffter Diebesbeute (Düsseldorf NZV **99**, 172).

Fraglich ist, welche *Faktoren* für die Feststellung *der Ungeeignetheit* des Täters maßgeblich sind. 30
Während ein Teil der Rspr. den Standpunkt vertreten hat, daß die mangelnde Eignung des Täters
„unwiderleglich vermutet" werde, sofern sich der Täter durch die Tat als ungeeignet erwiesen habe
(dagegen Schmidhäuser 834 f.), ohne daß es darüber hinaus einer weiteren richterlichen Prognose für
das künftige Verhalten des Täters bedürfte (BGH **5** 168, Bay **54**, 11, Stuttgart NJW **53**, 1882,
Karlsruhe NJW **54**, 1945; ebenso Bruns GA 54, 166 ff., Lackner MDR 53, 74), verlangten andere
Entscheidungen zu Recht den Nachweis, daß die aus der Tat sich ergebende Ungeeignetheit
zum Urteilszeitpunkt fortbesteht und deswegen der Täter auch für die Zukunft als für die Allgemeinheit
gefährlich erscheint (vgl. BGH **7** 165 m. Anm. Schmidt-Leichner NJW 55, 557). Denn die Entziehung kann als Maßregel der Sicherung nur sinnvoll sein, wenn auch weiterhin dem Täter gegenüber
ein Sicherungsbedürfnis besteht. Ebenso wie das „wielange" der Fahrerlaubnisentziehung in Gestalt
der Sperrfrist nach der (voraussichtlichen) Dauer der Ungeeignetheit zu bemessen ist (vgl. § 69 a
RN 10), muß sich auch das „Ob" der Fahrerlaubnisentziehung nach einem Eignungsmangel bei
Urteilserlaß richten. So darf zB einem Täter, der ein Kfz. zu einer Straftat mißbraucht hat, die
Fahrerlaubnis nicht entzogen werden, wenn kein weiterer Mißbrauch zu erwarten ist. Zur Berücksichtigung eines heilsamen Einflusses eines längeren Strafverfahrens bei der Eignungsbeurteilung vgl.
Düsseldorf NJW **69**, 438 und zur entsprechenden Bedeutung einer vorläufigen Fahrerlaubnisentzie-
hung vgl. Bay NJW **71**, 206. Vgl. näher u. 52.

Hieran ändert sich nichts durch Abs. 2. Zwar enthält er einen Katalog von Tatbeständen, bei deren 31
Verwirklichung der Täter idR als ungeeignet zum Führen von Kraftfahrzeugen anzusehen ist. Damit
kommt in diesen Fällen zweifellos der den Eignungsmangel indizierenden Tat ausschlaggebende
Bedeutung zu, so daß für eine weitere Prognose des Richters im Einzelfall wenig Raum bleibt (so
bereits zum früheren Recht BGH **7** 168). Dennoch hat dadurch die auf alle Umstände gestützte
richterliche Prognose nicht jede Bedeutung verloren; denn da das sich aus der Tat ergebende Indiz nur
für den Regelfall gilt, hat der Richter zu prüfen, ob im Entscheidungsfall nicht gerade eine Ausnahme
vorliegt. Darüber aber kann er ohne Berücksichtigung der Gesamtumstände, insb. ohne Heranziehung
der zwischen Tat und Urteil liegenden Umstände (u. 52) und einer Würdigung der Persönlichkeit des
Täters (vgl. BGH **7** 175) und seines voraussichtlichen Verhaltens in der Zukunft, ebensowenig
entscheiden wie über die Frage, ob nicht auch eine in Abs. 2 nicht genannte Tat im Einzelfall auf
mangelnde Eignung des Täters schließen läßt. Der Sicherungszweck der Fahrerlaubnisentziehung
bedingt demgemäß eine Berücksichtigung der Gesamtumstände (vgl. Stuttgart VRS **42** 347, Krehl
DAR 86, 33, Lackner JZ 65, 121). Daraus ergibt sich **im einzelnen:**

a) Für den in **Abs. 2** aufgestellten **Katalog** von Tatbeständen hat der Gesetzgeber die richterliche 32
Prognose und Bewertung gewissermaßen vorweggenommen. Ist nämlich einer dieser Tatbestände
verwirklicht, so ist der Täter idR als ungeeignet zum Führen von Kraftfahrzeugen anzusehen. Das
Gesetz geht davon aus, daß die aufgeführten Taten im Regelfall einen solchen Grad des Versagens und
der Verantwortungslosigkeit des Täters offenbaren, daß damit zugleich auch dessen Eignungsmangel
feststeht, ohne daß es einer weiteren Prognose bedürfte (vgl. E 62 Begr. 227). Damit ist dem Richter
die Feststellung eines Eignungsmangels wesentlich erleichtert. Der Richter kann sich mit summarischen Ausführungen begnügen (Zweibrücken VRS **54** 115), wobei erkennbar sein muß, daß er die
Möglichkeit einer Ausnahme geprüft hat (Düsseldorf JMBlNW **86**, 11). Er ist jedoch der Aufgabe
enthoben, im einzelnen zu begründen, warum er gerade auf Grund dieser Tat einen Eignungsmangel
für erwiesen ansieht; denn liegen keine Anhaltspunkte dafür vor, daß die Tat ausnahmsweise von der
Regel abweicht (dazu u. 40 ff.) und spätere Umstände ein anderes Bild ergeben (dazu u. 52), kann er
aus der Indiztat auf die Ungeeignetheit des Täters schließen (vgl. Bay JR **66**, 107, Köln VRS **31** 263,
Koblenz VRS **55** 357, **64** 127, Lackner JZ 65, 121, Warda MDR 65, 3). Eine derartige Indizwirkung
kann im allgemeinen aber nur bei volldeliktischen Taten angenommen werden, nicht dagegen, wenn
der Täter wegen nicht alkoholbedingter Schuldunfähigkeit freizusprechen war (vgl. u. 40 ff.).

Tatbestände, die nach Abs. 2 einen Eignungsmangel des Täters indizieren, sind jedoch davon 33
abhängig, daß die Tat unter den Voraussetzungen des Abs. 1, also beim Führen eines Kraftfahrzeugs
usw, mithin nicht beim Radfahren (vgl. Köln VRS **63** 118, LG Mainz NJW **86**, 1769), begangen
worden ist. Mit dieser Einschränkung kommen folgende Tatbestände in Betracht:

α) **Gefährdungen des Straßenverkehrs** iSv § 315 c (Nr. 1). Dazu gehört einmal das Führen von 34
Fahrzeugen in fahruntüchtigem Zustand, wenn dadurch Leib, Leben oder bedeutende Sachwerte eines
anderen gefährdet werden (§ 315 c I Nr. 1). Versuchte oder fahrlässige Tatbegehung genügt (§ 315 c
II, III), ebenso die Tatbegehung mittels eines führerscheinfreien Kraftfahrzeugs.

Zum anderen fallen hierunter die sog. „sieben Todsünden im Verkehr" (§ 315 c I Nr. 2 a–g). 35
Fahrlässige Tatbegehung oder Gefährdung genügt auch hier (§ 315 c III), wobei es sich allerdings fragt,

§ 69   36–41   Allg. Teil. Rechtsfolgen d. Tat – Maßregeln d. Besserung u. Sicherung

ob nicht manche Fahrlässigkeitsfälle bereits unterhalb der von Abs. 2 gewollten Grenze liegen (vgl. u. 40 ff.).

36   β) Indiztat ist nach Nr. 2 ferner die **einfache Trunkenheit** im Verkehr (§ 316) bei Führen eines Kraftfahrzeugs, auch führerscheinfreien (and. LG Oldenburg BA **85**, 186 bei Jugendlichen; einschr. auch LG Oldenburg DAR **90**, 72 bei Trunkenheitsfahrt mit Leichtmofa; vgl. gegen diese Entscheidung Janiszewski NStZ **90**, 272). Es sind jedoch Fälle denkbar, die aus dem Regelrahmen des Abs. 2 fallen, zB bloßes Besteigen oder Anlassen des Motorrads. Das gilt insb. dann, wenn man den Begriff des Führens von Kraftfahrzeugen so weit faßt, wie es zT die Rspr. (vgl. o. 12) tut. Die Indizwirkung kann zudem bei einmaligen Ausnahmesituationen entfallen (vgl. Bay DAR/R **84**, 239). Vgl. näher u. 42. War der Genuß von Alkohol für einen Verkehrsverstoß nicht ursächlich und lag auch sonst nicht Fahruntüchtigkeit vor, so kann die Entziehung nur darauf gestützt werden, daß das Trinken vor Fahrtantritt einen Charaktermangel beweise (vgl. Düsseldorf VRS **36** 96).

37   γ) **Unerlaubtes Entfernen vom Unfallort** (§ 142) ist nach Nr. 3 nur dann Indiztat, wenn der Täter weiß oder wissen kann, daß beim Unfall ein Mensch getötet oder nicht unerheblich verletzt worden oder an fremden Sachen bedeutender Schaden entstanden ist. Eine Verletzung ist grundsätzlich erheblich, wenn unverzüglich ärztliche Hilfe geboten ist (Geppert LK 83). Als unerheblich anzusehen sind Prellungen oder Schnittwunden leichter Art sowie bloße Hautabschürfungen. Bedeutender Sachschaden (vgl. dazu Himmelreich DAR **94**, 508) ist nicht schon jeder, der für die Tatbestandsmäßigkeit des § 142 ausreicht. Vielmehr ist an die Werte anzuknüpfen, die im Rahmen des § 315 c bei der Feststellung zugrunde gelegt werden, ob eine Sache von bedeutendem Wert gefährdet worden ist (Hamm DAR **74**, 21, Karlsruhe DAR **78**, 50; Frankfurt VRS **52** 116: Schaden unter 1000 DM nicht bedeutend; Bay VRS **59** 190: Schaden von 1100 DM nicht bedeutend; Schleswig VRS **54** 33, DAR **84**, 122: Schaden erst über 1200 DM bedeutend; Celle VRS **64** 366: Schaden über 1300 DM bedeutend; Bremen StV **84**, 335, LG Baden-Baden NJW **81**, 1569: Schaden mindestens 1500 DM; Düsseldorf NZV **90**, 197: Schaden erst über 1500 DM bedeutend; Naumburg NZV **96**, 204, LG Hamburg MDR **93**, 667: Schaden ab 1800 DM bedeutend; Düsseldorf VRS **71** 275: Schaden über 1900 DM bedeutend; LG Oldenburg VRS **65** 361, LG Nürnberg-Fürth MDR **90**, 173: Schaden ab 2000 DM bedeutend). Zu beachten sind hierbei die allgemeinen Veränderungen der Einkommen und des Geldwertes (Düsseldorf NZV **90**, 197). Zu berücksichtigen ist auch der Schaden, der am unbefugt benutzten Fluchtfahrzeug entstanden ist (Hamburg NStZ **87**, 228). Bei der Schadensberechnung sind neben den Reparaturkosten noch Abschlepp- u. Bergungskosten sowie eine merkantile Wertminderung (Naumburg NZV **96**, 204) zu berücksichtigen, nicht jedoch ein mittelbarer Schaden wie Nutzungsausfall, Mietwagenkosten, Anwaltskosten usw (LG Hamburg NZV **94**, 373, Bär DAR **91**, 272; and. Stuttgart VRS **62** 124), da er zZ des Unfalls wenig abschätzbar und für den Täter kaum kalkulierbar ist (ein Nichtbedenken solcher Folgen ist überdies kein Versagen, das auf die Ungeeignetheit zum Führen eines Kfz. deutet). Zu den Berechnungsfaktoren vgl. noch Schleswig VRS **54** 33, Stuttgart Justiz **82**, 97. Krit. hierzu Mollenkott DAR 80, 328. Zur Berücksichtigung der Möglichkeit, den Schaden mit geringeren Kosten beseitigen zu lassen, vgl. LG Oldenburg MDR **84**, 163. Zum Schaden bei geleasten Fahrzeugen vgl. Hamm NJW **90**, 1925.

38   Die Indizwirkung der Nr. 3 greift nicht nur ein, wenn der Täter weiß, daß erhebliche Folgen eingetreten sind, sondern auch dann, wenn er dies nur „wissen kann". Entsprechend Nr. 1, nach der auch fahrlässige Verkehrsgefährdungen als Indiztaten anzusehen sind, genügt, daß der Täter die schweren Folgen fahrlässig nicht erkannt hat. Wie bei anderen Fahrlässigkeitstaten ist jedoch eingehend zu prüfen, ob bloßer Fahrlässigkeit eine Indizwirkung für den Eignungsmangel tatsächlich zukommt (vgl. u. 40 ff.). Das Fahrlässigkeitsmoment genügt nur für die Annahme der erheblichen Folgen; hinsichtlich des Vorliegens eines Unfalls ist Vorsatz erforderlich; bedingter Vorsatz reicht aus.

39   δ) Schließlich stellt auch der **Vollrausch** (§ 323 a), sofern er zur Verwirklichung einer der o. 34–38 genannten Tatbestände führt, eine Tat dar, von der regelmäßig auf die Ungeeignetheit des Täters zum Führen von Kraftfahrzeugen zu schließen ist. Zur subjektiven Tatseite bei den Rauschtaten vgl. § 323 a RN 16 ff. Im Fall des unerlaubten Entfernens vom Unfallort (Nr. 3) liegt das erforderliche Wissensmoment außer bei Kenntnis vor, wenn die Voraussetzungen objektiver Fahrlässigkeit gegeben sind und der Täter im nüchternen Zustand die erheblichen Unfallfolgen hätte erkennen können.

40   b) Da den Tatbeständen des Abs. 2 nur „in der Regel" eine **Indizwirkung** zukommen soll, kann diese im Einzelfall ausnahmsweise entfallen (Stuttgart VRS **35** 19, NJW **87**, 142, Saarbrücken NJW **74**, 1393, Koblenz VRS **66** 41). Für die praktische Handhabung hat das Regel-Ausnahme-Verhältnis zur Folge, daß der Richter in Fällen, in denen er von der Fahrerlaubnisentziehung absieht, im einzelnen begründen muß, warum er den Täter trotz der Indiztat weiterhin zum Führen von Kraftfahrzeugen für geeignet hält (Braunschweig NdsRpfl **69**, 214, Stuttgart Justiz **72**, 207, Koblenz VRS **71** 279).

41   Die Gesichtspunkte, mit denen die Indizwirkung entkräftet werden kann, können sich sowohl aus der Tat selbst wie aus einer Würdigung der Gesamtpersönlichkeit des Täters einschließlich seines Verhaltens nach der Tat ergeben. Soweit solche Gesichtspunkte nicht zweifelsfrei feststellbar sind, ist nach dem Grundsatz **in dubio pro reo** zu entscheiden, so etwa, wenn zweifelhaft ist, ob der wegen Trunkenheit Fahruntüchtige sein Kfz lediglich zur Behebung eines verkehrsstörenden Zustands (vgl. u. 42) ein Stück versetzen wollte.

Entziehung der Fahrerlaubnis   42–44 **§ 69**

α) Bereits die *Tat selbst* kann trotz Erfüllung aller Tatbestandsmerkmale so aus dem Rahmen der **42** typischen Begehungsweisen fallen, daß sie nicht mehr als der Regelfall anzusehen ist, dem der Gesetzgeber durch Vorwegnahme der Prognose eine den Eignungsmangel indizierende Wirkung beilegen wollte. Das gilt für alle Bagatelltaten an der unteren Grenze der in Abs. 2 genannten Tatbestände. Wenn zB der Täter in leichtfahrlässiger Verkennung der Absichten eines Fußgängers zu schnell an einen Fußgängerüberweg heranfährt und dadurch den Passanten gefährdet, so ist zwar der Tatbestand einer fahrlässigen Straßenverkehrsgefährdung nach § 315 c I Nr. 2 c, III erfüllt; der Fahrer hat aber damit noch nicht jenen Grad des Versagens und der Verantwortungslosigkeit gezeigt, den der Gesetzgeber bei Aufstellung der Regel im Auge hatte. Gleiches trifft für alle Fälle zu, in denen der Täter bei einer Straßenverkehrsgefährdung nur leicht fahrlässig handelt (Cramer 48). Hier reicht es aus, dem Täter durch ein Fahrverbot nach § 44 einen Denkzettel zu geben. Bei einer auf Übermüdung zurückzuführenden Straßenverkehrsgefährdung (§ 315 c I Nr. 1 b) kann eine Ausnahme vom Regelfall vorliegen, wenn der Fahrer nur noch eine kurze Strecke zu bewältigen hatte und glaubte, sie noch bewältigen zu können (Bay NStZ/J **88**, 543). Auch bei Trunkenheitsfahrten nach § 316 sind Fälle denkbar, denen die Indizwirkung des Abs. 2 nicht zukommt, so zB, wenn der Täter sein Kfz innerhalb einer Parklücke versetzt (LG Köln NStZ/J **89**, 257) oder mit ihm nur ein kurzes Stück fahren (Köln DAR **91**, 191: 15 m; LG Gera DAR **99**, 420: 20 m), es insb. vor- oder zurücksetzen will, um einen verkehrsstörenden Zustand zu beseitigen (vgl. Hamburg VRS **8** 290, Hamm VRS **52** 25, Stuttgart NJW **87**, 142, Düsseldorf VRS **74** 259, AG Bonn DAR **80**, 52), wenn er nach Benachrichtigung vom Unfall eines nahen Angehörigen zur Unfallstelle fährt, um sich mit diesen zu kümmern (LG Heilbronn DAR **87**, 29), oder wenn er vor einer körperlichen Auseinandersetzung fliehen will (Nüse JR 65, 43). Entsprechendes gilt für gleichliegende Taten im Vollrausch (einschr. Tröndle/Fischer 14), ferner für § 142, so wenn der Täter entschlossen war, sich beim Geschädigten zu melden und den Schaden zu ersetzen (vgl. Bay DAR/R **68**, 225).

β) Darüber hinaus kann sich aus *außerhalb der Tat liegenden Umständen* ergeben, daß der Eignungs- **43** mangel zu verneinen ist. So können Umstände nach der Tat die Indizwirkung entkräften, etwa beim unerlaubten Entfernen vom Unfallort das alsbaldige Melden des Täters bei der Polizei als Unfallverursacher (LG Gera StV **97**, 597). Ferner kann die Würdigung der Gesamtpersönlichkeit des Täters unter Berücksichtigung sämtlicher Tatumstände den Schluß rechtfertigen, daß es sich bei der Indiztat nur um einen einmaligen, durch besondere Umstände bedingten Verkehrsverstoß handelt, dessen Wiederholung nicht wahrscheinlich ist. Vgl. etwa den Sachverhalt b. Hamm JMBlNW **58**, 80. Vgl. auch BGH **7** 176, VRS **10** 213, DAR/M **61**, 78, Bay VRS **40** 12, Celle DAR **56**, 248, Braunschweig NdsRpfl **69**, 214. Bei dem maßgeblichen Gewicht, das nach Abs. 2 der Indiztat zukommt, kann der Tatsache, daß es sich um das erste Versagen des Fahrers handelt, für sich allein jedoch nicht die Indizwirkung entkräften, insb. nicht bei Trunkenheitsfahrten (vgl. Bay DAR/R **67**, 290), dann auch nicht bei langjährigem unbeanstandeten Fahren (LG Saarbrücken BA **99**, 311). Ebensowenig entfällt die Indizwirkung normalerweise allein deswegen, weil der Täter zwischen der Tat und ihrer Aburteilung einige Monate lang unbeanstandet Kraftfahrzeuge geführt hat (Stuttgart VRS **46** 103, Frankfurt VRS **55** 181) oder mehrere Monate keinen Führerschein besaß (Stuttgart aaO, KG VRS **60** 109). Entscheidend ist vielmehr die auf alle Umstände, einschließlich der Täterpersönlichkeit, gestützte richterliche Prognose (vgl. Zabel BA 80, 393). Ist zB seit der Indiztat bis zur Aburteilung über ein Jahr vergangen und ist der Täter in dieser Zeit eine beträchtliche Zahl von km gefahren, so spricht dies gegen einen noch bestehenden Eignungsmangel (vgl. LG Wuppertal NJW **86**, 1769).

Bei der Beurteilung der **Gesamtpersönlichkeit** ist insb. die Zuverlässigkeit des Fahrers unter **44** Würdigung seiner Lebensumstände, seines Vorlebens (jahrelange straflose Fahrpraxis oder aber frühere Verkehrsverfehlungen, vgl. BGH VRS **13** 212, **17** 25, LG Saarbrücken DAR **81**, 395) und seines Verhaltens bei und nach der Tat zu berücksichtigen; etwa einerseits ernstliche Fürsorge für Unfallverletzte oder gewissenhafte Schadenswiedergutmachung, andererseits Beschimpfung der übrigen Tatbeteiligten oder jugendliche Uneinsichtigkeit (vgl. Dallinger-Lackner JGG § 7 Anm. 7). Im Rahmen der Gesamtwürdigung ist auch die erfolgreiche Teilnahme an einem Kursus zur **Nachschulung alkoholauffälliger Kraftfahrer** (vgl. dazu § 69 a RN 20 sowie allg. Legat BA 85, 130) als tätergünstiger Umstand heranzuziehen (Köln VRS **59** 25, **60** 375, **61** 119, Hamburg VRS **60** 192, LG Kleve NJW **79**, 558, LG Duisburg DAR **80**, 349, LG Hamburg DAR **83**, 60; vgl. dazu Preisendanz BA 81, 91, Gebhardt DAR **81**, 207, Dittmer BA 81, 281, Middendorff BA 82, 129, Schultz BA 82, 327, Himmelreich BA 83, 91, DAR 97, 465, Himmelreich-Hentschel aaO RN 57 ff., Zabel BA 85, 115; zu den Bedenken vgl. Seib DRiZ 81, 166). Der Berücksichtigung einer erfolgreichen Nachschulung steht nicht entgegen, daß diese wegen der Kostenbelastung nicht allen Kraftfahrern zugänglich ist (vgl. Hentschel NJW 96, 638). Von Bedeutung ist allein, wie sich der Kursus auf den Täter ausgewirkt hat. Teilnahme allein rechtfertigt noch keine Ausnahme von der Regel des Abs. 2 (Koblenz VRS **66** 40). Frühere Taten können, solange die deswegen erfolgte Verurteilung nach den §§ 28–30 b StVG verwertet werden darf, berücksichtigt werden. Dagegen kann bloßes Bestreiten der bei Verkehrsdelikten oft schwer zu beurteilenden Schuld für sich allein nicht negativ bewertet werden (Geppert LK 76), ebensowenig eine sonst zulässige Verteidigung vor Gericht, die darauf abzielt, die Fahrerlaubnisentziehung zu verhindern (Celle DAR **84**, 93, Köln VRS **90** 125). Allgemeine Charaktermängel dürfen nur herangezogen werden, soweit sie zur Verletzung der spezifisch dem Kraftfahrer obliegenden Pflichten führen können (vgl. BGH DRiZ/H **78**, 278, OVG Münster VRS **12** 471, Weigelt DAR 65,

15; and. BGH **5** 180 m. abl. Anm. Schmidt-Leichner NJW 54, 163, **17** 218, VRS **30** 275; zu weitgehend auch Warda MDR 65, 3). Auch sonstige Umstände, die einen Schluß auf künftiges Verhalten im Straßenverkehr zulassen, sind zu berücksichtigen, zB die voraussichtliche Wirkung der Strafe auf den Täter. Ist anzunehmen, daß schon die Verhängung der Strafe einen derartigen Einfluß auf den Täter ausübt, daß weitere Verstöße nicht zu erwarten sind, so kann damit die Notwendigkeit für die Fahrerlaubnisentziehung entfallen (vgl. Stuttgart VRS **10** 130; and. BGH MDR/D **54**, 398). Entsprechendes gilt, wenn der Täter bereits durch ein Fahrverbot nach § 44 zu einem verkehrsgerechten Verhalten veranlaßt werden kann oder durch die vorläufige Fahrerlaubnisentziehung nachhaltig beeindruckt ist (vgl. u. 52). Unmaßgeblich ist dagegen, wie sich der Strafvollzug auf den Täter auswirkt (BGH MDR/H **78**, 986).

45 c) Der Eignungsmangel kann sich aber auch aus **anderen** als den in Abs. 2 genannten **Taten** ergeben, da Abs. 2 keine abschließende Regelung enthält (vgl. o. 31). Da aber nur den in Abs. 2 genannten Taten eine indizierende Wirkung zukommt, ist in anderen Fällen der Richter gezwungen, im einzelnen zu begründen, warum er auf Grund dieser Tat den Fahrer für die weitere Teilnahme am Kraftverkehr als ungeeignet ansieht (BGH StV **94**, 314, **95**, 301, Lackner JZ 65, 122, Warda MDR 65, 3). Dabei ist **im einzelnen** folgendes zu beachten:

46 α) Grundlage für die Beurteilung des Eignungsmangels ist auch hier die *Tat*. Das ergibt Abs. 1, auf den unmittelbar zurückzugreifen ist. Da aber Abs. 2 einen allgemeinen Bewertungsmaßstab für einen Eignungsmangel abgibt (vgl. E 62 Begr. 227), können außerhalb des Abs. 2 nur Taten herangezogen werden, die in ihrem Gewicht den in Abs. 2 aufgeführten Taten gleichkommen (vgl. dazu Hamm VRS **57** 186). Das ist etwa der Fall beim verkehrsfremden Einsatz eines Kraftfahrzeugs im Straßenverkehr iSv § 315 b oder bei hartnäckiger Mißachtung eines Fahrverbots (vgl. dazu Hamm VRS **63** 347). Charakterlicher Eignungsmangel liegt idR vor, wenn der Fahrer im Zusammenhang mit einem Verkehrsvorgang einem anderen Faustschläge versetzt (Karlsruhe MDR **80**, 246) oder das Kfz planmäßig zur Durchführung einer Straftat einsetzt (vgl. BGH NStZ **92**, 586: Drogengeschäfte). Dabei ist ausnahmsweise denkbar, daß schon die Tat als solche den Schluß zuläßt, der Täter werde auch in Zukunft eine Gefahr für die Allgemeinheit sein (vgl. BGH **7** 175, Stuttgart NJW 54, 1657, VRS **10** 130), ohne daß es darüber hinaus noch einer besonderen Würdigung der Gesamtpersönlichkeit bedürfte. Auf keinen Fall genügt jedoch, daß sich die mangelnde Eignung nur anläßlich der Tat offenbart hat, ohne in dieser wirksam geworden zu sein (BGH **15** 395, Düsseldorf MDR **58**, 621, Köln DAR **57**, 23; vgl. auch KG VRS **15** 416, Lenckner aaO 226 f.).

47 β) Erlaubt nicht schon die Tat als solche einen eindeutigen Schluß auf die Ungeeignetheit, so ist für die Beurteilung des Eignungsmangels die *Gesamtpersönlichkeit* des Täters von entscheidender Bedeutung (BGH **5** 176, **7** 175, RdK **55**, 10, VRS **13** 212, DAR/M **68**, 124, KG DAR **55**, 92, Braunschweig NJW **63**, 1882, DAR **58**, 193, Düsseldorf NJW **54**, 165, RdK **57**, 29, Schleswig GA **53**, 127, Hamburg NJW **55**, 1000). Dies gilt in zweifacher Richtung:

48 Begründet die Tat als solche ein dem Abs. 2 gleichkommendes Indiz für die Ungeeignetheit, so kann das Indiz durch ein günstiges Persönlichkeitsbild des Täters entkräftet werden. Voraussetzung ist allerdings der Nachweis dieser Persönlichkeitsfaktoren, so daß bei Zweifeln der durch die Tat indizierte Eignungsmangel zu beachten ist (vgl. BGH **7** 176, Braunschweig DAR **58**, 193).

49 Enthält die Tat dagegen nur gewisse Anzeichen eines Eignungsmangels, ohne für sich schon eine Vermutung in diesem Sinn zu begründen, so kann die Fahrerlaubnis nur entzogen werden, wenn das Persönlichkeitsbild zusätzliche Anhaltspunkte für die Ungeeignetheit ergibt. Zweifel wirken sich zugunsten des Täters aus (Braunschweig aaO).

50 Über die für die Beurteilung der Gesamtpersönlichkeit maßgeblichen Gesichtspunkte vgl. o. 43 f. Zu beachten ist insoweit, daß außerhalb der Tat liegenden Umständen mehr an Bedeutung zukommt, wenn die Indizwirkung der Tat verhältnismäßig gering ist, als in den Fällen, in denen die Tat in starkem Maß die Ungeeignetheit indiziert.

51 d) Nicht erforderlich ist, daß sich der Eignungsmangel auf *jede Art von Kraftfahrzeugen* erstreckt (and. Bode DAR 89, 447). Die früher von der Rspr. (BGH **6** 183, Karlsruhe DAR **59**, 48) vertretene abweichende Ansicht entspricht nicht dem geltenden Recht (vgl. dagegen aber E 62 Begr. 226, Oldenburg NJW **65**, 1287). Da § 69 a II die Möglichkeit eröffnet, bestimmte Fahrzeugarten von der Sperre auszunehmen (vgl. dort RN 3), wäre es ein innerer Widerspruch, einerseits den Täter für ungeeignet zu erklären, irgendein Kfz. zu führen, zugleich aber zu gestatten, dem Täter für bestimmte Fahrzeugarten eine neue Fahrerlaubnis zu erteilen (vgl. dazu Bode aaO, der für Einschränkung der Fahrlaubnisentziehung und Streichung des § 69a II eintritt). Deshalb kann zB dem Inhaber eines Führerscheins der Klasse 3 die Fahrerlaubnis schon dann entzogen werden, wenn er sich als ungeeignet zum Führen von PKWs erwiesen hat, aber auf einem Moped ungefährlich wäre (vgl. Hamm NJW **71**, 1618). In diesem Fall müßte das Gericht die Mopedklasse gem. § 69 a II von der Sperre ausnehmen. Vgl. auch u. 58 und § 69 a RN 3 f.

52 e) Der für die mangelnde Eignung des Täters maßgebende **Zeitpunkt** ist der des **Urteils** (BGH **7** 175, StV **94**, 314, VRS **95** 410, Cramer 39, Geppert LK 58, Tröndle/Fischer 15). Statt dessen auf die Tatzeit abzustellen, verbietet nicht nur der Sinn des Wortlauts in Abs. 1 (vgl. E 62 Begr. 226), sondern wäre auch mit dem Charakter der Fahrerlaubnisentziehung als Sicherungsmaßregel unvereinbar (Lackner JZ 65, 122). Daher können zwischen der Tat und dem Urteil liegende Umstände bei der

Gefährlichkeitsprognose berücksichtigt werden, so daß – auch bei Indiztaten iSv Abs. 2 (Zweibrücken StV **89**, 250) – von der Fahrerlaubnisentziehung abzusehen ist, wenn vom Täter keine weiteren Straftaten im Rahmen des Kfz-verkehrs zu erwarten sind (BGH StV **99**, 18), etwa dann, wenn der Täter nach Überzeugung des Gerichts durch die langdauernde vorläufige Entziehung nach § 111 a StPO hinreichend gewarnt worden ist (BGH VRS **82** 19, Bay NJW **71**, 206, **77**, 445, Saarbrücken NJW **74**, 1393, Hamm NJW **77**, 208), insb., wenn diese schwere wirtschaftliche oder berufliche Nachteile verursacht hat. Das gilt auch, wenn die vorläufige Entziehung kürzer war als die Mindestsperrfrist (Bay aaO, Zweibrücken StV **89**, 251). Eine hinreichende Warnung, die zum Fortfall des Eignungsmangels führt, kann sich uU auch aus schweren Tatfolgen, die den Täter getroffen haben, ergeben. Ferner kann eine Nachschulung den Eignungsmangel behoben haben (vgl. LG Kleve NJW **79**, 558, LG Krefeld VRS **56** 283), ebenfalls eine erfolgreiche Entziehungskur bei Alkoholsüchtigen. Der Annahme eines Eignungsmangels kann uU auch entgegenstehen, daß der Täter nach der Tat lange Zeit verkehrsgerecht gefahren ist (vgl. BGH VRS **14** 286, MDR/H **92**, 17, LG Wuppertal NJW **86**, 1769, Schulz NZV **97**, 62, aber auch Hamm DAR **95**, 190, Stuttgart VRS **46** 103, München NJW **92**, 2777, Düsseldorf NZV **97**, 92), jedoch nicht in Fällen schwerwiegender Straftaten im Zusammenhang mit dem Führen eines Kraftfahrzeugs, da der hier die Ungeeignetheit begründende Charaktermangel sich beim alltäglichen Fahren nicht auszuwirken braucht (BGH MDR/H **78**, 986). Der Fahrerlaubnisentzug kann sich erübrigen, wenn der Täter durch den Unfall so schwer verletzt wurde, daß er künftig nicht mehr fahren kann (Jescheck/Weigend 827 FN 34; and. BGH **7** 174, Lackner 6). Es entfällt dann das erforderliche Sicherungsbedürfnis und damit die für Maßregeln gebotene Notwendigkeit zum Schutz der Allgemeinheit.

f) Bei Beurteilung der mangelnden Eignung hat außer Betracht zu bleiben, wie sich die Fahrerlaub- **53** nisentziehung **wirtschaftlich** auf den Betroffenen **auswirkt** (Oldenburg NdsRpfl **54**, 232; vgl. auch Warda MDR 65, 2, BGH MDR/D **54**, 398, Geppert LK 63). Vgl. aber auch Grohmann DAR 78, 63 sowie Celle DAR **56**, 248, das erwägen will, inwieweit der Umstand, daß der Täter beruflich auf die Fahrerlaubnis angewiesen ist, für dessen künftiges Verhalten von Bedeutung sein kann. Auch das Interesse des Dienstherrn an einer weiteren Führung des Kfz. durch den Täter hat außer Betracht zu bleiben (Köln MDR **67**, 514). Zu berücksichtigen sind aber wirtschaftliche Auswirkungen, die auf Grund einer vorläufigen Fahrerlaubnisentziehung bereits eingetreten sind und den Täter so nachhaltig beeindruckt haben, daß der Eignungsmangel entfallen ist (vgl. o. 52).

5. Der Entziehung der Fahrerlaubnis steht nicht entgegen, daß der Täter auf Grund eines Fahr- **54** verbots nach § 44 oder § 25 StVG kein Fahrzeug führen darf. Hat er keine Fahrerlaubnis, so kommt eine isolierte Sperre in Betracht (vgl. § 69 a RN 23).

6. Wie bei allen Maßregeln der Besserung und Sicherung gilt bei der Prognose über die Gefähr- **55** lichkeit des Täters der Grundsatz **in dubio pro reo** nicht in dem Sinn, daß künftiges Fehlverhalten zur Gewißheit des Gerichts festgestellt werden müßte. Es genügt, daß mit Wahrscheinlichkeit damit zu rechnen ist. Die Kontroverse zwischen Hamm NJW **71**, 1618 und Geppert NJW 71, 2154 ist deshalb um ein Scheinproblem erfolgt. Der Grundsatz in dubio pro reo behält aber seine Bedeutung für die tatsächlichen Prognosegrundlagen sowie für Zweifel an der Wahrscheinlichkeit künftigen Fehlverhaltens (vgl. 9 vor § 61).

7. Nach § 62 stehen alle Maßregeln der Besserung und Sicherung unter dem Grundsatz der **56** **Verhältnismäßigkeit,** so daß das allgemeine Sicherungsbedürfnis zum Eingriff in Beziehung zu setzen ist, den die Maßregel für den Verurteilten bedeutet. § 69 I 2 bestimmt jedoch, daß eine solche Prüfung bei der Fahrerlaubnisentziehung **nicht** erforderlich ist. Das erklärt sich damit, daß einerseits die Feststellung, der Täter sei zur Führung von Kraftfahrzeugen ungeeignet, hinreichende Möglichkeiten bietet, die Frage der Verhältnismäßigkeit zu prüfen, und andererseits die Beeinträchtigung der Rechte des Verurteilten durch Entziehung seiner Fahrerlaubnis nicht von dem gleichen Gewicht ist, wie dies bei den anderen Maßregeln der Fall ist. Liegen also die Voraussetzungen des § 69 vor, so ist die Fahrerlaubnis zu entziehen, ohne daß es einer Prüfung nach § 62 bedarf (and. AG Bad Homburg NJW **84**, 2840). Krit. zum Ausschluß der Verhältnismäßigkeitsprüfung Herzog NK 38.

III. Die Maßregel besteht in der **Entziehung der Fahrerlaubnis.**

1. Die Entziehung steht nicht im Ermessen des Gerichts, sondern **muß** erfolgen, sofern die **57** Voraussetzungen des § 69 vorliegen (BGH **5** 176, DRiZ/H **78**, 278), auch dann, wenn die in Betracht kommende Sperrfrist bereits während der Haftzeit abläuft (BGH DAR/S **88**, 227). Unerheblich ist, ob der Täter die Fahrerlaubnis schon zZ der Tat besessen oder sie erst danach erlangt hat (BGH NStE **5**).

2. Zu entziehen ist die **Fahrerlaubnis als solche.** Einschränkungen sind unzulässig (BGH NStZ **58** **83**, 168), zB Beschränkung auf Erlaubnis zur Fahrgastbeförderung (BGH MDR/H **82**, 623). Das Gesetz hat die Frage, ob dem Täter gestattet bleiben soll, bestimmte Arten von Fahrzeugen weiterhin zu benutzen, nicht als Einschränkung bei der Entscheidung über die mangelnde Eignung geregelt, sondern geht davon aus, daß der Eignungsmangel schlechthin festzustellen sei. Das ist insofern ein innerer Widerspruch, als das Gericht gleichzeitig dem Täter gestatten kann, eine Fahrerlaubnis für bestimmte Fahrzeuge zu erwerben (vgl. § 69 a II; dort RN 3 f. und o. 51). Zur bedingten Eignung hinsichtlich verschiedener Fahrzeugarten vgl. Stephan DAR 89, 1.

Stree

59 3. Die Fahrerlaubnis **erlischt mit Rechtskraft** des Urteils bzw. der diesem gleichgestellten richterlichen Entscheidungen (Abs. 3 S. 1). Der Führerschein ist, soweit er von inländischen Behörden ausgestellt war, im Urteil einzuziehen (Abs. 3 S. 2; vgl. noch § 56 StVollstrO), auch ein bereits sichergestellter (BGH VRS **65** 361) oder ein von deutschen Behörden ausgestellter internationaler Führerschein (vgl. § 69 b RN 6).

60 4. **Betroffen** ist **jede Fahrerlaubnis,** die der Täter besitzt. Eine ausländische Fahrerlaubnis berechtigt, solange die Sperrfrist läuft, nicht zum Fahren in der BRep. Das gilt auch für eine erst nach dem Urteil erworbene ausländische Fahrerlaubnis (vgl. § 4 II VO über int. Kfz-verkehr idF v. 23. 11. 1982, BGBl. I 1533).

61 5. Mit der Entziehung der Fahrerlaubnis wird zugleich eine **Sperrfrist** für die Erteilung einer neuen Fahrerlaubnis angeordnet; vgl. dazu § 69 a.

62 6. Eine **vorläufige Fahrerlaubnisentziehung** (zur Verfassungsmäßigkeit vgl. BVerfG NStZ **82**, 78) ist nach § 111 a StPO möglich, wenn dringende Gründe für die Annahme vorhanden sind, daß die Fahrerlaubnis nach § 69 entzogen werden wird. Damit ist auch die vorläufige Entziehung an den voraussichtlichen Nachweis eines der in § 69 genannten Entziehungstatbestände gebunden. Als Maßregel der Sicherung darf sie ferner nur angeordnet werden, wenn sie zum Schutz der Allgemeinheit vor weiteren Gefährdungen durch den Betroffenen erforderlich erscheint. Von ihr können bestimmte Arten von Kraftfahrzeugen ausgenommen werden (§ 111 a I 2 StPO).

63 Anstelle der vorläufigen Entziehung ist auch eine **Beschlagnahme** des Führerscheins nach § 94 StPO möglich. Die dafür maßgeblichen Voraussetzungen bestimmen sich jedoch praktisch nach denen der vorläufigen Entziehung, da eine richterliche Entscheidung über die Beschlagnahme als Entscheidung über die vorläufige Entziehung ergeht (§ 111 a IV StPO) und eine Ablehnung bzw. Aufhebung der vorläufigen Entziehung auch zur Rückgängigmachung der Beschlagnahme zwingt (§ 111 a V StPO). Vgl. BGH **22** 385, K/Meyer-Goßner § 111 a RN 15, 17, Warda MDR **65**, 6.

64 Hat ein Urteil 1. Instanz die vorläufige Fahrerlaubnisentziehung abgelehnt, so kann eine Anordnung nach § 111 a StPO nur auf Grund neuer Tatsachen erfolgen (Karlsruhe NJW **60**, 2113, Koblenz VRS **55** 45).

65 Über die Berücksichtigung der vorläufigen Entziehung bei der endgültigen Sperrfrist vgl. § 69 a RN 11 ff.; über die Aufhebung der vorläufigen Entziehung während des Revisionsverfahrens vgl. § 69 a RN 17 a.

66 IV. Die **Urteilsformel** sollte nach BGH NJW **54**, 1167 lauten: „Dem Angeklagten wird die Erlaubnis zum Führen von Kraftfahrzeugen entzogen. Der ihm erteilte Führerschein wird eingezogen. Die Verwaltungsbehörde darf vor Ablauf von .... keine neue Fahrerlaubnis erteilen." Da § 69 a I eine Weisung an die Verwaltungsbehörde nicht vorsieht, wird man formulieren müssen: „Dem Angeklagten darf für die Dauer von .... keine neue Fahrerlaubnis erteilt werden." Vgl. auch BGH DAR/M **67**, 96, Köln JMBlNW **56**, 179. Einer Festsetzung des Fristbeginns bedarf es nicht; vgl. § 69 a RN 18.

67 Wird die Fahrerlaubnis nicht entzogen, obwohl dies beantragt war bzw. nach der Art der Straftat in Betracht gekommen wäre, so muß der Nichtentzug in den **Urteilsgründen** ausdrücklich begründet werden (§ 267 VI StPO). Das ist geboten, um den Verwaltungsbehörden Klarheit über den Umfang der Bindungswirkung (§ 3 IV StVG) zu verschaffen (vgl. Warda MDR **65**, 6 f.). Anderseits ist bei Fahrerlaubnisentziehung mehrere Jahre nach der Tat das Fortbestehen des Eignungsmangels ausführlich zu begründen, wenn der Täter in der Zwischenzeit frei von Straftaten gelebt hat (BGH VRS **82** 19).

68 V. Ein **Rechtsmittel** kann auf die Entscheidung nach § 69 beschränkt werden (BGH **6** 184, VRS **18** 348, KG VRS **26** 198, Schleswig SchlHA **54**, 261, VRS **54** 33, aber auch Bay DAR/R **65**, 284, Düsseldorf VRS **70** 137, Köln VRS **76** 352, Stuttgart NStZ-RR **97**, 178), uU auch auf die bloße Dauer der Sperrfrist (BGH VRS **21** 262, 263, Karlsruhe VRS **48** 425, Koblenz VRS **52** 432, Zweibrücken NJW **83**, 1007; and. Tröndle 18). Wegen der inneren Abhängigkeit von Strafzumessung und Fahrerlaubnisentziehung vertritt die Rspr. (BGH **10** 379, **24** 12, Bay NJW **66**, 678, Hamm NJW **55**, 194, Frankfurt NJW **55**, 1331, Braunschweig NJW **55**, 1333, Celle VRS **10** 210, Stuttgart MDR **64**, 615, KG GA **71**, 157, Schleswig MDR **77**, 1039; and. Bay NJW **57**, 511, Celle MDR **61**, 1036, KG VRS **26** 24, Müller NJW **60**, 804) den Standpunkt, das gegen das Strafmaß gerichtete Rechtsmittel umfasse regelmäßig auch die Fahrerlaubnisentziehung (vgl. auch Geppert LK 237). Eine Ausnahme kommt etwa bei Beschränkung des Rechtsmittels auf die Tagessatzhöhe in Betracht (vgl. Bay VRS **60** 104, NStZ/J **88**, 267). Umgekehrt soll die Aufhebung des Strafausspruchs die Fahrerlaubnisentziehung nicht notwendig ergreifen (BGH VRS **17** 192, Hamburg MDR **83**, 863; and. BGH VRS **19** 110; vgl. auch NJW VRS **20** 417). Nach Braunschweig NJW **58**, 679, Köln NJW **59**, 1237 kommt eine isolierte Anfechtung der Entscheidung nach § 69 nicht in Betracht, wenn zugleich die Strafe zur Bewährung ausgesetzt ist, nach Bay MDR **89**, 89 nicht bei Rechtsmittel zuungunsten des Angekl., nach Düsseldorf NStE **11**, Köln VRS **90** 121, Frankfurt NStZ-RR **97**, 48 nicht bei charakterbedingter Fahrerlaubnisentziehung. Nach Düsseldorf VRS **96** 443 erfaßt eine auf die Strafaussetzung zur Bewährung beschränkte Revision nur ausnahmsweise die Fahrerlaubnisentziehung oder die Anordnung einer Sperrfrist. War die Entziehung auf realkonkurrierende Taten gestützt, so wird sie von der Anfechtung auch nur einer der Taten ergriffen (Bay VRS **31** 186, NJW **66**, 2369, Hamm NJW **77**,

208). Auf ein auf die Anwendung des § 69 beschränktes Rechtsmittel der StA hin ist auch zu prüfen, ob nicht „wenigstens" ein Fahrverbot zu verhängen ist (Celle MDR **68**, 775); es gelten hierfür ähnliche Überlegungen wie bei § 44 RN 3.

Als Sicherungsmaßregel unterliegt die Fahrerlaubnisentziehung dem Verbot der **reformatio in** 69 **peius** (§§ 331 II, 358 II StPO; vgl. BGH **5** 178, VRS **30** 272, Stuttgart NJW **53**, 1882, NJW **67**, 2071, Köln NJW **65**, 2309, Bender DAR **58**, 202, Dettinger MDR **54**, 148). Das Verschlechterungsverbot betrifft auch die Sperrfrist (Karlsruhe VRS **48** 425), auch dann, wenn ihre Verlängerung als Ausgleich für eine erst vom Berufungsgericht vorgenommene Strafaussetzung dient (vgl. Oldenburg MDR **76**, 162). Einziehung des Führerscheins kann dagegen, wenn sie versehentlich unterblieben ist, als bloßes Akzessorium nachgeholt werden (BGH **5** 178), nicht jedoch die Fahrerlaubnisentziehung, wenn der Erstrichter in der irrigen Annahme, der Täter besitze keine Fahrerlaubnis, nur eine isolierte Sperre gem. § 69 a I 3 angeordnet hat (Hamm Verkehrsblatt **59**, 396, Karlsruhe VRS **59** 112) oder dem Täter trotz der isolierten Sperre zwischenzeitlich eine Fahrerlaubnis erteilt worden ist (Koblenz VRS **51** 96, **60** 431, Bremen VRS **51** 278, Bay DAR/R **84**, 239). In diesen Fällen kann das Berufungsgericht ebensowenig ein Fahrverbot verhängen (Frankfurt VRS **64** 12), sondern nur die Anordnung der isolierten Sperre wiederholen (Bremen aaO, Karlsruhe aaO, Bay aaO). Der Ersatz einer in erster Instanz angeordneten Fahrerlaubnisentziehung durch ein Fahrverbot verstößt dagegen nicht gegen das Verschlechterungsverbot (vgl. § 44 RN 3, Geppert LK 244). Die Fahrerlaubnisentziehung ohne Anordnung einer Sperrfrist ist, wenn deren Nachholung dem Verschlechterungsverbot entgegensteht, in der Revisionsinstanz nicht stets aufzuheben, da sie nicht völlig zwecklos ist (and. Düsseldorf MDR **79**, 602). Zumeist wird aber das Gericht, das von einer Sperrfrist absieht, die Voraussetzungen der Fahrerlaubnisentziehung als solcher verkannt haben, so daß diese deswegen aufzuheben ist.

VI. Wegen ihres Sicherungscharakters (vgl. o. 2) bestimmen sich die Voraussetzungen und Folgen 70 des Fahrerlaubnisentzugs gem. § 2 VI nach dem Recht des Anordnungszeitpunkts. Deshalb werden auch bereits begangene Taten von nachfolgenden **Gesetzesänderungen** ergriffen (Oldenburg VM **65**, 36, Schleswig VM **66**, 3; vgl. ferner H. W. Schmidt SchlHA 65, 223).

VII. Führt der Täter **trotz Entzugs der Fahrerlaubnis** ein Kfz., so ist er nach § 21 StVG 71 **strafbar,** und zwar bei vorsätzlicher Tatbegehung mit Freiheitsstrafe bis zu einem Jahr oder Geldstrafe (Abs. 1), bei fahrlässiger mit Freiheitsstrafe bis zu 6 Monaten oder Geldstrafe bis zu 180 Tagessätzen (Abs. 2). Gleiche Strafe trifft den Halter eines Fahrzeugs, der vorsätzlich oder fahrlässig anordnet oder zuläßt, daß ein Kfz. von jemandem geführt wird, der keine Fahrerlaubnis mehr besitzt. Außerdem ist die Einziehung des Fahrzeugs zulässig, wenn es dem Täter oder einem Teilnehmer gehört (Abs. 3). U. U. kommt auch eine weitere Sperrfrist in Betracht (vgl. § 69 a RN 23 ff.). Nach Bay NJW **92**, 1120 entfällt ein Verstoß gegen § 21 StVG, wenn die Fahrerlaubnisentziehung im Wiederaufnahmeverfahren aufgehoben wird (zust. J/Hentschel § 21 StVG RN 6, Tröndle/Fischer 18; abl. Geppert LK 117).

§ 69 a Sperre für die Erteilung einer Fahrerlaubnis

(1) **Entzieht das Gericht die Fahrerlaubnis, so bestimmt es zugleich, daß für die Dauer von sechs Monaten bis zu fünf Jahren keine neue Fahrerlaubnis erteilt werden darf (Sperre). Die Sperre kann für immer angeordnet werden, wenn zu erwarten ist, daß die gesetzliche Höchstfrist zur Abwehr der von dem Täter drohenden Gefahr nicht ausreicht. Hat der Täter keine Fahrerlaubnis, so wird nur die Sperre angeordnet.**

(2) **Das Gericht kann von der Sperre bestimmte Arten von Kraftfahrzeugen ausnehmen, wenn besondere Umstände die Annahme rechtfertigen, daß der Zweck der Maßregel dadurch nicht gefährdet wird.**

(3) **Das Mindestmaß der Sperre beträgt ein Jahr, wenn gegen den Täter in den letzten drei Jahren vor der Tat bereits einmal eine Sperre angeordnet worden ist.**

(4) **War dem Täter die Fahrerlaubnis wegen der Tat vorläufig entzogen (§ 111 a der Strafprozeßordnung), so verkürzt sich das Mindestmaß der Sperre um die Zeit, in der die vorläufige Entziehung wirksam war. Es darf jedoch drei Monate nicht unterschreiten.**

(5) **Die Sperre beginnt mit der Rechtskraft des Urteils. In die Frist wird die Zeit einer wegen der Tat angeordneten vorläufigen Entziehung eingerechnet, soweit sie nach Verkündung des Urteils verstrichen ist, in dem die der Maßregel zugrunde liegenden tatsächlichen Feststellungen letztmals geprüft werden konnten.**

(6) **Im Sinne der Absätze 4 und 5 steht der vorläufigen Entziehung der Fahrerlaubnis die Verwahrung, Sicherstellung oder Beschlagnahme des Führerscheins (§ 94 der Strafprozeßordnung) gleich.**

(7) **Ergibt sich Grund zu der Annahme, daß der Täter zum Führen von Kraftfahrzeugen nicht mehr ungeeignet ist, so kann das Gericht die Sperre vorzeitig aufheben. Die Aufhebung ist frühestens zulässig, wenn die Sperre drei Monate, in den Fällen des Absatzes 3 ein Jahr gedauert hat; Absatz 5 Satz 2 und Absatz 6 gelten entsprechend.**

Vorbem. In Abs. 7 S. 2 Sperre von 6 Mon. auf 3 Mon. verringert durch Ges. v. 24. 4. 1998, BGBl I 747.

§ 69 a 1–4   Allg. Teil. Rechtsfolgen d. Tat – Maßregeln d. Besserung u. Sicherung

Schrifttum: Geppert, Die Bemessung der Sperrfrist bei der strafgerichtlichen Entziehung der Fahrerlaubnis, 1968 (StrAbh. N. F. 3). – *ders.,* Totale oder teilweise Entziehung der Fahrerlaubnis, NJW 71, 2154. – *ders.,* Auswirkung einer früheren strafgerichtlichen Entziehung einer Fahrerlaubnis usw, MDR 72, 280. – *Gollner,* Verschlechterungsverbot bei vorläufiger und endgültiger Entziehung der Fahrerlaubnis, GA 75, 129. – *Kaiser,* Ablauf der Sperrfrist . . . vor Rechtskraft des Urteils usw, NJW 73, 493. – *Krekeler,* Sperre für Erteilung der Fahrerlaubnis bei rein tatsächl. Ausschluß vom Kfz-Verkehr?, NJW 73, 690. – Vgl. ferner das Schrifttum zu § 69.

1 **I.** Bei einer Fahrerlaubnisentziehung hat das Gericht zugleich eine **Sperrfrist** festzusetzen, innerhalb derer die Erteilung einer neuen Fahrerlaubnis unzulässig ist. Die Sperrfrist soll sicherstellen, daß der Betroffene für die voraussichtliche Dauer seiner Ungeeignetheit zum Führen eines Kraftfahrzeugs ohne Fahrerlaubnis bleibt.

2 **1.** An die Sperrfrist ist die **Verwaltungsbehörde gebunden;** sie darf während der Frist keine neue Fahrerlaubnis erteilen. Nach Fristablauf besteht kein Rechtsanspruch auf Wiedererteilung der Fahrerlaubnis. Die Verwaltungsbehörde ist vielmehr frei, den Antrag auf Wiedererteilung genauso zu behandeln wie jeden Antrag auf Ersterteilung (vgl. BVerfGE **20** 365 m. krit. Anm. Rupp NJW 68, 147, BVerwG NJW **64,** 608, OVG Münster NJW **56,** 966, VGH Kassel NJW **65,** 125, Schendel aaO 56 ff.; and. Friedrich DVBl. 57, 523, W. H. Schmid DAR 68, 1 ff.). Vgl. dazu auch Beine Lange-FS 845 ff., Czermak NJW 62, 1265, Theuerkauf DÖV 64, 446.

3 **2.** Von dem Grundsatz, daß sich nicht nur die Fahrerlaubnisentziehung, sondern auch die Sperre auf **jede Art von Kraftfahrzeugen** erstreckt, macht Abs. 2 eine bedeutsame **Ausnahme.** Danach kann das Gericht bestimmte Arten von Kraftfahrzeugen von der Sperre ausnehmen, wenn besondere Umstände die Annahme rechtfertigen, daß der Zweck der Fahrerlaubnisentziehung dadurch nicht gefährdet wird (vgl. Hamm NJW **71,** 1618 m. Anm. Geppert NJW 71, 2154). Damit soll den Fällen Rechnung getragen werden, in denen etwa ein Landwirt seinen Trecker unbeanstandet führt, am Steuer seines PKWs aber die Verkehrsregeln mißachtet. Ähnliches gilt für Berufskraftfahrer, die einen LKW stets verkehrsgerecht steuern, nicht jedoch nach Feierabend einen PKW (vgl. LG Hannover VRS **65** 430, LG Köln NStE **3**). Hier reicht aus, wenn dem Fahrer die Erlangung einer neuen Fahrerlaubnis nur für Kraftfahrzeuge versperrt wird, mit denen er erfahrungsgemäß die Verkehrssicherheit gefährden könnte (vgl. E 62 Begr. 228). Aus ähnlichen Erwägungen ist auch eine unterschiedlich bemessene Sperrfrist bezüglich verschiedener Fahrzeugarten möglich (LG Verden VRS **48** 265, Rieger DAR 67, 45). Die Ausnahme von der Sperre darf sich nur auf Umstände stützen, die trotz des generellen Eignungsmangels ergeben, daß der Täter keine Gefahrenquelle ist, wenn er die von der Sperre ausgenommene Fahrzeugart benutzt. Umstände, die allein für den generellen Eignungsmangel Bedeutung haben, wie Teilnahme an einem Nachschulungskurs für alkoholauffällige Kraftfahrer, rechtfertigen keine Ausnahme von der Sperre (Bay JZ **83,** 33). Bei Charaktermängeln (Trunksucht) werden die Voraussetzungen für eine Ausnahme von der Sperre idR nicht gegeben sein (Bay JZ **83,** 34, Hamm NJW **71,** 1618, Koblenz VRS **60** 44, **76** 369, Celle BA **88,** 196; vgl. aber AG Saarburg DAR **80,** 155, AG Hamburg-Blankenese DAR **80,** 377, AG Hanau DAR **80,** 377, Stephan DAR **89,** 1), auch nicht im Hinblick auf lediglich sportliche Interessen eines Amateurfahrers (Stuttgart VRS **45** 273) oder wirtschaftlichen Interessen des Betroffenen (vgl. Düsseldorf VRS **66** 43, Celle BA **88,** 196, Zabel BA 83, 484 mwN). Ausnahmen in solchen Fällen, wie uU für LKW oder Busse bei einem Berufskraftfahrer, der mit dem eigenen PKW eine Trunkenheitsfahrt nach Feierabend gemacht hat (vgl. aber Celle DAR **85,** 90 m. Anm. Grohmann sowie das von Celle aufgehobene Urteil des AG Hildesheim DAR **85,** 86), sind eingehend zu begründen (Karlsruhe VRS **55** 122, **63** 200, Hamm VRS **62** 124). Ob die angeführten besonderen Umstände eine Ausnahme rechtfertigen, ist vom Revisionsgericht nur darauf überprüfbar, ob sie sich im Rahmen des Vertretbaren halten (Hamm VRS **62** 445, das aber die Grenzen des Vertretbaren enger zieht als bei § 56 II).

4 Die Beschränkung der Sperre auf bestimmte Fahrzeugarten hat zur Folge, daß der Täter hinsichtlich der ausgenommenen Kraftfahrzeugarten sofort wieder eine neue Fahrerlaubnis beantragen kann (Lackner JZ 65, 122) und einen Anspruch darauf hat, daß ihm ein insoweit beschränkter Führerschein erteilt wird. Eine Ausnahme von der Sperre ist jedoch nur insoweit zulässig, als die Fahrerlaubnis auf einzelne Fahrzeugarten gem. § 5 I 2 StVZO beschränkt werden kann (Frankfurt NJW **73,** 816, Tröndle/Fischer 3, Rüth LK 21). Fahrzeugarten decken sich nicht mit Führerscheinklassen, so daß zB innerhalb der Klasse 3 nur LKW (bis zu 7,5 t) von der Sperre ausgenommen werden können (Saarbrücken VRS **43** 22, Karlsruhe VRS **63** 200). Zu Omnibussen vgl. Hamm VRS **62** 125, zu Rallye-Tourenwagen vgl. AG Alzenau DAR **81,** 232, zu Feuerwehrfahrzeugen vgl. Oldenburg BA **81,** 374, Bay NStE **5,** zu Krankenrettungsfahrzeugen vgl. Bay NJW **89,** 2959, LG Hamburg DAR **92,** 191, zu Pannenhilfsfahrzeugen vgl. LG Hamburg MDR **72,** 1070, zu Treckern vgl. LG Frankenthal DAR **99,** 374. Keine Fahrzeugarten in diesem Sinn sind Lieferwagen (Saarbrücken aaO), Mietwagen, Taxi (Hamm VRS **62** 125) oder Fahrzeuge bestimmter Eigentümer (zB Dienstfahrzeuge oder Fahrzeuge einer bestimmten Firma; vgl. Saarbrücken NJW **70,** 1054). Eine Ausnahme von der Sperre darf sich daher nicht auf solche Fahrzeuge beschränken (Bay VRS **66** 445, Saarbrücken NJW **70,** 1054, VRS **43** 24, Frankfurt NJW **73,** 816; vgl. aber auch Weihrauch NJW 71, 829). Ebensowenig darf sie sich auf einen bestimmten Einsatz von Fahrzeugen erstrecken (zB Einsatz von Feuerwehrfahrzeugen, Oldenburg BA **81,** 374; LKW im Berufsverkehr, Düsseldorf VRS **66** 42; and. AG Aschaffenburg

Sperre für die Erteilung einer Fahrerlaubnis 5–10 § 69 a

DAR **79**, 26) oder auf deren Benutzung zu bestimmten Zeiten oder an bestimmten Orten (Bay VRS **66** 445, Saarbrücken VRS **43** 24, Düsseldorf VRS **66** 42). Vgl. zum Ganzen Orlich NJW 77, 1179, Zabel BA 83, 477.

3. Außer der Festsetzung der Sperrfrist und der Ausnahme bestimmter Fahrzeugarten von der **5** Sperre kann das Gericht **Anweisungen an die Verwaltungsbehörde nicht** erteilen (vgl. KG VRS **12** 352, **13** 453, Köln JMBlNW **56**, 179). Insb. steht die den Verwaltungsbehörden eingeräumte Befugnis, gem. § 3 VI StVG für die Wiedererteilung der Fahrerlaubnis besondere Bedingungen festzusetzen, den Gerichten nicht zu.

II. Hinsichtlich der **Dauer** der Sperrfrist ist dem Gericht ein weiter Ermessensspielraum eingeräumt.

1. Es kann die Wiedererteilung der Fahrerlaubnis entweder für immer untersagen oder eine **6** bestimmte Befristung festsetzen. Diese ist nicht durch einen kalendermäßig festgelegten Endtermin, sondern durch eine nach Zeiteinheiten (Jahr, Monat) berechnete Frist festzusetzen (Bay MDR **66**, 861, Saarbrücken NJW **68**, 459; vgl. auch Bay DAR/R **68**, 225; abw. Cramer 6). Sie darf 6 Monate nicht unterschreiten, andererseits aber nicht über 5 Jahre hinausgehen (Abs. 1 S. 1), jeweils gerechnet vom Tag der Rechtskraft des Urteils (Abs. 5 S. 1).

Die **Mindestsperre erhöht** sich auf 1 Jahr, wenn gegen den Täter in den letzten 3 Jahren vor der **7** Tat bereits einmal eine Sperre angeordnet worden ist (Abs. 3), und zwar gerechnet ab Rechtskraft der Anordnung. Der Erhöhung liegt die Erwägung zugrunde, daß bei Tätern, die sich nach verhältnismäßig kurzer Zeit erneut als zum Führen von Kraftfahrzeugen ungeeignet erwiesen haben, eine längere Beschränkung erforderlich ist, um eine bessere Wirkung erzielen zu können (vgl. E 62 Begr. 229). Keinen Unterschied macht es, ob die frühere Sperre im Zusammenhang mit einer Fahrerlaubnisentziehung oder isoliert (vgl. dazu u. 23 ff.) angeordnet wurde. Bei nachträglicher Gesamtstrafenbildung ist diese für die Dreijahresfrist maßgebend. Ist jedoch in die Entscheidung die Anordnung einer Sperre nicht mehr aufgenommen worden, weil diese sich bereits erledigt hat (vgl. § 55 RN 59), so richtet sich die Frist nach dem einbezogenen Urteil (vgl. Hentschel DAR 76, 291). Auf die Art der in der früheren Straftat zum Ausdruck gekommenen Eignungsmangels kommt es grundsätzlich nicht an (and. Geppert MDR 72, 280). Eine Ausnahme muß jedoch bei körperlichen oder geistigen Mängeln gelten, deren Beseitigung von der Maßregel unmittelbar nicht abhängt; denn in diesem Fall ist der Grundgedanke der erhöhten Mindestsperre nicht betroffen (vgl. Tröndle/Fischer 8, Geppert aaO, LK 33, Himmelreich-Hentschel aaO RN 102). Für die erhöhte Mindestsperre sind nur vorherige gerichtliche Sperren bedeutsam, nicht Entziehungen durch die Verwaltungsbehörde (vgl. E 62 Begr. 229, Hamm VRS **53** 342, Nüse JR 65, 43); denn diese kann die Fahrerlaubnis auch unter anderen als den Voraussetzungen des § 69 entziehen. Für die sonstige Bemessung der Sperrfrist können aber verwaltungsbehördliche Entziehungen berücksichtigt werden.

Lebenslange Sperre darf nur angeordnet werden, wenn zu erwarten ist, daß die gesetzliche **8** Höchstfrist zur Abwehr der vom Täter drohenden Gefahr nicht ausreicht (Abs. 1 S. 2). Es muß neben der Ungeeignetheit des Täters für den Straßenverkehr die Wahrscheinlichkeit bestehen, daß eine Sperre von 5 Jahren keine hinreichende Gegenwirkung auslöst (vgl. BGH VRS **35** 417, NStZ-RR **97**, 337, Herzog NK 7; enger Himmelreich-Hentschel aaO RN 124, wonach auf Unbehebbarkeit des Eignungsmangels für immer abzustellen ist). Die bloße Möglichkeit genügt nicht. Nach dem Verhältnismäßigkeitsgrundsatz, der bei der Bemessung der Sperrfrist zu beachten ist (vgl. § 62 RN 1), kommt eine lebenslange Sperre nur in Ausnahmefällen in Betracht, die jedoch nicht auf Fälle schwerster Verkehrskriminalität beschränkt sind (Koblenz BA **75**, 275, Hamm VRS **50** 275; and. BGH **15** 398, Geppert LK 38). Sie ist im Urteil eingehend zu begründen (BGH **5** 177, VRS **17** 340, **34** 194, **76** 31, Braunschweig VRS **14** 356), wobei die besonderen Umstände, die sie erfordern, zu würdigen sind (vgl. Koblenz VRS **47** 99, Hamm VRS **50** 275). Angebracht ist sie etwa idR bei einem Täter, der immer wieder Trunkenheitsfahrten unternimmt (Hamm GA **71**, 57) oder trotz entzogener Fahrerlaubnis wiederholt Verkehrsstraftaten begeht. Anderseits ist sie nicht zulässig, wenn das Gericht überzeugt ist, eine lange Freiheitsstrafe werde sich auf den Täter heilsam auswirken; vgl. auch BGH VRS **37** 423. Bedeutungslos ist das Alter des Täters (BGH VRS **35** 416; vgl. auch Frankfurt DAR **69**, 161).

Über die **Verkürzung der Mindestsperrfrist** bei Anordnungen nach § 111 a StPO vgl. u. 11 ff. **9**

2. Im übrigen steht die Dauer der Sperre im **Ermessen** des Gerichts. Dieses hat nach denselben **10** Grundsätzen zu entscheiden, die auch für das „Ob" der Fahrerlaubnisentziehung maßgeblich sind (BGH **15** 396, NStE 3), so daß erst durch die Tat verursachte oder später eingetretene Mängel, etwa Körperschäden, außer Betracht bleiben müssen (BGH **15** 393; and. Tröndle/Fischer 5), ebenso generalpräventive Aspekte (Düsseldorf NZV **93**, 117). Entscheidend ist die voraussichtliche Dauer der Ungeeignetheit zum Führen von Kraftfahrzeugen (vgl. BGH VRS **35** 417, DAR/S **89**, 250, NStZ-RR **97**, 332); die hiernach zu bemessende Sperrfrist darf nicht um die Zeit verkürzt werden, die im Verwaltungsverfahren voraussichtlich für die Erteilung einer neuen Fahrerlaubnis benötigt wird (Oldenburg VRS **51** 281). Von Bedeutung ist vor allem der Grad der vom Täter ausgehenden Gefährlichkeit (BGH VRS **7** 303, Oldenburg VRS **14** 386). Das Gewicht der Tat kann hier allein nicht entscheiden (BGH VRS **21** 262, **33** 424, DAR/M **68**, 125, Karlsruhe VRS **17** 117; vgl. dazu Dencker StV 88, 454), so daß es verfehlt ist, die Dauer der Sperre nach der Länge der Freiheitsstrafe zu

§ 69 a 11–13   Allg. Teil. Rechtsfolgen d. Tat – Maßregeln d. Besserung u. Sicherung

bestimmen (BGH VRS **76** 31). Die Schwere der Tatschuld kann nur bedeutsam sein, soweit sie Hinweise auf die charakterliche Ungeeignetheit zum Führen von Kraftfahrzeugen geben kann (BGH DAR/S **88**, 227, StV **89**, 388, NStZ **91**, 183). Eine geringere Gefährlichkeit ist nicht schon deswegen anzunehmen, weil ein Täter bei einer Trunkenheitsfahrt eine wenig befahrene Nebenstraße benutzt, jedenfalls nicht, wenn diese ihm als Schleichweg dient, um nicht kontrolliert zu werden (LG Verden DAR **76**, 137). Zu berücksichtigen ist eine erfolgreiche Teilnahme an einer Nachschulung für alkoholauffällige Kraftfahrer (Köln VRS **60** 377, LG Krefeld DAR **80**, 63). Wirtschaftliche Auswirkungen der Fahrerlaubnisentziehung können (nur) zu einer kürzeren Sperrfrist führen, wenn sie den Betroffenen nachhaltig beeindrucken und bei ihm eine positive Verhaltensänderung hinsichtlich der Teilnahme am Kfz-Verkehr bewirken (vgl. Bay StrFO **99**, 385, AG Bückeburg BA **83**, 543). Wird die Sperre auf die zeitige Höchstdauer festgesetzt, so ist dies eingehend zu begründen (BGH VRS **16** 350, **21** 262, **23** 443, **31** 106, **36** 16, DAR **68**, 131, Saarbrücken NJW **65**, 2313, Koblenz VRS **71** 431). Zur (fristverlängernden) Berücksichtigung einer während des Fristenablaufs abzubüßenden Strafe vgl. BGH DAR/M **67**, 96. Das Revisionsgericht kann die Bemessung der Sperrfrist nur auf ihre Vertretbarkeit hin nachprüfen (Hamburg VRS **61** 343).

11   3. Bei der **Bemessung** der Sperrfrist kann berücksichtigt werden, daß der Täter auf Grund vorläufiger Maßnahmen von seiner Fahrerlaubnis keinen Gebrauch mehr machen konnte (Abs. 4–6). Die Maßnahmen müssen „wegen der Tat" erfolgt sein, so daß vorläufige Maßnahmen wegen einer anderen Tat in einem anderen Verfahren nicht genügen. Andererseits verkürzt sich die Anrechnung auf die Mindestsperrzeit nicht deswegen, weil zZ der vorläufigen Maßnahme ein früher verhängtes Fahrverbot vollstreckt wurde (LG Stuttgart Justiz **89**, 309). Keinen Unterschied macht es, ob die Fahrerlaubnis gem. § 111a StPO vorläufig entzogen (auch ohne Sicherstellung des Führerscheins; Köln VRS **52** 271) oder der Führerschein nach § 94 StPO verwahrt, sichergestellt oder beschlagnahmt worden war (Abs. 6); denn da in beiden Fällen der Täter aus Gründen der öffentlichen Sicherheit vorläufig aus dem Verkehr ausgeschaltet war, muß dies der Richter bei der Notwendigkeit für eine endgültige Entziehung entsprechend berücksichtigen können (Düsseldorf NJW **69**, 438). Den Maßnahmen nach §§ 94, 111 a StPO sind andere Fälle des Ausschlusses vom Kfz-Verkehr nicht gleichzusetzen, so nicht der Fall, daß die Verwaltungsbehörde die Fahrerlaubnis nach Ablauf einer Sperrfrist wegen der neuen Tat von sich aus nicht wiedererteilt (Schleswig SchlHA/L-G **89**, 98, Tröndle/ Fischer 9, Himmelreich-Hentschel aaO RN 141, Lackner 5; and. Saarbrücken NJW **74**, 1393, Krekeler NJW **73**, 690) oder der Täter in U-Haft war (Koblenz VRS **70** 284). Die Regelung der Abs. 4–6 ist auf strafprozessuale Maßnahmen nach den §§ 94, 111 a StPO beschränkt und einer analogen Anwendung nicht zugänglich (Hamburg MDR **79**, 73, Bay MDR **91**, 1190, Zweibrücken NZV **97**, 279 m. abl. Anm. Saal, D. Meyer DAR **79**, 157). Bei einer vorläufigen Fahrerlaubnisentziehung kann sich ergeben, daß wegen ihrer Dauer eine endgültige nicht mehr erforderlich ist (Bay NJW **71**, 206), auch dann, wenn die Mindestsperrfrist 1 Jahr betragen würde, die vorläufige Entziehung aber für kürzere Zeit erfolgt ist (Bay aaO). Daß es nach dem Sinn der Regelung dem Richter möglich sein muß, von einer weiteren Entziehung ganz abzusehen, ergibt sich daraus, daß die für das Revisionsverfahren vorgesehene automatische Anrechnung (Abs. 5) uU dazu führen kann, daß eine Sperrfrist wegen der Anrechnung praktisch nicht mehr zum Zuge kommt (vgl. u. 17). Das Absehen von der endgültigen Entziehung setzt nur voraus, daß der Eignungsmangel behoben ist; zusätzliche Umstände brauchen nicht vorzuliegen (Hentschel DAR **76**, 151; and. Werner DAR **76**, 9). **Im einzelnen** (vgl. dazu Geppert ZRP **81**, 85) gilt folgendes:

12   a) Die *bis* zur *letzten Tatsacheninstanz* verstrichene Zeit wird nicht automatisch angerechnet (vgl. Koblenz VRS **53** 105, 339); insoweit tritt nur eine entspr. *Verkürzung der Mindestsperrfrist* ein (Abs. 4), weil bei tatrichterlichen Urteilen die vorläufige Entziehung im Rahmen der Fristbemessung ausreichend berücksichtigt werden kann (Bay MDR **66**, 861). Das gilt für tatrichterliche Entscheidungen jeder Art, gleichgültig, ob es sich um Strafbefehle, erstrichterliche Urteile oder Berufungsentscheidungen handelt (vgl. Köln VM **66**, 79), auch dann, wenn die Berufung auf das Strafmaß beschränkt war. Durch die Verkürzung der Mindestsperrfrist wird jedoch nur der richterliche Ermessensspielraum nach unten erweitert; der Richter ist nicht gezwungen, davon Gebrauch zu machen.

13   Keinesfalls darf das *Mindestmaß* von *3 Monaten* unterschritten werden (Abs. 4 S. 2), da sonst der Sicherungszweck der Maßregel illusorisch würde (vgl. Zweibrücken MDR **86**, 1046). Das kann bei einem Berufungsverfahren zu Härten führen, wenn dessen Dauer die in erster Instanz angeordnete Sperrfrist übersteigt. Hier ist das Berufungsgericht selbst dann an die Mindestsperre gebunden, wenn bereits das AG auf die Mindestsperrfrist von 3 Monaten erkannt hatte (vgl. Karlsruhe VRS **51** 204). Eine Berücksichtigung der während des Berufungsverfahrens fortdauernden vorläufigen Entziehung ist nur in der Weise möglich, daß der Berufungsrichter von einer endgültigen Entziehung absieht (vgl. Köln VM **66**, 79, NJW **67**, 361, auch Düsseldorf JMBlNW **67**, 91) oder bestimmte Kfz-Arten von der Sperre ausnimmt. Diese Möglichkeit besteht auch bei einem prozeßverschleppenden Verhalten des Täters (Hentschel DAR **76**, 150; and. Werner DAR **76**, 9), ferner nach LG Kiel NJW **76**, 1326 bei Verwerfung der Berufung nach § 329 StPO, wobei § 329 I 3 StPO entsprechend anzuwenden sein soll. Unzulässig wäre es jedoch, neben der Ausschöpfung der Verkürzungsmöglichkeit zugleich auch noch automatisch die Dauer des Berufungsverfahrens anzurechnen (Bremen DAR **65**, 216, Koblenz VRS **50** 363). Dagegen hat diese Problematik mit dem Verschlechterungsverbot nichts zu tun, da der Berufungsrichter keineswegs gehindert wäre, es trotz der vorläufigen Entziehung bei der erstrichterli-

chen Sperrfrist zu belassen (vgl. Koblenz VRS **50** 362, **65** 371, Karlsruhe VRS **51** 206, Hamm JZ **78**, 656, Frankfurt VRS **52** 143, Himmelreich-Hentschel aaO RN 192, aber auch Tröndle/Fischer 9 a). Vgl. zum Ganzen Werner NJW 74, 484, Tröndle JR 75, 253, aber auch Eickhoff NJW 75, 1007, Gollner GA 75, 129 ff., JZ 78, 637 (gegen ihn Ganslmayer JZ 78, 794), JZ 79, 177, Gontard Rebmann-FS 221, Mollenkott NJW 77, 425.

b) Die Zeit *zwischen Verkündung des letzten tatrichterlichen Urteils und dessen Rechtskraft* ist voll **14** anzurechnen (Abs. 5 S. 2), gleichgültig, ob die Rechtskraft durch Ablauf der Rechtsmittelfrist, durch Rücknahme des Rechtsmittels oder durch letztinstanzliche Entscheidung eintritt, jedoch nur insoweit, als die Fahrerlaubnis vorläufig entzogen war (vgl. u. 18). Die Anrechnung ist geboten, weil über diese Zeit eine Ermessensentscheidung nicht mehr getroffen werden kann: dem Revisionsgericht ist sie versagt, der Tatrichter hat dazu keine Gelegenheit mehr. Damit läuft die Sperrfrist praktisch von der Verkündung des Urteils der letzten Tatsacheninstanz (Oldenburg DAR **67**, 50; vgl. auch Diether Rpfleger 68, 180, Geppert LK 71 sowie u. 18). Bei Strafbefehlen ist die Zeit ab Erlaß, nicht erst ab Zustellung anzurechnen; denn schon der Erlaß ist der letzte Zeitpunkt, zu dem die in Abs. 5 S. 2 genannte Prüfung noch vorgenommen werden konnte (LG Freiburg NJW **68**, 1791, Geppert LK 77, Seib DAR **65**, 292; and. LG Düsseldorf NJW **66**, 897 m. Anm. Miersch NJW 66, 2024). Erfolgt die vorläufige Entziehung zusammen mit dem letzten tatrichterlichen Urteil (Strafbefehl), so ist sie ab ihrer Wirksamkeit anzurechnen (Wittig Rpfleger 78, 246). Zur verfahrensmäßigen Durchführung der Anrechnung vgl. Diether Rpfleger 68, 179.

Erfolgt in der Revisionsinstanz eine Zurückverweisung und eröffnet diese eine erneute tatrichter- **15** liche Überprüfung der Voraussetzungen des § 69 (vgl. § 69 RN 68), so kann Abs. 5 nicht eingreifen; vielmehr ist dann die während des Revisionsverfahrens fortdauernde vorläufige Entziehung nur im Rahmen des richterlichen Ermessens und des Abs. 4 zu berücksichtigen (Celle VRS **28** 190; vgl. auch Karlsruhe NJW **75**, 456).

Hat nur der Verurteilte mit Beschränkung auf die Dauer der Sperrfrist Revision eingelegt, so ist **16** auch bei Zurückverweisung die Zeit anzurechnen, die nach Erlaß des angefochtenen Urteils verstrichen ist (vgl. Bremen DAR **65**, 216, Karlsruhe VRS **48** 427, Herzog NK 15, Himmelreich-Hentschel RN 194, Geppert LK 75, Cramer 14). Das hat zu geschehen, weil sonst wegen der Rechtskraft der Entziehung dem Vorderrichter bei der erneuten Entscheidung nur die Möglichkeit bliebe, auf die Mindestsperrfrist von 3 Monaten zu erkennen, und damit eine volle Berücksichtigung der während des Revisionsverfahrens fortdauernden vorläufigen Entziehung ausgeschlossen wäre.

Bestätigt das Revisionsgericht die Fahrerlaubnisentziehung (Verwerfung der Revision) und ist die **17** vom Tatrichter angeordnete Sperrfrist wegen der Anrechnung nach Abs. 5 im Zeitpunkt der Revisionsentscheidung praktisch abgelaufen, so verliert der Betroffene zwar endgültig seine Fahrerlaubnis; er kann aber sofort eine neue beantragen (vgl. Kaiser aaO, Lackner JZ 65, 123; Bedenken gegen diese Regelung Nüse JR 65, 44). Da die Erledigung der Sperre unmittelbar aus dem Gesetz hervorgeht, braucht sie nicht ausdrücklich ausgesprochen zu werden (Düsseldorf VM **77**, 28, Geppert LK 76, Tröndle/Fischer 13; and. Saarbrücken VRS **44** 191).

Hat der Angekl. allein Revision eingelegt und überdauert das Revisionsverfahren die Sperrfrist, so **17 a** ist zweifelhaft, durch und von wem eine **vorläufige Fahrerlaubnisentziehung aufzuheben** ist. Zuständig ist grundsätzlich der letzte Tatrichter, nicht das Revisionsgericht (BGH NJW **78**, 384, Hamm JZ **61**, 233, Frankfurt **73**, 1335, Celle NJW **77**, 160, Zweibrücken VRS **69** 293; and. Saarbrücken MDR **72**, 533, Bremen VRS **46** 43, Karlsruhe NJW **75**, 456 m. abl. Anm. Rüth JR 75, 338, Zweibrücken NJW **77**, 448). Das Revisionsgericht ist jedoch zuständig, wenn es die Fahrerlaubnisentziehung endgültig aufhebt oder das Verfahren einstellt (Bay DAR/R **80**, 268; weitergehend Frankfurt VRS **58** 420). Aufzuheben ist die vorläufige Fahrerlaubnisentziehung nur aus den in § 111 a II StPO genannten Gründen; der „Ablauf" der tatrichterlich festgesetzten Sperrfrist allein genügt nicht (KG VRS **53** 278, Schleswig DAR **77**, 193, Karlsruhe MDR **77**, 948, München NJW **80**, 1860 m. Anm. Kaiser JR 80, 99, Frankfurt VRS **58** 420, DAR **92**, 187, NStZ-RR **98**, 76, Hamburg JR **81**, 337 m. Anm. Rüth, Stuttgart VRS **63** 363, Düsseldorf JZ **83**, 117, NZV **90**, 404, DAR **99**, 324 [Berufungsverfahren], Hamm VRS **69** 221, Koblenz MDR **86**, 871, Tröndle/Fischer 13; and. Koblenz MDR **78**, 337, Frankfurt VRS **55** 42, DAR **89**, 311, Hamburg VRS **55** 277, Dencker NStZ 82, 461, Hentschel MDR 78, 185, DAR 80, 172, 88, 336 mwN). Hierin liegt kein Verfassungsverstoß (BVerfG 2 BvR 1209/88, zit. b. Düsseldorf DAR **90**, 355).

III. Die **Sperrfrist beginnt** nach Abs. 5 S. 1 mit Rechtskraft des Urteils, also zum gleichen **18** Zeitpunkt, in dem die Fahrerlaubnis erlischt (vgl. § 69 III). Praktisch ist dieser Zeitpunkt jedoch nur von Bedeutung, wenn die Fahrerlaubnis nicht vorläufig entzogen war. War dies der Fall, so beginnt die Sperrfrist wegen der automatischen Anrechnung nach Abs. 5 S. 2 schon mit Verkündung des Urteils in der letzten Tatsacheninstanz (vgl. o. 14). Diese Regelung läßt sich nicht entsprechend auf Fälle ohne vorläufige Fahrerlaubnisentziehung oder Führerscheinentzug ausweiten (Düsseldorf VRS **39** 259, Nürnberg DAR **87**, 28, LG Gießen NStZ/J **85**, 112, Lackner 6, Tröndle/Fischer 13; and. LG Nürnberg-Fürth NJW **77**, 446, LG Heilbronn NStZ **84**, 263 m. Anm. Geppert, LG Stuttgart NStZ/J **85**, 113; vgl. dazu Janiszewski NStZ 84, 112, 404). Da der Beginn der Sperrfrist kraft Gesetzes eintritt, genügt es, wenn sich der Tenor mit der Sperrdauer begnügt (Köln NJW **67**, 361). Auch wenn zwischen Berufung und Revision die vom Berufungsgericht festgesetzte Sperrfrist abgelaufen ist, hat

§ 69 a   19–21 a   Allg. Teil. Rechtsfolgen d. Tat – Maßregeln d. Besserung u. Sicherung

das Revisionsgericht nicht den Wegfall der Fahrerlaubnisentziehung auszusprechen (vgl. o. 17). Nach Verwerfung der Revision kann der Angekl. nur eine neue Fahrerlaubnis beantragen (Frankfurt NJW **73**, 1335).

19   **IV. Vorzeitige Aufhebung** der festgesetzten Sperre ist nach **Abs. 7** möglich. Das rechtfertigt sich aus dem Charakter der Fahrerlaubnisentziehung als Sicherungsmaßregel. Da die Frist sich nach rein präventiven Gründen bemißt, muß das Gericht die Möglichkeit haben, die Sperre vor Ablauf der festgesetzten Frist aufzuheben, wenn sich herausstellt, daß der Täter wieder zum Führen von Kraftfahrzeugen geeignet ist. Auch eine für immer angeordnete Sperre kann nach Abs. 7 aufgehoben werden (Düsseldorf VRS **63** 273); aus dem Wort „vorzeitig" darf keine Beschränkung auf befristete Sperren hergeleitet werden, da ein Festhalten an der lebenslangen Sperre trotz wieder vorhandener Eignung zum Führen eines Kfz. dem Maßregelzweck widerspricht und zudem mit dem Verhältnismäßigkeitsgrundsatz (§ 62) unvereinbar ist.

20   1. Erforderlich ist, daß **neue Tatsachen** vorliegen, die einen hinreichenden Grund zu der Annahme ergeben, daß der Täter zum Führen von Kraftfahrzeugen nicht mehr ungeeignet ist, die Gründe also, aus denen der Eignungsmangel geschlossen wurde, nicht mehr bestehen. Eine lediglich andere Beurteilung der bei Bemessung der Sperrfrist verwerteten Tatsachen rechtfertigt nicht die vorzeitige Aufhebung der Sperre, da sie eine unzulässige Urteilsberichtigung darstellt. Bloßer Ablauf einer längeren Zeit genügt daher nicht (Hamm NJW **55**, 514, München NJW **81**, 2424, Düsseldorf VRS **64** 434, **82** 20; einschr. Düsseldorf VRS **63** 274 bei lebenslanger Sperre; and. Bender DAR 58, 203), ebensowenig Verbüßung einer Freiheitsstrafe, da sie für die Eignungsbeurteilung nichts hergibt (Düsseldorf NZV **90**, 238). Als neue Tatsachen kommen alle noch nicht berücksichtigten Umstände in Betracht, die der Annahme eines fortdauernden Eignungsmangels entgegenstehen. Ist zweifelhaft, ob die Ungeeignetheit nicht mehr besteht, so hat die vorzeitige Aufhebung der Sperre zu unterbleiben (Düsseldorf NZV **90**, 238, VRS **82** 20). Es bedarf einer sorgfältigen Abwägung aller Gründe (Karlsruhe MDR **60**, 424, Köln VRS **21** 111); vgl. auch Koblenz VRS **60** 432, **67** 343, Hiendl NJW **59**, 1212, Händel NJW **59**, 1213. Berufliche und wirtschaftliche Interessen an der Fahrerlaubnis sind ebensowenig zu berücksichtigen wie bei deren Entzug (Saarbrücken VRS **19** 31, München NJW **81**, 2424, Düsseldorf NZV **90**, 238; vgl. auch § 69 RN 53), es sei denn, die wirtschaftlichen Auswirkungen hätten als Warnung einen Wandel beim Betroffenen bewirkt und den Eignungsmangel behoben (vgl. Koblenz BA **86**, 156). Auch die Gründe für die Aussetzung des Strafrestes brauchen noch nicht die Aufhebung der Sperre zu rechtfertigen (Hamm VRS **30** 93, München NJW **81**, 2424, Koblenz BA **83**, 367, VRS **66** 447, **68** 353, **71** 28, Celle VRS **71** 433, Düsseldorf NZV **90**, 238). Eine neue Tatsache zugunsten des Verurteilten kann die erfolgreiche Teilnahme an einem **Nachschulungskurs für alkoholauffällige Kraftfahrer** sein (Modell Mainz usw; vgl. Düsseldorf GA **84**, 232, LG Köln DAR **78**, 322, LG München I DAR **80**, 283, **81** 230, LG Hamburg MDR **81**, 70, LG Hildesheim NdsRpfl **87**, 108, AG Recklinghausen DAR **80**, 26, AG Pirmasens DAR **80**, 122, aber auch LG Kassel DAR **81**, 28, LG Dortmund DAR **81**, 28, AG Freising DAR **80**, 252; vgl. ferner Rspr.-Überblick in DAR **89**, 234). Erfolgreiche Kursteilnahme ist aber nur ein Indiz für den Fortfall des Eignungsmangels, so daß die Kursbescheinigung nicht zur Aufhebung der Sperre zwingt (vgl. Preisendanz BA **81**, 89, Seib DRiZ **81**, 168). Zum Nachweis der Wiederherstellung der Kraftfahrereignung durch eine Kursteilnahme vgl. auch § 11 X der FahrerlaubnisVO v. 18. 8. 1998, BGBl I 2214. Vgl. ferner § 70 der FahrerlaubnisVO zu den Kursen zur Wiedererlangung der Kraftfahreignung. Zu den Nachschulungsmodellen vgl. Dittmer BA **81**, 287 ff., Schultz BA **82**, 327, Grohmann MDR **84**, 724; zur Weiterentwicklung in Form einer individualpsychologischen Verkehrstherapie vgl. Höcher DAR **85**, 36; zur Kontrolle der Wirksamkeit der Nachschulung vgl. Kunkel DAR **81**, 348, zur Rückfallquote bei Kursteilnehmern vgl. Utzelmann DAR **83**, 449 u. **84**, 396, Bode BA **84**, 41, Geppert BA **84**, 62, Ostermann BA **87**, 11; skeptisch gegenüber der Wirksamkeit einer Nachschulung Hundhausen BA **89**, 329 und dazu krit. Stephan/Kunkel BA **89**, 347, Utzelmann BA **90**, 106; zur Langzeitwirkung von Kursen (60 Monate) vgl. Winkler/Jacobshagen/Nickel BA **90**, 154, nach denen die vielfach befürchtete nur kurzfristige Wirkung nicht eingetreten ist. Vgl. auch Winkler NZV **92**, 425. Zeigt sich der Verurteilte an einer Nachschulung völlig desinteressiert, so kann dies gegen den Wegfall des Eignungsmangels sprechen (vgl. Koblenz VRS **69** 28). Zur Abkürzung der Sperrfrist vgl. auch Hentschel DAR **79**, 317, Seehon DAR **79**, 321, Winkler DAR **79**, 323, Bandemer NZV **91**, 300, Zabel/Zabel BA **92**, 62.

21   2. Die Sperre darf frühestens **nach 3 Monaten** aufgehoben werden (Abs. 7 S. 2), da sonst die Fahrerlaubnisentziehung ihres sichernden Zweckes beraubt würde. Die Sperre muß deshalb im Regelfall mindestens 3 Monate, im Wiederholungsfall nach Abs. 3 wenigstens 1 Jahr gedauert haben. Auf die Mindestsperrfristen ist jedoch die zwischen Verkündung und Rechtskraft der Anordnung verstreichende Zeit anzurechnen, in der die Fahrerlaubnis vorläufig entzogen bzw. der Führerschein verwahrt, sichergestellt oder beschlagnahmt war (Abs. 7 letzter Halbs.). Dagegen kommt Anrechnung der vor der letzten tatrichterlichen Prüfung liegenden Zeit nicht in Betracht, da diese bereits bei Bemessung der Sperrfrist berücksichtigt werden konnte (vgl. Koblenz VRS **71** 27, LG Berlin DAR **65**, 303, Seib DAR **65**, 209).

21 a   3. Ein **Antrag** auf vorzeitige Aufhebung der Sperre kann schon vor Ablauf der Mindestfrist nach Abs. 7 S. 2 gestellt werden, wenn auch nicht zu früh (LG Düsseldorf NJW **66**, 897: idR Antrag nicht früher als 1 Monat vorher). Ein abgelehnter Antrag kann jederzeit wiederholt werden. Die Möglichkeit einer den §§ 57 VI, 67e III, 68e II entsprechenden zeitlichen Beschränkung ist den Gerichten nicht eingeräumt worden (vgl. auch § 70a RN 8).

4. Die Entscheidung, die uU schon vor Ablauf der Mindestsperrfrist für die Zeit danach getroffen werden kann (AG Öhringen NJW **77**, 447), ergeht durch **Beschluß** (vgl. §§ 462, 463 V StPO). Darin wird nur angeordnet, daß die Sperre zu einem bestimmten Zeitpunkt vorzeitig aufgehoben wird. Die Verwaltungsbehörde ist dann wieder frei, dem Betroffenen auf Antrag einen neuen Führerschein zu erteilen (vgl. auch Köln JMBlNW **56**, 179). Bei der Entscheidung über den Antrag hat die Verwaltungsbehörde aber den Gerichtsbeschluß entsprechend § 3 IV StVG zu berücksichtigen (Schendel aaO 60ff.). Die vorzeitige Aufhebung der Sperre kann sich auf **bestimmte Fahrzeugarten** beschränken (Tröndle/Fischer 15b, Rieger DAR **67**, 45). Sie darf aber ebensowenig wie die vollständige Aufhebung vor Ablauf einer dreimonatigen Dauer erfolgen (LG Koblenz DAR **77**, 193, AG Alsfeld DAR **81**, 27, Hentschel DAR **75**, 296f., Lackner 7; and. AG Hagen DAR **75**, 246, AG Pirmasens DAR **76**, 193, AG Westerburg DAR **76**, 274, AG Alzenau DAR **81**, 232). 22

5. Zur gerichtlichen **Zuständigkeit** vgl. §§ 463 V, 462, 462a StPO u. dazu BGH **30** 386 (Abgabe an Wohnsitzgericht unzulässig), Hamm NJW **80**, 2721, DAR **89**, 33, Düsseldorf VRS **64** 432, NZV **90**, 237, Celle NdsRpfl **86**, 260, Hamburg NStZ **88**, 197. 22a

V. Eine **isolierte Sperrfrist** ist gem. Abs. 1 S. 3 festzusetzen (vgl. dazu Warda MDR 65, 3). Sie kommt in Betracht, wenn der Täter zZ der Entscheidung eine Fahrerlaubnis noch gar nicht besessen hat oder sie ihm bereits wieder entzogen ist. Hierbei muß es sich um eine rechtskräftige Entziehung nach § 69 oder um eine nicht mehr anfechtbare Entziehung durch die Verwaltungsbehörde handeln, da sonst die Fahrerlaubnis wieder aufleben kann, wenn die Entziehungsverfügung im Verwaltungsrechtsweg aufgehoben wird (Braunschweig NdsRpfl **61**, 230). Z. T. wird angenommen, trotz rechtskräftiger Fahrerlaubnisentziehung sei eine erneute Entziehung zulässig (so Bremen VRS **51** 278); aber was nicht (mehr) vorhanden ist, kann man schwerlich nochmals entziehen. Unerheblich ist, ob die isolierte Sperrfrist auf Zeit oder für dauernd angeordnet werden soll (vgl. BGH VRS **19** 425). Ist der Führerschein nur verloren, so kann sich das Gericht nicht mit einer isolierten Sperrfrist begnügen, sondern muß auch die Fahrerlaubnis entziehen (vgl. Köln JMBlNW **64**, 70). Gleiches gilt, wenn die Fahrerlaubnis nach § 111a StPO bisher nur vorläufig entzogen war (Koblenz VRS **50** 32). Hat das Gericht in der irrigen Annahme, der Täter habe keine Fahrerlaubnis, nur eine isolierte Sperre angeordnet, so läßt sich diese nicht in eine Fahrerlaubnisentziehung umdeuten (Tröndle/Fischer 2). 23

1. Voraussetzung für eine selbständige Sperrfrist ist, daß der Täter eine Tat begangen hat, die gem. § 69 eine Fahrerlaubnisentziehung rechtfertigen würde. Die Gründe für die Anordnung der Sperrfrist müssen ebenso wie bei der Fahrerlaubnisentziehung in nachprüfbarer Weise dargelegt werden (vgl. KG VRS **22** 33). Die Notwendigkeit für eine selbständige Sperrfrist kann entfallen, wenn der Täter längere Zeit nicht hat fahren dürfen, weil die Verwaltungsbehörde ihm wegen seiner Tat die Wiedererteilung einer früher entzogenen Fahrerlaubnis versagt hat. Eine solche Maßnahme kann ihn ähnlich wie die vorläufige Fahrerlaubnisentziehung (vgl. § 69 RN 44) so nachhaltig beeindruckt haben, daß es eines weiteren Vorenthaltens der Fahrerlaubnis nicht mehr bedarf (vgl. Saarbrücken NJW **74**, 1393). Verkürzung der Sperrfrist in analoger Anwendung des Abs. 4 ist dagegen unzulässig (Karlsruhe VRS **57** 108, Bay MDR **91**, 1190). Das Fahren ohne Fahrerlaubnis (§ 21 StVG), dessen Wiederholung zu erwarten ist, rechtfertigt allein keine isolierte Sperre (Himmelreich-Hentschel aaO RN 143), wohl aber, wenn damit nach entzogener Fahrerlaubnis die charakterliche Unzuverlässigkeit hervortritt und einen Eignungsmangel erkennen läßt (vgl. Koblenz VRS **69** 300). 24

2. Fraglich ist in Fällen, in denen bereits eine Sperre läuft, von welchem **Zeitpunkt** ab eine **zweite** oder weitere **Sperre zu berechnen** ist: ob von der Rechtskraft des zweiten Urteils oder als sog. Anschlußsperrfrist. Im ersten Fall würden sich beide Fristen uU überschneiden und damit die effektive Wirkung der zweiten Sperrfrist erst nach Ablauf der ersten eintreten (Bay NJW **66**, 896, Hamm JMBlNW **64**, 116, NJW **64**, 1285, Zweibrücken NJW **83**, 1007, Cramer 18, Oske MDR 67, 449ff., Tröndle 11; vgl. auch Stuttgart DAR **63**, 274). Möglich ist danach auch, daß die zweite Sperre vor der früheren abläuft; sie ist dennoch wegen ihrer Bedeutung für etwaige Fristverkürzungen anzuordnen (BGH DRiZ/H **79**, 149). Entsprechendes gilt für die Festsetzung einer lebenslangen Sperre trotz einer bereits bestehenden lebenslangen Sperre. Bei der Anschlußsperrfrist dagegen soll die weitere Sperre an den Ablauf der ersten anschließen, also entgegen dem Wortlaut des § 69a V ihre Wirkung erst später entfalten können (Hamburg VRS **10** 355, KG VRS **18** 275). Gegen die Anschlußsperrfrist spricht neben dem Wortlaut des § 69a die Schwierigkeit, die von § 69 geforderte Prognose auf den Ablauf der ersten Sperrfrist zu stellen. 25

Unerheblich ist, daß nach beiden Interpretationen bei mehreren neben- bzw. nacheinander laufenden Sperrfristen die gesetzliche Höchstsperrfrist von 5 Jahren überschritten werden könnte (Hamm JMBlNW **64**, 116, Hamburg NJW **64**, 876, Bay NJW **66**, 896, Koblenz VRS **52** 273, Cramer 18); denn bei der weiteren Sperrfrist handelt es sich nicht um eine Verlängerung der alten Frist, sondern um eine neue, auf einer anderen Tat beruhende selbständige Sperrfrist. Aus diesem Grund kommt auch eine gegenseitige Anrechnung nach Abs. 5 bzw. Verkürzung der Mindestsperrfrist nach Abs. 4 nicht in Betracht; denn in den dort geregelten Fällen handelt es sich um Fahrerlaubnisentziehungen bzw. Beschlagnahmen des Führerscheins wegen derselben Tat. Wird die neue Sperrfrist (gesetzwidrig) 26

§ 69 b 1–5   Allg. Teil. Rechtsfolgen d. Tat – Maßregeln d. Besserung u. Sicherung

als Anschlußfrist festgesetzt, so ist für die zeitliche Grenze von 5 Jahren jedoch die ab Rechtskraft des Urteils verstreichende Zeit einzubeziehen (Hamburg NJW **64**, 876, Bay NJW **66**, 896).

27   3. Eine zweite oder weitere isolierte Sperrfrist ist jedoch dort ausgeschlossen, wo die Hauptstrafen zu einer **Gesamtstrafe** zusammenzuziehen sind; denn hier kann gemäß § 53 III iVm § 52 IV nur eine einheitliche Sperrfrist angeordnet werden (vgl. § 53 RN 30 f.). Das gilt auch, wenn gemäß § 53 II 2 aus Freiheits- u. Geldstrafe keine Gesamtstrafe gebildet wird (vgl. § 53 RN 33), ebenso bei nachträglicher Gesamtstrafenbildung, bei der jedenfalls die Höchstgrenze von 5 Jahren nicht überschritten werden darf (vgl. § 55 RN 54 ff., 69 f.).

§ 69 b Wirkung der Entziehung bei einer ausländischen Fahrerlaubnis

(1) **Darf der Täter auf Grund einer im Ausland erteilten Fahrerlaubnis im Inland Kraftfahrzeuge führen, ohne daß ihm von einer deutschen Behörde eine Fahrerlaubnis erteilt worden ist, so hat die Entziehung der Fahrerlaubnis die Wirkung einer Aberkennung des Rechts, von der Fahrerlaubnis im Inland Gebrauch zu machen. Mit der Rechtskraft der Entscheidung erlischt das Recht zum Führen von Kraftfahrzeugen im Inland. Während der Sperre darf weder das Recht, von der ausländischen Fahrerlaubnis wieder Gebrauch zu machen, noch eine inländische Fahrerlaubnis erteilt werden.**

(2) **Ist der ausländische Führerschein von einer Behörde eines Mitgliedstaates der Europäischen Union oder eines anderen Vertragsstaates des Abkommens über den Europäischen Wirtschaftsraum ausgestellt worden und hat der Inhaber seinen ordentlichen Wohnsitz im Inland, so wird der Führerschein im Urteil eingezogen und an die ausstellende Behörde zurückgesandt. In anderen Fällen werden die Entziehung der Fahrerlaubnis und die Sperre in den ausländischen Führerscheinen vermerkt.**

Vorbem. Beide Absätze geändert durch Ges. v. 24. 4. 1998, BGBl I 747.

1   I. In § 69 b sind zusammenfassend die Besonderheiten geregelt, die bei der Entziehung **ausländischer Fahrerlaubnisse** auftreten. Die Vorschrift ist auch für Angehörige ausländischer NATO-Kräfte in Deutschland maßgebend (BGH NStZ **93**, 340). Zur Auswirkung der Entziehung einer deutschen Fahrerlaubnis auf eine ausländische Fahrerlaubnis vgl. § 69 RN 60.

2   Der **Geltungsbereich** des § 69 b erstreckt sich auf solche Fahrer, die nach den für den internationalen Kraftfahrzeugverkehr geltenden Vorschriften im Inland ein Kfz führen dürfen, ohne daß ihnen von einer deutschen Behörde eine Fahrerlaubnis erteilt worden ist. Das trifft für außerdeutsche Kraftfahrer zu, die entweder eine ausländische Fahrerlaubnis nachweisen können oder einen von einer zuständigen Stelle ausgestellten internationalen Führerschein besitzen (vgl. § 4 VO über intern. Kraftfahrzeugverkehr idF v. 23. 11. 1982, BGBl. I 1533). Außerdeutscher Kraftfahrer in diesem Sinn ist unabhängig von seiner Staatsangehörigkeit (also auch ein Deutscher; vgl. dazu Düsseldorf JR **84**, 83), wer in einem ausländischen Staat berechtigt ist, ein Kfz. zu führen, und seinen ständigen Aufenthalt im Ausland hat oder bis vor einem Jahr hatte (vgl. BGH NJW **64**, 1566, Hamm NJW **63**, 1263, Bay NJW **71**, 337, 72, 2193, Karlsruhe NJW **72**, 1633, Hamburg VRS **64** 50, Hentschel NJW **75**, 1350). Ist seit dem Grenzübertritt 1 Jahr verstrichen, so erlischt, soweit es sich nicht um Inhaber einer Fahrerlaubnis aus einem EU- oder EWS-Staat handelt (VO v. 19. 6. 1996, BGBl. I 885), die Befugnis, ohne deutsche Fahrerlaubnis im Inland ein Kfz. zu führen. War der Grenzübertritt zur Begründung des ständigen Aufenthalts im Inland erfolgt, so wird die Jahresfrist durch vorübergehende Wiederausreise (zB Urlaubsfahrt, Familienbesuch) und Rückkehr ins Inland weder gehemmt noch neu in Gang gesetzt (vgl. Bay NJW **71**, 337, 72, 2193).

3   Die Berechtigung, mit einer ausländischen Fahrerlaubnis im Inland ein Kfz. zu führen, entfällt noch nicht deswegen, weil der Fahrer im Inland auf Dauer verbleiben will und hier bereits seinen Wohnsitz begründet hat (vgl. BGH NJW **64**, 1566). Maßgebend bleibt auch bei alsbaldiger Wohnsitzbegründung die Jahresfrist. Inhaber einer Fahrerlaubnis aus einem EU- oder EWS-Staat können ab 1. 7. 1996 unbefristet mit ihrer ausländischen Fahrerlaubnis weiterfahren (VO v. 19. 6. 1996, BGBl. I 885).

4   II. Mit der Änderung des Abs. 1 durch das 32. StÄG v. 1. 6. 1995 ist die frühere **Einschränkung entfallen**, wonach die Fahrerlaubnisentziehung nur wegen Taten gegen Verkehrsvorschriften zulässig war. Inhaber einer ausländischen Fahrberechtigung sind seitdem hinsichtlich der Voraussetzungen der Fahrerlaubnisentziehung den Inhabern einer deutschen Fahrerlaubnis völlig gleichgestellt. Ein Unterschied besteht jedoch bei der Wirkung der Fahrerlaubnisentziehung (vgl. u. 5). Mit der Fahrerlaubnisentziehung ist zugleich eine Sperrfrist gem. § 69 a festzusetzen. Diese bestimmt nicht nur die Zeit, in der die ausländische Fahrberechtigung nicht zum Führen eines Kfz im Inland berechtigt, sondern sichert zudem, daß dem Inhaber der ausländischen Fahrberechtigung in dieser Zeit keine inländische Fahrerlaubnis erteilt wird. Ist nur eine isolierte Sperrfrist festgesetzt worden, so tritt damit kein Fahrverbot ein (Köln VRS **61** 28).

5   III. Die **Wirkung** der Fahrerlaubnisentziehung besteht in einem Fahrverbot. Solange die Sperrfrist (§ 69 a I) dauert, darf der außerdeutsche Kraftfahrer im Inland keine Fahrzeuge führen, für die im innerdeutschen Verkehr einer Fahrerlaubnis erforderlich ist (Abs. 1). Dieses Fahrverbot steht neben dem des § 44. Es bleibt von § 51 V unberührt (vgl. § 51 RN 36). Die Wirkung der Fahrerlaubnisent-

ziehung tritt unabhängig von der Eintragung eines Vermerks gem. Abs. 2 ab Rechtskraft der Entscheidung ein und endet mit Ablauf der Sperre. Ein weiterer Vermerk oder die Streichung der Eintragung ist insoweit nicht notwendig (Geppert LK 11). Da sich die Wirkung unmittelbar aus dem Gesetz ergibt, erübrigt sich ein Hinweis im Urteilstenor. Während der Sperre darf keine inländische Fahrerlaubnis erteilt werden (Abs. 1 S. 3).

Unterschiedliche Maßnahmen sind nach Abs. 2 hinsichtlich des **Führerscheins** zu treffen. Der von einer Behörde eines EU-Mitgliedstaates oder eines anderen Vertragsstaates des Abkommens über den Europäischen Wirtschaftsraum ausgestellte Führerschein ist im Urteil einzuziehen, wenn sein Inhaber seinen ordentlichen Wohnsitz im Inland hat. Sodann ist der Führerschein an die Behörde zurückzusenden, die ihn ausgestellt hat. In allen anderen Fällen sind die Fahrerlaubnisentziehung und die Sperre im Führerschein zu vermerken; vgl. Bay VM **63**, 23, NJW **79**, 1788 (bloße Vollzugsmaßnahme). Ein Vermerk hat im Führerschein auch zu erfolgen, wenn die ausländische Fahrerlaubnis gar nicht zur Teilnahme am inländischen Kfz-verkehr berechtigt hat (BGH NJW **99**, 228 m. Anm. Hentschel NZV 99, 134; vgl. auch Karlsruhe NJW **72**, 1633 u. dagegen Hentschel NJW 75, 1351 u. 76, 2060). Zur Eintragung des Vermerks kann der Führerschein beschlagnahmt werden (§ 111 a VI, § 463 b II StPO). Er ist nach Eintragung dem Verurteilten sofort zurückzugeben (Himmelreich-Hentschel aaO RN 210, Geppert LK 15; and. Tröndle/Fischer 5). Ist Eintragung nicht möglich (Plastikführerschein), so ist eine andere Kennzeichnung der Fahrerlaubnisentziehung zu wählen; für Beschlagnahme fehlt die gesetzliche Grundlage (Lackner 4, Meyer MDR 92, 442; and. LG Ravensburg NStZ/J **91**, 577). Ein Vermerk erfolgt bei internationalen Führerscheinen nur, soweit sie von einer ausländischen Behörde ausgestellt worden sind. Von deutschen Behörden ausgestellte internationale Führerscheine sind bei Entziehung der Fahrerlaubnis abzuliefern (§ 11 III VO über internat. Kfz-verkehr), so daß bei ihnen die Einziehung nach § 69 III anzuordnen ist.

– Berufsverbot –

§ 70 Anordnung des Berufsverbots

(1) **Wird jemand wegen einer rechtswidrigen Tat, die er unter Mißbrauch seines Berufs oder Gewerbes oder unter grober Verletzung der mit ihnen verbundenen Pflichten begangen hat, verurteilt oder nur deshalb nicht verurteilt, weil seine Schuldunfähigkeit erwiesen oder nicht auszuschließen ist, so kann ihm das Gericht die Ausübung des Berufs, Berufszweiges, Gewerbes oder Gewerbezweiges für die Dauer von einem Jahr bis zu fünf Jahren verbieten, wenn die Gesamtwürdigung des Täters und der Tat die Gefahr erkennen läßt, daß er bei weiterer Ausübung des Berufs, Berufszweiges, Gewerbes oder Gewerbezweiges erhebliche rechtswidrige Taten der bezeichneten Art begehen wird. Das Berufsverbot kann für immer angeordnet werden, wenn zu erwarten ist, daß die gesetzliche Höchstfrist zur Abwehr der von dem Täter drohenden Gefahr nicht ausreicht.**

(2) **War dem Täter die Ausübung des Berufs, Berufszweiges, Gewerbes oder Gewerbezweiges vorläufig verboten (§ 132 a der Strafprozeßordnung), so verkürzt sich das Mindestmaß der Verbotsfrist um die Zeit, in der das vorläufige Berufsverbot wirksam war. Es darf jedoch drei Monate nicht unterschreiten.**

(3) **Solange das Verbot wirksam ist, darf der Täter den Beruf, den Berufszweig, das Gewerbe oder den Gewerbezweig auch nicht für einen anderen ausüben oder durch eine von seinen Weisungen abhängige Person für sich ausüben lassen.**

(4) **Das Berufsverbot wird mit der Rechtskraft des Urteils wirksam. In die Verbotsfrist wird die Zeit eines wegen der Tat angeordneten vorläufigen Berufsverbots eingerechnet, soweit sie nach Verkündung des Urteils verstrichen ist, in dem die der Maßregel zugrunde liegenden tatsächlichen Feststellungen letztmals geprüft werden konnten. Die Zeit, in welcher der Täter auf behördliche Anordnung in einer Anstalt verwahrt worden ist, wird nicht eingerechnet.**

Schrifttum: Čopić, Berufsverbot und Pressefreiheit, JZ 63, 494. – *Eyermann*, Untersagung der Berufsausübung durch Strafurteil und Verwaltungsakt, JuS 64, 269. – *Krause*, Die Untersagung von Unternehmungen, ZAkDR 38, 658, 697. – *Lang-Hinrichsen*, Umstrittene Probleme bei der strafgerichtlichen Untersagung der Berufsausübung, Heinitz-FS 477. – *Rietzsch* u. *Schäfer-Wagner-Schafheutle* (angeführt vor § 61). – *Spohr*, Die strafgerichtliche Untersagung der Berufsausübung, GS 105, 71. – *Wilke*, Die Verwirkung der Pressefreiheit und das strafrechtliche Berufsverbot, 1964.

I. Zum Schutz der Allgemeinheit vor Gefahren, die aus dem Mißbrauch der Berufs- oder Gewerbeausübung zu rechtswidrigen Taten erwachsen, räumt § 70 dem Strafrichter die Befugnis ein, unter bestimmten Voraussetzungen ein **Berufsverbot** oder ein Verbot der Gewerbeausübung auszusprechen. Das Verbot, das zeitlich begrenzt sein oder für dauernd ergehen kann, stellt wie die Fahrerlaubnisentziehung eine reine Maßregel der Besserung und Sicherung dar. Seine Anordnung und die Festsetzung seiner Dauer dürfen sich daher nur auf spezialpräventive Gesichtspunkte stützen (Karlsruhe StV **93**, 403), nicht etwa auf ein Sühnebedürfnis oder generalpräventive Gesichtspunkte. Dem

Maßregelcharakter entsprechend ist das Verbot auch zulässig, wenn wegen erwiesener oder nicht auszuschließender Schuldunfähigkeit eine Verurteilung unterblieben ist.

2 1. Das Verbot kann ausgesprochen werden, gleichviel ob der Beruf oder das Gewerbe jedem freisteht oder nur mit besonderer Erlaubnis oder Zulassung ausgeübt werden darf. Ferner bleibt die Möglichkeit, es auszusprechen, unberührt von der **Befugnis der Verwaltungsbehörden,** die Ausübung bestimmter Berufe oder Gewerbe zu untersagen sowie die Schließung von Betrieben anzuordnen. Das Gericht kann auch dann die Berufsausübung verbieten, wenn bereits die Verwaltungsbehörde ein solches Verbot ausgesprochen hat (RG DR **43**, 73, BGH NJW **75**, 2249). Umgekehrt wird deren Befugnis, die Ausübung eines Berufs zu untersagen, durch die dem Strafrichter gegebene Möglichkeit grundsätzlich ebensowenig eingeschränkt. Sieht das Gericht von einem Berufsverbot ab, so kann die Verwaltungsbehörde dennoch zB eine zur Berufsausübung erforderliche Genehmigung zurücknehmen (PROVG JW **36**, 1488). Beschränkungen hinsichtlich der Möglichkeit, von der Beurteilung der Sachlage durch den Strafrichter (auch bei vorläufigem Berufsverbot) abzuweichen, enthält § 35 III GewO. Zur Beschränkung der verwaltungsbehördlichen Befugnisse nach dem Grundsatz „ne bis in idem" vgl. BVerwG NJW **63**, 875 und die abw. Stellungnahme von Lang-Hinrichsen aaO 499 f.; vgl. auch die Bedenken gegen das BVerwG bei Hanack LK 91 f. Zum Verhältnis zwischen Berufsverbot und ehrengerichtlicher Ausschließung aus dem Berufsstand vgl. BGH NJW **75**, 1712.

3 2. § 70 erstreckt sich nicht auf **Beamte** sowie auf das Amt des **Notars** (BGH wistra **87**, 60: Vorrang des § 45 u. des § 49 BNotO). Wohl aber steht, wenn der Beamte auf Grund bestimmter fachlicher Qualitäten tätig ist, die Beamteneigenschaft dem Verbot einer seinem Fach entsprechenden Berufsausübung nicht entgegen. Daher kann zB einem Amtsarzt oder einem Studienrat untersagt werden, privat als Arzt oder Lehrer (Tätigkeit an Privatschule, Nachhilfeunterricht usw) tätig zu werden (RG HRR **39** Nr. 188, Jescheck/Weigend 831, Tröndle/Fischer 5). Das ist auch dann zulässig, wenn die Voraussetzungen für einen Amtsverlust nicht vorliegen. Die Gegenmeinung Hanacks LK 33 mit dem Argument, es erscheine nicht möglich, einem Amtsinhaber zu untersagen, privat in entsprechender Weise tätig zu werden, wenn seine Amtsstellung erhalten bleibe, überzeugt nicht. Wer einen Privatberuf ausübt, käme dann uU schlechter weg als ein Amtsinhaber. So wäre es nicht zu verstehen, wenn einem Privatlehrer Nachhilfeunterricht für Jugendliche verboten werden könnte, einem Studienrat unter gleichen Umständen mangels vorliegender Voraussetzungen für einen Amtsverlust nach § 45 jedoch nicht. Zum Berufsverbot für **Rechtsanwälte** vgl. BGH **28** 84, Schmid ZRP 75, 79. Die Möglichkeit, den Täter durch ein berufs- oder ehrengerichtliches Verfahren aus dem Berufsstand auszuschließen, steht einem entsprechenden Berufsverbot nicht entgegen (vgl. BGH **28** 85, NJW **75**, 1712).

4 3. Zweifelhaft kann sein, ob über § 70 die berufsmäßige Tätigkeit in der **Presse** untersagt werden kann, wenn der Verurteilte die Pressefreiheit zu Straftaten mißbraucht hat und zu befürchten ist, daß er dies auch in Zukunft tun wird. BGH **17** 38, NJW **65**, 1388 m. Anm. Wilke NJW 65, 2211 haben die Frage bejaht und § 421 aF als gesetzliche Schranke iSv Art. 5 II GG bezeichnet. Angesichts der fragwürdigen Ergebnisse, die mit jeder anderen Interpretation der Art. 5 u. 18 GG verbunden wären, mag man Art. 18 GG als einzige Ausnahme gegenüber Art. 5 II GG ansehen (Copić JZ **63**, 497) oder davon ausgehen, daß § 70 für alle Presseangehörigen mit Ausnahme der politischen Redakteure gilt (vgl. iE Copić aaO 496), wird man sich für die Zulässigkeit eines Nebeneinander der Maßnahmen nach Art. 18 GG u. § 70 aussprechen müssen (enger Stree, Deliktsfolgen und Grundgesetz, 1960, 226, Jescheck/Weigend 831, Lang-Hinrichsen aaO 477 ff., Maunz-Dürig Art. 18 RN 96, Wilke aaO 119 f., NJW 65, 2212, Willms NJW 64, 227 f., Sigloch MDR 64, 883); vgl. auch BVerfGE **25** 88, Hanack LK 73.

II. Für die Maßregel bestehen folgende **Voraussetzungen** (Abs. 1):

5 1. Der Täter muß eine rechtswidrige Tat iSv § 11 I Nr. 5 unter **Mißbrauch seines Berufs oder Gewerbes** oder unter **grober Verletzung der mit ihnen verbundenen Pflichten** begangen haben. Eine scharfe Grenze zwischen beiden Möglichkeiten besteht nicht; eine alternative Feststellung reicht aus. Erforderlich ist aber immer eine unmittelbare Beziehung der rechtswidrigen Tat zum ausgeübten Beruf (BGH **22** 144); ein nur äußerer Zusammenhang reicht nicht (Karlsruhe StV **93**, 405). So genügt nicht, wenn die Tat im Hinblick auf einen zukünftigen Beruf begangen wurde (BGH **22** 146) oder im Rahmen einer vorgetäuschten bzw. einer betrügerisch angemaßten Berufsausübung (BGH NStZ **98**, 567, wistra **99**, 222). Ebensowenig genügt es, daß der Täter sich durch Straftaten lediglich die Mittel zur Ausstattung und Fortführung seines Gewerbebetriebes verschafft hat (BGH NStZ **88**, 176). Unerheblich ist, ob der Hauptberuf oder ein Nebenberuf betroffen ist. Berufsausübung iSv § 70 ist es, wenn ein Ehegatte im Geschäft des anderen oder ein (volljähriges) Kind gem. § 1619 BGB im Geschäft seines Vaters tätig ist (RG DJ **40**, 458, Hamm DRZ **48**, 315).

6 a) Eine rechtswidrige Tat ist *unter Mißbrauch des Berufs oder Gewerbes begangen,* wenn der Täter unter bewußter Mißachtung der ihm in der Allgemeinheit gestellten Aufgaben seinen Beruf oder sein Gewerbe dazu ausnützt, einen diesen Aufgaben zuwiderlaufenden Zweck zu verfolgen (RG **68** 399, BGH NJW **89**, 3232, Hamburg NJW **55**, 1568). Das ist zB der Fall, wenn ein Arzt sachwidrig Betäubungsmittel verschreibt (vgl. BGH NJW **75**, 2249) oder unerlaubte Schwangerschaftsabbrüche vornimmt, ein Gastwirt ein Gästezimmer für rechtswidrige Taten (Hehlerei, Verabredung verbrecherischer Terrorakte usw) zur Verfügung stellt, ein Kaufmann fortlaufend Waren unter Vorspiegelung

Anordnung des Berufsverbots 7–12 § 70

seiner Zahlungsfähigkeit bestellt (BGH NJW **89**, 3231 m. Anm. Geerds JR 90, 296), ein Buchhändler illegale Schriften vertreibt oder ein Rechtsanwalt seinem inhaftierten Mandanten Waffen oder zur Förderung weiterer Straftaten geeignetes Informationsmaterial zuleitet (BGH **28** 85). Die Tat muß mit der gewöhnlichen Ausübung des Berufs oder Gewerbes in einem inneren Zusammenhang stehen (Beispiel in RG HRR **35** Nr. 1096); es genügt nicht, daß sich dem Täter nur aus Anlaß seiner Berufsausübung die Möglichkeit eröffnet, bestimmte Straftaten zu begehen (RG **68** 398, BGH NJW **83**, 2099). An der erforderlichen spezifischen Beziehung zur Berufsausübung fehlt es zB, wenn lediglich ein beruflich entstandenes Vertrauensverhältnis zur Tat ausgenutzt wird (vgl. BGH aaO: betrügerisches Verschaffen eines Darlehens von Patienten durch Arzt; BGH MDR/D **68**, 550: betrügerisches Erlangen eines Darlehens durch Vertreter). Der Mißbrauch muß vorsätzlich erfolgen (vgl. aber u. 7).

b) Eine rechtswidrige Tat ist *unter grober Verletzung der mit dem Beruf oder Gewerbe verbundenen Pflichten* 7 *begangen,* wenn der Täter durch die Tat den Pflichten gröblich zuwiderhandelt, die ihm für die Ausübung seines Berufs oder Gewerbes durch Gesetz, Vertrag oder öffentlich-rechtliche Anstellungsverfügung auferlegt sind (Hamburg NJW **55**, 1568). Im Gegensatz zu o. 6 reichen hier auch fahrlässige Pflichtverletzungen aus, sofern sie unter Strafe gestellt sind. Beispiele für Pflichtverletzungen: Verletzung der Schweigepflicht durch Arzt oder Rechtsanwalt, umweltgefährdende Abfallbeseitigung im Rahmen eines Gewerbebetriebes (LG Frankfurt NStZ **83**, 171), Verstöße gegen lebensmittelrechtliche Vorschriften durch einen Lebensmittelhändler, Morphiumdiebstahl einer Krankenschwester in einem Krankenhaus (Hamburg NJW **55**, 1569), betrügerische Abrechnungen eines Arztes (Koblenz wistra **97**, 280) und Bereitstellen der Einrichtungen einer Anwaltskanzlei zur Sicherung des Kontakts zwischen inhaftierten und in Freiheit befindlichen Terroristen (BGH **28** 85), nicht zB die Nichtabführung von Arbeitnehmerbeiträgen an Krankenkasse (Bay NJW **57**, 958, Jescheck/Weigend 830; and. Hanack LK 29 f., Lang-Hinrichsen aaO 494, Martens NJW 59, 1289) oder Steuerhinterziehungen (KG JR **80**, 247; vgl. aber BGHR § 70 Abs. 1 Pflichtverletzung **3**), wohl aber sexuelle Verfehlungen gegenüber Lehrlingen, da deren Ausbildung spezifische Berufspflicht ist (BGH MDR/He **54**, 529). Ob die Pflichtverletzung grober Art ist, beurteilt sich nach dem Grad der Pflichtwidrigkeit oder nach der Bedeutung der mißachteten Pflicht. Als grob ist danach die Pflichtwidrigkeit einzustufen, wenn die jeweilige Pflicht in besonders schwerem Maß verletzt wird oder der Verstoß sich gegen eine besonders gewichtige Pflicht richtet. Bei verantwortungsvollen Berufen, die eine besondere Zuverlässigkeit voraussetzen, kann daher schon ein Verstoß ausreichen, der gradmäßig nicht besonders schwer wiegt (vgl. BGH MDR/D **53**, 19, Hamburg NJW **55**, 1568; vgl. aber u. 11 f.).

2. Weitere Voraussetzung ist, daß der Täter wegen dieser Tat **verurteilt oder wegen** erwiesener 8 oder nicht auszuschließender **Schuldunfähigkeit nicht verurteilt** wird. Bei der Verurteilung kommt es nicht darauf an, welche Strafe verhängt wird; denn nicht die Schwere der Tat und des Schuldvorwurfs ist für das Berufsverbot ausschlaggebend, sondern die künftige Gefährlichkeit des Täters. U. U. kann sogar bei Absehen von Strafe, etwa gem. § 60, ein Berufsverbot ergehen, da auch hier eine Verurteilung vorliegt. Im Falle der Schuldunfähigkeit kann das Berufsverbot auch selbständig angeordnet werden (§ 71 II).

3. Schließlich setzt die Anordnung die künftige **Gefährlichkeit des Täters** voraus. Die Gesamt- 9 würdigung des Täters und der Tat muß die Gefahr erkennen lassen, daß er bei weiterer Ausübung des Berufs, Berufszweiges, Gewerbes oder Gewerbezweiges erhebliche rechtswidrige Taten unter Mißbrauch seines Berufs oder seines Gewerbes oder unter grober Verletzung der mit dem Beruf bzw. Gewerbe verbundenen Pflichten begehen wird.

a) Es muß die *Gefahr* erheblicher Rechtsverletzungen bei weiterer Ausübung des Berufs oder 10 Gewerbes bestehen, also die Wahrscheinlichkeit, daß der Täter weiterhin seinen Beruf oder sein Gewerbe zu rechtswidrigen Taten mißbraucht oder solche Taten unter grober Verletzung der spezifischen Pflichten begeht. Die bloße Wiederholungsmöglichkeit genügt ebensowenig wie die Gefahr berufsunabhängiger Taten. Entscheidend ist an sich die Gefährlichkeit im Zeitpunkt des Urteils. Zur Frage, ob gleichwohl Einwirkungen auf den Täter im Strafvollzug zu berücksichtigen sind, vgl. u. 13.

b) Es müssen *erhebliche* Rechtsverletzungen zu erwarten sein. Verfehlungen geringeren Gewichts 11 reichen nicht aus, wie etwa kleine Diebstähle, Unterschlagungen oder Betrügereien. Soweit der Mißbrauch des Berufs zu erheblichen rechtswidrigen Taten zu befürchten ist, kommt es nicht darauf an, welcher Art sie sind. Die Gefahr braucht nicht einer unbestimmten Vielzahl von Personen zu drohen. Es genügt, daß die Allgemeinheit in bestimmten Personengruppen (BGH GA **60**, 183) oder in einem begrenzten Personenkreis betroffen wird.

c) Die Wahrscheinlichkeit künftiger erheblicher Rechtsverletzungen muß aus der *Gesamtwürdigung* 12 des Täters und seiner Tat erkennbar sein (BGH wistra **82**, 66, Koblenz OLGSt Nr. 1). Tat und Täter müssen zusammen darauf schließen lassen, daß mit erheblichen Rechtsverletzungen zu rechnen ist. Das erfordert nicht unbedingt, daß die Tat selbst bereits von erheblichem Gewicht ist (and. BT-Drs. V/4095 S. 38), mag auch idR erst eine erhebliche Tat die erforderliche Prognose ergeben. Läßt die Gesamtwürdigung die künftige Gefahr erheblicher Rechtsverletzungen erkennen, so steht dem Berufsverbot nicht entgegen, daß die auslösende Tat von geringerem Gewicht ist. Zum Nachteil des Täters darf bei der Gesamtwürdigung nicht ein zulässiges Verteidigungsverhalten herangezogen werden.

Stree

13 4. Nach dem Wortlaut des § 70 setzt das Berufsverbot nicht die Erforderlichkeit voraus, die Allgemeinheit vor weiterer Gefährdung zu schützen. Wie bei den freiheitsentziehenden Maßregeln ist das **Subsidiaritätsprinzip entfallen.** Anders aber als bei jenen Maßregeln kann dem Subsidiaritätsprinzip nicht durch eine sofortige Aussetzung der Maßregel (vgl. § 70 a II) Rechnung getragen werden. Angesichts dieses Umstands läßt es sich nicht vertreten, den Subsidiaritätsgedanken bei Anordnung der Maßregel ganz außer Betracht zu lassen. Stehen andere, weniger einschneidende Mittel zur Verfügung, um der Gefahr hinreichend zu begegnen, und ist daher ein Berufsverbot nicht erforderlich, so wäre es mit dem Verhältnismäßigkeitsgrundsatz (§ 62) unvereinbar, dennoch auf diese für Betroffene so nachhaltige Maßregel zurückzugreifen. Das Gericht muß sich daher mit dem Verbot bestimmter Tätigkeiten im Bereich des Berufs begnügen, wenn diese Beschränkung zum Schutz der Allgemeinheit ausreicht (vgl. u. 15). Das Fehlen der Erforderlichkeitsklausel hat demgemäß im wesentlichen nur Bedeutung für den Prognosezeitpunkt. Die Klausel war früher dahin verstanden worden, daß in dem Zeitpunkt, in dem die Maßregel vollzogen werden soll, dh nach Strafverbüßung, die Maßregel noch erforderlich sein muß; die Gefährlichkeitsprognose war danach auf diesen Zeitpunkt abzustellen (vgl. 17. A. § 421 RN 10). Mit Fortfall der Erforderlichkeitsklausel kommt es an sich für die Gefährlichkeitsprognose nur noch auf den Urteilszeitpunkt an (vgl. E 62 Begr. 231, BGH NJW 351, 2249). Ergibt sich später Grund zu der Annahme, daß die bei Anordnung des Berufsverbots festgestellte Gefahr nicht mehr besteht, so ist Aussetzung des Berufsverbots möglich (vgl. § 70 a). Da aber die Aussetzung frühestens nach einem Jahr zulässig ist, wobei die Strafverbüßung nicht eingerechnet wird (§ 70 a II 3), kann diese Einschränkung dazu führen, daß ein Täter, der am Ende des Strafvollzugs nicht mehr gefährlich ist, für 1 Jahr sachlich unberechtigt einem Berufsverbot unterliegt. Aus diesem Grund hat das Gericht bei seiner Ermessensentscheidung den voraussichtlichen Einfluß des Strafvollzugs auf den Täter zu berücksichtigen (vgl. auch Hanack LK 46, Lackner 13).

14 III. Die Anordnung des Berufsverbots steht in richterlichem **Ermessen** (Abs. 1; vgl. BGH wistra 82, 68). Maßgebend für die pflichtgemäße Ermessensausübung ist der Maßregelzweck. Erweist sich die Anordnung zum Schutz der Allgemeinheit als dringend notwendig, so muß sie getroffen werden (vgl. auch RG 74 54, DR 41, 993). Je nach der Gefahrenlage können andererseits besondere Umstände des Falles zum Absehen vom Berufsverbot führen. Der Umstand allein, dem Täter mit einer weiteren Geschäftstätigkeit die Schadenswiedergutmachung zu ermöglichen, genügt hierfür aber ebensowenig wie die Erwägung, der Täter werde sich in ein Arbeitsverhältnis als Unselbständiger nicht mehr eingliedern können (BGH NStZ 81, 392). Die Zulässigkeit des Berufsverbots entfällt nicht deswegen, weil der Täter den Beruf bereits aufgegeben hat und nicht wieder aufnehmen will (RG JW 39, 221, BGH MDR/He 54, 529), die Verwaltungsbehörde schon ein entsprechendes Verbot ausgesprochen hat (RG DR 43, 73, BGH NJW 57, 2249) oder die Möglichkeit besteht, den Täter im ehrengerichtlichen Verfahren von seinem Beruf auszuschließen (BGH MDR/D 52, 530). Genügen jedoch andere, weniger einschneidende Maßnahmen vollauf dem Sicherungsbedürfnis der Allgemeinheit, so wäre es verfehlt, ein Berufsverbot auszusprechen.

15 1. **Gegenstand** des Berufsverbots ist die Ausübung des Berufs usw, in dem die pflichtwidrige Tat begangen worden ist (BGH wistra 86, 257). Unzulässig ist das Verbot eines völlig anderen Berufs, selbst wenn die durch die Tat erwiesene Unzuverlässigkeit befürchten läßt, daß die Ausübung dieses Berufs für die Allgemeinheit gefährlich wird. Dagegen ist das Gericht nicht verpflichtet, das Verbot auf den Berufs- oder Gewerbezweig zu beschränken, den der Täter zu seiner Tat mißbraucht hat. Über den speziellen Zweig hinaus ist die Berufs- oder Gewerbegattung miterfaßt, so daß zB einem Milchhändler der Betrieb eines Einzelhandelsgeschäfts untersagt werden kann (vgl. RG 71 69, BGH MDR 58, 783, NJW 65, 1389). Ausdehnung des Verbots auf die Berufsgattung ist jedoch sachwidrig, wenn der Schutz der Allgemeinheit nur die Nichtausübung des Berufszweiges erfordert. Das Gericht hat sich stets auf das Notwendige zu beschränken. Genügt es, nur bestimmte Tätigkeiten im Bereich eines Berufs usw zu verbieten, so erübrigt sich ein weitergehendes Verbot. Die Möglichkeit, im Verbot nur bestimmte Tätigkeiten zu erfassen, ist in § 70 zwar nicht ausdrücklich vorgesehen, sie wird aber auch nicht ausgeschlossen (vgl. E 62 Begr. 232) und ist bereits im Rahmen des § 421 aF als zulässig angesehen worden. So kann einem Musiklehrer, der wegen sexueller Verfehlungen gegenüber Jugendlichen verurteilt wird, untersagt werden, Schüler der geschützten Altersgruppe zu unterrichten (BGH 5 StR 1/53 v. 7. 5. 1953), oder einem Friseur, weibliche Lehrlinge zu beschäftigen (BGH MDR/He 54, 529; vgl. auch BGH GA 60, 183). Das Verbot kann sich sogar darauf beschränken, (nur) männliche (oder weibliche) Jugendliche zu unterrichten (BGHR § 70 Abs. 1 Umfang, zulässiger 2). Bei einem Arzt, der betrügerisch abgerechnet hat, läßt sich das Verbot auch auf die Ausübung einer selbständigen ärztlichen Tätigkeit beschränken, so daß die Möglichkeit bleibt, als Angestellter in einem Krankenhaus ärztlich tätig zu werden (Koblenz wistra 97, 280). Bei einem Rechtsanwalt, der seinen Beruf zur Unterstützung von Terroristen mißbraucht hat, reicht jedoch die Beschränkung des Berufsverbots auf die Verteidigung von Terroristen im allgemeinen nicht aus (BGH 28 187).

16 2. Wird ein Berufsverbot angeordnet, so ist im Urteil der **Beruf** usw, dessen Ausübung verboten wird, **genau zu bezeichnen** (§ 260 II StPO). Diesem Erfordernis entspricht nicht das Verbot jeder selbständigen Geschäftstätigkeit (BGH MDR/D 52, 530) oder Gewerbetätigkeit (BGH MDR/H 79, 455, Karlsruhe NStZ 95, 446 m. Anm. Stree), der Geschäftstätigkeit, die Verfügungen über fremde

Anordnung des Berufsverbots 17–25 **§ 70**

Gelder ermöglicht (BGH MDR/D **74**, 12), oder der Betätigung als Manager (BGH MDR/D **58**, 139), wohl aber noch das Verbot, jedwedes Handelsgewerbe (RG **71** 69; and. BGH MDR/D **56**, 143) oder den Vertreterberuf auszuüben (Celle NJW **65**, 265; and. Tröndle/Fischer 10).

3. Das Berufsverbot kann durch **Rechtsmittel** gesondert angefochten werden, auch dann, wenn es 17 neben einer Strafe angeordnet wird (Hamm NJW **57**, 1773, Lemke NK 28; einschr. Tröndle/Fischer 18). Ebenso kann die StA das Rechtsmittel auf die Nichtverhängung des Berufsverbots beschränken (BGH NJW **75**, 2249).

IV. Die **Dauer** des Berufsverbots bestimmt das Gericht nach seinem pflichtgemäßen Ermessen. Das 18 Verbot ist entweder innerhalb einer Mindest- und Höchstgrenze zeitlich zu befristen oder für immer anzuordnen (Abs. 1).

1. Das Mindestmaß eines **zeitlich begrenzten** Berufsverbots beträgt 1 Jahr, das Höchstmaß 5 19 Jahre. Für die Fristbemessung ist die Zeit der voraussichtlichen Gefährlichkeit maßgebend. Zu berücksichtigen ist insb., welche Dauer des Berufsverbots voraussichtlich so nachhaltig auf den Täter wirkt, daß er sich hinreichend besinnt und von ihm daher keine erneuten Straftaten durch Mißbrauch des Berufs oder grobe Verletzung der Berufspflichten zu befürchten sind. U.U. kann für die Dauer auch die Zeit bedeutsam sein, die der Täter zur Behebung vorhandener Mängel, etwa fehlender Kenntnisse, benötigt (Hanack LK 59; vgl. auch LG Frankfurt NStZ **83**, 171: gewerbliche Maßnahmen gegen umweltgefährdenden Abfall). Das Gewicht der Tat, die das Berufsverbot auslöst, ist dagegen allein nicht entscheidend. Es kann nur als Indiz für die weitere Gefährlichkeit herangezogen werden und allenfalls noch für die Verhältnismäßigkeit der Verbotsdauer von Bedeutung sein (Hanack LK 59). Der Umstand, daß der Täter eine längere Freiheitsstrafe zu verbüßen hat, darf nicht zu einer Fristverlängerung führen, da die Strafverbüßung den Fristablauf hemmt (vgl. Abs. 4 S. 3). Wird die zeitige Höchstdauer angeordnet, so bedarf dies einer eingehenden Begründung (vgl. BGH VRS **15** 115, **31** 188).

2. Ein **lebenslanges Berufsverbot** kann nur angeordnet werden, wenn zu erwarten ist, daß die 20 gesetzliche Höchstfrist zur Abwehr der vom Täter drohenden Gefahr nicht ausreicht (Abs. 1 S. 2). Es muß also die Wahrscheinlichkeit, nicht nur die bloße Möglichkeit bestehen, daß der Maßregelzweck mit einem befristeten Verbot nicht erreichbar ist. Wegen des besonders nachhaltigen Eingriffs in die Freiheitsrechte des Betroffenen entspricht das lebenslange Berufsverbot nur in schwerwiegenden Ausnahmefällen dem Verhältnismäßigkeitsgrundsatz (§ 62; vgl. auch BGH NStZ/T **87**, 499). Seine Anordnung bedarf einer eingehenden Begründung im Urteil. Ohne Bedeutung ist allerdings grundsätzlich das Alter des Betroffenen (and. Hanack LK 63 a). Einen gewissen Ausgleich für die einschneidende Maßnahme bietet die im § 70 a gegebene Möglichkeit, das Verbot später zur Bewährung auszusetzen. Sie berechtigt jedoch nicht dazu, die strengen Maßstäbe bei der Anordnung eines lebenslangen Berufsverbots aufzulockern.

3. Bei der **Bemessung der Verbotsdauer** ist ein **vorläufiges Berufsverbot** (§ 132 a StPO) zu 21 **berücksichtigen**, und zwar die Zeit, die bis zum Urteil der letzten Tatsacheninstanz verstrichen ist. Die nach dem letzten tatrichterlichen Urteil liegende Zeit des vorläufigen Verbots ist in die Verbotsfrist einzurechnen (vgl. u. 23). Von dieser Zeit abgesehen erfolgt keine automatische Anrechnung des vorläufigen Verbots. Vielmehr kann das Gericht angesichts des Umstands, daß der Täter seinen Beruf schon eine Zeitlang nicht hat ausüben dürfen, eine kürzere Verbotsdauer festsetzen. Es ist hierbei nicht an das sonst geltende Mindestmaß gebunden. Dieses verkürzt sich um die Zeit, in der das vorläufige Berufsverbot wirksam war; es darf jedoch 3 Monate nicht unterschreiten (Abs. 2). Zu etwaigen Härten, die sich aus dem Mindestmaß von 3 Monaten bei einem Berufungsverfahren ergeben können, vgl. das in RN 13 zu § 69 a Ausgeführte, das hier entsprechend gilt.

Denkbar ist auch, daß wegen der Dauer des vorläufigen Berufsverbots ein endgültiges Verbot sich 22 erübrigt, weil keine weitere Gefahr erheblicher Rechtsverletzungen durch Mißbrauch des Berufs mehr droht. Das kann auch der Fall sein, wenn die Dauer kürzer als 1 Jahr ist. In solchen Fällen hat das Gericht von einem endgültigen Berufsverbot abzusehen.

4. Das Berufsverbot wird mit Rechtskraft des Urteils **wirksam** (Abs. 4). In die Verbotsdauer wird 23 jedoch die Zeit nicht eingerechnet, in welcher der Täter auf behördliche Anordnung in einer Anstalt verwahrt wird, namentlich also die Zeit der Strafverbüßung. Angerechnet wird dagegen die Zeit eines vorläufigen Berufsverbots ab Verkündung des letzten tatrichterlichen Urteils. Vgl. das in RN 14 ff. zu § 69 a Ausgeführte, das hier entsprechend gilt. Zur Möglichkeit, zur Vermeidung von Härten bis zu 6 Monaten das Wirksamwerden des Berufsverbots aufzuschieben oder das Berufsverbot auszusetzen, vgl. § 456 c StPO.

V. Zur **Verhinderung von Umgehungen** bestimmt Abs. 3, daß der Täter den Beruf usw auch 24 nicht für einen anderen ausüben darf, etwa als Geschäftsführer einer Gesellschaft mit einem Tätigkeitsbereich, der mit dem untersagten Beruf ganz oder teilweise übereinstimmt. Erfaßt sind insoweit auch untergeordnete Tätigkeiten, bei denen der Täter weitgehend den Weisungen anderer unterworfen wäre. Ferner darf er den Beruf usw nicht durch eine von seinen Weisungen abhängige Person für sich ausüben lassen darf. Wohl aber darf er zB das Gewerbe von einem Dritten selbständig betreiben lassen, auch wenn ihm die Gewinne zufließen.

VI. Das Berufsverbot kann auch **neben anderen Maßregeln** der Besserung und Sicherung aus- 25 gesprochen werden (vgl. § 72), zB neben Fahrerlaubnisentziehung oder Unterbringung in einer

Stree

§ 70a 1–5   Allg. Teil. Rechtsfolgen d. Tat – Maßregeln d. Besserung u. Sicherung

Entziehungsanstalt, uU auch neben Sicherungsverwahrung (vgl. RG HRR 35 Nr. 899, DJ 38, 831). Zulässig ist ferner seine selbständige Anordnung im Sicherungsverfahren nach §§ 413 ff. StPO (§ 71 II).

26   VII. Vorsätzliche Verstöße gegen das Berufsverbot sind nach § 145 c strafbar. Voraussetzung hierfür ist, daß das Berufsverbot dem verfassungsrechtlichen Bestimmtheitsgebot (vgl. § 145 c RN 3) und dem Verhältnismäßigkeitsgrundsatz (§ 62) entspricht.

§ 70a Aussetzung des Berufsverbots

(1) **Ergibt sich nach Anordnung des Berufsverbots Grund zu der Annahme, daß die Gefahr, der Täter werde erhebliche rechtswidrige Taten der in § 70 Abs. 1 bezeichneten Art begehen, nicht mehr besteht, so kann das Gericht das Verbot zur Bewährung aussetzen.**

(2) **Die Anordnung ist frühestens zulässig, wenn das Verbot ein Jahr gedauert hat. In die Frist wird im Rahmen des § 70 Abs. 4 Satz 2 die Zeit eines vorläufigen Berufsverbots eingerechnet. Die Zeit, in welcher der Täter auf behördliche Anordnung in einer Anstalt verwahrt worden ist, wird nicht eingerechnet.**

(3) **Wird das Berufsverbot zur Bewährung ausgesetzt, so gelten die §§ 56 a und 56 c bis 56 e entsprechend. Die Bewährungszeit verlängert sich jedoch um die Zeit, in der eine Freiheitsstrafe oder eine freiheitsentziehende Maßregel vollzogen wird, die gegen den Verurteilten wegen der Tat verhängt oder angeordnet worden ist.**

1   I. § 70 a trägt dem präventiven Charakter des Berufsverbots Rechnung und läßt dessen **Aussetzung zur Bewährung** zu (auch beim Verbot für immer), wenn sich nach dessen Anordnung Grund zu der Annahme ergibt, daß die für die Anordnung vorausgesetzte Gefahr nicht mehr besteht. Allerdings gestattet sie die Aussetzung frühestens mit Ablauf der gesetzlichen Mindestfrist. Die Einschränkung soll dafür sorgen, daß das Berufsverbot wenigstens 1 Jahr wirksam bleibt, um die vom Täter ausgehende Gefahr zumindest für eine gewisse Zeit mit Sicherheit abzuwehren (E 62 Begr. 238). Eine solche Vorsorge ist jedoch unangebracht. Stellt sich etwa nach Verbüßung einer längeren Freiheitsstrafe heraus, daß vom Täter keine weiteren Straftaten zu befürchten sind, so erfordern präventive Gesichtspunkte keine Berufseinschränkung mehr. Das vorsorgliche Aufrechterhalten des Berufsverbots kann überdies einer Resozialisierung abträglich sein, da der aus dem Strafvollzug Entlassene sich zunächst einmal dem erlernten Beruf fernhalten muß und frühestens nach einem Jahr zu ihm zurückkehren kann. Das Subsidiaritätsprinzip, das bei der Anordnung des Berufsverbots entfallen ist (vgl. § 70 RN 13), hätte daher jedenfalls bei dessen Aussetzung ohne Rücksicht auf eine Mindestfrist zum Tragen kommen müssen (vgl. auch Hanack LK 8).

2   II. **Voraussetzung** für die Aussetzung des Berufsverbots ist die begründete Annahme, daß die Gefahr, der Täter werde erhebliche rechtswidrige Taten der in § 70 I bezeichneten Art begehen, nicht mehr besteht (Abs. 1). Es kommt nur auf die Gefahr berufsspezifischer Taten erheblicher Art an, nicht auch auf die Gefahr sonstiger Delikte. Geringfügige berufsspezifische Taten bleiben außer Betracht.

3   1. Es muß hiernach **Grund** zu der Annahme vorhanden sein, daß die für die Anordnung des Berufsverbots vorausgesetzte Gefahr entfallen ist. Die Voraussetzung entspricht in der Sache den Erfordernissen der günstigen Prognose für die Aussetzung einer Unterbringung nach § 67 d II. Wenn nämlich, wie § 67 d II für die Aussetzung vorschreibt, zu erwarten ist, daß der Verurteilte keine rechtswidrigen Taten mehr begehen wird, besteht Grund zu der Annahme, daß eine berufsspezifische Gefahr nicht mehr vorhanden ist. Allerdings genügt nicht eine allgemeine Erwartung, daß rechtswidrige Taten ausbleiben. Die richterliche Überzeugung, der Täter werde keine erheblichen rechtswidrigen Taten der in § 70 I bezeichneten Art mehr begehen, muß vielmehr auf einem konkreten Grund beruhen. Es müssen also konkrete Umstände vorliegen, die darauf schließen lassen, daß der Täter den Beruf nicht mehr zu erheblichen Rechtsverletzungen mißbrauchen und solche Taten auch nicht mehr unter grober Verletzung der spezifischen Berufspflichten begehen wird. Bestehende Zweifel über das Vorliegen der Voraussetzungen für eine Aussetzung gehen zu Lasten des Verurteilten.

4   2. Der Grund zu der Annahme, daß die Gefahr erheblicher Rechtsverletzungen entfallen ist, muß sich **nach Anordnung des Berufsverbots** ergeben. Nachträglich hervorgetretene oder bekannt gewordene Umstände müssen demnach zu einer anderen Beurteilung der Gefahrensituation führen. Eine lediglich andere Beurteilung der unverändert gebliebenen Umstände vermag die Aussetzung noch nicht zu rechtfertigen, wohl aber die erst später erlangte Kenntnis von unveränderten Umständen. Vgl. auch Hanack LK 6. Zu berücksichtigen sind wie bei der Strafaussetzung (vgl. § 56 RN 24 b) oder der Aussetzung einer Unterbringung (vgl. § 67 b RN 6) auch die Einwirkungsmöglichkeiten, die mit der Aussetzung verbunden sind, wie bestimmte Weisungen oder Bestellung eines Bewährungshelfers.

5   III. Liegen die Voraussetzungen für eine Aussetzung des Berufsverbots vor, so kann das Gericht dieses zur Bewährung aussetzen. Es steht also in richterlichem **Ermessen**, ob das Gericht das Verbot in Form der Aussetzung auflockert. Eine pflichtgemäße Ermessensausübung gebietet jedoch die Aussetzung, wenn ein hinreichender Grund zu der Annahme gegeben ist, daß vom Täter keine er-

heblichen Rechtsverletzungen unter Mißbrauch seines Berufs mehr zu befürchten sind. Weder präventive Erfordernisse noch der Verhältnismäßigkeitsgrundsatz lassen dann zu, von der Aussetzung abzusehen.

1. Die Aussetzung ist **frühestens** zulässig, wenn das Verbot 1 Jahr gedauert hat (Abs. 2). Zu den Bedenken gegen diese Regelung vgl. o. 1. Während der Jahresfrist muß sich der Täter auf freiem Fuß befunden haben. Die Zeit, in der er auf behördliche Anordnung in einer Anstalt verwahrt worden ist, wird in die Frist nicht eingerechnet (Abs. 2 S. 3). Bei der Jahresfrist ist andererseits die Zeit eines vorläufigen Berufsverbots (§ 132 a StPO) zu berücksichtigen, soweit sie nach Verkündung des letzten tatrichterlichen Urteils liegt (Abs. 2 S. 2), vorausgesetzt, daß der Täter auf freiem Fuß war. Unberücksichtigt bleibt dagegen die Zeit eines vorläufigen Berufsverbots bis zum Urteil in der letzten Tatsacheninstanz. 6

2. Wird die Aussetzung angeordnet, so sind die Vorschriften über die Ausgestaltung der Strafaussetzung zur Bewährung entsprechend anwendbar, ausgenommen die Vorschrift über Auflagen (Abs. 3). Das Gericht hat also die Dauer der **Bewährungszeit** zwischen 2 und 5 Jahren zu bestimmen. Diese verlängert sich indes um die Zeit, in der eine Freiheitsstrafe oder eine freiheitsentziehende Maßregel vollzogen wird, die gegen den Verurteilten wegen der Tat, die zum Berufsverbot geführt hat, verhängt bzw. angeordnet worden ist. Praktisch kann sich die Möglichkeit der Verlängerung auswirken, wenn die Strafaussetzung, die Strafrestaussetzung oder die Aussetzung einer freiheitsentziehenden Maßregel widerrufen wird (vgl. § 70 b RN 2). Strafverbüßung oder Unterbringung wegen einer anderen Tat läßt jedoch den Ablauf der Bewährungszeit unberührt. Dem Verurteilten können **Weisungen** entsprechend § 56 c erteilt werden. Ihm steht seinerseits die Möglichkeit offen, entsprechende Zusagen für seine künftige Lebensführung zu machen (vgl. § 56 c IV). Er kann ferner für die Dauer oder einen Teil der Bewährungszeit einem Bewährungshelfer unterstellt werden. Auch können solche Anordnungen nachträglich getroffen, geändert oder aufgehoben werden. So kann das Gericht etwa anläßlich der Tatsache, daß der Verurteilte wegen einer anderen Tat eine Freiheitsstrafe verbüßt, die Bewährungszeit bis auf das Höchstmaß verlängern. Im einzelnen vgl. die Anm. zu den entsprechenden Vorschriften. 7

3. Zum **Verfahren** vgl. die §§ 463 V, 462 StPO. Zur Pflicht des Gerichts, von Amts wegen die Aussetzungsmöglichkeit zu prüfen, vgl. Hanack LK 19. Fristen bestehen insoweit nicht (and. Horn SK 5, der § 67 e II analog heranzieht). Der Verurteilte kann Überprüfung und Aussetzung des Berufsverbots beantragen. Ein solcher Antrag ist bereits vor Ablauf der Mindestfrist zulässig, jedoch nur in einem Zeitraum, den das Gericht voraussichtlich benötigt, um die Aussetzungsmöglichkeit mit Ablauf der Mindestfrist zu klären. Einen abgelehnten Antrag kann der Verurteilte jederzeit erneuern. Die Möglichkeit, entsprechend den §§ 57 VI, 67 e III, 68 e II die Antragswiederholung zeitlich zu beschränken, ist den Gerichten in § 70 a nicht eingeräumt worden. Da eine Frist, vor deren Ablauf ein Antrag auf Aussetzung des Berufsverbots unzulässig ist, den Verurteilten in seinen Rechten beschränkt, kommt auch eine entsprechende Anwendung der genannten Vorschriften nicht in Betracht (and. Horn SK 5). Eine dennoch vom Gericht festgesetzte Frist läßt sich demgemäß nur als bloßer Hinweis darauf verstehen, daß ein vor Fristablauf gestellter Antrag keine Erfolgsaussicht hat (Hanack LK 19). Zur gerichtlichen Zuständigkeit vgl. Koblenz OLGSt Nr. 1. 8

§ 70 b Widerruf der Aussetzung und Erledigung des Berufsverbots

(1) Das Gericht widerruft die Aussetzung eines Berufsverbots, wenn der Verurteilte
1. während der Bewährungszeit unter Mißbrauch seines Berufs oder Gewerbes oder unter grober Verletzung der mit ihnen verbundenen Pflichten eine rechtswidrige Tat begeht,
2. gegen eine Weisung gröblich oder beharrlich verstößt oder
3. sich der Aufsicht und Leitung des Bewährungshelfers beharrlich entzieht

und sich daraus ergibt, daß der Zweck des Berufsverbots dessen weitere Anwendung erfordert.

(2) Das Gericht widerruft die Aussetzung des Berufsverbots auch dann, wenn Umstände, die ihm während der Bewährungszeit bekannt werden und zur Versagung der Aussetzung geführt hätten, zeigen, daß der Zweck der Maßregel die weitere Anwendung des Berufsverbots erfordert.

(3) Die Zeit der Aussetzung des Berufsverbots wird in die Verbotsfrist nicht eingerechnet.

(4) Leistungen, die der Verurteilte zur Erfüllung von Weisungen oder Zusagen erbracht hat, werden nicht erstattet.

(5) Nach Ablauf der Bewährungszeit erklärt das Gericht das Berufsverbot für erledigt.

I. § 70 b regelt den **Widerruf der Aussetzung** eines Berufsverbots sowie, wenn auch unvollkommen, die **Erledigung der Maßregel**. Zu widerrufen ist die Aussetzung, wenn sich der Verurteilte nicht bewährt (Abs. 1) oder nachträglich bekanntgewordene Umstände die weitere Anwendung des Verbots erfordern (Abs. 2). Im Fall der Bewährung ist die Maßregel für erledigt zu erklären 1

§ 70 b 2–8   Allg. Teil. Rechtsfolgen d. Tat – Maßregeln d. Besserung u. Sicherung

(Abs. 5). Abs. 5 betrifft nur das ausgesetzte Berufsverbot. Ein nicht ausgesetztes Berufsverbot erledigt sich automatisch, also ohne ausdrückliche Erklärung des Gerichts, mit Ablauf der Verbotsfrist.

2   **II.** Die **Widerrufsgründe** sind in Abs. 1 u. 2 abschließend aufgezählt. Sie decken sich nicht völlig mit den Widerrufsgründen bei der Strafaussetzung oder der Aussetzung einer freiheitsentziehenden Maßregel, so daß deren Widerruf nicht ohne weiteres auch zum Widerruf der Aussetzung des Berufsverbots führt. Wird nur die Strafaussetzung oder die Aussetzung einer freiheitsentziehenden Maßregel widerrufen, so verlängert sich aber die Bewährungszeit für das ausgesetzte Berufsverbot um die Zeit des Straf- oder Maßregelvollzugs (§ 70 a III 2). Die Aussetzung des Berufsverbots ist zu widerrufen, wenn ein bestimmtes Verhalten des Verurteilten während der Bewährungszeit oder ein bestimmter während dieser Zeit bekanntgewordener Umstand ergibt, daß der Zweck des Berufsverbots dessen weitere Anwendung erfordert.

3   **1.** Widerrufsgrund ist nach Abs. 1 Nr. 1 eine **rechtswidrige Tat,** die der Verurteilte während der Bewährungszeit unter Mißbrauch seines Berufs oder Gewerbes oder unter grober Verletzung der mit ihnen verbundenen Pflichten begeht und die die Notwendigkeit der weiteren Anwendung des Berufsverbots erkennen läßt. Diese Widerrufsvoraussetzungen entsprechen im wesentlichen den Voraussetzungen für die Anordnung eines Berufsverbots. Das gilt auch für das Erfordernis der weiteren Verbotsanwendung. Der Zweck der Maßregel erfordert ihre weitere Anwendung nur dann, wenn die sich aus der Gesamtwürdigung der Tat und des Täters ergebende Prognose künftiger Gefährlichkeit den Voraussetzungen für das Berufsverbot entspricht. Es muß sich demnach um eine Tat handeln, die einen Zusammenhang mit der berufsspezifischen Gefährlichkeit aufweist, deretwegen das Berufsverbot ergangen ist (Hanack LK 5). Die Gefährlichkeitsprognose braucht jedoch nicht der Gefährlichkeitsprognose zu entsprechen, die für die Verbotsdauer maßgebend war (vgl. aber Hanack LK 1 f.). Sonst würde der Verurteilte bei der Frage des Widerrufs im Fall eines lebenslangen Berufsverbots unberechtigt günstiger stehen als im Fall eines befristeten Verbots. Zu beachten ist ferner, daß bei der Frage des Widerrufs das Subsidiaritätsprinzip voll zum Tragen kommt. Der erneuten Anwendung des Berufsverbots bedarf es nicht, wenn sich Umstände abzeichnen, die der vom Täter ausgehenden Gefahr entgegenstehen und Grund zu der Annahme ergeben, daß sich die mit der Aussetzung verknüpften Erwartungen trotz der ungünstigen Täterprognose erfüllen. Aus diesem Grund ist trotz Fehlens einer dem § 56 f II entsprechenden Regelung vom Widerruf abzusehen, wenn es ausreicht, die Bewährungszeit zu verlängern und (oder) weitere Weisungen zu erteilen (Hanack LK 11). Abweichend von der Anordnung des Berufsverbots ist nicht erforderlich, daß der Täter wegen der rechtswidrigen Tat verurteilt oder wegen erwiesener oder nicht auszuschließender Schuldunfähigkeit nicht verurteilt worden ist. Es genügt für den Widerruf die Tatbegehung, von der das Gericht überzeugt sein muß. Vgl. dazu § 56 f RN 3 a und im übrigen zu den Widerrufsvoraussetzungen die Anm. zu § 70, die hier entsprechend gelten.

4   **2.** Den Widerruf begründet ferner ein gröblicher oder beharrlicher **Verstoß gegen** eine **Weisung** (nicht Zusagen), sofern er die Notwendigkeit ergibt, das Berufsverbot erneut anzuwenden (Abs. 1 Nr. 2). Zum gröblichen oder beharrlichen Verstoß gegen Weisungen vgl. § 56 f RN 6, zum Erfordernis der weiteren Verbotsanwendung vgl. o. 3.

5   **3.** Gleiches gilt, wenn der Verurteilte sich der **Aufsicht** und Leitung des Bewährungshelfers beharrlich **entzieht** und sich daraus das Erfordernis der weiteren Verbotsanwendung ergibt (Abs. 1 Nr. 3). Vgl. dazu § 56 f RN 6 und o. 3.

6   **4.** Schließlich können noch **nachträglich bekanntgewordene Umstände** den Widerruf auslösen (Abs. 2). Während der Bewährungszeit muß das Gericht Kenntnis von Umständen erlangen, die zur Versagung der Aussetzung geführt hätten und die zeigen, daß der Zweck der Maßregel die weitere Anwendung des Berufsverbots erfordert. Umstände, die dem Gericht schon bei der Aussetzung bekannt waren, scheiden als Widerrufsgrund aus; eine lediglich abweichende Beurteilung solcher Umstände berechtigt nicht zum Widerruf. Ebensowenig genügt das Bekanntwerden von Versagungsgründen nach Ablauf der Bewährungszeit, mag auch das Berufsverbot noch nicht für erledigt erklärt worden sein. Die während der Bewährungszeit bekanntgewordenen Umstände, etwa berufsspezifische Straftaten vor der Aussetzung, müssen der weiteren Aussetzung entgegenstehen. Das ist nicht der Fall, wenn das spätere Verhalten des Verurteilten in der Bewährungszeit erkennen läßt, daß von ihm keine erheblichen Rechtsverletzungen unter Mißbrauch seines Berufs mehr zu erwarten sind.

7   **5.** Ist ein Widerrufsgrund gegeben, so **muß** das Gericht die Aussetzung **widerrufen.** Es läßt sich dann nicht verantworten, daß der Verurteilte weiterhin seinen Beruf oder sein Gewerbe ausübt. Zur Beachtung des Subsidiaritätsprinzips vgl. o. 3. Der Widerruf ist auch noch nach Ablauf der Bewährungszeit zulässig (Tröndle/Fischer 6, Lackner 2), wobei die in § 56 f RN 13 angeführten rechtsstaatlichen Grundsätze zu beachten sind. Die Voraussetzungen für den Widerruf müssen nach der Überzeugung des Gerichts feststehen. Zweifel stehen zugunsten des Verurteilten einem Widerruf entgegen.

8   **6.** Mit dem Widerruf ändert sich nichts an der **Dauer des Berufsverbots,** die das Gericht bei dessen Anordnung festgesetzt hat. Eine andere Dauer darf nicht festgesetzt werden. Das gilt auch für ein lebenslanges Berufsverbot; das Gericht darf es nicht deswegen in ein zeitlich befristetes Verbot ändern, weil die zum Widerruf führende Prognose ergibt, daß eine Befristung ausreicht (Hanack LK 2; and. Horn SK 3). Der etwaigen Härte läßt sich durch eine spätere erneute Aussetzung begegnen.

Nicht einzurechnen in die Verbotsdauer ist die Zeit der Aussetzung (Abs. 3). Vielmehr berechnet sich die Verbotsfrist aus der Dauer des Verbots vor der Aussetzung und nach deren Widerruf. War also ein vierjähriges Berufsverbot nach 2 Jahren ausgesetzt worden, so dauert das Verbot nach dem Widerruf noch 2 Jahre. Verlängerung der Verbotsdauer ist unzulässig. Hat der Verurteilte allerdings während der Bewährungszeit eine rechtswidrige Tat unter den Voraussetzungen des § 70 begangen, so steht nichts entgegen, bei der Aburteilung ein Berufsverbot mit längerer Dauer auszusprechen. Das weitere Verbot läuft dann ab Rechtskraft selbständig neben dem alten.

7. Leistungen, die der Verurteilte zur **Erfüllung von Weisungen** oder Zusagen erbracht hat, werden **nicht erstattet** (Abs. 4). Dies entspricht der Regelung beim Widerruf der Strafaussetzung. Vgl. dazu § 56 f RN 17. Die Leistungen werden ebensowenig erstattet, wenn das Gericht das Berufsverbot für erledigt erklärt. 9

III. Widerruft das Gericht die Aussetzung nicht, so erklärt es nach Ablauf der Bewährungszeit das **Berufsverbot** für **erledigt** (Abs. 5). Das Verbot erledigt sich also im Fall seiner Aussetzung nicht automatisch. Es bedarf einer ausdrücklichen gerichtlichen Entscheidung (Beschluß; vgl. §§ 462, 463 V, StPO), die eine vorherige Klärung voraussetzt, daß keine Widerrufsgründe vorliegen. Ihr Widerruf ist nicht zulässig. 10

– Gemeinsame Vorschriften –

§ 71 Selbständige Anordnung

(1) **Die Unterbringung in einem psychiatrischen Krankenhaus oder in einer Entziehungsanstalt kann das Gericht auch selbständig anordnen, wenn das Strafverfahren wegen Schuldunfähigkeit oder Verhandlungsunfähigkeit des Täters undurchführbar ist.**

(2) **Dasselbe gilt für die Entziehung der Fahrerlaubnis und das Berufsverbot.**

I. § 71 trägt dem Umstand Rechnung, daß Maßregeln der Besserung und Sicherung auch dann erforderlich sein können, wenn eine Bestrafungsmöglichkeit entfällt, weil der Täter zur Tatzeit schuldunfähig oder wegen seiner Verhandlungsunfähigkeit ein Strafverfahren undurchführbar ist. Sie läßt in solchen Fällen die **selbständige Anordnung** der Maßregel zu. Für sie gelten im übrigen die materiellrechtlichen Regelungen, so daß zB eine sofortige Aussetzung nach § 67 b möglich ist. 1

1. Selbständig angeordnet werden können danach **fast alle Maßregeln** der Besserung und Sicherung, nämlich Unterbringung in einem psychiatrischen Krankenhaus oder einer Entziehungsanstalt (Abs. 1) sowie die Fahrerlaubnisentziehung und das Berufsverbot (Abs. 2). Ausgenommen sind die Sicherungsverwahrung und die Führungsaufsicht. Beide Maßregeln können nur neben der Strafe angeordnet werden und sind daher einer selbständigen Anordnung nicht zugänglich. 2

2. Voraussetzung für eine selbständige Anordnung ist die **Undurchführbarkeit des Strafverfahrens** wegen Schuldunfähigkeit oder Verhandlungsunfähigkeit des Täters. Sonstige Hindernisse, die der Durchführung des Strafverfahrens entgegenstehen, berechtigen nicht zu einer selbständigen Anordnung. Das gilt insb. für das Fehlen eines erforderlichen Strafantrags (vgl. BGH 31 134), einer Ermächtigung oder eines Strafverlangens. Der Gesetzgeber hat in derartigen Fällen von der Möglichkeit einer selbständigen Anordnung abgesehen, weil dann zumeist der Verhältnismäßigkeitsgrundsatz (§ 62) der Anordnung entgegensteht oder jedenfalls verwaltungsrechtliche Maßnahmen ausreichen (vgl. BT-Drs. V/4095 S. 38). Macht ein Straffreiheitsgesetz das Strafverfahren undurchführbar, so bleibt es einem solchen Gesetz überlassen, Regelungen über die selbständige Anordnung von Maßregeln zu treffen. 3

3. Unerheblich ist, ob das Strafverfahren wegen **erwiesener oder nicht auszuschließender Schuldunfähigkeit** undurchführbar ist (vgl. BGH 22 1, Hanack LK 10 mwN). Eine Einschränkung gilt jedoch für die selbständige Anordnung der Unterbringung in einem psychiatrischen Krankenhaus. Ist die Schuldunfähigkeit lediglich nicht auszuschließen, so ist die Anordnung nur zulässig, wenn feststeht, daß der Täter zumindest vermindert schuldfähig war. Besteht auch die Möglichkeit der vollen Schuldfähigkeit, so ist die Unterbringung in einem psychiatrischen Krankenhaus unzulässig (vgl. § 63 RN 10). Entsprechendes gilt bei **Verhandlungsunfähigkeit** des Täters. Sie kann zur selbständigen Anordnung der Unterbringung in einem psychiatrischen Krankenhaus nur führen, wenn volle Schuldfähigkeit des Täters auszuschließen ist. Bei den anderen Maßregeln ist dagegen im Fall der Verhandlungsunfähigkeit unwesentlich, ob der Täter im Augenblick der Tat voll schuldfähig war. Verhandlungsunfähigkeit muß auf Dauer bestehen; nur vorübergehende Verhandlungsunfähigkeit genügt nicht. 4

II. Zum **Verfahren** vgl. §§ 413 ff. StPO. Zur Möglichkeit, das Verfahren in ein Strafverfahren überzuleiten, wenn sich nach Eröffnung des Hauptverfahrens die Schuldfähigkeit oder die Verhandlungsfähigkeit des Beschuldigten ergibt, vgl. § 416 StPO. 5

Stree

§ 72 Verbindung von Maßregeln

(1) Sind die Voraussetzungen für mehrere Maßregeln erfüllt, ist aber der erstrebte Zweck durch einzelne von ihnen zu erreichen, so werden nur sie angeordnet. Dabei ist unter mehreren geeigneten Maßregeln denen der Vorzug zu geben, die den Täter am wenigsten beschweren.

(2) Im übrigen werden die Maßregeln nebeneinander angeordnet, wenn das Gesetz nichts anderes bestimmt.

(3) Werden mehrere freiheitsentziehende Maßregeln angeordnet, so bestimmt das Gericht die Reihenfolge der Vollstreckung. Vor dem Ende des Vollzugs einer Maßregel ordnet das Gericht jeweils den Vollzug der nächsten an, wenn deren Zweck die Unterbringung noch erfordert. § 67 c Abs. 2 Satz 4 und 5 ist anzuwenden.

Schrifttum: Bruns, Über Häufung und Auswahl konkurrierender Sicherungsmaßregeln, ZStW 60, 474. – Graf zu *Dohna,* Konkurrenz von Rechtsfolgen strafbaren Unrechts, ZStW 54, 410. – *Dreßler,* Maßnahmenkonkurrenz im schweizerischen Strafrecht, 1947. – *Lenckner,* s. Schrifttum vor § 61.

1 **I.** § 72 regelt das **Verhältnis der Maßregeln** zueinander, wenn die Voraussetzungen für mehrere Maßregeln erfüllt sind. Die Vorschrift geht davon aus, daß der Betroffene in einem solchen Fall nur im Rahmen des Erforderlichen zu belasten ist. Dementsprechend bestimmt sie zunächst, daß sich das Gericht auf die Anordnung der Maßregeln zu beschränken hat, die zur Erreichung des erstrebten Zwecks genügen (Abs. 1). Nur soweit mehrere Maßregeln benötigt werden, um den erstrebten Zweck zu erreichen, sind sie nebeneinander anzuordnen (Abs. 2). Für diese Fälle enthält Abs. 3 ergänzende Regelungen für den Vollzug der Maßregeln.

2 **II.** Läßt sich bei mehreren Maßregeln, deren rechtliche Voraussetzungen gegeben sind, der erstrebte Zweck, dh der Schutz der Allgemeinheit vor weiteren rechtswidrigen Taten, bereits durch einzelne von ihnen erreichen, so sind nur sie anzuordnen (**Abs. 1).** Die anderen Maßregeln sind dann entbehrlich, so daß auf ihre Anordnung zu verzichten ist. Zum Vorgehen bei der Prüfung vgl. BGH NStZ-RR **99,** 78. Zum Vorrang des § 72 I vor § 55 II 1 vgl. BGH **42** 306 m. krit. Anm. Bringewat JR 98, 122.

3 **1.** Von den Maßregeln, mit denen der erstrebte Zweck erreichbar ist, verdient die **geeigneteste Maßregel** den Vorzug. Abzustellen ist darauf, welche Maßregel im Hinblick auf die Täterpersönlichkeit und die unterschiedlichen Behandlungsmethoden der in Frage stehenden Anstalten dem Schutzbedürfnis der Allgemeinheit am besten genügt und den Umständen nach am zweckmäßigsten ist (RG **73** 102, BGH **5** 315). Hierbei ist in erster Linie der Besserungszweck ins Auge zu fassen; erst in zweiter Linie kommt es auf die bloße Sicherung an (Lenckner aaO 236). Aus diesem Grund ist ein vermindert schuldfähiger Hangtäter, bei dem die Voraussetzungen des § 63 und des § 66 vorliegen, im allgemeinen nur in einem psychiatrischen Krankenhaus unterzubringen (BGH **42** 308, NStZ **98,** 35). Ist er allerdings weder heilbar noch pflegebedürftig, so ist idR Sicherungsverwahrung anzuordnen (RG **73** 102, BGH **5** 312; and. Freiburg DRZ **49,** 117). Vgl. im übrigen noch § 66 RN 68, auch BGH NStZ **81,** 390, **95,** 284. Soweit eine Unterbringung nach § 63 und § 64 in Betracht kommt, ist nur die nach § 64 anzuordnen, wenn sie auch den Zweck des § 63 erfüllt (BGH StV **98,** 72).

4 **2.** Sind **mehrere Maßregeln gleichermaßen geeignet,** den erstrebten Zweck zu erreichen, so ist die Maßregel anzuordnen, die den Täter am wenigsten beschwert (Abs. 1 S. 2). Von einer freiheitsentziehenden Maßregel ist demnach idR abzusehen, wenn ein Berufsverbot, die Fahrerlaubnisentziehung oder Führungsaufsicht zum Schutz der Allgemeinheit ausreicht. Genügt Unterbringung in einer Entziehungsanstalt zur Gefahrenabwehr, so ist es verfehlt, Unterbringung in einem psychiatrischen Krankenhaus oder Sicherungsverwahrung anzuordnen (vgl. RG **73** 103, OGH **1** 197, BGH NStZ/T **87,** 499, NStZ-RR **97,** 291). Gewährt Führungsaufsicht hinlänglichen Schutz, so ist sie einem Berufsverbot vorzuziehen (Lenckner aaO 236; vgl. aber Hanack LK 14).

5 **III.** Entspricht keine der zulässigen Maßregeln für sich allein dem Schutzbedürfnis, so sind sie, sofern das Gesetz nichts anderes bestimmt, **nebeneinander** anzuordnen (Abs. 2). Eine solche Verbindung von Maßregeln ist auch geboten, wenn zweifelhaft ist, ob der erstrebte Zweck bereits durch eine der Maßregeln erreichen läßt (vgl. BGH NJW **00,** 3015). Möglich ist etwa bei einem Trunk- oder Rauschmittelsüchtigen, dessen Sucht mit einer geistigen Erkrankung zusammentrifft, die Anordnung der Unterbringung in einer Entziehungsanstalt und in einem psychiatrischen Krankenhaus. U. U. können beide Maßregeln mit Sicherungsverwahrung verbunden werden (vgl. RG **73** 47, BGH GA **65,** 342, auch RG HRR **39** Nr. 386). Ferner kann eine Kombination zwischen freiheitsentziehenden Maßregeln und Maßregeln ohne Freiheitsentziehung in Betracht kommen. So kann es erforderlich sein, die Fahrerlaubnisentziehung neben einer Anstaltsunterbringung anzuordnen, auch neben Sicherungsverwahrung (vgl. BGH VRS **30** 274). Der erstrebte Zweck kann auch erfordern, mehrere Maßregeln ohne Freiheitsentziehung nebeneinander anzuordnen, etwa Berufsverbot oder Führungsaufsicht neben Fahrerlaubnisentziehung.

6 **1.** Ordnet das Gericht mehrere freiheitsentziehende Maßregeln nebeneinander an, so hat es zugleich die **Reihenfolge der Vollstreckung** zu bestimmen (Abs. 3). Es darf sie nicht dem Vollstreckungsgericht überlassen (BGH NStZ **95,** 284). Seine Wahl hat es danach zu treffen, welche Behandlung im Hinblick auf die Gesamtpersönlichkeit des Täters und den Umständen nach voranstehen

muß. Bei nebeneinander angeordneter Unterbringung nach den §§ 63, 66 ist zB der Unterbringung nach § 63 der Vorrang einzuräumen, wenn der für § 66 maßgebliche Hang auf einem psychischen Defekt beruht (BGH NStZ **95**, 284). Von der Anordnung nach Abs. 3 bleibt die Möglichkeit unberührt, den Täter nachträglich gem. § 67 a in den Vollzug einer anderen Maßregel zu überweisen.

2. Mit dem Ende des Vollzugs der einen Maßregel wechselt der Täter nicht ohne weiteres in den **7 Vollzug der** in der Reihenfolge **nächsten Maßregel** über. Vielmehr bedarf es einer besonderen gerichtlichen Anordnung. Vor dem Ende des Vollzugs einer Maßregel ist zu prüfen, ob der Zweck der nachfolgend zu vollstreckenden Maßregel die Unterbringung noch erfordert. Stellt das Gericht die Notwendigkeit fest, so ordnet es den Vollzug der nunmehr an die Reihe kommenden Maßregel an (Abs. 3 S. 2). Verneint es die Erforderlichkeit, so erklärt es die nächste Maßregel für erledigt (Abs. 3 S. 3 iVm § 67 c II 5). Kommt es zu dem Ergebnis, daß der Zweck der nächsten Maßregel zwar noch nicht erreicht ist, besondere Umstände aber die Erwartung rechtfertigen, er könne auch durch die Aussetzung erreicht werden, so setzt es die Vollstreckung der Unterbringung zur Bewährung aus, wobei automatisch Führungsaufsicht eintritt (Abs. 3 S. 3 iVm § 67 c II 4).

Zum **Verfahren** und zur Zuständigkeit in diesen Fällen vgl. §§ 463 III, 454, 462 a StPO. Zur **8** Heranziehung eines Sachverständigen im Falle des Abs. 3 vgl. die §§ 463 III, 454 II StPO.

Siebenter Titel. Verfall und Einziehung

Vorbemerkungen

Schrifttum: Arzt, Geldwäscherei, NStZ 90, 1. – *ders.*, Geldwäsche u. rechtsstaatl. Verfall, JZ 93, 913. – *ders.*, Verfallsanordnung gegen jur. Personen, Zipf-GedS 165. – *Beckmann*, Die fehlerhafte Einziehung von täterfremdem Eigentum nach § 40 StGB, GA 60, 205. – *Bender*, Fragen der Wertersatzeinziehung, NJW 69, 1056. – *Benseler*, Die Gewinnabschöpfung u. deren Beweislast (usw.), 1998. – *Brenner*, Die Gewinnabschöpfung, NStZ 98, 557. – *Bundeskriminalamt (BKA*, Macht sich Kriminalität bezahlt?, 1986. – *Bode*, Das neue Recht der Einziehung usw., NJW 69, 1052. – *Brenner*, Gewinnverfall, DRiZ 77, 203. – *Creifelds*, Die strafrechtliche Einziehung gegen den „Dritteigentümer", JR 55, 403. – *Dessecker*, Gewinnabschöpfung im Strafrecht u. in der Strafrechtspraxis, 1992. – *Droop*, Beschlagnahme und Einziehung ausländischer Sexliteratur, NJW 69, 1521. – *Eberbach*, Einziehung u. Verfall beim illegalen Betäubungsmittelhandel, NStZ 85, 294. – *ders.*, Zwischen Sanktion u. Prävention, NStZ 87, 486. – *Eser*, Die strafrechtlichen Sanktionen gegen das Eigentum, 1969. – *ders.*, Informationsfreiheit und Einziehung, NJW 70, 784. – *ders.*, Zum Eigentumsbegriff im Einziehungsrecht, JZ 72, 146. – *ders.*, Neue Wege der Gewinnabschöpfung, Stree/Wessels-FS 833. – *Faller*, Güterabwägung bei der Einziehung von Schriften, MDR 71, 1. – *Forthauser*, Geldwäscherei de lege lata et ferenda, 1992. – *Franzheim*, Gewinnabschöpfung im Umweltstrafrecht, wistra 86, 253. – *ders.*, Der Verfall des Vermögensvorteils in Umweltstrafsachen, wistra 89, 87. – *Gilsdorf*, Die verfassungsmäßigen Schranken der Einziehung, JZ 58, 641, 685. – *Göhler*, Die neue Regelung zum Verfall, wistra 92, 133. – *Güntert*, Die Gewinnabschöpfung als strafrechtliche Sanktion, 1983. – *Hassemer*, Vermögen im Strafrecht, WM-Beil. 3/1995. – *Heckmann*, Die Einziehung verdächtigen Vermögens, ZRP 95, 1. – *Hellmann*, Richterl. Überzeugungsbildung u. Schätzung bei der Bemessung strafr. Sanktionen, GA 97, 503. – *Herzog*, Die „dritte" Dimension der Verbrechensbekämpfung, KritJ 87, 321 ff. – *Hildenstab*, Gewinnabschöpfung im Umweltstrafverfahren, 1990. – *Hoyer*, Die Rechtsnatur des Verfalls, GA 93, 406. – *Jekewitz*, Verfassungsr. Aspekte des strafgerichtl. Zugriffs auf Geldvermögen (usw.), GA 98, 276. – *Julius*, Einziehung, Verfall u. Art. 14 GG, ZStW 109 (1997) 58. – *Kaiser*, Gewinnabschöpfung als kriminologisches Problem, Tröndle-FS 685. – *ders.*, Strafr. Gewinnabschöpfung (usw.), ZRP 99, 144. – *Katholnigg*, Die Neuregelungen beim Verfall, JR 94, 353. – *Köhler/Beck*, Gerechte Geldstrafe statt konfiskatorischer Vermögenssanktionen, JZ 91, 797. – *Kilchling/Kaiser*, Möglichkeiten der Gewinnabschöpfung (usw.), 1997. – *Krey/Dierlamm*, Gewinnabschöpfung u. Geldwäsche, JR 92, 353. – *Meyer*, Gewinnabschöpfung durch Vermögensstrafe?, ZRP 90, 85. – *Meyer/Dessecker/Smettan*, Gewinnabschöpfung bei Betäubungsmitteldelikten, 1989. – *Möhrenschlager*, Das OrgKG, wistra 92, 281. – *Perron*, Vermögensstrafe u. erweiterter Verfall, JZ 93, 919. – *Pieth*, Gewinnabschöpfung bei Betäubungsmitteldelikten, StV 90, 558. – *Rieß*, Neue Gesetze zur Bekämpfung der Organisierten Kriminalität, NJ 92, 491. – *Schäfer*, Zum Eigentumsbegriff im Einziehungsrecht, Dreher-FS 283. – *Scharff*, Die Einziehung, Mat. II 254. – *Schmidt*, Die fehlerhafte Einziehung, NJW 57, 1628. – *R. Schmitt*, Strafrechtliche Maßnahmen gegen Verbände, 1958. – *Schulthinrichs*, Gewinnabschöpfung bei Betäubungsmitteldelikten – Erweiterter Verfall, Diss. Mainz 1991. – *Stree*, Deliktsfolgen und Grundgesetz, 1960. – *Vogel*, Die Rechtsstellung des Dritteigentümers im Falle ungerechtfertigter Einziehung, GA 58, 33. – *Weber-Römer*, Wahrung der Eigentümerrechte bei fehlerhafter Einziehung, NJW 64, 1357. – *Weigend*, Bewältigung von Beweisschwierigkeiten durch Ausdehnung des mat. Strafrechts?, Tröndle-FS 695. – *Weßlau*, Neue Methoden der Gewinnabschöpfung?, StV 91, 226. – *dies.*, Verfassungsr. Probleme der Vorschrift über den Erweiterten Verfall (§ 73 d StGB), 20. Strafverteidigertag 1996, 141. – *Wolters*, Die Neufassung der strafrechtl. Verfallsvorschrift, 1995. – *Wuttke*, Die Neuregelung des strafrechtlichen Einziehungsrechts, SchlHA 68, 246. – *Zeidler*, Strafrechtliche Einziehung und Art. 14 GG, NJW 54, 1148.

I. Die **gegen das Eigentum gerichteten Sanktionen** des Verfalls, der Einziehung sowie der (in **1** der Titelüberschrift nicht ausdrücklich genannten, aber mitgeregelten) Unbrauchbarmachung gehören neben den Maßregeln der Besserung und Sicherung zu den sog. **Maßnahmen** iSv § 11 I Nr. 8. Da es sich bei dieser Kennzeichnung aber lediglich um eine verweisungstechnische Zusammenfassung

§ 73 Vorbem 2–5 Allg. Teil. Rechtsfolgen der Tat – Verfall und Einziehung

teils gleichbehandelter Tatfolgen handelt (§ 11 RN 64), ist damit über die unterschiedliche Rechtsnatur dieser Sanktionen nichts ausgesagt (dazu u. 12 ff.).

2 Das **Ziel der Regelung** war aufgrund des 2. StRG ein doppeltes: die Vereinheitlichung früher teils recht unterschiedlicher und weit verstreut geregelter Eigentumssanktionen sowie die Anpassung an neuere verfassungsrechtliche und kriminalpolitische Maßstäbe (vgl. im einzelnen Eser, Eigentumssanktionen 23 ff. sowie 19. A. RN 2–4, ferner Wolters aaO 19 ff. zu anderen Rechtsfolgen mit Vermögenseinschlag). Demgegenüber wurden die Möglichkeiten des Gewinnverfalls offenbar nicht genügend ausgeschöpft (vgl. Brenner DRiZ 77, 203, Güntert aaO 84 ff., ferner spez. zu Betäubungsmittelhandel mit fallorientierter Ausdifferenzierung Eberbach NStZ 85, 294 bzw. zum Umweltstrafrecht Franzheim wistra 86, 253). Zur weiteren Anwendbarkeit der Vermögenseinziehung nach **§ 57 DDR-StGB** (im Anhang 2) bei Vertrauensmißbrauch (§ 165 DDR-StGB) vgl. 122 f. vor § 3, aber auch u. 2 a. Rechtsvergleich. Kilchling/Kaiser aaO.

2 a Die verhältnismäßig geringe **praktische Bedeutung des Verfalls** (vgl. Albrecht in Meyer ua aaO 56 f., Kaiser ZRP 99, 144 ff., Wolters aaO 14 ff., zur Situation im OWi-Recht vgl. Brenner aaO) beruhte aber offenbar nicht allein auf der mangelnden Ausschöpfung der durch §§ 73 ff. eingeräumten Möglichkeiten, sondern lag jedenfalls teilweise auch in Schwierigkeiten der bisherigen Regelung selbst, wie insb. hinsichtlich der Aufklärung der Eigentumsverhältnisse (vgl. § 73 RN 14, 18), der Beschränkung des Verfalls auf den erlangten Vorteil (vgl. 24. A. § 73 RN 17) oder die Berücksichtigung von Gegenansprüchen des Verletzten (§ 73 I 2, vgl. dort RN 23, aber auch RN 26 f.), begründet (vgl. Dessecker aaO 342 f., Eberbach NStZ 87, 490 f., Herzog aaO 323 ff., Kaiser aaO 694 ff., wistra 00, 122 ff., sowie Meyer u. a. aaO 489, BKA aaO). Eine **Reform der §§ 73 ff.** erschien daher dringend erforderlich (vgl. BT-Drs 10/5828 S. 6; 11/2597 S. 5; vgl. zur Entwicklung Jekewitz GA 98, 276 ff.). Im Vorgriff auf diese bereits in Angriff genommenen Gesamtüberarbeitung (vgl. BT-Drs 11/6623 S. 4) und ersichtlich unter dem Eindruck der wachsenden Bedrohung durch die organisierte Kriminalität hat der Gesetzgeber in einem ersten Schritt durch das AWG/StGBÄG (in Kraft seit 7. 3. 1992) das bisher für den Verfall geltende **Nettoprinzip durch das Bruttoprinzip ersetzt,** mit der Folge, daß die Gesamtheit des aus der Tat Erlangten ohne Berücksichtigung der eigenen Aufwendungen und Kosten des Täters erfaßt wird (vgl. u. 19 sowie § 73 RN 6, 17). Des weiteren hat das OrgKG (in Kraft seit 22. 9. 1992) neben der **Vermögensstrafe (§ 43 a),** die einen bedenklichen Rückfall auf die endgültig überwunden geglaubte totale Vermögenskonfiskation darstellen (vgl. auch § 43 a RN 1 sowie Eser, Eigentumssanktionen 1 ff., 13 f., 103 ff., 187 f., 194 f.), als zusätzliche Sanktion den **Erweiterten Verfall (§ 73 d)** eingeführt, freilich ohne sich dabei trotz rechtzeitig geäußerter Bedenken (vgl. ua Eser Prot. BT-RA Nr. 31 Anl. 32 ff., Herzog aaO 328 ff., Meyer ZRP 90, 85 ff., Weßlau StV 91, 228 ff.) durch verfassungsrechtliche Grenzen aufhalten zu lassen (vgl. § 73 d RN 2). In diesem Zusammenhang erscheint auch die beschränkte Fortgeltung der Vermögenseinziehung nach § 57 DDR-StGB (o. 2) allenfalls übergangsweise tolerierbar. Insgesamt bleibt zu bemängeln, daß die Chance zur Schaffung einer stimmigen Gesamtlösung vertan wurde (Lackner § 73 d RN 1; warnend bereits Eberbach NStZ 87, 492). Stattdessen führt die Neuregelung zwangsläufig zu Brüchen mit dem bestehenden Verfallssystem, ohne daß gleichzeitig ihre Praktikabilität und Effektivität gesichert wären. Weitergehende Reformbestrebungen eines fraktionsübergreifenden „E eines Ges. zur verbesserten Abschöpfung von Vermögensvorteilen aus Straftaten" (BT-Drs. 13/9742) fiel mit Ende der 13. Wahlperiode dem Diskontinuitätsgrundsatz zum Opfer, ohne daß derzeit legislatorische Wiederaufnahmebemühungen zu konstatieren wären (vgl. Heghsmann ZRP 98, 477 ff., Hetzer JR 99, 146 ff., Kaiser ZRP 99, 147 ff.).

3 II. Für die **Konzeption der Eigentumssanktionen** ist kennzeichnend, daß sie auf die Entziehung eines *bestimmten, irgendwie in die Tat verwickelten Gegenstandes* gerichtet sind. Insofern unterscheiden sie sich von den *allgemeinen Vermögenssanktionen,* bei denen der Täter lediglich zu einer Geldleistung verurteilt wird, die er nach seinem Belieben aus jedem Teil seines Vermögens erbringen kann (Geldstrafe, Vermögensstrafe, Geldbuße). Soweit es bei einer Eigentumssanktion um Tatwerkzeuge, Tatprodukte oder sonstige Gegenstände, auf die sich die Tat bezieht, geht, spricht man von *Einziehung* (§§ 74–75) bzw., falls der Gegenstand lediglich unschädlich gemacht wird, von *Unbrauchbarmachung* (§§ 74 b II, 74 d). Soweit es um die Abschöpfung von Gewinnen oder die Entziehung sonstiger Vermögenswerte, die durch die Tat erlangt wurden, geht, spricht man von *Verfall* (§§ 73–73 e). Näher zur Abgrenzung (auch gegenüber sonstigen Erscheinungsformen) Eser aaO 5 ff., Güntert aaO 20 ff. Trotz zahlreicher sachlicher Gemeinsamkeiten entspricht dieser unterschiedlichen Terminologie auch eine teils unterschiedliche Struktur von Einziehung und Verfall:

4 1. Der **Verfall,** ohne einleuchtenden Sachgrund vom Gesetz an erster Stelle geregelt, ist in vier Formen möglich: gegenüber dem *Tatbeteiligten* (§ 73 I), einem *Drittbegünstigten* (§ 73 III) oder *Dritteigentümer* (§ 73 IV) sowie neuerdings als **Erweiterter Verfall** (§ 73 d) gegenüber dem Tatbeteiligten, ohne daß die Herkunft der Verfallsobjekte aus einer bestimmten Tat explizit nachzuweisen wäre. Gegenstand des Verfalls können jedwede Vermögenswerte sein, die für oder aus der Tat erlangt wurden, gleich, ob es sich dabei um Tatentgelte, Gewinne oder Nutzungen handelt (§ 73 I, II). Als Anknüpfungstat reicht bereits eine rechtswidrige, also nicht notwendig schuldhaft begangene Tat (§ 73 I). Über die sich daraus ergebenden Konsequenzen für die Rechtsnatur des Verfalls vgl. u. 18.

5 2. Bei der **Einziehung** ist die wichtigste Form die **tätergerichtete,** die an ein schuldhaftes Delikt anknüpft und auf Tatwerkzeuge und Tatprodukte gerichtet ist (vgl. die Generalklausel in § 74 I iVm II Nr. 1). Daneben ist bei Vorliegen eines Sicherungsgrundes nach § 74 II Nr. 2 allgemein auch die

Konzeption der Eigentumssanktionen 6–12 **Vorbem § 73**

Einziehung von **Dritteigentum** möglich, und zwar nach Abs. 3 auch schon aufgrund einer nur rechtswidrigen Tat *(Sicherungseinziehung)*. Auch die an Quasi-Verschuldenskriterien geknüpfte *„strafähnliche"* Dritteinziehung wurde trotz ihrer rechtsstaatlichen Bedenklichkeit aufrechterhalten, wenn auch durch die Rahmenvorschrift des § 74 beschränkt auf spezialgesetzlich zugelassene Sonderfälle (vgl. dort RN 3). Zu dieser Kategorie ist auch der Fall zu rechnen, daß nach § 74 II Nr. 2 das entschädigungslose Erlöschen von Drittrechten angeordnet wird.

3. Neben oder anstelle der Einziehung kennt das Gesetz ferner eine Reihe von Sanktionen, die nicht zur vollen Entziehung des Eigentums führen müssen und damit eher geeignet sind, im Einzelfall dem Grundsatz der Verhältnismäßigkeit Rechnung zu tragen: so in erster Linie die **Unbrauchbarmachung**, die außer bei Druckwerkzeugen (§ 74d I 2) auch als allgemeine Sanktion zulässig ist (§ 74b II Nr. 1). Außerdem sind als schonendere Mittel die Beseitigung von Kennzeichen oder Einrichtungen der betroffenen Einziehungsgegenstände sowie Änderungs- und Verfügungsauflagen möglich (§ 74b II Nr. 2 u. 3). **6**

4. Auch die Möglichkeit *subsidiärer Maßnahmen* ist weiter ausgebaut. Neben der **nachträglichen** (§ 76) und **selbständigen** (§ 76a) Anordnung von Verfall oder Einziehung, wie sie bei tatsächlichen Verfolgungs- und Verurteilungshindernissen durchgeführt werden kann, ist nach § 73a bzw. § 74c generell auch der Verfall bzw. die Einziehung des **Wertersatzes** möglich, wenn der Täter die Entziehung des ursprünglichen Gegenstandes zB durch Veräußerung oder Verbrauch vereitelt hat. **7**

5. Für den Umfang der Eigentumssanktionen sind die **Härtevorschrift** des § 73c bzw. die **Verhältnismäßigkeitsklauseln** des § 74b bedeutsam, wonach ua auch eine Teileinziehung ermöglicht wird. Die **Wirkungen** des Verfalls bzw. der Einziehung sind in den §§ 73e, 74e geregelt. Soweit durch die Eigentumssanktion tatunbeteiligte **Dritte** betroffen würden, ist zur Wahrung von deren Interessen ein unterschiedlicher Weg vorgesehen: Sofern durch Gewinnverfall etwaige Ansprüche des Tatverletzten beeinträchtigt werden könnten, ist nach § 73 I 2 von der Anordnung des Verfalls überhaupt abzusehen. Bei der Einziehung hingegen findet sich in § 74f eine besondere **Entschädigungsregel** für Drittbetroffene. **8**

6. Obgleich sich die Vorschriften über Verfall und Einziehung als eine umfassende Allgemeinregelung verstehen, gibt es daneben nach wie vor zahlreiche **Sondervorschriften**. So etwa wird für den Anwendungsbereich des WiStG der Verfall nach §§ 73–73d durch die Abführung des Mehrerlöses verdrängt (§ 8 WiStG, vgl. BT-Drs. 7/550 S. 398 zu Nr. 5; vgl. auch §§ 37b, 38 IV GWB). Hinsichtlich der Einziehung bezwecken die Sondervorschriften teils die Erfassung von Tatobjekten, die weder als Tatwerkzeuge noch als Tatprodukte, sondern als sog. Beziehungsgegenstände anzusehen sind (näher zu dieser Differenzierung § 74 RN 12a), teils versuchen sie, besonderen Sicherungsbedürfnissen Rechnung zu tragen. So zB ist die Einziehung bzw. Unbrauchbarmachung von Schriften und gleichgestellten Darstellungen (§ 11 III) bereits durch § 74d spezialgesetzlich geregelt. Gleiches gilt für Gegenstände, die in Staatsschutzdelikte verwickelt sind (§§ 92b, 101a, 109k), für Falschgeld und falsche Euroscheckvordrucke (§§ 150, 152a V), Spieleinrichtungen und Spielgeld (§ 286), Jagd- und Fischereigeräte (§ 295) sowie Gegenstände von Sprengstoffdelikten (§ 322) und von Umweltschutzdelikten (§ 330c). Weitere Sondervorschriften wurden eingeführt für die Einziehung unbefugt geführter Amtskleidungen oder Berufsabzeichen (§ 132 IV), von Abtreibungsmitteln (§ 219b III), Gegenständen von Fälschungsdelikten (§ 282 II), der Geldwäsche (§ 261 VII) oder eines Subventionsbetrugs (§ 264 VI) sowie von Tonträgern und Abhörgeräten (§ 201 V). Darüber hinaus finden sich im Nebenstrafrecht noch zahlreiche Sondervorschriften, zB in § 21 III StVG, § 56 WaffenG, § 24 KriegswaffG, § 55 LMBG, § 7 WiStG, § 49 AtomG, § 19 TierschutzG, §§ 375, 394 AO (dazu o. 2) sowie § 33 BtMG (dazu insb. Eberbach NStZ 85, 294 ff., Schoreit NStZ 86, 58). Vgl. ferner Eser aaO 4 ff., Schäfer LK § 74 RN 61 ff. **9**

Soweit diese Sonderregelungen nicht abschließend sind, finden die **§§ 73 ff. ergänzende Anwendung**. Das gilt gem. § 74 IV insb. für das Erfordernis eines Einziehungsgrundes iSv § 74 II (vgl. dort RN 37) sowie für die Beachtung des Verhältnismäßigkeitsprinzips nach § 74b. Auch für die Ersatzeinziehung, die Wirkung der Einziehung, das selbständige Verfahren und die Entschädigung sind regelmäßig die allgemeinen Regeln der §§ 74c ff. heranzuziehen. Im übrigen kommt § 74 auch immer dann zum Zuge, wenn seine allgemeinen Voraussetzungen, nicht dagegen die der Sondervorschriften gegeben sind. **10**

7. Auch im **jugendstrafgerichtlichen** Verfahren ist die Anordnung von Verfall und Einziehung nach den §§ 73 ff. sowie etwaigen ergänzenden Sondervorschriften (o. 9 f.) möglich; denn durch § 6 JGG werden lediglich die dort genannten Maßnahmen ausgeschlossen (vgl. Brunner/Dölling, JGG[10], 1996, § 6 RN 8, Schaffstein/Beulke, JugStR[12], 1995, 64, Eisenberg, JGG[7], 1997, § 6 RN 5). Im Ordnungswidrigkeitenrecht hingegen tritt § 29a OWiG an die Stelle der §§ 73 ff. (Herzog NK 3). **11**

III. Die Rechtsnatur der Eigentumssanktionen ist seit langem umstritten (vgl. Eser aaO 61 ff.). Auch der Reformgesetzgeber hat sie jeweils bewußt offengelassen (vgl. E 62 Begr. 240). Insb. läßt sich auch aus der rein ordnungstechnischen Zusammenfassung unter dem Begriff der Maßnahme (§ 11 I Nr. 8) nichts darüber entnehmen, ob die dort genannten Sanktionen als Strafen, Maßregeln oder als Rechtsfolgen besonderer Art zu verstehen seien (vgl. § 11 RN 65). Diese Zurückhaltung des Gesetzgebers verdient insofern Zustimmung, als die Eigentumssanktionen in ihrer Rechtsnatur grds. **ambivalent** sind und daher eine einseitige abstrakt-generelle Festlegung in diesem oder jenem Sinne in der **12**

Eser 959

Tat verfehlt wäre. Dennoch vermag dies jedenfalls nicht den Richter der Frage zu entheben, welcher Charakter der von ihm verhängten Sanktion *im Einzelfall* zukommen soll. Denn solange das Sanktionsrecht am System der *Zweispurigkeit* festhält (5 vor § 38) und demzufolge Strafen und Sicherungsmaßregeln nach teils unterschiedlichen Kriterien gehandhabt werden, stellt sich auch bei Verfall und Einziehung immer wieder die Frage, ob sie nun als Strafe, als Sicherungsmaßregel oder als Maßnahme sonstiger Art zu behandeln sind. Zwar ist das Problem dadurch teilweise entschärft, daß der Gesetzgeber die Eigentumssanktionen in bestimmten Fällen ausdrücklich den Strafen gleichgestellt hat, wie zB hinsichtlich des Rückwirkungsverbots (vgl. § 2 V sowie RN 5, 44) bzw. der Strafvereitelung (§ 258); zur Bedeutung der Verjährung vgl. § 78 RN 6 sowie § 76a RN 8 a. In anderen Fällen jedoch ist die Frage nach der Rechtsnatur nach wie vor noch von **praktischer Bedeutung:** so zB bei Begnadigungen oder Amnestien, durch die eine strafweise Einziehung unzulässig wird (RG **50** 388, 395, **53** 125), dagegen Sicherungseinziehungen, falls das betreffende StraffreiheitsG nichts anderes vorsieht, davon unberührt bleiben (RG **67** 217, HRR **42**, 46, BGH **23** 64, 66); letzteres wird auch für einen quasi-konditionellen Ausgleichsverfall, nicht aber für einen strafähnlichen Verfall (u. 18) zu gelten haben (vgl. BGH **7** 90 bzgl. Mehrerlösabschöpfung). Auch bei der reformatio in peius ist in entsprechender Weise zu differenzieren (vgl. RG **67** 217, Bay **24** 113, Düsseldorf NJW **72**, 1382). Zum Ganzen auch Eser aaO 57 ff.

13   **1.** Hinsichtlich der **Einziehung** ist aus deren gesetzlicher Ausgestaltung zu entnehmen, daß sie auf keinen bestimmten Einzelzweck, sondern auf verschiedene repressive und präventive Zwecke abzielt. Schon daher verbietet es sich, die Einziehung einseitig als Strafe oder als Sicherungsmaßregel zu verstehen; vielmehr ist von einer **mehrspurigen Konzeption** auszugehen. Diese darf jedoch nicht allein abstrakt am Zweck der betroffenen Vorschrift ausgerichtet bleiben, sondern hat darüber hinaus auch die jeweiligen Bedürfnisse des Einzelfalles zu berücksichtigen (Eser aaO 89 ff., 144 f., Oldenburg NJW **71**, 770). Im einzelnen sind folgende Gesichtspunkte maßgeblich:

14   a) **Strafcharakter** hat die Einziehung dort, wo die Vorschrift im wesentlichen auf täterbezogene Kriterien abstellt. Das ist insb. dann anzunehmen, wenn die Einziehung keine besondere Gefährlichkeit des Gegenstandes voraussetzt, an volldeliktische Taten anknüpft und auf Tätereigentum beschränkt bleibt (Horn SK § 74 RN 11 ff.). Hier steht keine objektbezogene Sicherung, sondern nur personenbezogene Repression im Vordergrund. Das trifft insb. auf die Einziehung nach § 74 II Nr. 1 zu (BGH NJW **83**, 2710). Insoweit handelt es sich bei der Einziehung um eine gegenständlich spezifizierte Vermögensstrafe (ebenso M-Zipf II 530; ähnl. Schäfer LK § 74 RN 4, Tröndle/Fischer § 74 RN 2; zT abw. Herzog NK 10, Lackner § 74 RN 1).

15   b) Dagegen ist **Sicherungscharakter** anzunehmen, wo es um die Einziehung von Gegenständen geht, die eine art- oder umständebedingte Gefährlichkeit aufweisen. Das ist idR dort der Fall, wo aus Gründen der Gefahrenabwehr das Gesetz sich mit einer nur rechtswidrigen Anknüpfungstat begnügt und unterschiedslos auch das Eigentum Tatunbeteiligter ergreift. Demgemäß kommt der Einziehung nach § 74 II Nr. 2 iVm III grds. Sicherungscharakter zu (Düsseldorf JMBlNW **89**, 236, Horn SK § 74 RN 19, M-Zipf II 530, Schäfer LK § 74 RN 6; ausschließl. in diesem Sinne wollte den AE Einziehung verstehen: § 88 AT m. Begr. 175, ebenso Baumann/Weber[9] 616, 618). Gleiches ist im Regelfall für die Einziehung bzw. **Unbrauchbarmachung** nach § 74 d sowie für die Maßnahmen nach §§ 150, 152 a V, 219 b III, 282 II, 322, 330 c anzunehmen. Vgl. Hamm NJW **70**, 1756.

16   c) Problematisch sind dagegen die Fälle, in denen die Einziehung auch täterfremdes Eigentum erfassen kann, dafür aber ein quasi-schuldhaftes Verhalten des Dritteigentümers voraussetzt (§ 74 a iVm §§ 201 V, 286 VI, 295). Da hier mangels genereller Gefährlichkeit der betroffenen Gegenstände ein Sicherungsbedürfnis nicht besteht, vielmehr dem **Dritteigentümer** sein verwerfliches Verhalten vergolten und die Allgemeinheit abgeschreckt werden soll (vgl. BT-Drs. V/1319 Begr. 52 zu § 40 a), kommt der Einziehung zumindest ein **strafähnlicher** Charakter zu (so schon die frühere hM zu der auf Quasi-Verschuldenskriterien gestützten Dritteinziehung: vgl. ua Koblenz NJW **50**, 79, Creifelds JR **55**, 407, Hartung NJW **49**, 769, Kröner NJW **59**, 83, Stree aaO 112, iglS Tröndle/Fischer § 74 RN 2, Herzog NK 13, Horn SK § 74 a RN 2, Jescheck/Weigend 798, Lackner § 74 RN 1, Schäfer LK § 74 RN 8; dagegen verfehlt die Gleichstellung mit der Sicherungseinziehung nach § 74 II Nr. 2 von München NJW **82**, 2331). Zu den verfassungsrechtlichen Bedenken gegen diese Form der Einziehung vgl. u. § 74 a RN 1 f.

17   d) Soweit im Einzelfall sowohl die Voraussetzungen einer person- wie einer objektbezogenen Einziehung gegeben sind, bestimmt sich der Rechtscharakter der Sanktion nach dem **Zweck,** dem unter Berücksichtigung aller **konkreten** Umstände das entscheidende Gewicht beizumessen ist (vgl. Eser aaO 89 ff., 349 ff., Lackner § 74 RN 1, Düsseldorf NJW **72**, 1382/3, Saarbrücken NJW **75**, 66; unscharf Schleswig SchlHA **80**, 177, wenn lediglich. auf die „tatrichterliche Überzeugung" statt auf die konkrete Zielsetzung abgehoben wird).

18   **2.** Noch weitaus schwieriger ist die Rechtsnatur des **Verfalls** zu bestimmen. Zwar lagen dem früheren Entgeltverfall (§ 335 aF) insofern *Straf*gedanken zugrunde, als dadurch die Wirksamkeit der Strafe erhöht, ja der Täter vielleicht überhaupt erst für die Strafe empfänglich gemacht werden sollte (vgl. Eser aaO 83 f., 127 ff., 335 f.; iglS die hM zu § 335 aF, BGH **11** 348, **13** 329, 17. A. § 335 RN 1; eingeh. zur Vorgeschichte Güntert aaO 2 ff.). Dagegen war schon die frühere Gewinnabschöpfung wesentlich von *Reparations*gesichtspunkten bestimmt; denn da die durch Rechtsbruch erlangten

Vorteile regelmäßig auf Kosten der Allgemeinheit oder bestimmter Einzelner gehen, zu deren Schutz die verletzten Vorschriften eigentlich bestimmt sind, kann dem Täter bzw. dem durch die Tat Begünstigten eine Art Schadensausgleich durch Herausgabe der unlauteren Vorteile abverlangt werden (vgl. RG 53 89/92, Hamburg NJW 47, 104, Bamberg MDR 51, 246, R. Schmitt aaO 161; näher zur unterschiedl. Deutung der verschiedenen Arten von Gewinnabschöpfung Eser aaO 84 ff., 284 ff.). Indem dann der Gesetzgeber den Entgeltverfall und die Gewinnabschöpfung in einer *einheitlichen* Sanktion zusammengefaßt hatte und diese bereits aufgrund einer nur rechtswidrigen Anknüpfungstat anzuordnen war (§ 73 I aF) und über Tatbeteiligte hinaus auch gegenüber etwaigen Vorteilsempfängern durchgriff (§ 73 III aF), konnte der Verfall keinesfalls mehr ausschließlich als Strafe begriffen werden. Ebensowenig war er als Sicherungsmaßregel zu deuten, da von den Tatvorteilen als solchen idR keine für die Sicherungseinziehung typische Gefährlichkeit ausgeht. Vielmehr war entscheidend darauf abzustellen, daß durch den Verfall die für die bzw. aus der Tat erlangten Vorteile abgeschöpft (BGH 30 47 f.) und damit eine rechtswidrig geschaffene Bereicherung wieder rückgängig gemacht werden sollte; somit war er als Maßnahme eigener Art (Tröndle/Fischer § 73 RN 1 c, Schäfer LK § 73 RN 4), und zwar für den Regelfall als **quasi-konditionelle Ausgleichsmaßnahme** zu begreifen (vgl. Eser aaO 89 ff., 284 ff., iglS B/W-Mitsch 716, Jescheck/Weigend 789, Schmidhäuser 838, M-Zipf II 528, 531, Zipf JuS 74, 279; ausschließl. – aber damit zu einseitig – iSe „strafrechtlichen Ergänzung der zivil- u. öff.rechtl. Vermögensordnung" Güntert aaO 16 f.; vgl. auch Keller JR 76, 123 f.).

Das schloß allerdings schon früher nicht aus, daß im *Einzelfall* auch der **Strafcharakter** überwiegen konnte, wie namentlich bei Verfall von Tatentgelten, die aus dem Vermögen eines Tatbeteiligten stammen (vgl. 24. A.). Nach der zwischenzeitlichen Umstellung auf das **Bruttoprinzip** (vgl. o. 2 a) kann die regelmäßige Qualifizierung des Verfalls als bloße quasi-konditionelle Ausgleichsmaßnahme (o. 18) in dieser Allgemeinheit nicht mehr aufrechterhalten werden. Denn nachdem er sich nunmehr auf den jeweiligen Gesamterlös ohne Rücksicht auf etwaige gewinnschmälernde Kosten des Täters erstreckt (BGH NStZ 94, 124; vgl. § 73 RN 17), wird über den Bereich einer lediglich gewinnabschöpfenden Ausgleichsmaßnahme hinaus dem Täter ein gegen ihn selbst gerichtetes und tatvergeltendes *Strafübel* auferlegt (Tröndle/Fischer 1 c, Eser Stree/Wessels-FS 844, Hellmann GA 97, 521 f., Herzog NK 8, Horn SK 5, Perron JZ 93, 919; vgl. auch Jescheck/Weigend 793, die von „Zusatzstrafe" sprechen; and. BGH NJW 95, 2235, Wolters aaO 122 f.). Diesen Strafcharakter des Verfalls deshalb zu bestreiten, weil er auch bei nur rechtswidrigen und nicht-schuldhaften Taten angeordnet werden könne (BT-Drs 11/6623 S. 5, BR-Drs 74/90 S. 54), ist ein Zirkelschluß; denn ob eine Sanktion Strafcharakter hat, ergibt sich maßgeblich aus ihren Zwecken und Wirkungen, von denen ihrerseits die entsprechenden Anordnungsvoraussetzungen abhängen, weswegen einer Sanktion der Strafcharakter nicht deshalb abgesprochen werden kann, weil es an wesentlichen Verhängungsvoraussetzungen fehlen würde, wie etwa am Verschuldenserfordernis (vgl. Eser Stree/Wessels-FS 845 f., Hoyer GA 93, 413, Weßlau StV 91, 233). Ebensowenig läßt sich der Verfall unter Hinweis auf seine gesetzliche Bezeichnung als „Maßnahme" (§ 11 I Nr. 8) in die Nähe der Maßregeln der Besserung und Sicherung rücken (so aber Krey/Dierlamm JR 92, 58), da einerseits der Begriff der Maßnahme eine rein ordnungstechnische Zusammenfassung ohne inhaltliche Eigenbedeutung darstellt (vgl. § 11 RN 65) und andererseits bei etwaigem Maßregelcharakter der Verfall auf die Beseitigung einer Gefahr angelegt sein müßte (vgl. o. 18, Lackner § 73 RN 4 b). Soweit daher der Verfall aufgrund des Bruttoprinzips über die reine Gewinnabschöpfung hinausgeht (was aber nach Wolters aaO 37 ff., 63 ff., aufgrund eines abw. Ausgleichsverständnisses selbst bei der Neuregelung nicht der Fall sein soll) und jedenfalls insoweit strafähnlichen Charakter hat, unterliegt er denselben verfassungsrechtlichen Anforderungen wie andere Strafsanktionen. Das hat zur Folge, daß Verfall nach dem Bruttoprinzip nur bei strafrechtlichem Verschulden des Betroffenen zulässig ist und zudem schuldangemessen sein muß (vgl. zu letzterem § 73 RN 44). Das schließt jedoch nicht aus, den Verfall – wie in § 73 vorgesehen – auch schon bei einer nur rechtswidrigen, nicht aber schuldhaften Anknüpfungstat anzuordnen; wohl aber ist dann der Verfall weiterhin nur als Nettogewinnabschöpfung zulässig und daher insoweit nach wie vor nur eine quasi-konditionelle Ausgleichsmaßnahme. Aufgrund dieses (auch insofern bestätigten) ambivalenten Rechtscharakters des Verfalls (vgl. o. 12 sowie Eser aaO 89 ff., Jescheck/Weigend 793) bedarf es daher für den Fall mangelnden Verschuldens auch nicht des teilweise vorgeschlagenen Lösungsweges über § 73 c (vgl. Horn SK 5, Hoyer GA 93, 422), zumal es sich dabei um eine bloße Härtevorschrift handelt, die im Wesentlichen nur Nachtatverhalten erfaßt. Gleichwohl wäre eine gesetzgeberische Klarstellung des Rechtscharakters des Verfalls wünschenswert gewesen.

§ 73 Voraussetzungen des Verfalls

(1) **Ist eine rechtswidrige Tat begangen worden und hat der Täter oder Teilnehmer für die Tat oder aus ihr etwas erlangt, so ordnet das Gericht dessen Verfall an. Dies gilt nicht, soweit dem Verletzten aus der Tat ein Anspruch erwachsen ist, dessen Erfüllung dem Täter oder Teilnehmer den Wert des aus der Tat Erlangten entziehen würde.**

(2) **Die Anordnung des Verfalls erstreckt sich auch auf die gezogenen Nutzungen. Sie kann sich auch auf die Gegenstände erstrecken, die der Täter oder Teilnehmer durch die Veräußerung eines erlangten Gegenstandes oder als Ersatz für dessen Zerstörung, Beschädigung oder Entziehung oder auf Grund eines erlangten Rechts erworben hat.**

§ 73 1–6

(3) Hat der Täter oder Teilnehmer für einen anderen gehandelt und hat dadurch dieser etwas erlangt, so richtet sich die Anordnung des Verfalls nach den Absätzen 1 und 2 gegen ihn.

(4) Der Verfall eines Gegenstandes wird auch angeordnet, wenn er einem Dritten gehört oder zusteht, der ihn für die Tat oder sonst in Kenntnis der Tatumstände gewährt hat.

Vorbem.: Abs. 1, 4 neugefaßt sowie Abs. 3 geändert durch AWG/StGBÄG v. 28. 2. 92 (BGBl. I 372).

Schrifttum: Vgl. die Angaben zu den Vorbem. vor § 73.

1   **I.** Durch die §§ 73–73 e werden die verschiedenen Formen der Entziehung von *Tatvorteilen,* so insb. der Verfall des Tatentgelts, die Gewinnabschöpfung und die Abführung des Mehrerlöses in einer
2   **einheitlichen** Regelung zusammengefaßt (vgl. 2 vor § 73). Die maßgebliche **Grundnorm** bildet § 73: Abs. 1 umschreibt die *allgemeinen* Voraussetzungen der Anknüpfungstat und den gegenständlichen Bereich, letzteren unter Berücksichtigung etwaiger Ansprüche von Tatverletzten (u. 4 ff.); in Abs. 2 finden sich ergänzende Nutzungs- und *Surrogats*klauseln (u. 30 ff.). Durch die *Vertreterklausel* des Abs. 3 wird der Verfall auch gegenüber Vorteilsempfängern, für die der Täter gehandelt hat, ermöglicht (u. 34 ff.). Entsprechendes sieht Abs. 4 gegen quasi-tatbeteiligte Dritteigentümer vor (u. 39 ff.). Demgemäß tritt der Verfall in folgenden **Formen** auf: Den Grundtyp bildet der *täterbezogene* Verfall nach Abs. 1, 2, ergänzt um den *empfängerbezogenen* (Abs. 3) und den *dritteigentümerbezogenen* Verfall (Abs. 4); schließlich kommt subsidiär noch der *Wertersatzverfall* nach § 73 a sowie bei bestimmten Delikten der Organisierten Kriminalität der *Erweiterte Verfall* nach § 73 d in Betracht. Soweit in diesen Fällen aufgrund des Bruttoprinzips (u. 17) dem durch den Rechtsbruch Bereicherten oder Begünstigten ein über die bloße Gewinnabschöpfung hinausgehendes, tatvergeltendes Übel auferlegt wird, hat der Verfall seiner **Rechtsnatur** nach **Strafcharakter,** während er bei einer nichtschuldhaften Anknüpfungstat weiterhin nur auf der Basis des Nettoprinzips als **quasi-konditkionelle Aus-**
3   **gleichsmaßnahme** zulässig ist (vgl. 18 f. vor § 73). In **gegenständlicher** Hinsicht richtet sich der Verfall auf die sog. **scelere quaesita,** während der Einziehung die sog. instrumenta und producta sceleris sowie die sog. „Beziehungsgegenstände" unterliegen (näher zur Abgrenzung u. 10, § 74 RN 12 a; eingeh. zum Ganzen Eser aaO 316 ff.).

II. Der **täterbezogene Verfall (Abs. 1)** setzt im wesentlichen folgendes voraus:

4   1. Als **Anknüpfungstat** ist eine *rechtswidrige* Tat erforderlich, aber auch genügend. Nach § 11 I Nr. 5 muß demnach die verfallbegründende Tat zwar tatbestandsmäßig-rechtswidrig, aber nicht notwendig schuldhaft begangen sein (vgl. § 11 RN 42). Dies ist freilich insoweit problematisch, als die vom Gesetz bezweckte Bruttoabschöpfung wegen des damit einhergehenden strafähnlichen Charakters nur bei *schuldhaftem* Handeln zulässig ist (vgl. o. 2). Deshalb darf die Schuldfrage nicht ohne Weiteres ungeklärt bleiben. Läßt sich nämlich für den Einzelfall eine nur rechtswidrige Anknüpfungstat nachweisen, so ist Verfall nur aufgrund und im Rahmen einer Nettoabschöpfung zulässig (vgl. 19 vor § 73, u. 17 a). Im übrigen ist – anders als bei der Einziehung (§ 74 I) – keine Vorsatztat vorausgesetzt, so daß Verfall auch aufgrund eines *Fahrlässigkeitstatbestandes* in Betracht kommt (vgl. auch Tröndle/Fischer 2, Güntert aaO 33), wie zB hinsichtlich des Gewinns, der aus einem fahrlässig als Lebensmittel in Verkehr gebrachten gesundheitsschädlichen Stoff (vgl. §§ 8 Nr. 2, 51 I Nr. 1, IV LMBG) gezogen wird. Jedoch müssen in jedem Falle die für die Rechtswidrigkeit einer Tat wesentlichen Elemente, bei fahrlässigem Handeln also namentlich eine objektive Pflichtwidrigkeit, vorliegen (vgl. § 11 RN 44). Soweit Verfall als Ausgleichsmaßnahme nur im Rahmen des Nettoprinzips angeordnet wird und es demzufolge auf Verschulden nicht unbedingt ankommt (vgl. Eser aaO 286 f.), wird dem Täter insb. auch die Berufung auf *Verbotsirrtum* – eine gerade im verfallträchtigen Nebenstrafrecht besonders naheliegende Schutzbehauptung – abgeschnitten (vgl. Horn SK 6). Ebensowenig stehen dem Verfall etwaige persönliche Strafausschließungsgründe entgegen, wohl aber die Verjährung
5   (vgl. BGH wistra **99,** 104). Auch der als solcher strafbare *Versuch* einer Straftat kann den Verfall begründen, so zB bei Bestechlichkeit nach § 332, wenn es zu der dienstpflichtwidrigen Handlung, für die das Bestechungsentgelt vorgeleistet wurde, nicht mehr kommt. Dazu gilt Entsprechendes wie bei der Einziehung (vgl. § 74 RN 3). Ebensowenig macht es einen Unterschied, ob der Vorteil aus der Haupttat oder nur aus einer *Teilnahme* gezogen wurde, wie zB das für Beihilfe geleistete Entgelt. Entscheidend ist nur, daß es sich bei der Handlung, aus der oder für die etwas erlangt wurde, um eine rechtswidrige Tat bzw. Tatbeteiligung handelt. Zu der Frage, gegen wen bei Tatbeteiligung mehrerer der Verfall anzuordnen ist, vgl. u. 45.

2. **Für die Tat oder aus ihr** muß der Tatbeteiligte **etwas erlangt** haben.

6   a) Während nach der aF das Erlangte ein „Vermögensvorteil" sein mußte, genügt aufgrund der nF des AWG/StGBÄG von 1992, irgend **etwas** erlangt zu haben. Obgleich damit jeweils das Gleiche gemeint zu sein scheint, besteht ein wesentlicher Unterschied doch insofern, als von einem „Vorteil" nur dann gesprochen werden kann, wenn gegen das dem Täter Zugeflossene seine dafür gemachten Aufwendungen aufzurechnen sind und ihm dabei ein Plus verbleibt, während mit „etwas" Erlangtem schon jeder Wertzufluß ohne Rücksicht auf dafür aufgebrachte Unkosten erfaßt wird. Abgesehen von dem daraus resultierenden Übergang vom Netto- zum Bruttoprinzip (näher dazu u. 17), kommen der Art nach als erlangt nicht nur bestimmte Gegenstände (wie bewegliche Sachen, Grundstücke oder

Voraussetzungen des Verfalls 7–11 § 73

Rechte) in Betracht, sondern auch Leistungen, Nutzungen, Vergünstigungen oder Einsparungen, die lediglich rechnerisch erfaßbar sind (vgl. Horn SK 7, Güntert aaO 35), vorausgesetzt, daß ihnen jeweils ein *wirtschaftlicher Wert* zukommt. Insofern gilt das für den Begriff des Entgelts Erforderliche entsprechend (vgl. § 11 RN 68 ff.). An diesem Wirtschaftlichkeitserfordernis hat sich auch durch die nF – entgegen dem gelegentlichen Einwand, das Wort „etwas" erfasse auch immaterielle Werte (Tröndle[46] 3 a, Göhler wistra 92, 136) – nichts geändert, da nur in Geldbeträgen meßbare wirtschaftliche Werte mit einer Verfallsanordnung erreichbar sind (BGH NStZ **94**, 124, Katholnigg JR 94, 356, Lackner 3). Neben Sachgeständen, Geldgeschenken oder etwa der kostenlosen Nutzung von Leihwagen werden insb. auch Darlehen, Dienstleistungen, Stundungen, Erlaß von Forderungen, Zinsvergünstigungen oder Wettbewerbsvorteile erfaßt, nicht dagegen immaterielle Gunsterweise persönlicher Art (sexuelle Hingabe, Freundschaftsbeziehungen), es sei denn, daß damit zugleich auch unmittelbar finanzielle Vorteile oder Ersparungen verbunden sind. Hauptfälle der für den Verfall in Betracht kommenden Vermögenswerte sind *Tatentgelte* (Bestechungsgeld, Tatlohn) und *Tatgewinne* (zB die aus einem Betrug erlangte Bereicherung, die aus Lebensmittelverfälschungen gezogenen Gewinne oder die durch Steuerhinterziehung erreichten Wettbewerbsvorteile); spez. zur Berechnungsweise im Umweltstrafrecht vgl. § 73 a RN 11.

Dieser Typik entsprechend, hatte der E 62 noch zwischen *Entgelt* und *Gewinn* zu differenzieren **7** versucht (§ 109 I bzw. II), dies aber im Anschluß an den AE (§ 83) aufgegeben, um den Richter der im Einzelfall nicht einfachen Frage zu entheben, ob es sich bei dem Erlangten um ein Tatentgelt oder um einen Tatgewinn gehandelt habe (vgl. BT-Drs. V/4095 S. 39). Trotzdem bleibt man aber auch bei der Zusammenfassung von Tatentgelt und Tatgewinn unter dem Oberbegriff des Erlangten nicht jeder Differenzierung enthoben, da nach Abs. 1 S. 2 bei dem „aus" der Tat Erlangten, also den Tatgewinnen (vgl. u. 9, 23 ff.), nicht dagegen bei den „für" die Tat erlangten Entgelten etwaige Ansprüche des Verletzten zu berücksichtigen sind (vgl. u. 8, 24). Im übrigen ist der bereits durch die begriffliche Einebnung von Tatentgelt und Tatgewinn verschüttete Gedanke, daß die Gewinnabschöpfung weitaus stärker von Reparationsgesichtspunkten geprägt ist als der vorwiegend pönal bestimmte Entgeltverfall (vgl. Eser aaO 82 ff., 284 ff., 335 f.), durch den mit Erstreckung auf alles etwaige Erlangte (o. 6) verbundenen Übergang vom Netto- zum Bruttoprinzip (19 vor § 73, u. 17) nahezu gänzlich verloren gegangen.

b) Der Vermögenszuwachs muß *für die Tat* oder *aus ihr* erlangt sein (sog. **scelere quaesita**). Ob- **8** gleich die jeweilige Herkunftsart keine allzu große Rolle spielt und daher der Richter idR keine exakte Unterscheidung zu treffen braucht, kann dies jedoch uU für den Verfallsausschluß durch Gegenansprüche des Verletzten bedeutsam werden (vgl. u. 24). Als **für die Tat** gegeben kommen vor allem Tatentgelte in Betracht, wie etwa der Bestechungslohn (Schäfer LK 11; and. BGH **30** 47: Erlangung „aus" der Tat). Zum Begriff des *Entgelts* vgl. § 11 RN 68 ff. Ob dieses für die Tat als Ganzes oder nur für bestimmte Tatbeiträge (Vorbereitungshandlungen, Sicherstellung der Beute) bzw. bestimmte Tatziele (Raub, gleich, ob dieser mit bloßer Drohung oder mit tödlicher Gewalt, also als Raubmord verwirklicht werden soll) geschieht, ist gleichgültig; ebenso, ob das Entgelt vor oder erst nach der Tat geleistet wird. Erforderlich ist nur, daß es nicht nur gelegentlich einer Straftat, sondern als *Gegenleistung* für die Tatbegehung erlangt wird. Das setzt zwar nicht unbedingt eine Unrechtsvereinbarung zwischen Geber und Empfänger voraus; jedoch müssen sich zB bei Bestechung Amtsträger und Bestecher darüber im klaren sein, daß die Zuwendung nicht nur als freundschaftliche Geste zu verstehen ist, sondern in – und sei es auch nur augenzwinkerndem – Hinblick auf amtliches Handeln erfolgt. Demgegenüber sind **aus der Tat** erlangt alle Vermögenswerte, die dem Täter auf Grund der **9** Tatbegehung zufließen. Je nach dem Vorgang des Erlangens kann man dabei im wesentlichen zwei Arten von Tatfrüchten unterscheiden: zum einen die unmittelbar durch die Tat „verschobenen" Sachen, wozu insbes. die körperliche *Deliktsbeute* zu rechnen ist (Diebstahlsgut, Jagdbeute, die erschwindelten Gegenstände); zum anderen die aus der Tat „gezogenen" Tatvorteile: so etwa die aus unzulässigen Überpreisen oder verbotenen Devisengeschäften gemachten *Gewinne* (vgl. BGH LM **Nr. 2** zu § 414 aF AO), nicht aber etwaige Honorare oder Tantiemen, die der Täter (da nur mittelbar) aus der „Vermarktung" seiner Tat erlangt (Dörstelmann ZRP 99, 423 f.). Zu Vermögensvorteilen aus Steuerstraftaten vgl. Käbisch wistra 84, 10 ff. Im Hinblick auf die Tat als dem entscheidenden **Er-** **10** **werbsfaktor** stehen diese scelere quaesita an sich in enger Verwandtschaft mit den producta sceleris. Während jedoch die der *Einziehung* unterliegenden *Produkte* der Tat durch diese überhaupt erst geschaffen werden (nachgemachtes Geld, Herstellung verbotener Rauschgifte), ist für die dem *Verfall* unterliegenden *scelere quaesita* typisch, daß durch die Tat lediglich ein (rechtswidriger) Besitzwechsel stattfindet (vgl. Eser aaO 331 f.). Anders als die Tatprodukte, die bereits originär rechtswidrig sind und deren Einziehung daher keines Vorbehalts zugunsten etwaiger Tatgeschädigter bedarf (vgl. § 74), kann bei den lediglich derivativ erlangten Tatfrüchten der Verfall häufig daran scheitern, daß wegen Rechtswidrigkeit des Verschiebungsvorgangs der Täter kein Eigentum am Verfallsobjekt erlangt hat (Diebesbeute) oder den gezogenen Gewinnen entsprechend hohe Ersatzansprüche des Verletzten gegenüberstehen und daher insoweit nach Abs. 1 S. 2 eine Verfallerklärung ausgeschlossen ist (dazu u. 23 ff.).

c) **Erlangt** ist ein Vermögenszuwachs schon dann, wenn er dem Täter auf irgendeine Weise **11** wirtschaftlich zugute kommt (vgl. Lackner 5). Das ist unzweifelhaft dort, wo ihm eine Sache übereignet oder eine Forderung abgetreten wird oder er zumindest tatsächliche Verfügungsgewalt über den Gegenstand erlangt (vgl. BGH NStZ-RR **97**, 262, Tröndle/Fischer 3 b, aber auch Hamburg NJW **71**,

Eser

1999 m. krit. Anm. Blei JA 72, 41 sowie u. 12). Daran kann es fehlen, wenn das für ein Drogengeschäft von einem V-Mann erhaltene Geld durch anschließende Sicherstellung wieder entzogen wird (insoweit zutr. BGH **31** 148 aE). Im übrigen jedoch kann es, da es sich beim Erlangen um einen *tatsächlichen* Vorgang handelt, weder auf die Art noch auf die rechtliche Wirksamkeit des Grund- oder Verfügungsgeschäfts ankommen (so iE auch BGH **33** 234 m. Anm. Eberbach NStZ 85, 556; insoweit auch zutr. BGH **36** 254; dagegen im Ansatz verfehlt BGH **31** 145 m. Anm. Schmid JR 83, 431; vgl. auch BGH MDR/S **86**, 973, ferner Erbs/Kohlhaas § 8 WiStG 2 c). Soweit es nur um Nutzungsmöglichkeiten oder sonstige Vergünstigungen geht, sind diese erlangt, sobald sie wirtschaftlich ausgenutzt werden können: so zB mit Bereitstellung eines Leihwagens oder eines Kredits auf Abruf (Schäfer LK 12), ebenso wie bei Empfang eines gedeckten, wenn auch noch nicht eingelösten Schecks (vgl. RG **77** 145). Dagegen werden erst künftig zu erwartende Vorteile (zB aus Kapitalnutzung) nicht erfaßt

12 (vgl. BGH MDR/H **81**, 629). Es reicht jedoch nicht, daß der Vermögenswert lediglich gefordert, angeboten oder versprochen, aber *nicht gewährt* bzw. nicht entgegengenommen wird (RG **11** 103, DR **44**, 368), und zwar selbst dann nicht, wenn sich der fragliche Gegenstand bereits in der amtlichen Verfügungsgewalt des Beamten befindet (RG **22** 270). Falls daher ein Beamter das ihm zugedachte Bestechungsgeld sofort zurückweist, kann dieses allenfalls als Tatwerkzeug zu einem Bestechungsversuch nach § 74 I der Einziehung unterliegen (Schäfer LK 13).

13 Weitergehend soll aber nach RG **15** 348, **51** 89, **58** 157 ein Gegenstand auch schon dann erlangt sein, wenn zB der Bestechungslohn dem Beamten gegen seinen Willen aufgedrängt (etwa durch Zusendung per Post) oder ohne sein Wissen zugesteckt wird, und zwar gleichgültig, ob der Beamte das Zugewendete dem Bestecher zurückgibt oder seiner Behörde abliefert (abl. auch Tröndle/Fischer 3 b). Andererseits gehört aber zum Erlangen nicht unbedingt eine zustimmende oder gar endgültige Annahme durch den Adressaten. Erlangt sind daher auch Gegenstände, die lediglich zum *Schein* angenommen werden, um den Bestecher überführen zu können (Baldus LK[9] § 335 RN 10).

14 d) Grundsätzlich unterliegen nur die einem **Tatbeteiligten** (Täter oder Teilnehmer) zugeflossenen Vermögenswerte dem Verfall. Soweit daher der Vermögenszuwachs lediglich einem nichttatbeteiligten Dritten zugute kommt bzw. in dessen Eigentum verbleibt, sind die ergänzenden Vertreter- bzw. Dritteigentümerklauseln der Abs. 3 und 4 heranzuziehen (u. 34 ff. bzw. 39 ff.). Vgl. auch u. 18 ff.

15 Durch einen Tatbeteiligten erlangt sind aber nicht nur die ihm unmittelbar oder persönlich überlassenen Werte; vielmehr kann schon die Zuwendung über eine *Mittelsperson* genügen (Tröndle/Fischer 3 b), so zB wenn GmbH-Anteile an einen Treuhänder des Amtsträgers abgetreten werden, um sie diesem verfügbar zu machen; in solchen Fällen ist der Anspruch des Tatbeteiligten gegen die Mittelsperson auf Übertragung der Anteile für verfallen zu erklären (RG **68** 113 m. Anm. Klee JW 34, 1499, Schäfer LK 12).

16 3. a) Seinem **Gegenstand und Umfang** nach erstreckt sich der Verfall grundsätzlich auf **alle unmittelbar erlangten Tatvorteile,** und zwar in erster Linie auf die *Originalobjekte.* Das ist unproblematisch dort, wo etwa das Tatentgelt in einer bestimmten körperlichen Sache oder der Tatgewinn in einer betrügerisch erlangten Forderung oder in einer ähnlich klar fixierbaren Rechtsposition besteht (vgl. BGH wistra **99**, 464). Handelt es sich dagegen um Vermögenszuwächse, die sich nicht in einem bestimmten Gegenstand konkretisieren, sondern lediglich in Vergünstigungen, Ersparung von Aufwendungen, Wettbewerbsvorteilen oder ähnlich saldierungsbedürftigen Gewinnen niederschlagen, so kann es an einem verfallsfähigen Originalobjekt fehlen. Für diesen Fall ist jedoch anstelle des Originalverfalls nach Abs. 1 der subsidiäre *Wertsatzverfall* nach § 73 a in Betracht zu ziehen (vgl. dort RN 4). Doch nicht einmal dafür ist Raum, wenn der Vorteil im Erlaß einer nichtigen Verpflichtung liegt (BGH NStZ/S **87**, 65).

17 b) Der Verfall erfaßt nunmehr die **Gesamtheit des aus der Tat Erlangten,** dh alles, was dem Tatbeteiligten an Vermögenswerten zugeflossen ist, und zwar **ohne Abzug etwaiger eigener Aufwendungen** oder Gegenleistungen des betreffenden Tatbeteiligten (BGH NStZ **94**, 124, NStZ-RR **00**, 57; vgl. auch Horn SK 7, Lackner 4; diff. Wolters aaO 63 ff.). Anders als nach der nur auf Erfassung eines „Vermögensvorteils" gerichteten aF unterliegt also nicht nur der überschießende Wert des Erlangten, sondern das Erlangte in seiner Gesamtheit dem Verfall. Auch wenn dieser Wechsel vom Netto- zum **Bruttoprinzip** durch Auswechslung des „Vermögensvorteils" zu „etwas Erlangtem" sprachlich nicht restlos geglückt sein mag (insoweit zutr. Göhler wistra 92, 134), wird man den Worten „etwas erlangt" gleichwohl nicht nur eine Aussage über die Grundvoraussetzung einer Verfallsanordnung entnehmen können (wie Tröndle/Fischer 3 b meint), vielmehr läßt sich daraus, daß es nun nicht mehr auf die Erlangung eines „Vorteils" ankommt, hinreichend klar die Absicht des Gesetzgebers entnehmen, daß alles Zugeflossene und nicht nur ein die Eigenaufwendungen überschießender Gewinn verfallen soll (vgl. BT-Drs 12/989 S. 23 sowie o. 6).

17 a Die bisherige Rspr. zum **Nettoprinzip** ist damit jedoch nicht völlig obsolet geworden, da bei einer *nicht-schuldhaften Anknüpfungstat* weiterhin nur eine Nettogewinnabschöpfung zulässig ist (vgl. 19 vor § 73) und demzufolge für diesen Fall **eigene Aufwendungen des Täters vom Erlangten abzuziehen** sind. Dabei sind freilich immer nur *unmittelbar* gewinnmindernde *Gegenleistungen* (wie vor allem der Kaufpreis: BGH StV **81**, 627, MDR/S **86**, 973) oder *Eigenkosten* des Täters (wie etwa Reise- und Versandkosten) zu berücksichtigen (vgl. BGH NStZ/K **81**, 18, NStZ **88**, 496), nicht dagegen (nichtige) Verpflichtungen zur Weiterleitung des Verkaufserlöses an Hintermänner (BGH **36** 254 m. krit. Anm. Meyer JR 90, 208; vgl. auch BGH NStZ/D **90**, 225; zu weit. Einzelheiten Güntert aaO

40 ff.). Als sonstige Eigenaufwendungen sind insb. auch etwaige mit der Erlangung verbundene (Erwerbs- oder Umsatz-)Steuern in Abzug zu bringen (BGH **28** 369, StV **81**, 627, wistra **83**, 256), nicht dagegen sonstige mittelbare Folgekosten, wie zB die für ein Bestechungsgeld fällige Einkommensteuer (BGH **30** 314, **33** 37 m. krit. Anm. Rengier JR 85, 251, Güntert aaO 45 ff.; and. Bock NStZ 82, 377, Schäfer LK 19). Zu Einzelheiten vgl. 24. A. RN 17. Ferner ist das Nettoprinzip noch für Taten bedeutsam, die vor dem am 7. 3. 92 inkraftgetretenen, dem § 73 nF zugrundeliegenden AWG/StGBÄG (vgl. o. 2 a) begangen wurden. Geht die Dauer von Taten über diesen Zeitpunkt hinaus, so ist gem. § 2 II, V das davor Erlangte nach dem Nettoprinzip, das danach Erlangte hingegen nach dem Bruttoprinzip zu bestimmen (BGH NStZ **96**, 539).

c) Die betroffenen Vermögenswerte unterliegen dem Verfall jedoch nur insoweit, als sie im Zeitpunkt der Anordnung **nicht einem tatunbeteiligten Dritten gehören** (vgl. Abs. 3, 4, u. 34 ff., 39 ff.; zur Ratio dieses dem Eigentumserfordernis bei Einziehung vergleichbaren Verfallshindernisses näher Eser aaO 287 f. sowie 19. A. RN 18 a). Je nach Art des Verfallsobjektes ist daher folgende Unterscheidung zu beachten: **18**

α) Soweit die erlangten Vermögenswerte in bestimmten *Sachen* oder *Rechten* bestehen, unterliegen diese dem Verfall überhaupt nur dann, wenn sie im maßgeblichen Entscheidungszeitpunkt einem Täter oder Teilnehmer gehören oder herrenlos sind. Zwar erfordert dies nicht unbedingt die positive Feststellung, daß das Verfallsobjekt einem *bestimmten* Tatbeteiligten gehört. Doch ist umgekehrt der Verfall ausgeschlossen, wenn sich aus den Umständen ergibt, daß der Gegenstand einem tatunbeteiligten Dritten zusteht. Für diesen Fall kommt daher ein Verfall allenfalls noch über die ergänzenden Vertreter- bzw. Drittverfallsklauseln der Abs. 3 oder 4 in Betracht (u. 34 ff. bzw. 39 ff., Herzog NK 7). Erlangen dagegen mehrere Teilbeteiligte gemeinsame Verfügungsgewalt, zB von Spendengeldern für eine kriminelle Vereinigung, so reicht dies zur Anordnung des Verfalls des gesamten Geldbetrages gegenüber nur einem Tatbeteiligten aus, da insoweit von Gesamtschuldnerschaft auszugehen ist (vgl. BGH NStZ-RR **97**, 262, aber auch u. 45). **19**

Dieses (gleichsam negative) Eigentumserfordernis ist namentlich bei Eigentums- und *Vermögensdelikten* bedeutsam. Da der Täter weder durch Diebstahl noch durch Unterschlagung – und gleiches gilt im Regelfall für Untreue – Eigentum an den Tatobjekten erlangt, bleibt diese Art von Deliktsbeute von vornherein vom Verfall ausgeschlossen und damit für die Herausgabe- und Ersatzansprüche des Verletzten frei. Anders kann es jedoch bei Betrug stehen, wenn auf Grund der Täuschung das Betrugsobjekt an den Täter übereignet wurde. Hier ist an sich Verfall möglich, freilich nach Abs. 1 S. 2 unter Beachtung der Ersatzansprüche des Betrogenen (u. 23 ff.). Die für das *Gehören* und *Zustehen* maßgeblichen Kriterien bestimmen sich nach den gleichen Regeln wie bei der Einziehung (§ 74 RN 19 ff.). Das gilt gegebenenfalls auch für die Beurteilung der Vermögenszugehörigkeit nach wirtschaftlichen Maßstäben. **20**

β) Soweit die erlangten Vermögenswerte dagegen nicht in bestimmten Sachen oder Rechten bestehen, sondern sich aus der Bilanzierung von Geschäften ergeben oder sonstwie in rein *rechnerischen Gewinnen* niederschlagen (Umsatzsteigerung durch verfälschende Kennzeichnung, Wettbewerbsvorteile durch pflichtwidrig unterlassene Umweltinvestitionen und dgl.), läuft das Eigentumserfordernis mangels eines individualisierten Verfallsobjekts meist leer. In diesen Fällen muß es für die Zulässigkeit des Verfalls genügen, daß dem Vermögen des Tatbeteiligten die errechneten Vorteile *wirtschaftlich* zugeflossen sind (Brenner DRiZ 77, 203 f.). Als Form des Verfalls wird in solchen Fällen idR jedoch nicht Originalverfall nach Abs. 1, sondern nur Wertersatzverfall nach § 73 a in Betracht kommen (dort RN 4). **21**

d) Eine weitere Beschränkung erfährt der Verfall dadurch, daß ihm nach Abs. 1 jeweils nur die **unmittelbar** erlangten Vorteile unterliegen (vgl. BT-Drs. V/4095 S. 40), nicht dagegen etwaige mittelbare Tatfrüchte (Zinsen aus Bestechungsgeld, Verkaufserlös, Lotteriegewinn aus dem Einsatz des erlangten Geldes; vgl. Brenner DRiZ 77, 205 f., Horn SK 10). Für deren Verfall bedarf es daher der ausweitenden Sonderregeln für Nutzungen und Surrogate nach Abs. 2 (u. 30 ff.). **22**

4. Ausschluß oder Beschränkung des Verfalls durch Drittrechte (Abs. 1 S. 2): Danach ist der Verfall ausgeschlossen, soweit durch **Gegenansprüche des Verletzten** der Wert des Erlangten entzogen würde (Abs. 1 **S. 2).** Zur Ratio und Methode dieser heftig umstrittenen Regelung vgl. 19. A. RN 24 sowie eingeh. Eser aaO 294 ff., Schäfer LK 21, 25 ff. **23**

a) Der Anspruch des Verletzten muß **aus der Tat erwachsen** sein. Das bedeutet vor allem zweierlei: Zum einen, daß praktisch nur bei Tat*gewinnen*, nicht dagegen bei den für die Tat gegebenen Entgelten (zu dieser Diff. o. 7) auf etwaige Ansprüche von Tatverletzten Rücksicht zu nehmen ist (vgl. Tröndle/Fischer 4; iE ebenso BGH **30** 46, **33** 37; vgl. aber zu „Schmiergeldern" u. 26). Dies läßt sich zT schon damit begründen, daß es bei Hingabe von Tatentgelten ohnehin meist an einem „Verletzten" fehlen wird (vgl. auch Eser aaO 335 f.). Daher können Tatentgelte regelmäßig ohne weiteres für verfallen erklärt werden (vgl. Horn SK 16), es sei denn, daß zB das Bestechungsgeld seinerseits durch Untreue gegenüber dem Dienstherrn erlangt war (BGH NStZ **99**, 560). **24**

Zum anderen muß der Anspruch des Verletzten *auf Grund der Tat als solcher* (und nicht erst durch nachträgliche Absprachen) zur Entstehung gekommen sein. Das ist sowohl bei Herausgabe-, Bereicherungs- und Ersatzansprüchen der Fall, die etwa dem durch Betrug oder Erpressung Geschädigten kraft Gesetzes zukommen (vgl. Hamm NStZ **99**, 583), als auch bei den sich aus Anfechtung ergebenden **25**

Ansprüchen; nicht dagegen bei vertraglichen Wiedergutmachungsvereinbarungen oder mittelbaren versicherungsrechtlichen Regreßansprüchen (and. Düsseldorf NStZ **86**, 222, Herzog NK 16). Deshalb bleiben hier dem Strafrichter Feststellungen über die Art des Anspruchs idR nicht erspart. Unbeachtlich sind selbstverständlich auch Ausgleichsansprüche des Verletzten, deren Geltendmachung rechtlich ausgeschlossen ist, wie zB bei beiderseitiger Sittenwidrigkeit iSv § 817 S. 2 BGB (vgl. BGH **33** 37 m. Anm. Rengier JR 85, 249, Stuttgart wistra **90**, 165 m. Anm. Richter; eingeh. Schäfer LK 18). Zu Ersatzansprüchen von Geschädigten aus manipulierten Wettgemeinschaften vgl. BGH 1 StR 643/76 v. 18. 1. 77.

26 b) Der Anspruch muß dem **Verletzten,** nämlich demjenigen entstanden sein, dessen Individualinteressen durch das vom Täter übertretene Strafgesetz geschützt werden sollen (BGH NJW **89**, 2139). Das setzt für den Regelfall voraus, daß der Verletzte bekannt oder zumindest *bestimmbar* ist. Auch der Fiskus kann etwa aufgrund steuerlicher Nachzahlungsansprüche Verletzter sein (LG Aachen NJW **78**, 385, LG Berlin NStZ **91**, 437 m. Anm. Meurer, Tröndle/Fischer 7, Güntert aaO 74 ff., Herzog NK 18, Lackner 6; and. Brenner DRiZ 77, 204), nicht dagegen als Dienstherr eines bestochenen Amtsträgers (BGH **30** 47, **33** 38, NStZ **99**, 560; vgl. o. 24), während bei privatwirtschaftlichen „Schmiergeldern" der Geschäftsherr als Verletzter herausgabeberechtigt sein kann (vgl. Mayer NJW 83, 1300; and. Güntert aaO 79 ff.). Ist der Verletzte dagegen nicht bestimmbar und erscheint auch eine nachträgliche Aufklärung, etwa wegen der Vielzahl der durch unlauteren Wettbewerb oder Lebensmittelverfälschung potentiell Geschädigten, praktisch ausgeschlossen, so besteht für ein Absehen von Verfall keine Veranlassung (vgl. BGH wistra **83**, 256, Achenbach Blau-FS 19 f.; and. Schäfer LK 30, Horn SK 19), da es der vom Gesetz bezweckten Rücksicht auf etwaige Ansprüche von Verletzten nicht bedarf (and. Schäfer LK 30). Dementsprechend kommt Gewinnverfall vor allem bei Umwelt- und Wirtschaftsdelikten mit individuell nicht feststellbaren Geschädigten in Betracht (Herzog NK 19, Tröndle/Fischer 7), während bei den klassischen Eigentums- und Vermögensdelikten regelmäßig – nach BGH NStZ **84**, 409, MDR/H **86**, 794 offenbar sogar immer – die Herausgabe- oder Ersatzansprüche des Verletzten entgegenstehen (Karlsruhe NJW **82**, 457, Tröndle/Fischer 7, Lackner 6). Sofern danach für Verfall kein Raum ist, dürfte es auch für die prozessuale Nichtherausgabe sichergestellter Gegenstände an der erforderlichen Grundlage fehlen (vgl. Gropp gegen Düsseldorf NStZ **84**, 567).

27 c) Aus ähnlichen Erwägungen ist Verfall nur insoweit ausgeschlossen, als bei Erfüllung des dem Verletzten erwachsenen Anspruchs der aus der Tat **erlangte Wert tatsächlich entzogen** würde (vgl. auch Tröndle/Fischer 5). Abgesehen von den Fällen, in denen der Verletzte seine Ansprüche bereits spezifiziert hat, wird dem Richter meist nur die Möglichkeit einer Schätzung nach § 73 b bleiben. Dabei wird auch zu berücksichtigen sein, ob und inwieweit mit der tatsächlichen Erfüllung der Ansprüche zu rechnen ist. Erscheint dies praktisch ausgeschlossen, etwa weil die Vielzahl von potentiell Geschädigten um ihre Ansprüche nicht weiß oder an Wiedergutmachung desinteressiert ist, fehlt es an dem vom Gesetz vorausgesetzten Ausschlußgrund (and. BGH NStZ/D **92**, 174, wistra **93**,
28 337, StV **95**, 301, Herzog NK 17). Unerheblich ist ein sonstiger *Wegfall der Bereicherung.* Dieser schon zum früheren Entgeltverfall nach § 335 aF bzw. zur Mehrerlösabführung vertretene Standpunkt (vgl. RG **67** 29/32, **76** 300/2, **77** 145/7, JW **38**, 2199, KG JW **32**, 1907, Düsseldorf JR **50**, 217, Bay NJW **77**, 1975, Eser aaO 334, 336 mwN) findet heute auch in der Härtevorschrift des § 73 c eine gesetzliche Stütze; denn wenn danach fakultativ von der Anordnung des Verfalls abgesehen werden kann (vgl. dort RN 4), falls der Wert des Erlangten zur Zeit der Anordnung im Vermögen des Betroffenen nicht mehr vorhanden ist, so setzt diese Ausnahmeregel voraus, daß der Wegfall der Bereicherung auf die Zulässigkeit des Verfalls an sich ohne Einfluß bleibt (Lackner 5; iE ebenso BGH **33** 38 f.). Allerdings wird dort, wo der Täter das Tatentgelt bereits verbraucht oder die Deliktsbeute weiterveräußert hat, ein Originalverfall ausscheiden. Je nach den Umständen kommt aber der Verfall eines etwaigen Surrogats (Abs. 2 S. 2) bzw. des Wertersatzes nach § 73 a in Betracht. Zum Fall der Rückgewähr an den Vorteilsgeber vgl. u. 40, 42.

29 d) Soweit mit Rücksicht auf Ansprüche des Verletzten eine materiell-rechtliche Verfallerklärung nach Abs. 1 S. 2 unterbleibt, kann jedoch immerhin eine **prozeßrechtliche Sicherstellung** der vom Täter erlangten Vorteile nach § 111 b StPO angeordnet werden, um auf diesem Wege dem Verletzten die Realisierung seiner Ansprüche zu erleichtern (sog. „Zurückgewinnungshilfe", vgl. LG Berlin NStZ **91**, 437 m. Anm. Meurer, LG Frankfurt/M NStZ-RR **00**, 7, LG Kiel SchlH **99**, 131), und zwar einschließlich etwaiger Verfahrenskosten (Düsseldorf wistra **97**, 319). Die Sicherstellung erfolgt durch Beschlagnahme. Zu deren Abwicklung näher §§ 111 b bis 111 l StPO und Tröndle/Fischer 6, Schäfer LK 27 ff.

30 III. Die **Erstreckung des Verfalls auf Nutzungen und Surrogate (Abs. 2)** dient der Einbeziehung *mittelbarer* Tatfrüchte. Denn da diese durch den auf unmittelbaren Tatvorteil beschränkten Abs. 1 (vgl. o. 16 ff., 22) nicht erfaßt werden, bedurfte es dafür einer Sonderregelung. Um dabei nicht ins Uferlose zu geraten, wird durch Abs. 2 die Ausweitung zu Recht auf zwei Haupttypen mittelbarer Tatvorteile beschränkt, nämlich auf Nutzungen und Surrogate. Zu weitergehenden Lösungsversuchen (insb. § 83 III AE) vgl. 19. A. sowie Eser aaO 291 ff., 334 f., Schäfer LK 25 f.

31 1. **Nutzungen** sind – ebenso wie der unmittelbar erlangte Vermögenswert – *zwingend* für verfallen zu erklären (Abs. 2 S. 1). Dem § 100 BGB entsprechend zählen dazu etwa (tatsächlich erlangte)

bankübliche Zinsen aus dem erlangten Gewinn (Brenner DRiZ 77, 204, Güntert aaO 50, Schäfer LK 32; and. Tröndle/Fischer 11), Mieteinnahmen aus dem mit rechtswidrigen Steuerersparnissen gekauften Haus (Jescheck/Weigend 791) oder aus dem abgeschwindelten Fahrzeug. Meist wird die Höhe derartiger Nutzungsgewinne nur durch Schätzung nach § 73b festzustellen sein. Die Nutzungen müssen jedoch tatsächlich gezogen worden sein (Herzog NK 21).

2. Bei **Surrogaten** hingegen steht die Verfallserklärung im pflichtgemäßen *Ermessen* des Gerichts (Abs. 2 S. 2). Falls aber das Gericht von diesem Ermessen Gebrauch macht und vom Surrogatsverfall absieht, ist statt dessen zwingend auf Wertersatzverfall zu erkennen (vgl. § 73a RN 7). Als verfallsfähige Surrogate werden drei Kategorien genannt: der *Veräußerungserlös*, der *Ersatz* für die Zerstörung, Beschädigung oder Entziehung des Originalobjekts, wobei gleichgültig ist, ob das Surrogat in einer dem Originalobjekt vergleichbaren Sache (Ersatzwagen für das bei Unfall totalgeschädigte Verfallsobjekt) oder in einem geldwerten Entschädigungsanspruch (etwa gegenüber der Versicherung) besteht (M-Zipf II 529), sowie die *auf Grund eines erlangten Rechts erworbenen Gegenstände* (wie zB die durch Realisierung eines erschwindelten Anspruchs erlangte Ware). Dadurch, daß der Surrogatsverfall in das Ermessen des Gerichts gestellt ist, wird diesem ermöglicht, bei geringwertigen Ersatzgegenständen von einer Verfallsanordnung völlig abzusehen (vgl. § 73c RN 5) oder auf Wertersatzverfall nach § 73a auszuweichen, wenn die Verfolgung von Surrogatsersatzansprüchen (etwa gegenüber einer Versicherung) mit unverhältnismäßigem Aufwand verbunden wäre (vgl. BT-Drs. V/4095 S. 40). Im übrigen kann auch hier der Verfall durch *Gegenansprüche des Verletzten* nach Abs. 1 S. 2 ausgeschlossen sein (BGH NJW **86**, 1186, Hamm wistra **97**, 108, Karlsruhe NJW **82**, 456, Lackner 7).

3. Dagegen werden **sonstige mittelbare Gewinne,** wie zB aus Glücksspielen (BGH NStZ **96**, 332), aus der Investition in einem Betrieb oder aufgrund von Börsenspekulationen, auch durch Abs. 2 **nicht** erfaßt (vgl. Tröndle/Fischer 11).

IV. Durch die **Vertreterklausel (Abs. 3)** soll der Verfall auch für solche Fälle ermöglicht werden, in denen der Vermögenswert nicht dem Tatbeteiligten selbst, sondern einem *anderen* zugeflossen ist, *für den der Tatbeteiligte gehandelt hat*. Nach Abs. 1 wäre dies nicht möglich, weil sich danach der Verfall grundsätzlich nur gegen Tatbeteiligte richtet und auch nur insoweit angeordnet werden kann, als die betroffenen Vermögenswerte im Zeitpunkt der Anordnung dem Tatbeteiligten gehören oder zustehen (vgl. o. 14, 18 ff.). Damit aber wäre eine Gewinnabschöpfung gerade dort erschwert, wenn nicht praktisch ausgeschlossen, wo das größte Bedürfnis dafür besteht, nämlich im Bereich der Wirtschafts- und Verbandskriminalität; denn soweit dort auf Grund von Auftrags- und Vertretungsverhältnissen der rechtswidrig erlangte Gewinn einer anderen (natürlichen oder juristischen) Person zufließt als dem Täter selbst, wäre bei rein täterbezogenem Verfall eine Gewinnabschöpfung weithin unmöglich. Eine solche Beschränkung ist jedoch angesichts der besonderen Sozialschädlichkeit der Wirtschaftskriminalität kriminalpolitisch nicht erwünscht. Dem sucht Abs. 3, der bei der Einziehung in der Organ- und Vertreterklausel des § 75 eine gewisse Parallele hat, Rechnung zu tragen, indem er den Verfall auch gegen solche Personen zuläßt, für die der Tatbeteiligte gehandelt hat und denen dadurch der rechtswidrige Vermögenswert zugeflossen ist (vgl. E 62 Begr. 242, AE AT Begr. 171; spez. zum Umweltstrafrecht vgl. Franzheim wistra 86, 255). **Im einzelnen** ist folgendes zu beachten:

1. Ein **anderer als Drittempfänger** kann jede natürliche oder auch juristische Person sein (BGH wistra **99**, 477; Güntert aaO 53 ff.). Da die Verfallsanordnung gegen den Empfänger zu richten ist, genügt nicht schon die Feststellung, daß der Tatvorteil einem anderen als dem Tatbeteiligten selbst zugeflossen ist; vielmehr ist im Einzelfall genauer zu bestimmen, welcher Vermögensträger in welchem Umfang Eigentümer oder Nutznießer des Tatvorteils wurde, eine bei gesellschaftsrechtlichen Verschachtelungen nicht immer einfache Aufgabe. Um so mehr ist dann auch hier von der Möglichkeit der Schätzung nach § 73b Gebrauch zu machen.

2. Der **Tatbeteiligte** muß **für den anderen gehandelt** haben. Grundsätzlich genügt hier *jede Art von Handeln* für den Empfänger (Jescheck/Weigend 790). Daher ist weder ein Organschaftsverhältnis iSv § 14 noch ein echtes Vertretungsverhältnis zwischen Täter und Empfänger noch ein besonderer Auftrag zu der gewinnbringenden Tat erforderlich (Tröndle/Fischer 13, Lackner 9; vgl. aber auch u. 37a). Ebenso ist unerheblich, ob das Handeln des Täters für einen anderen nach außen erkennbar war (BGH NJW **91**, 371, Düsseldorf NJW **79**, 992, Horn SK 14); daher ist Abs. 3 bei der vom Vorstandsvorsitzenden angeordneten Unterlassung von vorgeschriebenen Umweltinvestitionen ebenso anwendbar wie dort, wo der Buchhalter durch Fälschung von Steuerbilanzen oder der Lebensmittelchemiker durch unzulässige Verschönerungszusätze seinem Arbeitgeber rechtswidrige Gewinne verschafft (vgl. Tröndle/Fischer 13).

Jedoch muß nach allgemeinen Zurechnungsgrundsätzen auch der Verfall gegenüber Drittempfängern spätestens dort eine **Grenze** haben, wo der erlangte Vorteil aus einer Tat herrührt, die völlig außerhalb des Einflußbereichs des Empfängers liegt. Demgemäß kann bei Abs. 3 von einem Handeln für einen anderen nur insoweit die Rede sein, als die verfallbegründende Tat *im Interesse des Vorteilsempfängers* und von einer in seinem *Einflußbereich* stehenden Person begangen wird (Eser aaO 289 f.; zust. BGH **45** 235, 247 ff. für den sog. „Erfüllungsfall"; ähnl. wie hier Tröndle/Fischer 13, Herzog NK 25; and. Güntert aaO 56 ff., Schäfer LK 43). Eine weitere Einschränkung wird durch Umstellung des Verfalls auf das *Bruttoprinzip* erforderlich. Denn soweit der Verfall, weil über die reine Gewinnabschöpfung hinausgehend, strafähnlichen Charakter erlangt (vgl. 19 vor § 73), ist für die Verfallerklärung des einem Drittempfänger Zugeflossenen mit Rücksicht auf das Schuldprinzip durch entsprechende verfassungskonforme Auslegung des Abs. 3 vorauszusetzen, daß – ähnlich wie hinsichtlich des Strafeinziehungscharakters bei § 75 (vgl. dort RN 1) – ein möglichst enges organschaftliches oder wenigstens organschaftsähnliches **Zurechnungsverhältnis** besteht. Dies gilt zumindest bei Verfallsanordnungen gegenüber juristischen Personen sowie den in § 75 genannten Personenverbänden. Handelt es sich beim Drittempfänger hingegen um eine natürliche Person, gegen die ohne eigenes Verschulden eine strafähnliche Sanktion nicht verhängt werden kann, dürfte generell nur eine *Nettogewinnabschöpfung* zulässig sein.

38   3. Der andere muß den Vermögenszuwachs **erlangt** haben. Ähnlich wie beim tätergerichteten Verfall bedeutet dies, daß der Vermögenswert dem anderen unmittelbar wirtschaftlich zugeflossen sein muß (vgl. o. 11 ff., 22). Das kann auch dadurch geschehen, daß der Täter etwa die durch Betrug erlangte Sache dem Dritten ohne Rechtsgrund zwecks Vorteilssicherung überläßt (Düsseldorf NJW **79**, 992). Soweit es sich um Sachen oder Rechte handelt, müssen diese im Zeitpunkt der Verfallsanordnung dem Empfänger gehören oder zustehen. Ist dies nicht der Fall, etwa wegen Weiterveräußerung an einen außenstehenden Dritten, so kommt Wertersatzverfall nach § 73 a in Betracht. Hinsichtlich des **Umfangs** werden ebenso wie beim tätergerichteten Verfall auch hier Nutzungen und Surrogate des Empfängers nach Abs. 2 erfaßt (vgl. Abs. 3).

39   V. Durch die **Drittverfallsklausel (Abs. 4)** soll der Verfall auch dort ermöglicht werden, wo einerseits der tatbeteiligte Empfänger an dem fraglichen Gegenstand kein Eigentum erlangt hat und daher ein täterbezogener Verfall nach Abs. 1 ausscheidet (o. 14, 18 ff.), doch andererseits der Dritteigentümer zumindest quasi-schuldhaft in die Tat verwickelt ist. Insofern weist der Drittverfall gewisse Parallelen zur strafähnlichen Dritteinziehung nach § 74 a auf, weswegen sich hiergegen ähnliche Bedenken wie dort ergeben (vgl. AE AT Begr. 171 sowie § 74 a RN 1 f.; and. Güntert aaO 63).

40   Durch Drittverfall sollen vor allem Fälle erfaßt werden, in denen der Dritte, ohne selbst strafbar zu sein, etwas für die Tat gewährt, ohne aber dabei das Eigentum an dem betreffenden Gegenstand aufzugeben (vgl. E 62 Begr. 244). Doch kommt Abs. 4 auch dort in Frage, wo das Bestechungsgeld vor Anordnung des Verfalls an den Geber rückübereignet wird (vgl. BGH **33** 37; and. Rengier JR 85, 249 f., Schäfer LK 53). Insofern ermöglicht Abs. 4 neben oder an Stelle des Wertersatzverfalls gegenüber dem tatbeteiligten Vorteilsempfänger auch den Verfall des Originalobjekts gegenüber dem Geber. Im einzelnen kommt Drittverfall unter folgenden **Voraussetzungen** in Betracht:

41   1. Wenn der **Dritteigentümer nicht selbst tatbeteiligt** ist, etwa weil das Tatentgelt einem bereits zur Tat entschlossenen „omnimodo facturus" gewährt und daher Anstiftung ausscheidet (vgl. § 26 RN 5) oder weil die Gewährung des Bestechungsgeldes nicht nach §§ 333 f. tatbestandsmäßig ist. Jedoch kommt darüber hinaus Abs. 4 auch dort in Betracht, wo der Dritteigentümer durch Gewährung des Tatentgelts zum Anstifter oder aktiven Bestecher und damit selbst strafbar wird, der tätergerichtete Verfall nach Abs. 1 jedoch allein daran scheitert, daß der Dritteigentümer nicht Empfänger, sondern Gewährender ist.

42   2. Bei Verfallsanordnung muß der tatverstrickte Gegenstand **dem Dritten gehören** oder **zustehen,** gleich, ob er sich das Eigentum daran von vornherein vorbehalten oder es durch Rückgewähr wiedererlangt hat. Zu den Kriterien des Gehörens und Zustehens gilt das zur Einziehung bei § 74 RN 22 ff. Gesagte entsprechend. Hat der Dritte den Gegenstand seinerseits an einen Außenstehenden weiterveräußert, so kommt Verfall des Wertersatzes nach § 73 a in Betracht (gegen weitere „Fernwirkung" auch Eberbach NStZ 85, 297 f.). Da es auf den Zeitpunkt der tatrichterlichen **Verfallsanordnung** ankommt, kann Abs. 4 auch in Fällen durchgreifen, in denen das Verfallsobjekt nach der Tat an den Geber rückübereignet wurde; jedoch kann dann § 73 c S. 1 veranlaßt sein (vgl. Tröndle/Fischer 14).

43   3. Der Dritteigentümer muß den Gegenstand **für die Tat** oder **sonst in Kenntnis der Tatumstände** gewährt haben. Bei Gewährung *für die Tat* wird der Dritteigentümer meist sogar selbst tatbeteiligt sein (vgl. o. 8), so daß an Stelle des tätergerichteten Verfalls nach Abs. 1 nur deshalb auf Drittverfall nach Abs. 4 auszuweichen ist, weil der Dritte nicht Vorteilsempfänger, sondern Geber ist (zu dem insoweit fraglichen Fall BGH **36** 253 vgl. Meyer JR 90, 209). Für Gewähren in *Kenntnis der Umstände* ist positives Wissen um die Tatbegehung erforderlich. Insofern gilt Entsprechendes wie für den Erwerb des Einziehungsobjektes iSv § 74 a Nr. 2 (vgl. dort RN 9), ohne daß es jedoch hier auf eine besondere Verwerflichkeit ankäme. Daher kommt Drittverfall nach Abs. 4 etwa auch dort in Betracht, wo das Bestechungsentgelt nur widerstrebend auf Verlangen des Amtsträgers gewährt wurde; auch darin zeigt sich eine nicht unbedenkliche Konsequenz des Drittverfalls. Dagegen reicht bloße Leichtfertigkeit bei Gewährung des Vermögensvorteils nicht aus; insofern ist Abs. 4 enger als die Dritteinziehung nach § 74 a Nr. 1.

44   VI. 1. Die **Anordnung des Verfalls** ist – im Unterschied zur fakultativen Einziehung (§ 74 RN 38 ff.) – **zwingend** vorgeschrieben; dies gilt für alle Fälle des § 73, insbes. also auch für den Vertretungsfall von Abs. 3 (BGH wistra **99**, 477). Sind daher die Verfallvoraussetzungen gegeben, so ist dieser grds. zwingend – und zwar sogar mit Vorrang vor § 43 a (vgl. u. 47) – anzuordnen und nicht etwa auf bereits sichergestellte Geldbeträge zu beschränken (vgl. BGH NStZ **89**, 436). Über die (scheinbare) Ausnahme beim Surrogatsverfall vgl. o. 32, aber auch § 73 a RN 7. Konnte dieser obligatorische Charakter früher auf die Ausgleichsfunktion des Verfalls gestützt werden (vgl. 24. A.), so

erscheint er nach der Umstellung auf das Bruttoprinzip und dem damit einhergehenden strafähnlichen Charakter (vgl. 19 vor § 73) zumindest problematisch, zumal ein Absehen von der Anordnung des Verfalls nur unter den engen Voraussetzungen des § 73 c möglich ist. Diesen Bedenken ist jedenfalls dadurch Rechnung zu tragen, daß die über die reine Gewinnabschöpfung hinausgehende Verfallsanordnung – entgegen BGH NJW **95**, 2235; vgl. aber auch BGH NStZ-RR **96**, 130) – bei der Bemessung der Hauptstrafe zu berücksichtigen ist, um wenigstens auf diese Weise die gegen den Tatbeteiligten verhängten Strafsanktionen insgesamt in ein angemessenes Verhältnis zu der durch die Tat verwirklichten Schuld zu bringen (vgl. zur Berücksichtigung bei der Strafzumessung § 74 RN 40).

2. Der Verfall kann nur in einem **Strafverfahren** angeordnet werden, das **gegen den jeweiligen tatbeteiligten** Vorteilsempfänger geführt wird, wobei der betroffene Vermögenswert durch eine Tat erlangt sein muß, die Gegenstand der Anklage und tatrichterlich nachgewiesen ist (BGH **28** 369, StV **81**, 627, vgl. auch BGH NStZ **84**, 28). Daher könnte im Verfahren gegen einen Mittäter das einem nicht mitangeklagten Tatbeteiligten gewährte Tatentgelt nicht für verfallen erklärt werden (vgl. aber auch o. 19 aE sowie BGH MDR/S **85**, 3). Soweit der Verfall nach Abs. 3 gegen einen *tatunbeteiligten* Empfänger zu richten ist, wird er im Verfahren gegen den Tatbeteiligten ausgesprochen, der für den Empfänger gehandelt hat. Dieser ist nach § 442 II StPO am Verfahren zu beteiligen. Gegen ihn kann keine selbständige Verjährung laufen, da er nicht Teilnehmer ist (BGH NStE **Nr. 7**). Entsprechendes gilt für eine Verfallerklärung gegenüber dem Dritteigentümer nach Abs. 4; dessen Verfahrensbeteiligung richtet sich gemäß § 442 I StPO nach dem für die Dritteinziehung vorgesehenen Verfahren der §§ 431 ff. StPO. Ausnahmsweise kommt jedoch auch eine sog. **selbständige,** dh vom subjektiven Strafverfahren unabhängige Anordnung des Verfalls in Betracht; näher dazu § 76 a. Über die Möglichkeit einer **nachträglichen** Anordnung des Verfalls vgl. § 76.

3. Ebenso wie die Einziehung ist auch der Verfall im **Tenor** des Strafurteils auszusprechen; das in § 74 RN 44 Ausgeführte gilt daher hier entsprechend. Soweit nach § 73 I 2 mit Rücksicht auf Ansprüche des Verletzten von der Anordnung des Verfalls abzusehen ist, kann zwecks Sicherstellung nach dem in den §§ 111 b bis 111 l StPO vorgesehenen Verfahren die Beschlagnahme des Verfallobjekts angeordnet werden. Der gleiche Vermögensvorteil kann **nur einmal** für verfallen erklärt werden. Ebenso kommt Wertersatzverfall nach § 73 a nur insoweit in Betracht, als nicht bereits durch den Original- bzw. Surrogatsverfall die erlangten Vorteile abgeschöpft sind (vgl. § 73 a RN 3 ff.). Über die **Wirkung** des Verfalls vgl. im übrigen § 73 e.

4. Da für die Abschöpfung von Gewinnen aus rechtswidrigen Taten vorrangig die Rechtsinstitute des Verfalls nach § 73 und des Erweiterten Verfalls nach § 73 d geschaffen wurden, haben diese Maßnahmen **Vorrang gegenüber der Vermögensstrafe** nach § 43 a (BGH StV **95**, 19, 633, NStZ-RR **97**, 302).

§ 73 a Verfall des Wertersatzes

Soweit der Verfall eines bestimmten Gegenstandes wegen der Beschaffenheit des Erlangten oder aus einem anderen Grunde nicht möglich ist oder von dem Verfall eines Ersatzgegenstandes nach § 73 Abs. 2 Satz 2 abgesehen wird, ordnet das Gericht den Verfall eines Geldbetrags an, der dem Wert des Erlangten entspricht. Eine solche Anordnung trifft das Gericht auch neben dem Verfall eines Gegenstandes, soweit dessen Wert hinter dem Wert des zunächst Erlangten zurückbleibt.

Schrifttum: Vgl. die Angaben zu den Vorbem. vor § 73.

I. Der Wertersatzverfall dient der **Lückenschließung** für Fälle, in denen ein an sich zulässiger Verfall des erlangten Tatvorteils aus bestimmten Gründen nicht möglich ist, und zwar gleichgültig, ob der Betroffene das Originalobjekt böswillig entzogen hat oder ob der Originalverfall, wie zB bei bloßen Gebrauchsvorteilen, an praktischen Schwierigkeiten scheitert. Insofern wird die bei Ersatzeinziehung maßgebliche Abschreckungsfunktion (§ 74 c RN 2) ergänzt und überlagert durch den für den Wertersatzverfall charakteristischen Gedanken quasi-konditionellen **Vorteilsausgleichs:** Rechtswidrig zugeflossene Vermögenswerte sollen – ungeachtet etwaigen subjektiven Verschuldens – dem davon Begünstigten nicht verbleiben dürfen. Allerdings ergeben sich infolge der Umstellung auf das Bruttoprinzip hier dieselben Bedenken wie beim Originalverfall (vgl. § 73 RN 2 sowie 19 vor 73; ähnl. Horn SK 1). Jedenfalls kann der Wertersatzverfall *nicht als Geldstrafe* im technischen Sinne behandelt werden (vgl. Tröndle/Fischer 6), und zwar noch weniger als die Ersatzeinziehung (vgl. § 74 c RN 2).

II. Im einzelnen setzt der Wertersatzverfall folgendes voraus:

1. Abgesehen von der Unmöglichkeit der Durchführung müssen **alle Voraussetzungen eines Verfallstatbestandes** gegeben sein. Deshalb kommt Wertersatzverfall überhaupt nur dort und auch nur insoweit in Betracht, als nach § 73 an sich der Verfall des Originalobjekts bzw. der Nutzungen oder Surrogate zulässig wäre.

2. Der an sich zulässige Verfall muß **undurchführbar** (a, b) oder allenfalls nur unter unverhältnismäßigen Schwierigkeiten durchführbar (c) sein:

4   a) **Nichtdurchführbarkeit des Verfalls wegen der Beschaffenheit des Erlangten:** Das trifft fast auf alle Tatvorteile zu, die nicht in einer Sache oder einem bestimmten Recht bestehen, sondern sich nur rechnerisch ermitteln lassen, wie zB Gebrauchsvorteile oder die Ersparung von Aufwendungen. Daher werden derartige Gewinne, ähnlich wie Nutzungen, idR überhaupt nur über den Wertersatzverfall erfaßt werden können (vgl. § 73 RN 21). Auch die Verarbeitung, Vermischung oder Verbindung (§§ 946 ff. BGB) rechnen dazu (Tröndle/Fischer 2).

5   b) Zu den **anderen Nichtdurchführbarkeitsgründen** zählt vor allem der Fall, daß das Verfallsobjekt im Zeitpunkt der Entscheidung einem tatunbeteiligten Dritten gehört und daher Verfall ausgeschlossen ist (vgl. § 73 RN 19), und zwar gleichgültig, ob der Täter den Tatvorteil, ohne selbst daran Eigentum erlangt zu haben, unmittelbar einem Dritten hat zukommen lassen, oder daß er das Verfallsobjekt vor der Anordnung an einen Dritten weiterveräußert oder verschenkt (vgl. BGH NStZ-RR **97**, 270) hat, ohne daß ein nach § 73 II 2 verfallfähiges Surrogat in das Vermögen des Betroffenen gelangt wäre (vgl. aber auch u. 7). Da für solche Fälle auch die Drittverfallklausel von § 73 IV nicht durchgreift, ist somit auch bei Weiterveräußerung des Verfallsobjekts der Wertersatzverfall die einzig mögliche Ersatzsanktion (Tröndle/Fischer 3). Gleiches gilt für die Fälle, in denen das Verfallsobjekt unauffindbar oder untergegangen ist, verbraucht (vgl. BGH NStE **Nr. 1** zu § 74 c) oder sonstwie beiseite geschafft wurde (vgl. BGH **33** 39, Tröndle/Fischer 3, Herzog NK 3). Selbst wenn dadurch die Bereicherung des Täters weggefallen ist, steht das einem Wertersatzverfall nicht entgegen, da die grundsätzliche Zulässigkeit des Verfalls von einem Wegfall der Bereicherung unberührt bleibt (vgl. § 73 RN 28).

6   Dagegen kommt in den Fällen von § 73 I 2, in denen der Verfall mit Rücksicht auf *Gegenansprüche* des Verletzten unterbleibt, auch Wertersatzverfall *nicht* in Betracht; denn da dieser die grundsätzliche Zulässigkeit des Verfalls voraussetzt (o. 2) und ein solcher bei Gegenansprüchen des Verletzten gerade ausgeschlossen wird, ist damit auch für Wertersatzverfall kein Raum mehr. Unerheblich ist hingegen, ob der Täter bei Verfallsanordnung noch bereichert ist (Tröndle/Fischer 3, Horn SK 4).

7   c) Schließlich kommt Wertersatzverfall bei **Absehen vom Surrogatsverfall** nach § 73 II 2 in Betracht. Die besondere Nennung dieses Ersatzgrundes erklärt sich daraus, daß der Surrogatsverfall ua auch aus prozeßökonomischen Gründen in das pflichtgemäße Ermessen des Gerichts gestellt ist (vgl. § 73 RN 32) und die dadurch entstehende Verfallslücke überall dort, wo das Gericht von einer Verfallerklärung von Surrogaten glaubt absehen zu müssen, im Wege des Wertersatzverfalls geschlossen werden soll. Das bedeutet, daß es im Unterschied zu den bei a) und b) genannten Gründen in Surrogatsfällen nicht auf deren Undurchführbarkeit ankommt, sondern dem Richter bereits unter weniger strengen Voraussetzungen die Möglichkeit eröffnet wird, an Stelle eines vielleicht schwierigen, aber nicht unbedingt unmöglichen Surrogatsverfalls auf den Wertersatzverfall auszuweichen. Das bedeutet außerdem, daß es sich bei der Kann-Vorschrift des Surrogatsverfalls (§ 73 II 2) nur scheinbar um eine Ausnahme vom Verfallszwang (§ 73 RN 44) handelt; denn sieht der Richter nach pflichtgemäßem Ermessen vom Surrogatsverfall ab, so kommt statt dessen zwingend der Wertersatzverfall zum Zuge (vgl. u. 9).

8   **3.** Dagegen setzt der Wertersatzverfall – im Unterschied zu bestimmten Ersatzeinziehungsfällen (§ 74 c RN 6) – **keine Vorwerfbarkeit** irgendwelcher Art voraus, sondern greift bereits bei objektivem Vorliegen der Ersatzvoraussetzungen durch. Dies ist jedoch im Hinblick auf das nun geltende Bruttoprinzip nicht unproblematisch (vgl. o. 1).

9   **III.** Die **Anordnung** des Wertersatzverfalls ist **zwingend;** und zwar auch bei Ersatz für den Surrogatsverfall (§ 73 II 2), der an sich im Ermessen des Gerichts steht (vgl. o. 7). Etwaigen Härtefällen ist über § 73 c Rechnung zu tragen.

10   **1.** Im übrigen kann Wertersatzverfall sowohl **anstelle** als auch **neben** dem Originalverfall angeordnet werden. Ersteres vor allem dann, wenn das Originalobjekt ersatzlos untergegangen bzw. unerreichbar ist oder das Erlangte seiner Beschaffenheit nach als solches nicht entzogen werden kann (vgl. o. 4). *Neben* und in Ergänzung zum Originalverfall wird Wertersatzverfall dort in Betracht zu ziehen sein, wo die ursprünglich erlangten Vermögenswerte teilweise untergegangen sind bzw veräußert wurden oder bei Weiterveräußerung zu Schleuderpreisen die dafür erlangten Surrogate hinter dem Wert des Originalobjekts zurückbleiben (vgl. auch Horn SK 2).

11   **2.** Als Wertersatz wird ein bestimmter **Geldbetrag** für verfallen erklärt. Hinsichtlich seiner Höhe muß er dem Wert des Erlangten entsprechen. Maßgeblich dafür ist der *Verkehrswert* der ursprünglich erlangten Vermögenswerte, und zwar der im Zeitpunkt der Entscheidung im Inland erzielbare Verkaufspreis bzw. Verwertungserlös (vgl. BGH **4** 13, 305; and. Güntert aaO 67). Soweit genauere Feststellungen nicht möglich sind, können Umfang und Wert des Erlangten nach § 73 b im Wege der Schätzung ermittelt werden. Spez. zur Berechnungsweise im Umweltstrafrecht, allerdings noch unter Geltung des Nettoprinzips, vgl. Frankfurt wistra **88**, 155, AG Köln NStZ **88**, 274 bzw. AG Gummersbach 460, Franzheim wistra 86, 254; 89, 87.

12   **3.** Soweit die Voraussetzungen für den Verfall des Wertersatzes bereits im **Zeitpunkt** der tatrichterlichen *Entscheidung* vorliegen, ist darauf zu erkennen, ohne daß es zuvor einer Entscheidung über den Originalverfall bedürfte. Stellen sich die Voraussetzungen für Wertersatzverfall erst hinterher ein bzw. heraus, so kommt nach § 76 auch eine **nachträgliche** Anordnung in Betracht. Unter bestimmten Voraussetzungen ist auch ein **selbständiger,** nämlich außerhalb des eigentlichen Strafverfahrens anzuordnender Verfall des Wertersatzes möglich; vgl. dazu § 76 a I, III.

Härtevorschrift §§ 73 b, 73 c

4. Anders als beim Originalverfall, durch den der für verfallen erklärte Gegenstand kraft Gesetzes 13
auf den Staat übergeht (§ 73 e I), besteht die **Wirkung** des Wertersatzverfalls lediglich darin, daß der
Staat in Höhe des festgesetzten Geldbetrages einen der Geldstrafe ähnlichen *Zahlungsanspruch* erhält
(Herzog NK 7; vgl. § 74 c RN 13). Auch stellt der Wertersatzverfall ein Aliud gegenüber dem
Original- und dem Erweiterten Verfall (§§ 73, 73 d) dar, so daß seine etwaige Nichtanordnung eigens
zu rügen ist (Bay NStZ-RR **99**, 269).

§ 73 b Schätzung

Der Umfang des Erlangten und dessen Wert sowie die Höhe des Anspruchs, dessen Erfüllung dem Täter oder Teilnehmer das aus der Tat Erlangte entziehen würde, können geschätzt werden.

Vorbem.: Neugefaßt durch AWG/StGBÄG v. 28. 2. 1992 (BGBl. I 372).

Schrifttum: Vgl. die Angaben zu den Vorbem. vor § 73.

I. Die Vorschrift hat den **Zweck**, das Gericht der uU recht schwierigen, wenn nicht gar unmög- 1
lichen Aufgabe zu entheben, bis ins einzelne gehende Feststellungen über Art und Umfang der vom
Verfall betroffenen Vermögenswerte zu treffen (vgl. BT-Drs V/4095 S. 40, Prot. V 1025 f., BGH
NStZ **89**, 361).

II. Eine **Schätzung** kommt unter folgenden **Voraussetzungen** in Betracht: 2

1. Die **grundsätzliche Zulässigkeit des Verfalls** muß festgestellt sein. Das bedeutet, daß über die
Frage, *ob überhaupt* ein verfallfähiger Vermögenswert erlangt wurde, nicht im Wege der Schätzung
entschieden werden darf, sondern diese allgemeinen Verfallvoraussetzungen in gleicher Weise nachzuweisen sind wie die Begehung der verfallbegründenden Tat. Demgemäß kommt eine Schätzung
immer nur hinsichtlich des *Umfanges*, nicht dagegen des „Ob" eines Verfalls in Betracht. Das schließt
allerdings nicht aus, daß man sich im Falle von § 73 I 2 für den Nachweis des Bestehens bzw. der
Durchsetzung von Ansprüchen des Verletzten oft mit einem Wahrscheinlichkeitsurteil wird begnügen
müssen (vgl. § 73 RN 27).

2. Steht die Zulässigkeit des Verfalls im vorangehenden Sinne fest, so kann dessen **Umfang** in 3
folgenden Punkten geschätzt werden:
a) Hinsichtlich des *Erlangten*, wobei uU sowohl das Ausmaß als auch die Art der betroffenen
Vermögensvorteile einer Schätzung bedarf; so zB bei Ermittlung der Art von Nutzungen oder Wettbewerbsvorteilen, die beim Gewinn zu berücksichtigen sind.

b) Hinsichtlich des *Wertes des Erlangten*, so namentlich bei Verfall des Wertersatzes nach § 73 a. 4
Maßgebend für die Wertermittlung ist der Zeitpunkt der jeweiligen richterlichen Entscheidung.

c) Hinsichtlich der *Höhe des Anspruchs*, dessen Erfüllung im Falle von § 73 I 2 das aus der Tat 5
Erlangte entziehen würde. Dabei ist insbesondere auch das Ausmaß der zu erwartenden Realisierung
derartiger Ansprüche mitzuberücksichtigen.

3. Da die Schätzung lediglich als *Notbehelf* mangels besserer Ermittlungsmöglichkeiten zu verstehen 6
ist, kommt sie erst dann zum Zuge, wenn **konkrete Feststellungen ausgeschlossen** erscheinen
(BGH NStZ **89**, 361, Herzog NK 2) oder einen **unverhältnismäßigen** Aufwand an Zeit oder Kosten
erfordern würden (vgl. BT-Drs V/4095 S. 40 f., AE AT Begr. 173 zu § 85). Dies abzuschätzen, steht
im pflichtgemäßen Ermessen des Gerichts (über das Verhältnis zu § 244 II StPO vgl. Schäfer LK 2),
wobei sich der Tatrichter, ausgehend von einer aus der gesamten Beweisaufnahme gewonnenen
sicheren Schätzungsgrundlage, mit einer Wertannahme begnügen kann (BGH NStZ-RR **00**, 57) wie
auch Schätzungsunsicherheiten zulasten des Betroffenen gehen dürfen und daher die Verfallsanordnung uU auf den Mindestbetrag des auf jeden Fall Erlangten zu beschränken ist (Hellmann GA 97,
524). Über die für die Schätzung maßgeblichen *Kriterien* und Methoden vgl. im übrigen auch die
Erläuterungen zu § 40 III RN 19 ff.

§ 73 c Härtevorschrift

(1) **Der Verfall wird nicht angeordnet, soweit er für den Betroffenen eine unbillige Härte wäre. Die Anordnung kann unterbleiben, soweit der Wert des Erlangten zur Zeit der Anordnung in dem Vermögen des Betroffenen nicht mehr vorhanden ist oder wenn das Erlangte nur einen geringen Wert hat.**

(2) **Für die Bewilligung von Zahlungserleichterungen gilt § 42 entsprechend.**

Schrifttum: Vgl. die Angaben zu den Vorbem. vor § 73.

I. Die Vorschrift will etwaigen **Härten** Rechnung tragen, die sich aus dem zwingenden Charakter 1
des Verfalls ergeben können (BGHStV **95**, 635). Insofern wird sie – über die schon beim Nettoprinzip
bestehenden Gründe hinaus (vgl. 24. A.) – nach der Umstellung des Verfalls auf das Bruttoprinzip
(vgl. 2 a, 19 vor § 73) möglicherweise gesteigerte Bedeutung erlangen, da infolge der damit einhergehenden teilweisen Strafähnlichkeit der obligatorische Charakter des Verfalls als nicht unproble-

§ 73 d   Allg. Teil. Rechtsfolgen der Tat – Verfall und Einziehung

matisch erscheint (vgl. § 73 RN 44, BGH NJW **95**, 2236). Zudem muß auch beim Verfall wie bei jeder strafrechtlichen Sanktion dem verfassungsrechtlichen Übermaßverbot Rechnung getragen werden können (vgl. BGH NStZ **95**, 495, Hamm NJW **73**, 719, Eser aaO 351 ff., Herzog NK 1). Ein Vorbild für eine solche Härtevorschrift findet sich bereits in § 8 II WiStG 1954.

II. Das Gesetz versucht möglichen Härten auf **dreifache** Weise Rechnung zu tragen:

2   1. Nach der **Generalklausel** des Abs. 1 S. 1 ist von der Anordnung des Verfalls **zwingend** abzusehen, wenn und soweit dieser für den Betroffenen eine unbillige Härte wäre. Dies ist etwa dort der Fall, wo die Tatvorteile nur auf einem leichten Gesetzesverstoß beruhen und inzwischen restlos verbraucht sind (vgl. E 62 Begr. 245, Tröndle/Fischer 2), oder wo rechtswidrige Gewinne reinvestiert wurden, bei deren rückwirkender Entziehung das Unternehmen in seiner Existenz gefährdet würde (vgl. Eser aaO 364; ferner Bay **54** 79/80 f., **57** 162, 227, Horn SK 4), oder wo der Täter das ursprünglich Erlangte ohne Gegenleistung weitergegeben oder verloren hat (Jescheck/Weigend 792), nicht dagegen, weil die Gewinne einer Besteuerung unterlagen (vgl. Bay NJW **77**, 1975; and. wohl Herzog NK 3). Zum Umweltstrafrecht vgl. Franzheim wistra 89, 89 f.

3   2. Über derartige zwingende Härtefälle hinaus werden in Abs. 1 S. 2 zwei bestimmte Fälle genannt, in denen die Anordnung des Verfalls **fakultativ** unterbleiben darf:

4   a) Zum einen insoweit, als der Wert des **Erlangten** zur Zeit der Anordnung im Vermögen des Betroffenen **nicht mehr vorhanden** ist. Damit soll dem Umstand Rechnung getragen werden, daß der nachträgliche Wegfall der Bereicherung die Verfallbarkeit der erlangten Tatvorteile bzw. ihres Wertes an sich unberührt läßt (vgl. § 73 RN 28, § 73 a RN 5), unter Berücksichtigung der Umstände des Einzelfalles (BGH NJW **82**, 774) es aber unangemessen erscheinen könnte, von der Möglichkeit des Verfalls Gebrauch zu machen: so zB dort, wo der bestochene Amtsträger gegenüber seinem Dienstherrn zwecks Wiedergutmachung ein Schuldanerkenntnis abgegeben (vgl. BGH NStZ **99**, 560) oder den Bestechungslohn in Wiedergutmachungsabsicht an eine gemeinnützige Einrichtung weitergegeben hat (vgl. Hamm NJW **73**, 716), wo das Verfallsobjekt (PKW) durch unverschuldeten Unfall in seinem Wert erheblich gemindert wurde (Tröndle/Fischer 2), wo das Erlangte zur allgemeinen Schuldentilgung verwendet wurde (BGH **38** 25) oder das Verfallsobjekt in seinem Wert durch Sicherungshypotheken erheblich überlastet ist (BGH wistra **99**, 464) oder wo nur Wiedereingliederungsgründe einem uneingeschränkten Wertersatzverfall entgegenstehen (vgl. BGH NStZ **95**, 495, LG Saarbrücken NStZ **86**, 267 für den Fall, daß der eigentlich dem Wertersatzverfall unterliegende Betrag das Vermögen des Betroffenen übersteigt; vgl. auch BGH StV **95**, 635 [mit wohl versehentl. Bezug auf S. 1]). Bereits beglichene Steuerschulden sind jedenfalls dann vorteilsmindernd zu berücksichtigen, wenn sie ausschließlich auf der Vereinnahmung des Erlangten beruhen (BGH NJW **89**, 2140 m. Anm. Firgau NJW **89**, 2112); im übrigen kann von steuerlichen Nachteilen insoweit Rechnung getragen werden, als dem Täter dadurch den Verfall letztlich mehr genommen würde, als er aus der Bestechlichkeit erlangt hat (BGH **33** 40 m. Anm. Rengier JR 85, 249). Würde in der Verfallsanordnung sogar eine unbillige Härte iSv Abs. 1 S. 1 liegen, so wäre danach zwingend davon Abstand zu nehmen (vgl. BGH NStZ/D **91**, 479, aber auch Dölp NStZ 93, 26). Der schlichte Verbrauch einer Sache reicht hingegen grundsätzlich nicht aus (Herzog NK 5).

5   b) Zum anderen kann die Anordnung des Verfalls dann unterbleiben, wenn das Erlangte nur einen **geringen Wert** hat (als Vergleichsmaßstab kommt § 248 a in Betracht: vgl. dort RN 7 ff.). Neben prozeßökonomischen Gründen ist dafür ausschlaggebend, inwieweit der Verfall geringwertiger Tatgewinne im Rahmen der Gesamtstrafzumessung überhaupt ins Gewicht fiele.

6   3. Schließlich können nach Abs. 2 dem Betroffenen **Zahlungserleichterungen** bewilligt werden, und zwar nach den für Geldstrafen maßgeblichen Grundsätzen (vgl. § 42). Bei hohen Verfallbeträgen muß sich der Tatrichter mit dieser Möglichkeit zumindest auseinandersetzen (vgl. BGH **33** 40).

7   4. Da das Absehen vom Verfall **Ausnahme**charakter hat (o. 1), bedürfen die Voraussetzungen des § 73 c einer besonderen Darlegung und **Begründung** (BGH NStZ **89**, 436, **95**, 495). Entsprechendes gilt auch umgekehrt für die Prüfung eines naheliegenden Härtefalles (BGH wistra **99**, 464).

§ 73 d Erweiterter Verfall

(1) Ist eine rechtswidrige Tat nach einem Gesetz begangen worden, das auf diese Vorschrift verweist, so ordnet das Gericht den Verfall von Gegenständen des Täters oder Teilnehmers auch dann an, wenn die Umstände die Annahme rechtfertigen, daß diese Gegenstände für rechtswidrige Taten oder aus ihnen erlangt worden sind. Satz 1 ist auch anzuwenden, wenn ein Gegenstand dem Täter oder Teilnehmer nur deshalb nicht gehört oder zusteht, weil er den Gegenstand für eine rechtswidrige Tat oder aus ihr erlangt hat. § 73 Abs. 2 gilt entsprechend.

(2) Ist der Verfall eines bestimmten Gegenstandes nach der Tat ganz oder teilweise unmöglich geworden, so finden insoweit die §§ 73 a und 73 b sinngemäß Anwendung.

(3) Ist nach Anordnung des Verfalls nach Absatz 1 wegen einer anderen rechtswidrigen Tat, die der Täter oder Teilnehmer vor der Anordnung begangen hat, erneut über den

Erweiterter Verfall 1, 2 **§ 73 d**

Verfall von Gegenständen des Täters oder Teilnehmers zu entscheiden, so berücksichtigt das Gericht hierbei die bereits ergangene Anordnung.

(4) § 73 c gilt entsprechend.

Vorbem.: Eingefügt durch OrgKG v. 15. 7. 1992 (BGBl. I 1302).

Schrifttum: Vgl. die Angaben zu den Vorbem. vor § 73.

I. 1. Der im Vorgriff auf eine Gesamtüberarbeitung der §§ 73 ff. durch das OrgKG eingeführte 1 Erweiterte Verfall hat zum **Ziel,** die Bekämpfung der Organisierten Kriminalität (OrgK) zu verstärken (vgl. 2 a vor § 73). Zum einen erhofft man sich eine erhöhte generalpräventive Wirkung davon, daß Straftäter nicht auf die Erwartung sollen bauen dürfen, durch wiederholte Begehung von Straftaten dauerhafte Gewinne anhäufen zu können; zum anderen soll dem Organisierten Verbrechen das Investitionskapital zur Begehung weiterer Straftaten entzogen werden (BT-Drs 12/989 S. 1). Hatte der RegE den Erweiterten Verfall noch auf schwere Fälle der gewinnorientierten BtM-Kriminalität beschränken wollen (BT-Drs 11/6623 S. 6), so dehnte das OrgKG diese Sanktion auf weitere Bereiche der OrgK aus, wie insb. Delikte mit banden- oder gewerbsmäßiger Begehungsweise (vgl. zur Entstehungsgeschichte des OrgKG auch Tröndle § 43 a RN 2). Im Vergleich zum herkömmlichen Verfall weist der Erweiterte Verfall nach § 73 d im wesentlichen zwei **Neuheiten** auf. Zum einen brauchen die Verfallsobjekte nicht aus der konkret abgeurteilten Tat zu stammen; vielmehr genügen beliebige andere rechtswidrige Taten. Zum anderen kann der Erweiterte Verfall schon dann angeordnet werden, wenn die Umstände die Annahme rechtfertigen, daß die betreffenden Gegenstände für rechtswidrige Taten oder aus ihnen erlangt worden sind.

2. Diese Konzeption stößt jedoch auf nicht unerhebliche rechtsstaatliche und sonstige **verfas-** 2 **sungsrechtliche Bedenken,** die auch nicht einfach unter Hinweis auf das als besonders hochrangig einzustufende Gemeinwohlinteresse an einer wirksamen Bekämpfung der OrgK (BT-Drs 12/989 S. 23) beiseite geschoben werden können. Von besonderem Gewicht sind die mit der *Unschuldsvermutung* zusammenhängenden Bedenken, wonach eine Verhängung von Strafen oder strafähnlichen Sanktionen ohne gesetzlichen Schuldnachweis nicht zulässig ist (BVerfGE **74** 371, **82** 140). Schon von der Umstellung auf das Bruttoprinzip (dazu § 73 RN 6, 17 f.) ist – entgegen BGH NJW **95**, 2235 – die Rechtsnatur des Verfalls nicht unberührt geblieben (vgl. 2 a, 19 vor § 73), so daß auch der Erweiterte Verfall, sofern nicht sogar als Nebenstrafe zu verstehen (so Schultehinrichs aaO 154), jedenfalls **strafähnlichen** Charakter erlangt hat (Tröndle/Fischer 4 a, Weßlau StV 91, 231; dies etwa deshalb zu verneinen, weil der Verfall auch bei nur rechtswidrigen und nicht schuldhaften Taten angeordnet werden könne [BT-Drs 11/6623 S. 5], beruht auch hier auf einem Zirkelschluß [vgl. 19 vor § 73]). Daher kommt es einer Verdachtsstrafe gleich, wenn man ohne konkreten Schuldnachweis schon bloße Umstände, welche die Annahme einer rechtswidrigen Herkunft des betreffenden Gegenstandes rechtfertigen, sogar in zwingender Weise (u. 16) für eine Verfallsanordnung genügen läßt. Gleich ob darin eine echte Beweislastumkehr oder lediglich eine Beweiserleichterung zu erblicken ist, erscheinen derart zwingende schuldpräsumierende Beweisregeln schwerlich mit den vom BVerfG an die Unschuldsvermutung gestellten Anforderungen vereinbar (vgl. Dessecker aaO 357, Eser Stree/Wessels-FS 846, aber auch Heckmann ZRP 95, 2). Dies um so mehr, als durch die Anordnung des Erweiterten Verfalls im Grunde öffentlich bekundet wird, daß der Betroffene über die angeklagte Tat hinaus weitere Straftaten begangen habe (Perron JZ 93, 919, Schultehinrichs aaO 168), während die Unschuldsvermutung doch gerade den rechtskräftigen Nachweis der Schuld voraussetzt, bevor dem Verurteilten diese im Rechtsverkehr allgemein vorgehalten werden darf (BVerfGE **74** 371). Auch der sowohl verfassungs- wie völkerrechtlich (Art. 14 IPBPR) garantierte *Schutz vor Selbstbezichtigung* gerät in Gefahr, wenn der Täter zur Abwehr des Erweiterten Verfalls den legalen Erwerb der betreffenden Vermögensgegenstände quasi nachzuweisen hat, da er sich dabei auch zu Vorgängen äußern muß, die zwar nicht den Gegenstand des aktuellen, wohl aber möglicher zukünftiger Strafverfahren gegen ihn bilden, und er dadurch einem mittelbaren Zwang unterliegen könnte, entweder zu seiner eigenen Überführung beizutragen oder den Verlust seiner Vermögensgüter zu riskieren (vgl. Eser Stree/Wessels-FS 846, Weßlau StV 91, 232; and. Katholnigg JR 95, 298). Ferner kann der prozessuale Anklagegrundsatz unterlaufen werden, wenn dem § 73 d auch Gegenstände aus Taten unterfallen, die ohne Bezug zur Anlaßtat stehen, und daher das Gericht auch Taten nachzugreifen hat, die weder Inhalt der Anklage sind (§ 155 I StPO) noch nachträglich in das Verfahren einbezogen zu werden brauchen (§ 266 I StPO); demzufolge hat sich der Angeklagte gegen einen Vorwurf zu verteidigen, den das Gericht lediglich den „Umständen" entnimmt (Julius ZStW 109, 99 ff., Jescheck/Weigend 795). Schließlich ist auch eine Verletzung der *Eigentumsgarantie* (Art. 14 GG) zu besorgen. Auch wenn die Eigentumsentziehung als Nebenfolge einer strafrechtlichen Verurteilung grundsätzlich zulässig ist, da sie insoweit eine durch den Gesetzgeber konkretisierbare Schranke nach Art. 14 I 2 GG darstellt (BVerfGE **22** 422 f.), kann dies doch wohl nur für Gewinne aus prozeßordnungsgemäß nachgewiesenen Straftaten gelten, da sonst ein notwendiger verwirkungsbegründender Mißbrauchszusammenhang nicht gewährleistet wäre (vgl. Eser aaO 181, 187 f.; ebenso Schultehinrichs aaO 175 ff., Weßlau StV 91, 229); andernfalls käme man zu einer schwerlich mit den besonderen verfahrensrechtlichen Anforderungen an den Eigentumsschutz vereinbaren Nachweispflicht über den legalen Erwerb von Privateigentum gegenüber dem Staat (Köhler/Beck JZ 91, 799). Diese Bedenken würden übrigens auch dann durchschlagen, wenn man entgegen der hier vertretenen Auffassung den strafähnlichen Charakter des Erweiterten Verfalls verneint (vgl. Perron JZ 93, 919 ff. mit detaillierter Verhältnismäßigkeitsprüfung; and. Katholnigg JR 94, 355). Nach alledem wird der § 73 d in seiner derzeitigen Gestaltung weithin als verfassungsrechtlich nicht haltbar eingeschätzt (vgl. auch Tröndle/Fischer 4 a–d, Hassemer aaO 12 f., Herzog NK 3, Jescheck/Weigend 795, Köhler/Beck JZ 91, 804, Schultehinrichs aaO 196, Weßlau StV 91, 233; nach Krey/Dierlamm JZ 92, 358, Lackner 1 noch hinnehmbar; offengelassen bei Horn SK 6). Ob diesen verfassungsrechtlichen Bedenken mit BGH **40** 371 schon allein durch verfassungskonforme Auslegung mittels erhöhter Anforderungen an die tatrichterliche Überzeugung von der deliktischen Herkunft der Gegenstände (vgl. u. 15) zu begegnen ist, erscheint schon deshalb zweifelhaft, weil der BGH eine nähere Auseinandersetzung vermissen läßt (grds. gegen verfassungskonforme Einengung Anm. Katholnigg JR 95, 297 f.).

3   II. 1. Seiner **systematischen Einordnung** nach ist der Erweiterte Verfall eine besondere Form des Verfalls, so daß grundsätzlich alle allgemein den Verfall betreffenden Vorschriften, wie insb. die §§ 111 b ff. StPO, auch für § 73 d gelten. Da es sich dabei jedoch um eine selbständige Sanktion handelt, die sich gerade nicht auf das nachgewiesenermaßen aus einer konkreten Anknüpfungstat Erlangte beschränkt, können die §§ 73 a–73 c keine vollinhaltliche Anwendung finden (Tröndle/Fischer 5). Daher werden nach § 73 d II die §§ 73 a und 73 b lediglich für sinngemäß anwendbar erklärt (vgl. u. 14). Auch die §§ 73 II und 73 c gelten nach § 73 d I 3 bzw. IV lediglich entsprechend (vgl. u. 13, 16).

4   2. Was das **Verhältnis zum Verfall** nach § 73 anbelangt, so ergibt sich aus § 73 d I 1 („auch dann") der Vorrang des § 73 (vgl. BGH StV **95**, 633). § 73 d ist also nicht etwa lex specialis dazu; vielmehr muß zunächst § 73 geprüft werden und unter Ausschöpfung aller prozessual zulässigen Mittel, einschließlich etwaiger Einlassungen von Tatbeteiligten, ausgeschlossen sein, bevor ein Erweiterter Verfall nach § 73 d zum Zuge kommen kann (BT-Drs 11/6623 S. 6, Lackner 11). Entsprechendes gilt im Verhältnis zur **Einziehung** (§ 74), die zB dann Vorrang vor § 73 d hat, wenn aus Drogengeschäften erlangtes Geld zum Erwerb weiterer Betäubungsmittel dienen soll (vgl. BGH NStZ/D **99**, 124).

5   3. Im **Verhältnis zur Vermögensstrafe** (§ 43 a) hingegen, die ebenfalls – wenn auch mit anderer Akzentuierung (vgl. BGH **41** 20 m. Anm. Park JR 95, 343) – der Bekämpfung der OrgK dient, ist der Erweiterte Verfall vorrangig (BGH **41** 26, StV **95**, 17, 19, 633; vgl. auch § 73 RN 44). Dies ergibt sich aus dem zwingenden Charakter der Verfallsvorschriften und damit auch des Erweiterten Verfalls iVm § 43 a I 2 (vgl. Tröndle/Fischer 6 a, Lackner 12), wonach Vermögensvorteile, deren Verfall angeordnet wird, bei der Bemessung der Vermögensstrafe außer Betracht bleiben (vgl. § 43 a RN 5).

6   4. Allerdings zeigen sich problematische *Brüche mit dem allgemeinen Verfallssystem* in zweierlei Hinsicht. Zum einen kommt der in § 73 I 2 vorgesehene Ausschluß des Verfalls bei Vorliegen von **Schadensersatzansprüchen Tatverletzter** bei § 73 d nicht zum Zuge, da derartige Ansprüche nach der Struktur des Erweiterten Verfalls nicht feststellbar sind. Der RegE ging dabei davon aus, daß das Risiko, im Wege des § 73 d Gegenstände zu entziehen, die nach § 73 I 2 vom Verfall ausgeschlossen wären, nur gering sei (vgl. BT-Drs 11/6623 S. 7); diese Argumentation hätte freilich nur auf der Grundlage des zunächst auf bestimmte BtM-Delikte beschränkten Anwendungsbereichs des Erweiterten Verfalls durchschlagen können, nicht aber nach dessen Ausdehnung auf weitere Bereiche der OrgK (vgl. u. 8; krit. auch Lackner 3, Schultehinrichs aaO 186 ff.). Solange daher die im Rahmen einer Gesamtüberarbeitung des Verfallsrechts geplante Einführung eines gesonderten Nachverfahrens zur Berücksichtigung von Schadensersatzansprüchen Dritter nicht realisiert ist, wird das Gericht zu
7   prüfen haben, ob unbilligen Ergebnissen durch eine sinngemäße Anwendung der Härteklausel (§ 73 d IV iVm § 73 c) Rechnung getragen werden kann (Tröndle/Fischer 5). Zum anderen ist problematisch, daß der Erweiterte Verfall uU auch Gegenstände erfassen kann, die aus einer (wie insb. wegen Verjährungseintritts) **rechtlich nicht mehr verfolgbaren Tat** stammen (BT-Drs 11/6623 S. 7). Dieser Bruch mit den herkömmlichen Verfallsregeln nach §§ 76 a I, 78 I ist jedoch nur dann zu rechtfertigen, wenn die konkrete Gefahr besteht, daß der Täter die betreffenden Gegenstände zur Vorbereitung neuer Straftaten einsetzen wird (Schultehinrichs aaO 193 f.); dies mag es zwar auch rechtfertigen, dem Täter das Investitionskapital für die Begehung weiterer Straftaten zu entziehen (BT-Drs 11/6623 S. 1), würde aber eine dahingehende Prognose für den Einzelfall voraussetzen, um den Verfall ähnlich wie bei § 76 a II auf Sicherungsgründe stützen zu können. Will man solche Wertungswidersprüche im jetzigen Verfallssystem nicht zu Lasten des Täters gehen lassen, so ist überall dort, wo einem Verfall nach § 73 ein Anspruch des Verletzten entgegensteht oder die zugrundeliegende Tat verjährt ist, auch ein Erweiterter Verfall nach § 73 d auszuschließen (Lackner 11).

8   III. Die **allgemeinen Voraussetzungen** des Erweiterten Verfalls sind nach § 73 d I im wesentlichen folgende:

1. Der **Anwendungsbereich** ist durch eine Blankettnorm einerseits offengehalten, andererseits aber in der Weise beschränkt, daß der Erweiterte Verfall nur bei solchen Tatbeständen in Betracht kommt, in denen auf § 73 d verwiesen wird (**Abs. 1 S. 1**). Während dies ursprünglich auf schwere Fälle der gewinnorientierten BtM-Kriminalität beschränkt bleiben sollte (BT-Drs 11/6623 Art. 2 S. 3, 6), wurde im Laufe des Gesetzgebungsverfahrens der Anwendungsbereich nicht unerheblich ausgedehnt, so daß er nun auch eine Reihe sonstiger durch besonderes Gewinnstreben der Beteiligten

und hohe Gewinnträchtigkeit der Taten gekennzeichnete Formen der OrgK erfaßt (BT-Drs 11/76 623 S. 22). Verweisungen auf § 73 d finden sich nunmehr für den Fall, daß der Täter als *Mitglied einer Bande* handelt, in den §§ 150 I 1, 181 c 1, 244 III, 244 a III, 256 II 1, 260 III 1, 260 a III, 261 VII 3, 282 I 1, 286, 302 u. 338, für den Fall der *gewerbsmäßigen* Tatbegehung in den §§ 150 I 2, 181 c 2, 256 II 2, 260 III 2, 261 VII 4, 282 I 2, 286, 302 u. 338 sowie in § 33 I BtMG.

2. Als **Anknüpfungstat** ist eine rechtswidrige Tat nach einer der bei o. 8 genannten Verweisungsnormen erforderlich. Daß diese nur zwar *rechtswidrig,* aber *nicht unbedingt schuldhaft* sein muß, glaubt der Gesetzgeber damit rechtfertigen zu können, daß es sich beim Erweiterten Verfall nicht um eine Strafe, sondern um eine *strafrechtliche Maßnahme eigener Art mit konditionsähnlichem Charakter* handele (BT-Drs 11/6623 S. 6, Möhrenschlager wistra 92, 286). Soweit jedoch der Erweiterte Verfall, wie für den Regelfall charakteristisch, über eine reine Nettoabschöpfung hinausgeht, hat er zumindest *strafähnlichen* Charakter (vgl. o. 2); daher darf er mit Rücksicht auf das Schuldprinzip ebensowie der Bruttoverfall nach § 73 (dazu 19 vor sowie 6, 17 f. zu § 73) nur aufgrund einer schuldhaft begangenen Anknüpfungstat verhängt werden (vgl. Lackner 4).

3. Als **verfallsfähige Objekte** kommen für den Regelfall dem Täter oder Teilnehmer gehörende Gegenstände, die den Umständen nach für rechtswidrige Taten oder aus ihnen erlangt worden sind, in Betracht (§ 73 d I 1).

a) **Gegenstände** sind – ebenso wie bei § 74 – sowohl *körperliche Sachen* als auch *Rechte* (vgl. § 74 RN 6), nicht hingegen nur rechnerisch faßbare Vorteile; insoweit ist der gegenständliche Bereich enger als beim Verfall nach § 73 (vgl. dort RN 6).

b) Die Gegenstände müssen zum Zeitpunkt der Entscheidung **dem Täter oder Teilnehmer gehören oder zustehen** (so für den Regelfall § 73 d I 1); insofern gilt Gleiches wie für die Einziehung nach § 74 RN 19 ff. Demzufolge wird zB das von einem Scheinaufkäufer der Polizei erhaltene „markierte Geld", da in deren Eigentum verbleibend und an sie herauszugeben, nicht erfaßt (vgl. BGH NStZ **95**, 540).

Von diesem Eigentumserfordernis kann jedoch abgesehen werden, wenn ein Gegenstand dem Täter oder Teilnehmer nur deshalb nicht gehört oder zusteht, weil er den Gegenstand für eine rechtswidrige Tat oder aus ihr erlangt hat **(Abs. 1 S. 2).** Einer solchen Erstreckungsklausel auf möglicherweise **täterfremdes Vermögen** bedurfte es, um in Fällen eines *zivilrechtlich unwirksamen Erwerbsakts,* wie insb. bei Doppelnichtigkeit gem. § 134 BGB verbotswidriger Verpflichtungs- und Verfügungsgeschäfts (vgl. BGH **31** 145, **33** 233), den sonst nach § 73 IV erforderlichen Nachweis, daß der Gegenstand von dem Dritten für die Tat oder in Kenntnis der Tatumstände gewährt worden ist, mit allen damit verbundenen Schwierigkeiten einer Ausermittlung der Ursprungstat zu vermeiden (BT-Drs 11/6623 S. 8). Da es sich dabei jedoch um den Fall der Entziehung von Dritteigentum handelt, bedarf er im Hinblick auf Art. 14 GG einer besonderen Rechtfertigung, wofür jedoch allein die – zudem nur vermutete – Verstrickung des betreffenden Gegenstandes in eine Straftat nicht ausreichen kann (vgl. Eser aaO 221 ff.). Da nun ein Mißbrauchskriterium, wie es beim Verfall nach § 73 IV vorgesehen ist (dort RN 43), beim Erweiterten Verfall aus Beweiserleichterungsgründen gerade fehlt, ist § 73 d I 2 schwerlich mit Art. 14 GG vereinbar (iE ebenso Horn SK 5, Schultehinrichs aaO 183; ähnl. Tröndle/Fischer 7).

c) Die betreffenden Gegenstände müssen **für rechtswidrige Taten oder aus ihnen erlangt** worden sein. Dabei braucht die Herkunftstat gerade nicht mit der im konkreten Strafverfahren abzuurteilenden Anknüpfungstat identisch zu sein (Tröndle/Fischer 4 b, Krey/Dierlamm JZ 92, 357); vielmehr genügen beliebige andere rechtswidrige Taten, die nicht von der Anklage umfaßt und nicht Gegenstand der Verurteilung sein müssen, ja nicht einmal dem Bereich der OrgK zu entstammen brauchen (Herzog NK 8, Jescheck/Weigend 794; vgl. dazu o. 2). Immerhin müssen aber die Gegenstände wie bei § 73 *unmittelbar* aus der jeweiligen rechtswidrigen Tat erlangt sein (vgl. dort RN 22). Sollen sie hingegen (nur oder altenativ) für künftige Taten bestimmt sein, kommt anstelle von § 73 d die Einziehung als Tatwerkzeug nach § 74 in Betracht (BGH NStZ **00**, 137). Im übrigen können auch etwaige *mittelbare* Tatfrüchte wie **Nutzungen** und **Surrogate** aufgrund von § 73 d I 3 iVm § 73 II für verfallen erklärt werden, um eine Umgehung des Erweiterten Verfalls durch Austausch der ursprünglich erworbenen Gegenstände (zB durch Umwechseln von Geldscheinen) zu verhindern. Vgl. im einzelnen § 73 RN 30 ff.

d) Die Herkunft des erlangten Gegenstandes aus einer rechtswidrigen Tat muß – anders als bei § 73 – nicht objektiv nachgewiesen werden; vielmehr soll nach dem Willen des Gesetzgebers ein Erweiterter Verfall schon dann möglich sein, wenn **die Umstände die Annahme rechtfertigen,** daß die betreffenden Gegenstände für rechtswidrige Taten oder aus ihnen erlangt worden sind. Für diese Annahme soll bereits eine gewisse konkrete Wahrscheinlichkeit genügen (Rieß NJ 92, 493), wobei berücksichtigungsfähige Umstände alle hinsichtlich der Einkommens- und Vermögensverhältnisse des Täters relevanten Gegebenheiten, soweit sie das Gericht im Rahmen seiner Amtsermittlungspflicht feststellen kann, in Betracht kommen (BT-Drs 11/6623 S. 7). Welche Indizien jedoch in welcher Stärke vorliegen müssen, ist bislang unklar (Perron JZ 93, 918). Nach dem RegE soll die hier infragestehende Annahme dann gerechtfertigt sein, wenn sich die deliktische Herkunftsmöglichkeit von allen in Betracht zu ziehenden Möglichkeiten als die *ganz überwiegend wahrscheinlichste* darstellt. Dabei soll es genügen, daß sich bei mangelnder Feststellbarkeit von rechtmäßigen Quellen die Herkunft aus rechtswidrigen Taten im Hinblick auf die Situation des Täters und sein Vorleben einem objektiven Betrachter *geradezu aufdränge* (BT-Drs 11/6623 S. 7, Möhrenschlager wistra 92, 286). Das Gericht soll also nicht gezwungen sein, in eine umfassende Prüfung der Herkunft der Gegenstände einzutreten (Tröndle/Fischer 4 b). Diese Auslegung ist jedoch bedenklich, da sie nur einen hohen Wahrscheinlichkeitsgrad fordert und damit die Maßnahme bei bloßem – und sei es auch hochgradigem – Verdacht zuläßt (Lackner 8; vermitt. Krey/Dierlamm JR 92, 358). Angesichts der Schwere des Eingriffs und der damit verbundenen verfassungsrechtlichen Bedenken (vgl. o. 2) dürfte zumindest eine sich aus Indizien ergebende Überzeugung, daß es sich um illegitim erlangte Gegenstände handelt, erforderlich sein. Im Wege verfassungskonformer Auslegung (um dem Einwand der Verfassungswidrigkeit der Vorschrift zu begegnen, vgl. o. 2) ähnlich streng BGH **40** 371, 373, wonach der Tatrichter aufgrund erschöpfender Beweiserhebung und -würdigung die uneingeschränkte Überzeugung von der deliktischen Herkunft der Gegenstände gewonnen haben muß, ohne daß aber diese Taten im einzelnen festzustellen (BGH NStZ-RR **98**, 297) bzw. an die Überzeugungsbildung übersparnte Anforderungen zu stellen wären, wobei dies unabhängig davon gelten soll, ob aus den Taten ein Gewinn erlangt wurde oder nicht (vgl. auch BGH StV **95**, 17, aber auch Katholnigg JR 95, 297 ff.). Ob diese Anforderungen freilich in der jetzigen Gesetzesfassung zum Ausdruck kommen, ist höchst zweifelhaft (Tröndle/Fischer 4 b, Herzog NK 9). Nimmt man aber die Beweisregel in der genannten Weise wirklich ernst, so könnte der Anwendungsbereich des Erweiterten Verfalls weit hinter den in ihn gesetzten Erwartungen zurückbleiben, da aufgrund der Vielgestaltigkeit der in Frage kommenden Erwerbsmöglichkeiten zahlreiche, eventuell nicht widerlegbare Schutzbehauptungen des Täters oder Teilnehmers denkbar sind (Lackner 8). Daher steht zu befürchten, daß in der Praxis, um die Effektivität der Neuregelung zu gewährleisten, die Anforderungen an den notwendigen Wahrscheinlichkeitsgrad sogar noch geringer als vom Gesetzgeber vorgestellt ausfallen.

16   IV. 1. Bei Vorliegen der vorgenannten Voraussetzungen ist die **Anordnung** des Erweiterten Verfalls **zwingend** vorgeschrieben (§ 73 I 1). Damit soll eine möglichst umfassende Abschöpfung der durch strafbares Verhalten erlangten Vermögensgegenstände gewährleistet werden (BT-Drs 11/6623 S. 8). Freilich gilt dies auch hier nur für das unmittelbar Erlangte sowie nach § 73 d I 3 iVm § 73 II 1 für Nutzungen, während bloße Surrogate nach § 73 d I 3 iVm § 73 II 2 auch hier nur fakultativ verfallbar sind und zudem – insoweit anders als beim einfachen Verfall (vgl. § 73 RN 32, 44, § 73 a RN 7) – nicht dem Wertsatzverfall unterliegen (vgl. u. 17). Um im übrigen eine mögliche Konkurrenz mit der nur fakultativen Vermögensstrafe (§ 43 a) zu vermeiden, bleiben bei deren Bemessung von vornherein Vermögensvorteile außer Ansatz, die für verfallen zu erklären sind (§ 43 a I 2; vgl. Tröndle/Fischer 9), so daß insoweit (auch) der Erweiterte Verfall Vorrang hat (vgl. o. 5). Der grundsätzlich obligatorische Charakter des Erweiterten Verfalls ist jedoch nicht unproblematisch (vgl. auch Schultehinrichs aaO 186), und zwar in noch stärkerem Maße als beim gewöhnlichen Verfall (vgl. § 73 RN 44), da zweifelhaft erscheint, ob den bereits erwähnten verfassungsrechtlichen Bedenken allein durch entsprechende Anwendung der Härteklausel des § 73 c Rechnung getragen werden kann (vgl. o. 2, 6, u. 18, aber auch BGH NJW **95**, 2236). Zum Verfalls*verfahren* gilt das zu § 73 RN 45 f. Ausgeführte entsprechend.

17   2. Ist der Verfall eines bestimmten Gegenstandes nach der Tat ganz oder teilweise unmöglich geworden, so ist nach § 73 d II iVm § 73 a der **Wertsatzverfall** ebenfalls *zwingend* anzuordnen. Dies kann freilich nur „sinngemäß" geschehen, weil eine vollinhaltliche Anwendung von § 73 a daran scheitert, daß dieser sich nur auf das nachgewiesenermaßen aus der Tat Erlangte bezieht, während § 73 d allgemein Gegenstände des Täters oder Teilnehmers erfaßt, ohne daß es auf den Nachweis der konkreten Herkunft ankäme (BT-Drs 11/6623 S. 6). § 73 d II bezieht sich daher auf Gegenstände, die nach Abs. 1 dem Erweiterten Verfall unterlegen hätten und bei Begehung der Anknüpfungstat beim Beteiligten noch nicht vorhanden waren (Lackner 5, Schultehinrichs aaO 183). Vereitelt nun der Beteiligte den Zugriff auf den ursprünglichen Verfallsgegenstand, wird hierfür in entsprechender Anwendung von § 73 a der Wertsatzverfall angeordnet; als „Erlangtes" iSv § 73 a ist also das ursprünglich nach § 73 d I Verfallbare anzusehen (Tröndle/Fischer 10, Horn SK 8). Dazu gehören nach § 73 d I 3 iVm § 73 II auch Nutzungen und an sich auch Surrogate; da jedoch der den Wertsatzverfall ermöglichende § 73 d II die nur der fakultativen Verfall unterliegenden Surrogate (vgl. o. 16) nicht nennt, wird Erweiterter Wertsatzverfall über das unmittelbar Erlangte hinaus nur hinsichtlich nicht mehr vorhandener Nutzungen in Betracht kommen. Die ebenfalls vorgesehene Möglichkeit einer **Schätzung** (§ 73 d II iVm § 73 b) bezieht sich nur auf den ursprünglichen Gegenstandswert, nicht aber geht es um eine Schätzung des Tätervermögens als solchem, um dieses im Wege eines Wertsatzverfalls abzuschöpfen (vgl. BT-Drs 11/6623 S. 9). Im übrigen sind auch gegenüber dem Erweiterten Wertsatzverfall die sich aus dem Bruttoprinzip und dem fehlenden Nachweis deliktischer Herkunft ergebenen Bedenken im Auge zu behalten (vgl. o. 2, 15, § 73 a RN 8), zumal diesen auch durch die entsprechende Anwendung der Härteklausel des § 73 d IV iVm § 73 c (vgl. u. 19) nur unzureichend Rechnung getragen werden kann.

18   3. Eines gewissen **Korrektivs** bedarf es, um einen **mehrfachen Zugriff auf denselben Gegenstand auszuschließen;** denn da der Erweiterte Verfall nicht an die festgestellte Herkunft aus einer konkreten Ursprungstat, sondern an die den Umständen nach gerechtfertigte Annahme der deliktischen Herkunft anknüpft, könnte es sonst in einem späteren Strafverfahren zu einer Verfallsanordnung von Gegenständen kommen, die bereits in dem vorangegangenen Verfahren nach § 73 d für verfallen

erklärt worden sind (BT-Drs 11/6623 S. 9). Um dies zu verhindern, ist nach **Abs. 3** bei einer anstehenden Verfallsanordnung zu prüfen, und gegebenenfalls zu berücksichtigen, ob ein iSv § 73 durch eine rechtswidrige Tat erlangter Gegenstand bereits von einer vorausgegangenen Anordnung nach § 73 d umfaßt gewesen ist (Horn SK 9, Lackner 9). Können ausreichende Feststellungen hierzu nicht getroffen werden, gilt der Gegenstand nach dem Grundsatz in dubio pro reo als bereits abgeschöpft (BT-Drs 11/6623 S. 9, Tröndle/Fischer 11, Herzog NK 13).

4. Eine weitere Abschwächung des an sich zwingenden Erweiterten Verfalls wird durch die **Härteklausel** des **§ 73 d IV iVm § 73 c** ermöglicht (vgl. BGH NJW **95**, 2236). Freilich scheitert auch hier eine vollinhaltliche Anwendung daran, daß § 73 c eine unmittelbare Verknüpfung des Verfallsgegenstandes mit der abzuurteilenden Herkunftstat voraussetzt, was bei § 73 d gerade nicht erforderlich ist (Tröndle/Fischer 5). Immerhin ist aber durch entsprechende Anwendung des § 73 c dem *Verhältnismäßigkeitsgrundsatz* insoweit Rechnung zu tragen, als der Erweiterte Verfall zwingend *unterbleiben muß,* wenn er für den Betreffenden ein unbillige Härte bedeuten würde (Horn SK 7), sowie unterbleiben *kann,* wenn die Bereicherung zwischenzeitlich weggefallen ist. Ferner kann die Härteklausel bei möglichen Schadensersatzansprüchen Tatverletzter bedeutsam sein, da diese ansonsten im Rahmen von § 73 d nicht berücksichtigt werden können (vgl. o. 6), sowie beim Wertersatzverfall nach Abs. 2 insbes. im Hinblick darauf, daß die Anforderungen an den Nachweis der rechtswidrigen Herkunft der Gegenstände gelockert sind und ein umfassender Wertersatzverfall die Resozialisierungsaussichten erschweren könnte (vgl. BT-Drs 11/6623 S. 9). Zudem wird durch § 73 d IV iVm § 73 c II dem Gericht die Möglichkeit zur Gewährung von Zahlungserleichterungen eröffnet. Eine Berücksichtigung des Verfalls bei der sonstigen Strafzumessung hingegen kommt, da Abschöpfungsmaßnahme, nicht in Betracht (BGH NStZ **00**, 137). 19

§ 73 e Wirkung des Verfalls

(1) **Wird der Verfall eines Gegenstandes angeordnet, so geht das Eigentum an der Sache oder das verfallene Recht mit der Rechtskraft der Entscheidung auf den Staat über, wenn es dem von der Anordnung Betroffenen zu dieser Zeit zusteht. Rechte Dritter an dem Gegenstand bleiben bestehen.**

(2) **Vor der Rechtskraft wirkt die Anordnung als Veräußerungsverbot im Sinne des § 136 des Bürgerlichen Gesetzbuches; das Verbot umfaßt auch andere Verfügungen als Veräußerungen.**

Vorbem.: Bisheriger § 73 d durch Art. 1 Nr. 8 OrgKG v. 15. 7. 92 (BGBl. I 1302) zu § 73 e geworden.

Schrifttum: Vgl. die Angaben zu den Vorbem. vor § 73.

I. Die Bestimmung regelt die **Rechtsfolgen** des Verfalls. Dabei ist zwischen dem eigentlichen *Objekt des Verfalls* (Abs. 1 S. 1) und etwaigen daran bestehenden *Drittrechten* (Abs. 1 S. 2) zu unterscheiden. Außerdem begründet sie für den Schwebezustand zwischen Anordnung und Rechtskraft des Verfalls ein *Veräußerungsverbot* **(Abs. 2)**. 1

II. Für das **Verfallsobjekt** als solches ergeben sich folgende Wirkungen **(Abs. 1 S. 1):** 2

1. Mit Rechtskraft der Verfallsanordnung (§ 73 RN 44 ff.) geht das Eigentum an der für verfallen erklärten Sache bzw die rechtliche Inhaberschaft am verfallenen Recht auf den Staat über, ohne daß es dafür noch einer besonderen Besitzergreifung bedürfte (Abs. 1 S. 1; vgl. Eser aaO 217 ff.). Insofern gilt gleiches wie bei der Einziehung nach § 74 e (vgl. dort RN 3). Da es sich dabei um einen 3 *Rechtsübergang kraft Gesetzes* handelt, der keines zusätzlichen rechtsgeschäftlichen Übertragungsaktes bedarf, wirkt er an sich gegenüber jedermann. Doch im Unterschied zur Einziehung, die auch gegenüber tatunbeteiligten Dritteigentümern durchgreift (vgl. § 74 e RN 4), läßt der Verfall kraft des ausdrücklichen **Vorbehalts** in Abs. 1 S. 1 nur solche Gegenstände übergehen, die im Zeitpunkt der Rechtskraft der Entscheidung dem **Betroffenen zustehen.** Allerdings sind unter den „Betroffenen" nicht nur Täter und Teilnehmer iSv § 73 I und § 73 d I zu verstehen, sondern auch Vorteilsempfänger iSv § 73 III bzw Vorteilsgeber iSv § 73 IV. Dieser Vorbehalt *zugunsten tatunbeteiligter* **Dritter** erklärt sich daraus, daß sich der Verfall – ursprünglich als quasi-konditionelle Ausgleichsmaßnahme konzipiert – grundsätzlich nur gegen Tatbeteiligte und ihnen gleichzustellende Personen richten soll (vgl. E 62 Begr. 246). Gehört der für verfallen zu erklärende Gegenstand weder einem Tatbeteiligten noch einer Person, für die der Täter gehandelt hat, noch dem Geber des Tatentgelts, sondern einem völlig tatunbeteiligten Dritten, so hat der Verfall von vornherein zu unterbleiben. Wird er trotzdem *irrtümlich* ausgesprochen, weil das Gericht von falschen tatsächlichen Voraussetzungen oder fehlerhaften rechtlichen Folgerungen ausgeht, so bleibt das Eigentum des Dritten an der Sache bzw. seine Inhaberschaft an dem betroffenen Recht von der Verfallsanordnung unberührt. Deshalb ist er nicht daran gehindert, seine Rechte auch dem Staat gegenüber jederzeit geltend zu machen, *ohne* daß er sich dazu auf das bei fehlerhafter Einziehung einzuhaltende *Nachverfahren* (vgl. § 74 e RN 4) verweisen lassen müßte (Tröndle/Fischer 4, Herzog NK 2, Schäfer LK 1).

2. Um zu verhindern, daß der für verfallen erklärte Gegenstand vor Rechtskraft der Anordnung an 4 tatunbeteiligte Dritte weiterveräußert wird und damit der Übergang auf den Staat vereitelt würde, ist

der Verfallsanordnung die Wirkung eines **Veräußerungsverbots** beigelegt (**Abs. 2**). Diese Erwerbssperre greift allerdings nur dann durch, wenn der Dritte bei Erwerb des Gegenstandes hinsichtlich seiner Verfallbarkeit *bösgläubig* war (vgl. auch § 74 e RN 5). Bei Gutgläubigkeit hingegen hat er gemäß
5   §§ 135 II, 932 ff. BGB unbeschränktes Eigentum erworben. Das Verbot umfaßt auch *sonstige Verfügungen,* durch die der Verfall vereitelt oder erschwert werden könnte, wie zB Verpfändung, sicherungsweise Übereignung oder sonstige Belastung mit Rechten Dritter (Tröndle/Fischer 2).

6   3. Für den im Gesetz nicht ausdrücklich geregelten Fall, daß das Verfallsobjekt **herrenlos** ist, bedarf es ohnehin keiner Rücksichtnahme auf Rechte Dritter. Der Entziehungsfunktion des Verfalls entsprechend (vgl. § 73 RN 2) muß hier der Verfallsanordnung die Wirkung zugesprochen werden, daß der Staat originär zum Eigentümer bzw Rechtsinhaber des betroffenen Gegenstandes wird (Güntert aaO 21 f.).

7   III. **Rechte Dritter am Verfallsobjekt** bleiben unberührt (**Abs. 1 S. 2**); vgl. LG Frankfurt NJW **98**, 3785. Insofern gilt gleiches wie bei etwaigen Drittrechten am Einziehungsobjekt (näher § 74 e RN 6 f.). Während jedoch bei Einziehung unter bestimmten Voraussetzungen das Erlöschen von Drittrechten angeordnet werden kann (§ 74 e II 2), ist beim Verfall für solche Eingriffe in Drittrechte kein Raum – nicht mehr ausschließlichen, aber wohl immer noch überwiegenden – Vorteilsentziehungszweck (§ 73 RN 1) auch kein Bedürfnis. Etwaigen Vereitelungsversuchen durch Belastung des Verfallsobjekts mit Drittrechten kann daher nur durch das Veräußerungs- und Verfügungsverbot des Abs. 2 (o. 4) entgegengewirkt werden.

8   IV. In der **praktischen Durchführung** sind iVm den prozessualen Präventivmaßnahmen der §§ 111 b ff. StPO insgesamt 4 Wirkungsstufen zu unterscheiden (vgl. Tröndle/Fischer 1 ff.): a) Durch *Beschlagnahme* des Verfallsobjekts nach § 111 b i StPO kann das Verfallsobjekt sichergestellt und nach § 111 c V StPO ein Veräußerungsverbot iSv § 136 BGB begründet werden. b) Die letztgenannte Wirkung tritt – auch ohne vorherige Beschlagnahme – spätestens mit der *Verfallsanordnung* ein (vgl. o. 4 f.). c) Mit *Rechtskraft* der Verfallsanordnung wird der Eigentumsübergang auf den Staat bewirkt (o. 2). d) Die *Vollstreckung* des Verfalls und die *Verwendung* der verfallenen Vermögenswerte richten sich nach dem bei § 74 e RN 11 zur Einziehung Ausgeführten.

§ 74 Voraussetzungen der Einziehung

(1) **Ist eine vorsätzliche Straftat begangen worden, so können Gegenstände, die durch sie hervorgebracht oder zu ihrer Begehung oder Vorbereitung gebraucht worden oder bestimmt gewesen sind, eingezogen werden.**

(2) **Die Einziehung ist nur zulässig, wenn**
1. **die Gegenstände zur Zeit der Entscheidung dem Täter oder Teilnehmer gehören oder zustehen oder**
2. **die Gegenstände nach ihrer Art und den Umständen die Allgemeinheit gefährden oder die Gefahr besteht, daß sie der Begehung rechtswidriger Taten dienen werden.**

(3) **Unter den Voraussetzungen des Absatzes 2 Nr. 2 ist die Einziehung der Gegenstände auch zulässig, wenn der Täter ohne Schuld gehandelt hat.**

(4) **Wird die Einziehung durch eine besondere Vorschrift über Absatz 1 hinaus vorgeschrieben oder zugelassen, so gelten die Absätze 2 und 3 entsprechend.**

Schrifttum: Vgl. die Angaben zu den Vorbem. vor § 73.

1   I. **Grundnorm der Einziehung** ist § 74: Abs. 1 umschreibt die allgemeinen Voraussetzungen der *Anknüpfungstat* und den Kreis der einziehbaren *Gegenstände.* In Abs. 2 werden sodann die Kriterien genannt, nach denen die Einziehung auf Tatbeteiligte beschränkt bleibt (Nr. 1) oder auf Dritte erstreckt werden kann (Nr. 2). Damit zerfällt die Einziehung hier in eine *tätergerichtete* (relative) und in eine *unterschiedslose* auch gegen Dritte gerichtete (absolute) Sanktion, wobei ersterer regelmäßig Strafcharakter, letzterer regelmäßig Sicherungscharakter beizumessen ist (vgl. 13 ff. vor § 73). Durch Abs. 4 werden diese Kriterien auch für etwaige *Sondervorschriften* für verbindlich erklärt.

II. Die allgemeinen Voraussetzungen der Einziehung (Abs. 1) sind folgende:

2   1. Als **Anknüpfungstat** kommt lediglich eine *vorsätzliche* Straftat (*Verbrechen* oder *Vergehen:* § 12) in Betracht. Abgesehen vom Fall des Abs. 2 Nr. 2 iVm Abs. 3 (dazu u. 36) ist darunter eine volldeliktische, also *rechtswidrig* und *schuldhaft* begangene Tat zu verstehen. Deshalb scheidet Einziehung aufgrund einer in Notwehr begangenen Tat ebenso aus wie bei rechtfertigendem Notstand (vgl. Braunschweig NdsRpfl **52**, 72), entschuldbarem Verbotsirrtum (BGH **9** 172) oder fehlender Schuldfähigkeit (vgl. RG **29** 131, GA Bd. **51** 357, [zu § 323 a] BGH MDR/H **76**, 812, NJW **79**, 1370, Oldenburg NJW **71**, 770); and. dagegen bei nur verminderter Verantwortlichkeit (RG HRR **40** Nr. 35, BGH MDR/D **52**, 530, Bay **54** 87, Braunschweig NJW **54**, 1052, Herzog NK 2). Abweichend von dieser Grundnorm, die die Einziehung nur aufgrund vorsätzlicher Tatbegehung zuläßt, lassen zahlreiche Sondervorschriften auch *Fahrlässigkeit* genügen (vgl. etwa § 322 iVm § 308, § 330 c,
3   § 55 LMBG, § 36 AWG). Auch der **Versuch** einer Straftat wirkt einziehungsbegründend, sofern er als solcher strafbar ist (Tröndle/Fischer 11, Eser aaO 214 ff., Herzog NK 4, Schäfer LK 9; weitergeh.

RG 27 243, 36 147, 49 210). Gleiches gilt für die zu einer selbständig strafbaren *Vorbereitungshandlung* gebrauchten Gegenstände (BGH 13 311 ff. m. Anm. Busch LM Nr. 10 zu § 40, Köln NJW 51, 612, Tröndle/Fischer 11); zur Einziehung sonstiger Vorbereitungswerkzeuge vgl. u. 9, 11. Im übrigen vermag jede Form der Tatbeteiligung die Einziehung zu begründen; auch eine Tatverstrickung des Gegenstandes durch *Anstiftung* oder *Beihilfe* reicht aus. Näher zur Einziehung bei Tatbeteiligung mehrerer u. 20 f.

Soweit die Einziehung **Strafcharakter** hat (14 vor § 73), müssen selbstverständlich auch sonstige 4 Strafbarkeits- und Prozeßvoraussetzungen (objektive Bedingungen, Antrag usw.) gegeben sein; ebenso würden etwaige Schuld- und Strafaufhebungsgründe eine strafweise Einziehung hindern; vgl. Eser aaO 210 f., ferner BGH 6 63, 19 71 zur Verjährung sowie RG 50 386, 392, 53 124, 307 zur Amnestie. Gleiches gilt für eine Verfahrenseinstellung nach § 153 StPO (LG Bremen NJW 55, 959).

2. Was den Kreis der **einziehungsfähigen Objekte** anlangt, ist die Einziehung beschränkt auf 5 Gegenstände, die durch die (angeklagte) Tat (BGH NStZ-RR 97, 318) hervorgebracht oder zu ihrer Begehung gebraucht oder bestimmt sind.

a) Unter **Gegenständen** sind nicht nur körperliche *Sachen,* sondern auch *Rechte* zu verstehen (hM, 6 vgl. Schäfer LK 13, Herzog NK 6, Horn SK 5, Jescheck/Weigend 796; and. zum Begriff § 40 ua BGH 2 337, 19 158). Diese Erweiterung des früheren Gegenstandsbegriffes läßt sich nicht nur §§ 74 a Nr. 1, 74 e entnehmen, wo jeweils von Sachen und Rechten die Rede ist, sondern entspricht auch einem kriminalpolitischen Bedürfnis (vgl. Maurach JZ 64, 529 ff.). Demgemäß können nicht nur bewegliche Sachen oder Grundstücke (Clubhaus einer Spielergesellschaft), sondern auch Bankguthaben, Hypotheken oder Miteigentumsanteile (Herzog NK 6, Horn SK 5, Schäfer LK 46 ff.; vgl. aber auch Tröndle/Fischer 3, 12, Göhler § 22 RN 11) eingezogen werden, sofern sie selbst iSv § 74 in die Tat verstrickt waren; vgl. Eser aaO 300 ff., BGH NStZ 91, 496, Karlsruhe NJW 74, 710 f. sowie u. 23, 24. Einziehbar sind jedoch immer nur bestimmte *Einzelgegenstände* oder *Teile* davon; näher zur 7 Teileinziehung § 74 b RN 11 f. Dagegen kann das Vermögen weder als Ganzes noch nach bestimmten Quoten eingezogen werden. Vgl. aber auch § 43 a zur Vermögensstrafe.

b) **Durch die Tat hervorgebracht** (sog. *producta sceleris*) sind nur solche Gegenstände, die entwe- 8 der ihre Entstehung oder ihre gegenwärtige Beschaffenheit der Tat verdanken, so zB gefälschte Münzen oder Urkunden (AG Osterode NdsRpfl 66, 227), Produktimitationen (Herzog NK 7) oder verfälschte Nahrungsmittel. Dabei kommt es auf die *unmittelbare* Hervorbringung an. Keinesfalls genügt, daß die Gegenstände durch die Straftat lediglich erlangt sind (dazu § 73 RN 8, 11 ff., Eser aaO 332 f.). Der Einziehung unterliegen daher nicht das gestohlene Geld, die Beute des Wilderers (RG 70 94), Geld, das durch Betäubungsmittelgeschäfte erlangt (BGH NStE **Nr. 3**, NStZ/D 89, 472) oder Verkauf hehlerisch erlangter Sachen erworben ist (RG 54 223), ebensowenig der Gewinn eines Glücksspiels (RG 39 78) oder einer Lotterie (vgl. § 286 RN 22). Derartige Gegenstände werden, soweit sie nicht dem Verfall unterliegen (vgl. BGH NStE **Nr. 1**, 3), allenfalls durch Sondervorschriften erfaßt; vgl. etwa § 40 I BJagdG.

c) Die **zur Begehung oder Vorbereitung der Tat gebrauchten oder bestimmt gewesenen** 9 Gegenstände können als sog. *instrumenta sceleris* eingezogen werden.

α) Unter **gebrauchen** ist die tatsächliche Verwendung des Gegenstandes zur Tat zu verstehen. Als 9 a **bestimmt zur Tat** gelten Gegenstände, die zwar nicht tatsächlich benutzt wurden, jedoch für eine bestimmte strafbare Handlung vorgesehen und dazu auch bereitgestellt waren, und sei es auch nur für den Eventualfall (vgl. Bay 13 31 ff.), was bei einer zum Drogenkonsum verwendbaren Wasserpfeife nicht ohne weiteres der Fall sein soll (Dresden NStZ-RR 99, 372); bedenkl. daher BGH 8 212, wonach bereits die „gedankliche Bereitstellung" zur Tat ausreichen soll, was von Herzog NK 9 wegen der Gefahr eines Gesinnungsstrafrechts abgelehnt wird. Jedenfalls muß es für den Fall des Gebrauchens mindestens zu einem strafbaren Versuch gekommen sein (RG 49 210), und zwar der Tat, für die die Sache bestimmt war (BGH MDR/D 55, 395), da es sonst an einer Anknüpfungstat fehlen würde.

β) Ein Werkzeug zur Tatbegehung liegt jedoch nur dort vor, wo der Gegenstand nicht nur das 10 Objekt oder den Beziehungspunkt der Tat darstellt, sondern – wie zB ein Einbruchswerkzeug oder ein Schmuggelfahrzeug – als **Mittel** zur Begehung der Tat gedient hat. Daran fehlt es, solange sich die Verwendung des Gegenstandes in dem Gebrauch erschöpft, auf dessen Verhinderung der betreffende Tatbestand abzielt (Eser aaO 318 ff.). Das trifft insbes. auf bloße „Beziehungsgegenstände" zu; zu deren Abgrenzung vgl. u. 12 a.

γ) Aus dem Begriff des Tatwerkzeugs ergibt sich ferner, daß der Gegenstand die Begehung der Tat 11 in irgendeiner Weise **gefördert** hat bzw. (bei den zur Tat bestimmten Gegenständen) fördern sollte (vgl. BGH NJW 87, 2883). Dazu kann auch schon eine nur psychische Förderung genügen, zB das Mitführen eines kraftlos gewordenen Führerscheins (Bay VRS 51 26). Die bloß gelegentliche Benutzung des Gegenstandes bei der Tat reicht hingegen nicht aus; vielmehr muß seine Verwendung für die Begehung der Tat *kausal* geworden oder zumindest dazu bestimmt gewesen sein (zust. Schäfer LK 16). Dagegen ist unerheblich, zu welchem Teil der Tatausführung der Gegenstand gedient hat. Denn wie 12 sich zweifelsfrei aus Abs. 1 ergibt (**Begehung oder Vorbereitung**), reicht jede Verwendung zur Tatausführung aus, also angefangen von der Tatvorbereitung bis zur Flucht oder zur Bergung der Beute (BGH 8 121, NJW 52, 892, Bay 62 300, Schäfer LK 17). Demgemäß sollen auch Gegenstände, die die Durchführung der Tat nur *mittelbar* gefördert haben, der Einziehung unterliegen, so zB die

§ 74   12 a   Allg. Teil. Rechtsfolgen der Tat – Verfall und Einziehung

Feile, mit der der Dietrich hergestellt ist, der Schlüssel, mit dem die Tür zum Ort der Brandstiftung geöffnet wurde, die Aktentasche, in der das Diebeswerkzeug getragen wurde (vgl. RG LZ 26, 828), das zur Begehung von Drogendelikten vorgesehene Geld (BGH NStZ/S 85, 61), Reisespesen für einen Herointransport zum Zwecke der Einfuhr (BGH NStZ 91, 340, NStZ/S 94, 329), das Mobiltelefon, mittels dessen Verabredungen zum Handeltreiben mit Betäubungsmitteln getroffen wurden (BGHR § 74 I Tatmittel 5), der Motorroller, mit dem der Täter die örtlichen Verhältnisse ausgekundschaftet (BGH 8 212) oder das Fahrzeug, mit dem er das Tatopfer zum Tatort gebracht hat (vgl. BGH NJW 55, 1347). Dies ist freilich nicht unbedenklich, da dann kaum noch eine Grenzziehung möglich ist. Sofern daher die Einziehung nicht von vornherein auf unmittelbare Tatwerkzeuge beschränkt wird (dazu Eser aaO 223 ff.), ist bei mittelbaren Hilfsmitteln der erforderliche Tatbezug allenfalls insoweit gewahrt, als ihre Herstellung oder Benutzung bereits mit deliktischer Absicht erfolgt. Das mag im Falle von Kredit- oder Subventionsbetrug und bei Unterlagen der Fall sein, die bereits inhaltlich falsch hergestellt wurden oder als Fälschungsgrundlage dienen sollen, nicht dagegen bei ordnungsgemäß erstellten Bilanzen, deren Zahlenmaterial lediglich vom Betrüger für die Erstellung einer falschen Bilanz ausgewertet wird (vgl. LG Stuttgart NJW 76, 2030; weitergeh. Freund NJW 76, 2004). Auch bei Flugtickets, die lediglich die Berechtigung zum Betreten des als unmittelbares Transportmittel für Drogen benutzten Flugzeugs verkörpern, wird es, sofern nicht ihrerseits als Täuschungsmittel benutzt, am erforderlichen Tatwerkzeugbezug fehlen (vgl. LG Frankfurt StV 84, 519). Ebenso unterliegt der Computer, mit dem der Schriftsatz mit beleidigendem Inhalt geschrieben wurde, nicht der Einziehung, da er nicht als eigentliches Mittel der Beleidigung eingesetzt wurde (Düsseldorf NJW 92, 3050 [m. krit. Anm. Achenbach JR 93, 516], NJW 93, 1485). Auf jeden Fall ist auch hier erforderlich, daß es in der vorbereiteten Weise wenigstens zu einem strafbaren Versuch oder einer selbständig strafbaren Vorbereitungshandlung kommt (BGH 8 212, 13 311, Bay 62 120, Horn SK 8; vgl. auch Köln NJW 51, 613). Auch Gegenstände, die nach Vollendung einer Tat, aber *vor deren Beendigung* benutzt wurden, werden noch zur Begehung der Tat gebraucht und können somit eingezogen werden: so zB die zum Fortschaffen der Diebesbeute oder der Jagdbeute des Wilderers bestimmten Hilfsmittel (RG 73 106, BGH NJW 52, 892, KG [Ost] NJ 50, 29), oder das zur Flucht vom Tatort benutzte Fahrzeug (Tröndle/Fischer 7, Schäfer LK 17), sofern dies dem ursprünglichen Täterplan entsprach (Bay NJW 63, 600). Die bei einer Rauschtat (§ 323 a) benutzten Gegenstände sind einerseits weder über die Berauschung (da insoweit nicht Werkzeug) noch andererseits über die Rauschtat (da insoweit nicht schuldhaft iSv Abs. 1) erfaßbar (vgl. BGH MDR/H 76, 812, NJW 79, 1370, Braunschweig NJW 54, 1052, Oldenburg NJW 71, 790 sowie o. 2), sondern allenfalls als Sicherungseinziehung über Abs. 3 (BGH 31 80, NStZ-RR 96, 100, Hamburg MDR 82, 515, Schäfer LK 18), vorausgesetzt jedoch, daß der Täter zumindest mit natürlichem Vorsatz handelte (Hettinger JR 83, 209).

12 a   d) **Nicht** zu den Einziehungsobjekten iSv Abs. 1 gehören dagegen die sog. **Beziehungsgegenstände** (vgl. Tröndle/Fischer 10, Herzog NK 11, Horn SK 8; zu ihrer angebl. Einbeziehung in Fällen von Abs. 2 Nr. 2 vgl. u. 33). Ihre Einziehung ist daher nur aufgrund von *Sondervorschriften* möglich (aus dem StGB vgl. insb. §§ 92 b Nr. 2, 132 a IV, 219 b III, 261 VII, 264 VI, 282 II, 322 Nr. 2, 330 c S. 1 Nr. 2, ferner § 375 II AO, § 21 III StVG, § 110 UrhG, § 25 d V WZG). Mit diesem schillernden Begriff werden Objekte bezeichnet, deren Einziehung voraussetzt, daß sie „Gegenstand" der Tat waren (vgl. § 74 a Nr. 1) oder die Tat darauf „bezieht" (so die vorgenannten Bestimmungen). Obgleich natürlich auch bei Tatprodukten und Tatwerkzeugen ebenso wie bei Verfallsobjekten eine „Tatbeziehung" iwS besteht, muß bei den hier in Frage stehenden Bestimmungen ein spezifischer Tatbezug gemeint sein, da sonst die Beschränkung der Allgemeinvorschriften über Verfall und Einziehung auf durch die Tat *erlangte* (§ 73) bzw. durch die Tat *hervorgebrachte* oder zu ihrer Begehung *gebrauchte* Gegenstände (§ 74 I) einerseits und einziehungserweiternde Sondervorschriften für *sonstige* Beziehungsgegenstände andererseits unverständlich wäre (vgl. auch Eser aaO 50, 317 ff.). Diese Tatbeziehung kann freilich eine sehr unterschiedliche sein und sich zB bei § 92 b Nr. 2 iVm § 86 a im schlichten Führen verbotener Kennzeichen erschöpfen, während sie bei § 322 iVm § 316 c IV bis zu einem an Tatgebrauch grenzenden Verwahren von Sprengstoffen reicht. Daher ist eine **Abgrenzung** der Beziehungsgegenstände von sonstigen Verfalls- und Einziehungsobjekten letztlich nur auf *negativem* Wege möglich. Dabei kann von einem gemeinsamen Nenner der Beziehungsgegenstände aber immerhin insoweit ausgegangen werden, als sie lediglich das *passive Objekt* der Tat bilden, indem sich die Verwendung des Gegenstandes jeweils in dem Gebrauch erschöpft, auf dessen Verhinderung der betreffende Tatbestand abzielt (vgl. Eser aaO 329 f., aber auch Schäfer LK 62). Aufgrund dieser (dem corpus delicti vergleichbaren) reinen „Tatobjekt"-Funktion bleiben die Beziehungsgegenstände hinter den anderen Einziehungsobjekten zurück: Während für die Tatprodukte die Tat nicht den Verwendungs- sondern den Entstehungsgrund darstellt (vgl. o. 8) und in ähnlicher Weise für Verfallsobjekte den Erlangungsgrund bildet (§ 73 RN 8 ff.), gehen die Tatwerkzeuge insofern über eine rein passive Verwendungsrolle hinaus, als nicht schon ihr rechtswidriger Gebrauch als solcher den tatbestandlichen Erfolg ausmacht, sondern ihr Einsatz der Herbeiführung eines (über die Verwendung als solche hinausreichenden) Tatbestandszieles dient. Demgemäß ist eine ohne Erlaubnis betriebene Funkanlage (vgl. Düsseldorf JMBlNW 89, 236 zu § 20 FernmAnlG) oder ein Fahrzeug, wenn ohne Fahrerlaubnis oder ohne die erforderliche Zulassung gebraucht, lediglich Beziehungsgegenstand (vgl. RG JW 37, 170, BGH 10 28, Frankfurt NJW 54, 652, Düsseldorf DAR 57, 45, Karlsruhe VRS 9

459, Tröndle/Fischer 10, Horn SK 8, Jescheck/Weigend 796, M-Zipf II 531; and. Hamburg NJW **56**, 1656, Oldenburg NJW **71**, 770, Hoffmann-Walldorf NJW **54**, 1147) und daher allenfalls aufgrund von Sondervorschriften (§ 21 III StVG) einziehbar (and. aufgrund verfehlter Deutung von § 74 II Nr. 2 Oldenburg NJW **71**, 770, dazu u. 33). Gleiches gilt für die Benutzung bei Trunkenheitsfahrt (Hamburg MDR **82**, 515, Koblenz VRS **70** 7, Tröndle/Fischer 10, § 315 c RN 17, Horn SK 8), während es zu einem bereits nach § 74 I einziehungsfähigen Tatwerkzeug wird, wenn es zur Unfallflucht eingesetzt wird (BGH **10** 337, VRS **4** 361, **23** 289, KG VRS **3** 125, Schäfer LK 19), und erst recht, wenn es zur Verfolgung eines Raubopfers dient (BGH NJW **83**, 2710). Entsprechendes gilt für den unbefugten Besitz von Waffen einerseits (vgl. RG **56** 224, **57** 331, Hamm NJW **54**, 1169, GA **58**, 311, Jescheck/Weigend 796; vgl. hierzu § 56 WaffG) und deren Einsatz zu Mord oder Raub andererseits. Ähnlich ist ein Fahrzeug als Transportmittel für die Diebstahlsbeute Werkzeug, während es bei Anmeldung als angeblich gestohlen lediglich Bezugsobjekt eines Betruges ist (vgl. BGH MDR/H **84**, 441). Ebenso handelt es sich bei dem Transport von Betäubungsmitteln dienenden Fahrzeugen um Tatwerkzeuge, während die Betäubungsmittel selbst Beziehungsgegenstände iSd § 33 BtMG sind (BGH NStZ **91**, 496). Weitere Beisp. bei Tröndle/Fischer 10, Eser aaO 320 ff.

Nach diesen Abgrenzungskriterien ist auch bei Beziehungsgegenständen zu verfahren, bei denen **13** aufgrund komplizierter Tatbestandsfassung die einziehungsrelevante Tatbeziehung nicht ohne Schwierigkeiten zu bestimmen ist. Das gilt insb. für **§ 264 VI,** bei dem nicht nur die in Abs. 1 Nr. 3 genannten Bescheinigungen, sondern etwa auch Waren als Beziehungsgegenstände zu gelten haben, die nach Abs. 1 Nr. 1 verbilligt erschlichen werden; denn auch dabei ist die Ware weder durch die Täuschung hervorgebracht noch das Mittel der Täuschung, sondern lediglich das zur Erlangung der Subvention erforderliche Bezugsobjekt. Aus diesem Grund kann auch nur die Subvention als solche bzw. der durch die Preisverbilligung ersparte Betrag und nicht die Ware als „rechtswidrig erlangter Vermögensvorteil" iSv § 73 der Verfall unterliegen, wobei freilich etwaige Rückgewähransprüche des Subventionsgebers nach § 73 I 2 der Verfallsanordnung entgegenstehen können (vgl. Tiedemann LK § 264 RN 159). Freilich kann auch bei § 264 VI die Ware selbst zum einziehungsfähigen Tatwerkzeug nach § 74 I werden, wenn sie in Fällen des sog. Kreisverkehrs als Täuschungsmittel eingesetzt wird (vgl. im einzelnen § 264 RN 84). Entsprechendes gilt für das aus Drogengeschäften erlangte Geld, das zum Erwerb weiterer Betäubungsmittel dienen soll (vgl. BGH NStZ **99**, 124). Vgl. im übrigen auch die Einzelkommentierung zu den o. 12 a angeführten Beziehungsvorschriften.

e) Auch bloße **Beweismittel** können **nicht** eingezogen werden, so zB nicht Geschäftsbücher als **14** Beweismittel für die darin bezeichneten Forderungen (RG **52** 201). Demzufolge ist auch ihre *Beschlagnahme* nicht nach §§ 111 b ff. StPO, sondern allenfalls nach § 94 StPO zulässig. Näher zu diesen unterschiedlichen Beschlagnahmegründen Achenbach NJW 76, 1068 ff.; vgl. auch LG Berlin NJW **77**, 725.

f) Einziehbar sind immer nur die Gegenstände, die mit den durch die Straftat hervorgebrachten **15** bzw. zu ihrer Begehung gebrauchten oder bestimmten **identisch** sind. Das führt dort zu Schwierigkeiten, wo das *Einziehungsobjekt in seiner ursprünglichen Form nicht mehr vorhanden* ist. In diesem Falle richtet sich die Identitätsfeststellung weniger nach bürgerlich-rechtlichen Grundsätzen, als nach der Verkehrsanschauung und der Möglichkeit, die Sache ohne Zerstörung ihres wirtschaftlichen Wertes aus der Verbundenheit mit anderen wieder herauszulösen (vgl. RG **65** 177, Bay **61** 82, Eser aaO 304 ff., Herzog NK 15, Horn SK 10, Schäfer LK 21). Deshalb können einerseits Gegenstände auch dann eingezogen werden, wenn sie als wesentliche Bestandteile einer anderen Sache geworden, jedoch ohne nennenswerte Veränderung der Einzelbestandteile wieder ausscheidbar sind (vgl. Bay **61** 279, Schäfer aaO; weitergeh. RG **12** 202); andererseits brauchen abtrennbare Zubehörsachen nicht notwendig das Schicksal der einzuziehenden Hauptsache zu teilen (Schäfer aaO; vgl. aber Bay **52** 93). Ausgeschlossen ist die Einziehung dagegen dort, wo die nach der Tat verarbeitete Sache durch die Vereinigung mit anderen Gegenständen zu einer neuen selbständigen Sache wurde (Tröndle/Fischer 20), so zB beim Verschnitt von Weinen im Verhältnis 1:2 (RG **42** 125; vgl. ferner RG **52** 48, **65** 177, Bay **63** 107, **65** 15); dagegen wird die Identität von Sprit durch eine geringfügige Verdünnung mit Wasser noch nicht beseitigt (BGH **8** 98). Entsprechendes gilt bei Vermischung. So ist Identität anzunehmen, wenn eine bestimmte Banknote als vertretbare Sache durch einen gleichwertigen Anspruch auf den entsprechenden Geldbetrag gegen die Staatskasse ersetzt wird (BGH NStZ **93**, 538). Soweit aus den vorgenannten Gründen eine Einziehung des ursprünglichen Objekts ausgeschlossen ist, kommt jedoch uU eine *Ersatzeinziehung* nach § 74 c in Betracht (vgl. BGH NStZ/S **86**, 58).

III. Ferner muß ein **besonderer Einziehungsgrund (Abs. 2)** gegeben sein. Dieser kann entwe- **16** der in der Tatbeteiligung des Eigentümers bzw. Rechtsinhabers (Nr. 1) oder in der Gefährlichkeit des betroffenen Gegenstandes (Nr. 2) liegen. Dabei ist Abs. 2 lediglich als Begrenzung des Abs. 1 zu verstehen, kann also nicht dessen etwa mangelnde Voraussetzungen ersetzen (vgl. BGH MDR/D **72**, 386).

1. Als **tätergerichtete Einziehung** (Abs. 2 **Nr. 1)** ist die Einziehung der Tatwerkzeuge und - **17** produkte zulässig, wenn sie „zur Zeit der Entscheidung dem Täter oder Teilnehmer gehören oder zustehen".

a) Für diesen Einziehungsgrund ist der **Strafgedanke** wesentlich: Dem Tatbeteiligten, der durch **18** strafrechtswidrigen Mißbrauch seines Eigentums den Schutz des Art. 14 GG verwirkt hat (vgl. Eser aaO 170 ff., 209, Gilsdorf JZ 58, 641 ff., v. Mangoldt-Klein Art. 14 Anm. IV 4, Stree aaO 91, Karlsruhe NJW **74**, 709), soll durch Entziehung der tatverstrickten Gegenstände die Verwerflichkeit seines Tuns besonders nachhaltig vor Augen geführt werden. Das schließt freilich nicht aus, daß hier die Einziehung im einzelnen auch *Sicherungs*aufgaben wahrnehmen kann (Herzog NK 18), so etwa, wenn die Gefahr besteht, daß die instrumenta sceleris zu weiteren Straftaten benutzt werden könnten. Soweit es dabei um eine art- oder umständebedingte Gefährlichkeit der Gegenstände geht, wird jedoch regelmäßig auch Abs. 2 Nr. 2 (u. 29 ff.) in Betracht kommen. Deshalb ist die Rechtsnatur der konkreten Sanktion nicht zuletzt von den Umständen des Einzelfalles abhängig (vgl. 13 ff. vor § 73).

19 b) Wichtigste Voraussetzung ist hier, daß das Tatwerkzeug bzw. Tatprodukt einem **Tatbeteiligten gehört oder zusteht.**

20 α) Zu den Tatbeteiligten rechnen hier nur **Täter oder Teilnehmer** i. techn. S. der §§ 25 ff., nicht dagegen Begünstiger oder Hehler (vgl. RG **67** 32, JW **38**, 2199, BGH **19** 27, Tröndle/Fischer 12, Herzog NK 19). Diesen gegenüber kommt daher eine Einziehung nur in Betracht, wenn die Gegenstände speziell auch zu Begünstigung oder Hehlerei benutzt wurden (vgl. Hamm JZ **52**, 39); iE ebenso
21 Horn SK 13. Andererseits ist aber nicht erforderlich, daß der Gegenstand gerade dem Tatbeteiligten gehört, der davon bei der Tat Gebrauch macht hat. Jedoch wird vorausgesetzt, daß die Benutzung des Gegenstandes jeweils *mit Billigung* des an der konkreten Tat beteiligten Eigentümers geschehen ist (vgl. RG **49** 212, **62** 52, Eser aaO 212 ff., Schäfer LK 23, Lackner 7; and. Tröndle/Fischer 12), da andernfalls der Schuldgrundsatz verletzt würde. Bei *Exzeß* eines Tatbeteiligten kann daher der Gegenstand allenfalls nach den Regeln der Dritteinziehung eingezogen werden (and. Herzog NK 20).

22 β) Unter **gehören oder zustehen** sind nur dingliche Herrschaftsrechte am Gegenstand zu verstehen. Dabei bezieht sich das „gehören" auf das Eigentum an körperlichen Sachen, während mit „zustehen" die quasi-dingliche Inhaberschaft von Rechten gemeint ist (BGH MDR/D **69**, 722, Eser aaO 308 f.). Dagegen bleiben bloße schuldrechtliche Ansprüche auf den Gegenstand außer Betracht. Auch bei *Unwirksamkeit* des Verfügungsgeschäftes kommt es zu keinem Gehören oder Zustehen des Empfängers (BGH **33** 233 m. Anm. Eberbach NStZ 85, 556, NStE **Nr. 2** zu § 74 c, StV **90**, 194). Stattdessen kommt jedoch aufgrund „Erlangens" Verfall in Betracht (BGH aaO; vgl. § 73 RN 11). Zu Erwerbsvorgängen im Ausland vgl. 24 vor § 3.

23 Soweit der Gegenstand nicht im Alleineigentum, sondern im **Gesamthands- oder Miteigentum** mehrerer Personen steht, kommt eine Einziehung des Gegenstandes nach Nr. 1 naturgemäß nur dort in Betracht, wo alle Berechtigten an der Tat beteiligt waren. Daher können zB Nachlaßgegenstände, die nur von einem Miterben zur Tat benutzt wurden, den übrigen Berechtigten gegenüber allenfalls über die Regeln der Dritteinziehung eingezogen werden (vgl. RG **74** 333, JW **33**, 174, Köln GA **56**, 328 [Ehegatteneigentum], Schäfer LK 50, Tröndle/Fischer 3, Horn SK 15; vgl. auch Frankfurt NStZ-RR **00**, 45 zum Sondereigentum an einer Ferienwohnung); vgl. aber auch § 75 zur Einziehung gegenüber Personenhandelsgesellschaften. Soweit die Einziehung nicht auf den tatverstrickten *Miteigentumsanteil* des betreffenden Tatbeteiligten beschränkt bleibt (dazu u. 6, ferner Köln NJW **51**, 612), ist die Einziehung von Miteigentum nur bei Tatbeteiligung aller Miteigentümer möglich (vgl. BGH **2** 337, Karlsruhe NJW **74**, 710, Koblenz VRS **49** 136, LG Krefeld DAR **66**, 193), wofür allerdings genügt, daß der Miteigentümer um die Tatverstrickung des Gegenstandes weiß und dies billigt (Herzog NK 25, Jescheck/Weigend 798, Lackner 7). Dagegen steht die dingliche Belastung eines Gegenstandes seiner Einziehung in keinem Falle entgegen (vgl. § 74 e RN 6 ff., Hartung, Steuerstrafrecht 245).

24 γ) Bei den *Sonderformen* des Eigentums **(Sicherungs-, Vorbehaltseigentum)** bzw. der rechtlichen Inhaberschaft (Sicherungsabtretung) ist für die Einziehung nicht die formale Rechtsposition entscheidend (so aber BGH **19** 123 mit abl. Anm. Rutkowsky NJW 64, 164), sondern die *wirtschaftliche* Vermögenszugehörigkeit (eingeh. dazu Eser aaO 309 ff.; iglS Bay VRS **40** 422, Oldenburg NJW **71**, 770, AG Bremen MDR **80**, 72, Tröndle/Fischer 12, Herzog NK 26, Horn SK 16, Lackner 7, wohl auch Jescheck/Weigend 797 f., M-Zipf II 532; ferner FGS-Samson § 375 RN 55, Gilsdorf JZ 58, 691, Göhler § 22 RN 13). Daher kann zB die zur Sicherheit übereignete oder unter Eigentumsvorbehalt verkaufte Sache eingezogen werden, wenn sie der Sicherungsgeber bzw. Vorbehaltskäufer zur Begehung einer Straftat benutzt hat, nicht dagegen, wenn sie vom Sicherungsnehmer bzw. Vorbehaltsverkäufer zu einer strafbaren Handlung gebraucht wurde; die Lage ist hier ähnlich, wie wenn ein Pfandgläubiger die Pfandsache zur Tat mißbraucht. Die **abw. Rspr.** versucht den Schwierigkeiten
24 a dadurch zu entgehen, daß sie einerseits die *formale Eigentumsposition* für maßgeblich hält, auf der anderen Seite aber die Einziehung von Anwartschaften zuläßt (vgl. insb. BGH **24** 222, **25** 10, NStZ-RR **99**, 11, Hamm VRS **50** 420, Karlsruhe NJW **74**, 709; iglS Schäfer LK 30 ff. sowie – ohne durchschlagend neue Argumente – in Dreher-FS 283 ff.). Zwar können nach § 74 auch Rechte eingezogen werden, jedoch nur dann und insoweit, als sie producta oder instrumenta sceleris waren (vgl. o. 8 ff.), eine Voraussetzung, die weder im Falle von BGH **24** 222 (m. abl. Anm. Blei JA 72, 25, Eser JZ 72, 146 und zust. Meyer JR 72, 385) noch in BGH **25** 10 (m. abl. Anm. Eser JZ 73, 171, Meyer JR 73, 338, Reich NJW 73, 105) gegeben war. Die dadurch entstehende Einziehungslücke wird noch deutlicher, wenn Karlsruhe NJW **74**, 7009 einerseits (insofern zutreff.) die Verwirkung des als solchen nicht mißbrauchten dinglichen Anwartschaftsrechts verneint, aber andererseits diese Anwartschaft, weil „Vorstufe zum dinglichen Vollrecht", auch nicht als beschränkt dingliches Recht iSv § 74 f. anerkennt. Im übrigen ist die Judikatur nicht praktikabel, wenn sie verlangt oder erwartet, der

δ) Zur Einziehung von **Verbands- oder Gesellschaftseigentum** vgl. § 75. **25**

c) Für die Beurteilung der Eigentumsverhältnisse bzw. der rechtlichen Inhaberschaft ist der **Zeit-** **26** **punkt der Entscheidung** maßgebend (Eser aaO 216 ff.). Unter Entscheidung ist die jeweilige Anordnung oder Bestätigung der Einziehung durch den Tatrichter zu verstehen, gleichgültig, ob dies in der ersten Instanz, in der Berufung oder nach Zurückverweisung geschieht (vgl. BGH 8 212, Hamm VRS 32 33, Tröndle/Fischer 12, Horn SK 17). Dagegen haben revisionsgerichtliche Entscheidungen hier außer Betracht zu bleiben, da auf dieser Ebene eine tatsächliche Überprüfung der Eigentumsverhältnisse nicht mehr möglich ist. Demgemäß werden durch die tätergerichtete Ein- **27** ziehung auch solche Gegenstände erfaßt, die der Tatbeteiligte erst **nach der Tat,** aber noch vor seiner Aburteilung **erworben** hat (vgl. BGH 6 13 f.). Allerdings ergeben sich gewisse Schwierigkeiten daraus, daß die eigentumsübertragende Wirkung der Einziehung erst mit ihrer Rechtskraft eintritt (§ 74 e I) und damit die Gefahr besteht, daß der Täter die an sich der Einziehung unterliegenden Gegenstände vor der Aburteilung veräußert. Um dies zu erschweren, wird durch § 74 e III iVm § 73 e II der Einziehungsanordnung die Wirkung eines Veräußerungsverbots iSv § 136 BGB beigelegt; vgl. näher § 73 e RN 4 f.

Soweit die frühere Rspr. eine (selbständige) Einziehung auch noch dann zulassen wollte, wenn der **28** tatbeteiligte Eigentümer im Zeitpunkt der Anordnung bereits **verstorben** war, die Einziehung sich also praktisch gegen den Erben richtet (RG 53 183, **74** 42, 328, Hamburg GA **64**, 381; ferner vgl. Nachw. in der 19. A.), dürfte dies mit dem heutigen Wortlaut der Nr. 1 nicht mehr vereinbar sein und zudem – jedenfalls bei strafweiser Einziehung – dem Grundsatz persönlichen Verschuldens widersprechen (Eser aaO 219 ff., ferner Tröndle/Fischer 12, Herzog NK 30, Horn SK 17, Schäfer LK 43); vgl. auch § 76 a RN 5.

2. Die sog. **unterschiedlose Einziehung** (Abs. 2 **Nr. 2**) ist *ohne Beschränkung auf Tätereigentum* **29** zulässig, wenn „die Gegenstände nach ihrer Art und den Umständen die Allgemeinheit gefährden oder die Gefahr besteht, daß sie der Begehung mit Strafe bedrohter Handlungen dienen werden". Diese Erstreckung auf das Eigentum tatunbeteiligter Dritter rechtfertigt sich daraus, daß die Eigentumsgarantie auf Grund der Gemeinwohlklausel des Art. 14 II GG hinter den Bedürfnissen der Gefahrenabwehr zurückzutreten hat (vgl. BGH **19** 76, **20** 255, **21** 69, BGHZ **27** 387, Koblenz VRS **49** 134, Eser aaO 249 ff., Gilsdorf JZ 58, 644, Stree aaO 92 ff., 109 ff.). Dementsprechend kommt der Maßnahme hier regelmäßig **Sicherungscharakter** zu (15 vor § 73).

a) **Im einzelnen** nennt die Klausel zwei **Sicherungsgründe,** wobei der zweite einen bloßen **30** Spezialfall des ersten darstellt:

α) Die **art- oder umständebedingte Gefährlichkeit des Gegenstandes:** Dazu rechnen in erster **31** Linie Sachen, die auf Grund ihrer *Beschaffenheit* generell gefährlich sind, wie zB Gifte, verdorbene Lebensmittel, Sprengstoffe, radioaktive Elemente oder besonders hergerichtete Einbruchswerkzeuge, Abtreibungsinstrumente u. dgl. Über diesen Kreis sog. *abstrakt* gefährlicher Gegenstände (vgl. Stree aaO 111) hinaus sind jedoch auch *relativ* gefährliche Sachen einziehbar, nämlich Gegenstände, die zwar ihrer Art nach ungefährlich oder gefahrneutral sein mögen, aber unter besonderen Umständen, so etwa durch die Art ihrer Verwendung, ihrer Verbindung mit anderen Tatmitteln oder auch aufgrund der verbrecherischen Neigungen oder der Nachlässigkeit ihres Inhabers, zu einer Gefahrenquelle werden können (vgl. Eser aaO 258 ff., Hartung NJW 49, 767 f., Horn SK 20, Stree aaO 111, Oldenburg NJW **71**, 770). Wenn das Gesetz verlangt, daß dadurch die **Allgemeinheit** gefährdet ist, **32** so kann das weder iSv sog. Allgemeininteressen noch iSv „Gemeingefährlichkeit" (so aber Erbs/Kohlhaas AO § 414 aF RN 7) verstanden werden. Vielmehr wird die Einziehung ihrer Sicherungsaufgabe nur gerecht, wenn sie zum Schutze jedes allgemein anerkannten, also praktisch jedes *rechtlich geschützten Interesses* eingesetzt werden kann (vgl. Eser aaO 255, Herzog NK 34, Schäfer LK 54).

β) Ferner kommt unterschiedlose Einziehung bei **Gefahr strafrechtswidrigen Gebrauchs** in **33** Betracht, nämlich unabhängig von einer gegenstandsbedingten Gefährlichkeit (o. 31) auch dann, wenn die Gefahr besteht, daß der Gegenstand „der Begehung rechtswidriger Taten dienen werde". Dies ist vor allem bei Tatprodukten anzunehmen, die praktisch gar nicht anders als durch Mißachtung der Rechtsordnung gebraucht werden können (Falschgeld, gefälschte Urkunden). Gleiches gilt für Tatwerkzeuge, die speziell zu kriminellen Zwecken hergerichtet sind (Wildererstutzen, doppelbödige Koffer u. dgl.). Als gefährlich können auch bloße *„Beziehungsgegenstände"* (dazu o. 12 a) eingezogen werden, vorausgesetzt jedoch, daß ihre Einziehbarkeit durch eine entsprechende Sondervorschrift iSv § 74 IV (u. 37) zugelassen ist (hM: Schäfer LK 61): Insoweit braucht dann nur die Gefahr weiterer Benutzung als „Beziehungsgegenstand" zu bestehen, wie etwa Fahrzeuggebrauch durch einen Nichtfahrberechtigten nach § 21 III StVG (Hamburg MDR **82**, 515, Schleswig SchlHA **83**, 83; vgl. auch KG VRS **57** 20, Koblenz **70** 7). Soweit es dagegen an einer solchen besonderen Beziehungsklausel fehlt, kann für eine Einziehung nach dieser Sicherungsalternative nicht schon die Gefahr künftiger Verwendung als bloßer Beziehungsgegenstand genügen (ebenso Bay **63** 110, Horn SK 22, Schäfer LK 57; and. Oldenburg NJW **71**, 770, Tröndle/Fischer 16, wobei jedoch offenbar verkannt wird, daß dieser Einziehungsgrund keine Erweiterung des gegenständlich bereits durch Abs. 1 umschriebenen Rahmens bringt), sondern lediglich bei Zulassung durch eine entsprechende Sondervorschrift.

34　b) Indes kommt diesen gegenstandsbedingten Gefährlichkeitskriterien immer nur ein Indizwert zu, der für sich allein nicht ausreicht, die Gefahr weiterer Straftaten zu begründen. Von einer solchen Gefahr kann vielmehr nur dort die Rede sein, wo **konkrete Anhaltspunkte** dafür bestehen, daß der Gegenstand zur Begehung strafbedrohter Handlungen dienen soll (Horn SK 23; nach BGH JZ **88**, 936, MDR/H **91**, 701 bei gefälschten Bildern nicht ohne weiteres anzunehmen, nach AG Tiergarten NStZ-RR **00**, 9, 11 offenbar auch nicht bei einer lediglich geliehenen Gegenblitzanlage). Ob ein solcher Verdacht gegenüber dem Eigentümer oder sonstigen Benutzern des Gegenstandes besteht, ist unerheblich. Immer muß es sich aber um die Gefahr von Straftaten handeln, die zumindest in ihren Umrissen bereits einigermaßen klar bestimmbar sind (zB aufgrund hartnäckiger Rückfälligkeit; vgl. Koblenz VRS **49** 136, LG Singen NStZ **90**, 338, Eser aaO 257 f.; skept. M-Zipf II 533; weitergeh. auch Schäfer LK 56). Deshalb reicht die Tatsache, daß die Sache bereits zu rechtswidrigen Taten benutzt wurde (zB ein PKW zu straßenverkehrsgefährlichen Eingriffen bzw zur Verletzung eines Polizeibeamten; vgl. BGH VM **37**, 9, StV **91**, 262), für sich allein ebensowenig aus wie die bloße Verdacht, daß schon irgend etwas Strafbares mit dem Gegenstand geschehen werde (Herzog NK 35; vgl. aber BGH NStZ **85**, 262 zur Gefahr terroristischer Aktivitäten). Nicht erforderlich ist dagegen, daß die zu befürchtenden strafbaren Handlungen in ihrer Art oder Schwere der Anknüpfungstat entsprechen. So etwa würde genügen, daß das bisherige Diebesfahrzeug nunmehr zu Schmuggelfahrten benutzt werden soll (vgl. FGS-Samson § 375 RN 51). Ebensowenig ist erforderlich, daß die bevorstehende Tat schuldhaft begangen wird; zumindest muß sie aber rechtswidrig (§ 11 I Nr. 5, dort RN 41 f.) sein. Wird eine Sanktion (Fahrerlaubnisentzug), deren Mißachtung zu befürchten gewesen wäre, aufgehoben, so entfällt damit idR auch der Grund für die Einziehung des Fahrzeugs (Hamm VRS **50** 421). Dagegen reicht die Gefahr der bloßen *Verwertung* eines Einziehungsobjekts für sich allein nicht aus, es sei denn, die Verwertungshandlung ist ihrerseits selbständig unter Strafe gestellt (vgl. Erbs/Kohlhaas AO § 414 aF 8); weit Bsp. bei Herzog NK 36.

35　c) Im Gegensatz zu Nr. 1 ist die sicherungsbedingte Einziehung nach Nr. 2 nicht auf Tätereigentum beschränkt, sondern **unterschiedslos** zulässig. Deshalb ist die Prüfung der Eigentumsverhältnisse hier allenfalls im Hinblick auf eine etwaige Entschädigung des Drittbetroffenen erforderlich (Eser aaO 283, 376); dazu näher § 74 f.

36　d) Ferner sind hier die allgemeinen Anforderungen an die Anknüpfungstat (vgl. o. 2 ff.) insofern gelockert, als der Täter **nicht** notwendig **schuldhaft** gehandelt haben muß **(Abs. 3)**, also iSv § 11 I Nr. 5 schon aufgrund eines tatbestandsmäßig-rechtswidrigen (vgl. § 11 RN 42 f.) Verbrechens bzw. vorsätzlichen Vergehens eine Einziehung zulässig ist (vgl. BGH NStZ/D **90**, 225, M-Zipf II 532, Hettinger JR **83**, 209). Auch damit soll dem Sicherungszweck dieser Einziehung verstärkt Rechnung getragen werden.

37　3. Die **Rahmenvorschrift des Abs. 4** will sicherstellen, daß die Einziehungsklauseln der Abs. 2 und 3 auch dort zur Anwendung kommen, wo über die allgemeinen Voraussetzungen des Abs. 1 hinaus die Einziehung durch **Sonderregelungen** zugelassen ist. Demgemäß muß zB auch in den Fällen der §§ 150, 295 usw. (vgl. 9 f. vor § 73) ein besonderer Einziehungsgrund iSd Abs. 2 Nr. 1 oder 2 nachgewiesen sein (vgl. Düsseldorf JMBlNW **89**, 236 zu § 20 FernmAnlG). Dies gilt jedoch nicht für § 101 a I 3, § 109 k S. 3, nach denen die Einziehung bestimmter Gegenstände aus Sicherungsgründen „auch ohne die Voraussetzungen des § 74 II" möglich ist. Andererseits wird die Einziehung nach §§ 74 ff. nicht dadurch ausgeschlossen, daß eine Sondervorschrift die Einziehung an andere Voraussetzungen knüpft (vgl. § 92 b Nr. 2 und dazu BGH **23** 67).

38　IV. Bei Vorliegen der vorgenannten Voraussetzungen *kann* die **Anordnung der Einziehung** ausgesprochen werden, muß aber nicht (im Unterschied zu den Sondervorschriften, in denen die Einziehung zwingend vorgeschrieben ist, wie zB in § 150 II für Falschgeld oder § 288 II für verbotene Glücksspieleinrichtungen). Vielmehr liegt bei § 74 sowohl das Ob wie der Umfang der Einziehung im **pflichtgemäßen Ermessen** des Gerichts. Dabei kommt es insb. auf den Zweck und die Bedürfnisse des Einzelfalles an.

39　1. Soweit die Einziehung **Strafcharakter** hat, ist vor allem auf die Tat- und Schuldangemessenheit zu achten (dazu Eser aaO 352 ff.). Denn als repressive Maßnahme darf sie nur angeordnet werden, wenn und soweit sie in einem angemessenen Verhältnis zur Tat und Schuld des Täters steht (vgl. § 74 b I, BGH NStZ **93**, 400, Tröndle/Fischer 17). Entsprechendes gilt für die strafähnliche Dritteinziehung. Näher zur Problematik der Verhältnismäßigkeit u. § 74 b RN 3 f. Dem Strafzweck kann in
40　diesen Fällen eine Teileinziehung genügen; vgl. § 74 b RN 11 f. Für die *Berücksichtigung* der Einziehung *bei der Hauptstrafe* gelten die bei § 46 RN 70 f. erörterten Grundsätze. Insb. kann der Umstand, daß das Gewicht der konkreten Tat nicht völlig dem Strafübel der Einziehung entspricht, durch eine geringere Bemessung der Hauptstrafe ausgeglichen werden (vgl. BGH **10** 338, VRS **4** 361, NJW **83**, 2710, Düsseldorf VRS **51** 439, KG VRS **3** 127, Hamm VRS **32** 32 f., Saarbrücken NJW **75**, 65, Schleswig SchlHA **80**, 177, Eser aaO 356 f., Gilsdorf JZ 58, 687; vgl. auch Hamm NJW **75**, 67, **78**, 1018; enger Stree aaO 101 f.). Deshalb muß der Tatrichter – und zwar insb. bei hochwertigen Einziehungsobjekten (vgl. BGH NStZ **85**, 362, MDR/S **86**, 973, StV **87**, 389, **94**, 76) – erkennen lassen, daß er eine das Verhältnismäßigkeitsprinzip berücksichtigende Gesamtbetrachtung vorgenom-

men hat (BGH NJW **83**, 2711, StV **84**, 453, **86**, 58, **93**, 71, **95**, 301, **96**, 206, Köln StV **95**, 306), es sei denn, daß die Einziehung im Einzelfall die Bemessung der Hauptstrafe nicht wesentlich zu beeinflussen vermag (BGH StV **84**, 152, **89**, 529, **92**, 570), weil zB das eingezogene Tatfahrzeug für eine Vielzahl von Straftaten benutzt wurde und sein Wert verhältnismäßig gering war (Köln StV **95**, 306).

2. Soll die Einziehung **Sicherungsmaßnahme** sein, haben Erwägungen zur Tat- und Schuldangemessenheit hinter dem Sicherungszweck zurückzutreten. Deshalb bleibt selbst bei geringer Schuld für ein Ermessen des Richters kein Raum, wenn der Schutz der Allgemeinheit die Einziehung gebietet (vgl. Celle NdsRpfl. **66**, 131, München NJW **82**, 2331). Das gilt gleichermaßen für die täter- wie für die drittgerichtete Einziehung. Näher zur „Gefahrangemessenheit" Eser aaO 358 ff. Zu beachten bleibt aber auch für diese Fälle der Grundsatz der Verhältnismäßigkeit; vgl. § 74 b RN 2, 5 ff. Danach ist insb. auch nicht ausgeschlossen, das wirtschaftliche Gewicht der sicherungshalber eingezogenen Sache nach ähnlichen Erwägungen wie bei der Strafeinziehung im Rahmen der Gesamtstrafzumessung mitzuberücksichtigen (Köln StV **95**, 306; vgl. o. 40). 41

3. Soweit das **Ermessen** des Richters reicht, muß er davon auch **tatsächlich** Gebrauch machen (vgl. BGH **19** 256, Köln NJW **65**, 2360, ferner BGH NJW **55**, 1327) und seine Ermessenserwägungen in den Urteilsgründen zum Ausdruck bringen: „gemäß § 74 war einzuziehen" würde daher nicht als Begründung ausreichen (BGH MDR/D **51**, 657, StV **93**, 71, **94**, 76; vgl. auch Karlsruhe Justiz **86**, 308, Koblenz GA **74**, 378). Soweit eine Einziehung sowohl nach Abs. 2 Nr. 1 als auch Nr. 2 in Frage kommt, sind beide Möglichkeiten zu prüfen; auch ist wegen der unterschiedlichen Voraussetzungen und Konsequenzen klarzustellen, ob beide Einziehungsgründe vorliegen (vgl. Oldenburg NJW **71**, 709 f., Schäfer LK 59). Ferner muß sich den Urteilsgründen entnehmen lassen, ob die Einziehung primär als Straf- oder als Sicherungssanktion angeordnet wird (Saarbrücken NJW **75**, 65). 42

4. Die Einziehung kann nur in einem **Strafverfahren**, das **gegen den tatbeteiligten Eigentümer** bzw. Rechtsinhaber geführt wird, angeordnet werden, wobei eine Einziehung nach Abs. 2 Nr. 1 nur zulässig ist, wenn die Anknüpfungstat Gegenstand der Anklage und tatrichterlich nachgewiesen ist (BGH NStE **Nr. 1**). Daher wäre im Verfahren gegen einen Mittäter, der nicht selbst der Einziehungsbetroffene ist, die Einziehung unzulässig. Soweit die Einziehung einen tatunbeteiligten **Dritten** betrifft, ist sie im Verfahren gegen den Angeklagten auszusprechen, auf dessen Tat sie gestützt wird. Jedoch ist der Dritte zum Verfahren **beizuziehen**; auch ist gegebenenfalls über die Höhe einer etwaigen Entschädigung zu entscheiden; näheres zur prozessualen Stellung des Dritten in §§ 431 ff. StPO. Über die Anordnung der Einziehung im sog. *selbständigen* Verfahren vgl. § 76 a und § 440 StPO. 43

Die Einziehung ist grundsätzlich im **Tenor** des Strafurteils auszusprechen. Dem Urteil steht der Strafbefehl gleich. Die einzuziehenden Gegenstände sind genau zu bezeichnen (BGH **29** 244, NStZ/K **81**, 18), zumindest in den Urteilsgründen (BGH MDR/S **86**, 973, StV **93**, 245). Eine globale Bezugnahme auf die „beschlagnahmten Gegenstände" genügt nicht (RG JW **35**, 950, RG **70** 341, BGH **8** 212, Hamm Rpfleger **48**, 37), ebensowenig die bloße Bezeichnung der Liste der Überführungsstücke oder die Bezugnahme auf das Adressatenverzeichnis (BGH NStZ **98**, 505). Jedoch dürfen an die Bezeichnung keine übertriebenen Anforderungen gestellt werden (BGH **9** 90); so muß etwa bei umfangreichem Material die Benennung mit einer Sammelbezeichnung im Tenor oder in einer besonderen Anlage genügen (vgl. BGH NStZ/S **87**, 64, Tröndle/Fischer 21); zu den Bestimmtheitsanforderungen bei Einziehung einer Sachgesamtheit vgl. Düsseldorf NStZ-RR **99**, 114. Zu Druckschriften vgl. BGH NJW **62**, 2019, München GA **61**, 59. Ist der Erlös anstelle des Gegenstandes einzuziehen (vgl. § 74 c), so muß das Urteil auf Einziehung des Erlöses lauten (BGH **8** 53). Zur Entbehrlichkeit eines förmlichen Einziehungsanspruchs, wenn sich der Täter mit der formlosen Einziehung sichergestellter Gegenstände einverstanden erklärt, vgl. Bay NStZ-RR **97**, 51. 44

5. Eine **nachträgliche Anordnung** der Einziehung kommt im Falle von § 76 sowie dann in Betracht, wenn mit Rücksicht auf den Grundsatz der Verhältnismäßigkeit nach § 74 b II zunächst weniger einschneidende Maßnahmen angeordnet worden waren; vgl. näher § 76 RN 6 sowie § 462 StPO. Eine andere Frage ist, ob eine versehentlich unterlassene Einziehung in einem Nachtragsverfahren nachgeholt werden kann; das wird, ebenso wie bei sonstigen Deliktsfolgen, zu Recht verneint (RG **66** 243, Schäfer LK 65). 45

6. Derselbe Gegenstand kann **nur einmal** eingezogen bzw. für verfallen erklärt werden (Kiel DRZ **47**, 235). Über die **Wirkung** der Einziehung vgl. im übrigen die Erl. zu § 74 e. 46

§ 74 a Erweiterte Voraussetzungen der Einziehung

Verweist das Gesetz auf diese Vorschrift, so dürfen die Gegenstände abweichend von § 74 Abs. 2 Nr. 1 auch dann eingezogen werden, wenn derjenige, dem sie zur Zeit der Entscheidung gehören oder zustehen,
1. **wenigstens leichtfertig dazu beigetragen hat, daß die Sache oder das Recht Mittel oder Gegenstand der Tat oder ihrer Vorbereitung gewesen ist, oder**
2. **die Gegenstände in Kenntnis der Umstände, welche die Einziehung zugelassen hätten, in verwerflicher Weise erworben hat.**

Schrifttum: Vgl. die Angaben zu den Vorbem. vor § 73.

§ 74a 1–9 Allg. Teil. Rechtsfolgen der Tat – Verfall und Einziehung

1 **I. 1.** Die Vorschrift ermöglicht die sog. **strafähnliche Dritteinziehung** *täterfremder* Gegenstände auf Grund eines quasi-schuldhaften Verhaltens des *Eigentümers* bzw. Rechtsinhabers. Sie beruht auf der Erwägung, daß die Eigentumsgarantie des Art. 14 GG dem Einziehungsinteresse des Staates nur dort zu weichen hat, wo die Einziehung von einem besonderen rechtfertigenden Grund getragen wird (vgl. BGH **1** 351, **2** 311, **19** 123, **20** 67, Stree aaO 102 ff.). Bei der tätergerichteten Einziehung nach § 74 II Nr. 1 könnte dieser Grund in der verwirkungsbegründenden Tatbeteiligung des Eigentümers (§ 74 RN 18), bei der sicherungsbedingten Einziehung nach § 74 II Nr. 2 im Sicherungszweck (§ 74 RN 29) gesehen werden. Bei der Dritteinziehung an sich ungefährlicher Gegenstände hingegen, um die es sich hier regelmäßig handelt (vgl. Koblenz NJW **50**, 79, Busse NJW **58**, 1417; **59**, 1211, Creifelds JR **55**, 404), schlagen diese Gesichtspunkte nicht durch. Statt dessen will es das Gesetz hier im Anschluß an die Rspr des BGH (vgl. BGH **1** 345, **2** 312 f., **6** 13, **19** 126 f., **21** 67 f.) und der neueren Gesetzgebung (vgl. § 414 II AO 1961, § 36 II AWG) ausreichen lassen, daß der tatunbeteiligte Eigentümer immerhin in einer vermeidbaren, von der Rechtsordnung mißbilligten Beziehung zur
2 Tat stand. Dennoch sind damit nicht alle **Bedenken** ausgeräumt. Denn da die nicht sicherungsbedingte Dritteinziehung vorwiegend repressiven Strafcharakter hat (vgl. 16 vor § 73), ist der Verzicht auf ein spezifisch strafrechtliches Verschulden schwerlich mit dem Schuldprinzip vereinbar. Vgl. auch die Kritik in Eser aaO 224 ff.; ferner Busse NJW **59**, 1211, Gilsdorf JZ **58**, 689, Herzog NK 3, Jescheck/Weigend 799, Julius ZStW 109, 86 f., Zeidler NJW **54**, 1148 f. sowie AE Begr. 161; and. Tröndle/Fischer 1, Schäfer LK 4.

3 **2.** Als reine **Rahmenvorschrift** nennt § 74 a lediglich die allgemeinen Voraussetzungen, unter denen eine strafweise Dritteinziehung zulässig sein kann. Inwieweit im Einzelfall davon Gebrauch gemacht werden kann, hängt von einer **besonderen gesetzlichen Zulassung** ab. Für den Bereich des StGB ist dies in den §§ 92 b, 101 a, 109 k, 201 V, 261 VII, 264 VI, 286, 295 und 330 c geschehen; zu entspr. Einziehung nach § 23 OWiG vgl. Göhler RN 3, zu § 375 II 2 AO vgl. FGS-Samson RN 59 ff., zu sonstigen Vorschriften vgl. Schäfer LK 2.

4 **II. Im einzelnen** gilt folgendes: Die Bestimmung enthält zwei Klauseln, nach denen die Einziehung über § 74 II Nr. 1 hinaus auch einem tatunbeteiligten Dritten gegenüber möglich ist: die Beihilfeklausel (Nr. 1) und die Erwerbsklausel (Nr. 2).

5 **1.** a) Die **Beihilfeklausel (Nr. 1)** setzt in *objektiver* Hinsicht zunächst voraus, daß die dem Dritten gehörende Sache bzw. das ihm zustehende Recht **Mittel oder Gegenstand** der Tat oder ihrer Vorbereitung gewesen ist. Das ist vor allem dort der Fall, wo der betroffene Gegenstand als Tatwerkzeug gedient hat. Über § 74 I hinaus reicht hier jedoch auch aus, daß der Gegenstand lediglich als passives Objekt in die Tat verwickelt war, zB das Spielgeld nach § 286 oder die unbefugt *gefangenen Fische* nach dem (inzwischen aufgehobenen) § 296 a (vgl. Tröndle/Fischer 3 gegen Horn SK 3). Ferner soll bereits die mittelbare Verwicklung in eine *Vorbereitungshandlung genügen* (vgl. dazu § 74 RN 3); allerdings muß es auch hier, sofern die Vorbereitungshandlung nicht selbst strafbar ist, zumindest zu einem strafbaren Versuch gekommen sein (§ 74 RN 3). Erforderlich ist ferner, daß die Verwicklung des Gegenstandes in die Tat auf einen **Beitrag** des Eigentümers zurückgeht. Ebenso wie bei der Beihilfe nach § 27 muß dafür ausreichen, aber auch gefordert werden, daß das Verhalten des Dritten der Tat förderlich gewesen ist, zB deren Durchführung erleichtert hat (vgl. § 27 RN 8, Schäfer LK 11); dagegen ist nicht erforderlich, daß der Beitrag des Dritten die Tat überhaupt erst ermöglichte; noch weitergeh. will Tröndle/Fischer 4 schon jede (nicht kausale) Vorbereitungshandlung genügen lassen.

6 b) In *subjektiver* Hinsicht wird **Leichtfertigkeit** verlangt. Darunter ist grobe Fahrlässigkeit, dh ein besonders starker Grad von Sorglosigkeit zu verstehen (vgl. § 18 III E 62 sowie § 15 RN 106, Schäfer LK 10). Ob es sich dabei um ein pflichtwidriges Nichterkennen des rechtswidrigen Täterverhaltens oder um nachlässige Eigentumsüberwachung handelt, ist gleichgültig. So zB handelt leichtfertig, wer unter Vernachlässigung der ihm möglichen Kontrollen seinen LKW zum Abtransport von Einbruchsbeute benutzen läßt. Vgl. auch Eser aaO 225 f., Herzog NK 6, Horn SK 5.

7 **2.** a) Die **Erwerbsklausel (Nr. 2)** verlangt *objektiv* den Erwerb eines einziehungsunterworfenen Gegenstandes. Unter **Erwerb** ist hier die Begründung eines Rechtsverhältnisses zu verstehen, kraft dessen der fragliche Gegenstand der Einziehung nach § 74 entzogen wird: so durch Erlangung des Eigentums an der Sache bzw der rechtlichen Inhaberschaft über das Recht (zB durch Abtretung nach § 398 BGB). Für Vorbehalts- und Sicherungseigentum gilt das zu § 74 RN 24 Ausgeführte entsprechend. Dagegen ist in der Erlangung eines schuldrechtlichen Übertragungsanspruches noch kein Erwerb in diesem Sinne zu sehen (vgl. Horn SK 7), ebensowenig in der Begründung eines beschränkt
8 dinglichen Rechtes, das die Einziehung nicht hindern kann (vgl. § 74 e II und § 74 RN 23). Da es sich um Gegenstände handeln muß, die – abgesehen von den Eigentumsverhältnissen – an sich der Einziehung nach § 74 I oder einer sonstigen Sondervorschrift unterliegen, kommt praktisch nur ein Erwerb in Betracht, der *nach* der einziehungsbegründenden Tat stattgefunden hat (vgl. Tröndle/Fischer 6, Herzog NK 7, der von „hehlereiähnlichem Erwerb" spricht). Deshalb wäre zB die Übereignung des PKW an einen Dritten vor Ausführung der geplanten Tat allenfalls nach § 1 einziehungsbegründend (and. Horn SK 7, Schäfer LK 13: allenfalls Strafbarkeit des Dritten nach § 258 I).

9 b) In *subjektiver* Hinsicht muß der Erwerber **Kenntnis** von den einziehungsbegründenden Tatumständen gehabt haben. Im Gegensatz zu Nr. 1 reicht dafür leichtfertige Nichtkenntnis nicht aus;

vielmehr muß der Erwerber positiv wissen, daß der betroffene Gegenstand in eine strafbare Handlung verstrickt war, die eine Einziehung rechtfertigen würde (and. [bedingter Vorsatz ausreich.] Tröndle/Fischer 7, Herzog NK 9, Horn SK 8, Lackner 3, Schäfer LK 16). Für den Umfang der Kenntnis von der Straftat gilt Entsprechendes wie bei § 257 RN 26. Zudem muß der Erwerber **verwerflich** gehandelt haben. Ob dies schon allein aufgrund eines „sittenwidrigen" Verhaltens anzunehmen ist (so Frankfurt NJW **62**, 974; ähnl. Tröndle/Fischer 8, Göhler § 23 RN 12, Schäfer LK 18), erscheint angesichts der Vagheit dieses Maßstabes fraglich. Vielmehr wird auf den Zweck der Vorschrift abzustellen sein, wonach vor allem der Vereitelung der Einziehung durch Veräußerung an Dritte entgegengewirkt werden soll (vgl. E 62 Begr. 247 zu § 113 II Nr. 2 c). Demgemäß ist die Anwendung dieser Vorschrift auf solche Fälle zu beschränken, in denen der Erwerb in begünstigender, hehlerischer oder sonstwie ausbeuterischer Absicht erfolgt (vgl. Eser aaO 226 ff., 233 ff.; iglS Horn SK 9, Lackner 3, M-Zipf II 531; and. Tröndle/Fischer 8, Herzog NK 10, denen ein allgemein sittenwidriges Handeln genügt). Daran fehlt es etwa dort, wo der Gegenstand bereits vor der Tat an einen gutgläubigen Erwerber verkauft war oder im Wege der Notveräußerung nach § 111 l StPO erlangt wurde.

3. Sowohl bei Nr. 1 wie bei Nr. 2 ist erforderlich, daß dem Dritten der Gegenstand zur **Zeit der** 11 **Entscheidung** über die Einziehung zusteht. Insoweit gilt das zur tätergerichteten Einziehung Ausgeführte entsprechend; vgl. § 74 RN 26.

III. 1. Die Einziehung steht im pflichtgemäßen **Ermessen** des Gerichts. Der dabei zu beachtende 12 Verhältnismäßigkeitsgrundsatz erfordert eine Abwägung, bei der neben der wirtschaftlichen Wirkung der Einziehung insb. auch Art und Schwere des Vorwurfs, der gegen den Dritten erhoben werden kann, mitzuberücksichtigen sind (BGH StV **83**, 107). Im einzelnen gilt hier Entsprechendes wie bei der tätergerichteten Einziehung; vgl. § 74 RN 39, § 74 b RN 3.

2. Die **Anordnung der Einziehung** hat auch hier im Hauptverfahren gegen den Angeklagten zu 13 erfolgen, auf dessen Tat die Einziehung beruht (vgl. § 74 RN 43). Gleichzeitig ist darüber zu befinden, ob und gegebenenfalls in welcher Höhe dem Dritten gemäß § 74 f III eine *Entschädigung* zu gewähren ist (§ 436 III StPO). Über die Beteiligung des Dritten am Verfahren sowie über seine Rechtsmittel vgl. im einzelnen die §§ 431 ff. StPO.

Sind **zugleich** die Voraussetzungen der Einziehung nach **§ 74 II Nr. 2** gegeben, so ist nur danach 14 einzuziehen (Tröndle/Fischer 10). Sind die Eigentumsverhältnisse unklar, so kann die Einziehung „wahlweise" begründet werden (vgl. Horn SK 11, Schäfer LK 21 f.); der Täter und der Dritte sind jedoch so zu behandeln, als ob jeder von ihnen von der Einziehung betroffen wäre.

§ 74 b Grundsatz der Verhältnismäßigkeit

(1) Ist die Einziehung nicht vorgeschrieben, so darf sie in den Fällen des § 74 Abs. 2 Nr. 1 und des § 74 a nicht angeordnet werden, wenn sie zur Bedeutung der begangenen Tat und zum Vorwurf, der den von der Einziehung betroffenen Täter oder Teilnehmer oder in den Fällen des § 74 a den Dritten trifft, außer Verhältnis steht.

(2) Das Gericht ordnet in den Fällen der §§ 74 und 74 a an, daß die Einziehung vorbehalten bleibt, und trifft eine weniger einschneidende Maßnahme, wenn der Zweck der Einziehung auch durch sie erreicht werden kann. In Betracht kommt namentlich die Anweisung,
1. die Gegenstände unbrauchbar zu machen,
2. an den Gegenständen bestimmte Einrichtungen oder Kennzeichen zu beseitigen oder die Gegenstände sonst zu ändern oder
3. über die Gegenstände in bestimmter Weise zu verfügen.

Wird die Anweisung befolgt, so wird der Vorbehalt der Einziehung aufgehoben; andernfalls ordnet das Gericht die Einziehung nachträglich an.

(3) Ist die Einziehung nicht vorgeschrieben, so kann sie auf einen Teil der Gegenstände beschränkt werden.

Schrifttum: Vgl. die Angaben zu den Vorbem. vor § 73.

I. Die Vorschrift ist eine Ausprägung des Grundsatzes der **Verhältnismäßigkeit** (nach Horn SK 3 1 im Falle von Abs. 1 eine Ausprägung des Schuldprinzips). Sie beruht auf der Feststellung, daß die Einziehung wegen ihrer weiten Fassung uU außer Verhältnis zur Bedeutung der konkreten Tat oder zur Gefährlichkeit des betroffenen Gegenstandes stehen kann und deshalb unangemessen wäre. Um hier eine im Einzelfall gerechte Entscheidung treffen zu können, wird dem Richter die Pflicht auferlegt, unter bestimmten Voraussetzungen von der Einziehung entweder völlig abzusehen (u. 3) oder sie auf schonendere Mittel (u. 5 ff.) bzw. einen Teil der Gegenstände zu beschränken (u. 11 ff.). Da es sich beim Verhältnismäßigkeitsgrundsatz um ein allgemein verbindliches **Verfassungsprinzip** 2 handelt (st. Rspr seit BVerfGE **17** 117, 313 f., **19** 348, **20** 186 f., BGH **19** 70, 257, **20** 255 f., MD-Herzog Art. 20 VII RN 72), ist er auch insoweit zu beachten, als er in § 74 b nicht ausdrücklich geregelt ist (vgl. BGH **23** 269, NStZ **81**, 104, Saarbrücken NJW 75, 65, Schleswig SchlHA **80**, 171, StV **89**, 156, Herzog NK 2; ebenso zu § 56 WaffG Schleswig SchlHA/E-L **86**, 122). Dies betrifft vor allem die zwingenden Einziehungsvorschriften (§§ 74 d, 150, 286 II), auf die § 74 b nicht Bezug nimmt und die daher von der Beachtung des Verhältnismäßigkeitsgrundsatzes ausgenommen scheinen (vgl. auch Göhler MDR 69, 1028). Doch auch hier sind Fälle denkbar, in denen die vom Gesetzgeber präsumierte Gefahr im Einzelfall entweder überhaupt nicht besteht oder hinter den wirtschaftlichen Folgen der Einziehung unverhältnismäßig weit zurückbleiben würde. Hier muß der Richter notfalls unmittelbar auf übergeordnete Verfassungsprinzipien zurückgreifen, um von einer im Einzelfall unangemessenen Maßnahme ganz oder teilweise absehen zu können (vgl. BGH **16** 290, **18** 279, **23** 269, Eser aaO 351 f., 358, 364, NJW **70**, 1964, Lackner 1; vgl. auch Horn SK 7 zur Wahrung des Schuldgrundsatzes). Insoweit sind die Grundsätze, die die Rspr zur Umdeutung obligatorischer Einziehungsvorschriften in Ermessensregeln entwickelt hat (vgl. BGH **18** 282, **19** 257, **20** 192, 256), nach wie vor von Bedeutung (näher Eser aaO 360 ff.). Sofern § 74 b für die von ihm nicht erfaßten Fälle eine derartige Berücksichtigung der Verhältnismäßigkeit ausschließen wollte, wäre er wohl als verfassungswidrig anzusehen (vgl. aber auch Schäfer LK 6 f.).

II. Im einzelnen enthält § 74 b folgende Regeln:

3   1. a) Völliges **Absehen von der Einziehung (Abs. 1)** – und zwar zwingend – kommt bei **tätergerichteter** (§ 74 II Nr. 1) sowie bei **strafähnlicher Dritteinziehung** (§ 74 a) in Betracht, wenn sie zur Bedeutung der begangenen Tat und zu dem den Tatbeteiligten – bzw. im Falle des § 74 a dem Dritten – treffenden Vorwurf außer Verhältnis steht. Das ist insb. dann der Fall, wenn der Unrechtsgehalt der Tat und die Täterschuld so gering sind, daß demgegenüber der Entzug des Eigentums eine unangemessene Härte und damit ein inadäquates Übel bedeuten würde (vgl. Hamm MDR **66**, 430, Busse NJW 58, 1417, Tröndle/Fischer 2, Gilsdorf JZ 58, 687, Maier NJW **59**, 182, Stree aaO 100 ff.): so zB bei Einziehung einer Funkanlage Jugendlicher wegen gelegentlicher Ausstrahlung von Musiksendungen (Bay NJW **67**, 586) oder bei Einziehung eines PKW wegen Schmuggels von 600 Zigaretten (Hamm NJW **62**, 829, FGS-Samson § 375 RN 65; vgl. auch BGH MDR/D **70**, 559, Kiel HRR **36**, 786, Hamm NJW **75**, 67; and. für Notzucht BGH MDR/D **70**, 196). Vgl. ferner KG NJW **53**, 678, wonach auch Umstände, die an sich außerhalb der unmittelbaren Einziehungswirkung liegen, berücksichtigt werden können, wie seinerzeit die Befürchtung von Schikanen in der damaligen DDR, falls die Einziehung dort bekannt wurde. Eingeh. zum Ganzen Eser aaO 352 ff. Über den möglicherweise unterschiedlichen Verhältnismäßigkeitsmaßstab bei obligatorischer bzw. nur fakultativer Ein-
3 a ziehung vgl. BGH **23** 270. Eine Einziehung hat uU auch dann zu unterbleiben, wenn sie *neben* einer scharfen *Hauptstrafe* als unangemessen anzusehen wäre oder ohnehin keinem Strafzweck zu dienen geeignet ist. Jedoch ergibt sich letzteres nicht erst aus § 74 b I, sondern bereits aus der Gesamtabwägung im Rahmen der nach § 74 vorzunehmenden Ermessensentscheidungen (vgl. § 74 RN 38 ff.; daher mißverständl. Horn SK 3 f.). Über die Berücksichtigung einer Einziehung bei der Hauptstrafe vgl. § 74 RN 40.

4   b) Auf die **Sicherungseinziehung** (§ 74 II Nr. 2) findet Abs. 1 zwar keine unmittelbare Anwendung; jedoch kann auch hier die Einziehung durch Rückgriff auf das verfassungsrechtliche Verhältnismäßigkeitsprinzip (vgl. o. 2) bzw. dessen Ausprägung in § 62 ausgeschlossen sein (vgl. Schleswig SchlHA **80**, 171, **83**, 83, Tröndle/Fischer 3, Herzog NK 7, Schäfer LK 5): so etwa dort, wo sich das Falschgeld bereits in Händen eines zuverlässigen Sammlers befindet (vgl. Horn SK 8). Abgesehen von solchen Fällen obligatorischer Einziehung, bei der es um eine Korrektur der gesetzlich vermuteten Gefährlichkeit des Objekts geht, wird es im Regelfall uU entweder schon an der einziehungsbegründenden Gefährlichkeit iSv § 74 II Nr. 2 fehlen oder zumindest eine Maßnahme nach Abs. 2 geboten sein (vgl. Tröndle/Fischer 3).

5   2. **Weniger einschneidende Maßnahmen (Abs. 2)** kommen *unter Vorbehalt der Einziehung* in Betracht, falls der Einziehungszweck bereits dadurch erreichbar ist. Anders als bei Abs. 1 ist diese auf dem Erforderlichkeitsgrundsatz beruhende Schonungsklausel nicht ausdrücklich auf die *tätergerichtete* (§ 74 II Nr. 1) bzw. strafähnliche *Dritteinziehung* (§ 74 a) beschränkt, sondern umfaßt unzweifelhaft
6   auch die *Sicherungseinziehung* (§ 74 II Nr. 2). Die **Art** der Maßnahme hat sich nach der jeweiligen **konkreten Zielsetzung** zu bestimmen. Demgemäß ist die Abwehr einer objektbedingten Gefährlichkeit primär an *Sicherungs*kriterien auszurichten (vgl. Eser aaO 269 ff., 358 ff.). Demgegenüber dürfen repressive Gesichtspunkte nur dort zum Zuge kommen, wo die Maßnahme zugleich auch *Straf*zwecke verfolgen kann. Da jedoch bei der strafähnlichen Einziehung das Strafübel gerade im Verlust des Eigentums liegt, bleibt in dieser Hinsicht für die Anwendung des Abs. 2 wenig Raum (vgl. Schäfer LK 9 sowie Eser aaO 356); als weniger einschneidende Strafsanktion kommt daher – neben dem wohl seltenen Fall strafweiser Einschmelzung von Münzen (vgl. Horn SK 5, 10) – idR nur die Teileinziehung (u. 11 f.) in Frage. Scheidet diese aus, weil der Einziehungsgegenstand etwa nicht teilbar ist, so kommt ein Ausgleich insofern in Betracht, als die „übermäßige" Einziehung durch eine geringere Bemessung der Hauptstrafe ausgeglichen wird (vgl. § 74 RN 40). Im übrigen stellt das Gesetz **„namentlich"** folgende Sanktionen zur Verfügung:

7   a) Die **Anweisung zur Unbrauchbarmachung** des betroffenen Gegenstandes (Nr. 1): Darunter ist eine Maßnahme zu verstehen, die einem Gegenstand unter Belassung seiner stofflichen Substanz lediglich seine gefährlichen Eigenschaften nimmt, wie zB beim Einschmelzen falscher Münzen (vgl. § 63 III StVollstrO). Im einzelnen gilt hier Entsprechendes wie bei der Unbrauchbarmachung nach § 74 d (vgl. dort RN 16).

b) Die **Anweisung zur Beseitigung bestimmter Kennzeichen oder Einrichtungen** eines **8** Gegenstandes (Nr. 2) hat ein Vorbild im Urheber- und Warenzeichenrecht (vgl. § 98 UrhG, § 26 III WZG) und kommt zB bei irreführenden oder unzulässigen Angaben auf Verpackungen (vgl. BGH 23 79 zur Schwärzung von NS-Kennzeichen auf Schallplattenhüllen) oder durch Schnittauflagen bei teilweise pornographischen Filmen (vgl. BGH Film u. Recht **74**, 671, Seetzen NJW 76, 500) in Betracht. Doch auch doppelte Böden in Transportmitteln oder besondere Wildereischeinwerfer in Kraftfahrzeugen lassen sich auf diesem Wege beseitigen. Entsprechendes gilt etwa für die Änderung von Kleidern, um ihnen den Schein einer Amtstracht zu nehmen.

c) Die **Verfügungsanweisung** (Nr. 3) ist insb. dort angebracht, wo es sich um Gegenstände **9** handelt, die an sich verkehrs- oder verwendungsfähig sind, jedoch gerade in der Hand des Betroffenen eine Gefahr darstellen, wie zB Sprengstoffe, Rauschgifte, die Jagdgeräte eines notorischen Wilderers oder das Fahrzeug eines gefährlichen Verkehrsdelinquenten. Hier kann dem Sicherungszweck schon dadurch genügt werden, daß dem Eigentümer auferlegt wird, die Sache zu verkaufen (zB ein Fahrzeug: Braunschweig MDR **74**, 594, Schleswig SchlHA **83**, 83) oder an Personen oder Stellen zu veräußern, die sie befugterweise oder ordnungsgemäß besitzen und verwenden können; zB durch Rückgabe rechtswidrig erlangter Arzneimittel an den Hersteller oder Weiterverkauf an eine Apotheke (Bay NJW **74**, 2060). Vgl. auch Schleswig SchlHA/E–L **86**, 122 ua zu § 56 IV WaffG: Anweisung zur Einholung einer behördlichen Entscheidung hinsichtlich Waffenbesitz, oder die Anweisung, die Gegenstände einem Berechtigten zu überlassen: BGH NStZ/D **94**, 178. Dagegen kann nicht schon die Anweisung genügen, den Gegenstand nicht (mehr) zu Straftaten zu benutzen (Herzog NK 12, Schäfer LK 13; and. Karlsruhe NJW **70**, 396).

d) In allen diesen Fällen darf auf das schonendere Mittel jedoch immer nur unter dem **Vorbehalt** **10** **der Einziehung** erkannt werden. Dieser hat nach § 74e III iVm § 73e II die Wirkung eines **Veräußerungsverbots** (§ 73e RN 4f.). Er darf erst dann aufgehoben werden, wenn die weniger einschneidende Maßnahme zum Erfolg geführt hat. Soweit das nicht erreicht wird – wobei es auf ein Verschulden des Betroffenen jedenfalls im Fall einer sicherungsbedingten Maßnahme nicht ankommen kann (vgl. Horn SK 11, ferner Lackner 4, Schäfer LK 11) – hat das Gericht nachträglich die endgültige Einziehung anzuordnen (Abs. 2 S. 3). Diese Regelung wird freilich nur dann praktikabel sein, wenn das Gericht dem Betroffenen eine Frist setzt, innerhalb der er der Auflage nachkommen hat. Aber auch nach Überschreitung dieser Frist muß das Gericht prüfen, ob die nachträgliche Einziehung vom Verhältnismäßigkeitsgrundsatz her überhaupt erforderlich und geboten ist, insb. wenn von hoheitlicher Seite die Maßnahmen unterblieben sind, die notwendig waren, die erteilte Anweisung zu bewirken (vgl. BVerfG NJW **96**, 246 f.). Das Verfahren für die **nachträgliche Anordnung** der Einziehung richtet sich nach § 462 StPO.

3. Ferner kommt **Teileinziehung (Abs. 3)** als schonendere Maßnahme in Betracht. Auch diese ist **11** nicht beschränkt auf die *tätergerichtete* Einziehung, sondern kommt ebenso bei der unterschiedslosen *Sicherungseinziehung* in Frage. Jedoch soll sie nur bei fakultativen Einziehungsvorschriften zulässig sein. Diese Einschränkung ist aus den bei o. 2 genannten Gründen bedenklich, da auch bei den zwingenden Einziehungsvorschriften Fälle denkbar sind, in denen der Zweck der Maßnahme bereits durch eine Teileinziehung erreicht werden könnte. Auch hier muß daher der Richter dem vorrangigen Grundsatz der Verhältnismäßigkeit Rechnung tragen können (vgl. Horn SK 12, Schäfer LK 15).

Eine Teileinziehung kommt vor allem dort in Betracht, wo **mehrere Gegenstände** in eine Tat **12** verstrickt waren, die Einziehung von allen aber über das der Tat und Schuld entsprechende Maß hinausginge. Doch auch dort, wo es sich um **teilbare** Einzelgegenstände (Forderung, Faß Wein u. dgl.) handelt, muß über den engeren Wortlaut der Bestimmung hinaus eine teilweise Einziehung des Gegenstandes in Betracht gezogen werden (Horn SK 6, Lackner 5). Inwieweit eine Sache teilbar ist, ist nicht nach rechtlichen, sondern nach faktisch-wirtschaftlichen Kriterien zu entscheiden. Dies gilt insb. für die Trennbarkeit von Hauptsache und Zubehör. Bei wirtschaftlichen oder technischen Funktionseinheiten dagegen, wie zB einem PKW, scheidet eine Teileinziehung regelmäßig aus (vgl. Bay **61** 277 ff., Schäfer LK 16). Vgl. zum Ganzen auch Eser aaO 306 ff.

III. Auch aus **prozeßökonomischen** Gründen kann es uU angebracht sein, **von der Einziehung** **13** **abzusehen:** so vor allem, wenn sie neben der zu erwartenden Hauptstrafe nicht ins Gewicht fallen oder einen unangemessenen Ermittlungsaufwand erfordern würde; näher dazu § 430 I StPO sowie Tröndle/Fischer 5.

§ 74c Einziehung des Wertersatzes

(1) **Hat der Täter oder Teilnehmer den Gegenstand, der ihm zur Zeit der Tat gehörte oder zustand und auf dessen Einziehung hätte erkannt werden können, vor der Entscheidung über die Einziehung verwertet, namentlich veräußert oder verbraucht, oder hat er die Einziehung des Gegenstandes sonst vereitelt, so kann das Gericht die Einziehung eines Geldbetrages gegen den Täter oder Teilnehmer bis zu der Höhe anordnen, die dem Wert des Gegenstandes entspricht.**

(2) **Eine solche Anordnung kann das Gericht auch neben der Einziehung eines Gegenstandes oder an deren Stelle treffen, wenn ihn der Täter oder Teilnehmer vor der Entscheidung über die Einziehung mit dem Recht eines Dritten belastet hat, dessen Erlöschen ohne Entschädigung nicht angeordnet werden kann oder im Falle der Einziehung nicht angeordnet werden könnte (§ 74 e Abs. 2 und § 74 f); trifft das Gericht die Anordnung neben der Einziehung, so bemißt sich die Höhe des Wertersatzes nach dem Wert der Belastung des Gegenstandes.**

(3) **Der Wert des Gegenstandes und der Belastung kann geschätzt werden.**

(4) **Für die Bewilligung von Zahlungserleichterungen gilt § 42.**

Schrifttum: Vgl. die Angaben zu den Vorbem. vor § 73, insbes. *Bender* NJW 69, 1056.

1   I. Die Wertersatzeinziehung dient der **Lückenschließung** in Fällen, in denen die Originaleinziehung unmöglich (geworden) ist: so etwa, wenn ein der Einziehung unterliegender Gegenstand vor der Entscheidung verbraucht oder veräußert wird oder aus sonstigen Gründen nicht mehr greifbar ist. Solche schon früher vereinzelt möglichen Ersatzsanktionen (vgl. 22. A.; Eser aaO 337 ff.) wurden durch § 74 c auf eine allgemeine Grundlage gestellt und für alle Fälle von Einziehungsvereitelungen angedroht, in denen der Gegenstand zur Zeit der Tat einem Tatbeteiligten gehörte (BGH **28** 370; abl. AE AT 2. A. 177. In ihrem **Anwendungsbereich** ist die Wertersatzeinziehung keineswegs auf die Fälle des § 74 I beschränkt, sondern gilt für alle Einziehungsfälle, wie zB nach § 33 BtMG (BGH

2   **28** 370, **33** 233 m. Anm. Eberbach NStZ 85, 556, NStZ/S **86**, 58). Angesichts ihrer Abschreckungs- und Vergeltungsfunktion kommt ihr im wesentlichen **Strafcharakter** zu (BT-Drs V/1319 S. 57, Eser aaO 342 ff., Herzog NK 7; Schäfer LK 10; vgl. auch Horn SK 7; iglS bereits RG 49 408, **74** 183, **78** 239, BGH **3** 164, **4** 407, **5** 163). Obwohl auf Zahlung einer Geldsumme gerichtet (vgl. u. 9), handelt es sich beim Wertersatz doch *nicht* um eine *Geldstrafe* i. techn. S. der §§ 40 ff., sondern lediglich um eine an die Stelle der Einziehung tretende **Ersatzsanktion** (vgl. BGH **6** 307, Tröndle/Fischer 1, 7 sowie iSe Vermögensstrafe M-Zipf II 534). Deshalb kann die Rspr. zur früheren Wertersatzstrafe nach § 401 II AO aF, die allgemein als Zusatz- und Geldstrafe behandelt wurde (RG **56** 81, BGH **6** 259, 308, **7** 79), nicht ohne weiteres auf die Einziehung des Wertersatzes nach § 74 c übertragen werden. So kommt insb. eine Umwandlung in Ersatzfreiheitsstrafe hier nicht in Betracht. Auch eine gesamtschuldnerische Haftung mehrerer Tatbeteiligter (vgl. BGH **5** 352, **8** 100) scheidet aus, da der Wertersatz ohnehin nur dem tatbeteiligten Eigentümer, der die Einziehung vereitelt hat, auferlegt werden kann, und zudem auf den Umfang beschränkt bleibt, in dem ihm die Vereitelung zuzurechnen ist (vgl. u. 3, 5, 10).

II. Im einzelnen setzt die **Wertersatzeinziehung** folgendes voraus:

3   1. Ersatzfähig sind von vornherein nur solche **Einziehungsobjekte, die zur Tatzeit einem Tatbeteiligten gehörten;** denn nur unter dieser Voraussetzung erscheint es gerechtfertigt, diesem die nachträgliche Vereitelung der Einziehung zur Last zu legen. Demzufolge ist für Wertersatzeinziehung kein Raum, wenn der Täter das Tatwerkzeug erst *nach* der einziehungsbegründenden Tat erworben und wieder weiterveräußert hat (vgl. Horn SK 4) oder wenn er den Beziehungsgegenstand (wie Haschisch) nicht selbst erwerben wollte, sondern nur das Geschäft vermittelt hat (vgl. BGH NStE **Nr. 1**: stattdessen uU § 73 a bzgl. des als Entgelt erhaltenen Haschischs). Für die Beurteilung der Eigentumsverhältnisse bzw. der Rechtsinhaberschaft gilt, hier jedoch abgestellt auf den Zeitpunkt der Tat, das zu § 74 RN 22 ff. Ausgeführte entsprechend.

4   2. Weiter ist erforderlich, daß der Gegenstand hätte eingezogen werden können, wenn er im Zeitpunkt der Entscheidung noch greifbar gewesen wäre. Das bedeutet, daß – abgesehen von der Unerreichbarkeit des Gegenstandes zur Zeit der Entscheidung – **alle Voraussetzungen eines Einziehungstatbestandes** einschließlich § 74 b vorliegen müssen (Eser aaO 345 ff.). Dafür würden an sich auch die Dritteinziehungsgründe (§ 74 II Nr. 2 oder § 74 a) ausreichen; jedoch wird der Fall, daß der Gegenstand zur Tatzeit dem Täter gehörte und dieser dann nach Veräußerung an einen Dritten auch noch die Dritteinziehung vereitelte, kaum praktisch werden. Deshalb bleibt der Anwendungsbereich des § 74 c im wesentlichen auf die Fälle der an sich tätergerichteten Einziehung beschränkt (vgl. Tröndle/Fischer 2).

5   3. Ferner muß dem Tatbeteiligten die **Vereitelung der Originaleinziehung** nachgewiesen werden. Erfaßt werden dabei nur solche Fälle, in denen der Tatbeteiligte durch andere als die im konkreten Fall die Einziehung begründenden Tathandlungen die Einziehung vereitelt (BGH NStZ **92**, 81). Als Vereitelungshandlung kommt nach Abs. 1 insbes. die *Verwertung* des Gegenstandes durch Veräußerung oder Verbrauch in Betracht. Unter *Veräußerung* sind auch hier nur solche Rechtsgeschäfte zu verstehen, durch die der Gegenstand der Einziehung gegenüber dem Tatbeteiligten entzogen wird. Das ist allein bei dinglichen Übertragungsakten (Übereignung, Abtretung u. dgl.) der Fall, nicht aber schon durch Begründung schuldrechtlicher Übertragungspflichten; insoweit gilt Entsprechendes wie beim Erwerb iSv § 74 a Nr. 2 (vgl. dort RN 7). Zum *Verbrauch* zählt insb. der Verzehr, aber auch der Verschleiß, soweit er zu einer völligen wirtschaftlichen Entwertung des Gegenstandes führt. Unerheblich ist, *wer* den Gegenstand verbraucht hat (vgl. BGH **28** 370), sofern es nur mit Billigung des Tatbeteiligten geschah. Deshalb reicht auch der bestimmungsgemäße Verbrauch der Sache durch einen gutgläubigen Dritten aus (vgl. BGH **16** 292). Eine Verwertung des Gegenstandes kann ferner in seiner

Verbindung, Verarbeitung oder *Vermischung* mit anderen Gegenständen liegen, sofern er dadurch nach den Grundsätzen des Identitätserfordernisses uneinziehbar wird (vgl. § 74 RN 15). Die Verwertung braucht nicht in vorwerfbarer Weise erfolgt zu sein, da der Täter hier aus dem Einziehungsgegenstand Vorteile erlangt, deren Entzug § 74 c gerade ermöglichen soll (vgl. Schäfer LK 12).

Als *sonstige Vereitelung* iSv Abs. 1 kommen namentlich Zerstörung und Verlust in Frage. Da die Maßnahme jedoch Strafcharakter hat (vgl. o. 2), kann hier nicht bereits der objektive Wegfall des Gegenstandes ausreichen, sondern die Einziehungsvereitelung muß dem Täter irgendwie vorwerfbar sein (vgl. § 414 a AO 1961; ebenso Bender NJW 69, 1057 f., Eser aaO 344 ff.): so etwa, wenn dieser die Einziehungsobjekte aus Nachlässigkeit verkommen läßt (vgl. FGS-Samson § 375 RN 72; enger [wenigstens bedingter Vorsatz] Tröndle/Fischer 3, Herzog NK 7, Lackner 2, Schäfer LK 8), nicht dagegen bei völligem Verlust durch eine (nicht anders abwendbare: u. 7) Zwangsvollstreckung (vgl. Tröndle/Fischer 3, Herzog NK 7; abw. Horn SK 8). Eine besondere Vereitelungsabsicht ist in keinem Fall erforderlich. 6

4. Auch die **Belastung des Einziehungsobjekts mit dem Recht eines Dritten** gilt nach Abs. 2 als besondere Form der Einziehungsvereitelung, vorausgesetzt, daß das Recht im Falle einer Einziehung des belasteten Gegenstandes entweder überhaupt nicht oder nur gegen Entschädigung des Drittberechtigten zum Erlöschen gebracht werden könnte (vgl. § 74 e RN 9, § 74 f RN 3). Denn auch dadurch kann die Einziehung des Gegenstandes wirtschaftlich völlig ausgehöhlt sein (vgl. Tröndle/Fischer 4). Freilich kommen auch hier nur Vorgänge zwischen Tat und Einziehungsanordnung in Betracht. Ferner wird man ebenso wie bei Abs. 1 Vorwerfbarkeit verlangen müssen (vgl. o. 6; and. Tröndle/Fischer 4, Herzog NK 8, Schäfer LK 19). Die Belastung mit einem Drittrecht kann sowohl auf rechtsgeschäftlichem Wege als auch dadurch geschehen, daß der Eigentümer Zwangsvollstreckung eintreten oder eine Lage herbeiführen läßt, durch die ein gesetzliches Pfandrecht ausgelöst wird (Schäfer aaO). 7

III. Die **Anordnung der Wertersatzeinziehung** ist in das **pflichtgemäße Ermessen** des Gerichts gestellt. Das gilt auch für den Fall, daß die Originaleinziehung zwingend vorgeschrieben ist (Schäfer LK 16). **Prozessual** muß ebenso wie beim Verfall (§ 73 RN 45) die ersatzeinziehungsbegründende Tat *Gegenstand der Anklage* und tatrichterlich nachgewiesen sein (BGH **28** 370, StV **81**, 627). 8

1. Bei völliger *Unerreichbarkeit des Originalobjekts* (**Abs. 1**) besteht die Ersatzsanktion in der Einziehung eines **Geldbetrages,** der bis zur Höhe des dem Originalobjekt entsprechenden Wertes gehen darf, aber auch darunter bleiben kann. Über den Unterschied zur Geldstrafe vgl. o. 2. Maßgeblich ist der realisierbare *Verkehrswert* zur Zeit der Entscheidung (BGH **4** 13, 305, **28** 370, NStZ **84**, 28, Tröndle/Fischer 6, Horn SK 11, Rotberg § 25 RN 14 ff.). Soweit dieser nicht eindeutig zu ermitteln ist, kann der Wert des Gegenstandes geschätzt werden (Abs. 3), wobei im Zweifel vom niedrigsten Schätzwert auszugehen ist (Hellmann GA 97, 520); zur Schätzung vgl. auch § 73 b. Dagegen darf auf etwaige Surrogate des Originalobjekts nicht zurückgegriffen werden (and. zB § 86 I 2 aF). Bei **Ausübung des Ermessens** wird nach den Grundsätzen der Tat- und Schuldangemessenheit (dazu § 74 RN 39, § 74 b RN 3 f.) insb. auch zu berücksichtigen sein, in welchem Grade dem Täter die Vereitelung der Originaleinziehung vorwerfbar ist. Dagegen haben Sicherungserwägungen hier grundsätzlich außer Betracht zu bleiben, da mit Verwertung oder Zerstörung des Originalobjekts regelmäßig auch das Sicherungsbedürfnis entfällt (vgl. Eser aaO 340 ff., Schäfer LK 16). Ähnlich wie bei Geldstrafen können dem Betroffenen gemäß § 42 **Zahlungserleichterungen** bewilligt werden (Abs. 4). 9

10

2. Bei *Belastung des Einziehungsobjekts mit dem Rechte eines Dritten* (**Abs. 2**) kann die Ersatzeinziehung in Form eines Geldbetrages (o. 9) entweder völlig **an die Stelle** der Originaleinziehung treten oder **neben** dieser verhängt werden. Ersteres kommt vor allem dort in Betracht, wo durch das Drittrecht der belastete Gegenstand wirtschaftlich praktisch entwertet ist. Hier gelten für die **Höhe** des Wertersatzes die o. 9 genannten Grundsätze. Wird die Ersatzeinziehung dagegen nur *neben* der Originaleinziehung angeordnet, so bemißt sich die Höhe des Wertersatzes nach dem Wert der Belastung des betroffenen Gegenstandes (Abs. 2 Hbs. 2). Auch insoweit ist gemäß Abs. 3 eine Schätzung möglich, dazu 9. 11

3. Soweit die Voraussetzungen der Ersatzeinziehung bereits im **Zeitpunkt der Entscheidung** vorliegen, ist darauf zu erkennen, ohne daß es zuvor einer Entscheidung über die Originaleinziehung bedürfte. Über die Möglichkeit einer **nachträglichen** Anordnung vgl. § 76. Zur **selbständigen** Wertersatzeinziehung vgl. § 76 a. 12

IV. Anders als bei der Originaleinziehung, die den betroffenen Gegenstand kraft Gesetzes auf den Staat übergehen läßt (§ 74 e I), besteht die **Wirkung** der Ersatzeinziehung lediglich darin, daß der Staat in Höhe des festgesetzten Ersatzbetrages einen der Geldstrafe ähnlichen *Zahlungsanspruch* erhält (BGH **28** 370, Eser aaO 339). Dadurch wird sie aber nicht zu einer Geldstrafe ieS; daher kommt insb. auch keine Ersatzfreiheitsstrafe in Betracht (Bay OLGSt **1** zu § 40 c aF, Tröndle/Fischer 7, Schäfer LK 21). Die Vollstreckung richtet sich nach § 459 g II iVm §§ 459 ff. StPO. 13

§ 74 d Einziehung von Schriften und Unbrauchbarmachung

(1) **Schriften (§ 11 Abs. 3), die einen solchen Inhalt haben, daß jede vorsätzliche Verbreitung in Kenntnis ihres Inhalts den Tatbestand eines Strafgesetzes verwirklichen würde, werden eingezogen, wenn mindestens ein Stück durch eine rechtswidrige Tat verbreitet oder zur Verbreitung bestimmt worden ist. Zugleich wird angeordnet, daß die zur Herstellung der Schriften gebrauchten oder bestimmten Vorrichtungen, wie Platten, Formen, Drucksätze, Druckstöcke, Negative oder Matrizen, unbrauchbar gemacht werden.**

(2) **Die Einziehung erstreckt sich nur auf die Stücke, die sich im Besitz der bei ihrer Verbreitung oder deren Vorbereitung mitwirkenden Personen befinden oder öffentlich ausgelegt oder beim Verbreiten durch Versenden noch nicht dem Empfänger ausgehändigt worden sind.**

(3) **Absatz 1 gilt entsprechend bei Schriften (§ 11 Abs. 3), die einen solchen Inhalt haben, daß die vorsätzliche Verbreitung in Kenntnis ihres Inhalts nur bei Hinzutreten weiterer Tatumstände den Tatbestand eines Strafgesetzes verwirklichen würde. Die Einziehung und Unbrauchbarmachung werden jedoch nur angeordnet, soweit**

1. **die Stücke und die in Absatz 1 Satz 2 bezeichneten Gegenstände sich im Besitz des Täters, Teilnehmers oder eines anderen befinden, für den der Täter oder Teilnehmer gehandelt hat, oder von diesen Personen zur Verbreitung bestimmt sind und**
2. **die Maßnahmen erforderlich sind, um ein gesetzwidriges Verbreiten durch diese Personen zu verhindern.**

(4) **Dem Verbreiten im Sinne der Absätze 1 bis 3 steht es gleich, wenn eine Schrift (§ 11 Abs. 3) oder mindestens ein Stück der Schrift durch Ausstellen, Anschlagen, Vorführen oder in anderer Weise öffentlich zugänglich gemacht wird.**

(5) **§ 74 b Abs. 2 und 3 gilt entsprechend.**

Vorbem.: Abs. 3 S. 1 u. Abs. 4 geänd. durch Art. 4 *JuKDG v.* 22. 7. 97 *(BGBl. I 1870).*

Schrifttum: Vgl. die Angaben zu den Vorbem. vor § 73.

1 I. Die Vorschrift enthält eine **Sonderregelung** für die Einziehung bzw. Unbrauchbarmachung bestimmter **Schriften** und **Darstellungen** sowie der dafür notwendigen **Herstellungsmittel** (Bay NStE **Nr. 1** zu § 76 a). Da sie vornehmlich dazu dient, die sich aus der Existenz der Schriften usw. ergebende Gefährdung bestimmter Rechtsgüter (zB Ehre, öffentliche Sicherheit, Geheimniswahrung) zu beseitigen, kommt ihr – als Konkretion von § 74 II Nr. 2 (vgl. Horn SK 2) – grundsätzlich **Sicherungscharakter** zu (vgl. 15 vor § 73 sowie RG **14** 162, **67** 218, BGH **5** 178, **16** 56, Düsseldorf NJW **67**, 1142, NStE **Nr. 3**, Hamm MDR **70**, 943, Herzog NK 1, Jescheck/Weigend 800, M-Zipf II 534, Schäfer LK 2). Dem § 74 d ähnliche Sonderregelungen für Schriften finden sich in § 109 k sowie **2** in § 123 OWiG (vgl. auch Eser aaO 52 f., 247 ff.). Bei § 74 d sind **zwei Fallgruppen** zu unterscheiden: zum einen hinsichtlich Schriften, bei denen **jede Verbreitung** in Kenntnis ihres Inhalts einen Tatbestand erfüllen würde (Abs. 1, 2); zum anderen solche Schriften, bei denen die Tatbestandsverwirklichung von **weiteren Umständen** abhängt (Abs. 3).

II. Einziehungsvoraussetzungen nach Abs. 1, 2.

3 1. Erfaßbar sind sowohl **Schriften** als auch die entsprechenden **Herstellungsmittel**. Zu den *Schriften* gehören nach § 11 III auch Abbildungen, Ton- und Bildträger sowie andere Darstellungen (§ 11 RN 78). *Herstellungsmittel* sind alle Vorrichtungen, die zur Herstellung von Schriften gebraucht wurden oder dazu bestimmt waren. Das Gesetz nennt insoweit namentlich Platten, Formen, Drucksätze, Druckstöcke, Negative und Matrizen. Doch diese Aufstellung ist nicht abschließend; deshalb können auch sonstige Vorlagen oder Vervielfältigungsmittel erfaßt werden, die zur Herstellung einer der vorgenannten Arten von Darstellungen dienlich sind. Nicht dazu gehören die Tatwerkzeuge wie Druckmaschinen und Fotokopiergeräte (Tröndle/Fischer 9, Jescheck/Weigend 800).

4 2. Die vorgenannten Darstellungen können jedoch nur dann eingezogen werden, wenn sie „einen solchen Inhalt haben, daß jede vorsätzliche Verbreitung in Kenntnis ihres Inhalts den Tatbestand eines Strafgesetzes verwirklichen würde". Bei dieser umständlichen Formel handelt es sich lediglich um eine Umschreibung dessen, was in der nicht ganz präzisen aF des § 41 mit der *Strafbarkeit des Inhalts* gemeint war: Nicht der Inhalt als solcher muß strafbar sein, vielmehr ist entscheidend, daß die **Verbreitung der Schrift im Hinblick auf ihren Inhalt eine strafbare Handlung** darstellen würde (vgl. Frank GA 82, 414). Daraus ergibt sich zweierlei:

5 a) Erfaßt werden nur solche Schriften, deren *Verbreitung* strafbar wäre. Über die Merkmale des Verbreitens vgl. § 184 RN 57. Ob es sich dabei um ein Verbrechen oder ein Vergehen handeln würde, ist gleichgültig. Deshalb kommen insb. auch nebenstrafrechtliche Tatbestände in Betracht, sofern sie eine Straftat iSv § 12 und nicht nur eine Ordnungswidrigkeit verkörpern (letzterenfalls vgl. § 123 OWiG). Erforderlich ist lediglich, daß es sich um einen *Vorsatz*tatbestand handelt. Als solche Verbreitungstaten kommen insb. die §§ 80 a, 86, 86 a, 90, 90 a, 111, 184 III (dazu LG Duisburg NStZ **87**, 367), 185 bis 189 in Betracht.

b) Zum anderen muß sich die Strafbarkeit der Verbreitung gerade aus dem *Inhalt* der Schrift **6** ergeben: so zB aus ihrem ehrenrührigen, geheimnisverletzenden oder verfassungsfeindlichen Gehalt (vgl. BGH NJW **70**, 819). Daher genügt nicht, daß durch Verbreitung lediglich bestimmte formelle Gestaltungs- oder Vertriebsvorschriften verletzt werden, wie zB das presserechtswidrige Fehlen des Impressums (vgl. Tröndle/Fischer 7, Schäfer LK 6). Aus dem literarisch-filmischen Bereich kommen dafür praktisch nur gewaltverherrlichende Darstellungen (§ 131) oder „harte" Pornographie (§ 184 III) in Frage (vgl. Seetzen NJW 76, 499).

3. Als **Anknüpfungstat** setzt die Maßnahme lediglich voraus, daß **mindestens ein Stück** der **7** Schrift usw. durch eine rechtswidrige Tat **verbreitet oder** zur Verbreitung **bestimmt** worden ist. Dem Sicherungscharakter der Maßnahme entsprechend reicht also hier bereits eine tatbestandsmäßig-rechtswidrige Verwirklichung eines Vorsatztatbestandes aus, ohne daß es aber auf einen individuellen Vorsatznachweis oder auf Verschulden ankäme (vgl. § 11 RN 40 ff., Bay NStE **Nr. 1** zu § 76 a). Auch Rechtfertigungsgründe, sofern sie nicht den Inhalt der Schrift betreffen, stehen nicht entgegen (Tröndle/Fischer 7). Ebensowenig muß es zu einem tatsächlichen Verbreiten gekommen sein; es genügt, daß die Schrift bereitgestellt war, um durch die Tat verbreitet zu werden; vgl. § 74 RN 9 a. Dem Verbreiten steht nach **Abs. 4** gleich, daß eine Schrift oder mindestens ein Stück durch Ausstellen, Anschlagen, Vorführen oder in anderer Weise **allgemein zugänglich gemacht** wurde. Zu diesen Begriffen, die sich zB in § 131 I Nr. 2 oder § 184 III Nr. 2 finden, vgl. § 184 RN 11 ff.

4. Auch **täterfremde Gegenstände** sind grundsätzlich erfaßbar, wenn sie in der vorgenannten **8** Weise verbreitet wurden (Hamm NJW **70**, 1756). Dies deshalb, weil im Hinblick auf den Sicherungscharakter der Maßnahme die Eigentumsverhältnisse an den betroffenen Gegenständen unerheblich sind (vgl. § 74 RN 35). Desweiteren werden idR alle betroffenen Gegenstände erfaßt und nicht nur diejenigen, die der verurteilte Täter in Besitz gehabt hat (BGH MDR/S **91**, 185, Düsseldorf NStE **Nr. 3**). Jedoch ergeben sich aus **Abs. 2** gewisse **Einschränkungen bei Schriften** (nicht dagegen bei Herstellungswerkzeugen), und zwar insoweit, als aus Gründen der Praktikabilität nicht alle Exemplare einer Schrift eingezogen werden können, sondern nur solche, die sich noch in den Händen von Personen befinden, die, ohne notwendige Tatbeteiligte zu sein, mit der Herstellung und Verbreitung in engem Zusammenhang stehen.

a) Demgemäß werden zunächst alle Stücke erfaßt, die sich **im Besitz** der bei ihrer Verbreitung **9** oder deren Vorbereitung **mitwirkenden Personen** befinden. Dazu sind neben dem Verfasser, Drucker, Herausgeber und Verleger regelmäßig auch der Schriftleiter und Buchhändler (dazu BGH **19** 63) zu rechnen. Jedoch müssen diese das Exemplar in ihrer beruflichen Eigenschaft besitzen; ein zur Privatbibliothek gehörendes Exemplar scheidet daher aus (Herzog NK 10, offengelassen in BGH NStE **Nr. 2**). Mittelbarer Besitz (§ 868 BGB) genügt, ebenso der durch Besitzdiener ausgeübte Besitz (BGH MDR/D **53**, 721). Zu Mitbesitz vgl. BGH **19** 78, Schäfer LK 13.

b) Ferner werden **öffentlich ausgelegte** Exemplare erfaßt. Das betrifft solche, die einem nicht **10** abgeschlossenen Kreis von Personen zugänglich sind, ohne an diese körperlich übergeben zu werden, wie zB bei Auslage in Gaststätten oder Lichtspielhäusern. Dagegen werden die öffentlich *angebotenen* Schriften hier nur über die o. 9 genannte Klausel zu erfassen sein. Zum Merkmal „öffentlich" vgl. im übrigen § 184 RN 32.

c) Bei **Versandschriften** schließlich sind nur solche Stücke einziehbar, die noch nicht dem **11** Empfänger ausgehändigt sind; so vor allem die noch im Postwege befindlichen Sendungen. Als empfangen müssen aber bereits solche Stücke gelten, auf die der Adressat unmittelbar zugreifen kann; so zB, wenn sie sich im Postfach befinden (vgl. auch Tröndle/Fischer 8, Horn SK 12, Schäfer LK 15).

III. Einziehungsbeschränkungen nach Abs. 3.

Von den vorgenannten Fällen sind jene Schriften zu unterscheiden, bei denen das Verbreiten nicht **12** schon für sich allein, sondern nur unter **Hinzutritt weiterer Tatumstände** den Straftatbestand verwirklichen würde (Abs. 3). Das betrifft etwa jugendgefährdende Schriften, die unter Verletzung der in § 4 GjS aufgeführten Vertriebsverbote (zB im Einzel- oder Versandhandel) verbreitet werden (ähnl. § 184 I), oder Fälle, in denen (wie etwa in § 166) die Strafbarkeit von einer Störung des öffentlichen Friedens oder (wie in § 130 a I Nr. 1) von der Geeignetheit, die Tatbereitschaft anderer zu fördern, abhängt (BGH **29** 107). Vgl. ferner die §§ 90 b, 109 d, 131, 219 a, 219 b, wo der Täter mit einem bestimmten Wissen und einer bestimmten Absicht handeln muß (Tröndle/Fischer 10). In diesen Fällen ist eine Einziehung bzw. Unbrauchbarmachung unter folgenden Voraussetzungen möglich:

1. Hinsichtlich der **Anknüpfungstat** gilt das gleiche wie im Falle des Abs. 1. Das bedeutet, daß die **13** wegen ihres Inhalts unter einem Verbreitungsverbot stehende Schrift usw. in mindestens einem Exemplar bereits rechtswidrig verbreitet worden oder dazu bestimmt gewesen ist (o. 7). Auch hier steht das Ausstellen, Anschlagen, Vorführen oder in anderer Weise Zugänglichmachen dem Verbreiten gleich (Abs. 4).

2. Ferner bleibt die Maßnahme in jedem Falle beschränkt auf solche Exemplare und Herstellungs- **14** mittel, die sich entweder im (unmittelbaren oder mittelbaren) **Besitz eines Täters** oder Teilnehmers bzw. einer Person, für die der Tatbeteiligte gehandelt hat, befinden oder von diesen Personen zur Verbreitung bestimmt sind. Täter und Teilnehmer sind auch hier i. techn. S. der §§ 25 ff. zu verstehen. Das Handeln für einen anderen wird vor allem bei Organschaftsverhältnissen praktisch, ist aber

§ 74e   Allg. Teil. Rechtsfolgen der Tat – Verfall und Einziehung

keineswegs darauf beschränkt. Auch einfache Auftragsverhältnisse reichen aus. Deshalb gelten hier nicht die zT engeren Grenzen, die durch § 75 der strafrechtlichen Verantwortlichkeit von Verbandspersonen gezogen sind. Dagegen werden Exemplare, die den Einwirkungsbereich des Täters bereits verlassen haben, hier nicht erfaßt, so etwa wenn sie sich bereits auf dem Postwege (and. Tröndle/Fischer 12, Herzog NK 14, Horn SK 17, Schäfer LK 21) oder bei einem gutgläubigen Händler befinden; denn andernfalls könnte die durch Abs. 3 bezweckte Einschränkung gegenüber Abs. 2 (o. 9 ff., vgl. Tröndle/Fischer aaO) praktisch kaum zum Tragen kommen.

15   3. Ferner muß die Maßnahme **zur Verhinderung gesetzwidrigen Verbreitens** durch die bei o. 14 genannten Personen erforderlich sein. Für diese an sich für jede Sicherungsmaßregel selbstverständliche Voraussetzung soll hier bereits jede „gesetzwidrige" Verbreitungsgefahr ausreichen. Anders als hinsichtlich der Strafbarkeit des Inhalts (o. 4 ff.) soll es also hier nicht auf eine spezifisch straftatbestandliche Verbreitung ankommen (Herzog NK 13; and. Horn SK 18, Schäfer LK 22); vielmehr würde genügen, daß die zu befürchtende Verbreitung als Ordnungswidrigkeit zu qualifizieren wäre (Tröndle/Fischer 13). Bloße Polizeiwidrigkeit dagegen kann in keinem Falle ausreichen. Immer muß es sich aber um *konkrete Verbreitungsgefahr* durch eine der vorgenannten Personen handeln. Daher kann die Einziehung hier keinesfalls damit begründet werden, daß die bereits auf dem Versandwege befindlichen Exemplare noch nicht beim Empfänger angekommen sind.

16   IV. Als **anzuordnende Maßnahme** ist bei *Schriften* die **Einziehung** (Abs. 1 S. 1), bei *Herstellungswerkzeugen* die **Unbrauchbarmachung** (Abs. 1 S. 2) vorgeschrieben. Bei letzterer bleibt das Eigentum an den betroffenen Herstellungsmitteln unberührt (vgl. § 63 III StVollstrO). Weitergehend als die Einziehung von Schriften kann sich aber die Unbrauchbarmachung in den Fällen des Abs. 1 unterschiedslos gegen jedermann richten, da für sie die Einschränkungen des Abs. 2 (o. 8 ff.) nicht gelten (wohl aber bei Abs. 3: o. 14).

17   1. Die vorgenannten Maßnahmen sind an sich **zwingend** anzuordnen (Jescheck/Weigend 799 f.). Jedoch bleiben dabei die Grundsätze der **Verhältnismäßigkeit** zu beachten (Abs. 5 iVm § 74b II, III); denn obwohl in § 74b I nicht erwähnt, gilt dieser Grundsatz auch hier (BGH **23** 267 m. Anm. Willms JZ 70, 514, Tröndle/Fischer 14, Horn SK 19). Demgemäß können auch hier die Einziehung oder Unbrauchbarmachung uU durch die Anweisung ersetzt werden, daß die jugendgefährdenden Schriften an neutrale Dritte zu veräußern sind (vgl. § 74b RN 9, Tröndle/Fischer aaO). Soweit nur ein ausscheidbarer *Teil* der Schrift einen strafbaren Inhalt aufweist, ist die Maßnahme auf diese Stellen sowie auf die Teile der Platten und Formen zu beschränken, auf denen sich jene Stellen befinden. Das in § 74b RN 11 f. zur **Teileinziehung** Ausgeführte gilt hier entsprechend. Zur Ausscheidbarkeit
18   bestimmter Teile auf Platten vgl. Düsseldorf NJW **67**, 1143. Zu der noch offenen Frage, ob und in welchem Umfang trotz Strafbarkeit des Täters die **Meinungs- und Kunstfreiheit** einer Einziehung entgegenstehen kann, vgl. BVerfGE **27** 71, BGH **19** 63, 256, **20** 192 m. Anm. Nüse JR 65, 230, BGH JZ **70**, 513 m. Anm. Willms, Köln JMBlNW **66**, 287, LG Hamburg NJW **67**, 582, v. Gerkan MDR 67, 92 sowie eingeh. Eser aaO 197 ff., NJW 70, 784, Faller MDR 71, 1, Schäfer LK 26 ff.

19   2. Die Einziehung und Unbrauchbarmachung sind im **Tenor** des Urteils auszusprechen, das im Strafverfahren gegen den betroffenen Tatbeteiligten ergeht (vgl. § 74 RN 44 f.). Jedoch kommt unter den Voraussetzungen des § 76 a auch eine **selbständige** Anordnung in Betracht. Die sich aus dem Abs. 2 ergebenden Beschränkungen des Einziehungsbereichs auf bestimmte Personen bzw. Umstände sind zweckmäßigerweise in die Urteilsformel aufzunehmen. Das ist jedenfalls bei Maßnahmen nach Abs. 3 geboten (Horn SK 21); hier müssen aus Gründen der Rechtssicherheit für die Vollstreckung klare Verhältnisse geschaffen und daher die davon erfaßbaren „tatnahen" Personen von Spruchrechts namentlich benannt werden. Auch im Falle einer Teileinziehung nach Abs. 5 iVm § 74b III muß der gegenständliche Umfang der Maßnahme ausdrücklich umgrenzt sein; andernfalls ist die Beschränkung nicht wirksam. Vgl. auch Tröndle/Fischer 15.

20   3. Eine **Ersatzeinziehung** (§ 74 c) kommt allenfalls für *einziehungsfähige* Gegenstände in Betracht, nicht dagegen für solche, die lediglich der Unbrauchbarmachung unterliegen (vgl. o. 16).

21   4. Zur **Entschädigung** Dritter vgl. § 74 f.

§ 74e Wirkung der Einziehung

(1) **Wird ein Gegenstand eingezogen, so geht das Eigentum an der Sache oder das eingezogene Recht mit der Rechtskraft der Entscheidung auf den Staat über.**

(2) **Rechte Dritter an dem Gegenstand bleiben bestehen. Das Gericht ordnet jedoch das Erlöschen dieser Rechte an, wenn es die Einziehung darauf stützt, daß die Voraussetzungen des § 74 Abs. 2 Nr. 2 vorliegen. Es kann das Erlöschen des Rechts eines Dritten auch dann anordnen, wenn diesem eine Entschädigung nach § 74f Abs. 2 Nr. 1 oder 2 nicht zu gewähren ist.**

(3) **§ 73 e Abs. 2 gilt entsprechend für die Anordnung der Einziehung und die Anordnung des Vorbehalts der Einziehung, auch wenn sie noch nicht rechtskräftig ist.**

Vorbem.: Abs. 3 geändert durch Art. 1 Nr. 9 OrgKG v. 15. 7. 92 (BGBl. I 1302).

Schrifttum: Vgl. die Angaben zu den Vorbem. vor § 73.

Wirkung der Einziehung 1–9 **§ 74e**

I. Die Vorschrift regelt die **Rechtsfolgen** der Einziehung. Dabei ist zwischen dem eigentlichen *Einziehungsobjekt* (Abs. 1) und etwaigen daran bestehenden *Drittrechten* (Abs. 2) zu unterscheiden. 1

II. Für das **Einziehungsobjekt (Abs. 1)** gilt folgendes: 2

1. Die Einziehung einer Sache hat den **Eigentumsübergang auf den Staat** zur Folge. Entsprechendes gilt für den Übergang der Inhaberschaft am eingezogenen Recht. Diese Wirkung tritt **mit Rechtskraft** der die Einziehung anordnenden Entscheidung ein, und zwar ohne daß es dafür noch einer besonderen Besitzergreifung bedürfte (vgl. Eser aaO 217 ff.). Der eingezogene Gegenstand fällt an den Justizfiskus des Landes, dessen Gericht im ersten Rechtszug entschieden hat (Tröndle/Fischer 1, Schäfer LK 2; vgl. § 60 StVollstrO). 3

2. Da es sich um einen **Rechtsübergang kraft Gesetzes** handelt, bedarf es keiner zusätzlichen rechtsgeschäftlichen Übertragungsakte. Auch wirkt er gegenüber jedermann, dem der Gegenstand im Zeitpunkt des Rechtskrafteintritts gehört, sofern nur die Einziehung selbst formal wirksam angeordnet wurde. Das gilt insb. auch für den Fall der sog. **fehlerhaften Dritteinziehung,** durch die eine vermeintlich dem Täter gehörende Sache eines Dritten eingezogen wird (Eser aaO 217, 372 f.). Hier bleibt dem Dritten jedoch die Möglichkeit, im Wege eines *Nachverfahrens* gem. § 439 StPO die Rückgängigmachung der Einziehung zu betreiben (Tröndle/Fischer 1, Herzog NK 1, Horn SK 4). Allerdings ist auch dies nur im Rahmen bestimmter Ausschlußfristen möglich, und zwar innerhalb 1 Monats seit Kenntnis von der rechtskräftigen Einziehung bzw. bis spätestens nach Ablauf von 2 Jahren seit Eintritt der Rechtskraft und Beendigung der Vollstreckung. Unberührt bleibt jedoch das Recht des Dritten auf Entschädigung nach § 74 f; vgl. dort RN 3 ff. Wird hingegen das der Einziehung zugrunde liegende Urteil durch *Wiederaufnahmebeschluß* wieder aufgehoben, so lebt auch das Eigentumsrecht des Einziehungsbetroffenen wieder auf (Tröndle/Fischer 1). Unterbleibt in der neuen Verhandlung eine erneute Einziehung, ist aber der Einziehungsgegenstand nicht mehr vorhanden, so kommt praktisch nur noch eine Entschädigung nach dem StrEG in Betracht (Schäfer LK 5). Eine isoliert auf die Einziehung gerichtete Wiederaufnahme des Verfahrens ist allerdings im Hinblick auf die Möglichkeit des Nachverfahrens (vgl. o. 4) durch § 439 VI StPO ausdrücklich ausgeschlossen. 4

4 a

3. Um zu verhindern, daß der Tatbeteiligte (bzw. der Dritte iSv § 74 a) die Sache zwischen Anordnung und Rechtskraft der Einziehung weiter zu veräußern versucht, ist der Einziehungsanordnung die Wirkung eines **Veräußerungsverbots** iSv § 136 BGB beigelegt (**Abs. 3** iVm § 73 e II): und zwar hinsichtlich abstrakt gefährlicher Gegenstände als absolutes nach § 134 BGB, im übrigen als ein relatives iSv § 135 BGB (vgl. Tröndle/Fischer 2). Gleiches gilt für den Fall, daß unter Vorbehalt der Einziehung gemäß § 74 b II eine schonendere Maßnahme oder eine präventive Beschlagnahme nach § 111 b StPO angeordnet wurde (vgl. § 73 e RN 8). Diese Erwerbssperren kommen jedoch nur dann zum Zuge, wenn der Dritte bei Erwerb des Gegenstandes hinsichtlich seiner Einziehung bösgläubig war (vgl. Schäfer LK 14), was bei einem beschlagnahmten Objekt regelmäßig der Fall ist (vgl. München NJW *82*, 2330). Bei Gutgläubigkeit hingegen hat er gemäß §§ 135 II, 932 ff. BGB unbeschränktes Eigentum erworben. Ebenso wie bei der fehlerhaften Dritteinziehung geht aber auch hier der eingezogene Gegenstand auf den Staat über (vgl. o. 4), und zwar nicht nur aus Gründen der Rechtsklarheit, sondern auch wegen der unbedingten Fassung des Abs. 1, der im Gegensatz zu § 415 AO aF keinen Vorbehalt zugunsten des gutgläubigen Dritten kennt. Soweit dieser dadurch einen Schaden erleidet, ist ihm im Rahmen des § 74 f eine Entschädigung zu gewähren (vgl. E 62 Begr. 249 f. sowie § 74 f RN 4). Für ein Nachverfahren iSd § 439 StPO ist dagegen hier kein Raum (and. Herzog NK 2, Schäfer LK 15). Zu beachten ist jedoch, daß die Einziehung in den Fällen, in denen sie Eigentum des Verurteilten voraussetzt, unterbleiben muß, wenn dem Gericht der gutgläubige Eigentumserwerb durch einen Dritten bekannt wird. Dieser ist dann wie jeder sonstige Dritteigentümer zu behandeln (vgl. Herzog NK 2, Tröndle/Fischer 3). 5

III. 1. Rechte Dritter am Einziehungsobjekt (Abs. 2) bleiben von der Einziehung grundsätzlich unberührt (S. 1). Abweichend von der früheren Praxis (vgl. Eser aaO 369) soll damit nicht nur der Eigentumsgarantie (Art. 14 GG) verstärkt Rechnung getragen, sondern auch das Einziehungsverfahren vereinfacht werden; denn auf diese Weise wird die Beiziehung des Drittberechtigten als Einziehungsbeteiligter entbehrlich. 6

Rechte Dritter in diesem Sinne sind jedoch nur beschränkt **dingliche** Rechte (zB Pfand- oder Hypothekenrechte) sowie sonstige vergleichbare Sicherungsrechte (wie das Vorbehalts- und Sicherungseigentum; vgl. Tröndle/Fischer 4, Horn SK 6; and. Karlsruhe NJW *74*, 710; vgl. dazu § 74 RN 24). Das Schicksal etwaiger schuldrechtlicher Ansprüche auf die Sache regelt sich nach allgemeinen schuldrechtlichen Grundsätzen. Keinesfalls erfolgt insoweit eine Schuldübernahme durch den Staat. 7

2. Ausnahmen vom grundsätzlichen Bestand der Drittrechte gibt es jedoch in zwei Fällen: 8

a) Ist der Hauptgegenstand gem. § 74 II Nr. 2 aus **Sicherungsgründen** einzuziehen, so ist auch das Erlöschen der daran bestehenden Drittrechte anzuordnen (Abs. 2 S. 2). Gleiches hat bei Einziehung aus sonstigen Sicherungsvorschriften zu gelten (zB nach §§ 74 d, 150, 282; vgl. Tröndle/Fischer 4, Schäfer LK 9). Diese Anordnung ist **zwingend** zu treffen; jedoch steht hier dem Drittberechtigten unter den Voraussetzungen des § 74 f ein Entschädigungsanspruch zu. 9

Eser 995

§ 74f 1–4   Allg. Teil. Rechtsfolgen der Tat – Verfall und Einziehung

10   b) Darüber hinaus *kann* das entschädigungslose Erlöschen des Drittrechtes angeordnet werden, wenn dem Drittberechtigten ein **quasi-schuldhaftes Verhalten** iSd § 74 f II Nr. 1 oder 2 vorzuwerfen ist. Insoweit handelt es sich um einen dem § 74 a vergleichbaren Fall einer strafähnlichen Drittrechtseinziehung (Eser aaO 223, Horn SK 8); dementsprechend bestehen hiergegen die gleichen Bedenken wie bei § 74 a (vgl. dort 1 f.). Im Unterschied zur sicherungsweisen Einziehung (o. 9) steht hier die Anordnung des Erlöschens im **Ermessen** des Gerichts. Dabei wird insb. die wirtschaftliche Einbuße, die der Drittberechtigte durch das Erlöschen seines Rechts hinzunehmen hätte, gegenüber dem Verwerflichkeitsgrad seines Verhaltens abzuwägen sein. Dazu sind die zur Tat- und Schuldangemessenheit der Einziehung entwickelten Grundsätze entsprechend heranzuziehen (vgl. § 74 RN 39, 74 b RN 3 f.).

11   **IV.** Die **Verwendung** eingezogener Gegenstände bestimmt sich nach §§ 63 ff. StVollstrO. Gibt der Verurteilte trotz Aufforderung die Gegenstände nicht heraus, so beauftragt die Vollstreckungsbehörde den Gerichtsvollzieher mit der Zwangsvollstreckung; vgl. näher § 459 g StPO, § 61 StVollstrO.

§ 74 f Entschädigung

(1) Stand das Eigentum an der Sache oder das eingezogene Recht zur Zeit der Rechtskraft der Entscheidung über die Einziehung oder Unbrauchbarmachung einem Dritten zu oder war der Gegenstand mit dem Recht eines Dritten belastet, das durch die Entscheidung erloschen oder beeinträchtigt ist, so wird der Dritte aus der Staatskasse unter Berücksichtigung des Verkehrswertes angemessen in Geld entschädigt.

(2) Eine Entschädigung wird nicht gewährt, wenn

1. der Dritte wenigstens leichtfertig dazu beigetragen hat, daß die Sache oder das Recht Mittel oder Gegenstand der Tat oder ihrer Vorbereitung gewesen ist,
2. der Dritte den Gegenstand oder das Recht an dem Gegenstand in Kenntnis der Umstände, welche die Einziehung oder Unbrauchbarmachung zulassen, in verwerflicher Weise erworben hat oder
3. es nach den Umständen, welche die Einziehung oder Unbrauchbarmachung begründet haben, auf Grund von Rechtsvorschriften außerhalb des Strafrechts zulässig wäre, den Gegenstand dem Dritten ohne Entschädigung dauernd zu entziehen.

(3) In den Fällen des Absatzes 2 kann eine Entschädigung gewährt werden, soweit es eine unbillige Härte wäre, sie zu versagen.

Schrifttum: Vgl. die Angaben zu den Vorbem. vor § 73.

1   **I.** Durch diese **Entschädigungsregelung für tatunbeteiligte Dritte** soll der **Eigentumsgarantie** des Art. 14 GG in verstärktem Maße Rechnung getragen werden (zum früheren Zustand vgl. Eser aaO 365 ff.). Danach erscheint eine entschädigungslose Einziehung oder Unbrauchbarmachung nur dann gerechtfertigt, wenn der Eigentümer den grundrechtlichen Schutz seines Eigentums durch gemeinwohlwidrigen Mißbrauch verwirkt hat. In allen Fällen dagegen, in denen die Einziehung oder Unbrauchbarmachung für den Betroffenen ein unzumutbares Sonderopfer bedeutet, sind die erlittenen Rechtsverluste durch eine angemessene Entschädigung wieder auszugleichen (vgl. Eser aaO 368 ff., Stree aaO 124 ff., Zeidler NJW 64, 1149).

2   **II.** Die **Entschädigungsvoraussetzungen (Abs. 1)** sind im wesentlichen folgende:

3   **1.** Entschädigungsberechtigt sind grundsätzlich nur **tatunbeteiligte Dritte**. Dazu zählen neben dem **Eigentümer** bzw. Inhaber des eingezogenen oder unbrauchbar gemachten Gegenstandes auch solche Personen, denen an dem betreffenden Gegenstand ein *dingliches Recht* zustand, das entweder durch die Einziehung gem. § 74 e II völlig zum Erlöschen kam oder durch die Unbrauchbarmachung bzw. eine andere Maßnahme (vgl. Schäfer LK 4) in seinem wirtschaftlichen Wert beeinträchtigt wurde (näher zum Kreis der Drittberechtigten Eser aaO 371 sowie § 74 e RN 1). Auch bei fehlerhafter Dritteinziehung (§ 74 e RN 4) ist eine Entschädigung denkbar, so zB wenn die Fristen für ein Nachverfahren versäumt wurden (vgl. Eser aaO 372 f., ferner Tröndle/Fischer 3, Herzog NK 3, Schäfer LK 2). Dagegen steht Tatbeteiligten iSd §§ 25 ff. in keinem Falle eine Entschädigung zu, und zwar auch dann nicht, wenn sie schuldlos gehandelt haben. Entsprechendes gilt für Dritte, denen gegenüber die strafähnliche Einziehung nach § 74 zulässig war (vgl. LG Hamburg NJW **74**, 374, Horn SK 2, 4, Schäfer LK 2).

4   **2.** Maßgeblicher **Zeitpunkt** für das Recht auf eine Entschädigung ist die **Rechtskraft** der Entscheidung. Nur die zu diesem Zeitpunkt unmittelbar eintretenden Rechtsverluste sind zu entschädigen. Erleidet also ein Dritteigentümer dadurch eine Einbuße, daß er in Erwartung der Rechtskraft den betroffenen Gegenstand vorher unter Verlust veräußert, so kann er dafür keine Entschädigung verlangen. Dagegen ist unerheblich, ob dem Dritten der Gegenstand bereits im Zeitpunkt der *Tat* oder der Einziehungs*anordnung* zustand. Deshalb ist auch jener geschützt, der den Gegenstand trotz des Veräußerungsverbots nach § 74 III vor Eintritt der Rechtskraft gutgläubig erworben hat (vgl. dort RN 5). Entsprechendes gilt für die vor Rechtskraft begründeten Drittrechte.

Entschädigung 5–14 **§ 74 f**

3. Ferner hängt das Entschädigungsrecht des Dritten davon ab, daß ihm im Hinblick auf die Tat 5
kein Vorwurf gemacht werden kann. Diese negative Entschädigungsvoraussetzung ist in Form von
Ausschlußklauseln (Abs. 2) gefaßt, die im wesentlichen mit den Kriterien übereinstimmen, wie sie
eine strafähnliche Dritteinziehung nach § 74 a begründen. Danach ist die Entschädigung zunächst in
zwei Fällen zu versagen:

a) Wenn der Dritte leichtfertig dazu beigetragen hat, daß die Sache oder das Recht Mittel oder 6
Gegenstand der Tat oder ihrer Vorbereitung gewesen ist (*Beihilfeklausel:* Abs. 2 Nr. 1). Näher dazu
§ 74 a RN 5 f., Hamm NJW **70**, 1754.

b) Zum anderen, wenn der Dritte den Gegenstand oder das Recht an dem Gegenstand in Kenntnis 7
der Umstände, welche die Einziehung oder Unbrauchbarmachung zulassen, in verwerflicher Weise
erworben hat (*Erwerbsklausel:* Abs. 2 Nr. 2), so zB der Besteller pornographischer Schriften (Hamm
MDR **70**, 944). Soweit es sich dabei um beschränkt dingliche Rechte am Einziehungsobjekt handelt,
ist für die Kenntnis von der Einziehungsverstrickung der Sache naturgemäß auf die Erlangung des
Drittrechtes abzustellen. Aber auch hier handelt der Drittberechtigte nur dann verwerflich, wenn ihm
eine begünstigende, hehlerische oder sonstwie ausbeuterische Absicht nachzuweisen ist. Vgl. § 74 a
RN 10.

c) Darüber hinaus ist die Entschädigung dann zu versagen, wenn bereits nach *außerstrafrechtlichen* 8
Vorschriften eine *entschädigungslose* Entziehung des betroffenen Gegenstandes möglich wäre (Abs. 2
Nr. 3), das betroffene Recht also schon aus anderen Gründen der Schutzwürdigkeit verlustig ist.
Das ist etwa bei § 51 b BranntwMG (iVm § 216 III 4 AO) sowie nach landesrechtlichen Polizei-
gesetzen der Fall. Die Versagung einer Entschädigung in diesen Fällen schließt indes nicht aus, daß
dem Eigentümer der etwaige Erlös aus einer Verwertung herausgegeben wird (Göhler § 28 RN 17,
Schäfer LK 7).

4. Diese Ausschlußklauseln sind jedoch ihrerseits wieder eingeschränkt, indem zur Vermeidung 9
einer **unbilligen Härte (Abs. 3)** eine Entschädigung gewährt werden kann. Dies ist etwa dann der
Fall, wenn die mit der Maßnahme verbundene Einbuße außer Verhältnis zum Fehlverhalten des
Dritten stehen würde. Doch wäre in diesem Fall zu prüfen, ob dann nach den Grundsätzen der
Verhältnismäßigkeit (§ 74 b I) nicht bereits auf die Einziehung zu verzichten wäre (vgl. Eser aaO 375).
Dagegen ist eine unbillige Härte nicht etwa darin zu erblicken, daß der inländische Erwerber
pornographischer Schriften deren entschädigungslose Einziehung hinnehmen muß, während sein
ausländischer Lieferant infolge Nichtverfolgbarkeit ungeschoren davonkommt (vgl. Hamm NJW **70**,
1757 f.).

III. Ein **Rechtsanspruch auf Entschädigung** besteht nur dann, wenn die Voraussetzungen von 10
Abs. 1 vorliegen und nicht ein Ausschlußgrund nach Abs. 2 gegeben ist. Das setzt eine Beeinträchtigung des betroffenen Gegenstandes infolge einer Einziehungsanordnung voraus (weswegen Wertminderungen allein aufgrund langdauernder Beschlagnahme nicht nach § 74 f entschädigungsfähig
sind: LG Freiburg NJW **90**, 400) und ist faktisch nur bei einer sicherungsbedingten Dritteinziehung
der Fall (vgl. Eser aaO 367 ff.). Lediglich im Härtefall nach Abs. 3 (o. 9) bleibt dem Richter noch ein
Ermessensspielraum (vgl. § 436 III 2 StPO). Die **Höhe** der Entschädigung bemißt sich nach dem 11
Verkehrswert des eingezogenen Gegenstandes bzw. aufgehobenen Rechtes, muß aber angemessen sein
(vgl. Eser aaO 373 f., 376 f., Tröndle/Fischer 8, Herzog NK 12). Bei Unbrauchbarmachung ist die
Wertminderung zu ersetzen, die der Gegenstand durch die Maßnahme erlitten hat. Zur Feststellung
bzw. Schätzung des Verkehrswertes gilt Entsprechendes wie bei der Ersatzeinziehung (vgl. § 74 c
RN 9). **Entschädigungspflichtig** ist der Fiskus des Staates, dem der eingezogene Gegenstand zufällt 12
bzw. dessen Gericht die Maßnahme in erster Instanz angeordnet hat (Schäfer LK 10); vgl. dazu § 74 e
RN 3.

IV. Die **Entscheidung** über die Entschädigung, einschließlich ihrer Höhe, ist grds. nicht vom 13
Strafgericht zu treffen, sondern steht nach den allgemeinen Verfahrensregeln den für die Entscheidung
über öffentlich-rechtliche Entschädigungsansprüche zuständigen Gerichten zu. Das ist das **Zivilgericht** (vgl. E 62 Begr. 251, Hamburg NJW **53**, 1645, v. Mangoldt-Klein Art. 14 Anm. VII 10 d, Stree
aaO 129 ff.). Hiervon bestehen jedoch zwei **Ausnahmen:**

1. Ordnet der **Strafrichter** die Einziehung aufgrund von Umständen an, die einer Entschädigung 14
des Einziehungsbeteiligten entgegenstehen, so spricht er zugleich aus, daß dem Betroffenen eine
Entschädigung nicht zu gewähren ist (§ 436 III 1 StPO). Dieser Fall kann allerdings nur dort
praktisch werden, wo der Gegenstand entweder einem Dritten, dem eine Entschädigung nach den
Ausschlußklauseln des Abs. 2 zu versagen ist, oder einem ausnahmsweise einziehungsbeteiligten Tatbeteiligten gehört. Insofern muß der Strafrichter jedenfalls über die Versagungsvoraussetzungen eine
Entscheidung treffen, ohne diese einem etwaigen Nachverfahren nach § 439 StPO überlassen zu
dürfen (BGH NJW **70**, 820, LG Bayreuth NJW **70**, 577). Dabei bleibt jedoch zu beachten, daß alle
Wirkungen der Einziehung auf den Zeitpunkt der Rechtskraft bezogen sind (vgl. o. 4). Ist also der
Gegenstand zwischenzeitlich gutgläubig von einem Dritten erworben worden (vgl. § 74 e RN 5), so
kann der Versagungsausspruch des Strafrichters diesem gegenüber nicht verbindlich sein. Deshalb
bleibt auch hier die endgültige Entscheidung über die Entschädigung praktisch beim *Zivilrichter.* Vgl.
auch LG Hamburg NJW **74**, 374.

15   2. Ein **Ausspruch des Strafrichters** über die Entschädigung ist ferner dann notwendig, wenn an sich ein Versagungsgrund nach Abs. 2 gegeben ist, dem Betroffenen jedoch nach Abs. 3 aus **Billigkeitsgründen** eine Entschädigung gewährt werden soll. Hier ist der Strafrichter aufgrund seiner unmittelbaren Kenntnis der Tatumstände selbst dazu berufen, über die Gewährung einer Entschädigung einschließlich ihrer Höhe zu befinden (§ 436 III 2 StPO). Allerdings ist auch hier der Fall denkbar, daß zwischen Anordnung und Rechtskraft der Einziehung der Gegenstand an einen gutgläubigen Dritten veräußert wird (vgl. § 74 e RN 5). Über dessen Entschädigung hätte dann wiederum der *Zivilrichter* zu entscheiden.

§ 75 Sondervorschrift für Organe und Vertreter

Hat jemand
1. als vertretungsberechtigtes Organ einer juristischen Person oder als Mitglied eines solchen Organs,
2. als Vorstand eines nicht rechtsfähigen Vereins oder als Mitglied eines solchen Vorstandes,
3. als vertretungsberechtigter Gesellschafter einer Personenhandelsgesellschaft oder
4. als Generalbevollmächtigter oder in leitender Stellung als Prokurist oder Handlungsbevollmächtigter einer juristischen Person oder einer in Nummer 2 oder 3 genannten Personenvereinigung

eine Handlung vorgenommen, die ihm gegenüber unter den übrigen Voraussetzungen der §§ 74 bis 74 c und 74 f die Einziehung eines Gegenstandes oder des Wertersatzes zulassen oder den Ausschluß der Entschädigung begründen würde, so wird seine Handlung bei Anwendung dieser Vorschriften dem Vertretenen zugerechnet. § 14 Abs. 3 gilt entsprechend.

Vorbem.: § 75 S. 1 Nr. 4 eingefügt durch das 31. StÄG-2. UKG v. 27. 6. 94 (BGBl. I 1440).

Schrifttum: Vgl. die Angaben zu den Vorbem. vor § 73.

1   I. Diese Sondervorschrift soll die **Einziehung von Verbandseigentum** ermöglichen, das durch dessen Organe und Vertreter zu strafbaren Handlungen mißbraucht wurde. Gleiches gilt durchgehend für den Mißbrauch von Verbandsrechten. In solchen Fällen könnte die Einziehung nämlich daran scheitern, daß der Verband nicht selbst handlungsfähige Eigentümer (wobei hier grds. der Eigentumsbegriff des bürgerlichen Rechts [BGH NStZ **97**, 30] und nicht eine rein wirtschaftliche Betrachtungsweise gilt) bzw. Rechtsinhaber weder Tatbeteiligter iSd § 74 II Nr. 1 noch quasi-schuldhaft handelnder Dritteigentümer iSd § 74 a sein kann, beim Vertreter aber die Eigentümerqualität fehlt. Für diese Fälle bestimmt § 75, daß die Handlungen des Vertreters, soweit er sie „als" Organ oder Vertreter für den Vertretenen vorgenommen hat, diesem mit dem Ergebnis zugerechnet werden können, daß ihm gegenüber die Einziehung möglich ist. Es handelt sich also um einen Anwendungsfall *strafrechtlicher Verantwortlichkeit juristischer Personen,* mit allen dagegen bestehenden grundsätzlichen Bedenken; vgl. 112 f. vor § 25. Bei der *sicherungsbedingten* Einziehung bedarf es einer solchen Zurechnungsregel freilich nicht, da es hier auf die Person des Eigentümers ohnehin nicht ankommt (vgl. Eser aaO 242, 283 sowie o. § 74 RN 35). Deshalb ist auch die besondere Erwähnung von § 74 d entbehrlich (Schäfer LK 16). Aus ähnlichen Gründen hätte es auch bei dem ursprünglich als quasi-konditionellen Ausgleich konzipierten *Verfall* an sich keiner besonderen Zurechnungsregel für Vertreter bedurft, da
2   Tatvorteile im Grundsatz jedem Begünstigten entzogen werden können (vgl. 24. A.). Doch nach der Umstellung auf das Bruttoprinzip (2 a, 19 vor sowie 6, 17 zu § 73) und dem damit einhergehenden teilweisen strafähnlichen Charakter des Verfalls bedarf § 73 III im Hinblick auf das Schuldprinzip einer einschränkenden Auslegung (vgl. § 73 RN 37 a).

3   II. Die Aufzählung der **drei Arten von Verbandspersonen,** denen das strafbare Verhalten ihrer Organe zugerechnet werden kann (S. 1), ist *abschließend* (vgl. Schäfer LK 7). Danach kommen in Betracht:

4   **1. Juristische Personen** (Nr. 1). Worauf sich ihre Rechtsfähigkeit gründet, ist ebenso gleichgültig wie die Art ihrer Betätigung. Deshalb werden in gleicher Weise wie eine AG etwa auch der eingetragene Sportverein oder die berufsständische Handelskammer erfaßt; vgl. § 14 RN 15. Zurechnungsfähig sind jedoch nur strafbare Handlungen eines vertretungsberechtigten *Organs* oder eines *Mitglieds* eines solchen Organs, nicht dagegen die Straftaten von Angestellten, gleich welcher rechtlichen Stellung (vgl. Tröndle/Fischer 2; beachte aber u. 7 zu Nr. 4).

5   **2. Nichtrechtsfähige Vereine** (Nr. 2). Darunter fallen alle Personenvereinigungen iSd § 54 BGB, gleichgültig, welche Ziele sie verfolgen. Auch hier werden nur die Handlungen des *Vorstands* oder eines Vorstandsmitgliedes erfaßt (vgl. aber auch u. 7). Dabei ist unerheblich, ob das einzelne Mitglied des Vorstands mit Billigung des Gesamtvorstands oder eigenmächtig gehandelt hat.

6   **3. Personenhandelsgesellschaften** (Nr. 3). Hier kommen nur Personengesellschaften des Handelsrechts (zB OHG, KG) in Betracht, nicht dagegen BGB-Gesellschaften (Tröndle/Fischer 2 b) und schon gar nicht bloße Einzelfirmen. Auch Partnerschaftsgesellschaften nach dem PartGG, die kein Handelsgewerbe betreiben, scheiden hier aus (vgl. § 14 RN 22; and. Tröndle/Fischer 2 b). Anders als

in den zuvor genannten Fällen ist hier der Zurechnungsbereich insofern noch enger, als nur das Handeln eines **vertretungsberechtigten Gesellschafters** erfaßt wird. Dagegen bleibt nach dieser Nr. 3 (und somit anders als bei § 14 II) das Handeln nichtvertretungsberechtigter Gesellschafter ebenso außer Betracht wie das von Prokuristen oder sonstigen an der Gesellschaft nicht beteiligten Geschäftsführern oder Filialleitern (beachte aber auch nachf. zu Nr. 4).

4. Eine nicht unbeträchtliche Ausweitung hat diese Zurechenbarkeit von Drittverhalten durch die 7 (mit dem 31. StÄG-2. UKG v. 1994) eingefügte Nr. 4 erfahren: Dadurch wurde zwar nicht der vorgenannte Kreis von Verbänden (Nrn. 1–3), wohl aber der Kreis der Personen, deren Verhalten jenen Personeneinheiten zugerechnet werden kann, erweitert, indem – über vertretungsberechtigte Organe, Vorstände oder Gesellschafter hinaus – auch einschlägige Straftaten von **Generalbevollmächtigten** sowie **Prokuristen** oder **Handlungsbevollmächtigten**, sofern **in leitender Stellung** befindlich, eine Einziehung begründen können. Auf diese Weise soll verhindert werden, daß Verbände durch Verantwortungsverlagerung nach unten einer drohenden Einziehung zu entgehen versuchen. Deshalb soll ohne Rücksicht auf die formale Rechtsstellung an das Verhalten jener Personen angeknüpft werden können, die im Leitungsbereich die Geschicke der betreffenden Personenvereinigung verantwortlich bestimmen. Allerdings ist man dabei – entgegen einem BR-Vorschlag – nicht so weit gegangen, ähnlich wie bei § 14 II das Verhalten auch „sonstiger Verantwortlicher" zurechnen zu lassen, sondern hat den erfaßbaren Personenkreis auf zwei Personengruppen beschränkt: auf Generalbevollmächtigte, deren Verhalten schon allein aufgrund ihres Status einziehungsbegründend wirken kann, sowie auf Prokuristen und Handlungsbevollmächtigte, bei denen es zudem darauf ankommt, daß sie tatsächlich eine leitende Stellung innehaben (vgl. BT-Drs 12/192 S. 13 f., 37, 43, Tröndle/Fischer 2 c).

5. Ebenso wie bei § 14 kommt es auch hier auf die **Wirksamkeit der Vertretungsbefugnis nicht** 8 unbedingt an. Auch das Auftragsverhältnis, aufgrund dessen der Täter gehandelt hat, muß nicht unbedingt nach den zivil- oder öffentlich-rechtl. Vorschriften wirksam sein (Tröndle/Fischer 2). Vielmehr läßt S. 2 iVm § 14 III auch hier schon das Vorliegen von Rechtshandlungen genügen, die ein Vertretungsverhältnis oder eine Leitungsfunktion begründen sollten (vgl. § 14 RN 36, 43).

6. Im übrigen jedoch muß das Organ, der Vertreter oder der Bevollmächtigte **im Rahmen seines** 9 **allgemeinen Geschäftsbereiches und im Interesse des Verbandes** tätig geworden sein (vgl. R. Schmitt aaO 199 ff.; teils enger Eser aaO 244 ff.; teils weiter Schäfer LK 13). Denn da der Täter „als" Organ usw. des Verbandes gehandelt haben muß, reicht nicht aus, daß er lediglich „gelegentlich" einer geschäftlichen Tätigkeit, praktisch jedoch in rein privatem Interesse gehandelt hat (Herzog NK 7). Andernfalls wäre eine Strafsanktion, wie sie § 75 gegenüber einem selbst nicht handlungs- und schuldfähigen Eigentümer ermöglicht (vgl. o. 1), nicht zu rechtfertigen. Entsprechendes gilt – im Unterschied zu dem insoweit die gerade umgekehrte Zurechnungssituation erfassenden § 14 – im Hinblick auf das hier erforderliche Handeln im Interesse des Eigentümers (vgl. demgegenüber § 14 RN 26). Das Verhalten des Täters kann aber schon dann im inneren Zusammenhang mit seiner Stellung als Organ stehen, wenn er ein Handeln für die juristische Person mit der Wahrnehmung eigener Interessen verknüpft, was insb. bei einer „Ein-Mann-Gesellschaft" naheliegt, wobei von Bedeutung sein kann, ob die Täter die Verwendung der Tatmittel (auch) zum Nutzen des Unternehmens angeordnet oder zugelassen hat (BGH NStZ **97**, 30 f.).

III. Unter den vorgenannten Voraussetzungen wird **dem Vertretenen das Verhalten seines** 10 **Vertreters zugerechnet**, dh daß die Verbandsperson so behandelt wird, als ob sie selbst die einziehungserheblichen Handlungen ihres Organs begangen hätte. Dabei ist gleichgültig, ob es sich um unrechts- oder schuldbezogene Kriterien handelt. Das gilt insb. für die einziehungsbegründenden Elemente der §§ 74 II Nr. 1, 74 a und 74 c sowie für die entschädigungsausschließenden Klauseln der §§ 74 e II 3 und 74 f II. Doch werden bei Ausübung des Einziehungsermessens bzw. bei Prüfung der Verhältnismäßigkeit auch das etwaige Mitverschulden des Vertretenen bzw. seine Verhältnisse mitzuberücksichtigen sein (Tröndle/Fischer 4, Herzog NK 10, Schäfer LK 14 f.).

– Gemeinsame Vorschriften –

Vorbemerkung zu den §§ 76, 76 a

Daß sich in den *gemeinsamen Vorschriften* für Verfall und Einziehung lediglich zwei Bestimmungen 1 finden, ergibt ein irreführendes Bild. Denn einerseits gibt es – wie die vorangehenden Erörterungen gezeigt haben – weitaus mehr Gemeinsamkeiten zwischen Verfall und Einziehung, als in den beiden nachfolgenden Vorschriften zum Ausdruck kommt. Zum anderen enthalten die §§ 76 und 76 a lediglich **subsidiäre** Maßnahmen, die ebenso gut innerhalb von Verfall oder Einziehung hätten geregelt und im Wege der Verweisung auf den jeweils anderen Bereich erstreckt werden können. Zu Vorgängern dieser Vorschriften vgl. 19. A. 2 vor § 76.

§ 76 Nachträgliche Anordnung von Verfall oder Einziehung des Wertersatzes

Ist die Anordnung des Verfalls oder der Einziehung eines Gegenstandes nicht ausführbar oder unzureichend, weil nach der Anordnung eine der in den §§ 73 a, 73 d Abs. 2 oder 74 c bezeichneten Voraussetzungen eingetreten oder bekanntgeworden ist, so kann das Gericht den Verfall oder die Einziehung des Wertersatzes nachträglich anordnen.

Vorbem.: Vorschrift erweitert durch Einfügung v. § 73 d Abs. 2 durch Art. 1 Nr. 10 OrgKG v. 27. 6. 1994 (BGBl. I 1440).

Schrifttum: Vgl. die Angaben zu den Vorbem. vor § 73.

1 I. Die Vorschrift will dem Umstand Rechnung tragen, daß sich die der richterlichen Verfalls- oder Einziehungsanordnung zugrunde liegenden Annahmen **nachträglich** als nicht oder nicht mehr gegeben herausstellen. Um hier wenigstens den Weg zu einer **Ersatzsanktion** zu eröffnen, wird dem
2 Gericht die Möglichkeit zu einer nachträglichen Einziehung des Wertersatzes eingeräumt. In dieser nachträglichen Korrektur bzw. Ersetzung der zunächst angeordneten Originaleinziehung kann eine **Durchbrechung der Rechtskraft** der ursprünglichen Entscheidung liegen; denn wie sich aus § 462 I 2 StPO ergibt, kommt eine nachträgliche Wertersatzeinziehung nach § 76 idR überhaupt erst dann in Betracht, wenn eine an sich vollstreckungsfähige und damit nach § 449 StPO rechtskräftige Entscheidung vorliegt. Insofern kommt der nachträglichen Wertersatzanordnung zugleich auch
3 rechtskraftdurchbrechende Wirkung zu (Tröndle/Fischer 1, Schäfer LK 1). Dagegen kann darin **keine Doppelbestrafung** iSv Art. 103 III GG erblickt werden; denn nicht nur, daß der Wertersatz in der ursprünglichen Einziehungsanordnung bereits „immanent vorbehalten" ist (Tröndle/Fischer § 74 c RN 1, Schäfer LK 7); auch setzt die nachträgliche Ersatzsanktion voraus, daß die Originalsanktion gerade nicht mehr vollziehbar ist, diese also nicht verdoppelt, sondern lediglich ersetzt wird (Herzog NK 1).

4 II. Im einzelnen setzt eine nachträgliche Ersatzsanktion dreierlei voraus:

5 **1. Nichtdurchführbarkeit der ursprünglichen Anordnung.**

a) Dies ist zum einen dann der Fall, wenn die *Originaleinziehung* – und Entsprechendes gilt jeweils auch für den Original*verfall* – **nicht (oder nicht mehr) ausführbar** ist: So vor allem dann, wenn das Einziehungsobjekt bei Durchführung der Vollstreckungsmaßnahme nicht vorhanden ist, sei es, daß es vernichtet oder verwertet, oder sei es, daß es noch vor der Einziehungsanordnung an einen gutgläubigen Dritten veräußert wurde. Zwar geht auch in diesem Fall das Eigentum mit Rechtskraft der Einziehung gemäß § 74 zunächst auf den Fiskus über. Gelingt dem Erwerber jedoch im Nachverfahren nach § 439 StPO der Nachweis, daß er nach Rechtskraft der Einziehung bereits Eigentümer geworden war und ohne sein Verschulden seine Rechte als Einziehungsbeteiligter nicht hat wahrnehmen können, so daß ihm gegenüber die Einziehung nicht gerechtfertigt ist, so ist damit auch der Eigentumsübergang auf den Staat wieder rückgängig zu machen. Entsprechendes gilt für den Fall, daß die Veräußerung an den Dritten zwar erst nach der tatrichterlichen Einziehungsanordnung erfolgte, dieser jedoch von dem damit verbundenen Veräußerungsverbot iSv § 73 e II bzw. § 74 e III keine Kenntnis hatte, so daß er den tatverstrickten Gegenstand nach §§ 135 II, 932 ff. BGB gutgläubig erwerben konnte (vgl. § 74 e RN 5). Wenn hier der Eigentumsübergang auf den Staat wieder rückgängig gemacht wird, so erweist sich damit die Originaleinziehung als nicht ausführbar. Entsprechendes ist für den Fall anzunehmen, daß nach § 439 V StPO die Einziehung wegen des unangemessenen Aufwandes eines Nachverfahrens wieder aufgehoben wird. Näher zum Ganzen Schäfer LK 2 ff.

6 b) Einen Fall der Nichtdurchführbarkeit erblickt das Gesetz ferner darin, daß der Verfall bzw. die Einziehung **unzureichend** wäre. Damit sind vor allem jene Fälle gemeint, in denen das Einziehungsobjekt zwischenzeitlich mit Drittrechten belastet wurde, die bei Einziehung nach § 74 c I iVm § 74 f zu entschädigen wären. Ähnlich kann bei Verfall nachträglich bekannt werden, daß die Voraussetzungen einer Anordnung nach § 73 a S. 2 vorlagen oder erst nach der Entscheidung eingetreten sind (vgl. Schäfer LK 5 f.).

7 **2.** Die der Nichtdurchführbarkeit zugrunde liegenden Umstände müssen **nach Anordnung** der Originaleinziehung **eintreten oder bekannt** werden. Obgleich damit als maßgeblicher Zeitpunkt bereits derjenige der erstinstanzlichen Anordnung gemeint zu sein scheint, wird es für die Nachträglichkeit auf den Zeitpunkt ankommen, zu dem die fraglichen Umstände letztmals hätten berücksichtigt werden können; und das ist idR die *letzte tatrichterliche Entscheidung.* Da es jedoch nicht allein auf das objektive Eintreten der die Ausführung hindernden Umstände ankommt, sondern auch auf deren subjektives Bekanntwerden, sind als nachträglich praktisch alle Umstände zu betrachten, die dem (letzten) Tatrichter bei seiner Anordnung noch nicht bekannt waren. Daher ist auch gleichgültig, ob die Veräußerung des einziehungsverstrickten Gegenstandes bereits vor oder nach der erstrichterlichen Einziehungsanordnung erfolgte; entscheidend ist allein, daß der einziehungshindernde Umstand erst zu einem Zeitpunkt eintrat bzw. bekannt wurde, zu dem er im Rahmen des ordentlichen Einziehungsverfahrens nicht mehr berücksichtigt werden konnte.

8 **3.** Zudem kommt eine nachträgliche Wertersatzsanktion naturgemäß nur dann und nur insoweit in Betracht, als dies nach den **allgemeinen Wertersatzregeln** zulässig ist. Für den Wertersatzverfall

Selbständige Anordnung 1–5 **§ 76 a**

bestimmt sich das nach § 73 a, für die Wertersatzeinziehung nach § 74 c. Deshalb gelten die dortigen Erläuterungen auch für die nachträgliche Anordnung entsprechend.

III. Die **Entscheidung** über eine nachträgliche Anordnung ist, da es sich lediglich um eine Kann- 9 Vorschrift handelt, in das **pflichtgemäße Ermessen** des Gerichts gestellt. Das gilt auch für den Fall, daß die Originaleinziehung als *zwingende* ausgesprochen war; denn wenn bereits die „ordentliche" Wertersatzsanktion in das richterliche Ermessen gestellt ist (vgl. § 74 c RN 8), so kann für die nachträgliche nichts anderes gelten. Falls allerdings der Verfall bzw. die Einziehung des Originalobjekts bereits bei der Gesamtstrafzumessung zugunsten des Täters berücksichtigt war (vgl. § 74 RN 39 f.), wird die nachträgliche Anordnung einer Ersatzsanktion regelmäßig geboten sein.

IV. **Prozessual** wird gem. § 462 StPO die Anordnung als Beschluß durch das Gericht des ersten 10 Rechtszuges ohne mündliche Verhandlung erlassen, nachdem zuvor der Staatsanwaltschaft und dem Verurteilten Gelegenheit zur Antragstellung gegeben worden ist.

§ 76 a Selbständige Anordnung

(1) **Kann wegen der Straftat aus tatsächlichen Gründen keine bestimmte Person verfolgt oder verurteilt werden, so muß oder kann auf Verfall oder Einziehung des Gegenstandes oder des Wertersatzes oder auf Unbrauchbarmachung selbständig erkannt werden, wenn die Voraussetzungen, unter denen die Maßnahme vorgeschrieben oder zugelassen ist, im übrigen vorliegen.**

(2) **Unter den Voraussetzungen des § 74 Abs. 2 Nr. 2, Abs. 3 und des § 74 d ist Absatz 1 auch dann anzuwenden, wenn**
1. **die Verfolgung der Straftat verjährt ist oder**
2. **sonst aus rechtlichen Gründen keine bestimmte Person verfolgt werden kann und das Gesetz nichts anderes bestimmt.**

Einziehung oder Unbrauchbarmachung dürfen jedoch nicht angeordnet werden, wenn Antrag, Ermächtigung oder Strafverlangen fehlen.

(3) **Absatz 1 ist auch anzuwenden, wenn das Gericht von Strafe absieht oder wenn das Verfahren nach einer Vorschrift eingestellt wird, die dies nach dem Ermessen der Staatsanwaltschaft oder des Gerichts oder im Einvernehmen beider zuläßt.**

Vorbem. Nr. 1 von Abs. 2 S. 1 eingefügt durch Ges. v. 13. 6. 1985 (BGBl. I 965).

Schrifttum: Vgl. die Angaben zu den Vorbem. vor § 73.

I. Die Vorschrift läßt für bestimmte Fälle, in denen gegen den Täter ein subjektives Strafverfahren 1 nicht durchführbar ist, ein **selbständiges Verfalls- bzw. Einziehungsverfahren** zu, das vielfach auch als „*objektives Verfahren*" bezeichnet wird. Seinem Rechtscharakter nach handelt es sich dabei nicht um eine materielle Sonderart der Eigentumssanktionen, sondern lediglich um eine *besondere Verfahrensform*, die den Verfall, die Einziehung, die Unbrauchbarmachung oder Wertersatzsanktion ohne Rücksicht auf die persönliche Verfolgbarkeit des Täters ermöglichen will, dabei aber völlig auf den materiellen Verfalls- und Einziehungsvoraussetzungen aufbaut (vgl. BGH **13** 314). Demgemäß 2 bleibt die **Rechtsnatur der Maßnahme** auch bei ihrer Verhängung im objektiven Verfahren grds. **unverändert** (vgl. RG **53** 126, Schäfer LK 4). Jedoch wird ein ohne Rücksicht auf die Verfolgbarkeit des Betroffenen durchgeführtes Verfahren regelmäßig nur dann sinnvoll sein, wenn überwiegend präventive oder quasi-konditionelle Gründe die Einziehung bzw. den Verfall erheischen. Deshalb ist in Fällen, in denen die Einziehung nur repressiv zu begründen wäre, von einem objektiven Verfahren grds. Abstand zu nehmen (Eser aaO 134, 210, 221; and. Herzog NK 3, Schäfer LK 5: der Täter ist zB unter Zurücklassung wertvoller Tatwerkzeuge ins Ausland geflohen). Aus gleichen Gründen wird ein Verfallsverfahren auf Nettoabschöpfung zu beschränken sein (vgl. 19 vor u. 17 a zu § 73).

II. Hinsichtlich der **Voraussetzungen,** unter denen eine selbständige Anordnung des Verfalls, der 3 Einziehung, der Unbrauchbarmachung oder einer Ersatzsanktion möglich ist, sind die Fälle des Abs. 1 und des Abs. 2 zu unterscheiden.

1. In allen **nichtsicherungsbedingten** Verfalls- oder Einziehungsfällen **(Abs. 1),** dh überall dort, 4 wo diese sich nicht auch aus Sicherungsgründen rechtfertigen lassen (so bei der rein tätergerichteten Strafeinziehung bzw. der strafähnlichen Dritteinziehung sowie regelmäßig bei Verfall nach dem Bruttoprinzip), müssen grundsätzlich alle Verfalls- bzw. Einziehungsvoraussetzungen gegeben sein, ausgenommen die *tatsächliche* Verfolgbarkeit der Tat. Kann also gegen eine bestimmte Person ein Strafverfahren durchgeführt werden, und sei es auch nur wegen Fahrlässigkeit, so ist ein selbständiges Einziehungsverfahren unzulässig (Bay NStE **Nr. 1**).

a) Demgemäß unterscheidet sich hier die unselbständige von der selbständigen Anordnung allein 5 dadurch, daß der **persönlichen Verfolgung** des Täters ein **tatsächliches Hindernis** entgegensteht (Eser aaO 210). Dafür kommen jedoch nur solche Hinderungsgründe in Betracht, die die materielle Strafbarkeit der Tat als solche unberührt lassen und lediglich ihre prozessuale Sanktionierung unmöglich machen: so zB wenn der Täter nicht ermittelt werden kann (vgl. Oppe MDR 73, 183), flüchtig ist oder sich unerreichbar außer Landes befindet (LG Bayreuth NJW **70**, 574). Dagegen ist bei Tod des

§ 76 a 6–9   Allg. Teil. Rechtsfolgen der Tat – Verfall und Einziehung

Täters auch eine selbständige Einziehung ausgeschlossen, da mit dem Tod die materielle Verfolgbarkeit entfällt (vgl. § 74 RN 28, ferner Tröndle/Fischer 6, Schäfer LK 9; die abw. Rspr. in RG **53** 183, **74** 42 ist überholt). Die Nichtverfolgbarkeit muß auch in der Revisionsinstanz noch bestehen (BGH **21** 55, Herzog NK 6).

6   b) Im übrigen hingegen müssen **alle materiellen Einziehungsvoraussetzungen** gegeben sein. Dazu gehört insb. die Feststellung, daß der betroffene Gegenstand in eine strafbare Handlung verstrickt war, die alle äußeren und inneren Tatelemente enthält (vgl. BGH **13** 313) und auch alle sonstigen Strafbarkeits- und Prozeßvoraussetzungen (objektive Strafbarkeitsbedingungen, Fehlen von Strafausschließungsgründen, Strafantrag, Nichteintritt der Verjährung u. dgl.) erfüllt. Daher ist eine selbständige Anordnung nach Abs. 1 sowohl bei straflosem Versuch (vgl. BGH **13** 313), strafbefreiendem Rücktritt (Tröndle/Fischer 6), Rechtfertigung nach § 193 (RG **29** 401) wie auch bei Schuldausschließungsgründen (vgl. RG **29** 130 zu § 20) ausgeschlossen. Soweit sich die Einziehung auf § 74 a stützt, müssen beim Dritteigentümer ferner die dort genannten Quasi-Verschuldenskriterien gegeben sein. Zudem muß der Gegenstand dem Täter oder Dritteigentümer gehören, auf den die betreffende Einziehungsvorschrift abstellt (vgl. RG HRR **34** Nr. 762, RG **67** 217). Soweit es um selbständige *Ersatz*einziehung geht, muß insb. auch eine Vereitelungshandlung iSv § 74 c vorliegen.

7   c) Für eine selbständige Anordnung des **Verfalls** genügen naturgemäß die in §§ 73 und 73 d vorgesehenen und teils weniger strengen Anforderungen. Dementsprechend kann der Verfall auch schon aufgrund einer nur *rechtswidrigen* Anknüpfungstat, zB bei Schuldunfähigkeit oder Verbotsirrtum des Täters, angeordnet werden (dann allerdings nur in Form der Nettogewinnabschöpfung; vgl. 19 vor § 73). Entsprechend sind die Voraussetzungen bei selbständiger Anordnung des Verfalls gegenüber Vorteilsempfängern (§ 73 III) bzw. quasi-beteiligten *Dritteigentümern* (§ 73 IV) herabgesetzt. Schließlich kommt es auch bei selbständigem Wertersatzverfall nach § 73 a nicht auf eine besondere Vereitelungshandlung an (vgl. aber hinsichtl. der sich aus dem Bruttoprinzip ergebenden Bedenken § 73 RN 37 a, § 73 a RN 8).

7 a   d) Dagegen stehen nach **Abs. 3** das **Absehen von Strafe** (vgl. 54 vor § 38) oder die prozessuale **Einstellung des Verfahrens** (wie insb. nach §§ 153 ff. StPO) einer selbständigen Anordnung von Verfall oder Einziehung nicht entgegen, wohl aber eine Verfahrenseinstellung gem. § 206 a StPO wegen Verhandlungsunfähigkeit (Celle NStZ-RR **96**, 209). Zur Vereinbarkeit dieser Regelung mit der Unschuldsvermutung vgl. BbgVerfG NJW **97**, 451 f. Weitere Einzelheiten bei Schäfer LK 14 ff.

8   2. Bei **sicherungsbedingter** *Einziehung* oder *Unbrauchbarmachung* **(Abs. 2)** hingegen sind die Anforderungen an das selbständige Verfahren weniger streng.

a) Liegen die Voraussetzungen des § 74 II Nr. 2 und Abs. 3 oder des § 74 d vor, so können auch **rechtliche Verfolgungs- oder Verurteilungshindernisse** ein selbständiges Verfahren begründen **(Abs. 2 Nr. 2)**. Dies gilt – wie durch Neufassung der Eingangsworte von Abs. 2 S. 1 klargestellt sein sollte (BT-Drs. 10/1286 S. 6) – auch für Sicherungsfälle aufgrund von besonderen Vorschriften iSv § 74 IV (so schon Schäfer LK 10), nicht dagegen für den durch Abs. 2 nicht miterfaßten Verfall (Tröndle/Fischer 10). Freilich müssen auch bei dieser Fallgruppe die materiellen Mindestvoraussetzungen der Sicherungseinziehung gegeben sein. Wo es etwa an einer rechtswidrigen Anknüpfungstat oder an der vom Gesetz vorausgesetzten Gefährlichkeit des Gegenstandes (zB der Strafbarkeit des Inhalts einer Schrift) fehlt, ist auch für eine selbständige Einziehung kein Raum. Im Hinblick auf den Sicherungscharakter dieser Maßnahmen erscheinen daher hier nur solche rechtliche Voraussetzungen entbehrlich, die lediglich auf die Person des Täters bezogen sind. Das gilt etwa für seine Verhandlungs- und Schuldunfähigkeit und sonstige Verschuldenskriterien oder persönliche Strafausschließungsgründe (vgl. RG **11** 121, **57** 3, Tröndle/Fischer 7), aber auch bei Amnestie (vgl. BGH **23** 64/6), Immunität des Abgeordneten oder Tod des Täters; denn auch in diesen Fällen kann das gegenstandsbedingte Sicherungsinteresse fortdauern. Obgleich ähnliche Sicherungsüberlegungen auch für rückwirkende Maßnahmen sprechen könnten, gilt das **Rückwirkungsverbot** kraft ausdrücklichen Gesetzesspruchs in § 2 V doch auch für Verfall, Einziehung und Unbrauchbarmachung und damit auch für deren (sicherungsweise) selbständige Anordnung (vgl. § 2 RN 5, 44, Lackner § 74 RN 2; and. noch BGH **23** 67 zu § 2 IV aF).

8 a   b) Auch eine **Verjährung** steht einer selbständigen Sicherungseinziehung nicht (mehr) entgegen **(Abs. 2 Nr. 1)**. Diese schon früher vertretene Auffassung, die zeitweilig durch die §§ 76 a II, 78 I aF verbaut war, ist durch die jetzige Fassung des § 78 a II Nr. 1 aufgrund des 21. StÄG v. 13. 6. 85 wiederum klargestellt. Zu Einzelheiten dieser Entwicklung vgl. 25. A.

8 b   c) Ebenso kommt auch bei **Absehen von Strafe** oder bei **Einstellung des Verfahrens** nach wie vor eine selbständige Anordnung einer sicherungsbedingten Einziehung oder Unbrauchbarmachung in Betracht **(Abs. 3)**. Insofern gilt Gleiches wie bei nichtsicherungsbedingter Anordnung; vgl. o. 7 a.

9   d) Andererseits bleibt jedoch der ausnahmsweise **Ausschluß selbständiger Anordnung** sicherungsbedingter Einziehung oder Unbrauchbarmachung von Gesetzes wegen in zwei Fallgruppen zu beachten: einmal dort, wo etwa erforderliche Strafanträge (§§ 77 ff.), Ermächtigungen (vgl. etwa §§ 97 III, 104 a, 353 b IV), Strafverlangen (§ 104 a), Anordnungen der Strafverfolgung oder die Zustimmung zu ihr fehlen **(Abs. 2 S. 2)**; zum anderen dort, wo das selbständige Verfahren für den konkreten Fall durch ein anderes Gesetz ausgeschlossen ist **(Abs. 2 S. 1)**, so zB bei Exterritorialen (vgl. §§ 18, 19 GVG, Art. VII Nato-Truppenstatut) oder nach § 80 ZollG idF des EGAO 1977.

III. Bei Vorliegen eines der in Abs. 1 oder 2 erfaßten Fälle kann **selbständig** auf *Verfall, Einziehung* 10 des Gegenstandes oder *Wertersatzes* bzw. auf *Unbrauchbarmachung* erkannt werden. Die Entscheidung steht auch hier im **Ermessen** des Gerichts (BGH **23** 208), es sei denn, die Maßnahme wäre, wie bei Verfall (vgl. § 73 RN 44), auch im unselbständigen Verfahren zwingend anzuordnen; jedoch bleiben auch dann die Grundsätze der Verhältnismäßigkeit zu beachten; dazu § 74 b RN 2.

1. Das **Verfahren** für die selbständige Anordnung bestimmt sich nach den §§ 440, 441 StPO. 11 Erforderlich ist ein entsprechender Antrag der Staatsanwaltschaft oder des Privatklägers, in dem in Form einer Anklageschrift der Gegenstand zu bezeichnen ist und die Tatsachen anzugeben sind, aus denen sich die Zulässigkeit der selbständigen Einziehung ergibt. Ob die Verfolgungsbehörden einen derartigen Antrag stellen wollen, steht in ihrem pflichtgemäßen Ermessen; das Legalitätsprinzip gilt insoweit nicht (vgl. § 440 I StPO: „können"; ferner BGH **2** 34, **7** 357, MDR **66**, 779, Bay **52** 73, Celle NJW **66**, 1135). Für die Beiziehung der Einziehungsbeteiligten gelten die §§ 431 bis 436 und 439 StPO entsprechend. Die selbständige Anordnung kann sowohl in einem vollständig **gesonderten,** 12 gleichsam allein gegen den Gegenstand gerichteten Verfahren getroffen werden, als auch im Rahmen eines **subjektiven** Verfahrens; so zB neben einem aus Schuldunfähigkeit oder Verjährungseintritt (vgl. aber o. 8 a) begründeten Freispruch des Täters (vgl. BGH **6** 62, Schäfer LK 18). Die früher umstrittene Frage, ob bei Eintritt eines endgültigen Verfahrenshindernisses (zB Tod des Angeklagten) das subjektive Verfahren in ein objektives übergehen kann (vgl. Gössel LR § 440 RN 61 ff.), wird heute zu bejahen sein, da das objektive Verfahren nun auch hinsichtlich der Beiziehung Dritter nahezu völlig dem subjektiven Verfahren angeglichen ist (BGH **23** 66 f., Tröndle/Fischer 2 f., Schäfer LK 21). Allerdings erfolgt der Übergang nicht automatisch, sondern setzt in jedem Falle einen dem § 440 StPO genügenden Antrag der Staatsanwaltschaft bzw. des Privatklägers voraus. Ebensowenig vermag der Übergang etwaige, das subjektive Verfahren abschließende Entscheidungen des Gerichts (zB Einstellungsbeschluß) zu ersetzen. Vgl. im übrigen Gössel LR 10 vor § 430 StPO. Keinesfalls kann das selbständige Verfahren dazu durchgeführt werden, eine in einem rechtskräftigen subjektiven Verfahren versehentlich unterlassene Einziehung nachzuholen. Zur Frage, ob entsprechend dem § 76 a I im Rahmen einer Hauptverhandlung gegen einen Mittäter des Verfallsbetroffenen über den Verfall entschieden werden kann, wenn letzterer unbekannt ist, vgl. AG Berlin-Tiergarten NStZ-RR **97**, 213.

2. Soweit Einziehung und Unbrauchbarmachung **nebeneinander** zulässig sind (so etwa nach § 74 d 13 I), bleiben sie es auch im objektiven Verfahren (vgl. RG **36** 146). Gleiches gilt für das Nebeneinander von Einziehung und Ersatzeinziehung nach § 74 c II bzw. Verfall und Wertersatzverfall nach § 73 a.

Vierter Abschnitt. Strafantrag, Ermächtigung, Strafverlangen

Vorbem. Nach Art. 315 b EGStGB gelten die Vorschriften über den Strafantrag auch für Straftaten, die in der früheren DDR vor dem Beitritt zur BRep. Deutschland begangen worden sind. Die Antragsfrist hat frühestens am 31. 12. 1990 geendet. Die Verfolgung der in der früheren DDR vor dem Beitritt begangenen Straftaten setzt zudem einen Strafantrag voraus, wenn dieser nach dem Recht der früheren DDR erforderlich war. Ein vor dem Beitritt gestellter Antrag bleibt wirksam; ein bis zum Beitritt nach dem Recht der früheren DDR bereits erloschenes Antragsrecht bleibt erloschen. Vgl. Lemke NK vor § 77 RN 7 f. Demgegenüber hindert der Ablauf der absoluten Verjährungsfrist gem. § 2 II StGB-DDR nicht die Verfolgung von Straftaten (zB Verletzung des Berufsgeheimnisses durch Rechtsanwälte [§ 136 StGB-DDR]), von denen Geschädigte erst aus der Einsicht in die Unterlagen der Bundesbeauftragten für die Stasi-Unterlagen hatten erfahren können (AG Chemnitz NJ **97**, 94 m. abl. Anm. Rautenberg, Tröndle/Fischer § 77 b RN 6 a; and. Dresden [unveröff., bei Tröndle/Fischer aaO], 120 vor § 3), da das Antragsrecht nicht iSv Art. 315 b S. 4 EGStGB erloschen ist: Auch sonst läuft eine Antragsfrist dann nicht, wenn der Antragsberechtigte rechtlich oder tatsächlich gehindert war, seinen Antrag zu stellen (s. § 77 b RN 19).

§ 77 Antragsberechtigte

(1) **Ist die Tat nur auf Antrag verfolgbar, so kann, soweit das Gesetz nichts anderes bestimmt, der Verletzte den Antrag stellen.**

(2) **Stirbt der Verletzte, so geht sein Antragsrecht in den Fällen, die das Gesetz bestimmt, auf den Ehegatten und die Kinder über. Hat der Verletzte weder einen Ehegatten noch Kinder hinterlassen oder sind sie vor Ablauf der Antragsfrist gestorben, so geht das Antragsrecht auf die Eltern und, wenn auch sie vor Ablauf der Antragsfrist gestorben sind, auf die Geschwister und die Enkel über. Ist ein Angehöriger an der Tat beteiligt oder ist seine Verwandtschaft erloschen, so scheidet er bei dem Übergang des Antragsrechts aus. Das Antragsrecht geht nicht über, wenn die Verfolgung dem erklärten Willen des Verletzten widerspricht.**

(3) **Ist der Antragsberechtigte geschäftsunfähig oder beschränkt geschäftsfähig, so können der gesetzliche Vertreter in den persönlichen Angelegenheiten und derjenige, dem die Sorge für die Person des Antragsberechtigten zusteht, den Antrag stellen.**

(4) **Sind mehrere antragsberechtigt, so kann jeder den Antrag selbständig stellen.**

§ 77   1–7

Vorbem.: Abs. 2 S. 3 durch AdoptionsG v. 2. 7. 1976, BGBl. I 1749, neugefaßt. Abs. 3 S. 2 ist mit Wirkung vom 1. 1. 1992 auf Grund des BetreuungsG v. 21. 9. 1990, BGBl. I 2001, entfallen.

Schrifttum: Allfeld, Antrag und Ermächtigung, VDA II 161. – *Bindokat,* Freispruch bei fehlendem Strafantrag?, NJW 55, 1863. – *Barnstorf,* Unwirksamkeit des Strafantrags, NStZ 85, 67. – *Coenders,* Über den Strafantrag und die Privatklage des Nichtverletzten, GS 83, 286. – *Köhler,* Die Lehre vom Strafantrag, 1899 (StrAbh. Heft 18). – *Köhler,* Zur Lehre vom Strafantrag im künftigen Recht, FG Frank II 27. – *Kohlhaas,* Antragsdelikte bei Wegfall eines Offizialdelikts, NJW 54, 1792. – *ders.,* Die negativen Auswirkungen der Gleichberechtigung, JR 72, 326. – *Maiwald,* Die Beteiligung des Verletzten am Strafverfahren, GA 70, 33. – *M.-K. Meyer,* Zur Rechtsnatur und Funktion des Strafantrags, 1984. – *Naucke,* „Mißbrauch" des Strafantrags?, H. Mayer-FS 565. – *Schröter,* Der Begriff des Verletzten im Strafantragsrecht (§ 77 Absatz 1 StGB), 1998. – *Stree,* Zum Strafantrag durch Strafanzeige, MDR 56, 723. – *ders.,* Zur Vertretung beim Strafantrag, NJW 56, 454. – *ders.,* Strafantragsrecht der Eltern eines Minderjährigen vor und nach der Ehescheidung, FamRZ 56, 365. – *ders.,* Strafantrag und Gleichheitssatz, DÖV 58, 172. – *ders.,* Der Irrtum des Täters über die Angehörigeneigenschaft seines Opfers, FamRZ 62, 55. – *Töwe,* Der Strafantrag, GS 112, 22. – *Zielinksi,* Strafantrag – Strafantragsrecht, H. Kaufmann-GedS 875.

1   I. Straftaten werden grundsätzlich ohne Rücksicht auf den Willen des Verletzten von Amts wegen verfolgt (sog. Offizialdelikte). Nur bei einer verhältnismäßig geringen Zahl strafbarer Handlungen, zB Beleidigung oder Hausfriedensbruch, setzt die Strafverfolgung einen **Strafantrag** des Verletzten voraus (sog. Antragsdelikte). Zur Reform vgl. Rieß Gutachten zum 55. DJT, 1984, C 67, dazu Geerds JZ 84, 787.

2   1. Zu unterscheiden ist zwischen absoluten und relativen Antragsdelikten. Beim **absoluten** Antragsdelikt setzt die Strafverfolgung allgemein einen Antrag voraus, beim **relativen** nur, wenn gewisse nähere Beziehungen, zB ein Angehörigenverhältnis, zwischen dem Täter und dem Verletzten zZ der Tat bestehen (gegen das Erfordernis „zZ der Tat" Dubs SchwZStr. 56, 70; gegen ihn Stree FamRZ 62, 57; wie hier BGH **29** 56, Celle NJW **86**, 733 m. Anm. Stree JR **86**, 386, Hamm NJW **86**, 734, Jähnke LK 3, Tröndle/Fischer 2 vor § 77, Jescheck/Weigend 908, Rudolphi SK 1 vor § 77). Relative Antragsdelikte sind zB Diebstahl, Betrug, Hehlerei u. Untreue gegen Angehörige. Eine Straftat (hierzu zählen auch Versuch und Teilnahme, Tröndle/Fischer 2 vor § 77) ist aber nur dann ein relatives Antragsdelikt, wenn die geforderte nähere Beziehung rechtlich wirksam ist. Daher ist kein Antrag erforderlich, wenn der Täter eine „Verlobte" betrogen hat, die Verlöbnis aber nichtig ist, weil er verheiratet oder Heiratsschwindler ist (RG JW **37**, 3302, BGH **3** 215, **29** 57; vgl. auch BGH JZ **89**, 256, Koblenz NJW **58**, 2027, Bay NJW **83**, 831). Andererseits ändert sich gem. § 11 I Nr. 1 am Angehörigenverhältnis und damit am Antragserfordernis nichts, wenn die Ehe, welche die Beziehung begründet hat, nicht mehr besteht (and. Lackner/Kühl 8). Ferner entfällt beim Betrug das Antragserfordernis nicht, wenn das Vermögen gerade dadurch geschädigt wird, daß der Täter seine Verwandteneigenschaft bestreitet (RG **72** 325, DR **40**, 1098, BGH **7** 245, NStZ **85**, 407). Haben sich bei einem relativen Antragsdelikt mehrere beteiligt, so ist nur gegenüber dem Beteiligten, der in dem besonderen Verhältnis zum Verletzten steht, ein Antrag erforderlich. Der Teilnehmer, bei dem diese Voraussetzung nicht vorliegt, ist auch dann von Amts wegen zu belangen, wenn der Haupttäter mangels Strafantrags nicht verfolgbar ist.

3   2. Sind bei einer **fortgesetzten Tat** (vgl. hierzu aber 31 f. vor § 52) die Einzelakte nur auf Antrag verfolgbar, so können nur die Einzelakte in die Strafverfolgung einbezogen werden, hinsichtlich derer ein Antrag gestellt wurde (BGH **17** 157, Jähnke LK 21, ähnlich RG **72** 44; auch. RG **71** 287; vgl. 33 vor § 52). Entsprechendes gilt, wenn die Tat mehrere Antragsberechtigte verletzt (vgl. RG **72** 44) oder ein Teil der Einzelakte von Amts wegen verfolgt werden kann. Vgl. auch u. 11.

4   3. Das **Antragserfordernis beruht** vor allem auf zwei Gesichtspunkten. Eine Reihe von Straftaten berührt idR die Allgemeinheit so wenig, daß ein Eingreifen mit Kriminalstrafe nur erforderlich erscheint, wenn der Verletzte sein Interesse daran durch einen Antrag bekundet. Aus diesem Grund wird zB ein Antrag gefordert beim Hausfriedensbruch, bei der Sachbeschädigung und beim Diebstahl geringwertiger Sachen. Bei einer anderen Gruppe von Straftaten wäre vom Standpunkt der Allgemeinheit eine Verfolgung ohne weiteres notwendig; den kann aber das Interesse des Verletzten an Geheimhaltung der Straftat oder am Ruhenlassen gewisser familiärer Vorgänge gegenüberstehen. Aus diesem Gesichtspunkt ist zB die Strafverfolgung bei den Indiskretionsdelikten (§§ 201 ff.), dem sexuellen Mißbrauch von Jugendlichen (§ 182) und vormals der Entführung (§§ 237, 238 aF) von einem Antrag abhängig. Vgl. näher Jescheck/Weigend 907 f., Rudolphi SK 2 ff., Jähnke LK 4 f. vor § 77, Weigend, Deliktsopfer und Strafverfahren (1989) 444 ff.; zur Geschichte des Strafantragsrechts Weigend ebenda 134 ff.

5   4. Die Vorschriften über den Strafantrag greifen nicht nur ein, wenn die Voraussetzungen des Antragserfordernisses feststehen, sondern auch, wenn dies nur möglich ist, zB zweifelhaft bleibt, ob zwischen dem Täter und der Bestohlenen ein Verlöbnis bestand (Bay NJW **61**, 1222, Jähnke LK 10 vor § 77, Stree, In dubio pro reo [1962] 60 ff.). Vgl. auch u. 48.

6/7   5. Bei einer Reihe von Antragsdelikten läßt das Gesetz das Antragserfordernis entfallen, wenn die Strafverfolgungsbehörde wegen des **besonderen öffentlichen Interesses an der Strafverfolgung**

ein Einschreiten von Amts wegen für geboten hält. Vgl. namentlich §§ 182 III, 183 II, 230 I, 248 a, 257 IV, 259 II, 263 IV, 265 a III, 266 III, 303 c. Hierbei handelt es sich um Sonderbestimmungen; auf andere Antragsdelikte, etwa Beleidigung, können sie nicht entsprechend angewandt werden (vgl. BGH 7 256), mag auch in gewissen Fällen ein Bedürfnis dafür bestehen, zB beim Tod des Verletzten, bei schuldloser Versäumung der Antragsfrist oder bei Nichtstellung des Antrags durch einen ungetreuen Vertreter. Zudem kann gem. § 194 unter bestimmten Voraussetzungen das Antragserfordernis entfallen; vgl. die dort. Anm.

II. Seiner **rechtlichen Natur** nach ist der Strafantrag eine **Prozeßvoraussetzung,** nicht Tatbestandsmerkmal oder Strafbarkeitsbedingung. Fehlt er, so liegt zwar eine Straftat vor; das Verfahren ist aber einzustellen, eine Sachentscheidung ist unzulässig. Diese Auffassung ist hM (zB RG **75** 311, BGH **6** 155, **31** 133, Düsseldorf NJW **67**, 1142, Tröndle/Fischer 2 vor § 77, Jähnke LK 7 vor § 77, Jescheck/Weigend 906, M.-K. Meyer aaO 42 ff., BGE **105** IV 231). Aus ihr ergibt sich, daß das Vorliegen eines Strafantrags vom Revisionsgericht ohne Rücksicht auf die Feststellungen des Instanzrichters nachzuprüfen ist (RG **65** 150, **73** 114), und zwar von Amts wegen (RG **67** 55, BGH **6** 156, **22** 91, NJW **94**, 1165). Bestimmungen über den Strafantrag treten sogleich mit dem Gesetz, das sie erläßt, in Kraft und äußern ihre Wirkung auch innerhalb bereits anhängiger Verfahren (RG **77** 183, Hamm NJW **70**, 578). Ein Antragsdelikt kann daher rückwirkend in ein Offizialdelikt verwandelt werden (Jähnke LK 13 vor § 77, Rudolphi SK 10 vor § 77; and. Jakobs 68, H. Mayer AT 350), soweit die Verfolgungsmöglichkeit noch nicht infolge Ablaufs der Antragsfrist oder Zurücknahme des Antrags entfallen ist (KG OLGSt Nr. 1, Jähnke aaO, M.-K. Meyer aaO 14 f.).

Von anderen wird der Strafantrag ausschließlich als Bestandteil des materiellen Rechts angesehen (Bloy, Die dogmatische Bedeutung der Strafausschließungs- und Strafaufhebungsgründe [1976] 115, Maiwald GA 70, 38); nach einer dritten Auffassung liegt er auf der Grenze des materiellen Rechts und gehört beiden Gebieten an; vgl. zB H. Mayer AT 350, Coenders aaO 297, 330, Köhler aaO 13, Rudolphi SK 8 vor § 77, Hamm HöchstRR **1** 149.

III. **Antragsberechtigt** ist grundsätzlich der **Verletzte** (Abs. 1), dh derjenige, in dessen Rechtsbereich die Tat unmittelbar eingreift (RG **68** 305, BGH **31** 210) bzw. (beim Versuch) eingreifen sollte. Beim Diebstahl ist Verletzter nur der Eigentümer (vgl. § 242 RN 1 f., § 247 RN 10), beim Betrug nur der Geschädigte, nicht auch der Getäuschte (RG **74** 168 m. Anm. Mezger DR 40, 1098 u. Gallas ZAkDR 40, 246), bei Gefährdungsdelikten der Gefährdete (BGH VRS **13** 362), bei Sachbeschädigung (§ 303 a) – anders als bei § 303 a – der Eigentümer, nicht auch ein Nutzungsberechtigter (vgl. § 303 c RN 2 f.). Bei Entwendung oder Beschädigung fiskalischen Eigentums sind zur Antragstellung alle Stellen befugt, die zur Verwaltung der Sache berufen sind (vgl. Celle NStZ **81**, 223: Leiter einer Straßenmeisterei). Weitergehend hat die Rspr. bei den Eigentumsdelikten auch denjenigen als antragsberechtigt angesehen, der ein unmittelbar dingliches oder persönliches Recht an der Sache hatte (RG **8** 402, **40** 188, BGH **10** 400) bzw. denjenigen, der beim Kauf die Versendungsgefahr trug (RG **63** 78, Bay NJW **63**, 1464); hiergegen zurecht unter Verweis auf den Schutzzweck der Eigentumsdelikte Eifger JuS 93, 1038, Rudolphi JR 82, 28 f., SK 1, Stree JuS 88, 191 f.; and. Jähnke LK 23, 26). Verletzter und damit Antragsberechtigter kann auch ein nicht rechtsfähiger Verein sein (Düsseldorf NJW **79**, 2525: Hausfriedensbruch). Zum Antragsrecht des Kreisverbandes einer politischen Partei vgl. BGH NStZ **82**, 508. Ein Antragsrecht geht nicht verloren, wenn der Berechtigte aufhört, Inhaber des Rechts zu sein, in das der Täter eingegriffen hat (RG **71** 137), zB bei Veräußerung der beeinträchtigten Sache: Die Antragsberechtigung muß allein zZ der Tat bestehen (BGH **29** 55 f., Jähnke LK 36, Rudolphi SK 1). Im Falle einer aberratio ictus (vgl. § 15 RN 57) sind sowohl das anvisierte als ggf. das getroffene Opfer antragsbefugt (so auch Schröter aaO 136, die aber verfehlt auch im Falle des Objektsirrtums eine entsprechende Verdoppelung der Antragsberechtigung annimmt, aaO 131 f.). Vgl. zum Ganzen eingehend Jähnke LK 23 ff. sowie auch Schröter aaO 6 ff. (allerdings auf Basis ihrer abweichenden Bestimmung des Verletzten [als desjenigen, der auf Grund seiner Dispositionsbefugnis die Rechtsgutverletzung ausschließen kann, aaO 73, 81]).

1. Sind **mehrere Verletzte** vorhanden, dann hat jeder ein selbständiges Antragsrecht (Abs. 4; vgl. RG **46** 203); so zB, wenn das Gestohlene im Miteigentum mehrerer steht oder der Täter in die Wohnung mehrerer Wohnungsinhaber eindringt. Liegen dagegen mehrere Erfolge vor (eine Handlung verletzt mehrere Personen; §§ 223, 229), so deckt der Strafantrag eines der Verletzten nicht die fehlenden Strafanträge der anderen; die Verurteilung darf daher nicht auf die Verletzung der Personen erstreckt werden, die keinen Antrag gestellt haben (RG **72** 44; vgl. auch RG **46** 47).

2. Das Antragsrecht ist **höchstpersönlich;** es erlischt grundsätzlich mit dem Tod des Verletzten, soweit es noch nicht ausgeübt ist. Nur in den Fällen, die das Gesetz bestimmt (vgl. §§ 165 I, 194 I, II, 205 II, 232 II), geht es **auf Angehörige über (Abs. 2)**, vorrangig auf den Ehegatten und die Kinder, von denen dann jeder den Antrag selbständig stellen kann **(Abs. 4)**. Beim Ehegatten kommt es darauf an, ob die Ehe zZ des Todes des Verletzten noch bestand. Der geschiedene Ehegatte erlangt keine Antragsbefugnis. Andererseits läßt spätere Wiederverheiratung den Übergang des Antragsrechts unberührt. Zu den Kindern zählen auch adoptierte und nichteheliche. Scheidet die erste Gruppe aus, so treten an ihre Stelle die Eltern (auch Adoptiveltern) des Verletzten und, wenn diese vor Ablauf der Antragsfrist gestorben sind, die Geschwister (auch Halbgeschwister) und die Enkel. Ein Angehöriger, der an der Tat als Täter oder Teilnehmer beteiligt war, ist beim Übergang des Antragsrechts nicht zu berücksichtigen. Strafvereitelung steht als nachträgliche Hilfe

der Tatbeteiligung gleich, da in einem solchen Fall ebensowenig eine sachgerechte Wahrnehmung des Antragsrechts zu erwarten ist. Da es beim Begünstiger und beim Hehler kaum anders ist, spricht vieles dafür, auch sie vom Übergang des Antragsrechts auszunehmen (ebenso Jähnke LK 58, beim Begünstiger auch Tröndle/Fischer 8; and. Lackner 8). Unberücksichtigt bleibt ferner der Angehörige, dessen Verwandtschaft zum Verletzten erloschen ist (vgl. § 1755 BGB bei Adoptionen). Ausgeschlossen ist der Übergang, wenn die Strafverfolgung dem erklärten Willen des Verletzten widerspricht, vorausgesetzt, der Verletzte war sich der Tragweite seiner Äußerung bewußt (Jähnke LK 57) und hat danach keine entgegenstehende Erklärung abgegeben. Mündliche oder konkludente Erklärung genügt. Liegen Anhaltspunkte vor, die auf eine solche Erklärung hindeuten, so ist im Fall der Antragstellung durch einen Angehörigen von Amts wegen zu klären, ob der Verletzte sich gegen eine Strafverfolgung ausgesprochen hat. Im Zweifel ist das Antragsrecht als erloschen zu behandeln.

13   Auf **Erben** geht das Antragsrecht über bei Verletzung von Privatgeheimnissen (§ 203) und deren Verwertung (§ 204), sofern das Geheimnis nicht zum persönlichen Bereich des Verletzten gehört (§ 205 II). Diese Regelung ist einer entsprechenden Anwendung bei Verletzungen materieller Rechtsgüter nicht zugänglich. Zwar übernimmt der Erbe die Erbschaft in lädiertem Zustand; das kann aber bei jeder Erbschaft so sein, gleichgültig, ob der Schaden auf Delikt oder anderen Ursachen beruht. S. ferner § 120 V BetrVG.

14   3. Die Ausübung des Antragsrechts erfolgt bei **juristischen Personen** durch ihre Organe, die innerhalb des ihnen zugewiesenen Kreises den Willen der juristischen Person bilden (vgl. BGE **99** IV 3), zB bei der GmbH durch den Geschäftsführer (KG NStZ **90**, 144). Zum staatlichen Bereich vgl. RG **19** 378, **65** 357, GA Bd. **63** 116, Celle NStZ **81**, 223, Köln NStZ **82**, 333 sowie Hamm NZWehrR **77**, 70 (BMin. d. Verteidigung bei Beleidigung der Bundeswehr), Düsseldorf JMBlNW **88**, 154 (Bürgermeister bei Hausfriedensbruch während Ratssitzung). Bei Vereinen wird das Antragsrecht durch den Vorstand ausgeübt, uU auch allein durch den Vorsitzenden (RG **58** 203). Werden Rechte einer OHG verletzt, so kann jeder vertretungsberechtigte Gesellschafter Strafantrag stellen; bei Verletzung materieller Rechtsgüter kann daneben jeder Gesellschafter im eigenen Namen die Strafverfolgung beantragen, da in solchen Fällen auch er unmittelbar verletzt worden ist (RG **41** 104; vgl. auch BGH MDR/H **87**, 624). Entsprechendes gilt für sonstige Gesamthandsgebilde. Zum Ganzen vgl. näher Jähnke LK 39 ff.

15   4. Zulässig ist in gewissem Umfang eine **Stellvertretung** bei der Ausübung des Antragsrechts. Ist der Antragsberechtigte geschäftsunfähig (§ 104 BGB) oder beschränkt geschäftsfähig (§ 106 BGB), so kann er selbst nicht wirksam Strafantrag stellen. Sein Antrag wird auch nicht allein durch Erlangung der vollen Geschäftsfähigkeit vor Ablauf der Antragsfrist wirksam (BGH NJW **94**, 1165); es ist zumindest eine nach außen hervorgetretene Billigung erforderlich (BGH aaO). Für den Geschäftsunfähigen (beschränkt Geschäftsfähigen) kann jedoch der gesetzliche Vertreter in den persönlichen Angelegenheiten oder derjenige, dem die Sorge für die Person des Antragsberechtigten zusteht, den Antrag stellen (Abs. 3). Diese Vertretungsbefugnis gilt auch, wenn sich das Antragsdelikt nur gegen das Vermögen des Verletzten richtet, sowie bei Antragsberechtigten, denen gem. Abs. 2 das Antragsrecht nach dem Tod des Verletzten zugefallen ist. Stirbt der Antragsberechtigte, so erlischt die Vertretungsbefugnis (vgl. u. 23). Das Antragsrecht kann jedoch gem. Abs. 2 auf einen Angehörigen bzw. auf einen nachgeordneten Angehörigen übergehen.

16   a) Wer **gesetzlicher Vertreter** ist, bestimmt sich nach bürgerlichem Recht. Für *Minderjährige* sind dies *bei bestehender Ehe* beide Elternteile gemeinschaftlich (§§ 1626 I, 1629 BGB); somit müssen beide Elternteile gemeinsam den Strafantrag stellen (vgl. BGH FamRZ **60**, 197, Bay **60**, 266; krit. Kohlhaas NJW 60, 1, JR 72, 326). Das Erfordernis der gemeinsamen Vertretung schließt indes nicht aus, daß ein Elternteil allein die Antragserklärung gem. § 158 II StPO abgibt (Bay **60**, 266). Der andere muß dann aber sein Einverständnis erklärt oder nachträglich innerhalb der Antragsfrist seine Zustimmung erteilt haben (vgl. BGH LM **Nr. 2** zu § 61 aF); beides kann formlos geschehen. Ein Elternteil ist jedoch allein zur Antragstellung befugt, wenn der andere an der Mitwirkung tatsächlich oder rechtlich verhindert ist (vgl. u. 21). Gleiches gilt in den Fällen der §§ 1673–1675, 1677, 1681 BGB. Wird einem Elternteil die Personensorge entzogen (§§ 1680, 1666a BGB), so wird der andere allein antragsbefugt, es sei denn, das Vormundschaftsgericht ersetzt die Erklärungen der Eltern oder eines Elternteils (§ 1666 II BGB) und wird dann antragsberechtigt (Tröndle/Fischer 11).

16 a   Obliegt die elterliche Sorge bei *nichtehelichen Kindern* aufgrund Sorgeerklärungen gem. § 1626 a I Nr. 1 BGB beiden Elternteilen gemeinsam, sind grds. beide Teile gemeinsam antragsberechtigt; die Ausführungen o. 16 gelten entsprechend. Steht die elterliche Sorge allein der Mutter zu (§ 1626 a II BGB), verfügt diese über das alleinige Antragsrecht.

17   Wird bei *Trennung der Eltern* die elterliche Sorge einem Elternteil allein übertragen (§§ 1671, 1672 BGB), ist dieser allein vertretungs- und damit antragsberechtigt; dagegen obliegt in Fällen gemeinsamer elterlicher Sorge nach § 1687 BGB das Antragsrecht beiden Teilen gemeinsam. Bei Teilung der elterlichen Sorge (§ 1671 I, 2. Alt. BGB) ist zur Antragstellung der Elternteil berufen, dem die Personensorge obliegt, auch bei Straftaten gegen materielle Rechtsgüter.

18   Als gesetzliche Vertreter kommen ferner neben dem Zwangs- und Insolvenzverwalter (Tröndle/Fischer 7; für eigenes Strafantragsrecht Jähnke LK 42) der *Betreuer* (§§ 1897, 1902 BGB), der *Vormund* (§ 1793 BGB) und der *Pfleger* (§§ 1909, 1915 BGB) in Betracht. Die Antragsbefugnis besteht aber

nur, soweit sich die gesetzliche Vertretung erstreckt (vgl. RG HRR **39** Nr. 341). Der nur für Vermögensangelegenheiten bestellte Pfleger hat keine Vertretungsbefugnis beim Strafantrag.

U. U. kann auch das *Vormundschaftsgericht* Strafantrag stellen (RG **75** 146, Schleswig SchlHA **55**, 226), und zwar gestützt auf §§ 1693, 1846 BGB. Eine solche Befugnis hat das Vormundschaftsgericht jedoch nur in eilbedürftigen Fällen, weil ein Vorgehen nach den §§ 1693, 1846 BGB nicht zur Umgehung einer Pflegerbestellung führen darf.

b) Neben dem gesetzlichen Vertreter kann auch derjenige Strafantrag stellen, dem die **Sorge für die Person** des Antragsberechtigten zusteht. Übt er das Antragsrecht aus, so handelt er als Vertreter des Antragsberechtigten, obwohl er sonst zur Vertretung nicht berechtigt ist. Die für den gesetzlichen Vertreter maßgebenden Grundsätze gelten für ihn entsprechend.

c) Hat der gesetzliche Vertreter die Tat begangen, sich an ihr beteiligt oder ist er der Tat bzw. Teilnahme auch nur verdächtig, so ist er von der **Vertretung ausgeschlossen** (vgl. RG **73** 113, BGH **6** 157, Hamm NJW **60**, 834). Das folgt aus dem hinter § 181 BGB stehenden allgemeinen Grundsatz, daß eine Vertretungsbefugnis dort entfällt, wo der Vertreter der Gegner des Vertretenen ist (BGH **6** 157, Bay NJW **56**, 1608). Wie beim Übergang eines Antragsrechts (vgl. o. 12) steht der Tatbeteiligung die Strafvereitelung als nachträgliche Hilfe gleich, wohl auch die Begünstigung und die Hehlerei (Jähnke LK 48; and. Rudolphi SK 11, Lackner 8, Tröndle/Fischer 8 [and. für Begünstigten]). Der gesetzliche Vertreter ist rechtlich nicht gehindert, gegen sich selbst Strafantrag zu stellen, sondern auch an der Stellung des Antrags gegen Mitbeteiligte (Jähnke LK 48). Zweifelhaft ist, ob der Vertreter auch dann von der Vertretung ausgeschlossen ist, wenn sein Ehegatte oder einer seiner Verwandten in gerader Linie Täter oder Teilnehmer ist (vgl. Stuttgart NJW **71**, 2238). Stützen läßt sich der Ausschluß auf analoge Anwendung des § 1795 BGB (Lange NJW **61**, 1894, Schwoerer NJW **56**, 1608, Stree FamRZ **56**, 365; and. Bay NJW **56**, 1608, Boeckmann NJW **60**, 1939, Jähnke LK 48). Zumindest ist, wenn beide Elternteile gesetzliche Vertreter des Kindes sind und ein Elternteil an der Vertretung beim Strafantrag wegen seiner Tatbeteiligung gehindert ist, auch der andere nicht vertretungsbefugt (and. Celle NJW **96**, 2666, Schleswig SchlHA/E-L **86**, 101, Jähnke LK 48, Tröndle/Fischer 11, Rudolphi SK 11). Das ergibt sich daraus, daß entsprechend dem Grundgedanken des § 1629 II 1 BGB der aus rechtlichen Gründen erfolgende Ausschluß eines Elternteils von der Vertretung zum Ausschluß der Vertretung durch den anderen Elternteil führt (vgl. BGH NJW **72**, 1708). Anders ist es, wenn einem Elternteil nach der Scheidung die elterliche Sorge übertragen worden ist; er kann gegen den anderen im Namen des Kindes Strafantrag stellen. Ist ein Elternteil nur tatsächlich an der Ausübung des Antragsrechts gehindert, so kann der andere Elternteil allein den Strafantrag stellen (§ 1678 BGB; vgl. BGH NJW **67**, 942, MDR/D **72**, 923). Bloßer Interessengegensatz zwischen dem Vertreter und dem Vertretenen führt noch nicht zum Wegfall der Vertretungsmacht, ebensowenig die im Fall der Antragstellung für den Vertreter entstehende Gefahr der Strafverfolgung (BGH **6** 155).

d) Soweit der gesetzliche Vertreter von der Vertretung ausgeschlossen ist, kann bzw. muß das Vormundschaftsgericht einen Pfleger zur Stellung des Strafantrags bestellen (§ 1909 BGB). **Bestellung eines Pflegers** kommt ferner in Betracht, wenn das Vormundschaftsgericht dem Vertreter die Vertretungsmacht entzieht (§§ 1629 II 3, 1666, 1796 BGB), etwa in den Fällen eines Interessengegensatzes zwischen dem Vertreter und dem Vertretenen (vgl. RG **50** 156, BGH **6** 158). Der Strafrichter darf die Pflegerbestellung nur nach der formellen Seite nachprüfen; er hat nicht zu prüfen, ob sie sachlich gerechtfertigt war (RG **50** 157, GA Bd. **59** 452).

e) Der gesetzliche **Vertreter** hat, soweit er für den Vertretenen handelt, kein eigenes Antragsrecht; er **übt** nur das **Recht des Antragsberechtigten aus** (RG **57** 241, BGHR Abs. 3 Antragsrecht **1**, Oldenburg NJW **56**, 682; sog. Vertretungstheorie), sei es der Verletzte oder der Angehörige, dem nach Abs. 2 das Antragsrecht zugefallen ist. Mit dem Tod des Antragsberechtigten erlischt die Vertretungsbefugnis, die bis dahin noch nicht ausgenutzt worden ist (RG **57** 241, BGH MDR/H **94**, 435, Hartung NJW **50**, 670, Rudolphi SK 12). Ferner kann der Vertretene, der volljährig geworden ist oder seine volle Geschäftsfähigkeit wiedererlangt hat, den vom Vertreter gestellten Strafantrag zurücknehmen.

5. Abs. 3 spricht ausdrücklich nur vom gesetzlichen Vertreter eines Geschäftsunfähigen und eines beschränkt Geschäftsfähigen. Die Regelung ist aber auf andere Fälle einer gesetzlichen Vertretung **analog** anzuwenden (Allfeld VDA II 180, Olshausen, 11. A. Anm. 16 zu § 65 aF), so auf den Gebrechlichkeitspfleger (§ 1910 BGB). Zweifelhaft kann sein, ob bei Delikten gegen materielle Rechtsgüter der Abwesenheitspfleger (§ 1911 BGB) zur Antragstellung berechtigt ist. Obwohl Abs. 3 auf den Vertreter in persönlichen Angelegenheiten abstellt und der Abwesenheitspfleger nur für Vermögensangelegenheiten zuständig ist, wird man um eines wirksamen Vermögensschutzes willen die Befugnis des Abwesenheitspflegers zur Antragstellung bei Vermögensdelikten bejahen müssen. Hierfür spricht auch, daß das Gesetz nicht allenthalben auf den Persönlichkeitsbereich beim Strafantrag abstellt (vgl. § 205 II). Entsprechendes gilt für den Nachlaßpfleger (§ 1960 BGB), soweit das Delikt sich gegen den Nachlaß richtet (RG **8** 112). Ferner können kraft ihres Amtes Konkursverwalter (RG **33** 437, **35** 149), Zwangsverwalter (RG **23** 344), Nachlaßverwalter oder Testamentsvollstrecker das Antragsrecht ausüben.

6. Eine Vertretung kommt aber auch unabhängig von den in Abs. 3 geregelten Fällen in Betracht. Abs. 3 hat nicht die Bedeutung einer abschließenden Regelung, die eine sonstige Vertretung beim Strafantrag ausschließt.

26 a) Unbedenklich ist eine **Vertretung in der Erklärung** (RG **61** 45, **68** 264, BGH NStZ **82**, 508, Bremen NJW **61**, 1489); hier hat der Vertretene zur Genüge seinen Antragswillen kundgetan. Mündliche Beauftragung reicht aus (Hamburg JR **83**, 298). Dagegen genügt ein reines Botenverhältnis nur, wenn der Verletzte selbst bereits die nach § 158 II StPO erforderliche Schriftform eingehalten hat. Vgl. hierzu Stree NJW **56**, 454. Zum Unterschied zwischen Vertreter in der Erklärung und Boten vgl. Bosch DNotZ **51**, 166, Jähnke LK 51, Ulmer SJZ **48**, 140.

27 b) Möglich ist auch eine **Vertretung im Willen.** Sie ist zulässig, soweit die Wahrnehmung der durch das Antragsdelikt verletzten Interessen einem Dritten übertragen werden kann und übertragen worden ist. Zulässig ist sie daher bei Verletzung materieller Rechtsgüter (RG **68** 265, BGH NStZ **85**, 407, Bay NJW **95**, 2864, Stuttgart Justiz **76**, 437, Jähnke LK 52). Sind immaterielle höchstpersönliche Rechtsgüter (zB die Ehre) verletzt, so ist eine Vertretung im Willen grundsätzlich ausgeschlossen (vgl. RG **21** 232; einschr. Jähnke LK 52). Entsprechendes gilt wegen der nahen Beziehung des Verletzten bei relativen Antragsdelikten (RG **2** 149); hier hat der Verletzte seinen Antragswillen im konkreten Fall zu äußern. Zulässig ist jedoch eine spezielle Ermächtigung an Beauftragte, darüber zu entscheiden, ob und wann der Antrag gestellt werden soll (Bremen NJW **61**, 1489, Tröndle/Fischer 22; vgl. auch BGH **9** 152, Jähnke LK 52, BGE **99** IV 1).

28 Ob eine Vollmacht auch zur Stellung eines Strafantrags ermächtigt, ist eine Auslegungsfrage; diese Befugnis kann auch eine sog. Generalvollmacht enthalten. So kann zB antragsberechtigt sein der Prokurist einer Handelsgesellschaft wegen Verletzung eines dieser zustehenden Urheberrechts (RG **15** 145), ferner ein Generalsekretär, dem der Vorstand eines eingetragenen Vereins den Schutz des Vereins gegen unlauteren Wettbewerb übertragen hat (RG **58** 204); vgl. ferner auch RG **68** 306. Näher hierzu Jähnke LK 53, Köhler aaO 63 ff.

29 c) Auf Grund vermuteter Vollmacht kann ein Strafantrag nicht wirksam gestellt werden (RG **7** 7, **60** 282), ebensowenig unter dem Gesichtspunkt der Geschäftsführung ohne Auftrag. Gleiches gilt für die Überschreitung einer Vollmacht.

30 d) Für die *Bevollmächtigung* zur Antragstellung bestehen *keine Formvorschriften* (RG **60** 282). Die Vollmacht kann mündlich und konkludent erteilt werden; es genügt, daß sie zZ der Antragstellung vorliegt (RG **68** 265). Auch nachträgliche Genehmigung des Antrags innerhalb der Antragsfrist kann ihn wirksam werden lassen (BGH MDR/D **55**, 143, Hamm VRS **13** 213, Stuttgart Justiz **76**, 437, Bay DAR/B **87**, 307, BGE **103** IV 71; and. KG NStZ **90**, 144, Jähnke LK 54); eine nach Ablauf der Antragsfrist erteilte Genehmigung genügt dagegen nicht (RG **36** 416, Bay aaO). Die Vollmacht kann noch nach Fristablauf nachgewiesen werden (RG **60** 282, **61** 47, BGH NStZ **82**, 508). Der Vertreter ist nicht verpflichtet, von sich aus Beweismittel für die Ermächtigung beizufügen. Die Gerichte haben aber in jeder Lage des Verfahrens von Amts wegen zu prüfen, ob der Strafantrag form- und fristgerecht von einem Berechtigten gestellt ist (RG **61** 357, **68** 265). Nach RG **61** 47, BGH NStZ **82**, 508, Hamm VRS **13** 213 ist nicht erforderlich, daß der Wille, im fremden Namen zu handeln, aus dem Antrag erkennbar hervorgeht. Demgegenüber nimmt KG HöchstRR **3** 88 an, der in Vertretung gestellte Antrag sei ohne Nachweis der Vertretungsmacht unvollständig und unwirksam.

31 7. Die Ausübung des Antragsrechtes steht grds. im freien Ermessen des Berechtigten (Jähnke LK 56, Lackner 17, Lemke NK 35, Rudolphi SK 20; siehe aber auch § 77 a RN 8), da anderenfalls (also bei Ausrichtung auf das öffentliche Interesse an Strafverfolgung) die Institution des Strafantrags überflüssig würde (Jescheck/Weigend 908, M-Zipf II 740, Rudolphi SK 20 a; and. Barnstorf NStZ **85**, 67 ff., Naucke aaO 565 ff., Zielinski aaO 875 ff.). Auch der Erhalt außerstrafrechtlicher Wiedergutmachung (zB Schmerzensgeld) läßt das Antragsrecht nicht von vornherein entfallen (Jähnke LK 56 aE, Rudolphi SK 20, Tröndle/Fischer 30 [die aber sämtlich auf § 153 StPO verweisen]). Durch **Verzeihung** geht das Antragsrecht nicht verloren; dies gilt auch, wenn sie dem Gericht gegenüber zum Ausdruck gebracht worden ist (RG **14** 204). Ebensowenig soll ein **Verzicht,** der nach der Tat gegenüber dem Täter ausgesprochen worden ist, das Antragsrecht beseitigen (RG **77** 159; and. Naucke aaO 579, Sternberg-Lieben, Musikdiebstahl [1985] 77). Er ist jedoch beachtlich, wenn er vor Antragstellung gegenüber einer Stelle erklärt worden ist, die sich im staatlichen Bereich mit dem Straffall zu befassen hat (RG **76** 345); hierzu gehört auch die Vergleichsbehörde im Sühneverfahren nach § 380 StPO (Jähnke LK § 77 d RN 8). Zur eingegangenen Verpflichtung, seinen Antrag zurückzunehmen: § 77 d RN 6. Eine formlose Erklärung reicht aus. Die Erklärung gegenüber der Polizei, keinen Strafantrag stellen zu wollen, stellt nach Hamm JMBlNW **53**, 35 idR keinen Verzicht dar; vielmehr bedarf der Erklärung im Einzelfall der Auslegung (vgl. BGH NJW **57**, 1368, Oldenburg DAR **59**, 298, LG Dortmund DAR **57**, 244). Soweit mehrere gemeinsam Strafantrag stellen müssen, ist entsprechend nur ein gemeinsamer Verzicht wirksam. Hat etwa ein Elternteil für das Kind auf Strafantrag verzichtet, so bedarf es der Zustimmung des anderen Elternteils. Der einseitige Verzicht eines Elternteils steht daher einem späteren Strafantrag beider Elternteile nicht entgegen (LG Heilbronn Justiz **80**, 480). Der Verzicht verhindert die Bestrafung unter allen rechtlichen Gesichtspunkten, die einen Strafantrag erfordern, selbst wenn der Verletzte beim Verzicht nicht an alle in Frage kommenden Qualifikationen der Tat gedacht hat. Ein freiwillig erklärter Verzicht ist unwiderruflich; Anfechtung wegen Willensmängel ist grundsätzlich ausgeschlossen (das in RN 8 zu § 77 d zur Zurücknahme des Strafantrags Gesagte gilt hier entsprechend). Über die Zurücknahme des Strafantrags vgl. § 77 d (insb. RN 5). Allein durch einen im Sühnetermin (§ 380 StPO) abgeschlossenen Vergleich, durch Zahlung des vereinbarten Sühnegeldes und Veröffentlichung einer Ehrenerklärung soll das Antragsrecht nicht erlöschen (RG **76** 345); § 77 b V läßt aber erkennen, daß der

Antragsberechtigte 32–38 **§ 77**

Gesetzgeber bei einem Vergleich von einem Verzicht auf den Strafantrag ausgegangen ist (vgl. § 77 b RN 22); der Täter sollte dennoch vorsorglich einen Vergleich von einem ausdrücklichen Verzicht auf den Strafantrag abhängig machen. Ein Verzicht *vor* Tatbegehung dürfte idR als Einwilligung in die Tat aufzufassen sein (Lemke NK 34, Tröndle/Fischer 30); ähnlich Jähnke LK 56, der unter Hinweis auf BGH **31** 212 (zu § 22 UWG) bei Preisgabe disponibler Rechtsgüter jedenfalls die Verletzteneigenschaft verneint, während er ebenfalls zutr. im Falle bewußter Selbstgefährdung das Strafantragsrecht nicht verneint (and. Barnstorf NStZ 85, 69, Geppert ZStW 83, 988 f., Zielinski aaO 889).

8. Soweit ein geschäftsfähiger Volljähriger nach § 1896 BGB **betreut** wird, kann er selbständig 32 Strafantrag stellen. Hat jedoch das Vormundschaftsgericht einen Einwilligungsvorbehalt angeordnet, bedarf es der Einwilligung des Betreuers, wenn dessen Aufgabenkreis betroffen ist.

9. Sind **mehrere antragsberechtigt,** so kann jeder den Antrag selbständig stellen (**Abs. 4**). Ein 33 Antragsrecht mehrerer Personen kann sich etwa aus Abs. 2, 3, aus § 194 II, III, § 230 II oder daraus ergeben, daß die Tat mehrere verletzt hat. Die Eltern als gesetzliche Vertreter sind jedoch nicht mehrere Antragsberechtigte; sie müssen gemeinsam das Antragsrecht ausüben (vgl. o. 16). Für jeden Antragsberechtigten läuft eine gesonderte Antragsfrist (§ 77 b III), Lemke NK 24; and. BGH **22** 103, BGHR § 77 b Abs. 2 S. 1 Eltern **1,** Rudolphi SK 10, Tröndle/Fischer 11. Der Verzicht auf einen Antrag und dessen Zurücknahme berühren nicht die anderen Anträge. Andererseits schließt bei Verletzung mehrerer durch dieselbe Tat der Antrag eines Verletzten nicht die fehlenden Anträge der anderen in sich (vgl. o. 11).

IV. Die **Form** des Strafantrags wird durch § 158 II StPO bestimmt. Danach muß der Antrag bei 34 der StA oder einem Gericht, dh einem ordentlichen Gericht, jedoch nicht nur AG, schriftlich oder zu Protokoll, bei einer anderen Behörde schriftlich gestellt werden. Ein Telefonanruf genügt nicht (BGH NJW **71,** 903). Unter „anderer Behörde" sind nur Polizeidienststellen zu verstehen (RG **48** 274), jedoch nicht ausländ. (Bay NJW **72,** 1631, Jähnke LK 8; and. Schulz NJW 77, 480 bei Auslandstaten; vgl. auch Stuttgart Justiz **66,** 16).

Im Fall der Gesamtvertretung genügt es, wenn einer der Vertreter die Form des § 158 II StPO 35 wahrt und die übrigen dem Strafantrag mündlich zustimmen oder den Handelnden zum Strafantrag ermächtigen (BGH MDR **57,** 52, Bay **55,** 229). Über die Antragstellung durch Erhebung einer Privat- oder Nebenklage usw. vgl. u. 18.

1. Für die **Schriftlichkeit** des Strafantrags ist nur erforderlich, daß sich neben dem Inhalt der 36 Erklärung die Person, von der sie ausgeht, aus dem Schriftstück ergibt (RG **62** 54); die Einreichung eines handschriftlich unterzeichneten Schriftstücks ist also nicht erforderlich (Jähnke LK 11). Die Person des Erklärenden muß aus dem schriftlichen Antrag auch hervorgehen, wenn für eine juristische Person Strafantrag gestellt wird (KG NStZ **90,** 144). Firmenstempel ohne Unterschrift genügt nicht (Celle GA **71** 378, KG aaO). Wohl aber ist der Antrag schriftlich angebracht, wenn die Unterschrift mit einem Faksimilestempel hergestellt ist (RG **62** 53). Nach RG JW **33,** 2914 soll jedoch die Unterschrift mittels Schreibmaschine nicht genügen. Vgl. andererseits RG **67** 385. Schriftlich ist der Antrag ferner gestellt, wenn ein Verletzter den Antrag in Urschrift und Abschrift seiner vorgesetzten Dienststelle einreicht und diese nur die Abschrift an die StA weiterreicht (RG **71** 358, Bay NJW **57,** 919 [Fotokopie]; and. Jähnke LK 11). Vgl. auch RG **72** 388, KG GA **53,** 123. Auch ein mittels Urheber bezeichnenden Telegramm gestellter Antrag ist als schriftlicher anzusehen. Stellen des Antrags durch Fernschreiben (vgl. BGH **31** 9), Telebrief (vgl. BGHR StPO § 341 Schriftform **1,** Koblenz NStZ **84,** 236) sowie durch *Telefax* (vgl. BGHR StPO § 341 Frist **1**) genügt (s. a. Jähnke LK 11, Lackner 3). Zukünftig wird dies auch bei entsprechender Erkennbarkeit des Urhebers – unabhängig von der Verwendung sog. digitaler Signaturen – auch für eine Antragstellung per e-mail (unabhängig von einer eingescannten Unterschrift) bzw. Computerfax zu gelten haben (vgl. BSG NJW **97,** 1254; and. Karlsruhe [Z] CR **98,** 523 sowie BGH [Z] NJW **98,** 3649 [Vorlagebeschluß]). Ferner genügt ein von der Polizei protokollierter und vom Antragsberechtigten unterschriebener Antrag (BGH NJW **51,** 368, NStZ **95,** 353; and. Bay NStZ **94,** 86, Lackner 3; s. a. Bay JR **97,** 523 m. abl. Anm. Stree); hingegen genügt eine fernmündliche Erklärung auch dann nicht, wenn hierüber beim Empfänger ein Aktenvermerk gefertigt wird (BGH NJW **71,** 903, Bay NStZ **82,** 954, Hamm MDR **90,** 847 soll sogar ein von einem Polizeibeamten allein unterzeichneter Vermerk nach mündlicher Anzeige des Verletzten dem Schriftlichkeitserfordernis genügen. Dem stimmt Jähnke LK 11 mit der Begründung zu, der Beamte handle als Vertreter in der Erklärung. Mit einer solchen Deutung wird das Erfordernis der Schriftlichkeit ausgehöhlt; der Beamte erklärt nicht für den Verletzten, daß Strafantrag gestellt wird, sondern protokolliert nur einen Antrag (gegen Verzicht auf Unterschrift des Verletzten daher zu Recht Hamm NJW **86,** 734, Bay NStZ **94,** 86; vgl. aber auch Riegel NJW 73, 495).

2. Bei der Anbringung des Antrags zu **Protokoll** (auch Sitzungsprotokoll, RG **38** 39) sind Unter- 37 schrift des Antragstellers und Verlesung nicht erforderlich (RG **2** 254, **12** 175). Bloßer Aktenvermerk über einen Strafantrag ist kein Protokoll und genügt daher nicht (Jähnke LK 12).

V. Über den **Inhalt** des Antrags sagt das Gesetz nichts. Erforderlich und ausreichend ist, wenn der 38 Wille zum Ausdruck kommt, daß eine bestimmt bezeichnete Handlung strafrechtlich verfolgt wird (KG GA **53,** 123; s. a. BGH NJW **91,** 370, **92,** 2167). Das Verfolgungsbegehren und sein Umfang müssen nicht bereits zweifelsfrei im unterschriebenen Text hervorgehen; es genügt, wenn sich dies iVm Begleitumständen ergibt, etwa mit einem in Bezug genommenen Akteninhalt (vgl. RG **64** 107, **75** 259, Düsseldorf VRS **71** 31). Zum Begriff des Antrags gehört nicht, daß er die Bestrafung des

Täters, dh dessen Verurteilung zu einer Geld- oder Freiheitsstrafe, zum Ziele hat; auch die Anordnung sichernder Maßnahmen ist eine strafrechtliche Verfolgung (RG **71** 322, Jähnke LK 13). Eine Bezeichnung der Erklärung als Strafantrag ist nicht erforderlich; daher liegt zB in der rechtzeitigen Erhebung einer Privatklage (RG **8** 209; and. für „Entwurf" einer Privatklage LG Bonn MDR **65**, 766) und im Anschluß des Nebenklägers ein gültiger Strafantrag (BGH **33** 116, Stuttgart DR **39**, 1148); nicht genügt dagegen ein Antrag auf Prozeßkostenhilfe zwecks Erhebung der Privatklage. In einer Strafanzeige kann ein Strafantrag gesehen werden, wenn sie sich auf ein Antragsdelikt bezieht und eindeutig das Verlangen ergibt, daß die angezeigte Tat verfolgt werden soll (BGH GA **57**, 17, NJW **92**, 2167, Düsseldorf MDR **86**, 165); es schadet nichts, wenn der Anzeigende das Delikt fälschlich für ein Offizialdelikt hält (BGH NJW **51**, 368). Bezieht sich die Anzeige jedoch auf ein bestimmtes Offizialdelikt, so ist nicht auszuschließen, daß der Anzeigende die Tat nur als Offizialdelikt, nicht als Antragsdelikt verfolgt wissen will (Stuttgart NStZ **81**, 184; vgl. auch Köln NJW **65**, 408). Ein eindeutiges Verlangen nach Strafverfolgung ergibt sich nicht ohne weiteres aus einer gegen einen Täter gerichteten Zeugenaussage des Antragsberechtigten, mit dieser die Belastung eines anderen Täters, gegen den sich der Antrag richten müßte, als unvermeidlich in Kauf nimmt (BGH MDR/D **74**, 13). Ein Antrag auf Anberaumung einer Sühneverhandlung reicht als Strafantrag nicht aus (R **10** 90, Hamm JZ **52**, 568); er führt nur zum Ruhen der Antragsfrist (§ 77 b V).

39 1. Der Strafantrag braucht die **Handlung,** die verfolgt werden soll, **nicht rechtlich zu kennzeichnen.** Es ist unschädlich, wenn sie rechtlich unrichtig und nicht nach allen Richtungen hin erschöpfend bezeichnet ist (RG **65** 358, BGH NJW **51**, 531, Bay NJW **93**, 2761). So schadet nichts, wenn ein bestimmtes Verhalten als Verführung und nicht als Beleidigung bezeichnet worden ist (vgl. RG DJ **36**, 774); vgl. weiter BGH NJW **51**, 368. War die Beurteilung der Tat zZ der Antragstellung anders als nach dem Ergebnis der Hauptverhandlung, so wird der Strafantrag dadurch nicht beeinflußt, falls nicht in ihm zum Ausdruck gebracht war, daß die Tat nur unter einem bestimmten Gesichtspunkt verfolgt werden soll (RG DR **39**, 234, HRR **39** Nr. 1436, BGH NJW **51**, 368, Bay VRS **79** 149).

40 2. Die **Angabe der Person,** die verfolgt werden soll, ist nicht erforderlich. Im Wege der Auslegung ist aber zu ermitteln, auf wen der Antragsteller seinen Antrag erstreckt wissen will. Im Zweifel bezieht sich der Antrag nicht auf Personen, zu denen der Verletzte in naher Beziehung steht, insb. also nicht auf Angehörige (Wache KK § 158 RN 48, Rieß LR § 158 RN 24, Rudolphi SK 18; and. Jähnke LK 17); das gilt sowohl bei relativen als auch bei absoluten Antragsdelikten. Die Beschränkung auf relative Antragsdelikte (vgl. RG **25** 176, **31** 169) ist nicht mehr gerechtfertigt, nachdem das Verbot, den Antrag zu teilen, entfallen ist. Dagegen ist im allgemeinen anzunehmen, daß sonstige Täter vom Strafantrag erfaßt werden. Vgl. hierzu Stree MDR **56**, 723, In dubio pro reo (1962) 61.

41 3. Der Antrag muß frei von Bedingungen sein. Bei Hinzufügung einer aufschiebenden **Bedingung** liegt kein gültiger Antrag vor (Oldenburg MDR **54**, 55); auflösende Bedingungen sind nicht zu beachten (RG **14** 97; zT and. Rudolphi SK 19). Vgl. hierzu noch Bergmann MDR **54**, 660, ferner Jähnke LK 14.

42 4. Es ist zulässig, daß der Verletzte seinen Strafantrag in sachlicher oder in persönlicher Hinsicht oder nach beiden Richtungen **beschränkt.** Ist das nicht geschehen, so ergreift der Antrag die Tat in ihrer gesamten rechtlichen Bedeutung und in den Grenzen des § 264 StPO (KG VRS **23** 33). Andere Beschränkungen, etwa auf eine bestimmte Strafe wie „nur Geldstrafe", sind unbeachtlich.

43 a) Der Verletzte kann den Strafantrag auf eine von mehreren gegen ihn gerichteten *Straftaten* beschränken, auch dann, wenn diese in einer Handlungseinheit zusammentreffen. Ein Strafantrag kann daher auf einzelne von mehreren in einem Schriftstück enthaltenen, gegen dieselbe Person gerichteten Beleidigungen beschränkt werden (RG **62** 85, DStR **36**, 101; and. Koblenz NJW **56**, 1729), ferner auf einzelne Teilakte einer fortgesetzten Tat (RG **74** 205 m. Anm. Bruns DR 40, 1418, Tröndle/Fischer 28). Vgl. auch Frankfurt NJW **52**, 1388. Im Zweifel soll sich der Antrag auf die ganze Tat iSv § 264 StPO erstrecken (KG JR **56**, 351, Jähnke LK 19); die Annahme ist mit dem Grundsatz in dubio pro reo nicht vereinbar.

44 b) Auch in *persönlicher* Hinsicht ist der Antrag teilbar (and. Art. 30 schweiz. StGB; krit. dazu Schubarth SchwZStr 112, 220); er kann auf einen von mehreren Tatbeteiligten beschränkt werden (vgl. BGH **19** 321 [Entführung]). Die Beschränkung kann der Antragsberechtigte mit freiem Belieben vornehmen (M-Zipf II 741); er ist hierbei nicht an den Gleichheitssatz des Art. 3 GG gebunden. Eine Ausnahme besteht für Behörden, wenn sie, wie im Fall des § 194 III, hoheitliche Aufgaben bei der Antragstellung wahrnehmen (Lackner 17, Ostendorf JuS 81, 642, Rudolphi SK 20; and. Jähnke LK 8 vor § 77, Tröndle/Fischer § 77 a RN 1). Näher hierzu Stree DÖV 58, 172 ff.

45 VI. Da der Strafantrag Prozeßvoraussetzung ist, kann er grundsätzlich erst gestellt werden, wenn die Straftat begangen worden ist. Steht diese jedoch unmittelbar bevor oder ist abzusehen, daß innerhalb kurzer Frist konkretisierbare Straftaten begangen werden, so ist die **Antragstellung** auch schon **vor Tatbeginn** möglich (RG GA Bd **60** 438, BGH **13** 363, Schleswig SchlHA/E-L **80**, 172, Düsseldorf NJW **87**, 2526 m. Anm. Keller JR 87, 521, Tröndle/Fischer § 77 b RN 2, Rudolphi SK 17; and. Jähnke LK 22, M-Zipf II 739, Schroth NStZ 82, 1; vgl. auch Jähnke LK 22). So deckt zB ein Strafantrag nach § 248 b auch die Fahrzeugbenutzung nach Antragstellung (Bay NJW **66**, 942). Ein Strafantrag nach § 123 gegen Unbekannt wirkt auch gegen Täter, die erst nach Antragstellung am Hausfriedensbruch der bisherigen Täter mitwirken (Düsseldorf NJW **82**, 2680). Gleiches gilt bei sonstigen Antragsdelikten, an denen nach Antragstellung weitere Beteiligte mitwirken (Jähnke LK 16).

46 Bei einem fortgesetzten Delikt (hierzu aber 31 ff. vor § 52) kann der Antrag schon vor der letzten Handlung wirksam gestellt werden (RG **17** 230, **38** 40, Hamburg NJW **56**, 522). Er erfaßt dann, sofern er keine Beschränkung enthält, auch die späteren Handlungsteile.

47 VII. Der Strafantrag hat, soweit er nicht beschränkt ist (vgl. o. 42 ff.), die **Wirkung,** daß die StA die Verfolgung aufnehmen kann; zur fortgesetzten Tat vgl. RG **49** 67, Hamburg NJW **56**, 522. Über Verzeihung und Verzicht vgl. o. 31. Als prozessuale Willenserklärung ist der Strafantrag wegen Willensmängel nicht anfechtbar. Seine Zurücknahme ist gem. § 77 d zulässig. Zweifelhaft ist, ob ein rechtsmißbräuchlicher Antrag wirksam ist (verneinend BGE **105** IV 229) und wann ein Mißbrauch vorliegt (vgl. Naucke H. Mayer-FS 565). Zumindest ist in der Annahme der Unwirksamkeit eines Antrags wegen Rechtsmißbrauchs Zurückhaltung geboten, da die Antragstellung an sich dem Belieben des Antragsberechtigten unterliegt (vgl. Rudolphi SK 20 a, Lackner 17). Zum Problem einer möglichen Unwirksamkeit des Strafantrags vgl. auch Barnstorf NStZ 85, 67, Jähnke LK 56; o. 31.

48 **Fehlt** der erforderliche **Strafantrag,** dann ist das Verfahren einzustellen. Entsprechendes gilt, wenn nicht mit Sicherheit festgestellt werden kann, ob Strafantrag gestellt oder ob er fristgerecht gestellt worden ist (RG **47** 238, BGH StV **84**, 509, Hamm VRS **14** 33, Stuttgart NStZ **81**, 184, Koblenz VRS **63** 362, Stree, In dubio pro reo [1962] 60 f.). Hingegen ist freizusprechen, wenn Anklage wegen eines Offizialdelikts erhoben worden ist, das tateinheitlich mit einem Antragsdelikt zusammentrifft, und wegen des ersteren Freispruch erfolgen muß, während das Antragsdelikt mangels Strafantrags und mangels Erklärung der StA, ein besonderes öffentliches Interesse gebiete die Strafverfolgung (vgl. Bay NStE § 303 c Nr. 3), nicht verfolgbar ist. In einem solchen Fall fordert das Interesse des Angekl. (Rehabilitierungsinteresse, vgl. Sternberg-Lieben ZStW 108, 733 ff.) einen Freispruch; ebenso ist im Falle sog. liquiden Freispruchs freizusprechen, wenn also die Straflosigkeit des Angeklagten bereits zur Überzeugung des Gerichts feststeht (Jähnke LK 11 vor § 77; weitergehend Sternberg-Lieben ZStW 108, 721 ff., 753). Eine Trennung des Offizial- und des Antragsdelikts verbietet sich wegen der Identität der Tat. Einzustellen ist nur, wenn die Antragsfrist noch nicht abgelaufen ist, weil dem Verletzten die Möglichkeit offenstehen muß, Strafantrag zu stellen; sein Interesse geht dem des Angekl. vor. I. E. ebenso BGH **1** 235, **7** 261, **32** 10, GA **57**, 19, **59**, 17, NJW **71**, 903; hierzu krit. Bindokat aaO. Entsprechendes gilt, wenn die mögliche Erklärung der StA, ein besonderes öffentliches Interesse gebiete die Strafverfolgung, noch aussteht (Bay NStE § 303 c Nr. 3). Bei Verurteilung wegen eines Offizialdelikts, das tateinheitlich mit einem mangels Strafantrags endgültig nicht verfolgbaren Antragsdelikt zusammentrifft, bleibt das Antragsdelikt im Urteilsspruch unerwähnt (Jähnke LK 11 vor § 77). In Ausnahmefällen hindert ein fehlender Strafantrag auch die Verfolgung eines zugleich verwirklichten Offizialdeliktes (Lackner 4; vgl. Fahl GA 96, 476 ff., Rudolphi SK 5 a vor 77 [zu § 237 aF]; vgl. auch 25. A. 136 vor § 52). Für die Strafzumessung soll es jedoch bedeutsam sein (BGH NStE § 46 Nr. 83; s. aber auch RG **72** 44, Frankfurt JR **91**, 390 m. Anm. Hilger: Bei Verletzung mehrerer Personen darf die Verletzung derjenigen, die keinen Strafantrag gestellt haben, bei der Strafzumessung nicht berücksichtigt werden).

49 Bei Fehlen des Antrags kann auch keine Maßregel der Besserung und Sicherung angeordnet werden. Das gilt auch für das **Sicherungsverfahren** gemäß § 413 StPO. Der von § 103 E 62 abweichende Wortlaut des § 71 läßt erkennen, daß der Gesetzgeber die selbständige Anordnung einer Maßregel der Besserung und Sicherung für nicht gerechtfertigt gehalten hat, wenn im Sicherungsverfahren wegen Fehlens eines Strafantrags undurchführbar ist (vgl. BT-Drs. V/4095 S. 38, BGH **31** 135). Ein Bedürfnis für eine Ausnahme bei § 413 StPO besteht auch nicht, da die Verwaltungsbehörde jederzeit gegen Störer der öffentlichen Sicherheit einschreiten kann. Ausdrücklich schließt § 76 a II 2 die Befugnis aus, im selbständigen Verfahren die Einziehung oder Unbrauchbarmachung anzuordnen, wenn mangels Strafantrags eine bestimmte Person verfolgt werden kann.

50 Trotz fehlenden Antrags ist die Handlung aber eine rechtswidrige Tat iSv § 11 I Nr. 5; das ist zB von Bedeutung für die §§ 25 ff., 32, 257, 259; vgl. weiter RG **76** 328. Ein Irrtum des Täters über Antragsvoraussetzungen ist unbeachtlich (vgl. § 16 RN 36, § 247 RN 13).

51 Ist die Antragsfrist versäumt, so kann fraglich sein, ob der Verletzte als **Nebenkläger** zugelassen werden kann, wenn öffentliche Anklage erhoben worden ist (vgl. einerseits LG Bremen StV **88**, 293 (verneinend), andererseits LG Tübingen NStZ **88**, 520 (bejahend) m. abl. Anm. Pelchen. Soweit Anklage erfolgt ist, weil die StA das besondere öffentliche Interesse an der Strafverfolgung bejaht hat, zB gem. § 230 I, oder der Strafantrag eines Dienstvorgesetzten vorliegt, zB gem. § 230 II, ist die Nebenklage auch ohne Strafantrag des Verletzten zugelassen (BGH NStZ **92**, 452, KG NStZ **91**, 146 m. Anm. Wendisch, Nürnberg NJW **91**, 712, LG Hamburg MDR **92**, 397). Zu den Gründen und weiteren Problemfällen vgl. Rieß NStZ 89, 102, auch Riegner MDR 89, 602. Für das Nebenklagerecht gilt – anders als für die Privatklagebefugnis (§ 374 II StPO) – Abs. 2 nicht (BGH NJW **98**, 3069; and. noch **33** 114).

52 VIII. Vom Strafantrag zu unterscheiden sind die **Ermächtigung** und das **Strafverlangen.** Vgl. dazu § 77 e und die dortigen Anm. Auch die **Erklärung** der StA, daß sie wegen **des besonderen öffentlichen Interesses** die Strafverfolgung übernehme (vgl. etwa § 232), ist kein Strafantrag iSv §§ 77 ff. (RG **77** 73, Hamm JMBlNW **52**, 13).

§ 77 a Antrag des Dienstvorgesetzten

(1) Ist die Tat von einem Amtsträger, einem für den öffentlichen Dienst besonders Verpflichteten oder einem Soldaten der Bundeswehr oder gegen ihn begangen und auf Antrag des Dienstvorgesetzten verfolgbar, so ist derjenige Dienstvorgesetzte antragsberechtigt, dem der Betreffende zur Zeit der Tat unterstellt war.

(2) Bei Berufsrichtern ist an Stelle des Dienstvorgesetzten antragsberechtigt, wer die Dienstaufsicht über den Richter führt. Bei Soldaten ist Dienstvorgesetzter der Disziplinarvorgesetzte.

(3) Bei einem Amtsträger oder einem für den öffentlichen Dienst besonders Verpflichteten, der keinen Dienstvorgesetzten hat oder gehabt hat, kann die Dienststelle, für die er tätig war, den Antrag stellen. Leitet der Amtsträger oder der Verpflichtete selbst diese Dienststelle, so ist die staatliche Aufsichtsbehörde antragsberechtigt.

(4) Bei Mitgliedern der Bundesregierung ist die Bundesregierung, bei Mitgliedern einer Landesregierung die Landesregierung antragsberechtigt.

1   I. Bei bestimmten Straftaten, die von einem Amtsträger, einem für den öffentlichen Dienst besonders Verpflichteten oder einem Soldaten oder gegen eine solche Person begangen worden sind, bestimmt das Gesetz, daß sie auf Antrag des Dienstvorgesetzten verfolgbar sind. Vgl. etwa § 355 III u. §§ 194 III, 230 II. Für diese Fälle regelt § 77 a, wer antragsberechtigt ist.

2   1. Antragsberechtigt ist nach Abs. 1 der **Dienstvorgesetzte,** dem der Betreffende **zZ der Tat** unterstellt war. Scheidet dieser nach der Tat aus seiner Stellung aus (zB Versetzung, Ruhestand), so bleibt das Antragsrecht davon unberührt. Wer Dienstvorgesetzter ist, bestimmt sich nach den maßgebenden dienstrechtlichen Vorschriften, zB für Bundesbeamte nach § 3 II BBG. Mit dem Begriff „Dienstvorgesetzter" ist nicht die Person des jeweiligen Dienstvorgesetzten gemeint, sondern die Institution als solche (Lackner 2, Tröndle/Fischer 2). Daher ist, wenn ein Dienstvorgesetzter aus dieser Stellung ausscheidet, der Dienstnachfolger antragsberechtigt. Dieser übernimmt aber nur die Antragsbefugnis, so daß ihm beim Teilablauf der Antragsfrist zZ des Amtswechsels nur der Rest der Frist zur Verfügung steht (vgl. § 77 b RN 18). Neben dem unmittelbaren Dienstvorgesetzten kann auch ein höherer Dienstvorgesetzter den Antrag stellen, wobei für ihn eine eigene Antragsfrist läuft (Jähnke LK 5). Bei mehrfachen Dienstverhältnissen ist der Dienstvorgesetzte antragsberechtigt, der für den Dienstzweig zuständig ist, den das Antragsdelikt berührt (Jähnke LK 8).

3   2. Eine besondere Regelung war für **Berufsrichter** notwendig, da sie keinen Dienstvorgesetzten im beamtenrechtlichen Sinn haben. Abs. 2 S. 1 bestimmt deshalb, daß bei ihnen an Stelle des Dienstvorgesetzten antragsberechtigt ist, wer die Dienstaufsicht über den Richter führt. Zur Zuständigkeit für die Dienstaufsicht vgl. Schmidt-Räntsch, Dt. Richtergesetz (5. A. 1995), § 26 RN 8 ff.

4   Bei **Soldaten** ist Dienstvorgesetzter der Disziplinarvorgesetzte (Abs. 2 S. 2). Vgl. § 1 V SoldatenG iVm den §§ 23 ff. WehrdisziplinarO.

5   Zuständig ist wie bei den Dienstvorgesetzten, wer zZ der Tat Dienstaufsicht geführt hat bzw. Disziplinarvorgesetzter gewesen ist. Wie bei den Dienstvorgesetzten ist ebenfalls die Institution als solche gemeint und nicht die Person des jeweiligen Dienstaufsichtführenden oder Disziplinarvorgesetzten. Bei dessen Ausscheiden aus dem Amt geht somit die Antragsberechtigung auf den Nachfolger über. Vgl. o. 2.

6   3. Soweit ein Amtsträger oder ein für den öffentlichen Dienst besonders Verpflichteter **keinen Dienstvorgesetzten** hat oder gehabt hat, ist die Dienststelle, für die der Betreffende tätig war, antragsberechtigt (Abs. 3). Ein solcher Fall ist ua bei Laienrichtern in Ausübung ihrer richterlichen Tätigkeit gegeben. Bei Dienststellenleitern, die keinen Dienstvorgesetzten haben, steht, da ihnen selbst nicht die Entscheidung über den Strafantrag zugesprochen werden kann, der staatlichen Aufsichtsbehörde die Antragsbefugnis zu.

7   4. Mangels eines Dienstvorgesetzten war ferner bei **Regierungsmitgliedern** eine besondere Regelung erforderlich. Abs. 4 spricht bei ihnen der Regierung, der das Mitglied angehört, das Antragsrecht zu. Dessen Ausübung setzt einen Beschluß des betreffenden Kabinetts voraus, und zwar in dessen Zusammensetzung zZ der Beschlußfassung. Die Antragserklärung gem. § 158 II StPO kann jedoch ein bevollmächtigtes Kabinettsmitglied abgeben.

8   II. Das Antragsrecht ist dem Dienstvorgesetzten und den ihm gleichgesetzten Stellen im Interesse des öffentlichen Dienstes eingeräumt worden, auch bei Taten gegen Amtsträger usw. Es fällt daher in den Bereich **hoheitlicher Aufgaben.** Eine Beschränkung des Strafantrags in persönlicher Hinsicht (vgl. § 77 RN 44) muß mithin dem Gleichheitssatz des Art. 3 GG gerecht werden (vgl. Stree DÖV 58, 175, Tiedemann GA 64, 358). Das Antragsrecht ist selbständig und bleibt von einem Antragsrecht des Verletzten unberührt (vgl. § 77 RN 33). Es erlischt daher auch nicht mit dem Tod des Verletzten.

§ 77 b Antragsfrist

(1) Eine Tat, die nur auf Antrag verfolgbar ist, wird nicht verfolgt, wenn der Antragsberechtigte es unterläßt, den Antrag bis zum Ablauf einer Frist von drei Monaten zu stellen. Fällt das Ende der Frist auf einen Sonntag, einen allgemeinen Feiertag oder einen Sonnabend, so endet die Frist mit Ablauf des nächsten Werktags.

(2) Die Frist beginnt mit Ablauf des Tages, an dem der Berechtigte von der Tat und der Person des Täters Kenntnis erlangt. Hängt die Verfolgbarkeit der Tat auch von einer Entscheidung über die Nichtigkeit oder Auflösung einer Ehe ab, so beginnt die Frist nicht vor Ablauf des Tages, an dem der Berechtigte von der Rechtskraft der Entscheidung Kenntnis erlangt. Für den Antrag des gesetzlichen Vertreters und des Sorgeberechtigten kommt es auf dessen Kenntnis an.

(3) Sind mehrere antragsberechtigt oder mehrere an der Tat beteiligt, so läuft die Frist für und gegen jeden gesondert.

(4) Ist durch Tod des Verletzten das Antragsrecht auf Angehörige übergegangen, so endet die Frist frühestens drei Monate und spätestens sechs Monate nach dem Tod des Verletzten.

(5) Der Lauf der Frist ruht, wenn ein Antrag auf Durchführung eines Sühneversuchs gemäß § 380 der Strafprozeßordnung bei der Vergleichsbehörde eingeht, bis zur Ausstellung der Bescheinigung nach § 380 Abs. 1 Satz 2 der Strafprozeßordnung.

Vorbem.: Abs. 5 eingefügt durch das StVÄG 1987 vom 27. 1. 1987, BGBl. I 475.

I. Die **Frist** zur Stellung des Strafantrags beträgt 3 Monate. Sie hat den Zweck, aus Gründen der 1 Rechtssicherheit und öffentlichen Ordnung den Zustand der Unentschiedenheit darüber abzukürzen, ob eine Straftat verfolgt werden soll (vgl. RG **71** 39). Bis zum Fristablauf muß der Strafantrag der nach § 158 II StPO zuständigen Behörde zugegangen sein (and. BG Pr. 56, 321, nach dem die Aufgabe bei der Post am letzten Tag ausreicht). Rechtzeitiger Einwurf des Antragsschreibens in Behördenbriefkasten genügt insoweit (Jähnke LK 4), auch wenn erst nach Fristablauf mit Leerung zu rechnen ist (vgl. BGH NJW **84**, 1237); ebenso der Ausdruck eines Fernschreibens oder Telefaxes (auch noch nach Dienstschluß), vgl. BGHR StPO § 341 Schriftform **1**; s. a. BGH [Z] **101** 276; zu fernmündlich zugesprochenen Telegrammen s. BGH **30** 69. Fernmündliche Erklärungen genügen hingegen auch bei Aufnahme eines Aktenvermerks bereits dem Schriftformerfordernis nicht (s. § 77 RN 36). Es handelt sich um eine Ausschlußfrist, so daß Wiedereinsetzung in den vorigen Stand nicht zulässig ist (BGH NJW **94**, 1166, Bremen NJW **56**, 392). Fristversäumung kann aber unter bestimmten Voraussetzungen zu verneinen sein. Vgl. u. 19. Ist zweifelhaft, ob der Antrag fristgerecht gestellt worden ist, so ist eine Strafverfolgung unzulässig (vgl. Koblenz VRS **63** 262, Stree, In dubio pro reo, 1962, 60 sowie § 77 RN 48).

1. Die Frist **beginnt** mit Ablauf des Tages, an dem der Antragsberechtigte von der Tat und der 2 Person des Täters Kenntnis erlangt (Abs. 2). Sie verlängert sich, wenn ihr Ende auf einen Sonnabend oder einen Feiertag fällt, bis zum Ablauf des nächsten Werktages (Abs. 1 S. 2). Der Fristbeginn ist nur für die Feststellung der Dreimonatsfrist bedeutsam. Er schließt einen vorherigen Strafantrag und dessen Wirksamkeit nicht aus, etwa einen Strafantrag gegen Unbekannt wegen fehlender Kenntnis von der Person des Täters (Jähnke LK 2).

2. Maßgebend für den Fristbeginn ist die **Kenntnis des Antragsberechtigten.** Hierunter sind nur 3 die Personen zu verstehen, die kraft Gesetzes antragsbefugt sind; auf die Kenntnis eines Bevollmächtigten kommt es nicht an (RG **36** 416). Ist eine Behörde oder eine juristische Person antragsberechtigt, dann ist die Kenntnis der zu ihrer Vertretung berufenen Person entscheidend (Hamburg MDR **80**, 598). Für den Antrag des gesetzlichen Vertreters und des Sorgeberechtigten (vgl. § 77 RN 15 ff.) kommt es auf deren Kenntnis an.

Bei Gesamtvertretung ist Kenntnis aller Vertreter erforderlich (RG **35** 270, **47** 338, Bay **55** 220; vgl. 4 auch RG **68** 265, Lemke NK 5, Tröndle/Fischer 3; and. Jähnke LK 10). Das gilt auch bei der Gesamtvertretung des Kindes durch die Eltern (and. BGH **22** 103, DAR/N **94**, 179, Jähnke LK 10, M-Zipf II 739). Gerade der vom BGH **22** 103 beurteilte Sachverhalt spricht gegen den Standpunkt des BGH. Wenn die Mutter den Wunsch hat, Taten gegen das Kind, etwa Beleidigungen, zu vertuschen, muß dem Vater die Möglichkeit verbleiben, seine eigene Entscheidung – uU mit Hilfe des Vormundschaftsgerichts – durchzusetzen. Der Hinweis des BGH auf Wahrung des Rechtsfriedens wird schon durch die Existenz des Abs. 3 widerlegt.

3. Sind **mehrere antragsberechtigt** (vgl. § 77 RN 33), so läuft für jeden eine gesonderte Frist 5 (Abs. 3), die mit seiner eigenen Kenntnis beginnt (vgl. RG **73** 116, Bay **64** 156). Diese Regel gilt auch, wenn mehrere Dienstvorgesetzte antragsberechtigt sind, nicht aber bei Wechsel des Amtswalters (vgl. § 77 a RN 2) oder der Vertretene neben seinem gesetzlichen Vertreter Strafantrag stellen kann (s. a. § 77 RN 32).

4. Der Antragsberechtigte muß **Kenntnis von der Tat** haben. Insoweit genügt nicht, daß ihm die 6 objektive Tatbestandsverwirklichung bekannt ist. Er muß zudem – sei es auch nur durch Schlußfolgerung – Kenntnis des subjektiven Tatbestands erlangen, damit er die Straftat als solche, als eine ihn

§ 77 b 7–15 Allg. Teil. Strafantrag. Ermächtigung. Strafverlangen

verletzende erkennt (RG **69** 380, **75** 299; and. BGE **79** IV 58; **80** IV 3 f., offen gelassen in BGE **101** IV 113). Bei Teilnahmehandlungen ist auch Kenntnis von der vorsätzlichen Haupttat, nicht jedoch von der Person des Haupttäters Voraussetzung für den Fristbeginn. Bei Erfolgsdelikten beginnt die Antragsfrist erst mit Kenntnis vom Erfolg.

7   Alle Einzelheiten der Tat braucht der Antragsberechtigte nicht zu kennen. Es reicht aus, wenn er von dem Vorgang in seinen wesentlichen Teilen erfährt. Dazu gehört auch Kenntnis solcher Tatsachen, die die Tat gerade zum Antragsdelikt machen. Erfährt der Verletzte zB erst später, daß es sich beim angenommenen Kfz-Diebstahl um eine Tat nach § 248 b gehandelt hat, so ist dieser Zeitpunkt maßgebend (Jähnke LK 8); bei § 263 kommt es auf Kenntnis des Eintritts der Vermögensschädigung an (Karlsruhe wistra **95**, 154, Lackner 5, Rudolphi SK 9). Dagegen braucht der Antragsberechtigte nicht zu wissen, daß die Strafverfolgung einen Antrag voraussetzt (Hamm NJW **70**, 578).

8   Bei einer fortgesetzten Tat bestimmte sich die Antragsfrist für jeden Teilakt selbständig (vgl. 25. A. 33 vor § 52, Düsseldorf MDR **80**, 952, Lackner 5, M-Zipf II 739, Rudolphi SK 9; and. RG **40** 319, **61** 303, Jähnke LK 6, Tröndle/Fischer 4 f.). Entsprechendes gilt für einen schadensvertiefenden Erfüllungsbetrug (Karlsruhe wistra **95**, 154). Beim Dauerdelikt beginnt sie nicht vor Kenntnis der Beseitigung des rechtswidrigen Zustands (RG **43** 287). Beim Versuch ist Kenntnis von der letzten auf den Tatbestandserfolg gerichteten Handlung maßgebend (LG Konstanz NJW **84**, 1767); bei Erfolgsdelikten beginnt die Frist erst mit vollständigem Eintritt des tatbestandsmäßigen Erfolges (Karlsruhe wistra **95**, 154 [den Eingehungsschaden vertiefender Erfüllungsbetrug]).

9   5. Außerdem muß der Antragsberechtigte **Kenntnis vom Täter** haben. Unter den Begriff des „Täters" fällt hier jeder Tatbeteiligte, dh auch der Teilnehmer. Er ist bekannt, wenn er im Antrag individuell erkennbar gemacht werden kann; das Wissen des Namens ist nicht erforderlich (RG **27** 35), noch weniger Kenntnis der Lebensumstände (Stuttgart NJW **55**, 73) und des Aufenthaltsorts (BGH **2** 125). Bei Antragsdelikten eines Kraftfahrers im Straßenverkehr, etwa Körperverletzung, genügt dabei, daß der Täter als Fahrer des Kfz. mit einem bestimmten amtlichen Kennzeichen individualisierbar ist (Schleswig SchlHA/L-T **91**, 120, Bay NStZ **94**, 86). Bei relativen Antragsdelikten muß der Verletzte jedoch wissen, daß der Täter die persönlichen Beziehungen zu ihm hat, die den Strafantrag bedingen (Rudolphi SK 10; and. Jähnke LK 9); nur dann kennt er die Tatsachen, die die Tat zum Antragsdelikt machen (vgl. o. 7). Bei mehreren Tatbeteiligten richtet sich wegen Teilbarkeit des Strafantrags der Beginn der Antragsfrist jeweils danach, wann der Antragsberechtigte Kenntnis vom einzelnen Beteiligten erlangt (Abs. 3).

10   6. **Kenntnis** ist mehr als Verdacht und weniger als Gewißheit; bloße Vermutung genügt nicht (RG **75** 300), mag auch der Berechtigte von der Tat einer bestimmten Person überzeugt sein (vgl. RG **45** 129). Zur Kenntnis gehört das Wissen von Tatsachen, die einen Schluß auf die wesentlichen Tatumstände und den Täter zulassen (RG **58** 204). Der Antragsberechtigte muß von der Tat und dem Täter so zuverlässige Kenntnis haben, daß er in der Lage ist, vom Standpunkt eines besonnenen Menschen aus zu beurteilen, ob er Strafantrag stellen soll (RG **75** 300, BGH NJW **99**, 508, Schleswig SchlHA **57**, 209, BGE **74** IV 75). Seine Kenntnis muß also so beschaffen sein, daß er sich bei Abwägung aller Umstände zur Antragstellung entschließen kann (Frankfurt NJW **52**, 236; vgl. auch Hamm VRS **10** 134, Köln JMBlNW **61**, 145, Saarbrücken VRS **30** 40, Stuttgart NJW **55**, 73). Das kann auch der Fall sein, wenn die StA das Ermittlungsverfahren eingestellt hat (Hamm VRS **10** 134). Entscheidend ist Kenntnis der Tatsachen; unwesentlich ist, ob der Antragsberechtigte die Tat rechtlich zutreffend würdigt (Saarbrücken VRS **30** 40).

11   Die Frist beginnt später zu laufen, wenn die Sach- und Rechtslage durch eine später bekanntgewordene Tatsache für ein vernünftiges Urteil ein wesentlich anderes Gesicht bekommt (RG **75** 301 für Eingreifen des § 182 statt des § 185) oder erst die Einlassung des Beschuldigten den Sachverhalt klärt (Verletzung von Kindern, Hamm JMBlNW **60**, 271). Hat eine fahrlässige Körperverletzung eine scheinbar unwesentliche Verletzung zur Folge gehabt, die sich erst später als schwer herausstellt, so beginnt die Frist mit Bekanntwerden der schweren Schädigung (RG **61** 303). Keinen wesentlich anderen Charakter erlangt dagegen die Behauptung ehrenrühriger Tatsachen durch Hinzufügen formal beleidigender Bezeichnungen, so daß erst später erlangte Kenntnis dieser zusätzlichen Ehrverletzung keine neue Antragsfrist in Lauf setzt (Frankfurt NJW **72**, 65).

12   II. In bestimmten Fällen gelten für die Antragsfrist **besondere Regeln**.

13   1. Soweit die Verfolgbarkeit der Tat auch von einer Entscheidung über die Nichtigkeit oder **Auflösung der Ehe** abhängt (vgl. § 238 II), beginnt die Frist nicht vor Ablauf des Tages, an dem der Antragsberechtigte von der Rechtskraft der Entscheidung Kenntnis erlangt (Abs. 2 S. 2). Einschränkend bestimmt jedoch § 238 II für die dort erfaßten Fälle, daß sich an der Antragsfrist nichts ändert, wenn das Antragsrecht bereits vor der Eheschließung erloschen war.

14   2. Besonderheiten für die Antragsfrist gelten ferner bei **wechselseitig begangenen,** miteinander zusammenhängenden **Antragsdelikten.** Vgl. dazu § 77 c.

15   3. Ist ein Offizialdelikt auf Grund einer **Gesetzesänderung** zum Antragsdelikt geworden, so beginnt die Antragsfrist frühestens mit Inkrafttreten der Gesetzesänderung (Hamm NJW **70**, 578). Denn vorher war der Antragsberechtigte noch nicht dazu aufgerufen, sich zu entscheiden, ob er Strafantrag stellen soll. Ihm muß daher wie sonst eine Überlegungsfrist von 3 Monaten zugestanden werden.

Antragsfrist 16–22 **§ 77 b**

4. Bei Übergang des Antragsrechts auf **Angehörige** (§ 77 II) endet die Antragsfrist frühestens 3 **16** Monate und spätestens 6 Monate nach dem Tod des Verletzten (Abs. 4). Unerheblich ist, ob der Verstorbene bereits einen Teil der Antragsfrist hat verstreichen lassen, sofern er nicht seinen Willen bekundet hat, keinen Antrag zu stellen. Ist allerdings bei seinem Tod die Antragsfrist abgelaufen, so ist damit das Antragsrecht erloschen. Dem Angehörigen steht auch dann eine neue, frühestens mit dem Tod des Verletzten beginnende Antragsfrist zu, wenn er schon vorher von der Tat und dem Täter Kenntnis gehabt hat. Da ihm volle 3 Monate als Überlegungsfrist einzuräumen sind, kann die Antragsfrist nicht vor Ablauf des Tages beginnen, an dem er vom Tod des Verletzten erfährt. Erlangt er erst später von der Tat und dem Täter Kenntnis, so richtet sich hiernach die Antragsfrist. Um jedoch zu verhindern, daß sich der Fristablauf unangemessen hinausschiebt und zu lange Ungewißheit über die Verfolgbarkeit der Tat besteht, setzt Abs. 4 fest, daß die Frist spätestens 6 Monate nach dem Tod des Verletzten endet.

5. Eine genügende Überlegungsfrist ist ebenfalls dem Verletzten einzuräumen, der erst nach der Tat **17** **antragsmündig** wird. Für ihn beginnt, sofern sein gesetzlicher Vertreter die Frist noch nicht versäumt hat (vgl. dazu RG **5** 193), ab Antragsmündigkeit (vgl. RG **69** 378) oder bei später erlangter Kenntnis von der Tat und dem Täter ab diesem Zeitpunkt eine selbständige Antragsfrist. Ein Teilablauf der Frist beim gesetzlichen Vertreter ist nicht anzurechnen (Lackner 7, Rudolphi SK § 77 RN 12, Tröndle/Fischer § 77 RN 18; and. Jähnke LK 15). Entsprechendes gilt für den gesetzlichen Vertreter des Antragsmündigen. Ihm stehen ebenfalls 3 Monate als Überlegungsfrist zu, es sei denn, die Antragsfrist war bei Übernahme der Vertretung schon abgelaufen. Ein Teilablauf der Frist berührt ihn nicht.

6. Anders ist es bei einem **Wechsel des gesetzlichen Vertreters.** Der Nachfolger tritt in die **18** Antragsbefugnis seines Vorgängers ein. Er hat daher nur den Rest der Frist, soweit sie seinem Vorgänger gegenüber noch nicht abgelaufen war, zur Verfügung. Ebenso verhält es sich beim Wechsel des Dienstvorgesetzten. Auch hier übernimmt der Nachfolger nur die Antragsberechtigung des Vorgängers. Der Dienstvorgesetzte muß sich die Kenntnis seines antragsbefugten Vertreters zurechnen lassen (BGH **44** 209 [auch bei nichtdienstlicher Kenntniserlangung], Lackner 7).

III. Die Frist läuft nur, wenn es dem Antragsberechtigten tatsächlich und rechtlich **möglich** ist, **19** **Strafantrag zu stellen** (Jähnke LK 12, Rudolphi SK 1). Wer diese Möglichkeit nicht hat, unterläßt nicht die Antragstellung iSv Abs. 1. Das ist der Fall, wenn der Berechtigte körperlich oder rechtlich, zB durch Geisteskrankheit, an der Antragstellung gehindert war (BGH **2** 124). Ist jemand nach einem Unfall wochenlang besinnungslos, so beginnt die Frist erst nach Wiedererlangung der Besinnung (RG HRR **40** Nr. 39). Einem tatsächlichen Hindernis kommen schwerste Drohungen gleich, etwa Morddrohungen, um ein Untätigbleiben erzwingen (vgl. auch § 77 d RN 8 zur erzwungenen Antragsrücknahme). Beim Verletzten, der wegen Geistesschwäche die Antragsbedeutung nur mit fremder Hilfe erkennen kann, ist maßgebend, wann er die erforderliche Kenntnis erlangt hat (Schleswig MDR **80**, 247). Bei rechtlicher Verhinderung des gesetzlichen Vertreters an der Antragstellung (vgl. § 77 RN 21) läuft die Frist erst, wenn der Verletzte antragsmündig oder für ihn ein Pfleger bestellt wird und der Antragsmündige bzw. der Pfleger von der Tat und der Person des Täters Kenntnis erlangt (vgl. RG **73** 114, BGH **6** 157). Ist dagegen der gesetzliche Vertreter nicht ipso jure von der Vertretung bei der Antragstellung ausgeschlossen, sondern entzieht ihm erst das Vormundschaftsgericht die Vertretungsmacht, so wird der Lauf der Frist nicht beeinflußt. Der Fristablauf wirkt mithin auch gegen den Pfleger (RG GA Bd. **56** 78; vgl. auch BGH **6** 157).

Abgesehen von einer tatsächlichen oder rechtlichen Verhinderung erlischt das Antragsrecht nach **20** Ablauf der Frist ohne Rücksicht darauf, aus welchen Gründen der Berechtigte sie hat verstreichen lassen. Die irrtümliche Annahme, ein Antrag sei nicht erforderlich, beeinflußt daher den Lauf der Frist nicht (vgl. Hamm NJW **70**, 578: Nichtkenntnis des Antragserfordernisses). Anders ist es, wenn der Berechtigte die Voraussetzungen des Antragsdelikts nicht gekannt hat (vgl. o. 7). Über Fälle, in denen die deutsche Gerichtsbarkeit erst später eingreift (Auslandstaten), vgl. Stuttgart Justiz **66**, 16.

IV. Läuft die Frist noch, so kann der **Antrag** auch **während eines Strafverfahrens** gestellt **21** werden, das ohne Antrag begonnen hat; er kann in jedem Stadium des Verfahrens, auch in der Revisionsinstanz, nachgeholt werden (RG **68** 124, **73** 114, HRR **40** Nr. 39, BGH **3** 73, **6** 157).

V. Hat der Antragsberechtigte in den von § 380 StPO erfaßten Fällen die Durchführung eines **22** Sühneversuchs beantragt, so **ruht der Lauf der Frist** in der Zeit zwischen Eingang des Antrags bei der Vergleichsbehörde und Ausstellung der Bescheinigung über den erfolglosen Sühneversuch (Abs. 5); die Tage des Auftragseingangs und der Bescheinigungsausstellung sind eingeschlossen; die Unvollständigkeit des Antrags oder ein sonstiger Mangel steht dem Beginn des Ruhens nicht entgegen (Hamburg NStE **1**). Mit dieser Regelung sollen unnötige Strafanträge vermieden werden, die Antragsberechtigte sonst vorsorglich stellen müßten, um die Antragsfrist nicht zu versäumen (vgl. BR-Drs. 546/83 S. 44). Ein gleichwohl gestellter Strafantrag ist jedoch wirksam. Andererseits läßt Abs. 5 erkennen, daß der Gesetzgeber bei einem Vergleich im Sühnetermin von einem Verzicht auf den Strafantrag (vgl. dazu § 77 RN 31, Hamburg NStE **1**) ausgegangen sein muß, da nur die Erfolglosigkeitsbescheinigung das Ruhen des Laufs der Frist beendet. Die Ablehnung der Durchführung des Sühneverfahrens läßt das Ruhen der Antragsfrist unberührt (Hamburg aaO). Ruhen bedeutet, daß in dieser Zeit der Weiterlauf einer Frist gehemmt wird. Nach Beendigung des Ruhens läuft die Frist weiter; der vor dem Ruhen bereits abgelaufene Teil der Frist wird mitgerechnet. Bestehen über die Zeit des Ruhens Zweifel, so gilt der Grundsatz in dubio pro reo.

§ 77 c Wechselseitig begangene Taten

Hat bei wechselseitig begangenen Taten, die miteinander zusammenhängen und nur auf Antrag verfolgbar sind, ein Berechtigter die Strafverfolgung des anderen beantragt, so erlischt das Antragsrecht des anderen, wenn er es nicht bis zur Beendigung des letzten Wortes im ersten Rechtszug ausübt. Er kann den Antrag auch dann noch stellen, wenn für ihn die Antragsfrist schon verstrichen ist.

1 I. § 77 c **ändert** die Grundsätze über die Dauer der **Strafantragsfrist** für den Fall, daß bei wechselseitig begangenen Antragsdelikten, die miteinander zusammenhängen, ein Antragsberechtigter Strafantrag gestellt hat. Die Vorschrift beruht auf der Erwägung, daß Straftaten, die einen einheitlichen Ursprung haben oder von denen die eine aus der anderen erwachsen ist und die daher miteinander verzahnt sind, oftmals einzeln nicht abschließend gewürdigt werden können. Um einer isolierten Würdigung und Ahndung solcher Taten entgegenzuwirken, hat der Gesetzgeber bestimmt, daß das Antragsrecht des Teils, dessen Bestrafung beantragt worden ist, erlischt, wenn es nicht bis zur Beendigung des letzten Wortes im ersten Rechtszug ausgeübt worden ist. Die Antragsfrist kann sich danach verkürzen; sie kann sich aber auch verlängern oder sogar erneuern. Mit der Möglichkeit der Fristverlängerung (-erneuerung) wird berücksichtigt, daß der Antragsberechtigte die normale Frist in der Erwartung verstreichen lassen kann, auch der andere Teil werde keinen Strafantrag stellen. Er soll dann, wenn er sich getäuscht sieht und von einem Strafantrag des anderen überrascht wird, keinen Nachteil erleiden (vgl. Bay NJW **59**, 305). Ihm wird daher ermöglicht, die Antragstellung nachzuholen.

2 II. **Wechselseitige Taten** iSv § 77 c liegen vor, wenn zwei Personen gegeneinander Taten begehen, die in einem Zusammenhang stehen und nur auf Antrag verfolgbar sind. In Betracht kommt etwa die gegenseitige Beleidigung oder die Erwiderung einer Sachbeschädigung mit einer Körperverletzung. Unerheblich ist, ob Täterschaft oder Teilnahme vorgelegen hat. Auch Fahrlässigkeitstaten können genügen (gegenseitige Körperverletzung bei beiderseitig verschuldetem Verkehrsunfall; vgl. Bay DAR **60**, 143). Nach Bay NJW **59**, 304 soll für die Frage der wechselseitigen Tat der Parteivortrag maßgebend sein, nicht der tatsächliche Sachstand. Das ist insoweit richtig, als es nicht darauf ankommt, ob die Tat, die den ersten Strafantrag ausgelöst hat, zu einer Bestrafung führt. Dagegen kann eine Tat, die mit der dem ersten Strafantrag zugrundeliegenden Tat in keinem Zusammenhang steht, nicht dadurch zu einer wechselseitigen werden, daß ein solcher Zusammenhang behauptet wird. Voraussetzung ist ein ursächlicher Zusammenhang. Die eine Tat muß aus der anderen erwachsen sein oder doch zumindest mit ihr einen einheitlichen Ursprung haben. Nicht erforderlich ist, daß die eine Tat auf der Stelle erwidert wird (Bay NJW **59**, 304). Allerdings darf bei Begehung der späteren Tat die Antragsfrist hinsichtlich der erwiderten Tat nicht schon abgelaufen sein (RG **44** 162, Bay **59** 61); eine Fristerneuerung entfällt in einem solchen Fall.

3 III. Gegen den Antragsberechtigten muß wegen dessen Tat ein **Strafantrag der Gegenseite** vorliegen. Er braucht nicht vom Verletzten selbst gestellt zu sein; es genügt der Antrag eines Dienstvorgesetzten (§§ 194 III, 230 II, 77 a). Das Einschreiten der StA nach den §§ 230 I, 248 a, 303 c reicht jedoch nicht aus. Der Strafantrag muß (noch) wirksam sein. Mit seiner Zurücknahme ist § 77 c nicht mehr anwendbar.

4 IV. Der **Antrag muß spätestens** bis zur Beendigung des letzten Wortes im ersten Rechtszug gestellt werden. Er ist nur zulässig, wenn bis dahin das Antragsrecht lediglich nicht ausgeübt worden ist. Ein durch Verzicht oder durch Zurücknahme erloschenes Antragsrecht lebt ebensowenig auf wie das Antragsrecht, das zZ der Tat, die zur Aburteilung ansteht, nicht mehr bestanden hat. Andererseits wirkt sich die Fristveränderung nur aus, wenn die Frist beim letzten Wort schon gelaufen, der Berechtigte also von der gegen ihn verübten Tat und dem Täter Kenntnis gehabt hat. Der Antrag braucht nicht unbedingt beim erkennenden Gericht gestellt zu werden. An der allgemeinen Zuständigkeit hat § 77 c nichts geändert.

§ 77 d Zurücknahme des Antrags

(1) **Der Antrag kann zurückgenommen werden. Die Zurücknahme kann bis zum rechtskräftigen Abschluß des Strafverfahrens erklärt werden. Ein zurückgenommener Antrag kann nicht nochmals gestellt werden.**

(2) **Stirbt der Verletzte oder der im Falle seines Todes Berechtigte, nachdem er den Antrag gestellt hat, so können der Ehegatte, die Kinder, die Eltern, die Geschwister und die Enkel des Verletzten in der Rangfolge des § 77 Abs. 2 den Antrag zurücknehmen. Mehrere Angehörige des gleichen Ranges können das Recht nur gemeinsam ausüben. Wer an der Tat beteiligt ist, kann den Antrag nicht zurücknehmen.**

Zurücknahme des Antrags 1–7 § 77 d

I. § 77 d gestattet die **Zurücknahme des Strafantrags** bei allen Antragsdelikten bis zum rechtskräftigen Abschluß des Strafverfahrens. Es reicht aus, daß nur der Rechtsfolgenausspruch noch nicht rechtskräftig ist (Zweibrücken MDR **91**, 1078), so daß trotz Rechtskraft des Schuldspruchs die Antragsrücknahme zulässig ist. Die Rücknahmemöglichkeit hat den Sinn, dem Antragsberechtigten ein möglichst weitgehendes Verfügungsrecht in der Frage der Durchführung eines Strafverfahrens einzuräumen. Sie dient damit zugleich der Verfahrensvereinfachung und erleichtert den Beteiligten, außergerichtlich zu einem Ausgleich der durch die Tat beeinträchtigten Interessen zu gelangen (vgl. BT-Drs. 7/550 S. 215).

II. Zur Zurücknahme **berechtigt** ist der Antragsteller. Wird allerdings der Geschäftsunfähige oder der beschränkt Geschäftsfähige voll geschäftsfähig, so kann er den am vom gesetzlichen Vertreter gestellten Antrag zurücknehmen. Zulässig ist wegen der Teilbarkeit des Strafantrags eine in sachlicher oder persönlicher Hinsicht beschränkte Zurücknahme (vgl. u. 9 f.). Sie wirkt sich nachträglich als Beschränkung des Strafantrags aus. Die Zurücknahme berührt nur den eigenen Antrag; sonstige Anträge bleiben in Kraft (vgl. § 77 RN 33).

1. Eine **Stellvertretung** bei der Rücknahme ist entsprechend den Grundsätzen zulässig, die für die Antragstellung gelten (vgl. § 77 RN 15 ff., Jähnke LK 5). Nach BGH **9** 149 kann ein Vertreter im Willen in beschränktem Rahmen den Antrag auch bei Verletzung immaterieller Rechtsgüter zurücknehmen. Ob eine Vollmacht zur Antragstellung auch eine Vollmacht zur Antragsrücknahme enthält, ist nach ihrem jeweiligen Inhalt zu beurteilen.

2. Stirbt der Verletzte oder der im Fall seines Todes Berechtigte (§ 77 II) nach der Antragstellung, so geht das Rücknahmerecht auf die in § 77 II genannten **Angehörigen** in der dort geregelten Rangfolge über (Abs. 2), auch in Fällen, in denen ein Übergang des Antragsrechts nicht vorgesehen ist (Jähnke LK 6). Mehrere Angehörige des gleichen Ranges können es aber nur gemeinsam ausüben. Diese Regelung erklärt sich daraus, daß beim Übergang des Antragsrechts und die Fortsetzung im Strafverfahren nur dann verhindert wird, wenn alle von einem Strafantrag absehen. Ein Angehöriger, der an der Tat beteiligt war, ist vom Übergang des Rücknahmerechts ausgeschlossen (Abs. 2 S. 3). Entsprechendes gilt für den Angehörigen, der mittels Strafvereitelung, Begünstigung oder Hehlerei nachträglich Hilfe zur Tat geleistet hat (vgl. § 77 RN 12) oder dessen Verwandtschaft zum Verletzten erloschen ist (vgl. § 77 RN 12).

III. Eine bestimmte **Form** ist für die Zurücknahme nicht vorgeschrieben (BGH DAR/N **94**, 180, Jähnke LK 3; and. [Schriftform] LG Kiel NJW **64**, 263). Sie kann zB mündlich bei der Polizeibehörde erfolgen, bei der der Antrag gestellt war. Die Erklärung ist vor der Dienststelle abzugeben, die zZ der Rücknahme mit der Sache befaßt ist (RG **8** 79, **52** 200, **55** 23, **76** 345, BGH **16** 108, Jähnke LK 3). Abgabe der Erklärung vor einer anderen Behörde ist nicht unzulässig; für die Wirksamkeit der Rücknahme kommt es aber auf den rechtzeitigen Eingang der Erklärung bei der zZ mit der Sache befaßten Stelle an (RG **55** 25). Dieser Standpunkt bürdet zwar dem Antragsberechtigten, der über den Fortgang des Verfahrens formell nicht verständigt wird, das Risiko für die Wirksamkeit seiner Erklärung auf, er ist aber aus prozessualen Gründen unumgänglich. Andererseits kann die Rücknahmeerklärung noch zurückgezogen werden, solange sie nicht der zuständigen Stelle zugegangen und wirksam geworden ist (Koblenz GA **76**, 282).

IV. Die Zurücknahmeerklärung muß **inhaltlich** den Willen zum Ausdruck bringen, daß der Antragsteller eine Strafverfolgung nicht mehr will. Sie darf als prozessuale Willenserklärung grundsätzlich nicht unter einer Bedingung abgegeben werden (RG **48** 196, BGH DAR/N **94**, 180, BGHR § 77 d Rücknahme **1**, BG Pr. 53, 555); ausnahmsweise ist die Zurücknahme aber unter der Bedingung zulässig, daß der Antragsteller durch die Kostenentscheidung von jeder Kostenlast gem. § 470 StPO befreit wird (BGH **9** 149). Ob in der Zurücknahme der Privatklage auch eine Zurücknahme des Strafantrags zu sehen ist, ist nach Lage des einzelnen Falles zu beurteilen; das ist zB nicht der Fall, wenn der Privatkläger seine Klage allein wegen des Kostenrisikos zurücknimmt. Bestehen Zweifel, so ist die Zurücknahme des Strafantrags zu bejahen (Stree, In dubio pro reo [1962] 61 ff., and. Jähnke LK 2). In der Erklärung, auf Bestrafung werde kein Wert mehr gelegt, kann eine Rücknahme des Strafantrags liegen (Hamm JMBlNW **55**, 44). Über die Klagbarkeit der Verpflichtung zur Rücknahme vgl. BGH NJW **74**, 900 m. krit. Anm. Meyer NJW 74, 1325, München MDR **67**, 223: Legt der Täter einen diesbezüglichen vollstreckbaren zivilgerichtlichen Titel vor, so gilt die Rücknahme als erklärt. Aber bereits vorher ist eine entsprechende Vergleichsvereinbarung vor dem Zivilgericht, mit der der Berechtigte sein Desinteresse an Strafverfolgung eindeutig bekundet hat, vom Strafgericht (entsprechend der Rechtslage im Bereich des Privatklageverfahrens [vgl. KG NJW **60**, 2207, KK-Senge §§ 391 RN 6]) zu beachten (BGE **106** IV 179, Meyer aaO, Sternberg-Lieben, Musikdiebstahl [1985] 76 f.); zum entsprechend zu behandelnden (Sternberg-Lieben aaO 77) Verzicht: §§ 77 RN 31.

V. Die **Wirkungen** der Zurücknahme.

1. Die Zurücknahme hat die Wirkung, daß der Strafantrag als nicht gestellt gilt. Ein bereits eingeleitetes **Strafverfahren** ist – auch gegen den Willen eines seinen Freispruch begehrenden Angeklagten (hierzu §§ 77 RN 48) – **einzustellen** (§§ 206 a, 260 III StPO), bei relativen Antragsdelikten aber nur gegenüber Tatbeteiligten, die unter das Antragserfordernis fallen. Die Kosten des Verfahrens treffen regelmäßig den Antragsteller (§ 470 StPO).

§ 77 e 1–5   Allg. Teil. Verjährung

8   2. Eine weitere Wirkung besteht darin, daß der einmal zurückgenommene **Antrag** von diesem Antragsberechtigten **nicht von neuem** gestellt werden kann (Abs. 1 S. 3); das Antragsrecht ist mit der Stellung erschöpft. Ausgeschlossen ist auch ein Widerruf der Zurücknahme (RG **36** 65) sowie eine Anfechtung wegen Willensmängel (KG JW **31**, 227, Jähnke LK 7). Eine mittels schwerster Drohungen, zB Morddrohung, erzwungene Antragsrücknahme ist jedoch unbeachtlich (vgl. Jähnke LK 7; s. a. Naucke aaO 582 ff.). Bestehen indes hinsichtlich des Vorliegens solcher Drohungen nicht behebbare Zweifel, so ist die Antragsrücknahme als wirksam anzusehen (vgl. o. 6). Nach KG NStE **1** ist ferner die durch eine falsche Rechtsauskunft der Polizei veranlaßte Antragsrücknahme unwirksam (and. Jähnke LK 7). Kein unzulässiger Widerruf ist das Zurückziehen einer Rücknahmeerklärung vor deren Eingang bei der zuständigen Stelle (vgl. o. 5 aE).

9   3. Die Zurücknahme gegenüber einem Tatbeteiligten hat nicht die Einstellung des Verfahrens gegen die anderen Beteiligten zur Folge. Die Zurücknahme des Antrags ist in persönlicher Hinsicht **teilbar**. Das in RN 44 zu § 77 Ausgeführte gilt entsprechend.

10   Auch in sachlicher Hinsicht ist die Zurücknahme grundsätzlich teilbar. Sind aber einzelne Behauptungen zur Rechtfertigung einer allgemeinen Behauptung aufgestellt, dann ist die Zurücknahme des Antrags bezüglich einzelner Behauptungen nicht möglich (RG DStR **36**, 101; vgl. auch Jähnke LK 2).

§ 77 e Ermächtigung und Strafverlangen

Ist eine Tat nur mit Ermächtigung oder auf Strafverlangen verfolgbar, so gelten die §§ 77 und 77 d entsprechend.

1   I. Vom Strafantrag zu unterscheiden sind die Ermächtigung und das Strafverlangen. Sie sind zwar ihrem Wesen nach ebenfalls Prozeßvoraussetzungen, weichen aber in ihrer Natur vom Strafantrag ab. Für sie gelten indes § 77 und § 77 d entsprechend.

2   1. Eine **Ermächtigung** ist zB nach den §§ 90, 90 b, 97, 104 a, 194 IV, 353 a, b für die Strafverfolgung erforderlich. Der Unterschied zum Strafantrag besteht darin, daß bei der Ermächtigung die Initiative regelmäßig bei der Strafverfolgungsbehörde liegt und nicht beim Verletzten (zur Abgrenzung vgl. Schlichter GA 66, 353). Die Strafverfolgungsbehörde hat von Amts wegen die Ermächtigung einzuholen (RG 33 70). Die Ermächtigung braucht nicht den positiven Willen auf Strafverfolgung zum Ausdruck zu bringen, sondern nur, daß der Wille des Staatsorgans der Strafverfolgung nicht entgegenstehe (Olshausen § 197 Anm. 1 b, Frank § 197 Anm. II). Dieser Wille muß sich eindeutig als Wille des Staatsorgans ergeben; daher ist (gewillkürte) Vertretung nur in der Erklärung zulässig. Die Ermächtigungsbefugnis einer Einzelperson ist personengebunden; sie kann daher nur vom Verletzten, nicht etwa von dessen Nachfolger im Amt erteilt werden (BGH **29** 282). Ebenso wie der Strafantrag kann die Ermächtigung in sachlicher und persönlicher Hinsicht beschränkt werden. Über die Beachtung von Art. 3 GG hierbei vgl. Stree DÖV 58, 174, Tiedemann GA 64, 358, aber auch Jähnke LK 1. Ein uneingeschränkter Strafantrag enthält idR eine Ermächtigung (RG **33** 71; vgl. aber auch BGH MDR **54**, 754, Jähnke LK 3).

3   2. Ein **Strafverlangen** ist nach § 104 a erforderlich. Es stellt die einer ausländischen Regierung zugestandene Befugnis dar, die Strafverfolgung zu begehren. Eine solche Befugnis kann aber auch anderen staatlichen Stellen zugestanden werden, wie zB in Art. 7 I Nr. 7 des 4. StÄG einer obersten militärischen Dienststelle und dem Leiter einer diplomatischen Vertretung.

4   II. Auf die Ermächtigung und das Strafverlangen sind die Vorschriften über die Antragsberechtigung (**§ 77**) und die Zurücknahme des Antrags (**§ 77 d**) **entsprechend anzuwenden.** Aus der entsprechenden Anwendbarkeit des § 77 IV ergibt sich, daß bei Verletzungen mehrerer, wie etwa bei Verunglimpfung eines Verfassungsorgans und seiner Mitglieder (§ 90 b), jeder Betroffene eine selbständige Ermächtigungsbefugnis hat. Von besonderer Bedeutung ist vor allem die entsprechende Anwendbarkeit des § 77 d. Entgegen dem früheren Recht sind damit jede Ermächtigung und jedes Strafverlangen rücknehmbar, und zwar bis zum rechtskräftigen Abschluß des Strafverfahrens. U. U. kann auch die Zurücknahme einer Ermächtigung durch einen Angehörigen gem. § 77 d II in Betracht kommen, so etwa bei Verunglimpfung eines Bundesverfassungsrichters gem. § 90 b.

5   Auf die übrigen Vorschriften über den Strafantrag kann dagegen nicht entsprechend zurückgegriffen werden. Das ist insb. für die Frist bedeutsam. Die Ausklammerung des § 77 b von der entsprechenden Anwendbarkeit läßt erkennen, daß die Ermächtigung und das Strafverlangen keiner Frist unterliegen. Sie sind ebensowenig an die Form des § 158 II StPO gebunden. Auch die Regelung über die Kostenlast bei Zurücknahme des Strafantrags (§ 470 StPO) gilt nicht entsprechend (K/Meyer-Goßner § 470 RN 2).

Fünfter Abschnitt. Verjährung

Vorbemerkungen zu den §§ 78 ff.

Schrifttum: Bruns, Wann beginnt die Verfolgungsverjährung beim unbewußt fahrlässigen Erfolgsdelikt?, NJW 58, 1257. – *Loening,* Verjährung, VDA I 379. – *Lorenz,* Die Verjährung in der deutschen Strafgesetzgebung, 1955. – *ders.,* Über das Wesen der strafrechtlichen Verjährung, GA 66, 371. – *ders.,* Strafrechtliche Verjährung und Rückwirkungsverbot, GA 68, 300. – *Meister,* Reformbedürftigkeit des Rechts der Strafverfolgungsverjährung, DRiZ 54, 217. – *Moder,* Zur Frage der rechtlichen Natur der Strafverfolgungsverjährung, GA 54, 301. – *Otto,* Schadenseintritt und Verjährungsbeginn, Lackner-FS 715. – *Pawlowski,* Der Stand der rechtlichen Diskussion in der Frage der strafrechtlichen Verjährung, NJW 69, 594. – *Schäfer,* Einige Fragen zur Verjährung in Wirtschaftsstrafsachen, Dünnebier-FS 541. – *Schroeder,* Probleme strafrechtlicher Verjährung, Gallas-FS 329. – *Seibert,* Sinn und Unsinn der strafrechtlichen Verjährung, NJW 52, 1361. – *v. Stackelberg,* Verjährung und Verwirkung des Rechts auf Strafverfolgung, Bockelmann-FS 759. – *Willms,* Zur Frage rückwirkender Beseitigung der Verjährung, JZ 69, 60. – Rechtsvergleichend: *Bräuel,* Die Verjährung der Strafverfolgung und der Vollstreckung von Strafen und Maßregeln, Mat. II 429.

I. Das Gesetz unterscheidet zwischen **Verfolgungsverjährung** (§§ 78–78 c) und **Vollstreckungsverjährung** (§§ 79–79 b). Mit beidem verzichtet der Staat darauf, nach einer bestimmten Zeit noch gegen einen Straftäter mit den Mitteln des Strafrechts vorzugehen. Die Verfolgungsverjährung hindert die Verfolgung der Straftat; sie findet mit Rechtskraft des Urteils ihr Ende (vgl. BGH **20** 200). Maßgebend ist die Rechtskraft des Strafausspruchs (RG HRR **38** Nr. 941, KG HRR **28** Nr. 1955, Bremen NJW **56**, 1248, Spendel ZStW 67, 569) oder der Entscheidung über die Strafaussetzung zur Bewährung (BGH **11** 394, Jähnke LK § 78 RN 8). Die Vollstreckungsverjährung setzt ein rechtskräftiges Urteil voraus; sie hindert die Vollstreckung der Strafe und Maßnahme. Zum Wiederaufleben der Verfolgungsverjährung bei Wiederaufnahme des Verfahrens vgl. § 78 a RN 15.

Zur Verjährung prozessualer *Ordnungsmittel* (Ordnungsgeld, Ordnungshaft) vgl. Art. 9 EGStGB. Entsprechend der strafrechtlichen Verjährung wird zwischen Festsetzungsverjährung und Vollstreckungsverjährung unterschieden. Die Verjährungsfrist beträgt in beiden Fällen 2 Jahre, soweit ein Gesetz nichts anderes bestimmt.

II. Die Verjährung ist ihrer **rechtlichen Natur** nach ein **Prozeßhindernis** (vgl. näher Jähnke LK 8 f., Lemke NK 2, Roxin I 914). Nach Ablauf einer gewissen Zeit erscheint die Bestrafung weder kriminalpolitisch notwendig noch gerecht; das gilt auch für die Strafvollstreckung, die nur ein Teil der gesamten Strafverfolgung ist. Für die Strafverfolgung kommt noch hinzu, daß Verlust und Entwertung von Beweismitteln ihre Durchführung häufig unmöglich machen (vgl. BGH **2** 305 mwN, Rosenberg ZStW 36, 529, Sauer, Grundlagen des Prozeßrechts [2. A. 1929] 330). Auch in der Rspr. wird der prozessuale Charakter der Verjährung anerkannt (RG **76** 160, BVerfGE **25** 287, BGH **2** 306, **8** 270, **11** 395, **28** 56, KG NStE § 78 Nr. 5). Demgegenüber ist zT die Auffassung vertreten worden, es handle sich um ein Institut des materiellen Rechtes, und zwar um einen Strafaufhebungsgrund (so zB Allfeld 305 Anm. 2, v. Liszt-Schmidt 451) oder Unrechtsaufhebungsgrund (Lorenz aaO 56). Die wohl hM erblickt in der Verjährung ein gemischtes Institut (RG **59** 199, **66** 328, Düsseldorf wistra **92**, 108, B/Weber 43, Frank § 66 Anm. 4, Jescheck/Weigend 912, Lackner § 78 RN 1, Rudolphi SK 10, Tröndle/Fischer 4, Tröndle LK[10] § 2 RN 11 ff.).

Ausführliche Übersicht über die verschiedenen Verjährungstheorien bei Lorenz aaO 49 ff. sowie Bloy, Die dogmatische Bedeutung der Strafausschließungs- und Strafaufhebungsgründe, 1976, 180 ff. sowie v. Stackelberg aaO 759 ff.

III. Aus der prozessualen Natur der Verjährung ergibt sich, daß ein Verfahren bei eingetretener Verjährung einzustellen ist. Soweit dies nicht nach § 206 a StPO durch Beschluß erfolgt ist, muß das Urteil auf **Einstellung** lauten, nicht auf Freispruch (RG **76** 160; and. RG **12** 436, **40** 90, H. Mayer AT 353, nach denen freizusprechen ist). Der Angekl. ist jedoch freizusprechen, wenn eine derartige Sachentscheidung ohne weiteres möglich ist (Vorrang der Sachentscheidung vor der Verfahrenseinstellung; vgl. BGH **13** 80, KG JR **90**, 124 mwN; weitergehend: Sternberg-Lieben ZStW 108, 752); außerdem, wenn eine nicht verjährte, schwererwiegende Tat nicht nachweisbar ist und die ideell konkurrierende Tat verjährt ist (BGH **36** 340, Schleswig SchlHA **59**, 127; vgl. auch § 52 RN 51) oder wenn im Fall der Anklage wegen einer fortgesetzten Tat ein Teilakt verjährt ist und der Täter sich bezüglich der übrigen „Teilakte" nicht strafbar gemacht hat (Hamm NJW **76**, 2222; s. a. Düsseldorf JR **91**, 250 m. Anm. Bottke). Die Einstellung wegen Verjährung geht der Einstellung auf Grund eines StFG vor (RG HRR **39** Nr. 1014). Zur abweichenden hM beim Prozeßhindernis fehlenden Strafantrages: § 77 RN 48. Bei der Verfolgung einer Auslandstat beurteilt sich der Verjährungseintritt allein nach den §§ 78 ff.; die nach dem Tatortrecht eingetretene Verjährung steht einer Ahndung der Tat nicht entgegen.

Die eingetretene Verjährung ist von Amts wegen zu berücksichtigen, auch noch in der Revisionsinstanz (RG **23** 188) und selbst dann, wenn nur der Strafausspruch (BGH DAR/S **78**, 160) oder die Entscheidung über die Strafaussetzung angefochten ist (BGH **11** 394).

Verjährte Taten können bei der Bestrafung wegen anderer Handlungen im Rahmen der Strafzumessung mitberücksichtigt werden (vgl. § 46 RN 33), insb. bei der Entscheidung über Gewerbs-

und Gewohnheitsmäßigkeit. Sie genügen aber nicht als Vortaten bei der Anordnung der Sicherungsverwahrung (vgl. § 66 RN 51).

8 IV. Zu den Besonderheiten der Verjährung bei Straftaten, die vor dem 1. 1. 1975 begangen worden sind, vgl. Art. 309 EGStGB. Vgl. auch § 78 RN 2.

9 V. Zur Verfolgbarkeit von Straftaten, die der Verfolgung und Aburteilung in der ehemaligen **DDR** unterlegen haben: 25. A. RN 9 sowie 110 ff. vor § 3.

Erster Titel. Verfolgungsverjährung

§ 78 Verjährungsfrist

(1) **Die Verjährung schließt die Ahndung der Tat und die Anordnung von Maßnahmen (§ 11 Abs. 1 Nr. 8) aus. § 76 a Abs. 2 Satz 1 Nr. 1 bleibt unberührt.**

(2) **Verbrechen nach § 220 a (Völkermord) und nach § 211 (Mord) verjähren nicht.**

(3) **Soweit die Verfolgung verjährt, beträgt die Verjährungsfrist**
1. **dreißig Jahre bei Taten, die mit lebenslanger Freiheitsstrafe bedroht sind,**
2. **zwanzig Jahre bei Taten, die im Höchstmaß mit Freiheitsstrafe von mehr als zehn Jahren bedroht sind,**
3. **zehn Jahre bei Taten, die im Höchstmaß mit Freiheitsstrafe von mehr als fünf Jahren bis zu zehn Jahren bedroht sind,**
4. **fünf Jahre bei Taten, die im Höchstmaß mit Freiheitsstrafe von mehr als einem Jahr bis zu fünf Jahren bedroht sind,**
5. **drei Jahre bei den übrigen Taten.**

(4) **Die Frist richtet sich nach der Strafdrohung des Gesetzes, dessen Tatbestand die Tat verwirklicht, ohne Rücksicht auf Schärfungen oder Milderungen, die nach den Vorschriften des Allgemeinen Teils oder für besonders schwere oder minder schwere Fälle vorgesehen sind.**

Vorbem.: Aufhebung der Verjährung bei Mord durch 16. StÄG v. 16. 7. 1979, BGBl. I 1046. S. 2 des Abs. 1 durch 21. StÄG v. 13. 6. 1985, BGBl. I 965, eingefügt.

1 I. § 78 regelt der Verfolgungsverjährung und die **Verjährungsfrist**. Zudem bestimmt sie, daß Völkermord (§ 220 a) und Mord nicht verjähren **(Abs. 2)**. Der Ausschluß von der Verjährung erstreckt sich bei diesen Taten auch auf Versuch, Teilnahme und versuchte Beteiligung (Frankfurt NJW **88**, 2900, Jähnke LK 6, Lackner 6, Tröndle/Fischer 4; and. bei Beihilfe LG Hamburg NStZ **81**, 141 m. krit. Anm. Schünemann; vgl. auch Trifferer NJW 80, 2049). Er beruht auf der Erwägung, daß bei solchen Taten das Strafbedürfnis nie entfällt. Betroffen sind auch Morde vor Inkrafttreten des 16. StÄG, die zu diesem Zeitpunkt noch nicht verjährt waren (Art. 2 des 16. StÄG); hingegen greift im Falle bereits abgelaufener Verjährung Abs. 2 nicht ein (BGH NJW **95**, 1297 m. Anm. St. Scholz JR 96, 121; s. a. Habel NJW 95, 2830, Widmaier NStZ 95, 364). Zur Problematik vgl. Vogel ZRP **79**, 1, Eyrich ZRP 79, 49, Maihofer ZRP 79, 81, Klein, Baumann, Lewald ZRP 79, 145 ff., Pfeiffer DRiZ 79, 11, Schünemann JR 79, 177, Lüderssen JZ 79, 449, Böckenförde ZStW 91, 888. Die Nichtverjährbarkeit von Mord gilt auch für derartige Taten in der ehemaligen DDR (Art. 315 a III EGStGB), es sei denn, die Tat war bereits bei Inkrafttreten des 2. VerjährG verjährt (Art. 2 des 2. VerjährG).

2 Besonderheiten hinsichtlich der Verjährung gelten nach Art. 309 EGStGB für **Taten, die vor dem 1. 1. 1975** begangen worden sind. Danach ist für Unterbrechungshandlungen vor dem 1. 1. 1975 das bisherige Recht maßgebend. Bei einer vor diesem Zeitpunkt erfolgten Unterbrechung tritt die Verjährung abweichend von § 78 c III 2 frühestens mit Ablauf der von der letzten Unterbrechungshandlung an zu berechnenden Verjährungsfrist ein (vgl. dazu BT-Drs. 7/550 S. 461). Soweit die Verjährungsfristen des bisherigen Rechts kürzer sind als die des neuen Rechts, bleiben sie für die Taten vor dem 1. 1. 1975 maßgebend (vgl. BGH MDR/H **78**, 804).

3 II. Die Verjährung hat die **Wirkung,** daß die Ahndung der Straftat und die Anordnung von Maßnahmen iSv § 11 I Nr. 8 ausgeschlossen sind (Abs. 1). Unter Ahndung der Tat ist jede strafrechtliche Reaktion zu verstehen, nicht nur die Verhängung von Strafen, sondern zB auch der Schuldspruch bei Absehen von Strafe oder die Verwarnung mit Strafvorbehalt.

4 1. Mit Eintritt der Verjährung darf **keine Strafverfolgung** mehr eingeleitet werden. Ein bereits begonnenes Strafverfahren ist einzustellen. Vgl. 5 f. vor § 78.

5 2. Schwierigkeiten hatte nach früherem Recht das Verhältnis zwischen **Verjährung** und **Teilrechtskraft** gemacht, die Frage also, welche Wirkungen bei einer Teilanfechtung des Urteils die Verjährung auf den bereits in Rechtskraft erwachsenen Teil des Urteils hat (vgl. 17. A. § 67 RN 24 ff.). Diese Schwierigkeiten sind zT durch § 78 b III behoben worden, nach dem die Verjährungsfrist nicht vor dem rechtskräftigen Abschluß des Verfahrens abläuft, wenn zuvor ein Urteil des ersten Rechtszuges ergangen ist. Nach geltendem Recht bleibt nur die Frage, wie zu entscheiden ist, wenn sich nach einer Teilanfechtung in der Rechtsmittelinstanz herausstellt, daß das angefochtene Urteil wegen der Verjährung überhaupt nicht hätte ergehen dürfen. In diesen Fällen hat die Rspr. zu Recht eine Durchbrechung der Rechtskraft für zulässig erklärt und sich für eine Einstellung des gesamten Verfahrens ausgesprochen (vgl. BGH **13** 129: Anfechtung nur des Kostenpunkts; and. Jähnke LK 12 vor § 78). Dagegen steht die Rechtskraft eines nachträglich in ein Gesamtstrafenurteil einbezogenen Urteils dessen Überprüfung auf Verjährung entgegen (vgl. § 55 RN 32).

3. Mit der Verjährung erlischt auch die Befugnis, auf Grund der Tat **Maßnahmen** iSv § 11 I Nr. 8 **6** anzuordnen. Unerheblich ist, ob die Maßnahme nur neben der Strafe oder auch selbständig hätte angeordnet werden können. Von der Verjährung ausgenommen ist die selbständige Anordnung der Einziehung gem. § 76 a unter den Voraussetzungen des § 74 II Nr. 2, des § 74 III und des § 74 d (Abs. 1 S. 2). Vgl. dazu die Erläuterungen zu § 76 a.

III. Die **Dauer der Verjährungsfrist** richtet sich nach der Strafdrohung. Abs. 3 weist insoweit 5 **7** Stufen auf. Sie knüpfen an das Höchstmaß einer Strafdrohung an. Ist lebenslange Freiheitsstrafe angedroht, so beträgt die Verjährungsfrist 30 Jahre. Sie vermindert sich auf 20 Jahre bei Taten, die im Höchstmaß mit mehr als 10 Jahren Freiheitsstrafe bedroht sind, und auf 10 Jahre bei Taten mit einer Höchststrafe von mehr als 5 Jahren bis zu 10 Jahren. Eine 5jährige Frist läuft bei Taten mit einer Höchststrafe von mehr als 1 Jahr bis zu 5 Jahren. Alle übrigen Taten verjähren in 3 Jahren.

1. Bei **Idealkonkurrenz** bestimmt sich die Verjährungsfrist für jedes der verletzten Strafgesetze **8** nach dessen Grundsätzen (RG **47** 388, **62** 87, BGH MDR/D **56**, 526, **76**, 15, wistra **82**, 188, NStZ **90**, 80, StV **90**, 404, OGH **1** 54, 205, Köln GA **53**, 57, Oldenburg NJW **60**, 303, Jähnke LK 3). Auch der Fristbeginn (§ 78 a) bestimmt sich, wenn die tateinheitlichen Delikte zu unterschiedlichen Zeitpunkten beendet werden, für jede Gesetzesverletzung gesondert (BGH wistra **90**, 150). Zu beachten ist aber, daß von der Unterbrechung der Verjährung die Tat als historisches Ereignis betroffen wird, nicht in einer bestimmten rechtlichen Qualifizierung; vgl. § 78 c RN 23.

2. Die Grundsätze des § 78 gelten auch für **Nebengesetze**, soweit diese keine abweichenden **9** Verjährungsvorschriften enthalten (RG **52** 42), wie zB § 6 V GeschlKrG. Abweichende Regelungen der Verjährungsfrist in einem Landesgesetz sind trotz Art. 1 EGStGB zulässig, wenn ihre Verknüpfung mit einem außerstrafrechtlichen Gebiet, das in die Gesetzgebungskompetenz der Länder fällt, enger und stärker ist als ihre Verbindung zum allgemeinen Strafrecht (vgl. BT-Drs. 7/550 S. 197 f.). Das ist der Fall bei Verjährungsvorschriften für **Pressedelikte** (vgl. BVerfGE **7** 29). Die Landespressegesetze haben für sie eine verkürzte Verjährungsfrist festgesetzt (vgl. zB § 15 BayLPG, § 12 HessLPG: 6 Monate). An dieser Sonderregelung nehmen auch die Beistandsleistungen eines Gehilfen (BGH NStZ **82**, 25) sowie – sofern zumindest ein Exemplar des Druckwerkes verbreitet worden ist – die vor der Veröffentlichung liegenden Handlungen (Verfasser, Drucker, Vorrätighalten usw.) teil (RG **38** 72, BGH **33** 273). Hat jedoch keine Verbreitung stattgefunden, so greift bezüglich des Herstellens, Vorrätighaltens usw. § 78 ein (vgl. BGH **8** 247, **14** 258, MDR/H **77**, 809). Die verkürzte Verjährungsfrist betrifft im übrigen nur solche Delikte, bei denen die Strafbarkeit der Verbreitung allein im Inhalt des Druckwerks selbst ihren unmittelbaren Grund hat (Presseinhaltsdelikt); zum sachentsprechend zu beurteilenden Rundfunkinhaltsdelikt: BGH **44** 209 (Talk-Show). Das ist nach Bay **91** 35 auch bei unbefugter Titelführung in einem Zeitungsinserat der Fall. Ergibt sich die Strafbarkeit aus der Art der Verbreitung bzw. aus sonstigen zusätzlichen Umständen, so verbleibt es bei der Verjährungsfrist nach § 78 (vgl. BGH **26** 40, BGH **27** 353 [Tat nach § 89], **40** 385 [§ 264 a], NJW **96**, 1905 [§ 20 I Nr. 4 VereinsG], **96**, 2585 [§ 90 a], **99**, 508, Bay MDR **75,** 419 [Verbreitung jugendgefährdeter Schriften], NStZ-RR **96**, 136, Celle JR **98**, 79 m. Anm. Popp, Düsseldorf NStZ-RR **97**, 59). Zum Begriff des Presseinhaltsdelikts vgl. Franke GA 82, 404, Gross NJW 66, 638, NStZ 94, 313. Vgl. ferner Jähnke LK 15, Rudolphi SK 8. Zum Plakatanschlag vgl. Köln NStZ **90**, 241. Die kurze presserechtliche Verjährung greift nicht ein, wenn ein Plakat erst durch handschriftliche Zusätze den strafrechtlich bedeutsamen Inhalt bekommen hat, da die Tat dann nicht mittels eines Druckwerks begangen worden ist (BGH MDR/S **84**, 183). Zu Videokassetten als Druckwerk vgl. Koblenz NStZ **91**, 45, zu Schallplatten vgl. BGH NJW **95**, 893 u. zu Aufklebern vgl. BGH **33** 271, Bay NJW **87**, 1711, KG StV **90**, 208. Das Führen eines Aufklebers ist jedoch nicht als Verbreiten eines Druckwerks (Hamburg NStZ **83**, 127 m. Anm. Franke NStZ 84, 126, Frankfurt NJW **84**, 1128, Hamm NStZ **89**, 578; and. Schleswig SchlHA/E-L **84**, 87), wohl aber dessen Veröffentlichen (KG StV **90**, 208). Im übrigen sind in den Landespressegesetzen bestimmte Druckwerke, zB gewerblichen Zwecken dienende (vgl. BGH **40** 385: Prospekte zur Werbung für Kapitalanlagen), von der kurzen Verjährungsfrist ausgenommen worden, so daß insoweit § 78 maßgebend bleibt. Zum Ganzen: Jähnke LK 14 ff. Zum Verjährungsbeginn: § 78 a RN 9 aE.

3. Maßgebend für die **Fristberechnung** ist die Höhe der für den Einzelfall angedrohten Strafe; es **10** kommt nicht auf die verwirkte Strafe an. Es gilt also die abstrakte Betrachtungsweise. Strafschärfungen und Strafmilderungen, die für besonders schwere oder minder schwere Fälle vorgesehen sind, haben ebenso unberücksichtigt zu bleiben wie Strafmodifizierungen nach den Vorschriften des AT (Abs. 4). Außer Betracht bleiben danach auch obligatorische Strafmilderungen, zB nach § 28 I. Für die Verjährungsfrist bleibt die Grundstrafdrohung auch dann maßgebend, wenn in Regelbeispiel für Strafmodifizierung eingreift: Lemke NK 11, Rudolphi SK 4; anders hingegen bei tatbestandlich abschließend fixierten Privilegierungen und Qualifizierungen (BGH NStZ **96**, 275 m. Anm. Dölling NStZ

97, 77, **98**, 36, Tröndle/Fischer 5). Bei der Teilnahme bestimmt sich die Frist nach der Haupttat, die der Bestrafung für den Teilnehmer zugrunde zu legen ist. § 28 II oder Verschiedenheit der inneren Tatseite kann danach für den Teilnehmer eine andere Verjährungsfrist als für den Haupttäter ergeben.

11   Verändert sich zwischen Begehung und Aburteilung der Tat die angedrohte Strafe, so berechnet sich die Verjährungsfrist entsprechend § 2 nach der milderen Bestimmung. Vgl. BGH LM **Nr. 4** zu § 2a, MDR/D **54**, 335; vgl. auch Art. 309 III EGStGB. Werden dagegen nur die Verjährungsfristen des § 78 verändert, so ergibt sich aus der Natur der Verjährung als Prozeßinstitut sowie dem insoweit nicht schutzwürdigen Tätervertrauen, daß die neue Regelung ohne Verstoß gegen das Rückwirkungsverbot zumindest bei noch nicht abgelaufener Frist auch bereits begangene Taten erfaßt (BVerfGE **25** 269, NJW **95**, 1145, **98**, 2588, NStZ **00**, 251, BlnVGH JR **96**, 454, BGH **21** 367, Eb. Schmidt StPO I Nr. 201, Jähnke LK 11 vor § 78, § 2 RN 7; and. Jescheck/Weigend 911 f., Schünemann, Nulla poena sine lege?, 1978, 25, BGE **105** IV 7; zum Streitstand vgl. Schreiber ZStW 80, 348 ff.). Vgl. auch Art. 309 I EGStGB. War die Strafverfolgung bereits verjährt, so kann eine Gesetzesänderung daran nichts ändern (Jescheck/Weigend 911 f.; and. Eb. Schmidt aaO).

12   Bei der Berechnung ist der Tag, an dem das strafbare Verhalten beendet oder der tatbestandsmäßige Erfolg eingetreten ist und an dem somit die Verjährung beginnt (§ 78a), in die Frist einzubeziehen (RG **65** 290, BGH **23** 138, Bay **59** 15, Schleswig SchlHA/E-L **81**, 96, Zweibrücken DAR **81**, 331; s. aber Wickern NStZ 94, 572), so daß zB bei Tatbegehung am 15. 3. eine Jahresfrist zur Verjährung am 14. 3., 24:00 Uhr führt. Der ihm kalendermäßig vorgehende Tag nach 3 usw. Jahren ist das Fristende. Es verschiebt sich – anders als im Falle des Strafantrages (§ 77b I 2) – mangels einer besonderen Regelung nicht, wenn der letzte Tag auf einen Sonn- oder Feiertag fällt.

13   **IV.** Hinsichtlich der Verjährungsvoraussetzungen gilt uneingeschränkt der Grundsatz: **in dubio pro reo** (BGH **18** 274, NJW **95**, 1297; and. KG JR **90**, 124; Habel NJW 95, 2830). Bleibt zB zweifelhaft, ob die Tat eine uneidliche Falschaussage oder ein Meineid gewesen ist, so ist die kürzere Verjährungsfrist für die Falschaussage maßgebend. Ist unaufklärbar, ob bei Tatbeginn oder -ende eine Verlängerung der für sie geltenden Verjährungsfrist bereits verjährt war, so ist eine Strafverfolgung ausgeschlossen. Ebenfalls wirken sich Zweifel über die Tatzeit zugunsten des Täters aus (vgl. § 78a RN 14). Gleiches gilt für Zweifel über das Ruhen der Verjährung (vgl. § 78b RN 10) sowie für Zweifel über eine Verjährungsunterbrechung (vgl. § 78c RN 26).

§ 78a Beginn

Die Verjährung beginnt, sobald die Tat beendet ist. Tritt ein zum Tatbestand gehörender Erfolg erst später ein, so beginnt die Verjährung mit diesem Zeitpunkt.

1   **I.** Die – technisch mißglückte (Jähnke LK 1 f., Lackner 1) – Vorschrift über den **Beginn** der Verfolgungsverjährung stellt auf die Tatbeendigung ab. Es kommt nicht auf den Zeitpunkt der Tatvollendung an, sondern auf den Abschluß der unrechtserheblichen Gesamttätigkeit, dh auf den Zeitpunkt, in dem die auf Tatbegehung gerichtete Tätigkeit ihren endgültigen Abschluß gefunden hat (vgl. BGH **24** 220, **27** 342, **28** 379, NStZ **83**, 559, NJW **98**, 2373, Jähnke LK 3, Rudolphi SK 2, Tröndle/Fischer 2). Tritt allerdings ein zum Tatbestand gehörender Erfolg erst später ein, so beginnt die Verjährung mit diesem Zeitpunkt. Dieser Gesichtspunkt gewinnt nur Bedeutung, wenn man unter Tat das Täterverhalten versteht (vgl. Kühl JZ 78, 551). Faßt man die Tat als das Gesamtgeschehen auf, so gehört dazu auch der Erfolg; der Eintritt eines zum Tatbestand gehörenden Erfolges nach der Tatbeendigung ist – mit Ausnahme erfolgsqualifizierter Delikte (s. Rudolphi SK 4) – nicht denkbar. Vgl. auch Jähnke LK 1, Lackner 1, Tröndle/Fischer 2. Sind in Tateinheit begangene Delikte zu unterschiedlichen Zeitpunkten beendet worden, so beginnt die Verjährung für jede Tat gesondert (BGH wistra **90**, 150). Unmaßgeblich für die Tatbeendigung und damit für den Verjährungsbeginn ist die Realisierung erstrebter Vorteile, sofern diese nicht rechtswidrig sein müssen, so bei Hehlerei die Bereicherung (BGH NStZ **93**, 538, wonach Gleiches für die §§ 203 V, 272 gilt). Die Frist beginnt jeweils mit dem einzubeziehenden Tag, in den das maßgebende Ereignis fällt (Jähnke LK § 78 RN 7, Lackner 2).

2   1. Bei **Erfolgsdelikten** beginnt die Verjährung erst mit Eintritt des Erfolges, so bei der Untreue mit Eintritt des (gesamten) Nachteils (BGH wistra **89**, 97), beim Schwangerschaftsabbruch mit dem Tod der Leibesfrucht (RG DR **43**, 577), bei Verletzung von Privatgeheimnissen auch in Fällen von § 203 V bereits mit deren Offenbarung (BGH NStZ **93**, 538), bei der mittelbaren Falschbeurkundung mit der Beurkundung (RG **40** 405), bei der Bestechlichkeit mit Annahme des Vorteils (BGH **11** 347, Bay NJW **96**, 269 m. Anm. St. Cramer WiB 96, 108), bei der Bestechung mit der Hingabe des Vorteils (also nicht erst mit Realisierung der Unrechtsvereinbarung: BGH NJW **98**, 2373, Lackner/Kühl 4), auch wenn dieser in einem Darlehen besteht (BGH **16** 208; vgl. auch Otto Lackner-FS 722), bei der Erpressung mit der Zahlung des erpreßten Geldes (RG **33** 231); weitergehend wird zT bei den sog. kupierten Erfolgsdelikten Verjährungsbeginn erst mit Realisierung der tatbestandskonstitutiven Absicht angenommen (BGHR S. 1 Betrug **1**, NJW **84**, 376, wistra **92**, 254, Jähnke LK 5, Rudolphi SK 4 [§ 267], Tröndle/Fischer 3 [§ 263]; and. Lackner/Kühl 4, Lemke NK 4, Otto aaO 722 f.; zw.); zur Beendigungsphase 4 ff. vor § 22. Über Verjährungsbeginn beim Wucher vgl. RG **38** 428, bei der Steuerhinterziehung vgl. BGH NStZ **84**, 414 m. Anm. Streck, NJW **89**, 2140 (Umsatzsteuerhinterziehung), Hamburg wistra **87**, 189, BFH NJW **95**, 2872, Bilsdorfer NJW 96, 169, Brenner BB 85, 2042,

Hardke-Leip NStZ 96, 217, Jähnke LK 6, Otto Lackner-FS 733; s. a. Riehl wistra 96, 130, Schäfer aaO 542 ff.; Schmitz wistra 93, 248. Auch bei den Körperverletzungsdelikten tritt Beendigung erst nach Eintritt des letzten von mehreren Körperschäden ein (s. a. LG Frankfurt ZUR **94**, 37; krit. Schulz aaO 28), wobei allerdings Spätschäden außer Betracht bleiben (Lackner 4). Der Erfolg bleibt auch dann maßgebend, wenn er erst eintritt, nachdem der Versuch der Tat bereits verjährt ist (RG **42** 173).

2. Entsprechendes gilt für **erfolgsqualifizierte Delikte.** Auch Erfolgsqualifikationen sind zum Tatbestand gehörende Erfolge, so daß erst mit ihrem Eintritt die Verjährung beginnt. Hieran ändert sich nichts, wenn die Erfolgsqualifikation erst nach Verjährung des Grunddelikts eintritt (Jähnke LK 13).

3. Besteht der tatbestandsmäßige Erfolg in einer Vielzahl von Ereignissen, so beginnt die Verjährung nicht vor Abschluß des letzten (vgl. BGH wistra **89**, 97, **96**, 30 zur Untreue, BGH NStE **4** zum Betrug). Beim sog. **Rentenbetrug** läuft daher die Verjährungsfrist erst ab der letzten rechtswidrigen Leistung, da diese noch tatbestandsmäßiger Erfolg iSv § 263 ist (RG **62** 418, BGH **27** 342, Köln MDR **57**, 371, Stuttgart MDR **70**, 64). Entsprechendes gilt für den Vermieterbetrug (Koblenz MDR **93**, 70) u. für den **Anstellungsbetrug,** da die auf Grund des Betrugs gezahlten Entgelte rechtswidrige Nachteile iSv § 263 sind (Jähnke LK 5, Schröder Gallas-FS 333 f., Kühl JZ 78, 553, Lackner 4, Rudolphi SK 5, Tröndle/Fischer 3; and. BGH **22** 38 m. Anm. Schröder JR 68, 345, Otto Lackner-FS 732). Bei Bestechung beginnt die Verjährung mit Gewähren des letzten Vorteils (BGH **16** 209), bei Bestechlichkeit mit Annahme des letzten Vorteils (BGH **11** 347, Bay NJW **96**, 269); auf die pflichtwidrige Amtshandlung kommt es nicht an (Otto Lackner-FS 722). Verliert der Empfänger seine Beamteneigenschaft, ist der Empfang von Vorteilen nach diesem Zeitpunkt für die Verjährung unbeachtlich; spätestens ab Ausscheiden als Beamter läuft die Verjährungsfrist (BGH **11** 347).

4. Auch bei **Fahrlässigkeitstaten,** bei denen ein bestimmter Erfolg Tatbestandsmerkmal ist, beginnt die Verjährung erst mit Eintritt des Erfolges, so bei fahrlässiger Brandstiftung mit dem Abschluß des Brandes (Bay NJW **59**, 900). Vgl. Schröder JZ 59, 30, Gallas-FS 330. Abweichende Ansichten zum früheren Recht sind mit § 78 a nicht vereinbar.

5. Bei den **Unterlassungsdelikten** setzt der Lauf der Verjährung ein, sobald der tatbestandsmäßige Erfolg eingetreten ist (unechte Unterlassungsdelikte, Jähnke LK 9), Schäfer aaO 543, Tröndle/Fischer 8 oder zwar nicht dieser, aber die Pflicht zum Handeln entfällt (RG **65** 362, BGH wistra **92**, 23, Bay NJW **58**, 111, Hamm VRS **30** 143, GA **68**, 376, Lackner 8, Lemke NK 7), so ua bei Ausscheiden des Handlungspflichtigen aus seiner Pflichtstellung (RG **44** 428). Solange die Pflicht noch besteht, ist die im Untätigbleiben liegende Tat noch nicht beendet (vgl. BGH MDR/H **90**, 887 zu § 258 a), bei einer Strafvereitelung im Amt uU also erst, wenn die zu verfolgende Tat verjährt ist (vgl. § 258 a RN 9). Eine innerhalb einer bestimmten Zeit oder zu einem bestimmten Zeitpunkt zu erfüllende Handlungspflicht endet nicht stets mit Ablauf dieser Frist. Es kann vielfach eine Nachholungspflicht bestehen, so daß die Verjährung erst mit Wegfall dieser Pflicht beginnt (vgl. Bay aaO, Stuttgart NStZ **92**, 597, ferner BGH **28** 371, wistra **88**, 69 zur Konkursantragspflicht gem. GmbHG, BGH wistra **92**, 23, Düsseldorf JZ **85**, 48 sowie § 266 a RN 31 zur Pflicht, Sozialversicherungsbeiträge zu entrichten; Jähnke LK 9). Ist bei einem bestimmten Erfolg abzuwehren, wie im Fall unechter Unterlassungsdelikte, so bildet der Erfolgseintritt den Anfang der Verjährungsfrist. Vgl. Bruns NJW 58, 1261, Schröder JZ 59, 30. Bei der Steuerhinterziehung ist nach Steuerarten zu unterscheiden (BGH MDR **91**, 360, Jähnke LK 6 mwN, Otto Lackner-FS 733 f.). Zum Fristbeginn bei Einkommensteuerhinterziehung durch Unterlassen vgl. BGH **38** 169 f., **39** 234 ff., Schäfer aaO 543; s. a. Riehl wistra 96, 130; Schmitz wistra 93, 248.

6. Beim **Versuch** ist für den Verjährungsbeginn der Abschluß der Versuchstätigkeit maßgebend (RG **42** 173, **72** 150, BGH NStZ **88**, 322, Stuttgart MDR **70**, 64; vgl. auch BGH **36** 116, wistra **90**, 23: letzter Akt bei natürlicher Handlungseinheit). Entsprechendes gilt für die versuchte Teilnahme, zB nach § 30. Bei Mittäterschaft kommt es auf die letzte von mehreren Versuchshandlungen der Mittäter an (BGH **36** 117).

7. Bei der **Teilnahme** beginnt die Verjährung mit der Beendigung der Haupttat (vgl. RG **30** 310, DJ **36**, 1125, BGH **20** 227, wistra **90**, 148, Jähnke LK 15, M-Zipf II 750, Rudolphi SK 10) oder dem Eintritt des tatbestandsmäßigen Erfolges der Haupttat bzw mit deren strafbarem Versuch. Das ergibt der Grundsatz der Akzessorietät. And. zB Frank § 67 Anm. II, der die Beendigung der Teilnehmertätigkeit für maßgeblich hielt.

8. Bei **fortgesetzten Taten** – vgl. aber 31 ff. vor § 52 – verjährt jeder Teilakt selbständig und kann in die Fortsetzungstat nicht einbezogen werden, wenn die Verjährungsfrist abgelaufen ist (vgl. näher 25. A. 33 vor § 52, BGH wistra **94**, 57, LG Hanau MDR **80**, 72, Geppert Jura 93, 651, Noll ZStW 77, 4, Rudolphi SK 8 a, Schröder Gallas-FS 331 f.; and. RG **62** 214, **64** 40, 297, BGH **1** 91, **24** 218 m. Anm. Schröder JR 72, 118, MDR/H **84**, 796, NJW **85**, 1719, Stuttgart MDR **70**, 64, zw. jedoch Stuttgart 1 Ss 23/73 vom 18. 7. 1973, Jähnke LK 10). Bei Tatbeteiligung nur an einem Teil der Einzelakte beginnt auch nach hM (RG **65** 362, BGH **20** 227, MDR/H **78**, 803, wistra **90**, 150, Jähnke LK 15) die Verjährung für den Tatbeteiligten jedenfalls mit Abschluß dieser Teilakte. Ebenso muß nach hM der frühere Teilakt wenigstens dann verjährt sein, wenn zwischen ihm und dem folgenden eine längere Zeitdauer als die Verjährungsfrist liegt, da sonst die Regelung des § 78 ausgehöhlt würde. Vgl. ferner BGH **27** 18 zur selbständigen Verjährung der Teilakte bei Presseinhaltsdelikten (u. 16 sowie § 78 RN 9). Bei natürlicher (vgl. BGH **41** 368 [Erpressung], aber auch NJW **98**, 1568 [Steuerhinterziehung]) oder tatbestandlicher Handlungseinheit beginnt die Verjährung mit Abschluß des letzten Einzelaktes (BGH **43** 1; zw. Lackner/Kühl 6; and. Rudolphi SK 8). Zur Verjährung bei geheimdienstlicher Agententätigkeit: § 99 RN 2; s. 13 ff. vor § 52. – Im Falle strafloser Nachtat soll infolge Bewertungseinheit bei Verjährung der Vortat eine Ahndung der Nachtat ausgeschlossen sein (116 vor § 52, Rudolphi SK 9; and. BGH StV **93**, 396).

10   9. Bei **gewerbs- und gewohnheitsmäßigen** Straftaten behalten die Einzeltaten ihre Selbständigkeit (vgl. 100 vor § 52). Die Verjährung läuft daher bei jeder Einzeltat selbständig.

11   10. Beim **Dauerdelikt** kommt es für den Verjährungsbeginn auf die Beseitigung des rechtswidrigen Zustands an (RG **44** 424), so bei Freiheitsberaubung auf die Befreiung des rechtswidrig Festgehaltenen, bei geheimdienstlicher Agententätigkeit auf den Abbruch der Beziehungen zum fremden Geheimdienst (s. § 99 RN 2), bei Unterhaltspflichtverletzungen auf (Wieder-)Aufnahme der erforderlichen Unterhaltszahlung oder Wegfall der Leistungspflicht. Das gilt auch für Teilnehmer (BGH **20** 227; and. Stuttgart NJW **62**, 2311). Vgl. weiter RG HRR **40** Nr. 461 und o. 4. Bei **Zustandsdelikten** (vgl. 82 vor § 52) beginnt die Verjährung dagegen unabhängig von andauernden Nachwirkungen mit Schaffung des rechtswidrigen Zustands (vgl. Jähnke LK 7). Das gilt auch für abstrakte (BGH **36** 257, Lackner 3) und konkrete **Gefährdungsdelikte**, bei denen ein Andauern der Gefährdung ohne weiteres Zutun des Täters oder eine aus ihr erwachsende Verletzung den Verjährungsbeginn unberührt läßt (RG **37** 79, BGH **32** 294, Düsseldorf NJW **89**, 537, Jähnke LK 11, Lackner 5, Rudolphi SK 6).

12   Zu beachten ist, daß allein die Tatsache, daß sich der Täter weiterhin in der Pflichtenstellung befindet, die er durch seine Straftat verletzt hat, nicht ausreicht, um den Verjährungsbeginn hinauszuschieben. Für Beamte beginnt die Verjährung eines Amtsdelikts (zB Vorteilsannahme, Bestechlichkeit) nicht erst mit der Pensionierung. Entsprechendes gilt für Täter einer Untreue.

13   11. Bei **objektiven Strafbarkeitsbedingungen**, zB Zahlungseinstellung bei den §§ 283 ff., fängt die Verjährungsfrist mit Eintritt der Bedingung an zu laufen, wenn der Tat vorher abgeschlossen ist (Jähnke LK 13, Rudolphi SK 2; and. BGE **101** IV 20); denn vor diesem Zeitpunkt besteht noch keine Möglichkeit der Strafverfolgung (Stree JuS 65, 473). Treten mehrere solcher Bedingungen nacheinander ein (zB unterschiedliche Todeszeitpunkte bei Opfern einer Schlägerei), so ist der erste Bedingungseintritt maßgebend (vgl. § 231 RN 18). Wird die Tat erst nach Bedingungseintritt ausgeführt oder abgeschlossen, so ist die Tatbeendigung der entscheidende Zeitpunkt. Vgl. zum Bankrott § 283 RN 69.

14   II. Steht die Tatzeit nicht sicher fest oder bleibt offen, zu welchem Zeitpunkt die Tat beendet oder der zum Tatbestand gehörende Erfolg eingetreten war, so greift der Grundsatz **in dubio pro reo** ein (BGH **18** 274 m. Anm. Dreher MDR 63, 857 u. Eb. Schmidt JZ 63, 606, **33** 277, Hamburg wistra **87**, 189, Hamm NJW **76**, 2222, Stuttgart DAR **64**, 46, Stree, In dubio pro reo [1962] 64 ff.); and. die frühere Rspr. (vgl. BGH MDR/He **55**, 527, GA **63**, 127, Düsseldorf NJW **57**, 1485). Entsprechendes gilt für sonstige non-liquet-Situationen iZm Verjährungsfragen (BGH NJW **95**, 1298 m. krit. Anm. St. Scholz JR **96**, 123; Habel NJW 95, 2831, Jähnke LK 15 vor 78, Tröndle/Fischer 12).

15   III. Bei **Wiederaufnahme des Verfahrens** setzt sich ab Rechtskraft des Wiederaufnahmebeschlusses (§ 370 II StPO) der frühere Lauf der Verfolgungsverjährung fort. Es beginnt (ebenso wie im Falle der Wiedereinsetzung in den vorigen Stand sowie einer Urteilsaufhebung infolge Verfassungsbeschwerde [Lackner/Kühl 7]) keine neue Frist (Lackner § 78 RN 7, Meyer-Goßner KK § 362 RN 7, § 370 RN 19, Rudolphi SK 7 vor § 78, Tröndle/Fischer § 78 b RN 11; and. Düsseldorf NJW **88**, 2251 m. abl. Anm. Lenzen JR 88, 520, Gössel LR § 370 RN 39, Jähnke LK § 78 RN 11, Lemke NK 24). So kommt jetzt bei einer Unterbrechung gem. § 78 c in Betracht, so bei Anberaumung der neuen Hauptverhandlung. Bei Verfahrenswiederaufnahme zugunsten eines Verurteilten ist die Zeit zwischen Verurteilung und Wiederaufnahmebeschluß in die Verjährungsfrist nicht einzubeziehen. Anderes muß jedoch für die Wiederaufnahme des Verfahrens zuungunsten eines Abgeurteilten gelten (Nürnberg NStZ **88**, 555, Tröndle/Fischer § 78 b RN 11, Marxen/Tiemann, Die Wiederaufnahme in Strafsachen, [1993] RN 16; and. Gössel LR § 362 RN 3, Lackner, Rudolphi aaO), da dieser sonst schlechter stehen würde als ein Nichtangeklagter (vgl. Peters, Fehlerquellen im Strafprozeß, 3. Bd. 1974, 109). Eine innere Berechtigung für eine unterschiedliche Behandlung besteht nicht. Auch der Freigesprochene (Abgeurteilte) muß darauf bauen können, daß er nach einer bestimmten Zeit für seine Tat nicht mehr (oder schärfer) zur Rechenschaft gezogen wird. Das hat sogar zu gelten, wenn er den Freispruch durch unlautere Mittel bewirkt hat, etwa durch Vorlegen gefälschter Urkunden. Denn es macht keinen erheblichen Unterschied, ob jemand mittels gefälschter Urkunden bereits die Anklageerhebung abwendet oder erst die Verurteilung (Meyer-Goßner aaO; and. Düsseldorf aaO). Zudem stehen die Gründe für das Institut der Verjährung einer von den Verjährungsfristen losgelösten Verfahrenswiederaufnahme entgegen (so zu Recht Meyer-Goßner aaO). Unerheblich ist, ob Freispruch, Einstellung oder Verurteilung erfolgt war. Die Verurteilung hat hinsichtlich des Nichtberücksichtigten Freispruchswert. Für die Gleichstellung spricht zudem ein Vergleich mit den §§ 84, 85 OWiG. Ob eine Straftat als Ordnungswidrigkeit durch Bußgeldbescheid (§ 84 I OWiG) oder gerichtliche Ent-

IV. Besonderheiten gelten für den Beginn der Verjährungsfrist bei **Pressedelikten**. Er ist in den Landespressegesetzen auf den Zeitpunkt der Veröffentlichung, dh die erste Ausgabe des Druckwerkes an die Öffentlichkeit, gelegt (BGH **25** 347, **33** 271, Celle NJW **68**, 715, Stuttgart NJW **74**, 1149, Jähnke LK 17, Rudolphi SK 9, Tröndle/Fischer 8 [jeweils zu § 78]; Schröder Gallas-FS 335). Auch bei fortgesetzten Taten schiebt sich der Verjährungsbeginn nicht hinaus; die weiteren Handlungen sind für die Verjährung belanglos (vgl. BGH **33** 273). Andererseits ist die versteckte und heimliche Ausgabe einiger Exemplare zu dem Zweck, die Verjährungsfrist in Lauf zu setzen, um nach Verjährungsablauf die gesamte Auflage straflos verbreiten zu können, eine bloße Scheinverbreitung, die noch nicht den Verjährungsbeginn auslöst (BGH **25** 355). Stehen Pressedelikte, die durch Veröffentlichung verschiedener Druckwerke, Neuauflagen oder verschiedener Teile von Druckwerken begangen werden, in Fortsetzungszusammenhang (s. aber 31 ff. vor § 52), so beginnt die Verjährung für jedes Druckwerk oder jeden Teil gesondert zu laufen (BGH **27** 18, Stuttgart NJW **74**, 1149, Schröder Gallas-FS 337). Für die erst später tätig gewordenen Verbreiter beginnt die Verjährung, da sie nicht vor Begehung der Straftat einsetzen kann, erst mit diesen Verbreitungshandlungen (BGH **25** 354, Schleswig SchlHA/E-L **84**, 87). Eine neue Verjährungsfrist beginnt auch zu laufen, wenn ein Verbreiter nach Aufgabe des Willens weiterer Verbreitung nach unerwarteter Rückgabe beschlagnahmter Druckwerke eine erneute Verbreitung vornimmt (BGH **33** 27 m. Anm Bottke JR 87, 167).

§ 78 b Ruhen

(1) Die Verjährung ruht
1. bis zur Vollendung des achtzehnten Lebensjahres des Opfers bei Straftaten nach den §§ 176 bis 179,
2. solange nach dem Gesetz die Verfolgung nicht begonnen oder nicht fortgesetzt werden kann; dies gilt nicht, wenn die Tat nur deshalb nicht verfolgt werden kann, weil Antrag, Ermächtigung oder Strafverlangen fehlen.

(2) Steht der Verfolgung entgegen, daß der Täter Mitglied des Bundestages oder eines Gesetzgebungsorgans eines Landes ist, so beginnt die Verjährung erst mit Ablauf des Tages zu ruhen, an dem
1. die Staatsanwaltschaft oder eine Behörde oder ein Beamter des Polizeidienstes von der Tat und der Person des Täters Kenntnis erlangt oder
2. eine Strafanzeige oder ein Strafantrag gegen den Täter angebracht wird (§ 158 der Strafprozeßordnung).

(3) Ist vor Ablauf der Verjährungsfrist ein Urteil des ersten Rechtszuges ergangen, so läuft die Verjährungsfrist nicht vor dem Zeitpunkt ab, in dem das Verfahren rechtskräftig abgeschlossen ist.

(4) Droht das Gesetz strafschärfend für besonders schwere Fälle Freiheitsstrafe von mehr als fünf Jahren an und ist das Hauptverfahren vor dem Landgericht eröffnet worden, so ruht die Verjährung in den Fällen des § 78 Abs. 3 Nr. 4 ab Eröffnung des Hauptverfahrens, höchstens jedoch für einen Zeitraum von fünf Jahren; Absatz 3 bleibt unberührt.

Vorbem.: Abs. 1 Nr. 1 eingeführt durch 30. StÄG v. 23. 6. 1994, BGBl. I 1310; technisch geändert durch das 33. StÄG v. 1. 7. 97 (BGBl. I 1607) sowie das 6. StrRG v. 1. 4. 98 (BGBl. I 164); Abs. 4 eingefügt durch Ges. v. 11. 1. 1993, BGBl. I 50.

I. Die Vorschrift behandelt das **Ruhen** der Verfolgungsverjährung. Ihre Wirkung besteht darin, daß sie den Beginn der Verjährungsfrist hinausschiebt oder den Weiterlauf einer bereits begonnenen Frist hemmt. Soweit eine bereits begonnene Frist aus gesetzlichen Gründen nicht weiterläuft, verliert der abgelaufene Teil im Gegensatz zur Unterbrechung (§ 78 c III) nicht seine Bedeutung; nach Aufhören des Ruhens läuft die Frist weiter. **Zweck** des § 78 b ist, den Verjährungseintritt in den Fällen hinauszuschieben, in denen tatsächliche Gründe (vgl. u. 3) vielfach dem Bekanntwerden einer Straftat und damit deren Verfolgung entgegenstehen (Abs. 1 Nr. 1) oder rechtliche Gründe jede Verfolgungshandlung einschließlich einer Verjährungsunterbrechung verhindern (Abs. 1 Nr. 2; vgl. dazu RG **52** 37, BVerfGE **25** 282). Eine Ergänzung zu § 78 b enthalten die §§ 153 a III, 154 e III StPO.

Das Ruhen der Verjährung wirkt nur höchstpersönlich für die Tatbeteiligten, bei denen die Voraussetzungen des § 78 b gegeben sind (RG **59** 200). Soweit nach Abs. 1 Nr. 1 die Verjährung ruht, kann bei mehreren Tatopfern je nach deren Lebensalter die Zeit des Ruhens unterschiedlich sein.

II. Ein Ruhen tritt in folgenden Fällen ein:

1. Die Verjährung ruht bei gegen Minderjährige gerichteten **Sexualdelikten nach den §§ 176–179** bis zur Vollendung des 18. Lebensjahres des Opfers (bei vorherigem Tod bis Todeszeitpunkt; Jähnke LK 1 a), auch bei noch nicht verjährten Taten vor Inkrafttreten des Abs. 1 Nr. 1. (vgl. Art. 2 des 30. StÄG), BGH StV **97**, 187, Jähnke LK 1 a; auch bei Taten gegen Opfer, die vor Inkrafttreten des Abs. 1 Nr. 1 das 18. Lebensjahr bereits vollendet hatten, ruht die Verjährung (BGH NStZ **98**, 244, Tröndle/Fischer 3;

and. NStZ-RR **98**, 237), wobei zulässigerweise (BVerfG NStZ **00**, 251) ein vor Inkrafttreten des 30. StÄG bereits verstrichener Zeitraum unberücksichtigt bleibt (BGH NStZ **00**, 251; and. Jähnke LK 1). Berücksichtigt wird mit dieser durchaus problematischen (Tröndle/Fischer 3 a), aber verfassungskonformen (BVerfG NStZ **00**, 251 [entsprechend Fristverlängerung], BGH NStZ-RR **97**, 199, NStZ **00**, 252) Regelung der Umstand, daß solche Taten aus tatsächlichen Gründen vielfach lange Jahre unbekannt bleiben. Die Opfer sind oftmals, solange sie noch minderjährig sind, nicht in der Lage, Strafanzeige zu erstatten. Sofern das Opfer die Tat den Eltern oder sonstigen Angehörigen offenbart, können diese sich aus vielerlei Gründen mit einer Anzeige zurückhalten und obendrein Druck auf das Opfer ausüben, über das Vorgefallene zu schweigen. Das gilt insb., wenn der Täter Angehöriger des Opfers ist. Dem Opfer soll daher die Möglichkeit erhalten bleiben, ab Erlangung der Volljährigkeit noch auf eine Strafverfolgung hinzuwirken. Vom Ruhen der Verjährung sind nur die Straftaten nach den §§ 176–179 betroffen, nicht zB trotz entsprechender Gründe für das Unbekanntbleiben der Tat der Beischlaf zwischen Verwandten nach § 173 oder der sexuelle Mißbrauch eines Kindes oder angenommenen Kindes nach § 174 I Nr. 3 (krit. Lemke NK 3, Rudolphi SK 3, Tröndle/Fischer 3). Für diese Taten ist weiterhin der normale Verjährungseintritt maßgebend, auch dann, wenn sie in Tateinheit mit einem Delikt nach den §§ 176 ff. stehen. Auch bei sonstigen idealkonkurrierenden Taten, etwa Körperverletzung oder Nötigung, tritt kein Ruhen der Verjährung ein (Jähnke LK 1 a, Lackner 1 a), obwohl ihrem Bekanntwerden dieselben tatsächlichen Gründe wie bei den erfaßten Sexualdelikten entgegenstehen können. Sie lassen sich in das Ruhen als täternachteiligen Faktor nicht einbeziehen, weil es an einer gesetzlichen Grundlage für das Hinausschieben ihrer Verjährung fehlt. Das Ruhen endet mit Ablauf des dem Geburtstag vorhergehenden Tages (Lackner/Kühl 1 a). Zur Frage, ob Abs. 1 Nr. 1 auf Sexualdelikte in der früheren DDR analog anzuwenden ist, vgl. Puls DtZ 95, 392.

3 a 2. **Die Verjährung ruht, solange nach dem Gesetz die Verfolgung nicht begonnen oder nicht fortgesetzt werden kann** (Abs. 1 Nr. 2). Das gilt sowohl für die Fälle, in denen ein Hindernis die Verfolgung im einzelnen Fall ausschließt, wie auch dann, wenn gesetzliche Vorschriften die Strafverfolgung allgemein unmöglich machen (BGH **1** 89; hiergegen v. Weber MDR 51, 500). Unerheblich ist, ob die Tat den Strafverfolgungsbehörden bekannt war (BGH NJW **62**, 2309). In Betracht kommen nur Vorschriften, die während einer gewissen Zeit alle Verfolgungshandlungen ausschließen; es genügt nicht, daß nur einzelne Verfolgungshandlungen verboten sind. Kein Ruhen bewirkt die Abwesenheit oder Geisteskrankheit eines Beschuldigten; dadurch werden nicht alle Verfolgungshandlungen ausgeschlossen (RG **52** 37). Gleiches gilt für die Todeserklärung (vgl. Reißfelder NJW 64, 1891). Wohl aber führt die rechtskräftige Verwarnung mit Strafvorbehalt (§ 59) zum Ruhen der Verjährung während der Bewährungszeit (Jähnke LK 9, Tröndle/Fischer 5). Ferner ruht die Verjährung im Falle der Exterritorialität (§§ 18–20 GVG; s. aber auch 44 vor § 3) sowie bei Taten von Angehörigen der Stationierungsstreitkräfte oder eines zivilen Gefolges, solange die BRD den Täter nicht verfolgen darf, u. 9 sowie 40 ff., 45 vor § 3.

4 3. Ein Ruhen tritt auch ein, wenn ein Beginn oder Fortsetzung eines Strafverfahrens von einer **Vorfrage** abhängt, deren **Entscheidung** in einem **anderen Verfahren erfolgen muß**. Die Verjährung ruht dann bis zur Beendigung des anderen Verfahrens. Dieser in § 69 aF ausdrücklich geregelte Fall wird zwar in § 78 b nicht mehr besonders erwähnt; die Folge ergibt sich aber ohne weiteres aus Abs. 1 Nr. 2 (vgl. E 62 Begr. 259). Eine derartige Regelung enthält indes § 154 e III StPO für den Fall, daß ein Verfahren wegen falscher Verdächtigung (§ 164) oder Beleidigung (§§ 185–187 a) nicht weitergeführt wird, solange wegen der angezeigten oder behaupteten Handlung ein Straf- oder Disziplinarverfahren anhängig ist. Ein weiteres Beispiel für das Ruhen der Verjährung ergibt sich aus § 153 a III StPO. Auch eine Aussetzung gem. § 396 AO führt zum Ruhen der Verjährung (Tröndle/Fischer 3 mwN); zum Ruhen der Verjährung infolge des Verfolgungshindernisses auslieferungsrechtlicher Spezialität: BGH **29** 96. Ferner bewirken Aussetzung und Vorlegungen nach Art. 100 GG das Ruhen der Verjährung (BVerfGE **7** 36, Schleswig NJW **62**, 1580, Hans MDR 63, 8), ebenso die Einholen einer Entscheidung des BVerfG nach Art. 126 GG (Hamm GA **69**, 63). Soweit dagegen keine Notwendigkeit besteht, die Entscheidung in einem anderen Verfahren abzuwarten, greift § 78 b nicht ein. Die Verjährung ruht daher nicht, wenn das Gericht das Verfahren nur aussetzt, um eine in einer anderen Sache anstehende Entscheidung des BVerfG abzuwarten (BGH **24** 6; and. Lemke NK 5), oder wenn es aus Zweckmäßigkeitsgründen gemäß § 262 II StPO eine Entscheidung in einem anderen Verfahren abwartet, ohne an das Ergebnis dieses Verfahrens gebunden zu sein. Ebensowenig führt bereits die Erhebung einer Verfassungsbeschwerde nach §§ 90 ff. BVerfGG zum Ruhen der Verjährung (Düsseldorf NJW **68**, 117; vertiefend Rudolphi SK 10).

5 4. Für **Verbrechen, die im Dritten Reich** aus politischen, rassen- oder religionsfeindlichen Gründen nicht bestraft wurden, hat die Verjährung vom 30. 1. 1933 bis Ende des 2. Weltkrieges geruht. Das ergibt sich auch aus dem Sinn des § 78 b (vgl. BVerfGE **1** 425, BGH NJW **95**, 1298), ist aber überdies in verschiedenen besatzungs- und landesrechtlichen Bestimmungen ausdrücklich ausgesprochen worden, wobei als Endpunkt des Ruhens zT unterschiedliche Daten angenommen wurden: so für brit. Zone nach § 3 der VO v. 23. 5. 1947 (VOBlBrZ 65) der 8. 5. 1945, für amerik. Zone auf Grund entsprechender Gesetze der einzelnen Länder (vgl. Neidhard DRZ 46, 119) der 30. 6. 1945, für Saarland gem. Anordnung v. 4. 6. 1947 (ABl. 271) der 18. 7. 1947; für franz. Zone, in der keine allgemeinen Hemmungsvorschriften existieren (vgl. Widenmann DRZ 47, 158), wird jedenfalls bis 8. 5. 1945 Hemmung der Verjährung angenommen (vgl. BGH **18** 367, **23** 137, NJW **62**, 2308).

Gleiches gilt für Berlin (vgl. BGH 5 StR 28/52 v. 28. 1. 1952, 5 StR 218/54 v. 9. 7. 1954) und für sowjet. Zone (vgl. Dresden DRZ **47**, 165).

Obwohl nach 1945 die deutschen Gerichte teilweise noch längere Zeit geschlossen waren und der **6** Strafverfolgung auch sonstige praktische Hindernisse entgegenstanden, hat § 5 I des Ges. v. 30. 5. 1956 (BGBl. I 437) für diese Zeit ein Ruhen der Verjährung verneint. Hiervon macht das Ges. v. 13. 4. 1965 (BGBl. I 315) insoweit eine Ausnahme, als bei Verbrechen, die mit lebenslanger Freiheitsstrafe bedroht sind, die Zeit vom 8. 5. 1945 – 31. 12. 1949 für die Berechnung der Verjährungsfrist außer Ansatz bleiben muß. Das Gesetz widerspricht nicht der Verfassung (BVerfGE **25** 282).

Zur Problematik der Verlängerung der Verjährungsfrist vgl. im einzelnen A. Arndt JZ 65, 145, **7** Bemmann JuS 65, 333, Fuhrmann JR 65, 15, Grünwald MDR 65, 521, Klug JZ 65, 149, Pawlowski NJW 65, 287 und abschließend BVerfGE **25** 282 (daran festhaltend BVerfG NStZ **94**, 480). – Zum Ruhen der Verjährung infolge strafverfolgungshindernden Eingreifens der sowjetischen Besatzungsmacht: BGH **41** 86; allgemein zum Ruhen der Verjährung in der DDR verübter, dort aber aus politischen Gründen nicht geahndeter Taten: 113 ff. vor § 3 sowie 25. A. RN 9 a.

5. Steht der Strafverfolgung entgegen, daß der Täter **Mitglied des Bundestages** (vgl. Art. 46 GG) **8** oder eines **Gesetzgebungsorgans eines Landes** (vgl. § 152 a StPO) ist, so ruht die Verjährung erst mit Ablauf des Tages, an dem die StA, eine Behörde oder ein Beamter des Polizeidienstes von der Tat und der Person des Täters (nicht der Abgeordnetenschaft; vgl. Tröndle/Fischer 10) Kenntnis erlangt oder gemäß § 158 StPO eine Strafanzeige bzw ein Strafantrag gegen den Täter angebracht wird (Abs. 2). Diese Regelung entspricht der BGH-Rspr. (BGH **20** 248) zu § 69 aF und ist mit dem GG vereinbar (BVerfGE **50** 42). Das Verfahrenshindernis der Immunität erfaßt auch sog. mitgebrachte (also bei Übernahme des Mandats bereits anhängige) Verfahren; es endet mit Verfolgungsgenehmigung seitens des Parlaments bzw. Ende des Mandats (BGH NStZ **92**, 94). Mit Behörden im Abs. 2 sind nur Polizeibehörden gemeint. Bei Strafanzeigen oder Strafanträgen genügt es, wenn sie bei einem zuständigen Beamten angebracht werden. Kein Ruhen der Verjährung tritt ein, wenn gemäß Art. 46 II GG die Strafverfolgung nach einer Festnahme ungehindert fortgesetzt werden darf (vgl. dazu Bremen NJW **66**, 744, Oldenburg NJW **66**, 1764). Abs. 2 gilt entsprechend für den Bundespräsidenten (Lackner 3, Rudolphi SK 8, Tröndle/Fischer 10); zu Abgeordneten des Europäischen Parlaments vgl. BGH **36** 372; zum Ruhen der Verjährung infolge Zugehörigkeit zur DDR-Volkskammer: BGH **41** 83, Naumburg OLG-NL **96**, 48; zur Rechtslage in Brandenburg: Lemke NK 7.

6. Sonderprobleme ergeben sich bei der Verfolgung von Angehörigen der in der BRep. stationier- **9** ten **ausländischen Truppen**, soweit nach dem Truppenstatut eine konkurrierende Gerichtsbarkeit der deutschen und der Behörden des jeweiligen Entsendestaates besteht (vgl. 40 ff. vor § 3). Hier ruht die Verjährung, solange deutsche Behörden auf Grund der Abmachungen mit den Vertragspartnern an der Strafverfolgung gehindert sind. Das ist nicht nur der Fall, wenn die BRep. im Einzelfall auf eigene Verfolgungskompetenz verzichtet hat, sondern kann sich auch aus einem generellen Verzicht der BRep. auf ihr zustehende Rechte ergeben (vgl. 41 vor § 3). In diesem Fall ruht die Verjährung bis zur Abgabe der Sache an deutsche Behörden (vgl. Celle NJW **65**, 1673, LG Krefeld NJW **65**, 310, Jähnke LK 6). Die abw. Auffassung von LG Duisburg NJW **65**, 643 und Schwenk NJW 65, 2242 übersieht die völkerrechtliche Verpflichtung, die nicht schon dadurch ausgeschlossen ist, daß die Gerichte prozessual nicht gehindert wären, Verfolgungsmaßnahmen durchzuführen; die Konsequenz der abw. Auffassung würde darauf hinauslaufen, daß sich deutsche Gerichte uU nur zwecks Verjährungsunterbrechung durch eigene Ermittlungen über völkerrechtliche Bindungen hinwegsetzen müßten.

7. Zum Ruhen der Verjährung bei **DDR-Alttaten,** die dort aus rechtsstaatswidrigen Gründen **9 a** nicht verfolgt wurden (hierzu zählen nicht nur Fälle schwerster Menschenrechtsverletzungen: BGH NStZ **00**, 252 [Doping]): 110 ff. vor § 3 sowie 25. A. RN 9 a.

III. Wie bei den sonstigen Verjährungsvoraussetzungen (vgl. § 78 RN 13) ist bei Zweifeln darüber, **10** ob oder in welcher Zeit die Verjährung geruht hat, der Grundsatz **in dubio pro reo** anwendbar (BGH MDR **94**, 706), so etwa, wenn unaufklärbar ist, wann die Polizeibehörde Kenntnis von der Tat eines Abgeordneten erlangt hat. Mit Recht hat daher BGH **23** 137 entschieden, daß bei nach dem Krieg bekanntgewordenen Taten der o. 5 genannten Art nur dann ein Ruhen der Verjährung während der o. 5 angeführten Zeit anzunehmen ist, wenn feststeht, daß damals die Verfolgung der Tat am Eingreifen von hoher Hand gescheitert wäre (vgl. auch BGH NJW **95**, 1298).

IV. Eine Ausnahme vom Grundsatz der Nr. 2 des Abs. 1 enthält dessen Hbs. 2. Ist zur Verfolgung **11** ein **Antrag,** eine **Ermächtigung** oder ein **Strafverlangen** erforderlich, so hemmt das Fehlen des Antrags usw. nicht den Lauf der Verjährung.

V. Der Ablauf der Verjährungsfrist ist bis zum rechtskräftigen Abschluß des Verfahrens gehemmt, **12** wenn ein **Urteil des ersten Rechtszuges** ergeht und in diesem Zeitpunkt die Tat noch nicht verjährt ist **(Abs. 3).** Die Regelung beruht auf der Erwägung, daß im Rechtsmittelverfahren nur ausnahmsweise verjährungsunterbrechende Handlungen vorgenommen werden und die Möglichkeit ausgeschlossen werden soll, durch unbegründete Rechtsmittel und unsachgemäße Anträge das Verfahren zu verzögern und dadurch den Verjährungseintritt herbeizuführen (vgl. E 62 Begr. 259). Sie gilt auch bei fehlerhaften Urteilen (BGH **32** 210, NJW **94**, 809), etwa dann, wenn mangels Eröffnungsbeschlusses die Hauptverhandlung unzulässig war (vgl. Bay NJW **61**, 1487); ausgenommen sind nichtige Urteile. Unerheblich ist, welcher Art das erstinstanzliche Urteil ist. So genügt ein Urteil, das wegen irriger

§ 78 c   Allg. Teil. Verjährung – Verfolgungsverjährung

Annahme der Verjährung auf Verfahrenseinstellung lautet (BGH **32** 209); auch ist nicht erforderlich, daß die verschärfte Strafdrohung im konkreten Fall zur Anwendung kommt (BGH StV **95**, 585, Jähnke LK 19). Ferner ist unerheblich, wieviele Verfahrensabschnitte zwischen dem Urteil und dem rechtskräftigen Verfahrensabschluß liegen. Die verjährungshemmende Wirkung bleibt auch erhalten, wenn das erstinstanzliche Urteil aufgehoben wird (vgl. Köln VRS **54** 360). Die Hemmung erstreckt sich auf die den Gegenstand des erstinstanzlichen Verfahrens bildende Tat (BGH NStZ-RR **97**, 168 [konkretisierende Nachtragsanklage], Jähnke LK 15). Sie reicht aber nur bis zum Verfahrensabschluß. Bei Gesamtstrafenbildung stellt deren Rechtskraft den Verfahrensabschluß dar; Rechtskraft einer Einzelstrafe läßt die Verjährungsfrage unberührt (BGH **30** 232). Kommt es zur Wiederaufnahme des Verfahrens, so setzt sich der frühere Lauf der Verfolgungsverjährung fort (vgl. § 78 a RN 15). Gleiches gilt nach rechtskräftigen Einstellungsurteilen, soweit sie keine Sperrwirkung für eine weitere Strafverfolgung entfalten; entsprechend dem in RN 15 zu § 78 a Ausgeführten ist die Zeit der Fristhemmung in die Verjährungsfrist einzubeziehen (Düsseldorf NStE **2** m. Anm. Stree JR 93, 77 u. Ulsenheimer wistra 92, 111; and. Jähnke LK 16). Bei Wiedereinsetzung in den vorigen Stand nach rechtskräftigem Urteil wirkt dagegen Abs. 3 weiter (vgl. Düsseldorf VRS **58** 43, Köln VRS **54** 360,).

13 Abs. 3 bezieht sich nur auf Urteile. Ihnen stehen der **Strafbefehl** und andere dem Urteil entsprechende Entscheidungen nicht gleich. Solche Entscheidungen hemmen nicht den Ablauf der Verjährungsfrist, sondern unterbrechen sie (§ 78 c I Nr. 9). Abs. 3 ist demgemäß nicht anwendbar, wenn durch Beschluß der Einspruch gegen einen Strafbefehl wegen vermeintlicher Fristversäumnis verworfen wird (vgl. BGH DAR/R **86**, 250, Bay NStZ **86**, 82). Bei Wiedereinsetzung in den vorigen Stand bei Versäumung der Einspruchsfrist setzt sich der frühere Lauf der Verfolgungsverjährung fort (Lackner § 78 RN 7, Rudolphi SK 7 vor § 78; and. Jähnke LK § 78 RN 10, auch Stuttgart VRS **70** 456 bei Wiedereinsetzung in den vorigen Stand nach Versäumung des rechtzeitigen Einspruchs gegen Bußgeldbescheid).

14 **VI.** Nach **Abs. 4 ruht** die **Verjährung** ab Eröffnung des Hauptverfahrens für höchstens 5 Jahre, wenn es sich um einen Fall des § 78 III Nr. 4 handelt, das Gesetz insoweit abstrakt für besonders schwere Fälle Freiheitsstrafe von mehr als 5 Jahren androht und das Hauptverfahren vor dem LG (nicht OLG) eröffnet worden ist (BGH StV **95**, 585, Koblenz NStZ-RR **96**, 229). Die Regelung, die auch bei ihrem Inkrafttreten bereits laufende Verfahren erfaßt (vereinbar mit GG; BVerfG NStZ **94**, 480) und den Eintritt der absoluten Verjährung um bis zu 5 Jahre hinausschiebt, soll eine Einstellung von Großverfahren wegen Eintritts der absoluten Verjährung verhindern (Siegismund/Wickern wistra 93, 141). Mit ihr mag der Anreiz zu Verfahrensverzögerungen durch unsachgemäße Anträge weitgehend entfallen. Andererseits kann sie aber auch dazu verleiten, solche Verfahren nicht mehr zügig genug abzuwickeln (Lemke NK 4). Erfaßt werden nur Taten, für die an sich eine Freiheitsstrafe bis zu 5 Jahren und in besonders schweren Fällen eine höhere Strafe angedroht ist (zB §§ 263 III, 266 III, 283 a); allerdings unterfallen ihr auch Delikte (zB § 243), bei denen ein entsprechendes Bedürfnis zweifelhaft ist (s. Lackner 7 a). Es kommt nicht darauf an, ob die Eröffnung des Hauptverfahrens oder die Verurteilung auf einen besonders schweren Fall gestützt ist (BGH StV **95**, 585). Es genügt, daß ein Delikt abgeurteilt wird, für das abstrakt eine Strafschärfung in besonders schweren Fällen vorgesehen ist (Siegismund/Wickern wistra 93, 141). Die Hemmung des Ablaufs der Verjährungsfrist gem. Abs. 3 bleibt unberührt, so daß mit dem erstinstanzlichen Urteil Abs. 4 seine weitere Bedeutung verliert.

§ 78 c Unterbrechung

(1) **Die Verjährung wird unterbrochen durch**
1. **die erste Vernehmung des Beschuldigten, die Bekanntgabe, daß gegen ihn das Ermittlungsverfahren eingeleitet ist, oder die Anordnung dieser Vernehmung oder Bekanntgabe,**
2. **jede richterliche Vernehmung des Beschuldigten oder deren Anordnung,**
3. **jede Beauftragung eines Sachverständigen durch den Richter oder Staatsanwalt, wenn vorher der Beschuldigte vernommen oder ihm die Einleitung des Ermittlungsverfahrens bekanntgegeben worden ist,**
4. **jede richterliche Beschlagnahme- oder Durchsuchungsanordnung und richterliche Entscheidungen, welche diese aufrechterhalten,**
5. **den Haftbefehl, den Unterbringungsbefehl, den Vorführungsbefehl und richterliche Entscheidungen, welche diese aufrechterhalten,**
6. **die Erhebung der öffentlichen Klage,**
7. **die Eröffnung des Hauptverfahrens,**
8. **jede Anberaumung einer Hauptverhandlung,**
9. **den Strafbefehl oder eine andere dem Urteil entsprechende Entscheidung,**
10. **die vorläufige gerichtliche Einstellung des Verfahrens wegen Abwesenheit des Angeschuldigten sowie jede Anordnung des Richters oder Staatsanwalts, die nach einer solchen Einstellung des Verfahrens oder im Verfahren gegen Abwesende zur Ermittlung des Aufenthalts des Angeschuldigten oder zur Sicherung von Beweisen ergeht,**
11. **die vorläufige gerichtliche Einstellung des Verfahrens wegen Verhandlungsunfähigkeit des Angeschuldigten sowie jede Anordnung des Richters oder Staatsanwalts, die nach**

Unterbrechung 1–3 § 78 c

einer solchen Einstellung des Verfahrens zur Überprüfung der Verhandlungsfähigkeit des Angeschuldigten ergeht, oder
12. jedes richterliche Ersuchen, eine Untersuchungshandlung im Ausland vorzunehmen.
Im Sicherungsverfahren und im selbständigen Verfahren wird die Verjährung durch die dem Satz 1 entsprechenden Handlungen zur Durchführung des Sicherungsverfahrens oder des selbständigen Verfahrens unterbrochen.

(2) Die Verjährung ist bei einer schriftlichen Anordnung oder Entscheidung in dem Zeitpunkt unterbrochen, in dem die Anordnung oder Entscheidung unterzeichnet wird. Ist das Schriftstück nicht alsbald nach der Unterzeichnung in den Geschäftsgang gelangt, so ist der Zeitpunkt maßgebend, in dem es tatsächlich in den Geschäftsgang gegeben worden ist.

(3) Nach jeder Unterbrechung beginnt die Verjährung von neuem. Die Verfolgung ist jedoch spätestens verjährt, wenn seit dem in § 78 a bezeichneten Zeitpunkt das Doppelte der gesetzlichen Verjährungsfrist und, wenn die Verjährungsfrist nach besonderen Gesetzen kürzer ist als drei Jahre, mindestens drei Jahre verstrichen sind. § 78 b bleibt unberührt.

(4) Die Unterbrechung wirkt nur gegenüber demjenigen, auf den sich die Handlung bezieht.

(5) Wird ein Gesetz, das bei der Beendigung der Tat gilt, vor der Entscheidung geändert und verkürzt sich hierdurch die Frist der Verjährung, so bleiben Unterbrechungshandlungen, die vor dem Inkrafttreten des neuen Rechts vorgenommen worden sind, wirksam, auch wenn im Zeitpunkt der Unterbrechung die Verfolgung nach dem neuen Recht bereits verjährt gewesen wäre.

Vorbem.: Abs. 1 S. 2 eingefügt, Abs. 1 S. 1 Nr. 6 geändert durch 2. WiKG v. 15. 5. 1986, BGBl. I 721. Nach Art. 315 a 1 3 EGStGB gilt die Verjährung der in der früheren DDR bis zum Beitritt zur BRep. Deutschland verfolgten und noch nicht verjährten Taten als am Tag des Wirksamwerdens des Beitritts unterbrochen; Abs. 3 bleibt unberührt.

I. Die Vorschrift über die **Unterbrechung** der Verfolgungsverjährung nennt im Gegensatz zu § 68 **1** aF einen abschließenden Katalog von Unterbrechungshandlungen (ähnlich § 33 OWiG). Sie zieht damit – im Interesse der Rechtssicherheit – die Konsequenzen daraus, daß es Rspr. und Rechtslehre nicht gelungen war, § 68 aF feste Konturen zu geben und ihn zu einer praktikablen Vorschrift zu machen (vgl. 17. A. § 68 RN 1).

Die **Wirkung der Unterbrechung** besteht darin, daß mit dem Tag der Unterbrechungshandlung **2** eine neue Verjährung beginnt, die jedoch unter Berücksichtigung des früheren Verjährungsbeginns eine besondere zeitliche Beschränkung erfahren hat (vgl. u. 22). Die Verjährung kann wiederholt unterbrochen werden (vgl. RG **23** 188).

II. Die **Unterbrechungshandlungen** sind in **Abs. 1** abschließend aufgezählt. Eine entsprechende **3** Anwendung (etwa auf die schlichte Erfassung von damaligen DDR-Straftaten bei der Zentralen Erfassungsstelle in Salzgitter [abl. Geppert JK § 78 b/1, Lemke/Hettinger StV 91, 422]) kommt nicht in Betracht. Sie müssen aus den Akten ersichtlich (vgl. BGH **30** 219) und wegen einer bestimmten Tat (vgl. u. 23), gegen eine bestimmte Person als Täter (vgl. u. 24) und von einem inländischen Rechtspflegeorgan in einem inländischen Verfahren vorgenommen worden sein (vgl. BGH **1** 325, Bay NStZ **93**, 442). Auf ihre Eignung zur Verfahrensförderung kommt es nicht an. Soweit sie nicht unwirksam sind, tritt auch bei einer fehlerhaftigkeit die Verjährungsunterbrechung ein (BGH **29** 357, Bremen StV **90**, 25, Lemke NK 4). Bei fehlendem Strafantrag wird die Verjährung daher nicht nur durch Handlungen unterbrochen, der Vorbereitung und Sicherung des Verfahrens dienen und deswegen zulässig sind (vgl. BGH NJW **57**, 470), sondern auch durch sonstige Handlungen (Bay NJW **61**, 1488; and. RG **6** 37). Insb. hindert ein Irrtum über die Notwendigkeit einer Unterbrechungshandlung (vgl. Koblenz DAR **80**, 251, Köln VRS **51** 214) oder mangelnde Zuständigkeit die Unterbrechung nicht (vgl. RG **6** 37, **11** 364, JW **05**, 707, BGH **41** 81, Oldenburg DAR **55**, 306, Stuttgart NJW **68**, 1340, Jähnke LK 9; vgl. jedoch Hamm DAR **62**, 211, Preisendanz NJW 61, 1805 und zur funktionellen Zuständigkeit Hamm NJW **79**, 884, Koblenz NJW **68**, 2293, Köln OLGSt Nr. **2**, Lackner 18, Lemke NK 32, Rudolphi SK 9, Schreiber NJW 61, 2344, Krekeler NJW 67, 382, auch u. 18). So genügt zur Unterbrechung der Eröffnungsbeschluß des Richters, der sich irrig für örtlich zuständig hält (Stuttgart NJW **68**, 1340; vgl. auch Bay DAR/R **80**, 271, Hamburg MDR **79**, 1046). Ein Verstoß gegen § 136 a StPO bzw die prozessuale Unzulässigkeit einer Beschlagnahme hindert idR ungeachtet eines Verwertungsverbotes eine Unterbrechung nicht (and. Rudolphi SK 9). Eine fehlerhafte Handlung verliert auch nicht dadurch ihre unterbrechende Wirkung, daß sie nach Erkennen des Fehlers wieder aufgehoben wird (RG **30** 309, Stuttgart NJW **68**, 1340); anders kann es sein, wenn der Fehler unmittelbar nach der Handlung bemerkt und diese sofort rückgängig gemacht wird (Lemke NK 5). Streitig ist, ob die Verjährung auch durch sachlich unbegründete Handlungen unterbrochen wird, die allein zu diesem Zweck vorgenommen werden (bejahend Göhler § 33 OWiG RN 3, Jähnke LK 11, Tröndle/Fischer 7; and. Lackner 16, Rudolphi SK 7). Einschränkungen solcher Art stellen die Rechtssicherheit, in deren Interesse der abschließende Katalog von Unterbrechungshandlungen aufgestellt worden ist, in Frage. Einer Unterbrechungshandlung ist daher noch nicht deswegen, weil sie sachlich unbegründet ist, die verjährungsunterbrechende Wirkung abzusprechen, wohl aber in Aus-

§ 78c 4–7   Allg. Teil. Verjährung – Verfolgungsverjährung

nahmefällen, wenn sie nur als Scheinmaßnahme (vgl. u. 6, 8) anzusehen ist (vgl. Celle NdsRpfl **84**, 240, Jähnke LK 11). Soweit schriftliche Vornahme erforderlich ist (insb. Nr. 4–9), kann die erforderliche Unterzeichnung auch durch paraphenförmige Abzeichnung erfolgen (Hamburg MDR **97**, 377, Koblenz JR **81**, 42 m. Anm. Göhler; zu EDV-Ausdrucken: Dresden NZV **96**, 210, Hamburg aaO). Im Interesse der Rechtssicherheit ist bei mündlichen Unterbrechungshandlungen eine entsprechende Aktennotiz erforderlich (BGH **28** 384, **30** 215, Brandenburg NStZ **97**, 139, Lackner 17, Lemke NK 31, Rudolphi SK 7, Schäfer Dünnebier-FS 550 f.). Im einzelnen kommen folgende Unterbrechungshandlungen in Betracht:

4   1. Die **erste Vernehmung** des Beschuldigten bzw deren Anordnung oder die **Bekanntgabe**, daß gegen ihn ein **Ermittlungsverfahren eingeleitet** ist, bzw deren Anordnung **(Nr. 1)**. Nicht erforderlich ist, daß ein Richter tätig wird; es genügt, wenn die StA, die Polizei (Karlsruhe NZV **94**, 291), die Finanzbehörde oder das Zollfahndungsamt (BGH NJW **90**, 845) eine der Maßnahmen ergreift. Die genannten Möglichkeiten der Unterbrechung stehen alternativ nebeneinander, nicht kumulativ (vgl. Bay VRS **39** 119, NStZ-RR **96**, 46, Düsseldorf VRS **40** 57, Hamburg NJW **78**, 435, Hamm DAR **70**, 193). Ist also eine dieser Maßnahmen erfolgt, so kann die Verjährung durch eine andere der in Nr. 1 aufgezählten Handlungen nicht erneut unterbrochen werden. Bei einer nachfolgenden richterlichen Vernehmung des Beschuldigten tritt allerdings nach Nr. 2 eine erneute Unterbrechung ein. Die Mitteilung einer Privatklage nach § 382 StPO unter Bestimmung einer Frist zur Erklärung fällt nicht unter Nr. 1; sie betrifft weder eine Vernehmung noch die Bekanntgabe der Einleitung eines Ermittlungsverfahrens (Bay **77** 125).

5   a) Die *erste Vernehmung* liegt vor, wenn jemand als Beschuldigter erstmals die Gelegenheit erhält, sich gegenüber einem Strafrechtspflegeorgan zu der Tat zu äußern, die ihm zur Last gelegt wird. Das ist zB der Fall, wenn ein Polizeibeamter den Täter auf frischer Tat stellt, ihm sogleich eröffnet, was ihm vorgeworfen wird, und ihm Gelegenheit zur Äußerung bietet (vgl. Bremen NJW **70**, 720). Unerheblich ist, ob sich der Beschuldigte dann zur Sache äußert. Nicht ausreichend ist eine nur informatorische Befragung, die erst klären soll, ob und ggf. gegen wen ein Ermittlungsverfahren einzuleiten ist (vgl. Bay VRS **44** 62), wie idR die sog. Unfallaufnahme (vgl. Hamm VRS **41** 384). Eine solche Befragung geht aber in eine Vernehmung über, wenn dem Befragten klargemacht wird, daß er nunmehr als Beschuldigter angehört wird. Unerheblich ist an sich, ob die Vernehmung mündlich oder schriftlich erfolgt (vgl. Oldenburg NJW **70**, 719). Im allgemeinen kommt jedoch nur die mündliche Vernehmung als Unterbrechungshandlung in Betracht, da eine schriftlichen Anhörung regelmäßig eine entsprechende Anordnung vorausgeht und diese bereits die Verjährung unterbricht.

6   b) Bereits die *Anordnung* der ersten Vernehmung unterbricht die Verjährung, auch dann, wenn sie wieder aufgehoben wird (Bremen StV **90**, 25). Sie braucht nicht zur Kenntnis des Beschuldigten zu gelangen (vgl. BGH **25** 8). Erforderlich ist aber, daß sie auf Anhörung des Beschuldigten gerichtet ist. Keine Unterbrechungswirkung hat daher die Anordnung, den Halter des in eine Straftat verwickelten Kraftfahrzeugs, etwa bei Unfallflucht, zu befragen, wer das Kfz. geführt hat (vgl. BGH **24** 325; s. a. **42** 289 f.). Ferner muß die Vernehmung für durchführbar gehalten werden. Steht fest, daß der Beschuldigte gar nicht vernommen werden kann, etwa überhaupt nicht erreichbar ist, so ist die Anordnung der Vernehmung von vornherein sinnlos und als Scheinanordnung anzusehen; es kann ihr dann keine Unterbrechungswirkung zukommen (vgl. Koblenz MDR **76**, 780). Mündliche Anordnung genügt nur, wenn sie sogleich aktenkundig gemacht wird (vgl. Bay VRS **60** 126, auch Tröndle/Fischer 10, Lackner 3 sowie Hamm NStZ **88**, 137 zu § 33 OWiG). Zur schriftlichen Anordnung vgl. u. 21. Als bloßer Ermittlungsauftrag stellt der Auftrag an die Polizei durch die StA, gegen den Beschuldigten zu ermitteln und ihn hierbei zu vernehmen, keine Anordnung iSv Nr. 1 dar (BGH NStZ **85**, 546, StV **97**, 634, Bay NStZ-RR **96**, 46; Hamburg NJW **78**, 434; ebensowenig genügt trotz zusätzlicher Beweismittel in den Akten ein Ermittlungsauftrag „gegen Unbekannt" (vgl. BGH **42** 283 [zu § 33 OWiG]) vgl. auch Hamburg MDR **78**, 689. Anders kann es bei einem speziellen Auftrag zur Vernehmung sein (BGH NStZ **85**, 546). Unwesentlich für die Verjährungsunterbrechung ist, ob der Auftrag durchgeführt wird (BGH aaO) oder ob die Anordnung dem Beschuldigten zugestellt werden kann (Frankfurt NJW **98**, 1328 [zu § 33 OWiG]).

7   c) Die *Bekanntgabe* gegenüber dem Beschuldigten (oder seinem Verteidiger; BGH wistra **92**, 255), daß gegen ihn das *Ermittlungsverfahren eingeleitet* ist, hat selbständige Bedeutung für die Verjährungsunterbrechung, wenn sie isoliert von der ersten Vernehmung erfolgt. Für sie sind keine bestimmte Form und kein bestimmter Inhalt vorgeschrieben; sie muß nur ersichtlich machen, wegen welcher Handlung Ermittlungen geführt werden (BGH **30** 217, Celle NZV **98**, 432). Der Beschuldigte muß sich ins Bild setzen können, weswegen gegen ihn ermittelt wird (LG Hildesheim StV **93**, 368). Allgemeine formelhafte Texte ohne tatsächliche Spezifizierung und Hinweis auf tatsächliche Grundlagen genügen nicht (Bay wistra **88**, 81, Hamburg wistra **87**, 189 m. Anm. Marx wistra 87, 207). Die Bekanntgabe der Einleitung eines Ermittlungsverfahrens kann sich auch aus der Eindeutigkeit der gegen den Beschuldigten gerichteten Maßnahmen ergeben, so etwa, wenn das Einschreiten gegen den Täter auf frischer Tat (Feststellung der Personalien usw) erkennen läßt, daß die Ermittlungen gegen ihn beginnen (vgl. Hamm DAR **70**, 194, Köln VRS **73** 140); zum – hinreichenden – Übersenden eines Anhörungsbogens an den Beschuldigten: BGH **24** 321, Dresden NZV **96**, 210, Hamburg NStZ-RR **99**, 20 f. Zum Erfordernis der Aktenkundigkeit vgl. Bay NZV **90**, 285, Köln MDR **92**, 1177. Die Bekanntgabe erstreckt sich nicht auf danach in die Ermittlungen einbezogene Taten (BGH

NStE 5). Die Übersendung eines Anhörungsbogens an den Kfz-Halter mit der Bitte um Weiterleitung an den unbekannten Kfz-Führer genügt nicht: BGH **24** 321, vgl. auch **42** 285.

d) Geht der Bekanntgabe, daß das Ermittlungsverfahren eingeleitet ist, die *Anordnung* hierzu voraus, **8** so ist diese maßgebender Zeitpunkt für die Verjährungsunterbrechung. Es ist dann nicht erforderlich, daß die Bekanntgabe den Beschuldigten erreicht hat (vgl. BGH **25** 8, 346). Weiß der Anordnende jedoch von vornherein, daß die Bekanntgabe den Beschuldigten nicht erreichen kann, so entfällt wie bei der Scheinanordnung der Vernehmung (vgl. o. 6) die Verjährungsunterbrechung (offengelassen in BGH **25** 9). Die Anordnung der Bekanntgabe hat im übrigen inhaltlich den Anforderungen an die Bekanntgabe zu entsprechen (vgl. Bay wistra **88**, 82). Zur schriftl. Anordnung vgl. u. 21.

2. Unterbrochen wird die Verjährung durch jede **richterliche Vernehmung** des Beschuldigten **9** (auch wenn er sich nicht zur Sache äußert; vgl. Hamm MDR **79**, 781) oder deren Anordnung **(Nr. 2)**, ausgenommen die richterliche Vernehmung als Rechtshilfe für einen ausländischen Staat (Bay NStZ **93**, 441). Unerheblich ist, ob sie zuvor bereits unterbrochen war. Im Gegensatz zur Vernehmung durch StA oder Polizei (Nr. 1) ist wiederholte Unterbrechung durch erneute Vernehmung seitens eines Richters ohne weiteres möglich. Unterbrechungswirkung hat aber nur die Vernehmung oder deren Anordnung, nicht die Vernehmung zusätzlich nach ihrer Anordnung (vgl. o. 4, BGH **27** 113, 147, Bay MDR **76**, 779, **79**, 1046). Handlungen, die lediglich im Zusammenhang mit der Vernehmung stehen, genügen nicht, so nicht die Auskunft über eine Vernehmung, die Anfrage, ob sich der Beschuldigte kommissarisch vernehmen lassen will, die Mitteilung des ersuchten Richters über ein Vernehmungshindernis, die Aufhebung eines Vernehmungstermins.

Zur **Anordnung** der Vernehmung vgl. o. 6. Die Anordnung kann auch in einer Terminbestim- **10** mung zum Ausdruck kommen. Bei Ersuchen um richterliche Vernehmung hat neben dem Ersuchen die Terminbestimmung durch den ersuchten Richter verjährungunterbrechende Wirkung (BGH **27** 110, Frankfurt NJW **76**, 1760; and. Bay NJW **76**, 1760, Frankfurt NJW **76**, 1759, Hamm VRS **51** 128). Wiederholte Anordnung nach Wegfall eines Vernehmungshindernisses unterbricht erneut (Hamburg MDR **77**, 603, Hamm VRS **52** 43).

3. Des weiteren unterbricht jede **Beauftragung eines Sachverständigen** durch einen Richter **11** oder Staatsanwalt die Verjährung, sofern vorher der Beschuldigte vernommen oder ihm die Einleitung des Ermittlungsverfahrens bekanntgegeben worden ist **(Nr. 3)**, vgl. Schäfer Dünnebier-FS 556. Das Erfordernis vorheriger Vernehmung oder Bekanntgabe des Ermittlungsverfahrens soll verhindern, daß der Ablauf der Verjährungsfrist sich bei schwierigen Sachlagen verschiebt, ohne daß der Beschuldigte überhaupt Kenntnis von den Ermittlungen gegen ihn hat. Demgemäß ist die Unterbrechung auf Taten begrenzt, auf die sich die Vernehmung oder die Bekanntgabe des Ermittlungsverfahrens erstreckt. Die Bekanntgabe, die auch über den Anwalt des Beschuldigten erfolgen kann (BGH StV **91**, 414), setzt keine besondere Form voraus; der Beschuldigte muß nur über die Ermittlungen ins Bild gesetzt werden (BGH NStZ **90**, 436). Der Auftrag an Sachverständige muß auf ein bestimmtes Beweisthema lauten (BGH **28** 382; s. a. wistra **96**, 260 [bei mehreren Taten]). Unerheblich ist, ob notwendig ist und ob er angenommen wird. Lehnt ein Sachverständiger den Auftrag ab, so unterbricht die Beauftragung eines anderen Sachverständigen erneut die Verjährung. Gleiches gilt, wenn ein zusätzlicher Sachverständiger herangezogen wird (vgl. Düsseldorf NZV **94**, 114 zu § 33 I Nr. 3 OWiG) oder derselbe Sachverständige einen neuen Auftrag mit einem völlig anderen Thema erhält (s. Düsseldorf NZV **94**, 118). Dagegen bewirkt der Auftrag an den Sachverständigen, sein Gutachten zu ergänzen, keine erneute Unterbrechung (Bay MDR **77**, 252, DAR/R **86**, 250). Nach BGH **27** 76, Bay MDR **76**, 165 geschieht die Beauftragung durch die Anordnung, einen bestimmten Sachverständigen zu einem bestimmten Beweisthema zuzuziehen, nicht erst durch das Auftragsschreiben. Das Schreiben selbst führt nach Köln MDR **81**, 166 als eine die Beauftragung nur wiederholende Aufforderung zur Gutachtenerstattung nicht zur erneuten Unterbrechung. Zu den Anforderungen an eine Beauftragung vgl. BGH MDR/H **78**, 986 (bloßes Informationsgespräch mit Sachverständigen genügt nicht) sowie BGH **28** 381 (mündliche oder konkludente Anordnung genügt; sie muß aber nach Inhalt und Zeitpunkt den Verfahrensbeteiligten erkennbar sein). Sachverständiger kann auch ein eigenverantwortlich und weisungsfrei arbeitender Wirtschaftsreferent der StA sein (BGH **28** 384, StV **86**, 465, Zweibrücken NJW **79**, 1995). Seine Beauftragung setzt aber die Erkennbarkeit für die Verfahrensbeteiligten voraus, daß er das Gutachten als Sachverständiger und nicht als Gehilfe des Ermittlungsbeamten erstatten soll (BGH NStZ **84**, 215).

4. Nach **Nr. 4** wird die Verjährung unterbrochen durch jede richterliche Anordnung einer **Be- 12 schlagnahme** (vgl. §§ 98, 100, 111 e StPO) oder einer **Durchsuchung** (vgl. § 105 StPO). Als Beschlagnahmeanordnung ist auch die richterliche Bestätigung einer nichtrichterlichen Beschlagnahme anzusehen, ebenfalls die vorläufige Fahrerlaubnisentziehung, da sie nach § 111 a III StPO zugleich als Anordnung und Bestätigung der Beschlagnahme des Führerscheins wirkt. Den Anordnungen steht ihre Aufrechterhaltung durch richterliche Entscheidung gleich. Mangels einer Einschränkung entsprechend Nr. 3 unterbricht die Anordnung auch dann die Verjährung, wenn die Beschlagnahme usw bei Dritten erfolgen soll und der Beschuldigte vorher weder vernommen noch von der Einleitung des Ermittlungsverfahrens in Kenntnis gesetzt worden ist. Auch Entscheidungen über Beschwerden Dritter gegen Beschlagnahme- oder Durchsuchungsanordnungen wirken, soweit die Anordnungen aufrechterhalten werden, gegenüber dem Beschuldigten verjährungsunterbrechend (BGH StV **95**, 585). Ferner ist unerheblich, ob die Anordnung alsbald oder mit erheblicher Verzöge-

rung durchgeführt wird. Keine Anordnung iSv Nr. 4 ist die einer Bank gemachte Auflage, der StA Einblick in Kontenbewegungen zu gewähren und die Anfertigung von Kopien zu dulden (LG Kaiserslautern NStZ 81, 438, Lemke NK 20).

13   5. Zur Unterbrechung der Verjährung führen ferner der **Haftbefehl** (vgl. § 114 StPO), der Unterbringungsbefehl (§ 126 a StPO), der Vorführungsbefehl (vgl. § 134 StPO) sowie deren Aufrechterhaltung durch richterliche Entscheidungen **(Nr. 5)**. Aufrechterhalten wird ein Haftbefehl auch durch eine Entscheidung, mit der die Fortdauer der U-Haft angeordnet wird (vgl. §§ 117 ff., 122 StPO). Sonstige Entscheidungen, die sich auf die U-Haft beziehen, genügen nicht, wie die Vollzugsanordnung nach § 116 IV StPO (Rudolphi SK 20; and. Jähnke LK 29, Tröndle/Fischer 15, die eine Entscheidung nach § 116 StPO als inzidente Aufrechterhaltung des Haftbefehls werten; weitergehend BGH 39 233, wonach Abänderung von Haftverschonungsauflagen genügt). Ebensowenig reicht der Erlaß eines Steckbriefs aus.

14   6. Verjährungsunterbrechend wirkt nach Nr. 6 die **Erhebung der öffentlichen Klage** (nicht Privatklage). Gleiches gilt, wie Abs. 1 S. 2 ergibt, für die Stellung des ihr entsprechenden Antrags im Sicherungsverfahren (vgl. § 414 II StPO) oder im selbständigen Verfahren (vgl. § 440 StPO). Zur öffentlichen Klage rechnen die Nachtragsanklage (§ 266 StPO) und der Antrag auf Erlaß eines Strafbefehls (§ 407 StPO; vgl. Bay GA 84, 181), nicht der einer Anklageerhebung vorausgehende Antrag auf Aburteilung im beschleunigten Verfahren (Hamburg NStZ/G 81, 56). Abweichend von sonstigen schriftlichen Anordnungen, bei denen gem. Abs. 2 die Unterzeichnung maßgebender Zeitpunkt für die Unterbrechung ist (vgl. u. 21), kommt es auf den Zeitpunkt an, in dem die öffentliche Klage oder der ihr entsprechende Antrag formgerecht (Bremen StV 90, 25, Rudolphi SK 9, Tröndle/Fischer 16) bei Gericht eingeht; denn erst in diesem Augenblick ist die öffentliche Klage erhoben (vgl. BGH StV 93, 71, Bay NJW 71, 854); Aktenübermittlung per Fax genügt (Bay NJW 98, 3213 [zu § 33 OWiG]). Spätere Rücknahme der Klage oder des Antrags läßt die eingetretene Unterbrechung unberührt. Eine Anklageschrift muß den Voraussetzungen des § 200 StPO entsprechen; andernfalls ist die Anklageerhebung unwirksam und unterbricht nicht die Verjährung (Bremen StV 90, 25).

15   7. Eine weitere Unterbrechungshandlung ist die **Eröffnung des Hauptverfahrens (Nr. 7)**. Entscheidend ist insoweit der Eröffnungsbeschluß gemäß § 203 StPO, nicht erst dessen Zustellung an die StA oder den Angekl. Er unterbricht die Verjährung auch dann, wenn in ihm die Mitangeklagten hinsichtlich ihrer Beteiligungsart verwechselt worden sind (Hamm VRS 18 34) oder ein kraft Gesetzes ausgeschlossener Richter am Beschluß mitgewirkt hat (BGH 29 351), nicht aber, sofern er gegen den auslieferungsrechtlichen Spezialitätsgrundsatz verstößt (BGH 29 96, Lemke NK 23).

16   8. Ebenfalls unterbricht jede **Anberaumung einer Hauptverhandlung** die Verjährung **(Nr. 8)**. Nicht erforderlich ist, daß zuvor das Hauptverfahren eröffnet war. Das gilt nicht nur für die Fälle, in denen die Hauptverhandlung ohne eine Entscheidung über die Eröffnung des Hauptverfahrens anzuberaumen ist, wie im beschleunigten Verfahren (vgl. § 212 a StPO), sondern auch in sonstigen Fällen. Die Anberaumung eines Termins in einem nach § 154 StPO vorläufig eingestellten Verfahren genügt (Celle NStZ 85, 218 m. abl. Anm. Schoreit, Lemke NK 24; and. Beulke JR 86, 50, Tröndle/Fischer 18). Eine Terminaufhebung beseitigt nicht die eingetretene Unterbrechung. Der hiermit verbundene Hinweis „neuer Termin wird von Amts wegen bestimmt" bewirkt keine neue Unterbrechung (Koblenz VRS 67 52). Erst die Anberaumung eines neuen Termins für die Hauptverhandlung unterbricht die Verjährung erneut. Auch Verlegung eines Termins ist Anberaumung einer Hauptverhandlung (Köln VRS 69 451: Vorverlegung). Dagegen genügt nicht die Terminbestimmung für das Fortsetzen einer unterbrochenen Hauptverhandlung (Jähnke LK 32, Rudolphi SK 23; and. Tröndle/Fischer 18) oder das Festhalten an einem Termin, mag auch die Frage der Aufhebung erkennbar geprüft worden sein, ebensowenig eine Maßnahme aus Anlaß der Anberaumung der Hauptverhandlung, etwa Ladung zum Termin. Andererseits unterbricht die Anberaumung der Hauptverhandlung die Verjährung unabhängig davon, ob erforderliche Ladungen angeordnet worden sind (Hamm NStZ/G 88, 65).

17   9. Die Verjährung wird nach **Nr. 9** unterbrochen durch einen **Strafbefehl** oder eine andere dem Urteil entsprechende Entscheidung, zB Verurteilung zur vorbehaltenen Strafe nach § 59 I, Einstellungsbeschluß gem. § 206 a StPO (Bay MDR 77, 603, VRS 55 139; vgl. auch Oldenburg NdsRpfl 78, 91, Stuttgart NStZ 81, 105) oder Beschluß, durch den der Einspruch gegen einen Strafbefehl verworfen wird (Jähnke LK 33). Das Urteil selbst ist nicht aufgeführt, weil nach § 78 b III mit Erlaß des Urteils im ersten Rechtszug der Ablauf der Verjährungsfrist gehemmt wird. Für den Strafbefehl ist dessen Unterzeichnung maßgebender Zeitpunkt (vgl. Abs. 2 und u. 21). Der Einspruch gegen den Strafbefehl wirkt sich auf die Verjährungsunterbrechung nicht aus. Zum Problem einer entsprechenden Anwendbarkeit der Nr. 9 bei Einstellungsurteilen ohne Sperrwirkung für die weitere Strafverfolgung vgl. Stree JR 93, 81.

18   10. Die **vorläufige gerichtliche Einstellung des Verfahrens** – nicht Vertagung der Hauptverhandlung auf unbestimmte Zeit (Köln MDR 79, 958) – unterbricht nach **Nr. 10** die Verjährung, wenn sie **wegen Abwesenheit des Angeschuldigten** (also Erhebung der öffentlichen Klage erforderlich: BGH NStZ-RR 96, 163) erfolgt (vgl. § 205 StPO). Tatsächliche Abwesenheit ist nicht erforderlich (vgl. Bay VRS 58 389, Hamm VRS 51 217, JMBlNW 79, 273, Köln VRS 54 361). Keine Unterbrechung bewirkt jedoch die Einstellung, die ein Gericht im Ermittlungsverfahren an

Stelle der StA vornimmt, da das Tätigwerden eines funktionell unzuständigen Gerichts keine ungünstige Rechtsfolge für Beschuldigte haben darf (Köln OLGSt Nr. 2). Unterbrechungswirkung hat zudem jede Anordnung des Richters oder Staatsanwalts, die mit einer solchen Einstellung oder im Verfahren gegen Abwesende (vgl. §§ 276, 285 ff. StPO) zur Ermittlung des Aufenthalts des Angeschuldigten oder zur Sicherung von Beweisen ergeht. In Betracht kommt etwa Anordnung einer Fahndungsmaßnahme, zB den Beschuldigten im Fahndungsblatt ausschreiben zu lassen (BGH **37** 145 m. Anm. Temming NStZ 90, 584: bei Nichtauslieferung auch, wenn Aufenthaltsort im Ausland bekannt ist) oder beim Einwohnermeldeamt, bei der Polizei (Schleswig SchlHA/L-G **89**, 98) und bestimmten Personen nachzufragen, oder Anordnung einer Zeugenvernehmung. Anordnung der Beschlagnahme von Beweismitteln unterbricht in diesem Rahmen – anders als nach Nr. 4 – die Verjährung auch, wenn ein Staatsanwalt sie erläßt. Unterbrechungswirkung haben aber nur Anordnungen des Richters oder Staatsanwalts, nicht Anordnungen der Behörde, die um die Aufenthaltsermittlung ersucht wird. Im übrigen genügen nicht Anordnungen der StA entsprechend § 205 StPO vor Erhebung der öffentl. Klage (BGH StV **96**, 207/8).

11. Einen Nr. 10 vergleichbaren Fall regelt **Nr. 11**. Danach unterbricht die wegen **Verhandlungsunfähigkeit** des Angeschuldigten erfolgende **vorläufige gerichtliche Einstellung des Verfahrens** die Verjährung. Zudem tritt diese Wirkung bei jeder nachfolgenden Anordnung des Richters oder Staatsanwalts ein, die zur Überprüfung der Verhandlungsfähigkeit ergeht. Hierunter fällt namentlich die Anordnung einer körperlichen Untersuchung iSv § 81 a StPO.

12. Schließlich nennt **Nr. 12** als Unterbrechungshandlung noch jedes **richterliche Ersuchen** (auch im Ermittlungsverfahren), eine **Untersuchungshandlung im Ausland** vorzunehmen. Es kann sich auf Vernehmung von Zeugen oder Beschuldigten erstrecken, ferner auf Sicherstellung von Gegenständen oder Bitte um Überlassung von Schriftstücken (Akten, Urkunden usw). Unerheblich ist, ob es sich an eine ausländische Behörde richtet oder an eine deutsche Behörde im Ausland (konsularische Vernehmung; § 15 KonsularG; Bitte um Ermittlungen nach Zeugen; BGH NStZ **86**, 313) und ob dem Ersuchen entsprochen wird. Die Untersuchungshandlungen im Ausland unterbrechen selbst nicht die Verjährung, auch nicht Vernehmung im Konsulat.

13. Für das **Sicherungsverfahren** (§§ 413 ff. StPO) und das **selbständige Verfahren** (§§ 440 ff. StPO) bestimmt **Abs. 1 S. 2**, daß die Verjährung durch sämtliche Handlungen unterbrochen wird, die der Durchführung dieser Verfahren dienen und den in S. 1 genannten Unterbrechungshandlungen entsprechen. Zur Begründung der durch das 2. WiKG eingefügten Regelung vgl. BT-Drs. 10/318 S. 42. Im Sicherungsverfahren wird etwa entsprechend der Erhebung der öffentlichen Klage die Verjährung durch den Antrag der StA nach § 413 StPO unterbrochen. Beim selbständigen Verfahren nach § 76 a kommt es auf einen Antrag nach § 440 StPO an. Vernehmungen unterbrechen entsprechend Abs. 1 S. 1 Nr. 1 die Verjährung nur, wenn eine Person vernommen wird, gegen die sich die Maßnahme richtet.

III. Im Interesse der Rechtssicherheit bestimmt **Abs. 2,** wann bei einer unter Abs. 1 fallenden **schriftlichen Anordnung** oder **Entscheidung** die Verjährungsunterbrechung eintritt. Er stellt grundsätzlich auf den Zeitpunkt ab, in dem das Schriftstück unterzeichnet wird, wobei uU, wie bei Anberaumung einer Hauptverhandlung, ein Handzeichen genügen kann (Koblenz JR **81**, 42 m. Anm. Göhler). Nur wenn es nicht alsbald nach Unterzeichnung in den Geschäftsgang gelangt, ist der Zeitpunkt maßgebend, in dem es tatsächlich in den Geschäftsgang gegeben wird. Mit dieser Einschränkung wird verhindert, daß unterzeichnete Anordnungen, die gar nicht in den Geschäftsgang gegeben werden, die Verjährung unterbrechen. Zweifelhaft kann sein, wann ein Schriftstück (noch) alsbald in den Geschäftsgang gelangt. Eine bestimmte Zeitspanne läßt sich insoweit nicht festlegen, da es auf die Umstände des Einzelfalls ankommt. Abzustellen ist auf den normalen Dienstbetrieb, nicht auf eine unverzügliche Weitergabe des Schriftstücks (Stuttgart MDR **76**, 1043). Von einem nicht alsbaldigen Gelangen in den Geschäftsgang ist auszugehen, wenn eine wesentliche Zeitverzögerung gegenüber dem normalen Geschäftsbetrieb vorliegt. Unter Geschäftsgang sind die Stationen innerhalb der Behörde zu verstehen, die das Schriftstück bis zur Zuleitung an den Adressaten durchlaufen muß (Stuttgart aaO, Hamm VRS **63** 58). Verzögerungen im Geschäftsgang lassen die Verjährungsunterbrechung unberührt (Hamm NJW **77**, 690, Bay DAR/R **82**, 261). Liegen zwischen Unterzeichnung und postalischer Zustellung einer Entscheidung 12 Tage, so ist nach Köln VRS **58** 145 alsbaldiges Gelangen in den Geschäftsgang anzunehmen (and. Lemke NK 33). Nach Bay NZV **95**, 410 entspricht sogar ein Zeitraum von 32 Tagen noch einem normalen Geschäftsgang. Zu Verzögerungen vgl. auch Düsseldorf NZV **93**, 204.

Mit der Fassung des Abs. 2 wollte der Gesetzgeber zugleich klarstellen, daß der Zeitpunkt der Unterzeichnung nur dann für die Verjährungsunterbrechung unmaßgeblich ist, wenn ein nicht alsbaldiges Gelangen in den Geschäftsgang festzustellen ist. Bei Unaufklärbarkeit, ob das Schriftstück alsbald weitergeleitet worden ist, soll es bei der Unterzeichnung als maßgeblichem Zeitpunkt bleiben (BT-Drs. 7/1261 S. 10). Das ist unbedenklich, wenn es sich zugunsten des Täters ausw.irkt (vgl. den von Frankfurt VRS **59** 134 zu § 33 OWiG entschiedenen Fall). Es soll aber auch gelten, wenn die Zweifel zu Lasten des Betroffenen gehen (so Köln VRS **55** 386, Tröndle/Fischer 10, Jähnke LK 17, Lackner 19; and. Rudolphi SK 10). Indes liefert der Gesetzeswortlaut keine eindeutige Grundlage für ein Abweichen von dem auch für die Verjährung geltenden (vgl. u. 26) Grundsatz in dubio pro reo. Auch in der Sache besteht für ein Abweichen von diesem Grundsatz kein zwingender Grund. Es ist daher

§ **78c** 22–24　　Allg. Teil. Verjährung – Verfolgungsverjährung

angebracht, auf dem maßgeblichen Schriftstück sogleich den Zeitpunkt des Gelangens in den Geschäftsgang zu vermerken. Im übrigen greift der Grundsatz in dubio pro reo ein, wenn zweifelhaft ist, wann das Schriftstück unterzeichnet und, sofern ein verspätetes Weiterleiten feststeht, wann es in den Geschäftsgang gelangt ist.

22　**IV. Die Unterbrechung hat die Wirkung,** daß die Verjährung von neuem beginnt **(Abs. 3).** Die neue Frist beginnt mit dem Tag, an dem die Unterbrechungshandlung vorgenommen wurde, nicht erst mit Ablauf dieses Tages (RG **65** 290, Bay **59** 15; vgl. auch Karlsruhe Justiz **73**, 26). Die Verjährung kann wiederholt unterbrochen werden. Um zu verhindern, daß mit Hilfe der Unterbrechungsmöglichkeiten die Verjährung schlechthin ausgeschlossen und damit der Grundgedanke der Verjährung (vgl. dazu 3 vor § 78) ausgehöhlt wird, bestimmt **Abs. 3 S. 2,** daß die Verfolgung spätestens verjährt, wenn seit Verjährungsbeginn nach § 78a das Doppelte der gesetzlichen Verjährungsfrist verstrichen ist **(absolute Verjährungsfrist).** Haben besondere Gesetze, zB die Landespressegesetze, eine Verjährungsfrist von weniger als 3 Jahren festgesetzt, so beträgt die Höchstdauer der Verjährungsfrist im Fall einer Unterbrechungshandlung mindestens 3 Jahre. Bei der Fristberechnung bleibt die Zeit unberücksichtigt, in der der Fristablauf gem. § 78b gehemmt ist (Abs. 3 S. 3). Die Ablaufshemmung mit Erlaß eines Urteils im ersten Rechtszug geht daher auch der verlängerten Frist vor. Ebenso hemmt das Ruhen der Verjährung nach § 396 III AO den Ablauf der absoluten Verjährung (Bay NStZ **90**, 280, Karlsruhe wistra **90**, 205; vgl. dagegen Grezesch wistra 90, 289). Zur Verjährung bei tatbestandlicher Handlungseinheit vgl. 84f. vor § 52, aber auch § 99 RN 2.

23　**1.** Die genannte Wirkung tritt nur bei den Straftaten ein, auf die sich die Unterbrechungshandlung erstreckt **(sachliche Wirkung).** Nicht erforderlich ist, daß mit der Unterbrechungshandlung die sachliche Reichweite ausdrücklich bestimmt wird. Es genügt, wenn diese aus dem Zusammenhang ersichtlich wird, etwa aus dem Antrag der StA auf Erlaß der richterlichen Beschlagnahmeanordnung (Hamm NJW **81**, 2425). Die Unterbrechungshandlung beschränkt sich nicht auf eine Tat in einer bestimmten rechtlichen Qualifizierung. Von ihr wird vielmehr das konkrete geschichtliche Ereignis betroffen, das den Verdacht der Strafbarkeit hervorgerufen hat (RG HRR **40** Nr. 118, BGH **22** 106, 385, MDR/D **56**, 395, Bay NJW **64**, 1813, VRS **29** 110, KG VRS **34** 433, Celle VRS **36** 352, Saarbrücken NJW **74**, 1009), auch wenn zZ der Unterbrechungshandlung nähere Einzelheiten der Taten noch nicht ermittelt sind (Hamm NJW **81**, 2425; vgl. auch BGH MDR/H **81**, 453). Allerdings muß es sich um ein und dasselbe Verfahren handeln (BGH StV **93**, 72). Eine Handlung iSv Abs. 1, die auf Verfolgung des Täters wegen dieses Vorkommnisses abzielt, unterbricht die Verjährung unabhängig davon, unter welchem rechtlichen Gesichtspunkt die Tat hierbei aufgefaßt wird. So unterbricht die wegen einer Erpressung vorgenommene Handlung die Verjährung auch hinsichtlich der durch Annahme des erpreßten Geldes begangenen Hehlerei (RG HRR **30** Nr. 1551, vgl. weiter RG HRR **40** Nr. 118, Bay NJW **64**, 1813 und andererseits Schleswig SchlHA **63**, 190). Vgl. ferner für das OWiG Hamm NJW **72**, 1061. Die Unterbrechung erstreckt sich demgemäß stets auch auf Delikte, die in Tateinheit stehen (RG **33** 427, BGH MDR/S **90**, 104, Hamm NJW **67**, 1433, Saarbrücken NJW **74**, 1010). Einbezogen sind Gesetzesverletzungen, die nach § 154a StPO aus dem Verfahren ausgeschieden worden sind (BGH **22** 105, VRS **35** 113, Celle VRS **34** 350, **36** 352, Hamm NJW **67**, 1433; and. Schleswig VRS **30** 341), ferner konkurrierende Antragsdelikte auch dann, wenn Strafantrag noch nicht gestellt ist (BGH **22** 107). Betrifft das Verfahren mehrere Delikte, so wird die Unterbrechungshandlung sich idR auf alle beziehen und daher bei allen die Verjährung unterbrochen (BGH MDR/D **56**, 395, StV **91**, 414, wistra **91**, 273, **92**, 255, Hamm NJW **81**, 2425), es sei denn, der Verfolgungswille erstreckt sich – insoweit gilt in Zweifelsfällen der Grundsatz in dubio pro reo (BGH NStZ **96**, 274, Schäfer Dünnebier-FS 548) – nur auf einen Teil der Straftaten (BGH MDR/D **70**, 897, NStZ **90**, 436, **96**, 274), so daß Unterbrechungshandlungen im Rahmen der Ermittlungen der Finanzbehörden wegen einer Steuerstraftat die Verjährung allgemeiner Straftaten, die in Tatmehrheit zur Steuerstraftat stehen, nicht unterbrechen (Frankfurt wistra **87**, 32; für Nichtunterbrechung der Verjährung allgemeiner Straftaten schlechthin durch finanzbehördliche Unterbrechungshandlungen bei Steuerstraftaten Reiche wistra 88, 329). Bei Tateinheit zwischen Steuerstraftaten und allgemeinen Straftaten wirkt sich die Unterbrechungshandlung einer Finanzbehörde auch auf das allgemeine Delikt aus (BGH MDR **36** 283; vgl. dagegen Reiche wistra 90, 90). Da bei fortgesetzten Taten die Teilakte hinsichtlich ihrer Verjährung selbständig bleiben (vgl. 25. A. 33 vor § 52), ist ein Unterbrechungsakt nicht geeignet, bereits verjährte Teilstücke in das Verfahren einzubeziehen (and. vom Standpunkt der hM aus RG **59** 291, Rudolphi SK 5). Dient eine Unterbrechungshandlung nur der Aufklärung einzelner Teilakte, so bleiben die übrigen Teilakte hiervon unberührt (and. BGH MDR/H **84**, 796).

24　**2.** Die Unterbrechung wirkt nur gegenüber demjenigen, auf den sich die Handlung bezieht **(Abs. 4; persönliche Wirkung).** Die Handlung muß gegen eine bestimmte Person als Täter (Beteiligter) gerichtet sein. In ihr müssen besondere Merkmale hervortreten, die sie gegenüber anderen, auf die diese Merkmale nicht zutreffen, kennzeichnen (vgl. BGH **24** 323). Sie braucht sich zwar nicht gegen den Täter unter seinem wirklichen Namen zu richten (BGH **42** 290, GA **61**, 239); er muß aber individuell bestimmt sein (RG HRR **33** Nr. 73; vgl. ferner Bay JR **69**, 64, Hamm VRS **74** 121, NZV **98**, 340, Frankfurt NStZ-RR **98**, 346, Hamburg NStZ-RR **99**, 20f., Karlsruhe NStZ **87**, 331), so daß das bloße aktenmäßige Vorliegen eines Beweisfotos einer noch unbekannten Person als solches wohl noch keine hinreichende Individualisierung darstellt (BGH **42** 283 m. krit. Anm. Senge NStZ 97, 348; s. a. Bay VRS **91** 54; Hamburg MDR **97**, 377, Hamm MDR **97**, 586; and.

noch Hamm NStZ-RR **96**, 244 [zu § 33 OWiG], Lackner 22, Rudolphi SK 6). Diesen Anforderungen genügen Maßnahmen „gegen die Verantwortlichen" eines Unternehmens nicht, auch dann nicht, wenn nach der Sachlage nur Vorstandsmitglieder in Betracht kommen (Brandenburg NZV **98**, 424 m. Anm. Huppertz, Stuttgart b. Schäfer Dünnebier-FS 549, LG Dortmund wistra **91**, 186, Heuer wistra **87**, 170). Maßnahmen gegen eine GmbH unterbrechen idR nicht die Verjährung hinsichtlich des Geschäftsführers der GmbH (Düsseldorf MDR **88**, 801; vgl. auch Karlsruhe JR **87**, 436). Vgl. noch Teske wistra 88, 287.

Gegen den *Täter gerichtet* ist die Handlung, wenn sie dazu dient, das ihn betreffende Verfahren **25** fortzusetzen (vgl. RG **65** 82, BGH **7** 204, MDR **52**, 568, VRS **5** 198, Köln MDR **55**, 435), oder im Fall der Nr. 10, 11 das Verfahren gegen ihn vorläufig einstellt. Nicht erforderlich ist, daß die Handlung dazu bestimmt ist, den Täter einer Verurteilung zuzuführen; es genügen auch Handlungen, die der Aufklärung zu seinen Gunsten dienen, zB Beauftragung eines Sachverständigen zur Erstellung eines vom Beschuldigten beantragten Gutachtens (RG **56** 381, KG VRS **17** 343). Die Handlung kann sich auf mehrere Beteiligte beziehen (vgl. RG JW **38**, 1584, HRR **38** Nr. 486). Das setzt nicht unbedingt voraus, daß sie sich unmittelbar gegen mehrere Personen richtet. Über unmittelbar Betroffene hinaus werden andere Mitbeteiligte erfaßt, wenn die Handlung erkennbar bezweckt, ebenfalls den Tatbeitrag der anderen aufzuklären (vgl. RG **36** 350, Hamm JMBlNW **55**, 929, VRS **12** 43, Koblenz VRS **37** 427, Karlsruhe wistra **87**, 229; and. Tröndle/Fischer 5). So dienen Beschlagnahme- u. Durchsuchungsanordnungen, mag ein nur ein bestimmter Beschuldigter genannt sein, idR einer umfassenden Sachaufklärung, so daß sie sich, soweit keine Einschränkung ersichtlich ist, gegen alle Tatverdächtigen richten (Karlsruhe wistra **87**, 229, Hamburg wistra **93**, 272, Jähnke 7; and. Nees wistra 94, 82). Entsprechendes gilt für richterliche Entscheidungen, die Beschlagnahme- oder Durchsuchungsanordnungen aufrechterhalten (vgl. BGH StV **95**, 585). Betroffen sind nur bereits individualisierte Tatverdächtige (BGH NStE 4). Der Grundsatz der persönlichen Wirkung gilt auch bei Mittätern; keineswegs wirkt die gegen einen Mittäter vorgenommene Handlung ohne weiteres gegen die anderen (BGH StV **93**, 72). Ebensowenig richtet sich eine Handlung gegen Teilnehmer stets auch gegen Haupttäter (vgl. RG **41** 18). Im übrigen bleibt die Unterbrechungshandlung auf unmittelbar Betroffene beschränkt, soweit Abs. 1 ergibt, daß nur der unmittelbar Betroffene gemeint sein kann (zB Haftbefehl, öffentliche Klage oder Einstellung iSv Nr. 10; vgl. Karlsruhe Justiz **83**, 129). Hierunter fällt auch die Vernehmung des Beschuldigten. Da nicht jede Vernehmung eine Unterbrechungshandlung darstellt, sondern allein die des Beschuldigten, kann diese nur die Verjährung gegenüber dem Vernommenen unterbrechen, mag sie auch erkennbar bezwecken, zugleich die Tatbeiträge der anderen Beteiligten aufzuklären (vgl. BGH NStE 6, Bay NJW **79**, 1218, Jähnke LK 7). Die Einwände Göhlers OWiG § 33 RN 53 berühren nur das Ordnungswidrigkeitenrecht, nicht das Strafrecht.

V. Die Unterbrechung der Verjährung ist von Amts wegen zu berücksichtigen. Steht nicht genau **26** fest, wann eine Unterbrechungshandlung vorgenommen worden ist oder auf welche Tat bzw auf wen sie sich bezieht, so gilt der Grundsatz **in dubio pro reo** (BGH **18** 274, NStZ **96**, 274, Hamm JMBlNW **63**, 134, Hamburg JZ **65**, 543, Bay NJW **69**, 147, Karlsruhe VRS **61** 45; vgl. auch BGH MDR/D **70**, 897, Schäfer Dünnebier-FS 552). Vgl. aber auch o. 21 a.

VI. Verkürzt sich nach Tatbeendigung **die Verjährungsfrist** auf Grund einer Gesetzesänderung **27** (Herabsetzung einer Strafdrohung, Kürzung einer Verjährungsfrist), so bleiben Unterbrechungshandlungen, die vor Inkrafttreten des neuen Rechts vorgenommen worden sind und damals fristgemäß waren, wirksam, auch wenn im Zeitpunkt der Unterbrechung die Verfolgung nach neuem Recht bereits verjährt gewesen wäre (**Abs. 5**); s. a. Bay NJW **99**, 159. Die neue Frist bestimmt sich nach neuem Recht, auch ihre Höchstdauer nach Abs. 3 S. 2.

Zweiter Titel. Vollstreckungsverjährung

§ 79 Verjährungsfrist

(1) **Eine rechtskräftig verhängte Strafe oder Maßnahme (§ 11 Abs. 1 Nr. 8) darf nach Ablauf der Verjährungsfrist nicht mehr vollstreckt werden.**

(2) **Die Vollstreckung von Strafen wegen Völkermords (§ 220 a) und von lebenslangen Freiheitsstrafen verjährt nicht.**

(3) **Die Verjährungsfrist beträgt**
1. **fünfundzwanzig Jahre bei Freiheitsstrafe von mehr als zehn Jahren,**
2. **zwanzig Jahre bei Freiheitsstrafe von mehr als fünf Jahren bis zu zehn Jahren,**
3. **zehn Jahre bei Freiheitsstrafe von mehr als einem Jahr bis zu fünf Jahren,**
4. **fünf Jahre bei Freiheitsstrafe bis zu einem Jahr und bei Geldstrafe von mehr als dreißig Tagessätzen,**
5. **drei Jahre bei Geldstrafe bis zu dreißig Tagessätzen.**

(4) **Die Vollstreckung der Sicherungsverwahrung verjährt nicht. Bei den übrigen Maßnahmen beträgt die Verjährungsfrist zehn Jahre. Ist jedoch die Führungsaufsicht oder die erste Unterbringung in einer Entziehungsanstalt angeordnet, so beträgt die Frist fünf Jahre.**

§ 79 1–8   Allg. Teil. Verjährung – Vollstreckungsverjährung

(5) Ist auf Freiheitsstrafe und Geldstrafe zugleich oder ist neben einer Strafe auf eine freiheitsentziehende Maßregel, auf Verfall, Einziehung oder Unbrauchbarmachung erkannt, so verjährt die Vollstreckung der einen Strafe oder Maßnahme nicht früher als die der anderen. Jedoch hindert eine zugleich angeordnete Sicherungsverwahrung die Verjährung der Vollstreckung von Strafen oder anderen Maßnahmen nicht.
(6) **Die Verjährung beginnt mit der Rechtskraft der Entscheidung.**

1   I. Die Vorschrift regelt Beginn und Dauer der **Vollstreckungsverjährung**. Diese hat ebenso wie die Verfolgungsverjährung prozessualen Charakter (vgl. dazu 3 ff. vor § 78, M-Zipf II 747, 753, Jähnke LK 1; and. Jescheck/Weigend 912). Mit Verjährungseintritt sind Vollstreckungshandlungen unzulässig, auch dann, wenn der Verurteilte auf sie besteht, etwa sich freiwillig zum Vollzug der Freiheitsstrafe einfindet oder noch eine Geldstrafe bezahlen will. Umgekehrt soll ausnahmsweise eine Vollstreckung vor Fristablauf rechtsstaatswidrig sein können (Vertrauensschutz): Karlsruhe NStZ-RR **97**, 253, Lackner 2.

2   II. **Gegenstand** der Vollstreckungsverjährung sind Strafen und Maßnahmen iSv § 11 I Nr. 8 **(Abs. 1)**. Ausgenommen sind Strafen wegen Völkermords (§ 220a), gleichviel, welche Strafe im Einzelfall verhängt worden ist, sowie die lebenslange Freiheitsstrafe **(Abs. 2)**. Die Unverjährbarkeit der Vollstreckung von Strafen wegen Völkermords entspricht der Unverjährbarkeit der Verfolgung einer solchen Tat. Lebenslange Freiheitsstrafe ist für unverjährbar erklärt worden, um zu verhindern, daß der Täter, der zu einer solchen Strafe verurteilt worden ist, deren Vollstreckung durch Zeitablauf entgeht. Außerdem ist die Vollstreckung der Sicherungsverwahrung unverjährbar **(Abs. 4)**. Ferner sind Deliktsfolgen nicht betroffen, die keiner Vollstreckung bedürfen, so zB das Fahrverbot, die Fahrerlaubnisentziehung oder das Berufsverbot.

3   III. Die Vollstreckungsverjährung **beginnt** mit Rechtskraft der Entscheidung **(Abs. 6)**, dh mit dem Tag, an dem das Urteil im Strafausspruch – nicht nur im Schuldspruch – oder im Maßnahmenausspruch rechtskräftig geworden ist; bis dahin läuft die Verfolgungsverjährung (vgl. BGH **11** 393, Bremen NJW **56**, 1248, KG JR **57**, 429). Dem Urteil stehen der Strafbefehl (vgl. § 410 StPO) und der Beschluß nach § 441 II StPO gleich. Bei einer Gesamtstrafe ist deren Rechtskraft, nicht die einer Einzelstrafe maßgebend (BGH **30** 232). Wird nach § 55 oder nach § 460 StPO (Zweibrücken NStZ **91**, 454, Düsseldorf NJW **93**, 2128) nachträglich eine Gesamtstrafe festgesetzt, so beginnt die Verjährung mit Rechtskraft der die Gesamtstrafe festsetzenden Entscheidung (für § 460 StPO offen gelassen in BGH **30** 234, **34** 308). Die Frist, die für die Einzelstrafen bereits gelaufen ist, hat ihre Bedeutung verloren (Jähnke LK 4). Bei Führungsaufsicht nach § 68f I ist der Entlassungstag Fristbeginn.

4   IV. Die **Dauer** der Verjährungsfrist ist unterschiedlich, je nachdem, ob und welche Strafe verhängt oder ob und welche Maßnahme ausgesprochen worden ist. Bei einer Gesamtstrafe ist deren Höhe, nicht die Höhe der Einzelstrafen maßgebend (BGH **30** 234, **34** 304).

5   1. Bei der **Strafvollstreckung** bestimmt sich die Dauer der Verjährungsfrist nach der im Einzelfall erkannten Strafe. Maßgebend ist stets die im Urteil festgesetzte Strafe. Unberücksichtigt haben die Anrechnung von U-Haft und anderen Freiheitsentziehungen gemäß § 51 und spätere Änderungen der Strafe im Gnadenweg zu bleiben.

6   Abs. 3 enthält 5 Stufen der Verjährungsfrist. Diese beträgt 25 Jahre bei zeitigen Freiheitsstrafen von mehr als 10 Jahren. Sie verringert sich auf 20 Jahre bei Freiheitsstrafen von mehr als 5 Jahren bis zu 10 Jahren und auf 10 Jahre bei Freiheitsstrafen von mehr als 1 Jahr bis zu 5 Jahren. Ist Freiheitsstrafe bis zu 1 Jahr oder Geldstrafe von mehr als 30 Tagessätzen verhängt worden, so verjährt die Vollstreckung in 5 Jahren. Gleiches muß für die Vermögensstrafe gelten. Bei niedrigeren Geldstrafen tritt Verjährung in 3 Jahren ein, beim Strafarrest in 2 Jahren (§ 9 III WStG). Die Regeln für die Freiheitsstrafe sind auch für die Jugendstrafe maßgebend.

7   2. Bei **Maßnahmen** beträgt die Verjährungsfrist 5 Jahre, soweit Führungsaufsicht oder erste Unterbringung in einer Entziehungsanstalt angeordnet worden ist, sonst 10 Jahre, ausgenommen die Sicherungsverwahrung, die unverjährbar ist (Abs. 4). Als angeordnete Führungsaufsicht ist auch die in § 68f I gesetzlich angeordnete Führungsaufsicht zu werten (Lackner 4; and. Jähnke LK 5, Tröndle/Fischer 5), da kein sachlicher Grund für unterschiedliche Wertungen besteht. Zu den vollstreckungsfähigen Maßnahmen gehören neben Maßregeln der Besserung und Sicherung der Verfall, die Einziehung und die Unbrauchbarmachung.

8   3. Eine Sonderregelung trifft **Abs. 5** für den Fall, daß im Urteil **verschiedene Strafen und Maßnahmen** festgesetzt worden sind. Danach verjähren die Deliktsfolgen einheitlich, also keine vor der anderen, wenn wegen derselben Tat oder in einer Gesamtstrafe auf Freiheitsstrafe und Geldstrafe zugleich oder neben einer Strafe auf eine freiheitsentziehende Maßregel, auf Verfall, Einziehung oder Unbrauchbarmachung erkannt worden ist. Maßgebend ist dann die jeweils längere Frist. Die zugleich angeordnete Sicherungsverwahrung hindert jedoch, da sie unverjährbar ist, den Ablauf der für die anderen Deliktsfolgen geltenden Fristen nicht (Abs. 5 S. 2). Eine selbständige Verjährungsfrist gilt ferner für Verfall, Einziehung oder Unbrauchbarmachung, auf die neben der Verwarnung mit Strafvorbehalt erkannt worden ist. Abs. 5 greift nicht ein, wenn für mehrere Taten verschiedene der genannten Deliktsfolgen ausgesprochen sind und keine Gesamtstrafe gebildet worden ist. Hier verjährt

die Vollstreckung einer jeden Deliktsfolge selbständig. Soweit jedoch eine Freiheitsstrafe nicht vollstreckt werden kann, weil der Verurteilte wegen einer anderen Tat Freiheitsstrafe verbüßt, ruht die Verjährung (vgl. § 79 a RN 7).

§ 79 a Ruhen

Die Verjährung ruht,
1. solange nach dem Gesetz die Vollstreckung nicht begonnen oder nicht fortgesetzt werden kann,
2. solange dem Verurteilten
   a) Aufschub oder Unterbrechung der Vollstreckung,
   b) Aussetzung zur Bewährung durch richterliche Entscheidung oder im Gnadenweg oder
   c) Zahlungserleichterung bei Geldstrafe, Verfall oder Einziehung bewilligt ist,
3. solange der Verurteilte im In- oder Ausland auf behördliche Anordnung in einer Anstalt verwahrt wird.

I. Die Vorschrift sieht in bestimmten Fällen das **Ruhen der Vollstreckungsverjährung** vor. Es entspricht in seinen Wirkungen dem Ruhen der Verfolgungsverjährung, hemmt also den Lauf der Verjährungsfrist (vgl. dazu § 78 b RN 1, 2).

II. Ein Ruhen der Verjährung tritt in folgenden Fällen ein:

1. Die Verjährung ruht, solange nach dem **Gesetz die Vollstreckung nicht begonnen** oder **nicht fortgesetzt werden kann (Nr. 1).** Entsprechend den Grundsätzen für das Ruhen der Verfolgungsverjährung (vgl. § 78 b RN 3 a) ist unerheblich, ob ein gesetzliches Hindernis die Vollstreckung im einzelnen Fall ausschließt oder gesetzliche Vorschriften der Vollstreckung allgemein entgegenstehen. Unzulässig sind zB freiheitsentziehende Vollstreckungshandlungen gegen Bundestagsabgeordnete ohne Genehmigung des Bundestags. Nicht gehemmt wird dagegen die Vollstreckung durch den Antrag auf Wiederaufnahme des Verfahrens (§ 360 I StPO). Hat das Gericht indes gemäß § 360 II StPO einen Aufschub oder eine Unterbrechung der Vollstreckung angeordnet, so greift Nr. 2 a ein (vgl. u. 4).

2. Ferner ruht die Verjährung, solange die Vollstreckung durch eine dem Verurteilten gewährte **Vergünstigung** gehindert wird **(Nr. 2).** Mit dieser Regelung soll vermieden werden, daß sich eine solche Vergünstigung zu einem endgültigen Hindernis für die Vollstreckung wegen Eintritts der Verjährung auswwitet.

a) Zum Ruhen der Verjährung führt danach ein *Aufschub* oder eine *Unterbrechung der Vollstreckung*. Vollstreckungsaufschub ist etwa bei Vollzugsuntauglichkeit (§ 455 StPO) oder für begrenzte Zeit auf Antrag des Verurteilten möglich (§ 456 StPO). Außer einem Vollstreckungsaufschub kann Unterbrechung der Vollstreckung zB angeordnet werden, wenn der Verurteilte schwer erkrankt (§ 455 IV StPO), Unterbrechung aus Gründen der Vollzugsorganisation erforderlich ist (§ 455 a StPO), über Auslegung eines Strafurteils Zweifel bestehen oder Einwendungen gegen die Zulässigkeit der Strafvollstreckung erhoben werden (§ 458 III StPO) oder wenn die Wiederaufnahme des Verfahrens beantragt worden ist (§ 360 II StPO). Die vorläufige Unterbrechung durch Anstaltsleiter nach § 455 a II StPO genügt (Jähnke LK 4). Dagegen ist Urlaub aus der Haft (§ 13 StVollzG) als Behandlungsmaßnahme keine Vollstreckungsunterbrechung. Ebensowenig ist als Aufschub (Unterbrechung) der Vollstreckung das Absehen von ihr nach § 456 a StPO zu werten (Wendisch LK § 456 a StPO RN 9; and. anscheinend Jähnke LK 4, der § 456 a StPO bei den Unterbrechungsvorschriften aufführt). Zwar ist das Absehen von der Vollstreckung, wie § 456 a II StPO ergibt, nur eine vorläufige Maßnahme. Es ist aber nicht als Aufschub oder Unterbrechung der Vollstreckung gedacht. Zudem wäre eine Vollstreckung sachlich unangemessen, wenn der Verurteilte nach langen Jahren in die BRep. zurückkehrt und normalerweise längst Verjährung eingetreten wäre.

b) Außerdem bewirkt die *Aussetzung zur Bewährung* durch richterliche Entscheidung oder im Gnadenweg das Ruhen der Verjährung während der Bewährungszeit. Mit deren Ablauf oder mit vorherigem Widerruf der Strafaussetzung endet das Ruhen. Späterer Widerruf und die Zeit bis zum Straferlaß sind für § 79 a ohne Bedeutung. Die Verjährung ruht nicht nur bei Strafaussetzung nach § 56 und Aussetzung des Strafrestes nach § 57, sondern auch bei Aussetzung einer Unterbringung nach § 67 b, § 67 c, § 67 d II. Sie ruht bei Aussetzung einer Unterbringung, solange der Verurteilte der Führungsaufsicht unterliegt. Ebenfalls läuft die Verjährungsfrist nicht, wenn Jugendstrafe ausgesetzt wird. Bei Aussetzung des Strafrestes einer Ersatzfreiheitsstrafe ruht auch die Verjährung der Geldstrafe (Zweibrücken NStE **1**). Mit Rechtskraft des Widerrufs einer Aussetzung läuft die Verjährungsfrist weiter (Hamm NStZ **84**, 237).

c) Des weiteren ruht die Verjährung, solange dem Verurteilten *Zahlungserleichterungen* bei Geldstrafe, Verfall oder Einziehung bewilligt sind. Zahlungserleichterungen sind bei der Geldstrafe nach § 42 zulässig. Diese Vorschrift gilt entsprechend für den Verfall (§ 73 c II) und für die Einziehung des Wertersatzes (§ 74 c IV). Auch nach Rechtskraft des Urteils bewilligte Zahlungserleichterungen (vgl.

§ 79 b 1–3   Allg. Teil. Verjährung – Vollstreckungsverjährung

§§ 459 a, 459 g II StPO) führen zum Ruhen der Verjährung, ebenfalls Zahlungserleichterungen bei Vermögensstrafe.

7   3. Die Verjährung ruht im übrigen während der Zeit einer **Anstaltsverwahrung** auf Grund behördlicher Anordnung **(Nr. 3)**. Unerheblich ist, ob die Anstaltsverwahrung im In- oder Ausland erfolgt. Die Regelung soll vor allem verhindern, daß die Verjährung infolge einer Freiheitsentziehung eintritt, die den Verurteilten aus anderen Gründen trifft (vgl. E 62 Begr. 261). Nr. 3 erfaßt ua den Fall, daß eine Freiheitsstrafe nicht vollstreckt werden kann, weil der Verurteilte wegen einer anderen Tat Freiheitsstrafe verbüßt. Es genügt aber auch jede andere Freiheitsentziehung, die auf behördlicher Anordnung beruht, eingeschlossen die Vollstreckung der Freiheitsstrafe in derselben Sache (Hamm NStZ **84**, 237, KG JR **87**, 31; and. Jähnke LK 7), nach LG Ellwangen NStZ-RR **98**, 274 auch bei stationärer Drogentherapie. Vom Ruhen wird auch eine Führungsaufsicht erfaßt (Tröndle/Fischer 4 a).

8   4. Die Verjährungsfrist läuft bei der **Führungsaufsicht** nicht während deren Vollzugs (Lemke NK 4; and. Lackner § 79 RN 4). Dagegen läßt anders als bei der Dauer der Führungsaufsicht (§ 68 c II 2) die Zeit, in der der Verurteilte flüchtig ist oder sich verborgen hält, die Verjährungsfrist unberührt (Tröndle/Fischer 4 a). Vgl. dazu Mainz NStZ **89**, 61.

9   III. Läßt sich nicht klären, ob oder wie lange die Vollstreckungsverjährung geruht hat, so gilt der Grundsatz **in dubio pro reo.** Nicht behebbare Zweifel können sich zB bei einer Anstaltsverwahrung im Ausland ergeben, namentlich hinsichtlich deren Dauer.

§ 79 b Verlängerung

Das Gericht kann die Verjährungsfrist vor ihrem Ablauf auf Antrag der Vollstreckungsbehörde einmal um die Hälfte der gesetzlichen Verjährungsfrist verlängern, wenn der Verurteilte sich in einem Gebiet aufhält, aus dem seine Auslieferung oder Überstellung nicht erreicht werden kann.

1   I. Die Vorschrift läßt unter besonderen Voraussetzungen eine gerichtliche **Verlängerung der Verjährungsfristen** zu, die für die Vollstreckung gelten. Mit ihr soll aus Gründen der Gerechtigkeit dem Fristablauf begegnet werden, den der Verurteilte dadurch ermöglicht, daß er sich außer Landes begibt. § 79 a reicht insoweit nicht aus.

2   II. **Voraussetzung für** eine **Fristverlängerung** ist, daß der Verurteilte sich in einem Gebiet aufhält, aus dem seine Auslieferung oder Überstellung nicht erreicht werden kann. Diese Voraussetzung ist gegeben, wenn mit dem Gebiet des Aufenthaltsorts kein Rechtshilfeverkehr stattfindet. Sie liegt aber auch vor, wenn die besonderen Voraussetzungen der Rechtshilfe nicht erfüllt sind oder ein Auslieferungsersuchen aus einem sonstigen Grund erfolglos geblieben ist. Daß sich der Verurteilte in einem Gebiet außerhalb der Bundesrepublik Deutschland aufhält, muß feststehen; die Möglichkeit oder Wahrscheinlichkeit genügt nicht. Erforderlich ist zudem, daß die Verjährungsfrist noch nicht abgelaufen war. Mit ihrem Ablauf endet jede Möglichkeit einer Verlängerung. Maßgebend ist der Zeitpunkt der gerichtlichen Entscheidung, nicht deren Rechtskraft (Jähnke LK 3). Ferner setzt die Fristverlängerung einen Antrag der Vollstreckungsbehörde voraus. Von sich aus darf das Gericht die Frist nicht verlängern.

3   III. Sind die genannten Voraussetzungen erfüllt, so kann das Gericht die Verjährungsfrist einmal um die **Hälfte der gesetzlichen Frist** verlängern. Fristverlängerung kommt auch in Betracht, wenn die Frist bereits durch Ruhen der Verjährung verlängert war, und zwar unabhängig davon, wie lange die Verjährung geruht hat; die Unzulässigkeit einer nochmaligen Verlängerung der Verjährungsfrist knüpft nur an eine gerichtliche Entscheidung gem. § 79 b an. Die Fristverlängerung richtet sich aber stets nach den in § 79 festgesetzten Fristen. Die Frist bei einer Freiheitsstrafe bis zu einem Jahr darf also nur um 2 1/2 Jahre verlängert werden. Welches Gericht zuständig ist, ergibt § 462 a StPO. Für das Verfahren ist § 462 StPO maßgebend. Danach trifft das Gericht seine Entscheidung ohne mündliche Verhandlung durch Beschluß. Es hat vor seiner Entscheidung die StA und nach Möglichkeit auch den Verurteilten zu hören. Von einer Anhörung des Verurteilten kann es jedoch absehen, wenn infolge bestimmter Tatsachen anzunehmen ist, daß die Anhörung nicht ausführbar ist. Diese Regelung verstößt nicht gegen Art. 103 I GG, weil sich der Verurteilte selbst die Möglichkeit genommen hat, rechtliches Gehör zu erlangen. Für die gerichtliche Entscheidung ist in erster Linie bedeutsam, ob ein fortdauerndes Bedürfnis besteht, die Strafe noch zu vollstrecken (Hamm NStZ **91**, 186). Der gerichtliche Beschluß ist mit sofortiger Beschwerde anfechtbar (§ 462 III StPO).

Besonderer Teil

Vorbemerkungen zum 1. und 2. Abschnitt

Schrifttum: A. Arndt, Der Begriff der „Absicht" in § 94 StGB, JZ 57, 206. – *Bauer,* Politischer Streik und Strafrecht, JZ 53, 649. – *Baumann,* Streitbare Demokratie?, MDR 63, 87. – *ders.,* Zur Reform des politischen Strafrechts, JZ 66, 330. – *Bennhold,* Absicht bei Verfassungsgefährdung, 1966. – *Bertram,* Bestrafung von Parteimitgliedern und Parteienprivileg, NJW 61, 1099. – *Copic,* Grundgesetz und politisches Strafrecht neuer Art, 1967. – *Dahm,* Verrat und Verbrechen, Zeitschr. f. d. ges. Staatswissenschaft 95, 283. – *Drost,* Staatsschutz und persönliche Freiheit in dem Strafrecht der Demokratie, 1954. – *Güde,* Probleme des politischen Strafrechts, 1957. – *Heinemann* und *Posser,* Kritische Bemerkungen zum politischen Strafrecht in der BRep., NJW 59, 121. – *Hennke,* Der Begriff „verfassungsmäßige Ordnung" im StGB und im GG, GA 54, 140. – *Jescheck,* Zur Reform des politischen Strafrechts, JZ 68, 6. – *Krauth-Kurfess-Wulf,* Zur Reform des Staatsschutz-Strafrechts durch das 8. StÄG, JZ 68, 577. – *Lüthi,* Der verstärkte Staatsschutz, ZBernJV 51, 137. – *Langrock,* Der besondere Anwendungsbereich der Vorschriften über die Gefährdung des demokratischen Rechtsstaates (§§ 84–91 StGB), 1972. – *Lüttger,* Internationale Rechtshilfe in Staatsschutzverfahren?, GA 60, 33. – *Maihofer,* Das Staatsschutzstrafrecht gestern und heute, JR 69, 121. – *Schroeder,* Die Reform des Besonderen Teils eines StGBs, in: Reinisch, Die deutsche Strafrechtsreform, 1967, 72. – *ders.,* Der vorverlegte Staatsschutz, in: Mißlingt die Strafrechtsreform?, 1969, 186. – *Müller-Emmert,* Die Reform des politischen Strafrechts, NJW 68, 2134. – *Müller-Römer,* Staatsschutz und Informationsfreiheit, ZRP 68, 6. – *Rapp,* Das Parteienprivileg des Grundgesetzes, 1970. – *Ruhrmann,* Verfassungsfeindliche und landesverräterische Beziehungen, NJW 59, 1201. – *ders.,* Die Angriffsziele der Staatsgefährdungsdelikte: „Staatsgefährdende Absichten und Bestrebungen", NJW 60, 992. – *ders.,* Grenzen strafrechtlichen Staatsschutzes, NJW 57, 1897. – *W. Schmitt-Glaeser,* Mißbrauch und Verwirkung von Grundrechten im politischen Meinungskampf, 1968. – *ders.,* Parteiverbot und Strafrecht, JZ 70, 539. – *Schroeder,* Der Schutz von Staat und Verfassung, 1970. – *Wagner,* Beschlagnahme und Einziehung staatsgefährdender Massenschriften, MDR 61, 93. – *v. Weber,* Hochverrat und Staatsgefährdung, MDR 57, 584. – *ders. und Bader,* Der Schutz des Staates, in: Verhandlungen des 38. Dt. Juristentages 1950. – *Willms,* Verfassungsfeindliche Schriften, JZ 58, 584. – *ders.,* Zum Begriff der „verfassungsfeindlichen Bestrebungen", JZ 59, 629. – *ders.,* Verfassungsrechtliche Konzeption des strafrechtlichen Staatsschutzes als Kernfrage der Reform, JZ 67, 246. – *v. Winterfeld,* Zur Rechtsprechung in Staatsschutzsachen, NJW 1959, 745. – *Woesner,* Reform des Staatsschutzrechts, NJW 1967, 753. – *ders.,* Das neue Staatsschutzstrafrecht, NJW 68, 2129. – *Rechtsvergleichend: Brune,* Hochverrat und Landesverrat in rechtsvergleichender Darstellung, 1937 (StrAbh. Heft 375). – *Jescheck,* Der strafrechtliche Staatsschutz im Ausland, ZStW 74, 339. – *Schönke,* Der strafrechtliche Staatsschutz im ausländischen Recht, NJW 50, 281. – *Materialien:* Prot. V.-BT-Drs. V/2860.

I. Die ersten beiden Abschnitte des BT enthalten Strafbestimmungen zum **Schutz des Staates.** Sie sind durch das 8. StÄG neu gefaßt (zur veränderten Konzeption gegenüber dem vorherigen Recht vgl. 19. A.) und danach durch das 1. StRG, das EGStGB, das 14. StÄG und das 21. StÄG sowie durch das VerbrechensbekämpfungsG geändert worden. Zu den Änderungen vgl. Bem. zu den einzelnen Vorschriften. 1

Geschütztes Rechtsgut sind vor allem der Bestand und die äußere und innere Sicherheit des Staates sowie dessen verfassungsmäßige Ordnung. Vgl. näher die Anm. zu den einzelnen Schutzvorschriften. 2

II. Das geltende Recht **unterscheidet** zwischen **Friedensverrat** (§§ 80, 80 a), **Hochverrat** (§§ 81 ff.), **Gefährdung des demokratischen Rechtsstaates** (§§ 84 ff.) und **Landesverrat** (§§ 93 ff.). Während sich Friedensverrat und Landesverrat gegen die Stellung der BRep. Deutschland gegenüber anderen Staaten richten, betreffen der Hochverrat und die Gefährdung des demokratischen Rechtsstaats die Sicherheit des Staates nach innen. Hochverrat in den Formen des Gebiets- und des Verfassungshochverrats würde den territorialen und verfassungsmäßigen Bestand der BRep. und ihrer Länder beeinträchtigen, die Tatbestände der Gefährdung des demokratischen Rechtsstaats sind dazu bestimmt, Gefährdungen der inneren staatlichen Sicherheit zu erfassen, die nicht durch Mittel des Hochverrats (Gewalt oder Drohung mit Gewalt), sondern durch andere Methoden gekennzeichnet sind. Sie sollen vor subversiver Tätigkeit, illegaler Propaganda und Zersetzung des Sicherheitsapparates schützen sowie die moralische Herabsetzung der BRep. und ihrer Einrichtungen verhindern. 3

III. Zur Kennzeichnung des Schutzobjekts verwenden die §§ 80 ff. zT die Formulierungen „Bestand der BRep. Deutschland", „Sicherheit der BRep. Deutschland", „Verfassungsgrundsätze", zT werden aber auch, wie beim Hochverrat und bei der Verunglimpfung von Verfassungsorganen, die Länder einbezogen. Daraus ergibt sich die Frage, **ob** und in welchem Umfang **auch die Länder** den Schutz der §§ 80 ff. genießen, wenn das Gesetz nur von Bestand oder Sicherheit der BRep. spricht. Angesichts der deutlichen Trennung zwischen Hochverrat gegen den Bund und gegen ein Land (§§ 81, 82) und in Anbetracht der Legaldefinition des § 92 III läßt sich davon ausgehen, daß an den Stellen, in denen nur von Bestand oder Sicherheit der BRep. die Rede ist, die Länder nicht erfaßt werden. Die praktische Bedeutung dieser Tatsache ist allerdings gering, da eine Beeinträchtigung des Bestandes oder der inneren Sicherheit eines Bundeslandes regelmäßig auch eine solche des Bundes sein wird. Bei den Verfassungsgrundsätzen kommt hinzu, daß die in § 92 II genannten gemäß 4

§§ 80 ff. Vorbem 5–10   Bes. Teil. Friedensverrat, Hochverrat usw.

Art. 28, 31 GG auch für die Länder verbindlich sind, so daß auf diese Weise eine Verklammerung des Staatsschutzes für Bund und Länder hergestellt ist.

5 IV. Das sog. **Parteienprivileg:** Da Art. 21 II GG die Entscheidung über die Verfassungswidrigkeit einer Partei dem BVerfG überträgt und andererseits die §§ 80 ff. zT Bestrebungen gegen Verfassungsgrundsätze voraussetzen, ist problematisch, in welchem Umfang der Strafrichter diese Tatbestände auf Täter anwenden kann, die als **Mitglieder** oder Funktionäre **nicht verbotener Parteien** Handlungen iSv §§ 80 ff. vorgenommen haben. Obwohl Art. 21 GG seinem Wortlaut nach nur eine Zuständigkeitsregelung schafft, hat das BVerfG daraus eine gewisse Bestands- oder jedenfalls Betätigungsgarantie nicht verbotener Parteien abgeleitet. Dieser Entscheidung tragen die §§ 84–86 a dadurch Rechnung, daß eine Betätigung für eine Partei erst strafbar ist, nachdem diese unanfechtbar verboten wurde. Fraglich ist, ob und in welchem Umfang das Parteienprivileg die übrigen Tatbestände der §§ 80 ff. einschränkt.

6 1. Die Antwort hängt von der **Tragweite des Art. 21 II GG** ab. Er soll sicherstellen, daß Parteien in ihrer politischen Tätigkeit nicht durch Eingriffe eines jeden Richters mit der Begründung behindert werden können, ihre politischen Ziele seien verfassungswidrig. Das erfordert ebenfalls eine Nichtbehinderung der Funktionäre und Anhänger einer Partei in ihrer Parteitätigkeit, da sonst der den Parteien gewährte Schutz ausgehöhlt würde (vgl. BVerfGE **47** 135, BGH **19** 313). Solche Personen dürfen daher nicht allein wegen der Förderung verfassungsfeindlicher Parteiziele strafrechtlich zur Verantwortung gezogen werden. Andererseits haben sie sich bei ihrer Parteiarbeit auf allgemein erlaubte Mittel zu beschränken und können daher keine Vorrechte genießen, soweit sie gegen allgemeine Strafgesetze verstoßen. So ist zB der Beleidigungstatbestand nicht dadurch eingeschränkt, daß mit der Ehrverletzung politische Parteiziele verfolgt werden (vgl. BVerfGE **47** 135, 142, **69** 269). Allgemeine Strafgesetze bleiben mithin vom Parteienprivileg unberührt, auch dann, wenn sie dem Staatsschutz dienen.

7 *Allgemeine Strafgesetze* sind zunächst alle Strafvorschriften, bei denen der Tatbestand keine Verfassungsfeindlichkeit voraussetzt (vgl. BVerfGE **47** 231, **69** 269 zu § 90 a I). Ferner sind ihnen die Strafvorschriften zuzuordnen, bei denen die Verfassungsfeindlichkeit durch objektive Tatbestandsmerkmale gesetzlich umschrieben ist, wie beim Gebietshochverrat, da hier der Gesetzgeber die Wertung vorgenommen hat, dem BVerfG also nichts vorbehalten sein kann. Fraglich bleibt allein, ob zu den allgemeinen Strafgesetzen auch Strafvorschriften gehören, bei denen eine verfassungsfeindliche Tendenz (Bestrebungen gegen Verfassungsgrundsätze oder zur Änderung der verfassungsmäßigen Ordnung) strafbegründend oder strafschärfend ist. Das BVerfG (BVerfGE **47** 140, 230; vgl. auch BGH **19** 316) rechnet zu den allgemeinen Strafgesetzen alle Strafvorschriften, die nicht notwendig oder doch wesensgemäß bei der Förderung auch verfassungsfeindlicher Parteiziele verwirklicht werden und die insb. nicht nur die bloße Verfassungsfeindlichkeit unter Strafe stellen, sondern bei denen andere Unrechtsmerkmale den eigentlichen strafrechtlichen Gehalt ausmachen. Das Parteienprivileg greift danach noch nicht deswegen ein, weil ein verfassungsfeindliches Ziel zum Tatbestand gehört. So ist es nicht bei § 89 maßgebend, weil hier die Einwirkung auf Angehörige der Bundeswehr oder eines öffentlichen Sicherheitsorgans den eigentlichen Unrechtsgehalt ausmacht (BVerfGE **47** 142; vgl. auch BGH **27** 64, wonach das Parteienprivileg jedenfalls an den Kasernentoren endet). Ebensowenig schließt es eine Bestrafung wegen Hochverrats aus (vgl. BVerfGE **9** 166, BGH **6** 344, HuSt **1** 376, **2** 26), da hier die verwerflichen Mittel zur Beeinträchtigung der verfassungsmäßigen Ordnung das Unrecht prägen. Entsprechendes gilt für die Taten nach §§ 87, 88 sowie für die Tat nach § 90 a I und nach § 90 b (BGH **29** 50; and. BGH **20** 115, OVG Hamburg NJW **74**, 1526). Dagegen wirkt sich das Parteienprivileg dort aus, wo gerade die verfassungsfeindlichen Ziele dem Unrecht das besondere Gepräge geben. Ein Parteigänger darf deshalb nicht schärfer bestraft werden, weil er die – mangels eines Parteiverbots noch geduldeten – verfassungsfeindlichen Ziele seiner Partei verfolgt. Demgemäß steht das Parteienprivileg einer Strafschärfung nach § 90 III 2. Fall oder § 90 a III entgegen (vgl. BGH **19** 319, Laufhütte LK 30, Rudolphi SK 8, aber auch BGH **29** 160).

8 2. Es genügt nicht, daß der Täter lediglich Mitglied oder Funktionär einer Partei ist oder seine Zielsetzungen mit denen einer Partei übereinstimmen. Die Sperre des Art. 21 GG kann nur da eingreifen, wo er nach außen hin erkennbar für die Partei tätig geworden ist (**organisationsbezogenes Handeln;** vgl. BGH **27** 59) und sich zugleich im Rahmen der politischen Ziele seiner Partei bewegt hat. Das Parteienprivileg läßt daher die Fälle unberührt, in denen der Täter außerhalb des eigentlichen Parteibereichs, wenn auch im Auftrag der Partei, handelt, zB für überparteiliche oder parteiunabhängige Organisationen oder, sofern Parteiabhängigkeit besteht, jedenfalls für nach außen hin nicht zur Partei gehörige Organisationen, insb. Tarnorganisationen (vgl. BGH **20** 87 f., 113, **27** 61 ff.). Unberührt bleiben desgleichen die Fälle, in denen ein Parteigänger eine von den Zielen und Bestrebungen seiner Partei nicht gedeckte Einzelaktion vornimmt (Laufhütte LK 31). So wenig Einzelaktionen ein Parteiverbot rechtfertigen, können sie am Parteienprivileg teilhaben.

9 3. Die **irrige Annahme,** das Parteienprivileg stehe einer Rechtsverletzung entgegen, stellt einen Verbotsirrtum dar (BGH StV **82**, 218 zu §§ 90 a III, 90 b).

10 V. Die Strafvorschriften zum Schutz des Staates können miteinander konkurrieren. So ist etwa eine **Konkurrenz** zwischen Hochverrat und Landesverrat nicht ausgeschlossen. Maßnahmen von Angehörigen extremer Parteien zur Schwächung der Staatsverteidigung (Auspähen von Anlagen der Sicherheitsorgane) sind nicht nur Landesverrat, sondern vielfach zugleich Vorbereitung zum Hochverrat (vgl. RKG 2 155). Entsprechendes gilt für den Friedensverrat. Werden diese Straftaten im Rahmen der Tätigkeit einer verbotenen Partei begangen, so besteht Tateinheit mit §§ 84 ff. Ebenso besteht Tateinheit, wenn zur Vorbereitung eines Hochverrats usw Sabotagehandlungen unternommen werden (§§ 87 f.) oder wenn diese zur „Parteiarbeit" gehören. Wird eine verbotene Partei durch Verbreiten von Propagandamitteln oder Tragen ihrer Kennzeichen unterstützt, so stehen diese Taten ebenfalls in Tateinheit.

VI. Die Verurteilung wegen friedensverräterischer, hochverräterischer, staatsgefährdender oder vorsätzlicher landesverräterischer Handlungen zu Freiheitsstrafe von 6 Monaten oder mehr hat gemäß § 10 WehrpflichtG den **Ausschluß vom Wehrdienst** zur Folge, es sei denn, daß der Vermerk über die Verurteilung im BZR getilgt ist. Entsprechendes gilt für den Ausschluß vom Zivildienst nach § 9 ZDG. Bei einem Beamten endet das Beamtenverhältnis (§ 48 BBG). 11

VII. Der **Geltungsbereich** der Vorschriften in persönlicher und räumlicher Hinsicht.

1. Für einen Teil der Staatsschutzdelikte gilt nach § 5 Nr. 1–4 das **Schutzprinzip.** Sie sind unabhängig vom Tatort und unabhängig von der Person des Täters schlechthin der deutschen Strafgewalt unterstellt, soweit nicht, wie in § 5 Nr. 3 a, eine Beschränkung des Täterkreises auf Deutsche erfolgt ist, die ihre Lebensgrundlage im räumlichen Geltungsbereich des StGB haben. Zum **interlokalen Recht** vgl. 47 ff. vor § 3. 12

2. Soweit einzelne Vorschriften eine Tatbegehung „**im räumlichen Geltungsbereich dieses Gesetzes**" verlangen (vgl. § 91), ist damit das Gebiet gemeint, in dem die Gesetzgebungsgewalt des Bundes besteht (vgl. dazu 32 vor § 3; ferner Langrock aaO 39 ff.). 13

3. Sonderregelungen, die nach Art. 324 EGStGB für **Berlin** gegolten haben (vgl. 23. A.), sind mit Wirkung vom 3. 10. 1990 auf Grund des 6. ÜberleitungsG v. 25. 9. 1990, BGBl I 2106, iVm Bekanntmachung v. 3. 10. 1990, BGBl I 2153, entfallen. 14, 15

4. Der **Verfolgungszwang** in Staatsschutzsachen ist in erheblichem Umfang **gelockert** worden. Nach § 153 c II StPO kann bei Straftaten jeder Art die Strafverfolgung unterbleiben, wenn ihr überwiegende öffentliche Interessen entgegenstehen. Während diese Bestimmung voraussetzt, daß der Täter im Ausland gehandelt hat, jedoch der Tatererfolg im Inland eingetreten ist, eröffnet § 153 d StPO schlechthin die Möglichkeit, von der Strafverfolgung abzusehen, wenn diese die Gefahr eines schweren Nachteils für die BRep. herbeiführen würde oder ihr sonstige überwiegende öffentliche Interessen entgegenstehen. Dies gilt für die in § 74 a I Nr. 2–6 GVG und § 120 I Nr. 2–6 GVG genannten Straftaten. Außerdem bietet § 153 e StPO die Möglichkeit, bei tätiger Reue von einer Verfolgung der in § 74 I Nr. 2–4 GVG und in § 120 I Nr. 2–6 GVG genannten Straftaten abzusehen. 16

5. **Ausländische NATO-Vertragsstaaten** und ihre in der BRep. stationierten Truppen genießen den Schutz der §§ 93 bis 97, 98 bis 100 iVm §§ 101 u. 101 a gem. Art. 7 des 4. StÄG (vgl. u. 19, BGH **32** 104). Die zZ der Tat in der BRep. stationierten Truppen und deren inländische Angestellte (Hamm NJW **61**, 1983) genießen zudem noch den Schutz der §§ 87, 89, 90 a I Nr. 2 und II, jeweils iVm §§ 92 a, b; der §§ 109 d bis 109 g iVm §§ 109 i, 109 k; der §§ 113, 114 II, 120, 123, 124, 125, 125 a, 132, 194 III, 305 a, 333 I, III, 334 I, III. Ferner ist § 111 in beschränktem Umfang anwendbar. 17

Dieser Schutz greift jedoch nur dann ein, wenn die Tat (§ 9) im *räumlichen Geltungsbereich* dieses Gesetzes begangen wurde; vgl. Art. 7 IV des 4. StÄG und Langrock aaO 138 ff. Zur Lockerung des *Verfolgungszwangs* in diesen Fällen vgl. Art. 9 des 4. StÄG idF des 8. StÄG u. des Art. 147 Nr. 4 EGStGB. 18

Zur Fassung von Art. 7 des 4. StÄG, der zuletzt durch Art. 3 des Ges. v. 19. 12. 1986, BGBl. I 2566, geändert worden ist: vgl. 25. A. RN 19. 19

6. Umgekehrt können sich Mitglieder der Truppe eines NATO-Vertragsstaates nach deutschem Staatsschutzrecht auch strafbar machen, wenn sie **in Erfüllung eines Auftrags dieses Staates** handeln. So kann etwa der Agent eines westlichen Geheimdienstes, der in der BRep. spioniert, nach § 99 bestraft werden. In derartigen Fällen besteht gem. Art. VII Abs. 2 b des NATO-Truppenstatuts v. 19. 6. 1951 (BGBl. II 1190) die ausschließliche Gerichtsbarkeit der BRep. Art. 3 Abs. 3 b des Überleitungsvertrags (idF v. 30. 3. 1955, BGBl. II 405) ist demgegenüber nur auf Taten zur Zeit des Besatzungsregimes (also vor dem 5. 5. 1955) anwendbar. 20

Erster Abschnitt. Friedensverrat, Hochverrat und Gefährdung des demokratischen Rechtsstaates

Erster Titel. Friedensverrat

§ 80 Vorbereitung eines Angriffskrieges

Wer einen Angriffskrieg (Artikel 26 Abs. 1 des Grundgesetzes), an dem die Bundesrepublik Deutschland beteiligt sein soll, vorbereitet und dadurch die Gefahr eines Krieges für die Bundesrepublik Deutschland herbeiführt, wird mit lebenslanger Freiheitsstrafe oder mit Freiheitsstrafe nicht unter zehn Jahren bestraft.

§ 80   1–4   Bes. Teil. Friedensverrat, Hochverrat usw.

Schrifttum: Klug, Der neue Straftatbestand des Friedensverrates, in: Baumann (Hrsg.), Mißlingt die Strafrechtsreform?, 1969, 162. – *ders.,* Das Aufstacheln zum Angriffskrieg (§ 80 a StGB), Jescheck-FS I 583. – *F. Müller,* Die Pönalisierung des Angriffskrieges im Grundgesetz und Strafgesetzbuch der BRep. Deutschland, Diss. Heidelberg, 1970. – *Schroeder,* Der Schutz des äußeren Friedens, JZ 69, 41.

1   I. Die Vorschrift stellt den **Friedensverrat** durch Vorbereitung eines Angriffskrieges unter Beteiligung der BRep. unter Strafe. Damit (und durch § 80 a) ist der Gesetzgeber (im wesentlichen) dem Verfassungsgebot des Art. 26 I 2 GG nachgekommen (vgl. Krauth u. a. JZ 68, 578). Die praktische Bedeutung der Vorschrift ist gering, ihr Hauptgewicht liegt auf der generalpräventiven Funktion ihrer bloßen Existenz (vgl. AE BT- Polit. Strafrecht Begr. 13).

2   II. **Schutzobjekt** ist die Sicherheit der BRep., daneben aber auch der durch den Angriffskrieg bedrohte Völkerfriede. Die **Sicherheit** der **BRep. Deutschland** muß durch die Gefahr eines Angriffskrieges, an dem die BRep. beteiligt ist, **bedroht** sein. Trotz des mißverständlichen Wortlauts (vgl. Schroeder JZ 69, 47: origineller Sprachgebrauch) fällt nach dem Gesetzeszweck auch die Vorbereitung eines Angriffskrieges gegen die BRep. unter § 80 (BT-Drs. V/2860 S. 2, Lackner/Kühl 2, Laufhütte LK 3, Rudolphi SK 4, Tröndle/Fischer 3). Nicht erfaßt ist die Vorbereitung eines Krieges, an dem die BRep. nicht beteiligt sein soll. Das gleiche gilt, wenn Truppen der BRep. an Kampfhandlungen beteiligt werden sollen, durch die für die BRep. keine Kriegsgefahr entsteht.

3   III. Die **Handlung** besteht in der Vorbereitung eines Angriffskrieges, an dem die BRep. Deutschland beteiligt sein soll. Anders als beim Aufstacheln zum Angriffskrieg (§ 80 a) reicht es aus, wenn die Tat im Ausland begangen wird (vgl. § 5 Nr. 1). Täter kann auch ein Ausländer sein.

4   1. Das Merkmal **Angriffskrieg** knüpft ausdrücklich an Art. 26 I GG an, doch wird es auch dort nicht näher bestimmt, aber immerhin als Unterfall einer Handlung verstanden, die geeignet ist, das friedliche Zusammenleben der Völker zu stören. Der Begriff des Angriffskrieges ist zwar völkerrechtlich noch nicht eindeutig geklärt (vgl. Doehring, in: Isensee/Kirchhof [Hrsg.], Handbuch des Staatsrechts VII [1992], 705, Maunz, in: Maunz/Dürig, Art. 26 RN 24, Menzel, Bonner Komm., Art. 26 GG Anm. II 4 c, Stern, Staatsrecht I, 2. A. 1984, 509; näher Berber, Lehrb. des Völkerrechts II, 2. A. 1969, 25 ff., Dahm, Völkerrecht II 418 ff., III 303 ff.), doch wird er näher konturiert durch die UN-Resolution Nr. 3314 (XXIX) – abgedruckt bei Laufhütte LK 2 Fn 4 –, die allerdings mit ihrem formalen Kriterium des ersten Schusses (Art. 2) sowie ihrem Katalog des Art. 3 lediglich eine Vermutungswirkung (Art. 2: „Beweis des ersten Anscheins") aufstellt. Angesichts fehlender hinreichender völkerrechtlicher oder zumindest verfassungsrechtlicher Vorgaben bestehen gegen dieses Merkmal unter dem Gesichtspunkt noch hinreichender Bestimmtheit erhebliche Bedenken (Lackner/Kühl 2, Müller aaO 83 ff., Schroeder JZ 69, 47; and. Klug aaO 164), doch wird angesichts des Pönalisierungsgebotes des Art. 26 I 2 GG der grundgesetzlich vorgegebene Normenkonflikt dergestalt aufzulösen sein (s. a. Doehring aaO 705 f.), daß Strafbarkeit nur dann eintritt, wenn eine evidente Verletzung des Gewaltverbots nach allgemeinem Völkerrecht vorliegt, es sich mithin um einen nach den Regeln des Völkerrechts eindeutig rechtswidrigen Angriffskrieg handelt (Laufhütte LK 2, Rudolphi SK 3, Tröndle/Fischer 2, Weber NJW 79, 1283; s. a. LG Köln NStZ **81**, 261). Somit stellen mangels eindeutiger völkerrechtlicher Mißbilligung weder Maßnahmen der Selbstverteidigung nach Art. 51 UN-Charta (hierzu zählt auch ein verhältnismäßiger Präventiv-Schlag: Maunz, in: Maunz/Dürig, Art. 26 RN 26, Streinz, in: Sachs [Hrsg.], GG, 2. A. 1998, Art. 26 RN 20; zw. Bothe, in: Graf Vitzthum [Hrsg.], Völkerrecht [1997], 594 f.) noch der Schutz eigener Staatsangehöriger einen Angriffskrieg dar; auch eine *humanitäre Intervention,* also der Einsatz erforderlicher, geeigneter und angemessener (hierzu Laubach ZRP 99, 279 f., Maurer JZ 99, 696 sowie Blanke ArchVölkR 98, 280 ff. [bei kollektiver Intervention]) militärischer Gewalt gegen einen fremden Staat, um bestimmte Bevölkerungsgruppen vor krasser, systematisch verübter Verletzung elementarer Menschenrechte zu schützen – zB im Falle des Nato-Einsatzes in der Republik Jugoslawien (Kosovo-Konflikt) – unterliegt angesichts einer zu beobachtenden Neuformierung (regionalen) Völkerrechts (Greenwood EA 93, 105; vgl. bereits Stern Staatsrecht III/1 [1988] 300) ungeachtet völkerrechtlicher Bedenken (s. Beyerlin, in: Bernhardt [Hrsg.], Encyclopedia of Public International Law, Bd. 2 [1995] 926 ff., Bothe, in: Graf Vitzthum [s. o.] 597 ff. mwN in Fn 69 ff., Bryde, in: Kälin u. a. [Hrsg.] Aktuelle Probleme des Menschenrechtsschutzes [1994], 185 f., Deiseroth NJW 99, 3088, Denninger ZRP 00, 194, Hailbronner in: Graf Vitzthum [s. o.] 240 f., Hummer/Mayr-Singer NJ 00, 115 f., Isensee JZ 95, 425 ff., 429, Kimminich, Einf. Völkerrecht, 6. A. [1997] 298 f., Nass EA 93, 287, Randelzhofer, in: Simma [Hrsg.], VN-Charta, Art. 2 [4] RN 49 ff., Schilling ArchVölkR 97, 436 ff., 450 Seidl-Hohenveldern, Völkerrecht, 10. A. 2000, 352; vgl. auch AG Tiergarten NStZ **00**, 145 [zu § 111 iVm 16, 20 WStG]; eher offengelassen von Simma, Preuß und Ipsen, in Merkel [Hrsg.], Kosovokrieg [usw] 2000, 33 [zulässige Repressalie?], 131, 166; and. aber Baldus, in: Ebereich u. a. [Hrsg.], Frieden und Recht, 1998, 269 ff., Doehring Völkerrecht [1999] 433 ff. [unter Verweis auf Regelungslücke der UN-Charta], Kreß NJW 99, 3082, Lange EuGRZ 99, 315 f., Laubach ZRP 99, 278 f., Maurer JZ 99, 695 f. [dito], Merkel KJ 99, 532 ff. [einschr. bezüglich des „Wie" 536 ff.], Wilms ZRP 99, 229 f. [unter Hinweis auf die UN-Konvention zur Verhütung und Bestrafung des Völkermordes v. 9. 12. 48, BGBl II 54, 729; vgl. auch Shaw, International Law, 4. A. 1997, 802 f.) auch dann nicht § 80, wenn sie ohne Mandat des UN-Sicherheitsrates (auf Grundlage von Art. 39 SVN: Friedenbedrohung durch interne Menschenrechtsverletzung) erfolgt. Anderenfalls würde ausgerechnet auf Basis einer als Reaktion auf Aggressionskriege des NS-Staates (s. insoweit aber auch § 220 a!) geschaffenen Vorschrift staatliches Handeln inkriminiert, das sich der jedenfalls nicht völkerrechtsfeindlichen Wahrung evident bedrohter Menschenrechte ganzer Bevölkerungsgruppen, denen bei Unterlassen der Intervention Tod oder unsägliches Leiden drohte, verpflichtet sieht. – Die Förderung nichtkriegerischer Reaktionen (Repressalien, Fördern innerer Unruhen) fällt trotz Völkerrechtsverstoßes idR (Ausnahme: Angriffsprovokation zwecks Führung eines vorgeblichen Verteidigungskrieges) von vornherein nicht unter das Merkmal Angriffskrieg (Laufhütte LK 2).

2. Der Angriffskrieg muß **vorbereitet** werden. Zur Vorbereitung gehören alle Maßnahmen, die geeignet sind, eine kriegerische Auseinandersetzung zwischen zwei Völkern herbeizuführen. Da idR diese Vorbereitungshandlungen sowohl für einen Angriffs- wie auch einen Verteidigungskrieg tauglich sind, ergibt sich die Tatbestandsmäßigkeit hier erst, wenn der Täter die verbotene Tendenz verfolgt (vgl. Maunz aaO RN 15, 32). Löst der Täter einen Angriffskrieg aus, dann wird er ebenfalls von der Vorschrift erfaßt (BT-Drs. V/2860 S. 2; zw. Schroeder JZ 69, 48, Tröndle/Fischer 9). Wer sich dagegen erst ab Beginn des Angriffskriegs beteiligt, handelt nicht tatbestandsmäßig (Laufhütte LK 7). 5

Aus der Höhe der Strafdrohung ist zu schließen, daß es sich um Maßnahmen von besonderem Gewicht handeln muß, wie Beschaffung von Kriegsmaterial, Mobilisierung oder Abschluß von Offensivbündnissen (vgl. Hamann-Lenz, Das Grundgesetz, 3. A. 1970, Art. 26 Anm. B 3). Nicht unter die Vorschrift fällt daher das bloße Auffordern zu Kriegshandlungen oder deren Billigung. Hier kann nur Anstiftung oder psychische Beihilfe gegeben sein (Laufhütte LK 9; and. Rudolphi SK 10: Teilnahme straflos). 6

3. Die Handlung muß ein solches Gewicht haben, daß die (konkrete) **Gefahr eines Krieges** für die BRep. herbeigeführt wird; die bloß generelle Eignung der Handlung genügt nicht. Allgemein zum Merkmal der konkreten Gefahr vgl. 5 f. vor § 306. 7

4. Für den **subjektiven Tatbestand** ist Vorsatz erforderlich; bedingter Vorsatz genügt. Er muß auch die konkrete Kriegsgefahr (o. 7) umfassen. Absichtliche Vorbereitung eines Angriffskrieges wird nicht vorausgesetzt (Rudolphi SK 9; vgl. aber Tröndle/Fischer 10). 8

IV. Der **Versuch** ist strafbar, da es sich bei § 80 nicht um die Vorbereitung anderer Verbrechen handelt, sondern das Vorbereiten eines Krieges selbst die strafbare Tätigkeit ist (Lackner/Kühl 5, Laufhütte LK 10, Rudolphi SK 11; and. Tröndle/Fischer 5). Ein Versuch liegt vor allem dann vor, wenn die Kriegsvorbereitung keine konkrete Gefährdung der BRep. zur Folge hat. Strafbar ist auch eine Vorbereitungshandlung nach § 30 (Laufhütte LK 10). 9

V. Über **Nebenfolgen** und Einziehung vgl. §§ 92 a, b. Zur **Anzeigepflicht** bei Kenntnis von der Vorbereitung eines Angriffskriegs vgl. § 138 I Nr. 1. 10

VI. Mit §§ 84 f. ist **Tateinheit** möglich, ebenso mit Landesverrat, vgl. 10 vor § 80. 11

§ 80 a Aufstacheln zum Angriffskrieg

Wer im räumlichen Geltungsbereich dieses Gesetzes öffentlich, in einer Versammlung oder durch Verbreiten von Schriften (§ 11 Abs. 3) zum Angriffskrieg (§ 80) aufstachelt, wird mit Freiheitsstrafe von drei Monaten bis zu fünf Jahren bestraft.

I. Die Vorschrift bestraft das **Aufstacheln zum Angriffskrieg**; die Gefährlichkeit dieses Verhaltens besteht in der Erhöhung der Kriegsbereitschaft und der Angriffslust der Bevölkerung durch psychologische Einwirkung. 1

II. **Schutzobjekte** sind ebenso wie in § 80 die Sicherheit der BRep. und der Völkerfriede; vgl. § 80 RN 2. 2

III. Die **Handlung** besteht im Aufstacheln anderer zum Angriffskrieg, und zwar öffentlich (vgl. § 186 RN 19), in einer Versammlung (vgl. § 90 RN 5) oder durch Verbreiten von Schriften (§ 11 III; vgl. § 184 RN 57, 66 b ff. [Internet]). Zum Aufstacheln vgl. § 130 RN 5 a, LG Köln NStZ **81**, 261, Klug Jescheck-FS 583. Angriffskrieg ist wie in § 80 (vgl. dort RN 4) nur ein solcher, an dem die BRep. beteiligt sein soll. Er muß in seiner Zielrichtung konkretisiert sein. Einwirkungen, die nur eine allgemeine kriegerische Stimmung erzeugen sollen, genügen daher noch nicht (Laufhütte LK 2). Auch für § 80 a sind Taten von einer gewissen Bedeutung zu verlangen, belanglose Handlungen, wie Stammtischreden, werden nicht erfaßt (vgl. AE BT- Polit. Strafrecht Begr. 13). 3

IV. Das Aufstacheln braucht keinen weiteren **Erfolg** zu haben; eine Kriegsgefahr oder eine Gefährdung der Sicherheit der BRep. braucht nicht vorzuliegen. 4

V. Die Tat (§ 9) muß **im räumlichen Geltungsbereich** dieses Gesetzes begangen werden (vgl. hierzu 13 vor § 80 sowie § 9 RN 6 [Internet]). Täter kann auch ein Ausländer sein. 5

VI. Der **subjektive Tatbestand** verlangt Vorsatz; bedingter Vorsatz genügt. Eine Absicht der Gefährdung der BRep. ist nicht erforderlich. 6

VII. Gegenüber § 80 **tritt** § 80 a **zurück,** da § 80 a insoweit nur eine Vorbereitungshandlung erfaßt. Das gilt auch bzgl. §§ 80, 30. Mit § 86 kann Tateinheit bestehen, ebenso mit §§ 89, 90 a, 100, 111. 7

VIII. Über **Nebenfolgen** und Einziehung vgl. §§ 92 a, b. 8

Zweiter Titel. Hochverrat

Vorbemerkungen

1 Das Gesetz unterscheidet **zwei Fälle des Hochverrats:** den Bestandshochverrat (Gebietshochverrat; §§ 81 I Nr. 1, 82 I Nr. 1) und den Verfassungshochverrat (§§ 81 I Nr. 2, 82 I Nr. 2). Dabei wird zwischen dem Hochverrat gegen den Bund (§ 81) und dem gegen ein Land (§ 82) unterschieden.

2 Über die Abgrenzung zur Gefährdung des demokratischen Rechtsstaates vgl. 3 vor § 80. Zum Nichteingreifen des Parteienprivilegs vgl. 7 vor § 80. Über Konkurrenz zwischen Hochverrat und Landesverrat vgl. 10 vor § 80.

3 Zum Schutz gegenüber Auslandstaten vgl. § 5 Nr. 2. Zur Anzeigepflicht bei Kenntnis von der Vorbereitung oder der Ausführung eines Hochverrats vgl. § 138 I Nr. 2.

§ 81 Hochverrat gegen den Bund

(1) **Wer es unternimmt, mit Gewalt oder durch Drohung mit Gewalt**
1. **den Bestand der Bundesrepublik Deutschland zu beeinträchtigen oder**
2. **die auf dem Grundgesetz der Bundesrepublik Deutschland beruhende verfassungsmäßige Ordnung zu ändern,**

wird mit lebenslanger Freiheitsstrafe oder mit Freiheitsstrafe nicht unter zehn Jahren bestraft.

(2) **In minder schweren Fällen ist die Strafe Freiheitsstrafe von einem Jahr bis zu zehn Jahren.**

Schrifttum: Vgl. die Angaben vor § 80, ferner: *van Calker,* Hoch- und Landesverrat, VDB I, 3. – *Graf zu Dohna,* Der Hochverrat im Strafrecht der Zukunft, Frank-FG II 229. – *Ruhrmann,* Der Hochverrat in der Rspr. des BGH, NJW 57, 281. – *Wagner,* Aus der Rechtsprechung in Staatsschutzverfahren (Hochverrat), GA 60, 4 und 64, 225. – Rechtsvergleichend mit griechischem Recht: *Livos,* Grundlagen der Strafbarkeit wegen Hochverrats, 1984.

1 I. Die Vorschrift behandelt den Bestandshochverrat (Gebietshochverrat) und den Verfassungshochverrat gegen den **Bund.** Die entsprechenden Angriffe gegen ein Land der BRep. sind in § 82 geregelt.

2 II. Beim **Bestandshochverrat** (Abs. 1 Nr. 1) ist **Schutzobjekt** die Freiheit der BRep. vor fremder Botmäßigkeit, die staatliche Einheit und der territoriale Bestand der **BRep. Deutschland,** dh das Gebiet, in dem das Grundgesetz gilt, sei es auch nach späterem Beitritt eines Gebiets.

3 1. Die **Handlung** besteht in dem Unternehmen der Beeinträchtigung des Bestandes der BRep. durch Gewalt oder Drohung mit Gewalt.

4 a) Über **Gewalt** vgl. allg. 6 ff. vor § 234. Das dort Ausgeführte gilt indes in erster Linie für den Individualrechtsschutz. Bei staatsgerichteten Angriffen, namentlich beim Hochverrat, ist es nur mit Einschränkungen maßgebend. Hier ist die Schwelle zur Annahme von Gewalt höher zu legen als bei Angriffen gegen Individualrechtsgüter. Das ergibt sich aus dem im Gewaltbegriff enthaltenen Erfordernis der Zwangswirkung. Um diese zur Erreichung eines Hochverratserfolges zu erzielen, bedarf es stärkerer Mittel als zur Erreichung eines Erfolges durch Gewalt bei Angriffen auf Individualrechtsgüter. Da sich eine sinnvolle Regelung zum Schutz des Staates in seinem gebiets- und verfassungsmäßigen Bestand auf das hierfür Notwendige zu beschränken hat, ist die Auslegung des Gewaltbegriffs der §§ 81, 82 hieran auszurichten. Das bedeutet: solche Verhaltensweisen, die von vornherein gradmäßig die erforderliche Zwangswirkung nicht entfalten können, sind aus dem Gewaltbegriff der §§ 81, 82 auszuscheiden. Zur relativen Auslegung des Gewaltbegriffs auf Grund des Kriteriums der Zwangswirkung vgl. BGH **23** 50 m. abl. Anm. Ott NJW 69, 2023, **32** 170 m. Anm. Willms JR 84, 120 u. Arzt JZ 84, 428, Laufhütte LK 14. Die Gewalt wird sich beim Hochverrat regelmäßig gegen Personen richten. Eine unmittelbare physische Einwirkung ist jedoch nicht unbedingt erforderlich. Es genügt eine Einwirkung anderer Art, etwa durch Gewalt gegen Sachen (zB Sabotage großen Ausmaßes), sofern der mit ihr verbundene Druck grad- und wirkungsmäßig einer physischen Gewalt gleichkommt. Entsprechend dem in 6 ff. vor § 234 Ausgeführten läßt sich mit BGH **8** 102, NJW **55,** 110, LM **Nr. 6** auch der Massen- und Generalstreik wegen der weitreichenden Wirkungen (Beeinträchtigung der Bevölkerung durch Lahmlegung der Versorgung) als Gewalt iSv §§ 81, 82 anerkennen (vgl. BT-Drs. V/2860 S. 3, Krauth u. a. JZ 68, 579, Lackner/Kühl 5, Laufhütte LK 15, M-Schroeder II 323, Rudolphi SK 6, Scholz JuS 87, 192, Tröndle/Fischer 8; and. Heinemann/Posser NJW 59, 122, Niese, Streik und Strafrecht, 1954, 18). Hierbei ist die Frage, wann ein Streik „sozialadäquat", wann rechtswidrig ist (vgl. BT-Drs. V/2860 S. 3), unproblematisch; dient ein Streik hochverräterischen Zwecken, so ist er unproblematisch und allein deshalb rechtswidrig. Vgl. zum Ganzen Krey, BKA-Sonderreihe „Was ist Gewalt?" Bd. 2, 1988, 22 ff.

5 b) Entsprechendes gilt für die **Drohung mit Gewalt.** Die angedrohte Gewalt muß entsprechend dem o. 4 Ausgeführten die Zufügung eines erheblichen Übels darstellen, den Bedrohten also eine

erhebliche Einbuße an Rechtsgütern befürchten lassen. Einer physischen Wirkung bedarf es nicht; die Gewalt soll hier nicht als solche, sondern als Gegenstand der Drohung psychologisch wirken. Da hier die Motivation anderer nicht durch die Gewaltwirkung, sondern durch die Aussicht auf Einbuße erheblicher Werte durch Gewaltanwendung bewirkt werden soll, bedeutet Drohung mit Gewalt das In-Aussicht-Stellen solcher Nachteile, deren Zufügung Gewalt iSv § 81 sein würde.

2. Zum **Beeinträchtigen** des Bestandes der BRep. Deutschland vgl. § 92 RN 2 ff.

III. Beim **Verfassungshochverrat** (Abs. 1 Nr. 2) ist **Angriffsobjekt** die auf dem GG der BRep. Deutschland beruhende **verfassungsmäßige Ordnung.** Unter verfassungsmäßiger Ordnung kann zweierlei verstanden werden: einmal die dem GG zugrundeliegende Staatsidee einer freiheitlichen, rechtsstaatlichen Demokratie, zum anderen die auf diesen Verfassungsgrundsätzen beruhende konkrete Staatsordnung, wie sie in den verfassungsmäßigen Organen und Einrichtungen Gestalt gewonnen hat (vgl. BGH **7** 226, HuSt. **1** 372, Ruhrmann NJW **57**, 281, Laufhütte LK **7**). Da § 81 von der auf dem GG beruhenden verfassungsmäßigen Ordnung spricht, muß dieses Merkmal hier – and. als in den Bestimmungen des GG (Art. 2, 9 II, 18, 20 III, 28 usw.) – im letzteren Sinn verstanden werden. Gemeint ist also die konkrete Ausgestaltung, die die Grundsätze einer freiheitlichen Demokratie im GG gefunden haben (BGH **6** 338, **7** 226, HuSt **1** 96, **2** 321, BT-Drs. V/2860 S. 3, Hennke GA 54, 145, Laufhütte LK 9, Rudolphi SK 11); nicht erfaßt sind dagegen Programmsätze, die – bis zu einem gewissen Grad unabhängig von ihrer jeweiligen Ausgestaltung – das Wesen der freiheitlichen Demokratie ausmachen. Daher ist unerheblich, ob der vom Täter angestrebte Zustand den Grundsätzen einer freiheitlichen Demokratie entspricht oder nicht; auch wer unter Beseitigung der durch das GG geschaffenen verfassungsmäßigen Einrichtungen eine Staatsordnung anstrebt, die den Verfassungsgrundsätzen der Demokratie nicht widerspricht, begeht Verfassungshochverrat (Ruhrmann NJW 57, 282). Auch ein mit derartigen Grundsätzen unvereinbares Fernziel braucht nicht angestrebt zu sein (BGH GA/W **60**, 7).

1. Unter den Schutz des § 81 fallen zB die in den Art. 20, 38, 63 GG geregelte Grenzziehung von Rechten und Pflichten des Volkes, der Volksvertretung und der Regierung (BGH **6** 338, Ruhrmann aaO), ferner das Mehrparteiensystem, die Wahl der Legislative, die Gewaltentrennung, die Institution des BVerfG, die Rechtsgleichheit, die Achtung vor den Grundrechten, vor allem vor dem Recht der Persönlichkeit auf Leben und freie Entfaltung, die Gesetzmäßigkeit der Verwaltung, die Unabhängigkeit der Gerichte (vgl. BVerfGE **5** 140). Was zur verfassungsmäßigen Ordnung gehört, ergibt sich nicht nur aus dem Wortlaut der Verfassungsurkunde; andererseits ist nicht alles, was in einer Verfassungsurkunde enthalten ist, hierher zu rechnen; die verfassungsmäßige Ordnung ist auch nicht auf die in § 92 II aufgezählten Verfassungsgrundsätze beschränkt (vgl. Ruhrmann NJW 54, 1512). Nicht hierher gehören noch nicht ratifizierte völkerrechtliche Verträge, weil sie noch nicht Bestandteil des innerstaatlichen Rechts sind (Art. 25 GG, BGH b. Ruhrmann NJW **57**, 282 Fn 10).

2. Die **Handlung** besteht in dem Unternehmen der Veränderung der Verfassung durch Gewalt oder Drohung mit Gewalt.

a) Über den Begriff der **Gewalt** und der **Drohung** mit Gewalt vgl. o. 4 f.

b) Eine **Veränderung** der auf dem GG beruhenden verfassungsmäßigen Ordnung liegt vor, wenn eine Verfassungsinstitution oder ein Verfassungsorgan dauernd oder vorübergehend ausgeschaltet oder doch in der Struktur wesentlich verändert wird. Die bloße Störung der verfassungsmäßigen Ordnung reicht nicht aus (BGH **6** 352; vgl. auch RG **56** 259); wie in dem Fall, in dem der Täter nur eine Verfassungswidrigkeit plant, den Bestand und die Funktion des angegriffenen Staatsorgans aber beibehalten will (Ruhrmann NJW 57, 282). So genügt nicht der Angriff gegen eines verfassungsmäßigen Amtes, sofern das Amt als solches unangetastet bleiben soll, zB ein Unternehmen, die Bundesregierung mit Gewalt zu einem bestimmten Verhalten, etwa zum Rücktritt, zu zwingen; ebensowenig genügt der Angriff auf die Entschließungsfreiheit des Parlaments (BGH **6** 353, b. Ruhrmann NJW **57**, 282 Fn 14), wohl aber dessen Ausschalten. Häufig jedoch wird der Täter mit dem Angriff auf Repräsentanten eines Verfassungsorgans auch das Amt als solches beseitigen oder ändern wollen (Ruhrmann NJW 57, 282).

IV. Darüber, wie weit ein **Notwehrrecht** des einzelnen Staatsbürgers gegen hochverräterische Angriffe besteht, vgl. RG **63** 220 und näher § 32 RN 6 f. Vgl. auch Art. 20 IV GG (Recht zum Widerstand).

V. Für den **subjektiven Tatbestand** ist Vorsatz erforderlich; bedingter Vorsatz genügt. Das Tatmotiv ist insoweit bedeutungslos; es kann aber die Strafzumessung beeinflussen.

VI. Der Hochverrat ist ein **Unternehmensdelikt.** Über den Begriff des Unternehmens vgl. § 11 I Nr. 6. Über Rücktrittsmöglichkeiten vgl. § 83 a.

VII. **Täter** kann ein Deutscher oder ein Ausländer sein. § 81 ist auch anwendbar, wenn der Ausländer die Tat im Ausland begeht (Celle GA/W **60**, 9; vgl. § 5 Nr. 2). Vgl. auch 12 ff. vor § 80.

Für die Abgrenzung zwischen Täterschaft und Teilnahme gelten die allgemeinen Grundsätze. Danach ist Täter, wer mit dem Willen zur Tatherrschaft die hochverräterischen Ziele zu seinen eigenen macht, dagegen Teilnehmer, wer ein fremdes Hochverratsunternehmen, zB durch Lieferung von Waffen, fördert. Vgl. dazu Laufhütte LK 18.

§§ 82, 83

17 Die Zugehörigkeit des Täters zu einer verfassungswidrigen, noch nicht verbotenen Partei schließt die Strafbarkeit nach § 81 nicht aus; vgl. 7 vor § 80, Tröndle/Fischer 9.

18 **VIII. Über minder schwere Fälle** vgl. allg. 48 vor § 38. Über Strafmilderung bei **tätiger Reue** vgl. § 83a. Über **Nebenfolgen** und Einziehung vgl. §§ 92a, b. Zum **Opportunitätsprinzip** vgl. § 120 I GVG iVm §§ 153c, d, e StPO. Zur **Vermögensbeschlagnahme** als prozessualem Zwangsmittel vgl. § 443 I 1 StPO.

19 **IX. Konkurrenzverhältnisse:** Das Unternehmen nach § 81 geht der Vorbereitung nach § 83 I vor (Gesetzeseinheit). Dagegen stehen die zur Vorbereitung oder Durchführung des Unternehmens begangenen Straftaten (zB Mord, Freiheitsberaubung) zum Hochverrat je nach den Umständen in Ideal- oder Realkonkurrenz. Gesetzeseinheit liegt auch dann nicht vor, wenn sich die anderen Taten gegen die öffentliche Ordnung oder gegen Amtspersonen richten, die zu deren Aufrechterhaltung eingesetzt sind (vgl. RG 57; and. Laufhütte LK 20, Rudolphi SK 17). Auch mit Landesverrat sowie mit §§ 84ff., 87ff. kann deshalb Tateinheit bestehen. Zum Verhältnis mit § 82 vgl. dort RN 10.

§ 82 Hochverrat gegen ein Land

(1) Wer es unternimmt, mit Gewalt oder durch Drohung mit Gewalt
1. das Gebiet eines Landes ganz oder zum Teil einem anderen Land der Bundesrepublik Deutschland einzuverleiben oder einen Teil eines Landes von diesem abzutrennen oder
2. die auf der Verfassung eines Landes beruhende verfassungsmäßige Ordnung zu ändern,
wird mit Freiheitsstrafe von einem Jahr bis zu zehn Jahren bestraft.

(2) In minder schweren Fällen ist die Strafe Freiheitsstrafe von sechs Monaten bis zu fünf Jahren.

1 **I.** Deutlicher als das frühere Recht bringt die Regelung des **Hochverrats gegen ein Land** den wesensmäßigen Unterschied (vgl. dazu Graf zu Dohna aaO 236) zu hochverräterischen Angriffen gegen den Bund zum Ausdruck, und zwar sowohl durch Abstufung der Strafdrohungen (vgl. dazu Schafheutle JZ 51, 610) wie auch durch die Regelung in einer eigenen Vorschrift.

2 **II. Beim Gebietshochverrat** (Abs. 1 Nr. 1) ist **Schutzobjekt** der territoriale Bestand eines zur BRep. Deutschland gehörenden **Landes** (vgl. § 81 RN 2). Gegenüber dem Bestandshochverrat nach § 81 beschränkt sich Nr. 1 auf den reinen Gebietshochverrat.

3 1. Über den Begriff der **Gewalt** und **Drohung** mit Gewalt vgl. § 81 RN 4f.

4 2. **Einverleiben** und **Abtrennen** unterscheiden sich dadurch, daß das Abtrennen auf die Begründung eines neuen Bundeslandes gerichtet ist, während beim Einverleiben das Gebiet einem bereits bestehenden Bundesland angegliedert wird. Wird der abgetrennte Teil aus der BRep. herausgelöst, liegt gleichzeitig Bestandshochverrat gegen den Bund vor. § 82 tritt dann hinter § 81 zurück.

5 **III. Beim Verfassungshochverrat** (Abs. 1 Nr. 2) ist **Angriffsobjekt** die auf der Verfassung eines der Länder der BRep. beruhende **verfassungsmäßige Ordnung,** soweit sie den Grundsätzen des Art. 28 GG entspricht (vgl. auch § 81 RN 7).

6 Auch hier besteht die **Handlung** im Unternehmen der Veränderung der Verfassung durch Gewalt oder Drohung mit Gewalt; vgl. dazu § 81 RN 9ff.

7 **IV.** Bezüglich des **subjektiven Tatbestandes** vgl. § 81 RN 13.

8 **V.** Wegen der Abgrenzung zwischen **Täterschaft** und Teilnahme vgl. § 81 RN 16.

9 **VI.** Über Strafmilderung bei **tätiger Reue** vgl. § 83a, über **Nebenfolgen** und Einziehung vgl. §§ 92a, b. Zum **Opportunitätsprinzip** vgl. § 120 I GVG i.V. mit §§ 153c, d, e StPO. Zur **Vermögensbeschlagnahme** als prozessualem Zwangsmittel vgl. § 443 I 1 StPO.

10 **VII. Konkurrenzverhältnisse:** Das Unternehmen nach § 82 geht der Vorbereitung nach § 83 II vor. Wird sowohl die verfassungsmäßige Ordnung des Bundes als auch die eines Landes angegriffen, ist Tateinheit mit § 81 möglich (Tröndle/Fischer 3). Iü besteht Gesetzeseinheit; vgl. o. 4. Zur Konkurrenz mit sonstigen Straftaten vgl. § 81 RN 19.

§ 83 Vorbereitung eines hochverräterischen Unternehmens

(1) **Wer ein bestimmtes hochverräterisches Unternehmen gegen den Bund vorbereitet, wird mit Freiheitsstrafe von einem Jahr bis zu zehn Jahren, in minder schweren Fällen mit Freiheitsstrafe von einem Jahr bis zu fünf Jahren bestraft.**

(2) **Wer ein bestimmtes hochverräterisches Unternehmen gegen ein Land vorbereitet, wird mit Freiheitsstrafe von drei Monaten bis zu fünf Jahren bestraft.**

Schrifttum: Vgl. die Angaben vor § 80, ferner *Hennke,* Zur Abgrenzung der strafbaren Vorbereitungshandlungen beim Hochverrat, ZStW 66, 390. – *Stämpfli,* Ausserordentlicher Staatsschutz, Hafter-FG, 1946, 145.

Vorbereitung eines hochverräterischen Unternehmens 1–10 § 83

I. Eine wirksame Bekämpfung des Hochverrats ist nur möglich, wenn schon seine **Vorbereitungs-** 1
handlungen erfaßt werden; § 83 bedroht daher jede Vorbereitung eines bestimmten hochverräterischen Unternehmens mit Strafe. Dies gilt für den Bestandshochverrat wie für den Verfassungshochverrat, gleichgültig, ob diese Taten gegen den Bund (Abs. 1) oder ein Land gerichtet sind (Abs. 2).

II. Erfaßt wird nur die Vorbereitung eines **bestimmten** Unternehmens. Sein Gesamtbild muß in 2
der Vorstellung des Täters so bestimmte Umrisse angenommen haben, daß es als eine konkrete Gestaltung erfaßt werden kann (RG **5** 68, **41** 143). Vgl. noch OVG Hamburg NJW **74**, 1525, v. Weber RG-Praxis V 180 ff. Daß das Unternehmen realisierbar ist, ist nicht erforderlich (untaugl. Versuch). Vgl. eingehend Laufhütte LK 2 ff.

1. Feststehen muß das **Angriffsobjekt**; die Ausführung des Unternehmens muß als bestimmtes 3
Endziel ins Auge gefaßt sein (BGH LM **Nr. 1** zu § 81 aF). Der Angriffsplan braucht jedoch nur in seinen Grundzügen hinreichend bestimmt zu sein; nicht erforderlich ist, daß alle Einzelheiten der Ausführung schon beschlossen sind (BGH LM **Nr. 1** zu § 81 aF).

2. Als **Angriffsmittel** muß Gewalt oder Drohung mit Gewalt vorgesehen sein; es genügt jedoch, 4
daß das Ziel nicht unbedingt, sondern nur eventuell mit Gewalt angestrebt wird (BGH **6** 340). Zur Gewalt und Drohung mit Gewalt vgl. § 81 RN 4 f.

3. Ferner muß der **Zeitpunkt** des Unternehmens hinreichend bestimmt sein. Das ist der Fall, 5
wenn der Umsturzplan unmittelbar an die obwaltenden politischen Verhältnisse, dh an die politische Gegenwartssituation anknüpft, zB das Unternehmen alsbald unter den bestehenden politischen Zuständen durchgeführt werden soll (BGH **7** 13; vgl. auch Ruhrmann NJW 57, 283). Genügend bestimmt ist der Zeitpunkt aber auch, wenn mit dem Unternehmen erst unter anderen politischen Verhältnissen begonnen werden soll und die Änderung der politischen Lage unmittelbar erwartet wird (BGH **7** 14; vgl. noch BGH **6** 341). Dagegen fehlt es an hinreichender Bestimmtheit, wenn das Unternehmen bei einer sich bietenden günstigen Gelegenheit ausgeführt werden soll (BGH **7** 13). Wird zB auf den Abzug der Stationierungstruppen abgestellt, so ist der Plan hinreichend bestimmt, wenn der Abzug zeitlich festliegt oder alsbald zu erwarten ist, nicht dagegen, wenn noch ungewiß ist, wann dieser erfolgt.

4. Kein bestimmtes Unternehmen wird zB vorbereitet, wenn ein Vater seinen Sohn im Hinblick 6
auf eine von keiner Seite geplante, aber von ihm als möglich gedachte revolutionäre Bewegung in revolutionären Ideen erzieht (RG **5** 69); der „ideologische Hochverrat" soll durch § 83 nicht getroffen werden (Arndt DRiZ 51, 180). Vgl. auch OVG Hamburg NJW **74**, 1525, Stämpfli Hafter-FG 157.

5. Erforderlich ist die Vorbereitung einer **täterschaftlichen** Begehung des Hochverrats. Wer 7
lediglich Beihilfehandlungen vorbereitet, fällt nicht unter § 83. Vgl. aber u. 12.

6. Unter den genannten Voraussetzungen kommt **jede Handlung** in Betracht, die den Umsturz- 8
plan **vorbereitet.** Fraglich ist, wie weit der Kreis der Vorbereitung ausgedehnt werden kann. Maßgebliches Kriterium kann hier nur die Erheblichkeit sein. Handlungen, die von der Durchführung des Hochverrats derart weit entfernt sind, daß sie sich ihrer Art nach noch nicht der Hochverratsvorbereitung spezifisch zuordnen lassen, können unter dem Gesichtspunkt der Vorbereitung nicht bestraft werden. So reicht zB der Kauf einer Schreibmaschine, auf der hochverräterische Schriften geschrieben werden sollen, das Anfordern von Prospekten für Schußwaffen oder Sprengmittel nicht aus, wohl aber eine nur mittelbare Förderung des geplanten Unternehmens, zB das Herstellen falscher Ausweise, mit denen die Täter staatliche Dienststellen betreten können. Es ist daher im Einzelfall zu entscheiden, in welcher zeitlichen und sachlichen Beziehung die Vorbereitung zum Endziel steht und ob ihr danach bereits eine ins Gewicht fallende Erheblichkeit zukommt. Zur Frage, ob terroristische Aktivitäten eine Vorbereitung darstellen, vgl. die Kontroverse zwischen Wagner NJW 80, 913 u. Schroeder NJW 80, 920. Daß die Handlung objektiv tauglich ist, ist nicht erforderlich (and. Laufhütte LK 8, Rudolphi SK 6, Sonnen AK 16). Insoweit gelten die Grundsätze des untauglichen Versuchs. Die Handlung muß allerdings ihrer Art nach den Erheblichkeitsgrad erreichen und danach dem Kreis der Vorbereitung zuzuordnen sein. Strafbar ist daher auch, wer für Attentate einen Stoff besorgt, den er irrtümlich für ein Sprengmittel hält. Aus diesem Grund kann es auf eine konkrete Gefahr nicht ankommen (vgl. M-Schroeder II 434, Schroeder aaO 305, Tröndle/Fischer 3; and. Hennke aaO, wohl auch BGH HuSt. **2** 40; offengelassen in BGH **6** 342).

III. Für den **subjektiven Tatbestand** ist Vorsatz erforderlich; bedingter Vorsatz genügt. Da § 83 9
die Strafbarkeit von Vorbereitungshandlungen zum Hochverrat regelt, sind an den inneren Tatbestand die gleichen Anforderungen zu stellen wie in §§ 81, 82. Erforderlich ist, daß der Täter die tatsächliche Beschaffenheit, die Ziele und Zwecke des von ihm vorbereiteten hochverräterischen Unternehmens sowie dessen zeitliche Bestimmtheit (BGH HuSt. **1** 369) kennt und sich zugleich bewußt ist, daß seine vorbereitende Tätigkeit ein zur Förderung seiner Ziele geeignetes Mittel bildet; der Wille, sich selbst an der künftigen Ausführung des betreffenden Unternehmens aktiv zu beteiligen, ist nicht erforderlich.

IV. Über **minder schwere Fälle** vgl. allg. 48 vor § 38. Über **Nebenfolgen** und Einziehung vgl. 10
§§ 92 a, b; über Strafmilderung bei **tätiger Reue** vgl. § 83 a. Zum **Opportunitätsprinzip** vgl. § 120 I GVG iVm §§ 153 c, d, e StPO. Zur Vermögensbeschlagnahme als prozessualem Zwangsmittel vgl. § 443 I 1 StPO.

11 V. Ein **Versuch** (der Vorbereitung) ist begrifflich undenkbar (Arndt ZStW 66, 72, Hennke aaO 398, Tröndle/Fischer 3). Eine Vorbereitungshandlung und nicht nur deren Versuch stellt auch die untaugliche Handlung dar (vgl. o. 8).

12 VI. Möglich ist eine **Teilnahme** an der Straftat des § 83, so zB, wenn die Sekretärin hochverräterische Schriften schreibt (Laufhütte LK 12, Lackner/Kühl 3, Rudolphi SK 9, Tröndle/Fischer 3; and. Hennke aaO 401, Sonnen AK 21).

13 VII. **Gesetzeseinheit** besteht zu §§ 81, 82. Kommt der Hochverrat zur Ausführung, so geht § 83 in diesen Vorschriften auf. Soweit die Vorbereitung die Voraussetzungen des § 30 iVm §§ 81, 82 erfüllt, geht § 30 als speziellere Regelung vor (vgl. RG **41** 143, Lackner/Kühl 7, Rudolphi SK 11; and. Köln NJW **54**, 1259, Tröndle/Fischer 7). Idealkonkurrenz ist möglich mit §§ 129, 129 a.

§ 83 a Tätige Reue

(1) In den Fällen der §§ 81 und 82 kann das Gericht die Strafe nach seinem Ermessen mildern (§ 49 Abs. 2) oder von einer Bestrafung nach diesen Vorschriften absehen, wenn der Täter freiwillig die weitere Ausführung der Tat aufgibt und eine von ihm erkannte Gefahr, daß andere das Unternehmen weiter ausführen, abwendet oder wesentlich mindert oder wenn er freiwillig die Vollendung der Tat verhindert.

(2) In den Fällen des § 83 kann das Gericht nach Absatz 1 verfahren, wenn der Täter freiwillig sein Vorhaben aufgibt und eine von ihm verursachte und erkannte Gefahr, daß andere das Unternehmen weiter vorbereiten oder es ausführen, abwendet oder wesentlich mindert oder wenn er freiwillig die Vollendung der Tat verhindert.

(3) Wird ohne Zutun des Täters die bezeichnete Gefahr abgewendet oder wesentlich gemindert oder die Vollendung der Tat verhindert, so genügt sein freiwilliges und ernsthaftes Bemühen, dieses Ziel zu erreichen.

1 I. Da das Gesetz in §§ 81, 82 das Unternehmen und in § 83 eine Vorbereitungshandlung unter Strafe stellt, besteht für den Täter in diesen Fällen nicht die Möglichkeit, nach § 24 straffrei zu werden. Aus den § 24 zugrundeliegenden Erwägungen ist aber durch § 83 a in diesen Fällen die Möglichkeit zur Strafmilderung oder Straffreiheit vorgesehen.

2 II. **Beim Unternehmen nach §§ 81, 82** kann sich der Täter die Rücktrittsvergünstigungen verdienen, wenn er freiwillig die weitere Ausführung der Tat aufgibt und die Gefahr, daß andere das Unternehmen weiterführen, abwendet oder wesentlich mindert oder wenn er freiwillig die Vollendung der Tat verhindert. Da gemäß § 11 I Nr. 6 das Unternehmen den Versuch und die Vollendung umfaßt und für den vollendeten Hochverrat die Vergünstigung des § 83 a zweifellos nicht eingreifen soll, betrifft diese Bestimmung nur Situationen des Versuchs und muß daher Entscheidungen tragen, die denen des § 24 entsprechen. Die für diese Bestimmung grundlegenden Unterscheidungen zwischen dem unbeendeten und dem beendeten Versuch und zwischen Einzeltätern und mehreren Beteiligten sind daher auch der Interpretation des § 83 a zugrunde zu legen.

3 1. Für den **Rücktritt des Alleintäters**, sollte Alleintäterschaft beim Hochverrat überhaupt einmal vorkommen, gilt folgendes:

4 a) Hat ein Alleintäter **noch nicht alles zur Tat Erforderliche** getan, entspricht also sein Verhalten dem unbeendeten Versuch des § 24, so erreicht er die Vergünstigung, wenn er freiwillig die weitere Ausführung aufgibt; der Erfolg entfällt dann automatisch.

5 b) Hat dagegen der Alleintäter **alles zur Vollendung** des Deliktes **Erforderliche getan**, liegt also iSv § 24 ein beendeter Versuch vor, so reicht das bloße Aufgeben weiteren Handelns nicht aus. Der Täter muß vielmehr den Erfolg abwenden, dh die Vollendung der Tat verhindern. Das Risiko, daß ihm dies gelingt, liegt bei ihm; vgl. jedoch Abs. 3.

6 2. Demgegenüber bestehen zT veränderte Rücktrittsvoraussetzungen, wenn, wie es idR der Fall ist, am hochverräterischen Unternehmen **mehrere Personen beteiligt** sind.

7 a) Ist noch nicht alles zur Tat Erforderliche getan, so genügt die freiwillige Aufgabe der Tatausführung nicht, wenn die **Gefahr** vorhanden ist, daß die **anderen Tatbeteiligten das Unternehmen fortführen**, und der Zurücktretende dies **erkennt**. Er muß dann freiwillig diese Gefahr abwenden oder sie jedenfalls wesentlich mindern. Unerheblich ist insoweit, ob er die Gefahr verursacht hat; auch unabhängig von seinem Tatbeitrag entstandene Gefahren der Fortführung des Unternehmens muß er abwenden oder erheblich verringern. Ein Mißlingen solcher Bemühungen geht zu seinen Lasten. Die zusätzlichen Anforderungen an den Rücktritt bestehen aber nur bei erkannter Gefahr. Ist dem Zurücktretenden die Gefahr der weiteren Tatbegehung durch die anderen Tatbeteiligten nicht bekannt, so reicht es – auch bei vorwerfbarer Unkenntnis – aus, wenn er von der weiteren Tatausführung freiwillig absieht. In den Genuß der Rücktrittsvergünstigungen gelangt daher, wer in der irrtümlichen Annahme, es bestehe keine Gefahr für eine Fortführung des Unternehmens, nichts unternimmt (vgl. BT-Drs. V/2860 S. 4, Krauth u. a. JZ 68, 579, Tröndle/Fischer 2).

8 Der Begriff „andere" könnte darauf hindeuten, daß damit nicht nur andere Beteiligte, sondern auch **dritte Personen** gemeint seien. Dies würde jedoch nicht nur die Anforderungen an den Rücktritt in unangemessener Weise verschärfen, sondern auch im Widerspruch zu der Tatsache stehen, daß das

Gesetz von dem Unternehmen und damit dem Vorhaben spricht, an dem der Zurücktretende beteiligt war.

b) Ist bereits alles zur Vollendung der Tat Erforderliche getan, so gilt das o. 5 Ausgeführte entsprechend. 9

3. Obwohl § 83a nur den Täter ausdrücklich erwähnt, finden seine Regeln auch auf **Teilnehmer** 10 Anwendung (Laufhütte LK 4).

III. Die in Abs. 1 getroffene Regelung gilt auch für die **Vorbereitungshandlungen** des § 83. Die 11 Rücktrittsvoraussetzungen des **Abs. 2** entsprechen weitgehend denen des Abs. 1. Abzuwenden oder wesentlich zu mindern ist allerdings nur die vom Zurücktretenden *verursachte* (nicht unbedingt verschuldete) Gefahr, daß die anderen Tatbeteiligten das Unternehmen weiter vorbereiten oder es ausführen. Unabhängig von seinem Tatbeitrag entstandenen Gefahren der Fortführung des Vorhabens braucht er nicht entgegenzutreten. Verhindert er die Vollendung der Tat, so ist unschädlich, wenn die anderen Tatbeteiligten das Unternehmen bis dahin vorübergehend weiter vorbereitet haben. Vgl. i. ü. o. 3 ff.

IV. Nach Abs. 3 wird auch das **erfolglose Bemühen** des Täters um eine Abwendung des Erfolges 12 oder der Gefahr honoriert, sofern nur überhaupt Gefahr oder Tatvollendung verhindert wird. Diese Regelung wird nur in den Fällen der Abs. 1 und 2 praktisch, in denen der Täter nicht durch bloßes Aufgeben der Tat zurücktreten kann, sondern entweder die Kausalität seines Handelns rückgängig machen oder das Weiterhandeln der anderen Tatbeteiligten verhindern muß. Anders als nach den §§ 24 II, 31 II kommen die Rücktrittsvergünstigungen dem von einer Tat nach § 81 oder § 82 Zurücktretenden trotz seiner Rücktrittsbemühungen nicht zugute, wenn die Tat ohne sein Zutun begangen wird, es ihm etwa nur geglückt ist, seinen eigenen Tatbeitrag unwirksam zu machen (Tröndle/Fischer 1). Das Rücktrittsverhalten läßt sich dann nur strafmildernd innerhalb des Regelstrafrahmens berücksichtigen. Im Falle des Abs. 2 ist der Rücktritt dagegen gelungen, wenn der eigene Tatbeitrag unwirksam gemacht wird, da eine vom Zurücktretenden verursachte Gefahr dann nicht mehr besteht.

V. Die **Wirkungen** des Rücktritts bestehen darin, daß das Gericht bis zum gesetzlichen Mindest- 13 maß der angedrohten Strafe herabgehen, statt auf Freiheitsstrafe auf Geldstrafe erkennen oder auch von Strafe absehen kann; angesichts der Weite des hierdurch eröffneten Strafrahmens zwischen Absehen von Strafe einerseits, lebenslanger Freiheitsstrafe andererseits, dürfte diese Vorschrift mit dem auch für den Bereich der Strafdrohung geltenden (§ 1 RN 23) Bestimmtheitsgebot des Art. 103 II GG nicht mehr zu vereinbaren sein (Rudolphi SK 10, Sonnen AK 9, Stratenwerth 45; and. Laufhütte LK 5). Diese Wirkungen betreffen nur die Bestrafung nach §§ 81–83. Sind durch die dort erfaßten Handlungen andere Straftatbestände erfüllt, so bleiben sie durch § 83a unberührt, uU ist aber § 24 für sie anwendbar (vgl. BT-Drs. V/2860 S. 4). Tritt der Täter gem. Abs. 1 zurück, dann erfassen die Wirkungen dieses Rücktritts auch die Vorbereitungshandlungen des § 83 (Laufhütte LK 5, Rudolphi SK 9; and. Tröndle/Fischer 1).

VI. Zum **Opportunitätsprinzip** in diesen Fällen vgl. § 120 I Nr. 2 GVG iVm § 153e StPO. 14

Dritter Titel. Gefährdung des demokratischen Rechtsstaates

Vorbemerkungen vor §§ 84 ff.

Schrifttum: Vgl. Angaben vor §§ 80 ff., ferner *Backes,* Rechtsstaatsgefährdungsdelikt und Grundgesetz, 1970. – *Willms,* Der strafrechtliche Staatsschutz nach dem neuen Vereinsgesetz, JZ 65, 86.

I. Der dritte Titel enthält die Tatbestände der **Gefährdung des demokratischen Rechtsstaates.** 1 Sie erfassen die modernen Methoden zur Beeinträchtigung der Verfassung, die nicht auf die Angriffsmittel des Hochverrats (Gewalt und Drohung mit Gewalt) angewiesen sind.

II. Streitig war früher, was in den Bestimmungen über Staatsgefährdung und Landesverrat unter 2 **Absicht** zu verstehen war. Während im Schrifttum die Meinung überwog, Absicht sei das tragende Motiv des Täters (Wahl DRiZ 51, 181, Arndt JZ 57, 206; dagegen [zielgerichteter Wille] die 13. A., Oehler NJW 66, 1638, Bennhold aaO 80), ließ der BGH dolus directus genügen (BGH **9** 142, **10** 169, **11** 171, **15** 156, **16** 4). Gesetzesänderungen haben keine Klärung gebracht, auch nicht dadurch, daß „absichtlich" mit „sich einsetzen für" in Beziehung gebracht wird. Da „wissentlich" und „absichtlich" zT (§ 87) als Alternativen nebeneinander aufgeführt werden, ist jedoch anzunehmen, daß der Gesetzgeber mit wissentlich den Vorsatz unter Ausschluß des dolus eventualis bezeichnet, während er mit absichtlich verlangt, daß es dem Täter auf die Ziele ankommt, die mit den Bestrebungen, für die er sich einsetzt, verfolgt werden (vgl. auch Prot. V 1614 f., Krauth u. a. JZ 68, 580, § 88 RN 22). Wird „Absicht" jedoch in anderem Zusammenhang gebraucht (§ 88: absichtlich bewirken), dann ist wie bisher (vgl. 13. A., Bennhold aaO 82) unter Absicht der zielgerichtete Wille zu verstehen.

III. Zum **Schutzobjekt** dieser Vorschriften vgl. 3 vor § 80; zum Schutz der ausländischen NATO- 3 Staaten und ihrer in der BRep. stationierten Truppen vgl. 17 ff. vor § 80.

§ 84 Fortführung einer für verfassungswidrig erklärten Partei

(1) Wer als Rädelsführer oder Hintermann im räumlichen Geltungsbereich dieses Gesetzes den organisatorischen Zusammenhalt
1. einer vom Bundesverfassungsgericht für verfassungswidrig erklärten Partei oder
2. einer Partei, von der das Bundesverfassungsgericht festgestellt hat, daß sie Ersatzorganisation einer verbotenen Partei ist,

aufrechterhält, wird mit Freiheitsstrafe von drei Monaten bis zu fünf Jahren bestraft. Der Versuch ist strafbar.

(2) Wer sich in einer Partei der in Absatz 1 bezeichneten Art als Mitglied betätigt oder wer ihren organisatorischen Zusammenhalt unterstützt, wird mit Freiheitsstrafe bis zu fünf Jahren oder mit Geldstrafe bestraft.

(3) Wer einer anderen Sachentscheidung des Bundesverfassungsgerichts, die im Verfahren nach Artikel 21 Abs. 2 des Grundgesetzes oder im Verfahren nach § 33 Abs. 2 des Parteiengesetzes erlassen ist, oder einer vollziehbaren Maßnahme zuwiderhandelt, die im Vollzug einer in einem solchen Verfahren ergangenen Sachentscheidung getroffen ist, wird mit Freiheitsstrafe bis zu fünf Jahren oder mit Geldstrafe bestraft. Den in Satz 1 bezeichneten Verfahren steht ein Verfahren nach Artikel 18 des Grundgesetzes gleich.

(4) In den Fällen des Absatzes 1 Satz 2 und der Absätze 2 und 3 Satz 1 kann das Gericht bei Beteiligten, deren Schuld gering und deren Mitwirkung von untergeordneter Bedeutung ist, die Strafe nach seinem Ermessen mildern (§ 49 Abs. 2) oder von einer Bestrafung nach diesen Vorschriften absehen.

(5) In den Fällen der Absätze 1 bis 3 Satz 1 kann das Gericht die Strafe nach seinem Ermessen mildern (§ 49 Abs. 2) oder von einer Bestrafung nach diesen Vorschriften absehen, wenn der Täter sich freiwillig und ernsthaft bemüht, das Fortbestehen der Partei zu verhindern; erreicht er dieses Ziel oder wird es ohne sein Bemühen erreicht, so wird der Täter nicht bestraft.

1 I. Die verfassungskonforme (BVerfGE 25 77) Bestimmung stellt Tätigkeiten unter Strafe, die dazu bestimmt sind, den **organisatorischen Zusammenhalt** verbotener Parteien **aufrechtzuerhalten.** Nach Abs. 1 sind Rädelsführer oder Hintermänner strafbar, die dieses Ziel verfolgen, während nach Abs. 2 Mitglieder und Helfershelfer erfaßt werden. Daneben sind in Abs. 3 Zuwiderhandlungen gegen Sachentscheidungen einbezogen, die das BVerfG im Verfahren nach Art. 21 II GG oder nach § 33 II ParteiG erlassen hat.

2 Die Vorschrift geht – der Linie von BVerfGE 12 296 folgend – davon aus, daß es nicht Aufgabe des Strafrichters ist, die Verfassungswidrigkeit politischer Organisationen selbständig zu beurteilen. Eine solche Beurteilung ist vielmehr dem BVerfG (bzw. im Rahmen des § 85 den Verwaltungsinstanzen) vorbehalten. Anknüpfungspunkt für § 84 sind daher die in diesem Rahmen ergangenen Entscheidungen des BVerfG. Sie haben insoweit Tatbestandswirkung (vgl. BT-Drs. V/2860 S. 5; sog. Feststellungsprinzip). Es handelt sich hiernach bei § 84 äußerlich um eine Art Ungehorsamstatbestand, dem aber materiell die Verlagerung der Kompetenz zugrunde liegt, Angriffe auf den demokratischen Rechtsstaat festzustellen (vgl. Schroeder aaO 314): abstraktes Gefährdungsdelikt zum Schutze der freiheitlich-demokratischen Grundordnung (Rudolphi SK 3).

3 II. Strafbar ist zunächst, wer als **Rädelsführer** oder **Hintermann** den organisatorischen Zusammenhalt verbotener Parteien aufrechterhält (Abs. 1).

4 1. Die Bestimmung erfaßt zunächst **Parteien** (vgl. dazu § 2 ParteiG, BVerfGE 74 50, 91 266, 276, BGH NJW 74, 565, BVerwG NJW 86, 2654, 93, 3213), die nach § 21 II GG vom BVerfG im Verfahren der §§ 13 Nr. 2, 43 ff. BVerfGG für **verfassungswidrig** erklärt worden sind. Diese Feststellung ist für den Strafrichter verbindlich. Eine Nachprüfung der Gründe steht ihm nicht zu. Der Spruch des BVerfG bleibt auch dann noch maßgebend, wenn die verbotene Partei unter Beibehaltung ihrer Organisation ihre politische Zielsetzung ändert (BGH 26 258, Willms Lackner-FS 477).

5 Nach Abs. 1 gilt § 84 **nicht** für Parteien **außerhalb der BRep..** Sofern sie jedoch in der BRep. über eigene Organisationen verfügen, die unter den Voraussetzungen des § 84 verboten worden sind, findet diese Bestimmung auf sie Anwendung (vgl. BT-Drs. V/2860 S. 6); andernfalls kann § 85 in Betracht kommen (vgl. auch Tröndle/Fischer 3).

6 2. Erfaßt werden ferner Parteien, von denen das BVerfG festgestellt hat, daß sie **Ersatzorganisation** einer verbotenen Partei sind. Für den Strafrichter ist allein diese Feststellung und nicht die materielle Eigenschaft der Partei als Ersatzorganisation maßgeblich. Zu beachten ist allerdings, daß das BVerfG nur insoweit zu entscheiden hat, als die Partei, die Ersatzorganisation einer verbotenen Partei ist, bereits vor dem Verbot der ursprünglichen Partei bestanden hat, also gleichsam durch Unterwanderung zur Ersatzorganisation geworden ist, oder aber im Bundestag oder in einem Landtag vertreten ist. Für andere Parteien und Vereinigungen gilt auf Grund § 33 III ParteiG § 85 iVm § 8 II VereinsG.

7 Diese Regelung hindert den Strafrichter nicht daran, einen Zusammenschluß als eine vom BVerfG verbotene Partei zu kennzeichnen. Es bedarf daher keiner erneuten Entscheidung des BVerfG, wenn

der Strafrichter zu der Meinung kommt, die betreffende Organisation sei keine „Ersatzorganisation", sondern mit der verbotenen Partei identisch, so etwa, wenn lediglich der Name der Partei geändert worden ist (vgl. Willms Lackner-FS 477).

3. Soweit es sich nicht um unanfechtbare, sondern nur um **„vollziehbare" Anordnungen** handelt, findet nicht § 84, sondern **§ 20 VereinsG** Anwendung. Zu dessen Verfassungsmäßigkeit vgl. BVerfGE **80** 244 = NJW **90**, 37, BGH MDR/S **90**, 104.

4. Die **Handlung** besteht im Aufrechterhalten des organisatorischen Zusammenhalts der genannten Parteien durch Rädelsführer oder Hintermänner. Nicht erforderlich ist insoweit, daß der Zusammenhalt sich räumlich mit dem ursprünglichen Bereich der Partei deckt; eine räumliche Begrenzung schließt die Tatbestandsmäßigkeit nicht aus.

a) Für den **Rädelsführer** ist erforderlich, daß der Täter maßgeblichen Einfluß auf die Tätigkeit der Partei gehabt und deren Bestrebungen tatsächlich gefördert hat (vgl. BGH **6** 130). Das Gesetz will die „Drahtzieher" erfassen, die entweder zu den Führungskräften gehören oder an der Führung mitwirken (BGH **19** 110). Dabei kommt es auf die Art der Betätigung nicht entscheidend an. Rädelsführer kann daher auch sein, wer nur vorübergehend eine Führungsrolle tatsächlich übernimmt. Auch die Finanzierung bestimmter Vorhaben oder die Wahrnehmung von wirtschaftlichen oder technischen Aufgaben kann ausreichen (BGH **19** 110; vgl. weiter BGH **20** 74, 121, NJW **65**, 161, Wagner GA **60**, 199 u. 63, 234). Nach BGH **18** 296 soll erforderlich sein, daß der Täter Mitglied der Organisation ist, so daß Außenstehende niemals Rädelsführer sein könnten (zw.: vorübergehend entsandte Funktionäre).

b) **Hintermann** ist, wer geistig oder wirtschaftlich Wesentliches für die Partei leistet, dabei jedoch im Hintergrund bleibt, sich also in der eigentlichen Parteiarbeit nicht exponiert, zB durch Finanzierung oder technische Anweisungen für den Einsatz der Parteifunktionäre (BGH **6** 129, **7** 279, **11** 233, **19** 109, **20** 45, 121). Der Hintermann ist regelmäßig nicht Mitglied der Partei. Vgl. weiter die Rspr.-Übersicht GA/W **60**, 201.

c) Beim **Aufrechterhalten des organisatorischen Zusammenhalts** geht es darum, die die Parteitätigkeit tragende Organisation zu bewahren, dh den auf der Verbindung alter oder neuer Mitglieder (uU auch weniger; vgl. BGH **20** 53) infolge des gemeinschaftlichen politischen Zieles beruhenden Zusammenhalt zu erhalten (BGH **20** 290 ff., NJW **98**, 1653, NStZ-RR **98**, 217 [jeweils zu § 20 I Nr. 3 VereinsG]), weil damit der durch das BVerfG bekämpfte politische Zweck der Partei bei den Beteiligten fortbesteht. Daher muß das Fortbestehen eines Zusammenschlusses alter Parteimitglieder aus anderen als politischen Zielen nicht erfaßt werden (and. BGH **7** 104 zu §§ 47, 42 BVerfGG aF; wie hier BGH **20** 289); bleiben der organisatorische Apparat und seine Tätigkeit im wesentlichen dieselbe, so ändert die Annahme eines neuen Namens nichts an der Organisationsidentität (BGH NJW **98**, 1653, NStZ-RR **98**, 217 [jeweils zu § 20 I Nr. 3 VereinsG: Aufspaltung in zwei konkurrierende Vereine], Tröndle/Fischer 4). In Betracht kommen für § 84 das Kassieren und Weiterleiten von Mitgliedsbeiträgen, die Information und Instruktion der Mitglieder, die Innehabung von Ämtern (BGH **16** 298, **20** 291) usw. Eine nur werbende oder unterstützende Tätigkeit (zB durch Verbreiten von Schriften usw.) genügt nicht, wie sich aus Abs. 2 ergibt (BGH **20** 290).

5. Die **Gründung** von Parteien oder Ersatzorganisationen für Parteien wird durch § 84 ausdrücklich nicht erfaßt. Wer jedoch den bereits zerschlagenen Parteiapparat aufbaut oder daran mitwirkt, hält iSv § 84 den Zusammenhalt aufrecht und kann daher nach Abs. 1 oder 2 bestraft werden. Zur Abgrenzung des Aufrechterhaltens der politischen Partei von der Bildung einer Ersatzorganisation vgl. Meine MDR **90**, 205. Gegen Aushöhlung des dem § 84 zugrundeliegenden Verbots- und Feststellungsprinzips (o. 2) durch vorschnelle Annahme von (Teil-)Identität BGH NJW **98**, 1654, NStZ-RR **98**, 217 f. (jeweils zu § 20 I Nr. 3 VereinsG).

III. Strafbar ist ferner, wer sich in einer der genannten Organisationen als Mitglied betätigt oder wer ihren organisatorischen Zusammenhalt unterstützt (Abs. 2). Zur Verfassungsmäßigkeit einer solchen Strafvorschrift vgl. BVerfGE **25** 44, 69, 79.

1. Als **Mitglied betätigt** sich noch nicht bereits, wer einer der genannten Organisationen als Mitglied angehört. Vielmehr ist erforderlich, daß irgendwelche fördernden Handlungen zugunsten der Partei usw vorgenommen werden (vgl. BGH NJW **60**, 1772, **63**, 1315), zB durch Erteilung des Auftrags zum massenweisen Druck des Parteiprogramms und Bezahlung der Druckkosten (BGH **26** 260). Ein tatsächlich eingetretener Nutzen braucht aber nicht festgestellt zu werden (vgl. BGH **42** 30 [zu § 20 I Nr. 4 VereinsG] m. zust. Anm. Scholz NStZ **96**, 602). Eine rechtlich wirksame Mitgliedschaft ist nicht unbedingt erforderlich, so daß auch nach § 84 strafbar ist, wer gem. § 10 I 4 ParteiG nicht Mitglied einer Partei sein kann. Vgl. Laufhütte LK 8.

2. Die Tatbestandsvariante des **Unterstützens** findet auf Nichtmitglieder Anwendung, die, ohne Rädelsführer oder Hintermänner zu sein, in objektiv geeigneter Weise (vgl. § 129 RN 15) dazu beitragen, daß der organisatorische Zusammenhalt aufrechterhalten bleibt. Fraglich ist, ob damit nur die unmittelbare Förderung des organisatorischen Zusammenhalts erfaßt wird oder ob – wie bei der Beihilfe – jede Handlung ausreicht, die für den in § 84 charakterisierten Erfolg förderlich ist. Der restriktiven Tendenz des Gesetzgebers gemäß (vgl. BT-Drs. V/2860 S. 6) wird man als Unterstützung nur solche Tätigkeiten bezeichnen können, die entweder **unmittelbar oder in erheblichem Umfang** die Organisation gefördert haben. Nicht zB ist Täter des § 84, wer seine Schreibmaschine zur Verfügung stellt, auf der Rundschreiben der Partei geschrieben werden sollen. Ebensowenig genügt die bloße Förderung des Gedankenguts der verbotenen Partei (BT-Drs. V/2860 S. 6), Tröndle/Fischer 16. Das gleiche gilt für das Unterstützen durch Propagandamittel (§ 86), Laufhütte LK 10 (idR). Sind die Voraussetzungen des § 86 gegeben, so brauchen die des § 84 noch nicht vorzuliegen. Eine hinreichende Unterstützung ist jedoch in der Erteilung des Auftrags zum massenweisen Druck des Parteiprogrammes und der Bezahlung der Druckkosten sowie im Druck des Parteiprogrammes, das zur Festigung der Parteiorganisation in Massen verteilt werden soll, zu erblicken, und dann, wenn das Propagandamittel nicht die Voraussetzungen des § 86 II erfüllt (BGH **26** 258; and. Sonnen AK 32). Auch sonst kommt es, wenn der organisatorische Zusammenhalt einer verbotenen Partei durch Verwendung von Propagandaschriften unterstützt wird, nicht darauf an, daß diese dem § 86 II entsprechen (Tröndle/Fischer 18, Träger/Mayer/Krauth BGH-FS 237).

17 3. Fraglich ist, in welchem Umfang die Verselbständigung von Unterstützungshandlungen in Nr. 2 die Möglichkeit einer **Teilnahme** an den Delikten des § 84 beeinflußt (vgl. BT-Drs. V/2860 S. 6). Die Strafbarkeit der Anstiftung kann im Rahmen des § 84 nicht zweifelhaft sein. Wer einen Rädelsführer zu dessen Tat bestimmt, ist nach den §§ 84 I, 26 zu bestrafen. § 28 I ist nicht anwendbar, da mit der Rädelsführerschaft nur ein besonders gefährliches Verhalten erfaßt wird und nicht ein personales Moment das Unrecht kennzeichnet. Aber auch eine Beihilfe kommt in Betracht, wenn man den Begriff des Unterstützens, wie dies o. 16 geschehen ist, restriktiv interpretiert (and. BGH **26** 261 [offengelassen von BGH **43** 52], Lackner/Kühl 3, Laufhütte LK 15, Rudolphi SK 14, Sommer JR 81, 490, Sonnen AK 37, Tröndle/Fischer 8).

18 4. Die einzelnen Modalitäten des § 84 können sich überschneiden. Der Rädelsführer kann zB zugleich als Mitglied tätig sein. Es liegt dann nur ein einziges Delikt nach § 84 vor; für den Rädelsführer bleibt hierbei der Strafrahmen des Abs. 1 maßgebend. Ebenfalls liegt infolge Bewertungseinheit (vor § 52 RN 16) nur eine Tat vor, wenn sich der Täter für die verbotene Partei mehrfach betätigt, um ihren organisatorischen Zusammenhalt zu unterstützen (vgl. BGH **15** 259; s. a. BGH **43** 315 [zu § 20 Abs. I Nr. 3 VereinsG], Lackner/Kühl 6, Laufhütte LK 20 [Dauerstraftat], Rudolphi SK 20, Tröndle/Fischer 7).

19 IV. Strafbar ist ferner die **Zuwiderhandlung gegen Sachentscheidungen** des **BVerfG**, die im Verfahren nach Art. 21 II GG oder im Verfahren nach § 33 II ParteiG erlassen sind, sowie gegen vollziehbare Maßnahmen, die in einem solchen Verfahren getroffen worden sind (Abs. 3). Der Begriff Sachentscheidung soll ausschließen, daß rein prozeßleitende Maßnahmen des BVerfG von § 84 erfaßt werden. Infolgedessen kommen nicht nur einstweilige Anordnungen nach § 32 BVerfGG oder Einziehungsanordnungen nach § 46 III BVerfGG, sondern auch Beschlagnahme- oder Einziehungsanordnungen nach § 38 BVerfGG in Betracht (Rudolphi SK 15; and. Laufhütte LK 11, Tröndle/Fischer 10), nicht dagegen zB die Ladung von Zeugen.

20 Den genannten Anordnungen sind solche gleichgestellt, die im Verfahren nach Art. 18 GG ergangen sind. Danach wäre zB strafbar, wer gegen eine konkrete Anordnung nach § 39 BVerfGG verstößt. Ebenso würde strafbar die Tätigkeit für eine Vereinigung sein, die das BVerfG nach § 39 II 2 BVerfGG aufgelöst hat. Vgl. BT-Drs. V/2860 S. 7.

21 V. Gemäß § 91 muß die Tat durch eine im **räumlichen Geltungsbereich** des StGB (vgl. 13 ff. vor § 80) **ausgeübte Tätigkeit** begangen sein. Dies gilt für alle Alternativen des § 84 (Laufhütte LK 16). Vgl. näher § 91 RN 3 ff.

22 VI. Für den **subjektiven Tatbestand** ist Vorsatz erforderlich. Dieser braucht sich nur auf die unanfechtbare Verbotsentscheidung zu beziehen. Ein Irrtum darüber ist Tatbestandsirrtum. Die materiellen Gründe für das Verbot braucht der Täter nicht zu kennen. Eventualvorsatz genügt (vgl. Tröndle/Fischer 13). Erforderlich ist auch das Bewußtsein, im Rahmen der Organisation ein gemeinschaftliches Ziel zu verfolgen (BGH **20** 54). Die irrige Annahme, das Verbot sei nichtig, ist unbeachtlich.

23 VII. Der **Versuch** ist nur im Fall des Abs. 1 strafbar (zB Einwirkung auf andere zwecks Neuorganisation). Bei den Taten nach Abs. 2, 3 ist der Versuch nicht unter Strafe gestellt.

24 Bei Beteiligten, deren Schuld gering und deren Mitwirkung von untergeordneter Bedeutung ist, etwa beim bloßem Mitläufer, kann das Gericht die **Strafe herabsetzen** (§ 49 II) oder von einer Bestrafung ganz **absehen** (Abs. 4). Im Fall des Abs. 1 gilt dies nur für den Tatversuch. Im Fall des Abs. 3 sind Zuwiderhandlungen gegen Entscheidungen im Verfahren nach Art. 18 GG ausgenommen.

25 Über **Nebenfolgen** und Einziehung vgl. §§ 92 a, b. Zum **Opportunitätsprinzip** vgl. § 74 a I GVG iVm §§ 153 c, d, e StPO.

26 VIII. Abs. 5 regelt den **Rücktritt** vom vollendeten Delikt, mit Ausnahme der Fälle des Abs. 3 S. 2. Soweit daher die Tat des Abs. 1 nur bis zum Versuch gediehen ist, findet nicht Abs. 5, sondern § 24 Anwendung. Abs. 5 greift jedoch ein, wenn der Rücktritt vom beendeten Versuch mißlungen und § 24 somit nicht anwendbar ist (Lenckner Gallas-FS 293). Nach Abs. 5 kann das Gericht bis zum gesetzlichen Mindestmaß der angedrohten Strafe herabgehen, also nach Abs. 1 bis auf einen Monat Freiheitsstrafe, auf Geldstrafe erkennen oder von einer Bestrafung ganz absehen, wenn der Täter sich

Verstoß gegen ein Vereinigungsverbot 1–9 **§ 85**

freiwillig und ernsthaft bemüht, das Fortbestehen der Partei zu verhindern. Diese Privilegierung wird ihm gewährt, wenn sein Bemühen ohne Erfolg geblieben ist. Erreicht er jedoch sein Ziel oder wird es ohne sein Bemühen erreicht, so wird er nicht bestraft, ist also freizusprechen.

IX. Mit §§ 86, 86 a ist **Tateinheit** möglich, vgl. 10 vor § 80. Ebenso mit §§ 80 ff., 87 ff., 129. 27

§ 85 Verstoß gegen ein Vereinigungsverbot

(1) Wer als Rädelsführer oder Hintermann im räumlichen Geltungsbereich dieses Gesetzes den organisatorischen Zusammenhalt
1. einer Partei oder Vereinigung, von der im Verfahren nach § 33 Abs. 3 des Parteiengesetzes unanfechtbar festgestellt ist, daß sie Ersatzorganisation einer verbotenen Partei ist, oder
2. einer Vereinigung, die unanfechtbar verboten ist, weil sie sich gegen die verfassungsmäßige Ordnung oder gegen den Gedanken der Völkerverständigung richtet, oder von der unanfechtbar festgestellt ist, daß sie Ersatzorganisation einer solchen verbotenen Vereinigung ist,

aufrechterhält, wird mit Freiheitsstrafe bis zu fünf Jahren oder mit Geldstrafe bestraft. Der Versuch ist strafbar.

(2) Wer sich in einer Partei oder Vereinigung der in Absatz 1 bezeichneten Art als Mitglied betätigt oder wer ihren organisatorischen Zusammenhalt unterstützt, wird mit Freiheitsstrafe bis zu drei Jahren oder mit Geldstrafe bestraft.

(3) § 84 Abs. 4 und 5 gilt entsprechend.

I. Die Vorschrift besitzt die **gleiche Struktur wie § 84**, bezieht sich jedoch auf **andere** als die in 1 § 84 genannten **Parteien**. Strafbar ist auch hier, wer als Rädelsführer oder Hintermann den organisatorischen Zusammenhalt bestimmter Vereinigungen aufrechterhält bzw. wer sich in ihnen als Mitglied betätigt oder ihren organisatorischen Zusammenhalt unterstützt.

II. Gegenstand des **Betätigungsverbots** sind bestimmte in Abs. 1 Nr. 1 und 2 aufgeführte 2 **Vereinigungen**.

1. Erfaßt wird zunächst eine **Partei** oder **Vereinigung**, von der nach § 33 III ParteiG unanfechtbar 3 festgestellt worden ist, daß sie **Ersatzorganisation** einer verbotenen Partei ist (zu gravierenden verfassungsrechtlichen Bedenken vgl. Laufhütte LK 4 [diff.], M-Schroeder II 330, Rudolphi SK 4, Sonnen AK 14): Angesichts des Parteiprivilegs des Art. 21 II GG kommt eine Partei hier jedoch nur in Betracht, soweit für sie nicht das in § 33 II ParteiG vorgesehene Verfahren vorgeschrieben ist (vgl. § 84 RN 6). Für die hier erfaßten Parteien und für sonstige Vereinigungen, die Ersatzorganisationen von Parteien sind, gilt das Verfahren des § 8 II VereinsG, wonach im Verwaltungsverfahren über die Eigenschaft als Ersatzorganisation zu entscheiden ist. Der Strafrichter hat insoweit keine eigene Entscheidungsbefugnis.

2. Erfaßt werden weiter **Vereinigungen**, die unanfechtbar **verboten** worden sind, weil sie sich 4 **gegen** die **verfassungsmäßige Ordnung** oder gegen den Gedanken der Völkerverständigung richten (vgl. dazu Art. 9 II GG, BVerwG NJW **81**, 1796, **93**, 3213, **95**, 2505). Auch insoweit regelt sich das Verfahren nach § 8 II VereinsG. Vorausgesetzt wird also eine unanfechtbare Entscheidung der Verwaltungsinstanzen über das Verbot der Vereinigung.

Zu beachten ist jedoch, daß auch andere als die hier genannten Gründe das Verbot einer Vereini- 5 gung rechtfertigen, zB der Verstoß gegen Strafgesetze (vgl. § 3 I VereinsG). Insoweit hat der Strafrichter zu prüfen, auf welche Gründe das Verbot gestützt ist.

3. Außerdem fallen unter § 85 Vereinigungen, von denen unanfechtbar festgestellt worden ist, daß 6 sie **Ersatzorganisation** einer **verbotenen Vereinigung** (vgl. o. 4) sind. Es muß sich um eine Vereinigung iSv u. 8 handeln (and. BGH **20** 45).

4. Soweit es sich nicht um unanfechtbare, sondern nur um „**vollziehbare**" Anordnungen 7 handelt, ist nicht § 85, sondern **§ 20 VereinsG** anwendbar. Zu dessen Verfassungsmäßigkeit vgl. § 84 RN 8.

5. Der Begriff der **Vereinigung** entspricht sachlich dem des Vereins (vgl. § 2 VereinsG). Vereini- 8 gung bedeutet daher jeden **tatsächlichen Zusammenschluß** mehrerer Personen für eine gewisse Dauer, bei dem die Mitglieder zur Durchsetzung gemeinsamer Ziele in gewisse organisatorische Beziehungen treten und sich einer organisierten Willensbildung unterwerfen. 2 Personen reichen daher für eine Vereinigung noch nicht aus (vgl. BGH **28** 147, Rudolphi SK 6). Auf die Rechtsform des Zusammenschlusses kommt es nicht an. Auch hauptberuflich tätige Funktionäre können eine Vereinigung sein (BGH **16** 298), ebenso Teilorganisationen eines großen Verbandes (BGH **10** 19, **14** 194, **15** 173, **16** 258, NJW **66**, 311). Keine Vereinigungen sind die politischen Parteien, die Fraktionen des Bundestags und der Länderparlamente, Religionsgemeinschaften und Vereinigungen zur Pflege einer Weltanschauung im Rahmen des Art. 140 GG iVm Art. 137 WV (§ 2 II VereinsG).

§ 85 gilt auch für **Ausländervereine**, dh solche, deren Mitglieder oder Leiter überwiegend Aus- 9 länder sind (§ 14 VereinsG), sowie für **ausländische Vereine**, die ihren Sitz im Ausland haben, aber

§ 86 1–3   Bes. Teil. Friedensverrat, Hochverrat usw.

über eine selbständige Mitgliederorganisation im Inland verfügen (§§ 15, 18 VereinsG). In beiden Fällen ist erforderlich, daß sie verboten sind, weil sie sich gegen die verfassungsmäßige Ordnung oder den Gedanken der Völkerverständigung richten; bei Verbot aus anderen Gründen greift § 20 VereinsG ein (vgl. dazu BVerwG NJW **78**, 2165, Köbler NStZ **95**, 534). Vgl. auch § 37 iVm § 92 I Nr. 4 AuslG.

10   **III.** Die **Handlung** besteht in der Aufrechterhaltung des organisatorischen Zusammenhalts (Abs. 1) durch Rädelsführer oder Hintermänner, in der Betätigung als Mitglied in einer der genannten Vereinigungen oder in der Unterstützung ihres organisatorischen Zusammenhalts (Abs. 2). Vgl. dazu § 84 RN 9 ff.

11   Die Tat muß gemäß § 91 durch eine im **räumlichen Geltungsbereich** des StGB (vgl. 13 ff. vor § 80) **ausgeübte Tätigkeit** begangen sein; vgl. § 91 RN 3 ff.

12   **IV.** Für den **subjektiven Tatbestand** gilt Entsprechendes wie bei § 84, vgl. dort RN 22. Ein Irrtum über die Rechtskraft der Feststellung oder des Verbots ist Tatbestandsirrtum; es kann dann aber § 20 VereinsG eingreifen.

13   **V.** Die **Strafmilderungsmöglichkeit** des § 84 IV gilt auch hier (Abs. 3). Vgl. § 84 RN 24. Über **Nebenfolgen** und Einziehung vgl. §§ 92 a, b. Zum **Opportunitätsprinzip** vgl. § 74 a I GVG iVm §§ 153 c, d, e StPO.

14   **VI.** Für den **Rücktritt** gilt § 84 V entsprechend (Abs. 3). Vgl. dort RN 26.

15   **VII.** Für die **Konkurrenzen** gilt Entsprechendes wie bei § 84, vgl. dort RN 27.

§ 86 Verbreiten von Propagandamitteln verfassungswidriger Organisationen

(1) Wer Propagandamittel
1. einer vom Bundesverfassungsgericht für verfassungswidrig erklärten Partei oder einer Partei oder Vereinigung, von der unanfechtbar festgestellt ist, daß sie Ersatzorganisation einer solchen Partei ist,
2. einer Vereinigung, die unanfechtbar verboten ist, weil sie sich gegen die verfassungsmäßige Ordnung oder gegen den Gedanken der Völkerverständigung richtet, oder von der unanfechtbar festgestellt ist, daß sie Ersatzorganisation einer solchen verbotenen Vereinigung ist,
3. einer Regierung, Vereinigung oder Einrichtung außerhalb des räumlichen Geltungsbereichs dieses Gesetzes, die für die Zwecke einer der in den Nummern 1 und 2 bezeichneten Parteien oder Vereinigungen tätig ist,
4. Propagandamittel, die nach ihrem Inhalt dazu bestimmt sind, Bestrebungen einer ehemaligen nationalsozialistischen Organisation fortzusetzen,

im Inland verbreitet oder zur Verbreitung im Inland oder Ausland herstellt, vorrätig hält, einführt oder ausführt oder in Datenspeichern öffentlich zugänglich macht, wird mit Freiheitsstrafe bis zu drei Jahren oder mit Geldstrafe bestraft.

(2) Propagandamittel im Sinne des Absatzes 1 sind nur solche Schriften (§ 11 Abs. 3), deren Inhalt gegen die freiheitliche demokratische Grundordnung oder den Gedanken der Völkerverständigung gerichtet ist.

(3) Absatz 1 gilt nicht, wenn das Propagandamittel oder die Handlung der staatsbürgerlichen Aufklärung, der Abwehr verfassungswidriger Bestrebungen, der Kunst oder der Wissenschaft, der Forschung oder der Lehre, der Berichterstattung über Vorgänge des Zeitgeschehens oder der Geschichte oder ähnlichen Zwecken dient.

(4) Ist die Schuld gering, so kann das Gericht von einer Bestrafung nach dieser Vorschrift absehen.

Vorbem. Abs. 1 geändert durch VerbrechensbekämpfungsG v. 28. 10. 1994, BGBl. I 3186; zuletzt geändert durch das Informations- KommunikationsdiensteG v. 22. 7. 1997, BGBl. I 1870 (in Kraft seit 1. 8. 1997); Abs. 3 geändert durch 14. StÄG v. 22. 4. 1976, BGBl. I 1056.

1   **I.** Die Vorschrift richtet sich gegen das Verbreiten staatsfeindlicher **Propagandamittel bestimmter verbotener Parteien** oder Vereinigungen als mittelbares Organisationsdelikt (vgl. BGH **23** 70) und abstraktes Gefährdungsdelikt. Sie ist mit Art. 5 GG vereinbar (BGH **23** 64).

2   **II.** Der **objektive Tatbestand** setzt voraus, daß der Täter gewisse Propagandamittel verbreitet, herstellt usw (Abs. 1). Ab 1. 12. 1994 ist das Herstellen, das Vorrätighalten und die Ausfuhr der aufgeführten Propagandamittel zwecks Verbreitung im Ausland hinzugekommen. Das Verbreiten selbst wird nach wie vor nur als Inlandstat erfaßt.

3   **1.** Was als **Propagandamittel** iSv § 86 anzusehen ist, bestimmt Abs. 2. Danach kommen nur Schriften (§ 11 III) in Betracht, deren Inhalt gegen die freiheitliche demokratische Grundordnung oder den Gedanken der Völkerverständigung gerichtet ist. Diese Grundwerte müssen in ihrer Verwirklichung bzw. Anerkennung in der BRep. betroffen sein. Mangels eines hiergegen gerichteten Inhalts fallen vorkonstitutionelle Schriften, wie Hitlers „Mein Kampf", und ihr Nachdruck nicht unter

Verbreiten von Propagandamitteln verfassungswidriger Organisationen 4–11 § 86

§ 86 (BGH **29** 73 m. Anm. Bottke JA 80, 125, Celle JR **98**, 79 m. Anm. Popp, Laufhütte LK 6, M-Schroeder II 332 [and. bei Aktualisierung durch Zusätze], Rudolphi SK 11 f., Tröndle/Fischer 5; and. Otto II 442, Popp JR 98, 81, Sonnen AK 26). Anders liegt es, wenn ein aktueller Bezug durch Zusätze (Vorwort, Umschlaghülle, Nachwort usw.), durch sonstige Veränderungen oder durch Einbeziehung der vorkonstitutionellen Schrift in eine neue Schrift hergestellt wird (vgl. BGH aaO).

a) Über **Schriften** vgl. § 11 RN 78 f. 4

b) Der Inhalt der Propagandamittel muß **gegen die freiheitliche demokratische Grundordnung** 5 oder den Gedanken der Völkerverständigung gerichtet sein. Diese Begriffe sind den Art. 9 II, 21 II GG entnommen und kennzeichnen die materielle Staatsfeindlichkeit des Inhalts der Propaganda. Unter freiheitlicher demokratischer Grundordnung ist nach BVerfGE **2** 12 eine Ordnung zu verstehen, die unter Ausschluß jeglicher Gewalt- und Willkürherrschaft eine rechtsstaatliche Herrschaftsordnung auf der Grundlage der Selbstbestimmung des Volkes nach dem Willen der jeweiligen Mehrheit und der Freiheit und Gleichheit darstellt; eingehend dazu W. Schmitt-Glaeser aaO 32 ff., der den Begriff mit den im Art. 79 III GG garantierten Verfassungsprinzipien identifiziert. Nach BGH **23** 64 gehören dazu jedenfalls die Grundsätze des § 92. Gegen den **Gedanken der Völkerverständigung** richtet sich der Inhalt, wenn er sich gegen das friedliche Zusammenleben der Völker auf der Grundlage einer gewaltlosen Einigung wendet (Tröndle/Fischer 4). Eine solche Zielrichtung ergibt sich noch nicht aus dem Ablehnen von Rassenvermischung, das ohne Herabsetzung anderer Rassen mit dem Verlust nationaler Identität begründet wird (BGH MDR/S **81**, 89). Propaganda ist nur eine solche, die eine „aktiv kämpferische, aggressive Tendenz" erkennen läßt (BGH **23** 72). Sie braucht bei Angriffen gegen die freiheitliche demokratische Grundordnung nicht unmittelbar darauf gerichtet zu sein, diese zu ändern oder zu beseitigen; es genügt, daß sie darauf abzielt, diese Ordnung zu untergraben und ihrer späteren Beseitigung den Boden zu bereiten (BGH **23** 73). Nach BGH NStE **1** genügt eine Schrift, die mit einer Kampfparole (Rot-Front verrecke-Nationalsozialisten) an eine nationalsozialistische Zielsetzung anknüpft und damit in ihrer Gesamtheit auch das Ziel einer Staats- und Gesellschaftsordnung einbezieht, die der nationalsozialistischen entspricht.

Da es sich um eine **Gefährlichkeit des Inhalts** handeln muß, kommt die bloße Verwendung 6 bestimmter Embleme, Abzeichen (Hakenkreuz) oder Buchstabenkombinationen (KPD) allein nicht in Betracht; vgl. jedoch § 86 a. Es genügt aber, wenn der verbotene Inhalt „zwischen den Zeilen" zum Ausdruck gebracht wird oder sich im Wege der ergänzenden Auslegung durch allgemeinkundige Tatsachen ergibt (vgl. BGH **23** 73, aber auch Sonnen AK 27). Eine Ergänzung durch eine andere, nicht allgemeinkundige Schrift reicht dagegen nicht aus (BGH NStZ **82**, 25).

2. Es muß sich um Propagandamittel **bestimmter Parteien** oder Vereinigungen handeln, nämlich 7

a) einer **Partei**, die vom BVerfG für **verfassungswidrig** erklärt worden ist, oder einer Partei bzw. 8 Vereinigung, von der unanfechtbar festgestellt worden ist, daß sie Ersatzorganisation einer solchen Partei ist (Nr. 1); vgl. dazu § 84 RN 4 ff., § 85 RN 3.

b) einer Vereinigung, die gemäß **Art. 9 II GG verboten** ist, weil sie sich gegen die verfassungs- 9 mäßige Ordnung oder gegen den Gedanken der Völkerverständigung richtet, bzw. einer Ersatzorganisation einer solchen Vereinigung (Nr. 2); vgl. dazu § 85 RN 4 ff.

c) einer **Regierung**, Vereinigung oder Einrichtung **außerhalb des räumlichen Geltungsbe-** 10 **reichs des StGB**, die für die Zwecke einer der unter a) und b) bezeichneten Parteien oder Vereinigungen tätig ist (Nr. 3). Durch diese Bestimmung sollen die Stellen erfaßt werden, die von Orten aus, die die staatliche Autorität der BRep. nicht erreichen kann, die Interessen der unter Nr. 1 und 2 genannten Parteien und Vereinigungen wahrnehmen und damit für die Sicherheit der BRep. gleich gefährlich sind. Es genügt dazu, daß nur ein Teil der Vereinigung außerhalb der BRep. besteht. Als Einrichtung sind auch Stellen ohne Dauercharakter anzusehen, zB Ausschüsse und Kongresse (vgl. BGH **10** 168, GA/W **61**, 149). Die Propagandaschrift muß den Zwecken der verbotenen Partei (Vereinigung) dienen; bloße Übereinstimmung der verfolgten Ziele genügt nicht. Ein Einvernehmen mit der verbotenen Vereinigung ist jedoch nicht erforderlich, nicht einmal deren Fortbestehen als illegale Organisation (Laufhütte LK 9). Nr. 3 ist durch das VerbrechensbekämpfungsG geändert worden und stellt nicht mehr vor auf den räumlichen Geltungsbereich des StGB (vgl. 13 vor § 80) ab. Daraus folgt, daß weiterhin Propagandamittel einer Regierung usw aus einer Zeit, in der das StGB für diese Regierung usw nicht gegolten hat, erfaßt bleiben, also Propagandamittel der Regierung usw der früheren DDR.

d) Propagandamittel, die nach ihrem Inhalt dazu bestimmt sind, **Bestrebungen** ehemaliger **natio-** 11 **nalsozialistischer Organisationen** fortzusetzen. Bei diesen Propagandamitteln ist eine **doppelte Inhaltsprüfung** erforderlich. Sie müssen einmal (Abs. 2) gegen die freiheitliche demokratische Grundordnung usw gerichtet sein und außerdem (Nr. 4) dazu bestimmt sein, Bestrebungen einer ehemaligen nationalsozialistischen Organisation fortzusetzen. Diese Bestimmung muß dem Inhalt des Propagandamittels zu entnehmen sein; unerheblich ist, was der Täter oder der Verfasser der Schrift mit dieser bezweckt hat (BGH **23** 75). Unzulässige Propaganda ist zB ein T-Shirt mit einer Hammer und Sichel durchschlagenden Faust, eingerahmt von den Worten „Rotfront verrecke" (BGH MDR/S **94**, 238). Daß die Schriften NS-Gedankengut enthalten, genügt allein nicht (vgl. auch o. 3). Keine verbotene Propaganda ist die bloße Erinnerung an die NS-Zeit in Hinsicht auf eine Familienpolitik, die auf eine größere Kinderzahl abzielt (BGH MDR/S **81**, 89). Die deutsche Wehrmacht war keine NS-Organisation (BGH **23** 65).

12   e) Da es sich um Propagandamittel der genannten Parteien und Vereinigungen handeln muß, fragt es sich, in welcher **Beziehung** das Propagandamittel **zu der Partei**, Vereinigung usw stehen muß. Eine Mitgliedschaft des Urhebers- oder Herausgebers ist hierfür nicht zu verlangen (Tröndle/Fischer 6). Die Schrift muß aber zumindest im Einvernehmen mit einem Angehörigen der Organisation für deren Propagandazwecke zur Verbreitung hergestellt worden sein, wobei es allerdings weder auf einen förmlichen Auftrag eines autorisierten Funktionärs noch auf das Impressum ankommt (vgl. BGH **19** 315, Laufhütte LK 8, Tröndle/Fischer 6). Hingegen genügt ungeachtet kriminalpolitischer Bestrafungsnotwendigkeit angesichts der Wortlautschranke des Art. 103 II GG nicht, daß ohne Kontakt zur Organisation aus eigenem Antrieb entsprechende Propaganda für die verbotene Partei usw betrieben wird (Laufhütte LK 8, Rudolphi SK 6, Sonnen AK 17; and. 25. A. RN 12).

13   f) Da die Aufzählung der Nrn. 1–4 abschließend ist, fällt unter § 86 nicht die Propaganda, die für Gründung oder Aufbau einer Ersatzorganisation veranstaltet wird, die von den Verfassungs- und Verwaltungsgerichten noch nicht als solche festgestellt worden ist.

14   3. Die Handlung besteht im **Verbreiten, Herstellen, Vorrätighalten**, in der **Einfuhr** in die BRep. oder der **Ausfuhr zwecks Verbreitung im In- oder Ausland**. Vgl. zum Verbreiten § 184 RN 57, zu den übrigen Begriffen § 86 a RN 9 b. Das Verbreiten iSv § 86 schließt nach dessen Sinn auch die in § 74 d IV genannten Handlungen ein (Lackner/Kühl 6), zB der öffentliche Plakatanschlag (BGH MDR/H **77**, 809) oder das Anbringen eines beschrifteten Tuches an einer Hauswand (BGH NStE **1**). Im Unterschied zu § 184 genügt für das Herstellen eines Propagandamittels noch nicht das Anfertigen einer Schrift (Manuskript usw.), aus der die zur Verbreitung bestimmten Schriften erst gewonnen werden sollen (Laufhütte LK 16; offen gelassen in BGH **32** 3). Die Einschränkung ergibt sich aus dem von § 184 abweichenden Wortlaut des § 86. Der Hersteller usw braucht nicht selbst das Verbreiten übernehmen zu wollen; es genügt, daß er es einem anderen überlassen will. Ferner ist auch das **öffentlich Zugänglichmachen in Datenspeichern** erfaßt: Zum öffentlich Zugänglichmachen § 184 RN 32 u. 40, zu Datenspeichern § 11 RN 78; der Inhalt des Propagandamittels muß einer grds. unbeschränkten Vielzahl von Personen dadurch zur Kenntnis gebracht werden, daß er ohne körperliche Übertragung des Trägermediums in seiner in elektronischer Form zum Abruf bereitgehalten oder übermittelt wird, etwa über das Internet (s. BT-Drs. 13/7385 S. 36): Lackner/Kühl 6, Tröndle/Fischer 9 a; zum Tatort bei Verbreitung über das Internet § 9 RN 6; zur Abgrenzung von Täterschaft und Teilnahme und zur grds. Straflosigkeit eines Providers: § 184 Rn. 66 b ff. Verschiedene Vorbereitungshandlungen, die dem Verbreiten desselben Propagandamittels dienen, stellen nur eine Tat dar. Ebenso liegt nur eine Tat vor, wenn der Täter nach dem Herstellen usw seine Absicht verwirklicht und das Propagandamittel verbreitet (vgl. 14 vor § 52).

15   Wie beim Verbreiten, das nach dem Gesetzeswortlaut nur bei **Inlandstaten** erfaßt wird, muß auch bei den anderen Handlungen der Tatort im Inland liegen. Wenn nämlich das Verbreiten im Ausland nicht tatbestandsmäßig ist, kann ebensowenig das Herstellen oder das Vorrätighalten im Ausland unter den Tatbestand fallen, und zwar auch nicht, wenn die Handlung zur Verbreitung im Inland dient (and. 24. A. RN 15). Insoweit genügt es, wenn die Strafbarkeit bei der Einfuhr einsetzt. Beim Herstellen oder Vorrätighalten im Inland ist unerheblich, ob das Propagandamaterial im Inland oder im Ausland verbreitet werden soll. Der Einfuhr gleichgestellt ist die Ausfuhr. Zum Tatort bei einer im Ausland vorgenommenen Tathandlung, durch die die inkriminierte Information mittels Datenübertragung (zB Internet) im Inland verfügbar gemacht wird: § 9 RN 6.

16   III. Der **subjektive Tatbestand** setzt Vorsatz voraus. Der Täter muß wissen, daß es sich um Propagandamittel einer verbotenen Partei oder Vereinigung oder um die in Nrn. 3, 4 genannten Bestrebungen handelt und daß der Inhalt gegen die freiheitliche demokratische Grundordnung oder den Gedanken der Völkerverständigung verstößt; bedingter Vorsatz reicht aus. Den Inhalt braucht der Täter nicht zu billigen (BGH **19** 221). Die irrige Annahme von Umständen, die zum Tatbestandsausschluß nach Abs. 3 (vgl. u. 17) oder nach Art. 296 EGStGB (vgl. u. 20) führen, schließt den Vorsatz aus. Ein Verbotsirrtum liegt dagegen bei einem Irrtum über die Reichweite des Abs. 3 oder des Art. 296 EGStGB vor (Laufhütte LK 23).

17   IV. Ausgenommen vom Tatbestand (Lackner/Kühl 8, Laufhütte LK 19, M-Schroeder II 333) sind nach der **Sozialadäquanzklausel** des Abs. 3 Propagandamittel oder Handlungen, die der staatsbürgerlichen Aufklärung, der Abwehr verfassungswidriger Bestrebungen, der Kunst, der Wissenschaft, der Forschung, der Lehre, der Berichterstattung über Vorgänge des Zeitgeschehens oder der Geschichte oder ähnlichen Zwecken dienen. Der staatsbürgerlichen Aufklärung dient eine Handlung, die zur Anregung der politischen Willensbildung und Verantwortungsbereitschaft des Staatsbürgers und damit zur Förderung seiner politischen Mündigkeit Wissen vermittelt (BGH **23** 227, Hamm NJW **82**, 1658). Wird dieser Rahmen überschritten, so greift Abs. 3 nicht ein. Das ist etwa der Fall, wenn mit einem Propagandamittel oder einer Handlung zugleich für eine verbotene Partei geworben werden soll. Entsprechendes gilt für derartige Werbungen, wenn sie unter dem Deckmantel der Kunst, der Wissenschaft oder der Lehre betrieben werden (BVerfG NJW **88**, 325, Hamm JMBlNW **84**, 69); ebenso ist die Strafbarkeitsgrenze überschritten, wenn die Information der Öffentlichkeit nur einen Vorwand bildet, um in Wahrheit die mit dem Text angestrebte propagandistische Wirkung zu erzielen

(Sprachrohr-Funktion), in Anbetracht von Art. 5 I GG aber nicht bei einem Zusammenhang mit einer distanzierten, kritischen Berichterstattung oder als Teil einer bewertungsfreien Dokumentation (vgl. BGH **43** 44 f., NStZ-RR **97**, 282 [jeweils zu § 20 I Nr. 4 VereinsG], Tröndle/Fischer 11). Abs. 3 deckt ferner nicht die Propaganda von Parteien, die für verfassungswidrig erklärt worden sind (BGH **23** 226 m. Anm. Kohlmann JZ 71, 681). Eine satirische Darstellung kann vom Schutz des Art. 5 III GG legitimiert sein (BVerfGE **82** 1 [Hitler mit Hakenkreuzbinde auf T-Shirt]). Zum Ganzen vgl. noch § 86 a RN 10.

V. Über **Nebenfolgen** und Einziehung vgl. §§ 92 a, b. Zum **Opportunitätsprinzip** vgl. § 74 a I 18
GVG iVm §§ 153 c, d, e StPO. Zur Berücksichtigung generalpräventiver Zwecke bei der Strafzumessung vgl. BGH MDR/S **81**, 89. Bei geringer Schuld kann von einer Bestrafung nach § 86 abgesehen werden (Abs. 4); zum Absehen von Strafe vgl. 54 vor § 38.

VI. Mit §§ 83 ff. kann **Tateinheit** bestehen, ebenso mit §§ 89 ff. Enthält das Propagandamittel die 19
Aufforderung zu konkreten Straftaten (zB Fahnenflucht), dann besteht mit der Anstiftung zu diesen Taten Idealkonkurrenz. Zum Verhältnis zu § 86 a vgl. dort RN 13.

VII. Auf **Zeitungen** und Zeitschriften, die **außerhalb des räumlichen Geltungsbereichs** des 20
StGB in ständiger, regelmäßiger Folge erscheinen und dort allgemein und öffentlich vertrieben werden, ist § 86 I nicht anwendbar (Art. 296 EGStGB). Zum allgemeinen und öffentlichen Vertrieb vgl. BGH **28** 299. Nichtanwendbarkeit bedeutet Einschränkung des Tatbestands (Laufhütte LK 22). Voraussetzung ist, daß jedermann die Zeitungen oder Zeitschriften außerhalb des räumlichen Geltungsbereichs des StGB ohne weiteres erwerben kann, sei es unentgeltlich oder entgeltlich. Mit ihnen muß die Zeitung oder Zeitschrift, die im Geltungsbereich des StGB verbreitet usw wird, identisch sein. Ist ihr Text verändert (zB Zusätze oder Streichungen) oder ist ihr eine sonst nicht mitgelieferte Beilage hinzugefügt worden, so fehlt es am Identitätserfordernis. Ebenso fehlt es hieran, wenn die Zeitung oder Zeitschrift im Ausland in anderer Sprache vertrieben wird, mag auch der Inhalt gleich sein (BGH **28** 296).

§ 86 a Verwenden von Kennzeichen verfassungswidriger Organisationen

(1) **Mit Freiheitsstrafe bis zu drei Jahren oder mit Geldstrafe wird bestraft, wer**
1. **im Inland Kennzeichen einer der in § 86 Abs. 1 Nr. 1, 2 und 4 bezeichneten Parteien oder Vereinigungen verbreitet oder öffentlich, in einer Versammlung oder in von ihm verbreiteten Schriften (§ 11 Abs. 3) verwendet oder**
2. **Gegenstände, die derartige Kennzeichen darstellen oder enthalten, zur Verbreitung oder Verwendung im Inland oder Ausland in der in Nummer 1 bezeichneten Art und Weise herstellt, vorrätig hält, einführt oder ausführt.**

(2) **Kennzeichen im Sinne des Absatzes 1 sind namentlich Fahnen, Abzeichen, Uniformstücke, Parolen und Grußformen. Den in Satz 1 genannten Kennzeichen stehen solche gleich, die ihnen zum Verwechseln ähnlich sind.**

(3) **§ 86 Abs. 3 und 4 gilt entsprechend.**

Vorbem.: Abs. 1 geändert durch 21. StÄG u. durch VerbrechensbekämpfungsG v. 28. 10. 1994, BGBl. I 3186. Abs. 2 ergänzt durch VerbrechensbekämpfungsG.

Schrifttum: Vgl. die Angaben vor § 80, ferner: *Greiser,* Die Sozialadäquanz der Verwendung von NS-Kennzeichen bei Demonstrationen, NJW 69, 1155. – *ders.,* Verbreitung verfassungsfeindlicher Propaganda, NJW 72, 1556. – *Jahn,* Strafrechtliche Mittel gegen Rechtsextremismus, 1998. – *Lüttger,* Zur Strafbarkeit der „Verwendung von Kennzeichen ehemaliger nationalsozialistischer Organisationen" nach § 4 des Versammlungsgesetzes, GA 60, 129. – *Nöldeke,* NS-Symbole im politischen Tageskampf, NJW 72, 2119.

I. Die Bestimmung richtet sich gegen das Verwenden und Verbreiten nationalsozialistischer Kenn- 1
zeichen sowie Kennzeichen anderer politischer Parteien und Vereinigungen, soweit sie für verfassungswidrig erklärt oder verboten worden sind. Es handelt sich um ein Delikt der **Staatsgefährdung (abstraktes Gefährdungsdelikt)**; der Tatbestand soll verhindern, daß durch das Zeigen von Kennzeichen der Eindruck erweckt wird, verbotene staatsfeindliche Vereinigungen seien noch vorhanden, und dadurch mittelbar Propaganda für diese gemacht wird. Vgl. dazu BGH **23** 268, **25** 33, 130, Düsseldorf JZ **87**, 836. Um eines weitreichenden Schutzes willen ist durch das 21. StÄG der Tatbestand auf Handlungen im Vorfeld des Verbreitens und Verwendens erweitert worden, und zwar auf das Herstellen, das Vorrätighalten, die Einfuhr von Gegenständen, die Kennzeichen der genannten Art darstellen oder enthalten, sofern dies zum Zweck des Verbreitens oder Verwendens geschieht. Das VerbrechensbekämpfungsG hat den Tatbestand weiter auf Kennzeichen ausgedehnt, die den schon bisher erfaßten Kennzeichen zum Verwechseln ähnlich sind. Außerdem läßt es genügen, daß die Kennzeichen zur Verbreitung oder Verwendung im Ausland hergestellt usw oder ausgeführt werden. Zum kriminologischen Hintergrund der Novellierung der §§ 86 a, 130 durch das Verbrechensbekämpfungs G 1994 krit. Jahn aaO 47 ff.

II. Der **objektive Tatbestand** des **Abs. 1 Nr. 1** setzt voraus, daß der Täter in bestimmten 2
qualifizierten Formen Kennzeichen politischer Parteien usw verwendet oder verbreitet.

§ 86 a 3–6   Bes. Teil. Friedensverrat, Hochverrat usw.

3   1. Das **Kennzeichen** ist in Abs. 2 beispielhaft umschrieben. Zu den Kennzeichen gehören danach nicht nur in Gegenständen verkörperte Symbole, sondern auch nichtkörperliche Charakteristika verbotener Organisationen (Schafheutle JZ 60, 474), zB der „Hitlergruß", die Grußform „Heil Hitler" (Celle NJW **70**, 2258; vgl. auch BGH **25** 30) oder „mit deutschem Gruß" in Briefen, deren Aufmachung und Inhalt eindeutig erkennen lassen, daß dies in nationalsozialistischem Sprachgebrauch gemeint ist (BGH **27** 1). Zum „Siegheil" und „Sieg und Heil für Deutschland" vgl. Düsseldorf MDR **91**, 174. Die Aufzählung ist nicht abschließend. Außer den genannten Beispielen kommen ua bestimmte Lieder (zB Horst-Wessel-Lied, BGH MDR **65**, 923, Bay NJW **62**, 1878; zum „Es zittern die morschen Knochen" vgl. Celle NJW **91**, 1497) in Betracht, wobei deren Melodien genügen (Bay NJW **90**, 2006), so daß ein verfremdeter Text den Tatbestand nicht ausschließt (Oldenburg NJW **88**, 351), ebenso markante Takte oder Textteile (Bay NJW **90**, 2006). Sind einzelne Takte Bestandteil einer insg. anderen Melodie, so erfüllt deren vollständiges Spielen jedoch nicht die Voraussetzungen des § 86 a (Bay NJW **90**, 2006). Als Kennzeichen werden ferner Hitler-Bilder angesehen (vgl. BGH MDR **65**, 923), auch in einer Zeitschrift (Schleswig MDR **78**, 333) oder als T-Shirt-Aufbügler (LG Frankfurt NStZ **86**, 167). Vgl. zum Ganzen Lüttger GA 60, 131 ff., Bonefeld DRiZ 93, 430.

4   2. Die Kennzeichen müssen dazu dienen, bestimmte politische Organisationen zu bezeichnen, also auf die äußere Zusammengehörigkeit der Anhänger bestimmter politischer Meinungen hinzuweisen (vgl. BGH **25** 131). Dabei muß es sich um **Parteien und Vereinigungen** der in § 86 I Nr. 1, 2 und 4 bezeichneten Art handeln (vgl. dazu dort RN 7 ff.; zur Abgrenzung gegenüber § 20 I Nr. 5 VereinsG vgl. Köbler NStZ 95, 534). Kennzeichen einer ehemaligen nationalsozialistischen Organisation ist nach BGH **25** 128 nicht die karikaturistisch verzerrte Darstellung eines menschlichen Körpers in Form eines Hakenkreuzes. Mit der Ausweitung des Tatbestands auf zum Verwechseln ähnliche Kennzeichen ist jedoch die Rspr. überholt, die hakenkreuzähnliche Abbildungen oder an ein Hakenkreuz erinnernde Symbole nicht genügen ließ (vgl. 24. A. RN 4). Soweit die Abbildungen oder Symbole sich mit einem Hakenkreuz verwechseln lassen, fallen sie ebenso unter den Tatbestand wie sonstige zum Verwechseln ähnliche Kennzeichen einer verfassungswidrigen Organisation. **Zum Verwechseln ähnlich** ist ein Kennzeichen, wenn ein Unbefangener es ohne weiteres für das Kennzeichen einer verfassungswidrigen Organisation halten kann, wobei es nicht so sehr auf eine figürliche oder sprachliche Ähnlichkeit als vielmehr darauf ankommt, ob der Anschein eines Kennzeichens der jeweiligen Organisation erweckt und dessen Symbolgehalt vermittelt wird (Lackner/Kühl 2 a m. deutlicher Skepsis an der Tragfähigkeit dieser Regelung); zur noch hinreichenden Bestimmtheit dieser innertatbestandlichen Analogie (s. § 1 RN 29): Jahn aaO 225 ff. So werden unzweifelhaft Abbildungen erfaßt, die erst aus einer gewissen Entfernung wie ein Hakenkreuz aussehen (vgl. Hamburg MDR **81**, 779 m. Anm. Bottke JR 82, 77), ebenso Kennzeichen, die zwar nicht in jeder Einzelheit dem Vorbild entsprechen, dem unbefangenen Betrachter aber den Eindruck eines Kennzeichens einer verbotenen Organisation vermitteln (vgl. Köln NStZ **84**, 508: zu kurze Querbalken bei Hakenkreuzen; BGH MDR/S **86**, 177: leicht abgeänderte Sigrune des Dt. Jungvolks). Die Verknüpfung des Hakenkreuzes mit dem Davidstern im Rahmen des Rael-Symbols reicht jedoch nicht aus (Bay NJW **88**, 2901). Zum Reichsadler mit Hakenkreuz vgl. AG Weinheim NJW **94**, 1543, Wilhelm DRiZ 94, 339. Kein Kennzeichen einer nationalsozialistischen Organisation ist die Abbildung einer Hammer und Sichel durchschlagenden Faust, eingerahmt von den Worten „Rotfront verrecke" (BGH MDR/S **94**, 238); sie ist auch nicht zum Verwechseln ähnlich. Das Keltenkreuz läßt sich nur bei Verwendung mit einem konkreten Hinweis auf eine verbotene Organisation § 86 a zuordnen (Karlsruhe NStZ-RR **98**, 10, LG Heidelberg NStE 8). Tragen eines T-Shirts mit Abbildung eines Grabsteins mit Keltenkreuz erfüllt nicht den Tatbestand des § 86 a (BGH NStZ **96**, 81). Zur Strafbarkeit des Tragens des sog. Obergauarmdreiecks Weimann NJ 98, 522 (abl.) mwN.

5   3. Die **Handlung** besteht im Verwenden oder Verbreiten dieser Kennzeichen, und zwar öffentlich, in einer Versammlung oder in vom Täter verbreiteten Schriften.

6   a) **Verwenden** bedeutet ein Zeigen oder Benutzen der Kennzeichen unter Umständen, die als Bekenntnis zu den Zielen der verbotenen Organisation aufgefaßt werden können (Rudolphi SK 6; and. BGH **23** 267, Hamm NJW **82**, 1657). Unter Verwenden fällt jeder Gebrauch, der das Kennzeichen optisch oder akustisch wahrnehmbar macht (BGH **23** 269 Hamm NJW **82**, 1657, KG NJW **99**, 3502, Tröndle/Fischer 4), ohne daß es auf eine körperliche Überlassung ankommt (Sieber JZ 96, 495), also zB das Aufnehmen von Kennzeichen in eine Mailbox (Frankfurt wistra **99**, 30 m. Anm. Rückert). Die Tat nach § 86 a ist zwar ein abstraktes Gefährdungsdelikt, aber nur unter der Voraussetzung, daß die Umstände der Tat eine Gefährdung nahelegen (vgl. aber Greiser NJW 69, 1155, Lüttger GA 60, 137, Schafheutle JZ 60, 474). Das ergibt sich aus der ratio des Gesetzes, das scheinbare Fortbestehen der Vereinigung und das Sich-Bekennen zu staatsgefährdenden Zielen zu erfassen. Daher fällt die offenkundig scherzhafte Verwendung, zB von Grußformen nicht unter § 86 a (and. BGH **23** 267, Bay NJW **62**, 1878; vgl. auch Celle NJW **70**, 2257), je nach den Umständen auch nicht der Zuruf einer Grußform als Protest gegen staatliches Vorgehen (vgl. Oldenburg NJW **86**, 1275), ebensowenig das ersichtlich als närrisches Treiben aufzufassende Tragen von NS-Emblemen bei Faschingsveranstaltungen (vgl. Lüttger GA 60, 144, der insoweit die Grundsätze der Sozialadäquanz heranzieht; vgl. aber AG Münsingen MDR **78**, 73), das Verwenden von Kennzeichen als offenkundige Warnung vor Wiederaufleben einer verfassungswidrigen Organisation und deren Gedankengut (vgl. Stuttgart MDR **82**, 246, aber auch Frankfurt NStZ **82**, 333), die Verwendung historischer Fotos oder

die Abbildung von Parteiabzeichen in Lexika usw sowie die Hakenkreuzabbildung auf historischen Spielzeugmodellen (and. BGH **28** 394), wohl aber das Anbringen von NS-Parolen auf Spielzeugbausätzen. Dem hier vertretenen Standpunkt kommt die Rspr. in BGH **25** 30, 133 nahe; sie verneint die Tatbestandsmäßigkeit bei einem Verhalten, das dem Schutzzweck des § 86 a ersichtlich nicht zuwiderläuft (vgl. auch Köln NStZ **84**, 508).

Die Verwendung muß öffentlich, in einer Versammlung oder durch Verbreiten von Schriften 7 (§ 11 III) erfolgen; vgl. dazu § 90 RN 3 ff., zum Merkmal **öffentlich** auch Frankfurt wistra **99**, 30 (Einsatz ungesicherter Mailbox), Koblenz MDR **77**, 334, Celle NStZ **94**, 440 sowie BGH **29** 82 f. (Möglichkeit, das Kennzeichen beim Aufblättern eines zum Verkauf ausgelegten Buches zu sehen, genügt nicht). Diesem Erfordernis entspricht nicht das Ausstellen einer Armbinde des Volkssturms, wenn das auf ihr befindliche Hakenkreuz verdeckt ist (Köln MDR **80**, 420). Eine **Versammlung** soll nach Koblenz MDR **81**, 600 nur eine Zusammenkunft mehrerer zur Erörterung öffentlicher Angelegenheiten oder zu einer gemeinsamen Kundgebung sein. Ein solcher Versammlungsbegriff ist jedoch zu eng. Ob etwa in einer Vereinsversammlung öffentliche oder vereinsinterne Angelegenheiten erörtert werden, begründet für die propagandistisch wirksame Verwendung der genannten Kennzeichen und damit für die potentielle Gefährlichkeit der Verwendung keinen erheblichen Unterschied. Es ist daher auch hier der in § 90 RN 5 umschriebene Versammlungsbegriff anzuwenden.

b) Zum **Verbreiten** vgl. § 184 RN 57, 66 b ff. (Internet). Hat das Verbreiten offenkundig unpolitische Bedeutung, dann entfällt wie beim Verwenden die Strafbarkeit aus § 86 a (vgl. o. 6). Kein Verbreiten ist die Versteigerung einer einzelnen Sache (Bay NStZ **83**, 120 m. krit. Anm. Keltsch) oder deren Verkauf, es sei denn, mit ihm ist die Weitergabe an einen größeren Personenkreis durch den Käufer bezweckt oder zumindest gewollt (Bremen NJW **87**, 1427). 8

4. Die Tat muß **im Inland** begangen sein. Eine Auslandstat genügt ebensowenig wie beim Verbreiten von Propagandamittel gem. § 86. Macht ein Täter aber im Ausland von ihm verwendete Kennzeichen mittels Fernsehübertragung im Inland wahrnehmbar, so liegt ebenso eine Inlandstat vor (KG NJW **99**, 3500; Laufhütte LK 17 iVm § 86 RN 25) wie bei im Inland vernehmbaren, aber im ausländischen Grenzgebiet gerufenen Parolen (Laufhütte ebenda); vgl. auch noch § 9 RN 6. 9

III. Ferner erfaßt **Abs. 1 Nr. 2** das Herstellen, das Vorrätighalten, die Einfuhr und die Ausfuhr von 9 a Gegenständen, die Kennzeichen der in Nr. 1 genannten Art darstellen oder enthalten, als **Vorbereitungshandlungen,** soweit die Tat zum Zweck des Verbreitens oder Verwendens in der in Nr. 1 bezeichneten Art und Weise begangen wird. Unerheblich ist, ob das Verbreiten (Verwenden) im Inland oder im Ausland erfolgen soll. Bei der (bezweckten) Ausfuhr kommt es nicht darauf an, ob das Verbreiten (Verwenden) in dem betroffenen Ausland strafbar ist, sondern nur auf das Verbreiten (Verwenden) in der in Nr. 1 bezeichneten Art und Weise.

1. **Hergestellt** ist der Gegenstand, wenn er als Endprodukt vorliegt, dh so weit fertiggestellt ist, daß 9 b er unmittelbar zum Verbreiten oder Verwenden eingesetzt werden kann. Eine Unterart des Herstellens ist das Vervielfältigen. Zum **Vorrätighalten** vgl. § 184 RN 46. Ebensowenig wie dort ist diese Tathandlung nur als das Halten eines Vorrats zu verstehen; es genügt das Besitzen eines Stückes zu dem vorausgesetzten Zweck (vgl. Laufhütte LK § 86 RN 17). **Einfuhr** ist jedes Verbringen eines Gegenstandes in die BRep. Sie ist vollendet, wenn der Gegenstand über die Grenze gelangt ist, und beendet, wenn der eingeführte Gegenstand den Bestimmungsort erreicht hat (vgl. Laufhütte LK § 86 RN 18). Unerheblich für die Vollendung der Einfuhr ist, ob der Täter an der Grenze die Zugriffsmöglichkeit hat (vgl. BGH **34** 182). Ferner kommt es nicht darauf an, ob der Gegenstand vom Täter selbst oder in dessen Auftrag über die Grenze gebracht wird (vgl. BGH NStZ **89**, 436 zu § 29 BtMG). Der Chauffeur des Transportfahrzeugs ist auch dann Täter, wenn der Auftraggeber mitfährt und der Chauffeur in dessen Interesse handelt (vgl. BGH **38** 315 zum BtMG). Ausfuhr ist jedes Verbringen eines Kennzeichens aus dem Gebiet der BRep. ins Ausland. Die Durchfuhr im Transitverkehr läßt sich sowohl als Einfuhr wie als Ausfuhr verstehen (vgl. Schleswig NJW **71**, 2319). Der betroffene Gegenstand muß als solcher zur Verbreitung oder Verwendung bestimmt sein. Anders als nach § 184 genügt noch nicht das Herstellen, Vorrätighalten oder Einführen eines Gegenstandes, aus dem die zur Verbreitung oder Verwendung bestimmten Gegenstände erst gewonnen werden sollen (vgl. dazu § 86 RN 14).

2. Die Handlungen müssen zur **Verbreitung** oder Verwendung im In- oder Ausland vorgenom- 9 c men werden. Der Tatort selbst muß im Inland liegen (and. 24. A. RN 9 c). Zur Begründung gilt das in RN 15 zu § 86 Ausgeführte entsprechend. Erforderlich ist Absicht iS zielgerichteten Handelns. Hieran fehlt es beim Vorrätighalten von Kennzeichen zum Verkauf an Einzelpersonen (zB Sammler) ohne das Ziel des Verbreitens (vgl. Bremen NJW **87**, 1427). Unerheblich ist, ob der Täter beabsichtigt, selbst die Gegenstände zu verbreiten (verwenden) oder dies anderen zu überlassen.

3. Verschiedene Vorbereitungshandlungen, die sich auf dieselben Gegenstände erstrecken, stellen 9 d nur eine Tat dar (zB Vorrätighalten nach Herstellen). Ebenso liegt nur eine Tat vor, wenn der Täter nach dem Herstellen usw seine Absicht verwirklicht und den Gegenstand iSv Nr. 1 verbreitet oder verwendet (vgl. 14 vor § 52).

IV. Nicht tatbestandsmäßig (vgl. § 86 RN 17; and. [Rechtfertigungsgrund] Greiser NJW 69, 1155, 10 NJW 72, 1556) ist nach Abs. 3 iVm § 86 III die Verwendung der Kennzeichen, soweit sie der **staatsbürgerlichen Aufklärung** oder einem der sonstigen in § 86 III genannten Zwecke dient. Hierher gehören die Fälle des Vergleichs von Agitationsmethoden mit Methoden aus der NS-Zeit (Hamm NJW **82**, 1656), der politischen Karikatur, der Dokumentarfilme oder der künstlerischen Darstellung, auch in Filmen oder Theaterstücken, sowie als ähnlicher Zweck der antiquarische Handel mit einem Buch aus der NS-Zeit, das ein NS-Emblem als ursprünglichen Bestandteil aufweist (BGH **29** 84), die Auslage eines Schmuckstücks in Hakenkreuzform zwischen sonstigen Sachen in einem Antiquitätengeschäft (Celle NStZ **81**, 221 m. Anm. Foth JR 81, 382), das dem Schutzzweck des § 86 a nicht zuwiderlaufende Ausstellen von Auktionsgegenständen (BGH **31** 385) und das Briefmarkensammeln. Bei der staatsbürgerlichen Aufklärung oder der Berichterstattung über Vorgänge der Geschichte setzt der Tatbestandsausschluß nicht voraus, daß die verwendeten Kennzeichen zum Verständnis der Information unbedingt erforderlich sind (BGH MDR/S **84**, 184). Dagegen fällt die reißerische Käuferwerbung mit Kennzeichen verfassungswidriger Organisationen nicht unter Abs. 3 (BGH **23** 79; vgl. auch LG München NStZ **85**, 311), ebensowenig eine angeblich staatsbürgerliche Aufklärung, die allein das Ziel verfolgt, das NS-System zu verharmlosen (vgl. Schleswig SchlHA **78**, 70), wohl aber nach BVerfGE **77** 240 die Verwendung von Kennzeichen zur Werbung für ein Kunstwerk (and. Hamm NJW **85**, 2146), soweit es sich nicht um Werbung für eine verbotene Organisation unter dem Deckmantel der Kunst handelt. Die Kunstfreiheit (vgl. auch § 90 a RN 19) erstreckt sich auch auf satirische Darstellungen, deren Gegenstand Kennzeichen einer ehemaligen nationalsozialistischen Organisation sind; sie wird nicht deswegen ausgeschlossen, weil mit der Darstellung Aufsehen erregt und der Absatz gefördert werden soll (BVerfGE **82** 1 = NJW **90**, 2541). Kommt jedoch eine Satire offenkundig nicht in Betracht, so entfällt die Berufung auf die angebliche Satire als Kunst (BVerfG aaO).

11 **V.** Der **subjektive Tatbestand** verlangt Vorsatz; bedingter Vorsatz genügt. Bei zum Verwechseln ähnlichen Kennzeichen muß der Täter davon ausgehen, daß ein unbefangener Betrachter sie (möglicherweise) für Kennzeichen einer verfassungswidrigen Organisation hält. In den Fällen des § 86 I Nr. 1 und 2 muß das Wissen des Täters auch das Verbot der Vereinigung umfassen. Beim Verwenden eines Kennzeichens muß sich der Täter bewußt sein, daß dies öffentlich oder in einer Versammlung geschieht. Bemerkt der Täter bei einer an sich geschlossenen Gesellschaft nicht, daß sich Unbeteiligte eingefunden haben, so liegt ein Tatbestandsirrtum vor, dagegen ein Subsumtionsirrtum, verbunden mit einem Verbotsirrtum, wenn er die Unbeteiligten zwar bemerkt, aber gleichwohl von der Nichtöffentlichkeit ausgeht (Celle NStZ **94**, 441). Zur irrigen Annahme der Voraussetzungen des Abs. 3 vgl. § 86 RN 16.

12 **VI.** Über **Nebenfolgen** und Einziehung vgl. §§ 92 a, b.

13 **VII. Idealkonkurrenz** kommt in Betracht mit §§ 3, 28 VersammlungsG; ferner mit §§ 84, 85. Ist das Kennzeichen zugleich Propagandamittel, dann kann Tateinheit mit § 86 vorliegen.

§ 87 Agententätigkeit zu Sabotagezwecken

(1) **Mit Freiheitsstrafe bis zu fünf Jahren oder mit Geldstrafe wird bestraft, wer einen Auftrag einer Regierung, Vereinigung oder Einrichtung außerhalb des räumlichen Geltungsbereichs dieses Gesetzes zur Vorbereitung von Sabotagehandlungen, die in diesem Geltungsbereich begangen werden sollen, dadurch befolgt, daß er**

1. **sich bereit hält, auf Weisung einer der bezeichneten Stellen solche Handlungen zu begehen,**
2. **Sabotageobjekte auskundschaftet,**
3. **Sabotagemittel herstellt, sich oder einem anderen verschafft, verwahrt, einem anderen überläßt oder in diesen Bereich einführt,**
4. **Lager zur Aufnahme von Sabotagemitteln oder Stützpunkte für die Sabotagetätigkeit einrichtet, unterhält oder überprüft,**
5. **sich zur Begehung von Sabotagehandlungen schulen läßt oder andere dazu schult oder**
6. **die Verbindung zwischen einem Sabotageagenten (Nummern 1 bis 5) und einer der bezeichneten Stellen herstellt oder aufrechterhält,**

und sich dadurch absichtlich oder wissentlich für Bestrebungen gegen den Bestand oder die Sicherheit der Bundesrepublik Deutschland oder gegen Verfassungsgrundsätze einsetzt.

(2) Sabotagehandlungen im Sinne des Absatzes 1 sind
1. **Handlungen, die den Tatbestand der §§ 109 e, 305, 306 bis 306 c, 307 bis 309, 313, 315, 315 b, 316 b, 316 c Abs. 1 Nr. 2, der §§ 317 oder 318 verwirklichen, und**
2. **andere Handlungen, durch die der Betrieb eines für die Landesverteidigung, den Schutz der Zivilbevölkerung gegen Kriegsgefahren oder für die Gesamtwirtschaft wichtigen Unternehmens dadurch verhindert oder gestört wird, daß eine dem Betrieb dienende Sache zerstört, beschädigt, verändert oder unbrauchbar gemacht oder daß die für den Betrieb bestimmte Energie entzogen wird.**

(3) **Das Gericht kann von einer Bestrafung nach diesen Vorschriften absehen, wenn der Täter freiwillig sein Verhalten aufgibt und sein Wissen so rechtzeitig einer Dienststelle offenbart, daß Sabotagehandlungen, deren Planung er kennt, noch verhindert werden können.**

Vorbem. Abs. 2 Nr. 1 redaktionell geändert durch das 6. StrRG vom 26. 1. 1998, BGBl. I 164.

Agententätigkeit zu Sabotagezwecken 1–12 § 87

I. Die Vorschrift richtet sich gegen die **Vorbereitung von Sabotageakten** im Rahmen staatsgefährdender Bestrebungen. Sie erfaßt allerdings nur bestimmte Vorbereitungshandlungen, die zT nachrichtendienstlicher Art sind, zT aber auch die Sabotage unmittelbar vorbereiten sollen, wobei das Sichbereithalten genügt. Zum Parteienprivileg vgl. 7 vor § 80. 1

II. Der **objektive Tatbestand** setzt voraus, daß der Täter von bestimmten Stellen den Auftrag entgegennimmt, Sabotagehandlungen in bestimmter Weise vorzubereiten, und diese Vorbereitungsakte auch tatsächlich vornimmt. 2

1. Vorausgesetzt wird zunächst, daß der Täter den **Auftrag** zu seinem Verhalten unmittelbar oder durch einen Mittelsmann von einer Regierung, Vereinigung oder Einrichtung (vgl. § 86 RN 10) außerhalb des räumlichen Geltungsbereichs dieses Gesetzes erhalten hat. Es genügt, wenn der Auftrag vor Inkrafttreten des 8. StÄG erteilt wurde, der Täter ihm aber erst jetzt nachkommt. 3

2. Der Auftrag muß die **Vorbereitung von Sabotagehandlungen zum Gegenstand haben**, die innerhalb des Geltungsbereichs dieses Gesetzes begangen (§ 9) werden sollen. Gleichgültig ist, ob es sich um einen Einzelauftrag oder generelle Anweisungen für die Tätigkeit des Täters handelt. Erfaßt werden daher sowohl eigentliche Agenten wie auch Täter, die nur aus Anlaß eines Einzelfalles Aufträge übernehmen. Zur Sabotagehandlung vgl. u. 12 ff. Sie braucht im Auftrag im einzelnen, dh hinsichtlich eines bestimmten Tatobjekts, der Zeit, der genauen Tatausführung usw, nicht konkretisiert zu sein. 4

3. Diesen Auftrag muß der Täter in bestimmter Weise befolgen, und zwar

a) indem er sich **bereit hält**, auf Weisung einer der bezeichneten Stellen Sabotagehandlungen zu begehen (sog. Stillhalteagent). Ein Bereithalten setzt voraus, daß sich der Täter den bezeichneten Stellen gegenüber zur Ausführung von Sabotagehandlungen bereit erklärt hat, mögen diese auch erst zu einem späteren Zeitpunkt oder unter bestimmten Bedingungen vorgesehen sein. Unerheblich ist insoweit, ob die erklärte Bereitschaft sich auf bereits konkretisierte Sabotagehandlungen erstreckt oder nur die allgemeine Zusage enthält, Aufträge auszuführen, die später erteilt werden und irgendwelche Sabotagehandlungen iSv Abs. 2 zum Gegenstand haben. Mit der Bereiterklärung ist der Tatbestand bereits erfüllt. Im Merkmal des Bereithaltens ist zudem das Fortbestehen der erklärten Bereitschaft zu Sabotagehandlungen eingeschlossen, so daß die Tat erst mit Aufgabe dieser Bereitschaft beendet ist (Dauerdelikt); zur Verjährung vgl. § 99 RN 2. Als Aufgabe der Bereitschaft ist nur ein Verhalten anzusehen, das den Willen, zu Sabotagehandlungen nicht mehr bereit zu sein, nach außen erkennbar macht. Ein solcher Wille braucht nicht unbedingt gegenüber dem Auftraggeber bekundet zu werden. 5

b) Strafbar ist auch, wer Sabotageobjekte **auskundschaftet.** Hierunter fällt auch das Ausfindigmachen von technisch empfindlichen Stellen eines Betriebes oder das Sammeln von Nachrichten über geeignete Sabotageobjekte. Es ist nicht erforderlich, daß der Täter selbst Kundschaftertätigkeit ausführt. Es genügt, daß er die Nachrichten anderer sammelt und weiterleitet (Laufhütte LK 9; and. Rudolphi SK 10). Zum Auskundschaften vgl. noch Laufhütte LK 10. 6

c) Strafbar ist ferner, wer **Sabotagemittel herstellt**, sich oder einem anderen verschafft, verwahrt, einem anderen überläßt oder in den Geltungsbereich des Strafgesetzes einführt. Sabotagemittel sind die Gegenstände, die der unmittelbaren Verwirklichung eines Sabotagevorhabens dienlich und hierzu bestimmt sind (vgl. näher Laufhütte LK 11). 7

d) Strafbar ist des weiteren, wer **Lager** zur Aufnahme von Sabotagemitteln oder Stützpunkte für die Sabotagetätigkeit **einrichtet**, unterhält oder überprüft. Lager ist jeder Raum, der geeignet ist, Sabotagemittel zu verwahren. Stützpunkt ist ein Platz, von dem aus die Sabotagetätigkeit ausgeführt werden soll, aber auch ein solcher, der nach Ausführung der Sabotage dem Schutz des Täters zu dienen bestimmt ist. Lager und Stützpunkte müssen vom Täter eingerichtet, unterhalten oder überprüft werden. Täter ist daher nicht, wer lediglich einem Agenten einen Raum für seine Tätigkeit zur Verfügung stellt; es kommt Beihilfe zu dessen Tat in Betracht (vgl. u. 17). 8

e) Erfaßt wird ferner die **Schulung** zur Begehung von Sabotageakten. Strafbar macht sich, wer sich selbst schulen läßt oder andere schult, wobei ein Schüler ausreicht. 9

f) Außerdem ist strafbar, wer die **Verbindung** zwischen einem Sabotageagenten und einer der bezeichneten Stellen **herstellt** oder aufrechterhält. Durch diese Bestimmung sollen die Mittelsmänner erfaßt werden, die nicht selbst die in Nr. 1–5 genannten Handlungen vornehmen, sondern nur den Kontakt zwischen dem Agenten und dem Auftraggeber herstellen. Unter Herstellen ist insb. das Anwerben von Agenten zu verstehen. Es muß insofern zu einem gewissen Erfolg geführt haben, als jedenfalls eine Willensübereinstimmung über die Agententätigkeit hergestellt wird (vgl. dazu Laufhütte LK 14). Bei der Aufrechterhaltung der Verbindung geht es um die Fortführung der Kontakte, die Übermittlung von Anweisungen usw. 10

g) Die in Abs. 1 genannten Vorbereitungshandlungen sind nach § 91 nur strafbar, wenn sie durch eine im **räumlichen Geltungsbereich** des StGB (vgl. 13 ff. vor § 80) **ausgeübte Tätigkeit** begangen werden (vgl. § 91 RN 3 ff.). Nach § 87 kann also zB nicht bestraft werden, wer sich im Ausland zur Begehung von Sabotageakten bereit hält oder schulen läßt (vgl. § 91 RN 8). Vgl. auch u. 15. 11

4. Was als **Sabotagehandlung** iSv § 87 anzusehen ist, wird durch die Legaldefinition des Abs. 2 festgelegt. Die geplante Tat muß zumindest tatbestandsmäßig sein. 12

13 a) In diesen Bereich gehören zunächst die in Nr. 1 genannten Tatbestände, die überwiegend unpolitische Delikte enthalten, zB Gebäudezerstörung, Brandstiftung, Sprengstoffdelikte.

14 b) Ferner werden Handlungen erfaßt, durch die der Betrieb eines für die Landesverteidigung, für den Schutz der Zivilbevölkerung im Krieg oder für die Gesamtwirtschaft **wichtigen Unternehmens beeinträchtigt** wird. Hier kommen alle Arten von Straftaten in Betracht, sofern sie den in Nr. 2 charakterisierten Erfolg herbeiführen, aber auch Handlungen, die ihrerseits nicht strafbar sind, jedoch diesen Erfolg dadurch bewirken, daß dem Betrieb dienende Sachen zerstört, beschädigt, beseitigt, verändert oder unbrauchbar gemacht werden oder daß die für den Betrieb notwendige Energie entzogen wird. Diese Bestimmung entspricht in den von ihr erfaßten Handlungen § 316b I. Vgl. dort RN 6 ff. Sie ist indes auf die in § 316b genannten Objekte nicht beschränkt. Ob die hier genannten Unternehmen privatwirtschaftlich arbeiten oder Staatsbetriebe sind, ist ohne Bedeutung; entscheidend ist die durch die Tat bewirkte Gefährdung der Allgemeinheit. Daher sind die Eigentumsverhältnisse bedeutungslos.

15 c) Es muß sich um solche Sabotageakte handeln, die im **räumlichen Geltungsbereich** des StGB (vgl. 13 ff. vor § 80) begangen werden sollen. Die Vorschrift schützt auch die in der BRep. stationierten **NATO-Truppen**; vgl. 17 ff. vor § 80.

16 III. Der **subjektive Tatbestand** setzt hinsichtlich des Auftrags und der Sabotagevorbereitung Vorsatz voraus; bedingter Vorsatz genügt. Außerdem muß sich der Täter mit seiner Handlung absichtlich oder wissentlich für Bestrebungen gegen den Bestand oder die Sicherheit der BRep. oder gegen Verfassungsgrundsätze (§ 92 III) einsetzen. Vgl. auch § 88 RN 22.

17 IV. **Teilnahme** ist nach allgemeinen Grundsätzen strafbar (Tröndle/Fischer 12; and. Rudolphi SK 17). So leistet zB Beihilfe, wer Schulungsmaterial druckt oder überbringt. Wie der Haupttäter muß auch der Teilnehmer im Inland tätig geworden sein (vgl. § 91 RN 5).

18 V. Das Gericht kann bei **Rücktritt** von einer Bestrafung absehen, wenn der Täter sein Verhalten freiwillig aufgibt und sein Wissen so rechtzeitig einer Dienststelle offenbart, daß Sabotagehandlungen, deren Planung er kennt, noch verhindert werden können (Abs. 3). Auch die Offenbarung gegenüber einer Dienststelle muß freiwillig geschehen.

19 1. Das **bloße Aufgeben** weiteren Verhaltens verschafft dem Täter die Vergünstigung noch **nicht**, auch dann nicht, wenn sein bisheriges Verhalten keinerlei konkrete Gefahr geschaffen hat. Insofern ist § 87 enger als § 24. Das Fortbleiben von einem Schulungskurs genügt daher nicht. Erforderlich ist vielmehr in allen Fällen, daß der Täter **außerdem** einer Dienststelle seine Tat freiwillig **offenbart**. Insofern entspricht § 87 der Regelung des § 98 II. Für Agenten gelten strengere Regeln als für andere Täter (vgl. BT-Drs. V/2860 S. 11).

20 2. Kennt der Täter die **Planung bestimmter Sabotageakte,** gleichgültig, ob er an ihnen beteiligt ist, so bürdet ihm Abs. 3 zusätzlich das Risiko **rechtzeitiger** Selbstanzeige auf. Seine Offenbarung muß so rechtzeitig erfolgen, daß die Sabotageakte verhindert werden können. Eine tatsächliche Verhinderung ist jedoch nicht erforderlich. Hat der Täter selbst den Sabotageakt, dessen Planung ihm bekannt war, freiwillig verhindert, so ist Abs. 3 auch bei verspäteter Offenbarung anwendbar.

21 3. Über **Nebenfolgen** und Einziehung vgl. §§ 92 a, b. Zum **Opportunitätsprinzip** vgl. § 74 a I GVG iVm §§ 153 c, d, e StPO.

22 VI. Mit § 88 (vgl. dort RN 24) ist **Tateinheit** möglich, ebenso mit §§ 84 f., wenn sich der Täter auf diese Weise für die Vereinigung „betätigt". Zum Verhältnis zu § 81 vgl. dort RN 19. Mit § 99 kommt ebenfalls Tateinheit in Betracht. Mit den in Abs. 2 genannten Straftaten besteht je nach Sachlage Ideal- oder Realkonkurrenz (vgl. auch Laufhütte LK 20).

§ 88 Verfassungsfeindliche Sabotage

(1) **Wer als Rädelsführer oder Hintermann einer Gruppe oder, ohne mit einer Gruppe oder für eine solche zu handeln, als einzelner absichtlich bewirkt, daß im räumlichen Geltungsbereich dieses Gesetzes durch Störhandlungen**

1. **Unternehmen oder Anlagen, die der öffentlichen Versorgung mit Postdienstleistungen oder dem öffentlichen Verkehr dienen,**
2. **Telekommunikationsanlagen, die öffentlichen Zwecken dienen,**
3. **Unternehmen oder Anlagen, die der öffentlichen Versorgung mit Wasser, Licht, Wärme oder Kraft dienen oder sonst für die Versorgung der Bevölkerung lebenswichtig sind, oder**
4. **Dienststellen, Anlagen, Einrichtungen oder Gegenstände, die ganz oder überwiegend der öffentlichen Sicherheit oder Ordnung dienen,**

ganz oder zum Teil außer Tätigkeit gesetzt oder den bestimmungsmäßigen Zwecken entzogen werden, und sich dadurch absichtlich für Bestrebungen gegen den Bestand oder die Sicherheit der Bundesrepublik Deutschland oder gegen Verfassungsgrundsätze einsetzt, wird mit Freiheitsstrafe bis zu fünf Jahren oder mit Geldstrafe bestraft.

(2) **Der Versuch ist strafbar.**

Verfassungsfeindliche Sabotage 1–15 **§ 88**

Vorbem. § 88 idF des BegleitG zum TelekommunikationsG vom 17. 12. 97, BGBl. I 3108.

I. Im Gegensatz zu § 87 muß hier der **Sabotageakt** ausgeführt worden und hinsichtlich des Sabotageobjekts **erfolgreich** gewesen sein oder insoweit ein Versuch (Abs. 2) vorgelegen haben. Die Staatsgefährdung, die mit § 88 unterbunden werden soll, braucht dagegen nur angestrebt zu sein. Im Hinblick hierauf handelt es sich bei der Tat um ein abstraktes Gefährdungsdelikt. **1**

II. Der **objektive Tatbestand** setzt voraus, daß der Täter bewirkt, daß im räumlichen Geltungsbereich des StGB durch Störhandlungen die im Abs. 1 genannten Einrichtungen ganz oder teilweise außer Tätigkeit gesetzt oder ihrem bestimmungsmäßigen Zweck entzogen werden. **2**

1. Als **öffentliche Unternehmen**, die den besonderen Schutz des § 88 genießen, sind die der öffentlichen Versorgung mit Postdienstleistungen sowie die dem öffentlichen Verkehr dienenden Unternehmen oder Anlagen, Telekommunikationsanlagen und bestimmte Versorgungseinrichtungen genannt. **3**

a) Über **Unternehmen oder Anlagen, die der öffentlichen Versorgung mit Postdienstleistungen oder dem öffentlichen Verkehr dienen** (Nr. 1; die Neubezeichnung der Angriffsgegenstände in Ziff. 1 und 2 trägt den veränderten rechtlichen Rahmenbedingungen im Telekommunikationsrecht Rechnung) vgl. § 316 b RN 2/3. **4**

b) Über **Telekommunikationsanlagen, die öffentlichen Zwecken dienen** vgl. § 317 RN 2/3; die hierzu zählenden Telekommunikationsnetze dienen öffentlichen Zwecken auch dann, wenn sie von Privatbetrieben genutzt werden, deren Tätigkeit im allgemeinen Interesse liegt (Lackner/Kühl 3). **5/6**

c) Zudem sind in Nr. 4 **Dienststellen, Anlagen** usw genannt, die der öffentlichen Sicherheit oder Ordnung dienen; vgl. dazu § 316 b RN 5. Die gegenüber § 316 b zusätzliche Nennung der Dienststellen als Schutzobjekt stellt klar, daß auch das bloße Verhindern menschlicher Tätigkeit den Tatbestand erfüllt. Tatbestandsmäßig handelt daher, wer durch Störung des Funkverkehrs eine Dienststelle außer Funktion setzt. Dienststelle iSv Nr. 4 ist auch das Bundesamt für Verfassungsschutz (BGH **27** 309). Die Dienststelle usw muß ganz oder überwiegend der öffentlichen Sicherheit oder Ordnung dienen; es genügt nicht, daß ihr nur nebenbei eine solche Aufgabe zukommt. **7**

2. Der Täter muß bewirken, daß die genannten Einrichtungen ganz oder zum Teil **außer Tätigkeit gesetzt** oder den **bestimmungsmäßigen Zwecken entzogen** werden. Dieser Erfolg braucht nicht von längerer Dauer zu sein; vorübergehende Auswirkungen genügen, ausgenommen ganz geringfügige. **8**

a) **Außer Tätigkeit gesetzt** ist eine der Einrichtungen, wenn sie den ihr gestellten öffentlichen Aufgaben nicht mehr nachkommen kann. Die Tat kann auch durch Unterlassen begangen werden; dies ist insb. für den Streik von Bedeutung. Vgl. hierzu § 81 RN 4. **9**

Gleichgültig ist, ob die Einrichtung völlig oder nur teilweise außer Tätigkeit gesetzt wird. Letzteres ist bei weitverzweigten Unternehmen wie Post oder Bundesbahn schon der Fall, wenn **bestimmte Vorgänge unmöglich gemacht** werden, soweit diese von einiger Bedeutung sind. So reicht zB aus, daß ein Zug, mit dem Polizei zum Einsatzort gefahren werden soll, an der Fahrt gehindert wird. Nicht genügt, daß eine Dienststelle ihre Aufgaben nur unter erschwerenden Umständen oder mit geringerer Wirksamkeit bewältigen kann (BGH **27** 311). **10**

b) Als Erfolg reicht ferner aus, daß die Unternehmen ihren **bestimmungsmäßigen Zwecken entzogen** werden. Hier können sie zwar arbeiten, jedoch nicht mehr die ihnen gestellten Aufgaben wahrnehmen. Dies würde zB der Fall sein, wenn eine Fernmeldeanlage nicht mehr den ordnungsmäßigen Nachrichtendienst versehen oder ein Rundfunksender nicht mehr das ordnungsmäßige Programm ausstrahlen kann. Auch hier genügt ein Teilerfolg; eine vollendete Tat liegt bereits vor, wenn ein Teil der bestimmungsgemäßen Aufgaben nicht mehr erfüllbar ist. **11**

c) Als Tathandlung setzt der Tatbestand lediglich voraus, daß der Täter einen der genannten Erfolge **durch Störhandlungen bewirkt**. Diese weite Fassung soll erreichen, daß auch von der eigentlichen schädigenden Handlung entfernte Handlungen als Tätherschaft iSv § 88 zu gelten haben. Auf welche Weise der Täter diese Erfolge bewirkt, ist bedeutungslos. Dies kann etwa mittels der in den §§ 316 b, 317 erfaßten Handlungen geschehen (zur Konkurrenz vgl. u. 24). Denkbar sind aber auch andere Mittel, zB illegitimer Streik (M-Schroeder II 336), Zwangseinwirkungen auf Betriebspersonal, Blockieren des Arbeitsplatzes, uU sogar das Offenlegen interner Vorgänge. Bloße Störungen ohne den vorausgesetzten Erfolg genügen jedoch nicht (BGH **27** 310). **12**

3. Täter kann nur sein, wer die genannten Erfolge als Rädelsführer oder Hintermann einer Gruppe bewirkt hat oder wer dies, ohne im Zusammenhang mit einer Gruppe zu handeln, als einzelner getan hat. **13**

a) Über **Rädelsführer** und **Hintermänner** vgl. § 84 RN 10 f. Die Tat ist insoweit ein echtes Sonderdelikt. Personen, die weder Rädelsführer noch Hintermänner sind, können im Zusammenhang mit einer Gruppe das Delikt in der Form der Täterschaft nicht begehen. **14**

Gruppe ist ein Zusammenschluß mehrerer Personen zu einem gemeinsamen Zweck. Der Zusammenschluß muß nicht auf Dauer berechnet sein und nicht freiwillig sein. Er kann sich auf die Ausführung des konkreten Sabotageakts beschränken (Laufhütte LK 6). Wegen des gemeinsamen Zwecks ist jedoch die Bildung eines Gruppenwillens erforderlich. **15**

16   b) Täter kann auch ein **einzelner** sein, der mit keiner Gruppe in Verbindung steht. Damit ergibt sich die Frage, ob und in welchem Umfang § 88 auf Beteiligte anzuwenden ist, die als Mitglieder einer Gruppe, aber ohne Rädelsführer oder Hintermänner zu sein, einen der Erfolge des § 88 bewirkt haben. Da insoweit keines der die Täterschaft charakterisierenden Merkmale vorliegt, kommen sie als Täter nicht in Betracht. Ihr Tatbeitrag kann nur über § 27 erfaßt werden (Laufhütte LK 7; and. [Straflosigkeit] Tröndle/Fischer 7, Rudolphi SK 13).

17   c) **Wann** ein **einzelner** und **wann** das **Mitglied** einer Gruppe gehandelt hat, wird im Einzelfall schwer zu unterscheiden sein. Finden sich zB zwei oder drei Täter, die keiner politischen Gruppe angehören, zur Durchführung der Tat zusammen, so wird man sie trotz des Begriffs „einzelner" als Mittäter nach § 88 behandeln müssen (vgl. Laufhütte LK 5). Andernfalls käme man zu dem absurden Ergebnis, daß eine „Gruppe" ohne Rädelsführer und Hintermänner mangels einer Haupttat straflos wäre. Die Privilegierung des § 27 kommt daher nur solchen Beteiligten zugute, die als Mitglieder einer Gruppe mit Rädelsführern und Hintermännern handeln. § 28 I ist daneben nicht anwendbar; die Rädelsführerschaft kennzeichnet nur ein besonders gefährliches Verhalten, nicht ein personales Unrechtsmerkmal.

18   III. Die Störhandlung muß **rechtswidrig** sein. Daran kann es zB bei Ausübung des Widerstandsrechtes (Art. 20 IV GG) oder in Fällen von Aussperrung und Streik fehlen (vgl. BT-Drs. V/2860 S. 3, Tröndle/Fischer 9; and. [Tatbestandsausschluß] Laufhütte LK 9). Vgl. auch § 81 RN 4.

19   Die Tat ist nur strafbar, wenn sich das Sabotageobjekt im **räumlichen Geltungsbereich** des StGB (vgl. 13 ff. vor § 80) befindet; sonst entfällt der Tatbestand. Die Störhandlung kann jedoch von außerhalb dieses Bereichs erfolgen (Laufhütte LK 8).

20   IV. Der **subjektive Tatbestand** erfordert Vorsatz, der sich insb. auf den Erfolg der Lahmlegung der genannten Versorgungseinrichtungen beziehen muß, und zwar in der Form der Absicht iS zielgerichteten Handelns (vgl. 2 vor § 84). Außerdem muß sich der Täter mit seiner Tat absichtlich für Bestrebungen gegen den Bestand oder die Sicherheit der BRep. Deutschland oder gegen Verfassungsgrundsätze einsetzen.

21   1. Über **Bestrebungen gegen Bestand und Sicherheit** der BRep. sowie gegen Verfassungsgrundsätze vgl. § 92 III sowie dort RN 13 ff.

22   2. Der Täter muß sich für derartige Bestrebungen **„absichtlich"** eingesetzt haben. Im Unterschied zu § 87 genügt nicht das wissentliche Einsetzen. Wenn überhaupt zwischen „absichtlich" und „wissentlich" in diesem Zusammenhang ein Unterschied gefunden werden kann, so kann dieser nur darin erblickt werden, daß der Täter in § 88 sich mit dem Ziel der Bestrebungen identifiziert, dieses also als auch für sich erstrebenswert angesehen hat (vgl. auch Krauth u. a. JZ 68, 582), während in § 87 ausreicht, daß der Täter sicher weiß, daß sein Beitrag die Bestrebungen fördert. Mit dem Begriff Sicheinsetzen werden freilich diese Unterschiede wieder weitgehend verwischt (vgl. auch F. C. Schroeder aaO 304, Tröndle/Fischer § 87 RN 13, Rudolphi SK § 92 RN 11).

23   V. Der **Versuch** ist strafbar. Über **Nebenfolgen** und Einziehung vgl. §§ 92 a, b. Zum **Opportunitätsprinzip** vgl. § 74 a I GVG i. V. mit §§ 153 c, d, e StPO. Zum **Parteienprivileg** vgl. 7 vor § 80.

24   VI. Konkurrenzen. Idealkonkurrenz kommt in Betracht mit §§ 303 b, 305 a, 316 b, 317, 318; mit § 87 besteht je nach Fallgestaltung Ideal- oder Realkonkurrenz. Auch mit §§ 81 ff. ist Idealkonkurrenz möglich (vgl. 10 vor § 80; and. Laufhütte LK 11, Tröndle/Fischer 10: Vorrang der §§ 81 ff.).

§ 88 a [Verfassungsfeindliche Befürwortung von Straftaten] *aufgehoben durch Ges. vom 7. 8. 1981, BGBl. I 808.*

§ 89 Verfassungsfeindliche Einwirkung auf Bundeswehr und öffentliche Sicherheitsorgane

(1) **Wer auf Angehörige der Bundeswehr oder eines öffentlichen Sicherheitsorgans planmäßig einwirkt, um deren pflichtmäßige Bereitschaft zum Schutz der Sicherheit der Bundesrepublik Deutschland oder der verfassungsmäßigen Ordnung zu untergraben, und sich dadurch absichtlich für Bestrebungen gegen den Bestand oder die Sicherheit der Bundesrepublik Deutschland oder gegen Verfassungsgrundsätze einsetzt, wird mit Freiheitsstrafe bis zu fünf Jahren oder mit Geldstrafe bestraft.**

(2) **Der Versuch ist strafbar.**

(3) **§ 86 Abs. 4 gilt entsprechend.**

Vorbem. Zum Fortfall der früheren Sonderregelung für Berlin vgl. Vorbem. 24. A.

Schrifttum: Jescheck, Der strafrechtliche Schutz der Bundeswehr gegen Zersetzung, NZWehrR 69, 121.

1   I. Der verfassungskonforme (BVerfGE 47 138 ff.) Tatbestand erfaßt Handlungen, die auf Zersetzung von öffentlichen Sicherheitsorganen gerichtet sind. **Schutzobjekt** ist die Sicherheit und die verfassungsmäßige Ordnung der BRep.; ein Delikt gegen die Willensfreiheit liegt nicht vor (vgl. BGH JR

54, 388). Geschützt sind auch die in der BRep. stationierten **NATO-Truppen**; vgl. 17 ff. vor § 80. Zum **Parteienprivileg** vgl. 7 vor § 80.

Der **Tatort** braucht nicht im räumlichen Geltungsbereich des Gesetzes zu liegen. Nach § 5 Nr. 3 a ist § 89 auch bei einer Auslandstat (zB Einwirkung auf im Ausland stationierte Bundeswehrangehörige) anwendbar, wenn der Täter Deutscher ist und seine Lebensgrundlage im räumlichen Geltungsbereich des StGB hat.   **2**

II. Der **Tatbestand** setzt voraus, daß der Täter auf Angehörige der Bundeswehr oder öffentlicher Sicherheitsorgane einwirkt, um deren Bereitschaft zur Erfüllung ihrer öffentlichen Aufgaben zu untergraben. Zur Tatbeteiligung beim Einwirken durch Druckwerke vgl. BGH NStZ **81**, 300. Gegen eine zu weite Auslegung der Strafvorschrift BGH NStE **1**.   **3**

1. Außer der **Bundeswehr** kommen vor allem die Polizei und der Bundesgrenzschutz in Betracht, aber auch die Abwehrdienste, zB die Verfassungsschutzämter. Die zT vorgenommene Beschränkung bei der Polizei auf kasernierte Bereitschaftskräfte (Laufhütte LK 2) ist dem Gesetz nicht zu entnehmen, auch dessen Sinn nicht. Die Eigenschaft als Angehöriger eines Sicherheitsorgans muß zZ der Einwirkung bestehen. Erreicht das Mittel der Einwirkung den Adressaten vorher, etwa einrückende Rekruten vor dem Zeitpunkt des Dienstantritts, so entfällt die Tatbestandsmäßigkeit (BGH **36** 68). Dagegen genügt es, wenn diese Personen die ihnen übergebenen zersetzenden Schriften aufforderungsgemäß nach Dienstantritt an andere weiterleiten, die bereits Angehörige eines Sicherheitsorgans sind (BGH **36** 73).   **4**

2. Der Täter muß auf Angehörige der Bundeswehr usw **planmäßig einwirken**, um ihre pflichtmäßige Bereitschaft zum Schutze der Sicherheit und der verfassungsmäßigen Ordnung zu untergraben.   **5**

a) **Einwirken** bedeutet hier jede Tätigkeit, durch die der Wille des Opfers in eine bestimmte Richtung gelenkt werden soll, entspricht also sachlich der versuchten Anstiftung (BGH **4** 291; vgl. auch BGH MDR **85**, 422). Ebensowenig wie diese braucht die Einwirkung Erfolg gehabt zu haben (BGH **4** 292). Es ist auch nicht erforderlich, daß sie objektiv geeignet war, den anderen zu beeinflussen; es genügt jede hierauf abzielende Tätigkeit (BGH **19** 344, Laufhütte LK 3; and. Rudolphi SK 4). Unerheblich ist ferner, ob das Einwirken offen oder heimlich (Untergrundtätigkeit) erfolgt und welche Mittel (Druckmittel, Überredung usw) eingesetzt werden.   **6**

Zur Vollendung der Tat ist jedoch erforderlich, daß das Mittel der Einwirkung, etwa eine auf Zersetzung abzielende Propagandaschrift, den Adressaten erreicht (vgl. BGH MDR **63**, 326, Laufhütte LK 3, Tröndle/Fischer 2). Dagegen kommt es nicht darauf an, ob der Adressat das ihm Mitgeteilte verstanden oder inhaltsmäßig zur Kenntnis genommen hat.   **7**

b) Das Einwirken muß **planmäßig** geschehen. Der Täter muß also entsprechend einem von ihm oder einem anderen vorbereiteten Plan vorgehen. Spontanes Handeln, zu dem sich jemand unüberlegt hinreißen läßt, reicht nicht aus (vgl. Laufhütte LK 5).   **8**

3. Ziel der Einwirkung muß sein, die pflichtmäßige Bereitschaft der Sicherheitsorgane zum Schutz der BRep. oder ihrer verfassungsmäßigen Ordnung zu untergraben. Dies kann auch dann der Fall sein, wenn der Täter noch andere Zwecke verfolgt (BGH **18** 151).   **9**

a) **Sicherheit** iSv § 89 ist sowohl die innere wie die äußere Sicherheit der BRep., wie sich auch aus dem Nebeneinander der Bundeswehr auf der einen und der Sicherheitsorgane auf der anderen Seite ergibt. Verfassungsmäßige Ordnung ist die Gesamtheit der in den Verfassungen des Bundes oder der Länder niedergelegten Rechtsgrundsätze, die zu beachten Aufgabe der Sicherheitsorgane ist.   **10**

b) Der Täter muß beabsichtigen, diese **Bereitschaft zu untergraben.** Er muß hiernach mit seiner Einwirkung darauf abzielen, die pflichtmäßige Einsatzbereitschaft zu beseitigen oder zu erschüttern (vgl. BGH **4** 291). Die Absicht muß auf Zersetzung der Einsatzbereitschaft im allgemeinen gerichtet sein. § 89 ist nicht anzuwenden, wenn der Täter nur in einem einzelnen Fall ein bestimmtes pflichtwidriges Verhalten herbeiführen will, es sei denn, daß er damit gleichzeitig auf die Einsatzbereitschaft des Organs im allgemeinen einwirken will (BGH **6** 66). Vgl. auch BGH NStZ **88**, 215, Schroeder aaO 301, 422.   **11**

c) **Nicht** erforderlich ist, daß bereits eine **bestimmte Pflichtwidrigkeit** oder Straftat des Sicherheitsorgans festgestellt wird oder der Täter zu Befehlsverweigerung, Sabotage usw ausdrücklich aufgefordert (BGH MDR/H **77**, 281 f.) oder es auf solche Pflichtwidrigkeit abgesehen hat. Es genügt die Absicht, den Geist der Widersetzlichkeit und Unwilligkeit zu erzeugen und damit zu bewirken, daß auf das Sicherheitsorgan kein Verlaß mehr ist. Zur Werbung für Wehrdienstverweigerung vgl. Rudolphi SK 7, Laufhütte LK 8.   **12**

4. Der Täter muß sich weiter **absichtlich** für Bestrebungen gegen den Bestand oder die Sicherheit der BRep. oder gegen Verfassungsgrundsätze **einsetzen.** Vgl. dazu § 88 RN 21 f. Gegen Verfassungsgrundsätze kann zB die Forderung abzielen, die Bundeswehr durch eine Volksmiliz unter Übernahme der Befehlsgewalt durch die werktätige Bevölkerung zu ersetzen (BGH JR **77**, 28 m. Anm. Schroeder). Setzt sich der Täter zugleich für Bestrebungen gegen den Bestand oder die Sicherheit der BRep. und für Bestrebungen gegen Verfassungsgrundsätze ein, so ist dies bei der Strafzumessung zu berücksichtigen (BGH aaO). Beim Einwirken mittels einer Schrift können auch Umstände außerhalb ihres   **13**

§ 90 1–7   Bes. Teil. Friedensverrat, Hochverrat usw.

Inhalts als Beweistatsachen für die in § 89 vorausgesetzte Absicht herangezogen werden (BGH MDR/H **77**, 281 f.).

14   **III. Der Versuch** ist strafbar. Da es sich im § 89 bereits um Sonderfälle einer versuchten Anstiftung handelt (vgl. o. 6), ist mit der Anordnung der Versuchsstrafbarkeit der Bereich des Strafbaren noch weiter ausgedehnt. An die Voraussetzungen eines Versuchs sind daher, um den Strafbereich nicht zu weit auszudehnen, strenge Anforderungen zu stellen. Es genügt daher noch nicht die Übergabe zersetzender Schriften an andere Personen mit der Aufforderung, die Schriften an Soldaten weiterzuleiten (vgl. aber BGH **36** 73).

15   **IV.** Über **Nebenfolgen** und Einziehung vgl. §§ 92 a, b. Zum **Opportunitätsprinzip** vgl. § 74 a GVG iVm §§ 153 c, d, e StPO. Die Verfolgung einer mittels Druckschriften begangenen Tat nach § 89 unterliegt nicht der kurzen Presseverjährung (BGH **27** 353). § 86 IV ist entsprechend anwendbar. Bei Beteiligten, deren Schuld gering ist, kann daher von einer **Bestrafung** nach § 89 **abgesehen** werden. Vgl. auch § 153 b StPO.

16   **V. Idealkonkurrenz** ist möglich mit Anstiftung zu einer vom Sicherheitsorgan begangenen Straftat oder mit § 30. Tateinheit ist ferner möglich mit §§ 86 f., 90 ff., 109 d.

§ 90 Verunglimpfung des Bundespräsidenten

(1) **Wer öffentlich, in einer Versammlung oder durch Verbreiten von Schriften (§ 11 Abs. 3) den Bundespräsidenten verunglimpft, wird mit Freiheitsstrafe von drei Monaten bis zu fünf Jahren bestraft.**

(2) **In minder schweren Fällen kann das Gericht die Strafe nach seinem Ermessen mildern (§ 49 Abs. 2), wenn nicht die Voraussetzungen des § 188 erfüllt sind.**

(3) **Die Strafe ist Freiheitsstrafe von sechs Monaten bis zu fünf Jahren, wenn die Tat eine Verleumdung (§ 187) ist oder wenn der Täter sich durch die Tat absichtlich für Bestrebungen gegen den Bestand der Bundesrepublik Deutschland oder gegen Verfassungsgrundsätze einsetzt.**

(4) **Die Tat wird nur mit Ermächtigung des Bundespräsidenten verfolgt.**

Vorbem. § 90 redaktionell geändert durch das 6. StrRG vom 26. 1. 1998, BGBl. I 164.

1   **I.** Die Vorschrift schützt **Amt** und **Person des Bundespräsidenten** (BGH **16** 338), nicht nur das verfassungsmäßige Organ (Schroeder aaO 474). Geschützt ist nur der Bundespräsident selbst während seiner Amtszeit, nicht auch sein Vertreter nach Art. 57 GG während der Zeit, in der dieser die Befugnisse des Bundespräsidenten wahrnimmt (Laufhütte LK 1, Rudolphi SK 2; and. Tröndle/Fischer 2).

2   **II.** Die **Handlung** besteht darin, daß der Täter den Bundespräsidenten **verunglimpft**. Dies kann durch eine nach Form, Inhalt und den Begleitumständen erhebliche Beleidigung, üble Nachrede oder Verleumdung geschehen (Hamm GA **63**, 28), schließt aber Kundgebungen von geringfügiger Bedeutung aus, zB unwesentliche Entgleisungen (BGH **12** 364, **16** 339, Bay JZ **51**, 786, Hamm GA **63**, 29; vgl. auch BGH **7** 110). Ein Beschimpfen (vgl. § 90 a RN 5) wird durch § 90 nicht vorausgesetzt. Bei politischer Kritik kann es an einer Verunglimpfung fehlen. Soweit das Verunglimpfen durch eine Tatsachenbehauptung erfolgt, ist der **Wahrheitsbeweis** iSv § 186 zulässig (vgl. dazu EGMR ÖJZ **92**, 803).

3   **1.** Die Verunglimpfung muß in einer bestimmten Weise geschehen. Fehlt es an diesen Voraussetzungen, so läßt sich nur auf die §§ 185 ff. zurückgreifen.

4   a) Sie kann einmal **öffentlich** erfolgen. Zu diesem Merkmal vgl. § 186 RN 19 sowie Laufhütte LK 4 ff.

5   b) Zum anderen kann die Tat in einer **Versammlung** geschehen. Sie wird dann idR bereits öffentlich erfolgt sein, jedoch fallen auch sog. geschlossene Veranstaltungen unter § 90, wie Betriebs- oder Vereinsversammlungen. Dem Schutzzweck des § 90 entsprechend beschränkt sich der Begriff der Versammlung nicht auf den des VersammlungsG. Unter Versammlung ist hier ein nicht nur zufälliges zeitweiliges Beisammensein einer größeren Zahl von Personen zu einem gemeinsamen Zweck zu verstehen (Braunschweig NStE **9**). Dieser braucht kein politischer zu sein, auch eine künstlerische oder wissenschaftliche Veranstaltung ist Versammlung iSv § 90 (Laufhütte LK 8); das Zusammenkommen zu rein persönlichen Zwecken (Geburtstagsfeier usw) genügt jedoch nicht. Nicht erforderlich ist ein Versammlungsleiter. Wieviele Personen anwesend sein müssen, kann nur nach den Umständen des Einzelfalls beurteilt werden (vgl. Köln JMBlNW **52**, 14). Die Äußerung muß so getan sein, daß sie von der Versammlung verstanden werden kann (RG **57** 344), in einer größeren zumindest von einem erheblichen Teil der Versammelten. Daher reichen halblaute Seitenbemerkungen eines Redners nicht aus. Auch ein Zuhörer kann Täter sein, wenn er sich durch Zwischenrufe u. ä. äußert.

6   c) Schließlich kann die Verunglimpfung durch **Verbreiten von Schriften** (§ 11 III) vorgenommen werden; vgl. dazu § 184 RN 57, 66 b ff. (Internet).

7   **2.** Für **Tatort** und **Täter** gelten die Regeln der §§ 3 ff. Nach § 5 Nr. 3 b ist die im Ausland begangene Tat unabhängig vom Recht des Tatorts strafbar, auch wenn der Täter Ausländer ist.

III. Für den **subjektiven Tatbestand** ist Vorsatz erforderlich, der sich insb. auch auf die Modalitäten der Äußerung beziehen muß (vgl. RG **63** 429). Bedingter Vorsatz genügt.

IV. Die **Strafe** erhöht sich auf Freiheitsstrafe von 6 Monaten bis zu 5 Jahren, wenn die Tat eine Verleumdung (§ 187) ist oder wenn der Täter sich durch die Tat absichtlich für Bestrebungen gegen den Bestand oder Verfassungsgrundsätze der BRep. einsetzt. Vgl. darüber § 92 RN 13 ff.; zum **Parteienprivileg** vgl. 5 ff. vor § 80. Über Strafmilderung in minder schweren Fällen vgl. Abs. 2. Die Möglichkeit einer Strafmilderung entfällt jedoch, wenn die Voraussetzungen des § 188 (objektiv und subjektiv) vorliegen. Zum minder schweren Fall vgl. 48 vor § 38. Über **Nebenfolgen** und Einziehung vgl. §§ 92 a, b. Zum **Opportunitätsprinzip** vgl. § 74 a I GVG iVm §§ 153 c, d, e StPO.

V. Die Verfolgung der Tat setzt eine **Ermächtigung** des Bundespräsidenten voraus. Diese kann von ihm auch noch nach Ablauf seiner Amtszeit erteilt werden (Laufhütte LK 12), nicht jedoch von seinem Nachfolger (Laufhütte LK 14). Vgl. i. ü. § 77 e und dort RN 2, 4.

VI. Mit §§ 86, 90 a, 90 b ist **Tateinheit** möglich. *Gesetzeseinheit* besteht mit §§ 185, 186, 187 mit Vorrang des § 90 (vgl. BGH **16** 338), ebenso mit § 188, wobei jedoch § 90 II zu beachten ist. Iü sind die §§ 190, 192, 193, 200 anwendbar.

§ 90 a Verunglimpfung des Staates und seiner Symbole

(1) Wer öffentlich, in einer Versammlung oder durch Verbreiten von Schriften (§ 11 Abs. 3)
1. **die Bundesrepublik Deutschland oder eines ihrer Länder oder ihre verfassungsmäßige Ordnung beschimpft oder böswillig verächtlich macht oder**
2. **die Farben, die Flagge, das Wappen oder die Hymne der Bundesrepublik Deutschland oder eines ihrer Länder verunglimpft,**

wird mit Freiheitsstrafe bis zu drei Jahren oder mit Geldstrafe bestraft.

(2) Ebenso wird bestraft, wer eine öffentlich gezeigte Flagge der Bundesrepublik Deutschland oder eines ihrer Länder oder ein von einer Behörde öffentlich angebrachtes Hoheitszeichen der Bundesrepublik Deutschland oder eines ihrer Länder entfernt, zerstört, beschädigt, unbrauchbar oder unkenntlich macht oder beschimpfenden Unfug daran verübt. Der Versuch ist strafbar.

(3) Die Strafe ist Freiheitsstrafe bis zu fünf Jahren oder Geldstrafe, wenn der Täter sich durch die Tat absichtlich für Bestrebungen gegen den Bestand der Bundesrepublik Deutschland oder gegen Verfassungsgrundsätze einsetzt.

Schrifttum: Allgauer, Ist das Deutschlandlied geltende Nationalhymne? Zum Problem der Staatssymbole, MDR 88, 1022. – *Beck,* Unrechtsbegründung und Vorfeldkriminalisierung, 1992. – *Beisel,* Die Kunstfreiheitsgarantie des Grundgesetzes und ihre strafrechtlichen Grenzen, 1997. – *Buscher,* Die Entwicklung der straf- und ehrenrechtlichen Schranken der Meinungsfreiheit und der Kunstfreiheit, NVwZ 97, 1057. – *Hellenthal,* Kein Gesetzesvorbehalt für die Nationalhymne!, NJW 88, 1294. – *Henschel,* Die Kunstfreiheit in der Rechtsprechung des BVerfG, NJW 90, 1937. – *Hümmerich/Beucher,* Keine Hymne ohne Gesetz, NJW 87, 3227. – *Roggemann,* Der Schutz von Bären, Löwen und Adlern – Zur Reichweite der §§ 90 a und b StGB, JZ 92, 934. - *Schroeder,* Probleme der Staatsverunglimpfung, JR 79, 89. – *Spendel,* Zum Deutschland-Lied als Nationalhymne, JZ 88, 744. – *Würtenberger,* Kunst, Kunstfreiheit und Staatsverunglimpfung, JR 79, 309.

I. Der Tatbestand behandelt die **Beschimpfung der BRep.** oder eines ihrer Länder sowie die Verunglimpfung ihrer Symbole. Die verfassungsgemäße (BVerfGE **47** 232 f., **92** 12, NJW **99**, 205) Vorschrift des § 90 a schützt nicht die „Staatsehre" (s. Roggemann JZ 92, 938), sondern als Vorfeldtatbestand die Existenz des freiheitlich-demokratischen Rechtsstaates der BRep. (Beisel aaO 367, Sternberg-Lieben [27 vor § 1] 386 ff.): Der Staat als Zusammenschluß aller Bürger bedient sich der Staatssymbole, um das Staatsgefühl seiner Bürger (Verfassungspatriotismus) zu fördern und die für seine Fortexistenz unentbehrliche Staatsgesinnung der ihn konstituierenden Bürger zu stärken (s. a. BVerfGE **81** 293), zumal eine reaktionslose Hinnahme von entsprechenden Verunglimpfungen jedenfalls partiell als identifikationshemmende Schwäche des Staates mißverstanden werden könnte (BGH NStZ **98**, 408, Schroeder JR 79, 90, Sternberg-Lieben ebda. 388, Würtenberger JR 79, 313; s. a. Frankfurt NJW **84**, 1130; Roggemann JZ 92, 934; krit. Beck aaO 143 [„kommunikativer Götzendienst"], Sonnen AK 27 mwN). Zum Schutz ausländischer NATO-Truppen usw vgl. 17 ff. vor § 80. Eine staatsgefährdende Absicht braucht nicht vorzuliegen (sie ist nur Strafenhöhungsgrund; Abs. 3), ebensowenig eine Gefährdung der verfassungsmäßigen Ordnung (BGH **3** 346).

II. Die Beschimpfung der BRep. und die Mißachtung ihrer Symbole (Abs. 1) müssen **öffentlich**, in einer **Versammlung** oder durch Verbreiten von **Schriften** (§ 11 III) erfolgen. Über öffentlich vgl. § 186 RN 19, Braunschweig NJW **53**, 875; über Erklärung in einer Versammlung vgl. § 90 RN 5; über Verbreiten von Schriften vgl. § 184 RN 57, 66 b ff. (Internet). Das bloße Herstellen einer Schrift reicht nicht aus. Eine im Ausland begangene Tat ist unabhängig vom Recht des Tatorts strafbar, wenn der Täter Deutscher ist und seine Lebensgrundlage im räumlichen Geltungsbereich des StGB hat (§ 5 Nr. 3 a).

§ 90 a 3–11   Bes. Teil. Friedensverrat, Hochverrat usw.

3   **1. Schutzobjekte** nach **Nr. 1** sind die BRep., jedes ihrer Länder sowie ihre verfassungsmäßige Ordnung. Bund und Länder werden jedoch nur in ihrem rechtlichen Status als Staatswesen geschützt; Angriffe gegen die Bürokratie reichen nicht aus (BGH **6** 325; vgl. auch Hamm NJW **77**, 1932, Laufhütte LK 3). Verfassungsmäßige Ordnung sind nicht nur die in § 92 II genannten Verfassungsgrundsätze, sondern die Gesamtheit aller materiellen Verfassungsprinzipien, sei es des GG oder einer Landesverfassung; krit. Schroeder aaO 350. Vgl. zum Ganzen Schroeder JR 79, 91.

4   a) Die **Handlung** besteht im Beschimpfen oder böswilligen Verächtlichmachen.

5   α) **Beschimpfung** ist jede durch Form oder Inhalt besonders verletzende rohe Äußerung der Mißachtung (vgl. RG **57** 211, **61** 308, BGH **7** 110, NJW **61**, 1932, Köln GA **72**, 214). Sie kann sowohl in der Behauptung schimpflicher Tatsachen (zum Wahrheitsbeweis in diesen Fällen vgl. § 90 RN 2) wie auch in abfälligen Werturteilen bestehen (RG **65** 423). Politische Kritik, mag sie auch hart und unberechtigt sein, genügt noch nicht (BGH JZ **63**, 402), wohl aber, wenn sie in beschimpfenden Äußerungen erfolgt (BGH **19** 317), und zwar auch dann, wenn der Täter vorrangig andere Ziele verfolgt hat (Bay NStZ-RR **96**,135). Vgl. noch Bremen JR **79**, 118, LG Berlin JR **79**, 121 m. krit. Anm. Schroeder JR 79, 92, LG Göttingen NJW **79**, 1560, ferner Celle StV **83**, 284. In der Wiedergabe fremder Äußerungen kann eine Beschimpfung dann liegen, wenn der Wiedergebende sich zu eigen macht (RG **61** 308, Köln NJW **79**, 1562; vgl. auch Schroeder JR 79, 93). Für die Qualität einer Äußerung kommt es auf ihren objektiven Sinn und Inhalt an, also darauf, wie sie unter den gegebenen Umständen bei vernünftiger Würdigung der Sachlage vom unbefangenen Hörer oder Leser verstanden werden mußte (vgl. BGH **11** 11, NJW **61**, 1933). Maßgebend ist nicht, was der Täter sagen wollte (RG JW **30**, 2139), sondern wie seine Äußerung objektiv und vernünftigerweise verstanden werden mußte (RG **61** 155, Frankfurt NJW **84**, 1129). Wie sie der Hörer (bzw. Leser) oder eingeweihte Kreise (vgl. Frankfurt NJW **84**, 1129) verstanden haben, ist unerheblich. Zur natürlichen Handlungseinheit bei mehrfacher Beschimpfung Bay NStZ-RR **96**, 136.

6   Da die staatlichen Organe den besonderen Schutz des § 90b genießen, stellt sich ein gegen sie gerichteter Angriff idR nicht als Beschimpfung der BRep. dar (BGH **11** 11). Ausnahmsweise ist jedoch denkbar, daß der Täter durch den Angriff auf das Organ die BRep. als solche treffen wollte. In diesem Fall kann auch § 90a vorliegen (vgl. RG **57** 185, BGH **11** 11). Nicht ausreichend ist die Beschimpfung einer politischen Partei, ihrer Repräsentanten und ihrer Politik, mögen auch Mitglieder dieser Partei zur Regierung gehören und diese Politik mitgestalten, es sei denn, die Herabwürdigung greift nach Form oder Inhalt zusätzlich auf einen Schutzgegenstand des § 90a aus (s. Laufhütte LK 15).

7   β) Unter **Verächtlichmachen** ist jede Kundgebung zu verstehen, die das betreffende Schutzobjekt als unvernünftig, zweckwidrig und als der Achtung der Staatsbürger unwürdig erscheinen läßt (BGH **3** 346 [Coca-Cola-Bude], **7** 110 [Unrechtsstaat], VGH Mannheim NJW **76**, 2177 [Bezeichnung der Bundestagswahl als Betrugsmanöver], Bay NStZ-RR **96**, 135 [Vorwurf schimpflichster Verbrechen]; vgl. ferner Köln GA **72**, 214). Das Verächtlichmachen muß böswillig erfolgen (vgl. u. 9).

8   b) Der **subjektive Tatbestand** erfordert Vorsatz, der sich auf die Modalitäten der Äußerung und ihren beschimpfenden Inhalt beziehen muß. Bedingter Vorsatz genügt (vgl. RG JW **28**, 2243, BGH NJW **61**, 1933, Bay NStZ-RR **96**, 135). Für die Schuldfrage ist unerheblich, ob der beschimpfenden Äußerung eine niedrige oder staatsfeindliche Gesinnung zugrundeliegt (vgl. RG JW **30**, 1221). Die staatsgefährdende Absicht ist aber Strafschärfungsgrund; vgl. u. 20.

9   **Böswillig** ist das Handeln des Täters, wenn es trotz Kenntnis des Unrechts aus einem verwerflichen Beweggrund unternommen wird (Bay NJW **53**, 874), ihm namentlich eine feindselige Gesinnung zugrunde liegt (vgl. BGH NJW **64**, 1483, Hamburg NJW **75**, 1088, Bremen JR **79**, 120, LG Göttingen NJW **79**, 174; and. Schroeder JR 79, 92, der genügen läßt, daß der Täter hartnäckig Erkenntnisquellen, die seine Behauptung widerlegen, oder Möglichkeiten zu einer weniger anstößigen Formulierung ausschlägt). Hierbei handelt es sich um ein besonderes persönliches Merkmal iSv § 28 I.

10   **2.** Bei der **Tat nach Nr. 2** sind **Angriffsobjekte** die Farben, Flaggen (Art. 22 GG), Wappen oder die Hymne der BRep. oder eines ihrer Länder (vgl. dazu Tröndle/Fischer 6). Nach BVerfGE **81** 298 = NJW **90**, 1985 ist Hymne der BRep. die 3. Strophe des Deutschlandliedes. Zur Hymne vgl. auch Hellenthal NJW **88**, 1294 gegen Hümmerich/Beucher NJW **87**, 3227, die mangels gesetzlicher Grundlage das Vorhandensein einer Hymne verneinen. Kritisch zum – erforderlichen – Verfassungsrang (BVerfGE **81** 308) der Nationalhymne Beisel aaO 140 ff., Buscher NVwZ 97, 1064, Gusy JZ 90, 641, Karpen/Hofer JZ 92, 1065; ferner Allgauer MDR 88, 1022, Spendel JZ 88, 744, Tünnessen-Harms/Westhoff NJ **93**, 60. Dem Wappen der BRep. steht der Bundesadler nicht gleich (Frankfurt NJW **91**, 117; and. Tröndle/Fischer 6); dessen Verunglimpfung kann aber ein Beschimpfen oder Verächtlichmachen der BRep. sein (Frankfurt aaO).

11   a) Die **Handlung** besteht darin, daß eines der genannten Objekte verunglimpft wird. Das ist der Fall, wenn die Flagge usw als Symbol des Staates empfindlich geschmäht, etwa besonders verächtlich gemacht wird, zB durch provokatives Aufstellen der Bundesflagge in einem Misthaufen. Vgl. für die Bundesflagge Frankfurt NJW **86**, 1274 (Darstellung eines auf die Flagge urinierenden Mannes; vgl. dazu aber auch BVerfGE **81**, 278 und gegen BVerfG Tröndle/Fischer 6a), für die Nationalhymne Hamm GA **63**, 28, LG Baden-Baden NJW **85**, 2431 (verunglimpfende Textentstellung), für die Farben BGH NJW **70**, 1693. Über Verunglimpfen vgl. auch § 90 RN 2.

b) Für den **subjektiven Tatbestand** ist Vorsatz erforderlich; bedingter Vorsatz genügt (vgl. RG JW **28**, 2243). 12

III. Die **Mißachtung von Symbolen** der BRep. oder ihrer Länder (Abs. 2). 13

1. Geschützt wird einmal die **Flagge** der BRep. (Art. 22 GG) oder eines ihrer Länder, wenn sie **öffentlich gezeigt** wird. Dies ist auch dann der Fall, wenn Private die Flagge in der Öffentlichkeit zeigen. Über öffentlich vgl. § 186 RN 19, Laufhütte LK § 90 RN 4. 14

Zum andern werden geschützt die **Hoheitszeichen** der BRep. oder eines ihrer Länder, jedoch nur dann, wenn sie von einer Behörde öffentlich angebracht worden sind. Als Hoheitszeichen genügt jedes Zeichen, das die amtliche Hoheitsgewalt zum Ausdruck bringen soll (vgl. RG **63** 287, Braunschweig NJW **53**, 875 [Kokarde an Dienstmütze]). Bloße Merkzeichen (zB Wasserstandszeichen) sind auch dann keine Hoheitszeichen, wenn sie amtlich gesetzt sind und dies auf ihnen zum Ausdruck kommt (RG **31** 147). Die Behörde kann eine solche des Bundes, eines Landes oder einer Gemeinde sein. 15

Öffentlich angebracht sind Zeichen dann, wenn sie kraft hoheitlicher Gewalt öffentlich sichtbar gemacht worden sind (Braunschweig NJW **53**, 875). Es ist stets zu prüfen, ob einem bestimmten Zeichen im besonderen Falle nach Art, Ort und Zweck der Verwendung die Eigenschaft als Hoheitszeichen zukommt. Ein als Festschmuck verwendeter Bundesadler stellt kein Hoheitszeichen dar. Angebracht ist ein Hoheitszeichen, wenn es zur Kennzeichnung staatlicher Hoheit dienen soll. Wie und wo das geschieht, ist ohne Bedeutung. Angebracht ist zB das Hoheitszeichen an einem Dienstgebäude oder auf einem Grenzpfahl, der in den Boden gerammt ist. 16

2. Die **Handlung** kann bestehen im Entfernen, dh in jeder Aufhebung des räumlichen Zusammenhangs; das Einholen einer Flagge genügt bereits. Weiter werden das Zerstören und Beschädigen erfaßt (vgl. hierzu § 303 RN 8 ff.) sowie das Unbrauchbarmachen, dh das Aufheben der Funktionstauglichkeit, wobei es genügt, wenn das Tatobjekt diese Tauglichkeit im wesentlichen verliert. Außerdem kann die Tat durch Unkenntlichmachen der Hoheitszeichen erfolgen. Hierunter ist jede Tätigkeit zu verstehen, durch die das Symbol unsichtbar gemacht wird, zB durch Beschmieren mit Farbe oder Verhängen mit einem Tuch. Über Verübung beschimpfenden Unfugs vgl. § 167 RN 13 sowie BGH GA/W **61**, 18 (Umsägen eines beflaggten Fahnenmastes), Braunschweig NJW **53**, 875. Böswillig braucht die Handlung nicht zu erfolgen. 17

3. Die **Tat** nach Abs. 2 ist auch dann strafbar, wenn sie **im Ausland begangen** wird, unabhängig vom Recht des Tatorts und – anders als die Tat nach Abs. 1 – unabhängig davon, wer Täter ist (§ 5 Nr. 3 b). 18

IV. Zum **Parteienprivileg** vgl. 5 ff. vor § 80, BVerfGE **47** 231, **69** 269, BGH **19** 311, VGH Mannheim NJW **76**, 2178, Volk JR 80, 294. Die **Freiheit der Kunst** geht dem Schutz des Staates und seiner Symbole nicht schlechthin vor, da die vorbehaltlos gewährleistete Kunstfreiheit (Art. 5 III GG) – auch ihre Gewährleistung setzt wie die anderer Grundrechte eine funktionierende, grundrechtsschützende staatliche Ordnung voraus – ihre Grenze in Grundrechten Dritter sowie in anderen konkreten Schutzgütern des Grundgesetzes findet (BVerfGE **30** 193, **81** 278, 298 m. Anm. Gusy JZ 90, 640, Hufen JuS 91, 687, BGH NStZ **98**, 408). Da der Gebrauch künstlerischer Formen keinen Freibrief zur Schmähung des freiheitlichen Rechtsstaates einräumt, kommt § 90 a nicht lediglich erst dann zur Anwendung, wenn die künstlerische Betätigung den Bestand des Staates oder der verfassungsmäßigen Ordnung unmittelbar gefährdet (Laufhütte LK 6, Tröndle/Fischer 6 a; and. Sonnen AK 37). Bei der somit gebotenen Einzelfallabwägung (hierzu krit. unter dem Blickwinkel von Art. 103 II GG: Foth JR 98, 388) zwischen der Kunstfreiheit des Art. 5 III GG, die auch eine Meinungsvermittlung des Künstlers in ihren Schutzbereich einschließt (BVerfGE **30** 200, **75** 375, Bay JR **98**, 386 m. Anm. Foth 387 [Grenze: Kunst nur Beiwerk zur Meinungsäußerung]), und sonstigen Verfassungsgütern ist ein schonender Ausgleich der widerstreitenden Interessen im Sinne praktischer Konkordanz zu suchen (BVerfGE **30** 191, **77** 253, **81** 278, **83** 143). Zwar können die in § 90 a geschützten Güter je nach Art und Intensität des in Kunstform verübten Angriffs gegenüber der Kunstfreiheit das Übergewicht gewinnen (BVerfGE **81** 278 u. 298). Da aber Art. 5 III GG sowohl die künstlerische Betätigung ansich (Werkbereich) als auch die Darbietung und Verbreitung des Werkes (Wirkbereich) umfaßt (BVerfGE **30** 188 f., **77** 251, **81** 292, **82** 4; vgl. Beisel aaO 111 ff.), die Strafgerichte bei der notwendigen Interpretation Kunstwerke anhand der kunsteigenen Strukturmerkmale zu beurteilen haben (vgl. BVerfGE **30** 190, **75** 376 f., **77** 255; s. a. Beisel aaO 158 ff.), bei der nicht allein auf die äußere (verunglimpfende) Form, sondern auf eine Gesamtschau des Werkes (BVerfGE **67** 228 [mithin keine Herauslösung und selbständige Untersuchung einzelner Werkteile aus dem künstlerischen Gesamtkonzept, 229]) und auf den inneren Kern der Aussage abzustellen ist (Beisel aaO 369 f., Hufen JuS 91, 690), also letztlich lediglich ausschließlich gegen die freiheitliche Schutzordnung des Grundgesetzes gerichtete aggressiv-kämpferische Angriffe, nicht aber Entgleisungen mit der Verfassung „Wohlmeinender" von § 90 erfaßt werden (Beisel aaO 369 f.), überdies bei mehreren Interpretationsmöglichkeiten des Gesamtwerkes Strafbarkeit dann entfallen soll, wenn auch nur eine von ihnen die Grundwerte der Verfassung nicht in aggressiv-kämpferischer Weise in Frage stellt (Beisel aaO 147, Henschel NJW 90, 1941), droht der Strafschutz insoweit leerzulaufen (vgl. zB die kunstfreundliche Interpretation von BVerfGE **81** 295 [Urinieren auf Bundesflagge]; and. Frankfurt NJW **84**, 1144, **86**, 1272; auch BGH NStZ **98**, 408 läßt zurecht die Kunstfreiheit zurücktreten); s. iü auch 19 die sinnentsprechenden heranzuziehenden Ausführungen bei § 193 RN 19. Zum Verhältnis zur Kunstfreiheit vgl. ferner BVerfG NJW **85**, 263, BGH NJW **86**, 1271, Frankfurt NJW **86**, 1272, LG Frankfurt NJW **89**, 598, LG Aachen NJW **95**, 894, auch Köln MDR **78**, 1044, das jedoch einen zu weitgehenden Vorrang einräumt; gegen die Kölner Entscheidung mit Recht Würtenberger JR 79, 309, NJW 83, 1147, Frankfurt NStZ **84**, 119; vgl. auch Frankfurt MDR **84**, 423, Volk JR **84**, 441. Zur Darstellung des Bundesadlers als „Skelettvogel" im Rahmen einer politischen Karikatur vgl. LG Heidelberg NStE **8**. Zum Verhältnis zur **Meinungsfreiheit** vgl. BVerfG NJW **85**, 263, Frankfurt NJW **84**, 1128, Laufhütte LK 13 ff. Hierbei soll bei mehrdeutigen Äußerungen nach dem BVerfG (NJW **99**, 205 f.) bei der gebotenen Einzelfallabwägung eine Verurteilung nach § 90 a nur dann erfolgen können, wenn nicht zur Verurteilung führende Deutungsmöglichkeiten mit tragfähigen Gründen ausschließbar sind; bei die Öffentlichkeit berührenden Fragen soll Strafbarkeit nach § 90 a erst dann eintreten (BVerfG aaO), wenn auch unter Berücksichtigung des Kontextes der Äußerung die – polemische – Sachauseinandersetzung von der Diffamierung des Staates völlig in den Hintergrund gedrängt wird („Schmähkritik"); für bewußtes Verunglimpfen zurecht restriktiver: Bay NStZ-RR **96**, 136. Iü wird auf die sinngemäß heranzuziehenden Ausführungen bei § 193 RN 15 ff. verwiesen.

20 **V. Straferschwerend** (Abs. 3) wirkt die Tatsache, daß der Täter sich absichtlich für Bestrebungen gegen den Bestand der BRep. oder gegen Verfassungsgrundsätze eingesetzt hat. Vgl. dazu § 90 b RN 6. Abs. 3 enthält einen qualifizierten Tatbestand, keine bloße Strafzumessungsregel (BGH **32** 332). Über **Nebenfolgen** und Einziehung vgl. §§ 92 a, b. Zum **Opportunitätsprinzip** im Falle des Abs. 3 vgl. § 74 a iVm §§ 153 c, d, e StPO.

21 **VI. Idealkonkurrenz** ist möglich mit §§ 86, 89, 90, 90 b, 304. Mit § 303 besteht *Gesetzeseinheit;* § 90 a geht vor. Treffen mehrere Umstände des Abs. 2 zusammen, so liegt nur ein Verstoß nach § 90 a vor (vgl. BGH GA/W **61**, 18).

§ 90 b Verfassungsfeindliche Verunglimpfung von Verfassungsorganen

(1) **Wer öffentlich, in einer Versammlung oder durch Verbreiten von Schriften (§ 11 Abs. 3) ein Gesetzgebungsorgan, die Regierung oder das Verfassungsgericht des Bundes oder eines Landes oder eines ihrer Mitglieder in dieser Eigenschaft in einer das Ansehen des Staates gefährdenden Weise verunglimpft und sich dadurch absichtlich für Bestrebungen gegen den Bestand der Bundesrepublik Deutschland oder gegen Verfassungsgrundsätze einsetzt, wird mit Freiheitsstrafe von drei Monaten bis zu fünf Jahren bestraft.**

(2) **Die Tat wird nur mit Ermächtigung des betroffenen Verfassungsorgans oder Mitglieds verfolgt.**

1 I. Die Vorschrift erfaßt die **Verunglimpfung höchster Staatsorgane**. Ihr Zweck ist, da die Tat ein Mittel der Staatszersetzung ist, nicht der Ehrenschutz für die genannten Personen, sondern die Bekämpfung eines Angriffs auf die staatliche Ordnung (BGH **6** 159, **8** 191). Daher ist auch Idealkonkurrenz mit den §§ 185 ff. möglich (vgl. u. 10).

2 II. **Angriffsobjekte** sind ein **Gesetzgebungsorgan**, die Regierung oder das Verfassungsgericht des Bundes oder eines Landes oder eines ihrer Mitglieder in dieser Eigenschaft. Die Verunglimpfung eines Mitglieds der genannten Organe braucht nicht zugleich eine Herabsetzung des Organs selbst in sich zu schließen. Es reicht aus, wenn sie die amtliche Tätigkeit des Mitglieds in einem der genannten Organe betrifft. Dagegen genügt nicht, wenn das einzelne Mitglied als Politiker oder als Privatmann verunglimpft wird.

3 **1.** Die **Handlung** besteht darin, daß eines der Schutzobjekte verunglimpft, zB die Bundesregierung als Rasselbande, Verbrecherbande oder Lügnerpack (vgl. LG Bamberg NJW **53**, 675) bezeichnet wird. Über Verunglimpfen und zum Wahrheitsbeweis vgl. § 90 RN 2. Die Verunglimpfung muß in einer das Ansehen des Staates gefährdenden Weise geschehen (konkrete Gefährdung). Das ist bereits der Fall, wenn ein Minister schwerwiegender Straftaten im Amt bezichtigt wird (Düsseldorf NJW **80**, 603).

4 **2.** Die Verunglimpfung muß **öffentlich**, in einer Versammlung oder durch Verbreiten von Schriften erfolgen. Über öffentlich vgl. § 186 RN 19, über Versammlung § 90 RN 5, über Verbreiten von Schriften § 184 RN 57, 66 b ff. (Internet).

5 **3.** Bei einer **im Ausland begangenen Tat** ist § 90 b unabhängig vom Recht des Tatorts anwendbar, wenn der Täter Deutscher ist und seine Lebensgrundlage im räumlichen Geltungsbereich des StGB hat (§ 5 Nr. 3 a).

6 III. Für den **subjektiven Tatbestand** ist Vorsatz erforderlich. Bedingter Vorsatz genügt. Darüber hinaus muß der Täter mit der Tat die Absicht verfolgen, sich für Bestrebungen gegen den Bestand der BRep. oder Verfassungsgrundsätze einzusetzen. Vgl. dazu § 92 II, III und dort RN 13 ff. Die Tat muß als Mittel zur Verfolgung der verfassungsfeindlichen Ziele dienen (vgl. Düsseldorf NJW **80**, 603). Nicht erforderlich ist jedoch, daß die Absicht sich aus der Tathandlung selbst ergibt, etwa aus dem Inhalt der verbreiteten Schrift (BGH **29** 159).

Anwendungsbereich 1–8 **§ 91**

IV. Zum **Parteienprivileg** vgl. BGH **29** 50 und 7 vor § 80. Zur irrigen Annahme, das Parteienprivileg greife ein, vgl. 9 vor § 80. Zum Verhältnis Verunglimpfung zur **Kunstfreiheit** vgl. § 90 a RN 19, auch Bay MDR **94**, 80 (unzulässige Schmähkritik in Gedichtform). 7

V. Über **Nebenfolgen** und Einziehung vgl. §§ 92 a, b. Zum **Opportunitätsprinzip** vgl. § 74 a I GVG iVm §§ 153 c, d, e StPO. Zur Möglichkeit der Nebenklage vgl. § 395 II Nr. 2 StPO. 8

VI. Die Tat wird nur mit **Ermächtigung** des betroffenen Verfassungsorgans oder Mitglieds verfolgt (Abs. 2). Soweit ein Mitglied betroffen ist, kann nur es selbst, nicht sein Amtsnachfolger die Ermächtigung erteilen (BGH **29** 282; and. Tröndle/Fischer 6). Zur Ermächtigung vgl. § 77 e und dort RN 2, Laufhütte LK 9. In einem uneingeschränkten Strafantrag liegt regelmäßig zugleich die Ermächtigung (Hamm GA **53**, 28 m. Anm. Grützner; einschränkend BGH MDR **54**, 754). 9

VII. Idealkonkurrenz ist möglich mit den §§ 185 ff. (BGH **6** 159, Rudolphi SK 8, Tröndle/Fischer 7; and. BGH NJW **53**, 1722, Lackner/Kühl 6, Laufhütte LK 11), ebenso mit §§ 86, 90, 90 a. 10

§ 91 Anwendungsbereich

Die §§ 84, 85 und 87 gelten nur für Taten, die durch eine im räumlichen Geltungsbereich dieses Gesetzes ausgeübte Tätigkeit begangen werden.

Vorbem. Zum Fortfall der früheren Sonderregelung für Berlin vgl. 24. A.

I. Die Vorschrift hat den **Zweck,** den **Anwendungsbereich** des politischen Strafrechts im Interesse der Aufrechterhaltung persönlicher Beziehungen außerhalb des räumlichen Bereichs des StGB **einzuschränken** (vgl. BT-Drs. V/2860 S. 6). Zugleich soll sie die sachlichen Entscheidungen, die an sich in den einzelnen Tatbeständen zu treffen wären, dadurch klarer machen, daß diese Entscheidungen in einer Bestimmung zusammengefaßt werden. 1

Sachlich handelt es sich um eine Vorschrift, die die aus den §§ 3 ff. sich ergebenden Konsequenzen einschränkt, indem für die Tatbestände der §§ 84, 85, 87 die Geltung des § 9 aufgehoben wird (vgl. auch Langrock aaO 162 ff.). Dem Sinn des § 91 entsprechend ist eine Tat nach § 111 in die räumliche Einschränkung einzubeziehen, soweit die Aufforderung sich auf eine der von § 91 erfaßten Taten erstreckt (Lackner/Kühl 1; zweifelnd Tröndle/Fischer 5). 2

II. § 91 verlangt für eine Bestrafung nach §§ 84, 85 und 87, daß die Tat durch eine **im räumlichen Geltungsbereich** dieses Gesetzes ausgeübte **Tätigkeit** begangen wird. 3

1. Zum **räumlichen Geltungsbereich** dieses Gesetzes vgl. 13 ff. vor § 80. 4

2. Da die §§ 84, 85 ausdrücklich vorsehen, daß der Erfolg der Straftaten im Inland eintritt, und § 87 Vorbereitungshandlungen für Taten im Inland bestraft, kann die Formulierung „**ausgeübte Tätigkeit**" nur bedeuten, daß auch die Handlung des Täters im Geltungsbereich dieses Gesetzes vorgenommen sein muß (vgl. Krauth u. a. JZ 68, 580) bzw. daß der Täter bei Unterlassungsdelikten hier hätte handeln müssen (and. Laufhütte LK 4, Tröndle/Fischer 4). Unerheblich ist daher, ob er bei Wirksamkeit seiner inländischen Handlungspflicht sich im Ausland aufhält. Andererseits kann außerhalb des räumlichen Geltungsbereichs keine Rechtspflicht aus Ingerenz entstehen, innerhalb dieses Bereichs zu handeln; sonst würde der Zweck des § 91 verfehlt, der insoweit jegliches Verhalten außerhalb des Geltungsbereichs von strafrechtlicher Verantwortlichkeit freistellen wollte (Langrock aaO 128 f.). Durch den Ausschluß des Erfolgsortes als Anknüpfungspunkt der Strafbarkeit enthält § 91 eine Ausnahme gegenüber § 9. Die Vorschrift betrifft auch die Teilnahmehandlungen, da jemand, der als Täter straflos ist, dies auch als Teilnehmer sein muß. „Taten" sind in diesen Fällen die Teilnahmehandlungen (vgl. Krauth u. a. JZ 68, 582), so daß etwa der Gehilfe, der im Ausland dem Inlandstäter Material übergibt (zB Schulungsmaterial für Tat nach § 87 I Nr. 5), nicht strafbar ist. 5

Die Bedeutung dieser Regelung liegt allein darin, den im Ausland handelnden Täter nicht der Strafverfolgung auszusetzen, bedeutet also mehr eine prozessuale als eine materielle Exemtion. Sie ist deshalb für im Inland tätige Teilnehmer ohne Bedeutung, so daß nicht aus Akzessorietätsgründen straflos ist, wer vom Inland aus eine ausländische Tat nach § 87, die für den Haupttäter straflos ist, fördert (and. Krauth Prot. V 1920, Lackner/Kühl 1, Laufhütte LK 5, Tröndle/Fischer 5), etwa Schulungsmaterial für ein ausländisches Schulungslager druckt. 6

3. Bei Dauerdelikten und **fortgesetzten Taten** sind die Teilakte, die außerhalb des räumlichen Geltungsbereichs des StGB vorgenommen werden, nicht zu berücksichtigen (Lackner/Kühl 1, Rudolphi SK 2 sowie Laufhütte LK 3, der solchen Teilakten indes Bedeutung für die Strafzumessung beilegt; and. anscheinend Tröndle/Fischer 3). 7

4. Diese Regelung hat die *nachteilige Folge,* daß gerade die gefährlichen Täter (Hintermänner und Rädelsführer), auch wenn sie Bürger der BRep. sind, dann nicht bestraft werden können, wenn sie vom Ausland aus agieren. Auch ihre Bestrafung wegen Teilnahme ist dann nicht möglich; vgl. o. 5 aE. Ebenso straflos ist zB ein Deutscher, der ins Ausland fährt, um sich dort für Sabotagehandlungen (§ 87 I Nr. 5) schulen zu lassen. 8

Vierter Titel. Gemeinsame Vorschriften

§ 92 Begriffsbestimmungen

(1) Im Sinne dieses Gesetzes beeinträchtigt den Bestand der Bundesrepublik Deutschland, wer ihre Freiheit von fremder Botmäßigkeit aufhebt, ihre staatliche Einheit beseitigt oder ein zu ihr gehörendes Gebiet abtrennt.

(2) Im Sinne dieses Gesetzes sind Verfassungsgrundsätze

1. das Recht des Volkes, die Staatsgewalt in Wahlen und Abstimmungen und durch besondere Organe der Gesetzgebung, der vollziehenden Gewalt und der Rechtsprechung auszuüben und die Volksvertretung in allgemeiner, unmittelbarer, freier, gleicher und geheimer Wahl zu wählen,
2. die Bindung der Gesetzgebung an die verfassungsmäßige Ordnung und die Bindung der vollziehenden Gewalt und der Rechtsprechung an Gesetz und Recht,
3. das Recht auf die Bildung und Ausübung einer parlamentarischen Opposition,
4. die Ablösbarkeit der Regierung und ihre Verantwortlichkeit gegenüber der Volksvertretung,
5. die Unabhängigkeit der Gerichte und
6. der Ausschluß jeder Gewalt- und Willkürherrschaft.

(3) Im Sinne dieses Gesetzes sind

1. Bestrebungen gegen den Bestand der Bundesrepublik Deutschland solche Bestrebungen, deren Träger darauf hinarbeiten, den Bestand der Bundesrepublik Deutschland zu beeinträchtigen (Absatz 1),
2. Bestrebungen gegen die Sicherheit der Bundesrepublik Deutschland solche Bestrebungen, deren Träger darauf hinarbeiten, die äußere oder innere Sicherheit der Bundesrepublik Deutschland zu beeinträchtigen,
3. Bestrebungen gegen Verfassungsgrundsätze solche Bestrebungen, deren Träger darauf hinarbeiten, einen Verfassungsgrundsatz (Absatz 2) zu beseitigen, außer Geltung zu setzen oder zu untergraben.

1 I. Die Vorschrift dient dazu, durch **Legaldefinitionen** die Interpretation der §§ 80 ff. zu vereinfachen. In ihr sind die für den Hochverrat, aber auch sonst wesentliche Beeinträchtigung des Bestandes der BRep. (Abs. 1), die in verschiedenen Bestimmungen auftauchenden Verfassungsgrundsätze (Abs. 2) sowie gewisse staatsfeindliche Bestrebungen (Abs. 3) definiert.

2 II. Abs. 1 enthält die Begriffsbestimmung der **Beeinträchtigung des Bestandes der BRep.** Sie ist zB für §§ 81 I Nr. 1, 88 I, 89 I von Bedeutung. Den Bestand der BRep. beeinträchtigt:

3 1. wer ihre Freiheit von **fremder Botmäßigkeit** aufhebt, dh die BRep. der Herrschaft einer fremden Macht unterwirft. Dies kann sowohl durch Einverleibung in ein anderes Staatswesen wie auch dadurch geschehen, daß ein Abhängigkeitsverhältnis in der Form des Protektorats oder bei Aufrechterhaltung staatlicher Selbständigkeit ein sog. Satellitenstaat geschaffen wird;

4 2. wer die **staatliche Einheit** der BRep. **beseitigt,** zB diese in einen Staatenbund umgestaltet oder eines der Länder in einen souveränen Einzelstaat verwandelt;

5 3. wer ein zur BRep. gehörendes **Gebiet abtrennt,** zB es in die Hoheit eines fremden Staates bringt. Als Beeinträchtigung des Bestandes der BRep. gilt **nicht** die im Einklang mit der verfassungsmäßigen Ordnung erfolgende **Teilnahme** an einer **Staatengemeinschaft** oder einer zwischenstaatlichen Einrichtung, auf die BRep. Hoheitsrechte überträgt oder zu deren Gunsten sie Hoheitsrechte beschränkt (so ausdrücklich § 88 I 2 aF; vgl. auch Art. 24 GG).

6 III. Abs. 2 gibt eine Legaldefinition dessen, was unter **Verfassungsgrundsätzen** zu verstehen ist, deren Beeinträchtigung an verschiedenen Stellen des politischen Strafrechts als Tatbestandsmerkmal verwendet wird. Verfassungsgrundsätze sind:

7 1. Die Volkssouveränität und die Gewaltenteilung entsprechend Art. 20 II GG, weiter die Wahl der Volksvertretung in allgemeiner, unmittelbarer, freier, gleicher und geheimer Wahl (Art. 28 I, 38 I GG).

8 2. Der Grundsatz des Rechtsstaates (Nr. 2) in Entsprechung zu Art. 20 III GG. Vgl. dazu BGH **13** 35 f.

9 3. Das Recht auf Bildung und Ausübung einer parlamentarischen Opposition (Nr. 3); vgl. Art. 21 I, II GG. Hiergegen verstoßen zB Bestrebungen, die ein Ein-Parteien-System anstreben.

10 4. Die parlamentarische Verantwortlichkeit der Regierung (Nr. 4), dh die Rechtsgrundsätze, die für das Verhältnis zwischen Regierung und Parlament in den Verfassungen festgelegt sind (einschränkend Laufhütte LK 3). Zum Bereich der Verantwortlichkeit gegenüber der Volksvertretung gehört auch die Befehls- und Kommandogewalt gem. Art. 65 a, 115 b GG (BGH JR **77**, 30 m. Anm. Schroeder).

11 5. Die Unabhängigkeit der Gerichte (Nr. 5); vgl. Art. 97 GG.

6. Der Ausschluß jeder Gewalt- und Willkürherrschaft (Nr. 6). Diese Bestimmung stellt gleichsam eine zusammenfassende Generalklausel dessen dar, was zu einer freiheitlich-demokratischen Grundordnung gehört, und umfaßt damit auch den größten Teil der in Nr. 1–5 genannten Grundsätze. Zur Willkürherrschaft bei Maßnahmen, die sich gegen die Menschenwürde richten, sowie im Fall der Diffamierung und Rechtsminderung einer Volksgruppe durch den Gesetzgeber oder die staatliche Verwaltung vgl. BGH **13** 36 f. Eine Gewalt- oder Willkürherrschaft entsteht aber noch nicht bereits, wenn einzelne, die keine maßgeblichen Staatsämter innehaben, die Grundrechte mißachten und dem Geist der Verfassung zuwiderhandeln (BGH **13** 378).

IV. Abs. 3 enthält eine Legaldefinition der verschiedenen **Bestrebungen,** deren Förderung an vielen Stellen des politischen Strafrechts den staatsfeindlichen Charakter bestimmter Verhaltensweisen kennzeichnet. Der Gesetzgeber benutzt hier, um die politische Natur bestimmter Tätigkeiten zu charakterisieren, das Merkmal des Sicheinsetzens für bestimmte staatsfeindliche Bestrebungen, die in Abs. 3 im einzelnen erläutert werden. Träger der verfassungsfeindlichen Bestrebungen muß (zumindest auch) eine andere Person als der Täter sein. Es genügt, daß der Täter zusammen mit anderen die Bestrebungen verfolgt (vgl. Schroeder aaO 307, Laufhütte LK 5). Nicht erfaßt wird dagegen der Einzelgänger, der nur eigene Bestrebungen fördern will. Die Bestrebungen brauchen noch nicht vorhanden zu sein; es reicht aus, wenn sie mit der Handlung erst herbeigeführt werden sollen (vgl. Schroeder aaO 306). Während die Menschen und Stellen, die diese Bestrebungen verfolgen, dies mit der Absicht staatsfeindlicher Folgen getan haben müssen, reicht es für die Bestrafung des Täters uU aus, daß er sich weiß, daß sein Handeln diese Bestrebungen fördert. Er braucht sie und ihren politischen Gehalt also nicht zur Grundlage seiner eigenen Motivation gemacht zu haben. Das soll nur dort anders sein, wo das Gesetz ein „absichtliches" Sicheinsetzen verlangt.

1. Bestrebungen **gegen** den **Bestand** der BRep. sind solche, deren Träger darauf hinarbeiten, den Bestand, dh die völkerrechtliche Souveränität oder den Territorialbestand der BRep. zu beeinträchtigen; vgl. dazu o. 2 ff.

2. Bestrebungen **gegen** die **Sicherheit** der BRep. sind solche, deren Träger darauf hinarbeiten, die äußere oder innere Sicherheit der BRep. zu beeinträchtigen. Eine Tatbestandsmäßigkeit iSv §§ 80 ff. ist dabei nicht zu verlangen, es genügt jede sonstige Beeinträchtigung der Sicherheit. Diese ist beeinträchtigt, wenn die Fähigkeit der BRep. gemindert ist, sich gegen Eingriffe von außen her zu wehren oder die Rechtsordnung gegen Störungen von innen her aufrechtzuerhalten (vgl. BGH **28** 316 f., NStZ **88**, 215).

3. Bestrebungen **gegen Verfassungsgrundsätze** liegen vor, wenn deren Träger darauf hinarbeiten, einen Verfassungsgrundsatz (Abs. 2) zu beseitigen, außer Geltung zu setzen oder zu untergraben. Vorausgesetzt wird also, daß bestimmte Personen oder Stellen sich bemühen, einen der in Abs. 2 genannten Verfassungsgrundsätze zu beseitigen. Letzteres ist dann der Fall, wenn er aufgehört hat, rechtlich zu bestehen, wie etwa bei der Herauslösung der Bundeswehr aus dem Verantwortungsbereich der Bundesregierung und damit aus deren Verantwortlichkeit gegenüber der Volksvertretung (BGH JR **77**, 28 m. Anm. Schroeder). Demgegenüber bezeichnet der Begriff Außergeltungsetzen die Tatsache, daß dieser Grundsatz bei rechtlicher Fortexistenz rein faktisch nicht mehr beachtet wird. Untergraben wird ein Verfassungsgrundsatz, wenn seine Wirksamkeit trotz seiner Weitergeltung faktisch in erheblichem Maße herabgesetzt, zB einer Gruppe von Staatsbürgern das Recht auf Menschenwürde auf Grund staatlicher Ächtungsmaßnahmen vorenthalten wird (vgl. BGH **13** 37). Verfassungsgrundsätze können insb. durch langsames Unglaubwürdigmachen ihre Wirksamkeit einbüßen, etwa dadurch, daß in der Allgemeinheit der Eindruck erweckt wird, die politisch Verantwortlichen selbst hielten sich nicht an sie (Düsseldorf NJW **80**, 603). Über Untergraben vgl. auch § 89 RN 11.

In allen Fällen muß es sich um die Beeinträchtigung eines Verfassungsgrundsatzes als solchen handeln, nicht nur um seine Mißachtung in einem Einzelfall.

Zum **Parteienprivileg** vgl. 5 ff. vor § 80.

§ 92 a Nebenfolgen

Neben einer Freiheitsstrafe von mindestens sechs Monaten wegen einer Straftat nach diesem Abschnitt kann das Gericht die Fähigkeit, öffentliche Ämter zu bekleiden, die Fähigkeit, Rechte aus öffentlichen Wahlen zu erlangen, und das Recht, in öffentlichen Angelegenheiten zu wählen oder zu stimmen, aberkennen (§ 45 Abs. 2 und 5).

I. Die Vorschrift **ergänzt § 45 II, V** und ermächtigt die Gerichte zu den dort vorgesehenen Nebenfolgen auszusprechen. Unberührt bleibt die Nebenfolge des § 45 I, dh der als automatische Folge eintretende Verlust der Amtsfähigkeit und der Wählbarkeit, wenn eine Verurteilung zu Freiheitsstrafe von mindestens einem Jahr wegen eines Verbrechens erfolgt, etwa wegen Hochverrats. Zu weiteren Folgen vgl. 11 vor § 80. Zur Anwendbarkeit des § 92 a zum Schutz der NATO-Staaten vgl. 17 ff. vor § 80.

II. Die Nebenfolgen des § 45 II, V kann das Gericht aussprechen, wenn es wegen einer Straftat nach den §§ 80 ff. eine **Freiheitsstrafe von mindestens 6 Monaten** verhängt. Wird eine Gesamtstrafe gebildet, so kommt es nicht auf sie an, sondern darauf, ob eine Einzelstrafe wegen einer Straftat

§ 92 b 1–7 Bes. Teil. Friedensverrat, Hochverrat usw.

nach dem Abschnitt über Friedensverrat usw 6 Monate Freiheitsstrafe oder mehr beträgt. Werden indes mehrere Delikte des Abschnitts abgeurteilt, so muß es genügen, wenn die für sie gebildete Gesamtstrafe die Mindesthöhe erreicht (Laufhütte LK 2). Unerheblich ist, ob die Verurteilung wegen Täterschaft oder Teilnahme und ob sie wegen einer vollendeten Tat oder wegen Versuchs erfolgt. Vgl. i. ü. § 45 RN 4 ff., 14.

3   III. Ob das Gericht auf § 92 a zurückgreift, steht in seinem pflichtgemäßen **Ermessen**. Da es sich um Nebenfolgen mit strafähnlichem Charakter handelt, sind die allgemeinen Zumessungsregeln des § 46 zu beachten (vgl. § 45 RN 4, 13). Das gilt sowohl für das Ob der Nebenfolgen als auch für deren Dauer. Die Nebenfolgen des § 45 II, V kann das Gericht kumulativ anordnen. Es ist ihm aber auch möglich, sich auf eine dieser Nebenfolgen zu beschränken. Für den Eintritt und die Berechnung des Verlustes der aberkannten Fähigkeiten und Rechte sowie für die Möglichkeit der vorzeitigen Wiederverleihung dieser Fähigkeiten und Rechte sind die §§ 45 a und 45 b maßgebend.

§ 92 b Einziehung

Ist eine Straftat nach diesem Abschnitt begangen worden, so können
1. Gegenstände, die durch die Tat hervorgebracht oder zu ihrer Begehung oder Vorbereitung gebraucht worden oder bestimmt gewesen sind, und
2. Gegenstände, auf die sich eine Straftat nach den §§ 80 a, 86, 86 a, 90 bis 90 b bezieht,

eingezogen werden. § 74 a ist anzuwenden.

Schrifttum: Eser, Die strafrechtlichen Sanktionen gegen das Eigentum, 1969. – *v. Gerkan*, Die Einwirkung der Informationsfreiheit auf die Einziehung verfassungsfeindlicher Schriften, MDR 67, 91. – *Maurach*, Die Objekte der Einziehung nach § 86 StGB, JZ 64, 529. – *Wagner*, Zur Einziehung nach § 86 StGB, MDR 64, 797, 885. – *Wenkebach*, Die vorbeugende Einziehung verfassungsfeindlicher Schriften, NJW 62, 2094.

1   I. Die Vorschrift regelt die **Einziehung** von Gegenständen, die in eine Straftat iS dieses Abschnitts verwickelt wurden. Sie enthält jedoch keine abschließende Sonderregelung in dem Sinn, daß die allgemeinen Einziehungsvorschriften der §§ 74 ff. ausgeschlossen sind, wenn deren Voraussetzungen neben denen des § 92 b vorliegen. § 92 b erweitert lediglich die allgemeinen Einziehungsmöglichkeiten entsprechend den Erfordernissen dieses Abschnitts (BGH **23** 208 m. Anm. Willms JZ 70, 514). Das gilt insb. auch für die Einziehung von Schriften nach § 74 d. Diese Bestimmung kommt vor allem für solche Exemplare in Betracht, die selbst noch nicht Mittel oder Gegenstand einer strafbaren Handlung waren und deshalb weder nach § 74 noch nach § 92 b eingezogen werden können. Über verfassungsrechtliche Einschränkungen, die sich aus der Informationsfreiheit ergeben können, vgl. BVerfGE **27** 71, BGH **23** 208, 267, Träger/Mayer/Krauth BGH-FS 242, Eser aaO 197 ff., v. Gerkan MDR 67, 91 ff., Willms JZ 70, 514.

2   Die **Rechtsnatur** der Einziehung läßt sich hier ebensowenig wie in anderen Fällen abstrakt bestimmen; entscheidend ist vielmehr, zu welchem Zweck und unter welchen Voraussetzungen sie im Einzelfall angeordnet wird (and. hM zum früheren § 86 aF, der überwiegend als Sicherungsmaßregel verstanden wurde: BGH **6** 62, **8** 165, **13** 38, **15** 399, **19** 58).

3   II. Bei der **Einziehung** sind zwei Fälle zu unterscheiden:

4   1. Durch **Nr. 1** werden alle Gegenstände erfaßt, die aus irgendeiner der in den §§ 80–91 geregelten Straftaten **hervorgegangen** sind oder zu ihrer Begehung oder Vorbereitung **gebraucht** wurden oder dazu **bestimmt** gewesen sind. Dabei muß es sich grds. um eine volldeliktische Anknüpfungstat handeln; jedoch kann unter den Voraussetzungen des § 74 II Nr. 2 und III auch eine nur rechtswidrige Tat ausreichen (vgl. BGH **23** 68 f.). Als Gegenstände iS dieser Vorschriften gelten insb. auch nichtkörperliche Rechte (§ 74 RN 6; and. die früher hM; vgl. 13. A. § 86 RN 6). Zum Begriff der instrumenta und producta sceleris vgl. näher § 74 RN 8 ff.

5   2. Der Einziehungsbereich der **Nr. 2** ist demgegenüber in zweierlei Hinsicht enger. Hier kommen als Anknüpfungstat nur solche iSv **§§ 80 a, 86, 86 a, 90 bis 90 b** in Betracht. Zudem werden hier nur sog. „**Beziehungsgegenstände**" erfaßt. Das sind Gegenstände, die, ohne Tatprodukte und Tatwerkzeuge ieS zu sein, dem Täter als Objekt seines Handelns gedient haben (vgl. Eser aaO 318 ff., 329 f. sowie § 74 RN 12 a): so die nach § 86 verbreiteten Propagandamittel (BGH **23** 69), die nach § 86 a aufgezogenen Fahnen einer verbotenen Partei, die nach § 90 a die BRep. beschimpfenden Darstellungen. Auch hier wird grds. eine volldeliktische Tat vorausgesetzt, was auch darin liegt, daß der Einziehungsgrund iSv § 74 II Nr. 2, III vor (vgl. o. 4). Auch wird daneben meist noch § 74 d in Betracht kommen (vgl. o. 1), für den eine nur rechtswidrige Anknüpfungstat ausreicht (vgl. u. 7).

6   3. Sowohl in den Fällen der Nr. 1 wie der Nr. 2 kann sich die Einziehung auch auf **Dritteigentum** erstrecken, wenn gegen den Dritten ein Vorwurf iSv § 74 a erhoben werden kann (Satz 2); näher dazu § 74 a RN 4 ff. Ferner kommt unter den Sicherungsvoraussetzungen des § 74 II Nr. 2 eine Dritteinziehung in Frage.

7   4. Die Einziehung steht hier in allen Fällen im pflichtgemäßen **Ermessen** des Gerichts. Dabei wird neben den Grundsätzen der Tat- und Schuldangemessenheit insb. auch der Grad des Sicherungsbedürfnisses zu berücksichtigen sein (vgl. § 74 RN 38 ff. sowie allgemein zur Verhältnismäßigkeit

§ 74b). Liegen jedoch die Voraussetzungen des § 74d vor, so muß eingezogen werden (BGH **23** 69, 267), vorbehaltlich der Verhältnismäßigkeit (BGH **23** 267).

5. Für die **Wirkung,** Ersatzeinziehung, selbständige Einziehung und Entschädigung gelten die 8 allgemeinen Regeln der §§ 74c, e, f, 76a.

III. Das für eine Tat erlangte **Tatentgelt** unterliegt dem Verfall gem. § 73. 9

IV. Über die **Vermögensbeschlagnahme** als prozessuales Zwangsmittel vgl. § 443 StPO und 10 hierzu Dallinger JZ 51, 624. Zur Anwendbarkeit des § 92b zum Schutz der NATO-Staaten vgl. 17ff. vor § 80.

Zweiter Abschnitt. Landesverrat und Gefährdung der äußeren Sicherheit

Vorbemerkungen zu den §§ 93 ff.

Schrifttum: A. Arndt, Landesverrat, 1966. – *ders.*, Das Geheimnis im Recht, NJW 60, 2040. – *ders.*, Demokratische Rechtsauslegung am Beispiel des Begriffes „Staatsgeheimnis", NJW 63, 24. – *ders.*, Das Staatsgeheimnis als Rechtsbegriff und als Beweisfrage, NJW 63, 465. – *H. Arndt*, Die landesverräterische Geheimnisverletzung, ZStW 66, 41. – *Breithaupt*, Das illegale Staatsgeheimnis, NJW 68, 1712. – *ders.*, Nochmals: das illegale Staatsgeheimnis, NJW 69, 266. – *Fuss*, Pressefreiheit und Geheimnisschutz, NJW 62, 2225. – *Güde*, Die Geheimsphäre des Staates und die Pressefreiheit, 1959. – *Heinemann*, Der publizistische Landesverrat, NJW 63, 4. – *Hirsch*, Das sog. „illegale Staatsgeheimnis", NJW 68, 2330. – *Jagusch*, Pressefreiheit, Redaktionsgeheimnis, Bekanntmachen von Staatsgeheimnissen, NJW 63, 177. – *Jescheck*, Pressefreiheit und militärisches Staatsgeheimnis, 1964. – *ders.*, Die Behandlung des sog. illegalen Staatsgeheimnisses im neueren politischen Strafrecht, Engisch-FS 584. – *Kern*, Der Strafschutz des Staates und seine Problematik, 1963. – *Klug*, Ungeschriebene Tatbestandsmerkmale beim Staatsgeheimnisbegriff, Engisch-FS 570. – *Kohlmann*, Der Begriff des Staatsgeheimnisses und das verfassungsrechtliche Gebot der Bestimmtheit von Strafvorschriften, 1969. – *Lackner/Kühl*, Landesverräterische Agententätigkeit, ZStW 78, 695. – *Lange*, Zur Preisgabe von Staatsgeheimnissen, JZ 65, 297. – *Laufhütte*, Staatsgeheimnisse und Regierungsgeheimnisse, GA 74, 52. – *Löffler*, Der Verfassungsauftrag der Presse, 1963. – *Lüttger*, Geheimschutz und Geheimnisschutz, GA 70, 129. – *Maihofer*, Pressefreiheit und Landesverrat, Blätter für deutsche und internationale Politik 1963, 1. – *ders.*, Staatsschutz im Rechtsstaat, Veröffentl. Nr. 53 der Evang. Akademie in Hessen u. Nassau. – *ders.*, Der Landesverrat, in: Reinisch, Die deutsche Strafrechtsreform, 1967, 151. – *Mittelbach*, Das Staatsgeheimnis und sein Verrat, JR 53, 288. – *Ridder/Heinitz*, Staatsgeheimnis und Pressefreiheit, 1963. – *Ridder/Stein*, Die Freiheit der Wissenschaft und der Schutz vor Staatsgeheimnissen, DÖV 62, 361. – *Schüssler*, Pressefreiheit und journalistischer Landesverrat, NJW 65, 282. – *F. Ch. Schroeder*, Der Schutz von Staat und Verfassung im Strafrecht, 1970. – *Stratenwerth*, Publizistischer Landesverrat, 1965. – *Stree*, Zur Problematik des publizistischen Landesverrats, JZ 63, 527. – *ders.*, Publizistischer Geheimnisverrat im Bereich des Staatsschutzes, ZStW 78, 663. – *ders.*, Die neuen Vorschriften über Landesverrat und Gefährdung der äußeren Sicherheit – eine halbherzige Reform, in: Mißlingt die Strafrechtsreform?, 1969, 171. – *Willms*, Staatsgeheimnis und politische Parteien, JZ 60, 159. – *ders.*, Landesverrat durch die Presse, DRiZ 63, 14. – *v. Weber*, Zum Begriff des Staatsgeheimnisses, JZ 64, 127. – *ders.*, Zum illegalen Staatsgeheimnis, JZ 66, 249. – *Woesner*, Das Mosaikgeheimnis im strafrechtlichen Staatsschutz, NJW 64, 1877. – *Zillmer*, Ist die Preisgabe illegaler Staatsgeheimnisse strafbar?, NJW 66, 910. – Vgl. ferner die Angaben Vorbem. vor § 80 sowie 63 vor § 3 (MfS-Mitarbeiter).

I. Schutzobjekt dieser verfassungskonformen (BVerfGE **20** 177f.) Tatbestände ist die **äußere** 1 **Machtstellung** der BRep. Deutschland in ihrem Verhältnis zu fremden Staaten. Diese Schutzrichtung kommt nicht nur in der Überschrift dieses Abschnitts zum Ausdruck, sondern ergibt sich auch daraus, daß speziell die „äußere Sicherheit" gefährdet sein muß (§ 93 I; vgl. auch § 93 RN 17ff.).

Durch diese Blickrichtung nach außen **unterscheiden** sich die Tatbestände des **Landesverrats** 2 von denen des **Hochverrats** und der **Staatsgefährdung,** bei denen es vornehmlich um die innere Stabilität des Staates geht (vgl. 3 vor § 80). Eine scharfe Grenzziehung zwischen diesen Tatbestandsgruppen ist in der Praxis jedoch nur selten möglich, da angesichts der engen Wechselwirkung, die heute zwischen der Innen- und Außenpolitik besteht, auch scheinbar rein interne Angelegenheiten sowohl die innere wie die äußere Stabilität des Staates berühren können (vgl. Schroeder aaO 324ff., 362ff.). So zB wird die Vorbereitung zum Hochverrat meist durch landesverräterische Unternehmungen unterstützt werden und umgekehrt (vgl. RKG **2** 155, Kern aaO 7). Über die sich daraus ergebenden Konkurrenzprobleme vgl. 10 vor § 80.

II. Auch die äußere Stellung des Staates kann nicht in jeder Hinsicht strafrechtlich abgesichert 3 werden. Erfaßt werden nicht nur in wesentlichen **nur** solche **Gefährdungen,** die der BRep. **durch die Offenbarung von Staatsgeheimnissen** oder sonstigen geheimhaltungsbedürftigen Gegenständen drohen. Dementsprechend liegt der Schwerpunkt dieses Abschnitts auf dem Schutz der im § 93 gesetzlich umschriebenen Staatsgeheimnisse. Dabei gilt als **Landesverrat** iSv § 94 jedoch nur die unmittelbare Mitteilung von Staatsgeheimnissen an eine bestimmte fremde Macht bzw. die Offenbarung eines Staatsgeheimnisses in der Absicht, die BRep. zu benachteiligen oder eine fremde Macht zu begünstigen. Auf diese Weise sollte der Reformforderung, den eigentlichen Landesverrat mehr auf „gemeine" Spione und Agenten zu beschränken, Rechnung getragen werden.

4   Bei den übrigen Tatbeständen dieses Abschnitts sind *drei Gruppen* zu unterscheiden. Zur *ersten* Gruppe, die man als **Landesverrat minderen Grades** bezeichnen kann, gehört das einfache, durch keine besondere Absicht und auch durch keine Beziehung zu einer bestimmten Fremdmacht qualifizierte Offenbaren von Staatsgeheimnissen (§ 95). Dieser Tatbestand ist insb. für die Fälle des sog. publizistischen Landesverrats gedacht, bei dem der Täter in durchaus loyaler Gesinnung einem öffentlichen Informationsbedürfnis dienen will (vgl. § 95 RN 1 mwN). Soweit dabei Leichtfertigkeit oder Fahrlässigkeit mit im Spiel ist, wird die Tat als Preisgabe von Staatsgeheimnissen (§ 97) bestraft. Bei der *zweiten* Gruppe handelt es sich um die **quasi-landesverräterische Offenbarung** von Tatsachen usw., die zwar keine echten Staatsgeheimnisse sind, deren Bekanntmachung aber unter bestimmten Umständen eine Gefahr für die Sicherheit der BRep. bedeutet. Dazu rechnen der Verrat von illegalen Geheimnissen iSv § 93 II (§ 97 a) und die landesverräterische Fälschung (§ 100 a). Auch die Offenbarung usw vermeintlich illegaler Geheimnisse (§ 97 b) sowie die geheimdienstliche Tätigkeit (vgl. § 99 RN 1 f.) gehören im wesentlichen hierher. In der *dritten* Gruppe schließlich sind bestimmte **Vorbereitungshandlungen** zum Landesverrat selbständig unter Strafe gestellt: so das Ausspähen und Auskundschaften von Staatsgeheimnissen (§§ 96, 97 a S. 2), die Tätigkeit zur Erlangung von Staatsgeheimnissen (§ 98) und die landesverräterische Friedensgefährdung (§ 100).

5   III. Zum Schutz der **ausländischen NATO-Staaten** und ihrer in der BRep. stationierten Truppen vgl. 17 ff. vor § 80. Soweit gemeinsame Geheimnisse der NATO-Mitglieder betroffen sind, richtet sich die Tat auch gegen die BRep., so daß die §§ 93 ff. unmittelbar eingreifen (vgl. BGH MDR/H 80, 105). Zum Schutz sog. **Euratom-Geheimnisse** vgl. Träger LK 9 vor § 93. Zum **räumlichen Geltungsbereich** der §§ 93 ff. vgl. 12 ff. vor § 80.

§ 93 Begriff des Staatsgeheimnisses

(1) **Staatsgeheimnisse sind Tatsachen, Gegenstände oder Erkenntnisse, die nur einem begrenzten Personenkreis zugänglich sind und vor einer fremden Macht geheimgehalten werden müssen, um die Gefahr eines schweren Nachteils für die äußere Sicherheit der Bundesrepublik Deutschland abzuwenden.**

(2) **Tatsachen, die gegen die freiheitliche demokratische Grundordnung oder unter Geheimhaltung gegenüber den Vertragspartnern der Bundesrepublik Deutschland gegen zwischenstaatlich vereinbarte Rüstungsbeschränkungen verstoßen, sind keine Staatsgeheimnisse.**

Schrifttum: Vgl. die Angaben vor §§ 93 ff.

1   I. Die Vorschrift enthält eine **Legaldefinition** des *Staatsgeheimnisses*. In Abs. 1 werden zunächst die mehr tatsächlichen Elemente des Geheimnisbegriffes genannt (u. 2 ff.), während Abs. 2 normative Einschränkungen bringt (u. 24 ff.).

2   II. In positiver Hinsicht gehören zum Begriff des Staatsgeheimnisses folgende **Elemente (Abs. 1):**

3   1. **Objekt** des Staatsgeheimnisses können **Tatsachen, Gegenstände** oder **Erkenntnisse** sein. Die Grenzen zwischen diesen Begriffen sind fließend. Unter *Tatsachen* sind Ereignisse und Zustände der Vergangenheit oder Gegenwart zu verstehen, gleichgültig, ob es sich dabei um äußere oder innere Vorgänge (zB Absichten, Vorhaben) handelt (vgl. BGH **6** 385, **20** 342, H. Arndt ZStW 66, 44). Künftige Ereignisse sind als Vorausgesagtes zu den *Erkenntnissen* zu rechnen, zu denen insb. auch wissenschaftliche Formeln, politische Analysen oder wirtschaftliche Forschungsergebnisse gehören, nach BGH **24** 76 auch der aus mehreren Amtsgeheimnissen sich ergebende Erkenntnisgehalt. *Gegenstände* sind vor allem körperliche Sachen jeglicher Art, soweit sie einen geheimhaltungsfähigen Inhalt verkörpern. Schriften, Zeichnungen, Abbildungen, Modelle und Berichte über solche Tatsachen und Gegenstände können ihrerseits wieder Tatsachen iSv § 93 sein und als solche Schutz genießen. Der Mensch als solcher läßt sich nicht als Gegenstand ansehen (Tröndle/Fischer 2; and. Rudolphi SK 9, Träger LK 2 unter Berufung auf BGH GA/W **61**, 141), was die Verschleppung eines Geheimnisträgers nicht unter § 94 fällt. Dagegen können besondere Merkmale einer Person als Tatsachen durchaus Objekt eines Staatsgeheimnisses sein, zB Einzelheiten über die Tätigkeit einer Person im Geheimbereich.

4   2. Diese Tatsachen usw müssen zZ der Tat (vgl. BGH GA/W **63**, 289) noch **geheim** sein. Als geheim gelten Tatsachen, **die nur einem begrenzten Personenkreis zugänglich sind.**

5   a) Ob dies der Fall ist, bestimmt sich nicht nach formellen Kriterien, sondern hängt allein davon ab, daß nur ein bestimmter begrenzter Personenkreis von der betreffenden Tatsache Kenntnis hat oder erlangen kann. Demgemäß sind hier nicht nur Tatsachen geschützt, die bislang überhaupt noch nicht bekannt oder entdeckt waren und schon deshalb gar nicht formell sekretiert werden konnten (vgl. Stratenwerth aaO 30 f.), sondern auch solche, die, ohne ausdrücklich unter Verschluß genommen zu sein, nach dem Charakter ihres Inhalts oder der Art ihrer Behandlung auf die Kenntnis bestimmter Personen beschränkt bleiben sollen (sog. **materieller Geheimnisbegriff).** Zwar ist zuzugeben, daß durch den Verzicht auf eine *formelle* Sekretur die Rechtsanwendung mit einer gewissen Unsicherheit behaftet ist (deshalb Bedenken gegen die Verfassungsmäßigkeit bei Fuss NJW 62, 2226, Heinemann

NJW 63, 7, Löffler aaO 87, Maihofer, Staatsschutz S. 28 ff., Strafrechtsreform S. 156, 160, Ridder[/Heinitz] aaO 26, 43). Dennoch ist der materielle dem formellen (und damit auch einem materiell-formellen) Geheimnisbegriff vorzuziehen, da damit einerseits auch solche geheimhaltungsbedürftigen Tatsachen einbezogen werden, die sich einer formellen Sekretur entziehen (zB Truppenbewegungen; vgl. Woesner NJW 67, 757), und andererseits der Gefahr vorgebeugt wird, daß durch übereifrige Sekretur die Möglichkeit öffentlicher Kritik und Meinungsbildung ungebührlich beschnitten wird; vgl. Baumann JZ 66, 333, (Ridder/)Heinitz aaO 13, 41, Jescheck JZ 67, 9, M-Schroeder II 345, Stree JZ 63, 529, ZStW 78, 675 ff., Willms DRiZ 63, 14 f.

Zu beachten bleibt jedoch, daß in verschiedenen *Einzeltatbeständen* der materielle Geheimnisbegriff **6** durch gewisse *formelle* Kriterien eingeschränkt wird; so zB in §§ 95, 96 II, 97.

b) Nicht erforderlich ist, daß es sich bei dem **begrenzten Personenkreis** um staatliche Stellen **7** oder gar um besondere Geheimnisträger handelt. Auch die Mitglieder eines chemischen Labors, die eine waffentechnisch bedeutsame Entdeckung machen, oder der Journalist, der auf die bislang unbekannte Absturzstelle eines Militärflugzeuges stößt, können noch ein begrenzter Personenkreis in diesem Sinn sein. Vgl. hierzu Laufhütte GA 74, 54 f.

c) Entscheidend ist die begrenzte **Zugänglichkeit**. Daher kommt es allein auf die Möglichkeit der **8** begrenzten Kenntnisnahme an. Das bedeutet einerseits, daß eine Tatsache schon dann nicht mehr geheim ist, wenn nach den konkreten Umständen beliebige Dritte von ihr Kenntnis nehmen können (zB ein auf einer Straße verlorenes Geheimpapier; and. insoweit Träger LK 6); inwieweit dies bereits auch tatsächlich geschehen ist, kann demgegenüber nicht von entscheidender Bedeutung sein (vgl. Baumann JZ 66, 334). Andererseits sind noch begrenzt zugänglich alle Tatsachen, die entweder bislang noch völlig unbekannt waren oder gerade erst von einem begrenzten Personenkreis (Forscherteam usw) entdeckt wurden. Dies ist vor allem auch für Erfinder von Bedeutung. Soweit ein Geheimhaltungsbedürfnis besteht, sind auch sie zur Veröffentlichung nicht befugt (vgl. M-Schroeder II 346, Ridder-Stein DÖV 62, 361); vgl. dazu ergänzend §§ 31 V, 50–54 PatentG und § 3a GebrauchsmusterG sowie die nebenstrafrechtlichen Bestimmungen der §§ 52 II PatG, 9 GebrauchsmusterG, 5 HalblSchG gegen entsprechende Auslandsanmeldungen.

Zugänglich ist die Tatsache zudem nur dann, wenn sie in ihrem *sachlichen* Aussagegehalt *erkennbar* ist **9** (vgl. BGH 7 235). Daher kann ein Vorgang, der als Faktum bereits allgemein bekannt ist, trotzdem noch geheim sein, wenn seine wahre Bedeutung nur für eingeweihte Kreise durchschaubar ist (Träger LK 4). Auch was gerüchteweise bekannt ist, kann noch geheim sein, falls es noch einer Bestätigung oder Ergänzung bedarf (vgl. Tröndle/Fischer 14).

d) Die Eigenschaft als Staatsgeheimnis entfällt noch nicht deswegen, weil es einer **fremden Macht 10 bekannt** ist, es sei denn, nur gegenüber dieser Macht ist die Geheimhaltung erforderlich gewesen. Mitteilungen an die bereits unterrichtete Macht verursachen aber nicht die in den §§ 94 ff. vorausgesetzte Gefahr für die BRep. Es bleibt allerdings die Möglichkeit eines Versuchs.

e) Tatsachen hingegen, von denen jedermann Kenntnis hat oder erlangen kann (vgl. das Beispiel bei **11** BGH NJW **65**, 1190 f.), können nicht mehr als geheim angesehen werden, mag auch ein noch so großes Interesse an ihrer Geheimhaltung seitens ausländischer Stellen bestehen (vgl. Jescheck JZ 67, 9, Stratenwerth aaO 12 ff., 29, Träger LK 5; and. RG **10** 421; vgl. auch H. Arndt ZStW 66, 50, BGE 65 I 50 sowie Nef FG f. K. Weber, 1950, 109, 111). Das ist vor allem für die sog. **Mosaiktheorie** von Bedeutung. Danach sollen die aus bereits bekannten oder zumindest allgemein zugänglichen Quellen gezogenen Erkenntnisse jedenfalls dann noch Geheimnischarakter haben, wenn sie ein neuartiges, bislang dem begrenzten Personenkreis bekanntes Gesamtbild von bestimmten geheimhaltungsbedürftigen Tatsachen ergeben; so zB die aus einer systematischen Auswertung an sich bekannter Produktionsziffern oder strategisch bedeutsamer Verkehrspunkte gezogenen Rückschlüsse auf einen bestimmten Verteidigungsplan (vgl. RG **25** 50, BGH **7** 234, **15** 17; im Prinzip auch Bremen NJW **64**, 2363; vgl. ferner H. Arndt ZStW 66, 50, Jescheck JZ 67, 9, Kern aaO 34, Woesner NJW 64, 1878 f.).

Gewiß ist zuzugeben, daß ein derartiger Geheimnisbegriff nicht zuletzt mit legitimen Informations- **12** bedürfnissen in Konflikt geraten kann; deshalb wird die Mosaiktheorie – zumindest für den Bereich des publizistischen Landesverrats – ua abgelehnt von BVerfGE **20** 180 f. (Minderheitsvotum), A. Arndt, Landesverrat S. 31 ff., NJW 60, 2040, Baumann JZ 66, 334, Stratenwerth aaO 19 ff., 29, Stree ZStW 78, 678 ff. Diesen Bedenken wollte auch der Gesetzgeber Rechnung tragen (vgl. Prot. V 12, 67 ff., BT-Drs. V/2860 S. 15 f.). Ob jedoch sein Versuch, die Mosaiktheorie aus der Neufassung des § 93 zu verbannen, völlig geglückt ist, erscheint fraglich (bejahend jedoch Jescheck Engisch-FS 592; vgl. auch Kohlmann aaO 317). Denn solange schon bloße „Erkenntnisse" Geheimnis sein können, läßt sich auch die Möglichkeit systematisch erarbeiteter Gesamtbilder mit neuartigem Erkenntnisgehalt nicht völlig ausschließen. Entweder man betrachtet nur solche Erkenntnisse als geheim, die ihrerseits auf nicht allgemein zugänglichen Tatsachen beruhen (vgl. BGH **24** 76); dann wäre bereits die Mitteilung dieser Erkenntnisgrundlagen Geheimnisverrat, ohne daß es auf die daraus gezogene Erkenntnis überhaupt noch ankäme. Oder man gesteht auch den Erkenntnissen einen eigenständigen Geheimnisgehalt gegenüber dem zugrundeliegenden Tatsachenmaterial zu; dann aber muß man auch bereit sein anzuerkennen, daß die aus den an sich allgemein zugänglichen Quellen geschöpften Erkenntnisse ihrerseits wieder Geheimnisse sein können, sofern dadurch bislang unbekannte Beziehungen aufgedeckt oder Einzelheiten in ein neues Licht gerückt werden.

13 Freilich muß es sich dabei immer um Erkenntnisse handeln, die ihrerseits nur einem begrenzten Personenkreis zugänglich sind. Daran fehlt es dort, wo das aus bekannten Einzeltatsachen zusammengesetzte Mosaik auf reiner Fleißarbeit beruht, die praktisch jedermann erbringen könnte. Anders ist es dagegen dort, wo die Erkenntnis nur durch den Einsatz *besonderer,* nicht jedermann zur Verfügung stehender technischer oder geistiger *Mittel* gewonnen werden kann und damit nur bestimmten qualifizierten Personen offensteht (vgl. auch BT-Drs. V/2860 S. 16, Krauth/Kurfess/Wulf JZ 68, 609 f., Laufhütte GA 74, 55, Rudolphi SK 17, Träger LK 5). Dabei sind strenge Maßstäbe anzulegen. Sind diese Voraussetzungen aber gegeben, so kann, falls auch die sonstigen Geheimniselemente vorliegen, die Mitteilung der Erkenntnis Landesverrat sein, während die Weitergabe der bekannten Einzelfakten für sich allein nur nach § 99 strafbar wäre. Allerdings kommt hier auch Beihilfe zum Landesverrat in Betracht, wenn der Mitteilende weiß, daß andere die aus seinen Einzelfakten gezogenen Erkenntnisse weitergeben.

14 3. Geheimnisse werden zu Staatsgeheimnissen, wenn sie vor einer fremden Macht geheimgehalten werden müssen, um die Gefahr eines schweren Nachteils für die äußere Sicherheit der BRep. Deutschland abzuwenden **(Geheimhaltungsbedürftigkeit).**

15 a) Das Geheimhaltungsbedürfnis muß **gegenüber** einer **fremden Macht** bestehen. Nicht erforderlich ist, daß es sich bei dieser Macht um ein völkerrechtlich anerkanntes Staatsgebilde oder um dessen legale Regierung handelt (Träger LK 10). Auch Exilregierungen oder aufständische Gruppen innerhalb eines fremden Staatsgebietes können eine derartige Macht darstellen, sofern sie staatliche Funktionen wahrnehmen wollen, ebenso zwischen- oder überstaatliche Organisationen mit selbständiger, von mehreren Staaten abgeleiteter Gewalt (Bay NStZ **92**, 281). Bei reinen Gangsterbanden (zB Mafia) ist dies nicht der Fall.

16 **Fremd** sind nur ausländische Mächte, einschließlich etwa verbündeter Staaten (so zB NATO-Partner). Dagegen sind die Regierungen der Länder der BRep. in ihrem Verhältnis zueinander keine fremden Regierungen, ebensowenig etwaige innerstaatliche Machtgruppen. Bei ihrer Förderung kommt daher allenfalls Hochverrat oder eine Straftat nach § 353 b in Betracht.

17 b) Die Geheimhaltungsbedürftigkeit richtet sich allein nach der **äußeren Sicherheit der BRep.**, dh deren Fähigkeit, sich gegen Eingriffe von außen her zu wehren. In welcher Weise die Sicherheit gefährdet würde, ob durch Verrat politischer, militärischer, nachrichtendienstlicher (vgl. Bay NStZ **92**, 281) oder wirtschaftlicher Geheimnisse, ist gleichgültig; entscheidend ist nur, daß dadurch die äußere Machtstellung der BRep. nachteilig berührt wird (vgl. BGH **18** 338 [Betriebsgeheimnisse einer Privatfirma]; ferner BGH **24** 75, Jescheck JZ 67, 9, Maihofer, Strafrechtsreform S. 154, Träger LK 13; vgl. aber auch v. Weber JZ 64, 128). Demgemäß reicht etwa die Schädigung von reinen Parteiinteressen nicht aus (vgl. Willms JZ 60, 159).

18 Diese Ausrichtung an der äußeren Sicherheit ist auch für die etwaige Abwägung einander **widerstreitender Interessen** zu beachten. Wo etwa die Nachteile, die durch Offenbarung eines Geheimnisses gegenüber dem Staat A eintreten, durch ausgleichende Vorteile gegenüber dem Staat B wieder aufgehoben werden, kann es in der **Gesamtbeurteilung** an einer Gefährdung der äußeren Sicherheit der BRep. fehlen (vgl. dagegen aber Träger LK 17). Dagegen ist es nicht möglich, etwaige innen- oder gesamtpolitische Vorteile, die sich beispielsweise für die demokratische Willensbildung ergeben können, bereits im Rahmen des Staatsgeheimnisses gegenüber dem außenpolitischen Schaden eines Verrats aufzuwiegen (Schroeder aaO 415, Tröndle/Fischer 7; auch zu § 99 aF Stree JZ 63, 530, ZStW 78, 668 ff., 688 ff., ähnlich BVerfGE **20** 180 f. [Minderheitsvotum], hiergegen Krey ZStW 79, 110 f.). Hier ist ein Interessenausgleich allenfalls auf der Rechtfertigungsebene (zB auf Grund rechtfertigenden Notstands) möglich, es sei denn, es handelt sich um illegale Geheimnisse, die in Abs. 2 aus dem Begriff des Staatsgeheimnisses herausgenommen sind (u. 24 ff.).

19 Geschützt ist nur die äußere Sicherheit der **BRep.** Geheimnisse der Länder sind daher nur insoweit geschützt, als ihre Veröffentlichung zugleich die äußere Sicherheit der BRep. gefährden würde. Auch supranationale Gemeinschaften sind nicht erfaßt (vgl. auch Schafheutle JZ 51, 616). Zum Schutz von Geheimnissen der NATO oder eines Entsendestaates iS des NATO-Truppenstatuts vgl. BGH **6** 335, Bay **67**, 85, Jescheck Engisch-FS 598 sowie 17 ff. vor § 80. Gemeinsame Geheimnisse der NATO-Mitglieder dienen indes auch dem Schutz der BRep. (BGH MDR/H **80**, 105).

20 c) Ein Geheimhaltungsbedürfnis besteht jedoch nur, wenn das Bekanntwerden des Geheimnisses bei einer fremden Macht die **Gefahr eines schweren Nachteils** für die äußere Sicherheit der BRep. begründet. Für das Erfordernis der Geheimhaltung kommt es nur auf eine abstrakte Gefahr an (Lackner/Kühl 4, Träger LK 14; vgl. auch Schneidewin JR 54, 244 zu § 99 aF). Diese muß aber, wenn der geheimzuhaltende Gegenstand einer fremden Macht zur Kenntnis gelangt, zur konkreten Gefahr werden. Der dann drohende Nachteil muß schwer sein; die äußere Sicherheit der BRep. muß in gewichtiger Weise nachteilig betroffen sein (vgl. BGH **24** 75). Das wird bei leichten außenpolitischen Verstimmungen regelmäßig noch nicht der Fall sein, dagegen dort, wo Repressalien oder Isolierversuche des fremden Staates oder auch nachteilige Verschiebungen innerhalb eines Bündnissystems zu befürchten sind. Auch bei Gegenständen von geringem eigenen Nachrichtengehalt wird es regelmäßig an einer derartigen Gefahr fehlen (vgl. BGH **20** 381, NJW **25**, 1191, A. Arndt aaO 39, Jescheck JZ 67, 9).

21 Der Nachteil für die äußere Sicherheit muß durch eventuelle Maßnahmen fremder Mächte drohen. Angriffe von innenpolitischen Gruppen reichen selbst dann nicht aus, wenn dadurch die äußere

Begriff des Staatsgeheimnisses

Sicherheit berührt wird. Das gilt auch für die reine Industriespionage, die nur ausländischen Unternehmen, nicht dagegen einer Regierungen zugute kommen soll (vgl. BGH **18** 338, v. Weber JZ 65, 128). Unerheblich ist dagegen, auf welche Weise die Sicherheit der BRep. beeinträchtigt werden könnte (vgl. BGH **24** 72). Es genügt zB, daß sich das Ausland Geheimnisse, die zum Schutze des inneren Friedens dienen, zunutze machen könnte, um durch Unterstützung innerer Unruhen die Stellung der BRep. zu schwächen. Vgl. auch H. Arndt ZStW 66, 54, Schroeder aaO 362 f. Beim Verrat waffentechnischer Entwicklungen kommt es darauf an, ob die erlangte Kenntnis entsprechende Gegenmaßnahmen der fremden Macht erwarten läßt (Bay MDR **94**, 821).

d) **Nicht** erforderlich ist ein besonderer subjektiver **Geheimhaltungswille** seitens bestimmter 22 Staatsorgane. Nach dem materiellen Geheimnisbegriff kommt es allein auf die sachliche Bedeutung der Nachricht und ihre objektive Geheimhaltungsbedürftigkeit an (vgl. BGH **7** 235, H. Arndt ZStW 66, 48, Stratenwerth aaO 29 ff., Träger LK 7; and. ua Köln MDR **53**, 374, Jescheck aaO 17). Vgl. aber auch §§ 95, 96 II, 97.

4. Zum Begriff des Staatsgeheimnisses gehört ferner, daß es **echt** ist, dh daß der in ihm verkörperte 23 Aussagegehalt der Wahrheit entspricht. Dies ist nicht zuletzt § 100 a zu entnehmen, der unter bestimmten Voraussetzungen den „Verrat" fingierter Geheimnisse gesondert unter Strafe stellt.

III. Eine wesentliche Einschränkung erfährt der Geheimnisbegriff durch **Abs. 2**. Danach sind in 24 negativer Hinsicht alle **Tatsachen** aus dem Begriff des Staatsgeheimnisses auszuscheiden, **die gegen die freiheitliche demokratische Grundordnung oder** unter Geheimhaltung gegenüber den Vertragspartnern der BRep. Deutschland **gegen zwischenstaatlich vereinbarte Rüstungsbeschränkungen verstoßen**.

1. Mit dieser Ausscheidung sog. **illegaler Staatsgeheimnisse** versucht der Gesetzgeber dem 25 Konflikt Rechnung zu tragen, der sich zwischen dem außenpolitischen Bedürfnis nach Geheimhaltung und dem rechtsstaatlichen Interesse an der Aufdeckung illegaler Vorgänge im staatlichen Bereich ergeben kann. Daß hier dem berechtigten Informationsbedürfnis der Öffentlichkeit aus gesamtpolitischen Gründen uU der Vorzug zu geben ist, war schon nach früherem Recht weitgehend anerkannt (vgl. 14. A. § 99 RN 11; and. noch RG **62** 65, v. Weber RG-FG V 194 ff.). Strittig war jedoch, ob die Offenbarung solcher Tatsachen nur gerechtfertigt sein soll (so ua v. Weber JZ 66, 249 ff.; vgl. auch Noll ZStW 77, 12, Wagner DRiZ 66, 253, Zillmer NJW 66, 911 ff.) oder ob diesen bereits der Charakter eines Staatsgeheimnisses abzusprechen sei (so A. Arndt aaO 15 ff., NJW 63, 24 u. 66, 25, Maihofer, Strafrechtsreform S. 162 ff., wohl auch Baumann JZ 66, 334 f.; vgl. ferner Fuss NJW 62, 2227, Jescheck aaO 29); teils wurden auch vermittelnde Lösungen angestrebt (Stratenwerth aaO 45 f., Stree JZ 63, 529 f.); vgl. ferner (Ridder-)/Heinitz aaO 10 f., 14, Krey ZStW 79, 119, die den Ausschluß des illegalen Staatsgeheimnisses über das Kriterium des „Wohles" der BRep. versuchten.

2. Der Gesetzgeber hat den Streit – jedenfalls im Prinzip – iSd **Tatbestandslösung** entschieden 26 (vgl. aber auch u. 27). **Illegale** Zustände iSv Abs. 2 sind schon tatbestandlich aus dem Begriff des Staatsgeheimnisses herausgenommen (vgl. dazu krit. Stree in: Mißlingt die Strafrechtsreform? S. 180 f.). Darunter fallen nicht schon Rechtsverstöße jeder Art. Vielmehr muß es sich entweder um Verstöße gegen die freiheitliche demokratische Grundordnung (dazu u § 86 RN 5) oder gegen zwischenstaatlich vereinbarte Rüstungsbeschränkungen handeln. Ob sich die betreffende Stelle ihres Verstoßes bewußt ist, ist unerheblich. Jedoch muß bei Verletzung von Rüstungsvereinbarungen hinzukommen, daß der Verstoß unter Geheimhaltung gegenüber den Vertragspartnern der BRep. erfolgt ist (krit. dazu Breithaupt NJW 68, 1712). Als Vertragspartner kommen insb. die NATO-Staaten in Betracht, doch ebenso sonstige Partner von Verteidigungs- oder Abrüstungsvereinbarungen (zB des WEU-Vertrages). Hatten an der Vereinbarung beteiligten Vertragspartner Kenntnis von der Vertragsverletzung, so entfällt die Illegalität. Voraussetzung ist Kenntnis aller Vertragspartner (Lackner/Kühl 9, Rudolphi SK 36, Träger LK 23, Tröndle/Fischer 11).

3. Angesichts der engen Grenzen des Abs. 2 bleibt damit nach wie vor ein weites Feld von illegalen 27 Sachverhalten im Schutzbereich des Staatsgeheimnisses. Dies kann jedoch nicht bedeuten, daß deren Offenbarung damit in jedem Falle rechtswidrig sein müßte. Denn auch an Vorgängen, die nicht den von Abs. 2 vorausgesetzten Grad von Illegalität erreichen, kann in einem demokratischen Rechtsstaat ein legitimes Informationsinteresse bestehen. Diesem Bedürfnis kann nunmehr jedoch allenfalls auf der **Rechtfertigungsebene** Rechnung getragen werden, wobei insb. die Grundsätze des rechtfertigenden Notstands heranzuziehen sind (vgl. BGH **20** 343). Dabei sind das an der äußeren Sicherheit ausgerichtete Geheimhaltungsinteresse auf der einen Seite und das gesamtpolitische Offenbarungsinteresse auf der anderen Seite gegeneinander abzuwägen. Im Einzelfall muß aber die für die äußere Sicherheit uU höchst gefährliche Bekanntgabe illegaler Staatsgeheimnisse die ultima ratio bleiben. Wenn andere, für die äußere Sicherheit weniger nachteilige Möglichkeiten bestehen, um einem illegalen Zustand abzuhelfen, müssen nach dem Grundsatz der Verhältnismäßigkeit der Mittel zunächst diese wahrgenommen werden. Demgegenüber läßt sich auch aus Art. 5 GG keine Bekanntgabebefugnis „um jeden Preis" herleiten (BGH **20** 362 f.). Das gilt auch für die Presse; vgl. dazu § 95 RN 17.

4. Die praktische Bedeutung des Abs. 2 ist indes dadurch erheblich eingeschränkt, daß durch § 97 a 28 unter bestimmten Voraussetzungen auch der **Verrat von illegalen Geheimnissen** iSv Abs. 2 unter Strafe gestellt ist (vgl. Jescheck Engisch-FS 594). Immerhin bleibt aber auch danach die Offenbarung derartiger Geheimnisse durch die Presse regelmäßig straffrei; vgl. näher § 97 a RN 1, 5. Bei **irriger**

Annahme der **Illegalität** eines Staatsgeheimnisses hingegen kommt der Irrtumstatbestand des § 97b in Betracht.

§ 94 Landesverrat

(1) **Wer ein Staatsgeheimnis**
1. **einer fremden Macht oder einem ihrer Mittelsmännern mitteilt oder**
2. **sonst an einen Unbefugten gelangen läßt oder öffentlich bekanntmacht, um die Bundesrepublik Deutschland zu benachteiligen oder eine fremde Macht zu begünstigen,**

und dadurch die Gefahr eines schweren Nachteils für die äußere Sicherheit der Bundesrepublik Deutschland herbeiführt, wird mit Freiheitsstrafe nicht unter einem Jahr bestraft.

(2) In besonders schweren Fällen ist die Strafe lebenslange Freiheitsstrafe oder Freiheitsstrafe nicht unter fünf Jahren. Ein besonders schwerer Fall liegt in der Regel vor, wenn der Täter
1. eine verantwortliche Stellung mißbraucht, die ihn zur Wahrung von Staatsgeheimnissen besonders verpflichtet, oder
2. durch die Tat die Gefahr eines besonders schweren Nachteils für die äußere Sicherheit der Bundesrepublik Deutschland herbeiführt.

Schrifttum: Vgl. die Angaben vor §§ 93 ff.

1 I. Die Vorschrift regelt den **Landesverrat ieS**. Über das Verhältnis zu den übrigen Tatbeständen dieses Abschnitts vgl. 3f. vor § 93 sowie u. 27. Zur weiteren Anwendbarkeit der Vorschrift auf hauptamtliche Tätigkeiten in der ehemaligen DDR vor dem 3. 10. 1990 vgl. BGH **39** 260 mwN u. dazu Rittstieg NJW **94**, 912, Träger NStZ **94**, 282, aber auch Kasper MDR **94**, 545. Soweit Staatsbürger der ehemaligen DDR ausschließlich auf deren Boden ihrer Spionagetätigkeit nachgegangen sind, besteht nach BVerfGE **92** 277 = NJW **95**, 1811 m. abw. Meinung Klein, Kirchhof u. Winter ein Verfolgungshindernis (krit. dazu mit unterschiedlicher Begründung C. Arndt NJW **95**, 1803, Classen NStZ **95**, 373, Gehrlein Strafbarkeit der Ost-Spione (usw), 1996, 120 ff., Hillenkamp JZ **96**, 180, Huber Jura **96**, 306, Lackner § 2 RN 23, M-Schroeder II 321, Naucke [63 vor § 3] 38, Rudolphi SK 14 vor § 93, Schlüchter/Duttge NStZ **96**, 458, Schroeder JR **95**, 441, Träger LK 19 ff. vor § 93, Tröndle/Fischer § 99 RN 6, Volk NStZ **95**, 369, Widmaier NJ **95**, 345). BGH NJW **96**, 1160 hat sich unter Einbeziehung einer Auslandstätigkeit, für die weder Strafe nach Tatortrecht noch Auslieferung an die BRep. zu erwarten war, dem BVerfG angeschlossen (ebenso BGH NStZ-RR **96**, 129). Eingehend zum Problemkreis 93 ff. vor § 3 mwN.

2 II. **Objekt** des Landesverrats sind **echte Staatsgeheimnisse** iSv § 93 sein; dazu näher dort RN 3 ff. Über den Verrat von illegalen Geheimnissen iSv § 93 II vgl. § 97 IV. Über die Bekanntmachung sog. falscher Staatsgeheimnisse vgl. § 100a. Zum **Schutz** der Vertragsstaaten des **NATO**-Vertrages vgl. 17 ff. vor § 80.

3 III. Der **Tatbestand** kann durch Mitteilung des Staatsgeheimnisses an eine fremde Macht verwirklicht werden (Nr. 1) oder dadurch, daß der Täter das Geheimnis in besonderer Absicht an einen Unbefugten gelangen läßt oder öffentlich bekanntmacht (Nr. 2).

4 1. Die **Mitteilung** des Staatsgeheimnisses **an eine fremde Macht** oder einen ihrer **Mittelsmänner** (Abs. 1 Nr. 1). Zur Handlungseinheit bei kontinuierlichen Lieferungen vgl. Bay NStZ **92**, 281.

5 a) **Empfänger** des Staatsgeheimnisses kann entweder die fremde Macht (vgl. § 93 RN 15 f.), dh ein sie repräsentierendes Organ, oder einer ihrer **Mittelsmänner** sein. Zu letzteren zählen alle Personen, die für die fremde Macht tätig sind, ohne Rücksicht darauf, wie ihr Verhältnis zu dieser rechtlich oder tatsächlich ausgestaltet ist; ausgenommen sind die Repräsentanten der fremden Macht; zur Abgrenzung zwischen Repräsentanten und Mittelsmännern vgl. BGH **39** 274. Die Mitteilung an Mittelsmänner ist vor allem deswegen von Bedeutung, weil damit das Delikt vollendet ist, ohne daß das Geheimnis in den unmittelbaren Besitz der fremden Macht gelangt (BGH **39** 277).

6 b) **Mitteilung** ist jede Form der Weitergabe, durch die der Empfänger in den Besitz des Staatsgeheimnisses gelangt oder von seinem Inhalt Kenntnis erhält. Ob dies mündlich oder schriftlich geschieht oder auf welche Weise sonst (zB verschlüsselte Zeitungsanzeige) die Übermittlung erfolgt, ist unerheblich. Mitgeteilt sein kann daher ein Geheimnis auch durch rein tatsächliche Übergabe eines Gegenstandes, der das Geheimnis darstellt, oder dadurch, daß einem Mittelsmann durch ein Unterlassen ermöglicht wird, das Staatsgeheimnis zu erlangen. Setzt sich ein Staatsgeheimnis aus zwei Erkenntnishälften zusammen, die getrennt gesichert werden, so genügt die Übermittlung der einen Hälfte nur, wenn die fremde Macht oder der Mittelsmann bereits im Besitz des anderen Teils ist (BGH **25** 149).

7 Eine Mitteilung iSv Abs. 1 Nr. 1 liegt jedoch nur dann vor, wenn sie **unmittelbar** gegenüber der fremden Macht oder einem ihrer Mittelsmänner erfolgt. Dies ergibt der Vergleich mit Nr. 2 sowie den Tatbeständen der §§ 95, 97 und 97a (vgl. BT-Drs. V/2860 S. 17). Daher ist Nr. 1 dann nicht gegeben, wenn das Staatsgeheimnis an einen Unbefugten, der weder Repräsentant noch Mittelsmann einer fremden Macht ist, übergeben wird oder die Bekanntmachung öffentlich, zB durch die Presse,

erfolgt, es sei denn, über die Presse wird verschlüsselt der fremden Macht eine Mitteilung zugeleitet (vgl. o. 6). Die Unterscheidung zwischen den beiden Modalitäten der Bekanntgabe beruht auf der Erwägung, daß das unmittelbare Tätigwerden für fremde Mächte und Agenten besonders gefährlich erscheint. Vgl. auch § 97 a RN 1.

2. Der Verrat kann ferner dadurch begangen werden, daß der Täter das Staatsgeheimnis sonst an einen **Unbefugten gelangen läßt oder öffentlich bekanntmacht,** um die BRep. zu benachteiligen oder eine fremde Macht zu begünstigen (Abs. 1 Nr. 2). 8

a) Für das **Gelangenlassen** genügt jedes Tun oder Unterlassen, durch das ein Unbefugter Kenntnis vom Staatsgeheimnis oder Gewahrsam an diesem erlangt, zB durch Liegenlassen (BGH LM **Nr. 3** zu § 100 aF, Lange JZ 65, 297; vgl. ferner H. Arndt ZStW 66, 61). Besitzergreifung reicht aus (vgl. BGH GA/W **61**, 141 Nr. 7). Der Empfänger braucht selbst nicht Kenntnis vom Inhalt des Erlangten zu nehmen; so zB, wenn er nur – gut- oder bösgläubiger – Bote des eigentlichen Adressaten ist (vgl. Bay **54**, 89). Auch der Täter selbst braucht keine Kenntnis vom Inhalt des Geheimnisses zu haben, sofern er nur weiß oder damit rechnet, daß es sich bei den an einen Unbefugten weitergegebenen Gegenständen um Staatsgeheimnisse handelt. Zur Abgrenzung des Gelangenlassens von der Mitteilung an die fremde Macht iSv Nr. 1 vgl. o. 6 f. 9

Unbefugt ist jeder, dem gegenüber der Täter nicht offenbarungspflichtig oder offenbarungsberechtigt ist (M-Schroeder II 352, Willms JZ 60, 159). Die Befugnis zur Kenntnisnahme kann auf deutschem oder internationalem Recht beruhen. Weder der Presse (vgl. dazu § 95 RN 17) noch den Mitgliedern politischer Parteien steht generell ein solches Recht zu. Das gilt insb. auch für den Parteivorsitzenden, der als Ressortminister Geheimnisträger ist, im Verhältnis zu seinen Parteigremien oder sonstigen Parteimitgliedern; vgl. M-Schroeder II 352, Willms JZ 60, 160 f. Auch *Abgeordnete* sind nicht generell zur Erlangung von Staatsgeheimnissen befugt (Träger LK 4; and. offenbar BT-Drs. V/ 2860 S. 17), es sei denn, sie werden iSv § 97 b I Nr. 3 zur Abhilfe gegen ein vermeintlich illegales Geheimnis angerufen. 10

b) Bei der **öffentlichen Bekanntmachung** eines Staatsgeheimnisses handelt es sich lediglich um einen Sonderfall des Gelangenlassens an Unbefugte. Ob dies durch die Presse oder durch Offenbarung in der Öffentlichkeit (dazu § 186 RN 19) geschieht, ist unerheblich. 11

c) Bei beiden Alternativen der Nr. 2 ist die Offenbarung des Staatsgeheimnisses nur dann nach § 94 strafbar, wenn sie in einer **besonderen Absicht** erfolgt: nämlich entweder, um die BRep. zu benachteiligen, oder in der Absicht, eine fremde Macht zu begünstigen. Wie sich aus dem Schutzobjekt des Landesverrats ergibt (vgl. dazu 1 vor § 93), muß durch diese Benachteiligung bzw. Begünstigung zum mindesten auch die außenpolitische Machtkonstellation der betroffenen Staaten berührt sein (Rudolphi SK 14; and. Lackner/Kühl 6, Träger LK 7, Tröndle/Fischer 5 [irgendein Nachteil]). Erforderlich ist zielgerichtetes Handeln. Deshalb ist ein Täter, dem es nur auf das Entgelt ankommt, allenfalls nach § 95 strafbar (Tröndle/Fischer 5). 12

3. Der Verrat muß sowohl im Fall der Nr. 1 wie der Nr. 2 zur Folge haben, daß dadurch die **Gefahr eines schweren Nachteils für die äußere Sicherheit der BRep. Deutschland** herbeigeführt wird. Diese Gefahr muß im Augenblick des Verrats entstanden sein; spätere Änderungen der Lage sind unerheblich (Bay MDR **94**, 821). Zum Begriff des schweren Nachteils vgl. § 93 RN 17 ff. Anders als für die Begründung der Geheimhaltungsbedürftigkeit (vgl. § 93 RN 20) reicht hier eine abstrakte Gefährdung nicht aus; vielmehr muß das Stadium einer **konkreten Gefahr** erreicht sein (vgl. dazu Bay NJW **57**, 1328, Jescheck JZ 67, 9, Lange JZ 65, 297, M-Schroeder II 352, Schneidewin JR 54, 244, Tröndle/Fischer 4), also ein Zustand, in dem der Eintritt eines schweren Nachteils für die äußere Sicherheit der BRep. nicht mehr fernliegt (vgl. allg. zur konkreten Gefahr 5 vor § 306). An einer Gefährdung fehlt es zB, wenn einem Agenten geheimes Material in die Hände gespielt wird, um ihn zu überführen, und seine Festnahme vor Weitergabe des Materials erfolgt. Ebenso wird regelmäßig eine Gefährdung zu verneinen sein, wenn der Unbefugte entsprechend einem vorher gefaßten Entschluß das ihm übergebene geheime Schriftstück einer zuständigen Behörde abliefert (vgl. BGH LM **Nr. 6** zu § 100 aF, weiter H. Arndt ZStW 66, 64). 13

Auch hier kommt, wie im Rahmen des Staatsgeheimnisbegriffes (vgl. § 93 RN 18), eine **Saldierung** außenpolitischer Nachteile und innenpolitischer Vorteile **nicht** in Betracht (BT-Drs. V/2860 S. 17 f.; and. Heinitz aaO 10 f., 14, Krey ZStW 79, 119, Träger LK 9; vgl. auch A. Arndt aaO 78, NJW 63, 467); vielmehr kommt es allein auf die Gefährdung der äußeren Sicherheit an (so schon zu § 99 II aF Schneidewin JR 54, 244). Auch insoweit kann daher ein Interessenausgleich allenfalls auf der Rechtfertigungsebene erfolgen, es sei denn, es handelt sich um illegale Geheimnisse iSv § 93 II. Allerdings kommt für Landesverräter iSv § 94 I Nr. 1 dann § 97 a in Frage. 14

IV. Für den Ausschluß der Rechtswidrigkeit gelten die **allgemeinen Rechtfertigungsgründe.** Für eine Rechtfertigung auf Grund rechtfertigenden Notstandes, wie sie etwa dem Publizisten, der im öffentlichen Informationsinteresse handelt, bei § 95 zugute kommen kann (vgl. dort RN 12 ff.), wird im Rahmen des § 94 regelmäßig kein Raum sein, da hier entweder ein konspiratives Zusammenwirken mit einer fremden Macht oder eine illoyale Absicht vorausgesetzt wird – beides Umstände, die eine Rechtfertigung regelmäßig ausschließen. 15

V. 1. Für den **subjektiven Tatbestand** ist in allen Alternativen Vorsatz erforderlich. Wie sich aus dem Vergleich mit § 97 ergibt, muß sich der Vorsatz insb. auch auf die Gefährdung der äußeren 16

Sicherheit erstrecken (vgl. Träger LK § 93 RN 19, Schmidt-Leichner NJW 51, 861, H. Arndt ZStW 66, 70, Woesner NJW 64, 1879). Grundsätzlich genügt auch hinsichtlich der Gefährdung bedingter Vorsatz (vgl. BGH **20** 100, MDR **64**, 69, GA/W **61**, 48, Träger LK 11); deshalb reicht aus, daß der Täter mit der Möglichkeit der gefahrbringenden Verwertung des Geheimnisses durch den Empfänger gerechnet und sie in Kauf genommen hat (RKG **2** 47). Soweit es dagegen um die bei Nr. 2 erforderliche Benachteiligungsabsicht geht, ist zielgerichtetes Handeln erforderlich (vgl. o. 12); jedoch reicht auch hier hinsichtlich des „schweren Nachteils" iS des Gefährdungserfordernisses dolus eventualis aus. Bei der Preisgabe von Geheimnissen der NATO muß der Täter wissen, daß seine Mitteilungen Tatsachen in sich schließen, die deutsche Belange betreffen und wegen der äußeren Sicherheit der BRep. geheimhaltungsbedürftig sind. Nicht erforderlich ist, daß der Täter die verratene Tatsache rechtlich als „Staatsgeheimnis" einordnet; es genügt, daß ihm die – ein Staatsgeheimnis konstituierenden – Umstände (geheime Tatsache, Geheimhaltungsbedürftigkeit usw) bekannt sind. Glaubt er, ein Staatsgeheimnis setze formale Sekretur voraus, so liegt nur ein Subsumtionsirrtum vor.

17   2. Für den Fall, daß der Täter die verratene Tatsache **irrig** für ein illegales Geheimnis iSv § 93 II gehalten hat, kann der besondere Irrtumstatbestand des § 97 b in Betracht kommen. Anders ist es jedoch im Fall des Abs. 1 Nr. 1, wenn der Täter das illegale Geheimnis für legal hält. Hier greift § 97 a ein; ein Versuch des § 94 kommt daneben nicht mehr in Betracht. Iü sind die allgemeinen Irrtumsregeln anwendbar; so zB, wenn der Täter die offenbarte Tatsache aus anderen Gründen (etwa wegen mangelnder Geheimhaltungsbedürftigkeit) nicht für ein Staatsgeheimnis gehalten hat (Tatbestandsirrtum).

18   3. Eine qualifizierende **Absicht** ist nur in den Fällen des Abs. 1 Nr. 2 erforderlich (vgl. o. 12).

19   4. Soweit es am **Vorsatz fehlt,** kommt die Preisgabe von Staatsgeheimnissen nach § 97 in Betracht.

20   VI. **Täter** ist jeder, der das Staatsgeheimnis iSv Nr. 1 mitteilt bzw. mit der besonderen Absicht der Nr. 2 offenbart. Mittäterschaft bestimmt sich nach den allgemeinen Regeln (BGH **39** 278). Der Empfänger wird durch § 94 an sich nicht erfaßt (BGH **39** 274, Bay NStZ **92**, 281). Gibt er jedoch das Geheimnis als Mittelsmann an eine fremde Macht oder einen anderen Mittelsmann weiter, so teilt er es iSv § 94 mit (BGH **39** 278). Die bloße Inempfangnahme des Geheimnisses wird durch § 96 erfaßt, sofern der Mittelsmann die Absicht hat, das Geheimnis weiterzugeben und damit zu verraten.

21   Für die **Teilnahme** gelten die allgemeinen Regeln. So ist zB Gehilfe, wer ohne eigene Benachteiligungsabsicht einen Täter iSv Nr. 2 unterstützt oder allgemeinkundige Tatsachen mitteilt, aus denen andere Personen Rückschlüsse auf ein Geheimnis ziehen und ihre Erkenntnisse weitergeben (vgl. § 93 RN 13). Der Bote, der das Geheimnis vom Lieferanten zum Empfänger befördert, begeht Beihilfe zum Landesverrat (Bay **54** 89). Das gilt auch dann, wenn er im Auftrag des Empfängers handelt, da für § 27 ausreicht, daß sich der Gehilfe der fördernden Wirkung seines Verhaltens bewußt ist. Der Empfänger eines Staatsgeheimnisses begeht Beihilfe, wenn seine Tätigkeit über die bloße Entgegennahme hinausgeht (BGH **39** 274, Bay NStZ **92**, 281). Da die Benachteiligungs- bzw. Begünstigungsabsicht iSv Abs. 1 Nr. 2 ein tatbezogenes Merkmal darstellt, ist der Teilnehmer, der selbst ohne eine solche Absicht handelt, ebenfalls nach § 94 zu bestrafen (Rudolphi SK 17, Träger LK 14; and. Tröndle/Fischer 5, der die Strafe dem § 95 entnehmen will).

22   VII. Die Tat ist **vollendet,** wenn das Geheimnis offenbart und die nach Abs. 1 erforderliche Gefährdung eingetreten ist. Bei Nr. 2 ist zur Vollendung nicht erforderlich, daß das Geheimnis an eine fremde Macht gelangt ist. Schon wenn es dem Unbefugten zugegangen ist, ist hier der Verrat vollendet, vorausgesetzt, daß dadurch auch bereits die tatbestandliche Gefährdung eingetreten ist (vgl. Lange JZ 65, 297).

23   Der **Versuch** ist strafbar. Erforderlich ist ein unmittelbares Ansetzen zur Mitteilungshandlung (BGH **24** 72). Es genügt daher noch nicht das Beschaffen des für den Verrat bestimmten Materials. Auch in dem Fall, in dem ein Angehöriger der Bundeswehr eine Kaserne mit Geheimpapieren verläßt, um diese einem fremden Nachrichtendienst zuzuleiten, liegt noch kein Versuch vor (vgl. aber RKG **2** 41), jedenfalls nicht, wenn sich keine sofortige Übergabe in unmittelbarer Nähe der Kaserne anschließen soll. Zur Mitteilung setzt der Täter dagegen unmittelbar an, wenn er sich am Treffpunkt mit dem Mittelsmann zur vereinbarten Zeit eingefunden hat oder die Geheimpapiere als Päckchen bei der Post aufgibt. Ferner liegt (untauglicher) Versuch vor, wenn jemand ein vermeintliches Staatsgeheimnis verrät. Vgl. ferner o. 17.

24   Der **Rücktritt** vom Versuch bestimmt sich nach § 24 und ergreift gegebenenfalls auch eine etwaige Strafbarkeit nach § 96 (vgl. dort RN 16) oder §§ 98 ff. (vgl. § 98 RN 28).

25   VIII. 1. Die **Strafe** ist **in besonders schweren Fällen** (zur Verfassungsmäßigkeit vgl. BVerfGE **45** 363) lebenslange Freiheitsstrafe oder Freiheitsstrafe nicht unter 5 Jahren. Ein solcher Fall liegt nach Abs. 2 S. 2 idR vor, wenn der Täter eine *verantwortliche Stellung mißbraucht,* die ihn zur Wahrung von Staatsgeheimnissen besonders verpflichtet, oder durch die Tat die *Gefahr eines besonders schweren Nachteils* für die äußere Sicherheit der BRep. Deutschland herbeiführt. Der erste Fall wird gegeben sein, wenn das Geheimnis durch den Geheimnisträger selbst verraten wird, vorausgesetzt, daß dieser eine Stellung mit nicht nur untergeordneten Befugnissen bekleidet. Hierbei kommt es nicht darauf an, ob eine Amtsstellung oder eine verantwortliche Stellung in einem Privatbetrieb mißbraucht wird. Die gesteigerte Geheimhaltungspflicht kann sich aus den Umständen ergeben; der Täter braucht nicht ausdrücklich verpflichtet worden zu sein. Für Teilnehmer ist § 28 II analog anwendbar (vgl. § 28 RN

9). Das zweite Regelbeispiel stützt sich allein auf die Steigerung der Gefahr, die jedoch ohnehin schon für die Tatbestandsmäßigkeit eine schwere sein muß und damit eine nur wenig praktikable Qualifizierung bietet. Diese kommt allenfalls in außergewöhnlichen Fällen in Betracht (BGH NStZ **84**, 165). Vgl. zum besonders schweren Fall noch 44 ff., 47 vor § 38; zum Vorsatzerfordernis vgl. § 15 RN 27.

2. Über **Nebenfolgen** vgl. § 101. Einziehung ist nach § 101 a möglich. Zur **Beschlagnahme** des inländischen Vermögens als prozessualer Maßnahme vgl. § 443 I StPO.

IX. Mit den Tatbeständen des Hochverrats und der Staatsgefährdung ist **Idealkonkurrenz** möglich (vgl. 10 vor § 80). Den Vorbereitungshandlungen des Landesverrats (§§ 96, 98, 99, 100) geht § 94 als die intensivste Form der Gefährdung der äußeren Sicherheit vor, soweit jene Taten sich auf das verratene Geheimnis beschränken (vgl. § 98 RN 35). Zum Verhältnis der §§ 94, 30 zu § 96 vgl. dort RN 18. Iü ist, wie allgemein zwischen Verletzungs- und konkreten Gefährdungsdelikten einerseits und abstrakten Gefährdungsdelikten andererseits (vgl. 129 vor § 52), Idealkonkurrenz möglich. Zum Verhältnis zu § 353 b vgl. dort RN 24.

X. Zur Anwendbarkeit des **Opportunitätsprinzips** vgl. § 120 I GVG iVm § 153 e StPO. Vgl. ferner §§ 153 c, d StPO.

§ 95 Offenbaren von Staatsgeheimnissen

(1) **Wer ein Staatsgeheimnis, das von einer amtlichen Stelle oder auf deren Veranlassung geheimgehalten wird, an einen Unbefugten gelangen läßt oder öffentlich bekanntmacht und dadurch die Gefahr eines schweren Nachteils für die äußere Sicherheit der Bundesrepublik Deutschland herbeiführt, wird mit Freiheitsstrafe von sechs Monaten bis zu fünf Jahren bestraft, wenn die Tat nicht in § 94 mit Strafe bedroht ist.**

(2) **Der Versuch ist strafbar.**

(3) **In besonders schweren Fällen ist die Strafe Freiheitsstrafe von einem Jahr bis zu zehn Jahren.** § 94 Abs. 2 Satz 2 ist anzuwenden.

Schrifttum: Vgl. die Angaben vor §§ 93 ff.

I. Die Vorschrift beruht auf einer Ausgrenzung minder schwerer Fälle aus dem Bereich des Landesverrats ieS. Damit soll vornehmlich den Besonderheiten des sog. **publizistischen Landesverrats** Rechnung getragen werden, bei dem der Täter durchaus im Interesse des Gesamtwohls der BRep. einem öffentlichen Informationsbedürfnis dienen will, sich aber dabei einer Geheimnisverletzung schuldig macht. Allgemein zur Problematik des publizistischen Landesverrats (wenn auch teils überholt) A. Arndt NJW 63, 24, Fuss NJW 62, 2225, Güde aaO, Heinemann NJW 63, 4, Jagusch NJW 63, 177, Jescheck aaO, Löffler aaO, Maihofer, Bl. f. dt. u. intern. Politik 63, 1 ff., und in Strafrechtsreform S. 159 ff., Krey ZStW 79, 103 ff., Ridder/Heinitz aaO, Stratenwerth aaO, Stree JZ 63, 527, ZStW 78, 663, Träger LK § 93 RN 33, Willms DRiZ 63, 14.

Darüber hinaus hat die Vorschrift die Funktion eines Auffangtatbestands für alle Fälle, in denen der Täter Staatsgeheimnisse offenbart, ohne in unmittelbarer Beziehung zu einer fremden Macht gestanden (§ 94 I Nr. 1) und ohne eine besondere Benachteiligungs- oder Begünstigungsabsicht gehandelt zu haben (§ 94 I Nr. 2). Vgl. iü auch 3 f. vor § 93.

II. 1. Als **Objekt** der Tat kommen nur **echte Staatsgeheimnisse** in Betracht. Illegale Geheimnisse iSv § 93 II nicht geschützt; insoweit gibt es auch keinen Auffangtatbestand, wie ihn § 97 a für den Landesverrat (§ 94) vorsieht. Auf andere als die in § 93 II ausgeschiedenen illegalen Geheimnisse hingegen ist § 95 uneingeschränkt anwendbar (vgl. § 93 RN 27, aber auch u. 12 ff.). Über den **Schutz der NATO-**Partner vgl. 17 ff. vor § 80.

2. Anders als beim echten Landesverrat (§ 94) ist hier der Schutz jedoch auf solche Staatsgeheimnisse beschränkt, die **von einer amtlichen Stelle oder auf deren Veranlassung geheimgehalten** werden. Hierdurch erfährt der materielle Geheimnisbegriff, wie er der Legaldefinition des § 93 zugrunde liegt (vgl. dort RN 5), eine *formelle* Einschränkung: das Geheimnis muß amtlich der Geheimhaltung unterworfen worden sein. Durch dieses Erfordernis sollen vor allem für den loyalen Täter die Grenzen des schutzbedürftigen Geheimnisbereichs klarer erkennbar gemacht werden (BT-Drs. V/2860 S. 15).

a) **Amtliche Stelle** ist jede staatliche Dienststelle, gleichgültig, ob sie gesetzgebenden Organen, der Rechtsprechung oder der vollziehenden Gewalt (zB milit. Dienststelle) angehört. Auch Behörden der mittelbaren Staatsverwaltung (Kommunen, Körperschaften des öffentlichen Rechts usw) rechnen dazu. Auf deren Veranlassung kann das Staatsgeheimnis auch von Privatpersonen geheimgehalten werden. Ob die amtliche Stelle dies förmlich oder konkludent, für den Einzelfall oder generell veranlaßt hat, ist unerheblich. Die Geheimhaltung kann die amtliche Stelle auch schon vor Entstehung des Staatsgeheimnisses veranlassen, zB bei einem Forschungsauftrag. Geheimhaltungsmaßnahmen einer Privatperson ohne amtliche Veranlassung genügen jedoch nicht.

b) Entscheidend ist, daß das Geheimnis **tatsächlich unter Geheimhaltungsschutz** gestellt wurde. Der bloße Geheimhaltungswille reicht nicht aus. Daher sind private Erfindungen, die den staatlichen Behörden noch unbekannt und von ihnen auch nicht vorsorglich, etwa bei Vergabe eines Forschungs-

§ 95 7–17   Bes. Teil. Landesverrat und Gefährdung der äußeren Sicherheit

auftrags, in einen Geheimhaltungsbereich einbezogen worden sind, hier nicht geschützt. Jedoch kommen dann die §§ 31 V, 50–54 PatentG in Betracht; vgl. § 93 RN 8.

7   Iü jedoch kommt es auf die Art der Sekretur (zB faktischer Verschluß oder Verpflichtung zur Geheimhaltung) nicht an, sofern nur der Geheimhaltungswille klar in einer Vorkehrung zum Schutz des Geheimnisses vor Bekanntwerden erkennbar ist.

8   III. Die **Handlung** besteht darin, daß der Täter das Geheimnis **an einen Unbefugten gelangen läßt** oder **öffentlich bekanntmacht** und dadurch die Gefahr eines schweren Nachteils für die äußere Sicherheit der BRep. Deutschland herbeiführt (Abs. 1).

9   1. Über **Gelangenlassen** an einen Unbefugten vgl. § 94 RN 9 f. Bei unmittelbaren Mitteilungen an eine fremde Macht oder deren Mittelsmänner geht § 94 vor (vgl. u. 23).

10   2. Über das **öffentliche Bekanntmachen** vgl. § 94 RN 11. Es ist auch dann nicht als Mitteilung iSv § 94 I Nr. 1 zu werten, wenn dadurch zugleich eine fremde Macht das Geheimnis erfährt; dagegen kann § 94 I Nr. 2 eingreifen, wenn die dort geforderte Absicht gegeben ist.

11   3. Bei beiden Alternativen muß die Offenbarung eine **Gefährdung der äußeren Sicherheit** der BRep. zur Folge haben; dazu § 94 RN 13 ff.

12   IV. Die Frage einer **Rechtfertigung** kann sich vor allem in den Fällen stellen, in denen die Offenbarung erfolgt, um die Öffentlichkeit über bestimmte illegale Zustände zu unterrichten und dadurch deren Beseitigung zu erreichen. Für derartige Fälle war in § 100 III aF ein besonderer Rechtfertigungsgrund für Abgeordnete des Bundestags vorgesehen (näher 13. A. § 100 RN 3 ff.). Dazu wurde jedoch zu Recht bemerkt, daß dieses Abgeordnetenprivileg im Grunde nur einen speziellen Anwendungsfall des **allgemeinen Güterabwägungsprinzips** darstelle (Kern aaO 33, v. Weber MDR 51, 519, JZ 66, 250, hier 13. A. § 100 RN 8 mwN), das jedem Staatsbürger zu Gebote stehen müsse. Deshalb kann auch die Tatsache, daß die jetzige Fassung des § 94 einen solchen Rechtfertigungsgrund nicht mehr enthält, keinesfalls bedeuten, daß damit die Möglichkeit einer Rechtfertigung nach allgemeinen Grundsätzen der Interessenabwägung ausgeschlossen sein soll.

13   **Im einzelnen** gilt für die Offenbarung illegaler Zustände folgendes:

14   1. Soweit es sich um **illegale Geheimnisse iSv § 93 II** handelt, **fehlt** es bereits an der **Tatbestandsmäßigkeit** des § 95, da diese Sachverhalte aus dem Begriff des Staatsgeheimnisses herausgenommen worden sind (vgl. § 93 RN 24 ff., o. 3). Allerdings kommt hier noch § 97 a in Betracht, der jedoch bei wohlmeinender Offenbarung des Geheimnisses, so zB um durch Publizierung in der Presse der öffentlichen Meinungsbildung zu dienen, regelmäßig nicht gegeben sein wird; vgl. näher dort RN 1, 5.

15   2. Soweit es sich dagegen um **sonstige illegale Staatsgeheimnisse** handelt, die nach wie vor dem Tatbestand des § 93 unterfallen, kommt – ungeachtet sonstiger Rechtfertigungsgründe – eine Rechtfertigung nach den allgemeinen Regeln des **rechtfertigenden Notstands** in Betracht. Über die dabei anzustellende Abwägung zwischen dem Geheimhaltungsbedürfnis einerseits und dem für die demokratische Willensbildung notwendigen Informationsinteresse der Öffentlichkeit andererseits vgl. § 93 RN 27.

16   3. Soweit in einem solchen Fall das öffentliche Informationsinteresse überwiegt, steht die Offenbarung nicht nur bestimmten Amtsträgern oder Abgeordneten zu, sondern grds. **jedem Staatsbürger** (Baumann JZ 66, 335; vgl. auch Stree JZ 63, 529 ff., ZStW 78, 668 ff.; enger v. Weber JZ 66, 250 f.). Jedoch läßt sich dem § 97 b I 2 der allgemeine Gedanke entnehmen, daß die Flucht in die Öffentlichkeit idR nur dann ein angemessenes Mittel sein wird, wenn der Täter zuvor ein Mitglied des Bundestags um Abhilfe angerufen hat (vgl. aber Stree in: Mißlingt die Strafrechtsreform? S. 178). Denn diesem werden meist noch andere Wege offenstehen, um einem illegalen Zustand auf verschwiegenere Weise abzuhelfen. Deshalb ist nach dem Grundsatz des schonendsten Mittels der Täter regelmäßig nur dann gerechtfertigt, wenn er zuvor einen Bundestagsabgeordneten eingeschaltet hat. Dieser selbst erlangt jedoch dadurch keine Sonderrechte. Geht er der Angelegenheit nach, so hat dies wiederum unter den Vorbehalten des § 97 b zu geschehen.

17   Diese Grundsätze gelten auch für die **Presse**. Auch ihr kann bei Offenbarung echter Staatsgeheimnisse keine Sonderstellung zugebilligt werden (Baumann JZ 66, 336, Jescheck aaO 4 ff., JZ 67, 10, Stree JZ 63, 531). Aus Art. 5 II GG (Pressefreiheit) läßt sich nichts Gegenteiliges herleiten; denn ganz davon abgesehen, daß die §§ 93 ff. allgemeines und deshalb schon durch Art. 2 GG vorbehaltenes Recht enthalten (vgl. Maunz-Dürig Art. 2 GG Abs. 2 RN 76, Krause NJW 65, 1467; and. Schüssler NJW 65, 282, 1468; vgl. auch Heinemann NJW 63, 5), ist den weitergehenden Forderungen nach Privilegierung der Presse (vgl. Heinemann NJW 63, 7, Jagusch NJW 63, 181, Löffler 87, Schüssler NJW 65, 1469, Stratenwerth aaO 77 f., Träger LK § 93 RN 33) auch mit Aussicht auf die „Wechselwirkung" zwischen Pressefreiheit und allgemeinen Gesetzen heute dadurch ausreichend Rechnung getragen, daß die wohlmeinende Offenbarung eines Staatsgeheimnisses durch Publizisten aus dem Begriff des echten Landesverrats herausgelöst wurde (vgl. BT-Drs. V/2860 S. 14, 18 f., BVerfGE 20 178 ff., Stratenwerth aaO 78). Gegen die weitergehende Ansicht von Maihofer Bl. f. dt. u. intern. Politik 63, 1, Staatsschutz S. 28 ff., daß die Bestrafung von Journalisten wegen Veröffentlichung von Staatsgeheimnissen sei ua deshalb unzulässig, weil in keinem Fall nachweisbar sei, daß die veröffentlichte Tatsache fremden Regierungen unbekannt war, und somit eine „Verdachtsstrafe" auferlegt würde, wurde bereits zu Recht eingewandt, daß dies in gleichem Maß für Agenten gelten müßte (Jescheck aaO 20 f., JZ 66, 10, Stree JZ 63, 528).

4. Bei **Geheimnisoffenbarungen durch Abgeordnete** in parlamentarischen Gremien kommt Straffreiheit nach Art. 46 GG, § 36 in Betracht. **18**

V. Der **subjektive Tatbestand** setzt Vorsatz voraus, und zwar, wie sich aus dem Vergleich mit § 97 I ergibt, auch hinsichtlich der Gefährdung der BRep.. Der Vorsatz muß ebenfalls die tatsächliche Geheimhaltung einschließlich der Veranlassung durch eine amtliche Stelle umfassen. Bedingter Vorsatz genügt. Iü gilt Entsprechendes wie bei § 94, auch für die Irrtumsfälle; vgl. dort RN 16 f. **19**

Eine besondere **Absicht** ist **nicht** erforderlich; handelt der Täter in der Absicht, die BRep. zu benachteiligen oder eine fremde Macht zu begünstigen, so ist § 94 I Nr. 2 gegeben. **20**

VI. Der **Versuch** ist strafbar (Abs. 2). Er liegt ua vor, wenn der Täter irrtümlich bei einer Geheimhaltung durch Privatpersonen davon ausgeht, dies sei von einer amtlichen Stelle veranlaßt worden. Für den Beginn des Versuchs und den Rücktritt hiervon gilt Entsprechendes wie bei § 94; vgl. dort RN 23 f. **21**

VII. Die **Strafe** ist in *besonders schweren Fällen* Freiheitsstrafe von 1 Jahr bis zu 10 Jahren (Abs. 3). Für die Annahme eines solchen Falles gilt § 94 II 2 entsprechend; vgl. dort RN 25. Über **Nebenfolgen** und Einziehung vgl. die §§ 101, 101 a. **22**

VIII. Gegenüber § 94 ist § 95 **subsidiär** (Abs. 1); für das Verhältnis zu den Vorbereitungstatbeständen gilt Entsprechendes wie bei § 94; vgl. dort RN 27. **23**

IX. Zur Anwendung des **Opportunitätsprinzips** vgl. § 120 I GVG iVm § 153 e StPO. Vgl. ferner §§ 153 c, d StPO. **24**

§ 96 Landesverräterische Ausspähung; Auskundschaften von Staatsgeheimnissen

(1) Wer sich ein Staatsgeheimnis verschafft, um es zu verraten (§ 94), wird mit Freiheitsstrafe von einem Jahr bis zu zehn Jahren bestraft.

(2) Wer sich ein Staatsgeheimnis, das von einer amtlichen Stelle oder auf deren Veranlassung geheimgehalten wird, verschafft, um es zu offenbaren (§ 95), wird mit Freiheitsstrafe von sechs Monaten bis zu fünf Jahren bestraft. Der Versuch ist strafbar.

Schrifttum: Vgl. die Angaben vor §§ 93 ff.

I. Die Vorschrift erfaßt als **selbständig strafbare Vorbereitungshandlungen** die landesverräterische Ausspähung (Abs. 1) und die Auskundschaftung von Staatsgeheimnissen (Abs. 2). Über das Verhältnis zu den übrigen Tatbeständen dieses Abschnitts vgl. 3 f. vor § 93. **1**

II. Die **landesverräterische Ausspähung (Abs. 1).** Als Vorbereitungshandlung des Landesverrats ieS setzt sie voraus, daß sich der Täter ein Staatsgeheimnis verschafft, um es im Wege des § 94 zu verraten. **2**

1. Als Tatobjekt kommen nur **echte Staatsgeheimnisse** in Betracht. Über falsche oder verfälschte vgl. § 100 a II. Die Verschaffung von illegalen Geheimnissen iSv § 93 II wird durch § 97 a erfaßt; vgl. dort RN 10 ff. Zum **Schutz der NATO**-Partner vgl. 17 ff. vor § 80. **3**

2. Unter **Verschaffen** eines Staatsgeheimnisses ist jede Handlung zu verstehen, durch die der Täter Kenntnis des Geheimnisses erlangt. Ob er dessen wahre Bedeutung erkennt, zB bei einem Geheimschlüssel, ist unerheblich. Ein Sichverschaffen ist auch die Inbesitznahme eines Gegenstandes, der ein Staatsgeheimnis verkörpert. Kenntnis vom Inhalt ist nicht erforderlich. **4**

Auf welche Weise sich der Täter das Geheimnis verschafft (zB durch Diebstahl, Nötigung, Kauf, Fotografieren der Unterlagen [vgl. BGH **24** 78], Beobachtung usw), kommt es nicht an. Erforderlich ist jedoch, daß er bereits bei der **Beschaffung** des Geheimnisses mit **Verratsabsicht** handelt, und zwar spätestens bei Beendigung der Verschaffungshandlung (Träger LK 5). Wer von einem Staatsgeheimnis ohne Verratsabsicht Kenntnis erhält und sich erst danach zu Verratszwecken Aufzeichnungen macht, fällt nicht unter § 96 (vgl. H. Arndt ZStW 66, 66). Entsprechendes gilt, wenn jemand einen ihm anvertrauten geheimen Gegenstand in Verratsabsicht unterschlägt, diese Absicht aber bei Gewahrsamserlangung noch nicht vorlag (H. Arndt ZStW 66, 66; vgl. auch Träger LK 5). Ebenso verhält es sich beim Fund; nur wenn der Finder sich sogleich zum Verrat entschließt, ist § 96 anwendbar (Träger LK 5). **5**

3. Für den **subjektiven Tatbestand** ist Vorsatz erforderlich; der Täter muß wissen, daß die erstrebte Tatsache, Nachricht usw ein Staatsgeheimnis ist. Insoweit genügt bedingter Vorsatz. Beim Irrtum über die Legalität des Staatsgeheimnisses kommt § 97 b in Betracht. Vgl. iü § 94 RN 16 ff. **6**

Darüber hinaus muß der Täter die **Absicht** haben, das Staatsgeheimnis **zu verraten**. Hierfür ist zielgerichteter Wille erforderlich (vgl. dazu 2 vor § 84). Die Verratsabsicht muß auf eine Tat iSv § 94 gerichtet sein; der Täter muß also entweder eine unmittelbare Mitteilung an die fremde Macht oder eine qualifizierte Offenbarung iSv § 94 I Nr. 2 beabsichtigen. **7**

III. Die **Auskundschaftung von Staatsgeheimnissen (Abs. 2)** als Vorbereitungshandlung des Offenbarens von Staatsgeheimnissen (§ 95) setzt voraus, daß sich der Täter ein Staatsgeheimnis, das **8**

§ 97

Bes. Teil. Landesverrat und Gefährdung der äußeren Sicherheit

von einer amtlichen Stelle oder auf deren Veranlassung geheimgehalten wird, verschafft, um es iSv § 95 zu offenbaren.

9 1. Hier sind nur solche **Staatsgeheimnisse** geschützt, die iSv § 95 I **von einer amtlichen Stelle** usw **geheimgehalten** werden; vgl. dazu § 95 RN 4 ff.

10 2. Für das **Sichverschaffen** gilt Gleiches wie in Abs. 1; vgl. o. 4 f.

11 3. Für den **subjektiven Tatbestand** ist ebenso wie bei Abs. 1 Vorsatz erforderlich; vgl. o. 6.

12 4. Dagegen braucht die qualifizierende **Verratsabsicht** des Täters hier nur darauf gerichtet zu sein, das erlangte Geheimnis in der in § 95 umschriebenen Weise zu offenbaren.

13 IV. Soweit die Offenbarung des ausgespähten Geheimnisses **gerechtfertigt** wäre (zB kraft Notstands bei § 95; vgl. dort RN 12 ff.), muß es auch die darauf gerichtete Ausspähung sein.

14 V. 1. Der **Versuch** ist nach Abs. 1 und nach Abs. 2 strafbar (Abs. 2 S. 2). Er kann zB darin liegen, daß sich jemand an eine Auskunftsperson heranmacht (BGH **6** 385; and. H. Arndt ZStW 66, 75; vgl. auch BGH **24** 72), auch wenn diese in Wirklichkeit nichts über das Staatsgeheimnis weiß. Soll sich der andere jedoch erst über einen Dritten das Geheimnis verschaffen, so fehlt es an einem unmittelbaren Ansetzen zum Verschaffen iSv § 96. Es liegt daher nur eine Vorbereitungshandlung vor. Ein Versuch kann weiter in der Ankunft des Täters am Ausspähungsort liegen, wenn sich auf Grund der räumlichen Nähe ein Sichverschaffen der Staatsgeheimnisse unmittelbar anschließen kann und der Täter beabsichtigt, durch sein Handeln mit der Verwirklichung seines Auskundschaftens in einer bestimmten Richtung zu beginnen; vgl. auch BGH NJW **58**, 2025. Wie sonst wird auch hier der untaugliche Versuch erfaßt, also auch die Ausspähung vermeintlicher Staatsgeheimnisse (RKG **2** 138). Zur Abgrenzung nicht erfaßter Vorbereitungshandlungen vgl. auch H. Arndt ZStW 66, 73 ff.

15 2. Soweit die Tat nach § 96 noch nicht vollendet ist, kann sich der Täter nach § 24 durch **Rücktritt** Straffreiheit verschaffen.

16 Ist dagegen das Delikt **vollendet**, so fehlt eine Rücktrittsvorschrift, obwohl materiell gesehen das Sichverschaffen oder Auskundschaften von Staatsgeheimnissen sich als Vorbereitungshandlung gegenüber dem Landesverrat oder dem Offenbaren von Staatsgeheimnissen darstellt; in beiden Fällen wird die Absicht vorausgesetzt, das Geheimnis zu verraten bzw. zu offenbaren. Das führt zu der widersinnigen Konsequenz, daß derjenige, der den Verrat versucht und damit unter § 94 iVm § 22 fällt, nach § 24 straffrei wird, wenn er freiwillig zurücktritt. Diese Straflosigkeit ergreift auch das bereits vollendete Gefährdungsdelikt des § 96; der Täter ist also straflos (and. Rudolphi SK 11, Träger LK 8, Tröndle/Fischer 4; wie hier Sonnen AK 10). Dem läßt sich nicht das etwaige Weiterbestehen einer Gefahr für die äußere Sicherheit der BRep. entgegenhalten (and. Rudolphi SK 11), da allein der Besitz eines Staatsgeheimnisses ohne Verratsabsicht kein strafbares Unrecht darstellt. Würde dagegen die Tat nur bis zur Verschaffung des Staatsgeheimnisses gelangen und wäre sie damit noch kein Versuch des § 94, so würde der Täter strafbar bleiben, wenn er das Geheimnis, das er sich verschafft hat, nicht weitergibt. Aus diesem Grund muß die Rücktrittsregelung des **§ 98 II** auf § 96 **analog** angewendet werden, um jedenfalls die gröbsten Ungerechtigkeiten zu beseitigen (and. Lackner/Kühl 5, Tröndle/Fischer 4). Unbefriedigend bleibt auch dann noch die Tatsache, daß der Täter, dessen Vorhaben bis in das Stadium versuchten Landesverrats gediehen ist, beim Rücktritt nach § 24 freigesprochen werden muß, während nach der Regelung des § 98 II nur eine Strafmilderung oder ein gegenüber dem Freispruch ungünstigeres Absehen von Strafe möglich ist.

17 VI. Über **Nebenfolgen** und Einziehung vgl. §§ 101, 101 a. Zur **Beschlagnahme** des Vermögens als prozessualer Maßnahme in Fällen des Abs. 1 vgl. § 443 I StPO.

18 VII. Mit Straftaten, die zur Beschaffung des Staatsgeheimnisses begangen werden (zB Diebstahl, Erpressung, Urkundenfälschung), besteht **Idealkonkurrenz.** Gegenüber den §§ 94, 95 (auch iVm § 22) tritt § 96 als subsidiär zurück (vgl. BGH **6** 390). Idealkonkurrenz kommt dagegen im Verhältnis von §§ 94, 30 zu § 96 und §§ 96, 22 in Betracht (Träger LK 8, Tröndle/Fischer 5; and. Lackner/Kühl § 94 RN 9, Rudolphi SK 13), ebenso zwischen §§ 94, 26 und § 96. Gleiches gilt für das Verhältnis des § 96 zu den §§ 98, 99 (vgl. § 98 RN 35, § 99 RN 36).

19 VIII. Zur Anwendung des **Opportunitätsprinzips** vgl. § 120 I GVG iVm § 153 e StPO. Vgl. ferner §§ 153 c, d StPO.

§ 97 Preisgabe von Staatsgeheimnissen

(1) **Wer ein Staatsgeheimnis, das von einer amtlichen Stelle oder auf deren Veranlassung geheimgehalten wird, an einen Unbefugten gelangen läßt oder öffentlich bekanntmacht und dadurch fahrlässig die Gefahr eines schweren Nachteils für die äußere Sicherheit der Bundesrepublik Deutschland verursacht, wird mit Freiheitsstrafe bis zu fünf Jahren oder mit Geldstrafe bestraft.**

(2) **Wer ein Staatsgeheimnis, das von einer amtlichen Stelle oder auf deren Veranlassung geheimgehalten wird und das ihm kraft seines Amtes, seiner Dienststellung oder eines von einer amtlichen Stelle erteilten Auftrags zugänglich war, leichtfertig an einen Unbefugten gelangen läßt und dadurch fahrlässig die Gefahr eines schweren Nachteils für die äußere**

Sicherheit der Bundesrepublik Deutschland verursacht, wird mit Freiheitsstrafe bis zu drei Jahren oder mit Geldstrafe bestraft.

(3) **Die Tat wird nur mit Ermächtigung der Bundesregierung verfolgt.**

Schrifttum: Vgl. die Angaben vor §§ 93 ff.

I. Die Bestimmung über die **Preisgabe von Staatsgeheimnissen** enthält **zwei Tatbestände**: Bei Abs. 1 handelt es sich um die Kombination *vorsätzlicher* Geheimnisoffenbarung mit *fahrlässiger* Gefährdung der Staatssicherheit; bei Abs. 2 um die Kombination *leichtfertiger* Geheimnisoffenbarung mit *fahrlässiger* Gefährdung der Staatssicherheit. 1

An der Tat nach Abs. 1 ist **Teilnahme** möglich, da nach § 11 II eine Vorsatztat vorliegt. Hinsichtlich der Gefährdung der Staatssicherheit ist auch beim Teilnehmer Fahrlässigkeit erforderlich. Bei der reinen Fahrlässigkeitstat nach Abs. 2 entfällt dagegen die Möglichkeit einer Teilnahme. 2

II. In beiden Tatbeständen werden nur **echte Staatsgeheimnisse** iSv § 93 geschützt; vgl. dort 2 ff. Für Geheimnisse, die keine Staatsgeheimnisse sind, kommt § 353 b in Betracht. Zum **Schutz der NATO**-Partner vgl. 17 ff. vor § 80. 3

III. Die vorsätzliche **Preisgabe von Staatsgeheimnissen (Abs. 1).** 4

1. a) Der **objektive Tatbestand** setzt voraus, daß jemand ein Staatsgeheimnis, das von einer amtlichen Stelle oder auf deren Veranlassung geheimgehalten wird, an einen Unbefugten gelangen läßt oder öffentlich bekanntmacht. Insoweit besteht völlige Übereinstimmung mit der Tatbestandsumschreibung des § 95 I; vgl. dort RN 4 ff. 5

b) Die Handlung muß die **Gefahr** eines schweren Nachteils für die äußere Sicherheit der BRep. verursacht haben. Auch insoweit gilt das gleiche wie bei § 95; vgl. dazu § 94 RN 13 ff. 6

2. Beim **subjektiven Tatbestand** ist zu unterscheiden:

a) Hinsichtlich aller Elemente, die das *Offenbaren* des Staatsgeheimnisses betreffen, muß der Täter *vorsätzlich* gehandelt haben; insoweit gilt Gleiches wie bei § 95 RN 19 f. 7

b) Hinsichtlich der *Gefährdung* der Staatssicherheit genügt *Fahrlässigkeit*. Dieser Fall ist etwa gegeben, wenn jemand unbefugt ein Schriftstück, das ein Staatsgeheimnis enthält, einem Untergebenen übergibt und sich hätte sagen müssen, daß dieser das Staatsgeheimnis nicht hinreichend schützt; vgl. auch BGH MDR 63, 426. Hat der Täter die Gefährdung in Kauf genommen, wie idR bei öffentlicher Bekanntmachung (vgl. Tröndle/Fischer 3), so ist § 95 anwendbar. 8

3. Der Versuch ist nicht strafbar. Über **Nebenfolgen** und Einziehung vgl. §§ 101, 101 a. 9

IV. Die **leichtfertige Preisgabe von Staatsgeheimnissen (Abs. 2).** 10

1. In Übereinstimmung mit Abs. 1 setzt der **objektive Tatbestand** auch hier voraus, daß der Täter ein Staatsgeheimnis, das von einer amtlichen Stelle oder auf deren Veranlassung geheimgehalten wird, an einen Unbefugten gelangen läßt; lediglich das öffentliche Bekanntmachen des Geheimnisses ist hier nicht erfaßt; vgl. ü § 95 RN 8 ff. 11

a) Anders als in Abs. 1 sind jedoch nur **Staatsgeheimnisse** erfaßt, **die dem Täter kraft seines Amtes**, seiner Dienststellung oder eines von einer amtlichen Stelle erteilten Auftrages **zugänglich waren**. Dies setzt nicht notwendig voraus, daß die Stellung des Täters eine beamtenrechtliche ist. Auch der amtliche Einzelauftrag an eine Privatperson reicht aus (zB Forschungs- oder Produktionsauftrag). Das Staatsgeheimnis ist dem Täter dann kraft seines Amtes zugänglich, wenn er auf Grund seiner Stellung die tatsächliche Möglichkeit hat, die geheimzuhaltende Sache zu ergreifen oder die geheimzuhaltenden Tatsachen in Erfahrung zu bringen. Ob er von seiner Zutrittsmöglichkeit erst noch Gebrauch machen muß oder das Geheimnis kraft seiner Stellung bereits kennt, ist unerheblich. Hat der Amtsträger das Geheimnis dagegen auf andere Weise erfahren, zB durch Ausplaudern eines Dritten, so ist Abs. 2 nicht anwendbar. 12

b) Auch hier muß die Preisgabe die **Gefahr eines schweren Nachteils** für die äußere Sicherheit der BRep. verursacht haben; dazu § 94 RN 13 ff. 13

2. Beim **subjektiven Tatbestand** ist zu unterscheiden:

a) Alle Elemente, die die *Preisgabe* betreffen, muß der Täter wenigstens *leichtfertig* verwirklicht haben (and. Träger LK 11, Tröndle/Fischer 4, die hinsichtlich des Geheimnischarakters und der Zugänglichkeit Vorsatz verlangen). Leichtfertigkeit (vgl. § 15 RN 205) setzt voraus, daß der Täter in besonders schwerem Maß sorgfaltswidrig, etwa grob achtlos handelt oder eine besonders gewichtige Pflicht verletzt (entsprechend den Voraussetzungen für grobe Pflichtwidrigkeit; vgl. § 325 RN 24) und ihm eine solche Pflichtwidrigkeit sowie der dadurch ermöglichte Zugang eines Unbefugten zum Staatsgeheimnis ohne weiteres hätte bewußt werden müssen. Dies ist ua der Fall, wenn der Täter eine Verschlußsache offen herumliegen läßt, den Schlüssel zu einem Geheimschrank nicht abzieht oder Durchschlag- oder Konzeptpapier nach Anfertigung eines geheimen Schriftstücks in einen Papierkorb wirft. Gleiches gilt, wenn jemand das Staatsgeheimnis in einem geparkten Kfz liegen läßt (Träger LK 11) oder in seine Wohnung mitnimmt, obwohl er sich hätte sagen müssen, daß er angesichts der häuslichen Verhältnisse nicht in der Lage ist, es vor dem Einblick oder der Wegnahme durch Unbefugte zu schützen (vgl. RKG **2** 32). 14

§ 97 a 1–7   Bes. Teil. Landesverrat und Gefährdung der äußeren Sicherheit

15 b) Hinsichtlich der *Gefährdung* der BRep. hingegen reicht ebenso wie in Abs. 1 *Fahrlässigkeit* aus; vgl. o. 8.

16 3. Der Versuch ist nicht strafbar. Über **Nebenfolgen** und Einziehung vgl. §§ 101, 101 a.

17 V. **Idealkonkurrenz** ist bei beiden Alternativen möglich mit den §§ 98, 99 (vgl. BGH 8 243); ebenso mit §§ 353 b, 354.

18 VI. In beiden Fällen wird die Tat nur mit **Ermächtigung** der BReg. verfolgt. Über Ermächtigung vgl. § 77 e und dort RN 2. Durch das Ermächtigungserfordernis soll sichergestellt werden, daß in beiden Fällen nur für die Taten strafrechtlich verfolgt werden, in denen dies nach den gesamten Umständen, insb. nach dem Grad des Verschuldens und nach Art und Maß der Gefährdung der BRep., geboten erscheint (vgl. E 62 Begr. 576). Vgl. dazu Träger LK 14.

19 Zur Anwendung des **Opportunitätsprinzips** vgl. § 120 I GVG iVm § 153 e StPO. Vgl. ferner §§ 153 c, d StPO.

§ 97 a Verrat illegaler Geheimnisse

Wer ein Geheimnis, das wegen eines der in § 93 Abs. 2 bezeichneten Verstöße kein Staatsgeheimnis ist, einer fremden Macht oder einem ihrer Mittelsmänner mitteilt und dadurch die Gefahr eines schweren Nachteils für die äußere Sicherheit der Bundesrepublik Deutschland herbeiführt, wird wie ein Landesverräter (§ 94) bestraft. § 96 Abs. 1 in Verbindung mit § 94 Abs. 1 Nr. 1 ist auf Geheimnisse der in Satz 1 bezeichneten Art entsprechend anzuwenden.

Schrifttum: Vgl. die Angaben zu 1 vor § 93.

1 I. Die Bestimmung enthält einen Auffangtatbestand für den **Verrat von** geheimhaltungsbedürftigen **Tatsachen, die wegen** ihrer **Illegalität** iSv § 93 II **nicht** den Schutz eines **Staatsgeheimnisses** genießen. Sie beruht auf der Erwägung, daß einerseits die Bekanntmachung solcher Vorgänge für die öffentliche Meinungsbildung von höchstem Interesse sein kann, andererseits aber im Verhältnis zu fremden Mächten die Veröffentlichung für die äußere Sicherheit der BRep. uU höchst nachteilig sein könnte. Dieses Spannungsverhältnis zwischen Informationsinteresse und Geheimhaltungsbedürftigkeit versucht § 97 a dadurch zu lösen, daß er die einfache Offenbarung derartiger Geheimnisse straflos läßt und nur denjenigen unter Strafe stellt, der das Geheimnis unter Ausschluß der Öffentlichkeit unmittelbar an eine fremde Macht weitergibt, also in den Formen des § 94 I Nr. 1 handelt (vgl. BT-Drs. V/2860 S. 20, Stree ZStW 78, 691 ff., A. Arndt NJW 66, 25, Jescheck Engisch-FS 597). Nach dieser inneren Verkopplung mit § 94 handelt es sich hier um einen Quasi-Landesverrat, wie er für die Tätigkeit von Agenten und Spionen bezeichnend ist. Maßgeblich war auch der Gedanke, daß die eigene Regierung weiter daran glaubt, die Angelegenheit sei noch geheim. Anders als die §§ 94–97 dient § 97 a **nicht** dem **Schutz der NATO**-Partner, vgl. 17 ff. vor § 80.

2 Im einzelnen enthält die sprachlich wenig geglückte Bestimmung (Breithaupt NJW 68, 1713) **zwei Tatbestände**: den Verrat von illegalen Geheimnissen (S. 1) und als Vorbereitungshandlung dazu die quasi-landesverräterische Ausspähung (S. 2). Über das Verhältnis zu den übrigen Tatbeständen dieses Abschnitts vgl. 3 f. vor § 93. Zwischen § 97 a S. 1 und § 94 I Nr. 1 sowie zwischen § 97 a S. 2 und § 96 I ist jeweils **Wahlfeststellung** möglich.

3 Auch im Rahmen des § 97 a muß der Grundgedanke des § 97 b entsprechend angewendet werden. Da § 97 b unter den Voraussetzungen des Abs. 1 Nr. 2 und 3 sogar im Fall des § 94 die Möglichkeit einer **Straflosigkeit** eröffnet, wenn der Täter ein legales Staatsgeheimnis in der irrigen Annahme verrät, es sei illegal, so kann dem Täter bei Verrat eines tatsächlich illegalen Staatsgeheimnisses unter den gleichen Voraussetzungen die Möglichkeit der Straflosigkeit erst recht nicht verweigert werden. Diese Fälle werden freilich im Rahmen des § 97 a selten sein (vgl. hierzu Breithaupt NJW 68, 1713).

4 II. Der **Verrat illegaler Geheimnisse** (Satz 1).

5 1. Der **objektive Tatbestand** kann nur durch Mitteilung des Geheimnisses an eine fremde Macht oder einen ihrer Mittelsmänner verwirklicht werden (vgl. dazu § 94 RN 4 ff.). Nicht erfaßt ist die Offenbarung iSv § 95, wie sie insb. für die öffentliche Rüge von Verfassungsverstößen durch die Presse bezeichnend ist. Aber auch Handlungen iSv § 94 I Nr. 2, etwa die öffentliche Bekanntmachung in Benachteiligungsabsicht, reichen nicht aus.

6 a) **Objekt** des Verrats können nur solche **geheimhaltungsbedürftigen Tatsachen** sein, denen lediglich wegen ihrer **Illegalität iSv § 93 II** der Charakter eines Staatsgeheimnisses fehlt. Dieser Mangel darf sich jedoch nur aus den Rechtsverstößen des § 93 II ergeben, während alle übrigen Elemente des Geheimnisbegriffs (so insb. die Geheimhaltungsbedürftigkeit im Interesse der äußeren Sicherheit der BRep.) gegeben sein müssen; vgl. dazu § 93 RN 2 ff. Betrifft das Geheimnis andere Rechtsverstöße als die in § 93 II genannten, so bleibt sein Charakter als Staatsgeheimnis unberührt; für diesen Fall kommt daher § 94 I Nr. 1 unmittelbar in Betracht; vgl. auch § 93 RN 27 f. Die Nachteilsgefahr kann sich uU gerade aus der Illegalität des Geheimnisses ergeben.

7 b) Über die **Gefährdung** der äußeren Sicherheit der BRep. durch den Verrat vgl. § 94 RN 13 ff.

2. Der **subjektive Tatbestand** setzt Vorsatz voraus; insofern gilt Entsprechendes wie bei § 94 I Nr. 1; vgl. dort RN 16 ff. Hält der Täter ein legales Geheimnis irrtümlich für illegal, dann kommt allein § 97 b zur Anwendung. Anders ist es jedoch, wenn er ein illegales Geheimnis für legal hält. Für diesen Fall bildet § 97 a einen Auffangtatbestand; eine Bestrafung etwa nach §§ 94, 22 kommt daneben nicht in Betracht (Träger LK 4). Hält der Täter den Verrat von illegalen Geheimnissen für erlaubt, so liegt Verbotsirrtum vor, der anders als der Irrtum nach § 97 b zur Strafmilderung führen kann (Tröndle/Fischer 3).

3. Der Täter ist **wie** ein **Landesverräter zu bestrafen**. Eingeschlossen ist die Strafschärfung in besonders schweren Fällen; vgl. dazu § 94 RN 25.

III. Die **Ausspähung illegaler Geheimnisse** (Satz 2).

1. Der **äußere Tatbestand** setzt voraus, daß sich der Täter ein illegales Geheimnis iSv § 93 II verschafft, um es im Wege des § 94 I Nr. 1 zu verraten. Insofern müssen alle Elemente des § 96 gegeben sein (vgl. dort RN 4 ff.), mit der einen Ausnahme, daß der geheimhaltungsbedürftigen Tatsache allein wegen ihrer Illegalität iSv § 93 II der Schutz eines Staatsgeheimnisses abgeht (dazu o. 6).

2. Der **subjektive Tatbestand** setzt Vorsatz voraus. Bei Irrtum über die Legalität des Geheimnisses gilt das o. 8 Gesagte. Darüber hinaus ist ebenso wie bei § 96 I die Absicht erforderlich, das Geheimnis im Wege des § 94 I Nr. 1 zu verraten; vgl. dazu § 96 RN 7.

3. Die **Strafe** ist dem § 96 I zu entnehmen; vgl. dort RN 17. Zur **Beschlagnahme** des Vermögens als prozessualer Maßnahme vgl. § 443 I StPO.

IV. Zur Anwendung des **Opportunitätsprinzips** vgl. § 120 I GVG iVm § 153 e StPO. Vgl. ferner §§ 153 c, d StPO.

§ 97 b Verrat in irriger Annahme eines illegalen Geheimnisses

(1) Handelt der Täter in den Fällen der §§ 94 bis 97 in der irrigen Annahme, das Staatsgeheimnis sei ein Geheimnis der in § 97 a bezeichneten Art, so wird er, wenn
1. dieser Irrtum ihm vorzuwerfen ist,
2. er nicht in der Absicht handelt, dem vermeintlichen Verstoß entgegenzuwirken, oder
3. die Tat nach den Umständen kein angemessenes Mittel zu diesem Zweck ist,

nach den bezeichneten Vorschriften bestraft. Die Tat ist in der Regel kein angemessenes Mittel, wenn der Täter nicht zuvor ein Mitglied des Bundestages um Abhilfe angerufen hat.

(2) War der Täter als Amtsträger oder als Soldat der Bundeswehr das Staatsgeheimnis dienstlich anvertraut oder zugänglich, so wird er auch dann bestraft, wenn nicht zuvor der Amtsträger einen Dienstvorgesetzten, der Soldat einen Disziplinarvorgesetzten um Abhilfe angerufen hat. Dies gilt für die für den öffentlichen Dienst besonders Verpflichteten und für Personen, die im Sinne des § 353 b Abs. 2 verpflichtet worden sind, sinngemäß.

Schrifttum: Paeffgen, Der Verrat in irriger Annahme eines illegalen Geheimnisses (§ 97 b) und die allgemeine Irrtumslehre, 1979. – Vgl. ferner die Angaben zu 1 vor § 93.

I. Die Bestimmung soll die Lücken schließen, die in den Fällen der §§ 94–97 auftreten können, wenn sich der **Täter über die Legalität des Staatsgeheimnisses geirrt** hat. Denn da durch § 93 II bestimmte illegale Geheimnisse bereits tatbestandlich (and. Paeffgen aaO 52 ff., 229) aus dem Landesverrat usw ausgeschlossen werden (vgl. § 93 RN 24 ff.), wäre nach § 16 freizusprechen, wer irrig angenommen hat, das Geheimnis verstoße gegen die freiheitliche demokratische Grundordnung oder gegen zwischenstaatlich vereinbarte Rüstungsbeschränkungen. Dies gilt auch bei den Handlungsmodalitäten der §§ 94 I Nr. 1 und 96 I, da diese Fälle ausdrücklich in § 97 b erwähnt sind und § 97 a nach seinem Wortlaut nur bei tatsächlicher Illegalität des Geheimnisses eingreifen kann (Träger § 97 a RN 4; and. Rudolphi SK 3, Tröndle/Fischer 2); zu der sich hieraus ergebenden Einschränkung des § 97 a vgl. dort RN 3. Um dem Täter in den genannten Fällen die Berufung auf Irrtum aus kriminalpolitischen Gründen möglichst weitgehend abzuschneiden (vgl. BT-Drs. V/2860 S. 20, Baumann JZ 66, 335, v. Weber JZ 66, 250), kam es zu dem verunglückten **Auffangtatbestand** des § 97 b, der nicht nur manche Unklarheiten aufweist, sondern auch systemwidrig ist und Zweifel an seiner Vereinbarkeit mit dem Schuldgrundsatz aufkommen läßt (vgl. Lackner/Kühl 6, M-Schroeder II 350, Rudolphi SK 13, Stree in: Mißlingt die Strafrechtsreform? S. 178 ff., Tröndle/Fischer 2). Der Versuch Jeschecks (Engisch-FS 596), ihn als negativ formulierten Rechtfertigungsgrund nach Art des § 193 zu verstehen, entspricht nicht den Intentionen der Bestimmung. Ungereimt ist auch das Ergebnis hinsichtlich solcher Geheimnisse, die nicht unter § 93 II fallen, jedoch gegen andere Rechtsgrundsätze verstoßen. Glaubt hier der Täter, er dürfe auch solche Geheimnisse veröffentlichen, so kommen ihm in vollem Umfang die Möglichkeiten des Verbotsirrtums zugute, während dies bei illegalen Geheimnissen iSv § 93 II anders ist. Vgl. dagegen aber Paeffgen aaO.

§ 97 b 2–11   Bes. Teil. Landesverrat und Gefährdung der äußeren Sicherheit

2   Anders als die §§ 94–97 ist § 97 b zum **Schutz der NATO**-Partner nicht anwendbar; vgl. 17 ff. vor § 80.

3   II. Der **Tatbestand** setzt voraus, daß der Täter alle Voraussetzungen eines der in den §§ 94–97 geregelten Tatbestände erfüllt, dabei jedoch irrig glaubt, es handle sich um ein illegales Geheimnis iSv § 93 II. In diesem Fall soll er nicht nach § 16 straflos sein, sondern unter den nachstehenden Voraussetzungen wegen Landesverrats, Offenbarung von Staatsgeheimnissen usw bestraft werden. Damit wird die Legalität des Staatsgeheimnisses in die Nähe der objektiven Bedingungen der Strafbarkeit gerückt (vgl. Stree in: Mißlingt die Strafrechtsreform? S. 180). Die in Abs. 1 Nr. 1–3 genannten **Voraussetzungen** sind **alternativ** zu verstehen, so daß bereits das Vorliegen einer von ihnen den Täter strafbar werden läßt. Ausgenommen sind die Fälle des § 97 II, für die der Sache nach Nr. 2 u. 3 nicht passen (Träger LK 3, Tröndle/Fischer 9), so daß allein Nr. 1 maßgebend ist.

4   1. Strafbar ist zunächst der Täter, dem der **Irrtum vorzuwerfen** ist (Nr. 1). Insoweit schafft § 97 b eine Ausnahme von § 16, indem hier aus einem Vorsatzdelikt bestraft werden soll, wer fahrlässig eines der Tatbestandsmerkmale nicht gekannt hat. Dadurch wird ein Tatbestandsirrtum in einen Verbotsirrtum verfälscht, ohne daß allerdings, was konsequenterweise erforderlich gewesen wäre, die für den Verbotsirrtum geltende Strafmilderungsmöglichkeit nach §§ 17, 49 I auch im Rahmen des § 97 b eröffnet wäre (vgl. aber u. 10). Vorwerfbar ist der Irrtum etwa dann, wenn dem Täter zuzumuten gewesen wäre, sich durch mögliche Erkundigungen über die Illegalität des Geheimnisses zu vergewissern.

5   2. Unabhängig von der Vorwerfbarkeit des Irrtums ist der Täter ferner dann strafbar, wenn er **nicht in der Absicht gehandelt hat, dem vermeintlichen Verstoß entgegenzuwirken** (Nr. 2). Dies bedeutet, daß derjenige, der die Handlungen der §§ 94–97 aus anderen Gründen als der Sorge um Recht und Gesetz vorgenommen hat, wegen Landesverrats usw bestraft wird, auch wenn er ohne Verschulden davon ausgegangen ist, es handle sich um ein illegales Geheimnis. Damit sollen vor allem die Fälle erfaßt werden, in denen der Täter das Geheimnis aus reiner Sensationsgier veröffentlicht hat. Hier trägt daher der Täter, der nicht handelt, um vermeintlicher Verstößen entgegenzutreten, das Risiko, daß es sich in Wahrheit um ein legales Geheimnis gehandelt hat. Bei Zweifeln über die Absicht des Täters ist zu seinen Gunsten davon auszugehen, daß er dem gerügten Verstoß entgegenwirken wollte.

6   3. Außerdem kann die Tat aber auch deswegen strafbar sein, weil sie nach den Umständen **kein angemessenes Mittel zur Abwehr vermeintlicher Verstöße** gegen die in § 93 II genannten Rechtsgrundsätze gewesen ist (Nr. 3). Das bedeutet, daß derjenige, der an die Illegalität der Geheimnisse iSv § 93 II glaubt, ohne daß ihm dies vorzuwerfen ist, bei Wahl des falschen Mittels selbst dann strafbar bleibt, wenn er dem vermeintlich illegalen Zustand abhelfen wollte. Auch für diesen Fall gilt der Grundsatz des schonendsten Mittels. Dies betrifft jedoch nur Fälle von echten und nur vermeintlich illegalen Staatsgeheimnissen. Wenn dagegen die Voraussetzungen des § 93 II tatsächlich vorliegen, so kann die Offenbarung des Geheimnisses ohne die vorgenannten Einschränkungen straflos erfolgen (vgl. § 93 RN 26), es sei denn, es sind zugleich die Voraussetzungen eines Quasi-Landesverrats nach § 97 a gegeben.

7   a) Als **angemessenes** und damit die Interessen des Staates am wenigsten beeinträchtigendes **Mittel** sieht das Gesetz die Anrufung eines Mitglieds des Bundestags an (Abs. 1 S. 2). Außerdem wird auch die Anrufung der zuständigen Behörde regelmäßig ein angemessenes Mittel sein (BT-Drs. V/2860 S. 21). Erst wenn die Angerufenen nicht innerhalb gebührender Frist reagieren, kann der Täter zum Mittel der Offenbarung des Geheimnisses greifen.

8   b) Eine **Sonderregelung** ist für Täter vorgesehen, denen als **Amtsträger** (§ 11 I Nr. 2) oder als **Soldaten** der Bundeswehr das Staatsgeheimnis dienstlich anvertraut oder zugänglich war. Sie können nur straflos sein, wenn sie **zusätzlich** zu den in Abs. 1 genannten Voraussetzungen noch zuvor den Dienstvorgesetzten (bei Soldaten den Disziplinarvorgesetzten) um Abhilfe angerufen haben (Abs. 2 S. 1). Schafft der Vorgesetzte keine Abhilfe, dann hat sich der Amtsträger oder Soldat an ein Mitglied des Bundestags zu wenden. Entsprechendes gilt für die für den öffentlichen Dienst besonders Verpflichteten (vgl. dazu § 11 I Nr. 4) und für Personen, die iSv 353 b II verpflichtet worden sind (Abs. 2 S. 2).

9   c) **Irrt** sich der Täter **über die Angemessenheit** seines Mittels, so müssen ihm dieselben Möglichkeiten der Strafmilderung gewährt werden wie bei einem Verbotsirrtum. Ein rein objektives Verständnis von Abs. 1 Nr. 3 verstieße offensichtlich gegen die in BGH **2** 196 festgelegten Grundsätze.

10   III. Liegt auch nur eine der genannten Voraussetzungen vor, dann wird der Täter nach den Rechtsfolgen der Tatbestände **bestraft**, die er objektiv verwirklicht hat, also nach den §§ 94–97. Bei der Strafzumessung ist der Irrtum des Täters nach dem Grad seiner Entschuldbarkeit strafmildernd zu berücksichtigen (vgl. o. 4, Träger LK 17, Tröndle/Fischer 11). Weitergehend mit beachtlichen Gründen Rudolphi SK 14.

11   IV. Zur Anwendung des **Opportunitätsprinzips** vgl. § 120 I GVG iVm § 153 e StPO. Vgl. ferner §§ 153 c, d StPO.

§ 98 Landesverräterische Agententätigkeit

(1) Wer

1. für eine fremde Macht eine Tätigkeit ausübt, die auf die Erlangung oder Mitteilung von Staatsgeheimnissen gerichtet ist, oder
2. gegenüber einer fremden Macht oder einem ihrer Mittelsmänner sich zu einer solchen Tätigkeit bereit erklärt,

wird mit Freiheitsstrafe bis zu fünf Jahren oder mit Geldstrafe bestraft, wenn die Tat nicht in § 94 oder § 96 Abs. 1 mit Strafe bedroht ist. In besonders schweren Fällen ist die Strafe Freiheitsstrafe von einem Jahr bis zu zehn Jahren; § 94 Abs. 2 Satz 2 Nr. 1 gilt entsprechend.

(2) Das Gericht kann die Strafe nach seinem Ermessen mildern (§ 49 Abs. 2) oder von einer Bestrafung nach diesen Vorschriften absehen, wenn der Täter freiwillig sein Verhalten aufgibt und sein Wissen einer Dienststelle offenbart. Ist der Täter in den Fällen des Absatzes 1 Satz 1 von der fremden Macht oder einem ihrer Mittelsmänner zu seinem Verhalten gedrängt worden, so wird er nach dieser Vorschrift nicht bestraft, wenn er freiwillig sein Verhalten aufgibt und sein Wissen unverzüglich einer Dienststelle offenbart.

Schrifttum: Vgl. die Angaben vor §§ 93 ff. und zu § 99.

I. Die Vorschrift erweitert den Bereich strafbarer **Vorbereitungshandlungen zum Landesverrat** 1 über die in § 96 erfaßte landesverräterische Ausspähung hinaus auf jegliche Tätigkeit zur Erlangung oder Mitteilung von Staatsgeheimnissen. Regelmäßig wird zugleich eine geheimdienstliche Tätigkeit vorliegen (§ 99); § 98 allein kann etwa anwendbar sein, wenn der Täter unmittelbar für die Regierung oder einen nicht dem Geheimdienst angehörenden Diplomaten einer fremden Macht tätig ist. Zum **Schutz der NATO**-Partner vgl. 17 ff. vor § 80.

II. **Abs. 1 Nr. 1** betrifft die Ausübung einer auf die Erlangung oder Mitteilung von Staatsgeheim- 2 nissen gerichteten **Tätigkeit** für eine fremde Macht. Diese Tätigkeit braucht wie im Fall des § 99 (vgl. dort RN 9) nicht von längerer Dauer zu sein (Träger LK 2).

1. Voraussetzung für die Tatbestandserfüllung ist das **Ausüben** einer Tätigkeit, die auf Erlangung 3 oder Mitteilung von Staatsgeheimnissen gerichtet ist, also ein aktives Tun. Nicht erforderlich ist, daß der Täter sich vorher gegenüber einer fremden Macht oder einem ihrer Mittelsmänner zu einer solchen Tätigkeit bereiterklärt hat (BGH **25** 145) oder mit der fremden Macht oder ihrem Mittelsmann in Verbindung getreten ist. Auch wer von sich aus, ohne von einer fremden Macht beauftragt zu sein oder mit ihr Kontakt aufgenommen zu haben, eine solche Tätigkeit entfaltet, erfüllt den Tatbestand, wenn er zu Zwecken späteren Verrats handelt. Zur **tatbestandlichen Handlungseinheit** in Fällen einer Mehrzahl sich ggf. über einen mehrjährigen Zeitraum erstreckender Einzelakte: § 99 RN 2.

2. Ziel der Tätigkeit muß die Erlangung oder Mitteilung von **Staatsgeheimnissen** sein. Es muß 4 sich um Staatsgeheimnisse iSv § 93 I handeln; illegale Geheimnisse (§ 93 II) reichen nicht aus, ebensowenig Tatsachen, die nur eine Ausgangsbasis zur Erforschung von Staatsgeheimnissen bilden. Dies ergibt sich aus der Existenz des § 99, nach dem die geheimdienstliche Tätigkeit auch dann strafbar ist, wenn sie sich auf einfache Tatsachen bezieht, so daß zu ausdehnender Auslegung des § 98 kein Anlaß besteht. Nach BGH **25** 149 erfaßt § 98 auch Tätigkeiten, die auf Mitteilung wesentlicher Teile eines Staatsgeheimnisses gerichtet sind, wenn dadurch die fremde Macht der Erlangung eines Staatsgeheimnisses nähergebracht wird.

3. § 98 erfaßt sowohl eine auf das **Erlangen** wie eine auf das **Mitteilen** von Staatsgeheimnissen 5 gerichtete Tätigkeit. Darunter fallen zunächst alle Handlungen, die bei Gelingen des Täterplans schließlich zur täterschaftlichen Begehung von §§ 94 oder 96 führen würden, also etwa das Auskundschaften der Aufbewahrungsorte geheimer Unterlagen in der Absicht, diese bei Gelegenheit zu fotokopieren. § 98 erfaßt aber auch solche Tätigkeiten, die mehr den Charakter vorbereitender Teilnahme an den §§ 94 und 96 haben. Strafbar nach § 98 ist also auch, wer etwa nur andere zu landesverräterischer Tätigkeit zu gewinnen sucht, ein Verhalten, das unter § 30 I iVm § 94 oder § 96 fiele, wäre das zu verratende Geheimnis bereits genügend konkretisiert. Diese Tatsache schließt aber eine Unterscheidung zwischen Täterschaft und Teilnahme innerhalb des § 98 nicht aus: Tätigkeiten, die nur mittelbar die landesverräterische Zielsetzung fördern, sind regelmäßig nur **Beihilfe** (vgl. Schroeder aaO 304). Das gilt zB für die Sekretärin, die Briefe des Täters an die fremde Macht zu schreiben hat.

Erfaßt wird *jede* Tätigkeit, die auf die Erlangung oder Mitteilung gerichtet ist; mit dem Verschaffen 6 oder Mitteilen von Geheimnissen selbst muß noch nicht begonnen worden sein.

4. Die Tätigkeit muß **für eine fremde Macht** ausgeübt werden. Erforderlich ist also **zielge-** 7 **richtetes Handeln**, dessen Endzweck der Verrat von Staatsgeheimnissen, also ein Landesverrat nach § 94 sein muß, sei dieser durch den Täter selbst oder durch eine andere Person begangen. Zum Begriff der fremden Macht vgl. § 93 RN 15 f. Zu einer Kontaktaufnahme mit einer fremden Macht braucht es nicht gekommen zu sein (vgl. o. 3). Es reicht aus, wenn es das Ziel des Täters ist, einer fremden Macht das Staatsgeheimnis zuzuleiten. Insoweit ist nicht einmal erforderlich, daß der Täter sich schon

für eine bestimmte fremde Macht entschieden hat; es genügt also, daß er etwa erlangte Staatsgeheimnisse später an die meistbietende fremde Macht verkaufen will. Anderes gilt bei § 99; vgl. dort RN 12.

8 5. Zur Frage einer **Rechtfertigung** der Tat vgl. § 94 RN 15.

9 6. Der **subjektive Tatbestand** erfordert **Vorsatz** bzgl. aller Tatbestandsmerkmale, wobei bedingter Vorsatz genügt, und insoweit **zielgerichtetes Handeln**, als eine Tätigkeit zur Erlangung oder Mitteilung von Staatsgeheimnissen (vgl. o. 4 f.) sowie für eine fremde Macht erforderlich ist (vgl. o. 7, aber auch Träger LK 6). Es reicht also nicht aus, wenn nur die fremde Macht die Erlangung von Staatsgeheimnissen anstrebt, auch nicht, wenn der Täter dies erkennt. Dies kann vor allem für die von der Ausforschungstätigkeit einer fremden Macht Betroffenen gelten, die nur zum Schein Auskunft geben (vgl. Träger LK 6, Tröndle/Fischer 6).

10 7. Der Täter kann infolge Notstands nach § 35 **entschuldigt** sein, so etwa, wenn Repressalien gegen Angehörige zu erwarten sind. Zu beachten ist, daß die Handlung zur Rettung aus der Gefahr erforderlich gewesen sein muß; das kann, wenn zB der Täter mit Internierung bedroht wurde, durch Fluchtmöglichkeit ausgeschlossen sein (vgl. BGH ROW 58, 81 zu § 100 e aF). Vgl. auch Mittelbach NJW 57, 651. Wer schuldhaft eine Zwangslage herbeiführt, kann sich nicht auf Notstand berufen (vgl. § 35 RN 20, Bay **54**, 144).

11 8. Der Bereich der **Täterschaft** ist weiter als bei den §§ 94, 96; vgl. o. 5. Iü gelten für Täterschaft und Teilnahme die allgemeinen Grundsätze (and. Rudolphi SK 12, der Beihilfe für straflos hält; vgl. dagegen Träger LK 9).

12 **III.** Nach **Abs. 1 Nr. 2** wird ebenso bestraft, wer sich zu einer der in Abs. 1 Nr. 1 genannten Tätigkeiten gegenüber einer fremden Macht oder einem ihrer Mittelsmänner **bereit erklärt**.

13 1. Dieser Tatbestand entspricht dem des Sichbereiterklärens in § 30 II. Strafgrund ist die Gefahr, die von der Erklärung des ernsthaften Willens zu deliktischer Betätigung und der dadurch bewirkten Bindung gegenüber dem Partner der Erklärung ausgeht. Daraus folgt, daß § 98 I Nr. 2 **nur auf ernstgemeinte** Erklärungen anwendbar ist; wer sich nur zum Schein bereit erklärt, ist hiernach nicht strafbar (vgl. BT-Drs. V/2860 S. 21, Lackner/Kühl 3, Tröndle/Fischer 5). Es genügt indes eine einseitige Erklärung des Täters; die Zustimmung der fremden Macht ist nicht erforderlich. Es kommt deshalb auch nicht darauf an, ob die Initiative vom Täter oder von der fremden Macht ausgegangen ist. Zweifelhaft ist, ob die Erklärung der fremden Macht **zugegangen** sein muß. Nach den Ausführungen zu § 30 (dort RN 23) genügt es, wenn der Täter die Erklärung in der Absicht abgibt, daß sie der fremden Macht zugehe; Zugang der Erklärung verlangen jedoch Celle NJW **91**, 579 (zu § 129), Lackner/Kühl 3, Rudolphi SK 9, Träger LK 7, Tröndle/Fischer 5. Auch das Sichbereiterklären gegenüber einem **Mittelsmann** der fremden Macht reicht aus; vgl. § 94 RN 5. Bloße Verhandlungen mit der fremden Macht sind, solange der Täter sich nicht gebunden hat, noch kein Sichbereiterklären (vgl. BGH JZ **61**, 505); allenfalls liegt (strafloser) Versuch vor.

14 2. Strafbar ist nur das Sichbereiterklären zu **täterschaftlicher** Begehung des § 98 I Nr. 1; hierunter fällt auch die Bereiterklärung, andere zu landesverräterischer Tätigkeit zu gewinnen (vgl. o. 5). Nicht erfaßt wird, wer sich nur zu einer Gehilfentätigkeit erbietet (Träger LK 7).

15 3. Der **subjektive Tatbestand** von Abs. 1 Nr. 2 erfordert Ernstlichkeit der Erklärung und Vorsatz bzgl. der übrigen Merkmale; iü gilt das o. 9 Gesagte.

16 4. Für die **Teilnahme** an der Tat nach § 98 I Nr. 2 muß Entsprechendes wie für die Teilnahme an einem Sichbereiterklären nach § 30 II gelten. Vgl. dazu § 30 RN 33 ff. Wer nur Beihilfe leistet, kann ebensowenig bestraft werden wie derjenige, der sich lediglich bereit erklärt, als Gehilfe bei einer Tätigkeit nach Abs. 1 Nr. 1 mitzuwirken (and. Träger LK 9).

17 5. Gegenüber der Ausübung der Tätigkeit nach § 98 I Nr. 1 ist das Sichbereiterklären nach Abs. 1 Nr. 2 subsidiär.

18 **IV.** Der **Versuch** einer Tat nach § 98 ist nicht strafbar. Straflos ist also etwa, wer eine Tatsache irrtümlich für ein Staatsgeheimnis hält.

19 **V.** Die Handlungen des Abs. 1 sind zwar materiell nur Vorbereitungshandlungen, **formell** jedoch **vollendete** Delikte, so daß ein Rücktritt nicht in Frage kommt. Abs. 2 eröffnet aber bei **tätiger Reue** die Möglichkeit zu Strafmilderung, Absehen von Strafe oder Straffreiheit. Die Regelung ist auch auf das Sichbereiterklären nach Abs. 1 Nr. 2 anzuwenden. Dieses entspricht zwar dem § 30 II, so daß auch eine Heranziehung des § 31 I Nr. 2 in Frage käme; § 98 II geht hier aber vor.

20 § 98 unterscheidet sowohl bzgl. der Voraussetzungen der tätigen Reue wie auch der Auswirkungen auf die Strafbarkeit danach, ob der Täter zu der Tat von der fremden Macht gedrängt wurde oder nicht. Beachtliche Gründe hierfür sind nicht erkennbar.

21 Abs. 2 S. 1 ist auch bei den besonders schweren Fällen nach Abs. 1 S. 2 anwendbar (vgl. BT-Drs. V/2860 S. 22), dagegen nicht Abs. 2 S. 2.

22 1. Im „Normalfall" des Abs. 1, in dem der Täter zu seinem Verhalten **nicht gedrängt** worden ist, setzt Abs. 2 S. 1 voraus, daß der Täter **freiwillig sein Verhalten aufgibt und sein Wissen einer Dienststelle offenbart**. Im Unterschied zu den allgemeinen Rücktrittsregeln reicht also das bloße freiwillige Nicht-Weiterhandeln nicht aus, vielmehr muß sich der Täter die Rücktrittsvergünstigungen durch die zusätzliche Leistung erkaufen, daß er sein Wissen einer Dienststelle offenbart. Das kriminalpolitische Ziel, hier Strafmilderung oder Straffreiheit von einer Art Wiedergutmachung abhängig zu machen, ist anzuerkennen; andererseits ist nicht zu übersehen, daß durch die Offenbarung für den Täter die Gefahr entsteht, vom Geheimdienst der BRep. „umgedreht", also gegen die fremde Macht, für die er bisher tätig war, angesetzt zu werden.

23 a) Das Erfordernis, daß der Täter **freiwillig** sein **Verhalten aufgegeben** haben muß, entspricht dem Rücktritt von unbeendigtem Versuch nach § 24 I. Das Verhalten muß insb. ernstlich und endgültig aufgegeben sein. Hat der Täter sich der fremden Macht gegenüber nur bereit erklärt (Abs. 1 Nr. 2), aber noch keine entsprechende Tätigkeit ausgeübt, so reduzieren sich die Voraussetzungen des Rücktritts auf die Offenbarung gegenüber einer Dienststelle. Zur Freiwilligkeit vgl. § 24 RN 44 ff.

24 Auch die **Offenbarung** gegenüber einer Dienststelle muß **freiwillig** geschehen sein (BGH **27** 120, Träger LK 13). Die Freiwilligkeit ist nicht allein dadurch ausgeschlossen, daß gegen den Täter bereits ein entsprechender Verdacht bestand und er im Zuge der Ermittlungen vernommen wurde, es sei denn, der Täter hat sich erst unter dem Eindruck einer aussichtslosen Beweissituation zu einem Geständnis entschlossen (vgl. BGH **27** 124). In welchem Zeitpunkt das freiwillige Offenbaren zu erfolgen hat, schreibt Abs. 2 S. 1 nicht vor. Unverzüglichkeit ist anders als nach Abs. 2 S. 2 nicht erforderlich. Der Täter verliert die bei tätiger Reue mögliche Vergünstigung daher nicht, wenn er bei einer Befragung im Rahmen von Abwehrmaßnahmen sein Wissen nicht sofort offenlegt, sondern es erst später einer Dienststelle mitteilt (vgl. BGH **27** 122). Zur Bedeutung des Offenbarungszeitpunkts für die richterliche Entscheidung vgl. auch u. 27.

25 b) Die Offenbarung kann gegenüber jeder **staatlichen Dienststelle** erfolgen, es muß sich hierbei nicht um eine Polizei- oder Verfassungsschutzbehörde handeln; deshalb reicht es etwa aus, wenn ein Beamter sich seinem Vorgesetzten offenbart.

26 c) Der Täter muß sein **Wissen** offenbaren. Damit ist das Wissen über alle Umstände gemeint, die unmittelbar für seine Tätigkeit von Bedeutung sind, also insb. deren Art, Umfang und Dauer sowie Identität und Arbeitsweise der Auftraggeber. Fraglich ist, ob der Täter auch zusätzliches Wissen offenbaren muß, das er nur gelegentlich seiner Tätigkeit für die fremde Macht erlangt hat und das für sein Handeln nicht von Bedeutung war, also etwa das Wissen über andere Mittelsmänner oder Agenten der fremden Macht. Hier liefe die Offenbarung auf eine Denunziation hinaus; die Anzeigepflicht des § 138, die auf konkrete Landesverratsvorhaben beschränkt ist, würde in unzumutbarer Weise ausgedehnt. Auch der Wiedergutmachungsgedanke des § 98 II würde eine solche Auslegung nicht tragen: Wenn das begangene Unrecht durch rückhaltlose Schilderung der Tat wiedergutgemacht werden soll, so kann sich dies sinnvollerweise nur auf die für die Tat wesentlichen Umstände beziehen; die Offenbarung darüber hinausgehenden Wissens wäre bereits Mitarbeit für die Abwehrstellen der BRep. Dies kann auch im Rahmen des § 98 II nicht gefordert sein (zust. Rudolphi SK 20; and. Träger LK 13). Weitergehend anscheinend BGH **27** 122.

27 d) Liegen die Voraussetzungen des § 98 II 1 vor, so kann das Gericht die **Strafe** nach seinem Ermessen **mildern** (§ 49 II) oder **von** einer **Bestrafung** nach § 98 **absehen**. Vgl. hierzu 54 vor § 38. Für die richterliche Entscheidung kann ua von Bedeutung sein, wann der Täter sein Wissen einer Dienststelle offenbart hat (vgl. BGH **27** 122). Je früher er sein Wissen mitteilt, desto mehr Gewicht erlangt es regelmäßig als eine Art Wiedergutmachung. Eine vorwerfbare Verzögerung kann daher uU zum Nachteil des Täters berücksichtigt werden.

28 e) Auf eine **andere Straftat**, die durch die Tätigkeit des § 98 begangen wurde, erstreckt sich die Wirkung der tätigen Reue nicht; das gilt insb. für bereits vollendete Taten nach §§ 94 oder 96. Ein Rücktritt vom versuchten Landesverrat oder von der versuchten landesverräterischen Ausspähung oder die tätige Reue im Fall der vollendeten landesverräterischen Ausspähung (vgl. § 96 RN 16) hebt wegen der Subsidiaritätsklausel des § 98 auch die Strafbarkeit nach dieser Vorschrift auf, ohne daß gleichzeitig die besonderen Rücktrittsvoraussetzungen des § 98 II vorgelegen haben müßten (and. Rudolphi SK 25, Träger LK 20); das ist insb. bei Anwendung des § 24 beim Rücktritt vom Versuch der §§ 94, 96 von Bedeutung. Soweit allerdings die Tätigkeit nach § 98 über den konkreten, durch §§ 94, 96 zu erfassenden Einzelfall hinausgeht und Subsidiarität des § 98 entfällt (vgl. u. 35), ist § 98 II heranzuziehen.

29 2. War der Täter von der fremden Macht oder einem ihrer Mittelsmänner zu seinem Verhalten **gedrängt** worden, so ist er, sofern nicht ein besonders schwerer Fall vorliegt (vgl. Träger LK 18), nach § 98 II 2 **stets straflos**, wenn er freiwillig sein Verhalten aufgegeben und sein Wissen **unverzüglich** einer Dienststelle offenbart hat. Zu den gesetzgeberischen Erwägungen vgl. Prot. V/77 1543 sowie hier 19. A.

30 a) Der Täter wurde zu seinem Verhalten **gedrängt**, wenn ihm von der fremden Macht oder deren Mittelsmännern mindestens mit einem **empfindlichen Übel** gedroht wurde. Nach der Intention des Gesetzgebers (vgl. BT-Drs. V/2860 S. 22) sollte dagegen bereits das Ausnützen einer „gewissen Zwangssituation" ausreichen (ebenso Träger LK 16, Rudolphi SK 22). Die erhebliche Privilegierung (stets Straffreiheit) gegenüber Abs. 2 S. 1 (fakultative Strafmilderung oder Absehen von Strafe) läßt sich aber, da in beiden Fällen eine ernstliche Tätigkeit für die fremde Macht oder ein ernstliches Sichbereiterklären erforderlich ist, nur rechtfertigen, wenn Abs. 2 S. 2 auf Fälle erheblich geminderten Verschuldens beschränkt wird. Dies ist nicht schon bei jeglicher Zwangssituation der Fall, sondern nur dann, wenn der Täter, um ein empfindliches Übel iSv § 240 abzuwenden, sich zu der Tat entschlossen hat. Bedenken aus dem Wortlaut ergeben sich gegen diese einschränkende Auslegung nicht; der Begriff „gedrängt" ist völlig unbestimmt. Praktisch wird Abs. 2 S. 2 sonach vor allem in solchen Fällen, in denen die Nötigung einen gewissen Dauercharakter hat, so etwa, wenn die fremde Macht mit Repressalien gegen in ihrem Bereich lebende Angehörige des Täters droht.

31 b) **Straffreiheit nach Abs. 2 S. 2** erfordert weiter, daß der Täter sich **unverzüglich** einer Dienststelle offenbart. „Unverzüglich" kann nur auf den Zeitpunkt der Beendigung der Zwangssituation bezogen werden; das kann bei anhaltender Drohung uU erst nach jahrelanger Tätigkeit für die fremde Macht der Fall sein. Die Formulierung in BGH **6** 348, daß der Täter „die einmal angeknüpften Beziehungen" auch nicht „nur kurze Zeit fortbestehen" lassen dürfe, paßt nur auf die hier nicht mehr interessierenden Fälle des scheinbaren Sichbereiterklärens.

32 Ist die Offenbarung nicht in diesem Sinn „unverzüglich" geschehen, so kann doch noch Abs. 2 S. 1 Anwendung finden. Gleiches gilt, wenn Straffreiheit nach Abs. 2 S. 2 nur deswegen entfällt, weil die begangene Tat als besonders schwerer Fall zu werten ist (Träger LK 18).

33 **VI.** Die **Strafe** ist in besonders schweren Fällen Freiheitsstrafe von 1 Jahr bis zu 10 Jahren. Ein besonders schwerer Fall liegt entsprechend § 94 II 2 Nr. 1 idR bei Mißbrauch einer verantwortlichen Stellung vor, die zur Wahrung von Staatsgeheimnissen besonders verpflichtet; vgl. § 94 RN 25.

34 Über **Nebenfolgen** und Einziehung vgl. §§ 101, 101 a.

35 **VII. Konkurrenzen: 1.** Gegenüber §§ 94, 96 I ist § 98 kraft ausdrücklicher Anordnung **subsidiär**; diese Subsidiarität gilt auch dann, wenn es nur zum Versuch oder zu nach § 30 strafbaren Vorbereitungshandlungen dieser Delikte gekommen ist (Tröndle/Fischer 4). Soweit allerdings die Tätigkeit oder das Sichbereiterklären nach § 98 nicht auf die konkreten Staatsgeheimnisse beschränkt war, derentwegen eine Bestrafung nach §§ 94 oder 96 erfolgt, muß § 98 neben diesen Vorschriften zur Anwendung kommen; denn die darin liegende abstrakte Gefährlichkeit ist durch die §§ 94, 96 nicht erfaßt. Es liegt dann, da die Tat nach § 98 eine Art Dauerdelikt ist, Tateinheit vor (vgl. aber BGH **24** 72).

36 **2.** Mit Delikten, die zur Durchführung der in § 98 I genannten Tätigkeiten begangen werden (etwa Diebstahl von Unterlagen, unbefugtes Abhören, Geheimnisverrat usw), besteht **Idealkonkurrenz**. Idealkonkurrenz besteht auch mit § 99; vgl. dort RN 37.

37 **VIII.** Zur Anwendung des **Opportunitätsprinzips** vgl. § 120 I GVG iVm § 153 e StPO. Vgl. ferner §§ 153 c, d StPO.

§ 99 Geheimdienstliche Agententätigkeit

(1) Wer
1. für den Geheimdienst einer fremden Macht eine geheimdienstliche Tätigkeit gegen die Bundesrepublik Deutschland ausübt, die auf die Mitteilung oder Lieferung von Tatsachen, Gegenständen oder Erkenntnissen gerichtet ist, oder
2. gegenüber dem Geheimdienst einer fremden Macht oder einem seiner Mittelsmänner sich zu einer solchen Tätigkeit bereit erklärt,

wird mit Freiheitsstrafe bis zu fünf Jahren oder mit Geldstrafe bestraft, wenn die Tat nicht in § 94 oder § 96 Abs. 1, in § 97 a oder in § 97 b in Verbindung mit § 94 oder § 96 Abs. 1 mit Strafe bedroht ist.

(2) In besonders schweren Fällen ist die Strafe Freiheitsstrafe von einem Jahr bis zu zehn Jahren. Ein besonders schwerer Fall liegt in der Regel vor, wenn der Täter Tatsachen, Gegenstände oder Erkenntnisse, die von einer amtlichen Stelle oder auf deren Veranlassung geheimgehalten werden, mitteilt oder liefert und wenn er
1. eine verantwortliche Stellung mißbraucht, die ihn zur Wahrung solcher Geheimnisse besonders verpflichtet, oder
2. durch die Tat die Gefahr eines schweren Nachteils für die Bundesrepublik Deutschland herbeiführt.

(3) § 98 Abs. 2 gilt entsprechend.

Schrifttum: Vgl. die Angaben vor § 93; ferner *Lackner,* Landesverräterische Agententätigkeit, ZStW 78, 695. – *Lampe/Schneider,* Neuere Entwicklungen in der Rechtsprechung des Bundesgerichtshofs zur Beendigung der geheimdienstlichen Agententätigkeit im Sinne von § 99 Abs. 1 Nr. 1 StGB, GA 99, 105. – *Mittelbach,* Landesverräterischer Nachrichtendienst, NJW 57, 649. – *Pabst,* Die landesverräterische Beziehung des § 100 e Abs. 1 StGB, NJW 66, 1491. – *ders.,* Zum Begriff der geheimdienstlichen Tätigkeit im § 99 Abs. 1 StGB, JZ 77, 427. – *Paeffgen,* Unterbrechung der geheimdienstlichen Tätigkeit (§ 99 StGB) und konkurrenzrechtlicher Handlungsbegriff, JR 99, 89. – *Popp,* Konkurrenzen und Verjährung bei jahrelanger geheimdienstlicher Agententätigkeit, Jura 99, 577. – *Ruhrmann,* Verfassungsfeindliche und landesverräterische Beziehungen, NJW 59, 1201. – *Schlüchter/Duttge,* Spionage zugunsten des Rechtsvorgängerstaates als Herausforderung für die Strafrechtsdogmatik, NStZ 96, 457. – *Schlüchter/Duttge/Klumpe,* Verjährung eines tatbestandlichen Handlungskomplexes am Beispiel geheimdienstlicher Agententätigkeit, JZ 97, 995.

Geheimdienstliche Agententätigkeit 1, 2 § 99

I. § 99 als **zentraler Agententatbestand** erfaßt annähernd jede geheimdienstliche Tätigkeit mit 1 „nachrichtendienstlichem" Charakter. Auf geheimdienstliche Sabotage- oder Zersetzungshandlungen *(Sabotageagenten)* ist die Vorschrift nicht anwendbar, ebensowenig auf eine Tätigkeit, die sich auf die Beeinflussung von Teilen der Bevölkerung beschränkt (sog. *Einflußagent*), etwa auf Einwirkungen im Geist eines ausländischen politischen Systems oder auf Einwirkungen, die innerhalb einer Ausländerorganisation Verwirrung stiften sollen (BGH **29** 336). Ihre Hauptbedeutung liegt in der Bestrafung der „einfachen" **nachrichtendienstlichen Tätigkeit**, die sich nicht auf Staatsgeheimnisse iSv § 93 beschränkt, sondern sich auf Tatsachen, Gegenstände und Erkenntnisse aller Arten bezieht. Insoweit hat § 99 eigenständigen Charakter und tritt ergänzend neben die Landesverratsvorschriften: Für den Verrat einfacher Geheimnisse und die Mitteilung nicht geheimer Tatsachen umfaßt § 99 denselben Strafbarkeitsbereich, wie er durch die §§ 94, 96, 98 für den Landesverrat und dessen Vorbereitungshandlungen gezogen ist. Dieses Verständnis der Vorschrift trägt der Tatsache Rechnung, daß eine der Hauptaufgaben heutiger Nachrichtendienste in der möglichst lückenlosen Erfassung aller irgendwie erheblichen Fakten und Geschehnisse in einem fremden Staat liegt; die präzise Kenntnis der Gesamtverhältnisse eines fremden Staates, die sich aus der Zusammenstellung und wissenschaftlichen Auswertung solcher Fakten ergibt, kann für machtpolitische oder militärische Entscheidungen oftmals wichtiger sein als die Kenntnis echter Staatsgeheimnisse des fremden Landes (vgl. BT-Drs. V/2860 S. 22, Lackner ZStW 78, 709 ff., u. 17 ff.). Das kann zwar nicht dazu führen, mit dem Strafrecht jede Tätigkeit zu verbieten, die fremden Mächten die Kenntnis von Zuständen in der BRep. verschaffen kann, wie etwa das Versenden von Tageszeitungen an ausländische Abonnenten; ein Strafbedürfnis entsteht aber, wenn der Täter sich in einen fremden Geheimdienst eingegliedert hat und für diesen tätig ist (vgl. Lackner ZStW 78, 711). Wegen dieses Erfordernisses kann § 99 die freie Berichterstattung der **Presse** nicht beeinträchtigen; einer dem § 109 f I 2 entsprechenden Bestimmung bedarf es deshalb nicht. Zur Verfassungskonformität des § 99: BVerfGE **57** 250, **92** 277. Strafbar ist dagegen, wer für einen fremden Geheimdienst Artikel aus Tageszeitungen über bestimmte Themen sammelt.

Daneben liegt der Vorschrift der Gedanke zugrunde, daß die Tätigkeit für einen fremden Geheim- 2 dienst die abstrakte Gefahr des Verrats von *Staatsgeheimnissen* begründet; insoweit gehört § 99 in den Bereich der eigentlichen Landesverratsvorschriften. Dies zeigt sich auch daran, daß § 99 gegenüber Landesverratsdelikten subsidiär ist. Seine Eigenständigkeit kommt dagegen im Verhältnis zu § 98 zum Ausdruck (Idealkonkurrenz; vgl. u. 37). Die Tat nach § 99 ist kein *Dauerdelikt* (BGH **42** 217, **43** 3 und 324; s. bereits BGH NStZ **96**, 129; Geppert NStZ 96, 59, Lackner/Kühl § 98 RN 7, Lampe/ Schneider GA 99, 107, Paeffgen JR 99, 89, Schlüchter/Duttge/Klumpe JZ 97, 995, Träger LK § 98 RN 2, Tröndle/Fischer 13; and. noch BGH **28** 169, 25. A. RN 2), kann also bereits vor dem endgültigen Abbruch der Beziehungen zum fremden Geheimdienst durch längerfristiges Ruhenlassen der ausgeübten Tätigkeit beendet werden. Wenngleich ein **Ausüben** iSv § 99 iSe Sichbetätigens (also ein die Tätigkeit des fremden Geheimdienstes förderndes, aktives Verhalten als Ausdruck der Bereitschaft, sich funktionell in diesen Dienst und seine Bestrebungen einzugliedern: Träger LK 3; s. a. BVerfGE **57** 265, BGH **43** 4) angesichts des Schutzzwecks der Vorschrift bereits durch eine einzige, punktuelle Tätigkeit verwirklicht sein kann (BGH **31** 318, **43** 4, Paeffgen JR 99, 90, Stree NStZ 83, 551, Träger LK 3, Tröndle/Fischer § 98 RN 2; u. 9 f.), so soll diese Vorschrift in erster Linie ein darüberhinaus reichendes, fortlaufendes Tätigsein treffen (BGH **42** 216, **43** 4, BGHR StGB § 99 Ausüben 1, 3 und 4). Dieses geheimdienstliche Tätigsein umfaßt alle Handlungen, die einem fremden Geheimdienst – idR infolge einer entsprechenden Beziehung zum Täter (die aber anders als bei der Vorgängervorschrift des § 100 e als solche nicht genügt) – als eine Art fördernder Dienstleistung zugute kommen sollen (Träger LK 3; s. a. Lampe/Schneider GA 99, 110). Diese Einzelbetätigungen werden durch die pauschalisierende Umschreibung der Tathandlung zu einer **tatbestandlichen Handlungseinheit** (hierzu vor § 52 RN 15 ff.) verbunden (BGH **42** 217 [im Anschluß an Geppert NStZ 96, 59], **43** 5 m. krit. Anm. bzw. Bespr. Paeffgen JR 99, 89, Popp Jura 99, 577, Rudolphi NStZ 97, 489, Schlüchter/Duttge/Klumpe JZ 97, 995, **43** 125 u. 321 m. krit. Anm. Schlüchter/Duttge NStZ 98, 618; Geppert NStZ 96, 59, Lackner/Kühl § 98 RN 7, Lampe/Schneider GA 99, 105 ff., Träger LK 3, Tröndle/Fischer 13). Der auf die zusammenfassende Erfassung von Handlungskomplexen gerichtete Tatbestand erfaßt angesichts der Eigenart geheimdienstlichen Vorgehens, die Art und Umfang der Agententätigkeit nicht regelmäßig im Voraus festlegbar macht, auch ein langandauerndes Agentenverhältnis mit „open end"-Charakter (BGH **43** 5). Schwierigkeiten bereitet allerdings die konkurrenz- und verjährungsrechtliche Erfassung zeitlich gestreckter Agententätigkeit mit längeren Zeiträumen geheimdienstlicher Inaktivität, da insoweit jene Zäsuren zu bestimmen sind, welche die Unrechtseinheit des § 99 Abs. 1 Nr. 1 sprengen. Aus der Verwendung des Pauschalbegriffes „Ausüben" folgt lediglich, daß eine natürliche Mehrheit von Betätigungsakten als eine einzige Tatbestandsverwirklichung angesehen werden kann, nicht aber stets angesehen werden muß (vgl. Paeffgen JR 99, 92, Warda Oehler-FS 258). Da das „Ausüben" einer geheimdienstlichen Tätigkeit seiner Natur nach kein ununterbrochenes Tätigwerden verlangt, kann sie aus zahlreichen, nicht immer kurzfristig aufeinanderfolgenden Akten, die sich insgesamt über viele Jahre erstrecken mögen, bestehen (s. Warda H. J. Hirsch-FS 404; and. Paeffgen JR 99, 96). Sie wird erst durch ein Intervall der Nichtausübung unterbrochen, das nicht mehr im normalen Ablauf der vereinbarten geheimdienstlichen Tätigkeit liegt, ihr also nicht mehr wesenseigen ist. Als unerhebliche Abweichungen sind demnach etwa anzusehen: erzieltes Einvernehmen zwischen Agent und Instrukteur über ein zeitlich begrenztes Ruhen der

§ 99 3–6   Bes. Teil. Landesverrat und Gefährdung der äußeren Sicherheit

Agententätigkeit zur Wahrung der Konspiration oder die Vereinbarung eines Auslandaufenthaltes, der der beruflichen Bildung des Agenten sowie dem Anknüpfen von Kontakten dient, die ihrerseits wieder der weiterhin vorgesehenen Agententätigkeit zugute kommen sollen (BGH **42** 215 [Pause von 6 Jahren] unter Berufung auf BGHR StGB § 99 Ausüben 2) oder ein Wechsel des auszuspähenden Objektes (vgl. BGH **43** 6, and. Paeffgen JR 99, 97). Ist von vornherein vorgesehen, nach einer überschaubaren Pause (zB 6 Monate) die Tätigkeit in gewohntem Umfang fortzuführen, so liegt noch ein einheitliches Ausüben vor (BGH **43** 1). Eine längerfristige Unterbrechung der Agententätigkeit kann je nach Ausgestaltung der geheimdienstlichen Beziehung zu einer Zäsur führen (Lampe/Schneider GA 99, 118); insoweit kann die von Rudolphi (NStZ 97, 490) herangezogene einfache Verjährungsfrist von 5 Jahren zwar nicht als zwingender Einschnitt, wohl aber als ein gewichtiges Indiz gewertet werden (Lampe/Schneider aaO, während Popp Jura 99, 579 auf die Vereinbarung zwischen Agent und Geheimdienst abhebt). Soweit in einer zäsurbegründenden Phase der Inaktivität noch eine generelle Bereitschaft des Täters zur Zusammenarbeit iSv Abs. 1 Nr. 2 besteht, verklammert dies die je verschiedenen Taten nach Abs. 1 Nr. 1 nicht (Rudolphi NStZ 97, 490, Tröndle/Fischer 13). Allein aus dem Fehlen einer „Aufkündigung" der nachrichtendienstlichen Verbindung kann nicht zwingend auf eine ununterbrochene Verwirklichung des Tatbestandes geschlossen werden (Lampe/Schneider GA 99, 111); die Nichtvornahme weiterer tatbestandsrelevanter Einzelakte kann mithin durchaus als Indiz für einen zur Zäsur führenden Abbruch geheimdienstlicher Beziehung gelten (BGH **43** 127, Lampe/Schneider aaO [krit. zum konkreten Einzelfall]). Eine zur Beendigung des Ausübens führende Zäsur kann auch darin liegen, daß ein MfS-Mitarbeiter an Stelle einer tatbestandsrelevanten Ausspähung von Fluchthelfern nunmehr ausschließlich zur Ausforschung DDR-interner Vorgänge (u. 21) eingesetzt wurde (BGH **43** 127, Tröndle/Fischer 13). Angesichts fehlender Erkenntnisse über die Durchführung breit angelegter Agententätigkeit zu Recht kritisch gegenüber dem eher globalisierenden Ansatz der Rechtsprechung (BGH **42** 218), mögliche Zäsuren zwischen den Handlungskomplexen nach dem Maßstab einer Wesenseigentümlichkeit der Agententätigkeit zu bestimmen: Lampe/Schneider GA 99, 112 ff., die stattdessen einzelfallbezogen darauf abstellen wollen, ob das zeitliche Intervall geheimdienstlicher Inaktivität innerhalb der konkreten Verbindung (dh innerhalb der individuellen nachrichtendienstlichen Beziehung) vorgezeichnet war oder zumindest friktionslos erklärbar ist (aaO 130); für Bildung von insb. durch einen handlungseinheitsstiftenden Täterwillen umgrenzte Sinneinheiten als Zäsur der Ausübung hingegen Paeffgen JR 99, 92, 95 f., doch gibt der Tatbestand des § 99 zulässig die unter dem Gesichtspunkt schuldadäquater Bestrafung in der Tat nicht unproblematische (Paeffgen aaO 94) Zusammenfassung verschiedener Sinneinheiten vor. **Verjährung** tritt erst nach Verwirklichung des letzten Teilaktes einer zur Tatbestandseinheit verbundenen Handlungsreihe ein, da erst dann die zu einem tatbestandlichen Handlungskomplex zusammengefaßte Agentenbetätigung iSv § 78a beendet ist (BGH **42** 217 f., **43** 2 f. u. 324 m. krit. Anm. Schlüchter/Duttge NStZ 98, 618, BGH NStZ **97**, 487 m. krit. Anm. bzw. Bspr. Rudolphi 489, Schlüchter/Duttge/Klumpe JZ 97, 995; Lampe/Schneider GA 99, 114 ff., Träger LK § 98 RN 6a, Tröndle/Fischer 13, zw. Lackner/Kühl 7, § 78a RN 6). Da keine Veranlassung besteht, in Fällen langandauernder, zu einer tatbestandlichen Handlungseinheit zusammengezogener Agententätigkeit zur Verfolgung einzelner Aktionen aus Gründen des Rechtsfriedens abzusehen (Lampe/Schneider aaO 116, die überdies zutr. auf ein andernfalls schwer überbrückbares Spannungsverhältnis zur strafrechtlichen Konkurrenzlehre hinweisen; and. Paeffgen JR 99, 94 ff.), sollte je unterschiedlichen Restriktionsversuchen von Rudolphi NStZ 97, 489 f. sowie Schlüchter/Duttge/Klumpe JZ 97, 999 f., Schlüchter/Duttge NStZ 98, 620 (teleologische Extension des § 78c Abs. 3 S. 2, die dazu führen soll, die doppelte Verjährungsfrist im Falle des § 78c von Zeitpunkt der ersten Unterbrechung iSd § 78c an zurückzurechnen und alle vor diesem Zeitpunkt liegenden Handlungen als verjährt anzusehen; Rudolphi aaO will insoweit statt der doppelten auf die einfache Verjährungsfrist von 5 Jahren abstellen) nicht nähergetreten werden, da sie mit der vom Gesetzgeber vorgegebenen Deliktsnatur des § 99 als tatbestandlicher Handlungseinheit nicht zu vereinbaren sind (BGH **43** 6, Träger LK § 98 RN 6a, Lampe/Schneider GA 99, 117).

3 II. **Abs. 1 Nr. 1** erfaßt die Ausübung einer auf die Mitteilung oder Lieferung von Tatsachen, Gegenständen oder Erkenntnissen gerichteten geheimdienstlichen **Tätigkeit** für den Geheimdienst einer fremden Macht gegen die BRep. Deutschland. Zur Verfassungsmäßigkeit von Nr. 1 vgl. BVerfGE **57** 250. Zur weiteren Anwendbarkeit des § 99 auf hauptamtliche MfS-Tätigkeiten im Bereich der ehemaligen DDR vor dem 3. 10. 1990 vgl. 93 ff. vor § 3.

4 1. Zum Begriff der **fremden Macht** vgl. § 93 RN 15 f.

5 2. **Geheimdienst** ist in § 99 im engen, technischen Sinn als eine Agentenorganisation zu verstehen, die sich mit dem Sammeln und Auswerten von Nachrichten befaßt (vgl. auch Schroeder NJW 81, 2280, Träger LK 5). Der Geheimdienst muß staatlichen (politischen oder militärischen) Zwecken dienen. Ein von Industrieunternehmen zur Wirtschaftsspionage unterhaltener „Geheimdienst" fällt nicht unter § 99; andererseits ist aber eine staatliche Organisation, die zu staatlichen Zwecken ausschließlich Wirtschaftsspionage betreibt, ein Geheimdienst iSv § 99. Die äußere Form, in die der Geheimdienst gekleidet ist, ist unerheblich. Erfaßt werden auch **Tarnorganisationen,** sofern sie nur den genannten Aufgabenbereich haben.

6 Ausnahmsweise kann auch eine **nichtstaatliche** Organisation ein Geheimdienst sein, etwa dann, wenn sich eine fremde Macht statt des staatlichen Geheimdienstes eines privaten Agentenringes bedient (der uU für verschiedene Mächte, je nach Auftrag, arbeitet). IdR wird es aber nicht die

Regierung der fremden Macht selbst, sondern deren Geheimdienst sein, der sich der privaten Agentenorganisation bedient; diese ist dann als „Mittelsmann" (vgl. § 99 I Nr. 2) anzusehen.

3. Der Tatbestand erfordert eine **geheimdienstliche** Tätigkeit für eine fremde Macht. Dieses Merkmal ist nicht nur überflüssig, weil der Tatbestand seine Konturen bereits daraus erhält, daß es sich um eine Mitteilungstätigkeit für einen fremden Geheimdienst handeln muß; es schafft auch verschiedene Unklarheiten. Wie wenig es für die Eingrenzung des Tatbestands hergibt, zeigt seine Umschreibung in BGH **24** 372, wonach eine Tätigkeit geheimdienstlich ist, wenn sie dem äußeren Bild entspricht, das für die Arbeit von Agenten und anderen Hilfspersonen solcher Dienste, die für nachrichtendienstliche Zwecke eingesetzt werden, kennzeichnend ist. Vgl. dazu Stree NStZ 83, 552, aber auch Träger LK 4 sowie Hamburg NJW **89**, 1371, das die tatsächlich praktizierten Methoden der Lieferung von Erkenntnissen für maßgebend erklärt, ein Gesichtspunkt, der dem Merkmal „geheimdienstlich" weder besondere Konturen verleiht noch ihm überhaupt eine besondere Bedeutung neben den sonstigen Tatbestandsvoraussetzungen zuschreibt. Im einzelnen gilt folgendes:

a) **Jegliche Tätigkeit für einen fremden Geheimdienst** fällt unter § 99, sofern sie nur auf die Mitteilung oder Lieferung von Tatsachen usw gerichtet ist (BGH **25** 148, Bay NJW **71**, 1417; vgl. auch BT-Drs. V/2860 S. 22). „Konspirative" Methoden (Erpressung von Geheimnisträgern, Benutzung von Kleinkameras, toten Briefkästen usw) sind nicht erforderlich (vgl. BGH **24** 372); geheimdienstliche Tätigkeit hat heute weithin bürokratischen Charakter. Die Tat des § 99 erhält ihre Eigenart ausschließlich durch die Zusammenarbeit des Täters mit dem fremden Geheimdienst und die Zweckrichtung der Tätigkeit. Liegen diese Voraussetzungen vor, so reicht eine nach außen alltäglich erscheinende Tätigkeit aus (vgl. das Beispiel o. 1 aE).

b) Aus demselben Grund ist **nicht** erforderlich, daß die Tätigkeit für den fremden Geheimdienst im Rahmen einer **länger dauernden Beziehung** erfolgt (BGH **24** 369, **40** 164, **43** 4, Lackner/Kühl 3, Träger LK 3). Nach § 99 ist auch strafbar, wer bei einmaliger Gelegenheit dem fremden Geheimdienst bewußt Mitteilungen von nachrichtendienstlichem Interesse macht, so zB der Deserteur, der im Ausland sein Wissen über seine Truppe verkauft (Bay NJW **71**, 1417; and. Lackner/Kühl ZStW 78, 716, Schroeder NJW 81, 2281), oder der Kurier, der einmal tätig wird (BGH **31** 317 m. Anm. Stree NStZ 83, 551 u. abl. Anm. Schroeder JZ 83, 672). Wollte man diese Fälle nicht in § 99 einbeziehen, so hinge die Strafbarkeit von Zufällen ab: Strafbar wäre, wer zunächst eine Ausspähungstätigkeit entwickeln müßte, um der Aufforderung eines fremden Geheimdienstes zur Ausforschung und Mitteilung bestimmter Sachverhalte nachkommen zu können; straflos wäre im selben Fall dagegen, wer die gewünschte Auskunft sofort geben könnte, weil er die betreffenden Tatsachen bereits kennt. Damit wäre der klügere oder erfahrenere Täter privilegiert, ein kriminalpolitisch nicht haltbares Ergebnis. Vgl. auch BGH NJW **77**, 1300.

In den Fällen, in denen sich die Tätigkeit für den fremden Geheimdienst in einem einmaligen Auskunftgeben erschöpft, muß es sich aber um Tatsachen von einer gewissen **Erheblichkeit** handeln (vgl. Frankfurt NStZ **82**, 31, KG NJW **89**, 1374). Denn die Gefährlichkeit der Tat kann hier im Gegensatz zum Normalfall des § 99 nicht daraus geschlossen werden, daß der Täter sich in die Organisation des fremden Geheimdienstes eingegliedert hat. Nicht unter § 99 fällt also, wer im Ausland vom dortigen Geheimdienst einem Verhör unterzogen wird und nun, um sich aus dieser Situation zu befreien, einige Angaben macht, die nicht von besonderer Bedeutung sind (BGH **24** 369). Vgl. hierzu auch BGH **30** 294, **43** 129 (Befragung eines DDR-Bürgers [IM] über Vernehmung während Westbesuches), NJW **77**, 1300, Lackner ZStW 78, 716, Träger LK 6.

4. Die Tätigkeit muß **für** den fremden Geheimdienst geleistet worden sein. Für einen anderen wird tätig, wer ihm einen Dienst erbringen will (vgl. BVerfGE **57** 265). Es ist mithin ein **zielgerichtetes Handeln** erforderlich. Insoweit genügt jedoch, wenn jemand nachrichtendienstliche Tätigkeit ausübt und hierbei die Möglichkeit in Kauf nimmt, daß der andere ein fremder Geheimdienst ist (Stree NStZ 83, 552, Lackner/Kühl 6; weitergehend läßt BGH **31** 317 bedingten Vorsatz schlechthin genügen).

a) Im Gegensatz zu § 98 (vgl. dort RN 7) reicht die bloße Zielrichtung nicht aus. Erforderlich ist, daß der Täter bereits **vor dem Tätigwerden Kontakt mit** dem fremden **Geheimdienst aufgenommen** hatte (and. Träger LK 5, Schroeder NJW 81, 2281; and. auch BGH **25** 145, wonach das Ausüben der Tätigkeit iSv § 99 I Nr. 1 nicht voraussetzt, daß der Täter sich vorher dazu bereit erklärt hat). Nicht strafbar ist also, wer Tatsachen sammelt, um sie später erst einem fremden Geheimdienst anzubieten. Der Unterschied gegenüber § 98 rechtfertigt sich daraus, daß § 98 auf die Erlangung von Staatsgeheimnissen gerichtet ist, während die Tätigkeit des § 99 ihre besondere Gefährlichkeit nicht nur aus den Gegenständen der Mitteilung (einfache Geheimnisse oder nichtgeheime Tatsachen), sondern ebenso aus der Zusammenarbeit des Täters mit einem fremden Geheimdienst erfährt. Iü dürfte ohne Verbindung zu einem Geheimdienst schwerlich schon eine geheimdienstliche Tätigkeit vorliegen.

b) Nicht erforderlich ist, daß der Täter mit einer Dienststelle des fremden Geheimdienstes selbst Verbindung aufgenommen hat; aus Abs. 1 Nr. 2 ergibt sich, daß auch die Zusammenarbeit mit **Mittelsmännern** des fremden Geheimdienstes ausreicht. Mit seiner Tätigkeit muß sich der Täter aber zielgerichtet in den Dienst eines anderen gestellt haben. Der bloße Gedankenaustausch bei einem Gespräch reicht nicht aus (BVerfGE **57** 266, Stree NStZ 83, 552). Wer hierbei einem anderen

Tatsachen mitteilt und nur damit rechnet, daß dieser als Mittelsmann einer fremden Macht an ihnen interessiert sein könnte, ist nicht nach § 99 strafbar.

14 5. Als Objekte der Tätigkeit nennt § 99 **Tatsachen, Gegenstände oder Erkenntnisse**. Damit ist der gegenständliche Bereich ebenso umfassend gezogen wie in § 93 (vgl. dort RN 3). Die Tatsachen brauchen weder geheim noch von besonderer Bedeutung zu sein; auch illegale bzw. rechtswidrige Tatsachen werden erfaßt. Es ist auch nicht erforderlich, daß die mitgeteilten Tatsachen ihrerseits eine Ausgangsbasis zur Erforschung von Staatsgeheimnissen iSv § 93 abgeben (wenngleich der Verrat dieser sog. Indiztatsachen ein wichtiges Anwendungsgebiet des § 99 sein wird; vgl. § 98 RN 4).

15 6. Die Tätigkeit muß **auf Mitteilung oder Lieferung** der genannten Objekte **gerichtet** sein. Im Gegensatz zu § 98 ist das Erlangen nicht erwähnt. Daraus kann aber nicht geschlossen werden, daß § 99 die eigentlichen Ausspähungstätigkeiten nicht berührt (vgl. BGH 24 377, Träger LK 12, aber auch Rudolphi SK 9). Vielmehr ergibt sich aus der Bezeichnung der Tätigkeit als „geheimdienstlich", daß jede Tätigkeit, die letztlich eine Mitteilung von Tatsachen usw. an den fremden Geheimdienst bezweckt, erfaßt wird; hierauf ist abzustellen, weil gerade das Ausspähen von Tatsachen zu den typischen Aufgaben von Geheimdienstagenten gehört. Hiernach löst sich auch die Frage, ob § 99 auch sog. **„Probeaufträge"** neuangeworbener Agenten erfaßt. Weil es sich dabei um fingierte Aufträge handelt, die unmittelbar nur der Erprobung des Agenten, nicht aber den von § 99 vorausgesetzten Zwecken dienen, könnte man zur Annahme eines (nicht strafbaren) Versuchs gelangen. Indes muß ausreichen, daß die eigentliche Mitteilung von Tatsachen erst späteres Ziel der augenblicklichen Tätigkeit ist. Strafbar nach § 99 ist deshalb auch der Agent, dessen Tätigkeit nur im Anwerben neuer Mitarbeiter des Geheimdienstes besteht (vgl. BT-Drs. V/2860 S. 23), oder der Kurier, der ein Schreiben übermittelt, mit dem geheimdienstliche Kontakte angebahnt werden sollen (BGH 31 317).

16 7. Erfaßt wird nur eine Tätigkeit, die sich **gegen die BRep. Deutschland** richtet. Die Tragweite dieser Einschränkung ist problematisch (vgl. BGH 29 327, Schroeder NJW 81, 2282).

17 Zunächst kann dies nicht bedeuten, daß die Tat zu einem Nachteil für die BRep. oder zu einer konkreten Gefahr geführt haben muß, und zwar deswegen nicht, weil der von § 99 erfaßte Kreis von Mitteilungsobjekten praktisch unbegrenzt ist (vgl. o. 14), so daß der Eintritt eines Schadens oder einer konkreten Gefahr nur selten nachweisbar wäre. § 99 kann aber auch nicht als Absichtsdelikt in dem Sinn verstanden werden, daß der Täter den Eintritt einer konkreten Gefahr für die BRep. angestrebt haben muß; denn bei der Übermittlung an sich vielleicht harmloser Tatsachen wird es für den Täter häufig gar nicht erkennbar sein, in welcher Weise sich daraus eine Gefahr für die BRep. ergeben könnte.

18 § 99 ist daher als **abstraktes Gefährdungsdelikt** anzusehen. Das Gesetz schließt die Gefährlichkeit der Tat für die BRep. allein daraus, daß es sich um eine Mitteilungstätigkeit zugunsten eines fremden Geheimdienstes in Angelegenheiten handelt, die in irgendeiner Weise für das politische Verhalten der fremden Macht gegenüber der BRep. von Bedeutung sein können (vgl. auch Lackner ZStW 78, 710 f.). Dabei stellt § 99 nicht nur auf die äußere Sicherheit der BRep. ab, vielmehr reichen (außen-)politische Folgen aller Art aus (ähnl. Träger LK 8). „Gegen die BRep." gerichtet ist die Tätigkeit also auch dann, wenn sie nur zur Verächtlichmachung der BRep., unter keinen Umständen aber zur Gefährdung der äußeren Sicherheit führen kann. Die systematische Einordnung des § 99 in den Abschnitt „Landesverrat und Gefährdung der äußeren Sicherheit" könnte allerdings das Gegenteil nahelegen. Dies würde der Eigenart der Mitteilungsobjekte des § 99 jedoch nicht gerecht und widerspräche auch dem Gesetzeswortlaut: In allen anderen vergleichbaren Vorschriften des Abschnittes ist jeweils von der Gefahr eines schweren Nachteils für die äußere Sicherheit der BRep. die Rede, während § 99 II Nr. 2 nur von der „Gefahr eines schweren Nachteils" spricht.

19 Die Worte „gegen die BRep. Deutschland" haben demnach nur die Bedeutung, solche Tätigkeiten **auszunehmen**, durch die die (außen-)politische Stellung der BRep. in keiner Weise berührt sein kann. Das hat Bedeutung in zweifacher Richtung:

20 a) Zum einen wird dadurch dem allgemeinen Grundsatz Rechnung getragen, daß das deutsche Strafrecht zum **Schutz ausländischer staatlicher Interessen nicht** berufen ist. Dennoch ist dieses Tatbestandsmerkmal in § 99 nicht überflüssig, da immerhin zweifelhaft sein kann, ob der genannte Grundsatz auch gilt, wenn die Tat, sei es von einem Ausländer oder von einem Ausländer, im deutschen Inland begangen wird (Ordnungsfunktion des deutschen Strafrechts). Nicht strafbar ist also die Tätigkeit fremder Geheimdienste auf deutschem Boden, die sich etwa nur gegen die Vertretungen fremder Staaten oder Organisationen von Ausländern in Deutschland richtet. Vielfach sind bei solchen Ausforschungen aber die Interessen der BRep. betroffen, so daß dann § 99 anwendbar ist (BGH **29** 325). Als eigenes Interesse in diesem Sinn ist aber nicht das bloße Interesse an fremden Angelegenheiten zu werten (BGH **32** 106). Zum **Schutz der NATO**-Partner vgl. 17 ff. vor § 80, BGH **32** 104, NStZ **92**, 81; zur Verfassungsmäßigkeit dieses Schutzes vgl. BVerfG MDR **85**, 290. Soweit die NATO als solche betroffen ist, wie bei der Ausspähung zentraler Dienststellen, ist die Tätigkeit zugleich gegen die BRep. gerichtet und somit nach § 99 strafbar (BGH MDR/H **80**, 105).

21 b) Zum anderen ergibt sich daraus, daß stets die BRep. in ihrer politischen Stellung als Staat betroffen sein muß. Eine Tätigkeit, die nur irgendwelchen Maßnahmen gegen **einzelne** deutsche **Staatsangehörige** dient (etwa Ausforschen von deren Aufenthaltsort, damit sie zwecks Strafverfolgung ins Ausland entführt werden können), fällt nicht unter § 99, ebensowenig die Bespitzelung privater deutscher Organisationen (also etwa die Überwachung der illegalen KP durch östliche Agenten). Solche Fälle werden allerdings die Ausnahme bilden; regelmäßig wird sich die Bespitzelung nur von Einzelpersonen oder Privatorganisationen wenigstens mittelbar gegen die BRep. selbst richten, so etwa, wenn die Ausforschung einer Vertriebenenorganisation der fremden Macht zu außenpolitischen Angriffen gegen die BRep. dienen soll. Vgl. BGH **29** 325, Schroeder NJW 81, 2283. Entsprechendes gilt für Wirtschafts- und Wissenschaftsspionage durch einen (staatlichen; vgl. o. 5) Geheimdienst; vgl. BT-Drs. V/2860 S. 23, Lackner/Kühl 4, Tröndle/Fischer 11. Zur Ausforschung einer Fluchthilfeorganisation in der BRep. vgl. KG NJW **89**, 1374 sowie BGH **43** 127. Die innerstaatliche Bespitzelung der eigenen Bevölkerung durch MfS-Mitarbeiter der DDR unterfällt nicht dem Anwendungsbereich des § 99 (BGH **43** 126, Träger LK 16).

8. Täter nach § 99 I Nr. 1 ist entsprechend dem bei § 98 RN 5 und o. 15 Ausgeführten jeder, der **22** eine geheimdienstliche Tätigkeit im oben genannten Sinn ausübt, also in irgendeiner Art an der Ausspähungs- und Mitteilungstätigkeit mitwirkt (vgl. BT-Drs. V/2860 S. 23, BGH NStZ **86**, 165). Eine Eingliederung in die Organisation des Geheimdienstes ist dafür nicht in jedem Fall erforderlich (BGH **24** 369). Dieser ist nie nur Gehilfe (BGH **24** 377). Täter ist etwa der Kurier (BGH **31** 317, NStZ **86**, 166), auch wenn er im Rahmen des § 94 nur als Gehilfe anzusehen wäre, der Funker usw. Für die **Teilnahme** bleibt nur ein schmaler Bereich; Teilnehmer können im wesentlichen nur Außenstehende sein. So wird etwa die Ehefrau wegen Anstiftung bestraft, die ihren Ehemann überredet, sein Einkommen durch Mitarbeit in einem Geheimdienst zu erhöhen; Gehilfe kann etwa sein, wer einem Agenten für dessen Tätigkeit ein Kfz zur Verfügung stellt. Dagegen ist nicht wegen Beihilfe strafbar, wer als Objekt der Ausforschungstätigkeit eines fremden Geheimdienstes belanglose Auskünfte gibt (vgl. auch BGH **24** 378). Für Straflosigkeit der Beihilfe schlechthin Rudolphi SK 16. Wie hier jedoch Träger LK 16.

Auch die **Mittelsmänner** des fremden Geheimdienstes selbst können nach § 99 strafbar sein; **23** ebenso wie bei § 94 endet die Möglichkeit einer Tatbegehung erst in dem Augenblick, in dem die Mitteilung die fremde Macht erreicht hat; vgl. hierzu näher § 94 RN 20.

9. Vollendet ist die Tat bereits mit dem ersten Tätigkeitsakt, nicht erst mit Tätigkeitsabschluß oder **23 a** erfolgreicher Ausführung eines Auftrags (vgl. BGH **31** 320). Zur Beendigung der Tat vgl. o. 2.

III. Nach Abs. 1 Nr. 2 wird gleichermaßen bestraft, wer sich gegenüber dem Geheimdienst einer **24** fremden Macht oder einem seiner Mittelsmänner zu der in Abs. 1 Nr. 1 genannten Tätigkeit **bereit erklärt.** Hier gilt dasselbe wie bei § 98 I Nr. 2; vgl. § 98 RN 12 ff. Auch hier ist nur das ernstgemeinte Sichbereiterklären strafbar (vgl. BT-Drs. V/2860 S. 23). Gegenüber dem Ausüben einer Tätigkeit nach Abs. 1 Nr. 1 ist das Sichbereiterklären subsidiär (BGH **43** 8, Tröndle/Fischer 17).

IV. Die Tat kann dadurch **gerechtfertigt** sein, daß der Täter auf Grund einer Amts- oder Dienst- **25** pflicht oder eines ihm von amtlicher deutscher Stelle (nicht einer solchen der Stationierungsstreitkräfte) erteilten Auftrags handelt, etwa als Doppelagent. Vgl. die Nachw. aus der Rspr. (zu § 100 e aF) GA/W 62, 1 ff., ferner Träger LK 15. Keiner Rechtfertigung bedarf es, wenn sich jemand, um etwa einen gegnerischen Agenten zu entlarven, diesem gegenüber zum Schein zur Mitarbeit bereit erklärt, ohne dann eine eigene Tätigkeit zu entwickeln: Hier fehlt es bereits am Tatbestand (vgl. o. 24). Eine zum selben Zweck ausgeübte Tätigkeit kann bei Gefahr im Verzug, auch wenn der Täter nicht amtlich befugt oder beauftragt war, als Nothilfe zugunsten des Staates gerechtfertigt sein. Die Rechtswidrigkeit kann auch auf Grund rechtfertigenden Notstands entfallen (vgl. BGH LM **Nr. 6** zu § 100 e aF).

V. Der **subjektive Tatbestand** erfordert Vorsatz bzgl. aller Tatbestandsmerkmale, wobei bedingter **26** Vorsatz genügt, und insoweit zielgerichtetes Handeln, als eine nachrichtendienstliche Tätigkeit für einen anderen erforderlich ist (vgl. o. 11).

VI. Zur **Entschuldigung** durch Notstand nach § 35 vgl. § 98 RN 10. Das dort Ausgeführte gilt **27** für § 99 entsprechend.

VII. Gemäß Abs. 3 ist die Vorschrift des § 98 II über die **tätige Reue** entsprechend anzuwenden. **28** Vgl. im einzelnen die Ausführungen bei § 98 RN 19 ff.

Hierbei ergibt sich folgende Besonderheit: Nach Abs. 3 kann sich der Täter Strafmilderung oder **29** Absehen von Strafe auch dann verdienen, wenn er bereits jahrelang für den fremden Geheimdienst tätig war; dies sogar dann, wenn er dabei fortwährend Geheimnisse iSv § 99 II verraten und hierdurch nicht nur die Gefahr eines schweren Nachteils für die BRep. (§ 99 II Nr. 2), sondern den Nachteil selbst herbeigeführt hat. Ob dies sinnvoll ist, erscheint zweifelhaft; es hätte nahegelegen, einen dem § 158 II entsprechenden Vorbehalt einzufügen. Man könnte diese sehr weitgehende Anerkennung der tätigen Reue zwar damit zu begründen suchen, daß der Täter sie sich durch Offenbarung seines Wissens verdienen muß; jedoch dürfte dadurch ein bereits eingetretener Nachteil für die BRep. nicht wiedergutzumachen sein. De lege lata ist aber eine Einschränkung nicht möglich; ist die Strafmilderung nur fakultativ, so daß die Umstände des Einzelfalles berücksichtigt werden können.

VIII. Auch in der **Strafhöhe** entspricht § 99 dem § 98. Dies gilt für die Regelstrafe wie auch für **30** besonders schwere Fälle. Für diese enthält § 99 II zwar eine eigene Regelung. Sie weicht aber der Sache nach von § 98 I 2 nicht ab; erforderlich ist sie nur deshalb, weil eine Verweisung auf § 94 II hier nicht möglich ist. Zum besonders schweren Fall und zu Regelbeispielen vgl. grds. 44 ff., 47 vor § 38. Zur Strafschärfung nach Abs. 2 vgl. ferner BGH **28** 318 und dazu Bruns JR 79, 353.

31 1. Im einzelnen setzt **Abs. 2 S. 2** voraus, daß die Objekte der Tat von einer amtlichen Stelle oder auf deren Veranlassung geheimgehalten werden, ihre Mitteilung oder Lieferung erfolgt und der Täter entweder eine zur Wahrung solcher Geheimnisse besonders verpflichtende verantwortliche Stellung mißbraucht oder durch die Tat die Gefahr eines schweren Nachteils für die BRep. herbeiführt.

32 Die Tätigkeit muß sich auf **amtlich geheimgehaltene** Tatsachen usw beziehen, wobei es sich nicht um Staatsgeheimnisse zu handeln braucht; Privatgeheimnisse oder nichtgeheime Tatsachen reichen nicht aus. Zu den Voraussetzungen der amtlichen Geheimhaltung vgl. näher § 95 RN 4 ff. Zusätzlich muß noch eine der folgenden Voraussetzungen gegeben sein:

33 a) Entweder muß der Täter eine verantwortliche Stellung **mißbraucht** haben, die ihn zur Wahrung solcher amtlicher Geheimnisse besonders verpflichtet. Dies entspricht dem Strafschärfungsgrund des § 94 II 2 Nr. 1, auf den auch § 98 I 2 verweist; vgl. näher § 94 RN 25.

34 b) Oder es muß durch die Tat die Gefahr eines **schweren Nachteils** für die BRep. Deutschland vorsätzlich herbeigeführt worden sein. Dabei genügt, entsprechend dem o. 16ff. Gesagten, jeder schwere Nachteil für die politische Stellung der BRep. nach außen; eine Gefährdung ihrer äußeren Sicherheit ist nicht erforderlich. Unerheblich ist, in welcher Weise dieser Nachteil nach Mitteilung des Geheimnisses zu entstehen droht. Eine als gezieltes Störmanöver dienende Weitergabe der Information an die Öffentlichkeit kann ausreichen (BGH 28 326). Ihre Bedeutung als Regelbeispiel verliert die entstandene Nachteilsgefahr nicht deswegen, weil sich die Lage später geändert hat (vgl. Bay MDR **94**, 821 entspr. zu § 94).

35 2. Über **Nebenfolgen** und Einziehung vgl. §§ 101, 101 a.

36 IX. Konkurrenzen: 1. Wie § 98 ist auch § 99 gegenüber den Landesverratsbestimmungen kraft Gesetzes **subsidiär**, und zwar, da § 99 keine Staatsgeheimnisse voraussetzt, auch gegenüber den §§ 97 a, 97 b. Wie bei § 98 (vgl. dort RN 35) tritt aber auch § 99 zu den genannten Vorschriften in Idealkonkurrenz, soweit die Tat des § 99 über den Verrat der konkreten Geheimnisse hinausgeht, die Gegenstand der Straftat nach den §§ 94, 96, 97 a, 97 b sind (and. BGH 24 72, Träger LK 24). Die Subsidiarität entfällt auch nach BGH NStZ **84**, 310, Träger LK 24 jedenfalls, wenn eine Verfolgung nach den vorgehenden Gesetzen wegen Verjährung nicht mehr möglich ist, wohl aber nach § 99; die mit der verjährten Tat unmittelbar zusammenfallenden Tatteile bleiben von der Verjährung unberührt.

37 2. Gegenüber § 98 tritt § 99 nicht zurück. Zwar betrifft § 98 nur den gegenüber § 99 engeren Bereich der eigentlichen Staatsgeheimnisse. Andererseits ist § 99 insoweit gegenüber § 98 speziell, als er nur eine geheimdienstliche Tätigkeit erfaßt. Aus diesem Grund muß, wenn der Täter für einen fremden Geheimdienst zur Erlangung von Staatsgeheimnissen tätig ist, **Tateinheit** zwischen beiden Vorschriften angenommen werden (vgl. auch BGH **25** 150).

38 3. Mit den §§ **84 ff.** besteht idR **Tatmehrheit**: Die in §§ 84 ff. genannten Handlungen sind regelmäßig keine geheimdienstliche Tätigkeit. Anderes gilt für § **87** I Nr. 2 („Auskundschaften") und Nr. 4 („Überprüfen"); hier ist **Tateinheit** zwischen beiden Vorschriften möglich. Mit § 88 besteht grds. Tatmehrheit; Tateinheit liegt vor, wenn der Tat nach § 88 eine der Handlungen nach § 87 I Nr. 2 oder Nr. 4 vorausgegangen ist: Diese bilden dann die Brücke zwischen §§ 88 und 99 (vgl. auch § 87 RN 22).

39 4. Iü gilt für die Konkurrenzen mit anderen Tatbeständen das zu § 98 RN 36 Gesagte. Möglich ist danach auch Tateinheit mit § 354 II Nr. 2 (Hamburg NJW **89**, 1371). Zum Verhältnis zu § 19 WStG vgl. BGH **17** 61, Celle NJW **66**, 1133 (ergangen zu § 100 e aF).

40 X. Zur Anwendung des **Opportunitätsprinzips** vgl. § 120 I GVG iVm § 153 e StPO; vgl. ferner §§ 153 c, d StPO.

§ 100 Friedensgefährdende Beziehungen

(1) **Wer als Deutscher, der seine Lebensgrundlage im räumlichen Geltungsbereich dieses Gesetzes hat, in der Absicht, einen Krieg oder ein bewaffnetes Unternehmen gegen die Bundesrepublik Deutschland herbeizuführen, zu einer Regierung, Vereinigung oder Einrichtung außerhalb des räumlichen Geltungsbereichs dieses Gesetzes oder zu einem ihrer Mittelsmänner Beziehungen aufnimmt oder unterhält, wird mit Freiheitsstrafe nicht unter einem Jahr bestraft.**

(2) **In besonders schweren Fällen ist die Strafe lebenslange Freiheitsstrafe oder Freiheitsstrafe nicht unter fünf Jahren. Ein besonders schwerer Fall liegt in der Regel vor, wenn der Täter durch die Tat eine schwere Gefahr für den Bestand der Bundesrepublik Deutschland herbeiführt.**

(3) **In minder schweren Fällen ist die Strafe Freiheitsstrafe von einem Jahr bis zu fünf Jahren.**

Schrifttum: Vgl. Angaben zu 1 vor § 93; ferner: *Lüthi,* Der verstärkte Staatsschutz, ZBernJV 1951, 137. – *Ruhrmann,* Verfassungsfeindliche und landesverräterische Beziehungen, NJW 59, 1201.

1 I. Die Vorschrift über die **landesverräterische Konspiration** gehört nicht zu den Landesverratsbestimmungen ieS: Bestraft werden konspirative Beziehungen zu fremden Mächten in der Absicht, die

BRep. in einen Krieg zu verwickeln. Geschütztes Rechtsgut ist die äußere Sicherheit der BRep. Über den **Schutz der NATO**-Partner vgl. 17 ff. vor § 80, Träger LK 8.

II. Der **objektive** Tatbestand erfordert, daß der Täter zu einer Regierung usw Beziehungen aufnimmt oder unterhält.

1. Welcher Art die **Beziehungen** sein müssen, sagt der Tatbestand nicht. Es reichen Beziehungen aller Art aus, sofern sie von der genannten Absicht getragen sind. Es ist nicht erforderlich, daß der Täter auf Grund der Beziehungen eine besondere Tätigkeit entwickelt.

2. Beziehungen **nimmt auf**, wer sich bemüht, mit der anderen Seite eine von der genannten Absicht getragene Übereinstimmung zu finden. Dazu braucht der Täter nicht persönlich mit der fremden Regierung usw in Verbindung zu treten; auch schriftliche Kontaktaufnahme reicht aus. Die erstrebte Übereinstimmung braucht nicht erreicht worden zu sein (Träger LK 4; vgl. auch Bay JZ **63**, 68, Celle NJW **65**, 457 [zu § 100 e aF]; and. Lackner/Kühl 3, Rudolphi SK 5, Tröndle/Fischer 3); insoweit ist das Aufnehmen von Beziehungen ein Versuchstatbestand, der dem Sichbereiterklären in den §§ 98, 99 gleicht. Es ist deshalb auch unerheblich, ob der Täter an die fremde Regierung herantritt oder diese die Kontaktaufnahme angeregt hat.

Die Frage, ob wegen des mit § 100 e aF übereinstimmenden Wortlauts auch **Scheinbeziehungen** ausreichen, stellt sich bei § 100 deshalb nicht, weil es bei nicht ernstlich gemeinten Kontaktaufnahmen an der von § 100 vorausgesetzten Absicht fehlen wird.

3. Unterhalten wird die Beziehung durch jede Tätigkeit, die bewirken soll, daß die Verbindung fortdauert (vgl. Celle GA **66**, 343 [zu § 100 e aF]). Das Unterhalten setzt notwendig eine Übereinstimmung der Beziehungspartner über ihre Verbindung voraus; eine Übereinstimmung über die vom Täter erstrebte Kriegsherbeiführung ist nicht erforderlich (Träger LK 4). Es handelt sich hierbei um ein Dauerdelikt.

4. Beziehungspartner muß eine Regierung, Vereinigung oder Einrichtung außerhalb des räumlichen Geltungsbereichs des StGB sein. Vgl. dazu § 86 RN 10. Zu den Vereinigungen gehören auch Parteien. Auch Beziehungen zu **Mittelsmännern** der genannten Stellen reichen aus. Vgl. hierzu § 94 RN 5.

5. Die Regierung usw muß ihren Sitz **außerhalb** des räumlichen Geltungsbereichs des StGB haben. Für die Mittelsmänner gilt diese Einschränkung nicht; zudem ist bei ihnen unerheblich, ob sie In- oder Ausländer sind.

6. Täter kann nur ein **Deutscher** sein, der seine Lebensgrundlage im räumlichen Geltungsbereich des StGB hat. Damit folgt das Gesetz der Rspr. zum früheren Recht (vgl. BGH **10** 46 zu § 100 d II aF), wonach Täter nur sein kann, wer zur BRep. in einem besonderen Schutz- oder Treueverhältnis steht. Vgl. auch Mattil GA 58, 150, Ruhrmann NJW 59, 1203. Zum Merkmal „Lebensgrundlage im räumlichen Geltungsbereich dieses Gesetzes" vgl. § 5 RN 9.

III. Eine **Rechtfertigung** der Tat auf Grund des Völkerrechts kommt nicht in Betracht, da nur Deutsche Täter sein können (vgl. RG **16** 168, Träger LK 9).

IV. Der **subjektive** Tatbestand erfordert Vorsatz, wobei bedingter Vorsatz genügt, und die **Absicht**, einen Krieg oder ein bewaffnetes Unternehmen gegen die BRep. Deutschland herbeizuführen. Dem Täter muß es auf den genannten Erfolg ankommen; dies ist bei gleichgültiger oder ablehnender Haltung nicht der Fall (vgl. BGH **9** 142, **11** 178, **18** 246, NJW **64**, 59; vgl. auch 2 vor § 84); bloßes Wissen um den Erfolg genügt nicht (vgl. aber BGH **10** 170).

1. Krieg ist im völkerrechtlichen Sinne als Auseinandersetzung mit Waffengewalt zwischen verschiedenen Staaten zu verstehen. Ein **bewaffnetes Unternehmen** muß dagegen von – auch illegalen – Kräften ausgehen, die nicht als kriegführende Macht anzusehen sind. Es muß sich von außen her gegen die BRep. richten. Ausschließlich innere Unruhen (auch Bürgerkrieg) reichen nicht aus (Träger LK 7; vgl. aber Krauth JZ 68, 613, Schroeder aaO 381). Ebensowenig genügt das Erstreben eines Handelskrieges ohne bewaffnetes Vorgehen gegen die BRep.

2. Der Krieg muß **gegen** die BRep. gerichtet sein; bloße Verteidigungshandlungen gegen einen Angriffskrieg seitens der BRep. (vgl. § 80) würden also nicht ausreichen.

3. Der Täter muß die **Herbeiführung** eines Krieges oder bewaffneten Unternehmens, also dessen Ausbruch, anstreben. Feindunterstützung während eines Krieges genügt nicht.

V. Die **Strafe** ist in besonders schweren Fällen (Abs. 2) Freiheitsstrafe nicht unter 5 Jahren oder lebenslange Freiheitsstrafe. Als *Regelbeispiel* ist die Herbeiführung einer schweren Gefahr für den Bestand der BRep. genannt. Das ist nicht schon dann der Fall, wenn überhaupt die Gefahr eines bewaffneten Unternehmens entstanden ist, sondern erst, wenn die BRep. akut in ihrem Bestand bedroht ist. Erforderlich ist der Eintritt einer *konkreten* Gefahr. Vgl. allgemein zu besonders schweren Fällen 44 ff., 47 vor § 38.

In minder schweren Fällen (Abs. 3) ist die Strafe Freiheitsstrafe von einem Jahr bis zu 5 Jahren. Hierfür nennt das Gesetz keine Beispielsfälle. Vgl. 48 vor § 38.

Über **Nebenfolgen** und Einziehung vgl. §§ 101, 101 a. Zur **Vermögensbeschlagnahme** als prozessualer Maßnahme vgl. § 443 I StPO.

§ 100a 1–6   Bes. Teil. Landesverrat und Gefährdung der äußeren Sicherheit

18   VI. Zur Anwendung des **Opportunitätsprinzips** vgl. § 120 I GVG iVm § 153 e StPO. Vgl. ferner §§ 153 c, d StPO.

19   VII. **Idealkonkurrenz** kommt insb. mit den §§ 98, 99 in Betracht, auch mit § 80 (Träger LK 11; and. Rudolphi SK 14, Tröndle/Fischer § 80 RN 11: Zurücktreten des § 100).

§ 100a Landesverräterische Fälschung

(1) **Wer wider besseres Wissen gefälschte oder verfälschte Gegenstände, Nachrichten darüber oder unwahre Behauptungen tatsächlicher Art, die im Falle ihrer Echtheit oder Wahrheit für die äußere Sicherheit oder die Beziehungen der Bundesrepublik Deutschland zu einer fremden Macht von Bedeutung wären, an einen anderen gelangen läßt oder öffentlich bekanntmacht, um einer fremden Macht vorzutäuschen, daß es sich um echte Gegenstände oder um Tatsachen handele, und dadurch die Gefahr eines schweren Nachteils für die äußere Sicherheit oder die Beziehungen der Bundesrepublik Deutschland zu einer fremden Macht herbeiführt, wird mit Freiheitsstrafe von sechs Monaten bis zu fünf Jahren bestraft.**

(2) Ebenso wird bestraft, wer solche Gegenstände durch Fälschung oder Verfälschung herstellt oder sie sich verschafft, um sie in der in Absatz 1 bezeichneten Weise zur Täuschung einer fremden Macht an einen anderen gelangen zu lassen oder öffentlich bekanntzumachen und dadurch die Gefahr eines schweren Nachteils für die äußere Sicherheit oder die Beziehungen der Bundesrepublik Deutschland zu einer fremden Macht herbeizuführen.

(3) **Der Versuch ist strafbar.**

(4) In besonders schweren Fällen ist die Strafe Freiheitsstrafe nicht unter einem Jahr. Ein besonders schwerer Fall liegt in der Regel vor, wenn der Täter durch die Tat einen besonders schweren Nachteil für die äußere Sicherheit oder die Beziehungen der Bundesrepublik Deutschland zu einer fremden Macht herbeiführt.

Schrifttum: Vgl. die Angaben zu Vorbem. 1 vor § 93.

1   I. Die äußere Sicherheit der BRep. oder deren Beziehungen zu einer fremden Macht können auch durch Mitteilung oder öffentliche Bekanntmachung erdichteter Tatsachen und Vorgänge politischer oder militärischer Art gefährdet werden. Das Gesetz bedroht daher in § 100 a auch die **landesverräterische Fälschung** mit Strafe. Mit dem eigentlichen Landesverrat hat der Tatbestand nur die nachteiligen Folgen für die BRep. gemein; die Tat selbst hat mehr den Charakter einer politischen Verleumdung der BRep. Zum **Schutz der NATO**-Partner ist § 100 a **nicht** anwendbar (vgl. 17 ff. vor § 80).

2   II. Abs. 1 erfaßt das **Übermitteln** oder die **öffentliche Bekanntmachung** der gefälschten Nachrichten usw.

3   1. Es muß sich um **gefälschte oder verfälschte Gegenstände, Nachrichten darüber oder unwahre Behauptungen tatsächlicher Art** handeln. Diese Aufzählung ist ebenso umfassend wie diejenige – echter Tatsachen usw – in § 93. Über Fälschen und Verfälschen vgl. u. 11. Die Nachricht über gefälschte oder verfälschte Gegenstände kann als solche wahr sein (Träger LK 2; and. Tröndle/Fischer 2 unter Hinweis auf das Erfordernis „wider besseres Wissen"; jedoch kann sich dieses Wissen auch auf die Fälschung der Gegenstände erstrecken). Die inhaltlich unwahren Behauptungen müssen tatsächlicher Art sein; bloße Werturteile reichen nicht aus.

4   2. Die gefälschten oder verfälschten Gegenstände usw müssen so beschaffen sein, daß sie im Fall ihrer Echtheit oder Wahrheit für die **äußere Sicherheit** oder die **Beziehungen** der BRep. Deutschland **zu einer fremden Macht von Bedeutung** wären. Darin liegt zwar eine Anlehnung an die Definition des Staatsgeheimnisses in § 93; es ist aber nicht erforderlich, daß die Tatsachen usw die Qualität von Staatsgeheimnissen gehabt hätten. Andererseits geht § 100 a dadurch über § 93 hinaus, daß er auch die Beziehungen der BRep. zu einer fremden Macht nennt. Damit dient § 100 a ganz allgemein dem Schutz der Außenpolitik der BRep. Unerheblich ist, ob die Nachrichten usw im Fall ihrer Echtheit oder Wahrheit rechtswidrig wären (vgl. hierzu BGH **10** 172, Träger LK 3).

5   3. Der Täter muß die Nachrichten usw **an einen anderen gelangen lassen** oder **öffentlich bekanntmachen**. Vgl. hierzu § 94 RN 9 ff. Beim Empfänger braucht es sich nicht um einen Unbefugten zu handeln; gegenüber unwahren Nachrichten wäre dies auch wenig sinnvoll. Erfaßt wird also zB die Weitergabe von Falschmeldungen innerhalb des diplomatischen Dienstes, sofern der Täter damit letztlich eine fremde Macht täuschen will. Der Täter braucht die Gegenstände nicht selbst hergestellt zu haben (Abs. 2).

6   4. Durch die Tat muß die **Gefahr eines schweren Nachteils** für die äußere Sicherheit der BRep. oder deren Beziehungen zu einer fremden Macht entstanden sein. Erforderlich ist der Eintritt einer **konkreten** Gefahr; insoweit gilt dasselbe wie bei § 94 (vgl. dort RN 13). Anders als bei § 94 genügen auch schwere Nachteile für die außenpolitische Stellung der BRep. (vgl. auch o. 4). Derartige Gefahren können auch dann entstehen, wenn die Täuschung der fremden Macht nicht gelungen ist (vgl. Träger LK 5, Tröndle/Fischer 2 aE).

Landesverräterische Fälschung 7–20 § 100 a

5. Eine **Rechtfertigung** des „Veröffentlichens" durch Art. 5 I GG kommt wegen der erforderlichen Täuschungsabsicht nicht in Betracht. 7

6. Der **subjektive** Tatbestand erfordert sicheres Wissen bzgl. der Fälschung usw. Bei Nachrichten über gefälschte Gegenstände genügt das sichere Wissen, daß sie sich auf solche Gegenstände beziehen (and. Tröndle/Fischer 3). Für den Eintritt der Gefahr ist Vorsatz erforderlich; dolus eventualis genügt (BGH **20** 100). 8

Der Täter muß weiter die **Absicht** haben, der fremden Macht **vorzutäuschen**, daß es sich um wahre Behauptungen oder nicht gefälschte Gegenstände handelt. Ein Täuschungserfolg braucht nicht eingetreten zu sein. Täuschungsabsicht gegenüber dem unmittelbaren Empfänger der Nachrichten usw muß nicht vorliegen. Es reicht aus, wenn er diese in Kenntnis ihrer Unechtheit an die fremde Macht weiterleiten oder veröffentlichen soll. 9

III. Abs. 2 erfaßt gewisse **Vorbereitungshandlungen** zu Abs. 1. Strafbar nach Abs. 2 ist, wer in Täuschungsabsicht die in Abs. 1 genannten Gegenstände durch Fälschung oder Verfälschung **herstellt** oder sie **sich beschafft**. 10

1. Der Gegenstand muß durch **Fälschung** oder **Verfälschung hergestellt** werden (vgl. RG **41** 207). Da die Tat zu einer Gefährdung der außenpolitischen Stellung der BRep. führen muß, können diese Begriffe nicht iSv § 267 („unechte" Urkunde) verstanden werden, vielmehr ist allein die Wahrheit oder Unwahrheit ihres Aussagewerts von Bedeutung (vgl. Rudolphi SK 3, Träger LK 2). Dies ergibt sich auch daraus, daß in Abs. 1 den gefälschten Gegenständen die „unwahren" Behauptungen gleichgestellt sind, bei denen das Problem ihrer Echtheit oder Unechtheit nicht auftauchen kann. Gleichgestellt ist das Sichverschaffen solcher Gegenstände. Vgl. hierzu § 96 RN 4 f. 11

2. Der **subjektive Tatbestand** des Abs. 2 erfordert, daß der Täter in der Absicht handelt, die hergestellten oder verschafften Gegenstände zur Begehung einer Tat nach Abs. 1 zu gebrauchen. Darüber hinaus ist, anders als bei Abs. 1, die Absicht erforderlich, die Gefahr eines schweren Nachteils für die äußere Sicherheit der BRep. oder deren Beziehungen zu einer fremden Macht herbeizuführen. Durch diese qualifizierte Voraussetzung innerhalb des subjektiven Tatbestands wird die geringere objektive Gefährlichkeit der Vorbereitungshandlungen im Hinblick auf die Strafdrohung aufgewogen. 12

3. Obwohl Abs. 2 durch das Erfordernis der Gefährdungsabsicht über Abs. 1 hinausgeht, muß das Herstellen oder Verschaffen der Gegenstände als bloße Vorbereitungshandlung gegenüber Abs. 1 zurücktreten. 13

IV. Zwischen den beiden Tatbeständen des § 100 a ist **Wahlfeststellung** zulässig, nicht dagegen zwischen § 94 und § 100 a (vgl. BGH **20** 100), da zwischen Verrat und Fälschung die für Wahlfeststellung erforderliche Vergleichbarkeit fehlt (and. Fleck GA 66, 334; vgl. auch Rudolphi SK 17). 14

V. Der **Versuch** ist strafbar (Abs. 3), und zwar sowohl in den Fällen des Abs. 1 als auch in denen des Abs. 2. 15

1. Ein Versuch liegt auch vor, wenn der Täter **irrtümlich** davon ausgeht, die von ihm weitergegebenen oder hergestellten Gegenstände usw seien falsch, verfälscht oder unwahr. Eine Strafmilderung nach § 23 II ist dann jedoch unangebracht, wenn die Gefahr eines schweren Nachteils (vgl. o. 6) eingetreten ist. 16

2. Ein **Rücktritt** gemäß § 24 vom Versuch der Tat nach Abs. 1 führt auch dann zur Straflosigkeit, wenn der Täter die verfälschten Gegenstände usw selbst hergestellt oder sich verschafft und dadurch den Tatbestand des Abs. 2 erfüllt hat. Dieser Tatbestand ist zwar (formell) vollendet, so daß auf ihn selbst § 24 nicht anwendbar ist. Da es sich aber nur um eine gegenüber der Tat des Abs. 1 subsidiäre (vgl. o. 13) Vorbereitungshandlung handelt, erstrecken sich die Wirkungen des Rücktritts vom Versuch der Tat nach Abs. 1 auch hierauf (and. Träger LK 10, Tröndle/Fischer 4). 17

3. Kann der Täter durch freiwilligen Rücktritt aber dann noch völlige Straffreiheit erlangen, wenn er bereits mit der Ausführung des eigentlichen „Hauptdelikts" des Abs. 1 begonnen hatte, so muß ihm die Vergünstigung des Rücktritts erst recht zuteil werden, wenn er seine Pläne bereits in einem früheren Stadium aufgibt. Das bedeutet, daß im Rahmen der Vorbereitungshandlungen des Abs. 2 die in §§ 83 a, 316 a II enthaltenen Regeln über die **tätige Reue** analog heranzuziehen sind. Hat der Täter also einen der genannten falschen Gegenstände hergestellt, um die Tat des Abs. 1 zu begehen, und gibt er dieses Vorhaben dann freiwillig auf, so kann der Richter entsprechend §§ 83 a, 316 a II die Strafe nach seinem Ermessen mildern (§ 49 II) oder von Strafe absehen (and. Tröndle/Fischer 4). Es kann hier nichts anderes als bei der Vorbereitungshandlung des § 96 gelten; vgl. § 96 RN 16. 18

Unbefriedigend ist allerdings die *Verschiedenheit der Rücktrittswirkungen:* Während beim Rücktritt vom Versuch einer Tat nach Abs. 1 der Täter straflos ausgeht, führt die tätige Reue bei der bloßen Vorbereitungshandlung nur zu Strafmilderung oder Absehen von Strafe. Diese Unstimmigkeit kann allerdings de lege lata nicht ausgeglichen werden. Sie ist eine Folge der mangelhaften Koordinierung der Rücktrittsvorschriften. Vgl. hierzu auch § 96 RN 16. 19

VI. Die **Strafe** ist in besonders schweren Fällen Freiheitsstrafe nicht unter 1 Jahr. Für diese Fälle enthält Abs. 4 ein dem § 94 II 2 Nr. 2 nachgebildetes Regelbeispiel (vorsätzlich herbeigeführte besonders schwere Nachteile für die äußere Sicherheit der BRep. oder ihre Beziehungen zu einer fremden Macht). Vgl. näher § 94 RN 25. Allg. zum besonders schweren Fall vgl. 47 vor § 38. 20

§§ 101, 101 a 1–7   Bes. Teil. Landesverrat und Gefährdung der äußeren Sicherheit

21 Über **Nebenfolgen** und Einziehung vgl. §§ 101, 101 a.
22 **VII.** Zur Anwendung des **Opportunitätsprinzips** vgl. § 120 I GVG iVm § 153 e StPO; vgl. auch §§ 153 c, d StPO.
23 **VIII. Idealkonkurrenz** kommt mit § 267 in Betracht.

§ 101 Nebenfolgen

> Neben einer Freiheitsstrafe von mindestens sechs Monaten wegen einer vorsätzlichen Straftat nach diesem Abschnitt kann das Gericht die Fähigkeit, öffentliche Ämter zu bekleiden, die Fähigkeit, Rechte aus öffentlichen Wahlen zu erlangen, und das Recht, in öffentlichen Angelegenheiten zu wählen oder zu stimmen, aberkennen (§ 45 Abs. 2 und 5).

Die Vorschrift behandelt die bei den Delikten des Landesverrats und der Gefährdung der äußeren Sicherheit zulässigen **Nebenfolgen** in entsprechender Weise wie § 92 a für den Bereich des Friedensverrats, Hochverrats und der Gefährdung des demokratischen Rechtsstaates. Vgl. näher die Anm. zu § 92 a. Zu beachten ist, daß § 101 nur bei einer Freiheitsstrafe von mindestens 6 Monaten wegen einer vorsätzlichen Straftat anwendbar ist, also nicht bei einer leichtfertigen Preisgabe von Staatsgeheimnissen nach § 97 II. Zu den vorsätzlichen Straftaten gehört auch die Tat nach § 97 I (vgl. § 11 II). Zu weiteren Folgen vgl. 11 vor § 80.

§ 101 a Einziehung

> Ist eine Straftat nach diesem Abschnitt begangen worden, so können
> 1. Gegenstände, die durch die Tat hervorgebracht oder zu ihrer Begehung oder Vorbereitung gebraucht worden oder bestimmt gewesen sind, und
> 2. Gegenstände, die Staatsgeheimnisse sind, und Gegenstände der in § 100 a bezeichneten Art, auf die sich die Tat bezieht,
>
> eingezogen werden. § 74 a ist anzuwenden. Gegenstände der in Satz 1 Nr. 2 bezeichneten Art werden auch ohne die Voraussetzungen des § 74 Abs. 2 eingezogen, wenn dies erforderlich ist, um die Gefahr eines schweren Nachteils für die äußere Sicherheit der Bundesrepublik Deutschland abzuwenden; dies gilt auch dann, wenn der Täter ohne Schuld gehandelt hat.

Schrifttum: Vgl. die Angaben zu § 92 b.

1 **I.** Die Vorschrift enthält eine **Sonderregelung** für die **Einziehung** von Gegenständen, die in eine landesverräterische Handlung iS dieses Abschnitts verwickelt waren. Dabei wird über die §§ 74 ff. hinaus die Einziehung hier teils erweitert, teils an zusätzliche Voraussetzungen geknüpft. Das schließt jedoch nicht aus, daß die allgemeinen Regeln der §§ 74 ff. ergänzend zum Zuge kommen. Das ist insb. für die Einziehung von Schriften nach § 74 d bedeutsam.
2 Zur **Rechtsnatur** vgl. § 92 b RN 2.
3 **II.** Nach der Vorschrift sind zwei Fälle zu unterscheiden:
4 1. Soweit es in **Nr. 1** um die Einziehung von **Tatwerkzeugen** und **Tatprodukten** geht, gelten die gleichen Grundsätze wie zu § 92 b I Nr. 1 (vgl. dort RN 4), naturgemäß mit der Ausnahme, daß hier als Anknüpfungstat nur eine Straftat iSv §§ 94–100 a in Betracht kommt. Für die Dritteinziehung gilt § 74 a bzw. in Sicherungsfällen § 74 II Nr. 2 und III.
5 2. Demgegenüber sind im Fall der **Nr. 2** die Einziehungsvoraussetzungen wesentlich gelockert. Danach werden alle „**Beziehungsgegenstände**" erfaßt, soweit sie echte Staatsgeheimnisse iSv § 93 oder sog. falsche Staatsgeheimnisse iSv § 100 a (vgl. dort RN 3 f.) sind oder enthalten und als Objekt einer der nach den §§ 94–100 a strafbaren Handlungen gedient haben. Näher zum Begriff der Beziehungsgegenstände in § 74 RN 12 a, § 92 b RN 5.
6 Zwar wird auch hier eine volldeliktische Straftat vorausgesetzt. Sofern jedoch die Einziehung der betroffenen Gegenstände erforderlich ist, um die **Gefahr eines schweren Nachteils** für die äußere Sicherheit der BRep. abzuwenden, muß die Anknüpfungstat weder schuldhaft begangen sein noch bedarf es eines der in § 74 II genannten Einziehungsgründe (S. 3). Das bedeutet, daß bei Nachweis einer derartigen Gefahr (dazu § 93 RN 20 f.) die Feststellung genügt, daß eine tatbestandsmäßig-rechtswidrige Handlung begangen wurde und daß der das Staatsgeheimnis verkörpernde Gegenstand Objekt dieser Tat gewesen ist. Dagegen ist die Frage der Eigentumsverhältnisse, der art- oder umständebedingten Gefährlichkeit des Gegenstandes oder der Wiederholungsgefahr hier unerheblich, es sei denn als Teilaspekt der Frage, ob bei Nichteinziehung des Gegenstandes für die äußere Sicherheit der BRep. ein schwerer Nachteil zu befürchten wäre.
7 Soweit diese Gefahr nicht besteht, gelten für die Beziehungsgegenstände die gleichen Grundsätze wie für die Tatwerkzeuge und Tatprodukte des Abs. 1 (o. 4).

3. Die Einziehung steht grds. im pflichtgemäßen **Ermessen** des Gerichts (and. aber in den Fällen 8 des S. 3 [Rudolphi SK 5, Träger LK 6, Tröndle/Fischer 5; abl. 25. A. RN 8]: obligatorische Einziehung). Dabei wird jedoch das Sicherungsinteresse regelmäßig zur Einziehung zwingen. Näher zur Ermessensausübung in § 74 RN 38 ff., insb. zum Grundsatz der Verhältnismäßigkeit § 74 b RN 1, 5 ff.

4. Für die **Wirkung**, Ersatzeinziehung, selbständige Einziehung und Entschädigung gelten die 9 allgemeinen Regelungen der §§ 74 c, e, f, 76 a.

Dritter Abschnitt. Straftaten gegen ausländische Staaten

Vorbemerkungen zu §§ 102 bis 104 a

Schrifttum: Jescheck, Straftaten gegen das Ausland, Rittler-FS 275. – *Laubenthal,* Ansätze zur Differenzierung zwischen pol. u. allg. Kriminalität, MSchrKrim 89, 326. – *v. Liszt,* Die strafbaren Handlungen gegen ausländ. Staaten (usw.), Berliner v. Martitz-FS (1911) 437 – *Pella,* La repression des crimes contre la personnalité de l'état, Recueil des cours de l'Acad. de droit intern. 33 (1930) III 677. – *Simson,* Der Ehrenschutz ausländ. Staatsoberhäupter (usw.), Heinitz-FS 737. – *v. Weber,* Der Schutz fremdländ. staatl. Interessen im Strafrecht, Frank-FG II 269. – *Wilke,* Der strafr. Schutz der DDR, ROW 75, 302.

I. Der durch das **3. StÄG** v. 4. 8. 53 (BGBl. I 735) in seine heutige Form gebrachte Abschnitt (vgl. 1 25. A.) wurde durch das EGStGB im wesentlichen unverändert gelassen (vgl. Art. 19 Nrn. 23–27). Zur (geringen) praktischen Bedeutung dieser Tatbestände vgl. Wolter AK 8 f., kriminologisch Laubenthal aaO.

II. Ursprünglich ging es bei diesen Tatbeständen um den Schutz vor Störungen der Beziehungen zu 2 ausländischen Staaten (vgl. Gerland VDB I 124, v. Weber aaO 277). Das seit längerem angestrebte Ziel, diese Tatbestände auch zu Schutzbestimmungen für den ausländischen Staat als solchen und darüber hinaus für die internationale Staatengemeinschaft auszugestalten (vgl. Pella aaO 677), ist zwar formal heute weitgehend erreicht. Daher wird überwiegend ein **doppelter Schutzzweck** angenommen, und zwar sowohl zugunsten des *ausländischen Staates* mit seinen Organen und Einrichtungen (so auch, aber offenbar einseitig Tröndle/Fischer 2) wie auch des *Interesses der Bundesrepublik an ungestörten Beziehungen* (vgl. Laufhütte LK 1, Lüttger Jescheck-FS I 126 ff., Rudolphi SK 2, Schwarz, Die strafgerichtl. Aberkennung der Amtsfähigkeit usw. (1991) 52, Wilke ROW 75, 302). Dennoch kann kein Zweifel sein, daß es auch beim Schutz des fremden Staates letztlich um die Bewahrung des eigenen Staates vor internationalen Konflikten geht (vgl. Blei II 471, Wolter AK 2, 7; so wohl auch Tröndle JR 77, 3).

III. Als **ausländisch** sind alle Staaten bzw. deren Organe oder Einrichtungen zu betrachten, die 3 nicht dem Verfassungs- und Regierungssystem der Bundesrepublik Deutschland angehören. Nach den Grundsätzen des funktionalen Inlandsbegriffes (29 vor § 3) war demzufolge iS dieser Tatbestände auch die ehemalige DDR samt ihren Organen und Einrichtungen wie Ausland zu behandeln (Wolter AK 10; zur Vereinbarkeit dieser Auffassung mit dem Grundlagenurteil BVerfGE **36** 1 vgl. Wilke ROW 75, 302 f.; vgl. aber auch 24. A. § 104 a RN 2). Da es sich um Organe oder Einrichtungen eines fremden **Staates** handeln muß, sind Amtsträger oder Institutionen von supra- und internationalen Organisationen (wie etwa der EU, UN oder NATO) als solche nicht geschützt, würden dies aber wohl de lege ferenda verdienen (vgl. Wolter AK 11).

IV. Strafdrohungen, die den *unmittelbaren* Schutz inländischer oder allgemeiner Rechtsgüter be- 4 zwecken (dazu 13 ff. vor § 3), werden durch die Strafvorschriften dieses Abschnitts nicht konsumiert. Ebensowenig werden umgekehrt die Vorschriften dieses Abschnitts durch allgemeine Schutztatbestände verdrängt. Daher ist nach Streichung der Subsidiaritätsklausel in § 102 durch das EGStGB zB **Idealkonkurrenz** zwischen dem an einem ausländischen Diplomaten begangenen Mord und § 102 möglich (so bereits RG **69** 56, ferner Rudolphi SK § 102 RN 8). Für das Verhältnis des § 103 zu §§ 185 ff. vgl. § 103 RN 8.

§ 102 Angriff gegen Organe und Vertreter ausländischer Staaten

(1) Wer einen Angriff auf Leib oder Leben eines ausländischen Staatsoberhaupts, eines Mitglieds einer ausländischen Regierung oder eines im Bundesgebiet beglaubigten Leiters einer ausländischen diplomatischen Vertretung begeht, während sich der Angegriffene in amtlicher Eigenschaft im Inland aufhält, wird mit Freiheitsstrafe bis zu fünf Jahren oder mit Geldstrafe, in besonders schweren Fällen mit Freiheitsstrafe nicht unter einem Jahr bestraft.

(2) Neben einer Freiheitsstrafe von mindestens sechs Monaten kann das Gericht die Fähigkeit, öffentliche Ämter zu bekleiden, die Fähigkeit, Rechte aus öffentlichen Wahlen zu erlangen, und das Recht, in öffentlichen Angelegenheiten zu wählen oder zu stimmen, aberkennen (§ 45 Abs. 2 und 5).

Vorbem. Zur Fassung vgl. 1 vor § 102. – *Schrifttum:* vgl. die Angaben zu den Vorbem. vor § 102.

§ 103 1–4

1 **I.** Die Vorschrift stellt **Leib und Leben ausländischer Staatsoberhäupter** und **Regierungsvertreter** unter besonderen Schutz, sofern sich diese in *amtlicher* Eigenschaft im Inland aufhalten. Eine Strafverfolgung findet jedoch nach § 102 nur statt, wenn diplomatische Beziehungen zum ausländischen Staat bestehen und die Gegenseitigkeit verbürgt ist (§ 104 a).

2 **II. Geschützte Personen** sind ausländische Staatsoberhäupter, Mitglieder ausländischer Regierungen und beglaubigte Leiter ausländischer diplomatischer Vertretungen.

3 **1. Ausländische Staatsoberhäupter** sind die durch die Verfassung des einzelnen Staates zu ihrer völkerrechtlichen Repräsentanz berufenen Vertreter. Staatsoberhaupt ist auch der Papst.

4 **2.** Als **Regierungsmitglieder** kommen nur die obersten Spitzen der Exekutive, dh der Regierungschef, die *Minister* sowie ihnen nach jeweiligem Verfassungsrecht gleichrangige Personen (vgl. Laufhütte LK 1), in Betracht. Andere Angehörige der Verwaltung fallen nicht unter § 102.

5 **3.** Ebenso erstreckt sich der besondere Schutz des § 102 auch nur auf die **Leiter der diplomatischen Vertretungen**, nicht auf die Mitarbeiter (Rudolphi SK 4), und zwar ohne Rücksicht auf ihre Exterritorialität (38 f. vor § 3). Wer *Leiter* ist, wird durch die Akkreditierung festgelegt. Der Schutz reicht nicht ohne weiteres von der tatsächlichen Ein- bis Ausreise (so jedoch Blei II 472, Laufhütte LK 2, Wolter AK 3), sondern lediglich von der Überreichung des Beglaubigungsschreibens bis zur Übergabe des Abberufungsschreibens, dem Abbruch der diplomatischen Beziehungen bzw. der Zustellung der Pässe oder einer amtlichen deutschen Kundgebung, die einem diplomatischen Vertreter als solchem die Anerkennung entzieht (Tröndle/Fischer 3).

6 **4.** Dagegen kommt **Familienmitgliedern** der vorgenannten Personen, ebenfalls ungeachtet ihrer Exterritorialität (39 vor § 3), der Sonderschutz des § 102 **nicht** zugute.

7 **III.** Die **Tathandlung** besteht im **Angriff auf Leib oder Leben** der genannten Personen, dh im Unternehmen einer Tötung oder Körperverletzung, wobei auch leichte Körperverletzungen ausreichen (vgl. Laufhütte LK 4, Rudolphi SK 6; strenger Tröndle/Fischer 5, Wolter AK 5: nur „ernstliche" bzw. „erhebliche" Gefahr). Ein Erfolg braucht nicht eingetreten zu sein (vgl. RG **52** 95, **54** 90, **59** 264). Bloße Drohungen reichen jedoch nicht aus (vgl. Laufhütte LK 4).

8 **IV.** Die Anwendung des § 102 setzt keinerlei Beziehung der Tat zur amtlichen Tätigkeit der geschützten Personen oder irgendeine politische Zielsetzung voraus. Erforderlich ist nur, daß sich die geschützten Personen **im Inland in amtlicher Eigenschaft aufhalten** (Wolter AK 7). Zum Inlandsbegriff vgl. 26 ff. vor § 3. Wo sich der Täter im Augenblick der Handlung befindet, ist ohne Bedeutung. Bei Distanzdelikten entscheidet der Aufenthaltsort des Angegriffenen. Daher käme § 102 auch bei einem Angriff gegen ein ausländisches Staatsoberhaupt, das sich gerade auf dem Weg zu einem Staatsbesuch in einem Nachbarland über dem Territorium der Bundesrepublik befindet, in Betracht (Blei II 472). Dagegen greift bei einem reinen Privaturlaub § 102 nicht ein (Rudolphi SK 5).

9 **V.** Für den **subjektiven** Tatbestand ist **Vorsatz** erforderlich, der sich insbes. auch auf den auslandsstaatlichen Status der betroffenen Personen beziehen muß (Laufhütte LK 5).

10 **VI.** Auch mit strafschärferen Tatbeständen ist heute **Tateinheit** möglich (4 vor § 102).

11 **VII.** Zu den nach Abs. 2 möglichen **Nebenfolgen** vgl. die Anm. zu § 92 a. Zur Anwendung des **Opportunitätsprinzips** vgl. § 120 I GVG iVm §§ 153 d, e StPO.

§ 103 Beleidigung von Organen und Vertretern ausländischer Staaten

(1) **Wer ein ausländisches Staatsoberhaupt oder wer mit Beziehung auf ihre Stellung ein Mitglied einer ausländischen Regierung, das sich in amtlicher Eigenschaft im Inland aufhält, oder einen im Bundesgebiet beglaubigten Leiter einer ausländischen diplomatischen Vertretung beleidigt, wird mit Freiheitsstrafe bis zu drei Jahren oder mit Geldstrafe, im Falle der verleumderischen Beleidigung mit Freiheitsstrafe von drei Monaten bis zu fünf Jahren bestraft.**

(2) **Ist die Tat öffentlich, in einer Versammlung oder durch Verbreiten von Schriften (§ 11 Abs. 3) begangen, so ist § 200 anzuwenden. Den Antrag auf Bekanntgabe der Verurteilung kann auch der Staatsanwalt stellen.**

Vorbem. Zur Fassung vgl. 1 vor § 102. – *Schrifttum:* vgl. die Angaben vor § 102.

1 **I.** Die Bestimmung schafft einen besonderen **Ehrenschutz für Repräsentanten ausländischer Staaten.** Sie stellt einen *strafhöhenden Sondertatbestand* gegenüber den §§ 185 ff. dar (Wolter AK 1).

2 **II.** Der **geschützte Personenkreis** entspricht dem des § 102 (RN 2 ff.). Im Unterschied zum dortigen Leibes- und Lebensschutz, der schlechthin eingreift, sofern sich die betroffene Person im Inland aufhält, ist der Ehrenschutz nach § 103 zT von zusätzlichen Voraussetzungen abhängig:

3 **1. Ausländische Staatsoberhäupter** genießen den besonderen Ehrenschutz *ohne Einschränkung*, also auch dann, wenn sie sich im *Ausland* aufhalten. Eine Beziehung der Tat zum Amt oder eine Wahrnehmung irgendeiner amtlichen Aufgabe am Aufenthaltsort wird nicht vorausgesetzt.

4 **2.** Bei **Mitgliedern einer ausländischen Regierung** wird eine doppelte *Einschränkung* gemacht: Die Beleidigung muß mit Beziehung auf ihre *amtliche Stellung* erfolgen, und sie müssen sich zZ der

Tat, dh wenn der Täter gehandelt hat oder wenn ihnen die beleidigende Äußerung zugeht, *in amtlicher Eigenschaft im Inland* aufhalten. Zum Inlandsbegriff vgl. 26 ff. vor § 3.

3. Bei **Leitern einer ausländischen diplomatischen Vertretung** ist Voraussetzung, daß die 5 Beleidigung *mit Beziehung auf ihre amtliche Stellung* erfolgt. Dagegen braucht sich dieser Personenkreis zZ der Tat *nicht im Inland* aufgehalten zu haben. Der Leiter muß im Bundesgebiet beglaubigt sein. Der Schutz *beginnt* mit der Überreichung des Beglaubigungsschreibens; er *endet* mit der Überreichung des Abberufungsschreibens, mit dem Abbruch der diplomatischen Beziehungen bzw. der Zustellung der Pässe oder einer amtlichen deutschen Kundgebung, die einem ausländischen diplomatischen Vertreter die Anerkennung als solchem entzieht. Vgl. auch § 102 RN 5.

III. Die **Tathandlung** entspricht der der §§ 185 ff., kann also Beleidigung (wie zB durch Bezeich- 6 nung der Organe eines ausländischen Staates als „Mörderbande": vgl. BVerwG NJW **82**, 1009), üble Nachrede oder Verleumdung sein. § 187 differenziert nur in der Strafhöhe zwischen Delikten nach §§ 185, 186 einerseits und § 187 anderseits. § 187 a (Beleidigung von Politikern) findet auf diese Fälle keine Anwendung, da er nur für deutsche Politiker gilt (dort RN 3), ebensowenig § 189 (Rudolphi SK 3), wohl aber bedeutet die Bezugnahme auf die §§ 185 ff. die Anwendbarkeit auch der §§ 190, 192, 193 (BVerwG aaO 1010, Tröndle/Fischer 4; teils enger Wolter AK 5).

IV. Die **Strafverfolgung** ist ebenso wie bei § 102 abhängig vom Bestehen diplomatischer Bezie- 7 hungen zum ausländischen Staat und von der Verbürgung der Gegenseitigkeit. Außerdem müssen ein *Strafverlangen* der ausländischen Regierung *und* eine *Verfolgungsermächtigung* der Bundesregierung vorliegen (§ 104 a). Insoweit handelt es sich lediglich um (vorsatzunabhängige) objektive Strafbarkeitsbedingungen bzw. Verfahrensvoraussetzungen (BVerwG NJW **82**, 1009). Ein Strafantrag des Verletzten ist dagegen nicht notwendig.

V. Im Verhältnis zu den §§ 185 ff. ist § 103 **lex specialis**. Soweit jedoch die Voraussetzungen des 8 § 103 nicht vorliegen, kommen die allgemeinen Vorschriften zur Anwendung. Das gilt auch dann, wenn eine der Verfolgungsvoraussetzungen des § 104 a fehlt, also zB Verfolgungsermächtigung der Regierung nicht erteilt wird. Die Aufgabe des § 103 kann nicht darin bestehen, den in § 103 genannten Personen den allgemeinen strafrechtlichen Schutz zu verweigern, den jeder andere genießt, sondern diesen Schutz zu verstärken (Tröndle/Fischer 5, Laufhütte LK 6). Daher ist eine individuelle **Privatklage** des Verletzten nicht ausgeschlossen (Wolter AK 6).

VI. Die nach **Abs. 2** zulässige **Bekanntmachungsbefugnis** richtet sich im einzelnen nach § 200. 9 Der entsprechende Antrag kann neben oder anstelle des Verletzten auch von seiner Regierung (§ 104 a iVm § 200 I) oder vom Staatsanwalt (Abs. 2 S. 2) gestellt werden.

§ 104 Verletzung von Flaggen und Hoheitszeichen ausländischer Staaten

(1) Wer eine auf Grund von Rechtsvorschriften oder nach anerkanntem Brauch öffentlich gezeigte Flagge eines ausländischen Staates oder wer ein Hoheitszeichen eines solchen Staates, das von einer anerkannten Vertretung dieses Staates öffentlich angebracht worden ist, entfernt, zerstört, beschädigt oder unkenntlich macht oder wer beschimpfenden Unfug daran verübt, wird mit Freiheitsstrafe bis zu zwei Jahren oder mit Geldstrafe bestraft.

(2) **Der Versuch ist strafbar.**

Vorbem. Zur Fassung vgl. 1 vor § 102. – *Schrifttum:* vgl. die Angaben vor § 102.

I. Gegenüber früheren Regelungen ist der **Schutzbereich** der Vorschrift sowohl hinsichtlich der 1 betroffenen Hoheitszeichen als auch hinsichtlich der Ausführungshandlungen erheblich ausgeweitet (vgl. Jesscheck Rittler-FS 281 f.). Geschützt werden jetzt **Flaggen und Hoheitszeichen ausländischer Staaten** gegen *Entfernen, Zerstören, Beschädigen* und *Unkenntlichmachen* sowie gegen *beschimpfenden Unfug.* Die entsprechende Vorschrift für *inländische* Flaggen usw. findet sich in § 90 a. Der besondere Schutz, den das Wappen der Schweiz. Eidgen. durch Ges. v. 27. 3. 35 genossen hat, wird nun durch § 125 II OWiG gewährleistet (vgl. BT-Drs. 7/550 S. 447 zu Art. 287 Nr. 1 EGStGB).

II. Geschützt sind zunächst **Flaggen**, sofern sie auf Grund von Rechtsvorschriften oder nach 2 anerkanntem Brauch öffentlich gezeigt werden. Nicht erforderlich ist, daß dies von seiten einer staatlichen oder amtlichen Stelle geschieht; geschützt werden vielmehr auch von Privatleuten gehißte Flaggen, sofern dies auf einem anerkannten Brauch beruht (zB bei Schiffen, Sportkämpfen, Kongressen usw.) und das Zeichen von einem beliebigen größeren Personenkreis soll gesehen werden können (vgl. Wolter AK 5).

Ferner sind **Hoheitszeichen** eines *ausländischen* Staates geschützt, die von einer anerkannten 3 Vertretung dieses Staates öffentlich angebracht wurden. Dazu gehören alle Arten von Zeichen, durch die die Regierungsgewalt des betr. Staates zum Ausdruck gebracht werden soll (vgl. RG **31** 147), insbes. also *Wappenschilder* und Grenzpfähle (vgl. Laufhütte LK 3). Anerkannte Vertretungen sind nicht nur die diplomatischen Dienststellen, sondern auch die *Konsulate* (Tröndle/Fischer 2).

III. Die **Tathandlung** besteht im Entfernen, Zerstören, Beschädigen, Unkenntlichmachen sowie 4 in der Verübung beschimpfenden Unfugs. **Entfernt** wird die Flagge oder das Hoheitszeichen, wenn sie von ihrem bestimmungsgemäßen Ort weggenommen wird. Ob neuer Gewahrsam begründet wird

§ 104a

oder der Täter die Sache fortwirft, ist ohne Bedeutung (Laufhütte LK 5). Jedoch muß die Flagge gezeigt, das Hoheitszeichen angebracht gewesen sein, so daß die Entfernung vom üblichen Aufbewahrungsraum nicht ausreicht. Die Tat ist mit der *Ablösung* vollendet. Über **Zerstören** und **Beschädigen** vgl. § 303 RN 7 ff. Ein **Unkenntlichmachen** liegt vor, wenn die symbolische Bedeutung nicht mehr zu erkennen ist, wie idR durch Zerstörung oder Beschädigung (Beschmieren mit Farbe). Über **beschimpfenden Unfug** vgl. § 167 RN 13. Vgl. zum Ganzen auch § 90a RN 17.

5   **IV. Subjektiv** ist **Vorsatz** erforderlich, der sich insbes. darauf zu erstrecken hat, daß das Objekt ein ausländisches Staatssymbol ist (Wolter AK 8).

6   **V. Tateinheit** ist möglich mit § 242. Gegenüber § 303 ist § 104 das speziellere Gesetz, auch soweit die Flagge von Privatleuten gehißt wurde. Ist Bestrafung aus § 104 nicht möglich, greift § 303 ein.

§ 104a Voraussetzungen der Strafverfolgung

Straftaten nach diesem Abschnitt werden nur verfolgt, wenn die Bundesrepublik Deutschland zu dem anderen Staat diplomatische Beziehungen unterhält, die Gegenseitigkeit verbürgt ist und auch zur Zeit der Tat verbürgt war, ein Strafverlangen der ausländischen Regierung vorliegt und die Bundesregierung die Ermächtigung zur Strafverfolgung erteilt.

Vorbem. Zur Fassung vgl. 1 vor § 102. – *Schrifttum:* vgl. die Angaben vor § 102.

1   **I.** Die Bestimmung enthält eine Reihe von **Strafverfolgungsvoraussetzungen** und **Strafbarkeitsbedingungen**: so das Bestehen diplomatischer Beziehungen zum ausländischen Staat, die Verbürgung der Gegenseitigkeit zur Tatzeit und zZ des Verfahrens, ein Strafverlangen der ausländischen Regierung und eine Ermächtigung zur Strafverfolgung seitens der deutschen Bundesregierung (rechtspol. krit. dazu Wolter AK 8). Hinsichtlich der **Rechtsnatur** dieser „Bedingungen" ist folgendermaßen zu differenzieren (ebenso Laufhütte LK 1):

2   **II.** *Objektive Strafbarkeitsbedingungen* (124 ff. vor § 13) sind das Bestehen **diplomatischer Beziehungen** zum ausländischen Staat und die **Verbürgung der Gegenseitigkeit** zur Tat- und Prozeßzeit (Rudolphi SK 2). Letztere muß nicht nur rechtlich bestehen, sondern tatsächlich gewährleistet sein (RG 38 89, Tröndle/Fischer 3). Diese Voraussetzungen gelten für alle Vergehen dieses Abschnitts. Soweit die Gegenseitigkeit nicht verbürgt ist, kommen die §§ 102 ff. nicht zur Anwendung, jedoch greifen dann die allg. Vorschriften (zB §§ 185 ff.) ein. Zum Verhältnis zur ehemaligen **DDR** vgl. 24. A.

3   **III.** Bloße *Verfolgungsvoraussetzungen* hingegen sind das **Strafverlangen** der ausländischen Regierung und die **Verfolgungsermächtigung** der Bundesregierung. Das Strafverlangen ist zwar kein Strafantrag i. techn. S., doch sind nach § 77e die §§ 77, 77d entsprechend anzuwenden. Zuständig für die Abgabe der Erklärung ist jeweils das Organ, das den Auslandsstaat gegenüber der Bundesrepublik vertritt (Tröndle/Fischer 4), so idR der Botschafter (vgl. RG GA Bd. 55 334), vorausgesetzt, daß dieser nicht offensichtlich gegen den Willen der von ihm vertretenen Regierung handelt. Zur Form vgl. Laufhütte LK 5; zur Zurücknahme des Strafverlangens vgl. § 77d. Die **Ermächtigung** der Bundesregierung ist von dem für die Außenbeziehungen zuständigen Bundesminister zu erteilen (vgl. Tröndle/Fischer § 97 RN 5), soweit nicht die Bundesregierung die ihr nach § 104a zustehende Kompetenz an sich gezogen hat (Laufhütte LK 6). Auch hier ist die Zurücknahme nach § 77e iVm § 77d zulässig. Vgl. im übrigen § 77e RN 2ff. sowie § 97 RN 18.

§ 104b [Nebenfolgen] *aufgehoben durch EGStGB; vgl. jetzt §§ 102 II, 103 II.*

Vierter Abschnitt. Straftaten gegen Verfassungsorgane sowie bei Wahlen und Abstimmungen

Vorbemerkungen zu §§ 105 bis 108e

1   **I.** Aus der Abschnittsüberschrift dürfen keine Folgerungen für die Auslegung der einzelnen Tatbestände gezogen werden. Der dort gewählte Ausdruck ist juristisch nicht eindeutig. Geschützt ist die Freiheit der **politischen Meinungsbildung** und **Meinungsäußerung** (Düsseldorf NJW **78**, 2563, Laufhütte LK 1, Wolter AK 1), und zwar gegen Beeinträchtigung von Verfassungsorganen (§§ 105–106b) sowie von Wahlen und Abstimmungen (§§ 107–108e); vgl. Geilen LdR 8/1810.

2   **II.** Die Vorschriften dieses Abschnitts beziehen sich nur auf **inländische** Einrichtungen und Verhältnisse (vgl. 13 ff. vor § 3). Das ist im Grundsatz unverändert auch, soweit nach § 108 d auch Wahlen zum Europäischen Parlament erfaßt werden, geht es dabei doch jeweils nur um ihren deutschen Teilausschnitt (vgl. § 108d RN 2, BGH **39** 65, Laufhütte LK 2; zu mögl. Ausnahmen bei Abgeordnetenbestechung eines europ. Parlamentsmitglieds nach § 108e vgl. dort RN 5). Die praktische Bedeutung dieser Tatbestände ist freilich gering (vgl. Wolter AK 8ff.). Anstelle des durch das VerfassungsschutzorganeG v. 11. 8. 99 (BGBl. I 1818) aufgehobenen § 106a werden Bannkreisverletzungen nunmehr nur noch als Ordnungswidrigkeit nach § 29a VersammlG geahndet; vgl. Schneider NJW **00**, 263.

§ 105 Nötigung von Verfassungsorganen

(1) **Wer**
1. **ein Gesetzgebungsorgan des Bundes oder eines Landes oder einen seiner Ausschüsse,**
2. **die Bundesversammlung oder einen ihrer Ausschüsse oder**
3. **die Regierung oder das Verfassungsgericht des Bundes oder eines Landes**

rechtswidrig mit Gewalt oder durch Drohung mit Gewalt nötigt, ihre Befugnisse nicht oder in einem bestimmten Sinne auszuüben, wird mit Freiheitsstrafe von einem Jahr bis zu zehn Jahren bestraft.

(2) **In minder schweren Fällen ist die Strafe Freiheitsstrafe von sechs Monaten bis zu fünf Jahren.**

Vorbem. Fassung durch das 8. StÄG v. 25. 6. 1968.

Schrifttum: *Geilen,* Der Tatbestand der Parlamentsnötigung, 1957. – *Krey,* Zum Gewaltbegriff im Strafrecht, in: BKA (Hrsg.), Was ist Gewalt?, Bd. 2 (1988) 11. – *Niese,* Streik u. Strafrecht, 1954. – *Sax,* Parlamentsnötigung durch Streik, NJW 53, 368. – *Scholz,* Nötigung von Verfassungsorganen durch Streik?, Jura 87, 190. – *Schwarz,* Die strafgerichtl. Aberkennung der Amtsfähigkeit u. des Wahlrechts, 1991. – *Wolf,* Straftaten bei Wahlen u. Abstimmungen, 1961. – *Gesetzesmaterialien:* SA Prot. V 712, 741 ff., 1725 ff., 1934 ff. – Rechtsvergleichend: *Cordes* Mat. II BT 34 ff.

I. Die Vorschrift richtet sich gegen die **Nötigung von Verfassungsorganen** des Bundes oder eines Landes, um die Handlungs- und Entschlußfreiheit dieser Organe zu schützen (vgl. Tröndle/Fischer 2). Dabei werden heute außer Gesetzgebungsorganen auch die Bundesversammlung sowie die Regierungen, Verfassungsgerichte des Bundes und der Länder erfaßt, einschließlich etwaiger Ausschüsse dieser Organe. Geschützt werden aber nur die genannten **Organe** als solche, nicht ihre einzelnen Mitglieder (Wolter AK 3). Bei deren Nötigung greifen jedoch die §§ 106, 240 ein (Rudolphi SK 4). 1

II. **Geschütztes Tatobjekt** sind folgende Verfassungsorgane:

1. Nach Nr. 1 die **Gesetzgebungsorgane** des Bundes und der Länder: Dazu gehören alle Körperschaften, deren Zustimmung oder Mitwirkung (zB Bundesrat; vgl. Art. 77 III GG) die verfassungsmäßig notwendige Voraussetzung für den Erlaß eines Gesetzes im formellen Sinne bildet. Nur beratende Körperschaften, wie Vorparlamente, kommen ebensowenig in Betracht wie kirchliche Körperschaften. Erfaßt werden hier zB der Bundestag, der Bundesrat, die Landtage (oder Kammern) der Länder, ebenso aber auch die Ausschüsse der genannten Organe, nicht dagegen die Fraktionen. Andere rechtssetzende Körperschaften als die des Bundes oder eines Landes werden von § 105 nicht erfaßt, so zB Gemeindevertretungen, Kreistage usw. (M-Schroeder II 329 f.). Insoweit findet § 240 Anwendung (Laufhütte LK 2). 2

2. Einbezogen durch Nr. 2 sind ferner die **Bundesversammlung** sowie ihre Ausschüsse. 3

3. Schließlich wird der Schutz auch auf die **Regierungen** des Bundes und der Länder sowie deren **Verfassungsgerichte** erstreckt (Nr. 3). 4

III. Die **Tathandlung** besteht in einer **Nötigung**. 5

1. Als **Nötigungsmittel** kommen nur Gewalt oder Drohung mit Gewalt in Betracht (allg. dazu 6 ff. vor § 234). Im Unterschied zu Individualschutztatbeständen ist jedoch hier, ähnlich wie bei sonstigen Staatsschutztatbeständen, die Schwelle zur Annahme von *Gewalt* höher zu legen (vgl. BGH 32 170 ff., Wolter AK 7 f., NStZ 85, 194 ff., 245 ff. sowie o. § 81 RN 4). Deshalb kann mittelbare Gewalt gegen Dritte oder Sachen nur genügen, wenn sich aufgrund des davon ausgehenden Drucks das betroffene Verfassungsorgan, um schwerwiegenden Schaden von der Allgemeinheit oder bestimmten Einzelnen abzuwenden, zur Kapitulation gezwungen sehen kann (BGH 32 175) oder zumindest in ernstliche innere Bedrängnis gerät (Krey aaO 34, Willms JR 84, 121). Im übrigen braucht die *Drohung* nicht gegen die im § 105 genannten Organe ausgesprochen zu werden. Es genügt die Drohung, die Bevölkerung zu terrorisieren oder volkswirtschaftlich wichtige Einrichtungen zu zerstören (Blei II 389). Auch ein Streik kann als Gewaltanwendung angesehen werden (vgl. näher § 81 RN 4, BGH **8** 102). Eine Beschränkung des Tatbestandes auf körperlich spürbare Einwirkungen (so Schwalm LK⁹ 10) wäre verfehlt, da zB eine Blockade aller Zufahrtsstraßen ausreichen muß (vgl. auch Laufhütte LK 8, 13). Auch Gewalt gegen Sachen kommt uU in Betracht, so wenn zB die Akten des BVerfG verbrannt werden, um eine Entscheidung zu verhindern oder zu verzögern (grds. enger Wolter AK 12 ff., 30 ff.). 6, 7

2. Die Nötigung muß **bezwecken**, eines der genannten Organe in der Ausübung seiner Befugnisse zu beschränken, dh es zu einer Unterlassung seiner legalen Tätigkeit oder zu deren Ausübung in einem bestimmten (legalen oder illegalen) Sinne zu zwingen. Wie in § 240 kann es sich um Handlungen, Duldungen oder Unterlassungen handeln (vgl. dort RN 12 ff.). Die Vorschrift bezieht sich nicht nur auf Angelegenheiten, mit denen das Organ bereits befaßt ist oder sich befassen will; es reicht vielmehr aus, daß das Organ gezwungen wird, eine Angelegenheit auf die Tagesordnung zu setzen (vgl. Geilen aaO 134 ff., Wolf aaO 223, Wolter AK 49). 8

§ 106 1–3 Bes. Teil. Straft. geg. Verfassungsorg. sowie b. Wahlen u. Abstimmungen

9 **3. Befugnisse** iSd § 105 sind alle Tätigkeiten, zu denen das Organ durch die Verfassung berufen ist, wie etwa die einzelfallbezogene Aufhebung der Immunität eines Abgeordneten (vgl. Geilen aaO 137), aber auch über den konkreten Normvollzug hinausgehende politische Grundsatzentscheidungen oder langfristige Planungen (vgl. BGH **32** 177 zu Flughafenbau).

10 **4.** Während nach § 240 II bei der Nötigung Mittel und Zweck zueinander in Beziehung gesetzt werden müssen, fehlt in § 105 eine entsprechende Bestimmung. Es fragt sich daher, ob hier die **Widerrechtlichkeit** der angewandten Mittel ausreicht und der Zweck außer Betracht zu bleiben hat. Man wird diese Frage verneinen müssen und daher den § 105 nicht anwenden, wenn ein Parlament gezwungen werden soll, den Erlaß eines verfassungswidrigen Gesetzes zu unterlassen (vgl. auch BT-Drs. V/2860 S. 3, aber auch Blei II 389, Laufhütte LK 18, Rudolphi SK 16, Wolter AK 54 ff.). Zum Widerstandsrecht nach Art. 20 IV GG vgl. 65 vor § 32, zum „zivilen Ungehorsam" vgl. § 240 RN 26.

11 **5. Täter** kann jedermann sein, also zB auch ein MdB gegenüber dem BT.

12 **IV.** Da Verbrechen, ist der **Versuch** strafbar (§§ 12 I, III, 23 I). **Vollendet** ist die Tat erst bei Vornahme einer dem Nötigungsziel entsprechenden Handlung, Duldung oder Unterlassung (o. 8) des betroffenen Organs (Wolter AK 63).

13 **V. Idealkonkurrenz** ist möglich mit § 106. Dem § 240 geht § 105 vor (Spezialität), wobei ein Rückgriff auf § 240 selbst dann ausgeschlossen ist, wenn bei beabsichtigter Nötigung eines Verfassungsorgans die für § 105 erforderliche Nötigungsschwelle nicht erreicht ist (BGH **32** 176 m. Anm. Arzt JZ 84, 429).

14 **VI.** Zur Anwendung des **Opportunitätsprinzips** vgl. § 120 I Nr. 5 GVG i. V. m. §§ 153 d, e StPO.

§ 106 Nötigung des Bundespräsidenten und von Mitgliedern eines Verfassungsorgans

(1) Wer
1. den Bundespräsidenten oder
2. ein Mitglied
   a) eines Gesetzgebungsorgans des Bundes oder eines Landes,
   b) der Bundesversammlung oder
   c) der Regierung oder des Verfassungsgerichts des Bundes oder eines Landes

rechtswidrig mit Gewalt oder durch Drohung mit einem empfindlichen Übel nötigt, seine Befugnisse nicht oder in einem bestimmten Sinne auszuüben, wird mit Freiheitsstrafe von drei Monaten bis zu fünf Jahren bestraft.

(2) **Der Versuch ist strafbar.**

(3) **In besonders schweren Fällen ist die Strafe Freiheitsstrafe von einem Jahr bis zu zehn Jahren.**

Vorbem. Fassung durch das 8. StÄG v. 25. 6. 68. – *Schrifttum:* vgl. die Angaben zu § 105.

1 **I.** Der Tatbestand erfaßt die **Nötigung von Mitgliedern der** in § 105 genannten **Verfassungsorgane.** Ähnlich wie bei § 105 geht es auch hier um den Schutz der spezifisch *politischen Willensfreiheit* bestimmter staatlicher Organe (vgl. Düsseldorf NJW **78**, 2563, Wolter AK 1). Während aber § 105 die Versammlung als Ganzes (als Kollegium) schützt, handelt es sich bei § 106 auch um den Schutz des einzelnen Mitglieds in seinen verfassungsmäßigen Rechten (Willms LK[10] I).

1a **II. Tatobjekt** kann daher (in abschließender Aufzählung) nur das genannte Verfassungsorgan persönlich bzw. das Mitglied eines solchen Organs in seiner politischen Funktion sein. Das bedeutet, daß durch § 106 weder die Beamten des Bundespräsidialamtes noch die eines Ministeriums geschützt sind (Laufhütte LK 2). Dagegen wird beim Minister selbst schwerlich zwischen seiner Funktion als Mitglied der BReg. und der als Leiter einer obersten Bundesbehörde zu unterscheiden und daher idR ersteres anzunehmen sein (vgl. Schoreit MDR 79, 633 f., Wolter AK 2 gegen Düsseldorf NJW **78**, 2563). Der Stellvertreter des Bundespräsidenten ist geschützt, soweit er amtiert (Tröndle/Fischer 1, Rudolphi SK 1).

2 **III.** Die **Tathandlung** besteht darin, daß die genannten Personen durch **Gewalt** (dazu § 105 RN 6 f.) oder durch **Drohung** mit einem empfindlichen Übel (vgl. § 240 RN 3 ff., § 81 RN 4; ferner BT-Drs. V/2860 S. 3) in der Ausübung ihrer Befugnisse beeinträchtigt werden. **Täter** kann auch ein Mitglied des Organs sein.

3 **1. Befugnisse** iSd § 106 sind nur solche, die den Personen durch die Verfassung übertragen worden sind oder die ihnen auf Grund der Geschäftsordnung innerhalb ihrer Organe zustehen. Darunter fällt auch die Teilnahme und Mitberatung in Fraktionssitzungen, nicht dagegen eine Wahlrede auf einer öffentlichen Versammlung (vgl. Tröndle/Fischer 2). **Ziel der Nötigung** muß es sein, die genannten Personen dazu zu zwingen, ihre Befugnisse nicht oder in einem bestimmten Sinne auszuüben (vgl.

§ 105 RN 8). Zur **Rechtswidrigkeit** gilt das zu § 105 RN 10 Gesagte entsprechend (teils and. Wolter AK 7 f.).

2. Vollendet ist die Tat erst mit der Vornahme einer entsprechenden Handlung oder Unterlassung. 4
Wendet der Täter nur die Nötigungsmittel an, so liegt strafbarer **Versuch** vor (Abs. 2).

IV. Idealkonkurrenz ist möglich mit § 105. Auch § 106 ist gegenüber § 240 lex specialis mit 5
Sperrwirkung (vgl. § 105 RN 13), da es sich um eine Beeinträchtigung der Willensfreiheit in einem bestimmten Lebensbereich handelt.

V. Zur Anwendung des **Opportunitätsprinzips** vgl. § 120 I Nr. 5 GVG iVm §§ 153 d, e StPO. 6

§ 106 a [Bannkreisverletzung] *aufgehoben durch Art. 5 Ges. v. 11. 8. 99 (BGBl. I 1818); vgl. 2 vor § 105.*

§ 106 b Störung der Tätigkeit eines Gesetzgebungsorgans

(1) Wer gegen Anordnungen verstößt, die ein Gesetzgebungsorgan des Bundes oder eines Landes oder sein Präsident über die Sicherheit und Ordnung im Gebäude des Gesetzgebungsorgans oder auf dem dazugehörenden Grundstück allgemein oder im Einzelfall erläßt, und dadurch die Tätigkeit des Gesetzgebungsorgans hindert oder stört, wird mit Freiheitsstrafe bis zu einem Jahr oder mit Geldstrafe bestraft.

(2) Die Strafvorschrift des Absatzes 1 gilt bei Anordnungen eines Gesetzgebungsorgans des Bundes oder seines Präsidenten weder für die Mitglieder des Bundestages noch für die Mitglieder des Bundesrates und der Bundesregierung sowie ihre Beauftragten, bei Anordnungen eines Gesetzgebungsorgans eines Landes oder seines Präsidenten weder für die Mitglieder der Gesetzgebungsorgane dieses Landes noch für die Mitglieder der Landesregierung und ihre Beauftragten.

I. Der Tatbestand betrifft zwar primär das **Hausrecht** und die **Polizeigewalt in Parlamentsge-** 1
bäuden (Lackner/Kühl 1), wie sie vom Parlamentspräsidenten ausgeübt wird (vgl. Art. 40 II GG sowie Engeln, Das Hausrecht (usw.), 1989, 142 ff.). Schutzgut ist jedoch darüber hinaus – zumindest auch, nach Wolter AK 1 sogar primär – die **Funktionsfähigkeit der Gesetzgebungsorgane** (vgl. Laufhütte LK 1, Rudolphi SK 1; wohl noch weitergeh. iSv demokrat.-parl. Öffentlichkeitsschutz Celle NStZ **86**, 410). An sich kann die Mißachtung von Anordnungen des Parlamentspräsidenten auch durch § 123 sowie uU durch §§ 113 f. erfaßbar sein (daher für Streichung Wolter AK 8); jedoch umfaßt § 106 b auch solche Verletzungen, die keinen Hausfriedensbruch bzw. keine Widerstandshandlung beinhalten. Zudem bedroht § 106 b die Zuwiderhandlung als solche unmittelbar mit Strafe, unabhängig davon, welche Stellung sonst dem Präsidenten nach der Verfassung zukommt.

II. Die **Anordnungen** können *allgemein* oder auch *für den einzelnen Fall,* selbst gegenüber einer 2
bestimmten Einzelperson, getroffen werden. Eine Form ist für die Kundgebung der Anordnung nicht vorgeschrieben. Die Anordnungen müssen das Betreten der Gebäude und das Verhalten darin betreffen (vgl. Celle NStZ **86**, 410 zur nds. LT-GO).

III. Durch den Verstoß gegen diese Anordnungen muß die Tätigkeit des betroffenen Gesetz- 3
gebungsorgans **gehindert** oder **gestört** worden sein (wofür jedoch – entgegen Celle NStZ **86**, 411 – bloße Störung durch Besucher nicht genügen dürfte). Fehlt es an diesem Erfordernis, so kommt nur eine Ordnungswidrigkeit nach § 112 OWiG in Betracht.

IV. Für den **subjektiven Tatbestand** ist **Vorsatz** erforderlich (§ 15). 4

V. Täter können nur Angehörige des Publikums sein, nicht dagegen die Mitglieder des jeweiligen 5
Gesetzgebungsorgans, ebensowenig Mitglieder der jeweiligen Regierung des Bundes bzw. eines Landes und ihre Beauftragten (Abs. 2), wohl aber zB ein MdL im BT (Wolter AK 5).

VI. Nach Streichung der früheren Subsidiaritätsklausel durch das EGStGB kommt auch **Tateinheit** 6
mit § 123 in Betracht (Laufhütte LK 4, Rudolphi SK 7), zumal sich die beiden Tatbestände nicht notwendig decken (vgl. o. 1; für dessen Zurücktreten hingegen Tröndle/Fischer 1, Wolter AK 7).

VII. Einer Verfolgungs*ermächtigung* durch den Parlamentspräsidenten (Abs. 1 S. 2 aF) bedarf es *nicht* 7
mehr.

§ 107 Wahlbehinderung

(1) Wer mit Gewalt oder durch Drohung mit Gewalt eine Wahl oder die Feststellung ihres Ergebnisses verhindert oder stört, wird mit Freiheitsstrafe bis zu fünf Jahren oder mit Geldstrafe, in besonders schweren Fällen mit Freiheitsstrafe nicht unter einem Jahr bestraft.

(2) Der Versuch ist strafbar.

Schrifttum: Vgl. die Angaben zu § 105, insbes. *Schwarz* u. *Wolf.*

I. Die Vorschrift bildet auf der Grundlage des 3. StÄG iVm den §§ 107 a–108 d das sog. **Wahl-** 1
strafrecht, das dem Schutz des Wahlvorgangs und der Ausübung des Wahlrechts als mit den

§ 107a 1–4 Bes. Teil. Straft. geg. Verfassungsorg. sowie b. Wahlen u. Abstimmungen

wichtigsten staatsrechtlichen und staatspolitischen Vorgängen im demokratischen Staat dient (vgl. Laufhütte LK vor 1 vor § 107).

2   § 107 richtet sich gegen die **Wahlbehinderung,** und zwar gegen die Beeinträchtigung des *Wahlvorgangs* durch Nötigung (vgl. auch Wolf aaO 164). Schutzgut ist daher hier weniger die freie Stimmabgabe des einzelnen Wahlberechtigten, denn dagegen richtet sich die „Wählernötigung" nach § 108. Vielmehr geht es hier um die Gewährleistung eines **ordnungsgemäßen Wahlablaufs,** und zwar der Wahl als ganzer, also einschließlich der Ermittlung ihres Ergebnisses (Rudolphi SK 1, Wolter AK 1). Zum Begriff der *Wahl* vgl. die Legaldefinition des § 108 d.

3   II. Die **Tathandlung** besteht in der Verhinderung oder Störung der Wahl oder der Feststellung ihres Ergebnisses.

4   1. Da sich die Tat gegen den *Wahlvorgang* als solchen richten muß (o. 2), kann von einer **Verhinderung** oder **Störung der Wahl** nur dort die Rede sein, wo sich die Tat nicht gegen *einzelne* Wahlberechtigte, sondern gegen die Ausübung des Wahlrechts durch eine Anzahl individuell *nicht feststehender* Personen richtet. Störung bedeutet eine *Erschwerung* oder *Verzögerung* des Wahlvorganges.

5   2. Die Wahl ist mit der Stimmabgabe *beendet*. Zum Wahlvorgang iwS gehört aber auch die **Feststellung ihres Ergebnisses** durch Auszählung der Stimmen und Beurkundung (vgl. Bay NStZ **81**, 30, Laufhütte LK 3, Wolf aaO 219). Auch dieser Vorgang ist durch § 107 geschützt, zB gegen den Austausch von Wahlunterlagen (vgl. LG Braunschweig NStZ-RR **00**, 93), die Entwendung von Wahlurnen oder die Vernichtung von Wahlzetteln, sofern dies nicht im Rahmen des Wahl- oder Auszählungsvorgangs (dann § 107 a), sondern durch Eingriff von außen geschieht.

6   III. Die *Mittel* der Wahlbehinderung sind **Gewalt** oder **Drohung** mit Gewalt (vgl. § 105 RN 6).

7   IV. Der **Versuch** ist strafbar (Abs. 2).

8   V. Als **Nebenfolge** kommt die Aberkennung des aktiven und passiven Wahlrechts in Betracht (§ 108 c).

§ 107 a Wahlfälschung

(1) **Wer unbefugt wählt oder sonst ein unrichtiges Ergebnis einer Wahl herbeiführt oder das Ergebnis verfälscht, wird mit Freiheitsstrafe bis zu fünf Jahren oder mit Geldstrafe bestraft.**

(2) **Ebenso wird bestraft, wer das Ergebnis einer Wahl unrichtig verkündet oder verkünden läßt.**

(3) **Der Versuch ist strafbar.**

Schrifttum: vgl. die Angaben zu § 105 und § 107.

1   I. Die (von BVerfG NVwZ **93**, 55 als hinreichend bestimmt erachtete) Vorschrift richtet sich im Interesse der Allgemeinheit an ordnungsgemäßen Wahlen (Zweibrücken NStZ **86**, 555; vgl. auch § 107 RN 1 sowie mit Betonung der individualschützenden Komponente BezG Dresden NStZ **92**, 440, Höchst JR **92**, 434 f., Lorenz NStZ **92**, 427 f., ferner 105 vor § 3 mwN) speziell gegen die **Schaffung unrichtiger Wahlergebnisse**. Solche können auf ganz unterschiedliche Weise herbeiführt werden: durch unlautere Einwirkung auf die Stimmabgabe, durch Fälschung der Wahlzettel, durch Berücksichtigung ungültiger Stimmen, durch falsche Bekanntgabe des Ergebnisses usw. Die meisten dieser Fälle werden durch den Tatbestand der Wahlfälschung zusammengefaßt, der als Grundtatbestand dieser Deliktsgruppe anzusehen ist (vgl. BGH **9** 340, Laufhütte LK 1). Den Begriff der Wahl bestimmt § 108 d. Zur strafrechtlichen Verfolgbarkeit von Wahlfälschungen in der ehem. DDR vgl. 105 vor § 3.

2   II. Den **Tathandlungen** ist gemeinsam, daß das Ergebnis der Wahl als Ausdruck einer bestimmten Willensbildung der Wahlberechtigten durch die Tat unrichtig wird. Dafür kommen vier Alternativen in Betracht:

3   1. **Unbefugt wählt,** wer, ohne im Besitz des Stimmrechts zu sein (zB infolge von §§ 45, 92 a, 101, 108 c), eine Stimme abgibt, gleichgültig, ob er das unter eigenem oder fremdem Namen tut, zB einen Wahlvorschlag mit dem Namen eines anderen unterzeichnet (vgl. BGH **29** 380 m. Anm. Oehler JR 81, 520, Hamm JZ **57**, 583 m. Anm. Schröder). Gleiches gilt für den Fall, daß der Täter als Vertrauensperson eines anderen wählt, ohne daß die entsprechenden Voraussetzungen vorliegen (vgl. AG Kleve 13 Ls 5 Js 871/79 v. 29. 7. 80). Die *doppelte* Ausübung des Stimmrechts ist gleichfalls unbefugte Wahl (vgl. RG **37** 297, 380). Das gleiche gilt bei Ausübung der Wahl aufgrund *falscher* Eintragung in die Wählerlisten. Über Wählen vgl. weiter RG **20** 420, **63** 382. Das unbefugte Wählen ist nur ein Spezialfall für den allgemeinen Begriff der Herbeiführung eines unrichtigen Wahlergebnisses (Laufhütte LK 2, Schröder JZ 57, 584; and. Wolf aaO 231); denn unrichtig ist die Wahl schon dann, wenn die Stimme des Nichtberechtigten, obgleich ungültig, als gültige mitgezählt wird (vgl. u. 5). Deshalb ist unerheblich, ob derjenige, an dessen Stelle der Täter unbefugterweise gewählt hat, im gleichen Sinne gestimmt hätte (BGH **29** 380, Lackner/Kühl 1, Laufhütte LK 3; vgl. auch Zweibrücken NStZ **86**, 554). Als **Täter** kommt jedermann in Betracht, dem – ungeachtet seines allgemeinen Wahlrechts – zu der konkreten Wahl das Stimmrecht abgeht. Dabei ist unerheblich, ob die zuständigen Wahl-

4

organe die vermeintliche Wahlberechtigung bereits festgestellt hatten (BVerfG NVwZ 93, 56). Glaubt der Täter, aufgrund einer Vollmacht zur Wahl für einen anderen befugt zu sein, so soll nach Hamm JZ 57, 583 Verbotsirrtum vorliegen. Richtigerweise ist aber aus der 2. Alt. (u. 5) das Merkmal des unrichtigen Wahlergebnisses auch in die 1. Alt. hineinzulesen. Deshalb setzt **Vorsatz** zwar das Bewußtsein mangelnder Befugtheit voraus, mit der Folge, daß bei irriger Annahme, als Vertrauensperson mit Willen des Wahlberechtigten zu handeln, Tatbestandsirrtum einzuräumen ist (Laufhütte LK 7, Schröder JZ 57, 584, Rudolphi SK 7); sofern der Täter hingegen um die Unbefugtheit seiner Wahlbeteiligung weiß und lediglich irrig meint, daß der Wahlberechtigte in gleichem Sinne gestimmt hätte, ist jedenfalls Tatbestandsirrtum auszuschließen, da es auf das Ob und Wie der Wahl des Berechtigten schon tatbestandlich überhaupt nicht ankommt (vgl. o. 3), so daß allenfalls Subsumtionsirrtum in Betracht kommt.

2. Die **sonstige Herbeiführung eines unrichtigen Wahlergebnisses** kann auf sehr verschiedene 5
Weise erfolgen: so etwa durch Aushändigen bereits gekennzeichneter Wahlzettel (RG 63 382), durch Untermischen zusätzlicher Wahlzettel oder auch durch Entfernen ordnungsgemäß abgegebener Wahlzettel (vgl. Laufhütte LK 4) sowie durch Sichwählenlassen trotz fehlender passiver Wahlberechtigung (vgl. BVerfG NVwZ 93, 55). Die Veränderung des Stimmenverhältnisses reicht aus (vgl. Tröndle/Fischer 2), auch wenn sich dadurch am Wahl*erfolg* nichts ändert; denn da es lediglich auf das Ergebnis der einzelnen Wahlhandlung ankommt und dieses schon dann unrichtig ist, wenn es nicht der unverfälschte Ausdruck des gesetzmäßig erklärten Willens des Wählers ist, ist der Tatbestand schon dann erfüllt, wenn die Stimme wegen unzulässiger Beeinflussung des Wahlberechtigten ungültig ist (Zweibrücken NStZ 86, 554). Demzufolge kommt es für die Tatvollendung nicht auf die Stimmenauszählung, sondern auf die Stimm**abgabe an** (vgl. RG 5 49, Wolter AK 3), was bei Briefwahl jedenfalls mit Eingang der Wahlbriefe beim zuständigen Wahlvorstand (vgl. Zweibrücken NStZ 86, 555), wenn nicht schon mit Übergabe der Briefe an einen Boten (vgl. Koblenz NStZ 92, 134) der Fall ist. Zum **Vorsatz** gehört auch hier das Bewußtsein, daß das Ergebnis der Wahl *unrichtig* ist. Ein entsprechender Irrtum ist daher Tatbestandsirrtum. Als *Täter* kommen Wähler wie Nichtwähler in Betracht (Tröndle/Fischer 4).

3. Eine **Verfälschung des Wahlergebnisses** liegt vor, wenn nach Abschluß der Stimmabgabe 6
seitens der Wähler deren Ergebnis *verändert* wird. Das Ergebnis der Wahl ist von der Auszählung der Stimmen nicht abhängig (RG 62 7 f., Koblenz NStZ 92, 134); die Auszählung stellt nur das Ergebnis fest. Entfernung von Wahlzetteln bei der Zählung ist Verfälschung des Ergebnisses; ebenso falsches Zählen der Stimmen (RG 20 420; vgl. auch Koblenz aaO zur Ergebnisfälschung bei Briefwahl). **Täter** kann jedermann, auch ein Nichtwähler sein (Tröndle/Fischer 4).

4. Ist das Ergebnis der Wahl durch Auszählen der Stimmen ordnungsmäßig festgestellt, so kann ein 7
Angriff auf das Wahlergebnis noch durch **unrichtige Bekanntgabe des Ergebnisses** erfolgen; denn durch **Abs.** 2 wird die unrichtige Verkündung oder das Verkündenlassen des Wahlergebnisses gleichfalls unter Strafe stellt. Als **Täter** kommen hier nur solche Personen in Betracht, die den **amtlichen Auftrag** zur Verkündung des Ergebnisses haben und deren Erklärung daher die Gefahr einer Verfälschung der politischen Willensbildung bedeutet (vgl. Blei II 387, Laufhütte LK 6). Bekanntgabe falscher Ergebnisse durch andere Personen, zB die Presse, gehört nicht hierher (M-Schroeder II 332), ebensowenig die Anmaßung einer solchen Befugnis (Rudolphi SK 6; and. Tröndle/Fischer 3). *Teilnahme* ist nach allgemeinen Grundsätzen möglich. Da es sich bei der Bekanntmachungsbefugnis um kein täterbezogenes Merkmal handelt, findet § 28 keine Anwendung (Wolter AK 5).

III. Der **Versuch** ist strafbar (Abs. 3). Zur **Vollendung** vgl. 5, 6. 8

IV. Zur Aberkennung des aktiven und passiven Wahlrechts als **Nebenfolge** vgl. § 108 c. 9

V. Die Wahlfälschung ist der allgemeine Tatbestand gegenüber allen anderen, durch die das Wahler- 10
gebnis gegen unlautere Beeinflussung in besonderer Weise geschützt werden soll (vgl. o. 1). Wählernötigung (§ 108) und Wählertäuschung (§ 108 a) sind daher als **leges speciales** gegenüber § 107 a anzusehen (Laufhütte LK 9, Rudolphi SK 9; and. Wolf aaO 232, 235), während § 107 b als subsidiär zurücktritt. Idealkonkurrenz ist möglich mit Falschbeurkundung (§§ 271, 348) oder Urkundenunterdrückung (§ 274). Vgl. dazu RG 22 182, 56 390, Stuttgart NJW 54, 486; gegen diese Urteile Bruns NJW 54, 456. Auch mit § 267 (zB bei Einreichung eines Wahlvorschlages) ist Idealkonkurrenz möglich (vgl. Köln NJW 56, 1609, Hamm NJW 57, 638, Tröndle/Fischer 5), nicht aber bei bloßer Manipulation an einzelnen Stimmzetteln (Koblenz NStZ 92, 134).

§ 107 b Fälschung von Wahlunterlagen

(1) Wer

1. seine Eintragung in die Wählerliste (Wahlkartei) durch falsche Angaben erwirkt,
2. einen anderen als Wähler einträgt, von dem er weiß, daß er keinen Anspruch auf Eintragung hat,
3. die Eintragung eines Wahlberechtigten als Wähler verhindert, obwohl er dessen Wahlberechtigung kennt,
4. sich als Bewerber für eine Wahl aufstellen läßt, obwohl er nicht wählbar ist,

§ 107 c 1, 2   Bes. Teil. Straft. geg. Verfassungsorg. sowie b. Wahlen u. Abstimmungen

wird mit Freiheitsstrafe bis zu sechs Monaten oder mit Geldstrafe bis zu einhundertachtzig Tagessätzen bestraft, wenn die Tat nicht in anderen Vorschriften mit schwererer Strafe bedroht ist.

(2) **Der Eintragung in die Wählerliste als Wähler entspricht die Ausstellung der Wahlunterlagen für die Urwahlen in der Sozialversicherung.**

Vorbem. Abs. 2 eingefügt durch Art. 2 § 11 Nr. 1 SGB IV v. 23. 12. 76 (BGBl. I 3845).

Schrifttum: vgl. die Angaben zu § 105 und § 107.

1   I. Die Vorschrift wendet sich gegen besonders gefährliche **Vorbereitungshandlungen der Wahldelikte** (vgl. § 107 RN 1), und zwar die Nrn. 1 bis 3 hinsichtlich der Richtigkeit der Wählerlisten und die dadurch geschaffene Gefahr unrichtiger Wahlergebnisse, die Nr. 4 gegen Mängel bei der Ausübung des passiven Wahlrechts.

II. Als **Tathandlungen** kommen in Betracht:

2   1. Das Bewirken der **eigenen Eintragung** eines Nicht-Wahlberechtigten in die Wahlkartei durch **falsche Angaben** über Alter, Staatsangehörigkeit usw. (Nr. 1). Wer dies mit Bezug auf einen anderen tut, ist mittelbarer Täter nach Nr. 2.

3   2. Die **Eintragung eines Nicht-Wahlberechtigten** in die Wahlkartei (Nr. 2). Außer dem Eingetragenen selbst kann jedermann Täter sein, also nicht nur ein mit der Führung der Wählerliste amtlich Beauftragter, sondern auch jemand, der dessen Gutgläubigkeit als mittelbarer Täter benutzt, um einen Dritten unberechtigt eintragen zu lassen. Gleiches gilt für jenen, der ohne amtlichen Auftrag die Eintragung eines Dritten vornimmt, nachdem er sich Zugang zur Wählerliste verschafft hat (Laufhütte LK 3). Für den Vorsatz ist sicheres Wissen um die mangelnde Wahlberechtigung des Eingetragenen erforderlich (Rudolphi SK 4).

4   3. Die **Verhinderung der Eintragung eines Wahlberechtigten** (Nr. 3). Täter kann hier sowohl eine mit der Führung der Kartei beauftragte Person wie auch ein Außenstehender sein, der durch falsche Angaben die Eintragung verhindert. Auch hier ist sichere Kenntnis über die Wahlberechtigung des Nichteingetragenen erforderlich (Laufhütte LK 6).

5   4. Für die **unbefugte Kandidatur** (Nr. 4) genügt bedingter Vorsatz hinsichtlich des mangelnden passiven Wahlrechts (Rudolphi SK 4).

6   5. Der Eintragung in die Wählerliste ist die Ausstellung der **Wahlunterlagen für die Urwahlen** in der Sozialversicherung gleichgestellt **(Abs. 2)**. Demzufolge macht sich insbes. strafbar, wer sich die Ausstellung eines Wahlausweises durch falsche Angaben erschleicht (Nr. 1), an einen Nichtberechtigten einen solchen Ausweis ausstellt (Nr. 2) oder die Ausstellung an einen Berechtigten verhindert (Nr. 3). Damit soll der gesteigerten Bedeutung, die heute der Willensbildung und damit der Zusammensetzung der Selbstverwaltungsgremien der Sozialversicherung zukommt, Rechnung getragen werden (vgl. BT-Drs. 7/4122 S. 39). Für die Wahlberechtigung im einzelnen sind die Vorschriften des SGB IV (insbes. §§ 43 ff.) maßgebend.

7   III. **Teilnahme** ist nach allg. Grundsätzen möglich, § 28 nicht anwendbar (vgl. § 107 a RN 7).

8   IV. § 107 b ist gegenüber Vorschriften mit höherer Strafe **subsidiär**, tritt also insbes. dann zurück, wenn es infolge der Falscheintragung zur Wahlfälschung (§ 107 a) kommt (Tröndle/Fischer 3).

§ 107 c Verletzung des Wahlgeheimnisses

Wer einer dem Schutz des Wahlgeheimnisses dienenden Vorschrift in der Absicht zuwiderhandelt, sich oder einem anderen Kenntnis davon zu verschaffen, wie jemand gewählt hat, wird mit Freiheitsstrafe bis zu zwei Jahren oder mit Geldstrafe bestraft.

Schrifttum: vgl. die Angaben zu § 105 und § 107.

1   I. Die Vorschrift dient dem Schutz des **Wahlgeheimnisses,** indem sie die **Verletzung von Wahlschutzbestimmungen** des Bundes oder der Länder unter Strafe stellt (Blankettgesetz; vgl. 3 vor § 1). Zum (unzulänglichen) Schutz des Wahlgeheimnisses in Anstalten u. insbes. bei *Briefwahl* vgl. Celle NdsRpfl. **61**, 134, Wolter AK 1. Zum Fehlen einer Geheimhaltungsvorschrift über *Wahlvorschläge* vgl. Karlsruhe GA **77**, 312.

2   II. **Subjektiv** muß der Täter in der **Absicht** (zielgerichtetes Handeln; vgl. § 15 RN 66) handeln, *zu erfahren* oder einem anderen *Kenntnis* darüber *zu verschaffen, wie* jemand gewählt hat, wobei auch die Erkundung eines ungültigen Wahlzettels genügt (Wolter AK 3). Dagegen reicht es nicht, lediglich erkunden zu wollen, *ob* jemand (überhaupt) gewählt hat bzw. gewählt worden ist (Tröndle/Fischer 3). Weitergehende Motive (wie etwa die Absicht, das erlangte Wissen auch verkaufen zu wollen) sind unerheblich. Andererseits braucht die Absicht der Kenntniserlangung nicht verwirklicht zu sein, da bereits die Verletzung der wahlgeheimnisschützenden Vorschrift genügt.

III. Der Gefährdung des Wahlgeheimnisses durch **strafprozessuale Beweiserhebung** über den Inhalt der Stimmabgabe kann durch ein Aussageverweigerungsrecht des Wählers Rechnung getragen werden (vgl. Rudolphi SK 4, Tiedemann NJW 67, 1013 f., Wolter AK 4, aber auch BGH **29** 383 ff.). 3

§ 108 Wählernötigung

(1) **Wer rechtswidrig mit Gewalt, durch Drohung mit einem empfindlichen Übel, durch Mißbrauch eines beruflichen oder wirtschaftlichen Abhängigkeitsverhältnisses oder durch sonstigen wirtschaftlichen Druck einen anderen nötigt oder hindert, zu wählen oder sein Wahlrecht in einem bestimmten Sinne auszuüben, wird mit Freiheitsstrafe bis zu fünf Jahren oder mit Geldstrafe, in besonders schweren Fällen mit Freiheitsstrafe von einem Jahr bis zu zehn Jahren bestraft.**

(2) **Der Versuch ist strafbar.**

Schrifttum: vgl. die Angaben zu § 105 und § 107.

I. Im Unterschied zum Schutz des Wahlvorganges durch § 107 geht es hier primär um den Schutz der **Entscheidungsfreiheit des Einzelwählers gegen** Beeinflussung durch **Zwang** (vgl. Laufhütte LK 1) mittels eines **qualifizierten Nötigungstatbestandes** (vgl. Wolter AK 1). 1

II. **Tathandlungen** sind das Nötigen und das Hindern eines anderen, überhaupt zu wählen bzw. das Wahlrecht in einem bestimmten Sinne auszuüben. 2

1. Eine **Nötigung zum Wählen** liegt dann vor, wenn jemand, der nicht zur Ausübung des Wahlrechts bereit ist, gezwungen wird, seine Stimme abzugeben. 3

2. Eine **Hinderung am Wählen** setzt voraus, daß der Täter einen anderen, der zur Wahl bereit ist, zu einer Unterlassung, dem Nicht-Wählen, veranlaßt. Das ist auch der Fall, wenn jemand, der bereits einen Wahlzettel ausgefüllt hat, gehindert wird, den Wahlzettel in die Wahlurne zu werfen. 4

3. Strafbar ist auch die Nötigung zum und die Hinderung am **So-Wählen**. Hier wird verhindert, daß der wirkliche politische Wille in der Wahl zum Ausdruck gebracht wird. 5

III. Die **Nötigungsmittel** sind hier Gewalt (6 ff. vor § 234), Drohung mit einem empfindlichen Übel (30 ff. vor § 234, § 240 RN 9), Mißbrauch von beruflichen oder wirtschaftlichen Abhängigkeitsverhältnissen und sonstiger wirtschaftlicher Druck (BVerfG NStZ **84**, 407 m. Anm. Oppermann JuS 85, 519), welche lediglich einen Spezialfall der Drohung darstellen (vgl. Blei II 387 f., Laufhütte LK 3). Zum Streik als Nötigungsmittel vgl. § 81 RN 4, ferner BT-Drs. V/2860 S. 3. Auch § 240 II gilt hier entsprechend, wobei sozialadäquate Beeinflussungen ausscheiden (vgl. Tröndle/Fischer 5, Rudolphi SK 5, Willms LK[10] 5; and. Laufhütte LK 5, Wolter AK 6). 6

IV. **Subjektiv** ist **Vorsatz** erforderlich (§ 15). Zum Irrtum über die Angemessenheit des Druckmittels vgl. § 240 RN 34 ff. 7

V. Der **Versuch** ist strafbar (Abs. 2). *Vollendung* setzt ein dem Nötigungsziel entsprechendes Wahlverhalten des Betroffenen voraus. 8

VI. Zur Aberkennung des aktiven und passiven Wahlrechts als **Nebenfolge** vgl. § 108 c. 9

VII. Gegenüber § 240 ist § 108 **lex specialis**; ebenso gegenüber § 107 a (Laufhütte LK 7, Wolter AK 8; and. RG **63** 387, Tröndle/Fischer 6: Tateinheit). 10

§ 108 a Wählertäuschung

(1) **Wer durch Täuschung bewirkt, daß jemand bei der Stimmabgabe über den Inhalt seiner Erklärung irrt oder gegen seinen Willen nicht oder ungültig wählt, wird mit Freiheitsstrafe bis zu zwei Jahren oder mit Geldstrafe bestraft.**

(2) **Der Versuch ist strafbar.**

Schrifttum: vgl. die Angaben zu § 105 und § 107.

I. Die Vorschrift bezweckt den Schutz der **Entscheidungsfreiheit des Einzelwählers gegen** eine Verfälschung durch **Täuschung**. Mittelbar ist damit zugleich auch das Wahlgesamtergebnis gegen Verfälschung geschützt (vgl. BGH **9** 340, Rudolphi SK 1, Wolter AK 1). 1

II. Die **Tathandlung** besteht in einer **Täuschung,** die sowohl durch Vorspiegeln als auch durch Unterdrücken von Tatsachen erfolgen kann (vgl. § 263 RN 6 ff., Laufhütte LK 2 f.). Dadurch muß der Täter den Wähler in einen **Irrtum** versetzen mit dem **Taterfolg,** daß dieser anders als vorgestellt (1. Var.) oder überhaupt nicht (2. Var.) oder ungültig (3. Var.) wählt. Auf den Erklärungsinhalt (1. Var.) bezieht sich der Irrtum, wenn der Aussagegehalt der Erklärung von der Vorstellung des Getäuschten bei der Stimmabgabe abweicht; dazu gehört auch der Fall, daß das Opfer nicht erkennt, daß es überhaupt eine (gültige) Wahlhandlung vornimmt (vgl. BGH **9** 338). Weiter kann der Getäuschte über die Gültigkeit seiner tatsächlich ungültigen Wahl irren (3. Var.). Schließlich ist auch der Fall erfaßt, daß ein Wahlberechtigter, zB aufgrund falscher Angaben über den Wahltermin (Wolter AK 3), irrtümlich nicht wählt (2. Var.; vgl. zum Ganzen auch M-Schroeder II 334). Dagegen genügt 2

§§ 108 b–108 d   Bes. Teil. Straft. geg. Verfassungsorg. sowie b. Wahlen u. Abstimmungen

es nicht, daß jemand durch falsche Wahlpropaganda veranlaßt wird, in einem bestimmten Sinne oder überhaupt nicht zu wählen (Motivirrtum, vgl. Rudolphi SK 2).

3   III. Der **Versuch** ist strafbar (Abs. 2).

4   IV. Die Wählertäuschung ist **lex specialis** gegenüber § 107 a (vgl. dort RN 10). Mit § 267 ist Idealkonkurrenz möglich (Köln NJW **56**, 1609).

§ 108 b Wählerbestechung

(1) Wer einem anderen dafür, daß er nicht oder in einem bestimmten Sinne wähle, Geschenke oder andere Vorteile anbietet, verspricht oder gewährt, wird mit Freiheitsstrafe bis zu fünf Jahren oder mit Geldstrafe bestraft.

(2) Ebenso wird bestraft, wer dafür, daß er nicht oder in einem bestimmten Sinne wähle, Geschenke oder andere Vorteile fordert, sich versprechen läßt oder annimmt.

Schrifttum: vgl. die Angaben zu § 105 und § 107.

1   I. Die Vorschrift richtet sich gegen **Stimmenkauf** bzw. **Stimmenverkauf,** durch den die **Sachlichkeit der Stimmabgabe,** und zwar vor allem bei Wahlen *zu* einer der in § 108 d genannten Vertretungen, beeinflußt werden könnte (BGH 33 338). Soweit es dagegen um die Beeinflussung von (bereits gewählten) Abgeordneten *innerhalb* der betreffenden Volksvertretung geht, kommt Strafbarkeit allenfalls nach dem neueren Tatbestand der *„Abgeordnetenbestechung"* (§ 108 e) in Betracht.

2   II. Wegen **aktiver Wählerbestechung (Abs. 1)** wird bestraft, wer einem anderen Geschenke oder andere Vorteile anbietet, verspricht oder gewährt, damit dieser nicht oder in einem bestimmten Sinne wähle. Die Mittel und Handlungsmodalitäten entsprechen denen der allgemeinen Vorteilsgewährung iSd § 333, demzufolge zwischen Bestecher und Bestochenem eine bestimmte personale Beziehung bestehen oder angestrebt sein muß (BGH **33** 336 m. Anm. Geerds JR 86, 253, Dölling NStZ 87, 69). Als Vorteil genügt sich auch mittelbarer, wie etwa als Mitglied eines begünstigten Vereins (BGH aaO); vgl. im übrigen § 331 RN 19 ff., Bay GA **58**, 226. Sozialadäquate Vorteile, wie zB allgemeine Wahlspenden bzw. Wahlversprechen, werden nicht erfaßt (BGH **33** 338 f. m. Anm. Dölling aaO, Tröndle/Fischer 4, Lackner/Kühl 2, Rudolphi SK 4). Der Täter muß hier in der Absicht handeln, den anderen zu veranlassen, nicht oder in einem bestimmten Sinn zu wählen. Es genügt, daß der andere einen bestimmten Kandidaten nicht wählen soll, während ihm sonst freie Wahl belassen wird. Ob der andere dadurch beeinflußt wird, ist unerheblich. Auch das Bestimmen, ungültig zu wählen, fällt unter § 108 b.

3   III. **Passive Wählerbestechlichkeit (Abs. 2)** liegt vor, wenn der Wähler zu einem bei o. 2 genannten Zweck von einem anderen Geschenke oder andere Vorteile fordert, sich versprechen läßt oder annimmt. Der Tatbestand entspricht dem der allgemeinen Vorteilsannahme (§ 331), jedoch muß im Gegensatz zu dort die Wahl noch bevorstehen. Daß sich der Bestochene vorbehält, entgegen der Vereinbarung dann doch in eigenem Sinne zu wählen, schließt § 108 b II ebensowenig aus wie den Fall, daß er seine Stimme ohnehin schon in dem gewünschten Sinne abzugeben bereit war (vgl. Tröndle/Fischer 3, Laufhütte LK 3). In einem solchen Falle kommt Idealkonkurrenz mit § 263 in Betracht.

4   IV. Der **Versuch** ist **straflos.** *Vollendung* setzt bei Abs. 1 Kenntniserlangung durch mindestens einen Wahlberechtigten voraus (Bay GA **58**, 277, M-Schroeder II 334).

5   V. Neben der Strafe ist der erlangte Vorteil nach §§ 73 ff. für **verfallen** zu erklären. Zur Aberkennung des aktiven und passiven Wahlrechts als **Nebenfolge** vgl. § 108 c.

§ 108 c Nebenfolgen

Neben einer Freiheitsstrafe von mindestens sechs Monaten wegen einer Straftat nach den §§ 107, 107 a, 108 und 108 b kann das Gericht die Fähigkeit, Rechte aus öffentlichen Wahlen zu erlangen, und das Recht, in öffentlichen Angelegenheiten zu wählen oder zu stimmen, aberkennen (§ 45 Abs. 2 und 5).

Bei einer Verurteilung aus §§ 107, 107 a, 108, 108 b kann auf **Verlust des aktiven und passiven Wahlrechtes** erkannt werden, wenn der Täter zu einer Freiheitsstrafe von mindestens 6 Monaten verurteilt worden ist. Vgl. im einzelnen die Anm. zu §§ 45–45 b sowie Jekewitz GA 77, 161 ff., Schwarz aaO.

§ 108 d Geltungsbereich

Die §§ 107 bis 108 c gelten für Wahlen zu den Volksvertretungen, für die Wahl der Abgeordneten des Europäischen Parlaments, für sonstige Wahlen und Abstimmungen des Volkes im Bund, in den Ländern, Gemeinden und Gemeindeverbänden sowie für Urwahlen in der Sozialversicherung. Einer Wahl oder Abstimmung steht das Unterschreiben eines Wahlvorschlags oder das Unterschreiben für ein Volksbegehren gleich.

Abgeordnetenbestechung 1 **§ 108 e**

Vorbem. Geändert durch Art. 2 § 11 Nr. 2 SGB IV v. 23. 12. 76 (BGBl. I 3845) sowie durch § 27 EuropawahlG v. 16. 6. 78 (BGBl. I 709).

Schrifttum: vgl. die Angaben zu §§ 105, 107, 108 b.

I. Diese Geltungsbereichsbestimmung enthält eine **Legaldefinition** des Begriffs der **Wahl**, die für alle Bestimmungen des Wahlstrafrechts verbindlich ist (krit. dazu Wolf aaO 33 ff.), und zwar iSe *weiten Wahlbegriffs,* der insbes. auch Wahlen in kommunalen Angelegenheiten erfaßt. 1

II. Wahlen iSd §§ 107 ff. sind grundsätzlich nur **Volkswahlen** und **-abstimmungen,** dh Stimmabgaben des *Volkes* in Ausübung staatsbürgerlicher Rechte. Dadurch werden sowohl die Wahlen für die Volksvertretungen als auch sonstige Wahlen in *Bund* und *Ländern* erfaßt. Gleiches gilt für die Wahl der Abgeordneten des *Europäischen Parlaments* (vgl. § 27 EuropaWG), wobei es jedoch im Hinblick auf die Wahlzuständigkeit der einzelnen Mitgliedsländer der EU für ihren jeweiligen Wahlbereich wie auch die jeweils unterschiedlichen Wahlsysteme wohl nur um die Wahl der *deutschen* Europaabgeordneten gehen kann (vgl. auch 2 vor § 105). Im übrigen sind auch Wahlen und Abstimmungen in *Gemeinden* und Gemeindeverbänden sowie im Hinblick auf ihre gesteigerte Bedeutung die *Urwahlen* in der Sozialversicherung (vgl. §§ 43 ff. SGB IV) gleichgestellt. Auch Abstimmungen durch *Volksentscheide* oder *Volksbegehren,* wie sie zB in Art. 29 GG sowie in einigen Länderverfassungen vorgesehen sind, rechnen hierher. Zudem ist bereits das **Unterschreiben eines Wahlvorschlags** bzw. eines **Volksbegehrens,** ausdrücklich gleichgestellt (S. 2). Vgl. aber dazu auch Karlsruhe GA **77,** 312. 2

III. Gesondert erfaßt sind nunmehr Wahlen oder Abstimmungen **innerhalb der Volksvertretungen** als *Abgeordnetenbestechung* (näher dazu § 108 e). Als nach wie vor **nicht erfaßt** hingegen bleibt den *Betriebsratswahlen, kirchlichen* Wahlen sowie Wahlen innerhalb von Standesorganisationen der Schutz der §§ 107 ff. auch weiterhin vorenthalten (Tröndle/Fischer 2). Zu landesrechtlichen Wahlstraftatbeständen (wie z B für Wahlen zu Arbeitnehmerkammern nach § 28 a Bremer Ges. v. 17. 9. 79, GBl. 371) vgl. krit. Lenzen JR 80, 133, Wolter AK 2. 3

§ 108 e Abgeordnetenbestechung

(1) Wer es unternimmt, für eine Wahl oder Abstimmung im Europäischen Parlament oder in einer Volksvertretung des Bundes, der Länder, Gemeinden oder Gemeindeverbände eine Stimme zu kaufen oder zu verkaufen, wird mit Freiheitsstrafe bis zu fünf Jahren oder mit Geldstrafe bestraft.

(2) Neben einer Freiheitsstrafe von mindestens sechs Monaten wegen einer Straftat nach Absatz 1 kann das Gericht die Fähigkeit, Rechte aus öffentlichen Wahlen zu erlangen, und das Recht, in öffentlichen Angelegenheiten zu wählen oder zu stimmen, aberkennen.

Vorbem. Eingefügt durch das 28. StÄG v. 13. 1. 1994, BGBl. I 84.

Schrifttum: v. Arnim, Abgeordnetenkorruption, JZ 90, 1014. – *Barton,* Der Tatbestand der Abgeordnetenbestechung, NJW 94, 1098. – *Becker,* Korruptionsbekämpfung im parlam. Bereich, 1998. – *Grüll,* Strafbarkeit der Abgeordnetenbestechung, ZRP 92, 371. – *Klein,* Straflosigkeit der Abgeordnetenbestechung, ZRP 79, 174. – *Kühne,* Die Abgeordnetenbestechung, 1971. – *Schlüchter,* Die Abgeordnetenbestechung im dt. Strafrechtssystem, Riv. trimestr. di Dir. Pen. dell'Economia 94, 464. – *dies.,* Zur (Un-)Lauterkeit in den Volksvertretungen, Geerds-FS 713. – *Schulze,* Zur Frage der Strafbarkeit der Abgeordnetenbestechung, JR 73, 485.

I. Die Vorschrift stellt die **aktive und passive Bestechung von Parlamentsabgeordneten** unter Strafe. Sie soll eine Lücke schließen, die aufgrund des 3. StÄG von 1953 durch Beschränkung der §§ 107 ff. auf Wahlen und Abstimmungen des *Volkes* entstand (näher Schulze JR 73, 486) und seitdem immer wieder Gegenstand zT heftiger Kritik war (vgl. v. Arnim JZ 90, 1014 ff., Tröndle/Fischer 3, Grüll ZRP 92, 371 f., Klein ZRP 79, 174 sowie 24 A. § 108 d RN 3 mwN). **Schutzgut** ist die *Integrität des parlamentarischen Meinungsbildungsprozesses* vor unlauteren Manipulationen und das darauf bezogene öffentliche Vertrauen auf die *Unabhängigkeit der Mandatsinhaber* und die *Sachbezogenheit* ihrer Entscheidungen (vgl. BT-Drs. 12/6092 S. 1 f., 12/5927 S. 4, Tröndle/Fischer 9). Die besondere Problematik der Abgeordnetenbestechung liegt in der Schwierigkeit einer sinnvollen Abgrenzung des Bereichs der strafwürdigen Korruption von solchen Einflußnahmen auf Parlamentarier, die sich in einer repräsentativen Demokratie noch im Rahmen der politischen Adäquanz bewegen (Barton NJW 94, 1098, Schulze JR 73, 486 f.). Der Gesetzgeber hat sich für eine restriktive Tatbestandsfassung entschieden (u. 9 ff.), die zwar viele zweifelhafte Fälle nicht erfaßt (vgl. BT-Drs. 12/5927 S. 5, Barton NJW 94, 1098 f., Rudolphi SK 3) und kaum zu nennenswerter praktischer Relevanz gelangen dürfte (Barton NJW 94, 1100, Tröndle/Fischer 9), aber dennoch - nicht zuletzt unter präventiven Gesichtspunkten - einen begrüßenswerten und überfälligen Fortschritt darstellt (zu krit. daher Barton NJW 94, 1100 f., Lackner/Kühl vor 1, Rudolphi SK 1 ff., 7). Die Vorschrift kollidiert weder mit Art. 38 I 2 GG, da das Verkaufen der eigenen Überzeugung nicht mehr in den Schutzbereich der Abgeordnetenfreiheit fällt, noch mit dem Indemnitätsprivileg des Art. 46 I GG, da die Pönalisierung nicht an das Abstimmungsverhalten selbst, sondern an den vorausgehenden Stimmenkauf anknüpft (BT-Drs. 12/5927 S. 4, Schulze JR 73, 488 FN 49). 1

§ 108 e 2–8 Bes. Teil. Straft. geg. Verfassungsorg. sowie b. Wahlen u. Abstimmungen

2   II. Der **Anwendungsbereich** erfaßt *Wahlen oder Abstimmungen innerhalb bestimmter Volksvertretungen*, und zwar sind iSe abschließenden Aufzählung das *Europäische Parlament* sowie die Volksvertretungen *des Bundes, der Länder, der Gemeinden oder der Gemeindeverbände* genannt.

3   1. Anders als in den in § 108 d genannten Fällen der §§ 107–108 c geht es hier nicht um die Wahl *zu* einer dieser Volksvertretungen, sondern um Entscheidungen von (bereits gewählten) Abgeordneten **innerhalb** eines dieser Gremien. Durch die Gleichstellung von **Wahlen** und **Abstimmungen** ist klargestellt, daß sich der Tatbestand nicht auf personenbezogene Entscheidungen des betreffenden Gremiums beschränkt, sondern auch Sach- und Verfahrensentscheidungen jeder Art (wie zB Einführung von Fördermaßnahmen für bestimmte Regionen oder auch Zurückstellung von
4   Abstimmungen) Gegenstand einer Abgeordnetenbestechung sein können. Bei der vom Wortlaut offengelassenen Frage, ob nur Entscheidungen der jeweiligen Volksvertretung als ganzer oder auch von bloßen *Teileinheiten* erfaßt werden (vgl. Barton NJW 94, 1100 FN 28), wird zu unterscheiden sein: Soweit es um **Ausschüsse, Kommissionen** u. dgl. der betreffenden Volksvertretung geht, dürften sie tatbestandlich erfaßbar sein; denn nicht nur, daß in solchen Gremien idR die wesentlichen politischen Vorentscheidungen fallen und daher gerade hier der Schutz vor Korruption besonders dringlich ist, auch stellen sich Entscheidungen in derartigen organisatorischen Untergliederungen durchaus zugleich auch als eine Wahl oder Abstimmung „in" der betreffenden Volksvertretung dar. Hingegen wird man Abstimmungen in **Fraktionen** – ungeachtet ihrer ausdrücklichen Erwähnung in verschiedenen Geschäftsordnungen (§§ 10 ff. BT-GeschO, § 17 f. BW-LT-GeschO) – aufgrund ihrer Zwitterstellung zwischen parteipolitischer und gesamtparlamentarischer Willensbildung (vgl. BVerfGE **20** 104 f) letztlich nicht hierher rechnen können, da der Tatbestand auf *parlamentarische* Gremien beschränkt ist (vgl. BT-Drs. 12/5927 S. 6, Barton NJW 94, 1099 f., Tröndle/Fischer 7).

5   2. Bei Entscheidungen im **Europäischen Parlament**, das erst im Laufe des Gesetzgebungsverfahrens – wenngleich ohne nähere Begründung – einbezogen wurde (vgl. BT-Drs. 12/6092 S. 5, 6), stellt sich die vom Wortlaut offengelassene Frage, ob nur das Wahl- und Abstimmungsverhalten von *deutschen* Europaparlamentariern oder von *jedem* Abgeordneten des Europäischen Parlaments erfaßt wird. Für ersteres könnte sprechen, daß es bei den Wahldelikten grundsätzlich um den Schutz inländischer Einrichtungen und daher auch bei Wahlen zum Europäischen Parlament jeweils nur um ihren deutschen Teilausschnitt geht (vgl. 2 vor § 105, § 108 d RN 2). Während diese Einschränkung bei Wahlen *zum* Europäischen Parlament deshalb sinnvoll sein mag, weil die beteiligten Länder ihre jeweiligen eigenen Wahlsysteme haben und daher auch deren Schutz der Verantwortung des betreffenden Landes unterliegt, wäre bei Entscheidungen der gewählten Abgeordneten *innerhalb* des Europäischen Parlaments nicht einzusehen, daß die möglicherweise gleichzeitige Bestechung eines deutschen und eines nichtdeutschen Europaabgeordneten unterschiedlich zu behandeln wäre, zumal der Wortlaut eine solche Differenzierung nicht erkennen läßt. Allerdings bleibt selbst bei tatbestandlicher Erfassung von ausländischen Europaabgeordneten zu beachten, daß – über die Vorfrage des Schutzbereichs (vgl. 13, 16, 18 vor § 3) hinaus – die Anwendbarkeit des § 108 e zudem auch noch vom Vorliegen eines international-strafrechtlichen Anknüpfungspunktes abhängt (vgl. Lackner/Kühl 9), und dafür idR nur die §§ 3, 9 (Tatbegehung im Inland) bzw. § 7 II Nr. 1 (ein Deutscher als Stimmenkäufer) in Betracht kommen dürfte, während einer Auslandserstreckung nach § 7 II Nr. 2 die Auslieferbarkeit des bestochenen Europaabgeordneten entgegenstehen dürfte.

6   3. Bei **Gemeinderäten** usw. wird Bestechung nur dann von § 108 e erfaßt, wenn es sich bei der fraglichen Entscheidung nicht nur um den Bereich kommunaler *Verwaltungstätigkeit* handelt, sondern um *legislative* Akte (zur Abgrenzung vgl. § 11 RN 23, Tröndle/Fischer 15), wie zB bei der Beschlußfassung über einen Bebauungsplan, zu dessen Satzung erlassen wird (§ 10 BauGB).

7   III. Die **Tathandlung** besteht im *Kaufen* oder *Verkaufen* einer Stimme (u. 8) für eine Wahl oder Abstimmung in einer der vorgenannten Volksvertretungen (o. 2 ff.).

8   1. Mit den Begriffen **Kaufen** bzw. **Verkaufen** knüpft das Gesetz an frühere Entwürfe an (vgl. §§ 404, 409 E 62, dazu Schulze JR 73, 487). Es handelt sich um ein normatives Tatbestandsmerkmal (Barton NJW 94, 1099), welches nicht iSd zivilrechtlichen Kaufrechts (Tröndle/Fischer 10), sondern iSd allgemeinen Sprachgebrauchs bildlich zu verstehen ist (BT-Drs. 12/5927 S. 5, 7, krit. Barton aaO) und das letztlich entscheidende Kriterium der *Käuflichkeit des Abgeordneten* zum Ausdruck bringen soll (BT-Drs. 12/5927 S. 6, Bedenken im Hinblick auf das Bestimmtheitsgebot bei Tröndle/Fischer 5). Zu klären ist daher, wie die Leistung des Bestechers beschaffen sein muß, wo also die noch erlaubte Einflußnahme endet und das verwerfliche „Kaufen" beginnt. Der Wortlaut verbietet es zunächst, wie bei §§ 331 ff. (s. § 331 RN 21) und auch bei § 108 b (s. dort RN 2) *immaterielle* Vergünstigungen ausreichen zu lassen (Schlüchter Geerds-FS 730, Tröndle/Fischer 10). Im übrigen muß die Bestimmung des strafbaren Bereichs unter sorgfältiger Abwägung aller Umstände des Einzelfalls vorgenommen werden, wobei ua Höhe und Art der geldwerten Zuwendung, zeitlicher Zusammenhang zwischen Leistung und Gegenleistung sowie Mittel-Zweck-Relation als Kriterien heranzuziehen (Tröndle/Fischer 10, wohl and. Rudolphi SK 13) und parlamentarische Gepflogenheiten einschränkend zu berücksichtigen sind. So wird man zB beim „Zuschanzen" lukrativer Nebentätigkeiten oder bei Beratungsverträgen Strafbarkeit allenfalls dann annehmen können, wenn der Abgeordnete, abgesehen vom gewünschten Stimmverhalten (u. 9 f.), de facto keine adäquate Gegenleistung erbringen

muß (so wohl auch Tröndle/Fischer 14). Die „Verhaltensregeln" für MdBs (Anl. 1 zur BT-GeschO) bieten gewisse Anhaltspunkte, beseitigen die Abgrenzungsschwierigkeiten jedoch nicht völlig (BT-Drs. 12/5927 S. 7, Barton aaO, Rudolphi SK 14).

2. Die geldwerte Zuwendung muß bezwecken, den Abgeordneten iSe **Kausalzusammenhanges** zu einem *bestimmten* Wahl- oder Abstimmungsverhalten zu veranlassen (BT-Drs. 12/5927 S. 5, 6, Barton NJW 94, 1099); erforderlich ist also eine über die allgemeine Kontaktpflege hinausgehende Absprache über den unsachlichen Gebrauch des Stimmrechts in einer *hinreichend konkretisierten* Angelegenheit. Insoweit besteht eine gewisse Parallele zu den Amtsbestechungsdelikten, wo in strukturell ähnlicher Weise auf das Vorliegen einer *Unrechtsvereinbarung* abgestellt wird (Barton aaO, Rudolphi SK 11, Tröndle/Fischer 11; vgl. § 331 RN 3 f., 28 ff.). Ebensowenig wie dort kommt bei einem *inneren Vorbehalt* des Abgeordneten, sich in seinem künftigen Stimmverhalten in Wirklichkeit gar nicht an den Wünschen des Zuwenders orientieren zu wollen, die Strafbarkeit in Wegfall (vgl. BGH **15** 88, § 331 RN 30, § 332 RN 15, 18, Tröndle/Fischer 10).

3. Aus der Tatbestandsformulierung folgt weiterhin, daß die in Frage stehende Wahl oder Abstimmung **noch bevorstehen** muß (BT-Drs. 12/5927 S. 6, Barton NJW 94, 1099, Lackner/Kühl 3, Tröndle/Fischer 6, 11). *Nicht* erfaßt sind damit – anders als bei §§ 332, 334 – Zuwendungen, die sich als *nachträgliche* „Belohnung" auf ein zurückliegendes Stimmverhalten beziehen, auch wenn sie zugleich in der Erwartung erfolgen, der Abgeordnete werde bei künftigen, allerdings noch nicht hinreichend konkretisieren (o. 9) Stimmabgaben ebenfalls den Interessen des Gebers entsprechend votieren.

IV. Für den **subjektiven Tatbestand** ist **Vorsatz** erforderlich. So muß zB der Abgeordnete zumindest bedingt vorsätzlich davon ausgehen, daß ihm die materielle Vergünstigung für ein bestimmtes künftiges Abstimmungsverhalten gewährt wird und nicht nur deshalb, um sein allgemeines Wohlwollen zu gewinnen (vgl. o. 9 f.).

V. Das Delikt ist **vollendet** mit dem *Unternehmen* des Stimmenkaufs oder -verkaufs (vgl. BT-Drs. 12/5927 S. 7, Rudolphi SK 13; krit. Barton NJW 94, 1100). Über den Begriff des Unternehmens vgl. § 11 I Nr. 6 m. RN 46 ff.

VI. Als **Täter** kommt beim Stimmenkauf jedermann in Betracht, beim Stimmenverkauf hingegen, weil Sonderdelikt, nur der Mandatsträger (Tröndle/Fischer 15). Die **Teilnahme** richtet sich nach den allgemeinen Grundsätzen, wobei für Strafmilderung nach § 28 für den Teilnehmer am Stimmenkauf trotz dessen Sonderdeliktscharakters auszuschließen sein wird, da angesichts der gleichen Strafdrohung für Stimmenverkauf (des Mandatsinhabers) und Stimmenkauf (durch den Bürger) eine weniger unwerthafte Einschätzung des letzteren offenbar nicht gewollt ist (vgl. Rudolphi SK 16).

VII. Die **Sanktion** besteht in Freiheitsstrafe bis zu 5 Jahren oder Geldstrafe und liegt damit im Mindestmaß unter den in §§ 332 I, 334 I vorgesehenen Strafen (Tröndle/Fischer 17). Neben einer Freiheitsstrafe von mindestens 6 Monaten kann das Gericht nach Abs. 2 das **aktive und passive Wahlrecht** aberkennen (vgl. dazu die Anm. zu §§ 45–45 b sowie § 108 c mwN).

VIII. Tateinheit ist möglich mit Betrug, wenn der Abgeordnete ein bestimmtes künftiges Wahl- oder Abstimmungsverhalten nur vorspiegelt (Tröndle/Fischer 18; vgl. o. 9, BGH **15** 99).

Fünfter Abschnitt. Straftaten gegen die Landesverteidigung

Vorbem. zu den §§ 109 bis 109 k

I. Diese Tatbestände bezwecken in erster Linie den **Schutz der Landesverteidigung**. Während durch die §§ 109, 109 a und 109 h bestimmte Angriffe gegen die *personellen* Verteidigungskräfte erfaßt werden, dient § 109 e dem Schutz der *sachlichen* Verteidigungsmittel, um deren *Funktionsfähigkeit* es vor allem bei den §§ 109 d, 109 f und 109 g geht (vgl. Schroeder LK 2). Soweit diese Interessen durch einen Soldaten oder in einem solchen Hinblick auf einen solchen verletzt werden, greifen idR die entsprechenden Tatbestände des WStG ein (vgl. Schroeder LK 3). Zu entsprechenden Straftaten eines Zivildienstpflichtigen vgl. §§ 52 ff. ZDG. Zur Entwicklungsgeschichte samt Materialien vgl. Tröndle/Fischer 1. Für eine Gesamtrevision Ostendorf AK 3.

II. Nach Art. 7 II Nr. 4 des 4. StÄG (vgl. 17 ff. vor § 80) gelten die §§ 109 d–g iVm §§ 109 i, k auch für Taten gegen die in der BRD stationierten **NATO-Truppen** sowie deren Wehrmittel, Einrichtungen, Anlagen oder militärische Vorgänge. In diesen Fällen ändern sich die Tatbestandsvoraussetzungen in der Weise, daß an die Stelle der BRD der betreffende Vertragsstaat, an die Stelle der Bundeswehr dessen Truppen und an die Stelle der Landesverteidigung die Verteidigung des Vertragsstaates treten. Zur früheren *Nichtanwendbarkeit* dieser Tatbestände in **Berlin (bis zum 3. 10. 90)** vgl. 24. A. mwN.

III. Um Soldaten besser vor Ehrkränkungen zu schützen, als dies aufgrund der Entscheidung in BVerfGE **93** 266 zu „Soldaten sind Mörder" nach § 185 möglich erscheint, war von der damaligen RegKoalition aus CDU/CSU und FDP die Einfügung eines neuen § 109 b gegen **Verunglimpfung der Bundeswehr** geplant (BT-Drs. 13/3971), dann aber angesichts nahezu einhelliger Ablehnung nicht weiter verfolgt worden; vgl. ua v. Arnould ZRP 97, 110, Gounalakis AfP 96, 357, Mahrenholz AfP 96, 331, Nolte AfP 96, 313, Tröndle/Fischer 2 a mwN).

§ 109 Wehrpflichtentziehung durch Verstümmelung

(1) **Wer sich oder einen anderen mit dessen Einwilligung durch Verstümmelung oder auf andere Weise zur Erfüllung der Wehrpflicht untauglich macht oder machen läßt, wird mit Freiheitsstrafe von drei Monaten bis zu fünf Jahren bestraft.**

(2) **Führt der Täter die Untauglichkeit nur für eine gewisse Zeit oder für eine einzelne Art der Verwendung herbei, so ist die Strafe Freiheitsstrafe bis zu fünf Jahren oder Geldstrafe.**

(3) **Der Versuch ist strafbar.**

Schrifttum: Bauer, Selbstverstümmelung u. Dienstentziehung durch Täuschung im dt. Strafrecht, 1996.

1   I. Der Tatbestand will zur **Erhaltung der personellen Verteidigungskraft** die uneingeschränkte Tauglichkeit der Wehrpflichtigen sichern (Schroeder LK 1). Bei Tatbegehung durch einen Soldaten vgl. ergänzend § 17 WStG. Zum *Geltungsbereich* vgl. § 5 Nr. 5 a sowie 2 vor § 109, zur (geringen) *praktischen* Bedeutung Ostendorf AK 4. Zur angefochtenen Verfassungsmäßigkeit der Wehrpflicht vgl. LG Potsdam NJ **99**, 660 m. Bspr. Deiserath ebda. 635.

2   II. Für den **objektiven Tatbestand** ist erforderlich, daß der Täter sich (**Selbstverstümmelung**) oder einen anderen (**Fremdverstümmelung**) zur Erfüllung der Wehrpflicht untauglich macht bzw. machen läßt.

3   1. In beiden Alternativen muß **Tatobjekt** ein **Wehrpflichtiger** sein. Die Wehrpflicht bestimmt sich nach § 1 WehrpflG. Ob zur Tatzeit die Wehrpflicht bereits abgeleistet wird oder ihre Erfüllung bevorsteht, ist unerheblich, ebenso wie der Verstümmelte das wehrpflichtige Alter noch nicht erreicht zu haben braucht; daher kann auch die Verstümmelung eines Kindes, das erst nach Erreichen des wehrpflichtigen Alters einberufen werden kann, unter § 109 fallen (Rudolphi SK 3). Der Tatbestand bleibt solange anwendbar, wie das wehrpflichtige Alter noch nicht überschritten ist, also auch dann, wenn der Wehrpflichtige bereits gedient hat, da noch die Möglichkeit besteht, ihn zu Übungen heranzuziehen (teils weitergeh. Schroeder LK 4 f.). Wehrpflichtig kann auch sein, wem die Fähigkeit zur Bekleidung öffentlicher Ämter aberkannt worden ist, da diese nach §§ 45 a, b wiedererlangt werden kann. Somit scheiden als Tatobjekt nur solche Personen aus, die das wehrpflichtige Alter bereits überschritten haben oder aus sonstigen Gründen (§ 10 WehrpflG) vom Wehrdienst ausgeschlossen sind (Tröndle/Fischer 2). Die Wehrpflicht von Ausländern und Staatenlosen würde zunächst noch den Erlaß der nach § 2 WehrpflichtG erforderlichen Rechtsverordnung voraussetzen (vgl. Johlen, Wehrpflichtrecht in der Praxis, 2. A. 1984, S. 1).

4   2. Durch die Tat muß der Wehrpflichtige **zur Erfüllung der Wehrpflicht untauglich** geworden sein.

5   a) Unter **Erfüllung der Wehrpflicht** ist nicht nur die Dienstleistung als Soldat, sondern jede Tätigkeit zu verstehen, die nach dem WehrpflG von jemandem verlangt werden kann. Dazu zählt auch der Zivildienst (§ 3 I WehrpflG; Rudolphi SK 4; krit. Ostendorf AK 3, 7). Zum militärischen Dienst rechnen der Grundwehrdienst (§ 5 WehrpflG) und die Wehrübungen (§ 6 WehrpflG), im Verteidigungsfalle der unbefristete Wehrdienst (§ 4 I Nr. 4 WehrpflG).

6   b) Zur Erfüllung seiner Wehrpflicht kann der Betroffene zum einen **absolut untauglich (Abs. 1)** geworden sein. Das ist der Fall, wenn er überhaupt nicht mehr zum Wehrdienst herangezogen werden kann (vgl. Schölz/Lingens § 17 WStG 6).

7   c) Zum anderen reicht aber auch schon, daß der Betroffene **relativ untauglich (Abs. 2)** gemacht wird, indem er entweder für eine gewisse Zeit seiner Wehrpflicht nicht nachkommen kann oder nicht für alle Verwendungsmöglichkeiten in Betracht kommt (hM; strenger Ostendorf AK 12). Für die *zeitliche* Untauglichkeit genügt eine geringe Zeitspanne, zB die Gebrauchsunfähigkeit eines Armes für einige Tage (vgl. RG 33 280). Die *beschränkte Verwendungsfähigkeit* kann durch vorübergehende oder bleibende Beschädigung, zB Abhacken eines Fingergliedes (vgl. RG **44** 265), verursacht worden sein. Sie kann sich insbes. daraus ergeben, daß der Wehrpflichtige nicht für alle Waffengattungen tauglich ist. Im Unterschied zu § 142 aF, dem Vorläufer des § 109, reichen aber auch andere allgemeine Verwendungsbeschränkungen aus, zB die Beschränkung auf die Verwendung in der Kaserne oder auf die Beteiligung an theoretischen Kursen (Bay NJW **73**, 2258, Anm. Schroeder NZWehrR 74, 33), nicht dagegen die Untauglichkeit für einzelne Diensthandlungen, zB eines Fußmarsch; im letzteren Fall kommt nur Teilnahme an § 17 WStG in Betracht, da § 17 Untauglichkeit zu jeglicher Dienstverrichtung erfaßt (vgl. Tröndle/Fischer 3, Schroeder LK 12, Schölz/Lingens § 17 WStG 7, 21).

8   d) Bei der *Beurteilung,* ob jemand – absolut oder relativ – untauglich ist, soll der Richter nach RG **44** 268 an eine etwaige Entscheidung der zuständigen *Wehrbehörde* gebunden sein (ebenso Kohlrausch/Lange III, Maurach BT[5] 605; zu Recht and. Ostendorf AK 12, Rudolphi SK 9, Schroeder LK 7). Ist eine solche Entscheidung noch nicht ergangen, so ist der Richter auch nach hL nicht verpflichtet, sie einzuholen, sondern hat selbst über die Untauglichkeit zu entscheiden (Schölz/Lingens § 17 WStG 12).

e) Da sich der Tatbestand auf das *Untauglichmachen* für die Wehrpflicht beschränkt, wird eine darüber **9** hinausgehende (Absicht zur) **Tötung nicht** von § 109 erfaßt, so daß hiernach weder Beihilfe zum Selbstmord noch Tötung auf Verlangen des Wehrpflichtigen strafbar ist. Ebensowenig kann der Wehrpflichtige bei Selbstmordversuch wegen Versuchs iS § 109 verurteilt werden, und zwar selbst dann nicht, wenn der Täter für den Fall des Mißlingens mit seiner Wehruntauglichkeit gerechnet hat (vgl. Ostendorf AK 13; and. Bauer aaO 78 ff., M-Schroeder II 337, Rudolphi SK 8).

3. Die **Tathandlung** erfordert, daß die Wehruntauglichkeit durch **Verstümmelung** oder **auf** **10** **andere Weise** herbeigeführt wird.

a) *Verstümmelung* bedeutet die Entfernung oder Unbrauchbarmachung eines Teiles des Körpers **11** (Gliedmaßen, Organe), und zwar ohne Rücksicht auf die Art der Ausführung (Schroeder LK 13).

b) *Auf andere Weise* erfolgt das Untauglichmachen zB durch Herbeiführen einer Krankheit. Auch **12** eine geistige Erkrankung kann ausreichen. Immer muß es sich aber um eine Gesundheitsschädigung handeln (Ostendorf AK 9; and. Schroeder LK 14). Daher genügt ein medizinischer Eingriff zur Behebung eines körperlichen Mangels idR nicht (Rudolphi SK 12; and. Schölz/Lingens § 17 WStG 14, Bay NJW **73**, 2257: Entfernung einer Warze). Wer nur eine Gesundheitsschädigung *vortäuscht*, kann allenfalls nach § 109 a bestraft werden (M-Schroeder II 338). Eine rechtliche Wehrunfähigkeit (vgl. § 10 WehrpflG) genügt ebenfalls nicht (Tröndle/Fischer 4); ebensowenig, wenn sich der Täter durch Begehung einer Straftat vom Wehrdienst ausschließt.

c) Ein *Unterlassen* seitens des Wehrpflichtigen kann genügen, wenn dadurch die Wehruntauglichkeit **13** eintritt. Dabei sind jedoch folgende Fälle zu unterscheiden: Sofern sich der Wehrpflichtige dadurch verstümmeln läßt, daß er das darauf gerichtete aktive Tun eines anderen duldet, unterfällt dies der Tatbestandsalternative des „sich untauglich machen Lassens", ohne daß es dafür des § 13 bedürfte (Rudolphi SK 15, Schroeder LK 16, 18) und ohne daß insoweit zwischen bereits eingezogenen und noch nicht dienenden Wehrpflichtigen zu unterscheiden wäre. Dagegen bedarf es für die Erfassung sonstiger, nicht durch menschliche Hand herbeigeführter Wehrtauglichkeitsbeeinträchtigungen, wie etwa infolge Nichtversorgung einer Wunde oder Ausbrechenlassens einer Krankheit, einer Gesundheitserhaltungs- bzw. Gesundheitswiederherstellungspflicht, die man zwar für einen bereits Eingezogenen aus § 17 IV SoldatG (dazu BDH NJW **61**, 848) wird bejahen können (hM), nicht dagegen für noch nicht eingezogene Wehrpflichtige (ebenso Rudolphi SK 15, Schroeder LK 18; and. Lackner/Kühl 4, Ostendorf AK 10). Im übrigen ist jedenfalls kein Wehrpflichtiger verpflichtet, zur Wiederherstellung seiner Wehrtauglichkeit ärztliche Eingriffe in seine körperliche Unversehrtheit zu dulden (Tröndle/Fischer 4, Lackner/Kühl 4, Schölz/Lingens § 17 WStG 15).

4. Als **Täter** kommen sowohl der *Wehrpflichtige an sich selbst* (a) als auch ein *Dritter* (b) in Betracht. **14**

a) Bei **Selbstverstümmelung durch den Wehrpflichtigen** ist unerheblich, ob er persönlich den **15** Eingriff vornimmt oder einen anderen den Eingriff bei sich vornehmen läßt (Schölz/Lingens § 17 WStG 16). Die Initiative zum Handeln des anderen braucht nicht von ihm ausgegangen zu sein; auch wer lediglich in den Eingriff des anderen einwilligt, ist Täter. Auf das Verschulden des anderen kommt es nicht an; handelt dieser schuldhaft, so liegt Mittäterschaft vor.

b) Bei **Fremdverstümmelung durch einen Dritten** wird dieser nur dann zum Täter, wenn er **16** beim Wehrpflichtigen mit dessen Einwilligung die Wehruntauglichkeit herbeiführt. Beschränkt sich der Dritte auf ein bloßes *Herbeiführenlassen*, so wird er zu *Mit-* oder *mittelbarer Täterschaft* zum Täter, nicht aber – trotz des unklaren Wortlauts („machen läßt") – bei bloßer Anstiftung (vgl. Schroeder LK 17). Zur erforderlichen *Einwilligung* des Verstümmelten vgl. allg. 29 ff. vor § 32; zu den sich aus reiner „notwendiger Teilnahme" ergebenden Fragen vgl. Gropp, Deliktstypen mit Sonderbeteiligung, 1992, insbes. 306, 308. Fehlt es daran, so kommen nur die §§ 223 ff. in Betracht (Rudolphi SK 16, Schölz/Lingens § 17 WStG 18; vgl. auch Schroeder LK 2 m. zutr. Kritik an der Ungereimtheit dieser Regelung), wobei Maurach BT[5] 604 f. die Mindeststrafe des § 109 im Rahmen der §§ 223 ff. berücksichtigt wissen will (zu Recht abl. wegen verbotener Analogie M-Schroeder II 336).

c) Bei **Soldaten** geht im Fall einer Selbstverstümmelung oder der eines anderen Soldaten § 17 **17** WStG als lex specialis vor (vgl. Schölz/Lingens 21), demzufolge auch ein daran *teilnehmender Nichtsoldat* aus dieser Vorschrift zu bestrafen ist (arg. § 1 IV WStG; and. Tröndle/Fischer 6, Schroeder LK 24, Rudolphi SK 21). Daher kann sich ein Soldat nach § 109 nur strafbar machen, wenn er einen Eingriff bei einem Nichtsoldaten vornimmt bzw. wenn er bloßer *Teilnehmer* an der Tat eines Nichtsoldaten nach § 109 ist. Denn § 28 ist auf Teilnehmer nicht anwendbar (and. Rudolphi SK 21, Schölz/Lingens § 17 WStG 23, Schroeder LK 24, Bauer aaO 82 f.).

III. Für den **subjektiven Tatbestand** ist **Vorsatz** erforderlich (§ 15), bedingter genügt. Der Täter **18** muß sich die Untauglichkeit als Folge seiner Handlung vorgestellt und trotzdem gehandelt haben. Er braucht die Untauglichkeit nicht beabsichtigt zu haben. Auch wer zB sich selbst verstümmelt, um einen Versicherungsbetrug zu begehen oder besser betteln zu können, ist nach § 109 strafbar, wenn er die Wehruntauglichkeit in Kauf nimmt (Rudolphi SK 19).

IV. Vollendet ist die Tat mit der Herbeiführung der Untauglichkeit. Auf die Feststellung der **19** Untauglichkeit durch die zuständige Wehrbehörde kommt es nicht an (Bay NJW **73**, 2258).

Eser

20 Der **Versuch** ist strafbar (Abs. 3). Er liegt z B vor, wenn der Täter einen unzureichenden, aber für ausreichend gehaltenen Eingriff vornimmt. Glaubt der Täter, absolute Wehruntauglichkeit herbeizuführen, ist aber nur eine relative Untauglichkeit eingetreten, so ist er wegen Versuchs des Abs. 1 in Tateinheit mit Vollendung des Abs. 2 zu bestrafen (Tröndle/Fischer 9, Schroeder LK 23; and. Welzel 495: nur Abs. 2). Beim Rücktritt von Abs. 1 bleibt Abs. 2 anwendbar, soweit dessen Tatbestand bereits vollendet ist.

21 **V.** Die **Strafe** ist in ihrer Mindesthöhe verschieden, je nachdem, ob eine absolute (Abs. 1) oder relative (Abs. 2) Wehruntauglichkeit herbeigeführt worden ist.

22 **VI. Idealkonkurrenz** ist mit §§ 223 ff. möglich, da die Einwilligung des Wehrpflichtigen gemäß § 226 a die Rechtswidrigkeit der Körperverletzung nicht ausschließt (Tröndle/Fischer 9, Rudolphi SK 22; and. Lackner/Kühl 7 für §§ 223, 223 a: Konsumtion). Über das Verhältnis zu § 17 WStG vgl. o. 17 sowie M-Schroeder II 337 f.

§ 109 a Wehrpflichtentziehung durch Täuschung

(1) **Wer sich oder einen anderen durch arglistige, auf Täuschung berechnete Machenschaften der Erfüllung der Wehrpflicht dauernd oder für eine gewisse Zeit, ganz oder für eine einzelne Art der Verwendung entzieht, wird mit Freiheitsstrafe bis zu fünf Jahren oder mit Geldstrafe bestraft.**

(2) **Der Versuch ist strafbar.**

Schrifttum: vgl. die Angaben zu § 109.

1 **I.** Die Vorschrift dient durch Schutz der Wehrpflicht der Erhaltung des **Personalbestands der Bundeswehr** und damit der Landesverteidigung (vgl. 1 vor § 109). Im Unterschied zu § 109, wo bereits das Untauglichmachen zu einem möglichen Wehrdienst erfaßt wird, kommt es hier auf die *tatsächliche Entziehung* an (Tröndle/Fischer 1, Rudolphi SK 1). Die Vorschrift betrifft Nichtsoldaten, während auf Soldaten § 18 WStG Anwendung findet (vgl. u. 13). Zum *Geltungsbereich* vgl. § 5 Nr. 5 b sowie 2 vor § 109, zur (geringen) *praktischen* Bedeutung Ostendorf AK 4 f.

2 **II.** Der **objektive Tatbestand** setzt voraus, daß jemand sich oder einen anderen durch arglistige, auf Täuschung berechnete Machenschaften der Erfüllung der Wehrpflicht entzieht.

3 1. Über **Erfüllung der Wehrpflicht** vgl. § 109 RN 5.

4–6 2. Der (bereits zum Tatzeitpunkt und – im Unterschied zu § 109 – nicht erst künftig) Wehrpflichtige (vgl. § 109 RN 3 bzw. o. 1), gleich ob bereits eingezogen oder nicht (Rudolphi SK 3), muß der Erfüllung der Wehrpflicht **ganz oder teilweise entzogen** worden sein, der Täter muß also mit seinen Machenschaften Erfolg gehabt haben (vgl. u. 11). *Entzogen* ist dem Wehrdienst, wer für dauernd oder eine gewisse Zeit nicht zum Wehrdienst (vgl. § 4 WehrpflG) herangezogen wird. Es genügt, daß ein Wehrpflichtiger bestimmte Wehrübung nicht abzuleisten oder erst einige Tage später als vorgesehen zu stellen braucht oder unberechtigt Urlaub erhält. Auch die Entziehung von verkürztem Wehrdienst wird erfaßt (Hamm NJW **74**, 568), ebenso die von einer bestimmten Waffengattung oder Verwendungsart. Nicht erforderlich ist, daß die zuständige Behörde den Wehrpflichtigen tatsächlich schon für eine bestimmte Waffengattung oder Verwendungsart vorgesehen hat; es genügt, daß er infolge der Machenschaften nur für bestimmte andere Dienste verwendet (vgl. Schölz/Lingens § 18 WStG 4). Dagegen genügt nicht schon die Entziehung eines Soldaten von einzelnen Dienstleistungen oder Einsätzen (Rudolphi SK 4); stattdessen kommt Teilnahme an § 18 WStG in Betracht (Kohlhaas NJW 57, 930).

7–9 3. a) Das Entziehen muß durch **arglistige, auf Täuschung berechnete Machenschaften** (zum Begriff vgl. Bay **61**, 223, Schölz/Lingens § 18 WStG 7) bewirkt worden sein. Derartige *Machenschaften* liegen noch nicht in bloßen unwahren Behauptungen eines Befreiungsgrundes (Kohlhaas NJW 57, 930; vgl. auch RG **29** 218, **46** 91). Wer nur lügt, bedient sich nicht arglistiger Machenschaften; nach § 109 a macht sich also nicht strafbar, wer lediglich ein Gebrechen vorschützt (Tröndle/Fischer 3). Vielmehr ist erforderlich, daß der Täter in einer ausgeklügelten, raffinierten Weise vorgeht und dadurch die Glaubwürdigkeit seines unwahren Vorbringens untermauert (vgl. Celle NJW **65**, 1676, NStZ **86**, 168, Hamm NJW **74**, 568, Blei II 392, Tröndle/Fischer 3, Ostendorf AK 9, Rudolphi SK 6; weniger streng Schroeder LK 5). Das ist insbes. der Fall, wenn der Wehrpflichtige zum Schein seinen ständigen Aufenthalt melderechtlich aus dem Geltungsbereich des WehrpflG hinaus verlegt und sich unter Berufung darauf der Wehrbehörde gegenüber für nicht wehrpflichtig erklärt (vgl. § 1 III WehrpflG, Hamburg NJW **65**, 1674, Celle NStZ **86**, 168; vgl. auch Nürnberg JZ **65**, 688 m. Anm. Gössel u. H. Arndt JZ 65, 775), aber auch, wenn er etwa eine unwahre Bescheinigung über seinen Gesundheitszustand beibringt, gefälschte Urkunden vorlegt oder Mittel anwendet, die den Anschein erwecken, daß er ein Gebrechen habe, so zB bei Störung der Herztätigkeit durch Einnehmen von Tabletten. Über bloßes Lügen geht auch hinaus, wer bei der Musterung die Behauptung eines Gebrechens dadurch stützt, daß er das Vorhandensein von dessen Symptomen in raffinierter Weise vorspiegelt (vgl. RG **29** 218). Ebenfalls reicht aus, daß der Täter Zeugen beibringt, die seine unwahren Angaben bestätigen, gleichgültig ob sie bös- oder gutgläubig handeln. Die Machenschaften brauchen nicht unmittelbar gegenüber der Wehrbehörde vorgenommen zu werden;

auch die Täuschung anderer Behörden kann ausreichen (vgl. Hamburg NJW **65**, 1674, M-Schroeder II 338). Der Begriff der *Arglist* bezeichnet hier kein Gesinnungsmoment, sondern dient nur zur Kennzeichnung der Anwendung von Täuschungsmitteln (and. Kohlrausch/Lange I); auf eine besondere „Verwerflichkeit" des Verhaltens kommt es daher nicht an (Hamm NJW **74**, 568; and. Lackner/Kühl 3, Schölz/Lingens § 18 WStG 8). „Arglistige Machenschaften" sind daher letztlich eine Tautologie (Dreher JZ 57, 397, Rudolphi SK 6). Im übrigen hingegen reicht ein Entziehen auf andere Weise, z B durch Flucht ins Ausland oder Verbergen im Inland, nicht aus (Blei II 392, Schölz/Lingens aaO 8); stattdessen kommt aber uU Teilnahme an § 16 WStG in Betracht.

b) **Unerheblich** ist, **welche Gründe** der Täter **vorspiegelt**, um die Entziehung zu erreichen. Es braucht sich nicht um körperliche oder geistige Gebrechen zu handeln. Auch andere Befreiungsgründe (vgl. §§ 9 ff. WehrpflG) reichen aus (RG **9** 96, **46** 91). So genügt zB ein gefälschtes Urteil, aus dem sich der Ausschluß vom Wehrdienst nach § 10 WehrpflG ergibt, oder das Vorspiegeln, Ausländer zu sein oder sonst eine der Ausnahmen des § 1 WehrpflG (zB ständiger Aufenthalt außerhalb des Geltungsbereichs des WehrpflG) für sich zu haben (M-Schroeder II 338 f.). Auch wer Gründe vorspiegelt, die eine **Zurückstellung** nach § 12 WehrpflG rechtfertigen würden (zB häusliche oder wirtschaftliche Schwierigkeiten: vgl. RG **46** 91), kann den Tatbestand verwirklichen.   10

c) Diese Machenschaften müssen **ursächlich** für die Nichterfüllung der Wehrpflicht sein (Celle NStZ **86**, 168, Tröndle/Fischer 4). Dafür soll auch schon die vorübergehende Freistellung zwecks weiterer Prüfung genügen (Celle NJW **65**, 1677, Rudolphi SK 8, Schroeder LK 9). Entfällt die Wehrpflicht tatsächlich aus einem anderen Grunde, so ist der Tatbestand nicht erfüllt, mag auch die zuständige Behörde auf Grund der Machenschaften ihre Entscheidung getroffen haben; es kommt dann allenfalls Bestrafung wegen Versuchs in Betracht (vgl. Hamm NJW **74**, 568). Nicht erforderlich ist, daß ein Irrtum bei der Behörde bewirkt wird (Celle NJW **65**, 1675, NStZ **86**, 168, M-Schroeder II 338; and. Schölz/Lingens § 18 WStG 12).   11

III. Der **subjektive Tatbestand** erfordert (zumindest bedingten) **Vorsatz** (RG **76** 114). Daran fehlt es, wenn der Täter glaubt, er sei nicht wehrpflichtig, und die arglistigen Machenschaften nur dazu benutzt, um ein die Wehrpflicht ausschließendes Leiden oder eine Vorstrafe nicht offenbaren zu müssen (vgl. Olshausen § 143 Anm. 5).   12

IV. **Täter** kann einmal der **Wehrpflichtige** selbst sein, der sich seiner Wehrpflicht entzieht. **Andere** (auch nichtwehrpflichtige) Personen können Täter sein, wenn sie einen Wehrpflichtigen der Erfüllung seiner Wehrpflicht entziehen. Handelt es sich um Wehrpflichtige, die bereits Soldaten sind, so geht § 18 WStG vor; das gilt sowohl für den Selbstentzug wie für die Entziehung eines anderen Soldaten, nicht dagegen für die Entziehung eines nicht eingezogenen Wehrpflichtigen; in diesen Fällen ist § 109 a anwendbar (Schölz/Lingens § 18 WStG 14). Der Nicht-Soldat, der einen Soldaten seiner Wehrpflicht entzieht, wird als Täter nach § 109 a bestraft, als Anstifter und Gehilfe des Soldaten wegen Teilnahme nach § 18 WStG (vgl. § 109 RN 17).   13

V. Der **Versuch** ist strafbar (Abs. 2). Er kommt vor allem in Betracht, wenn die zuständige Wehrbehörde sich nicht täuschen läßt (vgl. auch Celle NStZ **86**, 168, Hamm NJW **74**, 568). Erstrebt der Täter dauernde Wehrpflichtentziehung, erreicht er aber nur eine zeitlich begrenzte Zurückstellung, so ist die Tat gleichwohl vollendet (Rudolphi SK 10).   14

VI. **Idealkonkurrenz** ist möglich mit §§ 267, 277, 278, 279.   15

§ **109 b** [Verleitung zum Ungehorsam] *aufgehoben durch EGStGB; vgl. jetzt §§ 1 IV, 19 WStG.*

§ **109 c** [Teilnahme an Fahnenflucht] *aufgehoben durch EGStGB; vgl. jetzt §§ 1 IV, 16 WStG.*

§ **109 d Störpropaganda gegen die Bundeswehr**

(1) Wer unwahre oder gröblich entstellte Behauptungen tatsächlicher Art, deren Verbreitung geeignet ist, die Tätigkeit der Bundeswehr zu stören, wider besseres Wissen zum Zwecke der Verbreitung aufstellt oder solche Behauptungen in Kenntnis ihrer Unwahrheit verbreitet, um die Bundeswehr in der Erfüllung ihrer Aufgabe der Landesverteidigung zu behindern, wird mit Freiheitsstrafe bis zu fünf Jahren oder mit Geldstrafe bestraft.

(2) Der Versuch ist strafbar.

Schrifttum: Gehrig, Der Absichtsbegriff in den Straftatbeständen des Bes. Teils des StGB, 1986. – *Greiser,* Eine bedeutungslose Strafbestimmung, NJW 73, 231. – *Hoyer,* Die Eignungsdelikte, 1987.

I. Die Vorschrift richtet sich gegen eine Tätigkeit, die geeignet ist, den Verteidigungswillen im weitesten Sinne als die Bereitschaft der Bevölkerung zur Unterstützung der Landesverteidigung zu schwächen und dadurch die **Funktionsfähigkeit der Bundeswehr** zu beeinträchtigen. § 109 d hat im StGB **keinen Vorläufer**. Der Tatbestand der Wehrkraftzersetzung, wie er in § 5 KriegssonderstrafrechtsVO geregelt war, enthielt verschiedenartige Tatbestände, ua die Fälle, die jetzt in §§ 109, 109 a und §§ 16, 19 WStG geregelt sind. Auf die Fälle der Zersetzung des Wehrwillens ist § 109 d aber nicht beschränkt. Die wenig präzise Formulierung (vgl. Greiser NJW 73, 231) erfaßt sämtliche Fälle, in   1-3

§ 109 d 4–10   Bes. Teil. Straftaten gegen die Landesverteidigung

denen durch „geistige Sabotage" (Ostendorf AK 1) der Bundeswehr Schwierigkeiten bei der Erfüllung ihrer Aufgaben erwachsen (vgl. u. 7); jedoch ist der Tatbestand angesichts der schwer beweisbaren subjektiven Voraussetzungen in seiner praktischen Auswirkung eingeengt (M-Schroeder II 341; grds. krit. auch Ostendorf AK 2, 5). § 109 d dient auch dem **Schutz der NATO**-Truppen; vgl. 2 vor § 109. Zur *verfassungsrechtlichen* Problematik vgl. Schroeder LK 3. Zum *Geltungsbereich* vgl. § 5 Nr. 5 b sowie 2 vor § 109. Die Vorschrift enthält **zwei Tatbestandsalternativen:** Durch die erste ist das *Aufstellen* von unwahren oder gröblich entstellten Behauptungen tatsächlicher Art unter Strafe gestellt, durch die zweite das *Verbreiten* derartiger Behauptungen. In beiden Fällen muß der Täter in der Absicht handeln, die Bundeswehr in der Erfüllung ihrer Aufgaben der Landesverteidigung zu behindern.

4   **II. Aufstellen unwahrer oder gröblich entstellter Behauptungen (1. Alt.).**

5   1. a) Die **Tathandlung** erfordert das Aufstellen von unwahren oder gröblich entstellten **Behauptungen** *tatsächlicher* Art (dazu § 186 RN 3 f.). Es reicht daher nicht aus, daß der Täter bloße Werturteile abgibt (BGH JR **77**, 28 m. krit. Anm. Schroeder, wo wohl Tatsachenkern verkannt); es muß sich um Angaben handeln, die dem Adressaten das Material für eigene Entschlüsse oder Urteile liefern. Die Behauptungen müssen **unwahr oder gröblich entstellt** sein. Die Grenzen zwischen beiden Begriffen sind fließend. Unwahr sind Angaben, die in allen wesentlichen Punkten nicht den Tatsachen entsprechen, während sie als gröblich entstellt zu gelten haben, wenn in der Behauptung Wahres und Falsches gemischt ist, jedoch der Gesamteindruck ein in den wesentlichen Punkten unrichtiges Bild ergibt (Schroeder LK 7). Der *Gegenstand* der Behauptung ist ohne Bedeutung. Zwar wird es sich in den meisten Fällen um Behauptungen handeln, die die Bundeswehr selbst und ihre Einrichtungen betreffen. Aber der Tatbestand ist darauf nicht beschränkt (Blei II 392, M-Schroeder II 342). In Betracht kommen alle Tatsachen, die beim Empfänger Reaktionen auslösen können, durch die die Tätigkeit der Bundeswehr gestört werden kann.

6   b) Der Täter muß diese Behauptungen **aufgestellt** haben. Dies entspricht dem Behaupten von Tatsachen iSd § 186; es bedeutet daher, daß der Täter Tatsachen als Gegenstand eigenen Wissens an einen anderen weitergibt (vgl. § 186 RN 6 f.). Da aber daraus eine Gefahr für die Bundeswehr regelmäßig nur dann entsteht, wenn die falsche Behauptung in weiteren Kreisen bekannt wird, ist außerdem die Absicht der Verbreitung erforderlich (vgl. u. 9).

7   c) Die Verbreitung dieser Behauptungen muß **geeignet** sein, die **Tätigkeit der Bundeswehr zu stören.** Letzteres ist der Fall, wenn die Bundeswehr in der Durchführung ihrer Aufgaben als Organ der *Landesverteidigung* wesentlich behindert wird. Insofern besagt diese Formulierung nichts anderes als die im subjektiven Tatbestand bezeichnete Absicht, „die Bundeswehr in der Erfüllung ihrer Aufgaben der Landesverteidigung zu behindern" (Ostendorf AK 10; and. Tröndle/Fischer 6, Schroeder LK 8: *jede* Tätigkeit der Bundeswehr). Zu ergänzen ist daher „als Organ der Landesverteidigung" (zust. Rudolphi SK 6). Nicht jede Störung der Tätigkeit der Bundeswehr kann danach genügen, sondern nur eine solche, die die Erfüllung der Aufgaben als Verteidigungsorgan beeinträchtigt (Ostendorf AK 3, 10). Gleichgültig ist, von wem die Störung ausgeht; sie kann durch Angehörige der Bundeswehr, aber auch durch Außenstehende erfolgen (Rudolphi SK 7). Dazu gehört zB die Wehrdienstverweigerung oder die Weigerung, kriegswichtige Lieferungen auszuführen. Eine Störung der Bundeswehr braucht nicht tatsächlich eingetreten zu sein. Vielmehr genügt, daß die Verbreitung *geeignet* ist, eine Störung der Bundeswehr herbeizuführen, so etwa, wenn im Falle des Verbreitens (insofern hypothetisch) die konkrete Gefahr gegeben ist, daß wesentliche Verteidigungsaufgaben infolge der Behauptungen nicht oder nicht planmäßig durchgeführt werden können (vgl. Hoyer aaO 153 ff., Schroeder LK 8). Es ist nicht erforderlich, daß bewußt gegen die Bundeswehr gerichtete Aktionen die Folge der Verbreitung sein können; es genügt zB, daß durch die Angaben des Täters eine Panik ausgelöst wird, durch die Verteidigungsmaßnahmen faktisch unmöglich gemacht werden, oder daß die Bevölkerung eines Gebietes durch unwahre Angaben zu einer Kundgebung zusammengerufen wird, die in Bereitstellungsräumen der Bundeswehr stattfinden soll (krit. Ostendorf AK 10).

8   2. a) **Subjektiv** ist zunächst vorausgesetzt, daß der Täter **wider besseres Wissen** handelt (vgl. § 15 RN 69, § 187 RN 5). Diese Voraussetzung bezieht sich jedoch nur auf die Unwahrheit oder gröbliche Entstellung der tatsächlichen Behauptungen; an diesem Vorsatz wird es fehlen, wenn der Täter von der Richtigkeit der in einem Druckwerk verbreiteten Behauptungen überzeugt ist (Schmidt MDR **79**, 708). Bezüglich der Eignung, die Tätigkeit der Bundeswehr zu stören, genügt *bedingter* Vorsatz (Rudolphi SK 11, Schroeder LK 11).

9   b) Außerdem muß die Behauptung **zum Zwecke der Verbreitung** aufgestellt sein. Verbreiten bedeutet hier, daß die Tatsache über den Kreis der unmittelbaren Adressaten hinaus bekannt werden soll. Der Täter muß daher die Absicht haben (nur so Ostendorf AK 11, Rudolphi SK 9, Schroeder LK 9) oder jedenfalls sicher damit rechnen, daß der Adressat der Behauptung diese weitergibt. Ausreichend ist für diese Absicht aber auch, daß der Täter selbst beabsichtigt, die Behauptung gegenüber weiteren Personen aufzustellen und dadurch die Verbreitung zu erreichen. Von § 109 d ausgeschlossen sein sollen nur interne Mitteilungen, die für keinen größeren Kreis bestimmt sind (vgl. Gehrig aaO 120).

10   c) Endlich ist auch die **Absicht** des Täters erforderlich, die Bundeswehr in der Erfüllung ihrer **Aufgabe der Landesverteidigung zu behindern.** Zwar könnte der Wortlaut des § 109 d darauf schließen lassen, daß diese Voraussetzung nur für die zweite Alternative (u. 12 ff.) gilt und für die erste

ausreiche, daß die Tatsache lediglich geeignet ist, die Bundeswehr zu behindern. Da jedoch zwischen dem Aufstellen von Behauptungen zwecks Verbreitung der Tatsachen und dem Verbreiten selbst keine wesentlichen Unterschiede bestehen und die Aufgabe der Absicht überhaupt die einer Begrenzung des Tatbestandes sein sollte, muß diese Tendenz des Täters bei beiden Alternativen vorliegen (so auch M-Schroeder II 342, Rudolphi SK 11, Gehrig aaO 120 f.). Sie ist bei zielgerichtetem Handeln des Täters gegeben; eine Motivierung durch diesen Erfolg ist nicht erforderlich (vgl. § 15 RN 66, Schroeder LK 12; and. Celle NJW **62**, 1581). Die Absicht, die Bundeswehr in der Erfüllung ihrer Aufgabe der Landesverteidigung zu behindern, liegt dann vor, wenn der Täter darauf *abzielt*, die Funktionen der Bundeswehr gerade auf dem Gebiete der Landesverteidigung zu behindern. Daher reichen Schwierigkeiten bei innerdienstlichen Vorgängen nicht aus. Ebensowenig genügt, daß es sich lediglich um Gerüchtemacherei aus Sensationslust handelt. 11

III. Verbreiten unwahrer oder gröblich entstellter Behauptungen (2. Alt.). Während die 1. Alt. das Aufstellen zum Zwecke der Verbreitung erfaßt, ist hier das Verbreiten selbst unter Strafe gestellt. Eine reinliche Trennung zwischen diesen beiden Modalitäten ist jedoch nicht möglich. In beiden Fällen genügt eine Handlung gegenüber *einer* Person, sofern die Absicht vorliegt, daß die Behauptungen dadurch weitergeleitet werden. 12

1. a) Die **Tathandlung** erfordert ein **Verbreiten** unwahrer oder gröblich entstellter Behauptungen tatsächlicher Art, die geeignet sind, die Tätigkeit der Bundeswehr zu stören. Darunter ist die Weitergabe von Tatsachen als Gegenstand fremden Wissens zu verstehen (dazu § 186 RN 8). Während aber bei der üblen Nachrede für die Verbreitung genügt, daß der Täter die Behauptung an *einen* Adressaten weitergibt, hat hier das Gesetz offensichtlich ein Handeln gemeint, das wenigstens die Gefahr des Bekanntwerdens in weiteren Kreisen in sich birgt. Dies ergibt sich daraus, daß für die 1. Alt. nicht genügt, daß der Täter die Behauptung nur dem Empfänger gegenüber aufstellt, sondern die Absicht der Verbreitung gehabt haben muß (vgl. o. 9). Deshalb bedeutet hier Verbreiten die Weitergabe von Nachrichten in einer Weise, welche die Gefahr weiterer Verbreitung mit sich bringt. Die Weitergabe an eine Person genügt daher, sofern der Täter entweder sicher damit rechnet, daß diese die Nachricht an andere Personen weitergeben wird, oder aber selbst die Absicht hat, außer dem Adressaten noch andere in Kenntnis zu setzen (Tröndle/Fischer 2; and. Ostendorf AK 8, Rudolphi SK 10). Vgl. auch den ähnlichen Begriff des Verbreitens von Schriften usw. in §§ 86, 184. 13/14

b) Über **unwahre** oder **gröblich entstellte** Behauptungen vgl. o. 5. Auch hier ist die **Eignung** erforderlich, die Tätigkeit der Bundeswehr **zu stören** (vgl. o. 7). Das Gesetz hat aber nicht etwa die Gefährdung ganz in den subjektiven Tatbestand verlegt (Absicht, ... zu behindern), sondern verlangt die Eignung als objektives Merkmal zur Begrenzung des Tatbestandes: „Solche Behauptungen" sind also die gleichen, wie sie in der 1. Alt. vorausgesetzt werden. Allerdings genügt bei dieser Tatbestandsalternative nicht schon eine hypothetische, sondern nur eine reale konkrete Störungsgefahr (vgl. Hoyer aaO 153 ff., Schroeder LK 8). 15

2. **Subjektiv** ist **Vorsatz** erforderlich bezüglich der Verbreitung sowie der Eignung, die Tätigkeit der Bundeswehr zu stören. Bezüglich der Unwahrheit der verbreiteten Tatsachen bedarf es positiver Kenntnis; dolus eventualis genügt insoweit nicht, ebensowenig – entgegen dem Wortlaut – hinsichtlich der gröblich entstellten Tatsachen (zust. Schroeder LK 11). Außerdem ist die **Absicht** erforderlich, die Bundeswehr in der Erfüllung ihrer Aufgabe der Landesverteidigung *zu behindern* (vgl. o. 10). 16

IV. Der **Versuch** ist strafbar (Abs. 2): so zB dann, wenn der Täter eine Behauptung für falsch hält, die in Wahrheit den Tatsachen entspricht, oder wenn eine Behauptung ungeeignet war, die Tätigkeit der Bundeswehr zu stören, der Täter dies aber glaubte. 17

V. Idealkonkurrenz ist möglich mit §§ 89, 164, 186, 187, 187 a. 18

VI. Zur **Einziehung** vgl. § 109 k. Zum **Opportunitätsprinzip** vgl. § 74 a I GVG i.V. m. §§ 153 c, d, e StPO. 19

§ 109 e Sabotagehandlungen an Verteidigungsmitteln

(1) **Wer ein Wehrmittel oder eine Einrichtung oder Anlage, die ganz oder vorwiegend der Landesverteidigung oder dem Schutz der Zivilbevölkerung gegen Kriegsgefahren dient, unbefugt zerstört, beschädigt, verändert, unbrauchbar macht oder beseitigt und dadurch die Sicherheit der Bundesrepublik Deutschland, die Schlagkraft der Truppe oder Menschenleben gefährdet, wird mit Freiheitsstrafe von drei Monaten bis zu fünf Jahren bestraft.**

(2) **Ebenso wird bestraft, wer wissentlich einen solchen Gegenstand oder den dafür bestimmten Werkstoff fehlerhaft herstellt oder liefert und dadurch wissentlich die in Absatz 1 bezeichnete Gefahr herbeiführt.**

(3) **Der Versuch ist strafbar.**

(4) **In besonders schweren Fällen ist die Strafe Freiheitsstrafe von einem Jahr bis zu zehn Jahren.**

(5) **Wer die Gefahr in den Fällen des Absatzes 1 fahrlässig, in den Fällen des Absatzes 2 nicht wissentlich, aber vorsätzlich oder fahrlässig herbeiführt, wird mit Freiheitsstrafe bis**

§ 109 e 1–10   Bes. Teil. Straftaten gegen die Landesverteidigung

zu fünf Jahren oder mit Geldstrafe bestraft, wenn die Tat nicht in anderen Vorschriften mit schwererer Strafe bedroht ist.

1   I. Die Vorschrift bezweckt den Schutz der **Funktionsfähigkeit der Wehrmittel** sowie von Einrichtungen und Anlagen, die ganz oder überwiegend der Verteidigung der BRD oder dem Schutz ihrer Zivilbevölkerung dienen (krit. zur Verselbständigung des § 109 e gegenüber §§ 304, 305 Ostendorf AK 5). Zur Entstehungsgeschichte vgl. Kohlhaas NJW 57, 931. Über den **Schutz der NATO-Truppen** vgl. 2 vor § 109. Zum *Geltungsbereich* vgl. im übrigen auch § 5 Nr. 5 a.

2   II. **Geschützte Tatobjekte** sind die Wehrmittel sowie bestimmte Einrichtungen und Anlagen.

3   1. **Wehrmittel** sind Gegenstände, die ihrer Natur nach oder auf Grund besonderer Zweckbestimmung für den Kampfeinsatz bestimmt sind (BT-Drs. II/3039 S. 13). Darunter fallen nicht nur Waffen, Munition, Militärfahrzeuge (z B Panzer, LKW, Flugzeuge, Schiffe) einschließlich Treibstoffe, sondern auch technische Geräte (z B Funkgeräte, Entfernungsmesser, Radargeräte, optische Instrumente) und sonstiges Ausrüstungsmaterial wie Karten und Uniformen (Rudolphi SK 3, M-Schroeder II 340), ferner Tiere (wie Meldehunde, Maultiere einer Gebirgseinheit, Brieftauben). Nicht hierher gehören dagegen Gegenstände, die nur der Ausbildung oder Übung dienen (zB Platzpatronen), ebensowenig bloße Dienstgegenstände wie etwa das Inventar einer Kaserne. Entscheidend ist, ob das Vorhandensein oder die Brauchbarkeit des Gegenstandes für die Schlagkraft der Streitkräfte im Kampfeinsatz von Bedeutung ist. Nicht erforderlich ist, daß die Gegenstände im Eigentum der Bundeswehr stehen (vgl. u. 8).

4   2. **Einrichtungen und Anlagen,** die der **Landesverteidigung** oder dem **Bevölkerungsschutz** gegen Kriegsgefahren ganz oder überwiegend dienen.

5   a) *Einrichtungen* der *Landesverteidigung* sind alle Gegenstände, die dazu bestimmt sind, den bewaffneten Einsatz der Truppe zu ermöglichen, zu unterstützen oder zu erleichtern, zB Ballonsperren, Tarneinrichtungen. Unter *Anlagen* sind Einrichtungen zu verstehen, die auf längere Dauer berechnet sind und eine gewisse Festigkeit haben (Rudolphi SK 4; vgl. § 316 b RN 2 ff.). Hierzu gehören zB Befestigungsanlagen, Flugplätze, Flakstellungen, Radaranlagen, U-Boot-Bunker, uU auch natürliche Anlagen, soweit sie den Aufgaben der Landesverteidigung dienstbar gemacht worden sind, wie etwa ein Waldstück, das besonderen Schutz gegen Sicht gewährt, zB ein Munitionslager verbirgt, oder ein Wasserlauf, der für den Angreifer ein Hindernis darstellt (and. Ostendorf AK 7). Gleichgültig ist, ob die Einrichtung oder Anlage unmittelbar von der Truppe benutzt wird, wie Befestigungsanlagen oder Flugplätze, oder ob sie auf Grund besonderer Zweckbestimmung Aufgaben der Landesverteidigung erfüllen, so etwa technische Versuchsanstalten, Fabriken, gewerbliche Betriebe, in denen Wehrmittel hergestellt, aufbewahrt oder ausgebessert werden; uU genügt schon eine einzelne Maschine (RG 75 216). Vgl. weiter Schroeder LK 3.

6   b) Geschützt sind ferner bestimmte *Zivilschutzeinrichtungen,* durch welche die Bevölkerung vor Kriegsgefahren bewahrt werden soll. Darunter sind Gefahren zu verstehen, die in einem modernen Krieg der Zivilbevölkerung durch Bombenangriffe, Artilleriebeschuß usw. drohen. Zu den Einrichtungen, die gegen diese Gefahren schützen sollen, zählen nicht nur solche, die einen Schaden vorbeugen, sondern auch solche, die einen eingetretenen Schaden beheben oder doch möglichst klein halten sollen. Darunter fallen vor allem Luftschutz- und Alarmanlagen, Sanitätseinrichtungen, Krankenwagen, Feuerlöschzüge. Ergänzend vgl. § 30 SchutzbauG v. 9. 9. 65 (BGBl. I 1232).

7   c) Die Einrichtungen und Anlagen müssen *ganz* oder *vorwiegend* der Landesverteidigung oder dem Bevölkerungsschutz dienen. Mit diesem Erfordernis soll eine uferlose Ausdehnung des Begriffs auf solche Gegenstände vermieden werden, die nur entfernt den genannten Zwecken dienen. So wird zB ein Krankenhaus idR nicht vorwiegend zur Behandlung von Kriegsverletzten bestimmt sein, wohl aber dann, wenn es für die Heilung von Schäden eingerichtet ist, die auf der Anwendung atomarer Waffen beruhen. Nicht hierher gehört zB eine Fabrik, die neben Gegenständen des zivilen Lebens Uniformknöpfe oder Orden herstellt, wohl aber eine Munitionsfabrik, auch vor deren Inbetriebnahme.

8   d) Gleichgültig ist, ob die Einrichtung oder Anlage im *Eigentum der Bundeswehr* steht oder einem anderen gehört. Dies ergibt sich sowohl aus der Entstehungsgeschichte (vgl. RG 75 217, Kohlhaas aaO 931) wie auch aus der ratio legis. So können Gegenstände von Privatpersonen hierher gehören, wenn sie etwa auf Grund einer Beschlagnahme für Verteidigungszwecke benutzt werden.

9   3. Objekt der Tat kann schließlich der für ein Wehrmittel oder die o. 4 genannten Einrichtungen und Anlagen bestimmte **Werkstoff** sein (Abs. 2). Hierunter sind alle Stoffe zu verstehen, die noch nicht zu einem der Schutzobjekte gestaltet, aber für deren Herstellung vorgesehen sind, wie zB Stahl, Eisen, Beton.

III. Als **Tathandlung** kommt in Betracht:

10   1. Das **Zerstören,** Beschädigen, Verändern, Unbrauchbarmachen oder Beseitigen eines Wehrmittels oder eines der sonstigen Schutzobjekte (Abs. 1). Über *Zerstören* und *Beschädigen* vgl. § 303 RN 7 ff. Eine *Veränderung* liegt vor, wenn der frühere Zustand durch einen anderen ersetzt wird, ohne daß das Merkmal der Beschädigung gegeben ist (RG 37 53, JW 20, 1036). *Unbrauchbar* gemacht ist

Sabotagehandlungen an Verteidigungsmitteln 11–19 § 109 e

eine Sache dann, wenn ihre Eignung für den vorgesehenen Zweck beseitigt wird. *Beseitigen* ist jede Aufhebung der Dispositionsmöglichkeit für den Berechtigten (Rudolphi SK 7); dies kann auch ohne Ortsveränderung durch Täuschung (zB durch Ableugnen des Besitzes) geschehen (and. Ostendorf AK 8). Zum Ganzen vgl. § 316 b RN 7. Dagegen genügt das bloße *Preisgeben* des Gegenstandes heute *nicht* mehr; wer also lediglich einen seiner Obhut unterliegenden Gegenstand im Stiche läßt, macht sich nicht nach § 109 e strafbar (Schroeder LK 6).

2. Strafbar ist ferner die **Herstellung oder Lieferung eines fehlerhaften Wehrmittels** oder anderen Schutzobjektes (Abs. 2). Zum *Herstellen* gehört die Auswahl und Verwendung des Rohstoffes oder Halbfabrikats wie auch dessen Verarbeitung und Gestaltung (vgl. auch Schroeder LK 7). *Liefern* bedeutet das Überlassen eines Gegenstandes zum bestimmungsgemäßen Gebrauch. *Fehlerhaft* ist ein Wehrmittel oder Schutzobjekt, wenn es im Widerspruch zu den bestehenden Anweisungen, Vorschriften oder vorhandenen Erfahrungen in einer Weise hergestellt wird, daß die Tauglichkeit zum bestimmungsgemäßen Gebrauch aufgehoben oder gemindert ist (Rudolphi SK 8). Dagegen reichen andere Vertragsbrüche des Armeelieferanten wie verspätete Lieferung nicht aus (M-Schroeder II 340). 11

3. Beide Tatbestandsalternativen müssen eine **konkrete Gefahr** für die Sicherheit der BRD, die Schlagkraft der Truppe oder für Menschenleben zur Folge haben, wobei unter der **Sicherheit der BRD** unter entsprechender Einschränkung der allgemeinen Legaldefinition des § 92 III Nr. 2 hier aber nicht die innere (so Schroeder LK 10), sondern die *äußere* zu verstehen ist (ebenso Tröndle/Fischer 1, Ostendorf AK 11), da es in den §§ 109 e–g um die Außenverteidigung geht. Unter *Schlagkraft der Truppe* ist deren Einsatzfähigkeit zu verstehen; diese soll nach LG Lüneburg NZWehrR 64, 180 schon durch Beschädigung des Bordtelefons eines Minensuchbootes gefährdet sein. Die Gefährdung von *Menschenleben* kann sowohl Soldaten wie Zivilpersonen betreffen, doch genügen bloße Gesundheitsgefahren nicht. 12

IV. Zur **Rechtswidrigkeit** gehört, daß der Täter **unbefugt** handelt. Damit soll klargestellt werden, daß der Täter über die allgemeinen Rechtfertigungsgründe hinaus dann nicht rechtswidrig handelt, wenn er nach bürgerlichem oder öffentlichem Recht befugt ist, die Handlung vorzunehmen, zB die Veränderung oder Schließung seines Betriebs (vgl. Tröndle/Fischer 5, Ostendorf AK 9, 13, Rudolphi SK 13, Schroeder LK 8). 13

V. Für den **subjektiven Tatbestand** ist zwischen den verschiedenen Bestandteilen des äußeren Tatbestandes zu unterscheiden. 14

1. Vorsatz ist erforderlich hinsichtlich der o. 3 ff. genannten Objekte und der Handlung. Der Täter muß wissen, daß es sich um ein Wehrmittel oder sonstigen Schutzgegenstand handelt. Bedingter Vorsatz genügt insoweit, als es sich nicht um die Herstellung oder Lieferung eines fehlerhaften Gegenstandes handelt; diesbezüglich ist Wissentlichkeit erforderlich (Abs. 2). Dadurch soll erreicht werden, daß bloße Nachlässigkeit aus Profitgier oder anderen Gründen bei der Herstellung zu einer Bestrafung nicht ausreicht (Kohlhaas NJW 57, 931, Ostendorf AK 12; krit. M-Schroeder II 341). Der Täter nach Abs. 2 muß nicht nur positiv wissen, daß er einen fehlerhaften Werkstoff herstellt oder liefert, sondern sein unbedingter Vorsatz muß sich auch darauf erstrecken, daß der Werkstoff für ein Wehrmittel usw. bestimmt ist. 15

2. Für die Gefährdung der Sicherheit der BRD, der Schlagkraft der Truppe oder von Menschenleben genügt Vorsatz oder **Fahrlässigkeit** (Abs. 5). Die verschiedenen Schuldformen sind in der abgestuften Strafdrohung berücksichtigt worden; vgl. u. 18. 16

VI. Der **Versuch** ist bei vorsätzlicher Gefährdung strafbar (Abs. 3); im Falle des Abs. 2 – entsprechend dessen Voraussetzungen – aber nur, wenn der Täter mit dolus directus gehandelt hat (Ostendorf AK 15). Versuch kann vorliegen, wenn die Sabotagehandlung zwar beendet, die gewollte Gefährdung aber nicht eingetreten ist. Ist die Handlung im Versuchsstadium geblieben, so ist zu prüfen, ob bei gelungener Durchführung der geplanten Tat eine Gefährdung eingetreten wäre (Kohlhaas NJW 57, 931). 17

VII. Die **Strafe** ist im Regelfall Freiheitsstrafe von 3 Monaten bis zu 5 Jahren. In **besonders schweren Fällen** kann auf Freiheitsstrafe von 1 bis zu 10 Jahren erkannt werden (Abs. 4). Ist die Gefährdung fahrlässig oder im Falle des Abs. 2 fahrlässig oder vorsätzlich, aber nicht wissentlich herbeigeführt, so ist die Strafe Freiheitsstrafe bis zu 5 Jahren oder Geldstrafe (Abs. 5). Über **Nebenfolgen** vgl. § 109 i; zur **Einziehung** vgl. § 109 k. Zum **Opportunitätsprinzip** vgl. § 74 a I GVG iVm §§ 153 c, e StPO. 18

VIII. Konkurrenzen: Den §§ 303 ff. geht § 109 e als lex specialis vor (Tröndle/Fischer 10; and. Rudolphi SK 16, Schroeder LK 17). Gegenüber anderen Sabotagedelikten, wie zB § 316 b, wird idR Tateinheit anzunehmen sein, da sich die Handlungen gegen verschiedene Rechtsgüter richten (Rudolphi SK 16; and. Kohlhaas NJW 57, 931). Gleiches gilt bei § 87: Dort sind zwar nur Vorbereitungshandlungen zur Sabotage erfaßt; § 87 geht aber insofern über § 109 e hinaus, als der Täter sich für Bestrebungen gegen den Bestand der BRD usw. eingesetzt haben muß. Tateinheit ist ferner möglich mit §§ 242, 246. § 109 e V ist gegenüber Vorschriften mit schwererer Strafdrohung subsidiär. 19

Eser

§ 109 f Sicherheitsgefährdender Nachrichtendienst

(1) Wer für eine Dienststelle, eine Partei oder eine andere Vereinigung außerhalb des räumlichen Geltungsbereichs dieses Gesetzes, für eine verbotene Vereinigung oder für einen ihrer Mittelsmänner
1. Nachrichten über Angelegenheiten der Landesverteidigung sammelt,
2. einen Nachrichtendienst betreibt, der Angelegenheiten der Landesverteidigung zum Gegenstand hat, oder
3. für eine dieser Tätigkeiten anwirbt oder sie unterstützt

und dadurch Bestrebungen dient, die gegen die Sicherheit der Bundesrepublik Deutschland oder die Schlagkraft der Truppe gerichtet sind, wird mit Freiheitsstrafe bis zu fünf Jahren oder mit Geldstrafe bestraft, wenn die Tat nicht in anderen Vorschriften mit schwererer Strafe bedroht ist. Ausgenommen ist eine zur Unterrichtung der Öffentlichkeit im Rahmen der üblichen Presse- oder Funkberichterstattung ausgeübte Tätigkeit.

(2) Der Versuch ist strafbar.

1   I. Die Vorschrift behandelt den **militärischen Nachrichtendienst** als ein dem Landesverrat vorgelagertes **abstraktes Gefährdungsdelikt** (BGH 23 311). Ihre praktische Bedeutung ist gering; denn soweit die nachrichtendienstliche zugleich eine geheimdienstliche Tätigkeit ist, geht § 99 regelmäßig vor (vgl. auch Ostendorf AK 1, 4 f.). Zudem greift bei nur nachrichtendienstlicher Sammlung uU die Ausnahme von Abs. 1 S. 2 ein. Daher kommt § 109 f praktisch nur dann in Betracht, wenn sich die nachrichtendienstliche Tätigkeit nicht zugleich als eine geheimdienstliche iSd § 99 darstellt und es sich entweder um nichtgeheime Tatsachen oder zwar um geheime, jedoch um solche Tatsachen handelt, deren Weitergabe nicht die Gefahr eines schweren Nachteils für die äußere Sicherheit der BRD beinhaltet (Rudolphi SK 1; vgl. auch Schroeder NJW 81, 2283). Zum *Geltungsbereich* vgl. § 5 Nr. 5 a sowie 2 vor § 109.

II. Der **objektive Tatbestand** setzt folgendes voraus:

2   1. Als **Tathandlungen** kommen in Betracht das **Sammeln** von Nachrichten und das **Betreiben** eines **Nachrichtendienstes**, das **Anwerben** für eine dieser Tätigkeiten oder ihre **Unterstützung**. Ein *Nachrichtendienst* setzt eine gewisse Organisation voraus, die auf Sammeln und Weiterleiten von Nachrichten gerichtet ist, wobei diese wahr sein müssen (Ostendorf AK 7, Rudolphi SK 3, Schroeder LK 3; and. Tröndle/Fischer 3, Lüttger MDR 66, 634). *Betrieben* wird der Nachrichtendienst, wenn es unternommen wird, Nachrichten mit irgendwelchen Mitteln zu erlangen, weiterzugeben oder zu verarbeiten. Die Tätigkeit muß von einer gewissen Intensität und Dauer – jedenfalls nach Absicht des Täters – sein (vgl. Lüttger MDR 66, 630, aber auch BGH 16 18, Rudolphi SK 9). Das Sammeln *einer* Nachricht genügt aber bei entsprechender Absicht (BGH 16 18; vgl. auch Schroeder LK 4; and. Ostendorf AK 9). *Anwerben* bedeutet die darauf hinzielende Tätigkeit, andere zur Mitwirkung beim Nachrichtendienst zu bewegen. Bleibt sie erfolglos, so kommt (nur) Versuch in Betracht (Rudolphi SK 11, Schroeder SK 6; and. für Vollendung Lüttger MDR 66, 630; zu einer mögl. Anstiftung des Angeworbenen vgl. Gropp, Deliktstypen m. Sonderbeteiligung, 1992, 236). Eine *Unterstützung* des Nachrichtendienstes liegt dann vor, wenn dessen Tätigkeit in wesentlicher Weise gefördert wird (vgl. § 84 RN 16); andernfalls kommt nur Beihilfe in Betracht. Die bloße Entgegennahme von Aufträgen für einen Nachrichtendienst ist noch keine Unterstützung (and. Schroeder LK 7); wohl aber hatte unterstützt, wer bei seiner Vernehmung in der ehemaligen DDR Angaben machte (BGH 23 308; vgl. auch Rudolphi SK 12). Unerheblich ist, ob das Sammeln von Nachrichten hauptberuflich geschieht (BGH 15 176, Lüttger MDR 66, 631), und ob der Täter geheim vorgeht oder nicht. Beim Sammeln mehrerer Nachrichten liegt nur *eine* Tat vor (BGH 16 32 f.).

3   2. Die Nachrichten müssen **Angelegenheiten der Landesverteidigung** betreffen, dh solche Gegenstände, die in Beziehung zu den Aufgaben oder Interessen der Landesverteidigung (BGH 15 164) stehen. Dazu gehört auch – obgleich im Unterschied zu § 109 e nicht ausdrücklich erwähnt – der Schutz der Zivilbevölkerung im Verteidigungsfall (vgl. Art. 73 Nr. 1 GG, ferner M-Schroeder II 343, Rudolphi SK 3). Zum **Schutz der NATO**-Truppen vgl. 2 vor § 109.

4   3. Die Nachrichten müssen **für eine Dienststelle,** Partei oder andere Vereinigung außerhalb des Geltungsbereichs des § 109 f (zB einen Nachrichtendienst der ehemaligen DDR: vgl. BGH 23 308 sowie o. 1), für eine verbotene Vereinigung oder für einen ihrer Mittelsmänner gesammelt werden. Es ist nicht erforderlich, daß der Täter einen Auftrag dieser Organisation ausführt. Es genügt auch das selbständige Sammeln von Nachrichten in der Erwartung, sie würden von einer der genannten Stellen abgenommen werden. Verbotene Vereinigungen sind solche der §§ 84, 85.

5   4. Mit seinen Handlungen muß der Täter Bestrebungen dienen, die **gegen die Sicherheit** der BRD oder die **Schlagkraft der Truppe** (näher zu diesen Begriffen § 109 e RN 12) gerichtet sind. Eine konkrete Gefahr ist nicht erforderlich. Es genügt das bloße Tätigwerden für Bestrebungen, die die Gefährdung der Sicherheit oder Schlagkraft zum Ziele haben (BGH 15 161, 19 346), und zwar ohne Rücksicht auf die aktuelle Außenpolitik des begünstigten Landes (vgl. BGH MDR/H 80, 454). Der Täter dient diesen Bestrebungen, wenn er ihre Ziele fördert (vgl. aber auch Schroeder LK 13).

Sicherheitsgefährdendes Abbilden 1, 2 **§ 109 g**

III. Ausgenommen sind Handlungen zur Unterrichtung der Öffentlichkeit im Rahmen der 6
üblichen **Presse- und Funkberichterstattung** (Abs. 1 S. 2). Diese der Gewährleistung der Pressefreiheit dienende Bestimmung stellt einen Fremdkörper im System des StGB dar. Sie ist daher weder einer analogen Übertragung auf die eigentlichen Staatsschutzdelikte fähig, noch bedarf es ihrer, um angemessene Entscheidungen zu erzielen, da die im Rahmen der „üblichen" Berichterstattung ausgeübte Tätigkeit nicht den in § 109 f genannten Bestrebungen dient (vgl. auch die Bedenken bei Blei II 393, Kohlhaas NJW 57, 932). Es handelt sich um einen *tatbestandsausschließenden* Umstand (Tröndle/Fischer 5, Lackner JZ 57, 404, Ostendorf AK 11, Rudolphi SK 14, Schroeder LK 18).

1. Üblich, da nicht rein faktisch zu verstehen (so aber Ostendorf AK 12), ist die Berichterstattung 7
nur insoweit, als sie sich nach Art und Maß im Rahmen dessen hält, was einer pflichtbewußten Unterrichtung der Öffentlichkeit dient. Eine mißbräuchliche Berichterstattung ist daher keine übliche. Ein Mißbrauch liegt vor, wenn der Täter das Informationsbedürfnis der Allgemeinheit nicht gegen den Schaden abgewogen hat, der der BRD entstehen kann (Rudolphi SK 15). Unerheblich ist, ob es sich um in- oder ausländische Berichterstattung handelt und in welcher Funktion der Täter bei der Sammlung der Nachrichten mitwirkt.

2. Der Täter muß **zur Unterrichtung** der Öffentlichkeit handeln. Daran fehlt es, wenn der Täter 8
mit der Absicht handelt, ausländischen Dienststellen oder verbotenen Vereinigungen Nachrichtenmaterial zu liefern.

IV. Subjektiv ist (zumindest bedingter) **Vorsatz** erforderlich. Dazu muß der Täter wissen, daß er 9
mit seinem Handeln Bestrebungen dient, die gegen die Sicherheit der BRD usw. gerichtet sind. Insoweit ist dolus directus erforderlich (and. Ostendorf AK 13, Rudolphi SK 17, M-Schroeder II 343).

V. Die Tat ist **vollendet** mit dem Sammeln von Nachrichten (das Sammeln *einer* Nachricht genügt, 10
sofern der Täter die Absicht hatte, weitere zu sammeln; vgl. M-Schroeder II 343 sowie o. 2) oder dem Betreiben eines Nachrichtendienstes; die Weitergabe an eine der o. 4 genannten Stellen ist für die Vollendung der Tat nicht erforderlich (BGH **15** 161). Der **Versuch** ist strafbar (Abs. 2).

VI. Über **Nebenfolgen** vgl. §§ 109 i, k. Zur Anwendung des **Opportunitätsprinzips** vgl. 11
§ 74 a I GVG iVm §§ 153 c, d, e StPO.

VII. § 109 f ist **subsidiär** gegenüber Vorschriften, die eine schwerere Strafe androhen. Dies gilt 12
insbes. gegenüber §§ 98, 99 (BGH **27** 134). Der in § 99 genannte Geheimdienst ist zugleich Nachrichtendienst iSd § 109 f, nicht dagegen umgekehrt. Mit § 109 g ist Idealkonkurrenz möglich.

§ 109 g Sicherheitsgefährdendes Abbilden

(1) **Wer von einem Wehrmittel, einer militärischen Einrichtung oder Anlage oder einem militärischen Vorgang eine Abbildung oder Beschreibung anfertigt oder eine solche Abbildung oder Beschreibung an einen anderen gelangen läßt und dadurch wissentlich die Sicherheit der Bundesrepublik Deutschland oder die Schlagkraft der Truppe gefährdet, wird mit Freiheitsstrafe bis zu fünf Jahren oder mit Geldstrafe bestraft.**

(2) Wer von einem Luftfahrzeug aus eine Lichtbildaufnahme von einem Gebiet oder Gegenstand im räumlichen Geltungsbereich dieses Gesetzes anfertigt oder eine solche Aufnahme oder eine danach hergestellte Abbildung an einen anderen gelangen läßt und dadurch wissentlich die Sicherheit der Bundesrepublik Deutschland oder die Schlagkraft der Truppe gefährdet, wird mit Freiheitsstrafe bis zu zwei Jahren oder mit Geldstrafe bestraft, wenn die Tat nicht in Absatz 1 mit Strafe bedroht ist.

(3) Der Versuch ist strafbar.

(4) Wer in den Fällen des Absatzes 1 die Abbildung oder Beschreibung an einen anderen gelangen läßt und dadurch die Gefahr nicht wissentlich, aber vorsätzlich oder leichtfertig herbeiführt, wird mit Freiheitsstrafe bis zu zwei Jahren oder mit Geldstrafe bestraft. Die Tat ist jedoch nicht strafbar, wenn der Täter mit Erlaubnis der zuständigen Dienststelle gehandelt hat.

I. Die Vorschrift enthält **zwei Tatbestandsalternativen**: das *Abbilden und Beschreiben militärischer* 1
Gegenstände oder Vorgänge (Abs. 1) und das *Anfertigen von Lichtbildaufnahmen aus Luftfahrzeugen* (Abs. 2). Ihr Zweck ist, eine **Gefährdung der Sicherheit** der BRD und der **Schlagkraft** der Truppe durch die genannten Handlungen zu verhindern (krit. Ostendorf AK 5). Zu Vorbildern vgl. 19. A. Der frühere ergänzende Bußgeldtatbestand für nichtgenehmigte Luftbilder außerhalb des Fluglinienverkehrs ist mit Aufhebung des § 61 LuftVG durch das 3. RechtsbereinigungsG (BGBl. 1990 I 1221) zum 1. 7. 90 entfallen. Zum *Geltungsbereich* vgl. § 5 Nr. 5 a sowie 2 vor § 109, dort auch zum **Schutz der NATO**-Truppen.

II. Abs. 1 erfaßt das **Anfertigen einer Abbildung** oder **Beschreibung von Wehrmitteln**, 2
militärischen Einrichtungen oder Anlagen oder militärischen Vorgängen und das Gelangenlassen solcher Abbildungen an einen anderen. Diese Handlungen müssen die Sicherheit der BRD oder die Schlagkraft der Truppe gefährden (vgl. § 109 e RN 12).

§ 109 g 3–13 Bes. Teil. Straftaten gegen die Landesverteidigung

3/4   1. Unter die **Abbildung** fällt jede bildliche Wiedergabe eines Gegenstandes. Unerheblich ist, auf welche Weise sie hergestellt wird. In Betracht kommen vor allem fotografische Aufnahmen, aber auch Zeichnungen. Eine naturgetreue Wiedergabe ist nicht erforderlich; es genügt eine Skizze, sofern das Wesentliche des Gegenstandes aus ihr ersichtlich wird. Eine **Beschreibung** ist die Wiedergabe aller oder der wesentlichen Merkmale eines Gegenstandes durch Worte, auf Grund derer ein anderer sich ein Bild von diesem Gegenstand machen kann. Nicht erforderlich ist, daß jeder oder eine größere Anzahl von Personen die Beschreibung versteht. Ausreichend ist auch eine Beschreibung in Geheimschrift oder Geheimsprache (Rudolphi SK 5). Da die Beschreibung angefertigt sein muß, scheiden mündliche Berichte aus (Schroeder LK 6). Zur somit erforderlichen Schriftlichkeit genügen auch Schallaufnahmen, die dann die Beschreibung durch Ton wiedergeben, so zB Schallplatten und Tonbänder.

5   2. **Objekt der Abbildung** oder Beschreibung muß einer der folgenden Gegenstände sein:

6   a) **Wehrmittel:** vgl. § 109 e RN 3.

7   b) **Militärische Einrichtungen oder Anlagen:** Darunter sind nur solche Gegenstände zu verstehen, die unmittelbar den Zwecken der Bundeswehr (nicht des Bundesgrenzschutzes: Celle GA/W 62, 195) dienen und deren Verfügungsgewalt unterworfen sind. Auf die Eigentumsverhältnisse kommt es dabei nicht an, ebensowenig darauf, ob die Bundeswehr die Gegenstände zZ der Tat benutzen kann (Aufnahme von einem im Bau befindlichen Flugplatz). Dagegen zählen nicht hierzu die Gegenstände, die nur mittelbar den Streitkräften dienen, wie zB Einrichtungen oder Anlagen eines Rüstungs- oder Versorgungsbetriebes. Eine genaue Abgrenzung zwischen Einrichtung und Anlage ist weder möglich noch erforderlich. Eine Anlage hat eine gewisse Festigkeit und ist auf längere Dauer berechnet (vgl. § 316 b RN 2). Zu den militärischen Anlagen gehören zB Kasernen (Frankfurt GA/W 63, 305), Befestigungen, Übungsplätze, Munitionslager, Flugplätze und Flugzeughallen, Marinestützpunkte.

8   c) Zu den **militärischen Vorgängen** rechnen alle Geschehnisse, die sich unmittelbar im Rahmen der Aufgaben der Bundeswehr abspielen, nicht dagegen nur mittelbar diesen Aufgaben dienende Vorgänge. Erfaßt sind etwa Truppenbewegungen, Schießübungen, Manöver, militärische Versuche, Transporte von Wehrmitteln, Bau einer militärischen Anlage, Ausstattung einer Truppe mit Spezialwaffen, nicht dagegen Ehrenparaden oder sonstige Feierlichkeiten (Schroeder LK 4).

9   3. Für die **Tathandlung** ist erforderlich, daß der Täter eine solche Abbildung oder Beschreibung **anfertigt** oder an einen anderen **gelangen läßt**. *Anfertigen* bedeutet die Herstellung der Abbildung oder Beschreibung. Hierbei kann der Täter sich auch eines Werkzeugs bedienen, das nach Anweisungen die Abbildungen herstellt. Über *Gelangenlassen* vgl. § 184 RN 36. Das bloße Vorzeigen oder Vorlesen genügt nicht. Der Täter braucht die Abbildung nicht selbst hergestellt zu haben, auch ein derivativer Erwerb wird nicht vorausgesetzt; es genügt, daß er die Abbildung gestohlen oder gefunden hat und sie dann einem Dritten übergibt. Hat er die Abbildung selbst angefertigt und läßt er sie an einen anderen gelangen, so ist darin nur eine Tat nach § 109 g zu sehen; das Anfertigen geht im Gelangenlassen auf.

10   4. Als **Folge** muß die **Sicherheit der BRD** oder die **Schlagkraft der Truppe gefährdet werden.** Über diese Voraussetzungen vgl. § 109 e RN 12.

11   5. **Subjektiv** ist **Vorsatz** erforderlich (§ 15). Der Täter muß wissen oder zumindest bedingt in Kauf nehmen, daß die Abbildung oder Beschreibung einen militärischen Gegenstand oder Vorgang darstellt. Ferner ist erforderlich, daß der Täter **wissentlich** die Gefahr für die Sicherheit der BRD oder die Schlagkraft der Truppe **herbeiführt.** Das ist nur bei dolus directus der Fall.

12   Hat der Täter zwar nicht wissentlich, wohl aber (zumindest) *bedingt vorsätzlich* oder *leichtfertig* (§ 15 RN 106; vgl. auch BGH StV 94, 480) die Sicherheit der BRD oder die Schlagkraft der Truppe gefährdet, so ist er nach **Abs. 4** strafbar, falls er die Abbildung oder Beschreibung (zumindest) bedingt vorsätzlich an einen anderen hat gelangen lassen (wie etwa im Fall BGH MDR/S 94, 238). Wer nur die Abbildung anfertigt und dadurch leichtfertig die Sicherheit der BRD gefährdet, erfüllt nicht den Tatbestand des § 109 g, ebensowenig, wer die Abbildung leichtfertig an einen anderen gelangen läßt (M-Schroeder II 344; ungenau Kohlhaas NJW 57, 932).

13   6. Hat jedoch der Täter in Fällen des Abs. 4 **mit Erlaubnis der zuständigen Dienststelle** gehandelt, so bleibt er straffrei (Abs. 4 S. 2). Die Bedeutung dieses **Strafausschlusses** ist umstritten: Teils wird ihm rechtfertigende Wirkung beigelegt (Kohlrausch/Lange V, Ostendorf AK 11), wogegen jedoch spricht, daß die Dienststelle nicht befugt sein kann, die Sicherheit der BRD oder die Schlagkraft der Truppe zu gefährden. Demgegenüber will die amtl. Begr. in der Erlaubnis eine negative Strafbarkeitsbedingung erblicken (BT-Drs. II/3039 S. 16), deren Vorliegen eine Bestrafung ohne Rücksicht auf das Verschulden hindere (Tröndle/Fischer 4); diese Ansicht geht jedoch zu weit. Vielmehr kann Sinn dieser Erlaubnis nur sein, daß dem darauf vertrauenden Täter die Tat nicht vorgeworfen werden soll (Rudolphi SK 10, Welzel 498; vgl. auch Schroeder LK 13: Verbotsirrtum, dessen Unvermeidbarkeit vom Gesetz selbst bestimmt wird). Denn wer sich auf die Erlaubnis verläßt, handelt nicht in dem Maße schuldhaft wie der Täter ohne Erlaubnis, mag er auch eine Gefährdung der BRD für möglich gehalten haben. Daraus ergibt sich, daß das objektive Vorliegen einer Erlaubnis nicht genügt, sondern der Täter auch Kenntnis von der Erlaubnis haben muß. Wer in Unkenntnis einer Erlaubnis handelt, befindet sich in der gleichen Motivationslage wie der Täter, der die Tat ohne Erlaubnis begeht. Er kann sich somit nicht auf Abs. 4 S. 2 berufen. Andererseits entspricht die Motivationslage des Täters, der irrtümlich eine Erlaubnis annimmt, derjenigen, in der sich ein Täter

befindet, der tatsächlich eine Erlaubnis erhalten hat und dies weiß. Er ist also einem solchen Täter gleichzustellen, dh er ist nicht strafbar. Entsprechendes gilt beim Irrtum über die Zuständigkeit einer Dienststelle, die die Erlaubnis erteilt. Wer eine Erlaubnis *erschlichen* hat oder erkennt, daß sie unter 14 irrigen Voraussetzungen erteilt worden ist, kann sich nicht auf sie verlassen (Rudolphi SK 11), ihm kommt Abs. 4 S. 2 daher nicht zugute. Gleiches gilt bei Überschreiten einer Erlaubnis. Abs. 4 S. 2 ist ferner nicht auf den nach Abs. 1 zu bestrafenden Täter anwendbar. Die Erlaubnis hat die *zuständige* 15 *Dienststelle* zu erteilen. Zuständig ist, wem die Verfügungsbefugnis über den militärischen Gegenstand zusteht oder wer einen militärischen Vorgang angeordnet hat. Abs. 4 S. 2 gewinnt vor allem Bedeutung für Presseberichte über militärische Vorgänge.

III. **Abs. 2** erfaßt das **Anfertigen von Lichtbildaufnahmen von einem Luftfahrzeug aus** 16 sowie das Gelangenlassen solcher Aufnahmen an einen anderen. Auch hier ist die Tat aber nach § 109g nur strafbar, wenn durch sie die Sicherheit der BRD oder die Schlagkraft der Truppe gefährdet worden ist.

1. Erforderlich ist eine **Lichtbildaufnahme von einem Luftfahrzeug aus.** Eine Zeichnung 17 genügt im Unterschied zu Abs. 1 hier nicht.

a) Die Lichtbildaufnahme muß von einem *Gebiet* oder *Gegenstand im räumlichen Geltungsbereich* des 18 § 109g (dazu 32 vor § 3 sowie 2 vor § 109) angefertigt werden. Geschützt werden Gegenstände oder Gebiete gleich welcher Art, nicht nur militärische (Rudolphi SK 13). Es kommt nur darauf an, daß sich die aufgenommenen Gebiete oder Gegenstände im Geltungsbereich des § 109g befinden. Unerheblich ist, wo das Luftfahrzeug sich zZ der Tat aufhielt. Wer also von einem Luftfahrzeug über ausländischem Gebiet eine Aufnahme von deutschem Gebiet macht, kann nach Abs. 2 strafbar sein (vgl. § 5 Nr. 5a). Dagegen fallen nicht unter Abs. 2 Aufnahmen von einem deutschen Schiff auf hoher See oder in einem fremden Hafen; bei Kriegsschiffen greift allerdings Abs. 1 ein.

b) Die Aufnahme muß von einem *Luftfahrzeug* (iSv § 1 II LuftVG) aus angefertigt werden. Dazu 19 gehören nicht nur Flugzeuge, Luftschiffe, Ballone, sondern alle für eine Bewegung im Luftraum bestimmten Geräte, also zB auch Fallschirme, Drachen, Raketen (Tröndle/Fischer 5). Unerheblich ist, ob das Luftfahrzeug bemannt ist. Auch wer mittels Selbstauslösung einer an einem Luftfahrzeug befestigten Kamera Aufnahmen macht, kann nach Abs. 2 erfüllen.

2. Der Täter muß die Aufnahme **angefertigt** haben oder sie an einen **anderen gelangen lassen** 20 (vgl. o. 9). Es genügt, wenn er eine nach der Aufnahme hergestellte Abbildung (o. 3) an einen anderen gelangen läßt. Dagegen erfaßt Abs. 2 nicht das Anfertigen einer Abbildung von einer Lichtbildaufnahme aus der Luft. Wer also eine solche Aufnahme nochmals fotografiert, macht sich nicht nach Abs. 2 strafbar, sofern er die neue Aufnahme selbst entwickelt und behält. Ebensowenig unterliegt dem Abs. 2 die Beschreibung einer solchen Aufnahme sowie das Gelangenlassen einer solchen Beschreibung an einen Dritten.

3. **Folge** der Tat muß auch hier sein, daß die Sicherheit der BRD oder die Schlagkraft der Truppe 21 **gefährdet** wird. Vgl. dazu § 109e RN 12.

4. Für die **Rechtswidrigkeit** einer sicherheitsgefährdenden Lichtbildaufnahme ist ohne Belang, 22 daß es nach Wegfall des § 27 II LuftVG durch das 3. RechtsbereinigungsG (vgl. o. 1) heute auch für Aufnahmen außerhalb des Fluglinienverkehrs keiner behördlichen Erlaubnis mehr bedarf (vgl. 24. A., Schroeder LK 13).

5. **Subjektiv** ist **Vorsatz** erforderlich (§ 15). Die Gefahr (o. 21) muß *wissentlich* herbeigeführt 23 werden, dh muß dolus directus (vgl. o. 11). Wer hinsichtlich der Gefährdung mit bedingtem Vorsatz handelt, ist auch nicht nach Abs. 4 strafbar. In Bezug auf die anderen Tatbestandsvoraussetzungen genügt bedingter Vorsatz; es reicht zB aus, daß der Täter mit der Möglichkeit rechnet, daß sich der aufgenommene Gegenstand im räumlichen Geltungsbereich des § 109g befindet.

IV. Der **Versuch** ist bei Abs. 1 und 2 strafbar (Abs. 3), dagegen nicht bei Abs. 4. 24

V. Zur **Einziehung** vgl. § 109k. Zum **Opportunitätsprinzip** vgl. § 74a I GVG iVm §§ 153c, 25 d, e StPO.

VI. Abs. 2 ist gegenüber Abs. 1 (falls dieser vollendet) **subsidiär**; andernfalls Tateinheit zwischen 26 Versuch von Abs. 1 mit Vollendung nach Abs. 2, so bei irrtümlicher Annahme, ein aufgenommener Gegenstand sei eine militärische Anlage. **Tateinheit** ist möglich mit § 109f (Ostendorf AK 14). Die §§ 94, 96, 98, 99 gehen dem § 109g vor (Rudolphi SK 21, Schroeder LK 17; and. BGH **27** 133 zu § 99).

§ 109 h Anwerben für fremden Wehrdienst

(1) **Wer zugunsten einer ausländischen Macht einen Deutschen zum Wehrdienst in einer militärischen oder militärähnlichen Einrichtung anwirbt oder ihren Werbern oder dem Wehrdienst einer solchen Einrichtung zuführt, wird mit Freiheitsstrafe von drei Monaten bis zu fünf Jahren bestraft.**

(2) **Der Versuch ist strafbar.**

Schrifttum: Hardwig, Der systematische Ort der §§ 141, 144 StGB, GA 55, 140.

§ 109 i

1 **I.** Die Vorschrift will die Anwerbung bzw. Zuführung von Deutschen zum fremden Wehrdienst verhindern. Der Schutzzweck ist komplexer Natur: Neben und durch Schutz des **Einzelnen** (krit. M-Schroeder II 339) soll das **Wehrpotential** der BRD wie auch deren **Neutralität** erhalten werden (vgl. BT-Drs. I/1307, Maurach Mat. I 241, Hardwig aaO 143 f., Rudolphi SK 1; vgl. auch Ostendorf AK 3 ff.). Zum *Geltungsbereich* vgl. § 5 Nr. 5 b sowie 2 vor § 109. Zu Besonderheiten in **Berlin** bis 3. 10. 90 vgl. 24. A.

2 **II. Tatopfer** muß ein **Deutscher** sein. Dazu zählt jeder Deutsche iSd Art. 116 GG (vgl. 34 ff. vor § 3, aber auch Tröndle/Fischer 1 a, Ostendorf AK 7, Rudolphi SK 3, Schroeder LK [10] 2). Ein bestimmtes Alter bzw. Wehrdiensttauglichkeit wird nicht verlangt. Auch die Werbung von Frauen erfüllt den Tatbestand (Tröndle/Fischer 1 a, Schroeder LK 2).

3 **III.** Die **Tathandlung** kann sowohl durch Anwerben verwirklicht werden, als auch dadurch, daß das Opfer den Werbern oder einer militärischen bzw. militärähnlichen Einrichtung zugeführt wird.

4 **1. a) Anwerben** ist jede Tätigkeit, die bezweckt, einen Deutschen zugunsten einer ausländischen Macht zum Wehrdienst zu verpflichten, und zwar durch Einwirkung auf seinen Willen. Notwendig ist jedoch, daß es zu einer „Verpflichtung" des Geworbenen kommt. Daher muß der Täter zumindest Abschlußbefugnis von der ausländischen Macht erhalten haben, so daß als Werbender idR nur ein sog. Agent in Frage kommt. Nicht erforderlich ist jedoch die Wirksamkeit der Verpflichtung nach deutschem Recht (Schroeder LK 5). Daher können auch Minderjährige oder Geisteskranke geworben werden, sofern es zumindest mit deren natürlichem „Einverständnis" geschieht; andernfalls kommt Zuführen (u. 7) in Betracht. Im übrigen jedoch braucht das Anwerben *nicht geschäftsmäßig* betrieben zu werden.

5 b) Die Anwerbung muß **zugunsten einer ausländischen Macht** geschehen. Darunter fällt nicht nur der Staat mit Wehrhoheit oder völkerrechtlicher Anerkennung, sondern auch jede faktische Macht (Blei II 394), gleichgültig, ob sie revolutionär oder ungesetzlicher Natur ist (Schroeder LK 4). Als *ausländisch* ist jede Macht zu betrachten, die nicht dem Verfassungs- und Regierungssystem der BRD angehört. Zu Folgerungen für die ehem. DDR vgl. 24. A.

6 c) Es muß **zum Wehrdienst** in einer militärischen oder militärähnlichen Einrichtung geworben werden. Wo dieser abgeleistet werden soll, ist unerheblich. Soweit die ausländische Macht Truppen im Inland hält, kann die Ableistung des Wehrdienstes auch im Inland vorgesehen sein, ohne daß deshalb die Strafbarkeit entfiele. Für den Wehrdienst angeworben ist auch, wer sich zum Dienst in der Militärverwaltung verpflichtet (Rudolphi SK 7; and. Schroeder LK 3). Als militärähnliche Einrichtungen gelten Polizeitruppen und militärische Hilfsorganisationen.

7 **2. Zuführen** ist jedes Verhalten, das darauf gerichtet ist, das Opfer in den Einflußbereich eines Werbers oder einer militärischen bzw. militärähnlichen Einrichtung zu bringen. Es ist dies eine verselbständigte Beihilfe zur Anwerbung (Schroeder LK 6). Im übrigen aber hat das Delikt insoweit eigenständigen Charakter, als es auch arglistiges oder gewaltsames Verbringen in die Botmäßigkeit militärischer Einrichtungen erfaßt. Unerheblich ist, ob es sich um die erste Zuführung oder um Rückbringung nach einer Flucht handelt (Schroeder LK 7; and. LG Hamburg NJW **58**, 1053, Ostendorf AK 9).

8 **IV.** Als **Täter** kommt bei Inlandstaten jedermann, bei Auslandstaten hingegen nach § 5 Nr. 5 b nur ein Deutscher mit Lebensgrundlage im räumlichen Geltungsbereich dieses Gesetzes in Betracht (vgl. 34 ff. vor § 3). Der Angeworbene selbst bleibt bzgl. § 109 h straflos (Gropp, Deliktstypen m. Sonderbeteiligung, 1992, 194 f.) Zu der bis 3. 10. 90 geltenden Sonderregelung für **Berlin** vgl. 24. A.

9 **V. Subjektiv** ist (mindestens bedingter) **Vorsatz** erforderlich (§ 15). Dieser muß sich auf alle Tatbestandsmerkmale erstrecken, insbes. auf die deutsche Staatszugehörigkeit des Opfers iSv o. 2.

10 **VI. Vollendet** ist das *Anwerben*, sobald das Opfer seine Bereitschaft erklärt, zugunsten einer ausländischen Macht Wehrdienst zu leisten. Die vorherliegende erfolglose Einwirkung ist nur als **Versuch** (Abs. 2) strafbar (Rudolphi SK 5). Das *Zuführen* ist vollendet, sobald die Werber oder die Organe der militärischen bzw. militärähnlichen Einrichtung auf das Opfer einwirken können, ohne daß dies zum Erfolg führen müßte (Rudolphi SK 8, Tröndle/Fischer 6; vgl. o. 7).

11 **VII. Idealkonkurrenz** ist möglich mit §§ 100, 144, 234, 234 a, 239, 240 (Rudolphi SK 12).

§ 109 i Nebenfolgen

Neben einer Freiheitsstrafe von mindestens einem Jahr wegen einer Straftat nach den §§ 109 e und 109 f kann das Gericht die Fähigkeit, öffentliche Ämter zu bekleiden, die Fähigkeit, Rechte aus öffentlichen Wahlen zu erlangen, und das Recht, in öffentlichen Angelegenheiten zu wählen oder zu stimmen, aberkennen (§ 45 Abs. 2 und 5).

1 Die Aberkennung der vorgenannten Rechte und Fähigkeiten ist nur bei Straftaten nach §§ 109 e oder 109 f zulässig, und auch dies nur unter der Voraussetzung, daß eine Freiheitsstrafe von mindestens 1 Jahr verhängt wird. Vgl. im übrigen die Erl. zu §§ 45–45 b sowie zu § 92 a.

§ 109k Einziehung

Ist eine Straftat nach den §§ 109d bis 109g begangen worden, so können
1. Gegenstände, die durch die Tat hervorgebracht oder zu ihrer Begehung oder Vorbereitung gebraucht worden oder bestimmt gewesen sind, und
2. Abbildungen, Beschreibungen und Aufnahmen, auf die sich eine Straftat nach § 109g bezieht,

eingezogen werden. § 74a ist anzuwenden. Gegenstände der in Satz 1 Nr. 2 bezeichneten Art werden auch ohne die Voraussetzungen des § 74 Abs. 2 eingezogen, wenn das Interesse der Landesverteidigung es erfordert; dies gilt auch dann, wenn der Täter ohne Schuld gehandelt hat.

I. Die Vorschrift sieht für die **Einziehung** in einem Teilbereich der Wehrdelikte eine **Sonderregelung** vor, die – abgesehen von der Art der Anknüpfungstat (hier nur die §§ 109d bis 109g) und der betroffenen Gegenstände – nahezu wörtlich dem § 101a entspricht; insoweit gelten die dortigen Erläuterungen hier entsprechend. Als *Beziehungsgegenstände* kommen hier jedoch nach Abs. 1 Nr. 2 nur Abbildungen, Beschreibungen und Aufnahmen in Betracht, auf die sich eine Straftat iSd § 109g bezieht; zu diesen Begriffen vgl. dort RN 3ff., 16ff. Auch der **Einziehungszweck** ist insofern enger, als nicht schon wie bei § 101a mehr allgemein die Abwendung einer äußeren Sicherheitsgefahr genügt, sondern hier speziell auf das Verteidigungsinteresse abgehoben wird. 1

II. Der **Verfall** eines durch die Tat erlangten Vorteils hat nach den §§ 73ff. zu erfolgen. 2

Sechster Abschnitt. Widerstand gegen die Staatsgewalt

Vorbemerkungen zu den §§ 110–121

Schrifttum: Baumann, Der Schutz des Gemeinschaftsfriedens, ZRP 69, 85. – *Baumann/Frosch,* Der Entwurf des 3. StrRG, JZ 70, 114. – *Blei,* Demonstrationsfreiheit u. Strafrecht, JA 70, 273. – *Dose,* Informationsfreiheit der Presse u. Beteiligung an Demonstrationen, DRiZ 69, 75. – *Dreher,* Das 3. StrRG (usw.), NJW 70, 1153. – *Geerds,* Einzelner u. Staatsgewalt im geltenden Strafrecht, 1969. – *Heinitz,* Nötigung, Aufruhr u. Landfriedensbruch bei Streikausschreitungen, JR 56, 3. – *ders.,* Demonstrationsrecht u. Straftaten gegen die öffentliche Ordnung, in: Demonstrationsfreiheit, Strafrecht und Staatsgewalt (hrsg. v. Dt. Richterbund), 1969. – *v. Hippel,* Friedensstörungen, VDB II 1. – *Janknecht,* Verfassungs- u. strafrechtl. Fragen zu „Sitzstreiks", GA 69, 33. – *Klug,* Strafrechtl. Probleme des Demonstrationsrechts, in: Demonstrationsfreiheit usw. (Fundstelle bei Heinitz). – *Kostaras,* Die strafr. Problematik der Demonstrationsdelikte, 1982. – *Kühl,* Demonstrationsfreiheit u. Demonstrationsstrafrecht, NJW 85, 2379. – *Kunert/Bernsmann,* Neue Demonstrationsgesetze, NStZ 89, 449. – *Maul,* Demonstrationsrecht u. allg. Strafbestimmungen, JR 70, 81. – *Nagler,* Das Verbrechen der Menge, GS 95, 157. – *Ott,* Demonstrationsfreiheit u. Strafrecht, NJW 69, 454. – *Eb. Schmidt,* Zur Reform der sog. Demonstrationsdelikte, ZStW 82, 1. – *v. Simson,* Verfassungskonforme Demonstrantenbestrafung, ZRP 68, 19. – *Stree,* Strafrechtsschutz im Vorfeld von Gewalttaten, NJW 76, 1177. – *Sturm,* Zum 14. StÄG, JZ 76, 347. – *Tiedemann,* Beteiligung an Aufruhr u. Landfriedensbruch, JZ 68, 761. – *v. Weber,* Der Schutz fremdländ. staatl. Interessen im Strafrecht, Frank-FG II 269. – *Weingärtner,* Demonstration u. Strafrecht, 1986. – Vgl. auch die Sachverständigen-Anhörung durch den Sonderausschuß (Prot. VI/4 u. 5 S. 29ff.), ferner die Angaben zu § 113 sowie (insbes. zu Demonstrationsdelikten) die Angaben zu § 240.

I. Das **3. StrRG** v. 20. 5. 70 (BGBl. I 505) hat die §§ 110–119 aF einschließlich des § 125 aF einer **durchgreifenden Reform** unterzogen, um auf diese Weise Friktionen mit grundgesetzlich garantierten Rechten, wie insbes. mit der Meinungs- und Demonstrationsfreiheit, zu beseitigen (vgl. Baumann/Frosch JZ 70, 114ff., Kostaras aaO 1ff., rechtsvergl. Weingärtner aaO, insbes. 17ff., 83ff., 135ff., 173ff., 231ff., ferner die Nachw. bei § 240 RN 26 sowie hier die 22. A.). **Im einzelnen** wurde durch das 3. StrRG § 110 (Aufforderung zum Ungehorsam) ersatzlos gestrichen, während § 111 nur sprachlich modifiziert wurde. Weggefallen sind ferner die §§ 115–118 (Aufruhr, Auflauf und Forstwiderstand), wobei der Aufruhr in § 125 nF aufgegangen ist, während der Auflauf (§ 116) zu einer Ordnungswidrigkeit (vgl. § 113 OWiG) herabgestuft wurde. Wesentliche sachliche Änderungen – ua unter Einarbeitung des Forstwiderstandes – haben die **§§ 113, 114** erfahren. Dabei wurde insbes. die alte Streitfrage, welche Bedeutung der Rechtmäßigkeit der Amtsausübung zukommt, dadurch entschärft, daß bei irrtümlicher Annahme der Rechtswidrigkeit amtlichen Vorgehens die Strafe gemildert oder sogar von ihr abgesehen werden kann (vgl. im einzelnen § 113 RN 53ff.). Diese Regelung ist jedenfalls iE zu begrüßen, wenngleich bedenklich stimmen muß, daß auch dabei das Bemühen, jedenfalls in Grundsatzfragen eine einheitliche dogmatische Grundlinie einzuhalten, zugunsten einer vermeintlich pragmatischen ad hoc-Regelung aufgegeben wurde, wie dies früher bereits bei § 97b geschah. Die **§§ 125, 125a** nF ersetzen die früheren sog. Massendelikte, nämlich den Aufruhr des § 115 aF und den Landfriedensbruch des § 125 aF. Freilich kann auch die derzeitige Fassung weder dogmatisch noch kriminalpolitisch als voll geglückt gelten (vgl. § 125 RN 1 sowie die Kritik von Schröder 17. A. 4 vor § 110). 1, 2

II. Die zeitweilige Entkriminalisierungstendenz hat jedoch unter dem Eindruck steigender Gewaltkriminalität seit dem **14. StÄG** v. 22. 4. 76 (BGBl. I 1056) eine kriminalpolitische Wende erfahren, 3 indem bereits im Vorfeld der Befürwortung, Anleitung und Androhung von bestimmten Gewalttaten durch Verschärfung bestehender oder Einführung neuer Tatbestände entgegengewirkt werden soll (vgl. Stree NJW 76, 1177 ff., Sturm JZ 76, 347 ff.). Von gleicher Verschärfungstendenz sind auch verschiedene nachfolgende, insbes. auf Terrorismusbekämpfung ausgerichtete Novellierungen gekennzeichnet (vgl. Einführung 10 f., Kühl NJW 85, 2379 ff. sowie insbes. § 125 RN 1). Der vorliegende 6. Abschn. wurde davon jedoch nur insoweit berührt, als die frühere Rechtsfolgenverweisung von § 111 II durch das 14. StÄG mit einer eigenen Strafdrohung ersetzt wurde (vgl. dort RN 21 f.). Auch durch das AntiterrorismusG v. 9. 6. 89 (BGBl. I 1059) blieb dieser Abschnitt – abgesehen von einem dem § 111 parallelen Aufforderungstatbestand für Ordnungswidrigkeiten (vgl. § 111 RN 11) – unberührt (vgl. Kunert/Bernsmann aaO 450 ff.).

4 III. Nur die **inländische Staatsgewalt** wird in diesem Abschnitt geschützt; daher fallen Angriffe gegen eine ausländische Staatsgewalt grds. nicht unter diese Vorschriften (Hamm JZ **60**, 576 m. Anm. Schröder, Oehler Mezger-FS 99; and. RG **8** 54; eingeh. v. Bubnoff LK 6 ff.; vgl. auch v. Weber DRZ 49, 20). Dies galt aufgrund des funktionellen Inlandsbegriffs (vgl. 29 ff. vor § 3) grds. auch gegenüber der (damaligen) DDR (vgl. aber auch § 113 RN 7). Allerdings kann durch Staatsvertrag oder durch ein entsprechendes inländisches Gesetz (vgl. Art. 59 II GG) etwas anderes bestimmt sein, so zB zum Schutz der **NATO-Truppen** (vgl. Art. 7 II Nr. 5, 6 des 4. StÄG idF des 3. StrRG). Vgl. auch 13 ff. vor § 3, 17 ff. vor § 80.

§ 110 [Aufforderung zum Ungehorsam] *aufgehoben durch das 3. StRG (vgl. 1 f. vor § 110 und StraffreiheitsG 1970).*

§ 111 Öffentliche Aufforderung zu Straftaten

(1) **Wer öffentlich, in einer Versammlung oder durch Verbreiten von Schriften (§ 11 Abs. 3) zu einer rechtswidrigen Tat auffordert, wird wie ein Anstifter (§ 26) bestraft.**

(2) **Bleibt die Aufforderung ohne Erfolg, so ist die Strafe Freiheitsstrafe bis zu fünf Jahren oder Geldstrafe. Die Strafe darf nicht schwerer sein als die, die für den Fall angedroht ist, daß die Aufforderung Erfolg hat (Abs. 1); § 49 Abs. 1 Nr. 2 ist anzuwenden.**

Vorbem. Zur Fassung vgl. 2, 3 vor § 110.

Schrifttum: Vgl. die Angaben zu den Vorbem. vor § 110, ferner *Dreher*, Der Paragraph mit dem Januskopf, Gallas-FS 307. – *Eser*, The Law of Incitement (usw), in Kretzmer/Kershman Hazan, Freedom of Speech and Incitement Against Democracy, 2000, 119. – *Graul*, Nötigung durch Sitzblockade, JR 94, 51. – *Jakobs*, Kriminalisierung im Vorfeld einer Rechtsgutsverletzung, ZStW 97 (1985) 751. – *Kissel*, Aufrufe zum Ungehorsam u. § 111 StGB, 1996. – *Paeffgen*, Überlegungen zu § 111 StGB, Hanack-FS 591. – *Rogall*, Die verschiedenen Formen des Veranlassens fremder Straftaten, GA 79, 11. – *Rudolphi*, Gewerkschaftl. Beschlüsse über Betriebsbesetzungen bei Aussperrungen als strafbares Verhalten gem. § 111 StGB, RdA 87, 160. – *Schroeder*, Die Straftaten gegen das Strafrecht, 1985.

1 I. Die Vorschrift erfaßt die **Aufforderung zu rechtswidrigen Taten** (krit. Baumann/Frosch JZ 70, 116; vgl. auch Arzt/Weber V 29; rechtsvergleich. Eser aaO). Sie bezweckt, besonders gefährliche Formen der Anstiftung bzw. versuchten Anstiftung unter Strafe zu stellen, die durch §§ 26, 30 deswegen nicht erfaßt werden können, weil dort ein bestimmter Adressat oder Adressatenkreis und eine konkrete Ausrichtung auf eine bestimmte Haupttat verlangt werden (vgl. u. 3). Jedoch ist neben dem *durch die aufgeforderte Straftat bedrohten Rechtsgut* (darauf beschränkend Zielinski AK 4) auch der *innere Friede der Gemeinschaft* mitgeschützt (BGH **29** 267, Bay NJW **94**, 397, Karlsruhe NStZ **93**, 390, v. Bubnoff LK 5, Dreher Gallas-FS 311 f., Jakobs ZStW 97, 774, 777, Nehm JR 93, 122, Rogall GA 79, 16; abl. Kissel aaO 103 ff., 267 f.; krit. auch M-Schroeder II 360, der statt dessen auf die rechtstreue Gesinnung der Bevölkerung abhebt bzw. darauf, daß es bei solchen „Straftaten gegen das Strafrecht" um die Sicherung und Verstärkung der Wirkung der Bezugsstraftaten gehe: Schroeder aaO
2 11). Die **besondere Gefährlichkeit** der in § 111 beschriebenen Handlungen ergibt sich aus der Art und Weise der Aufforderung (Bay JR **93**, 119, NJW **94**, 396 f., Karlsruhe NStZ **93**, 390). Diese muß öffentlich, in einer Versammlung oder durch Verbreitung von bestimmten Kommunikationsmitteln erfolgen (u. 7 ff.). Dadurch kann die Gefahr einer Massenkriminalität entstehen, was die Einordnung von § 111 in den 6. Abschn. erklärt (vgl. Zielinski AK 9). Zum Versuch einer teleologischen Reduktion der als tatbestandlich zu weit geratenen und auch in ihrem Strafrahmen als übersetzt anzusehenden Vorschrift durch Herleitung aus und Bindung an die Teilnahmeregeln vgl. Paeffgen aaO.

3 II. Der Begriff der **Aufforderung** entspricht weitgehend dem der Anstiftung des § 26 (Horn SK 5; enger Rogall GA 79, 16). Dies setzt zwar nicht voraus, daß der Entschluß zu der (nicht notwendigerweise zur Ausführung gelangenden) Tat erst durch den Auffordernden geweckt wurde (vgl. aber u. 20 f.). Doch kann weder eine nur allgemeine Befürwortung bestimmter Taten oder schädlicher Folgen (vgl. BGH **32** 311, Karlsruhe NStZ **93**, 390) noch die nur psychische Unterstützung eines fremden Tatentschlusses genügen. Verlangt wird vielmehr eine Einwirkung auf andere Personen mit dem Ziel, in ihnen den Entschluß hervorzurufen, strafbare Handlungen zu begehen (KG StV **81**, 525, LG Koblenz NJW **88**, 1609). Soweit es um Schriften geht, muß sich die Aufforderung zur Begehung von

Straftaten aus der Schrift selbst (und nicht nur aus sonstigen Umständen) ergeben (LG Berlin StV 82, 472, LG Bremen StV 86, 439, LG Koblenz aaO). Soweit darin lediglich Äußerungen anderer wiedergegeben werden, muß der die Schrift Verbreitende unmißverständlich erkennen lassen, daß er sich jene Äußerung inhaltlich zu eigen macht (Frankfurt NJW 83, 1207). Dies kann zweifelhaft sein, wenn in einem Buch lediglich altbekannte historische Zitate reproduziert werden. Allerdings schließt der Begriff der „Aufforderung" die Möglichkeit aus, eine nur mittelbare Einwirkung auf fremde Entschlüsse einzubeziehen, zB die wahrheitswidrige Schilderung von Ereignissen, die nach der Erwartung des Täters den Entschluß zur Begehung bestimmter Straftaten auslösen wird (vgl. § 26 RN 7). Gefordert wird also eine Kundgebung, in der der Wille des Täters erkennbar wird, daß von den Adressaten seiner Äußerung strafbare Handlungen begangen werden (Köln MDR 83, 339, v. Bubnoff LK 9, Kostaras aaO 147; vgl. auch Köln NJW 88, 1103 zu Volkszählungsboykott), und zwar nicht erst in unbestimmter Zukunft, sondern als unmittelbare Konsequenz der Aufforderung (Karlsruhe NStZ 93, 390 f. zu Fahnenflucht). § 111 ist insoweit enger als § 26, wo diese Methode der Beeinflussung anderer ausreicht. Andererseits braucht die Aufforderung bei § 111 nicht mit gleicher Präzision, wie dies für § 26 erforderlich wäre, auf bestimmte Taten und Täter ausgerichtet zu sein (vgl. u. 4, 13 sowie Bay JR 93, 119, NJW 94, 396, v. Bubnoff LK 10; vgl. aber auch Dreher Gallas-FS 322 f.).

Die Aufforderung muß an einen nicht individualisierten **unbestimmten Adressatenkreis** gerichtet sein, weil nur so die abzuwehrende Gefahr der mangelnden Kontrollierbarkeit besteht (Zielinski AK 9). Dafür kann jedoch bereits genügen, daß die Möglichkeit oder Notwendigkeit der Tatausführung nur bei einem der Adressaten gegeben ist oder gegeben sein kann, sofern nur der Auffordernde den Täter nicht konkret selbst bestimmt (zB „Einer von euch soll . . ."). Andererseits liegt aber § 111 dann nicht vor, wenn die Aufforderung zwar öffentlich oder in einer Versammlung erfolgt, sich jedoch nur an bestimmte Einzelpersonen richtet. 4

Die Unterscheidung zwischen Täterschaft und Teilnahme spielt hier keine Rolle. § 111 ist also **nicht nur** dann anwendbar, wenn der Auffordernde den **Anstiftervorsatz** hatte, sondern auch dann, wenn er an der Ausführung der Tat als Mittäter beteiligt sein will. 5

Die Aufforderung braucht **nicht ernst gemeint** zu sein, muß aber zumindest als ernstlich erscheinen können (BGH 32 310, Thüringen NStZ 95, 445, LG Berlin StV 82, 472, Nehm JR 93, 122), wobei genügt, daß der Auffordernde damit rechnet (Tröndle/Fischer 8). Bei drastischen, provozierenden Textdarbietungen im Rahmen von Rockkonzerten ist insoweit nicht beim Wortsinn stehenzubleiben, sondern der geistige und gesellschaftliche Hintergrund mit einzubeziehen (vgl. Thüringen NStZ 95, 445). Um aber abstrakt gefährlich zu sein, muß die Aufforderung zumindest irgendwelche mögliche Adressaten erreichen (v. Bubnoff LK 8, Dreher Gallas-FS 313, Franke GA 84, 465; and. RG 58 198, Schröder 17. A.), wobei es sich nicht unbedingt um taugliche Täter der angesonnenen Straftat handeln muß (Bay NJW 94, 396). 6

III. Die Aufforderung muß **öffentlich** (dazu Frankfurt StV 90, 209, KG JR 84, 249 sowie § 186 RN 19), **in einer Versammlung** (vgl. § 90 RN 5) oder durch **Verbreiten von Schriften**, wozu nach § 11 III auch die Verbreitung durch *Ton- und Bildträger, Abbildungen und andere Darstellungen* zählt (§ 11 RN 78 f., § 184 RN 57 ff.), erfolgen. Wollte man freilich den Begriff der *Versammlung*, wie er in § 90 verwendet wird und wonach er weder eine Öffentlichkeit noch eine bestimmte Quantität von Menschen voraussetzt, ohne weiteres auf § 111 übertragen, so würde der Charakter des § 111 gegenüber der aF (wonach die Aufforderung „öffentlich vor einer Menschenmenge" erfolgen müßte) in einer mit dem Strafgrund des § 111 unvereinbaren Weise verändert. Denn eine etwa an zehn Mitglieder einer geschlossenen Versammlung gerichtete Aufforderung, bestimmte strafbare Handlungen zu begehen, besitzt nicht die typische Gefährlichkeit, auf Grund derer es nur gerechtfertigt sein kann, im Rahmen des § 111 über § 30 hinaus auch die erfolglose Aufforderung zu Vergehen (Abs. 2) zu bestrafen. Deshalb kann als Versammlung im Rahmen des § 111 nur eine solche angesehen werden, die entweder *öffentlich* ist oder aber eine solche *Vielzahl von Personen* umfaßt, daß die Voraussetzungen des § 26 nicht mehr als gegeben erscheinen (vgl. Hamm GA 80, 222, Maurach BT⁵ Nachtr. II 25, Zielinski AK 10; and. Dreher Gallas-FS 314, v. Bubnoff LK 14, M-Schroeder II 361). Auch die bloße Zuleitung einer Pressemitteilung an bestimmte Redakteure einer Zeitung ist noch kein „Verbreiten" (Frankfurt StV 90, 209). Soweit es sich um Aufforderungen im Rahmen von der Verteidigung dienenden *Prozeßerklärungen* geht, können diese vom Verteidigungsrecht gedeckt sein (BGH 31 22). 7–10

IV. Gegenstand der Aufforderung muß eine **rechtswidrige Tat**, nämlich nach § 11 I Nr. 5 eine straftatbestandlich sanktionierte Tat sein (vgl. dort RN 41). Daher ist die Aufforderung zur Begehung von Ordnungswidrigkeiten nur nach § 116 OWiG erfaßbar. Vgl. zu Volkszählungsboykottaufrufen, uU mit Aufforderung zur Sachbeschädigung an Fragebögen (dazu § 303 RN 8a) einerseits LG Göttingen NStZ 87, 557, LG Hamburg CR 87, 864, LG Koblenz NJW 87, 2828, LG Lübeck StV 87, 298, LG Osnabrück StV 87, 398; andererseits Celle NJW 88, 1101 m. zust. Anm. Geerds JR 88, 435, Karlsruhe Justiz 89, 65, Köln NJW 88, 1102, Stuttgart Justiz 89, 165, NJW 89, 1939, OVG Koblenz NJW 87, 2250, LG Bad Kreuznach StV 88, 156 m. abl. Anm. Zaczyk, LG Bonn NJW 87, 2825 m. Anm. Solbach JA 87, 525, LG Hamburg CR 87, 865, LG Karlsruhe Justiz 88, 98, LG Koblenz MDR 87, 1047, LG Trier NJW 87, 2826. Vgl. ferner § 23 VersG (Öffentliche Aufforderung zu einer Ordnungswidrigkeit als Straftat), dazu Kunert/Bernsmann NStZ 89, 455. Auch Anleitungen zur Sterbehilfe, wie sie neuerdings in zT makabren und moralisch fragwürdigen Broschüren gegeben werden, sind jedenfalls insoweit schwerlich über § 111 erfaßbar, als lediglich zu einer nach deutschem 11

Recht straflosen Selbsttötung oder der Teilnahme daran oder zu sonstiger strafloser Sterbehilfe (Einzelheiten dazu 21 ff. vor § 211, § 216 RN 1, 11 ff.) aufgefordert wird.

12 1. Die Tat, zu der aufgefordert wird, muß zumindest **tatbestandsmäßig und rechtswidrig** sein (woran es etwa bei mangelnder Verwerflichkeit von Demonstrationsaufrufen fehlen kann: vgl. BayVGH NJW **87**, 2100), *nicht* aber unbedingt *schuldhaft* (vgl. § 11 RN 42, v. Bubnoff LK 18). Zur Vorstellung des Auffordernden hierüber vgl. u. 16. Dem Wesen des § 111 als Abart der Anstiftung entsprechend (vgl. o. 1), muß die Aufforderung auf eine vorsätzliche Tat gerichtet sein (v. Bubnoff LK[1] 18, Tröndle/Fischer 4; and. Hamm JMBlNW **63**, 212).

13 2. Die Aufforderung muß eine **bestimmte Straftat** zum Gegenstand haben, und zwar derart, daß die Art der angesonnenen Tat nach ihrem rechtlichen Wesen gekennzeichnet ist (LG Berlin StV **82**, 472; vgl. auch BGH **31** 22, BGH NStZ **98**, 403 m. Anm. Geerds JR **99**, 426) und im Falle ihrer Ausführung diesen Tatbestand erfüllen würde (insoweit zutr. LG Lübeck StV **84**, 207). Daher muß zB bei Aufforderung zum Widerstand gegen die Staatsgewalt erkennbar sein, gegen welche Art von Amtshandlung Widerstand geleistet werden soll (v. Bubnoff LK 23; vgl. auch RG **39** 387). Im übrigen jedoch braucht die angesonnene Tat nicht unbedingt nach Ort und Zeit bestimmt zu sein (vgl. RG **65** 202, Bay JR **93**, 119, Dreher Gallas-FS 317 f., Lackner/Kühl 5, Rogall GA 79, 17), und auch hinsichtlich des Opfers genügt eine Kennzeichnung in allgemeinen Wendungen (BGH **32** 312).

13 a Von besonderer politischer Bedeutung war die Frage, welche inhaltliche Bestimmtheit ein zu einer *Sitzblockade* aufrufendes Flugblatt aufweisen muß, um als (strafbare) Aufforderung zu einer iSv § 240 II *verwerflichen* Nötigung angesehen werden zu können. Vorausgesetzt, daß auch nach der neuen BVerfG-Rspr. zum Gewaltbegriff Sitzblockaden überhaupt noch den Tatbestand erfüllen (dazu 10 vor § 234, § 240 RN 1 b), muß die zur Verwerflichkeitsbegründung erforderliche Abwägung anhand der konkreten Umstände des Einzelfalls (BVerfGE **73** 247, 257, **76** 217; § 240 RN 1 b) zumindest im Grundsatz auch für § 111 gelten (insoweit zutr. BVerfG NJW **91**, 972, NStZ **91**, 279, NJW **92**, 2689), wobei das Abwägungsmaterial aus den Vorstellungen und Absichten des Auffordernden zu erschließen ist, soweit diese im Wortlaut des öffentlichen Aufrufs Ausdruck gefunden haben (vgl. BVerfG NJW **92**, 2688 sowie o. 3). Allerdings sind dabei die Anforderungen auch nicht zu überspannen (wie wohl in BVerfG NJW **91**, 971 m. abl. Anm. Schmitt Glaeser JR 91, 16 geschehen), da bei noch im Planungsstadium befindlichen und auf Flugschriften erst angekündigten Blockaden die Verwerflichkeit naturgemäß nicht annähernd so intensiv geprüft werden kann wie nach Feststellung des tatsächlichen Blockadeverlaufs (zu weitgeh. in der Kritik am BVerfG aber Bay JR **93**, 120 m. krit. Anm. Nehm, Tröndle § 240 RN 2 c, Otto JR **93**, 259, Schmitt Glaeser JR 91, 16; mit Recht diff. dagegen Graul JR **94**, 55 ff.; vgl. auch v. Bubnoff LK 5 vor § 110, § 111 RN 23).

14 3. Als angesonnene Taten kommen beide Arten von Straftaten, also **Verbrechen** wie **Vergehen,** in Betracht, nicht dagegen Ordnungswidrigkeiten (vgl. o. 11). Ob das angesonnene Verhalten **täterschaftlich** wäre oder nur eine **Teilnahmehandlung** darstellen würde, ist gleichgültig (Zielinski AK 8). So reicht es zB aus, wenn der Täter dazu auffordert, Aufrührern Kraftfahrzeuge zur Errichtung von Barrikaden zur Verfügung zu stellen oder eine „Verstärkung" anzuwerben. Zu beachten ist jedoch, daß die Aufforderung zur Beihilfe nicht wie die Anstiftung zur Haupttat bestraft werden kann, vielmehr auch hier die Grundsätze der Anstiftung zur Beihilfe (§ 27 RN 18) gelten müssen und daher die Strafsätze im Rahmen des § 27 II iVm § 49 I zu reduzieren sind. Für die **Aufforderung zur Anstiftung** gilt Entsprechendes wie bei § 30. Da die „Kettenanstiftung" nur dann strafwürdig erscheint, wenn sie denjenigen erreicht, der die Straftat selbst begehen soll, kann auch im Rahmen des § 111 eine Bestrafung nur dann eintreten, wenn der Aufgeforderte wenigstens versucht hat, den Dritten zu einer mit Strafe bedrohten Handlung zu bestimmen (vgl. § 30 RN 35 sowie v. Bubnoff LK 21).

15 4. Da Straftaten iSd § 111 auch *Vergehen* sind (o. 14), wird über **Abs. 2** auch die **erfolglose Anstiftung** bei diesen Deliktsarten erfaßt, obwohl über § 30 nur Verbrechen einbezogen sind. Dies ist nur dann gerechtfertigt, wenn die Modalitäten des § 111 eine gegenüber § 30 gesteigerte Gefährlichkeit ergeben. Demzufolge ist der Begriff der „Versammlung" hier wiederum anders zu interpretieren als in § 90. Vgl. o. 7–10.

15 a 5. Andererseits ist zu den Taten des § 111 I, II auch **Beihilfe** möglich (BGH **29** 266; and. bzgl. Abs. 2 Zielinski AK 20).

16 V. Für den **subjektiven** Tatbestand ist **Vorsatz** erforderlich, der neben den Modalitäten der Ausführung (öffentlich usw.) und der Konkretisierung auf eine bestimmte Art von Straftaten auch deren Strafbarkeit umfassen muß, da die Tat gerade auf dem strafrechtswidrigen Charakter der angesonnenen Tat beruht (vgl. BGH LM **Nr. 6** zu § 129; and. Braunschweig NJW **53**, 714, Celle NJW **88**, 1102, Karlsruhe Justiz **89**, 66, LG Bremen StV **86**, 440, v. Bubnoff LK 30, Tröndle/Fischer 8, Dreher Gallas-FS 327, Lackner/Kühl 6, Zielinski AK 15; diff. Kostaras aaO 192). Glaubt der Täter zB, das Verhalten, zu dem er auffordert, sei erlaubt, so ist der Tatbestand nicht erfüllt (diff. Horn SK 7). Hinsichtlich der Strafbarkeit der Tat und der Modalität der Tatbegehung genügt Eventualvorsatz.

17 Der Auffordernde muß ferner **beabsichtigen** (zielgerichteter Wille: vgl. § 15 RN 65 ff.), daß durch sein Verhalten der Entschluß zur Tat gefaßt wird, und zwar muß er deren *Vollendung* wollen (vgl. Dreher Gallas-FS 328); die Vorstellung, es werde nur zu einem untauglichen Versuch kommen, reicht nicht aus. Daher fällt der agent provocateur, der notfalls zur rechtzeitigen Verhinderung der

Tatvollendung entschlossen ist, ebensowenig wie bei den §§ 26, 30 unter § 111 (Zielinski AK 13; and. v. Bubnoff LK 27, 30, Horn SK 7, Tröndle/Fischer 8; zw. Kostaras aaO 147 f.). Auch die Frage des **Rücktritts** bestimmt sich nach den Regeln, die für die analogen Tatbestände des § 30 gelten. Daher ist auch § 31 entsprechend anwendbar. Freilich kommt ein Rücktritt schon aus praktischen Gründen hier kaum in Frage (vgl. Dreher Gallas-FS 313, Zielinski AK 18).

Für den **Irrtum** gelten insoweit die Grundsätze des § 30, als § 111 auch die erfolglose (also nur **17a** versuchte) Aufforderung erfaßt. Daher sind seine Voraussetzungen auch dann gegeben, wenn der Auffordernde nur irrtümlich davon ausgeht, das angesonnene Delikt könne begangen werden, zB der zu ermordende Politiker sei noch am Leben.

VI. Eine **Rechtfertigung** der sich idR aus der Rechtswidrigkeit der angesonnenen Haupttat **18** ergebenden Rechtswidrigkeit der Aufforderung nach § 111 kann uU für berechtigtes Verteidigungshandeln in einer öffentlichen Hauptverhandlung (vgl. Zielinski AK 19) oder in sonstiger Wahrnehmung berechtigter Interessen gemäß § 193 in Betracht kommen (allg. dazu Eser, Wahrnehmung berechtigter Interessen als allg. Rechtfertigungsgrund, 1969); wohl noch weitergeh. Kissel aaO 179 ff., 271 ff., wenn er eine Rechtfertigung unmittelbar aus Art. 5 I GG ableiten will; vgl. auch AG Berlin-Tiergarten NStZ **00**, 144, NStZ-RR **00**, 108 für Einräumung von Tatbestandsirrtum bei Aufforderung zur Befehlsverweigerung im Kosovo-Konflikt. Zur Rechtswidrigkeit der Aufforderung zur Demontage von Gleisen vgl. LG Dortmund NStZ-RR **98**, 139.

VII. Hinsichtlich der **Bestrafung** wird danach unterschieden, ob die Aufforderung Erfolg gehabt **19** hat (Abs. 1) oder nicht (Abs. 2).

1. Hat die Aufforderung **zu einer Straftat geführt** (Vollendung oder strafbarer Versuch), dann ist **20** der Auffordernde wie ein Anstifter zu bestrafen (**Abs. 1**). Ihn trifft also die volle Täterstrafe, es sei denn, die Handlung des Haupttäters sei nur Beihilfe zu einem Delikt (vgl. o. 14). Sind auf Grund der Aufforderung mehrere Delikte begangen worden, so liegt Idealkonkurrenz vor, wie dies auch der Fall ist, wenn eine Anstiftung zu mehreren Haupttaten geführt hat (vgl. § 52 RN 20; and. RG 3 145).

2. Blieb die Aufforderung **ohne Erfolg** (**Abs. 2**), zB weil die Aufgeforderten bereits zur Tat **21** entschlossen waren (vgl. RG **65** 202, Dreher Gallas-FS 327) oder die Tat nur bis zum straflosen Versuch gediehen ist (Horn SK 13) oder auch die Kausalität der Aufforderung für die begangene Tat nicht nachgewiesen werden kann, dann entspricht die Situation der des § 30 I. Das gleiche gilt, wenn die geplante Tat entgegen der Vorstellung des Auffordernden nicht rechtswidrig ist, zB weil ein Rechtfertigungsgrund eingreift (v. Bubnoff LK 28, M-Schroeder II 362). Diesen Tatsachen hat Abs. 2 aF dadurch Rechnung zu tragen versucht, daß die Strafe nach § 49 I zu mildern war. Diese dem § 30 entsprechende Regelung wurde jedoch vor allem dort für überhöht empfunden, wo die angesonnene Tat mit lebenslanger Freiheitsstrafe bedroht ist und demzufolge auch unbedachte Mordäußerungen, die der erregten Atmosphäre in einer Versammlung entspringen und die der Täter bei ruhiger Überlegung rückgängig machen möchte, selbst bei Milderung nach § 49 I noch mit 3 bis 15 Jahren Freiheitsstrafe bedroht wären. Um zu verhindern, daß die Gerichte der Konsequenz solcher Härten durch entsprechend enge Auslegung des § 111 zu entgehen versuchen, wurde durch das 14. StÄG für die erfolglose Aufforderung eine *eigenständige*, insgesamt mildere *Strafdrohung* eingeführt (vgl. BT-Drs. 7/3030 S. 6 f.; zur Vorgeschichte vgl. Sturm JZ 76, 349). Obgleich nicht zu verkennen ist, daß diese Milderung in gewissem Widerspruch zur massenpsychologischen Gefährlichkeit der Verbrechensaufforderung steht (vgl. o. 2 sowie BR-Drs. 44/76), verdienen die der Neuregelung zugrundeliegenden Überlegungen Zustimmung (Stree NJW 76, 1179; vgl. auch Jakobs ZStW 97, 774). Danach gilt **im einzelnen** folgendes: Anders als im Falle erfolgreicher Aufforderung nach Abs. 1, wo die Strafe nach Anstiftergrundsätzen aus dem Strafrahmen der angesonnenen Tat zu entnehmen ist (o. 20), ist bei erfolgloser Aufforderung von dem eigenständigen und von dem der angesonnenen Tat unabhängigen Strafrahmen des Abs. 2 S. 1 auszugehen, der bis zu 5 Jahren Freiheitsstrafe oder Geldstrafe reicht. Allerdings wird damit der Strafrahmen der angesonnenen Tat nicht unerheblich, sondern bleibt in zweifacher Hinsicht bedeutsam: Zum einen allgemein dadurch, daß die konkrete Strafbemessung ua nach Art und Höhe der für die angesonnene Tat angedrohten Strafe und deren Stellenwert im allgemeinen Strafrahmengefüge zu orientieren ist. Dies führt zum anderen insbes. dazu, daß die Strafe nicht schwerer sein darf als für den Fall der erfolgreichen Aufforderung (**S. 2**), somit der Strafrahmen der angesonnenen Tat in jedem Falle die Obergrenze bildet, wobei diese jedoch nach § 49 I Nr. 2 zu mildern ist. Dies bedeutet, daß der Strafrahmen des Abs. 2 S. 1 keinesfalls über 3/4 des für die angesonnene Tat angedrohten Höchstmaßes hinaus ausgeschöpft werden darf (v. Bubnoff LK 29; vgl. auch § 49 RN 4 f.).

VIII. Ein **Strafantrag** oder ein besonderes öffentliches Interesse sind **nicht** erforderlich, und zwar **22** mit Rücksicht auf das zusätzliche Schutzgut des inneren Friedens (o. 1) selbst dann nicht, wenn die angesonnene Straftat ihrerseits antragsbedürftig wäre (Stuttgart NJW **89**, 1939, Tröndle/Fischer 8; and. Horn SK 9 b, Zielinski AK 23).

IX. **Konkurrenzen:** Mit §§ 26, 30 ist im Hinblick auf die zusätzliche Friedensstörung bei § 111 **23** (vgl. o. 1) Idealkonkurrenz möglich (Blei II 290, v. Bubnoff LK 33, Dreher Gallas-FS 324; für Subsidiarität hingegen Lackner/Kühl 10, Schroeder aaO 30, Zielinski AK 21; vgl. auch Rogall GA 79, 18). Über das Verhältnis zur 3. Alt. des § 125 (Einwirken auf eine Menschenmenge) vgl. dort RN 41 sowie Hamm NJW **51**, 206.

§ 112 [Aufforderung zum militärischen Ungehorsam] *aufgehoben durch KRG Nr. 11.*

§ 113 Widerstand gegen Vollstreckungsbeamte

(1) Wer einem Amtsträger oder Soldaten der Bundeswehr, der zur Vollstreckung von Gesetzen, Rechtsverordnungen, Urteilen, Gerichtsbeschlüssen oder Verfügungen berufen ist, bei der Vornahme einer solchen Diensthandlung mit Gewalt oder durch Drohung mit Gewalt Widerstand leistet oder ihn dabei tätlich angreift, wird mit Freiheitsstrafe bis zu zwei Jahren oder mit Geldstrafe bestraft.

(2) In besonders schweren Fällen ist die Strafe Freiheitsstrafe von sechs Monaten bis zu fünf Jahren. Ein besonders schwerer Fall liegt in der Regel vor, wenn

1. der Täter oder ein anderer Beteiligter eine Waffe bei sich führt, um diese bei der Tat zu verwenden, oder
2. der Täter durch eine Gewalttätigkeit den Angegriffenen in die Gefahr des Todes oder einer schweren Gesundheitsschädigung bringt.

(3) Die Tat ist nicht nach dieser Vorschrift strafbar, wenn die Diensthandlung nicht rechtmäßig ist. Dies gilt auch dann, wenn der Täter irrig annimmt, die Diensthandlung sei rechtmäßig.

(4) Nimmt der Täter bei Begehung der Tat irrig an, die Diensthandlung sei nicht rechtmäßig, und konnte er den Irrtum vermeiden, so kann das Gericht die Strafe nach seinem Ermessen mildern (§ 49 Abs. 2) oder bei geringer Schuld von einer Bestrafung nach dieser Vorschrift absehen. Konnte der Täter den Irrtum nicht vermeiden und war ihm nach den ihm bekannten Umständen auch nicht zuzumuten, sich mit Rechtsbehelfen gegen die vermeintlich rechtswidrige Diensthandlung zu wehren, so ist die Tat nicht nach dieser Vorschrift strafbar; war ihm dies zuzumuten, so kann das Gericht die Strafe nach seinem Ermessen mildern (§ 49 Abs. 2) oder von einer Bestrafung nach dieser Vorschrift absehen.

Vorbem. Neufassung durch das 3. StrRG (vgl. 2 vor § 110); geändert durch das EGStGB.

Übersicht

I. Wesen und Schutzzweck 1	1. Irrtümliche Verneinung der Amtsträgerschaft bzw. des Vollstreckungscharakters 51
II. Schutzbereich im einzelnen 5	
1. Geschützte Personen 6	2. Irrige Annahme der Amtsträgerschaft 52
2. Vornahme einer Diensthandlung 12	
	3. Irrtum über Rechtmäßigkeit der Diensthandlung 53
3. Rechtmäßigkeit der Diensthandlung 18	
	V. Täterschaft 60
III. Tathandlung 38	VI. Strafe 61
1. Widerstandleisten 39	1. Mitsichführen von Waffen 62
2. Tätlicher Angriff 46	2. Gewalttätigkeit 67
3. Rechtswidrigkeitsnachweis 48	VII. Konkurrenzen 68
4. Vollendung – Versuch 49	
IV. Subjektiver Tatbestand 50	

Vorbem. § 113 I Nr. 2 idF des 6. StrRG.

Schrifttum: Backes/Ransiek, Widerstand gegen Vollstreckungsbeamte, JuS 89, 624. – *Bergmann,* Die Milderung der Strafe nach § 49 II StGB, 1988. – *Dreher,* Die Sphinx des § 113 III, IV StGB, Schröder-GedS 359; ferner JR 84, 401. – *H. J. Hirsch,* Zur Reform der Reform des Widerstandsparagraphen, Klug-FS II 235. – *Krey,* Zum Gewaltbegriff im Strafrecht, in: BKA (Hrsg.), Was ist Gewalt?, Bd. 2, 1988. – *Meyer,* Der Begriff der Rechtmäßigkeit einer Vollstreckungshandlung iSd § 113 III StGB, NJW 72, 1845. – *Naucke,* Straftatsystem u. Widerstand gegen Vollstreckungsbeamte (§ 113 III u. IV StGB), Dreher-FS 459. – *Neuheuser,* Duldungspflicht geg. rechtswidr. hoheitl. Handeln im Strafrecht, 1996. – *Ostendorf,* Die strafr. Rechtmäßigkeit rechtswidrigen hoheitl. Handelns, JZ 81, 165. – *ders.,* Strafbare Angriffe auf einz. Staatsgewalten sowie auf den Bestand staatl. Maßnahmen, JZ 97, 1104. – *Paeffgen,* Allg. Persönlichkeitsrecht der Polizei u. § 113 StGB, JZ 79, 516. – *Reinhart,* [BVerfG]: Der unkrit. Rechtmäßigkeitsbegriff, StV 95, 101. – *ders.,* Abschied vom strafrechtl. Rechtmäßigkeitsbegriff; NJW 97, 911. – *Rostek,* Der unkrit. Befehlsempfänger, NJW 75, 862. – *Roxin,* Der strafrechtl. Rechtswidrigkeitsbegriff beim Handeln von Amtsträgern, Pfeiffer-FS 45. – *Rühl,* Grundfragen der Verwaltungsakzessorietät, JuS 99, 521. – *Sander,* Können „unbeteiligte" Dritte iSd § 113 Abs. 1 StGB Widerstand leisten?, JR 95, 491. – *Sax,* „Tatbestand" u. Rechtsgutsverletzung, JZ 76, 9, 80, 429. – *M. Schmid,* Schutzzweck u. Stellung des § 113 StGB im System der Straftatbestände, JZ 80, 56. – *Seebode,* Die Rechtmäßigkeit der Diensthandlung in § 113 III, IV StGB, 1988. – *Stöckel,* Ungeklärte Notwehrprobleme bei Widerstand gegen die Staatsgewalt, JR 67, 281. – *Teubner,* Die allgem. polizeil. Kontrolle als „Vollstreckungshandlung" iSd § 113 StGB, DRiZ 75, 243. – *Thiele,* Zum Rechtmäßigkeitsbegriff bei § 113 StGB, JR 75, 353. – *ders.,* Verbotensein u. Strafbarkeit des Widerstandes gegen Vollstreckungsbeamte, JZ 79, 397. – *Vitt,* Gedanken zum Begriff der „Rechtmäßigkeit der Diensthandlung" bei

§ 113 StGB, ZStW 106 (1994) 581. – *Wagner,* Die Rechtmäßigkeit der Amtsausübung, JuS 75, 224. – Vgl. ferner die Angaben vor § 110.

I. Die durch das 3. StrRG (1970) neugefaßte Vorschrift baut im wesentlichen auf der Interpretation **1** auf, die sie bereits durch die frühere Rspr. erhalten hat. Danach besteht Einigkeit darüber, daß im Ergebnis nur der **Widerstand gegen rechtmäßige Vollstreckungsakte** strafbar sein soll (vgl. auch u. 20). Zur Vorgeschichte vgl. Seebode aaO 9 ff., Zielinski AK 2. Zur (weiteren) Verfolgbarkeit von Widerstandshandlungen gegen (ehem.) **DDR-Amtsträger** vgl. u. 7 a. Jedoch ist nach wie vor strittig, ob die *Rechtmäßigkeit* der Amtsausübung als Tatbestandsmerkmal (vgl. zB Frank VII, Naucke SchlHA 66, 100), als Rechtspflichtmerkmal (Welzel 504) oder – wie die frühere hM annahm – lediglich als objektive Bedingung der Strafbarkeit zu betrachten ist (vgl. u. 18 f.), oder ob – wie von Hirsch aaO 245 ff. iSe modifizierten „Rechtfertigungslösung" gedeutet – für den Fall rechtswidriger Amtshandlungen durch § 113 III 1 lediglich der Weg zur Notwehr eröffnet werden soll, oder ob – wie im Hinblick auf den Rechtsbehelfsvorbehalt (Abs. 4: vgl. u. 57) von Horn SK 22 und Thiele JR 79, 398 angenommen – selbst der gegen rechtswidrige Vollziehungsakte, aber ohne vorgängig zumutbare Rechtsbehelfseinlegung unternommene Widerstand zwar verboten, aber lediglich nicht strafbar sein soll. Der Gesetzesfassung läßt sich zu keiner dieser Konstruktionen eine völlig klare, geschweige restlos konsistente Stellung entnehmen. Insbes. läßt die Tatsache, daß die Tatbestandsbeschreibung in Abs. 1 die Rechtmäßigkeit der Amtsausübung nicht positiv voraussetzt, sondern erst durch Abs. 3 für den umgekehrten Fall der Unrechtmäßigkeit der Amtsausübung Straflosigkeit vorgesehen wird, keinen zwingenden Schluß auf eine gesetzgeberische Entscheidung für oder gegen eine der vorerwähnten Auffassungen zu (and. Dreher Schröder-GedS 375). Immerhin deutet aber die diesbezügliche Irrtumsregelung des Abs. 4 darauf hin, daß die Rechtmäßigkeit der Amtshandlung einerseits nicht mehr nur als objektive Bedingung der Strafbarkeit, andererseits aber auch nicht als vorsatzabhängiges Tatbestandsmerkmal iSv § 16, sondern aus dem Charakter des § 113 als einer **Vorsatz-Sorgfaltswidrigkeits-Kombination** zu erklären ist (näher dazu u. 20 f.). Ungeachtet ihrer dogmatischen Einordnung liegt dieser Regelung offensichtlich der Gedanke zugrunde, daß eine Vollstreckungshandlung, zu deren Durchführung ein Amtsträger „berufen" ist (Abs. 1), idR auch rechtmäßig sein wird und als solche – wenigstens vorläufig – vom Bürger zu respektieren ist, Widerstand dagegen also nur in Ausnahmefällen zulässig sein soll (vgl. Prot. V 2837 f., 2900, VI 309, 311). Zu dieser Rechtmäßigkeitsvermutung vgl. auch BGH NJW **66**, 1668, Tröndle/Fischer 23, Sax JZ 76, 430 f.

1. Der **Zweck** der Vorschrift liegt sowohl im **Schutz staatlicher Vollstreckungshandlungen** **2** (einseitig hierauf beschränkt Schmid JZ 80, 56 f.; vgl. auch Tröndle/Fischer 1 ff.) als auch der **dazu berufenen Organe** (vgl. RG **41** 85, v. Bubnoff LK 2; letztere aber nach Otto JR 83, 74 nur mittelbar; andererseits das öffentliche Schutzmoment noch stärker generalisierend iSe „unbeeinträchtigten Wahrnehmung staatlicher Aufgaben " Hirsch aaO 246; wiederum anders den Normzweck zu einseitig auf Regelung der spezifischen Konfliktlage zwischen Vollstreckungsperson und -betroffenem einschränkend Horn SK 2, Zielinski AK 4). Auch der *Amtsträger* selbst ist also durch § 113 mitgeschützt und kann somit Verletzter iSv § 61 Nr. 2 StPO sein. Dieser doppelte Schutzgrund gilt für die beiden Tatmodalitäten des Widerstandes (u. 39 ff.) und des tätlichen Angriffs (u. 46 f.) gleichermaßen. Zwar steht beim Widerstandleisten die Störung der Vollstreckungsmaßnahmen, beim tätlichen Angriff die Person des Amtsträgers im Vordergrund. Dies ändert jedoch nichts daran, daß in beiden Fällen das jeweils andere Schutzgut, bei der 1. Alt. also neben der Vollstreckungshandlung die Person des Handelnden, bei der 2. Alt. neben der Person des angegriffenen Beamten auch dessen Vollstreckungstätigkeit, mitgeschützt ist (vgl. v. Bubnoff LK 2). Hinsichtlich beider Tatmodalitäten handelt es sich um einen **„unechten Unternehmenstatbestand"**, der sowohl das erfolglose wie auch das erfolgreiche Widerstandleisten bzw. tätliche Angreifen erfaßt (vgl. u. 40 sowie § 11 RN 52 ff., Schröder Kern-FS 464; vgl. auch Tröndle/Fischer 18, v. Bubnoff LK 13 a).

2. Problematisch ist das **Verhältnis des § 113 zu allgemeinen Schutztatbeständen** zugunsten **3** von **Privatpersonen.** Obgleich § 113 auch auf der Erwägung beruht, daß die Betätigung des Staatswillens durch dazu berufene Vollstreckungsorgane eines besonderen Schutzes bedarf (vgl. BGH GA **55**, 244, KG JW **28**, 1070), bleibt sein Regelstrafrahmen (Abs. 1) hinter entsprechenden allgemeinen Schutzbestimmungen erheblich zurück. So geht insbes. die Strafdrohung des § 240, dessen Tatbestand bei Nötigung zur Unterlassung einer Vollstreckungshandlung in Form der 1. Alt. des Widerstandleistens regelmäßig miterfüllt ist, über die Strafdrohung des § 113 nicht unerheblich hinaus. Soll in derartigen Fällen § 113 nicht leerlaufen, so ist er als eine **Privilegierung** zu verstehen, die vom Gesetzgeber auch durchaus beabsichtigt ist (vgl. BT-Drs. VI/502 S. 3), um damit dem in einer Vollstreckungssituation leicht entstehenden *Affekt* auf Seiten des Betroffenen oder eines für ihn Partei ergreifenden Dritten (vgl. KG StV **88**, 437) Rechnung zu tragen (vgl. Blei JA 73, 815, Tröndle/Fischer 1, v. Bubnoff LK 3, Horn SK 2; vgl. aber demgegenüber zur Entwicklungsgeschichte die Hinweise bei Hirsch aaO 235 ff.; and. auch Schmid JZ 80, 56). Dies vermag freilich nicht voll zu überzeugen, da zum einen die gleiche Situation auch bei einer Privatfestnahme nach § 127 I StPO vorliegen kann, dort aber § 240 gilt (vgl. § 114 RN 19), zum anderen § 113 ersichtlich nicht auf den von der Strafvollstreckungshandlung unmittelbar betroffenen Täter beschränkt ist (wie jedoch von Zielinski AK 1, 5, 12 bzw. Horn SK 2, 16 [bzgl. des Widerstandleistens] angenommen), sondern sich auch auf den Widerstand und den tätlichen Angriff durch *Dritte* erstreckt (v. Bubnoff LK 50, Tröndle/Fischer 1; and. Sander JR 95, 491 ff.).

§ 113 4–11

4 Andererseits enthält § 113 aber auch **Verschärfungen:** So jedenfalls insofern, als die Nötigung von Vollstreckungsbeamten schon per se und – anders als bei § 240 II – ohne besonderen Verwerflichkeitsnachweis für rechtswidrig erklärt wird (vgl. Frankfurt NJW **73**, 1806, Tröndle/Fischer 1, u. 48). Und auch wenn die bislang darin liegende Verschärfung, daß § 113 mit dem „tätlichen Angriff" bereits den – nach § 223 aF nicht strafbaren – Versuch einer Körperverletzung miterfaßt (vgl. BT-Drs. VI/502 S. 4), durch die nunmehrige Strafbarkeit des einfachen Körperverletzungsversuchs (§ 223 II) neutralisiert ist, bleibt dort eine schärfere Strafbarkeit nach den §§ 223 ff. durch § 113 nicht ausgeschlossen, da die körperliche Integrität des Beamten selbstverständlich den gleichen Schutz verdient wie die jeder anderen Person, mag auch die von ihm vorzunehmende Vollstreckungshandlung geringeren Schutz genießen als sonstige rechtmäßige Willensbetätigungen. Zu weiteren Konkurrenzfragen vgl. u. 68.

5 II. Der **Schutzbereich im einzelnen** erstreckt sich auf *bestimmte Personengruppen* (u. 6 ff.) bei Vornahme einer bestimmten *Diensthandlung* (u. 12 ff.), vorausgesetzt, daß diese *rechtmäßig* ist (u. 18 ff.).

6 1. Als **geschützte Personen** nennt das Gesetz *Amtsträger* sowie *Soldaten* der Bundeswehr, die *zur Vollstreckung* von Gesetzen, Rechtsverordnungen, Urteilen, Gerichtsbeschlüssen oder Verfügungen *berufen* sind. Ihnen sind durch § 114 unter bestimmten Voraussetzungen auch andere Amtsträger bzw. zu Diensthandlungen *hinzugezogene Privatpersonen* gleichgestellt (u. 9).

7 a) Wer als **Amtsträger** im strafrechtlichen Sinne anzusehen ist, ergibt sich aus § 11 I Nr. 2 (vgl. dort RN 14 ff.). Danach kämen grundsätzlich nur *inländische* Beamte oder Richter in Betracht (so schon zur aF Hamm JZ **60**, 576 m. Anm. Schröder). Jedoch wird durch Art. 7 II Nr. 5 des 4. StÄG der Schutz des § 113 auch auf Beamte der in der BRD stationierten NATO-Truppen erstreckt (vgl. 17 ff. vor § 80). Weiter kann § 113 uU auch anderen *ausländischen* Beamten zugute kommen, sofern sie aufgrund von internationalen Verträgen oder mit dem Einverständnis inländischer Stellen im Inland tätig werden, wie zB bei der Zoll- oder Paßkontrolle oder bei kriminalistischer Zusammenarbeit (vgl. Tröndle/Fischer 2; ferner 4 vor § 110; enger Lüttger Jescheck-FS I 156 ff. u. jetzt auch v. Bubnoff LK 7). Im übrigen wird Amtsträgerschaft nicht dadurch ausgeschlossen, daß die Ernennung *nichtig* oder vernichtbar ist (v. Bubnoff LK 6).

7a Die vorgenannten Grundsätze waren an sich auch auf (damalige) **DDR-Amtsträger** anzuwenden; denn da sie aufgrund des funktionellen Inlandsbegriffes wie ausländische zu behandeln waren (vgl. 29 vor § 3, v. Bubnoff LK 7; and. Maurach BT[5] 625), kam insoweit als, als sich der Widerstand nicht gegen die Person des Amtsträgers, sondern lediglich gegen seine Vollstreckungstätigkeit richtete, § 113 allenfalls in den vorgenannten Fällen internationaler Zusammenarbeit in Betracht. Soweit jedoch im Einzelfall ausschließlich die Person des Amtsträgers betroffen war (vgl. o. 2), konnte § 113 über das passive Personalprinzip zur Anwendung kommen (vgl. 36 vor § 3, § 7 I m. RN 5). Zur weiteren Verfolgbarkeit von Widerstandshandlungen gegen DDR-Amtsträger vgl. 104 vor § 3 mwN; enger v. Bubnoff LK 10 f. vor § 110.

8 **Gleichgestellt** sind den Amtsträgern **Soldaten** der Bundeswehr (vgl. § 1 SoldatG) sowie nach Art. 7 II Nr. 5 des 4. StÄG auch solche der in der BRD stationierten NATO-Truppen, sofern sie entsprechende Funktionen wie die Vollstreckungsbeamten ieS wahrzunehmen haben. Gegenüber Zivilpersonen kommt dies idR nur für Feldjäger oder für Wachen zum Schutz militärischer Anlagen oder Einheiten im Rahmen des UZwGBw in Betracht. Im Verhältnis von Soldaten untereinander

9 verdrängen die §§ 24, 25 WStG den § 113 (vgl. Tröndle/Fischer 7). Ferner kommt der Schutz von § 113 nach **§ 114** auch solchen Personen zugute, die zu Vollstreckungshandlungen legitimiert bzw. zu deren Unterstützung zugezogen sind, ohne selbst Amtsträger zu sein; näher dazu § 114 RN 2 ff.

10 b) Die vorgenannten Amtsträger bzw. Soldaten sind jedoch nicht schon als solche geschützt, sondern nur dann, wenn sie *„zur Vollstreckung von Gesetzen usw. berufen"* sind, also gleichsam als **Vollstreckungsbeamte** tätig werden. Das bedeutet, daß es zu ihren Aufgaben gehören muß, dem in Gesetzen usw. sich äußernden Staatswillen im Einzelfall gegenüber Personen oder Sachen, notfalls durch Zwang, zur Durchsetzung zu verhelfen (vgl. RG **41** 88, BGH **25** 314, NJW **82**, 2081). Eine lediglich gesetzes*anwendende* Tätigkeit, wie zB der Erlaß von Bußgeldbescheiden oder Verwaltungsakten, reicht dafür nicht aus (vgl. v. Bubnoff LK 11), ebensowenig die schlichte Fürsorgetätigkeit eines Jugendamtsangestellten (Schleswig SchlHA/E-L **83**, 83). Jedoch braucht der betreffende Amtsträger nicht ausschließlich mit Vollstreckungsaufgaben betraut zu sein, wie zB Polizeiorgane, Gerichtsvollzieher u. dgl. Vielmehr genügt, daß zu seinen Aufgaben ua auch solche der Vollstreckung des Staatswillens gehören (vgl. Hamm NJW **74**, 1832). Geschützt sind daher auch Richter bei Ausübung der Sitzungspolizei (RG **15** 227) sowie Jugendrichter als Vollstreckungsleiter (Tröndle/Fischer 2). Vgl. im übrigen auch u. 14.

11 c) Im übrigen werden drei Gruppen von Vollstreckungsbeamten unterschieden: α) Zur **Vollstreckung von Gesetzen oder Rechtsverordnungen** sind solche Amtsträger berufen, die die Konkretisierung des abstrakten Gesetzesbefehls auf einen bestimmten Fall selbst vorzunehmen und selbständig Entschließungen zur unmittelbaren Verwirklichung des Gesetzeswillens zu fassen haben, wie zB in Eilfällen die Anwendung sofortigen Zwanges ohne vorausgegangene Grundverfügung durch die Polizei (vgl. zB § 6 II BVwVG, Art. 53 II BayPAG, § 50 II PolGNW). β) Zu den zur Vollstreckung von **Urteilen oder Gerichtsbeschlüssen** Berufenen gehören insbes. die Gerichtsvollzieher. γ) Um die Vollstreckung von **Verfügungen** schließlich geht es bei den (in der aF so bezeichneten) Befehlen und Anordnungen der Verwaltungsbehörden, insbes. also Verwaltungsakten in Form von Allgemein- oder Einzelverfügungen. Dabei können Erlaß und Vollstreckung der Verfügung in derselben Hand vereinigt sein, wie zB beim Haltegebot eines Polizisten an einen Kraftfahrer (vgl. BGH **25** 313 m. Anm. Krause JR 75, 118). Trotz des mißverständlichen Wortlauts kommen als Verfügungen auch solche von **Gerichten** in Betracht, wie zB der Vorführungsbefehl nach § 134 StPO, der in Form einer Verfügung ergeht und nach §§ 36 II 1, 161 StPO mit Hilfe der Polizei vollstreckt wird (vgl. K/ Meyer-Goßner § 134 RN 5). Daß die Verfügungen der Gerichte in der jetzigen Fassung nicht mehr ausdrücklich genannt sind, steht ihrer Einbeziehung nicht entgegen (vgl. v. Bubnoff LK 8). Dieser Aufspaltung in drei verschiedene Vollstreckungsgruppen kommt keine besondere Bedeutung zu; vielmehr kann derselbe Beamte, wie zB ein Polizist, zugleich zu allen drei Funktionen berufen sein.

2. Der durch § 113 geschützte Personenkreis wird ferner dadurch eingeschränkt, daß der zu Vollstreckungshandlungen Berufene nicht schlechthin, sondern nur insoweit geschützt ist, als er sich auch **bei der Vornahme einer solchen Diensthandlung** befunden hat. Sonstige Diensttätigkeit fällt unter den allgemeinen Schutz des § 240 (vgl. Frankfurt NJW **73**, 1806). **12**

a) In *gegenständlicher* Hinsicht bedeutet dies, daß der Vollstreckungsbeamte **in concreto** eine der o. 10 f. beschriebenen **Vollstreckungstätigkeiten** ausüben muß, dh in einem bestimmten Fall der bereits konkretisierte Wille des Staates gegenüber bestimmten Personen oder Sachen verwirklicht werden soll (vgl. BGH **25** 314, KG StV **88**, 437, NStZ **89**, 121, Tröndle/Fischer 9, Zielinski AK 17, ferner v. Bubnoff LK 8, 11). Daher reicht die bloße Erfüllung allgemeiner Dienstpflichten, wie etwa der Streifengang von Soldaten im Kasernengelände (BGH GA **83**, 411) oder die keinem konkreten Einsatz dienende oder nur beobachtende Streifenfahrt, für sich allein nicht aus (vgl. Hamm JMBlNW **65**, 44, KG NStZ **89**, 121, Zweibrücken NJW **66**, 1087, v. Bubnoff LK 11), ebensowenig die allgemeine Ermittlungstätigkeit, wie zB Reifenkontrolle (Frankfurt NJW **73**, 1806), Radarüberwachung, die (nicht erzwingbare) Vernehmung eines Beschuldigten durch die Polizei (Bay NJW **62**, 2072 m. Anm. Dünnebier JR 63, 68, wohl aber das Festhalten zwecks Feststellung der Personalien: vgl. Köln NJW **82**, 296, aber auch StV **82**, 360); auch nicht präventiv-polizeiliche Maßnahmen wie die Begleitung eines Demonstrationszugs durch Polizeibeamte (KG StV **88**, 437; vgl. auch KG NStZ **89**, 121). Ebensowenig genügt die bloße Verkehrsregelung durch Polizeibeamte, es sei denn, es handelt sich um ein Haltegebot gegenüber einem bestimmten verkehrswidrig handelnden Kraftfahrer (vgl. Düsseldorf NStZ **96**, 587, Hamm DAR **58**, 330, Köln VRS **35** 344) oder um konkrete erkennungsdienstliche Maßnahmen (vgl. AG Hamburg StV **85**, 364). Doch kann reine Ermittlungstätigkeit dadurch in Vollstreckungstätigkeit übergehen, daß aufgrund konkreter Verdachtsmomente gegen eine bestimmte (etwa einer Trunkenheitsfahrt verdächtige) Person (vgl. Koblenz VRS **56** 38) oder Sache (zB ein verkehrsunsicheres Fahrzeug) vorgegangen wird (vgl. Frankfurt NJW **74**, 572, Hamm NJW **73**, 1891), Gewalt gegen eine bestimmte Person abzuwehren ist (Bay JR **89**, 24 m. Anm. Bottke), die Rückgabe einer Sache an den Geschädigten veranlaßt werden soll (BGH NJW **82**, 2081) oder im Zug von Ermittlungen konkrete Abwehrmaßnahmen erforderlich werden (Schleswig SchlHA/E-L **83**, 84); vgl. auch Köln MDR **76**, 67 zu Identifizierungsmaßnahmen durch Lichtbilder bei Demonstrationen (vgl. dazu auch u. 33). Noch weitergehend soll nach BGH **25** 313 (mit zust. Anm. Krause JR 75, 118 und krit. Anm. Ehlen/Meurer NJW 74, 1776) bereits das Anhalten zwecks allgemeiner Verkehrskontrolle ausreichen (ebenso Celle NJW **73**, 2215, Teubner DRiZ 75, 243); ähnlich zu Razzien KG NJW **75**, 887. Daß der Vollstreckungsbeamte gleichzeitig in Notwehr tätig wird, läßt die Hoheitlichkeit seines Handelns unberührt (Schleswig SchlHA/E-L **83**, 85). Unter Berücksichtigung der vorgenannten Einschränkungen gehören **beispielsweise** zur Vollstreckungstätigkeit iSv § 113 Diensthandlungen von Polizeibeamten (KG JW **37**, 762, Koblenz DAR **73**, 219), und zwar auch solcher in Zivil (Hamburg VRS **24** 193), uU auch von Kriminalkommissaranwärtern (RG HRR **39** Nr. 1375), von Bahnpolizeibeamten (Köln NJW **82**, 296, StV **82**, 360), von Richtern in Angelegenheiten der Sitzungspolizei (RG **15** 227), von Steuer- und Zollbeamten (Bay **51** 377, Hamburg NJW **84**, 2898), Feldhütern (BGH GA **55**, 244), Volksschullehrern (RG **25** 90, **35** 183; heute wohl zu beschränken auf Prüfungsentscheidungen und diszipl. Maßnahmen an öff. Schulen), vereidigten Vollziehungsbeamten des Wohnungsamtes (Hamm HESt **2** 216, LG Münster NJW **49**, 946), vor allem aber auch von Gerichtsvollziehern, und zwar auch bei Zustellungen auf Betreiben der Parteien (RG **41** 87), uU auch des Schlachthofdirektors bei polizeilichen Eilmaßnahmen (vgl. LG Verden NdsRpfl. **74**, 256). **13 14**

b) Auch in *zeitlicher* Hinsicht muß sich der Amtsträger **bei der Vornahme** einer Vollstreckungshandlung befinden (Bay NJW **72**, 2072). Das bedeutet, daß die Vollstreckungstätigkeit bereits begonnen haben oder doch unmittelbar bevorstehen muß (RG **41** 89, 183, Stuttgart NJW **48**, 636, Bay **51**, 377, Hamm DAR **58**, 330, NStZ **95**, 548) und noch nicht beendet sein darf (RG **3** 334). Das ist idR der Fall, wenn und solange sich der Vollstreckungsbeamte im „Kontaktbereich" des Betroffenen (bzw. der zu vollstreckenden Amtshandlung) befindet (AG Tiergarten NJW **88**, 3218; vgl. auch Otto JR 83, 73). **Im einzelnen** *beginnt* die Vollstreckung durch den Gerichtsvollzieher bereits mit dem Betreten der Wohnung des Schuldners (RG **22** 227) und *endet* uU erst mit Rückkehr zu dem am Rande des zu Vollstreckungszwecken betretenen Geländes abgestellten Fahrzeug (BGH NJW **82**, 2081 m. Anm. Otto JR **83**, 72) bzw. mit dem Wegfahren (Bay MDR **88**, 517). Bei Polizeibeamten kann uU schon das Haltegebot Beginn der Vollstreckungstätigkeit sein (vgl. BGH **25** 313, Düsseldorf NStZ **96**, 587, Hamm DAR **58**, 330 sowie o. 13), nicht jedoch die Fahrt zum Einsatzort (AG Tiergarten NJW **88**, 3218). Gewalt oder Drohung zwecks Verhinderung *künftiger* Vollstreckungshandlungen fällt unter **15 16**

§ 240, und zwar auch dann, wenn sie während einer Vollstreckungstätigkeit, gegen die der Täter sich nicht zur Wehr setzt, vorgenommen wird (Köln NJW **65**, 1192). Nach BGH **18** 133 m. Anm. Russ NJW 63, 1165 soll jedoch für § 113 auch der sog. *„vorweggenommene" Widerstand* ausreichen, der in Erwartung einer nahe bevorstehenden Vollstreckung vorgenommen wird und bis zu deren Durchführung fortwirkt (Verbarrikadieren eines Hauses zwecks Zugangsverhinderung; iglS Tröndle/Fischer 9, v. Bubnoff LK 12, Horn SK 6, Zielinski AK 17). Zwar soll der dafür als maßgeblich angesehene Nötigungseffekt „bei" der Vollstreckungshandlung eintreten; jedoch fragt es sich, ob damit nicht einerseits der Privilegierungsbereich des § 113 (vgl. o. 3), andererseits aber vor allem dessen Gewaltbegriff (vgl. u. 42) zu weit ausgedehnt wird.

17 c) Im übrigen wird der Charakter amtlicher Vollstreckungstätigkeit nicht etwa dadurch ausgeschlossen, daß die gleiche Handlung *rechtmäßigerweise auch von* **Nichtbeamten** vorgenommen werden könnte, wie zB eine vorläufige Festnahme nach § 127 I StPO oder die Verhinderung der Fortsetzung eines Hausfriedensbruchs (vgl. Hamm NJW **74**, 1831).

18 3. Ferner muß die Diensthandlung **rechtmäßig** sein. Gesetzestechnisch wird dieses Erfordernis zwar nicht bereits durch die Tatbestandsumschreibung von Abs. 1 positiv vorausgesetzt (so die aF), ergibt sich aber negativ aus **Abs. 3**, wonach Strafbarkeit nach § 113 entfällt, wenn die *Diensthandlung nicht rechtmäßig* ist. Damit ist die schon früher umstrittene **dogmatische Einordnung** des Recht-
19 mäßigkeitserfordernisses kaum leichter geworden (vgl. o. 1). Die Annahme einer *objektiven Bedingung der Strafbarkeit*, mit der die hM zu § 113 aF dem Täter die naheliegende Berufung auf einen diesbezüglichen Irrtum abzuschneiden versuchte (vgl. BGH **4** 161, **21** 361, Bay **64** 34, KG NJW **72**, 782, Maurach BT⁵ Nachtr. II 12f., Schröder 17. A. RN 24; vgl. auch Blei II 398, Reinhart NJW 97, 913, W-Hettinger 633 f.), war und ist dogmatisch schon deshalb nicht haltbar, weil die Rechtmäßigkeit der Amtshandlung nicht nur für das Strafbedürfnis (vgl. 124 vor § 13), sondern bereits für das Unrecht der Tat zumindest insofern von Bedeutung ist, als gegen rechtswidrige Amtshandlungen Notwehr nach allgemeinen Grundsätzen zulässig ist (vgl. u. 36; so auch schon zur aF BGH **4** 163, Bay NJW **54**, 1367, Celle NdsRpfl. **66**, 252; zur nF ebenso Stuttgart NJW **71**, 629, KG GA **75**, 213; and. Thiele JR 79, 398). Von daher scheint es nahezuliegen, in der Rechtmäßigkeit der Amtshandlung lediglich eine indirekte Verweisung auf die Rechtswidrigkeit des Widerstandes als allgemeines Verbrechensmerkmal bzw. auf die Möglichkeit einer *Rechtfertigung nach allgemeinen Grundsätzen,* insbes. nach § 32, zu sehen (vgl. Welzel 504, JZ 52, 19 sowie Hirsch aaO 248ff.: vgl. o. 1). Doch abgesehen von der damit implizierten (einseitigen) Ausweitung des Schutzes auf unbeeinträchtigte Wahrnehmung staatlicher Aufgaben (vgl. o. 2), widerspricht einer solchen „Notwehreröffnungslösung" schon Abs. 3, der Straflosigkeit ohne Rücksicht auf die Erforderlichkeit der Abwehr (vgl. dagegen § 32 RN 38ff.) und – insbes. auch für den tätlichen Angriff – ohne Rücksicht auf das Vorhandensein eines Verteidigungswillens (vgl. § 32 RN 63) vorsieht (krit. auch Dreher JR 84, 404f.). Nichts anderes gilt, wenn man die Rechtmäßigkeit der Amtshandlung ihrerseits als *Rechtfertigungsgrund* ansieht (so wohl Niemeyer JZ 76, 314, Reinhart StV 95, 103; dazu 19. A. RN 19). Schließlich soll nach Dreher (NJW 70, 1158, Heinitz-FS 221, Schröder-GedS 376 ff., JR 84, 401) durch Abs. 3 ff. für den Fall der Unrechtmäßigkeit der Amtshandlung ein *Rechtfertigungsgrund eigener Art* geschaffen worden sein, der lediglich die Rechtswidrigkeit der Tat nach § 113 entfallen lasse, und – ähnlich wie § 22 I 2 WStG, jedoch im Gegensatz zur Notwehr – eines subjektiven Rechtfertigungselements nicht bedürfe (ebenso v. Bubnoff LK 23, Tröndle/Fischer 10, 23, Paeffgen JZ 79, 521, Seebode aaO 83ff., 109; iE ähnlich Lackner/Kühl 18, Otto II 462). Doch auch dies vermag nicht zu überzeugen: Zum einen ist die dogmatische Einordnung des § 22 I WStG (Gehorsamsverweigerung gegenüber rechtswidrigem Befehl) – trotz der diesbezüglichen von Dreher (Schröder-GedS 378) angeführten hM – ebenso zweifelhaft wie die des § 113 III; zum anderen widerspricht der Gedanke eines auf § 113 beschränkten relativen Rechtfertigungsgrundes dem Grundsatz der Einheit der Rechtsordnung (vgl. 27 f. vor § 32) – eine Friktion, die auch Dreher selbst einräumt (vgl. NJW 70, 1158 FN 65). Überhaupt steht jede der vorgenannten reinen Rechtswidrigkeitslösungen noch zusätzlich vor der Schwierigkeit, die Gleichbehandlung von Rechts- und Tatsachenirrtum nach Abs. 4 erklären zu müssen, was vom Standpunkt der herrschenden eingeschränkten Schuldtheorie aus kaum möglich erscheint (vgl. auch v. Bubnoff LK 23, ferner M-Schroeder II 193, Rudolphi SK § 136 RN 30, aber auch Sax JZ 76, 430), weswegen Hirsch aaO 253 darin eine Anerkennung der strengen Schuldtheorie erblicken will (vgl. aber dagegen Dreher JR 84, 403).

20 Richtigerweise ist daher das Merkmal der Rechtmäßigkeit der Diensthandlung nicht erst auf der systematischen Ebene der Rechtswidrigkeit bzw. Rechtfertigung des Widerstandes, sondern bereits von seiner rechtsguteinschränkenden Funktion her zu deuten: Nur am Schutz *rechtmäßiger* Vollstreckungshandlungen kann der Staat ein Interesse haben; daher liegt bei Widerstand gegen eine rechtswidrige Amtshandlung eine Verletzung des von § 113 (kumulativ neben der Person des Amtsträgers) geschützten Rechtsguts überhaupt nicht vor (grds. and. Hirsch aaO 246, Thiele JR 79, 398; vgl. auch § 240 RN 16), während ansonsten bei bloßer Rechtfertigung eines Verhaltens die Tatsache der Rechtsgutsverletzung unberührt bleibt (vgl. 17 aE vor § 13). Geht man weiter davon aus, daß dem Tatbestand im Verbrechensaufbau die Aufgabe zukommt, die für das typische Unrecht einer Tat maßgeblichen Rechtsgutsverletzungen zu kennzeichnen (vgl. 15ff., 45 vor § 13 mwN, Sax JZ 76, 15f.; ähnl. bereits Gallas ZStW 67, 16ff.), so muß die Rechtmäßigkeit der Vollstreckungshandlung als ein unrechtskonstitutives **Merkmal des Tatbestandes** verstanden werden (vgl. Sax aaO, Rudolphi

SK § 136 RN 30, Zielinski AK 20; vgl. auch Naucke Dreher-FS 471). Um jedoch den Schutz des § 113 nicht leerlaufen zu lassen, entzieht Abs. 4 dieses Merkmal dem Vorsatzerfordernis und läßt insoweit Fahrlässigkeit genügen, die nach dessen S. 1 nicht nur in der Vermeidbarkeit eines diesbezüglichen Irrtums, sondern nach S. 2 auch darin liegen kann, daß der Täter sich spontan zur Wehr setzt, anstatt ihm zumutbare Rechtsbehelfe zu ergreifen. Demgemäß handelt es sich bei § 113 insgesamt um eine **Vorsatz-Sorgfaltswidrigkeits-Kombination,** ähnlich den erfolgsqualifizierten Delikten des § 18, deren Entstehungsgeschichte übrigens auch insofern eine Parallele aufweist, als bis zur Einführung des § 56 aF (§ 18 nF) die Tatfolge ebenso wie die Rechtmäßigkeit der Amtsausübung als objektive Bedingung der Strafbarkeit gegolten hatte (vgl. Hirsch LK[9] 189 vor § 51). Mit der Parallele in § 18 erledigt sich auch der Einwand von Dreher (Schröder-GedS 374), daß ein Tatbestandsmerkmal nicht dem Vorsatzerfordernis entzogen sein könne. – Freilich ist auch dadurch nicht alle *Ungereimt-* **20 a** *heiten* ausgeräumt. Eine solche liegt jedoch (entgegen Rudolphi SK § 136 RN 30) nicht darin, daß Abs. 4 dem vorsatzausschließenden Irrtum einen etwaigen Verbotsirrtum hinsichtlich der Rechtmäßigkeit gleichstellt, sondern eher umgekehrt darin, daß auch einem diesbezüglichen Tatbestandsirrtum (vgl. § 16) lediglich auf der Strafzumessungsebene und zudem nach den für Verbotsirrtum geltenden Regeln (§ 17) Rechnung getragen wird (vgl. aber auch Sax JZ 76, 430 f., der insoweit stets Verbotsirrtum, andererseits Naucke aaO 475, der „spezialisierte Strafzumessungsgründe" annimmt, sowie Hirsch aaO 251 ff., der zwischen Rechtfertigungsirrtum und Entschuldigung wegen erregungsbedingter Notwehrüberschreitung differenziert). Dagegen kommt der ausdrücklichen Straffreiheitserklärung des „umgekehrten Irrtums" (vgl. § 22 RN 68) nach Abs. 3 S. 2 lediglich deklaratorische Bedeutung zu, da ein darin etwa liegender Versuch nach § 113 ohnehin nicht strafbar ist (vgl. auch u. 54). Dies spricht jedoch nicht gegen (so aber v. Bubnoff LK 21, Dreher Schröder-GedS 373), sondern stützt gerade die o. 20 vertretene „Tatbestandslösung". Als „unechter Unternehmenstatbestand" (vgl. o. 2) erfaßt § 113 zwar die erfolglos gebliebenen Tathandlungen, nicht jedoch die Fälle des Mangels am Tatbestand (vgl. § 11 RN 54, § 22 RN 67, Burkhardt JZ 71, 352, Sax JZ 76, 434; ungenau Niemeyer JZ 76, 315). Zu weiteren Vorsatz- bzw. Irrtumsfragen vgl. u. 50 ff. **Im einzelnen** gilt folgendes:

a) **Maßstab** für die Beurteilung der Diensthandlung ist nach hM ein sog. **strafrechtlicher Recht-** **21** **mäßigkeitsbegriff,** der sich nach spezifisch strafrechtlichen Kriterien und insbes. unabhängig von den Regeln des Verwaltungsrechts bestimmt (vgl. BGH **4** 164, **21** 363, Bay JR **89,** 24, Celle NJW **71,** 154, Zweibrücken VRS **40** 192, Düsseldorf NJW **84,** 1571, Hamm GA **73,** 244, Karlsruhe NJW **74,** 2142, Köln NJW **75,** 890, NStZ **86,** 235, VRS **71** 185, Bay JZ **80,** 109, v. Bubnoff LK 25, Seebode aaO 195 ff., W-Hettinger RN 635; ebenso Vitt ZStW 106, 592 ff., der jedoch völlige Übereinstimmung zwischen strafrechtl. Maßstäben u. öffentlich-rechtl. Eingriffsbefugnissen konstatiert; vgl. auch BT-Drs. VI/502 S. 4). Danach soll es für die Rechtmäßigkeit der Diensthandlung weniger auf ihre „materielle Richtigkeit" als vielmehr auf ihre *„formale"* Rechtmäßigkeit ankommen (Tröndle/Fischer 11 mwN). Ohne Rücksicht auf das jeweilige sachliche Recht soll diese regelmäßig nur abhängig sein „von der sachlichen und örtlichen Zuständigkeit des Beamten zum Eingreifen, von den gesetzlichen Förmlichkeiten . . ., von einem vom zuständigen Vorgesetzten erteilten Auftrag (Befehl) oder . . . von der Ordnungsmäßigkeit der Ermessensausübung" des aus eigenem Entschluß handelnden Amtsträgers (BGH **4** 164; vgl. auch BGH **24** 132). – Diesem an sich richtigen Grundansatz kann jedoch nur **mit** **22** **Einschränkungen** gefolgt werden (krit. bis grds. abl. ua auch Rostek NJW 75, 863, Schellhammer NJW 72, 319, Schünemann JA 72, 704, 775, Thiele JR 75, 353; 79, 399 f., ferner Amelung JuS 86, 335 f., ZRP 91, 144 f., Backes/Ransiek JuS 89, 627 ff., Benfer NStZ 85, 255, Reinhart StV 95, 101, Roxin Pfeiffer-FS 48 ff., Zielinski AK 22; vgl. auch M-Schroeder LH 187, Rühl JuS 99, 528 f.; zu weitgeh. in der *Bindung an das Verwaltungsrecht* jedoch Krey I 507 f., Meyer NJW 72, 1845 u. 73, 1074, Wagner JuS 75, 226, wenn damit nur nichtige Staatsakte unrechtmäßig sein sollen [dagegen Günther NJW 73, 310 f., Schünemann aaO 709, Vitt ZStW 106, 587 f.]; demgegenüber kommt Ostendorf JZ 81, 165 ff. trotz seines verwaltungsrechtlichen Ansatzes zu weitgehend gleichen Ergebnissen wie hier, wenn er bloße Formalverstöße für unerheblich erklärt, trotz rechtswidrigen „Grundaktes" die Anknüpfung an einen rechtmäßigen „Vollzugsakt" zuläßt, eine „Rechtmäßigkeitsbandbreite" einräumt und teils auf die bloße Vollziehbarkeit abhebt; krit. Hirsch LK 147 b vor § 32, Vitt ZStW 106, 588 f.; vgl. neuerdings auch die Kritik am strafrechtl. Rechtmäßigkeitsbegriff durch BVerfGE **92** 191 ff. [m. Bspr. Reinhart NJW 97, 911; dagg. Rühl JuS 99, 528 f.] zur Rechtmäßigkeitsprüfung bei § 111 OWiG, ohne selbst bereits klare Konsequenzen für § 113 zu ziehen). Was zum einen die *Unerheblichkeit des sachlichen Rechts* betrifft, so ist zwar richtig, daß die Rechtmäßigkeit zB einer Zwangsvollstreckung nicht von der materiellen Begründetheit des zugrundeliegenden Titels abhängt, sondern es lediglich auf die Einhaltung der (formellen) Vollstreckungsregeln ankommt (vgl. etwa §§ 704 ff. ZPO). Dies ist jedoch nicht als grundsätzliche Irrelevanz des sachlichen Rechts zu verstehen, sondern ergibt sich lediglich – ähnlich wie aus der formellen Bestandskraft von Verwaltungsakten – aus der Bindungswirkung der zu vollziehenden Entscheidung (vgl. u. 32). Was zum anderen das angebliche *„Ermessen"* des Vollstreckungsbeamten anbelangt, so wird dabei verkannt, daß es allenfalls in den seltenen Fällen, in denen dem Vollstreckungsbeamten ein „Handlungsermessen" eingeräumt ist (zB hinsichtl. der Auswahl zwischen mehreren pfändbaren Objekten), ein „echtes" Ermessen geben kann, hinsichtlich der *Eingriffsvoraussetzungen* jedoch lediglich ein **Beurteilungsspielraum** in Betracht kommt (vgl. Wolff/Bachof/Stober, VerwaltungsR I[10] 365 ff., Küper JZ 80, 635 f., Reinhart StV 95, 103, Schünemann JA 72, 708, Vitt ZStW 106, 592 FN 41, aber auch

Thiele JR 81, 30): Unabhängig von den verwaltungsrechtlichen Kriterien für die Zuerkennung eines solchen Beurteilungsspielraums (vgl. Kopp, VwGO¹⁰, § 114 RN 23 ff.), die hier wohl nur ausnahmsweise vorliegen dürften, wie auch über den Fall hinaus, daß ein Vollstreckungsbeamter schon von Gesetzes wegen auf Verdacht hin eingreifen darf (vgl. u. 30), ist danach ein Diensthandlung so lange als rechtmäßig anzusehen, als sich der Amtsträger bei Beurteilung der Eingriffsvoraussetzungen im Rahmen des in der Vollstreckungssituation noch Vertretbaren gehalten hat, mag auch ein Gericht aufgrund nachträglicher Prüfung zu einer anderen Auffassung gelangen (zust. Paeffgen JZ 78, 742; vgl. auch Vitt ZStW 106, 603, ferner BGH NJW **70**, 1543; and. Reinhart StV 95, 105 ff., der zwischen „Situations-" u. „Sanktionsebene" unterscheiden will). In diesem Sinne dürfte auch BGH **21** 363 zu verstehen sein, wenn die Rechtmäßigkeit der Amtshandlung davon abhängig gemacht wird, ob der Amtsträger angesichts der ihm bekannten und erkennbaren Umstände zur Annahme der Eingriffsvoraussetzungen gelangen „durfte". Daher betrifft die Kritik an der Rspr. weniger ihre Sachergebnisse als vielmehr den mißverständlichen Gebrauch des Ermessensbegriffes (vgl. auch u. 27).

23 b) Demgemäß hat die Rechtmäßigkeit der Diensthandlung folgende **Voraussetzungen**:

24 aa) Der Amtsträger muß zu der betreffenden Handlung **sachlich zuständig** sein, dh daß sie in den Kreis seiner Amtsgeschäfte gehört (vgl. o. 10 f.). So ist zB der Richter zwar für sitzungspolizeiliche, nicht aber für allgemeine polizeiliche Maßnahmen zuständig, ebensowenig für die Pfändung beweglicher Sachen; dies ist allein Sache des Gerichtsvollziehers. Ähnlich gehört die Durchsetzung privatrechtlicher Ansprüche regelmäßig nicht zum Geschäftskreis der Polizei (RG **29** 201, **40** 215; and. Stuttgart Justiz **72**, 156). Zur Zuständigkeit von Soldaten und zivilen Wachpersonen vgl. § 1 UZwGBw (o. 8). Wer als Hilfsbeamter der Staatsanwaltschaft für entsprechende Maßnahmen nach der StPO (vgl. §§ 81 a, 81 c, 98, 132 StPO) zuständig ist, ergibt sich aus § 152 II GVG iVm den jeweiligen landesrechtl. Regelungen (vgl. die Übersicht bei K-Meyer-Goßner § 152 GVG RN 6; zur Erforderlichkeit entspr. Feststellungen zum Dienstrang vgl. Schleswig StV **83**, 204). Soweit die Diensthandlung in den Zuständigkeitsbereich des Vollstreckungsbeamten gehört, wird sie nicht deshalb unrechtmäßig, weil sie etwa außerhalb der eigentlichen Dienstzeit (zB von einem „dienstfreien" Polizeibeamten) vorgenommen wird (vgl. Neustadt JR **59**, 28, Hamburg NJW **76**, 2174).

25 Erforderlich ist ferner die **örtliche Zuständigkeit** des Amtsträgers (BGH **4** 112, Bay NJW **54**, 362, Hamm NJW **54**, 206, Koblenz MDR **87**, 957, Tröndle/Fischer 12; and. Braunschweig NdsRpfl. **57**, 90). Sie ist regelmäßig auf den Amtsbezirk des betreffenden Beamten beschränkt, so zB bei der Bahnpolizei auf das Bahngebiet (BGH **4** 112, Bay **53**, 195, Celle VRS **27** 440, Schleswig MDR **83**, 249), zu dem aber Bahnhofsvorplätze idR nicht gehören (vgl. Oldenburg NJW **73**, 291, Hamm NJW **73**, 2117, Stuttgart VM **73**, 67; and. noch BGH **21** 361; vgl. auch Dernbach NJW **75**, 679). Im übrigen jedoch ist die Zuständigkeit der Polizei regelmäßig nicht an Amtsbezirke, sondern an die Landesgrenzen (BGH **4** 112, Koblenz MDR **87**, 957) bzw. bei der Kommunalpolizei an die Gemeindegrenzen (Bay **60**, 40) gebunden (überholt RG **71** 123; vgl. v. Bubnoff LK 29). Ausnahmen davon finden sich in § 167 GVG für die sog. Nacheile sowie in landesrechtlichen Vorschriften für sonstige Eilfälle (zB §§ 78 f. PolG-BW; vgl. auch Bay **60**, 40), möglicherweise auch in Grenzabkommen (vgl. Koblenz MDR **87**, 957).

26 bb) Soweit der Beamte gerichtliche oder behördliche Entscheidungen mit Außenwirkung (Urteile, Beschlüsse, Verfügungen: vgl. o. 11) zu vollstrecken hat, kommt es zwar regelmäßig auf deren sachliche Richtigkeit nicht an (vgl. BGH MDR **64**, 71, Kiel SJZ **47**, 329 m. krit. Anm. Arndt, v. Bubnoff LK 31; vgl. auch o. 22 sowie u. 32); wohl aber müssen die zum Schutz des Betroffenen **wesentlichen Förmlichkeiten** gewahrt sein (Bay JZ **80**, 109, ferner u. 72 sowie Vitt ZStW 106, 602; krit. dazu Reinhart StV 95, 101 ff.). Wesentlich ist zB bei im Einsatz befindlichen Polizeibeamten in Zivilkleidung das Vorstellen als Polizist (Celle NJW **97**, 2464), bei der Zwangsvollstreckung das Vorliegen eines vollstreckbaren Titels nebst Vollstreckungsklausel sowie die Zustellung des Urteils (§§ 704, 724, 750 I ZPO; vgl. RG **16** 275, Hamm JMBlNW **65**, 9, Niemeyer JZ 76, 316), weiter die Zuziehung von Zeugen nach § 759 ZPO (RG **7** 370, **24** 390, BGH **5** 109, Hamburg JR **55**, 272 [Taschenpfändung], Hamm MDR **51**, 440, NStZ **96**, 281, M-Schroeder II 188, Oppe RN 61 196, Baumbach/Lauterbach ZPO⁵⁷ § 759 RN 5). Gleiches muß dann aber auch für die Zuziehung von Durchsuchungszeugen nach § 105 II StPO gelten (Bay JZ **80**, 109 m. Anm. Küper S. 633, Schleswig SchlHA/E-L **85**, 116, Tröndle/Fischer 13; and. Stuttgart NJW **71**, 629; krit. dazu Küper NJW 71, 1681; vgl. auch Born JR **83**, 52, Reinhart StV 95, 102). Wesentlich ist ferner das Vorzeigen des Haftbefehls nach § 909 S. 2 ZPO (Düsseldorf JMBlNW **65**, 271) bzw. nach § 114 a StPO (Köln JMBlNW **65**, 151) sowie die Eröffnung eines Vorführungsbefehls nach § 134 StPO (BGH NStZ **81**, 22, Stuttgart Justiz **82**, 339; vgl. auch Lemke NJW 80, 1494). Entsprechend ist bei Identifizierungsmaßnahmen der dafür maßgebliche Grund (wie insbes. das zur Last gelegte Fehlverhalten) zu eröffnen (Düsseldorf NJW **91**, 580, Köln StV **82**, 359; vgl. zur Bekanntgabe einer Begründung auch Koblenz DAR **73**, 219, Schleswig SchlHA **78**, 184, SchlHA/E-L **85**, 116). Bei Anwendung unmittelbaren Zwanges ist idR dessen vorherige Androhung erforderlich (AG Schwandorf NStZ **87**, 280, StV **87**, 299). Für Vollstreckungsmaßnahmen in Wohnungen ist zur Nachtzeit sowie an Sonn- u. Feiertagen gem. § 758 a IV ZPO eine richterliche Erlaubnis erforderlich. Zum Nichtwidersprechen des Betroffenen als wesentliche Förmlichkeit beim Verwarnungsverfahren vgl. Düsseldorf NJW **84**, 1571. Um aufgrund eines Formfehlers als rechtswidrig zu gelten, muß die Vollstreckungshandlung nicht unbedingt nichtig sein (vgl. Thiele JR 75, 355, Schünemann JA 72, 709 sowie o. 22). *Unerheblich* ist die

Verletzung rein *innerdienstlicher* Vorschriften, wie zB über die Dienstkleidung (RG **17** 122, **25** 112, Tröndle/Fischer 13, v. Bubnoff LK 30) oder über die Reihenfolge von Alkoholtest und Blutentnahme, sofern letzteres nicht unverhältnismäßig ist (Köln NStZ **86**, 235). Insgesamt wird eine Verletzung wesentlicher Förmlichkeiten um so eher anzunehmen sein, als diese durch ein nachträgliches Rechtsmittel nicht mehr adäquat kompensiert werden kann.

cc) Soweit der Amtsträger die sachlichen *Eingriffsvoraussetzungen selbst zu beurteilen* hat, kommt es 27 darauf an, ob er in der Vollstreckungssituation bei **pflichtgemäßer Würdigung** der ihm bekannten und erkennbaren Umstände *zur Annahme* der Vollstreckungsvoraussetzungen *gelangen durfte*. Das ist jedoch nicht so zu deuten, als ob schon allein die von subjektiver Schuld und Willkür freie Prüfung und Entscheidung als solche genüge (wie etwa BGH **21** 363 mißverstanden werden könnte; vgl. auch Köln NJW **75**, 890, Küper JZ 80, 635); rechtmäßig iSv § 113 wird die Vollstreckungshandlung vielmehr erst dann, wenn der Beamte aufgrund sorgfältiger Prüfung in der Annahme gehandelt hat, zu der Amtshandlung berechtigt und verpflichtet zu sein (insoweit ebenso bereits RG **72** 311, ferner BGH **4** 164, **21** 363, VRS **39** 186, Bay **51**, 356, Braunschweig MDR **51**, 629, Celle NdsRPfl. **66**, 252, NJW **71**, 154, LG Bonn NStZ **84**, 169, v. Bubnoff LK 32, M-Schroeder II 188 f., Oppe MDR **61**, 137), wobei jedoch vorauszusetzen ist, daß sich die dabei erreichte Entscheidung noch im Rahmen des objektiv Vertretbaren hält (vgl. Küper JZ 80, 636), und zwar insbes. auch innerhalb der Verhältnismäßigkeit (Köln NStZ **86**, 235, VRS **71** 184, AG Hamburg StV **85**, 364, M-Schroeder II 188, Vitt ZStW 106, 595). Denn ebensowenig wie einerseits die Rechtmäßigkeit der Diensthandlung eine tatsächliche Prüfung und Würdigung voraussetzt, eine an sich rechtmäßige Diensthandlung also nicht schon wegen mangelnder Ermessensausübung bzw. wegen fehlender Prüfung rechtswidrig wird (vgl. Stuttgart NJW **71**, 629, Bay JZ **80**, 109 m. zust. Anm. Küper S. 636 f. u. krit. Anm. Thiele JR 81, 30, ferner M-Schroeder II 189), kann anderseits ebensowenig für die Rechtmäßigkeit der Diensthandlung schon das individuelle Prüfungsbemühen genügen. Entscheidend muß vielmehr sein, daß sich der Amtsträger bei der Beurteilung der Eingriffsvoraussetzungen unter Berücksichtigung der ihm erkennbaren Umstände noch im Rahmen des vertretbaren *Beurteilungsspielraums* gehalten hat, mögen auch nachträgliche Überprüfungen die sachliche Unrichtigkeit seiner Annahme ergeben (vgl. o. 22). Stattdessen die Rechtmäßigkeit der Diensthandlung lediglich von einer gewissenhaften Prüfung im Rahmen der *individuellen* Fähigkeiten des jeweiligen Amtsträgers abhängig zu machen, hieße die staatlichen Eingriffsbefugnisse nach dem intellektuellen Niveau des betreffenden Vollstreckungsbeamten zu bestimmen. Entscheidend ist daher der **objektive Maßstab** dessen, was man bei einem verständigen Beamten der betreffenden Kategorie in einer derartigen Situation verlangen kann (vgl. § 15 RN 133, Vitt ZStW 106, 591 f.), wobei freilich angesichts des Entscheidungszwanges, dem der Amtsträger ausgesetzt sein kann, die Anforderungen nicht überspannt werden dürfen (vgl. v. Bubnoff LK 32).

α) Mit dieser Einschränkung kann auch bei **irriger** Annahme von Umständen, die gegebenenfalls 28 den Amtsträger zum Handeln berechtigen oder gar verpflichten würden, die betreffende Diensthandlung rechtmäßig sein (so jedenfalls hinsichtl. **tatsächlicher** Voraussetzungen RG **35** 210, **44** 353, BGH **24** 127, 130 m. Anm. Wedemeyer NJW 71, 1902, BGH VRS **38** 115, Bay **54**, 59, NJW **65**, 1088): so zB bei der Festnahme eines Unschuldigen, der einem Gesuchten sehr ähnlich sieht (vgl. Prot. V 2923, Tröndle/Fischer 14), ebenso bei der Pfändung von Sachen, die der Gerichtsvollzieher irrig als im Gewahrsam des Schuldners stehend (RG **61** 297, Tröndle/Fischer 14; vgl. weiter RG **67** 353, KG JW **37**, 762) oder entgegen § 811 ZPO als pfändbar ansieht (RG **19** 164). Das gilt jedoch nur insoweit, als der Irrtum *objektiv* nicht ohne weiteres vermeidbar erscheint (was aber in BGH **24** 127 durchaus nahelag; vgl. ferner RG **72** 311, BGH **21** 363, Bay JR **89**, 24 m. Anm. Bottke, Hamm VRS **26** 436, GA **73**, 245, Celle NdsRpfl. **66**, 252, NJW **71**, 154, Schleswig SchlHA **78**, 184, v. Bubnoff LK 33, wo jedoch mißverständl. ein „grobes Verschulden" gefordert wird).

β) Fraglich ist, inwieweit diese Grundsätze über den reinen Tatsachenirrtum hinaus auch für 29 **Rechtsirrtümer** des Amtsträgers gelten können. Während die hM die Amtsausübung als nicht rechtmäßig ansieht, wenn der Beamte aus Unkenntnis oder infolge falscher Auffassung der für ihn maßgeblichen Vorschriften seine Befugnis zum Handeln aus Rechtsgründen für gegeben hält (RG **30** 350, Hamm NJW **51**, 771, JMBlNW **59**, 222, VRS **26** 436, KG GA **75**, 214, Koblenz MDR **87**, 958, Tröndle/Fischer 14, Lackner/Kühl 13, W-Hettinger RN 639), will eine Mindermeinung den Tatsachen- und Rechtsirrtum völlig gleich behandelt (v. Bubnoff LK 34, Stratenwerth, Verantwortung u. Gehorsam [1958] 190; vgl. auch Celle NdsRpfl. **66**, 251, Arzt/Weber V 48, M-Schroeder II 189, Zielinski AK 24). Richtigerweise wird jedoch der allgemeinen *Abgrenzung* zwischen *Tatumstands-* und *Verbotsirrtum* entsprechend (dazu § 16 RN 14 ff., 19 ff., § 17 RN 10 ff.) Rechtmäßigkeit der Diensthandlung jedenfalls dann noch anzunehmen sein, wenn der Gerichtsvollzieher lediglich aufgrund irrtümlicher Auslegung eines schwerverständlichen Titels pfändet (and. Köln NJW **75**, 889) oder der Polizeibeamte eine Person vorläufig festnimmt, deren Handlung er rechtsirrig für strafbar hält (vgl. BGH **15** 210). *Unrechtmäßig* wird die Diensthandlung dagegen dann, wenn der Amtsträger in Verkennung der allgemeinen Voraussetzungen oder Grenzen seiner Befugnisse tätig wird (Erlaubnisnormbzw. -grenzirrtum): so zB bei einer Zwangsvollstreckung zur Nachtzeit ohne richterliche Erlaubnis (vgl. KG GA **75**, 213) oder bei einer Handlung, für die schon per se eine Rechtsgrundlage nicht vorhanden ist (vgl. Hamm GA **73**, 244, dazu Blei JA 73, 677 sowie u. 31; vgl. auch 86 vor § 32). Rechtswidrig bleibt in solchen Fällen die Diensthandlung auch dann, wenn sie aus anderen als den in concreto angenommenen Gründen zulässig wäre, so wenn zB die (nach § 46 III OWiG unzulässige) Verhaftung wegen einer Ordnungswidrigkeit stattdessen auf einen Haftbefehl aufgrund anderweitiger Tatverdachts gegen den Täter hätte gestützt werden können (vgl. aber Bay **64** 34).

30 γ) Dagegen bedarf es weder eines Rückgriffs auf *Irrtums*grundsätze noch einer Zuflucht zu einem strafrechtlichen Rechtmäßigkeitsbegriff (vgl. o. 22), wenn der Amtsträger schon kraft Gesetzes aufgrund eines **Verdachts** oder einer **Prognose** zum Eingreifen befugt oder gar verpflichtet ist (vgl. Küper JZ 80, 637, Ostendorf JZ 81, 173, Roxin aaO 50 f.), wie zB aufgrund von Tatverdacht und Fluchtgefahr bei § 112 StPO, einer Festnahme nach § 127 II StPO oder beim Verlangen einer Blutprobe nach § 81 a StPO wegen Verdachts eines Trunkenheitsdelikts (vgl. Hamm JMBlNW **61**, 296 sowie u. 34), ebenso bei der polizeirechtlichen Gefahrenabwehr (vgl. Bremen NJW **77**, 158 m. Anm. Thomas S. 1072; zust. Vitt ZStW 106, 596). In solchen Fällen ist die Diensthandlung schon aufgrund objektiv hinreichenden Verdachts bzw. Gefahrmoments rechtmäßig, mögen sich diese Annahmen auch nachträglich als unbegründet erweisen (vgl. auch o. 22).

31 dd) Bei **Handeln auf Befehl** eines Vorgesetzten **oder im Auftrag** einer weisungsbefugten Behörde (wie etwa des StA oder Gerichtsvollziehers gegenüber polizeil. Hilfsorganen nach § 152 GVG bzw. § 758 III ZPO) ist der Vollzugsakt jedenfalls dann unstreitig rechtmäßig, wenn die Weisung ihrerseits nach den o. 23–30 genannten Grundsätzen rechtmäßig ist (Lackner/Kühl 14): nämlich wenn der Weisungsgeber sachlich und örtlich zuständig war und die Weisung sich im Rahmen der wesentlichen Förmlichkeiten sowie innerhalb des objektiv vertretbaren Beurteilungsspielraums hält. Darüberhinaus soll nach hM selbst bei Rechtswidrigkeit der Weisung der Vollzugsakt rechtmäßig sein, wenn der Vollzugsbeamte die Weisung im Vertrauen auf ihre Rechtmäßigkeit in gesetzlicher Form vollzieht (RG **55** 161, **58** 193, **59** 353, BGH **4** 161, KG NJW **72**, 781, Karlsruhe NJW **74**, 2142, Köln NJW **75**, 889, v. Bubnoff LK 35, Vitt ZStW 106, 597 ff.), es sei denn, daß die Weisung offensichtlich rechtswidrig ist oder der Vollzugsbeamte den Irrtum seines Weisungsgebers erkennt (Bay DAR **65**, 275, KG NJW **72**, 781), ohne daß er aber deswegen jeweils zu einer Überprüfung der Weisung berechtigt, geschweige verpflichtet wäre (BGH **4** 162, KG aaO, Karlsruhe NJW **74**, 2143). Demzufolge soll nach Köln NJW **75**, 889 der Vollstreckungsschuldner zwar dem rechtswidrig anweisenden Gerichtsvollzieher, nicht aber dem auf die Rechtmäßigkeit der Weisung vertrauenden Polizeibeamten Widerstand leisten dürfen (zust. v. Bubnoff aaO; vgl. auch Hamm GA **73**, 244 m. abl. Anm. Blei JA 73, 677 f.). Dieser pauschalen Privilegierung des blindlings gutgläubigen Vollzugsbeamten kann in dieser Allgemeinheit nicht gefolgt werden (vgl. auch die Kritik von Ostendorf JZ 81, 173, Rostek NJW **72**, 1335; **75**, 862, Thiele JR **75**, 358, Zielinski AK 25). Vielmehr wird folgendermaßen zu differenzieren sein: α) Ist die Weisung deshalb rechtswidrig, weil es bereits an der rechtlichen Zulässigkeit einer Maßnahme der angeordneten Art fehlt (wie etwa bei einer gesetzlich unzulässigen Zwangsinjektion oder einer Tötung von Kriegsgefangenen), so kann auch der Vollzugsakt schlechterdings nicht rechtmäßig sein, und zwar ohne Rücksicht darauf, ob der Vollzugsbeamte auf die Rechtmäßigkeit des Befehls vertraut oder nicht (zust. v. Bubnoff LK 35; vgl. 89 vor § 32 mwN). β) Fehlt es dagegen lediglich an Einzelvoraussetzungen einer an sich zulässigen Maßnahme (wie etwa an einem Haftgrund nach § 127 II StPO) und steht der Vollzugsbeamte in einem echten Untergebenenverhältnis zum Weisungsgeber, so ist der Vollzugsakt nur dann rechtswidrig, wenn dem Vollzugsbeamten der Irrtum auch ohne besondere Prüfung der Sach- und Rechtslage erkennbar ist (vgl. 87 vor § 32; insoweit krit. Vitt ZStW 106, 599 FN 60). γ) Soweit im übrigen der Beauftragte nicht in einem strengen Untergebenenverhältnis zum Auftraggeber steht, ist der Vollzug eines rechtswidrigen Auftrags nur dann als rechtmäßig zu betrachten, wenn der Vollzugsbeamte trotz der ihm den Umständen nach möglichen und auch tatsächlich vorgenommenen Prüfung den Rechtmäßigkeitsmangel des Auftrags nicht erkennen konnte (für eine begrenzte Prüfungspflicht auch v. Bubnoff LK 35, Tröndle/Fischer 15). Danach ist in dem o. g. Fall von Köln NJW **75**, 889 zwar nicht in der Begründung (so aber offenbar v. Bubnoff aaO), wohl aber iE zuzustimmen, wenn man davon ausgeht, daß der Polizeibeamte ohnehin keine Prüfungsmöglichkeit hatte, zumal da hinzukommt, daß möglicherweise bereits der Gerichtsvollzieher einem Tatumstandsirrtum erlag und damit bereits sein Auftrag rechtmäßig war (vgl. o. 28 f.).

32 ee) Nicht zu verwechseln mit den vorgenannten Fällen bloßen Befehls- bzw. Auftragsvollzugs ist die Vollstreckung von **mit Außenwirkung ergangenen Entscheidungen,** die selbständig anfechtbar sind: so zB Urteile, Beschlüsse, Verwaltungsakte wie auch Durchsuchungs- und Haftbefehle (vgl. Hamburg NJW **84**, 2900). In solchen Fällen wird der Vollstreckungsakt bereits durch die zu vollstreckende Entscheidung kraft ihrer Tatbestandswirkung gedeckt (vgl. Wolff/Bachof/Stober, VerwaltungsR I[10] 678 f., Schröder VVDStRL 50, 221 ff.), auch wenn sie selbst der Sach- und Rechtslage nicht entspricht (vgl. BGH MDR **64**, 71, Kiel SJZ **47**, 329 m. krit. Anm. Arndt, v. Bubnoff LK 31). Soweit diese Tatbestandswirkung reicht, besteht daher auch keinerlei Raum für eine Eigenbeurteilung durch den Vollstreckungsbeamten (Arzt/Weber V 45), es sei denn, die Entscheidung ist offensichtlich nichtig. Das gilt auch für staatliche Akte mit provisorischem Charakter, wie zB vorläufig vollstreckbare Urteile oder nach § 80 II, III VwGO sofort vollziehbare Verwaltungsakte, solange diese nicht im Rechtsmittelweg aufgehoben worden sind (vgl. auch o. 22). Jedoch sind dabei stets die vollstreckungsregelnden Vorschriften zu beachten (vgl. Thiele JR 75, 357). Speziell zur Vollstreckung von Haft- und Vorführungsbefehlen in der Wohnung des Betroffenen vgl. BGH NStZ **81**, 22, Frankfurt NJW **64**, 785, Kaiser NJW 64, 759.

Widerstand gegen Vollstreckungsbeamte   33–35 § 113

ff) *Insbes. bei polizeilichen Vollstreckungsmaßnahmen* sind noch folgende **Besonderheiten** zu beachten: 33
Die Polizei darf Eingriffe in die persönliche Freiheit auch aufgrund landesrechtlicher Vorschriften
vornehmen (vgl. Bay NJW **89**, 1815, Stuttgart Justiz **72**, 156). Soweit jedoch die StPO als Bundesrecht
für das Strafverfahren die Voraussetzungen der Freiheitsentziehung regelt (zB zur Sicherstellung des
Beschuldigten nach §§ 114, 127 StPO), ist eine weitergehende landesrechtliche Regelung ausge-
schlossen (konkurrierende Gesetzgebung: vgl. BGH NJW **62**, 1021, Schleswig SchlHA **78**, 184).
Daher handeln Polizeibeamte nicht rechtmäßig, wenn sie einen Verdächtigen nicht gem. § 127 StPO,
sondern auf Grund landesrechtlicher Bestimmungen (zB § 10 PolG-NW) vorläufig festnehmen (vgl.
BGH aaO). Soweit es sich dagegen um die Erfüllung sonstiger polizeilicher Aufgaben handelt (zB
Gefahrenabwehr: vgl. KG JW **37**, 762 sowie Bay NJW **89**, 1815 m. Anm. Bottke JR 89, 475 zur
Verhinderung einer Selbsttötung), sind Einschränkungen der persönlichen Freiheit auf Grund Landesrechts (Nachw. dazu bei v. Bubnoff LK 37) zB zwecks Personalienfeststellung (dazu Bremen NJW **77**,
158 mit krit. Anm. Thomas S. 1072) auch dann zulässig, wenn die Maßnahme zugleich der Strafverfolgung dient. So liegt rechtmäßige Amtstätigkeit vor, wenn die Polizei eine Person zur Wache
mitnimmt, weil die Feststellung ihrer Personalien auf offener Straße unangemessen erscheint (zT
ungenau RG **27** 156, JW **35**, 3393, Bay **57**, 222, **59**, 38, Hamburg JR **64**, 392, Hamm JMBlNW **60**,
192: Personenfeststellung durch Bahnbeamte; vgl. auch Koblenz VRS **45** 110). Personen, die sich
ausgewiesen haben, dürfen darum, sofern nicht die Voraussetzungen der §§ 127 II, 163 b StPO
vorliegen, auch nicht zwangsweise zur Wache gebracht werden (selbst wenn Zweifel an ihren Berufsangaben
bestehen (Bay MDR **64**, 617) oder weil sie Aussagen zur Sache verweigern (vgl. Schleswig NJW **56**,
1570, Hamm GA **73**, 244); ebenso, wenn die Personalien des diese Verweigernden auf andere zumutbare Weise erlangt werden können (Hamm NJW **78**, 231). Vgl. auch Hamburg MDR **64**, 778. Ein
Tatverdächtiger darf auch nicht zwecks Klärung der Täterschaft zum Tatort gebracht werden (Hamm
JMBlNW **65**, 198, AG Tiergarten StV **88**, 438). Unrechtmäßig ist dagegen eine Festnahme, wenn der
Grundsatz der Verhältnismäßigkeit gem. §§ 112 I 2, 127 II StPO verletzt ist (vgl. auch Naucke
SchlHA 66, 97 ff.). Aufgrund des Festnahmerechts nach § 164 StPO ist eine Maßnahme rechtmäßig,
sofern sie erforderlich ist, um den Widerstand gegen die Amtshandlung zu brechen (Celle MDR **55**,
692; vgl. auch Bay **62**, 316). Zum Festnahmerecht der Polizei aufgrund des GeschlKG vgl. Köln GA
66, 344. Gegen das Fotografieren eines Polizeieinsatzes soll zur Abwendung eines drohenden Verstoßes gegen §§ 33, 22, 23 KUrhG das Festhalten zwecks Identitätsfeststellung zulässig sein (Bremen
NJW **77**, 158, Celle NJW **79**, 57 m. zust. Anm. Teubner JR 79, 424; vgl. aber demgegenüber Franke
NJW 81, 2033 ff., Paeffgen JZ 79, 516 f.; krit. auch Thomas NJW 77, 158, Dittmar NJW 79, 1311).
Eine ausdrückliche Ermächtigungsgrundlage für das Fotografieren von Versammlungsteilnehmern
findet sich jedoch in §§ 12a, 19a VersG (vgl. Kunert/Bernsmann NStZ 89, 455 f., v. Bubnoff LK
37 a mwN).

Streitig ist, ob eine **Blutentnahme** (§ 81a I StPO) zur Feststellung des Alkoholgehalts (zB bei 34
Verdacht einer Tat nach § 316) auch in der Weise durch *unmittelbaren Zwang* durchgeführt werden
kann, daß der Betroffene *zum Arzt* (nicht Medizinalassistenten: vgl. BGH **24** 125, Bay NJW **65**, 1088,
66, 415, Hamm DAR **64**, 221, NJW **65**, 2019, Köln NJW **66**, 416) verbracht wird. Da § 81c StPO
die Anwendung unmittelbaren Zwangs vorsieht, der die Verbringung zum Untersuchungsort (uU
auch Polizeiwache, Köln NJW **66**, 417; vgl. auch Kleinknecht NJW **66**, 2184 u. den Fall Düsseldorf
NJW **91**, 580) umfaßt, ist davon auszugehen, daß auch § 81a StPO eine solche Zwangsmaßnahme
erlaubt (nicht dagegen bei eigenen Tests der Polizeibeamten: vgl. BGH VRS **39** 185, MDR/D **70**,
897, Bay **63** 15), wobei die dafür erforderliche Anordnung, nachdem § 81a StPO die Beschränkungen
des § 81c VI StPO nicht enthält, bei Gefahr im Verzug von jedem *Hilfsbeamten der Staatsanwaltschaft*
getroffen werden kann (Bay NJW **64**, 459 m. Anm. Dünnebier JR 64, 149 u. Tiedemann JZ 64, 625,
Saarbrücken NJW **59**, 1191, Schleswig NJW **64**, 2215, Bremen NJW **66**, 743, Köln VRS **71** 184,
Düsseldorf NJW **91**, 580, Kleinknecht NJW **64**, 2181 ff.; vgl. auch Bay NJW **57**, 272, **63**, 772,
Hamm JMBlNW **65**, 198, Oldenburg NdsRpfl. **66**, 199, Koblenz DAR **73**, 219; and. Naucke
SchlHA **63**, 183, Geerds SchlHA 61, GA **65**, 331). Für Anordnungen gemäß § 81a, 132 StPO
bei der Verfolgung von Ordnungswidrigkeiten vgl. § 53 II OWiG. Dagegen steht sonstigen Polizeibeamten diese Zwangsbefugnis nicht zu (Kohlhaas DAR 60, 254, Kleinknecht NJW **64**, 2186; and.
Kaiser NJW **64**, 580). Diese dürfen den Beschuldigten auch nicht zur Polizeiwache verbringen, um
dort die Anordnung von einem zuständigen Beamten vornehmen zu lassen (Schleswig NJW **64**, 2215;
vgl. auch Hamburg VRS **28** 196, Peters BA 64, 241; ferner Kleinknecht NJW **64**, 2184). Im übrigen
setzt die Zwangsmaßnahme auch voraus, daß die beabsichtigte Blutentnahme für den Betroffenen
ersichtlich und die Anwendung unmittelbaren Zwanges zuvor angedroht worden war (Bay DAR/R
85, 240), nicht aber unbedingt die vorherige Durchführung eines Alkohol-„Röhrchentests" (Köln
NStZ **86**, 234). Da § 81a I StPO dem Beschuldigten kein aktives Tätigwerden abverlangt (K/Meyer-
Goßner § 81a RN 11), ist ein solcher „Röhrchentest" auch nicht erzwingbar (Bay **64** 34, NJW **63**,
772, VRS **27** 190, Schleswig VRS **30** 344).

Weitere **Beispiele** zur Rechtmäßigkeit von Diensthandlungen aus der **Rspr.:** *Polizeibeamte* sind 35
nicht befugt, vor Eröffnung des Vorführungsbefehls zwangsweise in die Wohnung einzudringen (BGH
NStZ **81**, 22) oder zum Zwecke einer Vorladung und Einholung einer Auskunft trotz Widerspruchs
des Beschuldigten in dessen Wohnung zu verweilen (Hamm JMBlNW **59**, 221; vgl. auch Bay MDR
62, 1007). Anders verhält es sich jedoch, wenn ein Kfz zwangsweise außer Betrieb gesetzt werden soll
(vgl. Bay DAR **65**, 275). Ein nach § 127 StPO Festgenommener darf nicht ohne weiteres, sondern

nur bei konkreten Anhaltspunkten für die Voraussetzungen einer Beschlagnahme durchsucht werden (Schleswig SchlHA **78**, 183). Dagegen handelt ein Polizeibeamter rechtmäßig, wenn er sich auf das Selbsthilferecht des § 164 StPO stützen kann, sofern seine Maßnahmen erforderlich sind, um den Widerstand gegen seine Amtshandlung zu brechen (Celle MDR **55**, 692; vgl. auch Bay **62**, 316). Zum Einsatz von Polizeibeamten zur Verkehrssicherung vgl. Hamburg VRS **24** 193. Über die Einziehung des Führerscheins vgl. Köln VRS **37** 34. Ein *Zollbeamter* ist nicht berechtigt, gegen den Willen des Zollschuldners dessen Wohnung zu betreten, um die Aussichten einer Lohnpfändung zu ermitteln (Hamm MDR **60**, 696). Dagegen handelt ein *Bahnbeamter* rechtmäßig, wenn er zur notwendigen Feststellung der Personalien die Fahrkarte einbehält (Hamm JMBlNW **60**, 192). Der *Gerichtsvollzieher* ist auch in rechtmäßiger Amtsausübung, wenn er eine Wohnung durchsucht, die er irrtümlich für die des Schuldners hält (RG **61** 297, vgl. o. 28); unrechtmäßig ist die Amtsausübung dagegen, wenn er den Schuldner zwingt, ihm beim Aufsuchen der Pfandsache behilflich zu sein (Dresden HRR **28**, 186), ebenso, wenn der Gerichtsvollzieher bei Zustellung nach der ZPO entgegen dem Verlangen des Zustellungsempfängers dessen Wohnung nicht verläßt (and. Hamm JMBlNW **65**, 9, v. Bubnoff LK 38). Vgl. ferner die Rspr.-Beisp. o. 24 ff.

36 c) Ist die **Diensthandlung nicht rechtmäßig**, so liegt darin zugleich ein rechtswidriger Angriff iSd § 32, der den von der Diensthandlung Betroffenen an sich zur **Notwehr** (bzw. einen Dritten zur Nothilfe) berechtigt (vgl. BGH **4** 163, Bay NJW **54**, 1377, Celle NdsRpfl. **66**, 252, Stuttgart NJW **71**, 629, KG GA **75**, 215, Köln StV **82**, 359, AG Schwandorf StV **87**, 300, Tröndle/Fischer 17, v. Bubnoff LK 40, Lackner/Kühl 15). Jedoch entfällt hier eine Strafbarkeit des Widerstandleistenden nach § 113 bereits aufgrund von Abs. 3, und zwar ohne Rücksicht auf die Erforderlichkeit einer Abwehr oder das Vorhandensein eines Verteidigungswillens (insoweit and. Hirsch aaO 251). Von Bedeutung bleibt § 32 jedoch noch gegenüber widerrechtlichen *Begleiterscheinungen* einer an sich rechtmäßigen Diensthandlung, so zB gegen nichtgerechtfertigte Schläge (AG Schwandorf aaO, Hirsch aaO 247, Lackner/Kühl 15). Auch kann gegenüber einer *rechtmäßigen* Amtshandlung uU eine Berufung auf § 34 in Betracht kommen (vgl. Heimann-Trosien LK[9] 27 zu Kiel SJZ **47**, 329; vgl. auch 89 vor § 32). Zur *Putativnotwehr* gegenüber vermeintlich rechtswidrigen Begleiterscheinungen einer rechtmäßigen Diensthandlung vgl. u. 59.

37 Von Bedeutung bleibt § 32 auch insoweit, als durch den Widerstand gegen eine nicht rechtmäßige Diensthandlung **andere Straftatbestände** (zB §§ 223 ff.) erfüllt werden (vgl. Hamm GA **73**, 245, Celle NdsRpfl. **66**, 252, v. Bubnoff LK 40). Jedoch werden in solchen Fällen, soweit der Vollstreckungsbeamte nicht offensichtlich bösgläubig oder amtsmißbräuchlich handelt, strenge Anforderungen an die Erforderlichkeit bzw. Gebotenheit der Abwehrhandlung zu stellen sein. Zwar gilt die Zumutbarkeitsklausel von Abs. 4 S. 2 (u. 57) unmittelbar nur für den Fall der objektiv rechtmäßigen Diensthandlung, vgl. aber Tröndle/Fischer 17), zumal bei dem sehr weit gehenden strafrechtlichen Rechtmäßigkeitsbegriffes (o. 21) ohnehin die zumutbaren Möglichkeiten des Schadensabwehr durch Rechtsbehelfe bereits weitgehend mitbedacht sind. Dennoch wird man zumindest in den Fällen, in denen durch die Vollstreckungshandlung kein irreparabler Schaden oder andererseits durch die an sich erforderliche Abwehr eine erhebliche Körperverletzung oder sogar der Tod des Amtsträgers droht, schon nach allgemeinen Grundsätzen der Verteidigung als nicht geboten ansehen und den Betroffenen auf den Rechtsweg verweisen müssen (vgl. § 32 RN 50; ferner BGH NStZ **81**, 23, Dreher NJW 70, 1159, v. Bubnoff LK 40, M-Schroeder II 194, Roxin aaO 51 f.).

38 III. Als **Tathandlungen** erfaßt § 113 alternativ sowohl den eigentlichen *Widerstand* (u. 39 ff.) als auch den *tätlichen Angriff* gegen einen Vollstreckungsbeamten (u. 46 f.). Bei jeder dieser Alternativen müssen die o. 12 ff. genannten Voraussetzungen vorliegen, der Amtsträger sich also bei der rechtmäßigen Vornahme einer Vollstreckungshandlung befunden haben.

39 1. Die Tatbestandsalternative des **Widerstandleistens** setzt folgendes voraus:

40 a) Unter **Widerstand** ist eine aktive Tätigkeit gegenüber dem Vollstreckungsbeamten, mit der die Durchführung einer Vollstreckungsmaßnahme verhindert oder erschwert werden soll, zu verstehen (vgl. RG **4** 375, v. Bubnoff LK 13 a). Demgemäß stellt Widerstand an sich eine Nötigungshandlung zur Unterlassung der Diensthandlung dar (Koblenz NStE **Nr. 2**). Anders als in § 240 wird aber hier ein effektiver Nötigungserfolg nicht vorausgesetzt; vielmehr erfaßt § 113 entsprechend seinem Charakter als „unechtem Unternehmensdelikt" (o. 2) sowohl erfolgreiche wie auch erfolglose, ja sogar untaugliche Widerstandshandlungen (Koblenz aaO; vgl. auch Tröndle/Fischer 18, v. Bubnoff LK 13 a). Rein *passives* Verhalten genügt jedoch nicht, so zB bloßes Nichtöffnen der Tür oder Sitzenbleiben eines Festzunehmenden (vgl. RG **2** 411, **7** 85, BGH **18** 133, Tröndle/Fischer 19, Arzt/Weber V 42, v. Bubnoff LK 14 f., W-Hettinger RN 628; vgl. auch AG Frankfurt StV **83**, 374); zum Nichtentfernen eines bissigen Hundes vgl. u. 42 aE.

41 b) Der Widerstand muß **mit Gewalt** oder **durch Drohung mit Gewalt** geleistet werden.

42 α) Zur **Gewalt** vgl. zunächst 6 ff. vor § 234. Dem doppelten Schutzzweck des § 113 (o. 2) entsprechend muß die Gewalt sich mittelbar oder unmittelbar gegen die *Person* des Vollstreckenden richten (Tröndle/Fischer 19, v. Bubnoff LK 14). Eine ausgesprochene „Gewalttätigkeit" wie in § 125 (vgl. dort RN 4 ff.) wird jedoch nicht, wie zum Umkehrschluß aus Abs. 2 Nr. 2 und § 125 ergibt, nicht verlangt. Andererseits bedeutet der im StGB nicht einheitlich gebrauchte Gewaltbegriff (vgl. BGH **23** 49) hier aufgrund seiner Verbindung mit dem Widerstand als einer aktiven Tätigkeit (vgl. o. 40) auch nicht das Gleiche wie in § 240 (vgl. Prot. V 2886; and. Krey aaO 37 ff.). Vielmehr ist hier unter Gewalt die durch tätiges Handeln gegen die Person des Vollstreckenden gerichtete Kraftäußerung, mit der eine Verhinderung oder Erschwerung der Diensthandlung bezweckt wird, zu verstehen (vgl. RG 4 376, BGH **18** 133, Bay JR **89**, 24, Karlsruhe NJW **74**, 2142, Tröndle/Fischer 19, v. Bubnoff LK 14; and. Backes/Ransiek aaO 625: nur Angriffe auf Leben, körperliche Integrität und Bewegungsfreiheit). Im Unterschied zu dem bei 6 ff. vor § 234 Gesagten ist hier mit dem Gewaltbegriff weniger die Zwangswirkung als vielmehr das Zwangs*mittel* gekennzeichnet, da § 113 einen effektiven Nötigungserfolg nicht voraussetzt (vgl. o. 2, 40). Daher kann Gewalt gegen *Sachen* nur dann ausreichen, wenn sie sich zugleich mittelbar gegen die Person des Beamten richtet (RG **27** 405, JW **27**, 1757, BGH **18** 133, Tröndle/Fischer 19, M-Schroeder II 198; vgl. auch Arzt/Weber V 41, W-Hettinger 628; grs. abl. Zielinski AK 27), so zB, wenn der Täter dem Gerichtsvollzieher das Pfandobjekt zu entreißen versucht (Oldenburg NdsRpfl. **53**, 152) oder ein Verfolgter auf die Reifen des Verfolgungswagens schießt; nicht dagegen, wenn der Vollstreckungsschuldner mit dem zu pfändenden Objekt vor dem Gerichtsvollzieher flieht (vgl. v. Bubnoff LK 15) oder ein Flüchtender mit seinem Kfz eine rein gegenständliche Straßensperre durchdringt. In den zuletzt genannten Fällen fehlt der auch für § 113 vorausgesetzte Nötigungscharakter der Tat. Über die o. 40 genannten Fälle reinen Unterlassens hinaus, wie zB durch Nichtöffnen der Tür, kann auch bei deren zusätzlichem Verschließen vor dem erwarteten Eintreffen des Vollstreckungsbeamten von einem gewaltsamen Widerstand in dem hier erforderlichen Sinne ernsthaft nicht gesprochen werden, da dadurch die Person des Amtsträgers in keiner Weise tangiert wird (and. RG **41** 82, BGH **18** 133 m. Anm. Russ NJW 63, 1165, Tröndle/Fischer 19, v. Bubnoff LK 15, M-Schroeder II 199), es sei denn, daß wie im Falle von Düsseldorf NStZ **96**, 587 [m. krit. Bspr. Ostendorf JZ 97, 1104] die Tür erst nach Beginn der Vollstreckungshandlung verriegelt wird. Ferner ist beim Einschließen eines Vollstreckungsbeamten der Personenbezug bereits gegeben (vgl. RG **27** 406), und zwar auch dann, wenn dieses Einschließen zB durch ein „sit in" vor einer Polizeiwache erfolgt, um die Verhaftung Beteiligter zu verhindern (vgl. BGH **23** 46, Bay NJW **69**, 63, Stuttgart NJW **69**, 1543, Prot. V 2895, Tröndle/Fischer 19, M-Schroeder II 199; abw. Backes/Ransiek aaO 625, Zielinski AK 27). Ausreichend wäre zB auch das Loslassen eines Hundes von der Kette zwecks Zugangsverhinderung, nicht aber das bloße Unterlassen, ihn festzuhalten (vgl. Neustadt GA **61**, 60, v. Bubnoff aaO).

Soweit die Widerstandshandlung die hier geforderte *Intensität nicht erreicht*, kann sie wegen der 43 privilegierenden Spezialität des § 113 (vgl. o. 3) auch nicht von dem (strengeren) § 240 erfaßt werden (Arzt/Weber V 43, Horn SK 23, Zielinski AK 28, 46). Die Gegenauffassung (Hamm NStZ **95**, 548, Dreher NJW 70, 1157, v. Bubnoff LK 65, W-Hettinger 628, 641) sieht sich zur Vermeidung unbilliger Ergebnisse gezwungen, dem durch § 240 erfaßten Widerstandleistenden den Strafrahmen des § 113 sowie die Erleichterungen von § 113 III, IV zugute kommen zu lassen (Hirsch aaO 241 ff. mwN).

Weitere **Rspr.-Beispiele**: *Gewalt* wird zB angenommen, wenn der Täter mit seinem Kfz, auf 44 dessen Trittbrett der Beamte steht, losfährt (RG DR **42**, 1956, BGH VRS **19** 188), wenn er auf den Beamten zufährt und ihn zwingt, beiseite zu springen (BGH LM **Nr. 1** zu § 114, NJW **53**, 672, VRS **26** 202, MDR/D **55**, 144, DAR/S **87**, 195, Düsseldorf NJW **82**, 1112, KG VRS **11** 198, Hamm DAR **58**, 330, NJW **73**, 1240, Koblenz DAR **73**, 219) oder ihn bei einer Verfolgungsfahrt mit dem Kfz abdrängt bzw. am Überholen hindert (BGH **14** 398, Köln NJW **68**, 1247, Frankfurt DAR **72**, 48) oder sich dem anfahrenden Polizeifahrzeug in den Weg stellt (Bay JR **89**, 24 m. Anm. Bottke; krit. Ostendorf JZ 89, 573). *Nicht* dagegen genügt das bloße Weiterfahren trotz Haltezeichens eines Polizeibeamten (BGH MDR/D **55**, 144; and. BGH VRS **4** 44; vgl. auch Köln VRS **27** 103), wobei aber Koblenz DAR **80**, 348 bereits schnelles An- und dichtes Vorbeifahren für ausreichend hält. Ebensowenig genügt, daß sich der Festzunehmende vor dem Zugriff zu Boden wirft (RG **2** 411, **7** 85, Tröndle/Fischer 19); anders dagegen, wenn er sich gegen seinen Transport durch heftiges Sträuben aktiv zur Wehr setzt (vgl. RG **2** 411, Köln VRS **71** 185, v. Bubnoff LK 15, M-Schroeder II 199; zw. RG **28** 1) oder durch heftig kreisende Körperbewegung dem Griff des Beamten entzieht (Hamburg NJW **76**, 2174).

β) **Drohung mit Gewalt** ist die Ankündigung der bevorstehenden Gewaltanwendung, auch wenn 45 diese erst nach der Vollstreckungshandlung erfolgen soll (vgl. Tröndle/Fischer 20). Jedoch muß damit die Verhinderung der jetzigen oder einer späteren Vollstreckungshandlung bezweckt werden (vgl. o. 15 f.). Der Begriff der *Drohung* entspricht dem des § 240 (vgl. 30 ff. vor § 234). Notwendig ist jedoch auch hier, daß *Gewalt* in dem o. bei 42 dargelegten Sinne als tätiges Handeln gegen die Person des Vollstreckenden angedroht wird. Andere Nötigungsmittel, wie zB die Drohung mit Strafanzeige, Dienstaufsichtsbeschwerde, kompromittierenden Presseveröffentlichungen bzw. mit Selbsttötung (vgl. Hamm NStZ **95**, 548) reichen nicht aus. Solche Mittel können aber, und zwar ganz unabhängig von etwaigen berechtigten Interessen (vgl. § 240 RN 33, 79 f. vor § 32), über § 240 erfaßt werden, da sonst die privilegierende Spezialität des § 113 unterlaufen würde (vgl. o. 3 f., 43).

2. Die zweite Tatbestandsalternative bildet der **tätliche Angriff** *auf einen Vollstreckungsbeamten bei* 46 *seiner Vollstreckungstätigkeit,* und zwar durch eine unmittelbar auf den Körper des Beamten abzielende feindselige Aktion ohne Rücksicht auf ihren Erfolg (RG **59** 265, Tröndle/Fischer 21). Der Begriff ähnelt dem der Gewalttätigkeit iSv § 125 (vgl. dort RN 4 ff.). Geschützt ist hier primär die *Person* des 47 Amtsträgers, sekundär aber auch die *Vollstreckungstätigkeit,* bei deren Ausübung sich der Vollstreckende zZ des tätlichen Angriffs ja befinden muß (vgl. o. 2). Auf deren Verhinderung braucht es jedoch dem

Täter (anders als bei der 1. Alt., o. 42) nicht anzukommen (Zielinski AK 29); ausreichend ist etwa auch ein bloßer Racheakt auf den bei einer Vollstreckungshandlung befindlichen Amtsträger. In der Regel vollzieht sich der tätliche Angriff in Form einer vollendeten oder versuchten Körperverletzung. Er kann aber zugleich die Elemente des Widerstandleistens enthalten; doch liegt auch dann nur ein einheitliches Delikt nach § 113 vor. Eine Körperberührung durch den Angriff ist nicht erforderlich (vgl. RG **47** 178, **52** 34, **56** 355, **58** 111); sie braucht zB im Fall von Schreckschüssen auch nicht beabsichtigt zu sein (Tröndle/Fischer 21; and. Horn SK 15), sofern nur der Amtsträger dadurch tatsächlich „erschreckt" werden soll. Je nach Sachlage kann aber darin auch die Anwendung oder (konkludente) Androhung von Gewalt iSd 1. Alt. liegen (v. Bubnoff LK 17; vgl. auch RG **60** 157, **66** 353). Auch eine Freiheitsberaubung kann einen tätlichen Angriff darstellen (RG **41** 181, Tröndle/Fischer 21).

48   3. **Nicht** erforderlich ist ein besonderer **Rechtswidrigkeitsnachweis** iSv § 240 II, da der Widerstand gegen rechtmäßige Vollstreckungshandlungen grundsätzlich illegitim ist (vgl. o. 4).

49   4. **Vollendet** ist die Tat bei beiden Alternativen bereits mit der Vornahme einer entsprechenden Handlung, ungeachtet ihres Erfolgs. Erforderlich ist jedoch in jedem Falle, und zwar insbes. auch bei „vorweggenommenem" Widerstand (vgl. o. 16), daß es zum Beginn einer Vollstreckungshandlung tatsächlich kommt (vgl. BGH **18** 134). Der **Versuch** von § 113 ist formell *nicht* strafbar, wird jedoch praktisch weitgehend durch den Unternehmenscharakter des § 113 erfaßt (vgl. o. 2). Mit Rücksicht darauf kommt uU eine analoge Anwendung von Rücktrittsvorschriften in Betracht (vgl. § 11 RN 55).

50   IV. Für den **subjektiven Tatbestand** ist **Vorsatz** hinsichtlich sämtlicher Merkmale mit Ausnahme der Rechtmäßigkeit der Vollstreckungshandlung erforderlich; für letztere genügt Fahrlässigkeit (vgl. o. 20). Daher muß vom Vorsatz insbes. der Umstand umfaßt sein, daß sich die Tat gegen einen bei einer Vollstreckungshandlung befindlichen Amtsträger (oder eine ihm gleichgestellte Person) richtet. Bedingter Vorsatz genügt (RG **47** 279). Für die **Irrtumsfälle** gilt folgendes:

51   1. **Verkennt** der Täter, daß er einem **Amtsträger** (oder einer diesem nach § 114 gleichgestellten Person) gegenübersteht und/oder daß sich dieser bei einer **Vollstreckungshandlung** befindet, so ist jedenfalls **§ 113 unanwendbar,** da dem Täter die Vorstellung der privilegierenden Umstände dieses Tatbestandes (vgl. o. 3) fehlt. Fraglich ist jedoch, ob dies – soweit es lediglich um den Widerstand als solchen und nicht um etwa gleichzeitig verwirklichte Verletzungen nach §§ 223 ff. geht (dazu u. 59) – zu völliger Straflosigkeit führt oder stattdessen § 240 anwendbar ist. Letzteres glaubte Schröder annehmen zu können, da ähnlich wie im Verhältnis von § 217 aF zu § 212, wenn die Täterin das Kind irrtümlich für ehelich hält, auf den allgemeinen Tatbestand des § 212 zurückgegriffen wird (vgl. 25. A. § 217 RN 11), auch im Verhältnis von § 113 und § 240 kein Anlaß bestehe, den Täter, der einen Nichtbeamten vor sich zu haben bzw. sich nicht von staatlichem Handeln betroffen glaubt, anders zu behandeln als den, der eine nach § 240 strafbare Nötigung gegenüber einem Nichtbeamten begeht (17. A. RN 40; ebenso v. Bubnoff LK 66, W-Hettinger 631, Zielinski AK 35, wohl auch Tröndle/Fischer 22; vgl. auch M-Schroeder II 199: §§ 113, 240, 22, 52). Dies bedarf jedoch einer gewissen *Differenzierung*: α) Soweit sich dem Täter das Vorgehen des (in seiner Eigenschaft verkannten) Amtsträgers als rechtswidriger Angriff darstellt, ist die Abwehrhandlung nach den Grundsätzen der Putativnotwehr (dazu § 32 RN 65) zu behandeln: so zB bei einer Festnahme nach § 127 II StPO, die von einer (als solche vorgestellten) Privatperson rechtmäßigerweise nicht vorgenommen werden könnte (v. Bubnoff LK 66). β) Soweit dagegen Putativnotwehr nicht durchgreift, wie etwa bei einer Festnahme unter den Voraussetzungen des § 127 I StPO, zu der ohnehin „jedermann" befugt ist, sowie überall dort, wo die Abwehrhandlung auch nach der irrig vorgestellten Sachlage nicht gerechtfertigt wäre (vgl. § 17 RN 10 f.), bleibt § 240 anwendbar. Glaubt sich aber der Täter von einer „Privatvollstreckung" betroffen (Irrtum nur über die Amtsträgereigenschaft), so ist kein durchschlagender Grund ersichtlich, ihn hinsichtlich seines affektiven Zustandes bei der Strafzumessung anders zu behandeln als im Fall staatlicher Vollstreckungstätigkeit; dem § 240 sind deshalb die Strafsätze des § 113 zugrundezulegen (abl. Arzt/Weber V 49, v. Bubnoff LK 66). Verkennt der Täter hingegen, daß eine Vollstreckungshandlung vorliegt, so verbleibt es bei der uneingeschränkten Strafbarkeit nach § 240 (und. M-Schroeder II 199).

52   2. Hält der Täter umgekehrt einen **Nichtamtsträger irrig für** einen bei einer Vollstreckungshandlung befindlichen **Amtsträger,** befindet sich also der Täter subjektiv in der von § 113 vorausgesetzten psychologischen Situation (vgl. o. 3), so wäre bereits über § 16 II an eine Anwendung von § 113 (anstelle von § 240) zu denken (so in Parallele zu §§ 212, 217 aF Schröder 17. A. RN 41, M-Schroeder II 199 f., iE auch Zielinski AK 36). Dies erscheint jedoch deshalb problematisch, weil § 113 nicht nur eine Privilegierung zu § 240 darstellt, sondern darüberhinaus ein teilweise andersartiges Rechtsgut schützt (vgl. o. 2, 4), das jedoch hier objektiv nicht betroffen ist; insofern stellt sich auch die Irrtumsfrage hier anders dar als seinerzeit im Verhältnis von § 217 aF gegenüber § 212 (vgl. § 16 RN 27, 25. A. § 217 RN 11), wo es jeweils um dasselbe Rechtsgut ging. Demnach bliebe zwar Versuch von § 113 am untauglichen Objekt denkbar, der jedoch selbst bei Anwendung von Unternehmensgrundsätzen (vgl. o. 2) hier nicht strafbar (vgl. § 11 RN 53 f.) und zudem auch kaum sachgerecht wäre, wenn die Widerstandshandlung sowohl objektiv wie subjektiv zugleich die Merkmale des § 240 erfüllt. Läßt man daher diesen zur Anwendung kommen, so muß der Privilegierungs-

vorstellung des Täters jedenfalls duch Limitierung der Strafe des § 240 nach den Sätzen des § 113 Rechnung getragen werden (ähnl. v. Bubnoff LK 67 iVm 65, der den irrig vorgestellten Privilegierungsgrund des § 113 strafmildernd berücksichtigen will).

3. Besondere Probleme stellen sich seit jeher beim **Irrtum über die Rechtmäßigkeit der Amts-** 53 **handlung.** Solange dieses Merkmal lediglich als objektive Bedingung der Strafbarkeit gelten konnte (vgl. o. 1, 18 f.), brauchte sich der Vorsatz darauf nicht zu erstrecken; demzufolge kam einem diesbezüglichen Irrtum des Täters keinerlei Bedeutung zu (vgl. 15. A. RN 25). Den mit Rücksicht auf das Schuldprinzip hiergegen erhobenen Bedenken (vgl. Sax JZ 76, 430, ferner v. Bubnoff LK 43, Hirsch aaO 243 ff. mwN) versuchen die durch das 3. StRG eingeführten **besonderen Irrtumsregeln** (Abs. 3 S. 2, Abs. 4) Rechnung zu tragen. Danach gilt folgendes:

a) Hält der Täter eine objektiv rechtswidrige Diensthandlung **irrtümlich für rechtmäßig,** so wird 54 er durch **Abs. 3 S. 2** ausdrücklich für *straflos* erklärt. Für die hier vertretene Auffassung ergibt sich dies an sich bereits daraus, daß die Rechtmäßigkeit der Amtshandlung als Tatbestandsmerkmal zu verstehen ist (vgl. o. 20) und somit bei irriger Annahme der Rechtmäßigkeit allenfalls (insoweit strafloser) untauglicher Versuch anzunehmen wäre (vgl. o. 20 a, 49, aber auch § 11 RN 53 f.). Von Bedeutung ist daher Abs. 3 S. 2 lediglich für jene Auffassungen, die im Rechtmäßigkeitserfordernis eine Verweisung auf die Möglichkeit einer Rechtfertigung erblicken oder allgemeinen Vorschriften (vgl. o. 19) und bei fehlender Kenntnis der Rechtfertigungsvoraussetzung zu einem vollendeten Delikt gelangen könnten (vgl. jedoch dazu 15 vor § 32, § 32 RN 63, ferner Hirsch aaO 251). Derartigen Spekulationen tritt Abs. 3 S. 2 entgegen, ohne daß jedoch daraus umgekehrt auf eine gesetzgeberische Entscheidung zugunsten eines Rechtfertigungsgrundes geschlossen werden könnte (so aber Dreher Schröder-GedS 379; vgl. auch M-Schroeder II 193, Zielinski AK 39). Auch die Möglichkeit, in solchen Fällen wegen (versuchten) § 240 zu verurteilen, scheitert an der Sperrwirkung des für diesen Fall spezielleren § 113 III 2 (vgl. 136, 141 vor § 52 sowie u. 68). Dagegen wird eine etwaige Strafbarkeit wegen Versuchs von § 223 infolge des mangelnden subjektiven Rechtfertigungselements (vgl. 15 vor § 32) durch Abs. 3 S. 2 nicht tangiert (vgl. KG GA **65,** 215, Arzt/Weber V 50). Auch Vollendung von § 223 kommt in Betracht, soweit in der Körperverletzung zugleich eine Notwehrüberschreitung liegt (vgl. KG aaO).

b) Für den umgekehrten Fall – der Täter hält eine rechtmäßige Diensthandlung irrtümlich **für** 55 **rechtswidrig** – bringt **Abs. 4** eine an die §§ 97 b StGB, 22 WStG angelehnte Irrtumsregelung, deren Anwendungsbereich jedoch in mehrfacher Hinsicht beschränkt ist: So betrifft sie ausschließlich die Strafbarkeit nach § 113 (vgl. u. 59) und selbst insoweit nur den Irrtum hinsichtlich der Rechtmäßigkeit der Vollstreckungshandlung in dem o. bei 24 ff. dargelegten Sinne. Ferner gilt Abs. 4 nur bei *positiv* irriger Annahme der Unrechtmäßigkeit: Macht sich der Täter darüber keine Gedanken oder ist ihm die Rechtmäßigkeit gleichgültig, so bleibt es bei der Strafbarkeit nach Abs. 1, sofern die übrigen Merkmale vom Vorsatz umfaßt sind (vgl. Köln VRS **71** 186, Tröndle/Fischer 23). Ebenso fehlt es an einem einschlägigen Irrtum, wenn der Täter seine Duldungspflicht nach geltendem Recht kennt, dieses aber für falsch hält (vgl. BGH **4** 3, Karlsruhe NJW **74,** 2144, Tröndle/Fischer aaO). Ferner soll sich nach BGH VRS **39** 184 auch ein Kraftfahrer, der selbst mit seiner Fahruntüchtigkeit rechnet, regelmäßig nicht im Irrtum über die Zulässigkeit eines gegen ihn gerichteten polizeilichen Einschreitens befinden (vgl. auch Hamburg NJW **79,** 119, Tröndle/Fischer aaO). Im übrigen jedoch erfaßt Abs. 4 jede im Ergebnis unrichtige Annahme, der Amtsträger sei zu der betreffenden Vollstreckungshandlung nicht berechtigt, gleichgültig, ob dieser Irrtum auf tatsächlichen oder auf Rechtsgründen beruht (vgl. Köln NJW **82,** 297, v. Bubnoff LK 45). Erfaßt wird daher sowohl der Fall, daß sich der Täter von einem Beamten rechtswidrigerweise angegriffen glaubt (Schleswig SchlHA/E-L **83,** 85) oder daß der Festzunehmende irrig meint, der Amtsträger verwechsele ihn „absichtlich" mit einer gesuchten Person, wie auch der Fall, daß er unmittelbar den Umfang seiner Duldungspflichten verkennt. Alle derartigen Fälle werden in Abs. 4 einheitlich nach ähnlichen Grundsätzen, wie sie gem. § 17 an sich nur für den *Verbotsirrtum* gelten, geregelt (vgl. auch Hirsch aaO 252 ff.). Danach gilt im einzelnen folgendes:

aa) War der **Irrtum vermeidbar** (zu apodiktisch dazu Köln NJW **82,** 297), so *kann* das Gericht die 56 Strafe nach seinem Ermessen mildern (**Abs. 4 S. 1** iVm § 49 II; vgl. § 17 S. 2) oder bei geringer Schuld von Bestrafung absehen. Der Grad der Vorwerfbarkeit des Irrtums bestimmt also hier – wie sonst nur bei Verbotsirrtum – den Umfang der Strafe auch in den Fällen, in denen nach allgemeinen Regeln ein (fahrlässiger) Tatbestandsirrtum vorläge (primär nach Irrtumsarten diff. dagegen Bergmann aaO 133 ff.). Für die Vermeidbarkeit gelten die bei § 17 RN 13 ff. dargelegten Grundsätze, allerdings mit der Einschränkung gegenüber § 17 RN 18, daß es zumindest dem unvorhergesehen von einer Vollstreckungshandlung Betroffenen regelmäßig gar nicht möglich sein wird, etwaige Rechtsauskünfte bei Dritten einzuholen, bevor er sich wehrt (vgl. Bergmann aaO 130 f.). In gewisser Weise als Ersatz dafür bestimmt Abs. 4 S. 2 folgendes:

bb) War der **Irrtum unvermeidbar** (dazu Köln MDR **75,** 418, Bremen NJW **77,** 160), so wird 57 damit – abw. von § 17 S. 1 – nicht schon ohne weiteres seine Schuld verneint, sondern erst dann, wenn ihm das vorgängige Einlegen von **Rechtsbehelfen nicht zumutbar** war (**Abs. 4 S. 2**). Mit diesem Rechtsbehelfsvorbehalt soll der Tatsache Rechnung getragen werden, daß in einem Rechtsstaat dem Bürger umfassende Verteidigungsmöglichkeiten gegen amtliche Tätigkeiten zustehen und ihm idR auch zuzumuten ist, sich gegen einen vermeintlich rechtswidrigen Vollstreckungsakt grundsätzlich nicht mit Brachialgewalt, sondern zunächst einmal mit den vom Recht zur Verfügung gestellten Mitteln zur Wehr zu setzen, und zwar selbst dann, wenn er den fraglichen Akt unvermeidbar irrig für rechtswidrig hält (krit. dazu Horn SK 19, Zielinski AK 42). Dies gilt jedenfalls insoweit, als durch die Vollstreckungshandlung noch kein irreparabler Schaden droht, wie zB bei einer vermeintlich rechtswidrigen Pfändung durch den Gerichtsvollzieher (vgl. Köln MDR 75, 418), oder wenn andererseits dem Amtsträger durch den Widerstand eine erhebliche Gefahr drohen würde (vgl. BGH 21 366, Tröndle/Fischer 25) oder die staatliche Vollstreckungstätigkeit erheblich beeinträchtigt wird (Bergmann aaO 132), insbes. aber auch, soweit es dem Täter gar nicht darum geht, die Vollstreckungshandlung zu verhindern, sondern eine (vermeintlich rechtswidrige) Diensthandlung als Gelegenheit zu tätlichen Angriffen zu nutzen (vgl. Tröndle/Fischer aaO, Zielinski AK 43). Zumutbar sind grundsätzlich Rechtsbehelfe jeder Art, also sowohl ordentliche Rechtsmittel wie auch eine Dienstaufsichtsbeschwerde bis hin zum Petitionsrecht nach Art. 17 GG. Dabei darf sich die Zumutbarkeitsbeurteilung jedoch nicht auf die rein objektive Sicht beschränken, sondern hat auf der Grundlage der dem Täter bekannten Umstände unter Mitberücksichtigung seines Irrtums über die Rechtmäßigkeit der Vollstreckungshandlung zu erfolgen (vgl. Bergmann aaO, v. Bubnoff LK 47). Ist danach dem Täter der erst nachträgliche Gebrauch von Rechtsbehelfen unzumutbar, so entfällt die Strafbarkeit nach § 113. Andernfalls kann das Gericht auch schon aufgrund des unvermeidbaren Irrtums die Strafe nach

58 § 49 II mildern oder von Strafe ganz absehen (vgl. dazu Bergmann aaO 136 f.). Dabei scheint Abs. 4 S. 2 *primär* nur auf den eigentlichen Widerstand dessen, der **selbst** von der Vollstreckungshandlung **betroffen** ist, zugeschnitten zu sein, da es in erster Linie an ihm ist, „sich mit Rechtsbehelfen zu wehren". Dies würde bedeuten, daß **hinzutretende Dritte** (vgl. u. 60) auf die Möglichkeit von Rechtsbehelfen überhaupt nicht verwiesen werden könnten und damit im Falle unvermeidbaren Irrtums ohne jeden sachlichen Grund gegenüber dem unmittelbar Betroffenen privilegiert wären. Indes steht auch Dritten zumindest die Beschwerde an die zuständige Stelle nach Art. 17 GG „als Rechtsbehelf" zu (vgl. o. 57, v. Bubnoff LK 50, Tröndle/Fischer 25). Zudem geht es bei sinngemäßer Auslegung von Abs. 4 S. 2 primär nur um die Zumutbarkeit, eine sofortige gewaltsame Abwehr zu unterlassen. Eine solche Zurückhaltung wird man dem nicht unmittelbar Betroffenen allenfalls dann nicht abverlangen können, wenn sich die vermeintlich rechtswidrige Vollstreckungshandlung gegen eine ihm nahestehende Person richtet oder ihm als eine so krasse Rechtsverletzung erscheint, daß er sich zu ihrer Verhinderung aus seiner Sicht geradezu aufgerufen fühlen muß. Dabei wird darauf abzustellen sein, unter welchen Umständen ein verständiger und pflichtbewußter Bürger sich zum Eingreifen veranlaßt sähe.

59 cc) Für **Delikte**, die mit § 113 **ideell konkurrieren** können (wie zB §§ 223 ff., 303 ff.; vgl. u. 68), gilt **Abs. 4 nicht.** Maßgeblich sind insoweit die allgemeinen Regeln über Putativnotwehr bzw. Notwehrexzeß (vgl. Hamm GA **73**, 245; vgl. auch KG GA **75**, 215 sowie o. 37, § 32 RN 65). Auch Verbotsirrtum kommt insoweit in Betracht, als der Täter über den Umfang seiner Duldungspflichten irrt, so zB nicht weiß, daß ein Polizeibeamter ihn auch ohne Haftbefehl nach § 127 II StPO festnehmen darf (zu undiff. Hamm aaO, KG aaO). Jedoch kommt Putativnotwehr auch gegenüber vermeintlich widerrechtlichen Begleiterscheinungen einer rechtmäßigen Amtshandlung in Frage, so zB wenn der Täter eine Armbewegung des Amtsträgers als Ausholen zum Schlag mißdeutet (vgl. o. 36). In diesem Fall müßten dann aber die Grundsätze der Putativnotwehr auch gegenüber § 113 IV durchgreifen.

60 **V. Täter** des § 113 kann jedermann sein, also nicht nur derjenige, gegen den sich die Vollstreckungshandlung unmittelbar richtet, sondern auch hinzueilende *Dritte* (vgl. o. 3), wobei jedoch zT Dritten die Anwendbarkeit von § 113 I Alt. 1, weil ua der vom Gesetzgeber gewollten Privilegierung des Betroffenen widersprechend, vorenthalten wird (vgl. Sander JR 95, 493). Über die Besonderheiten beim Irrtum von der Vollstreckung betroffenen Täters vgl. o. 58.

61 **VI. Die Strafe** ist für den Regelfall Freiheitsstrafe bis zu 2 Jahren oder Geldstrafe. Die frühere besondere Erwähnung *mildernder Umstände* wurde ersatzlos gestrichen. Stattdessen ist in **besonders schweren Fällen** Freiheitsstrafe von 6 Monaten bis zu 5 Jahren vorgesehen **(Abs. 2).** Bei den in Nr. 1 und 2 erwähnten Fällen handelt es sich lediglich um **Regelbeispiele** (allg. dazu 44 ff. vor § 38 sowie § 125 a RN 1). Diese setzen folgendes voraus:

62 **1.** Nach **Nr. 1** liegt ein besonders schwerer Fall idR vor, wenn der Täter oder ein anderer Beteiligter eine **Waffe bei sich führt,** um diese bei der Tat zu verwenden. Hier rechtfertigt sich die erhöhte Strafe aus der besonderen Gefährlichkeit der Begehungsweise. Jedoch ist auch hier nicht erforderlich, daß der Einsatz einer Waffe von vornherein geplant war; es genügt ihre tatsächliche Verwendung hic et nunc.

63 a) Im Gegensatz zu §§ 125 a differenziert das Gesetz hier nicht zwischen **Schußwaffen** und **anderen Waffen,** sondern stellt beide **gleichwertig** nebeneinander, verlangt jedoch, daß der Täter sie bei sich geführt hat, um sie bei der Tat zu verwenden. Auch hier sind nicht nur Waffen i. techn. S. gemeint, sondern alle gefährlichen Werkzeuge iSd § 224, wie zB eine Holzstange (vgl. Celle NStZ-RR **96**, 266) oder ein Auto (vgl. BGH **26** 176, Düsseldorf NJW **82**, 1111, v. Bubnoff LK 53); dies jedoch nur bei konkret gefährlichem Einsatz (vgl. Koblenz VRS **56** 38, Karlsruhe Justiz **81**, 239, § 224 RN 4). Zum Begriff der Waffe und der Schußwaffe vgl. im übrigen § 244 RN 3, 11 ff.).

b) Über das **Beisichführen von Waffen** vgl. § 244 RN 6 ff. Ebenso wie dort genügt auch hier die 64
unmittelbare Verwendung eines gefährlichen Werkzeugs. Wer zB Steine von der Straße aufhebt und
sofort gegen den Beamten wirft, fällt unter diese Alt. des § 113 II.

c) Der Täter muß die Waffe bei sich führen, **um sie bei der Tat zu verwenden,** muß also eine 65
darauf gerichtete Absicht iS zielgerichteten Handelns (vgl. § 15 RN 65) gehabt haben. Dafür kann
auch genügen, daß sie nur unter bestimmten Voraussetzungen, wie etwa bei Schußwaffengebrauch
durch die Polizei, eingesetzt werden soll (vgl. v. Bubnoff LK 55). Entsprechend dem zu § 125a RN 9
Gesagten ist diese Qualifizierung auch hier auf beabsichtigte **Gewalt gegen Personen** zu beschränken, so daß das Mitsichführen von Gegenständen, die allein zur Zerstörung von Sachen verwendet
werden sollen, nicht ausreicht (vgl. v. Bubnoff LK 56). Jedoch muß genügen, falls der Täter bei der
Gewaltanwendung gegen Sachen die Gefährdung von Personen in Kauf zu nehmen bereit ist oder daß
er sich bei der Gewalt gegen Sachen die Verwendung der Waffe gegen Personen für den Notfall
vorbehält. Ebensowenig ist erforderlich, daß derjenige, der die Waffe bei sich führt, die Absicht hat, sie
persönlich zu gebrauchen; es genügt, wenn er sie nur transportiert, um sie beim Einsatz anderen
auszuhändigen.

d) Liegen diese Voraussetzungen vor, dann ist jeder, der die Waffe mit sich geführt hat oder als 66
Mittäter oder Teilnehmer damit einverstanden gewesen ist, daß ein anderer sie mit sich führt, erhöht
strafbar (vgl. BGH **27** 58). Bei Nebentäterschaft genügt das Wissen um die Waffen eines anderen nicht
(vgl. § 125a RN 18).

2. Ferner liegt nach **Nr. 2** ein besonders schwerer Fall idR dann vor, wenn der Täter durch eine 67
Gewalttätigkeit den Angegriffenen in die **Gefahr des Todes** oder einer **schweren Körperverletzung** iSv § 226 bringt, so zB durch Zufahren auf einen Polizeibeamten (BGH **26** 176, Koblenz DAR
73, 219) oder bei Schlägen mit massiver Eisenstange auf den Kopf (BGH MDR/D **76**, 15). Der
Begriff der *Gewalttätigkeit* entspricht dem des § 125, bedeutet also jede gegen die Person gerichtete
physische Aggression. Über die *Gefahr des Todes* oder einer *schweren Körperverletzung* vgl. § 250
RN 21. Ähnlich wie bei § 250 Nr. 3 (vgl. dort RN 24) ist die Gefährdung keine bloße Erfolgsqualifikation iSv § 18, sondern ein *vorsatzabhängiges* Merkmal (BGH **26** 176, 245, MDR/D **75**, 21, v.
Bubnoff LK 61, Tröndle/Fischer 29; iE zust. Backmann MDR 76, 969, Küper NJW 76, 543, Meyer-Gerhards JuS 76, 232; krit. Blei JA 75, 804). Da es auf einen Schadenseintritt nicht ankommt, genügt
dafür bereits ein Gefährdungsvorsatz (BGH MDR/D **76**, 15). Sind zugleich die §§ 226, 227 erfüllt, so
gehen diese vor. Über die Strafzumessung bei Gefährdung mehrerer Beamter vgl. Hamm NJW **73**,
1891.

VII. Konkurrenzen: Gegenüber § 240 ist § 113 *lex specialis* (BGH VRS **35** 174, **50** 94, KG VRS 68
11 198, Koblenz DAR **80**, 348; and. Schmid JZ 80, 58: Tateinheit), soweit der Täter nicht zu einem
über die Unterlassung der Vollstreckungshandlung hinausgehenden Verhalten nötigt (vgl. Bay JR **89**,
24 m. Anm. Bottke). Die durch § 113 bewirkte Privilegierung des Täters kann auch nicht dadurch
unterlaufen werden, daß in Fällen, in denen die Tathandlung die in § 113 vorausgesetzte Intensität
nicht erreicht, auf den (strengeren) § 240 zurückgegriffen wird (BGH **30** 236, Backes/Ransiek JuS
89, 629, Horn SK 23, Zielinski AK 5; vgl. o. 3 f., 43, aber auch 52; and. Hamm NStZ **95**, 548,
Tröndle/Fischer 1, 31, v. Bubnoff LK 3, 65). Auch wenn man in solchen Fällen die Strafe nach den
Sätzen des § 113 limitieren würde (so v. Bubnoff aaO, Hirsch aaO 243), würde über diesen Umweg
die Strafbarkeit iE doch weiter ausgedehnt, als sie speziell in einer Vollstreckungssituation nach § 113
offensichtlich reichen soll. Entsprechendes gilt auch für den Strafbarkeitsausschluß nach Abs. 3 (vgl. o.
54) im Verhältnis zu § 240; and. dagegen beim Fehlen sonstiger Voraussetzungen des § 113 (vgl. o.
52), insbes. auch im Fall einer von § 113 nicht erfaßten Auslandstat (vgl. Hamm JZ **60**, 576 m.
Anm. Schröder, o. 7 sowie 4 vor § 110); jedoch ist dabei die Limitierung der Strafhöhe in § 113 zu
berücksichtigen. Weiter tritt beim Widerstand durch Bedrohung iSv **§ 241** dieser hinter § 113 zurück
(RG **54** 206, BGH MDR/D **73**, 902, Tröndle/Fischer 31). **Ideal**konkurrenz ist dagegen möglich mit
§§ 223 ff. (vgl. o. 4, Tröndle/Fischer 31), mit §§ 303 ff., auch mit § 123 (Bay JR **57**, 148, Tröndle/
Fischer 31). Mehrere Widerstandshandlungen gegen verschiedene Beamte können (und konnten auch
schon vor der durch BGH **40** 138 grds. revidierten Rspr.) nicht in *Fortsetzungszusammenhang* stehen
(vgl. 31 ff. vor § 52, aber auch BGH VRS **35** 420; krit. Zielinski AK 47). Über das Verhältnis zu
§ 125 vgl. dort RN 32, § 125a RN 18.

§ 114 Widerstand gegen Personen, die Vollstreckungsbeamten gleichstehen

(1) Der Diensthandlung eines Amtsträgers im Sinne des § 113 stehen Vollstreckungshandlungen von Personen gleich, die die Rechte und Pflichten eines Polizeibeamten haben oder Hilfsbeamte der Staatsanwaltschaft sind, ohne Amtsträger zu sein.

(2) § 113 gilt entsprechend zum Schutz von Personen, die zur Unterstützung bei der Diensthandlung zugezogen sind.

Vorbem. Eingefügt durch das 3. StrRG; geändert durch das EGStGB. Vgl. 2 vor § 110.

I. § 114 ermöglicht die Anwendung des § 113 auch bei **Angriffen gegen Nichtamtsträger,** 1
soweit diese Vollstreckungshandlungen iSv § 113 vornehmen oder zu deren Unterstützung zugezogen

werden (zur Vorgeschichte vgl. 25. A.). Diese Gleichstellungsvorschrift soll allen Personen, deren sich der Staat zur Erfüllung hoheitlicher Aufgaben bedient und die er dadurch erhöhter Gefahr aussetzt, einen gleichwertigen strafrechtlichen Schutz gewähren (BT-Drs. VI/502 S. 6). Diese Erwägung trifft jedoch nur für den tätlichen Angriff zu, der zu keiner Körperverletzung geführt hat und deshalb nach den §§ 223 ff. nicht würde bestraft werden können. Beim Widerstandleisten „honoriert" das StGB die Wahrnehmung öffentlicher Aufgaben durch Nichtamtsträger mit dem gegenüber § 240 geringeren Schutz des § 113 (vgl. v. Bubnoff LK 1). So ist zB bei diesen Personen wie bei Beamten die Drohung mit einem empfindlichen Übel straflos, soweit sie im Rahmen des § 113 tätig werden (vgl. dort RN 3 f., 43, 68).

2 **II. Gleichgestellt** werden zunächst **Vollstreckungshandlungen** gewisser **Nichtamtsträger** den Amtshandlungen iSv § 113 **(Abs. 1).**

3 1. Es muß sich einmal um Personen handeln, die die **Rechte und Pflichten von Polizeibeamten** haben. Diese Formulierung wurde – ohne daß wohl die Konsequenzen hinreichend bedacht worden wären – aus § 25 II BJagdG übernommen (BT-Drs. VI/502 S. 7), der den *bestätigten Jagdaufsehern* innerhalb ihres Dienstbereichs in Angelegenheiten des Jagdschutzes diese Eigenschaft zuspricht (ebenso Art. 35 I WaldG/Bay). Damit müssen nach dem Wortlaut alle Personen ausscheiden, die zwar – wie idR die Jagd- und Fischereiausübungsberechtigten (vgl. dazu § 23 JagdG/BW, Art. 42 JagdG/Bay, § 27 JagdG/Hess, Art. 34 JagdG/Nds, § 25 JagdG/NRW, § 68 I Nr. 18 VwVG/NRW) – das *Recht* zu hoheitlichen Vollstreckungshandlungen haben (zB zur Wegnahme von Wildereigerät), die sich aber nicht in der erwähnten *Pflicht*enstellung befinden. Sinn der §§ 113, 114 ist aber eine Privilegierung des *Täters,* der sich hoheitlicher Vollstreckungstätigkeit gegenübersieht (vgl. § 113 RN 3). Dabei ist es für den Täter gleichgültig, ob die „vollstreckende" Person auch noch die Pflichten eines Polizeibeamten hat, die nur ihr Verhältnis zum Staat betreffen (vgl. Zielinski AK 3). Die §§ 113, 114 müssen deshalb wenigstens in begünstigender Hinsicht insoweit entsprechende Anwendung finden, als sich eine Vollstreckungshandlung als Ausübung hoheitlicher Gewalt darstellt (abl. M-Schroeder II 197). Dies bedeutet, daß einmal die *Jagdausübungsberechtigten,* denen nach § 25 I BJagdG der durch § 23 näher definierte Jagdschutz übertragen ist, ebenfalls unter § 114 (und nicht unter § 240: so Tröndle/Fischer 5, v. Bubnoff LK 3) fallen, wenn sie zB verdächtigen Personen Wildereigeräte abnehmen. Entsprechendes gilt für Personen, die zB durch § 6 Nr. 8 UZwG, § 68 VwVG/NRW zu Vollzugsdienstkräften bestimmt sind und demgemäß unmittelbaren Zwang ausüben können. Damit bleibt der größere Teil des Personenkreises der §§ 117, 118 aF bei Vornahme hoheitlicher Handlungen von den §§ 113, 114 erfaßt. Dies schafft aber gerade nicht ein besonderes Feudalvorrecht, sondern wird nur der Notwendigkeit gerecht, die von der Staatstätigkeit betroffenen Täter gleichmäßig zu privilegieren.

4 2. Einbezogen werden ferner die Vollstreckungshandlungen der **Hilfsbeamten der Staatsanwaltschaft.** Unter diesen Personenkreis fallen, da dieser Begriff eine auch für das Strafrecht feststehende Bedeutung hat, nur die gemäß § 152 II GVG von den Landesregierungen bezeichneten Personen sowie diejenigen, denen diese Eigenschaft ausdrücklich kraft Gesetzes zusteht (vgl. zB § 25 II BJagdG). Dabei handelt es sich zwar im Regelfall um Beamte, Ausnahmen sind jedoch möglich. Vgl. im einzelnen K/Meyer-Goßner § 152 GVG RN 6 f.

5 3. Die genannten Personen üben bei ihren Vollstreckungshandlungen hoheitliche Gewalt aus, so daß jeweils zu fragen wäre, ob sie nicht etwa bereits nach § 11 I Nr. 2 **Amtsträger** sind und damit unmittelbar von § 113 erfaßt werden (vgl. dazu 11 RN 35, § 113 RN 7 ff.). Diese im Einzelfall äußerst schwierige Abgrenzung braucht jedoch nicht getroffen zu werden, da § 114 keinen eigenen Tatbestand enthält. Es kann dahingestellt bleiben, ob es sich bei den fraglichen Personen um Amtsträger handelt, sofern sie nur die weiteren Voraussetzungen dieser Vorschrift erfüllen.

6 4. Die von Abs. 1 erfaßten Personen müssen eine **Vollstreckungshandlung** ausführen. Darunter ist wie in § 113 eine Handlung zu verstehen, die kraft Hoheitsgewalt zur Vollstreckung von Gesetzen, Rechtsverordnungen, Urteilen, Gerichtsbeschlüssen oder Verfügungen erfolgt (vgl. § 113 RN 11, Zielinski AK 4). Wird hierbei eine Handlung vorgenommen, zu der auch jeder Privatmann befugt wäre (zB vorläufige Festnahme gemäß § 127 I StPO, Selbsthilfe gemäß § 229 BGB), so ist gleichwohl § 114 anzuwenden, wenn der Handelnde zugleich kraft der ihm zustehenden Hoheitsgewalt vorgegangen ist. Nur dies entspricht dem Zweck des Gesetzes, alles hoheitliche Handeln über § 113 zu erfassen (vgl. auch § 113 RN 17). Nur wenn die Handlung allein in der privaten Rechtssphäre ihre Grundlage findet, scheidet bei diesen Personen § 114 aus.

7 5. Der Gesetzgeber hat lediglich die **Vollstreckungshandlungen** der genannten Personen den Diensthandlungen der Amtsträger iSv § 113 **gleichgestellt,** jedoch **nicht die beiden Personenkreise.** Dadurch sollte ein weitergehender Schutz der Nichtamtsträger vermieden werden (BT-Drs. VI/502 S. 7). Diese Erwägung erscheint unverständlich, da selbst bei einer Gleichstellung der Personenkreise auch die Nichtamtsträger genauso wie die Amtsträger selbst nach §§ 113, 114 nur erfaßt werden könnten, wenn sie tatsächlich hoheitliche Gewalt ausübten. Jedenfalls kann nicht bezweifelt werden, daß diesen Personen bei tätlichen Angriffen der durch § 113 den Amtsträgern gewährte persönliche Schutz ebenfalls zugute kommen muß, so daß sie insoweit also doch den Amtsträgern gleichgestellt werden (zust. v. Bubnoff LK 5).

6. Liegt eine Vollstreckungshandlung iSv Abs. 1 vor, dann findet § 113 **in vollem Umfang** 8 **Anwendung,** also auch seine Abs. 2–4.

a) Das bedeutet zunächst, daß bei *nicht rechtmäßiger* Vollstreckungshandlung (vgl. § 113 RN 1, 18) 9 die Tat nicht nach § 113 bestraft werden kann, und zwar auch dann nicht, wenn der Täter sie für rechtmäßig hielt (vgl. § 113 RN 54).

b) Im übrigen gelten für die Irrtumsfälle entsprechende Grundsätze wie bei § 113. Der Täter muß 10 also wissen, daß der gegen ihn Vorgehende die *persönlichen Qualitäten* des § 114 besitzt und daß es sich um eine Vollstreckungsmaßnahme handelt. Fehlt dieser Vorsatz, so kommen nur die §§ 240, 223 ff. in Betracht (vgl. dazu § 113 RN 51).

c) Ebenfalls gilt im Bereich des § 114 der § 113 IV, der sich allein mit dem *Irrtum* über die 11 *Rechtswidrigkeit der Diensthandlung* befaßt. Hält der Täter das Vorgehen für rechtswidrig, so kann er unter den Umständen des Abs. 4 milder bestraft oder es kann von Strafe abgesehen werden.

d) Für die neben § 113, 114 verwirklichten Tatbestände gelten die *allgemeinen Irrtumsregeln,* so daß 12 je nach Sachlage Tatbestands- oder Verbotsirrtum vorliegen kann (vgl. § 113 RN 59).

III. § 113 gilt ferner entsprechend zugunsten der **zur Unterstützung bei Diensthandlungen** 13 **zugezogenen Personen (Abs. 2).**

1. Dabei handelt es sich wie in Abs. 1 um **Nichtamtsträger** (bzw. um Amtsträger, die nicht in 14 dieser Eigenschaft zugezogen werden); ihre Auswahl und Zahl stehen im pflichtgemäßen Ermessen des zuziehenden Amtsträgers (RG **25** 253). Zu denken ist hier vor allem an die bei Hausdurchsuchungen usw. zugezogenen **Zeugen** (vgl. §§ 105 f. StPO, § 759 ZPO), obwohl diese nicht unmittelbar der Unterstützung der Durchsuchung dienen. Daneben kommen aber auch die Personen in Betracht, die etwa bei öffentlich-rechtlichen Akten (zB Abschleppen ordnungswidrig geparkter Fahrzeuge) zur Durchsetzung der hoheitlichen Gewalt eingesetzt werden, sofern sie nicht völlig selbständig tätig werden (dazu u. 16).

2. Die Personen müssen **zur Unterstützung** der Amts- oder Diensthandlung zugezogen sein. Eine 15 solche Handlung liegt auch vor, wenn eine der in Abs. 1 genannten Personen eine Vollstreckungshandlung vornimmt und dazu Dritte zuzieht; dies gilt gemäß Art. 7 II Nr. 5 des 4. StÄG entsprechend bei Diensthandlungen von Angehörigen der NATO-Streitkräfte.

3. Abs. 2 erfaßt nur **zugezogene** Personen, *nicht* lediglich *freiwillig helfende* oder etwa Neugierige, 16 und ebensowenig auf eigenen Antrieb nach § 127 I StPO Festnehmende (vgl. auch u. 19). Die stillschweigende Billigung der Unterstützung durch den Beamten muß jedoch ausreichen (vgl. v. Bubnoff LK 9). Ob der Zugezogene zur Unterstützung verpflichtet ist, spielt keine Rolle. Zur Unterstützung „zugezogen" ist nicht, wem die völlig selbständige Vornahme einer Amtshandlung übertragen worden ist (vgl. RG **32** 246), da diese Personen nicht zur Ausübung unmittelbaren Zwanges berechtigt sind; in diesen Fällen dürften auch die Voraussetzungen des Abs. 1 nicht gegeben sein. Dagegen reicht es aus, wenn die Unterstützung im allein passiven Dabeisein besteht (Zeugen bei Hausdurchsuchung usw.). Auf die **rechtliche Wirksamkeit** der Zuziehung kann es *nicht* ankommen. 17 Maßgebend ist allein, ob die vom Amtsträger (bzw. der Person des Abs. 1) vorgenommene Vollzugshandlung rechtmäßig ist und die zugezogene Person auf Grund ihres Verhältnisses zu diesem Amtsträger nach außen als „Teilhaber" an dessen Hoheitsgewalt erscheint (vgl. auch RG **25** 253).

4. Soweit die zugezogenen Personen nicht selbst aktiv an der Vollstreckungshandlung teilnehmen, 18 werden sie durch die Anwendung des § 113 im wesentlichen vor – erfolglosen – **tätlichen Angriffen** geschützt. Zudem kommt allen die **strengere Irrtumsregelung** des § 113 IV zugute, sofern der Täter über die Rechtmäßigkeit der Vollstreckungshandlung irrt. Betrifft sein Irrtum jedoch allein die Berechtigung der zugezogenen Personen zur Unterstützung der Vollstreckungshandlung, so ist dieser Irrtum nach allgemeinen Grundsätzen zu behandeln: nämlich als Verbotsirrtum, wenn das Eingreifen des Zugezogenen für rechtswidrig gehalten wird, bzw. als Tatbestandsirrtum, wenn gar nicht erkannt wird, daß diese Person zu einer Vollstreckungshandlung zugezogen wurde (vgl. auch § 113 RN 50 ff.).

5. Die Einbeziehung der in Abs. 2 genannten Personen in den Tatbestand des § 113 soll zwar ihrem 19 **Schutz** dienen. Das kann jedoch nicht bedeuten, daß Abs. 2 nur anzuwenden wäre, soweit er für diese Personen eine günstigere Lage schafft, als sie nach allgemeinen strafrechtlichen Regeln bestünde. Die Anwendung des § 113 führt deshalb auch dazu, daß die ihnen gegenüber erfolgende Nötigung mit nur empfindlichem Übel straflos bleibt (vgl. o. 1 sowie § 113 RN 3 f., 43, 68; and. v. Bubnoff LK 11). Dies hat zB die seltsame – und allenfalls aus der sich staatlicher Vollstreckungsmacht gegenübersehenden Perspektive erklärbare (vgl. Zielinski AK 9) – Konsequenz, daß der Eigentümer dann, wenn einem Polizeibeamten auf dessen Bitten bei der Festnahme eines Diebes hilft, von §§ 113 f. erfaßt wird, während er sonst bei Ausübung des Notwehrrechts bzw. des Rechts gem. § 127 I StPO nach den allgemeinen Strafvorschriften geschützt wäre.

§ 115 [Aufruhr] *aufgehoben durch 3. StrRG; vgl. jetzt § 125 sowie 1 ff. vor § 110.*

§ 116 [Auflauf] *aufgehoben durch 3. StrRG (dazu 1 ff. vor § 110); vgl. jetzt § 113 OWiG.*

§ 120 1–4 Bes. Teil. Straftaten gegen die Staatsgewalt

§ 117 [Forstwiderstand] *aufgehoben durch 3. StrRG (vgl. 1 ff. vor § 110).*

§ 118 [Schwerer Forstwiderstand] *aufgehoben durch 3. StrRG (vgl. 1 ff. vor § 110).*

§ 119 [Gemeinschaftlicher Forstwiderstand] *aufgehoben durch 1. StrRG (vgl. auch 1 ff. vor § 110).*

§ 120 Gefangenenbefreiung

(1) **Wer einen Gefangenen befreit, ihn zum Entweichen verleitet oder dabei fördert, wird mit Freiheitsstrafe bis zu drei Jahren oder mit Geldstrafe bestraft.**

(2) **Ist der Täter als Amtsträger oder als für den öffentlichen Dienst besonders Verpflichteter gehalten, das Entweichen des Gefangenen zu verhindern, so ist die Strafe Freiheitsstrafe bis zu fünf Jahren oder Geldstrafe.**

(3) **Der Versuch ist strafbar.**

(4) **Einem Gefangenen im Sinne der Absätze 1 und 2 steht gleich, wer sonst auf behördliche Anordnung in einer Anstalt verwahrt wird.**

Schrifttum: Gropp, Deliktstypen mit Sonderbeteiligung, 1992. – *Kusch,* Die Strafbarkeit von Vollzugsbediensteten bei fehlgeschlagenen Lockerungen, NStZ 85, 385. – *Rössner,* Die strafr. Beurteilung der Vollzugslockerungen, JZ 84, 1065. – *Schaffstein,* Die strafr. Verantwortlichkeit Vollzugsbediensteter für den Mißbrauch von Vollzugslockerungen, Lackner-FS 795. – *Siegert,* Die Gefangenenbefreiung, JZ 73, 308. – Vgl. ferner die Angaben vor § 110. – *Gesetzesmaterialien:* Begr. zum EGStGB, BT-Drs. 7/550 S. 220; BT-Drs. 7/1261 S. 11.

1   I. Die Vorschrift ersetzt bzw. vereinigt aufgrund ihrer Neufassung durch das EGStGB die früheren §§ 120, 121, 122 a, 122 b, 347 aF (vgl. BT-Drs. 7/550 S. 220, v. Bubnoff LK vor 1; zur Vorgeschichte vgl. Zielinski AK 2). Sie bezweckt im Rahmen des rechtsstaatlich legitimierten Gewaltmonopols (vgl. Zielinski AK 3, StV 92, 228) die **Sicherung amtlichen Gewahrsams** über Gefangene (Abs. 1) und behördlich Verwahrte (Abs. 4), wobei die Rechtspflege als solche außerhalb des Schutzzwecks liegt (vgl. – mit unterschiedlichen, letztlich aber wohl gleichgerichteten Nuancierungen – BGH **9** 64, v. Bubnoff LK 6, Horn SK 2, Lackner/Kühl 1, M-Schroeder II 202). Anders als nach § 258 I (vgl. dort RN 3 f.) ist es für § 120 unerheblich, ob die Freiheitsentziehung sachlich gerechtfertigt war (so aber offenbar jetzt Tröndle/Fischer 2), sofern sie nur *formell ordnungsgemäß* zustandegekommen ist (vgl. RG **39** 189, v. Bubnoff LK 20). Insbes. kommt es dabei auch nicht auf eine Rechtmäßigkeit der Freiheitsentziehung iSv § 113 III, sondern lediglich auf ihre Rechtswirksamkeit an (KG JR **80**, 513, M-Schroeder II 201; insoweit ebenso Ostendorf JR 81, 292). § 120 gilt auch für die Befreiung von Gefangenen der im Inland stationierten **NATO-Truppen** (vgl. Art. 7 II Nr. 6 des 4. StÄG, 17 ff. vor § 80), während sonstige ausländische Einrichtungen nicht geschützt sind (vgl. 18 vor § 3, Vogler NJW 77, 1867). Zur Vereinbarkeit von § 120 mit dem GG und der MRK vgl. v. Bubnoff LK 7 ff.

2   II. Der **Grundtatbestand (Abs. 1)** erfaßt sowohl die eigentliche **Gefangenenbefreiung** wie auch die damit selbständig vertatbestandlichte **Quasi-Teilnahme an der** (an sich straflosen) **Selbstbefreiung** eines Gefangenen (vgl. u. 9, BT-Drs. 7/550 S. 220); auch sind diese wegen der fließenden Grenzen zwischen den einzelnen Begehungsformen unter eine einheitliche Strafdrohung gestellt.

3   1. a) **Gefangene** iSv Abs. 1 sind Personen, denen in Ausübung öffentlicher Straf-, Polizei- oder sonstiger hoheitlicher Zwangsgewalt – wie vor allem zur Sanktionierung von Fehlverhalten oder zur Erzwingung von prozessualen Pflichten – die persönliche Freiheit entzogen ist und die sich infolgedessen tatsächlich im Gewahrsam einer zuständigen Behörde oder eines Amtsträgers befinden (vgl. v. Bubnoff LK 13, Tröndle/Fischer 2, aber auch RG **73** 347, Lackner/Kühl 3). Dazu gehören zB Strafgefangene (RG **37** 368), Untersuchungsgefangene (BGH **9** 62, **12** 306), die aufgrund eines Haft- oder Vorführungsbefehls (RG **12** 163; zB nach §§ 114 ff., 51, 134, 330, 329, 387 StPO, §§ 380, 613 ZPO) oder nach § 127 StPO von einem Amtsträger (RG **42** 427, Lackner/Kühl 3), nicht aber die von Privatpersonen (RG **67** 299) Festgenommenen; ferner in Zwangs- oder Ordnungshaft befindliche Personen (so zB nach §§ 390, 888, 901 ZPO, §§ 177, 178 GVG), sowie Personen im Disziplinararrest nach WDO (§§ 22, 49) und im Jugendarrest (§§ 16, 90 JGG). IwS zählen zu den Gefangenen auch Kriegsgefangene (vgl. RG **55** 227) und Zivilinternierte (vgl. v. Bubnoff LK 14, Tröndle/Fischer 2). Dagegen fehlt es bei Verbringung zu einem Arzt zwecks Entnahme einer Blutprobe (§ 81 a StPO) an dem für den Gefangenenbegriff erforderlichen Freiheitsentzug von unbestimmter und nicht von vornherein zweckbedingt beschränkter Dauer (vgl. BayVRS **66** 275, aber auch DAR/R **82**, 248).

4   b) Nicht Gefangene iSv Abs. 1, wohl aber diesen **nach Abs. 4 gleichgestellt** sind die auf behördliche (auch gerichtliche, vgl. § 11 RN 63) Anordnung **in einer Anstalt Verwahrten.** Darunter fallen sowohl Sicherungsverwahrte nach § 66 als auch Personen, die nach §§ 63, 64 endgültig (bzw. nach § 126 a StPO einstweilig) in einem psychiatrischen Krankenhaus oder in einer Entziehungsanstalt untergebracht sind (vgl. BGH GA **65**, 205), sowie nach § 81 StPO zur Beobachtung Untergebrachte (Tröndle/Fischer 3; vgl. aber auch BGH GA **65**, 205), ferner die nach § 71 II JGG,

§ 37 II BSeuchG, § 18 GeschlKG sowie nach landesrechtlichen Unterbringungs- und sonstigen Polizei- bzw. Ordnungsgesetzen Untergebrachten oder Verwahrten (vgl. BGH **37** 388 f.), schließlich Ausländer in Abschiebungshaft (§ 57 AuslG, vgl. BT-Drs. 7/1261 S. 11; nach v. Bubnoff LK 18 uU bereits Gefangene iSv Abs. 1). Kinder u. Jugendliche hingegen, die sich in Heimerziehung nach § 34 SGB VIII befinden, unterfallen im Hinblick auf die Gesamtkonzeption des weniger polizeirechtlich orientierten neuen Jugendhilferechts (BT-Drs. 11/5948 S. 67, Rüfner NJW 91, 2) nicht dem Abs. 4 (v. Bubnoff LK 16, 18; and. Tröndle/Fischer 3).

c) **Nicht unter § 120** (und zwar weder unter Abs. 1 noch unter Abs. 4) fallen Personen, die auf Veranlassung des Betreuers in einer Heilanstalt untergebracht sind (BGH **9** 262, M-Schroeder II 201), und zwar auch dann nicht, wenn die nach § 1906 II BGB (vgl. auch BVerfG NJW **60**, 811) erforderliche gerichtliche Bestätigung vorliegt (vgl. v. Bubnoff LK 18, Tröndle/Fischer 3, Lackner/Kühl 5), ebensowenig der nach § 127 I StPO von einer Privatperson Festgenommene (vgl. RG **67** 298) oder der Schularrestant (vgl. RG **39** 7, v. Bubnoff LK 19).

d) Die **Gefangenschaft** bzw. Verwahrung **beginnt** mit der formell ordnungsmäßigen (vgl. o. 1) Begründung amtlichen Gewahrsams (vgl. RG GA **37** 433) und **endet** mit dessen tatsächlicher Aufhebung (vgl. RG **13** 256, **37** 336, Tröndle/Fischer 2). Ein solcher Gewahrsam setzt nicht unbedingt die Verwahrung in einer Anstalt voraus, sondern kann auch außerhalb eines festen Raumes bestehen (KG JR **80**, 513). Auch wird er nicht dadurch unterbrochen, daß ein Gefangener infolge Krankheit oder zur Beobachtung gem. § 81 StPO in Form „mobilen Gewahrsams" in ein Krankenhaus übergeführt wird (vgl. RG **19** 330, GA Bd. **50** 104, **65** 205, Horn SK 5, iE auch Lackner/Kühl 3). Auch sonst bleibt bei bloßer *Lockerung des amtlichen Gewahrsams* die Gefangenschaft jedenfalls solange bestehen, als eine Flucht des Gefangenen physisch verhindert werden kann (Kusch NStZ 85, 386 f.), wie zB bei der beaufsichtigten Außenbeschäftigung bzw. im halboffenen Vollzug (vgl. Tröndle/Fischer 4, M-Schroeder II 203), während es bei sog. Freigängern, die unbeaufsichtigt außerhalb der Anstalt arbeiten, idR bereits am Fortbestehen einer solchen faktischen Verhinderungsmöglichkeit fehlt (v. Bubnoff LK 23 b, Horn SK 5, Kusch aaO, Zielinski AK 17; iE ähnl. Lackner/Kühl 7; and. Tröndle/Fischer 4, Rössner JZ 84, 1067; offenlass. BGH **37** 392); letzteres gilt umso mehr bei Urlaub (hM; vgl. RG **15** 39, Horn SK 5; and. Tröndle/Fischer 4, Rössner aaO; offenlass. BGH aaO). Ebensowenig kann man bei einem nach Landesrecht (vgl. o. 4) in einer psychiatrischen Klinik Untergebrachten, der im Rahmen der therapeutischen Behandlung die Anstalt praktisch ungehindert verlassen und sich tagsüber ohne Aufsicht frei bewegen kann, noch von einer Verwahrung iSv Abs. 4 sprechen, mag auch der Klinik das Aufenthaltsbestimmungsrecht zustehen (and. BGH **37** 388 m. abl. Anm. Zielinski StV 92, 227; wie hier wohl auch v. Bubnoff LK 23 b: BGH „bedenklich weitgehend"; zw. auch Lackner/Kühl 6a). Zu der weitergehenden Frage, inwieweit Vollzugsbedienstete für Straftaten mitverantwortlich sein können, die von Gefangenen unter Mißbrauch von Vollzugslockerungen begangen werden, vgl. Schaffstein aaO.

2. Die **Tathandlung** kann im **Befreien** eines Gefangenen oder im **Verleiten** zu bzw. im **Fördern** bei einer Selbstbefreiung bestehen. Für die frühere Einschränkung, wonach die Befreiung ohne Willen der zuständigen Stelle erfolgen mußte (vgl. zu § 120 aF RG **34** 8, **36** 403, Hübner LK^9 18), ist nach der Neufassung – insbes. angesichts des Abs. 2 – kein Raum mehr (vgl. v. Bubnoff LK 26, Lackner/Kühl 6, Siegert JZ 73, 308). Daher kommen auch Amtsträger und Angehörige der Behörde selbst als Täter in Betracht. Dies kann jedoch nicht bedeuten, daß demzufolge schon jedwede Haftentlassung tatbestandsmäßig als „Befreiung" zu verstehen wäre. Denn da als ungeschriebenes Tatbestandsmerkmal die Nichtordnungsmäßigkeit der Befreiung vorauszusetzen ist, werden behördliche Haftaufhebungen oder Gewahrsamslockerungen erst insoweit erfaßt, als sie entweder offensichtlich nichtig (wie etwa infolge Erpressung durch Geiselnahme) oder (zB mangels örtlicher oder sachlicher Zuständigkeit) verfahrenswidrig sind (vgl. BGH **37** 392 f. m. Anm. Begemann NStZ 92, 276, Zielinski StV 92, 227, Tröndle/Fischer 5, Horn SK 7 f., Zielinski AK 23 f.; teils noch weiterged. für jeglichen Tatbestandsausschluß behördl. Lockerungen Kusch NStZ 85, 387 f., während Rössner JZ 84, 1068 ff. die erforderlichen Strafbarkeitseinschränkungen durch Abheben auf den subjektiven Befreiungswillen bzw. durch Rechtfertigung erreichen will). Verfügt zB der Leiter einer psychiatrischen Klinik eigenmächtig die Entlassung eines auf richterliche Anordnung untergebrachten Patienten, so ist mangels seiner nach Landesrecht zu beurteilenden (vgl. o. 4) sachlichen Zuständigkeit für die Aufhebung der Unterbringung der Tatbestand erfüllt (BGH **37** 393 f., v. Bubnoff LK 27, Tröndle/Fischer 5, Ostendorf JZ 94, 556). Die hiergegen vorgebrachten Einwände (Begemann NStZ 92, 277, Zielinski StV 92, 229 f.) überzeugen nicht, da sie auf einer zu formalen Auffassung vom Schutzzweck des § 120 und vom Begriff der „Zuständigkeit" beruhen, welcher über die bloße Berechtigung zur tatsächlichen Ausübung der staatlichen Verwahrungsgewalt hinaus auch die verfahrensrechtliche Entscheidungsbefugnis hinsichtlich der Unterbringungsvoraussetzungen umfaßt (vgl. v. Bubnoff aaO, Ostendorf aaO FN 12). Eine behördliche Haftaufhebung oder -lockerung ist somit nicht schon deshalb tatbestandsmäßig, weil sie materiell unbegründet war (BGH **37** 392 f., Begemann NStZ 92, 277, Zielinski StV 92, 229) oder von Gefangenen zur Flucht mißbraucht wird bzw. werden kann (Tröndle/Fischer 5). Im übrigen ist hinsichtlich der einzelnen Tatbestandsmodalitäten noch folgendes zu beachten:

a) **Befreien** heißt, das jeweilige amtliche Gewalt- oder Herrschaftsverhältnis über den Gefangenen bzw. Verwahrten aufheben, und zwar mit Befreiungswillen (insoweit zutr. Rössner o. 7). Eine nur vorübergehende Lockerung bei fortbestehender Einflußmöglichkeit genügt dafür nicht, wie zB Be-

§ 120 9–15 Bes. Teil. Straftaten gegen die Staatsgewalt

schäftigung von Gefangenen im Außendienst (vgl. o. 6). Eine (vollendete) Befreiung kann daher auch nicht schon darin gesehen werden, daß (zu beaufsichtigende) Häftlinge kurzfristig ohne Aufsicht gelassen werden, solange sie sich noch im faktischen Einflußbereich der zuständigen Stelle befinden (vgl. Köln JMBlNW **58**, 178; vgl. auch o. 6, u. 22; and. aber RG **57** 75). Dagegen ist ohne Bedeutung, ob der Gefangene mit oder ohne seinen Willen (so zB durch gewaltsame Entführung) befreit wird. Als *Mittel* der Befreiung kommen sowohl Einwirkungen auf sächliche wie auch auf personelle Vorkehrungen zur Gefangenhaltung in Betracht, wie insbes. Täuschung, Drohung oder Gewalt gegen Aufsichtspersonen (vgl. RG **34** 8, v. Bubnoff LK 27). Zu bloßer Anstiftung (zB in Form der Bestechung) vgl. u. 12. Zum Entweichenlassen durch pflichtwidriges Unterlassen vgl. u. 13, 20, 22.

9 b) Die **Selbstbefreiung** ist – abgesehen von § 121 (RN 11 f.) – *straflos;* für Teilnahme hieran hätte daher nach Akzessorietätsregeln Entsprechendes zu gelten. Doch erhebt das Gesetz die Teilnahme in Form des *Verleitens* und des *Förderns* zu selbständigen Tatbeständen (vgl. BT-Drs. 7/550 S. 220, v. Bubnoff LK 2 a; and. Zielinski AK 8), so daß diese nicht in jeder Hinsicht Teilnahmegrundsätzen folgen müssen (vgl. u. 12, 23; krit. Siegert JZ 73, 309).

10 aa) Das **Verleiten zum Entweichen** entspricht sachlich einer Anstiftungshandlung iSd § 26 (vgl. BT-Drs. 7/550 S. 220, Tröndle/Fischer 6, Lackner/Kühl 8), bedeutet also – anders als der gleichlautende Begriff in § 160 (vgl. dort RN 1) – die Hervorrufung eines Entschlusses zur Selbstbefreiung (vgl. § 26 RN 4, Siegert JZ 73, 309). Hierfür kommen auch Drohungen gegenüber dem Gefangenen in Betracht (vgl. RG JW **27**, 1210, Tröndle/Fischer 6), während die Mittel der Gewalt oder Täuschung (zB über eine Haftentlassung) unter die 1. Alt. (o. 8) fallen (vgl. Siegert aaO 309). Dagegen ist die Überredung zur Nichtrückkehr nach einem Urlaub kein Verleiten zur Selbstbefreiung (Arzt/Weber V 54, M-Schroeder II 203).

11/12 bb) Die **Förderung beim Entweichen** stellt sachlich eine Beihilfehandlung dar (vgl. die Förderungsformel der Rspr. bei § 27 RN 8). Sie kann durch Rat oder Tat erfolgen (RG **25** 67), wobei die ansonsten häufig schwierige Abgrenzung zwischen psychischer Beihilfe und Anstiftung wegen des gleichgestellten Verleitens hier ohne wesentliche Bedeutung ist. Entsprechend § 27 RN 10 ist auch hier für die Vollendung erforderlich, daß die Förderung für eine erfolgte Selbstbefreiung wenigstens mitursächlich geworden ist (mißverständl. daher BGH **9** 62, wonach jede Handlung ausreiche, die geeignet sei, die Selbstbefreiung zu fördern; vgl. v. Bubnoff LK 29). Jedoch kann bei mangelnder Kausalität Versuch in Betracht kommen (vgl. BGH **9** 62, u. 23, Tröndle/Fischer 7; and. Siegert JZ 73, 309). Wie die Parallele zur 2. Alt. (o. 10) ergibt, kann aber für die täterschaftliche Begehungsform des Förderns nur eine solche „Beihilfe" in Betracht kommen, die dem Gefangenen entweder *unmittelbar* oder auf *dessen Veranlassung* gewährt wird (vgl. v. Bubnoff LK 31, ferner § 257 RN 19). Lediglich wegen Beihilfe (§ 27) zu Abs. 1 ist daher strafbar, wer einem Mittelsmann des Gefangenen zB Ausbruchswerkzeuge überläßt (vgl. M-Schroeder II 203); wegen Anstiftung (§ 26) zu Abs. 2 (bzw. über § 28 II aus § 120 I), wer aus eigenem Antrieb eine Aufsichtsperson veranlaßt, den Gefangenen entweichen zu lassen. Vgl. jedoch u. 20.

13 c) Sämtliche Begehungsformen können bei entsprechender Garantenpflicht auch **durch Unterlassen** verwirklicht werden (v. Bubnoff LK 27), was insbes. bei Tätern iSv Abs. 2 (u. 17 ff.) in Betracht kommt. Darüberhinaus kann aber Garant zB auch der Unternehmer sein, der ohne förmliche Verpflichtung (iSd Abs. 2 iVm § 11 I Nr. 4) Gefangene bei sich beschäftigt (vgl. Horn SK 14, Siegert JZ 73, 310).

14 3. **Täter** des Abs. 1 kann – außer dem Gefangenen selbst (vgl. u. 15) – grundsätzlich jeder sein, also auch ein Mitgefangener (vgl. BGH **9** 62, **17** 573, Oldenburg NJW **58**, 1598, Celle JZ **61**, 263 m. Anm. Schröder, Tröndle/Fischer 8). Zur Strafschärfung bei Tatbegehung durch Amtsträger (Abs. 2) vgl. u. 17 ff.

15 **Nicht Täter** des § 120 kann dagegen der (befreite) **Gefangene** bzw. Verwahrte selbst sein (vgl. BGH **4** 400), und zwar selbst dann nicht, wenn mit der Selbstbefreiung die Befreiung oder das Entweichen eines anderen (notwendig) verbunden ist (v. Bubnoff LK 34; vgl. aber § 121 RN 12). Das gilt auch für **gemeinsame Flucht mehrerer** Gefangener; denn entgegen RG GA **59** 116, Oldenburg NJW **58**, 1598 (vgl. auch RG **3** 140, **57** 417, **61** 31) wird von der Rspr. inzwischen anerkannt, daß die *wechselseitige Beihilfe* mehrerer Gefangener nicht strafbar ist, wenn die dem anderen geleistete Hilfe zugleich der Erlangung der eigenen Freiheit dient (BGH **17** 369 m. Anm. Deubner NJW 62, 2260, Celle JZ **61**, 263 m. Anm. Schröder, Hamm NJW **61**, 2232, Tröndle/Fischer 9, Horn SK 13, M-Schroeder II 203; vgl. auch Arzt/Weber V 55). Der Grund hierfür liegt in der notstandsähnlichen Situation, in der sich der Gefangene – ähnlich wie bei der Selbstbegünstigung – befindet (Gropp aaO 245, Wolter JuS 82, 346), wobei jedoch eine etwa zugleich verwirklichte Strafvereitelung nach § 258 uU strafbar bleibt (vgl. Gropp aaO 285 ff.). Daraus ergibt sich, daß der Gefangene selbst auch nicht wegen Anstiftung bzw. Verleitens bestraft werden kann, und zwar gleichgültig, ob der Angestiftete ein Mitgefangener ist, der selbst an der Flucht teilnehmen will, oder nicht (vgl. v. Bubnoff LK 35, Horn SK 13, Zielinski AK 28; and. Tröndle/Fischer 9; vgl. auch Herrlein/Werner JA 94, 561 f.). Die Beschränkung auf den ersten Fall (so BGH **17** 373) erscheint inkonsequent, da der Grund für die Straflosigkeit nicht in der Situation des Angestifteten, sondern in der des Anstifters liegt (Frank VI, M-Schroeder aaO, Welzel 508, Wessels/Hettinger II/1 656). Zu diesen Fragen näher Gropp aaO 240 ff.,

Eser

Lange, Die notwendige Teilnahme (1940) 85, Osamu Jura 99, 246 ff., Wolter JuS 82, 343/5 f. Zu weiteren **Teilnahme**fragen vgl. o. 12.

4. Ein **Rechtfertigungsgrund** für die Befreiung eines Gefangenen kann sich aus Notstand (wie 16 etwa zur Beendigung einer Geiselnahme) ergeben (Horn SK 11, Krey ZRP 75, 97 ff.). Dagegen ist Nothilfe (§ 32) zugunsten eines materiell Unschuldigen durch Dritte idR nicht erst mangels Erforderlichkeit (so Horn aaO), sondern bereits mangels eines rechtswidrigen Angriffs zu verneinen, nachdem es für die Rechtmäßigkeit der Gewahrsamsbegründung lediglich auf deren formelle Ordnungsmäßigkeit ankommt (vgl. o. 1, KG JR **80**, 514, aber auch Ostendorf JR 81, 292 f.).

III. Für **Gefangenenbefreiung im Amt** (Abs. 2) ist **Strafschärfung** vorgesehen. Dies gilt für 17 Täter, die als Amtsträger oder als für den öffentlichen Dienst besonders Verpflichtete gehalten sind, das Entweichen des Gefangenen zu verhindern. Die Tat ist *unechtes Amtsdelikt;* daher gilt für (außenstehende) Teilnehmer § 28 II (Arzt/Weber V 54, Horn SK 19).

1. Zu den **Amtsträgern** und für den öffentlichen Dienst besonders Verpflichteten vgl. § 11 18 RN 14 ff. Gemäß § 48 WStG sind ihnen Soldaten gleichgestellt.

2. Die genannten Personen müssen aufgrund ihrer besonderen Amts- oder Dienststellung zumin- 19 dest *auch* **gehalten sein, das Entweichen des Gefangenen zu verhindern.** Daß sich ihre Funktion darin erschöpft, wird nicht verlangt (mißverständl. insoweit BT-Drs. 7/550 S. 220), ebensowenig findet (anders als nach §§ 121, 347 aF) eine Beschränkung auf Aufsichtspersonen ieS statt (vgl. Siegert JZ 73, 309 mwN). In Betracht kommen daher nicht nur der Aufseher einer Anstalt, sondern auch deren Leiter (vgl. RG **58** 271), wohl auch der Polizist, der gegen einen (erkannten) Ausbruch von Gefangenen nichts unternimmt (v. Bubnoff LK 40); ferner der Ermittlungs- oder Haftrichter (vgl. §§ 115, 128 StPO), dem ein (vorläufig) Festgenommener vorgeführt wird, solange sich dieser in seiner unmittelbaren Einflußsphäre (zB im Dienstzimmer) befindet (vgl. Halle NJW **49**, 95 zu § 120 aF bzw. § 347 aF).

Nicht unter Abs. 2 fallen dagegen Personen, die lediglich im *technisch-organisatorischen* Bereich 19 a einer Anstalt beschäftigt sind, wie zB Küchenpersonal, Büroamte (vgl. RG **27** 211) sowie Anstaltsgeistliche oder -ärzte (vgl. Tröndle/Fischer 8). Ebensowenig kann ein Richter durch pflichtwidrige Aufhebung eines Haftbefehls (oder eine Entscheidung nach §§ 57, 57 a) Abs. 2 verwirklichen, da den Richter insoweit nicht die Pflicht trifft, das Entweichen des Gefangenen zu verhindern, sondern über dessen ordnungsmäßige Haftentlassung zu entscheiden; wohl aber kann hier uU Abs. 1 erfüllt sein, sofern zugleich die Voraussetzungen des § 339 gegeben sind (vgl. § 339 RN 3 ff. sowie BGH **10** 294, Halle NJW **49**, 95, Lackner/Kühl § 339 RN 11; teils abw. v. Bubnoff LK 42, Zielinski AK 29).

3. Als **Tathandlungen** kommen hier nicht (nur) das Entweichenlassen als solches, sondern alle 20 Modalitäten des Abs. 1 in Betracht, die zudem auch durch (unechtes) Unterlassen begehbar sind (vgl. o. 13, Tröndle/Fischer 5, 8, M-Schroeder II 203). Die abw. Auffassung von Siegert JZ 73, 310 u. Zielinski AK 31 (bei Unterlassen nur Abs. 1) verkennt, daß nicht die Garantenstellung als solche den Grund der Straferhöhung bildet (vgl. o. 13), sondern die Verletzung der besonderen öffentlichen Amts- oder Dienstpflicht, die lediglich *zugleich* eine Garantenpflichtverletzung darstellt; von deren Doppelverwertung zum Nachteil des Täters kann daher keine Rede sein (vgl. auch Lackner/Kühl 12). Die besondere Pflichtenstellung des Täters hat weiter zur Folge, daß (über o. 12 hinausgehend) auch *mittelbare* Förderungshandlungen Täterschaft nach Abs. 2 begründen (vgl. § 13 RN 31, 80 ff. vor § 25).

IV. Für den **subjektiven Tatbestand** ist sowohl für Abs. 1 wie für Abs. 2 (zumindest bedingter) 21 **Vorsatz** erforderlich (§ 15), der sich auf endgültige Aufhebung der Gefangenschaft bzw. Verwahrung erstrecken und auch die Tatsache umfassen muß, daß die Befreiung nicht ordnungsgemäß erfolgt (vgl. o. 7). Daher kann die nur versehentliche Entlassung des (falschen) Gefangenen nicht genügen (v. Bubnoff LK 43). Bloße *Fahrlässigkeit* ist auch für Amtsträger (Abs. 2) schon seit dem 1. StrRG *nicht mehr* strafbar.

V. **Vollendet** ist die Tat bei allen Modalitäten erst dann, wenn der Gefangene seine uneinge- 22 schränkte Freiheit tatsächlich wiedererlangt hat (vgl. RG **41** 120, BGH **9** 62) bzw. die amtliche Gewalt über den Gefangenen – wenn auch nur vorübergehend (vgl. RG **26** 52) – tatsächlich vollständig aufgehoben ist (vgl. o. 6). Die Schaffung einer bloßen Möglichkeit zum Entweichen, so zB durch Nichtabschließen einer Tür oder kurzfristige Nichtbeaufsichtigung, kann nicht genügen, soweit und solange der Gefangene hiervon keinen Gebrauch macht (vgl. Köln JMBlNW **58**, 178, Arzt/Weber V 55; and. RG **57** 75). Andernfalls würde das bloße Handeln bzw. Unterlassen als solches der Herbeiführung des tatbestandsmäßigen Erfolges gleichgestellt. Vgl. auch o. 8.

Der **Versuch** ist strafbar (Abs. 3), und zwar auch hinsichtlich des Verleitens oder Förderns einer 23 Selbstbefreiung nach Abs. 1 (v. Bubnoff LK 46). Aus der begrenzten Strafbarkeit der versuchten Anstiftung (§ 30) bzw. der grds. Straflosigkeit der versuchten Beihilfe kann dagegen nichts hergeleitet werden (so aber Siegert JZ 73, 309), da es sich konstruktiv nicht um (akzessorische) Teilnahmeformen, sondern um selbständige Tatbestände handelt (vgl. o. 2, 9). Für den Versuchs*beginn* bei der 2. Alt. von Abs. 1 (o. 10) gilt § 30 RN 19 entsprechend. Auch bei der 3. Alt. (o. 11) ist Versuch schon mit Beginn der Förderungshandlung (Zuschmuggeln von Ausbruchswerkzeugen), nicht erst mit dem tatsächlichen Beginn der Selbstbefreiung gegeben (BGH **9** 62, Tröndle/Fischer 7, Zielinski AK 35). Zum Versuchsbeginn bei Abs. 2 vgl. § 22 RN 53. Auch der untaugliche Versuch ist strafbar, so wenn

§ 121 1-5   Bes. Teil. Straftaten gegen die Staatsgewalt

der Täter einen Nervenkranken fälschlich für behördlich verwahrt hält. Ein **Rücktritt** ist nach allgemeinen Grundsätzen möglich, wobei jedoch auch für die 2. und 3. Alt. des Abs. 1 der § 24 Abs. 1 (und nicht dessen Abs. 2 bzw. § 31) gilt (v. Bubnoff LK 51).

24   VI. Als **Strafe** ist im Falle von Abs. 1 Freiheitsstrafe bis zu 3 Jahren oder Geldstrafe angedroht, im Falle von Abs. 2 bis zu 5 Jahren.

25   VII. **Idealkonkurrenz** ist möglich mit §§ 113, 223 ff. (BGH GA **65**, 205), mit §§ 258, 258a (vgl. RG **57** 302; zw. Tröndle/Fischer 12), wobei jedoch § 258 VI nicht auch für § 120 gilt (v. Bubnoff LK 52, M-Schroeder II 203); ferner mit §§ 303, 334 (BGH **6** 309).

§ 121 Gefangenenmeuterei

(1) Gefangene, die sich zusammenrotten und mit vereinten Kräften
1. einen Anstaltsbeamten, einen anderen Amtsträger oder einen mit ihrer Beaufsichtigung, Betreuung oder Untersuchung Beauftragten nötigen (§ 240) oder tätlich angreifen,
2. gewaltsam ausbrechen oder
3. gewaltsam einem von ihnen oder einem anderen Gefangenen zum Ausbruch verhelfen,

werden mit Freiheitsstrafe von drei Monaten bis zu fünf Jahren bestraft.

(2) Der Versuch ist strafbar.

(3) In besonders schweren Fällen wird die Meuterei mit Freiheitsstrafe von sechs Monaten bis zu zehn Jahren bestraft. Ein besonders schwerer Fall liegt in der Regel vor, wenn der Täter oder ein anderer Beteiligter
1. eine Schußwaffe bei sich führt,
2. eine andere Waffe bei sich führt, um diese bei der Tat zu verwenden, oder
3. durch eine Gewalttätigkeit einen anderen in die Gefahr des Todes oder einer schweren Gesundheitsschädigung bringt.

(4) Gefangener im Sinne der Absätze 1 bis 3 ist auch, wer in der Sicherungsverwahrung untergebracht ist.

Schrifttum: vgl. die Angaben zu § 120; ferner (zu § 122 aF): *H. Maier,* Teilnahme u. Gefangenenmeuterei, JZ 56, 454. – *F. C. Schroeder,* Die Teilnahme bei § 122 III StGB, NJW 64, 113.

1   I. Im Unterschied zu seinen Vorgängern erfaßt der jetzige § 121 nur noch die **Gefangenenmeuterei** (vgl. 19. A. RN 1), wobei die Unternehmenstatbestände des § 122 aF in der generellen Strafbarkeit des Versuchs (Abs. 2) aufgegangen sind (näher zur Vorgeschichte Zielinski AK 2). Das **Schutzgut** setzt sich aus dem des § 120 (*Sicherung amtlichen Gewahrsams über einen Gefangenen:* vgl. dort RN 1) und des § 113 (*Schutz von Vollstreckungsorganen:* vgl. dort RN 2) zusammen (vgl. v. Bubnoff LK 2, Lackner/Kühl 1). Anders als bei § 120 sind hier auch bestimmte Formen der *Selbstbefreiung* ausnahmsweise strafbar (vgl. BGH **4** 396, u. 11).

2   II. Der **Tatbestand (Abs. 1)** erfordert, daß sich **Gefangene zusammenrotten** und **mit vereinten Kräften** eine der in Nr. 1–3 beschriebenen **Meuterhandlungen** vornehmen.

3   1. **Täter** kann nur ein **Gefangener** sein (vgl. u. 16 sowie v. Bubnoff LK 4). Zu dessen Begriff gilt das Gleiche wie zu § 120 I (RN 3). Außerdem sind hier dem Gefangenen lediglich Sicherungsverwahrte (§ 66) gleichgestellt, nicht jedoch die sonstigen Verwahrten iSv § 120 IV (vgl. dort RN 4).

4   2. **Zusammenrottung** bedeutet ebenso wie bei § 124 (vgl. dort RN 4) ein erkennbar bedrohliches räumliches Zusammentreten von mindestens zwei zu gewalttätigem Vorgehen bereiten Gefangenen (vgl. RG **49** 430, BGH **20** 305, Bay GA **66**, 280, v. Bubnoff LK 12); das Zusammenwirken mit einer Person, die nicht Gefangener (iSv Abs. 1 oder 4, vgl. o. 3) ist, reicht nicht aus (vgl. RG **73** 349), ebensowenig, daß einer von zwei Gefangenen nur zum Schein mitmacht (Hamm JZ **53**, 242 m. Anm. Maurach), da hier die für eine Zusammenrottung charakteristische erhöhte Gefährlichkeit (vgl. RG **50** 86, **55** 68, **69** 296, Wegener JW 34, 3281) fehlt. Andererseits ist aber die Art der Beteiligung als Täter oder Teilnehmer bei der eigentlichen Meutereihandlung (nach Nr. 1 bis 3) für den Begriff der Zusammenrottung nicht maßgeblich, so daß diese sowohl aus Meutereitätern wie auch -gehilfen zusammengesetzt sein kann (vgl. RG **69** 294, HRR **37** Nr. 680, v. Bubnoff LK 16 sowie u. 5; and. noch RG **17** 49). Die Zusammenrottung braucht nicht ausdrücklich verabredet zu sein, sondern kann auch ad hoc zB in einer Zellengemeinschaft zustande kommen (vgl. RG **2** 80, **50** 86, **60** 332, BGH **20** 305, MDR/D **68**, 895, Tröndle/Fischer 3, v. Bubnoff LK 15). Stets ist ein enger räumlicher Zusammenhang der Beteiligten erforderlich (vgl. RG **54** 313, Horn SK 5).

5   3. Die eigentlichen Meutereihandlungen (u. 6 ff.) müssen **mit vereinten Kräften** aus der Zusammenrottung heraus verübt werden (vgl. dazu § 125 RN 10). Auch dies ist nicht gleichbedeutend mit Mittäterschaft (vgl. o. 4, Horn SK 6, Lackner/Kühl 4), sondern meint lediglich die in der Zusammenrottung vereinigte Kraft (RG **58** 207, v. Bubnoff LK 19). Dafür kann schon genügen, daß nur *ein* Gefangener aktiv handelt und der oder die anderen (auch als Gehilfen) den Täter durch Aufpasserdienste oder auch durch ihr bloßes Dabeisein erkennbar psychisch unterstützen (vgl. RG **30** 391, **47** 180, **58** 207, v. Bubnoff aaO, Lackner/Kühl 4; krit. Ott NJW 69, 454). Wer im einzelnen den Täter

tatsächlich unterstützt hat, braucht diesem (bei festgestellter Zusammenrottung) nicht nachgewiesen zu werden (vgl. Tröndle/Fischer 3). Es genügt auch die Handlung eines Gehilfen, der zB von den Tätern gezwungen wird, das Gitter aufzusägen. Zur Zeit der Tathandlung muß die **Gefangenschaft noch bestehen** (dazu § 120 RN 6). Daher reichen Handlungen nach gelungener Flucht, mit denen lediglich die Wiederergreifung verhindert werden soll, nicht aus.

4. Als **Meutereihandlungen,** die mit vereinten Kräften begangen sein müssen, kommen in Betracht:

a) **Nötigen** oder **tätliches Angreifen (Nr. 1)** eines *Anstaltsbeamten*, eines anderen *Amtsträgers* oder eines mit der Beaufsichtigung, Betreuung oder Untersuchung von Gefangenen *Beauftragten*. 6

aa) **Anstaltsbeamte** sind die im Dienst der betreffenden Anstalt stehenden Amtsträger (vgl. § 11 I Nr. 2), also nicht nur Aufsichtspersonen ieS, sondern auch Anstaltsleiter oder -ärzte sowie Beamte des technisch-organisatorischen Bereichs einer Anstalt (vgl. § 11 RN 19, v. Bubnoff LK 22). Als **andere Amtsträger** kommen zB Staatsanwälte, Haft- und Untersuchungsrichter sowie beamtete Ärzte in Betracht, die sich *dienstlich* in der Anstalt befinden oder denen die Gefangenen vorgeführt werden (vgl. BT-Drs. 7/550 S. 220, Tröndle/Fischer 5). Sonstige **Beauftragte** sind nicht nur solche iSd § 11 I Nr. 4, sondern uU auch private Aufsichtspersonen, zB ein Unternehmer, bei dem die Gefangenen beschäftigt sind, ferner Geistliche, Sozialarbeiter oder Krankenschwestern, medizinische und sonstige Sachverständige oder Privatärzte, die mit der Betreuung bzw. Untersuchung von Gefangenen beauftragt sind (v. Bubnoff LK 23). 7

bb) Das **Nötigen** entspricht dem des § 240. Daher reicht jedes der dort (RN 3 ff.) genannten Nötigungsmittel der Gewalt oder Drohung aus, sofern es nur gegen eine der vorgenannten Personen gerichtet ist. Dementsprechend ist auch ein Ausbruch mittels Gewalt gegen eine *Person* erfaßt, während Gewaltsamkeit gegen *Sachen* über Nr. 2 zu erfassen ist (vgl. u. 11). Wie die Parallele zum tätlichen Angriff (u. 9) ergibt, kann jedoch ein eigentlicher Nötigungserfolg nicht wie nach § 240 (vgl. dort RN 12) hier nicht erforderlich sein; denn auch der Klammerverweis auf § 240 will lediglich besagen, daß die Nötigungsmittel und -ziele solche der in § 240 genannten Art sein müssen (vgl. auch BT-Drs. 7/550 S. 220, wonach auch das Leisten von Widerstand miterfaßt sein soll, das als „unechte Unternehmenshandlung" einen Erfolg nicht voraussetzt; vgl. § 113 RN 40). Demzufolge genügt auch eine erfolglose Drohung (Horn SK 8; and. v. Bubnoff LK 28, Zielinski AK 11). Rein passiver Widerstand hingegen, wie zB die Arbeitsverweigerung bei Außenarbeit, kann nicht genügen (and. RG 58 578, BGH LM **Nr. 1** zu § 122 aF), da man „mit vereinten Kräften" nicht „unterlassen" kann (Horn aaO; vgl. aber AG Bochum NJW **71**, 155, Tröndle/Fischer 6). 8

cc) Das **tätliche Angreifen** entspricht dem gleichlautenden Begriff in § 113 (RN 46). Auch ein Angriff zwecks Ausbruchs wird hiervon erfaßt (vgl. o. 8, u. 11). 9

dd) Im übrigen ist – anders als nach § 113 III – nicht eigens vorausgesetzt, daß sich die Gefangenen gegen *rechtmäßige Diensthandlungen* wenden. Daher kommt Nr. 1 auch bei einem Vorgehen gegen *rechtswidrige Diensthandlungen* in Betracht. Das schließt jedoch nicht aus, daß im Einzelfall die Tat durch Notwehr bzw. Nothilfe gerechtfertigt ist, so wenn zB ein Mitgefangener von Wärtern geschlagen wird (Horn SK 10). 10

b) Das **gewaltsame Ausbrechen (Nr. 2)** richtet sich gegen die *sachlichen* Abschlußeinrichtungen, welche die Gefangenen von der Freiheit trennen (vgl. RG **27** 397, Bay GA **66**, 280, Horn SK 11). Gewaltsame Aktionen gegen *Personen* sind als durch Nr. 1 abschließend geregelt anzusehen (vgl. o. 8, 9; and. RG **55** 68, BGH **16** 34, auch jetzt noch v. Bubnoff LK 32, M-Schroeder II 204). Gewaltsame Verhinderung des Widerstandes von Mitgefangenen wird daher von § 121 nicht erfaßt (so auch v. Bubnoff LK 33, Horn SK 11; and. Tröndle/Fischer 8), da diese nicht zur Sicherung des amtlichen Gewahrsams berufen sind. Ausreichend ist Gewalt gegen *mittelbare* Abschlußvorrichtungen, zB Erbrechen eines Raumes, um sich Schlüssel oder Zivilkleider zur Flucht zu besorgen (RG **49** 430). Doch muß es sich um solche Abschlußvorrichtungen handeln, die dazu bestimmt sind, das Entweichen von Gefangenen zu verhindern, wofür eine gewisse Festigkeit erforderlich ist (vgl. Bay GA **66**, 281). *Gewaltsam* ist der Ausbruch nicht nur bei außergewöhnlicher, sondern schon bei derjenigen Kraftaufwendung, die erforderlich ist, den Widerstand der Abschlußvorrichtung zu überwinden, zB Zurückschlagen eines Riegels mit einem Stein (RG GA Bd. **56** 86), Lösen des Gitters mit einem Schraubenschlüssel (BGH **12** 307), Durchschneiden eines Elektrozauns (Tröndle/Fischer 9); nicht dagegen die gewaltlose Entwendung bzw. Benutzung von (auch falschen) Schlüsseln (vgl. RG **49** 429, BGH **16** 34). Anders als nach § 122 II aF ist hier für die *Vollendung* erforderlich, daß der amtliche Gewahrsam über den jeweiligen Gefangenen – wenn auch nur vorübergehend (vgl. RG **41** 357) – bereits aufgehoben (vgl. Tröndle/Fischer 8), also der Ausbruch gelungen ist (BGH MDR/D **75**, 542; and. Horn SK 11). Zurückgebliebene können aber gemäß Nr. 3 strafbar sein (u. 15). 11

c) Meutereihandlung ist ferner das **gewaltsame Verhelfen zum Ausbruch (Nr. 3)**. Im Unterschied zu Nr. 2, wo nur der selbst Mitausbrechende Täter sein kann, wird durch Nr. 3 auch der Förderer einer Selbstbefreiung zum Täter. Insofern handelt es sich hier um einen qualifizierten Sonderfall des Förderns einer Selbstbefreiung nach § 120 I (vgl. BT-Drs. 7/550 S. 220, Tröndle/Fischer 12), wobei jedoch hier (anders als nach § 120 RN 15) wegen der besonders gefährlichen Begehungsweise (o. 4) auch die wechselseitige Fluchthilfe von Mitgefangenen strafbar ist. Im übrigen ist folgendes zu beachten: 12

Eser

§ 121 13–23

13/14 aa) Das **gewaltsame** Handeln als solches entspricht dem der Nr. 2 (o. 11). Da nach dem Wortlaut die *Hilfe* als solche in Gewalthandlungen bestehen muß, kann es nicht genügen, wenn diese allein der Ausbrechende vornimmt und die übrigen Zusammengerotteten ihn dabei lediglich psychisch unterstützen; dann kommt nur Beihilfe zum Ausbruch nach Nr. 2 in Betracht. *Vollendet* ist auch Nr. 3 erst, wenn der Ausbruch tatsächlich gelingt (Lackner/Kühl 7) und die (gewaltsame) Hilfe hierfür *mitursächlich* war, also nicht, wenn der Gefangene – statt durch die von den übrigen aufgebrochene Tür – durch das Fenster entweicht. Vgl. § 120 RN 11.

15 bb) Ist von mehreren Tätern der Nr. 2 **nur einigen** die *Flucht* tatsächlich gelungen, so kann von den Zurückgebliebenen zugleich auch Nr. 3 vollendet sein (v. Bubnoff LK 35; and. Horn SK 12, Zielinski AK 13, 17: nur Versuch von Nr. 2).

16 III. **Täter** kann nur, muß aber nicht stets sein (vgl. o. 4 f., 13), wer selbst *Gefangener* ist (vgl. o. 3) und sich in der Zusammenrottung befindet. Für *Außenstehende* kommt nur *Teilnahme* an § 121 in Betracht; insoweit gilt aber nicht § 28, da der Strafgrund in der besonderen Tatgefährlichkeit liegt, es sich also um ein tatbezogenes Merkmal handelt (Tröndle/Fischer 18, Horn SK 13, Lackner/Kühl 2, M-Schroeder II 204, Zielinski AK 21). Bloßer Meutereigehilfe kann auch sein, wer sich in der Zusammenrottung befindet (vgl. o. 13). Eigenhändige Vornahme einer Gewalthandlung iSd Nrn. 1 bis 3 führt regelmäßig zu (Mit-)Täterschaft (vgl. BGH **9** 120), ist aber hierfür nicht (mehr) vorausgesetzt (vgl. v. Bubnoff LK 38), sondern nach allgemeinen Grundsätzen zu entscheiden.

17 IV. Für den **subjektiven Tatbestand** ist in allen Fällen **Vorsatz** erforderlich (§ 15), der sich sowohl auf die Zusammenrottung wie auch auf ein Handeln mit vereinten Kräften iSd Nrn. 1 bis 3 beziehen muß. Eventualvorsatz genügt (vgl. Tröndle/Fischer 19).

18 V. Zur **Vollendung** vgl. o. 8, 11, 14 f. Auch der **Versuch** ist strafbar **(Abs. 2).** Er beginnt erst mit dem Ansetzen zu einer *Meutereihandlung* (o. 6 ff.), im Falle von Nr. 2 also mit dem Ansetzen zur Gewalt (daher zu weitgehend BGH **16** 37; vgl. v. Bubnoff LK 40).

19 VI. Für **besonders schwere Fälle** ist durch **Regelbeispiele (Abs. 3)** Strafschärfung vorgesehen (zu dieser Technik vgl. 44 vor § 38, § 243 RN 1 ff.). Die Erschwerungsgründe entsprechen im wesentlichen denen des § 125 a.

20 1. Zu **Nr. 1** vgl. § 125 a RN 3 ff., § 244 RN 3 ff. sowie BGH NStZ **95**, 339 m. Anm. Wolters zum (verneinten) Versuch von Nr. 1 bei Bereitliegen der Schußwaffe außerhalb der Vollzugsanstalt, wenn der gewaltsame Ausbruch noch auf dem Anstaltsgelände scheitert; zu **Nr. 2** vgl. § 125 a RN 7 ff., § 244 RN 11 ff.; zu **Nr. 3** vgl. § 125 a RN 11, § 250 RN 20 ff., zur *Gewalttätigkeit* insbes. § 125 RN 5 f.

21 2. Anders als nach § 125 a RN 17 ff. können hier auch die durch **andere Beteiligte**, so etwa durch bloße Gehilfen verwirklichten Erschwerungsgründe den Meuterern zugerechnet werden (Horn SK 17), so zB wenn ein bewaffneter Wärter beim Ausbruch mithilft (vgl. auch § 244 RN 10).

22 3. Über Abs. 3 Nrn. 1 bis 3 hinaus wird ein **sonstiger** besonders schwerer Fall zB beim Anzetteln einer regelrechten Revolte oder einem besonders großen Sachschaden in Frage kommen (vgl. v. Bubnoff LK 45).

23 VII. **Idealkonkurrenz** ist möglich mit §§ 223 ff., da nicht jede Gewalttätigkeit eine Körperverletzung darstellt (vgl. BGH MDR/D **68**, 727), ebenso mit §§ 211 ff., mit § 303, soweit sich die Tat nicht lediglich gegen Abschlußvorrichtungen iSv o. 11 richtet (weitergeh. Celle MDR **64**, 693; and. RG DJZ **21**, 700, DRZ **24**, 5, 530, Tröndle/Fischer 20); ferner mit §§ 242 ff., 249 ff. Die §§ 113, 240 treten zurück; doch kann bei Außenstehenden eine Teilnahme an § 121 mit Täterschaft nach §§ 113 bzw. 240 idealiter konkurrieren (v. Bubnoff LK 49). **Innerhalb der Nrn. 1 bis 3** des Abs. 1 ist Idealkonkurrenz nicht möglich, da es sich insoweit nur um unterschiedliche Begehungsweisen desselben Delikts handelt (§ 52 RN 28, Lackner/Kühl 9; and. v. Bubnoff LK 48, Tröndle/Fischer 20); doch kann eine Kumulierung uU zur Annahme eines schweren Falles nach Abs. 3 führen.

§ 122 [Gefangenenmeuterei] *aufgrund des EGStGB ersetzt durch § 121 (vgl. dort RN 1).*

Siebenter Abschnitt. Straftaten gegen die öffentliche Ordnung

Vorbemerkungen zu den §§ 123 ff.

1. Der Abschnitt enthält eine Reihe von Tatbeständen mit zT völlig verschiedenartigen Rechtsgütern, von denen sich nur ein Teil mit der **„öffentlichen Ordnung"** in Verbindung bringen läßt. So schützen zB die §§ 123, 142 eindeutig Individualrechtsgüter (vgl. § 123 RN 1, § 142 RN 1); aber auch soweit es sich um überindividuelle Rechtsgüter handelt, lassen sich diese zwar in letzter Verallgemeinerung auch auf den gemeinsamen Nenner der „öffentlichen Ordnung" bringen, womit inhaltlich jedoch nur wenig gesagt ist, da diese Güter zT solche der Allgemeinheit, teils solche speziell des Staates sind und im einzelnen zT recht unterschiedliche soziale Funktionen erfüllen (zB öffentliche Sicherheit und öffentlicher Frieden in §§ 125 ff., die staatliche Organisationsgewalt und Autorität in § 132, der dienstliche Gewahrsam in § 133, das öffentlich-rechtliche Verstrickungsverhältnis in § 136 I, während § 136 II die in einem Dienstsiegel manifestierte staatliche Autorität schützt usw.).

2. Zugleich eine politisch besonders sensible Materie betreffen die in diesem Abschnitt enthaltenen Strafvorschriften zum Schutz des **inneren Friedens** und der **inneren Sicherheit** (§§ 125 ff., 140). Sie sind in ihrer gegenwärtigen Gestalt das Ergebnis einer langen Reihe von Gesetzesänderungen, die, beginnend mit dem 3. StrRG v. 20. 5. 1970 (BGBl. I 505), zunächst zu einer Liberalisierung führten (vgl. § 125 RN 1), der dann aber vor dem Hintergrund von Terrorismus, politisch motivierter Gewalt und zuletzt rechtsextremistischer Propaganda sehr rasch wieder Neukriminalisierungen und Verschärfungen folgten. Dabei ist die neuere Entwicklung fast ausschließlich durch ad hoc-Gesetze gekennzeichnet, die nicht nur die mangelnde Konsensfähigkeit des Gesetzgebers im Umgang mit dem besonders empfindlichen Instrument des Strafrechts deutlich machen, sondern der Strafgesetzgebung unserer Zeit nicht zu Unrecht auch den Vorwurf der „Kurzatmigkeit" und „Konzeptionslosigkeit" einbrachten (Lackner, 15. A., 1 a vor § 123, D-Tröndle, 48 A., § 130 a RN 1 a, Tröndle § 194 RN 1 a, Neumann StV 94, 274 u. näher zum Ganzen Lenckner, in: K. W. Nörr [Hrsg.], 40 Jahre Bundesrepublik Deutschland usw., 1989, 340 ff.). Ein besonders unrühmliches Beispiel dafür ist etwa das Hin und Her bei § 130a, der als Reaktion auf den sich ausbreitenden Terrorismus erstmals 1976 eingeführt, bereits 1981 mit einer die politische Opportunität dieser Entscheidung nur notdürftig kaschierenden Begründung (vgl. die 21. A.) aber wieder aufgehoben wurde, um dann weitere fünf Jahre danach mit modifizierter Form erneut in das Gesetz aufgenommen zu werden (vgl. § 130a RN 1). Im Geruch der Tagespolitik standen auch die Reform des § 125 durch das 3. StrRG von 1970 und die seitdem erfolgten Reformen dieser Reform (vgl. § 125 RN 1). Ähnliches gilt für die 1986 erfolgte Erweiterung des § 129a, mit der nun auch der Qualifikationstatbestand als solcher in seinem strafrechtlichen Gehalt und nicht nur als Anknüpfungspunkt für prozessuale Folgeregelungen ins Zwielicht geraten ist (vgl. § 129 a RN 1). Vielleicht eine politische Lösung, juristisch aber allenfalls eine Notlösung war 1985 auch der Versuch, das Problem der sog. „Auschwitz-Lüge" auf dem verfahrensrechtlichen Weg einer Erleichterung der Strafverfolgung wegen Beleidigung rechtlich in den Griff zu bekommen, wobei die dafür durch das 21. StÄG in § 194 geschaffene gesetzliche Grundlage allerdings kaum den Anspruch einer sonderlich durchdachten Regelung erheben konnte (vgl. dort RN 1). Zur Bildung eines besonderen Tatbestands des Leugnens usw. des NS-Völkermords, wie er ursprünglich durch eine Ergänzung des § 140 vorgesehen war (vgl. BT-Drs. 9/2090, 10/1286), kam es vielmehr erst 1994 (VerbrBekG), als der Gesetzgeber glaubte, auf die erneute Verneinung der Anwendbarkeit des § 130 im Fall der sog. „einfachen Auschwitz-Lüge" (bloßes Bestreiten der Gaskammermorde) in BGH **40** 97 und die dadurch ausgelösten (in der Sache völlig unbegründeten!) „Entrüstungsstürme im Medienzeitalter" (Bertram NJW 94, 2002) seinerseits mit einer entsprechenden Erweiterung des § 130 (Abs. 3 nF) reagieren zu müssen. Unproblematisch ist freilich auch diese nicht (vgl. auch Bertram aaO 2004, ferner § 130 RN 16 f., 20 ff.), und ebensowenig ist dies der gleichzeitig geschaffene, über das bisherige Recht (§ 131 aF) wesentlich hinausgehende allgemeine und weltweite Anti-Diskriminierungstatbestand in § 130 II nF (vgl. dort 1 a, 12); erst recht wäre der gleichfalls neue § 130 IV mit Fragezeichen zu versehen (vgl. dort RN 23). Keineswegs ein Musterbeispiel ausgereifter Gesetzgebung war schließlich auch die Neufassung des § 127 durch das 6. StrRG mit seinen sprachlichen Ungenauigkeiten und den zahlreichen Zweifelsfragen, die dort bleiben. Zu weiteren Änderungsvorschlägen vgl. Rebmann NStZ 89, 102; zu den zZ sich stellenden Reformfragen § 129 RN 1a u. zu der vielfach umstrittenen, mit Ablauf des 31. 12. 1999 außer Kraft getretenen Kronzeugenregelung bei den §§ 129, 129a, vgl. dort RN 28 bzw. RN 8.

§ 123 Hausfriedensbruch

(1) **Wer in die Wohnung, in die Geschäftsräume oder in das befriedete Besitztum eines anderen oder in abgeschlossene Räume, welche zum öffentlichen Dienst oder Verkehr bestimmt sind, widerrechtlich eindringt, oder wer, wenn er ohne Befugnis darin verweilt,**

auf die Aufforderung des Berechtigten sich nicht entfernt, wird mit Freiheitsstrafe bis zu einem Jahr oder mit Geldstrafe bestraft.

(2) Die Tat wird nur auf Antrag verfolgt.

Schrifttum: Allgaier, Hausfriedensbruch in städtischer Tiefgarage, MDR 87, 723. – *Amelung,* Probleme der Einwilligung in strafprozessuale Grundrechtsbeeinträchtigungen, StV 85, 257. – *ders.,* Der Hausfriedensbruch als Mißachtung physisch gesicherter Territorialität, ZStW 98, 355. – *ders.,* Bemerkungen zum Schutz des „befriedeten Besitztums" in § 123 StGB, NJW 86, 2075. – *Artkämper,* Hausbesetzer, Hausbesitzer, Hausfriedensbruch, 1995. – *Behm,* Umfassen die Schutzobjekte des § 123 Abs. 1 StGB auch Zubehörflächen?, GA 86, 547. – *ders.,* Noch einmal: Zur Bedeutung des Einfriedungserfordernisses beim „befriedeten Besitztum" in § 123 I StGB, JuS 87, 950. – *Berg,* Das Hausrecht des Landgerichtspräsidenten, JuS 82, 260. – *Bernsmann,* Tatbestandsprobleme des Hausfriedensbruchs, Jura 81, 337, 403, 465. – *Bohnert,* Die Willensbarriere als Tatbestandsmerkmal des Hausfriedensbruchs, GA 83, 1. – *Degenhart,* Öffentlichrechtliche Fragen der „Hausbesetzungen", JuS 82, 330. – *Engeln,* Das Hausrecht und die Berechtigung zu seiner Ausübung, 1989. – *Engels,* Hausbesetzung ist kein Hausfriedensbruch, Demokratie und Recht 81, 293. – *Frister,* Zur Frage der Vereinbarkeit verdeckter Ermittlungen in Privatwohnungen mit Art. 13 GG, StV 93, 151. – *Gassmann,* Hausfriedensbruch von Testkäufern, MDR 64, 374. – *Geppert,* Zu einigen immer wiederkehrenden Streitfragen im Rahmen des Hausfriedensbruchs, Jura 89, 378. – *W. Goldschmidt,* Das Bewußtsein der Rechtswidrigkeit, entwickelt an der Lehre vom Hausfriedensbruch, 1931 (Abh. des Berl. Kriminal. Instituts). – *Haak,* Hausrecht an Behördengebäuden, DVBl. 68, 134. – *Hanack,* Hausfriedensbruch durch Testkäufer, JuS 64, 352. – *Heinrich,* Der Umfang der Ausübung des Hausrechts in einer Wohnung bei mehreren Berechtigten im Rahmen des § 123 StGB, JR 93, 89. – *Ipsen/Koch,* Öffentliches oder privates Recht – Abgrenzungsprobleme bei der Benutzung öffentlicher Einrichtungen, JuS 92, 809. – *Janiszewski,* Eindringen durch Unterlassen?, JA 85, 570. – *Kareklas,* „Eindringen" durch Unterlassen: Die dogmatische Begründung der Rechtsfigur bei § 123 u. ihre Fallkonstellationen, Lenckner-FS 459. – *Kargl,* Rechtsgüter u. Tatobjekte der Strafbestimmung gegen Hausfriedensbruch, JZ 99, 930. – *Krüger,* Verdeckte Ermittlungen im Strafverfahren und die Unverletzlichkeit der Wohnung, ZRP 93, 124. – *Lau,* Mietrechtliche Probleme des Hausfriedensbruchs, ZMR 77, 194. – *Mewes,* Mittäterschaft beim Hausfriedensbruch, Jura 91, 628. – *Müller-Christmann,* Warenhauspassage als Geschäftsraum oder befriedetes Besitztum?, JuS 87, 19. – *Ostendorf,* Strafbarkeit und Strafwürdigkeit von Hausbesetzungen, JuS 81, 640. – *Ranft,* Strafrechtliche Probleme der Beförderungserschleichung, Jura 93, 84. – *ders.,* Verdeckte Ermittler im Strafverfahren nach dem Inkrafttreten des OrgKG, Jura 93, 449. – *Schall,* Die Schutzfunktionen der Strafbestimmung gegen Hausfriedensbruch, 1974. – *ders.,* Hausbesetzungen im Lichte der Auslegung des § 123 StGB, NStZ 83, 241. – *Schild,* Stadionverbote, in: Württembergischer Fußballverband e. V. (Hrsg.), Das Recht der Sportstätte (1985) 66. – *ders.,* „Eindringen" (§ 123 StGB) bei individuellem Betretungsverbot, NStZ 86, 346. – *Schön,* Besetzung leerstehender Häuser – Hausfriedensbruch?, NJW 82, 1126. – *ders.,* Hausfriedensbruch und Nötigung bei Hausbesetzungen?, NJW 82, 2649 – *Schweizer,* Kraftfahrzeuge und andere Verkehrsmittel als befriedetes Besitztum iS des § 123 StGB, GA 68, 81. – *Seier,* Problemfälle des § 123, JA 78, 622. – *ders.,* „Instandbesetzung – Hausherrschaft", JA 82, 232. – *Stegmeier,* Hausfriedensbruch gegenüber dem Vermieter?, ZMR 67, 325. – *Steinmetz,* Forum: Hausfriedensbruch bei Räumen mit genereller Zutrittserlaubnis, JuS 85, 94. – *Stückemann,* Der getäuschte Hausrechtsinhaber, JR 73, 414. – *M. Weber,* Hausbesetzung als strafbarer Hausfriedensbruch, 1991. – *Weil,* Verdeckte Ermittlungen im Strafverfahren und die Unverletzlichkeit der Wohnung, ZRP 92, 243.

1 **I. Rechtsgut** des § 123 ist nicht die öffentliche Ordnung und auch nicht die persönliche Freiheit oder der Besitz (vgl. dazu Kargl JZ 99, 932 f.), sondern das *Hausrecht,* das als „ein Stück lokalisierter Freiheitssphäre" (Welzel 332) ein persönliches Rechtsgut besonderer Art darstellt (h. M., zB Arzt/Weber I 184, Blei II 111, Geppert Jura 89, 378, Lackner/Kühl 2, M-Maiwald I 303, Otto II 135, Schäfer LK[10] 1, Tröndle/Fischer 1, ähnl. Gössel I 403 f., 439 f.; krit. dazu aber zB Amelung ZStW 98, 355 ff., Artkämper aaO 87, Engeln aaO 33 ff., Kargl aaO 933 f.; zur historischen Entwicklung vgl. M. Weber aaO 26 ff. mwN). Geschützt wird das Hausrecht durch § 123 allerdings nicht in dem umfassenden und positiven Sinn eines „freien Schaltens und Waltens in Haus und Hof" (vgl. aber – zurückgehend auf v. Liszt-Schmidt 581 – zB Köln NJW **82,** 2740, Schäfer LK[10] 1), sondern nur unter dem Teilaspekt, dabei ungestört von anderen zu sein. Schutzgut ist damit letztlich der gesteigerte, weil – i. U. zum bloßen Besitz – an besonders tabuisierte und deshalb auch besonders schutzwürdige Örtlichkeiten anknüpfende Anspruch auf räumliche Distanz, maW also das auf die verschiedenen Schutzobjekte bezogene Entscheidungsrecht darüber, wer sich in diesen aufhalten darf und wer nicht (zB Krey I 218, W-Hettinger 543). Dabei ist eine „physisch gesicherte Territorialität" (Amelung ZStW 98, 403 ff., M. Weber aaO 238 ff.) zwar eine besonders augenfällige, wie sich beim befriedeten Besitztum zeigt (u. 6), aber nicht die einzige Erscheinungsform eines solchen besonderen räumlichen Schutzbereichs (so aber Amelung aaO auf der Grundlage einer eingehenden Interessenanalyse, die zu einer solchen Einschränkung aber nicht zwingt; vgl. im Anschluß daran auch Engeln aaO 40 f., ferner Behm GA 86, 500 f.; krit. Artkämper aaO 77). Ohne Bedeutung für die Rechtsgutsfrage ist, ob die genannte Befugnis auf einem privatrechtlichen, allein im Besitz begründeten Hausrecht beruht (so zB Engeln aaO 39, 43 f. u. pass.) oder ob im Fall der zum öffentlichen Dienst bestimmten Räume ausschließlich oder daneben ein öffentlich-rechtliches Hausrecht besteht (u. 16).

2 An die Stelle dieser angeblich „rein formalen" einheitlichen Rechtsgutsbestimmungen des § 123 will eine abweichende Auffassung unter Berücksichtigung der „materialen Gründe, die den Gesetzgeber zum Schutz der verschiedenen in § 123 geschützten Räumlichkeiten bewogen haben", auch jeweils unterschiedliche Schutzgüter für diese Räume setzen (so insbes. Kargl JZ 99, 934 ff., Schall aaO 90 ff., weitgehend auch Ostendorf AK 4 ff., Rudolphi SK 2 ff.). So soll zB das Schutzgut im Fall der Wohnung in deren Funktion liegen, „ihrem Inhaber einen Freiraum zur individuellen Entfaltung und Entspannung zu gewähren" (Rudolphi SK 3, Schall aaO 131 ff.; vgl. auch Amelung/Schall JuS 75, 566, Kargl aaO). Gegen diese Ansicht spricht jedoch, daß sie konsequenterweise den Tatbestand des § 123 entgegen dem insoweit eindeutigen Gesetzeswortlaut nur bejahen kann, wenn durch das Eindringen die jeweilige soziale Funktion des Raumes gestört wird (so Schall aaO 135; and. insoweit Rudolphi aaO, weil der Schutz der verschiedenen Räumlichkeiten „aus guten Gründen formalisiert" sei, was dann aber auch bezüglich der Ergebnisse über die h. M. nicht mehr hinausführt). Zum andern muß bei dieser Betrachtungsweise der Hausfriedensbruch gegen das befriedete Besitztum, da dieses sich nicht mit einer bestimmten Funktion koppeln läßt, systematisch ein Fremdkörper bleiben und als Delikt gegen den Frieden deklariert werden (Schall aaO 167 ff.; and. insoweit Rudolphi SK 6). Gerade hier zeigt sich aber, daß § 123 das aus dem Hausrecht fließende Abwehrrecht – ebenso wie § 242 das Eigentum – unabhängig von konkreten sozialen Funktionen einer befriedeten Besitzsphäre als formale Rechtsposition schützt (zur Kritik vgl. auch Hamm NJW **82**, 1824 u. näher Amelung ZStW **98**, 359 ff., Artkämper aaO 85, Engeln aaO 36 f., Gössel I 440, Hirsch ZStW 88, 756 f., Schäfer LK[10] 4, F. C. Schroeder JZ 77, 39, Wagner GA 76, 157, M. Weber aaO 235).

II. Objektiver Tatbestand: Die geschützten Räumlichkeiten. Geschützt sind durch § 123 die 3 Wohnung, Geschäftsräume, das befriedete Besitztum und abgeschlossene Räume, die zum öffentlichen Dienst oder Verkehr bestimmt sind. Gemeinsam ist ihnen allen, daß sie ein Stück „physisch gesicherter Territorialität" (Amelung ZStW 98, 403 ff.) darstellen oder einer solchen jedenfalls derart zuzuordnen sind, daß sie an deren „Ausstrahlungswirkung" teilnehmen (u. 6). In keinem dieser Fälle ist jedoch erforderlich, daß die Zugänge tatsächlich verschlossen oder auch nur verschließbar sind, weshalb zB auch der hinter einer nicht absperrbaren Toreinfahrt liegende Hofraum den Schutz des § 123 genießt.

1. Eine **Wohnung** setzt nach ihrer Beschaffenheit eine baulich oder sonst abgeschlossene (nicht: 4 verschlossene), zumindest teilweise überdachte Räumlichkeit voraus – dies kann auch eine bewegliche Sache sein (h. M.; vgl. zB RG **13** 313, Rudolphi SK 8, Schäfer LK[10] 10) –, die dem Zweck dient, einem oder mehreren Menschen ausschließlich oder überwiegend jedenfalls vorübergehend Unterkunft zu gewähren (vgl. zB RG **12** 132, Gössel I 442, Lackner/Kühl 3, Rudolphi aaO, Schäfer LK[10] 6, Tröndle/Fischer 3). Als Wohnung sind daher zB auch die Zweitwohnung, das „saisonbedingt" benutzte private Ferienhaus, das Zimmer des Untermieters, ein einem Gast gemietete Hotelzimmer bzw. gewerbliche Ferienhaus (h. M., vgl. zB Schäfer LK[10] 7) und die Unterkunft des in ein Obdachlosenheim Eingewiesenen (vgl. Bremen NJW **66**, 1716, Köln NJW **66**, 265) anzusehen, ferner zB Wohnwagen, Campingbusse, Zelte, Schäferkarren, Schiffe (vgl. zB RG **13** 312), nicht dagegen, weil nicht der Unterkunft von Menschen dienend, ein PKW, aber auch nicht leerstehende oder im Bau befindliche Wohnräume, die jedoch ein befriedetes Besitztum sein können (u. 6 a; vgl. auch Artkämper aaO 36 ff.). Daß der Raum auch zur Nachtruhe dient oder geeignet ist, ist nicht erforderlich, jedoch ein bedeutsames Anzeichen dafür, daß er eine Wohnung darstellt (RG **13** 313). Teil der Wohnung sind auch deren *Nebenräume* (zB Toiletten, Flure, Treppen, Vor-, Wasch-, Keller- u. Bodenräume; vgl. zB RG **1** 121, Düsseldorf [Z] NJW **97**, 3383, Lackner/Kühl 3, Schäfer LK[10] 9), und zwar auch dann, wenn sie außerhalb des eigentlichen Wohnbereichs (zB Treppenhaus oder Aufzug in einem Mietshaus) oder gar außerhalb des Hauses selbst liegen, ihre Zugehörigkeit zur Wohnung aber erkennbar ist (zB eine freistehende Garage, die nicht anders behandelt werden kann als eine solche, die an das Haus angebaut ist; and. zB Artkämper aaO 189, Heinrich JR 97, 91: befriedetes Besitztum). Voraussetzung ist in diesem Fall allerdings eine gewisse bauliche Abgeschlossenheit des Nebenraums, weil bei diesen, wie auch bei der eigentlichen Wohnung selbst, auf die wesentlichen Kriterien eines „Raumes" nicht verzichtet werden kann (Müller-Christmann JuS 87, 21; iE auch Amelung JZ 86, 248, NJW 86, 2079). *Offene Zubehörgrundstücke* wie Abstellplätze, Hofräume und Gärten gehören daher nicht hierher (so aber Gössel I 442, Schäfer LK[10] 9), sondern können nur ein befriedetes Besitztum sein (u. 6 f.).

2. Geschäftsraum ist eine abgeschlossene, auch bewegliche Räumlichkeit – hier gilt Entsprechen- 5 des wie bei der Wohnung (o. 4) –, die jedenfalls überwiegend und für eine gewisse Dauer für gewerbliche, wissenschaftliche, künstlerische oder berufliche, nicht notwendig auf Erwerb gerichtete Geschäfte benutzt wird (vgl. RG **32** 371, Bay **65**, 10 f., Rudolphi SK 23, Schäfer LK[10] 22). Ohne Bedeutung ist, ob sie dem Publikum allgemein zugänglich sind. Hierher gehören deshalb zB Fabrikhallen, Büroräume, Lagerhallen, Warenhäuser, ein Schwimmdock (Schleswig OLGSt § 123 **Nr. 1**), nach Köln StV **82**, 471 m. Anm. Bernsmann S. 578 auch ausländische Botschaften (u. 6 a, 8), ferner als bewegliche Sachen zB Baubuden (Breslau GA Bd. **49**, 147), ein Verkaufswagen (RG **13** 315) oder ein Zirkuszelt. Teil des Geschäftsraums sind auch dessen Nebenräume, nicht aber offene Zubehörgrundstücke, die nur ein befriedetes Besitztum sein können (vgl. entsprechend o. 4 sowie u. 6 f.). Auch eine in das Gebäude eines Warenhauses hineinversetzte und zugleich dessen Eingangsbereich bildende Schaufensterpassage ist deshalb – iE allerdings ohne Bedeutung – kein Nebenraum eines Geschäftsraums, sondern „nur" ein befriedetes Besitztum, wenn sie nach beiden Seiten offen ist und nach Art eines Bürgersteigs benutzt wird (ebenso Müller-Christmann JuS 87, 21, Rudolphi SK 36,

Tröndle/Fischer 5; offengelassen von Oldenburg NJW **85**, 1352 [Geschäftsraum und/oder Befriedetes Besitztum] m. Anm. Amelung JZ 86, 247 [durch § 123 nicht geschützt] u. Bloy JR 86, 80 [Nebenraum von Geschäftsräumen]; vgl. dazu aber auch Behm GA 86, 550 ff., JuS 87, 950).

6   **3. Befriedetes Besitztum** können nach h. M. nur unbewegliche Sachen sein (zB RG **32** 371, Bay **86**, 27, Lackner/Kühl 3, Rudolphi SK 36, Schäfer LK[10] 14, Tröndle/Fischer 5; and. Schweizer GA 68, 81), was jedoch nicht ausschließt, daß eine bewegliche Sache zugleich in den Schutzbereich eines – unbeweglichen – befriedeten Besitztums einbezogen sein kann (so Schleswig OLGSt § 123 **Nr. 1** für ein Schwimmdock, dessen Außenseite zugleich die seeseitige Begrenzung des Werksgeländes bildet; zum Schwimmdock als Geschäftsraum o. 5). Als „befriedet" hatte die Rspr. ursprünglich ein Besitztum nur dann angesehen, wenn es durch seine enge räumliche Verbindung mit einem bewohnten Haus dessen Frieden teilt (vgl. RG **1** 547, **3** 143), später diese Einschränkung aber aufgegeben und auch fernab von Haus und Hof liegende Grundstücke in den Schutz des § 123 einbezogen, sofern sie nach außen hin durch entsprechende Schranken „eingefriedet" sind (vgl. zB schon RG **11** 293, **20** 150, **36** 395). Nicht aufgegeben werden sollte damit aber die Auslegung, daß auch schon die räumliche Anbindung an ein Wohnhaus usw. allein – also ohne besondere Einfriedung – ein Besitztum zu einem „befriedeten" machen kann. Daran ist, obwohl zunehmend umstritten, auch festzuhalten (vgl. außer RG aaO zB Bay NJW **95**, 271, JR **69**, 467 m. Anm. Schröder, VRS **29** 115, Hamm VRS **37** 265, Oldenburg NJW **85**, 1352 m. Anm. Amelung JZ 86, 247 u. Bloy JR 86, 80, Krey I 219, Lackner/Kühl 3, Müller-Christmann JuS 87, 21 f., Rudolphi SK 36, Tröndle/Fischer 3, Volk JR 81, 168; and. zB Oldenburg JR **81**, 166, Amelung NJW 86, 2075, Arzt/Weber I 185, Behm GA 86, 548 ff., JuS 87, 950 ff.; vgl. auch Kargl JZ 99, 936, ferner Schäfer LK[10] 15, W-Hettinger 582, nach denen Zubehörflächen jedoch als Nebenräume mitgeschützt sein können [dazu o. 4 f.]). Schon vom Wortsinn her hat das „Befriedetsein" zwar auch, aber nicht nur die Bedeutung einer äußeren Einfriedung. Noch weniger besteht unter teleologischen Gesichtspunkten Anlaß zu einer solchen Einschränkung, da sich der Wille des Berechtigten, andere fernzuhalten, bei Hausvorgärten, Hofräumen und anderen Zubehörgrundstücken für jedermann ohne weiteres erkennbar schon aus dem engen räumlichen und funktionalen Zusammenhang mit einer Wohnung usw. ergibt und dieser Wille nicht erst dann schutzwürdig ist, wenn zusätzlich Schranken und Absperrungen angebracht werden (wobei zudem zu fragen wäre, ob dies bei der heute bestehenden räumlichen Enge in modernen Wohngebieten mit kleinen und kleinsten Grundstücksparzellen überhaupt wünschenswert sein kann; jedenfalls sollte das Strafrecht eine solche Entwicklung nicht dadurch fördern, daß es den Schutz des § 123 von solchen Maßnahmen abhängig macht). Umgekehrt sollte man annehmen, daß auch in der Vorstellung des Täters, der sich bei Nacht in einem fremden Vorgarten zu schaffen macht, die „sozialpsychologische Tabuzone" nicht erst dann verletzt ist, wenn er zuvor über einen Zaun gestiegen ist und sich damit „über eine sicherheitsvermittelnde räumliche Schutzvorrichtung buchstäblich hinwegsetzt" (so aber Behm GA 86, 557): Hier weiß jedermann – auch ohne Zaun und i. U. zum freien Feld –, daß er dort nichts zu suchen hat (vgl. auch Rudolphi SK 36). Nicht überzeugend ist schließlich auch der Hinweis auf die Möglichkeit polizeilichen Schutzes privater Rechte (vgl. Amelung NJW 86, 2082), da dieser, wenn überhaupt (Opportunitätsprinzip!), immer zu spät kommt. *Befriedet* ist ein Besitztum daher *in zwei Fällen:* 1. ohne besondere Einfriedung, wenn es wegen seines *engen räumlichen Zusammenhangs* für jedermann erkennbar zu einer der sonst in § 123 genannten Örtlichkeiten gehört, weil sich deren Hausfrieden hier ohne weiteres auf das Zubehörgrundstück erstreckt (vgl. die Nachw. o.), so zB bei einem Hausgarten oder Hofraum, aber auch bei einer offenen und nach beiden Seiten offenen, in das Gebäude eines Kaufhauses versetzten und nach Art eines Bürgersteigs benutzten Schaufensterpassage (offengelassen von Oldenburg NJW **85**, 1352; vgl. dazu o. 5), nicht aber bei einer durch Privatgelände führenden werkseigenen Zufahrtsstraße zum Haupttor eines Kernkraftwerkes (Bay NJW **95**, 271); 2. ohne eine solche räumliche Verbindung, wenn es in äußerlich erkennbarer Weise mittels *zusammenhängender Schutzwehren* wie Mauern, Hecken, Drähte, Zäune usw. gegen das willkürliche Betreten durch andere gesichert ist (h. M., zB RG **36** 397, Bay JR **69**, 467 m. Anm. Schröder, VRS **29** 115, Celle OLGSt § 123 S. 22, Oldenburg JR **81**, 166 m. Anm. Volk, Rudolphi SK 36, Schäfer LK[10] 15). Nicht hierher gehören Zäune usw., die ausschließlich das Ausbrechen von Tieren verhindern sollen (vgl. Bernsmann Jura 81, 472, Otto II 136), und nicht genügend ist ferner eine nur psychisch wirkende Abgrenzung (zB durch Verbotstafeln oder Schilder; vgl. Bay NJW **95**, 271, Köln OLGSt § 123 S. 33, Oldenburg aaO), wohl auch nicht eine nur symbolisch wirkende Plastikkette (vgl. LG Lübeck StV **89**, 157). Andererseits braucht die Einfriedung nicht lückenlos zu sein (zB Durchlaß, Loch in der Hecke), sofern sie durch die Unterbrechungen den Charakter einer physischen Schutzwehr nicht verliert (zB Köln aaO, Amelung NJW 86, 2078 f.). Erst recht erfüllt ein Gebäude idR alle Voraussetzungen eines befriedeten Besitztums (u. 6 a). In beiden Fällen verliert ein befriedetes Besitztum diese Eigenschaft nicht dadurch, daß der Berechtigte eine bestimmte Art der Nutzung generell gestattet oder duldet, zB Fußgängern der Durchgang erlaubt, das Befahren des Platzes dagegen durch Schranken verhindert wird (vgl. auch Karlsruhe MDR **79**, 73, Oldenburg NJW **85**, 1352, Rudolphi SK 37). Kein befriedetes Besitztum sind dagegen die dem Gemeingebrauch unterliegenden Flächen (Bay VRS **79** 105, Karlsruhe aaO, Oldenburg aaO; and. wenn sie vorübergehend auf Grund eines Sondernutzungsrechts eingegrenzt sind und nur an bestimmten Stellen gegen Entgelt betreten werden dürfen, vgl. Celle OLGSt § 123 S. 21, Rudolphi SK 36).

Ohne Bedeutung ist die **Zweckbestimmung** des Besitztums, da das Gesetz den Schutz des § 123 **6a** allein an das „Befriedetsein" in dem genannten Sinn, nicht aber an eine bestimmte soziale Funktion des Besitztums anknüpft (o. 2). Geschützt sind deshalb einerseits zB auch befriedete Flächen, die zwar nicht Teil einer der anderen in § 123 genannten Räumlichkeiten sind (o. 4 f., u. 7), die aber gleichfalls Wohn-, Geschäftszwecken oder dem öffentlichen Dienst oder Verkehr dienen. Dies gilt zB für Vorgärten, Lagerplätze oder ein eingezäuntes militärisches Gelände, für ein solches nach Art. 7 II Nr. 7 4. StÄG v. 11. 6. 1957 (BGBl. I 597) auch dann, wenn es NATO-Truppen in der Bundesrepublik dient (vgl. Lenckner JuS 88, 350, Rudolphi SK 30; and. AG Frankfurt JR **86**, 302 m. abl. Anm. Lenzen [ungeschützt], Stuttgart NStZ **87**, 122 [zum öffentlichen Dienst solcher Truppen bestimmter „Raum"]; vgl. auch Zweibrücken NStZ **85**, 456). Andererseits sind als befriedetes Besitztum aber auch *Gebäude* erfaßt, die nicht Wohn-, Geschäftszwecken usw. dienen und daher nicht schon unter eine der anderen Tatbestandsalternativen fallen. Jedenfalls hierher gehören deshalb auch Kirchen u. a. zu religiösen Zwecken bestimmte Räumlichkeiten, wo die Annahme eines zum öffentlichen Dienst bestimmten Raums (u. 8) spätestens bei den nicht öffentlich-rechtlichen Religionsgesellschaften scheitert, ferner die Gebäude ausländischer Botschaften, Konsulate usw. (u. 8), städtische Tiefgaragen (u. 8), öffentliche Bedürfnisanstalten und Telefonzellen (u. 9), Vereinssporthallen, private Kindergärten usw., die den anderen Tatbestandsalternativen nicht oder nicht ohne weiteres zuzuordnen sind. Dasselbe gilt für leerstehende Wohnhäuser, die zum Abbruch bestimmt sind, es sei denn, daß die äußere Einfriedung nicht mehr als Manifestation eines dem beliebigen Betreten entgegenstehenden Willens des Berechtigten angesehen werden kann (vgl. Hamm NJW **82**, 1824, 2276, Köln NJW **82**, 2674 m. Anm. Degenhart JR **84**, 30, Stuttgart NStZ **83**, 123, LG Mönchengladbach MDR **82**, 1039, LG Münster NStZ **82**, 202, AG Wiesbaden NJW **91**, 188, Gössel I 446, Lackner/Kühl 3, M-Maiwald I 305, Ostendorf JuS 81, 640, AK 23, Otto II 136, Rudolphi SK 6, Rutkowsky JuS **82**, 235, Schall NStZ 83, 241, Seier JA **82**, 232, Tröndle/Fischer 5; zu weitgehend LG Bückeburg NStZ **82**, 71 m. Anm. Hagemann, Krey I 187; and. AG Bochum StV **82**, 604, AG Bückeburg NStZ **82**, 70 m. Anm. Hagemann, AG Münster StV **82**, 425, AG Stuttgart StV **82**, 75, Engels aaO, Küchenhoff JuS **82**, 235, Schön NJW 82, 1126, 2649). Hausfriedensbruch sind daher auch die sog. „Instandbesetzungen", woran Art. 14 II GG nichts ändert, der zwar Grundlage für entsprechende gesetzliche Maßnahmen sein könnte, aber nicht dazu dienen kann, hier einen rechtsfreien Raum zu schaffen und die in § 123 genannten Objekte – mit unübersehbaren Konsequenzen für die Eigentumsordnung im übrigen – dem Zugriff beliebiger Einzelner preiszugeben (vgl. dazu auch u. 16, 33 u. näher zum Ganzen Artkämper aaO [u. a. mit Einschränkungen nach dem Bagatellprinzip S. 202 ff.], M. Weber aaO; für eine Strafschärfung bei Hausbesetzungen Rinsche ZRP 84, 38, für die Herausnahme des „befriedeten Besitztums" aus § 123 bzw. die Umwandlung in eine Ordnungswidrigkeit Bernsmann Jura 81, 472, Schall aaO 169, NStZ 83, 247 u. mit Ausnahme des häuslichen Bereichs auch Ostendorf AK 18).

4. Geschützt sind schließlich **abgeschlossene Räume**, die **zum öffentlichen Dienst** oder **7 Verkehr** bestimmt sind. Die Gesetzessystematik ist unklar (vgl. auch Volk JR 81, 168). Da alle unbeweglichen „abgeschlossenen Räume", soweit sie nicht Wohnungen oder Geschäftsräume sind, schon unter die zuvor genannte Alt. des „befriedeten Besitztums" fallen (o. 6a), mit den hier aufgeführten öffentlichen Dienst- und Verkehrsräumen aber nicht nur bewegliche Sachen (zB Eisenbahnwagen, Omnibusse) gemeint sein können, führt die Reihenfolge der Aufzählung damit wieder zu einer Ausgliederung der unbeweglichen Räume iS der 4. Gruppe aus dem Merkmal des befriedeten Besitztums, wobei es im praktischen Ergebnis insoweit dann allerdings auf eine exakte Abgrenzung nicht ankommt (so zB bei der Frage, ob eine städtische Tiefgarage oder ein eingezäuntes Militärgelände ein abgeschlossener, zum öffentlichen Dienst usw. bestimmter Raum ist [so Bay **86** 27 bzw. Stuttgart NStZ **87**, 121], da hier jedenfalls ein befriedetes Besitztum vorliegt; vgl. dazu Lenckner JuS 88, 351; zur Bedeutung einer exakten Abgrenzung für § 124 vgl. dort RN 7). Dem Wortsinn nach sind „abgeschlossene Räume" solche, die – auch in Gestalt einer beweglichen Sache (Bay aaO, AG Nienburg NdsRpfl. **64**, 112) – als eine bauliche Einheit erscheinen (Bay aaO) und durch physische Hindernisse gegen beliebiges Betreten geschützt sind (vgl. Stuttgart NStZ **87**, 121, Rudolphi SK 29, Schäfer LK[10] 18), wobei hier i. U. zum nur „umschlossenen Raum" (vgl. § 243 RN 8 f.) auch eine zumindest teilweise Überdachung erforderlich ist (and. insoweit Stuttgart aaO), während es auf das tatsächliche Verschlossensein oder auch nur die Verschließbarkeit nicht ankommt (Bay aaO). Dazu gehören auch die Zimmer innerhalb eines Gebäudes (vgl. dazu aber auch u. 15), ferner Nebenräume, nicht dagegen selbst nicht „abgeschlossene" Zubehörflächen, die deshalb aber nicht schutzlos sind (so jedoch Oldenburg JR **81**, 166), sondern – auch ohne besondere Einfriedung – ein befriedetes Besitztum darstellen (Volk JR 81, 167; o. 6 f.).

a) Zum **öffentlichen Dienst** bestimmt sind Räume, in denen ihrer Bestimmung gemäß auf öffent- **8** lichrechtlichen Vorschriften beruhende Tätigkeiten ausgeübt werden, die der Erledigung staatlicher, kommunaler oder sonstiger öffentlicher Angelegenheiten dienen, wozu auch solche der Leistungsverwaltung gehören (Bay **86**, 27). Daß zZ der Tatbegehung ein solcher Dienst stattfindet, ist nicht erforderlich (Schäfer LK[10] 20). Geschützt sind hier zB Behörden- und Gerichtsgebäude, Schulen (RG GA Bd. **49**, 121, Hamburg JZ **77**, 477, JR **81**, 31), der Sitzungssaal eines Parlaments (RG **47** 277) oder eines Gemeinderats (Karlsruhe JR **80**, 342), Wahllokale (RG **46** 406), Strafvollzugsanstalten (RG **28** 193). Nach der ausdrücklichen Bestimmung des Art. 7 II Nr. 7 des 4. StÄG v. 11. 6. 1957

(BGBl. I 597) gehören hierher ferner die zum öffentlichen Dienst von nichtdeutschen Nato-Truppen bestimmten Räume, während dies für ausländische Botschaften, Konsulate u. a. ausländische Diensträume, die nicht zugleich zum inländischen öffentlichen Dienst bestimmt sind, zweifelhaft ist (verneinend zB Köln StV **82**, 471 [Geschäftsraum] m. Anm. Bernsmann S. 578, Rudolphi SK 30, Tröndle/Fischer 7; vgl. dazu aber auch Lenckner JuS 88, 350). Die Frage ist aber deshalb ohne praktische Bedeutung, weil hier jedenfalls ein befriedetes Besitztum anzunehmen ist (o. 6 a; and. Bernsmann aaO). Das gleiche gilt für Kirchen usw. der öffentlich-rechtlichen Religionsgemeinschaften, bei denen gleichfalls zweifelhaft ist, ob sie zum öffentlichen Dienst bestimmt sind (so aber KG DStZ **15**, 50, Gössel I 447, Rudolphi SK 30, Tröndle/Fischer 7; vgl. o. 6 a). Eine in öffentlich-rechtlicher Form betriebene städtische Tiefgarage ist nicht zum öffentlichen Dienst (so aber Bay **86** 27), sondern allenfalls zum öffentlichen Verkehr bestimmt (Allgaier MDR 87, 723); spätestens ist aber auch hier ein befriedetes Besitztum anzunehmen (o. 6 a).

9   b) Zum **öffentlichen Verkehr** bestimmt sind nur solche Räume, die dem allgemein zugänglichen, von der öffentlichen Hand oder privaten Unternehmen angebotenen Personen- und Gütertransportverkehr, nicht dagegen einem Verkehr anderer Art, zB Fernsprechverkehr – dienen (vgl. Bay **86**, 27, Lackner/Kühl 4, Rudolphi SK 31, Schäfer LK[10] 21), wobei diese Zweckbestimmung gerade zZ der Tat bestehen muß (also zB nicht bei dem von einer geschlossenen Gesellschaft gemieteten Omnibus; vgl. Schäfer LK[10] 22). Geschützt sind außer den Transportmitteln selbst (zB Flugzeuge, Eisenbahn-, Straßenbahnwagen, vgl. RG **75** 357) auch die dazu gehörenden Gebäude, zB Wartesäle (mit oder ohne Wirtschaftsbetrieb) und Bahnhofshallen (RG **36** 188, Bay NJW **77**, 261 m. Anm. Stürner JZ 77, 312, Bremen NJW **62**, 1453, Celle MDR **65**, 595, **66**, 944), Abfertigungshallen auf Flughäfen usw.; zu kommunalen Tiefgaragen vgl. o. 8. Nicht hierher gehören ganz anderen Zwecken dienende Räumlichkeiten innerhalb solcher Gebäude, zB Geschäfte, unterirdische Fußgängerpassagen (vgl. AG Frankfurt NStZ **82**, 334, StV **83**, 246, Ostendorf AK 24). Dasselbe gilt, weil nicht für den öffentlichen Verkehr bestimmt, für öffentliche Bedürfnisanstalten (Schäfer LK[10] 21; and. Hamburg MDR **68**, 1027) und Telefonzellen (Herzog GA 75, 263; and. AG Leipzig DJ **38**, 341, Tröndle/Fischer 8), die jedoch ein befriedetes Besitztum sein können (o. 6 a).

10   **III. Objektiver Tatbestand: Die Tathandlung.** Diese besteht im Eindringen in die geschützten Räume (o. 3 ff.) oder im Verweilen trotz der Aufforderung des Berechtigten, sich zu entfernen. In beiden Alternativen enthält der Tatbestand ein Dauerdelikt, das mit dem Eindringen (u. 11) bzw. mit dem Sich-nicht-Entfernen trotz entsprechender Aufforderung (u. 27) vollendet und mit dem Verlassen des Raums oder dem Einverständnis des Berechtigten zu weiterem Dableiben beendet ist.

11   **1. Eindringen** (1. Alt.) ist das Gelangen in die geschützten Räume gegen den Willen des Berechtigten (zB RG **39** 440, BGH MDR/D **55**, 144, **68**, 551, Düsseldorf NJW **82**, 2678, München NJW **72**, 2275, Krey I 221, Lackner/Kühl 5, M-Maiwald I 304, Otto II 137, Tröndle/Fischer 10, W-Hettinger 584, iE wohl auch Schäfer LK[10] 24, der das Handeln gegen den Willen allerdings erst als Frage der Widerrechtlichkeit ansieht, womit für das „Eindringen" nur das Betreten (!) bleibt; krit. Bernsmann Jura 81, 340 u. gegen die Willenswidrigkeit beim Eindringen überhaupt Kargl JZ 99, 937 f. [Eindringen als Mißachtung physischer Barrieren], Schild NStZ **86**, 348). Die gelegentlich anzutreffende Definition, Eindringen sei das Betreten „*ohne* den Willen des Berechtigten" (Amelung NStZ 85, 457, Rudolphi SK 13, Schall aaO 142, Schröder JR 67, 305 u. dagegen Bohnert GA 83, 10), unterscheidet sich von der der h. M. im wesentlichen nur in der Formulierung, nicht im Ergebnis (vgl. Geppert Jura 89, 379, Küper 109, Rudolphi aaO, Schäfer LK[10] 26 sowie u. 14; offengelassen auch von Bay MDR **69**, 778 m. Anm. Schröder JR 69, 467). Nicht erforderlich ist für ein Handeln gegen den Willen des Berechtigten die Überwindung physischer Hindernisse (vgl. RG **12** 134) oder ein heimliches Betreten.

12   a) Eindringen iS des § 123 ist nur das **körperliche** Eindringen, zB durch Betreten der Wohnung oder das Befahren eines Hofraums (vgl. Bay MDR **69**, 778). Es genügt, wenn der Täter mit einem Teil seines Körpers in die geschützten Räume gelangt, zB indem er den Fuß in die Tür stellt (RG **39** 440, BGH MDR/D **55**, 144). Es muß sich jedoch um einen Teil des Raumes handeln, der dem Aufenthalt von Menschen dienen kann. Das Hineingreifen in einen Schaukasten oder Türbriefkasten genügt daher nicht. Ebensowenig reicht es aus, wenn ohne körperliches Eindringen lediglich Sachen in fremde Räume gebracht werden (zB Abladen von Schutt durch offenes Fenster) oder der Hausfrieden auf andere Weise, zB durch Schlagen an Fenster und Türen oder nächtliche Telefonanrufe (vgl. dazu Herzog GA 75, 257, 263), gestört wird.

13   Als **unechtes Unterlassungsdelikt** ist die Tat nicht nur dadurch begehbar, daß ein Garant eine von ihm zu überwachende Person am aktiven Eindringen nicht hindert (so aber zB Bernsmann Jura 81, 405, Geppert Jura 89, 382, M-Maiwald I 304, Ostendorf AK 27 f., Otto II 137, Rengier II 179, Rudolphi SK 19), sondern, da es sich um ein Dauerdelikt handelt (vgl. dazu § 13 RN 36), auch dadurch, daß der Täter sich aus dem geschützten Raum nicht entfernt (zur grundsätzlichen Möglichkeit eines Eindringens durch Unterlassen u. den dagegen erhobenen Einwänden vgl. Kareklas, Lenckner-FS 461 ff.). Von Bedeutung ist dies zB, wenn ein unvorsätzlich Eingedrungener auch nach Bemerken seines Irrtums in einer fremden Wohnung usw. bleibt (BGH **21** 225 f. m. Anm. Schröder JR 67, 304, Gössel I 454, Heinrich JR 97, 94, Janiszewski JA 85, 570 f., Lackner/Kühl 5, Schäfer LK[10] 29, Schröder NJW 66, 1002, Schmidhäuser II 62, Tröndle/Fischer 10 a; Entsprechendes würde für einen im Zustand des § 20 eingedrungenen Betrunkenen nach Wiederer-

langung seiner Schuldfähigkeit gelten). Um ein Eindringen durch Unterlassen handelt es sich ferner wenn das Eindringen gerechtfertigt war, der Täter aber den Raum nach Wegfall der rechtfertigenden Sachlage nicht verläßt. Einer Aufforderung iS der 2. Alt. bedarf es in diesen Fällen nicht. Bereits ein Eindringen durch Unterlassen und deshalb nicht erst unter den Voraussetzungen der 2. Alt. ein Hausfriedensbruch ist auch das weitere Verweilen des bisherigen Mieters nach Ablauf der Mietzeit, wenn er seinen Besitz aufgrund eines neuen Entschlusses erkennbar nicht mehr aus dem früheren Vertragsverhältnis ableitet (u. 17), sondern auf eine angemaßte und nicht schützenswerte Rechtsposition stützt (vgl. zum weiteren Verweilen unter dem Etikett einer „Hausbesetzung" Düsseldorf NJW **91**, 186 m. Anm. Dölling JR 92, 168, Kareklas aaO 474). Schon ein Fall der 1. Alt. liegt schließlich vor, wenn ein zeitlich begrenztes Einverständnis durch längeres Verweilen überschritten wird, weshalb es hier auch nicht darauf ankommt, ob in der zeitlichen Begrenzung zugleich eine vorab erteilte Aufforderung iS der 2. Alt. gesehen werden kann (so Janiszewski JA 85, 571: vgl. auch Kareklas aaO 475 f.): Daher zB Hausfriedensbruch, wenn sich der Museumsbesucher unbemerkt vom Personal nach Ende der Öffnungszeit einschließen läßt (vgl. Schäfer LK[10] 29, Schröder JR 67, 305, Tröndle/Fischer 10 a). Kein Eindringen durch Unterlassen ist bei einer zuvor erteilten Eintrittserlaubnis dagegen das weitere Verbleiben nach der Vornahme von Handlungen, die für den Berechtigten, wenn er davon wüßte, ein berechtigter Anlaß wären, von seinem Hausrecht Gebrauch zu machen und den Betreffenden aus dem Raum zu verweisen (zB der Gast stiehlt Geld aus einer Schublade in dem ihm zugewiesenen Zimmer); Entsprechendes gilt bei mehreren Berechtigten im Hinblick auf die dort unter dem Gesichtspunkt der Unzumutbarkeit bestehenden Hausrechtsgrenzen des einzelnen (u. 18): Daher kein Eindringen durch Unterlassen desjenigen, der während der Abwesenheit eines Ehegatten auf Einladung des anderen die Wohnung in lauterer Absicht betritt und es erst im Lauf des Abends zu einem ehebrecherischen Kontakt kommt (so aber Heinrich aaO 94); zur Frage eines Eindringens durch Unterlassen bei mehreren Berechtigten unter dem Aspekt der zeitlichen Komponente vgl. Kareklas aaO 470 f.

b) Da der Zweck der physischen Abschrankung oder jedenfalls äußerlich erkennbaren Begrenzung (o. 4 ff.) der geschützten Räume gerade darin liegt, andere vom beliebigen Betreten abzuhalten, erfolgt dieses nicht nur „ohne", sondern auch **„gegen den Willen"** (o. 11) des Berechtigten stets schon dann, wenn der Täter den Raum ohne eine ausdrückliche oder konkludent erteilte Erlaubnis betritt (vgl. Rudolphi SK 13, Schröder JR 67, 305 u. 69, 467 f., aber auch Bohnert GA 83, 4 ff.). Liegt eine solche vor, die auch generell erteilt sein kann (u. 23), so „dringt" der Täter schon nicht „ein" (u. 22). Andererseits bedarf es eines speziellen Verbots nur, wenn es darum geht, eine zuvor bestehende Erlaubnis außer Kraft zu setzen oder einen einzelnen von der einem bestimmten Personenkreis oder dem Publikum generell erteilten Erlaubnis auszunehmen (vgl. AG Wiesbaden NJW **91**, 188 und zum zweiten Fall u. 23, Zweibrücken NStZ **85**, 456 m. Anm. Amelung). Von daher beantwortet sich auch die Frage, ob die „Willensbarriere" des Berechtigten dessen wirklicher oder mutmaßlicher Willen ist (vgl. dazu Artkämper aaO 167 f., Bohnert aaO 16 ff., Gössel I 448 f.). Auf einen wirklichen Willen iS eines ständig und deshalb auch im Zeitpunkt des Eindringens aktualisierten Willens kann es hier ebensowenig wie zB beim Gewahrsam (vgl. § 242 RN 30) ankommen, vielmehr genügt bereits der in aller Regel schon mit dem Innehaben einer Räumlichkeit gem. § 123 sich verbindende generelle (und insofern gleichfalls wirkliche) Wille, andere auszuschließen, wenn und soweit ihnen das Betreten nicht gestattet wird. Der mutmaßliche Wille ist dagegen nicht iS eines mutmaßlich entgegenstehenden, sondern nur als mutmaßlich zustimmender Wille von Bedeutung in Fällen, in denen es an einer ausdrücklich oder konkludent erklärten Erlaubnis fehlt: Wer, um einen dort ausgebrochenen Zimmerbrand zu löschen, in das Haus des abwesenden Nachbarn einbricht, „dringt" in dieses deshalb zwar „ein", ist aber unter dem Gesichtspunkt der mutmaßlichen Einwilligung gerechtfertigt (vgl. 54 ff. vor § 32). Kein Eindringen ist dagegen das *intern weisungswidrige Betreten* von Dienst- u. Betriebsräumen durch Personen, die der innerdienstlichen oder -betrieblichen Ordnungsgewalt unterworfen sind, da § 123 nicht diese, sondern die Befugnis, Außenstehende fernzuhalten, schützt (LG Lüneburg NJW **77**, 1832, Lackner/Kühl 8, Rudolphi SK 29, Schäfer LK[10] 18, Tröndle/Fischer 6): Daher kein Hausfriedensbruch, wenn sich zB ein Strafgefangener entgegen einer Anordnung in die Zelle eines Mitgefangenen begibt (vgl. RG 28 192). Etwas anderes gilt jedoch, wenn der Täter infolge einer (vorläufigen) Dienstenthebung zum Außenstehenden geworden ist (Hamburg JR **81**, 31 m. Anm. Oehler, ferner für die Benutzer einer Anstalt, da sie auch Adressaten des Hausrechts sind (OVG Münster DVBl. **75**, 587; vgl. auch Hamburg NJW **78**, 2520; krit. Bernsmann Jura 81, 467). Keine nur interne Maßnahme ist auch der Ausschluß und die Verweisung eines die Ordnung störenden Gemeinderats aus dem Beratungsraum (Karlsruhe JR **80**, 341 m. Anm. Schwabe; vgl. auch RG **47** 277).

c) **Berechtigter**, gegen dessen Willen das Betreten erfolgen muß, ist derjenige, der als Inhaber des Hausrechts die Befugnis hat, anderen den Zugang zu den geschützten Räumen zu verwehren. Bei *privaten Räumen* ist dies nicht schon der tatsächliche Benutzer, sondern der unmittelbare Besitzer, der nicht der Eigentümer zu sein braucht (zB RG **36** 323, Schäfer LK[10] 51, 59 u. näher zum Besitz als Grundlage des Hausrechts Engeln aaO 39 ff. u. pass.). Voraussetzung ist jedoch, daß dieser den Besitz rechtmäßig erlangt hat (zB RG aaO, Düsseldorf NJW **91**, 187, Oldenburg NdsRpfl. **62**, 118, Gössel I 443, Ostendorf AK 33, Rudolphi SK 14, Schäfer LK[10] 51; and. Engeln aaO 50 ff.), wobei er hier dann allerdings grundsätzlich auch nach Ablauf des das Recht zum Besitz begründenden Rechtsverhältnisses

Inhaber des Hausrechts bleibt (u. 17). Dagegen kann die durch verbotene Eigenmacht (§ 858 BGB) erlangte tatsächliche Sachherrschaft iS des Besitzes keine Grundlage für ein *strafrechtlich* schutzwürdiges *Hausrecht* sein: Hier kann der Okkupant den Schutz des § 123 weder gegenüber Dritten noch – auch nicht nach Ablauf der Jahresfrist des § 864 BGB – im Verhältnis zum früheren Besitzer für sich in Anspruch nehmen, vielmehr bleibt das Hausrecht uneingeschränkt bei diesem (vgl. Oldenburg aaO, Ostendorf aaO u. jedenfalls im Verhältnis zum fehlerhaften Besitzer auch Schäfer LK[10] 51; a. Engeln aaO 54 ff., Rudolphi aaO u. hier noch die 23. A.). Die „Hausbesetzer" (o. 6 a) sind daher durch § 123 nicht vor unerwünschtem Zuzug geschützt, wohl aber ist es ein (weiterer) Hausfriedensbruch gegenüber dem verdrängten Besitzer, wenn sie die ihnen willkommene Verstärkung durch weitere „Besetzer" erhalten. Die zivilrechtlichen Besitzschutzvorschriften (§§ 859 ff. BGB) ändern daran nichts, da sie dem ganz anderen Zweck der Bewahrung des Rechtsfriedens dienen. Aus diesem Grund verübt nach Überschreitung der zeitlichen Grenzen des § 859 BGB zwar auch der Berechtigte – ebenso wie jeder Dritte – verbotene Eigenmacht, wenn er sich gewaltsam seinen Besitz wiederverschafft (was trotz des fortdauernden Angriffs auf sein Hausrecht [vgl. § 32 RN 11, 15] auch nach § 32 aus den dort RN 41 genannten Gründen nicht zulässig wäre), auch kann dies unter anderen Gesichtspunkten strafbar sein (zB §§ 223 ff., 240; vgl. Oldenburg aaO), ein Hausfriedensbruch ist dies aber nicht. – Bei den zu *öffentlichen Zwecken* dienenden *Räumlichkeiten* ist Hausrechtsinhaber und damit Berechtigter die jeweilige Körperschaft (Bund, Länder, Gemeinden usw.); nur die Ausübung des Hausrechts ist hier auf die zuständigen Organe usw. übertragen. Dabei dürfte die umstrittene Frage, ob das Hausrecht an Diensträumen privatrechtlich mit dem Eigentum oder Besitz an diesen oder öffentlich-rechtlich als Annex zur Sachkompetenz zu begründen ist (vgl. die Nachw. u. 20), in diesem Zusammenhang ohne Bedeutung sein. Im einzelnen gilt folgendes:

17 α) Bei **vermieteten** oder **verpachteten Wohnungen** usw. ist Berechtigter allein der Mieter und Pächter. Er und nicht der Vermieter ist es deshalb, der andere und damit auch den Vermieter usw., vom Betreten der genannten Räumlichkeiten *ausschließen* kann. Der Vermieter usw. darf sie ohne Erlaubnis des Mieters usw. grundsätzlich weder selbst betreten noch kann er anderen wirksam den Zutritt gestatten (RG **15** 391, Schäfer LK[10] 52; über Ausnahmen vgl. Lau ZMR 77, 195). Umgekehrt steht dem Mieter usw. das Hausrecht aber auch in seinem positiven Gehalt in vollem Umfang zu, d. h. er kann jedermann den Zutritt *erlauben,* und zwar auch gegen den Widerspruch des Vermieters, der wegen seiner Rechte gegen den Mieter bei Vertragsverletzungen auf den Zivilrechtsweg angewiesen ist (vgl. – zT wird hier allerdings nur die Wohnungsmiete genannt – Bernsmann Jura 81, 343, Engeln aaO 107 ff., Heinrich JR 97, 90, Krey I 222, M-Maiwald I 307, Rudolphi SK 15, Schröder NJW 66, 263, Welzel 333; and. RG GA Bd. **50**, 289, Braunschweig NJW **66**, 263, Düsseldorf aaO, Hamm GA **61**, 181, Artkämper aaO 176, Gössel I 453, Schäfer LK[10] 54, Tröndle/ Fischer 2; vgl. auch Weimar JR 70, 58; zu den besonderen Problemen bei der Vermietung von Sportstadien vgl. Schild, Stadionverbote 91 ff.). Beides gilt, solange der Mieter usw. den unmittelbaren Besitz der Räume behält, und zwar grundsätzlich auch nach Beendigung des Vertrags (hM, zB RG **36** 323 f., Lackner/Kühl 10, M-Maiwald I 308, Rudolphi SK 14, Schäfer LK[10] 56, Tröndle/Fischer 2): Ein Hausfriedensbruch ist deshalb zB auch das eigenmächtige Ausräumen einer ordnungsgemäß gekündigten Wohnung durch den Vermieter, deren fristgerechte Räumung der Mieter zugesagt hatte (vgl. Köln NJW **96,** 472; vgl. auch u. 33). Voraussetzung dafür ist dann allerdings, daß der Besitz als Nachwirkung aus dem früheren Vertragsverhältnis abgeleitet wird (vgl. Düsseldorf NJW **91,** 186 m. Anm. Dölling JR 92,167, wo dies mit Recht verneint wird, wenn der Mieter zum Ausdruck bringt, daß das Haus nunmehr als „besetzt" zu gelten habe). Im übrigen sind, was die Alleinzuständigkeit des Mieters usw. betrifft, Einschränkungen vorbehaltlich besonderer vertraglicher Regelungen nur in folgender Hinsicht zu machen: Bei größeren Miethäusern – besonders deutlich bei einem von ihm angestellten Hausmeister – mit zahlreichen nicht alle abgeschlossenen Mietwohnungen behält der Vermieter bzgl. der Gemeinschaftseinrichtungen (zB Treppenhaus, Aufzüge, Flure) idR jedenfalls eine Mitberechtigung (vgl. dazu Heinrich aaO 91 mwN). Ebenso ist bei einem innerhalb einer Wohnung untervermieteten Zimmer oder einem Hotelzimmer davon auszugehen, daß der Vermieter sich stillschweigend das Recht vorbehält, ihm unzumutbare Besucher des Untermieters bzw. Gastes zurückzuweisen (vgl. dazu auch Engeln aaO 110, Krey I 223; zT and. Rudolphi SK 15). Entsprechendes gilt auch für Obdachlosenunterkünfte (Köln NJW **66**, 265; zu weitgehend jedoch Bremen NJW **66**, 1766, wonach die Eingewiesene außer der Aufenthaltserlaubnis keinerlei Befugnisse hinsichtlich der ihm zugewiesenen Räume hat).

18 β) Steht das Hausrecht aufgrund einer gemeinsamen Berechtigung **mehreren Personen** zu – zB mehreren Miteigentümern oder Mietern einer Wohnung, den Bewohnern eines Mehrfamilienhauses an den gemeinschaftlich genutzten Räumen (Treppenhaus, Keller usw.), den Ehegatten an der gemeinsamen Wohnung, auch wenn nur einer von ihnen den Mietvertrag unterschrieben hat (Hamm NJW **65**, 2067, Stuttgart Justiz **72**, 156, Schäfer LK[10] 57 –, so ist zu unterscheiden: Im *Innenverhältnis* gilt uneingeschränkt, daß die mehreren Berechtigten das Hausrecht nicht gegeneinander einsetzen, sich also nicht gegenseitig den Aufenthalt in dem fraglichen Raum verbieten können (Arzt I 186). Im *Außenverhältnis* zu Dritten hängt es dagegen von dem zwischen den mehreren Berechtigten bestehenden Rechtsverhältnis ab, ob jeder allein oder nur alle gemeinsam das Hausrecht ausüben und damit einem anderen den Zutritt oder das Verweilen gestatten können (vgl. RG **72** 57). In der Regel ist ersteres anzunehmen, so daß grundsätzlich zB auch kein Eindringen vorliegt, wenn das Betreten im

Einverständnis eines der Mitbewohner, aber gegen den Willen der anderen erfolgt (vgl. zB Heinrich JR 97, 92, Krey I 225, Rudolphi SK 16, Tröndle/Fischer 2, W-Hettinger 595, Schäfer LK[10] 57 f.; and. – vgl. dagegen näher Heinrich aaO – Artkämper aaO 186, AW-Arzt I 186, Bernsmann Jura 81, 344 f., Engeln aaO 103, Ostendorf AK 36, Sternberg-Lieben, Die objektiven Schranken der Einwilligung im Strafrecht, 1997, 87 f.). Anders ist dies nur, wenn der andere Mitberechtigte die Anwesenheit des Dritten aus gewichtigen Gründen unter dem Gesichtspunkt der Unzumutbarkeit nicht zu dulden braucht, wobei es insbes. von der Art der gemeinsamen Nutzung und dem zwischen den mehreren Berechtigten bestehenden Rechtsverhältnis abhängt, wann dies der Fall ist (vgl. näher dazu Heinrich aaO 92 ff., ferner zB Hamm NJW **55**, 761, **65**, 2068, Krey aaO, Lackner/Kühl 2, Rudolphi aaO, Schäfer aaO, Tröndle/Fischer 2, W-Hettinger aaO; vgl. auch BGHZ **6** 360 u. dazu Struck JZ 76, 160: Unzumutbarkeit für Ehegatten, den Liebhaber des anderen in der gemeinsamen Wohnung zu dulden). Nicht notwendig ist, daß die Unzumutbarkeit gerade durch die Person des Dritten begründet ist (so aber Heinrich aaO 93, 96): Bei einem gemeinsam bewohnten Zimmer braucht der eine Mieter fortlaufende Besuche des anderen bei Tag und bei Nacht auch dann nicht zu dulden, wenn er gegen die Besucher als solche nichts einzuwenden hat. Zur Frage, ob ein Mitbewohner mit Wirkung für die anderen der Polizei den Zutritt erlauben kann, vgl. Stuttgart Justiz **72**, 156, aber auch Amelung StV 85, 260.

γ) Hinsichtlich des **Umfangs der Dispositionsbefugnis** gilt folgendes: Der **private Hausrechtsinhaber** ist, soweit es seine Wohnung und sein privat genutztes befriedetes Besitztum betrifft, in der Ausübung seiner Befugnis, von den o. 18 genannten Einschränkungen abgesehen, grundsätzlich frei. Einschränkungen können sich hier nur durch eine öffentlich-rechtliche Zweckbestimmung zB bei dem öffentlichen Verkehr usw. gewidmeten Grundstücken ergeben; zu den Besonderheiten, wenn die geschützte Räumlichkeit ein „tatsächlich öffentlicher Weg" iS des Wegerechts ist (Innenhof), vgl. Karlsruhe MDR **79**, 73. Etwas anderes gilt dagegen für Geschäftsräume und geschäftlich genutzte befriedete Besitztümer, die der Allgemeinheit zugänglich gemacht sind. Hier sind Zutrittsverbote in entsprechenden Hausordnungen zwar nicht generell ausgeschlossen, wirksam sind sie aber nur, wenn sie nicht gegen gesetzliche Vorschriften (zB §§ 138 BGB, 1 UWG) verstoßen und einem berechtigten Interesse dienen (vgl. Christensen JuS 96, 876 f.). Dies würde zB für das Schild „Nicht für Diebe und Betrüger" oder „Zutritt nur ohne Tasche" an einem Warenhaus gelten, ebenso, weil noch keine Diskriminierung der Männer, für die Aufschrift an einem Lokal „Nur für Frauen" (vgl. Christensen aaO 877), nicht aber wenn dort zB Ausländern oder Farbigen der Zutritt verboten wird (vgl. Maunz-Dürig-Herzog-Scholz Art. 3 I RN 516 u. dazu auch Bohnert OLG GA 83, 5, Kühner NJW 86, 1317, Ostendorf AK 37). Dazu, daß hier auch zulässige Zugangsbeschränkungen vielfach nur von begrenztem Wert sind (so bei dem Zutrittsverbot für Diebe und Betrüger) und ein wirksamer strafrechtlicher Schutz erst durch ein – allerdings nicht schon auf einen bloßen Verdacht hin zulässiges (vgl. AG Kulmbach NJW **98** 3360) – individuell erteiltes Hausverbot geschaffen werden kann, vgl. u. 24, 26.

Nur eine beschränkte Dispositionsbefugnis besteht auch bei den zum **öffentlichen Dienst usw.** bestimmten Räumen. Einschränkungen des Hausrechts können sich hier schon aus gesetzlichen Vorschriften ergeben: So ist zB bei Gerichtsgebäuden das Hausrecht der Justizverwaltung (Behördenleiter) begrenzt durch den Grundsatz der Öffentlichkeit, das lediglich dem (erkennenden) Gericht zustehende Recht auf Ausschluß der Öffentlichkeit (§§ 169 ff. GVG) und durch dessen – räumlich und zeitlich allerdings beschränkte – Sitzungspolizeigewalt gem. §§ 176, 177 GVG (vgl. BGH **24** 329, **30** 353, Celle DRiZ **79**, 376, SchlOVG SchlHA **93**, 238, Engeln aaO 146 ff., Stürner JZ **72**, 664; andererseits ist eine sitzungspolizeiliche Maßnahme, durch welche die Zulassung weiterer Zuhörer wegen drohender Überfüllung abgelehnt oder ein Störer aus dem Sitzungsraum verwiesen wird, insoweit zugleich eine von der Sitzungspolizeigewalt kraft Gesetzes umfaßte Ausübung des Hausrechts, ohne daß es hier auf dessen zusätzliche Übertragung durch den Behördenleiter ankäme, wozu dieser mangels eines eigenen Rechts – die Sitzungspolizeigewalt des Gerichts geht diesem vor – ohnehin nicht imstande wäre [vgl. BGH **30** 350, Oldenburg NStZ **81**, 183; and. Celle DRiZ **79**, 376]). Bereits gesetzliche Beschränkungen des Hausrechts enthalten ferner zB § 22 PersonenbeförderungsG, § 3 Allgemeines EisenbahnG, weshalb einem Reisewilligen das Betreten des Bahnhofs nur untersagt werden kann, wenn ihm gegenüber keine Beförderungspflicht besteht (vgl. Celle MDR **65**, 595; zu Bahnhofsverboten im übrigen und ihrer Reichweite vgl. Bay NJW **77**, 261 m. Anm. Stürner JZ **77**, 312, Bremen VRS **23** 266, Celle aaO, MDR **66**, 944, Düsseldorf VRS **57** 281, Köln NStE **Nr. 6**, AG Frankfurt StV **83**, 246). Von solchen besonderen gesetzlichen Regelungen abgesehen, sind die Grenzen des Hausrechts an öffentlichen Gebäuden aber ebenso umstritten wie schon dessen Rechtsnatur überhaupt und der Charakter eines darauf gestützten Hausverbots (vgl. näher zum Ganzen Engeln aaO 116 ff., Ipsen/Koch JuS **92**, 809, Ronellenfitsch VerwArch. **73**, 465 m. zahlr. Nachw., ferner Schäfer LK[10] 38 ff.). Teils wird, anknüpfend an Eigentum und Besitz, vom privatrechtlichen Charakter des Hausrechts ausgegangen, das seine Grenzen erst in der öffentlich-rechtlichen Zweckbestimmung des Gebäudes und im Gleichheitssatz des Art. 3 GG findet, zT wird aber auch als Annex zur staatlichen Sachkompetenz ein ausschließlich öffentlich-rechtliches Hausrecht angenommen, das jedoch – insofern enger begrenzt – nur dem Schutz des ordnungsgemäßen Funktionierens der Verwaltung vor Störungen dient. Entsprechend werden dann auch Hausverbote teils als privatrechtliche, teils als öffentlich-rechtliche Akte qualifiziert (für die privatrechtliche Betrachtungsweise zB BGHZ **33** 230 [Rathaus], NJW **67**, 1911 [Bundeswehrgebäude], Bay NJW **77**, 261 [Bahnhof mit Bahnhofsgaststätte usw.; and jedoch Celle MDR **66**, 944], Stürner, Privatrechtliche Gestaltungsformen bei der Verwaltung öffentlicher Sachen [1969] 108 ff., JZ **71**, 98 u. **77**, 312, ferner unter Ausgrenzung der öffentlich-rechtlichen Ordnungs-, Polizei- und Weisungsgewalt Engeln aaO 125 ff.; für rein öffentlich-rechtlichen Charakter von Hausrecht und Hausverbot – letzteres überwiegend als Verwaltungsakt qualifizierend – zB VGH Kassel NJW **90**, 1250, München NJW **80**, 2722 m. Anm. Berg JuS 82, 260, OVG Münster DÖV **90**, 979, Wolff/Bachof/Stober, VerwR I, 10. A., 209 m. zahlr. Nachw.; für eine noch weitergehende Einschränkung dieses öffentlich-rechtlichen Hausrechts durch das Demonstrationsrecht Maul JR 70, 85 u. dagegen mit Recht Düsseldorf NJW **82**, 2678, Schäfer LK[10] 42 ff.). Demgegenüber unterscheidet die wohl h. M. mit entsprechenden Konsequenzen für die rechtliche Qualifikation des Hausverbots je nach den materiellen Rechtsbeziehungen zu der Behörde zwischen einem teils privatrechtlichen, teils öffentlich-rechtlichen Hausrecht: Sind diese rein privatrechtlicher (fiskalischer) Art (zB Erlangen von Lieferaufträgen) oder besteht in der Verwaltungstätigkeit überhaupt kein Zusammenhang (zB privater Besuch bei einem Behördenangestellten), so ist auch ein Hausverbot ein privatrechtlicher Akt; einen Verwaltungsakt stellt ein solches dagegen dar, wenn die Rechtsbeziehung zwischen Bürger und Verwaltung nach öffentlichem Recht zu beurteilen ist, dieser also in der Ausübung seines subjektivöffentlichen Rechts gehindert werden soll, seine öffentlich-rechtlichen Angelegenheiten selbst vorzubringen (vgl. zB BVerwGE **35** 103, OVG Bremen NJW **90**, 931, OVG Hamburg NJW **57**, 188, VGH Mannheim DVBl. **77**, 223, OVG Münster JZ **63**, 566, DVBl. **68**, 157, **75**, 587, NVerwZ-RR **89**, 316, NJW **95**, 1573, **98**, 1425, OVG Schleswig NJW **94**, 340, Salzwedel, in: Erichsen, AllgVerwR, 10. A., 578 f., Schenke JZ 96, 999 f. mwN; vgl. auch Ipsen/Koch JuS 92, 809). Bei Anstaltsnutzern liegt ein Verwaltungsakt nur vor, wenn das „Grundverhältnis" (vgl. Karlsruhe JZ **77**, 478: mindestens für mehrere Tage geltendes Hausverbot für Studenten durch Universitätsrektor), nicht aber wenn lediglich das „Betriebsverhältnis" betroffen ist (Hamburg NJW **78**, 2520: Anordnung eines Schulleiters gegenüber einer Schülerin, das Verteilen von Flugblättern in Schulräumen einzustellen oder für die Dauer dieser Tätigkeit das Schulgebäude zu verlassen; krit. Schwabe JR 80, 344); zu einem Hausverbot für Theaterbesucher vgl. VG Frankfurt NJW **98**, 1424. – **Konsequenzen für § 123** hat die Entscheidung dieser öffentlich-rechtlichen Vorfragen in mehrfacher Hinsicht: 1. Soweit Hausrecht und Hausverbot privatrechtlicher Natur sind, darf ein solches – vorbehaltlich des Art. 3 GG – schon dann erlassen werden, wenn damit die durch die öffentlich-rechtliche Zweckbestimmung des Gebäudes gezogenen Grenzen des Hausrechts (vgl. o.) nicht überschritten werden, während ein auf das öffentlich-rechtliche Hausrecht gestütztes Hausverbot nur zur Abwehr von Störungen des ordnungsgemäßen Funktionierens der Verwaltung zulässig ist. Danach kann zB zwar einem Landstreicher das Betreten eines Rathauses verboten werden, um sich in ihm (nur) aufwärmen will (vgl. OVG Hamburg MDR **57**, 188); dagegen kann einem Antragsteller ein Hausverbot für das Behördengebäude nur erteilt werden, wenn von ihm erhebliche Störungen des Dienstbetriebs zu erwarten sind (Hamburg aaO, OVG Münster JZ **63**, 566). – 2. Hat das Hausverbot privatrechtlichen Charakter, so ist ein Verstoß dagegen, wenn es materiell berechtigt ist, ohne weiteres auch ein Eindringen iS des § 123 (vgl. Rudolphi SK 35 a; vgl. auch Bay VRS **79** 105: Hausverbot als Mißbrauch des Hausrechts wegen des im Hinblick auf den Gemeingebrauch pflichtwidrigen Unterlassens der Widmung bzw. gesetzwidrigen Entwidmung). Ist das Hausverbot dagegen ein Verwaltungsakt, so ist dies nach h. M. für § 123 deshalb von Bedeutung, weil eine Zuwiderhandlung jedenfalls dann nicht nach § 123 strafbar ist, wenn und solange es mit aufschiebender Wirkung angefochten ist (vgl. zB Lorenz DVBl. 71, 165, Thierfelder DVBl. 68, 138). Umstritten ist dagegen, ob § 123 anwendbar ist, wenn das Hausverbot zZ der Tat zwar anfechtbar, aber noch nicht mit aufschiebender Wirkung angefochten ist (bejahend Hamburg MDR **68**, 1027, Krey I 227; and. Hamm MDR **79**, 516 [unter Hinweis auf BGH **23** 86], Lackner/Kühl 8). Nach BGH NJW **82**, 189 m. Anm. Dingeldey NStZ 82, 160, Hamburg JR **81**, 31 m. Anm. Oehler, Karlsruhe JZ **77**, 478, AG Frankfurt StV **83**, 246 gilt § 123 hier jedenfalls dann, wenn zZ der Begehung die sofortige Vollziehung angeordnet war (ebenso zB Krey I 228, Otto II 137, Schäfer LK[10] 47, Tröndle/Fischer 7; and. Arnhold JZ 77, 789, Bernsmann Jura 81, 470 f., Gerhards NJW 78, 86, Schroeder JuS 82, 494). Dafür sprechen zweifellos erhebliche praktische Bedürfnisse, die Frage ist aber, ob dies nicht auf eine strafrechtliche Sanktionierung eines lediglich verwaltungsrechtlichen Ungehorsams hinausläuft: Denn ob die Zuwiderhandlung gegen ein vollziehbares Hausverbot ohne Rücksicht auf dessen Rechtmäßigkeit das Hausrecht verletzt (so Schäfer aaO), ist gerade das Problem, wenn man bei öffentlichen Gebäuden von einer nur beschränkten Dispositionsbefugnis ausgeht und das Hausrecht deshalb lediglich in dessen Grenzen verletzt sein kann (vgl. auch Rengier II 181, Rudolphi SK 35 a). Hier ist daher jedenfalls ein Strafausschließungsgrund anzunehmen, wenn sich die fragliche Maßnahme als rechtswidrig herausstellt (vgl. auch 130 vor § 32 und iE wie hier Gössel I 452; and. Krey aaO).

21 δ) Die **Ausübung des Hausrechts** kann vom Berechtigten, bei juristischen Personen von den zuständigen Organen, **anderen Personen** (Behördenleiter, Filialleiter usw.) **übertragen** werden, die den Berechtigten dann in den Grenzen der ihnen erteilten Ermächtigung im Willen vertreten (Engeln aaO 111 ff., Rudolphi SK 17, Schäfer LK[10] 61). Sie können daher weder ein vom Berechtigten ausgesprochenes Hausverbot aufheben noch einer von ihm zugelassenen Person das Betreten der geschützten Sphäre verbieten (insoweit zutr. RG **28** 270 f.). Die Übertragung kann auf

Dauer oder kurzfristig, zB für die Zeit der Abwesenheit des Berechtigten (vgl. München NJW **66**, 1165), ausdrücklich oder stillschweigend erfolgen. Jedoch sind Laden- und Hausangestellte sowie Kinder des Hausrechtsinhabers – diese können auch minderjährig sein, wenn sie den Sinn des Hausrechts zu begreifen vermögen (BGH **21** 226 f.) – auch für den Fall seiner Abwesenheit idR nicht ohne weiteres als stillschweigend ermächtigt anzusehen, das Betreten seiner Wohnung usw. zu erlauben oder zu verbieten (Engeln aaO 103 ff., Schäfer LK[10] 62, Schröder JR 67, 305 f.). Bei mehreren Mitberechtigten bestimmt sich nach den o. 18 genannten Grundsätzen, ob die Ausübung des Hausrechts nur gemeinsam oder von jedem einzelnen auf einen Dritten übertragen werden kann; handelt es sich dabei im zweiten Fall um eine Person, deren Anwesenheit ein anderer Mitberechtigter nicht zu dulden braucht (o. 18), so kann für sie aber auch auf diesem Weg kein Zutrittsrecht begründet werden.

d) Die **Erlaubnis** zum Betreten ist, da damit ein „Eindringen" entfällt (o. 11, 14), ein **tatbestands- 22 ausschließendes Einverständnis** (vgl. dazu 30 f. vor §§ 32 ff. u. zu § 123 zB Lackner/Kühl 5, M-Maiwald I 307, Rudolphi SK 18, Tröndle/Fischer 10; vgl. auch Bohnert GA 83, 3 f., 14). Dies gilt, weil bei § 123 nur der tatsächliche Wille maßgeblich sein kann, auch für die durch *Täuschung* erschlichene Erlaubnis (Arzt I 187, Baumann-FS 211, Bernsmann Jura 81, 403 f., Bohnert GA 83, 20, Lackner/Kühl 5, Lagodny Jura 92, 660, Mewes Jura 91, 631, Mitsch JuS 98, 308, Ostendorf AK 32, Schlink NJW 80, 557, Tröndle/Fischer 10, W-Hettinger 587; and. München NJW **72**, 2275 m. Anm. Otto NJW 73, 667 u. Stückemann JR 73, 414, Amelung/Schall JuS 75, 567 [and. jetzt Amelung NStZ 85, 457], Gössel I 451, Meyer, Ausschluß d. Autonomie durch Irrtum, 178 ff., Rudolphi SK 18, Schäfer LK[10] 27, Schall aaO 143 f.). Erschleichen sich Verdeckte Ermittler (zB § 110 a StPO, § 24 PolG Bad.-Württ.) auf diese Weise den Zutritt zu einer Wohnung, so ist dies deshalb schon nicht tatbestandsmäßig iS des § 123, und zwar auch dann nicht, wenn dabei über die Nutzung der Legende hinaus ein Zutrittsrecht vorgetäuscht wird; ein solches Verhalten ist dem Verdeckten Ermittler zwar verwehrt und deshalb prozeßordnungs- oder polizeirechtswidrig (vgl. § 110 c StPO, § 24 II PolG Bad.-Württ.), ein Eindringen iS des § 123 ist dies aber nicht (vgl. Krey u. a., Rechtsprobleme des strafprozessualen Einsatzes Verdeckter Ermittler, BKA-Forschungsreihe, 1993, RN 226 ff., Lackner/Kühl 5; and. Ranft Jura 93, 450; vgl. dazu zB auch Amelung StV 85, 263, Felsch StV 98, 287, Frister StV 93, 152, Roxin StV 98, 43, Weil ZRP 92, 243). Da die strafrechtliche Verneinung eines Eindringens unabhängig von den Voraussetzungen der §§ 110 a ff., 163 StPO und der Frage eines Grundrechtseingriffs (Art. 13 GG) ist, scheidet § 123 hier darüber hinaus aber auch beim Erschleichen des Zutritts durch einen die Voraussetzungen eines Verdeckten Ermittlers iS des § 110 a II StPO nicht erfüllenden Polizeibeamten oder durch im Auftrag der Polizei handelnde sog. V-Leute aus (zum ersteren Fall vgl. BGH JZ **97**, 1128 m. Anm. Frister, Hilger NStZ 97, 449 u. Nitz JR 98, 211, Tröndle/Fischer 10). Anders verhält es sich in den Täuschungsfällen nur bei einem individuellen Hausverbot: Da dieses ungeachtet der Täuschung unverändert fortgilt, kann es durch eine solche auch nicht vereitelt werden (vgl. Geppert Jura 89, 380, Lackner/Kühl 5, Otto II 137, Tröndle/Fischer 10, aber auch Kareklas, Lenckner-FS 472 f.; dazu, daß ein solches Verbot in einem Warenhaus nicht schon bei einem bloßen Diebstahlsverdacht zulässig ist, vgl. AG Kulmbach NJW **98**, 3360). – Bei einer *Drohung* kommt es darauf an, ob der Berechtigte, ohne seinen entgegenstehenden Willen aufzugeben, das Betreten des Raums lediglich duldet – in diesem Fall bleibt es bei einem Eindringen, wobei jede Drohung mit einem empfindlichen Übel genügt (zB Eindringen in eine Gaststätte unter der Drohung, andernfalls das gesamte Mobiliar zu zertrümmern) – oder ob er dem Täter den Zutritt, wenn auch gezwungenermaßen, gestattet: Hier kommt nur § 240 in Betracht, so zB wenn der Gastwirt den Gast, dem er zunächst die Tür gewiesen hat, dann doch hereinläßt, nachdem dieser ihm angedroht hatte, ihn andernfalls wegen einer früheren Straftat anzuzeigen (vgl. aber auch RG GA Bd. **47**, 284). Das nur passive Dulden einer Hausbesetzung ist noch kein Einverständnis, aber auch nicht schon das Führen „zukunftsorientierter" Verhandlungen mit den Besetzern (AG Wiesbaden NJW **91**, 188; and. insoweit AG Berlin-Tiergarten StV **83**, 335).

Die Erlaubnis kann auch **generell erteilt** werden, wofür schlüssiges Handeln genügt (vgl. zB 23 Karlsruhe MDR **79**, 73: Duldung des Fußgängerverkehrs auf einem Innenhof, Zweibrücken NStZ **85**, 456: „Tag der offenen Tür" in militärischer Einrichtung). Dies schließt nicht aus, daß sie auf bestimmte Personengruppen (zB Betriebsangehörige, Versammlungsteilnehmer, vgl. Engeln aaO 155 ff.), bestimmte Zeiten (zB Öffnungszeiten eines Museums) oder auf bestimmte Räume beschränkt sein kann oder von bestimmten Voraussetzungen (zB Eintrittskarten, Einkaufsausweise, Betreten eines Parks nur zu Fuß) abhängig gemacht wird (vgl. auch Arzt, Baumann-FS 202, 211). Voraussetzung ist dann allerdings, daß ein dahingehender Wille iS eines – soweit die Bedingungen nicht erfüllt sind – echten Ausschlußwillens hinreichend deutlich zum Ausdruck kommt (vgl. auch Lackner/Kühl 7, was zB auch bei entsprechenden Hinweisschildern („Nur für Reisende", „Krawattenzwang") eine Frage des Einzelfalls sein kann: Enthält zB eine Tafel im Eingangsbereich eines Geschäfts lediglich die „höfliche Bitte" an die Kunden um Abgabe der mitgeführten Taschen unter Hinweis auf sonst mögliche Taschenkontrollen an der Kasse, so fehlt es an einem eindeutig manifestierten Ausschlußwillen des Geschäftsinhabers und einem verbindlichen Hausverbot gegenüber denjenigen Kunden, die diese Kontrollen verweigern (vgl. BGHZ **124** 39 m. Anm. Graf v. Westphalen NJW 94, 367 u. dazu aber auch Christensen JuS 96, 873). Auch verlieren Einschränkungen einer generellen Zutrittserlaub-

§ 123 24–27

nis ihren Wert, wenn sie im Widerspruch zu einer tatsächlichen, vom Berechtigten geduldeten Übung stehen (vgl. auch Ostendorf AK 30). Noch weniger genügt ein nur mutmaßlicher (d. h. nicht geäußerter) Wille des Berechtigten für die Beschränkung einer generell erteilten Erlaubnis (vgl. Amelung NStZ 85, 457, Geppert Jura 89, 381; offengelassen von Zweibrücken NStZ **85**, 456). Eine solche ist im übrigen daher nur durch individuelle Hausverbote möglich (o. 14; and. Schild NStZ 86, 350: auch dann kein Eindringen). Im einzelnen gilt folgendes:

24/25 α) Auch bei einer generellen Erlaubnis, die nicht unbeschränkt erteilt ist, begeht jedoch keinen Hausfriedensbruch, wer **vortäuscht, zu dem berechtigten Personenkreis zu gehören** (o. 22; and. Rudolphi SK 27). Dafür genügt es, wenn er den entsprechenden äußeren Anschein erweckt und deshalb den Eingang ungehindert passieren kann: Entfällt hier ein Eindringen, wenn dem Berechtigten oder seinem Beauftragten durch falsche Behauptungen vorgespiegelt wird, die Zulassungsbedingungen zu erfüllen (o. 22), so kann nichts anderes gelten, wenn es zu einer solchen Täuschung gar nicht erst kommt, weil der Berechtigte auf eine individuelle Prüfung verzichtet hat. Anders ist dies nur im Fall eines zuvor erteilten individuellen Hausverbots, und zwar auch dann, wenn keine (fortwährende) Kontrolle stattfindet: Wird das Hausverbot hier nicht dadurch aufgehoben, daß dem Täter, der bei einer Kontrolle über seine Identität täuscht, der Zutritt gestattet wird (o. 22), so bleibt es erst recht in Kraft, wenn er das Gebäude ohne Kontrolle betreten kann. Das Betreten eines Kaufhauses entgegen einem Hausverbot bleibt daher Hausfriedensbruch (vgl. auch Otto II 137). Diese Regeln gelten zB auch für das *Benutzen frei zugänglicher Verkehrsmittel* ohne Entrichtung des Entgelts (zu § 265 a vgl. dort RN 11). Erweckt der Täter den Eindruck eines ordnungsgemäßen Benutzers – also zB nicht bei einem den fehlenden Zahlungswillen von Anfang an bekundenden Demonstranten für einen „Nulltarif" (vgl. Ranft Jura 93, 29) –, so liegt ein Eindringen nur im Fall eines zuvor erteilten Hausverbots vor (vgl. AG Hamburg NStZ **88**, 221 m. Anm. Albrecht). Ebenso verhält es sich in den *Testkäuferfällen*, in denen aus den o. 24 genannten Gründen § 123 auch dann nicht anwendbar ist, wenn ein Schild den Zutritt von Testkäufern ausdrücklich verbietet (so iE auch Hamm WRP **64**, 313, LG Frankfurt NJW **63**, 1022 m. Anm. Helle, Bernsmann Jura 81, 407, Hanack JuS 64, 355, M-Maiwald I 306, Ossenbrügge BB 64, 1154, Rudolphi SK 26, Schall aaO 155, Tröndle/Fischer 11; and. Hamm WRP **64**, 136, München WRP **64**, 310, Gassmann MDR 64, 374).

26 β) Fehlt es an einem individuellen Verbot, so liegt § 123 auch nicht deswegen vor, weil der Täter die generell erteilte Erlaubnis **zu widerrechtlichen Zwecken mißbrauchen** will, zB als scheinbarer Kunde ein Warenhaus betritt, um dort zu stehlen (Arzt, Baumann-FS 211, Bohnert GA 83, 11 ff., Krey I 226, Lackner/Kühl 7, M-Maiwald I 306, Meyer aaO [RN 22] 181 f., Mitsch JuS 98, 308, Ranft Jura 93, 89, Rudolphi SK 26, Schall aaO 156, Schmidhäuser II 61, Steinmetz JuS 85, 95, W-Hettinger 591; and. BGH StV **96**, 660 [Betreten eines Lokals zum Zweck einer Schutzgelderpressung], Gössel I 451, Schäfer LK[10] 32 f.; vgl. ferner RG **12** 134, **20** 155 f., BGH MDR/D **68**, 551, Bay MDR **69**, 779, wo der vom Täter verfolgte widerrechtliche Zweck überflüssigerweise – ein Einverständnis des Berechtigten lag in keinem Fall vor – als Beweisanzeichen für einen dem Betreten mutmaßlich entgegenstehenden Willen des Hausinhabers verwertet wird). Etwas anderes gilt jedoch, wenn das äußere Erscheinungsbild so sehr von dem gestatteten Eintreten abweicht, daß sich die Frage eines (erschlichenen) Einverständnisses nicht mehr stellt, so zB wenn Bankräuber während der Kassenstunden mit gezogenen Waffen in die Geschäftsräume eindringen oder wenn beim Betreten eines Dienstgebäudes Bauschutt in größerer Menge mitgeführt und dieser im Innern ausgeschüttet wird (vgl. Düsseldorf NJW **82**, 2678, Blei II 314, Mitsch aaO, Rudolphi SK 26, W-Hettinger 591; and. Bohnert GA 83, 20 FN 60, Kargl JZ 99, 938). Darauf, ob mit dem Betreten bereits ein strafbarer Versuch beginnt, kann es hier nicht ankommen (so aber Steinmetz JuS 85, 94). Auch über ein Eindringen durch Unterlassen (o. 13) nicht zu begründen ist ein Hausfriedensbruch dagegen, wenn die rechtswidrigen Absichten des Täters erst offenbar werden, nachdem er den Raum zunächst unauffällig betreten hat (vgl. Kareklas, Lenckner-FS 474 f., Mitsch aaO 309; and. noch die Voraufl.).

27 2. Die **2. Alt.** enthält ein echtes Unterlassungsdelikt, das darin besteht, daß der Täter **trotz Aufforderung** des Berechtigten **sich nicht entfernt** (u. 35). Nach dem Wortlaut scheint erforderlich zu sein, daß der Täter sich schon vor der Aufforderung unbefugt in dem geschützten Raum aufgehalten hat (so zB Engeln aaO 79 ff.), was bedeuten würde, daß es, wenn er dort ursprünglich mit Willen des Berechtigten anwesend war (zB als Gast, mit dem es dann zum Streit kommt), zweier Aufforderungen bedürfte: der ersten, um sein weiteres Verweilen zunächst zu einem „unbefugten" zu machen, sodann anschließend noch einer zweiten, um dadurch unter den Schutz des § 123 zu gelangen. Daß dies vom Gesetz so gewollt ist, kann jedoch wohl ausgeschlossen werden (vgl. schon RG **5** 111: „ein vom legislatorischen Standpunkt aus kaum zu rechtfertigender Formalismus"). Aber auch für die weiteren hier denkbaren Fälle eines bereits zuvor unbefugten Sichaufhaltens in dem Raum ist die 2. Alt. gegenüber der 1. Alt. nur von untergeordneter Bedeutung (vgl. auch BGH **21**, 225, Schäfer LK[10] 63: subsidiärer Tatbestand mit selbständiger Bedeutung nur bei Nichtvorliegen der 1. Alt.): Bei einem vorsätzlichen und rechtswidrigen Eindringen bleibt die Tat unabhängig von einer noch hinzukommenden Aufforderung zum Sichentfernen ein Dauerdelikt nach der 1. Alt. (o. 10), dies mit der einzigen Besonderheit, daß in den o. 13 genannten Fällen eines Eindringens durch Unterlassen eine Strafmilderung nach § 13 II im Hinblick auf die 2. Alt. zu versagen wäre, wobei hier dann allerdings auch berücksichtigt werden müßte, daß das Verweilen der 2. Alt. idR weniger straf-

würdig ist als das Eindringen der 1. Alt. (u. 36; vgl. dazu auch Kareklas, Lenckner-FS 466). Von solchen eher nebensächlichen Folgewirkungen abgesehen, bleiben damit für einen eigenständigen Tatbestandsbereich der 2. Alt. als Ergänzung zur 1. Alt. die Fälle, in denen i.U. zum Eindringen durch Unterlassen eine Anwesenheit mit Willen des Berechtigten im weiteren Verlauf zu einer solchen gegen seinen Willen wird, wobei das Gesetz dann allerdings, um klare Verhältnisse zu schaffen, eine entsprechende Verlassensaufforderung verlangt (vgl. RG aaO, Gössel I 455, Heinrich JR 97, 94, Schäfer LK[10] 65; and. zB Geppert Jura 89, 382, M-Maiwald I 307f., Rudolphi SK 19). Ebenso wie die 1. Alt. kann auch die 2. Alt. nur durch Außenstehende verwirklicht werden (o. 15): Daher kein Hausfriedensbruch, wenn ein Beamter trotz Aufforderung des Vorgesetzten nicht aus den Diensträumen entfernt (LG Lüneburg NJW **77**, 1832; zum Ausschluß eines Gemeinderats aus der Sitzung und Raumverweisung wegen grober Störung vgl. jedoch Karlsruhe JR **80**, 341 m. Anm. Schwabe).

a) Die **Aufforderung** muß nicht wörtlich (zB Klingelzeichen; vgl. Schäfer LK[10] 65) oder ausdrücklich, sondern kann auch durch schlüssiges Verhalten erfolgen (RG GA Bd. 57, 404). Eine einmalige Aufforderung genügt (vgl. dazu RG **5** 111 f.). Angesichts des eindeutigen Gesetzeswortlauts ist sie auch dann nicht verzichtbar, wenn der Täter die Aufforderung durch Zwang verhindert (Geppert Jura 89, 382, and. Bernsmann Jura 81, 405). Zu den Fällen, in denen es keiner besonderen Aufforderung bedarf, weil das weitere Verweilen bereits die 1. Alt. durch Unterlassen erfüllt, vgl. o. 13. 28

b) **Berechtigt** zur Aufforderung ist auch hier zunächst der Inhaber des Hausrechts (o. 16 ff.). Keine Aufforderung iS der 2. Alt. ist, vorbehaltlich der o. 17 genannten Einschränkung, daher das Räumungsverlangen des Vermieters nach Beendigung des Mietverhältnisses, da das Hausrecht bis zur tatsächlichen Räumung grundsätzlich beim Mieter bleibt (RG **36** 323f.). Dagegen ist der Kreis derjenigen, die als bevollmächtigt anzusehen sind, jemanden aus den geschützten Räumen zu verweisen, weiter zu ziehen als der Kreis derjenigen, die zur Erteilung einer Erlaubnis oder eines Verbots bezüglich des Betretens ermächtigt sind. Ist der Hausrechtsinhaber nicht zugegen und verhält sich ein Besucher in störender Weise anders als es bei der sein Betreten deckenden Erlaubnis vorausgesetzt war, so sind auch alle diejenigen als zur Wahrung des Hausrechts iS der 2. Alt. ermächtigt anzusehen, die am Schutz des Hausrechts teilnehmen und von denen der Hausrechtsinhaber ein Einschreiten erwarten kann. Hierzu gehören auch Kinder, sofern sie zu einem vernünftigen Urteil imstande sind, ferner Hausangestellte und der allein in der Wohnung anwesende Untermieter (vgl. BGH **21** 226, Engeln aaO 104, Lackner/Kühl 9, M-Maiwald I 308, Rudolphi SK 21, Schäfer LK[10] 75 f., Schröder JR 67, 306). Ebenso können nach diesen Grundsätzen zB auch Behördenbedienstete einen Besucher aus ihrem Arbeitsraum (nicht jedoch aus dem Gebäude) verweisen. Hinsichtlich der Dispositionsfreiheit des Berechtigten gelten die o. 19 dargestellten Grundsätze. Daher kann zB ein Antragsteller nur dann aus dem Dienstzimmer oder dem Gebäude gewiesen werden, wenn er den Dienstbetrieb erheblich stört. 29

c) Der Aufgeforderte **verweilt** in den geschützten Räumen, wenn er sich nicht unverzüglich, d. h. ohne schuldhaftes Zögern entfernt, seine weitere Anwesenheit also von solcher Dauer ist, daß in ihr ein Ungehorsam gegenüber der Aufforderung zu finden ist (RG DStR **38**, 245). Dies ist nicht der Fall, wenn das Verlassen der Räume unmöglich oder unzumutbar ist (vgl. 141 ff., 155 vor § 13), so zB wenn der Fahrgast, um der Aufforderung des Schaffners nachzukommen, aus einer fahrenden Straßenbahn springen müßte (vgl. RG **75** 357 f.). 30

IV. Die Merkmale **„widerrechtlich"** (1. Alt.) und **„ohne Befugnis"** (2. Alt.) kennzeichnen das allgemeine Deliktsmerkmal der Rechtswidrigkeit (vgl. RG **5** 111 f., Celle VRS **29** 23, Düsseldorf VRS **57** 281, Hamburg JZ **77**, 477 m. Anm. Gössel JR 78, 293, Gössel I 455, Lackner/Kühl 9, Otto II 137, Rudolphi SK 38, Schäfer LK[10] 48 [and. aber 24], 63, Tröndle/Fischer 11; and. M-Maiwald I 304, wo diesen Begriffen überflüssigerweise eine Doppelbedeutung zugeschrieben wird). Entgegen der mißverständlichen Fassung der 2. Alt. (o. 27) ist diese so zu verstehen, daß das weitere Verweilen trotz der Aufforderung, sich zu entfernen, rechtswidrig ist, wenn dazu keine besondere Befugnis besteht. 31

Rechtfertigungsgründe ergeben sich bei § 123 zunächst aus entsprechenden **öffentlich-rechtlichen Befugnissen** zum Betreten von Wohnungen usw. Rechtsgrundlagen dafür finden sich zB in Art. 13 VII 1, 2. Alt. GG, in den Vorschriften der Verfahrensordnungen zum Zwecke der Durchsuchung, Beschlagnahme, Verhaftung oder Pfändung (zB §§ 102 ff. StPO, 758 ZPO), in den Polizeigesetzen (zB § 45 Bundesgrenzschutz, § 31 PolG Bad.-Württ.) und in einer Reihe von Spezialgesetzen (zB § 41 III Lebensmittel- und BedarfsgegenständeG, § 31 II SprengstoffG). Derartige Amtsrechte rechtfertigen sowohl das Eindringen wie auch das Verweilen trotz Aufforderung zum Sichentfernen. Hat zB ein Polizeibeamter eine Wohnung mit freiwillig erteilter Zustimmung des Berechtigten betreten, so darf er eine dort vorzunehmende Amtshandlung, die ein Eindringen gerechtfertigt hätte, auch zu Ende führen. Dagegen ist zB der Polizeibeamte, der dem Beschuldigten in dessen Wohnung eine Vorladung überbringt und bei ihm Auskünfte einholt, nicht berechtigt, sich dort trotz dessen Widerspruchs aufzuhalten (Hamm JMBlNW **59**, 221). 32

Von den **allgemeinen Rechtfertigungsgründen** kommen bei § 123 insbes. die *mutmaßliche Einwilligung* (54 ff. vor § 32) – dies allerdings nur bei der 1. Alt. – und der *Notstand* (§ 34) in Betracht. Nach § 34 kann, von besonderen Notfällen abgesehen (zB Aufbrechen einer Berghütte bei Gefahr des Erfrierens), die vorübergehende Inanspruchnahme unbenutzter Räume zwar in Fällen echter 33

Obdachlosigkeit ausnahmsweise gerechtfertigt sein; dagegen lassen sich in einem Rechtsstaat Fehlentwicklungen der Wohnungspolitik nicht durch Hausbesetzungen unter Berufung auf § 34 korrigieren, da dies auf eine Legalisierung der Selbsthilfe hinausliefe, für die auch Art. 14 II GG keine Grundlage bietet (vgl. Düsseldorf NJW **82**, 2678, AG Wiesbaden NJW **91**, 188, Artkämper aaO 217, 223 ff., Degenhart JuS 82, 331, Ostendorf JuS 81, 641, Rudolphi SK 39, Schall NStZ 83, 247, ferner o. 6a). Von vornherein ausgeschlossen ist § 34 bei staatlichem Handeln, wenn es dafür eine abschließende gesetzliche Regelung gibt (vgl. § 34 RN 7), und ohne Bedeutung ist § 34 auch – hier fehlt es bereits an einem Eindringen (o. 22) –, wenn sich Polizeibeamte oder Verdeckte Ermittler (o. 22) zur Gefahrenabwehr das Einverständnis zum Zutritt des fraglichen Raums durch Täuschung erschleichen (and. München NJW **72**, 2275). Als Rechtfertigungsgrund kommt ferner das *Erziehungsrecht* in Betracht (zB Betreten der Wohnung des noch minderjährigen Sohns durch die Eltern, vgl. Engeln aaO 106 f.), *nicht* dagegen die bloße *Wahrnehmung berechtigter Interessen* (vgl. Stuttgart NStZ **87**, 121 [„Besetzung" eines Militärlagers durch Atomwaffengegner; vgl. auch BVerfG NJW **93**, 2432], Artkämper aaO 233, Gössel I 456, Lenckner JuS 88, 351 ff.; vgl. näher dazu 79 vor § 32) oder die *Selbsthilfe* (§ 229 BGB) bei der eigenmächtigen Räumung einer ordnungsgemäß gekündigten Wohnung und der nicht eingehaltenen Zusage des Mieters, diese fristgerecht zu verlassen (Köln NJW **96**, 472). – Auch **sonstige Rechte,** die dem Hausrecht vorgehen, schließen die Rechtswidrigkeit aus. Hierher gehört zB das *Recht der Betriebsratsmitglieder*, auch außerhalb der Arbeitszeit den Betrieb zu betreten und darin zu verweilen (§ 78 BetriebsVerfG; vgl. dazu Hamm JMBlNW **52**, 12); zum – bei kirchlichen Einrichtungen (BVerfGE **57** 220) allerdings nicht bestehenden – Zutrittsrecht betriebsfremder *Gewerkschaftsbeauftragter* zum Zweck der Werbe- und Informationstätigkeit vgl. BAG NJW **79**, 1844 u. Engeln aaO 115 f. Ein die Rechtswidrigkeit iS der 2. Alt. ausschließendes Recht zum Verweilen kann sich ferner aus entsprechenden *zivilrechtlichen Verträgen* ergeben (vgl. 53 vor § 32; zB beim Besuch einer Gaststätte oder einer Veranstaltung), wobei dieses Recht jedoch mit einer vorzeitigen Hinausweisung wegen eines störenden oder sonst vertragswidrigen Verhaltens endet; im übrigen besteht es so lange, als dies zur Erfüllung des Vertragszwecks billigerweise angemessen ist (vgl. RG **4** 323, Celle OLGSt § 123 S. 24, Rudolphi SK 40, Schäfer LK[10] 70, Tröndle/Fischer 14). Dagegen begründet das berechtigte Interesse des Vermieters, sich vom Zustand der Wohnung zu überzeugen oder sie kurz vor Ablauf des Mietverhältnisses neuen Mietinteressenten zu zeigen, kein Recht, sie gegen den Willen des Mieters zu betreten; dies gilt auch, wenn der Mieter durch seine Weigerung gegen eine entsprechende Vertragspflicht verstößt (vgl. Glaser MDR 59, 723). Ebensowenig hat zB der Gläubiger ein Recht, in der Wohnung des Schuldners einer Pfändung beizuwohnen (KG ZStW **43**, 461). Der Arbeitsvertrag begründet kein Recht, die Arbeitsräume gegen den Willen des Arbeitgebers zur Arbeitsleistung zu betreten oder in ihnen zu verweilen, wenn dieser auf die Erfüllung der Arbeitspflicht verzichtet und damit die mit Abschluß des Vertrages erteilte Erlaubnis zurücknimmt (vgl. Hamm JMBlNW **52**, 12, Schäfer LK[10] 70, Engeln aaO 115; and. Ostendorf AK 31). Ein solcher Verzicht liegt auch in einer unberechtigten Kündigung (vgl. RG **5** 235, hier auch Ostendorf AK 31); doch verweilt der fristlos gekündigte und aus dem Betrieb verwiesene Arbeitnehmer solange nicht unbefugt, als er braucht, um seine Sachen zu packen (Rudolphi SK 40, Schäfer LK[10] 70, Tröndle/Fischer 14). Aus dem *Streik- und Arbeitskampfrecht* folgt kein Recht des Arbeitnehmers, in die Betriebsräume einzudringen oder dort zu verweilen (vgl. BAGE **30** 84 u. näher Müller-Roden ZRP 88, 161, Rudolphi RdA 87, 161; and. Ostendorf, Kriminalisierung des Streikrechts, 1987, RN 76 ff. mwN; vgl. dazu auch Neumann ZStW 109, 12). Sog. Betriebsbesetzungen sind daher ein rechtswidriger Hausfriedensbruch, und zwar auch bei einer rechtswidrigen Aussperrung, weil auch dann das kollektivvertragliche und arbeitsrechtliche Instrumentarium vorrangig ist (vgl. Brox/Rüthers, Arbeitskampfrecht, 2. A., RN 140, 217, 341 mwN) und es ein Recht auf Arbeit iS eines notwehrfähigen Rechtsguts nicht gibt (vgl. BAG **30** 59; and. Däubler, Arbeitsrecht I, 11. A., 364 ff. mwN). Ebensowenig folgt aus dem *Demonstrationsrecht* das Recht zum Eindringen in Diensträume (Düsseldorf NJW **82**, 2678) oder zur „Besetzung" eines Militärlagers (Stuttgart Justiz **87**, 118, Lenckner JuS 88, 354; vgl. auch Artkämper aaO 215). Die *Presse- und Informationsfreiheit* (Art. 5 II GG) rechtfertigt jedenfalls nicht das Eindringen in private Räume (zB Berichterstattung über eine „Hausbesetzung"); nur beim Eindringen in öffentliche Dienstgebäude kann diese im Einzelfall den Vorrang vor dem Hausrecht haben (vgl. auch Dose DRiZ 69, 75; and. insoweit Rudolphi SK § 124 RN 16, Schäfer LK[10] § 124 RN 22, Tröndle/Fischer § 124 RN 8; zum Ganzen vgl. auch BVerfGE **20** 177 u. zu § 124 dort RN 20). In entsprechenden Fällen kann für Journalisten auch eine mutmaßliche Einwilligung in Betracht kommen.

34   **V.** Der **subjektive Tatbestand** erfordert Vorsatz; bedingter Vorsatz genügt. Bei der 1. Alt. ist insbesondere das Bewußtsein nötig, gegen den Willen des Berechtigten, d. h. ohne seine Erlaubnis zu handeln, bei der 2. Alt. die Kenntnis der Aufforderung (vgl. RG **5** 111, Hamburg JZ **77**, 477 m. Anm. Gössel JR 78, 292). Ein Tatbestandsirrtum (§ 16) ist daher zB die irrige Deutung einer nur passiven Duldung durch den Berechtigten als Einverständnis (vgl. auch LG Berlin StV **85**, 239). Ein Verbotsirrtum (§ 17) ist dagegen die irrige Vorstellung, schon die Verfolgung berechtigter Belange oder ein – tatsächlich nicht existierendes – „stärkeres" Recht rechtfertige das Eindringen in fremde Räumlichkeiten (vgl. Celle VRS **29** 23, Düsseldorf NJW **82**, 2678, Hamburg JZ **77**, 477 m. Anm. Gössel aaO, JR **81**, 31 m. Anm. Oehler), und nur ein Subsumtionsirrtum ist auch die irrige Annahme, leerstehende Häuser seien nie taugliche Objekte eines Hausfriedensbruchs (Artkämper aaO 237).

Auch der Irrtum über die Wirksamkeit eines von Bahnpolizeibeamten erteilten Bahnhofsverbots ist nach Düsseldorf VRS **57** 281 Verbotsirrtum, was allerdings voraussetzt, daß hier nicht schon aus den o. 19 f. genannten Gründen der Vorsatz bezüglich des Eindringens zu verneinen ist.

VI. Täterschaft. § 123 enthält kein eigenhändiges Delikt (h. M., zB Lackner/Kühl 12, M-Maiwald I 309, Mewes Jura 91, 628 [zugleich zu Fragen der Mittäterschaft u. dazu Emde Jura 92, 275, Fincke ebd. 387], Roxin TuT, 6. A., 407, 676, Schäfer LK¹⁰ 81; vgl. auch RG **55** 61; and. Herzberg ZStW **82**, 927 ff.). Sein Erfolgsunwert besteht allein darin, daß jemand gegen den Willen des Berechtigten in die geschützte Sphäre gelangt ist bzw. darin verweilt, weshalb er auch durch Außenstehende in Mit- bzw. mittelbarer Täterschaft verwirklicht werden (and. Herzberg aaO: höchstpersönliche Mißachtung des Rechts auf Selbstbestimmung in der eigenen Wohnsphäre).

VII. Konkurrenzen. Ist der Täter eingedrungen und entfernt er sich trotz entsprechender Aufforderung nicht, so liegt nur eine Tat nach der 1. Alt. vor (Dauerdelikt, o. 10, 27). Über das Verhältnis zum landesrechtlichen Feld- u. Forstfriedensbruch u. 39. Im übrigen sind im Verhältnis zu anderen Delikten drei Fallgruppen zu unterscheiden: 1. Idealkonkurrenz besteht zu Tatbeständen, die der Täter *zur Begründung oder Aufrechterhaltung des Hausfriedensbruchs* verwirklicht, zB Körperverletzung oder Widerstand (§ 113) zum Zweck des Eindringens oder der Verhinderung des Entferntwerdens (BGH MDR/D **55**, 144, Bay JR **57**, 148, Mitsch JuS 93, 387) oder § 265 a; vgl. näher 89 vor § 52. – 2. Da § 123 ein Dauerdelikt enthält, liegt Idealkonkurrenz ferner mit Taten vor, die *durch den Hausfriedensbruch ermöglicht* werden sollen (vgl. 91 vor § 52), so zB wenn der Täter eindringt, um in der Wohnung eine Vergewaltigung, einen Raub oder einen Diebstahl nach § 242 zu begehen (ebenso Gössel I 456, Lagodny Jura 92, 665, Rengier II 182; and. [Realkonkurrenz] BGH **18** 32 f., Hamm JMBlNW **54**, 67, Geppert Jura 89, 383, Rudolphi SK 44, Schäfer LK¹⁰ 88, Tröndle/Fischer 20). Ist der Hausfriedensbruch dagegen regelmäßiger Bestandteil eines anderen Delikts, wird zB bei Diebstahl die Strafe dem § 243 Nr. 1 entnommen, so geht dieses vor (vgl. dazu § 243 RN 59). – 3. Realkonkurrenz liegt vor, wenn der Täter *während des widerrechtlichen Zustands* eine Straftat begeht, die mit dem Hausfriedensbruch in keinem Zusammenhang steht (der aus dem Hause gewiesene Liebhaber zertrümmert die Nippessammlung).

VIII. Strafzumessung. Von Bedeutung ist hier insbes. die geringere oder größere Schutzwürdigkeit des fraglichen Objekts (zB Wohnung einerseits, befriedetes Besitztum andererseits, vgl. Ostendorf AK 53) und die Dauer und Intensität der Hausrechtsverletzung; auch ist davon auszugehen, daß das Eindringen in der Regel strafwürdiger ist als das Verweilen (Rudolphi SK 42). Zur Strafzumessung bei Hausbesetzungen vgl. AG Wiesbaden NJW **91**, 189; zur Frage der Strafschärfung bei einschlägig vorbestraften Bahnhofsstreunern vgl. Köln MDR **77**, 860.

IX. Verfolgungsvoraussetzung ist nach **Abs. 2** ein **Antrag.** Antragsberechtigt ist der Inhaber des Hausrechts, bei mehreren Inhabern (o. 18) jeder selbständig (vgl. Rudolphi SK 46, Tröndle/Fischer 22; zum selbständigen Haus- und Antragsrecht von Bürgermeistern in Nordrh.-Westf. bei Störungen einer Ratssitzung durch Zuhörer vgl. Düsseldorf JMBlNW **88**, 154). Ob mit der Ermächtigung zur Ausübung des Hausrechts (o. 21) auch die zur Stellung des Strafantrags (vgl. § 77 RN 27 f.) erteilt ist, ist Auslegungsfrage (vgl. RG **41** 416); bei dem öffentlichen Dienst bestimmten Räumen zT auch ausdrücklich geregelt (zB § 104 UniversitätsG Bad.-Württ. idF v. 1. 2. 2000, GBl. S. 208). Nicht antragsberechtigt ist der lediglich zur Aufforderung iS der 2. Alt. Berechtigte (o. 29; vgl. Rudolphi SK 46, Schäfer LK¹⁰ 85, Tröndle/Fischer 23). Zur persönlichen Reichweite eines Strafantrags bei Hausbesetzungen, wenn sich den Besetzern kurz vor der polizeilichen Räumung noch weitere Personen demonstrativ zugesellt haben, vgl. LG Berlin StV **85**, 238 und im übrigen die Anm. zu §§ 77 ff.

X. Ergänzende Vorschriften enthalten § 112 OWiG (Verletzung der Hausordnung eines Gesetzgebungsorgans) und § 114 OWiG (Betreten militärischer Anlagen). Landesrechtliche Vorschriften über den sog. Feld- und Forstfriedensbruch gehen § 123 vor (Art. 4 V EGStGB, Köln OLGSt. § 123 S. 34).

§ 124 Schwerer Hausfriedensbruch

Wenn sich eine Menschenmenge öffentlich zusammenrottet und in der Absicht, Gewalttätigkeiten gegen Personen oder Sachen mit vereinten Kräften zu begehen, in die Wohnung, in die Geschäftsräume oder in das befriedete Besitztum eines anderen oder in abgeschlossene Räume, welche zum öffentlichen Dienst bestimmt sind, widerrechtlich eindringt, so wird jeder, welcher an diesen Handlungen teilnimmt, mit Freiheitsstrafe bis zu zwei Jahren oder mit Geldstrafe bestraft.

I. Die Vorschrift betrifft einen qualifizierten Fall des § 123, bei dem es sich insofern um eine Mischform zwischen den Taten nach §§ 123, 125 handelt, als der Hausfriedensbruch hier die Vorstufe zu einem Landfriedensbruch nach § 125 I 1. Alt. darstellt. Rechtsgut des § 124 ist deshalb zunächst das hier besonders massiv verletzte Hausrecht, wobei § 124 gegenüber § 123 freilich insofern enger ist, als die zum öffentlichen Verkehr bestimmten Räume und das bloße unbefugte Verweilen (§ 123 2. Alt.) ausgenommen sind. Geschützt ist hier aber außerdem die öffentliche Sicherheit, die im Vorfeld des § 125 auch schon durch das in gewalttätiger Absicht erfolgende Eindringen einer Menschenmenge

§ 124 2–9

in die geschützten Räume gefährdet ist (vgl. RG 73 93, Lackner/Kühl 1, Rudolphi SK 1, Schäfer LK[10] 1; and. Ostendorf AK 3 mit dem – wie zB § 176a IV zeigt – nicht zutreffenden Hinweis, daß ein qualifizierter Tatbestand kein neues Rechtsgut einführen könne). Zur Reform vgl. Baumann/Frosch JZ 70, 120, Rudolphi SK 2.

2   **II.** Der **objektive Tatbestand** setzt voraus, daß sich eine Menschenmenge öffentlich zusammenrottet (u. 3 ff.) und in der Absicht, mit vereinten Kräften Gewalttätigkeiten gegen Personen oder Sachen zu begehen, in die geschützten Räumlichkeiten eindringt (u. 6 ff.). Daran anknüpfend besteht sodann die Tathandlung darin, daß der Täter an diesen Handlungen, d. h. sowohl am Zusammenrotten als auch am Eindringen, teilnimmt (u. 17 ff.).

3   **1.** Erforderlich ist zunächst das Vorhandensein einer **Menschenmenge** (vgl. dazu § 125 RN 8 ff.), die sich **öffentlich zusammengerottet** hat.

4   a) Um eine **Zusammenrottung** handelt es sich, wenn die Menschenmenge in äußerlich erkennbarer Weise von dem gemeinsamen Willen zu bedrohlichem oder gewalttätigem Handeln beherrscht wird (zB RG **55** 68, **56** 281, BGH NJW **53**, 1031, **54**, 1694, OGH **2** 366, Bay NJW **69**, 64, Frankfurt DRiZ **70**, 63, Schleswig SchlHA **76**, 167, Lackner/Kühl § 121 RN 3, Rudolphi SK 4, Schäfer LK[10] 4). Dabei ist gleichgültig, ob dieser Wille schon beim Zusammentreten der Menge besteht oder ob er erst später hinzukommt. Auch eine zunächst friedliche Versammlung kann daher nachträglich in eine Zusammenrottung umschlagen (vgl. RG **52** 119, BGH NJW **53**, 1031, Hamm NJW **51**, 206, Schleswig SchlHA **76**, 167, Janknecht GA 69, 36, Schäfer LK[10] 4), ebenso wie durch Abspaltung einer äußerlich geschlossenen Gruppe aus einer friedlichen Menge eine Zusammenrottung entstehen kann (Bay NJW **69**, 63, Neuberger GA 69, 11, Rudolphi SK 4, Eb. Schmidt JZ 69, 395); in beiden Fällen endet damit auch der Schutz der Art. 5, 8 GG, ohne daß es dazu einer Auflösung nach §§ 13, 15 II VersammlungsG oder einer Aufforderung nach § 113 OWiG bedürfte (vgl. Celle NJW **70**, 206, Köln NJW **70**, 260, Ostendorf AK 11, Schäfer LK[10] 4, Tröndle/Fischer 3, iE auch Rudolphi SK 8; and. Ott DRiZ 69, 67). Dadurch, daß aus einer friedlichen Menge isolierte Gewalttätigkeiten begangen werden, braucht jedoch noch keine Zusammenrottung zu entstehen (Tröndle/Fischer 3 unter Hinweis auf BGH 5 StR 329/68). Andererseits wird eine Zusammenrottung nicht dadurch ausgeschlossen, daß einzelne Personen dem feindseligen Willen der Menge nicht teilen oder sich diesem nicht unterordnen. Ebensowenig ist ein organisatorischer Zusammenhalt oder ein organisiertes Zusammenwirken erforderlich (vgl. Rudolphi SK 4); auch tumultartiges Auftreten reicht aus, sofern es die Möglichkeit des Zusammenwirkens als Folge der gemeinsamen feindseligen Willenshaltung nicht ausschließt (vgl. RG **60** 332, OGH **2** 211, Schäfer LK[10] 4).

5   b) Die Zusammenrottung ist **öffentlich,** wenn sich ihr eine unbestimmte Zahl beliebiger Personen anschließen kann (vgl. RG **51** 422, BGH AP **Nr. 1** zu § 125, OGH **1** 245, **2** 184, Bay NJW **55**, 1806, Schleswig SchlHA **76**, 176, Rudolphi SK 5, Schäfer LK[10] 5, Tiedemann JZ 68, 767). Dies kann auch der Fall sein, wenn sich die Möglichkeit einer Teilnahme im wesentlichen auf einen bestimmten Personenkreis beschränkt (RG JW **26**, 2744, Kassel HESt. **1** 271; vgl. auch OGH **1** 252), so zB auf die Arbeiterschaft eines Großbetriebs (vgl. RG **54** 89) oder die Zuschauer einer großen Sportveranstaltung (Hamm NJW **51**, 206). Nicht erforderlich ist, daß die Zusammenrottung auf einem öffentlichen Platz stattfindet oder von der Öffentlichkeit wahrgenommen werden kann (vgl. Hamm NJW **51**, 206, Tiedemann aaO). Auch daß der Ort der Zusammenrottung nur durch einen Hausfriedensbruch erreicht werden kann (zB Garten oder Hofraum [vgl. § 123 RN 6] des zu besetzenden Hauses), schließt die Öffentlichkeit nicht aus, sofern er nur tatsächlich ohne weiteres zugänglich ist (vgl. auch Blei II 302).

6   **2.** Hinzukommen muß, daß die **Menschenmenge widerrechtlich** und **in gewalttätiger Absicht in bestimmte Räumlichkeiten eindringt.**

7   a) Die geschützten Räumlichkeiten entsprechen denen des § 123 mit Ausnahme der zum öffentlichen Verkehr bestimmten Räume (§ 123 RN 7, 9), die in § 124 nicht genannt sind und die hier deshalb auch nicht dem Merkmal des befriedeten Besitztums zugeordnet werden dürfen (vgl. dazu auch § 123 RN 7). Den vollen Schutz des § 124 genießen dagegen auch die zum öffentlichen Dienst bestimmten Räume; diesen auf die Dienstzimmer der Amtsträger zu beschränken, besteht kein Anlaß (Rudolphi SK 6; and. Denninger ZRP 68, 46). Als Angriffsobjekte kommen daher zB auch Hör- und Lesesäle, Treppenhäuser und Foyers in Dienstgebäuden in Betracht. Die Gefahr eines Konflikts mit Art. 8 GG besteht hier schon deshalb nicht, weil dieser für eine unfriedliche Menge nicht gilt.

8/9   b) Zum Merkmal des **Eindringens** vgl. § 123 RN 11 ff. Auch bei an sich der Öffentlichkeit generell zugänglichen Geschäfts- und Diensträumen liegt im Fall des § 124 praktisch immer ein Eindringen vor, da das Betreten durch eine zusammengerottete und damit erkennbar von einem friedensstörenden Willen beherrschte Menge schon äußerlich durch die generelle Zutrittserlaubnis nicht mehr gedeckt ist (Rudolphi SK 6, Schäfer LK[10] 7). Nicht erfaßt ist in § 124 – i. U. zu § 123 – das *unbefugte Verweilen,* auch wenn die Menge Ausschreitungen beabsichtigt; auch die Grundsätze des Eindringens durch Unterlassen (§ 123 RN 13) gelten für § 124 wegen der dort vorausgesetzten besonderen Aggressivität der Menge nicht (ebenso Schäfer LK[10] 9). Nicht erforderlich ist, daß die gesamte Menge den geschützten Raum betritt oder daß der körperlich eingedrungene Teil selbst wieder eine Menge bildet (was schon wegen der räumlichen Verhältnisse vielfach nicht möglich sein dürfte). Da das Eindringen keine eigenhändige Begehung voraussetzt (vgl. § 123 RN 35), genügt es vielmehr, wenn nur einzelne Beteiligte den geschützten Raum betreten, sofern sie nur mit den übrigen, die dies mittäterschaftlich mittragen, zusammen noch eine Menge darstellen. Die Streitfrage, ob schon das „Eindringen" einzelner Beteiligter ausreicht (Lackner/Kühl 2) oder ob die „eingedrungene" Zahl ihrerseits noch eine Menschenmenge sein muß (Ostendorf AK 13, Rudolphi SK 7, Schäfer LK[10] 8, Tröndle/Fischer 5), wobei offenbar jeweils an das eigenhändige Betreten gedacht ist, stellt sich in dieser Form daher nicht.

c) Das Eindringen muß **widerrechtlich** sein. Rechtfertigungsgründe dürften hier, da bereits das Eindringen in gewalttätiger Absicht erfolgen muß, nahezu ausgeschlossen sein (denkbar, wenn eine flüchtende Menge in ein Gebäude eindringt, um sich dort vor ihren Verfolgern unter Anwendung von Gewalt gegen Sachen zu verbarrikadieren, § 34). **10**

d) Das Eindringen muß in der **Absicht** erfolgen, **mit vereinten Kräften Gewalttätigkeiten gegen Personen oder Sachen zu begehen**. Daß es zu den Gewalttätigkeiten tatsächlich gekommen ist, ist nicht erforderlich, vielmehr stellt die Tat nach § 124 insoweit, da die bloße Absicht genügt, eine Vorstufe zum Landfriedensbruch nach § 125 I 1. Alt. dar; zum Begriff der mit vereinten Kräften begangenen Gewalttätigkeiten vgl. daher dort RN 5 ff., 10. Träger der Absicht muß die eingedrungene Menge (o. 9) sein, wofür es genügt, daß diese von dem gemeinsamen feindseligen Willen erfüllt ist, daß aus ihrer Mitte heraus – wenn auch nicht von allen Beteiligten – Gewalttätigkeiten begangen werden. Zur Frage der Absicht beim einzelnen Teilnehmer u. 20. **11**

α) **Absicht** bedeutet hier zielgerichtetes Handeln (§ 15 RN 66 ff.). Die beabsichtigten Gewalttätigkeiten können daher sowohl Selbstzweck wie Mittel zur Erreichung eines erstrebten weiteren Zwecks sein (zB zur Aufrechterhaltung des mit dem Eindringen geschaffenen rechtswidrigen Zustands); auch entfällt die Absicht nicht deshalb, weil ihre Verwirklichung noch vom Eintritt einer vom Willen der Menge unabhängigen Bedingung abhängt (zB Absicht zu Gewalttätigkeiten für den Fall, daß der Eigentümer Widerstand leistet). **12**

β) Die beabsichtigten Gewalttätigkeiten müssen sich gegen solche Personen oder Sachen richten, die sich **im Schutzbereich des verletzten Hausrechts** befinden. Dies folgt zwar nicht unmittelbar aus dem Wortlaut, wohl aber aus dem Grundgedanken des § 124, der einen qualifizierten Fall des § 123 enthält, wobei sich das hier hinzukommende Moment der Störung des öffentlichen Friedens gerade daraus ergibt, daß man sich nicht einmal in seinen eigenen vier Wänden vor Gewalttätigkeiten sicher fühlen kann. Auch der Grund für die erhöhte Strafbarkeit kann deshalb nicht schon darin liegen, daß die Menschenmenge zur Vorbereitung eines Landfriedensbruchs einen Hausfriedensbruch begeht; maßgebend dafür ist vielmehr der besondere massive Eingriff in das Hausrecht, der darin besteht, daß von der eingedrungenen Menge Gewalttätigkeiten gerade gegen solche Personen oder Sachen drohen, die an dem besonderen Schutz des Hausfriedens teilhaben. Es genügt daher nicht, wenn eine Menschenmenge in ein Haus eindringt, um von dort aus Angriffe Dritter, die von außen kommen, gewaltsam abzuwehren (ebenso Ostendorf JuS 81, 642, AK 8, Rudolphi SK 9; and. RG 53 64, Lackner/Kühl 2, M-Maiwald I 310, Schäfer LK[10] 16, Tröndle/Fischer 6; and. jedoch, wenn die Absicht, das Haus zu verbarrikadieren, den Willen zur Beschädigung oder Zerstörung von Einrichtungsgegenständen mit umfaßt). Dies gilt auch, wenn bei einer Hausbesetzung die Menge die Absicht hat, beim Eingreifen der Polizei gegen diese Gewalttätigkeiten innerhalb des Gebäudes zu verüben. **13**

γ) Die beabsichtigten Gewalttätigkeiten müssen **dem Eindringen nachfolgen**, wofür sowohl der Gesetzeswortlaut als auch der o. 13 genannte Grund der erhöhten Strafbarkeit spricht (vgl. RG 19 72, 53 64, Rudolphi SK 10, Schäfer LK[10] 14). Es genügt daher nicht, wenn die Menge lediglich die Absicht des gewaltsamen Eindringens besitzt (zB Einschlagen einer Tür, Niederschlagen des den Eingang versperrenden Eigentümers), im Innern des Gebäudes aber keine weiteren Gewalttätigkeiten vorhat. Da es in § 124 nur auf die Absicht ankommt, anschließend an das Eindringen Gewalttätigkeiten zu begehen, liegt der Tatbestand dagegen auch vor, wenn diese tatsächlich dann schon beim Eindringen verübt werden. Zu berücksichtigen ist auch, daß die Menge schon dann eingedrungen sein kann, wenn nur ein einzelner mit wenigstens einem Teil seines Körpers in den fraglichen Raum gelangt ist (o. 9, u. 21). Außerhalb des § 124 bleiben lediglich die Fälle, in denen die Absicht von vornherein lediglich darauf gerichtet ist, durch Gewaltanwendung in den geschützten Raum zu gelangen. Hier ist idR ohnehin § 125 anwendbar, während gegen das Vorliegen eines schweren Hausfriedensbruchs außer den o. 14 genannten Gründen spricht, daß eine Gewaltanwendung dieser Art vielfach auch mit dem Erscheinungsbild des einfachen Hausfriedensbruchs verbunden ist (vgl. auch Schäfer LK[10] 14). **14/15**

δ) Die Absicht muß im **Zeitpunkt des Eindringens** bestehen (RG 51 423, 53 64, Stuttgart NJW 69, 1776, Rudolphi SK 11, Schäfer LK[10] 15, Tröndle/Fischer 6). Anlaß zur Zusammenrottung braucht sie nicht gewesen zu sein; es genügt, wenn sie bis zum Eindringen hinzukommt. Entschließt sich die Menge erst nach dem Eindringen zur Begehung von Gewalttätigkeiten (zB weil ihr ursprüngliches Begehren erfolglos blieb), so ist § 124 nicht anwendbar. Daß der Hausfriedensbruch ein Dauerdelikt ist, ändert daran nichts, zumal § 124 – im Unterschied zu § 123 – auch das bloße Verweilen nicht erfaßt (o. 8). **16**

Lenckner

§ 124

17 3. Die **Tathandlung** besteht in der Teilnahme sowohl an der Zusammenrottung als auch am Eindringen in die geschützten Räume.

18 a) An der **Zusammenrottung nimmt teil,** wer derart in einem räumlichen Zusammenhang mit der Menge steht, daß er für den objektiven Beobachter als ihr Bestandteil erscheint (vgl. RG 56 282, 60 334, BGH NJW 54, 1694, LM **Nr.** 2 zu § 115, MDR/D 68, 895). Daran fehlt es bei Personen, die beruhigend auf die Menge einwirken (BGH NJW 54, 1694 zu §§ 115, 125 aF, Ostendorf AK 15, Tröndle/Fischer 8; für das Eindringen des „Abwieglers" kommt unter dem dann übrig bleibenden Gesichtspunkt des § 123 eine mutmaßliche Einwilligung in Betracht; vgl. auch Rudolphi SK 16, Schäfer LK[10] 23). Gleichgültig ist dagegen, ob sich der Täter bereits in einer aggressiven Haltung der Menge anschließt oder ob er, nachdem ihm die feindselige Willenshaltung bewußt geworden ist, in der Menge verbleibt (Rudolphi SK 12, Schäfer LK[10] 18). Dritte, die sich der zusammengerotteten Menge räumlich nicht anschließen, kommen nur als Anstifter oder Gehilfen in Betracht (RG 56 281, 60 331, OGH 2 212).

19 b) Erforderlich ist ferner die **Teilnahme am Eindringen** und zwar als Mitglied der zusammengerotteten Menge. Personen, die eindringen, nachdem sich die Menge bereits in den geschützten Räumen befindet, fallen daher nicht unter § 124, und zwar auch dann nicht, wenn sie die Absicht haben, sich der Menge anzuschließen. Die Teilnahme am Eindringen setzt, da für dieses keine Eigenhändigkeit notwendig ist, zwar nicht voraus, daß der Betreffende selbst den geschützten Raum betritt, wohl aber muß er sich am Eindringen der übrigen als Mittäter beteiligen (vgl. RG 55 36, RG JW 33, 1659, Lackner/Kühl 4, Ostendorf AK 14, Otto II 139, Schäfer LK[10] 19, 21, Tröndle/Fischer 8). Dies kann auch bei äußerlich nur vorbereitenden oder unterstützenden Handlungen anzunehmen sein, sofern der „Teilnehmer" das körperliche Eindringen der übrigen in der Weise mitträgt, daß ihm dieses nach allgemeinen Regeln als eigene Begehung zugerechnet werden kann (zB durch Anfeuern der Menge oder dadurch, daß er von außen mit einem Megaphon die Kommandos für die im Haus Befindlichen gibt). Dagegen ist die bloße Beteiligung am Eindringen nach §§ 26, 27 kein Teilnehmen iS des § 124 (and. M-Maiwald I 310, Rudolphi SK 13). Dies folgt schon daraus, daß Täter des qualifizierten Tatbestands nur sein kann, wer auch Täter des Grunddelikts (§ 123) ist. Daß § 125 nF auch die Beteiligung in der Form der Anstiftung und Beihilfe zu den Gewalttätigkeiten als täterschaftliche Begehung erfaßt (vgl. § 125 RN 12 ff.), steht dem nicht entgegen, da die besonders massive Verletzung des Hausfriedens, um die es in § 124 geht, zumindest ein mittäterschaftliches Eindringen voraussetzt.

20 III. Für den **subjektiven Tatbestand** ist Vorsatz bezüglich des Teilnehmens an der Zusammenrottung und am Eindringen erforderlich; bedingter Vorsatz genügt. Für die Teilnahme an der Zusammenrottung bedeutet dies, daß der Täter das Bewußtsein haben muß, daß er durch seinen Anschluß an die Menschenmenge oder sein Verbleiben in ihr deren friedensstörende Ziele fördert (vgl. RG 51 422 und zum entsprechenden Merkmal in §§ 115, 125 aF BGH NJW 54, 1694 mwN). Nicht erforderlich ist, daß der Täter die Absicht hat, selbst Gewalttätigkeiten zu begehen. Andererseits ist es nicht ausreichend, wenn er die gewalttätige Absicht der Menge lediglich kennt (so jedoch RG 51 422, Lackner/Kühl 5, M-Maiwald I 310, Tröndle/Fischer 9; die zu § 125 aF ergangenen Entscheidungen RG 54 300, 55 248 sind für § 124 ohne Bedeutung, da in § 125 aF schon die bloße Teilnahme an der Zusammenrottung genügt hatte). Da die Menge in gewalttätiger Absicht eindringen muß und das Teilnehmen daran nur die täterschaftliche Begehung ist (o. 19), kann Täter des § 124 vielmehr nur sein, wer sich selbst mit der Absicht der Menge identifiziert. Schon deshalb können Pressevertreter oder Personen, die nur zum Zweck der Berichterstattung bzw. in der Absicht, beruhigend auf die Menge einzuwirken, mit dieser eindringen, nicht Täter des § 124 sein (Schäfer LK[10] 22 f.; vgl. auch Rudolphi SK 16, o. 18; zu dem hier übrigbleibenden Hausfriedensbruch nach § 123 vgl. dort RN 33). Beschränkt man das Teilnehmen am Eindringen auf die (mit-)täterschaftliche Begehung, so besteht auch kein Anlaß, im subjektiven Tatbestand eine Einschränkung dahin vorzunehmen, daß der Täter die Gewalttätigkeitsabsicht gerade solcher Personen kennen muß, an deren Eindringen er nach §§ 26, 27 beteiligt ist (so jedoch Rudolphi SK 15; vgl. dazu auch Schäfer LK[10] 20 f.).

21 IV. **Vollendet** ist die Tat mit dem Eindringen der Menge in die geschützten Räume, wobei schon das (teilweise) Betreten (vgl. § 123 RN 12) durch einen einzelnen genügt, wenn dies der Menge im übrigen als mittäterschaftliche Begehung zugerechnet werden kann. Zu den beabsichtigten Gewalttätigkeiten braucht es nicht gekommen zu sein.

22 V. **Teilnahme** ist zunächst durch außenstehende Dritte möglich, so zB als Beihilfe durch Mitwirken an der Vorbereitung oder durch Lieferung von Waffen, als Anstiftung zB durch Hinlenken einer noch unentschlossenen Menge auf ein konkretes Angriffsobjekt (RG 55 41) oder durch Veranlassen einzelner Personen, sich der gewalttätigen Menschenmenge anzuschließen und mit ihr in die geschützten Räumlichkeiten einzudringen. Nur wegen Teilnahme strafbar sind aber auch solche Mitglieder der zusammengerotteten Menge, die weder selbst eindringen noch daran als Mittäter beteiligt sind (so wenn sich ihr Tatbeitrag in der psychischen Unterstützung des eindringenden Teils der Menge erschöpft).

23 VI. **Konkurrenzen:** Hier gelten zunächst die gleichen Grundsätze wie bei § 123 (vgl. dort RN 36). Je nach den Umständen ist daher mit den zum Zweck des Eindringens und den danach begangenen Taten Ideal- oder Realkonkurrenz möglich (vgl. RG **47** 27). Werden die beabsichtigten Gewalttätigkeiten begangen, so besteht Tateinheit mit § 125 (vgl. RG **37** 28, **55** 41, Rudolphi SK 18, Schäfer LK[10] 25); dem steht nicht entgegen, daß § 124 in § 125 übergeht, wenn es zu den beabsichtigten Gewalttätigkeiten kommt, da § 125 nicht die mit dem Eindringen bewirkte Verletzung des Hausrechts erfaßt. § 123 tritt hinter § 124 zurück.

§ 125 Landfriedensbruch

(1) **Wer sich an**
1. **Gewalttätigkeiten gegen Menschen oder Sachen oder**
2. **Bedrohungen von Menschen mit einer Gewalttätigkeit,**

die aus einer Menschenmenge in einer die öffentliche Sicherheit gefährdenden Weise mit vereinten Kräften begangen werden, als Täter oder Teilnehmer beteiligt oder wer auf die Menschenmenge einwirkt, um ihre Bereitschaft zu solchen Handlungen zu fördern, wird mit Freiheitsstrafe bis zu drei Jahren oder mit Geldstrafe bestraft, wenn die Tat nicht in anderen Vorschriften mit schwererer Strafe bedroht ist.

(2) **Soweit die in Absatz 1 Nr. 1, 2 bezeichneten Handlungen in § 113 mit Strafe bedroht sind, gilt § 113 Abs. 3, 4 sinngemäß.**

Vorbem. Weggefallen sind nach Art. 3 des Ges. zur Änderung des StGB, der StPO und des Versammlungsgesetzes usw. v. 9. 6. 1989, BGBl. I 1059, die bisherigen Abs. 2, 3 mit einer Folgeänderung in dem jetzigen Abs. 2 (vgl. u. RN 1).

I. Wegen der besonderen, zT massenpsychologisch begründeten Gefährlichkeit unfriedlicher Menschenansammlungen (zu den Ursachen vgl. Schneider JZ 92, 508 ff.) war als Landfriedensbruch ursprünglich schon die bloße räumliche Zugehörigkeit zu einer Menschenmenge strafbar, wenn diese mit vereinten Kräften Gewalttätigkeiten beging (dazu und zu den weiteren Massedelikten der §§ 115, 116 aF [Aufruhr, Auflauf] vgl. näher v. Bubnoff LK 5 vor § 125, Strohmaier, Die Reform des Demonstrationsrechts, Diss. Tübingen 1985, 47 ff., 69 ff., Werle, Lackner-FS 486 ff.). Zu einer grundlegenden Umgestaltung des § 125 aF, der als Relikt obrigkeitsstaatlichen Denkens angesehen wurde, führte dann jedoch das 3. StrRG v. 20. 5. 1970 (BGBl. I 505), das, ohne den Charakter eines Massedelikts damit völlig aufzugeben, die Strafbarkeit wegen Landfriedensbruchs auf die heute in Abs. 1 genannten Fälle der Beteiligung an Gewalttätigkeiten oder Bedrohungen und das sog. Anheizen zu solchen beschränkte (näher zur Reformgeschichte vgl. Bertuleit/Herkströter, in: Ridder/Breitbach u. a., Versammlungsrecht [1992] 2 ff., v. Bubnoff LK 6, 9 f. vor § 125, Strohmaier aaO 52 ff., Werle aaO 488 ff.). Nicht mehr erfaßt sind damit bloße „Mitläufer" einer unfriedlichen Demonstration. Aber auch gegenüber den eigentlichen Gewalttätern mußte die neue Vorschrift eine stumpfe Waffe bleiben, wenn sie hinter einem Schutzschild passiver Demonstranten weitgehend risikolos agieren können. Die Frage war zudem, ob die Neufassung durch das 3. StrRG nicht zu einseitig an bestimmten Erscheinungsformen des Landfriedensbruchs und am Problem der sog. Demonstrationsdelikte orientiert war. Die Reform war deshalb von Anfang an umstritten (zur Kritik vgl. die Nachw. bei v. Bubnoff LK 10 ff. vor § 125, Strohmaier aaO 63 ff.). Vorschläge, den früheren Rechtszustand zT wiederherzustellen (vgl. die Nachw. b. v. Bubnoff LK 11 vor § 125), konnten sich jedoch ebensowenig durchsetzen wie ein 1983 eingebrachter Regierungsentwurf (BR-Drs. 323/83, BT-Drs. 10/901), nach dem grundsätzlich auch das bloße Sich-nicht-Entfernen aus einer Menge strafbar sein sollte, aus der Handlungen iS des Abs. 1 begangen werden und die von einem Hoheitsträger zum Auseinandergehen aufgefordert wurde (vgl. dazu – zT krit. – das Prot. über die öffentliche Anhörung durch den Rechtsausschuß, 10. Wahlperiode, 39. Sitzung, ferner Aretz ZRP 83, 264, Bikkel DRiZ 84, 99, Hamm AnwBl. 84, 97, Schnoor ZRP 83, 185, Scholz NJW 83, 710, Schultz MDR 83, 184 u. Strohmaier aaO 103 ff., ZRP 85, 153). Statt dessen wurde durch das bis zuletzt umstrittene **Ges. zur Änderung des StGB und des Versammlungsgesetzes v. 18. 7. 1985** (BGBl. I 1511) in § 17 a VersG für Versammlungen unter freiem Himmel und Aufzüge ein generelles Verbot der sog. passiven Bewaffnung und Vermummung ausgesprochen (Ordnungswidrigkeit nach § 29 I Nr. 1 a, b VersG) und in § 125 ein neuer Abs. 2 eingefügt, der das Sichaufhalten passiv bewaffneter oder vermummter Personen in einer unfriedlichen Menge mit Freiheitsstrafe bis zu einem Jahr oder mit Geldstrafe bedrohte, sofern ein Träger von Hoheitsbefugnissen zuvor dazu aufgefordert hatte, die Schutzwaffen bzw. Vermummung abzulegen oder sich zu entfernen (vgl. dazu BT-Drs. 10/3573, 10/3580 u. zu den Einzelheiten die 23. A., ferner Bay NStZ **89**, 28 m. Anm. Joerden JZ 89, 544 u. Meurer JR 89, 305, v. Bubnoff LK 14 f. vor § 125). Ein solcher Straftatbestand, bei dem die Beweisschwierigkeiten vorprogrammiert waren (vgl. die 23. A.), war zwar ein Novum, aber auch das Minimum dessen, was im Hinblick auf die zT brutalen Ausschreitungen im Rahmen von Demonstrationen strafrechtlich geboten war. Überspannt sein dürfte der Bogen dagegen mit den vor dem Hintergrund der Zwischenfälle an der Startbahn „West" im Herbst 1987 (u. a. Polizistenmord) erfolgten weiteren Verschärfungen, die das **Ges. zur Änderung des StGB, der StPO und des Versammlungsgesetzes usw. v. 9. 6. 1989** (BGBl. I 1059) brachte (vgl. dazu BT-Drs. 11/2834): Geschaffen wurde eine neue Strafvorschrift im VersG, nach der ohne die bisherigen Einschränkungen des § 125 II – also zB auch bei einer völlig friedlich verlaufenden Demonstration – das bloße

1

§ 125 2–5

Mitführen von Defensivwaffen oder das Tragen einer Vermummung bei öffentlichen Versammlungen, Aufzügen oder sonstigen Veranstaltungen unter freiem Himmel strafbar ist, darüber hinaus aber auch schon das passive Bewaffnet- oder Vermummtsein auf dem Weg zu solchen Veranstaltungen (§ 27 II Nr. 1, 2; vgl. ferner den neuartigen Zusammenrottungstatbestand in Nr. 3 und die gleichfalls neue Ordnungswidrigkeit nach § 29 I Nr. 1 a, bei der schon das Mitführen von Gegenständen genügt, die geeignet und den Umständen nach dazu bestimmt sind, eine Identitätsfeststellung zu verhindern). Hinfällig geworden ist damit auch der bisherige Abs. 2 des § 125 (aufgehoben durch Art. 3 II des Ges. v. 9. 6. 1989). Im Unterschied zu diesem ist die neue Strafvorschrift des VersG rechtspolitisch und verfassungsrechtlich jedoch in hohem Maße bedenklich (vgl. näher Amelung StV 89, 52 ff., Baumann StV 88, 37 ff., Bemmann, Pfeiffer-FS 53 ff., Hamm StV 88, 40 ff., Jahn JZ 88, 545 ff., Kunert NStZ 89, 453 f., Lenckner, in: K. W. Nörr (Hrsg.), 40 Jahre Bundesrepublik Deutschland usw. [1990] 344 f., Rudolphi StV 89, 74 ff., SK 1 b; zum Ganzen vgl. auch Maatz MDR 90, 547). Wenn sich die bisherige Regelung des § 125 II als unzulänglich erwiesen hat, so wäre die rechtsstaatlichere Lösung wohl die gewesen, das Verbleiben in einer gewalttätigen Menge trotz Ergehen einer rechtmäßigen Auflösungsverfügung zu poenalisieren (vgl. auch v. Bubnoff LK 23 f. vor § 125, Lackner/Kühl 1, ähnl. Wassermann RuP 1993, 184 f.; krit. dazu Bertuleit/Herkströter aaO 6). – Zum ausländ. Recht vgl. Weingärtner, Demonstration und Strafrecht aus rechtsvergl. Sicht (Max-Planck-Institut, 1986).

2 **II. Rechtsgut** des § 125 ist, wie schon der Wortlaut erkennen läßt, jedenfalls auch die *öffentliche Sicherheit*, wobei diese hier sowohl den objektiven Zustand des unbedrohten Daseins aller im Staat als auch subjektiv das Vertrauen der Bevölkerung in die Fortdauer dieses Zustands umfaßt (vgl. Düsseldorf NJW **90**, 2699, Hamburg NJW **83**, 2273, v. Bubnoff LK 1, 43, Kühl NJW 86, 876, M-Maiwald II 109, Rudolphi SK 12; über das Verhältnis zum „öffentlichen Frieden" in § 126 vgl. dort RN 1). Darüber hinaus wird zT angenommen, daß § 125 – zumindest mit der 1. u. 2. Alt. – auch die durch die Gewalttätigkeiten usw. bedrohten Individualrechtsgüter schütze, wobei diese hier sogar in den Vordergrund treten sollen (vgl. v. Bubnoff LK 1, Lackner/Kühl 1, Rudolphi SK 2, Fischer/Tröndle 2). Gefolgert wird dies vor allem aus der Subsidiarität des § 125 gegenüber Tatbeständen mit einer höheren Strafdrohung, also insbes. auch gegenüber den §§ 211 ff., 223 ff., 239, 305. Doch steht dies im Widerspruch dazu, daß – was unbestritten ist – Idealkonkurrenz mit den Delikten gegen den einzelnen möglich ist, soweit die Subsidiaritätsklausel nicht eingreift (zB §§ 240, 303 usw.; in größerem Umfang bei § 125 a, vgl. dort RN 24). Wäre § 125 nur ein durch die Gefährdung der öffentlichen Sicherheit qualifizierter Angriff auf Individualrechtsgüter, so müßte § 125 hier folgerichtig den fraglichen Bestimmungen vorgehen. Aber auch davon abgesehen ist die Umdeutung des § 125 in ein Delikt mit vorwiegend individualrechtsbezogenem Charakter nicht zwingend (vgl. auch M-Maiwald II 109, ferner BGH [Z] NJW **84**, 1230: kein Schutzgesetz iS des § 823 II BGB). Zu erklären ist die Subsidiaritätsklausel vielmehr auch, wenn man davon ausgeht, daß § 125 – ebenso wie schon die aF – im wesentlichen ein Delikt gegen die öffentliche Sicherheit darstellt, daß das Bedürfnis, die Tat unter diesem Gesichtspunkt zu ahnden, aber zurücktritt, wenn es im Einzelfall zu schwereren Straftaten gekommen ist. Ob diese gesetzgeberische Entscheidung sonderlich sinnvoll ist, ist eine andere Frage. Daher wäre es in der Sache auch gerechtfertigt, die Subsidiaritätsklausel restriktiv zu interpretieren und sie auf solche Tatbestände zu beschränken, deren Angriffsrichtung im wesentlichen die gleiche ist wie bei den § 125 erfaßten Gewalttätigkeiten gegen Menschen oder Sachen usw. (vgl. u. 31).

3 **III. Der Tatbestand** des § 125 kann auf **dreierlei Weise** verwirklicht werden: 1. Durch die Beteiligung an den aus einer Menschenmenge mit vereinten Kräften begangenen Gewalttätigkeiten gegen Menschen oder Sachen (*gewalttätiger Landfriedensbruch*, Abs. 1 1. Alt.); 2. durch die Beteiligung an der aus einer Menge mit vereinten Kräften begangenen Bedrohung von Menschen mit einer Gewalttätigkeit (*bedrohender Landfriedensbruch*, Abs. 1 2. Alt.); 3. durch die Einwirkung auf eine Menschenmenge, um ihre Bereitschaft zu solchen Handlungen zu fördern (*aufwieglerischer Landfriedensbruch*, Abs. 1 3. Alt.). Die Bestimmung verstößt nicht gegen Art. 8 GG, da dieser nur friedliche Versammlungen schützt (vgl. BGH **23** 57, v. Bubnoff LK 19 ff. vor § 125 mwN).

4 **1. Einen gewalttätigen Landfriedensbruch (Abs. 1 1. Alt.)** begeht, wer sich als Täter oder Teilnehmer an Gewalttätigkeiten gegen Menschen oder Sachen beteiligt, die aus einer Menschenmenge in einer die öffentliche Sicherheit gefährdenden Weise mit vereinten Kräften begangen werden.

5 a) Voraussetzung ist zunächst die Begehung von **Gewalttätigkeiten gegen Menschen oder Sachen**. Den Begriff der Gewalttätigkeit verstand die Rspr. ursprünglich in Anlehnung an RG **45** 156 iS des allgemeinen Gewaltbegriffs, was solange berechtigt gewesen sein mochte, als auch für diesen der Einsatz physischer Kraft verlangt wurde. Mit dessen Ausweitung (6 ff. vor § 234) war eine solche Gleichsetzung von „Gewalt" und „Gewalttätigkeit" jedoch unmöglich geworden, denn anders als bei den §§ 234 ff., wo bis zu dem Kurswechsel in der neuesten BVerfG-Rspr. (BVerfG NJW **95**, 1141) auf die Gewaltwirkung iS einer Beeinträchtigung fremder Willensfreiheit abgestellt wurde, sollte mit dem Begriff „Gewalttätigkeit" in § 125 nicht eine Methode fremder Willensbeugung, sondern die besondere Aggressivität des Handelns gekennzeichnet werden. „Gewalttätigkeiten gegen Menschen oder Sachen" bedeutet hier deshalb ein aggressives, gegen die körperliche Unversehrtheit von Menschen oder fremden Sachen gerichtetes aktives Tun von einiger Erheblich-

Landfriedensbruch 6, 7 § 125

keit unter Einsatz bzw. In-Bewegung-Setzen physischer Kraft (vgl. BGH **20** 305, **23** 52 m. Anm. Ott NJW **69**, 2023 u. Eilsberger JuS **70**, 164, BGH NJW **95**, 2644, Bay NStZ **90**, 37 m. Anm. Geerds JR **90**, 384, Düsseldorf NJW **93**, 869, Hamburg NJW **83**, 2273 m. Anm. Rudolphi JR **83**, 252, Karlsruhe NJW **79**, 2415, Köln NStZ-RR **97**, 234, Bertuleit/Herkströter aaO [o. 1] 25, v. Bubnoff LK 47, Lackner/Kühl 4, Rudolphi SK 5, Tröndle/Fischer § 124 RN 7, Wolter NStZ **85**, 251; krit. Martin, BGH-FS 221 ff., enger Kostaras, Zur strafrechtlichen Problematik der Demonstrationsdelikte [1982] 78 ff.). Zu einem strafbaren Erfolg (zB Körperverletzung, Sachbeschädigung) braucht es dabei nicht zu kommen (BGH **23** 52, Bay aaO, Karlsruhe aaO, Köln aaO), nicht einmal zu einer konkreten Gefährdung (and. LG Köln JZ **69**, 80, Bertuleit/Herkströter aaO 26, Eilsberger aaO, Ostendorf AK 24), da Abs. 1 insoweit ein unechtes Unternehmensdelikt enthält (ebenso Köln aaO; vgl. dazu § 11 RN 52 ff.), weshalb zB auch ein Steinwurf, der nicht trifft, eine Gewalttätigkeit ist (RG **47** 180, **52** 35, M-Maiwald II 114, Rudolphi SK 5). Ohne Bedeutung ist auch die Formulierung im Plural, weshalb *eine* Gewalttätigkeit gegen *eine* Person oder Sache genügt (vgl. RG **55** 101, Düsseldorf NJW **93**, 869, v. Bubnoff aaO, Lackner/Kühl 4, Rudolphi SK 4; and. Brause NJW **83**, 1640, Bertuleit/Herkströter aaO 25, Kostaras aaO 77; vgl. dazu auch u. 11). Gleichgültig ist schließlich, ob die Gewalttätigkeit Selbstzweck oder Mittel zum Zweck (zB Nötigungsmittel) ist. Andererseits folgt schon aus dem Begriff der Gewalttätigkeit, spätestens jedoch aus dem Erfordernis einer Gefährdung der öffentlichen Sicherheit (vgl. u. 11), daß die gewollten Auswirkungen nicht ganz unerheblich sein dürfen (wohl zu weitgehend daher Bay JZ **69**, 208, NStZ **90**, 37 m. Anm. Geerds JR **90**, 384 [vgl. u. 6]). Bei der Gewalttätigkeit gegen Sachen muß daher wenigstens eine nicht nur geringfügige Sachbeschädigung gewollt sein (vgl. auch Düsseldorf NJW **93**, 869, Karlsruhe NJW **79**, 2415, v. Bubnoff LK 49, 52, Rudolphi SK 5; zu weitgehend Hamburg NJW **83**, 2273 m. Anm. Rudolphi JR **83**, 252), wobei jedoch nicht umgekehrt jede Beschädigung einer Sache iS des § 303 auch schon eine Gewalttätigkeit gegen eine solche ist, da diese den Einsatz physischer Kraft zur Überwindung des Widerstands der Materie voraussetzt (LG München StV **82**, 119, v. Bubnoff LK 49).

Einzelfälle. *Gewalttätigkeiten gegen Menschen* sind zB: Gezielte Schüsse, auch aus einer Gaspistole 6 (bei Schreck- und Warnschüssen kommt die 2. Alt. in Betracht), Mißhandlungen (RG **60** 333), Bewerfen mit nicht völlig ungefährlichen Gegenständen (nicht dagegen mit Schneebällen, Tomaten, Eiern, Farbbeuteln usw., bei denen Verletzungen gerade vermieden werden sollen; and. Köln NStZ-RR **97**, 234, v. Bubnoff LK 50), Anrollen von Stahlrohren gegen Polizeibeamte (vgl. AG Frankfurt JZ **69**, 200), das Bespritzen mit Benzin im Zusammenwirken mit dem gewaltsamen Eindringen anderer Beteiligter auf Polizeibeamte (BGH NJW **95**, 2644), Durchbrechen einer Polizeikette (nach RG **54** 89 auch schon das bloße Vorrücken; hier kommt jedenfalls die 2. Alt. in Betracht), Verteidigung von Barrikaden gegen Ordnungskräfte (BGH **32** 180), Eindringen in Räume oder Durchsuchung von Personen unter Anwendung körperlicher Gewalt gegen die Betroffenen (vgl. Stuttgart NJW **69**, 1543, 1776), gewaltsames Einsperren, Wegstoßen, nach Bay JZ **69**, 208, NStZ **90**, 37 m. Anm. Geerds JR **90**, 384 auch das leichte Anheben und Schaukeln eines PKW bzw. das Werfen eines aus nassem Lehm, lockerem Erdboden und kleinen Kieselsteinen bestehenden Klumpens auf Schutzkleidung und Helme mit Visier tragende Polizeibeamte (zw.). – *Gewalttätigkeiten gegen Sachen* sind zB: Eindrücken einer Tür (RG **55** 35), Durchbrechen einer Absperrvorrichtung (vgl. Bay JZ **69**, 207), Durchstechen von Autoreifen (Karlsruhe NJW **79**, 2415), Einwerfen von Fenstern, Umstürzen von Autos, Zertrümmern von Einrichtungsgegenständen usw. – Noch *keine Gewalttätigkeiten* sind dagegen das bloße Wegdrängen von Personen (Rudolphi SK 5, Wolter NStZ **85**, 251; and. BGH **23** 53), das Beschmieren oder Besprühen einer Wand mit Parolen (vgl. LG München StV **82**, 119, auch Düsseldorf NJW **93**, 863), das Werfen eines rohen Eis gegen eine Türglasscheibe (vgl. aber auch LG München aaO), das Besprühen einer Windschutzscheibe mit einer farbigen, schnell abtropfenden Flüssigkeit (Karlsruhe NJW **79**, 2415), das Bewerfen eines Autos mit Farbbeuteln (Rudolphi JR **83**, 252, Wolter NStZ **85**, 251; and. Hamburg NJW **83**, 2273), das Umbiegen eines Scheibenwischers (and. Karlsruhe aaO), das mit keiner Beschädigung verbundene Umstoßen von Gegenständen (zB von Mülltonnen; vgl. Rudolphi SK 5, Wolter NStZ **85**, 251, aber auch BGH **23** 53). Erst recht sind Sitzstreiks, Sitz- u. a. Blockaden, die sich in passiver Resistenz erschöpfen und die bis BVerfG NJW **95**, 1141 Gewalt iS des § 240 sein konnten, keine Gewalttätigkeiten iS des § 125 (BGH **23** 51 m. Anm. Ott NJW **69**, 2023 u. Eilsberger JuS **70**, 164, LG Köln JZ **69**, 81, v. Bubnoff LK 51, Lackner/Kühl 4, M-Maiwald II 114, Ott NJW **69**, 456, Rudolphi SK 6, Stöcker JZ **69**, 396, Tiedemann JZ **69**, 720; and. RG **45** 154, Bay NJW **69**, 63, 1127 m. Anm. Schwark S. 1495, Stuttgart NJW **69**, 1543, Eb. Schmidt JZ **69**, 395; vgl. auch Janknecht GA **69**, 37). Das gleiche gilt zB für das gewaltlose Besetzen u. Besetzthalten von Räumen, auch wenn damit eine nachhaltige Störung des Dienstbetriebs verbunden ist (Stuttgart NJW **69**, 1777), ferner für das Errichten von Barrikaden (sofern dies nicht durch Umstürzen von Autos usw. geschieht), auch wenn diese verteidigt werden sollen, da damit allein noch nicht auf fremde Körperintegrität eingewirkt wird (v. Bubnoff aaO, Lackner/Kühl 4, Rudolphi SK 6; and. Celle NJW **70**, 206 m. Anm. Kreuzer, Köln NJW **70**, 260, Stuttgart NJW **69**, 1776, Tröndle/Fischer § 124 RN 7); doch kann in einen diesen Fällen die 2. Alt. in Betracht kommen.

b) Erforderlich ist ferner, daß die Gewalttätigkeiten **aus einer Menschenmenge** begangen werden, 7 wobei dies **mit vereinten Kräften** geschehen muß.

§ 125 8–10

8/9 α) **Menschenmenge** ist eine räumlich vereinigte, der Zahl nach nicht sofort überschaubare Personenvielheit (h. M., zB BGH **33** 308 m. Anm. Otto NStZ 86, 70, NStZ **93**, 538, **94**, 483, Düsseldorf NJW **90**, 2699, Köln NStZ-RR **97**, 235, Schleswig SchlHA **76**, 167, LG Berlin StV **83**, 464, LG Frankfurt NStZ **83**, 25, LG Fürth StV **84**, 207, AG Berlin-Tiergarten NJW **88**, 3218, v. Bubnoff LK 31, Lackner/Kühl 3, M-Maiwald II 114, Otto II 317, Rudolphi SK 7, Tiedemann JZ 68, 767, Tröndle/Fischer § 124 RN 2a; vgl. aber auch Blei II 300). Wesentlich ist also zweierlei: 1. das räumliche Beieinander, das zwar nicht lückenlos zu sein braucht, für Außenstehende aber den Eindruck eines räumlich verbundenen Ganzen entstehen läßt (vgl. BGH aaO, LG Berlin aaO, AG Berlin-Tiergarten aaO); 2. eine prima vista zahlenmäßige Unbestimmtheit, bei der es deshalb für den äußeren Eindruck auf das Hinzukommen oder Hinweggehen eines einzelnen nicht mehr ankommt (vgl. BGH aaO u. näher LG Frankfurt aaO, v. Bubnoff aaO, Otto NStZ 86, 71). Die zahlenmäßige Unbestimmtheit, die zum Begriff der Menge gehört, bedingt allerdings auch dessen Unschärfe. Damit, daß man die quantitative Begriffsbestimmung der h. M. durch eine solche nach anderen – begriffsfremden – Kriterien ersetzt (vgl. die Übersicht bei v. Bubnoff LK 32) bzw. auf eine Einzelfallprüfung abstellt (vgl. Düsseldorf aaO), ist hier wenig gewonnen, abgesehen davon, daß solchen Versuchen schon der Wortsinn entgegensteht. Auch teleologische Gesichtspunkte – Wirksamwerden massenpsychologischer Gesetzmäßigkeiten, die unkontrollierte und unkontrollierbare Reaktionen begünstigen (vgl. LG Fürth aaO, M-Schroeder II[6] 64) – führen in dieser Hinsicht nicht weiter (vgl. auch Rudolphi SK 7). Ebenso ist das Fehlen bzw. Vorhandensein einer unmittelbaren Verständigungsmöglichkeit zwischen den Beteiligten (vgl. Düsseldorf aaO, Schleswig aaO, LG Berlin aaO, LG Fürth aaO, Tröndle/Fischer § 124 RN 2), weil diese auch von anderen Umständen abhängt (zB unterschiedliche Lautstärke, räumliche Verteilung), nicht mehr als ein ohnehin ungenaues Indiz für das Vorhandensein einer Menge (krit. auch LG Frankfurt aaO, v. Bubnoff LK 33). Stellt man – die einzige hier verbleibende Möglichkeit – auf den üblichen Sprachgebrauch ab, so dürfte die Grenze bei ca. 15–20 Personen liegen (so BGH **33** 308 m. Anm. Otto aaO; vgl. auch LG Berlin StV aaO, Frankfurt aaO; iE mit Recht verneint deshalb von Düsseldorf aaO für 11 Personen, von LG Fürth aaO für „kaum mehr als 10 Personen"). Demgegenüber soll dies nach BGH NStZ **94**, 483, Köln NStZ-RR **97**, 235 nicht als Festlegung einer Untergrenze zu verstehen und unter besonderen Umständen eine Menge auch schon bei 10 Personen anzunehmen sein (hier die auf die räumliche Enge einer Gaststätte zurückzuführende Unübersichtlichkeit, wobei aber gerade die Platzverhältnisse gegen die Anwesenheit einer größeren Gruppe sprechen). Handelt es sich um zwei sich gegenüberstehende Parteien, so muß wenigstens die eine die Merkmale einer Menschenmenge aufweisen; ergibt sich eine solche erst aus der Summierung beider Teile, so gilt § 125 nicht (vgl. Otto II 317, Rudolphi SK 9). Andererseits kann in einer größeren Ansammlung eine Teilgruppe ihrerseits wieder eine Menschenmenge iS des § 125 sein, sofern sie selbst die erforderliche Größe hat und sich durch den Eindruck eines räumlich verbundenen Ganzen von den übrigen abhebt (vgl. BGH **33** 308 m. Anm. Otto aaO, Rudolphi SK 10). – Nicht erforderlich ist, daß sich die Menge öffentlich zusammengefunden hat und daß eine ungehinderte Anschlußmöglichkeit besteht (vgl. auch BGH **33** 308: Scheune; and. Bertuleit/Herkströter aaO [o. 1] 21); auch um eine Versammlung oder einen Aufzug iS des VersG braucht es sich dabei nicht zu handeln. Daß die Menge oder jedenfalls ein großer Teil von ihr einen gemeinsamen Zweck verfolgt (vgl. Bertuleit/Herkströter aaO 20, Blei II 300), ist für den Begriff an sich gleichfalls nicht wesentlich, ebensowenig, daß sie im ganzen unfriedlich ist (vgl. dazu aber auch u. 10). Ohne Bedeutung ist schließlich die Zahl der der Menge gegenüberstehenden Ordnungskräfte und ob sie als eine ungeordnete, fluktuierende Ansammlung oder als eine straff organisierte und disziplinierte Gruppe in Erscheinung tritt (vgl. aber auch Schröder, 17. A., RN 8 u. dagegen näher 19. A., RN 11, ferner v. Bubnoff LK 32, M-Maiwald II 114, Rudolphi SK 7 f.).

10 β) Die Gewalttätigkeiten müssen **aus** der Menschenmenge, d. h. von Mitgliedern der Menge gegen Personen oder Sachen außerhalb der Menge begangen werden; Gewalttätigkeiten innerhalb der Menge scheiden mithin aus (BGH **33** 306 m. Anm. Otto NStZ 86, 70, Hamm NStZ **95**, 547, v. Bubnoff LK 35, Lackner/Kühl 2, Tröndle/Fischer 3), es sei denn, sie würden innerhalb einer größeren Ansammlung aus einer Teilmenge verübt, die ihrerseits wieder eine Menschenmenge innerhalb der Gesamtmenge darstellt (vgl. BGH aaO m. Anm. Otto, ferner o. 8 a. E.). Nicht hierher gehören ferner Gewalttätigkeiten, die von einem Außenstehenden, der nicht Teil der Menge ist – wenn auch zu deren Unterstützung –, begangen werden (vgl. LG Krefeld StV **85**, 239; vgl. dazu auch Bay NStZ **90**, 37 m. Anm. Geerds JR 90, 384). Hinzukommen muß – und erst daraus erschließt sich auch die volle Bedeutung des Erfordernisses eines Handelns „aus" der Menge –, daß die Gewalttätigkeiten **mit vereinten Kräften** begangen werden. Dies ist nicht schon der Fall, wenn aus einer Menge mehrere für sich handeln (vgl. auch BGH aaO m. Anm. Otto), aber auch nicht, wenn die Gewalttätigkeiten von mehreren gemeinschaftlich (zB § 224) verübt werden, wobei die Menge lediglich die Kulisse bildet, die den Tätern ihr Vorgehen erleichtert (so aber zB Arzt/Weber V 25, Arzt JA 82, 270, v. Bubnoff LK 37, Lackner/Kühl 3, Tröndle/Fischer 5; offen gelassen von BGH NJW **95**, 2644). Daraus, daß die Gewalttätigkeiten „aus" der Menge und „mit vereinten Kräften" erfolgen müssen, ergibt sich vielmehr, daß die Menge selbst oder jedenfalls ein wesentlicher Teil von ihr durch eine feindselige Haltung die Basis für die begangenen Ausschreitungen abgeben muß (ebenso Köln NStZ-RR **97**, 235, AG Berlin-Tiergarten NJW **88**, 3219, Blei JA 70, 618, Lampe ZStW 106, 684, Osten-

dorf AK 14, Rudolphi SK 10 f.), wobei es dann allerdings auch genügt, wenn innerhalb einer größeren Menge eine sich davon abhebende Gruppe befindet, die ihrerseits die Voraussetzungen einer Menge erfüllt (zB Zusammenrottung von „Chaoten" in einer sonst friedlichen Großdemonstration). Nur wenn die Gewalttätigkeiten von einer entsprechenden, in der Menge vorhandenen Grundstimmung getragen sind, ist auch der von § 125 geforderte besondere Bezug zur öffentlichen Sicherheit und die dort vorausgesetzte besondere Gefährlichkeit gewalttätiger Aktionen gegeben, während andernfalls der Landfriedensbruch nicht mehr wäre als eine durch den besonderen Tatort gekennzeichnete Gewalttätigkeit, an der mehrere beteiligt sind. Daß § 125 nF nicht mehr von einer „zusammengerotteten" Menschenmenge spricht, ändert daran nichts, da der darin liegende ausdrückliche Hinweis auf den unfriedlichen Charakter der Menge nur eine überflüssige Wiederholung gewesen wäre (dies gilt auch für § 124, wo ebensogut von einer öffentlich „versammelten" Menge die Rede sein könnte). Für die hier vertretene Deutung spricht im übrigen auch der Vergleich mit der 3. Alt., denn wenn dort gerade zu dem Zweck, ihre Bereitschaft zu Gewalttätigkeiten zu fördern, auf die Menge eingewirkt werden muß, so ist nicht einzusehen, warum es auf deren unfriedlichen Charakter nicht mehr ankommen soll, wenn es tatsächlich zu Ausschreitungen kommt. Als *Konsequenzen* ergeben sich hieraus: Einzelaktionen, die nicht Ausdruck eines die Menge (bzw. eines wesentlichen Teils) beherrschenden feindseligen Willens sind, fallen nicht unter den Tatbestand, selbst wenn mehrere daran beteiligt sind (zB einzelne Steinwürfe aus einer sonst friedlichen Demonstration; vgl. auch AG Freiburg StV **82**, 582). Finden umgekehrt die Ausschreitungen ihren Rückhalt in der Menge, was zB auch in deren passiver Bewaffnung oder Vermummung zum Ausdruck kommen kann, so genügen auch die Gewalttätigkeiten eines einzelnen (vgl. Rudolphi SK 11; and. Bertuleit/Herkströter aaO [o. 1] 29). Nicht erforderlich ist auch, daß es sich um von vornherein geplante Gewalttätigkeiten handelt; da eine zunächst friedliche Menge zu einer unfriedlichen werden kann, genügen unter der genannten Voraussetzung vielmehr auch Spontanaktionen.

c) Die Ausschreitungen müssen in einer **die öffentliche Sicherheit** (o. 2) **gefährdenden Weise** 11 begangen werden (gegen die eigenständige Bedeutung dieses Merkmals Bertuleit/Herkströter aaO [o. 1] 31). Nach h. M. setzt dies voraus, daß eine unbestimmte Vielzahl von Personen für Leib und Leben, Hab und Gut fürchten muß, was bei Ausschreitungen gegen einen einzelnen nur der Fall sein soll, wenn dieser entweder das nur zufällige Opfer ist oder wenn er nur wegen seiner Zugehörigkeit zu einer bestimmten Personengruppe ausgewählt wurde, mit ihm also allein die von ihm repräsentierte Gruppe getroffen werden soll (zB BGH NStZ **93**, 538, Bay NStZ-RR **99**, 269, Hamburg NJW **83**, 2273 m. Anm. Rudolphi JR 83, 252, Karlsruhe NJW **79**, 2415, Köln NStZ-RR **97**, 235, Arzt JA 82, 270, v. Bubnoff LK 44, Otto II 317, Rudolphi SK 12, Tröndle/Fischer 4; vgl. aber auch Brause NJW 83, 1640, Ostendorf AK 25). Dies ist jedoch zu eng. Ein Landfriedensbruch muß es vielmehr auch sein, wenn zB eine Menschenmenge vor das Haus eines angeblichen Mörders zieht und diesen zu lynchen droht, wenn sie ein Gerichtsgebäude stürmt und einen bestimmten Richter wegen einer von ihm getroffenen Entscheidung verprügelt oder wenn sie Gewalttätigkeiten gegen den Verteidigungsminister als den für eine bestimmte Verteidigungskonzeption verantwortlichen Politiker begeht (insoweit iE hier daher zutr. Hamburg aaO; and. Rudolphi JR 83, 253), obwohl es sich hier jeweils um Individualangriffe handelt, bei denen das Opfer gerade nicht auswechselbar ist. Daß an der Strafbarkeit dieser Fälle als Landfriedensbruch durch die Umgestaltung des § 125 aF etwas geändert werden sollte, ist nicht anzunehmen, da die Reform andere Ziele verfolgte. Die öffentliche Sicherheit, die auch das allgemeine Rechtssicherheitsgefühl umfaßt (o. 2), ist deshalb iS des § 125 schon dann gefährdet, wenn es sich um Ausschreitungen handelt, bei denen der Eindruck entstehen muß, daß „man" in einem geordneten Gemeinwesen nicht mehr frei von Furcht vor dem Terror gewalttätiger Mengen leben kann (vgl. auch Köln aaO). Dies aber wird man auch bei Individualangriffen nur dann verneinen können, wenn diese, wie zB bei der Massenschlägerei zweier verfeindeter Rockerbanden oder bei einer gewaltsamen Auseinandersetzung in einer Vereinsversammlung, lediglich den Charakter einer vorwiegend „privaten" Auseinandersetzung haben. Im übrigen ergibt sich dagegen die Gefährdung der öffentlichen Sicherheit schon daraus, daß der Landfriedensbruch nach der Reform insofern ein den Gemeinschaftsfrieden besonders störendes Massedelikt geblieben ist, als die Gewalttätigkeiten aus einer Menge mit vereinten Kräften begangen sein müssen. Die Bedeutung dieses Merkmals erschöpft sich hier darin, daß Aktionen, die als solche zwar gleichfalls eine Gewalttätigkeit sein mögen, die aber dem Schutz der öffentlichen Sicherheit vor ihrer Gefährdung dienen sollen, nicht hierunter nicht tatbestandsmäßig sein (zB der unter Verwendung von Polizeiknüppeln erfolgende Einsatz von Ordnungskräften gegen gewalttätige Demonstranten oder die aus einer an sich friedlichen Menge mit vereinten Kräften erfolgende Abwehr rechtswidriger Angriffe von außen); auch wird auf diese Weise noch einmal klargestellt, daß die Gewalttätigkeiten von einer gewissen Erheblichkeit sein müssen (vgl. auch v. Bubnoff LK 44, Rudolphi SK 5).

d) Die Tathandlung besteht im **Sich-Beteiligen** an Gewalttätigkeiten **„als Täter oder Teilneh-** 12 **mer".** Während in § 125 aF schon die bloße Zugehörigkeit zu der unfriedlichen Menge genügte, beschränkt die nF die Strafbarkeit damit auf solche Mitglieder, die sich nachweisbar an bestimmten Gewalttätigkeiten beteiligen (vgl. auch BGH MDR/H **84**, 980). Dabei bestimmt das Gesetz die Täterschaft hier, abweichend von allgemeinen Regeln, insofern nach einem Einheitstäterbegriff (vgl. auch M-Maiwald II 115), als zwischen dem (mittelbaren, Mit-)„Täter" einer Gewalttätigkeit und dem

§ 125 13, 14   Bes. Teil. Straftaten gegen die öffentliche Ordnung

bloßen „Teilnehmer" (Anstifter, Gehilfe) an einer solchen nicht unterschieden wird: Täter des § 125 sind vielmehr beide.

13   α) Umstritten ist jedoch, ob eine täterschaftliche Begehung in dem genannten Sinn wenigstens die **Zugehörigkeit zu der Menge** voraussetzt (so zB Bertuleit/Herkströter aaO [o. 1] 13, Blei II 300, JA 70, 616, Ostendorf AK 13, für die als „Teilnehmer" Beteiligten auch Arzt/Weber V 26, Arzt JZ 84, 430, Lackner/Kühl 10, M-Maiwald II 115, Rudolphi SK 13 a; and. v. Bubnoff LK 9 ff., Dreher NJW 70, 1160, Tröndle/Fischer 6; in BGH **32** 165 m. Anm. Arzt JZ 84, 428 u. Willms JR 84, 120 für die Beteiligung als „Täter" verneint, für die als „Teilnehmer" offengelassen; vgl. auch BGH **33** 307 m. Anm. Otto NStZ 86, 70). Jedenfalls für die „Teilnehmer"-Beteiligung ist dies, obwohl der Wortlaut eine andere Deutung zuläßt, zu bejahen, da deren Gleichstellung mit der „täterschaftlichen" Verübung von Gewalttätigkeiten nur dann gerechtfertigt ist, wenn der Betreffende wenigstens Mitträger des feindseligen Willens der Menge ist (o. 9 ff.) und dadurch deren spezifische Gefährlichkeit in der Weise erhöht, daß auch die bloße „Teilnahme" an fremden Gewalttätigkeiten die öffentliche Sicherheit gefährden kann. Ebenso würden Beweisschwierigkeiten, wenn überhaupt, die Aufwertung der Teilnahme zur Täterschaft nur bei einem Agieren in der Menge begründen können. Der Außenstehende, der einen andern auffordert, an einer unfriedlichen Demonstration teilzunehmen und dort Gewalttätigkeiten zu begehen oder der ihm dafür Ratschläge erteilt, ist deshalb nicht Täter des Abs. 1, sondern Anstifter bzw. Gehilfe. Jedenfalls insoweit ist daher auch nach der nF weiterhin eine bloße Teilnahme am Landfriedensbruch möglich. Anders mag dies sein, soweit Außenstehende sich konkrete Gewalttätigkeiten als Mit- oder mittelbare Täter zurechnen lassen müssen (vgl. zB M-Maiwald II 115, Rudolphi SK 13; zur Vereinbarkeit einer dahingehenden Auslegung mit Art. 103 II GG vgl. BVerfGE **82** 269 m. Bspr. Rinken StV 94, 95, aber auch Bertuleit/Herkströter aaO [o. 1] 13); auch hier bleibt Voraussetzung aber, daß die Gewalttätigkeiten mit vereinten Kräften aus der Menge begangen werden, weshalb sich in dieser immer mehrere befinden müssen, die an den Ausschreitungen beteiligt sind (vgl. v. Bubnoff LK 9, Tröndle/Fischer 6).

14   β) Mit diesen Einschränkungen gelten für die (täterschaftliche) **Beteiligung** „als Täter oder Teilnehmer" die allgemeinen Regeln (§§ 25 ff.). Täter können danach unter den in § 25 RN 66 ff. genannten Voraussetzungen zwar auch die selbst nicht anwesenden Hintermänner sein, die „den ganzen Schlachtplan der Gewalttätigkeiten entworfen haben" (BGH **32** 179); zu weitgehend und ein Rückfall in eine extrem subjektive Täterlehre ist es jedoch, wenn schon die öffentliche Aufforderung, am folgenden Tag einem Flughafen „einen Besuch abzustatten" und „ihn dicht zu machen", Täterschaft für die dabei begangenen Gewalttätigkeiten begründen soll (so aber BGH **32** 165 m. Anm. Arzt JZ 84, 428 u. Willms JR 84, 120, womit die 3. Alt. gegenstandslos bzw. unterlaufen wird; vgl. auch Bertuleit/Herkströter aaO [o. 1] 10, v. Bubnoff LK 10). Als „Teilnehmer" ist sowohl der Anstifter wie der Gehilfe beteiligt, wobei „Haupttat" die von einem anderen begangene Gewalttätigkeit ist (zu ihrer Konkretisierung in der Vorstellung des Teilnehmers vgl. entsprechend § 26 RN 16 ff., § 27 RN 19 ff.). Täter des § 125 ist daher zB auch, wer den eigentlichen Gewalttäter deckt, zur Ermöglichung weiterer Aktionen vor der Polizei abschirmt oder durch anfeuernde Zurufe, aber auch schon durch ein ostentatives Sichanschließen (vgl. v. Bubnoff LK 13, Werle, Lackner-FS 497) in seinem Vorhaben bestärkt. Besonderheiten ergeben sich hier nur insofern, als die bloße Zugehörigkeit zu einer unfriedlichen Menge i. U. zu § 125 aF nicht mehr tatbestandsmäßig ist. Bei diesem vom Gesetz gewollten Ergebnis (vgl. dazu Werle aaO 491) muß es daher auch bleiben – Fall einer teleologischen Tatbestandsreduktion –, wenn der Betreffende objektiv durch sein passives Dabeisein zB als Teil einer „Kulisse" anderen die Begehung von Gewalttätigkeiten tatsächlich erleichtert und dies auch weiß (vgl. BT-Drs. VI/502 S. 9, BGH NStZ **84**, 549, MDR/H **84**, 980, Köln NStZ-RR **97**, 235, LG Krefeld StV **84**, 249, AG Freiburg NStZ **82**, 247, Bertuleit/Herkströter aaO 15, v. Bubnoff LK 17, Kostaras aaO [RN 5] 152, Rudolphi SK 13 b u. näher Werle aaO 491 ff.; vgl. auch LG München StV **82**, 119, ferner Arzt/Weber V 24, Arzt JA 82, 271 ff., der hierin freilich ein Rechtfertigungsproblem sieht [dagegen mit Recht Werle aaO 484 FN 18]). Selbst das ohne äußeren Zwang erfolgende Verbleiben in einer gewalttätigen Gruppe ist deshalb nicht mehr als ein Indiz für eine weitergehende Beteiligung (so wohl auch BGH NStZ **84**, 549, NJW **84**, 1232; Lackner/Kühl 10; weitergehend Tröndle/Fischer 6), und zwar auch dann, wenn der Betreffende durch seine weitere Anwesenheit nach Ergehen einer polizeilichen Auflösungsverfügung gegen die §§ 13 II, 18 I VersG verstößt und damit eine Ordnungswidrigkeit nach § 29 I Nr. 2 VersG begeht. Dies folgt daraus, daß der Gesetzgeber hier trotz der ihm bekannten „Schutz- und Schild"-Wirkung und entgegen entsprechenden Reformvorschlägen (o. 1) von der strafrechtlichen Sanktionierung der Pflicht zum Weggehen bewußt abgesehen hat und diese gesetzgeberische Entscheidung nicht durch die Annahme einer strafbaren Beteiligung unterlaufen werden darf (vgl. auch v. Bubnoff LK 17). Entsprechendes gilt für das bloße Dabeibleiben passiv bewaffneter oder vermummter Personen, das seit dem ÄndGes. v. 9. 6. 89 gem. § 27 II VersG zwar schon als solches einer (milderen) Strafdrohung unterliegt (o. 1), für sich allein aber noch keine Beteiligung an Gewalttätigkeiten usw. ist (vgl. auch BGH NStZ **84**, 459, LG Krefeld StV **84**, 249, AG Freiburg NStZ **82**, 247, Rudolphi SK 13 b; and. v. Bubnoff LK 23); die Grenzen zur strafbaren Beteiligung durch psychische Beihilfe sind hier, den erforderlichen Kausalitätsnachweis vorausgesetzt, vielmehr erst überschritten, wenn zusätzliche Umstände hinzukommen, durch die der Täter erkennbar seine Solidarität zum Ausdruck bringt, was zB auch dadurch geschehen kann, daß er sich in einer solchen Aufmachung eigens einer gewalttätigen Gruppe anschließt (vgl. Lackner/Kühl 10 u. näher

Werle aaO 498; weitergehend Kühl NJW 85, 2380). Noch keine Beteiligung ist auch der Aufruf zu einer friedlichen Demonstration unter Inkaufnahme des Anschlusses gewalttätiger Gruppen (vgl. BGH 32 179).

2. Einen **bedrohenden Landfriedensbruch** begeht, wer sich als Täter oder Teilnehmer an Bedrohungen von Menschen mit einer Gewalttätigkeit beteiligt, die aus einer Menschenmenge in einer die öffentliche Sicherheit gefährdenden Weise mit vereinten Kräften begangen werden **(Abs. 1 2. Alt.).** Von der 1. Alt. unterscheidet sich diese Form des Landfriedensbruchs allein dadurch, daß an die Stelle der gegen Personen oder Sachen gerichteten Gewalttätigkeit die Bedrohung von Menschen mit einer Gewalttätigkeit tritt (vgl. daher im übrigen o. 7 ff.).

a) Zum Begriff der **Bedrohung** vgl. § 126 RN 5 (der dort gebrauchte Terminus „Androhen" ist gleichbedeutend) und § 241 RN 3. Die Bedrohung kann ausdrücklich oder auch durch konkludente Handlungen geschehen. Ob sie Nötigungsmittel ist oder lediglich der „Verunsicherung" des Bedrohten dienen soll, ist ohne Bedeutung.

b) Erforderlich ist eine Bedrohung **von Menschen mit einer Gewalttätigkeit.** Dabei brauchen der Adressat der Bedrohung und derjenige, gegen den sich die Gewalttätigkeit richten soll, nicht identisch zu sein (zB Bedrohung eines nicht Anwesenden mit Sprechchören; vgl. v. Bubnoff LK 53, Rudolphi SK 15); ebensowenig muß der Drohende den Willen haben, daß seine Drohung zur Kenntnis des Bedrohten gelangt, da Abs. 1 nicht allein dessen Sicherheitsgefühl, sondern auch das der Allgemeinheit schützen soll. Entsprechend der 1. Alt. können auch hier – obwohl ein entsprechender Hinweis fehlt – die angedrohten Gewalttätigkeiten (vgl. dazu o. 5 ff.) in solchen gegen *Personen* oder *Sachen* bestehen (h. M., vgl. zB v. Bubnoff LK 54, Lackner/Kühl 5, Otto II 317, Rudolphi SK 16, Tröndle/Fischer 3; and. Arzt/Weber V 55, Bertuleit/Herkströter aaO [RN 1] 32). Der Wortlaut läßt eine solche Deutung durchaus zu, da Menschen auch durch die Androhung von Gewalttätigkeiten gegen Sachen bedroht werden können. Für sie spricht nicht nur die ratio legis (zB Drohung, ein Gebäude zu stürmen und „alles kurz und klein zu schlagen"), sondern auch der Vergleich mit der 3. Alt., wo das Aufwiegeln zu Gewalttätigkeiten gegen Sachen genügt (vgl. Rudolphi SK 16). Das Gegenargument, daß Adressat einer Drohung ohnehin nur ein Mensch sein könne und die Worte „von Menschen" daher nicht den „Bedrohungen", sondern der „Gewalttätigkeit" zuzuordnen seien (so noch hier die 18. A., RN 20), ist nicht zwingend, da die Gesetzesformulierung auch rein sprachliche Gründe haben kann. Auch die Entstehungsgeschichte liefert für die gegenteilige Auffassung keinen gültigen Beweis (vgl. dazu v. Bubnoff LK 54). Das erforderliche Korrektiv ergibt sich hier, wenn nicht schon aus dem Begriff der Gewalttätigkeit, spätestens aus dem Erfordernis der Gefährdung der öffentlichen Sicherheit. Auch abgesehen von der ratio legis folgt dagegen eindeutig schon aus dem Begriff der Bedrohung, daß Betroffener der Gewalttätigkeit ein anderer sein muß, weshalb die Drohung, sich selbst zu verbrennen, nicht genügt (vgl. Hamm NStZ **95**, 548).

3. Einen **aufwieglerischen** („agitatorischen") **Landfriedensbruch** begeht, wer auf eine Menschenmenge einwirkt, um ihre Bereitschaft zu den in Abs. 1 1. u. 2. Alt. genannten Ausschreitungen zu fördern **(Abs. 1 3. Alt.).** Damit werden die Agitatoren der Ausschreitung, die „Anheizer" und „Aufwiegler", die den friedensstörenden Charakter der Menge schaffen oder stärken, als Täter erfaßt, auch wenn ihnen eine Einwirkung zur Begehung bestimmter Ausschreitungen oder eine Beteiligung an diesen selbst nicht nachgewiesen werden kann.

a) Die Einwirkung **auf eine Menschenmenge** setzt zunächst voraus, daß diese bereits besteht (vgl. zB v. Bubnoff LK 56). Daß eine solche durch die Einwirkung erst gebildet werden soll, genügt mithin nicht. Ebensowenig ist ein Einwirken auf die Menschenmenge, wenn einzelne Personen aufgefordert werden, sich einer bereits bestehenden feindseligen Menge anzuschließen; hier kommt lediglich Anstiftung zur 1. oder 2. Alt. in Betracht. Das gleiche gilt, wenn die Aufforderung zwar vor der Menge erfolgt, aber ausschließlich an eine bestimmte Person oder einen individuell bestimmten Personenkreis gerichtet ist (vgl. v. Bubnoff aaO, M-Maiwald II 116, Rudolphi SK 20). Wendet sich der Täter an die Menge, so ist die 3. Alt. umgekehrt nicht deswegen ausgeschlossen, weil die Gewalttätigkeiten usw. von einzelnen, aber nicht individuell bestimmten Mitgliedern der Menge ausgeführt werden sollen. Dazu, daß es sich bei der Menge auch um eine friedliche handeln kann, u. 23.

b) **Einwirken** ist jede Art von Einflußnahme auf den Willen der Menge, zB durch die ausdrückliche oder konkludente Aufforderung zu – im einzelnen auch noch unbestimmten (Braunschweig NStZ **91**, 492, v. Bubnoff LK 61) – Gewalttätigkeiten usw., durch das Schaffen einer entsprechenden äußeren Anreizsituation (zB ein falscher Polizist schießt auf die Menge; Schilderung von polizeilichen Übergriffen, und zwar bei Vorliegen der erforderlichen Absicht selbst dann, wenn diese zutreffend ist), aber auch durch das bloße „Anheizen" einer feindseligen Stimmung (vgl. Braunschweig aaO).

c) Die Einwirkung muß erfolgen, **um** (u. 27) **die Bereitschaft der Menge zu Ausschreitungen** iS der 1. u. 2. Alt. **zu fördern.** Daß diese tatsächlich gefördert wird, ist nicht erforderlich, erst recht nicht, daß es zu Gewalttätigkeiten usw. auf Grund der Einwirkung kommt, vielmehr handelt es sich hier um ein unechtes Unternehmensdelikt (vgl. Bertuleit/Herkströter aaO [RN 1] 34, v. Bubnoff LK 60, Rudolphi SK 20, Tröndle/Fischer 8; zu den unechten Unternehmensdelikten vgl. näher § 11

§ 125 23–29   Bes. Teil. Straftaten gegen die öffentliche Ordnung

RN 52 ff.). Kommt es zu Gewalttätigkeiten usw., so kann der Aufwiegler zugleich Beteiligter an diesen und damit auch Täter der 1. oder 2. Alt. sein, was idR allerdings voraussetzt, daß er selbst Mitglied der Menge ist (o. 13 f., aber auch u. 25). Selbständige Bedeutung hat die 3. Alt. in diesem Fall daher vor allem bei Einwirkungen der Menge angehörender Dritter oder wenn ihre Ursächlichkeit für die tatsächlich begangenen Gewalttaten nicht feststellbar ist.

23 α) Daraus, daß der Täter handeln muß, um die Bereitschaft zu Gewalttätigkeiten usw. zu **fördern**, wird zT entnommen, daß eine solche bereits vorhanden sein müsse (Dreher NJW 70, 1160, Ostendorf AK 15, Schmidhäuser II 131). Die 3. Alt. würde demnach der (erfolglosen) psychischen Beihilfe entsprechen. Dies widerspricht jedoch nicht nur der ratio legis, sondern führt auch zu völlig ungerechtfertigten Differenzierungen, weil dann zwar strafbar ist, wer eine bereits feindselige Menge in ihrer Bereitschaft zu Ausschreitungen – und zwar ohne jeden Erfolg – zu fördern sucht, während straflos bleibt, wer eine friedliche Menge in eine feindselige „umfunktioniert", sofern nur die Begehung von Gewalttätigkeiten unterbleibt und eine Anstiftung dazu deshalb ausscheidet. Da dies den gefährlicheren Täter in unverständlicher Weise privilegieren würde und ein solches Ergebnis vernünftigerweise nicht gewollt sein kann, muß als Fördern iS der 3. Alt. daher auch das Wecken einer zunächst nicht vorhanden gewesenen Bereitschaft zu Gewalttätigkeiten usw. verstanden werden. Erfaßt sind demnach sowohl die der psychischen Beihilfe als auch die der Anstiftung entsprechenden Fälle (vgl. Braunschweig NStZ **91**, 492, v. Bubnoff LK 58, Lackner/Kühl 12, M-Maiwald II 116, Rudolphi SK 18, Tröndle/Fischer 7).

24 β) Gleichgültig ist auch, ob die Einwirkung den **Beginn** oder die **Fortsetzung** von Ausschreitungen zum Ziel hat (vgl. v. Bubnoff LK 61, Lackner/Kühl 12, M-Maiwald II 116, aber auch LG München StV **82**, 119). Unter Abs. 1 3. Alt. fällt daher auch derjenige, der den erlahmenden Willen der Menge zu Gewalttätigkeiten usw. neu entfachen will. Zur analogen Anwendung des § 31 solange es nicht zu (weiteren) Ausschreitungen kommt, vgl. u. 29.

25 d) Anders als bei der 1. u. 2. Alt. (o. 13) kann **Täter** der 3. Alt. auch sein, wer nicht selbst Mitglied der Menschenmenge ist (zB der Außenstehende, der mit einem Megaphon auf die Menge einwirkt; vgl. Braunschweig NStZ **91**, 493, v. Bubnoff LK 59, Rudolphi SK 22). Die Frage der Täterschaft ist hier allein nach § 25 zu beurteilen; für die bloße Teilnahme gelten die §§ 26, 27.

26 e) Ist die Einwirkung auf eine bereits zu Ausschreitungen iS der 1. u. 2. Alt. entschlossene Menge lediglich auf die **Verwirklichung eines Regelbeispiels gem. § 125 a gerichtet**, so gilt folgendes: Die Aufforderung zu Handlungen nach § 125 a Nr. 1–3 kann dennoch ein Einwirken iS der 3. Alt. sein, weil darin – analog der „Anstiftung" eines bereits Tatentschlossenen zur Verwirklichung qualifizierender Umstände – zugleich ein der psychischen Beihilfe entsprechendes Fördern der Bereitschaft zu Ausschreitungen iS der 1. u. 2. Alt. liegen kann. Dagegen kommt bei einer Aufforderung zum Plündern (§ 125 a Nr. 4) nur eine Anstiftung zu Eigentumsdelikten in Betracht, es sei denn, daß auch dabei Handlungen iS der 1. u. 2. Alt. begangen werden sollen.

27 **IV.** Der **subjektive Tatbestand** setzt bei allen Begehungsformen des § 125 *Vorsatz* voraus; bedingter Vorsatz genügt. Im Fall des Abs. 1 3. Alt. ist außerdem die *Absicht* iS von zielgerichtetem Handeln (vgl. § 15 RN 66 ff.) erforderlich, die Bereitschaft der Menge zur Begehung von Gewalttätigkeiten usw. zu fördern; das bloße (auch sichere) Wissen, daß die Einwirken diesen Erfolg haben wird, genügt hier nicht. Soweit Ausschreitungen nach Abs. 1 1. u. 2. Alt. zugleich einen Widerstand gegen Vollstreckungsbeamte darstellen (§ 113), gilt nach **Abs. 2** die **Irrtumsregelung** des § 113 III 2, IV sinngemäß, wenn der Täter irrig von der Rechtmäßigkeit der Vollstreckungshandlung ausgeht bzw. umgekehrt fälschlich ihre Rechtswidrigkeit annimmt (vgl. dazu § 113 RN 53 ff.). Dasselbe muß für die 3. Alt. gelten, wenn der aufwieglerische Landfriedensbruch solche Handlungen betrifft (vgl. v. Bubnoff LK 71).

28 **V.** Ein **Rechtfertigungsgrund** für Taten nach § 125 ergibt sich weder aus Art. 5 GG noch aus dem nur friedliche Versammlungen schützenden Art. 8 GG, da hier die Grenzen des Grundrechts stets überschritten sind (vgl. BGH **23** 56, Celle NJW **70**, 207, Köln NStZ-RR **97**, 235; zum bloßen Mitläufer vgl. aber auch Arzt/Weber V 24). Art. 5 GG ist bei § 125 nur insofern von Bedeutung, als bei der Würdigung des Inhalts von Meinungsäußerungen, die das strafbare Verhalten begründen sollen (zB Aufruf zu Großdemonstration), die zum Schutz der Meinungsäußerung entwickelten Anforderungen zu beachten sind (vgl. BVerfGE **82** 236 m. Bspr. Rinken StV 94, 95, BGH **32** 179 f.) Kein Rechtfertigungsgrund ist ferner das Streikrecht, da dieses über die bloße Arbeitsniederlegung hinaus nicht zur Verletzung strafrechtlich geschützter Interessen berechtigt (vgl. BGH AP Nr. **1** zu § 125, BAG JZ **89**, 89, Bay NJW **55**, 1806; vgl. auch Niese, Streik und Strafrecht [1954] 148 ff.). Ebensowenig genügt das Recht der Wahrnehmung berechtigter Interessen (vgl. vor § 32, Kostaras aaO [RN 5] 115 ff.). Soweit Handlungen iS des Abs. 1 1. oder 2. Alt. als Widerstand gegen nicht rechtmäßig handelnde Vollstreckungsbeamte begangen werden, gilt nach **Abs. 2** § 113 III 1 sinngemäß, was hier richtigerweise bereits zur *Verneinung der Tatbestandsmäßigkeit* führt (vgl. § 113 RN 20), zumal es dann auch schon an einer Gefährdung der öffentlichen Sicherheit fehlt (vgl. näher v. Bubnoff LK 66). Entsprechendes hat wie oben o. 27 für auf solche Handlungen bezogene Einwirkungen iS der 3. Alt. zu gelten (vgl. auch v. Bubnoff aaO).

29 **VI. Vollendet** ist die Tat nach Abs. 1 1. u. 2. Alt. mit der Begehung der – auch erfolglosen (o. 6) – Gewalttätigkeit bzw. der Bedrohung, an welcher der Betreffende beteiligt ist. Die 3. Alt. ist bereits mit

dem Beginn der Einwirkung vollendet, ohne daß diese einen Erfolg gehabt haben müßte. Solange es noch nicht zu Gewalttätigkeiten usw. gekommen ist, ist hier bei einem freiwilligen Aufgeben der Einwirkung jedoch § 31 entsprechend anwendbar (vgl. § 11 RN 55, Berz, Stree/Wessels-FS 341).

VII. Täterschaft und Teilnahme. Zur Täterschaft o. 12 ff., 25. Für die Teilnahme zu Abs. 1 1. u. 2. Alt. gelten die allgemeinen Regeln, soweit der Teilnehmer nicht selbst Mitglied der Menge und damit Täter des § 125 ist (o. 12 ff.). Teilnehmer zu Abs. 1 3. Alt. sind dagegen, gleichgültig, ob sie selbst Mitglied der Menge sind, nach §§ 26, 27 zu bestrafen. 30

VIII. Konkurrenzen. 1. Nach der **Subsidiaritätsklausel** des Abs. 1 ist § 125 nur anwendbar, wenn die Tat nicht nach anderen Vorschriften mit schwererer Strafe bedroht ist. Dies ist wenig sinnvoll, weil dadurch – besonders ins Gewicht fallend, seit mit dem VerbrechensbekämpfungsG v. 28. 10. 1994 (BGBl. I 3186) auch § 223 eine höhere Strafdrohung vorsieht – die praktische Bedeutung des § 125 erheblich herabgesetzt und sein Charakter als Straftat gegen die öffentliche Sicherheit entwertet wird. Das spezifische Unrecht, das zB aus einer Menschenmenge mit vereinten Kräften begangene Gewalttätigkeiten gegen mißliebige Bevölkerungsteile (zB Ausländer) kennzeichnet und von gewöhnlichen Körperverletzungen abhebt, tritt damit völlig in den Hintergrund (vgl. auch M-Maiwald II 117: „sachlich verfehlt"). Vor dem Hintergrund einer hier zweifellos legitimen Schadensbegrenzung sind deshalb auch die Versuche zu sehen, die Subsidiaritätsklausel des § 125 iS einer in anderen Fällen auch von der Rspr. (zB. BGH **6** 258, **8** 192 f.) angenommenen „relativen Subsidiarität" (vgl. o. 106 v § 52) in der Weise zu beschränken, daß § 125 nicht gegenüber allen Tatbeständen mit einer höheren Strafdrohung zurücktritt, sondern nur gegenüber solchen, die im wesentlichen die gleiche Angriffsrichtung aufweisen wie die in § 125 genannten Handlungen (vgl. zB v. Bubnoff LK 73, Rudolphi SK 26 u. hier die 25. A.; and. Bestuleit/Herkströter aaO [o. 1] 44, M-Maiwald II aaO). Erst seit BGH **43** 237 m. Bspr. Martin JuS 98, 375 u. Anm. Rudolphi JZ 98, 471 werden solche Einschränkungen in der Rspr. – hier zu § 125 – unter Hinweis auf den eindeutigen Gesetzeswortlaut und Art. 103 II GG nicht mehr als zulässig angesehen (wie bisher jedoch Rudolphi aaO u. SK 26). Aber auch bei einer solchen Wortlautargumentation bleiben, weil mit dem Begriff der „Tat" in der Subsidiaritätsklausel durchaus vereinbar, Sachverhalte, bei denen § 125 nicht verdrängt wird, obwohl eine im Zusammenhang damit begangene andere Tat mit höherer Strafe bedroht ist. So kann die Beteiligung an mehreren in zeitlichem Abstand aufeinander folgenden Gewalttätigkeiten insgesamt nur eine Tat iS des § 125 1. Alt. sein (u. 32 a.E.), was jedoch nicht hindert, als Taten iS der Subsidiaritätsklausel das jeweilige Sichbeteiligen an den einzelnen Gewalttätigkeit anzusehen, dies mit der Folge, daß bei Gewalttätigkeiten teils gegen Sachen (§ 303), teils gegen Personen (§§ 223 ff.) die ersteren als Landfriedensbruch strafbar bleiben. Auch setzt die Subsidiaritätsklausel voraus, daß die in § 125 genannten Begehungsweisen *als solche* zugleich den Tatbestand einer strengeren Strafvorschrift erfüllen. Enthalten deshalb zB Sprechchöre neben Bedrohungen iS der 2. Alt. zugleich Beschimpfungen iS der §§ 185 ff., so muß trotz der hier bestehenden Tateinheit eine Bestrafung nach § 125 möglich bleiben, unabhängig davon, ob es sich bei den ehrverletzenden Teilen nur um eine Beleidigung iS des § 185 (geringere Strafdrohung) oder um eine – in diesem Fall öffentlich begangene und deshalb nach § 187 mit schwererer Strafe bedrohte – Verleumdung handelt (vgl. zum Ganzen auch Rudolphi JZ 98, 472). Mit diesen Einschränkungen besteht Subsidiarität insbes. in folgenden Fällen (vgl. auch v. Bubnoff LK 74, Rudolphi SK 27 ff.): *§ 125 I 1. Alt.* ist subsidiär zB gegenüber den §§ 88, 102, 106, 109 e, 113 II, 177, 211 ff., 220 a, 223 ff., 239, 240 im besonders schweren Fall, 243 Nr. 1, 2, 244, 249 ff., 305 ff., 313, 315, 315 b, 316 b, 317, 318. Im Fall des *§ 125 I 2. Alt.* besteht Subsidiarität zB gegenüber den §§ 88, 106, 113 II, 177, 249 ff. Die Tat nach *§ 125 I 3. Alt.* ist subsidiär gegenüber § 130 und gegenüber § 111, soweit die Straftat, zu der aufgefordert wird, mit schwererer Strafe bedroht ist. Dasselbe gilt für die §§ 26, 27 iVm der Tat, zu der angestiftet oder Beihilfe geleistet worden ist, wobei im Fall des § 27 von dem gemilderten Strafrahmen nach § 49 I auszugehen ist; gegenüber § 30 besteht immer Subsidiarität. 31

2. Im übrigen, d. h. soweit die Subsidiaritätsklausel nicht anwendbar ist, bleibt es bei den **allgemeinen Grundsätzen.** *Idealkonkurrenz* ist danach zB möglich mit den §§ 106 a, 113 I, 124 (vgl. auch RG **37** 28, **45** 41 u. § 124 RN 23), 126, 167, 167 a, 185 ff., 231, 240 (soweit kein besonders schwerer Fall), 241, aber auch, weil Gewalttätigkeiten gegen Sachen zu keiner Sachbeschädigung zu führen brauchen, mit den §§ 303, 304 (vgl. Rudolphi SK 30, Tröndle/Fischer 12; and. Karlsruhe NJW **79**, 2415, v. Bubnoff LK 76: Gesetzeskonkurrenz mit Vorrang des § 125), ferner mit den Straftatbeständen des VersG (§§ 21 ff.), denen ein anderer oder zusätzlicher Schutzzweck zugrunde liegt, was zB für die §§ 21, 22 gilt (zB Köln NStZ-RR **97**, 235, v. Bubnoff LK 75, Lackner/Kühl 16, Rudolphi SK 30). *Gesetzeskonkurrenz* mit Vorrang des § 125 (soweit dieser nicht gegenüber anderen Tatbeständen subsidiär ist) besteht dagegen mit § 27 II VersG, da dieser im Verhältnis zu § 125 den Charakter eines bloßen Vorfeldtatbestands hat (vgl auch Rudolphi SK 31, Tröndle/Fischer 13). Die Beteiligung an mehreren Gewalttätigkeiten usw. aus derselben Menschenmenge ist bei einem einheitlichen Geschehen nur eine Tat (Tröndle/Fischer 12; vgl. auch 17 vor § 52 sowie RG **54** 301), ebenso die Beteiligung iS der 2. Alt. und die darauf folgende iS der 1. Alt. Täterschaft nach Abs. 1 3. Alt. geht der Anstiftung und Beihilfe zu der Tat nach Abs. 1 1. u. 2. Alt. vor (and. v. Bubnoff LK 62). 32

§ 125 a Besonders schwerer Fall des Landfriedensbruchs

In besonders schweren Fällen des § 125 Abs. 1 ist die Strafe Freiheitsstrafe von sechs Monaten bis zu zehn Jahren. Ein besonders schwerer Fall liegt in der Regel vor, wenn der Täter
1. eine Schußwaffe bei sich führt,
2. eine andere Waffe bei sich führt, um diese bei der Tat zu verwenden,
3. durch eine Gewalttätigkeit einen anderen in die Gefahr des Todes oder einer schweren Gesundheitsschädigung bringt oder
4. plündert oder bedeutenden Schaden an fremden Sachen anrichtet.

Vorbem. S. 1 geringfügig technisch geändert durch das Ges. zur Änderung des StGB und des Versammlungsgesetzes v. 18. 7. 1985, BGBl. I 1511. Zu der 1996 zunächst beschlossenen, dann aber nicht verwirklichten Einfügung einer Nr. 5, wonach ein Regelbeispiel auch das Handeln im Rahmen einer verbotenen öffentlichen Versammlung oder eines verbotenen Aufzugs sein sollte, vgl. BT-Drs. 13/6668 S. 4, 8 u. dazu jetzt § 47 I Nr. 2 AuslG.

1 **I.** Die durch das 3. StrRG (vgl. § 125 RN 1) eingefügte Vorschrift enthält keinen qualifizierten Tatbestand zu § 125, sondern eine bloße Strafzumessungsregel, wobei die in Nr. 1–4 genannten Sachverhalte lediglich **Regelbeispiele** eines **besonders schweren Falles** (vgl. dazu 44 ff. vor § 38) darstellen, ein solcher also auch bei Vorliegen eines Regelbespiels wegen des hier nach wie vor erforderlichen Gesamtwürdigung zu verneinen sein kann (vgl. zB BGH NStZ 00, 194 zu Nr. 4 1. Alt.: Schriftliche Entschuldigung bei dem Betroffenen und Wiedergutmachung des Schadens). Voraussetzung für die Anwendung des § 125 a ist zunächst, daß der Betreffende den vollen Tatbestand des § 125 I erfüllt; Personen, bei denen dies nicht der Fall ist, können daher auch dann nicht Täter des § 125 a sein, wenn sie, wie beim Plündern, eine von einem Regelbeispiel erfaßte Handlung vornehmen.

2 **II.** Die **Regelbeispiele der Nr. 1–4** sind zT durch die erhöhte Gefährlichkeit der Handlungen nach § 125 I (Nr. 1–3), zT dadurch gekennzeichnet, daß unter Ausnutzung der durch den Landfriedensbruch geschaffenen bedrohlichen Situation zusätzliche Ausschreitungen begangen werden (Nr. 4). Im einzelnen gilt folgendes:

3 **1.** Nach **Nr. 1** liegt ein besonders schwerer Fall in der Regel vor, wenn der Täter eine **Schußwaffe bei sich führt.** Eine Verwendungsabsicht ist hier – i. U. zu Nr. 2 – nicht erforderlich, weshalb § 125 a nicht schon deshalb unanwendbar ist, weil dem Täter eine solche Absicht gefehlt hat (v. Bubnoff LK 2, Rudolphi SK 3; u. 4).

4 a) Zum Begriff der **Schußwaffe** als Untergruppe der Waffe im technischen Sinn vgl. § 244 RN 3; zum **Bei-sich-Führen** vgl. § 244 RN 6, wobei es auch hier genügt, wenn der Täter die Waffe erst während der Tat ergreift (Dölling JR 87, 468; offengelassen von Bay JR 87, 466 zu Nr. 2). Gleichgültig ist, ob der Betreffende zum Tragen von Schußwaffen an sich berechtigt oder sogar von Berufs wegen Waffenträger ist, da dies an der besonderen Gefährlichkeit, um die es in § 125 a geht, nichts ändert (er soll sich dann jedenfalls nicht iS des § 125 I beteiligen; insofern unterscheidet sich die Situation des § 125 a von derjenigen des § 113, wo eine Konfrontation mit einem Vollstreckungsbeamten nicht auf der Initiative des Täters zu beruhen braucht; vgl. BT-Drs. VI/502 S. 5). Selbst das Fehlen der Verwendungsabsicht würde bei diesen Personen nicht zur Entkräftung der Gefährlichkeitsvermutung und damit zur Verneinung eines besonders schweren Falles führen können (and. hier v. Bubnoff LK 2, Rudolphi SK 3, Tröndle/Fischer 3); denn daß eine solche Absicht im Augenblick nicht vorhanden ist, kann sich gerade bei der Beteiligung an Gewalttätigkeiten usw. – und insoweit ist die Situation hier auch eine andere als bei § 244 I Nr. 1 (vgl. dort RN 6) – sehr rasch ändern.

5 b) Obwohl in Nr. 1 – i. U. zu § 244 I Nr. 1 – ein entsprechender ausdrücklicher Hinweis fehlt, ergibt sich aus dem Sinn der Vorschrift, daß der Täter die Schußwaffe **bei Begehung der Tat,** d. h. im Augenblick der Vornahme einer der in § 125 I genannten Handlungen bei sich führen muß; es genügt mithin nicht, wenn er zB erst nach Beendigung der Gewalttätigkeit, an deren Begehung er beteiligt war, eine herumliegende Waffe ergreift (vgl. v. Bubnoff LK 3, Rudolphi SK 3).

6 c) Daß Nr. 1 nur auf den **Täter,** und nicht – wie § 244 I Nr. 1 – auf „andere Beteiligte" abstellt, hängt damit zusammen, daß in § 125 die Teilnehmer am gewalttätigen bzw. bedrohenden Landfriedensbruch gleichfalls als Täter behandelt werden (vgl. § 125 RN 12). Täter iS des § 125 a sind unter der Voraussetzung ihrer Zugehörigkeit zu der Menge auch Anstifter und Gehilfen der konkreten Gewalttätigkeit oder Bedrohung. Daß der Täter die Waffe bei sich führen muß, bedeutet keine Eigenhändigkeit, so daß insoweit nach allgemeinen Regeln auch Mittäterschaft in Betracht kommt (Rudolphi SK 5; and. – zT auch zu Nr. 2 – BGH 27 56, 42 370, 43 240, StV 81, 74, Bay NStZ-RR 96, 101, Karlsruhe StV 98, 255, v. Bubnoff LK 11 f., Tröndle/Fischer 3); zur Frage der Teilnahme u. 19 ff. Täter iS der Nr. 1 ist auch der „Aufwiegler" iS des § 125 I 3. Alt. (v. Bubnoff LK 2 a; and. Rudolphi SK 4, Ostendorf AK 3). Diesen generell auszunehmen, ist schon nach dem Gesetzeswortlaut nicht möglich, aber auch von der Sache her nicht geboten. Unzweifelhaft ist dies, wenn er gerade dadurch, daß er sichtbar Schußwaffen bei sich führt, seine Einwirkung besonders wirkungsvoll machen kann, indem er der Menge das Gefühl besonderer Stärke vermittelt. Aber auch unabhängig

davon ist Nr. 1 als Regelbeispiel immer schon deshalb gegeben, weil derjenige, der eine Schußwaffe bei sich führt, im allgemeinen auch bereit ist, sie im Bedarfsfall auch zu gebrauchen (so zB v. Bubnoff LK 2). Daß der „Aufwiegler", der lediglich aus dem Hintergrund agiert, ohne zu zeigen, daß er bewaffnet ist, schließt deshalb Nr. 1 und damit einen besonders schweren Fall nicht aus (and. insoweit die Voraufl.).

2. Nach **Nr. 2** liegt ein besonders schwerer Fall in der Regel ferner vor, wenn der Täter (vgl. o. 6) **andere Waffen bei sich führt, um diese bei der Tat zu verwenden.**   **7**

a) Obwohl Nr. 2 ebenso wie zB §§ 113 II Nr. 1, 121 III Nr. 2 nur von **Waffen**, i. U. zu §§ 224 Nr. 2, 244 I Nr. 1 a aber nicht auch von „anderen gefährlichen Werkzeugen" spricht, können hier nach der ratio legis nicht nur Waffen im technischen Sinn gemeint sein. Die Aufgabe des § 125 a, besonders gefährliche Fälle des Landfriedensbruchs zu treffen, spricht vielmehr dafür, neben Waffen im technischen Sinn auch alle gefährlichen Werkzeuge einzubeziehen, d. h. solche Gegenstände, die nach ihrer objektiven Beschaffenheit und der beabsichtigten konkreten Art ihrer Benutzung geeignet sind, erhebliche Verletzungen herbeizuführen (vgl. Bay JR **87**, 466 m. Anm. Dölling, LG Berlin NStZ **92**, 37, v. Bubnoff LK 4 f., Otto II 317, Rudolphi SK 7, Tröndle/Fischer 4 u. dazu auch § 224 RN 4; zu eng AG Berlin-Tiergarten StV **83**, 465, Ostendorf AK 4 [nur Gefahr „schwerster Verletzungen"; vgl. dagegen auch LG Berlin aaO]). Hierher gehören zB auch scharfkantige Schottersteine, die nicht schon deshalb zur „stumpfen Waffe" werden, weil sie gegen Polizeibeamte in Schutzkleidung geworfen werden (LG Berlin aaO gegen AG Tiergarten NStZ **91**, 493 u. entspr. zu § 113 II Nr. 1 bei einer 2 m langen Stange Celle NStZ-RR **97**, 265; vgl. auch v. Bubnoff LK 5, Rudolphi SK 8, Tröndle/Fischer 4). Zum **Bei-sich-Führen** vgl. § 244 RN 6 sowie o. 4.   **8**

b) Im Unterschied zu Nr. 1 muß der Täter hier die **Absicht** (zielgerichtetes Handeln; vgl. § 15 RN 66 ff.) haben, die Waffe zur Durchführung der Tat **zu verwenden,** wofür schon die Art der Waffe sprechen kann (zB Molotow-Cocktails, vgl. BGH NJW **95**, 2645). Dabei genügt es, wenn die Waffe nur not- oder sonst gegebenenfalls verwendet werden soll (zB v. Bubnoff LK 6, Dreher NJW **70**, 1161, Rudolphi SK 8) und wenn der entsprechende Entschluß erst während der Tatausführung gefaßt wird (BGH aaO), weshalb bei einem tatsächlichen Benutzen der Waffe immer auch die Verwendungsabsicht gegeben ist (BGH aaO). Dagegen spricht schon der Vergleich mit den in Nr. 1 genannten Schußwaffen dafür, daß sich der beabsichtigte Gebrauch der Waffe zumindest mittelbar auch gegen Personen richten muß, die geplante Verwendung ausschließlich zur Gewalt gegen Sachen – zB Steine zum Einwerfen von Fensterscheiben – also nicht ausreicht (ebenso Bay JR **87**, 466 m. Anm. Dölling, v. Bubnoff LK 6, Rudolphi SK 8), was allerdings nicht ausschließt, daß unter bestimmten Umständen auch die Gebrauchsabsicht nur in bezug auf Gewalt gegen Sachen einen unbenannten besonders schweren Fall begründen kann (zB Mitführen von Sprengstoff zur Beseitigung von Hindernissen; vgl. auch Rudolphi aaO). Ebenso wie bei Nr. 1 kann Täter der Nr. 2 auch der „Aufwiegler" sein (vgl. v. Bubnoff LK 6; and. hier die Voraufl.), so wenn er mit dem Bei-sich-Führen der Waffe beabsichtigt, die Einwirkung besonders wirkungsvoll zu machen (was die Absicht eines entsprechenden äußerlich sichtbaren Verhaltens voraussetzt) oder sie gegen eventuelle „Störungen" (zB Einschreiten der Polizei) abzusichern (vgl. entsprechend o. 6).   **9**

c) Auch hier muß der Täter die Waffe **bei Begehung der Tat** nach § 125 bei sich führen (o. 5), was sich bei Nr. 2 schon daraus ergibt, daß er die Absicht haben muß, die Waffe bei der Tat zu verwenden. Ebensowenig wie bei Nr. 1 ist Eigenhändigkeit erforderlich (and. die h. M., vgl. o. 6).   **10**

3. Nach **Nr. 3** liegt ein besonders schwerer Fall in der Regel vor, wenn der Täter (vgl. o. 6) **durch eine Gewalttätigkeit** einen anderen in die (konkrete) **Gefahr des Todes** oder einer **schweren Gesundheitsschädigung** iS des § 225 III Nr. 1 **bringt,** wobei jedoch nur Personen außerhalb der Menge geschützt sind (Ostendorf AK 5). Die Nr. 3 kommt damit allein auf den tätigen Landfriedensbruch nach § 125 I 1. Alt.; doch ist nach Teilnahmegrundsätzen (u. 19 ff.) ein besonders schwerer Fall idR auch anzunehmen, wenn der Aufwiegler nach § 125 I 3. Alt. zu Handlungen auffordert, welche die Gefahr der Nr. 3 mit sich bringen. Da für die Gefahr des Todes usw. speziell eine Gewalttätigkeit iS des § 125 I 1. Alt. ursächlich sein muß, scheiden solche eine Gefahr iS der Nr. 3 begründenden Tätlichkeiten aus, die nicht mit vereinten Kräften aus der Menschenmenge heraus verübt werden. Gewalttätigkeiten gegen Sachen reichen aus, wenn sie mittelbar die Gefahr der Nr. 3 begründen (zB Umstürzen eines PKW). Täter iS der Nr. 3 ist nur derjenige, der an der konkreten Gewalttätigkeit beteiligt ist, aus der sich die Gefahr ergibt (u. 18). Im übrigen entspricht Nr. 3 dem Regelbeispiel des § 113 II Nr. 2 (vgl. daher dort RN 67, ferner § 225 RN 21 f., § 250 RN 34); speziell dazu, daß die Gefahr vom Vorsatz umfaßt sein muß (keine entsprechende Anwendung des § 18), vgl. Frankfurt NStZ-RR **96**, 309 u. entspr. § 113 RN 67, § 225 RN 23, § 250 RN 24.   **11**

4. Nach **Nr. 4** liegt ein Regelbeispiel eines besonders schweren Falles schließlich vor, wenn der Täter (vgl. o. 6) **plündert** oder **bedeutenden Schaden an fremden Sachen anrichtet** (zur 1. Alt. vgl. auch o. 1). Wie in allen Fällen des § 125 a ist jedoch auch hier Voraussetzung, daß der Täter zugleich die Merkmale des § 125 erfüllt; nicht erfaßt von Nr. 4 ist daher zB das Plündern unter Ausnutzung des von anderen begangenen Landfriedensbruchs (M-Maiwald II 118, Rudolphi SK 15).   **12**

§ 125 a 13–17   Bes. Teil. Straftaten gegen die öffentliche Ordnung

13   a) **Plündern** ist die – auch hier nicht notwendig eigenhändige (o. 6; and. Schleswig SchlH/L–T 93, 222, Lackner/Kühl 2) – Wegnahme oder Abnötigung von Sachen in der Absicht rechtswidriger Zueignung und unter Ausnutzung der durch die Tat nach § 125 hervorgerufenen Störung der öffentlichen Ordnung (vgl. RG **52** 35, **56** 247, HRR **32** Nr. 394, OGH **2** 212, BGH JZ **52**, 369, v. Bubnoff LK 8, Rudolphi SK 17, Tröndle/Fischer 6). Das Plündern braucht nicht selbst eine Gewalttätigkeit iS des § 125 I zu sein und kann offen oder heimlich, mit vereinten Kräften oder durch eine vom Willen der Menge nicht mehr gedeckte Einzelaktion erfolgen (vgl. näher dazu v. Bubnoff aaO mwN). Ein Ausnutzen der durch den Landfriedensbruch geschaffenen bedrohlichen Situation kann auch bei gleichzeitiger Erfüllung einer der in § 125 genannten Begehungsmodalitäten vorliegen. Nicht erforderlich ist, daß sich der Täter von vornherein am Landfriedensbruch in der Absicht beteiligt hat, dabei zu plündern. Ebensowenig muß das Plündern in Fortführung der Beteiligung am Landfriedensbruch geschehen; Nr. 4 gilt vielmehr auch, wenn sich der Täter aus der Menschenmenge entfernt, um die Gelegenheit zur Plünderung auszunutzen. Da der Grund für die erhöhte Strafbarkeit nur in Ausschreitungen gegen Objekte außerhalb der ein gemeinsames Ziel verfolgenden Menge liegen kann, fällt nicht unter Nr. 4, wer lediglich den Plünderer um seine Beute bringt oder ein anderes Mitglied der Menge bestiehlt; allein eine Hehlerei ist auch der Erwerb einer geplünderten Sache durch einen Täter des § 125 (v. Bubnoff LK 8 a, Rudolphi SK 17, Tröndle/Fischer 6).

14   b) Mit der mißverständlichen Formulierung „**bedeutenden Schaden an fremden Sachen** (vgl. § 242 RN 12 ff.) **anrichtet**" ist das Bewirken eines **erheblichen Sachschadens** gemeint (v. Bubnoff LK 9 mwN). Nicht ausreichend ist daher das völlige Zerstören einer Sache von geringem Wert, ebensowenig die nur geringfügige Beschädigung einer Sache von bedeutendem Wert. Bei der Beschädigung ist maßgeblich der Gesamtschaden (vgl. BGH **43** 230, v. Bubnoff LK 9). Ob der Schaden erheblich ist, beurteilt sich nach den Maßstäben, die auch für § 315 usw. gelten (vgl. 14 ff. vor § 306; vgl. auch BGH aaO: deutlich über 3000 DM; Karlsruhe StV **98**, 255: 7500 DM). Auch hier genügen vom Willen der Menge nicht getragene Einzelaktionen, sofern nur der Täter überhaupt Beteiligter am Landfriedensbruch ist; ebenso wie beim Plündern (o. 13) scheiden andererseits auch hier Handlungen gegen fremde Sachen innerhalb der Menge aus.

15   III. **Im übrigen** kann ein **besonders schwerer Fall** zB vorliegen bei erheblichen Körperverletzungen, die auch noch unter der Schwelle einer schweren Gesundheitsbeschädigung iS der Nr. 3 liegen können (dort genügt bereits die Gefahr einer solchen!), ferner bei einer erheblichen Störung lebenswichtiger Betriebe (§§ 88, 316 b), aber auch bei einer besonders massiven Störung der öffentlichen Sicherheit zB durch Mitführen von Sprengstoffen zur Beseitigung von Hindernissen (s. o. 9), durch die – auch erfolglose – Aufforderung des Aufwieglers zum Schußwaffengebrauch (vgl. v. Bubnoff LK 10, Rudolphi SK 20, Tröndle/Fischer 7) oder durch die in vorderster Reihe erfolgende Beteiligung einer Mutter mit ihren beiden Kindern an der schonungslosen Kampfstrategie von Gewalttätern, die durch das Voranstellen von Kindern Angriffe auf Ordnungskräfte aus versteckter Position ermögliche und zugleich deren massives Eingreifen verhinderte (vgl. Bay NStZ-RR **96**, 101). Verlangt man entgegen o. 6, 10 bei Nr. 1, 2 ein eigenhändiges Beisichführen, so kommt bei mittäterschaftlicher Begehung jedenfalls ein unbenannter schwerer Fall in Betracht (zB BGH **43** 240, v. Bubnoff LK 12).

16   IV. In **subjektiver Hinsicht** ist zumindest bedingter Vorsatz erforderlich, der sich auf alle unrechtsteigernden Umstände beziehen muß, die den besonders schweren Fall begründen; auch für Nr. 3 gilt hier keine Ausnahme (o. 11). Dabei ist gleichgültig, ob es sich um die in Nr. 1–4 genannten Regelbeispiele oder um andere Umstände handelt, die im Einzelfall zur Annahme eines besonders schweren Falls führen (vgl. § 15 RN 27, 28).

17   V. Bei der **Beteiligung mehrerer** gelten, da § 125 a kein eigener Tatbestand ist, folgende Grundsätze: Voraussetzung für eine Bestrafung wegen **täterschaftlicher Begehung** eines Landfriedensbruchs in einem **besonders schweren Fall** ist zunächst, daß der betreffende Täter des § 125 ist (wofür im Fall des § 125 I 1. u. 2. Alt. die bloße Teilnahme an der Gewalttätigkeit usw. genügt, wenn der Teilnehmer ein Mitglied der Menge ist). Soll sich der besonders schwere Fall unmittelbar aus einem der Regelbeispiele ergeben, so muß hinzukommen, daß ihm der erschwerende Umstand als Täter, mittelbarer Täter oder Mittäter zugerechnet werden kann. Hierfür gelten, da die Nr. 1–4 entgegen der wohl h. M. keine eigenhändige Begehung verlangen (vgl. o. 6, 10, 13), die allgemeinen Regeln. Doch ist in den Fällen der Nr. 1–3 eine Zurechnung des erschwerenden Umstandes nur möglich, wenn der Betreffende an der *konkreten* Handlung des § 125 mitgewirkt hat, an die das Regelbeispiel anknüpft. Werden daher zB von verschiedenen Personen aus der Menge mehrere Gewalttätigkeiten begangen und werden die erschwerenden Umstände der Nr. 1–3 nur bei einer von ihnen verwirklicht, so kommen als Mittäter nur die an dieser Gewalttätigkeit Beteiligten in Betracht (vgl. auch Rudolphi SK 5), nicht dagegen die übrigen, auch wenn sie von dem fraglichen Umstand Kenntnis haben (zB wissen, daß einer der an der anderen Ausschreitung Beteiligten bewaffnet ist; insoweit zutreffend BGH **27** 56, was jedoch mit der dort zu Unrecht verlangten Eigenhändigkeit nichts zu tun hat). – Für die **Teilnahme** sind zunächst die in 44 d vor § 38 genannten Regeln maßgebend. Handelt es sich um die Teilnahme an der Verwirklichung eines Regelbeispiels, so sind im übrigen folgende Fälle zu unterscheiden: 1. Hat ein *Täter iS des § 125* zu einer Handlung iS der Nr. 1–4 *angestiftet*, so liegt auch für ihn idR ein besonders schwerer Fall vor, weil ihm hier der erschwerende Umstand in vollem Umfang zugerechnet wird. Daher ist in der Regel zB auch der Aufwiegler iS des § 125 I 3. Alt. nach § 125 a strafbar, wenn er mit Erfolg zu einer Handlung nach Nr. 1–4 auffordert. – 2. Hat sich ein *Täter iS des § 125* an der Verwirklichung eines Regelbeispiels nur als *Gehilfe* beteiligt, so begründet dies für sich allein dagegen idR noch keinen besonders schweren Fall, da der in § 125 a vorausgesetzten täterschaftlichen Begehung nach Nr. 1–4 nur die Anstiftung in vollem Umfang gleichgestellt werden kann. Andererseits wäre es aber auch unbefriedigend, den Betreffenden hier nur als Täter des § 125 zu bestrafen, da schon die bloße Beihilfe zum Landfriedensbruch unter den erschwerenden Umständen des § 125 a auch bei Berücksichtigung der §§ 27 II, 49 I ungleich höher bestraft werden könnte. Um diesen Widerspruch zu vermeiden, bleibt nur der Weg, hier auch den Täter iS des § 125 wegen Beihilfe zum Landfriedensbruch in einem besonders schweren Fall zu bestrafen. – 3. Ist der *Gehilfe des Landfriedensbruchs* zugleich *Teilnehmer* bei der Verwirklichung eines Regelbeispiels, so kann er wegen Beihilfe zum Landfriedensbruch in einem besonders schweren Fall bestraft werden, wobei die Strafe des § 125 a nach §§ 27, 49 I zu mildern ist. – 4. Ist der *Teilnehmer* an der Verwirklichung des Regelbeispiels *an der Tat nach § 125* überhaupt *nicht beteiligt* (auch nicht durch sukzessive Beihilfe, vgl. § 27 RN 17), so entfällt mit § 125 auch § 125 a. Dies gilt zB, wenn der Außenstehende sich darauf beschränkt, die Menge zum Plündern aufzufordern; hier kommen lediglich §§ 26, 111 iVm § 242 usw. in Betracht (vgl. auch Rudolphi SK 23).

VI. Konkurrenzen. Die Verwirklichung mehrerer Modalitäten des § 125 a ist nur ein besonders **18** schwerer Fall des Landfriedensbruchs. Da § 125 a keinen selbständigen Tatbestand enthält, können Konkurrenzfragen im Verhältnis zu § 125 nicht entstehen. Aus demselben Grund muß die **Subsidiaritätsklausel** des § 125 auch für § 125 a gelten (BGHR § 125 a Konkurrenzen 1 [offengelassen noch in BGH **43** 240], v. Bubnoff LK § 125 RN 73, Ostendorf AK 10, Rudolphi SK 24; and. Tröndle/Fischer 9). Auch der Landfriedensbruch in einem besonders schweren Fall ist daher mit den in § 125 RN 31 genannten Einschränkungen subsidiär gegenüber Delikten mit höherer Strafdrohung. Da hier bei dem Vergleich von der Strafdrohung des § 125 a auszugehen ist, besteht Subsidiarität jedoch nicht deshalb, weil eine solche bei einer Bestrafung nach § 125 I anzunehmen wäre. Daraus folgt, daß im Fall des § 125 a *Idealkonkurrenz* über die in § 125 RN 32 genannten Fälle hinaus möglich ist zB mit §§ 113 II, 223, 224, 239 I, 240 im besonders schweren Fall, §§ 315, 315 b, 316 b, 317, 318, § 53 WaffenG. Dagegen besteht *Gesetzeskonkurrenz* – Subsidiarität der §§ 125 I, 125 a – zB mit §§ 211, 212, 226, 227, 249 ff., 255, 306 ff. Umgekehrt tritt § 27 VersG hinter § 125 a Nr. 1, 2 zurück (vgl. BGH NJW **85**, 501, StV **84**, 330, NStZ **84**, 453). Da § 125 a Nr. 4 zusätzlich das Eigentum schützt, treten auch die §§ 242, 243, 303 ff. zurück (v. Bubnoff LK § 125 RN 76, Rudolphi SK 26; vgl. auch BGH MDR/D **68**, 727). Entsprechendes muß gelten, wenn der Plünderer Waffen bei sich trägt (Nr. 1, 2); hier tritt § 244 I Nr. 1 zurück (so auch v. Bubnoff aaO).

VII. Zur Möglichkeit einer **Wahlfeststellung** zwischen Regelbeispielen vgl. § 1 RN 88. **19**

§ 126 Störung des öffentlichen Friedens durch Androhung von Straftaten

(1) Wer in einer Weise, die geeignet ist, den öffentlichen Frieden zu stören,
1. einen der in § 125 a Satz 2 Nr. 1 bis 4 bezeichneten Fälle des Landfriedensbruchs,
2. einen Mord, Totschlag oder Völkermord (§§ 211, 212 oder 220 a),
3. eine schwere Körperverletzung (§ 226),
4. eine Straftat gegen die persönliche Freiheit in den Fällen der §§ 234, 234 a, 239 a oder 239 b,
5. einen Raub oder eine räuberische Erpressung (§§ 249 bis 251 oder 255),
6. ein gemeingefährliches Verbrechen in den Fällen der §§ 306 bis 306 c oder § 307 Abs. 1 bis 3, des § 308 Abs. 1 bis 3, des § 309 Abs. 1 bis 4, der §§ 313, 314 oder 315 Abs. 3, des § 315 b Abs. 3, des § 316 a Abs. 1 oder 3, des § 316 c Abs. 1 oder 3 oder des § 318 Abs. 3 oder 4 oder
7. ein gemeingefährliches Vergehen in den Fällen des § 309 Abs. 6, des § 311 Abs. 1, des § 316 b Abs. 1, des § 317 Abs. 1 oder des § 318 Abs. 1

androht, wird mit Freiheitsstrafe bis zu drei Jahren oder mit Geldstrafe bestraft.

(2) Ebenso wird bestraft, wer in einer Weise, die geeignet ist, den öffentlichen Frieden zu stören, wider besseres Wissen vortäuscht, die Verwirklichung einer der in Absatz 1 genannten rechtswidrigen Taten stehe bevor.

Vorbem. Neugefaßt durch das 14. StÄG v. 22. 4. 1976, BGBl. I 1056; Abs. 1 Nr. 6, 7 technisch geändert durch das 18. StÄG v. 28. 3. 1980, BGBl. I 373 u. Abs. 1 Nr. 7 inhaltlich erweitert durch das Ges. zu dem Übereinkommen v. 26. 10. 1989 über den physischen Schutz von Kernmaterial v. 24. 4. 1990, BGBl. II 326; redaktionelle Folgeänderungen in Abs. 1 Nr. 3, 6, 7 durch das 6. StrRG.

Schrifttum: Fischer, Die Eignung, den öffentlichen Frieden zu stören, NStZ 88, 159. – Hoyer, Die Eignungsdelikte, 1987. – Laufhütte, Das 14. Strafrechtsänderungsgesetz, MDR 76, 441. – Schulz, „Lex Baader-Meinhof", ZRP 75, 19. – Stree, Strafrechtsschutz im Vorfeld von Gewalttaten. Das 14. Strafrechtsänderungsgesetz,

§ 126 1–5

NJW 76, 1177. – *Sturm*, Zum 14. Strafrechtsänderungsgesetz (Gewaltbekämpfung), JZ 76, 347. – *Materialien:* BT-Drs. 7/2772, 7/2854, 7/3030, 7/4549; Prot. 7 S. 2237 ff.

1   **I. Rechtsgut** der durch das 14. StÄG neugefaßten Vorschrift (vgl. dazu das o. genannte Schrifttum u. krit. Ostendorf AK 9 ff.) ist – ebenso wie in § 126 aF – der *öffentliche Frieden* (vgl. zB v. Bubnoff LK 2, Lackner/Kühl 1, Rudolphi SK 1, Tröndle/Fischer 2). Der auch in den §§ 130, 140 Nr. 2, 166 wiederkehrende Begriff des **öffentlichen Friedens** wird, zurückgehend auf RG 15 117, **18** 316, 409 üblicherweise mit einem objektiven und einem subjektiven Element umschrieben: Öffentlicher Frieden ist danach sowohl der Zustand allgemeiner Rechtssicherheit und des befriedeten Zusammenlebens der Bürger als auch das im Vertrauen der Bevölkerung in die Fortdauer dieses Zustands begründete Sicherheitsgefühl (aus der Rspr. mit zT unterschiedlicher Akzentuierung zB zu § 126 BGH **34** 331, zu § 130 BGH **16** 56, **29** 27, Celle NJW 70, 2257, Hamburg NJW **75**, 1088 m. Anm. Geilen NJW 76, 279, MDR **81**, 71, Koblenz MDR **77**, 334, Schleswig MDR **78**, 333, zu § 140 BGH NJW **78**, 58, zu § 166 Celle NJW **86**, 1275, ferner zB v. Bubnoff LK 8, Lackner/Kühl 1, Ostendorf AK 6, Rudolphi SK 1, Wehinger, Kollektivbeleidigung – Volksverhetzung [1994], 74 ff.; vgl. aber auch Jakobs ZStW 97, 776 u. krit. zum Ganzen Fischer NStZ 88, 162 ff., GA 89, 451 f. u. pass., Tröndle/Fischer 2: rein normativer Begriff). Gegenüber der „öffentlichen Sicherheit" in § 125 ist der „öffentliche Frieden" der weitere Begriff (vgl. v. Bubnoff LK § 125 RN 41, Lackner/Kühl § 125 RN 1, M-Maiwald II 109; and. BGH **41** 53 m. Anm. Krehl JR 96, 208, Ostendorf JZ 96, 55 u. Schittenhelm NStZ 95, 343: innerer Frieden als Teil der öffentlichen Sicherheit). Eine Überforderung des Rechts wäre es zwar, würde man in den öffentlichen Frieden über das friedliche Nebeneinander hinaus auch das „einträchtige Miteinander" einbeziehen, weil ein solches, soweit rechtlich überhaupt faßbar, jedenfalls nicht erzwingbar ist. Wohl aber reicht dieser Begriff insofern weiter, als er nicht nur die Erfüllung reiner Sicherheitsbedürfnisse voraussetzt. Zu ihm gehört vielmehr auch ein Mindestmaß an Toleranz und ein öffentliches Klima, das nicht durch Unruhe, Unfrieden oder Unsicherheit gekennzeichnet ist (vgl. E 62 S. 462) und in dem nicht einzelne Bevölkerungsgruppen zum geistigen Freiwild und zu Parias der Gesellschaft gemacht oder sonst ausgegrenzt werden, und zwar unabhängig davon, ob auf diese Weise zugleich ein latentes Gewaltpotential produziert wird (womit dann bereits wieder die öffentliche Sicherheit berührt wäre). Jedenfalls bei den §§ 130, 166 geht es im Hinblick auf die dort zT ganz andersartigen Tathandlungen (vgl. dazu auch Fischer GA 89, 452) auch um diesen Aspekt des öffentlichen Friedens, während er bei § 126, mit dem primär „Angst und Schrecken in der Bevölkerung" verhindert werden sollen (vgl. die Tatbestandsfassung des § 299 E 62), noch keine Rolle spielt. Im Unterschied zu § 126 schützt § 241 nur das Sicherheitsgefühl des einzelnen.

2/3   **II. Der objektive Tatbestand** verlangt, daß in einer zur Störung des öffentlichen Friedens geeigneten Weise entweder eine bestimmte Tat angedroht (Abs. 1) oder ihre bevorstehende Verwirklichung vorgetäuscht wird (Abs. 2), wobei dies jedoch weder öffentlich (vgl. RG **7** 354) noch gegenüber dem von der (angeblichen) Tat Betroffenen zu geschehen braucht (u. 11).

4   1. Die Androhung bzw. das Vortäuschen muß eine bzw. eines der in **Abs. 1 Nr. 1 bis 7** abschließend **aufgezählten Gewalttaten, gemeingefährlichen Verbrechen u. Vergehen** zum Gegenstand haben (zu den Gründen der Auswahl vgl. BT-Drs. 7/4549 S. 8, Laufhütte MDR 76, 442, Sturm JZ 76, 350; krit. M-Maiwald II 119, Stree NJW 76, 1180). Dabei genügt nach dem Sinn der Vorschrift (o. 1) bereits die Androhung usw. der rechtswidrigen Begehung einer dieser Taten (vgl. auch Abs. 2); schuldhaft braucht sie nicht zu sein, weshalb zB auch die unwahre Ankündigung eines Bombenattentats eines Geisteskranken strafbar ist (vgl. v. Bubnoff LK 5, Lackner/Kühl 2, M-Maiwald II 119, Otto II 319, Rudolphi SK 6, Stree aaO, Tröndle/Fischer 3; and. Ostendorf AK 15). Andererseits kann nach der ratio legis das Androhen usw. einer nach § 30 strafbaren Vorbereitung einer Katalogtat nicht genügen (Lackner/Kühl 2, Schnarr NStZ 90, 258). Nicht erforderlich ist, daß der Täter die juristische Bezeichnung des angedrohten Delikts benutzt oder daß die Tat nach Zeit, Ort und Opfer schon näher konkretisiert ist (BGH **29** 268). Jedoch muß das fragliche Geschehen so genau umschrieben sein, daß eine Subsumtion unter einen der genannten Tatbestände möglich ist; die bloße Erklärung, daß es am nächsten Tag kein Wasser mehr geben werde, genügt daher nicht (vgl. Bubnoff LK 6 mwN). Kommt als angedrohte Tat nur eine Qualifikation in Betracht (vgl. §§ 226, 315 III, 315 b III), so genügt es nicht, wenn das fragliche Geschehen lediglich den Grundtatbestand erfüllen würde; soweit in Nr. 1 auf die Regelbeispiele des § 125 a verwiesen wird, muß die Tat jedoch lediglich deren Merkmale aufweisen, nicht aber insgesamt ein besonders schwerer Fall des § 125 sein (Lackner/Kühl 2). Aus der Natur des § 126 ergibt sich, daß es sich bei Taten, die eine Erfolgsqualifizierung (§ 18) enthalten, nur um die vorsätzliche Herbeiführung des schweren Erfolgs handeln kann (BT-Drs. 7/4549 S. 8, Laufhütte aaO, Tröndle/Fischer 6).

5   2. Das **Androhen nach Abs. 1** ist die ausdrückliche oder konkludente Ankündigung einer der genannten Gewalttaten, wobei der Drohende deren Begehung als von seinem Willen abhängig darstellen muß. Ein Androhen ist es daher auch, wenn die Tat durch einen Dritten begangen werden soll, sofern der Täter auf diesen Einfluß zu haben vorgibt. Andernfalls handelt es sich um eine bloße Warnung, die nur unter den Voraussetzungen des Abs. 2 strafbar ist. Wegen der strengeren Voraussetzungen des Abs. 2 (u. 6) gilt dies auch, wenn nicht festgestellt werden kann, ob die fragliche Äußerung als Drohung oder Warnung zu verstehen ist („im Bahnhof geht eine Bombe hoch"; vgl.

dazu aber auch BGH **34** 329, wo in der Ankündigung, daß mit Bombenanschlägen zu rechnen sei, mit Recht eine Drohung gesehen wurde, weil der Täter zugleich die Zahlung von Geld verlangt hatte). Dagegen ist ein Androhen nicht deshalb zu verneinen, weil Zeitpunkt und Ort der Tat mitgeteilt werden und ihre Verhinderung noch möglich ist (vgl. Berkemann/Hesselberger NJW 72, 1750; and. Ostendorf AK 13). Gleichgültig ist, ob die angedrohte Tat wirklich begangen werden soll, wenn nur die Androhung eine entsprechende Besorgnis rechtfertigt (u. 10). Soll sie jedoch erst in ferner Zukunft begangen werden – eine Begrenzung wie Abs. 2 (u. 6) enthält Abs. 1 nicht –, so dürfte vielfach noch die Eignung zur Friedensstörung fehlen (vgl. v. Bubnoff LK 7, Stree NJW 76, 1180, aber auch Ostendorf AK 13).

3. Mit dem in **Abs. 2** genannten **Vortäuschen**, die Verwirklichung einer Gewalttat des Abs. 1 **6** stehe bevor, sind die Fälle erfaßt, in denen der Täter fälschlich vor einer solchen Tat „warnt", d. h. ihre Begehung durch einen in seiner Entscheidung von ihm unabhängigen Dritten ankündigt. *Vortäuschen* ist – gleichgültig, ob der Erfolg tatsächlich eintritt – jedes auf die Erregung oder Unterhaltung eines Irrtums berechnete Verhalten, wobei die positiven Fehlvorstellung des „Verunsicherung" durch die Vorstellung von der bloßen Möglichkeit, die Tat werde begangen, gleichstehen muß (vgl. dazu auch den Sachverhalt von BGH StV **99**, 377). Ein Vortäuschen wird nicht dadurch ausgeschlossen, daß ein der angekündigten Tat entsprechendes Delikt tatsächlich bevorsteht, sofern dieses nicht an demselben, räumlich eng begrenzten Ort begangen werden soll (in diesem Fall mag der Täter zwar vortäuschen wollen, iE aber handelt es sich um eine berechtigte Warnung [strafloser Versuch]; vgl. dazu auch Blei JA 75, 30, Stree NJW 76, 1180, Ostendorf AK 14). Daß die *Verwirklichung* der fraglichen Tat *bevorstehe,* wird vorgetäuscht, wenn der Täter den Eindruck erweckt, die angekündigte Tat befinde sich bereits in Ausführung oder sei unmittelbar oder jedenfalls in naher Zukunft zu befürchten (vgl. v. Bubnoff LK 13, Lackner/Kühl 3, Laufhütte MDR 76, 443, Stree NJW 76, 1180, Tröndle/Fischer 7; krit. M-Schroeder II⁶ 67); der Hinweis auf angebliche Planungen, deren Verwirklichung in weiter Ferne liegt, genügt daher nicht.

4. Das Androhen und Vortäuschen müssen **in einer Weise** geschehen, die **zur Störung des 7 öffentlichen Friedens geeignet** ist.

a) Bezogen auf die Situation des § 126 liegt eine **Störung des öffentlichen Friedens** (o. 1) nicht **8** erst vor, wenn es aufgrund der Drohung usw. tatsächlich zu Panikreaktionen, Taten wie den angedrohten oder gewalttätigen Gegenaktionen kommt, sondern schon dann, wenn einzelne Bevölkerungsteile oder jedenfalls eine nicht unbeträchtliche Personenmehrzahl in der Weise verunsichert werden, daß sie in dieser Rechtsgemeinschaft nicht mehr frei von Angst vor besonders gefährlichen Straftätern leben können, dies einschließlich potentieller Täter, die durch Schaffung eines entsprechenden Klimas zu Taten wie den angedrohten gebracht werden (vgl. auch BGH **34** 331 u. entsprechend zu § 140 BGH NJW **78**, 59, ferner zB v. Bubnoff LK 9, Lackner/Kühl 4). Richtet sich die angedrohte usw. Tat nur gegen eine oder mehrere bestimmte Personen, so müssen daher in größerer Zahl auch andere in ihrem Sicherheitsgefühl usw. beeinträchtigt werden, so wenn das konkrete Opfer allein wegen seiner Zugehörigkeit zu einer größeren Gruppe ausgesucht wurde, an seiner Stelle also auch ein anderer Angehöriger dieser Gruppe der Betroffene sein könnte (Rudolphi SK 7). Individualangriffe genügen hier – anders als bei dem Massedelikt des § 125 (vgl. dort RN 11) – nicht; für diese gilt § 241.

b) Zu einer tatsächlichen Störung braucht es nicht gekommen zu sein (BGH **34** 331). Vielmehr **9** genügt schon die bloße Eignung hierzu, wobei diese aber nicht nur nach dem Inhalt der Ankündigung, sondern auch nach den Umständen, unter denen sie erfolgt, zu bestimmen ist. Erforderlich ist daher die **konkrete Eignung** der Handlung zur Störung des öffentlichen Friedens (v. Bubnoff LK 9, Lackner/Kühl 4, Stree NJW 76, 1180; krit. zur Eignungsklausel jedoch Fischer GA 89, 454 f., Tröndle/Fischer 10). Dies bedeutet, daß unter Zugrundelegung aller gegenwärtig gegebenen – u. U. also auch erst ex post feststellbarer (and. Zieschang, Die Gefährdungsdelikte, 1994, 281) – Umstände aus der Sicht eines objektiven Betrachters die begründete Befürchtung bestehen muß, daß es nach dem voraussehbaren Geschehensablauf zu einer solchen Störung kommen kann (so im wesentlichen auch die Rspr.: zu § 126 vgl. BGH **34** 332 u. entsprechend zu § 130 dort RN 11, zu § 140 BGH NJW **78**, 59, Braunschweig NJW **78**, 2046, zu § 166 dort RN 12; vgl. ferner zB v. Bubnoff LK 9, Lackner/Kühl 4 u. iE weitgehend auch Hoyer aaO 140 ff.). Im Hinblick auf den *Deliktscharakter* umstritten ist – Entsprechendes gilt für die §§ 130, 140 Nr. 2, 166 –, ob § 126 deshalb ein konkretes Friedensgefährdungsdelikt ist (so Gallas, Heinitz-FS 181 f., Rudolphi SK 7, Zipf NJW 69, 1944 sowie zu § 166 Dippel LK¹⁰ 34, Herzog NK 1, 16; and. die h. M., zB BGH **16** 56, Hamburg MDR **81**, 71, Koblenz MDR **77**, 334 [zu § 130], v. Bubnoff LK 9, § 130 RN 4, 13, Fischer GA 89, 453, Tröndle/Fischer 9, § 130 RN 2, Hirsch, A. Kaufmann-FS 562, Hoyer aaO 135 ff., Lackner/Kühl 4, Ostendorf AK 16, Otto II 319, Wehinger aaO [o. 1] 100; vgl. auch Beck, Unrechtsbegründung u. Vorfeldkriminalisierung [1992], 190). Gegen ein konkretes Gefährdungsdelikt spricht außer der Entstehungsgeschichte der Eignungsklausel (vgl. die Nachw. b. Ostendorf aaO) vor allem der Umstand, daß ein Gefahrerfolg, wie er bei den konkreten Gefährdungsdelikten iS einer „effektiven Betroffenheit" (Hoyer aaO 136) notwendig ist, trotz der hier gebotenen konkreten Betrachtungsweise fehlen kann, wobei im übrigen wegen der Besonderheit des Rechtsguts auch zu fragen wäre, ob ein solcher, wenn er eintritt und festgestellt (!) werden kann, nicht bereits die Qualität einer Störung des öffentlichen Friedens hätte. Andererseits handelt es sich bei § 126 aber auch nicht lediglich um ein

§ 127 1

abstraktes Gefährdungsdelikt (so aber zB Ostendorf aaO, Otto aaO), weil die Eignungsklausel nicht nur, wie dies bei den nur typischerweise gefährlichen Verhaltensweisen eines abstrakten Gefährdungsdelikts der Fall wäre, solche Handlungen ausschließt, die nachgewiesenermaßen von vornherein ungeeignet sind, vielmehr macht sie umgekehrt den Nachweis der konkreten Eignung notwendig. Der Tatbestand des § 126 – dasselbe gilt für die §§ 130, 140 I Nr. 2, 166 – nimmt damit eine Zwischenstellung zwischen den konkreten und abstrakten Gefährdungsdelikten ein (vgl. auch Fischer GA 89, 446), weshalb hier vielfach auch – zT allerdings mit unterschiedlicher Bedeutung – von einem „abstrakt-konkreten Gefährdungsdelikt" (Schröder JZ 67, 522, ZStW 81, 18 ff.), von einem „potentiellen Gefährdungsdelikt" (v. Bubnoff LK 2, Fischer aaO 447, Tröndle/Fischer 9, § 130 RN 2, Lackner/Kühl 4) oder von einem „konkretem Gefährlichkeitsdelikt" (Hirsch aaO, Zieschang aaO 281) gesprochen wird. Dabei geht es in der Sache darum, daß den fraglichen Handlungen nach den konkreten Umständen zwar eine entsprechende Erfolgsgefahr innewohnen muß, daß es aber zu einem Gefährdungserfolg iS des Eintritts einer konkreten Gefahr für den öffentlichen Frieden nicht zu kommen braucht (vgl. näher zum Ganzen auch Hoyer aaO 134 ff., Zieschang aaO 275 ff.). Im einzelnen bedeutet dies:

10 α) Bezüglich des *Inhalts* und der *Art und Weise des Androhens* usw. genügt es, wenn dieses vernünftigerweise – also nicht nur bei überängstlichen Gemütern (vgl. Lauffhütte MDR 76, 442) – die Besorgnis rechtfertigt, daß die angekündigte Tat begangen werden könnte. Plumpe und deshalb sofort durchschaubare Täuschungen oder sonstige von vornherein nicht ernstzunehmende Ankündigungen einer Tat nach Abs. 1 fallen daher nicht unter § 126, und zwar auch dann nicht, wenn der Täter davon ausgegangen sein sollte, daß sie ernstgenommen werden könnten (vgl. auch v. Bubnoff LK 9).

11 β) Bezüglich des *Kreises der Adressaten* der Drohung usw. besitzt diese die erforderliche Eignung zunächst immer dann, wenn sie öffentlich erfolgt ist, ebenso idR bei Zuschriften an Zeitungsredaktionen (BGH 29 27 [zu § 130], 34 332; zu Veröffentlichungen im Internet vgl. Nürnberg NStZ-RR 99, 241 zu § 166). Aber auch das Handeln gegenüber einem einzelnen genügt dann, wenn nach den konkreten Umständen mit dem Bekanntwerden in Teilen der Bevölkerung oder jedenfalls in einer größeren, individuell nicht mehr überschaubaren Personengruppe zu rechnen ist (vgl. BGH aaO, ferner zB Nürnberg aaO, v. Bubnoff LK 10, Lackner/Kühl 4, Lauffhütte MDR 76, 427, M-Maiwald II 119, Rudolphi SK 4, 7, aber auch Tröndle/Fischer 10). Zu verneinen ist dies deshalb, wenn Adressat der Drohung staatliche Organe sind, bei denen zwar mit Präventivmaßnahmen, zugleich aber mit Diskretion zu rechnen ist, um diese nicht zu gefährden (vgl. BGH 34 329; v. Bubnoff LK 9: Bombendrohungen gegenüber der Bundesbahn).

12 **III. Der subjektive Tatbestand** verlangt Vorsatz, wobei *im Fall des Abs. 1* bedingter Vorsatz in jeder Hinsicht genügt. Dagegen muß bei der Tat *nach Abs. 2* das Vortäuschen wider besseres Wissen erfolgen (über die Gründe vgl. BT-Drs. 7/3030 S. 7, Lauffhütte MDR 76, 413); im übrigen reicht jedoch auch hier bedingter Vorsatz aus. Der Täter muß deshalb bei Abs. 2 zwar die sichere Kenntnis haben, daß die behauptete Tat iS des Abs. 1 nicht bevorsteht; hinsichtlich der friedensstörenden Eignung braucht er aber auch hier lediglich mit Eventualvorsatz zu handeln (vgl. zB auch Rudolphi SK 8). In beiden Fällen des § 126 ist daher auch eine als Scherz gedachte, aber nicht ohne weiteres als solcher erkennbare Ankündigung einer Tat nach Abs. 1 strafbar, wenn der Täter mit der Möglichkeit rechnet, daß seine Drohung ernstgenommen werden könnte, ihm dies aber letztlich gleichgültig ist (vgl. § 15 RN 84, v. Bubnoff LK 11). Dasselbe gilt bei einer nur gegenüber einer bestimmten Person gemachten Ankündigung bezüglich des Gelangens in die Öffentlichkeit (v. Bubnoff aaO, Rudolphi SK 8). Nicht erforderlich ist die richtige Subsumtion des angedrohten usw. Verhaltens unter die in Abs. 1 genannten Tatbestände. Insoweit genügt es, daß der Täter den materiellen Unrechtsgehalt der fraglichen Tat in seiner Bedeutung erfaßt hat (vgl. v. Bubnoff aaO, Lackner/Kühl 5, Rudolphi SK 8; and. BGH 17 309 zu § 241); auch hier ist dann allerdings bei Unkenntnis des Verbots, eine Straftat dieser Art androhen usw., ein Verbotsirrtum möglich (vgl. M-Maiwald II 119).

13 **IV. Vollendet** ist die Tat, wenn die Drohung usw. dem Adressaten zugegangen ist; bei öffentlichen Ankündigungen muß jedoch schon die bloße Entäußerung genügen, sofern nur die Möglichkeit der Kenntnisnahme durch Dritte besteht (vgl. v. Bubnoff LK 16).

14 **V. Idealkonkurrenz** ist möglich zwischen Abs. 1 und §§ 125 (vgl. dort RN 32), 145, 240, 241 I, 255 (zu § 255 iVm § 23 vgl. BGH StV 99, 377) ferner zwischen Abs. 2 und §§ 145, 145 d, 241 II.

§ 127 Bildung bewaffneter Gruppen

Wer unbefugt eine Gruppe, die über Waffen oder andere gefährliche Werkzeuge verfügt, bildet oder befehligt oder wer sich einer solchen Gruppe anschließt, sie mit Waffen oder Geld versorgt oder sonst unterstützt, wird mit Freiheitsstrafe bis zu zwei Jahren oder mit Geldstrafe bestraft.

Vorbem. Neugefaßt durch das 6. StrRG v. 26. 1. 1998, BGBl. I 164.

1 **I. Neufassung und Rechtsgut.** Die Neufassung der im E 1962 S. 462 für entbehrlich gehaltenen Vorschrift (vgl. dazu BT-Drs. 13/8587 S. 28) sollte vor allem den gesetzlichen Sprachgebrauch modernisieren und bei der aF aufgetretene Auslegungsschwierigkeiten beseitigen (BT-Drs. aaO). Tatsächlich

aber sind die Änderungen keineswegs nur terminologischer Art – die Ersetzung des „bewaffneten Haufens" und der „gesammelten Mannschaft" der aF durch die „Gruppe, die über Waffen oder andere gefährliche Werkzeuge verfügt", ist zugleich eine erhebliche inhaltliche Erweiterung (s. u. 2) – und auch die bisherigen Interpretationsprobleme sind lediglich durch neue ersetzt. Nicht in das Gesetz aufgenommen wurde das für die bewaffnete Gruppe ursprünglich vorgesehene Merkmal der Eignung, den öffentlichen Frieden zu stören, womit zB Schützenvereine ausgenommen werden sollten (vgl. BT-Drs. 13/8587 S. 28, 80; 13/64 S. 9). – Die Tat ist ein abstraktes Gefährdungsdelikt (vgl. 129 vor § 13). Geschütztes Rechtsgut ist ebenso wie nach der aF der innere Rechtsfrieden bzw. die öffentliche Sicherheit, im Hinblick auf die bereits die bloße Existenz bewaffneter und illegale Zwecke verfolgender Gruppen ein besonderes Gefahrenpotential bedeutet (vgl. zB auch Lackner/Kühl 1, Rudolphi SK 1, Tröndle/Fischer 1 u. zur aF v. Bubnoff LK 2, M-Maiwald II 89; and. Otto II 458, Ostendorf AK 3: interne Staatsgewalt bzw. das staatliche Machtmonopol). Daneben wird wie schon zur aF vielfach auch die Wehrhoheit des Bundes und dessen Interesse an der Wahrung seiner Neutralität in kriegerischen Auseinandersetzungen anderer Staaten genannt (vgl. die Nachw. o.). Bei § 127 aF, der schon nach seiner Terminologie vor allem auf paramilitärische und militärähnliche Organisationen zugeschnitten war, konnte darin in der Tat ein weiteres Schutzgut gesehen werden und auch der jetzt benutzte Begriff der Gruppe wäre für ein solches durchaus offen. Unter den politischen Verhältnissen der Gegenwart und gemessen am Anwendungsbereich der Vorschrift im übrigen dürfte dieser Aspekt heute jedoch nur noch von untergeordneter Bedeutung sein.

II. Der **objektive Tatbestand** enthält vier Alternativen, deren gemeinsames Merkmal eine **Gruppe** ist, die über **Waffen** oder **andere gefährliche Werkzeuge** verfügt. Unter einer *Gruppe* ist ebenso wie in § 88 (vgl. dort RN 15) ein Zusammenschluß mehrerer Personen zu einem gemeinsamen Zweck zu verstehen. Über den „bewaffneten Haufen" und die „gesammelte Mannschaft" des § 127 aF (vgl. dazu 25. A. RN 3, 6) geht der Begriff der Gruppe damit weit hinaus, ebenso aber auch über den der „Vereinigung" iS der §§ 129, 129 a und der „Bande" (zB § 244 I Nr. 2). Seinem Wortsinn nach würden dafür zahlenmäßig schon drei Personen genügen, auch wäre danach weder ein räumliches Zusammensein noch ein Mindestmaß an Organisation erforderlich. Daß eine über das gesamte Bundesgebiet verteilte Dreiergruppe mit Waffen, gleichgültig, wie sie im übrigen beschaffen sein mag, noch keine Gruppe iS des § 227 sein kann, sollte jedoch selbstverständlich sein. Notwendig ist es deshalb, schon den Begriff der Gruppe unter Schutzzweckgesichtspunkten so zu bestimmen, daß es nur noch von der Ausrüstung mit Waffen usw. (s. u.) und dem verfolgten Zweck (vgl. u. 3) abhängt, ob der fragliche Zusammenschluß für den inneren Rechtsfrieden bereits ein meßbares und ins Gewicht fallendes Gefahrenpotential darstellt. Was die erforderliche Größe betrifft, so können zahlenmäßig zwar schon drei Personen genügen, dies aber nur unter der Voraussetzung eines räumlichen Zusammenseins (zB mit Molotowcocktails ausgestattete Dreiergruppe, die es auf Asylantenheime abgesehen hat; generell für drei Personen als Mindestzahl jedoch BT-Drs. 13/8587 S. 57, 13/9064 S. 9; and. noch BT-Drs. 13/8587 S. 28 u. and. zB auch Rudolphi SK 2). Bei Fehlen einer räumlichen Zusammenfassung muß die Zahl dagegen deutlich größer sein. Andererseits ist in diesem Fall zwar keine „militärische oder militärähnliche Organisation mit Befehls- und Kommandostrukturen" erforderlich (so generell jedoch Tröndle/Fischer 2), wohl aber jedenfalls ein gewisses Maß an Organisation, während bei einer räumlichen Vereinigung – dies i.U. zur Vereinigung iS der §§ 129, 129 a – auch ein ganz loser Zusammenschluß ohne besondere Organisationsform genügt. Weder dem Wortsinn noch nach der ratio legis erforderlich ist für eine Gruppe, daß sie auf Dauer oder für längere Zeit angelegt ist, vielmehr kann der gemeinsam verfolgte Zweck auch in einer einmaligen Aktion bestehen. Unter die Vorschrift können daher auch ad-hoc-Gruppen nach bloßen Absprachen eines gemeinsamen Handelns fallen (vgl. aber auch Tröndle/Fischer 2), so zB vom Sportplatz kommende und mit Baseballschlägern ausgerüstete Jugendliche, die sich zusammentun, um den Urlaubern auf einem Zeltplatz einen „Besuch abzustatten". – Hinzu kommen muß, daß die Gruppe über *Waffen* oder – dies i.U. zur aF – *andere gefährliche Werkzeuge* (vgl. dazu § 244 I RN 4 f.) *verfügt,* wobei es gleichgültig ist, ob sich die Waffen usw. im ständigen Einzelbesitz der Mitglieder befinden oder im Gesamtbesitz der Gruppe, um im Einzelfall an die Mitglieder ausgegeben zu werden. Erforderlich ist nach dem Grundgedanken der Vorschrift jedoch, daß nach Art und Gefährlichkeit der Waffen usw. und der Zahl der Gruppenmitglieder, die mit solchen versehen sind oder ausgestattet werden können, die Bewaffnung als ein wesentliches Merkmal der Gruppe erscheint (vgl. auch Tröndle/Fischer 2). Zu verlangen ist nach dem Schutzzweck außerdem die jedenfalls latente Bereitschaft, die Waffen usw. gegen andere ggf. auch einzusetzen. Daran fehlt es zB bei Jagd- und Schützenvereinen, die aus diesem Grund schon keine bewaffneten Gruppen iS des § 127 sind (vgl. auch Rudolphi SK 3) und bei denen deshalb nicht erst das Merkmal „unbefugt" zu verneinen ist (so aber BT-Drs. 13/9064 S. 9).

1. Tathandlung ist zunächst das **unbefugte Bilden** einer solchen Gruppe. Das *Bilden* kann einmal darin bestehen, daß der Täter – dies jeweils in der erforderlichen Anzahl – mit Waffen usw. ausgerüstete Personen zusammenführt oder daß er einer bereits zusammengebrachten Gruppe von Personen Waffen usw. zur Verfügung stellt (vgl. zB v. Bubnoff LK 4, Lackner/Kühl 2, Rudolphi SK 4, Tröndle/Fischer 2), wobei hier nicht notwendig ist, daß das Bilden der Gruppe seine Fortsetzung in der Zugehörigkeit zu dieser findet. Möglich ist aber auch ein mittäterschaftliches Bilden durch die späteren Gruppenmitglieder. – In Bedeutung und Inhalt nicht ohne weiteres zu erkennen ist dagegen das der aF entnommene zusätzliche Merkmal eines *unbefugten* Bildens der Gruppe, das in BT-Drs. 13/

9064 S. 9 als „das entscheidende Kriterium" bezeichnet wird, „um unbedenkliche Personenmehrheiten" auszuschließen (zu der dort als Beispiel genannten Schützengesellschaft vgl. jedoch o. 2). Die hier bei § 127 aF vielfach gebräuchliche Umschreibung als „rechtlich unerlaubt", so „wenn das Handeln nicht durch die nach Bundes- oder Landesrecht zuständigen Stellen gebilligt oder sonst aufgrund völkerrechtlicher Regeln gerechtfertigt ist" (v. Bubnoff LK 7), ist auf die aF und die dort im Mittelpunkt stehenden paramilitärischen oder militärähnlichen Organisationen zugeschnitten und für die nF mit ihrem neutralen und viel umfassenderen Begriff der Gruppe unergiebig. Soll die Vorschrift im Hinblick auf diese Erweiterung einen vernünftigen Sinn bekommen, so kann das maßgebliche Kriterium deshalb nur der Zweck sein, den die zu bildende Gruppe ggf. unter Einsatz von Waffen usw. verfolgen soll: Ist dieser ein ungesetzlicher – was nicht notwendig Straftaten sein müssen (zB nächtliches Heimsuchen von Wohnvierteln zur Verübung von ruhestörendem Lärm, § 117 OWiG) –, so ist auch das Bilden einer solchen Gruppe „unbefugt", nicht aber umgekehrt, wenn die Gruppe legalen Zwecken dient und dazu notfalls in den erlaubten Grenzen auch der Einsatz von Waffen usw. notwendig werden kann. Nicht „unbefugt", sondern erlaubt ist daher zB das Bilden einer mit Schlagstöcken ausgerüsteten Gruppe, die es übernimmt, in einem durch Überfälle und Einbrüche besonders gefährdeten Viertel für mehr Sicherheit zu sorgen. Dabei ist das verbrechenssystematisch in unterschiedlichem Sinn gebrauchte Merkmal „unbefugt" (s. 65 vor § 13) hier nicht erst das allgemeine Deliktsmerkmal der Rechtswidrigkeit (so aber zB v. Bubnoff LK 7, Rudolphi SK 8), vielmehr dient es bereits der Begrenzung des Tatbestands (tatbestandsmäßig wäre andernfalls zB auch das Zusammenstellen eines Einsatzkommandos bewaffneter Polizeibeamter).

4 2. Sprachlich mißglückt ist die 2. Alt. des **unbefugten Befehligens** einer über Waffen usw. verfügenden Gruppe: Es geht hier selbstverständlich nicht um die Anmaßung oder Überschreitung von Befehlsbefugnissen (vgl. für Soldaten § 38 WStG), in der Sache gemeint ist vielmehr das Befehligen einer unbefugt gebildeten Gruppe in dem o. 3 genannten Sinn. Der § 127 aF entnommene und dort auf paramilitärische und militärähnliche Organisationen zugeschnittene Begriff des Befehligens ist, bezogen auf die jetzt genannten Gruppen, in einem untechnischen Sinn zu verstehen: „Befehlender" ist danach derjenige, der in der Gruppe „das Sagen hat" und dem sich die anderen unterordnen. Anders als das Bilden setzt das Befehligen voraus, daß der Betreffende zugleich Mitglied der Gruppe ist. Befehlende können auch Unterführer sein, dies aber nur, wenn der ihnen unterstellte Teil der Gruppe organisatorisch weitgehend verselbständigt und damit als eigene Gruppe anzusehen ist (vgl. Lackner/Kühl 2, Rudolphi SK 5, Tröndle/Fischer 2).

5 3. Im Unterschied zu § 127 II aF, der dafür eine geringere Strafe vorgesehen hatte, ist das **Anschließen an eine solche Gruppe** nach der nF eine dem Bilden und Befehligen tatbestandsmäßig gleichwertige Tathandlung (womit die eigenständige Bedeutung des letzteren zweifelhaft wird; vgl. Tröndle/Fischer 3 und dazu auch u. 12). Dabei ist die Gruppe – nach dem Wortlaut („oder wer sich einer solchen Gruppe anschließt") keineswegs eindeutig – nicht schon dann eine „solche", wenn sie über Waffen usw. verfügt, vielmehr muß sie zugleich, wie oben 3 genannten Sinn „unbefugt" gebildet ist. *Sichanschließen* bedeutet die mitgliedschaftliche Eingliederung, ohne daß der Betreffende selbst bewaffnet usw. sein müßte (vgl. RG 30 392, 56 281, Lackner/Kühl 3). Ob es genügt, wenn das Sichanschließen erst zusammen mit dem Beitritt anderer zur Entstehung einer Gruppe führt (vgl. Rudolphi SK 6 u. entspr. zur aF RG GA Bd. 46, 35, v. Bubnoff LK 8), ist nicht mit dem Wortlaut, der eine „solche", d. h. bereits gebildete Gruppe voraussetzt, zumindest zweifelhaft. In Betracht kommt dann aber jedenfalls ein mittäterschaftliches Bilden aller Beteiligten (vgl. o. 3).

6 4. Tathandlung ist schließlich das **Versorgen** einer **solchen Gruppe** (o. 5) **mit Waffen** oder **Geld** oder – der Oberbegriff – ihre **sonstige Unterstützung**. *Unterstützen* bedeutet ebenso wie in §§ 129 I, 129a III das Fördern des Fortbestands der Gruppe oder der Verwirklichung ihrer Ziele durch einen außenstehenden Dritten, wobei es auch hier eine die Unterschiede zwischen Täterschaft und Teilnahme verwischende Verallgemeinerung ist, wenn das Unterstützen pauschal als eine zur Täterschaft verselbständigte Beihilfe angesehen wird (so aber BT-Drs. 13/8587 S. 28, Lackner/Kühl 3; vgl. dazu und zu den Einzelheiten § 129 RN 15 sowie u. 10). Das *Versorgen mit Waffen* oder *Geld* ist nur ein Unterfall des Unterstützens („sonst"). Daß hier nur von Waffen, nicht aber von den kurz zuvor ebenfalls genannten anderen gefährlichen Werkzeugen die Rede ist und daß dies sprachlich ungeachtet des „sonst" als ein argumentum e contrario ins Feld geführt werden könnte, ist eine Nachlässigkeit des Gesetzgebers (vgl. auch Tröndle/Fischer 4: „sprachliche mißglückt"). In der Sache allerdings kann nicht zweifelhaft sein, daß auch das Versorgen mit anderen gefährlichen Werkzeugen als ein „sonst Unterstützen" hierher gehört (vgl. auch Rudolphi SK 7). Versorgen ist das entgeltliche oder unentgeltliche, auch nur einmalige oder zeitlich begrenzte Zurverfügungstellen von Waffen usw. (vgl. Tröndle/Fischer 4). Da die Gruppe bereits bewaffnet sein muß („solche"), kann es hier nur um das Versehen mit weiteren oder besseren Waffen gehen – Entsprechendes gilt für andere gefährliche Werkzeuge –, nicht dagegen um das Überlassen von Waffen an den Täter der 1. Alt., der mit diesen die bewaffnete Gruppe erst bildet und wo deshalb, von einer Mittäterschaft abgesehen, nur eine Teilnahme daran möglich ist (and. Fischer/Tröndle 4). Ein Unterstützen durch Versorgen mit Geld ist auch das Gewähren eines entsprechenden Kredits, ferner zB die Zahlung von sog. Schutzgeldern, eine Geldspende jedoch nur, wenn sie mehr als eine quantité négligeable ist (vgl. auch Tröndle/Fischer 4).

III. Für den **subjektiven Tatbestand** genügt grundsätzlich bedingter Vorsatz (vgl. Lackner/Kühl 7 4, Rudolphi SK 9, Tröndle/Fischer 6). Dies gilt uneingeschränkt bezüglich der Umstände, welche die Gruppe zu seiner solchen iS des § 127 machen, ohne daß der Täter deswegen aber Einzelheiten über die von der Gruppe verfolgten Ziele kennen müßte (vgl. entspr. zu § 129 dort RN 16). Dagegen ist beim Bilden, was dessen Erfolg in Gestalt des Zusammenbringens erforderlichen Zahl von Mitgliedern betrifft, der Natur der Sache entsprechend wohl nur Absicht iS von zielgerichtetem Handeln denkbar (vgl. zum Gründen in § 129 dort RN 16). Ebenso ist ein Befehligen nur mit dem Ziel einer entsprechenden Befolgung möglich.

IV. Rechtswidrigkeit. Dazu, daß das Merkmal „unbefugt" bereits eine notwendige Tatbestands- 8 begrenzung ist, vgl. o. 3. Daneben dürften unzweifelhafte Fälle einer echten Rechtfertigung ebenso wie bei § 129 (vgl. dort RN 17) keine nennenswerte Bedeutung haben.

V. Vollendet ist das Bilden mit dem Zustandekommen einer über Waffen usw. verfügenden 9 Gruppe, das Befehligen nicht schon mit dem Erteilen von „Befehlen", sondern erst mit dem Erlangen einer Position, in der diese befolgt werden. Das Anschließen ist vollendet mit der Aufnahme in die Gruppe, das Unterstützen, wenn diese in den Genuß des damit verbundenen Nutzens gelangt ist, gleichgültig, ob sie davon dann auch Gebrauch macht. Bis dahin liegt jeweils strafloser Versuch vor. Zur Möglichkeit einer tätigen Reue analog § 129 VI vgl. u. 12.

VI. Für die **Täterschaft und Teilnahme** gilt Entsprechendes wie bei § 129 (vgl. dort RN 24). 10 Auch hier ist deshalb zB eine Anstiftung oder Beihilfe zum Bilden der Gruppe möglich (dazu, daß dies als Unterstützen nicht erfaßbar ist, vgl. o. 6), und auch § 127 schließt das Unterstützen als eine zur Täterschaft verselbständigte Beihilfe eines Nichtmitglieds (vgl. BT-Drs. 13/8587 S. 28, Lackner/Kühl 3) nicht aus, daß es neben dem täterschaftlichen Unterstützen noch eine Anstiftung und Beihilfe – hier mit der Strafmilderung des § 27 – dazu gibt.

VII. Konkurrenzen: Idealkonkurrenz ist zB möglich mit §§ 52 a, 53 WaffenG, § 22 a KWKG, 11 ferner mit §§ 129, 129 a, wenn die Gruppe nach Zweck, Organisation und dem auf eine gewisse Dauer angelegten Zusammenschluß zugleich die Voraussetzungen einer kriminellen bzw. terroristischen Vereinigung erfüllt; umgekehrt sind solche Vereinigungen, wenn sie über Waffen usw. verfügen, immer zugleich eine Gruppe iS des § 127 (vgl. auch Lackner/Kühl 6, Tröndle/Fischer 9). Für das Bilden, Befehligen, Anschließen und für das mehrfache Unterstützen gilt Entsprechendes wie bei § 129, ebenso für das Verhältnis zu einer den Zwecken der Gruppe dienenden Straftat (vgl. dort RN 27).

VIII. Strafzumessung und – entspr. § 129 V, VI – **Absehen von Strafe**. Mit der Begründung, 12 daß der Anschluß an die Gruppe nicht anders zu bewerten sei als eine Unterstützung durch außenstehende Dritte und unter Hinweis auf die einheitliche Strafdrohung für das Unterstützen und die Beteiligung als Mitglied in § 129 (vgl. BT-Drs. 13/8587 S. 28), sieht § 127 nunmehr – i.U. zur aF bezüglich des Anschlusses – für alle Tatbestandsalternativen ein und denselben Strafrahmen vor. Daran, daß das bloße Anschließen an eine Gruppe und deren Unterstützung gegenüber dem Gründen und Befehligen – und nur insofern hat letzteres noch eine eigene Bedeutung (s. o. 5) – mit entsprechenden Konsequenzen bei der Strafzumessung von deutlich geringerem Gewicht sein können, ändert dies jedoch nichts. Darüber hinaus muß in diesen beiden Fällen analog § 129 V (vgl. dort RN 26) bei geringer Schuld und einer Mitwirkung von nur untergeordneter Bedeutung (zB Anschluß eines selbst unbewaffneten bloßen „Mitläufers", Unterstützen durch geringe Geldspenden) aber auch ein Absehen von Strafe möglich sein, hat doch das, was für § 129 gilt, seine Berechtigung erst recht bei § 127 mit seiner deutlich geringeren Strafdrohung (besonders deutlich bei Idealkonkurrenz beider Delikte, wo es völlig unverständlich wäre, könnte zwar bei § 129, nicht aber bei § 127 von Strafe abgesehen werden). Gleichfalls entsprechend anzuwenden ist bei § 127 – hier mit allen seinen Varianten – die Sonderregelung des § 129 VI mit der in den dort aufgeführten Fällen einer tätigen Reue vorgesehenen Straflosigkeit bzw. Möglichkeit des Absehens von Strafe (vgl. dazu § 129 RN 18 a ff.; gegenstandslos für § 127 ist dagegen die in § 129 VI gleichfalls enthaltene Strafmilderungsmöglichkeit). Daß nach dem Wortlaut des § 129 VI nur von einer Bestrafung „nach diesen Vorschriften" abgesehen werden kann, spricht angesichts der weitgehend übereinstimmenden Angriffsrichtung beider Delikte nicht gegen die Zulässigkeit einer Analogie. Geradezu zwingend ist eine solche vielmehr, wenn die Vereinigung des § 129, weil sie über Waffen verfügt, zugleich die Voraussetzungen des § 127 erfüllt: Beruht die Regelung des § 129 VI auf der kriminalpolitischen Erwägung, dem Täter einen Anreiz zu geben, die von der Vereinigung ausgehenden Gefahren zu beseitigen oder jedenfalls zu mindern, so würde eben dies durch eine drohende Bestrafung nach § 127 wieder zunichte gemacht, weil sich dann eine tätige Reue für den Täter nicht mehr „lohnen" würde. Gilt dies aber für das zusätzliche Gefahrenpotential, das eine bewaffnete kriminelle Vereinigung mit ihrer festgefügten Organisation darstellt, so muß § 129 VI über eine entsprechende Anwendung erst recht für nicht unter § 129 fallende Gruppen des § 127 offen sein, die trotz ihrer Bewaffnung vom Gesetz offensichtlich als ungefährlicher angesehen werden.

§ 128 [Geheimbündelei]; *aufgehoben durch das 8. StÄG vom 25. 6. 1968, BGBl. I 741.*

§ 129 Bildung krimineller Vereinigungen

(1) Wer eine Vereinigung gründet, deren Zwecke oder deren Tätigkeit darauf gerichtet sind, Straftaten zu begehen, oder wer sich an einer solchen Vereinigung als Mitglied beteiligt, für sie wirbt oder sie unterstützt, wird mit Freiheitsstrafe bis zu fünf Jahren oder mit Geldstrafe bestraft.

(2) Absatz 1 ist nicht anzuwenden,
1. wenn die Vereinigung eine politische Partei ist, die das Bundesverfassungsgericht nicht für verfassungswidrig erklärt hat,
2. wenn die Begehung von Straftaten nur ein Zweck oder eine Tätigkeit von untergeordneter Bedeutung ist oder
3. soweit die Zwecke oder die Tätigkeit der Vereinigung Straftaten nach den §§ 84 bis 87 betreffen.

(3) Der Versuch, eine in Absatz 1 bezeichnete Vereinigung zu gründen, ist strafbar.

(4) Gehört der Täter zu den Rädelsführern oder Hintermännern oder liegt sonst ein besonders schwerer Fall vor, so ist auf Freiheitsstrafe von sechs Monaten bis zu fünf Jahren zu erkennen.

(5) Das Gericht kann bei Beteiligten, deren Schuld gering und deren Mitwirkung von untergeordneter Bedeutung ist, von einer Bestrafung nach den Absätzen 1 und 3 absehen.

(6) Das Gericht kann die Strafe nach seinem Ermessen mildern (§ 49 Abs. 2) oder von einer Bestrafung nach diesen Vorschriften absehen, wenn der Täter
1. sich freiwillig und ernsthaft bemüht, das Fortbestehen der Vereinigung oder die Begehung einer ihren Zielen entsprechenden Straftat zu verhindern, oder
2. freiwillig sein Wissen so rechtzeitig einer Dienststelle offenbart, daß Straftaten, deren Planung er kennt, noch verhindert werden können;

erreicht der Täter sein Ziel, das Fortbestehen der Vereinigung zu verhindern, oder wird es ohne sein Bemühen erreicht, so wird er nicht bestraft.

Vorbem. Zum Außerkrafttreten der zunächst nur für § 129 a geschaffenen, durch das VerBekG v. 28. 10. 1994 (BGBl. I 3186) in Fällen der Organisierten Kriminalität auf § 129 erweiterten sog. Großen **Kronzeugenregelung** mit Ablauf des 31. 12. 1999 vgl. § 129 a Vorbem. sowie u. 28.

Schrifttum: Fezer, §§ 129, 129 a StGB und der strafprozessuale Tatbegriff, in: Rechtsdogmatik und Rechtspolitik, 1990, 125. – *Fleischer,* Verhältnis von Dauerdelikt und Einzelstraftaten, NJW 79, 1337. – *Fürst,* Grundlagen und Grenzen der §§ 129, 129 a, 1989. – *Giehring,* Politische Meinungsäußerung und die Tatmodalitäten des Werbens und der Unterstützung in den §§ 129, 129 a StGB, StV 83, 296. – *Grünwald,* Der Verbrauch der Strafklage bei Verurteilungen nach den §§ 129, 129 a StGB, Bockelmann-FS 737. – *Haberstrumpf,* Konkurrenzprobleme bei der Anwendung der §§ 129, 129 a, MDR 79, 977. – *Hohmann,* Zur eingeschränkten Anwendbarkeit von § 129 StGB auf Wirtschaftsdelikte, wistra 92, 85. – *Krehl,* § 129 als Auffangtatbestand bei der Verfolgung der sog. Regierungskriminalität in der früheren DDR?, DtZ 92, 113. – *Lampe,* Systemunrecht u. Unrechtssysteme, ZStW 106, 683. – *Langer-Stein,* Legitimation und Interpretation der strafrechtlichen Verbote krimineller und terroristischer Vereinigungen, 1987. – *Ostendorf,* Verteidigung am Scheideweg, JZ 79, 252. – *ders.,* Entwicklungen in der Rspr. zur „Bildung krimineller bzw. terroristischer Vereinigungen" usw., JA 80, 499. – *Rebmann,* Inhalt und Grenzen des Straftatbestands „Werben für eine terroristische Vereinigung" nach § 129 a StGB, NStZ 81, 457. – *ders.,* Strafverfolgung im Bereich terroristischer Publikationen, NStZ 89, 97. – *Rudolphi,* Verteidigerhandeln als Unterstützung einer kriminellen oder terroristischen Vereinigung iS der §§ 129 und 129 a StGB, Bruns-FS 315. – *ders.,* Notwendigkeit und Grenzen einer Vorverlagerung des Strafrechtsschutzes im Kampf gegen den Terrorismus, ZRP 79, 214. – *Scheiff,* Wann beginnt der Strafrechtsschutz gegen kriminelle Vereinigungen (§ 129 StGB)?, 1997. – *Werle,* Die Beteiligung an kriminellen Vereinigungen u. das Problem der Klammerwirkung, JR 79, 93. – *ders.,* Konkurrenz und Strafklageverbrauch bei der mitgliedschaftlichen Beteiligung an kriminellen oder terroristischen Vereinigungen, NJW 80, 2671.

Zu dem umfangreichen Schrifttum zu der früheren Kronzeugenregelung vgl. die 25. A. zu § 129 a.

I. Rechtsgut des § 129 ist der hier nach Zweck und Tätigkeiten der Vereinigung ausschließlich unter strafrechtlichen Vorzeichen stehende und insoweit zugleich die öffentliche Sicherheit mitumfassende öffentliche Frieden (vgl. § 126 RN 1), für den bereits die bloße Existenz krimineller Vereinigungen und die diesen innewohnende Eigendynamik ein Gefahrenpotential darstellt (abstraktes Gefährdungsdelikt; zum Rechtsgut vgl. auch § 294 E 62 [Straftat gegen den Gemeinschaftsfrieden], ferner – zT allerdings nur auf die öffentliche Sicherheit abstellend, wobei daneben gelegentlich auch noch die öffentliche Ordnung genannt wird – zB BGH **30** 331, **41** 53 m. Anm. Krehl JR 96, 208, Ostendorf JZ 95, 55 u. Schittenhelm NStZ 95, 343, NJW **75**, 985, Bay StV **98**, 266, Düsseldorf NJW **94**, 399, NStZ **98**, 249 m. Anm. Hofmann, v. Bubnoff LK 1, Gössel JR 83, 118, Lampe ZStW 106, 706, Lackner/Kühl 1, Lüttger CA 60, 54, Tröndle/Fischer 1 b; krit. zB Müssig, Schutz abstrakter Rechtsgüter usw. [1994] 14, 212). Das Rechtsgut nur in der öffentlichen Sicherheit zu sehen, wie dies zT geschieht, würde zB bei ausländerfeindlichen Organisationen zu Schwierigkeiten führen, zu deren Zwecke oder Tätigkeiten auch Straftaten nach § 130 gehören (vgl. auch u. 7 a). Zu eng ist es auch, wenn der Sinn des § 129 auf die Funktion eines Vorfeldtatbestandes zum Schutz der Rechtsgüter des Bes. Teils verkürzt wird (so aber Fürst aaO 68, Langer-Stein aaO 150 ff., Ostendorf AK 5, JZ 79, 253, Rudolphi SK 2, Bruns-FS 317 f., ZRP 79, 215 f., NStZ 82, 199, Scheiff aaO 25 ff.; vgl. auch BGH **28** 116, Bottke JR 85, 123, Giehring StV 83, 302 f., Hohmann wistra 92, 86, M-Maiwald II 401, F. C. Schroeder, Die Straftaten gegen das Strafrecht [1985] 27 ff.). Die erhöhte Gefährdung konkreter Rechtsgüter bereits im Vorbereitungsstadium mag zwar auch ein Aspekt des § 129 sein; völlig vernachlässigt wird von der „Vorverlagerungstheorie" aber, daß wegen der massierten Bedrohung der Allgemeinheit speziell durch die organisierte Kriminalität auch die in der bloßen Existenz krimineller Vereinigungen liegende Beeinträchtigung des allgemeinen Sicherheitsgefühls und damit des öffentlichen Friedens eine andere Qualität bekommt als bei deliktischen Einzelaktionen (vgl. auch v. Bubnoff LK 3, Lackner/Kühl 1; krit. Müssig 212). Daher wird das Gefährdungspotential einer kriminellen Vereinigung bereits mit ihrer Gründung und nicht erst mit dem Übergang zur kriminellen Zweckverwirklichung geschaffen (vgl. auch Lampe ZStW 106, 726; and. Beck, Unrechtsbegründung usw. [1992] 206). Erfaßt sind von § 129 sowohl politisch-kriminelle Untergrundorganisationen als auch andere, rein kriminelle Vereinigungen, soweit sie nicht auf Taten nach § 129 a angelegt sind (zur Bedeutung bei Serienstraftaten vgl. Fleischer NJW 1979, 248). Zwar war § 129 nach der Entstehungsgeschichte ursprünglich auf politische Vereinigungen ausgerichtet, dem Gesetz selbst ist jedoch eine solche – in der Sache ohnehin nicht einsichtige – Beschränkung nicht zu entnehmen (vgl. zB v. Bubnoff LK 5, 14, Lackner/Kühl 2; and. Hohmann wistra 92, 85), weshalb zB auch eine Vereinigung von Wirtschaftsstraftätern eine solche iS des § 129 sein kann (vgl. auch BGH **31** 204, wo dies aus anderen Gründen verneint wird u. näher v. Bubnoff aaO u. zur illegalen Arbeitnehmerüberlassung dort RN 20). Erledigt haben sollte sich in einer Zeit, in der die Organisierte Kriminalität zu einer großen Herausforderung geworden ist, auch der frühere Meinungsstreit (vgl. die Nachw. in der 25. A.) über die Berechtigung der Vorschrift (vgl. dazu jetzt auch die EU-Vorgaben u. 1 a; zum Begriff der Organisierten Kriminalität usw. vgl. v. Bubnoff LK 3 ff. vor § 129). Zur geschichtlichen Entwicklung vgl. Fürst aaO 16 ff. u. rechtsvergleichend Arzt, in: Schmid (Hrsg.), Einziehung – Organisiertes Verbrechen – Geldwäsche I, 1998, S. 300, Federle ZStW 110, 768 (zum US-amerikanischen Anti-Mafia-Ges.); zu den prozessualen Folgeregelungen vgl. u. a. §§ 100 a Nr. 1 c, 100 c I Nr. 2, 3 e, 110 a ff. StPO.

II. EU-Recht und kriminelle Vereinigungen. Derzeit noch nicht abzusehen sind Änderungen oder Erweiterungen der §§ 129, 129 a aufgrund von EU-Vorgaben (vgl. die Gemeinsame Maßnahme v. 21. 12. 1998 betr. die Strafbarkeit der Beteiligung an einer kriminellen Vereinigung in den Mitgliedstaaten der Europäischen Union, AmtsBl. EG 1998 L 351 S. 1) bzw. eines geplanten Übereinkommens der Vereinten Nationen gegen die organisierte Kriminalität (vgl. dazu den Gemeinsamen Standpunkt des EU-Rats v. 29. 3. 1999, AmtsBl. EG 1999 L 087 S. 1). Hintergrund dieser Gemeinsamen Maßnahme sind die Entwicklung und Schwere bestimmter Formen der organisierten Kriminalität, bei der eine verstärkte Zusammenarbeit zwischen den EU-Mitgliedstaaten insbes. im Hinblick auf folgende Straftaten für erforderlich gehalten wird: Drogenhandel, Menschenhandel, Terrorismus, illegaler Handel mit Kunstgegenständen, Geldwäsche, schwere Wirtschaftskriminalität, Erpressung sowie sonstige Gewalttaten gegen das Leben, die körperliche Unversehrtheit oder die Freiheit der Person oder Gewalttaten, die zu einer Gemeingefahr für Personen führen. Den in Art. 1, 2 der Gemeinsamen Maßnahme genannten Anforderungen an eine Tatbestandsbildung dürften die §§ 129, 129 a weitgehend entsprechen. Mit Art. 3 nicht mehr vereinbar ist dagegen die den Anwendungsbereich der §§ 129, 129 a begrenzende Auslegung iS eines organisatorischen Inlandsbezugs von ausländischen Vereinigungen (vgl. u. 4 a u. für eine punktuelle Erweiterung auch schon v. Bubnoff LK 6 ff. vor § 129). Auch wäre dem Auftrag, dafür Sorge zu tragen, „daß juristische Personen für ihr(!) unter Art. 2 fallendes Verhalten strafrechtlich oder auf sonstige Weise verantwortlich gemacht" und gegen sie „wirksame, verhältnismäßige und abschreckende Sanktionen, auch Vermögenssanktionen und sonstige Sanktionen wirtschaftlicher Art verhängt werden können" (Art. 3), mit § 30 OWiG, §§ 73 III, 75 usw. dann nicht hinreichend Rechnung getragen, wenn der juristischen Person nicht nur die Handlungen ihrer Organe, sondern aller für sie tätigen Personen zuzurechnen wären, wie dies im Bußgeldrecht der EG der Fall ist (vgl. dazu Dannecker in Eser/Huber, Strafrechtsentwicklung in Europa 4, Teil 3, 1995, S. 2055).

III. Der **objektive Tatbestand** besteht nach **Abs. 1** im Gründen einer kriminellen Vereinigung, in der Beteiligung als Mitglied, im Werben für eine solche Vereinigung oder in ihrer Unterstützung.

1. Allen Begehungsmodalitäten gemeinsam ist, daß sie sich auf eine **Vereinigung** beziehen, deren **Zwecke oder Tätigkeit auf die Begehung von Straftaten gerichtet** sind. Im Unterschied zur bloßen „Bande" (zB §§ 244 I Nr. 2, 250 I Nr. 2) sind damit nur Organisationen erfaßt, die wegen der ihnen innewohnenden gruppenspezifischen Eigendynamik und wegen ihrer auf die Begehung von Straftaten angelegten inneren Struktur besonders gefährlich sind (vgl. zB BGH **31** 207, **41** 51 m. Anm. Krehl JR 96, 208, Ostendorf JZ 96, 55 u. Schittenhelm NStZ 95, 343, Düsseldorf NJW **94**, 399, v. Bubnoff LK 25 f., Rudolphi JR 84, 33). Ausdrücklich ausgeschlossen sind jedoch die in Abs. 2 genannten Vereinigungen (u. 8 ff.), wobei es iE ohne Bedeutung ist, ob die Einschränkung, daß die geplanten bzw. begangenen Taten eine erhebliche Gefahr für den öffentlichen Frieden bzw. die öffentliche Sicherheit bedeuten müssen, schon aus der ratio legis des Abs. 1 oder erst aus Abs. 2 Nr. 2 folgt (vgl. u. 6, 10).

§ 129 4–6

4 a) **Vereinigung** ist nach h. M. der auf eine gewisse Dauer berechnete organisatorische Zusammenschluß einer Anzahl von Personen – nach der Rspr. u. Art. 1 der o. 1 a genannten EU-Vorgaben mindestens drei (krit. Rudolphi, Bruns-FS 320) –, die bei Unterordnung des Willens des einzelnen unter den Willen der Gesamtheit gemeinsame Zwecke verfolgen und unter sich derart in Beziehung stehen, daß sie sich untereinander als einheitlicher Verband fühlen (BGH **10** 16, **28** 147, **31** 204 f., NJW **66**, 311, **75**, 985, **78** 433, **92**, 1518, **99**, 1878, NStZ **99**, 504, BGHR Gruppenwille 2, Bay StV **98**, 266, Düsseldorf NJW **94**, 399, Koblenz NStE **Nr. 1**, Köln NStE **Nr. 2**, v. Bubnoff LK 9 ff., Lackner/Kühl 2, Rudolphi aaO 319 f., JR 84, 33, SK 6, Tröndle/Fischer 3 u. näher Scheiff aaO 31 ff.; vgl. auch § 85 RN 8). Zwar kann die Gefährlichkeit einer Vereinigung durch den Einsatz von Sachmitteln (Geld, illegale Waren) zur Verfolgung krimineller Zwecke bedingt sein, da dies jedoch nicht notwendig der Fall ist, kommt es für den Begriff der Vereinigung hierauf nicht an (and. Lampe aaO 696). Im einzelnen ist demnach erforderlich: 1. der auf eine gewisse Dauer angelegte und zu einem gemeinsamen Zweck erfolgte Zusammenschluß mit fester Zugehörigkeit der daran Beteiligten, die deshalb auch klar abgrenzbar sein müssen (schon deshalb ist eine zum Widerstand entschlossene, aber personell fluktuierende Gruppe von „Hausbesetzern" keine Vereinigung, vgl. BGH **31** 242, v. Bubnoff LK 17); 2. das Vorhandensein von für alle Mitglieder verbindlichen Regeln über die Willensbildung – gleichgültig, ob diese nach dem Gruppenwillen auf dem Prinzip von Befehl und Gehorsam oder auf dem Demokratieprinzip beruhen – und die tatsächliche Unterwerfung der einzelnen Mitglieder unter eine solchermaßen gebildeten Gesamtwillen (vgl. BGH **31** 239 m. Anm. Rudolphi JR 84, 32; ausgeschlossen sind damit – obwohl nach dem Wort- u. Gesetzessinn keineswegs zwingend – Gruppierungen, deren Mitglieder sich jeweils nur für sich der vom Gruppenwillen nicht abgeleiteten autoritären Führung einer bestimmten Person unterwerfen; vgl. zB BGH NJW **92**, 1519, v. Bubnoff LK 11); 3. ein Mindestmaß an festgefügter Organisation; daß die Beteiligten ohne eine solche nur der gemeinsame Wille zur Begehung bestimmter Straftaten verbindet, genügt deshalb nicht, auch wenn einer von ihnen der Anführer ist (vgl. BGH **31** 205, NJW **92**, 1518, NStZ **82**, 68, MDR/H **77**, 282, Köln NStE **Nr. 2**, LG Berlin wistra **85**, 241). Darin besteht auch der Unterschied zur Bande (vgl. BGH **31** 205, § 244 RN 23 ff.) und zur Gruppe (vgl. § 127 RN 2): Zwar ist eine kriminelle Vereinigung immer zugleich eine Gruppe (die deshalb, wenn sie bewaffnet ist, auch unter § 127 fällt), nicht aber umgekehrt. Liegen die genannten Voraussetzungen vor, so hört bei fortbestehenden Kontaktmöglichkeiten eine Vereinigung dagegen nicht deshalb auf, eine solche zu sein, weil ihre Mitglieder ganz oder zT inhaftiert sind (vgl. Hamburg JZ **79**, 275, v. Bubnoff LK 34 u. näher Rudolphi, Bruns-FS 322 ff.). Nicht notwendig ist, daß die Organisation rechtswirksam verboten oder verfassungsfeindlich ist (BGH GA/W **60**, 230).

4 a Die Vereinigung muß nach dem zZ noch geltenden Recht (vgl. aber auch o. 1 a) grundsätzlich (zur Ausnahme s. u.) **zumindest eine Teilorganisation im Bundesgebiet** unterhalten (BGH **30** 328 m. Anm. Rudolphi NStZ 82, 198, NJW **66**, 310, **99**, 1878, MDR/S **79**, 708, **81**, 974, **83**, 2 u. zur Arbeiterpartei Kurdistans – PKK – Bay NStZ-RR **97**, 251, Celle NdsRpfl. **98**, 50; vgl. ferner zB v. Bubnoff LK 28 ff., Lackner/Kühl 2, Rebmann DRiZ 79, 364 f., Tröndle/Fischer 2, Wagner MDR 66, 19). Anwendbar ist § 129 deshalb zwar auch auf eine im Inland bestehende Ausländerorganisation (vgl. dazu BGH MDR/S **88**, 356), nicht aber auf Vereinigungen, die ausschließlich im Ausland bestehen, da diese nicht – was § 129 voraussetzt – durch inländisches Recht verboten werden können (vgl. § 18 VereinsG, BGH **20** 164). Obwohl der öffentliche Frieden hier durchaus gefährdet sein kann, gilt dies selbst dann, wenn der Zweck der Vereinigung auf die Begehung von Straftaten im Inland gerichtet ist und ihre Mitglieder vorwiegend Deutsche sind (BGH **30** 328; and. Langer-Stein aaO 222 f., M-Maiwald II 44, Rudolphi, Bruns-FS 318 f., NStZ 82, 198, SK 13). Eine mit den Besonderheiten der Rauschgiftkriminalität begründete (vgl. BT-Drs. 12/989 S. 31) Ausnahme von diesem Inlandserfordernis gilt seit dem OrgKG zZ lediglich für den unbefugten Vertrieb von Betäubungsmitteln iS des § 6 Nr. 5 (vgl. dort RN 6) dienenden Vereinigungen, bei denen jetzt gem. § 30 b BtMG ausländische Organisationen voll in § 129 einbezogen sind (zu dem weitergehenden Reformbedarf vgl. v. Bubnoff LK 6 ff. und zur Frage des § 129 und zu den EU-Vorgaben o. 1 a). Unberührt bleibt ferner § 9, wonach die Tathandlungen des § 129 auch im Ausland begangen sein können, wenn deren Erfolg bei einer im Inland bestehenden (Teil-)Organisation eintritt (vgl. dazu auch BGH **20** 51, 164); § 91 gilt hier nicht. Zur Frage der – dort verneinten – Anwendbarkeit des § 129 auf Angehörige des MfS und anderer Organe der ehemaligen DDR vgl. Krehl aaO 113, K. Weber GA 93, 199.

5 b) Die Vereinigung muß eine solche sein, deren **Zwecke oder Tätigkeit** auf die Begehung von – dem organisatorischen Zusammenschluß zeitlich nachfolgenden und nicht schon in dessen Aufrechterhalten bestehenden – **Straftaten gerichtet** sind.

6 α) *Straftaten* iS des § 129 sind grundsätzlich alle nicht bereits mit dem organisatorischen Zusammenschluß und mit dessen Aufrechterhalten (o. 5) begangenen Delikte (vgl. zB BGH **41** 50 m. Anm. Krehl JR 96, 208, Ostendorf JZ 96, 55 u. Schittenhelm NStZ 95, 343, Bay StV **98**, 266, Rudolphi SK 7; zu §§ 111, 130 ff., 140 vgl. o. 1, u. 7 a). Bloße Bagatelldelikte, selbst wenn sie in großer Zahl begangen werden, genügen nach dem Schutzzweck der Vorschrift jedoch nicht. Erforderlich ist nach diesem vielmehr immer – und mit dieser Einschränkung ist bereits Abs. 1 zu verstehen, während andernfalls Abs. 2 Nr. 2 extensiv zu interpretieren wäre (vgl. u. 10) –, daß die Straftaten, auf deren Begehung die Zwecke oder die Tätigkeit der Vereinigung gerichtet sind, „eine erhebliche Gefahr für die öffentliche Sicherheit bedeuten und somit unter diesem Blickwinkel von einigem Gewicht sind"

(BGH aaO 47, 51 m. Anm. wie o., NJW **95**, 3396; vgl. auch schon BGH **31** 207, NStZ **82**, 68, ferner zB Bay StV **98**, 266, Düsseldorf NStZ **98**, 249 m. Anm. Hofmann, Rudolphi SK 10 b; iE – Anwendung des Abs. 2 Nr. 2 – auch v. Bubnoff LK 40, Lackner/Kühl 3, Tröndle/Fischer 3 b; vgl. auch Scheiff aaO 80 ff.). Mit Recht angenommen wurde dies zB für mit Gewalttätigkeiten verbundenen Demonstrationen „autonomer Gruppen" (BGH NJW **95**, 3396), nicht aber bei einer die unerlaubte Veranstaltung von Glücksspielen betreibenden Organisation, wenn das Spielkasino von den Spielern freiwillig aufgesucht wird und diese nicht mit unerlaubten oder gar kriminellen Mitteln zur Fortsetzung des Spiels veranlaßt werden (Bay StV **98**, 265). Zumindest zweifelhaft ist es allerdings, wenn bei der Prüfung einer erheblichen Gefahr für die öffentliche Sicherheit durch die begangenen und/oder geplanten Taten auch außerhalb des eigentlichen Straftatbestands liegende, für die Gefährdung der öffentlichen Sicherheit jedoch gleichfalls bedeutsame Umstände einbezogen werden sollen, dies mit dem Ergebnis, daß zB unter Berücksichtigung des aktuellen gesellschaftlichen Klimas auch ausländerfeindliche Schmier- und Sprühaktionen als Sachbeschädigung den für § 129 erforderlichen Erheblichkeitsgrad erreichen sollen (so BGH **41** 51 ff. u. ebenso zB v. Bubnoff LK 37, 40; krit. dazu jedoch die Anm. Krehl, Ostendorf, Schittenhelm aaO, ferner zB Rudolphi SK 10 b; vgl. auch schon Düsseldorf NJW **94**, 358, ferner BGH NJW **95**, 3396). Gegen einen derart erweiterten Bezugsrahmen spricht, daß bei einer Strafbestimmung, die den öffentlichen Frieden bzw. die öffentliche Sicherheit speziell gegen die organisierte Begehung von Straftaten schützt, der „Blickwinkel", unter dem diese „von einigem Gewicht" sein müssen, ausschließlich der eines entsprechenden Unrechtsgehalts dieser Taten sein kann. Genügt dieser sub specie § 303 beim Beschmieren oder Besprühen von Hauswänden nicht – dazu, daß es dafür entgegen BGH **41** 52 nicht auf den Inhalt der aufgesprühten Parolen, Bilder oder Zeichen ankommen kann, vgl. Schittenhelm aaO 344 –, so bedeutet dies nicht, daß § 129 damit ausscheidet, bleibt hier bei ausländerfeindlichen Hetzparolen in aller Regel doch § 130 als eine dafür ausreichende Tat. – Vom Schutzbereich des § 129 erfaßt sind auch Straftaten im Inland existierender Vereinigungen, die ausschließlich *im Ausland* begangen werden sollen (vgl. v. Bubnoff LK 39; offengelassen von BGH NStZ **99**, 503). Voraussetzung dafür ist dann aber, daß die fraglichen Taten auch im Inland strafbar wären; daß sie dies nur nach ausländischem Recht sind, genügt mithin nicht (BGH NJW **66**, 312), während umgekehrt Taten, die wegen der besonderen Verhältnisse in dem fremden Staat kein strafwürdiges Unrecht darstellen (§ 3 II aF), nicht deshalb eine Straftat iS des § 129 sind, weil sie dies im Inland sein würden (unklar BGH aaO). Dafür, ob die fraglichen Taten einem deutschen Straftatbestand unterfallen, muß es nach dem Zweck der Vorschrift – Schutz des öffentlichen Friedens, der schon dann gefährdet ist, wenn zB ausländische Terrororganisationen die Bundesrepublik zu ihrer Organisationsbasis machen – genügen, wenn deutsches Strafrecht nach § 3 anwendbar wäre, was bei einer im Inland bestehenden Organisation wegen § 9 II idR der Fall sein dürfte. Daß die fraglichen Taten speziell nach §§ 4–7 dem deutschen Strafrecht unterliegen (so Lackner/Kühl 3, Rudolphi SK 8 unter Berufung auf BGH NJW **66**, 312), kann dagegen nicht verlangt werden (vgl. auch v. Bubnoff LK 38).

β) Die *Zwecke oder Tätigkeit* der Vereinigung sind auf die Begehung von Straftaten *gerichtet*, wenn die Organisation nach dem Willen der für ihre Willensbildung maßgeblichen Personen (vgl. BGH GA/W **60**, 230), die keine förmliche Organstellung zu haben brauchen (BGH **7** 225), das Ziel verfolgt, strafbare Handlungen zu begehen und wenn sie deshalb auch ihrer inneren Struktur nach zweckrational daraufhin angelegt sind. Dies kann offen oder versteckt (BGH **7** 224, **9** 103), bereits bei der Gründung oder erst später geschehen („Umfunktionieren" einer legalen Vereinigung, vgl. BGH **27** 325, GA/W **60**, 193). Daß sich die Verfolgung des kriminellen Zwecks (1. Alt.) bereits in der Vorbereitung einzelner Taten konkretisiert oder sonst in einer entsprechenden, nach außen gerichteten Tätigkeit (2. Alt.) niedergeschlagen hat oder daß eine bestimmte Tat bereits geplant ist, ist nicht erforderlich (BGH **27** 328, NStZ **99**, 503, v. Bubnoff LK 32), vielmehr genügt schon die bloße Existenz der Vereinigung, sofern sie nur auf die gemeinschaftliche oder jedenfalls von der Organisation getragene Begehung von Straftaten hin konzipiert ist. Dies bedeutet nicht, daß alle Mitglieder die Ziele der Vereinigung billigen müßten; ist es allerdings nur der harte Kern einer Vereinigung, der kriminelle Zwecke verfolgt, so ist lediglich dieser eine Vereinigung iS des § 129, weshalb Mitglieder außerhalb dieses Kerns allenfalls Unterstützer (u. 15) sein können (vgl. BGH NJW **99**, 1878 zu § 129 a). Andererseits genügt es nicht, wenn nur einzelne Mitglieder Straftaten begehen wollen oder wenn es zu solchen nur gelegentlich oder beiläufig kommt (vgl. BGH **27** 328, **31** 206, BGHR § 129 Gruppenwille 2, v. Bubnoff LK 32, Rudolphi SK 9). Nicht notwendig ist, daß kriminelle Aktionen den Hauptzweck oder die ausschließliche Tätigkeit der Vereinigung ausmachen; auch brauchen sie nicht der Endzweck zu sein, vielmehr genügt es, wenn sie die Erreichung des eigentlichen Ziels nur vorbereiten sollen (BGH **15** 260, **27** 326, **41** 56, NJW **66**, 312, **75**, 985, GA/W **60**, 230, Bay NStZ-RR **97**, 252). Immer aber müssen sie die Zielsetzung und die innere Struktur der Vereinigung jedenfalls mitprägen (Rudolphi, Bruns-FS 322; vgl. auch BGH **41** 47, 51 m. Anm. Krehl JR 96, 208, Ostendorf JZ 96, 55, Schittenhelm NStZ 95, 343, ferner Lampe ZStW 106, 707). Diese Voraussetzungen können auch bei einem Wirtschaftsunternehmen gegeben sein (vgl. dazu BGH **31** 202, wo dies jedoch verneint wurde); von den inzwischen bekanntgewordenen „Parteispendenwaschanlagen" werden sie dagegen nicht erfüllt (vgl. Fürst aaO 85 f., Tröndle/Fischer 3 a gegen Schünemann in: de Boor u. a., Strafrecht u. Gesellschaft, Schriftenreihe d. Inst. f. Konfliktforschung, Bd. 11 [1986] 37, 63; einschr. v. Bubnoff LK 21).

§ 129 7a–10   Bes. Teil. Straftaten gegen die öffentliche Ordnung

7a γ) Auf die *Begehung von Straftaten* gerichtet ist der Zweck usw. nach BGH **27** 328 nur, wenn die Vereinigung *selbst* Straftaten begehen will, was aber nicht heißen kann, daß eine Organisation, die sich auf die Unterstützung fremder Straftaten oder einer anderen Vereinigung iS der §§ 129, 129a beschränkt (zB Versorgung von Terrororganisationen), nicht unter § 129 fällt (zu § 129a III vgl. Düsseldorf NStZ **98**, 249 m. Anm. Hofmann). Auch besteht nach Sinn und Wortlaut kein Anlaß, solche Organisationen auszunehmen, die in strafbarer Weise das Klima für fremde Straftaten (§ 111, § 129 in der Form des Werbens, §§ 130 ff., 140) schaffen wollen (vgl. für §§ 111, 130a, 140 auch Düsseldorf aaO m. Anm. wie o., Tröndle/Fischer 3b u. zu § 130 v. Bubnoff LK 27; and. für §§ 111, 140 BGH **27** 328 – offengelassen dagegen jetzt von BGH **41** 27 u. jedenfalls teilweise aufgegeben in NStZ **00**, 27 –, Fürst aaO 83, M-Maiwald II 403). Erforderlich ist, daß eine größere Zahl gleich- oder verschiedenartiger Delikte begangen werden soll, die auch einem gemeinsamen Ziel dienen und sogar – sofern heute noch möglich (vgl. 30 ff. vor 52) – in Fortsetzungszusammenhang stehen können, vorausgesetzt, daß sie in tatsächlicher Hinsicht als selbständige strafbare Aktionen erscheinen (Rudolphi, Bruns-FS 321); andererseits brauchen bestimmte Einzeltaten noch nicht geplant zu sein, wenn nur feststeht, daß zur Erreichung eines bestimmten Ziels Straftaten begangen werden sollen (vgl. BGH **27** 328: „bewaffneter Kampf" gegen die bestehende Ordnung; and. Arzt/Weber V 20, Fürst aaO 78 ff., Langer-Stein aaO 221 ff.). Nicht ausreichend ist dagegen der Zusammenschluß zu einer bestimmten deliktischen Einzelaktion, zB zu einer „Hausbesetzung" oder wenn eine Gruppe von „Hausbesetzern" zur Aufrechterhaltung des rechtswidrigen Zustands den erwarteten Eingreifen der Polizei mit Gewalt begegnen will (vgl. Langer-Stein aaO 219 ff., Ostendorf AK 14, JuS 81, 642, Rudolphi, Bruns-FS 321, ZRP 79, 217, SK 10, Tröndle/Fischer 3a; and. BGH NJW **75**, 985, v. Bubnoff LK 17; vgl. auch BGH **31** 239 [o. 4], LG Berlin NStZ **82**, 203). Hier fehlt es idR bereits am Erfordernis eines auf eine gewisse Dauer angelegten Zusammenschlusses (o. 4), jedenfalls aber an dem besonderen Gefährdungspotential einer kriminellen Vereinigung, da § 129 kein bloßer Vorfeldtatbestand ist (o. 1) und die Gefährlichkeit des Zusammenschlusses zur Begehung einer bestimmten Einzeltat über die einer Deliktsverabredung mehrerer nicht hinausgeht, eine solche gem. § 30 II jedoch nur bei Verbrechen strafbar ist (vgl. Rudolphi SK 10). Auch daß es sich bei der geplanten Tat um ein größeres Vorhaben handelt, genügt deshalb für § 129 nicht (vgl. LG Berlin wistra **85**, 241: Herstellung gefälschter Euroscheckvordrucke).

8 c) **Nicht unter den Tatbestand** fallen jedoch die in **Abs. 2 genannten Vereinigungen.** Im einzelnen sind dies:

9 α) *Politische Parteien* **(Nr. 1),** die das BVerfG noch nicht für verfassungswidrig erklärt hat; zum Begriff der Partei vgl. § 2 ParteienG, BVerfG NJW **87**, 769, BVerwG NJW **86**, 2654, BGH NJW **74**, 565 mwN. Nach dem Sinn des Parteienprivilegs, Parteien nicht in ihrer politischen Tätigkeit zu behindern, kann dies jedoch nur für Straftaten gelten, die noch im Rahmen einer solchen Tätigkeit liegen (vgl. dazu BVerfGE **47** 130, BGH **29** 50 u. näher 5 ff. vor § 80). Parteien im übrigen bis zu ihrem Verbot völlig auszunehmen (so zB v. Bubnoff LK 23, 39, Fürst aaO 87, Rudolphi SK 12, Tröndle/Fischer 3 c), dürfte auch von BVerfGE **17** 155 nicht gewollt gewesen sein.

10 β) Vereinigungen, bei denen die Begehung von Straftaten nur ein Zweck oder eine Tätigkeit *von untergeordneter Bedeutung* ist **(Nr. 2).** Damit sollte nach der Entstehungsgeschichte ausgeschlossen werden, daß schon gelegentliche kriminelle Aktionen oder zwar häufiger vorkommende, aber geringfügige Straftaten zu einer Bestrafung nach § 129 führen, wobei vor allem an Vereinigungen mit politischem Charakter gedacht war (zB Abreißen von Plakaten, Beschmieren von Hauswänden, politische Beleidigungen, Körperverletzungen anläßlich einer Versammlung; vgl. BT-Drs. IV/2145 [neu] S. 8 u. die weiteren in BGH **41** 52 genannten Materialien; krit. zur erforderlichen Bestimmtheit Scheiff aaO 81 f.). Bezugsrahmen der Untergeordnetheit ist nach dem Wortlaut allein der Gesamtzweck bzw. die gesamte Tätigkeit der Vereinigung. Daß bezogen darauf die Begehung von Straftaten von untergeordneter Bedeutung sein muß, heißt selbstverständlich nicht, daß Abs. 1 nur dann zur Anwendung kommt, wenn die Taten, die begangen werden sollen, Endziel, Hauptzweck oder ausschließliche Tätigkeit der Vereinigung sind (vgl. mwN aus der Rspr. BGH **41**, 47, 56 m. Anm. Krehl JR **96**, 208, Ostendorf JZ **96**, 55 u. Schittenhelm NStZ **95**, 343, ferner zB v. Bubnoff LK 40). Entscheidend ist vielmehr, ob die kriminellen Zwecke und Tätigkeiten, gemessen am Gesamtzweck bzw. der gesamten Tätigkeit der Vereinigung, so sehr in den Hintergrund treten, daß dadurch das Erscheinungsbild der Vereinigung nicht mehr in nennenswerter Weise mitgeprägt wird (in diesem Sinne auch BGH aaO m. Anm. wie o.; vgl. auch o. 7). Dies kann auch bei Vereinigungen anzunehmen sein, für die gelegentliche schwere Straftaten ein nur peripheres Mittel sind (vgl. Fürst aaO 92; and. M-Maiwald II 402). Ob in Abs. 2 Nr. 2 an Stelle einer entsprechenden Einschränkung in Abs. 1 das weitere Erfordernis hineinzuinterpretieren ist, daß die fraglichen Taten keine erhebliche Gefahr für die öffentliche Sicherheit und unter diesem Blickwinkel von keinem sonderlichen Gewicht sein dürfen (vgl. o. 6) – der Wortlaut des Abs. 2 Nr. 2 spricht für den anderen Weg –, ist iE ohne Bedeutung. Verneint wurden die Voraussetzungen der Nr. 2 zB, wenn die Tätigkeit einer Vereinigung hauptsächlich in planmäßiger, mit häufiger Begehung von Straftaten nach §§ 185, 187, 187a verbundener Hetze gegen die Bundesregierung oder Justizorgane besteht (BGH **20** 88) oder wenn eine Gruppe von „Hausbesetzern" (vgl. dazu jedoch o. 7a) zur Aufrechterhaltung des rechtswidrigen Zustands massive Gewaltmaßnahmen gegen das zu erwartende Einschreiten der Polizei ergreift (vgl. BGH NJW **75**, 986, aber auch LG Berlin NStZ **82**, 203); zu einer rechtsextremen Gruppierung und

Bildung krimineller Vereinigungen 11–14a § 129

ihren ausländerfeindlichen Sprühaktionen vgl. BGH **41** 47, 56 m. Anm. Krehl JR 96, 208, Ostendorf JZ 96, 55 u. Schittenhelm NStZ 95, 343, Düsseldorf NJW **94**, 399).

γ) Vereinigungen, deren Zwecke oder Tätigkeit *Organisationsdelikte iS der §§ 84 bis 87* betreffen **11** (**Nr. 3**). Damit soll verhindert werden, daß ein und dasselbe Verhalten zweimal bestraft wird, nämlich einmal nach den §§ 84–87, zum anderen nach § 129. Aus demselben Grund scheiden Taten nach § 20 I Nr. 1–4 VereinsG aus, der nur aus technischen Gründen in Nr. 3 nicht aufgeführt ist (v. Bubnoff LK 37, Rudolphi SK 7). Dagegen gilt Nr. 3 nicht, wenn die Vereinigung daneben noch die Begehung sonstiger Straftaten anstrebt (zB nach §§ 89 ff.; vgl. BGH **41** 53 f. m. Anm. Krehl JR 96, 208, Ostendorf JZ 96, 55 u. Schittenhelm NStZ 95, 343, v. Bubnoff aaO mwN).

2. a) Tathandlung kann zunächst das **Gründen** einer kriminellen Vereinigung sein, d. h. das **12** führende und richtungsweisende Mitwirken bei ihrem Zustandekommen (BGH **27** 327, NJW **54**, 1254, v. Bubnoff LK 43, Lackner/Kühl 4, Rudolphi SK 14 u. näher Scheiff aaO 89 ff.; and. Tröndle/Fischer 4: jede Beteiligung am Gründungsvorgang mit Gründungswillen). Das bloße Schaffen von Teilorganisationen ist keine Gründung (BGH NJW **54**, 1254), wohl aber das „Umfunktionieren" einer bereits bestehenden, bisher andere Ziele verfolgenden Vereinigung (BGH **27** 325, v. Bubnoff LK 33, Rudolphi SK 15). Daß zur Bildung der Vereinigung der Anstoß gegeben wird, ist weder ausreichend noch erforderlich. Auch braucht der Gründer selbst nicht Mitglied zu werden; andererseits genügt nicht schon die bloße Mitgliedschaft im Gründungsstadium (Rudolphi SK 15).

b) Als **Mitglied beteiligt sich,** wer sich unter Eingliederung in die Organisation deren Willen **13** unterordnet und eine Tätigkeit zur Förderung der kriminellen Ziele der Vereinigung entfaltet (vgl. RG JW **31**, 3667, BGH **18** 296, NJW **60**, 1773, **66**, 312, NStZ **93**, 38, näher Wagner MDR 66, 187; zur Mitgliedschaft in einer Vereinigung, bei der nur der harte Kern kriminelle Zwecke verfolgt, vgl. o. 7). Einer förmlichen Beitrittserklärung oder einer förmlichen Mitgliedschaft (mit listenmäßiger Erfassung usw.) bedarf es nicht; andererseits wird ein Außenstehender durch die Förderung der Vereinigung noch nicht zu deren Mitglied (vgl. BGH **18** 296, NStZ **93**, 38; zum Unterstützen vgl. jedoch u. 15). Das Sichbeteiligen als Mitglied ist mehr als der bloße Eintritt, weshalb der Erwerb der nur formellen oder passiven Mitgliedschaft nicht genügt (BGH **29** 121), auch wenn diese mit einer Beitragszahlung verbunden ist (v. Bubnoff LK 45, Rudolphi SK 16, Werle JR 79, 95 [vgl. jedoch u. 15]; and. Karlsruhe NJW **77**, 2222, Fleischer NJW 79, 1338, Tröndle/Fischer 4a). Erforderlich ist dafür vielmehr eine auf Dauer oder zumindest längere Zeit angelegte, wenn auch vorläufig oder iE nur einmalige Betätigung für Zwecke der Vereinigung (BGH **29** 114, 294, Haberstrumpf MDR 79, 978; and. Tröndle/Fischer 4a), die durch den bloßen Beitritt auch dann nicht ersetzt werden kann, wenn dieser wegen der besonderen Umstände für die Organisation der Vereinigung oder für die Verfolgung ihrer Bestrebungen eine besonders gewichtige Unterstützung darstellt (so jedoch BGH **29** 114; hier kommt allein ein Unterstützen [u. 15] in Betracht, während im übrigen zunächst nur ein – strafloser – Versuch des Sichbeteiligens vorliegt; vgl. Ostendorf JA 80, 501, Rudolphi SK 16). Nicht notwendig ist ein fortdauerndes Tätigwerden (BVerfGE **56** 22, BGH **29** 114, 294). Auch braucht das Sichbeteiligen nicht gerade in der Mitwirkung an den einzelnen Straftaten zu bestehen, vielmehr genügt jede Tätigkeit für Zwecke der Vereinigung (vgl. BVerfGE **56** 22, BGH **29** 114, 291, NStE § 129 a **Nr. 7**, Karlsruhe NJW **77**, 2222, v. Bubnoff LK 45, Fleischer NJW 79, 1338; vgl. auch BGH **28** 110; and. Rudolphi SK 16). Ausreichend ist daher auch die Erledigung allgemeiner (zB logistischer) Aufgaben ohne Kenntnis der im einzelnen geplanten Taten, die „Öffentlichkeitsarbeit" (Rechtfertigungsschriften, „Strategiepapiere" usw.; vgl. zu den einschlägigen terroristischen Publikationen Rebmann NStZ 89, 97) oder sonstiges Werben für die Vereinigung, wobei ein solches allerdings auszuscheiden hat, soweit es mit eines ist zulässigen, auch „politischen" Verteidigungsvorbringen notwendig verbunden ist (vgl. dazu näher BGH **31** 16 m. Anm. Gössel JR 83, 118, MDR/H **90**, 486, MDR/S **83**, 2); zur Beteiligung an einem dem organisatorischen Zusammenhalt dienenden Hungerstreik durch „RAF"-Häftlinge vgl. BGH MDR/S **90**, 104. Umgekehrt bedeutet die Beteiligung an einzelnen Straftaten noch keine Beteiligung als Mitglied (vgl. aber auch M-Maiwald II 403).

c) Mit dem **Werben für die Vereinigung** sind nur entsprechende Handlungen von Nichtmit- **14** gliedern gemeint – andernfalls liegt bereits die 2. Alt. vor (o. 13; vgl. BGH **31** 16, v. Bubnoff LK 48) –, die i. U. zum Unterstützen (u. 15 f.) nur mittelbar über die Werbeadressaten zu einer Förderung der Vereinigung führen können und sollen. Ebenso wie das Sichbeteiligen und Unterstützen setzt auch das Werben eine bereits bzw. noch bestehende Vereinigung iS des § 129 voraus (vgl. Bay NJW **98**, 2542 m. Anm. Radtke JR 99, 84, KG StV **81**, 525, Lackner/Kühl 7), weshalb die Gründungswerbung zwar als Gründen oder als Anstiftung bzw. Beihilfe dazu strafbar sein kann, jedoch nur zum Erfolg führt oder wenigstens die Schwelle eines Versuchs (Abs. 3; vgl. näher dazu Scheiff aaO 189 ff.) überschritten hat (vgl. auch u. 24), während im Vorfeld und völlig erfolglos gebliebene Werbeaktionen straflos sind (and. v. Bubnoff LK 49, Rudolphi SK 18, Scheiff aaO 100 u. hier die Vorauf. RN 14b), dies i. U. zu § 129 a, wo wegen der Verbrechensqualität des Gründens § 30 anwendbar ist (vgl. Bay aaO).

α) **Werben** bedeutet das planmäßige Vorgehen mit dem für den Durchschnittsadressaten erkenn- **14 a** baren Ziel (zum subjektiven Tatbestand u. 16), andere für etwas zu gewinnen. Schon begrifflich kein Werben ist daher zB das Zurschaustellen von Symbolen einer terroristischen Vereinigung zu dem einzig erkennbaren Zweck, damit die „bürgerliche Gesellschaft" zu provozieren (vgl. dazu Bay NStZ **96**, 7). In welcher Form das Werben erfolgt (mündlich, schriftlich, offen, versteckt), ob Adressat ein einzelner oder die Öffentlichkeit ist und ob die Werbung im Zusammenwirken mit der Vereinigung oder auf eigene Faust erfolgt, ist ohne Bedeutung (zu eng Giehring StV 83, 296, 306 ff.: nur an die Öffentlichkeit gerichtete Werbung mittels Schriften iS des § 11 III). Gleichgültig ist auch, ob sie zu dem angestrebten Erfolg führt (h. M., zB BGH **20** 90, v. Bubnoff LK 48, Lackner/Kühl 7; and. Ostendorf AK 19), wohl aber muß sie entsprechend dem Unterstützen (u. 15) nach Inhalt, Art und Adressatenkreis dazu wenigstens geeignet sein, da bei dieser noch weiter im Vorfeld liegenden Begehungsmodalität kein Anlaß besteht, auch den von vornherein untauglichen Werbeversuch zu bestrafen (and. zB Lackner/Kühl 7). Der Hinweis auf eine Vereinigung genügt dafür noch nicht (vgl. Bay NStZ-RR **96**, 135). Schon begrifflich kein Werben ist die bloße Wiedergabe fremder Werbung, wenn sich der Betreffende das damit verfolgte Ziel nicht zu eigen macht (vgl. BGH **36** 363, **43** 44, Giehring aaO 309, Rebmann NStZ 81, 461 f.; möglich ist hier jedoch Beihilfe, u. 24). Auch setzt das Werben begriffsnotwendig eine werbende Zielrichtung voraus (zum subjektiven Tatbestand u. 16); daß eine Handlung nur einen solchen Nebeneffekt hat, genügt daher nicht (vgl. auch Bay NStZ-RR **96**, 135, KG StV **90**, 210, Schleswig NJW **88**, 352).

14 b β) Ein Werben **für die Vereinigung** liegt nach h. M. immer schon dann vor, wenn ihre Stärkung und Unterstützung mit den Mitteln der Propaganda bezweckt wird (vgl. zB BGH **28** 26 m. Anm. Schmidt LM Nr. 6, **33** 16 m. Anm. Bruns NStZ 85, 22, NJW **88**, 1679, Bay StV **87**, 392, 393, NStZ-RR **96**, 8, Frankfurt StV **83**, 285, KG StV **90**, 210, Schleswig NJW **88**, 352, Stuttgart StV **84**, 76 [jeweils zu § 129 a], ferner v. Bubnoff LK 49 f., Gössel JR 83, 119, Lackner/Kühl 7, Rebmann NStZ 83, 457 u. 89, 100, Schmidt MDR 85, 185, Tröndle/Fischer 4 c; zum abweichenden Meinungsspektrum vgl. die Übersicht bei v. Bubnoff LK 58 ff.). Da das Werben unter dem Gesichtspunkt seiner Gefährlichkeit den übrigen Begehungsmodalitäten in etwa entspricht, bedarf dies jedoch der Einschränkung. Zu eng wäre es allerdings, ein Werben nur in der Mitgliederwerbung zu sehen (für eine Beschränkung auf diese u. die Gründungswerbung dagegen Rudolphi SK 18, Scheiff aaO 110 ff., wobei letztere jedoch – vgl. o. 14 – ohnehin nicht in diesen Zusammenhang gehört). Genügen muß es vielmehr auch, wenn die Werbung erkennbar darauf gerichtet und dazu geeignet ist, für die Vereinigung *Anhänger* zu gewinnen, die gegebenenfalls auch zu Unterstützungshandlungen bereit sind (vgl. auch Dahs NJW 76, 2148, Fürst aaO 123 ff., M-Maiwald II 403, Mösl LK⁹ 15; in diesem Sinn auch die Entstehungsgeschichte des § 129 a [vgl. dazu Giehring StV 83, 301 mwN], die – obwohl insoweit aufschlußreicher als die mit dem zeitlich älteren Merkmal des Werbens verfolgten gesetzgeberischen Absichten – in BGH **28** 26 jedoch nicht berücksichtigt ist). Durchweg anzunehmen ist dies zB bei den von Rebmann NStZ 89, 97 behandelten terroristischen Untergrundvorschriften. Nicht ausreichend ist entgegen der h. M. dagegen eine diese Voraussetzungen nicht erfüllende bloße „Sympathiewerbung", mit der eine „andersartige Stärkung der Vereinigung" (BGH **28** 28) bezweckt wird (dagegen auch Giehring StV 83, 305 ff., Langer-Stein aaO 227 f., Ostendorf AK 19, JA 80, 502, Rudolphi SK 18, JR 79, 33, ZRP 79, 218). Sie liegt noch im Vorfeld einer meßbaren Gefahr, was insbes. für reine Parolen ohne argumentativen Gehalt und für die bloße Verwendung von Namen und Symbolen der Vereinigung gilt (and. BGH **28** 26 für „RAF", „Es lebe die RAF" und „RAF wir werden siegen", ferner MDR/S **85**, 185; vgl. auch v. Bubnoff LK 51). Zwar wird im Anschluß an Rebmann NStZ 81, 457 seit BGH **33** 16 m. Anm. Bruns NStZ 85, 22, Stuttgart StV **84**, 76 bei der bloßen Sympathiewerbung als der „am wenigsten ins Gewicht fallenden Begehungsweise" inzwischen auch von der Rspr. die Notwendigkeit einer restriktiven Interpretation betont (von BGH u. Stuttgart aaO verneint für die Aufschriften „RAF", „Isolationsfolter", „Zusammenlegung der RAF"; vgl. ferner – u. a. auch zur Forderung nach anderen Haftbedingungen für Terroristen bzw. zu Hungerstreikparolen – BGH NStZ **85**, 263, MDR/S **93**, 505, Bay StV **87**, 392 f. [and. dazu aber BGH NJW **88**, 1677, 1679], NStZ-RR **96**, 8, 135, Düsseldorf NStZ **90**, 145, Hamburg StV **86**, 253, KG StV **90**, 210, Koblenz StV **89**, 205, Schleswig NJW **88**, 352, StA Frankfurt StV **83**, 287). Erforderlich ist danach, daß der Text „objektiv geeignet ist, von dem im Einzelfall angesprochenen Adressaten als Werbung für die Vereinigung selbst aufgefaßt zu werden" bzw. daß seine Zielsetzung als Unterstützung und der Bezug auf eine bestimmte Organisation „eindeutig erkennbar" sind (BGH **33** 18, NJW **95**, 3395, MDR/S **93**, 505, ferner zB Bay NStZ-RR **96**, 8, 135). Abgesehen davon, daß mit der „eindeutigen Erkennbarkeit" nach der Klarstellung durch BGH NJW **88**, 1677 nur solche Fälle ausgeschieden werden sollen, in denen „auch eine notwendige genauere Analyse des Texts Zweifel lassen kann" (S. 1678), ist dabei aber nach wie vor nicht berücksichtigt, daß eine Stärkung und Unterstützung der Vereinigung mit den Mitteln der Werbung nur erreichbar ist, wenn sie auch geeignet ist, die Adressaten dazu zu bringen, für diese notfalls auch etwas zu tun (die „Sympathie" allein bewirkt dies nicht).

14 c Mit Recht betont wird von der Rspr. neuerdings dagegen die Notwendigkeit einer umfassenden **Gesamtwürdigung** entsprechender Texte, deren Einzelaussagen nicht unabhängig voneinander beurteilt werden dürfen. Danach kann zB eine isoliert als Werbung anzusehende Äußerung durch ihren Kontext im Gesamtzusammenhang einen anderen Sinn bekommen oder so sehr in den Hintergrund treten, daß sie zugleich ihre Eigenbedeutung verliert (vgl. zB BGH NJW **95**, 3395, NStZ **85**, 263, Hamburg StV **86**, 253; zu einer Dokumentation von Beiträgen von und über die „RAF" im Zusammenhang mit § 129 a vgl. BGH NJW **95**, 3396, zu einer über staatliche „Zensur- und Kriminalisierungsmaßnahmen" durch Zusammenstellung von „Originalreprints zensierter Texte" vgl. KG StV **90**, 210, zu einer solchen über Briefe von „RAF"-Mitgliedern vgl. Schleswig NJW **88**, 352). Andererseits

Bildung krimineller Vereinigungen 15, 15 a § 129

kann zB nach BGH NJW **88**, 1677, 1679 das bei einem mehrdeutigen Text als Blickfang dienende „RAF"-Symbol oder ein inzwischen verändertes Vorverständnis bei der Parole „Zusammenlegung der Gefangenen aus RAF und Widerst" für ein strafbares Unterstützen (u. 16) bzw. Werben sprechen (and. als Vorinstanz Bay StV **87**, 392 f.; zur Forderung nach Zusammenlegung von „RAF"-Gefangenen mit einem Hinweis auf deren Hungerstreik als Werben vgl. auch BGH NStE § 129 a **Nr. 4**, zur Verwendung von Symbolen und Kürzeln einer terroristischen Vereinigung BGH MDR/S **93**, 505 [nur ähnliches Symbol spricht nicht für Werben], Koblenz StV **89**, 205 [für sich allein kein ausreichender Organisationsbezug]). Eine Interpretationsfrage ist es auch, ob das Eintreten für die an sich nicht strafbaren Endziele einer kriminellen Vereinigung zugleich ein Werben für diese ist (vgl. dazu einerseits BGH NJW **88**, 1678, wo dies bei einem „Organisationsbezug" bejaht wird, andererseits Bay StV **87**, 393).

d) Ein **Unterstützen** der Vereinigung ist das Fördern ihres Fortbestands oder der Verwirklichung **15** ihrer Ziele durch ein Nichtmitglied (vgl. zB BGH **32** 243 m. Anm. Bottke JR 85, 122, Bay StV **87**, 393, v. Bubnoff LK 65). Was den *Täterkreis* dieser Tatbestandsalternative betrifft, so soll es sich dabei nach h. M. um eine zur Täterschaft verselbständigte Beihilfe eines Nichtmitglieds handeln (zB BGH **20** 89, **29** 101, EzSt **Nr. 4**, v. Bubnoff LK 65, 73, Dahs NJW 76, 2148, Lackner/Kühl 6, Ostendorf AK 20, Rudolphi SK 17, Bruns-FS 327 ff., Tröndle/Fischer 4b; krit. zB Sommer JR 81, 490, Lampe ZStW 106, 726). Dies ist im Ausgangszeitpunkt zwar zutreffend, führt aber zu weit, wenn damit, wie dies vielfach geschieht, zugleich der Unterschied zwischen einem täterschaftlichen Unterstützen und der bloßen Teilnahme an einem solchen – dies insbes. im Hinblick auf die Strafmilderung des § 27 – zu Unrecht verwischt wird (vgl. zB auch Sommer JR 81, 490, Lampe ZStW 106, 726 sowie u. 24). Anders als das Werben, das der Vereinigung nur mittelbar über Dritte zugute kommen kann (o. 14), betrifft das Unterstützen deshalb alle Fälle, in denen die Hilfe der Organisation unmittelbar oder mittelbar über eines ihrer Mitglieder gewährt wird (vgl. auch BGH **20** 90, Bay aaO) und dies täterschaftlich geschieht. – Für die *inhaltlichen Anforderungen* gilt folgendes: Im Unterschied zu § 84 II ist in § 129 nicht nur die Unterstützung des organisatorischen Zusammenhalts erfaßt, sondern jegliche Unterstützung der Vereinigung, also auch soweit sie im Hinblick auf ihre Tätigkeit und die von ihr verfolgten Ziele gewährt wird. Dabei ist ein Unterstützen selbstverständlich nicht schon jede mit Unterstützungstendenz vorgenommene Handlung, ebenso wie umgekehrt nicht erforderlich ist, daß das Unterstützen den vom Täter bezweckten Erfolg hat (vgl. BGH **29** 101, **32** 244) oder daß es von der Vereinigung nach innen oder außen erfolgreich umgesetzt wird. Wohl aber muß das Unterstützen jedenfalls eine objektive Förderungseignung in dem Sinn besitzen, daß die Vereinigung tatsächlich in den Genuß der fraglichen Handlung gekommen ist und daß diese für sie und das durch sie verkörperte Gefahrenpotential einen Nutzen irgendwelcher Art bedeutet, auch wenn sie davon dann keinen Gebrauch macht (vgl. zB auch – iE weitgehend ebenso oder jedenfalls ähnl. – v. Bubnoff LK 65, Lackner/Kühl 6, M-Maiwald II 403, Rudolphi SK 17, Tröndle/Fischer 4b). Tatbestandsmäßig sind danach deshalb zB auch Ratschläge, Informationen, das Liefern von Materialien und Werkzeugen usw., die für die Vereinigung vorteilhaft sind, gleichgültig, ob sie auch tatsächlich genutzt werden. Dem dürfte es in der Sache weitgehend entsprechen, wenn die Rspr. darauf abstellt, daß die „Hilfe an sich wirksam und für die Organisation irgendwie vorteilhaft ist", ohne daß es dabei jedoch auf einen „meßbaren [!] Nutzen" ankommt (zB BGH **20** 90, **29** 101, **32** 244, **33** 17, NJW **88**, 1678, Bay StV **84**, 77, **87**, 293; vgl. auch BGH MDR/S **81**, 91 [kein Unterstützen, wenn die Handlung der Vereinigung von vornherein nicht nützlich war oder sein konnte], **86**, 178).

Einzelfälle: Ein Unterstützen ist zB das Leisten von Kurierdiensten (BGH MDR/S **90**, 104), der **15 a** Aufbau und das Unterhalten eines nicht der Verteidigung oder sonst erlaubten Zielen, sondern der Propagierung der kriminellen Zwecke einer Vereinigung dienenden „Info-Systems" zwischen inhaftierten Mitgliedern durch Verteidiger (BGH **31** 24, **32** 244, MDR/S **81**, 91, Hamburg JZ **79**, 275 m. Anm. Ostendorf S. 252, Rudolphi, Bruns-FS 335 ff., ZRP 79, 217), die Hilfe zur Durchführung eines der Zusammentreten einer inhaftierten Terroristengruppe dienenden Hungerstreiks (BGH NJW **82**, 2508; vgl. dazu auch Ostendorf GA 84, 324 ff.), u. U. auch die Übermittlung von den Abbruch eines solchen betreffenden „Strategiepapieres" durch einen Verteidiger (BGH **32** 243 m. Anm. Bottke JR 85, 122). Hierher gehört ferner eine psychische Unterstützung, durch welche die „Gruppenmoral" oder auch nur einzelne Mitglieder in ihrer Bereitschaft zur Begehung von Straftaten bestärkt werden (vgl. zB BGH **29** 101, **32** 244, **33** 17, BGH NJW **75**, 985; daß dies bei einem zu Rechtsbrüchen entschlossenen Täterkreis nicht möglich sei [so Ostendorf AK 20], dürfte jedenfalls bei einer in sozialer Isolierung und unter ständigem Abschirmungszwang lebenden Gruppe den Realitäten nicht gerecht werden [vgl. dazu Rebmann NStZ 89, 100 mwN]). Dies kann unter der Voraussetzung, daß sie den Mitgliedern der Vereinigung tatsächlich bekannt werden (o. 15), zB auch für Akte der Solidarisierung durch Außenstehende anzunehmen sein (zB BGH NJW **89**, 2002 [Beteiligung an einem als Kampfmaßnahme gedachten Hungerstreik von „RAF"-Häftlingen durch andere Gefangene; dort aus tatsächlichen Gründen verneint], NStE § 129 a **Nr. 5** [mit Gewalttätigkeiten verbundener Demonstrationsmarsch, bei dem mit Flugblättern zur Solidarität mit im Hungerstreik befindlichen „RAF"-Häftlingen aufgerufen wird]; zur Unterstützung eines Hungerstreiks vgl. auch Fürst aaO 199 ff.). Das gleiche gilt für Publikationen, die mit eindeutigem Organisationsbezug das Ziel verfolgen, auf die Vereinigung einen stabilisierenden Einfluß auszuüben (näher zu terroristischen Presseerzeugnissen Rebmann NStZ 89, 97; verwischt sind dagegen die Grenzen zum an Außenstehende gerichteten Werben in BGH NJW **88**, 1677, wo unter dem Gesichtspunkt des Unterstützens auch das Verbreiten von Schriften behandelt wird, durch die andere „in eine innere Nähe zu der Vereinigung" gebracht und so deren „Aktionsmöglichkeiten, eventuell auch ihr Rekrutierungsfeld" erweitert werden können [vgl. dazu als Vorinstanz aber auch Bay StV **87**, 393]). Hat die eine andere Zielrichtung verfolgende Schrift (zB wissenschaftliche Dokumentation) dagegen nur eine solche Nebenwirkung, so ist ihr Herstellen, Verbreiten usw., weil durch Art. 5 GG gedeckt, jedenfalls kein rechtswidriges Unterstützen. Entsprechendes gilt für ein prozessual zulässiges Verteidigerhandeln, das sich zugleich als Unterstützung der Vereinigung auswirkt (BGH **29** 99 m. Anm. Schmidt LM Nr. 9, Kukkuk NJW 80, 298 u. Müller-Dietz JR 81, 76 [Überlassen von Vernehmungsprotokollen], **31** 16 m. Anm. Gössel JR 83, 118 [Zuleitung einer der Verteidigung dienenden – zulässigen – Prozeßerklärung an die Presse], **32** 248 u. näher Rudolphi, Bruns-FS 332 ff.; schon für Tatbestandsausschluß Bottke JA 80, 448, JR 85, 124, Giemulla JA 80, 253, Müller-Dietz aaO; vgl. zum Ganzen auch Fürst aaO 204 ff.); darauf, welchen Zweck der Verteidiger subjektiv hier verfolgt, kann es dabei nach allgemeinen Grundsätzen (vgl. 13 ff. vor § 32) nicht ankommen (iE auch Bottke JR 85, 124, Müller-Dietz aaO; and. insoweit BGH **29** 93, **32** 246). Schon tatbestandsmäßig noch kein Unterstützen ist das bloße Zeigen von Sympathie (vgl. BGH MDR/S **86**, 178), ebensowenig das bloße Vorrätighalten von zur Werbung geeignetem Material (Bay StV **84**, 77). Die einem einzelnen Mitglied gewährte Unterstützung ist nur dann eine solche iS des § 129, wenn dadurch zugleich die Bestrebungen der Organisation insgesamt gefördert werden (zB Vermieten einer Wohnung an ein Mitglied, wenn diese zugleich als geheimer Unterschlupf usw. dienen soll, nicht dagegen eine normale Zimmervermietung, der sozial übliche Verkauf von Nahrungsmitteln usw.; vgl. Rudolphi SK 17 a, Bruns-FS 331 f.). Ebenso gehört das Mitwirken an einer einzelnen Straftat der Vereinigung nur dann hierher, wenn die fragliche Tat zugleich für die Existenz, Fortführung oder die Bestrebungen der Organisation insgesamt von Bedeutung ist (zB Mitwirkung an einem Bankeinbruch, bei dem die für die Fortführung der Vereinigung benötigten Mittel beschafft werden; vgl. auch Rudolphi SK 17 a). Zum Ganzen vgl. auch v. Bubnoff LK 66 ff. u zur Frage von Täterschaft und Teilnahme u. 24.

16 **IV.** Für den **subjektiven Tatbestand** genügt bezüglich der Umstände, die das – im Fall des Gründens: künftige – Bestehen einer Vereinigung iS des § 129 ausmachen, bei allen Begehungsmodalitäten bedingter Vorsatz. Der Täter muß also zumindest in Kauf nehmen, daß es eine kriminelle Vereinigung ist, die er unterstützt usw. (BGH NStZ **90**, 501, Bay NStZ **83**, 123, NStZ-RR **96**, 8). Dabei muß der Vorsatz auch die Strafbarkeit der geplanten Taten umfassen, die er im einzelnen allerdings nicht zu kennen braucht (zur mitgliederschaftlichen Beteiligung o. 13); hält er sie nicht für strafwürdiges Unrecht, so gilt § 16 (zB BGH LM **Nr. 6**, v. Bubnoff LK 69, Rudolphi SK 19), ebenso wenn er fälschlich von den Voraussetzungen des Abs. 2 Nr. 2 ausgeht (Tröndle/Fischer 5); zu Fällen eines Erlaubnistatbestandsirrtums u. 17. Der Tatbestand des Werbens verlangt darüber hinaus eine auf den Werbungserfolg abzielende Absicht iS von zielgerichtetem Handeln (§ 15 RN 66 f.; vgl. BGH NJW **88**, 1679, MDR/S **93**, 505, Bay NStZ-RR **96**, 8, Koblenz StV **89**, 205, Schleswig NJW **88**, 352, v. Bubnoff LK 70, Scheiff aaO 116 f., Rudolphi SK 19, Tröndle/Fischer 5, sowie o. 14 a; and. Rebmann NStZ 81, 462). Entsprechendes dürfte für das Gründen gelten, ebenso beim Sichbeteiligen bzgl. des Willens zu fortdauernder mitgliedschaftlicher Betätigung (vgl. v. Bubnoff aaO), während für das Unterstützen bedingter Vorsatz ausreicht (BGH **29** 101 f. mwN; and. Schleswig aaO: zielgerichtetes Handeln).

17 **V.** Eine **Rechtfertigung** ist möglich, wenn sich eine prozessual erlaubte Verteidigung oder eine durch Art. 5 GG gedeckte Äußerung zugleich als ein Unterstützen der Vereinigung auswirkt (o. 15 a). Für den Irrtum über die rechtlichen Grenzen erlaubten Verteidigerhandelns gilt § 17, für den Irrtum über das Gebotensein der Tätigkeit in diesen Grenzen dagegen § 16 entsprechend (Erlaubnistatbestandsirrtum, vgl. 21 vor § 32; von BGH **32** 247 f. offengelassen, ob nicht schon Tatbestandsirrtum). Dazu, daß sich bei Schutzgelderpressungen (Unterstützen) das Opfer grundsätzlich nicht auf § 34 berufen kann, vgl. dort RN 41 b; zur Frage der Anwendbarkeit des § 34 bei Untergrundagenten vgl. dort RN 41 c.

18 **VI. Vollendet** ist die Tat mit der Vornahme der in Abs. 1 genannten Handlungen; einen Erfolg verlangt nur die Gründung in Gestalt des Zustandekommens der Vereinigung. Nicht erforderlich ist, daß es tatsächlich zur Begehung von Straftaten kommt. Der **Versuch** ist nach Abs. 3 nur bei der Gründung strafbar (vgl. dazu BGH **27** 325); in der Sache sind jedoch ein Teil auch mit dem Werben und Unterstützen Versuchshandlungen erfaßt. Ein **Rücktritt** ist zunächst nach allgemeinen Regeln (§ 24) möglich, nämlich beim Gründungsversuch nach Abs. 3 (zur Möglichkeit einer analogen Anwendung des Abs. 6 beim mißlungenen Rücktritt vgl. Lenckner, Gallas-FS 293). Entsprechendes muß jedoch – trotz formeller Vollendung – auch bei der Werbung gelten, wenn der Täter nach Beginn seiner Einwirkung auf den anderen diese aufgibt oder ihren Erfolg verhindert (vgl. aber auch v. Bubnoff LK 86). Was hier im Gründungsstadium für der Werbung von Mitgliedern dienende Handlungen gilt, muß dann auch bei der Werbung für eine bereits bestehende Organisation möglich sein.

18 a Darüber hinaus eröffnet **Abs. 6** mit unterschiedlichen Folgen auch die Möglichkeit **tätiger Reue** (vgl. aber auch Bernsmann JZ 88, 542) **beim vollendeten Delikt,** wobei die einzelnen Rücktrittsregeln freilich nur wenig aufeinander abgestimmt sind. Gemeinsamer Grundgedanke ist die kriminalpolitische Erwägung, dem Täter einen Anreiz zu geben, die von der Vereinigung ausgehenden Gefahren zu beseitigen oder jedenfalls zu mindern (vgl. auch v. Bubnoff LK 81). Insofern schließt

Abs. 6 zugleich eine auf das Organisationsdelikt des § 129 beschränkte „kleine Kronzeugenregelung" ein (Bernsmann JZ 88, 542; zu der mit Ablauf des 31. 12. 1999 außer Kraft getretenen „großen" Kronzeugenregelung vgl. u. 28, § 129 a dort RN 1, 8).

1. Straflos bleibt der Täter **(Abs. 6, 2. Halbs.)**, wenn er das **Fortbestehen** der Vereinigung **19 verhindert** oder, sofern dieser Erfolg **ohne sein Zutun eintritt**, wenn er **freiwillig und ernsthaft darum bemüht** hat (vgl. § 24 RN 68 ff.). Da das Gesetz hier an Nr. 1 anschließt, scheint auch für den 1. Fall Voraussetzung zu sein, daß die Verhinderung nicht nur auf ein freiwilliges, sondern – abweichend von allgemeinen Regeln – auch auf ein ernsthaftes Bemühen zurückgeht, was zB zu verneinen wäre, wenn der Täter nicht alles nach seiner Vorstellung Erforderliche getan, dabei aber dann doch (zufällig) Erfolg gehabt hat (vgl. § 24 RN 72; zB der Täter benutzt zur Benachrichtigung der Polizei einen Mittelsmann, dessen Unzuverlässigkeit ihm bekannt ist). Ob dies kriminalpolitisch sinnvoll ist, ist eine andere Frage.

2. Eine **Strafmilderung** nach § 49 II oder ein **Absehen von Bestrafung** nach § 129 (vgl. 54 vor **20** § 38) ist möglich in den in **Abs. 6 1. Halbs., Nr. 1, 2** genannten Fällen.

a) Nach **Nr. 1** gilt dies, wenn sich der Täter **freiwillig und ernsthaft bemüht** hat (vgl. § 24 **21** RN 68 ff.), entweder das **Fortbestehen** der Vereinigung oder die Begehung einer ihren Zielen entsprechenden **Straftat zu verhindern**. Dabei setzt der 1. Fall nicht nur die Erfolglosigkeit der Bemühung, sondern auch das Fortbestehen der Vereinigung voraus (andernfalls gilt Abs. 6 2. Halbsatz, o. 19), während der 2. Fall sowohl die erfolgreiche als auch die erfolglose Bemühung umfaßt, wobei es hier wiederum gleichgültig ist, ob die Tat aus anderen Gründen unterblieben ist (vgl. auch v. Bubnoff LK 81). Da es in Nr. 1 allein auf die Freiwilligkeit und Ernsthaftigkeit des Bemühens ankommt, ist die Vorschrift umgekehrt nicht anwendbar, wenn im 2. Fall der Erfolg der Tatverhinderung mehr oder weniger zufällig schon auf Grund ganz oberflächlichen Bemühens eintritt (o. 19 und u. 22). Verhinderung der Begehung ist nach dem Zweck der Vorschrift die Verhinderung der Vollendung, so daß das Bemühen auch noch im Stadium des Versuchs einsetzen kann. Ferner muß der Verhinderung der Begehung durch andere das Unterlassen der eigenen Tatbegehung gleichstehen, sofern der Täter davon ausgeht, daß die Tat ohne ihn nicht begangen werden kann. Daß von der Organisation bereits früher Straftaten begangen worden sind und auch der Täter selbst daran mitgewirkt hat, schließt Nr. 1 nicht aus. Auch sind die Voraussetzungen der Nr. 1 an sich schon dann erfüllt, wenn das Bemühen des Täters der Verhinderung nur einer Tat gegolten hat (and. nach der ratio legis aber, wenn es sich bei der Verhinderung der konkreten Tat nur um ein Umdisponieren handelt, so wenn der Täter darauf drängt, anstelle der geplanten Tat eine andere, wesentlich schwerere zu begehen). Doch besteht idR kein Anlaß, von der Möglichkeit der Strafmilderung usw. Gebrauch zu machen, wenn es dem Täter insgesamt nicht um eine wesentliche Verminderung der von der Organisation ausgehenden Gefahr gegangen ist, so wenn er sich bei einer Mehrzahl bevorstehender und ihm bekannter Delikte nur um die Verhinderung einer Tat bemüht, gegen die übrigen aber nichts unternommen hat oder wenn er, nachdem seine Bemühungen gescheitert sind, trotzdem als Mitglied in der Organisation bleibt oder sie weiter unterstützt (vgl. auch v. Bubnoff LK 84).

b) Dieselben Folgen treten nach **Nr. 2** ein, wenn der Täter freiwillig **sein Wissen so rechtzeitig 22** (vgl. § 138 RN 10) einer Dienststelle (nicht notwendig Polizei) **offenbart**, daß **Straftaten**, deren Planung er kennt, noch **verhindert** werden können. Im Unterschied zu Nr. 1 muß hier also das Bemühen des Täters dazu führen, daß die Begehung – d. h. nach dem Gesetzeszweck die Vollendung – aller nach seinem Wissen geplanten Taten tatsächlich verhindert wird; daß sie bei ordnungsgemäßem Handeln der staatlichen Stellen hätte verhindert werden können, genügt nicht, vielmehr hat der Täter hier, ebenso wie sonst beim Rücktritt, das volle Risiko für das Mißlingen seiner Bemühungen zu tragen (and. v. Bubnoff LK 82 unter Hinweis auf das „verhindert werden können", was aber nach dem Kontext nicht lediglich iS einer Verhinderungsmöglichkeit verstanden werden kann). Gemildert wird dies allerdings dadurch, daß das nach Nr. 1 ohne Rücksicht auf seinen Erfolg privilegierte Bemühen auch in einer Mitteilung iS der Nr. 2 bestehen kann; dies gilt auch, wenn die Offenbarung deshalb nicht zu der Verhinderung beiträgt, weil die Stelle – ohne daß der Täter dies wußte – die fraglichen Tatsachen bereits kannte. Gegenüber Nr. 1 hat Nr. 2 daher selbständige Bedeutung überhaupt nur dann, wenn die Mitteilung nach Nr. 2 nicht Ausdruck eines „ernsthaften" Bemühens ist, so wenn der Täter sein Wissen der Polizei über einen Dritten mittelt, dessen Unzuverlässigkeit ihm bekannt ist. Sagt der Täter weniger als er weiß, so gilt Nr. 2 nicht, wenn die anderen Taten begangen werden (zu Nr. 1 vgl. jedoch o. 21).

3. Der **Rücktritt vom Versuch einer einzelnen Tat** ist als solcher für § 129 zwar ohne Bedeu- **23** tung, kann aber mit ihm zusammen zugleich die Voraussetzungen des Abs. 6 Nr. 1 erfüllen (v. Bubnoff LK 86, Rudolphi SK 29; vgl. aber auch Tröndle/Fischer 8). Soweit nach Abs. 6 Nr. 1 das erfolglose Bemühen genügt, gilt dies auch, wenn der Täter infolge Scheiterns des Rücktritts wegen der fraglichen Tat strafbar bleibt.

VII. Bei allen Begehungsmodalitäten ist grundsätzlich auch **Teilnahme** möglich, und zwar mit **24** Ausnahme der stets als täterschaftliches Werben miterfaßten Anstiftung zum Beteiligen sowohl in der Form der Anstiftung wie als Beihilfe (mit Unterschieden mehr oder weniger and. aber zB v. Bubnoff LK 73 f., Fürst aaO 236, Ostendorf AK 28, Schlothauer/Tscherch StV 81, 22, Sommer JR 81, 494, Rudolphi SK 21, Tröndle/Fischer 4 d, beim Unterstützen auch BGH EzSt **Nr. 4**). Beim Gründen ist dies schon deshalb zwingend, weil die Anstiftung und Beihilfe dazu nicht, wie dies zT angenommen wird, mit der Tatbestandsalternative des Werbens bzw. Unterstützens erfaßbar sind (so aber für die Anstiftung zB v. Bubnoff LK 73, Rudolphi aaO, Scheiff aaO 126): Beide setzen nach dem eindeutigen Gesetzeswortlaut eine bereits bestehende Vereinigung voraus (vgl. zum Werben auch o. 14), womit ohne die Möglichkeit einer Teilnahme die Hintermänner und Gehilfen des Gründers straflos blieben (vgl. iE hier auch Tröndle/Fischer 4 d u. bei der Beihilfe zum Gründen v. Bubnoff aaO). Aber auch bei den anderen Begehungsmodalitäten gibt es neben der Täterschaft eine Teilnahme in beiden Formen (so beim Werben hier auch Tröndle/Fischer 4 d u. für die Beihilfe dazu BGH **29** 264 f., **36** 363, **43** 51, v. Bubnoff aaO): Weder sind angesichts der besonderen Gefährlichkeit krimineller Vereinigungen die dem Strafrecht gesetzten Grenzen überschritten, wenn zB auch die Beihilfe zum Werben bestraft wird (and. Rudolphi aaO mwN) – von Bedeutung, wenn der Betreffende nicht selbst wirbt, sondern zB im Lohnauftrag durch Druck oder Vertreiben von Propagandamaterial fremde Werbung fördert –, noch kann das Unterstützen als eine zur Täterschaft verselbständigte Beihilfe (s. o. 15) bedeuten, daß auf diesem Weg jede nur mittelbare Unterstützung und damit neben der Anstiftung auch die Beihilfe zum Unterstützen mit der Folge des Ausschlusses einer Strafmilderung nach § 27 zur Täterschaft wird (so aber zB BGH EzSt **Nr. 4**, v. Bubnoff aaO). Für die Abgrenzung von Täterschaft und Teilnahme gelten hier vielmehr die allgemeinen Regeln: Danach ist zB eine täterschaftliche Unterstützung anzunehmen, wenn der zur Förderung der Vereinigung geeignete Beitrag dieser selbst oder über ein Mitglied *unmittelbar* geleistet wird (o. 15) – d. h. also nicht nur mittelbar über ihrerseits als Täter anzusehende außenstehende Dritte – geleistet wird und der Betreffende dabei über das Ob und Wie entscheidet (vgl. entsprechend zum „Hilfeleisten" in § 257 dort RN 19). Anders als beim Werben, bei dem der Täter selbst hinter dem Text stehen muß (o. 14a), ist ein täterschaftliches Unterstützen durch Verbreiten von Untergrundzeitschriften u. a. (o. 15 a) auch möglich, wenn sich der Täter deren Inhalt nicht erkennbar zu eigen macht. Dagegen liegt zB in der Aufforderung an einen Wohnungsinhaber, die Wohnung für Zwecke der Vereinigung zu vermieten, nur eine (u. U. erfolglose) Anstiftung, in dem bloßen Überbringen von Waffen durch einen Boten lediglich eine Beihilfe zur Unterstützung durch den Waffenlieferanten, und ebenso ist die Hilfe mit Rat und Tat, die einem zum Eintritt in eine kriminelle Vereinigung bereits Entschlossenen bei der Verwirklichung seiner Absicht geleistet wird, nur eine Beihilfe zum Sichbeteiligen und kein täterschaftliches Unterstützen der Vereinigung.

25 VIII. Um zwingende (nicht nur Regel-)Beispiele eines **besonders schweren Falls** nach **Abs. 4** handelt es sich, wenn der Täter zu den *Rädelsführern* oder *Hintermännern* (vgl. dazu § 84 RN 10) gehört. Im übrigen kann sich ein besonders schwerer Fall zB aus der besonderen Schwere der geplanten Taten ergeben (handelt es sich freilich um solche nach § 129a, so gilt ausschließlich diese Bestimmung), ferner aus dem besonderen Umfang der von der Vereinigung entwickelten verbrecherischen Aktivität oder aus der besonders gefährlichen Zielsetzung (zB Beseitigung der verfassungsmäßigen Ordnung, vgl. v. Bubnoff LK 78, Rudolphi SK 23). Zur Strafbemessung bei einem Überzeugungstäter vgl. BGH NJW **78**, 174.

26 IX. Ebenso wie nach der sog. Mitläuferklausel des § 84 IV iVm Abs. 1 S. 2 (vgl. dort RN 24) kann auch hier nach **Abs. 5** in den Fällen des Abs. 1, 3 bei Beteiligten, deren **Schuld gering** und deren **Mitwirkung von untergeordneter Bedeutung** ist, von Bestrafung abgesehen werden (vgl. dazu u. zu dem hier ergehenden Schuldspruch 54 vor § 38; zu den verfahrensrechtlichen Möglichkeiten vgl. § 153b StPO). Trotz der sprachlich in diesem Zusammenhang mißverständlichen „Mitwirkens" sind damit neben der Beteiligung als Mitglied auch die Fälle des Unterstützens (insoweit eindeutig § 84 IV) und des Werbens gemeint – dies unabhängig von Täterschaft oder bloßer Teilnahme (vgl. o. 15, 24) –, während es im Fall des versuchten Gründens (Abs. 3) nur um eine Beihilfe dazu gehen kann (bei mittäterschaftlicher Begehung oder bei einer Anstiftung kann hier schon von einer „untergeordneten Bedeutung" keine Rede sein). Voraussetzung ist jeweils, daß das fragliche Verhalten an der unteren Schwelle eines bereits strafbaren Mitwirkens liegt, wobei Abs. 5 in den dafür in Betracht kommenden Fällen dann auch besonders zu prüfen ist (vgl. BGH EzSt § 129a **Nr. 1**, v. Bubnoff LK 79).

27 X. **Konkurrenzen.** Die Gründung und anschließende Beteiligung als Mitglied sind eine Tat nach § 129. Die mitgliedschaftliche Beteiligung und die Rädelsführerschaft (Abs. 4) stellen ein Dauerdelikt dar (vgl. BVerfGE **45** 434, BGH **15** 262, **29** 288, **43**, 3, Karlsruhe NJW **77**, 2223; krit. Fleischer NJW **76**, 878). Bei mehrfachem Werben oder Unterstützen besteht je nachdem eine tatbestandliche Handlungseinheit (13 ff. vor § 52), Fortsetzungszusammenhang – soweit ein solcher heute noch anerkannt wird (vgl. 30 ff. vor § 52) – oder Tatmehrheit. Für das Verhältnis zu einer dem Zweck der Vereinigung gemäß ausgeführten Straftat gilt folgendes: Ist die Beteiligung an der Tat zugleich die konkrete Unterstützungshandlung, so besteht Tateinheit (BGH NJW **75**, 985, Meyer JR 78, 35, Tröndle/Fischer 9). Dagegen ist bei der mitgliedschaftlichen Beteiligung nach den für Dauerdelikte maßgebenden Grundsätzen zu unterscheiden (vgl. 91 vor § 52): War der Vorsatz des Täters schon bei Beginn der Mitgliedschaft auf die Beteiligung an bestimmten Taten gerichtet, so besteht zwischen diesen und § 129 Idealkonkurrenz (wobei nach der früheren Rspr. zwischen den fraglichen Einzeltaten vielfach Fortsetzungszusammenhang in Betracht kam, vgl. BGH MDR/H **81**, 809); in den übrigen Fällen ist Tatmehrheit gegeben (generell für Tateinheit mit dem Zweck der Vereinigung gemäß ausgeführter Taten jedoch die h. M., zB BGH **29** 288, NJW **80**, 2029, StV **99**, 353, Bay NJW **91**, 2577, Stuttgart

JZ **92**, 539, v. Bubnoff LK 87, Grünwald aaO 740 ff., Haberstrumpf MDR 79, 980, Ostendorf AK 33, Rudolphi SK 30, Werle JR 79, 93, NJW 80, 2671; and. auch Karlsruhe NJW **77**, 2223 m. Anm. Meyer JR 78, 34: Tateinheit, wenn die Tat „organisationsbezogen" ist, Tatmehrheit, wenn sie das Ziel der Vereinigung bildet; generell für Tatmehrheit Meyer JR 78, 34, Tröndle/Fischer 9 a). An sich selbständige, mit der Dauerstraftat der mitgliedschaftlichen Beteiligung jeweils in Tateinheit stehende Delikte können unter den in § 52 RN 14 ff. genannten Voraussetzungen zu Idealkonkurrenz verbunden werden (vgl. dazu BGH **29** 291, NJW **75**, 985, GA **80**, 314, wo jedoch weitergehend als hier Tateinheit zwischen § 129 und der anderen Straftat angenommen wird; zum Zusammentreffen mit schwereren und leichteren Taten vgl. BGH MDR/H **82**, 969, BGHR § 129 a Konkurrenzen 4). § 129 a geht vor, während mit § 127 Tateinheit besteht (vgl. dort RN 11); andererseits tritt § 20 I Nr. 1–4 VereinsG hinter § 129 zurück. Näher zu den Konkurrenzfragen vgl. insbes. Fleischer NJW 79, 1337, Haberstrumpf MDR 79, 977, Langer-Stein aaO 231 ff., Werle JR 79, 93, NJW 80, 2671. Zu den **Rechtskraftproblemen** – entgegen der überkommenen Regel, daß bei *einer* Tat iS des materiellen Rechts auch *eine* Tat im prozessualen Sinn vorliegt, führt hier nach der Rspr. die rechtskräftige Verurteilung wegen mitgliedschaftlicher Beteiligung nicht zum Strafklageverbrauch hinsichtlich der in Verfolgung der Vereinigungsziele begangenen Taten – vgl. BVerfGE **45** 434, **56** 22 m. Anm. Gössel JR 82, 111, BGH **29** 288, NStZ-RR **99**, 177, StV **99**, 353, Karlsruhe NJW **77**, 2223 m. Anm. Meyer JR 78, 35, v. Bubnoff LK 91 ff., Erb GA 94, 265,, Fezer aaO 125 ff., Fleischer aaO, Fürst aaO 246 ff., Grünwald aaO 742 ff., Mitsch MDR 88, 1005, Rieß NStZ 81, 74, Werle aaO u. näher Krauth, Kleinknecht-FS 215 ff.

XI. Auch nach ihrem Außerkrafttreten mit Ablauf des 31. 12. 1999 (s. Vorbem.) bleibt die – i. U. zu Abs. 6 – sog. große **Kronzeugenregelung** zu § 129 anwendbar, wenn das Offenbaren der fraglichen Erkenntnisse vor diesem Zeitpunkt erfolgte. Näher zur Kronzeugenregelung vgl. § 129 a RN 1, 8, in deren Genuß bei § 129 Täter oder Teilnehmer einer Straftat nach § 129 oder einer damit zusammenhängenden Tat – hier begrenzt auf Verbrechen – kommen konnten, wenn die Zwecke oder die Tätigkeit der Vereinigung auf die Begehung von Taten gerichtet sind, bei denen der Erweiterte Verfall gem. § 73 d angeordnet werden kann. **28**

§ 129 a Bildung terroristischer Vereinigungen

(1) Wer eine Vereinigung gründet, deren Zwecke oder deren Tätigkeit darauf gerichtet sind,

1. Mord, Totschlag oder Völkermord (§§ 211, 212 oder 220 a),
2. Straftaten gegen die persönliche Freiheit in den Fällen des § 239 a oder des § 239 b oder
3. Straftaten nach § 305 a oder gemeingefährliche Straftaten in den Fällen der §§ 306 bis 306 c oder 307 Abs. 1 bis 3, des § 308 Abs. 1 bis 4, des § 309 Abs. 1 bis 5, der §§ 313, 314 oder 315 Abs. 1, 3 oder 4, des § 316 b Abs. 1 oder 3 oder des § 316 c Abs. 1 bis 3

zu begehen, oder wer sich an einer solchen Vereinigung als Mitglied beteiligt, wird mit Freiheitsstrafe von einem Jahr bis zu zehn Jahren bestraft.

(2) Gehört der Täter zu den Rädelsführern oder Hintermännern, so ist auf Freiheitsstrafe nicht unter drei Jahren zu erkennen.

(3) Wer eine in Absatz 1 bezeichnete Vereinigung unterstützt oder für sie wirbt, wird mit Freiheitsstrafe von sechs Monaten bis zu fünf Jahren bestraft.

(4) Das Gericht kann bei Beteiligten, deren Schuld gering und deren Mitwirkung von untergeordneter Bedeutung ist, in den Fällen der Absätze 1 und 3 die Strafe nach seinem Ermessen (§ 49 Abs. 2) mildern.

(5) § 129 Abs. 6 gilt entsprechend.

(6) Neben einer Freiheitsstrafe von mindestens sechs Monaten kann das Gericht die Fähigkeit, öffentliche Ämter zu bekleiden, und die Fähigkeit, Rechte aus öffentlichen Wahlen zu erlangen, aberkennen (§ 45 Abs. 2).

(7) In den Fällen der Absätze 1 und 2 kann das Gericht Führungsaufsicht anordnen (§ 68 Abs. 1).

Vorbem. Eingefügt durch das Ges. zur Änderung des StGB, der StPO, des GVG usw. v. 18. 8. 1976, BGBl. I 2181; geänd. zuletzt durch das Ges. zur Bekämpfung des Terrorismus v. 19. 12. 1986, BGBl. I 2566 u. – hier beschränkt auf redaktionelle Folgeänderungen – durch das 6. StrRG. – Mit Ablauf des 31. 12. 1999 außer Kraft getreten ist die durch Art. 4 des Ges. zur Änderung des StGB, der StPO usw. v. 9. 6. 1989, BGBl. I 1059 als Ergänzung eingeführte Kronzeugenregelung (u. 8), ursprünglich befristet bis 31. 12. 1992, dann jedoch mehrfach verlängert, zuletzt durch Ges. v. 19. 1. 1996, BGBl. I 58, bis zum 31. 12. 1999. Mit einer weiteren Verlängerung über diesen Zeitpunkt hinaus (vgl. den Gesetzesantrag BT-Drs. 14/1107: bis zum 31. 12. 2002) – eine solche wäre rückwirkend auch nach dem 31. 12. 1999 möglich – ist derzeit nicht zu rechnen (vgl. aber auch u. 8).

Schrifttum speziell zu § 129 a (im übrigen vgl. zu § 129): *Dahs,* Das „Anti-Terroristen-Gesetz" – eine Niederlage für den Rechtsstaat, NJW 76, 2145. – *Dencker,* Das „Gesetz zur Bekämpfung des Terrorismus",

§ 129 a 1, 2

StV 87, 117. – *Kühl,* Neue Gesetze gegen terroristische Straftaten, NJW 87, 737. – *Rudolphi,* Die Gesetzgebung zur Bekämpfung des Terrorismus, JA 79, 1. – *Sturm,* Zur Bekämpfung terroristischer Vereinigungen. Ein Beitrag zum Gesetz vom 18. 8. 1976, MDR 1977, 6. – *Winterfeld,* Terrorismus – „Reform" ohne Ende?, ZRP 77, 265. – *Materialien:* Zur aF (Ges. zur Änderung des StGB, der StPO usw., vgl. Vorbem.): BT-Drs. 7/3631, 7/3729, 7/3734, 7/4004, 7/4005, 7/5401, Prot. 7 S. 2441 ff., 2463 ff., 2783 ff.; zur nF (Ges. zur Bekämpfung des Terrorismus, vgl. Vorbem.): BT-Drs. 10/6286, 10/6635, BR-Drs. 591/86, Prot. Nr. 101 des BT-Rechtsausschusses v. 14. 11. 86, BT-Plenumsberatung SBer 10, 18 822, 19 788.
Zu dem umfangreichen Schrifttum zur *Kronzeugenregelung* des Art. 4 des Ges. v. 9. 6. 1989 (s. Vorbem.): vgl. die 25. A. u. zuletzt noch und zu den Materialien die Nachw. u. 1.

1 I. Die Vorschrift enthält einen gegenüber § 129 **qualifizierten Tatbestand** und bezweckt den Schutz vor besonders gefährlichen **terroristischen Vereinigungen** (zu den internationalen Aspekten bei deren Bekämpfung vgl. v. Bubnoff LK 5 ff. vor § 129 a). Sie dient darüber hinaus als Anknüpfungspunkt für weitere Regelungen im materiellen Strafrecht (§§ 138 II, 139 III), vor allem aber im Prozeß- und Gerichtsverfassungsrecht (vgl. zB §§ 100 a Nr. 1 c, 100 c I Nr. 2, 3 e, 103 I 2, 111, 112 III, 138 a II, V, 148 II, 163 d I Nr. 1 StPO, §§ 120 I Nr. 6, 142 a I GVG). Die Vorschrift war schon in ihrer ursprünglichen, auf das Ges. zur Änderung des StGB, der StPO usw. v. 18. 8. 1976 (vgl. die Vorbem.; „Anti-TerroristenGes.") zurückgehenden Fassung umstritten (vgl. das o. genannte Schrifttum, ferner Ebert JR 78, 141, Lameyer ZRP 78, 49, Maul DRiZ 77, 207, Ostendorf AK 5, Rudolphi JA 79, 3, Vogel NJW 78, 1217; zur Entstehungsgeschichte vgl. v. Bubnoff LK 9 vor § 129 a, Fürst aaO 40 ff.). Das gleiche gilt für die mit dem Ges. zur Bekämpfung des Terrorismus v. 19. 12. 1986 (vgl. die Vorbem.) erfolgten Verschärfungen und Erweiterungen, mit denen, zusammen mit anderen gesetzlichen Maßnahmen (vgl. näher Kühl NJW 87, 737 ff.), dem bedrohlichen Anwachsen von zT mit äußerster Brutalität ausgeführten terroristischen Anschlägen begegnet werden sollte (vgl. BT-Drs. 10/6635 S. 9; zur Entstehungsgeschichte vgl. v. Bubnoff LK 10 vor § 129 a; krit. dazu Dencker StV 87, 117 u. näher zu den Kontroversen um die nF Fürst aaO 143 ff.). Dabei wurden die Gründung einer terroristischen Vereinigung und die mitgliedschaftliche Beteiligung an einer solchen zu einem Verbrechen aufgewertet (Abs. 1; aF: Freiheitsstrafe von 6 Monaten bis zu 5 Jahren), womit jetzt nicht nur der Gründungs-, sondern auch der Beteiligungsversuch strafbar ist (zu ersterem vgl. schon Abs. 3 aF); für Rädelsführer und Hintermänner droht Abs. 2 nunmehr eine Freiheitsstrafe von 3 bis zu 15 Jahren an (aF: 1 Jahr bis zu 10 Jahren). Erweitert wurde ferner – mit den entsprechenden prozeßrechtlichen Konsequenzen (vgl. o.) – der Straftatenkatalog des Abs. 1 um den neugeschaffenen Tatbestand § 305 a und um Taten nach §§ 315, 316 b, wobei den Hintergrund dafür das Überhandnehmen von Anschlägen auf Einrichtungen der öffentlichen Stromversorgung (Absägen von Strommasten), Einsatzfahrzeuge der Polizei, Baufahrzeuge usw. bildete (vgl. BT-Drs. 10/6635 S. 9 f., 11). Unproblematisch ist diese Katalogerweiterung nicht: Hier bleibt nicht zuletzt die Frage, ob mit den §§ 305 a, 315, 316 b nicht auch Fälle allgemeiner Kriminalität einbezogen werden und die Beschränkung des Tatbestands auf eigentlich terroristische Gewalttaten damit aufgegeben wird (vgl. auch Dencker StV 87, 119 ff., Fürst aaO 150 ff., Kühl NJW 87, 746, Lenckner, in: K. W. Nörr [Hrsg.], 40 Jahre Bundesrepublik Deutschland [1990] 342 f., Rudolphi SK 3). Hinzukommt, daß in § 129 a eine dem § 129 II Nr. 2 entsprechende Einschränkung fehlt, womit zB auch eine Gruppe ansonsten nicht gewalttätiger Kernkraftgegner, die gelegentlich einen Strommasten umsägt, zur terroristischen Vereinigung iS des § 129 a werden kann. Strafrechtssystematisch ergibt sich hier schließlich der „frappierende Effekt" (Kühl aaO), daß die §§ 305 a, 315 I, 316 b Vergehen betreffen, die Gründung einer auf diese Taten gerichteten Vereinigung und die mitgliedschaftliche Beteiligung aber Verbrechen sind (vgl. dazu auch die verfassungsrechtlichen Bedenken von Dencker StV 87, 121). Daß die Mitglieder einer solchen Vereinigung gefährlicher sind als Einzeltäter der fraglichen Vergehen (vgl. BT-Drs. 10/6635 S. 11), ist dafür noch keine zureichende Erklärung, weil mit dieser Begründung zB auch § 129 insgesamt zum Verbrechen erhoben werden könnte. – Hinsichtlich ihrer Legitimität und ihrer Notwendigkeit bzw. ihres Nutzens zumindest fragwürdig war schließlich auch – mit Ablauf des 31. 12. 1999 außer Kraft getreten (s. Vorbem.; zu den „Altfällen" vgl. jedoch u. 8, § 129 RN 28) – die durch Art. 4 Ges. zur Änderung des StGB, der StPO usw. v. 9. 6. 1989 (BGBl. I 1059) in Ergänzung des vorhandenen, aber als unzureichend angesehenen Instrumentariums (Abs. 5 iVm § 129 VI, §§ 153 b, 153 e StPO) für Täter und Teilnehmer befristet eingeführte und später auf § 129 erweiterte (s. § 129 vor RN 1) „große", d. h. nicht auf das Organisationsdelikt des § 129 a beschränkte, sondern auch für damit zusammenhängende Straftaten geltende **Kronzeugenregelung** (vgl. dazu BT-Drs. 11/2834, 11/4359, Prot. des BT-Rechtsausschusses Nr. 38 v. 30. 11. 1988 (öffentliche Anhörung) u. zur Vorgeschichte Bernsmann NStZ 89, 456, Hilger NJW 89, 2377 mwN; zu dem umfangreichen, vielfach ablehnenden oder jedenfalls kritischen Schrifttum vgl. Nachw. A. vor RN 1 u. zuletzt noch Fezer, Lenckner-FS 681, Gropp, in: Roxin/Hirsch [Hrsg.], Neue Erscheinungsformen der Kriminalität in ihren Auswirkungen auf das Straf- und Strafprozeßrecht, 1996, 459, Hoyer, JZ 94, 223, Schlüchter JZ 97, 65, Weigend ZStW 109, 110; zu der bereits in den 70er Jahren geführten Kronzeugendiskussion vgl. die Nachw. in der 20. A., 2 vor 123).

2 II. Der **Tatbestand** des **Abs. 1** (Verbrechen) erfaßt von den Begehungsmodalitäten des § 129 das Gründen der Vereinigung (vgl. § 129 RN 12) und die mitgliedschaftliche Beteiligung (vgl. dort RN 13), der des **Abs. 3** (Vergehen) das Unterstützen (vgl. § 129 RN 15 f.) und das Werben (vgl. dort RN 14 ff.); zur strafrechtlichen Relevanz von Verteidigerhandeln und Prozeßerklärungen speziell

in diesem Zusammenhang vgl. v. Bubnoff LK 20 ff. Qualifiziert ist die Tat nach § 129 a gegenüber § 129 dadurch, daß die Zwecke oder die Tätigkeit der Vereinigung (vgl. § 129 RN 4 ff.) hier speziell auf die Begehung der in Abs. 1 Nr. 1 bis 3 – in Nr. 3 mit redaktionellen Folgeänderungen durch das 6. StrRG – abschließend aufgezählten Taten gerichtet sein muß (dazu, wenn nur der harte Kern einer Vereinigung die speziellen Zwecke des § 129 a verfolgt, vgl. entsprechend § 129 RN 7). Dabei genügt es, wenn sich diese Zielsetzung auf Taten nur *einer* der dort genannten Verbrechensarten bezieht (v. Bubnoff LK 8; für eine „negative Typenkorrektur" bei Taten nach §§ 305 a, 316 b I jedoch Dencker StV 87, 121, womit aber – obwohl iE an sich wünschenswert – die Grenzen jeglicher Auslegung eindeutig überschritten sein dürften). Daß die Vereinigung ausschließlich das Ziel der Begehung solcher Taten verfolgt, ist nicht erforderlich, vielmehr genügt es, wenn sich die Mitglieder der Vereinigung bewußt sind, daß es bei der Verfolgung ihrer Pläne zur Begehung von Taten iS des Abs. 1 Nr. 1–3 kommen kann und daß sie dies auch wollen (BGH NStZ **99**, 504). Da die Ausnahmeregelung des § 129 II Nr. 2 in § 129 a nicht übernommen ist (vgl. u. 3), muß es hier sogar genügen, wenn die Begehung der in Abs. 1 Nr. 1–3 genannten Taten nur ein Zweck oder eine Tätigkeit von untergeordneter Bedeutung ist. Die Planung oder Begehung nur einer Einzeltat nach Nr. 1–3 genügt aber auch hier nicht, auch nicht im Rahmen einer sonst kriminellen Zielsetzung iS des § 129 (vgl. v. Bubnoff LK 8, Rudolphi SK 4, Tröndle/Fischer 4; and. BGH MDR/S **79**, 709), ebensowenig, daß nur einzelne Mitglieder solche Taten begehen wollen. Verfolgt eine zunächst terroristische Vereinigung später nur noch die Ziele des § 129, so gilt ab diesem Zeitpunkt § 129 (Tröndle/Fischer 4); dazu, ob die „Rote-Armee-Fraktion" (RAF) derzeit als eine noch bestehende terroristische Vereinigung anzusehen ist, vgl. Bay NJW **98**, 2542.

Die *Ausnahmeregelung des § 129 II* für die dort genannten Vereinigungen gilt für § 129 a nicht, **3** wobei § 129 II Nr. 3 hier allerdings gegenstandslos ist (zu Nr. 2 o. 2). Auch das *Parteienprivileg* des § 129 II Nr. 1 wurde in § 129 a bewußt nicht übernommen, weil § 129 a einen Bereich erfaßt, in dem es zu einer Kollision mit der Freiheit politischer Parteien nicht kommen kann (vgl. BT-Drs. 7/5401 S. 6; and. noch der RegE zu § 129 a, BT-Drs. 7/4005). Dennoch soll nach wohl h. M. § 129 II Nr. 1 entsprechend auch für § 129 a gelten (v. Bubnoff LK 15, Rudolphi SK 5, Sturm MDR 77, 8; vgl. auch Lackner/Kühl 2, M-Maiwald II 405, Tröndle/Fischer 5). Die Funktion des Parteienprivilegs (vgl. BVerfGE **47** 130, BGH **29** 50 und näher 5 ff. vor § 80) kann es jedoch nicht sein, die Betätigung für eine „Partei" straflos zu lassen, wenn deren Zweck usw. auf die Begehung von Mord usw. gerichtet ist und der Täter dies weiß. Dies gilt auch, wenn eine Partei ihre Zwecke bzw. Tätigkeit erst nachträglich iS des § 129 a ändert (and. Dahs NJW 76, 2147). Dabei ist zu beachten, daß auch § 129 II Nr. 1 keinen Freibrief für Parteien darstellt (vgl. dort RN 9).

III. Eine weitere Qualifikation – und nicht nur zwingende Beispiele für die Annahme eines **4** besonders schweren Falles wie in § 129 IV – enthält **Abs. 2,** wenn der Täter zu den **Rädelsführern** oder **Hintermännern** gehört (vgl. dazu § 84 RN 10 f.). Die Eigenschaft als Rädelsführer bzw. Hintermann ist kein besonderes persönliches Merkmal iS des § 28 II (vgl. auch § 84 RN 17).

IV. Der **Versuch** ist nur in den Fällen des Abs. 1, 2 (Verbrechen) strafbar, wobei Versuchsfälle nach **5** Abs. 2 aber, abgesehen von der Gründung, kaum denkbar sein dürften. Zur **Vollendung** und zum **Rücktritt** bzw. zur **tätigen Reue** beim vollendeten Delikt, für die nach **Abs. 5** die Regelung des § 129 VI entsprechend gilt, vgl. § 129 RN 18 ff.

V. **Abs. 4** läßt bei Beteiligten, *deren Schuld gering und deren Mitwirkung von untergeordneter Bedeutung* **6** *ist,* eine **Strafmilderung** nach § 49 II zu, dies allerdings nur in den Fällen des Abs. 1, 3, nicht bei Abs. 2. Die nach § 129 a aF vorgesehene Möglichkeit, beim Versuch – nach Abs. 3 aF nur bei der Gründung strafbar – ganz von Strafe abzusehen, ist nach der nF entfallen. Bei nicht erheblich ins Gewicht fallenden Tatbeiträgen ist Abs. 4 besonders zu prüfen (BGH EzSt **Nr. 1**).

VI. Zu der neben einer Freiheitsstrafe von mindestens 6 Monaten nach **Abs. 6** bestehenden **7** Möglichkeit, für die Dauer von 2 bis 5 Jahren (§ 45 II) auf den **Verlust der Amtsfähigkeit und der Wählbarkeit** zu erkennen, vgl. die Anm. zu § 45; in den Fällen des Abs. 1, 2 (Verbrechen) gilt schon § 45 I. – Zu der nach **Abs. 7** in den Fällen des Abs. 1 und 2 neben einer Freiheitsstrafe von mindestens 6 Monaten (§ 68 I) möglichen **Anordnung von Führungsaufsicht** vgl. die Anm. zu § 68.

VII. Die bisherige **Kronzeugenregelung** zu § 129 a ist zwar mit Ablauf des 31. 12. 1999 außer **8** Kraft getreten (s. Vorbem. u. o. 1 a. E.), anwendbar bleibt sie aber für vor diesem Zeitpunkt liegende „Altfälle". Nach wie vor kann bei diesen der Generalbundesanwalt mit Zustimmung eines BGH-Senats bei Tätern oder Teilnehmern einer Straftat nach § 129 a oder einer damit zusammenhängenden Tat von der Verfolgung absehen, wenn 1. der Betreffende selbst oder über einen Vermittler vor Ablauf des 31. 12. 1999 einer Strafverfolgungsbehörde Erkenntnisse offenbart hat, die geeignet sind, die Begehung einer solchen Tat zu verhindern oder aufzuklären oder einen daran Beteiligten festzunehmen (wobei es auf den tatsächlichen Eintritt dieses Erfolgs nicht ankommt), 2. die Bedeutung des Offenbarten, insbes. im Hinblick auf die Verhinderung künftiger Taten, im Verhältnis zu der eigenen Tat das Absehen von Verfolgung rechtfertigt (§ 1). Unter denselben Voraussetzungen kann das Gericht von Strafe absehen (bzw. nach § 153 b II StPO verfahren) oder die Strafe nach seinem Ermessen mildern, wobei es bis zum gesetzlichen Mindestmaß herabgehen oder statt auf Freiheitsstrafe auf Geldstrafe erkennen kann (§ 2). Beides gilt jedoch nicht für Straftaten nach § 220 a; bei Taten nach §§ 211, 212 – ausgenommen sind allerdings Versuch, Anstiftung und Beihilfe – ist ein Absehen von Verfolgung und Strafe nicht und eine

§ 130 1

Strafmilderung nur bis zu einer Mindeststrafe von drei Jahren zulässig (§ 3). Soweit sich hier Überschneidungen mit Abs. 5 iVm § 129 VI usw. ergeben, geht Art. 4 als lex specialis vor (vgl. BT-Drs. 11/2834 S. 13, Hilger NJW 89, 2378). Zu den Einzelheiten vgl. Kleinknecht/Meyer-Goßner, 44. A., A 3a mwN u. aus der Rspr. BVerfG NJW **93**, 190 sowie BGH NJW **92**, 989, Bay NJW **91**, 2575, Hamburg NStZ **97**, 443 u. dazu Fezer aaO, Stuttgart JZ **92**, 537 u. dazu Lammer ebd. 510.

§ 130 Volksverhetzung

(1) Wer in einer Weise, die geeignet ist, den öffentlichen Frieden zu stören,
1. zum Haß gegen Teile der Bevölkerung aufstachelt oder zu Gewalt- oder Willkürmaßnahmen gegen sie auffordert oder
2. die Menschenwürde anderer dadurch angreift, daß er Teile der Bevölkerung beschimpft, böswillig verächtlich macht oder verleumdet,

wird mit Freiheitsstrafe von drei Monaten bis zu fünf Jahren bestraft.

(2) Mit Freiheitsstrafe bis zu drei Jahren oder mit Geldstrafe wird bestraft, wer
1. Schriften (§ 11 Abs. 3), die zum Haß gegen Teile der Bevölkerung oder gegen eine nationale, rassische, religiöse oder durch ihr Volkstum bestimmte Gruppe aufstacheln, zu Gewalt- oder Willkürmaßnahmen gegen sie auffordern oder die Menschenwürde anderer dadurch angreifen, daß Teile der Bevölkerung oder eine vorbezeichnete Gruppe beschimpft, böswillig verächtlich gemacht oder verleumdet werden,
   a) verbreitet,
   b) öffentlich ausstellt, anschlägt, vorführt oder sonst zugänglich macht,
   c) einer Person unter achtzehn Jahren anbietet, überläßt oder zugänglich macht oder
   d) herstellt, bezieht, liefert, vorrätig hält, anbietet, ankündigt, anpreist, einzuführen oder auszuführen unternimmt, um sie oder aus ihnen gewonnene Stücke im Sinne der Buchstaben a bis c zu verwenden oder einem anderen eine solche Verwendung zu ermöglichen, oder
2. eine Darbietung des in Nummer 1 bezeichneten Inhalts durch Rundfunk verbreitet.

(3) Mit Freiheitsstrafe bis zu fünf Jahren oder mit Geldstrafe wird bestraft, wer eine unter der Herrschaft des Nationalsozialismus begangene Handlung der in § 220a Abs. 1 bezeichneten Art in einer Weise, die geeignet ist, den öffentlichen Frieden zu stören, öffentlich oder in einer Versammlung billigt, leugnet oder verharmlost.

(4) Absatz 2 gilt auch für Schriften (§ 11 Abs. 3) des in Absatz 3 bezeichneten Inhalts.

(5) In den Fällen des Absatzes 2, auch in Verbindung mit Absatz 4, und in den Fällen des Absatzes 3 gilt § 86 Abs. 3 entsprechend.

Vorbem. Geändert und erweitert durch Art. 1 VerbrBekG v. 28. 10. 1994, BGBl. I 3186.

Schrifttum: Beisel, Die Kunstfreiheitsgarantie des Grundgesetzes und ihre strafrechtlichen Grenzen, 1997. – ders., Die Strafbarkeit der Auschwitzlüge, NJW 95, 997. – *Brockelmann*, § 130 StGB und antisemitische Schriften, DRiZ 76, 213. – *Fischer*, Die Eignung, den öffentlichen Frieden zu stören, NStZ 88, 159. – ders., Verhältnis der Bekenntnisbeschimpfung (§ 166 StGB) zur Volksverhetzung (§ 130 StGB), GA 89, 445. – *Geilen*, Zur Problematik des volksverhetzenden Leserbriefs, NJW 76, 279. – ders., Volksverhetzung (§ 130 StGB), in: Ulsamer (Hrsg.), Lexikon des Rechts/Strafrecht, Strafverfahrensrecht, 2. A., 1996, 1168 (zit. aaO). – *Giehring*, Pazifistische radikale Kritik als Volksverhetzung, StV 85, 30. – *Huster*, Das Verbot der „Auschwitzlüge", die Meinungsfreiheit u. das Bundesverfassungsgericht, NJW 96, 487. – *Jahn*, Strafrechtliche Mittel gegen Rechtsextremismus, 1998. – *Krone*, Die Volksverhetzung als Verbrechen gegen die Menschlichkeit, 1993 (Diss. Mainz). – *Lömker*, Die gefährliche Abwertung von Bevölkerungsteilen (§ 130 StGB), 1970 (Diss. Hamburg). – *Lohse*, Werden Gastarbeiter u. Ausländer durch § 130 StGB gegen Volksverhetzung wirksam geschützt?, NJW 71, 1245. – ders., „Türken ist der Zutritt verboten" – Volksverhetzung durch Zugangsverweigerung, NJW 85, 1677. – *Maiwald*, Zur Beleidigung der Bundeswehr und ihrer Soldaten, JR 89, 485. – *v. Pollern*, Wann liegt der Tatbestand des § 130 StGB (Volksverhetzung) vor?, Die Verwaltungspraxis 1967, 250. – *Römer*, Zum Merkmal des Aufstachelns zum Haß gegen Teile der Bevölkerung, NJW 71, 1735. – *Schafheutle*, Das sechste Strafrechtsänderungsgesetz, JZ 60, 470. – *H. Schulz*, Gewaltdelikte als Schutz der Menschenwürde im Strafrecht, Maihofer-FS 517. – *Streng*, Das Unrecht der Volksverhetzung, Lackner-FS 501. – *Tardu*, La protection juridique des groupes sociaux contre la propagande d'hostile, Revue int. de droit pénal, 1956, 59. – *Wehinger*, Kollektivbeleidigung – Volksverhetzung, 1994. – *Materialien:* BT-Drs. III/1746 u. zu § 130 nF insbes. BT-Drs. 12/4825, 6853, 7421, 7584, 7960, 8411, 8588.

1 **I. Neufassung und Rechtsgut.** Die als Reaktion auf antisemitische und nazistische Vorfälle bereits durch das 6. StÄG v. 30. 6. 1960 (BGBl. I 478) geänderte Vorschrift (ursprünglich: „Anreizung zum Klassenkampf"; zur Entstehungsgeschichte vgl. Streng aaO 502 ff., Wehinger aaO 95 ff.) wurde zur wirksameren Bekämpfung rechtsextremistischer und ausländerfeindlicher Propaganda durch das **VerbrBekG** v. 28. 10. 1994 (BGBl. I 3186) erneut **erweitert und verschärft** (zu den Materialien vgl. o. b. Schrifttum a. E., Tröndle/Fischer 1 mwN; zur Vorgeschichte vgl. 2 vor § 123). Hervorzuheben sind folgende Änderungen: 1. Zusammenfassung des § 130 Nr. 1, 2 aF in Abs. 1 Nr. 1 nF

unter Verzicht auf das in der aF enthaltene weitere Erfordernis eines Angriffs auf die Menschenwürde, der – wovon der Gesetzgeber der aF jedoch gerade nicht ausgegangen sein kann – mit den fraglichen Handlungen „in der Regel" ohnehin gegeben sei (zB BT-Drs. 12/6853 S. 24, 12/7960 S. 6, 12/8411 S. 6 u. krit. dazu Neumann StV 94, 274, Rudolphi SK 1 b; beibehalten wurde diese Einschränkung dagegen für § 130 Nr. 3 aF, jetzt Abs. 1 Nr. 2 nF); 2. Bildung eines neuen Tatbestands des öffentlichen usw. Billigens, Leugnens oder Verharmlosens einer unter der NS-Herrschaft begangenen Handlung iS des § 220 a I in § 130 III, IV nF, womit jetzt auch die im bloßen Leugnen des Holocaust bestehende „einfache Auschwitz-Lüge", die von der Rspr. bisher nur als Beleidigung angesehen wurde (vgl. § 185 RN 3), als Volksverhetzung strafbar ist, wenn dies in einer Weise geschieht, die geeignet ist, den öffentlichen Frieden zu stören; 3. Umgestaltung des in § 131 aF geregelten Tatbestands des Aufstachelns zum Rassenhaß zu einem allgemeinen und umfassenden Anti-Diskriminierungstatbestand und dessen Übernahme in § 130 II nF verbunden mit einer Erhöhung der Strafdrohung.

Was das geschützte **Rechtsgut** betrifft, so ist zu unterscheiden: 1. In den **Abs. 1, 3, 4** ist dies der öffentliche („innere") Frieden, der in § 130 nicht lediglich ein mittelbar geschütztes Rechtsgut ist (so jedoch Streng aaO 510), weil dessen Gefährdung hier eine ganz andere Qualität hat als sonst bei Individualrechtsgüterverletzungen (vgl. Celle JR **99**, 79 m. Anm. Popp, v. Bubnoff LK 1, 43, Geilen aaO 1169, 1176, Lackner/Kühl 1, M-Maiwald II 121, Rudolphi SK 1 ff. u. zu Abs. 1 auch Fischer/Tröndle 1 a; zu Abs. 3 vgl. aber auch Jescheck/Weigend 258 f., Stratenwerth, Lenckner-FS 388 f., Tröndle/Fischer 18; zu § 130 aF vgl. die Nachw. i. d. 25. A.). Zu verstehen ist dieser Begriff in § 130 in dem umfassenden – also nicht auf die Erfüllung reiner Sicherheitsbedürfnisse beschränkten – Sinn, wie er in § 126 RN 1 dargestellt ist (u. 10). In der Sache nichts anderes als der öffentliche Frieden in dieser weiteren Bedeutung kann auch gemeint sein, wenn nach BT-Drs. 12/8588 S. 8 mit Abs. 3, 4 eine „Vergiftung des politischen Klimas" (krit. dazu Tröndle/Fischer 18) durch die Verharmlosung der NS-Gewaltverbrechen verhindert werden soll (vgl. auch Lackner/Kühl 1). Kein eigenständiges Schutzobjekt des § 130 ist hier dagegen die Menschenwürde (vgl. auch Beisel aaO 338 ff.; and. v. Bubnoff aaO, Lackner/Kühl 1, Rudolphi SK 1, Tröndle/Fischer 1 a, offengelassen von Celle JR **98**, 79 m. Anm. Popp; zur aF vgl. zB Streng aaO 506 ff. [ausschließliches Rechtsgut], M-Maiwald aaO), dies auch nicht in der imaginären Form einer „Menschenwürde von Bevölkerungsgruppen als quantitativer Mittelwert" (so Ostendorf AK 4 zur aF). Sie war dies schon nach § 130 aF nicht (vgl. näher hier die 24. A. u. zuletzt Stuttgart Justiz **92**, 186, Wehinger aaO 88 ff.), und erst recht gilt dies für die nF, mit der erklärtermaßen das Ziel verfolgt wurde, die praktische Anwendung der Vorschrift zu erleichtern, nachdem sich hier bei § 130 aF Probleme wegen des Erfordernisses eines Angriffs auf die Menschenwürde ergeben hatten (vgl. BT-Drs. 12/6853, S. 24, 12/8411 S. 6). Zwar soll nach den Gesetzesmaterialien (aaO) mit Handlungen nach Abs. 1 Nr. 1 „in der Regel" auch ein Angriff auf die Menschenwürde gegeben sein, aber eben nur regelmäßig und nicht zwingend, womit die Menschenwürde zwangsläufig aus den Rechtsgutsüberlegungen ausscheidet, und dasselbe gilt für den neuen Tatbestand des Abs. 3 (einschl. Abs. 4), der unter Verzicht auf das Merkmal eines Angriffs auf die Menschenwürde gerade deshalb geschaffen wurde, um auch das einfache Leugnen des Holocaust zu erfassen (vgl. BT-Drs. 12/7960 S. 6, 12/8411 S. 6). Daß in Abs. 1 Nr. 2 der Angriff auf die Menschenwürde als zusätzliches Merkmal beibehalten wurde, ändert am Ganzen nichts, weil damit lediglich eine Begrenzung des Tatbestands auf besonders massive Schmähungen sichergestellt werden sollte (vgl. u. a. die BT-Drs. wie o. aaO). – 2. Kaum noch ein hinreichend substantiierbares Schutzobjekt dürfte dagegen bei dem an die Stelle des früheren § 131 I 1. Alt. (Aufstachelung zum Rassenhaß) getretenen *allgemeinen Anti-Diskriminierungstatbestands* des **Abs. 2 nF** auszumachen sein (wie zu Abs. 1 jedoch v. Bubnoff LK 32, Tröndle/Fischer 1 a). Der in § 131 aF verwendete Begriff des „Rassenhasses" warf wegen der Unschärfe des Rassenbegriffs zwar Auslegungsprobleme auf, zugeschnitten aber war er vor allem auf antisemitische Hetze. Der neue § 130 II geht darüber jedoch weit hinaus. Tatmittel können nunmehr neben Schriften, die zum Haß aufstacheln, auch solche sein, in denen zu Gewalt- und Willkürmaßnahmen aufgefordert wird oder die besonders massive Schmähungen enthalten, dies jedoch ohne die Einschränkung der Eignung zur Störung des – nur iS eines inländischen Rechtsguts zu verstehenden – öffentlichen Friedens, weshalb Angriffsobjekt nicht nur Teile der (inländischen) Bevölkerung, sondern auch ausschließlich im Ausland lebende nationale, rassische, religiöse usw. Gruppen sein können, und zwar selbst dann, wenn nicht einmal entfernt zu befürchten ist, daß die fragliche Schrift in dem anderen Land jemals bekannt werden wird. Was bei einem derart „abgehobenen" Anti-Diskriminierungstatbestand mit weltweiter Schutzrichtung als Rechtsgut bleibt – die Menschenwürde könnte dies auch hier nicht generell sein –, ist deshalb letztlich nichts anderes als das allgemeine Prinzip der Toleranz und Menschlichkeit und der Gedanke der Völkerverständigung (vgl. krit. auch Geilen aaO 1174: „diffuses" Rechtsgut). Ob damit der Bogen des Strafrechts nicht überspannt ist, ist allerdings eine andere Frage (vgl. auch König/Seitz NStZ 95, 3). Nur soweit sich die Tat gegen (inländische) Teile der Bevölkerung richtet, könnte auch der öffentliche Frieden iS eines rein abstrakten Gefährdungsdelikts – dies i. U. der konkreten Eignung zur Friedensstörung in Abs. 1, 3 (u. 11) – als Schutzgut angesehen werden. Ohne Bedeutung ist dagegen auch im Fall des Abs. 2 Nr. 1 c der Aspekt des Jugendschutzes (and. Tröndle/Fischer 1 a), da diesem, soweit es um den Schutz Jugendlicher um ihrer selbst willen geht, umfassend in §§ 6 Nr. 1, 21 I GjS – dort auch gegen fahrlässiges Handeln (Abs. 3) – Rechnung getragen ist (entsprechend zu § 131 dort RN 1).

2 II. Der **Tatbestand** des **Abs. 1** entspricht mit den o. 1 genannten Änderungen § 130 aF. Erfaßt sind hier das Aufstacheln zum Haß, die Aufforderung zu Gewalt- und Willkürmaßnahmen (Nr. 1) u. besonders massive Schmähungen (Nr. 2), wenn Angriffsobjekt Teile der Bevölkerung sind u. das Ganze in einer Weise erfolgt, die zur Störung des öffentlichen Friedens geeignet ist. Wie dies geschieht, ob mündlich oder durch Schriften, ist ohne Bedeutung. Beim Verbreiten usw. von entsprechenden Schriften sind zugleich die Voraussetzungen des Abs. 2 erfüllt, der über Abs. 1 hinaus mit einer geringeren Strafdrohung jedoch auch für solche Fälle gilt, in denen eine Eignung zur Friedensstörung nicht feststellbar ist.

3 1. Angriffsobjekt sind **Teile der Bevölkerung**, wobei dies nur solche der im Inland lebenden Bevölkerung sein können (Schutz des öffentlichen – d. h. des innerstaatlichen – Friedens), hier dann allerdings unabhängig davon, ob es sich um Deutsche oder Ausländer handelt. Diffamierungen usw. von Einzelpersonen, eines fremden Staates oder pauschale Angriffe auf die Angehörigen fremder Völker, Rassen, Religionen oder bestimmter auch sonst vorkommender Personengruppen (zB Soldaten) gehören deshalb nur dann hierher, wenn sie – was eine Frage der Auslegung ist (u. 5) – zugleich gegen Teile der inländischen Bevölkerung gerichtet sind (vgl. BGH **21** 371 [Disqualifizierung eines jüdischen Wahlbewerbers], Hamburg NJW **70**, 1649). Gemeint sind mit diesem Begriff nicht nur die – heute ohnehin überholten – „Klassen" iS der aF (vgl. dazu RG **35** 98), sondern alle Personenmehrheiten, die sich aufgrund gemeinsamer äußerer oder innerer Merkmale – zB Rasse, Volkszugehörigkeit, Religion, politische oder weltanschauliche Überzeugung, soziale und wirtschaftliche Verhältnisse, Beruf, bestimmte soziale Funktionen – als eine von der übrigen Bevölkerung unterscheidbare Bevölkerungsgruppe darstellen und zahlenmäßig sowie von einiger Erheblichkeit, d. h. individuell nicht mehr überschaubar sind (zB BGH GA **79**, 391, Bay NJW **94**, 952 m. Anm. Otto JR 94, 473, **95**, 145, Celle NJW **70**, 2257, Frankfurt NJW **89**, 1369, Hamburg NJW **75**, 1088, Hamm MDR **81**, 336, KG JR **98**, 214, LG Bremen StV **97**, 358, LG Frankfurt NJW **88**, 2683, v. Bubnoff LK 9, Geilen aaO 1170, Lackner/Kühl 2, M-Maiwald II 122, Rudolphi SK 3, Schafheutle JZ 60, 472, Tröndle/Fischer 3, Wehinger aaO 122 ff.). Darauf, ob die Gruppe besonders gefährdet ist, kommt es hier nicht an (vgl. auch Streng aaO 523), vielmehr ist dies erst bei der Frage nach der Eignung zur Friedensstörung von Bedeutung (u. 11). Nicht hierher gehören dagegen institutionalisierte Personenmehrheiten (zB Kirchen), soweit es um die Institution als solche und nicht um die hinter ihr stehenden Personen geht und wo deshalb im Fall des Abs. 1 Nr. 2 auch ein Angriff auf die Menschenwürde nicht möglich wäre (vgl. BGH **36** 91, LG Frankfurt StV **90**, 76 [Bundeswehr] u. dazu auch v. Bubnoff LK 9, Giehring StV 85, 32 f., Lömker aaO 177, Ostendorf AK 18). Nicht ausreichend sind nur vorübergehende Gruppierungen (zB streikende und nichtstreikende Arbeiter; vgl. RG **35** 96 zu § 130 aF) oder solche, die schon unter räumlichen Aspekten nicht als Teil der Bevölkerung erscheinen (Hamm MDR **81**, 336: kasernierte Bundesgrenzschutzeinheit).

4 **Einzelfälle:** Bevölkerungsteile iS des § 130 sind zB politische Gruppen (zu „Rot-Front verrecke" vgl. aber BGH MDR/S **88**, 353), Arbeitgeber und Arbeitnehmer, Besitzende („Kapitalisten") und Besitzlose (vgl. RG **50** 325 zu § 130 aF), die Arbeitslosen und Sozialhilfeempfänger (nicht dagegen die „Sozialschmarotzer", wenn damit nur diejenigen gemeint sind, die auf unlautere Weise in den Genuß von Sozialhilfe kommen [vgl. entsprechend u. zu den „Asylbetrügern"]), Punker (Beisel aaO 336), Behinderte (Schramm, Lenckner-FS 358), Bauern, Beamte oder einzelne hinreichend abgrenzbare Beamtengruppen (zB Richter und Staatsanwälte [vgl. LG Göttingen NJW **79**, 173], nicht dagegen die mit der Bekämpfung des Terrorismus befaßten Repräsentanten des Staats [BGH GA **79**, 391, LG Göttingen NJW **79**, 1558], eine Bundesgrenzschutzsondereinheit mit ca. 200 Beamten [Hamm MDR **81**, 336], die „Bremer Drogenfahnder" [LG Bremen StV **97**, 358]), die Soldaten der Bundeswehr (nicht dagegen die Bundeswehr als Einrichtung; vgl. BGH **36** 90 f., Düsseldorf OLGSt. **Nr. 2**, Frankfurt NJW **89**, 1367, Koblenz GA **84**, 575, LG Frankfurt NJW **88**, 2683, StV **90**, 77 u. dazu auch Giehring StV 85, 32, Streng aaO 523), ferner Einheimische und Vertriebene, Aus- und Übersiedler, die „Preußen" usw., Katholiken, Juden (BGH **16** 56, **21** 371, **29** 26, Koblenz MDR **77**, 335, Köln NJW **81**, 1280, Schleswig MDR **78**, 333), die in der Bundesrepublik lebenden, d. h. nicht nur als Touristen vorübergehend hier weilenden Ausländer (Hamburg MDR **81**, 71, Hamm NStZ **95**, 136, AG Linz NStZ-RR **96**, 388 [hier soweit sie ihren Lebensunterhalt nicht selbst bestreiten]; vgl. dazu auch BGHR § 130 Nr. 1, Bevölkerungsteil 2), Gastarbeiter oder bestimmte Gastarbeitergruppen (Celle NJW **70**, 2257 m. Anm. Blei JA 71, 27; vgl. dazu auch Lohse NJW 71, 1245, Römer NJW 71, 1735), Asylanten bzw. Asylbewerber ohne Anspruch auf Asyl (Düsseldorf MDR **95**, 948, Karlsruhe MDR **95**, 735) – auch die „Asylbetrüger", wenn damit, was eine Auslegungsfrage ist, nicht nur „Asylbetrüger" im eigentlichen Sinn, sondern als Asylanten oder solche ohne Anerkennungsanspruch gemeint sind (Bay NJW **94**, 952 m. Anm. Otto JR 94, 473, NJW **95**, 145, Frankfurt NJW **95**, 143, KG JR **98**, 213) –, Sinti und Roma (Karlsruhe NJW **86**, 1276), die in der Bundesrepublik lebenden Menschen anderer Hautfarbe (Hamburg NJW **75**, 1088 [überholt d. Kritik v. Geilen NJW 76, 279], Zweibrücken NStZ **94**, 490).

5 2. Gemeinsame Voraussetzung der in Abs. 1 **Nr. 1, 2** umschriebenen **Tathandlungen** ist, daß sie sich gegen Teile der Bevölkerung richten müssen (o. 3 f.), ferner ihre Eignung zur Friedensstörung (u. 8 ff.), i. U. zur aF dagegen nicht mehr das jetzt nur noch in Nr. 2 enthaltene Erfordernis eines Angriffs auf die Menschenwürde (vgl. o. 1), wobei es auf dieses aber auch dort nicht mehr ankommt, wenn die Beschimpfung usw. zugleich ein Aufstacheln zum Haß iS der Nr. 1 ist (u. 5 a,

Volksverhetzung 5a § 130

6). Gleichgültig ist in Abs. 1 i. U. zu Abs. 2, in welcher Form die fragliche Äußerung erfolgt. Ob die Voraussetzungen der Nr. 1, 2 erfüllt sind, beurteilt sich dabei nach ihrem objektiven, durch Auslegung unter Berücksichtigung aller hierfür bedeutsamen Umstände zu ermittelnden Erklärungswert, d. h. also danach, wie die Äußerung von einem unbefangenen Durchschnittsempfänger verstanden werden muß (zB BGH **40** 101 m. Anm. bzw. Bspr. Baumann NStZ 94, 392, Bertram NJW **94**, 202 u. Jakobs StV 94, 540, Bay NJW **94**, 952 m. Anm. Otto JR 94, 473, **95** 145; vgl. etwa zur Verwendung des Ausdrucks „Zigeuner" Karlsruhe NJW **86**, 1276, zum „Auschwitz-Mythos" u. der Frage seiner Gleichsetzung mit der „Auschwitz-Lüge" AG Hamburg NJW **95**, 1039, LG Hamburg NStZ-RR **96**, 262, Beisel NJW 95, 1000, zur Bezeichnung von Soldaten als „Mörder", „potentielle" bzw. „bezahlte (Berufs-)Mörder" u. ä. BVerfG NJW **94**, 2943 m. Bspr. bzw. Anm. Herdegen S. 2933, Grasnick JR 95, 162 u. Hill DRiZ 94, 488, BGH **36** 90 f., Düsseldorf OLGSt. **Nr. 2,** Frankfurt NJW **89**, 1367 m. Anm. Dau NStZ 89, 361, Hamm NStE **Nr. 7**, Koblenz GA **84**, 575, LG Frankfurt NJW **88**, 2683, StV **90**, 77, Giehring StV 85, 32 ff., Maiwald JR 89, 485, Streng aaO 522 ff. u. dazu auch u. 5 c, 7). Auch bei Schriften können in den Fällen des Abs. 1 – and. als nach Abs. 2, 4 – über ihren bloßen Inhalt hinaus noch weitere Umstände von Bedeutung sein (vgl. BGH NStZ **81**, 258). Jedenfalls bei Äußerungen im politischen Meinungskampf darf hier auch nicht schon auf den Eindruck eines nur flüchtigen Lesers abgestellt werden (vgl. entsprechend zu § 185 dort RN 8 a, BVerfGE **43**, 130, ferner Giehring aaO 31). Ein Verstoß gegen Art. 5 I GG ist es nach der Rspr. des BVerfG (vgl. aaO mwN), wenn bei mehrdeutigen Äußerungen die zur Verurteilung führende Bedeutung zugrundegelegt wird, ohne daß andere, ebenfalls mögliche Deutungen mit überzeugenden Gründen ausgeschlossen werden.

a) Ein **Aufstacheln zum Haß** – Abs. 1 **Nr. 1 1. Alt.** – ist die Einwirkung auf Sinne und Leidenschaften, aber auch auf den Intellekt (Geilen aaO 1171), die objektiv geeignet und subjektiv iS eines zielgerichteten Handelns dazu bestimmt ist, eine gesteigerte, über die bloße Ablehnung oder Verachtung hinausgehende feindselige Haltung gegen den betreffenden Bevölkerungsteil zu erzeugen oder zu steigern (vgl. BGH **21** 372, **40** 102 m. Anm. bzw. Bspr. o. 5, NStZ **81**, 258, Bay NJW **90**, 2480 m. Anm. Horn JR 91, 83, Frankfurt NJW **95**, 143, KG JR **98**, 215, Köln NJW **81**, 1280, LG Hannover NdsRpfl. **95**, 110, LG Mannheim NJW **94**, 2494 m. Anm. Bertram S. 2297 u. Sendler ZRP 94, 377, AG Linz NStZ-RR **96**, 358, v. Bubnoff LK 17, Lackner/Kühl 4, Lömker aaO 68, 74, Römer NJW 71, 1735, Rudolphi SK 4, Tröndle/Fischer 5; zT and. Geilen aaO, Lohse NJW 71, 1245 u. 85, 1679 f.). Unmittelbare Aktionen bestimmter Art brauchen damit i. U. zu Nr. 1 2. Alt. (u. 5 b) nicht beabsichtigt zu sein, wohl aber muß es sich um eine Stimmungsmache handeln, die zugleich den geistigen Nährboden für die Bereitschaft zu Exzessen gegenüber der betroffenen Bevölkerungsgruppe liefert. Schilder an Lokalen, auf denen bestimmten Personengruppen der Zutritt untersagt wird, reichen dafür nicht aus (vgl. v. Bubnoff LK 25, Römer aaO, Rudolphi SK 4, Tröndle/Fischer 5; and. Lohse aaO, Streng aaO 522), und wohl auch nicht eine Tafel mit der Aufschrift „Ausländer sind als zahlende Gäste willkommen" (so jedoch AG Linz aaO), ebensowenig ohne das Hinzukommen besonderer Umstände schon das bloße Hissen der Reichskriegsflagge (vgl. aber auch OVG Münster NJW **94**, 2909). Kein Aufstacheln zum Haß kann ferner eine sachliche Berichterstattung sein – die Wahrheit zu sagen muß immer erlaubt sein –, auch wenn sie geeignet ist, ein feindseliges Klima gegen die Angehörigen bestimmter Gruppen zu schaffen oder zu verstärken (zB Bericht über den Ausländeranteil bei der organisierten Kriminalität) und insgeheim vielleicht sogar in böser Absicht erfolgt (vgl. auch VG Regensburg NJW **94**, 2040). Vor dem Hintergrund der NS-Judenverfolgung ist allerdings zu beachten, daß auch scheinbar sachliche „Enthüllungen" darauf angelegt sein können, Feindschaft gegen die Juden zu schüren (vgl. zB BGH **16** 56, **21** 371, Köln NJW **81**, 1280). Eindeutig ein Aufstacheln zum Haß ist zB die Behauptung, die Juden betrieben „als Urheber einer Vernichtungslegende (6-Millionenlüge) die politische Unterdrückung und finanzielle Ausbeutung des deutschen Volkes" (BGH **31** 231, vgl. auch BGH **40** 101, NStZ **81**, 258, **94**, 140, LG Mannheim aaO 2497), ebenso die Parole „Deutsche wehrt euch" im Zusammenhang mit der „Auschwitzlüge", aber auch schon das Aufsprühen von „Juda verrecke" iVm Hakenkreuzen (Koblenz MDR **77**, 334; zur Judenhetze vgl. auch Hamm NStZ **81**, 262, Schleswig MDR **78**, 333), ferner zB die Darstellung der Asylbewerber als betrügerische Schmarotzer, die auf Kosten der schwer arbeitenden deutschen Bevölkerung ein faules Leben führen und sich über die dummen Deutschen, die noch lustig machen (Frankfurt NJW **95**, 143; vgl. auch BAG NJW **96**, 2253). Daß die als Hetzmittel dargestellte Eigenschaft nach der Vorstellung des Täters nicht auf Angehörige der fraglichen Bevölkerungsgruppe beschränkt ist, schließt dabei ein Aufstacheln zum Haß gegen diese nicht aus (vgl. Hamm NStZ **81**, 262 zu § 131 aF). Meist erfolgt das Aufstacheln zum Haß durch Äußerungen, die zugleich ein Beschimpfen usw. iS des Abs. 1 Nr. 2 sind (vgl. etwa zu dem zuletzt genannten Bsp. Frankfurt aaO, aber auch Bay NJW **95**, 145, Karlsruhe MDR **95**, 735 bzw. LG Hannover NdsRpfl. **95**, 110, wo nur auf Nr. 3 bzw. Nr. 1 aF – jetzt Nr. 2, Nr. 1 1. Alt. – abgestellt wird). Ob mit Beschimpfungen usw. zugleich zum Haß aufgestachelt wird, hängt vom Adressaten ab: Sind dies nur die Betroffenen, so kommt allein Nr. 2 in Betracht, während der Tatbestand der Nr. 1 1. Alt. erfüllt ist, wenn damit zugleich bei „den anderen" Feindschaft geweckt werden soll. Von entscheidender Bedeutung wird diese auch mit den Mitteln der Auslegung häufig nicht einfach zu beantwortende Frage – und insofern hat die Neufassung des § 130 aF durch Abs. 1 auch neue Probleme geschaffen –, wenn Nr. 2 mangels des dort zusätzlich genannten Erfordernisses eines Angriffs auf die Menschen-

§ 130 5 b–5 d

würde nicht anwendbar ist und deshalb nur der Weg über Nr. 1 1. Alt. bleibt. Bei der Wiedergabe einer fremden zum Haß aufstachelnden Äußerung kommt es darauf an – auch dies kann eine Auslegungsfrage sein (o. 5) –, ob der Betreffende diese sich zu eigen macht (vgl. RG LZ 22, 124, LG Mannheim aaO 2497). Unberührt bleibt hier jedoch Abs. 2, wenn es sich um das Verbreiten einer zum Haß gegen Bevölkerungsteile aufstachelnden Schrift usw. handelt.

5 b b) Bei der **Aufforderung zu Gewalt- oder Willkürmaßnahmen** nach Abs. 1 **Nr. 1 2. Alt.** ist das Auffordern ebenso zu verstehen wie in § 111 (BGH **32** 310 m. Anm. Bloy JR 85, 266), bedeutet also ein über bloßes Befürworten hinausgehendes, ausdrückliches oder konkludentes Einwirken auf andere mit dem Ziel, in ihnen den Entschluß zu bestimmten Handlungen hervorzurufen (vgl. näher § 111 RN 3). Mit den Gewalt- und Willkürmaßnahmen sind hier i. U. zu § 234 a (vgl. dort RN 12) auch Privataktionen ohne staatliche Beteiligung (zB Pogrome) gemeint (vgl. Geilen aaO 1171 f., Ostendorf AK 12). Gewaltmaßnahmen sind insbes. Gewalttätigkeiten iS des § 125, gewaltsame Vertreibungen und Eingriffe in die Freiheit, während der normative Begriff der Willkürmaßnahme sonstige diskriminierende und im Widerspruch zu elementaren Geboten der Menschlichkeit stehende Behandlungen aller Art umfaßt, einschließlich solcher, die mit einer wirtschaftlichen oder beruflichen Beeinträchtigung verbunden sind (zB vor dem Hintergrund der NS-Judenverfolgung Boykottaufruf: „Kauft nicht bei Juden"; vgl. dazu auch BGH **21**, 371, v. Bubnoff LK 19). Da solche Maßnahmen Gegenstand der Aufforderungen sein müssen, ist der Tatbestand nicht erfüllt, wenn zB Ausländer aufgefordert werden, das Land zu verlassen. Die Parole „Juden raus", „Türken raus" usw. genügt daher nicht, wohl aber wegen des geschichtlichen Hintergrunds der Judenverfolgung in Verbindung mit dem Hakenkreuz, hier aber freilich entgegen BGH aaO nicht nur bei der Parole „Juden raus", weil damit eindeutig auf eine gewaltsame Vertreibung hingewiesen wird (vgl. auch v. Bubnoff LK 20, Bloy aaO, Rudolphi SK 5, Streng aaO 519 f.). Enthalten „Ausländer-raus"-Parolen usw., von den eben genannten Fällen abgesehen, zugleich die Drohung, daß sie, wenn es nach dem Willen ihrer Urheber ginge, auch mit radikalen Mitteln durchgesetzt würden, so liegt Nr. 1 2. Alt. nur dann vor, wenn dies zugleich als Aufforderung an den Staat oder Dritte zu verstehen ist, so z. B. verneint (vgl. aber auch Hamm NStZ **95**, 136, wo die Zuordnung zu den Tatbeständen des Abs. 1 unklar bleibt). Wie schon bei Nr. 1 1. Alt. ist auch hier i. U. zu § 130 aF nicht mehr erforderlich, daß die Aufforderung zu Gewaltmaßnahmen usw. zugleich ein Angriff auf die Menschenwürde ist. Tatbestandsmäßig ist damit jetzt auch das Auffordern zu Maßnahmen, die sich nur gegen Sach- und Vermögenswerte richten sollen (zB Aufforderung, „die Geschäfte der Kapitalisten auszuräumen").

5 c c) Die Tathandlung nach Abs. 1 **Nr. 2** besteht im **Angriff auf die Menschenwürde** anderer durch **Beschimpfen**, böswilliges **Verächtlichmachen** oder **Verleumden**. Dies muß sich jeweils gegen einen Bevölkerungsteil richten, ohne daß hier die Voraussetzungen einer Kollektivbeleidigung gegeben sein müssen, da die dort erforderliche Individuumsbezogenheit bei der Diffamierung ganzer Bevölkerungsteile, bei der sich der Angriff auf den einzelnen in dem auf die Gesamtheit verliert, idR vielmehr gerade fehlt (vgl. Wehinger aaO 135 f. sowie 7 ff. vor § 185). Nicht ausreichend ist das Beschimpfen usw. von Institutionen oder bestimmten Berufen als solchen, wenn damit nicht in Wahrheit die hinter ihnen stehenden Personengruppen gemeint sind. Eine Frage der Auslegung ist es daher zB, ob die im Rahmen radikaler pazifistischer Kritik erfolgende Apostrophierung von Soldaten als „Mörder" nach Kontext und sonstigen Umständen nur als plakative Kennzeichnung bestimmter Wertvorstellungen über das „Soldatenhandwerk" als solches zu verstehen ist oder ob damit auch die Soldaten als Teil der Bevölkerung angegriffen werden (vgl. dazu auch BVerfG NJW **94**, 2943, **95**, 3303 u. die Nachw. o. 5).

5 d α) Entsprechend wie bei den §§ 185 ff. können Bevölkerungsgruppen sowohl durch Tatsachenbehauptungen wie durch Werturteile diffamiert werden, wobei diese sowohl an die Betroffenen selbst als auch an Dritte gerichtet sein können. Wie sich diese verschiedenen Begehungsmöglichkeiten auf die in Nr. 2 genannten Tatbestandsalternativen des **Beschimpfens**, böswilligen **Verächtlichmachens** und **Verleumdens** verteilen, ergibt sich durch einen Rückschluß aus der 3. Alt., da mit dem „Verleumden" offensichtlich an § 187 angeknüpft wird (and. zB in § 166, vgl. dort RN 9). Werturteile können danach nur ein Beschimpfen bzw. Verächtlichmachen sein, während bei Tatsachenbehauptungen zu unterscheiden ist: Nur ein Verleumden kommt in Betracht, wenn sie ausschließlich gegenüber Dritten aufgestellt werden (zB in einer Versammlung von Gesinnungsgenossen), allein oder zugleich die beiden ersten Alternativen dagegen, wenn dies ausschließlich oder auch gegenüber den Betroffenen geschieht (zur Abgrenzung bei Äußerungen mit tatsächlichen und wertenden Bestandteilen vgl. § 186 RN 4). Im übrigen bedeutet das *Beschimpfen* – weitergehend als eine bloße Beleidigung – eine nach Inhalt oder Form besonders verletzende Mißachtenskundgebung (BGH **7** 110 u. näher § 90 a RN 5; zu § 130 zB Hamburg NJW **75**, 1088, KG JR **98**, 215, Koblenz GA **84**, 575, LG Göttingen NJW **79**, 373, LG Mannheim NJW **94**, 2497, v. Bubnoff LK 22, Geilen aaO 1172), während das *böswillige Verächtlichmachen* – beide Tatbestandsalternativen sind vielfach nicht klar zu trennen – Äußerungen betrifft, in denen die Betroffenen aus verwerflichen Beweggründen als der Achtung der Bürger unwert und unwürdig hingestellt werden (vgl. BGH **3** 346, **7** 111 sowie § 90 a RN 7, 9; zu § 130 zB Bay NJW **95**, 145, Frankfurt NJW **95**, 143, KG aaO, Koblenz aaO); beim *Verleumden* schließlich geht es um die gegenüber Dritten bewußt wahrheitswidrig aufgestellte Behauptung von Tatsachen, die geeignet sind, die betroffene Gruppe in ihrer Geltung und in ihrem Ansehen herabzuwürdigen (vgl. v. Bubnoff LK 24, Lackner/Kühl 6, Rudolphi SK 6; zu dem in § 187 gleich-

falls genannten Verbreiten von Tatsachen vgl. u.). Während hier die objektive Unwahrheit einer Tatsachenbehauptung und die positive Kenntnis davon wesentlich ist, können Wertungsexzesse auch dann ein Beschimpfen usw. sein, wenn die zugrundeliegenden Tatsachen wahr sind oder vom Täter für wahr gehalten werden. Beispiele für ein Beschimpfen bzw. böswilliges Verächtlichmachen sind etwa die o. 5 a genannte Asylbewerberdiffamierung oder oder die Darstellung der in Deutschland lebenden Juden als Teil eines Parasitenvolks (LG Mannheim NJW **94**, 2497; vgl. ferner o. 5 a), nach Zweibrücken NStZ **94**, 490 – sehr weitgehend – auch schon die Parole „Rassenmischung ist Völkermord" iVm der stilisierten Darstellung eines dunkelhäutigen Mannes und einer blonden Frau, die sich umarmen. Äußerungen, die lediglich emotionale Ablehnung ausdrücken, genügen dagegen selbst dann nicht, wenn sie zB eine fremdenfeindliche Einstellung erkennen lassen (vgl. Zweibrücken aaO [„Gegen multikulturelle Gesellschaft und Ausländerintegration"], VG Regensburg NJW **94**, 2040 [„Umweltschutz mit dem Zuzug von Ausländern nicht vereinbar (Boden ist nicht vermehrbar)]"). Vorbehaltlich besonderer Umstände gilt dies zB auch für Aufschriften an Lokalen, wonach Ausländer oder bestimmte Ausländergruppen unerwünscht sind (vgl. Rudolphi SK 6, Tröndle/Fischer 5 u. näher dazu u. zu den eine abweichende Beurteilung rechtfertigenden Umständen v. Bubnoff LK 25; and. Blau JR 86, 82 f., Lohse NJW 85, 1680, Streng aaO 521; vgl. auch Frankfurt NJW **85**, 1720 [dort nicht erörtert wegen Verneinung eines Angriffs auf die Menschenwürde] u. zur Rechtswidrigkeit solcher Lokalverbote Kühner NJW 86, 1397). Ebenso hängt es von den Umständen ab, ob mit der Parole „Ausländer raus!" lediglich in der Bevölkerung vorhandene Vorbehalte und Ängste oder die Einschätzung der Betroffenen als minderwertig zum Ausdruck gebracht werden (vgl. auch Hamm NStZ **95**, 136 zur Frage eines Angriffs auf die Menschenwürde. Wie bei Nr. 1 kommt es auch in Nr. 2 bei der Wiedergabe fremder Beschimpfungen usw. darauf an, ob der Betreffende sich mit diesen identifiziert, was beim Verleumden zwar nicht aus § 187 folgt, an dem sich dieser Begriff hier orientiert – dort genügt auch das bloße Verbreiten fremder Behauptungen –, wohl aber aus dem zusätzlichen Erfordernis eines Angriffs auf die Menschenwürde, das gleichfalls nur iS eines persönlichen Äußerungsdelikts verstanden werden kann (u. 6). Maßgebend dafür ist der objektive Erklärungswert des Wiedergabeverhaltens (o. 5), bei dessen Ermittlung dann allerdings schon der besondere Inhalt der wiedergegebenen Äußerung entscheidend ins Gewicht fallen kann (vgl. dazu BGH NStZ **81**, 258, Bay NJW **94**, 953, Koblenz GA **84**, 575 m. Bspr. Giehring StV 85, 34, F. C. Schroeder JR 79, 93; zur positiven Kommentierung eines volksverhetzenden Leserbriefs durch einen Redakteur vgl. Schleswig MDR **78**, 333). Handelt es sich um das Verbreiten einer beschimpfenden Schrift, so bleibt im übrigen Abs. 2, wo es darauf nicht ankommt (vgl. auch o. 5 a).

β) Hinzu kommen muß in Nr. 2, daß der Täter durch diese Handlungen zugleich die **Menschen-** **6** **würde anderer angreift** (krit. dazu Geilen aaO 1172), wobei die „anderen" dem Sinn der Vorschrift entsprechend nur die Angehörigen des betreffenden Bevölkerungsteils sein können und der Angriff in der Person des Täters erfolgen muß, weshalb auch hier die Wiedergabe fremder Äußerungen nur genügt, wenn er sie erkennbar zu eigen macht (vgl. auch o. 5 d). Mit diesem weiteren, ursprünglich für den gesamten § 130 aF (jetzt Abs. 1) geltenden, aber recht unbestimmten Erfordernis sollte lt. BT-Drs. III/1746 S. 3 verhindert werden, daß die Vorschrift im Hinblick auf die mit der Verwendung des Begriffs „Teile der Bevölkerung" verbundene Ausweitung auch auf legale politische usw. Auseinandersetzungen angewendet wird, selbst wenn sie zu Auswüchsen führen (näher dazu Frankfurt NJW **95**, 143, Wehinger aaO 125). Daß Handlungen, welche die Voraussetzungen der Nr. 2 erfüllen, noch im Rahmen eines legalen politischen Meinungskampfes liegen könnten, ist jedoch kaum vorstellbar (krit. dazu Androulakis, Die Sammelbeleidigung [1970] 94, Blei II 293, Schulz aaO 518). Soll das fragliche Merkmal überhaupt eine eigenständige Funktion haben, so kann diese daher – so jetzt auch die Begründung für seine Beibehaltung in Abs. 1 Nr. 2 nF (o. 1) – nur in einer zusätzlichen Begrenzung auf besonders massive Angriffe gesehen werden, was wegen des Verzichts auf dieses Erfordernis in Nr. 1 (o. 1) allerdings nur von Bedeutung ist, wenn sich das Beschimpfen usw. nicht zugleich als Aufstacheln zum Haß darstellt (o. 5 a). Für den verbleibenden eigenständigen Anwendungsbereich der Nr. 2 ist – wie bisher – Voraussetzung dann jedoch, daß der Begriff der Menschenwürde hier in einem engeren Sinn als in Art. 1 GG verstanden wird (and. Lohse NJW 85, 1678, der übersieht, daß aus Art. 1 GG keine entsprechend umfassende strafrechtliche Schutzverpflichtung folgt; vgl. gegen Lohse auch Streng aaO 511). Ein Angriff auf die Menschenwürde liegt danach nur vor, wenn sich die Tat nicht nur gegen einzelne Persönlichkeitsrechte (zB Ehre) richtet, sondern den Menschen im Kern seiner Persönlichkeit trifft, indem er unter Mißachtung des Gleichheitssatzes als unterwertig dargestellt und ihm das Lebensrecht in der Gemeinschaft bestritten wird (vgl. BT-Drs. wie o., BGH **16** 56, **19** 63, **21** 372, **31** 231 f., **36** 90, **40** 97 m. Anm. bzw. Bspr. o. 5, NStZ **81**, 258, Bay NJW **95**, 145, Celle NJW **82**, 1545, Düsseldorf OLGSt. **Nr. 2,** Frankfurt NJW **85**, 1720 m. Anm. Blau JR 86, 82, **89**, 1369 m. Anm. Dau NStZ 89, 361, **95**, 143, Hamburg NJW **75**, 1088 m. Anm. Geilen NJW 76, 279, Hamm NStZ **95**, 136, NStE **Nr. 7,** KG JR **98**, 215, Koblenz GA **84**, 575, LG Bremen StV **97**, 358, LG Frankfurt NJW **88**, 2685, StV **90**, 77, LG Hannover NdsRpfl. **95**, 110, VG Regensburg NJW **94**, 2040, Beisel NJW 95, 998, v. Bubnoff LK 11 a, Geilen aaO 1172 f., Lackner/Kühl 3, Maiwald JR 89, 489, Ostendorf AK 14 f., Rudolphi SK 7, Schafheutle JZ 60, 473, Tröndle/Fischer 8, Wehinger aaO 124 ff. u. näher Lömker aaO 124, Otto JR 94, 473 f., Streng aaO 511 ff.). Das heißt nicht, daß dem Betroffenen iS seiner existentiellen Vernichtung das Lebensrecht an sich („biologisches Lebensrecht", Bay NJW **95**, 145) abgesprochen werden muß (vgl. Bay aaO, KG aaO, Karlsruhe MDR **95**, 735 zu Frankfurt NJW **95**, 143), wie dies zB der Fall ist bei der Äußerung, daß „man Ausländer wie Juden vergasen sollte" (Hamburg MDR **81**, 71) oder bei der Gleichsetzung mit Tieren, die man „schießen" bzw. „abschießen" könne (Braunschweig NJW **78**, 2046, LG Göttingen NJW **79**, 173 [„Buback-Nachruf"]). Andererseits kann es aber auch nicht ausreichen, wenn lediglich der soziale Geltungsanspruch der Betroffenen verletzt und ihnen damit „die Möglichkeit genommen wird, unvoreingenommene Gemeinschaft mit den anderen zu haben" (so jedoch Otto II 321, JR **94**, 474), weil darin gegenüber dem Beschimpfen, Verleumden usw. kaum eine zusätzliche Einschränkung liegen dürfte. Notwendig ist vielmehr, daß es sich „um eine Tat handelt, die deshalb unmenschlich ist, weil sie das Menschentum des Angegriffenen bestreitet oder relativiert" (BT-Drs. wie o., Bay aaO 146), diesen maW also zur „Unperson" macht oder jedenfalls in die Nähe einer solchen rückt. Daß die Grenzziehung zwischen einem „einfachen" Beschimpfen usw. und einem solchen, das zugleich einen Angriff auf die Menschenwürde darstellt, im Einzelfall außerordentlich schwierig sein kann, liegt auf der Hand (vgl. Bay aaO, Karlsruhe aaO gegen Frankfurt aaO zur Diffamierung von Asylanten als Aidskranke, Rauschgifthändler, Faulenzer und Betrüger, die sich über die „dummen Deutschen" obendrein noch lustig machen; vgl. dazu auch LG Hannover NdsRpfl. **95**, 110, Otto JR **94**, 474). Diese Frage erledigt sich zwar, wenn in dem Beschimpfen usw. zugleich ein Aufstacheln zum Haß liegt, häufig wird damit aber lediglich das eine Problem durch das andere ersetzt, ob das Beschimpfen außerdem diese weitere Bedeutung hat (o. 5 a a. E.).

7 **Einzelfälle:** Um einen Angriff auf die Menschenwürde in dem genannten Sinn handelt es sich zB bei der Gleichstellung von Asylbewerbern mit Schweinekot (Düsseldorf MDR **95**, 948) oder wenn in einem Leserbrief zu einem mit einem völlig unverfänglichen Titelbild verbundenen Bericht über schwarz-weiße Ehen in der Bundesrepublik von den „gierigen schwarzen Pranken auf der weißen Haut" und der „abstoßenden Brutalität, Primitivität und absoluten Kulturlosigkeit im Gesichtsausdruck dieser Unterentwickelten" die Rede ist (Hamburg NJW **75**, 1088; zu weitgehend aber wohl Zweibrücken NStZ **94**, 490 [o. 5 d]). Dasselbe gilt vor allem hinsichtlich des NS-Massenmords an Juden – und deshalb nicht verallgemeinerungsfähig –, wenn Juden als für bestimmte Ämter unwürdig hingestellt werden (vgl. BGH **21** 371, Schleswig MDR **78**, 333). Ein Angriff auf die Menschenwürde ist auch die sog. „qualifizierte Auschwitzlüge", d. h. das Leugnen des Holocaust, wenn darin zugleich eine Identifizierung mit der NS-Rassenideologie zum Ausdruck kommt oder sonst ein Zusammenhang mit dieser besteht, ebenso zB wenn der „Auschwitz-Mythos" als eine zur Knebelung und Erpressung Deutschlands erfundene Lügengeschichte hingestellt wird, die Juden als Parasiten diffamiert werden oder sonst besonders gravierende Umstände hinzukommen (BGH **31** 231 f., **40** 100 m. Anm. bzw. Bspr. o. 5, NStZ **81**, 258, **94**, 140, Celle NJW **82**, 1545, LG Mannheim NJW **94**, 2497 f.; dazu, daß von der Strafbarkeit der „qualifizierten Auschwitzlüge" bereits nach Abs. 1 nF auch der Gesetzgeber ausgegangen ist, vgl. BT-Drs. 12/8588 S. 8; zur „einfachen Auschwitzlüge" vgl. u. 16 ff.). Abqualifizierende und diskriminierende Äußerungen über berufliche Tätigkeiten und soziale Funktionen oder das Zuschreiben ehrenrühriger Handlungen sind zwar als solche noch kein Angriff auf die Menschenwürde (vgl. dazu LG Bremen StV **97**, 358), wohl aber – was eine Frage der Interpretation ist –, wenn die Betreffenden damit zugleich als „unterwertige Wesen" charakterisiert werden sollen (vgl. BGH **36** 90, Frankfurt NJW **89**, 1367 jeweils m. Anm. bzw. Bspr. Blau NStZ 89, 361, Maiwald JR 89, 485, Hamm NStE **Nr. 7**). Davon, ob mit der pazifistischen Parole „Soldaten sind (potentielle) Mörder" nur das „Soldatenhandwerk" als solches negativ gekennzeichnet werden soll oder ob damit u. a. auch die Soldaten der Bundeswehr schlimmsten Verbrechern gleichgestellt werden, hängt es deshalb auch ab, ob darin zugleich ein Angriff auf die Menschenwürde liegt (vgl. dazu BVerfG NJW **94**, 2943 m. Bspr. bzw. Anm. Herdegen S. 2933, Grasnick JR 95, 162, Hill DRiZ 94, 488 [u. a. mit dem iE damit zugleich § 130 ausschließenden Hinweis, daß nach dem Alltagssprachgebrauch unter „Mord" jede Tötung eines Menschen verstanden werden könne, die als ungerechtfertigt beurteilt und deshalb mißbilligt wird; mit Recht krit. dazu zB v. Bubnoff LK 27, Herdegen aaO]; vgl. ferner Frankfurt m. Anm. bzw. Bspr. aaO, Hamm aaO, LG Frankfurt NJW **88**, 2683, StV **90**, 77; zum Beschimpfen i.e. entsprechend o. 5 c). Dagegen kann bei der Bezeichnung als „vom Staat bezahlte Berufsmörder" bzw. als „bezahlte Mörder" wegen der Gleichstellung mit „Berufskillern" kaum zweifelhaft sein, daß Soldaten damit, wie jeder andere auch, im Kern ihrer Persönlichkeit getroffen werden (vgl. Düsseldorf OLGSt **Nr. 2**, Koblenz GA **84**, 575, aber auch Giehring StV 85, 34 f., Streng aaO 522 ff.). Weil in einem solchen Fall, wenn nicht besondere Umstände vorliegen, die Person vom Beruf nicht abstrahiert werden kann, ist das gleiche aber auch umgekehrt anzunehmen, wenn zwar nur vom Beruf des Soldaten die Rede ist, dieser aber mit dem eines „Folterknechts, KZ-Aufsehers oder Henkers" verglichen wird (vgl. BGH **36** 90 m. Anm. Dau u. Maiwald aaO, wo ein Angriff auf die Menschenwürde nur wegen des geäußerten Verständnisses für die mißliche Lage der „armen Teufel, die sich zum Bund verpflichtet haben" und ähnlicher zusätzlicher Äußerungen verneint wurde). Auch für die Diskriminierung von Ausländern gilt, daß sie nur genügt, wenn sie gegen deren Menschsein als solches gerichtet ist, bei einem Lokalverbot also nur, wenn damit zum Ausdruck gebracht wird, daß die Betroffenen als Menschen zweiter Klasse es nicht wert sind, bedient zu werden (verneint von Frankfurt NJW **85**, 1720 bei einem Lokalverbot für Türken; vgl. dagegen aber Blau JR 86, 82, Lohse NJW 85, 1679, M-Maiwald II 122, Streng aaO 520 ff.); daß Ausländern lediglich das Aufenthaltsrecht bestritten wird, genügt nicht (Ostendorf AK 15; vgl. aber auch Hamm NStZ **95**, 136 zu der Parole „Ausländer raus"), wohl aber, wenn Asylbe-

werber (vgl. dazu aber auch o. 4 a. E.) als Parasiten hingestellt werden und deshalb aus der Gemeinschaft zu entfernen seien (KG JR **98**, 215).

3. Ebenso wie in den §§ 126, 140 Nr. 2, 166 müssen die in Abs. 1 Nr. 1, 2 genannten Handlungen **8/9** schließlich **in einer Weise** erfolgen, die **geeignet** ist, den **öffentlichen Frieden zu stören**.

a) Zum öffentlichen Frieden und dessen Störung vgl. zunächst § 126 RN 1, 8. Im Unterschied zu **10** dort, wo der öffentliche Frieden praktisch nur in einem Teilaspekt betroffen ist (Hervorrufen von Angst vor und der Bereitschaft zu Straftaten), kann er dies hier jedoch in der ganzen Breite seines Spektrums sein (vgl. § 126 RN 1). Auch bei § 130 ist der öffentliche Frieden zunächst gestört, wenn – von Bedeutung insbes. für die Begehungsweisen des Abs. 1 Nr. 1 – offene oder latente Gewaltpotentiale geschaffen werden, ein Zusammenleben ohne Furcht um Leib und Leben, Hab und Gut usw. nicht mehr möglich ist und damit in dem angegriffenen Bevölkerungsteil „das Vertrauen in die öffentliche Rechtssicherheit erschüttert" wird (zB BGH **16** 56, **29** 26, Hamburg MDR **81**, 71; vgl. ferner § 126 RN 8). Wie Abs. 1 Nr. 1 zeigt, ist eine Friedensstörung hier aber auch in der noch im Vorfeld von Aggressionsbereitschaft und entsprechenden Ängsten liegenden Vergiftung des öffentlichen Klimas zu sehen, die darin besteht, daß bestimmte Bevölkerungsgruppen ausgegrenzt und entsprechend behandelt werden, indem ihren Angehörigen pauschal der sittliche, personale oder soziale Geltungswert abgesprochen wird und sie im Fall des Abs. 1 Nr. 2 mit dem hier erforderlichen Angriff auf die Menschenwürde darüber hinaus als „Unperson" abgestempelt werden (vgl. § 126 RN 1 u. dazu auch KG JR **98**, 216).

b) Ausreichend ist schon die **konkrete Eignung** zur Friedensstörung, wofür Entsprechendes gilt **11** wie in § 126 (vgl. daher dort RN 9). Auch hier muß die Äußerung nach Inhalt, Art und konkreten Fallumständen daher so beschaffen sein, daß sie bei einer Gesamtwürdigung die Besorgnis rechtfertigt, es werde zu einer Friedensstörung kommen (vgl. zB BGH **16** 56, **21** 371, **29** 26, Koblenz MDR **77**, 334, Schleswig MDR **78**, 333 [antisemitische Agitation], Celle NJW **70**, 2257 [Hetze gegen Gastarbeiter], Hamburg NJW **75**, 1088 m. Anm. Geilen NJW **76**, 279 [Beschimpfen von Negern], Düsseldorf OLGSt. **Nr. 2**, Koblenz GA **84**, 575 [Bezeichnung von Soldaten als „bezahlte Berufsmörder"; vgl. dazu aber auch Giehring StV **85**, 35 f.], LG Göttingen NJW **79**, 173 [„Buback-Nachruf"]). Dabei sind Kriterien dieser Eignungsprüfung zunächst und vor allem Inhalt und Intensität des Angriffs, die Empfänglichkeit der Öffentlichkeit – hier insbes. auch von Jugendlichen (vgl. Zweibrücken NStZ **94**, 490 [Aufkleber an Schulen]) – für solche Angriffe, das Vorhandensein offener oder latenter Gewaltpotentiale bzw. die Sensibilität der betroffenen Gruppe dafür und ihre mehr oder minder gefährdete Position in der Gesellschaft (näher dazu v. Bubnoff LK 13 a f.; für eine Beschränkung auf die inhaltliche Intensität des Angriffs und die Öffentlichkeitsfähigkeit iS der technischen Tatmodalität jedoch Streng aaO 514 ff.; vgl. dagegen aber auch v. Bubnoff LK 7, Lackner/Kühl 10). In der derzeitigen Situation schon unter diesem Gesichtspunkt zu verneinen wäre die Eignung deshalb zB der „Soldaten sind Mörder"-Parole (vgl. Herdegen NJW **94**, 2934), während sie bei einer Juden-, Türken-, Ausländer- oder Asylantenhetze uneingeschränkt zu bejahen wäre (vgl. Bay NJW **94**, 952, **95**, 145, Frankfurt NJW **95**, 143, Hamm NStZ **95**, 136, LG Hannover NdsRpfl. **95**, 110, LG Mannheim NJW **94**, 2498). Von Bedeutung sind ferner Art und Umstände der Begehung, dies insbes. im Hinblick auf die davon abhängige Breitenwirkung der fraglichen Äußerung. Ebenso wie in § 126 (vgl. dort RN 11) ist auch hier nicht erforderlich, daß der Angriff öffentlich erfolgt (BGH **29** 26 m. Anm. Wagner JR 80, 120, Celle NJW **70**, 2257, Hamburg MDR **81**, 71), auch nicht, daß der betroffene Bevölkerungsteil überhaupt von ihm erfährt (Koblenz MDR **77**, 334), sondern nur, daß nach den konkreten Umständen mit seinem Bekanntwerden in einer breiteren Öffentlichkeit zu rechnen ist (BGH MDR/S **81**, 974, Celle NStZ **98**, 89, KG JR **98**, 216). Ausreichend ist daher eine Flüsterpropaganda (v. Bubnoff LK 14, Schafheutle JZ 60, 472) oder eine Zuschrift volksverhetzenden Inhalts an eine Zeitung, auch wenn nicht mit ihrem kommentarlosen Abdruck als Leserbrief (Hamburg NJW **75**, 1088), sondern einer kritisch-ablehnenden Berichterstattung zu rechnen ist (vgl. BGH **29** 26 m. Anm. Wagner JR 80, 120, v. Bubnoff aaO; and. Ostendorf AK 17, Rudolphi SK 11; vgl. auch Tröndle/Fischer 2).

III. Einen **allgemeinen Anti-Diskriminierungstatbestand** enthält **Abs. 2** (neu geschaffen **12** durch das VerbrBekG unter Einbeziehung des bereits in § 131 aF poenalisierten Aufstachelns zum Rassenhaß, o. 1). Geschützt sind hier i. U. zu Abs. 1 nicht nur inländische Bevölkerungsteile, sondern auch ausländische, durch bestimmte Merkmale gekennzeichnete Gruppen, weshalb in Abs. 2 folgerichtig auf das Erfordernis der Eignung zur Störung des (inländischen, o. 3) öffentlichen Friedens verzichtet wird (zum Rechtsgut und zur Fragwürdigkeit einer Strafbestimmung, die den Anspruch erhebt, im entferntesten Winkel der Erde lebende nationale usw. Gruppen vor Diffamierungen im Inland zu schützen, vgl. schon o. 1 a). Enger ist Abs. 2 gegenüber Abs. 1 insofern, als der Angriff hier speziell durch das Verbreiten von Schriften usw. erfolgen muß.

1. Angriffsobjekt sind in Abs. 2 neben den (inländischen) **Teilen der Bevölkerung** (o. 3 f.) die **13** auch in § 220 a genannten **nationalen, rassischen, religiösen** oder durch ihr **Volkstum bestimmten Gruppen** (vgl. dort RN 3). Sind sie in entsprechender Größe im Inland vertreten, so genießen sie insoweit zugleich als Teile der Bevölkerung den Schutz des Abs. 2. Auch im Ergebnis zu einer Erweiterung des Schutzbereichs führt die Einbeziehung der genannten Gruppen dagegen in den Fällen, in denen diese ausschließlich oder auch im Ausland leben. Ihre Aufzählung ist abschließend,

§ 130 14–16   Bes. Teil. Straftaten gegen die öffentliche Ordnung

die Grenzen sind jedoch, auch was den Inhalt dieser Begriffe betrifft – hinsichtlich der Größe muß Entsprechendes gelten wie bei den Bevölkerungsteilen (o. 3) –, vielfach fließend. In § 131 aF wurde bei der dort enthaltenen Tatbestandsalternative des Aufstachelns zum „Rassenhaß" der Begriff der Rasse nicht in seiner streng biologisch-anthropologischen Bedeutung, sondern iS der Rassenideologie verstanden (durch Vermengung verschiedener Elemente geschaffene „Rassen" als Ursache ihrer angeblichen Über- und Unterlegenheit und damit ihrer unterschiedlichen Wertigkeit, zB der „arischen" oder „nordischen Rasse" gegenüber der „nichtarischen" oder „jüdischen Rasse"). In § 130 II ist dies nicht mehr möglich, vielmehr ist hier die Gruppeneigenschaft „rassisch" nicht anders als das Merkmal „national" usw. ausschließlich nach den Erkenntnissen der dafür zuständigen Fachwissenschaften zu bestimmen. Die Gesamtheit der Juden zB ist daher keine rassische, sondern eine religiöse und zugleich durch ihr Volkstum bestimmte Gruppe. Die „Dritte-Welt" ist zwar als solche keine Rasse, wohl aber können damit iVm einem Negerkopf bestimmte – hier etwa alle durch ihre besondere Hautfarbe gekennzeichneten – rassischen Gruppen gemeint sein (and. Bay NJW **90**, 2479 m. Anm. Horn JR 91, 83).

14   2. Tatmittel sind nach Abs. 2 Nr. 1 **Schriften** iS des § 11 III – also auch Ton- und Bildträger, Abbildungen u. a. Darstellungen (vgl. § 11 RN 78 f.) – und nach Nr. 2 **Darbietungen im Rundfunk** (vgl. § 184 RN 51) mit dem in Nr. 1 bezeichneten und insoweit an Nr. 1, 2 des Abs. 1 anknüpfenden Inhalt (mit Recht krit. zu den damit nicht erfaßten Live-Aufführungen im Theater Geilen aaO 1175); zum **Aufstacheln zum Haß** vgl. daher o. 5 a, zur **Aufforderung zu Gewalt- oder Willkürmaßnahmen** o. 5 b, zum **Angriff auf die Menschenwürde durch Beschimpfen usw.** o. 5 c ff. (einschr. aus verfassungsrechtl. Gründen jedoch Popp JR 98, 82: nur gezielt gegen den öffentl. Frieden gerichtete oder solche Schriften, deren Verbreitung wirklich zu dessen Gefährdung geeignet ist). Ob die Schrift usw. diese Voraussetzungen erfüllt, muß sich aus ihr selbst ergeben, wofür zB auch der Zusammenhang von Text und bildlicher Darstellung von Bedeutung sein kann (vgl. Bay NJW **90**, 2479 m. Anm. Horn JR 91, 83, wo bei einem Plakat mit einem aufreißerisch dargestellten Negerkopf und der Aufschrift „Statt Abtreibung in Deutschland – Kondome für die Dritte Welt" ein Aufstacheln zum Rassenhaß [§ 131 aF] jedoch verneint wurde). Erfaßt sind von Nr. 1 auch sog. vorkonstitutionelle Schriften mit dem dort genannten Inhalt (Celle JR **98**, 79 m. Anm. Popp: „Rassenkunde – Schülerhefte für den Biologieunterricht" von 1936 oder 1937 als eine zum Judenhaß aufstachelnde Schrift). Soweit beim Aufstacheln zum Haß usw. besondere subjektive Zielsetzungen, Motivationen usw. notwendig sind (zB o. 5 a, 5 c), müssen diese gleichfalls in der Schrift als deren objektive Tendenz zum Ausdruck kommen (dazu, daß dies auf zahlreiche antisemitische Schriften der NS-Zeit zutrifft, vgl. Bottke, Buch und Bibliothek 1980, 259). Umstände, die in der Schrift selbst, wenn auch nur zwischen den Zeilen, keinen Niederschlag gefunden haben (zB begleitende Erklärungen), bleiben dagegen außer Betracht (vgl. v. Bubnoff LK 38, Tröndle/Fischer 12). Von vornherein nicht hierher gehören Schriften usw., die sich kritisch zB mit dem Rassismus auseinandersetzen und in denen entsprechende Kostproben im Wortlaut wiedergegeben werden, weil dann die Schrift als Ganzes gesehen keine solche iS der Nr.1 ist.

15   3. Der Katalog der in Abs. 2 genannten **Tathandlungen** entspricht in Nr. 1 a, b, d dem § 184 III, in Nr. 1 c dem § 184 I Nr. 1 und in Nr. 2 dem § 184 II. Zum *Verbreiten* (Nr. 1 a) vgl. daher § 184 RN 57, zum *öffentlichen Zugänglichmachen* usw. (Nr. 1 b) dort RN 58, zum *Überlassen an Jugendliche* (Nr. 1 c) dort RN 6 ff., zu den in Nr. 2 d genannten *Vorbereitungshandlungen* des Herstellens usw. dort RN 59 u. zum *Verbreiten durch Rundfunk* dort RN 51; zur Frage der strafrechtlichen Verantwortlichkeit von Tele- u. Mediendienstanbietern insbes. im Internet vgl. § 184 RN 66 b ff. u. zum Tatort in diesem Zusammenhang § 9 RN 6 a. E. Darauf, ob sich der Verleger, Zeitungs-, Rundfunkredakteur usw. mit dem Inhalt identifiziert, kommt es hier nicht an (vgl. auch Beisel NJW 95, 999).

16   IV. Der durch das VerbrBekG (o. 1) neu geschaffene **Abs. 3** stellt in einem eigenen Tatbestand mit einem im Höchstmaß dem Abs. 1 entsprechenden Strafrahmen unter bestimmten weiteren Voraussetzungen das **Billigen, Leugnen** und **Verharmlosen** des **NS-Völkermords** unter Strafe (zur Vorgeschichte – Nichtanwendbarkeit des § 130 aF auf die sog. „einfache Auschwitzlüge" – vgl. vor § 123, o. 1; krit. zu der Vorschrift zB Geilen aaO 1176, Lackner/Kühl 8 a, M-Maiwald II 123 u. im Hinblick auf Art. 10 II EMRK Stöcker NStZ 95, 240; zur Frage der Verfassungsmäßigkeit vgl. diese bejahend zB v. Bubnoff LK 49 mwN, krit. bzgl. des Leugnens dagegen Beisel NJW 95, 1000 unter Hinweis auf Art. 5 GG u. noch weitergehend Jahn aaO 163 ff.: Verstoß gegen Art. 2 I GG; vgl. ferner Huster NJW 96, 487). Rechtsgut ist der öffentliche Frieden (o. 1 a). Die Formulierung ist im wesentlichen früheren Gesetzesvorschlägen zu einer entsprechenden Erweiterung des § 140 entnommen (BT-Drs. 9/2090, 10/1286), war damals aber u. a. „wegen des Mangels an tatbestandlicher Bestimmtheit" auf die Kritik des Bundesrats gestoßen (BT-Drs. 10/1286 S. 11). Wie schon in den früheren Entwürfen (vgl. aaO S. 7 bzw. S. 8) trägt die Beschränkung auf die unter der Herrschaft des Nationalsozialismus begangenen Handlungen der in § 220 a I bezeichneten Art dem besonderen Verfolgungsschicksal vor allem der Juden Rechnung (krit. zur Begrenzung auf die NS-Untaten M-Maiwald II 123, Tröndle/Fischer 18 a; vgl. aber auch v. Bubnoff LK 45). Hierher gehören aber auch die weiteren NS-Völkermorde iS des § 220 a – dem Umstand, daß diese vor Inkrafttreten des § 220 a begangen wurden, trägt die Gesetzesfassung ausdrücklich Rechnung (zB BT-Drs. 12/8588 S. 8) –, so zB die Verfolgung und Ausrottung von Sinti und Roma, nicht dagegen, weil nicht gegen eine nationale, rassische usw. Gruppe gerichtet, die NS-„Euthanasie"-Aktion gegen Geisteskranke. Damit, daß § 220 a nicht nur den staatlich organisierten Genozid betrifft, sondern auch isolierte Einzelaktionen gegen einen Einzelnen, wenn er in der von § 220 a geforderten Absicht als Angehöriger einer Gruppe und nicht aus persönlichen Gründen angegriffen wurde (vgl. § 220 a RN 4 mwN), ist dann allerdings auch der mögliche Anwendungsbereich des Abs. 3 sehr weit gesteckt; Einschränkungen können sich deshalb hier nur noch aus dem Erfordernis der Eignung zur Störung des öffentlichen Friedens ergeben.

1. Voraussetzung ist zunächst das **Billigen, Leugnen** oder **Verharmlosen** einer NS-Völkermordhandlung. Hier und vor allem bei den beiden letzten Alternativen liegen die eigentlichen Probleme der Vorschrift. Auf sie dürfte sich auch die in der o. 16 genannten Stellungnahme des Bundesrats geäußerte Befürchtung bezogen haben, mit der vorgeschlagenen Vorschrift sei nicht hinreichend sichergestellt, daß nur strafwürdiges Unrecht erfaßt werde (vgl. auch König/Seitz NStZ 95, 3). Zwar wird der Tatbestand zusätzlich durch die Eignungsklausel begrenzt; als Korrektiv ist aber auch diese nur von begrenztem Wert (u. 22). Dem Billigen, Leugnen und Verharmlosen gemeinsam ist, daß es sich ebenso wie bei Abs. 1 um Äußerungsdelikte handelt und daß sie deshalb eigene Billigung usw. zum Ausdruck bringen müssen (zum Billigen in § 140 Nr. 2 vgl. dort RN 5, ferner BGH **36** 370); für das Verbreiten fremder Äußerungen iS des Abs. 3 bleibt damit nur Abs. 4. Für das Billigen, Leugnen usw. in gleicher Weise gilt ferner, daß das Geschehen, auf das sie sich beziehen, hinreichend deutlich erkennbar sein muß (zum Billigen in § 140 Nr. 2 vgl. auch – insoweit in BGH **36** 363 nicht abgedr. – BGH NJW **90**, 2829 mwN), was bedeutet, daß eine isolierte Einzeltat konkret bezeichnet werden muß, während es bei einer groß angelegten und sich über einen längeren Zeitraum erstreckenden staatlichen Vernichtungsaktion wie dem Judenmord genügt, wenn pauschal von diesem die Rede ist. 17

a) Billigen bedeutet wie in § 140 Nr. 2 – vgl. daher näher dort RN 5 – das ausdrückliche oder konkludente Gutheißen der fraglichen Handlung, dies ebenso wie in § 140 mit der von der Rspr. mit Recht gemachten Einschränkung, „daß die zustimmende Kundgebung aus sich heraus verständlich sein muß, als solche unmittelbar, ohne Deuteln, erkannt wird" (BGH **22** 287). Bei einem Gesamtgeschehen schließt das Abrücken von Einzelhandlungen (zB daß dem NS-Judenmord auch Frauen und Kinder zum Oper fielen) ein Billigen im übrigen nicht aus. Auch Äußerungen iS des Abs. 1 können zugleich ein Billigen iS des Abs. 3 sein (zB „mit den Ausländern müßte man es ebenso machen wie der Hitler mit den Juden"). 18

b) Leugnen – der Begriff ist im StGB neu – ist das Bestreiten, Inabredestellen oder Verneinen der historischen Tatsache einer unter der NS-Herrschaft begangenen Katalogtat iS des § 220 a. Dies kann in völlig unsubstantiierter Weise geschehen (vgl. aber auch u. 22), ebenso in verklausulierter Form, wenn die wahre Absicht ebenso wie beim Billigen eindeutig zum Ausdruck kommt (zur Verwendung des Ausdrucks „Auschwitz-Mythos" vgl. AG Hamburg NJW **95**, 1039, LG Hamburg NStZ-RR **96**, 262, Beisel NJW 95, 1000, aber auch v. Bubnoff LK 44, Fischer/Tröndle 20 c). Ein Leugnen bleibt das Bestreiten des NS-Völkermords auch, wenn der Genozid an sich zugleich als etwas Verwerfliches hingestellt wird (vgl. König/Seitz NStZ 95, 3). Geleugnet werden kann nur, was wahr ist – hier also eine historische Tatsache ist (zur Offenkundigkeit des Gaskammermords an Juden, wo deshalb auch eine Beweiserhebung überflüssig ist, vgl. zB BVerfG NJW **93**, 917, **94**, 1780, BGH **31** 231 f., **40** 99, NJW **95**, 340, NStZ **81**, 258, **94** 140 mwN). Soweit historische Geschehnisse im einzelnen dagegen wissenschaftlich noch umstritten sind, können sie aus heutiger Sicht auch nicht iS des Abs. 3 geleugnet werden. Kein Leugnen ist ferner das bloße Infragestellen (vgl. Beisel NJW 95, 1000, Lackner/Kühl 8; and. v. Bubnoff LK 44), nach dem Sinn des Tatbestands aber auch nicht das Bestreiten unwesentlicher Nebensächlichkeiten oder Einzelheiten (abgesehen davon, daß es hier spätestens immer an der Eignung zur Friedensstörung fehlen dürfte). Dasselbe gilt, wenn – bei einer in die Millionen gehenden Zahl von Opfern allerdings eine nur schwer zu bestimmenden Grenze – die quantitative Größenordnung lediglich in ihren Randbereichen bestritten wird; im übrigen ist es hier dann eine Frage der terminologischen Beliebens, ob man das teilweise Leugnen ist oder ob man darin ein (quantitatives) Verharmlosen iS der 3. Alt. (u. 21) sieht. 19

Kaum lösbare Probleme wirft hier die **Frage des Vorsatzes** auf. Ist Leugnen objektiv das Inabredestellen von etwas Wahrem, so kann vorsätzliches Leugnen, wie es Abs. 3 verlangt, nach allgemeinen Regeln nur ein Inabredestellen sein, dessen Unwahrheit der Täter kennt oder jedenfalls in Kauf nimmt, mag auch die fragliche Tatsache für die anderen noch so offenkundig sein. Für den Gesetzgeber war es offensichtlich jedoch keine Frage, daß in der gegenwärtigen Situation „nicht mit mutigen, offensiven politischen Auseinandersetzung . . . Unbelehrbaren auch mit den Mitteln des Strafrechts begegnet werden muß" (BT-Drs. 12/7960 S. 4, 12/8411 S. 4; vgl. dazu die an Deutlichkeit nicht zu übertreffende Presseerklärung des Dt. Richterbundes, DRiZ 94, 229). Danach wurde auch schon bei § 130 aF verfahren, wo die subjektive Überzeugung des Täters von der Richtigkeit des Vorgebrachten – Leugnen des systematischen Gaskammermords an Juden – nicht einmal als Strafmilderungsgrund anerkannt wurde (BGH NJW **95**, 340 gegen LG Mannheim NJW **94**, 2498; vgl. auch u. 28). In der Tat würde die Vorschrift den mit ihr vom Gesetzgeber verfolgten Zweck verfehlen, wenn sie sich nur gegen die bewußte Lüge richten würde. Geht es aber auch um die Unbelehrbaren, die, mit Blindheit geschlagen, nach wie vor davon überzeugt sind, daß es Auschwitz nie gegeben habe, so ist deren Einbeziehung nur möglich, wenn Abstriche beim Vorsatz gemacht werden bzw. diesem ein anderer Inhalt gegeben wird. Vorsatz kann dann nur noch das Wissen darum sein, daß man sich mit 20 seiner eigenen Überzeugung im Widerspruch zu dem befindet, was nach „herrschender Meinung" für diese unbestreitbar eine historische Tatsache ist. Ein rechtsstaatliches Schuldstrafrecht steht damit freilich am Scheideweg, der auch durch eine mehr als mühsame Umdeutung in ein Billigen und Verharmlosen (so Tröndle/Fischer 18) nicht umgangen werden kann: Es gibt zwar eine teleologische Reduktion, aber keine teleologische Erweiterung des Wortsinns eines gesetzlichen Tatbestandsmerkmals, wenn „Leugnen" – i. U. etwa zum Bestreiten – nach herrschendem Sprachgebrauch heißt: „etwas Offenkundiges wider besseres Wissen für unwahr . . . erklären und nicht gelten lassen" (vgl. Duden, Das große Wörterbuch der deutschen Sprache, Bd. 4, 1978, S. 1670 f.; gegen ein zumindest vorsätzliches Leugnen bei subjektiver Überzeugung von dessen Richtigkeit daher auch Geilen aaO 1178 f., Lackner/Kühl 8; and. M-Maiwald II 124, Rudolphi SK 23). So wie Auschwitz immer ein Trauma der Deutschen bleiben wird, so ist ein solches – zu vertreten vom Gesetzgeber unserer Tage, dem der sprachliche Unterschied zwischen einem „Leugnen" und einem „Bestreiten" nicht geläufig war – offenbar auch die „Auschwitzlüge" für das deutsche Strafrecht.

21   c) Ein **Verharmlosen** ist im Kontext des Abs. 3 sowohl das Herunterspielen des fraglichen Geschehens in tatsächlicher Hinsicht als auch das Bagatellisieren oder Relativieren in seinem Unwertgehalt (vgl. auch v. Bubnoff LK 44, Lackner/Kühl 8 u. zu § 131 dort RN 9); im ersten Fall bedeutet dies in der Sache zugleich ein teilweises Leugnen, wobei die dort genannten Einschränkungen (o. 19) auch hier gelten, im zweiten liegt das Verharmlosen, wenn auch mit anderer Tendenz, auf derselben Ebene wie das Billigen (zum quantitativen und qualitativen Verharmlosen vgl. auch BT-Drs. 9/2090 S. 7, 10/1286 S. 9). Eine klare Grenze zu ziehen, dürfte im Einzelfall gerade beim Verharmlosen häufig auf besondere Schwierigkeiten stoßen, weshalb hier – die in ihrer Leistungsfähigkeit allerdings gleichfalls begrenzte – Eignungsklausel als zusätzliches Erfordernis in den früheren Entwürfen (vgl. BT-Drs. aaO) als besonders wichtig angesehen wurde. Ein quantitatives Verharmlosen ist zB die Behauptung, die Zahl der ermordeten Juden liege allenfalls bei einer Million oder es habe jedenfalls die massenhaften Gaskammer-Morde nicht gegeben (vgl. auch LG Mannheim NJW **94**, 2497), ein qualitatives zB die Äußerung, der Massenmord an Juden sei „doch nicht so schlimm", wenn man bedenke, wie viele Menschen damals insgesamt umgekommen seien oder welche Greueltaten an Völkern es auch danach noch gegeben habe. Zum Vorsatz beim quantitativen Verharmlosen vgl. o. 20.

22   2. Hinzu kommen muß, daß das Billigen usw. in einer **zur Störung des öffentlichen Friedens geeigneten Weise** geschieht und daß es **öffentlich** oder **in einer Versammlung** erfolgt. Zum Merkmal *öffentlich* vgl. § 186 RN 19, zum Begriff der *Versammlung* § 90 RN 5, zur *Eignung zur Störung des öffentlichen Friedens* o. 10 f. Soweit es um das nicht zugleich mit dem Vorwurf der Lüge verbundene Leugnen oder Verharmlosen des Holocaust geht, kann die zu befürchtende Friedensstörung nicht schon in der – hier durchaus berechtigten – öffentlichen Empörung über den Täter und seinesgleichen gesehen werden, sondern nur darin, daß sich die in Deutschland lebenden Nachfahren der Opfer eines in dieser Form historisch einmaligen Völkermords erneut verunsichert fühlen müssen, wenn das Verfolgungsschicksal der Väter- und Großvätergeneration nicht anerkannt wird. Grundlage für das Eignungsurteil ist in Abs. 3 das öffentliche oder in einer Versammlung erfolgende Billigen usw. Maßgebend dafür ist auch hier zunächst der Inhalt der Äußerung und wie anfällig das geistige Klima einer Zeit für diesen ist. Beim Leugnen kann es deshalb zB einen Unterschied ausmachen, ob es völlig unsubstantiiert erfolgt oder ob es mit angeblichen Fakten belegt wird, ob der Massenmord an Juden insgesamt oder nur im Einzelfall iS des § 220 a in Abrede gestellt wird (vgl. auch v. Bubnoff LK 46). Ergibt sich die Eignung aus dem Inhalt, so ist, da das Billigen usw. öffentlich oder in einer Versammlung geschehen muß, damit idR auch die Eignung insgesamt gegeben. Ausnahmen sind allerdings denkbar, so wenn der angesprochene Adressatenkreis in einer geschlossenen Versammlung gegen derartige Äußerungen völlig immun ist und auch keine Gefahr besteht, daß diese auch in einer breiteren Öffentlichkeit bekannt werden. Ob die Eignungsklausel immer ein hinreichend zuverlässiges Instrument ist, den Tatbestand auf die wirklich strafwürdigen Fälle zu begrenzen (vgl. speziell zum Verharmlosen BT-Drs. 9/2090 S. 8, 10/1286 S. 9), ist allerdings eine andere Frage, weil die hier zu treffende Prognose ihrerseits mit nicht unerheblichen Unsicherheitsmomenten belastet ist (vgl. dazu aber auch Geilen aaO 1178 mit der Prognose, daß bei der „Auschwitzlüge" die Tauglichkeit als friedensstörendes Mittel auf Dauer nachlassen werde).

23   V. Nach **Abs. 4** gilt Abs. 2 mit den dort in Nr. 1 genannten Tathandlungen des Verbreitens auch für **Schriften** und Darstellungen iS des § 11 III (vgl. dort RN 78 f.) mit dem in **Abs. 3 bezeichneten Inhalt**. Nicht plausibel ist allerdings die im Vergleich zu Abs. 3 (Freiheitsstrafe bis zu 5 Jahren) deutlich geringere Strafdrohung des Abs. 4 iVm Abs. 2 (Freiheitsstrafe bis zu 3 Jahren; dazu, daß hier der Strafrahmen des Abs. 2 u. nicht der des Abs. 3 maßgeblich ist, vgl. auch BGHR § 130 Strafrahmen 1). Sie wäre dies nur, wenn es bei den Schriften des Abs. 4 ebenso wie nach Abs. 2 nicht darauf ankäme, ob sie ihrem Inhalt nach zur Störung des öffentlichen Friedens geeignet sind. So können die Eingangsworte „Abs. 2 gilt auch . . ." jedoch nicht verstanden werden. Vielmehr können „Schriften des in Abs. 3 bezeichneten Inhalts" nur solche sein, in denen eine unter der NS-Herrschaft begangene Handlung iS des § 220 a in einer zur Friedensstörung geeigneten Weise gebilligt, geleugnet usw. wird (vgl. dazu auch die o. 16 genannten Gesetzesentwürfe S. 8 bzw. 9, in denen dies als selbstverständlich vorausgesetzt wird). Dafür spricht schon der Wortlaut, vor allem aber, daß die Eignungsklausel bei Schriften mit dem Inhalt des Abs. 3 ebenso unverzichtbar ist wie bei Abs. 3 selbst (vgl. auch Geilen aaO 1179). Obwohl kaum einsichtig, bleibt es deshalb dabei, daß öffentliche Äußerungen iS des Abs. 3 vor einem nicht allzu großen Publikum einer höheren Strafdrohung unterliegen als das massenhafte Verbreiten entsprechender Schriften (and. jedoch, wenn der Betreffende zugleich der Autor ist oder sich mit dem Inhalt der Schrift sonst identifiziert, weil dann in der Form des öffentlichen Billigens usw. zugleich die Voraussetzungen des Abs. 3 erfüllt sind). Zu den einzelnen Begehungsmodalitäten des Verbreitens usw. vgl. d. Hinw. o. 15.

VI. Für den **subjektiven Tatbestand** ist (bedingter) Vorsatz erforderlich, soweit nicht einzelne **24** Merkmale schon begrifflich Absicht iS von zielgerichtetem Handeln (§ 15 RN 66 ff.) voraussetzen (zum Aufstacheln zum Haß vgl. o. 5 a [vgl. auch Lackner/Kühl 12; and. v. Bubnoff LK 29, Ostendorf AK 20], zur Aufforderung zu Gewalt- und Willkürmaßnahmen o. 5 b sowie § 111 RN 17, zu bestimmten Fällen des Verbreitens § 184 RN 57). Nicht zu diesen gehört jedoch die Störung des öffentlichen Friedens, vielmehr genügt insoweit bereits der (bedingte) Vorsatz hinsichtlich der konkreten Eignung zur Friedensstörung (vgl. Celle NJW **70**, 2258). Daran kann es zB fehlen, wenn der Täter die Möglichkeit ausschließt, daß die in einem kleinen Kreis gemachte Äußerung über diesen hinausdringt (vgl. München NJW **85**, 2430, v. Bubnoff aaO). Zu der besonderen Vorsatzproblematik beim Leugnen und quantitativen Verharmlosen vgl. o. 20 f.

VII. Mit der Erweiterung des § 130 aF um die Abs. 2–4 (o. 1) wurde für die neu hinzuge- **25** kommenen Tatbestände zugleich in **Abs. 5** die sog. **Sozialadäquanzklausel** des § 86 III für entsprechend anwendbar erklärt. Die **Abs. 2–4** sind danach **nicht anwendbar**, wenn die Schrift bzw. Darbietung (Abs. 2, 4) – diese treten hier an die Stelle der in § 86 III genannten Propagandamittel – oder die Handlung der staatsbürgerlichen Aufklärung, der Abwehr verfassungswidriger Bestrebungen, der Kunst oder Wissenschaft, der Forschung oder Lehre, der Berichterstattung über Vorgänge des Zeitgeschehens oder der Geschichte o. ä. Zwecken dient. Ebenso wie in § 86 III handelt es sich deshalb auch hier bereits um eine Tatbestandseinschränkung und nicht erst um einen Rechtfertigungsgrund (so zu § 86, wo sich dies schon aus dem Wortlaut ergibt, die h. M.; vgl. dort RN 17, ferner § 86 a RN 10, § 130 a RN 10). Übernommen wurden mit der Adäquanzklausel des § 86 III aber auch die Unklarheiten dort: Wenn es in Abs. 5 neben der Handlung auch um die Schriften und Darbietungen mit dem in Abs. 2, 3 bezeichneten Inhalt geht, so heißt dies ja wohl, daß es hier Schriften usw. geben muß, die einerseits zum Haß aufstacheln, zu Gewalt und Willkürmaßnahmen auffordern oder die Menschenwürde angreifende Beschimpfungen usw. enthalten (Abs. 2 Nr. 1) und die andererseits zugleich der staatsbürgerlichen Aufklärung usw. „dienen", womit nur die aus dem Inhalt zu ermittelnde Zwecksetzung gemeint sein kann (vgl. Lackner/Kühl § 86 RN 7). Wie dies möglich sein soll – und selbst bei der in § 86 III gleichfalls aufgeführten Kunst wäre dies mit einem Fragezeichen zu versehen, wenn der Kunstbegriff nicht in Beliebigkeiten aufgelöst wird (primitivantisemitische Karikaturen im einstigen NS-„Stürmer" als „Kunst"?) –, bleibt jedoch im Dunkeln (zur Wissenschaft vgl. auch LG Mannheim NJW **94**, 2498). So wird Aufklärungsmaterial, eine wissenschaftliche Veröffentlichung, ein Zeitungsbericht nicht deshalb zu einer Schrift iS des Abs. 2 Nr. 1, weil dort zu Demonstrations- oder Informationszwecken eine zum Haß aufstachelnde usw. Schrift ganz oder teilweise wörtlich wiedergegeben wird, ebenso wie umgekehrt das Ganze zu einer Hetzschrift wird, wenn die Wiedergabe nur scheinbar im Gewande einer staatsbürgerlichen Aufklärung usw. erfolgt. Aber auch die von Abs. 5 über § 86 III gleichfalls miteinbezogenen Tathandlungen passen zT von vornherein nicht in diesen Zusammenhang. Das öffentliche oder in einer Versammlung erfolgende Leugnen zB des als geschichtliche Tatsache offenkundigen Holocaust und erst recht dessen Billigen (Abs. 3; o. 16 ff.) können nicht zugleich den in § 86 III genannten Zwecken dienen, zumal dies in einer zur Störung des öffentlichen Friedens konkret geeigneten Weise erfolgen muß und damit entgegen dem Grundgedanken des Abs. 5 schlechterdings nicht mehr sozialadäquat sein kann (vgl. aber auch Geilen aaO 1180); umgekehrt unterfällt eine öffentliche Auseinandersetzung mit der „Auschwitz-Lüge" zum Zweck der staatsbürgerlichen Aufklärung oder der Berichterstattung über Vorgänge der Geschichte schon nicht dem Tatbestand des Abs. 3, womit dieser hier überhaupt ausscheidet und Abs. 5 insoweit gegenstandslos ist. Die praktische Bedeutung, die Abs. 5 als Tatstandseinschränkung dann noch hat, dürfte nicht allzu groß sein (vgl. auch v. Bubnoff LK 53: allenfalls Ausnahmefälle; krit. ferner zB Geilen aaO 1180). Es bleiben Fälle wie das Verteilen von Schriften iS des Abs. 2, 4 im Gemeinschaftskundeunterricht von Schulen (Abs. 2 Nr. 1 c) oder bei öffentlichen Vorträgen (Abs. 2 Nr. 1 a) als Anschauungsmaterial für elementarer Menschlichkeit widersprechende Entwicklungen und Erscheinungen in Vergangenheit und Gegenwart, aber zB auch die Fernsehberichterstattung über rassistische Beschimpfungen durch rechtsradikale Jugendliche (Abs. 2 Nr. 2; vgl. dazu auch EGMR NStZ **95**, 237 m. Anm. Stöcker). Nicht gedeckt ist durch Abs. 5 der antiquarische Einzelvertrieb (zB von Hitlers „Mein Kampf" [Aufstacheln zum Rassenhaß]), wo man deshalb auf das vage allgemeine Korrektiv der Sozialadäquanz angewiesen ist (vgl. Bottke aaO [RN 14] 259 f., v. Bubnoff LK 54).

Ausgenommen sind in Abs. 5 **Taten nach Abs. 1**, was zugleich bedeutet, daß auch Handlungen iS **26** des Abs. 2, 4 nach Abs. 1 strafbar bleiben, wenn sie zugleich die dort genannten Voraussetzungen erfüllen. Bei Beachtung der bereits mit dem Tatbestand gezogenen Grenzen dürfte sich bei Abs. 1 aber auch die Frage einer **Rechtfertigung** kaum noch stellen. Dies gilt auch für Art. 5 GG, wo dies bei einem weitgehend offenen und formalen Kunstbegriff (BVerfGE **67** 227) allenfalls hinsichtlich der Kunstfreiheit (Art. 5 III) zweifelhaft sein könnte, der hier jedoch nicht allein im Hinblick auf die

§ 130 a

Menschenwürde der Betroffenen – einen Angriff auf diese setzt lediglich Abs. 1 Nr. 2 voraus –, sondern schon durch den Schutz des öffentlichen Friedens, der gleichfalls Teil der grundgesetzlichen Wertordnung ist, Schranken gesetzt sein müssen (vgl. dazu – zT nur mit dem Hinweis auf die Menschenwürde – Bay NJW **94**, 952 m. Bspr. bzw. Anm. Hufen JuS 94, 977, Otto JR 94, 473, NJW **95**, 145, KG JR **98**, 215 f., Koblenz GA **84**, 575, LG Hannover NdsRpfl. **95**, 110 Beisel aaO 336 ff., v. Bubnoff LK 30, Hildebrandt JuS 93, 580, K. A. Fischer, Die strafrechtl. Beurteilung von Werken der Kunst, 1995, 107 ff.). Bei der hier erforderlichen Abwägung ist daher zB eine die Voraussetzungen des Abs. 1 Nr. 2 erfüllende Beschimpfung von Asylanten nicht schon wegen ihrer Reimform gerechtfertigt (vgl. zB Bay aaO, KG aaO). Daß das Recht auf freie Meinungsäußerung (Art. 5 I GG) – und dies nicht nur bei Taten nach Abs. 1 – keine Grundlage für eine Rechtfertigung sein kann, sollte selbstverständlich sein (vgl. zB BAG NJW **96**, 2253, Bay aaO, KG aaO, AG Linz NStZ-RR **96**, 358 [vgl. zu dem dort entschiedenen Fall aber auch o. 5 a], v. Bubnoff aaO). Nicht anwendbar ist hier ferner § 193, auch nicht bei den in Abs. 1 Nr. 2 genannten Begehungsmodalitäten, da diese schon als solche und erst recht in ihrem Kontext die Grenzen einer berechtigten Interessenwahrnehmung eindeutig überschreiten (vgl. auch Hamm NStE **Nr. 7,** v. Bubnoff aaO, Ostendorf AK 21).

27 **VIII. Konkurrenzen.** Erfüllt eine Äußerung zugleich mehrere Alternativen des Abs. 1 oder 3, so ist dies jeweils nur eine Tat. Gleichartige Idealkonkurrenz kommt – hier dann auch innerhalb derselben Alt. – bei einem Angriff auf mehrere Bevölkerungsgruppen in Betracht, wenn man davon ausgeht, daß damit auch der öffentliche Frieden mehrfach betroffen ist. Beim Zusammentreffen von Abs. 1 und Abs. 2 (zB Verbreiten von Schriften durch den Autor selbst) tritt Abs. 2 zurück, wenn die dort genannten Gruppen nur als Teile der inländischen Bevölkerung angegriffen werden; lebt die fragliche Gruppe dagegen nur im Ausland und wird sie insgesamt angegriffen, so besteht Tateinheit. Im Verhältnis zu § 131 ist sowohl Idealkonkurrenz wie Gesetzeskonkurrenz mit Vorrang des § 130 möglich: ersteres, wenn von mehreren Teilen einer Schrift usw. die einen unter § 130, die anderen unter § 131 fallen, letzteres zB, wenn eine Gewaltverherrlichung iS des § 131 1. Alt. nur ein Element des Aufstachelns zum Haß nach Abs. 1, 2 ist oder wenn das Verharmlosen nach Abs. 3, 4 zugleich die Voraussetzungen des § 131 1. Alt. erfüllt. Entsprechendes gilt im Verhältnis zu § 140 Nr. 2 (Billigen begangener Straftaten und Aufforderung zu neuen Gewaltmaßnahmen nach Abs. 1 Nr. 1 in einer Äußerung: Tateinheit; Billigen der NS-Judenmorde: Vorrang des § 130 III, IV als lex specialis; vgl. BGH NJW **99**, 1561). Idealkonkurrenz ist ferner möglich mit §§ 86, 86 a 111, auch mit §§ 185 ff. (vgl. Hamburg NJW **70**, 1649, Tröndle/Fischer 23), wo jedoch zu beachten ist, daß sich bei Diffamierungen ganzer Bevölkerungsteile der für die §§ 185 ff. erforderliche Angriff auf den einzelnen in dem auf die Gesamtheit verliert und eine Kollektivbeleidigung idR deshalb ausscheidet (o. 5 c). Zum Verhältnis zu § 166 vgl. dort RN 1, 23 u. von Abs. 2 zu §§ 6 Nr. 1, 21 GjS entsprechend § 131 RN 18.

28 **IX. Strafzumessung.** Politische Verblendung, die von der Tatsache des NS-Gaskammermords an Juden keine Kenntnis nimmt, ist nach BGH NJW **95**, 340 (zu § 130 aF u. LG Mannheim NJW **94**, 2494 m. Anm. Bertram S. 2397, Sendler ZRP 94, 377) bei der „qualifizierten Auschwitzlüge" (o. 7) kein Schuld- und damit kein Strafmilderungsgrund. Unter den Voraussetzungen der besonderen Begehungsweisen des § 130 aF bzw. der Abs. 1 nF (Aufstacheln zum Haß usw.) ist ein solcher hier in der Tat kaum denkbar. Zumindest zweifelhaft ist jedoch, ob dies auch für Abs. 3 gilt, bei dem als Tathandlung schon das bloße Leugnen genügt. Fällt darunter neben dem bewußt mit Lügen agierenden Brunnenvergifter auch der verbohrte – hier in einem übertragenen Sinn zu verstehende – Überzeugungstäter (vgl. dazu aber auch o. 20), für den nicht sein kann, was nicht sein darf, so sollte man vielmehr annehmen, daß diesem Unterschied in einem Schuldstrafrecht, in dem u. a. Motive, Ziele und Gesinnung des Täters wesentliche Strafzumessungsfaktoren sind (vgl. § 46 RN 12 ff.), auch bei der Strafzumessung Rechnung zu tragen ist.

29 **X.** Zur **Einziehung** von Schriften nach Abs. 2, 4 vgl. § 74 d I, II. Zu der jedenfalls zZ noch nach den meisten Landesrechten auch in den Fällen des § 130 kürzeren **Verjährung** bei Presseinhaltsdelikten – and. für §§ 130 II–IV, 131, 184 III, IV zB § 24 I 2 LPresseG Bad.-Württ., ÄndG v. 24. 11. 1997, GBl. S. 483 – vgl. entsprechend § 184 RN 69, ferner zB BGH NJW **96**, 2585, Celle NStZ **97**, 495.

§ 130 a Anleitung zu Straftaten

(1) **Wer eine Schrift (§ 11 Abs. 3), die geeignet ist, als Anleitung zu einer in § 126 Abs. 1 genannten rechtswidrigen Tat zu dienen, und nach ihrem Inhalt bestimmt ist, die Bereitschaft anderer zu fördern oder zu wecken, eine solche Tat zu begehen, verbreitet, öffentlich ausstellt, anschlägt, vorführt oder sonst zugänglich macht, wird mit Freiheitsstrafe bis zu drei Jahren oder mit Geldstrafe bestraft.**

(2) **Ebenso wird bestraft, wer**

1. **eine Schrift (§ 11 Abs. 3), die geeignet ist, als Anleitung zu einer in § 126 Abs. 1 genannten rechtswidrigen Tat zu dienen, verbreitet, öffentlich ausstellt, anschlägt, vorführt oder sonst zugänglich macht oder**

2. öffentlich oder in einer Versammlung zu einer in § 126 Abs. 1 genannten rechtswidrigen Tat eine Anleitung gibt,

um die Bereitschaft anderer zu fördern oder zu wecken, eine solche Tat zu begehen.

(3) § 86 Abs. 3 gilt entsprechend.

Vorbem. Eingefügt durch das Ges. zur Bekämpfung des Terrorismus v. 19. 12. 1986, BGBl. I 2566.

I. Durch das Ges. zur Bekämpfung des Terrorismus v. 19. 12. 1986 (BGBl. I 2566) wurde der „1981 im Alter von 5 Jahren verstorbene Paragraph zu neuem Leben erweckt" (Kühl NJW 87, 745), da die Vorschrift in ähnlicher Fassung bereits durch das 14. StÄG v. 22. 4. 1976 (BGBl. I 1056) eingeführt, durch das 19. StÄG v. 7. 8. 1981 (BGBl. I 808) aber wieder aufgehoben worden war (vgl. auch 2 vor § 123 u. näher zur Vor- und Entstehungsgeschichte v. Bubnoff LK vor RN 1, Demski/Ostendorf StV 89, 35 ff.). Geschütztes **Rechtsgut** ist ebenso wie nach § 130 a aF der öffentliche Friede (vgl. BT-Drs. 10/6286 S. 5, 10/6635 S. 13, v. Bubnoff LK 5, Lackner/Kühl 5, Rudolphi SK 1, aber auch Tröndle/Fischer 2; zum Begriff vgl. § 126 RN 1). Die Vorschrift soll, gestützt auf entsprechende empirische Befunde über die zunehmende Verbreitung von Handbüchern, Flugblättern usw. mit detaillierten Anweisungen zu verschiedenen Methoden der Gewaltanwendung (vgl. BT-Drs. 10/6635 S. 12), „der Gefährdung der Allgemeinheit durch das Entstehen eines psychischen Klimas entgegenwirken, aus dem schwere, sozialschädliche Gewalttaten gedeihen können" (BT-Drs. 10/6286 S. 8; zur aF vgl. BT-Drs. 7/3030 S. 9). Geschlossen wird damit eine Strafbarkeitslücke, da die im Vorfeld von Gewalttaten von der Anleitung zu solchen ausgehenden Gefahren mit anderen Vorschriften – §§ 26, 111, §§ 37 I 3 iVm 53 I Nr. 5 WaffenG (zu letzteren u. den Parallelen u. Unterschieden zu § 130 a vgl. Bay NJW **98**, 1087 m. Anm. Gänßle NStZ 99, 90 u. zu den hier bestehenden Wertungswidersprüchen Derksen NJW 99, 3760) – nicht oder nur unzulänglich erfaßbar sind. Dies gilt auch für § 111, da die Aufforderung zu Straftaten die unmittelbare Einwirkung auf fremde Entschlüsse voraussetzt, bei der erkennbar ein bestimmtes Tun oder Unterlassen verlangt wird, während die subtilere und indirekte Form der Beeinflussung, um die es in § 130 geht, typischerweise noch im Vorfeld der Aufforderung liegt (vgl. auch BT-Drs. 10/6635 S. 13, Kühl NJW 87, 745 mwN, ferner v. Bubnoff LK 10, Rogall GA 79, 21; and. Rudolphi SK 2). Von § 130 a aF unterscheidet sich die nF vor allem durch zwei Erweiterungen: Einbeziehung der in § 126 I Nr. 7 genannten Taten (zB Anleitung zum Umsägen von Strommasten); Verzicht auf das einschränkende Erfordernis der objektiven Bestimmung des Anleitungsinhalts zur Förderung der Tatbereitschaft anderer in Abs. 2 Nr. 1 und dessen Ersetzung durch eine entsprechende Absicht des Täters, womit zB das Verbreiten von Heeresdienstvorschriften mit dem subjektiven Zweck der Anleitung anderer zu Taten nach § 126 erfaßt werden soll (vgl. BT-Drs. 10/6286 S. 8, 10/6635 S. 13; krit. dazu Dencker StV 87, 121, Kühl NJW 87, 745). Weggefallen sind dagegen die in § 130 a I Nr. 3 aF genannten Vorbereitungshandlungen zum Verbreiten. Verfassungsrechtliche Bedenken bestehen auch gegen die nF nicht, sofern sie entsprechend restriktiv interpretiert wird (u. 7). Zu den gegen die Vorschrift erhobenen Einwänden vgl. v. Bubnoff LK 2 f., zu den Gesetzesmaterialien zur nF vgl. im übrigen die Angaben zu § 129 a; zu § 130 a aF hier die 20. A. mwN.

II. Der **objektive Tatbestand** erfaßt in *Abs. 1* das Verbreiten usw. der eigentlichen, d. h. der Förderung der Tatbereitschaft anderer dienenden Anleitungsschriften zu den in § 126 I genannten Straftaten, in *Abs. 2 Nr. 1* das Verbreiten usw. von Schriften, denen zwar diese Zweckbestimmung fehlt, die aber gleichfalls zur Anleitung zu solchen Taten geeignet sind, in *Abs. 2 Nr. 2* schließlich mündliche Anleitungen, wenn sie öffentlich oder in einer Versammlung erfolgen. Dabei handelt es sich jeweils um abstrakte Gefährdungstatbestände (Rudolphi SK 1; ebenso v. Bubnoff LK 5, Tröndle/Fischer 5; vgl. auch Zieschang, Die Gefährdungsdelikte, 1998, 308 ff.). Die Auslegung hat sich wegen Art. 5 GG strikt am Gesetzeszweck – Verhinderung von Nachahmungstendenzen – zu orientieren, was insbes. für die Eignungsklausel von Bedeutung ist (Abs. 1, 2 Nr. 1; u. 4, 7).

1. Abs. 1 betrifft die **eigentlichen Anleitungsschriften** („Kochbücher" u. ä.; vgl. die Bsp. b. Tröndle/Fischer 5). Voraussetzung ist hier das Verbreiten oder öffentliche Zugänglichmachen einer solchen Schrift, die zwei Eigenschaften erfüllen muß: 1. die Eignung, als Anleitung zu einer der in § 126 I genannten rechtswidrigen Taten zu dienen, 2. die aus ihrem Inhalt folgende Zweckbestimmung, die Bereitschaft anderer zur Begehung einer solchen Tat zu fördern oder zu wecken. Wegen der Verweisung auf § 11 III stehen den Schriften die dort genannten Darstellungen gleich; dagegen konnte eine den §§ 131 II, 184 II entsprechende Gleichstellung von Live-Sendungen durch den Rundfunk in § 130 a unterbleiben, da hier dessen Abs. 2 eingreift.

a) Die Schrift muß **geeignet** sein, als **Anleitung** zu einer rechtswidrigen Katalogtat iS des § 126 I **zu dienen.** Mit dieser von der aF abweichenden und in Abs. 2 Nr. 1 wiederkehrenden Formulierung wird zunächst nur verlangt, daß die Schrift als Anleitung zur rechtswidrigen Begehung (einschließlich Planung und Vorbereitung) einer Katalogtat dienen kann, nicht aber, daß dies auch ihre spezielle Zweckbestimmung ist. Eine solche ergibt sich bei Abs. 1 vielmehr erst aus der Bestimmungsklausel (u. 5). Unter Berücksichtigung des Gesetzeszwecks, Nachahmungstendenzen entgegenzuwirken, ist im Hinblick auf Abs. 2 Nr. 1, wo dies von entscheidender Bedeutung ist, aber auch schon die Eignungsklausel in zweifacher Hinsicht zu begrenzen: 1. Erforderlich ist zunächst ein *erkennbarer Bezug* gerade zu einer der in § 126 I genannten Taten, wobei jedenfalls der Tattypus hinreichend bestimmt sein muß (vgl. v. Bubnoff LK 12), die Darstellung dann freilich auch Aktionen zum Gegenstand haben kann, die zwar der Handlungsbeschreibung der fraglichen Tatbestände entsprechen, die aber rechtmäßig sind und wo es deshalb ausreicht, daß die Schrift zugleich geeignet ist, auch als Anleitung zur rechtswidrigen Begehung einer Katalogtat verwendet zu werden (zB Dienstvorschriften über eine Brückensprengung im Verteidigungsfall; vgl. BT-Drs. 10/6286 S. 8, Lackner/Kühl 4). Nicht unter den Tatbestand fallen Schriften, die nur ganz allgemein als Informationsquelle für die Planung oder Durchführung einer Katalogtat benutzt werden können, weshalb zB wissenschaftliche Abhandlungen, Patentschriften, Lehrbücher der Physik oder Chemie von vornherein ausscheiden, auch wenn ihnen zB Angaben über die Herstellung des für einen Anschlag benötigten Sprengstoffs entnommen werden können (vgl. BT-Drs. 10/6286 S. 8, 10/6635 S. 13, v. Bubnoff LK 9). Dasselbe gilt für Schriften, die zwar spezielle und detaillierte Instruktionen zB über das Funktionieren von Waffen, das Herstellen von Sprengstoff, das Überwinden einer Alarmanlage usw. enthalten, die aber nicht in erkennbarem Zusammenhang mit einer Katalogtat stehen. Liegt ein solcher dagegen vor, so genügt es, wenn die Schrift in einer nicht nur für einzelne verständlichen Beschreibung des Vorgehens bei der Vorbereitung oder Ausführung solcher Taten soviel an technischem, taktischem oder sonstigem Wissen vermittelt, daß die Tat in der geschilderten Weise begangen werden kann und sich ihre Benutzung durch potentielle Täter deshalb auch anbietet (vgl. auch Rudolphi SK 6 mwN). – 2. Obwohl sich dies nicht schon aus dem Wortlaut der Eignungsklausel ergibt – „als Anleitung dienen" kann etwas auch, was nicht als solche geschrieben ist –, muß der Schrift ferner die *Tendenz zur Verwirklichung* des Dargestellten zu entnehmen sein (vgl. auch v. Bubnoff LK 9, Derksen NJW 99, 3760, Lackner/Kühl 5). Bei Abs. 1 folgt dies zwar auch aus der Bestimmungsklausel – hier freilich beschränkt auf rechtswidrige Aktionen (u. 5) –, von Bedeutung ist dies aber für Abs. 2 Nr. 1, weil dort die bloße Schilderung von (rechtswidrigen oder rechtmäßigen) Gewalt- oder Zerstörungsakten iS einer Katalogtat in historischen Darstellungen, Tatsachenberichten, Kriminalromanen usw. auch dann nicht genügen kann, wenn sie präzise Angaben über die Begehungsweise enthält und so – ungewollt – zugleich das für eine künftige Begehung solcher Taten nützliche „know how" liefert (u. 7, ferner Lackner/Kühl 4).

5 b) Die Schrift muß ferner, auch wenn dies nicht ihr Hauptzweck zu sein braucht (vgl. BGH 29 268 zu § 88a aF, v. Bubnoff LK 15, Tröndle/Fischer 7), **nach ihrem Inhalt dazu bestimmt** sein, die **Bereitschaft** anderer zur Begehung einer solchen – d. h. der Anleitung entsprechenden – **Tat zu fördern oder zu wecken**. Durch diese objektive, hier speziell nur auf die *rechtswidrige* Begehung der fraglichen Katalogtat gerichtete Zweckbestimmung unterscheiden sich die Schriften des Abs. 1 von den „neutralen" Anleitungsschriften nach Abs. 2 Nr. 1. Maßgebend dafür, ob die Schrift diesem Zweck dient, ist ausschließlich ihr objektiver Inhalt, zu dem auch gehört, was nur zwischen den Zeilen steht oder was sich erst in Verbindung mit anderen Schriften, auf die verwiesen wird, voll erschließt (vgl. Lackner/Kühl 5, Tröndle/Fischer 7); auch ein scheinbar neutraler „Tatsachenbericht" kann deshalb unter Abs. 1 fallen, wenn die Art der Darstellung erkennbar nur der Tarnung der mit ihr verfolgten Tendenz dient (vgl. v. Bubnoff LK 15). Daß sich der verfolgte kriminelle Zweck erst aus anderen, außerhalb der Schrift liegenden Umständen ergibt (zB entsprechende mündliche Hinweise bei der Verbreitung), genügt hier dagegen nicht. Gerichtet sein muß der Inhalt der Schrift lediglich auf das Wecken oder Fördern der Tatbereitschaft: Beides liegt noch im Vorfeld der Aufforderung iS des § 111 (o. 1), weil es hier ausreicht, daß ein Nachahmungsreiz geschaffen bzw. bei bereits latent vorhandener Tatbereitschaft verstärkt werden soll. Eine zwar nicht aus dem Wortlaut, wohl aber aus dem Gesetzeszweck folgende Voraussetzung ist dabei jedoch, daß dieses Ziel mit der Schrift auch erreichbar erscheint (ebenso zB v. Bubnoff LK 18); daran kann es, selbst wenn sie als Anleitung geeignet ist, zB bei älteren, nur für eine bestimmte historische Situation verfaßten Schriften fehlen (vgl. Lackner/Kühl 5), ebenso wenn aus sonstigen Gründen (zB eigenes Risiko bei der Tatbegehung) ersichtlich ist, daß die Anleitung keine Nachahmer finden wird.

6 c) Die **Tathandlung** besteht im *Verbreiten* der Schrift bzw. ihrem *öffentlichen Zugänglichmachen* und dessen besonders genannten Modalitäten des Ausstellens, Anschlagens und Vorführens; zum Verbreiten vgl. § 184 RN 57, zum öffentlichen Zugänglichmachen usw. dort RN 58; zur Frage der strafrechtlichen Verantwortlichkeit von Tele- und Mediendienstanbietern insbes. im Internet vgl. § 184 RN 66b ff. u. zum Tatort in diesem Zusammenhang § 9 RN 6 a. E.

7 2. Der Tatbestand des **Abs. 2 Nr. 1** betrifft die **„neutralen" Anleitungsschriften.** Ausreichend ist hier das Verbreiten oder öffentliche Zugänglichmachen (vgl. o. 6) einer Schrift iS des § 11 III, die zwar geeignet ist, als Anleitung zu einer rechtswidrigen Katalogtat iS des § 126 I zu dienen, bei der aber die besondere Zweckbestimmung der Schriften nach Abs. 1 – Fördern usw. der Bereitschaft zur rechtswidrigen Begehung einer solchen Tat – fehlt und an deren Stelle hier eine entsprechende Absicht des Täters tritt. Mit dieser Erweiterung gegenüber der aF sollte dem Umstand Rechnung getragen werden, „daß Schriften, die eine Zweckbestimmung iS des Abs. 1 nicht enthalten (zB Heeresdienstvorschriften), zunehmend mit dem Ziel verbreitet werden, andere zur Begehung von Straftaten zu motivieren" (BT-Drs. 10/6635 S. 13). Zur Vermeidung von Konflikten mit Art. 5 GG sind dann allerdings Restriktionen in zweifacher Hinsicht unverzichtbar: Zu beachten sind zunächst die schon bei der Eignungsklausel vorzunehmenden Einschränkungen (o. 4), die mit dem Erfordernis einer in der Schrift zum Ausdruck kommenden Tendenz zur Verwirklichung des Dargestellten zwar nicht bei Abs. 1, wohl aber bei Abs. 2 Nr. 1 entscheidende Bedeutung erlangen, wobei Abs. 2 Nr. 1 dann allerdings nur noch für solche Fälle relevant wird, in denen sich diese Tendenz auf *rechtmäßige*

Handlungen iS einer Katalogtat bezieht (o. 5). Auch nach Abs. 2 Nr. 1 nicht tatbestandsmäßig ist daher zB das Verbreiten allgemein zugänglicher Tatsachenberichte, Kriminalromane usw. mit einschlägigen Schilderungen, selbst wenn sie geeignet sind, als Anleitung zur rechtswidrigen Begehung einer Katalogtat zu dienen und der Täter mit der nach Abs. 2 erforderlichen Absicht handelt (vgl. auch v. Bubnoff LK 21 ff.; and. Rudolphi SK 12). Darüber hinaus sind hier aber auch an die Tathandlung zusätzliche Anforderungen zu stellen, weil es selbst bei Schriften, welche die genannte Tendenz aufweisen, nicht genügen kann, daß der Täter sie insgeheim mit der vom Gesetz verlangten Absicht verbreitet usw. (zB der Antiquar, der Heeresdienstvorschriften verkauft). Hinzukommen muß hier vielmehr, daß diese Absicht nach außen auch erkennbar wird (so auch v. Bubnoff LK 24, Rudolphi SK 15 u. ähnl. wohl Dencker StV 87, 121). Diese weitere Voraussetzung ergibt sich zwar nicht aus dem Gesetzeswortlaut, von ihr war aber auch die Begründung des Gesetzesentwurfs ausgegangen, wonach Abs. 2 Nr. 1 Fallgruppen erfassen soll, „bei denen der Täter eine an sich neutrale Schrift beim Verbreiten umfunktioniert und sich erst aus dem Gesamtzusammenhang des Verhaltens des Täters die Absicht ergibt, die Bereitschaft anderer zu fördern, eine rechtswidrige Tat zu begehen" (BT-Drs. 10/6286 S. 9).

3. Abs. 2 Nr. 2 betrifft die **mündliche Anleitung** zu einer rechtswidrigen Katalogtat, sofern dies **8 öffentlich** (vgl. dazu § 186 RN 19) oder **in einer Versammlung** (vgl. § 90 RN 5) geschieht. Nicht erforderlich ist hier, daß die Äußerung entsprechend Abs. 1 nach ihrem Inhalt die Zweckbestimmung hat, die Tatbereitschaft anderer zu wecken oder zu fördern, vielmehr genügt insoweit die entsprechende Absicht des Täters. Da aber schon der „Anleitung zu einer ... rechtswidrigen Tat" neben der Tauglichkeit der Unterweisung auch die Tendenz zu ihrer Begehung begriffsimmanent ist (vgl. v. Bubnoff LK 28, Rudolphi SK 16 u. zur aF hier 20. A. RN 5), hat das Absichtserfordernis selbständige Bedeutung im wesentlichen nur noch, wenn der Täter eine fremde Anleitung wiedergibt. Nach BT-Drs. 10/6286 S. 9 sollen damit ferner (möglicherweise unüberlegte) verbale Entgleisungen von der Strafbarkeit ausgeschlossen werden.

III. Für den **subjektiven Tatbestand** ist bei allen Tatbestandsalternativen zunächst (bedingter) **9** *Vorsatz* erforderlich, wofür es bezüglich der Katalogtat auch ohne richtige Subsumtion genügt, wenn der Täter ihren materiellen Unrechtsgehalt in seiner Bedeutung erfaßt (vgl. entsprechend zu § 126 dort RN 12). Während er bei Abs. 1 den Inhalt der Schrift nicht einmal gebilligt zu haben braucht, muß in den Fällen des Abs. 2 zusätzlich die *Absicht* iS von zielgerichtetem Handeln (vgl. § 15 RN 66 ff.) hinzukommen, die Tatbereitschaft anderer zu fördern oder zu wecken (vgl. dazu auch o. 5, 7 f.).

IV. Mit der Bezugnahme auf die sog. **Sozialadäquanzklausel** des § 86 III in **Abs. 3** sind solche **10** Schriften und Handlungen bereits vom Tatbestand ausgenommen (vgl. v. Bubnoff LK 33 mwN), die den in § 86 III (vgl. dort RN 17) genannten Zwecken dienen. In den Fällen des Abs. 2 scheidet eine entsprechende Anwendung des § 86 III jedoch von vornherein aus; da der Täter hier in der Absicht handeln muß, die Bereitschaft anderer zur Begehung einer rechtswidrigen Katalogtat zu wecken oder zu fördern, ist es undenkbar, daß eine Handlung zugleich die Zwecke des § 86 III verfolgen könnte (vgl. auch v. Bubnoff LK 33, Lackner/Kühl 11, Rudolphi SK 20 u. zur aF zB Stree NJW 76, 1181 u. hier die 20. A. RN 11). Von Bedeutung könnte Abs. 3 iVm § 86 III daher nur bei Taten nach Abs. 1 sein, so wenn eine Schrift, die den inhaltlichen Anforderungen des Abs. 1 entspricht, im Einzelfall zB zu Zwecken der staatsbürgerlichen Aufklärung verwendet werden sollte, was bei den in Abs. 1 genannten Begehungsweisen allerdings nur sehr begrenzt von praktischer Bedeutung sein dürfte (vgl. zu § 130 dort RN 25, ferner Rudolphi SK 19). Die Frage einer **Rechtfertigung** nach Art. 5 GG kann sich, wenn der Tatbestand bereits dem Gesetzeszweck entsprechend restriktiv interpretiert wird (zB o. 7), nicht mehr stellen.

V. Vollendet ist die Tat in den Fällen des Abs. 1, 2 Nr. 1 mit dem Verbreiten, im Fall des Abs. 2 **11** Nr. 2, wenn die die Anleitung enthaltende Äußerung abgeschlossen ist. Auf einen Erfolg, insbes. das tatsächliche Wecken oder die Förderung der Bereitschaft, kommt es nicht an.

VI. Konkurrenzen. Idealkonkurrenz ist zB möglich mit den §§ 125, 126, 131, ferner mit § 111, **12** wenn die Anleitung über die Aufforderung hinausgeht und deshalb auch eine weitergehende Gefährdung des öffentlichen Friedens enthält; bezieht sich die Anleitung dagegen nur auf Taten, zu deren Begehung der Täter zugleich auffordert, so tritt § 130 a hinter den – u. a. gleichfalls den öffentlichen Frieden schützenden – § 111 zurück (ebenso v. Bubnoff LK 34; weitergehend Rogall GA 79, 21: generell Subsidiarität des § 130 a gegenüber § 111).

VII. Zur **Einziehung** von Schriften in den Fällen des Abs. 1 vgl. § 74 d I, II, in den Fällen des **13** Abs. 2 vgl. § 74 d III; zur selbständigen Einziehung vgl. § 76 a.

§ 131 Gewaltdarstellung

(1) **Wer Schriften (§ 11 Abs. 3), die grausame oder sonst unmenschliche Gewalttätigkeiten gegen Menschen in einer Art schildern, die eine Verherrlichung oder Verharmlosung solcher Gewalttätigkeiten ausdrückt oder die das Grausame oder Unmenschliche des Vorgangs in einer die Menschenwürde verletzenden Weise darstellt,**

§ 131 1, 2

1. verbreitet,
2. öffentlich ausstellt, anschlägt, vorführt oder sonst zugänglich macht,
3. einer Person unter achtzehn Jahren anbietet, überläßt oder zugänglich macht oder
4. herstellt, bezieht, liefert, vorrätig hält, anbietet, ankündigt, anpreist, einzuführen oder auszuführen unternimmt, um sie oder aus ihnen gewonnene Stücke im Sinne der Nummern 1 bis 3 zu verwenden oder einem anderen eine solche Verwendung zu ermöglichen,

wird mit Freiheitsstrafe bis zu einem Jahr oder mit Geldstrafe bestraft.

(2) Ebenso wird bestraft, wer eine Darbietung des in Absatz 1 bezeichneten Inhalts durch Rundfunk verbreitet.

(3) **Die Absätze 1 und 2 gelten nicht, wenn die Handlung der Berichterstattung über Vorgänge des Zeitgeschehens oder der Geschichte dient.**

(4) Absatz 1 Nr. 3 ist nicht anzuwenden, wenn der zur Sorge für die Person Berechtigte handelt.

Vorbem. Geändert durch Art. 3 des Ges. zur Neuregelung des Jugendschutzes in der Öffentlichkeit v. 25. 2. 1985, BGBl. I 425 u. durch Art. 1 VerbrBekG v. 28. 10. 1994, BGBl. I 3186.

Schrifttum: Beisel, die Kunstfreiheitsgarantie des Grundgesetzes u. ihre strafrechtlichen Grenzen, 1997. – *Blei*, Eine neue Strafvorschrift usw., JA 73, 169. – *Gehrhardt*, Gewaltdarstellungsverbot und Grundgesetz, 1974. – *ders.*, Die Beschränkung der Gesetzgebung auf das Unerläßliche (dargestellt am Beispiel des § 131 StGB), NJW 75, 375. – *Geilen*, Gewaltdarstellung, in: Ulsamer, Lexikon des Rechts/Strafrecht, Strafverfahrensrecht, 2. A., 1996, 413. – *Greger*, Die Video-Novelle 1985 und ihre Auswirkungen auf StGB und GjS, NStZ 86, 8. – *Hammerschmidt*, Gewaltdarstellung und Pornographie im Rundfunk, Schriftenr. d. Instit. für Rundfunkrecht an der Univ. Köln, Bd. 11 (1972) 23. – *v. Hartlieb*, Gewaltdarstellung in Massenmedien, UFITA 80, 101. – *Hodel*, Kannibalismus im Wohnzimmer? Psychosoziale Auswirkungen der Gewaltdarstellung in Videos, Kriminalistik 86, 354. – *Lange*, Ist das Fernsehen kriminogen?, Heinitz-FS 593. – *Löffler* u. a., Die Darstellung der Gewalt in den Massenmedien, 1973. – *Meirowitz*, Gewaltdarstellungen auf Videokassetten, 1993. – *F. C. Schroeder*, Das „Erzieherprivileg" im Strafrecht, Lange-FS 391. – *Seetzen*, Vorführung und Beschlagnahme pornographischer und gewaltverherrlichender Spielfilme, NJW 76, 497. – *Materialien* zur nF: BT-Drs. 10/722, 10/2546.

1   I. Nachdem das in § 131 ursprünglich mitenthaltene Aufstacheln zum Rassenhaß durch das VerbrBekG v. 28. 10. 1994 (s. Vorbem.) in den neuen allgemeinen Anti-Diskriminierungstatbestand des § 130 II übernommen wurde (vgl. § 130 RN 1), sind Gegenstand der durch das 4. StRG v. 23. 11. 1973 (BGBl. I 1725) eingefügten und zu einer besseren Bekämpfung von Auswüchsen insbes. auf dem Videokassettenmarkt durch Ges. v. 25. 2. 1985 (s. Vorbem.) erweiterten Vorschrift (vgl. 23. A., RN 2) nur noch besonders gravierende Gewaltdarstellungen. Nach der Gesetzesbegründung dient die Vorschrift dem Schutz der Allgemeinheit vor sozialschädlicher Aggression und damit – wenngleich noch im Vorfeld – dem Schutz der Allgemeinheit und des einzelnen vor Gewalttätigkeiten (vgl. BT-Drs. VI/3521 S. 6, 10/2546 S. 21). Wenn hier als weiterer Zweck auch die Bewahrung des einzelnen vor Fehleinstellungen und Fehlentwicklungen genannt wird (vgl. zB auch M-Maiwald II 397, Rudolphi SK 2) – dazu, daß hier nicht die Menschenwürde des einzelnen Konsumenten geschützt ist, vgl. Koblenz NStZ **98**, 41 –, so ist dies zumindest mißverständlich: Menschen durch entsprechende Herstellungs- und Verbreitungsverbote vor sich und um ihrer selbst willen zu schützen, kann bei Erwachsenen nicht Aufgabe des Strafrechts sein, während bei Jugendlichen diesem Aspekt auf umfassende Weise in den Jugendschutzbestimmungen der §§ 6 Nr. 1, 21 GjS – dort auch gegen nur fahrlässiges Handeln – Rechnung getragen wird. Soll deshalb der einzelne durch § 131 vor der möglicherweise stimulierenden Wirkung von Gewaltdarstellungen bewahrt werden, so nicht in seinem eigenen Interesse, sondern in dem der anderen und damit der Allgemeinheit. Dies gilt auch für Abs. 1 Nr. 3, der gleichfalls nicht dem Jugendschutz dient (and. zB v. Bubnoff LK 9, Tröndle/Fischer 3; vgl. auch Beisel aaO 297), sondern ausschließlich der besonderen Beeinflußbarkeit Jugendlicher durch Schriften der in § 131 genannten Art Rechnung trägt. Geschütztes **Rechtsgut** ist damit letztlich auch hier allein der öffentliche Frieden (vgl. auch Lackner/Kühl 1 u. neben dem Jugendschutz v. Bubnoff LK 9, Tröndle/Fischer 3; and. Ostendorf AK 3; zum Begriff vgl. § 126 RN 1 u. zum Ganzen auch Beisel aaO 297 ff.). Darauf, daß die fragliche Handlung zur Friedensstörung konkret geeignet ist (vgl. § 126 RN 9, § 130 RN 11), kommt es hier nicht an; erst recht braucht kein konkrete Gefahr einzutreten. Wenn es richtig ist, daß der gegenwärtige Stand wissenschaftlicher Erkenntnis keine begründeten Zweifel mehr zuläßt, daß zwischen Brutalitätskonsum und aggressivem Verhalten ein Zusammenhang besteht (BT-Drs. 10/2546 S. 21; vgl. auch v. Bubnoff LK 8 u. demgegenüber zur sog. Inhibitions- und Katharsistheorie jedoch die Nachw. b. Ostendorf AK 6), so ist die Tat andererseits aber auch nicht nur ein Risikodelikt (so aber zB Rudolphi SK 3, M-Maiwald II 397), sondern ein abstraktes Gefährdungsdelikt (vgl. v. Bubnoff LK 10, Geilen aaO 413, Otto II 323, Tröndle/Fischer 3).

2   Die rechts- und kriminalpolitische Berechtigung der Vorschrift und ihrer Erweiterung durch das Ges. v. 25. 2. 1985 (s. Vorbem.) waren von Anfang an umstritten (vgl. BT-Drs. 10/2546 S. 17, v. Bubnoff LK 11, Ostendorf AK 5 mwN). Die gleichfalls erhobenen **verfassungsrechtlichen Bedenken** (zB Lackner/Kühl 7, Ostendorf AK 5, ferner die Nachw. in BT-Drs. aaO S. 23)

haben sich inzwischen mit BVerfGE **87** 209 unter dem Vorbehalt einer verfassungskonformen Auslegung zwar erledigt. Dies ändert aber nichts daran, daß die gesetzliche Umschreibung der Gewaltdarstellung insb. bei der 2. Alt. (Schilderung grausamer usw. Gewalttätigkeiten, „die das Grausame oder Unmenschliche des Vorgangs in einer die Menschenwürde verletzenden Weise darstellt") durch eine außergewöhnliche Häufung nur schwer faßbarer normativer Merkmale gekennzeichnet ist, deren Reichweite auch durch einen Rückgriff auf den Gesetzeszweck vielfach nicht eindeutig bestimmt werden kann (vgl. auch Rudolphi SK 2). Auch nach den vom BVerfG aaO 227 ff. für eine verfassungsgemäße Auslegung zugrundegelegten Maßstäben wird hier eine erhebliche Grauzone bleiben. Wie immer in solchen Fällen kann dem Bestimmtheitsgebot des Art. 103 II GG dann lediglich in der Weise Rechnung getragen werden, daß die fraglichen Merkmale nur bejaht werden dürfen, soweit die mit ihnen in Bezug genommenen Maßstäbe für den konkreten Fall eindeutig oder jedenfalls relativ eindeutig sind, eine abweichende Auffassung also schlechterdings nicht mehr „vertretbar" erscheint (vgl. § 1 RN 22 u. näher Lenckner JuS 68, 308 f.).

II. Der **objektive Tatbestand** setzt in Abs. 1 das Verbreiten usw. von Schriften (§ 11 III) mit einer **3** Gewaltdarstellung der dort näher bezeichneten Art voraus, in Abs. 2 das Verbreiten entsprechender Darbietungen im Rundfunk. Über *Schriften*, denen mit dem Verweis auf § 11 III Ton- und Bildträger, Abbildungen u. a. Darstellungen gleichstehen, vgl. § 11 RN 78 f. Die *Darbietungen im Rundfunk* (Hör- und Spielfunk) sind in Abs. 2 eigens genannt, um auch Live-Sendungen einzubeziehen (vgl. näher § 184 RN 51). Nicht erfaßt sind jedoch gewaltverherrlichende Live-Darbietungen außerhalb des Rundfunks (zB Theateraufführungen), weil diese keine Darstellungen iS des § 11 sind (vgl. die Anm. dort), was im Hinblick auf Abs. 2 zu dem ungereimten und mit Art. 3 GG kaum zu vereinbarenden Ergebnis führt, daß die Wiedergabe desselben Theaterstücks im Rundfunk nach § 131 strafbar sein kann (krit. dazu zB auch v. Bubnoff LK 32, Geilen aaO 414, Rudolphi SK 5, Tröndle/Fischer 10).

1. Was den **Inhalt der Schrift usw.** betrifft, so müssen in ihr besonders qualifizierte Gewalttätig- **4** keiten geschildert werden (u. 5 ff.), und zwar in einer Art, die entweder – 1. Alt. – eine Verherrlichung oder Verharmlosung ausdrückt (u. 9 f.) oder die – 2. Alt. – den grausamen oder unmenschlichen Vorgang in einer die Menschenwürde verletzenden Weise darstellt (u. 11).

a) In beiden Tatbestandsalternativen muß es sich um Schriften usw. handeln, in denen **grausame 5 oder sonst unmenschliche Gewalttätigkeiten gegen Menschen geschildert** werden. Mit dieser Fassung ist nunmehr gegenüber der hier mißverständlichen aF (vgl. die 21. A. RN 8) klargestellt, daß nicht die Gewalttätigkeit selbst, sondern die geschilderte Gewalttätigkeit grausam usw. sein muß (vgl. BT-Drs. 10/2546 S. 22; krit. dazu Greger NStZ 86, 9 f.).

α) Der Begriff der **Gewalttätigkeiten gegen Menschen** ist nach der ratio legis hier teils weiter, **6** teils enger zu verstehen als in § 125 (vgl. dort RN 6). Gemeint ist damit ein aggressives, aktives Tun, durch das unter Einsatz oder Ingangsetzen physischer Kraft unmittelbar oder mittelbar auf den Körper eines Menschen in einer dessen leibliche oder seelische Unversehrtheit beeinträchtigenden oder konkret gefährdenden Weise eingewirkt wird, wobei dies hier auch durch ein einverständliches Handeln – zB bei sado-masochistischen Exzessen – geschehen kann (vgl. auch BVerfGE 87 227, ferner – zT eine nur mittelbare Einwirkung jedoch ausschließend – Beisel aaO 270 f., v. Bubnoff LK 15, Geilen aaO 414, v. Hartlieb UFITA 80, 122, Lackner/Kühl 4, Rudolphi SK 6, Tröndle/Fischer 5). Nicht ausreichend sind damit nur psychischer Terror, das bloße Unterlassen (zB Erfrierenlassen eines Menschen, vgl. Blei JA 73, 170; and. Otto II 323) und Gewalttätigkeiten gegen Tiere und Sachen. Erfaßt sein sollen nach BT-Drs. 10/2546 S. 22 auch Gewalttätigkeiten gegen „menschenähnliche Wesen" (zB „Zombies"; ebenso zB Greger NStZ 86, 9, Tröndle/Fischer 6). So unerfreulich die Ergebnisse sind, ist dabei jedoch übersehen, daß die Erfassung ähnlicher Sachverhalte in den Bereich unzulässiger Analogie fällt: Nur menschen*ähnliche* Wesen *sind keine Menschen* (ebenso BVerfG aaO 225, Beisel aaO 272 ff., AfP 97, 485, v. Bubnoff LK 15, Geilen aaO, M-Maiwald II 398, Rudolphi SK 6, F.C. Schroeder JZ 90, 258); bleiben hier aus der Sicht des durchschnittlichen Zuschauers bei einem Film Zweifel, ob es sich bei der fraglichen Gestalt um das eine oder andere handelt, so gilt der Grundsatz „in dubio pro reo". Unerheblich ist an sich, ob die Gewalttätigkeit als solche rechtswidrig oder rechtmäßig ist (vgl. Blei aaO, II 295, v. Bubnoff LK 11, Rudolphi SK 6); wegen des zusätzlichen Erfordernisses der Grausamkeit bzw. Unmenschlichkeit dürften hier im wesentlichen aber nur rechtswidrige Gewalthandlungen in Betracht kommen.

Die dargestellten Gewalttätigkeiten müssen außerdem **grausam oder sonst unmenschlich** sein. **7** *Grausam* ist eine Gewalttätigkeit, wenn sie unter Zufügung besonderer Schmerzen oder Qualen körperlicher oder seelischer Art erfolgt und außerdem eine brutale, unbarmherzige Haltung dessen erkennen läßt, der sie begeht (vgl. BT-Drs. 10/2546 S. 22, Beisel aaO 275, v. Bubnoff LK 16, Rudolphi SK 7; vgl. auch § 211 RN 27, ferner die Sachverhalte von Koblenz NJW **86**, 1700 [Skalpieren einer Frau u. a.], NStZ **98**, 40 [auf bes. menschenverachtende Weise ausgeführte Vergewaltigung eines Kindes u. a. in der ZDF-Sendereihe „Der Kapitän"]). *Unmenschlich* ist sie, wenn sie – auch ohne grausam zu sein – Ausdruck einer menschenverachtenden und rücksichtslosen Gesinnung ist, so zB das Erschießen eines andern, nur weil es dem Täter „Spaß" macht, aber auch das völlig bedenkenlose, kaltblütige und sinnlose Niederschießen von Menschen (vgl. BT-Drs. VI/3521 S. 7,

10/2546 S. 22, BVerfGE **87** 226, v. Bubnoff LK 17, Geilen aaO 414, Lackner/Kühl 4, Rudolphi SK 7, Tröndle/Fischer 5). Menschlich noch einigermaßen verständliche, wenn auch rechtswidrige Gewalttätigkeiten (zB § 213) erfüllen diese Voraussetzung dagegen nicht (zu weitgehend daher Greger NStZ 86, 9). Dazu, daß das, was inzwischen in einschlägigen Darstellungen in (Fernseh-)Filmen „üblich" geworden ist, kein Maßstab für § 131 sein kann, vgl. Koblenz NStZ **98**, 41.

8   β) Das **Schildern** grausamer usw. Gewalttätigkeiten kann sowohl durch deren unmittelbare Wiedergabe in Wort und Bild, also auch durch eine berichtende oder beschreibende Darstellung erfolgen. Um eine mit der sprachlichen Klarstellung (o. 5) nicht beabsichtigte Ausweitung dieser Tatbestandsalternative zu vermeiden, muß dabei – für den durchschnittlichen Leser, Betrachter usw. erkennbar – gerade das Grausame bzw. Unmenschliche des Vorgangs den wesentlichen Inhalt der Schilderung der Gewalttätigkeit ausmachen (vgl. BT-Drs. 10/2546 S. 2, v. Bubnoff LK 19, Greger NStZ 86, 10, Lackner/Kühl 6, M-Maiwald II 398, Tröndle/Fischer 7). Soweit hier subjektive Elemente von Bedeutung sind (o. 7), müssen auch diese zum Ausdruck kommen, was bei bildlichen Darstellungen nur in der Weise möglich ist, daß die äußeren Umstände entsprechende Schlüsse zulassen. Ob die geschilderten Gewalttätigkeiten tatsächlich oder nur angeblich geschehen sind oder ob sie erkennbar reine Phantasieprodukte darstellen, ist ohne Bedeutung (vgl. v. Bubnoff LK 18). Daraus, daß konkrete Gewalttätigkeiten gerade in ihrer Grausamkeit oder Unmenschlichkeit geschildert werden müssen, folgt andererseits, daß zB eine Verherrlichung oder Verharmlosung des Krieges oder die Glorifizierung von Heldentaten nicht genügt, wenn dies nicht auf der Grundlage bestimmter, gleichfalls dargestellter Gewalttätigkeiten iS des § 131 geschieht. Nicht ausreichend ist ferner eine derart distanzierte oder verfremdete Gewaltdarstellung, daß das Grausame bzw. Unmenschliche nicht mehr ohne weiteres erkennbar ist (was aber nicht schon deshalb der Fall ist, weil zB in einem Film eine Szene „gestellt" wirkt; vgl. Köln MDR **81**, 247 zu § 184 III). Das gleiche muß mangels einer meßbaren Gefährdung gelten, wenn in einer Schrift usw. zwar einzelne Gewaltdarstellungen iS des § 131 vorkommen, diese aber nur beiläufigen Charakter haben und, gemessen am Ganzen, völlig in den Hintergrund treten (vgl. aber auch BT-Drs. 10/2546 S. 22 u. dagegen zB Lackner/Kühl 6, M-Maiwald II 398).

9   b) Hinzukommen muß nach der **1. Alt.**, daß die grausamen usw. Gewalttätigkeiten in einer Art geschildert werden, die eine **Verherrlichung** oder **Verharmlosung solcher Gewalttätigkeiten** ausdrückt. *Verherrlichen* der grausamen usw. Gewalttätigkeiten ist ihre positive Wertung in dem Sinn, daß sie als in besonderer Weise nachahmenswert erscheinen, zB dadurch, daß sie als etwas Großartiges, besonders Männliches oder Heldenhaftes, als billigenswerte Möglichkeit zur Erreichung von Ruhm, Ansehen usw., als die richtige Form der Lösung von Konflikten usw. dargestellt werden (vgl. BT-Drs. VI/3521 S. 7, Beisel aaO 275 f., v. Bubnoff LK 22, Geilen aaO 415, Lackner/Kühl 6, v. Hartlieb UFITA 80, 127, Rudolphi SK 9). Soll lediglich gezeigt werden, zu welchen Grausamkeiten der Mensch fähig ist oder welch unheilvolle Rolle die Gewalt im menschlichen Zusammenleben spielt, so ist dies keine Gewaltverherrlichung. Auch die gängigen Western, Krimis und Comic-Strips gehören nicht hierher, selbst wenn sie grausame Schilderungen enthalten (vgl. Protokoll VI 1874, Rudolphi SK 9). – *Verharmlosen* solcher Gewalttätigkeiten ist ihre Bagatellisierung als eine übliche, jedenfalls aber akzeptable oder nicht verwerfliche Form menschlichen Verhaltens oder gesellschaftlicher Auseinandersetzung (vgl. BT-Drs. VI/3521 S. 7, Bay NStE **Nr. 2**, Koblenz NJW **86**, 1700, NStZ **98**, 41, v. Bubnoff LK 23, Rudolphi SK 9). Nach BT-Drs. 10/2546 S. 22 soll hierher auch die „beiläufige", „emotionsneutrale" Schilderung von grausamen usw. Gewalttätigkeiten ohne ein „Herunterspielen" gehören, sofern sie als „selbstzweckhaft" anzusehen ist (ebenso Greger NStZ 86, 10). Durch den Begriff des Verharmlosens wird dies aber nicht mehr gedeckt; wenn überhaupt, so kommt hier deshalb nur die 2. Alt. in Betracht (u. 11). Ein bloßer Bericht ist weder ein Verherrlichen noch ein Verharmlosen.

10   Ob die in der Schrift usw. enthaltene Schilderung grausamer usw. Gewalttätigkeiten eine Verherrlichung oder Verharmlosung solcher Gewalttätigkeiten **ausdrückt**, hängt allein vom objektiven, d. h. für einen verständigen und unvoreingenommenen Betrachter eindeutig – wenn auch nur zwischen den Zeilen – erkennbaren Inhalt ab, nicht dagegen von der subjektiven Tendenz des Verfassers und auch nicht von lediglich begleitenden Erklärungen und sonstigen Begleitumständen, die in der Darstellung selbst keinen Niederschlag gefunden haben (vgl. Bay NStE **Nr. 2**, v. Bubnoff LK 26, Lackner/Kühl 6, Rudolphi SK 9, Tröndle/Fischer 7). Obwohl der Wortlaut für eine solche Deutung sprechen könnte, kann es dafür, ob in einer Schrift usw. eine Gewaltverherrlichung usw. ausgedrückt wird, jedoch nicht nur auf die – isoliert betrachtete – Schilderung der Gewalttätigkeit ankommen, vielmehr ist dabei auch der Zusammenhang zu berücksichtigen, in den diese eingebettet ist (vgl. auch Tröndle/Fischer 7). Einerseits kann sich deshalb, weil auch hier die Quantität in eine andere Qualität umschlagen kann, der Charakter einer Gewaltverherrlichung usw. auch durch eine Massierung von Gewaltdarstellungen ergeben, die für sich allein dafür noch nicht ausreichen (vgl. Bay aaO). Andererseits kann zB eine Schrift, die gewaltverherrlichendes Bildmaterial enthält, diese Eigenschaft durch entsprechende Begleittexte verlieren (and. wenn die Distanzierung erkennbar nur Alibifunktion hat), weshalb es auch ein wesentlicher Unterschied sein kann, ob grausame usw. Vorgänge filmisch oder in mit kritischen Anmerkungen versehenen Standbildern dargestellt werden (BGHR § 131 Abs. 1 Nr. 4, Gewaltdarstellung 1). Das gleiche gilt zB für Filme oder Bücher, die zwar einzelne gewaltverherrlichende Szenen enthalten, aus dem Inhalt im übrigen sich aber eine gerade entgegengesetzte Tendenz ergibt.

c) Bei der **2. Alt.** ist zusätzliche Voraussetzung, daß die grausamen usw. Gewalttätigkeiten in einer **11**
Art geschildert werden, die das **Grausame oder Unmenschliche** des Vorgangs in einer die **Menschenwürde verletzenden Weise darstellt.** Hier liegen die eigentlichen Probleme der Vorschrift (so auch Koblenz NStZ **98**, 41; krit. daher zB Geilen aaO 415, Lackner/Kühl 7, M-Maiwald II 399; vgl. auch Rudolphi SK 11 [keine sachliche Erweiterung der 1. Alt.] u näher zum Ganzen Beisel aaO 282 ff.; zur Verfassungsmäßigkeit unter dem Vorbehalt einer verfassungsmäßigen Auslegung vgl. BVerfGE **87** 227 ff.). Sicher ist zunächst, daß die Verletzung der Menschenwürde in diesem Fall nicht in der geschilderten Gewalttätigkeit bestehen kann – grausame und unmenschliche Gewalttätigkeiten sind dies per se (so auch Koblenz aaO) –, sondern in der Darstellung selbst zu suchen ist, weshalb hier auch nicht die Würde eines bestimmten Individuums, sondern die Menschenwürde als abstrakter Rechtswert gemeint ist (vgl. BT-Drs. 10/2546 S. 23, v. Bubnoff LK 25, Lackner/Kühl 7, Tröndle/Fischer 8; vgl. auch BVerfG aaO: „Würde des Menschen als Gattungsperson"). Maßgebend ist demnach maW, ob unabhängig von der dem geschilderten Vorgang bereits als solchem anhaftenden Menschenwürdeverletzung auch die Art und Weise, wie dieser dargestellt wird, darauf angelegt ist, Menschen unter Mißachtung ihres fundamentalen Wert- u. Achtungsanspruchs zum bloßen Objekt zu machen (vgl. auch BVerfG aaO, Koblenz aaO, Lackner/Kühl 7). Die Grenzen im Einzelfall sind freilich auch unter Beachtung der BVerfG-Maßgaben aaO vielfach fließend. Die bloße Häufung oder auch die aufdringliche und anreißerische Darstellung von Gewalttätigkeiten genügt für sich allein jedenfalls noch nicht (BVerfG aaO). Nach den Gesetzesmaterialien geht es hier um „exzessive Schilderungen von Gewalttätigkeiten, die u. a. gekennzeichnet sind durch das Darstellen von Gewalttätigkeiten in allen Einzelheiten, zB das (nicht nur) genüßliche Verharren auf einem leidverzerrten Gesicht oder den aus einem aufgeschlitzten Bauch herausquellenden Gedärmen" (BT-Drs. aaO). Entscheidend dürfte als Kriterium – entsprechend der Pornographie (vgl. § 184 RN 4) und i. U. zur Verherrlichung bzw. Verharmlosung von Gewalt iS der 1. Alt. (vgl. aber auch Rudolphi SK 11) – das *Selbstzweckhafte* der Gewaltdarstellung sein (vgl. auch v. Bubnoff LK 25, Geilen aaO 416): Die Menschenwürde verletzt sie demnach, wenn sie unter Ausklammerung aller sonstigen menschlichen Bezüge die geschundene Menschenkreatur in widerwärtiger Weise in den Vordergrund rückt, und dies lediglich zu dem Zweck, dem Leser oder Betrachter Action und Nervenkitzel besonderer Art, genüßlichen Horror oder sadistisches Vergnügen zu bieten (vgl. auch BVerfG aaO, Koblenz aaO). Finden sich in einem Buch oder in einem Film solche Gewaltdarstellungen, so ist jedoch auch hier der Gesamtzusammenhang zu berücksichtigen.

2. Der Katalog der in Abs. 1 genannten **Tathandlungen** entspricht in Nr. 1, 2, 4 dem § 184 III, **12**
in Nr. 3 dem § 184 I Nr. 1 u. in Abs. 2 dem § 184 II. Zum *Verbreiten* (Abs. 1 Nr. 1) vgl. daher § 184 RN 57, zum *öffentlichen Zugänglichmachen* usw. (Nr. 2) dort RN 58, zum *Überlassen an Jugendliche* (Nr. 3) dort RN 6 ff. u. zu den in Nr. 4 genannten *Vorbereitungshandlungen* des Herstellens usw. dort RN 59 u. zum *Verbreiten durch Rundfunk* dort RN 51; zur Frage der strafrechtlichen Verantwortlichkeit von Tele- und Mediendienstanbietern insbes. im Internet vgl. § 184 RN 66 b ff. u. zum Tatort in diesem Zusammenhang § 9 RN 6 a. E. Darauf, ob sich der Verleger usw. mit dem Inhalt identifiziert, kommt es hier nicht an.

III. Der **subjektive Tatbestand** setzt jeweils zumindest bedingten **Vorsatz** voraus; dieser muß **13**
sich iS der für den Vorsatz genügenden Bedeutungskenntnis (vgl. § 15 RN 40, 43) auch darauf erstrecken, daß in der Schrift zB grausame usw. Gewalttätigkeiten verherrlicht oder verharmlost werden; zur Bedeutung von sog. X-Prüfentscheidungen der Freiwilligen Filmselbstkontrolle vgl. § 184 RN 66, Ostendorf AK 16. Nicht notwendig ist, daß der Täter selbst eine solche Tendenz verfolgt oder den Inhalt der Schrift billigt (v. Bubnoff LK 34, Lackner/Kühl 10). Die Beschränkung auf vorsätzliches Handeln ist im Fall des Abs. 1 Nr. 3 iE freilich bedeutungslos, da § 21 III iVm § 3 I Nr. 1, § 6 Nr. 1 – GjS hier unter dem Gesichtspunkt des Jugendschutzes – auch die fahrlässige Begehung unter Strafe stellt. Im Fall des Abs. 1 Nr. 4 ist ferner die **Absicht** der Verwendung iS der Nr. 1–3 oder der Ermöglichung einer solchen erforderlich (vgl. entsprechend § 184 RN 48).

IV. Vollendet ist die Tat mit der Vornahme der Handlung; auf den Eintritt eines Erfolges oder **14**
einer Gefährdung kommt es nicht an. Der **Versuch** ist straflos, soweit nicht Abs. 1 Nr. 4 schon das Unternehmen der Ein- bzw. Ausfuhr unter Strafe stellt.

V. Eine **Einschränkung des Tatbestandes** enthält das sog. Berichterstatterprivileg nach **Abs. 3 15/16**
und – hier freilich nur für den Fall des Abs. 1 Nr. 3 – das sog. Erzieherprivileg nach **Abs. 4** (vgl. BT-Drs. VI/3521 S. 8, v. Bubnoff LK 35, Lackner/Kühl 11, Rudolphi SK 16; and. [Rechtfertigung] für das Berichterstatterprivileg Tröndle/Fischer 12). Zum **Erzieherprivileg** vgl. § 184 RN 60 ff. Nach dem sog. **Berichterstatterprivileg** (Abs. 3) gilt Abs. 1 nicht, wenn die Handlung der Berichterstattung über Vorgänge des Zeitgeschehens oder der Geschichte dient. Zweck der Vorschrift soll es sein, im Hinblick auf die Meinungs- und Informationsfreiheit eine straflose Berichterstattung zu ermöglichen, auch wenn diese zB Gewalttätigkeiten iS des Abs. 1 zum Gegenstand hat. Die praktische Bedeutung des Berichterstatterprivilegs dürfte sich allerdings in engen Grenzen halten (vgl. auch v. Bubnoff LK 35, ferner Geilen aaO 416: „kaum mehr als salvatorischer Charakter"). Nach dem Wortlaut muß die „Handlung" der Berichterstattung dienen, wobei Handlung iS des Abs. 1 aber nicht die Gewaltdarstellung, sondern das Verbreiten usw. von Schriften usw. ist, die eine solche enthalten (vgl. demgegenüber § 130 iVm § 86 III, wo neben der Handlung auch die Schrift bzw. Darbietung selbst miteinbezogen ist; s. § 130 RN 25). Daß das Verbreiten usw. einer eindeutig gewaltverherrli-

chenden usw. Schrift zugleich der Berichterstattung dienen kann, ist jedoch nur in wenigen Fällen dieser Art denkbar (zB Verteilen solcher Schriften als Anschauungsmaterial im Gemeinschaftskundeunterricht von Schulen [Abs. 1 Nr. 3] oder bei öffentlichen Vorträgen über entsprechende Themen [Abs. 1 Nr. 1], nicht aber – § 131 wäre hier sonst gegenstandslos – der unkommentierte Neudruck und Vertrieb einer gewaltverherrlichenden Schrift der Vergangenheit als „Berichterstattung" darüber, wie frühere Generationen darüber gedacht haben oder daß ihr Autor auch „solche" Bücher geschrieben hat). Abs. 3 zusätzliche Bedeutung dadurch abzugewinnen, daß man – entgegen dem Wortlaut – nicht oder nicht nur auf das Verbreiten usw., sondern (auch) auf den Inhalt abstellt (vgl. zB Lackner/Kühl 11, Rudolphi SK 16, Tröndle/Fischer 12), ergibt gleichfalls nur beschränkt einen Sinn. Einen solchen könnte die Vorschrift bei dieser Deutung allenfalls bei der 2. Alt. haben, nicht aber bei der 1. Alt., bei der sie, wie auch BT-Drs. VI/3521 S. 9 einräumt, praktisch leerläuft, weil eine Darstellung von Grausamkeiten, die den Charakter eines objektiven Berichts wahrt, nicht zugleich eine Verherrlichung von Brutalitäten usw. sein kann (vgl. auch Bubnoff aaO sowie Blei II 296, JA 73, 172, der mit Recht darauf hinweist, daß der jetzige Abs. 3 hier nur so lange einen Sinn hatte, als im Gesetzgebungsverfahren daran gedacht war, auf das Erfordernis der Verherrlichung usw. zu verzichten). Im übrigen ist Berichterstattung iS des Abs. 3 nur die Reproduktion wirklicher Vorgänge des Zeitgeschehens oder der Geschichte, wobei diese dann allerdings auch in gestellten Szenen oder in fiktiver Nachgestaltung und deshalb u. U. auch in einem Spielfilm oder Theaterstück erfolgen kann (zB v. Bubnoff aaO, Lackner/Kühl 11 mwN). Unwahre Darstellungen, Verzerrungen und Übertreibungen fallen, weil sie nicht mehr der Berichterstattung dienen können, nicht unter Abs. 3 (vgl. auch Lackner/Kühl 11), sind andererseits aber nicht schon deshalb eine Gewaltverherrlichung usw. Ebenso scheidet Abs. 3 von vornherein aus, wenn die Form der Berichterstattung nur als Deckmantel für eine Gewaltdarstellung iS des § 131 dient.

17 **VI.** Zweifelhaft ist, welche Bedeutung die **Kunstfreiheit** (Art. 5 III GG) für § 131 hat. Zwar wird die künstlerische Darstellung von Gewalttätigkeiten durch ihre Sublimierung, Verfremdung usw. vielfach schon keine Gewaltverherrlichung usw. sein (vgl. zB v. Bubnoff LK 38, Hartlieb NJW 85, 834, Otto II 324). Ausgeschlossen sind Überschneidungen vor dem Hintergrund des offenen, die „formalen" Kunstbegriffs der Rspr. der Gegenwart (zB BVerfGE 67 226 f., 75 377, 81 291, 83 139, BGH 37 58) jedoch ebensowenig wie bei der Pornographie (vgl. § 184 RN 5 a; zu § 131 vgl. zB auch Beisel aaO 293 ff., v. Bubnoff aaO, Geilen aaO 416, Lackner/Kühl 12, Rudolphi SK 24, Seetzen NJW 76, 498, Tröndle/Fischer 13). Hier ist dann davon auszugehen, daß die Kunstfreiheit zwar vorbehaltlos, aber nicht schrankenlos gilt, sondern ihrerseits ebenfalls an die grundgesetzliche Wertordnung gebunden ist, zu der auch das Schutzgut des § 131 in Gestalt des dort im Vorfeld geschützten öffentlichen Friedens gehört. Wann bei der hier bestehenden „Spannungslage", bei der nicht allein auf die Wirkungen eines Kunstwerks im außerkünstlerischen Sozialbereich abgehoben werden darf, sondern auch kunstspezifischen Gesichtspunkten Rechnung zu tragen ist (BVerfGE 30 195), das Recht auf Kunstfreiheit zurückzutreten hat (so generell Maunz-Dürig-Herzog-Scholz Art. 5 III RN 77; and. BT-Drs. 10/2546 S. 23), dürfte im Einzelfall vielfach außerordentlich schwer zu bestimmen sein (näher dazu mwN zB Beisel aaO, K. A. Fischer, Die strafrechtl. Beurteilung von Werken der Kunst, 1995, 166 ff. u. zur Methodenfrage vgl. auch Zechlin NJW 84, 1091). Bei Kunstwerken der Vergangenheit, die aus ihrer Zeit heraus verstanden werden müssen, ist hier größte Zurückhaltung geboten. Aber auch moderne Literatur kann sich hier u. U. auf den Schutz des Art. 5 III GG berufen, wenn sie bei dem Versuch, historische Begebenheiten künstlerisch nachzugestalten, zwangsläufig auch frühere gewaltverherrlichende Einstellungen zum Gegenstand hat (vgl. Ostendorf AK 17, Rudolphi SK 19). Vielfach freilich dürften die hier auftretenden Fragen kaum noch judiziabel sein, zumal häufig noch die Vorfrage zu entscheiden ist, ob zB eine Schrift überhaupt als Werk der Kunst und nicht lediglich der Trivialliteratur anzusehen ist (vgl. dazu auch Stuttgart NJW 76, 628). Soweit die Kunstfreiheitsgarantie durchgreift, handelt es sich um einen Rechtfertigungsgrund (vgl. M-Maiwald II 399, Noll ZStW 65, 32 ff., Würtenberger NJW 82, 613).

18 **VII. Konkurrenzen.** Über das Verhältnis zu § 130 vgl. dort RN 27. Mit § 140 Nr. 2 besteht Tateinheit, wenn mehrere Äußerungen in einer Schrift teils unter § 131, teils unter § 140 Nr. 2 fallen, während § 131 zurücktritt, wenn das Billigen einer Straftat durch Verherrlichen oder Verharmlosen der damit begangenen Gewalttätigkeit iS des § 131 erfolgt. Mit §§ 86, 86 a, 184 III, 185 ff. ist Idealkonkurrenz möglich, ferner mit §§ 6 Nr. 1, 21 GjS, und zwar nicht nur in den Fällen des Abs. 1 Nr. 1, 2, 4 (hier auch v. Bubnoff LK 40, Lackner/Kühl 15, Rudolphi SK 21; and. Tröndle/Fischer 19), sondern aus den o. 1 genannten Gründen auch bei Abs. 1 Nr. 3 (vgl. auch Laufhütte JZ 74, 46).

19 **VIII.** Die **Einziehung** der Schriften usw. erfolgt, da jede vorsätzliche Verbreitung den Tatbestand verwirklicht, nach § 74 d I, II. Zu der jedenfalls zZ noch nach den meisten Landesrechten auch in den Fällen des § 131 kürzeren **Verjährung** bei Presseinhaltsdelikten – and. zB § 24 I 2 LPresseG Bad.-Württ., ÄndG v. 24. 11. 1997, GBl. S. 483 – vgl. entsprechend § 184 RN 69.

§ 132 Amtsanmaßung

Wer unbefugt sich mit der Ausübung eines öffentlichen Amtes befaßt oder eine Handlung vornimmt, welche nur kraft eines öffentlichen Amtes vorgenommen werden darf, wird mit Freiheitsstrafe bis zu zwei Jahren oder mit Geldstrafe bestraft.

Schrifttum: Düring, Amtsanmaßung und Mißbrauch von Titeln, 1990 (Diss. Ffm.). – *Geppert,* Ausgewählte Delikte gegen die „öffentliche Ordnung", insbesondere Amtsanmaßung (§ 132 StGB) und Verwahrungsbruch (§ 133 StGB), Jura 86, 590. – *Küper,* Zum Verhältnis der beiden Begehungsformen des § 132 StGB, JR 67, 451. – *Merkel,* Anmaßung eines öffentlichen Amtes, VDB II, 349.

I. Die Vorschrift soll ausschließlich die **staatliche Autorität** und das **Ansehen des Staatsapparates** schützen, die beeinträchtigt werden, wenn amtliche Tätigkeit von Unbefugten ausgeübt und dadurch der Eindruck erweckt wird, als seien Amtshandlungen gegeben, die in Wahrheit nicht unter der Kontrolle der staatlichen Organe zustande gekommen sind (vgl. BGH **3** 244, **12** 31, **40** 13, Geppert Jura 86, 591, Rudolphi SK 1, v. Bubnoff LK 4, Schmidhäuser II 231); zum geschützten Rechtsgut Düring aaO 236 f. Daraus folgt, daß die Amtsanmaßung nur in bezug auf die Ausübung inländischer Ämter unter Strafe steht, so daß auch – trotz Übertragung hoheitlicher Funktionen – Ämter supranationaler Organisationen, also auch Ämter der Europäischen Union, nicht erfaßt sein dürften (v. Bubnoff LK 10; and. Rudolphi SK 6). Daher genügt zB nicht die Anmaßung des Status eines ausländischen Diplomaten; über den Schutz der in der BRD stationierten ausländischen Truppen vgl. 17 f. vor § 80. Nach Maurach BT 642 ff. soll die staatliche Ämterzuweisung und die innere Organisationsgewalt des Staates geschützt sein und § 132 demgemäß auch dann vorliegen, wenn der Täter das Amt erschlichen hat; dem kann nicht zugestimmt werden, weil trotz Täuschung das Amt übertragen und die vorgenommene Amtshandlung wirksam ist (vgl. Rudolphi SK 1, Schmidhäuser II 231; ebenso M-Schroeder II 307, wo als Rechtsgut allerdings die Funktionsfähigkeit der öffentlichen Ämter genannt wird). Durch die Vorschrift soll nicht der Einzelne gegen Übergriffe ungetreuer Beamter geschützt werden (BGH **3** 241, **40** 12, Tröndle/Fischer 1, v. Bubnoff LK 5; and. Hamm NJW **51**, 245, Ostendorf AK 4 [Schutz vor pseudostaatlicher Machtausübung]; vgl. auch Düring aaO 246); dies ergibt sich daraus, daß § 132 einen Eingriff in die Rechtssphäre einer Privatperson nicht voraussetzt (Rudolphi SK 1); zu kriminologischen Aspekten Düring aaO 155 ff.

Der Tatbestand enthält **zwei Alternativen,** von denen die erste lediglich einen Sonderfall der zweiten bildet (Schmidhäuser II 231, W-Hettinger 147; and. Rudolphi SK 2, der Exklusivität annimmt). In beiden Fällen ist nämlich erforderlich, daß der Täter eine Handlung vornimmt, die sich äußerlich als Amtstätigkeit darstellt (u. 8). Dabei ist nicht notwendig, daß der Täter persönlich in Erscheinung tritt. Auch eine heimlich begangene Tat kann unter die 2. Alt. fallen, wenn der Anschein erweckt wird, es habe eine amtliche Tätigkeit stattgefunden (u. 9). Daran kann es zB fehlen, wenn der Adressat der Maßnahme deren nichtamtlichen Charakter erkennt. Die bloße Anmaßung eines Amtes ohne Vornahme einer amtlichen Tätigkeit reicht nicht aus. Der Unterschied der beiden Alternative liegt daher darin, daß der Täter bei der ersten das Amt für sich in Anspruch nimmt und aufgrund dieser Anmaßung Handlungen ausführt, die einem Amtsinhaber vorbehalten sind, während nach der zweiten die Ausübung scheinbar hoheitlicher Tätigkeit genügt; zum Verhältnis der beiden Alternativen vgl. noch Küper JR 67, 451. 2

II. Der **erste Tatbestand** erfordert, daß sich jemand unbefugt mit der Ausübung eines öffentlichen Amtes befaßt. Dazu reicht bloße Anmaßung der Eigenschaft als Amtsträger nicht aus (evtl. aber strafbar gem. § 132 a); erforderlich ist auch hier, daß der Täter eine „Amtshandlung" vornimmt (BGH GA **67**, 114); ein bestimmter Erfolg der Handlung ist für die Vollendung nicht erforderlich (OGH **1** 304). Ohne Bedeutung ist, ob sich der Täter die amtliche Eigenschaft ausdrücklich zulegt, sich zB als Polizeibeamter ausgibt, oder ob sich dies aus den Umständen ergibt, so wenn ein Unbefugter in Polizeiuniform den Verkehr regelt. Ferner kann § 132 auch dann gegeben sein, wenn der Täter unter falschem Namen auftritt, sich zB als der Richter X bezeichnet. 3

1. Der Begriff des **öffentlichen Amtes** erfordert eine Tätigkeit im Dienste des Bundes oder im unmittelbaren oder mittelbaren Dienst eines Landes; das Amt ist als öffentliches anzusehen, wenn sein Träger als Organ der Staatsgewalt zu betrachten ist (RG JW **38**, 2130). Inhaber eines öffentlichen Amtes sind aber nicht nur die Amtsträger usw (vgl. § 11 I Nr. 2–4), sondern zB auch alle Laienrichter, die jetzt durch § 11 I Nr. 3 den Berufsrichtern gleichgestellt sind (vgl. § 11 RN 32; insoweit ebenso Lackner/Kühl 4, Rudolphi SK 5). Darüber hinaus sind als öffentliches Amt auch anzusehen die Anwaltschaft (hierzu Celle HESt. **2** 235; and. Rudolphi SK 5) und das Notariat (BGH NJW **98**, 3791). Kirchenämter sind keine öffentlichen Ämter; eine Ausnahme ist für den Fall zu machen, daß die kirchliche Amtshandlung zugleich eine staatliche Verrichtung darstellt, wie zB die Erteilung von Zeugnissen über Eintragungen in den Kirchenbüchern (RG **5** 56; vgl. hierzu § 11 RN 26). Es ist nicht erforderlich, daß das angemaßte Amt tatsächlich existiert (Lackner/Kühl 2), es muß ausreichen, daß auf die Ausübung staatlicher Aufgaben hingewiesen wird, zB in der Eigenschaft als „Regierungspräsident von Berlin". Erforderlich ist aber ein konkreter Hinweis auf eine Funktion als Amtsinhaber; die allgemein gehaltene Erklärung „Hier ist die Kriminalpolizei" genügt nicht (Koblenz NStZ **89**, 268 m. abl. Anm. Krüger NStZ 89, 477). 4

§ 132 5–10   Bes. Teil. Straftaten gegen die öffentliche Ordnung

5   **2. Mit der Ausübung eines Amtes befaßt sich** unbefugt, wer sich als Inhaber eines öffentlichen Amtes ausgibt, das er in Wirklichkeit nicht bekleidet, und aufgrund dieser Vortäuschung eine dem angemaßten oder einem anderen Amt entsprechende Handlung vornimmt (BGH GA **67**, 114, BGH **40** 11, Rudolphi SK **7**, W-Hettinger 148). Ein Beispiel bietet der Fall, daß sich jemand als Kriminalbeamter aufspielt und eine Beschlagnahme oder Durchsuchung ausführt (RG JW **35**, 2960; vgl. auch RG **76** 25, BGH GA **64**, 151). Der Tatbestand wird also allein dadurch, daß sich jemand als Kriminalbeamter ausgibt, noch nicht erfüllt (BGH MDR/D **67**, 13, Tröndle/Fischer 2). Hinzutreten muß eine Handlung, die als hoheitliche Tätigkeit erscheint (BGHR Ausübung **1**, Koblenz NStZ **89**, 268 m. Anm. Krüger NStZ **89**, 477, Rudolphi SK **7** und vgl. o. 2). Rein fiskalisches Handeln fällt nicht unter § 132, der daher zB nicht anwendbar ist, wenn jemand vorspiegelt, für eine Behörde Bestellungen aufzugeben (BGH **12** 30, Oldenburg MDR **87**, 604).

6   III. Der **zweite Tatbestand** verlangt, daß jemand unbefugt eine Handlung vornimmt, die nur kraft eines öffentliches Amtes vorgenommen werden darf. Im Unterschied zur ersten Alternative maßt sich hier der Täter nicht das Amt, sondern allein eine amtliche Befugnis an, indem er den Anschein erweckt, zu Amtshandlungen dieser Art berechtigt zu sein. Die strafbare Handlung besteht hier darin, daß er etwas tut, was nur ein Beamter tun darf (OGH **1** 305), zB eine Verhaftung vornimmt (RG **55** 266).

7   1. Zum **öffentlichen Amt** vgl. o. 4.

8   2. Erforderlich ist, daß der Täter unbefugt **eine Handlung vornimmt, die nur kraft eines öffentlichen Amtes vorgenommen werden darf.** Zweifelhaft kann sein, welche rechtlichen Elemente diese Handlung aufweisen muß. Entgegen dem Wortlaut ist nicht erforderlich, daß – von der fehlenden Amtsstellung abgesehen – sämtliche Voraussetzungen amtlicher Tätigkeit vorliegen. Die staatliche Autorität ist auch dann gefährdet (vgl. o. 1), wenn Handlungen nach den Umständen lediglich den Anschein amtlichen Handelns hervorrufen. Daher werden hier nicht nur rechtlich zulässige Amtshandlungen (zB Untersuchungen, Verhaftungen, Vernehmungen usw [RG **59** 293]), sondern auch rechtlich unzulässige (zB Eintragung einer „dinglichen Miete" im Grundbuch, Vereidigung des Angeklagten) erfaßt (and. Herdegen LK[10] 5; wie hier v. Bubnoff LK 13). Entscheidend ist, ob die Handlung einem objektiven Beobachter als hoheitliches Handeln erscheint und deshalb mit einem solchen verwechselt werden kann (vgl. BGH **40** 13, [illegales Abhören seitens des MfS], Köln NJW **99**, 1044 [Abändern eines Verkehrsschildes durch Folienüberklebung; hierzu krit. Wrage NStZ 00, 33], v. Bubnoff LK 20, Geppert Jura 86, 593, Rudolphi SK 9; die gegenteilige Auffassung von RG **56** 156, Dresden DtZ **93**, 287 läßt Sinn und Zweck der Vorschrift außer Betracht). Dies ist zB der Fall bei Verbreitung eines angeblichen amtlichen Schreibens (AG Göttingen NJW **83**, 1209 m. Anm. Oetker NJW **84**, 1602); so auch LG Paderborn NJW **89**, 178 für die Herstellung und Verbreitung eines Aufrufs zur Rückgabe der Volkszählungsbögen, welcher in seiner Aufmachung den Eindruck erweckt, daß er von einer städtischen Behörde verfaßt worden ist. Dies ist allerdings nicht der Fall, wenn ein Offizier des ehemaligen MfS die von den operativen Einheiten seiner Behörde erteilten Aufträge zum Abhören von Fernmeldeanschlüssen bestätigt; hierdurch ruft er nicht den Eindruck hervor, er treffe die dem Staatsanwalt vorbehaltene Anordnung einer Telefonüberwachung im Rahmen eines strafrechtlichen Ermittlungsverfahrens. Die Maßnahme stellt sich als Spitzeltätigkeit des MfS dar und ist nach Art und Form nicht mit einer strafverfahrensrechtlichen Maßnahme zu verwechseln (BGH **40** 14 m. Anm. Geppert JK 2, Ostendorf JZ 97, 1106; and. Dresden DtZ **93**, 287, KG JR **93**, 388). Nicht ausreichend ist es auch, wenn die Handlung offenkundig so weit von normaler staatlicher Tätigkeit abweicht, daß der Eindruck staatlichen Handelns nicht erweckt werden kann (s. a. Lackner/Kühl 7, Tröndle/Fischer 7). Erfolgt eine nur von Beamten vorzunehmende Handlung unter Umständen, die sie als Privathandlung erscheinen lassen, so ist § 132 nicht erfüllt (zB Abnahme eines Privateides [RG **34** 288] oder einer eidesstattlichen Versicherung).

9   Die Amtshandlung braucht nicht notwendig den **Täter als Urheber** erkennen zu lassen, sofern sie nur dazu führt, daß nach außen der Eindruck amtlichen Handelns entsteht (v. Bubnoff LK 19; and. RG **68** 255). So werden zB das heimliche Aufstellen von Verkehrsschildern (Rudolphi SK 10, W-Hettinger 148), das Ein- und Ausschalten einer Verkehrsampel oder die Anbringung einer Pfandmarke (vgl. RG HRR **41** Nr. 789) von § 132 erfaßt. Anders ist es jedoch beim eigenmächtigen Ablösen einer Pfandmarke oder bei der Entfernung einer polizeilichen Aufforderung an einem falsch geparkten Fahrzeug und Anbringung am eigenen Wagen (vgl. Schröder JR 64, 230, Baumann NJW 64, 708), da hier nicht gegenüber dem Publikum der Anschein amtlicher Tätigkeit erweckt wird; die bloße Irreführung eines Amtsträgers (zB über bereits erteilte Verwarnung gem. § 56 I 1 OWiG) genügt hingegen nicht, da hierdurch *Bürger*vertrauen in die Korrektheit staatlichen Handelns nicht beeinträchtigt wird (v. Bubnoff LK 23, Küper BT 15).

10   Sofern die Handlung in der Herstellung einer Urkunde besteht, sind die für die Urkundenqualität und Beweiswirkung geltenden Grundsätze zu berücksichtigen, so daß zB die bloße Benutzung von Behördenformularen nicht genügt (vgl. für Zahlungsaufforderung auf Zahlungsbefehlsformularen RG **68** 77, v. Bubnoff LK 21; and. RG **23** 205, Frankfurt NJW **64**, 61 m. Anm. Schröder). Ebensowenig stellt die Verfälschung einer Urkunde eine Amtshandlung dar (vgl. BGHR Ausübung **2**, v. Bubnoff LK 32, Geppert Jura 86, 593), es sei denn, sie wird unter Umständen vorgenommen, die gegenüber dem Publikum (o. 9) den Anschein amtlicher Tätigkeit begründen, zB wenn in den Führerschein ein Änderungsvermerk eingetragen wird.

IV. Der Täter muß **unbefugt** handeln (zur Doppelfunktionalität dieses Merkmals vgl. v. Bubnoff LK 26, 28, Geppert Jura 86, 593; 65 vor § 13). Dies setzt voraus, daß er nicht durch eine amtliche Stellung oder eine Erlaubnis zur Vornahme der Amtshandlung legitimiert worden ist (vgl. BGH **40** 15). Deshalb handelt nicht unbefugt iSv § 132, wem die Ausübung eines Amtes aufgrund einer strafbaren Handlung, zB eines Betruges, übertragen worden ist (Braunschweig NdsRpfl. **50**, 127, Tröndle/Fischer 4, Lackner/Kühl 5, Rudolphi SK 11, M-Maiwald II 307; and. Freiburg DRZ **48**, 66). Die Tatsache, daß die Anstellung eines Beamten, der sich durch eine strafbare Handlung seine Stellung verschafft hat, mit ex tunc-Wirkung vernichtbar ist (RGZ **83** 429, § 12 I BBG), kann an diesem Ergebnis nichts ändern. Diese Vernichtung der öffentlich-rechtlichen Beziehung zum Staat betrifft lediglich das Innenverhältnis; der Allgemeinheit gegenüber sind die von dem Beamten vorgenommenen Handlungen Amtshandlungen und werden auch als solche geschützt (vgl. § 113 RN 7).

V. Bestritten ist, ob die Fälle des § 132 **eigenhändige Delikte** darstellen (zutr. ablehnend Geppert Jura 86, 593, Lackner/Kühl 9, Tröndle/Fischer 2). Die Rspr. (RG **55** 266, **59** 81, OGH **1** 305) hat dies stets bejaht. Dies ist jedenfalls für die zweite Alternative nicht überzeugend. Geht man davon aus, daß entscheidend die Hervorrufung des Anscheins ist, hoheitliche Tätigkeit sei ausgeübt worden, so muß auch derjenige aus § 132 strafbar sein, der zB einen Gutgläubigen oder ohne Schuld Handelnden veranlaßt, falsche Verkehrszeichen aufzustellen (vgl. v. Bubnoff LK 39). Ob Gleiches auch für die erste Alternative gilt (näher dazu Rudolphi SK 4) spielt praktisch keine Rolle, da diese sich als Spezialfall der zweiten darstellt und daher mittelbare Täterschaft nach der zweiten gegeben sein kann (vgl. insb. Roxin TuT 408). Ebenso ist Mittäterschaft bei beiden Alternativen möglich, und zwar auch in der Weise, daß bei der 1. Alt. jeder Mittäter nur einen Teil der Tatbestandsmerkmale selbst verwirklicht, ihm aber die Beiträge der anderen zuzurechnen sind, zB wenn bei einer Haussuchung der eine Mittäter sich lediglich als Kriminalbeamter vorstellt, während die anderen schweigend die Räume durchsuchen (v. Bubnoff LK 38).

VI. Für den **subjektiven Tatbestand** ist in beiden Fällen Vorsatz erforderlich. Der Vorsatz bedeutet das Bewußtsein, sich mit einem angemaßten Amt zu befassen oder eine Handlung vorzunehmen, die nur kraft eines öffentlichen Amtes vorgenommen werden darf (RG **59** 297, BGH **40** 15, Tröndle/Fischer 9), bedingter Vorsatz genügt (Rudolphi SK 12).

Der **Irrtum** über die Befugnis kann zu einem nach § 16 zu behandelnden Tatbestandsirrtum (Unbefugtheit als Charakteristikum des tatbestandlichen Unrechtstypus, o. 11; s. a. v. Bubnoff LK 33, Warda Jura 74, 295), kaum einmal (vgl. v. Bubnoff LK 29) zu einem entsprechend zu behandelnden (§ 16 RN 14 ff.) Erlaubnistatbestandsirrtum (bei ausnahmsweisem Annehmen eines die Amtsanmaßung legitimierenden Rechtfertigungsgrundes [zB § 34]) bzw. zu einem Verbotsirrtum (Beispiele bei v. Bubnoff LK 34) führen. Geht zB ein Bauunternehmer irrtümlich davon aus, aufgrund eines von der Straßenbaubehörde aufgestellten oder genehmigten Beschilderungsplanes berechtigt zu sein, an einer Baustelle bestimmte Verkehrsschilder aufstellen zu dürfen, so handelt er nicht vorsätzlich Unrecht, wenn er entsprechend dem vermeintlichen Plan handelt. Hier liegt die Annahme eines Sachverhalts vor, bei dem auch Privatleute – ausnahmsweise – als „beliehene Unternehmer" eine sonst nur Behörden vorbehaltene hoheitliche Handlung vornehmen dürfen; dies ist ein gemäß § 16 zu behandelnder Irrtum (v. Bubnoff LK 34). Im übrigen aber ist das Merkmal unbefugt allgemeines Verbrechensmerkmal (vgl. 65 vor § 13), das dem Merkmal „rechtswidrig" gleichzustellen ist; ein Irrtum hierüber führt daher zum Verbotsirrtum. Ist also zB ein Bauunternehmer der Meinung, ohne behördlichen Auftrag Verkehrsschilder aufstellen zu dürfen, so handelt er im Verbotsirrtum.

VII. Täter kann in beiden Fällen zunächst ein Nichtbeamter sein. Aber auch ein Amtsträger kann Amtsanmaßung begehen, indem er sich amtliche Befugnisse beilegt, die mit seinem Amt nicht verbunden sind (RG **76** 62, BGH **3** 244, **44** 189; and. Düring aaO 80), er sich also entweder ein anderes Amt anmaßt oder eine Amtshandlung unter Verstoß gegen die sachliche (BGH **3** 241) oder die nicht nur dienstrechtlich festgelegte örtliche (BGH **37** 211, **44** 189 [Notar]) Zuständigkeit vornimmt (Lackner/Kühl 6). Dagegen liegt § 132 nicht vor, wenn ein Amtsträger generell zur Vornahme bestimmter Handlungen zuständig ist, im konkreten Fall aber von der Vornahme aufgrund interner Dienstvorschriften, gesetzlicher Bestimmungen oder ähnlicher Hindernisse ausgeschlossen ist (vgl. RG **67** 226; ferner RG **56** 234, **58** 176), ferner nicht, wenn er seine formale Legitimation als Amtsinhaber im Widerspruch zu den Interessen seiner Behörde ausübt (BGH **3** 242; and. Hamm NJW **51**, 245).

VIII. Idealkonkurrenz ist möglich mit § 132 a, Diebstahl (RG **54** 256), Erpressung, Betrug (BGH GA **64**, 151) und Urkundenfälschung. Die beiden Tatbestände des § 132 können bzgl. der gleichen Amtshandlung untereinander in Ideal- oder Realkonkurrenz stehen, da der erste nur der speziellere Fall des zweiten ist (v. Bubnoff LK 41, Welzel 512; and. Tröndle/Fischer 10 [Idealkonkurrenz]; Rudolphi SK 2 [wechselseitiger Ausschluß]; Lackner/Kühl 10 [Konsumtion]). Mit §§ 331 ff. kommt Idealkonkurrenz in Betracht, falls der Täter Beamter ist und sich durch die Tat ein Amt anmaßt, das er nicht innehat (vgl. RG **76** 62).

§ 132 a Mißbrauch von Titeln, Berufsbezeichnungen und Abzeichen

(1) Wer unbefugt
1. inländische oder ausländische Amts- oder Dienstbezeichnungen, akademische Grade, Titel oder öffentliche Würden führt,
2. die Berufsbezeichnung Arzt, Zahnarzt, Psychologischer Psychotherapeut, Kinder- und Jugendlichenpsychotherapeut, Psychotherapeut, Tierarzt, Apotheker, Rechtsanwalt, Patentanwalt, Wirtschaftsprüfer, vereidigter Buchprüfer, Steuerberater oder Steuerbevollmächtigter führt,
3. die Bezeichnung öffentlich bestellter Sachverständiger führt oder
4. inländische oder ausländische Uniformen, Amtskleidungen oder Amtsabzeichen trägt,

wird mit Freiheitsstrafe bis zu einem Jahr oder mit Geldstrafe bestraft.

(2) Den in Absatz 1 genannten Bezeichnungen, akademischen Graden, Titeln, Würden, Uniformen, Amtskleidungen oder Amtsabzeichen stehen solche gleich, die ihnen zum Verwechseln ähnlich sind.

(3) Die Absätze 1 und 2 gelten auch für Amtsbezeichnungen, Titel, Würden, Amtskleidungen und Amtsabzeichen der Kirchen und anderen Religionsgesellschaften des öffentlichen Rechts.

(4) Gegenstände, auf die sich eine Straftat nach Absatz 1 Nr. 4, allein oder in Verbindung mit Absatz 2 oder 3, bezieht, können eingezogen werden.

Vorbem.: § 132 a idF des PsychThG v. 16. 6. 1998 (BGBl. I 1311), in Kraft seit 1. 1. 1999.

Schrifttum: Düring, Amtsanmaßung und Mißbrauch von Titeln, 1990 (Diss. Ffm.). – Geppert, Ausgewählte Delikte gegen die „öffentliche Ordnung", insbesondere Amtsanmaßung (§ 132 StGB) und Verwahrungsbruch (§ 133 StGB), Jura 86, 590. – Kahle, Der Mißbrauch von Titeln, Berufsbezeichnungen und Abzeichen – Rechtsgut, Schutzzweck und Anwendungsbereich des § 132 a StGB, 1995.

1 I. Die Vorschrift erfaßt das **unbefugte Führen** von **Amts-** oder **Dienstbezeichnungen,** akademischen **Graden, Titeln,** öffentlichen **Würden** (Abs. 1 Nr. 1), bestimmten **Berufsbezeichnungen** (Abs. 1 Nr. 2), der Bezeichnung als öffentlich bestellter **Sachverständiger** (Abs. 1 Nr. 3) sowie das **Tragen bestimmter Uniformen** (Abs. 1 Nr. 4) usw Zum Tatbestand auch aus kriminologischer Sicht vgl. Düring, Amtsanmaßung und Mißbrauch von Titeln, 1990. Zur Reform: Düring aaO 258 f., Kahle aaO 353 (Herabstufen zur Ordnungswidrigkeit).

2 Ergänzend zu § 132 a kommen folgende **Bestimmungen** aus dem **Ordnungswidrigkeitenrecht** in Betracht: § 126 OWiG erfaßt den Mißbrauch von Berufstrachten oder Berufsabzeichen der Kranken- oder Wohlfahrtspflege sowie religiöser Vereinigungen, die von einer Kirche oder einer anderen Religionsgemeinschaft des öffentlichen Rechts anerkannt sind; § 15 TitelG (Art. 33 Nr. 2 EGStGB) betrifft den Mißbrauch von Orden und Ehrenzeichen. Weiterhin sind zB folgende Berufsbezeichnungen geschützt: Apothekerassistent (§§ 1, 2 Gesetz über die Rechtsstellung vorgeprüfter Apothekenanwärter vom 4. 12. 1973 [BGBl. I 1813, III 2124–11]), Diätassistent (§ 8 Gesetz über den Beruf des Diätassistenten vom 17. 7. 1973 [BGBl. I 853, III 2124–10]), Meister (§§ 51, 117 HandwerksO), Krankenpfleger, Krankenschwester, Kinderkrankenschwester, Krankenpflegehelfer (§§ 1, 16 Krankenpflegergesetz), Masseur, Med. Bademeister, Krankengymnast (§ 14 MasseurG), Med.-technischer Laboratoriumsassistent, Med.-technischer Radiologieassistent, Vet.-med.-technischer Assistent (§ 12 MTAG), Pharmazeutisch-technischer Assistent (§§ 1, 10 Gesetz über den Beruf des Pharmazeutisch-technischen Assistenten), Rettungsdienstassistent (§ 12 RettAssG 6), Wochenpflegerin (§ 7 Verordnung über Wochenpflegerinnen). Durch **landesrechtliche Gesetze** geschützt sind zB folgende Berufsbezeichnungen: Ingenieur, vgl. dazu die Ingenieurgesetze der Länder, die inhaltlich weitgehend übereinstimmen (zB §§ 1, 8 Hess. IngenieurG), Architekt, Innenarchitekt, Gartenarchitekt, Landschaftsarchitekt, vgl. die Architektengesetze der Länder (zB §§ 1, 20 Hess. ArchitektenG), Prüfungsingenieure für Baustatik, vgl. dazu die Bauordnungen der Länder mit Durchführungsverordnungen (zB § 9 PrüfungsVO NRW, § 16 Bay. Bautechnische PrüfungsVO, § 10 Saarl. Bautechnische PrüfungsVO, § 17 Schl.-H. 2. VO-LBO), Stadtplaner (vgl. zB §§ 2, 20 Bln. ABKG). **Sonstige Berufsbezeichnungen** wie zB Gastwirt, Student, Generaldirektor etc. sind nicht geschützt (LG Stettin GA Bd. 44 169).

3 II. Zweifelhaft kann sein, welches **Rechtsgut** dieser unter dem Blickwinkel des ultima-ratio-Prinzips jedenfalls rechtspolitisch zweifelhaften (Ostendorf AK 6), vom Rechtsgut her diffusen (Arzt/Weber V 64) Vorschrift zugrunde liegt, dh ob die Bestimmung dem Schutze der durch die Amtsbezeichnung usw repräsentierten Behörden dient, oder ob daneben – oder ausschließlich – auch die Allgemeinheit geschützt werden soll. Aus der Tatsache, daß § 132 a ausdrücklich auch ausländische Amtsbezeichnungen usw erfaßt (hierzu BGH NJW **94,** 808, Lüttger Jescheck-FS 171 ff., der sogar das Interesse eines ausl. Staates an der Autorität seiner Titel etc. geschützt sehen will) und es allgemein anerkannten Regeln unseres StGB zuwiderläuft, ausländische staatliche Institutionen als solche zu schützen (vgl. 17 vor § 3), wird man davon ausgehen müssen, daß ratio des § 132 a in erster Linie der **Schutz der Allgemeinheit** in Gestalt der Lauterkeit der Titelführung ist, die gegenüber Inhabern von Amtsbezeichnungen usw anders reagieren könnte und damit Hochstaplern leichter in die Hände fällt (vgl. BGH **31** 61, **36** 279, NJW **94**, 808, NStZ-RR **97** 135, Bay NJW **79**, 2359, Köln NJW **00**, 1054, Thüringen AnwBl **98**, 535, LG Saarbrücken NJW **96**, 2665; Geppert Jura 86, 594, Tröndle/Fischer 3, W-Hettinger 149). Daraus erklärt sich auch, daß § 132 a auch dann eingreift, wenn der Täter überhaupt nicht existierende Titel oder Amtsbezeichnungen für sich in Anspruch nimmt (BGH GA **66**, 279), sofern sie bestehenden Titeln usw zum Verwechseln ähnlich sind (vgl. Abs. 2). In der Sache übereinstimmend sehen Rudolphi SK 2 und v. Bubnoff LK 2 das Rechtsgut zusätzlich im „Vertrauen der Bevölkerung in die ‚Echtheit' der genannten Berufsträger" als Voraussetzung für die Funktionsfähigkeit dieser Berufsgruppen; ebenso Thüringen AnwBl **98**, 535. Vgl. demgegenüber die abweichenden Schutzzweckbestimmung durch Kahle aaO 65 ff. (Schutz staatlichen Verleihungsmonopols); diff. Düring aaO 247 ff. sowie Düsseldorf NJW **00**, 1052 (auch Schutz inländischer akademischer Grade und Titel vor Entwertung).

III. Der **Schutzbereich der Vorschrift** erfaßt folgenden Berufsbezeichnungen usw: **4**

1. Geschützt sind zunächst die förmlichen (BGH **26** 269, v. Bubnoff LK 3, Lackner/Kühl 2) –   **5** beamtenrechtlich unkorrekte Bezeichnungen können von Abs. 2 erfaßt sein – **Amts- oder Dienstbezeichnungen** (hierzu Kahle aaO 156 ff.), und zwar sowohl inländischer wie ausländischer Herkunft. **Amtsbezeichnungen** sind die Kennzeichnung staatlicher oder kommunaler Ämter, wie Richter am Landgericht, Professor (AG Ulm MedR **85**, 189, Kern MedR 88, 242), Bürgermeister, Landrat, Gemeinderat, Notar (§ 1 BNotO), Studienrat, während **Dienstbezeichnungen** die Kennzeichnung von Berufen beinhalten, die ohne Verbindung mit einem Amt nur aufgrund öffentlich-rechtlicher Zulassung ausgeübt werden können, zB Referendar, vereidigter Landmesser (Kiel JW **26**, 2648), Fleischbeschauer. Kennzeichnend ist für beide Gruppen, daß es sich um Berufe mit öffentlich-rechtlichen Befugnissen handelt, die aufgrund von Vorschriften des Staats- oder Gemeinderechts erworben werden. Zu Amtsbezeichnungen sowie zur Erfassung sonstiger Bezeichnungen im Hochschulbereich eingehend v. Bubnoff LK 5 ff.

Maßgeblich für das **Recht zur Führung** der Amts- und Dienstbezeichnungen sind die entspre- **6** chenden Vorschriften des Bundes, der Länder und Gemeinden sowie das in der bisherigen DDR geltende Recht, zB DDR-RiG, DDR-NotG, DDR-RAG; soweit ausländische Bezeichnungen in Betracht kommen, sind die Vorschriften des betreffenden Staates maßgebend. Nach Eintritt in den Ruhestand darf die letzte Bezeichnung mit dem Zusatz a. D. geführt werden (vgl. § 81 III BBG); dies gilt auch bei einer Entlassung aus dem Amt, sofern die oberste Dienstbehörde die Weiterführung der Amtsbezeichnung genehmigt (vgl. § 81 IV BBG), es sei denn, daß es sich um einen Ausschluß auf dem Disziplinarweg oder durch Strafurteil (§ 49 S. 2 BBG) handelt. Wer aus der Anwaltschaft ausgeschlossen ist, darf sich nicht Assessor a. D. nennen (Celle JW **37**, 185; KG DStR **38**, 395; and. Köln HRR **32** Nr. 76).

2. **Akademische Grade** sind die von einer deutschen Hochschule verliehenen Titel, Bezeich- **7** nungen oder Ehrungen (vgl. v. Hippel GA 70, 18, Kahle aaO 187, Thieme, Deutsches Hochschulrecht [1966] 220 ff., Deumeland, Das Hochschulwesen 90, 291). Dazu gehören der Honorarprofessor (and. Bay NJW **78**, 2348 mit Hinweis auf die nicht notwendige Hochschulausbildung und -zugehörigkeit), Doktortitel (AG Ulm MedR **85**, 189), Ehrendoktor (Rudolphi SK 4; and. Zimmerling WissR 96, 344 [Würde]), Magister, Lizentiat, Diplomvolkswirt (BGH NJW **55**, 839), Diplomkaufmann (OVG Berlin NJW **67**, 1053), Diplomingenieur. Ob hierzu auch der Privatdozent gerechnet werden kann oder ob es sich dabei um eine Dienstbezeichnung handelt, hängt von den jeweiligen landesrechtlichen Bestimmungen ab (vgl. etwa § 42 III HessUG, § 39 HG BaWü, § 80 I 2 UG BaWü). Die von den Hochschulen der früheren DDR vertretenen akademischen Grade sind inländische Grade. Die Führung ausländischer Doktortitel bedarf nach §§ 2, 3 S. 1 AkGG oder der entspr. landesrechtlichen Vorschrift einer ministeriellen, bundesweit wirkenden (Tröndle/Fischer 7) Genehmigung (BVerwG NJW **72**, 917, BGH NJW **94**, 808, [s. a. u. 19], Bay NJW **72**, 1337, KG NJW **71**, 1530, v. Bubnoff LK 7 [Ausnahme: in Originalform unter Herkunftsbezeichnung geführte ausländische Grade, die der Art. 2 Abs. 2 lit. b des EuÜbk über die Anerkennung akademischer Grade, BGBl. 69 II 2057, 70 II 207 unterfallen: v. Bubnoff 7]; diff. Zimmerling WissR 96, 344 f.). Ein Titelführen in nicht genehmigter Form (etwa Verstoß gegen Auflagen, dem Titel Professor den Zusatz „ehrenhalber" bzw. dem Doktortitel den Zusatz des ausländischen Staates hinzuzufügen) unterliegen angesichts des Schutzzwecks (o. 3) § 132 a (Düsseldorf NJW **00**, 1052), während der bloße Verstoß gegen die Auflage, die verleihende Universität neben dem Zusatz h. c. zu nennen, nicht durch § 132 a erfaßt wird.

3. **Titel** iSd § 132 a sind die ohne Amt als Ehrung verliehenen Bezeichnungen wie Justizrat, **8** Sanitätsrat, Professor, soweit es sich nicht um eine Amtsbezeichnung handelt (vgl. § 1 OrdensG). Zweifelhaft ist, ob die Bezeichnung „Assessor" hierher gehört (so KG DStR **38**, 395; and. v. Bubnoff LK 4, 9: Qualifikationsbezeichnung). Zur Genehmigungspflicht bei Führen eines ausländischen ehrenhalber verliehenen (aber auch genehmigungsloses Führen einer im Ausland als Amtsbezeichnung vergebenen Professorenbezeichnung unterfällt im Falle einschlägiger landesrechtlicher Genehmigungsvorbehalte § 132 a: v. Bubnoff LK 5 d) Professorentitels nach § 5 OrdensG vgl. LG Saarbrücken NJW **76**, 1160, v. Bubnoff LK 5 d; vgl. auch AG Ulm MedR **85**, 190 zu einem gekauften philippinischen Professorentitel sowie BVerwG MedR **88**, 264 zu einem gekauften vergleichbaren guatemaltekischen Titel; zur Frage, unter welchen Voraussetzungen anstelle der ausländischen Dienstbezeichnung die deutsche Bezeichnung „Professor" geführt werden darf vgl. BVerwG NVwZ **88**, 366,

§ 132 a 9–13   Bes. Teil. Straftaten gegen die öffentliche Ordnung

Bay **93** 97 (keine annähernde Vergleichbarkeit der Erlangungsvoraussetzungen), v. Bubnoff LK 5 d, Kahle aaO 171, 186; zum Verstoß gegen ein Genehmigungserfordernis bzw. Auflagen: o. 7.

9   **4. Würden** sind auf öffentlichem Recht beruhende Ehrungen, die meist in der Form der Zugehörigkeit zu einer Gemeinschaft ehrenhalber verliehen werden, wie zB Ehrenbürger einer Universität oder Gemeinde (vgl. Kahle aaO 263 ff.).

10   **5.** Geschützt sind ferner die in Abs. 1 Nr. 2 genannten **Berufsbezeichnungen** (s. Kahle aaO 286). Zu den Ärzten gehören alle als Humanmediziner approbierten Medizinalpersonen einschließlich der Spezialisten für bestimmte Gebiete (Arzt für Innere Medizin, Chirurgie, Psychiatrie usw) sowie Zahnärzte; zu den erst nach Approbation zu führenden Berufsbezeichnungen eines Psychologischen Psychotherapeuten usw: §§ 1, 2 PsychThG (s. BT-Drs. 13/8035 S. 23, 13/9212 S. 42; Schlund NJW 98, 2722); zur Vereinbarkeit mit Art. 12 I GG: BVerfG NJW **99**, 2730. Für Tierärzte gilt § 3 BTierÄO, für Apotheker § 3 BApothO, für Rechtsanwälte § 12 III BRAO (zum Schutz auch ausländischer sowie fachgebietsspezifischer einschlägiger Bezeichnungen v. Bubnoff LK 12); für die Berufsbezeichnungen europäischer Rechtsanwälte § 42 II EuRAG v. 9. 3. 00 (BGBl. I, 182) § 13 III DDR-RAG, für Patentanwälte § 19 III PatAnwO, für Wirtschafts- und vereidigte Buchprüfer §§ 1 I, 128 I WirtschaftsPrüfO, für Steuerberater oder -bevollmächtigte §§ 4, 11 I SteuerberatG.

11   **6.** Die Bezeichnung „**öffentlich bestellter Sachverständiger**" (Abs. 1 Nr. 3) bezieht sich auf solche Personen, die aufgrund öffentlich-rechtlicher Vorschriften für bestimmte Sachgebiete als Sachverständige bestellt sind, zB die von den Industrie- und Handelskammern, Handwerkskammern usw bestellten Sachverständigen; unerheblich ist, ob sie auf bestimmte Zeit oder auf unbegrenzte Zeit zum Sachverständigen bestellt werden.

12   **7.** Geschützt werden weiter in- und ausländische **Uniformen, Amtskleidungen** oder **Amtsabzeichen** (Abs. 1 Nr. 4; hierzu Kahle aaO 310). Uniform ist jede aufgrund öffentlich-rechtlicher Bestimmungen eingeführte Tracht, sofern die Befugnis zum Anlegen dieser Tracht durch öffentlich-rechtliche Vorschriften geregelt ist. Hierhin gehören vor allem die Uniformen der Bundeswehr, der Polizei, des Zolls, der Eisenbahn, Post oder Feuerwehr, ferner etwa die durch polizeiliche Vorschriften geregelte Einheitskleidung für Taxichauffeure, Dienstmänner usw (v. Bubnoff LK 16; and. Tröndle/Fischer 12), nicht dagegen Phantasieuniformen (Tröndle/Fischer 12). Amtskleidung ist jede durch öffentlich-rechtliche Vorschriften eingeführte Tracht, die im Gegensatz zur Uniform nicht ständig beim Dienst, sondern nur bei bestimmten Amtshandlungen getragen wird (Bay **59** 180), zB die Roben der Richter, Staatsanwälte, Rechtsanwälte, die Talare der Hochschullehrer. Amtsabzeichen sind Zeichen, die, ohne zur Kleidung zu gehören, den Träger als Inhaber eines bestimmten Amtes kenntlich machen. Militärische Dienstgradabzeichen sind nicht als „Amtsabzeichen" anzusehen (vgl. BGH NStZ **92**, 490; auch AG Bonn NZ WehrR **83**, 156, Lackner/Kühl 5).

13   **8.** Den genannten **Bezeichnungen** stehen solche gleich, die ihnen **zum Verwechseln ähnlich** sind (Abs. 2). Nach der in der Vorschrift zum Ausdruck kommenden Schutzrichtung (o. 3) ist diese Voraussetzung erfüllt, wenn „nach dem Gesamteindruck eines durchschnittlichen, nicht genau prüfenden Beurteilers eine Verwechslung möglich ist" (BGH GA **66**, 279, KG JR **64**, 69, Köln NJW **00**, 1054, Lackner/Kühl 9, Rudolphi SK 11, s. aber Kahle aaO 344). Die Vorschrift knüpft ihrem Regelungsgehalt nach an frühere Bestimmungen an, die insb. bei Vertrauensberufen vergleichbare Verwechslungstatbestände kannten; so ist etwa die zu § 147 GewO aF ergangene Rspr. auch heute noch von Bedeutung (vgl. RG **1** 117, **15** 170, **27** 336, **38** 158, Bay GewerbeA **07**, 163; vgl. weiter Landmann-Rohmer-Eyermann-Fröhler GewO[11] § 29 Anm. 8 f.). Maßgeblich ist damit, in welchem Zusammenhang die verwechslungsfähige Bezeichnung geführt wird, ob der Identifikationsprozeß zwischen dem echten Titel und einer vergleichbaren Schutzbezeichnung im Bewußtsein des durchschnittlichen Erklärungsempfängers davon abhängig ist, ob nach den jeweiligen Umständen auf eine Berufsbezeichnung oder eine bloße Qualifikation hingewiesen wird. Wer beispielsweise als ‚Handelsanwalt' oder ‚Verkehrsjurist' seine Dienste öffentlich anbietet, erfüllt Abs. 2, während die gleiche Bezeichnung, sofern sie nur auf angeeignete Fachkenntnisse oder Fähigkeiten hinweisen soll, das Vertrauen in die Lauterkeit der Titelführung (o. 3) noch nicht erschüttert. Dies gilt u. a. für Wortverbindungen mit dem Suffix- ‚loge' (Düsseldorf 2 U 119/82 v. 30. 6. 83, KG 16.0.19.75 v. 25. 6. 75 zu §§ 1, 3 UWG) oder dem Zusatz ‚Diplom-' (KG JR **64**, 68), weil durch sie auf die Ablegung einer staatlichen Prüfung oder den Abschluß eines ordentlichen Universitätsstudiums hingewiesen wird. Dabei ist es gleichgültig, ob der angemaßte Titel als solcher existiert (BGH GA **66**, 279; ‚Konsul von Thomond', KG aaO: ‚Diplom-Kosmetikerin'), wie umgekehrt das Weglassen des mit der echten Titel kennzeichnenden ‚Diplom' –, wie zB beim ‚Psychologen' (Düsseldorf aaO) oder ‚Gemmologen' die Strafbarkeit nicht ausschließt. Maßgeblich ist allein, ob die angemaßte Bezeichnung im jeweiligen Kontext mit einer Dienst- oder Berufsbezeichnung usw der in Abs. 1 genannten Art vom Erklärungsempfänger verwechselt werden kann. Unerheblich ist auch, ob tatsächlich jemand getäuscht wurde (RG **61** 7); es genügt, daß die Bezeichnung geeignet ist, den durchschnittlichen Beurteiler zu täuschen. So macht sich zB strafbar, wer ein verwaltungstechnisch unrichtig bezeichnetes Amt für sich in Anspruch nimmt, sich zB als „Kommissar von der Polizei" (BGH **39** 212) oder Polizeibeamter ausgibt (vgl. jedoch BGH **26** 269), weil das Vertrauen der Allgemeinheit nicht bloß durch die Verwendung beamtenrechtlich zutreffend bezeichnender Dienststellungen (Polizeimeister, Kriminalhauptkommissar usw) beeinträchtigt werden kann. Obwohl die Bezeichnung „Facharzt" abgeschafft

ist, unterfällt diese Bezeichnung Abs. 2, wenn sie durch eine nicht im jeweiligen Fach approbierte Medizinalperson gebraucht wird. Ebenso erfaßt die Vorschrift auch solche Bezeichnungen, die nicht als selbständige Berufsbezeichnungen zugelassen sind, wie zB ‚Praktischer Vertreter der arzneilosen Heilkunde' (RG **27** 335), Zahnheilkundler, Zahnheilpraktiker, Naturarzt (BT-Drs. 7/550 S. 222). Verwechslungsfähig sind weiter die Bezeichnungen Bücherrevisor, Wirtschaftstreuhänder. Wird die Abkürzung „Prof." für Professor geführt, so handelt es sich um eine verwechslungsfähige Amts- oder Dienstbezeichnung (Bay NJW **78**, 2348, AG Ulm MedR **85**, 189).

9. Geschützt werden weiter die nach innerkirchlichem Recht bestehenden (LG Mainz MDR **84**, 511) Amtsbezeichnungen (zB Erzbischof: Köln NJW **00**, 1053), Titel, Würden, Amtskleidungen und Amtszeichen der **Kirchen** sowie anderer **Religionsgesellschaften** mit dem Charakter von Körperschaften des öffentlichen Rechts. Zur Verfassungsmäßigkeit der Vorschrift BVerfG Zeitschrift für evangelisches Kirchenrecht **1986**, 90, Düsseldorf NJW **84**, 2959, Köln NJW **00**, 1054, Quarch ZevKR 1986, 92.

Unter **Kirchen** werden die traditionellen christlichen Religionsgemeinschaften verstanden; dazu zählen neben den Großkirchen wie der evangelischen und der römisch-katholischen Kirche auch zB die altkatholische Kirche, die evangelisch-methodistische Kirche, der Bund evangelisch-freikirchlicher Gemeinden (Baptisten) und die russisch-orthodoxe Kirche; zum Titel ‚Pastor' vgl. Düsseldorf NJW **84**, 2959. Zu den übrigen **Religionsgesellschaften des öffentlichen Rechts** gehören zB die israelischen Kultusgemeinden, die Mennoniten und die Heilsarmee, nicht dagegen die nicht einmal als Religionsgesellschaft organisierten (Heckel JZ 99, 752) Muslime, auch nicht die Zeugen Jehovas und die Buddhisten, da diese nur in privater Rechtsform organisiert sind (vgl. dazu im einzelnen Maunz, in: Maunz/Dürig, Art. 140 RN 18 f. u. Art. 137 WV RN 30 [Anhang zu Art. 140]), zust. Rudolphi SK 10; and. LG Mainz MDR **84**, 511, wonach auch privatrechtlich organisierte Religionsgesellschaften geschützt sein sollen. Zweifelhaft ist, ob die Ordenskleidungen der katholischen Mönche und Nonnen unter Abs. 3 fallen; zwar besteht nach Art. 10 des Reichskonkordats (RGBl. 1933 II 681) eine Verpflichtung des Staates, die Ordenskleidung den militärischen Uniformen gleichzustellen (vgl. Bay JW **35**, 960), jedoch handelt es sich bei der Ordenskleidung um Trachten von religiösen Vereinigungen, für die dem Wortlaut nach § 126 OWiG gilt (and. Tröndle/Fischer 20).

IV. Die **strafbare Handlung** besteht darin, daß Amtsbezeichnungen, Titel usw geführt oder Uniformen usw getragen werden.

1. Amtsbezeichnungen werden dann **geführt,** wenn der Täter sie für sich selbst in Anspruch nimmt; dazu gehört ein aktives Verhalten des Täters, eine bloße Duldung der Anrede durch Dritte genügt nicht (RG **33** 305). Das Führen muß jedoch in einer Weise geschehen, die die Interessen der Allgemeinheit berührt (vgl. BGH **31** 62, Bay GA **74**, 151, NJW **79**, 2359, Köln NJW **00**, 1054, Thüringen AnwBl **98**, 535 LG Saarbrücken NJW **96**, 2665 [satirische Veröffentlichung]). Daher kann zwar auch ein Gebrauch im privaten Verkehr ausreichen, jedoch nur dann, wenn Art und Intensität die Allgemeinheit berühren (vgl. Stuttgart NJW **69**, 1777, Saarbrücken NStZ **92**, 236), und ebenso kann auch ein einmaliger Gebrauch genügen, wenn dies zB öffentlich oder gegenüber einer Mehrzahl von Personen geschieht (KG GA **71**, 227, Oldenburg NJW **84**, 2231 m. Anm. Meurer JR 84, 470, Thüringen AnwBl **98**, 535 [Hauptverhandlung], Lackner/Kühl 7, Kahle aaO 90, wobei ein Gebrauch gegenüber einem unbestimmten Personenkreis nicht erforderlich ist (Köln NJW **00**, 1054 [Glaubensgemeinschaften], v. Bubnoff LK 20; and. Oldenburg NJW **84**, 2231).

2. Das **Tragen** einer **Uniform** usw liegt jedenfalls dann vor, wenn der Täter sich in ihr öffentlich – wenn auch nur einmal – zeigt (vgl. RG **61** 8; näher hierzu Meurer JR 84, 470). Darauf, ob ein anderer die Bedeutung der Uniform usw erkannt und sich dadurch über die Befugnis des Täters hat täuschen lassen, kommt es nicht an. Als Tathandlung kommt aber auch hier nur eine solche Inanspruchnahme des Titels usw in Betracht, die geeignet ist, die Interessen der Allgemeinheit zu beeinträchtigen; das Anbringen einer Arztplakette am Fahrzeug, um einer Anzeige beim Falschparken zu entgehen, verletzt daher nicht das im § 132 a geschützte Interesse (Bay NJW **79**, 2359); ebensowenig ein erkennbares Tragen als bloße – auch politisch motivierte – Maskerade (Bay NStZ-RR **97**, 135 [auch zum diesbezüglichen Vorsatz], Tröndle/Fischer 16). Auch liegt jedenfalls kein Tragen von Amtsabzeichen vor, wenn militärische Dienstgradabzeichen (zu ihrer Einordnung als Amtsabzeichen vgl. o. 12) nicht an der vorschriftsmäßigen Uniform angebracht sind und auch keine Verwechslungsgefahr im Sinne des Abs. 2 besteht (BGH NStZ **92**, 490).

3. Tatbestandsmäßig ist die Tat allerdings nur dann, wenn der Täter den Titel führt, die Uniform trägt unter Umständen, die geeignet sind, einen falschen Eindruck zu erwecken; dies ergibt sich aus dem Merkmal **„unbefugt",** das hier schon den Tatbestand zu begrenzen hat, weil sonst jede Titelführung, jedes Uniformtragen usw auch soweit es durch hierzu Berechtigten geschieht, den Tatbestand erfüllen würde (zur Doppelfunktionalität dieses Merkmals vgl. 65 vor § 13). Maßgebend für die Befugnis sind die entsprechenden öffentlich-rechtlichen Vorschriften. Ein Beamter auf Probe, der seine Dienstbezeichnung nach der Entlassung aus dem Probebeamtenverhältnis weiterführt, handelt daher unbefugt (BGH **36** 279). Desgleichen derjenige, der einen im Ausland erworbenen akademischen Grad ohne die erforderliche Genehmigung führt (vgl. o. 7) oder zwar die (erschlichene) inländische Genehmigung, nicht jedoch einen ausländischen Grad besitzt (BGH NJW **94**, 808 m. abl. Anm. Zimmerling NStZ **94**, 238, Kahle aaO 232, Lackner/Kühl 8 a). Am Tatbestand fehlt es dagegen

§ 133 1–3   Bes. Teil. Straftaten gegen die öffentliche Ordnung

zB beim Uniformtragen eines Schauspielers auf der Bühne oder bei der Fastnacht (RG 61 8, v. Bubnoff LK 24, Tröndle/Fischer 16, Welzel 513, o. 18). Das Merkmal der Befugnis kann aber auch die Rechtswidrigkeit betreffen. Führt zB ein Kriminalbeamter zur Aufklärung eines Wirtschaftsspionagefalles den Titel „Dr. rer. nat.", so handelt er dazu an sich nicht berechtigte Beamte zwar tatbestandsmäßig, aber nicht rechtswidrig, sofern die Voraussetzungen des § 34 gegeben sind.

20   V. Für den **subjektiven Tatbestand** ist Vorsatz erforderlich; bedingter Vorsatz genügt (vgl. RG 61 9). Der Irrtum über die Befugnis zum Tragen der Uniformen usw kann Tatbestands- oder Verbotsirrtum sein (s. Warda Jura 79, 295 sowie § 132 RN 14). Vgl. dazu Bay GA 61, 152: Verbotsirrtum, wenn der Täter infolge unzutreffender rechtlicher Erwägungen glaubt, seine frühere Amtsbezeichnung mit dem Zusatz „z. Wv." auch ohne Anmeldung nach Ges. Art. 131 GG führen zu dürfen oder der Täter sonst aus nicht erkennten tatsächlichen Umständen falsche rechtliche Schlüsse zieht; Tatbestandsirrtum, wenn der Täter Umstände annimmt, die ihn berechtigen würden, den Titel zu führen usw, sich zB noch im Besitz der Doktorurkunde glaubt, die – zusätzlich zur Verleihung des Titels (vgl. VO vom 21. 6. 1939, RGBl. I 1326) – Voraussetzung für die Berechtigung ist, den Titel zu führen (vgl. BGH 14 228, KG JR 64, 68; v. Bubnoff LK 25).

21   VI. **Idealkonkurrenz** ist möglich mit §§ 132, 263. Das mehrfache Führen desselben Titels usw ist als Handlungseinheit (v. Bubnoff LK 26) nur eine Tat (vgl. jedoch 81 ff. vor § 52); der Begriff des Führens schließt die wiederholte Begehung in sich (ebenso BGH GA 65, 373).

22   VII. Über die Tatwerkzeuge und -produkte des § 74 I hinaus ist in Abs. 4 die **Einziehung** von Uniformen, Amtskleidungen, Berufstrachten und Abzeichen, auf die sich eine Straftat nach Abs. 1 Nr. 2 oder 3 bezieht, vorgesehen. Zum Begriff der „Beziehungsgegenstände" Eser, Die strafrechtlichen Sanktionen gegen das Eigentum (1969) 51, 318 ff., 329 ff. Vgl. im übrigen die Erl. zu § 74.

§ 133 Verwahrungsbruch

(1) **Wer Schriftstücke oder andere bewegliche Sachen, die sich in dienstlicher Verwahrung befinden oder ihm oder einem anderen dienstlich in Verwahrung gegeben worden sind, zerstört, beschädigt, unbrauchbar macht oder der dienstlichen Verfügung entzieht, wird mit Freiheitsstrafe bis zu zwei Jahren oder mit Geldstrafe bestraft.**

(2) **Dasselbe gilt für Schriftstücke oder andere bewegliche Sachen, die sich in amtlicher Verwahrung einer Kirche oder anderen Religionsgesellschaft des öffentlichen Rechts befinden oder von dieser dem Täter oder einem anderen amtlich in Verwahrung gegeben worden sind.**

(3) **Wer die Tat an einer Sache begeht, die ihm als Amtsträger oder für den öffentlichen Dienst besonders Verpflichteten anvertraut worden oder zugänglich geworden ist, wird mit Freiheitsstrafe bis zu fünf Jahren oder mit Geldstrafe bestraft.**

Schrifttum: Brammsen, Zum Verwahrungsbruch in der Regelungsform „der dienstlichen Verfügung entziehen", Jura 89, 81. – Brüggemann, Der Verwahrungsbruch (§ 133 StGB), Diss. Bochum 1981. – Geppert, Ausgewählte Delikte gegen die „öffentliche Ordnung", insbesondere Amtsanmaßung (§ 132 StGB) und Verwahrungsbruch (§ 133 StGB), Jura 86, 590. – G. Lüke, Die Bedeutung vollstreckungsrechtlicher Erkenntnisse für das Strafrecht, Arth. Kaufmann-FS 565. – Merkel, Strafbare Eingriffe in die öffentlich-amtliche Verfügungsgewalt, VDB II 349. – Schroeder, §§ 246, 133 StGB auf dem Prüfstand der MfS-Postplünderungen, JR 95, 95. – Waider, Verwahrungsbruch bei Gebrauchsdiebstahl aus staatlichen oder kommunalen Galerien usw, GA 61, 366.

1   I. Zur Entwicklung dieser Bestimmung vgl. 19. A. RN 1.
2   Die Vorschrift dient dem **Schutz dienstlichen Gewahrsams** (Abs. 1) und amtlichen Gewahrsams einer Kirche oder Religionsgesellschaft des öffentlichen Rechts (Abs. 2). Sie setzt daher weder Eigentum der Behörde oder Kirche voraus, noch reicht die bloße Tatsache aus, daß sich eine Sache im Besitz einer staatlichen oder kirchlichen Organisation befindet. Die Aufbewahrung muß kraft Hoheitsrechts erfolgen (BGH 9 64); ihr Zweck muß darin bestehen, die Verfügungsgewalt des Hoheitsträgers über den Gegenstand zu erhalten, um einen über das bloße Funktionsinteresse der Behörde hinausgehenden Zweck sicherzustellen. Entsprechender fürsorglicher Amtsgewahrsam (BGH 5 160, Küper BT 380) besteht, wenn der Fortbestand des Besitzes entweder im Interesse von Personen außerhalb des Behördenbereiches liegt, denen gegenüber der Staat für die Fortdauer der Verfügungsmöglichkeit verantwortlich ist, oder aber die Fortdauer notwendig erscheint, um außerhalb des eigentlichen Geschäftsbetriebes der Behörde liegende Interessen der Allgemeinheit zu wahren (vgl. RKG 1 186). Grundgedanke des § 133 ist daher, die dienstliche oder kirchlichen Verfügungsgewalt über Sachen gegen unbefugte Eingriffe und das Vertrauen in deren Sicherheit zu schützen (RG 72 174, BGH 5 159, 18 312 m. Anm. Schröder JR 63, 426, 38 386, NStZ 95, 444, Brammsen Jura 89, 83, Geppert Jura 86, 595, Rudolphi SK 2, W-Hettinger 164). Daraus ergibt sich zB, daß die bloße Bekanntgabe des Inhalts verwahrter Urkunden oder die Beschreibung verwahrter Sachen nicht ausreicht, sofern die Sache selbst in dienstlichem Gewahrsam bleibt.

3   II. **Tatobjekte** können Schriftstücke und bewegliche Gegenstände aller Art sein (RG 51 417). Gleichgültig ist, ob sie einen wirtschaftlichen Wert haben und in wessen Eigentum sie stehen. Auch herrenlose oder dem Täter gehörige Sachen können Gegenstand der Tat sein (RG 47 393).

1. In Betracht kommen Gegenstände aller Art. Die jetzige Fassung der Vorschrift verzichtet auf 4
eine Aufzählung bestimmter Verwahrungsobjekte wie § 133 aF (Urkunden, Register, Akten) und
nennt neben den beweglichen Sachen beispielhaft nur noch die **Schriftstücke**. Diese brauchen keine
Urkunden zu sein (Köln VRS **50** 421); ihnen kann daher die Beweiserheblichkeit fehlen, sie müssen
aber zumindest einen gedanklichen Inhalt haben, um dem Merkmal Schriftstück im Gegensatz zu den
anderen beweglichen Sachen zu unterfallen (RG **63** 32, Oldenburg NdsRpfl. **49**, 110). In Betracht
kommen hier zB Akten (RG **63** 33), Datenträger (zB Festplatte, Diskette, nicht aber ihr gedanklicher
Inhalt als solcher), Register (RG **67** 229), die Versteigerungsbekanntmachung eines Gerichtsvollziehers (R **6** 614), Postpaketadressen (RG GA Bd. **60**, 424), entwertete Gebührenmarken (BGH **3**
290), Briefe (BGH **40** 24, NJW **95**, 152). Als andere bewegliche Sachen (vgl. § 242 RN 9 ff.) können
alle nur denkbaren Gegenstände in Betracht kommen, und zwar auch verbrauchbare und vertretbare
(BGH **18** 313), zB Benzin oder Spiritus im Tankwagen der Eisenbahn (RG **51** 226), Waren, Geldscheine oder Münzen, die der Bank oder Post zur Beförderung übergeben wurden (RG **67** 230, **43**
175, **51** 417).

2. Erforderlich ist, daß die Gegenstände sich in **dienstlicher Verwahrung befinden** oder dem 5
Täter oder einem Dritten **dienstlich in Verwahrung gegeben** worden sind; vgl. hierzu o. 2.

a) **Dienstliche Verwahrung** setzt voraus, daß der Gegenstand durch eine Behörde, eine Körper- 6
schaft oder Anstalt des öffentlichen Rechts, die Bundeswehr, einen Richter, Amtsträger, für den
öffentlichen Dienst besonders Verpflichteten (vgl. § 11 RN 34) oder ein Organ der Selbstverwaltung
(OGH **2** 159) in Besitz genommen wurde, um ihn als solchen, dh in seiner Individualität, zu erhalten
und vor unbefugtem Zugriff zu bewahren. Nach E 62 Begr. 224 setzt dies voraus, daß „sich in dem
Gewahrsam die besondere dienstliche Herrschafts- und Verfügungsgewalt äußert, die den jeweiligen
staatlichen Aufgaben der verwahrenden Dienststelle entspricht". Im Gegensatz dazu steht der allgemeine amtliche Besitz, der nicht dem Schutz des § 133 unterfällt (u. 7). Die Änderung des
Merkmals „amtlich" in „dienstlich" soll den Schutzbereich der Vorschrift auf den Gewahrsam der
Bundeswehr ausdehnen (BT-Drs. 7/550 S. 224). In dienstlicher Verwahrung befinden sich zB behördliche und gerichtliche Akten (Köln NJW **80**, 898 m. Anm. Rudolphi JR 80, 383 u. Otto JuS 80,
490), die vom Staatsanwalt entgegengenommenen und damit Bestandteil der Akten gewordenen
Schriftstücke, Beweismittel oder Zahlungen (BGH **38** 386 [Scheckübergabe zwecks Auflagenerfüllung] m. Anm. Brammsen NStZ **93**, 542), vor deren Privatisierung die der Bahn oder Post zur
Beförderung übergebenen Sachen (BGH **18** 312, NStZ **95**, 133 u. 444), etwa bei der Bahn aufgegebenes Handgepäck, Flüssigkeiten im Tankwagen der Eisenbahn, auf der Bahn beförderte Lebensmittel
(RG **57** 371), Postsachen in öffentlichen Briefkästen (RG **22** 206, JW **27**, 1594), dienstlich aufbewahrte Blutproben (BGH **54**, 282; Bay NStE **Nr. 1**), Gebührenmarken auf polizeilichen Erlaubnisscheinen (BGH **3** 290), Führerscheine bei Fahrverbot § 44 III S. 2 (bei erfolgter Beschlagnahme oder Sicherstellung gilt zusätzlich § 136), Asservate der StA sowie Gegenstände, die aufgrund
der Hinterlegungsordnung bei der zuständigen Stelle hinterlegt sind. Bei Geld ist entscheidend, ob es
zur weiteren dienstlichen Verfügung gehalten werden soll; vom BGH bejaht für Einnahmen aus dem
Fahrkartenverkauf der Bundesbahn (BGH b. Pfeiffer-Maul-Schulte 3), verneint dagegen, wenn das
Geld zur Auszahlung bestimmt ist oder dem amtlichen Geschäftsverkehr dienen soll (BGH **18** 314). In
dienstlicher Verwahrung befinden sich zB auch weggelegte Akten so lange, bis sie zum Einstampfen
kommen (RG **63** 33), Kostenregister der Gerichtskassen (RG **23** 236), das Resteverzeichnis einer
Behörde (RG **49** 32). Auch Fangbriefe, die zur Überführung eines Verdächtigen dienen, gehören dazu
(RG **69** 271). Seit der Privatisierung von Post und Bahn (PTNeuOG 1994, BGBl. I 2325,
ENeuOG 1993, BGBl. I 2378) liegt mangels staatlicher Organisation insoweit keine dienstliche
Verwahrung mehr vor: v. Bubnoff LK l0 a, Lackner/Kühl 3, Rudolphi SK 6 a, W-Hettinger 164;
anders hingegen bei Handeln der Post als beliehener Unternehmer gemäß § 16 Abs. 1 PostG
(förmliche Zustellung von Schriftstücken): v. Bubnoff sowie Lackner/Kühl aaO.

Nicht verwahrt werden das behördliche Inventar sowie die Behörde selbst zu verbrauchen- 7
den Gegenstände wie Vorräte an Holz, Kohlen, Formulare (RG **72** 173, BGH MDR/He **55**, 528; vgl.
auch BGH **9** 65, **38** 386). So genossen zB nicht den Schutz dieser Vorschrift die auf den Lokomotiven
befindlichen Kohlen (RG **51** 227; and. aber BGH LM **Nr. 2** bei transportierten, für den Eigenbedarf
der Bahn bestimmten Kohlen), die Schreibmaschinen in einem Büro, Schreibpapier, Formularblocks
(RG **33** 414), Wäsche und Krankenkleidung im Krankenhaus, Überstücke von Aktenstücken zu Unterrichtszwecken (Köln NJW **80**, 898 m. Anm. Rudolphi JR 80, 383 u. Otto JuS 80, 490) sowie
Blankoformulare (Geppert Jura 86, 596 f.). Auch Geld, das in einer amtlichen Kasse liegt, wird nicht
verwahrt, wenn es zur Erfüllung amtlicher Aufgaben ausgegeben werden soll (BGH **18** 312 m.
Anm. Schröder JR 63, 426). Entsprechendes soll für Gegenstände in öffentlichen Sammlungen (Bibliotheken, Museen usw gelten: Kein fürsorglicher Aufbewahrungsbesitz (v. Bubnoff LK 11, M-Schroeder
II 238, Rudolphi SK 7, Waider GA 61, 371, Wessels JZ 65, 635). Da diese Gegenstände aber als
Kulturgut für spätere Generationen erhalten bleiben sollen, ist auch insoweit Verwahrungsbruch
möglich (Brüggemann aaO 128 ff., I. Sternberg-Lieben Jura 96, 546; s. a. Geppert Jura 86, 596 Fn. 60).

Erforderlich ist, daß sich der Gegenstand zur **Zeit der Tat** noch im amtlichen Gewahrsam und 8
damit an dem zur Aufbewahrung bestimmten Ort befindet (Rudolphi SK 5, Tröndle/Fischer 3).
Demgegenüber nimmt die Rspr. (zB RG **33** 415) an, der Gegenstand habe dadurch, daß er in
amtliche Aufbewahrung gelangt sei, eine ihm den besonderen Schutz des Gesetzes sichernde Eigen-

§ 133 9–13 a Bes. Teil. Straftaten gegen die öffentliche Ordnung

schaft erhalten, die bis zur Erfüllung des Zweckes oder bis zur anderweitigen Verfügung fortdauere; so hat zB RG LZ **20**, 532 angenommen, das aus einem Güterwagen geworfene Transportgut befinde sich noch in amtlichem Gewahrsam, solange es auf dem Bahnkörper liege; iE zust. OGH **2** 158, Hamburg JR **53**, 27 sowie auch BGH MDR **52**, 658. Vgl. weiter RG **28** 107.

9   Nicht ausschlaggebend ist der **Aufbewahrungsort**, wie sich auch aus den beiden anderen Alt. von Abs. 1 ergibt. Der zur dienstlichen Aufbewahrung bestimmte Ort braucht kein Dienstraum zu sein; auch die Privatwohnung des Beamten kann als Aufbewahrungsort in Betracht kommen (RG **28** 108, HRR **40** Nr. 576, BGH wistra **97** 99, v. Bubnoff LK 9, Tröndle/Fischer 3), ebenso zB früher die Sammeltasche eines Postboten (RG **22** 207) oder ein Raum, der allgemein zugänglich ist, sofern die Behörde hier ihren hoheitlichen Gewahrsam ausübt. Der Aufbewahrungsort kann auch für den Einzelfall oder vorübergehend bestimmt werden (Bay GA **59**, 350). Die Aufbewahrung durch Privatpersonen aufgrund eines Verwahrungsvertrages reicht aber regelmäßig nicht aus (RG **50** 358); vgl. aber u. 10. Keine dienstliche Aufbewahrung liegt vor, wenn der Gerichtsvollzieher nach § 808 II ZPO gepfändete Sachen beläßt (zust. W-Hettinger 165). Unerheblich ist ferner die **Dauer** der **Aufbewahrung** (RG **22** 205) oder ob die Aufbewahrung im öffentlichen oder privaten Interesse erfolgt. In dienstlicher Aufbewahrung befanden (o. 6) sich deshalb zB das der Bundesbahn übergebene Handgepäck, die in den Briefkasten geworfenen Postsachen (RG HRR **27** Nr. 188).

10   b) Ferner werden Gegenstände erfaßt, die dem **Täter** oder **einem anderen dienstlich** in **Verwahrung gegeben** werden. Dies setzt allerdings voraus, daß dem Empfänger dienstliche Herrschaftsgewalt übertragen wird (vgl. Meyer JuS 71, 643 zur Frage der Herrschaftsgewalt an Pfandgegenständen; bez. Anbringung des Pfandsiegels an in der Wohnung des Schuldners verbleibenden Pfandsachen [keine dienstliche Übergabe, sondern bloßes Belassen] zutr. verneint von Geppert Jura 86, 597, Lackner/Kühl 4, Meyer JuS 71, 645, Rengier II 385; hingegen ist eine dienstliche Verwahrung an gepfändeten Sachen zu bejahen, die sich nicht in der Pfandkammer, sondern noch in der Privatwohnung des Gerichtsvollziehers befinden: Geppert Jura 86, 596). Nach dem Wortlaut der Vorschrift ist nicht erforderlich, daß der Empfänger ein Amtsträger oder für den öffentlichen Dienst besonders Verpflichteter ist. Hat der Empfänger nicht diese Eigenschaften, so muß bei der Übergabe allerdings erkennbar sein, daß dienstlich verwahrt werden soll (ebenso Rudolphi SK 8; vgl. RG **54** 244: Übergabe von Schwarzmarktwaren an Ehefrau des Gemeindevorstehers; vgl. auch Hamburg NJW **64**, 737). Dies ist zB der Fall, wenn ein Kontrollbeamter amtlich entnommene Proben in der Küche des kontrollierten Anwesens durch eine Privatperson überwachen läßt (vgl. Bay **59** 37), bei der Aushändigung eines Beschlusses über Disziplinarmaßnahmen in einer Schule zum Zwecke der Kenntnisnahme und Unterschriftsleistung (RG **10** 387) oder Vorlage eines Wechsels durch einen Amtsträger (RG **43** 246). Dienstlich in Verwahrung gegeben ist auch ein von einem privaten Abschleppunternehmer im Auftrag der Polizei auf sein Betriebsgelände geschlepptes Fahrzeug, wenn die Entscheidung über die Herausgabe bei der Polizei verbleibt (Bay NJW **92**, 1399 m. Anm. Geppert JK 2). Die Übergabe an eine Privatperson setzt also voraus, daß „der amtliche Gewahrsam, die amtliche Verfügungsgewalt" erkennbar fortdauern (RG **54** 245, Hamburg JR **64**, 228 m. Anm. Schröder), zB bei vorübergehender Aushändigung iSv § 147 IV 1 StPO einer Strafakte an den Verteidiger (Rengier II 385). Daran fehlt es zB bei der Übergabe einer Urkunde im Wege der Zustellung oder Ersatzzustellung (RG **35** 28), wie auch in den Fällen, in denen die Übergabe eines Gegenstandes ohne Vorbehalt der dienstlichen Verwahrung an eine Privatperson erfolgt. Folglich besteht auch an einem polizeilichen Aufforderungszettel, der an einem Kfz angebracht ist, kein dienstlicher Gewahrsam (Hamburg JR **56**, 228 m. Anm. Schröder, Geppert Jura 86, 597). Die Vorschrift ist nicht anwendbar, wenn der Inhaber eines amtlichen Ausweises oder einer ähnlichen Urkunde darauf befindliche amtliche Vermerke unkenntlich macht, zB auf einem Führerschein die Klassenbezeichnung oder auf einer Steuerkarte amtliche Eintragungen; es fehlt hier an der amtlichen Übergabe (Braunschweig VRS **19** 110).

11   Erfolgt die Übergabe an einen Amtsträger oder für den öffentlichen Dienst besonders Verpflichteten, sei es von seiten einer Privatperson oder eines anderen Amtsträgers, so ist die Übergabe eine dienstliche, wenn sie mit Rücksicht auf die dienstliche Stellung des Empfängers oder aufgrund amtlicher Anordnung erfolgt oder sich aus den Umständen ergibt, daß der dienstliche Gewahrsam weiterbestehen soll. Es kommt nicht darauf an, ob der Beamte zur Entgegennahme berechtigt oder verpflichtet ist. In jedem Fall darf er eine Sache, die durch sein Verhalten Bestandteil eines dienstlichen Vorgangs geworden ist, nicht in einer den behördlichen Zwecken widersprechenden Weise der Weiterbearbeitung entziehen (BGH **38** 387 m. Anm. Brammsen NStZ 93, 542).

12   c) Gegenstände, die sich in amtlicher **Verwahrung einer Kirche** oder anderen Religionsgesellschaft des öffentlichen Rechts (vgl. § 132 a RN 15) befinden, stehen den in Abs. 1 bezeichneten Sachen gleich. Dadurch wird der Anwendungsbereich entsprechend der Auslegung, die § 133 aF in der Rspr. erfahren hat (RG **56** 399), auf die kirchenamtliche Verwahrung ausgedehnt.

13   Als Tatgegenstände kommen hier in erster Linie Kirchenbücher und kirchenamtliche Personenstandsurkunden in Betracht (vgl. E 62 Begr. 612).

13 a   Verwahrung iSv § 133 kommt auch bei **rechtlich fehlerhaften** Verwahrungsverhältnissen in Betracht, da es nur auf die Bestandskraft der zugrundeliegenden Anordnung, also ihre Wirksamkeit, nicht aber auf ihre formelle und materielle Rechtmäßigkeit ankommt (v. Bubnoff LK 8 a, Brüggemann aaO 94, Küper BT 380, Lackner/Kühl 5; s. a. Lüke Arth. Kaufmann-FS 573; der Sache nach auch RG **28** 382, BGH **5** 160, **38** 387 (Abstellen auf tatsächliche Begründung staatlicher Herrschafts-

gewalt mit der Pflicht zum fürsorglichen Gewahrsam); and. M-Schroeder II 239, 220 ff. (Rechtmäßigkeit iwS erforderlich); ähnlich Brüggemann aaO 96.

III. Die **Handlung** besteht darin, daß der Gegenstand zerstört, beschädigt, unbrauchbar gemacht oder der dienstlichen Verfügung entzogen wird. **Zerstört** ist eine Sache, wenn sie so wesentlich beschädigt wird, daß sie ihre Gebrauchsfähigkeit verliert. Der Begriff der Zerstörung umfaßt hier auch den der Vernichtung, dh der völligen Beseitigung der Sachsubstanz (vgl. iü § 305 RN 5). Das **Beschädigen** erfordert keine Verletzung oder Veränderung der Substanz; es genügt eine Minderung der Brauchbarkeit; diese kann bei Urkunden durch Durchstreichen (RG **19** 319), Radieren, Überkleben oder sonstiges Fälschen geschehen (vgl. Schilling, Der strafrechtliche Schutz des Augenscheinsobjekts [1965] 187). RG **67** 230 verlangt aber, daß die Einwirkung sich stets auf den in der Urkunde oder den Register oder den Akten bereits verkörperten Gedankeninhalt bezieht; es wird als nicht ausreichend angesehen, daß die Schrift, ohne ihren Inhalt zu berühren, zu einer Eintragung benutzt wird, für die sie nicht bestimmt ist. Das Öffnen und Wiederschließen eines Briefes ist allein noch keine Beschädigung einer Urkunde (Karlsruhe NJW **50**, 197). **Unbrauchbar** machen bedeutet, eine Sache so zu verändern, daß sie ihren eigentlichen Zweck nicht mehr erfüllen kann, etwa durch Ausschalten ihrer Wirkungsweise, ohne daß es zu einer Substanzverletzung kommt (vgl. dazu § 303 RN 8 b f.). 14

Der **dienstlichen Verfügung entzieht,** wer dem Berechtigten die Möglichkeit des Zugriffs auf die Sache nimmt. Dieses Tatbestandsmerkmal umfaßt sowohl Fälle, in denen die Verfügungsmöglichkeit des Berechtigten über die Sache durch deren räumliche Entfernung beseitigt wurde, wie auch die Fälle, in denen dies ohne eine Ortsveränderung geschieht, zB beim Unterlassen der Herausgabe trotz bestehender Garantenpflicht. Es reicht, daß die jederzeitige Bereitschaft für den bestimmungsgemäßen Gebrauch nur vorübergehend aufgehoben oder erheblich erschwert wird (RG **22** 242, **56** 118, **72** 197, BGH MDR/D **58**, 141). Hierfür genügt auch ein Verstecken innerhalb der Amtsräume (RG **26** 413) oder ein Einlegen in eine falsche Akte. Dagegen reicht ein bloßes Verheimlichen oder Verleugnen bei ansonsten zulässiger Aufbewahrung nicht aus (RG **10** 189). Als Abgrenzungskriterium zu Verhaltensweisen, die lediglich unter disziplinarrechtlichen Gesichtspunkten beachtlich sind, kommt die vom Täter verursachte Erschwernis der Auffindbarkeit des dienstlich verwahrten Gegenstandes in Betracht, auf welche schon die Rspr. zur Tatform des Beiseiteschaffens iSd §§ 133, 348 aF abgestellt hatte (BGH **35** 342). Entziehung muß gegen den Willen des Berechtigten geschehen (Düsseldorf NStZ **81**, 25 f.); gibt dieser, wenn auch nur aufgrund einer Täuschung, den Gegenstand selbst heraus, so liegt kein Entziehen vor (RG **56** 118, BGH **33** 194, BGHR Entziehen 2). § 133 setzt nicht voraus, daß jemand durch die Tat einen Nachteil erleidet. Zu beachten ist, daß Amtsträger, die zur Freigabe von Sachen legitimiert sind, durch entsprechende Handlungen den Zustand der staatlichen Obhut beenden können. So liegt § 133 nicht vor, wenn der verantwortliche Leiter einer Dienststelle über den Gewahrsam verfügt, mag die Verfügung als solche den verwaltungsrechtlichen Vorschriften entsprechen oder nicht (BGH **33** 190 m. krit. Anm. Marcelli NStZ 85, 500, Wagner JZ 87, 706; zust. Geppert JK 1; and. v. Bubnoff LK 17; einschr. Rengier JR 385). Nicht von § 133 erfaßt wird auch die Vernichtung von Briefsendungen durch Angehörige des MfS, da in diesen Fällen der Gewahrsam der Deutschen Post beendet und auf das MfS übertragen worden ist, so daß an den nunmehr in den Gewahrsam des MfS gelangten Postsendungen kein rechtswidriger Gewahrsamsbruch verübt werden konnte (BGH **40** 25 f., m. Anm. Geppert JK 8 zu § 246, Weiß JR 95, 29, Lackner/Kühl 3; and. Schroeder JR 95, 121). Demgegenüber will BGH NStZ **95**, 134 u. 444 ein Entziehen durch den Postbeamten annehmen (so auch Lackner/Kühl 3), weil mit der Herausgabe von Poststücken an das MfS der Gewahrsam des Vorgesetzten beeinträchtigt ist; die Bediensteten des MfS sind nach dieser Konstruktion Anstifter – bei gutgläubiger Weitergabe durch die Postangehörigen – mittelbare Täter (vgl. auch Anm. Schroeder JR 95, 97); hierzu erklärte sich BGH (GrS) **42** 192 nicht. Gibt der Gerichtsvollzieher gepfändete Wertpapiere, die er in Besitz genommen hat, dem Schuldner zurück, so endet damit nicht nur der Vollstreckungszustand (§ 136), sondern auch das von § 133 vorausgesetzte Obhutsverhältnis. Eignet sich dagegen der Amtsträger die verwahrte Sache zu, so liegt allerdings nicht einmal der Anschein einer Freigabe vor; hier ist § 133 ebenso gegeben wie dort, wo der Amtsträger die Sache einem Nichtberechtigten übergibt (BGH **5** 159; **33** 194; vgl. auch RG **58** 334). 15

IV. Für den **subjektiven Tatbestand** ist Vorsatz erforderlich; dolus eventualis genügt. Der Täter muß wissen, daß der Gegenstand sich in dienstlicher Verwahrung befindet bzw. dienstlich übergeben worden ist und daß dieses Verhältnis gestört wird (RG **23** 101, 285). 16

V. **Täter** kann jedermann sein, auch derjenige, für den die Sache verwahrt wird oder deren Eigentümer (RG **12** 249, **47** 394), ebenso der Dritte, dem die Sache übergeben wurde. Zur Begehung durch Amtsträger vgl. u. 18 ff. 17

VI. Eine **Qualifizierung für Amtsträger** oder für den öffentlichen Dienst besonders Verpflichtete (vgl. zu diesen Begriffen § 11 RN 16, 34) enthält Abs. 3; auf kirchliche Beamte ist die Vorschrift nur anwendbar, wenn der Betreffende – ausnahmsweise – die Eigenschaft als Amtsträger usw besitzt (vgl. § 11 RN 26). 18

1. Die Tat ist **unechtes Amtsdelikt.** Bei einer Verurteilung nach Abs. 3 ist entgegen § 260 IV S. 2 StPO die gesetzliche Überschrift der Vorschrift mit dem Zusatz „im Amt" in den Tenor aufzunehmen, um das Unrecht der Tat hinreichend zu kennzeichnen. **Teilnehmer,** denen die Sondereigenschaften fehlen, werden nach Abs. 1, 2 bestraft (vgl. § 28 RN 28). 19

§ 134 1–5   Bes. Teil. Straftaten gegen die öffentliche Ordnung

20   2. **Tatobjekte** sind dem **Amtsträger** usw **anvertraute** oder **zugängliche** Schriftstücke oder sonstige **Gegenstände** iSd Abs. 1.

21   a) **Dienstlich anvertraut** ist die Sache dann, wenn der Täter die Verfügung darüber aufgrund allgemeiner oder spezieller Anordnung erhält und kraft seiner dienstlichen Aufgabe verpflichtet ist, für deren Verbleib, Gebrauchsfähigkeit oder Bestandserhaltung zu sorgen (RG **64** 3, HRR **40** Nr. 264, BGH **3** 305, **38** 387, NJW **75**, 2212, GA **78**, 206). Privat angenommene Sachen werden gewöhnlich erst dann zu dienstlich anvertrauten, nachdem der Amtsträger sie in die Dienststelle gebracht hat (BGH **4** 54).

22   b) **Dienstlich zugänglich** ist dem Beamten eine Sache, wenn er infolge seiner dienstlichen Eigenschaft die tatsächliche Möglichkeit hat, zu ihr zu gelangen (OGH **1** 255), wie zB die Möglichkeit des Behördenchefs der staatlichen Münze, den Tresor mit alten Prägestempeln betreten zu können. Ein eigener Gewahrsam des Beamten ist nicht erforderlich. Nicht dienstlich zugänglich ist zB eine Urkunde, wenn sie sich in einem Raume befindet, den der Beamte nur dienstwidrig betreten kann (RG HRR **27** Nr. 440, Blei II 403), oder wenn sie sich in einem verschlossenen Behältnis eines von ihm mitbenutzten Dienstraumes befindet (RG **61** 334).

23   **VII. Idealkonkurrenz** ist möglich mit Diebstahl (RG **43** 175, DJ **26**, 1812), Unterschlagung (RG **59** 340, BGH **5** 295), Betrug (RG **60** 243), Urkundenfälschung (RG **19** 319). Bei der Beschädigung einer fremden Sache liegt Idealkonkurrenz mit § 303 vor, da die geschützten Rechtsgüter verschieden sind (v. Bubnoff LK 24, Rudolphi SK 18, Tröndle/Fischer 17). Weiter kommt auch Idealkonkurrenz mit unbefugtem Titelführen (§ 132a, BGH **12** 85), Siegelbruch (§ 136 II), Verstrickungsbruch (§ 136 I, RG **54** 245, BGH **5** 160) sowie Urkundenunterdrückung (§ 274 Nr. 1, RG GA Bd. **37** 283) in Betracht. Zwischen Wertzeichenfälschung nach § 148 II und § 133 besteht Realkonkurrenz (Rudolphi SK 18, BGH **3** 289 gegen RG **59** 325; and. Tröndle/Fischer 17).

§ 134 Verletzung amtlicher Bekanntmachungen

Wer wissentlich ein dienstliches Schriftstück, das zur Bekanntmachung öffentlich angeschlagen oder ausgelegt ist, zerstört, beseitigt, verunstaltet, unkenntlich macht oder in seinem Sinn entstellt, wird mit Freiheitsstrafe bis zu einem Jahr oder mit Geldstrafe bestraft.

1   **I. Geschützt** werden **öffentliche Bekanntmachungen** staatlicher, kommunaler oder sonstiger öffentlich-rechtlicher Stellen, auch solcher der Bundeswehr, nicht jedoch Bekanntmachungen der Kirchen und Religionsgesellschaften. Auf den Inhalt des Schriftstückes kommt es grundsätzlich nicht an; jedoch greift die Vorschrift nicht ein, wenn die Bekanntmachungen, Verordnungen usw einen offensichtlich verfassungs- oder gesetzwidrigen Inhalt haben; die bloße Tatsache, daß Behörden oder Beamte als Autoren auftreten, kann im demokratischen Staat zur Tatbestandserfüllung nämlich nicht ausreichen (Hamburg MDR **53**, 247, Lackner/Kühl 2, Rudolphi SK 3; and. zB M-Schroeder II 243, 220 ff.).

2   **II. Tatobjekt** ist ein dienstliches Schriftstück, das zur Bekanntmachung öffentlich angeschlagen oder ausgelegt ist.

3   1. **Dienstlich** ist jedes **Schriftstück**, das für Mitteilungszwecke einer Behörde (vgl. § 11 RN 25), sonstiger Dienststellen, öffentlich-rechtlicher Körperschaften und Anstalten, zB Gemeinden und Universitäten, nicht jedoch kirchlicher Stellen angefertigt wurde. Nicht erforderlich ist, daß das Schriftstück hoheitliche Anordnungen enthält; es genügen Schriftstücke mitteilenden Charakters, wie zB das Aufgebot des Standesamtes, die Urliste der Schöffen (E 62 Begr. 613) oder das Themenliste eines universitären Seminars, hingegen nicht ein ebenda in der Bibliothek ausgelegtes Kopieexemplar. Unerheblich ist, ob die veranlassende Stelle zuständig ist (Tröndle/Fischer 2); jedoch sind Schriftstücke einer offensichtlich unzuständigen Stelle ebensowenig geschützt wie solche offensichtlich rechtswidrigen Inhalts. Amtliche Bekanntmachungen in Datennetzen (Internet) werden nicht erfaßt, da § 133 von Schriftstücken spricht und dementsprechend auch eine Verweisung auf § 11 Abs. 3 fehlt.

4   2. Das Schriftstück muß **öffentlich angeschlagen** oder **ausgelegt** sein. Daraus ergibt sich, daß nur Schriftstücke geschützt sind, die zur Kenntnisnahme durch die Allgemeinheit oder einen bestimmten Personenkreis, zB die Aufforderung zur Impfung oder Musterung, dienen sollen; daher reicht die an einen einzelnen gerichtete Aufforderung (zB der polizeiliche Aufforderungszettel an einem Kfz) nicht aus (Baumann NJW 64, 708). Entscheidend ist dabei, wer Adressat der Bekanntmachung usw ist, nicht wer durch sie konkret angesprochen werden soll; folglich ist eine öffentliche Zustellung nach §§ 203 f. ZPO nach § 134 geschützt (v. Bubnoff LK 4, Rudolphi SK 4).

5   In welcher **Form** die **öffentliche Bekanntmachung** des Schriftstückes erfolgt, ist gleichgültig, sofern die Mitteilung der Allgemeinheit oder dem angesprochenen Personenkreis, zB der Studentenschaft einer Universität, zugänglich ist (vgl. RG **36** 183). Das Schriftstück kann angeschlagen, dh mit einer anderen Sache (Anschlagsäule) verbunden, an einem „schwarzen Brett" oder Mitteilungskasten ausgehängt oder ausgelegt sein, wie zB ein Bebauungsplan.

III. Die **Handlung** besteht im Zerstören (vgl. § 133 RN 14), nicht also im bloßen Beschädigen, **6** sofern sein Inhalt noch erkennbar und das Schriftstück nicht verunstaltet ist, im Beseitigen, Verunstalten oder unkenntlich machen. **Beseitigt** ist ein Schriftstück, wenn es von dem Ort, an dem es angeschlagen usw ist, entfernt wird, also zB durch Abreißen von der Anschlagtafel (zB einer Vorlesungsankündigung [Rudolphi SK 3] oder des in der Fakultät ausgehängten Textes einer Übungshausarbeit). **Verunstaltet** ist ein Schriftstück, wenn es zB beschmiert (Tröndle/Fischer 3), durch verändernde Zusätze karikiert (Lackner/Kühl 4) oder sonst in einer Weise verändert wird, durch welche die Mißachtung gegenüber dem dienstlichen Schriftstück oder dessen mangelnde Ernstlichkeit dokumentiert wird (ebenso Rudolphi SK 7; einschr. Ostendorf AK 9). Ein **Unkenntlichmachen** liegt nicht nur dann vor, wenn der Inhalt des Schriftstücks überhaupt nicht mehr, sondern auch, wenn er nur teilweise nicht mehr zur Kenntnis genommen werden kann oder in seinem Sinn entstellt ist, zB durch Überkleben, teilweises Zerstören usw.

IV. Für den **subjektiven Tatbestand** ist Wissentlichkeit unter Ausschluß des dolus eventualis **7** erforderlich. Der Täter muß also sicher wissen, dh davon überzeugt sein, daß er ein dienstliches, zur öffentlichen Bekanntmachung angeschlagenes oder ausgelegtes Schriftstück zerstört, beseitigt usw; Böswilligkeit (v. Art. 17. A. RN 3) ist nicht mehr erforderlich.

V. Konkurrenzen: Mit §§ 267, 274 ist Idealkonkurrenz möglich, während § 303 hinter § 134 **8** zurücktritt (v. Bubnoff LK 8, Tröndle/Fischer 5).

§ 135 [Verletzung inländischer Hoheitszeichen] *aufgehoben durch das 1. StÄG v. 31. 8. 1951 (BGBl. I 739).*

§ 136 Verstrickungsbruch; Siegelbruch

(1) **Wer eine Sache, die gepfändet oder sonst dienstlich in Beschlag genommen ist, zerstört, beschädigt, unbrauchbar macht oder in anderer Weise ganz oder zum Teil der Verstrickung entzieht, wird mit Freiheitsstrafe bis zu einem Jahr oder mit Geldstrafe bestraft.**

(2) **Ebenso wird bestraft, wer ein dienstliches Siegel beschädigt, ablöst oder unkenntlich macht, das angelegt ist, um Sachen in Beschlag zu nehmen, dienstlich zu verschließen oder zu bezeichnen, oder wer den durch ein solches Siegel bewirkten Verschluß ganz oder zum Teil unwirksam macht.**

(3) **Die Tat ist nicht nach den Absätzen 1 und 2 strafbar, wenn die Pfändung, die Beschlagnahme oder die Anlegung des Siegels nicht durch eine rechtmäßige Diensthandlung vorgenommen ist. Dies gilt auch dann, wenn der Täter irrig annimmt, die Diensthandlung sei rechtmäßig.**

(4) **§ 113 Abs. 4 gilt sinngemäß.**

Schrifttum: Baumann, Pfandentstrickung beim Verkauf gepfändeter Gegenstände, NJW 56, 1866. – *Berghaus,* Der strafrechtliche Schutz der Zwangsvollstreckung, 1967. – *Geppert,* Verstrickungsbruch (§ 136 Abs. 1 StGB) und Siegelbruch (§ 136 Abs. 2 StGB), Jura 87, 35. – *Krehl,* Strafbarkeit wegen Siegelbruchs (§ 136 II StGB) bei Verletzung ausländischer Zollplomben, NJW 92, 604. – *Lenz,* Der strafrechtliche Schutz des Pfandrechts, 1893. – *G. Lüke,* Die Bedeutung vollstreckungsrechtlicher Erkenntnisse für das Strafrecht, Arth. Kaufmann-FS 565. – *Niemeyer,* Bedeutung des § 136 Abs. 3 und 4 StGB bei Pfändung von Sachen, JZ 76, 314. – *Pritsch,* Die Beschlagnahme zur Regelung des Warenverkehrs und ihre Wirkungen, DJ 40, 416. – *Röther,* Gehören zu den „Sachen" i. S. des § 137 StGB auch Forderungen?, NJW 52, 1403. – *Schwinge,* Der fehlerhafte Staatsakt im Mobiliarvollstreckungsrecht, 1930.

I. Die Vorschrift ist durch Art. 19 Nr. 52 in Anlehnung an § 427 E 62 (Begr. 612) neu gefaßt **1** worden; insb. die Bestimmungen der Abs. 3 und 4, die in Anlehnung an die entsprechenden Vorschriften beim Widerstand gegen Vollstreckungsbeamte (§ 113) die Frage der Rechtmäßigkeit der Pfändung, Beschlagnahme bzw. Siegelanlegung regeln; vgl. u. 27 ff.

Die Vorschrift enthält **zwei verschiedene Tatbestände.** Der **Verstrickungsbruch** nach Abs. 1 **2** unterscheidet sich vom **Siegelbruch** nach Abs. 2 dadurch, daß bei Abs. 1 ein öffentlich-rechtliches innerstaatliches (s. a. 18) Gewaltverhältnis, das nach außen kundgetan ist, geschützt wird, während in Abs. 2 das Siegel als Zeichen der äußeren Sachherrschaft unter Schutz steht. Weitergehend sehen Ostendorf AK 3 f., Rudolphi SK 1 auch beim Siegelbruch (als Gefährdungsdelikt) das Schutzgut in der staatlichen Herrschaft über die Sache; dem kann nicht zugestimmt werden, weil das Siegel auch dann geschützt ist, wenn es keine Verstrickung herbeiführt (zB mangels Erkennbarkeit im Handschuhfach eines Kfz [Rudolphi SK 9]) oder lediglich der Bezeichnung von Sachen dient (zB Fleischbeschauerstempel); zw. Der Unterschied zwischen Abs. 1 und § 133 besteht darin, daß der Verwahrungsbruch unmittelbaren dienstlichen Gewahrsam voraussetzt, während beim Verstrickungsbruch mittelbarer Besitz ausreicht. Dies ist auch der Grund dafür, daß die Strafe des § 136 milder ist als die des § 133. Auch ist bei Abs. 1 ein rechtlich begründeter Besitz notwendig (BGH **5** 160), wie sich aus Abs. 3 ergibt. Über den Unterschied gegenüber §§ 288, 289, die dem Schutz von Vermögensrechten dienen, vgl. RG **64** 77, § 288 RN 2, § 289 RN 1 sowie W-Hettinger 162.

§ 136 3-8

II. Der Verstrickungsbruch

3 Abs. 1 behandelt den Verstrickungsbruch (Arrestbruch, Pfandbruch). **Geschütztes Rechtsgut** ist das durch die Pfändung oder Beschlagnahme entstehende öffentlich-rechtliche Gewaltverhältnis. Mißverständlich sprechen RG **24** 52, **65** 249 vom Schutze des öffentlichen Besitzwillens; unmittelbarer Besitz braucht nicht vorzuliegen; er fehlt vielfach bei der Pfändung oder Beschlagnahme. Der Grundgedanke der Bestimmung ist, im Interesse der öffentlichen Ordnung die Nichtachtung der durch die zuständigen Behörden verfügten Vollstreckungshandlungen oder Sicherungsmaßnahmen zu bestrafen (RG **65** 249, BGH **5** 157, Rudolphi SK 1).

4 1. **Tatobjekte** sind Sachen, die durch die zuständigen Behörden oder Beamten gepfändet oder beschlagnahmt worden sind.

5 a) Unter **Sachen** sind hier alle gegenständlichen Bestandteile des Vermögens zu verstehen. Forderungen – auch nicht auf Herausgabe/Leistung einer bestimmten Sache (v. Bubnoff LK 3; and. 25. A. RN 13) – können daher nicht Objekt der Tat sein (RG **24** 49, Celle NdsRpfl. **58**, 163, Berghaus aaO 115, v. Bubnoff LK 3, M-Schroeder II 240, W-Hettinger 162, Rudolphi SK 4; and. Pr. OT GA **4**, 335, **19**, 581, RG **12** 185); dies ergibt sich daraus, daß bei Forderungen keine äußere Herrschaft begründet werden kann. Bei Sachen ist unerheblich, ob sie beweglich oder unbeweglich, herrenlos oder in jemandes Eigentum stehend sind.

6 b) Die Vermögensbestandteile (Sachen) müssen **gepfändet** oder sonst **dienstlich in Beschlag genommen** sein.

7 α) Die **dienstliche Beschlagnahme** ist der allgemeinere Begriff gegenüber der Pfändung (ebenso Rudolphi SK 6, v. Bubnoff LK 5). Beschlagnahme bedeutet die zwangsweise Bereitstellung einer Sache zur Verfügung einer Behörde, um öffentliche oder private Belange zu sichern (RG **65** 249), zB die vorläufige Beschlagnahme eines geschlachteten Tieres durch den Fleischbeschauer (Oldenburg MDR **62**, 595). Die beschlagnahmte Sache wird der Verfügung des bisher Berechtigten ganz oder teilweise entzogen und in gleichem Umfang der Verfügung einer amtlichen Stelle (Behörde, Gericht; vgl. § 11 RN 25, 57 ff.) unterworfen. Für die Beschlagnahme ist nicht notwendig, daß die Stelle, zu deren Gunsten sie erfolgt, Besitz an der beschlagnahmten Sache erlangt; es genügt vielmehr, daß – etwa durch ein amtl. Verfügungs- oder Veränderungsverbot als symbolische Bemächtigung (v. Bubnoff LK 6, Ostendorf AK 8) – ein rechtliches Gewaltverhältnis begründet wird (BGH **15** 149, Stuttgart MDR **51**, 692, Oldenburg GA **62**, 313; vgl. aber RG **51** 237); die sog. Effektivität ist kein Wesensmerkmal der Beschlagnahme. Bei der Beschlagnahme eines Grundstücks zum Zwecke der Zwangsversteigerung (§ 20 ZVG) ist zB die Zustellung des Beschlusses ohne Besitzergreifung ausreichend (RG **65** 249, v. Bubnoff LK 9, Rudolphi SK 8; and. Geppert Jura 87, 36, M-Schroeder II 241); zur Pfändung einer Immobilie in den Ländern der ehemaligen DDR vgl. § 119 b DDR-ZPO. Auch bei der Beschlagnahme durch die Polizei macht es keinen Unterschied, ob die von ihr betroffene Sache im Besitz des Eigentümers bleibt oder in polizeiliche Verwahrung genommen wird (RG **63** 350; and. Zweibrücken NStZ **89**, 268). Da keine Besitzergreifung erforderlich ist, liegt auch in der Eröffnung des Insolvenzverfahrens (§ 80 I InsO) wie im Falle des § 20 ZVG trotz fehlender Manifestation des begründeten Gewaltverhältnisses eine Beschlagnahme des zur Masse gehörigen Vermögens (RG **41** 256, BGHR Beschlagnahme **1**, Berghaus aaO 108 ff., v. Bubnoff LK 10, Rudolphi SK 8, Tröndle/Fischer 4; and. Geppert Jura 87, 36, M-Schroeder II 241). Der Erlös für ein im Einverständnis mit dem Insolvenzverwalter veräußertes Massestück ist auch beschlagnahmt (RG **63** 339). Ein vor Insolvenzverfahrenseröffnung erlassenes allgemeines Veräußerungsverbot stellt dagegen keine Beschlagnahme iS dieser Vorschrift dar (RG **20** 247, v. Bubnoff LK 10). Der von Frankfurt SJZ **49** Sp. 870 m. Anm. H. Mayer vertretene engere Verstrickungsbegriff (Verstrickung nur durch unmittelbare oder symbolische Besitzergreifung oder durch Benachrichtigung des unmittelbaren Besitzers) ist weder durch den Wortlaut geboten noch entspricht er dem Grundgedanken (o. 3 ff.) der Vorschrift.

8 β) **Pfändung** iSd § 136 ist die Beschlagnahme, die zur Befriedigung oder Sicherung vermögensrechtlicher Ansprüche vorgenommen wird. Da lediglich das öffentliche Gewaltverhältnis geschützt werden soll, ist nur erforderlich, daß unter Beachtung der wesentlichen Förmlichkeiten ein ordnungsgemäßer **Verstrickungszustand** herbeigeführt ist (LG Konstanz DGVZ **84**, 119 m. Anm. Alisch); ohne Bedeutung ist, ob für den Gläubiger ein Pfandrecht begründet wird (vgl. RG **26** 289, KG Recht **28** Nr. 423, Lackner/Kühl 7, M-Schroeder II 240). Die Pfändung beweglicher Sachen muß durch Inbesitznahme vollzogen werden (§ 808 I ZPO), wobei der Gerichtsvollzieher die Sachen entweder aus dem Gewahrsam des Schuldners wegschaffen oder die Pfändung der beim Schuldner belassenen Sachen kenntlich machen muß (§ 808 II ZPO); zur Durchführung der Pfändung beweglicher Sachen in den Ländern der ehemaligen DDR vgl. § 119 DDR-ZPO. Letzteres kann durch Anlegung von Pfandsiegeln oder auf sonstige Weise (zB Anbringen einer Pfandanzeige; vgl. RG DR **41**, 847, Schleswig SchlHA **61**, 200) erfolgen; die Aufnahme in das Pfandprotokoll ist nicht wesentlich (RG LZ **28** Sp. 62). Fehlt es an der Kenntlichmachung oder ist diese nicht erkennbar (RG **61** 103: Anbringen des Siegels an verborgener Stelle), so ist die Verstrickung unwirksam. Dieser Mangel wird auch nicht dadurch geheilt, daß der Gerichtsvollzieher die Sachen später abholt und versteigert (RGZ **37** 343). Hingegen berührt ein nachträgliches Abfallen bzw Entferntwerden des Siegels die Wirksamkeit einmal begründeter Verstrickung nicht (Geppert Jura 87, 38, Rengier II 374). Eine irrige Beurteilung der Sachlage durch den Gerichtsvollzieher steht der Wirksamkeit der Pfändung nicht

Verstrickungsbruch; Siegelbruch 9–13 **§ 136**

entgegen und schließt daher auch nicht den Strafschutz des § 136 aus. So ist die Pfändung einer Sache, die im Gewahrsam eines nicht zur Herausgabe bereiten Dritten steht, bis zu ihrer Aufhebung aufgrund einer Erinnerung (§ 766 ZPO) wirksam, und zwar nicht nur dann, wenn der Gerichtsvollzieher die Gewahrsamsverhältnisse pflichtgemäß geprüft und irrtümlich einen Gewahrsam des Schuldners angenommen hat (RG JW **31**, 2127, Geppert Jura 87, 37; dann aber Rechtswidrigkeit der Vollstreckung nach Abs. 3: Geppert aaO, 39, v. Bubnoff LK 25); entsprechendes gilt zB bei der nach § 865 II ZPO unzulässigen Pfändung von Zubehörstücken (RG **61** 368, v. Bubnoff LK 25, Geppert aaO 38, Tröndle/Fischer 3) oder bei der Pfändung unpfändbarer Sachen (zB nach § 811 ZPO [v. Bubnoff LK 25, Geppert aaO 39], § 118 II DDR-ZPO). Ein Verzicht des Gläubigers auf die Rechte aus der Pfändung hebt die Verstrickung nicht auf (Oldenburg JR **54**, 33). Eventuell kommt eine Aufhebung durch den Gerichtsvollzieher in Betracht; vgl. hierzu das zivilprozessuale Schrifttum zu §§ 776, 803 ZPO.

γ) Pfändung und Beschlagnahme müssen durch eine **rechtmäßige Diensthandlung** vorgenommen sein; vgl. hierzu u. 27 ff. Stets muß aber überhaupt infolge wirksamer Verstrickung iSv o. 8 ein taugliches Tatobjekt vorliegen. Hieran fehlt es bei schwerwiegenden, evidenten Vollstreckungsmängeln (v. Bubnoff LK 17a, Geppert Jura 87, 39; s. a. BGH [Z] NJW **79**, 2045), also zB bei Fehlen eines Vollstreckungstitels (Tröndle/Fischer 3), einer Vollstreckungsklausel (v. Bubnoff LK 7, 8), funktionaler Unzuständigkeit des Vollstreckungsorgans (zB Sachpfändung durch Vollstreckungsgericht [v. Bubnoff LK 7], nicht aber im Falle des § 865 II 1 ZPO angesichts ggf. schwer erkennbarer Zubehöreigenschaften des Pfandgegenstandes und damit nicht evidenten Zuständigkeitsfehlers [RG **61** 368, v. Bubnoff LK 8a, Geppert aaO 38, 108, Tröndle/Fischer 3]); auch nicht im Falle irriger Annahme eines Eilfalles bei Beschlagnahme nach §§ 94ff. StPO (v. Bubnoff LK 6) oder bei krassen Verstößen gegen die Kenntlichmachung iSv § 808 II 2 ZPO (v. Bubnoff LK 8, Geppert aaO 37). 9

2. Die **Handlung** kann darin bestehen, daß eine gepfändete oder beschlagnahmte Sache zerstört, beschädigt, unbrauchbar gemacht oder in anderer Weise ganz oder zum Teil der Verstrickung entzogen wird. Diesen Handlungsmodalitäten ist gemeinsam, daß durch das Täterverhalten der Zweck der Verstrickung ganz oder teilweise vereitelt wird. 10

a) **Zerstört** ist eine Sache, wenn sie vernichtet oder wesentlich beeinträchtigt wurde, so daß sie für ihren Zweck völlig unbrauchbar ist. Das **Beschädigen** (vgl. hierzu § 303 RN 8) ist jetzt durch das Gesetz dem Zerstören ausdrücklich gleichgestellt. **Unbrauchbar gemacht** ist eine Sache, wenn sie so verändert wird, daß sie für ihren Zweck nicht mehr brauchbar ist; eine Einwirkung auf die Substanz der Sache ist nicht erforderlich. Die Grenze zwischen diesen Handlungsmodalitäten ist fließend. Zu den einzelnen Begriffen vgl. näher § 133 RN 14. Es handelt sich in Wahrheit um Unterfälle der im Beiseiteschaffen liegenden Tatmodalität der Verstrickungsentziehung. 11

b) Ganz oder zum Teil der **Verstrickung entzogen** ist eine Sache insb. dann, wenn sie beiseite geschafft wird. Dies ist dann der Fall, wenn die Sache in eine Lage gebracht wird, in der der Zugriff der Behörde, wenn auch nur vorübergehend, vereitelt oder erschwert wird (Lüke Arth. Kaufmann-FS 574, Rudolphi SK 13). Auf die rein tatsächliche Entfernung vom Ort der Pfändung kommt es nicht an, da zB der Schuldner bei der Pfändung berechtigt ist, die in seinem Besitz belassenen Sachen weiter zu benutzen, was häufig nur bei Ortsveränderung möglich ist, zB bei einem Fahrrad. Eine Benutzung soll unzulässig sein, sofern sie eine Wertminderung bedeutet. Dies hat die Rspr. beim Kfz angenommen (Hamm VRS **13** 34, Schleswig SchlHA **61**, 200, v. Bubnoff LK 13, Rudolphi SK 13); hierbei wird aber die Schutzrichtung des § 136 (o. 1) mit der des § 288 unzulässig konfundiert (Geppert Jura 87, 40, Ostendorf AK 11, Rengier II 374). Ein Beiseiteschaffen kann ferner darin liegen, daß im Gewahrsam des Schuldners belassene gepfändete Sache beim Umzug mitgenommen wird (RG JW **39**, 31). Kein Verstrickungsbruch liegt trotz Veräußerung dann vor, wenn die Sache an der bisherigen Stelle verbleibt (Hamm NJW **56**, 1889; vgl. dazu Baumann NJW 56, 1866), doch kann hier eine Entziehung zB durch eine Täuschung über den Verbleib der Sache in Betracht kommen (Hamm aaO). Nach Hamm NJW **80**, 2537 m. Anm. Geppert JK 1, v. Bubnoff LK 13 (einschr.), Lackner/Kühl 4, Otto II 469 genügt zutr. eine Ortsveränderung, wenn der Zugriff auf die gepfändete Sache nur ganz unerheblich erschwert wird. Mangels Garantenstellung des Vollstreckungsschuldners kann § 136 anders als ggf. §§ 283, 288 nicht durch Unterlassen verwirklicht werden (Ostendorf AK 11). 12

Maßgeblich für die Beurteilung der Frage, ob eine Sache ganz oder teilweise der Verstrickung entzogen ist, ist der Umstand, ob die durch die Beschlagnahme oder Pfändung begründete **Verfügungsgewalt** der Behörde über die Sache mit oder ohne räumliche Veränderung **ganz** oder **teilweise** dauernd oder vorübergehend **aufgehoben** wird. Ein Entziehen kann zB in dem Verschweigen der Garage liegen, in der sich der gepfändete Kraftwagen befindet (RG JW **38**, 2899). Wird die gepfändete Sache in den Besitz eines unbekannten Dritten verbracht, so liegt in dieser Beeinträchtigung der tatsächlichen Verfügungsgewalt des Gerichtsvollziehers eine teilweise Verstrickungsentziehung, da hierunter nicht nur die Entstrickung eines Teils der verstrickten Tatobjekte, sondern auch eine stufenmäßige Entstrickung zu verstehen ist (BGH **3** 309, G. Lüke Arth. Kaufmann-FS 574). Das Verarbeiten einer Sache ist nicht stets ein Entziehen (RG DR **43**, 894), kann aber uU ein Unbrauchbarmachen darstellen. Auch eine Täuschung des Vollstreckungsbeamten oder des Gewahrsamsinhabers kann als Mittel der Entziehung ausreichend sein (RG **58** 355). Hat der Gerichtsvollzieher in Fällen des § 808 II ZPO seine Herrschaftsgewalt de facto verloren, so liegt kein taugliches Tatobjekt mehr 13

§ 136   14–21   Bes. Teil. Straftaten gegen die öffentliche Ordnung

vor (v. Bubnoff LK 13 a, Geppert Jura 87, 40); entsprechendes gilt im Falle lastenfreien Erwerbs durch einen gutgläubigen Dritten nach §§ 936, 136, 135 II BGB (v. Bubnoff aaO).

14   3. Für den **subjektiven Tatbestand** ist Vorsatz erforderlich; bedingter Vorsatz reicht aus (Braunschweig NdsRpfl. **49**, 148). Der Täter muß wissen oder in Kauf nehmen, daß die Sache von zuständiger Seite und unter Beachtung der wesentlichen Förmlichkeiten noch zZ der Tat beschlagnahmt oder gepfändet ist und daß er sie der amtlichen Verfügungsgewalt entzieht (vgl. RG **63** 351). Ferner muß sich sein Vorsatz auf das Vorliegen einer (noch) wirksamen Verstrickung beziehen, so daß seine Strafbarkeit nicht nur bei völliger Unkenntnis der Verstrickung als solcher, sondern mangels Parallelwertung im Täterbewußtsein auch dann entfällt, wenn er zB davon ausgeht, bei Pfändung einer schuldnerfremden Sache liege von vornherein keine Verstrickung bzw. bereits durch Befriedigung des Gläubigers oder dessen „Freigabeerklärung" läge kein staatliches Gewaltverhältnis mehr vor (vgl. v. Bubnoff LK 14, Geppert Jura 87, 41, Lackner/Kühl 8, Niemeyer JZ 76, 315, Tröndle/Fischer 10; and. **25**. A. RN 33, Rudolphi SK 16 [lediglich § 136 IV]). Zur irrtümlichen Annahme, die Pfändung sei nicht durch eine zuständige Behörde oder nicht in rechtsverbindlicher Weise bewirkt, vgl. u. 34.

15   Der Täter braucht nicht die Absicht zu haben, sich die Sache zuzueignen, einen Vermögensvorteil zu erlangen oder einem anderen Schaden zuzufügen (RG **41** 259).

16   4. **Vollendet** ist die Tat, sobald die durch die Beschlagnahme begründete Verfügungsgewalt der Behörde über die Sache – wenn auch nur vorübergehend – aufgehoben ist, zB die gepfändete Sache von ihrem Aufbewahrungsort entfernt ist. Der Versuch ist nicht strafbar.

17   5. **Täter** kann nicht nur der von der Beschlagnahme Betroffene, sondern jedermann sein, zB der Gläubiger oder ein Amtsträger. Streitig ist, ob der Gerichtsvollzieher durch Freigabe der gepfändeten Sache die Tat begehen kann. Während RG **44** 43, BGH **3** 307, Ostendorf AK 12 dies bejahen, will BGH **5** 160 für den Polizeibeamten, der eine vorläufige Beschlagnahme durchgeführt hat, eine Ausnahme zulassen. Beide Auffassungen überzeugen nicht, vielmehr ist zu unterscheiden (diff. auch W-Hettinger 163 [je nach alleiniger Entscheidungsbefugnis]): Gibt der Gerichtsvollzieher in den Formen der ZPO eine gepfändete Sache frei, so ist dieser Staatsakt durch seine Legitimation gedeckt und damit der Verstrickungszustand formell wirksam beendet (Geppert Jura 87, 40 f., Lüke aaO 574, Rudolphi SK 15); anders dagegen, wenn der Gerichtsvollzieher zB die gepfändete Sache entwendet, um sie sich zuzueignen, oder wenn er sie ohne Freigabeakt zerstört.

III. Der Siegelbruch

18   **Geschütztes Rechtsgut** des Siegelbruchs ist die manifestierte inländische (Lackner/Kühl 1) staatliche Autorität (and. Rudolphi SK 1; dazu o. 2). Grundgedanke der Bestimmung ist, die Bestätigung der Mißachtung gegenüber der obrigkeitlichen Anordnung, die in der Siegelanlegung ausgedrückt ist, zu bestrafen (Saarbrücken SaarlRZ **50**, 32, v. Bubnoff LK 17, Tröndle/Fischer 1, W-Hettinger 162). Ausländische Siegel können vom Schutzbereich der Norm erfaßt werden, sofern völkerrechtliche Verträge ihre Anerkennung gebieten (Rudolphi SK 19, Tröndle/Fischer 7; einschr. v. Bubnoff LK 17 a [nur bei insoweit ausdrücklich strafrechtlicher Gleichstellung]); deshalb bejaht von BGH NStZ **96**, 229 für eine ausländische Zollverplombung, der aufgrund EU-Recht innerstaatliche Wirkung beizulegen war; s. a. Krehl NJW 92, 604.

19   1. **Tatobjekt** ist ein dienstliches Siegel als amtliche Kennzeichnung mit Beglaubigungscharakter (Lackner/Kühl 5), das angelegt ist, um Sachen in Beschlag zu nehmen, dienstlich zu verschließen oder zu bezeichnen.

20   a) Unter **Siegel** ist hier der Siegelabdruck zu verstehen. Es macht keinen Unterschied, aus welchem Material er besteht. In Betracht kommen zB Plombe zum Verschluß eines Gebäudes (Frankfurt MDR **73**, 1033 [auch bei nur abgekürzter Angabe der Herkunftsbehörde, ebenso v. Bubnoff LK 17, Rudolphi SK 18]), die Plomben eines städtischen Elektrizitätswerks oder Feuermelders (RG **65** 134), Siegelmarken, ferner auch die mit dem Siegel des Gerichtsvollziehers versehene und am Verwahrungsort der Pfandobjekte angebrachte Pfandanzeige (RG **34** 398, GA Bd. **51**, 181, DR **41**, 847; and. hinsichtlich der letzteren Binding Lehrb. 2, 627). Dienstliches Siegel bedeutet hier Amtssiegel (Saarbrücken SaarlRZ **50**, 32). Ein **dienstliches** Siegel liegt vor, wenn es von einer staatlichen Behörde, Anstalt, öffentlich-rechtlichen Körperschaft oder der Bundeswehr (nicht einer „Kirchenbehörde") im Rahmen ihres hoheitlichen Aufgabenbereichs verwendet wird (v. Bubnoff LK 17, Rudolphi SK 20). Nach der Privatisierung von Bahn und Post zählen weder Verplombungen zur Sicherung von Breitbandkabelnetzanschlüssen (and. Tröndle/Fischer 7) noch nichtzollamtliche Plombenverschlüsse von Güterwagen zu den geschützten Siegeln, vgl. v. Bubnoff LK 17.

21   b) Das Siegel muß angelegt sein, um Sachen in **Beschlag zu nehmen,** dienstlich **zu verschließen** oder **zu bezeichnen.** Die Sachen, die beschlagnahmt werden sollen usw, können bewegliche oder unbewegliche sein. Unter Anlegen von Siegeln ist die mechanische Verbindung des Siegels mit dem Gegenstand zu verstehen (RG **61** 101). Legt der Gerichtsvollzieher das Pfandsiegel lose in eine Schublade des zu pfändenden Gegenstandes, dann liegt keine Anlegung des Siegels vor (RG DR **41**, 847; vgl. auch BGH MDR/D **52**, 658: Befestigung eines Pfandsiegels am Pelzmantel mittels Stecknadeln). Zum Zwecke der Bezeichnung erfolgt die Anlegung eines Siegels zB durch den Fleischbeschauer an untersuchtem Fleisch (RG **39** 367; vgl. FleischbeschauG vom 29. 10. 1940, BGBl. III 7832–1). Unter den Begriff der Beschlagnahme fällt auch die Pfändung, vgl. o. 8. Anders als im Falle

von Abs. 1 (o. 8) braucht das Siegel nicht sichtbar angelegt zu sein (v. Bubnoff 18, Geppert Jura 87, 43; and. Ostendorf AK 10, Rudolphi SK 20).

c) Zur Frage der **Rechtmäßigkeit** der **Siegelanlegung** vgl. u. 27 ff. Entsprechend zur Verstrickung (o. 9) kann von einer dienstlichen Siegelung nur dann gesprochen werden, wenn der Amtsträger das Siegel in Ausübung seines Amtes und innerhalb seiner sachlichen und örtlichen Zuständigkeit angelegt hat (vgl. Bay **51** 612); auf das Vorliegen aller Siegelungsvoraussetzungen im Einzelfall kommt es hingegen nicht an (v. Bubnoff LK 19, Geppert Jura 87, 43; s. aber Rudolphi SK 28 [Frage von Abs. 3]), so daß auch bei einer Siegelung vor Zustellung des Vollstreckungstitels (RG **34** 398) oder bei Verkennen der Zubehöreigenschaft iSv § 865 II 1 ZPO durch den Gerichtsvollzieher eine wirksame Siegelung vorliegt (v. Bubnoff LK 19).

2. Die **Handlung** besteht im Beschädigen, Ablösen oder Unkenntlichmachen des Siegels oder darin, daß der durch das Siegel bewirkte Verschluß ganz oder zum Teil unwirksam gemacht wird.

a) Das Siegel ist **beschädigt,** wenn es in seiner Substanz so weit beeinträchtigt wird, daß es die ihm obliegende Funktion einer Kennzeichnung des beschlagnahmten Gegenstandes nicht mehr erfüllen kann; Minimalbeeinträchtigungen, die die Zweckerfüllung unberührt lassen, reichen daher nicht aus. Eine Beschädigung liegt auch im **Ablösen** des Siegels, weil auf diese Weise die Verbindung zwischen dem Siegel und den beschlagnahmten Sachen usw zerstört wird. **Unkenntlich** ist ein Siegel, wenn es ohne Substanzverletzung seiner Zweckbestimmung entzogen wird, zB durch Überkleben (vgl. Köln NJW **68**, 2116).

b) Ebenso wird bestraft, wer den durch ein Siegel bewirkten **Verschluß** ganz oder teilweise **unwirksam macht;** dabei kann das Siegel unversehrt an seiner Stelle bleiben. Entscheidend ist die Mißachtung der vom angebrachten Siegel gebildeten amtlichen Sperre (Lackner/Kühl 6). Dies kann zB geschehen durch Einsteigen in einen Raum, dessen Tür versiegelt worden ist (Rudolphi SK 23), durch Entfernung von Sachen aus versiegelten Räumen oder durch Abmähen des Feldes, auf dem die Pfandtafel des Gerichtsvollziehers steht (Blei II 405). Immer aber muß es sich um eine Tätigkeit handeln, durch die ein dienstlicher Verschluß beseitigt wird. Daher kommen Zuwiderhandlungen gegen behördliche Anordnungen anderer Art auch dann nicht in Betracht, wenn die Behörde ihren Befehl mit dem Dienstsiegel an Ort und Stelle angeheftet hat. Die Zuwiderhandlung gegen ein Verbot, einen Raum zu bestimmten Zwecken zu benutzen, fällt daher ebensowenig unter § 136 (and. Frankfurt NJW **59**, 1288) wie die Mißachtung der behördlichen Einstellung eines Baues (Geppert Jura 87, 43, Ostendorf AK 10, Rudolphi SK 23; and. Köln MDR **71**, 67, NStZ **87**, 330 [nur bei noch angelegtem Siegel]; s. a. Bay **51** 300, v. Bubnoff LK 21, Lackner/Kühl 6, Tröndle/Fischer 8).

3. Für den **subjektiven Tatbestand** ist bei allen Begehungsformen Vorsatz erforderlich. Der Täter muß wissen, daß es sich um dienstlich beschlagnahmte Gegenstände, um dienstliche Siegel, um dienstlichen Verschluß handelt und daß er ablöst usw (KG JR **55**, 475); zur Frage des Irrtums vgl. u. 33 ff.

IV. Die Strafbarkeit nach § 136 I, II wird durch **Abs. 3** dann ausgeschlossen, wenn die Beschlagnahme oder Siegelung nicht durch eine **rechtmäßige Diensthandlung** vorgenommen wurde. Die Vorschrift entspricht insoweit § 113 III, IV; zur dogmatischen Einordnung der Rechtmäßigkeit der Diensthandlung vgl. dort RN 18/19 f.

Der Begriff der **Rechtmäßigkeit** wird hier von der hM (v. Bubnoff LK 24, Cramer 25. A. RN 28, Geppert Jura 87, 39, Lackner/Kühl 7, Tröndle/Fischer 3; and. Krey I 263 sowie Lüke Arth. Kaufmann-FS 573: Abstellen auf die Wirksamkeit iSv fehlender Nichtigkeit [dann aber kein hinreichend eigenständiger Anwendungsbereich von Abs. 3 mehr: vgl. unter RN 28 a]) ebenso wie beim Widerstand gegen Vollstreckungsbeamte nicht im materiellrechtlichen Sinne (zB ZPO-Verstoß) verstanden; es soll vielmehr allein auf eine bloß formelle Rechtmäßigkeit der Diensthandlung – kombiniert mit einem „Irrtumsprivileg" (sog. strafrechtlicher Rechtmäßigkeitsbegriff) – abzustellen sein (eingehend § 113 RN 21/22 ff.). Ob hieran auch unter Berücksichtigung von BVerfG **92** 191, NJW **93**, 581 zumindest für den Bereich der Zwangsvollstreckung angesichts ihres ausgewogenen Rechtsschutzsystems (v. Bubnoff LK 25 a, Geppert Jura 87, 39, Lüke aaO 572) festgehalten werden kann (also strafbewehrter Verfügungsgehorsam zur Absicherung von Vollstreckungsakten [s. a. Rühl JuS 99, 527 ff.]) oder ob nicht doch auf Rechtmäßigkeit iSd Prozeßrechts (also Sanktionierung von Verstößen gegen die zivilprozessual vorgegebene Ordnung der Zwangsvollstreckung) abzustellen ist (Arzt/Weber V 60, 47, Ostendorf AK 17, Otto II 471, 463, Rengier II 374), ist zumindest zweifelhaft. Auf jeden Fall unterliegen schwerste Vollstreckungsfehler, die nach vollstreckungsrechtlichen Kategorien gar keine (zwar anfechtbare, aber immerhin noch wirksame) Verstrickung begründet haben (o. 8 f.), nicht dem Anwendungsbereich der Abs. 3 und 4 (v. Bubnoff LK 4 a, 25, Geppert Jura 87, 37, 41, Rengier II 373 f., Tröndle/Fischer 3; and. 25. A. RN 28–31, Krey I 263, Rudolphi SK 26 f.). Auf Basis der o. g. hM hat im einzelnen Folgendes zu gelten: Für den Anwendungsbereich von Abs. 3 verbleibt – da evidente Verfahrensfehler bereits ein taugliches Tatobjekt ausgeschlossen haben (o. 9, 22) – ein kleiner Bereich „mittelschwerer", für das Vollstreckungsorgan vermeidbarer Vollstreckungs- oder Beschlagnahmemängel (v. Bubnoff LK 25, Geppert Jura 87, 39). Insoweit kommen sowohl beim Verstrickungs- als auch beim Siegelbruch Verstöße des Vollstreckungsorgans gegen zwingende Schutzvorschriften des Vollstreckungsrechts als wesentliche Förmlichkeit in Betracht, also zB im Bereich der Zwangsvollstreckung eine fehlende Zeugenhinzuziehung, § 759 ZPO (vgl. BGH **5** 93), Vollstreckung zur Nachtzeit ohne richterliche Erlaubnis, § 761 I ZPO (s. KG GA **75**, 214) sowie Fälle eines offenkundigen Vorliegens der

§ 138

Voraussetzungen des § 811 ZPO bzw. eindeutige Sachlagen belegten Dritteigentums (v. Bubnoff LK 25, Geppert aaO 39); entsprechendes gilt für die fehlende Einzelfallzuständigkeit (bei völliger Unzuständigkeit hingegen gar keine Verstrickung/Siegelung iSv § 136: o. 9, 22) sowie bei irrtümlicher Annahme des Schuldnergewahrsams sowie bei Verstößen gegen § 803 I 2, II ZPO (v. Bubnoff LK 8). Nicht zur Rechtswidrigkeit führen hingegen Vollstreckungsmängel iZm dem Pfändungsprotokoll (v. Bubnoff LK 8) oder eine unterlassene Schuldnerbenachrichtigung iSv § 808 III ZPO (Tröndle/Fischer 3). Auf den materiellrechtlichen Bestand des zu vollstreckenden Anspruchs kommt es hingegen nicht an (Arzt/Weber V 59, 45, Ostendorf AK 17, M-Schroeder II 240); ebensowenig auf eine konkrete Zuständigkeit des Vollstreckungsorgans im Einzelfall (RG **28** 383, **65** 351, Tröndle/Fischer 3). Im Falle des Siegelbruchs dürfte hingegen bei einer Siegelung vor Titelzustellung kein rechtswirksam angelegtes Siegel vorliegen (and. v. Bubnoff LK 19).

33 2. Die Regelung des **Irrtums** über die Rechtmäßigkeit der Diensthandlung entspricht der in § 113 (vgl. dort RN 53 ff.). Daraus ergibt sich zunächst, daß die Rechtmäßigkeit der Diensthandlung, durch welche die Beschlagnahme, Siegelung usw bewirkt wird, nicht Gegenstand des Vorsatzes ist. Für den Irrtum ergibt sich dabei eine von §§ 16, 17 abweichende Regelung:

34 a) Erfolgte die Pfändung usw aufgrund einer rechtswidrigen Diensthandlung, so bleibt die Tat straflos, selbst wenn der Täter irrig von der Rechtmäßigkeit der Diensthandlung ausgeht.

34 a b) Nimmt der Täter irrig an, die Diensthandlung sei nicht rechtmäßig, so gilt auf der Grundlage der Verweisung in Abs. 4 auf § 113 IV das Folgende: War der Irrtum vermeidbar, so kann die Strafe nach § 49 II gemildert werden; für die Vermeidbarkeit gelten die zum Verbotsirrtum entwickelten Grundsätze (vgl. § 17 RN 13 ff.). War der Irrtum nicht vermeidbar, so führt dies nicht notwendig zur Straflosigkeit. Vielmehr ist zu fragen, ob es dem Täter zuzumuten war, sich mit Rechtsbehelfen gegen die vermeintlich rechtswidrige Diensthandlung zu wehren. Nur wenn dies zu verneinen ist, bleibt der Täter straflos. War ihm die Einlegung von Rechtsbehelfen zuzumuten, kommt eine Strafmilderung nach § 49 II in Betracht. Im Gegensatz zu § 113 soll nach Cramer (25. A. RN 34 a) dem Täter beim Verstrickungs- und Siegelbruch fast immer zuzumuten sein, sich der Rechtsbehelfe insb. des Vollstreckungsrechts (zB § 766 ZPO, § 135 DDR-ZPO) zu bedienen; zust. Rudolphi SK 29, Niemeyer JZ 76, 316, v. Bubnoff LK 26, ein angesichts zunehmend unzumutbar werdender Verfahrensdauer durchaus zweifelhaftes Ansinnen (s. bereits Ostendorf AK 20).

34 b c) Handelt der Täter allerdings in der Fehlvorstellung, es liege gar keine Verstrickung oder Versiegelung (mehr) vor, so liegt auch dann ein auf das Bestehen staatlicher Herrschaftsgewalt bezogener vorsatzausschließender Tatbestandsirrtum (o. 14) vor, wenn diese Fehlvorstellung auf einer falschen rechtlichen Bewertung beruht (Lackner/Kühl 8; and. Rudolphi SK 16); zu Irrtumsfragen: Geppert Jura 87, 41, Niemeyer JZ 76, 314.

35 V. **Idealkonkurrenz** ist möglich zwischen § 136 I und II, denn während Abs. 2 nur ein äußeres Sachherrschaftszeichen schützt, wird durch Abs. 1 ein öffentlich-rechtliches Gewaltverhältnis geschützt (RG **48** 365, v. Bubnoff LK 27; and. [Gesetzeskonkurrenz] Rudolphi SK 31, Berghaus aaO 129, Schmidhäuser II 234; diff. Lackner/Kühl 7). Weiter kommt Idealkonkurrenz sowohl zwischen Verstrickungs- als auch Siegelbruch in Betracht mit Widerstand gegen Vollstreckungsbeamte (§ 113), Verwahrungsbruch (§ 133) und mit Sachbeschädigung nach § 304 (RG **65** 135); dieses Konkurrenzverhältnis kann ferner bestehen mit Diebstahl (RG **2** 318, BGHR Beschlagnahme **1**), Unterschlagung (Bay **5** 184), Betrug (RG **15** 205) sowie mit § 274 I Nr. 1 (BGH NStZ **96**, 229, Lackner/Kühl 9; and. Rudolphi SK 31), § 288 (RG **17** 43) und Pfandkehr nach § 289 (RG **64** 78).

36 VI. Bei der **Strafzumessung** ist es unzulässig, die Höhe der Strafe damit zu begründen, daß der in der Beschlagnahme zum Ausdruck kommenden staatlichen Autorität Anerkennung verschafft werden müsse (RG LZ **29** Sp. 1067).

§ 137 [Pfandentstrickung] vgl. jetzt § 136 I.

§ 138 Nichtanzeige geplanter Straftaten

(1) **Wer von dem Vorhaben oder der Ausführung**

1. einer Vorbereitung eines Angriffskrieges (§ 80),
2. eines Hochverrats in den Fällen der §§ 81 bis 83 Abs. 1,
3. eines Landesverrats oder einer Gefährdung der äußeren Sicherheit in den Fällen der §§ 94 bis 96, 97 a oder 100,
4. einer Geld- oder Wertpapierfälschung in den Fällen der §§ 146, 151, 152 oder einer Fälschung von Zahlungskarten und Vordrucken für Euroschecks in den Fällen des § 152 a Abs. 1 bis 3,
5. eines schweren Menschenhandels in den Fällen des § 181 Abs. 1 Nr. 2 oder 3,
6. eines Mordes, Totschlags oder Völkermordes (§§ 211, 212 oder 220 a),
7. einer Straftat gegen die persönliche Freiheit in den Fällen der §§ 234, 234 a, 239 a oder 239 b,
8. eines Raubes oder einer räuberischen Erpressung (§§ 249 bis 251 oder 255) oder

9. einer gemeingefährlichen Straftat in den Fällen der §§ 306 bis 306 c oder 307 Abs. 1 bis 3, des § 308 Abs. 1 bis 4, des § 309 Abs. 1 bis 5, der §§ 310, 313, 314 oder 315 Abs. 3, des § 315 b Abs. 3 oder der §§ 316 a oder 316 c
zu einer Zeit, zu der die Ausführung oder der Erfolg noch abgewendet werden kann, glaubhaft erfährt und es unterläßt, der Behörde oder dem Bedrohten rechtzeitig Anzeige zu machen, wird mit Freiheitsstrafe bis zu fünf Jahren oder mit Geldstrafe bestraft.

(2) Ebenso wird bestraft, wer von dem Vorhaben oder der Ausführung einer Straftat nach § 129 a zu einer Zeit, zu der die Ausführung noch abgewendet werden kann, glaubhaft erfährt und es unterläßt, der Behörde unverzüglich Anzeige zu erstatten.

(3) **Wer die Anzeige leichtfertig unterläßt, obwohl er von dem Vorhaben oder der Ausführung der rechtswidrigen Tat glaubhaft erfahren hat, wird mit Freiheitsstrafe bis zu einem Jahr oder mit Geldstrafe bestraft.**

Vorbem.: § 138 idF des 6. StrRG vom 26. 1. 1998, BGBl. I 164 *(Änderung von Abs. 1 Nr. 4 und 9).*

Schrifttum: Geilen, Unterlassene Verbrechensbekämpfung und ernsthafte Abwendungsbemühung, JuS 65, 426, – *Köhler,* Die Unterlassung der Verbrechensanzeige, DStR 36, 397. – *Loos/Westendorf,* Rechtzeitige Anzeige und Rücktritt bei § 138 Abs. 1 StGB, Jura 98, 403. – *Ritter,* Der Einzelne als Helfer bei der Verbrechensverhinderung, GS 116, 121. – *Schmidhäuser,* Über die Anzeigepflicht des Teilnehmers, Bockelmann-FS 683. – *Schomberg/Korte,* Zur Notwendigkeit der Verbesserung der Rechtsstellung des nach § 138 StGB Anzeigepflichtigen, ZRP 90, 417. – *Schwarz,* Die unterlassene Verbrechensanzeige, 1968. – *Tag,* Nichtanzeige geplanter Straftaten, unterlassene Hilfeleistung oder Freispruch?, JR 95, 133. – *Westendorf,* Die Pflicht zur Verhinderung geplanter Straftaten durch Anzeige, 1999.

I. Eine allgemeine, strafbewehrte Verpflichtung, geplante Delikte anzuzeigen, besteht nicht; die **1** **Nichtanzeige geplanter Straftaten** ist durch § 138 nur in bezug auf bestimmte dort aufgeführte Straftaten strafbar (Düsseldorf NJW **68**, 1343; weitergehend wohl Schmidhäuser aaO). Als **geschütztes Rechtsgut** wird teilweise die Rechtspflege als Organ der Verbrechensverhütung angesehen (Maurach BT § 79 IV; and. Otto II 358: mitmenschliche Solidarität). In Wahrheit bezweckt § 138 jedoch den Schutz der durch die genannten Straftaten angegriffenen Rechtsgüter (so auch BGH **42** 86, Blei II 437, Hanack LK 1 f., Lackner/Kühl 1, Ostendorf AK 3, Schmidhäuser Bockelmann-FS 689 ff., Westendorf aaO 59; and. Arzt/Weber V 67, Krey I 312, Rengier II 349, Tag JR 95, 134, Tröndle/Fischer 1, die eine Kombination beider Rechtsgüter annehmen; s. a. BGH **42** 88). Die Richtigkeit der hier vertretenen Ansicht folgt daraus, daß das Gesetz für Abs. 1 auch die Anzeige an den Bedrohten genügen läßt (vgl. u. 13). Daß Abs. 2 dagegen die Anzeige allein an die Behörde verlangt, kann zur Begründung der gegenteiligen Ansicht nicht herangezogen werden, da es im Falle des § 129 a an einem konkret Bedrohten iSd Abs. 1 fehlt (vgl. u. 17). Über den Standpunkt der Entwürfe vgl. Lange GA 53, 6 ff.

Zweck des § 138 ist nicht die Pönalisierung einer in der Nichtanzeige zutage getretenen gemein- **2** schaftswidrigen Gesinnung, sondern die Verhütung verbrecherischer Erfolge. Eine Anzeigepflicht besteht daher nur, wenn die Straftat tatsächlich geplant oder in Ausführung begriffen ist und die Tat überhaupt oder weiterer Schaden durch eine Anzeige möglicherweise verhindert werden kann. Steht fest, daß auch durch Anzeige eine Verhütung der Tat nicht möglich gewesen wäre, so besteht keine Anzeigepflicht. Dasselbe gilt grundsätzlich, wenn ein Dritter schon Anzeige erstattet hat oder der Bedrohte von dem gegen ihn geplanten Anschlag weiß (vgl. aber u. 13). Schließlich begründet auch eine Tat, die nur untauglicher Versuch sein würde, keine Anzeigepflicht (vgl. Schwarz aaO 45, Hanack LK 12, Rudolphi SK 7, Lackner/Kühl 2, Tröndle/Fischer 3, Lagodny JZ 97, 48, Westendorf aaO 74; and. Arzt/Weber V 68). In allen diesen Fällen kommt lediglich (strafloser) Versuch des § 138 in Betracht.

II. Der **objektive Tatbestand** der Abs. 1 und 2 erfordert zunächst, daß jemand von dem Vorhaben **3** oder der Ausführung bestimmter Straftaten (vgl. u. 7) glaubhafte Kenntnis hat; im Falle des Abs. 2 ist dies bereits die Gründung oder Unterstützung einer terroristischen Vereinigung sowie die Werbung für sie oder die Beteiligung an ihr als Mitglied (zu diesen Merkmalen vgl. näher § 129 RN 12 ff.), nicht das von der Vereinigung beabsichtigte Delikt, das selbst dann, wenn es wenigstens in das Stadium des Vorhabens eingetreten ist.

1. **Vorhaben** ist jeder ernstliche Plan, nicht aber bloßes „Maulheldentum" (Schwarz aaO 40). **4** Dieser setzt voraus, daß der Täter seine verbrecherische Absicht hinsichtlich bestimmter Personen oder Objekte konkretisiert und die Art seines Vorgehens wenigstens in den Grundzügen bereits festgelegt hat. Es reicht aus, wenn die Tat nur unter gewissen Bedingungen begangen werden soll oder wenn späterer Bestimmung überlassen bleibt, welche von mehreren Personen sie ausführt (RG **60** 255); ob das Vorhaben hinreichend konkretisiert ist, wenn nicht einmal der Personenkreis umgrenzt ist (Konstellation von BGH **42** 87), ist zweifelhaft (zur einzelfallabhängigen hinreichenden Konkretisierung des Tatplans Westendorf aaO 64 ff.). Über die Meldepflicht bei vollendeten Delikten vgl. u. 6. Ob der Täter der geplanten Straftat dafür würde bestraft werden können, ist unerheblich. Die Meldepflicht besteht auch bei Vorhaben von Schuldunfähigen (Hanack LK 10, Lackner/Kühl 2, M-Schroeder II 416, Rudolphi SK 7, Schwarz aaO 42; and. Frank I, Freudenthal ZStW 48, 296); dies ergibt der

Schutzzweck des § 138, so daß sich in dieser Hinsicht auch durch die Neufassung des Abs. 3 („rechtswidrige Tat") nichts geändert hat.

5 Straftat iSd § 138 ist grundsätzlich auch die **Teilnahme** an den in § 138 genannten Delikten (BGH 42 86, Hanack LK 9, Lackner/Kühl 2, Schwarz aaO 44; and. M-Schroeder II 417, Ostendorf AK 11, Rudolphi SK 8). Erforderlich ist jedoch, daß nach den Umständen die ernstliche Erwartung der Ausführung der Tat besteht. Deshalb ist § 138 nicht anwendbar, wenn jemand von dem Vorhaben einer versuchten Anstiftung zu einem Verbrechen (vgl. § 30) Kenntnis hat, jedoch ungewiß ist, ob diese Anstiftung Erfolg haben wird.

6 2. Die Anzeigepflicht besteht auch noch während der **Ausführung** der Tat, also wenn die Straftat bereits begonnen worden ist. Diese Regelung beruht auf der Erwägung, daß auch während der Begehung bestimmter Delikte durch ein Eingreifen staatlicher Organe oder des Bedrohten noch größerer Schaden verhütet werden kann. Daher hat auch schon das RG angenommen, daß bei Dauerdelikten während der Fortdauer und bei gemeingefährlichen Delikten, solange die durch die Tat hervorgerufene Gefahr dauert (RG 63 106), eine Anzeigepflicht bestünde. Man wird allgemein sagen dürfen, daß bis zur tatsächlichen Beendigung, uU also auch über die juristische Vollendung hinaus, eine Anzeigepflicht besteht (Blei II 437); nach Rücktritt des Alleintäters besteht keine Anzeigepflicht mehr (Westendorf aaO 74 f.).

7 3. Die Anzeigepflicht besteht nur, wenn jemand Kenntnis von **bestimmten, namentlich aufgezählten Delikten** hat, die sich als besonders schwere und für die Allgemeinheit gefährliche Rechtsbrüche darstellen. Der Katalog der anzeigepflichtigen Straftaten des Abs. 1 ist mehrfach geändert worden. Nur Vorhaben oder Ausführung der in Abs. 1 u. 2 namentlich aufgeführten Tatbestände sind anzeigepflichtig; eine Erweiterung des Katalogs auf ähnlich gefährliche Delikte ist wegen des Analogieverbots unzulässig. Zur Klarstellung sind in der Neufassung jeweils auch die betreffenden Paragraphen ebenfalls angeführt. Hinsichtlich der neu hinzugekommenen Straftaten ist das Rückwirkungsverbot zu beachten. Im einzelnen sind folgende Delikte erfaßt:

a) bestimmte Verratsverbrechen wie Vorbereitung eines Angriffskrieges (§ 80), Hochverrat (allerdings nur die Fälle der §§ 81 bis 83 I, dagegen nicht die Vorbereitung zum Hochverrat, soweit sie unter § 83 II fällt), weiterhin Landesverrat und Gefährdung der äußeren Sicherheit. Hier wurden nur die Fälle der §§ 94 bis 96, 97 a sowie 100 erfaßt;

b) die Geldfälschungstatbestände nach § 146, § 151 sowie § 152 iVm § 146; die Fälschung von Zahlungskarten und Vordrucken für Euroschecks in den Fällen des § 152a, wobei allerdings die Vorbereitungsdelikte nach § 152 a V iVm § 149 nicht erfaßt sind;

c) Totschlag, Mord und Völkermord (§§ 212, 211, 220 a);

d) bestimmte Straftaten gegen die persönliche Freiheit, Menschenraub (§ 234), Verschleppung (§ 234a), erpresserischer Menschenraub (§ 239 a), Geiselnahme (§ 239 b) sowie Menschenhandel (§ 181 Nrn. 2, 3);

e) von den Raub- und Erpressungsdelikten folgende Tatbestände: §§ 249 bis 251 sowie die räuberische Erpressung (§ 255);

f) die im einzelnen unter Abs. 1 Nr. 9 der Vorschrift aufgezählten gemeingefährlichen Straftaten, die zum Teil bloße Vergehen sind (§§ 129 a III, 310 I Nr. 2);

g) die Bildung einer terroristischen Vereinigung nach § 129 a.

8 4. Von einer der bezeichneten Straftaten muß der Täter **glaubhafte Kenntnis** haben. Hierzu genügt nicht, daß er glaubt, jemand plane ernstlich eine Tat der genannten Art oder führe sie schon aus, vielmehr muß die Straftat tatsächlich geplant oder im Ausführung begriffen sein (RG 71 386, Hanack LK 13, M-Schroeder II 418, Welzel 517, Lackner/Kühl 3; vgl. o. 2). Die Anzeigepflicht beruht auf der Kenntnis vom Bevorstehen der Tat; Kenntnis von der Person des Täters ist nicht erforderlich (RG 60 256). Es muß festgestellt werden, daß gerade der Anzeigepflichtige mit der Ausführung der Tat ernsthaft rechnete (Hanack LK 16, Rudolphi SK 10; and. M-Schroeder II 418 [objektiv glaubwürdige Nachricht]); es genügt nicht, daß er damit hätte rechnen müssen (RG 94 371); selbst grobe Fahrlässigkeit ist straflos.

9 5. Die Kenntnis muß zu einer Zeit vorhanden gewesen sein, zu der die **Ausführung** oder der **Erfolg** noch **abgewendet** werden konnte. Ob das der Fall war, ist gleichfalls nach der wirklichen Sachlage zu entscheiden. Ist die geplante Straftat zu diesem Zeitpunkt nicht mehr ausführbar oder endgültig aufgegeben, so vermag die gegenteilige Annahme keine Anzeigepflicht zu begründen, da es daher allenfalls (strafloser) Versuch in Betracht. Nimmt der Anzeigepflichtige irrtümlich an, durch die Anzeige nichts mehr ändern zu können, so entfällt sein Vorsatz (s. aber u. 25).

10 III. Strafbar ist das **Unterlassen der Anzeige** durch eine zur Anzeige verpflichtete Person. Die Anzeige braucht nur die Tat, nicht auch den Täter zu bezeichnen (RG 60 256), es sei denn, daß sonst die Verhinderung nicht möglich ist. Der Anzeigende kann anonym bleiben (Tröndle/Fischer 9), wie sich aus der Schutzrichtung der Vorschrift ergibt (vgl. o. 1 f.); dies gilt allerdings nur, wenn die Anzeige auch ohne Namensnennung ernst genommen wird (Hanack LK 37, krit. Schomberg/Korte ZRP 90, 417).

11 1. In den Fällen des **Abs. 1** muß die Anzeige rechtzeitig gegenüber der Behörde oder dem Betroffenen erfolgen.

a) Die Anzeige ist **zur rechten Zeit** gemacht, wenn die Verhütung der Straftat oder ihres Erfolges 12
noch möglich ist (BGH **42** 86 m. Anm. bzw. Bespr. Lagodny JZ 97, 48, Loos/Westendorf Jura 98,
403, Ostendorf JZ 97, 1107, Otto JK 2, Puppe NStZ 96, 597; Blei II 437, Hanack LK 23, Lackner/
Kühl 5, Rudolphi SK 14). U. U. hat der Anzeigepflichtige daher einen zeitlichen Spielraum („rechtzeitig" nicht gleich „unverzüglich" iSv Abs. 2), innerhalb dessen er die Anzeige erstatten kann, sofern
dies für die Abwendung des Katalogtaterfolges noch rechtzeitig geschieht (RG JW **34,** 38); seine
Pflicht entfällt, wenn innerhalb dieses Zeitraumes die Anzeige durch einen anderen erfolgt (vgl. Bay
62 259). Die Rechtzeitigkeit wird nach ganz hM objektiv bestimmt (Schwarz aaO 61; für weit-
gehende Subjektivierung aber Loos/Westendorf Jura 98, 407); zumindest eine an die Bestimmung der
Erforderlichkeit bei § 323 c angelehnte objektivierte ante-Sicht erscheint diskussionswürdig; s. a.
Westendorf aaO 127 (Feststellung der Notsituation ex post, der Anzeigemodalitäten ex ante aus
Täterperspektive). Fraglich ist, ob eine Anzeige auch dann noch rechtzeitig erfolgt, wenn zwar der
Erfolg des anzeigepflichtigen Delikts abgewendet werden kann, nicht hingegen ein Durchgangserfolg,
der keiner Katalogtat unterfällt. Da § 138 alternativ auf die Abwendung der Ausführung oder
des Erfolges der Tat abstellt, muß es genügen, wenn der Täter lediglich den Erfolg des anzeigepflichtigen
Delikts verhindert. Straflos ist daher auch derjenige, der die Vergiftung des Mordopfers abwartet, um
dann aber noch rechtzeitig vor Eintritt des Todes Anzeige zu erstatten (and. Hanack LK 25 u. § 139
RN 34, Tenckhoff Spendel-FS 358); entsprechendes gilt – trotz Risikosteigerung – im Falle des
Verstreichenlassens einer versuchten Verbrechensanstiftung (BGH **42** 89, Otto JK 2; and. Ostendorf
JZ 97, 1107, Puppe NStZ 96, 598, Rudolphi SK 14: für entsprechende Heranziehung von § 24:
Loos/Westendorf Jura 98, 408). Die Feststellung des maßgeblichen Zeitpunkts ist von besonderer
Bedeutung für Vollendung und Vorsatz. Glaubt der Täter, zu einem späteren Zeitpunkt noch gleich
wirksam die Anzeige erstatten zu können, so entfällt sein Vorsatz, wenn seine Anzeige nicht rechtzei-
tig erfolgt (so auch Rudolphi SK 14, Hanack LK 26; and. Tröndle/Fischer 8; vgl. auch RG JW **34,** 38
[zu § 139 aF]); bei Leichtfertigkeit gilt Abs. 3 (vgl. u. 25).

b) Die Anzeige muß der **Behörde oder** dem **Bedrohten** erstattet werden. Als Behörde kommt 13
hier jede Dienststelle des Staates in Betracht, zu deren Aufgabenkreis ein verhütendes Einschreiten
gehört, also in der Regel, aber nicht ausschließlich, die Polizei (Köhler DStR 36, 401). Bedrohter ist
derjenige, gegen den sich der Angriff unmittelbar richten soll. Grundsätzlich hat der Anzeigepflichtige
die Wahl, welchen Weg er gehen will (vertiefend Westendorf aaO 103 ff.). Eine Anzeige an den
Bedrohten reicht jedoch dann nicht aus, wenn sich aus den geplanten Verbrechen eine konkrete
Gefahr für die Allgemeinheit ergeben würde (Münzverbrechen, gemeingefährliche Verbrechen); hier
muß die Anzeige bei der Behörde erstattet werden (vgl. RG JW **32,** 57). Wie sich aus dem Merkmal
der Rechtzeitigkeit ergibt, soll die Anzeige ein wirksames Eingreifen zum Schutz des bedrohten
Rechtsguts ermöglichen; „rechtzeitig" bedeutet daher nicht nur eine zeitliche Fixierung, sondern
zugleich eine inhaltliche Bestimmung. Daraus folgt, daß eine Anzeige an den Bedrohten nicht genügt,
wenn dieser für ausreichenden Schutz keine Vorsorge mehr treffen kann (vgl. auch Hanack LK 36,
Rudolphi SK 17, Schwarz aaO 69 ff.). Wäre umgekehrt zwar die Anzeige an den Bedrohten, nicht
aber an die Behörde rechtzeitig, so muß sie jenem gegenüber erfolgen.

2. Demgegenüber verlangt **Abs. 2,** daß die Anzeige über die Bildung einer terroristischen Vereini- 14
gung (§ 129 a) unverzüglich und nur der Behörde erstattet wird; krit. zur doppelten Strafbarkeitsvor-
verlagerung Westendorf aaO 195, 301.

Anders als Abs. 1, der rechtzeitiges Handeln ausreichen läßt, bedeutet **unverzüglich,** daß hier der 15
Verpflichtete sofort nach Erlangung der Kenntnis von dem Vorhaben oder der Ausführung der
Bildung einer solchen Vereinigung Anzeige erstatten muß. Jedoch können nur schuldhafte Verzöge-
rungen eine Verletzung der Verpflichtung darstellen (vgl. dazu die entspr. Frage bei § 142 RN 56).
Auch hier entfällt die Verpflichtung, wenn zuvor bereits ein anderer Anzeige erstattet hat (vgl. o. 12).

Daß in diesem Fall – ebenfalls enger als in Abs. 1 – die Anzeige allein bei einer **Behörde** (zum 16
Begriff vgl. o. 11) erstattet werden soll, ergibt sich aus der regelmäßig fehlenden Konkretisierung eines
Bedrohten im Zeitpunkt der Bildung der Vereinigung. Richtet sich deren Gründung ausschließlich
auf die Begehung schon konkretisierter Taten gegen bestimmte Personen (zB gegen einzelne Regierungsmitglieder), so muß nach dem der gesamten Vorschrift zugrundeliegenden Schutzzweck eine Anzeige
diesen gegenüber ausreichen (krit. hierzu Hanack LK 55). Will sich die Vereinigung jedoch gegen
einen größeren Personenkreis oder noch nicht konkretisierte Objekte wenden, so ist die Anzeige
zwingend der Behörde zu erstatten, die nur ein hinreichender Schutz gewährleistet werden kann.

Erfährt jemand erst nach der Bildung einer terroristischen Vereinigung von ihren Absichten, so ist 17
einerseits Abs. 2 anwendbar, da der Anzeigepflichtige dann auch Kenntnis davon hat, daß jemand sich
als Mitglied an der Vereinigung beteiligt oder sie unterstützt (vgl. o. 3). Daneben findet aber auch
Abs. 1 Anwendung, sofern sich die Intentionen der Vereinigung wenigstens selbst zu einem Vorhaben
nach § 138 (vgl. o. 4) konkretisiert haben. In diesem Fall besteht sowohl die Verpflichtung,
eine Beteiligung usw iSv § 129 a unverzüglich der Behörde anzuzeigen, als auch die Pflicht, ein inzwischen
konkretisiertes Vorhaben der Behörde oder dem Bedrohten zur Kenntnis zu bringen. Regelmäßig
werden beide Pflichten durch eine unverzügliche Anzeige bei der Behörde erfüllt werden können,
sofern auch das konkrete Vorhaben mitgeteilt wird. Nur ausnahmsweise muß der Anzeigepflichtige
zusätzlich den Bedrohten benachrichtigen, sofern dies die einzige Möglichkeit zum Schutz des
bedrohten Rechtsgutes darstellt (vgl. o. 13 aE).

§ 138 18–25   Bes. Teil. Straftaten gegen die öffentliche Ordnung

18   3. Von der Anzeigepflicht bestehen – von den Fällen des § 139 abgesehen – **zwei Ausnahmen**.

19   a) Nicht anzeigepflichtig ist der **Bedrohte** (Hanack LK 40, Lackner/Kühl; kritisch hierzu M-Schroeder II 417). Dies gilt auch für den o. 16 genannten Fall, daß sich die Tat nach Abs. 2 nur gegen eine bestimmte Person wendet, jedoch immer nur unter der Voraussetzung, daß das geplante Verbrechen allein gegen sie gerichtet ist (and. Hanack LK 57). Bei gemeingefährlichen Delikten ist dagegen auch ein Bedrohter anzeigepflichtig (vgl. aber RG JW **32**, 57).

20   b) Nicht anzeigepflichtig ist ferner, wer an der Straftat oder ihrer Vorbereitung und Planung **beteiligt gewesen** ist (RG **60** 256, BGH **19** 167 m. Anm. Schröder JR 64, 227, NStZ **82**, 244; vgl. auch Gropp, Sonderbeteiligung 267 ff.; differenzierend Westendorf aaO 152 [idR Anzeigepflicht bei Tatbeteiligung mehrerer]). Hierher gehört auch der Täter eines unechten Unterlassungsdeliktes, der dieses durch die Nichtanzeige verwirklicht. Dies ergibt sich nicht nur aus dem Wortlaut („erfährt"; der Beteiligte hingegen ist infolge Mitwirkung informiert) sowie der grds. Straflosigkeit der Selbstbegünstigung (Tag JR 95, 134; s. aber Schwarz aaO 109 f.), sondern auch daraus, daß die Anzeigepflicht aus kriminalpolitischen Gründen nur in bezug auf fremde Taten statuiert werden sollte. Dabei ist bedeutungslos, ob sich ein an der Planung Beteiligter bereits strafbar gemacht hat oder wegen Beteiligung noch nicht bestraft werden konnte (vgl. BGH **19** 167 m. Anm. Schröder JR 64, 227, BGH NJW **56**, 31, MDR/D **56**, 269, NStZ **82**, 244, Hanack LK 43 f., Eser II 58, Lackner/Kühl 6, Tröndle/Fischer 12, Regnier II 349, Tag JR 95, 134 f.; and. Drost JW 32, 57, M-Schroeder II 417, Rudolphi SK 19, Schwarz aaO 106 ff., Schmidhäuser Bockelmann-FS 694, wohl auch Bockelmann II/3 73). Zweifelhaft sind die Fälle, in denen sich ein an der Planung Beteiligter von dem Unternehmen losgesagt hat. Auch hier wird man aber aus kriminalpolitischen Gründen die Tat für ihn weiterhin als „eigene" ansehen und damit die Anzeigepflicht entfallen lassen müssen (and. Hanack LK 44, Schmidhäuser Bockelmann-FS 698), weil es für den an der Planung Beteiligten nicht überschaubar ist, ob seine Lossagung zur Straflosigkeit führt oder nicht. Dagegen ist nicht derjenige von der Anzeigepflicht befreit, der an der geplanten Straftat nicht beteiligt ist, sich durch die Anzeige aber in den Verdacht der Beteiligung bringen würde (BGH **36** 170 m. abl. Anm. Joerden Jura 90, 633, **39** 167, Hanack LK 48, Rudolphi SK 19, Tröndle/Fischer 12, Tag JR 95, 134 f.), sofern der Teilnahmeverdacht nur zZ des Urteils besteht. Sagt der Pflichtige dem Täter zu, die geplante Tat nicht anzuzeigen, so entfällt seine Anzeigepflicht, soweit die Voraussetzungen psychischer Beihilfe vorliegen (vgl. auch Roxin Engisch-FS 404). Die nachträgliche Beteiligung als Begünstiger oder Hehler schließt die Anzeigepflicht nicht aus.

21   Bleibt zweifelhaft, ob der Unterlassende an der Planung der Tat beteiligt gewesen ist, so ist der Grundsatz **in dubio pro reo** in doppelter Beziehung anzuwenden: Einerseits ist deswegen von der Beteiligung am Verbrechen freizusprechen; ebensowenig kann aber auch eine Verurteilung aus § 138 erfolgen (BGH MDR/H **79**, 635, BGHR Anzeigepflicht **2**, StV **88**, 202, BGH **36** 170 m. Anm. Joerden Jura 90, 640, **39** 167; vgl. Geilen JuS 65, 429). Bestehen keine Zweifel, daß es sich um eine für den Täter völlig fremde Tat handelt, ist aber trotz Anklage wegen Tatbeteiligung unter Beachtung von § 265 StPO eine Verurteilung wegen Anzeigepflichtverletzung zulässig (BGHR Anzeigepflicht 1). Über die fehlende Möglichkeit einer Wahlfeststellung vgl. u. 29.

22   c) Auch sonst kann eine Strafbarkeit entfallen, so wenn der Unterlassende bei rechtzeitiger Anzeige eine erhebliche eigene Gefährdung zu gewärtigen hat; vgl. RG **43** 342 und Schomberg/Korte ZRP 90, 417, wo dies unter dem Gesichtspunkt des Notstandes (§ 35) anerkannt wird; so auch Hanack LK 66.

23   d) Im Verhältnis zu den verschiedenen straf- oder bußgeldrechtlich **sanktionierten Geheimhaltungsvorschriften** (vgl. zB §§ 203, 353 a ff.) geht die Anzeigepflicht nach § 138 vor (vgl. hierzu Wilts NJW 66, 1837). Dies ergibt sich eindeutig aus § 139 III S. 2, der eine Ausnahme nur für die dort genannten Personen bringt und die Ausnahmeregelung hinsichtlich der schwersten Verbrechen – Mord, Totschlag, Völkermord usw – sogar wieder einschränkt. Auch aus Abs. 2 ergibt sich nichts Gegenteiliges, da hier nur die religiöse Bindung des Seelsorgers respektiert wird, der im übrigen keine staatlich sanktionierte Geheimhaltungspflicht korrespondiert. Wer zur Wahrung eines Geheimnisses verpflichtet ist, muß sich allerdings auf die Mitteilung der Umstände beschränken, die zur Verhinderung der geplanten Tat notwendig sind. Eine andere Frage ist es, ob ein an sich nicht Anzeigepflichtiger sich wegen eines Geheimnisbruchs strafbar macht, wenn er eine Anzeige erstattet, ein Anwalt zB ein geplantes Sprengstoffverbrechen anzeigt, nachdem er sich vergeblich bemüht hat, den Täter von der geplanten Tat abzubringen. Hier kommt eine Rechtfertigung nach den Grundsätzen des Notstandes (§ 34) in Betracht, vgl. § 203 RN 30 ff.

24   Die Existenz von **Zeugnisverweigerungsrechten** ist strafrechtlich unter dem Gesichtspunkt des § 138 ohne Bedeutung; vgl. dazu und zur Anzeigepflicht von Angehörigen § 139 RN 2 ff.

25   **IV.** Für den **subjektiven Tatbestand** (vertiefend Westendorf aaO 169 ff.) ist nach Abs. 1 und 2 Vorsatz erforderlich. Dieser muß auch die Rechtzeitigkeit der Anzeige umfassen, so daß § 138 entfällt, wenn der Täter glaubt, durch eine Anzeige nichts mehr ändern zu können oder umgekehrt davon ausgeht, zu einem späteren Zeitpunkt noch gleich wirksam Anzeige erstatten zu können (o. 12 aE). Entsprechendes gilt für Abs. 2. Der Irrtum über die Anzeigepflicht ist Gebotsirrtum (vgl. BGH **19** 295 m. krit. Anm. Geilen JuS 65, 426). Bei der Frage seiner Vermeidbarkeit ist nach BGH aaO auch zu berücksichtigen, ob der Unterlassende ein naher Angehöriger des Täters ist. Fahrlässigkeit genügt in der qualifizierten Form der Leichtfertigkeit nur im Rahmen des Abs. 3. Leichtfertigkeit bedeutet einen gesteigerten Grad von Fahrlässigkeit, vgl. § 15 RN 205. Sie muß sich beziehen auf das Unterlassen der Anzeige, so zB wenn der Täter die Absendung des Anzeigebriefes vergißt oder zu spät Anzeige erstattet. Dagegen muß die glaubhafte Kenntnis vom geplanten Verbrechen die gleiche sein wie in den Abs. 1 und 2 (Westendorf aaO 175), während das Verkennen der Anzeige-Erforderlichkeit (o. 9) – zB bei irriger Annahme, ein Dritter habe bereits Anzeige erstattet – Strafbarkeit gem. Abs. 3 begründen kann (Hanack LK 63, 22).

V. Vollendet ist die Tat, wenn eine rechtzeitige Anzeige nicht mehr möglich (Abs. 1) oder nicht unverzüglich erfolgt ist (Abs. 2). Nur bei Abs. 1 darf der Täter also den ihm zur Verfügung stehenden Spielraum ausnutzen (Hanack LK 54, Maihofer GA 58, 295). Ist bereits zuvor von anderer Seite Anzeige erfolgt, so entfällt die Verpflichtung. 26

VI. Teilnahme am Delikt des § 138 ist nach folgenden Grundsätzen möglich: Wo der potentielle Teilnehmer selbst die Pflicht zur Anzeige hat, kommt ausschließlich Nebentäterschaft (nicht Mittäterschaft, wie Kielwein GA 55, 228 annimmt) in Betracht, da die Pflicht eines jeden selbständig neben der des anderen steht. Im übrigen ist Anstiftung wie Beihilfe nach allgemeinen Regeln möglich (vgl. näher Roxin Engisch-FS 380 ff.). Soweit dagegen § 139 bestimmten Personengruppen keine Pflicht zur Anzeige auferlegt, kommt Teilnahme nicht in Betracht. Das gilt insb. für Geistliche, Strafverteidiger, Rechtsanwälte und Ärzte (§ 139 RN 2, 3). Vertiefend zur Beteiligung Westendorf aaO 295 ff. 27

VII. Die unterlassene Anzeige ist auch dann mit Strafe bedroht, wenn die Straftat nicht ausgeführt wird; die Begehung des Delikts ist keine Bedingung der Strafbarkeit. Es kann allerdings von Strafe abgesehen werden, falls die Straftat nicht versucht worden ist (§ 139 I). 28

VIII. Eine Verurteilung auf Grund *wahldeutiger Feststellung,* der Angeklagte sei entweder der Beteiligung an der geplanten Straftat oder nach § 138 schuldig, ist unzulässig: Diese verschiedenen Verhaltensweisen sind rechtsethisch und psychologisch nicht vergleichbar (BGH **36** 174, **39** 167, BGHR Anzeigepflicht **2,** StV **88** 202; vgl. § 1 RN 111; and. RG **73** 58, Arzt/Weber V 71). Kann nicht geklärt werden, ob der jedenfalls Nichtanzeigende auch an der Vortat beteiligt war, so ist angesichts des Schutzgutes des § 138 (o. 1) von einem normativen Stufenverhältnis auszugehen und aus § 138 zu bestrafen (Hanack LK 75, Lackner/Kühl 6, M-Schroeder II 417, Otto II 369, Rudolphi SK 35, Westendorf aaO 167; s. a. Joerden Jura 90, 641 [Postpendenz], Schmidhäuser Bockelmann-FS 698; für Freispruch hingegen BGH **36** 174, **39** 167, MDR/D **79**, 635, **86**, 794, StV **88**, 202, Ostendorf AK 22, Rengier II 350, Tag JR 95, 136, Tröndle/Fischer 12). 29

§ 139 Straflosigkeit der Nichtanzeige geplanter Straftaten

(1) **Ist in den Fällen des § 138 die Tat nicht versucht worden, so kann von Strafe abgesehen werden.**

(2) **Ein Geistlicher ist nicht verpflichtet anzuzeigen, was ihm in seiner Eigenschaft als Seelsorger anvertraut worden ist.**

(3) **Wer eine Anzeige unterläßt, die er gegen einen Angehörigen erstatten müßte, ist straffrei, wenn er sich ernsthaft bemüht hat, ihn von der Tat abzuhalten oder den Erfolg abzuwenden, es sei denn, daß es sich um**
1. **einen Mord oder Totschlag (§§ 211 oder 212),**
2. **einen Völkermord in den Fällen des § 220 a Abs. 1 Nr. 1 oder**
3. **einen erpresserischen Menschenraub (§ 239 a Abs. 1),**
   eine Geiselnahme (§ 239 b Abs. 1) oder
   einen Angriff auf den Luft- und Seeverkehr (§ 316 c Abs. 1)
   durch eine terroristische Vereinigung (§ 129 a)

handelt. Unter denselben Voraussetzungen ist ein Rechtsanwalt, Verteidiger oder Arzt nicht verpflichtet anzuzeigen, was ihm in dieser Eigenschaft anvertraut worden ist.

(4) **Straffrei ist, wer die Ausführung oder den Erfolg der Tat anders als durch Anzeige abwendet. Unterbleibt die Ausführung oder der Erfolg der Tat ohne Zutun des zur Anzeige Verpflichteten, so genügt zu seiner Straflosigkeit sein ernsthaftes Bemühen, den Erfolg abzuwenden.**

Vorbem.: § 139 idF des 6. StrRG vom 26. 1. 1998, BGBl. I 164 (Änderung von Abs. 3 Nr. 3: Erstreckkung auf den Schiffsverkehr).

Schrifttum: Schwarz, Die unterlassene Verbrechensanzeige, 1968. – *Westendorf,* Die Pflicht zur Verhinderung geplanter Straftaten durch Anzeige, 1999.

I. Eine Bestrafung wegen **Nichtanzeige geplanter Straftaten** (§ 138) setzt **nicht** voraus, daß die Tat **tatsächlich begangen** worden ist. Ist sie jedoch nicht einmal versucht worden, so würde die Anwendung des § 138 zur Folge haben, daß der die Anzeige Unterlassende bestraft werden müßte, während der Täter straflos bleibt. Für Fälle dieser Art schafft Abs. 1 die Möglichkeit, von Strafe abzusehen. Die Entscheidung ist in das Ermessen des Gerichts gestellt. Sieht das Gericht von Strafe ab, so hat es den Angekl. schuldig zu sprechen mit der Kostenfolge des § 465 StPO (vgl. 54 vor § 38). Ist 1 dagegen die beabsichtigte Tat schon in das Stadium des Versuchs eingetreten, so kann nach Abs. 1 nicht mehr von Strafe abgesehen werden, auch dann nicht, wenn der Versuch wegen Rücktritts des Täters oder sonst aus subjektiven Gründen straflos sein sollte (Hanack LK 4, Tröndle/Fischer 3).

2 II. Die ursprüngliche Fassung des § 139 nahm auf die Tatsache, daß bestimmten Personen **Zeugnisverweigerungsrechte** zustehen, weil sie aufgrund ihres Berufes Geheimhaltungspflichten haben (Ärzte, Rechtsanwälte usw), für die Bestimmung des Täterkreises keine Rücksicht, entschied also den Konflikt zwischen Geheimhaltungspflicht und Anzeigepflicht zugunsten der letzteren. Abs. 2 erkennt nunmehr für **Geistliche**, dh für Religionsdiener, die von einer Religionsgemeinschaft zu gottesdienstlichen Verrichtungen bestellt sind, den Vorrang des Beichtgeheimnisses vor der Anzeigepflicht an. Was einem Geistlichen in seiner Eigenschaft als Seelsorger anvertraut (dazu vgl. § 203 RN 3 f.) worden ist, braucht nicht angezeigt zu werden. Da insoweit keinerlei Verpflichtung besteht, ist die Unterlassung nicht tatbestandsmäßig (wie hier Kielwein GA 55, 231; and. Hanack LK 13, Lackner/Kühl 2, M-Schroeder II 418, Rudolphi SK 3, Tröndle/Fischer 4, Welzel 517, die Abs. 2 als einen Rechtfertigungsgrund ansehen; für Schuldausschluß infolge Unzumutbarkeit Westendorf aaO 247). Teilnahme daran daher ausgeschlossen. Für andere Personen, die ein Zeugnisverweigerungsrecht haben, sieht Abs. 3 eine zT abweichende Regelung vor.

3 III. **Strafverteidiger, Rechtsanwälte und Ärzte,** die nach §§ 53 StPO, 383 ZPO, § 55 II DDR-ZPO iVm § 43 DDR-RAG ebenso wie Geistliche zur Zeugnisverweigerung berechtigt sind und die sich in einem ähnlichen Konflikt zwischen Geheimhaltung und Verbrechensverhütung befinden können, sind den Geistlichen unter gewissen einschränkenden Voraussetzungen gleichgestellt. Gem. Art. 21 § 3 des Gesetzes v. 25. 6. 90 (BGBl. II S. 518) stehen in der DDR und Berlin (Ost) zugelassene, im grenzüberschreitenden Verkehr tätige Rechtsanwälte den Rechtsanwälten iSv § 139 II 2 gleich. Zu den Anwälten aus EG-Staaten vgl. § 203 RN 37 sowie § 42 II EuRAG v. 9. 3. 00 (BGBl. I 182). Diese Personen sind – außer bei Mord, Totschlag und Völkermord (§ 220a I Nr. 1) sowie den durch eine terroristische Vereinigung begangenen Delikten nach §§ 239a I, 239b I und 316c I – zur Anzeige nicht verpflichtet, falls sie sich ernstlich bemühen, den Täter von der Tat abzuhalten oder den Erfolg zu verhindern, dh die Durchführung der Tat auf andere Weise als durch Anzeige unmöglich zu machen. Mißlingt dieser Versuch, so ist der Täter – anders als nach Abs. 4; vgl. u. 6 – trotzdem straffrei, da er zur Anzeige nicht verpflichtet ist (Kielwein GA 55, 231; nach Lackner/Kühl 2 soll dagegen in diesen Fällen zumindest ein Rechtfertigungsgrund, nach M-Schroeder II 419, Welzel 518 ein persönlicher Strafaufhebungsgrund vorliegen). Die Aufzählung der privilegierten Personen ist abschließend. Auf die Gehilfen der genannten Personen findet § 139 keine Anwendung. Für Reform des Abs. 2 Westendorf aaO 247 ff.

4 IV. Ein weiterer Interessenkonflikt – ähnlich dem zwischen Anzeigepflicht und Geheimhaltungspflicht – kann sich ergeben, wenn der Täter zu den **Angehörigen** des Anzeigepflichtigen gehört und die Anzeige daher eine nahestehende Person gefährden würde. Das ursprüngliche Recht trug dieser Tatsache, die ebenfalls in Gestalt prozessualer Zeugnisverweigerungsrechte berücksichtigt wird, keine Rechnung. Jetzt erklärt Abs. 3 denjenigen für straflos, der die Anzeige gegen einen Angehörigen iSd § 11 I Nr. 1 erstatten müßte, falls er sich ernstlich bemüht hat, ihn von der Tat abzuhalten oder den Erfolg zu verhindern; zum Erfordernis subjektiv optimalen Vorgehens Hanack LK 19 ff., Schwarz aaO 128 f., Westendorf aaO 230 ff. Bei Aussichtslosigkeit des Bemühens greift Abs. 3 trotz fehlender Anzeige durch: Geilen JuS 65, 428 ff., Hanack LK 20, Rudolphi SK 9, Westendorf aaO 234; and. BGH **19** 295, Tröndle/Fischer 5; einschr. Ostendorf AK 23 (Beweislastumkehr). De lege ferenda s. Hanack LK 15) sollte Abs. 3 auf den Katalogtäter nahestehende Personen erstreckt werden (Westendorf aaO 255 f.). Der Rechtsgrund der Straflosigkeit ist umstritten. Während Lackner/Kühl 3, M-Schroeder II 419, Tröndle/Fischer 6 hierin einen persönlichen Strafaufhebungsgrund sehen, wird man einen Fall der Nichtzumutbarkeit annehmen müssen (Geilen JuS 65, 432, Welzel 518, Schwarz aaO 132, Rudolphi SK 6). Denn im Gegensatz zur Regelung für Rechtsanwälte usw (vgl. o. 3) besteht hier zwar eine Pflicht zur Anzeige, ihre Nichterfüllung erscheint jedoch wegen der verwandtschaftlichen Beziehung als entschuldigt. Eine Ausnahme von diesem Grundsatz gilt bei den in Abs. 3 S. 1 Nr. 1–3 aufgeführten Delikten; in diesen Fällen ist die unterlassene Anzeige nicht entschuldigt.

5 Die Vorschrift enthält eine gesetzliche Ausgestaltung des **allgemeinen Prinzips** der **Zumutbarkeit.** Die in ihr getroffenen Entscheidungen können daher auch für Situationen ähnlicher Art herangezogen werden (Krey I 315, Schroeder JR 64, 227 f.; and. BGH NStZ **84**, 164, Ranft JZ 87, 908; zw. Schwarz aaO 127, Westendorf aaO 276 [Indizfunktion]). Überall dort, wo Angehörige wegen der Nichtverhinderung strafbarer Handlungen verantwortlich gemacht werden sollen, kann sie eine Verantwortlichkeit aus einem Unterlassungsdelikt (zB wegen Beihilfe zur Abtreibung oder wegen Kuppelei) nicht treffen, wenn sie sich ernstlich bemühen, die Tat zu verhindern; die Inanspruchnahme behördlicher Hilfe wird ihnen nicht zugemutet. Ausgenommen sind aber auch hier die in § 139 III Nr. 1–3 aufgeführten Verbrechen.

6 V. Einen wesentlichen Fortschritt gegenüber dem ursprünglichen Recht stellt Abs. 4 dar, indem er dem Anzeigepflichtigen in gewissem Umfang die **Wahl zwischen mehreren Mitteln der Deliktsverhütung** läßt (hierzu vertiefend Westendorf aaO 261 ff.). Die Statuierung der Anzeigepflicht dient der Verbrechensverhütung. Die Ausführung eines Delikts kann aber auch auf andere Weise als durch Anzeige verhindert werden, und zwar auf eine vielleicht wirksamere, jedenfalls aber dem Anzeigepflichtigen angenehmere Weise. Der Anzeigepflichtige hat zwar auch in diesen Fällen die Pflicht zu Anzeige und damit zur Verbrechensverhinderung, kommt ihr aber mit Billigung der Rechtsordnung auf andere Weise nach. Es handelt sich somit nicht um einen Fall des Rücktritts oder der tätigen Reue, sondern mit der Ausübung der Wahlmöglichkeit entfällt bereits die Tatbestandsmäßigkeit der Unterlassung (wie hier Rudolphi SK 16; and. [persönlicher Strafaufhebungsgrund] Lackner/Kühl 4, Hanack LK 37). Wählt der Anzeigepflichtige einen solchen anderen Weg zur Verhinderung der Tat, so ist er nach Abs. 4 ebenfalls freizusprechen, und zwar nicht nur, wenn ihm die Verhinderung gelingt, sondern auch, wenn er sich ernstlich, aber vergeblich darum bemüht hat. Immer aber muß die geplante Tat oder der Erfolg unterbleiben. Wird sie erfolgreich begangen, so nützt dem Täter sein Bemühen um die Verhinderung nichts. Der Anzeigepflichtige, der von der Wahlmöglichkeit Gebrauch macht, übernimmt damit das Risiko des Gelingens. Ebenso wie beim Rücktritt genügt auch hier, daß der Anzeigepflichtige den Erfolg verhindert; daß es noch zum untauglichen Versuch kommen kann, schadet ihm nicht.

§ 140 Belohnung und Billigung von Straftaten

Wer eine der in § 138 Abs. 1 Nr. 1 bis 5 und in § 126 Abs. 1 genannten rechtswidrigen Taten, nachdem sie begangen oder in strafbarer Weise versucht worden ist,
1. belohnt oder
2. in einer Weise, die geeignet ist, den öffentlichen Frieden zu stören, öffentlich, in einer Versammlung oder durch Verbreiten von Schriften (§ 11 Abs. 3) billigt,
wird mit Freiheitsstrafe bis zu drei Jahren oder mit Geldstrafe bestraft.

I. Die Vorschrift, geändert durch Gesetz v. 19. 12. 86 (BGBl. I 2566), stellt die **Belohnung** oder **1 Billigung schwerer Straftaten** unter Strafe, nachdem sie begangen oder versucht worden sind; es kommen sowohl fremde wie eigene Taten in Betracht (BGH NJW **78**, 58). Es muß sich um eine bestimmte oder eine Mehrzahl bestimmter Taten handeln, die Billigung einer bestimmten Gattung (zB Landesverrat) genügt nicht (BGH AfP **79**, 303). Der Grund für diese Vorschrift liegt in der Gefährdung der Allgemeinheit durch die Schaffung eines psychischen Klimas, in dem neue Delikte dieser Art gedeihen können: Schutz des öffentlichen Friedens (Karlsruhe NStZ-RR **96**, 58, Lackner/Kühl 1; hierzu kritisch: Beck, Unrechtsbegründung durch Vorfeldkriminalisierung [1992] 195 f., Dencker StV 87, 121, Jakobs ZStW 97, 779 ff., Kühl NJW 87, 745, Ostendorf AK 5, Voß, Symbolische Gesetzgebung [1989] 144 ff. sowie letztlich auch Hanack LK 2; s. aber auch Sternberg-Lieben, Die objektiven Schranken der Einwilligung im Strafrecht [1997] 389 ff.). Zur historischen Entwicklung der Vorschrift vgl. Ebert Spendel-FS 115 ff.

II. Es kommen **nur** die in § 138 I Nr. 1–5 und § 126 I genannten Straftaten in Betracht. Diese **2** müssen entweder begangen oder versucht worden sein. Daß sie auch in strafbarer Weise verwirklicht wurden, ist nicht erforderlich. Es genügt daher etwa die Begehung bzw. der Versuch durch einen Schuldunfähigen; vgl. weiter Hanack LK 6, Rudolphi SK 4. Erforderlich ist jedoch, daß der Versuch überhaupt unter Strafe steht, was bei den in § 126 I Nr. 1 aufgeführten Delikten nach § 125a nicht der Fall ist; eine nach § 30 strafbare Vorbereitungshandlung genügt nicht (Schnarr NStZ 90, 259). Die Tat kann auch, wenn der Täter vom Versuch zurückgetreten ist, durch Mißbilligung des Rücktritts erfolgen (Rudolphi SK 4); die neue Fassung der Vorschrift – „in strafbarer Weise versucht" – ist insoweit mißverständlich (Stree NJW 76, 1181, Lackner/Kühl 2). Über die Billigung von Auslandstaten vgl. BGH **22** 282; insoweit wird eine friedensstörende Inlandswirkung zu verlangen sein (Hanack LK 10); im Ausland begangene Tathandlungen werden von § 140 nicht erfaßt (Tröndle/Fischer 7).

III. Die **Handlung** besteht in der Belohnung oder Billigung jener Straftaten. **3**

1. Unter **Belohnung** ist die Zuwendung eines Vorteils jeder Art zu verstehen. Ideelle Vorteile wie **4** Auszeichnungen reichen aus (Sturm JZ 76, 350), nicht dagegen bloßes Versprechen von Vorteilen. Die Belohnung kann auch nur mittelbar zugewendet werden, jedoch muß Einverständnis bestehen, daß die **Zuwendung für die Tat** erfolgt.

2. Die rechtswidrige Tat **billigt**, wer seine Zustimmung dazu kundgibt, daß die Tat begangen **5** worden ist und sich damit moralisch hinter den Täter stellt (BGH **22** 282). Daraus folgt, daß es sich um eine höchstpersönliche Stellungnahme des Täters handeln muß (Rudolphi SK 9). Aus dem Erfordernis der eigenen Billigung ergibt sich, daß ein bloßes Verbreiten billigender Erklärungen eines Dritten nicht genügt (BGH **36** 367, Hanack LK 22 ff., Rudolphi SK 9, ZRP 79, 219 f.). Die persönliche Billigung muß allerdings nicht ausdrücklich erklärt werden, sondern kann auch schlüssig erfolgen (BGH **22** 286, Braunschweig NJW **78**, 2045, Rudolphi SK 7, Lackner/Kühl § 130 RN 8; and. Tröndle/Fischer 4). In der bloßen Veröffentlichung einer Straftaten billigenden Äußerung eines Dritten liegt freilich noch keine eigene (konkludente) Billigung, und zwar selbst dann nicht, wenn der Veröffentlichende sich nicht ausdrücklich vom Inhalt der Erklärung distanziert (Hanack LK 22 ff., Rudolphi SK 9, ZRP 79, 219 f.; and. BGH NJW **78**, 58 f. [„Bommi Baumann"], Braunschweig NJW **78**, 2044 f. [„Buback-Ermordung"]). In solchen Fällen kommt jedoch Beihilfe in Betracht. Gehilfe ist zB, wer duldet, daß er im Impressum einer Zeitschrift zum Schein als Herausgeber genannt wird oder die Herstellungskosten einer Druckschrift über sein Konto abwickeln läßt (BGH **36** 363); Täter ist

hingegen, wer den strafbaren Inhalt der Meinungsäußerung mitgetragen hat, indem er zB mit dem entsprechenden Willen auf das tatbestandserfüllende Verhalten der Redakteure, Herausgeber oder Verleger Einfluß genommen oder maßgeblich bei Herstellung oder Vertrieb der konkreten Ausgabe mitgewirkt hat (BGH aaO). Zur Täterschaft durch Unterlassen vgl. BGH aaO.

Die Billigung muß in einer Weise geschehen, die **geeignet** ist, **den öffentlichen Frieden zu stören** (vgl. dazu krit. Fischer, Öffentlicher Frieden und Gedankenäußerung (Diss. Würzburg 1986) 511 ff., 593 ff., NStZ 88, 163 f.; s. a. § 126 RN 7 ff.). Daran wird es bei Taten von nur noch historischer Bedeutung regelmäßig fehlen (Stree NJW 76, 1181, vgl. auch Hanack LK 32 f.). Zur sog. „Auschwitz-Lüge" vgl. § 194 RN 1.

6   Darüber hinaus muß die Billigung öffentlich, in einer Versammlung oder durch Verbreiten von Schriften erfolgen. **Öffentlich** ist die Billigung, wenn eine individuell nicht feststehende Anzahl von Personen die Möglichkeit hat, davon Kenntnis zu nehmen. Es kommt also nicht auf die Öffentlichkeit des Ortes, sondern die Unbestimmtheit des Zuhörerkreises an (Hamm MDR **80**, 159); vgl. im einzelnen § 186 RN 19. Der öffentlichen Billigung hat die Neufassung die **in einer Versammlung** (vgl. dazu § 90 RN 5) und **durch Verbreiten von Schriften** (§ 11 III; vgl. dazu § 11 RN 78, § 184 RN 57, 66 b ff. [Internet]) gleichgestellt, weil die so begangene Tat ihrem Unrechtsgehalt und ihrer Gefährlichkeit nach der öffentlichen Äußerung auch dann entspricht, wenn nur ein bestimmter Personenkreis angesprochen wird (Stree NJW 76, 1181).

7   **IV. Idealkonkurrenz** ist möglich mit §§ 257 f. sowie mit §§ 130, 130 a, 131 (vgl. Rudolphi SK 15); § 140 Nr. 2 tritt hinter der spezielleren Regelung des § 130 III Alt. 1 zurück (BGH NJW **99**, 1561: Billigung der NS-Judenmorde). Gegenüber der durch vor der Tat zugesagten Belohnung begangenen Beihilfe ist § 140 subsidiär (Laufhütte MDR 76, 444).

§ 141 [Anwerben für fremden Wehrdienst]; *jetzt § 109 h.*

§ 142 Unerlaubtes Entfernen vom Unfallort

(1) **Ein Unfallbeteiligter, der sich nach einem Unfall im Straßenverkehr vom Unfallort entfernt, bevor er**
1. **zugunsten der anderen Unfallbeteiligten und der Geschädigten die Feststellung seiner Person, seines Fahrzeugs und der Art seiner Beteiligung durch seine Anwesenheit und durch die Angabe, daß er an dem Unfall beteiligt ist, ermöglicht hat oder**
2. **eine nach den Umständen angemessene Zeit gewartet hat, ohne daß jemand bereit war, die Feststellungen zu treffen,**
wird mit Freiheitsstrafe bis zu drei Jahren oder mit Geldstrafe bestraft.

(2) **Nach Absatz 1 wird auch ein Unfallbeteiligter bestraft, der sich**
1. **nach Ablauf der Wartefrist (Absatz 1 Nr. 2) oder**
2. **berechtigt oder entschuldigt**
vom Unfallort entfernt hat und die Feststellungen nicht unverzüglich nachträglich ermöglicht.

(3) **Der Verpflichtung, die Feststellungen nachträglich zu ermöglichen, genügt der Un**fallbeteiligte, wenn er den Berechtigten (Absatz 1 Nr. 1) oder einer nahe gelegenen Polizeidienststelle mitteilt, daß er an dem Unfall beteiligt gewesen ist, und wenn er seine Anschrift, seinen Aufenthalt sowie das Kennzeichen und den Standort seines Fahrzeugs angibt und dieses zu unverzüglichen Feststellungen für eine ihm zumutbare Zeit zur Verfügung hält. Dies gilt nicht, wenn er durch sein Verhalten die Feststellungen absichtlich vereitelt.

(4) **Das Gericht mildert in den Fällen der Absätze 1 und 2 die Strafe (49 Abs. 1) oder kann von Strafe nach diesen Vorschriften absehen, wenn der Unfallbeteiligte innerhalb von vier**undzwanzig Stunden nach einem Unfall außerhalb des fließenden Verkehrs, der ausschließlich nicht bedeutenden Sachschaden zur Folge hat, freiwillig die Feststellungen nachträglich ermöglicht (Absatz 3).

(5) **Unfallbeteiligter ist jeder, dessen Verhalten nach den Umständen zur Verursachung des Unfalls beigetragen haben kann.**

Übersicht

I. Allgemeines	1–5	VI. Rechtswidrigkeit	71–75
II. Unfall im Straßenverkehr	6–19	VII. Subjektiver Tatbestand	76–81
III. Unfallbeteiligter	20, 21	VIII. Täterschaft und Teilnahme	82
IV. Feststellungs- und Wartepflicht nach Abs. 1	22–47	IX. Versuch und Vollendung; tätige Reue nach Abs. 4	83, 84
V. Ermöglichung nachträglicher Feststellung nach Abs. 2	48–70	X. Strafe	85–89
		XI. Konkurrenzen	90–94

Stichwortverzeichnis
Die Zahlen bedeuten die Randnoten

Anwesenheitspflicht 29
Beihilfe 82
Besuchskarte 75
Dauer der Wartepflicht 39
Duldungspflicht 2
Einwilligung 71
  mutmaßliche – 53, 74
Entferntwerden 46
Entschuldigung 54
Fahrradunfall 17
Feststellungsberechtigter 24, 58
  Dritter 27, 32
  Geschädigter 25
  Unfallbeteiligter 25
Feststellungsinteresse 1
Feststellungspflicht 22
  nachträgliche – 48
  Wahlmöglichkeit 65
Geschädigter 25
Irrtum 78
Konkurrenzen 90
Mittäterschaft 82
Notstand 52
Öffentlicher Straßenverkehr 14 f.
Personenschaden 8
Polizei, Mitteilung gegenüber 59
Rechtfertigende Pflichtenkollision 52
Reformbedürftigkeit 4
Ruhender Verkehr 14
Sachschaden 8 ff.

Schutzobjekt 1
Selbstverletzung 26
Sichentfernen 41, 43
  berechtigtes – 51
  entschuldigtes – 54
  durch passives Verhalten 45
  unvorsätzliches – 55
  von anderem als dem Unfallort 47
Strafe 85
Straßenverkehr 14
Tätige Reue 84
Unfallbeteiligter 21
Unfallort 42
  Rückkehr zum – 68
Unmittelbarer Schaden 12
Unverzüglichkeit 64 f.
Vereitelung von Feststellungen 70
Verkehrsgefährdender Zustand 11
Verkehrsunfall 6, 8 ff.
  vorsätzliche Herbeiführung 18 f.
Verzicht auf Feststellungen 71, 73
Vollendung 83
Vorsatz 76
Vorstellungspflicht 30
Wahlmöglichkeit 65
Wartepflicht 31
  Dauer 39
  Erforderlichkeit 34
  Umfang 33
  Zumutbarkeit 36, 64

Vorbem.: § 142 idF des 6. StrRG vom 26. 1. 1998, BGBl. I 164 (Einfügung von Abs. 4).

Schrifttum: Anton, Bedingter Vorsatz beim Vergehen der Verkehrsunfallflucht, 1980 (Diss. Ffm.). – *Arloth,* Verfassungsrecht und § 142 StGB, GA 85, 492. – *Barbey,* Die Verkehrsunfallflucht – ein Sonderdelikt in der forensisch-psychiatrischen Begutachtung? BA 92, 252. – *Bär/Hauser,* Unfallflucht, Unerlaubtes Entfernen vom Unfallort, Kommentar (Stand: 1. März 1993). – *Baumann,* Das Verhalten des Täters nach der Tat, NJW 62, 1793. – *Berger,* Gedanken zur Auslegung des § 142 StGB, DAR 55, 150. – *Bergemann,* Die Verkehrsunfallflucht usw, 1966 (kriminol. Untersuchungen 25). – *Bernsmann,* Der Verzicht auf Feststellungen bei § 142 StGB, NZV 89, 49. – *Berz,* Unfallflucht nach höchstrichterlicher Rechtsprechung, JuS 73, 558. – *ders.,* Zur Auslegung des § 142 StGB, DAR 75, 309. – *ders.,* „Berechtigtes" und „entschuldigtes" Verlassen der Unfallstelle, Jura 79, 125. – *ders.,* „Tätige Reue" nach Unfallflucht?, DAR 86, 251. – *Beulke,* Strafbarkeit gem. § 142 StGB bei vorsatzlosem Sich-Entfernen vom Unfallort, NJW 79, 400. – *Blum von Ann,* Die Straftat des unerlaubten Sich-Entfernens vom Unfallort als Vermögensdelikt, 1987. – *Bönke,* Die neue Regelung über „tätige Reue" in § 142 StGB, NZV 98, 129. – *Böse,* Die Einführung der tätigen Reue nach der Unfallflucht – § 142 Abs. 4 StGB n. F., StV 98, 509. – *Brettel, Gerschow, Großpietsch,* Über die Alkoholbeeinflussung bei der Unfallflucht, BA 73, 137. – *Bringewat,* Verdunkelungsverbot, Vorstellungs- und Meldepflicht bei Verkehrsunfällen, JA 77, 231. – *Brückner,* Auswirkungen auf die materiellrechtliche und prozessuale Tat ... durch die Verwirklichung des § 142 I StGB nach höchstrichterlicher Rechtsprechung, NZV 93, 266. – *Bullert,* Verkehrsunfallflucht auf privaten Wegen und Plätzen, DAR 65, 7. – *Bürgel,* Die Neuregelungen über das Verhalten nach Verkehrsunfällen, MDR 76, 353. – *Cramer,* Überlegungen zur Reform des § 142 StGB, ZRP 87, 157. – *Denzlinger,* Entkriminalisierung des Verkehrsunfalls?, ZRP 82, 178. – *Dünnebier,* Die Verkehrsunfallflucht, GA 57, 33. – *Dvorak,* Zur Wartepflicht der Polizei bei Trunkenheitsverdacht, JZ 81, 16. – *ders.,* § 142 StGB als Befugnisnorm für Rechtseingriffe?, MDR 82, 804. – *Eich,* Unfallflucht nach Vorsatztat, MDR 73, 814. – *Eisenberg/Ohder/Brockmeier,* Verkehrsunfallflucht, 1989. – *Engelstädter,* Der Begriff des Unfallbeteiligten in § 142 Abs. IV StGB, 1997. – *Enskat,* Unfallflucht durch Täuschungshandlungen, NJW 62, 332. – *Franke,* Feststellungspflicht nach unerlaubtem Sich-Entfernen vom Unfallort (§ 142 StGB), JuS 78, 456. – *Freund,* Funktion und Inhalt des Begriffs des Unfalls bei der Verkehrsunfallflucht, GA 87, 536. – *Geppert,* Zur Frage der Verkehrsunfallflucht bei vorsätzlich herbeigeführtem Verkehrsunfall, GA 70, 1. – *ders.,* „Unerlaubtes Entfernen vom Unfallort" (§ 142 StGB) Wie können die Rechte des Geschädigten verbessert werden, BA 86, 157. – *ders.,* Unerlaubtes Entfernen vom Unfallort (§ 142 StGB), Jura 90, 78. – *ders.,* Unfallflucht (§ 142 StGB) in strafrechtlicher Sicht und vor dem Hintergrund des „nemo-tenetur-Satzes", BA 93, 31. – *Grohmann,* Belangloser Schaden iSv § 142 StGB, DAR 78, 176. – *Hahn,* Wartepflicht und Wartedauer im neuen § 142 StGB, NJW 76, 509. – *Hamann,* Integration neuronaler Netze in regelbasierte juristische Expertensysteme, 1989. – *Hartman-Hilter,* Die Bedeutung des Meldezettels bei Bagatellunfällen mit einfacher Sach- und Rechtslage, NZV 92, 429. – *dies.,* Zur „Unfall"-Flucht des Vorsatztäters, NZV 95, 340. – *dies.,* Warten am Unfallort – eine unabwendbare Pflicht? (§ 142 Abs. 1 Nr. 1 StGB), 1996. – *Hartung,* Zum inneren Tatbestande der Verkehrsunfallflucht, JZ

53, 398. – *Haubrich,* Nächtliche Verkehrsunfälle und die „Unverzüglichkeits"-Frist des § 142 Abs. 2 StGB, DAR 81, 211. – *Hauser,* Verkehrsteilnahme unter Alkoholeinfluß und die nachträgliche Unfallmeldepflicht (§ 142 StGB), BA 89, 237. – *Hentschel/Born,* Trunkenheit im Straßenverkehr, 6. Aufl. 1992. – *Heublein,* Reformüberlegungen zu § 142 StGB, DAR 85, 15. – *ders.,* Wie kann der Schutzgedanke des § 142 StGB besser verwirklicht werden?, DAR 86, 133. – *Himmelreich/Bücken,* Verkehrsunfallflucht, 2. Aufl. 1995. – *Hoffmann,* Zum Tatbestandsmerkmal „Flucht" in § 142 StGB, NJW 66, 2001. – *v. Imhof,* Rechtspolitische Erwägungen zur Unfallflucht, DAR 65, 268. – *Jagusch,* Der neue § 142 StGB gegen Unfallflucht, NJW 75, 1631. – *ders.,* Zum Umfang der Vorstellungspflicht, NJW 76, 504. – *Janiszewski,* Zur Neuregelung des § 142 StGB, DAR 75, 169. – *ders.,* Überlegungen zur Entkriminalisierung des Verkehrsstrafrechts auf der Grundlage eines Gesetzesantrages, DAR 94, 1. – *ders.,* Verkehrsstrafrecht, 4. Aufl. 1994. – *Janker,* Verteidigung bei unerlaubtem Entfernen vom Unfallort (§ 142 StGB), NJW 91, 3113. – *Koch,* Unfallflucht durch Täuschungshandlungen, NJW 61, 2195. – *ders.,* Unfallflucht hilfsbereiter Kraftfahrer, DAR 64, 208. – *Kreissl,* Unfall und Unfallbeteiligung im Tatbestand des § 142 StGB, NJW 90, 3134. – *Krüger,* Unfallflucht durch Täuschungshandlungen, NJW 65, 142. – *Kuckuk, Reuter,* Die Zuordnung optischer und akustischer Wahrnehmungen zueinander für den Vorsatznachweis ..., DAR 78, 57. – *Küper,* Zur Tatbestandsstruktur der Unfallflucht, NJW 81, 853. – *ders.,* Grenzfrage der Unfallflucht, JZ 81, 209, 251. – *ders.,* Rollentausch beim Unfall (usw), JuS 88, 212, 286. – *ders.,* Vorstellungspflicht und „Feststellung der Person" bei § 142 Abs. 1 Nr. 1 StGB, JZ 88, 473. – *ders.,* Unfallflucht und Rauschdelikt, NJW 90, 209. – *ders.,* Täuschung über Personalien und erschlichener Verzicht auf Anwesenheit bei der Unfallflucht (§ 142 Abs. 1 Nr. 1 StGB), JZ 90, 510. – *ders.,* Richterrecht im Bereich der Verkehrsunfallflucht, Richterliche Rechtsfortbildung, FS der Juristischen Fakultät zur 600-Jahr-Feier der Ruprecht-Karls-Universität Heidelberg, 451. – *ders.,* „Pflichtverletzung" und „Tathandlung" bei der Unfallflucht, GA 94, 49. – *Laumann,* Kriminologie der Verkehrsunfallflucht (§ 142 StGB), 1998. – *Loos,* Grenzen der Strafbarkeit wegen „Unerlaubten Entfernens vom Unfallort" nach geltendem Recht, DAR 83, 209. – *Maier,* Die Pflichten der Unfallbeteiligten nach der Neufassung der §§ 142 StGB und 34 StVO, JZ 75, 721. – *ders.,* Vorstellungspflicht gemäß § 142 StGB, NJW 76, 1190. – *Miseré,* Unfallflucht (§ 142 StGB) und Rauschdelikt (§ 323 a StGB), Jura 91, 298. – *Mollenkott,* Ist die Verkehrsunfallflucht in § 69 II Nr. 3 StGB ein „verkapptes Alkoholdelikt"?, BA 97, 180. – *Müller-Emmert/Maier,* Zur Neufassung des § 142 StGB, DRiZ 75, 176. – *Müller-Metz,* Zur Reform von Vergehenstatbeständen und Rechtsfolgen im Bereich der Verkehrsdelikte, NZV 94, 89. – *v. Münch,* Die Verkehrsunfallflucht – ein Fremdkörper im deutschen Strafrechtssystem?, DAR 57, 205. – *Niederreuther,* Die Verkehrsunfallflucht (§ 139 a StGB), GS 116, 281. – *Ohr,* Der räumliche und zeitliche Zusammenhang der Unfallflucht mit dem Unfallgeschehen, DAR 60, 221. – *Oppe,* Nochmals: Unfallflucht nach Vorsatztat, GA 70, 367. – *Paeffgen,* § 142 StGB – eine lernäische Hydra?, NStZ 90, 365. – *Park,* Der Sinn der Einführung der tätigen Reue bei § 142 StGB, DAR 93, 246. – *Phillips,* Unbestimmte Rechtsbegriffe und Fuzzy Logic – Ein Versuch zur Bestimmung der Wartezeit nach Verkehrsunfällen, Kaufmann-FS, 265. – *Poeck,* Warteflicht und Wartedauer des § 142 Abs. 1 Nr. 2 StGB, 1994, (Diss. Ffm.). – *Roesen,* Unfallflucht, NJW 57, 1737. – *Roth-Stielow,* Warte-, Folge- oder Selbstanzeigepflichten nach dem Verkehrsunfall, NJW 63, 1188. – *Roxin,* Unfallflucht eines verfolgten Diebes, NJW 69, 2038. – *Ruck,* § 142 StGB als Vermögensdelikt, 1985 (Diss. Bochum). – *Rupp,* Die Pflicht zum Warten auf die Polizei usw., JuS 67, 163. – *Schmidhäuser,* Fluchtverbot und Anzeigegebot bei Verkehrsunfällen, JZ 55, 433. – *H. W. Schmidt,* Öffentlicher Straßenverkehr, DAR 63, 345. – *Schneider,* Grund und Grenzen des strafrechtlichen Selbstbegünstigungsprinzips auf der Basis eines generalpräventiv-funktionalen Schuldmodells, 1991. – *Scholz,* Straffreie Unfallflucht bei tätiger Reue?, ZRP 87, 7. – *Schünemann,* Zur strafrechtlichen Würdigung der Verkehrsunfallflucht auf Binnenwasserstraßen, Zeitschr. f. Binnensch. u. Wasserstr., 79, 91. – *ders.,* Überkriminalisierung und Perfektionismus als Krebsschaden des Verkehrsstrafrechts, DAR 98, 424. – *Schulz,* Die tätige Reue gem. § 142 IV StGB aus dogmatischer und rechtspolitischer Sicht, NJW 98, 1440. – *Schwab,* Verkehrsunfallflucht trotz „Schuldanerkenntnis" – Feststellungsinteresse an einer polizeilichen Unfallaufnahme, MDR 84, 538. – *Seib,* Zur Einführung eines strafbefreienden Rücktritts bei § 142 StGB durch Nachmeldung binnen 24 Stunden, JR 86, 397. – *Seibert,* Gedanken zur Unfallflucht, NJW 55, 1428. – *Sturm,* Die Neufassung des § 142 StGB durch das 13. StÄG, JZ 75, 406. – *Thirolf,* Kollision von Täterinteressen und Opferschutz bei § 142 StGB, 1992, (Diss. Ffm.). – *Ulsenheimer,* Warteflicht auf die Polizei nach Verkehrsunfällen, JuS 72, 24. – *Volk,* Die Pflichten des Unfallbeteiligten, DAR 82, 81. – *Weigelt,* Verkehrsunfallflucht und unterlassene Hilfeleistung, 1960. – *Weigend,* Zur Reform von § 142 StGB, Tröndle-FS 753. – *ders.,* Zur Rolle des Strafrechts im Straßenverkehr, Miyazawa-FS, 549. – *ders./Greuenich,* Verkehrsunfallflucht im europäischen Ausland, DAR 88, 258. – *Weimar,* Entfällt Unfallflucht bei strafrechtlichem Notstand?, JR 60, 338. – *Werner,* Rauschbedingte Schuldunfähigkeit und Unfallflucht, NZV 88, 88. – *Wetekamp,* Der Entwurf eines Gesetzes zur Änderung des § 142 StGB, DAR 87, 11. – *Wieland,* Unerlaubtes Entfernen vom Unfallort auf Privatgrundstück, Schlüchter-FG, 111. – *Wölfel,* Die Rückkehrpflicht: Ein Vergleich zwischen der alten und der neuen Fassung des § 142 StGB, 1987. – *Zabel,* Einige Probleme zur Unfallflucht, BA 83, 328. – *Zopfs,* Unfallflucht bei eindeutiger Haftungslage? 1993. – *ders.,* Die versicherungsrechtliche Aufklärungspflicht (§ 7 AKB) und § 142 StGB, VersR 94, 266. – *ders.,* Ist die Regelung des § 142 StGB reformbedürftig?, DRiZ 94, 87.

I. Die Vorschrift gehört zu den am meisten verunglückten Bestimmungen des Besonderen Teils; sie beschreibt höchst komplizierte Tatbestände. Daher ist es erforderlich, vorweg auf Zweck, Struktur und Aufbau der Norm einzugehen.

1. Zweck des Tatbestandes ist, die Aufklärung von Verkehrsunfällen zu erleichtern und der Gefahr eines drohenden Beweisverlustes entgegenzuwirken (vgl. BGH VRS **9** 136). Wenn damit auch mittelbar zum Schutz des Straßenverkehrs und der Rechtspflege beigetragen wird, so ist doch unmittelbares **Schutzobjekt** nicht das öffentliche Interesse an der Strafverfolgung oder an der Feststellung verkehrsuntauglicher Fahrzeuge (Janiszewski DAR 75, 171, Müller-Emmert/Maier DRiZ 75, 176, Geppert BA

91, 32, Begründung BT-Drs. 7/2434 S. 4 f., wN zum früheren Meinungsstand s. 18. A. RN 1), sondern das Interesse jedes Unfallbeteiligten – und nicht nur des Geschädigten (vgl. Abs. 1 Nr. 1) – an der Aufklärung der Unfallursachen zwecks Klarstellung der privatrechtlichen Verantwortlichkeit der Beteiligten (vgl. u. 24). Die Vorschrift dient damit allein der Sicherung bzw. Abwehr zivilrechtlicher Ersatzansprüche (BGH **12** 253, Bay StV **85**, 109, Hamm NJW **77**, 207, Zweibrücken DAR **91**, 431, Cramer 1, Tröndle/Fischer 4, Bürgel MDR 76, 353, Rüth LK 3, M-Schroeder I 561, Rudolphi SK 2, J-Hentschel 20). § 142 ist daher abstraktes Vermögensgefährdungsdelikt (Cramer, Vermögensbegriff und Vermögensschaden im Strafrecht [1968] 70, Lenckner ZStW 72, 456, W-Hettinger 251; Geppert Jura 90, 78; vgl. auch Blum von Ann aaO). Unzutreffend ist es, wenn teilweise auch das Interesse des Unfallbeteiligten an der Abwehr staatlicher Verfolgungsmaßnahmen in den Schutzbereich der Norm einbezogen wird (so Geppert GA 70, 4, Oppe GA 70, 368; dagegen Bringewat JA 77, 231). Hiernach läßt sich nicht erklären, warum Minimalunfälle von dem Tatbestand des § 142 nicht erfaßt werden (vgl. u. 8, Cramer 1); bei diesen ist zwar mit der Geltendmachung von Schadensersatzansprüchen nicht zu rechnen, sie können aber dennoch Grundlage straf- oder bußgeldrechtlicher Verfolgungsmaßnahmen sein. Die Ausscheidung jedenfalls des öffentlichen Interesses an der Strafverfolgung hat zur Konsequenz, daß die Flucht vor der Entnahme einer Blutprobe nach einem Unfall ohne weitere Beteiligte nicht unter § 142 fällt. Zur Verfassungsmäßigkeit des § 142 vgl. BVerfGE **16** 191 (zu § 142 aF), Seib JR 86, 397, Arloth GA 85, 492 ff., Geppert BA 91, 31 ff., Lagodny [27 vor § 1] 299, Schneider aaO 137, Zopfs aaO 136 ff., W-Hettinger 251; Bedenken bei Hahn NJW 76, 509; s. a. Rogall StV 96, 65; jedenfalls die in § 142 begründeten Aktivpflichten dürften allenfalls noch im Grenzbereich des nach dem verfassungsverankerten nemo-tenetur-Grundsatzes Zulässigen liegen (s. a. Arzt/Weber II 205 f.; für Verfassungswidrigkeit mit beachtlichen Gründen aber Ruck aaO 62 ff., Schünemann, Zeitschr. f. Binnenstr. u. Wasserstr. 79, 97 f., DAR 98, 427 ff.). Gegen die Anwendung der Vorschrift als „Alkoholverdeckungstatbestand" Zabel BA 83, 328. Zur Frage, ob § 142 ein Schutzgesetz iSv § 823 II BGB auch zugunsten von Personen ist, die nicht am Unfall beteiligt sind, vgl. BGH MDR **81**, 396.

2. Grundlage ist die **Pflicht** aller Unfallbeteiligten, **durch Verbleiben** am Unfallort und durch die **2** Angabe, an dem Unfall beteiligt zu sein, **Ermittlungen** an Ort und Stelle **zu ermöglichen** (BGH **8** 265, vgl. ferner Köln JMBlNW **53**, 258). Es besteht das Gebot, diese Ermittlungen durch Verbleiben am Unfallort (Abs. 1) oder – nach zulässiger vorheriger Entfernung – nachträglich zu ermöglichen (Abs. 2). Da Grundlage für die Beweissicherung die Wartepflicht (Abs. 1) oder die **Pflicht** ist, **anderweitig** die notwendigen **Feststellungen möglich zu machen** (Abs. 2) – zB durch entsprechende Mitteilungen an den Berechtigten oder die Polizei (Abs. 3) –, gelten die für Unterlassungsdelikte maßgebenden Grundsätze jedenfalls entsprechend (so auch Lackner/Kühl 9 [verkapptes Unterlassungsdelikt]). Das hat zur Folge, daß Erforderlichkeit und Zumutbarkeit als regulative Prinzipien des Pflichtenumfangs zur Anwendung gelangen (Cramer 30, vgl. Maihofer GA 58, 297, Schmidhäuser aaO, Welzel 464, die ein echtes Unterlassungsdelikt annehmen; vgl. auch Bremen VRS **43** 29; and. M-Schroeder I 561, Jescheck/Weigend 602, Küper GA 94, 71 [Begehungsdelikt], Hartmann-Hilter aaO 13, 33). Zu beachten ist jedoch, daß § 142 keine besondere Duldungspflicht aufstellt, etwa die Einwirkung auf das Fahrzeug wie eine polizeiliche Untersuchungshandlung hinzunehmen (Hamm VRS **14** 34: Suche nach der Diagrammscheibe), sondern nur das Gebot, durch das vorgeschriebene Verhalten zu ermöglichen, daß nach anderen gesetzlichen Bestimmungen zulässige Maßnahmen durchgeführt werden. Die Weigerung, sich nach einem Unfall ohne Fremdbeteiligung eine Blutprobe entnehmen zu lassen, kann daher allenfalls nach § 113, nicht dagegen nach § 142 bestraft werden.

3. Für das **Verhältnis zwischen Abs. 1 und Abs. 2** gilt folgendes (vgl. W-Hettinger 250): Hat **3** der Unfallbeteiligte seine Pflichten aus Abs. 1 Nr. 1 erfüllt, dh die erforderlichen Feststellungen ermöglicht, so ist er straflos; auf Abs. 2 kommt es nicht mehr an. Ist er demgegenüber seinen Pflichten nach Abs. 1 Nr. 1 bzw. 2 ohne Rechtfertigung oder Entschuldigung nicht nachgekommen, so ist er nach Abs. 1 strafbar. Abs. 2 besitzt auch in diesem Fall keine Relevanz mehr, dh auch die nachträgliche Ermöglichung der Feststellungen verhilft dem Täter nicht mehr zur Straflosigkeit (Hamburg MDR **78**, 859; in Betracht kommt allenfalls eine Anwendung der §§ 153, 153 a StPO, vgl. Park DAR 93, 247). Die Verpflichtung nach Abs. 2 kommt nur dann zum Tragen, wenn der Unfallbeteiligte die Wartepflicht nach Abs. 1 Nr. 2 erfüllt hat oder nach Abs. 1 tatbestandsmäßig handelt, sich jedoch gerechtfertigt, entschuldigt oder in einer dem gleichgestellten Weise vom Unfallort entfernt. Sinn des Abs. 2 ist es also, die Feststellungsinteressen der Unfallbeteiligten und Geschädigten unabhängig davon zu schützen, wie zufällig Dritter allenfalls in die Lage versetzt wurde, dem Täter anschließend straflos vom Unfallort zu entfernen (BT-Drs. 7/2434, S. 8; Rudolphi SK 36). Diese nachträgliche Feststellungspflicht soll die von der Rspr. zu § 142 aF entwickelte Rückkehrpflicht ersetzen (vgl. 17. A. RN 22); eine Rückkehrpflicht existiert nicht mehr (Bay StVE **Nr. 70**). Zum Zusammentreffen von § 142 Abs. 1 als Rauschtat iSv § 323 a und etwaiger Verwirklichung von § 142 Abs. 2: u. 54.

4. Die **Reformbedürftigkeit** der Regelung ist weitgehend außer Streit (vgl. Denzlinger ZRP 82, **4** 178 ff., Heublein DAR 85, 15, Ruck aaO 201; s. a. Geppert BA 86, 251, 91, 31, Müller-Metz NZV 94, 89, Scholz ZRP 87, 7, Seib JR 86, 397, Weigend Tröndle-FS 753, Zopfs DRiZ 94, 87; auch unter kriminologischen Aspekten: Eisenberg/Ohder/Bruckmeier aaO, passim, Laumann aaO 28 ff., 206 ff.; and. Arbeitskreis des 32. Verkehrsgerichtstages 1994, vgl. Händel NJW 94, 3001). Sie beruht einer-

seits auf der mißglückten Fassung der Vorschrift (vgl. Geppert GA 70, 1, BA 86, 157), andererseits darauf, daß die Rspr. aus dem Unverzüglichkeitsgebot des Abs. 3 praktisch eine Selbstanzeigepflicht statuiert hat (BGH **29** 138 m. Anm. Beulke JR 80, 523, Bay JR **77**, 427 m. Anm. Rudolphi, Düsseldorf VRS **58** 254; Berz DAR 86, 252). In Fällen, in denen ein Unfallbeteiligter nicht bloß wegen einer Ordnungswidrigkeit, sondern auch nach § 316 belangt werden könnte, läuft er bei einer unverzüglichen Meldung des Unfalls Gefahr, wegen der Trunkenheitsfahrt bestraft zu werden; bei einer verspäteten bleibt das – uU allerdings geringe – Risiko, nach § 142 belangt zu werden und die Fahrerlaubnis zu verlieren (Cramer ZRP 87, 157, Park DAR 93, 247). Nach Abwägung dieser Risiken wird sich mancher sagen, daß er am besten nichts unternimmt; damit ist allerdings dem Geschädigten am wenigsten geholfen. Um dem Unfallbeteiligten eine risikolose Meldung zu ermöglichen und damit den Interessen des Geschädigten zu dienen, wurde seit langem eine Rücktrittsmöglichkeit (tätige Reue) innerhalb von 24 Stunden nach dem Unfall vorgeschlagen (BR-Drs. 316/86, 400/93; vgl. auch Reformkommission der NdsJM DRiZ 93, 212, Arbeitsgruppe des 16. Strafverteidigertages 1992 StV 92, 347, Scholz ZRP 87, 10, Wetekamp DAR 87, 11, Seib JR 86, 397, Müller-Metz NZV 94, 91, Park DAR 93, 249 ff.; abl. Janiszewski 195 u. DAR 94, 1, Zopfs DRiZ 94, 91 ff.), ein Vorschlag, der vom 6. StrRG nur unvollkommen (Schünemann DAR 98, 429) aufgegriffen wurde (u. 88). Weiterhin wird die Einführung eines Antragserfordernisses (Arloth GA 85, 506; Heublein DAR 86, 135, Arbeitsgruppe des 16. Strafverteidigertages aaO, abl. Janiszewski DAR 94, 3, Park DAR 93, 248) und die Möglichkeit diskutiert, bei einer sofortigen Meldung ein Beweisverbot hinsichtlich der Delikte einzuführen, die zum Unfallgeschehen beigetragen haben (Denzlinger ZRP 82, 179; krit. Park DAR 93, 248). In Anlehnung an ausländische Regelungen ist für unbedeutende Sachschäden auch eine Umstellung des Straftatbestandes auf eine Ordnungswidrigkeit angeregt worden, um die Verkehrsunfallflucht wegen ihres eigentlichen kriminellen Gehalt zurückzuführen (Janiszewski DAR 94, 3). Schließlich findet sich der Vorschlag der Einführung einer standardisierten, aufklebbaren Schadensmeldung bei Sachschäden im ruhenden Verkehr, die nach Ablauf einer generellen Wartefrist von 10 Min. verwendet werden soll (Zopfs DRiZ 94, 93, VersR 94, 271). Die beiden zuletzt genannten Reformvorschläge weisen in eine richtige Richtung. Im übrigen können die Vorschläge jedoch letztlich dogmatisch nicht befriedigen. Die Einführung eines dem englischen Recht entlehnten Beweisverwertungsverbots widerspricht unseren strafprozessualen Grundsätzen. Das Antragserfordernis könnte bei der sehr unterschiedlichen Einschätzung der Schadenshöhe dazu führen, daß der Geschädigte sich sein Antragsrecht zu einem unangemessenen Preis abkaufen läßt (vgl. Cramer ZRP 87, 161). Für Beschränkung des Täterkreises: Engelstädter aaO 265 ff., 291.

5 Bei der Suche nach einem Reformvorschlag darf nicht außer acht gelassen werden, daß neben dem Risiko, die Fahrerlaubnis zu verlieren, auch finanzielle Hindernisse einer Pflichterfüllung im Wege stehen. Daher muß neben einer Umgestaltung der Vorschrift auch eine Änderung des bestehenden Rabattsystems bei der Haftpflichtversicherung erfolgen: Berz, 24. Deut. Verkehrsgerichtstag 1986, 190, Bockelmann DAR 64, 291, Denzlinger ZRP 82, 180; and. Geppert BA 86, 163; s. a. Zopfs VersR 94, 266 ff. Eine erfolgversprechende Lösung könnte schon eine vernünftige Ausgestaltung der nachträglichen Feststellungspflicht bringen, deren Erfüllung durch keine psychologischen und finanziellen Hindernisse erschwert würde (vgl. Cramer ZRP 87, 162); das hiermit verbundene Nichtaufspüren ungeeigneter, insb. alkoholisierter Kraftfahrer (Seib JR 86, 399: „Naßfahrerprivileg") steht mit dem ausschließlich privaten Vermögensinteressen dienenden Schutzweck des § 142 (o. 1) in Einklang (Scholz ZRP 87, 9); zudem dürfte sich kaum ein alkoholisierter Kraftfahrer durch § 142 zum Verbleiben an der Unfallstelle motivieren lassen (Eisenberg/Ohder/Bruckmeier aaO 224). Darüber hinaus bestehen für einige Teilbereiche dem § 142 entsprechende Vorschriften, zB für den Bereich der Seeschiffahrt (§ 6 VO über die Sicherung der Seefahrt vom 15. 12. 1956, BGBl. II 1579, III 9511–3) – hierzu Schünemann Zeitschr. f. Binnensch. u. Wasserstr. 79, 91 f. – und für Skiunfälle in Bayern (Art. 24 VI Nr. 4 LStVG).

6 II. Der **objektive Tatbestand** sowohl des Abs. 1 als auch des Abs. 2 erfordert zunächst, daß sich ein **Unfall im Straßenverkehr** ereignet hat. Verkehrsunfall ist ein plötzliches Ereignis im öffentlichen Verkehr, das mit dessen Gefahren in ursächlichem Zusammenhang steht und einen Personen- oder Sachschaden zur Folge hat, der nicht ganz unerheblich ist (BGH **8** 264, **12** 255, **24** 383). Demgegenüber will Freund GA 87, 536 den Unfallbegriff darauf beschränken, daß im Zeitpunkt des Sichentfernens ein Beweissicherungsinteresse begründet ist.

7 1. Der Geschädigte braucht nicht Verkehrsteilnehmer zu sein. Auch das Anfahren eines Tieres kann einen Verkehrsunfall darstellen (Braunschweig VRS **4** 121), ebenso die Beschädigung einer sonstigen Sache in Abwesenheit des Eigentümers. Vorauszusetzen ist, daß Schadensersatzansprüche bestehen. Demgegenüber liegt beim Überfahren von Wild kein Verkehrsunfall vor (M-Schroeder I 565; and. AG Öhringen NJW **76**, 580 m. abl. Anm. Jagusch); hier fehlt es an der möglichen Beeinträchtigung des Beweissicherungsinteresses, da das allenfalls verletzte Jagdausübungsrecht nicht zu den absolut geschützten Rechtsgütern nach § 823 I BGB zählt und mit der Tat auch kein Schutzgesetz iSv § 823 II BGB verletzt wird.

8 2. Nicht jeder regelwidrige Verkehrsvorgang ist ein Verkehrsunfall. Ein **Unfall** setzt vielmehr voraus, daß es zu einem nicht völlig belanglosen **Personen- oder Sachschaden** gekommen ist. Geringfügige Hautabschürfungen reichen ebensowenig aus wie alsbald vergehende Schmerzen (vgl. Hamm DAR **58**, 308, J-Hentschel 28, Janiszewski 173) oder Beschmutzung von Körperteilen (Bay

VRS **15** 43). Am erforderlichen Sachschaden fehlt es, wenn wegen der Geringfügigkeit des Schadens mit der Geltendmachung von Ersatzansprüchen vernünftigerweise nicht zu rechnen ist (Bay VRS **18** 196, Karlsruhe DAR **60**, 52, Schild AK 95; vgl. aber Begr. BT-Drs. 7/2434 S. 6, die dazu auf §§ 153 ff. StPO verweist; vgl. auch Berz DAR **75**, 309 f., ferner Janiszewski DAR **75**, 172) und die Beseitigung des Schadens auch aus Sicherheitsgründen nicht unbedingt erforderlich ist (vgl. Karlsruhe VersR **95**, 528).

Nach der Rspr. ist dies etwa der Fall bei harmlosen Kratzern an einem Fahrzeug (Hamm NJW **53**, **9** 37), leichten Beinbeulungen an einem schon beschädigten Kfz (Hamm VRS **18** 114) oder bei bloßen Beschmutzungen einer Sache, deren Reinigung ohne größere Kosten möglich ist (Bay VRS **15** 42). Richtigerweise wird man jedenfalls bei Sachschäden jedoch darauf abzustellen haben, ob ein verständiger Geschädigter ohne Rechtsschutzversicherung bereit sein würde, seinen Schaden gerichtlich geltend zu machen (vgl. Cramer 7). Die Grenze dürfte daher um 300 DM anzusetzen sein; bei Schäden unterhalb dieser Grenze kommt eine Ordnungswidrigkeit nach § 34 StVO in Betracht.

Demgegenüber hält die Rspr. engherzig an Bagatellschäden fest. Ein nicht mehr ganz unerheblicher **10** Sachschaden wird etwa ab 40 DM angenommen (vgl. Düsseldorf VM **76**, 32, **90**, 63, Köln VRS **86** 281; vgl. auch Karlsruhe DAR **55**, 253, **60**, 52, Düsseldorf JMBlNRW **59**, 10, Koblenz DAR **74**, 132, AG Nürnberg MDR **77**, 66 [50 DM]; vgl. auch Himmelreich DAR **97**, 82, J/Hentschel 27, Lackner/Kühl 7, Tröndle/Fischer 11). Sehr weitgehend dagegen Düsseldorf VM **66**, 60 (Chausseestein) u. Karlsruhe StVE **Nr. 103 a** (Verbiegung von Metallstäben an Fahrbahnteiler: Mit der auf 1800 DM zu veranschlagenden Beseitigung des Schadens sei nicht zu rechnen). Weitere Nachweise bei Weigelt aaO 23 ff. Die Frage der Erheblichkeit ist ohne Rücksicht auf die Person (Vermögensverhältnisse) des Geschädigten (Karlsruhe VRS **18** 47) und den Ort des schädigenden Ereignisses (Massenveranstaltung [Cramer 7; and. Stuttgart VRS **18** 117: An einem Ort, an dem wegen einer besonderen Veranstaltung mit kleineren Schäden zu rechnen ist, müsse der für den Unfall erforderliche Schaden höher sein als im gewöhnlichen Straßenverkehr]) zu beurteilen; zum Maßstab u. 13.

a) Die bloße Herbeiführung eines **verkehrsgefährdenden Zustandes** ist einem Schaden iSd **11** § 142 nicht gleichzustellen (Cramer 6; and. Weigelt DAR **58**, 181, wohl auch BGH VRS **6** 364). Ein Ereignis wird noch nicht deswegen zum Unfall, weil später evtl. ein Unfall daraus entstehen könnte (ebenso Rüth LK[10] 7, Rudolphi SK 7).

b) Zu berücksichtigen ist **nur** der **Schaden, der unmittelbar** durch den Unfall verursacht ist und **12** daher am Tatort festgestellt werden kann (Cramer 6). Ein mittelbarer Schaden, zB die Miete für ein Ersatzfahrzeug oder die Abschleppkosten, gehört nicht dazu (Hamm VRS **16** 25, **18** 113, Cramer 6, Rudolphi SK 7, Schild AK 95), auch nicht ein Schaden, der erst beim Wiederaufrichten des umgekippten Fahrzeugs entsteht (Cramer 6, J-Hentschel 25; and. Hamm VRS **16** 25). Jedoch sind Schäden, die durch einen weiteren mit dem Unfall unmittelbar zusammenhängenden Vorgang verursacht werden (das durch den Unfall aufgescheuchte Pferd geht durch: Rüth LK[10] 7), Schäden iSd § 142.

c) Ob die Voraussetzungen eines nicht belanglosen Schadens vorliegen, ist nach **objektiven** **13** **Kriterien ex ante** zu beurteilen (vgl. Bay VM **60**, 15, Düsseldorf VRS **30** 446, VM **74**, 46, NJW **89**, 2764, Lackner/Kühl 7). Ist danach zweifelhaft, ob ein größerer Schaden entstanden ist oder sich entwickeln wird, so müssen die Beteiligten warten (Düsseldorf VM **74**, 46; zT abw. Roesen NJW **57**, 1737). Entsprechendes gilt, wenn zweifelhaft ist, ob ein vorhandener Schaden auf den Unfall zurückzuführen ist (vgl. Köln VRS **26** 283 m. zT widersprüchl. Begr.). Beseitigt der Unfallbeteiligte den Schaden vollständig (bzw. liegt nach seinem schadensmindernden Bemühen nur noch ein belangloser Sachschaden vor), so entfällt mangels schutzwürdiger Feststellungsinteressen seine Wartepflicht (Lackner/Kühl 7, Rudolphi SK 9 a; and. Düsseldorf NJW **86**, 2001). Dagegen kann die subjektive Meinung eines Beteiligten ein objektiv harmloses Ereignis nicht zu einem „Verkehrsunfall" machen. Vgl. Celle MDR **57**, 435, auch Bay VRS **15** 43. Geht der sich Entfernende von einem nicht ganz unerheblichen Schaden aus, so liegt strafloser Versuch vor.

3. Der Unfall muß sich im **öffentlichen Straßenverkehr** ereignet haben (BGH **8** 264, **12** 255, **14** Rudolphi SK 11, Rüth LK[10] 8 f.; and. Bremen VRS **18** 115, Bullert DAR **65**, 1 ff., offengelassen in Bremen NJW **67**, 990). Damit scheiden Unfälle im Bahn-, Schiffs- oder Luftverkehr (zB BGH **14** 116, Karlsruhe NZV **93**, 77 [Wagendeck einer Fähre], krit. dazu Janiszewski NStZ **93**, 275) sowie auf Skipisten (vgl. Janiszewski 171, aber auch o. 5 aE) aus. Als Schadensereignisse kommen nicht nur solche im fließenden, sondern auch im ruhenden Verkehr in Betracht, wenn sie verkehrsbezogene Ursachen haben (Stuttgart NJW **69**, 1726, LG Bonn NJW **75**, 178; and. Schild AK 99).

a) Ob öffentlicher Verkehr vorliegt, bestimmt sich allein nach verkehrsrechtlichen (nicht wege- **15** rechtlichen) Gesichtspunkten (vgl. Bay VRS **24** 69, **27** 270, Hamm VRS **26** 457, **30** 452). Daher scheidet der Verkehr auf Privatwegen und Werkstraßen regelmäßig aus. Jedoch können auch solche Wege öffentlich sein, sofern sie unter ausdrücklicher oder stillschweigender Duldung des Eigentümers von der Allgemeinheit, dh einem unbestimmten Personenkreis, tatsächlich benutzt werden (vgl. BGH VersR **66**, 690, **69**, 832, Oldenburg VRS **6** 362, Karlsruhe NJW **56**, 1649, Frankfurt NJW **31** 184, Bremen NJW **67**, 990, MDR **80**, 421 m. Anm. Brede, Düsseldorf NJW **88**, 922, H. W. Schmidt DAR **63**, 345 ff.), so zB allgemein zugängliche Privatparkplätze (Bay **82** 61, Hamm VRS **14** 437, vgl. auch Zweibrücken VRS **44** 439) oder Parkhäuser (Stuttgart VRS **30** 210, Bremen NJW **67**, 990,

Düsseldorf JMBlNRW **70**, 237; vgl. auch Bullert DAR **63**, 325; and. Müller-Vorwerk MDR **63**, 721 und H. W. Schmidt DAR **63**, 346); außerhalb der normalen Betriebszeit sind Parkhäuser jedoch regelmäßig nicht als öffentlicher Verkehrsraum anzusehen (Stuttgart NJW **80**, 68), ebensowenig deren Zufahrten (AG Homburg/Saar VM **87**, 56). Allgemein zugänglich sind Tiefgaragen und deren Zufahrten auch nicht, wenn nur die Inhaber von Einstellplätzen einen Schlüssel für die Schließanlage der Garage haben und eine Mitbenutzung der Zufahrten durch Dritte nach den örtlichen Gegebenheiten nicht in Betracht kommt (LG Krefeld VRS **74** 262). Öffentlich ist ein Privatgrundstück dann, wenn es praktisch nur einem beschränkten Benutzerkreis offensteht, der die Allgemeinheit repräsentiert, so etwa der Hof einer Gaststätte (BGH **16** 7, Stuttgart DAR **60**, 51, Frankfurt VRS **31** 184; auch außerhalb der Öffnungszeit [Düsseldorf NZV **92**, 120 m. zust. Anm. Pasker]; and. aber, wenn der Parkraum allein Übernachtungsgästen vorbehalten ist [BGH **16** 11] oder ein Hinterhof lediglich Hausbewohnern und ihren Gästen zur Verfügung steht [BGH DAR **98**, 399]), der zu einer öffentlichen Straße führende Zufahrts- oder Durchgangsweg (vgl. Karlsruhe NJW **56**, 1649, Düsseldorf NJW **56**, 1651, Koblenz VRS **72** 441 für Zugangsweg zu einer Wohnanlage, iE auch Bremen VRS **18** 115); je nach den Umständen auch eine Grundstückseinfahrt, vgl. Düsseldorf NJW **88**, 922, die Ladestraße eines Güterbahnhofs (Celle DAR **65**, 100) oder auch der Zu- und Abgangsbereich einer auf Privatgelände liegenden Tankstelle (Bay VRS **24** 69, Hamm VRS **30** 452, NJW **67**, 119; ua. dagegen in Zeiten der Betriebsruhe [BGH VRS **31** 291, Hamm NJW **67**, 119]; zur konkludenten Beschränkung der zugänglichen Fläche vgl. Hamburg VRS **37** 278 [Münztank]). Wird dagegen das Privatgrundstück nur von Personen genutzt, die durch persönliche Beziehungen miteinander verbunden sind (Mitglieder eines Vereins [anders aber zZ eines öffentlichen, nach Passieren einer Kasse allgemein zugänglichen Turniers: Celle VRS **92** 109], Belegschafts- oder Behördenangehörige; vgl. Braunschweig NdsRpfl. **64**, 208), so kann es an der Öffentlichkeit des Verkehrs fehlen. Jedoch kann die Benutzung eines solchen Grundstücks in der Weise geregelt sein, daß für einen bestimmten eingeschränkten Zeitraum öffentlicher Verkehr herrscht (Bay VRS **41** 42). Die gelegentliche, nicht stillschweigend geduldete Benutzung durch Nichtberechtigte führt noch nicht zur „faktischen Öffentlichkeit" iSv § 142 (Wieland Schlüchter-FG 118). Dagegen ist in jedem Falle unerheblich, ob der fragliche Weg von allen oder nur von bestimmten Gruppen von Verkehrsteilnehmern (Radfahrern oder Kraftfahrern) benützt werden darf (Radweg bzw. Autobahn); vgl. Braunschweig VRS **27** 392, Cramer 9 ff., § 1 StVO RN 21 f., J-Hentschel § 1 StVO RN 13 ff., H. W. Schmidt DAR **63**, 345. Auch Fußwege dienen dem „Straßenverkehr" (BGH **22** 367).

16   b) Der Unfall selbst braucht freilich nicht auf einem dem öffentlichen Verkehr dienenden Grundstück erfolgt zu sein; es genügt, wenn er **mit** dem **öffentlichen Verkehr in** einem derartigen **Zusammenhang** steht, daß er als unmittelbare Folge der Teilnahme hieran zu werten ist (BGH VRS **31** 421, Bay DAR/R **84**, 239). Ein Verkehrsunfall liegt daher auch dann vor, wenn ein Kraftwagen von der Straße abkommt und neben der Straße befindlichen Personen oder Sachen Schaden zufügt (ebenso Rüth LK[10] 11, Rudolphi SK 13, Schmidt DAR **63**, 347; and. Rutkowsky NJW **63**, 1838). Deshalb kann es nicht ausschließlich darauf ankommen, daß sich das schädigende Fahrzeug mindestens noch teilweise auf öffentlichem Verkehrsgrund befindet (vgl. BGH **18** 393 m. abl. Anm. Rutkowski NJW **63**, 1838; vgl. auch Bay **60** 170). Dasselbe gilt, wenn ein LKW beim Wenden auf ein privates Grundstück fährt und dort Schaden anrichtet (vgl. BGH VRS **31** 421, Hamm VRS **14** 438, Oldenburg VRS **6** 363). Verläßt der Fahrer jedoch die Straße, um sein Fahrzeug dem öffentlichen Verkehr zu entziehen (zB Parken auf einem nicht der Allgemeinheit offenstehenden Grundstück), so fehlt es, wenn es nunmehr zu einem Unfall kommt, am erforderlichen Zusammenhang mit dem öffentlichen Verkehr (and. Schmidt DAR **63**, 347). Gleiches gilt, wenn ein Fahrer, der sich erst in den öffentlichen Verkehr begeben will, zuvor auf einem Privatgrundstück einen Unfall herbeiführt (vgl. aber Bay **72** 276). Bedenklich in der Begründung daher Hamm VRS **14** 438, Stuttgart DAR **60**, 61.

17   c) Ohne Bedeutung ist, wodurch der Schaden herbeigeführt worden ist; die Beteiligung eines **Kraftfahrzeuges** ist **nicht erforderlich,** ebensowenig ein Zusammenstoß mehrerer Verkehrsteilnehmer (BGH **8** 265; vgl. aber Oldenburg DAR **55**, 170). Auch ein Straßenbahn- (RG **75** 355) oder Fahrrad- sowie Inline-Skates-Unfall oder der Zusammenstoß eines zum Beladen benutzten Einkaufswagens mit einem Fahrzeug auf dem öffentlichen Parkplatz eines Einkaufsmarktes (Stuttgart VRS **47** 15, Koblenz StVE **Nr. 103**, LG Bonn NJW **75**, 178; and. Schild AK 99: kein typisches Straßenverkehrsrisiko) kann ein Verkehrsunfall sein; vgl. Bay **86** 70. Keinen Verkehrsunfall stellt dagegen der Zusammenprall zweier Fußgänger dar (Berz JuS 73, 558 FN 10, Cramer 4, Schild AK 99; and. Stuttgart VRS **18** 117, Lackner/Kühl 6, M-Schroeder I 563, Rudolphi SK 14, Rüth LK[10] 6, Geppert Jura 90, 80, da § 142 auch die Folge des Massenverkehrs von den daraus ergebenden Konsequenzen ist (vgl. insoweit auch M-Schroeder I 563). Dem Schutzbereich der Vorschrift können daher nur solche Vorgänge unterfallen, die damit in Zusammenhang stehen; dazu muß aber entweder die erhöhte (abstrakte) Gefahr einer beschleunigten Entziehung (mit dem Fahrzeug) vor eventuellen Feststellungen oder einer erheblicheren Schädigung, insb. wegen der größeren, einem Fahrzeug immanenten Energie, bestehen. Voraussetzung für die Anwendbarkeit des § 142 ist daher immer die Beteiligung wenigstens eines Fahrzeugs iwS (inkl. zB eines Reitpferdes: Celle VRS **92** 109) an dem Unfall (so auch Schild AK 99, Bär/Hauser I 3 d).

18   4. Verkehrsunfall ist nicht nur ein ungewolltes Ereignis. Ebenso wird nicht vorausgesetzt, daß jemand straf- oder ordnungsrechtlich zur Verantwortung gezogen werden kann; auch ein Unglück im Verkehr ist ein Unfall (RG **69** 367). Nach st. Rspr. (BGH VRS **10** 220, **11** 426, **21** 113, **28** 359, **36** 24, NJW **56**, 1807, BGH **24** 382 m. Anm. Forster NJW **72**, 2319 [Rammen des verfolgenden Polizeiautos], Bay StVE **Nr. 74**, Bay **86**, 70, Köln VRS **44** 20, Koblenz MDR **93**, 366, zust. M-Schroeder I 564) schließt auch die **vorsätzliche Herbeiführung des Unfalls** durch einen der Unfallbeteiligten § 142 nicht aus (and. jedoch LG Frankfurt NStZ **81**, 303); s. a. u. 19. Allerdings kann nur ein **durch die typischen Gefahren des Straßenverkehrs** verursachtes Ereignis ein „Unfall im Straßenverkehr" sein. Deshalb ist das Bewerfen des vorausfahrenden Pkw mit Flaschen ebensowenig Unfall iSv § 142 (Hamm NJW **82**, 2456) wie das Herunterfallen eines Pkw vom Wagenheber (vgl. AK Schild 99; and. Stuttgart NJW **69**, 1726, Köln VRS **65** 431) oder das Beschädigen der Schranke einer öffentlichen Tiefgarage beim Schließen per Hand (Bay JR **93**, 114 m. Anm. Weigend, Rudolphi SK 13). Ein Verkehrsunfall liegt nach diesen Grundsätzen dagegen vor, wenn jemand den Straßenverkehr als Mittel zur Selbstschädigung benutzt, zB sich in selbstmörderischer Absicht vor das Fahrzeug eines anderen wirft (BGH **12** 255, Rudolphi SK 15). Im übrigen kann jedoch ein Ereignis, das in der vorsätzlichen Schädigung anderer besteht, nicht nur deswegen als Verkehrsunfall gelten, weil es sich im öffentlichen Verkehrsraum abgespielt hat (Cramer 12):

Wer den öffentlichen Verkehr zu einem **deliktischen Verhalten mißbraucht** und etwa mit **19** seinem Kfz einen fremden Pkw dadurch, daß er aus Verärgerung die Scheiben eines Pkw einschlägt, verursacht keinen „Verkehrs"-unfall, auch wenn die Fahrzeuge auf der Straße stehen (Hartmann-Hilter NZV **95**, 340; and. Koblenz StVE **Nr. 14**, Bay JR **87**, 246 m. Anm. Hentschel, Geppert Jura 90, 80 FN 33), ebensowenig derjenige, der einen Menschen durch Überfahren ermordet oder ein ihn verfolgendes Polizeiauto rammt, um nicht gefaßt zu werden (zust. Blei II 351, W-Hettinger 251; vgl. Dünnebier GA 57, 42; offengelassen von BGH **24** 384; differenzierend Berz JuS 73, 560, der danach abgrenzt, ob eine bereits bestehende Verkehrsgefahr nur zu einer Schädigung ausgenutzt wird [dann „Verkehrsunfall"] oder ob eine solche Gefahr erst zu deliktischen Zwecken überhaupt ausgelöst wird [kein „Verkehrsunfall"]). Mißverständlich BGH VRS **36** 24: Daß der Schaden für den Verletzten ein ungewolltes Ergebnis ist, kann für den Begriff des Unfalls nicht allein entscheidend sein, wie das Beispiel des Selbstmörders beweist; s. a. Lackner/Kühl 8, der – wenig trennscharf – auf die Realisierung eines verkehrstypischen Unfallrisikos abstellen will. Wie hier weitgehend Roxin NJW **69**, 2038, Rudolphi SK 15; vgl. auch Geppert GA 70, 1, Oppe GA 70, 367, Eich MDR 73, 814, Berz JuS 73, 558, Bär/Hauser I 5 b. Der von Roxin, Geppert und Eich alternativ gewiesene Weg der Begrenzung eines extensiven Verkehrsunfallbegriffs durch den Grundsatz der Unzumutbarkeit (vgl. LG Duisburg NJW **69**, 1261 m. abl. Anm. Oppe, ferner auch Hartmann-Hilter aaO 341 f.), insb. im Hinblick auf eine mögliche Strafverfolgung sowie den Gedanken der „zivilrechtlichen Selbstbegünstigung" (Eich), erscheint wie alle Fälle der Unzumutbarkeit wenig präzise und bedenklich, da die Absicht, sich der Strafverfolgung zu entziehen, nicht nur entlastend, sondern – zB in §§ 211, 315 III Nr. 3 und 315 b III – auch belastend wirken kann (Ulsenheimer GA 72, 1, Berz JuS 73, 561, vgl. auch BGH **24** 386, Bay DAR/R **73**, 204 [Kfz-Dieb], **74**, 177 [entwichener Strafgefangener]).

III. Täter kann nur ein **Unfallbeteiligter** sein; § 142 ist daher ein echtes Sonderdelikt (vgl. **20** Rudolphi SK 4, Tröndle/Fischer 13; zu den Konsequenzen hinsichtlich der Beteiligung mehrerer vgl. u. 82).

Eine Legaldefinition des Unfallbeteiligten (hierzu krit. Engelstädter aaO 155, 195 ff. [Verstoß gegen **21** die vom AT vorgegebene {?} Systematik sowie gegen das Bestimmtheitsgebot, das Schuldprinzip sowie den Grundsatz in dubio pro reo]) findet sich in **Abs. 5**. **Täter** kann danach jeder sein, dessen Verhalten nach den Umständen möglicherweise zur Verursachung des Unfalls beigetragen hat; dabei genügt die Möglichkeit der Kausalität (vgl. Frankfurt NJW **83**, 293, Koblenz VRS **74** 436, Köln VRS **75** 343, Düsseldorf NZV **93**, 157): ex ante zu beurteilende Verdachtslage (Bay DAR **00**, 79), die allerdings durch die konkreten Fallumstände fundiert sein muß (Küper 275). Nur wenn diese zweifelsfrei ausgeschlossen werden kann, darf sich ein am Unfallort Anwesender entfernen (BGH **15** 4, Bay **54** 48, StVE **Nr. 101**, Köln NStZ-RR **99**, 251). Unfallbeteiligung iSd § 142 ist dabei nicht auf willensgesteuerte Vorgänge zu beschränken (vgl. Karlsruhe DAR **88**, 282 m. Anm. Janiszewski NStZ 88, 410). Entsprechend der Zielsetzung des § 142, am Unfallort Feststellungen über das Verhalten der Beteiligten zu ermöglichen, die im vollkommensten Grade getroffen werden können, genügt jedoch nicht jedes kausale oder schuldhafte Verhalten eines am Unfallort Anwesenden, sondern nur ein Verhalten in der **aktuellen Unfallsituation** (Cramer 21, Blei II 352, Rudolphi SK 16). Daher ist der Halter eines Kfz, der dieses zB einem anderen in verkehrsunsicherem Zustand, einem Fahrunsicheren oder einer Person ohne Führerschein überlassen hat, auch dann nicht wartepflichtig, wenn er im Fahrzeug mitfährt (Cramer 21, Blei II 352, Rudolphi SK 16, Janiszewski 175; and. BGH **15** 5, Bay VRS **12** 115, DAR/R **76**, 174, **78**, 208, **82**, 249, **84**, 240, Stuttgart VRS **72** 186, Schleswig SchlHA **88**, 106, Lackner/Kühl 4, Düsseldorf VM **76**, 23 [Ehemann], Köln VRS **86** 297, Frankfurt NStZ-RR **96**, 86, wohl auch KG VRS **46** 434). Auch die Rspr. verneint jedenfalls eine Wartepflicht allein aufgrund der Haltereigenschaft (Bay DAR/R **73**, 204, **74**, 177, **76**, 174). Der als Beifahrer mitfahrende Fahrzeughalter ist auch nicht allein deshalb Unfallbeteiligter, weil noch nicht feststeht, ob er nicht zugleich Führer des Fahrzeugs war; dafür bedarf es vielmehr konkreter Anhaltspunkte (Frankfurt NStZ-RR **96**, 86, NZV **97**, 125, Zweibrücken VRS **82** 115, J/Hentschel 29, Rudolphi SK 16, Hentschel NJW 91, 2082; and. BGH **15** 5, Bay StVE **Nr. 101**, Köln NZV **89**, 78 m. Anm. Schild, StVE **Nr. 95**). Maßgeblich ist allein die Lage, wie sie sich zZ des Unfalls darstellt (vgl. Bay DAR **00**,

79, Köln VRS **75** 343). Die spätere Feststellung, daß der Täter keine Ursache für den Unfall gesetzt hat, schließt daher die Möglichkeit einer Bestrafung wegen Unfallflucht nicht aus (Hamm VRS **15** 265); and. Bay StVE **Nr. 87** mit abl. Anm. Kreissl NJW 90, 3134: Der bloße, sei es auch naheliegende Verdacht gegen einen Fahrzeugführer, er habe bei einem Verkehrsvorgang einen Schaden verursacht, der – unter Zugrundelegung des Grundsatzes in dubio pro reo – in Wirklichkeit als schon vorhanden gewesen betrachtet werden muß, begründet keine Verpflichtung des Fahrzeugführers aus § 142. Mittelbare Verursachung des Unfalls genügt, zB durch Geben falscher Zeichen. Jedoch kann ein bloß mittelbar am Unfall Beteiligter nur Täter nach § 142 sein, wenn er sich regelwidrig verhalten hat (Cramer 18, Geppert Jura 90, 81, BA 91, 35, Lackner/Kühl 3). Wer sein Fahrzeug ordnungsgemäß zum Linksabbiegen angehalten hat, ist daher nicht wartepflichtig, wenn es zwischen zwei nachfolgenden Fahrzeugen zu einem Auffahrunfall kommt (Bay **71** 180). Als Täter kommen nicht nur Lenker eines Kfz oder Straßenbahnwagens in Betracht, sondern auch Fußgänger, Radfahrer, Lenker eines bespannten Fuhrwerks. Täter kann uU auch der Insasse eines Fahrzeugs sein, sofern er möglicherweise für den Unfall ursächlich geworden ist (RG DJ **41**, 995, BGH VRS **5** 42, **6** 33, **24** 34). Dazu reicht jedoch die rein theoretische Möglichkeit, daß er den Fahrer durch Gespräche abgelenkt hat, ebensowenig aus wie der möglicherweise auftauchende Zweifel, der Mitfahrer sei in Wahrheit Führer des Fahrzeugs gewesen. Wollte man anders entscheiden, so wäre jeder Insasse eines Fahrzeugs, da nicht auszuschließen ist, daß er den Fahrer „durch Gespräche" von der aufmerksamen Beobachtung der Fahrbahn abhielt (Cramer 20; and. BGH **15** 1, Celle MDR **66**, 432). Jedoch kann ein Beifahrer Unfallbeteiligter sein, wenn er rechtlich gebotenes Eingreifen unterlassen hat, wie der Beifahrer eines LKW, der das Rangieren des Fahrers nicht unterstützt hat (Karlsruhe StVE **Nr. 5**). Ohne Bedeutung ist, ob der Wartepflichtige den Unfall verschuldet hat (BGH **8** 265, **12** 255, VRS **4** 54, Köln StVE **Nr. 95**, Düsseldorf NZV **93**, 157, J/Hentschel 29, Bär/Hauser I 3 a). Unfallbeteiligter kann stets nur derjenige sein, der zZ des Unfallgeschehens am Unfallort anwesend war, also zB nicht ein nachträglich hinzukommender Kfz-Halter (Köln NJW **89**, 1683, Stuttgart NStZ **92**, 384, Engelstädter aaO 121, J/Hentschel 29, Lackner/Kühl 4; and. Berz NStZ 92, 591).

22   **IV.** Der **objektive Tatbestand** des **Abs. 1** erfordert weiter, daß sich der Unfallbeteiligte vom Unfallort **entfernt**, bevor er entweder durch seine Anwesenheit und durch die Angabe, am Unfall beteiligt zu sein, gewisse **Feststellungen ermöglicht** hat (Nr. 1) oder bevor er eine angemessene Zeit **gewartet** hat, ohne daß jemand bereit war, Feststellungen zu treffen (Nr. 2). Zur Tatbestandsstruktur des Abs. 1 vgl. eingeh. Küper GA 94, 54 ff.

23   **1.** Der Täter muß die Feststellung **seiner Person, seines Fahrzeugs** und der **Art seiner Beteiligung** ermöglichen (Feststellungsduldungspflicht). Er muß folglich die Aufklärung aller Umstände – aber auch nur dieser – dulden, die nach der objektiven Sachlage zur Befriedigung des Aufklärungsinteresses des Feststellungsberechtigten erforderlich sind (Volk DAR 82, 82). Nicht vorausgesetzt wird, daß die Feststellungen tatsächlich getroffen werden. Die Notwendigkeit, Feststellungen zu ermöglichen, wird nicht unbedingt dadurch ausgeschlossen, daß der Name des Unfallbeteiligten bekannt ist (Koblenz VRS **52** 274), auch sonst reicht zur Feststellung der Person nicht stets die Angabe des Namens aus (Frankfurt NJW **60**, 2067). Ebensowenig genügt idR die Feststellung des polizeilichen Kennzeichens, da dadurch zwar der Halter, uU aber nicht der Fahrer ermittelt werden kann (BGH **16** 139, Celle NdsRpfl. **60**, 280). Dies gilt aber nicht bei Beteiligung eines öffentlichen Verkehrsmittels, da mit dessen Nummer kraft der inneren Organisation des Fahrbetriebes zugleich die Person des Fahrzeugführers feststeht (LG Leipzig StVE **Nr. 105,** Neustadt NJW **60**, 1482 m. abl. Anm. Lienen NJW **60**, 2111, Neustadt MDR **61**, 435, Rudolphi SK 24). Erforderlich soll uU die Vorlage von Ausweispapieren sein (RG **66** 55, BGH **16** 144, Hamm NStZ/J **85**, 257; and. Rudolphi SK 24). Aber auch nachdem sich der Täter auf diese Art ausgewiesen hat, kann Unfallflucht begangen werden, wenn andere Feststellungen noch nicht getroffen sind (Bremen NJW **85**, 193). Das Hinterlassen einer Visitenkarte oder das Zurücklassen des Fahrzeugs mit Papieren berechtigt also regelmäßig nicht zum Sichentfernen, wenn die Frage, welches Fahrzeug benutzt worden ist oder welcher Art die Beteiligung am Unfall war, noch ungeklärt ist (Celle NdsRpfl. **56**, 155, Hamburg DAR **56**, 16, Frankfurt NJW **63**, 1215, KG VRS **33** 275 m. Anm. Schröder JR 67, 469, KG VRS **34** 110; zu weitgehend jedoch Hamm DAR **62**, 82). Zur Möglichkeit einer mutmaßlichen Einwilligung in diesen Fällen vgl. u. 74. Als Art der Beteiligung kommt auch der körperliche Zustand des Unfallbeteiligten (BGH VRS **4** 48), zB **Trunkenheit** und deren Grad (BGH VRS **39** 184, Bay NStZ/J **88**, 264, Hamburg DAR **56**, 16, Köln JMBlNRW **61**, 146, NStZ-RR **99**, 251, Saarbrücken NJW **68**, 459, Koblenz VRS **43** 181, 423, **52** 274 f., Cramer 31, J/Hentschel 36, Lackner/Kühl 17, Tröndle/Fischer 25, Volk DAR 82, 82; zu den Fällen, in denen ein zivilrechtliches Interesse an dieser Feststellung besteht vgl. Zopfs DRiZ 94, 89; and. Zweibrücken NJW **89**, 2765, Dvorak JZ 81, 19, MDR 82, 804, Geppert GA 91, 39, Hauser BA 89, 241, Hartmann-Hilter aaO 71, 91, Weigend NZV 90, 79), sowie der Zustand des Fahrzeugs (M-Schroeder I 565, Rüth LK[10] 35; vgl. Rudolphi SK 25, der diesen Umstand unter das Merkmal „Feststellung seines Fahrzeugs" faßt) in Betracht. Daher reicht aus, wenn sich ein Beteiligter nur der Entnahme einer Blutprobe entziehen will, die dazu dienen soll, die Frage des Alkoholgenusses zu klären (BGH VRS **4** 48, **16** 267, Celle NdsRpfl. **52**, 75, Schleswig SchlHA **54**, 233, Oldenburg NJW **68**, 2019); dies gilt jedoch nur, wenn die Ermittlung des Blutalkoholgehaltes mindestens auch dem Beweisinteresse der Unfallbeteiligten und Geschädigten und nicht ausschließlich der Strafverfolgung des Täters dient (letzteres ist der Fall, wenn die Verschuldens- und Haftungsfrage bereits vollständig geklärt ist; vgl. Bay VRS **65** 136, Oldenburg NJW **68**, 2020, Hamm VRS **40** 19, Karlsruhe NJW **73**, 378, Zweibrücken, DAR **91**, 431, StVE **Nr. 86** [dazu Geppert BA 91, 38], LG Wuppertal DAR **80**, 155; wie hier Schild AK 17, Zopfs VersR 94, 268; vgl. auch u. 54); nach Anordnung einer Blutprobe dauert die Wartepflicht bis zur Entscheidung über ihre zwangsweise Durchführung an (Köln NStZ-RR **99**, 252). Wo und wie der Unfallbeteiligte haftpflichtversichert ist, gehört dagegen nicht zu den Tatsachen, deren Feststellung am Unfallort ermöglicht werden muß (Bay DAR/R **68**, 226; vgl. aber Karlsruhe NJW **73**, 378). Jedoch kommt hier uU eine Ordnungswidrigkeit nach § 34 StVO in Betracht, wie sich auch im übrigen aus dieser Bestimmung über § 142 hinausgehende, aber nur bußgeldbewehrte Verpflichtungen ergeben können (vgl. dazu im einzelnen die Erl. bei Cramer zu § 34 StVO). Soweit Privatpersonen Feststellungen treffen, ist der Unfallbeteiligte nicht verpflichtet, Einwirkungen auf sein Fahrzeug zu dulden, etwa das Suchen nach einer Diagrammscheibe (Hamm VRS **14** 34; vgl. o. 2). Eine Einigung über die Schadenshöhe setzt § 142 nicht voraus (Hamburg NJW **79**, 439). Zur Frage, ob ein (pauschales) Schuldanerkenntnis ein weiteres Feststellungsinteresse ausschließt vgl. Stuttgart NJW **78**, 900, Bay VRS **60** 111, Schwab MDR **84**, 538. Zu der Pflicht, Feststellungen zu ermöglichen, wenn Polizeibeamte Augenzeugen des Unfalls sind, vgl. Celle NdsRpfl. **78**, 286. Sind die erforderlichen Feststellungen getroffen, so kann weiteres Verweilen nicht verlangt werden (Hamburg NJW **79**, 439). Wann dies der Fall ist, richtet sich nicht in erster Linie nach der Ansicht des Geschädigten, sondern nach der objektiven Sachlage (Oldenburg NJW **68**, 2020).

2. Diese Feststellungen muß der Täter **zugunsten** der anderen **Unfallbeteiligten** und der **Geschädigten** ermöglichen; damit wird der Kreis der **Feststellungsberechtigten** gekennzeichnet (vgl. auch Volk DAR 82, 82, Bär DAR 83, 215). Das Gesetz bringt so zum Ausdruck, daß der öffentliche Sanktionsanspruch durch die Vorschrift unmittelbar nicht durchgesetzt werden soll.

a) Ein anderer **Unfallbeteiligter** ist jeder, dessen Verhalten nach den Umständen zur Verursachung des Unfalls beigetragen haben kann (Abs. 5, näher o. 21), **Geschädigter** ist jeder, dem aus dem Unfall ein Schadensersatzanspruch erwachsen ist. Möglich ist dabei, daß die Person des anderen Unfallbeteiligten mit der des Geschädigten zusammenfällt, so wenn ein Fußgänger angefahren wird oder wenn der Fahrer des anderen unfallbeteiligten beschädigten Fahrzeugs zugleich der Eigentümer ist; möglich ist aber auch, daß ein anderer Unfallbeteiligter überhaupt fehlt, etwa wenn ein Fahrzeug einen Zaun oder einen Lichtmast beschädigt. In diesem Fall müssen die Feststellungen nur zugunsten des Geschädigten ermöglicht werden. Bei der Ermöglichung zugunsten des anderen Unfallbeteiligten ist es bedeutungslos, ob dieser selbst der Schädiger ist (Celle NJW **56**, 356), ob der mit diesem nicht identische Geschädigte auf Ersatzansprüche verzichtet (Hamm DAR **58**, 331), ob einer der Beteiligten allein für den Schaden haftet (BGH VRS **8** 274) und ob zweifelhaft ist, ob einem der Beteiligten ein Ersatzanspruch überhaupt zusteht (BGH VRS **24** 118). Als Geschädigte kommen auch in Betracht der zur Unfallzeit abwesende Eigentümer eines Fahrzeugs oder Tieres, das durch den Unfall beschädigt oder verletzt wird, sowie die nahen Angehörigen eines Getöteten (vgl. BGH VRS **24** 118), der verletzte Mitfahrer sowie der Dritte, dessen Sachen befördert oder dessen Fahrzeug vom Verunglückten benutzt worden ist (BGH **9** 268, VRS **42** 97, KG VRS **15** 121, Stuttgart MDR **56**, 119, VRS **16** 190, Hamm VRS **15** 340, **16** 26, **17** 416, Celle NJW **59**, 831, Köln VRS **37** 37; vgl. aber auch Dallinger MDR 56, 651). In diesen Fällen ist entschieden, ob die geschädigten Personen aufgrund der sofortigen Feststellungen über die Unfallursache einen etwaigen Anspruch gegen den Unfallbeteiligten besser durchsetzen können. Sind sie dagegen auf diese Feststellungen nicht angewiesen, so fehlt es an einem schutzwürdigen Feststellungsinteresse, so etwa, wenn den Schädiger die volle Beweislast trifft (der Fahrer fährt mit einem Mietwagen gegen einen Baum; zust. Rudolphi SK 19, Schild AK 112; and. Celle JR **79**, 79, LG Darmstadt MDR **88**, 1072, vgl. auch Bremen DAR **56**, 250; vgl. für den Leasinggeber Frankfurt StVE **Nr. 90**, Hamm NZV **92**, 240, Hamburg NZV **91**, 33; and. Oldenburg StVE **Nr. 91**, Karlsruhe VersR **92**, 691). Das gilt jedoch nicht, wenn der Täter das Fahrzeug gestohlen hat (BGH VRS **11** 208, Stuttgart VRS **16** 190), da der Geschädigte hier uU beweisen muß, daß der eingetretene Schaden nicht bereits vorher bestanden hat (Cramer 38). Dies ist nicht der Fall, wenn er das Fahrzeug in einer offensichtlichen Unfallsituation liegen läßt. Zur Frage, inwieweit gegenüber einem auf dem Beifahrersitz verletzten nahen Angehörigen eine Feststellungspflicht besteht, vgl. Bay DAR/R **84**, 240.

Wer sich nur **selbst verletzt** oder seine eigenen Sachen beschädigt hat, braucht daher mangels fremden Aufklärungsinteresses nicht am Unfallort zu warten (BGH **8** 263, VRS **24** 35, Bay **51** 602, Oldenburg VRS **9** 138; and. noch BGH VRS **8** 275). Auch Feststellungsinteressen der eigenen Versicherung, zB aus Kaskoversicherung, sind insoweit belanglos, da die Unfall so unmittelbar nicht in deren Rechtsbereich eingreift (BGH **8** 266, vgl. Nürnberg VersR **77**, 659), und zwar gleichgültig, ob der Versicherte selbst oder ein Dritter den Unfall verschuldet hat. Vgl. auch KG VRS **15** 345.

b) Da die Feststellungen nur **zugunsten** dieser Personen ermöglicht werden sollen, ist nicht erforderlich, daß sie ihnen selbst möglich gemacht werden; der Täter muß also etwa nicht jedem Unfallbeteiligten und Geschädigten gegenüber erklären, an dem Unfall beteiligt zu sein. Dies wäre ohnehin in solchen Fällen nicht möglich, in denen der Geschädigte – zB der Sicherungseigentümer des verunglückten Fahrzeugs – nicht an der Unfallstelle anwesend ist. Auch Abs. 1 bezieht sich nur auf die Verhaltenspflichten an der Unfallstelle. Die Feststellungen können also für die anderen Unfallbeteiligten und die Geschädigten auch durch Dritte (Koblenz NZV **96**, 324), für die ortsabwesenden

§ 142 28–30   Bes. Teil. Straftaten gegen die öffentliche Ordnung

Geschädigten insb. durch die anderen Unfallbeteiligten getroffen werden (Berz DAR 75, 312, Tröndle/Fischer 25). Das setzt jedoch voraus, daß das Ergebnis dieser Feststellungen den übrigen Geschädigten mitgeteilt werden soll (vgl. Blei II 352; vgl. auch KG VRS **67** 262, Zweibrücken DAR **91**, 431). Im übrigen ist jedoch zweifelhaft, wem sonst die Feststellungen ermöglicht werden müssen (vgl. auch Karlsruhe VRS **22** 440). Sicher ist zunächst, daß nach wie vor Feststellungen der Polizei oder eines sonstigen Organs der Verkehrsüberwachung genügen. Die Feststellungsberechtigten haben das Recht, sich mit Feststellungen anderer zu begnügen (vgl. Bremen VRS **10** 278, aber auch Neustadt VRS **14** 440 [Minderjähriger als Beteiligter]). Jeder Berechtigte kann aber auch polizeiliche Feststellungen verlangen (Neustadt DAR **58**, 271, KG VRS **34** 277, Hamm NJW **72**, 1383, Karlsruhe NJW **73**, 378, Bay DAR/R **74**, 177; and. Roesen NJW 57, 1739, Rupp JuS 67, 163 mit beachtlichen verfassungsrechtlichen Bedenken). Dieses Verlangen kann sich auch aufgrund der Umstände stillschweigend ergeben, so bei einem Unfall mit erheblichem Sachschaden (Bay NZV **92**, 245). Da die Polizei bei sog. Kleinunfällen zunehmend Ermittlungen ablehnt (zu dieser Befugnis Rupp JuS 67, 163; and. Bay NJW **66**, 588), also nicht bereit ist, Feststellungen zu treffen, kann die Pflicht, die Polizei abzuwarten, ebenfalls nur bei erheblicheren Schäden angenommen werden (Cramer 41; einschr. auch Hartmann-Hilter aaO 102, 118, Schneider aaO 144; and. Lackner/Kühl 17, Rüth LK[10] 28, vgl. auch J/Hentschel 47, Stuttgart NJW **78**, 900 [jedenfalls bei Fremdschaden ab 1000 DM]); auch dies gilt allerdings nur, wenn nach der objektiven Sachlage (und nicht nur nach der Meinung des Geschädigten) Feststellungen durch die Polizei noch erforderlich sind, also nicht mehr, wenn der Unfall bereits aufgeklärt ist (vgl. Oldenburg NJW **68**, 2019 [dazu Ulsenheimer JuS 72, 24], Karlsruhe NJW **73**, 378; Zweibrücken, StVE **Nr. 97** für den Fall, daß noch Zweifel hinsichtlich ausreichendem Haftpflichtversicherungsschutzes bestehen; vgl. ferner Zweibrücken StVE **Nr. 86** [dazu Geppert BA 91, 39]) oder der Schädiger seine volle ersatzpflicht anerkannt hat (Hamm VRS **40** 19; vgl. aber auch Hamm NJW **72**, 1383), wozu aber ein pauschales Schuldanerkenntnis nicht ausreicht (Stuttgart NJW **78**, 900; vgl. weiter Köln JMBlNW **83**, 138). Aber auch dann, wenn der Feststellungsberechtigte mit den ihm möglichen Feststellungen nicht zufrieden ist, die herbeigerufene Polizei aber nicht innerhalb angemessener Zeit erscheint, braucht der Unfallbeteiligte nicht weiter zu warten, da die Hinzuziehung der Polizei nicht eine Wartefrist auslösen kann, die diejenige nach Nr. 2 im Falle der Abwesenheit von Feststellungsinteressenten übersteigt (Küper NJW 81, 854, M-Schroeder I 569, iE ähnlich Müller-Emmert/Maier DRiZ 75, 178, vgl. auch u. 31 ff.).

28   3. Die Feststellungen müssen durch die **Anwesenheit** des Unfallbeteiligten und die **Angabe,** daß er an dem Unfall beteiligt ist, ermöglicht werden.

29   a) Nr. 1 verlangt also zunächst nur die **Anwesenheit** des Täters. Dieses Gebot entspricht in seiner Auswirkung dem Verbot, sich von dem Unfallort zu entfernen (vgl. u. 43). Die Wiederholung dieser Verhaltensvorschrift stellt daher lediglich klar, daß der Unfallbeteiligte grundsätzlich seine Pflicht, Feststellungen zu ermöglichen, allein durch ein passives Verhalten – seine Anwesenheit – erfüllen kann (Begründung BT-Drs. 7/2434 S. 7). § 142 begründet also **kein allgemeines Gebot, die Aufklärung des Unfalls zu fördern** (vgl. BGH **7** 117, VRS **25** 195, Stuttgart NJW **69**, 1726, KG VRS **35** 23; vgl. weiter BGH VRS **21** 268, Köln VRS **6** 362). Da vom Täter insoweit nur die Anwesenheit am Unfallort verlangt wird, reichen Handlungen, durch die die Feststellungen erschwert oder vereitelt werden, wie bisher für § 142 nicht aus (Begründung BT-Drs. 7/2434 S. 7, BGH **4** 148, **5** 124, **7** 117, VRS **5** 287, KG VRS **10** 454, Köln DAR **59**, 271, Bremen JR **72**, 295 m. Anm. Schröder, vgl. auch Hamm VM **64**, 63, Bay NJW **68**, 1896, Zweibrücken NJW **89**, 2765 m. Anm. Herzog, OLGSt **Nr. 9**, Berz DAR 75, 310, Bringewat JA 77, 234f., Cramer 25, Küper GA 94, 59f., Tröndle/Fischer 29, Lackner/Kühl 17, Schild AK 66, Loos DAR 83, 211, Maier JZ 75, 722, Rüth LK[10] 25; krit. Volk DAR 82, 82, M-Schroeder I 567), § 142 liegt deshalb nicht vor z.B. bei Verwischen von Spuren (vgl. Bay DAR/R **74**, 177), falschen Aussagen (vgl. BGH **30** 160, VRS **16** 297, Frankfurt VersR **90**, 918), bei Vorzeigen eines gefälschten Führerscheins gegenüber der Polizei (BGH MDR/D **73**, 555), beim Nachtrunk, um eine Blutprobe zu verfälschen (Oldenburg NJW **55**, 192, Köln JMBlNRW **61**, 146, Saarbrücken VRS **19** 342, Bay JR **69**, 429 m. Anm. Schröder, Hamburg VM **73**, 68, vgl. weiter Köln VRS **48** 89; and. Koch NJW **61**, 2195, gegen ihn Enskat NJW 62, 332). Zur möglichen Strafschärfung u. 86. Dagegen liegt § 142 I Nr. 1 vor, wenn der Täter den Unfallort verläßt, um an anderer Stelle einen Unfall vorzutäuschen, und zwar auch, wenn er von hier aus die Polizei herbeirufen will (vgl. Hamm VRS **18** 198).

30   b) Unter Durchbrechung des Grundsatzes, daß der Täter nicht durch aktives Verhalten an der Aufklärung des Unfalls mitwirken muß (vgl. o. 29), statuiert das Gesetz in verfassungsrechtlich allerdings keineswegs unbedenklicher Weise (o. 1) eine minimale aktive Mitwirkungspflicht in der Form, zugunsten der Feststellungsberechtigten (o. 25) die **Angabe** zu machen, **an dem Unfall beteiligt** zu sein (sog. **Vorstellungspflicht**). Dieser Hinweis setzt im Rahmen des § 142 nicht voraus, daß der Täter seinen Namen nennt (Neustadt NJW **60**, 680, LG Leipzig NZV **94,** 373 [Straßenbahnführer]), sich ausweist (LG Baden-Baden DAR **96**, 246) – er muß dann aber warten, bis die eingetroffene Polizei diese Feststellungen trifft (Rudolphi SK 24) – oder gar sich für (mit)schuldig an dem Unfall erklärt oder eine Darstellung des Unfallgeschehens gibt (vgl. BGH **30** 160, VRS **61** 209, Bay JR **83**, 41 m. Anm. Janiszewski, NJW **84**, 66, 1365, StVE **Nr. 101**, Frankfurt NJW **83**, 294, VersR **90**, 918, Küper JZ **88**, 473, Tröndle/Fischer 28). Ausreichend ist vielmehr die bloße – auch durch konkludente Erklärung mögliche – Mitteilung, es komme in Betracht, daß sein Verhalten zur

Verursachung des Unfalls beigetragen habe (Abs. 5, ebenso Maier JZ 75, 723, Schild AK 113). Auch die Angabe, in welcher Rolle der Täter an dem Unfall beteiligt war, ob etwa als Fahrer, Beifahrer usw, ist entgegen Jagusch (NJW 75, 1633, NJW 76, 504 ff.) nicht erforderlich (Bay StVE **Nr. 101,** Berz DAR **75,** 311, Maier JZ **75,** 723, JZ **76,** 1190 f., Cramer 29, Lackner/Kühl 18, M-Schroeder I 567, Tröndle/Fischer 28, W-Hettinger 252). Der Vorstellungspflicht genügt jedoch nicht, wer sich zwar zu erkennen gibt, aber seine Beteiligung an dem Unfall ausdrücklich leugnet (Frankfurt NJW **77,** 1833) bzw. sich fälschlich als bloßer Beifahrer ausgibt (Küper JuS 88, 288) oder so tut, als sei er nur Zeuge des Unfalls (Karlsruhe MDR **80,** 160). Zweifelhaft erscheint, ob sich durch die Neufassung etwas an der früher notwendigen Konsequenz der rein passiven Verhaltenspflicht ändert, daß straffrei sei, wer am Unfallort bleibt, jedoch den später eintreffenden Geschädigten nicht auf einen in seiner Abwesenheit entstandenen Schaden hinweist (vgl. Stuttgart NJW **69,** 1726; vgl. auch Bay NJW **70,** 717, Bremen JR **72,** 295 m. Anm. Schröder). Dem Wortlaut des § 142 I Nr. 1 ist eine solche Verpflichtung des Unfalltäters nicht ohne weiteres zu entnehmen. Insoweit könnte die Vorschrift auch so verstanden werden, daß die Verpflichtung zu der Angabe, an dem (einem bestimmten) Unfall beteiligt zu sein, nur besteht, wenn der Feststellungsinteressent von dem Unfall bereits Kenntnis genommen hat. Damit würde jedoch ein Teil der vom Gesetzgeber als bisher unbefriedigend geregelt angesehenen Fälle wiederum aus dem Anwendungsbereich des § 142 I herausfallen (vgl. Begründung BT-Drs. 7/2434 S. 7). Mit dem Wortlaut wohl noch vereinbar und im Sinn des § 142, die zivilrechtliche Beweissituation zu sichern, entsprechend ist daher uU auch die Angabe zu verlangen, daß sich überhaupt ein Unfall ereignet hat und eigene Mitverursachung in Frage kommt (ebenso Müller-Emmert/Maier DRiZ **75,** 177, Berz DAR **75,** 311, Küper JuS 88, 288, Lackner/Kühl 18, Maier JZ **75,** 724, Cramer 29, Tröndle/Fischer 28, Blei II 353, Rüth LK[10] 36, Lackner/Kühl 18; Jagusch NJW **76,** 504, Rudolphi SK 29). Die Vorstellungspflicht entfällt, wenn die Unfallbeteiligung bereits bekannt ist (Bay StVE **Nr. 101,** zB wenn Polizeibeamte den Unfall selbst beobachtet haben und den Unfallbeteiligten kennen (Celle Nds Rpfl. **78,** 286). Entfernt sich der Unfallbeteiligte, ohne sich als solcher vorgestellt zu haben, vom Unfallort, nachdem keine feststellungsbereiten Personen mehr anwesend sind, so soll er gem. Abs. 2 Nr. 1 nachträglich zur unverzüglichen Feststellung verpflichtet sein (Bay StVE **Nr. 64** m. Anm. Schwab MDR 84, 639, NJW **84,** 1365 im Anschluß an Bay NJW **84,** 66, W-Hettinger 252); in Betracht kommt auch hier jedoch ein Verstoß gegen Abs. 1 Nr. 1; vgl. dazu u. 43.

4. Sind **Feststellungen** der in Nr. 1 genannten Art **nicht sofort möglich,** weil keine feststellungsbereiten Personen am Unfallort anwesend sind, so hat der Unfallbeteiligte eine **angemessene Zeit** zu **warten (Nr. 2).** Die Wartepflicht dient dazu, dem zivilrechtlichen Aufklärungsinteresse der Berechtigten dadurch Rechnung zu tragen, daß die Feststellungen durch später eintreffende Feststellungsinteressenten noch am Unfallort getroffen werden können. 31

a) Als **feststellungsbereite Personen** kommen nicht nur die Feststellungsberechtigten (o. 24), sondern auch andere Personen in Betracht, die erkennbar bereit sind, ihre Erkenntnisse den anderen Unfallbeteiligten und Geschädigten mitzuteilen (Koblenz NZV **96,** 324, Blei II 352; vgl. auch Zweibrücken DAR **91,** 431 u. – weitergehend – DAR **82,** 332, wonach jede an der Unfallstelle erscheinende Person feststellungsberechtigt sein soll; krit. Bär DAR 83, 216). Erscheint während der Wartezeit (dazu u. 33 ff.) eine feststellungsbereite Person, so hat der Täter die Feststellungen nach Nr. 1 jetzt zu ermöglichen. Wann eine Person feststellungsbereit ist, kann nur nach der konkreten Situation entschieden werden. Da Nr. 1 von dem Unfalltäter zur Ermöglichung der Feststellungen die Angabe verlangt, an dem Unfall beteiligt zu sein, die nach der hier vertretenen Auffassung auch den Hinweis einschließt, daß sich überhaupt ein Unfall ereignet hat (vgl. o. 30), ist Feststellungsinteressent auch derjenige, der noch keine Kenntnis von dem schädigenden Ereignis hat, sofern davon ausgegangen werden kann, daß er nach Kenntnisnahme Feststellungen treffen werde. 32

b) Erscheint kein Feststellungsinteressent, so darf sich der Wartepflichtige erst **entfernen,** nachdem er eine nach den Umständen angemessene Zeit an der Unfallstelle gewartet hat; ihn trifft dann jedoch die Verpflichtung, die Feststellungen nachträglich zu ermöglichen, Abs. 2 (dazu u. 49). Der **Umfang der Wartepflicht** beurteilt sich nach den Maßstäben der Erforderlichkeit und der Zumutbarkeit (Stuttgart DAR **77,** 22). 33

α) Bei der **Erforderlichkeit** kommt es allerdings nicht darauf an, ob im Einzelfall festgestellt werden kann, daß das Sichentfernen die Beweismöglichkeiten beeinträchtigt hat (Hamm VRS 23 102, Küper GA 94, 73). § 142 bindet vielmehr die Unfallbeteiligten an die Unfallstelle ohne Rücksicht darauf, ob ihre Gegenwart für die Aufklärung förderlich ist oder nicht (abstraktes Gefährdungsdelikt). Deshalb entfällt eine Wartepflicht nicht schon dann, wenn andere Beweismittel zur Verfügung stehen, wie zB Zeugenaussagen (vgl. Saarbrücken VRS **21** 424), oder wenn ein Begleiter mit dem Auftrag zurückgelassen wird, Namen und Aufenthalt des Täters anzugeben (BGH DAR/M **58,** 39, KG VRS **40** 109), auch nicht, wenn der Täter entschlossen ist, sich alsbald bei dem Geschädigten zu melden und den Schaden zu ersetzen (vgl. Bay DAR/R **68,** 225), ebensowenig durch das Anbringen eines Zettels mit entsprechender Mitteilung am beschädigten Kfz (vgl. Frankfurt NJW **62,** 685, **63,** 1215, KG VRS **33** 275 m. Anm. Schröder JR 67, 471, Bay NJW **70,** 717, Hamm NJW **71,** 1470; u. 40); vgl. auch o. 23. Zu Ausnahmen vgl. u. 42, 53, 75. 34

Das Merkmal der Erforderlichkeit hat demnach nur die Bedeutung, daß eine **Wartepflicht nicht besteht** (oder endet; vgl. Hamburg VRS **32** 361), wenn mit dem **Erscheinen feststellungsbereiter Personen** am Unfallort **nicht** (oder nicht mehr; Koblenz VRS **49** 180) zu rechnen ist (wie hier 35

§ 142 36–39 Bes. Teil. Straftaten gegen die öffentliche Ordnung

Cramer 44, Rüth LK[10] 38; and. Tröndle/Fischer 30, Küper NJW 81, 853, Lackner/Kühl 19, Rudolphi SK 32, Koblenz VRS 53 110). Dafür sind die Umstände des Einzelfalles maßgebend, wie zB das äußere Bild der Unfallstelle (vgl. KG VRS 35 23, Hamm DAR 73, 104). Zu eng (so auch Lackner/Kühl 19 mwN) ist allerdings die in der Rspr. früher verschiedentlich gebrauchte Formulierung, eine Wartepflicht bestehe nur dann, wenn mit dem alsbaldigen Erscheinen feststellungsbereiter Personen zu rechnen sei (BGH 7 116, 20 260, GA 57, 243, VRS 25 196, Hamburg VRS 32 359; vgl. auch Hoffmann NJW 66, 2001). So kann bei einem Unfall mit besonders schweren Folgen eine Wartepflicht auch dann bestehen, wenn feststellungsbereite Personen voraussichtlich nicht schon in Kürze, sondern vielleicht erst nach 2 Stunden eintreffen werden (BGH 4 144 m. Anm. Lange JZ 54, 329, 5 127, KG VRS 35 23, wo nur darauf abgestellt wird, daß überhaupt mit dem Erscheinen feststellungsbereiter Personen gerechnet werden kann, Koblenz NZV 96, 324). Vgl. u. 36, ferner Saarbrücken VRS 40 424, Koblenz VRS 43 423. Zur Problematik der Wartefrist vgl. Küper NJW 81, 853. Vgl. auch Philipps (Kaufmann-FS 265) neuen Versuch, die Wartezeit nach den Regeln der Fuzzy Logic zu bestimmen (s. a. Hamann aaO 101 ff.); die danach zu erzielenden Erg. dürften sich von denen der hM nicht wesentlich unterscheiden.

36   β) Ob überhaupt in solchen Fällen und wie lange der Beteiligte am Unfallort zu warten hat, richtet sich mithin nach den **Umständen des Einzelfalles** (BGH DAR 55, 116, KG VRS 15 346, Köln JMBlNRW 63, 22, Karlsruhe VRS 22 440, Hamburg VRS 32 362, Bay NJW 70, 717, DAR/R 71, 202, VRS 60 112, Hamm VRS 41 28, DAR 73, 104, NJW 77, 207, Saarbrücken VRS 46 187, Stuttgart DAR 77, 22, NJW 81, 1107) unter Beachtung des Maßstabs der **Zumutbarkeit**. Dabei ist nach den Grundsätzen der Güterabwägung das Interesse des Täters am Verlassen der Unfallstelle gegenüber dem Feststellungsinteresse der Geschädigten abzuwägen (vgl. Schröder JR 67, 472, Köln VRS 38 436). Bei geringfügigen Schäden (vgl. Bay DAR/R 68, 225, Hamm StVE **Nr. 24**, Düsseldorf StVE **Nr. 104**), bei einer relativ unkomplizierten und leicht rekonstruierbaren Unfallsituation wird die Wartepflicht weniger weit gehen (vgl. Bay VRS 18 197, NJW 70, 717, KG VRS 37 192, Zweibrücken VRS 82 119), als wenn es sich um schwere Schäden oder eine komplizierte Unfallsituation handelt. Auch die Verkehrsdichte, die Tageszeit und die Witterung sind bei der Bemessung der Wartezeit zu berücksichtigen (Bremen NJW 67, 991, Schleswig DAR 69, 49, Hamm VRS 41 28, Koblenz VRS 43 423, Saarbrücken VRS 46 187, Bay DAR/R 74, 177, Köln DAR 94, 204). UU genügt es, wenn der Täter anhält und sich vergewissert, ob es zu einem Schaden gekommen und wie hoch dieser ist; ist nach den Umständen keine feststellungsbereite Person zu erwarten, kann er weiterfahren (vgl. Schild AK 115); das Verweilen an der Unfallstelle wäre hier eine leere Formalität (Köln VRS 38 436). Nach der Einführung der nachträglichen Feststellungspflicht durch die Neufassung des § 142 neigt die Rspr. dazu, die Wartezeit kürzer zu bemessen (vgl. etwa Hamm StVE **Nr. 24**; s. a. Berz DAR 75, 312), sofern der Täter seiner Verpflichtung nachkommt; s. a. u. 38.

37   Zweifelhaft ist, inwieweit es zumutbar sein kann zu warten, wenn der Täter sich durch das Verbleiben am Unfallort **einer Straftat verdächtig** machen würde. Soweit es sich um eine Strafbarkeit wegen des Unfalls selbst handelt, also zB eine Strafverfolgung aus den §§ 222, 229 oder 315b, 315c in Frage kommt, ist das Warten stets zumutbar, da § 142 gerade die Ursachen im Interesse aller Beteiligten zu klären beabsichtigt. Zum Gedanken der Unzumutbarkeit in den Fällen, in denen andere Straftaten in Frage stehen (der von der Polizei verfolgte Räuber streift einen anderen PKW, vgl. die o. 19 geäußerte grundsätzliche Kritik an der Annahme von Unzumutbarkeit. Selbst wenn man hier Zumutbarkeitserwägungen Raum geben will (vgl. auch LG Duisburg NJW 69, 1261 m. abl. Anm. Oppe), erscheint jedenfalls bei Schäden größeren Umfangs auch in solchen Fällen das Verbleiben am Unfallort als zumutbar (BGH VRS 38 341). Vgl. auch § 323c RN 23.

38   γ) **Beispiele aus der Rspr.** Grundsätzlich ist das Eintreffen der herbeigerufenen Polizei abzuwarten (Hamm JMBlNRW 55, 18, NJW 72, 1383, Bay DAR/R 74, 177, 81, 244); dies gilt auch dann, wenn sich die Beteiligten zur Schadensregulierung in eine nahegelegene Wohnung begeben (Köln NJW 81, 2367); ebenso darf sich der Täter grundsätzlich nicht eher entfernen, als bis die den Unfall aufnehmenden Polizeibeamten ihm dies gestatten (BGH VRS 16 267). Wer Passanten, die sich zur Benachrichtigung der Polizei bereit erklärt haben, mit der Begründung wegschickt, er selbst würde dies tun, kann sich nicht darauf berufen, daß jetzt keine feststellungsbereiten Personen mehr zu erwarten sind (Bay NJW 87, 1712). Angesichts der Verpflichtung des Abs. 2, nach erfolglosem Verstreichen der Wartezeit die Feststellungen nachträglich zu ermöglichen, können die in der Rspr. zu § 142 aF geforderten Wartezeiten nicht auf die geltende Fassung übertragen werden (vgl. dazu Cramer 47, Dornseifer JZ 80, 299, Küper NJW 81, 853 f.); ihr gegenüber wird man die Dauer der Wartefrist abkürzen müssen, da die Interessen der Feststellungsberechtigten durch Abs. 2 ohnehin stärker geschützt sind als bisher (Berz DAR 75, 312, Cramer 48, Lackner/Kühl 19, ähnlich Janiszewski DAR 75, 174).

39   Einzelfälle: Als **ausreichend** wurde angesehen eine Wartezeit von 10 Min. bei einem nächtlichen Unfall mit nur geringfügigem Schaden (ca. 200 DM, vgl. Düsseldorf VM 76, 52; and. Schleswig DAR 78, 50, Bay DAR/R 77, 203). Bei Beschädigung eines Hydranten, eines Zaunes und eines Baumes zur Nachtzeit reicht eine Verweildauer von etwa 30 Min. aus (Düsseldorf VM 78, 54). Das gleiche gilt bei einem nächtlichen Unfall mit einem Schaden von 1100 DM (Düsseldorf VRS 54 41, Nürnberg VersR 93, 1350). Im Falle der Tötung oder schweren Körperverletzung dagegen beträgt die Wartefrist wenigstens eine Stunde (M-Schroeder I 570). **Nicht** ausreichend sind nachts 15 Min. Wartezeit bei einem Schaden von 1500 DM (Koblenz VRS 49 180) und 30 Min. bei einem Fremd-

schaden von 3400 DM (Hamburg VRS **55** 347). Gegen Abend sollen 20 Min. bei einem Schaden in Höhe von 600 DM (Stuttgart DAR **77**, 22) und 10 Min. bei einem kleinen Schaden (170 DM) auf verkehrsreicher Straße (Hamm StVE **Nr. 7**) nicht genügen.

δ) Umstritten ist, ob bei der Abwägung der Interessen der Unfallbeteiligten der Aufklärung des **40** Unfalls dienende Handlungen des Unfalltäters in der Weise zu berücksichtigen sind, daß sie die Wartefrist abkürzen oder ganz entfallen lassen. Als solche Handlungen kommen in Betracht das Benachrichtigen der Polizei (Hamm VRS **13** 137, Frankfurt NJW **67**, 2073), das Anbringen eines Zettels mit den notwendigen Angaben am beschädigten Fahrzeug (Hamm VM **64**, 63, NJW **71**, 1469, KG VRS **33** 275 m. Anm. Schröder JR 67, 469, Bay NJW **68**, 1896, NJW **70**, 717, Köln StVE **Nr. 51**; vgl. aber Hamm DAR **62**, 82, Frankfurt NJW **63**, 1215 m. abl. Anm. Rutkowsky; vgl. auch Zopfs VersR 94, 273, Hartmann-Hilter NZV 92, 429), das Zurücklassen des Fahrzeugs samt Fahrzeug- und Ausweispapieren des Fahrers (Zweibrücken VRS **82** 119) oder ein Anruf beim Geschädigten (Bay VRS **71** 34). Da Abs. 2 und Abs. 3 weitere Handlungen gerade auch verlangen, nachdem der Täter seiner Wartepflicht nach Abs. 1 Nr. 2 genügt hat, können derartige Handlungen allenfalls zu einer Verkürzung der Wartezeit führen (Bär/Hauser I 11 d, Tröndle/Fischer 32, Rudolphi SK 34, Lackner/Kühl 19); zur Rechtfertigung durch mutmaßliche Einwilligung vgl. u. 74 f.

5. Erst wenn der Unfalltäter seiner Verpflichtung aus Nr. 1 bzw. Nr. 2 nachgekommen ist, darf er **41** sich **vom Unfallort entfernen** (vgl. auch BGH VRS **16** 267); zum Verhältnis zwischen Pflichtverletzung und Tathandlung vgl. Küper GA 94, 60 ff.; and. jedoch wenn nach Ablauf der Wartefrist noch eine feststellungsbereite Person erscheint (Stuttgart NJW **82**, 1769). Tathandlung ist also das Sichentfernen vom Unfallort vor Erfüllung der vorstehend genannten Pflichten. Dagegen ist die Verletzung der Vorstellungspflicht für sich allein nicht vom Tatbestand erfaßt. Entfernt er sich ungerechtfertigt oder unentschuldigt vorher, so ist er grundsätzlich nach § 142 strafbar, auch wenn er zurückkehrt und dann die Feststellungen ermöglicht oder die Wartezeit verstreichen läßt; zur nach Einfügen des Abs. 4 nicht mehr möglich (u. 83) analogen Anwendung von § 24 I vgl. 25. A. RN 41, 83.

a) Der **Unfallort** ist die Stelle, an der sich das schädigende Ereignis zugetragen hat, sowie der **42** unmittelbare Umkreis, innerhalb dessen das unfallbeteiligte Fahrzeug durch den Unfall zum Stillstand gekommen ist oder – unter Beachtung der den Fahrer bei geringfügigen Schäden gemäß § 34 I Nr. 2 StVO treffenden Pflicht, unverzüglich beiseite zu fahren – hätte angehalten werden können. Die Rspr. stellt zT darauf ab, ob den Täter in dem fraglichen Bereich von feststellungsbereiten Personen noch vermutet und gegebenenfalls durch Befragen ermittelt würde (Hamm VRS **54** 433, KG DAR **79**, 23, Bay NJW **79**, 437, zust. Rüth LK[10] 63, Köln NZV **89**, 198 m. Anm. Bernsmann NZV 89, 198). Nicht mehr an der Unfallstelle befindet sich jedenfalls der Täter, der sich bereits 100 m von dem Ort des Schadensereignisses entfernt hat (Bay NJW **79**, 437) bzw. 250 m auf einer Bundesautobahn (Karlsruhe DAR **88**, 282 m. Anm. Janiszewski NStZ 88, 410).

b) Für das **Sichentfernen** ist eine **Ortsveränderung** erforderlich (Berz DAR 75, 310, Janiszewski **43** DAR 75, 172, Schild AK 104, Hamm DAR **78**, 140, NJW **79**, 438, Küper JZ 81, 213, Lackner/Kühl 11; and. Gössel II 583), aber auch ausreichend (Bay VRS **50** 186), die über den Bereich des Unfallorts hinausgeht. Diese Voraussetzungen können nicht anhand einer metermäßigen Mindestdistanz bestimmt werden; entscheidend ist vielmehr, ob der Täter sich so weit von der Unfallstelle abgesetzt hat, daß ein Zusammenhang mit dem Unfall nicht mehr ohne weiteres erkennbar ist (Stuttgart JR **81**, 209 m. Anm. Hentschel). Ob der Täter dabei von einem Feststellungsinteressenten verfolgt wird, hat auf die Tatbestandsmäßigkeit des Verhaltens keinen Einfluß (Celle NdsRpfl. **77**, 169, Bay NJW **79**, 437, Düsseldorf VM **76**, 28). Ebenso bedeutungslos ist hierfür, ob die anderen Unfallbeteiligten mit der Ortsveränderung einverstanden sind (and. Bremen VRS **52** 423), jedoch liegt dann ein durch deren Einwilligung berechtigtes Verlassen der Unfallstelle vor (vgl. dazu u. 51 ff.). Nach den Regeln über die mutmaßliche Einwilligung wird berechtigtes Sichentfernen auch vor, wenn sich der Täter von der Unfallstelle in die Nähe der Unfallstelle gelegenen Telefonzelle oder einem Streckentelefon anruft, um die Feststellungen zu beschleunigen, oder wenn er in einer nahegelegenen Gaststätte oder Wohnung das Eintreffen von Feststellungsinteressenten abwartet, sofern dadurch die Feststellungen nicht wesentlich behindert werden (and. – Tatbestandsausschluß – Lackner/Kühl 11, M-Schroeder I 568, Rudolphi SK 35; zur entsprechenden Frage bei § 142 aF vgl. 19. A. RN 37); entfernt sich der Täter allerdings von dieser Örtlichkeit, ohne zum Unfallort zurückzukehren, so greift § 142 II Nr. 2 (u. 47, 53). Es kann also nicht mehr genügen, daß der Täter lediglich eine Ortsveränderung im Bereich der Unfallstelle vornimmt und dadurch die Feststellungen erschwert, sich etwa unter die Menge mischt und so als Unfallbeteiligter nicht zu erkennen ist (Cramer 52, Berz DAR 75, 310, Janiszewski DAR 75, 173, Hamm NJW **79**, 438). Durch die richtig verstandene Verpflichtung, sich vor der Entfernung als Unfallbeteiligter zu erkennen zu geben, wird hierfür jedoch ein Ausgleich geschaffen. Zwar scheint der Wortlaut des § 142 I Nr. 1 nur zu verlangen, daß der Täter die Feststellungen nach Nr. 1 ermöglicht, bevor er den Unfallort verläßt. Daraus könnte nun der Schluß gezogen werden, daß der Täter sich nicht strafbar mache, solange er sich – wenn auch verborgen – dort aufhalte und er dementsprechend jedenfalls nicht nach Abs. 1 strafbar sei, wenn er sich erst vom Unfallort entferne, nachdem keine Feststellungsinteressenten mehr vorhanden sind (vgl. hierzu etwa Bay NJW **84**, 66). Damit würde jedoch der Intention des Gesetzes nicht Rechnung getragen und auch unberücksichtigt gelassen, daß der Täter die Feststellungen in diesem Fall gerade nicht durch seine Angabe, an dem Unfall beteiligt zu sein, ermöglicht hat, obwohl

§ 142 44-48   Bes. Teil. Straftaten gegen die öffentliche Ordnung

zunächst Feststellungsinteressenten am Unfallort anwesend waren. Abs. 1 Nr. 1 liegt nach der ratio legis also auch dann vor, wenn der Täter als letzter den Unfallort verläßt (vgl. Hamm NJW **79**, 438, Lackner/Kühl 18, Rudolphi SK 29a, Schild AK 122, Janiszewski 179, Küper JuS 88, 288, GA 94, 68 ff., and. Bay StVE **Nr. 64** m. Anm. Schwab MDR 64, 639, NJW **84**, 1365, Frankfurt NJW **90** 1190, Rengier II 284, Tröndle/Fischer 34, W/Hettinger 252, die eine nachträgliche Feststellungspflicht nach Abs. 2 annehmen).

44   Der Begriff des Entfernens setzt hier weder voraus, daß **Feststellungsmaßnahmen** bereits **begonnen haben,** noch, daß sie unmittelbar bevorstehen (so aber Hoffmann NJW 66, 2001). Bei derartiger Einschränkung würden gerade besonders schwere Fälle der Unfallflucht (Tötung eines der Beteiligten) straflos ausgehen, wenn im Einzelfall der sofortige Beginn von Ermittlungen etwa wegen des abgelegenen Ortes oder der späten Stunde nicht zu erwarten wäre. Ausnahmen von der Wartepflicht können sich in solchen Fällen nur aufgrund von Zumutbarkeitserwägungen ergeben (vgl. o. 36 ff.).

45   Das Entfernen ist auch durch **passives Verhalten** möglich (M-Schroeder I 566). Wer als Mitfahrer am Unfall beteiligt und daher wartepflichtig ist, begeht Unfallflucht, wenn er es unterläßt, den Fahrer zum sofortigen Halten zu bewegen, sofern die Aufforderung Erfolg gehabt hätte (Cramer 54; vgl. auch Joerden JR 84, 52; and. BGH VRS **5** 44, der nur auf die unterlassene Aufforderung abstellt; das Unterlassen einer nicht realisierbaren Aufforderung kann lieber allenfalls einen – hier nicht strafbaren – Versuch darstellen).

46   Unstreitig ist, daß ein Sichentfernen dann nicht vorliegt, wenn der Unfallbeteiligte **ohne seinen Willen** vom Unfallort entfernt worden ist (Bay NJW **93**, 410, Hamm NJW **79**, 438, Köln VRS **57** 406, Hentschel NJW 82, 1078, Köln VRS **64**, Geppert Jura 94, 830, Rudolphi SK 35a, Lackner/Kühl 12, Volk DAR 82, 83, Schild AK 106). In der Rspr. spielen dabei folgende Situationen eine Rolle: einmal der Fall, daß der nach einem Unfall bewußtlose Täter ins Krankenhaus gebracht wurde (vgl. Köln VRS **57** 406), dann die Situation, daß der wartepflichtige Beifahrer gegen seinen Protest durch Weiterfahren gehindert wird, an der Unfallstelle zu verbleiben, weiterhin der Fall, daß der Unfallbeteiligte von der Polizei zur Blutentnahme gebracht oder sonst in Gewahrsam genommen wurde (vgl. Bay StVE **Nr. 101**, Hamm NJW **79**, 439). Daß hier mangels einer Handlung (Bewußtlosigkeit, vis absoluta; vgl. dazu auch Bär JR 82, 379) oder infolge einer Nötigung (vis compulsiva) eine strafrechtliche Haftung nach Abs. 1 ausscheidet, versteht sich von selbst. Streitig ist allenfalls, ob nach einem „Entfernen" im dargelegten Sinne eine nachträgliche Feststellungspflicht entsteht. Dies wird von der Rspr. im Anschluß an BGH **28** 129 teilweise bejaht (Bay **81** 200, VRS **59** 27; differenzierend Bay StVE **Nr. 101**; and. Köln VRS **57** 406, Hamm NJW **79**, 438; vgl. BGH **30** 160) mit der Begründung, daß Abs. 2 alle Fälle erfassen soll, in denen der Unfallbeteiligte, aus welchem Grund auch immer, den Unfallort verlassen hat. Differenzierend stellt Volk DAR 82, 83 darauf ab, ob eine Rechtspflicht nach Abs. 2 dem Normzweck der Vorschrift entspricht; dies soll etwa bei einem Verbringen ins Krankenhaus, nicht aber bei einer Verhaftung der Fall sein. Richtigerweise wird man hier darauf abstellen müssen, daß auch nach dem Wortlautsinne des Abs. 2 eine nachträgliche Feststellungspflicht ein berechtigtes oder entschuldigtes Sichentfernen voraussetzt, so daß auch eine Strafbarkeit nach Abs. 2 ausscheidet (W-Hettinger 253). Zum Parallelproblem des unvorsätzlichen Entfernens vgl. u. 55.

47   c) Nicht tatbestandsmäßig iSv Abs. 1 handelt der Täter, der sich **von einem anderen als dem Ort des Unfalls** entfernt (Berz DAR 75, 310, Cramer 55, Lackner/Kühl 12, Rudolphi SK 35b, Tröndle/Fischer 23). Zu denken ist dabei einmal an die Fälle berechtigten (oder auch entschuldigten) Verlassens der Unfallstelle (dazu u. 50 ff.), zB wenn die Beteiligten sich abgesprochen haben, die Feststellungen an einem anderen Ort zu treffen (vgl. u. 53), oder wenn der Täter durch polizeiliche Anordnung zur Feststellung seiner BAK in ein Krankenhaus oder zur Feststellung der Personalien auf die Polizeiwache gebracht worden ist (vgl. auch Hamm NJW **79**, 438 f.). Entfernt er sich dann von hier, bevor die Feststellungen abgeschlossen sind, so kommt eine Bestrafung nicht aus Abs. 1, sondern nur nach Abs. 2 in Betracht. Gänzlich unanwendbar ist § 142 dagegen, wenn jemand sich zur Zeit des Unfalls und innerhalb der Wartezeit (o. 35 ff.) gar nicht an dem Unfallort befunden hat (KG VRS **46** 434, Bay JZ **87**, 49). So liegt es etwa, wenn ein Fahrer, der sein Fahrzeug verkehrswidrig abgestellt hat, aus der Ferne beobachtet, daß dieses in einen Unfall verwickelt ist. Hier besteht keine Verpflichtung zur Rückkehr an den Unfallort und – mangels einer Wartepflicht – zur Ermöglichung nachträglicher Feststellungen nach Abs. 2 (Köln NJW **89**, 1683, Stuttgart NStZ **92**, 385). Eine Bestrafung des Fahrers aus § 142 kann in diesem Fall nur erfolgen, wenn er sich vor Ablauf der Wartefrist an die Unfallstelle begeben hat, diese aber vor Fristablauf wieder verläßt (Cramer 22, Berz NStZ 92, 592; and. Köln aaO) oder sich zwar erst nach Ablauf der Wartefrist dorthin begeben hat, dort feststellungsbereite Personen antrifft und sich gleichwohl wieder entfernt.

48   V. Der **objektive Tatbestand des Abs. 2** erfaßt mit seiner Strafdrohung diejenigen Unfallbeteiligten, die sich zwar vom Unfallort straflos entfernt haben, bevor Feststellungen getroffen werden konnten, die dann aber nicht später **unverzüglich** diese **Feststellungen auf andere Weise ermöglicht** haben. Die nachträgliche Feststellungspflicht soll die von der Rspr. zu § 142 aF entwickelte Rückkehrpflicht ersetzen (vgl. 17. A. RN 22), die seit der Neufassung der Vorschrift nicht mehr besteht (Bay StVE **Nr. 70**). Dadurch sollten ein umfassenderer Schutz des Feststellungsinteressenten und größere Rechtsklarheit geschaffen werden. § 142 Abs. 2, 3 stellen jedoch keine Meisterleistung an legislatorischer Formulierungskunst dar und werfen zahlreiche Auslegungsprobleme auf. So ist umstritten, ob die nachträgliche Feststellungspflicht auch denjenigen trifft, der gegen seinen Willen vom Unfallort fortgebracht wurde (vgl. o. 46) oder sich unvorsätzlich vom Unfallort entfernt hat (vgl. u. 55). Streitig ist weiterhin, welchen Weg der Täter wählen muß, um der Feststellungspflicht zu genügen. Abs. 2 spricht davon, daß die Feststellungen „unverzüglich" zu ermöglichen sind, Abs. 3 gibt dem Feststellungspflichtigen ein Wahlrecht und stellt ihm frei, entweder den Berechtigten oder eine nahe gelegene Polizeidienststelle zu benachrichtigen. Dieses Wahlrecht wird von der Rspr. dahin eingeschränkt, daß der Weg zu wählen sei, der unverzügliche Feststellungen ermöglicht. Praktisch bedeutsam ist dies bei nächtlichen oder bei Unfällen am Wochenende, bei denen der Berechtigte nicht am Unfallort anwesend ist; hier kommt die Rspr. iE zu einer Verpflichtung zur Selbstanzeige (vgl. u. 65).

1. Die Verpflichtung, die Feststellungen nachträglich zu ermöglichen, trifft einmal denjenigen **49** Unfallbeteiligten, der sich **nach Ablauf der Wartefrist** des Abs. 1 Nr. 2 (o. 31 ff.) vom Unfallort **entfernt** hat **(Nr. 1).** Ausnahmsweise besteht die Pflicht dann nicht, wenn die anderen Unfallbeteiligten die an sich gegebenen hinreichenden Feststellungsmöglichkeiten lediglich nicht ausreichend genutzt haben (Cramer 57; and. Jagusch NJW 75, 1633); da der Unfallbeteiligte die Feststellungen nur ermöglichen muß, kommt es nicht darauf an, ob von dieser Möglichkeit Gebrauch gemacht worden ist (vgl. o. 23). Da das Sichentfernen ein willensgetragenes Verhalten voraussetzt (vgl. o. 46), entsteht für denjenigen, der zB im Zustand der Bewußtlosigkeit vom Unfallort entfernt wurde, keine nachträgliche Feststellungspflicht (vgl. o. 46).

2. Aber auch wenn der Täter sich **berechtigt** oder **entschuldigt** von der Unfallstelle **entfernt, 50** trifft ihn die Verpflichtung, nachträglich die Feststellungen zu ermöglichen **(Nr. 2).**

a) Ein **berechtigtes Sichentfernen** vom Unfallort liegt jedenfalls vor, wenn für das Verhalten des **51** Täters ein Rechtfertigungsgrund eingreift, so daß eine Strafbarkeit nach Abs. 1 entfällt. Davon zu unterscheiden sind die Fälle, in denen die Rechtfertigung die Strafbarkeit des Beteiligten überhaupt, also auch nach Abs. 2, ausschließt, wie insb. beim Verzicht auf Feststellungen (dazu u. 71); zur (mutmaßlichen) Einwilligung in das Sichentfernen u. 53.

α) Die **Rechtswidrigkeit** nach Abs. 1 kann durch **Notstand** (§ 34) oder rechtfertigende Pflich- **52** tenkollision (vgl. 71 ff. vor § 32) ausgeschlossen sein (Cramer 59, Lackner/Kühl 23, Schild AK 129, Tröndle/Fischer 39), so zB wenn sich der Täter wegen seiner Verletzungen zum Arzt begibt (nicht jedoch wegen einer geringfügigen Platzwunde, vgl. Bay DAR/R **81**, 244) oder wenn er Verletzte in ein Krankenhaus fährt, ferner bei dem Arzt, der auf der Fahrt zu einem Schwerkranken ist (vgl. Frankfurt VRS **28** 262, NJW **67**, 2073, Bay DAR/R **67**, 291, **68**, 226); vgl. auch Frankfurt NJW **60**, 2066, Bremen VRS **43** 29; ebenso wenn der Täter die Unfallstelle verläßt, um eine Gefahrenquelle zu beseitigen (Beauftragung eines Abschleppunternehmers, Bay DAR/R **82**, 249) oder wenn militärische oder beamtenrechtliche Pflichten im konkreten Fall gegenüber der Pflicht aus § 142 überwiegen. Dasselbe gilt im Falle des Zeugen, der zu einem Gerichtstermin geladen ist (Tröndle/Fischer 39). Diese Grundsätze gelten auch für Krankenwagen und Einsatzfahrzeuge der Polizei. Die Hilfeleistungspflicht nach § 323 c geht der Wartepflicht regelmäßig vor (vgl. BGH **5** 128, KG VRS **34** 110). Daß der Täter sich in einem solchen Fall zugleich Auseinandersetzungen mit der Polizei entziehen will, schließt die Rechtfertigung nicht aus (Cramer 61; and. Hamburg DAR **56**, 16). Rechtfertigender und nicht nur entschuldigender Notstand nach § 35 (so zutreffend BGH VRS **36** 24) kommt auch in Betracht, wenn der Täter Gefahr läuft, am Unfallort mißhandelt zu werden (vgl. auch u. 54). Dringende geschäftliche Angelegenheiten des Täters stellen regelmäßig keinen Rechtfertigungsgrund dar (Hamm VRS **8** 55, Stuttgart MDR **56**, 245, Bay DAR **58**, 107, KG VRS **40** 109, Koblenz VRS **45** 33), jedoch kann ein Entschuldigungsgrund vorliegen (u. 54). Nach Bay StVE **Nr. 36** liegt ein berechtigtes Entfernen vom Unfallort auch dann vor, wenn ein Unfallbeteiligter dem anderen nachfährt, um die erforderlichen Feststellungen zu ermöglichen.

β) Ein infolge Einwilligung berechtigtes Entfernen vom Unfallort liegt auch vor, wenn die **Betei- 53 ligten vereinbaren,** die Feststellungen an einem anderen Ort, etwa in einem nahegelegenen Haus oder der nächsten Polizeiwache zu treffen (Berz DAR 75, 313, Cramer 61 a, Lackner/Kühl 23 mwN zur Einstufung als Rechtfertigungsgrund; s. a. Bernsmann NZV 89, 51 [Tatbestandsausschluß]; vgl. Oldenburg VRS **9** 36, Frankfurt NJW **60**, 2066 m. Anm. Lienen, Düsseldorf StVE **Nr. 72**). Sucht einer von ihnen dann das Weite, so kann er nach Abs. 2 strafbar sein (Bay StVE **Nr. 38**). Zur stillschweigenden Einwilligung Oldenburg NZV **95**, 195. Außerdem kommt eine Rechtfertigung des Verlassens der Unfallstelle nach den Grundsätzen über die mutmaßliche Einwilligung in Betracht (vgl. dazu 54 ff. vor § 32, Köln NZV **89**, 197 m. insoweit abl. Anm. Bernsmann NZV 89, 199, Bernsmann NZV 89, 55, Küper JZ 81, 212), wenn insb. die Aufklärungsinteressen der Feststellungsberechtigten dadurch nicht berührt oder wenn sie gar gefördert werden, wie beispielsweise in dem Fall, daß der Schädiger von einem Telefon außerhalb des Unfallbereichs den Geschädigten oder die Polizei herbeiruft, oder um den persönlich bekannten Geschädigten in dessen Wohnung aufzusuchen (Bay **82** 144, NStZ/J **87**, 113). Bei Bagatellschäden kann auch das Anbringen einer Visitenkarte durch mutmaßliche Einwilligung gedeckt sein (vgl. Köln StVE **Nr. 51**). Zur Einwilligung durch generellen Feststellungsverzicht u. 71.

54 b) Die Verpflichtung, nachträglich die Feststellungen zu ermöglichen, trifft den Täter ebenso, wenn er sich **entschuldigt** vom Unfallort entfernt hat. Als Entschuldigungsgrund kommt bei ernstlicher Bedrohung des Täters durch am Unfallort Anwesende § 35 in Betracht, sofern nicht bereits § 34 eingreift, weil der Täter sich der Gefahr schwererer Verletzungen oder gesundheitlicher Schäden (Bay StVE **Nr. 39**) ausgesetzt sieht (vgl. o. 52); vgl. auch RG 63 18, BGH VRS 30 282, Bay DAR **56**, 15, Hamm VRS **5** 603, Düsseldorf NJW **89**, 2763 m. Anm. Werny NZV 89, 440. Über die Entschuldigung wegen Unzumutbarkeit vgl. BGH GA **56**, 120, Hamm JMBlNRW **55**, 18, Frankfurt NJW **60**, 2066 m. Anm. Lienen; s. a. LG Zweibrücken ZfS **98**, 483 (krankheitsbedingte Inkontinenz). Darüber hinaus fällt unter das Merkmal des „entschuldigten" Sichentfernens auch ein Verhalten, bei dem der Täter wegen des Eingreifens eines Schuldausschließungsgrundes (vgl. 108 ff. vor § 32) nicht schuldhaft handelt (Berz DAR 75, 313, Jura 79, 127, Franke JuS 78, 457, Lackner/Kühl 24). Auch bei einem Erlaubnistatbestandsirrtum über die Befugnis, sich entfernen zu dürfen, sowie bei einem unvermeidbaren Irrtum über einen entsprechenden Entschuldigungsgrund handelt der Täter entschuldigt iSv Abs. 2 (Berz Jura 79, 127). Umstritten ist allerdings, ob die Voraussetzungen des Abs. 2 auch bei vorübergehender Schuldunfähigkeit eingreifen (vgl. Rudolphi SK 39; bejahend M-Schroeder I 571; Berz Jura 79, 127 FN 11, Tröndle/Fischer 40, Lackner/Kühl 24, Dornseifer JZ 80, 303; abl. Beulke NJW 79, 404, JuS 82, 816, Werner NZV 88, 91). Grundsätzlich wird hier zwar ein „entschuldigtes" Verlassen anzunehmen sein, etwas anderes gilt jedoch im Hinblick auf den häufigsten Fall der vorübergehenden Schuldunfähigkeit, das Handeln im Vollrausch. Anderenfalls blieben gerade Alkoholtäter straffrei, deren Intoxikationsgrad später kaum mehr feststellbar wäre. Da eine Einschränkung der Strafbarkeit mit der Neufassung des § 142 hier nicht beabsichtigt war, spricht für diese Auffassung, daß auch früher § 142 als für § 323a ausreichende Rauschtat angesehen und deshalb vom Rauschtäter ein Warten an der Unfallstelle verlangt wurde (vgl. Bay VRS **12** 117); so jetzt auch Bay StVE **Nr. 84 b** m. abl. Anm. Keller JR 89, 343; zust. mit ausführlicher Begründung Küper NJW 90, 209; vgl. auch Werner aaO, Paeffgen NStZ 90, 365, Lackner/Kühl 24, Rudolphi SK 39; and. Tröndle/Fischer 40, Keller aaO, Miseré Jura 91, 299. Abs. 2 ist also zur Vermeidung unangemessener zweifacher Bestrafung im Wege teleologischer Reduktion auf die Fälle eines unter allen rechtlichen Gesichtspunkten straflosen Sichentfernens vom Unfallort zu beschränken (Lackner/Kühl 24, Küper NJW 90, 209).

55 c) Nach Auffassung von BGH **28** 129 (m. abl. Anm. Rudolphi JR 79, 210) handelt „berechtigt oder entschuldigt" auch derjenige Unfallbeteiligte, der sich **unvorsätzlich** vom Unfallort entfernt (Köln VRS **53** 430, Bay NJW **79**, 436 m. Anm. Janiszewski 187 u. JR 79, 341, Bay StVE **Nr. 33**, VRS **61** 305; Franke JuS 78, 456, J/Hentschel 50, Janiszewski JR 78, 116, Küper Heidelberger-FS 477, M-Schroeder I 571, Tröndle/Fischer 43, W-Hettinger 254), etwa weil er den Unfall gar nicht wahrgenommen hat (zum Vorsatz u. 76 ff.), so daß auch ihn die Verpflichtung nach Abs. 2 trifft, sofern „zwischen der nachträglichen Kenntniserlangung und dem Unfallgeschehen noch ein zeitlicher und räumlicher Zusammenhang" besteht (BGH **28** 135, Bay **81** 86, NStZ/J **88**, 264, Köln NJW **77**, 2275, Düsseldorf StVE **Nr. 73**, Koblenz NZV **89**, 242, Haubrich DAR 81, 211; krit. zu dieser Rspr. Schild AK 149, Geppert BA 91, 40). Diese Erweiterung läßt sich dem Gesetz nicht entnehmen (Berz Jura 79, 133, Beulke NJW 79, 402, Römer MDR 81, 89) und hatte überdies nur einen Sinn bei der früher von der Rspr. angenommenen Rückkehrpflicht, die heute nicht mehr besteht (Bay StVE **Nr. 70**), da ansonsten keine Feststellungen am Unfallort mehr möglich waren (Bay 80 59). Bei dieser Erweiterung müßte sich zB jeder bei der Polizei melden, der eine Beschädigung an seinem Kfz feststellt, für die er keine Erklärung findet. Damit werden jedoch die Grenzen einer vom Wortlaut des Gesetzes ausgehenden Auslegung (vgl. § 1 RN 37 ff.) der Vorschrift überschritten. Deshalb wird die Einbeziehung des unvorsätzlich sich entfernenden Unfallbeteiligten in den Pflichtenkreis des Abs. 2 überwiegend abgelehnt (Berz DAR 75, 313, Jura 79, 125, Beulke NJW 79, 400, Eisenberg Jura 83, 267 f., Geppert BA 91, 40, Cramer 58, Lackner/Kühl 25, Rudolphi SK 40, Dornseifer JZ 80, 301, W-Hettinger 254; s. a. Stuttgart MDR **77**, 773). Der fehlende Vorsatz hat im Hinblick auf die Frage der Berechtigung oder Entschuldigung keinerlei Einfluß, die Straffreiheit der Entfernung beruht vielmehr auf einem davon losgelösten weiteren Grund, der Unvorsätzlichkeit. Der Täter muß also wissen, daß sich ein Unfall ereignet hat und daß er sich somit von einer Unfallstelle entfernt; diese Kenntnis ist daher ungeschriebenes Tatbestandsmerkmal des Abs. 2. Wer erst nachträglich an einem anderen Ort von dem Unfall Kenntnis erlangt, ist daher nicht nach § 142 strafbar, wenn er nicht die Feststellungen gem. Abs. 2 ermöglicht. Bemerkt der Täter etwa erst zu Hause, daß sein Fahrzeug auf einem Parkplatz angefahren worden ist, so braucht er sich demnach nicht um die Aufklärung des Unfalls zu bemühen (vgl. auch Volk DAR 82, 85). Anders verhält es sich dagegen beim Irrtum über Rechtfertigungsgründe oder die Voraussetzungen des entschuldigenden Notstands (§ 35 II 1). Hier wäre nicht einzusehen, daß ein Täter, der sich das Bestehen eines solchen lediglich vorstellt, besser gestellt sein soll als derjenige, bei dem ein Rechtfertigungs- oder Entschuldigungsgrund tatsächlich vorliegt. Anders als beim Tatbestandsirrtum ist der Täter, der sich immerhin bewußt vom Unfallort entfernt hatte, in diesen Fällen also verpflichtet, nach Abs. 2 die Feststellungen nachträglich zu ermöglichen (Berz DAR 75, 313, Jura 79, 127 f., Cramer 58, Franke JuS 78, 457, Lackner/Kühl 24, Müller-Emmert/Maier DRiZ 75, 178, Tröndle/Fischer 42). Meint er, hierzu nicht verpflichtet zu sein, so liegt ein Verbotsirrtum vor. – Zum Parallelproblem unwillentlichen Entferntwerdens vom Unfallort o. 46.

3. Hat sich der Täter wegen einer der o. 51 ff. genannten Gründe vom Unfallort entfernt, so hat er **56** die **Feststellungen unverzüglich nachträglich zu ermöglichen.** Gemeint sind die in Abs. 1 genannten Feststellungen, also der Feststellung seiner Person, seines Fahrzeugs und der Art seiner Beteiligung (o. 23). Der Gesetzgeber hatte beabsichtigt, die Mindestvoraussetzungen für das Ermöglichen dieser Feststellungen in Abs. 3 zu bestimmen (Begründung BT-Drs. 7/2434 S. 8, ebenso Müller-Emmert/Maier DRiZ 75, 178, Janiszewski DAR 75, 175, Sturm JZ 75, 408, Lackner/Kühl 27). Diese Absicht kommt jedoch im Gesetz selbst nicht mit genügender Deutlichkeit zum Ausdruck (krit. auch Berz DAR 75, 314). Die Formulierung, daß der Unfallbeteiligte der Verpflichtung unter den in Abs. 3 aufgeführten Bedingungen (dazu näher u. 57 ff.) genügt, sagt nichts darüber aus, daß damit die Mindestanforderungen gemeint seien. Die Regelung in einem besonderen Absatz spricht vielmehr dafür, daß in Abs. 3 beispielhaft Fälle aufgeführt sind, in denen die Feststellungen nach Abs. 2 jedenfalls hinreichend ermöglicht sind. Es ist daher davon auszugehen, daß der Verpflichtung, die Feststellungen zu ermöglichen, auch auf andere Weise (dazu u. 67 ff.) genügt werden kann (ebenso Cramer 63, Tröndle/Fischer 46, M-Schroeder I 572, Rudolphi SK 45, Blei II 355, Loos DAR 83, 209, W-Hettinger 255, Stuttgart DAR **77**, 22 f., vgl. Köln NJW **81**, 2368).

a) Praktisch wird das Ermöglichen der Feststellungen jedoch häufig auf die in **Abs. 3** beschriebene **57** Weise geschehen. Dazu muß der Unfallbeteiligte **dem Berechtigten oder einer nahe gelegenen Polizeidienststelle mitteilen, daß er an dem Unfall beteiligt** gewesen ist, sowie ihnen seine **Anschrift,** seinen **Aufenthalt,** das **Kennzeichen** und den **Standort seines Fahrzeugs** angeben und das **Fahrzeug für** eine **zumutbare Zeit zu unverzüglichen Feststellungen bereithalten.** Dabei muß der Unfallbeteiligte der Mitteilungspflicht nicht persönlich nachkommen; die Beauftragung eines zuverlässigen und hinreichend informierten Dritten kann genügen (Bay NStZ/J **88**, 119, Stuttgart VRS **51** 431, Zopfs VersR 94, 268). Der Täter kann grundsätzlich selbst frei entscheiden, ob er sich den Berechtigten oder der Polizei stellen will (Bürgel MDR 76, 354 f., vgl. auch u. 65), denn eine Verpflichtung, sich bei der Polizei zu melden, kann dem Gesetz nicht entnommen werden (vgl. auch BGH **7** 117, VRS **25** 195, **30** 281, Hamm VRS **41** 28, Köln NZV **89**, 198 m. Anm. Bernsmann NZV 89, 199). Etwas anderes gilt nur, wenn die Benachrichtigung des Berechtigten unmöglich ist, dh er muß die Polizei verständigen, wenn er den Geschädigten innerhalb einer Frist, die dem Unverzüglichkeitsgebot entspricht, nicht erreichen kann (vgl. BGH **29** 138, Köln StVE **Nr. 35**); ebenso wenn der Täter einen Fußgänger angefahren hat, dessen Identität nicht festgestellt werden kann, oder wenn der Täter, der schnell ein Unfallopfer zum Arzt bringen mußte und sich daher berechtigt entfernt hat, versäumt hat, sich das Kennzeichen des anderen beteiligten Fahrzeugs zu merken (Berz DAR 75, 314, Cramer 64, Rudolphi SK 47 a, JR 77, 430; vgl. auch Tröndle/Fischer 47, Lackner/Kühl 26, Bär/Hauser I 15 h; and. Bay VRS **52** 348).

α) Zu den **Berechtigten** vgl. o. 24. Der Täter muß nach dem Wortlaut **jedem** von ihnen **58** persönlich, also auch dem Geschädigten mitteilen, die erforderliche Mitteilungen machen, da die Mitteilungen anders als in Abs. 1 nicht nur zugunsten der Berechtigten erfolgen sollen (vgl. dazu Cramer 65). Das wird jedoch häufig außerordentlich schwierig sein, insb. wenn der Halter und der Eigentümer des Fahrzeugs nicht identisch sind (zust. Schild AK 153). Hier stellt sich die Frage, in welchem Umfang der Unfallbeteiligte zur Feststellung der Berechtigten Ermittlungen anstellen muß. Seine Verpflichtung wird durch die tatsächliche Möglichkeit und die Zumutbarkeit solcher Ermittlungen begrenzt (vgl. Tröndle/Fischer 47). Sicherlich wird man ihm zumuten können, bei der Kfz-Zulassungsstelle den Halter zu erfragen. Mehr als diesem Mitteilung von dem Unfall zu machen, wird man von dem Täter daher trotz des entgegenstehenden Wortlauts häufig kaum verlangen können (krit. hierzu Blei II 354). Die in Abs. 3 getroffene Regelung erweist sich also auch insoweit als wenig praktikabel.

β) Der Täter kann aber auch eine **nahe gelegene Polizeidienststelle** benachrichtigen. Es wird **59** nicht verlangt, daß er sich an die nächste Polizeistation wendet (Hamm NJW **77**, 207). Unklar ist, ob die Polizeidienststelle nahe am Unfallort oder nahe an dem davon uU weit entfernten augenblicklichen Aufenthaltsort des Täters oder dem Standort des Fahrzeugs gelegen sein muß (vgl. Berz DAR 75, 314 f., Tröndle/Fischer 48). Maßgeblich ist hier wegen des Erfordernisses der unverzüglichen Mitteilung die Dienststelle, der die Mitteilung am ehesten gemacht werden kann (Cramer 66, vgl. auch Begründung BT-Drs. 7/2434 S. 8). Zum anderen dürfte auch die Abgrenzung der (noch) nahe gelegenen von einer zu weit entfernten Dienststelle Schwierigkeiten bereiten (vgl. auch Janiszewski DAR 75, 175). Hierbei wird nicht engherzig verfahren werden dürfen, da es für das Ergebnis der Ermittlungen keine große Rolle spielen wird, welche Dienststelle die Feststellungen trifft, und da eine unzuständige Dienststelle jederzeit die Ermittlungen abgeben muß. Auch die Mitteilung an eine aufnahmebereite (Berz DAR 75, 315) Polizeistreife reicht aus (Jagusch NJW 75, 1633, Rüth LK[10] 69).

γ) Der Unfallbeteiligte muß **mitteilen, an dem Unfall beteiligt** zu sein, und **bestimmte 60 Angaben machen.**

Auf welche Weise die Mitteilung und die Angaben erfolgen sollen, sagt die Vorschrift nicht. Der **61** Täter kann die Berechtigten oder die Polizeidienststelle persönlich aufsuchen. Auch eine telefonische Benachrichtigung muß genügen, da sie eine schnellstmögliche Kontaktaufnahme gewährleistet. Andererseits ist diese jedoch nicht gefordert, weil die Berechtigten uU nicht über Telefonanschlüsse verfügen. Je nach den Umständen des Einzelfalles genügt daher auch eine schriftliche Nachricht (Berz DAR 75, 315, Cramer 68, Schild AK 155), die Benachrichtigung durch einen vertrauenswürdigen Dritten (Bay NStZ/J **88**, 119, Stuttgart VRS **51** 431) oder die Anbringung eines Zettels mit den erforderlichen Angaben (Zweibrücken DAR **91** 33, Köln VRS **64** 118).

62 δ) Die Nachricht muß einen bestimmten **Inhalt** haben. Zu dem Erfordernis der Mitteilung, **an dem Unfall beteiligt** zu sein, vgl. o. 30. Weiter muß die **Anschrift** angegeben werden. Damit kann nur die Angabe des Wohnsitzes, hilfsweise des ständigen Aufenthaltsortes unter Angabe von Ort, Straße und Hausnummer gemeint sein. Der **Aufenthalt** als der Ort, an dem der Unfalltäter sich im Augenblick befindet, braucht nur gesondert angegeben zu werden, wenn er mit der Anschrift nicht identisch ist. Auch hier ist eine möglichst genaue Angabe zu fordern. Nach dem Schutzzweckgedanken ist allerdings eine Pflicht zur Aufenthaltsangabe abzulehnen, wenn es aufgrund eindeutiger Haftungslage keiner Feststellung einer möglicherweise vorliegenden Alkoholisierung bedarf (vgl. Zopfs VersR 94, 268 f., der die Angaben nach Abs. 1 als „Maximalvoraussetzungen" ansieht). Ferner müssen das **amtliche Kennzeichen** (sofern vorhanden, and. etwa beim Fahrrad) und der **Standort des Fahrzeugs** benannt werden; dieser wird häufig mit dem Aufenthaltsort des Täters identisch sein, dann genügt ein entsprechender Hinweis. Andernfalls ist der Standort auf die gleiche Weise zu benennen wie die Anschrift.

63 ε) Darüber hinaus muß der Täter nach Abs. 3 sein **Fahrzeug zu unverzüglichen Feststellungen für eine ihm zumutbare Zeit zur Verfügung halten.** Diese Verpflichtung erstreckt sich jedoch – ebenso wie diejenige zur Standortangabe – nur auf solche Fahrzeuge, die den Erfordernissen der StVO entsprechen (vgl. dazu Cramer § 24 StVO RN 9 ff.), also zB nicht auf den Einkaufswagen eines Supermarktes, mit dem ein Verkehrsunfall verursacht worden ist (Cramer 70). Als ungeschriebenes Tatbestandsmerkmal enthält die Vorschrift die Voraussetzung, daß das Fahrzeug für eine gewisse Zeit an dem Ort zur Verfügung gehalten wird, der als Standort angegeben worden ist, da anderenfalls dem Sinn der Bestimmung, **Feststellungen an dem Fahrzeug** zu ermöglichen, nicht genügt werden kann (Berz DAR 75, 315, Cramer 70). Die Bereitstellungspflicht trifft nur den unfallbeteiligten Fahrer, nicht etwa auch den unbeteiligten Halter (Lackner/Kühl 28, Tröndle/Fischer 49, Cramer 70, Müller-Emmert/Maier DRiZ 75, 176, M-Schroeder I 572, Bär/Hauser I 15 f; and. Jagusch NJW 75, 1633), da § 142 nur die Pflichten der Unfallbeteiligten regelt. Die Bereitstellungspflicht für den Unfallbeteiligten entfällt, wenn der Halter ihm das Fahrzeug nicht weiterhin für die Feststellungen überläßt (Rudolphi SK 44 a), doch hat der Unfallbeteiligte im Rahmen des Zumutbaren auf eine Bereitstellung hinzuwirken (Lackner/Kühl 28).

64 Die Feststellungen, die der Täter abzuwarten hat, müssen **unverzüglich** getroffen werden; wer die Feststellungen veranlaßt, die Polizei oder ein Berechtigter, ist gleichgültig. Auf welche Weise die Feststellungen getroffen werden, ist ebenfalls belanglos; dies kann durch die Berechtigten selbst oder einen von ihnen beauftragten Kfz-Sachverständigen geschehen. Selbst wenn dessen Beauftragung mehrere Tage dauert, können die Feststellungen noch unverzüglich sein, wenn die Zuziehung eines Sachverständigen zur hinreichenden Aufklärung erforderlich war (M-Schroeder I 572, Rudolphi SK 44 a). Es kommt jeweils auf die Lage des Einzelfalles an (BGH **29** 141, VRS **55** 421), etwa Höhe des Schadens, Eindeutigkeit bzw. Zweifelhaftigkeit der Haftungslage, Zeit und Art des Unfalls, Unfall im fließenden oder ruhenden Verkehr (Schild AK 167). Angesichts des Schutzzwecks von § 142 handelt der Täter dann nicht mehr unverzüglich, wenn die Beweislage durch Zeitverlust zu Lasten des Geschädigten konkret gefährdet worden ist (Lackner/Kühl 26, Schild AK 167, Tröndle/Fischer 45, W-Hettinger 255, Zopfs aaO 72 ff.). Der Gesetzgeber hat allerdings in Kauf genommen, daß bestimmte körperliche Feststellungen (zB Fahrtauglichkeit zur Unfallzeit) infolge Zeitablaufs nicht mehr getroffen werden können (J/Hentschel 48). Fraglich ist dann nur, ob der Zeitraum für den Täter noch **zumutbar** war. Hierbei ist insb. die Schwere des Schadens (zB Personenschaden, der idR ein Ermöglichen unmittelbar nach Fortfall der legitimierenden Situation fordert [LG Zweibrücken ZfS **98**, 72, Rudolphi SK 46]) zu berücksichtigen. Aber auch die persönlichen Belange des Täters spielen eine Rolle, so etwa der Gesichtspunkt, daß er sein Fahrzeug zu beruflichen Zwecken dringend benötigt. Der Zeitraum, innerhalb dessen die Feststellungen unverzüglich vorgenommen sind, braucht nicht mit dem zumutbaren Zeitraum identisch zu sein. Maßgebend ist dann die kürzere Frist. Nur innerhalb dieses Zeitraumes darf an dem Fahrzeug nichts verändert werden, da sonst Abs. 3 S. 2 eingreift.

65 b) **Die Feststellungen** müssen **unverzüglich nachträglich ermöglicht** werden. Dabei stellt sich zunächst die Frage, welchen Weg ein Unfallbeteiligter wählen muß, um seiner Feststellungspflicht zu genügen. Nach dem Wortlaut des Abs. 3 kann er frei entscheiden, ob er den Berechtigten **oder** eine nahe gelegene Polizeidienststelle benachrichtigen will. Diese Wahlmöglichkeit muß ihm grundsätzlich verbleiben, auch wenn der von ihm gewählte Weg, regelmäßig die Benachrichtigung des Berechtigten, zu einem späteren Zeitpunkt die Feststellungen ermöglicht (Hauser BA 89, 239). Der Täter darf sich selbst dann für eine Benachrichtigung des Berechtigten entscheiden, wenn er diesen – zB über die Kfz-Zulassungsstelle – erst ermitteln muß und dies einige Zeit in Anspruch nimmt (vgl. BT-Drs. 7/2434 S. 8, Berz DAR 75, 314, Rüth LK[10] 73, Rudolphi JR 77, 429, Dornseifer JZ 80, 299; ebenso noch Düsseldorf VRS **54** 41, Frankfurt StVE **Nr. 2**). Diese Wahlmöglichkeit findet allerdings dort ihre Grenze, wo eine Benachrichtigung sich als aussichtslos erweist oder infolge Zeitablaufs nachträgliche Feststellungen nicht mehr möglich sind (Rudolphi SK 47 a); teilweise wird bei gleichem Ausgangspunkt bei der Frage der Einschränkung der Wahlmöglichkeit auf die Schwere des Unfalls (Beulke JR 80, 523 ff., Bürgel MDR 75, 355) oder die Gefahr eines Beweisverlustes abgestellt

(Stuttgart NJW **78**, 1445, Lackner/Kühl 26, Hauser BA 89, 240). Demgegenüber unterstellt die hM die Wahlmöglichkeit dem Unverzüglichkeitsgebot des Abs. 2 und verlangt damit praktisch eine Selbstanzeige bei der Polizei, wenn es nicht möglich ist, den Feststellungsberechtigten unverzüglich zu benachrichtigen (BGH **29** 138 m. abl. Anm. Reiß NJW 80, 1806 u. Beulke JR 80, 523, Bay VRS **53** 348 m. abl. Anm. Rudolphi JR 77, 439, Hamm NJW **77**, 207, JMBlNRW **82**, 225, Schleswig DAR **78**, 50, Stuttgart VRS **52** 181, **54** 352, Düsseldorf VRS **58** 254, Köln DAR **92**, 152, M-Schroeder I 572, Janiszewski 188, Tröndle/Fischer 45, 47; kritisch Schneider aaO 149 ff.). Diese Auffassung ist abzulehnen. Zwar soll auch nach ihr der Täter „an sich" frei wählen können, welchen Weg er gehen will (so ausdrücklich BGH **29** 141); diese Feststellung ist aber nicht mehr als ein interpretatorisches Feigenblatt, weil tatsächlich eine unverzügliche Meldung bei der Polizei verlangt wird, wobei allerdings wieder offen bleibt, was unter „unverzüglich" zu verstehen ist. So hat Köln DAR **92**, 152 entschieden, daß bei einem Unfall um 18.45 Uhr an einem Freitagabend noch am selben Abend eine Benachrichtigung erfolgen muß. Nach Düsseldorf StVE **Nr. 25** soll eine Meldung nach einem nächtlichen Unfall gegen 1.00 Uhr am Morgen des gleichen Tages um 8.00 Uhr nicht mehr unverzüglich sein. Andererseits soll eine Meldung am nächsten Morgen genügen, wenn der Sachschaden gering (Bay StVE **Nr. 27**, DAR/R **84**, 240 [2400 DM], StVE **Nr. 71**), die Haftungslage eindeutig (Bay VRS **58** 408, NStZ/J **88**, 264, Frankfurt VM **83**, 79, Stuttgart StVE **Nr. 65**, VRS **73** 194, Köln DAR **94**, 204, Nürnberg VersR **93**, 1350), die Gefahr eines konkreten Beweismittelverlustes noch nicht gegeben (Karlsruhe MDR **82**, 164), der zur Meldung beauftragte Dritte zuverlässig (Bay JZ 80, 579, DAR/R **84**, 240) sei oder die Bemühungen um Benachrichtigung des Geschädigten vergeblich waren (Bay VRS **71** 34). Dies wird daraus geschlossen, daß an „das Merkmal der Unverzüglichkeit keine allzu strengen Anforderungen gestellt werden" dürften (Bay StVE **Nr. 26**) und die „Zeitspanne, innerhalb der der Unfallbeteiligte seiner Meldepflicht nachzukommen hat, größer sein dürfe als bei Unfällen mit bedeutendem Schaden und ungeklärter Ersatzpflicht" (Bay aaO, ebenso Bay JZ 80, 579). Eine Rspr., die das Merkmal „unverzüglich" an den Umständen des Einzelfalles orientiert, führt zu einer für den Kraftfahrer unerträglichen Rechtslage, weil er oft erst in letzter Instanz erfährt, ob er sich so verhalten durfte, wie er sich verhalten hat, und ihm ein unvermeidbarer Verbotsirrtum (u. 79) von der Rechtspraxis kaum zugebilligt wird. Es ist geradezu grotesk, auch den Gutwilligen, der Ersatz zu leisten bereit ist und sich zum Zwecke der Halterfeststellung bei der Polizei gemeldet hat (vgl. Düsseldorf StVE **Nr. 25**), zu bestrafen, weil die Meldung einige Stunden verspätet sei; eine solche Rspr. ist auch kriminalpolitisch unerwünscht, weil sie dazu einlädt, sich überhaupt nicht zu melden und abzuwarten, ob man bei dem Unfall beobachtet worden ist oder nicht. Da es sich bei den bislang entschiedenen Fällen überwiegend um nächtliche oder Unfälle am Wochenende handelt, bei denen keine feststellungsbereiten Personen am Unfallort sind (Beschädigung parkender Kfz, Leitplanken, Zäune usw), ist das Strafbarkeitsrisiko geringer, wenn der Verursacher des Unfalls sich nicht meldet, als wenn ihm nach der Meldung der Vorwurf gemacht wird, er habe die Feststellungen nicht unverzüglich ermöglicht. Dies widerspricht dem Schutzzweck des § 142. Eine Korrektur mißliebiger Ergebnisse über den Begriff der „Unverzüglichkeit" ist ebenfalls nicht haltbar, weil es sich um einen feststehenden Rechtsbegriff handelt, dessen Inhalt nicht an der Höhe des Schadens oder der Eindeutigkeit der Haftungslage orientiert werden kann.

Der Täter kann also in dem genannten Rahmen wählen, ob er die Polizei oder den Berechtigten **66** benachrichtigen will. Das Merkmal der Unverzüglichkeit ist daher nur jeweils im Hinblick auf die vom Täter gewählte Art der Ermöglichung der Feststellungen zu beurteilen und daher auch nicht in der Weise zu der anderen ebenfalls vom Gesetz zur Auswahl gestellten Möglichkeit in Beziehung zu setzen (so auch Geppert BA 91, 41). „Unverzüglich" bedeutet, daß die Feststellungen ermöglicht werden müssen, sofort nachdem der Grund der Entfernung vom Unfallort weggefallen ist (Abs. 2 Nr. 2) oder nachdem solche Feststellungen möglich werden (Abs. 2 Nr. 1). Wann das Ermöglichen noch unverzüglich war, ist danach eine Frage des Einzelfalls. Jedoch kann nur eine schuldhafte Verzögerung eine Verletzung der Verpflichtung darstellen (Köln StVE **Nr. 10**). So kann eine unverzügliche Mitteilung an den Berechtigten mehrere Tage dauern, wenn der Unfalltäter zunächst den Halter aufgrund des Kennzeichens des beschädigten Fahrzeugs bei der Zulassungsstelle erfragen muß und er dann dem Halter eine schriftliche Mitteilung zusenden muß, etwa weil dieser keinen Telefonanschluß besitzt. Dabei ist in Kauf zu nehmen, daß sich nach dieser Zeit eine etwaige Alkoholbeeinflussung des Unfalltäters zur Tatzeit, die als „Art der Beteiligung" in Betracht kommt (vgl. dazu o. 23), nicht mehr nachweisen läßt.

c) Der Unfallbeteiligte kann der durch Abs. 2 begründeten Pflicht aber auch durch **andere Hand- 67 lungen** genügen, die zugunsten der Berechtigten ausreichende Ansatzpunkte bieten, um noch mögliche Feststellungen über den Unfallhergang zu treffen (Begr. BT-Drs. 7/2434 S. 8).

α) Dies kann einmal durch **Rückkehr zum Unfallort** geschehen, von dem der Täter sich **68** berechtigt oder entschuldigt entfernt hat (Abs. 2 Nr. 2), solange hier noch feststellungsbereite Personen (dazu o. 32) anwesend sind (Cramer 73, Tröndle/Fischer 46, Lackner/Kühl 27, Janiszewski 189, Rudolphi SK 45, Wölfel aaO 113; and. Müller-Emmert/Maier DRiZ 75, 178, M-Schroeder I 572, Janiszewski DAR 75, 175, Sturm JZ 75, 408, vgl. auch Berz DAR 75, 314). Das Ermöglichen der Feststellungen setzt dann das gleiche Verhalten voraus, wie wenn der Täter sich vom Unfallort entfernt hätte, es bemißt sich also nach Abs. 1 Nr. 1 (o. 22 ff.). Insb. muß er auch jetzt seine Beteiligung an dem Unfall offenbaren, da anders das Ermöglichen der Feststellungen nicht geschehen

§ 142 69–73   Bes. Teil. Straftaten gegen die öffentliche Ordnung

kann. Weiter als die Verpflichtung, die ihn getroffen hätte, wenn er gleich am Unfallort verblieben wäre, kann die Pflicht des Täters nach der Rückkehr aber nicht gehen (vgl. Frankfurt NJW **67**, 2073, Rudolphi SK 45; and. Lackner/Kühl 27, Geppert Jura 90, 78, 85: insb. Verbot absichtlicher Vereitelung der Feststellungen [Abs. 3 S. 2]; vermittelnd Schild AK 162).

69   β) Der Täter kann aber etwa auch die **Polizei** (oder die **Berechtigten**) **benachrichtigen und dann am Unfallort** auf ihr Eintreffen **warten**. Er ermöglicht dann die Feststellungen, wenn er lediglich – auch ohne Namensnennung – angibt, an einem Unfall beteiligt zu sein, und den Unfallort bezeichnet. Der Täter hat in diesem Fall von sich aus alles getan, um die erforderlichen Ermittlungen in Gang zu bringen. Ob die Polizei dann tatsächlich Feststellungen trifft, ist bedeutungslos. Der Täter darf dann den Unfallort verlassen, wenn mit dem Eintreffen der Polizei nicht mehr zu rechnen ist (Cramer 74).

70   d) Eine Bestrafung nach § 142 kommt aber dann trotzdem in Betracht, sofern der Unfallbeteiligte durch sein Verhalten die **Feststellungen absichtlich vereitelt** (Abs. 3 S. 2). Diese Vorschrift dient dazu, den Täter noch strafrechtlich zu erfassen, der die Feststellungen etwa durch Benachrichtigung der Feststellungsberechtigten entsprechend Abs. 3 S. 1 formell korrekt ermöglicht, sie jedoch durch das zwischenzeitliche Entfernen von Unfallspuren, Verleitung zu falschen Zeugenaussagen, die Ermittlung in eine falsche Richtung führende Angaben (Lackner/Kühl 30, der aber zurecht bloßes Leugnen nicht genügen läßt; and. KG VRS **67** 263) tatsächlich vereitelt (Janiszewski DAR 75, 175, Volk DAR 82, 82). Insoweit schränkt also Abs. 3 S. 2 für die Fälle des Abs. 2 den Grundsatz ein, daß der Täter – abgesehen von der sog. Vorstellungspflicht (o. 30) – nur passiv durch seine Anwesenheit die Feststellungen dulden müsse und Handlungen, die – wie etwa die Spurenbeseitigung – diese erschweren, nicht strafbar seien (vgl. o. 29 aE). Obwohl diese Vorschrift sich nach ihrer Stellung im Gesetz nur auf die in Abs. 3 S. 1 beschriebenen Möglichkeiten bezieht, die Feststellung zu ermöglichen, ist sie doch ihrem Sinn entsprechend unmittelbar auch auf die anderen Ermöglichungshandlungen (o. 67 ff.) anzuwenden (and. Tröndle/Fischer 50); da die systematische Stellung im Gesetz auf der verfehlten Auffassung beruht, daß Abs. 3 S. 1 die Mindestvoraussetzungen für nachträgliche Feststellungen festlegt, kann aus ihr eine derartige Beschränkung des Anwendungsbereichs nicht abgeleitet werden. Mit **Absicht** kann hier nur das zielgerichtete Handeln (vgl. § 15 RN 65 ff.) gemeint sein (Berz DAR 75, 316, Lackner/Kühl 30). Das sichere Wissen um die Vereitelung von Feststellungen kann nicht ausreichen, da anderenfalls immer bestraft werden müßte, wer unter Alkoholbeeinflussung einen Unfall verursacht hat und den Berechtigten erst am folgenden Tag – unverzüglich (vgl. o. 65) – benachrichtigen kann, da er hier sicher weiß, daß die Feststellung seiner Alkoholintoxikation zur Tatzeit nicht mehr möglich ist.

71   VI. Die **Rechtswidrigkeit** des § 142 kann insb. durch die Einwilligung der Feststellungsberechtigten ausgeschlossen sein. In diesem Fall spricht man vom **„Verzicht auf Feststellungen"** (vgl. Bay **51** 604, VRS **14** 187, NJW **58**, 269, Bremen VRS **10** 278, Köln VRS **13** 351, KG VRS **15** 345, Celle NJW **56**, 356, Saarbrücken VRS **19** 276, Hamm VRS **23** 104), bei dem es sich um eine rechtfertigende Einwilligung in eine Vermögensgefährdung und nicht um einen Tatbestandsausschluß handelt, da er nicht das Bestehen, sondern nur die Durchsetzung des Beweissicherungsinteresses betrifft (Cramer 79, Rudolphi SK 20, Berz DAR 75, 313, Rüth LK[10] 45; and. Tröndle/Fischer 17: Tatbestandsausschluß; vgl. ausführlich zu den verschiedenen Formen des Verzichts Bernsmann aaO. Für die Einwilligung gelten die allgemeinen Grundsätze (vgl. dazu 33 ff. sowie vor § 32). Sie ist daher infolge eines rechtsgutsbezogenen Irrtums unwirksam, wenn sie durch falsche Angaben erschlichen wird (vgl. BGH DRiZ/H **81**, 338, KG VRS **10** 453, Bay DAR/R **68**, 225, StVE **Nr. 43**, Köln StVE **Nr. 1**, Stuttgart NJW **82**, 2266, Bernsmann NZV **89**, 53, Lackner/Kühl 17; and. Rudolphi SK 31, Schild AK 55, Geppert BA 91, 38; eingeh. zum Anwesenheitsverzicht Küper JZ 90, 510) oder wenn sie abgenötigt oder durch einen nicht Geschäftsfähigen (39 vor § 32, vgl. auch Düsseldorf VM **77**, 16) erteilt worden ist; dasselbe gilt, wenn die Einwilligung nur unter einer von Täter nicht erfüllten Bedingung erteilt wurde (KG VRS **34** 276). Der Verzicht muß von allen Feststellungsberechtigten (o. 24) erklärt sein, da das Beweissicherungsinteresse jedes einzelnen geschützt ist. Ein stillschweigender Verzicht ist möglich (Bay NZV **92**, 246, Oldenburg NZV **95**, 195). Bleibt zweifelhaft, ob ein Verzicht vorliegt, so ist nach dem Grundsatz in dubio pro reo zu entscheiden (vgl. aber Köln JMBlNRW **63**, 68). Wurde ein Verzicht auf Feststellungen vereinbart, so leben die Pflichten des § 142 auch dann nicht wieder auf, wenn die Vereinbarung später aufgehoben wird (vgl. Bay NStZ/J **92**, 581). Zum Verzicht durch Minderjährige vgl. noch Hamm VRS **23** 102, Düsseldorf StVE **Nr. 93**, Bay ZfS **91**, 320, Cramer 79, Rüth LK[10] 52. Zur Rechtfertigung des Sich-Entfernens vgl. auch o. 51 ff.

72   Wird der Unfall polizeilich aufgenommen, so kann die **Einwilligung** zum Sichentfernen auch **durch** die **Polizeibeamten** erfolgen, da anzunehmen ist, daß die Feststellungsinteressenten die Entscheidung über die Notwendigkeit weiterer Ermittlungen den Polizeibeamten übertragen haben. Auch hier ist die Einwilligung aber unwirksam, wenn sie erschlichen ist (vgl. BGH VM **64**, 9, Cramer 81).

73   Ein Verzicht auf Feststellungen ist auch darin zu erblicken, daß ein Unfallbeteiligter **unbefugt** den Unfallort **verläßt;** für den anderen Beteiligten besteht dann keine Feststellungs- und Wartepflicht mehr (Bay NJW **58**, 511, Köln VRS **33** 347, Oldenburg StVE **Nr. 106;** and. Bay StVE **Nr. 36**; vgl. auch Tröndle/Fischer 20), es sei denn, daß noch im Interesse weiterer Personen Feststellungen zu treffen sind (Unfall mit mehreren Beteiligten). Vgl. auch Bremen VRS **10** 278, wonach auch dann keine Wartepflicht mehr besteht, wenn der andere Unfallbeteiligte es unterläßt, selbst die erforderlichen Feststellungen zu treffen, obwohl er dies könnte. Ein schlüssiger Verzicht kann auch darin zum Ausdruck kommen, daß der Feststellungsberechtigte der ihm gegenüber abgegebenen Erklärung des Unfallbeteiligten, den Unfallort verlassen zu wollen, nicht widerspricht (Bay StVE **Nr. 98**).

Die Tat kann auch durch **mutmaßliche Einwilligung** gerechtfertigt sein, so bei Beschädigung der **74** Sache einer nicht am Unfallort anwesenden Person, wenn nach den Umständen vermutet werden kann, daß der Betroffene keinen Wert auf Feststellungen legt; vgl. dazu Bay NStZ/J **87**, 113, Hamburg NJW **60**, 1482, Düsseldorf NZV **91**, 77, Lackner/Kühl 34 a, J/Hentschel 22, 51, Schild AK 130, Rudolphi SK 21. Das ist idR anzunehmen, wenn der Geschädigte ein naher Angehöriger ist (Hamm VRS **23** 105, **37** 433, NJW **71**, 1470) oder wenn wegen der Geringfügigkeit des Schadens ein Verzicht auf polizeiliche Ermittlungen oder ein Sich-Begnügen mit anderen Maßnahmen angenommen werden kann (ähnlich Hamm VM **64**, 63, Düsseldorf NZV **92**, 246; and. Frankfurt NJW **62**, 686, **63**, 1215). Für Arbeitgeber vgl. Bay StVE **Nr. 100**, Hamm VRS **15** 340, **17** 416; für Nachbarn vgl. Hamburg NJW **60**, 1482, ferner Bullert DAR 65, 10. Zu eng KG VRS **15** 122, das einen ausdrücklichen oder stillschweigenden Verzicht fordert; wie hier Hamburg NJW **60**, 1482, Hamm VRS **23** 106. Vgl. auch Hamm DAR **73**, 35.

Ist zu vermuten, daß der Feststellungsinteressent sich mit einer bestimmten Feststellung begnügt, so **75** kann der Unfallbeteiligte den Unfallort verlassen, wenn er diese Feststellung ermöglicht. So kann zB das Anbringen einer **Visitenkarte** am beschädigten Fahrzeug mit dem Willen, für den vollen Schaden aufzukommen, genügen, wenn der Schaden gering ist (Hamm VRS **37** 433, NJW **71**, 1470, Berz DAR 75, 313, Cramer 82, Rudolphi SK 21; vgl. hierzu KG VRS **33** 275 m. Anm. Schröder JR 67, 469, Hamm VM **64**, 63, Bay NJW **70**, 717; enger dagegen Hamm DAR **62**, 82, Frankfurt NJW **63**, 1215 m. abl. Anm. Rutkowsky, Küper JZ 81, 211 f.; vgl. auch Bay DAR/R **68**, 225). Zur Frage, inwieweit in diesen Fällen eine nachträgliche Feststellungspflicht besteht, vgl. Köln StVE **Nr. 51**.

VII. Für den **subjektiven Tatbestand** ist Vorsatz erforderlich; bedingter Vorsatz genügt (BGH **76** VRS **4** 46, **5** 41, **21** 113, NJW **56**, 1807, Köln JMBlNRW **53**, 258, Bay DAR **52**, 109). Vorausgesetzt wird daher, daß der Täter weiß oder damit rechnet, daß ein Unfall vorliegt und er als Mitverursacher in Betracht kommt (BGH **15** 1, VRS **20** 67, Bay DAR **00**, 79, Frankfurt NStZ-RR **96**, 86, Neustadt DAR **58**, 271, Karlsruhe VRS **53** 426). Diese Kenntnis kann er auch dadurch erlangt haben, daß ein anderer ihn der Mitverursachung beschuldigt hat (vgl. BGH VRS **15** 340, aber auch Karlsruhe DAR **60**, 52). Vorsatz entfällt nur dann, wenn der Täter überzeugt ist, der Vorhalt sei unrichtig, er werde offensichtlich zu Unrecht verdächtigt (Braunschweig VRS **17** 418). Vorsatz setzt ferner voraus, daß der Täter sich bewußt vom Unfallort entfernt, bevor er durch seine Anwesenheit und die Angabe seiner Unfallbeteiligung Feststellungen ermöglicht hat (Rudolphi SK 49, Tröndle/Fischer 33; näher Cramer 85 f.). Da sich der Vorsatz auch darauf erstrecken soll, daß die Verfolgung des Beweissicherungsinteresses durch das Sichentfernen oder durch Nichterfüllung der Vorstellungspflicht zumindest erschwert wird – Vereitelungsabsicht ist hingegen nicht erforderlich (J/Hentschel 60) –, soll derjenige unvorsätzlich handeln, der sich entfernt, um den abwesenden Geschädigten beschleunigt zu verständigen (Zweibrücken DAR **82**, 332, Koblenz NZV **96**, 324, J/Hentschel 60, Rudolphi SK 49, Tröndle/Fischer 60), doch dürfte insoweit eine mutmaßliche Einwilligung (also Strafbarkeit nach Abs. 2 Nr. 2 möglich) näherliegen. Nicht erforderlich ist die genaue Kenntnis von der Art des verursachten Schadens; es genügt, daß sich dem Täter die Vorstellung aufgedrängt hat, er habe möglicherweise einen nicht ganz belanglosen Schaden verursacht (Düsseldorf VRS **93** 165, StV **98**, 489, Hamm VRS **15** 264, **93** 66). Nicht ausreichend ist hingegen, daß der Täter hätte erkennen *können* und *müssen*, daß ein nicht ganz unerheblicher Sachschaden entstanden ist, da insoweit lediglich Fahrlässigkeit vorliegt (Bay NStZ/J **88**, 544). Wer nachts auf einen Gegenstand auffährt, dann aber die Fahrt fortsetzt, ohne sich über die Folge Gewißheit zu haben, handelt aber regelmäßig mit bedingtem Vorsatz (iE daher richtig BGH NJW **54**, 728, GA **57**, 243, VRS **30** 45, **37** 263, DAR/M **68**, 123; vgl. auch KG VRS **13** 265); ebenso, wer trotz des Hinweises seines Beifahrers auf einen möglicherweise verursachten Verkehrsunfall seine Fahrt vom Unfallort weiter fortsetzt (BGH VRS **15** 338, Koblenz DAR **63**, 244). Bei starker Trunkenheit kann allerdings die Wahrnehmungsfähigkeit beeinträchtigt sein (Schleswig VRS **59** 112). Im übrigen besteht kein Erfahrungssatz des Inhalts, daß die Berührung zweier Fahrzeuge stets vom Fahrzeugführer (taktil oder akustisch) wahrgenommen wird (Köln StVE **Nr. 96**; vgl. auch Düsseldorf StVE **Nr. 107**). Zum subjektiven Tatbestand vgl. weiter Hamm VRS **5** 602, Neustadt VRS **5** 601, Bay DAR **56**, 15, Bremen VRS **10** 282, Koblenz DAR **63**, 244, VRS **52** 273, **74** 436, Düsseldorf NZV **93**, 158, Hartung JZ 53, 298, J/Hentschel 57 ff., Cramer 85 ff. Zum Vorsatznachweis vgl. Kuckuk-Reuter DAR 78, 57. Über die Bedeutung alkoholischer Beeinflussung vgl. Weigelt aaO 48 ff. mwN; zur (seltenen) J/Hentschel 61, Lackner/Kühl 31) vorsatzausschließenden Kopflosigkeit infolge Unfallschocks Laubichler BA 77, 247, Zabel BA 83, 328.

Der Vorsatz nach Abs. 2 setzt voraus, daß der Täter weiß, durch seine Untätigkeit würden die **77** unverzüglichen nachträglichen Feststellungen vereitelt. Dieses Bewußtsein ist allerdings auch erforderlich; wer eine Benachrichtigung, die er sich vorgenommen hat, vergißt, handelt unvorsätzlich.

Infolge **Tatbestandsirrtums** kann es am Vorsatz fehlen, wenn der Täter glaubt, es sei kein Schaden **78** entstanden (Düsseldorf VRS **20** 118; nach LG Köln StVE **Nr. 94** m. abl. Anm. Bär DAR 91, 271 soll ein Tatbestandsirrtum dagegen ausscheiden, wenn der Täter das angefahrene Fahrzeug nicht selbst in Augenschein genommen hat). Das gleiche gilt, wenn der Unfallbeteiligte den verursachten Sachschaden als gering (Bay VRS **14** 190, **24** 123, DAR/R **68**, 225, KG VRS **13** 269, Hamm JMBlNRW **61**, 88, Karlsruhe VRS **36** 350, Koblenz VRS **48** 337, Düsseldorf VM **76**, 52; and. BGH VRS **3** 262, Braunschweig VRS **4** 366, Düsseldorf VRS **20** 118) – s. a. u. 79 – oder nicht als Unfallfolge angesehen hat (Köln VRS **26** 283) oder wenn er mit der alsbaldigen Anwesenheit feststellungsbereiter Dritter nicht rechnet (Hamm DRpfl. **50**, 358; and. BGH **4** 149, VRS **3** 266, Bay DAR **58**, 106). Ebenfalls scheidet Vorsatz aus, wenn der Täter irrigerweise meint, alle erforderlichen Feststellungen seien bereits getroffen worden (Stuttgart NJW **78**, 900) oder das Interesse des Geschädigten sei durch eine ihm gegenüber erklärte Zusage, Ersatz zu leisten, bereits zufriedengestellt (Oldenburg NJW **68**, 2020), so daß es ihm nur darum geht, der Strafverfolgung zu entkommen (Bay DAR/R **71**, 202). Irrt sich der Täter über die Zuverlässigkeit des von ihm mit der Erfüllung der nachträglichen Feststellungspflicht Beauftragten (vgl. o. 65), so liegt ebenfalls ein Tatbestandsirrtum vor (Bay DAR/R **84**, 240). In diesen Fällen sind nach der Vorstellung des Täters weitere Feststellungen nicht mehr erforderlich. Vgl. auch Bay DAR/R **66**, 260, Hamm VRS **40** 19, **41** 108, DAR **73**, 77, Koblenz VRS **43** 423, **48** 112. Entsprechend § 16 (vgl. dort RN 14 ff.) ist der Vorsatz wegen Irrtums über die tatsächlichen Voraussetzungen eines Rechtfertigungsgrundes ausgeschlossen, wenn der Täter einen Verzicht (o. 71) des anderen Unfallbeteiligten auf Feststellungen angenommen hat, zB weil er irrig davon ausgeht, der andere Unfallbeteiligte habe seine Fahrt fortgesetzt (Bay DAR/R **81**, 244, StVE **Nr. 78**, StVE **Nr. 92**, Düsseldorf NZV **92**, 246, Hamm VRS **23** 104, Köln VRS **27** 344, **33** 347, Karlsruhe VRS **36** 350; and. [Verbotsirrtum] Stuttgart MDR **79**, 508 m. abl. Anm. Dahm; vgl. Lange JZ 59, 560). Das gleiche gilt, wenn der Täter davon ausgegangen ist, der Geschädigte (etwa der Eigentümer des von ihm benutzten und allein beschädigten Fahrzeugs) lege auf unmittelbare Feststellungen keinen Wert, vgl. o. 74 (vgl. KG VRS **15** 122, Hamm VRS **15** 343, **17** 415, Hamburg NJW **60**, 1483, Bay DAR/R **67**, 291, StVE **Nr. 100**). Bei geringfügigen Schäden, auch solchen über der Grenze für Bagatellschäden (o. 8) liegen, kann dies auch der Fall sein, wenn der Täter eine schriftliche Erklärung über seine Ersatzpflicht hinterlassen hat, sofern dann nicht die Voraussetzungen der mutmaßlichen Einwilligung schon tatsächlich vorliegen (vgl. o. 74 sowie u. 79). Da der Täter die Feststellungen zugunsten der anderen Unfallbeteiligten und der Geschädigten ermöglichen muß (o. 25), kann der Fall eintreten, daß der eine Feststellungsberechtigte auf Feststellungen verzichtet, nicht jedoch der andere. In diesem Fall liegt keine rechtfertigende Einwilligung vor (vgl. o. 71). Glaubt der Täter jedoch, daß alle Feststellungsberechtigten verzichtet hätten, so entfällt sein Vorsatz ebenfalls entsprechend § 16. Das gleiche gilt, wenn der Täter sich im Irrtum über die Person des Berechtigten befindet und ein in Wahrheit nicht Feststellungsberechtigter den Verzicht erklärt hat. Glaubt er dagegen, der Verzicht eines Feststellungsberechtigten reiche aus, so handelt er im Verbotsirrtum. Zum Nachweis des Irrtums vgl. auch Celle NJW **56**, 1330.

79   Dagegen liegt **Verbotsirrtum** vor, wenn der Täter glaubt, eine Wartepflicht habe nur, wer den Unfall verschuldet (BGH VRS **24** 34, Neustadt DAR **58**, 272), wer den unfallbeteiligten Wagen gefahren (BGH **15** 5, Bay VRS **12** 116; vgl. auch BGH VRS **24** 34) oder wer den Unfallschaden zu ersetzen habe. Ebenso handelt im Verbotsirrtum, wer meint, mit der pauschalen Anerkennung seiner Schuld seiner Verpflichtung nachgekommen zu sein, aber weiß, daß zur Aufklärung weitere Feststellungen erforderlich sind (Stuttgart NJW **78**, 900); vgl. weiter Bay VRS **14** 191, DAR/R **66**, 260, Hamm VRS **19** 431. Vgl. auch BGH VRS **36** 25. Ferner liegt Verbotsirrtum vor, wenn der Täter sich für nicht wartepflichtig hält, weil er meint, nur selbst Ersatzansprüche zu haben (Celle NJW **56**, 356; vgl. auch Celle VRS **7** 102) oder glaubt, den entstandenen Schaden ausreichend beseitigt zu haben (Düsseldorf StVE **Nr. 76**) bzw. bei nicht geringfügigem Schaden das Zurücklassen einer Visitenkarte für hinreichend hält (Celle NJW **56**, 560) bzw. sich über die Wertgrenze der Geringwertigkeit irrt; zum Irrtum über die angemessene Wartezeit Oldenburg NJW **68,** 2019, aber auch Hartman-Hilter NZV **92**, 430. Vgl. ferner Ulsenheimer JuS 72, 29, Backmann JuS 74, 40.

80   Zur Entschuldigung durch **Unfallschock** vgl. BGH VersR **67**, 29, Hamm VRS **42** 24. Zur Kopflosigkeit vgl. BGH VRS **76** 189, **18** 428, **20** 48, Frankfurt NJW **78** 262; weiter Arbab-Zadeh NJW 65, 1049, Weigelt aaO 46 ff. mwN. Zu den Beurteilungsgesichtspunkten bei Bestimmung der Schuldunfähigkeit unfallflüchtiger Täter vgl. Barbey BA 92, 252.

81   Die **fahrlässige** Entfernung vom Unfallort kann als Ordnungswidrigkeit nach § 34 StVO iVm § 24 StVG ahndbar sein (näher dazu Cramer § 34 StVO RN 9 ff.; vgl. Köln VRS **44** 97 m. Anm. Cramer VOR 72, 446). Zur Anwendbarkeit von § 34 StVO ist allerdings erforderlich, daß der Täter den Unfall als solchen wahrgenommen hat (BGH **31** 55 m. Anm. Hentschel JR 83, 216), so daß Fahrlässigkeit nur hinsichtlich der übrigen Tatbestandsmerkmale ausreicht.

82   **VIII. Mittäterschaft** ist nach den gewöhnlichen Grundsätzen denkbar. Personen, die nicht selbst wartepflichtig sind, können wegen des Sonderdeliktscharakters des § 142 nur Anstifter oder Gehilfen sein, auch wenn sie Mitfahrer waren (BGH **15** 1, Bay DAR/R **76**, 174, Köln StVE **Nr. 95**, Rudolphi SK 4). Beihilfe ist noch nicht gegeben, wenn Insassen eines Kfz lediglich ihr Einverständnis mit der Flucht des Lenkers durch Einsteigen in den Wagen bekunden; es muß zumindest der Tatentschluß des Täters gestärkt werden (BGH VRS **5** 281, **16** 267, KG VRS **6** 291, **10** 453). Unter entsprechender Anwendung des Grundsatzes in dubio pro reo ist eine Verurteilung wegen Beihilfe aber möglich, wenn zwar die Täterschaft zweifelhaft bleibt – weil nicht festgestellt werden kann, wer gefahren ist – aber feststeht, daß das Verhalten des jeweils als Beifahrer Anzusehenden als Beihilfe zu qualifizieren ist (Zweibrücken NStE **Nr. 4**). **Beihilfe durch Unterlassen** hat die Rspr. bejaht, wenn ein Mitfahrer

gegenüber dem Fahrer ein gesetzliches Weisungsrecht besitzt, so zB als Arbeitgeber (BGH VRS **24** 34, Düsseldorf VM **66**, 42) oder als Vorgesetzter (vgl. RG **69** 349, vgl. auch Rüth LK¹⁰ 81, Schild AK 89). Diese Rspr. ist bedenklich. Auf die Frage, ob der mitfahrende Halter selbst wartepflichtig ist, kommt es dabei nicht an. Eine Verpflichtung des Halters, die Flucht des Fahrers zu verhindern, kann vielmehr nur aus der Verantwortung für fremdes Verhalten begründet werden (vgl. § 13 RN 51). Daran wird es jedoch regelmäßig fehlen (vgl. aber Bay DAR/R **84**, 240, Köln StVE **Nr. 95**, Stuttgart StVE **Nr. 47**, Zweibrücken NJW **82**, 2566). Die Stellung als Arbeitgeber begründet eine derartige Rechtspflicht jedenfalls nicht; and. zB bei § 357. Zu den Voraussetzungen der Beihilfe zur Tatbestandsform des § 142 II u. III 1 vgl. Bay StVE **Nr. 88** mit Anm. Seelmann JuS 91, 290.

IX. Die Tat ist **vollendet**, wenn der Täter sich – ohne die Feststellungen ermöglicht oder ausreichend lange gewartet zu haben – von der Unfallstelle (o. 41) entfernt hat, auch wenn der Täter zB nach Verfolgung, doch noch gestellt wird (BGH GA **61**, 203, Düsseldorf VM **76**, 28, Schild AK 177). Unerheblich ist nämlich, ob die Feststellungen durch die Entfernung tatsächlich vereitelt werden (BGH VRS **4** 52, KG VRS **35** 268). Zur Vollendung der Tat nach Abs. 2 vgl. Bay ZfS **84**, 219. Solange die „unverzügliche" Nachholung der Feststellungen noch möglich ist, ist der Tatbestand des Abs. 2 noch nicht erfüllt (Bay StVE **Nr. 70**). **Teilnahme** ist nach der unter dem Blickwinkel von Art. 103 II GG allerdings grds. zweifelhaften Rspr. bis zur Beendigung (vgl. BGH VRS **25** 26), dh so lange möglich, bis der Täter sich endgültig in Sicherheit gebracht hat (vgl. näher § 27 RN 17, Bay NJW **80**, 412, welches jedoch übersieht, daß der Gehilfenbeitrag nicht kausal wird; vgl. auch Anm. Bottke JA 80, 378, Zweibrücken VRS **71** 434; and. Küper JZ 81, 255, Kühl JuS 82, 191, Rudolphi SK 53). Eine analoge Anwendung des § 24 I für den Täter, der freiwillig zum Unfallort zurückkehrt, kam nach der Rspr. bereits bei § 142 aF nicht in Betracht (BGH VRS **25** 115, Hamm VRS **38** 270 [aber Milderungsgrund iSv § 49]). Kehrt der Täter aber freiwillig so rechtzeitig zurück, daß ein Feststellungsverlust noch nicht eingetreten ist, die Unfallursachen also noch aufzuklären sind, so besteht zwar kein Strafbedürfnis. Dem kann aber nach Einfügen der Sondervorschrift über tätige Reue (Abs. 4) durch das 6. StrRG nicht mehr durch (verfassungsrechtlich nicht gebotene: Lagodny [27 vor § 1] 502) analoge Anwendung des § 24 I Rechnung getragen werden (Otto II 416 zieht eine entsprechende Heranziehung von § 306 e in Erwägung; s. a. J/Hentschel 55, 42 zu § 142 aF; s. a. Schild AK 108 sowie 25. A. RN 84), doch ist dann idR eine Verfahrenseinstellung gemäß §§ 153, 153 a StPO geboten (Lackner/Kühl 20).

Der **Versuch** des § 142 ist nicht mehr strafbar; häufig wird jedoch eine Ordnungswidrigkeit nach § 34 StVO iVm § 24 StVG vorliegen (vgl. Celle VM **76**, 22). Daher bleibt straflos, wer glaubt, einen anderen überfahren zu haben und sich dennoch entfernt (Bay VRS **4** 362; vgl. auch BGH MDR/D **57**, 266, Hamm VRS **35** 269) oder wer in der irrigen Annahme, es seien feststellungsbereite Personen am Unfallort anwesend oder alsbald zu erwarten, den Unfallort verläßt (and. [Vollendung] BGH **4** 149). Hier kann jedoch Abs. 2 eingreifen. Dagegen liegt ein bloßes Wahndelikt vor, wenn der Täter glaubt, auch bei fehlender Beteiligung anderer Verkehrsteilnehmer am Unfall zum Warten verpflichtet zu sein (BGH **8** 268). Nur eine Vorbereitungshandlung liegt nach Köln (VRS **6** 30) vor, wenn der Täter lediglich den Wagen fahrbereit macht, und nach Bay DAR/R **74**, 177, wenn der Täter nur die Kennzeichen des Fahrzeugs entfernt und versteckt. In den Fällen der nachträglichen Feststellungspflicht (Abs. 2) ist das Delikt erst vollendet, wenn der Zeitpunkt verstrichen ist, in dem die Meldung noch rechtzeitig hätte erfolgen können; eine Verzögerung innerhalb des dem Täter zur Verfügung stehenden Zeitraums reicht selbst dann nicht, wenn er nicht die Absicht hatte, nachträglich Feststellungen zu ermöglichen (Bay VRS **67** 221).

X. Die **Strafe** ist Freiheitsstrafe bis zu drei Jahren oder Geldstrafe. Da die Sondereigenschaft in § 142 tatbezogen ist, gilt für Teilnehmer nicht § 28 I (Roxin LK § 28 RN 68).

1. Fehlerhaft ist, bei der Strafzumessung zu berücksichtigen, daß die Unfallflucht als solche im höchsten Maße verwerflich sei (Hamm VRS **9** 37) oder eine gemeine Gesinnung zeige (BGH VRS **4** 359, NStE **Nr. 8** zu § 46); ebensowenig darf darauf abgestellt werden, daß der Täter sich vom Unfallort entfernt habe, weil er die polizeilichen Feststellungen scheute (Düsseldorf VRS **6** 365). Denn damit werden Umstände berücksichtigt, die schon Merkmal des gesetzlichen Tatbestandes sind. Tatschwere und Verschuldensgrad bestimmen sich bei der Unfallflucht u. a. danach, wie groß die geschützten Feststellungsinteressen sind und inwieweit sie beeinträchtigt wurden. Bemessungsgrundlage hierfür sind vorwiegend Art und Größe des Schadens sowie das Maß der Beeinträchtigung sofort erforderlicher Feststellungen (vgl. BGH **12** 254). Unerheblich ist dagegen regelmäßig, ob und inwieweit ein anderer Beteiligter am Unfall mitgewirkt und ihn verschuldet hat, ebenso grundsätzlich, ob den Geflohenen eine Schuld am Unfall trifft (BGH VRS **18** 423, **19** 426; vgl. aber BGH **5** 130, **12** 253). Erschwerend kann auch berücksichtigt werden, daß der Täter zugleich unterlassene Hilfeleistung begangen hat (BGH VRS **32** 437). Strafschärfend fallen somit die Schwere des Unfalls und seiner Folgen und das besonders verwerfliche Verhalten des Täters ins Gewicht (Köln VRS **4** 419), ferner die tatsächliche Vereitelung der Aufklärung des Unfalls (BGH VRS **4** 52, **9** 136), uU auch ein Verhalten nach gelungener Flucht (BGH VRS **5** 367), das die Beweismöglichkeiten zusätzlich beeinträchtigt, zB der sog. Nachtrunk (BGH **17** 143, Oldenburg NJW **68**, 1293; krit. hierzu Baumann NJW 62, 1793). Da jedoch der Täter nicht verpflichtet ist, die spätere Aufklärung zu unterstützen, kann ihm nicht angelastet werden, daß er keine Angaben macht (vgl. BGH VRS **21** 269). Dagegen kann sich Alkoholgenuß vor der Fahrt nicht erschwerend für die Bestrafung aus § 142 auswirken (Braunschweig

VRS **4** 213). Strafmildernd kommen zB geringfügige Unfallfolgen, längeres vergebliches Warten trotz eigener Verletzung, ein Schock, der – ohne die Schuld auszuschließen – die Flucht mitveranlaßt hat (BGH VRS **19** 120), die – nur ggf. unter Abs. 4 fallende – freiwillige Rückkehr zum Unfallort nach vollendeter Flucht (BGH VRS **25** 115) oder die Tatsache, daß der Täter, wie er von vornherein entschlossen war, den Schaden ersetzt hat (vgl. Bay DAR/R **68**, 225). Kein Strafmilderungsgrund ist nach KG VRS **8** 266 aber der Umstand, daß der Täter geflohen ist, weil er sich wegen anderer Straftaten der Verfolgung entziehen wollte. Vgl. auch die Rechtsprechungsübersicht bei Weigelt aaO 63 ff.

87 2. § 142 enthält keine Strafverschärfung für besonders schwere Fälle. Die frühere Rspr. zu den besonders schweren Fällen hat jedoch heute noch Bedeutung für die Strafzumessung. Was das Gewicht der Unfallflucht angeht, so war die Rspr. (BGH **12** 256, VRS **17** 185, **22** 271, **27** 105, **28** 359, **33** 108, Koblenz VRS **48** 182) der Meinung, daß sie von der Schwere der Unfallfolgen abhängig sei. Dies ist jedoch nur insoweit richtig, als der Umfang des Schadens und die Zahl der Verletzten auf ein gesteigertes Feststellungsinteresse schließen lassen; iü haftet der Täter ja für die schuldhafte Herbeiführung des Schadens bereits nach anderen Vorschriften, so daß sein Verschulden am Unfall das Gewicht der Unfallflucht nicht beeinflussen kann. Umgekehrt braucht der Umstand, daß sich – vom Täter bemerkt – andere um den Verletzten kümmern (BGH VRS **40** 21), oder das selbstmörderische Verhalten des Unfallopfers der Annahme einer Straferschwerung nicht entgegenzustehen (BGH **12** 254); straferschwerend ist aber jedenfalls zu werten, wenn die Flucht selbst besonders rücksichtslos und gefährlich erfolgt (BGH VRS **18** 9, NJW **62**, 2068) oder der Täter geflissentlich seine Täterschaft vertuscht (BGH VRS **25** 28). Dies soll selbst dann gelten, wenn der Täter infolge Bestürzung oder Kopflosigkeit floh (BGH DAR/M **59**, 65). Auch die Persönlichkeit des Täters ist von Wichtigkeit (BGH VRS **28** 359). Bei einem fahruntüchtigen, nicht geständigen Täter, der erhebliche kriminelle Energie aufgewendet hat, ist eine schwerere Strafe zu verhängen (BGH VRS **47** 14). Vgl. weiter BGH VRS **5** 279, 288, 529, **11** 49, **12** 185, **17** 37, 185, NJW **58**, 836, ferner BGH MDR/D **56**, 651 (verminderter zurechnungsfähiger Täter), BGH VRS **27** 105, Oldenburg VRS **11** 53, Weigelt aaO 65 ff. mwN.

88 3. Abs. 4 enthält für Abs. 1 und Abs. 2 einen persönlichen (Böse StV 98, 510), die Strafbarkeit von Teilnehmern also unberührt lassenden, obligatorischen Strafmilderungsgrund (§ 49 Abs. 1) bzw. fakultativen Strafaufhebungsgrund. Mit dieser Regelung **tätiger Reue,** die mit der Deliktsstruktur des § 142 als abstraktem Vermögensgefährdungsdelikt (o. 1) korrespondiert (s. Berz DAR 86, 253, Scholz ZRP 87, 8), wollte der Gesetzgeber des 6. StrRG (BT-Drs. 13/8587 S. 57 [BR], 80 [BReg], 13/9064 S. 9 f. [BT-ReA]) dem Täter gerade auch im Interesse des Geschädigten eine „goldene Brücke" bauen, da einer nachträglichen Meldung die Angst vor verwirkter Strafverfolgung aus der insoweit dann geradezu kontraproduktiven Regelung (Cramer ZRP 87, 158, Geppert BA 86, 157 ff., Müller-Metz NZV 94, 92, Park DAR 93, 247, Scholz ZRP 87, 8, Zopfs DRiZ 94, 89) des § 142 entgegenstand. Da aber der Erhaltung der im Interesse der (verkehrspädagogischen) Generalprävention unberührt bleibenden Appellfunktion des grundsätzlichen Normbefehls des § 142 (hierzu: Weigend Tröndle-FS 757 ff.; s. a. Berz DAR 86, 253, Böse StV 98, 510, Geppert BA 86, 164, Park DAR 93, 249, Zopfs DRiZ 94, 92) Straffreiheit nur fakultativ in Aussicht steht (also „schwankender Steg statt goldener Brücke" [Scholz ZRP 87, 10]), der Anwendungsbereich des Abs. 4 zweckwidrig nur Sachschäden nicht bedeutender Art außerhalb des fließenden Verkehrs erfaßt und überdies die Nachmeldefrist auf 24 Stunden begrenzt ist, kann diese Novellierung – im Gegensatz zu den im Bundesrat gescheiterten Gesetzesinitiativen der Länder Berlin (BR-Drs. 316/86; s. a. Scholz ZRP 87, 7) und Hessen (BR-Drs. 400/93; s. a. Müller-Metz NZV 94, 91 sowie Empfehlungen einer hess. Expertenkommission StV 92, 202) – nur als allenfalls halbherzig bezeichnet werden (krit. auch Rudolphi SK 55, Schulz NJW 98, 1443; eine weiterreichende Reform fordert Schünemann DAR 98, 429).

Tätige Reue setzt einen Unfall *außerhalb des fließenden Verkehrs,* dh namentlich im ruhenden Verkehr des Haltens und Parkens iSv § 12 I u. II StVO, voraus (Böse StV 98, 512): Da insoweit regelmäßig von einer Alleinhaftung des Auffahrenden auszugehen ist, werden die Feststellungsinteressen des Geschädigten durch das Sichentfernen nicht tangiert (Böse StV 98, 511). Der Anwendungsbereich des Abs. 4 erstreckt sich aber nicht nur auf (dem Gesetzgeber vor Augen stehende, s. BT-Drs. 9064 S. 19) Unfälle beim Aus- oder Einparken, sondern bezieht auch Kollisionen mit augenfällig zum fließenden Verkehr stehenden, also nicht an ihm teilnehmenden, Gegenständen (zB Verkehrsschild, Gartenzaun) mit ein (vgl. bereits BR-Drs. 316/86 S. 5), da auch insoweit die Beweisinteressen des Geschädigten durch nachträgliche Meldung gewahrt bleiben (Böse StV 98, 512, Rudolphi SK 56; and. Köln VRS **98** 122, Bönke NZV 98, 130, J/Hentschel 69, Tröndle/Fischer 53; offen gelassen von Wohlers JZ 98, 398). Stets muß sich aber das geschädigte Objekt außerhalb des fließenden Verkehrs befinden, so daß Unfälle mit verkehrsbedingt haltenden Fahrzeugen nicht unter Abs. 4 fallen (Tröndle/Fischer 53) und auch ein Davonfahren eines vorschriftswidrig parkenden oder haltenden Unfallbeteiligten angesichts der dem Geschädigten dann drohenden Haftungsquote (Betriebsgefahr) nicht unter Abs. 4 fällt (Böse StV 98, 512). Tätige Reue ist – um Friktionen mit § 69 zu vermeiden (BT-Drs. 13/8587 S. 80, 13/9064 S. 10) auf Fälle *nicht bedeutender Sachschäden* beschränkt. Insoweit kann auf den Meinungsstand zu § 69 Bezug genommen werden (BT-Drs. aaO), so daß ein bedeutender Schaden ab 2000 DM anzunehmen sein dürfte (J/Hentschel 69, Rudolphi SK 56): § 69 RN 37. Die Höhe des Sachschadens ist ausschließlich objektiv zu bestimmen; eine Fehlvorstellung des Täters ist – wie auch sonst bei den nicht auf einer Schuldminderung basierenden Strafaufhebungsgründen (s. a. 132 vor § 32) – unerheblich (Bönke NZV 98, 130, Böse StV 98, 512, Lackner/Kühl 38). Entfällt eine Anwendung von Abs. 4 lediglich deshalb, weil die Wertgrenze für den Sachschaden überschritten ist, so wird allerdings angesichts des Nachtatverhaltens des Täters die Regelwirkung von § 69 II Nr. 3 idR nicht eintreten (Schäfer NZV 99, 191; s. a. Lackner/Kühl 38, Schulz NJW 98, 1442). Straffreiheit bzw. -milderung erfährt der Täter nur, sofern er die iZm dem Unfall zu treffenden *Feststellungen nachträglich iSv Abs. 3 ermöglicht*. Somit sind neben den auch insoweit nur beispielhaft (BT-Drs. 13/9064 S. 10) angeführten Möglichkeiten entsprechender Mitteilung an den Berechtigten (o. 58) bzw. an eine Polizeidienststelle (o. 59) dem Täter weitere Möglichkeiten (o. 68, zB Rückkehr an den Unfallort, sofern hierdurch Feststellungen ermöglicht werden [J/Hentschel 69, Schulz NJW 98, 1441]) eröffnet, wenn hierdurch das von § 142 allein geschützte private Feststellungsinteresse gewahrt wird. Vom Täter wird also ein Verhalten gefordert, durch das der Geschädigte in eine der Ausgangslage vor dem Sichentfernen vergleichbare optimale Beweis- und Rechtsposition versetzt wird (Rudolphi SK 57, Schulz NJW 98, 1441); somit dürfte angesichts des von Abs. 4 verfolgten Zwecks die Angabe sämtlicher in Abs. 3 genannter Umstände nicht stets zwingend erforderlich sein (Schulz aaO). Abs. 4 greift nicht ein, sofern ein sich nachträglich meldender Unfallbeteiligter vorab die Beweissituation des Geschädigten getrübt hat (s. Abs. 3 S. 2; o. 70). Tätige Reue ist nur innerhalb einer Frist von *vierundzwanzig Stunden*, die unabhängig von einer Unfallkenntnis des Täters (Tröndle/Fischer 53) angesichts des eindeutigen Wortlautes von Abs. 4 vom Zeitpunkt des Unfalls (also nicht von der Deliktsvollendung iSd Abs. 1 oder 2 [so aber BT-Drs. 13/8587 S. 57]) zu laufen beginnt (Lackner/Kühl 38, Rudolphi SK 57, Sander/Homann NStZ 98, 279), möglich. Angesichts dieser 24-Stunden-Frist braucht die Meldung iSd Abs. 3 nicht unverzüglich iSv Abs. 2 (o. 65) zu erfolgen (Tröndle/Fischer 53). Des weiteren muß der Täter *freiwillig* handeln (vgl. § 24 RN 42 ff.), so daß Abs. 4 keine Anwendung findet, wenn der Täter objektiv entdeckt ist und dies auch weiß bzw. irrig von seiner Entdeckung ausgeht (Bönke NZV 98, 130, J/Hentschel 69; and. Tröndle/Fischer 53 [objektive Feststellung der Unfallbeteiligung]); der bloße (vorgebliche) Wille, innerhalb dieser Frist die Feststellungen noch haben ermöglichen zu wollen, genügt nicht (Böse StV 98, 511, J/Hentschel 69, Lackner/Kühl 38, Tröndle/Fischer 53). Gesteht ein lediglich informatorisch befragter Kfz-Halter, selbst Unfallbeteiligter gewesen zu sein, und tätigt er dann die Angaben iSv Abs. 3, so wird man nur von freiwilligem Handeln sprechen können, sofern er angesichts ihm bekannter günstiger Beweislage mit weiterer Nichtentdeckung rechnet (weitergehend Schulz NJW 98, 1441; and. J/Hentschel 69, Tröndle/Fischer 53; weitere Grenzfälle bei Zopfs DRiZ 94, 931 f.); in derartigen – seltenen – Fällen wird aber idR nur Strafmilderung in Betracht kommen. Sieht das Gericht von Strafe ab (Rechtsfolge: Schuldspruch mit Auferlegung der Verfahrenskosten), so ist eine Ahndung etwa zugleich verwirklichter Ordnungswidrigkeiten (zB § 49 I Nr. 29 iVm § 34 I Nr. 6 b StVO) noch möglich (Böse StV 98, 513). Strafprozessual ist ggf. § 153 b StPO zu beachten.

3. Das benutzte Fahrzeug kann **eingezogen** werden (BGH **10** 337); vgl. § 74 RN 10. Zur **89** Nebenfolge der Entziehung der Fahrerlaubnis als Regelfall nach § 69 II 3 StGB vgl. dort.

XI. Konkurrenzen

1. Idealkonkurrenz ist zB möglich mit § 113 (Widerstand gegen den Polizeibeamten, der den **90** Unfallbeteiligten festhalten will, vgl. BGH VRS **13** 136), mit § 240 (BGH VRS **8** 276), mit §§ 223 ff., sofern die Körperverletzung der Durchführung der Flucht dient (BGH VRS **13** 136) sowie mit § 263 (Lackner/Kühl 42, vgl. Köln VRS **50** 345). Sind diese Delikte jedoch nur gelegentlich der Flucht begangen, so besteht Tatmehrheit (RG HRR **38** Nr. 1448). Idealkonkurrenz wiederum besteht mit § 248 b (Dauerdelikt!), mit § 252 (BGH VRS **21** 113), mit Verkehrsdelikten, die erst auf der Flucht begangen werden (vgl. auch u. 92; zur Konkurrenz mit § 315 c vgl. dort RN 57), schließlich mit § 221.

Dagegen besteht zwischen § 142 I und § 323 c als einem Unterlassungsdelikt **Tatmehrheit** (Cra- **91** mer 104, vgl. § 52 RN 19; and. [Idealkonkurrenz] BGH GA **56**, 120, DAR/M **60**, 67, Oldenburg VRS **11** 54); aus demselben Grunde ist Tatmehrheit mit §§ 223 ff., 211, 212 durch Liegenlassen des Unfallverletzten anzunehmen (and. wohl BGH **7** 288, NJW **92**, 584, Bay NJW **57**, 1485). Da § 142 II ein Unterlassungsdelikt darstellt, stehen Delikte, die während des Bestehens der Feststellungspflicht begangen werden, in Realkonkurrenz zu § 142 (and. Bay VRS **60** 113 für § 145 d I Nr. 1). In der Regel steht § 142 auch in Tatmehrheit zur schuldhaften Herbeiführung des Verkehrsunfalls (§§ 222, 229 StGB), da diese Taten mit dem Unfall abgeschlossen sind (BGH VRS **5** 530, **9** 353, **21** 118, **31** 109, Hamm VRS **18** 113 [der Täter, der ohne Führerschein gefahren ist, flieht zu Fuß], KG VRS **35** 347, Celle VRS **36** 352, JR **82**, 79 m. Anm. Rüth, Köln VRS **37** 36, Rüth LK[10] 103). Vgl. aber u. 93.

2. Fraglich ist, ob zwischen § 142 und durch die Unfallverursachung begangenen Delikten **92** (§§ 222, 229) Tateinheit besteht, wenn mit diesen Delikten eine **Verkehrsdauerstraftat zusammentrifft**. Diese Problematik wird allerdings nur relevant, wenn man entgegen der überwiegenden Rspr. trotz des Unfalls die gesamte Fahrt als einheitliche Tat ansieht und keine Zäsur des Gesamtgeschehens durch den Unfall annimmt (vgl. § 315 c RN 57). Es stellt sich dann die Frage, ob die einheitliche Dauerstraftat (zB §§ 315 c, 316, § 21 StVG) die Verbindung zwischen § 142 und den

§§ 222, 229 zur Idealkonkurrenz herstellen kann. Dies richtet sich nach den in § 52 RN 14 ff. genannten Regeln zur Idealkonkurrenz durch Klammerwirkung.

93   Fahrlässige Verkehrsgefährdung (§ 315 c III) vermag danach als minder schwer gegenüber §§ 222 oder 229 keine Tateinheit zwischen diesen Taten und § 142 herzustellen (BGH VRS **8** 49, **9** 353, **21** 343, 423, **22** 121, Bay NJW **57**, 1485, Stuttgart NJW **64**, 1913, Köln MDR **64**, 525, Oldenburg VRS **26** 346). Tateinheit wird in diesen Fällen aber durch § 315 c I (vorsätzliche Verkehrsgefährdung) vermittelt (Düsseldorf NZV **99**, 388). Tateinheit zwischen § 229 (nicht § 222) und § 142 vermögen auch § 248b und § 316 I herzustellen. § 315 c verbindet auch die Unfallflucht mit § 113 (BGHR Konkurrenzen **1**). Nicht zur Tateinheit mit anderen Delikten kann § 142 dagegen verbunden werden durch § 21 StVG (vgl. BGH VRS **8** 529), da diese Zuwiderhandlung von geringerem Gewicht als § 142 ist.

94   3. Mehrere Delikte nach § 142 in **gleichartiger Tateinheit** können vorliegen, wenn sich der Täter durch seine Weiterfahrt hinsichtlich mehrerer von ihm hintereinander verursachter Unfälle der Feststellung entzieht (vgl. BGH VRS **4** 122, aber auch BGH VRS **9** 353, **25** 36, BGHR Konkurrenzen **1**). Ist beim zweiten Unfall die Flucht nach dem ersten bereits beendet, liegt jedoch Tatmehrheit vor (Celle VRS **33** 113). Die wiederholte Entfernung (Rückkehr nach der ersten Entfernung) stellt nach BGH DAR/M **60**, 67 nur eine Unfallflucht dar. Zwischen Abs. 1 und Abs. 2 ist Wahlfeststellung möglich (Köln VRS **64** 119, J/Hentschel 74).

§ 143 [Mangelnde Beaufsichtigung Jugendlicher]; *aufgehoben durch das 4. StrRG.*

§ 144 [Auswanderungsbetrug]; *aufgehoben durch das 6. StrRG vom 26. 1. 1998, BGBl. I 164.*

§ 145 Mißbrauch von Notrufen und Beeinträchtigung von Unfallverhütungs- und Nothilfemitteln

(1) **Wer absichtlich oder wissentlich**
1. Notrufe oder Notzeichen mißbraucht oder
2. vortäuscht, daß wegen eines Unglücksfalles oder wegen gemeiner Gefahr oder Not die Hilfe anderer erforderlich sei,
wird mit Freiheitsstrafe bis zu einem Jahr oder mit Geldstrafe bestraft.

(2) **Wer absichtlich oder wissentlich**
1. die zur Verhütung von Unglücksfällen oder gemeiner Gefahr dienenden Warn- oder Verbotszeichen beseitigt, unkenntlich macht oder in ihrem Sinn entstellt oder
2. die zur Verhütung von Unglücksfällen oder gemeiner Gefahr dienenden Schutzvorrichtungen oder die zur Hilfeleistung bei Unglücksfällen oder gemeiner Gefahr bestimmten Rettungsgeräte oder anderen Sachen beseitigt, verändert oder unbrauchbar macht,
wird mit Freiheitsstrafe bis zu zwei Jahren oder mit Geldstrafe bestraft, wenn die Tat nicht in § 303 oder § 304 mit Strafe bedroht ist.

Schrifttum: Händel, Mißbrauch von Notrufen und Beeinträchtigung von Unfallverhütungsmitteln, DAR 75, 57.

1   I. Die Vorschrift soll die Allgemeinheit vor **Mißbrauch von Notrufen** und unnötigem Beanspruchen von Hilfe (Abs. 1) sowie vor **Beeinträchtigungen von Unfallverhütungs- und Nothilfemitteln** (Abs. 2) schützen. Beide Absätze haben insoweit einen gemeinsamen Zweck, als sie dazu dienen, Unglücksfällen oder deren Ausweitung entgegenzuwirken. Diese Schutzrichtung tritt in Abs. 2 klar hervor, indem dort Vorkehrungen zur Verhütung oder Bewältigung von Unglücksfällen gegen Beeinträchtigungen gesichert werden. Sie liegt – jedenfalls mittelbar – aber auch Abs. 1 zugrunde. Der Mißbrauch von Notrufen usw kann bewirken, daß unnötig zu Hilfe Gerufene während dieser Zeit für einen Ernstfall nicht zur Verfügung stehen. Er kann ferner das Vertrauen in die Verläßlichkeit von Notrufen erschüttern und damit die Hilfsbereitschaft anderer mindern (mithin mittelbarer Schutz tatsächlich Verunglückter [Arzt/Weber II 130]). Zum andern können überflüssige Hilfeleistungen zu unnötigen Gefahren für Leib und Leben oder Sachgüter führen, zB Rettungsmaßnahmen unter widrigen Umständen bei vorgetäuschter Berg- oder Seenot. Zudem schützt Abs. 1 die Hilfsbereitschaft anderer schlechthin. Er stellt in dieser Hinsicht ein Gegenstück zu § 323 c dar (vgl. E 62 Begr. 471). Wer zur Hilfeleistung verpflichtet wird, muß andererseits davor bewahrt werden, daß seine Hilfe mißbräuchlich in Anspruch genommen wird und er hierbei möglicherweise nutzlose Aufwendungen macht. Eine Schädigung oder eine konkrete Gefährdung der Güter, deren Schutz § 145 dient, braucht weder nach Abs. 1 noch nach Abs. 2 eingetreten zu sein. Es handelt sich in beiden Absätzen um abstrakte Gefährdungsdelikte.

2   II. Abs. 1 ersetzt den durch Art. 262 Nr. 3 EGStGB aufgehobenen § 17 FAG und erweitert den Strafbereich. Miterfaßt werden Fälle, die – wie falscher Feueralarm – nach früherem Recht als grober Unfug (§ 360 I Nr. 11 aF) behandelt wurden.

1. Unter Strafe gestellt ist hiernach zunächst der absichtliche oder wissentliche **Mißbrauch von** 3 **Notrufen** oder Notzeichen (Nr. 1).

a) **Notrufe** und **Notzeichen** sind akustisch oder optisch wahrnehmbare Bekundungen, die auf 4 das Vorhandensein einer Not- oder Gefahrenlage und die Notwendigkeit fremder Hilfe aufmerksam machen. Sie sind in ihren Voraussetzungen, ihrer Art und in ihrem Inhalt vielfach durch Gesetz, behördliche Anordnung, Vereinbarung oder Übung festgelegt; es genügen aber auch sonstige, ad hoc erfundene Notrufe oder Notzeichen. Beispiele sind insb.: Betätigung eines Feuermelders, einer Feuersirene oder einer Feuerglocke, SOS-Rufe, Abschießen notanzeigender Leuchtkugeln, Benutzung einer Notrufanlage der Polizei (Überfall- und Einbruchmeldeanlage). Unerheblich ist, ob eine eigene oder eine fremde Notlage kundgetan wird. Auch kommt es nicht auf die Art der angezeigten Gefahrenlage an. Diese muß nur von einiger Erheblichkeit sein. Der Ruf nach Hilfe bei unerheblichen Gefahren ist kein Notruf iSv Nr. 1, so nicht der Hilferuf bei geringfügigen häuslichen Streitigkeiten (vgl. E 62 Begr. 471). In Betracht kommen etwa Verkehrsunfälle, Flugzeugabstürze, Feuergefahr, Bergnot, Seenot, Überschwemmungen oder verbrecherische Überfälle. Es muß nicht nur eine solche Gefahrenlage angezeigt werden (so aber anscheinend E 62 Begr. 471), zum Ausdruck muß zudem das Bedürfnis nach fremder Hilfe kommen, wobei ausreicht, daß es konkludent aus dem Notruf hervorgeht. Die Benutzung eines Fernsprechanschlusses, der allgemein als Notrufanschluß der Polizei bezeichnet wird, ist daher nur dann als Notruf iSv Nr. 1 anzusehen, wenn die Benutzung als Signal wirkt, das auf eine Notlage schließen läßt (Braunschweig NJW **77**, 209, Schleswig SchlHA/E-J **77**, 179, Lackner/Kühl 3, Rudolphi SK 2; weitergehend BGH **34** 4, wonach Nr. 1 wegen der Blockierung des Anschlusses sogar eingreift, wenn der Anruf eine Notlage ausschließt; vgl. auch Greiner MDR 78, 373). Nr. 1 ist demgemäß auf die Betätigung des Notrufmelders einer mit münzfreier Notrufeinrichtung versehenen öffentlichen Fernsprechzelle anwendbar, da hier die Telefonzelle automatisch in der Polizeizentrale kenntlich gemacht wird und die Benutzung ein Signal auslöst, das ohne Erläuterung auf eine Notlage deutet (Oldenburg NJW **83**, 1573).

b) **Mißbraucht** werden Notrufe oder Notzeichen, wenn auf sie ohne Vorliegen ihrer Voraus- 5 setzungen zurückgegriffen wird. Das ist namentlich der Fall bei Fehlen einer erheblichen Gefahrenlage, wie etwa bei falschem Feueralarm, oder fehlender Notwendigkeit fremder Hilfe. Ein Mißbrauch ist uU aber auch dann zu bejahen, wenn ein Notsignal, das in seinen Voraussetzungen gesetzlich usw festgelegt ist, zweckentfremdet verwendet wird.

c) Der Täter muß **absichtlich** oder **wissentlich** den Notruf oder das Notzeichen mißbraucht 6 haben. Bedingter Vorsatz genügt nicht (vgl. LG Köln MDR **78**, 860). Absichtlich mißbraucht der Täter ein Notzeichen bereits, wenn er nicht gebotene Hilfsmaßnahmen erstrebt und nur mit der Möglichkeit rechnet, daß andere das Notzeichen wahrnehmen oder es für ernst halten. Vgl. zur Absicht § 15 RN 66 f. und zur Wissentlichkeit § 15 RN 68.

2. Andere als die in Nr. 1 genannten unnötigen Hilfeanforderungen werden in Nr. 2 erfaßt. 7 Danach macht sich strafbar, wer absichtlich oder wissentlich **vortäuscht,** daß wegen eines Unglücksfalles oder wegen gemeiner Gefahr oder Not die **Hilfe** anderer **erforderlich** sei. Unerheblich ist, ob es sich um die Erforderlichkeit unmittelbarer oder mittelbarer Hilfe handelt. Es genügt daher, daß der Polizei vorgetäuscht wird, für einen Medikamententransport werde wegen der Eilbedürftigkeit Geleit durch ein Polizeifahrzeug mit Martinshorn und Blaulicht benötigt.

a) Die **Täuschungshandlung** muß sich auf die Erforderlichkeit fremder Hilfe bei einem Un- 8 glücksfall oder bei gemeiner Gefahr oder Not erstrecken, also auf die objektiven Voraussetzungen einer Hilfeleistungspflicht nach § 323 c. Vgl. näher zu diesen Voraussetzungen die Anm. zu § 323 c. Bloßes Vortäuschen eines Unglücksfalles, ohne daß gleichzeitig der Anschein erweckt wird, fremde Hilfe werde benötigt, genügt ebensowenig wie das Anfordern von Hilfe durch Vorspiegeln einer Situation, die nicht den Merkmalen des § 323 c entspricht. Andererseits reicht aus, wenn bei einem tatsächlichen Unglücksfall Hilfe angefordert wird, diese aber nicht oder nicht mehr erforderlich ist. Tatbestandsmäßig handelt daher, wer bei einem Verkehrsunfall einen Krankenwagen herbeiruft, obwohl der Verunglückte sich selbst helfen kann oder ein anderer Krankenwagen bereits am Unfallort eingetroffen ist.

Auf welche Weise die Erforderlichkeit fremder Hilfe vorgetäuscht wird, spielt keine Rolle. Das 9 Vortäuschen kann durch Worte oder Zeichen erfolgen, wie etwa in dem von Tröndle/Fischer 3 gebrachten Beispiel einer telefonischen Mitteilung, in einem Flugzeug oder einem Warenhaus sei eine Bombe mit Zeitzünder versteckt. Es kann aber auch durch Herstellen eines Zustands geschehen, der scheinbar auf einen Unglücksfall und das Erfordernis fremder Hilfe deutet, so etwa, wenn jemand neben sein umgestoßenes Motorrad an den Straßenrand legt, um einen Unfall vorzuspiegeln, oder jemand an einer gut sichtbaren Stelle in einem Gebäude eine Bombenattrappe deponiert. Weder die Tatbestandsmäßigkeit noch die Rechtswidrigkeit (§ 34) entfällt, wenn das Vortäuschen zu Testzwecken erfolgt, etwa mit dem Vortäuschen eines Unglücksfalles auf einer Straße die Verkehrsmoral getestet (und verbessert) werden soll (Rudolphi SK 3, Scheffler NZV 94, 261; abw. Schild AK 25: Rechtfertigung). Ferner kann das mißbräuchliche Ziehen der Notbremse einen Unglücksfall vortäuschen. In allen Fällen braucht ein Täuschungserfolg nicht eingetreten zu sein.

§ 145 10–19   Bes. Teil. Straftaten gegen die öffentliche Ordnung

10   b) Der subjektive Tatbestand erfordert **absichtliches** oder **wissentliches** Vortäuschen. Zu den Merkmalen der Absicht und der Wissentlichkeit vgl. o. 6. Beim Vortäuschen eines Unglücksfalles zu Testzwecken kann ein (vermeidbarer) Verbotsirrtum in Betracht kommen (Scheffler NZV 94, 263).

11   3. **Idealkonkurrenz** kommt mit den §§ 145 d, 303, 304, 315 I Nr. 3 in Betracht. Treffen Handlungen nach Nr. 1 und nach Nr. 2 zusammen, so liegt nur eine Tat nach Abs. 1 vor, nicht etwa Tateinheit (vgl. § 52 RN 28, Herdegen LK 14, Lackner/Kühl 8, Tröndle/Fischer 8).

12   III. Abs. 2 betrifft die absichtliche oder wissentliche **Beeinträchtigung von Unfallverhütungs- oder Nothilfemitteln.** Zu den gesetzgeberischen Gründen für die Einfügung dieses Tatbestands vgl. BT-Drs. 7/550 S. 471 f., 7/1261 S. 12.

13   1. In **Nr. 1** sind die Fälle erfaßt, in denen jemand Warn- oder Verbotszeichen beeinträchtigt, die zur Verhütung von Unglücksfällen oder gemeiner Gefahr dienen. Zum Unglücksfall und zur gemeinen Gefahr vgl. § 323 c RN 5 ff.

14   a) Tatobjekt sind **Warn- oder Verbotszeichen,** die als Vorkehrung gegen Unglücksfälle oder gemeine Gefahr an Gefahrenstellen angebracht sind. Ohne Bedeutung ist, wer das Zeichen angebracht hat. Auch solche privater Art (zB „Vorsicht! Bissiger Hund!" oder Warnschilder an Baustellen) kommen als Tatgegenstand in Betracht. Entscheidend ist allein, daß die Allgemeinheit auf eine Gefahrenstelle aufmerksam gemacht wird, sei es durch Schriftzeichen, Lichtzeichen oder durch bildliche oder symbolische Darstellungen. Zu den Warn- und Verbotszeichen gehören namentlich die Verkehrszeichen zur Sicherung des Straßen- (Köln NJW **99**, 1043 [Streckenverbotszeichen: Herabsetzung der Höchstgeschwindigkeit zum Schutz von Fußgängern] m. Anm. Dedy NZV 99, 136, Jahn JA 99, 98, Wrage NStZ **00**, 32 [Ausnahme im Falle lediglich kurzfristiger, von niemandem zur Kenntnis genommener Beeinträchtigung; zw.]), Bahn-, Schiffs- oder Luftverkehrs, zB auch Warnbojen, ferner auf der Fahrbahn aufgestellte Warndreiecke, Verbotsschilder, die Brandgefahr verhindern sollen (Rauchen verboten) oder das unbefugte Betreten eines gefährlichen Geländes (zB Schießstand, Truppenübungsplatz, Steinbruch) untersagen, Verbotstafeln an gefährlichen Gewässern (Baden verboten), an Transformatorhäuschen oder Hochspannungsmasten, Warnschilder, die auf Einsturzgefahr, Lawinengefahr oder Skiabfahrten hinweisen, sowie Warnzeichen (Totenkopf) auf Giftbehältern.

15   b) Die **Tathandlung** kann darin bestehen, daß ein Warn- oder Verbotszeichen beseitigt, unkenntlich gemacht oder in seinem Sinn entstellt wird. Ein *Beseitigen* liegt vor, wenn das Zeichen von seinem Platz derart entfernt worden ist, daß es seiner Aufgabe nicht mehr gerecht werden kann. Diese Voraussetzung erfüllt bereits das Ablegen eines abmontierten Schildes am Erdboden unmittelbar unterhalb des früheren Platzes. Wird ein Warn- oder Verbotsschild versetzt, so ist ein Beseitigen anzunehmen, wenn es sich nicht oder nicht mehr in vollem Umfang auf den ursprünglich gekennzeichneten Gefahrenbereich erstreckt. *Unkenntlich gemacht* ist ein Zeichen, wenn seine gedankliche Aussage nicht mehr ohne weiteres zur Kenntnis genommen werden kann. Das kann beispielsweise durch Übermalen, Überkleben, Überdecken mit einem Sack oder durch Beschädigen. Auch das Verdecken mit einem vor ein Zeichen gestellten Gegenstand reicht aus. Ein Zeichen wird *in seinem Sinn entstellt,* wenn seine Warn- oder Verbotsfunktion einen veränderten Inhalt erhält. Eine solche Veränderung kann durch Hinzufügen oder Entfernen einzelner Teile eines Zeichens erfolgen, aber auch durch das Drehen eines Schildes, so daß es in eine falsche Richtung weist.

16   2. Strafbar sind ferner die Beeinträchtigung von Schutzvorrichtungen, die zur Verhütung von Unglücksfällen oder gemeiner Gefahr dienen, sowie die Beeinträchtigung von Rettungsgeräten oder anderen Sachen, die zur Hilfeleistung bei Unglücksfällen oder gemeiner Gefahr bestimmt sind **(Nr. 2).** Zum Unglücksfall und zur gemeinen Gefahr vgl. § 323 c RN 5 ff.

17   a) **Schutzvorrichtungen** in diesem Sinn sind alle gegenständlichen Absicherungen einer Gefahrenstelle, ausgenommen die Warn- u. Verbotszeichen, die bereits in Nr. 1 erfaßt werden. Ebenso wie bei diesen Zeichen ist unerheblich, wer die Schutzvorrichtungen angebracht hat. Zu ihnen gehören ua Absicherungen von Baugruben und sonstigen Baustellen, Schutzzäune und Schutzgeländer an gefährlichen Stellen, Schranken an Bahnübergängen, Leitplanken auf der Autobahn, Deiche, Sandsäcke als Sicherung gegen Überschwemmungen, Anpflanzungen als Schutz gegen Bergrutsch- oder Lawinengefahr, Blitzableiter, Schutzvorrichtungen an gefährlichen Geräten oder Maschinen.

18   b) **Rettungsgeräte** oder andere Sachen kommen als Tatobjekte in Betracht, wenn sie zur Hilfeleistung bei Unglücksfällen oder gemeiner Gefahr bestimmt sind. Eine solche Funktion, zu der auch die Benachrichtigung von Rettern gehört, kann ihnen von öffentlicher oder privater Seite beigelegt worden sein. Sie kann auf einen konkreten Einzelfall beschränkt sein, zB bei einem zum Abtransport eines Verunglückten bereitgestellten Kfz, oder einer Sache für längere Dauer generell zukommen, zB bei Feuermeldern. Wesentlich ist nur, daß die beeinträchtigte Sache im Zeitpunkt der Tat dazu bestimmt ist, bei einem Unglücksfall oder gemeiner Gefahr als Mittel zur Hilfeleistung eingesetzt zu werden. Tatobjekte können demnach insb. sein: Schwimmwesten, Rettungsringe, Rettungsboote, Wurfleinen, Feuerlöschgeräte (Bay NJW **88**, 837), Fahrzeuge und Ausrüstungsgegenstände der Feuerwehr, Feuermelder, Notrufanlagen, Leuchtpistolen, Notsignalpatronen, Erste Hilfe-Material, Krankenwagen.

19   c) Die Schutzvorrichtungen usw müssen **beseitigt, verändert** oder **unbrauchbar gemacht** worden sein. Um ein *Beseitigen* handelt es sich, wenn das Tatobjekt der Gebrauchsmöglichkeit entzogen, namentlich von seinem Platz so entfernt worden ist, daß es seiner Schutzfunktion nicht mehr gerecht werden kann bzw. nicht mehr ohne weiteres möglich ist, es bestimmungsgemäß zur Hilfeleistung einzusetzen. Verstecken eines Rettungsgeräts in unmittelbarer Nähe genügt bereits, ebenso Blockieren eines Nothilfemittels in einer Weise, die dessen Einsatzmöglichkeit aufhebt oder erheblich erschwert (zB Vernageln des Zugangs zum Aufbewahrungsort). *Verändert* wird ein Tatobjekt, wenn es einen Zustand erhält, der vom bisherigen abweicht und seine Funktionstauglichkeit herabsetzt, wie bei Entleeren des Inhalts eines Feuerlöschers (Bay NJW 88, 837). Wird seine Funktionstauglichkeit gänzlich oder doch im wesentlichen aufgehoben, so liegt ein *Unbrauchbarmachen* vor. Es setzt ebensowenig wie das Verändern eine Substanzverletzung voraus. Wer einen Rettungsring so befestigt, daß es Zeit und Mühe kostet, diesen zu lösen, nimmt eine Veränderung vor. Sieht man als Beseitigen nur das räumliche Entfernen an (so Lackner/Kühl 6), so ist im Blockieren eines Nothilfemittels jedenfalls ein Verändern oder Unbrauchbarmachen zu erblicken.

3. Für den **subjektiven Tatbestand** ist sowohl nach Nr. 1 als auch nach Nr. 2 ein absichtliches oder wissentliches Handeln erforderlich. Vgl. dazu o. 6. **20**

4. Täter kann auch der Eigentümer des Tatobjekts sein. War er allerdings zum Anbringen eines Warnzeichens oder einer Schutzvorrichtung oder zum Bereitstellen eines Nothilfemittels nicht verpflichtet, so darf er den Gegenstand auch wieder entfernen, es sei denn, daß er die Verfügungsberechtigung verloren hat. Ist jemand seiner Pflicht zum Aufstellen eines Warnzeichens (zB eines Warndreiecks gem. § 15 StVO) oder zum Mitführen eines Nothilfemittels (zB des Erste Hilfe-Materials gem. § 35 h StVZO) nachgekommen, so kann zweifelhaft sein, ob das vorzeitige Entfernen eines solchen Gegenstandes als Verstoß gegen Abs. 2 zu werten ist. Man wird hier den maßgeblichen Verstoß im Nicht(weiter)befolgen der auferlegten Pflicht zu erblicken haben, so daß etwa der Kraftfahrer, der wissentlich das aufgestellte Warndreieck vorzeitig entfernt, nur wegen einer Ordnungswidrigkeit nach den §§ 15, 49 StVO, 24 StVG zu belangen ist, nicht jedoch wegen einer Straftat nach § 145 II Nr. 1. Entsprechend ist der Garant, der eine Schutzvorrichtung bei einer Baugrube vorzeitig entfernt, nicht nach Abs. 2, sondern unter den Voraussetzungen des § 13 wegen einer Unterlassungstat haftbar (Schild AK 18; vgl. auch M-Schroeder II 67). **21**

5. Konkurrenzen: Kraft der Subsidiaritätsklausel tritt Abs. 2 zurück, wenn die Tat in den §§ 303, 304 mit Strafe bedroht ist. Die Einbeziehung des § 303 in die Subsidiaritätsklausel ist verfehlt, da Abs. 2 dem Schutz der Allgemeinheit dient; allerdings wird – um § 145 II Nr. 1 nicht jeden Anwendungsbereich zu nehmen – § 304 insoweit restriktiv auszulegen sein, so daß zB das Überkleben eines Verkehrszeichens mit abziehbaren Folie lediglich § 145 II Nr. 1 unterfällt (Jahn JA 99, 101, Wrage NStZ 00, 33; and. Köln NJW 99, 1044). Andere Vorschriften über Eigentumsdelikte sind mit Recht nicht in die Subsidiaritätsklausel hineingenommen worden, so daß Tateinheit mit den §§ 242, 246 möglich ist. Zweifelhaft ist, ob Abs. 2 auch zurücktritt, wenn die Sachbeschädigung mangels Strafantrags nicht verfolgt werden kann. Dem Sinn der Subsidiaritätsklausel entsprechend ist diese so auszulegen, daß nur eine tatsächliche Möglichkeit der Bestrafung wegen Sachbeschädigung ein Zurückgreifen auf Abs. 2 ausschließt, das Wort „bedroht" also iSv „verwirkt" zu verstehen ist (vgl. 138 vor § 52, Rudolphi SK 8, Tröndle/Fischer 8; and. Herdegen LK 13, Lackner/Kühl 9, Schild AK 28). Das Problem hat sich indes mit der seit 1985 bestehenden Möglichkeit, die Sachbeschädigung auch von Amts wegen zu verfolgen, weitgehend entschärft, weil idR bei einer Sachbeschädigung, die zugleich eine Tat nach Abs. 2 ist, wegen eines besonderen öffentlichen Interesses an der Strafverfolgung ein Einschreiten von Amts wegen geboten ist und ein solches Einschreiten dann die Anwendung des Abs. 2 ausschließt. Subsidiarität des Abs. 2 ist ferner gegenüber solchen Vorschriften anzunehmen, die eine entsprechende Schutzrichtung aufweisen und ein konkretes Gefährdungsdelikt erfassen, so gegenüber §§ 312, 313, 315, 315 b, 318 (ebenso Tröndle/Fischer 8, der zudem noch die §§ 88, 316 b, 317 vorgehen läßt). **22**

§ 145 a Verstoß gegen Weisungen während der Führungsaufsicht

Wer während der Führungsaufsicht gegen eine bestimmte Weisung der in § 68 b Abs. 1 bezeichneten Art verstößt und dadurch den Zweck der Maßregel gefährdet, wird mit Freiheitsstrafe bis zu einem Jahr oder mit Geldstrafe bestraft. Die Tat wird nur auf Antrag der Aufsichtsstelle (§ 68 a) verfolgt.

I. Zweck der Vorschrift ist sicherzustellen, daß bestimmte Weisungen im Rahmen der Führungsaufsicht befolgt werden und damit der Zweck der Maßregel (vgl. § 68 RN 3) erreichbar bleibt. Ohne eine Strafsanktion für Verstöße gegen Weisungen würde die Führungsaufsicht entwertet. Weisungen bilden eines der wichtigsten Mittel für eine wirksame Ausgestaltung der Führungsaufsicht. Von ihrer Befolgung kann weitgehend abhängen, ob die Maßregel ihre Aufgabe erfüllt, den Verurteilten von weiteren Straftaten abzuhalten. Hat dieser bei Mißachtung der ihm erteilten Weisungen nichts zu befürchten, so ist in manchen Fällen zu erwarten, daß er sie nicht ernst nimmt. Angesichts solcher Gefahren hat man sich bei den gesetzgeberischen Beratungen die Bedenken (vgl. nur Hanack LK 37 ff., Lackner/Kühl 5, Schild AK 9) nicht zu eigen gemacht, die wiederholt gegen eine Pönalisierung der Nichtbefolgung von Weisungen erhoben worden sind (vgl. Prot. V 2208 ff., 2215). **1**

§ 145 a 2–6   Bes. Teil. Straftaten gegen die öffentliche Ordnung

2   Als **Bedenken** gegen eine solche Strafvorschrift wurde vor allem angeführt, daß mit ihr der bloße Ungehorsam zu einer Straftat gestempelt werde, nicht aber ein kriminelles Verhalten. Gegen eine solche Strafvorschrift daher ua Grünwald ZStW 76, 664, Jescheck/Weigend 823 f. FN 7. Diesen Bedenken ist entgegenzuhalten, daß nach § 145 a die Nichtbefolgung von Weisungen allein noch keine Straftat darstellt. Weitere Voraussetzung ist, daß der Zweck der Führungsaufsicht gefährdet wird. Der unter Führungsaufsicht Gestellte, der diesen Zweck durch Zuwiderhandlung gegen eine Weisung bewußt gefährdet, ist nicht nur ungehorsam. Er stellt sich vielmehr dem Bemühen entgegen, ihn von neuen Straftaten abzuhalten. Sein Verhalten ist damit für die Allgemeinheit bereits gefahrenträchtig (vgl. dazu Groth NJW 79, 747); hinsichtlich eines Verstoßes gegen Weisungen gem. § 68 b I Nr. 8 und 9 ist dieser Ansatz allzuweit vorverlagerten Rechtsgüterschutzes kaum tragfähig, so daß § 145 a als Pönalisierung bloßen Ungehorsams („Geßlerhut") insoweit (also partiell) verfassungswidrig sein dürfte (so auch Hanack LK[10] 6, LK[11] § 68 b RN 18; s. a. Schild AK 8, 5 [auch bzgl. Nr. 1 u. 7]; and. Groth NJW 79, 743, Tröndle/Fischer 1). Eine andere Frage ist, ob die Strafandrohung bei der in Betracht kommenden Tätergruppe, die bei ihrer Resozialisierung nicht mitwirken will, überhaupt eine hinreichende präventive Wirkung auslöst und ob die Bestrafung sich zur Einwirkung auf solche Täter eignet. Mit Geldstrafe ist bei dieser Tätergruppe oftmals nicht viel auszurichten, wohl kaum mehr mit Freiheitsstrafe, die dem Unrechts- und Schuldgehalt der Tat entsprechend nicht langfristig sein kann; Strafaussetzung zur Bewährung scheidet ohnehin regelmäßig wegen der ungünstigen Täterprognose aus. Vgl. zu diesen Bedenken Lackner/Kühl 5, aber auch Horn SK 17. Zum Ganzen vgl. Hanack LK 3 ff., 37 ff. Für Streichung des § 145 a 59. DJT (NJW 92, 3023).

3   Ihre genaueren Konturen erhält die Vorschrift erst auf Grund der Weisung, die das Gericht einem Verurteilten gem. § 68 b I erteilt hat. Es handelt sich dementsprechend um eine **Blankettvorschrift**. Zu den sich daraus ergebenden Anforderungen an die Weisungen, die als Tatbestandsmerkmal des § 145 a in Betracht kommen, vgl. u. 5.

4   II. Der **objektive Tatbestand** setzt voraus, daß der Verurteilte während der Zeit, in der er unter Führungsaufsicht steht, gegen eine bestimmte Weisung der in § 68 b I bezeichneten Art verstößt und dadurch den Zweck der Maßregel gefährdet.

5   1. Der Verstoß muß sich gegen eine **bestimmte Weisung** richten, die das Gericht gem. § 68 b I erteilt hat. Zuwiderhandlungen gegen eine Weisung nach § 68 b II genügen nicht. Die nach § 68 b I erteilte Weisung muß bestimmt sein dh sie muß dem Bestimmtheitsgebot des Art. 103 II GG entsprechen (krit. Schild AK 8), also ebenso fest umrissen sein wie der Tatbestand einer Strafnorm. Weisungen, die diesen Anforderungen nicht gerecht werden, vermögen den Tatbestand des § 145 a nicht in der erforderlichen Weise auszufüllen. In der Weisung muß demnach inhaltlich und dem Umfang nach genau festgelegt sein, was der Verurteilte zu tun oder zu lassen hat; es genügt nicht, daß der Verurteilte erst aus dem Weisungszweck das geforderte Verhalten herleiten kann (Horn SK 8), zB (zu unbestimmten) Verbote des Aufenthaltes an straftatanreizenden Orten an Stelle des Ausschlusses konkreter, wenn auch pauschal umrissener (zB „Kinderspielplatz") Örtlichkeiten (Tröndle/Fischer 3). Soweit es auf bestimmte Zeiten ankommt, wie bei der Weisung nach § 68 b I Nr. 7, müssen sie aus der Weisung klar hervorgehen. So muß bei den Meldepflichten nach § 68 b I Nr. 7 zumindest ein bestimmter Zeitraum gerichtlich festgelegt sein (KG JR **87**, 124 m. Anm. Groth JR 88, 258; vgl. Bay **95** 86 [Meldeturnus genügt]; s. a. § 68 b RN 12). Dagegen steht eine Weisung noch nicht deswegen in Widerspruch zum Bestimmtheitsgebot, weil die Dauer, die sie gelten soll, nicht angegeben worden ist. In einem solchen Fall ist davon auszugehen, daß sie für die ganze Dauer der Führungsaufsicht erteilt worden ist. Die Bestrafungsmöglichkeit setzt nicht voraus, daß die Weisung ausdrücklich auf § 68 b I gestützt wird (and. Hanack LK 9); § 145 a stellt nur auf eine bestimmte Weisung der in § 68 b I bezeichneten Art ab. Ein Hinweis auf § 68 b I ist allerdings zur Klarstellung angebracht (vgl. § 68 b RN 3). Andererseits reicht der Hinweis, eine Weisung werde auf § 68 b I gestützt, nicht aus, wenn dessen Anforderungen nicht erfüllt sind, etwa die Weisung nicht unter dessen abschließenden Katalog fällt oder inhaltlich unbestimmt ist. Ebensowenig erfaßt § 145 a unzulässige Weisungen, insb. solche, die an die Lebensführung des Verurteilten unzumutbare Anforderungen stellen und demgemäß mit § 68 b III unvereinbar sind (Hanack LK 11, Horn SK 8). Dagegen scheiden Weisungen noch nicht deswegen aus dem Tatbestand des § 145 a aus, weil sie unzweckmäßig sind. Bei ihnen kann jedoch die weitere Strafbarkeitsvoraussetzung der Gefährdung des Maßregelzwecks entfallen (vgl. u. 7).

6   2. Ein **Verstoß** gegen eine Weisung der bezeichneten Art liegt vor, wenn der Verurteilte das ihm Auferlegte nicht oder unvollkommen erfüllt. Anders als beim Widerruf der Strafaussetzung (§ 56 f.) und der Aussetzung einer Unterbringung (§ 67 g) ist nicht erforderlich, daß es sich um einen gröblichen oder beharrlichen Verstoß handelt. Eine einmalige Zuwiderhandlung genügt an sich; sie wird aber vielfach noch nicht zu einer Gefährdung des Maßregelzwecks führen. Der Verstoß muß **während der Führungsaufsicht** erfolgen. Das eine Weisung nicht beachtende Verhalten vor Beginn der Führungsaufsicht reicht ebensowenig aus wie ein Verhalten nach ihrer Beendigung. Beschränkt sich die Weisung auf eine kürzere Zeit als die Führungsaufsicht, so ist dieser Zeitraum maßgebend. Nach Ablauf dieser Zeit begangene Handlungen, die der früheren Weisung nicht entsprechen, verstoßen nicht gegen diese. Dagegen kann die Zuwiderhandlung gegen eine Weisung auch in einer Zeit begangen werden, die gem. § 68 c II 2 nicht in die Dauer der Führungsaufsicht eingerechnet wird. Wird allerdings der Verurteilte auf behördliche Anordnung in einer Anstalt verwahrt, so verlieren

Weisungen während dieser Zeit ihre Bedeutung. Ein etwaiger Verstoß in dieser Zeit, soweit er überhaupt möglich ist, kann daher nicht unter § 145 a fallen.

3. Der Verstoß gegen eine Weisung muß den **Zweck der Führungsaufsicht gefährden** (nach hM [Groth NJW 79, 746, Lackner/Kühl 3, Schild AK 4, 25. A. RN 9] Tatbestandsmerkmal; hiergegen mit beachtlichen Gründen Horn SK 2 [obj. Strafbarkeitsbedingung]). Da dieser Zweck darin besteht, gefährliche oder gefährdete Täter von weiteren Straftaten abzuhalten (vgl. § 68 RN 3), setzt das Gefährdungsmoment die Wahrscheinlichkeit voraus, daß es nicht gelingt, eine straffreie Lebensführung des Verurteilten zu erreichen, also die Wahrscheinlichkeit des Mißlingens der Resozialisierung (ähnlich Lackner/Kühl 3, Tröndle/Fischer 4, nach denen bereits die Vergrößerung der Gefahr weiterer Straftaten bzw. die Verschlechterung der Resozialisierungsaussichten ausreicht). Eine solche Wahrscheinlichkeit muß aus dem Verstoß gegen eine Weisung hervorgehen. Zu berücksichtigen ist daneben das sonstige Verhalten des Täters, das Schlüsse auf oder gegen die Gefährdung des Maßregelzwecks zuläßt (vgl. Lackner/Kühl 3; krit. Hanack LK 24). Eine Gefährdung des Maßregelzwecks durch Nichtfolgung einer Weisung entfällt etwa, wenn der Täter aus anerkennenswerten Gründen handelt, zB ein Rechtfertigungs- oder Entschuldigungsgrund vorliegt: Wer angewiesen worden ist, sich von Kinderspielplätzen fernzuhalten, gefährdet nicht den Zweck der Führungsaufsicht, wenn er einen Kinderspielplatz betritt, um sein dort in Gefahr geratenes Kind fortzubringen. An der erforderlichen Gefährdung durch Mißachtung einer Weisung fehlt es ferner idR bei geringen Verstößen, zB bei einmaliger Zuwiderhandlung aus menschlicher Schwäche. Handelt es sich dagegen um einen gröblichen oder beharrlichen Verstoß (vgl. hierzu § 56 f RN 6), so verknüpft sich damit zumeist eine Gefährdung des Maßregelzwecks. Anders kann es hier uU liegen, wenn die nicht befolgte Weisung unzweckmäßig war. Auch bei Nichtbeachtung der Weisung, einen Wohnortwechsel zu melden (§ 68 b I Nr. 8; s. o. 2), kann sich eine Gefährdung des Maßregelzwecks ergeben (einschr. LG Bielefeld NStE **1**; idR nicht), insb. dann, wenn der Verurteilte sich zugleich seinem Bewährungshelfer entzieht. Maßgebend für das Gefährdungsmoment ist die Tatzeit. Es braucht im Urteilszeitpunkt nicht mehr vorzuliegen (Groth NJW 79, 746; and. Horn SK 14); sein Wegfall kann aber zur Rücknahme des Strafantrags (vgl. u. 11) Anlaß geben (Hanack LK 26).

4. Keine Voraussetzung für die Strafbarkeit ist die nach § 268 a III StPO vorgeschriebene **Belehrung über die Möglichkeit einer Bestrafung** nach § 145 a. Unterbleibt die Belehrung, so kann dies allenfalls Bedeutung für einen etwaigen Verbotsirrtum erlangen.

III. Für den **subjektiven Tatbestand** ist Vorsatz erforderlich; bedingter Vorsatz genügt. Der Vorsatz muß die Zuwiderhandlung gegen eine tatbestandsausfüllende Weisung sowie die Gefährdung des Maßregelzwecks umfassen. Hinsichtlich der Weisung braucht der Täter nur das ihm Auferlegte zu kennen, nicht auch ihren Hintergrund. Er braucht also nicht zu wissen, weshalb das Gericht ihm gerade die Weisung, der er zuwiderhandelt, erteilt hat (Hamburg NJW **85**, 1232), zB nicht, daß die Beschäftigung, Ausbildung oder Beherbergung bestimmter Personen ihm untersagt worden ist, weil sie ihm Gelegenheit oder Anreiz zu weiteren Straftaten bieten können (vgl. Tröndle/Fischer 3, aber auch Schild AK 19). Ihm muß jedoch bewußt sein, daß die Nichtbefolgung der Weisung die Gefahr des Mißlingens seiner Resozialisierung und damit die Gefahr weiterer Straftaten begründet (Hamburg NJW **85**, 1232, Tröndle/Fischer 5, Groth NJW 79, 747, Hanack LK 28; and. Horn SK 3, 15, der die Gefährdung des Maßregelzwecks als objektive Strafbarkeitsbedingung ansieht). Diese Voraussetzung ist vor allem dann erfüllt, wenn der Täter der Weisung nicht nachkommt, weil er nicht gewillt ist, ein straffreies Leben zu führen (and. Schild AK 19, der den Vorsatz hinsichtlich des Zusammenhangs zwischen Weisungsverstoß und Gefährdungserfolg verneint; wer jedoch eine Weisung mißachtet, die ihn von Straftaten abhält, zB als Schmuggler das ihm verbotene Grenzgebiet betritt, kennt durchaus den erforderlichen Zusammenhang). Es reicht indes aus, daß er damit rechnet, ohne Befolgung der Weisung werde er den an ihn herantretenden Versuchungen voraussichtlich wieder erliegen (vgl. Hamburg NJW **85**, 1232), und er gleichwohl die Weisung mißachtet. Zur Fehlbeurteilung einer Weisung als unzumutbar gilt. § 68 b III gilt das in RN 155 vor § 13 Gesagte entsprechende.

IV. Täter kann nur die unter Führungsaufsicht stehende Person sein, der die nichtbefolgte Weisung erteilt worden ist. Sonstige Personen können sich an dem Delikt nur als **Teilnehmer** beteiligen. Die Beschränkung des Täterkreises bedeutet jedoch nicht, daß ein besonderes persönliches Merkmal strafbegründend und die Strafe für Teilnehmer deshalb nach den §§ 28 I, 49 I zu mildern ist (Hanack LK 29, Lackner/Kühl 1, Schild AK 25; and. Horn SK 4, Tröndle/Fischer 2). Sie ergibt sich vielmehr daraus, daß innerhalb des begrenzten Bereichs (Führungsaufsicht) die Effektivität von Maßnahmen zur Verbrechensverhütung sichergestellt und einem gefahrenträchtigen Verhalten in diesem Rahmen mit den Mitteln des Strafrechts entgegengewirkt werden soll. Nicht personale Elemente, sondern die besonderen Gefahren (Anfälligkeit) in einem begrenzten Bereich und damit rechtsgutsbezogene Erwägungen führen hier zur Beschränkung des Täterkreises. Daß persönlichkeitsbezogene Merkmale ohne entscheidende Bedeutung sind, zeigt ein Vergleich mit § 145 c, dem eine entsprechende Funktion wie § 145 a zukommt. Die Unerheblichkeit persönlichkeitsbezogener Merkmale für das Tatunrecht geht dort bereits daraus hervor, daß nicht nur der vom Berufsverbot Betroffene Täter sein kann (vgl. § 145 c RN 6).

V. Die Verfolgung der Tat setzt einen **Strafantrag** der Aufsichtsstelle (§ 68 a) voraus. Das Antragserfordernis soll bewirken, daß die Strafverfolgung nur als letztes Mittel eingesetzt wird, um auf den unter Führungsaufsicht stehenden Verurteilten, der sich den Resozialisierungsbemühungen entgegenstellt, einzuwirken. Die Aufsichtsstelle hat daher sorgfältig abzuwägen, ob eine Bestrafung erforderlich und somit ein Strafantrag geboten ist. Besteht Aussicht, mit weniger einschneidenden Mitteln erfolgreich auf den Täter einwirken zu können, zB durch verschärfte Kontrollen, so sind diese Mittel dem Strafantrag vorzuziehen. Um eine sachgerechte Entscheidung treffen zu können, hat die Aufsichtsstelle vor Antragstellung den Bewährungshelfer zu hören (§ 68 a VI). Die Wirksamkeit des Strafantrags ist jedoch nicht davon abhängig, daß mit dem Bewährungshelfer ein Einvernehmen über die Notwendigkeit des Antrags hergestellt worden ist. Sie hängt nicht einmal davon ab, daß die Aufsichtsstelle den Bewährungshelfer überhaupt gehört hat (vgl. § 68 a RN 5 aE, Tröndle/Fischer 7; and. Hanack LK 30, Horn SK 18, Schild AK 26). Für den Antrag sind die §§ 77 ff. maßgebend. Er kann danach bis zum rechtskräftigen Abschluß des Strafverfahrens zurückgenommen werden (§ 77 d).

12   VI. Zweifelhaft kann das **Verhältnis zwischen** der **Bestrafungsmöglichkeit** und der **Widerrufsmöglichkeit** bei einer Strafaussetzung, der Aussetzung eines Strafrestes oder bei der Aussetzung eines Maßregelvollzugs sein. Es stellt sich insoweit die Frage, ob eine Bestrafung nach § 145 a auch dann zulässig ist, wenn der strafbare Verstoß gegen eine Weisung den Widerruf einer Aussetzung auslöst. Die Frage ist zu verneinen. Einer Bestrafung würde zwar nicht das Verbot der Doppelbestrafung entgegenstehen, da der Widerruf einer Aussetzung keine Strafe darstellt. Eine Strafsanktion neben dem Widerruf entspricht aber nicht ihrem Sinn. Die mit ihr verfolgte Einwirkung auf den Täter erübrigt sich, weil ihn der Widerruf der Aussetzung eine Sanktion trifft, die einer Bestrafung nicht nachsteht. Vgl. dazu Lenckner, Strafe, Schuld und Schuldfähigkeit, in: Göppinger-Witter, Hdb. der forensischen Psychiatrie, 223. Im übrigen wäre eine Doppelbelastung, die sich aus dem Widerruf einer Aussetzung und einer Bestrafung ergeben würde, eine Reaktion auf ein Fehlverhalten, die sich schwerlich mit dem Grundsatz der Verhältnismäßigkeit vereinbaren läßt (and. Hanack LK 41). Verfährt das Gericht bei einem Verstoß gegen eine Weisung, die im Rahmen der Aussetzung der Unterbringung in einer Entziehungsanstalt erteilt worden ist, entsprechend § 67 d V (vgl. § 67 g RN 10), so entfällt die Einschränkung der Bestrafungsmöglichkeit.

13   VII. **Konkurrenzen:** Mehrere Verstöße gegen eine Weisung oder gegen verschiedene Weisungen sind nicht bereits nach § 145 a zu einer Tat zusammengefaßt. Die Vorschrift stellt vielmehr auf jede Einzelhandlung ab. Es beurteilt sich daher nach allgemeinen Regeln, ob mehrere Verstöße als eine Tat oder als mehrere Taten anzusehen sind. Erfüllt der Verstoß gegen eine Weisung zugleich den Tatbestand einer anderen Strafvorschrift, so besteht zwischen ihr und § 145 a Idealkonkurrenz. Ist die andere Straftat jedoch nur gelegentlich einer andauernden Zuwiderhandlung gegen eine Weisung begangen worden, so ist Realkonkurrenz anzunehmen.

§ 145 b
Die Vorschrift, welche die **Tierquälerei** behandelte, wurde durch § 9 I TierschutzG v. 24. 11. 1933 ersetzt. Jetzt ist insoweit § 17 TierschutzG maßgebend.

§ 145 c Verstoß gegen das Berufsverbot

Wer einen Beruf, einen Berufszweig, ein Gewerbe oder einen Gewerbezweig für sich oder einen anderen ausübt oder durch einen anderen für sich ausüben läßt, obwohl dies ihm oder dem anderen strafgerichtlich untersagt ist, wird mit Freiheitsstrafe bis zu einem Jahr oder mit Geldstrafe bestraft.

1   I. **Zweck der Vorschrift** ist, die Einhaltung eines strafgerichtlich angeordneten Berufsverbots sicherzustellen. Da ein solches Verbot nur jemandem aufzuerlegen ist, von dem der künftige Mißbrauch der Berufsausübung zu erheblichen rechtswidrigen Taten zu befürchten ist, soll die Strafdrohung beim Adressaten des Berufsverbotes – entsprechend § 145 a – der Durchsetzung der verhängten Maßregel nicht um der Unterbindung bloßen Ungehorsams willen dienen, sie soll vielmehr einem gefahrenträchtigen Verhalten entgegenwirken, über das die Maßregelzweck gefährdet zu sein braucht (abstraktes Gefährdungsdelikt, Horn SK 2 [sowie 14: strafzumessungsrelevant], Schild AK 3). Die Vorschrift dient damit dem Schutz der Allgemeinheit. Um die Beachtung des Berufsverbots möglichst wirkungsvoll zu sichern, richtet sich § 145 c nicht nur gegen den von der Maßregel Betroffenen, sondern auch gegen jede andere Person, die für ihn Tätigkeiten ausübt, die unter das Verbot fallen, oder die durch ihn solche Tätigkeiten für sich ausüben läßt (vgl. E 62 Begr. 614).

2   II. Der **objektive Tatbestand** setzt das Zuwiderhandeln gegen ein strafgerichtliches Verbot voraus, einen bestimmten Beruf, einen Berufszweig, ein Gewerbe oder einen Gewerbezweig auszuüben. Es genügt, daß der vom Verbot Betroffene entgegen § 70 III für einen anderen tätig wird oder einen anderen für sich tätig werden läßt. Aber auch der andere, der für den Betroffenen nach dessen Weisungen den Beruf usw ausübt oder ihn den Beruf usw für sich ausüben läßt, handelt tatbestandsmäßig.

3   1. Es muß sich um einen Verstoß gegen ein **Berufsverbot** handeln, das ein **Strafgericht angeordnet** hat. Zuwiderhandlungen gegen Verbote, die sich gesetzlich als Folge einer Verurteilung ergeben, zB nach § 6 II GmbHG, oder die von Verwaltungsbehörden auf Grund des Gewerberechts, zB nach § 35 GewO, erlassen worden sind, fallen nicht unter § 145 c, ebensowenig Zuwiderhandlungen gegen ein Berufsverbot, das ein Ehrengericht verhängt hat, zB nach den §§ 150, 153 BRAO. Ein strafgerichtliches Berufsverbot liegt vor, wenn eine Entscheidung nach § 70 rechtskräftig geworden oder ein

vorläufiges Berufsverbot gem. § 132 a StPO ausgesprochen worden ist (Tröndle/Fischer 2). Es muß jedoch, um eine ausreichende Grundlage für eine strafbewehrte Zuwiderhandlung zu sein, hinreichend bestimmt sein. Nur ein solches Verbot vermag dem Tatbestand des § 145 c so auszufüllen, daß die Strafnorm dem Bestimmtheitsgebot des Art. 103 II GG entspricht und daß für den Betroffenen erkennbar ist, welches Verhalten ihn strafbar werden läßt. An hinreichender Bestimmtheit fehlt es zB beim Verbot jeglicher selbständiger Erwerbstätigkeit. Nach Karlsruhe NStZ **95**, 446 m. iE zust. Anm. Stree ist bereits das Verbot jeder selbständigen Gewerbetätigkeit zu unbestimmt (zw., da dem Täter das pauschal untersagte Verhalten durchaus kenntlich gemacht wurde; die Unverhältnismäßigkeit als solche führt zwar zur Rechtswidrigkeit, aber eben nicht zur Unwirksamkeit der Anordnung nach § 70). Cramer NStZ 96, 136 sieht sogar im § 145 c schlechthin einen Verstoß gegen Art. 103 II GG. Das Berufsverbot bleibt auch für die Zeit maßgebend, die nach den §§ 70 IV 3, 70 a II 3 in die Verbotsfrist nicht einzurechnen ist, also für die Zeit, in welcher der Täter auf behördliche Anordnung in einer Anstalt verwahrt wird. Unerheblich ist, ob zZ der Mißachtung des Berufsverbots die Voraussetzungen für dessen Anordnung noch bestanden haben oder ob die Aussetzung des Berufsverbots nach § 70 a geboten war (aber Berücksichtigung bei der Strafzumessung). Die Aufhebung eines rechtskräftigen Berufsverbots in einem späteren Wiederaufnahmeverfahren soll die Strafbarkeit der vorher begangenen Zuwiderhandlungen gegen das Verbot unberührt lassen (Lackner/Kühl 1, Tröndle/Fischer 2) – obwohl die frühere Urteil mit rückwirkender Kraft beseitigt –, weil das Urteil für die Dauer seiner Existenz Beachtung verlange (25. A. RN 3; zw., da bloßer Ungehorsam pönalisiert würde, vgl. § 123 RN 20, 130 a vor § 32). Auf Grund der Urteilsaufhebung dürfte es aber idR angebracht sein, die Strafverfolgung nach § 153 StPO einzustellen (Horstkotte LK 5, Schild AK 20; vgl. auch BGH **22** 154).

2. Als **Tathandlung** kommt jede Tätigkeit in Betracht, auf die sich das Berufsverbot erstreckt. **4** Anders als § 145 a setzt § 145 c tatbestandlich nicht voraus, daß die Tathandlung den Zweck der Maßregel gefährdet. Zwar soll § 145 c einem gefahrenträchtigen Verhalten entgegenwirken; die Strafbarkeit des Verstoßes gegen das Berufsverbot ist aber nicht davon abhängig gemacht worden, daß mit dem Verstoß der mit dem Verbot verfolgte Zweck tatsächlich gefährdet wird (Ausschluß einer möglichen Gefährdung ist jedoch zugunsten des Täters bei der Strafzumessung zu berücksichtigen; uU Rückgriff auf § 153 StPO). Der *vom Berufsverbot Betroffene* handelt demgemäß tatbestandsmäßig, wenn er selbst den vom Verbot umfaßten Beruf von für sich (selbständig) – § 70 I – oder für einen anderen (etwa als Angestellter) – § 70 III 1. Alt. – ausübt oder wenn er diesen Beruf usw von einem anderen für sich ausüben läßt (§ 70 III 2. Alt.); beim Ausübenlassen muß jedoch entsprechend § 70 III hinzukommen, daß er den anderen nach seinen Weisungen tätig werden läßt. Es genügt in allen Fällen eine einmalige Zuwiderhandlung; Wiederholungsabsicht ist nicht erforderlich (Düsseldorf NJW **66**, 410, Horn SK 8, Paeffgen JR 99, 92 FN 44 [gegen obiter dictum von BGH **43** 4] Tröndle/Fischer 3; and. Horstkotte LK 11, Schild AK 8). § 145 c setzt weder berufsmäßiges (vgl. zu diesem Begriff BGH **7** 130) noch gewerbsmäßiges Handeln voraus. Eine *andere Person* handelt tatbestandsmäßig, wenn sie für den vom Berufsverbot Betroffenen nach seinen berufsbezogenen Weisungen, etwa als Strohmann, in dem vom Berufsverbot betroffenen Bereich tätig wird oder ihn für sich eine Tätigkeit in diesem Bereich ausüben läßt. Auch hier reicht eine einmalige Handlung ohne Wiederholungsabsicht aus. Unerheblich ist, von wem die Initiative ausgegangen ist. Zum idR straflosen Unterlassen: Horn SK 13.

III. Für den **subjektiven Tatbestand** ist Vorsatz erforderlich. Er setzt das Bewußtsein voraus, daß **5** die ausgeübte Tätigkeit in den Bereich fällt, auf den sich das Berufsverbot erstreckt. Bedingter Vorsatz genügt. Die Fehlvorstellung, eine Tätigkeit falle nicht unter das Berufsverbot oder die Verbotsfrist laufe noch nicht oder sei bereits abgelaufen bzw. es läge ein Aussetzungsbeschluß nach § 70 a vor, schließt als Tatbestandsirrtum den Vorsatz aus (BGH NJW **89**, 1939 [Annahme formeller Unwirksamkeit infolge eingelegter Beschwerde] m. Anm. Otto JK 2 zu § 16, abl. Anm. Dölp NStZ 89, 475; and. Tröndle/Fischer 6). Um einen Verbotsirrtum handelt es sich jedoch, wenn der Täter den gesetzlichen Umfang des Berufsverbots verkennt, etwa meint, er dürfe den verbotenen Beruf durch einen anderen trotz Weisungsabhängigkeit für sich ausüben lassen. Ebenfalls liegt ein Verbotsirrtum vor, wenn der Täter ein Berufsverbot, das er mit einer (späteren) BGH-Entscheidung in anderer Sache nicht (mehr) vereinbaren läßt, für unverbindlich hält, oder wenn er zu Unrecht glaubt, das Verbot sei zu unverhältnismäßig bzw. ungenau und entspreche daher nicht dem Bestimmtheitsgebot mit der Folge, daß es unbeachtlich sei.

IV. Teilnahme ist nach allgemeinen Regeln möglich. Soweit die Berufsausübung ein Zusammen- **6** wirken mit einem Partner voraussetzt, ist dieser als notwendiger Teilnehmer straflos (Tröndle/Fischer 5, Horstkotte LK 20, Lackner/Kühl 2, Gropp, Sonderbeteiligung 231), zB der Kunde, der sich auf die Entgegennahme von Leistungen oder deren Bezahlung beschränkt, oder der Warenlieferant, der nur eine Bestellung ausführt. Liegt strafbare Teilnahme vor, so fragt sich, ob die Strafe für den Teilnehmer nach §§ 28 I, 49 I zu mildern ist. Da Täter jede Person sein kann, die für den vom Berufsverbot Betroffenen handelt oder ihn für sich tätig werden läßt, und ihre Tat gesetzlich der Tat des vom Berufsverbot Betroffenen gleichsteht, sind für das Unrecht der von § 145 c erfaßten Tat keine besonderen persönlichkeitsbezogenen Merkmale von entscheidender Bedeutung. § 28 I kann daher auch dann anwendbar sein, wenn jemand an der Tat des vom Berufsverbot Betroffenen teilnimmt (Horstkotte LK 19; and. Tröndle/Fischer 3). Wer etwa diesen zu dem Verstoß gegen das

Berufsverbot anstiftet, kann nicht besser gestellt sein als der Anstifter, der eine andere Person zu einer Tat nach § 145 c bestimmt. Zur Nichtanwendbarkeit des § 28 I vgl. auch § 145 a RN 10.

7   **V. Idealkonkurrenz** ist mit Betrug möglich (BGH MDR/D **73**, 370, NStZ **91**, 549). Gleiches gilt, soweit im Nebenstrafrecht die unbefugte Ausübung eines Berufs oder Gewerbes mit Strafe bedroht ist (Horn SK 16, Horstkotte LK 21; and. Tröndle/Fischer 7, der in einer solchen Vorschrift eine lex specialis erblickt).

§ 145 d Vortäuschen einer Straftat

(1) **Wer wider besseres Wissen einer Behörde oder einer zur Entgegennahme von Anzeigen zuständigen Stelle vortäuscht,**
1. **daß eine rechtswidrige Tat begangen worden sei oder**
2. **daß die Verwirklichung einer der in § 126 Abs. 1 genannten rechtswidrigen Taten bevorstehe,**

wird mit Freiheitsstrafe bis zu drei Jahren oder mit Geldstrafe bestraft, wenn die Tat nicht in § 164, § 258 oder § 258 a mit Strafe bedroht ist.

(2) Ebenso wird bestraft, wer wider besseres Wissen eine der in Absatz 1 bezeichneten Stellen über den Beteiligten
1. an einer rechtswidrigen Tat oder
2. an einer bevorstehenden, in § 126 Abs. 1 genannten rechtswidrigen Tat

zu täuschen sucht.

Vorbem.: Neugefaßt durch 14. StÄG v. 22. 4. 1976, BGBl. I 1056.

Schrifttum: Fezer, Hat der Beschuldigte ein „Recht auf Lüge"?, Stree/Wessels-FS 663. – *Fuchs,* Zur Anwendung des § 145 d StGB bei Verkehrsstrafsachen, DAR 57, 147. – *Krümpelmann,* Täuschungen mit Wahrheitskern bei § 145 d Abs. 1 Ziff. 1 StGB, ZStW 96, 999. – *Rietzsch,* Die vorgetäuschte Straftat und die falsche Aussage, DStR 43, 97. – *Saal,* Das Vortäuschen einer Straftat (§ 145 d StGB) als abstraktes Gefährdungsdelikt, 1997. – *Schneider,* Grund und Grenzen des strafrechtlichen Selbstbegünstigungsprinzips auf der Basis eines generalpräventiv-funktionalen Schuldmodells, 1991. – *Stree,* Täuschung über einen Tatbeteiligten nach § 145 d Abs. 2 Nr. 1 StGB, Lackner-FS 527.

1   **I.** Die Vorschrift dient als Ergänzung des § 164 dem Schutz der inländischen Rechtspflege und zudem seit der Neuregelung dem Schutz der Präventivorgane. Zu deren Einbeziehung in den Schutz vgl. BT-Drs. 7/3030 S. 9, Laufhütte MDR 76, 444, Stree NJW 76, 1181, Sturm JZ 76, 351. **Grundgedanke** der Vorschrift ist, eine ungerechtfertigte Inanspruchnahme des behördlichen Apparates zu verhindern (vgl. BGH **6** 255, **19** 307 f., Düsseldorf JMBlNW **51**, 132, Krümpelmann ZStW 96, 1009; s. a. Schneider aaO 255: Störung global verstandener Ermittlungseffektivität, Saal aaO 109, der – ähnlich Krümpelmann ZStW 96, 1002 f. – das behördliche Arbeitspotential als eigentliches Schutzgut iSe vergeistigten Zwischenrechtsguts begreift), die durch Hinlenken behördlicher Ermittlungen oder präventiver Maßnahmen in eine falsche Richtung erfolgt. Hiermit verbindet sich der Zweck, die Rechtspflege- und Präventivorgane davor zu bewahren, infolge Täuschungen Dritter (Rudolphi SK 1 c) durch unnötige Einsatz der Erfüllung ihrer wirklichen Aufgaben abgehalten zu werden. Dem Gesetzeszweck entsprechend setzt der Tatbestand voraus, daß die Täuschungshandlung darauf angelegt ist, die Ermittlungstätigkeit oder die Präventivmaßnahmen in eine bestimmte Richtung zu lenken. Es genügt nicht, daß die Behörde daran gehindert wird, die richtige Richtung einzuschlagen (Fezer Stree/Wessels-FS 674). Das muß auch dann gelten, wenn infolge des Ablenkens von der richtigen Spur die Möglichkeit oder sogar die Gefahr besteht, daß die Behörde nunmehr von sich aus durch Ermittlungen in eine andere Richtung auf eine falsche Fährte gerät. Zwar hat der Täuschende auch hier auf staatliche Organe in einer Weise eingewirkt, die geeignet sein kann, überflüssige Tätigkeiten dieser Organe zu verursachen. Er selbst hat aber die Organe nicht ungerechtfertigt in Anspruch nehmen und sie zu überflüssigen Maßnahmen bestimmter Art verleiten wollen. Das bloße Ablenken von einem Tatbestandsverdachtentkräftende Täuschungshandlungen kann trotz des möglichen Auslösens unnötiger Behördentätigkeit unter dem Gesichtspunkt des Schutzes staatlicher Organe vor dem Verleiten zu unnützen Maßnahmen nicht verwerflicher sein als das Verwischen von Spuren, die zu einem Tatbeteiligten geführt hätten, oder falsche Angaben über die Spur zu einem Verdächtigen (zB unrichtige Auskunft über dessen Aufenthaltsort), die § 145 d schon nach seinem Wortlaut nicht erfaßt (Stree aaO 531). Daher fällt eine Aussage, die einen Verdächtigen nur entlastet, nicht unter § 145 d (vgl. u. 14; and. Saal aaO 201, 204). Bei § 145 d handelt es sich um ein abstraktes Gefährdungsdelikt (Geppert JK 6; Saal aaO 70 ff., Tröndle/Fischer 3; s. a. Hirsch Arth. Kaufmann-FS 562 sowie Zieschang, Die Gefährdungsdelikte [1998] 332: konkretes Gefährlichkeitsdelikt).

2   Erfaßt wird nur eine Täuschungshandlung, die auf Fehlleiten des staatlichen Verfolgungsapparates oder Erwirken unnötiger Sicherheitsvorkehrungen gerichtet ist, nicht die ungerechtfertigte Inanspruchnahme des Vollstreckungsapparates. Nach § 145 d ist somit nicht strafbar, wer sich als angeblich Verurteilter zur Strafvollstreckung meldet.

3   **II.** Der **Tatbestand** setzt voraus, daß jemand einer Behörde oder einer zur Entgegennahme von Anzeigen zuständigen Stelle vortäuscht, es sei eine rechtswidrige Tat iSv § 11 I Nr. 5 begangen

worden (Abs. 1 Nr. 1) oder die Verwirklichung einer der in § 126 I genannten rechtswidrigen Taten stehe bevor (Abs. 1 Nr. 2). Es reicht aber auch aus, daß jemand die Behörde usw über die Person eines Beteiligten an einer rechtswidrigen Tat oder an einem bevorstehenden Gewaltdelikt der in § 126 I genannten Art zu täuschen sucht (Abs. 2). Die Täuschung muß von außen her erfolgen; behördeninterne Täuschungen genügen nicht (Kühne JuS 87, 190, Rudolphi SK 1 c, Tröndle/Fischer 3). Nicht mehr behördenintern ist die Angelegenheit jedoch, wenn der Täter einer amtlichen Stelle außerhalb des Funktionsbereichs der betroffenen Behörde angehört (vgl. RG 72 98 zu § 164).

  1. Die Täuschungshandlung muß gegenüber einer **Behörde** (vgl. dazu § 164 RN 25 f.) oder einer zur Entgegennahme von Anzeigen zuständigen Stelle (vgl. § 164 RN 27) erfolgen. Es muß sich um ein inländisches Organ der Staatsgewalt handeln. Anders als bei der falschen Verdächtigung gem. § 164 reicht die Täuschung einer ausländischen Behörde nicht aus, da § 145 d sich auf den Schutz staatlicher Belange beschränkt und ausländische Staatsorgane insoweit grundsätzlich nicht den Schutz des deutschen Strafrechts genießen (vgl. 16 ff. vor § 3, BGH NStZ **84**, 360, Düsseldorf NJW **82**, 1242). Dies gilt aber infolge Inlandsbetroffenheit nicht mehr, wenn die ausländische Behörde deutsche Stellen in die Ermittlung einschaltet (Saal aaO 131; and. Düsseldorf NJW **82**, 1546, Rudolphi SK 3, Schild AK 13, 25. A. RN 4); hingegen greift § 145 d nicht ein, wenn einer inländischen Behörde eine nicht nach deutschem Recht strafbare Handlung im Ausland wahrheitswidrig angezeigt wird (ebenso für öst. Recht ÖstOGH ÖJZ 95, 310). Als Adressat der Täuschungshandlung kommen in erster Linie die Polizei und die StA in Betracht, aber auch die Gerichte, ferner Zollbehörden (vgl. Köln NJW **53**, 1843), militärische Dienststellen und der Wehrbeauftragte, nicht dagegen kirchliche Behörden. Auch ein parlamentarischer Untersuchungsausschuß gehört zum geschützten Adressatenkreis (Lackner/Kühl 2, Rudolphi SK 4; and. Tröndle/Fischer 4). Es genügt die Vortäuschung gegenüber einem einzelnen Angehörigen der Behörde, sofern er in amtlicher Eigenschaft tätig wird, etwa gegenüber dem an Ort und Stelle ermittelnden Polizeibeamten (vgl. KG VRS **22** 346, Celle NJW **64**, 733), oder gegenüber einer Polizeistreife (KG JR **89**, 26). Es muß sich um verwertbare Äußerungen handeln, da – vergleichbar dem Anwendungsbereich der §§ 153 ff., die nur prozeßordnungsgemäß agierende Rechtspflegeorgane schützen (s. aber 23 vor § 153) – staatliche Organe dann keinen Strafschutz verdienen, wenn sie infolge rechtswidriger Verwertung von Äußerungen ihr Arbeitspotential binden (Hamburg StV **95**, 588 m. krit. Anm. Geppert JK 7, Rudolphi SK 1 d, Tröndle/Fischer 5; and. Otto II 476).

  2. Die Behörde, der eine begangene oder bevorstehende Tat vorgetäuscht wird, muß in irgendeiner Weise dazu **berufen** sein, wegen dieser Tat **etwas zu veranlassen** (Rudolphi SK 3, Schild AK 13; and. Saal aaO 128 [tats. Weiterleitungsgefahr], Willms[10] LK 5). § 145 d erfaßt nicht die Fälle, in denen die Vortäuschung nur dazu dient, eine Leistung zu erlangen, wie zB der Rentenantrag, den jemand auf ein angeblich gegen ihn begangenes Verbrechen stützt (and. Willms[10] LK 1). Andererseits ist nicht erforderlich, daß die getäuschte Behörde für die Bearbeitung des Falles zuständig ist. Es reicht aus, wenn sie dazu berufen ist, die Mitteilung an die zuständige Stelle weiterzuleiten. Da die Tat nach § 145 d auch in mittelbarer Täterschaft begangen werden kann (vgl. BGH **6** 255), braucht sich der Täter selbst nicht unmittelbar an eine Behörde zu wenden. Eine Täuschungshandlung gegenüber einer Behörde liegt auch dann vor, wenn jemand darauf hinwirkt, daß sie zur Kenntnis der Behörde gelangt (vgl. Braunschweig NJW **55**, 1935). Vgl. auch § 164 RN 24.

  3. Als Tathandlung setzt Abs. 1 Nr. 1 das **Vortäuschen einer begangenen rechtswidrigen Tat** voraus. Ein solches Verhalten kann auch in einem Unterlassen liegen (vgl. dazu die zu § 13 RN 3 gebrachten Beispiele), also das auf beliebige Weise (ausdrückliche oder konkludente Tatsachenbehauptung, Schaffen einer verdachtserregenden Beweislage, auch durch verdächtiges Verhalten sowie Selbstbezichtigung) bewirkte Erregen oder Verstärken des Verdachts einer rechtswidrigen Tat (Küper 372).

  a) Gegenstand der Vortäuschung muß eine *rechtswidrige Tat* iSv § 11 I Nr. 5 sein. Hierunter fallen auch die Teilnahme, der Versuch gem. §§ 23, 30 und die mit Strafe bedrohte Vorbereitungshandlung, ferner Auslandstaten, soweit sie vom deutschen Strafrecht erfaßt werden. Ein strafloser Jugendstreich, ein bloßer Disziplinarverstoß oder eine Ordnungswidrigkeit genügt nicht (Frankfurt NJW **75**, 1896), ebensowenig ein angeblicher Selbstmord, da es sich insoweit um keine rechtswidrige Tat iSv § 11 I Nr. 5 handelt. Eine rechtswidrige Tat als Gegenstand einer Vortäuschung liegt hingegen dann vor, wenn der Täter zugleich mit dem Vortäuschen einer tatbestandsmäßigen Handlung einen Rechtfertigungsgrund angibt, da auch in einem solchen Fall die Gefahr einer Fehlleitung von Ermittlungsmaßnahmen besteht (Oldenburg NJW **52**, 1226, Saal aaO 144 f. [kein Überschreiten der Wortlautgrenze; angesichts des Normzwecks genügt insoweit eine straftatbestandsmäßige Handlung], Schmidhäuser II 242; and. Lackner/Kühl 4, Rudolphi SK 6, Tröndle/Fischer 5, 25. A. RN 7, die aber ggf. die Vortäuschung einer rechtswidrigen Tat seitens eines Angreifers für möglich halten); verschweigt der Anzeigende umgekehrt rechtfertigende Umstände, so tritt angesichts ohnehin bestehender Ermittlungsnotwendigkeit keine Strafbarkeit nach Abs. 1 Nr. 1 ein (and. Saal aaO 145). Da § 145 d das Arbeitspotential der Strafrechtspflege- bzw. Präventionsorgane abstrakt gegen Gefahren einer Fehlleitung ihrer Ressourcen schützt, liegt eine relevante Täuschung iü auch dann vor, wenn der Täter zugleich Umstände mitteilt, bei deren Vorliegen ein Schuldausschließungs- bzw. Entschuldigungs-, Strafausschließungs- oder -aufhebungsgrund bzw. ein Verfolgungshindernis gegeben wäre: Auch in diesen Fällen sind die Behörden zur Erforschung des Sachverhalts verpflichtet und dürfen dem Täter nicht ohne weiteres Glauben schenken (Saal aaO 137 f.; vgl. auch Schneider aaO 263; and. die ganz

§ 145 d 8–11   Bes. Teil. Straftaten gegen die öffentliche Ordnung

hM, die sich – gerade unter Zugrundelegen ihres zur teleologischen Tatbestandsrestriktion plausibel vertretenen, aus dem Schutzzweck des § 145 d abgeleiteten ungeschriebenen Eignungskriteriums – zu Unrecht auf die fehlende Eignung derartiger Angaben, ein Einschreiten staatlicher Behörden zu veranlassen, stützt (Karlsruhe MDR **92**, 1167, Zweibrücken NStZ **91**, 530, Krümpelmann ZStW 96, 1011, M-Schroeder II 423, Rudolphi SK 7, Schild AK 15, Stree NStZ 87, 559, Willms LK[10] 7, 25. A. RN 7). Angesichts einer am Schutzzweck des § 145 d (o. 1) zu orientierenden Interpretation des Merkmals „rechtswidrige Tat" überschreitet dieses Ergebnis den Gesetzeswortlaut nicht (Saal aaO 142), da – ebenso wie bei § 164 (vgl. dortige RN 10) – dieses Merkmal auch hier nur zur Abgrenzung zu nicht strafrechtswidrigen Handlungen dient (vgl. § 11 RN 41). Die Nichterforderlichkeit von Ermittlungen ergibt sich bei einem vorgetäuschten Antragsdelikt dann, wenn der Mitteilende Antragsberechtigter ist und ausdrücklich oder konkludent erkennen läßt, daß er keinen Strafantrag stellen wird, es sei denn, es kommt bei dem Antragsdelikt ein Einschreiten von Amts wegen auf Grund des besonderen öffentlichen Interesses an der Strafverfolgung in Betracht. Eine ohne Schuld begangene Tat reicht als Gegenstand der Vortäuschung aus, wenn sie Anlaß zu Maßnahmen bietet, etwa zu einer Maßregel nach den §§ 61 ff. (Schild AK 15).

8 b) Die Täuschungshandlung muß sich auf eine *begangene* Tat richten. Das ist auch der Fall, wenn eine in Ausführung befindliche Tat, deren Versuch strafbar ist, oder eine mit Strafe bedrohte Tatvorbereitung vorgetäuscht wird. Überschneidungen mit Abs. 1 Nr. 2 sind daher möglich; zum Verhältnis zwischen Nr. 1 und Nr. 2 vgl. u. 26.

9 c) Eine **Täuschungshandlung** liegt einmal vor, wenn durch Anzeige oder auf andere Weise der Behörde eine angeblich begangene Tat mitgeteilt wird (Düsseldorf JMBlNW **51**, 132). Zum anderen kann das Vortäuschen dadurch geschehen, daß scheinbare Verbrechensspuren geschaffen werden, die zur Kenntnis der Behörde kommen (Braunschweig NJW **55**, 1935), oder Spuren anderer Art (zB Unfallfolgen) als Verbrechensspuren bezeichnet werden. Aber auch ein verdächtiges Verhalten, das auf eine gegenwärtige Deliktsbegehung deutet, kann genügen, zB das Vorspiegeln eines Bandenschmuggels (Köln NJW **53**, 1843) oder der Trunkenheit im Verkehr durch Fahren in Schlangenlinien (Köln VRS **54** 196, Küper 298). Unerheblich ist, welches Gewicht die vorgetäuschte Tat hat. Dagegen reicht das Aufbauschen einer begangenen Tat (zB Verdoppelung des Gestohlenen) nicht aus (vgl. Celle NdsRpfl **57**, 16, Hamm NJW **82**, 60 m. Anm. Krümpelmann JuS 85, 763, Bay NJW **88**, 63), ebensowenig idR das Ausgeben eines strafbaren Versuchs als vollendete Tat (Hamm NStZ **87**, 558 m. Anm. Stree), das Vorspiegeln, eine Tat sei in qualifizierter Form begangen worden (BGH 4 StR 406/73 v. 30. 8. 1973, Hamm NJW **71**, 1324), wie die Vortäuschung, ein Raub sei als schwerer verübt worden, auch nicht das Hinstellen eines Diebstahls als Raub (Tröndle/Fischer 5) oder räuberischen Diebstahl (Willms LK[10] 6) noch Hinzudichten einer untergeordneten Tat (angeblicher Faustschlag bei einem Raub; vgl. Hamm aaO; angebliche Körperverletzung bei Tötungsversuch; Karlsruhe MDR **92**, 1166; krit. Geppert JK 6). Fällt dagegen die begangene Tat gegenüber der vorgetäuschten nicht ins Gewicht und erhält das Geschehen auf Grund der Vortäuschung ein völlig verändertes Gepräge, das geeignet ist, unnötige, erhebliche Mehrarbeit der Behörde zu bewirken, so ist der Tatbestand erfüllt, wie zB, wenn das nur niedergeschlagene Opfer angibt, es sei beraubt worden (vgl. Hamm aaO; and. Rudolphi SK 9 c, der auf prozessuale Identität abstellt; zust. Geppert JK 6, Otto II 476, W-Hettinger 172). Das kann uU der Fall sein, wenn auf diese Weise ein Antragsdelikt (oder Privatklagedelikt) als Offizialdelikt hingestellt (Karlsruhe MDR **92**, 1166, Stree NStZ **87**, 560, der dies zurecht nur als Indiz für die hervorzurufende Mehrarbeit ansieht), etwa eine Beleidigung in eine Vergewaltigung verwandelt wird. Demgegenüber stellt Krümpelmann ZStW 96, 1025, JuS 85, 766 darauf ab, ob ein Verbrechen an Stelle eines begangenen Vergehens vorgetäuscht wird; dagegen Hamm NStZ **87**, 558 m. Anm. Stree sowie Saal aaO 158, der iü (161 ff.) auch eine Täuschung mit Wahrheitskern grds. für tatbestandsmäßig hält, um dann über das von ihm generell als Tatbestandskorrektiv eingesetzte, gleichfalls aber konturenlose Geringfügigkeitsprinzip zu entsprechenden Ergebnissen zu gelangen. Anders als bei § 164 kommt es für das Vortäuschen nicht auf die Falschheit der Verdachtsmaterie an: Wer unrichtige Behauptungen zum Beweis einer tatsächlich begangenen Tat aufstellt, führt keine unnütze Behördentätigkeit herbei (Küper 373, Otto II 476, Rudolphi SK 8).

10 d) Unwesentlich ist, *wer als Täter* der angeblichen Tat *benannt* wird. Es kommt allein darauf an, ob die Täuschungshandlung zu einer Verfolgungsmaßnahme Anlaß geben kann. Wer wahrheitswidrig sich selbst bezichtigt oder Anzeige gegen Unbekannt (vgl. BGH **6** 255) erstattet, handelt ebenso tatbestandsmäßig wie jemand, der als Täter der angeblichen Tat eine Person benennt, die fingiert oder bereits tot ist. Erfolgt eine Selbstanzeige indes, um einen Verdacht gegen sich zu entkräften und die eigene Unschuld feststellen zu lassen, so fehlt es an einem Vortäuschen, wenn der Anzeigende wahrheitsgemäß die gegen ihn vorliegenden Verdachtsmomente vorbringt (Rudolphi SK 10, Saal aaO 166). Wird ein Toter bezichtigt, ist § 145 d auch dann anwendbar, wenn auf dessen Tod hingewiesen wird, da nicht davon auszugehen ist, daß die Behörden diese Angaben ungeprüft übernehmen (Saal aaO 209; and. Rudolphi SK 16, Stree Lackner-FS 530, 25. A. RN 10).

11 e) Bedeutungslos ist für die Tatbestandserfüllung, ob die Vortäuschung irgendeinen Erfolg gehabt hat, insb. zu einer behördlichen Reaktion geführt hat (Düsseldorf JMBlNW **51**, 132). Der Erfolg kann jedoch bei der Strafzumessung ins Gewicht fallen (vgl. u. 23).

4. Dem Vortäuschen einer rechtswidrigen Tat gleichgestellt ist der Fall, daß jemand eine Behörde **12** usw **über einen Beteiligten an einer rechtswidrigen Tat zu täuschen sucht** (Abs. 2 Nr. 1). Sonstige unrichtige Angaben, etwa über Tatzeit oder Tatort, genügen nicht. Erwecken sie jedoch den Eindruck einer ganz anderen Tat, so ist Abs. 1 Nr. 1 anwendbar.

a) Im Unterschied zu Abs. 1 Nr. 1 ist grds. erforderlich, daß eine *rechtswidrige Tat wirklich begangen* **13** worden ist (Hamburg MDR **49**, 309 m. Anm. Hünemörder, Frankfurt NJW **75**, 1896, KG JR **89**, 26, Arzt/Weber V 125, Otto II 477, Rengier II 344, Tröndle/Fischer 7; and. Hamm NJW **63**, 2138, Rudolphi SK 12, Schild AK 21, Willms LK[10] 10: entsprechender Verdacht genügt; aber: Auch Angaben, die einen solchen Verdacht erst erregen und dann zu grundlosen Ermittlungen gegen einen als Täter benannten Unbeteiligten führen, sind mit dem Schutzzweck des § 145 d unvereinbar.). Zweifelhaft ist, ob eine Ausnahme zu machen ist, wenn der Täter irrtümlich vom Vorliegen einer rechtswidrigen Tat ausgeht. Da die getäuschte Behörde in solchen Fällen ebenfalls auf eine falsche Fährte gelockt und zu grundloser Ermittlungstätigkeit veranlaßt werden kann, bestehen nach dem Grundgedanken des § 145 d (vgl. o. 1) keine Bedenken, diese Fälle einzubeziehen. Auch steht dem Wortlaut nichts entgegen, da es nur auf einen Täuschungsversuch, nicht auf einen Täuschungserfolg ankommt. Gegen eine Auslegung, die ein tatsächlich begangenes Delikt fordert, spricht zudem, daß ein solches Erfordernis in den Fällen, in denen die Täuschung die Feststellung einer rechtswidrigen Tat verhindert, zur Straflosigkeit des Täters nach dem Grundsatz in dubio pro reo führen muß. Die irrige Annahme einer rechtswidrigen Tat muß daher genügen (Küper 252, M-Schroeder II 425, Saal aaO 178 f., Stree Lackner-FS 539), und zwar nicht nur aufgrund einer irrigen Annahme eines Sachverhalts, den der Täter zutreffend als rechtswidrige Tat beurteilt (so Lackner/Kühl 7). Auch kommt es nicht darauf an, ob der Täter jedenfalls Umstände wahrgenommen hat, die objektiv die Möglichkeit einer rechtswidrigen Tat ergeben (and. Morner NJW **64**, 310). Vgl. zum Ganzen Stree aaO 536 ff.

b) Eine **Täuschungshandlung** liegt vor, wenn ein Unbeteiligter als Täter oder Teilnehmer einer **14** begangenen Tat hingestellt wird. Das kann nicht nur durch unrichtige Angaben geschehen, wie zB bei falscher Selbstbezichtigung als Täter eines tatsächlich begangenen Delikts, sondern auch durch Herstellen einer falschen, einen anderen verdächtigenden Beweislage, so etwa, wenn der Dieb, um nicht gefaßt zu werden, gestohlene Sachen einem anderen in die Tasche steckt (vgl. § 164 RN 8). Zur Restriktion des andernfalls recht konturenlosen Tatbestandes wird von der hM (Bay NJW **84**, 203 m. krit. Anm Kühl JR 85, 296, Celle NJW **61**, 1416, Eser III 198, Krümpelmann ZStW 96, 1023, Lackner/Kühl 7, M-Schroeder II 425, Rudolphi SK 14, Schild AK 22, Stree Lackner-FS 528 ff.; offen bei Tröndle/Fischer 7 a, b; vgl. auch BGH **19** 308) allerdings keinesfalls zwingend gebotene (deshalb angesichts der Gefährdung des behördlichen Arbeitspotentials mit beachtlichen Gründen ablehnend Saal aaO 197 ff., Otto II 477, JK 3; s. a. Schneider aaO 252, Willms LK[10] 16) Unterscheidung zwischen einer tatbestandslosen Verdachts*ablenkung* (Täter behindert die Ermittlungen durch Abwehren eines Tatverdachts, ohne sie aber auf eine falsche Spur zu leiten) und einer strafbaren Verdachts*umlenkung* getroffen, bei der die Behörde durch die Irreführung unmittelbar auf eine falsche Fährte gelenkt wird (zur notwendigen Restriktion in Selbstbegünstigungsfällen u. 15). Die Behörde wird jedenfalls dann zu überflüssigen Maßnahmen verleitet, wenn eine bestimmte Person fälschlich als Täter angegeben wird (Hamm NJW **56**, 1530, Celle NJW **61**, 1416), auch bei einer Identitätstäuschung, wenn der gestellte und geständige Täter die Personalien eines anderen als seine eigenen ausgibt (and. KG JR **89**, 26, LG Dresden NZV **98**, 217 m. abl. Anm. Saal); in diesen Fällen tritt § 145 d aber regelmäßig hinter § 164 zurück (vgl. u. 26). Ferner genügen konkrete Angaben, die auf einen anderen als den wahren Täter deuten, mag auch dessen Person nicht genau bezeichnet sein. Dagegen scheiden die Fälle aus, in denen die Behörde nur veranlaßt werden soll, keine Nachforschungen gegen den wirklichen Täter anzustellen (vgl. BGH **19** 308, Fezer Stree/Wessels-FS 674). Nicht tatbestandsmäßig handelt, wer in den Verdacht vom Täter ablenkt (KG VRS **10** 457, Bay NJW **84**, 2302, FamRZ **86**, 1155, Celle NJW **61**, 1416, Zweibrücken NStE 1, NStZ **91**, 530, Rudolphi SK 14; and. BGH LM **Nr. 2**, Willms LK[10] 16, der aber für den Verdächtigten und dessen Angehörige in RN 11, 17 Ausnahmen macht). Hier wird nicht unmittelbar auf eine falsche Fährte gewiesen. Der Umstand, daß zu erkennen gegeben wird, ein anderer müsse die Tat begangen haben, reicht nicht aus. § 145 d ist daher nicht anwendbar, wenn jemand dem Täter ein falsches Alibi verschafft (Bay NJW **84**, 2302 m. Anm. Kühl JR 85, 296), bei erklärt, der Täter sei zu Tatzeit bei ihm statt am Tatort gewesen, wenn jemand bewußt den Namen des Täters verschweigt oder behauptet, ihn nicht zu kennen, oder wenn ein Delikt als bloßer Unfall hingestellt wird. Diese Grundsätze gelten auch, wenn von mehreren Verdächtigen einer den anderen als Täter bezeichnet. Mangels konkreter Hinweise, die in eine bestimmte Richtung zeigen, genügt des weiteren nicht das bloße Hinlenken auf einen Unbekannten, zB eine Anzeige gegen Unbekannt (Celle NJW **61**, 1416, Krümpelmann ZStW 96, 1029, Stree aaO 534, Willms LK[10] 14; and. BGH **6** 255); auf eine falsche Fährte weist der Täter erst, wenn die Anzeige Angaben enthält, die auf eine bestimmte Spur deuten. Auf einen anderen „Täter" weist nach insoweit allerdings abzulehnender (o. 7) hM auch nicht hin, wer angibt, eine bestimmte Person habe statt des Täters die „Tat" ausgeführt, sofern diese Person unter den genannten Umständen keine rechtswidrige Tat begangen haben soll, zB, wer im Rahmen eines Verstoßes gegen § 21 StVG behauptet, ein Inhaber eines Führerscheins habe am Steuer gesessen (BGH **18** 58, **19** 305, Köln NJW **53**, 596, Hamm NJW **64**, 734, Celle NJW **64**, 733, NStZ **81**, 440, Frankfurt NJW **75**, 1895, Bay FamRZ **86**, 1155; and. Koblenz NJW **56**, 561). In eine falsche Richtung soll die Ermittlungstätigkeit ferner nicht gelenkt

§ 145 d

werden, wenn sich nach den Angaben Ermittlungen in die gewiesene Richtung erübrigen, etwa der Behörde gegenüber ein erkennbar Toter als Täter hingestellt wird (and. Bay **62** 40). Anders verhält es sich, wenn der Behörde zunächst unbekannt bleibt, daß die fälschlich als Täter genannte Person bereits verstorben ist.

15 c) Streitig ist, ob Abs. 2 Nr. 1 auf *Beteiligte an einer Straftat* anwendbar ist (bejahend Hamm JMBlNW **64**, 177). Insoweit sollten zur Gewährleistung strafloser Selbstbegünstigung (hierzu Schneider aaO 237 ff., 277 ff.; zust. Rogall StV 96, 67) auch beim „kleinen Aussagedelikt" des § 145 d (Schneider aaO 290) Täuschungshandlungen des Täters nicht nur – der Rechtslage bei § 164 entsprechend (vgl. § 164 RN 5) – dann ausgeklammert bleiben, wenn der Täter sich auf das Leugnen der Tat beschränkt (hierzu zählt auch die Konstellation, daß hierdurch namentlich in 2-Personen-Verhältnissen – etwa Insassen eines Pkw bei Verkehrsstraftat; Bezichtigen eines Zeugen, falsch ausgesagt zu haben, durch den weiter leugnenden Angeklagten – konkludent oder gar ausdrücklich eine andere Person bezichtigt wird [Celle NJW **64**, 733; vgl. auch Oldenburg NdsRpfl **57**, 159, Hamm JMBlNRW **64**, 177, Fahrenhorst JuS 87, 709, Fezer Stree/Wessels-FS 675, Rudolphi SK 15]): Da weder das Verwischen eigener Tatspuren nach § 258 noch die Lüge eines Angeklagten vor Gericht nach §§ 153 ff. strafrechtlich erfaßt wird, wäre es systemwidrig (vgl. aber Saal aaO 223 ff.), die Zwischenphase (verbalen) Leugnens gegenüber bei den Strafverfolgungsorganen von § 145 d erfassen zu lassen, obgleich hierdurch anders als im Falle von § 164 kein Individualrechtsgut, sondern ebenfalls nur ein die Aufklärung von Straftaten sicherndes Rechtsgut der Allgemeinheit tangiert wird (so iE auch Schneider aaO 298 ff., der allerdings lediglich die Schuld ausgeschlossen sehen will [hiergegen zutr. Fezer aaO 677, Rogall StV 96, 67]). Darüberhinaus sollte im Wege selbstbegünstigungskonformer Rechtsfortbildung (Schneider aaO 275) der Anwendungsbereich des Abs. 2 Nr. 1 nicht mehr fallgruppenorientiert aufgefächert und eben nicht zwischen dem bloßen Leugnen (das im Gegensatz zum Schweigen eben nicht vom Nemo-tenetur-Grundsatz gedeckt wird: Schneider aaO 243 ff.) sowie bloßer Verdachtsablenkung (strafloser Hinweis auf den „großen Unbekannten" [Bay NJW **84**, 2302, Celle NJW **61**, 1416, Rudolphi SK 15, Stree Lackner-FS 534]; and. aber für den Fall aggressiven Vorgehens durch Erstatten einer Strafanzeige: BGH **6** 255, Celle NJW **64**, 733, Oldenburg MDR **49**, 308, Tröndle/Fischer 7 b; krit. Saal aaO 203 f.; für Abs. 1 Nr. 2 im Falle konkreter Angaben, die Verfolgungsmaßnahmen auslösen können: BGH LM Nr. **2**, KG VRS **22** 346, Tröndle/Fischer 7; bei einverständlichem Platztausch zur Verschleierung eines Straßenverkehrsdelikts – vgl. Celle NJW **64**, 733, Hamm VRS **32** 441 – nahm die 25. A. RN 15 noch mittäterschaftlich verwirklichte Beteiligtentäuschung an; hingegen – in sich nicht überzeugend [o. 7] – keine Strafbarkeit nach hM [Rudolphi SK 16 mwN], sofern der Verdacht auf jemanden umgelenkt wird, in dessen Person das Geschehen gerade kein Straftat dargestellt hätte: BGH **19** 305, Tröndle/Fischer 7 b, Stree Lackner-FS 530) unterschieden werden: Soweit es um die Durchführung des konkreten Strafverfahrens geht, erfährt die Ermittlungstätigkeit der Strafverfolgungsbehörden gegenüber Störungen seitens des Täters eben keinen Strafschutz (Fezer aaO 674; s. a. Schneider aaO 291; für bloße Berücksichtigung innerhalb der Strafzumessung hingegen Stree JR 79, 254, 25. A. RN 15; hiergegen Saal aaO 226). Dementsprechend ist auch die Anstiftung eines anderen, sich an Stelle des Anstifters als Täter auszugeben, nicht nach Abs. 2 Nr. 1 strafbar (and. Bay JR **79**, 252 m. Anm. Stree; 25. A. RN 15); ebensowenig ist es – auch auf Basis der hM – strafbar, wenn ein Unfallverursacher einen vorherigen Diebstahl des Unfallfahrzeugs vortäuscht, um den Verdacht, am Unfall beteiligt zu sein, von sich abzulenken (nur Abs. 1 Nr. 1; BGHR § 145 d Abs. 2 Nr. 1 Täuschen **1**).

16 5. Tathandlung ist ferner nach Abs. 1 Nr. 2 das **Vortäuschen der bevorstehenden Verwirklichung einer rechtswidrigen Tat**, soweit es sich bei dieser um eines der in § 126 I genannten Gewaltdelikte handelt. Nicht einbezogen sind sonstige Deliktsvorhaben sowie angebliche Gewaltdelikte, die erst in ferner Zukunft zu erwarten sind, weil nach Ansicht des Gesetzgebers Täuschungen hierüber die Tätigkeit der Präventivorgane nicht ernstlich stören (vgl. BT-Drs. 7/3030 S. 9, Stree NJW 76, 1181 f.).

17 a) Die Vortäuschung muß die bevorstehende Verwirklichung *einer der in § 126 I genannten rechtswidrigen Taten* zum Gegenstand haben, etwa einen räuberischen Banküberfall, eine Brandstiftung, ein Bombenattentat iSv § 311 oder eine Flugzeugentführung. Da es bei dieser Tatmodalität um das mögliche Auslösen unnötiger Präventivmaßnahmen geht, kommt es nur auf die Tatbestandsmäßigkeit und Rechtswidrigkeit der angekündigten Tat an, nicht auf ein schuldhaftes Handeln. Es reicht die Behauptung aus, ein Geisteskranker werde die Tat ausführen. Unwesentlich ist, wer als Täter der angekündigten Tat bezichtigt oder ob überhaupt ein bestimmter Täter genannt wird. Auch wer zum Schein eine eigene Tat androht, handelt tatbestandsmäßig. Zum Aufbauschen einer Tat vgl. u. 19. Die vorgetäuschte Tat braucht nicht juristisch einwandfrei gekennzeichnet zu werden; es muß für die Behörde nur erkennbar sein, daß eine Tat nach § 126 I zu erwarten ist.

18 b) Die Verwirklichung einer Gewalttat muß als **bevorstehend** gekennzeichnet sein. Die Äußerung muß demnach den Anschein erwecken, die angekündigte Tat sei sofort, alsbald oder jedenfalls in Kürze zu erwarten. Auch bei einer Tat, die sich schon in der Ausführung befindet, aber noch nicht vollendet ist, steht ihre Verwirklichung bevor, so daß zB die Vortäuschung, in einem Gebäude sei eine mit einem Zeitzünder versehene Bombe versteckt, unter Abs. 1 Nr. 2 fällt (zum Verhältnis zu Abs. 1 Nr. 1 vgl. u. 26). Dagegen fehlt es am Merkmal des Bevorstehens, wenn die Gewalttat erst für eine ferne Zukunft angekündigt wird. Ebensowenig genügen Hinweise auf die angebliche Planung einer

Gewalttat, deren Verwirklichungszeitpunkt als ungewiß hingestellt wird, es sei denn, die Äußerung läßt erkennen, daß auch mit einer alsbaldigen Tatausführung zu rechnen und ein sofortiges Eingreifen daher geboten ist. Vorgetäuscht zu sein braucht nur das Bevorstehen der Tatverwirklichung. § 145 d ist daher anwendbar, wenn die für alsbald angekündigte Begehung einer Gewalttat für eine noch fernliegende Zeit tatsächlich geplant ist oder die angeblich bevorstehende Tat bereits begangen war, denn in beiden Fällen können sich die Präventivorgane zu unnötigen Aktionen veranlaßt sehen.

c) Als **Täuschungshandlung** kommt in erster Linie eine Mitteilung an eine Behörde usw durch Anzeige oder auf andere Weise in Betracht. Ihre Unrichtigkeit muß entweder die Gewalttat als solche oder deren Bevorstehen (vgl. o. 18 aE) betreffen. Aufbauschen einer bevorstehenden Gewalttat oder Vorspiegeln der Begehung in qualifizierter Form reicht nicht aus. Fraglich ist, ob Gleiches anzunehmen ist, wenn eine tatsächlich zu erwartende Tat, die nicht zu den in § 126 I genannten gehört, als Gewalttat iS dieser Vorschrift hingestellt, zB ein geplanter Diebstahl als Raub angekündigt wird. Nach dem Gesetzeswortlaut ist an sich der Tatbestand erfüllt (so Saal aaO 238 f.), nicht jedoch nach dem Grundgedanken des § 145 d. Wer einen bevorstehenden Diebstahl als Raub meldet, mag zwar die Präventivorgane zu einem intensiveren Vorgehen veranlassen; er nimmt sie aber nicht ungerechtfertigt in Anspruch. Ein solches Verhalten kann ebensowenig strafbar sein wie das Aufbauschen einer bevorstehenden Gewalttat (vgl. Rudolphi SK 25). Anders ist es, wenn die tatsächlich geplante Tat auf Grund der Täuschungshandlung ein völlig anderes Gewicht erhält und dadurch weitaus umfangreichere Maßnahmen der Präventivorgane ausgelöst werden können. Das ist etwa der Fall, wenn ein Ehemann seiner Frau, die ihn verlassen hat, auflauern und sie ohrfeigen will und der Polizei angezeigt wird, er wolle seine Frau töten. Entsprechend den Fällen des Abs. 1 Nr. 1 kann das Vortäuschen auch durch Legen einer scheinbaren Verbrechensspur erfolgen, die zur Kenntnis der Behörde gelangt, so etwa, wenn der Täter eine Bombenattrappe an gut sichtbarer Stelle anbringt und ein anderer dann die Polizei benachrichtigt. 19

6. Tatbestandsmäßig handelt schließlich noch, wer eine Behörde usw **über den Beteiligten an einer bevorstehenden rechtswidrigen Tat** der in § 126 I genannten Art **zu täuschen sucht** (Abs. 2 Nr. 2). Voraussetzung ist, daß eine solche Tat tatsächlich bevorsteht oder der Täter hiervon ausgeht (vgl. dazu das o. 13 Ausgeführte, das hier sinngemäß gilt); andernfalls greift Abs. 1 Nr. 2 ein. Erforderlich ist zudem, daß die Behörde auf eine falsche Spur hingewiesen wird. Bloßes Ablenken von einer richtigen Spur erfüllt den Tatbestand ebensowenig wie im Fall des Abs. 2 Nr. 1 (o. 14; and. Saal aaO 239). Der fälschlich Bezichtigte braucht nicht namentlich genannt zu sein. Die unrichtigen Angaben müssen aber so konkret sein, daß sie Anlaß geben können, die Präventivmaßnahmen in eine bestimmte Richtung zu lenken. Als unrichtige Angaben, die in eine falsche Richtung deuten, reichen nur solche über einen angeblich Beteiligten aus. Täuschungen etwa über den Ort einer bevorstehenden Tat genügen nicht. UU kann hier jedoch Abs. 1 Nr. 2 eingreifen, nämlich dann, wenn infolge der Täuschung über den Tatort die angekündigte Tat nicht mehr der bevorstehenden entspricht, wie es beim Fehlen jeglicher räumlicher Beziehungen zwischen beiden Taten zumeist der Fall sein dürfte. 20

III. Der **subjektive Tatbestand** erfordert eine Täuschungshandlung wider besseres Wissen. Der Täter muß wissen, daß die behauptete rechtswidrige Tat nicht begangen worden ist, ihre Verwirklichung nicht bevorsteht oder die Angabe über die Person eines Tatbeteiligten nicht der Wahrheit entspricht. Wer sich zB wahrheitswidrig bezichtigt, ein Unfallfahrzeug gesteuert zu haben, und im Unfallzeitpunkt wegen Alkoholgenusses fahruntüchtig ist, macht sich daher wegen Vortäuschens einer Tat nach § 316 nur strafbar, wenn er bei seiner Täuschungshandlung von seiner alkoholbedingten Fahruntüchtigkeit als sicher ausgegangen ist (Frankfurt VRS **49** 260, NJW **75**, 1895). Bedingter Vorsatz reicht insoweit nicht aus, wohl aber hinsichtlich der sonstigen Voraussetzungen (Köln NJW **53**, 1843, Braunschweig NJW **55**, 1935). Es genügt somit, daß der Täter mit der Unterrichtung der Behörde durch andere gerechnet hat. Daß er mit einer Benachrichtigung der Behörde hätte rechnen müssen, genügt dagegen nicht. Der Vorsatz des Täters braucht sich dagegen nicht auf die Eignung des täuschenden Verhaltens zu beziehen, unnütze Maßnahmen der Behörden hervorzurufen (Saal aaO 241 f., Schneider aaO 265 ff.; and. Zweibrücken NStZ **91**, 530, VRS **77** 442, Krümpelmann ZStW 96, 1011, Lackner/Kühl 9, Rudolphi SK 17). Beim Vortäuschen einer bevorstehenden Tat ist eine Subsumtion unter § 126 I nicht erforderlich; der Täter muß nur den materiellen Unrechtsgehalt des Vorgetäuschten in seiner Bedeutung erkannt haben. 21

Das *Motiv* des Täters ist *bedeutungslos*. Die Strafbarkeit nach § 145 d entfällt nicht deswegen, weil der Täter sich selbst mit der Täuschungshandlung entlasten will (vgl. Celle NJW **64**, 2214, Bay JR **79**, 253 m. Anm. Stree; ebenso ÖstOGH **56**, 166), etwa einen Raub vortäuscht, um eine eigene Unterschlagung zu verdecken. Nicht erforderlich ist, daß der Täter die Aufnahme von Ermittlungen der Behörde abgesehen hat. Nach § 145 d macht sich auch strafbar, wer wahrheitswidrig bei der Polizei einen Diebstahl anzeigt, um unter Berufung auf die Anzeige seiner Versicherungsgesellschaft einen Versicherungsfall vorzutäuschen, oder wer wahrheitswidrig behauptet, überfallen worden zu sein, um einen Waffenschein zu erlangen. 22

Wider besseres Wissen hinsichtlich der Täuschungshandlung muß auch der **Teilnehmer** handeln. Geringere Anforderungen an den Vorsatz würden dem Sinn der Vorsatzbeschränkung, wie sie § 145 d für Täter vorsieht, zuwiderlaufen. 22 a

IV. Vollendet ist die Tat in allen Fällen erst dann, wenn die Behörde Kenntnis von der Vortäuschung erlangt. Auf welche Weise die Behörde Kenntnis erhält, ist unerheblich. Es genügt, daß ein 23

Vorbem §§ 146 ff. 1

Dritter sie unterrichtet (Braunschweig NJW 55, 1935). Ein Irrtum braucht bei der Behörde nicht entstanden zu sein (Hamburg StV 95, 589, Tröndle/Fischer 3). Wird sie auf Grund der Vortäuschung unnötig tätig, so kann dies bei der Strafzumessung strafschärfend berücksichtigt werden, namentlich, wenn umfangreiche Ermittlungen ausgelöst worden sind.

24   **Berichtigt** der Täter seine Angaben, so ist wie bei § 164 die Regelung des **§ 158 analog** heranzuziehen (vgl. § 164 RN 35, Schild AK 18, Willms LK[10] 20; and. Rudolphi SK 18, Saal aaO 256 ff.; vgl. auch Celle NJW 80, 2205; für analoge Anwendung der §§ 83 a I, III, 311 e II Nr. 1, 316 a II Berz Stree/Wessels-FS 339). Eine verspätete Berichtigung kann strafmildernd zu berücksichtigen sein, wenn sie zum Einstellen weiterer unnötiger Maßnahmen der Behörde führt.

25   **V.** In allen Fällen kommt es nicht darauf an, daß zZ der Aburteilung des Täters die Tat, auf die sich seine Täuschungshandlung bezogen hat, noch als rechtswidrige Tat iSv § 11 I Nr. 5 erscheint (Meyer JR 75, 70, Tröndle/Fischer 5; and. Düsseldorf NJW 69, 1679). An der Beurteilung des Angriffs auf das geschützte Rechtsgut hat sich dadurch, daß das Bezugsobjekt der Täuschungshandlung nunmehr anders zu werten ist, nichts geändert. Die Täuschungshandlung bleibt nach wie vor eine Tat, die den behördlichen Apparat einer ungerechtfertigten Inanspruchnahme ausgesetzt hat. Vgl. noch § 2 RN 27.

26   **VI. Konkurrenzen:** Gem. der Subsidiaritätsklausel, die auch für Abs. 2 maßgebend ist, tritt § 145 d hinter die §§ 164, 258, 258 a zurück, und zwar einschließlich eines hiernach strafbaren Versuchs. Die Subsidiaritätsklausel steht jedoch der Anwendung des § 145 d nicht entgegen, wenn gem. § 258 V, VI eine Bestrafung wegen Strafvereitelung entfällt (Bay NJW 78, 2563 m. Anm. Stree JR 79, 253, Celle NJW 80, 2205 m. Anm. Geerds JR 81, 30, Köln VRS 59 32, Hamm VRS 67 32, Rudolphi JuS 79, 859; and. Geilen JK 2; vgl. auch 138 vor § 52). Idealkonkurrenz ist möglich mit den §§ 126, 142, 145, 153 ff., 239, 257, 267, auch mit § 263 (vgl. BGH wistra 85, 19). Ist die Tat nach § 145 d als Vorbereitung eines Betrugs begangen worden, so steht § 145 d in Realkonkurrenz zu § 263 (keine straflose Vortat; vgl. 119 vor § 52). Wiederholt der Täter seine falschen Angaben in einem wegen § 145 d gegen ihn eingeleiteten Strafverfahren, so liegt darin keine neue Tat nach § 145 d (Hamm NJW 57, 152). Fällt die Vortäuschung sowohl unter Abs. 1 Nr. 1 als auch unter Abs. 1 Nr. 2 (vgl. o. 8, 18), so liegt trotz der Möglichkeit einer unnötigen Inanspruchnahme verschiedener Organe (Verfolgungs- und Präventivorgane) nur eine Tat nach § 145 d vor (Schild AK 32; and. Tröndle/Fischer 10: Tateinheit); mit § 242 soll Tateinheit bestehen, sofern das Vortäuschen eines Überfalls der Verdeckung eines Diebstahls dienen soll (BGH MDR/H 94, 129).

27   **VII. Wahlfeststellung** zwischen einer Straftat und ihrem Vortäuschen nach § 145 d ist unzulässig (Köln NJW 82, 347, Rudolphi SK 20). **Verfahrensrechtlich** besteht zwischen einer Straftat, deren Begehung sich jemand wahrheitswidrig bezichtigt, und der Tat nach § 145 d **keine Tatidentität** iSv § 264 StPO (vgl. Celle NJW 85, 393, NdsRPfl 98, 264, aber auch Bay NJW 89, 2828). Erstreckt sich die Anklage nur auf die angebliche Straftat, so kann das Gericht ohne Nachtragsanklage nicht aus § 145 d verurteilen (BGH NStZ 92, 555); ein Freispruch steht einer Verfolgung nach § 145 d nicht entgegen (Stein JR 80, 444, Tröndle/Fischer 3; and. Düsseldorf JR 80, 470).

Achter Abschnitt. Geld- und Wertzeichenfälschung

Vorbemerkungen zu den §§ 146 ff.

Schrifttum: Döll, Geldfälschungsdelikte, NJW 52, 289. – *Dreher-Kanein,* Der gesetzliche Schutz der Münzen und Medaillen, 1975. – *Frister,* Das „Sich-Verschaffen" von Falschgeld, GA 94, 553. – *Geisler,* Der Begriff Geld bei der Geldfälschung, GA 81, 497. – *Gerland,* Die Geldfälschungsdelikte des Deutschen Strafgesetzbuchs, 1901 (Diss. Straßburg); auch GS 59 S. 81, 241. – *Hefendehl,* Zur Vorverlagerung des Rechtsgüterschutzes am Beispiel der Geldfälschungsdelikte, JR 96, 535. – *Mebesius/Kreußel,* Die Bekämpfung der Falschgeldkriminalität, 1979. – *Prittwitz,* Grenzen der am Rechtsgüterschutz orientierten Konkretisierung der Geldfälschungsdelikte, NStZ 89, 8. – *Prost,* Straf- und währungsrechtliche Aspekte des Geldwesens, Lange-FS 419. – *Puppe,* Die neue Rechtsprechung zu den Fälschungsdelikten, JZ 86, 992, 91, 609, 97, 491. – *Schmiedl-Neuburg,* Die Falschgelddelikte, 1968. – *Schröder,* Die Einführung des Euro und die Geldfälschung, NJW 98, 3179. – *Stein/Onusseit,* Das Abschieben von gutgläubig erlangtem Falschgeld ..., JuS 80, 104. – *Stree,* Veräußerung einer nachgemachten Münze an einen Sammler ..., JuS 78, 236. – *Wessels,* Zur Reform, der Geldfälschungsdelikte und zum Inverkehrbringen von Falschgeld, Bockelmann-FS 669. – *Westphal,* Geldfälschung und die Einführung des Euro, NStZ 98, 555. – *Zielinski,* Geld- und Wertzeichenfälschung nach dem Entwurf eines Einführungsgesetzes zum StGB, JZ 73, 193.

1   **I.** Der frühere **Abschnitt** über Münzverbrechen und Münzvergehen ist unter der Überschrift „Geld- und Wertzeichenfälschung" durch das EGStGB **erheblich umgestaltet** worden. Anlaß war vor allem das Bestreben, die Wertzeichenfälschung in den Abschnitt aufzunehmen und dadurch zu einer übersichtlichen und das Nebenstrafrecht entlastenden Regelung zu gelangen (vgl. BT-Drs. 7/550 S. 225 f.). Zu systematischen Bedenken gegen die Einbeziehung der Wertzeichenfälschung vgl. Zielinski aaO. Durch das 2. WiKG ist der Abschnitt mit der Einfügung einer neuen Vorschrift über die Fälschung von Vordrucken für Euroschecks und Eurocheckkarten (§ 152 a) ergänzt worden, dessen Schutzbereich durch das 6. StrRG, das zusätzlich Veränderungen im Bereich des § 146 mit sich

Geldfälschung § 146

brachte (Absenken der Mindeststrafe, Einführung einer Qualifikation sowie Anpassung der minder schweren Fälle, vgl. BT-Drs. 13/8587 S. 29), erweitert wurde.

II. Der **Schutz vor Fälschungen** ist in Anbetracht der besonderen Gefahren für den Rechts- 2/3 verkehr mit Geld, Wertpapieren, amtlichen Wertzeichen sowie Euroschecks und Euroscheckkarten weit **vorverlegt;** zur Legitimität derartigen Vorfeldschutzes Hefendehl JR 96, 353 ff., Puppe NK 4 vor § 146 (Kumulationsdelikt). Bereits das Nachmachen und Verfälschen dieser Gegenstände sowie das Sichverschaffen von Falsifikaten sind als selbständige Taten unter Strafe gestellt, sofern es in der Absicht geschieht, das falsche Geld usw als echt in den Verkehr gelangen zu lassen (§ 146 I Nr. 1, 2, § 148 I Nr. 1, 2, § 152 a I Nr. 1). Das geltende Recht geht damit zT über das frühere hinaus. Festgehalten ist an der Ausgestaltung bestimmter Fälschungsvorbereitungen zu einem selbständigen Tatbestand (§ 149). Er ist indes auf Grund des Bestrebens, der Geldfälschung die Wertzeichenfälschung anzugleichen, auf die Vorbereitung einer solchen Tat ausgeweitet worden. Eine entsprechende Vorschrift enthält § 152 a V für Fälschungsvorbereitungen, die sich auf Euroschecks und Zahlungskarten beziehen. Andererseits ist dem Täter im Fall des § 149 und des § 152 a V die strafbefreiende Möglichkeit der tätigen Reue eröffnet worden. Dagegen hat sich der Gesetzgeber nicht dazu durchringen können, für die Handlungen gem. § 146 I Nr. 1, 2, § 148 I Nr. 1, 2 entsprechende Regeln der tätigen Reue aufzustellen, obwohl sich diese Handlungen ebenfalls noch im Vorfeld der eigentlichen Beeinträchtigung des Geldverkehrs usw vollziehen (vgl. § 146 RN 10).

III. Diesen Abschnitt **ergänzende Bestimmungen** enthalten § 35 Ges. über die Deutsche 4 Bundesbank idF v. 22. 10. 1992, BGBl. I 1782, ÄndG v. 8. 7. 1994, BGBl. I 1465, §§ 127–129 OWiG, §§ 11 a, b, 12 a Ges. über die Ausprägung von Scheidemünzen idF der Art. 171 EGStGB u. § 1 Nr. 11 ÄndG zum EGStGB v. 15. 8. 1974, BGBl. I 1942, letztes ÄndG v. 10. 12. 1986, BGBl. I 2414, § 25 I Nr. 3 PostG v. 28. 7. 1969, BGBl. I 1006, letztes ÄndG v. 14. 9. 1994, BGBl. I 2368.

IV. Einen weiteren Schutz gegen Fälschungen soll **§ 138** bewirken, nach dessen Abs. 1 Nr. 4 5 jemand, der glaubhafte Kenntnis von dem Vorhaben oder der Ausführung einer Geld- oder Wertpapierfälschung iSv §§ 146, 151, 152 oder einer Fälschung von Zahlungskarten und Euroscheckvordrucken (§ 152 a I, II, III) erlangt, verpflichtet ist, Anzeige bei einer Behörde zu machen.

V. Die Geld- und Wertpapierfälschung, ihre Vorbereitung (§§ 146, 149, 151, 152) sowie die 6 Fälschung von Zahlungskarten und Euroscheckvordrucken (§ 152 a) unterstehen gem. § 6 Nr. 7 dem **Weltrechtsgrundsatz.** Für sie gilt unabhängig vom Recht des Tatorts das deutsche Strafrecht auch dann, wenn sie ein Ausländer sie im Ausland begeht. Vgl. dazu die Bekanntmachung über das int. Abkommen zur Bekämpfung der Falschmünzerei vom 10. 11. 1933 (RGBl. II 913). Zu diesem Abkommen vgl. die 3. Int. Konferenz zur Unterdrückung der Falschmünzerei, Revue internationale de police criminelle 1950, 201, Stämpfli SchwZStr. 66, 22. Auf die sonstigen Fälschungsdelikte dieses Abschnitts einschließlich ihrer Vorbereitung gem. § 149 ist das deutsche Strafrecht bei Auslandstaten nur dann anwendbar, wenn die Voraussetzungen des § 7 vorliegen, auch in den Fällen, in denen amtliche Wertzeichen eines fremden Währungsgebiets oder bei einer Tat nach § 147 Geld oder Wertpapiere eines solchen Gebiets betroffen sind.

§ 146 Geldfälschung

(1) Mit Freiheitsstrafe nicht unter einem Jahr wird bestraft, wer
1. Geld in der Absicht nachmacht, daß es als echt in Verkehr gebracht oder daß ein solches Inverkehrbringen ermöglicht werde, oder Geld in dieser Absicht so verfälscht, daß der Anschein eines höheren Wertes hervorgerufen wird,
2. falsches Geld in dieser Absicht sich verschafft oder
3. falsches Geld, das er unter den Voraussetzungen der Nummern 1 oder 2 nachgemacht, verfälscht oder sich verschafft hat, als echt in Verkehr bringt.

(2) Handelt der Täter gewerbsmäßig oder als Mitglied einer Bande, die sich zur fortgesetzten Begehung einer Geldfälschung verbunden hat, so ist die Strafe Freiheitsstrafe nicht unter zwei Jahren.

(3) In minder schweren Fällen des Absatzes 1 ist auf Freiheitsstrafe von drei Monaten bis zu fünf Jahren, in minder schweren Fällen des Absatzes 2 auf Freiheitsstrafe von einem Jahr bis zu zehn Jahren zu erkennen.

Vorbem.: § 146 idF des 6. StrRG vom 26. 1. 1998, BGBl. I 164.

I. **Zweck der Vorschrift** ist, das Allgemeininteresse an der Sicherheit und Zuverlässigkeit des 1 Geldverkehrs und das Vertrauen in diesen zu schützen (vgl. RG 67 297, BGH 42 169, NJW 54, 564); zur Legitimität derartigen Vertrauensschutzes als Basis individueller Entfaltung Hefendehl JR 96, 357, Otto II 388 f., Madrid-Symposium 457. Um einen möglichst umfassenden Schutz zu erreichen, sind dem Inverkehrbringen von Falschgeld (Abs. 1 Nr. 3) als der eigentlichen Beeinträchtigung des Geldverkehrs bestimmte diese Tat vorbereitende Handlungen gleichgestellt, nämlich die sog. Falschmünzerei einschließlich der Münzverfälschung (Abs. 1 Nr. 1) und das Sichverschaffen von Falschgeld zum Zweck des Inverkehrbringens (Abs. 1 Nr. 2).

2   **II. Geld** iSv § 146 ist jedes vom Staat oder von einer durch ihn ermächtigten Stelle als Wertträger beglaubigte und zum Umlauf im öffentlichen Verkehr bestimmte Zahlungsmittel ohne Rücksicht auf einen allgemeinen Annahmezwang (RG **58** 256, JW **37**, 2381, BGH **12** 345, **23** 231, **32** 198; vgl. auch Mann, Das Recht des Geldes [1960] 10 ff., Kienapfel ÖJZ 86, 423 ff.). Es braucht noch nicht im Umlauf zu sein; angesichts des Schutzgutes (o. 1) dürfte aber eine Emissionsbekanntmachung zu fordern sein, da erst von diesem Zeitpunkt an sich schutzwürdiges Vertrauen der Allgemeinheit zu bilden vermag (Geisler GA 81, 513 f., Herdegen LK[10] 4; auf die Bestimmung zum Umlauf stellen ab Lackner/Kühl 2, M-Schroeder II 199, Rudolphi SK 3, Schröder NJW 98, 3179, 25. A. RN 2). Demgegenüber stellt Prost aaO 422 f. auf die Emission ab. Wer sich solche Zahlungsmittel vor der Emission durch Raub verschafft, macht sich nicht nach § 146 I Nr. 2 strafbar. Andererseits fällt das Nachmachen noch nicht emittierter Banknoten oder Geldmünzen unter § 146, weil der Anschein echten Geldes hervorgerufen werden soll. Die ab 2002 verfügbaren Euro-Münzen und -Noten als durch EU-Verordnung (EG-VO 974/98 v. 3. 5. 98, ABlEG Nr. L 139 v. 11. 5. 98, 1; s. a. BGBl. I 1998, 1242) eingeführtes inländisches Zahlungsmittel (Schröder NJW 98, 3179) unterliegen bereits vor ihrer Emission dem Schutz der §§ 146 ff., da eine entsprechende Emissionsbekanntmachung vorliegt (Schröder NJW 98, 3179, Westphal NStZ 98, 556 [erteilte Druck- und Prägeaufträge]). Dem inländischen Geld steht das Geld eines fremden Währungsgebiets gleich (§ 152). Unerheblich ist, aus welchem Stoff es hergestellt ist, ob es sich um Metall (Münzen), Papier (Banknoten) oder einen sonstigen Stoff. Ferner ist bedeutungslos, ob das Geld im Inland einen Wert hat, sofern es nur von einem Staat als gültiges Zahlungsmittel anerkannt ist (zB Notgeld). Geld sind des weiteren gültige Sondermünzen, mögen sie auch wegen ihres Sammelwertes praktisch nicht als Zahlungsmittel im Umlauf sein. Die Geldeigenschaft entfällt jedoch, wenn die Sondermünzen von vornherein nicht zum Umlauf als Zahlungsmittel bestimmt sind, so der Krügerrand (BGH **32** 198).

3   Wird Geld außer Kurs gesetzt, dh durch staatlichen Willensakt aus dem Zahlungsverkehr endgültig herausgenommen, so verliert es die Geldeigenschaft, und zwar, wenn die Banken noch zum Einlösen verpflichtet sind, erst mit Erlöschen dieser Pflicht (Herdegen LK[10] 5, Lackner/Kühl 2; and. Rudolphi SK 3 unter Hinweis auf Schutzzweck des § 146; gegen ihn spricht, daß außer Kurs gesetztes Geld für den Umlauf nicht völlig bedeutungslos wird, solange Einlösungspflicht der Banken besteht; vgl. aber auch Geisler GA 81, 515, Puppe NK 8 vor § 146; zum deshalb vorübergehend fortdauernden Schutz der DM auch noch nach Emission der Euro-Zahlungsmittel im Jahre 2002: Schröder NJW 98, 3180). Kein Geld sind Zahlungsmittel, die ohne staatliche Autorität ausgegeben worden sind, mögen sie auch tatsächlich im Umlauf sein (vgl. BG Pr. 1957, 70). Fraglich ist, ob die Geldeigenschaft verlorengehen kann, ohne daß ein staatlicher Akt dies bestimmt. Nach BGH **12** 345, **19** 357, Puppe NK 9 vor § 146 soll allein der staatliche Akt maßgebend und daher der englische Goldsovereign, der amtlich bisher nicht außer Kurs gesetzt worden ist, noch als Geld anzusehen sein, obwohl er nicht mehr zum Nennwert als Zahlungsmittel verwendet wird (and. Oldenburg NdsRpfl **64**, 19). Dieser Ansicht ist nicht zuzustimmen; sie entspricht nicht dem Sinn des § 146 (Rudolphi SK 3). Die Fälschung von Münzen oder Banknoten, die im Verkehr nicht mehr als Zahlungsmittel anerkannt sind, sondern nur noch wegen ihres Wertes gehandelt werden, beeinträchtigt nicht die Sicherheit des Geldverkehrs. Ebenso wie Gesetze gewohnheitsrechtlich außer Kraft treten können, kann auch Geld entsprechend seine Gültigkeit verlieren (vgl. auch Geisler NJW 78, 709). Der bloße Umstand, daß Geld praktisch nicht mehr im Umlauf ist (Sondermünzen), reicht jedoch zur Aberkennung der Geldeigenschaft noch nicht aus (vgl. aber Geisler GA 81, 507 ff.).

4   **III.** Als Tathandlung erfaßt Abs. 1 Nr. 1 die sog. **Falschmünzerei** und die sog. **Münzverfälschung,** dh das Nachmachen von Geld in der Absicht, daß es als echt in Verkehr gebracht oder ein solches Inverkehrbringen ermöglicht wird, sowie das in dieser Absicht vorgenommene Verfälschen von Geld in einer Weise, die diesem den Anschein eines höheren Wertes verleiht.

5   **1. Nachmachen** ist die körperliche Behandlung einer Sache mit dem Ergebnis, daß sie mit einer anderen Sache, die sie in Wirklichkeit nicht ist, verwechselt werden kann (RG **65** 204, BGH **23** 231). Geld ist dementsprechend nachgemacht, wenn es den Schein gültigen echten Geldes erregt und im gewöhnlichen Geldverkehr Arglose zu täuschen vermag (BGH **23** 231, NJW **52**, 312, **54**, 564). Allzu hohe Anforderungen an die Ähnlichkeit mit echtem Geld sind nicht zu stellen (BGH NJW **54**, 564, NJW **95**, 1845, Hamm NJW **58**, 1504, Döll NJW **52**, 289, Puppe NK 4, Rudolphi SK 6, Tröndle/Fischer 3), so daß Falschgeld auch dann vorliegt, wenn eine oberflächliche Prüfung die Unechtheit ergibt (BGH MDR/D **53**, 596), wie bei seitengleichen Banknoten, deren Unechtheit beim Umwenden sofort ersichtlich ist (BGH NJW **54**, 564), oder bei fehlenden Seriennummern (östOGH **52**, 188). In seinem Format braucht das Nachgemachte nur annähernd echtem Geld zu entsprechen. Unaufgeschnittene Druckbögen nachgemachter Banknoten genügen noch nicht (BGH NStZ **94**, 124 m. Anm. bzw. Bespr. Bartholme JA 94, 97, Hefendehl JR 96, 356, Puppe JZ 97, 497). Ebenfalls scheidet Falschmünzerei aus, wenn nachgemachte Banknoten auf beiden Seiten einen deutlich ins Auge springenden Werbeaufdruck aufweisen, so daß Verwechslung mit gültigem Geld ausgeschlossen ist, und zwar auch dann, wenn der Werbeaufdruck sich mit einer Banderole verdecken läßt, da diese kein Bestandteil der Noten ist (BGH NJW **95**, 1844 m. Anm. bzw. Bespr. Hefendehl JR 96, 357, Puppe JZ 97, 498, Sonnen JA 96, 95; and. Düsseldorf NJW **95**, 1846 m. Bespr. Puppe aaO 498). Nachgemachtes Geld liegt ferner nicht vor, wenn sofort als Fälschung erkennbare Metallstücke nur zur Benutzung eines Automaten dienen sollen (BGH MDR **52**, 563 m. Anm. Dreher). Nicht

Geldfälschung

erforderlich ist, daß echtes Geld entsprechender Art im Umlauf ist. Wird der Anschein von Geld hervorgerufen, so kann ein Nachmachen selbst dann gegeben sein, wenn kein echtes Vorbild vorhanden ist (BGH **30** 71 m. Anm. Otto NStZ 81, 478, Stree JR 81, 427, NJW **95**, 1845, Lackner/Kühl 4, Kienapfel WK, § 232 RN 18, Puppe NK 3, Tröndle/Fischer 3), zB bei der Herstellung eines 25-DM-Scheines oder der Banknote eines nicht existierenden Staates (M-Schroeder II 200; zT and. Otto NStZ 81, 479). Zu nachgemachtem Geld wird ein Falschstück schon durch die in ihm sich verkörpernde, zur Täuschung im Geldverkehr bestimmte und geeignete Vorspiegelung, echtes, von einem Staat oder mit dessen Ermächtigung ausgegebenes Geld zu sein (RG **58** 352, Frank I 1; and. Gerland, Die Geldfälschungsdelikte S. 64). Dementsprechend reicht ebenfalls das Nachmachen nicht mehr gültiger Münzen oder Banknoten aus, sofern sie als echte, gültige Zahlungsmittel in Verkehr gebracht werden sollen. Auch Zusammenkleben von Teilen verschiedener Banknoten zu einer neuen (sog. Systemnoten) ist ein Nachmachen (BGH **23** 229, Schleswig NJW **63**, 1560, Puppe NK 5; vgl. dazu Hafke MDR 76, 278), ferner das Verändern nicht mehr geltenden (sog. verrufenen) Geldes, das dadurch das Ansehen eines geltenden Zahlungsmittels erhält (vgl. BT-Drs. 7/550 S. 226), ebenso das Verändern bereits hergestellter Falschstücke, das ihnen eine größere Ähnlichkeit mit echtem Geld oder den Anschein höheren Wertes verleiht. Auf den Wert nachgemachter Stücke kommt es nicht an. Ein Nachmachen entfällt nicht deswegen, weil der Metallwert höher ist als der des echten Geldes. Es liegt selbst dann vor, wenn Münzen oder Banknoten in einer staatlichen Münzanstalt mit deren Werkzeugen und Materialien ohne staatliche Legitimation von Angehörigen dieser Anstalt hergestellt werden (BGH **27** 255, Dreher JR 78, 45, Prost aaO 427, Puppe NK 11 vor § 146, Tröndle/Fischer 3, Wessels Bockelmann-FS 672; and. LG Karlsruhe NJW **77**, 1301).

2. Eine **Münzverfälschung** nimmt vor, wer Geld so verändert, daß es den Anschein eines höheren **6** Wertes erlangt. Die Veränderung muß an echtem Geld erfolgen; die Verfälschung unechten Geldes fällt unter das Merkmal des Nachmachens (vgl. o. 5). Es genügt jede Veränderung, zB Versilbern; auf Prägung oder Gehalt braucht nicht eingewirkt zu werden. Erforderlich ist jedoch, daß der Anschein eines höheren Wertes hervorgerufen wird. Das ist der Fall, wenn das Zahlungsmittel auf Grund der Veränderung eine Beschaffenheit erhält, die Arglose über den Wert täuschen kann. Eine bloße Formveränderung, die diese Voraussetzung nicht erfüllt, stellt kein Verfälschen dar, so nicht das Breitklopfen eines Geldstückes in der Absicht, damit den Fernsprecher zu benutzen (RG **68** 69). Vgl. auch BGH MDR **52**, 563. Ebensowenig genügt eine Veränderung, die nur den Sammelwert berührt, nicht jedoch den Wert als Zahlungsmittel.

3. In beiden Fällen muß der Täter den Fälschungsakt in der **Absicht** vornehmen, das **Falschgeld 7 in den Verkehr gelangen zu lassen.** Unter Absicht ist der zielgerichtete Wille zu verstehen (BGH **35** 22, Lackner/Kühl 11, Neuhaus GA 94, 230, Rudolphi SK 8; and. Puppe NK 13 f. [direkter Vorsatz]; s. a. Jakobs 280); Endzweck braucht das Inverkehrbringen nicht zu sein (BGH NJW **52**, 312). Der Täter braucht das Falsifikat nicht unmittelbar als echt in Verkehr bringen zu wollen. Es genügt, wenn er ein solches Inverkehrbringen einem anderen ermöglichen will, zB durch Absatz an Eingeweihte, denen es dann überlassen bleibt, wie sie das Falschgeld verwenden. Auch die beabsichtigte Übergabe an einen Münzsammler soll ausreichen, da dieser das Falschgeld jederzeit als echtes weitergeben kann (BGH **27** 255, JR **76**, 294 m. abl. Anm. Dreher, Herdegen LK[10] 13, Puppe NK 16 [direkter Vorsatz des Ermöglichens], Rudolphi SK 11 a, Stree JuS 78, 236; and. Dreher JR 78, 46, Tröndle/Fischer 5). Ausgenommen ist die Lieferung von nachgemachtem, nicht mehr gültigem Geld, wenn der Täter nur von einem Sammelobjekt ohne die Möglichkeit der Verwertung als Zahlungsmittel ausgeht, was bei Kenntnis von der Ungültigkeit im allgemeinen der Fall ist. Ebenso liegt es, wenn der Täter irrig annimmt, er müsse das für Münzsammler bestimmten Stücken nicht mehr gültige Münzen nach. Zum Inverkehrbringen vgl. u. 21. An der Absicht des Inverkehrbringens fehlt es, wenn der Täter Falschgeld nur herstellt, um durch Vorzeigen Kredit zu erlangen, da es nicht als Zahlungsmittel benutzt werden soll (Frank II, Herdegen LK[10] 15; and. RG **14** 161 zu § 146 aF, die auch die Gebrauchsabsicht erfaßte). Ebensowenig liegt die erforderliche Absicht vor, wenn der Täter bloße Probestücke anfertigt, die nicht ausgegeben werden sollen (RG **69** 5), oder er keineswegs den Schein echten Geldes zu erwecken sucht, wenn er nur Scheiben herstellt, um damit Automaten bedienen zu können (BGH MDR/D **53**, 596). Den Schein echten Geldes will auch nicht hervorrufen, wer ein nachgeprägtes Goldstück als Schmuck und damit als Handelsware veräußern will, ohne dabei die Möglichkeit der Verwertung als Geld in Betracht zu ziehen (vgl. BGH GA **67**, 215, Herdegen LK[10] 14, Stree JuS 78, 238). Zum Inverkehrbringen als Bezugspunkt der Absicht u. 21.

Die Absicht, sich zu bereichern oder einen anderen zu schädigen, ist nicht erforderlich. Eine **8** Schenkungsabsicht reicht zB aus.

4. Der Täter braucht nur das Inverkehrbringen beabsichtigt zu haben. Hinsichtlich der sonstigen **9** Merkmale muß **Vorsatz** vorliegen. Der Täter muß wissen, daß er Geld nachmacht oder verfälscht, das geeignet ist, den Anschein echten Geldes oder eines höheren Wertes hervorzurufen. Bedingter Vorsatz genügt (BGH MDR/D **53**, 596). Nicht erforderlich ist, daß der Täter meint, ein gültiges Zahlungsmittel nachzumachen (and. Tröndle/Fischer 9 a), sondern nur, daß er glaubt, andere insoweit täuschen zu können, wie etwa bei der Herstellung von Geldscheinen oder Geldstücken ohne echtes Vorbild (vgl. o. 5).

5. Vollendet ist die Tat mit dem Nachmachen oder Verfälschen des ersten Stückes; ein Inverkehr- **10** bringen gehört nicht zur Tatbestandsverwirklichung. § 24 ist deshalb nicht anwendbar, wenn der

Täter nach dem Nachmachen oder Verfälschen die Absicht des Inverkehrbringens aufgibt. Da es sich aber bei der Tat nur um die Vorbereitung einer Beeinträchtigung des Geldverkehrs handelt, hatte Schröder in der 17. A. (RN 9) die Ansicht vertreten, die Grundsätze über die tätige Reue seien analog anzuwenden. Diese kriminalpolitisch durchaus sinnvolle Ansicht entspricht indes nicht dem geltenden Recht. Die Rücktrittsregelung des § 149 II, die sich auf Vorbereitungshandlungen nach § 149 I beschränkt, läßt eindeutig erkennen, daß bei einer Tat nach § 146 I Nr. 1 ein strafbefreiender Rücktritt nicht möglich sein soll. Von einer strafbefreienden Möglichkeit der tätigen Reue wurde abgesehen, weil diese Tat für zu gefährlich gehalten wurde (vgl. Prot. VII 1059). De lege lata ist daher die Zulässigkeit, die Regeln über die tätige Reue analog anzuwenden, zu verneinen (vgl. Lackner/Kühl 12, Puppe NK 19, Tröndle/Fischer 6). Das freiwillige Absehen vom Inverkehrbringen ist jedoch bei der Strafzumessung strafmildernd zu berücksichtigen; zumeist ist die Tat dann nur ein minder schwerer Fall nach Abs. 2. Zur Vollendung genügt es, daß ein Falschstück geeignet ist, Arglose im gewöhnlichen Geldverkehr zu täuschen. Ohne Bedeutung ist, daß der Täter die nachgemachten Banknoten noch vervollkommnen, etwa noch Seriennummern aufdrucken will (vgl. östOGH **52** 190) oder er selbst das hergestellte Stück für mißlungen hält und es deshalb nicht verwendet (RG **69** 4, Herdegen LK[10] 18). Erst recht kommt es nicht darauf an, ob das Verbreiten gelingt (vgl. RG **67** 168). Dagegen ist die Tat noch nicht vollendet, solange die Druckbögen mit dem Falschgeld nicht auf das Format echter Banknoten zugeschnitten sind (BGH NStZ **94**, 124, östOGH **52** 188).

11 Der **Versuch** ist strafbar. Er liegt vor, wenn der Täter zum Nachmachen oder Verfälschen unmittelbar angesetzt oder wenn er den erforderlichen Ähnlichkeitsgrad nicht erreicht hat (BGH MDR/D **53**, 597; s. a. Bartholme JA 94, 97, Hefendehl JR 96, 356 zu BGH NStZ **94**, 124 [unaufgeschnittene Druckbögen]). Das Besorgen der Fälschungswerkzeuge ist nur eine Vorbereitungshandlung, die nach § 149 erfaßt werden kann. Der Versuch setzt eine Handlung voraus, die über den Tatbestand des § 149 hinausgeht (vgl. RG **65** 204), zB bei „Verkauf" an polizeilichen Scheinkäufer (BGH **34** 109, NStZ **97**, 80) nicht aber das bloße Angebot zur Lieferung (BGH NStZ **86**, 548).

12 **6. Nachmachen** oder Verfälschen **mehrerer Geldscheine** oder **Geldstücke** in einem Arbeitsgang stellt nur **eine Tat** dar (vgl. Schleswig NJW 63, 1560). Die Annahme eines Arbeitsgangs als Handlungseinheit darf nicht zu eng ausfallen. Ein Arbeitsgang ist auch noch anzunehmen, wenn der Täter längere Zeit an der Arbeit ist und diese mit zeitlichen Unterbrechungen durchführt, so zB, wenn er einen Großauftrag nachkommt. Verschiedene Arbeitsgänge lassen sich entsprechend BGH (GrS) **40** 138 nicht mehr als fortgesetzte Tat werten. Ist zweifelhaft, ob vorgefundenes Falschgeld aus einem Arbeitsgang oder aus mehreren Arbeitsgängen stammt, so ist zugunsten des Täters von einem Arbeitsgang und damit von einer Handlungseinheit auszugehen.

13 IV. Abs. 1 Nr. 2 erfaßt das **Sichverschaffen von falschem Geld** in der Absicht, es in den Verkehr gelangen zu lassen.

14 1. **Falsch** ist das Geld, das iSv Abs. 1 Nr. 1 nachgemacht (vgl. o. 5) oder verfälscht (vgl. o. 6) ist (BT-Drs. 7/550 S. 227), dh wenn es nicht bzw. nicht so von demjenigen stammt, der aus ihm als Aussteller hervorgeht (Lackner/Kühl 3); zum geistigen Herrühren des Geldes: Puppe NK 11, Wessels Bockelmann-FS 672, Zielinski CR 95, 290.

15 2. Der Täter **verschafft sich** Falschgeld, wenn er es zu eigener Verfügungsgewalt in Besitz nimmt oder sonstwie eigene Verfügungsgewalt begründet (RG **59** 80, BGH **3** 156, **44** 62). Diese Voraussetzung ist beim bloßen Verteilungsgehilfen, der den Gewahrsam für einen anderen ausübt, nicht gegeben (BGH **3** 154; vgl. auch BGH GA **84**, 427); er kann daher nur wegen Beihilfe zur Tat nach § 146 bestraft werden (vgl. u. 27). Ebenso verhält es sich mangels Willens zur eigenständigen Verfügung (hierzu grds. krit. S. Cramer NStZ 97, 85, Puppe NK 21), beim Empfangsboten, der für einen anderen das Falschgeld von der Fälscherbande abholt, oder bei bloßer Verwahrung des Falschgeldes für einen anderen (BGH **44** 62 m. Anm. bzw. Bespr. Krüßmann JA 98, 747, Martin JuS 98, 959, Otto JK 2, Puppe NStZ 98, 460, LG Gera NStZ-RR **96**, 73 m. abl. Anm. S. Cramer NStZ 97, 84), auch wenn dieser nicht ohne weiteres Zugang zum Verwahrten hat (and. noch BGH **35** 22 m. krit. Anm. Schroeder JZ 87, 1133 u. Prittwitz NStZ 89, 9, BGH NStZ-RR **97**, 198). Unerheblich ist, auf welche Weise eigene Verfügungsgewalt begründet wird. Abgeleiteter Erwerb, der in erster Linie in Betracht kommt, ist nicht unbedingt erforderlich (RG **67** 296, HRR **39** Nr. 1376, Herdegen LK[10] 20, Rudolphi SK 9; vgl. auch Puppe NK 25 [kollusives Zusammenwirken] sowie Frister GA 94, 553, der nur entgeltlichen Erwerb vom Vorbesitzer genügen läßt). Es genügt jeder irgendwie geartete Erwerb, zB durch Diebstahl, Unterschlagung (RG JW **37**, 3301) oder Aneignung herrenlosen Falschgeldes (vgl. RG **67** 296). Die Initiative braucht nicht vom Erwerber auszugehen. Auch wer ihm angebotenes Falschgeld annimmt, und sei es nur als Geschenk, verschafft es sich. Nach BGH NJW **95**, 1845 m. abl. Anm. Wohlers StV 96, 28 liegt ferner ein Sichverschaffen vor, wenn jemand Falschgeld, das er einem anderen zahlungshalber in dessen Verfügungsgewalt (iSv § 147) übergeben hat, zurücknimmt, weil der andere die Fälschung erkannt hat; ebenso BGH **42** 162 (Rücknahme des vom Täter inverkehrgebrachten Falschgeldes von Abnehmer, der sich zum Absatz außerstande sah).

16 3. Beim Erwerb muß der Täter wissen, daß es sich um nachgemachtes oder verfälschtes Geld handelt. Bedingter **Vorsatz** genügt (BGH **2** 116, Köln DRZ **50**, 453, Lackner/Kühl 10, Tröndle/Fischer 7 a).

Geldfälschung 17–22 **§ 146**

Der Täter muß sich zudem das Falschgeld in der **Absicht** verschaffen, **es in den Verkehr** 17
gelangen zu lassen. Es gilt insoweit Entsprechendes wie bei Abs. 1 Nr. 1 (vgl. o. 7). Die erforderliche Absicht muß bei Erlangung der Verfügungsgewalt vorliegen; ein erst danach gefaßter Entschluß zum Inverkehrbringen kann nur zu einer Tat nach § 147 führen.

4. Vollendet ist die Tat mit Erlangung der eigenen Verfügungsgewalt, also idR mit der Inbesitz- 18
nahme; ein Inverkehrbringen gehört hier ebensowenig wie beim Nachmachen zur Tatbestandsverwirklichung. Eine strafbefreiende Rücktrittsmöglichkeit steht dem Täter de lege lata nicht offen, obwohl es sich noch um die Vorbereitung einer Beeinträchtigung des Geldverkehrs handelt (vgl. o. 10, dort auch zur Strafmilderung bei freiwilligem Absehen vom Inverkehrbringen).

Versuch liegt vor, wenn der Täter zum Erwerb des Falschgeldes unmittelbar ansetzt, so zB, wenn er 19
mit dem Fälscher über die sofortige Übergabe verhandelt. In der Bestellung des Falschgeldes ist noch kein Versuch zu erblicken (and. Tröndle/Fischer 7 a); denn hier geht der Täter noch nicht unmittelbar dazu über, eigene Verfügungsgewalt über das (möglicherweise erst herzustellende) Falschgeld zu begründen. Es kommt jedoch uU eine Beteiligung an der Tat nach Abs. 1 Nr. 1 oder ein Beteiligungsversuch nach § 30 in Betracht.

V. Den Tatbestand des § 146 erfüllt außerdem, wer **falsches Geld,** das er unter den Voraus- 20
setzungen der Nr. 1 oder 2 erlangt hat, **als echt in den Verkehr bringt** (Abs. 1 Nr. 3).

1. In Verkehr gebracht ist das Falschgeld dann, wenn der Täter es derart aus seinem Gewahrsam 21
(oder seiner sonstigen Verfügungsgewalt; vgl. Wessels Bockelmann-FS 674) entläßt, daß ein anderer tatsächlich in die Lage versetzt wird, sich des Falschgeldes zu bemächtigen und mit ihm nach eigenem Belieben umzugehen, ins. insb. weiterzuleiten (RG **67** 168, BGH **42** 168, NJW **52**, 311). Hierunter fallen auch Einzahlungen bei einer Bank (Schleswig NJW **63**, 1561) einschließlich des Einlösens nach Außerkurssetzung des Geldes, dem das Falschstück gleicht (BGH LM **Nr. 2**), das bloße Geldwechseln, das Einwerfen in einen Automaten (BGH NJW **52**, 312, MDR/D **53**, 596, Döll NJW **52**, 289), die Übergabe an einen Münzsammler (BGH **27** 255, JR **76**, 294 m. abl. Anm. Dreher, Herdegen[10] LK 13, Rudolphi SK 11, Stree JuS 78, 236; and. Tröndle/Fischer 5) oder die Hingabe als Sicherheit, unabhängig davon, ob die Sicherheit in genere oder in specie zurückzugeben ist (Herdegen LK[10] 14; and. Frank II). Einen Vermögensvorteil braucht der Täter nicht zu erstreben. Es genügt, wenn er das Falschgeld verschenkt, zB einem Bettler gibt oder in einen Opferstock wirft. Nach BGH **35** 21 bringt jemand Falschgeld auch dann in Verkehr, wenn er es in einer Weise wegwirft, welche die naheliegende Gefahr begründet, daß Dritte es auffinden und als echt weitergeben (vgl. dazu die Anm. Hauser NStZ 88, 453, Jakobs JR 88, 122, Prittwitz NStZ 89, 10). Kein Inverkehrbringen liegt dagegen vor, wenn der Täter das Falschgeld nur vorzeigt, um Kredit zu erlangen (s. a. o. 7). Als interner Vorgang stellt ebenfalls die Übergabe des Falschgeldes an einen Mittäter kein Inverkehrbringen dar (BGH MDR/D **71**, 16), anders aber das Einschalten eines Absatzgehilfen ohne eigene Verfügungsgewalt (Lackner/Kühl 7). Mangels Rechtsgutsgefährdung stellt Falschgeldübergabe an einen Verdeckten Ermittler kein vollendetes Absetzen dar (s. BGH **34** 109, NStZ **97**, 80).

2. Das Falschgeld muß **als echt** in Verkehr gebracht werden. Das ist zumindest der Fall, wenn der 22
Täter den Empfänger über die Echtheit täuscht. Es reicht aus, daß er nachgemachtes, aber bereits außer Kurs gesetztes Geld als echt und (noch) gültig ausgibt. Zweifelhaft ist, ob auch Weiterleiten an einen Eingeweihten in der Absicht genügt, diesem die Vortäuschung der Echtheit im Zahlungsverkehr zu überlassen, also die Weitergabe mit dem Willen, daß die Falschstücke als echt verwendet werden. Diese nach früherem Recht streitige Frage (vgl. 17. A. zu § 146, § 146 RN 7, § 147 RN 9) scheint nach der Gesetzesfassung in verneinendem Sinne gelöst zu sein. Im Unterschied zu Nr. 1 u. 2, nach denen die Absicht ausreicht, daß ein Inverkehrbringen als echt ermöglicht werde, beschränkt sich Nr. 3 auf das Inverkehrbringen des Falschgeldes als echt. Da hier eine den Nr. 1, 2 entsprechende Erweiterung, die dort die frühere Streitfrage klären sollte (BT-Drs. 7/550 S. 226), unterblieben ist, liegt der Schluß nahe, daß nur die Weitergabe an Gutgläubige den Tatbestand erfüllt (so insb. Stuttgart NJW **80**, 2089 m. zust. Anm. Otto JR 81, 82, Jakobs JR 88, 122, M-Schroeder II 202, Puppe JZ 86, 994, NK 34 ff., Prittwitz NStZ 89, 10, Rudolphi 12, Stein/Onusseit JuS 80, 105). Gegen eine solche Auslegung spricht indes die Entstehungsgeschichte. Nach einem Entwurf des neuen EGStGB fiel die Weitergabe an Eingeweihte bereits unter Nr. 2, da dort das Überlassen von Falschgeld dem Sichverschaffen gleichgestellt war (vgl. BT-Drs. 7/550). Das Tatbestandsmerkmal „Überlassen" wurde bei den weiteren Gesetzesberatungen mit der Begründung gestrichen, wer als erlangtes Falschgeld einem Eingeweihten überlasse, damit dieser es wieder als echt in Umlauf setze, sei nicht anders zu behandeln, als wenn er es selbst als echt abschiebe, also in beiden Fällen wegen eines Vergehens nach § 147 und nicht im ersten Fall wegen eines Verbrechens zu bestrafen (vgl. BT-Drs. 7/1261 S. 13). Der Gesetzgeber hat es dann lediglich versäumt, in Nr. 3 und § 147 dem Wortlaut der Nr. 1 u. 2 anzugleichen und damit seine Ansicht klarzustellen. Da überdies eine diesen Bestimmungen angebliche Auslegung der Nr. 3 und des § 147 kriminalpolitisch sinnvoll ist (vgl. auch BGH **29** 314, **35** 23, Düsseldorf JR **86**, 512 m. Anm. Keller, Lackner/Kühl § 147 RN 2, Wessels Bockelmann-FS 677) und auch der Wortlaut der Nr. 3 das Einschleusen über einen eingeweihten Mittelsmann noch abdeckt (Rengier II 235), ist davon auszugehen, daß auch der Täter, der das Falschgeld einem Eingeweihten übergibt und ihm die Vortäuschung der Echtheit im Zahlungsverkehr überläßt, es als echt in Verkehr bringt (BGH **42** 168, Düsseldorf NJW **98**, 2067, Hefendehl Jura 92, 378, Herdegen LK[10] 23, Küper 121 f., Lackner/Kühl 8 sowie § 147 RN 2, Rengier II 235, Tröndle/Fischer § 147 RN 2, W-Hettinger 228; and.

Prittwitz NStZ 89, 10, Puppe JZ 86, 994, Rudolphi SK 13). Diese Auslegung hat vor allem für § 147 praktische Bedeutung (vgl. § 147 RN 5). Bei § 146 ist die angeschnittene Frage weniger bedeutsam (vgl. Stree JuS 78, 239). Zumeist läßt sich die Weitergabe an Eingeweihte schon deswegen erfassen, weil der Täter hiermit die beim Nachmachen usw vorliegende Absicht verwirklicht und damit seine Tat beendet (vgl. Stree aaO, auch u. 26).

23 3. Das in Verkehr gebrachte Falschgeld muß der Täter **unter den Voraussetzungen der Nr. 1 oder 2 erlangt** (kein bes. pers. Merkmal iSv § 28 II: Lackner/Kühl 9, Puppe NK 30; and. Rudolphi SK 11, Stein/Onusseit JuS 80, 106) haben. Er muß es also in der Absicht, es in den Verkehr gelangen zu lassen, nachgemacht, verfälscht oder sich verschafft haben. Nicht erforderlich ist, daß diese Absicht bis zum Inverkehrbringen vorhanden war. Auch wer sie zeitweilig aufgegeben, das Falschgeld aber behalten hat, erfüllt die Voraussetzungen der Nr. 3, wenn er seine frühere Absicht auf Grund eines neuen Entschlusses verwirklicht (Prot. VII 1058, Lackner/Kühl 9, Tröndle/Fischer 8; and. Herdegen LK[10] 3, Zielinski JZ 73, 195). Hat der Täter dagegen beim Nachmachen usw nicht die erforderliche Absicht gehabt, so ist Nr. 3 nicht anwendbar; es greift vielmehr § 147 ein. Ebenfalls entfällt die Strafbarkeit nach Nr. 3, wenn jemand das in Verkehr gebrachte Falschgeld nicht schuldhaft gem. Nr. 1 oder 2 erlangt, zB es im Vollrausch in der Absicht angenommen hat, es alsbald wieder auszugeben. Es fehlt dann ein entscheidendes Moment, das die Weitergabe des Falschgeldes von § 147 abhebt und sie zum Verbrechen stempelt (vgl. Zielinski aaO). Zum Verhältnis zwischen Nr. 1, 2 und Nr. 3 vgl. u. 26.

24 4. Der subjektive Tatbestand setzt **Vorsatz** voraus. Bedingter Vorsatz genügt hinsichtlich aller Tatbestandsmerkmale (BGH **35** 25). Vgl. dazu Stree JuS 78, 238. Vorsatz liegt auch dann vor, wenn der Täter weiß, daß das nachgemachte Geld kein gültiges Zahlungsmittel (mehr) ist, jedoch das Falschgeld dem Empfänger gegenüber als gültiges Zahlungsmittel ausgibt (vgl. o. 9).

25 5. **Vollendet** ist die Tat, wenn das Falschgeld in die Verfügungsgewalt eines anderen gelangt oder jedenfalls derart aus dem Tätergewahrsam entlassen worden ist, daß dem anderen der Zugriff offen steht (zB Versteck im Zug; vgl. auch BGH MDR **87**, 1041). Es reicht aus, daß ein einziges Falschstück in den Besitz des Empfängers übergegangen oder ihm zugänglich geworden ist. Der Empfänger braucht das Geld nicht für echt zu halten (vgl. o. 22). Nimmt er es jedoch an, um es als Beweisstück gegen den Täter zu verwenden, so entfällt mangels einer etwaigen Beeinträchtigung des Geldverkehrs ein Inverkehrbringen (Puppe NK 38); es liegt dann nur ein strafbarer **Versuch** vor (BGH NStZ-RR **00**, 105). Versuch ist ferner gegeben, wenn jemand, dem der Täter das Falschstück als echt überreicht, die Annahme verweigert oder wenn ein Automat das Falschgeld sofort wieder auswirft. Ein Angebot zur Übergabe von Falschgeld ist nur dann ein Versuch, wenn die Übergabe sofort erfolgen soll. Will der Anbieter das Falschgeld erst nach Annahme des Angebots holen oder besorgen, stellt das Angebot nur eine Vorbereitungshandlung dar (BGH NStZ **86**, 548). Nach BGH 1 StR 376/80 v. 5. 8. 1980 soll bereits die Fahrt zum vereinbarten Übergabeort Versuch sein; der Versuchsbereich wird damit jedoch zu weit vorverlegt. Um einen Versuch handelt es sich jedoch beim vereinbarungsgemäßen Treffen am Übergabeort (BGH NStE **3**, Tröndle/Fischer 9). Zur Abgrenzung zwischen Versuch und Vollendung vgl. Wessels Bockelmann-FS 677.

26 6. Für das **Verhältnis zwischen Nr. 3 und Nr. 1, 2** gilt Entsprechendes wie für das Verhältnis zwischen dem Herstellen einer unechten Urkunde und ihrem Gebrauch (Lackner/Kühl 14). Mit dem Inverkehrbringen beendet der Täter seine Tat. Nachmachen usw und Inverkehrbringen bilden eine deliktische Einheit und stellen dementsprechend nur ein einziges Geldfälschungsdelikt nach § 146 dar, selbst dann, wenn das beabsichtigte Inverkehrbringen später modifiziert wird (BGH **35** 27 f.) oder nach einem einheitlichen Nachmachen usw das Inverkehrbringen durch mehrere Einzelhandlungen erfolgt (vgl. RG **1** 25, BGH NStZ-RR **00**, 105, BGHR § 146 Abs. 1 Konkurrenzen 4), oder umgekehrt, wenn mehrere Handlungen nach Nr. 1, 2 einer Verwertungshandlung führen (BGH NStZ **82**, 25). Um *eine* (vollendete) Tat nach § 146 handelt es sich auch, wenn das Inverkehrbringen im Versuchsstadium steckengeblieben ist (BGH **34** 108, NStZ **97**, 80; NStZ-RR **00**, 105, Lackner/Kühl 14, Tröndle/Fischer 8; and. Düsseldorf JMBlNW **86**, 94, Herdegen LK[10] 28, der für Verurteilung wegen Versuchs nach Abs. 3 unter Ausschluß der Strafmilderung nach § 23 II eintritt; zur Strafbarkeit des Gehilfen BGH NStZ **97**, 80. Ein anderes Verhältnis ergibt sich jedoch in den Fällen, in denen der Täter die Absicht des Inverkehrbringens zeitweilig aufgegeben hatte und erst auf Grund eines neuen Entschlusses den früheren Plan verwirklicht. Hier sind Nachmachen usw und Inverkehrbringen als selbständige Handlungen zu beurteilen, so daß zwischen Nr. 1 oder 2 und Nr. 3 Realkonkurrenz vorliegt (BGH **35** 27, Lackner/Kühl 14, Rudolphi SK 16; and. Tröndle/Fischer 8, Herdegen LK[10] 27). Auch bei mehreren Sichverschaffen und Inverkehrbringen begründet sein deliktische Einheit (BGH **42** 170 m. Bespr. Puppe JZ 97, 499, Lackner/Kühl 14). Ebenso verhält es sich, wenn jemand nach Nr. 1 oder 2 rechtskräftig verurteilt worden ist und nach Rechtskraft des Urteils, etwa nach Strafverbüßung, das versteckte Falschgeld in Verkehr bringt (vgl. BT-Drs. 7/1261 S. 13); das rechtskräftige Urteil bewirkt eine Zäsur der Einheitlichkeit (Rudolphi SK 16, Tröndle/Fischer 8, W-Hettinger 228; für Sperrwirkung des Urteils hingegen Herdegen LK[10] 3, Puppe NK 32).

27 VI. **Täterschaft** und **Teilnahme** beurteilen sich nach allgemeinen Regeln. Beim Sichverschaffen von Falschgeld kann Mittäter zB nur sein, wer eigene (gemeinsame) Verfügungsgewalt erlangt. Wer als bloßer Empfängerbote tätig wird, leistet Beihilfe. Beim Inverkehrbringen des Falschgeldes kommt Mittäterschaft bei den Beteiligten in Betracht, die bereits die Falschstücke nach Nr. 1 oder 2 in ihre

Verfügungsgewalt gebracht haben. Der bloße Verteilungsgehilfe, der ohne eigene Verfügungsgewalt beim Absatz mitwirkt, ist wegen Beihilfe zum Inverkehrbringen des Falschgeldes zu bestrafen (and. BT-Drs. 7/550 S. 227, wonach Täterschaft gem. § 147 vorliegen soll, ferner Rudolphi SK 11, 13, Stein/Onusseit JuS 80, 106, die § 28 II heranziehen).

VII. Die Strafe ist nunmehr (vgl. die Begründung des 6. StrRG: BT-Drs. 13/8587 S. 29) Freiheitsstrafe nicht unter einem Jahr (**Abs. 1**), bei *gewerbsmäßigem Handeln* (s. 95 vor § 52) oder *Handeln als Mitglied einer Bande* (s. § 244 RN 23 f.), die sich zur *fortgesetzten Begehung* (s. § 244 RN 25: also entgegen dem Wortlaut gerade kein Fortsetzungszusammenhang [31 vor § 52] erforderlich: Tröndle/Fischer 10 a; s. ferner § 150 RN 1) *einer Geldfälschung* (hierunter fallen alle Modalitäten des Abs. 1) *verbunden hat*, Freiheitsstrafe nicht unter 2 Jahren (**Abs. 2**). Bei Taten vor Inkrafttreten des 6. StrRG: § 2 III; zum milderen Gesetz BGH StV **98**, 380. In minder schweren Fällen (vgl. dazu 48 vor § 38) des Abs. 1 ist auf Freiheitsstrafe von 3 Monaten bis zu 5 Jahren, in Fällen des Abs. 2 auf Freiheitsstrafe von 1 bis zu 10 Jahren zu erkennen (**Abs. 3**): Ein solcher Fall ist zumeist anzunehmen, wenn der Täter nach Abs. 1 Nr. 1 oder 2 freiwillig vom Inverkehrbringen abgesehen hat. Ferner kommt ein minder schwerer Fall in Betracht, wenn ein Kassierer zur Vermeidung von Streit bedingt vorsätzlich Falschgeld mit dem Willen annimmt, es alsbald an einen anderen Kunden weiterzuleiten. Auf Abs. 3 läßt sich nach BGH StV **93**, 245 auch zurückgreifen, wenn U-Haft beeindruckend auf den Täter gewirkt hat und dessen Lebensverhältnisse sich stabilisiert haben. Zur Berücksichtigung beamtenrechtlicher Folgen vgl. BGH JZ **89**, 652. Für die Strafzumessung ist neben dem Umfang der Fälschungstätigkeit vor allem von Bedeutung, ob die Tat nur bis zum Nachmachen (Sichverschaffen) gediehen war oder schon zur Beeinträchtigung des Zahlungsverkehrs geführt hat. Ein für die Strafzumessung erheblicher Schaden beurteilt sich (allein) nach dem Maß der Beeinträchtigung oder Gefährdung des Zahlungsverkehrs (BGHR § 146 Abs. 2 Strafrahmenwahl 1). Zu berücksichtigen ist daher auch die Sicherstellung von Falschgeld durch Beteiligung eines polizeilichen Scheinaufkäufers (BGH StV **85**, 146); zur Beihilfe in einem min. schw. Fall BGH wistra **97**, 226. Zur Möglichkeit der Vermögensstrafe bei bandenmäßiger Tatbegehung vgl. § 150.

VIII. Konkurrenzen: § 146 als Sonderfall der Urkundenfälschung (Puppe NK 1 vor § 146 mwN) ist Spezialgesetz gegenüber § 267 (vgl. BGH **23** 231). Idealkonkurrenz ist möglich mit Betrug (RG **60** 316, BGH **31** 381, NJW **52**, 311, Schleswig NJW **63**, 1560, Düsseldorf JMBlNW **86**, 93, Lackner/Kühl 15; and. Rudolphi SK 19), mit Erpressung, Diebstahl oder Unterschlagung beim Sichverschaffen oder mit Diebstahl aus einem Automaten beim Inverkehrbringen.

§ 147 Inverkehrbringen von Falschgeld

(1) **Wer, abgesehen von den Fällen des § 146, falsches Geld als echt in Verkehr bringt, wird mit Freiheitsstrafe bis zu fünf Jahren oder mit Geldstrafe bestraft.**

(2) **Der Versuch ist strafbar.**

I. Die Vorschrift stellt als Ergänzung zu § 146 I Nr. 3 alle dort nicht erfaßten Fälle unter Strafe, in denen falsches Geld als echt in Verkehr gebracht wird. Das Gesetz wertet diese Fälle aber anders als die Tat nach § 146 nur als Vergehen, da ihnen keine besonderen verbrecherischen, auf das Inverkehrbringen hinzielenden Handlungen vorausgegangen sind.

II. Den objektiven Tatbestand erfüllt, wer, abgesehen von den Fällen des § 146, falsches Geld als echt in Verkehr bringt.

1. Falsches Geld ist wie im Fall des § 146 nachgemachtes oder verfälschtes Geld. Vgl. § 146 RN 14.

2. Zum Inverkehrbringen des Falschgeldes vgl. § 146 RN 21. Eine Gegenleistung ist hier ebensowenig wie bei der Tat nach § 146 erforderlich. Das Verschenken reicht zB aus.

3. Das Falschgeld muß als echt in Verkehr gebracht werden. Vgl. hierzu § 146 RN 22. Die dort aufgeworfene Frage, ob auch die Weitergabe an einen Eingeweihten genügt, dem dann das Einschleusen des Falschgeldes in den Zahlungsverkehr überlassen wird, ist hier von besonderer Bedeutung. Bejaht man die Frage, so ist die Tat nach § 147 wegen eines Vergehens zu ahnden, nicht dagegen als Beihilfe oder Mittäterschaft zum Inverkehrbringen nach § 146 I Nr. 2 oder 3 (BGH MDR/H **82**, 102, Lackner/Kühl 2, Tröndle/Fischer 2; and. LG Kempten NJW **79**, 225 m. Anm. Otto). Die Einbeziehung dieser Fälle in § 147 ist sachgerechter als deren Ahndung als Beteiligung an einem Verbrechen nach § 146 (Stree JuS 78, 240). Wer zB es einem anderen überläßt, das als echt empfangene Falschgeld in den Zahlungsverkehr zurückzuschleusen, verdient keine strengere Behandlung als der Täter, der sich nicht scheut, das Falschgeld selbst als echt unter als Mittäter an Arglose weiterzugeben (Wessels Bockelmann-FS 680, W-Hettinger 230; deshalb wollen auch Otto II 392, Rudolphi SK 6 bei unterschiedlichem Ansatz den von einem gutgl. Empfänger initiierten Absatz durch einen altruistischen Dritten nur von §§ 147, 27 erfaßt sehen; hierzu Puppe NK 15 f.). Auch besteht kein Unterschied in der Strafwürdigkeit, je nachdem, ob dem anderen eigene Verfügungsgewalt über das Falschgeld eingeräumt oder ob er nur als Verteilungsbote eingesetzt wird. Hätte der gutgläubige Empfänger von Falschgeld eine von ihm abhängige Person (etwa einen Ladenangestellten) damit beauftragt, ohne eigene Verfügungsgewalt die Falschstücke als echt in den Geldumlauf zurückzuleiten, so wäre nur § 147 anwendbar. Im Anschluß an die Ausführungen in RN 22 zu § 146 ist somit davon auszugehen, daß Falschgeld auch dann als echt in

§ 148

Verkehr gebracht wird, wenn es einem Eingeweihten übergeben und ihm überlassen wird, es als echt dem Zahlungsverkehr zuzuführen (BGH **29** 311 m. abl. Anm. Otto JR 81, 82, **35** 23, Düsseldorf JR **86**, 512 m. Anm. Keller, Herdegen LK[10] 4, Lackner/Kühl 2, Tröndle/Fischer 2, W-Hettinger 229, 231; and. Stuttgart NJW **80**, 2089, M-Schroeder II 202, Puppe JZ 86, 994, Rudolphi SK 6).

6 4. Weitere Voraussetzung ist, daß die **Tat nicht unter § 146 fällt.** Hierbei handelt es sich indes nicht um ein Tatbestandsmerkmal. Vielmehr wird nur klargestellt, daß § 147 nicht anwendbar ist, wenn § 146 eingreift. § 147 bleibt daher anwendbar, wenn ein Fall des § 146 wahrscheinlich vorliegt, aber nicht zweifelsfrei nachgewiesen werden kann.

7 a) Von § 147 werden einmal alle Fälle erfaßt, in denen der Täter das Falschgeld gutgläubig erlangt und dessen Unechtheit nachher erkannt hat. Auf welche Weise er es erlangt hat, ist bedeutungslos. Neben einem abgeleiteten Erwerb kommt etwa Diebstahl, Unterschlagung oder die Aneignung herrenlosen Falschgeldes in Betracht. Es genügt auch, daß jemand Falschgeld für einen anderen eingenommen und wieder ausgegeben hat, zB als Kassierer.

8 b) Nach § 147 ist ferner der Täter zu bestrafen, der das in Verkehr gebrachte Falschgeld ohne solche Absicht hergestellt oder sich verschafft hatte. Hierher gehört zB der Täter, dem die zunächst nur als Probestücke vorgesehenen Exemplare gut gelungen sind und der sie dann auf Grund eines neuen Entschlusses absetzt.

9 c) Außerdem ist die Strafe nach § 147 festzusetzen, wenn jemand das in Verkehr gebrachte Falschgeld zwar mit der hierauf gerichteten Absicht erlangt hat, beim Erwerb aber schuldunfähig, zB volltrunken war (vgl. hierzu § 146 RN 23).

10 III. Der **subjektive Tatbestand** erfordert Vorsatz. Bedingter Vorsatz genügt hinsichtlich aller Tatbestandsmerkmale. Auch wer nur mit der Möglichkeit rechnet, daß es sich um Falschgeld handelt, und dieses gleichwohl als echt in den Verkehr bringt, macht sich nach § 147 strafbar. Soweit nachgemachtes Geld einem Münzsammler als Sammelobjekt veräußert wird, muß der Täter davon ausgehen, daß es sich beim Original um ein noch gültiges Zahlungsmittel handelt (BGH JR **76**, 295; vgl. auch § 146 RN 7). Sonst genügt es, daß ihm das Vortäuschen von Echtheit und Gültigkeit bewußt ist.

11 IV. Zur **Vollendung** der Tat und zum **Versuch,** der gem. Abs. 2 strafbar ist, vgl. § 146 RN 25.

12 V. Ob **Täterschaft** oder **Teilnahme** vorliegt, bestimmt sich nach allgemeinen Regeln. Täterschaft scheidet nicht deswegen aus, weil jemand für einen anderen handelt. So ist zB auch Täter, wer als Kassierer Falschgeld einnimmt und es nach erkannter Unechtheit wieder in Umlauf bringt. Der Täter kann nicht zugleich wegen Beteiligung an einer etwaigen Tat des Empfängers nach § 146 bestraft werden (BGH **29** 311, MDR/H **82**, 102, Lackner/Kühl 3, Rengier II 233, Wessels Bockelmann-FS 680 f.). Sieht man auch den Verteilungsgehilfen, der nur mangels eigener Verfügungsgewalt nicht Täter nach § 146 ist (vgl. § 146 RN 15, 27), als Täter iSv § 147 an (so BT-Drs. 7/550 S. 227), so kommt insoweit allein eine Bestrafung wegen Beteiligung an einer Tat nach § 146 in Betracht; § 147 tritt zurück.

13 VI. Bei der **Strafzumessung** ist zu beachten, daß aus dem gegenüber § 148 aF erheblich erweiterten Strafrahmen keineswegs zu folgern ist, die Täter seien nunmehr allgemein strenger zu bestrafen. Die Erweiterung des Strafrahmens hängt vielmehr mit der Ausdehnung des Anwendungsbereichs zusammen (vgl. BT-Drs. 7/550 S. 227). Soweit der Täter mit dem Inverkehrbringen des Falschgeldes nur einen unverschuldet erlittenen Schaden abwälzen will, verdient er nach wie vor eine milde Strafe (vgl. § 46 RN 53 a).

14 VII. **Konkurrenzen:** § 147 ist lex specialis gegenüber § 267 (Gebrauchmachen). Idealkonkurrenz ist mit Betrug möglich (and. Rudolphi SK 8). Realkonkurrenz liegt gegenüber einer Straftat vor, durch die der Täter das in Verkehr gebrachte Falschgeld erlangt hat (Diebstahl, Unterschlagung usw).

§ 148 Wertzeichenfälschung

(1) **Mit Freiheitsstrafe bis zu fünf Jahren oder mit Geldstrafe wird bestraft, wer**
1. amtliche Wertzeichen in der Absicht nachmacht, daß sie als echt verwendet oder in Verkehr gebracht werden oder daß ein solches Verwenden oder Inverkehrbringen ermöglicht werde, oder amtliche Wertzeichen in dieser Absicht so verfälscht, daß der Anschein eines höheren Wertes hervorgerufen wird,
2. falsche amtliche Wertzeichen in dieser Absicht sich verschafft oder
3. falsche amtliche Wertzeichen als echt verwendet, feilhält oder in Verkehr bringt.

(2) **Wer bereits verwendete amtliche Wertzeichen, an denen das Entwertungszeichen beseitigt worden ist, als gültig verwendet oder in Verkehr bringt, wird mit Freiheitsstrafe bis zu einem Jahr oder mit Geldstrafe bestraft.**

(3) **Der Versuch ist strafbar.**

Schrifttum: Bohnert, Briefmarkenfälschung, NJW 98, 2879. – *Schmidt*, Ist die Fälschung von sog. „Postwertzeichen" (§ 148 StGB)) seit der Postprivatisierung straffrei (Art. 103 Abs. 2 GG)?, ZStW 111, 388.

I. Zweck der Vorschrift ist, im Interesse der Allgemeinheit die Sicherheit und Zuverlässigkeit des Rechtsverkehrs mit amtlichen Wertzeichen zu schützen (BGH **31** 381). Daneben werden fiskalische Belange gesichert (krit. Puppe NK 8). Um wie beim Geldverkehr einen möglichst umfassenden Schutz zu erreichen, sind in Angleichung an § 146 der eigentlichen Beeinträchtigung der geschützten Interessen durch Verwenden, Feilhalten oder Inverkehrbringen falscher Wertzeichen (Abs. 1 Nr. 3) bestimmte Vorbereitungshandlungen gleichgestellt, nämlich das Nachmachen und Verfälschen von Wertzeichen (Abs. 1 Nr. 1) sowie das Sichverschaffen falscher Wertzeichen (Abs. 1 Nr. 2) zum Zweck des Verwendens oder Inverkehrbringens. Außerdem ist in Abs. 2 das Wiederverwenden von Wertzeichen nach Beseitigung des Entwertungszeichens unter Strafe gestellt. Diese Tat wird allerdings wesentlich milder beurteilt und demgemäß mit einer geringeren Strafe bedroht. In den Schutzbereich der Vorschrift fallen nur amtliche, nicht auch private Wertzeichen, wie Rabattmarken eines Kaufmanns (Puppe NK 11, die aber Telefonkarten in den Schutzbereich einbeziehen will [15]); Wertzeichen dürften als Sonderfall einer Urkunde anzusehen sein (Puppe NK 3 ff., Tröndle/Fischer 2; and. RG **62** 203, Herdegen LK[10] 4, Rudolphi SK 2) zurecht kritisch zur zwischenzeitlichen Bedeutungslosigkeit des § 148 Schmidt ZStW 111, 414 ff. Bei einer bandenmäßigen Tat nach Abs. 1 kann auf Vermögensstrafe nach § 43 a erkannt werden (§ 150). 1

II. Amtliche Wertzeichen sind vom Staat, von einer Gebietskörperschaft oder einer sonstigen Körperschaft des öffentlichen Rechts (vgl. RG **57** 287) unter öffentlicher Autorität ausgegebene Marken oder ähnliche Zeichen, die einen bestimmten Geldwert verkörpern, öffentlichen Glauben genießen und die Zahlung von Steuern, Abgaben, Gebühren, Beiträgen u. dgl. erleichtern, sichern und kenntlich machen (vgl. RG **57** 287, **59** 323, **63** 381, BGH **32** 75). Hierher gehörten vor Privatisierung der Post Briefmarken, auf Postkarten eingedruckte Marken, Stempelabdrücke zur Freimachung von Postsendungen (vgl. BGH MDR **83**, 771); nach der Postprivatisierung (s. Art. 87 f II 1 GG) wird man Briefmarken uä als Inhaberschuldmarken iSv § 807 BGB (Schmidt ZStW 111, 421 [Schutz nach § 267]) nicht mehr als „amtliches" Wertzeichen ansehen können (Schmidt aaO 403, 397; s. a. Bohnert NJW 98, 2879, Lackner/Kühl; and. Puppe NK 9, Tröndle/Fischer 2). Erfaßt werden Beitragsmarken der Sozialversicherung, Steuerzeichen (zB Tabaksteuerbanderolen; vgl. RG **62** 206), Gebührenmarken der öffentlichen Verwaltung (vgl. RG **63** 381), Gerichtskostenmarken (vgl. RG **59** 323 f.). Geschützt sind auch amtliche Wertzeichen eines fremden Währungsgebiets (§ 152). Der Strafrechtsschutz nach § 148 erstreckt sich jedoch nur auf gültige Wertzeichen; außer Kurs gesetzte, entwertete oder verfallene Wertzeichen werden nicht erfaßt (vgl. E 62 Begr. 491, KG JR **66**, 307), auch nicht bei noch bestehender Umtauschpflicht (Puppe NK 13; and. Herdegen LK[10] 3). 2

III. Als Tathandlung erfaßt Abs. 1 Nr. 1 das **Nachmachen** amtlicher Wertzeichen in der Absicht, sie als echt zu verwenden oder in Verkehr zu bringen oder ein solches Verwenden oder Inverkehrbringen zu ermöglichen, sowie das in dieser Absicht vorgenommene **Verfälschen** derartiger Wertzeichen, das diesen den Anschein eines höheren Wertes verleiht. 3

1. Zum **Nachmachen** vgl. § 146 RN 5. Amtliche Wertzeichen sind demgemäß nachgemacht, wenn bei Arglosen im gewöhnlichen Verkehr der Anschein gültiger Wertzeichen hervorgerufen werden kann. Kein Nachmachen ist im Zusammenfügen verschiedener Bruchstücke echter Wertzeichen zu erblicken (RG **17** 396, **62** 206; and. Puppe NK 19), desgleichen nicht im Beseitigen eines Entwertungszeichens (vgl. RG **59** 324, BT-Drs. 7/550 S. 228). 4

2. Zum **Verfälschen** vgl. § 146 RN 6. Manipulationen, die lediglich den Sammelwert bei Briefmarken berühren, reichen hier ebensowenig aus wie entsprechende Veränderungen bei Geld (vgl. § 146 RN 6 aE, Kienapfel WK § 238 RN 18). 5

3. Der Fälschungsakt muß in der **Absicht** vorgenommen werden, die falschen Wertzeichen als echt zu verwenden oder in den Verkehr zu bringen oder ein solches Verwenden oder Inverkehrbringen zu ermöglichen. Es genügt also wie bei der Geldfälschung, daß der Täter die Falsifikate einem Eingeweihten zuleiten und ihm deren weiteres Schicksal überlassen will. Unter Absicht ist der zielgerichtete Wille zu verstehen. Zum Verwenden und zum Inverkehrbringen vgl. u. 12, 14. Das Merkmal des Verwendens ist zusätzlich aufgenommen worden, weil Wertzeichen bestimmungsgemäß verwendbar sind, ohne zugleich in Verkehr gebracht werden zu müssen. Andererseits hat der Gesetzgeber davon abgesehen, nur auf die Verwendungsabsicht abzustellen, weil sonst die Fälle, in denen die Falschstücke nicht der bestimmungsgemäßen Verwendung zugeführt werden sollen, nicht erfaßt würden. Ihre Einbeziehung in § 148 hat er jedoch für erforderlich erachtet, soweit – wie bei der Veräußerung nachgemachter amtlich herausgegebener Briefmarken an Sammler – die Möglichkeit besteht, daß die Falsifikate bestimmungsgemäß verwendet werden. Aus diesem Grund soll ebenfalls das Inverkehrbringen als Ziel der Fälschungshandlung ausreichen (vgl. BT-Drs. 7/550 S. 228). Vgl. auch Herdegen LK[10] 3. 6

4. Im übrigen muß der Täter **vorsätzlich** handeln. Er muß wissen, daß er Falsifikate anfertigt, die geeignet sind, den Anschein gültiger amtlicher Wertzeichen bzw. eines höheren Wertes hervorzurufen. Bedingter Vorsatz genügt. 7

5. Zur **Vollendung** der Tat und zum **Versuch**, der nach Abs. 3 strafbar ist, vgl. § 146 RN 10 f. Das dort Gesagte gilt hier entsprechend. 8

§ 148 9–22

9   6. Das **Nachmachen** oder Verfälschen **mehrerer Wertzeichen** in einem Arbeitsgang stellt nur **eine Tat** dar. Vgl. § 146 RN 12.

10 IV. Strafbar ist ferner das **Sichverschaffen von falschen amtlichen Wertzeichen** in der Absicht, sie als echt zu verwenden oder in den Verkehr gelangen zu lassen (Abs. 1 Nr. 2). Vgl. dazu RN 14 ff. zu § 146, die hier entsprechend gelten, sowie zur Absicht o. 6.

11 V. Tathandlungen sind außerdem das **Verwenden, Feilhalten** und **Inverkehrbringen** falscher amtlicher Wertzeichen als echt (Abs. 1 Nr. 3). Nicht erforderlich ist, daß der Täter die Falschstücke unter den Voraussetzungen des Abs. 1 Nr. 1 oder 2 erlangt hat. Eine Differenzierung, wie sie bei den Geldfälschungsdelikten in §§ 146 und 147 erfolgt ist, erübrigte sich hier. Der Strafrahmen bietet hinreichenden Spielraum, die unterschiedlichen Fälle des Erwerbs sachgerecht bei der Strafzumessung zu berücksichtigen.

12 1. **Verwendet** wird ein Wertzeichen, wenn es bestimmungsgemäß gebraucht wird (vgl. BT-Drs. 7/550 S. 228). Danach wird eine nachgemachte Briefmarke (s. aber o. 2) verwendet, wenn eine mit ihr versehene Postsendung dem Bereich der Postverwaltung zugeführt wird, zB in einen Briefkasten geworfen wird.

13 2. Unter **Feilhalten** ist das äußerlich erkennbare Bereitstellen größerer Mengen zum Verkauf an das Publikum zu verstehen (vgl. RG 63 420, BGH 23 288, Puppe NK 28); s. a. u. 16.

14 3. Zum **Inverkehrbringen** vgl. § 146 RN 21. Auch hier reicht wie bei Falschgeld die Übergabe an einen Sammler aus (Herdegen LK[10] 3, Kienapfel WK § 238 RN 22; zweifelnd Puppe NK 22, Tröndle/Fischer 3).

15 4. Die falschen amtlichen Wertzeichen müssen **als echt** verwendet, feilgehalten oder in Verkehr gebracht werden. Die bei der Geldfälschung behandelte Frage, ob auch das Weiterleiten an einen Eingeweihten in der Absicht genügt, diesem die Vortäuschung der Echtheit zu überlassen (vgl. § 146 RN 22, § 147 RN 5), ist im Rahmen des § 148 von untergeordneter Bedeutung, da sich ein solches Verhalten hier im allgemeinen auch als Beteiligung an der Tat des Empfängers sachgemäß ahnden läßt. Sie ist dennoch zu bejahen (vgl. BGH 32 78, Herdegen LK[10] 12), da für eine unterschiedliche Beantwortung kein zwingender Grund besteht.

16 5. Der subjektive Tatbestand setzt **Vorsatz** voraus; bedingter Vorsatz genügt. Zweifelhaft kann allerdings sein, ob beim Feilhalten zudem Verkaufsabsicht vorliegen muß (vgl. zur Problematik BGH 23 291). Der BGH (aaO 292) neigt dazu, es ausreichen zu lassen, wenn der Täter es billigend hinnimmt, daß die Gegenstände, deren Lagerung äußerlich auf Verkaufsabsicht hindeutet, verkauft werden können (zB durch Angestellte). Dieser Fall dürfte indes bei falschen amtlichen Wertzeichen keine nennenswerte Rolle spielen.

17 6. Zur **Vollendung** der Tat und zum **Versuch**, der nach Abs. 3 strafbar ist, vgl. § 146 RN 25. Das Verwenden einer nachgemachten Briefmarke (vor der Postprivatisierung, o. 2) ist demnach vollendet, wenn die mit ihr freigemachte Postsendung in den Bereich der Postverwaltung (Briefkasten, Abgabe am Postschalter) gelangt ist (vgl. RG 68 304). Das Aufkleben der Marke auf einen Brief ist noch Vorbereitungshandlung (and. Tröndle/Fischer 8 [Versuch]). Versuch liegt erst vor, wenn der Täter unmittelbar dazu ansetzt, die Postsendung dem Bereich der Post zuzuführen.

18 7. Für das **Verhältnis zwischen Nr. 3 und Nr. 1, 2 des Abs. 1** gilt das in RN 26 zu § 146 Ausgeführte entsprechend. Vgl. auch RG 63 382 sowie Puppe NK 35, Tröndle/Fischer 10.

19 VI. Abs. 2 bedroht die **Wiederverwendung amtlicher Wertzeichen** nach Beseitigung des Entwertungszeichens mit Strafe. Der Strafrahmen ist gegenüber Abs. 1 wesentlich milder. Der Gesetzgeber hat den Unrechts- und Schuldgehalt der Taten, die sich lediglich auf ein bereits entwertetes amtliches Wertzeichen beziehen, als allgemein geringer angesehen als den der Handlungen nach Abs. 1. Er hat dementsprechend auch nur die Fälle der Wiederverwendung einschließlich des Inverkehrbringens unter Strafe gestellt, nicht jedoch die dem Abs. 1 entsprechenden Vorbereitungshandlungen. Vgl. BT-Drs. 7/550 S. 228.

20 1. **Tatgegenstand** sind amtliche Wertzeichen, die bereits bestimmungsgemäß verwendet und ordnungsmäßig mit einem Entwertungszeichen versehen waren (vgl. RG 30 386, 37 153). Ist bei einem schon verwendeten Wertzeichen die Entwertung versehentlich unterblieben, so scheidet es als Tatobjekt aus. Des weiteren kommen außer Kurs gesetzte Wertzeichen nicht als Tatobjekt in Betracht.

21 2. An den schon verwendeten Wertzeichen muß das **Entwertungszeichen beseitigt** worden sein. Das setzt nicht unbedingt voraus, daß das Entwertungszeichen vom Wertzeichen vollständig entfernt worden ist. Entscheidend ist allein, daß es nicht mehr als solches erkennbar ist. Ein Beseitigen liegt daher auch dann vor, wenn das alte Entwertungszeichen durch ein neues (Überstempeln) unkenntlich gemacht (vgl. RG HRR 37 Nr. 211; vgl. auch BGH 3 290) oder das Entwertungsdatum geändert wird (vgl. RG 59 321, Tröndle/Fischer 5; and. Puppe NK 31). Unerheblich ist, wer die Beseitigung vorgenommen hat; es braucht keineswegs der Täter iSv Abs. 2 gewesen zu sein. Auch ist nicht erforderlich, daß die Beseitigung zu dem Zweck erfolgt ist, die Wiederverwendung zu ermöglichen.

22 3. Das veränderte Wertzeichen muß **als gültig verwendet oder in Verkehr gebracht** werden. Zum Verwenden und zum Inverkehrbringen vgl. o. 12, 14. Als gültig wird das Wertzeichen verwendet bzw. in Verkehr gebracht, wenn der Anschein hervorgerufen wird, es sei zuvor noch nicht verwendet

worden. Unter das Merkmal des Inverkehrbringens fällt auch die Weitergabe an einen Sammler, so daß Abs. 2 anwendbar war, wenn etwa eine noch nicht außer Kurs gesetzte, urspr. amtlich herausgegebene Briefmarke, an der der Poststempel beseitigt worden ist, als angeblich postfrisch einem Sammler veräußert wurde.

4. Für den subjektiven Tatbestand ist **Vorsatz** erforderlich. Der Täter muß namentlich wissen, daß das Entwertungszeichen beseitigt worden ist. Bedingter Vorsatz genügt. Die irrige Annahme, die an einen Sammler veräußerte Briefmarke sei längst außer Kurs gesetzt, schließt den Vorsatz aus. Der bloße Irrtum, zur Wiederverwendung des Wertzeichens befugt zu sein, stellt einen Verbotsirrtum dar.

5. Zur **Vollendung** der Tat und zum **Versuch**, der nach Abs. 3 strafbar ist, vgl. o. 17. Hiernach waren (o. 2) das Ablösen der abgestempelten Marke vom alten Brief und das Beseitigen des Stempels noch Vorbereitungshandlungen. Ebenso verhielt es sich beim Versenden eines Briefes, dessen Marke mit einer Oberflächenpräparierung versehen ist, die ein nachträgliches Entfernen des Stempels ermöglicht, und vom Empfänger zurückgesandt wird (and. [Versuch] Koblenz NJW **83**, 1625 m. abl. Anm. Küper NJW 84, 777 u. Lampe JR 84, 164, Puppe JZ 86, 995, NK 33). Erst das unmittelbare Ansetzen zur Wiederverwendung der Marke stellte einen Versuch dar.

6. **Täter** kann auch sein, wer zur Führung des Entwertungsstempels an sich befugt ist, so zB früher der Postbeamte, der auf eine Paketkarte schon einmal verwendete Briefmarken aufklebt, diese mit dem von ihm geführten Poststempel stempelt und sodann die Paketkarte in den Postverkehr gelangen läßt (vgl. RG GA Bd. **77** 200).

VII. Konkurrenzen: Idealkonkurrenz ist zwischen Abs. 1 und § 263 möglich (BGH **31** 380, Lackner/Kühl 7, Puppe NK 37; and. Rudolphi SK 12, Tröndle/Fischer 10). Dagegen wird § 263 durch Abs. 2 verdrängt (vgl. RG **68** 303, Kienapfel JR 84, 162); eine andere Auffassung würde den milden Strafrahmen des Abs. 2 unterlaufen. § 267 tritt hinter Abs. 1 zurück (Lackner/Kühl 7, Puppe NK 36). Delikte, die zur Erlangung der Wertzeichen geführt haben (zB Diebstahl), stehen mit der Tat nach Abs. 1 in Idealkonkurrenz, wenn der Täter hierbei schon Verwendungsabsicht iSv Abs. 1 gehabt hat. Anderenfalls ist Realkonkurrenz anzunehmen. Das gilt auch im Verhältnis zu Abs. 2 (vgl. RG **68** 208, BGH **3** 292; and. RG **59** 325).

§ 149 Vorbereitung der Fälschung von Geld und Wertzeichen

(1) **Wer eine Fälschung von Geld oder Wertzeichen vorbereitet, indem er**
1. **Platten, Formen, Drucksätze, Druckstöcke, Negative, Matrizen oder ähnliche Vorrichtungen, die ihrer Art nach zur Begehung der Tat geeignet sind, oder**
2. **Papier, das einer solchen Papierart gleicht oder zum Verwechseln ähnlich ist, die zur Herstellung von Geld oder amtlichen Wertzeichen bestimmt und gegen Nachahmung besonders gesichert ist,**

herstellt, sich oder einem anderen verschafft, feilhält, verwahrt oder einem anderen überläßt, wird, wenn er eine Geldfälschung vorbereitet, mit Freiheitsstrafe bis zu fünf Jahren oder mit Geldstrafe, sonst mit Freiheitsstrafe bis zu zwei Jahren oder mit Geldstrafe bestraft.

(2) **Nach Absatz 1 wird nicht bestraft, wer freiwillig**
1. **die Ausführung der vorbereiteten Tat aufgibt und eine von ihm verursachte Gefahr, daß andere die Tat weiter vorbereiten oder sie ausführen, abwendet oder die Vollendung der Tat verhindert und**
2. **die Fälschungsmittel, soweit sie noch vorhanden und zur Fälschung brauchbar sind, vernichtet, unbrauchbar macht, ihr Vorhandensein einer Behörde anzeigt oder sie dort abliefert.**

(3) **Wird ohne Zutun des Täters die Gefahr, daß andere die Tat weiter vorbereiten oder sie ausführen, abgewendet oder die Vollendung der Tat verhindert, so genügt an Stelle der Voraussetzungen des Absatzes 2 Nr. 1 das freiwillige und ernsthafte Bemühen des Täters, dieses Ziel zu erreichen.**

I. Die Vorschrift erfaßt bestimmte **Vorbereitungshandlungen zur Geld- oder Wertzeichenfälschung** in einem selbständigen Tatbestand. Ihr Zweck ist, wegen der Gefahren, die sich für die Allgemeinheit aus dem Vorhandensein falschen Geldes oder falscher amtlicher Wertzeichen ergeben, die Möglichkeit zu schaffen, mit den Mitteln des Strafrechts schon Handlungen entgegenzutreten, die den Boden für die Geld- oder Wertzeichenfälschung erst vorbereiten (vgl. E 62 Begr. 494), und zwar solchen Vorbereitungshandlungen, die von den sonstigen Vorschriften des StGB nicht erfaßt werden (vgl. RG **65** 205). Aus der Regelung geht hervor, daß das Handeln nach § 149 weder Versuch einer Tat nach § 146 (vgl. RG **65** 205) noch Versuch iSv § 148 III sein können. Ergänzende Schutzvorschriften enthalten § 152a III sowie die §§ 127, 128 OWiG; auch in die Regelungen der §§ 151 (geldähnliche Wertpapiere) sowie 152 (fremde Währungen) ist § 149 einbezogen.

§ 149 2–8

2 II. Der **objektive Tatbestand** setzt nach Abs. 1 voraus, daß der Täter durch eine bestimmte Handlung (u. 6), die sich auf bestimmte Gegenstände (u. 3 ff.) erstreckt, eine Geld- oder Wertzeichenfälschung vorbereitet.

3 1. Als Tatgegenstände erfaßt Nr. 1 die **Vorrichtungen**, denen ihrer Art nach eine spezifische Verwendbarkeit **zur Ausführung von Fälschungen** innewohnt (BT-Drs. 7/550 S. 229) und die sich zur unmittelbaren Herstellung der Falsifikate eignen. Ausdrücklich genannt werden Platten, Formen, Drucksätze, Druckstöcke, Negative und Matrizen. Als Formen sind Gegenstände zu verstehen, die ein Bild dessen enthalten, was durch Guß oder Druck als Zeichen oder Figur in Metall, Papier oder einem sonstigen Stoff hervorgebracht werden soll (vgl. RG **55** 47). Mit Negativen sind nur Fotonegative gemeint, die unmittelbar zum Herstellen der Fälschungsprodukte gebraucht werden können (vgl. RG **65** 203), nicht auch Negative, die nur mittelbar für die Fälschung von Bedeutung sind. Bei allen Gegenständen wird nicht vorausgesetzt, daß die Fälschungen mit ihnen allein vorgenommen werden können oder daß die zusätzlich benötigten Formen usw bereits vorhanden sind (vgl. RG **55** 284). So genügt zB, daß sich eine Form nur zum Anfertigen der einen Seite des Falsifikats verwenden läßt (vgl. RG **48** 165). Den ausdrücklich genannten Gegenständen stehen ähnliche Vorrichtungen gleich, die ihrer Art nach zur Begehung der Fälschungsdelikte geeignet sind. Es muß sich um Gegenstände handeln, die nach ihrem Erscheinungsbild und in ihrer Eigenschaft als Fälschungsmittel den ausdrücklich aufgeführten Gegenständen vergleichbar sind (BT-Drs. 7/550 S. 229), denen also ihrer Art nach ebenfalls eine spezifische Verwendbarkeit zur unmittelbaren Ausführung von Fälschungen zukommt. Sonstige Gegenstände, die zur Fälschung verwendet werden können, scheiden als Tatobjekte aus, wie etwa ein leistungsfähiger Farbkopierer (Puppe NK 4), Hammer oder Meißel, eine Walze oder ähnliche nur zur Stoffgestaltung brauchbare Werkzeuge, ebenfalls Formen und Geräte, die nur dazu dienen, die unmittelbar zur Herstellung der Falsifikate verwendbaren Vorrichtungen hervorzubringen.

4 Die Platten usw müssen zur Herstellung falschen Geldes oder falscher amtlicher Wertzeichen **geeignet** sein. Das setzt voraus, daß zu ihrer Verwendbarkeit keine nennenswerte weitere Bearbeitung mehr erforderlich ist, sie vielmehr gebrauchsfertig sind (vgl. RG **55** 284, **65** 203, **69** 306, JW **33**, 2143). Es genügt nicht, daß der Täter sie für gebrauchsfähig hält. Zum Eignungsmerkmal vgl. noch Hoyer, Die Eignungsdelikte, 1987, 193 ff.

5 2. Ferner kann Tatgegenstand **Papier** sein, das einer zur Herstellung von Geld oder amtlicher Wertzeichen bestimmten und gegen Nachahmungen besonders gesicherten Papierart gleicht oder zum Verwechseln ähnlich ist (Nr. 2). Eine besondere Sicherung gegen Nachahmungen sind ua Wasserzeichen und spezielle, uU unsichtbare Fasern, die im Papier eingestreut sind. Zum Verwechseln ähnlich ist Papier, das nach seinem Gesamteindruck trotz vorhandener Abweichungen geeignet ist, bei einem durchschnittlichen, über besondere Sachkunde nicht verfügenden Beurteiler, der das Papier nicht genauer prüft, den Irrtum hervorzurufen, es handle sich um besonders gesicherte Papierart (vgl. BT-Drs. 7/550 S. 229; vgl. dazu BGH NStZ **94**, 124 [nicht aufgeschnittene Druckbögen] m. Bespr. Bartholme JA 94, 97, Hefendehl JR 96, 353).

6 3. Als **Tathandlung** setzt Abs. 1 voraus, daß jemand die genannten Gegenstände herstellt, sich oder einem anderen verschafft, feilhält, verwahrt oder einem anderen überläßt. *Herstellen* bedeutet das tatsächliche Fertigstellen einer Sache, so daß sie unmittelbar verwendungsfähig ist. Unberücksichtigt haben geringfügige Ergänzungserfordernisse zu bleiben. Als fertiggestellt ist eine Sache schon dann anzusehen, wenn nur noch unbedeutende Nebenarbeiten auszuführen sind, damit sie zur Fälschung eingesetzt werden kann (vgl. RG **48** 165). Zum *Sichverschaffen* vgl. § 146 RN 15. Anders als im Fall der §§ 146, 148 reicht neben dem Sichverschaffen aus, daß der Tatgegenstand *einem anderen verschafft*, diesem also die tatsächliche Verfügungsgewalt vermittelt wird. Zum *Feilhalten* vgl. § 148 RN 13. *Verwahren* liegt vor, wenn jemand Gewahrsam an einer Sache hat. *Überlassen* wird eine Sache, wenn sie einem anderen zum Gebrauch übergeben wird. Hierfür genügt es, wenn jemand das Ansichnehmen durch den anderen zuläßt (vgl. RG **59** 217). Die Übergabe zu dem Zweck, daß der andere als Bote tätig wird und die Sache an einen Dritten weiterleitet, stellt kein Überlassen dar.

7 4. Die Handlungen müssen eine Geld- oder Wertzeichenfälschung **vorbereiten**. Das bedingt, daß ein Delikt dieser Art (§ 146 I Nr. 1, § 148 I Nr. 1) schon geplant ist, sei es vom Täter der Vorbereitungshandlung selbst oder von einem anderen. Fraglich ist, inwieweit die vorgesehene Tat bereits konkretisiert werden muß. Obwohl § 149 im Unterschied zu § 83 nicht ausdrücklich auf eine bestimmte Tat abhebt, kann ein völlig vager Plan nicht ausreichen. Die Tat muß vielmehr schon in bestimmter Weise, dh in ihren wesentlichen Umrissen, in Aussicht genommen worden sein (vgl. Herdegen LK[10] 6, Rudolphi SK 2; and. Herzberg JR 77, 470, Lackner/Kühl 5, Puppe NK 3, Tröndle/Fischer 2). Nur dann weist die Vorbereitungshandlung die Gefährlichkeit auf, die ein Einschreiten mit den Mitteln des Strafrechts als geboten erscheinen läßt. Nicht erforderlich ist allerdings, daß die Tatgegenstände der unmittelbaren Ausführung des geplanten Fälschungsdelikts dienen sollen. Es genügt, wenn sie im Rahmen des Tatplans für einen bloßen Probedruck bestimmt sind (vgl. RG **69** 307); auch hierdurch wird das geplante Fälschungsdelikt vorbereitet.

8 III. Für den subjektiven Tatbestand ist **Vorsatz** erforderlich. Bedingter Vorsatz genügt, auch hinsichtlich der Vorbereitung eines Fälschungsdelikts. Der Täter muß also wissen oder damit rechnen, daß seine Handlung ein geplantes Fälschungsdelikt fördert.

IV. Vollendet ist die Tat, wenn ein gebrauchsfertiger Gegenstand iSv Nr. 1 oder 2 hergestellt usw 9 ist. Zur Tatvollendung ist nicht notwendig, daß alle erforderlichen Formen vorhanden sind (vgl. RG 55 284, 69 306, Puppe NK 6). Unerheblich ist, ob der Täter sein Werk für gelungen hält (vgl. RG 69 307); die Vollendung beurteilt sich allein nach objektiven Merkmalen.

Der **Versuch ist nicht strafbar**. 10

V. Die **Strafdrohung** ist verschieden, je nachdem, ob eine Geld- oder eine Wertzeichenfälschung 11 vorbereitet wird. Die Abstufung trägt dem unterschiedlichen Gewicht der vorbereiteten Taten Rechnung. Bei bandenmäßiger Vorbereitung einer Geldfälschung kann auf Vermögensstrafe gem. § 43 a erkannt werden (§ 150 I).

VI. Abs. 1 ist gegenüber den §§ 146, 148 **subsidiär** (Lackner/Kühl 7; and. Puppe NK 16: 12 Idealkonkurrenz). Er tritt hinter diese Vorschriften zurück, sobald mit dem Versuch des vorbereiteten Fälschungsdelikts unter Benutzung der Formen oder des Papiers iSv Nr. 1, 2 begonnen wird (vgl. RG 48 161, 66 218, JW 34, 2850). Subsidiarität besteht auch gegenüber der Teilnahme am vorbereiteten Fälschungsdelikt eines anderen (Herdegen LK[10] 7, Rudolphi SK 9). Tritt der Täter vom Versuch des Fälschungsdelikts zurück, so entfällt die Strafbarkeit nach Abs. 1 nur dann, wenn zugleich die Voraussetzungen des Abs. 2 erfüllt sind; dann ist auch § 127 OWiG nicht anwendbar (Herdegen LK[10] 8, Rudolphi SK 9, Tröndle/Fischer 12).

VII. Da § 149 Vorbereitungshandlungen zu einem selbständigen Tatbestand ausgestaltet hat, sind 13 im Fall eines Rücktritts die allgemeinen Rücktrittsregeln nicht anwendbar. Andererseits ist es aber auch hier kriminalpolitisch geboten, dem Täter einen strafbefreienden Rücktritt zu ermöglichen. Diesem Erfordernis tragen die Abs. 2 und 3 Rechnung. Nach ihnen entfällt bei **tätiger Reue** die Strafbarkeit nach Abs. 1. Abweichend von den allgemeinen Rücktrittsregeln genügen insoweit noch nicht das freiwillige Aufgeben der vorbereiteten Tat und das Abwenden der Gefahr, daß andere die Tat weiterführen. Abs. 2 Nr. 2 enthält vielmehr zusätzliche Voraussetzungen, die sicherstellen sollen, daß die gefährlichen Fälschungsmittel unschädlich gemacht werden (vgl. BT-Drs. 7/550 S. 229; krit. dazu Zielinski JZ 73, 197 f.).

1. Der Täter muß die **Ausführung der vorbereiteten Tat aufgeben** (Abs. 2 Nr. 1), also end- 14 gültig von der geplanten Tat oder der Beteiligung hieran absehen. Vgl. dazu § 24 RN 37 ff.

2. Abs. 2 Nr. 1 verlangt vom Zurücktretenden ferner die **Abwendung einer** von diesem **verur-** 15 **sachten Gefahr**, daß andere die Tat weiter vorbereiten oder sie ausführen, oder die Verhinderung der Tatvollendung. Erforderlich ist nur die Beseitigung der Gefahr, die der Zurücktretende zuvor durch seinen Tatbeitrag begründet hat. Zu beheben ist andererseits jede verursachte Gefahr der Tatausführung, nicht nur die vom Täter erkannte (Lackner/Kühl 6, Rudolphi SK 7; and. Tröndle/Fischer 9). Auch kommt es nur auf die Verursachung der Gefahr an, nicht darauf, ob der Täter sie verschuldet hat. Der Zurücktretende kann sich aber auch darauf beschränken, die Vollendung der geplanten Tat zu verhindern. Der Straffreiheit steht dann nicht entgegen, daß die Tat vorübergehend durch andere noch weiter vorbereitet worden ist. Kommt es jedoch zur Vollendung der geplanten Tat, so ist der Rücktritt mißlungen.

3. Außerdem muß der Zurücktretende noch vorhandene und zur Fälschung brauchbare **Fäl-** 16 **schungsmittel unschädlich machen**, nämlich vernichten, unbrauchbar machen, ihr Vorhandensein einer Behörde anzeigen oder sie dort abliefern (Abs. 2 Nr. 2). Mit Fälschungsmitteln sind die in Abs. 1 Nr. 1 u. 2 genannten Gegenstände gemeint, nicht auch sonstige Mittel, die zur Fälschung eingesetzt werden sollten. *Vernichten* bedeutet das völlige Zerstören. Die Fälschungsmittel sind *unbrauchbar gemacht*, wenn sie so verändert worden sind, daß sie sich zur Ausführung eines Fälschungsdelikts nicht mehr eignen. Für die *Anzeige* oder die *Ablieferung bei einer Behörde* ist unerheblich, welcher Behörde gegenüber die Handlung erfolgt. Die Anzeige muß der Behörde den Zugriff auf die Fälschungsmittel ermöglichen. Das bedingt, daß der Zurücktretende hinreichende Angaben über die Fälschungsmittel macht, insb. auch den richtigen Aufbewahrungsort mitteilt.

Das Unschädlichmachen muß sämtliche noch vorhandenen und zur Fälschung brauchbaren Fäl- 17 schungsmittel iSv Abs. 1 erfassen, auf die sich die Tat des Zurücktretenden erstreckt. Läßt er nur eines von mehreren Mitteln aus, so tritt keine Straffreiheit ein. Abzustellen ist auf die objektive Sachlage. Hat der Zurücktretende ein Fälschungsmittel übersehen, so ist ihm sein Rücktritt nicht voll geglückt. Andererseits steht der Straffreiheit nicht entgegen, wenn er irrig das (noch) Vorhandensein eines tauglichen Fälschungsmittels annimmt und dennoch sich nicht bemüht, es unschädlich zu machen.

4. Der Rücktritt muß **freiwillig** erfolgen. Führt der Täter die Fälschung deswegen nicht aus, weil 18 er das (objektiv brauchbare) Fälschungsmittel für mißlungen hält oder weil es ihm abhanden gekommen ist, so fehlt es an der Freiwilligkeit. Auch das Unschädlichmachen eines Fälschungsmittels muß freiwillig vorgenommen werden. Wird der Zurücktretende dazu gezwungen, ein Fälschungsmittel zu vernichten oder bei der Behörde abzuliefern, so hat er sich keine Straffreiheit verdient. Zur Freiwilligkeit vgl. § 24 RN 42 ff.

5. An Stelle der Voraussetzungen des Abs. 2 Nr. 1 genügt für den strafbefreienden Rücktritt 19 entsprechend den allgemeinen Rücktrittsregeln das **freiwillige** und **ernsthafte Bemühen**, die verursachte **Gefahr abzuwenden** oder die Vollendung der Tat zu verhindern, sofern ohne Zutun des Zurücktretenden diese Gefahr abgewendet oder die Vollendung der Tat verhindert worden ist

§§ 150, 151 Bes. Teil. Geld- und Wertzeichenfälschung

(Abs. 3). Vgl. hierzu § 31 RN 4 f., 11. Unberührt bleibt Abs. 2 Nr. 2. Der Täter muß also auch im Fall des Abs. 3 zusätzlich noch vorhandene und brauchbare Fälschungsmittel unschädlich machen. Eine Regelung, nach der das ernsthafte Bemühen genügt, wenn ohne Zutun des Zurücktretenden die Fälschungsmittel unbrauchbar werden, erübrigte sich, weil Abs. 2 Nr. 2 allein auf die objektive Sachlage abstellt (vgl. o. 17, Herdegen LK[10] 10; für analoge Anwendung von Abs. 3 Puppe NK 15, Rudolphi SK 8).

20   6. Hat der Täter nach Abs. 2 oder 3 Straffreiheit erlangt, so kann auch nicht auf § 127 OWiG zurückgegriffen werden (Herdegen LK[10] 8, Rudolphi SK 9, Tröndle/Fischer 12).

§ 150 Vermögensstrafe, Erweiterter Verfall und Einziehung

(1) In den Fällen der §§ 146, 148 Abs. 1, der Vorbereitung einer Geldfälschung nach § 149 Abs. 1 und des § 152 a sind die §§ 43 a, 73 d anzuwenden, wenn der Täter als Mitglied einer Bande handelt, die sich zur fortgesetzten Begehung solcher Taten verbunden hat. § 73 d ist auch dann anzuwenden, wenn der Täter gewerbsmäßig handelt.

(2) Ist eine Straftat nach diesem Abschnitt begangen worden, so werden das falsche Geld, die falschen oder entwerteten Wertzeichen und die in § 149 bezeichneten Fälschungsmittel eingezogen.

Vorbem.: Abs. 1 eingefügt durch Art. 1 Nr. 11 OrgKG, BGBl. I 1992, 1302.

Schrifttum: Eser, Die strafrechtlichen Sanktionen gegen das Eigentum, 1969.

1   I. Abs. 1 ermöglicht bei bandenmäßiger Tatbegehung die **Vermögensstrafe** nach § 43 a und den **erweiterten Verfall** nach § 73 d, den erweiterten Verfall zudem bei gewerbsmäßigem Handeln. Erfaßt werden unter Einschluß der §§ 151, 152 Delikte nach § 146, deren Vorbereitung nach § 149, die Wertzeichenfälschung nach § 148 I, jedoch nicht deren Vorbereitung, sowie die auf Zahlungskarten und Eurochecks bezogenen Fälschungen nach § 152 a. Voraussetzung ist in allen Fällen, daß der Täter als Mitglied einer Bande handelt, die sich zur fortgesetzten Begehung (einer der) der genannten Taten verbunden hat. Zur bandenmäßigen Tatbegehung vgl. § 244 RN 23 ff.; Mitwirkung mehrerer Bandenmitglieder an der Tat ist bei § 150 jedoch nicht erforderlich. Zur Gewerbsmäßigkeit vgl. 95 vor § 52.

2   II. Abs. 2 enthält eine Sonderregelung für die **Einziehung von Falschgeld**, falscher oder entwerteter Wertzeichen und der in § 149 bezeichneten Fälschungsmittel. Im Gegensatz zu § 74 I ist hier die Einziehung zwingend vorgeschrieben. § 74 b findet keine Anwendung; angesichts der gesetzgeberischen Vor-Entscheidung ist auch für den allg. Grundsatz der Verhältnismäßigkeit kein Raum (Puppe NK 5, Tröndle/Fischer 5; and. Herdegen LK[10] 3, Rudolphi SK 2, 25. A. RN 2; s. a. Eser aaO 358, 364); so ist dem Eigentümer nicht das Materialwert zu belassen, auch wenn dem Schutz des Rechtsverkehrs bereits durch Einschmelzen der nachgemachten Münzen genügt werden kann (vgl. aber Oldenburg NdsRpfl **64**, 21, aber auch § 74 b RN 2. Die Einziehung hat hier regelmäßig **Sicherungscharakter;** vgl. RG **14** 164 sowie 15 vor § 73.

3   1. **Gegenstand der Einziehung** sind das nachgemachte oder verfälschte Geld einschließlich der nach § 151 gleichstehenden Wertpapiere, falsche oder entwertete Wertzeichen und die in §§ 149, 152 a bezeichneten Fälschungsmittel. Andere als die in § 149 aufgeführten Fälschungsmittel, zB zur Stoffgestaltung gebrauchte Werkzeuge, sind nach den §§ 74 ff. einziehbar.

4   2. Voraussetzung der Einziehung ist, daß eine **Straftat iSv §§ 146–149** unter Einschluß der §§ 151, 152, 152 a begangen worden ist und der betroffene Gegenstand aus dieser Tat stammt bzw. zu ihrer Begehung oder Vorbereitung gedient hat. Soweit ein Sicherungsbedürfnis iSv § 74 II Nr. 2 nachweisbar ist – was bei allen Einziehungsgegenständen, die § 150 erfaßt, regelmäßig anzunehmen ist –, braucht die Tat nicht schuldhaft begangen zu sein; es genügt eine rechtswidrige Anknüpfungstat (§ 74 III). Dagegen ist nicht möglich, nachgemachtes Geld usw auch ohne Vorliegen einer entsprechenden Anknüpfungstat einzuziehen (Eser aaO 277 ff.; and. RG **14** 162, Olshausen § 152 Anm. 1).

5   Auch für die **Dritteinziehung** wird regelmäßig ein Sicherungsgrund nach § 74 II Nr. 2 zu bejahen sein.

6   3. Über die **ergänzende** Heranziehung der **§§ 74 ff.** vgl. 10 vor § 73. § 74 a ist jedoch nicht anwendbar. Zur Möglichkeit, die Einziehung selbständig anzuordnen, vgl. § 76 a.

§ 151 Wertpapiere

Dem Geld im Sinne der §§ 146, 147, 149 und 150 stehen folgende Wertpapiere gleich, wenn sie durch Druck und Papierart gegen Nachahmung besonders gesichert sind:
1. Inhaber- sowie solche Orderschuldverschreibungen, die Teile einer Gesamtemission sind, wenn in den Schuldverschreibungen die Zahlung einer bestimmten Geldsumme versprochen wird;
2. Aktien;
3. von Kapitalanlagegesellschaften ausgegebene Anteilscheine;

4. Zins-, Gewinnanteil- und Erneuerungsscheine zu Wertpapieren der in den Nummern 1 bis 3 bezeichneten Art sowie Zertifikate über Lieferung solcher Wertpapiere;
5. Reiseschecks, die schon im Wertpapiervordruck auf eine bestimmte Geldsumme lauten.

I. Die Vorschrift stellt bestimmte Wertpapiere dem Geld iSv §§ 146, 147, 149 u. 150 gleich und läßt ihnen damit den besonderen Strafschutz zukommen, wie er gegen Geldfälschung gewährt wird. Ihr **Zweck** besteht darin, im Interesse der Allgemeinheit die Sicherheit und Zuverlässigkeit des Rechtsverkehrs mit solchen Wertpapieren, die im Wirtschaftsverkehr wegen ihres massenhaften Vorkommens und ihrer dem Papiergeld ähnlichen Ausstattung besonderes Vertrauen genießen und zu einer gewissen Oberflächlichkeit bei der Echtheitsprüfung verleiten (BT-Drs. 7/550 S. 229), ebenso wie den Geldverkehr zu schützen. Dieser Schutz wird auch den entsprechenden Wertpapieren eines fremden Währungsgebiets zuteil (§ 152); zurecht kritisch unter systematischem Blickwinkel (nur Urkunds- und Vermögensschutz) sowie angesichts idR fehlender Strafbedürftigkeit Puppe NK 2 ff.

II. Die Wertpapiere, die dem besonderen Strafschutz gegen Geldfälschung unterliegen, sind in einem Katalog (Nr. 1–5) abschließend aufgezählt (sonst: § 267). Die Zugehörigkeit eines Wertpapiers zu diesem Katalog reicht jedoch allein nicht aus. Erforderlich ist überdies noch, daß das Wertpapier durch Druck und Papierart **gegen Nachahmung besonders geschützt** ist. Es müssen danach besondere Vorkehrungen gegen eine Fälschung getroffen sein, die über das bei Urkunden allgemein übliche Maß hinausgehen. Diese Vorkehrungen müssen sich sowohl auf die Gestaltung des Drucks als auch auf die Wahl und Ausstattung der Papierart erstrecken. Beschränken sie sich auf eines von beiden, also entweder ausschließlich auf den Druck oder ausschließlich auf die Papierart, so entfällt der besondere Strafschutz nach den §§ 146 ff. (vgl. BGH NJW **81**, 1965 m. Anm. Kienapfel JR 81, 473). Die im Börsenverkehr der BRep. Deutschland gehandelten Wertpapiere entsprechen im allgemeinen den besonderen Voraussetzungen der Sicherung gegen Fälschungen (vgl. BT-Drs. 7/550 S. 231).

III. Der **Katalog der besonders geschützten Wertpapiere** enthält folgende Papiere:

1. Inhaberschuldverschreibungen, in denen die Zahlung einer bestimmten Geldsumme versprochen wird, sowie auf eine bestimmte Geldsumme lautende **Orderschuldverschreibungen**, die Teile einer Gesamtemission sind (Nr. 1). Anders als bei Orderschuldverschreibungen genügt bei Inhaberschuldverschreibungen die Ausgabe einzelner Stücke. Zu den besonders geschützten Papieren gehören etwa Schuldverschreibungen des Bundes, der Länder oder der Gemeinden und Hypothekenpfandbriefe, nicht jedoch Lotterielose, die keinen Geldbetrag nennen, und Papiere iSv §§ 807, 808 BGB (vgl. RG **51** 412, Puppe NK 9).

2. Aktien (Nr. 2). Abweichend von § 149 aF werden neben den Inhaberaktien auch Namensaktien erfaßt, dagegen nicht mehr Zwischenscheine (Interimsscheine) und Quittungen, die den Aktionären vor Ausgabe von Aktienurkunden erteilt werden.

3. Anteilscheine, die von Kapitalanlagegesellschaften ausgegeben werden (Nr. 3), dh die Investmentzertifikate.

4. Zins-, Gewinnanteil- und Erneuerungsscheine zu Wertpapieren der in Nr. 1–3 bezeichneten Art sowie **Zertifikate über Lieferung solcher Wertpapiere** (Nr. 4). Unter einem derartigen Zertifikat ist eine Schuldverschreibung zu verstehen, in der die Lieferung eines der genannten Papiere versprochen wird (BT-Drs. 7/550 S. 230).

5. Reiseschecks, die im Wertpapiervordruck auf eine bestimmte Geldsumme lauten (Nr. 5). Unwesentlich ist, wer sie ausgibt, ob etwa ein Kreditinstitut oder ein Reisebüro. Reiseschecks, bei denen der Geldbetrag erst nachträglich in das Formular eingetragen wird, sind vom besonderen Strafschutz ausgenommen. Sie sind nur nach § 267 gegen Fälschungen geschützt.

IV. Zu den **Tathandlungen**, zum subjektiven Tatbestand und zu den Konkurrenzen vgl. die Anm. zu den §§ 146, 147, 149. Zu beachten ist, daß wie bei der Geldfälschung ein entsprechendes Vorbild nicht vorhanden zu sein braucht (vgl. BGH **30** 71 für Reiseschecks m. Anm. bzw. Bespr. Otto NStZ 81, 478, Puppe JZ 86, 993, Stree JR 81, 428). Es reicht aus, wenn ein nachgemachtes Wertpapier der genannten Art den Anschein erweckt, daß es von einem zur Ausgabe Berechtigten stammt, und die besonderen Sicherungen gegen Nachahmung aufweist (vgl. BGH NJW **81**, 1965, Stree JR 81, 428). Ob der angebliche Aussteller wirklich existiert, ist unerheblich (Lackner/Kühl 3; and. Otto NStZ 81, 479). Soweit bestimmte Formvorschriften für ein Wertpapier gelten, müssen sie gewahrt sein (vgl. RG **51** 412). Eine nachgemachte Schuldverschreibung muß daher entsprechend § 793 BGB eine Namensunterschrift – Faksimile genügt – enthalten (vgl. RG **58** 413). Fehlt bei echten Wertpapieren noch ein für die bestimmungsgemäße Ausgabe notwendiger Bestandteil (zB Ausgabevermerk), so sind sie auch dann nachgemacht, wenn sie unbefugt mit ihm versehen werden (vgl. RG **48** 126 f.; and. Frank § 149 Anm. IV); hingegen unterfällt die Fälschung der notwendigen zweiten Unterschrift des Berechtigten beim Reisescheck lediglich § 267 (Puppe NK 16). Bei Verfälschungen ist Voraussetzung, daß der Anschein eines höheren Wertes hervorgerufen wird (vgl. BT-Drs. 7/550 S. 213). Sonstige Verfälschungen sind nur über § 267 erfaßbar. Der Vorsatz hat sich auf die Art des Wertpapieres (Parallelwertung in der Laiensphäre: Herdegen LK[10] 5, Tröndle/Fischer 8; and. Puppe NK 17) sowie auf seine besondere Sicherung zu erstrecken; er braucht sich nicht darauf zu beziehen, daß die nachgemachten oder verfälschten Wertpapiere dem Geld gleichstehen; ein etwaiger Irrtum ist als Subsumtionsirrtum unbeachtlich (vgl. Tröndle/Fischer 8).

§ 152 Geld, Wertzeichen und Wertpapiere eines fremden Währungsgebiets

Die §§ 146 bis 151 sind auch auf Geld, Wertzeichen und Wertpapiere eines fremden Währungsgebiets anzuwenden.

1   I. Die Vorschrift gewährt den besonderen Strafrechtsschutz nach den §§ 146–151 auch dem **Geld**, den amtlichen **Wertzeichen** und den in § 151 aufgeführten **Wertpapieren eines fremden Währungsgebiets** (zum geschützten ausländischen Rechtsgut vgl. Lüttger Jescheck-FS 175). Sie entspricht damit, soweit es sich um Geld oder Postwertzeichen (sofern noch eine staatliche Post besteht) handelt, internationalen Verpflichtungen, nämlich dem Art. 5 des Int. Abkommens zur Bekämpfung der Falschmünzerei vom 20. 4. 1929 (RGBl. 1933 II 913 ff.) und dem Art. 14 Weltpostvertrag (BGBl. 1992 II 749, 793). Im übrigen berücksichtigt sie, daß ausländische Wertpapiere auch im Inlandsverkehr eine erhebliche Rolle spielen und dieser damit vor Fälschungen solcher Papiere geschützt sein muß. Die amtlichen Wertzeichen eines fremden Währungsgebiets sind wegen der nahen Verwandtschaft der Wertzeichenfälschung mit der Fälschung von Papiergeld einbezogen worden (BT-Drs. 7/550 S. 231). Besondere Gefahren für den Inlandsbereich gehen insoweit allerdings aus Fälschungen im allgemeinen nicht hervor (für Einschränkung der Reichweite des § 152 daher mit beachtlichen Gründen Schlüchter-FS 319 ff.: Beschränkung auf den Schutz umlauffähiger amtlicher Wertzeichen [dh Postwertzeichen, s. aber § 148 RN 2]). Der Strafrechtsschutz ist unabhängig davon, ob die Gegenseitigkeit verbürgt ist oder diplomatische Beziehungen mit dem betroffenen Land bestehen (ebenso für österr. Recht Kienapfel WK § 241 RN 2). In der EU ausgegebene amtliche Wertzeichen (ggf. auch Briefmarken), die sich auf den Verkehr von Waren, Personen, Dienstleistungen und Kapital innerhalb der EU beziehen, unterfallen wegen des EU-Binnenmarktes (Art. 7 a EGV) bereits unmittelbar dem Anwendungsbereich der §§ 148-150, so daß § 152 insoweit lediglich Wertzeichen aus Drittländern (zB USA) erfaßt (Schmidt ZStW 111, 416 ff.).

2   II. Die Frage, ob Geld, amtliche Wertzeichen oder Wertpapiere eines fremden Währungsgebiets nachgemacht oder verfälscht sind, beantwortet sich nach den §§ 146 ff. Zu **berücksichtigen** ist aber auch das **fremde Recht**. So ist bei Wertzeichen das ausländische Recht dafür maßgebend, ob sie dem § 148 zugrundeliegenden Begriff genügen (BGH 32 76). Schreibt ein ausländischer Staat für Wertpapiere besondere Formerfordernisse vor, so fallen Fälschungen nur dann unter die §§ 146 ff., wenn diese Voraussetzungen erfüllt sind. Inländische Formerfordernisse sind insoweit unbeachtlich. Dagegen behalten die strafrechtlichen Einschränkungen ihre Bedeutung (BGH NStZ **87**, 504). Der Schutz des ausländischen Geldes usw reicht nicht weiter als der für inländisches. Einem Wertträger, der dem hiernach maßgebenden Geldbegriff nicht entspricht, kommt keine Geldeigenschaft zu, mag auch eine fremde Rechtsordnung ihn als Geld behandeln (BGH 32 199 [Krügerrand], vgl. Puppe NK 3). Für Reiseschecks ändert sich nichts an dem Erfordernis, daß sie schon im Wertpapiervordruck auf eine bestimmte Geldsumme lauten müssen, mögen auch in dem betreffenden Land andere Gepflogenheiten im Geschäftsverkehr herrschen. Ebenso verhält es sich hinsichtlich der besonderen Sicherungen gegen Nachahmung. Entspricht das nachgemachte Geld usw allen Voraussetzungen, so ist wie bei inländischem Geld usw bedeutungslos, ob ein Vorbild vorhanden ist. Es braucht nicht einmal der Staat zu existieren, auf den ein Falsifikat hinweist (vgl. § 146 RN 5). Zur (fehlenden) Geldeigenschaft bestimmter ausländischer Münzen § 146 RN 2 u. 3.

3   III. Für den **subjektiven Tatbestand** gilt nichts Besonderes. Glaubt der Täter, das deutsche Strafrecht umfasse nicht die als solche erkannten amtlichen Wertzeichen eines fremden Währungsgebiets, etwa die Gebührenmarken einer Gemeindeverwaltung, so bleibt der Vorsatz unberührt. Dieser entfällt aber beispielsweise, wenn der Täter irrig annimmt, die nachgemachten, für Sammler bestimmten Briefmarken eines ausländischen Staates seien bereits außer Kurs gesetzt.

4   IV. § 152 betrifft nur die Anwendbarkeit der §§ 146–151 als solche. Er besagt nichts über den räumlich-persönlichen Geltungsbereich dieser Vorschriften. Insoweit sind die allgemeinen Bestimmungen maßgebend. Vgl. dazu 6 vor § 146.

§ 152 a Fälschung von Zahlungskarten und Vordrucken für Eurocheques

(1) **Wer zur Täuschung im Rechtsverkehr oder, um eine solche Täuschung zu ermöglichen,**
1. **inländische oder ausländische Zahlungskarten oder Euroscheckvordrucke nachmacht oder verfälscht oder**
2. **solche falschen Karten oder Vordrucke sich oder einem anderen verschafft, feilhält, einem anderen überläßt oder gebraucht,**

wird mit Freiheitsstrafe von einem Jahr bis zu zehn Jahren bestraft.

(2) **Handelt der Täter gewerbsmäßig oder als Mitglied einer Bande, die sich zur fortgesetzten Begehung von Straftaten nach Absatz 1 verbunden hat, so ist die Strafe Freiheitsstrafe nicht unter zwei Jahren.**

(3) **In minder schweren Fällen des Absatzes 1 ist auf Freiheitsstrafe von drei Monaten bis zu fünf Jahren, in minder schweren Fällen des Absatzes 2 auf Freiheitsstrafe von einem Jahr bis zu zehn Jahren zu erkennen.**

Fälschung von Zahlungskarten und Vordrucken für Euroschecks 1–4 **§ 152 a**

(4) Zahlungskarten im Sinne des Absatzes 1 sind Kreditkarten, Euroscheckkarten und sonstige Karten,
1. die es ermöglichen, den Aussteller im Zahlungsverkehr zu einer garantierten Zahlung zu veranlassen, und
2. durch Ausgestaltung oder Codierung besonders gegen Nachahmung gesichert sind.

(5) § 149, soweit er sich auf die Fälschung von Geld bezieht, und § 150 Abs. 2 gelten entsprechend.

Vorbem.: § 152 a (eingefügt durch 2. WiKG v. 15. 5. 1986, BGBl. I 721) idF des 6. StrRG v. 26. 1. 1998, BGBl. I 164.

I. § 152 a **schützt** die Sicherheit und Funktionsfähigkeit des bargeldlosen Zahlungsverkehrs (BT- 1 Drs. 10/5058 S. 26, 13/8587 S. 29); demgegenüber gewährt dieser legitime Vorfeldtatbestand (Rudolphi SK 2 [m. Kritik am Strafrahmen], Tröndle/Fischer 1), der den Zahlungsverkehr bereits vor abstrakten Gefährdungen schützt (s. Weber LdR 317; krit. Puppe NK 4 ff. [jeweils zur aF]) keinen eigenständigen Vermögensschutz (Lackner/Kühl 1, Otto wistra 86, 153). Das 6. StrRG hat den Schutzbereich des § 152 a den Veränderungen des bargeldlosen Zahlungsverkehrs angepaßt, in dem neben dem Euroscheckverkehr – insoweit hat sich die Euroscheckkarte über ihre ursprüngliche Funktion als Garantiemittel für den Euroscheck zu einem eigenständigen Zahlungsmittel entwickelt – in beträchtlichem Umfang die Verwendung von internationalen Kreditkarten getreten ist und bundesweit die sog. elektronische Geldbörse zur Ersetzung des kleinen Bargeldverkehrs vor der Einführung steht (s. BT-Drs. 13/8587 S. 29). All diese bargeldlosen Zahlungsmittel haben – wie auch die Bezahlung im Euroscheckverkehr – gemein, daß der Zahlungsempfänger einen Zahlungsanspruch erwirbt, der von einem zahlungsfähigen Schuldner garantiert wird. Diese Garantieversprechen machen derartige Zahlungskarten ebenso wie den Euroscheck zu einem geldähnlichen Zahlungsmittel (BT-Drs. aaO). Zu beobachtenden Mißbräuchen dieser Zahlungsmittel konnte mit den Vergehenstatbeständen der §§ 263, 263 a, 267, 269, nicht aber den Verbreitungshandlungen, die überdies erfassen, nicht wirksam entgegengetreten werden, so daß sich der Gesetzgeber des 6. StrRG zu einer erheblichen Ausweitung des § 152 a veranlaßt sah, der nunmehr alle Geldkarten erfaßt, die auf Grund des in Aussicht gestellten Garantieversprechens das besondere Vertrauen der Akzeptanten in Anspruch nehmen. Zum Weltrechtsprinzip (nur bzgl. der Fälschung von Zahlungskarten und Euroscheck-Vordrucken bzw. deren Vorbereitung): § 6 Nr. 7. Ergänzenden Schutz bieten § 138 a I Nr. 4 sowie § 127 OWiG.

II. **Abs. 1 Nr. 1** setzt voraus, daß der Täter in Täuschungsabsicht (u. 6) in- oder ausländische 2 Zahlungskarten iSd Abs. 4 oder Euroscheckvordrucke nachmacht oder verfälscht.

1. Tatobjekte sind **in- und ausländische Zahlungskarten** (Abs. 4), also **Kreditkarten** (s. 3 § 266 b RN 5), **Euroscheckkarten** (s. § 266 b RN 4) sowie sonstige Karten (zB die „elektronische Geldbörse" [eine aufladbare, vom Benutzer mit einem bestimmten Garantiebetrag programmierbare Karte, Tröndle/Fischer 3]), die es ermöglichen, den Aussteller im Zahlungsverkehr zu einer garantierten Zahlung zu veranlassen und die jeweils gegen Nachahmung (also nicht gegen ihre unbefugte Verwendung, Tröndle/Fischer 3) gesichert sind. Es muß sich jeweils um Karten im sog. Drei-Parteien-System (hierzu § 266 b RN 5) handeln (Rudolphi SK 4; s.a. Tröndle/Fischer 3), so daß bloße Bargeldkarten von Banken oder Sparkassen, die die Benutzung der „hauseigenen" Geldautomaten ermöglichen, nicht erfaßt werden. Diese besondere Sicherung gegen Nachahmung durch Codierung oder eine äußere Gestaltung, die über einen Aufdruck des Kartenausstellers hinausgeht und sich einer Codierung annähert (Tröndle/Fischer 3 [zB in der Karte eingelassenes Hologramm]), ist bei den derzeit umlaufenden Kredit- und Euroscheckkarten sowie den „elektronischen Geldbörsen" gegeben (BT-Drs. 13/8587 S. 30). Als sonstige Zahlungskarten sind nunmehr bloße Euroscheckkartenvordrucke erfaßt, die infolge vollständiger Codierung bereits die Verwendung, zB am Geldautomaten, ermöglichen (BT-Drs. aaO; zur früheren Rechtslage Puppe NK 20). Für die Verwendbarkeit der Zahlungskarten kommt es nicht darauf an, ob der Kartenverwender beim Aussteller Kredit hat (Kreditkarte), ein Guthaben unterhält (Debitkarte) oder die Deckungsmittel auf ein Sammelkonto eingezahlt wurden (elektronische Geldbörse), vgl. BT-Drs. aaO. Nicht erfaßt sind hingegen (vgl. die Prüfbitte des Bundesrates [BT-Drs. 13/8587 S. 57 f.]) *Telefonkarten* (Lackner/Kühl 2, Tröndle/Fischer 3), so daß insoweit lediglich über §§ 263 a, 265 a, 269, 270, 303 a ihr Herstellen und Verwenden, nicht aber ein Handeltreiben mit ihnen pönalisiert ist. Geschützt werden ferner **in- und ausländische Euroscheckvordrucke** (also Urkundenblankette, als deren Aussteller eine in- oder ausländische Bank angegeben ist, Tröndle/Fischer 2), nicht aber Vordrucke für normale Schecks.

2. a) Da anders als bei § 152 a aF der Schutz von Zahlungskarten sowohl vor Fälschung als auch 4 vor Verfälschung im Vordergrund steht, hat das 6. StrRG die **Tathandlungen** an diejenigen des § 146 angeglichen, so daß zur Auslegung insoweit auf den entsprechenden Meinungsstand zu § 146 Bezug genommen werden kann (vgl. BT-Drs. 13/8587 S. 30). **Abs. 1 Nr. 1** erfaßt das Nachmachen bzw. Verfälschen von Zahlungskarten oder Euroscheckvordrucken in Täuschungsabsicht (u. 6/9). Zum **Nachmachen** (dh Anfertigen einer falschen Geldzahlungskarte oder eines falschen Vordruckes [Totalfälschung]): § 146 RN 5. Zum **Verfälschen,** das die Veränderung einer echten Karte bzw. eines

Stree/Sternberg-Lieben   1317 echten Vordrucks voraussetzt (BT-Drs. aaO, W-Hettinger 233): § 146 RN 6; zu denken ist insoweit zB an eine Manipulation am Gültigkeitsdatum, eine Veränderung des aufgebrachten Lichtbildes bzw. des aufgedruckten Namens des Inhabers oder an eine Veränderung der entsprechenden elektronischen Daten, bei „elektronischen Geldbörsen" an eine Erhöhung der elektronischen Werteinheiten (s. BT-Drs. aaO). Anders als § 146 verlangt § 152 a aber für ein Verfälschen nicht, daß der Anschein eines höheren Wertes erweckt wird (BT-Drs. aaO). Das Ergebnis des Nachahmens oder Verfälschens muß eine **falsche** Zahlungskarte oder ein falscher Euroscheckvordruck sein (Rudolphi SK 4 a). Falschheit ist gegeben, wenn die Tatobjekte nicht von den als Aussteller Genannten noch in deren Auftrag hergestellt worden sind, so daß etwa auch das Überschreiten eines Druckauftrages für Euroscheckformulare zur Strafbarkeit führt (vgl. Puppe NK 10, Rudolphi SK 4 a). Da die erst bei Ausgabe der Euroscheckvordrucke an den Bankkunden individuell aufgebrachte Codierzeile nicht zum formularmäßigen Vordruck gehört, ist derjenige nicht nach Nr. 1 strafbar, der echte gestohlene Vordrucke erst noch unbefugt mit einer entsprechenden Codierung versieht (Puppe NK 12, 13 [auch keine Eignung, den Anschein von Echtheit zu erwecken], Rudolphi SK 5, Tröndle/Fischer 2). Wie bei der Geldfälschung kommt es nicht darauf an, ob die Fälschungen echten Vorbildern entsprechen oder hiervon abweichen und ob der angebliche Aussteller überhaupt existiert (vgl. § 146 RN 5); s. a. Puppe NK 13.

5   **b) Nach Abs. 1 Nr. 2** macht sich derjenige strafbar, der in Täuschungsabsicht (u. 6/9) **sich oder einem anderen** falsche Karten oder Vordrucke (die nicht notwendigerweise vom Täter hergestellt zu sein brauchen, Tröndle/Fischer 5, Lackner/Kühl 6: die Bezugnahme [„solche"] auf Abs. 1 Nr. 1 betrifft nur die Tatobjekte) **verschafft** (hierzu § 146 RN 15 bzw. § 149 RN 6), auch durch Einbzw. Ausfuhr (vgl. BT-Drs. 13/8587 S. 30), die Falsifikate **feilhält** (hierzu § 148 RN 13), **einem anderen überläßt** (hierzu § 149 RN 6) oder – der Tathandlung der §§ 267, 269 entsprechend (BT-Drs. aaO) – **gebraucht** (hierzu § 267 RN 73 ff.). Das bloße Verwahren falscher Karten oder Vordrucke ist nach wie vor nicht erfaßt, um Wertungswidersprüche zu §§ 146, 151 zu vermeiden (Lackner/Kühl 6). Bei allen Verwertungshandlungen genügt es, wenn sie sich auf *ein* Tatobjekt erstrecken (and. Rudolphi SK 6 sowie Puppe NK 14).

6–9   **3.** Der Täter muß bei seiner Tathandlung **zur Täuschung im Rechtsverkehr** (hierzu § 267 RN 84 ff.) handeln bzw. **um einem Dritten eine solche Täuschung zu ermöglichen.** Mit dieser gegenüber der vormals differenziert ausgestalteten Verwertungsabsicht (vgl. 25. A. RN 6 ff.) wesentlich vereinfachten Fassung des subjektiven Tatbestandes trägt § 152 a idF des 6. StrRG dem Umstand Rechnung, daß Zahlungskarten und Euroschecks, anders als Geld, nicht in den Verkehr gebracht, sondern im Zahlungsverkehr als Urkunde gebraucht werden (BT-Drs. 13/8587 S. 30). Für die übrigen Merkmale des objektiven Tatbestandes genügt dolus eventualis (Rudolphi SK 7). Zur Absicht, eine Täuschung über die Echtheit der Tatobjekte zu ermöglichen: § 146 RN 7; die Zuleitung der Falsifikate an einen eingeweihten Dritten genügt auch hier; Kenntnis des Täters von der Person des Täuschenden oder des Getäuschten ist nicht erforderlich (Tröndle/Fischer 6). Der Täter muß nicht in Bereicherungs- oder Schädigungsabsicht handeln. Da gemäß § 270 die fälschliche Beeinflussung einer Datenverarbeitungsanlage der Täuschung eines Dritten gleichsteht, es hierfür allein auf die äußere Form und Codierung der Zahlungskarte ankommt, reicht anders als noch bei § 152 a aF (hierzu: Puppe NK 20, 25. A. RN 3) die Herstellung unbeschrifteter, mit einem codierten Magnetstreifen versehener Plastikstücke aus, sofern der Täter in entsprechender Gebrauchs- oder Ermöglichungsabsicht handelt (Tröndle/Fischer 6).

10   **4.** Die Tat ist mit dem Nachmachen usw **vollendet.** Ohne Bedeutung ist, ob der Täter hierbei das Werk für gelungen hält (vgl. § 146 RN 10). Ein Verwenden der Fälschungen wird nicht vorausgesetzt. § 24 ist deshalb nicht anwendbar, wenn der Täter nach dem Nachmachen usw die Täuschungsabsicht freiwillig aufgibt. Auch lassen sich die Grundsätze über die tätige Reue hier nicht entsprechend heranziehen. Wie aus Abs. 5 folgt, ist ein strafbefreiender Rücktritt entsprechend § 149 II allein bei den entsprechenden **Vorbereitungshandlungen** zur Fälschung von Zahlungskarten oder Vordrucken (vgl. sinngemäß § 149 RN 2 ff.; zu den Voraussetzungen tätiger Reue: § 149 RN 14 ff.) möglich. Das freiwillige Absehen vom Gebrauchen kann jedoch den Rückgriff auf den Strafrahmen des Abs. 3 rechtfertigen (vgl. 48 vor § 38, § 146 RN 28) und zugleich oder allein bei der Strafzumessung strafmildernd zu berücksichtigen sein (vgl. § 46 RN 49). Vgl. noch § 146 RN 10, 18, 19, § 149 RN 9.

11   Der **Versuch** ist strafbar. Er liegt erst vor, wenn der Täter zum Nachmachen usw unmittelbar ansetzt. Handlungen nach Abs. 5 iVm § 149 allein reichen nicht aus. Vgl. noch § 146 RN 11, § 149 RN 1.

12   **5.** Das **Herstellen mehrerer** Vordrucke oder Zahlungskarten in einem Arbeitsgang stellt nur eine Tat dar (vgl. dazu § 146 RN 12). Ebenso liegt nur eine Tat zusammen mit dem Nachmachen bzw. Verfälschen vor, wenn der Täter das Hergestellte absichtsgemäß verwendet iSv Abs. 1 Nr. 2 (vgl. 14 vor § 52; diff. Tröndle/Fischer 10).

13   **6. Täterschaft** und **Teilnahme** bestimmen sich nach allgemeinen Regeln; vgl. § 146 RN 27.

14–22   **7.** Die **Strafe** ist im Regelfall Freiheitsstrafe von einem bis zu zehn Jahren (hierzu krit. Rudolphi SK 2). Mit dem gegenüber § 146 in der Höhe geringeren Strafrahmen hat der Gesetzgeber berücksichtigt, daß das Nachmachen usw der Tatobjekte des § 152 a den Zahlungsverkehr nicht so stark gefährdet wie eine Geldfälschung (vgl. BT-Drs. 10/5058 S. 27). Die Qualifikation des **Abs. 2** enthält eine Strafschärfung, sofern der Täter gewerbsmäßig (vgl. 95 vor § 52) oder als Mitglied einer Bande (vgl. § 244 RN 23 f.) handelt. In **Abs. 3** findet sich eine auf die Abs. 1 und 2 bezogene, differenzierte Strafrahmenregelung für minder schwere Fälle (s. a. o. 10 sowie 48 vor § 38 und § 146 RN 28). In den Fällen der von **Abs. 5** einbezogenen Vorbereitungshandlungen beträgt infolge der Bezugnahme auf die erste Strafrahmenalternative des § 149 I die Strafe Freiheitsstrafe bis zu fünf Jahren oder Geldstrafe. Gemäß Abs. 5 findet die obligatorische Einziehungsregelung des § 150 II (in dessen Abs. 1 [Vermögensstrafe, Erweiterter Verfall] § 152 a ebenfalls einbezogen ist) Anwendung.

8. Zur Subsidiarität von Abs. 5 iVm § 149 gegenüber Abs. 1: § 149 RN 12. Das dort Ausgeführte gilt entsprechend. Verschiedene Vorbereitungshandlungen, die sich auf dieselben Gegenstände erstrecken, stellen nur eine Tat dar (zB Herstellen und Überlassen; vgl. 14 vor § 52). **23–25**

III. Konkurrenzen: Idealkonkurrenz ist zwischen Abs. 1 Nr. 1 und § 267 sowie § 263 möglich (vgl. Puppe NK 23, Weber JZ 87, 218; zT and. Rudolphi SK 15); ebenso (Sichverschaffen) mit §§ 242, 253 oder 246. Entsprechendes gilt grds. für Abs. 1 Nr. 2 bei einer Drittverschaffung hinsichtlich der hierdurch verwirklichten Beihilfe zu entsprechenden Taten des Dritten (für Tatmehrheit Tröndle/Fischer 10). Bei absichtsgemäßer Verwendung (Abs. 1 Nr. 2) der vom Täter nach Abs. 1 Nr. 1 hergestellten Falsifikate liegt ein einheitliches Fälschungsdelikt vor, anderenfalls Realkonkurrenz (vgl. § 267 RN 79 ff.); and. Tröndle/Fischer 10. Wird die vorbereitete Fälschung vom Täter zumindest versucht oder wirkt er hieran als Anstifter bzw. Gehilfe mit, so entfällt eine Strafbarkeit wegen der Vorbereitungstat (Lackner/Kühl 5, Rudolphi SK 13; and. Puppe NK 22). **26**

Neunter Abschnitt. Falsche uneidliche Aussage und Meineid

Vorbemerkungen zu den §§ 153 ff.

Übersicht

I. Inhalt des 9. Abschnitts	1	VI. Auslegung der Aussage	18
II. Geschütztes Rechtsgut	2	VII. Nichtbeachtung prozessualer Vorschriften	19–26
III. Deliktsnatur	2 a		
IV. Falschheit der Aussage	3–8	VIII. Vorsatz u. Irrtum	27–32
V. Umfang der Wahrheitspflicht	9–17	IX. Täterschaft und Teilnahme	33–42

Schrifttum (zu § 156 s. dort): *Arzt*, Falschaussage mit bedingtem Vorsatz, Jescheck-FS 391. – *Badura*, Erkenntniskritik und Positivismus in der Auslegung des Meineidstatbestandes, GA 57, 397. – *Bartholme*, Beihilfe zur Falschaussage durch Unterlassen, JA 98, 204. – *Bindokat*, Negative Beihilfe und vorangegangenes Tun, NJW 60, 2318. – *Bockelmann*, Meineidsbeihilfe durch Unterlassen, NJW 54, 697. – *Bruns*, Die Grenzen der eidlichen Wahrheitspflicht des Zeugen, insbesondere bei Tonbandaufnahmen über unrichtige Aussagen im Strafprozeß, GA 60, 161. – *Busch*, Zum Verhältnis von uneidlicher Falschaussage und Meineid, GA 55, 257. – *Dedes*, Die Falschheit der Aussage, JR 77, 441. – *ders.*, Die Gefährdung in den Delikten gegen die Rechtspflege, Schröder-GedS 331. – *ders.*, Grenzen der Wahrheitspflicht des Zeugen, JR 83, 99. – *Deichmann*, Grenzen der Sonderstraftat, 1994. – *Gallas*, Zum Begriff der Falschheit der eidlichen und uneidlichen Aussage, GA 57, 315. – *Grünhut*, Die strafrechtlichen Schutz loyaler Prozeßführung, SchwZStr. 51, 43. – *Grünwald*, Zur Problematik des Zeugeneides, Schmitt-FS (1992) 311. – *Heimann-Trosien*, Zur Beibehaltung und Fassung des Eides, JZ 73, 609. – *Heinrich*, Die strafbare Beteiligung des Angeklagten an falschen Zeugenaussagen, JuS 95, 1115. – *Herrmann*, Die Reform der Aussagetatbestände, 1973. – *Hilgendorf*, Der Wahrheitsbegriff im Strafrecht am Beispiel der strafrechtlichen Aussagetheorien (§§ 153 ff. StGB), GA 93, 547. – *Hirsch*, Über den Gesellschaftsbezogenheit des Eides, Heinitz-FS 139. – *Kaufmann*, Die strafrechtlichen Aussagetheorien auf dem Prüfstand der philosophischen Wahrheitstheorien, Baumann-FS (1992) 119. – *Koffka*, Die Bestrafung der falschen uneidlichen Zeugenaussage, ZStW 48, 10. – *Maurach*, Meineidsbeihilfe durch Unterlassung, DStR 44, 1 und SJZ 49, 541. – *Meinecke*, Die Auswirkungen von Verfahrensfehlern auf die Strafbarkeit nach den Aussagedelikten, 1996. – *Montenbruck*, Tatverdächtiger Zeuge und Aussagenotstand, JZ 85, 976. – *Otto*, Die Aussagedelikte, §§ 153–163 StGB, JuS 84, 161. – *Paulus*, Die „falsche Aussage" als Zentralbegriff der §§ 153–163 StGB, Küchenhoff-GedS (1987) 435. – *Prinzing*, Meineid durch unrichtige Angaben im Offenbarungseidsverfahren, NJW 62, 567. – *Prittwitz*, Straflose Obstruktion der Rechtspflege durch den Angeklagten? StV 95, 270. – *Quedenfeld*, Der Meineid des Eidesunmündigen, JZ 73, 238. – *Rudolphi*, Die Bedeutung von Verfahrensmängeln für die Tatbestandsmäßigkeit einer eidlichen oder uneidlichen Aussage und einer eidesstattlichen Versicherung, GA 69, 129. – *Scheffler*, Beihilfe zur Falschaussage durch Unterlassen seitens des Angeklagten, GA 93, 341. – *Schmidhäuser*, Aussagepflicht und Aussagerecht, OLG Celle-FS 207. – *Schneider*, Über den Begriff der Falschheit der Aussage in §§ 153, 154 StGB, GA 56, 337. – *Schröder*, Unwahrer und unwahrhaftiger Eid, 1939. – *Schulz*, Probleme der Strafbarkeit des Meineids nach geltendem und künftigem Recht, 1970. – *Steinke*, Probleme des Falscheids durch forensische Sachverständige, MDR

Vorbem §§ 153 ff. 1–2 a   Bes. Teil. Falsche uneidliche Aussage und Meineid

84, 272. – *Vormbaum,* Versuchte Beteiligung an der Falschaussage. Zum Verhältnis der §§ 30 und 159 StGB, GA 86, 353. – *ders.,* Der strafrechtliche Schutz des Strafurteils, 1987 (zit.: aaO). – *ders.,* Frühzeitige und rechtzeitige Berichtigung falscher Angaben, JR 89, 133. – *ders.,* Eid, Meineid und Falschaussage. Reformdiskussion und Gesetzgebung seit 1870, 1990. – *ders.,* Reform der Aussagetatbestände (§§ 153–163 StGB), 1992. – *Wagner,* Uneidliche Falschaussagen vor parlamentarischen Untersuchungsausschüssen, GA 76, 257. – G. *Wolf,* Falsche Aussage, Eid und eidesgleiche Beteuerung, JuS 91, 177. – *Zipf,* Die Problematik des Meineides innerhalb der Aussagedelikte, Maurach-FS 415. – Rechtsvergleichend: *Stoll,* Mat. II BT 129. – Zum älteren Schrifttum vgl. die Nachw. in der 24. A.

1 **I. Inhalt** des 9. Abschnitts. Die Überschrift ist den beiden wichtigsten der dort enthaltenen Vorsatztaten entnommen. Daneben enthält der 9. Abschnitt als weitere Tatbestände die vorsätzlich falsche Versicherung an Eides Statt (§ 156), den fahrlässigen Falscheid und die fahrlässig falsche Versicherung an Eides Statt (§ 163), während die fahrlässige uneidliche Falschaussage nicht strafbar ist. § 160 betrifft die zum selbständigen Tatbestand erhobene Verleitung zur Falschaussage; bei § 159 handelt es sich um eine Erweiterung des § 30 I auf die Vergehen nach §§ 153, 156. Die §§ 157, 158 ermöglichen in gewissen Fällen eine Strafmilderung oder das Absehen von Strafe. Die §§ 153 ff. stellen eine erschöpfende Regelung iS des Art. 4 II EGStGB dar (vgl. auch RG 42 100). – Zur geschichtlichen Entwicklung seit 1870 vgl. Vormbaum, Eid usw.

2 **II. Rechtsgut** der §§ 153 ff. ist nach h. M. die **Rechtspflege** als staatliche Funktion, genauer: das öffentliche Interesse an einer wahrheitsgemäßen Tatsachenfeststellung in gerichtlichen und gewissen sonstigen Verfahren (zu der oder daher die Beschränkung auf die Rechtspflege), soweit sich die – hier besonders schutzwürdige – Wahrheitsermittlung auf die Aussage von Beweispersonen stützt (vgl. zB RG **73** 147, BGH **8** 309, NJW **51**, 610, OGH **2** 86, Lackner/Kühl 1, Rudolphi SK 2 ff., Ruß LK 2, Tröndle/Fischer 1 u. näher dazu mit weiteren Differenzierungen Vormbaum NK 1 ff., aaO 97 ff., 141 ff., 178 ff., 222 ff.). Dabei geht es idR um die Gewinnung der richtigen Entscheidungsgrundlage für das Gericht (bzw. die sonstige Behörde) selbst; notwendig ist dies aber nicht, wie die eidesstattlichen Versicherungen gem. §§ 807, 883 ZPO, § 153 II InsO zeigen. Dennoch schützt § 156 auch hier nicht Individualinteressen, sondern ausschließlich die Rechtspflege in ihrer besonderen Funktion, in einem eigens dafür geschaffenen und deshalb mit besonderem öffentlichen Vertrauen ausgestatteten Verfahren bestimmte Tatsachen festzustellen (vgl. Deichmann aaO 54 ff., Hirsch ZStW 88, 763, Ruß LK 2; auch Herrmann aaO 127 ff., Paulus aaO 451, Rudolphi SK 7; vgl. auch Vormbaum NK 1, 3, § 156 RN 6 ff., aaO 222 ff.). Ausschließlich um ein Rechtspflegedelikt in dem genannten Sinn handelt es sich auch beim Meineid, der nicht um des Mißbrauchs der – heute ohnehin nicht mehr obligatorischen – sakralen Form willen, sondern deshalb strenger bestraft wird, weil die beeidete Aussage wegen des Anspruchs auf erhöhte Glaubwürdigkeit einen besonders gefährlichen Angriff auf die Rechtspflege darstellt (näher zur Legitimation und Problematik des § 154 Vormbaum NK § 154 RN 6 ff., 12 ff., aaO 194 ff.). Danach, daß der Meineid lediglich die besondere Bekräftigung der Wahrheit qualifizierte Falschaussage ist, bestimmt sich auch das Verhältnis zu § 153: Soweit § 154 an denselben Täterkreis wie § 153 anknüpft (Zeugen und Sachverständige), enthält § 153 den Grundtatbestand und § 154 eine Qualifikation hierzu (vgl. zB BGH [GrS] **8** 309, Busch GA 55, 259, Lackner/Kühl § 154 RN 12, M-Schroeder II 254, Ruß LK § 154 RN 1, Vormbaum NK § 154 RN 4, Tröndle/Fischer § 154 RN 25; and. noch BGH **1** 244, 380, **2** 223, **4** 247); einen selbständigen Tatbestand enthält § 154 nur, soweit hier über § 153 hinaus noch weitere Beweispersonen erfaßt werden (zB Partei im Zivilprozeß). Freilich bleibt bei der Deutung des Meineids als eines reinen Rechtspflegedelikts ein ungeklärter Rest. Dies gilt insbesondere für § 160, dessen ungleich geringere Strafdrohung für die Verleitung zum Falscheid – in der Sache eine Form der mittelbaren Täterschaft – auf dieser Grundlage nicht befriedigend erklärt werden kann. Hier wirkt vielmehr noch die Vorstellung vom sakralen Charakter des Eides fort, der nur durch den Schwörenden selbst verletzt werden kann (vgl. auch Blei II 408, Ruß LK 4). Erst recht nicht zu begründen ist die Einbeziehung der uneidlichen Falschaussage in § 160, da der mittelbare Angriff auf die Rechtspflege durch Einschaltung einer gutgläubigen Aussageperson um nichts ungefährlicher ist als die eigenhändige Begehung. Zur Gesamtproblematik de lege lata und de lege ferenda näher Grünwald aaO 311, Herrmann aaO (dazu Hirsch ZStW 88, 761), Schröder ZZP 64, 216, Schulz aaO, Vormbaum aaO 218 ff., Reform usw., Wolf JuS 91, 182 ff., Zipf aaO. – Geschützt wird durch die §§ 153 ff. grundsätzlich nur die **innerstaatliche** Rechtspflege (zu Falschaussagen usw. vor einem ausländischen oder zwischenstaatlichen Gericht usw. in einem bei einem deutschen Gericht usw. anhängigen Verfahren vgl. § 5 Nr. 10 u. dort RN 18); zu der nur auf einer besonderen Rechtsgrundlage möglichen Einbeziehung auch **ausländischer** oder **internationaler** Gerichte usw. vgl. 16 f., 21 vor § 3, § 5 RN 18, § 6 RN 10.

2 a **III. Deliktsnatur.** Bei den Aussagedelikten handelt es sich, obwohl nach dem geschützten Rechtsgut alles andere als zwingend (o. 2), ausnahmslos um *eigenhändige Delikte* (u. 33). Ihrer Natur nach sind sie ferner durchweg *abstrakte Gefährdungsdelikte* (zB BGH NJW **99**, 2380 [zu § 156], Gallas GA 57, 317, Schmidhäuser aaO 237, Ruß LK 6; vgl. aber auch Dedes JR 77, 442, Schröder-GedS 333 ff., Vormbaum NK 19). Unerheblich ist daher, ob durch die falsche Aussage die Ermittlung des wahren Sachverhalts tatsächlich gefährdet worden ist: Strafbar sind auch offensichtliche Lügen und solche Falschaussagen, die prozessual nicht verwertbar sind (u. 23); auch darauf, ob die Aussage einen für die Entscheidung im Endergebnis erheblichen Umstand betrifft, kommt es grundsätzlich nicht an (u. 15).

Eine Grenze ist hier erst bei Aussagen zu ziehen, die für jedermann erkennbar im Widerspruch zu Denkgesetzen oder menschlichem Erfahrungswissen stehen, da sie, selbst wenn sie massenhaft vorkämen (vgl. 3 a ff. vor § 306), für die Rechtspflege in ihrem Bemühen um Wahrheitsfindung niemals gefährlich sein könnten.

IV. Gemeinsames Tatbestandsmerkmal der §§ 153 ff. ist die **Falschheit** der **Aussage**. Dies gilt nicht nur, soweit dieser Begriff zur Kennzeichnung des Tatbestandes verwendet wird (§ 153), sondern auch dort, wo vom „falschen Schwören" (§ 154), von der „Ableistung eines falschen Eides" (§ 160) oder vom „falschen Abgeben einer Versicherung an Eides Statt" (§ 156) die Rede ist. Denn auch hier hängt die Falschheit des Eides usw. von der Falschheit der Aussage ab, d. h. das „falsche Schwören" zB ist nichts anderes als das Beschwören einer falschen Aussage (vgl. BGH **7** 148, **8** 309, Schröder aaO 39, Schmidhäuser aaO 224, Ruß LK § 154 RN 2).

1. Falsch ist eine Aussage, wenn das, was ausgesagt wird (Aussageinhalt), mit dem, worüber ausgesagt wird (Aussagegegenstand), nicht übereinstimmt. Zweifelhaft ist jedoch, worin bei den Eidesdelikten der Aussagegegenstand zu sehen ist; nur darum geht es in der Sache auch bei dem Streit zwischen den verschiedenen **Aussage- (Eides-)theorien**. Die von der h. M. vertretene sog. **objektive Theorie** (vgl. die Nachw. u. 5) geht davon aus, daß die Rechtspflege nur durch eine der Wirklichkeit widersprechende Aussage gefährdet werden kann; nach ihr bezeichnet „falsch" – und zwar einheitlich in allen Tatbeständen der §§ 153 ff. – daher den Widerspruch zwischen Inhalt der Aussage und dem *tatsächlichen („objektiven") Geschehen oder Sachverhalt* als Aussagegegenstand („Widerspruch zwischen Wort und Wirklichkeit"). Demgegenüber ist Ausgangspunkt für die **subjektive Theorie** (vgl. die Nachw. u. 5) die prozessuale Funktion des Aussagenden: Daraus, daß die Aussage- und Wahrheitspflicht nur auf die Wiedergabe dessen gerichtet sein kann, was die Beweisperson aus eigenem Erleben über das Beweisthema zu sagen vermag, folgert man, daß es auch für die Falschheit der Aussage allein darauf ankommen kann, ob ihr Inhalt mit dem *Wissen des Aussagenden* übereinstimmt („Widerspruch zwischen Wort und Wissen"), wobei dann von den Anhängern dieser Lehre zT auf das gegenwärtig vorhandene, zT auf das im Zeitpunkt der Aussage erreichbare Wissen abgestellt wird. Praktische Unterschiede zur objektiven Theorie bestehen vor allem bei Aussagen über äußere oder vergangene innere Tatsachen (nicht versuchte, sondern vollendete Falschaussage, wenn der vermeintlich falsch Aussagende iE zufällig das Richtige trifft); ist dagegen auch nach der objektiven Theorie Aussagegegenstand ein gegenwärtiges Bewußtseinsbild, so kommen beide Auffassungen zum gleichen Ergebnis. Ansätze beider Theorien nimmt die **„modifizierte objektive" Theorie** von Rudolphi auf (SK 40 ff., ebenso Vormbaum NK § 153 RN 79 ff., § 154 RN 30, § 156 RN 43 f., 48, 56, aaO 256 ff.; für Aussagen nach §§ 153, 154 vgl. auch Paulus aaO 453 f.), wonach eine Aussage falsch ist, wenn sie dem *wirklichen* – in Ausnahmefällen (u. a. Augenscheinsgehilfe, Sachverständiger) dem erreichbaren – Erlebnisbild des Aussagenden, d. h. dem, was dieser selbst von der objektiven Wirklichkeit wahrgenommen hat (bzw. wahrnehmen konnte), nicht entspricht.

Vgl. aus der nicht immer einheitlichen und eindeutigen Rspr. für die *objektive Theorie* zB RG **37** 398, **61** 159, **68** 278, **76** 96, BGH **7** 148, LM § 153 **Nr. 6**, § 156 **Nr. 5**, MDR/D **53**, 596, Koblenz JR **84**, 422 m. Anm. Bohnert; aus dem Schrifttum vgl. zB A/Weber V 85, Badura GA 57, 404, Blei II 410, Bockelmann II/3 S. 5, Hruschka/Kässer JuS 72, 710, Kohlrausch-Lange IV, Lackner/Kühl 3, M-Schroeder II 248, Rengier II 327, Ruß LK 13, Tröndle/Fischer 5, Welzel 526, Wolf JuS 91, 180 ff., grundsätzlich auch Schröder 30 f. und mit Einschränkungen Dedes JR 77, 444 u. 83, 102, für § 156 auch Paulus aaO 451; aus philosophischer Sicht relativierend Kaufmann aaO 128 u. krit. dazu Hilgendorf GA 93, 547. Nur ungenau wiedergegeben ist die objektive Theorie freilich mit der zT anzutreffenden Formulierung, daß eine Aussage falsch sei, wenn sie mit ihrem „Gegenstand" nicht übereinstimme (Lackner/Kühl 3), da von dieser Definition jede Theorie auszugehen hat (o. 4) –. Für die *subjektive Theorie* zB RG HRR **40** Nr. 523, DR **44**, 72, Bremen NJW **60**, 1827, Niethammer DStR **40**, 161, Schaffstein JW 38, 145, Werner LM zu § 154 Nr. 5, Willms LK[10] 9 ff., grundsätzlich auch Gallas GA 57, 315, der jedoch bei §§ 160, 163 die objektive Theorie anwendet; Nachw. aus dem älteren Schrifttum bei Schröder aaO 25 Anm. 1. Dabei stellt zB Gallas aaO 319, 321 auf das im Zeitpunkt der Vernehmung tatsächlich vorhandene Wissen des Aussagenden ab, während es nach Willms LK[10] 14 f. auf das für die Aussage erreichbare Wissen ankommt. Zum selben Ergebnis führt auch die „Pflichttheorie" von Schmidhäuser II 244 und aaO 207 ff., nach der falsch nur eine (prozessual) pflichtwidrige Aussage ist, also zB dann, wenn die Aussage mit dem von dem Zeugen reproduzierbaren Erlebnisbild nicht übereinstimmt (vgl. auch Otto II 489 f., JuS 84, 163; krit. dazu Hilgendorf aaO 548, 558). Zweifelhaft ist, ob auch BGH LM § 3 aF **Nr. 2**, § 154 **Nr. 5** die subjektive Theorie zugrundeliegt, da in den dort entschiedenen Fällen – Vortäuschung eines eigenen (sicheren) Wissens – auch nach der objektiven Theorie die Aussage falsch gewesen wäre (u. 7 f.); vgl. auch RG **68** 282, **77** 372.

Zuzustimmen ist der **objektiven Theorie**, sofern dabei berücksichtigt wird, daß die den Aussagegegenstand bildende objektive Wirklichkeit nicht nur äußere, sondern auch innere Tatsachen betreffen kann. Gegen die *subjektive Theorie* spricht schon, daß sie auf eine systemwidrige Gleichsetzung der subjektiven Pflichtwidrigkeit mit dem objektiven Tatbestandsmerkmal „falsch" hinausläuft. Wann eine Aussage (objektiv) „falsch" ist, kann und braucht hier nicht anders bestimmt zu werden als zB in den §§ 164, 263 (wobei gerade im Fall des § 164 eine deutliche Parallele zu den

§§ 153 ff. besteht, ohne daß dort jedoch von den Vertretern der subjektiven Theorie bisher entsprechende Konsequenzen gezogen worden wären). Die prozessuale Funktion der Aussageperson ändert daran nichts, vielmehr sind Inhalt und Umfang ihrer prozessualen Pflichten erst für die andere Frage von Bedeutung, ob der Aussagende durch eine objektiv falsche Aussage pflichtwidrig gehandelt hat. Daher besteht auch kein Bedürfnis, den „dem einzelnen gesetzten natürlichen Grenzen" schon an der „markanteren Stelle" (Willms LK[10] 9) des objektiven Tatbestands Rechnung zu tragen (krit. dazu auch Wolf JuS 91, 181 f.) oder darauf abzustellen, ob er seine Wahrnehmung richtig wiedergegeben hat (so Vormbaum NK § 153 RN 84). Da tatbestandsmäßiges Unrecht auch bei wenn nach bestem Wissen gemachten, aber objektiv falschen Aussage erst bei Hinzukommen von Vorsatz oder – im Fall des § 163 – einer objektiven Sorgfaltspflichtverletzung vorliegt (vgl. 52 ff., 63 vor § 13; vgl. auch M-Schroeder II 250), bedeutet die objektive Theorie nicht, daß mit ihr Handlungen zum Unrecht werden, deren Poenalisierung im Hinblick auf den Rechtsgüterschutz ungeeignet oder nicht notwendig ist, und ebensowenig führt sie dazu, daß nach der dem Tatbestand zugrundeliegenden Bestimmungsnorm vom Normadressaten etwas gefordert wird, was er nicht leisten kann oder wozu er nicht verpflichtet ist (vgl. 54 vor § 13; and. Paulus aaO 442, der jedoch das Unrecht noch mit dem objektiven Tatbestand gleichsetzt). Gegen die subjektive Theorie spricht ferner, daß sie, soweit sie auf das zZ. der Aussage tatsächlich vorhandene Wissen abstellt, für § 163 nur einen außerordentlich geringen Anwendungsbereich läßt und § 160 überhaupt nicht erklären kann (vgl. daher auch Gallas GA 57, 323 f., der hier von einem objektiven Falschheitsbegriff ausgeht). Dieser Einwand wird zwar vermieden, wenn nicht das aktuelle, sondern das „erreichbare Wissen" (Willms LK[10] 10) bzw. das pflichtgemäß „reproduzierbare Erlebnisbild" (Schmidhäuser aaO 218 f.) zugrundegelegt wird. Da dies aber in der Sache nichts anderes bedeutet als die Gleichstellung von „falscher" und sorgfaltspflichtwidrig falscher Aussage (vgl. auch Dedes JR 77, 445 u. 83, 102, Ruß LK 13, Wolf JuS 91, 180), zeigt sich gerade hier, daß dies nicht der Standpunkt des Gesetzes sein kann, das in § 163 zu erkennen gibt, daß zwischen dem Merkmal der Falschheit und dem Element der Sorgfaltspflichtwidrigkeit zu unterscheiden ist (die Sorgfaltspflicht geht vielmehr dahin, falsche Aussagen zu vermeiden; so mit Recht Rudolphi SK 42). – Aber auch gegen die *modifizierte objektive Theorie* Rudolphis (o. 4) ist einzuwenden, daß sie die – nach Art der Beweisfunktion unterschiedlich weitreichende – prozessuale Pflicht des Aussagenden zu früh, nämlich bereits bei dem einen rein objektiven Sachverhalt kennzeichnenden Merkmal „falsch" ins Spiel bringt. Besonders deutlich ist dies, wenn eine Beweisperson bereits zur sorgfältigen Gewinnung ihres Wahrnehmungsbildes, über das sie später aussagt, verpflichtet ist (Sachverständiger, sog. Augenscheinsgehilfe, der im Auftrag des Gerichts bestimmte, keine besondere Sachkunde voraussetzenden Feststellungen zu treffen hat und über diese als Zeuge aussagt, ferner in bestimmten Fällen die Partei im Zivilprozeß). Wenn die modifizierte objektive Theorie hier, um der gegen sie erhobenen Kritik (vgl. dazu die 20. A.) zu entgehen, beim Aussagegegenstand nicht auf das wirkliche, sondern auf das „tatsächlich erreichbare Erlebnisbild" (SK 43) abstellt, so setzt sie sich damit demselben Einwand aus, der oben gegen die neuere Variante der subjektiven Theorie erhoben wurde: Was die zu sorgfältigen Feststellungen verpflichtete Beweisperson „von der objektiven Wirklichkeit . . . hätte wahrnehmen können" (SK 41) ist keine Frage der Falschheit, sondern betrifft – auch als das tatsächlich Erreichbare – die davon zu unterscheidende Sorgfaltspflichtwidrigkeit (vgl. § 163 und dort für den Augenscheinsgehilfen auch Rudolphi SK 5).

7 2. Je nachdem, ob Aussagegegenstand eine äußere oder innere Tatsache ist, führt die objektive Theorie bezüglich der **Falschheit** der Aussage zu **folgenden Konsequenzen** (vgl. näher Badura GA 57, 400 ff., Schröder aaO 37 ff., 77 ff.; zu den Anforderungen an die diesbezüglichen tatrichterlichen Feststellungen vgl. als Beispiel BGH wistra **99**, 222): Wird über eine (vergangene oder gegenwärtige) *äußere Tatsache* ausgesagt, so ist die Aussage unabhängig vom Wissen und der Vorstellung des Aussagenden falsch, wenn sie mit dieser nicht übereinstimmt. Falsch ist daher zB die Aussage des Zeugen: „Ich war am Abend des 24. 11. am Tatort", wenn er erst am 25. 11. dort gewesen ist, richtig dagegen, wenn er tatsächlich am 24. 11. am Tatort war, und zwar auch dann, wenn er selbst glaubt, erst am 25. 11. dort gewesen zu sein. Im letzteren Fall kommt nach der objektiven Theorie nur Versuch in Betracht (vgl. RG **61** 159, **76** 96), während umgekehrt Tatbestandsirrtum (§ 16) vorliegt, wenn der Aussagende irrig angenommen hat, er sei am 24. 11. am Tatort gewesen. Entsprechendes gilt, wenn sich die Aussage auf eine *vergangene innere Tatsache* (Wahrnehmungen, Empfindungen, Wissen, Überzeugungen usw.) bezieht: Hier ist die Aussage falsch, wenn sich der dargestellte, in der Vergangenheit liegende psychische Vorgang nicht oder anders zugetragen hat, unabhängig vom jetzigen Bewußtseinsbild des Aussagenden und der damaligen äußeren Wirklichkeit, auf die sich der dargestellte psychische Sachverhalt bezog. Die Aussage: „Ich habe mit Sicherheit X am Tatort erkannt" ist deshalb falsch, wenn der Zeuge X nicht eindeutig erkannt hat, und zwar auch dann, wenn er im Zeitpunkt der Aussage davon überzeugt war, X gesehen zu haben oder dieser tatsächlich am Tatort gewesen ist. Handelt es sich schließlich um eine *gegenwärtige innere Tatsache*, so ist die Aussage falsch, wenn sie diese nicht richtig wiedergibt. Von Bedeutung ist dies auch, wenn Aussagegegenstand nicht der äußere Vorgang selbst, sondern das Wissen des Aussagenden darüber ist (zu dieser Unterscheidung vgl. RG **37** 395, **68** 282, Koblenz JR **84**, 422 m. Anm. Bohnert, Badura GA 57, 400, aber auch Schröder aaO 49 ff.). Falsch ist danach zB die Aussage, über einen bestimmten Vorgang nichts zu wissen, wenn der Aussagende doch etwas weiß (vgl. RG **37** 395, **76** 94, JW **36**, 880, BGH StV **90**, 110), ebenso wenn er entgegen seiner tatsächlichen Erinnerung oder Überzeugung die Möglichkeit vorgibt, sich zu irren

Falschheit der Aussage 8–12 **Vorbem §§ 153 ff.**

(RG 63 373); das gleiche gilt umgekehrt für eine Aussage, in welcher eine in Wahrheit fehlende Überzeugung oder ein tatsächlich nicht vorhandenes (sicheres) Wissen über einen bestimmten Sachverhalt vorgetäuscht wird, auch wenn dieser iE richtig wiedergegeben ist (vgl. RG 68 282, BGH GA **73**, 376, LM § 3 aF **Nr. 2**, § 154 **Nr. 5**, MDR/D **53**, 597 [5 StR 284/52], Bremen NJW **60**, 1827; offengelassen in BGH MDR/D **53**, 597 [5 StR 77/53]: falsch „jedenfalls" dann, wenn auch der äußere Sachverhalt nicht zutrifft; zT werden diese Entscheidungen auch für die subjektive Theorie beansprucht, die hier zu gleichen Ergebnissen kommt). Ist ein gegenwärtiger Bewußtseinsinhalt Aussagegegenstand, so ist deshalb, worin das Besondere dieser Fallgruppe liegt, auch nach der objektiven Theorie die Aussage nur falsch, wenn sie dem gegenwärtigen Wissen des Aussagenden widerspricht, entgegen Arzt aaO 394 dagegen richtig, wenn die unzutreffende Wiedergabe des äußeren Sachverhalts wahrheitsgemäß mit dem Vorbehalt eigener Zweifel verbunden wird.

Dabei hängt es vom Sinn und von der Gestaltung der konkreten Aussage ab, ob der Aussagende bei 8 der Darstellung eines äußeren Sachverhalts diesen selbst oder das Vorhandensein bzw. Fehlen eines bestimmten Wissens behauptet (vgl. Blei II 410, M-Schroeder II 249, Schröder aaO 28, Wolf JuS 91, 179 ff.). Die in der Eidesnorm für *Zeugen* und die *Partei* im Zivilprozeß enthaltene Versicherung, „nach bestem Wissen" ausgesagt zu haben (vgl. §§ 66 c StPO, 392, 452 ZPO), ist für das, was Gegenstand der Aussage ist, ohne Bedeutung (vgl. BGH **7** 147, Badura GA 57, 401, Kohlrausch-Lange III 4, Schröder aaO 118 f, D-Tröndle/Fischer 6). Die abweichende, in BGH **7** 148 ausdrücklich verworfene Auffassung von RG 68 282 (vgl. auch RG **77** 372, Bremen NJW **60**, 1828), wonach dieser Zusatz der Eidesnorm Inhalt der Aussage selbst sei, so daß sich deren objektive Unwahrheit auch daraus ergeben könne, daß sie nicht nach bestem Wissen gemacht sei, ist mit der objektiven Theorie nicht mehr vereinbar (die nur vermeintlich unrichtige Darstellung eines äußeren Sachverhalts wäre dann eine vollendete Falschaussage). Aber auch beim *Sachverständigen* folgt aus der Eidesnorm (§§ 79 II StPO, 410 I 2 ZPO) nicht, daß er nur über sein subjektiv „bestes Wissen und Gewissen" aussagt. Zwar kann Gegenstand eines Sachverständigengutachtens gerade auch in den Naturwissenschaften vielfach nicht die „objektive Wahrheit" sein, wohl aber ein Ergebnis, das unter Anwendung der entsprechenden Methoden dem neuesten Erkenntnisstand der fraglichen Disziplin entspricht (vgl. Steinke MDR 84, 272 ff.). „Falsch" ist daher auch ein nach bestem Wissen erstattetes Gutachten, wenn es diesen Anforderungen nicht entspricht, was unabhängig von der Richtigkeit des Ergebnisses schon dann der Fall ist, wenn es nicht methodengerecht erstellt wurde. Ist das Gutachten dagegen in dem genannten Sinn richtig, so dürfte der Fall, daß es nicht der subjektiven Überzeugung des Sachverständigen entspricht (vgl. dazu Rudolphi SK 46 mwN), nur noch von Bedeutung sein, wenn er diese Überzeugung nicht haben kann, weil er das unter seinem Namen abgegebene Gutachten von anderen (zB Mitarbeitern) hat anfertigen lassen. Hier ist dann die Aussage deshalb falsch, weil der Sachverständige mit der Erstattung seines Gutachtens immer auch behauptet, dieses verantworten zu können (vgl. auch § 154 RN 5).

V. Für die Tatbestandsmäßigkeit iS der §§ 153 ff. relevant ist eine Falschaussage nur, soweit die 9 Aussageperson der **prozessualen Wahrheitspflicht** (einschließlich der Vollständigkeitspflicht) unterliegt (vgl. BGH **25** 246 m. Anm. Demuth NJW 74, 757 u. Rudolphi JR 74, 293, Düsseldorf NJW **85**, 1848, Bruns GA 60, 170, Rudolphi SK 21).

1. Umfang und Grenzen der Wahrheitspflicht bestimmen sich zunächst nach der **prozessualen** 10 **Funktion** der Aussageperson. Im einzelnen gilt folgendes:

a) Da der **Zeuge** dem Gericht usw. lediglich *Tatsachen* mitzuteilen hat, kann er auch seine Wahr- 11 heitspflicht nur verletzen, wenn er solche falsch wiedergibt. Bewertungen oder Urteile abzugeben oder eigene Mutmaßungen mitzuteilen, ist dagegen nicht seine Aufgabe. Nicht erfüllt ist der Tatbestand der §§ 153 ff. daher, wenn der Zeuge aus dem richtig geschilderten Sachverhalt zB den falschen Schluß zieht, er sei Opfer eines Diebstahls geworden, während in Wirklichkeit Betrug vorliegt oder wenn er bei Vernehmung über ein äußeres Geschehen eigene Gedanken, Meinungen oder Mutmaßungen verschweigt (vgl. BGH **1** 26, GA **57**, 272, NStE § 154 **Nr. 2**, Bay NJW **55**, 1690, Koblenz StV **88**, 532, Neustadt GA **60**, 222, Rudolphi SK 15, Ruß LK 17, Vormbaum NK § 153 RN 36). Dabei sind Tatsachen die konkreten, nach Raum und Zeit bestimmten, vergangenen oder gegenwärtigen Geschehnisse oder Zustände der Außenwelt und des menschlichen Innenlebens, d. h. alles konkret Wirkliche (vgl. dazu § 263 RN 8 ff.). Den Tatsachen gleichzustellen sind jedoch auch hier einfache oder allgemein bekannte Rechtsbegriffe, unter denen typische Lebensvorgänge zusammengefaßt werden (zB Eigentum, Kauf, Miete usw.). Freilich gilt dies nur solange, als nicht gerade deren rechtliche Qualifikation im Streit steht, also zB wenn geklärt werden soll, ob zwischen den Parteien ein Kauf- oder Werkvertrag zustandegekommen ist. Das gleiche gilt für einfache Werturteile, zB für die Aussage, es habe jemand ein Liebesverhältnis oder ehewidrige Beziehungen unterhalten (Braunschweig JBl. **47**, 218, Oldenburg NdsRpfl. **50**, 163, Rudolphi SK 16, Ruß LK 17, Vormbaum NK § 153 RN 36). Dabei ist zu beachten, daß Aussagen, die sprachlich als Werturteile auftreten, Angaben tatsächlicher Art beinhalten können; unabhängig von der sprachlichen Einkleidung einer Aussage ist daher jeweils durch Auslegung zu ermitteln, inwieweit sie Tatsachen enthält.

b) Entsprechendes wie für den Zeugen gilt auch für die Aussagen der **Partei** im Zivilprozeß nach 12 §§ 445 ff. ZPO.

13   c) Dagegen ist der **Sachverständige** dazu verpflichtet, dem Gericht wissenschaftliche Erfahrungssätze oder – aus bereits festgestellten Tatsachen – gewonnen *Urteile* und *Schlußfolgerungen* mitzuteilen. Möglicher Inhalt seines Gutachtens kann daneben aber auch die Feststellung sog. *Befundtatsachen* sein (vgl. RG **69** 98, BGH **2** 293), während die Mitteilung sog. *Zusatztatsachen* (vgl. BGH **13** 3, **18** 108) nicht mehr als Sachverständigen-, sondern als Zeugenaussage zu werten ist (vgl. auch Rudolphi SK 19, Ruß LK 18, Vormbaum NK § 153 RN 95, aaO 260). Angaben zu Personal- und Generalfragen gem. §§ 68 StPO, 395 II ZPO sind Teil seiner Vernehmung als Sachverständiger (and. Vormbaum NK § 153 RN 14). Dazu, daß hier, weil von der Eidesnorm der §§ 79 II StPO, 410 I 2 ZPO nicht mehr gedeckt, dennoch eine Vereidigung als Zeuge zulässig sein soll, s. § 154 RN 5.

14   2. Im übrigen bestimmt sich die Reichweite der Wahrheitspflicht, die auch die Angaben zur Person umfaßt (vgl. RG **60** 407, BGH **4** 214, AnwBl. **64**, 52), nach dem **Gegenstand der Vernehmung** (vgl. BGH **25** 246 m. Anm. Demuth NJW 74, 757 u. Rudolphi JR 74, 293, Düsseldorf NJW **85**, 1849, Bruns GA 60, 170, Paulus aaO 452, Rudolphi SK 23, 29 f., Ruß LK 19, Vormbaum § 153 RN 8). Im Zivilprozeß ergibt sich dieser in erster Linie aus dem Beweisbeschluß (vgl. BGH **1** 24, **3** 293), während im Strafprozeß der dem Zeugen nach § 69 I StPO zu bezeichnende „Gegenstand der Untersuchung" (d. h. die Tat iS des § 264 StPO) auch den Vernehmungsgegenstand bildet (vgl. dazu auch Rudolphi SK 23, Ruß LK 20 a, Vormbaum NK § 153 RN 11; and. Otto JuS 84, 164, der die förmliche Begrenzung auch im Zivilprozeß aufheben will). In beiden Fällen kann der Vernehmungsgegenstand und damit auch die Aussage- und Wahrheitspflicht jedoch durch zusätzliche Fragen erweitert werden (§§ 68, 69 II, 240 StPO, 395 II 2, 396, 397 ZPO; vgl. zB RG HRR **36** Nr. 1198, JW **38**, 2196, BGH **2** 90, **3** 322, KG JR **78**, 78 m. Anm. Willms, Ruß LK 21 u. näher dazu Bruns GA 60, 173; vgl. auch u. 15). Wird die Frage eingeschränkt, so kommt es nur darauf an, ob die eingeschränkte Frage richtig beantwortet ist (Kiel SchlHA **48**, 115). Bei parlamentarischen Untersuchungsausschüssen ist Vernehmungsgegenstand das im Einsetzungsbeschluß (vgl. BVerfGE **49** 70) bezeichnete und allgemein unter die Kontrollkompetenz des Parlaments fallende Beweisthema, das durch den Untersuchungsausschuß selbst nicht erweitert werden kann; in diesem Rahmen kann der Ausschuß seine Befragung ohne Bindung an einen von ihm erlassenen Beweisbeschluß auf alle zur Sache gehörenden Gesichtspunkte erstrecken (vgl. BGH NJW **79**, 267, Koblenz StV **88**, 531, Rudolphi SK 23, Ruß LK 22 u. näher Wagner GA 76, 273). Im einzelnen bedeutet dies:

15   a) Der Wahrheitspflicht unterliegen in vollem Umfang die **Bekundungen** der Aussageperson zum Gegenstand der Vernehmung, unabhängig davon, ob sie wesentliche, d. h. für die Entscheidung im Endergebnis erhebliche Umstände betreffen (vgl. RG **63** 50, HRR **36** Nr. 1198, JW **38**, 2196, BGH MDR/D **72**, 16, KG JR **78**, 78 m. Anm. Willms, Rudolphi SK 24, Ruß LK 23, Vormbaum NK § 153 RN 38, aaO 262 ff.); letzteres ist nur bei der Strafzumessung bedeutsam (BGH MDR/D **72**, 16); zum Irrtum vgl. u. 30. Völlig belanglose Nebensächlichkeiten, die mit der Sache offensichtlich nichts zu tun haben, gehören jedoch nicht zum Gegenstand der Vernehmung, weshalb ein in diesem Sinn unrichtiges „Beiwerk" nicht zu einer Falschaussage iS der §§ 153 ff. führt (vgl. auch RG **63** 49, JW **38**, 2196 und näher dazu Bruns GA 60, 161, Ruß LK 25 ff.). Dies gilt freilich nicht für Antworten auf Fragen des Richters oder – sofern vom Gericht zugelassen – anderer Prozeßbeteiligter, die stets Vernehmungsgegenstand sind (vgl. RG HRR **36** Nr. 1198, BGH **2** 90, KG JR **78**, 78 m. Anm. Willms; enger BGH wistra **91**, 264). Hier endet die Wahrheitspflicht erst dort, wo die Angaben außerhalb des Rahmens der Vernehmung erfolgen, so zB wenn der Richter den persönlich bekannten Zeugen beiläufig nach seinem Befinden fragt; über Erklärungen außerhalb der Vernehmung, die kein Zeugnis mehr darstellen, vgl. auch RG HRR **40** Nr. 383. Im übrigen schließt ein Mißbrauch des Fragerechts den Tatbestand zwar grundsätzlich nur dann aus, wenn die (falsch) beantwortete Frage nachträglich zurückgewiesen wird (vgl. BGH MDR/D **53**, 401, KG JR **78**, 77 m. Anm. Willms), doch beschränkt sich die Wahrheitspflicht hier auf den genauen Inhalt der Frage (vgl. BGH wistra **91**, 264). Auch spontane, den Gegenstand der Vernehmung überschreitende Angaben fallen nicht unter die Wahrheitspflicht (Hamburg NJW **81**, 237), und zwar auch dann nicht, wenn sie eine entscheidungserhebliche Tatsache betreffen, so wenn die als Zeugin über den Mehrverkehr mit bestimmten Männern vernommene Kindsmutter von sich aus einen Verkehr mit anderen, nicht benannten Männern leugnet (BGH **25** 244 [Versuch] m. Anm. Demuth NJW 74, 757, Krey K 271, Rudolphi JR 74, 293, Ruß LK 28; and. Lackner/Kühl § 154 RN 6, Otto JuS 84, 164, Rudolphi SK 25; krit. auch Tröndle/Fischer § 154 RN 15). Etwas anderes gilt hier nur, wenn die spontane Aussage nach einer nachträglichen Erweiterung des Vernehmungsgegenstands von dem Zeugen bestätigt wird (BGH **25** 244, NStZ **82**, 464, Ruß aaO). Zum Recht der Aussageperson, sich als nicht vorbestraft zu bezeichnen, vgl. §§ 53, 64 BZRG, wobei die Belehrung nach §§ 53 II, 64 II BZRG nicht durch die allgemeine Belehrung des Zeugen über seine Wahrheitspflicht ersetzt wird (Düsseldorf OLGSt. § 154 **Nr. 1**); vgl. dazu ferner Celle NJW **73**, 1012, AG Reutlingen NJW **79**, 1173, Tröndle/Fischer § 154 RN 15.

16   b) **Verschweigt** die Aussageperson bestimmte Umstände, so ist die Wahrheitspflicht verletzt und die unvollständige Aussage damit „falsch", wenn die fragliche Tatsache erkennbar mit der Beweisfrage im Zusammenhang steht. Im Gegensatz zu einem vollständigen Schweigen oder – weil idR schon keine Aussage (o. 15), praktisch freilich kaum relevant – zu lückenhaften Angaben, die das Beweisthema nicht betreffen, führt das Verschweigen hier zu einer Fehlauslegung der positiven Bekundung (vgl. Ruß LK § 153 RN 2, Vormbaum NK § 153 RN 97 ff., § 156 RN 45). An dem erforderlichen

Zusammenhang fehlt es zB, wenn eine Frau nur nach Mehrverkehr mit bestimmten Männern gefragt wird und dabei den Verkehr mit anderen Männern verschweigt (BGH **3** 221; vgl. ferner zB BGH **1** 24, JZ **68**, 570), während ein solcher zB besteht, wenn der Mehrverkehrszeuge seine Zeugungsunfähigkeit verschweigt (vgl. RG **39** 58). Mißverständlich ist es, wenn die Rspr. darüber hinaus auch die Entscheidungserheblichkeit der verschwiegenen Tatsache verlangt (vgl. zB RG **57** 152, **76** 320, BGH **2** 92, **3** 223, **7** 127, JZ **68**, 570 [Partei im Zivilprozeß]; vgl. auch BGH **1** 24, NJW **59**, 1235). Denn ebensowenig wie bei der positiven Falschaussage (o. 15) kann damit gemeint sein, daß der fragliche Umstand im Endergebnis für die Entscheidung tatsächlich bedeutsam sein muß. Aufgabe dieser zusätzlichen Voraussetzung kann es vielmehr nur sein, solche Umstände von der Vollständigkeitspflicht auszunehmen, die zwar mit dem Gegenstand der Vernehmung noch im Zusammenhang stehen, die aber für die Beantwortung der konkreten Beweisfrage erkennbar ohne Bedeutung sind, weil sie an der dieser beigelegten rechtlichen Relevanz ersichtlich nicht teilnehmen (vgl. dazu das Beisp. von Rudolphi SK 28). Dazu, daß auch die von der Rspr. gebrauchte Formel der Entscheidungserheblichkeit seit jeher nur diesen begrenzten Sinn gehabt hat, vgl. Ruß LK 23 ff.

Ein Verschweigen entfällt nicht deshalb, weil die Aussage insoweit verweigert werden könnte, **17** vielmehr muß dies ausdrücklich gesagt werden (BGH **7** 127, Lackner/Kühl § 154 RN 6, Rudolphi SK § 153 RN 3, Ruß LK § 153 RN 2; vgl. auch RG **76** 320, JW **36**, 880). Seine Wahrheitspflicht verletzt der Zeuge daher auch, wenn er, anstatt die Aussage nach § 55 StPO usw. insoweit zu verweigern, eine von ihm begangene, mit der Beweisfrage im Zusammenhang stehende Straftat verschweigt; hier gilt dann jedoch § 157. Dagegen braucht ein Zeuge seine Personalien und Umstände, die seine Glaubwürdigkeit betreffen, nicht ungefragt zu offenbaren (vgl. BGH **5** 25). Ebensowenig ist das Verschweigen von Vorstrafen eine Falschaussage, wenn die nach § 53 II BZRG erforderliche Belehrung unterblieben ist (Düsseldorf OLGSt. § 154 **Nr. 1**). Kein Verschweigen ist auch das Unterlassen der Berichtigung des Beweisthemas (Einbruchsdiebstahl bei A, während ein solcher nur bei B begangen wurde); erst recht nicht hierher gehört die – auch unberechtigte – Weigerung, überhaupt auszusagen oder einzelne Fragen zu beantworten (vgl. Zweibrücken wistra **93**, 231, Ruß LK § 153 Rn 3).

VI. Nicht falsch ist eine Aussage, die erkennbar **nicht ernst gemeint** ist (zB man habe am Tatort **18** Karl d. Gr. getroffen). Ist eine Aussage im Ausdruck **mehrdeutig**, so ist ihr objektiver Sinn durch Auslegung zu ermitteln (RG **63** 50, JW **38**, 2196, BGHR § 163 Aussage 1, Vormbaum NK § 153 RN 35, Tröndle/Fischer 4). Auszugehen ist dabei vom gebräuchlichen Sprachsinn (vgl. RG **59** 346). Darüber hinaus sind aber auch die Umstände zu berücksichtigen, unter denen die Aussage gemacht worden ist (RG **60** 79, **63** 51). Von Bedeutung ist dabei in erster Linie der Zusammenhang zu dem Beweisthema, zu dem der Aussagende gehört worden ist, ferner der Zusammenhang, in dem die Aussage zur prozessualen Situation und zu den übrigen an den Aussagenden gerichteten Fragen steht (vgl. RG **59** 346, **63** 49, **76** 96, Koblenz StV **88**, 532, Rudolphi SK 13). Bleibt der Aussageinhalt auch dann noch unbestimmt, so ist bezüglich der Unwahrheit Wahlfeststellung möglich, wenn beide Deutungen falsch sind; andernfalls ist nach dem Grundsatz in dubio pro reo zu verfahren (vgl. RG **76** 96).

VII. Die **Nichtbeachtung prozessualer Vorschriften** bei der Entgegennahme von Aussagen, **19** eidesstattlichen Versicherungen und der Abnahme von Eiden führt nicht ohne weiteres zum Ausschluß der Tatbestandsmäßigkeit nach §§ 153 ff. Im einzelnen gilt folgendes:

1. Soweit Verfahrensmängel zur **Unzuständigkeit** des Gerichts bzw. der Behörde führen (zB **20** Vereidigung des Angeklagten; vgl. dazu näher § 153 RN 5, § 154 RN 9, § 156 RN 6 ff.), entfällt die Strafbarkeit bereits deshalb, weil es hier am Tatbestandsmerkmal der „zuständigen" Stelle usw. iS der §§ 153 ff. fehlt.

2. Unbestritten ist ferner, daß die **Nichtbeachtung der wesentlichen äußeren Form der 21 Eidesleistung** bzw. der eidesgleichen Bekräftigung (§ 155) die Strafbarkeit nach §§ 154, 163 ausschließt, da dann schon kein Eid iS dieser Bestimmung vorliegt. Dabei sind wesentlich die Formen, die dem Eid bzw. der eidesgleichen Bekräftigung die Eigenschaft einer bewußten, bis zu einem gewissen Grad feierlichen, formelhaften und mit bestimmten Rechtsfolgen ausgestatteten Bekräftigung der Wahrheit geben (RG **62** 149, **67** 333, **70** 366). Dazu gehört zunächst, daß der Eid aufgrund einer entsprechenden richterlichen Entscheidung (zum Strafprozeß vgl. LR-Dahs § 59 RN 12 ff.) geleistet und vom Gericht förmlich entgegengenommen wird; kein Eid ist es deshalb zB, wenn der Zeuge nach Beendigung seiner Aussage diese sogleich unaufgefordert „beschwört" (zum Sachverständigeneid ohne Gerichtsbeschluß im Zivilprozeß vgl. E. Peters NJW **90**, 1832). Unerläßlich ist beim Eid ferner das Aussprechen der Worte „Ich schwöre" (vgl. RG **67** 333, JW **33**, 2143, Rudolphi SK § 153 RN 3, Ruß LK § 154 RN 2, Vormbaum NK § 154 RN 32, Tröndle/Fischer 9). Die Wiederholung der religiösen Beteuerungsformel allein („so wahr mir Gott helfe") genügt nicht (vgl. RG JW **33**, 2143); umgekehrt ist die Anrufung Gottes für den Eid nicht wesentlich (vgl. §§ 66 c II StPO, 481 II ZPO), ebensowenig das Erheben der rechten Hand (vgl. §§ 66 c IV StPO, 481 IV ZPO). Unschädlich sind auch sonstige Zusätze zu den Worten „Ich schwöre es" (zu bestimmten Beteuerungsformeln einer Religions- oder Bekenntnisgemeinschaft vgl. §§ 66 c III StPO, 481 III ZPO), das Leisten eines Voreids anstelle des gesetzlich vorgeschriebenen Nacheids (RG **70** 366), das Unterlassen des Hinweises auf die Bedeutung des Eides gem. §§ 57 StPO, 480 ZPO, das Fehlen eines Protokollführers (RG **61** 228, **65** 207). Zu den wesentlichen Voraussetzungen eidesgleicher Bekräftigungen vgl. § 155 RN 3.

22 3. Entsprechendes gilt für das Tatbestandsmerkmal der **Aussage**: Was verfahrensrechtlich wegen Nichtbeachtung prozessualer Vorschriften keine Aussage ist, kann dies auch nicht iS der §§ 153, 154 sein. Soweit die Verfahrensordnungen nur mündliche Aussagen kennen, ist daher eine schriftliche Erklärung keine Aussage iS der §§ 153, 154. Dies gilt, von § 186 GVG (Stummer als Zeuge) abgesehen, uneingeschränkt im Strafprozeß für schriftliche Angaben eines Zeugen (and. BGH 5 StR 797/ 52 v. 29. 9. 1953 [vgl. BGH **16** 234]) oder das schriftlich eingereichte Sachverständigengutachten. Auch die nach § 256 I StPO verlesenen Behörden- u. Ärzteerklärungen sind dort, da sie im Wege des Urkundenbeweises in das Verfahren eingeführt werden (LR-Gollwitzer § 256 RN 3, K/Meyer-Goßner § 256 RN 1), keine Aussagen. Anders ist es – auch hier abgesehen von § 186 GVG – dagegen im Zivilprozeß, soweit es dort unter Verzicht auf die Unmittelbarkeit auch vereinfachte Formen des Zeugen- u. Sachverständigenbeweises gibt. Kann nach § 411 ZPO ein dem mündlichen Gutachten gleichwertiges schriftliches Gutachten erstattet werden (vgl. BGHZ **6** 398), das zugleich Grundlage eines Eids sein kann (Berufung auf allgemein geleisteten Eid, Ladung zur mündlichen Verhandlung u. Vereidigung dort; vgl. MünchKomm ZPO-Damrau, § 411 RN 5 Stein/Jonas/Leipold, ZPO, 21. A., § 411 RN 5), so handelt es sich dabei auch um eine Aussage iS des § 153 (vgl. auch M-Schroeder II 253; and. München MDR **68**, 939, Otto JuS 84, 166, Rudolphi SK § 153 RN 2, Ruß LK § 153 RN 4, Vormbaum NK § 153 RN 7). Dasselbe gilt für die schriftliche Beantwortung von Beweisfragen durch einen Zeugen gem. § 377 III ZPO: Ist die ordnungsgemäße schriftliche Aussage hier kein Urkundenbeweis, sondern eine Zeugenaussage und muß der Zeuge deshalb auch iS des § 395 belehrt werden (vgl. zB Baumbach/Lauterbach/Hartmann, ZPO, 56. A., § 377 RN 9, 13, Stein/Jonas/ Berger § 377 RN 36, 45), so können gleichfalls keine Bedenken bestehen, darin zugleich eine Aussage iS des § 153 zu sehen. Daß die ursprüngliche Verknüpfung einer solchen Aussage mit einer eidesstattlichen Versicherung in § 377 aF nicht deshalb aufgegeben wurde, weil sie in der Sache ohnehin verfehlt war (geringere Strafdrohung des § 156 im Vergleich zu § 153!), sondern um den Zeugen bei einer späteren mündlichen Verhandlung nicht in eine – im Hinblick auf § 158 allerdings nur beschränkt bestehende – Zwangslage zu bringen (vgl. MünchKommZPO-Damrau § 377 RN 10), ändert daran nichts. Außerhalb des Zivilprozesses sind ferner zB schriftliche Aussagen vor parlamentarischen Untersuchungsausschüssen zugleich solche iS des § 153 (vgl. näher Wagner GA 76, 272). In allen diesen Fällen einer verfahrensrechtlich vollwertigen Aussage spricht gegen deren Einbeziehung in § 153 auch nicht das Erfordernis einer Aussage „vor" Gericht usw. (M-Schroeder II 253; and. Rudolphi SK § 153 RN 2, Vormbaum NK § 153 RN 7), da § 156 das gleiche Merkmal enthält, dort aber unbestritten auch schriftliche Erklärungen in Betracht kommen (für eine restriktive Zulassung auch hier allerdings Vormbaum NK § 156 RN 19). – Andererseits sind auch mündliche Erklärungen im Rahmen einer Beweisaufnahme nicht stets eine Aussage, so wenn das Gericht entgegen §§ 69 StPO, 396 ZPO den Zeugen lediglich die Richtigkeit einer ihm vorgelesenen früheren Aussage bestätigen läßt (vgl. RG **65** 273, JW **33**, 1729, Schneider GA 56, 340, Bruns GA 60, 178, Paulus aaO 453; and. RG **62** 147, BGH **16** 232 [unter Hinweis darauf, daß auch die Erklärung, das frühere Zeugnis sei richtig, dem Wortsinn nach eine Aussage sei, was zwar richtig ist, aber nichts daran ändert, daß die Prozeßordnungen solche „Aussagen" ebensowenig kennen wie zB, von den o. genannten Fällen abgesehen, schriftliche Zeugenaussagen] u. and zT auch Ruß LK 30). Unschädlich sind demgegenüber Bezugnahmen auf einzelne – gerichtliche oder außergerichtliche – Erklärungen, durch welche die Vernehmung nicht insgesamt ersetzt wird.

23 4. Anwendbar bleiben die §§ 153 ff. dagegen bei **sonstigen Verfahrensverstößen** (zB fehlerhafte Besetzung des Gerichts, Verstoß gegen § 169 GVG), und zwar nach h. M. auch dann, wenn dadurch die **Aussage unverwertbar** wird (zB BGH **10** 144 zur Vereidigung eines nach § 161 aF Eidesunfähigen [§ 60 Nr. 2 StPO aF], BGH **8** 186, 1461, MDR 12, 23 30, NJW **76**, 1441, MDR/D **51**, 537 für die Vereidigung eines Tatverdächtigen [§ 60 Nr. 2 StPO], BGH **8** 189, **10** 144, **17** 128, MDR/H **77**, 983, LM § 154 **Nr. 5**, wistra **99**, 261 für die Vereidigung trotz fehlender Belehrung über ein Zeugnis- oder Aussageverweigerungsrecht, RG **62** 147, BGH **16** 232, KG JR **78**, 77 m. Anm. Willms zu Verstößen gegen §§ 69, 241 II StPO, 396 ZPO [vgl. dazu aber auch o. 21], Düsseldorf NStZ-RR **96** 137 zu einer unzulässigen Vereidigung beider Parteien entgegen § 452 I 2 ZPO [dort wegen der Besonderheit des Falles dann jedoch verneint]; vgl. ferner zB Krey I 371, Lackner/Kühl 6, M-Schroeder II 250 f., Paulus aaO 453, Rengier II 334, Ruß LK 29, Tröndle/Fischer 11; zur Eidesunmündigkeit und fehlenden Verstandesreife vgl. u. 25 f.). Demgegenüber sollen nach einer Mindermeinung prozessual unverwertbare Aussagen von den §§ 153 ff. nicht mehr erfaßt sein, da ihre Berücksichtigung bei der Wahrheitsfindung den Zielen der Rechtspflege widerspreche und diese im Fall der Unwahrheit der Aussage daher auch nicht gefährdet werden könne (Rudolphi SK 34 f., GA 69, 129; vgl. auch Bruns GA 60, 177, Hruschka/Kässer JuS 72, 711; nach „Verantwortungsbereichen" differenzierend Otto II 492 f., JuS 84, 165, ferner Geppert Jura 88, 496, Vormbaum NK § 153 RN 32 ff., § 154 RN 36 ff., § 156 RN 17, aaO 267 ff.). Zuzustimmen ist im Grundsatz der h. M. Daß die Aussage unverwertbar ist, entbindet die Aussageperson usw. allenfalls von der Aussagepflicht, nicht aber von der eine solche nicht notwendig voraussetzenden Wahrheitspflicht, wenn sie dennoch aussagt (vgl. die Parallele bei den Zeugnisverweigerungsrechten). Denn damit, daß eine Aussage nicht verwertet werden darf, ist noch nicht sichergestellt, daß sie im Einzelfall nicht doch zur Entscheidungsgrundlage wird, da der Verfahrensmangel dem Gericht verborgen bleiben kann. Wegen dieser Möglichkeit muß deshalb die Wahrheitspflicht für die Aussageperson grundsätzlich auch dann bestehen bleiben, wenn ihre Aussage an sich nicht berücksichtigt werden darf; denn wird sie berücksichtigt und ist sie falsch, so führt sie zu einer materiell unrichtigen Entscheidung (zB Verurteilung des Angeklagten) und beeinträchtigt damit in gleicher Weise das Vertrauen in die Rechtspflege wie eine falsche, aber verwertbare Aussage. Schutzgut der §§ 153 ff. ist daher die Rechtspflege auch als tatsächliche, naturgemäß mangelhafte Erscheinung und nicht nur die prozeßordnungsgemäß verfahrende Rechtspflege (ebenso KG JR **78**, 78 m. Anm. Willms, Ruß LK 29). Besonders deutlich wird dies, wenn dem Gericht die Umstände, die den zur Unverwertbarkeit führenden Verfahrensfehler begründen, bei der Vernehmung noch nicht bekannt sein konnten, so zB wenn sich der Tatverdacht iS des § 60 Nr. 2 StPO und damit die Unverwertbarkeit des Eides erst nach der Vereidigung ergibt (vgl. zB BGH **23** 30, NJW **76**, 1461 m. Anm. Lenckner JR **77**, 74; zu § 60 Nr. 1 StPO vgl. ferner BGH **22** 266, zu § 60 Nr. 2 StPO aF BGH **20** 98; vgl. aber auch BGH **19** 113) oder wenn die Notwendigkeit einer Belehrung nach § 55 II StPO im Zeitpunkt der Vernehmung überhaupt noch nicht erkennbar war (iE wie die h.M. hier auch Otto aaO, Vormbaum NK § 156 RN 34, angesichts derselben Interessenlage dann allerdings widersprüchlich § 154 RN 39 zu § 60 Nr. 2 StPO). Im Zivilprozeß kommt hinzu, daß der zunächst zur Unverwertbarkeit führende Verfahrensmangel u. U. nach § 295 ZPO nachträglich wieder geheilt werden kann. Einzuschränken ist die h. M. nur insoweit, als solche Falschaussagen usw. nicht tatbestandsmäßig iS der §§ 153 ff. sein können, die unter offensichtlicher Verletzung rechtsstaatlicher Grundsätze erlangt worden sind (zB Verstoß gegen § 136 a StPO; vgl. Köln NJW **88**, 2486, Lackner/Kühl 6, Paulus aaO 453, Ruß LK 30, aber auch M-Schroeder II 251). Auch dies folgt dann freilich nicht aus der Unverwertbarkeit der Aussage, sondern daraus, daß die Wahrheitspflicht dort enden muß, wo die Inanspruchnahme des Bürgers für Zwecke der staatlichen Wahrheitsfindung unter Verletzung elementarer Rechtsprinzipien erfolgt (für eine Differenzierung nach der Schwere des Verstoßes auch Bruns GA **60**, 178; zu weitgehend jedoch Meinecke aaO 121 ff.: Straflosigkeit bei der Verletzung von Verfahrensnormen, die zumindest auch den Schutz der Aussageperson bezwecken).

Im übrigen sind Mängel bei der Vernehmung bzw. Vereidigung – zB Nichtbelehrung über ein **24** Zeugnisverweigerungsrecht, Vereidigung entgegen § 60 Nr. 2 StPO – **strafmildernd** zu berücksichtigen (vgl. BGH **8** 187, **17** 136, **23** 30, NJW **58**, 1832, **60**, 1962, **76**, 1471 m. Anm. Lenckner JR **77**, 74, NStE § 154 **Nr. 1**, GA **59**, 176, LM § 52 [aF] Nr. 8, MDR/D **53**, 19, StV **82**, 521, **86**, 341, **87**, 195, **88**, 427, **95**, 249, wistra **87**, 23, **93**, 258, **99** 261, BGHR § 154 Abs. 2 Vereidigungsverbot 2, Karlsruhe Justiz **93**, 262, Köln NJW **88**, 2487, Krey I 271 f., Lackner/Kühl 6, Ruß LK 31, Tröndle/Fischer § 154 RN 27). Dies gilt unabhängig von einem strafbaren Vernehmenden, weshalb zB für den nach § 154 strafbaren Zeugen ein Strafmilderungsgrund wegen Nichtbelehrung gem. § 55 II StPO oder wegen Nichtbeachtung des § 60 Nr. 2 StPO auch dann vorliegt, wenn der Tatverdacht erst später auftaucht (BGH **23** 30, NJW **58**, 1832, **76**, 1461 m. Anm. Lenckner JR **77**, 74, NStE § 154 **Nr. 1**, StV **87**, 195, **95**, 249, wistra **93**, 258, Hamburg JR **81**, 158 m. Anm. Rudolphi, Hamm MDR **77**, 1034, Ruß LK 31, Vormbaum NK § 154 RN 54; and. BGH **19** 113). Auch steht eine Verletzung des § 60 Nr. 2 StPO einer Strafmilderung nicht deshalb entgegen, weil sich der Täter nicht auf § 55 StPO berufen, sondern allein in Strafvereitelungsabsicht gehandelt hat (BGH StV **82**, 521). Ausgeschlossen ist eine Strafmilderung bei Nichtbelehrung über ein Zeugnis- oder Aussageverweigerungsrecht aber dann, wenn der Zeuge auch im Fall der Belehrung ausgesagt hätte (BGH NJW **58**, 1832, JR **81**, 248 m. Anm. Bruns, NStZ/D **91**, 478, Lackner/Kühl § 154 RN 16, Ruß LK 31). Liegen neben dem prozessualen Verstoß die Voraussetzungen des § 157 vor, so kommt eine Strafmilderung unter beiden Gesichtspunkten in Betracht (BGH **8** 190, NJW **58**, 1832, **88**, 2391, NStZ **84**, 134, **91**, 280, NStZ/D **91**, 478, NStE § 154 **Nr. 4**, wistra **87**, 23, Stuttgart NJW **78**, 711, AG Köln MDR **83**, 864; vgl. auch § 154 RN 17, § 157 RN 12). Für den Teilnehmer gilt in diesem Fall zwar nicht § 157, wohl aber muß auch ihm der aus dem prozessualen Verstoß sich ergebende und auf einer Unrechtsminderung beruhende Strafmilderungsgrund zugute kommen (Krümpelmann/Hensel JR **87**, 40, Lenckner JR **77**, 77, iE auch Rudolphi SK § 154 RN 12; and. BGH **19** 113, NJW **76**, 1461 [Verletzung des § 60 Nr. 2 StPO]).

5. Keinen strafbaren Meineid kann begehen, wer noch **nicht eidesmündig** ist, d. h. das 16. Le- **25** bensjahr noch nicht vollendet hat (RG **4** 33, **7** 279, **25** 31, **28** 89, Arzt/Weber V 102, Hruschka/Kässer JuS **72**, 709, Krey I 272, M-Schroeder II 251, Quedenfeld JZ **73**, 238, Rengier II 330, Rudolphi SK § 154 RN 8, GA **69**, 140, Vormbaum NK § 154 RN 38, W-Hettinger 754; and. RG **36** 284, BGH **10** 144, Bockelmann II/3 S. 15, Deichmann 109 ff., Lackner/Kühl § 154 RN 2, Ruß LK § 154 RN 10, Tröndle/Fischer 5). Dies folgt zwar nicht daraus, daß solche Personen nicht vereidigt werden dürfen (§§ 60 Nr. 1 StPO, 393, 455 ZPO) und ein dennoch abgenommener Eid unverwertbar ist (so jedoch Rudolphi aaO [gegen diesen Quedenfeld aaO], iE auch Vormbaum aaO), wohl aber daraus, daß bei einem Eidesunmündigen nach den Prozeßgesetzen das Verständnis vom Wesen und der Bedeutung des Eides kraft unwiderleglicher Vermutung als ausgeschlossen anzusehen ist. Ob eine solche nicht berechtigt ist, nachdem der Meineid seinen Charakter als Sakraldelikt verloren hat (so der Einwand von Ruß aaO), ist eine andere Frage. Solange sie jedoch für das Prozeßrecht besteht, muß sie auch für das Strafrecht gelten, mit der Folge, daß mangels Bedeutungskenntnis (vgl. § 15 RN 40, 43 f.) bereits der Vorsatz des § 154, jedenfalls aber die gem. § 3 JGG

erforderliche Einsichtsfähigkeit ausgeschlossen ist (vgl. Quedenfeld aaO). Dies schließt nicht aus, daß der versehentlich vereidigte Eidesunmündige nach § 153 bestraft werden kann, sofern die Voraussetzungen des § 3 JGG erfüllt sind; nur eine Bestätigung dieser Auffassung – wenngleich bei Anwendung des Jugendstrafrechts ohne praktische Bedeutung – ist auch die Regelung des § 157 II (Quedenfeld aaO). Dasselbe wie bei § 154 gilt für § 156 (vgl. dort RN 3).

26 Entsprechendes gilt für Personen, die nach den Prozeßgesetzen nicht vereidigt werden dürfen, weil sie wegen des auf bestimmten geistigen Mängeln beruhenden Fehlens einer hinreichenden Vorstellung vom Wesen und der Bedeutung des Eides **eidesunfähig** sind (vgl. §§ 393 ZPO, 60 Nr. 1 StPO, wobei die dort zT unterschiedliche Umschreibung der fraglichen Mängel in der Sache ohne nennenswerte Bedeutung sein dürfte; zur Verteidigung einer eidesunfähigen Partei, wo trotz des Fehlens einer dem § 393 ZPO entsprechenden Regelung in § 455 II dasselbe gelten muß, vgl. MünchKomm ZPO-Schreiber § 455 RN 2, Stein/Jonas/Leipold[21] § 452 RN 14). Auch hier fehlt es bereits am Vorsatz, jedenfalls an der Einsichtsfähigkeit iS des § 20 bzw. des § 3 JGG. Die Frage der Eidesunfähigkeit hat der Strafrichter selbständig zu beurteilen; er kann sie daher auch verneinen, wenn sie von dem Richter, der den Eid abgenommen hat, bejaht worden ist. Ohne Bedeutung ist dagegen die fehlende Prozeßfähigkeit als solche beim Meineid der Partei (vgl. § 455 II ZPO). Zur eidesstattlichen Verrichtung vgl. § 156 RN 3.

27 VIII. Der **Vorsatz** iS der §§ 153 ff. muß sich übereinstimmend auf die Unwahrheit der (uneidlichen, eidlichen oder mit einer eidestattlichen Versicherung versehenen) Aussage beziehen, ferner auf die Zuständigkeit der Stelle, vor der sie erfolgt. Bedingter Vorsatz genügt (zT and. Arzt aaO 391 ff.; vgl. auch u. 29).

28 1. Erforderlich ist deshalb zunächst der Vorsatz, etwas **Unwahres auszusagen** oder etwas **Wesentliches zu verschweigen.** Im einzelnen gilt folgendes:

29 a) Bei **positiven Angaben** liegt Vorsatz insoweit zunächst vor, wenn der Täter mehr oder weniger sicher weiß, daß diese objektiv falsch sind. Vom Standpunkt der objektiven Theorie (o. 4 ff.) aus bedeutet dies bei einer Divergenz zwischen Wissen und – je nach Aussagegegenstand äußerer oder innerer – Wirklichkeit im einzelnen: Glaubt der Täter, der etwas objektiv Falsches aussagt, dies sei wahr, so handelt er gem. § 16 unvorsätzlich; in den Fällen der §§ 154, 156 kommt lediglich eine Bestrafung nach § 163 in Betracht (zur subjektiven Theorie vgl. o. 4 ff.), während eine solche im Fall des § 153 stets ausgeschlossen ist. Glaubt der Täter umgekehrt bei einer objektiv wahren Aussage, diese sei unwahr, so liegt Versuch vor (RG **61** 159; vgl. auch BGH **3** 226; and. die subjektive Theorie: Vollendung), der jedoch nur im Fall des § 154 strafbar ist. Hat der Täter an der Richtigkeit seiner Darstellung Zweifel, so ist viel darauf an, ob er nach der objektiven Theorie schon nicht falsch, wenn er die Unrichtigkeit seiner Aussage aus Gleichgültigkeit in Kauf nimmt (vgl. § 15 RN 84; vgl. aber auch Arzt aaO 392 ff., dessen Einwände gegen den bedingten Vorsatz bei den §§ 153 ff. jedoch auf einer unzutreffenden Gleichsetzung des bedingten Vorsatzes zur Falschaussage mit dem „Quasi-Vorsatz, richtig auszusagen", beruhen).

30 Erforderlich ist ferner das Bewußtsein, daß es sich bei den falschen Angaben um solche handelt, die zum *wahrheitspflichtigen Inhalt* (o. 9 ff.) der Aussage gehören (vgl. RG **61** 429, BGH **1** 150, **4** 214, Lackner/Kühl § 153 RN 5, Rudolphi SK § 153 RN 5, Ruß LK § 153 RN 15; and. [Verbotsirrtum] BGH **14** 350, Bockelmann II/3 S. 12). Tatbestandsirrtum liegt daher vor, wenn der Täter irrig davon ausgeht, Angaben zur Person fielen nicht unter die Wahrheitspflicht (vgl. RG **60** 407, BGH **4** 214), oder wenn er fälschlich glaubt, daß seine unwahren Angaben nicht zum Vernehmungsgegenstand gehören. Im Fall des umgekehrten Irrtums liegt Versuch vor (BGH **25** 246 m. Anm. Demuth NJW 74, 757 u. Rudolphi JR 74, 293; and. BGH **14** 350: Wahndelikt; ein solches ist jedoch nur anzunehmen, wenn der Täter glaubt, die Wahrheitspflicht erstrecke sich auch auf Umstände, die nicht Vernehmungsgegenstand sind). Unerheblich ist dagegen der Irrtum über die Entscheidungserheblichkeit der fraglichen Tatsache, da es auf die Unterscheidung zwischen wesentlichen und unwesentlichen Punkten der Aussage für den objektiven Tatbestand nicht ankommt (o. 15). Etwas anderes gilt hier nur, wenn der Täter irrig annimmt, daß der fragliche Punkt, weil er unwesentlich sei, auch nicht zum Gegenstand der Vernehmung gehört (vgl. RG **61** 432, JW **38**, 2196). Zum Ganzen vgl. auch Schlüchter, Irrtum über normative Tatbestandsmerkmale im Strafrecht, 1983, 126 ff.

31 b) Beim **Verschweigen** muß der Täter wissen, daß der fragliche Umstand zum Vernehmungsgegenstand gehört und daß er in dem o. 16 genannten Sinn erheblich ist. Daher kommt in den Fällen der §§ 154, 156 nur § 163 in Betracht, wenn der Täter glaubt, die verschwiegene Tatsache falle nicht unter das Beweisthema oder sei unerheblich (RG JW **38**, 2196, DR **39**, 1066, BGH **1** 152, **2** 92), während der umgekehrte Irrtum im Fall des § 154 strafbarer Versuch ist (vgl. BGH **3** 226; vgl. aber auch BGH **14** 350: Wahndelikt.

32 2. Da die **Zuständigkeit** der die Aussage usw. entgegennehmenden Stelle nicht nur objektive Strafbarkeitsbedingung, sondern unrechtsbegründend und damit Tatbestandsmerkmal der §§ 153 ff. ist, muß sich der Vorsatz auch auf diese beziehen (vgl. RG **65** 208, BGH **1** 15, **3** 253, **24** 38, NJW **53**, 995, OGH **2** 88 m. Anm. Mezger SJZ 49, 711 u. Weber MDR 50, 119, Rudolphi SK § 153 RN 6, Ruß LK § 153 RN 15, § 156 RN 5, Tröndle/Fischer § 153 RN 5, § 156 RN 15, Vormbaum NK § 153 RN 101; vgl. auch BGH **10** 8; and. Karlsruhe NJW **51**, 414 [zu § 156], ferner Krey I 235,

Niese NJW 49, 812, Welzel JZ 52, 135). Tatbestandsirrtum (§ 16) liegt daher zunächst vor, wenn der Täter die die Zuständigkeit begründenden Tatsachen nicht kennt; umgekehrt handelt es sich um einen – freilich nur im Fall des § 154 strafbaren – Versuch, wenn er irrig solche Umstände annimmt (vgl. § 154 RN 15). Vorsatzausschließend ist ferner auch hier der Bedeutungsirrtum (vgl. BGH **3** 255 gegen BGH **1** 13; zur Bedeutungskenntnis vgl. § 15 RN 40, 43 f.; vgl. dazu auch Schlüchter aaO [o. 30] 125 f. u. krit. zum Ganzen Frisch, A. Kaufmann – GedS 337 f.). Hält der Täter freilich die Stelle aus falschen rechtlichen Erwägungen für unzuständig, so dürfte es sich meist nur um einen Subsumtionsirrtum handeln, der lediglich als Verbotsirrtum von Bedeutung sein kann; zum umgekehrten Fall des Wahndelikts vgl. § 154 RN 15.

IX. Täterschaft und Teilnahme. Die §§ 153 ff. enthalten, wie sich aus § 160 ergibt, eigen- 33 händige Delikte (zB Lackner/Kühl 7, M-Schroeder II 263, Ruß LK 7, Vormbaum NK § 153 RN 111; vgl. auch Rudolphi SK 9). **Täter** kann daher nur sein, wer selbst falsch aussagt, schwört usw. Ausgeschlossen ist daher mittelbare Täterschaft (vgl. RG **61** 201 zu § 154, RG HRR **40** Nr. 1323 zu § 156; vgl. auch § 25 RN 45 – 48), an deren Stelle jedoch § 160 in Betracht kommt. Ebenso ist Mittäterschaft unmöglich (vgl. RG **37** 32 zu § 156), und zwar bei § 156 auch dann, wenn ein und dieselbe schriftliche Erklärung von mehreren unterzeichnet wird (vgl. Ruß LK § 156 RN 27, Vormbaum NK § 156 RN 62; and. Tröndle/Fischer § 156 RN 16).

Dagegen ist **Teilnahme** nach allgemeinen Regeln möglich. Vollendete *Anstiftung* liegt auch vor, 34 wenn der Zeuge mit seinen unwahren Angaben hinter der vom Anstifter gewünschten Falschaussage zurückbleibt (BGH LM § 154 Nr. 1, Ruß LK § 154 RN 13; vgl. auch § 26 RN 22); dagegen kommt nur versuchte Anstiftung (§§ 30, 159) in Betracht, wenn die tatsächlich gemachte Falschaussage, gemessen an der Vorstellung des Anstifters, als ein aliud erscheint (vgl. den von Ruß aaO genannten Fall in BGH 1 StR 145/59 v. 12. 5. 1959, ferner Heinrich JuS 95, 1117). Ist die Anstiftung auf einen Meineid gerichtet, kommt es aber nur zu einer uneidlichen Falschaussage, so ist wegen vollendeter Anstiftung zu § 153 in Tateinheit mit versuchter Anstiftung zu § 154 zu verurteilen (BGH **9** 131 [gegen BGH **1** 131], Ruß LK § 154 RN 12, Vormbaum NK § 154 RN 51). Bezog sich umgekehrt der Anstiftervorsatz nur auf eine uneidliche Falschaussage, soll dann aber der Zeuge, für den Anstifter unerwartet, doch vereidigt werden, so muß für die §§ 154, 26 eine entsprechende weitere Anstiftung hinzukommen; daß der Anstifter gegenüber dem Zeugen sich lediglich schweigend verhält, genügt dafür nur, wenn es sich dabei um ein beredtes Schweigen handelt, durch das der Zeuge zu dem Meineid bestimmt wird und bestimmt werden soll (vgl. BGH NStZ **93**, 489). Eine *Beihilfe* kann sowohl darin bestehen, daß der Entschluß des Täters zur Begehung eines Aussagedelikts gefördert wird, als auch darin, daß die äußeren Umstände für die Begehung des bereits selbständig zur Tat entschlossenen Täters günstiger gestaltet oder Hindernisse aus dem Weg geräumt oder ferngehalten werden (vgl. RG **72** 22, **74** 285, BGH **2** 129, aber auch Heinrich aaO 1118 f.). Beihilfe kann danach zB vorliegen, wenn der Beklagte dem zum Meineid entschlossenen Zeugen zu verstehen gibt, daß er selbst die fragliche Tatsache abgestritten habe und weiter bestreiten werde (vgl. BGH aaO; vgl. auch RG **72** 20, BGH VRS **83** 185). Keine Beihilfe begeht dagegen, wer lediglich eine an sich neutrale und auch ohne nachfolgende Falschaussage sozial sinnvoll bleibende Situation schafft, über die der Täter dann unwahre Angaben macht (and. jedoch, wenn das fragliche Handeln nur im Hinblick auf die Falschaussage Sinn hat, so wenn einem Prüfungskandidaten, der die Selbständigkeit der Arbeit eidesstattlich zu versichern hat, bei deren Anfertigung geholfen wird; vgl. auch RG **75** 112, M-Schroeder II 263, Meyer-Arndt wistra 89, 283, 287, Vormbaum NK § 156 RN 62). Im übrigen ergeben sich **Sonderprobleme bei der Teilnahme** an Aussagedelikten in folgender Hinsicht:

1. Zweifelhaft ist zunächst, inwieweit **Prozeßhandlungen** und sonstige Äußerungen eines Verfah- 35 rensbeteiligten im Prozeß eine strafbare Teilnahme durch **aktives Tun** sein können.

a) Bei **prozeßordnungsgemäßen** Handlungen ist dies, selbst wenn damit an sich zugleich die 36 tatbestandlichen Voraussetzungen einer Teilnahme erfüllt sein sollten (vgl. dazu Brammsen StV 94, 137 f.), jedenfalls deshalb zu verneinen, weil sub specie Rechtsgut der §§ 153 ff. (o. 2) strafrechtlich nicht verboten – genauer: nicht rechtswidrig – sein kann, was prozessual zulässig ist (vgl. zB Heinrich JuS 95, 1116, Otto II 500, Rudolphi SK 48, Vormbaum NK § 153 RN 112; vgl. auch Brammsen aaO 139 [Notwendigkeit einer umfassenden Gesamtabwägung], Prittwitz StV 95, 272 ff. [Tatbestandsbegrenzung]). Schon deshalb ist – da nach § 138 ZPO noch zulässig – das Benennen eines Zeugen im *Zivilprozeß* auch dann keine strafbare Teilnahme, wenn die Partei über die Wahrheit ihrer Behauptungen im Ungewissen ist (Rudolphi SK 50, Ruß LK § 154 RN 16 a; vgl. auch BGH **4** 328). Das gleiche gilt im *Strafprozeß* für die nach § 257 StPO zulässige Weigerung des Angeklagten, sich zur Richtigkeit einer (falschen) Zeugenaussage zu äußern, auch wenn der Zeuge dadurch in seinem Entschluß zu einem Meineid bestärkt wird (Rudolphi SK 49, Ruß LK § 154 RN 16; vgl. auch BGH NJW **58**, 956, MDR/D **74**, 14). Darüber hinaus ist hier zu beachten, daß es im Strafprozeß eine Wahrheitspflicht für den Beschuldigten nicht gibt und daß eine solche daher auch nicht indirekt über das Strafrecht begründet werden kann (BGH NJW **58**, 956). Schon deshalb ist das Leugnen des Angeklagten keine strafbare Teilnahme an der dadurch verursachten falschen Zeugenaussage, ebensowenig eine falsche Einlassung, wenn der Zeuge aus der durch die Einlassung bestimmten Art seiner Vernehmung schließen kann, daß seine (falsche) Aussage mit der des Angeklagten übereinstimmt (BGH NJW **58**, 956, Rudolphi SK 49, Ruß LK § 154 RN 16). Weil der Angeklagte im Strafprozeß nicht zur Mitwirkung an der Wahrheitsfindung verpflichtet ist, sind die Grenzen seines Rechts auf Selbstverteidigung aber auch dann noch nicht überschritten, wenn er einen Zeugen benennt, von dem er annimmt, daß er falsch aussagen werde (vgl. Hamm NStZ **93**, 82, LG Münster StV **94**, 134 jeweils m. Anm. Brammsen StV 94, 135 u. zu Hamm auch Seebode ebd. S. 83, Tenter wistra 94, 247, ferner zB Heinrich aaO 1117, Otto II 500, Prittwitz StV 95, 272 ff., Scheffler GA 93, 349, Vormbaum NK § 153 RN 112). Verlassen ist dieser dem Angeklagten zustehende Selbstschutzbereich vielmehr erst beim Hinzukommen weiterer Umstände, so wenn er die Tat mit dem Zeugen verabredet, diesen in seinem bereits gefaßten Entschluß bestärkt oder ihm zu verstehen gibt, seine Falschaussage würde gedeckt (Hamm aaO mwN).

37 b) Aber auch bei **prozeßordnungswidrigem** Verhalten, das zu einer Falschaussage führt, kann nicht ohne weiteres eine Teilnahme angenommen werden. Hier kommt es darauf an, ob deren tatbestandliche Voraussetzungen im Einzelfall erfüllt sind. Zu verneinen ist dies zB, wenn durch bewußt wahrheitswidriges Bestreiten im Zivilprozeß der Gegner zum Antritt eines Zeugenbeweises genötigt wird und die bestreitende Partei davon ausgeht, daß der Zeuge die Unwahrheit sagen werde. Dies folgt schon daraus, daß das bloße Schaffen einer den Tatbestandschluß auslösenden Situation keine Anstiftung (vgl. § 26 RN 4), aber – da hier nur eine psychische Unterstützung in Betracht kommt, die ebenfalls einen „geistigen Kontakt" zwischen den Beteiligten voraussetzt – auch keine Beihilfe ist (and. Brammsen StV 94, 138). Auch wäre die Verneinung einer Beihilfe durch Unterlassen in solchen Fällen (vgl. BGH **17** 321 und u. 39) gegenstandslos, wenn bereits eine Teilnahme durch positives Tun anzunehmen wäre. Eine solche kommt hier nur in Betracht, wenn die bestreitende Partei den Zeugen vor oder bei seiner Vernehmung wissen läßt, daß sie ihn im Fall einer Falschaussage nicht verraten werde (BGH **17** 329; vgl. auch BGH **2** 132, wonach dafür schon die Fortsetzung eines ehebrecherischen Verhältnisses genügen soll). Anstiftung ist ferner möglich, wenn die Partei für eine bewußt falsche Behauptung einen Zeugen benennt und dieser durch die in der Ladung mitgeteilte unwahre Beweisbehauptung zugleich zu einer entsprechenden Falschaussage bestimmt werden soll (vgl. BGH NJW **54**, 1818, Bockelmann NJW 54, 699, Ruß LK § 154 RN 16 a; vgl. auch BGH **75** 273; and. BGH 4 StR 306/55 [b. Ruß aaO], Otto JuS 84, 169, Rudolphi SK 51, Vormbaum NK § 153 RN 112 u. krit. auch Heinrich JuS 95, 1117 FN 22). Das gleiche gilt zB, wenn sich der Angeklagte während der Beweisaufnahme mit der Erklärung, der anwesende Zeuge könne seine (falschen) Angaben bestätigen, zugleich erkennbar an diesen wendet (Vormbaum NK aaO).

38 2. Eine **Beihilfe durch Unterlassen** setzt das Bestehen einer Rechtspflicht iS des § 13 zur Verhinderung der Falschaussage usw. voraus. Unstreitig ergibt sich eine solche für die Partei nicht schon aus der *Wahrheitspflicht* des § 138 ZPO (vgl. BGH **2** 134, **4** 329, **6** 323, Köln NStZ **90**, 594, Bockelmann NJW 54, 699, Lackner/Kühl 7, Ruß LK § 154 RN 17 a; and. noch BGH **70** 82). Deshalb ist sie zB auch nicht zur Verhinderung des Meineids eines Zeugen verpflichtet, der ihrem Anwalt eine falsche Sachdarstellung gegeben und sich zu deren Beweis als Zeuge angeboten hat, und zwar auch dann nicht, wenn sie bei der Zeugenvernehmung zugegen ist und zuvor eine Durchschrift des den unrichtigen Sachvortrag mit Beweisantrag enthaltenden Schriftsatzes erhalten hatte (Köln aaO). Ebensowenig ergibt sich eine solche Pflicht für den Anwalt aus seiner *Standespflicht* (BGH **4** 331; vgl. auch BGH MDR/D **57**, 267). Auch aus der *Ehe* oder einer eheähnlichen Gemeinschaft folgt keine entsprechende Hinderungspflicht (zur letzteren Düsseldorf NJW **94**, 272; vgl. auch § 13 RN 21, 25, 53), im ersten Fall auch dann nicht, wenn die eheliche Lebensgemeinschaft tatsächlich besteht (offengelassen in BGH **6** 322). Das gleiche gilt für sonstige *Verwandtschaftsverhältnisse* (KG JR **69**, 28 m. Anm. Lackner, wobei aber entgegen KG auch dann nichts anderes gelten kann, wenn der erwachsene (!) Sohn zum Schutz seines angeklagten Vaters falsch aussagt). Eine Pflicht zum Einschreiten ergibt sich hier vielmehr nur, soweit eine *Aufsichtspflicht* gegenüber dem Aussagenden besteht (zB Eltern gegenüber dem minderjährigen Kind; vgl. § 13 RN 21, 52, ferner 105 vor § 25), wobei diese Pflicht durch den Gesichtspunkt der Unzumutbarkeit begrenzt sein kann (vgl. § 13 RN 155 f.), wenn der Angeklagte als Pflichtige die drohende Falschaussage nur dadurch verhindern könnte, daß er die Wahrheit sagt (vgl. Vormbaum NK § 153 RN 114). Keine iS der §§ 153 ff. relevante Hinderungspflicht ergibt sich schließlich aus der gegenüber dem Mandanten bestehenden *Treuepflicht* des Anwalts, der erkennt, daß der von der Gegenseite benannte Zeuge zu deren Gunsten falsch aussagt (and. Ruß LK § 154 RN 19 mwN); hier kommt vielmehr nur § 266 in Betracht.

39 Zweifelhaft ist in diesem Zusammenhang die Reichweite des Gesichtspunkts der **Ingerenz** (zu dieser vgl. § 13 RN 32 ff. u. zum gegenwärtigen Meinungsstand im vorliegenden Zusammenhang Bartholme JA 98, 204 ff., Heinrich JuS 95, 1119 f.). Die Rspr. war ursprünglich in der Annahme einer pflichtbegründenden Vorhandlung sehr weit gegangen, indem schon das unwahre Bestreiten im Zivilprozeß als eine solche angesehen wurde (daher zB Beihilfe zum Meineid durch Unterlassen, wenn die Partei den Meineid des auf Grund ihres unwahren Bestreitens vernommenen Zeugen nicht verhinderte, vgl. RG **75** 271, BGH **3** 18; vgl. auch RG **74** 285); Entsprechendes sollte für den Beschuldigten im Strafprozeß gelten (BGH MDR/D **53**, 272). Erst auf die Kritik des Schrifttums (vgl. insbes. Maurach DStR 44, 1, Bockelmann NJW 54, 697) wurden die Anforderungen verschärft (vgl. bereits BGH **1** 27 f.), wobei heute eine pflichtbegründende Vorhandlung im Anschluß an Maurach aaO nur noch dann angenommen wird, wenn die Partei usw. die Aussageperson in eine „prozeßunangemessene, besondere Gefahr der Falschaussage" gebracht hat (BGH **4** 329, NJW **54**, 1818, **58**, 956, Düsseldorf NJW **94**, 272, Hamm NStZ **93**, 82 m. Anm. bzw. Bspr. Seebode,

Brammsen StV 94, 135 u. Tenter wistra 93, 247, Köln NJW **57**, 34; vgl. auch BGH **14** 230 m. Anm. Deubner NJW 60, 1916, **17** 321, NStZ **93**, 489, Bremen NJW **57**, 1246, Köln NStZ **90**, 594, LG Göttingen NJW **54**, 731). Verneint wird dies im Zivilprozeß, wenn die Partei bzw. ihr Anwalt für eine wahre oder doch für wahr gehaltene Behauptung einen *Zeugen benennt* (BGH **4** 329), und zwar auch dann, wenn sie später erkennt, daß dieser einen Meineid leisten wird (BGH MDR/D **57**, 267; vgl. auch Lackner JR **69**, 29). Dagegen soll die Partei zur Verhinderung eines Meineids verpflichtet sein, wenn der von ihr lediglich zu einer uneidlichen Falschaussage angestiftete Zeuge auf Antrag des eigenen Prozeßbevollmächtigten diese beschwören soll (BGH NStZ **93**, 489). Im Strafprozeß ergibt sich nach der Rspr. wegen der besonderen Rechtsstellung des Angeklagten eine Pflicht zum Einschreiten zwar nicht schon aus der Benennung eines Zeugen, von dem der Angeklagte weiß, daß er falsch aussagen wird (LG Münster StV **94**, 134 m. Anm. Brammsen), wohl aber im Hinblick auf die hier bestehende Zwangslage, wenn ein bisher unbekannter Mittäter als Entlastungszeuge benannt wird (Hamm NStZ **93**, 82 m. Anm. bzw. Bspr. o.; vgl. auch Düsseldorf NJW **94**, 272). – Wahrheitswidriges *Bestreiten* der Partei im Zivilprozeß führt nach der neueren Rspr. nur dann zu der Pflicht, die Falschaussage bzw. den Meineid des infolge des Bestreitens vernommenen Zeugen zu verhindern, wenn besondere Umstände hinzukommen (vgl. BGH **17** 321 unter Aufgabe von BGH **3** 18). Solche wurden zB darin gesehen, daß die Partei während eines Scheidungsprozesses das ehewidrige Verhalten mit dem Zeugen fortsetzt und intensiviert und diesen dadurch in besonderer Weise der Versuchung zu einer Falschaussage aussetzt (BGH **2** 134, **14** 230 [zusätzliche Versuchung durch Heiratsversprechen]; vgl. auch BGH **4** 219) oder daß sie den Zeugen durch schlüssiges Verhalten in Sicherheit wiegt, sie werde ihn nicht durch widersprechende Angaben in Schwierigkeiten bringen (BGH **14** 231; doch kommt hier bereits positives Tun in Betracht); vgl. auch BGH **1** 28, wo die Gefahr für die eigene Ehe der Ehebruchszeugin als ausreichend angesehen wurde. Nicht genügend ist dagegen nach BGH **4** 330 das eigene wirtschaftliche Interesse des Zeugen am Ausgang des Prozesses, ebensowenig nach BGH NJW **53**, 1399 die Erklärung, der vom Gegner benannte Zeuge möge vernommen werden (vgl. auch BGH **17** 322). Zur Rspr. vgl. im übrigen auch Scheffler GA 93, 342 ff.

Auch diese neuere Rspr. ist jedoch noch zu weitgehend (vgl. zB auch Heinrich JuS 98, 1119 f., Krey I 278, Lackner/Kühl 7, Prittwitz StV 95, 274, Rudolphi SK 52, Scheffler GA 93, 348, Schünemann, Grund und Grenzen der unechten Unterlassungsdelikte [1971] 199 ff., Tenter wistra 94, 247, Vormbaum NK § 153 RN 119, aaO 285 ff., Welp, Vorangegangenes Tun als Grundlage einer Handlungsäquivalenz der Unterlassung [1968] 307 ff.; krit. zur Brauchbarkeit der Formel der „prozeßinadäquaten, besonderen Gefahr" zB Bockelmann NJW 54, 700, Ruß LK § 154 RN 17 a). Vielmehr ist die Möglichkeit einer Beihilfe zu einem Aussagedelikt durch Unterlassen durch das Zusammenwirken zweier Grundsätze begrenzt: Einmal dadurch, daß das vorangegangene Tun über seine Gefährlichkeit hinaus gerade in im Hinblick auf die Möglichkeit einer Falschaussage auch pflichtwidrig sein muß (vgl. § 13 RN 35, ferner zB Bartholme JA 98, 207, Heinrich aaO, Rengier II 344, Rudolphi SK 53; and. Hamm NStZ **93**, 82 m. Anm. bzw. Bspr. Seebode, Brammsen StV 94, 135, Tenter aaO), weshalb die trotz der erwarteten Falschaussage prozessual zulässige Benennung eines bisher unbekannten Mittäters (vgl. auch o. 36) nicht zugleich eine Garantenpflicht begründen kann (so aber Hamm aaO); zum andern dadurch, daß eigene Pflichten auch und die Möglichkeit einer Pflichtwidrigkeit grundsätzlich dort enden, wo ein fremder Verantwortungsbereich beginnt (vgl. dazu 101 ff. vor § 13, § 15 RN 148 ff. u. so zB auch Bartholme aaO, Heinrich aaO). Im vorliegenden Zusammenhang bedeutet dies: Da allein die Aussageperson für ihre Aussage verantwortlich ist (vgl. dazu auch BGH **4** 330) und dies auch bleibt, wenn sie einer „prozeßinadäquaten" Versuchung zu einer falschen Aussage ausgesetzt wird (vgl. Bockelmann aaO), kann eine der in dieser Situation führende Vorhandlung der Partei usw. nicht „pflichtwidrig" iS der Ingerenz sein (vgl. iE weitgehend auch Prittwitz aaO, Scheffler aaO, Seebode aaO, Tenter aaO; and. Brammsen aaO [aktives Tun]). Auch eine Beihilfe durch Unterlassen ist daher nicht schon unter den von der Rspr. angenommenen Voraussetzungen, sondern nur in besonderen Ausnahmefällen möglich. In Betracht kommt dies zB, wenn die Partei usw. einen nicht erkennbar geisteskranken Zeugen benennt, von dessen Krankheit sie weiß und der dann falsch aussagt, aber wohl noch nicht in den von Ruß LK § 154 RN 17 a angenommenen Fällen einer starken persönlichen Abhängigkeit des Zeugen und auch nicht dessen Verstrickung in das Tatgeschehen mit der daraus resultierenden Zwangslage (and. Hamm NStZ **93**, 82 m. Anm. bzw. Bspr. o. 39). Im übrigen verliert das Problem der Beihilfe durch Unterlassen an praktischer Bedeutung, wenn beachtet wird, daß häufig schon ein positives Tun vorliegt (vgl. dazu die Analyse der Rspr. durch Bockelmann NJW 54, 699; zur Abgrenzung von Tun oder Unterlassen in diesem Zusammenhang vgl. Ebert JuS 70, 404).

3. Aus der **objektiven Theorie** (o. 4 ff.) ergeben sich für die Teilnahme folgende **Konsequenzen**: **41** Sagt der Täter etwas objektiv Wahres aus, das er für falsch hält (o. 29), so ist die Beteiligung eines Dritten im Fall des § 154 als Anstiftung oder Beihilfe zum Versuch strafbar (and. die subjektive Theorie: Teilnahme an vollendeter Tat). Im Fall der §§ 153, 156 ist der Anstifter nach § 159 strafbar (obwohl der Täter hier selbst straflos ist; vgl. § 159 RN 4), während die Beihilfe zum (straflosen) Versuch der Haupttat straflos ist (and. in beiden Fällen die subjektive Theorie: Teilnahme an vollendeter Tat). Kennt der Teilnehmer freilich die Wahrheit der Aussage, so bleibt er straflos, weil ihm hier der Vollendungswille (untauglicher Versuch) fehlt (and. die subjektive Theorie, vgl. Gallas GA 57, 322). Zu übereinstimmenden Ergebnissen gelangen objektive und subjektive Theorie dagegen im umgekehrten Fall, wenn der Täter, der etwas objektiv Falsches aussagt, dies für wahr hält: Hier kann ein Dritter, der dies weiß, nur im Fall des Verleitens nach § 160 bestraft werden; geht er dagegen irrtümlich davon aus, der Täter sei bösgläubig, so ist eine strafbare Beteiligung nur in der Form der versuchten Anstiftung (§§ 30, 159) möglich (vgl. § 159 RN 6).

42   **4.** Die für die Aussageperson bestehende prozessuale Wahrheitspflicht ist **kein besonderes persönliches Merkmal** iS des § 28 I (vgl. Grünwald, A. Kaufmann-GedS 563, Ruß LK 7; and. Deichmann 57 ff., 95 ff., 126 ff., Herzberg GA 91, 182, Rudolphi SK 9, Vormbaum NK § 153 RN 111, aaO 282 ff.). Daß nur für den Zeugen usw. selbst eine Wahrheitspflicht besteht, beruht ausschließlich auf rechtsgutsbezogenen Erwägungen, da nur er mögliches Beweismittel bei der Wahrheitsermittlung ist, weshalb auch nur er in dieser Eigenschaft die tatsächliche Möglichkeit eines Angriffs auf die Rechtspflege hat. Daß die Wahrheitspflicht insofern höchstpersönlich ist, als sie nur von der Aussageperson selbst erfüllt werden kann, ändert daran nichts; das Moment einer besonderen *personalen* Pflichtverletzung, wie es etwa bei Amtsdelikten die Anwendung des § 28 I rechtfertigt, fehlt den Aussagedelikten völlig. Zur Frage der Strafmilderung beim Teilnehmer, wenn eine solche beim Täter wegen eines Mangels bei der Vernehmung in Betracht kommt, s. o. 24.

§ 153 Falsche uneidliche Aussage

Wer vor Gericht oder vor einer anderen zur eidlichen Vernehmung von Zeugen oder Sachverständigen zuständigen Stelle als Zeuge oder Sachverständiger uneidlich falsch aussagt, wird mit Freiheitsstrafe von drei Monaten bis zu fünf Jahren bestraft.

Schrifttum: Vgl. die Angaben vor Vorbem. zu §§ 153 ff.

1   **I.** Der Tatbestand der **falschen uneidlichen Aussage** wurde durch die VO vom 29. 5. 1943 (RGBl. I 339) nach dem Vorbild des österr. Rechts eingefügt. Er entspricht einer alten Forderung, die um so mehr an Gewicht gewann, je mehr die Prozeßrechte von der obligatorischen Beeidigung abrückten, da damit zahlreiche uneidliche Aussagen Urteilsgrundlage wurden. Mit der Rückkehr zum Grundsatz der obligatorischen Beeidigung in § 59 StPO ist die Bedeutung des § 153 in prinzipieller Hinsicht zwar scheinbar relativiert worden, doch hat sie in der Praxis durch die Einführung des § 61 Nr. 5 StPO 1974 längst wieder erlangt. Nach wie vor von Bedeutung ist die Vorschrift ferner für den Zivilprozeß. Zum **Rechtsgut** vgl. 2 vor § 153.

2   **II.** Zum **objektiven Tatbestand** gehört, daß jemand vor Gericht oder vor einer anderen zur eidlichen Vernehmung von Zeugen oder Sachverständigen zuständigen Stelle als Zeuge oder Sachverständiger uneidlich falsch aussagt (abstraktes Gefährdungsdelikt; vgl. dazu 2a vor § 153). Täter kann hier, wie sich aus § 157 II ergibt, i. U. zu § 154 (vgl. 25 f. vor § 153) auch sein, wer nach § 60 Nr. 1 StPO § 393 ZPO wegen Eidesunmündigkeit nicht zu vereidigen wäre (vgl. dazu auch Frankfurt NJW **52**, 1388).

3   **1.** Voraussetzung ist zunächst eine **falsche Aussage.** *Aussage* ist der Bericht des Vernommenen oder seine Antwort auf bestimmte Fragen (vgl. näher Schneider GA 56, 337). Zu den Erfordernissen einer Aussage vgl. 22 vor § 153; nicht notwendig ist der Gebrauch einer bestimmten Beteuerungsformel. Zur *Falschheit* der Aussage vgl. 4 ff. vor § 153; zum Umfang der *Wahrheitspflicht* vgl. 9 ff. vor § 153; über die Bedeutung von *Verfahrensmängeln* bei der Vernehmung vgl. 23 ff. vor § 153.

4   **2.** Der Täter muß die falsche Aussage als **Zeuge oder Sachverständiger** gemacht haben, wobei der letztere als solcher auch bei Angaben zu Personal- und Generalfragen nach § 68 StPO usw. aussagt (vgl. auch 13 vor § 153, § 154 RN 5). Nicht erfaßt sind damit falsche Angaben eines Beschuldigten im Strafprozeß (vgl. dazu H. Schneider aaO [vor § 153] 216 ff.), falsche Aussagen bei der uneidlichen Parteivernehmung im Zivilprozeß und der – von der h. M. für zulässig gehaltenen (vgl. Keidel/Schmidt, FGG, 14. A., § 15 RN 56) – Beteiligtenvernehmung in Verfahren nach dem FGG (vgl. BGH **12** 57, Hamm NStZ **84**, 551) oder im verwaltungsgerichtlichen Verfahren (§ 96 VwGO); dasselbe gilt für falsche Angaben eines Zuhörers bei seiner Anhörung im Zusammenhang mit sitzungspolizeilichen Maßnahmen nach §§ 176 ff. GVG, auch wenn er dabei unzulässigerweise in die Rolle eines Zeugen gedrängt wird (BGH EzSt § 154 **Nr.** 3). Ob jemand Partei, Beschuldigter, Zeuge usw. ist, bestimmt sich nach dem jeweiligen Verfahrensrecht; einen davon unabhängigen Zeugen- bzw. Sachverständigenbegriff des StGB gibt es nicht (vgl. Karlsruhe NStZ **96**, 282 m. Anm. Kunert, Kindhäuser JR 97, 301, aber auch Montenbruck JZ 85, 977 ff.).

4a **Einzelfälle:** Zu den als Zeugen zu vernehmenden Personen können zB die *Gesellschafter* in einem Prozeß der Gesellschaft gehören (Aktionäre, GmbH-Gesellschafter, Kommanditisten, selbst nicht vertretungsberechtigte OHG-Gesellschafter), ferner der *Schuldner* im Prozeß des Insolvenzverwalters und der *Erbe* im Prozeß des Testamentsvollstreckers (vgl. mwN die Übersicht b. Baumbach/Lauterbach/Hartmann, ZPO 56. A., 9 ff. vor § 373). – Auch der *Verdacht eigener Tatbeteiligung* schließt eine Aussage als Zeuge nicht aus (vgl. §§ 55, 60 Nr. 2 StPO; dazu, daß der Zeuge hier auch solche Umstände nicht verschweigen darf, auf die sich sein Auskunftsverweigerungsrecht bezieht, vgl. 17 vor § 153; zur Möglichkeit eines Absehens von Strafe oder einer Strafmilderung in diesen Fällen vgl. § 157); die Beschuldigteneigenschaft des Verdächtigen beginnt vielmehr erst mit seiner prozessualen Verstrickung durch einen Willensakt der Verfolgungsbehörde, aus dem ersichtlich wird, daß gegen ihn als präsumtiv Verantwortlichen ermittelt werden soll (BGH **10** 8). Hier kann dann auch ein *Mitbeschuldigter* nicht mehr Zeuge für oder gegen den anderen Mitbeschuldigten sein, wobei es eine vom Prozeßrecht zu entscheidende Frage ist, ob für die Stellung als Mitbeschuldigter allein die Gemeinsamkeit des Verfahrens (Verfahrensverbindung nach §§ 2 ff., 237 StPO) oder der materiell-rechtliche Gesichtspunkt der gemeinsamen Tatbeteiligung maßgeblich ist (für ersteres die h. M., zB BGH **10** 8, 188, **12** 10, **18** 240, **27** 141, **38** 306, JR **69**, 149 m. Anm. Gerlach, JZ **84**, 547 m. Anm. Montenbruck JZ **85**, 976 u. Prittwitz StV 84, 361, LR-Dahs 17 vor § 48 mwN sowie Ruß LK 10; im letzteren Sinn dagegen zB Dünnebier JR 75, 3, Lenckner, Peters-FS 333 ff., Lesch JA 95, 164, Montenbruck ZStW 89, 873, Müller-Dietz ZStW 93, 1227, Peters, Strafprozeß [4. A.] 346 mwN). Nach der auf die prozessuale Gemeinsamkeit abstellenden h. M. ergibt sich danach auch die Möglichkeit eines „Rollentausches" durch Abtrennung des Verfahrens, die jedoch als unzulässig angesehen wird, wenn der Mitbeschuldigte auf diese Weise in die Rolle eines Zeugen in eigener Sache gedrängt werden soll (vgl. LR-Dahs 20 vor § 48 mwN; zur Sachverhaltsaufklärung durch Rollenmanipulation vgl. auch Prittwitz NStZ 81, 463); in diesem Fall bleiben die Aussagen des als Zeugen vernommenen früheren Mitbeschuldigten daher auch die eines Beschuldigten, so daß § 153 entfällt (vgl. BGH **10** 8, Rudolphi SK 3, Ruß LK 10, Vormbaum NK 25). – Soweit, wie im Verfahren vor dem BVerfG, neben den klassischen Beweismitteln des Zeugen und Sachverständigen auch die sog. *Aufklärungshilfe* über die Praxis von Behörden und Parlamenten zulässig ist, hängt es von der Entscheidung des Gerichts ab, ob der Betreffende als Zeuge geladen und vernommen oder als bloße „Berichtsperson" gehört wird, wobei ein gewichtiges Indiz für letzteres die fehlende Zeugenbelehrung sein kann (vgl. Karlsruhe NStZ **96**, 282 m. Anm. Kunert, Kindhäuser JR 97, 301). – Nach Prozeßrecht bestimmt sich auch die Funktion des *Dolmetschers,* der nach der h. M. nicht Sachverständiger, sondern diesem nur „in vielem ähnlich" ist (BGH **4** 154) und der deshalb in mancher Hinsicht als solcher behandelt wird (vgl. K/Meyer-Goßner § 185 GVG RN 7, LR[24]-Schäfer/Wickern § 191 GVG RN 3). Unter dieser Voraussetzung kann der Dolmetscher ohne Verstoß gegen das Analogieverbot dann aber auch nicht Täter des § 153 sein (mit Recht gegen eine entsprechende Anwendung zB des § 77 StPO daher auch LG Nürnberg-Fürth MDR **78**, 508, Kissel, GVG [1994] § 191 RN 3; and. Koblenz VRS **47** 353). Übersetzt er falsch, so sagt er deshalb nicht „als Sachverständiger" falsch aus (vgl. näher Ruß LK 9, Vormbaum NK 3, aaO 241 ff.; and. BGH **4** 154; zu § 154 vgl. dort RN 4). Zum Begriff des Zeugen und der Stellung des Betroffenen bei Aussagen vor *parlamentarischen Untersuchungsausschüssen* vgl. Wagner GA 76, 165 ff., Deichmann aaO (vor § 153) 83 ff. u. dazu auch BGH **17** 128, Köln NJW **88**, 2487, Schleswig SchlHA **91**, 120.

3. Erforderlich ist eine Falschaussage vor **Gericht** oder einer **anderen zur eidlichen Vernehmung von Zeugen** oder **Sachverständigen zuständigen Stelle;** vgl. dazu § 154 RN 6 ff. Daß § 153 gegenüber § 154 eine Beschränkung auf die zur eidlichen Vernehmung „von Zeugen und Sachverständigen" zuständigen Stellen enthält, bedeutet insofern keinen sachlichen Unterschied als für § 153 ohnehin nur Zeugen- und Sachverständigenaussagen in Betracht kommen. Falsche Zeugen- oder Sachverständigenaussagen vor Gericht sind immer strafbar; die bei § 154 gebotene Einschränkung, daß auch das Gericht zur Eidesabnahme zuständig gewesen sein muß (§ 154 RN 8), ist hier nicht erforderlich, da gerichtliche Verfahren, in denen eine (uneidliche) Vernehmung von Zeugen oder Sachverständigen schlechterdings ausgeschlossen ist, kaum denkbar sein dürften. Soweit dagegen eine Vernehmung nur im Einzelfall unzulässig ist (vgl. § 118 II 3 ZPO), steht dies der Strafbarkeit einer Falschaussage ohnehin nicht entgegen (vgl. Frankfurt NJW **52**, 904; vgl. entsprechend zu § 154 dort RN 8 f.). 5

4. „**Vor**" Gericht oder einer anderen zuständigen Stelle ist eine mündliche Aussage nur dann abgegeben, wenn sie gegenüber einer Person erfolgt, die zur Vertretung des Gerichts oder der Stelle bei derartigen Geschäften berufen ist (§ 154 RN 12). Dies kann hier – i. U. zu § 154 – auch ein Referendar oder im Rahmen des § 4 RechtspflegerG ein Rechtspfleger sein (so für das Verfahren nach § 75 KO – vgl. jetzt § 5 I InsO – auch Hamburg NJW **84**, 935; vgl. ferner Lackner/Kühl 3, M-Schroeder II 253; and. Ostendorf JZ 87, 337, Ruß LK 5, Vormbaum NK 46, aaO 151). Soweit ausnahmsweise schriftliche Angaben eine prozessual vollwertige Aussage darstellen (vgl. 22 vor § 153), genügt deren Zugang bei Gericht usw. 6

III. Für den **subjektiven Tatbestand** ist Vorsatz erforderlich; bedingter Vorsatz genügt; vgl. im einzelnen dazu 27 ff. vor § 153. 7

IV. **Vollendet** ist die Tat, wenn die Aussage abgeschlossen ist; werden die zunächst falschen Angaben (strafloser Versuch) bis dahin berichtigt, so ist der Tatbestand nicht erfüllt, da dann die Aussage insgesamt gesehen richtig ist (BGH NJW **60**, 731; § 158 gilt hier nicht). Abgeschlossen ist die Aussage, wenn der Richter (zum ersuchten Richter vgl. Schleswig GA **56**, 395) die Befragung und der Zeuge seine Bekundung zum Gegenstand der Vernehmung erkennbar und endgültig beendet haben (zB BGH **4** 177, **8** 314, NJW **60**, 731, OGH **2** 162, Bay StV **89** 251 m. Anm. Wächtler, Lackner/Kühl 6, Rudolphi SK 7, Ruß LK 11, Tröndle/Fischer 5 a, Vormbaum NK 17; and. Meister JR 50, 390). Dies ist spätestens mit dem Schluß der Verhandlung im jeweiligen Rechtszug anzunehmen (vgl. BGH aaO), idR aber schon früher, so wenn zur Vereidigung bzw. zur Beschlußfassung darüber geschritten wird (Ruß aaO, Vormbaum aaO). Etwas anderes gilt aber auch hier, wenn nach einem allgemeinen Verzicht auf die Vereidigung (§ 61 Nr. 5 StPO) der Richter den Zeugen noch nicht entläßt, weil der Staatsanwalt zu erkennen gibt, daß er diesen später noch einmal befragen wolle 8 (vgl. Bay aaO). Die Aussage kann – auch in *einer* Verhandlung – mehrmals abgeschlossen werden (BGH **4** 177; vgl. zur Konkurrenzfrage aber auch u. 14); sie kann sich aber auch – unbeendigt – über mehrere Termine erstrecken (BGH [GrS] **8** 314). Ohne Bedeutung ist, ob die Aussage verschiedene Komplexe betrifft und ob sie in einem oder in mehreren Punkten unrichtig ist (vgl. RG HRR **41** Nr. 215, Köln StV **83**, 507; vgl. aber auch Düsseldorf NJW **65**, 2070 m. Anm. Oppe, Vormbaum NK 19). Zur Vollendung der Falschaussage vor parlamentarischen Untersuchungsausschüssen vgl. Wagner GA 76, 276.

9   V. **Keine Voraussetzung** für die Strafbarkeit nach § 153 ist die **Nichtbeeidigung der Aussage** (and. zunächst noch BGH **4** 176 [„Bedingung der Strafbarkeit für § 153"] u. neuerdings auch Vormbaum NK 40, JR 89, 133). Zwar geht die falsche uneidliche Aussage im Meineid auf, falls dieser ihr nachfolgt (u. 16); beschwört der Täter eine erst *nach Abschluß seiner Vernehmung* berichtigte (jetzt also wahre) Aussage, so bleibt § 153 anwendbar, dies unabhängig davon, ob die Berichtigung vor oder während der Eidesleistung erfolgt und im letzteren Fall damit ein Rücktritt vom Versuch nach § 154 vorliegt (BGH **8** 314f., Ruß LK 13, Tröndle/Fischer 5a; and. Vormbaum NK 41 u. aaO). In beiden Fällen kann sich Straflosigkeit nach § 153 nur aus § 158 ergeben (BGH aaO), weil die Tatsache, daß eine falsche uneidliche Aussage erstattet worden ist, nicht dadurch aus der Welt geschafft wird, daß später ein wahrer Eid geleistet wurde: Hier ist die bei Beendigung der Vernehmung falsche Aussage, weil nicht beschworen, eine „uneidliche" geblieben (and. Vormbaum NK 41, aaO 135), womit die Tatbestandsvoraussetzungen des § 153 eindeutig erfüllt sind.

10   VI. Zur **Täterschaft und Teilnahme** vgl. 33 ff. vor § 153.

11   VII. Bei der **Strafzumessung** kann von Bedeutung sein, ob die Aussage in einem für die Entscheidung wesentlichen Punkt falsch war (BGH MDR/D **72**, 16; vgl. auch 15 vor § 153) oder daß der Täter hartnäckig auf der Richtigkeit seiner Aussage bestand, wobei sich die fraglichen Umstände jedoch aus dem Urteil ergeben müssen (vgl. BGH NStZ/M **83**, 163). Da gerade die Gefährdung der Rechtspflege durch falsche Aussagen der für die Schaffung der §§ 153 ff. maßgebliche Grund war, darf eine solche nicht zusätzlich strafverschärfend berücksichtigt werden (Düsseldorf StV **85**, 108). Zur Möglichkeit der Strafmilderung oder des Absackens von Strafe bei Falschaussagen im Aussagenotstand oder eines Eidesunmündigen vgl. § 157; zur Strafmilderung bei prozessualen Mängeln bei der Vernehmung vgl. 24 vor § 153; zur Strafzumessung bei wiederholter Falschaussage in der zweiten Instanz vgl. Zweibrücken OLGSt. § 153 **Nr. 1**.

12/13   VIII. **Konkurrenzen: 1. Idealkonkurrenz** ist möglich mit § 163 (BGH **4** 214: bewußt falsche Angaben zur Person in der Annahme, daß diese nicht unter den Eid fallen) u. mit §§ 145d, 164, 187, 257, 258, 267 (RG **60** 353), ferner mit § 263, und zwar nicht nur bei dem in der Falschaussage des Zeugen liegenden Prozeßbetrug zugunsten der Partei, sondern auch zwischen dem Prozeßbetrug der Partei und der Anstiftung des Zeugen zur Falschaussage (vgl. BGH **43** 317 m. Bespr. bzw. Anm. Martin JuS 98, 761, Momsen NStZ **99**, 306, BGHR § 52 Abs. 1, Handlung, dieselbe 12: Prozeßbetrug, BGH VRS **83** 185). Sollte der Zeuge zum Meineid angestiftet werden, kommt es jedoch nur zu einer uneidlichen Falschaussage, so besteht zwischen §§ 153, 26 und §§ 154, 30 I gleichfalls Idealkonkurrenz (BGH **1** 243, **9** 131); das gleiche gilt für § 153 und §§ 154, 30 II beim Zeugen.

14   2. Bei **mehrfacher uneidlicher Vernehmung** in einem Verfahren gilt folgendes: Erfolgt die Vernehmung in *verschiedenen Instanzen*, so liegt zwischen den mehrfachen Fällen des § 153 Realkonkurrenz vor; der früher für möglich gehaltene Fortsetzungszusammenhang (BGH [GrS] **8** 319) dürfte heute nach der grundsätzlichen Absage an dieses Institut durch BGH **40** 138 ausgeschlossen sein (vgl. dazu jetzt auch BGH NJW **99**, 2380). Dasselbe gilt für die Wiederholung einer vor dem Ermittlungsrichter gemachten Falschaussage in der Hauptverhandlung (vgl. auch BGH StV **82**, 420). – Bei mehrfacher Vernehmung in *derselben Instanz* dürfte nach der bisherigen Rspr. maßgeblich sein, ob eine fortdauernde Vernehmung vorliegt, die sich als Einheit über sämtliche Termine erstreckt, oder ob die Vernehmung jedes Mal abgeschlossen ist (dazu o. 8): Während im ersten Fall mit Recht nur eine Tat nach § 153 angenommen wird, sollte im zweiten entweder Realkonkurrenz oder Fortsetzungszusammenhang vorliegen (vgl. BGH [GrS] **8** 314). Daß auch hier ein Fortbegehungszusammenhang nach der Rspr. inzwischen ausgeschlossen sein dürfte (vgl. BGH NJW **99**, 2380), bedeutet jedoch nicht, daß bei mehreren abgeschlossenen Vernehmungen stets auch mehrere rechtlich selbständige Falschaussagen mit der Folge einer Tatmehrheit anzunehmen wären (so aber BGH aaO zu § 156 [offengelassen jedoch, wenn beide Aussagen Teil eines einheitlichen versuchten Prozeßbetrugs gewesen sein sollten]; zu § 156 vgl. dort RN 36). Denn die Entscheidung insgesamt kann nicht davon abhängen, ob es sich um eine jeweils abgeschlossene Vernehmung handelt, werden damit doch Zäsuren gemacht, die weitgehend vom Zufall bestimmt sind. Daß die Aussagen jeweils abgeschlossen sind, ändert nichts daran, daß sie als Urteilsmaterial insgesamt eine Einheit bilden. Sind mehrere solche Aussagen falsch, so stellen sie daher insofern auch einen einheitlichen Rechtsgutsangriff dar, als sie nur eine einheitlich vorzunehmende Tatsachenfeststellung gefährden. Dies rechtfertigt es, mehrere Falschaussagen in derselben Instanz auch dann zu einer rechtlichen Handlungseinheit zu verbinden, wenn sie im Rahmen mehrerer, jeweils abgeschlossener Vernehmungen gemacht worden sind; etwas anderes gilt nur, wenn eine der Falschaussagen bereits Grundlage einer Teilentscheidung geworden ist (ebenso Rudolphi SK 11 und wohl auch Ruß LK 13).

3. Was das **Verhältnis zu § 154** betrifft, so ist zu unterscheiden, ob die einzelnen Vernehmungen 15
in einer oder in verschiedenen Instanzen erfolgt sind. Im einzelnen gilt folgendes:

a) Wird der Zeuge usw. in **derselben Instanz** auf seine Aussage vereidigt, so erfolgt seine Bestra- 16
fung ausschließlich nach § 154, nicht auch nach § 153. Dabei ist ohne Bedeutung, ob die Vereidigung
im unmittelbaren Anschluß an die Aussage (BGH **1** 381, **4** 214, 244) oder in einem späteren Termin
erfolgt (BGH [GrS] **8** 312), ob Aussage und Vereidigung vor dem Prozeßgericht oder dem beauftragten oder ersuchten Richter stattfinden (BGH **4** 244, **5** 44, **7** 186), ob bei Vernehmung in
mehreren Terminen eine fortgesetzte Vernehmung erfolgt ist oder das Gericht die Vernehmung
mehrmals abgeschlossen hatte (BGH [GrS] **8** 312) und ob der Zeuge usw. zu einem oder mehreren
Beweisthemen vernommen worden ist (BGH aaO 313). In allen diesen Fällen tritt § 153 als subsidiärer
Tatbestand hinter § 154 zurück (vgl. BGH aaO 311 ff., aber auch Busch GA 55, 262 [§ 153 als
mitbestrafte Vortat], Vormbaum NK 122 [Spezialität]). Zweifelhaft ist dagegen, ob dies auch gilt,
wenn es nach einer Falschaussage nur zum Meineidsversuch gekommen ist: Da ein Meineidsversuch
auch bei einer nur vermeintlich falschen Aussage vorliegt, könnte für die Annahme von Tateinheit in
diesem Fall immerhin sprechen, daß nur so der vollendeten Falschaussage nach § 153 Rechnung
getragen wird. Tritt der Täter vom Versuch des § 154 nach § 24 zurück, so bleibt seine Strafbarkeit
wegen vollendeter Falschaussage davon unberührt; insoweit kann er sich nur nach § 158 Strafmilderung oder -befreiung verdienen (vgl. BGH [GrS] **8** 315 sowie o. 9; and. Vormbaum NK 122, JR 89,
315 f.).

Wird dagegen die Aussageperson *nach Ablegung des Eides* in derselben Instanz zum selben oder 17
einem anderen Beweisthema *von neuem uneidlich vernommen,* so sollte nach der früheren Rspr. Realkonkurrenz oder Fortsetzungszusammenhang vorliegen (vgl. BGH [GrS] **8** 314), wobei sich letzterer
mit BGH **40** 138 jedoch erledigt haben dürfte (vgl. auch BGH NJW **99**, 2380). Aber auch was erstere
betrifft, muß hier das o. 14 Gesagte entsprechend gelten: Bilden mehrere an sich selbständige Falschaussagen in einer Instanz eine rechtliche Handlungseinheit, so daß nur ein einziges Aussagedelikt
vorliegt, so hat dies hier zur Folge, daß die Beeidigung auch nur einer dieser Falschaussagen der Tat
insgesamt den Charakter des § 154 verleiht, und zwar gleichgültig, ob die verschiedenen Vernehmungen dasselbe oder ein anderes Beweisthema betreffen und ob sie alle vor der Vereidigung erfolgt sind
oder aber nach der Vereidigung eine neue Vernehmung stattfindet (and. Tröndle/Fischer § 154
RN 25).

b) Erfolgen Vernehmung und Vereidigung in **verschiedenen Instanzen** – uneidliche Falschaus- 18
sage in der ersten, Meineid in der 2. Instanz und umgekehrt – kamen nach der früheren Rspr. je nach
den Umständen zwei selbständige Taten nach §§ 153, 154 oder ein fortgesetzter Meineid in Betracht
(zB BGH [GrS] **8** 313; and. noch BGH **1** 380; vgl. im übrigen die 24. A.). Mit der grundsätzlichen
Absage an die Figur des Fortsetzungszusammenhangs in BGH **40** 138 dürfte die zweite Möglichkeit
heute jedoch ausgeschlossen sein (vgl. auch BGH NJW **99**, 2380); hier bleibt es deshalb bei der
Tatmehrheit (and. M-Schroeder II 257: auch Handlungseinheit).

IX. Zur Möglichkeit einer **Wahlfeststellung** vgl. § 1 RN 61, 89 f., 95, 111, ferner § 164 RN 38. 19

§ 154 Meineid

(1) Wer vor Gericht oder vor einer anderen zur Abnahme von Eiden zuständigen Stelle falsch schwört, wird mit Freiheitsstrafe nicht unter einem Jahr bestraft.

(2) In minder schweren Fällen ist die Strafe Freiheitsstrafe von sechs Monaten bis zu fünf Jahren.

Schrifttum: Vgl. die Angaben vor Vorbem. zu §§ 153 ff.

I. Der Tatbestand des **Meineids** enthält eine durch den Eid qualifizierte Falschaussage. Soweit es 1
sich um eidliche Aussagen von Zeugen und Sachverständigen handelt, stellt § 154 eine Qualifikation
des § 153 dar; im übrigen (Parteieid usw.) ist § 154 ein selbständiger Tatbestand (vgl. 2 vor § 153).
Zum **Rechtsgut** vgl. 2 vor § 153.

II. Der **objektive Tatbestand** setzt das falsche Schwören vor Gericht oder einer anderen zur 2
Abnahme von Eiden zuständigen Stelle voraus (abstraktes Gefährdungsdelikt; vgl. dazu und zu den
daraus folgenden Einschränkungen 2 a vor § 153).

1. Das **falsche Schwören** ist das Beschwören einer falschen Aussage (vgl. 3 vor § 153). Zur 3
Falschheit der Aussage vgl. 4 ff. vor § 153; zum *Umfang der Wahrheitspflicht* vgl. 9 ff. vor § 153; zu den
Erfordernissen eines Eides vgl. 21 vor § 153; zur *Bedeutung von Verfahrensmängeln* vgl. 19 ff. vor § 153
sowie u. 17. Im Unterschied zu den §§ 153, 156, wo es auch schriftliche Aussagen bzw. eidesstattliche
Versicherungen gibt (vgl. 22 vor § 153, § 153 RN 6; § 156 RN 4), ist das Schwören, abgesehen von
der Vereidigung Stummer (§§ 66 e StPO, 483 ZPO), nur mündlich möglich.

a) Da § 154 i. U. zu § 153 nicht auf Zeugen und Sachverständige beschränkt ist, fällt hier unter den 4
Tatbestand neben dem falschen **Zeugen- und Sachverständigeneid** auch der falsche **Dolmet-
schereid** (§ 189 GVG; vgl. BGH **4** 154, Ruß LK 5, iE auch Tröndle/Fischer 16, Willms LK[10] 5
[Sachverständigeneid; vgl. dazu § 153 RN 4 a]; and. Vormbaum NK 28 [Unanwendbarkeit des § 154,
da keine „Aussage"]; zu § 153 vgl. dort RN 4 a) und der falsche **Parteieid** im Zivilprozeß (vgl. § 452

ZPO; zum Umfang der Wahrheits- und Vollständigkeitspflicht der gem. §§ 445 ff. ZPO vernommenen Partei, wo die gleichen Grundsätze gelten wie für den wahrheitspflichtigen Inhalt einer Zeugenaussage, vgl. BGH JZ **69**, 570); über weitere Anwendungsfälle vgl. §§ 287, 426 ZPO, 525 HGB u. dazu, ob die Regeln über die eidliche Parteivernehmung auch in anderen Verfahrensarten entsprechend anwendbar sind, u. 9. Beseitigt ist durch Ges. v. 27. 6. 1970 (BGBl. I 911) der Offenbarungseid (jetzt eidesstattliche Versicherung, vgl. § 156 RN 21 ff.). Ohne Bedeutung ist, ob der Eid als Vor- oder Nacheid geleistet wird (zur Vollendung vgl. u. 15), auch wenn er anders als in § 410 ZPO, wo beide Möglichkeiten genannt sind, vom Gesetz – zB §§ 59, 79 II StPO, 392 ZPO: Nacheid, 189 I GVG: Voreid – nur in der jeweils anderen Form vorgesehen ist (vgl. 21 vor § 153).

5   b) Ein Meineid liegt nur vor, **soweit** eine **falsche Aussage beschworen** wird. Bei protokollierten Aussagen kann sich der Eid auch auf Angaben erstrecken, die nicht protokolliert sind (Hamm HESt. **1** 281; and. jedoch, wenn lediglich die Richtigkeit des vom Zeugen genehmigten Inhalts des Protokolls beschworen wird). Ist andererseits die Beeidigung auf einen Teil der Aussage beschränkt, so muß gerade dieser falsch sein. Von Bedeutung ist dies zB, wenn im Zivilprozeß der Zeuge bzw. die Partei nur auf bestimmte wesentliche Punkte vereidigt wird (zur Zulässigkeit vgl. Stein-Jonas/Schumann § 391 Anm. I 5) oder wenn im Strafprozeß mehrere Taten iS des § 264 StPO Verfahrensgegenstand sind, ein Vereidigungsverbot nach § 60 Nr. 2 StPO aber nur bezüglich einer von ihnen besteht (vgl. K/Meyer-Goßner § 59 RN 5), ferner bei Aussagen, die zugleich dem Freibeweis unterliegende und deshalb vom Richter von der Vereidigung ausgenommene Aussageteile enthalten (vgl. Schmid SchlHA 81, 42). Mitbeeidigt sind beim *Zeugen* und der *Partei* auch die Angaben zur Person und bei ersteren außerdem die Angaben zu den sog. Generalfragen (zB § 68 IV StPO, § 395 II 2 ZPO (vgl. LR-Dahs § 59 RN 11 mwN). Dagegen sind vom *Sachverständigeneid,* der sich lediglich darauf erstreckt, das Gutachten unparteiisch und nach bestem Wissen und Gewissen erstattet zu haben (§ 79 II StPO, § 410 I 2 ZPO), Angaben zur Person eindeutig nicht erfaßt; allerdings soll es nach h. M. möglich sein, den Sachverständigen insoweit (zusätzlich) als Zeugen zu vereidigen (zB RG **12** 128, **20** 235, LR-Dahs § 59 RN 16, K/Meyer-Goßner § 79 RN 9, Vormbaum NK § 153 RN 14; and. mit Recht aber wohl RG Recht **03** Nr. 2895), während im übrigen bei falschen Personalangaben nur § 153 in Betracht kommt. Mitumfaßt ist vom Sachverständigeneid jedoch alles, was sich auf das Gutachten und dessen Zustandekommen bezieht, soweit dieses für seine Beweiskraft relevant ist. Unabhängig von der Richtigkeit des Ergebnisses schwört der Sachverständige daher auch falsch, wenn er das Gutachten nicht methodengerecht erstellt hat (vgl. 8 vor § 153), was zB auch der Fall ist, wenn das Gutachten schon nach der dafür aufgewandten Zeit niemals sorgfältig sein kann. Mitbeschworen ist ferner immer die in der Gutachtenerstattung konkludent enthaltene Versicherung, daß der Sachverständige für das Gutachten die Verantwortung übernimmt und übernehmen kann, was nicht der Fall ist, wenn er dieses im wesentlichen von Mitarbeitern hat anfertigen lassen. Auch seine Antworten auf entsprechende Fragen sind hier deshalb vom Sachverständigeneid umfaßt.

6   2. Der falsche Eid muß vor **Gericht** oder einer **anderen zur Abnahme von Eiden zuständigen Stelle** geschworen werden. Dabei ist die Zuständigkeit, weil unrechtsbegründend, (normatives) Tatbestandsmerkmal, nicht nur objektive Bedingung der Strafbarkeit (vgl. 32 vor § 153).

7   a) **Gerichte** sind alle mit Richtern besetzte Organe der Rechtsprechung, also alle Zivil-, Straf-, Verwaltungsgerichte usw. einschließlich der Dienststrafgerichte, nicht aber private Schiedsgerichte nach §§ 1025 ff. ZPO (vgl. Lackner/Kühl § 153 RN 3, Rudolphi SK 4, Ruß LK § 153 RN 5, Tröndle/Fischer 3). Auch ausländische Gerichte kommen in Betracht, soweit die Tat deutschem Strafrecht unterliegt (vgl. 16 f., 21 vor § 3, § 5 RN 18, § 6 RN 10, Lüttger, Jescheck-FS 159 ff.); ob auch die auf Grund des NATO-Truppenstatuts v. 19. 6. 1951 (BGBl. 1961 II S. 1190) und des Zusatzabkommens v. 3. 8. 1959 (BGBl. II S. 1281) bestehenden Gerichte der in der Bundesrepublik stationierten NATO-Truppen den Schutz der §§ 153 ff. genießen, ist zweifelhaft und umstritten (bejahend zB AG Tauberbischofsheim NStZ **81**, 221 m. Anm. Theisinger, M-Schroeder II 213, Rudolphi SK 4 vor § 153, verneinend Lüttger aaO 160 ff.). Dabei kommt es für die Eigenschaft als Gericht allein auf dessen Funktion, nicht aber darauf an, daß es nach rechtsstaatlichen Grundsätzen zusammengesetzt ist (BGH GA **55**, 178 betr. ehem. DDR-Gerichte).

8   Nach dem Gesetzeswortlaut ist das falsche Schwören vor Gericht schlechthin unter Strafe gestellt. Mit Recht wird jedoch in BGH **3** 249 darauf hingewiesen, daß § 154 nicht die Reinheit eines Schwurs sichern soll, den die Rechtsordnung überhaupt nicht kennt. Zur Begrenzung des Tatbestands ist daher auch für das Gericht die Zuständigkeit zur Eidesabnahme zu verlangen, wobei diese nicht schon deshalb gegeben ist, weil Gerichte „im allgemeinen" zur eidlichen Vernehmung von Zeugen usw. befugt sind (zumindest mißverständlich und im übrigen nichtssagend ist daher auch die vielfach anzutreffende Formulierung, es genüge die „allgemeine Zuständigkeit"; vgl. auch § 156 RN 8 f.). Erforderlich ist vielmehr, daß es sich bei dem fraglichen Verfahren um ein solches handelt, bei dem ein Eid dieser Art vom Gesetz überhaupt vorgesehen ist (vgl. BGH **3** 249, 310 f., **5** 113 f., **10** 273, **12** 58, Lackner/Kühl 3, Rudolphi SK 4, Ruß LK 9; vgl. auch BGH **10** 13). Ist dagegen nach Art des Verfahrens und der verfahrensrechtlichen Stellung des Schwörenden eine eidliche Vernehmung prinzipiell möglich, so ist es unschädlich, wenn die Vereidigung nur im Einzelfall unzulässig war (vgl. zB BGH **8** 186, **17** 128, Lackner/Kühl 3; and. insoweit Rudolphi SK 4, GA 69, 129; vgl. dazu auch 23 vor § 153).

Einzelfälle: Strafbar ist daher zB der Meineid des Zeugen im Strafprozeß, der im konkreten Fall 9 nach § 60 Nr. 2 StPO (vgl. BGH **8** 186, **17** 118, **19** 113, **23** 30, NJW **76**, 1461 m. Anm. Lenckner JR 77, 74; zu § 60 Nr. 1 StPO vgl. 25 f. vor § 153) oder nach §§ 62, 65 StPO nicht hätte vereidigt werden dürfen. Dagegen fehlt dem Gericht die Zuständigkeit zur eidlichen Zeugenvernehmung zB im Prozeßkostenhilfeverfahren (§ 118 II 3 ZPO) und im Ablehnungsverfahren nach §§ 26, 74 StPO, da in diesen Verfahren auch Zeugen nicht vereidigt werden dürfen. Ausgeschlossen ist ferner ein Meineid des Angeklagten, da ein Eid „dieser Art" (o. 8) im Strafprozeß schlechterdings ausgeschlossen ist (zum Beschuldigten, der unzulässig in die Zeugenrolle gedrängt wird, vgl. § 153 RN 4). Da wegen der höchstpersönlichen Natur des Eides eine Eidesleistung des als Vertreter einer Behörde nach § 256 II StPO aussagenden Sachverständigen nicht möglich ist (LR-Gollwitzer § 256 RN 60, Schlüchter SK-StPO § 256 RN 52 jeweils mwN; and. K/Meyer-Goßner § 83 RN 5), ist dieser nur nach § 154 strafbar, wenn er zum persönlichen Sachverständigen bestellt wurde. Unanwendbar ist § 154 auch bei einer eidlichen Parteivernehmung außerhalb des Zivilprozesses, soweit eine solche vom Gesetz überhaupt nicht vorgesehen ist. So gilt § 452 ZPO zwar entsprechend auch in verwaltungsgerichtlichen Verfahren (§ 98 VwGO), umstritten ist dies aber bei der Beteiligtenvernehmung im Verfahren der freiwilligen Gerichtsbarkeit (wohl zu Recht verneinend zB BGH **5** 111, **10** 272 [Verfahren nach der HausratsVO], **12** 56 [Verfahren nach dem VerschollenheitsG], Hamm NStZ **84**, 551 [Erbscheinsverfahren], Deichmann aaO [vor § 153] 113 f., Krey I 269, Ruß LK 7; bejahend dagegen zB RG **76** 21, Bay NJW **52**, 789, **53**, 745, Hamm NJW **57**, 1816, Stuttgart NJW **52**, 943, Tröndle/Fischer 3, Vormbaum NK 26 und die h. M. zum FGG, vgl. Keidel/Schmidt, FGG, 14. A., § 15 RN 58 mwN). Im früheren Konkursverfahren war schon 1970 der bis dahin vom Gemeinschuldner zu leistende Inventureid durch eine bloße eidesstattliche Versicherung ersetzt worden (§ 125 KO; für die ehem. DDR vgl. § 3 II GesamtvollstreckungsVO i. d. F. v. 23. 5. 91, BGBl. I 1186), womit seine Vereidigung auch zu anderen Fragen im Konkursverfahren nicht mehr zulässig gewesen sein dürfte (vgl. Deichmann 114 f., Willms LK[10] 6; zur Zulässigkeit der eidesstattlichen Versicherung vgl. § 156 RN 15). Eindeutig ergibt sich dies nunmehr für das Insolvenzverfahren aus § 93 I InsO iVm der umfassenden Auskunftspflicht des § 97 I InsO. Zur Frage der Zuständigkeit in Wiedergutmachungsverfahren vgl. BGH **3** 248.

b) Den Gerichten gleichgestellt sind **andere zur Abnahme von Eiden zuständige Stellen**, 10 wofür nur staatliche Einrichtungen (nicht notwendig Behörden) in Betracht kommen. Auch hier genügt es nicht, daß die fragliche Stelle in irgendeinem Verfahren Eide abnehmen kann, vielmehr ist sie zuständig nur, wenn gerade für das fragliche Verfahren ein Eid dieser Art vorgesehen ist (vgl. auch Rudolphi SK 4). Unschädlich ist dagegen auch hier die Unzulässigkeit im Einzelfall (o. 8). Erforderlich ist eine besondere gesetzliche Grundlage, wobei es nicht genügt, daß einer Behörde gegenüber eine Zeugenaussage – oder Gutachtenerstattungspflicht besteht (vgl. zB für das förmliche Verwaltungsverfahren § 65 I, III VwVfG), und auch nicht, daß einer Behörde lediglich die sonst nur dem Gericht zustehenden Zwangsmittel zur Durchsetzung einer Zeugenvernehmung eingeräumt sind (zB § 161 a II StPO, § 54 I GWB). Ebensowenig erlangt eine als solche unzuständige Stelle die Befugnis zur Eidesabnahme dadurch, daß sie von einer dafür zuständigen Stelle um eine Zeugen- oder Sachverständigenvernehmung ersucht wird (vgl. zB § 74 III 4 BDisziplinarO: Einschaltung einer Behörde zur Zeugen- oder Sachverständigenvernehmung durch Disziplinargericht).

Einzelfälle: *Zuständige Stellen* sind zB die Prüfungsstelle und Patentabteilungen des Patentamts 11 (§§ 46 I 1, 59 III PatentG), der Untersuchungsführer im Disziplinarverfahren (§ 58 BDisziplinarO), Notare in den Grenzen des § 22 I BNotarO (Erforderlichkeit einer eidlichen Vernehmung nach ausländischem Recht, nach den Bestimmungen einer ausländischen Behörde oder sonst zur Wahrnehmung von Rechten im Ausland), Konsularbeamte nach §§ 12 Nr. 3, 15 II 2 KonsularG (Abnahme des Eides eines Deutschen zur Wahrnehmung von Rechten im Ausland oder auf Ersuchen eines deutschen Gerichts), ferner parlamentarische Untersuchungsausschüsse bei einer entsprechenden gesetzlichen Ermächtigung (vgl. zB Art. 44 II GG; für Bayern vgl. BGH **17** 128), diese jedoch nur, soweit sie sich bei ihren Ermittlungen in den durch den Einsetzungsbeschluß gezogenen Grenzen halten und dieser durch die allgemeine Kontrollkompetenz des Parlaments gedeckt ist (vgl. Koblenz StV **88**, 531; siehe auch zum Ganzen Wagner NJW 60, 1936, GA 76, 258 ff.). *Nicht zuständig* sind dagegen zB die Staatsanwaltschaft (vgl. § 161 a I 3 StPO), auch nicht ein unzulässig mit richterlichen Geschäften betrauter Staatsanwalt (vgl. RG **60** 25, BGH **10** 143), die Polizei, Behörden im förmlichen Verwaltungsverfahren (§ 65 III VwVfG), das Kartellamt (§ 54 VI GWB), Spruchausschüsse des Arbeitsamts (Hamburg NJW **53**, 476), Finanzämter (vgl. § 94 AO), Notare, soweit nicht die Voraussetzungen des § 22 I BNotarO vorliegen.

3. **„Vor"** Gericht oder der sonst zuständigen Stelle ist der Eid nur geleistet, wenn er vor einer 12 Person abgelegt wird, die zur Vertretung des Gerichts bzw. der Stelle bei solchen Amtsgeschäften berufen ist (RG **65** 207, Rudolphi SK 7). Dies ist auch der Fall, wenn der Richter usw. im konkreten Fall kraft Gesetzes ausgeschlossen ist (vgl. BGH **10** 143) oder wenn er im konkreten Fall seinen Geschäftsbereich überschreitet (vgl. BGH **3** 239), nicht aber, wenn der Eid von einem unzulässig mit richterlichen Aufgaben betrauten Staatsanwalt (RG **60** 25, BGH **10** 143), einem Rechtspfleger (§ 4 II Nr. 1 RechtspflegerG) oder von einem Referendar (§ 10 GVG, RG **65** 206, BGH **10** 143) abgenommen wird (vgl. auch Rudolphi SK 7, Tröndle/Fischer 18). Erforderlich ist, daß nicht nur die Eidesleistung, sondern auch die Aussage selbst vor der zur Vertretung berufenen Person erfolgt.

Deshalb ist der Tatbestand nicht erfüllt, wenn zB der Urkundsbeamte die Vernehmung und anschließend der Richter die Vereidigung durchführt (RG **65** 273; vgl. auch RG JW **33**, 1730, HRR **40** Nr. 383) oder der den Eid abnehmende Richter sich lediglich die Richtigkeit der vor der Polizei gemachten Angaben versichern läßt (and. BGH **16** 232). Hier fehlt es bereits an einem für § 154 ausreichenden Zeugnis (vgl. 22 vor § 153); auch ergibt sich aus der Beschränkung der Zuständigkeit zur Eidesabnahme auf verhältnismäßig wenige Stellen, daß der Richter usw. bei der Gestaltung der Aussage selbst mitzuwirken hat, weil nur dann die höchstmögliche Gewähr für wahrheitsgemäße Aussagen und die Vermeidung von Meineiden gegeben ist.

13 **III.** Für den **subjektiven Tatbestand** ist Vorsatz erforderlich; bedingter Vorsatz genügt. Dieser muß sich außer auf Unrichtigkeit der Aussage und die Zuständigkeit der Stelle (vgl. näher 27 ff. vor § 153) hier auch darauf erstrecken, daß sich der Eid auf den unrichtigen Teil der Aussage bezieht. Tatbestandsirrtum (§ 16) liegt daher zB vor, wenn der Täter glaubt, der Eid umfasse nur die Beantwortung des ihm in der Ladung mitgeteilten Beweissatzes oder nur bestimmte Teile der Aussage, zB beim Zeugen nicht die Angaben zur Person; doch kann hier § 163 in Betracht kommen (vgl. RG **60** 407, BGH **1** 150, **4** 214).

14 **IV.** In Ausnahmefällen kann ein Meineid durch **Notstand entschuldigt** sein (vgl. RG **66** 98, 222, 397, **67** 264, BGH **5** 371; vgl. näher zu § 35). Zur Frage des Meineids bei **Eidesunmündigkeit** oder fehlender Verstandsreife vgl. 25 f. vor § 153.

15 **V. Vollendet** ist der Meineid im Fall des Nacheids mit dem vollständigen Leisten der Eidesformel, beim Voreid mit dem Abschluß der Aussage. Der **Versuch** beginnt beim Nacheid nicht schon mit der falschen Aussage, sondern erst, wenn mit der Eidesleistung selbst der Anfang gemacht ist (vgl. RG **54** 120, OGH **2** 162, BGH **1** 243, **4** 176). Beim Rücktritt lebt die Strafbarkeit des sonst subsidiären § 153 wieder auf; der Täter kann sich hier jedoch Straffreiheit oder Strafmilderung nach § 158 verdienen (vgl. BGH **8** 315, § 153 RN 16). Untauglicher Versuch liegt zB vor, wenn der Täter seine Aussage irrig für falsch hält (RG **50** 36) oder fälschlich davon ausgeht, die fragliche Tatsache gehöre zum Gegenstand der Vernehmung (vgl. BGH **3** 226 mwN u. näher Herzberg JuS 80, 476). Um einen untauglichen Versuch handelt es sich ferner, wenn der Täter irrig einen Sachverhalt annimmt, der, wenn er gegeben wäre, das Merkmal der Eidesleistung vor einer zuständigen Stelle erfüllen würde, so zB wenn er den Referendar, der ihm den Eid abnimmt, für einen Richter hält (BGH **1** 16; vgl. auch RG **60** 25, **65** 206). Hält er dagegen bei richtiger Tatsachen- und Bedeutungskenntnis die fragliche Stelle lediglich infolge falscher rechtlicher Erwägungen für zuständig, so liegt nur ein „umgekehrter" Subsumtionsirrtum und damit ein Wahndelikt vor (ebenso Krey I 270, Rudolphi SK 11, Ruß LK 21, Vormbaum NK 49, für Straflosigkeit iE auch Deichmann aaO [vor § 153] 119 ff.; and. BGH **3** 253, **5** 117, **10** 272, **12** 58, M-Schröder II 256 f. u. näher Herzberg JuS 80, 474; vgl. ferner § 22 RN 83 ff.). Um Fälle dieser Art dürfte es sich insbes. handeln, wenn die fragliche Stelle in keinem Fall – unter welchen Voraussetzungen und in welchem Verfahren auch immer – zur Abnahme von Eiden zuständig ist, wie zB die Polizei, Staatsanwaltschaft oder ein privates Schiedsgericht (vgl. Braunschweig NJW **69**, 876, Ruß LK 21; and. RG **72** 80 [Polizei]).

16 **VI.** Über **Täterschaft** und **Teilnahme** vgl. 33 ff. vor § 153.

17 **VII.** Ein **minderschwerer Fall** (Abs. 2; vgl. 48 vor § 38) ist insbes. bei Verfahrensfehlern anzunehmen, wenn der Täter auf Grund verfahrensrechtlicher Bestimmungen nicht hätte vereidigt werden dürfen oder bei unterlassener Belehrung über ein Zeugnis-, Aussage- oder Eidesverweigerungsrecht (näher dazu und zur Frage, ob dies auch dem Teilnehmer zugutekommt, vgl. 24 vor § 153). Wegen der erforderlichen Gesamtwürdigung von Tat und Täter (vgl. Bay NJW **86**, 202 m. Anm. Krümpelmann/Hensel JR 87, 39) ist die Anwendung des Abs. 2 hier zwar nicht zwingend (vgl. jedoch BGH JR **81**, 248 zu § 60 Nr. 2 StPO), aber die Regel, weshalb das Übergehen des Abs. 2 das Urteil fehlerhaft macht (vgl. Lackner/Kühl 17). Liegen zugleich die Voraussetzungen des § 157 vor, so kann der Strafrahmen des § 154 II nach §§ 157, 49 II noch einmal gemildert werden (vgl. BGH NStZ **84**, 134; dazu, daß sich beide Strafmilderungsgründe wesentlich unterscheiden, vgl. schon BGH **8** 186 u. näher Krümpelmann/Hensel JR 87, 40, Lenckner JR 77, 76 f.). Auch mit § 157 kann unter Beachtung des § 50 (vgl. dort RN 2 f.) ein minderschwerer Fall begründet werden (vgl. Bay NStZ-RR **99**, 174). In Betracht kommt Abs. 2 auch beim Schwören eines Meineids in Unkenntnis eines Zeugnisverweigerungsrechts, für das keine gesetzliche Hinweispflicht besteht (vgl. zu § 384 Nr. 2 ZPO BGH MDR/H **77**, 983, NStZ **84**, 134), nicht aber schon wegen der engen Beziehung des Täters zu dem Beschuldigten und seiner leichten Erregbarkeit (Bay NJW **86**, 202). – Ein **Straferschwerend** ist es dagegen, wenn beide Parteien in einem Zivilprozeß über einen vorgetäuschten Verkehrsunfall zur Durchführung ihres gemeinschaftlichen betrügerischen Vorhabens übereinstimmend die falschen Aussagen beschwören (vgl. dazu und daß hier auch § 452 I 2 einer Vereidigung beider Parteien nichts entgegensteht Düsseldorf NStZ-RR **96**, 137). Zur Strafschärfung beim Meineid eines Notars, auch wenn dieser nicht eigens belehrt wurde, vgl. LG Berlin NJ **96**, 489.

18 **VIII.** Zu den **Konkurrenzen** vgl. § 153 RN 12 ff.; zum Verhältnis zu § 153 vgl. dort RN 15 ff. Mehrere Meineide in derselben Instanz sind infolge der Einheit des Verfahrens als eine Tat (rechtliche Handlungseinheit) zu betrachten (vgl. entsprechend § 153 RN 14, 17; and. die frühere Rspr., zB BGH **1** 380, **8** 314 [GrS]: Realkonkurrenz oder Fortsetzungszusammenhang u. and. jetzt auch BGH NJW **99**, 2380: nur Realkonkurrenz [zu § 156]). Realkonkurrenz liegt dagegen vor, wenn in

verschiedenen Instanzen falsch geschworen wird, während Fortsetzungszusammenhang hier nach BGH **40** 138 nicht mehr möglich sein dürfte. Mit § 156 ist ausnahmsweise entspr. den in § 153 RN 14 genannten Gründen Realkonkurrenz auch innerhalb derselben Instanz möglich, wenn der Zeuge, der im Verfahren nach § 936 ZPO (einstweilige Verfügung) eine falsche eidesstattliche Versicherung abgegeben hat, die fragliche Tatsache im Nachverfahren beschwört. Realkonkurrenz besteht auch zwischen Anstiftung zum Meineid und dem eigenen Meineid des Anstifters (RG **61** 201; vgl. auch 39, 57 vor § 52).

IX. Zur Frage einer **Wahlfeststellung** vgl. § 1 RN 61, 89 f., 95, 111, ferner § 163 RN 1, § 164 RN 38. **19**

§ 155 Eidesgleiche Bekräftigungen

Dem Eid stehen gleich
1. **die den Eid ersetzende Bekräftigung,**
2. **die Berufung auf einen früheren Eid oder auf eine frühere Bekräftigung.**

I. Die **Neufassung** des § 155 durch das Ges. zur Ergänzung des 1. StVRG v. 20. 12. 1974 (BGBl. I 3686) trägt im wesentlichen der durch BVerfGE **33** 23 notwendig gewordenen Änderung der Eidesvorschriften Rechnung, indem in Nr. 1 die strafrechtlichen Konsequenzen aus den §§ 66 d StPO, 484 ZPO nF gezogen werden, wonach ein Zeuge usw., der angibt, aus Glaubens- oder Gewissensgründen einen Eid nicht leisten zu wollen, anstelle des Eides die Wahrheit seiner Aussage zu bekräftigen hat (vgl. BT-Drs. 7/2526 S. 12, 19 f.; näher dazu und zu den Änderungen im übrigen vgl. die 20. A. mwN). **1**

II. Die Vorschrift enthält **keinen eigenen Tatbestand**, sondern besagt lediglich, daß gewisse andere Erklärungen der Eidesleistung gleichgestellt sind (RG JW **38**, 3103). Dies gilt nicht nur für § 154, sondern auch für die §§ 160, 163; von Bedeutung ist diese Gleichstellung ferner bei §§ 157, 158. Abgesehen von der Eidesleistung, die durch eine der Bekräftigungen nach § 155 ersetzt wird, müssen für die Bestrafung daher stets alle sonstigen Tatbestandsmerkmale des § 154 bzw. der §§ 160 und 163 gegeben sein. **2**

III. Durch **Nr. 1** wird dem Eid die **Bekräftigung** gleichgestellt, die an die Stelle der Eidesleistung tritt, wenn diese aus Glaubens- oder Gewissensgründen verweigert wird (vgl. für Zeugen §§ 66 d StPO, 391, 484 ZPO, für Sachverständige §§ 72, 79 StPO, 410, 484 ZPO [ausgenommen ist jedoch der allgemeine Sachverständigeneid, vgl. BT-Drs. 7/2526 S. 19], für die Partei §§ 452, 484 ZPO, für Dolmetscher § 189 GVG). Gleichgültig ist, ob die Glaubensgründe usw., aus denen die Eidesleistung verweigert worden ist, tatsächlich vorlagen. Unschädlich ist, wenn die Belehrung nach §§ 66 d I 2 StPO, 484 I 2 ZPO unterblieben ist (hier kann Tatbestands- oder Verbotsirrtum in Betracht kommen); erforderlich zur Unterscheidung von sonstigen Wahrheitsbeteuerungen ist allerdings, daß die Bekräftigung erkennbar an die Stelle des Eides treten sollte. Während beim Eid die Worte „Ich schwöre" unverzichtbar sind (vgl. 19 vor § 153), wird eine Bekräftigung nicht dadurch unwirksam, daß an Stelle des schlichten „Ja" (§§ 66 d II StPO, 484 II ZPO) eine inhaltlich gleichbedeutende Wendung benutzt wird (zB „ich bekräftige es"; ebenso Bockelmann II/3 S. 17; vgl. aber auch Vormbaum NK 4). **3**

IV. Nach **Nr. 2** ist dem Eid ferner die **Berufung auf einen früheren Eid oder auf eine frühere Bekräftigung** gleichgestellt. Wann eine solche Berufung zulässig ist, ergibt sich aus den Prozeßgesetzen. Hierher gehören: 1. Berufung auf einen früheren Zeugen-, Sachverständigen- oder Parteieid (bzw. entsprechende Bekräftigung) in derselben Sache nach §§ 67, 72 StPO (vgl. RG **64** 379, BGH **23** 285), §§ 398 III, 402, 451 ZPO (vgl. RG **70** 200, RGZ **48** 346, BGH HRR **35** Nr. 395, JW **38**, 2197); 2. Berufung eines nach Landesrecht für Gutachten der betreffenden Art allgemein vereidigten Sachverständigen auf diesen Eid nach §§ 79 III StPO, 410 II ZPO u. entsprechend für Dolmetscher § 189 GVG; 3. Berufung auf einen geleisteten Diensteid nach § 386 II ZPO zur Glaubhaftmachung eines Zeugnisverweigerungsrechts gem. § 383 Nr. 4, 6 u. nach Landesrecht u. U. auch in Disziplinarsachen, Feld- und Forstrügesachen (§ 3 EGStPO). **4**

Erforderlich ist für die Berufung nach Nr. 2 eine eigene Erklärung des Zeugen usw. (wenn auch nicht notwendig mit den Worten des Gesetzes); der bloße Hinweis des Richters auf den früheren Eid genügt nicht (RG JW **34**, 2850, HRR **39** Nr. 1389, BGH **4** 140). Der frühere Eid, der auch ein Meineid sein kann (zum Verhältnis beider Taten vgl. § 154 RN 18, ferner RG JW **38**, 3103 [Fortsetzungszusammenhang]), muß tatsächlich geleistet worden sein (vgl. Köln VRS **31** 49); auch genügt es nicht, wenn sich ein Zeuge auf einen früheren Sachverständigeneid beruft (vgl. § 155 Nr. 2 aF: „in gleicher Eigenschaft"; Köln MDR **55**, 183). Ist die Berufung auf den früheren Eid in dem Verfahren der betreffenden Art gesetzlich überhaupt vorgesehen, so ist – entsprechend der Zuständigkeit in § 154 (vgl. dort RN 8) – Nr. 2 auch anwendbar, wenn sie im konkreten Fall verfahrensrechtlich unzulässig war (RG **17** 409, **30** 130, HRR **35** Nr. 395, Lackner/Kühl 3; and. Ruß LK 3, Tröndle/Fischer 3, Vormbaum NK 7; vgl. auch RG **70** 200); fehlt es dagegen schon an der generellen Zulässigkeit, so liegt allenfalls Versuch vor (RG **25** 96, **67** 331, BGH GA **58**, 112). **5**

§ 156 Falsche Versicherung an Eides Statt

Wer vor einer zur Abnahme einer Versicherung an Eides Statt zuständigen Behörde eine solche Versicherung falsch abgibt oder unter Berufung auf eine solche Versicherung falsch aussagt, wird mit Freiheitsstrafe bis zu drei Jahren oder mit Geldstrafe bestraft.

Schrifttum:J. Blomeyer, Die falsche eidesstattliche Versicherung im Verfahren des Arrests u. der einstweiligen Verfügung, JR 76, 441. – *Cramer S.*, Falsche Versicherung an Eides Statt durch Verschweigen entscheidungserheblicher Tatsachen, Jura 98, 337. – *Leibinger*, Zur Strafbarkeit der falschen Versicherung an Eides Statt, Rebmann-FS 259. – *Martens*, Eidesstattliche Versicherungen in der Sozialversicherung, Versorgung und Sozialgerichtsbarkeit, NJW 57, 1663. – *Michaelis*, Eidesstattliche Versicherung und Verletzung der Wahrheitspflicht durch Verschweigen, NJW 60, 663. – *Oswald*, Die eidesstattliche Versicherung, JR 53, 292. – *Prinzing*, Meineid durch unrichtige Angaben im Offenbarungseidsverfahren, NJW 62, 567. – *Schubath*, Zur Strafbarkeit einer wissentlich falschen Versicherung an Eides Statt im Strafverfahren, MDR 72, 744. – *Zipfel*, Die Zuständigkeit zur Abnahme von eidesstattlichen Versicherungen iS des § 156 StGB, NJW 51, 952. – *Zwiehoff*, Eidesstattliche Versicherungen im Strafverfahren?, Bemmann – FS 652. – Vgl. ferner die Angaben vor Vorbem. zu §§ 153 ff.

1/2 I. Während § 155 Beteuerungen betrifft, die bei einer gebotenen Vereidigung an die Stelle des Eides treten, ist die **Versicherung an Eides Statt** eine selbständige, vom Eid und den eidesgleichen Beteuerungen des § 155 verschiedene Bekräftigungsform minderen Gewichts. Die falsche Versicherung an Eides Statt ist daher kein Sonderfall des Meineids, sondern der dritte Grundtypus der Aussagedelikte (vgl. zB RG **67** 169, Rudolphi SK 1, Ruß LK 1, Vormbaum NK 5). Zum geschützten Rechtsgut vgl. 2 vor § 153 u. zum Charakter als abstraktes Gefährdungsdelikt 2 a vor § 153. – Die eidesstattliche Versicherung dient im Prozeß idR lediglich zur Glaubhaftmachung (so für den Zivilprozeß expressis verbis § 294 ZPO; eigentliches Beweismittel ist sie nur im Ausnahmefall (vgl. BGH **5** 71, Ruß aaO). Ein neues und praktisch besonders bedeutsames Anwendungsgebiet hat sie mit der Abschaffung des Offenbarungseides und seiner Ersetzung durch die eidesstattliche Offenbarungsversicherung durch das Ges. v. 27. 6. 1970 (BGBl. I 911) erhalten (dazu u. 21 ff.). Im Bereich der öffentlichen Verwaltung dürfen, soweit die Verwaltungsverfahrensgesetze gelten, eidesstattliche Versicherungen nur dann und nur dort verlangt werden, wo eine entsprechenden gesetzliche Grundlage verlangt werden (u. 11, 17 f.). Zu Reformüberlegungen vgl. Vormbaum NK 11 f.

3 II. Der **objektive Tatbestand** der **1. Alt.** setzt voraus, daß der Täter vor einer zur Abnahme einer Versicherung an Eides Statt zuständigen Behörde eine solche Versicherung falsch abgibt. Seine Prozeßfähigkeit ist nicht erforderlich (RG GA **56**, 215), doch gelten die Regeln über die Eidesunfähigkeit (25 f. vor § 153) hier entsprechend (vgl. RG **28** 87, Tröndle/Fischer 1 und ausdrücklich § 27 I 3 VwVfG, dem eine den §§ 60 Nr. 1 StPO, 393 ZPO entsprechende Vermutung zugrundeliegt).

4 1. Wesentlich für die **Versicherung an Eides Statt** ist eine den Erklärenden sofort bindende Bekräftigung der Wahrheit, wobei der Inhalt der Erklärung den Willen erkennen lassen muß, daß sie an Eides Statt abgegeben wird (vgl. RG **70** 267). Das bloße Erbieten, etwas unter Eid oder an Eides Statt erklären zu wollen, genügt nicht (RG **15** 126, **70** 267). Nicht zwingend ist der Gebrauch gerade der Worte „an Eides Statt", vielmehr genügen auch gleichbedeutende Wendungen, sofern nur der Sinn unzweifelhaft ist (vgl. RG **70** 267, Rudolphi SK 3, Ruß LK 2; iE auch Vormbaum NK 22). Vorbehaltlich besonderer Vorschriften (zB §§ 807, 883 ZPO, 95 II, 284 II AO) kann die Versicherung mündlich oder schriftlich abgegeben werden (vgl. zB Stuttgart NStZ-RR **96**, 265, Lackner/Kühl 5, Ruß LK 3, Tröndle/Fischer 3; zur Übermittlung per Telefax vgl. u. 19). Eine weitergehende Einschränkung der Zulässigkeit der Schriftform ergibt sich weder aus dem Wortlaut, noch läßt sie sich dem Zweck des § 156 entnehmen (and. Vormbaum NK 19 für „spontane" Erklärungen). Die Versicherung muß stets persönlich erklärt werden; eine Vertretung ist sowohl bei mündlicher als auch bei schriftlicher Abgabe unzulässig (RG **69** 119). Möglich ist jedoch, daß sich der Erklärende zur schriftlichen Fixierung seiner Erklärung (vgl. die „Aufnahme" nach § 22 II BNotarO) oder zur Übermittlung einer von ihm selbst angefertigten schriftlichen Versicherung eines Dritten bedient, wobei es diesem auch überlassen sein kann, ob die Versicherung vorgelegt wird (RG **67** 408); zur Frage, wann diese hier abgegeben ist, vgl. u. 19.

5 2. Die eidesstattliche Versicherung muß **falsch** sein, d. h. sie muß eine falsche Aussage bekräftigen. Dabei ist es jeweils eine Frage der Auslegung, inwieweit sich die eidesstattliche Versicherung auf die gemachten Angaben erstreckt und diese mit einem erhöhten Richtigkeitsanspruch versehen soll (vgl. Blomeyer JR 76, 442). Dazu, wann eine Aussage *falsch* ist, vgl. 4 ff. vor § 153. **Umfang** und **Grenzen** der **Aussage- und Wahrheitspflicht** (vgl. 9 ff. vor § 153) bestimmen sich hier nach dem jeweiligen Verfahrensgegenstand und den Regeln, die für das Verfahren gelten, in dem die eidesstattliche Versicherung abgegeben wird (vgl. zB BGH NJW **90**, 920 m. Anm. Keller JR 90, 480, Düsseldorf NJW **85**, 1848, Frankfurt NStZ-RR **98**, 72, Karlsruhe NStZ **85**, 412, Lackner/Kühl 3, Rudolphi SK 10, Ruß LK 17). Falsch ist deshalb zB zwar eine eidesstattliche Versicherung nach § 5 StVG, den Fahrzeugbrief verloren zu haben, während dieser in Wahrheit einem Dritten als Sicherheit für die Kaufpreiszahlung überlassen worden ist (Stuttgart NStZ-RR **96**, 265), nicht aber, weil § 5 StVG nur verlorengegangene oder sonst abhanden gekommene Papiere betrifft, bei der Beantragung eines Ersatzführerscheins die wahrheitsgemäße Angabe, den Führerschein verloren zu haben, wenn der

Betreffende dabei verschweigt, daß ihm die Fahrerlaubnis entzogen worden ist (Frankfurt aaO; vgl. aber auch Tröndle/Fischer 4: idR Versuch nach § 271). Besonderheiten gegenüber den §§ 153, 154 ergeben sich auch bei unverlangt abgegebenen eidesstattlichen Versicherungen, bei denen eine Festlegung des Beweisthemas durch das Gericht bzw. die zuständige Behörde fehlt. Ob in solchen Fällen auf das von dem Täter selbstgesetzte Beweisthema abzustellen ist (so die h. M., s. u.) oder ob maßgebend das Beweisthema ist, wie es nach Gegenstand und Stand des Verfahrens zu formulieren gewesen wäre (so zB Düsseldorf NJW **85**, 1848 u. hier die 25. A.), dürfte iE jedoch deshalb jedenfalls keinen wesentlichen Unterschied ausmachen, weil sich hier auch die h. M. im Hinblick auf den Schutzzweck der Vorschrift zu Einschränkungen der Wahrheitspflicht in der Weise genötigt sieht, daß Tatsachenbehauptungen, die für das konkrete Verfahren ohne jede mögliche Bedeutung sind, auszuscheiden haben (so zB BGH NJW **90**, 920 m. Anm. Keller JR **90**, 480, Otto II 497, Rengier II 333, Rudolphi SK 40, Ruß LK 17, Vormbaum NK 46, W-Hettinger 769; vgl. auch Blomeyer JR 76, 441: nur Tatsachen von „abstrakt" möglicher rechtlicher Relevanz). Von der eidesstattlichen Versicherung umfaßt sind daher zB im Arrest- und einstweiligen Verfügungsverfahren den Anspruch und die Anspruchsgefährdung betreffenden Umstände (vgl. §§ 920 II, 936 ZPO), nicht aber anspruchsneutrale Tatsachen (vgl. Karlsruhe NStZ **85**, 412 u. näher dazu Blomeyer JR 76, 443 ff.; zu den hier möglichen Auslegungsproblemen vgl. S. Cramer Jura 98, 336 ff.), im Beweissicherungsverfahren nach § 485 ZPO nur die in § 487 Nr. 4 genannten bzw. das besondere Zustandsfeststellungsinteresse iS des § 485 II ergebenden Umstände, nicht dagegen die lediglich den materiellen Anspruch des späteren Hauptverfahrens betreffenden Tatsachen (Düsseldorf NJW **85**, 1848). Entsprechendes gilt, wenn zu entscheiden ist, ob das Verschweigen von Tatsachen die eidesstattliche Versicherung zu einer falschen macht (vgl. dazu auch S. Cramer aaO); denn ob „Wesentliches" verschwiegen wird, „dessen Offenbarung die Bedeutung des Erklärten grundlegend beeinträchtigen würde" (so BGH NJW **59**, 1235 m. Anm. Seydel bzw. Michaelis NJW 60, 663, KG JR **66**, 189; vgl. auch BGH NJW **90**, 920 m. Anm. Keller JR 90, 480, ferner RG **63** 232, DR **44**, 441), hängt jeweils davon ab, was im Hinblick auf die fragliche Entscheidung glaubhaft zu machen ist. Auf Angaben zur Person bezieht sich die eidesstattliche Versicherung jedenfalls insoweit, als sie für das Beweisthema oder die Beweiskraft von Bedeutung sind; falsch ist daher ohne Rücksicht auf die inhaltliche Richtigkeit auch eine mit einem falschen Namen unterzeichnete schriftliche Versicherung an Eides Statt (Ruß LK 18, Tröndle/Fischer 4; and. RG **69** 177: nur, wenn auch der Inhalt falsch ist; vgl. auch RG **52** 74, HRR **39** Nr. 655). Speziell zum Umfang der Wahrheitspflicht bei eidesstattlichen Offenbarungsversicherungen vgl. u. 22 ff.

3. Die Versicherung muß vor einer **zur Abnahme einer Versicherung an Eides Statt zuständigen Behörde** erfolgen, wobei die Zuständigkeit auch hier Tatbestandsmerkmal und nicht nur objektive Strafbarkeitsbedingung ist (32 vor § 153). **6**

a) Über **Behörden**, zu denen nach § 11 I Nr. 7 auch **Gerichte** gehören, vgl. § 11 RN 57 ff., § 154 RN 7, § 164 RN 25. Stellen, die keine Behördeneigenschaft haben, scheiden hier – and. als in §§ 153, 154 – aus (zB parlamentarische Untersuchungsausschüsse). **7**

b) Die **Zuständigkeit** zur Abnahme (nicht nur zur „Aufnahme", zu der grundsätzlich jedermann befugt ist; vgl. u. §§ 22 II BNotarO) eidesstattlicher Versicherungen setzt nach h. M. voraus: 1. die Befugnis der Behörde, überhaupt eidesstattliche Versicherungen entgegenzunehmen (sog. allgemeine Zuständigkeit); 2. die Befugnis, eidesstattliche Versicherungen gerade in diesem Verfahren und über diesen Gegenstand abzunehmen (besondere Zuständigkeit); 3. daß die eidesstattliche Versicherung rechtlich nicht völlig wirkungslos ist (vgl. zB RG **73** 147, OGH **2** 186, BGH **1** 16, **2** 222, **5** 69, **7** 1, **17** 303, NJW **53**, 994, **66**, 1037, NStE **Nr. 2**, JR **62**, 464, GA **71**, 180, **73**, 109, MDR/D **72**, 923, StV **85**, 55, 505, Bay NStZ **90**, 340, NJW **98**, 1577, AG Freiburg FamRZ **94**, 660, Lackner/Kühl 2, M-Schroeder II 258, Osswald JR 53, 292, Rudolphi SK 5, Tröndle/Fischer 5, Vormbaum NK 25 ff.). Schon gegen das Erfordernis der allgemeinen Zuständigkeit ist jedoch einzuwenden, daß es auf diese nicht ankommen kann und daß es eine solche, von den Gerichten abgesehen, auch gar nicht gibt (vgl. Ruß LK 7): Die Behörde zB, die für ein bestimmtes Sachgebiet zur Abnahme von eidesstattlichen Versicherungen befugt ist, hat gerade nicht die „allgemeine" Zuständigkeit. Ebensowenig ist mit der allgemeinen Zuständigkeit etwas gewonnen, wenn für bestimmte Fallkonstellationen die an sich bestehende Zulässigkeit eidesstattlicher Versicherungen ausdrücklich ausgeschlossen ist oder wenn es um die Frage geht, welche Person für die Behörde zu ihrer Abnahme befugt ist (so aber Vormbaum NK 28). Aber auch das Erfordernis, daß die Versicherung rechtlich nicht völlig wirkungslos sein dürfe, ist keine Voraussetzung der Zuständigkeit, sondern umgekehrt die Folge der fehlenden Befugnis der Behörde, eine eidesstattliche Versicherung abzunehmen (krit. auch Krey I 280, Ruß LK 7 f.; vgl. aber auch Vormbaum aaO). So ergibt sich schon aus den Zuständigkeitskriterien, wie sie auch für §§ 153, 154 gelten, daß Gerichte für die Entgegennahme eidesstattlicher Versicherungen des Beschuldigten im Strafverfahren nicht zuständig sind; der zusätzlichen Voraussetzung der „nicht völligen rechtlichen Wirkungslosigkeit" bedarf es so wenig wie für die Frage, ob das Gericht zur Vereidigung des Angeklagten zuständig ist (vgl. jedoch RG **57** 53). Im übrigen zeigt sich die Fragwürdigkeit dieser Formel schon an der widersprüchlichen Verwendung, die sie in der Rspr. gefunden hat. Denn während sie ursprünglich dazu dienen sollte, den Anwendungsbereich des § 156 einzuschränken, ist die Entwicklung tatsächlich zT in gegenteiligem Sinn verlaufen. So ist in der Rspr. zwar anerkannt, daß im Strafverfahren eidesstattliche Versicherungen des Beschuldigten überhaupt und von Zeugen insoweit schlechthin unzulässig sind, als sie für die Schuldfrage bedeutsame Tatsachen betref- **8/9** fen (vgl. zB RG **28** 8, **57** 53, **58** 147, **59** 175, **62** 119, **70** 268), ebenso im ordentlichen Streitverfahren nach der ZPO zur Unterstützung des Parteivortrags abgegebene eidesstattliche Versicherungen der Partei oder eines Zeugen (vgl. RG **59** 176, **73** 146, BGH **7** 1). Dennoch wurde aber gerade in solchen Fällen wiederholt eine Strafbarkeit nach § 156 mit der Begründung angenommen, die eidesstattliche Versicherung sei hier deshalb rechtlich nicht völlig wirkungslos, weil sie zB Unterlage für die Entscheidung über eine Zeugenladung oder für Vorhaltungen gegenüber dem Versichernden oder Dritten sein könne (vgl. zB RG **59** 176, **70** 269, **71** 172, **73** 147, DR **44**, 440). Zwar ist BGH **5** 72 von dieser Rspr. abgerückt, weil sie darauf hinauslaufe, daß eine eidesstattliche Versicherung dann niemals rechtlich völlig wirkungslos sein können als in §§ 153, 154 würde (ebenso BGH JR **62**, 464; offengelassen jedoch in BGH **7** 1); bereits in BGH **7** 1 aber wurde die Formel von der „nicht völligen rechtlichen Wirkungslosigkeit" – hier unter Hinweis auf § 295 ZPO – wieder zur Begründung der Zuständigkeit herangezogen, obwohl zuvor ausdrücklich festgestellt worden war, daß einer der Ausnahmefälle, in denen Zivilgerichte im ordentlichen Streitverfahren zur Entgegennahme von eidesstattlichen Versicherungen eines Zeugen zuständig sind (§ 272 b aF, 377 III ZPO), nicht vorgelegen habe.

10 Auszugehen ist vielmehr davon, daß die **maßgeblichen Kriterien** für die Zuständigkeit in § 156 im Prinzip nicht anders bestimmt werden können als in §§ 153, 154. Zuständig ist deshalb die Behörde, wenn in dem *fraglichen Verfahren* eidesstattliche Versicherungen *dieser Art* zulässig sind, wozu auch gehört, daß die Versicherung *über diesen Gegenstand* und *zu diesem Zweck* und von einer *Person in der verfahrensrechtlichen Stellung des Versichernden* abgegeben werden darf. Bei spontan abgegebenen eidesstattlichen Versicherungen gehört dazu ferner, daß eine solche in dem betreffenden Verfahren und über den fraglichen Gegenstand überhaupt zugelassen ist; ist dies nicht der Fall, sondern bedarf es dazu einer besonderen Entscheidung der Behörde, so ist diese für die Entgegennahme einer unaufgefordert eingereichten eidesstattlichen Versicherung auch nicht zuständig (vgl. RG **73** 352, BGH StV **85**, 505, Bremen NJW **62**, 2314, Hamburg NJW **60**, 113, Ruß LK 7 a; and. RG **14** 170). Ohne Bedeutung ist es dagegen, wenn der Abnahme der eidesstattlichen Versicherung lediglich eine Sollvorschrift entgegensteht (zB § 27 I 2 VwVfG, § 95 I 2 AO; vgl. dazu Stuttgart NStZ-RR **96**, 265 sowie u. 17). Ebenso ist unerheblich, ob die Verwendung der eidesstattlichen Versicherung im Einzelfall erforderlich, sachlich sinnvoll oder angemessen ist (vgl. schon RG **7** 278, **47**, 37, ferner zB Lackner/ Kühl 2, Rudolphi SK 5, Ruß LK 10, Tröndle/Fischer 5 e, Vormbaum NK 30).

11 *Nicht erforderlich* ist nach h. M., daß sich die Zuständigkeit *ausdrücklich aus dem Gesetz* ergibt (vgl. zB RG **69** 26, **71** 172, BGH **2** 219, NJW **53**, 994, M-Schroeder II 226 f., Ruß LK 7). Im Bereich der öffentlichen Verwaltung gilt dies freilich nur noch für Angelegenheiten, die nicht unter die Verwaltungsverfahrensgesetze des Bundes und der Länder fallen (vgl. u. 17), womit die Frage einer ungeschriebenen Zuständigkeit – seit jeher das eigentliche Problem der Vorschrift – erheblich an Bedeutung verloren hat (vgl. dazu und zur Entwicklung der Rspr. die 19. A.). Eine solche kann bei Fehlen einer ausdrücklichen gesetzlichen Ermächtigung nicht schon mit den Aufgaben der fraglichen Behörde und der Notwendigkeit begründet werden, bei ihr einen sonst nur schwer zu führenden Beweis zu erbringen. Erforderlich ist hier vielmehr, daß die Behörde nach den ihren Aufgabenkreis betreffenden Vorschriften jedenfalls dazu berufen ist, ein *förmliches Beweisverfahren* durchzuführen, das die Abnahme eidesstattlicher Versicherungen mit sich bringt (vgl. zB BGH **2** 220, NJW **53**, 994, **66**, 1037, Bay **60** 30, Köln MDR **63**, 615; vgl. auch RG **69** 26, **71** 172, HRR **36** Nr. 921). Dafür genügt es, wenn das fragliche Verfahren die Merkmale der §§ 65 ff. VwVfG aufweist (vgl. für den Geltungsbereich der VwVfGe aber u. 17); nicht notwendig ist, daß es sich dabei gerade um ein formelles Beweisverfahren iS der ZPO oder StPO handelt, da ein solches auch die Befugnis zur Vereidigung von Zeugen usw. einschließen würde, diese hier aber gerade nicht vorausgesetzt werden kann (vgl. BGH **2** 221; and. OGH **2** 86). Umgekehrt folgt aus der ausdrücklichen gesetzlichen Befugnis einer Behörde zur Eidesabnahme noch nicht notwendig ihre Ermächtigung zur Entgegennahme eidesstattlicher Versicherungen (BGH **5** 69; and. RG **36** 1, **49** 76, BGH **2** 221), da in dem Verfahren, in dem der Eid zulässig ist, gerade die eidesstattliche Versicherung ausgeschlossen sein kann. Im einzelnen gilt folgendes:

12 α) Im **Strafverfahren** – ausdrücklich vorgesehen ist dort eine eidesstattliche Versicherung nur in § 463 b III StPO – scheiden *Polizei* und *Staatsanwaltschaft* nach h. M. als zuständige Behörden von vornherein aus, weil sie keine förmlichen Beweisverfahren durchzuführen haben (vgl. zB RG **37** 209, **47** 156, OGH **2** 86, Bay NJW **98**, 1577, Rudolphi SK 7, Ruß LK 15, Tröndle/Fischer 5 a). Bei der StA ist das seit Einführung des § 161 a StPO jedoch zweifelhaft geworden, wenn der Zeuge entsprechend § 56 StPO ein Zeugnis- oder Aussageverweigerungsrecht glaubhaft machen soll (auch hier gegen die Möglichkeit einer eidesstattlichen Versicherung zB Wache KK § 161 a RN 7, LR-Rieß § 161 a RN 17), obwohl im Bußgeldverfahren trotz der auch dort bestehenden Möglichkeit, eine Aussage vor dem Richter herbeizuführen (vgl. zB Göhler **5**, 59 vor § 59), der Verwaltungsbehörde in den entsprechenden Fällen das Recht eingeräumt wird, eine eidesstattliche Versicherung zu verlangen (vgl. Göhler § 52 RN 20, § 59 RN 62 mwN u. zum Ganzen Leibinger aaO 262 ff.). – Auch den *Gerichten* fehlt die Zuständigkeit, soweit es sich um eidesstattliche Versicherungen des *Beschuldigten* handelt. Dies ergibt sich aus dessen verfahrensrechtlicher Stellung und gilt auch dann, wenn nur Freibeweis über eine verfahrensrechtlich relevante Tatsache zu erheben ist (vgl. RG **57** 54, BGH **25** 92, GA **73**, 110, Bay **53** 207, NStZ **90**, 340, Braunschweig GA **66**, 55, Ruß LK 11; vgl. ferner RG **73** 349 [Steuerstrafverfahren]; and. Hamburg JR **55**, 274, Hamm MDR **65**, 843; zum Bußgeldverfahren vgl. u. 13). Bei eidesstattlichen Versicherungen *anderer Personen* (Zeugen usw.) ist zu unterscheiden (generell gegen eidesstattliche Versicherungen im Strafverfahren jedoch Zwiehoff, Bemmann-FS 656 ff.): Eine Zuständigkeit besteht hier zunächt – und zwar auch bei Spontanerklärungen – soweit das Gesetz ausdrücklich eine Glaubhaftmachung vorsieht und eine eidesstattliche Versicherung nicht ebenso ausgeschlossen ist wie ein Eid (so zB §§ 26 II, 74 III StPO; zu den Zeugen für ein Ablehnungsgesuch vgl. jedoch K/Meyer-Goßner § 26 StPO RN 9 f., Vormbaum NK 35) bzw. statt einer Vereidigung auch eine eidesstattliche Versicherung zulässig ist (so zB § 56 S. 2 StPO; vgl. K/Meyer-Goßner § 56 StPO RN 3 mwN; and. Vormbaum NK 35 a). Eine Zuständigkeit besteht ferner für die Entgegennahme von eidesstattlichen Versicherungen, die lediglich für Neben- oder Zwischenentscheidungen bedeutsame Tatsachen zum Gegenstand haben (zB Rudolphi SK 7, Tröndle/Fischer 5 a), dies allerdings nur, wenn sie vom Gericht angefordert sind, nicht aber bei Spontanversicherungen, auch wenn sie gezielt im Hinblick auf eine solche Entscheidung abgegeben wurden (vgl. Ruß LK 11; weitergehend auch für Zuständigkeit entsprechender Spontanerklärungen zB RG **62**, 120 f., BGH MDR/D **72**, 924, GA **73**, 109, Leibinger aaO 269 f. mwN, offen gelassen von Bay NJW **98**, 1577; vgl. auch Vormbaum NK 35, 36). Dies gilt zB für Entscheidungen über die Aussetzung des Verfahrens (RG **62** 119, **70** 269) oder der Vollstreckung (RG **28** 8), über die Fortdauer der Untersuchungshaft (RG **58** 148) oder die vorläufige Entziehung der Fahrerlaubnis nach § 111 a StPO (BGH GA **73**, 109). Generell unzulässig – mit der Folge der Unzuständigkeit – sind dagegen eidesstattliche Versicherungen, die für die abschließende Entscheidung über die Schuld- und Straffrage erhebliche Tatsachen betreffen (vgl. zB RG **28** 8, **37** 210, **59** 157, **62** 120, BGH **24** 38, GA **73**, 110, Bay NJW **98**, 1577, Rudolphi SK 7, Ruß LK 11, Tröndle/Fischer 5 a, Vormbaum NK 35). Dabei sind dem Urteil solche das Verfahren abschließende Entscheidungen gleichzustellen, die, ähnlich wie das Urteil, unmittelbar die Beantwortung der Schuldfrage zum Inhalt haben (BGH GA **73**, 110; zB Einstellung nach §§ 153, 153 a StPO, Ablehnung der Eröffnung des Hauptverfahrens nach § 204 StPO [and. insoweit RG DR **43**, 894]). Ausgeschlossen sind auch eidesstattliche Versicherungen über einen Wiederaufnahmegrund, und zwar sowohl im Additions- als auch im Probationsverfahren (BGH **17** 303; and. RG HRR **34** Nr. 1723, Hamm NJW **54**, 363). Da die StPO eidesstattliche Versicherungen dieser Art nicht zuläßt, kann in allen diesen Fällen die Zuständigkeit auch nicht damit begründet werden, daß die eidesstattliche Versicherung einer anderen Beweisperson vorgehalten werden oder für die Entscheidung über die Ladung von Zeugen bedeutsam sein könne, zumal beides bei einer einfachen Erklärung ebenso möglich ist (BGH **5** 72, JR **62**, 464, Rudolphi SK 7; and. RG **70** 269; vgl. auch o. 9). Zum Ganzen vgl. auch Schmid SchlHA 81, 42 f.

β) Im **Bußgeldverfahren** sind eidesstattliche Versicherungen des Betroffenen ebenso unzulässig **13** wie solche des Beschuldigten im Strafprozeß (vgl. Hamm NJW **74**, 327, Rebmann/Roth/Herrmann § 52 RN 24, Rudolphi SK 7, Tröndle/Fischer 5 b, Vormbaum NK 37). Aber auch zur Entgegennahme eidesstattlicher Versicherungen von Zeugen ist der Verwaltungsbehörde nur ausnahmsweise zuständig, wenn ihr gegenüber nach dem Gesetz eine Tatsache glaubhaft zu machen ist (vgl. Göhler 59 vor § 59, Rebmann/Roth/Herrmann § 52 RN 24, § 59 RN 14; and. Vormbaum NK 37 a).

γ) Im **Zivilprozeß** besteht eine Zuständigkeit zur Entgegennahme (schriftlicher oder mündlicher) **14** eidesstattlicher Versicherungen für das Gericht zunächst in den Fällen, in denen das Gesetz die *Glaubhaftmachung* bestimmter Tatsachen vorsieht (vgl. § 294 ZPO, RG **7** 287, **19** 414; zu den in Betracht kommenden Fällen vgl. die Übersicht bei Stein-Jonas/Leipold, ZPO, 21 A., § 294 RN 2; zur eidesstattlichen Offenbarungsversicherung vgl. u. 21 ff.). Im Unterschied zum Strafverfahren ist hier grundsätzlich auch der Partei zur eidesstattlichen Versicherung zugelassen (vgl. Stein-Jonas/Leipold aaO RN 16), sofern das Gesetz dies nicht ausdrücklich ausschließt (vgl. zB §§ 44 II, 406 III, 511 a I ZPO). Dabei hängt es von der einzelnen Bestimmung ab, ob die eidesstattliche Versicherung nur auf Anforderung des Gerichts (zB §§ 118, 435 ZPO) oder auch spontan abgegeben werden darf (zB §§ 236, 386, 424, 430, 920, 936 ZPO), wobei § 294 ZPO nicht gegen die Zulässigkeit spontan abgegebener eidesstattlicher Versicherungen spricht, da das „Zulassen" hier gleichbedeutend ist mit dem „Entgegennehmen" (vgl. RG **36** 213, aber auch Rudolphi SK 8, Ruß LK 7 a). Über die gesetzlich ausdrücklich vorgesehenen Fälle hinaus kommt eine Glaubhaftmachung nur bei zwingender Analogie in Betracht (Stein-Jonas/Leipold aaO RN 3). Bei § 766 ZPO ist dies nicht der Fall, weshalb dem Gericht hier die Zuständigkeit fehlt (Celle NdsRpfl. **52**, 107, Stein-Jonas/Münzberg, 21. A., § 766 RN 39, Vormbaum NK 23, RG **23** 170, **36** 212). Dasselbe gilt für einen Antrag nach § 765 a I ZPO (Bay NStE **Nr. 3**). Von der Glaubhaftmachung abgesehen sind eidesstattliche Versicherungen im Zivilprozeß ferner zulässig – hier freilich nur auf Anforderung des Gerichts – im *Freibeweisverfahren* (vgl. BGH JR **62**, 464 [Voraussetzungen der öffentlichen Zustellung]; vgl. auch Stein-Jonas/Leipold aaO § 284 RN 25, 28). Ausgeschlossen sind eidesstattliche Versicherungen dagegen, soweit das förmliche Beweisverfahren der ZPO gilt (§§ 355 ff.); unzuständig ist das Gericht daher für die Entgegennahme eidesstattlicher Versicherungen der Partei oder eines Zeugen, die der Unterstützung oder Widerlegung von Parteibehauptungen dienen (vgl. RG **73** 144, BGH JR **62**, 464, Lackner/Kühl 2 a, Rudolphi SK 8, Tröndle/Fischer 5 c). Ebenso wie im Strafprozeß (o. 12) kann auch hier die Zuständigkeit nicht damit begründet werden, daß solche Versicherungen anderen Personen vorgehalten oder bei der Entscheidung über die Ladung von Zeugen usw. berücksichtigt werden können (BGH **5** 72, BGH JR **62**, 464, Rudolphi SK 8, Ruß LK 12, Vormbaum NK 33; and. RG **59** 176, **70** 269, **71** 172, **73** 147, DR **44**, 440). Auch ergibt sich die Zuständigkeit hier entgegen BGH **7** 1 nicht aus § 295

ZPO, da das Unterlassen der Rüge nicht zur Heilung des fraglichen Mangels – Einführung einer eidesstattlichen Versicherung, welche die ZPO in diese Art überhaupt nicht kennt – führen kann (vgl. Ruß aaO, Tröndle/Fischer 5 c). Zu § 377 III ZPO vgl. 22 vor § 153.

15/16 δ) **Weitere gerichtliche Verfahren.** Während beim früheren Konkursverfahren umstritten war, ob auch nicht unter § 125 KO (Angaben über das zur Konkursmasse gehörende Aktivvermögen zZ der Konkurseröffnung) fallende eidesstattliche Versicherungen des Gemeinschuldners über andere das Verfahren betreffende Umstände (vgl. § 100 KO) zulässig waren (vgl. die 25. A. RN 14), enthält nunmehr § 98 I iVm § 97 I InsO für das *Insolvenzverfahren* eine umfassende Regelung mit einer eidesstattlichen Versicherung über alle das Verfahren betreffenden Verhältnisse, einschließlich solcher Tatsachen, die zu einer Verfolgung wegen einer Straftat oder Ordnungswidrigkeit führen können (zu dem hier bestehenden Verwertungsverbot vgl. § 97 I 3); zu eidesstattlichen Versicherungen des Insolvenzschuldners schon im Vorverfahren vgl. §§ 20, 22 III und zur Vollständigkeit der vom Insolvenzverwalter aufgestellten Vermögensübersicht bei der Verwaltung und Verwertung der Insolvenzmasse gem. § 153 II u. 31. Zur Unzuständigkeit bei einer spontan abgegebenen eidesstattlichen Versicherung im früheren Vergleichsverfahren vgl. BGH StV **85**, 505. – Im Verfahren der *Freiwilligen Gerichtsbarkeit* besteht eine Zuständigkeit des Gerichts zunächst in den gesetzlich vorgesehenen Fällen der Glaubhaftmachung (§ 15 II FGG; vgl. die Übersicht bei Keidel/Schmidt FGG, 14. A., § 15 RN 68), und zwar hier auch für spontan abgegebene eidesstattliche Versicherungen. Auf Anforderung des Gerichts können eidesstattliche Versicherungen aber auch darüber hinaus im FGG-Verfahren ein zulässiges Beweismittel sein, was sich daraus ergibt, daß § 12 FGG die Wahl der Beweisart einschließlich der Möglichkeit eines freien Beweises dem pflichtgemäßen Ermessen des Gerichts überläßt (vgl. Celle FamRZ **59**, 33, Ruß LK 13, Vormbaum NK 41). Aus der Rspr. vgl. zB RG **36** 2 (Vormundschaftsgericht), **39** 225 (Nachlaßgericht). – Im *Verwaltungsgerichts-, Sozialgerichts- u. Arbeitsgerichtsverfahren* gelten weitgehend dieselben Grundsätze wie im Zivilprozeß, bei den beiden erstgenannten Verfahrensarten unbeschadet der grundsätzlichen Unterschiede zu diesem (vgl. § 173 VwGO, § 202 SGG). Eine Zuständigkeit zur Abnahme eidesstattlicher Versicherungen besteht hier deshalb, wenn – sofern nicht ausdrücklich ausgeschlossen (vgl. zB §§ 54 I VwGO, 60 I SGG iVm § 44 II 1 ZPO) – bestimmte Tatsachen glaubhaft zu machen sind, ferner auf Anforderung des Gerichts in den Fällen des Freibeweises (zum Freibeweis im Verwaltungsgerichtsverfahren vgl. zB Kopp, VwGO, 10. A., 16 vor § 40 mwN u. zu den Fällen der Glaubhaftmachung § 86 RN 2; zum Sozialgerichtsverfahren vgl. zB §§ 67 II, 84 II, 118 I SGG iVm §§ 381 I, 386 I, 406 II, 430 ZPO u. zum arbeitsgerichtlichen Verfahren zB §§ 46 II, 80 II ArbGG, während § 58 II 2 mit dem Wegfall der eidesstattlichen Versicherung in § 377 III ZPO aF insoweit gegenstandslos geworden ist [vgl. Stein/Jonas/Berger, ZPO, 21. A., § 377 RN 55 u. dazu 22 vor § 153]).

17 ε) Für den Bereich der **öffentlichen Verwaltung** ist zu unterscheiden: In Angelegenheiten, in denen das VwVfG des Bundes bzw. die entsprechenden Verwaltungsverfahrensgesetze der Länder und des SGB X gelten, besteht eine Zuständigkeit nur noch, wenn die Abnahme der Versicherung über den betreffenden Gegenstand und in dem betreffenden Verfahren durch Gesetz oder Rechtsverordnung vorgesehen und die Behörde durch Rechtsvorschrift für zuständig erklärt worden ist (zB § 27 VwVfG, § 23 SGB X). Dies gilt auch für förmliche Verwaltungsverfahren iS der §§ 63 ff. VwVfG (vgl. Kopp, VwVfG, 6. A., § 63 RN 6). Dabei sind die Voraussetzungen des § 27 VwVfG aber schon dann als erfüllt anzusehen, wenn durch Gesetz für bestimmte Verfahren vor bestimmten Behörden eine Glaubhaftmachung vorgesehen ist (ebenso Ruß LK 14; and. Deichmann 143 f., Vormbaum NK 40). Insgesamt bedeutet die Regelung im VwVfGe und im SGB X gleichwohl eine erhebliche Einschränkung gegenüber dem früheren Rechtszustand, da die von der Rspr. entwickelten ungeschriebenen Zuständigkeitsregeln (o. 11) insoweit überholt sind (daß der Gesetzgeber bei § 27 VwVfG fälschlich davon ausgegangen ist, daß auch bisher Verwaltungsbehörden nach der Rspr. nur bei einer ausdrücklichen gesetzlichen Ermächtigung zur Abnahme eidesstattlicher Versicherungen zuständig gewesen seien [vgl. BT-Drs. 7/910 S. 50], ändert daran nichts). Der Grundsatz, daß sich die Zuständigkeit bei Fehlen einer ausdrücklichen gesetzlichen Ermächtigung auch daraus ergeben kann, daß die Behörde nach den ihren Aufgabenkreis regelnden Vorschriften ein förmliches Beweisverfahren durchzuführen hat (o. 11), gilt deshalb im Bereich der öffentlichen Verwaltung nur noch für die auf der „Verlustliste der Rechtseinheit" stehenden Angelegenheiten des § 2 VwVfG usw. Zu beachten ist schließlich, daß eidesstattliche Versicherungen in Verwaltungsverfahren vielfach nur auf Verlangen der Behörde zugelassen sind; hier fehlt daher bei unaufgefordert abgegebenen Versicherungen die Zuständigkeit zu ihrer Entgegennahme (vgl. zB RG **73** 349, Bremen NJW **62**, 2314, Hamburg NJW **60**, 113, Deichmann aaO [vor § 153] 145, Martens NJW 57, 1664). Unberührt bleibt diese dagegen bei Nichtbeachtung des Subsidiaritätsprinzips des § 27 I 2 VwVfG u. der entsprechenden landesrechtlichen Vorschriften, wonach eine eidesstattliche Versicherung nur gefordert werden „soll", wenn andere Mittel zur Wahrheitserforschung nicht vorhanden sind usw.; von Bedeutung sind solche Verstöße vielmehr nur bei der Strafzumessung (vgl. Stuttgart NStZ-RR **96**, 265).

18 **Einzelfälle: Zuständige** Behörden iS des § 156 sind zB kraft ausdrücklicher gesetzlicher Ermächtigung: der Standesbeamte bei der Klärung etwaiger Ehehindernisse (§ 5 III PersonenstandsG), Konsulatsbeamte in den Fällen der §§ 12 Nr. 2, 19 II Nr. 3 KonsularG v. 11. 9. 1974 (BGBl. I 2317), die Finanzbehörden nach §§ 95, 284 AO (nicht dagegen im Drittwiderspruchsverfahren nach § 262 AO; zu §§ 174, 201, 209 RAO aF vgl. auch RG **73** 349, Hamburg NJW **60**, 113) und die nach § 5

StVG zuständige Behörde beim Verlust von Führerschein und Fahrzeugpapieren (vgl. Frankfurt NStZ-RR **98**, 72, Stuttgart NStZ-RR **96**, 215, AG Elmshorn SchlHA **86**, 154, Neumann SchlHA **86**, 145). Zuständig sind ferner zB Notare im Fall des § 2356 II BGB (vgl. RG **74** 175, **76** 136, Frankfurt NStZ-RR **96**, 294; and. Deichmann aaO [vor § 153] 144: nur Beurkundung), das Versorgungsamt im Rahmen des § 13 I Ges. über das Verwaltungsverfahren der Kriegsopferversorgung v. 2. 5. 1955, BGBl. I 202 (vgl. Bremen NJW **62**, 2314), der Kreiswahlleiter nach §§ 21 VI, 36 II BWahlG idF v. 23. 7. 1993 (BGBl. I 1288), die Gemeindebehörde in den Fällen des § 87 II BWahlO idF v. 8. 3. 1994 (BGBl. I 495), der Versicherungsträger nach § 4 III Fremd- u. Auslandsrentenneuregelungs G idF v. 18. 5. 1990 (BGBl. I 986; im Gebiet der ehem. DDR nicht in Kraft getreten [EV I Kap. VIII H I]), das Amtsgericht als Justizverwaltungsbehörde nach § 3 II des Ges. zur Geltendmachung von Unterhaltsansprüchen im Verkehr mit ausländischen Staaten v. 19. 12. 1986 (BGBl. I 2563), Sparkassenvorstände bei der Kraftloserklärung von Sparbüchern nach § 13 SparkassenVO NRW v. 1. 9. 70, GVBl. **70**, 620 (vgl. Düsseldorf NStZ **82**, 290, **91**, 38). Eine Glaubhaftmachung (o. 17) ist zB ausdrücklich vorgesehen gegenüber der Umlegungsstelle bzw. Enteignungsbehörde in den Fällen der §§ 48 III, 106 III BauGB (vgl. dazu Brügelmann/Reisnecker, Baugesetzbuch, § 106 RN 23). Ob die Fakultäten der Universitäten für die Entgegennahme eidesstattlicher Versicherungen über die Urheberschaft von Dissertationen usw. zuständig sind, beurteilt sich nach dem jeweiligen Hochschulrecht (vgl. RG **17** 208, DR **41**, 967). – **Nicht zuständig** (schon nach früherem Recht) sind zB die Polizei (OGH **2** 86), das Einwohnermeldeamt (Kassel NJW **49**, 359 m. Anm. Bödicker), die Träger der Sozialhilfe (BGH NJW **66**, 1037), die Wohnungs- und Fürsorgeämter (Düsseldorf JMBlNW **51**, 274), die Kassenärztlichen Vereinigungen (Kiel SJZ **48**, 327), Krankenkassen (Martens NJW 1957, 1664), die Ärztekammern (BGH **2** 383), die Urkundsbeamten der Geschäftsstelle im Kostenfestsetzungsverfahren (LG Lüneburg MDR **53**, 309), der Rektor einer Universität bei der Zulassung zum Studium (Karlsruhe NJW **51**, 414) u. wohl auch nicht die Asylbehörde im Asylverfahren (Frankfurt NStZ-RR **96**, 294). Ausdrücklich ausgeschlossen sind eidesstattliche Versicherungen zB im Verfahren nach § 330 II LastenausgleichsG und nach § 19 I WehrpflichtG. Auch die Notare sind nicht generell zur Entgegennahme eidesstattlicher Versicherungen zuständig (zu § 2356 II BGB vgl. o.); § 22 BNotarO enthält zwar eine Befugnis zur „Aufnahme" eidesstattlicher Versicherungen, meint damit aber nur die Beurkundungsfunktion der Notare (vgl. RG **47** 156, **74** 127, BGH GA **71**, 180, Köln MDR **63**, 615, Stuttgart NJW **60**, 2303; vgl. ferner Deichmann aaO [vor § 153] 144 f., Vormbaum NK 41).

4. Vor der Behörde **abgegeben** ist die eidesstattliche Versicherung im Fall der *Mündlichkeit*, **19** wenn sie vor einer zur Vertretung der Behörde in solchen Angelegenheiten befugten Person mit deren Einverständnis erklärt worden ist (vgl. zB RG **32** 436). Kann zB die Versicherung nur zu Protokoll der Behörde erklärt werden, so ist Voraussetzung, daß die Erklärung vor einem zur Aufnahme der Niederschrift ermächtigten Vertreter der Behörde erfolgt (so in § 95 AO; vgl. dazu BGH StV **85**, 505 u. zu § 174 RAO aF RG **73** 349, Hamburg NJW **60**, 113; vgl. ferner § 27 II VwVfG, wobei jedoch zweifelhaft ist, ob es sich hier nicht um eine bloße Ordnungsvorschrift handelt, da der Erklärende die Versicherung auch selbst schriftlich abgeben könnte [vgl. dazu Düsseldorf NStZ **91**, 38]). – Eine *schriftliche* Versicherung ist iS des § 156 abgegeben, wenn sie mit Willen des Erklärenden der zuständigen Behörde zugegangen ist (vgl. RG **22** 268, **32** 436, **47** 156, **49** 47, BGH NJW **99**, 2380, Stuttgart NStZ-RR **96**, 265, Rudolphi SK 4, Ruß LK 3, Tröndle/Fischer 3, Vormbaum NK 20). Daher genügt zB bei einer eidesstattlichen Versicherung gegenüber dem Gericht der Eingang bei der Geschäftsstelle; nicht erforderlich ist die inhaltliche Kenntnisnahme oder die behördeninterne Vorlage bei der mit der fraglichen Angelegenheit befaßten Person (vgl. RG **49** 47, BGH aaO). Die Einreichung kann, sofern dies mit Wissen und Willen des Erklärenden geschieht, auch durch einen Dritten erfolgen (zB RG **67** 408, **71** 172, RG HRR **39** Nr. 655), ebenso per Telefax, wenn die Originalunterlage vom Absender unterschrieben ist und von seinem Gerät demjenigen der fraglichen Stelle übermittelt wird (vgl. eingehend dazu Bay NJW **96** 406). Die Vorlage einer Abschrift genügt nur, wenn sie gerichtlich oder notariell beglaubigt ist oder wenn es sich um die Ausfertigung einer gerichtlichen oder notariellen Urkunde handelt (RG **70** 132, BGH GA **71**, 180, Rudolphi SK 4, Ruß LK 4). Besonderheiten gelten nach Bay NJW **96**, 406 m. Anm. Vormbaum/Zwiehoff JR **96**, 295 im Arrestverfahren (§§ 916 ff. ZPO; entsprechend für das einstweilige Verfügungsverfahren vgl. § 936 ZPO): Eine nach Einlegen des Widerspruchs (§ 924 ZPO) eingereichte eidesstattliche Versicherung hat danach „im Rahmen des § 156 nur dann rechtliche Bedeutung", wenn in der mündlichen Verhandlung von ihr Gebrauch gemacht oder auf sie Bezug genommen wird (zu den daraus sich ergebenden weiteren Problemen im vorausgehenden Antragsverfahren, wo eine mündliche Verhandlung im pflichtgemäßen Ermessen des Gerichts steht, vgl. Vormbaum/Zwiehoff aaO 297). – Wird die Versicherung von einem Notar, einem Gericht oder einer sonstigen Behörde lediglich *aufgenommen*, so ist sie erst mit Einreichung bei der Behörde abgegeben, bei der sie Beweiszwecken dienen soll, wobei diese Stelle jedoch zuständig sein muß (vgl. RG **47** 158, BGH NJW **53**, 994, GA **71**, 180, Frankfurt NStZ-RR **96**, 294, Köln MDR **63**, 615, Stuttgart NJW **60**, 2303 m. Anm. Barnstedt); nur wenn der beweisführende Behörde im Wege der Rechtshilfe eine andere Stelle um die Abnahme der eidesstattlichen Versicherung ersucht hat, genügt – ihre Zuständigkeit vorausgesetzt – auch die Abgabe vor dieser (vgl. auch Ruß LK 4, ferner BGH LM § 156 **Nr. 4**).

20   III. Der **objektive Tatbestand** der 2. Alt. setzt voraus, daß der Täter vor einer zur Abnahme einer eidesstattlichen Versicherung zuständigen Behörde (vgl. dazu o. 6 ff.) unter **Berufung auf eine solche Versicherung falsch aussagt.** Dies ist der Fall, wenn er die neue Aussage unter die frühere Bekräftigung stellt, wobei es auf den Gebrauch bestimmter Worte nicht ankommt. Nicht ausreichend ist es, wenn die Behörde auf die frühere Versicherung lediglich hinweist oder wenn sich der Täter auf die bloße Wiedergabe ihres Tatsachengehalts beschränkt (vgl. RG DJ **57**, 1005). Ob und in welchen Fällen eine Berufung auf eine früher abgegebene eidesstattliche Versicherung zulässig ist, bestimmt sich nach dem jeweiligen Verfahrensrecht; ausgeschlossen ist dies zB nach § 807 II ZPO (vgl. Ruß LK 16, Vormbaum NK 21 u. zu § 807 aF [Offenbarungseid] RG **67** 332, BGH GA **58**, 112). Im übrigen gelten die Grundsätze zu § 155 Nr. 2 entsprechend (vgl. dort RN 4 f.).

21   IV. Einen praktisch besonders bedeutsamen Anwendungsbereich hat § 156 mit der Ersetzung des früheren Offenbarungseides durch die **Offenbarungsversicherung** (Ges. v. 27. 6. 1970, BGBl. I 911) erhalten. Vorgesehen ist eine solche insbes. im Vollstreckungsverfahren (vgl. §§ 807, 883 ZPO, 98 I InsO [früher § 125 KO], § 284 AO, § 5 VerwaltungsvollstreckungsG usw.; für Zulässigkeit im Rahmen der Sicherungsvollstreckung nach § 720 a ZPO vgl. einerseits Koblenz NJW **79**, 2521, LG Berlin MDR **81**, 941, andererseits Düsseldorf NJW **80**, 2717 mwN, Hamm MDR **82**, 416), ferner zB in den Fällen der §§ 666, 675, 2027, 2057 usw. iVm §§ 259–261 BGB.

22   1. Bei **Fruchtlosigkeit der Pfändung** (§ 807 ZPO, § 284 AO usw.) hat der Schuldner an Eides Statt zu versichern, daß er „die von ihm verlangten Angaben nach bestem Wissen und Gewissen richtig und vollständig gemacht" habe, wobei sich der Umfang der „verlangten Angaben" und damit auch die Grenzen der Aussage- und Wahrheitspflicht nach § 807 I ZPO (bzw. den entsprechenden Vorschriften in der AO usw.) bestimmen (vgl. zB BGH **8** 399, **14** 345, **19** 126, NJW **68**, 1388, NStE **Nr. 2**, GA **58**, 86, EzSt **Nr. 1**, MDR/H **80**, 813, Bay MDR **91**, 1079, Hamm JMBlNW **69**, 128, GA **75**, 181, Stuttgart Justiz **64**, 316). Weitergehende Angaben sind im Fall ihrer Unrichtigkeit daher auch dann nicht tatbestandsmäßig, wenn sie auf eine – insoweit unzulässige – Frage des Richters bzw. Rechtspflegers gemacht werden (BGH **8** 401, **14** 348, **19** 126, Bay NStZ **99**, 563, Köln StV **99**, 316, Krey I 280, Lackner/Kühl 4, Rudolphi SK 14, Ruß LK 19, Tröndle/Fischer 7, Vormbaum NK 50 a; and. Braunschweig NdsRpfl. **63**, 208). Andererseits entfällt der Tatbestand nicht schon deshalb, weil sich der Täter durch eine wahrheitsgemäße Aussage einer Straftat bezichtigen müßte, da seine Wahrheitspflicht dadurch im Hinblick auf ein entsprechend BVerfGE **56** 37 (Gemeinschuldner im Konkurs) auch hier anzunehmendes strafprozessuales Verwertungsverbot nicht eingeschränkt ist (vgl. BGH **37** 342, BGH[Z] **41** 326, LG Koblenz MDR **76**, 587, Dingeldey NStZ **84**, 531 u. für das Insolvenzverfahren jetzt ausdrücklich § 97 I 2, 3 InsO). Verlangt werden von dem Schuldner nach § 807 I ZPO usw. Angaben über sein Ist-Vermögen und bestimmte rechtsgeschäftliche Verfügungen in der Vergangenheit, wobei sich der Umfang der Offenbarungspflicht im einzelnen aus dem Zweck der Vorschrift ergibt, dem Gläubiger eine Vollstreckung in das vorhandene Schuldnervermögen zu ermöglichen (vgl. zB BGH **8** 400, **10** 150, NStE **Nr. 2**, EzSt **Nr. 1**, GA **58**, 56, **66**, 243, MDR/H **80**, 813, Bay NStZ **99**, 563, Celle NdsRpfl **95**, 275, Hamm GA **75**, 181, Rudolphi SK 14, Ruß LK 20, Tröndle/Fischer 7). Anzugeben sind bei den einzelnen Vermögensgegenständen daher auch Umstände, die für die Zugriffsmöglichkeit des Gläubigers von Bedeutung sind (zB Name des Drittschuldners, u. 28), ferner die persönlichen Verhältnisse, soweit sie für die Vollstreckung wichtig sind (u. 28), nicht jedoch das Einkommen anderer Familienmitglieder (BGH NStE **Nr. 1**). Falsch ist die Offenbarungsversicherung, wenn die offenbarungspflichtigen Vermögensverhältnisse unrichtig dargestellt sind. Dies kann sowohl dadurch geschehen, daß vorhandene Vermögensgegenstände verschwiegen oder unzutreffende Angaben dazu gemacht werden (vgl. zB RG **71** 227 [falsche Angaben über die Höhe der gesicherten Forderung bei einer Sicherungsabtretung des Schuldners], BGH **10** 149 [falsche Angaben über eine mit dem Arbeitgeber vereinbarte Verwendung des laufenden Verdienstes]), als auch dadurch, daß durch Vortäuschung nicht vorhandener Vermögenswerte eine nichtbestehende Vollstreckungsmöglichkeit vorgespiegelt wird (vgl. zB BGH **7** 375, NJW **60**, 2201, Celle NdsRpfl **95**, 275, Hamm NJW **61**, 421 [Angabe eines nicht bestehenden Arbeitsverhältnisses], Stuttgart NJW **61**, 2319, Prinzing NJW 62, 567, Rudolphi SK 14, Ruß LK 21; überholt BGH **2** 74 mwN zu § 807 aF; krit. Jescheck GA **56**, 114, Vormbaum NK 50). Dabei gilt letzteres auch dann, wenn der Schuldner fälschlich das Bestehen eines Anspruchs gegenüber dem Gläubiger behauptet, da hier zwar nicht dieser, wohl aber andere Gläubiger (vgl. § 903 ZPO) getäuscht werden können (Prinzing aaO; and. Stuttgart aaO). Im einzelnen gilt folgendes:

23   a) Anzugeben ist grundsätzlich das **gesamte gegenwärtige Aktivvermögen** (zB RG JW **37**, 1791, BGH **2** 75, **3** 310, **14** 348, NJW **68**, 1388, GA **66**, 243, Koblenz OLGSt § 289 **Nr. 1**). *Schulden* fallen nicht unter die Offenbarungspflicht (vgl. zB RG **45** 432, **71** 228, 360, Rudolphi SK 16, Ruß LK 21, Vormbaum NK 51); doch können falsche Angaben über Verbindlichkeiten (zB bei Hypotheken) zugleich eine unrichtige Darstellung des Aktivvermögens sein. Nicht anzugeben ist ferner *früheres Vermögen*, wenn der fragliche Gegenstand zweifelsfrei aus dem Vermögen des Schuldners ausgeschieden ist (vgl. BGH NJW **55**, 638, Stein/Jonas/Münzberg, ZPO, 21. A., § 807 RN 31), und zwar auch dann nicht, wenn er durch ein nach BGB anfechtbares, aber ernstgemeintes Rechtsgeschäft veräußert worden ist (RG JW **37**, 1314, BGH GA **61**, 372, Hamm NJW **51**, 246, Tröndle/Fischer 13). Eine Ausnahme besteht für die in § 807 I 2, Nr. 1, 2 (nF seit 1. 1. 1999) genannten Veräußerungen, bei denen dem Gläubiger Unterlagen für eine etwaige Anfechtung von Rechtshandlungen des Schuldners nach dem AnfechtungsG verschafft werden sollen (vgl. dazu BGH GA **61**, 372 und näher Stein/Jonas/Münzberg § 807 RN 36 ff.). Handelt es sich dagegen um eine sonstige Veräußerung, so ist die Versicherung auch dann nicht falsch, wenn der Schuldner wahrheitswidrig die Zerstörung der Sache behauptet (BGH **14** 345). Im übrigen verletzt der Schuldner seine Offenbarungspflicht nicht, wenn er falsche Angaben darüber macht, auf welche Weise ein Gegenstand aus seinem Vermögen ausgeschieden ist (BGH **14** 345). Gleichfalls nicht anzugeben ist *künftiges Vermögen*, es sei denn, es handle sich um künftige Forderungen und Rechte, die bereits jetzt Gegenstand der Zwangsvollstreckung sein können (u. 26). Aber auch hinsichtlich des gegenwärtigen Vermögens sind – entsprechend dem Zweck des § 807 ZPO – solche Gegenstände von der Offenbarungspflicht ausgenommen, die nach objektivem Maßstab für den Gläubiger *völlig wertlos* sind (vgl. zB RG **60** 37, BGH **13** 345, **14** 349, NJW **52**, 1023, GA **58**, 213, **66**, 243, EzSt **Nr. 1**, KG JR **85**, 162, Bay **92** 134, Stuttgart NJW **61**, 2318, Rudolphi SK 16, Ruß LK 20 Tröndle/Fischer 9, 11, Vormbaum NK 52). Dagegen gehören zu dem der Offenbarungspflicht unterliegenden Aktivvermögen auch Vermögensgegenstände, die bereits für andere Gläubiger gepfändet oder beschlagnahmt sind (vgl. Stein/Jonas/Münzberg § 807 RN 24), ferner unpfändbare Gegenstände (§§ 811, 850 ff., 859 ff. ZPO), da es nicht dem Schuldner überlassen sein kann, zu bestimmen, welche Gegenstände mit Rücksicht auf Pfändungsbeschränkungen der Zwangsvollstreckung entzogen sind (vgl. RG **71** 300, BGH NJW **56**, 756, GA **66**, 243, LM § 807 ZPO **Nr. 10**, KG JR **85**, 162); ausgenommen sind nur solche Gegenstände, die ihrer Art nach oder sonst schlechterdings unpfändbar sind (vgl. o. 23 [Unterhaltsansprüche], Bay MDR **91**, 1079 [Vorräten des täglichen Bedarfs iS des § 811 Nr. 2 ZPO entsprechender Geldbetrag auch auf einem Konto], Stein/Jonas/Münzberg § 807 RN 29). Im einzelnen hat der Schuldner anzugeben:

α) sein **unbewegliches Vermögen** (vgl. § 864 ZPO), einschließlich der Anwartschaften, der auf **24** einem Grundstück lastenden Hypotheken (RG **76** 235, DR **42**, 1696; vgl. auch RG **45** 429) oder einer Eigentümergrundschuld, und zwar auch dann, wenn es überschuldet ist (RG GA **60**, 88) oder die Zwangsverwaltung angeordnet ist (Tröndle/Fischer 8; vgl. aber auch LG Düsseldorf MDR **58**, 171).

β) die in seinem Eigentum – nicht in bloßem Eigenbesitz (Tröndle/Fischer 9; and. Braunschweig **25** MDR **51**, 52) – stehenden **beweglichen Sachen**, auch wenn sie im Besitz eines Dritten oder mit Pfandrechten überlastet sind (vgl. RG GA **60**, 88) oder als unverkäuflich erscheinen (BGH **13** 349); über unpfändbare oder völlig wertlose Sachen vgl. o. 23. Anzugeben ist auch eine unter Eigentumsvorbehalt gekaufte Sache (BGH **15** 128, Bay GA **61**, 372, LM § **154 Nr. 17**, Köln NJW **59**, 901), und zwar auch dann, wenn der Restkaufpreis den Wert der Sache übersteigt (BGH **13** 345), nicht mehr dagegen bei wirtschaftlich offensichtlicher Wertlosigkeit des Anwartschaftsrechts (Bay **92** 134) und auch nicht, wenn der Verkäufer vom Vertrag zurückgetreten ist oder seine Rechte nach § 13 III VerbrKrG (früher § 5 AbzahlungsG) geltend gemacht hat (BGH LM § **154 Nr. 35**, Stein-Jonas/Münzberg, ZPO, 21. A., § 807 RN 31). Gleichfalls anzugeben sind Sachen, die dem Schuldner fiduziarisch übertragen worden sind (vgl. RG **64** 422, KG JR **85**, 162, Koblenz OLGSt § 289 **Nr. 1**, Stein-Jonas/Münzberg, § 807 RN 25); das gleiche gilt für Sachen (bzw. für den Rückübertragungsanspruch), die der Schuldner einem Dritten sicherungsübereignet hat, wenn der Rückübertragungsanspruch noch besteht (vgl. RG JW **34**, 2692, HRR **39** Nr. 1377, BGH NJW **52**, 1023, GA **57**, 53, Köln OLGSt. § 156 S. 5), und zwar selbst dann, wenn die gesicherte Schuld den Wert der Sache übersteigt (BGH **13** 345, Rudolphi SK 16, Tröndle/Fischer 9, Vormbaum NK 53; and. BGH GA **58**, 213).

γ) **Forderungen und sonstige Vermögensrechte**, zB Hypotheken, Eigentümergrundschulden **26** (nach RG **45** 429 neben dem Eigentum am Grundstück), Anteilsrechte an einem Gesellschaftsvermögen (RG **24** 74, KG JR **85**, 162) einschließlich treuhänderischer (Koblenz OLGSt § 289 **Nr. 1**), Ankaufs- und Optionsrechte (Frankfurt GA **73**, 154) usw.; zu Bankkonten vgl. BGH MDR/H **77**, 808, zu debitorischen Girokonten Bay NStZ **99**, 563. Anzugeben sind auch Forderungen und Rechte, die noch nicht fällig, bedingt (BGH NJW **68**, 2251, GA **66**, 243, Koblenz OLGSt § 289 **Nr. 1**; zu den Ansprüchen aus einer Lebensversicherung vgl. LG Duisburg NJW **55**, 717), anfechtbar (vgl. RG **60** 75) oder bestritten sind oder deren Realisierbarkeit sonst aus tatsächlichen oder rechtlichen Gründen zweifelhaft ist (vgl. zB RG **60** 37, JW **31**, 2129, BGH NJW **53**, 390, GA **66**, 243, LM § 154 **Nr. 20**, Hamm JMBlNW **69**, 128, KG JR **85**, 162, Koblenz OLGSt § 289 **Nr. 1**; bezeichnet der Schuldner eine dubiose Forderung als sicher, so kann es sich freilich auch um eine bloße – nicht unter § 156 fallende – falsche Wertung handeln, vgl. Hamm aaO). Das gleiche gilt für Forderungen, die der Aufrechnung unterliegen, es sei denn, daß schon jetzt mit Sicherheit feststeht, daß eine solche erfolgen wird (vgl. BGH GA/H **58**, 51). Entsprechendes muß für verjährte Forderungen gelten (vgl. aber auch Stuttgart NJW **61**, 2319). Künftige Forderungen und Rechte sind offenbarungspflichtig, soweit sie schon jetzt Gegenstand der Zwangsvollstreckung sein können, was dann der Fall ist, wenn zwischen dem Schuldner und Drittschuldner bereits eine Rechtsbeziehung besteht, aus der die künftige Forderung nach Art und Person des Schuldners bestimmt werden kann (BGH NJW **68**, 2251, GA **66**, 243, LM § 857 ZPO **Nr. 433**; zu künftigen Provisionsforderungen vgl. RG **71** 300, Hamm NJW **56**, 1729, zu künftigen Lohnforderungen BGH NJW **58**, 427, Hamm NJW **61**, 421, zu künftigen Kaufpreisforderungen vgl. LG Münster MDR **90**, 61, zu sich noch in Abwicklung befindenden Maklergeschäften und Mandaten von Rechtsanwälten BGH **37** 341, zu künftigen Rentenansprüchen

LG Bonn MDR **92**, 901, LG Hannover MDR **93**, 175, 176; vgl. ferner Karlsruhe Justiz **64**, 63). Mit Rücksicht darauf sind bestehende Arbeitsverhältnisse stets anzugeben (beendete dagegen nur, wenn der Schuldner daraus noch Ansprüche hat, BGH NJW **68**, 1388), wobei Gelegenheitsarbeiter diejenigen Arbeitgeber zu benennen haben, für die sie in der Regel zu arbeiten haben (LG Frankfurt NJW-RR **88**, 383, LG Koblenz MDR **74**, 148); zum Fall eines verschleierten Arbeitseinkommens vgl. Hamm GA **75**, 180 (Tätigkeit im Rahmen eines eheähnlichen Verhältnisses), AG Köln MDR **81**, 867 (Tätigkeit im Betrieb der Tochter). Bei fiduziarisch erworbenen oder sicherungshalber abgetretenen Forderungen usw. gilt das o. 25 Gesagte entsprechend; über unpfändbare, bereits gepfändete oder wertlose Forderungen usw. vgl. o. 23.

27 δ) **Nicht anzugeben** sind – abgesehen von offensichtlich wertlosen Gegenständen (o. 23) – Werte oder Verhältnisse, die **ihrer Natur nach dem Zugriff** des Gläubigers **entzogen** sind (vgl. zB RG **42** 426, **68** 130, BGH GA **66**, 243, Celle NdsRpfl **95**, 275, Rudolphi SK 15, Tröndle/Fischer 11). Dies gilt zB für die feste Kundschaft eines Unternehmens (RG **42** 424, BGH **8** 400), den nichtverwertbaren Firmenmantel (BGH **8** 401, BB **58**, 891), ein Handelsgeschäft ohne pfändbare Gegenstände oder andere bloße Erwerbsmöglichkeiten (RG **68** 130, BGH **8** 400, NJW **68**, 2251, GA **66**, 117, MDR/H **80**, 813, wistra **89**, 303), ein Pachtrecht (RG HRR **32** Nr. 1394; and. jedoch bei den Einkünften hieraus), eine Schankkonzession (RG **42** 424), freiwillige Leistungen (zB Unterstützungen) Dritter, auch wenn sie regelmäßig erfolgen (vgl. RG DJ **37**, 975, BGH GA **58**, 86, **66**, 243, LG Aurich NdsRpfl. **58**, 76). Ausgenommen sind ferner möglicherweise erst künftig entstehende Forderungen, für deren Entstehung noch kein Rechtsgrund gegeben ist (BGH GA **66**, 243).

28 b) Entsprechend dem Zweck des § 807 ZPO, dem Gläubiger Unterlagen für Vollstreckungsmaßnahmen zu verschaffen, müssen die Angaben **so substantiiert** sein, daß die Voraussetzungen und **Möglichkeiten einer Zwangsvollstreckung** für ihn **ersichtlich** werden (vgl. zB BGH **15** 130, Rudolphi SK 14, Ruß LK 23, Tröndle/Fischer 12). Wahrheitsgemäß anzugeben ist daher u. U. zB auch der Ort, an dem sich eine Sache befindet (RG DRpfl. **36** Nr. 102), auch wenn der Schuldner auf diese lediglich ein Anwartschaftsrecht hat (BGH **15** 128), die Rechtslage hinsichtlich sicherungsübereigneter Sachen (BGH GA **57**, 53), die Valutierung der auf einem Grundstück lastenden Hypothek (RG HRR **39** Nr. 913), der Stand einer Erbauseinandersetzung (BGH **10** 281), die mit dem Arbeitgeber vereinbarte Verwendung des Arbeitsverdienstes (BGH **10** 149). Bei Forderungen sind außer Grund und Beweismittel (§ 807 I ZPO; vgl. dazu Stein-Jonas/Münzberg, ZPO, 21. A., § 807 RN 33) auch der Drittschuldner (vgl. RG HRR **29** Nr. 972) und die Höhe zu bezeichnen (Tröndle/Fischer 12; vgl. auch RG **71** 228). Bestehen Zweifel in rechtlicher Hinsicht, sind die sie begründenden Tatsachen anzugeben (vgl. Ruß LK 22). Auch die eigenen **persönlichen Verhältnisse** des Schuldners fallen insoweit unter seine Erklärungs- und Wahrheitspflicht, als sie zugleich den Bestand des Vermögens betreffen und deshalb zur Beurteilung der Vollstreckungsmöglichkeit wichtig sind (vgl. zB BGH **10** 149, **11** 223, NJW **68**, 2251, Bay **56** 247, Hamm GA **57**, 181, Lackner/Kühl 4, Rudolphi SK 14, Ruß LK 20). Falsch ist daher die Offenbarungsversicherung daher zB bei einer unrichtigen Namens- oder Berufsangabe, wenn der Schuldner dadurch zugleich über die Inhaberschaft von Vermögensstücken täuscht oder die Natur seiner Rechte verschleiert, so wenn er sich als Angestellter ausgibt, während er in Wirklichkeit der Firmeninhaber ist (vgl. BGH **11** 283). Unschädlich ist eine falsche Berufsbezeichnung dagegen, wenn sich für den Gläubiger auch bei richtigen Angaben keine Vollstreckungsmöglichkeiten ergeben hätten (BGH NJW **68**, 2251).

29 c) Daß der Schuldner die Richtigkeit und Vollständigkeit der verlangten Angaben „**nach bestem Wissen und Gewissen**" versichert (§ 807 II ZPO), bedeutet hier so wenig wie beim Zeugeneid, daß Gegenstand seiner Versicherung lediglich sein Wissen bzw. seine Überzeugung ist. Aussagegegenstand ist vielmehr der äußere Sachverhalt (vgl. BGH **7** 147). Zu den den Schuldner treffenden Vorbereitungspflicht vgl. § 163 RN 10. Ein „Irrtumsvorbehalt" ändert an der Strafbarkeit nach § 156 nichts, wenn der Schuldner bewußt unrichtige Angaben gemacht hat (RG **70** 142).

30 d) Falsche Angaben unter **Berufung** auf eine **früher nach § 807 ZPO abgegebene Offenbarungsversicherung** sind straflos, da eine solche Bezugnahme nicht zulässig ist (o. 20).

31 2. **Ähnliche Grundsätze,** wenn auch zT mit Modifikationen, gelten für eine Reihe weiterer Fälle, in denen eine Person über den Bestand eines Vermögens eine eidesstattliche Versicherung abzugeben hat. So haben der Erbe nach **§ 2006 BGB** und der Erbschaftsbesitzer nach **§ 2027 BGB** (iVm §§ 260, 261) gleichfalls nur das Aktivvermögen anzugeben (vgl. RG **71** 360 m. Anm. Schaffstein JW 37, 2314 zu § 2027 BGB), i. U. zu § 807 ZPO aber lediglich die Vollständigkeit zu versichern, so daß das Vorspiegeln nichtvorhandener Vermögensgegenstände nicht tatbestandsmäßig ist. – Für das **Insolvenzverfahren** (seit 1. 1. 1999; zur früheren Offenbarungsversicherung nach § 125 KO vgl. die 25. A.) gilt im wesentlichen folgendes: Hat der Insolvenzschuldner gem. § 153 II InsO die Vollständigkeit der vom Insolvenzverwalter nach § 153 I für den Zeitpunkt der Eröffnung des Insolvenzverfahrens aufgestellten Vermögensübersicht eidesstattlich zu versichern und gehören zu dieser sowohl die Gegenstände der Insolvenzmasse (vgl. dazu §§ 35, 36) wie die Verbindlichkeiten des Schuldners, so umfaßt auch dessen eidesstattliche Versicherung die Vollständigkeit sowohl der Aktiva wie der Passiva (vgl. Irschlinger, in: Heidelberger Komm. InsO, 1999, § 153 RN 11; and. Hess, Komm. InsO, 1999, § 153 RN 19, 21: nur Aktivvermögen). Eingeschlossen sind damit zB auch Anwartschaften (vgl. Hess aaO RN 22) und Gegenstände, die der Schuldner beiseite geschafft hat (vgl. BGH GA **71**,

38) oder die durch eine Insolvenzanfechtung dem Schuldnervermögen wieder zugeführt werden können (vgl. Irschlinger aaO), nicht dagegen solche, die völlig wertlos sind (vgl. Hess aaO RN 21, Irschlinger aaO). Hinsichtlich des Neuerwerbs von Gegenständen nach Eröffnung des Verfahrens können zusätzliche Angaben iVm einer eidesstattlichen Versicherung über § 97 I iVm § 98 verlangt werden. Ebenso sind bereits im Antragsverfahren eidesstattliche Versicherungen des Schuldners über die Richtigkeit des von ihm vorgelegten Vermögensverzeichnisses möglich (§§ 20, 22 III iVm §§ 97, 98 I; zum Umfang vgl. Kirch, in: Heidelberger Komm. InsO § 20 RN 10).

3. Nur um einen begrenzten Aussagegegenstand handelt es sich bei der **eidesstattlichen Versicherung nach § 883 II ZPO, §§ 33 II 5, 83 II FGG, § 90 III OWiG** über den Verbleib bestimmter Sachen und Personen. Hier hat der Schuldner alle Tatsachen anzugeben, aus denen sich unmittelbar oder mittelbar Schlüsse auf den Verbleib der herauszugebenden Sache usw. ziehen lassen, damit der Gläubiger sachdienliche Anhaltspunkte für weitere Nachforschungen gewinnt und gegebenenfalls weitere Vollstreckungsmaßnahmen herbeiführen kann (vgl. RG **39** 42, **46** 140, DR **42**, 169, BGH NJW **52**, 711, Braunschweig NdsRpfl. **50**, 26). Hat der Hausgenosse nach **§ 2028 BGB** Auskunft darüber zu geben, was ihm über den Verbleib der Erbschaftsgegenstände bekannt ist, so hat er vollständige Angaben über alle die Umstände zu machen, welche der Ermittlung und der Verschaffung der Nachlaßgegenstände dienlich sind (BGH LM § 154 **Nr. 4** m. Anm. Schrübbers); falsche rechtliche Schlußfolgerungen sind dagegen ohne Bedeutung, so wenn der Täter behauptet, daß der fragliche Gegenstand nicht zum Nachlaß, sondern ihm gehöre (BGH aaO). Begrenzt auf die Vollständigkeit der Angaben über den Bestand eines Inbegriffs von Gegenständen, den der Schuldner herauszugeben oder über den er Auskunft zu geben hat, ist die eidesstattliche Versicherung nach **§§ 260, 261 BGB**. Dabei ist zu beachten, daß das Gericht hier ebenso wie nach § 883 III ZPO eine Änderung der eidesstattlichen Versicherung beschließen kann; maßgebend für den Umfang der Offenbarungspflicht ist dann der vom Gericht festgesetzte Wortlaut der Versicherung (zu §§ 260, 261 BGB vgl. BGH LM § 154 **Nr. 2** m. Anm. Schrübbers).

32/33

V. Für den **subjektiven Tatbestand** ist Vorsatz erforderlich; bedingter Vorsatz genügt, was durch das EGStGB mit der Streichung des Merkmals „wissentlich" in § 156 aF ausdrücklich klargestellt wurde (vgl. schon zur aF RG **70** 267, Bay NJW **55**, 1121). Näher zum subjektiven Tatbestand vgl. 27 ff. vor § 153, wobei sich der Vorsatz hier auch darauf beziehen muß, daß sich die eidesstattliche Versicherung auf den unrichtigen Teil der Aussage erstreckt. Bei der falschen Offenbarungsversicherung nach § 807 ZPO muß der Täter wissen, daß der fragliche Gegenstand Bestandteil seines Vermögens ist (daher Tatbestandsirrtum, wenn er aus Rechtsgründen irrtümlich davon ausgeht, eine Forderung sei ihm noch gar nicht erwachsen, vgl. Karlsruhe Justiz **64**, 63), ferner, daß er unter seine Offenbarungspflicht fällt (vgl. Bay **92** 134 [Tatbestandsirrtum beim Nichtaufführen eines Vermögensgegenstands, der in dem vom Schuldner zu beantwortenden Fragenkatalog nicht erfaßt ist], KG JR **85**, 162 [Tatbestandsirrtum, wenn ein Anwalt glaubt, das ihm fiduziarisch übertragene Vermögen unterliege wegen § 203 nicht der Offenbarungspflicht]).

34

VI. Über **Täterschaft** und **Teilnahme** vgl. 33 ff. vor § 153.

35

VII. Konkurrenzen. Idealkonkurrenz ist zB möglich mit §§ 263, 267 (RG **52** 74, **69** 119), ferner mit § 283 (BGH MDR/H **82**, 969; vgl. § 283 RN 67) und versuchter Steuerhinterziehung (BGH **38**, 41). Über das Verhältnis zu § 172 vgl. dort RN 9. Nicht mehr möglich ist seit BHG **40** 138 ein Fortsetzungszusammenhang zwischen mehreren falschen eidesstattlichen Versicherungen (vgl. BGH NJW **99**, 2380). Werden diese in demselben Verfahren abgegeben, so ist deshalb jedoch nicht Tatmehrheit die zwangsläufige Folge (so aber BGH aaO u. offengelassen nur, wenn beide Versicherungen Teil eines einheitlich versuchten Prozeßbetrugs waren). Entsprechend den in § 153 RN 14 genannten Gründen ist hier vielmehr von einer rechtlichen Handlungseinheit auszugehen, und dies wohl auch dann, wenn die Abgabe der Versicherungen nicht auf Verlangen des Gerichts, sondern kraft eigener Entscheidung erfolgt: In beiden Fällen muß letztlich entscheidend sein, daß es sich bei solchen Versicherungen als Grundlage für eine einheitlich vorzunehmende Tatsachenfeststellung in ein und derselben Sache auch um einen einheitlichen Rechtsgutsangriff handelt. Zu einem Fall einer möglichen Tatmehrheit mit § 154 vgl. dort RN 18. Ist eine eidesstattliche Versicherung zT vorsätzlich, zT fahrlässig falsch abgegeben, so erfolgt eine Verurteilung nur nach § 156 (vgl. RG **60** 58, **62** 154, Ruß LK 28 mwN).

36

§ 157 Aussagenotstand

(1) **Hat ein Zeuge oder Sachverständiger sich eines Meineids oder einer falschen uneidlichen Aussage schuldig gemacht, so kann das Gericht die Strafe nach seinem Ermessen mildern (§ 49 Abs. 2) und im Falle uneidlicher Aussage auch ganz von Strafe absehen, wenn der Täter die Unwahrheit gesagt hat, um von einem Angehörigen oder von sich selbst die Gefahr abzuwenden, bestraft oder einer freiheitsentziehenden Maßregel der Besserung und Sicherung unterworfen zu werden.**

(2) **Das Gericht kann auch dann die Strafe nach seinem Ermessen mildern (§ 49 Abs. 2) oder ganz von Strafe absehen, wenn ein noch nicht Eidesmündiger uneidlich falsch ausgesagt hat.**

§ 157 1–5

Schrifttum: Bemmann, Zur Anwendbarkeit des § 157, H. Mayer-FS 485. – *Kehr,* Dilemma des Zeugen bei wahrer aber unglaubhafter Aussage, NStZ 97, 160. – *Montenbruck,* Tatverdächtiger Zeuge und Aussagenotstand, JZ 85, 976. – *H. Schneider,* Grund und Grenzen des strafrechtlichen Selbstbegünstigungsprinzips, 1990 (Diss. Berlin), 214 ff. – *Seibert,* Eidesnotstand und Strafzumessung, NJW 91, 1055.

1 **I. Abs. 1** der durch das EGStGB neugefaßten Vorschrift behandelt den sog. **Aussagenotstand,** dessen Vorliegen von Amts wegen zu prüfen ist (vgl. BGH GA **68**, 304, Stuttgart NJW **78**, 711, Zweibrücken OLGSt. § 153 **Nr. 1**). Dieser führt zwar nicht zur Entschuldigung nach § 35 (auch nicht bei einem drohenden Freiheitsentzug, vgl. § 35 RN 12, 30, 33 ff.), doch berücksichtigt das Gesetz hier durch Anerkennung eines besonderen Strafmilderungsgrundes (bzw. durch Ermöglichung des Absehens von Strafe bei § 153) die *besondere Zwangslage,* in der sich *Beweispersonen* bei Erfüllung der ihnen im öffentlichen Interesse auferlegten Zeugen- und Sachverständigenpflicht befinden, wenn sie durch eine wahrheitsgemäße Aussage sich selbst oder einen Angehörigen belasten müßten (vgl. RG **75** 37, BGH **1** 28, **7** 5, **29** 298, Bay NStZ-RR **99**, 174, Bergmann, Die Milderung der Strafe nach § 49 Abs. 2 StGB [1988] 83 ff., Rudolphi SK 1, Ruß LK 1, Vormbaum NK 7; and. Bemmann, H. Mayer-FS 485 ff.; vgl. auch H. Schneider aaO 226 ff.). Freilich tragen diesem Konflikt schon die prozessualen Zeugnis- und Auskunftsverweigerungsrechte Rechnung (§§ 52, 55 StPO, §§ 383 I Nr. 1 bis 3, 384 Nr. 2 ZPO), sodaß in den in § 157 privilegierten Fällen mit Ausnahme der dort i. U. zu den §§ 52 I StPO, 383 I Nr. 1–3 miteinbezogenen Pflegeeltern und Pflegekinder (§ 11 I Nr. 1 b) rechtlich kein Aussagezwang besteht. Tatsächlich aber wird damit die Zwangslage für den Aussagenden zumindest in den Fällen der §§ 55 StPO, 384 Nr. 2 ZPO schon deshalb nicht völlig beseitigt, weil er die Weigerungsgründe u. U. glaubhaft machen muß (§§ 56 StPO, 386 ZPO; vgl. BGH **1** 28, Düsseldorf MDR **93**, 561, Rudolphi SK 1, Ruß LK 1, Vormbaum NK 7, aber auch Bergmann aaO 92 ff.). Im Falle des § 52 StPO (Falschaussage zugunsten eines angeklagten Angehörigen) könnte das Zeugnis dagegen an sich risikolos verweigert werden, seitdem durch BGH **22** 113 anerkannt ist, daß die Tatsache der Zeugnisverweigerung nicht gegen den Angeklagten verwertet werden darf (vgl. auch BGH JZ **81**, 104; bei § 383 ZPO, wo richtigerweise dasselbe gelten müßte, ist dies dagegen umstritten, vgl. Rosenberg/Schwab/Gottwald, Zivilprozeßrecht, 15. A., 710, MünchKomm ZPO-Damrau § 383 RN 21). Insoweit dürfte die Regelung des Abs. 1 daher im wesentlichen nur noch historisch erklärbar sein; zu den Folgen vgl. u. 12. Nicht privilegiert wird durch Abs. 1 dagegen das (Selbst-) Begünstigungsmotiv als solches, da andernfalls die Beschränkung der Vorschrift auf Zeugen und Sachverständige unverständlich wäre (strafbare Anstiftung, wenn der Angehörige des Angeklagten einen Dritten zu einer entlastenden Falschaussage anstiftet). Im Urteil ist § 157 schon dann zu erörtern, wenn nicht ausgeschlossen werden kann, daß der Zeuge usw. aus den dort genannten Gründen falsch ausgesagt bzw. geschworen hat (vgl. Bay NJW **96**, 2244).

2 1. Der persönliche Anwendungsbereich des Abs. 1 ist beschränkt auf **Zeugen** und **Sachverständige,** die falsch ausgesagt oder geschworen haben. Ohne Bedeutung ist, ob der Zeuge usw. über sein Zeugnis- bzw. Auskunftsverweigerungsrecht belehrt worden ist bzw. ob er dieses kannte (RG **59** 62, BGH MDR/H **77**, 460; vgl. auch u. 12).

3 a) Auf **Parteien** im Zivilprozeß usw. ist Abs. 1 auch nicht analog anwendbar (h. M., vgl. zB RG **75** 37, BGH **7** 5, NJW **51**, 809, Frankfurt NJW **50**, 615, Lackner/Kühl 1, Rudolphi SK 3, Ruß LK 2, Tröndle/Fischer 1, Vormbaum NK 10; and. Bemmann, H. Mayer-FS 491). Hier fehlt es an einer vergleichbaren Zwangslage, wie sie Abs. 1 voraussetzt, weil die Partei die Aussage und Eidesleistung beliebig verweigern kann und dabei allenfalls wirtschaftliche Nachteile in Kauf nehmen muß; auch gerät sie in diese Situation – anders als der Zeuge – nicht in Erfüllung einer ihr im öffentlichen Interesse auferlegten Pflicht, sondern bei der Verfolgung eigener Belange (vgl. RG DR **40**, 639). Die frühere Streitfrage, ob Abs. 1 jedenfalls bei einer eidesstattlichen Offenbarungsversicherung nach § 807 ZPO usw. analog anzuwenden ist (vgl. 17. A., RN 1), hat sich dadurch erledigt, daß § 157 für § 156 keine Bedeutung mehr hat (u. 5). Dasselbe gilt seit Inkrafttreten der InsO (1. 1. 1999) für den allerdings schon früher zweifelhaften Fall eines Meineids des Gemeinschuldners im Konkursverfahren über nicht unter § 125 KO fallende Angaben (vgl. die Voraufl., ferner § 154 RN 9).

4 b) Abs. 1 gilt nur für den **Täter** der §§ 153, 154, **nicht** dagegen für den **Teilnehmer.** Da dieser sich nicht in der vom Gesetz hier vorausgesetzten Zwangslage befinden kann und da Abs. 1 nicht schon die (Selbst-) Begünstigungstendenz als solche privilegiert, gilt dies auch dann, wenn der Teilnehmer eine ihm oder einem Angehörigen drohende Bestrafung abwenden will (h. M., zB RG **61** 202, BGH **1** 28, **2** 379, **3** 321, NJW **52**, 229, OGH **2** 164, Düsseldorf JMBlNW **55**, 43, Bergmann aaO [o. 1] 85, M-Schroeder II 269, Rudolphi SK 3, Ruß LK 3, H. Schneider aaO 234, Tröndle/Fischer 1, Vormbaum NK 10; and. Bemmann, H. Mayer-FS 491, Heusel JR 89, 429, Welzel 532). Abs. 1 ist daher nicht anwendbar auf den Angeklagten, der einen Zeugen zu einer ihn entlastenden Falschaussage anstiftet, ebensowenig auf den Zeugen, der einen anderen Zeugen zu einem Aussagedelikt bestimmt, es sei denn, daß die Anstiftung gerade in einer dem Abs. 1 unterfallenden Falschaussage des ersten Zeugen liegt (weitergehend LG Dortmund NJW **56**, 721 m. Anm. Lürken u. Seibert NJW 56, 1082; vgl. auch RG **75** 42). Auch für die Fälle der §§ 30, 159, 160 gilt Abs. 1 nicht.

5 2. Der sachliche Anwendungsbereich des Abs. 1 ist beschränkt auf **Taten nach §§ 153, 154** (einschließlich des Versuchs nach § 154, vgl. RG **65** 208, BGH **4** 175). Durch das EGStGB ausgeschieden wurde § 156, weil dessen Strafdrohung jetzt ohnehin dem gesetzlichen Mindestmaß entspricht. Auch für § 163 gilt Abs. 1 nicht. Bei mehrfachen Unrichtigkeiten in einer Aussage, bei denen die Voraussetzungen des Abs. 1 nur zu einem Teil erfüllt sind, ist dieser bei Bestehen eines inneren Zusammenhangs zwischen den verschiedenen falschen Angaben auf die Aussage insgesamt anwendbar; fehlt dagegen ein solcher Zusammenhang (zB falsche Angaben zu mehreren Beweisthemen), so ist eine Strafmilderung zwar nach allgemeinen Regeln, nicht aber nach § 157 möglich (vgl. RG **60** 56, **61** 310, BGH NJW **00**, 154, MDR/D **52**, 658 [hier noch offengelassen für den 2. Fall], Schleswig HESt. **2** 253, Lackner/Kühl 5, Rudolphi SK 12, Ruß LK 8 f., Tröndle/Fischer 6, Vormbaum NK 23).

3. Voraussetzung ist nach Abs. 1, daß der Täter die Unwahrheit gesagt hat, **um** von einem *Angehörigen* (vgl. § 11 I Nr. 1 und dort 3 ff.) oder *von sich selbst* die **Gefahr einer Bestrafung** oder der Verhängung einer **freiheitsentziehenden Maßregel** der Besserung und Sicherung abzuwenden. Daß hier abweichend von § 35 die sonst dem Täter „nahestehenden Personen" nicht genannt sind, muß ebenso wie in § 258 VI als eine bewußte Beschränkung des Gesetzes verstanden werden; eine analoge Anwendung des § 157 – und nur um eine solche könnte es hier gehen – auf die Partner nichtehelicher Lebensgemeinschaften ist daher nach geltendem Recht nicht möglich (vgl. Bay NJW **86**, 203, Braunschweig NStZ **94**, 344 m. Anm. Hauf NStZ 95, 35, Celle NJW **97**, 1084, Lackner/Kühl 9, Otto II 504, Ruß LK 14, Tröndle/Fischer 9; and. Krümpelmann/Hensel JR 87, 41 f., M-Schroeder II 268, Ostendorf JZ 87, 328, Rudolphi SK 1, Vormbaum NK 14). Im Unterschied zu dem objektiv gefaßten § 35 stellt Abs. 1 seit der Änderung durch die VO v. 29. 5. 1943 (RGBl. I 339) allein auf die *Absicht* des Aussagenden ab, die Gefahr abzuwenden (vgl. Goetzeler ZStW 63, 98). Maßgebend sind damit unabhängig von der objektiven Sachlage ausschließlich die Vorstellungen des Täters: Abs. 1 ist auch anwendbar, wenn der Täter infolge tatsächlicher oder rechtlicher Fehlvorstellungen irrig die Gefahr einer Bestrafung angenommen hat (zB Annahme eines Wahndelikts, Unkenntnis der Möglichkeit, von einem versuchten Prozeßbetrug durch Angabe der Wahrheit nach § 24 mit strafbefreiender Wirkung zurücktreten zu können, Unkenntnis der inzwischen eingetretenen Verjährung oder des Ablaufs der Antragsfrist; vgl. RG **77** 222, BGH **8** 317, Bay NJW **56**, 559, Düsseldorf NJW **86**, 1822, Hamburg NJW **52**, 634, Hamm HESt. **2** 254, Lackner/Kühl 7, Rudolphi SK 5, Ruß LK 1, 10, Tröndle/Fischer 7, Vormbaum NK 12); umgekehrt gilt Abs. 1 bei Unkenntnis einer objektiv gegebenen Gefahr nicht. Die ältere, noch an der objektiven Fassung des § 157 orientierte Rspr. ist jetzt daher auf dieser subjektiven Grundlage zu sehen. Bleibt zweifelhaft, ob der Täter mit der entsprechenden Absicht handelte, so gilt der Grundsatz in dubio pro reo (BGH NJW **88**, 2391). Im einzelnen gilt folgendes:

a) Nach der Vorstellung des Täters muß die **Gefahr,** d. h. die nicht völlig fern liegende Möglichkeit (vgl. RG **62** 57, JW **38**, 657, aber auch Ruß LK 11, Vormbaum NK 18) einer *Bestrafung* oder der Verhängung einer *freiheitsentziehenden Maßregel* der Besserung und Sicherung bestanden haben, was im Hinblick auf eine mögliche Wiederaufnahme auch noch nach rechtskräftigem Freispruch der Fall sein kann (BGH MDR/H **83**, 280). Die Gefahr anderer als der in § 61 Nr. 1–3 genannten Maßregeln oder von Maßnahmen iS des § 11 I Nr. 8 genügt – i. U. zu § 258 V, VI – nicht, ebensowenig die Gefahr der Verfolgung wegen einer Ordnungswidrigkeit (Bay NJW **71**, 630 m. Anm. Groß S. 1620) oder eines Dienstvergehens, da hier keine „Bestrafung" droht (BT-Drs. 7/1261 S. 13, Lackner/Kühl 2, Rudolphi SK 7, Ruß LK 13, Tröndle/Fischer 8; and. noch – inzwischen überholt – BGH GA **67**, 52, MDR/D **66**, 726, Bay **62** 9).

b) Die vom Täter angenommene Gefahr muß wegen einer **vor der Falschaussage** bzw. dem Meineid **liegenden Straftat** drohen (RG **62** 211, JW **38**, 657, Lackner/Kühl 2, Rudolphi: SK 8, Tröndle/Fischer 8; and. Kehr NStZ 97, 164 ff. für die in der Furcht vor einer Strafverfolgung wegen der Unglaubhaftigkeit einer wahren Aussage gemachten Falschaussage), wobei diese jedoch nicht wirklich begangen worden sein muß, da sich die Gefahr einer Strafverfolgung auch aus dem Bestehen eines falschen Verdachts ergeben kann (vgl. RG **69** 41, **75** 278, DR **40**, 1095, Köln JMBlNW **50**, 251). Vortat in diesem Sinn kann grundsätzlich jede Straftat sein (vgl. zB RG **75** 277: frühere Strafvereitelung, RG **72** 113: Betrug durch falsche Angaben im Unterhaltsprozeß). Eine Ausnahme gilt jedoch für vorangegangene Aussagedelikte des Täters in demselben Verfahren. Wird eine zunächst uneidliche Falschaussage *in derselben Instanz* falsch beschworen, so fehlt es, weil die Falschaussage in dem Meineid aufgeht und eine Einheit bildet, an einer dem Meineid vorausgegangenen strafbaren Handlung, sodaß Abs. 1 unanwendbar ist (BGH **5** 269, **8** 319 [GrS]). Dies gilt auch, wenn mit der uneidlichen Falschaussage ein weiteres Delikt tateinheitlich zusammentrifft (BGH **9** 121 m. Anm. Kaufmann JZ 56, 605). Mit BGH **40** 138 (vgl. dazu jetzt auch BGH NJW **99**, 2380) erledigt haben dürfte sich dagegen die Unterscheidung der bis dahin h. M., wenn die uneidliche Falschaussage erst *in der zweiten Instanz* falsch beschworen oder wiederholt wird: Hier sollte die Berufung auf Abs. 1 nur ausgeschlossen sein, wenn auf Grund eines Gesamtvorsatzes beide Delikte eine fortgesetzte Tat bilden, nicht aber bei Vorliegen von Tatmehrheit (aus der Rspr. zB BGH **8** 320 f., MDR/H **80**, 984, Köln StV **88**, 538, Stuttgart NJW **78**, 711; and. jedoch Busch GA 55, 264: Abs. 1 immer anwendbar). Dazu, daß im vorliegenden Zusammenhang die Entscheidung in allen diesen und weiteren Fällen (zB mehrere jeweils abgeschlossene Vernehmungen in einer Instanz, vgl. § 153 RN 14) letztlich jedoch nicht von dem jeweiligen Konkurrenzverhältnis abhängen kann, sondern daß es dabei in der Sache um die Frage eines Vorverschuldens geht, vgl. u. 11.

§ 157 9–11

9   c) Nach der Vorstellung des Täters muß gerade die **richtige Bekundung** über das, was in der Aussage falsch ist, die Gefahr der Strafverfolgung herbeiführen (RG **73** 310, BGH **7** 4), wenn auch erst in Verbindung mit der übrigen Sachlage (RG **75** 278, DR **36**, 690, Köln JMBlNW **50**, 251; zu mehrfachen Unrichtigkeiten in einer Aussage, bei denen die Voraussetzungen des Abs. 1 nur zT gegeben sind, vgl. o. 5). Dabei muß nach dem Sinn der Vorschrift (o. 1) zwischen der Falschaussage und der drohenden Strafverfolgung ein unmittelbarer Zusammenhang in der Weise bestehen, daß gerade die in einer wahrheitsgemäßen Aussage liegende *Belastung* des Aussagenden selbst oder eines Angehörigen die Gefahr einer Bestrafung begründet. Nicht anwendbar ist Abs. 1 daher, wenn der Täter, ohne sich bzw. den Angehörigen durch eine wahrheitsgemäße Aussage belasten zu müssen, zum Zweck der Entlastung falsch aussagt (vgl. Bergmann aaO [o. 1] 83 ff., Lackner/Kühl 6, Vormbaum NK 24). Dasselbe gilt, wenn ein Zeuge nur deshalb falsch aussagt, weil er befürchtet, andernfalls von einem Dritten wegen einer von ihm begangenen anderen Straftat angezeigt zu werden (RG **64** 106, BGH **7** 4, Rudolphi SK 12, Ruß LK 12, Vormbaum aaO). Dem Herbeiführen der Gefahr der Strafverfolgung durch eine wahrheitsgemäße Aussage steht die Steigerung einer bereits bestehenden Gefahr gleich; Abs. 1 kommt daher auch in Betracht, wenn gegen den Aussagenden wegen der fraglichen Tat bereits ein Strafverfahren eingeleitet ist (RG JW **35**, 2960) oder wenn sich bei einer bereits bekannten Tat für den Täter das Risiko erhöhen würde, daß der Verletzte Strafantrag stellen wird (vgl. RG **74** 206 m. Anm. Bruns DR 40, 1418).

10 d) Der Täter muß die Unwahrheit gesagt haben, **um** die Gefahr der Bestrafung usw. **abzuwenden**, d. h. er muß – ebenso wie in § 35 (vgl. dort 16) – unter dem Druck der Gefahr und zum Zweck ihrer Abwendung gehandelt haben, wobei das (Selbst-)Begünstigungsmotiv jedoch nicht das einzige und auch nicht der Hauptbeweggrund gewesen zu sein braucht (vgl. BGH **2** 379, **8** 317, NJW **53**, 1479, **88**, 2391, GA **59**, 176, **68**, 304, NStZ **86**, 105 [b. Meyer-Goßner], NStZ/D **92**, 479, MDR/H **93**, 1039, StV **95**, 249 f., BGHR § 157, Selbstbegünstigung 1 u. 2, Bay NJW **96**, 2244); daß es von völlig untergeordneter Bedeutung ist, genügt allerdings nicht (vgl. Wagner MDR 59, 807 unter Hinweis auf BGH 4 StR 893/53 u. 5 StR 414/55; anders auch. Ruß LK 11, Vormbaum NK 13). Ausreichend ist es, daß der Täter die vom Gesetz für die fragliche Tat vorgesehene Strafe abwenden will. Dies ist auch der Fall, wenn er nicht die Bestrafung überhaupt, sondern lediglich die nach einem strengeren Gesetz drohende Strafe vermeiden will (zB Bestrafung nur nach § 212 statt nach § 211). Das gleiche gilt, wenn er nur die Strafzumessung zu seinen Gunsten beeinflussen will (BGH **29** 298, Rudolphi SK 11, Ruß LK 12, Vormbaum NK 17; and. Hamm NJW **59**, 1697), da auch hier der Konflikt bestehen kann, dem Abs. 1 Rechnung tragen soll (Furcht vor hoher Strafe); auch liefe die Verweigerung der Vergünstigung nach Abs. 1 hier auf den guten Rat an den Täter hinaus, gleich so zu lügen, daß eine Bestrafung überhaupt ausgeschlossen ist. Erst recht ist Abs. 1 anwendbar, wenn der Täter, um eine mildere Bestrafung zu erreichen, von mehreren realkonkurrierenden Taten nur eine in Abrede stellt.

11 e) Zweifelhaft ist, ob Abs. 1 auch gilt, wenn der Täter den Aussagenotstand **schuldhaft herbeigeführt** hat. Nachdem BGH **5** 271 dies zunächst verneint hatte, nimmt die h. M. seit BGH **7** 332, **8** 318 f. [GrS] an, daß auch ein vom Täter verschuldeter Aussagenotstand die Berufung auf Abs. 1 nicht ausschließe (vgl. außer BGH aaO zB BGH StV **87**, 196, **95**, 249 f., MDR/H **93**, 1039, Köln StV **88**, 538, Stuttgart NJW **78**, 711, Zweibrücken OLGSt § 153 **Nr. 1**, Bockelmann II/3 S. 25, Lackner/Kühl 1, M-Schroeder II 270, Rengier II 335, Ruß LK 5, Seebode JZ 98, 782 f., Tröndle/Fischer 6, Vormbaum NK 25). Daran ist zwar richtig, daß Abs. 1 nicht schon wegen des Verschuldens der Vortat unanwendbar ist (diese ist ja Voraussetzung des § 157). Wohl aber ist dem Täter das Privileg des Abs. 1 zu versagen, wenn er die Zwangslage durch ein Verhalten provoziert hat, das, wie zB eine frühere Aussage, in spezifischer Weise die aktuelle Gefahr schafft, falsch aussagen oder schwören zu müssen (ebenso für die vorsätzliche Herbeiführung des Aussagenotstands Bergmann aaO [o. 1] 101 ff., Rudolphi SK 14 [unter Hinweis auf die Grundsätze der actio libera in causa]). Da Abs. 1 auf dem Gedanken einer notstandsähnlichen Situation beruht (vgl. dazu auch Braunschweig NStZ **94**, 344, Celle NJW **97**, 1084), ergibt sich dies aus denselben, die Zumutbarkeit betreffenden Grundsätzen, die auch in § 35 bei einem Verschuldbetsein der Notstandslage zum Ausschluß der Entschuldigung führen (weshalb der Hinweis in BGH **8** 318, daß das Notwehrrecht auch bei einer verschuldeten Notwehrlage bestehen bleibe, neben der Sache liegt). Auch die h. M. wird nicht umhin, auf diesen Gedanken dort zurückzugreifen, wo der Täter die falsche Aussage anschließend beschwört und dabei irrig davon ausgeht, daß auch die zunächst uneidliche Falschaussage eine für sich bereits strafbare „Vortat" iS des § 157 sei (so ausdrücklich BGH **8** 319; o. 8). Ebenso war es in der Sache das hier besonders deutliche Vorverschulden und nicht das Fehlen einer Vortat, das iE die früher h. M. rechtfertigte, wonach das Bestehen eines Fortsetzungszusammenhangs zwischen den in mehreren Instanzen begangenen Aussagedelikten § 157 ausschloß (o. 8). Dabei kann letztlich dahingestellt bleiben, ob hier – entsprechend dem Sinn des Privilegs – schon die Voraussetzungen des Abs. 1 zu verneinen sind; denn jedenfalls besteht kein Anlaß, in solchen Fällen von der Möglichkeit einer Strafmilderung usw. nach dem nur eine Kann-Regelung enthaltenden Abs. 1 Gebrauch zu machen (vgl. auch Ruß LK 6). Entgegen der h. M. (o. 8) ist eine Strafmilderung daher aber auch zu versagen, wenn eine in der ersten Instanz gemachte uneidliche Falschaussage in der zweiten Instanz auf Grund eines neuen Vorsatzes wiederholt oder falsch beschworen wird, denn wer als Zeuge vor Gericht steht, muß in aller Regel damit rechnen, daß er seine Aussage wiederholen oder jetzt oder später beschwören muß. Entspre-

chendes gilt, wenn der Täter im Ermittlungsverfahren vor der Polizei oder Staatsanwaltschaft falsch ausgesagt und sich dabei zB nach §§ 145 d, 164, 185 ff. strafbar gemacht hat (and. BGH **5** 332). Nicht auf § 157 berufen kann sich auch, wer sich selbst als Zeuge für ein Verfahren zur Verfügung stellt und sich damit sehenden Auges in die Gefahr begibt, falsch auszusagen oder schwören zu müssen (and. Bay NStZ-RR **99**, 174), und ebensowenig rechtfertigt ein vorausgegangenes strafbares Erbieten zum Meineid (§§ 154, 30 II) eine Strafmilderung, wenn dieser dann später geschworen wird (and. RG JW **38**, 657, Stuttgart NJW **78**, 711, Lackner/Kühl 3, Vormbaum NK 22, Ruß LK 5). Dagegen schließt ein fahrlässiger Falscheid als Vortat die Anwendung des Abs. 1 nicht aus, ebensowenig eine frühere Falschaussage, die im Wiederaufnahmeverfahren wiederholt wird, weil mit einem solchen nicht gerechnet zu werden braucht (vgl. auch BGH MDR/H **83**, 280).

4. Liegen die Voraussetzungen des Abs. 1 vor oder kann dies nicht ausgeschlossen werden (BGH NJW **88**, 2391, GA **68**, 304, Düsseldorf JR **91**, 520 m. Anm. Heusel), so **kann** das Gericht nach pflichtgemäßem Ermessen die **Strafe nach § 49 II mildern** (vgl. dort RN 8 ff.) und im Fall des § 153 auch **ganz von Strafe absehen** (vgl. 54 ff. vor § 38; zur Frage einer Strafschärfung vgl. BGHR § 157 I, Strafrahmenverschiebung 1, Zweibrücken OLGSt. § 153 **Nr. 1**). Bei der Frage, ob und inwieweit von dieser Möglichkeit Gebrauch gemacht werden soll, ist u. a. einerseits die Größe der befürchteten Gefahr bzw. des erstrebten Rechtsvorteils (vgl. BGH **29** 300, Bay NStZ-RR **99**, 174 [ausreichend u. U. auch eine Geldstrafe]) und in welchem Maß das Handeln des Täters dadurch bestimmt war, andererseits die Bedeutung der Aussage zu berücksichtigen. Besteht zwischen beiden ein eindeutiges Mißverhältnis (weitergehend Bergmann aaO [o. 1] 108: extremes Mißverhältnis), so besteht zu einer Strafmilderung usw. kein Anlaß. Dies gilt insbesondere, wenn durch die Falschaussage ein anderer gefährdet oder geschädigt wurde (zB Verurteilung eines Unschuldigen; vgl. näher Seibert NJW 61, 1055, weitergehend für Strafmilderung jedoch Bergmann aaO 108). Demgegenüber kann der ersichtlich geringe Beweiswert einer erkennbar konfliktbehafteten Aussage für eine Strafmilderung usw. sprechen (noch weitergehend Montenbruck JZ 85, 980 ff.: „Ermessensreduzierung auf Null" iS einer Nichtbestrafung mit einer entsprechenden Belehrungspflicht [!] bei offenkundig tatverdächtigen Zeugen; vgl. dagegen Rudolphi SK 16, hier die 23. A. u. näher Bergmann aaO 93 ff.). Abzusehen ist von einer Strafmilderung usw., wenn der Täter den Aussagenotstand selbst schuldhaft herbeigeführt hat (vgl. Düsseldorf JR **91**, 520 m. Anm. Heusel u. o. 11) oder wenn die Falschaussage auch aus seiner Sicht nicht das erforderliche Mittel zur Abwendung der Gefahr war. Dies ist zwar nicht schon deshalb der Fall, weil er ein Zeugnis- oder Auskunftsverweigerungsrecht kannte und über dieses sogar belehrt worden ist (RG **59** 61, BGH MDR/H **77**, 460, **78**, 986, NStZ **86**, 105 [b. Meyer-Goßner], StV **95**, 250, BGHR § 157 I, Selbstbegünstigung 1, Bay NStZ-RR **99**, 174, Düsseldorf MDR **93**, 561, H. Schneider aaO 234; zum Auskunftsverweigerungsrecht vgl. aber auch Bergmann aaO 92 ff.), wohl aber dann, wenn er die Inanspruchnahme dieser Rechte als ungefährlichen Ausweg erkannte (Düsseldorf JR **91**, 520 m. Anm. Heusel), zB der Zeuge im Fall des § 52 StPO auch wußte, daß die Tatsache der Zeugnisverweigerung nicht gegen den Angeklagten verwertet werden darf, weil dann die von Abs. 1 vorausgesetzte Konfliktslage nicht mehr besteht (vgl. Bergmann aaO 91, Blei II 421). Ein Verstoß gegen das Doppelverwertungsverbot ist es, wenn Abs. 1 deshalb nicht angewandt wird, weil der Täter auch einen anderen zur Falschaussage angestiftet hat, er dafür aber bestraft worden ist (BGH MDR/H **80**, 984).

Ein mehrfaches Vorliegen der Voraussetzungen des Abs. 1 (zB Selbst- und Angehörigenbegünstigung) kann innerhalb des nach § 49 II herabgesetzten Strafrahmens noch einmal strafmildernd berücksichtigt werden (BGH **5** 377, GA **67**, 52, MDR/H **83**, 280, Stuttgart NJW **78**, 711, Tröndle/ Fischer 5). Dasselbe gilt bei einer Verurteilung nach § 153 für die Berücksichtigung eines Verfahrensmangels als weiterer Strafmilderungsgrund (vgl. BGH wistra **87**, 23). Im Verhältnis zu § 154 II kann das Vorliegen eines Eidesnotstandes entweder nur dort oder im Rahmen des § 157 II berücksichtigt werden (vgl. § 50 m. Anm.); dagegen ist die Strafe unter Berücksichtigung beider Milderungsgründe zu bestimmen, wenn sich ein minderschwerer Fall nach § 154 II aus anderen Umständen ergibt (zB Mängel bei der Vernehmung, BGH NStZ **84**, 134, AG Köln MDR **83**, 864, Verletzung des § 60 Nr. 2, StPO, BGH NStZ **91**, 280, StV **95**, 250, NStE § 154 **Nr. 4**; vgl. 24 vor § 153, § 154 RN 17). Auch § 158 ist neben Abs. 1 anwendbar (BGH **4** 176). Ist nicht festzustellen, ob von zwei verschiedenen Aussagen die eidliche oder die uneidliche falsch ist, so ist zwar nach § 153 zu verurteilen (vgl. § 1 RN 90), doch ist für die Strafzumessung die eidliche Aussage als falsch zu unterstellen, wenn dies nach Abs. 1 zu einer milderen Bestrafung führt (BGH **13** 70). Bei Idealkonkurrenz der §§ 153 ff. mit anderen Delikten ist eine für diese eventuell angedrohte höhere Mindeststrafe zu beachten, die auch bei Anwendung des Abs. 1 nicht unterschritten werden darf (Celle JZ **59**, 541 m. Anm. Klug; vgl. auch § 52 RN 34 ff.); zur Frage, wie in derartigen Fällen zu verfahren ist, wenn nach Abs. 1 von Strafe abgesehen werden soll, vgl. § 52 RN 46. Für den Teilnehmer an einem unter den Voraussetzungen des Abs. 1 begangenen Aussagedelikt gilt § 28 II.

II. Unabhängig vom Vorliegen der Voraussetzungen des Abs. 1 ermöglicht **Abs. 2** eine Strafmilderung nach § 49 II oder das Absehen von Strafe, wenn ein **noch nicht Eidesmündiger uneidlich falsch ausgesagt** hat. Über diesen Fall hinaus muß Abs. 2 aber auch gelten, wenn ein noch nicht Eidesmündiger entgegen §§ 60 Nr. 1 StPO, 393 ZPO eidlich vernommen worden ist, weil seine Aussage hier prozessual nur als uneidliche verwertbar ist und insofern den Tatbestand des § 153 erfüllt (Rudolphi SK 17, iE auch Vormbaum NK 30; dazu, daß § 154 hier ausscheidet, vgl. 25 vor § 153).

§ 158 1–5   Bes. Teil. Falsche uneidliche Aussage und Meineid

Da für die infolge jugendlichen Alters noch Eidesunmündigen Jugendstrafrecht gilt, ist diese Regelung insoweit freilich praktisch gegenstandslos. Von Bedeutung ist sie jedoch für die übrigen in §§ 60 Nr. 1 StPO, 393 ZPO genannten Personen, auf die Abs. II analog anwendbar ist (vgl. auch Ruß LK 17); auch gegen eine Analogie zugunsten von Teilnehmern bestehen hier keine Bedenken.

§ 158 Berichtigung einer falschen Angabe

(1) **Das Gericht kann die Strafe wegen Meineids, falscher Versicherung an Eides Statt oder falscher uneidlicher Aussage nach seinem Ermessen mildern (§ 49 Abs. 2) oder von Strafe absehen, wenn der Täter die falsche Angabe rechtzeitig berichtigt.**

(2) **Die Berichtigung ist verspätet, wenn sie bei der Entscheidung nicht mehr verwertet werden kann oder aus der Tat ein Nachteil für einen anderen entstanden ist oder wenn schon gegen den Täter eine Anzeige erstattet oder eine Untersuchung eingeleitet worden ist.**

(3) **Die Berichtigung kann bei der Stelle, der die falsche Angabe gemacht worden ist oder die sie im Verfahren zu prüfen hat, sowie bei einem Gericht, einem Staatsanwalt oder einer Polizeibehörde erfolgen.**

1   I. Die Vorschrift schafft **erweiterte Rücktrittsmöglichkeiten**, indem sie eine Strafmilderung nach § 49 II oder das Absehen von Strafe auch beim Rücktritt vom vollendeten Aussagedelikt zuläßt. Dadurch soll die Berichtigung falscher Aussagen gefördert werden, um so der Wahrheit zum Siege zu verhelfen und die aus einer Falschaussage drohenden Nachteile zu vermeiden. Mit Rücksicht auf diesen Gesetzeszweck ist die Bestimmung möglichst weit auszulegen (RG 67 83, JW 37, 1329, BGH NJW 51, 727, 62, 2164, Hamburg JR 81, 383 m. Anm. Rudolphi).

2   1. Der **persönliche Anwendungsbereich** der Vorschrift ist i. U. zu § 157 nicht auf Zeugen und Sachverständige beschränkt, sondern schließt auch die Partei im Zivilprozeß usw. ein (RG 16 29, HRR 38 Nr. 343). Ferner ist § 158 – gleichfalls abweichend von § 157 – analog auch auf Teilnehmer anzuwenden, wenn sie die Aussage des Täters berichtigen oder diesen erfolgreich zur Berichtigung veranlassen (h. M., zB BGH 4 172, NJW 51, 727, OGH 2 165, Lackner/Kühl 1, Rudolphi SK 2, Ruß LK 2, Tröndle/Fischer 2, Vormbaum NK 17; and. noch RG DJ 36, 290, JW 37, 1329). Unter Berücksichtigung des Gesetzeszwecks muß dies auch gelten, wenn der Anstifter von vornherein unter gewissen Bedingungen eine Berichtigung der Aussage wollte, sofern sein Wille dann auch tatsächlich für die Berichtigung ursächlich geworden ist (Oldenburg NdsRpfl. 62, 60). In gleicher Weise ist § 158 auf den Täter nach § 160 anwendbar.

3   2. In ihrem **sachlichen Anwendungsbereich** erfaßt die Vorschrift zunächst die Berichtigung nach *Vollendung* eines Aussagedelikts (zum fahrlässigen Falscheid vgl. § 163 II). Zum Zeitpunkt der Vollendung bei der uneidlichen Falschaussage vgl. § 153 RN 8, beim Meineid § 154 RN 15, bei der falschen eidesstattlichen Versicherung § 156 RN 19, bei der – obwohl in § 158 nicht ausdrücklich genannt – gleichfalls hierher gehörenden Verleitung zur Falschaussage § 160 RN 9. § 158 gilt aber auch für den *Versuch* (BGH 4 175, Rudolphi SK 2, Ruß LK 2, Tröndle/Fischer 2, Vormbaum NK 21), was heute freilich nur noch für die §§ 154, 159 bzw. 30 I, 160 von Bedeutung sein kann, und auch hier nur dann, wenn kein strafbefreiender Rücktritt nach §§ 24, 31 vorliegt (zB der erfolglose Anstifter berichtigt eine unabhängig von seiner Anstiftung gemachte Falschaussage). Dabei ist zu beachten, daß § 158 i. U. zu §§ 24, 31 keine Freiwilligkeit verlangt. Zur Erstreckung auf idealkonkurrierende Delikte vgl. u. 11.

4   II. Voraussetzung ist, daß der Täter (bzw. Teilnehmer) die **falschen Angaben** gegenüber bestimmten Stellen **rechtzeitig berichtigt**. Dies braucht nicht freiwillig zu geschehen; § 158 ist auch anwendbar, wenn erst die Gefahr der Entdeckung oder die mit Sicherheit drohende Anzeige die Berichtigung veranlaßt (RG 58 184, 62 304, BGH 4 175).

5   **1. Berichtigung** ist die nicht formbedürftige, mündliche oder schriftliche, idR ausdrückliche Erklärung, mit der eine ganz oder teilweise falsche Aussage durch eine richtige Darstellung ersetzt wird (BGH 9 99, 18 348, 21 115, NJW 52, 2164, MDR 66, 1014, Hamm JMBlNW 80, 65, Lackner/Kühl 2, M-Schroeder II 271, Rudolphi SK 3, Ruß LK 3 Vormbaum NK 11). Erforderlich ist damit zweierlei: Eine in allen wesentlichen Punkten wahrheitsgemäße und vollständige Schilderung des Sachverhalts, wobei der Täter außerdem zu erkennen geben muß, daß er an seiner früheren Aussage nicht festhält. Nicht ausreichend ist daher der bloße Widerruf der früheren Aussage ohne Mitteilung des richtigen Sachverhalts – and. nur bei einem Zeugnisverweigerungsberechtigten, der zugleich ausdrücklich von seinem Zeugnisverweigerungsrecht Gebrauch macht (vgl. BGH StV 82, 420), da er andernfalls gegen dem Prozeßrecht zu einer Aussage gezwungen würde (ebenso Rudolphi SK 4, Ruß LK 3, Vormbaum NK 15) – oder die bloße Auskunftsverweigerung auf die Frage, ob eine frühere Aussage richtig sei (BGH 18 348). Andererseits ist es auch keine Berichtigung, wenn später zwar eine richtige Darstellung gegeben, die falsche Aussage aber unberührt gelassen wird, weshalb bei der Berichtigung durch den Teilnehmer ein Hinweis auf die falsche Aussage des Täters erforderlich ist (BGH NJW 51, 727). Das Abrücken von der früheren Aussage setzt kein Geständnis voraus, vielmehr muß es nach dem Zweck der Vorschrift auch genügen, wenn der Täter wahrheitswidrig erklärt, er habe sich bei seiner Aussage getäuscht oder er habe diese überhaupt nicht so gemacht

Berichtigung einer falschen Angabe 6–9 **§ 158**

(vgl. Hamburg JR **81**, 383 m. Anm. Rudolphi; krit. dazu Dencker NStZ 82, 462). Soweit dadurch klare Verhältnisse geschaffen werden, kann die Berichtigung unter besonderen Umständen auch durch ein schlüssiges Verhalten erfolgen (aA weitgehend jedoch Hamburg JR **81**, 383). Bei Verfehlen der objektiven Wahrheit muß auch das ernsthafte Bemühen um eine wahrheitsgemäße Darstellung genügen (Ruß LK 4; vgl. auch Tröndle/Fischer 3, Vormbaum NK 13; and. BGH **9** 99), was keine Anerkennung der subjektiven Theorie (vgl. 4 vor § 153) bedeutet, sondern aus dem Zweck des § 158 folgt, der in möglichst umfassender Weise „dem Täter goldene Brücken bauen will" (BGH NJW **62**, 2164) und dem es widersprechen würde, wenn rückkehrwillige Täter dadurch von einer Berichtigung abgehalten würden, daß ihnen das Privileg des § 158 trotz redlichen Bemühens um eine wahrheitsgemäße Darstellung versagt wird. Ist nicht festzustellen, ob die Berichtigung der Wahrheit entspricht, so ist § 158 schon nach dem Grundsatz „in dubio pro reo" anzuwenden, und zwar auch dann, wenn sie ihrerseits in einer der Wahrheitspflicht unterliegenden Aussage erfolgt (Bay NJW **76**, 860 m. Anm. Stree JR 76, 470, Vormbaum NK 34 vgl. iE auch Blei JA 76, 166, Küper NJW 76, 1828, wonach sich dies – unabhängig vom Grundsatz in dubio pro reo – schon aus den Regeln über die Wahlfeststellung ergeben soll, ferner Ruß LK 6; and. Uibel NJW 60, 1893).

2. Adressat der Berichtigung müssen nach Abs. 3 **bestimmte Stellen** sein, nämlich wahlweise die 6
Stelle, der die falsche Angabe gemacht worden ist oder die sie zu prüfen hat (Gericht, Staatsanwaltschaft oder Polizeibehörde). Bei einer falschen eidesstattlichen Versicherung nach § 807 ZPO gehört dazu auch der Gerichtsvollzieher (LG Berlin JR **56**, 432). Die Berichtigung, deren Übermittlung auch durch einen Dritten erfolgen kann (RG **28** 162), muß der fraglichen Stelle zugegangen sein (zum Risiko des rechtzeitigen Eingangs vgl. u. 7); die Kenntnisnahme durch den zuständigen Beamten ist nicht erforderlich (RG **61** 125, **67** 87; Ruß LK 8).

3. Die Berichtigung muß **rechtzeitig** erfolgen. Die Rechtzeitigkeit ist an eine dreifache Voraus- 7
setzung geknüpft, indem das Gesetz in Abs. 2 die Berichtigung in drei Fällen als verspätet bezeichnet, nämlich 1. wenn sie bei der Entscheidung nicht mehr verwertet werden kann oder 2. wenn aus der Tat ein Nachteil für einen anderen entstanden ist oder 3. wenn gegen den Täter schon eine Anzeige erstattet oder eine Untersuchung eingeleitet worden ist. Ist objektiv keiner dieser die Rechtzeitigkeit ausschließenden Umstände gegeben, so ist ihre irrige Annahme für den Täter unschädlich; handelt er dagegen umgekehrt in Unkenntnis eines Sachverhalts, nach dem die Berichtigung iS des Abs. 2 verspätet ist, so ist nach den bei anderen Rücktrittsvorschriften (§§ 24, 31 usw.) geltenden und bei § 158 analog anzuwendenden Grundsätzen zu unterscheiden: Da im 1. und im 2. Fall der „Erfolg", der durch die Berichtigung verhindert werden soll, bereits eingetreten ist, kommt § 158 dem in Unkenntnis davon handelnden Täter nicht zugute; im 3. Fall hingegen, der nur den Sinn haben kann, die fehlende Freiwilligkeit der Umkehr zu kennzeichnen, muß § 158 auch auf den in Unkenntnis einer bereits erstatteten Anzeige usw. handelnden Täter anwendbar sein, zumal dies dem Zweck der Vorschrift entspricht, die Wahrheitsfindung zu fördern (ebenso § 442 III E 62, LG Detmold NStE **Nr. 1**, Bergmann aaO [§ 157 RN 1] 202 f., Rudolphi SK 6, Ruß LK 9, Vormbaum NK 29, aaO [vgl. vor § 153] 281 u. näher Schröder, H. Mayer-FS 384; and. M-Schroeder II 272, Tröndle/Fischer 6). Aus denselben Gründen trägt der Täter im 1. und 2. Fall das Risiko des rechtzeitigen Eingangs seiner Berichtigung, während im 3. Fall das rechtzeitige Absenden genügen muß (and. RG **61** 123, **67** 87, Tröndle/Fischer 6, Vormbaum NK 33).

a) **Bei der Entscheidung nicht mehr verwertbar** ist die Berichtigung, wenn sie bei der die 8
Instanz abschließenden Sachentscheidung nicht mehr berücksichtigt werden kann (BGH JZ **54**, 171, Hamm NJW **50**, 359). Keine Entscheidung in diesem Sinn sind daher Beweisbeschlüsse, andere vorbereitende Entscheidungen oder eine Einstellungsverfügung durch die Staatsanwaltschaft (BGH aaO). Auf die Rechtskraft kommt es nicht an, weshalb eine erstinstanzliche Falschaussage in der zweiten Instanz nicht mehr mit den Folgen des § 158 berichtigt werden kann (Hamm aaO).

b) Ein **Nachteil** ist **aus der Tat für einen anderen entstanden,** wenn dieser, bedingt durch die 9
Falschaussage usw., in seinen Rechten oder rechtlich geschützten Interessen nicht nur unerheblich beeinträchtigt worden ist (vgl. zB RG **45** 302 [damals noch „Rechtsnachteil"], BGH NJW **62**, 2164, Rudolphi SK 7, Ruß LK 11, Tröndle/Fischer 9; enger Vormbaum NK 24, aaO 280: nur außerhalb des Verfahrens sich auswirkende Nachteile). Eine nur ideelle Einbuße genügt nicht, ebensowenig eine bloße Gefährdung (RG **36** 241, BGH NJW **62**, 2164). Eine Verschlechterung der Beweislage ist noch kein Nachteil iS des § 158, weil eine solche mit jeder Falschaussage verbunden ist (BGH aaO), ebensowenig die durch die Falschaussage notwendig gewordene Beweiserhebung als solche, zumal sie auch zugunsten des Betroffenen ausgehen könnte (and. RG JW **34**, 559; wie hier Ruß LK 11). Als Nachteil iS des Abs. 2, der kein Vermögensnachteil zu sein braucht (RG **39** 228), ist zB anzusehen: Erlaß eines ungünstigen Urteils oder einer einstweiligen Verfügung, Verhaftung, Erhebung der Anklage (RG **17** 308), Einstellung der Zwangsvollstreckung, Erteilung eines Erbscheins (RG **39** 225), Aufwendung von Kosten (RG **70** 144). Der „andere", für den der Nachteil entstehen muß, kann zwar auch der Staat sein (krit. Vormbaum NK 26), doch sind Beeinträchtigungen der Strafverfolgung (zB ungerechtfertigte Haftentlassung) kein Nachteil iS des § 158 (Lackner/Kühl 5, Rudolphi SK 7, Ruß LK 13 Vormbaum NK aaO; and. RG DR **39**, 1309). Für den erforderlichen Kausalzusammenhang genügt es, wenn die falsche Aussage eine der Ursachen des Nachteils war (RG **60** 160, HRR **28** Nr. 2236).

10 c) Die **Anzeige** bzw. **Untersuchung** gegen den Täter muß die falsche Aussage zum Gegenstand haben (RG **64** 217). Als *Anzeige* ist nur die von einem anderen gegen den Täter (nicht nur gegen „Unbekannt") erstattete Strafanzeige iS des § 158 StPO anzusehen; eine Selbstanzeige genügt nicht (RG **67** 88). Eine *Untersuchung* ist gegen den Täter eingeleitet, wenn es zu Maßnahmen der zuständigen Behörden gekommen ist, die erkennbar darauf gerichtet sind, ein Strafverfahren gegen ihn herbeizuführen (RG **62** 306). Dazu gehören auch die gerichtliche Anordnung einer Festnahme des Meineidsverdächtigen nach § 183 GVG (RG **73** 335) und Maßnahmen der Polizeibehörde aus eigener Initiative nach § 163 StPO (RG **67** 89), nicht dagegen die Protokollierung der verdächtigen Aussage in der Hauptverhandlung auf Antrag der Staatsanwaltschaft (RG **7** 154).

11 III. Liegen die genannten Voraussetzungen vor, so kann das Gericht nach seinem Ermessen die **Strafe nach § 49 II mildern** (vgl. dort RN 8 ff.) oder – hier i. U. zu § 157 auch beim Meineid – ganz **von Strafe absehen** (vgl. 54 ff. vor § 38). Obwohl vom Gesetz nicht ausdrücklich genannt, gilt dies auch für eine Bestrafung nach §§ 159, 160 (o. 3). Ferner sind diese Möglichkeiten auf solche idealkonkurrierenden Delikte zu erstrecken, welche die gleiche oder eine ähnliche Angriffsrichtung besitzen (insbes. §§ 145 d, 164, 257) und gegenüber dem Aussagedelikt nicht ins Gewicht fallen (vgl. LG Göttingen NdsRpfl. **51**, 40, Bottke, Strafrechtswissenschaftl. Methodik usw. bei der Lehre vom strafbefreienden usw. Täterverhalten [1979] 645; offengelassen von Celle JZ **59**, 542 m. Anm. Klug; krit. Vormbaum NK 37; and. Hamm JMBlNW **80**, 65, M-Schroeder II 271, Rudolphi SK 10, Ruß LK 15). Dies entspricht nicht nur dem Gesetzeszweck, sondern ist auch deshalb unbedenklich, weil bei §§ 145 d, 164 die Regelung des § 158 ohnehin entsprechend gelten muß (vgl. § 145 d RN 24, § 164 RN 35) und bei § 257 jedenfalls eine Analogie zu den Unternehmensdelikte eigenen besonderen Rücktrittsvorschriften möglich ist (§ 257 RN 27). Damit erledigt sich auch der Einwand einer ungerechtfertigten Privilegierung solcher Täter, die außer den genannten Taten zugleich noch ein Aussagedelikt begangen haben (so jedoch Rudolphi SK 10). Diskrepanzen ergeben sich hier nur gegenüber der Begünstigung, weil der Täter dort freiwillig zurückgetreten sein muß (entsprechend beim Versuch nach § 258); praktisch werden diese aber dadurch beseitigt, daß bei einer unfreiwilligen Berichtigung idR auch kein Anlaß zu einer Strafmilderung usw. wegen des Aussagedelikts bestehen dürfte (zur Bedeutung der für die Berichtigung maßgeblichen Motive vgl. auch Hamm JMBlNW **80**, 65, Bergmann aaO [§ 157 RN 1] 202). Schließlich muß die Rechtsfolgenregelung des § 158 auch auf eine sonst verbleibende Strafbarkeit nach §§ 30, 159 erstreckt werden (zB Berichtigung eines Meineids, zu dem sich der Täter zunächst erboten hatte), weil die Rücktrittsvorschrift des § 158 andernfalls sinnlos würde (and. Ruß LK 15; vgl. auch Bottke aaO 645). Vgl. im übrigen auch § 157 RN 12.

§ 159 Versuch der Anstiftung zur Falschaussage

Für den Versuch der Anstiftung zu einer falschen uneidlichen Aussage (§ 153) und einer falschen Versicherung an Eides Statt (§ 156) gelten § 30 Abs. 1 und § 31 Abs. 1 Nr. 1 und Abs. 2 entsprechend.

1/2 I. Durch § 159 wird der auf Verbrechen beschränkte **Anwendungsbereich des § 30 I auf die Vergehenstatbestände der §§ 153, 156 erweitert,** während der Meineid selbst unmittelbar durch § 30 erfaßt wird. Seit dem 3. StÄndG vom 4. 8. 1963 bezieht sich § 159 nur noch auf die *versuchte Anstiftung,* nicht mehr auf die sonstigen Vorbereitungshandlungen des § 30. Diese werden daher nur beim Meineid über § 30 direkt erfaßt. – Die Regelung des § 159 ist insofern systemwidrig, als weder bei § 153 noch bei § 156 der Versuch strafbar ist, hier jedoch die versuchte Anstiftung zu diesen Delikten unter Strafe gestellt wird. Gerechtfertigt wird dies kriminalpolitisch mit der besonderen Gefährlichkeit der Anstiftung zu Aussagedelikten (vgl. Dreher JZ 53, 425; krit. Vormbaum NK 5 ff.), wofür in der Tat sprechen kann, daß der Personalbeweis das nach wie vor wichtigste Beweismittel darstellt, bei diesem jedoch die typische Gefahr besteht, daß Parteien, Beschuldigte usw. durch entsprechende Beeinflussungen den Ausgang des Verfahrens in ihrem Sinn vorzuprogrammieren versuchen. Dies von vornherein zu unterbinden, braucht auch dann kein Wertungswiderspruch zu sein, wenn wegen der besonderen Situation bei der Aussage der Versuch durch die Aussageperson selbst zunächst straflos bleibt (vgl. dazu näher Vormbaum GA 86, 356 ff.), zumal diese – i. U. zum Anstifter – das Geschehen bis zum Schluß in der Hand behält. Zwingend ist dies zwar nicht, wohl aber liegt eine solche Regelung noch im Rahmen gesetzgeberischen Ermessens (vgl. Vormbaum aaO 359).

3 II. Zum **Versuch der Anstiftung**, die hier auf die Bestimmung eines anderen zur Erstattung einer uneidlichen Falschaussage oder zur Abgabe einer falschen eidesstattlichen Versicherung gerichtet sein muß, vgl. zunächst § 30 RN 17 ff. Im vorliegenden Zusammenhang ist folgendes hervorzuheben:

4 1. Voraussetzung ist zunächst, daß **keine vollendete vorsätzliche Tat** iS der §§ 153, 156 vorliegt. § 159 erfaßt jede in diesem Sinne nichtkausale Einwirkung auf den Täter, gleichgültig, aus welchen Gründen die Anstiftung erfolglos geblieben ist, zB weil der die Aufforderung zu einer Falschaussage enthaltende Brief den Zeugen überhaupt nicht oder erst nach der Vernehmung erreicht (RG **59** 272, 372), weil dieser der Aufforderung keine Folge leistet oder, ohne daß der Täter dies wußte, bereits zur Falschaussage entschlossen war (RG **74** 304), weil es zu der Vernehmung überhaupt nicht kommt, weil der Zeuge entgegen der Annahme des Anstifters gutgläubig falsch aussagt (RG **64** 225, Karlsruhe

Justiz **82**, 141) oder seine Aussage wahr ist (RG **64** 224). § 159 ist aber auch anwendbar, wenn es infolge der Anstiftung zu einem straflosen Versuch nach §§ 153, 156 gekommen ist (and. Vormbaum NK 20 f., GA 86, 359 ff.); die Regelung des § 159 mag zwar nicht bruchlos „aufgehen", ein nicht mehr hinnehmbarer Wertungswiderspruch wäre es jedoch, wenn der Anstifter zwar bei einem von vornherein erfolglosen Anstiftungsversuch bestraft würde, mit einem Versuch der Haupttat aber wieder straffrei würde. Ebenso entfällt eine Strafbarkeit nach § 159 nicht deshalb, weil es lediglich zu einem untauglichen Versuch kommt bzw. nach dem Inhalt der Einwirkung nur zu einem solchen kommen könnte (vgl. RG **72** 81, **73** 313, HRR **39** Nr. 15, BGH **17** 305, Lackner/Kühl 3, Rengier II 342, Rudolphi SK 2 f., Ruß LK 1 a [and. noch Willms LK[10] 1] Schröder JZ 71, 563, Tröndle/Fischer 4, Tröndle GA 73, 337, W/Hettinger 781; and. BGH **24** 38 m. Anm. Dreher MDR 71, 410, Blei II 417, Krey I 282, M-Schroeder II 265, Vormbaum NK 22, GA 86, 367). Dem Gesetzeswortlaut selbst ist eine solche Einschränkung an keiner Stelle zu entnehmen; aber auch zu einer entsprechenden teleologischen Reduktion besteht kein Anlaß, weil ein wirksamer Schutz der hier besonders empfindlichen Rechtspflege nur dann gewährleistet ist, wenn *jeder* Versuch einer Beeinflussung von Zeugen usw. durch die an einem bestimmten Verfahrensausgang Interessierten von vornherein unterbunden wird.

2. Anstiften ist gleichbedeutend mit Bestimmen iS des § 26. Ein **Versuch** der Anstiftung liegt 5 daher bereits vor, wenn der Anstifter zur Willensbeeinflussung des Täters, die den Tatentschluß hervorrufen soll, unmittelbar ansetzt. Dabei genügt es, wenn dem Täter nur die Richtung gewiesen wird, in der er falsch aussagen soll, die Einzeldarstellung im übrigen jedoch ihm überlassen wird (vgl. RG JW **33**, 2217, **36**, 2655). Bestimmte Tatsachen, über die er unwahr aussagen soll, brauchen nicht angegeben zu werden. Eine bloße Vorbereitungshandlung ist dagegen zB die Einladung zu einem Gespräch, bei dem der andere zu einer Falschaussage bestimmt werden soll (vgl. RG **67** 192).

3. Erforderlich ist der volle **Anstiftervorsatz**, der auf das Hervorrufen (also nicht nur Bestärken, 6 vgl. RG **74** 304) des Tatentschlusses und die Begehung einer Haupttat nach §§ 153, 156 durch die Beweisperson gerichtet sein muß (zu den notwendigen Tatsachenfeststellungen im Urteil Düsseldorf wistra **93**, 80). Zumindest iS eines bedingten Vorsatzes (vgl. RG **74** 304) muß der Anstifter also zunächst sich vorstellen und wollen, daß der Zeuge usw. den *objektiven Tatbestand* der §§ 153, 156 in allen seinen Merkmalen verwirklicht, was auch bei der Aufforderung zum Verschweigen von Tatsachen (RG **49** 14), nicht aber zur grundlosen Zeugnisverweigerung der Fall sein kann (vgl. auch Bay NJW **55**, 1120); darauf, ob diese Vorstellung richtig ist und die Tat nach §§ 153, 156 überhaupt hätte begangen werden können (untauglicher Versuch), kommt es nicht an (vgl. auch o. 4). Der Anstifter muß ferner wissen und wollen, daß die Aussageperson *vorsätzlich* handelt. Geht er – zu Recht oder zu Unrecht – davon aus, der andere sei gutgläubig, so ist lediglich § 160 anwendbar (vgl. dort RN 1, 9). Hält er dagegen die gutgläubige Beweisperson fälschlich für bösgläubig, so kommt nach der in 79 vor § 25 vertretenen Auffassung nur versuchte Anstiftung (§§ 30 I, 159) in Betracht, und zwar auch dann, wenn der andere tatsächlich falsch aussagt (vgl. auch Gallas, Engisch-FS 620, Heinrich JuS 95, 1118, Lackner/Kühl § 160 RN 5, M-Schroeder II 267 f., Ruß LK 3; and. Tröndle/Fischer § 160 RN 3 [vollendete Anstiftung], Hruschka JZ 67, 210, Hruschka/Kässer JuS 72, 713 f. [Idealkonkurrenz zwischen § 159 und § 160]). Nicht erforderlich ist dagegen, daß die Beweisperson nach der Vorstellung des Anstifters *schuldhaft* handelt. Zwar begründet die Benutzung eines schuldlos (zB § 20) oder entschuldigt (zB § 35) Handelnden als Werkzeug nach den allgemeinen Grundsätzen mittelbare Täterschaft; da dieser aber von § 160 insoweit nicht erfaßt ist (vgl. dort RN 1), muß hier die nach Akzessorietätsregeln mögliche Anstiftung den Vorrang vor der an sich gegebenen mittelbaren Täterschaft haben, mit der Folge, daß der Hintermann nach § 26 bzw. nach §§ 30, 159 zu bestrafen ist (vgl. § 160 RN 2). Aus diesem Grund ist es auch gleichgültig, ob dieser zB die Beweisperson fälschlich für schuldfähig gehalten hat, bzw. ob er umgekehrt irrig von deren Schuldunfähigkeit ausgegangen ist (vgl. auch Gallas, Engisch-FS 606 f., Lackner/Kühl 4, Rudolphi SK 4, Ruß LK 3, Vormbaum NK 24; and. Schröder 17. A., RN 10 ff.; überholt RG **64** 225 [strenge Akzessorietät]).

III. Teilnahme am Delikt des § 159 ist hier nur in der Form der Anstiftung zur versuchten 7 Anstiftung möglich (vgl. Rudolphi SK 8; and. Vormbaum NK 27). Straflos bleibt dagegen die erfolglose Anstiftung zur Anstiftung (zB derjenige, der als Anstifter gewonnen werden soll, weist das entsprechende Ansinnen zurück), da § 159 den § 30 I nur bezüglich der versuchten Anstiftung zu einer falschen Aussage usw. und nicht bezüglich der erfolglosen Anstiftung zur Anstiftung (vgl. § 30 I 2. Alt.) für entsprechend anwendbar erklärt (vgl. Vormbaum NK 13, GA 86, 368; and. M-Schroeder II 266). Eine Beihilfe ist aus denselben Gründen wie bei § 30 straflos (vgl. dort RN 34; and. Ruß LK 4).

IV. Ein **strafbefreiender Rücktritt** (§ 31 I Nr. 1, II) ist unter den gleichen Voraussetzungen 8 möglich wie bei § 30 I; vgl. § 31 RN 3 ff.

V. Konkurrenzen. Ebenso wie § 30 gilt auch § 159 nur subsidiär. Kommt es infolge der Auf- 9 forderung zur geplanten Tat, so wird der Auffordernde nur nach § 26 iVm §§ 153, 156 bestraft (BGH **1** 242, Lackner/Kühl 6, Vormbaum NK 29, Tröndle/Fischer 7). Dagegen bleibt § 159 anwendbar, wenn es lediglich zum – hier straflosen – Versuch kommt. Sagt der zum Meineid Angestiftete nur uneidlich falsch aus, so steht die versuchte Anstiftung zum Meineid (§ 30) mit Anstiftung zur falschen

§ 160 1–6   Bes. Teil. Falsche uneidliche Aussage und Meineid

uneidlichen Aussage in Idealkonkurrenz (vgl. BGH **9** 131 sowie § 30 RN 39). Tateinheit ist möglich mit Beihilfe zu §§ 153, 156 (vgl. Tröndle/Fischer 7).

10   **VI.** Die **Strafmilderung** nach § 49 I ist, wie sich aus der Anwendbarkeit des § 30 I ergibt, obligatorisch (and. § 159 aF).

§ 160 Verleitung zur Falschaussage

(1) **Wer einen anderen zur Ableistung eines falschen Eides verleitet, wird mit Freiheitsstrafe bis zu zwei Jahren oder mit Geldstrafe bestraft; wer einen anderen zur Ableistung einer falschen Versicherung an Eides Statt oder einer falschen uneidlichen Aussage verleitet, wird mit Freiheitsstrafe bis zu sechs Monaten oder mit Geldstrafe bis zu einhundertachtzig Tagessätzen bestraft.**

(2) **Der Versuch ist strafbar.**

Schrifttum: Eschenbach, Verleiten im Sinne des § 160, Jura 93, 407. – *Gallas,* Verleitung zum Falscheid, Engisch-FS 600. – *Hruschka,* Anstiftung zum Meineid und Verleitung zum Falscheid, JZ 67, 210.

1   **I.** Die Vorschrift **schließt die Lücke**, die sich daraus ergibt, daß es sich bei den §§ 153 ff. nach Auffassung des Gesetzes um eigenhändige Delikte handelt, die deshalb nicht in mittelbarer Täterschaft begangen werden können. Nach allgemeinen Regeln würde § 160 damit außer der Verleitung einer gutgläubigen Aussageperson an sich auch die Fälle einer „mittelbaren Täterschaft" erfassen, in denen der Zeuge usw. zwar bösgläubig, aber aus anderen Gründen nicht verantwortlich ist (zB Schuldunfähigkeit, Verbotsirrtum, Aussage im entschuldigenden Notstand auf Grund einer entsprechenden Nötigung, vgl. § 25 RN 35 ff.). Daraus, daß § 160 mit seinem außerordentlich geringen Strafrahmen im Verhältnis zu den wesentlich strengeren §§ 153 ff. iVm §§ 26, 30, 159 nur eine Ergänzungsfunktion haben kann (vgl. dazu Gallas aaO 606; and. Hruschka JZ 67, 210, Vormbaum NK 12: § 160 als alle Fälle der Veranlassung einer Falschaussage umfassender Grundtatbestand), folgt jedoch, daß die Vorschrift selbständige Bedeutung nur dort hat, wo nach allgemeinen Regeln weder Anstiftung noch versuchte Anstiftung vorliegen kann (vgl. auch Arzt/Weber V 108, Heinrich JuS 95, 1118, Rudolphi SK 4). Dies sind lediglich die Fälle, in denen der Hintermann die Beweisperson für gutgläubig hält, während im übrigen die hier zugleich vorliegende Anstiftung der „mittelbaren Täterschaft" nach § 160 vorgeht.

2   Für die **Abgrenzung zur Anstiftung** einschließlich des § 159 ergibt sich daraus: Der Hintermann ist wegen (versuchter) Anstiftung strafbar, wenn sein Wille darauf gerichtet ist, daß die Aussageperson wissentlich falsch aussagt; dagegen ist er nach § 160 strafbar, wenn sein Vorsatz dahingeht, daß der zu Verleitende gutgläubig (wenn auch möglicherweise fahrlässig, vgl. RG **68** 278, **70** 208) falsch aussagt. Ob die Beweisperson schuldhaft handelt oder nicht (§§ 17, 20, 35) und der Täter dies richtig einschätzt, ist dagegen unerheblich; hier bleibt es bei der Strafbarkeit nach §§ 26, 30, 159 iVm dem betreffenden Aussagedelikt auch in den Fällen, die konstruktiv mittelbare Täterschaft wären (jedenfalls iE ebenso zB Gallas aaO 606, Heinrich JuS 95, 1118, Lackner/Kühl 2, Ruß LK 1, 3, Tröndle/Fischer 1, Vormbaum NK 14, Welzel 533; and. Schröder 17. A., § 159 RN 10 ff., § 160 RN 1, 3: Bestrafung nach § 160 in allen Fällen einer wirklich oder vermeintlich fehlenden Verantwortlichkeit der Beweisperson).

3/4   Diese Regelung ist nur historisch zu begründen. Sie erklärt sich einmal daraus, daß bei Schaffung des StGB die Figur der mittelbaren Täterschaft noch nicht hinreichend geklärt und die Teilnahmeregelung des StGB damals auf dem Boden extremer Akzessorietät aufgebaut war. Vor allem aber wirkt in § 160 die Vorstellung des Meineids als Sakraldelikt nach, für die es etwas ganz anderes ist, ob ein Meineid oder nur unvorsätzlicher Falscheid geleistet wird, während die Gefährdung der Rechtspflege durch letzteren mindestens ebenso groß ist. So privilegiert denn die Vorschrift die mittelbare Täterschaft „in unbegreiflichem Maße" (Binding Lehrb. 2 S. 167, Blei II 417, Rudolphi SK 2); sie hat „eine theoretisch wie praktisch gleich verkehrte Begünstigung der Herbeiführung einer falschen Aussage geschaffen" (v. Liszt-Schmidt 832). Das gilt erst recht für den Tatbestand der falschen uneidlichen Aussage. Was beim Meineid wegen des sakralen Charakters, der diesem ursprünglich beigelegt wurde, noch verständlich erscheint, ist bei der falschen uneidlichen Aussage als einem nur gegen die Rechtspflege gerichteten Delikt schlechthin sinnlos (vgl. dagegen aber Gallas aaO 607, der § 160 mit dem Fehlen des personalen Unrechts erklärt, das die vorsätzliche Tat als Verletzung der Pflicht zur Wahrhaftigkeit kennzeichne).

5   **II.** Zum **objektiven Tatbestand** gehört, daß jemand einen anderen zur Ableistung eines falschen Eides oder zur Ableistung einer falschen Versicherung an Eides Statt oder zur Erstattung einer falschen uneidlichen Aussage verleitet.

6   **1.** Erforderlich ist, daß die Beweisperson den objektiven Tatbestand des **Meineids** (§§ 154, 155), der **falschen Versicherung an Eides Statt** (§ 156) oder der **uneidlichen Falschaussage** (§ 153) verwirklicht. Bei der eidesstattlichen Versicherung genügt es, daß diese in der dem Gesetz entsprechenden Form mündlich oder schriftlich vor der zuständigen Behörde abgegeben worden ist; die Nichtigkeit der notariellen Beurkundung der Versicherung schließt die Anwendung des § 160 nicht aus (RG **76** 138). Umstritten ist, ob die Aussageperson unvorsätzlich handeln muß, mit der Folge, daß nur Versuch vorliegt, wenn ein vermeintlich Gutgläubiger, in Wahrheit aber Bösgläubiger zu der

Aussage bestimmt wird; vgl. dazu u. 9. Unerheblich ist dagegen, ob die Beweisperson schuldhaft handelt (o. 1 f.).

2. **Verleiten** bedeutet hier unter Berücksichtigung des o. 1 f. Gesagten die Einwirkung auf einen anderen, eine Aussage usw. zu machen, die dieser – wenn auch fahrlässig – für richtig hält (vgl. RG **25** 213, **64** 225, Karlsruhe Justiz **82**, 141, Köln NJW **57**, 553, ferner die Nachw. o. 1 f.). Dies kann sowohl durch ein auf Täuschung angelegtes Verhalten als auch dadurch geschehen, daß der – jedenfalls nach der Vorstellung des Täters – bereits in einem Irrtum befindliche Zeuge usw. veranlaßt wird, seine Aussage zu machen (Ruß LK 5). Die Verleitung zur falschen Versicherung an Eides Statt kann ferner darin bestehen, daß jemand bestimmt wird, ein Schriftstück zu unterzeichnen, von dem er nicht weiß, daß es eine Versicherung an Eides Statt enthält (RG **34** 298; and. Willms LK[10] 5). Ein Verleiten kann auch durch Einschalten eines gutgläubigen Mittelsmannes erfolgen, wenn dieser dann entsprechend auf die Aussageperson einwirkt (RG **59** 371, Rudolphi SK 6, Ruß LK 6, Tröndle/Fischer 1). Keine Verleitung ist die bloße Unterstützung oder das Benennen eines Zeugen, der nach Vorstellung des Täters gutgläubig falsch aussagen wird (iE ebenso Vormbaum NK 8).

III. Für den **subjektiven Tatbestand** ist zumindest bedingter Vorsatz erforderlich. Dieser muß darauf gerichtet sein, daß der zu Verleitende eine bestimmte Tatsache aussagt, beschwört usw. und daß der Inhalt dieser Aussage unwahr ist. Darüber hinaus setzt der Vorsatz des § 160 voraus, daß der Täter annimmt, der zu Verleitende handle unvorsätzlich (andernfalls Anstiftung bzw. versuchte Anstiftung, vgl. § 159 RN 6). Über den Vorsatz bei der Verleitung zu einer falschen eidesstattlichen Versicherung vgl. RG JW **38**, 1159.

IV. Der Tatbestand ist erst **vollendet**, wenn der Eid wirklich geleistet, die Aussage gemacht oder die eidesstattliche Versicherung abgegeben ist. Kommt es aus irgendeinem Grunde nicht dazu – sei es, daß schon die Einwirkung erfolglos geblieben ist, sei es, daß das Aussagedelikt nicht vollendet wurde –, so liegt ein nach Abs. 2 strafbarer Versuch vor. Sollte die Beweisperson zu einem Meineid verleitet werden, kommt es dann aber nach der falschen Aussage nicht zur Eidesleistung, so ist der Täter wegen vollendeter Verleitung zur Falschaussage in Tateinheit mit versuchter Verleitung zum Falscheid zu bestrafen. Nicht nur Versuch, sondern Vollendung liegt jedoch vor, wenn die Beweisperson ihre Aussage entgegen der Annahme des Täters bösgläubig macht, weil deren Vorsatzt als das maius die von dem Täter gewollte unvorsätzliche Tat einschließt (BGH **21** 116, Heinrich JuS 95, 1118, Hruschka JZ 67, 210, Kohlrausch-Lange III, Lackner/Kühl 4, Rengier II 340, Rudolphi SK 4, Vormbaum NK 21 f., aaO [vgl. vor § 153] 300 f.; and. [Versuch] RG **11** 418, JW **34**, 1175, Eschenbach Jura 1993, 411, Gallas aaO 619, Krey I 274 f., M-Schroeder II 267 f., Tröndle/Fischer 3, W-Hettinger 192; vgl. auch Ruß LK 2); zum umgekehrten Fall – die Beweisperson ist entgegen der Annahme des Täters gutgläubig – vgl. § 159 RN 6.

V. Strafbar ist nach Abs. 2 auch der **Versuch**, womit sich dieselben Probleme ergeben wie bei § 159 (vgl. dort RN 2), weil hier die versuchte mittelbare Täterschaft nach Abs. 2 strafbar ist, obwohl nach den §§ 153, 156 die versuchte unmittelbare Täterschaft straflos bleibt. Daraus kann jedoch nicht gefolgert werden, daß Abs. 2 sich nur auf die versuchte Verleitung zum Meineid bezieht (so aber Hirsch JZ 55, 234), jedenfalls nicht, solange hier die versuchte Anstiftung zu §§ 153, 156 nach § 159 strafbar ist. Strafbar ist der Versuch in allen Fällen des § 160. Dies gilt auch für den untauglichen Versuch, wenn die Behörde zB entgegen der Vorstellung des Hintermannes nicht zuständig ist (Arzt/Weber V 112, Rudolphi SK 8, Ruß LK 7, § 159 RN 1 f.; and. Vormbaum NK 26; and. bei „umgekehrtem" Subsumtionsirrtum, vgl. § 154 RN 15) oder die geleistete Aussage nicht falsch war. Dagegen ist die Einwirkung auf eine Mittelsperson bloße Vorbereitung (RG **45** 286, Ruß LK 7).

VI. **Teilnahme** ist möglich durch Anstiftung oder Beihilfe. Krit. zur Teilnahme am Versuch Vormbaum NK 27.

§ 161 [Nebenstrafen]; *gestrichen durch das 1. StrRG vom 25. 6. 1969, BGBl. I S. 645.*

§ 162 [Eidesbruch]; *gestrichen durch Gesetz vom 4. 8. 1953, BGBl. I S. 735.*

§ 163 Fahrlässiger Falscheid; fahrlässige falsche Versicherung an Eides Statt

(1) Wenn eine der in den §§ 154 bis 156 bezeichneten Handlungen aus Fahrlässigkeit begangen worden ist, so tritt Freiheitsstrafe bis zu einem Jahr oder Geldstrafe ein.

(2) Straflosigkeit tritt ein, wenn der Täter die falsche Angabe rechtzeitig berichtigt. Die Vorschriften des § 158 Abs. 2 und 3 gelten entsprechend.

Schrifttum: Engisch, Die Verletzung der Erkundigungspflicht, ZStW 52, 661. – *Krehl,* Die Erkundigungspflicht des Zeugen bei fehlender oder beeinträchtigter Erinnerung und mögliche Folgen ihrer Verletzung, NStZ 91, 416. – *Mannheim,* Fahrlässiger Falscheid, Frank-FG II 315. – *Neumann,* Der fahrlässige Falscheid, 1937. – *Vormbaum,* Der strafrechtliche Schutz des Strafurteils, 1987. – Vgl. ferner die Angaben vor Vorbem. zu §§ 153 ff.

I. In Anknüpfung an die §§ 154–156 stellt die Vorschrift den **fahrlässigen Falscheid** und die **fahrlässige falsche Versicherung an Eides Statt** unter Strafe (krit. dazu Mannheim aaO 318; vgl.

§ 163 2–4   Bes. Teil. Falsche uneidliche Aussage und Meineid

auch Ruß LK 1, der äußerste Zurückhaltung bei der Anwendung der Vorschrift empfiehlt und mit Recht auf § 153 StPO hinweist, wenn Unzulänglichkeiten der Vernehmung im Spiel gewesen sein könnten, ferner Vormbaum NK 12). Nicht strafbar ist dagegen die fahrlässige uneidliche Falschaussage (krit. Rudolphi SK 1 und dazu Vormbaum NK 3 f.). Bei eidlichen Vernehmungen und eidesstattlichen Versicherungen ist § 163 auch anwendbar, wenn der Vorsatz nach §§ 154, 156 möglich, aber nicht nachweisbar ist und den Täter bei dem zu seinen Gunsten unterstellten Vorsatzmangel jedenfalls der Vorwurf der Fahrlässigkeit trifft (vgl. RG 41 390, Tröndle/Fischer 1; iE auch BGH 4 340 [Wahlfeststellung]; vgl. näher dazu § 1 RN 91 f.). Nicht strafbar nach § 163 sind Dritte, die durch unzutreffende Informationen einen Falscheid usw. verursachen, da auch der Tatbestand des § 163 (eigenhändiges Delikt) nur von dem Aussagenden selbst verwirklicht werden kann (Schröder, v. Weber-FS 238).

2 II. Der **fahrlässige Falscheid** setzt zunächst den *objektiven Tatbestand* des § 154 voraus (vgl. § 154 RN 2 ff.). *Fahrlässigkeit* liegt vor, wenn der Täter schuldhaft eine Sorgfaltspflicht verletzt und deshalb nicht erkannt hat, daß sein Verhalten den objektiven Tatbestand des § 154 verwirklicht (vgl. näher zur Fahrlässigkeit § 15 RN 105 ff. und speziell zu § 163 Boldt ZStW 55, 66; zu den Anforderungen an das Urteil bezüglich der Feststellungen zur Fahrlässigkeitsschuld vgl. BGH GA 54, 118, Koblenz JR 84, 422 m. Anm. Bohnert). Dabei bestehen jedoch, was den Inhalt der Sorgfaltspflicht betrifft, bei den von § 163 erfaßten Beweispersonen je nach ihrer prozessualen Rolle nicht unerhebliche Unterschiede. Entsprechend kann hier auch Fahrlässigkeit in unterschiedlichem Umfang gegeben sein.

3 1. Da sich seine Rolle darauf beschränkt, nur das wiederzugeben, was er zum Beweisthema selbst wahrgenommen hat, trifft den **Zeugen** generell keine Pflicht, sich durch Nachforschungen erst Kenntnis von den Umständen zu verschaffen, über die er aussagen soll (KMR-Paulus Vorb. § 48 RN 28 a, SK-StPO Rogall vor § 48 RN 132, Köln[Z] NJW 73, 1983, MünchKomm/ZPO-Damrau § 373 RN 24 mwN). Im übrigen wird jedoch die Frage nach den stellenden Sorgfaltsanforderungen für Zivil- und Strafprozeß unterschiedlich beantwortet: Im *Strafverfahren* ist der Zeuge, einschließlich des sachverständigen Zeugen (dazu Bay NJW 56, 661), grundsätzlich nur zur Konzentration während der Vernehmung, nicht aber zur Vorbereitung auf diese verpflichtet (LR-Dahs vor § 48 RN 7, SK-StPO Rogall vor § 48 RN 134; and. Dedes JR 83, 99, KMR-Paulus aaO), und entsprechend kann auch die Fahrlässigkeit nur mit einem vorwerfbar sorgfaltswidrigen Verhalten bei der Vernehmung und Eidesleistung selbst begründet werden (so die h. M. im Strafrecht, die dies allerdings auch für den Zivilprozeß annimmt, zB RG 37 399, 62 129, JW 36, 260, BGH MDR/D 53, 597, Celle NJW 57, 1609, Lackner/Kühl 2, M-Schroeder II 261, Rudolphi SK 5, Ruß LK 6, Tröndle/Fischer 4, Vormbaum NK 26 f., aaO 308). Eine Ausnahme in Gestalt einer vorausgehenden Vorbereitungspflicht gilt nur für Zeugen, die in amtlicher Eigenschaft in der fraglichen Sache tätig gewesen sind und über die dabei gemachten Wahrnehmungen aussagen sollen (zB Staatsanwälte, Polizeibeamte; vgl. zB Köln NJW 66, 1421, Lackner/Kühl 2, Ruß LK 7; and. Krehl aaO 416, Nöldeke NJW 79, 1644, Vormbaum NK 28) sowie für die sog. Augenscheinsgehilfen (Rudolphi SK 5; einschränkend – nur bei besonderer Sachkunde – Vormbaum NK 34). – Im *Zivilprozeß* hingegen hat der Zeuge die weiterreichende, in beschränktem Umfang in § 378 Abs. 1 ZPO gesetzlich fixierte und im übrigen von der h. M. des zivilprozessualen Schrifttums angenommene Pflicht, sein Gedächtnis vor der Vernehmung durch eine nicht ungewöhnliche, zeitraubende und mühevolle Vorbereitung auch anhand von Unterlagen und Aufzeichnungen aufzufrischen (dazu Damrau aaO § 373 RN 24, § 378 RN 1 ff., Peters ZZP 87, 487 f. jew. mwN). Da der Sorgfaltsmaßstab nicht abstrakt, sondern nur unter Berücksichtigung der einschlägigen prozessualen Regelungen zu bestimmen ist, kann in einem Zivilverfahren auch ein Verstoß gegen die erweiterte Pflicht zur Strafbarkeit nach § 163 führen (and. Vormbaum NK 27, Arzt/Weber V 323). Davon abgesehen aber gilt folgendes:

4 a) Die Fahrlässigkeit kann bezüglich tatsächlich gemachter Wahrnehmungen (vgl. Bay NJW 56, 601, Koblenz JR 84, 422 m. Anm. Bohnert) zunächst in der **mangelhaften Gedächtnisanspannung** bei der Aussage liegen, etwa darin, daß der Zeuge gewissermaßen aufs Geratewohl aussagt (RG 42 237, JW 28, 721, BGH GA 73, 376) oder daß er eine objektiv unwahre Tatsache als sicheres Erinnerungsbild bezeichnet, obwohl er sich sagen kann und muß, daß er sie nicht als sicheres Wissen beschwören darf (BGH MDR/D 53, 597, Köln MDR 80, 421; ist sich der Täter dagegen bewußt, daß er sich irren kann, so kann bedingter Vorsatz vorliegen, BGH aaO). Dabei ist jedoch zu beachten, daß ein Erinnerungsirrtum so fest eingewurzelt sein kann, daß er durch bloße Willensanspannung nicht zu beseitigen ist. Hier entfällt auch Fahrlässigkeit (RG 57 234, 63 372, JW 29, 778, BGH GA 67, 215, 73, 376, EzSt § 154 **Nr. 3**, Bay NJW 56, 601, Ruß LK 11). Dies gilt nicht mehr, wenn der Zeuge konkrete Anhaltspunkte oder – bei der Vernehmung vorliegende, u. U. auch erst zu beschaffende – Gedächtnishilfen schuldhaft nicht benutzt hat, die sich ihm im Augenblick der Aussage erkennbar boten und deren Berücksichtigung bei ihm zumindest Zweifel an der Zuverlässigkeit seiner Erinnerung und damit an der Richtigkeit seiner Aussage geweckt hätten (zB RG 57 234, 62 126, JW 36, 260, BGH GA 54, 118, 67, 215, 73, 377, Karlsruhe GA 71, 60, Köln MDR 80, 421; zur Reichweite der „Vergewisserungspflicht" vgl. Krehl aaO 417, SK-StPO Rogall vor § 48 RN 134). Der bloße Vorhalt, die Aussage sei unglaubhaft, ist dafür aber keineswegs immer ausreichend (vgl. Schleswig SchlHA 54, 60). Erst recht ist der Zeuge nicht verpflichtet, das Gericht anzuregen, daß ihm Vorhalte aus den Akten gemacht werden (Köln NJW 66, 1420).

Fahrlässiger Falscheid; fahrlässige falsche Versicherung an Eides Statt 5–13 **§ 163**

b) Die Fahrlässigkeit kann auch darin liegen, daß der Zeuge erkennbare **Fehlerquellen seiner** 5
Wahrnehmung oder seiner Erkenntnismittel bei der Aussage nicht berücksichtigt, zB seine Trunkenheit, Erregung, die Dunkelheit z. Z. der Wahrnehmung oder die Kürze der Beobachtungszeit außer acht läßt (vgl. RG **25** 124, DJ **35**, 966, JW **39**, 87). Wer sein Wissen auf die Mitteilung anderer Personen stützt, muß mögliche Zweifel an deren Zuverlässigkeit mitteilen (Bremen NJW **60**, 1827). Allgemein gilt hier, daß der Zeuge die im nachhinein gegen die Richtigkeit seiner Vorstellung sprechenden Anhaltspunkte umso eher berücksichtigen und sich mit diesen ernsthaft auseinandersetzen muß, je geringer die Qualität der ursprünglichen Wahrnehmungsvoraussetzungen war (vgl. Koblenz JR **84**, 422 m. Anm. Bohnert; krit., weil dies auf eine Vorbereitungspflicht hinauslaufe, Vormbaum NK 29).

c) Die Fahrlässigkeit kann weiter darin bestehen, daß der Zeuge sein an sich zutreffendes Erinne- 6
rungsbild **nicht richtig wiedergibt** und so etwas anderes beschwört, als er beschwören will. Hierher gehören zB die Fälle, in denen der Zeuge sich verspricht, sich mißverständlich ausdrückt oder etwas vergißt, was er an sich sagen wollte. Wird der Inhalt eines Vernehmungsprotokolls beschworen, so muß der Zeuge beim Verlesen des Protokolls auf etwaige Fehler achten. Im übrigen ist die Niederschrift einer Aussage jedoch Sache des Gerichts (vgl. aber auch RG JW **32**, 3073), weshalb keine Pflicht zu besonderer Aufmerksamkeit besteht, wenn der Richter ein anschließend nicht verlesenes Protokoll laut diktiert (BGH NJW **59**, 1834).

d) Möglich ist auch, daß der Zeuge eine bewußt unwahre oder unvollständige Aussage **fahrlässig** 7
beschwört. Dies ist insbesondere der Fall, wenn der Zeuge fälschlich annimmt, die den Eid abnehmende Stelle sei hierfür nicht zuständig, ferner wenn er sich über den Umfang der Wahrheits- und Eidespflicht irrt, zB glaubt, der Eid umfasse nicht die Angaben zur Person (RG **60** 408); zur Erkundigungspflicht bei Zweifeln über den Umfang des Eides vgl. BGH JZ **51**, 726, NJW **55**, 639.

2. Den **Sachverständigen** trifft nicht nur eine Sorgfaltspflicht während der Erstattung seines 8
Gutachtens, sondern auch eine Vorbereitungspflicht vor seiner Vernehmung; entsprechend kann sich die Fahrlässigkeit hier daher auch aus der mangelhaften Vorbereitung ergeben (Lackner/Kühl 2, Rudolphi SK 10, Ruß LK 16, Tröndle/Fischer 6, Vormbaum NK 31, aaO 308; and. Frank I).

3. Entsprechend ihrer Pflicht, durch eine redliche und sorgfältige Prozeßführung die Rechtsfindung 9
zu erleichtern, ist – zum Zeugen hier o. 3 – auch die **Partei** im Zivilprozeß usw. verpflichtet, sich auf ihre Vernehmung nach §§ 445 ff. ZPO vorzubereiten, zumal sie diese jederzeit verweigern kann (vgl. RG HRR **38** Nr. 631, Lackner/Kühl 2, M-Schroeder II 261, Rudolphi SK 9, Ruß LK 8 f. Tröndle/Fischer 4; and. Vormbaum NK 35). Hier ist § 163 daher auch anwendbar, wenn sich die Partei nicht vorher an Hand ihrer Geschäftsunterlagen über den Vernehmungsgegenstand informiert und deshalb falsche Angaben macht, die sie anschließend beschwört. Zur Fahrlässigkeit bei der Vernehmung selbst gilt Entsprechendes wie beim Zeugen (RG HRR **38** Nr. 631; o. 3 f.).

III. Zur **fahrlässigen falschen Versicherung an Eides Statt** vgl. hinsichtlich des *objektiven Tatbe-* 10
stands § 156 RN 3 ff. Die *Fahrlässigkeit* kann zunächst in einer Nachlässigkeit bei der Abgabe der Erklärung selbst liegen (o. 4 ff.), zB darin, daß der Täter die Unrichtigkeit der ihm vorgelegten eidesstattlichen Erklärung hätte erkennen können oder daß er ein Schriftstück mit einer eidesstattlichen Versicherung unterschreibt, ohne dessen Inhalt geprüft zu haben (entgegen RG **21** 198, **34** 298, **70** 267 jedoch nicht, wenn der Unterzeichner nicht einmal weiß, daß das Schriftstück eine eidesstattliche Versicherung enthält; vgl. RG **15** 150, Ruß LK 19). Darüber hinaus besteht bei eidesstattlichen Versicherungen, die freiwillig abgegeben werden, aber auch die Pflicht, vorher Erkundigungen einzuziehen, wenn hierzu Anlaß besteht (Celle NJW **57**, 1609, KG JR **66**, 189, Karlsruhe GA **71**, 59, Lackner/Kühl 2, Tröndle/Fischer 7, Vormbaum NK 37); ist dies nicht möglich, so muß der Täter seine Zweifel zum Ausdruck bringen oder von einer Erklärung überhaupt absehen (KG aaO). Ebenso besteht bei der eidesstattlichen Versicherung nach § 807 ZPO eine umfassende Vorbereitungs- und Aufklärungspflicht, die sich auch darauf beziehen kann, daß der Schuldner bei rechtlichen Zweifeln Erkundigungen einholt (RG **27** 267, HRR **38** Nr. 1077, BGH JZ **51**, 726, NJW **55**, 639, LM Nr. 1). Im Fall des § 883 ZPO muß der Erklärende zwar keine Erkundigungen nach dem Verbleib der Sache anstellen, wohl aber muß er alle für ihre Auffindung dienlichen Anhaltspunkte angeben (RG LZ **1**, 1225).

IV. Die **rechtzeitige Berichtigung (Abs. 2)**, deren Voraussetzungen denen des § 158 entspre- 11
chen (vgl. dort RN 4 ff.), führt hier – i. U. zu § 158 – zwingend zur Straflosigkeit.

V. **Konkurrenzen.** Ist eine beschworene Aussage zT vorsätzlich, zT fahrlässig falsch erstattet wor- 12
den, so geht § 163 in § 154 auf. Tateinheit ist möglich zwischen fahrlässigem Falscheid und falscher uneidlicher Aussage (BGH **4** 214; vgl. § 153 RN 12).

VI. Nach BGH **4** 341 soll zwischen § 154 und § 163 **Wahlfeststellung** möglich sein (vgl. dagegen 13
§ 1 RN 95 f. und o. 1).

Lenckner 1361

Zehnter Abschnitt. Falsche Verdächtigung

§ 164 Falsche Verdächtigung

(1) Wer einen anderen bei einer Behörde oder einem zur Entgegennahme von Anzeigen zuständigen Amtsträger oder militärischen Vorgesetzten oder öffentlich wider besseres Wissen einer rechtswidrigen Tat oder der Verletzung einer Dienstpflicht in der Absicht verdächtigt, ein behördliches Verfahren oder andere behördliche Maßnahmen gegen ihn herbeizuführen oder fortdauern zu lassen, wird mit Freiheitsstrafe bis zu fünf Jahren oder mit Geldstrafe bestraft.

(2) Ebenso wird bestraft, wer in gleicher Absicht bei einer der im Absatz 1 bezeichneten Stellen oder öffentlich über einen anderen wider besseres Wissen eine sonstige Behauptung tatsächlicher Art aufstellt, die geeignet ist, ein behördliches Verfahren oder andere behördliche Maßnahmen gegen ihn herbeizuführen oder fortdauern zu lassen.

Schrifttum: *Becker*, Die falsche Anschuldigung, DStR 43, 33. – *Bienko*, Nochmals: Zur Strafbarkeit einer verabredeten Falschverdächtigung im Anschluß an Verkehrsunfälle, NVZ 93, 98. – *Blei*, Falsche Verdächtigungen durch Beweismittelfiktion, GA 57, 139. – *Britsch*, Strafrechtsreform im Einführungsgesetz? Die falsche Verdächtigung, JZ 73, 351. – *Deutscher*, Falsche Verdächtigung eines Schuldigen, JuS 88, 526. – *ders.*, Grundfragen der falschen Straftatverdächtigung (§ 164 I StGB), 1992 (Diss. Bonn) [zit.: aaO]. – *Evers*, Sprengung an der Celler Gefängnismauer: Darf der Verfassungsschutz andere Behörden und die Öffentlichkeit täuschen?, NJW 87, 153. – *Fezer*, Hat der Beschuldigte ein „Recht auf Lüge"?, Stree/Wessels-FS 663. – *Geerds*, Kriminelle Irreführung der Strafrechtspflege, Jura 85, 617. – *Geilen*, Grundfragen der falschen Verdächtigung, Jura 84, 251, 300. – *Heilborn*, Falsche Anschuldigung, VDB III, 105. – *Hirsch*, Zur Rechtsnatur der falschen Verdächtigung, Schröder-GedS 307. – *Köhler*, Die falsche Verdächtigung, GS 111, 289. – *Langer*, Die falsche Verdächtigung, 1973. – *ders.*, Verdächtigungsgrundlage und Verdachtsurteil – Zum Begriff des „Verdächtigens" gemäß § 164 StGB, Lackner-FS 541. – *ders.*, Aktuelle Probleme der falschen Verdächtigung, GA 87, 289. – *ders.*, Zur falschen Verdächtigung eines Zeugen durch den Angeklagten, JZ 87, 804. – *ders.*, Zur Falschheit des Verdächtigens gemäß § 164 Abs. 1 StGB, Tröndle-FS 265. – *Peglau*, Der Schutz des allgemeinen Persönlichkeitsrechts durch das Strafrecht, 1997. – *Schilling*, Die falsche Verdächtigung nach § 164 StGB, GA 84, 345. – *ders.*, Zur Auslegung des § 164 StGB, A. Kaufmann-GedS 595. – *Schmitt*, Zur Problematik der „Aufklärungsanzeige", NJW 60, 569. – *H. Schneider*, Grund und Grenzen des strafrechtlichen Selbstbegünstigungsprinzips, 1990 (Diss. Berlin). – *ders.*, Zur Strafbarkeit einer verabredeten Falschverdächtigung im Anschluß an Verkehrsunfälle, NVZ 92, 471. – *Schröder*, Zur Rechtsnatur der falschen Anschuldigung, NJW 65, 1888. – *Simon*, Das Wesen der falschen Anschuldigung, 1939 (StrAbh. 401). – *Tiedemann*, Strafanzeigen durch Behörden und Rehabilitierung Verdächtiger, JR 64, 5.

1 I. Der Vorschrift, die wiederholt, zuletzt durch das 1. StrRG v. 25. 6. 1969 und das EGStGB, geändert worden ist (vgl. die 19. A. und näher Britsch JZ 73, 351, Langer aaO 13 ff.), liegen nach h. M. **zwei Rechtsgüter** zugrunde: Sie schützt zunächst die Funktionsfähigkeit der innerstaatlichen *Rechtspflege* i. w. S. vor Beeinträchtigungen dadurch, daß Behörden durch falsche Verdächtigungen zu nutzlosen Ermittlungs- oder sonstigen Maßnahmen veranlaßt werden; geschützt werden soll aber auch der *einzelne* davor, das Opfer ungerechtfertigter staatlicher Maßnahmen zu werden (vgl. aus BGH 5 68, **9** 242, **14** 244, **18** 333, LM **Nr. 1**, NJW **52**, 1385, GA **62**, 1, JR **65**, 306, BGHR § 344 I Konkurrenzen 1, Bay NJW **86**, 441, Düsseldorf NJW **52**, 1263, KG JR **63**, 351, Köln NJW **52**, 1, Arzt/Weber V 117, Bockelmann II/3 S. 38, Geilen Jura 84, 251, Krey I 283, Lackner/Kühl 1, Peglau aaO 28 ff., Ruß LK 1 ff.; Tröndle/Fischer 2, W/Hettinger 686 ff., Welzel 521; and. die „Rechtspflegetheorie" und die „Individualgutstheorie", vgl. u. 2). Dieses Nebeneinander der beiden Schutzzwecke ist jedoch nicht kumulativ (zB Frank I; dagegen Hirsch aaO 320f.), sondern *alternativ* in dem Sinn zu verstehen, daß schon die Verletzung nur eines von ihnen für die Tatbestandserfüllung ausreicht (sog. **„Alternativitätstheorie"**, h. M., vgl. o. und näher Schröder NJW 65, 888, krit. dazu jedoch Deutscher aaO 11 f., Hirsch aaO 310 ff., Langer, Verdächtigung 36 ff., Rudolphi SK 2, Vormbaum NK 9). Nur so läßt sich rechtfertigen, daß § 164 einerseits auch bei einem Einverständnis des Verdächtigten anwendbar ist (Schutz der Rechtspflege; u. 23), andererseits aber auch dann, wenn ein Inländer bei einer ausländischen Behörde falsch verdächtigt wird (Schutz des Angeschuldigten; u. 25).

2 Demgegenüber soll nach der **„Rechtspflegetheorie"** ausschließlich die Rechtspflege das Schutzobjekt des § 164 und der Schutz des einzelnen nur ein Reflex hiervon sein (so zB RG **23** 373, **29** 54, **59** 35, **60** 317, ferner Langer, Verdächtigung 64, Otto II 474, Rudolphi SK 1, iE auch Deutscher aaO 22 ff., ähnlich M-Schroeder II 421). Doch spricht dagegen schon das dem Verletzten in § 165 gewährte Antragsrecht, das bei Annahme eines bloßen Rechtspflegedelikts nicht erklärt werden kann, weil – entgegen Langer, Verdächtigung 48 – ein bloßer „Schutzreflex" den nur mittelbar Betroffenen hier ebensowenig zum „Verletzten" macht wie sonst nach § 77. Aber auch die Ergebnisse dieser Auffassung sind unbefriedigend, weil sie die falsche Verdächtigung eines Inländers bei einer ausländischen Behörde straflos lassen muß (näher zur Kritik Hirsch aaO 312 ff., ZStW 89, 932 ff.).

Umgekehrt vermag jedoch auch die **"Individualgutstheorie"**, nach der ausschließlich der Angeschuldigte geschützt sein soll, § 164 nicht zu erklären (so aber Hirsch aaO 321 m. Nachw. aus der älteren Lit., Schmidhäuser II 72, Schneider aaO 317 ff., Vormbaum, Der strafrechtliche Schutz des Strafurteils [1987] 451 ff., 458, NK 10). Gegen sie spricht, abgesehen von der systematischen Stellung (vgl. auch § 444 E 62), daß § 164 für die Fälle des Abs. 1 und des Abs. 2 dieselbe Strafe vorsieht, obwohl der Denunzierte durch eine Tat nach Abs. 1 idR ungleich schwerer getroffen werden kann als durch eine solche nach Abs. 2. Hinzukommt, daß nach der "Individualgutstheorie" die mit Einverständnis des Betroffenen erfolgte Falschverdächtigung nur nach § 145 d bestraft werden kann, was zur Folge hat, daß Behörden insbesondere für den gesamten Bereich des Abs. 2 in solchen Fällen strafrechtlich schutzlos sind. Der Hinweis, daß auch falsche Selbstbezichtigungen nur im Rahmen des § 145 d erfaßbar seien (Hirsch aaO 318 f., 328), übersieht, daß bei kollusivem Zusammenwirken von Täter und „Betroffenem" ein besonders übles Spiel mit den Behörden getrieben wird und die Gefahr einer Irreführung hier auch größer ist als bei einer bloßen Selbstbezichtigung (vgl. auch BGH **5** 68, Langer, Verdächtigung 57, GA 87, 292 ff.).

II. Der **objektive Tatbestand** setzt eine Verdächtigung bestimmter Art (Abs. 1) oder das Aufstellen tatsächlicher Behauptungen bestimmter Art (Abs. 2) voraus, wobei diese Handlungen entweder gegenüber bestimmten Stellen oder öffentlich erfolgen müssen. Abs. 1 ist lex specialis gegenüber Abs. 2; soweit Behauptungen sich auf strafbare Handlungen oder die Verletzung einer Dienstpflicht beziehen, ist nur Abs. 1 anwendbar (RG JW **35**, 864, HRR **38** Nr. 1568, Frankfurt HESt. **2** 258, Köln NJW **52**, 117, Rudolphi SK 3, Ruß LK 4).

1. Abs. 1 erfaßt die **Verdächtigung** (zu deren Unwahrheit vgl. u. 15 ff.), die eine **rechtswidrige Tat** oder eine **Dienstpflichtverletzung** zum Inhalt hat.

a) **Verdächtigen** ist das Unterbreiten oder Zugänglichmachen von Tatsachenmaterial, das einen Verdacht gegen eine andere Person begründet oder einen bereits bestehenden Verdacht verstärkt. Daß eine Verdächtigung nur vorliegt, wenn der Behörde entsprechende Tatsachen präsentiert werden, folgt sowohl aus dem Vergleich mit Abs. 2, wo von „sonstigen Behauptungen tatsächlicher Art" die Rede ist, als auch aus der ratio legis, weil die Verfolgungsorgane nur bei Bestehen entsprechender tatsächlicher Anhaltspunkte und nicht schon auf bloße, tatsachengelöste Verdachtsurteile hin tätig werden (vgl. Langer, Lackner-FS 548, Rudolphi SK 6, Ruß LK 7). Hinzukommen muß, daß auf dieser Tatsachengrundlage ein Verdacht entsteht oder verstärkt wird. Qualitativ muß es sich deshalb um Behauptungen handeln, die nach Art und Inhalt die Behörde veranlassen können, ein Verfahren einzuleiten (Anfangsverdacht iS des § 152 II StPO) oder fortdauern zu lassen, weil andernfalls keines der geschützten Rechtsgüter berührt wird. Ebenso wie Abs. 2 setzt daher auch Abs. 1 – als ungeschriebenes Merkmal – die entsprechende Eignung voraus (vgl. Deutscher aaO 63, Lackner/Kühl 4, Rudolphi SK 14, Ruß LK 7, Tröndle/Fischer 3, Vormbaum NK 15, 55; zur Frage, ob und inwieweit dabei ein abstrakter oder konkreter Maßstab anzulegen ist und zur Deliktsnatur vgl. Zieschang, Die Gefährdungsdelikte, 1998, 325 ff.). Daran fehlt es bei völlig abwegigen Verdächtigungen (Langer, Lackner-FS 551; vgl. auch Geerds Jura 85, 620) oder wenn beim Fahren ohne Fahrerlaubnis (§ 21 I Nr. 1 StVG) der Täter bei einer Polizeikontrolle den Namen eines anderen angibt, der im Besitz einer Fahrerlaubnis ist (vgl. LG Dresden NZV **98**, 217 m. Anm. Saal), ferner wenn sich der Verdacht erst infolge einer sachwidrigen Behandlung der Behörde ergibt, weil hier die Rechtspflege nicht durch das Handeln des Täters beeinträchtigt wird und das fehlerhafte Vorgehen der Behörde auch im Hinblick auf die geschützten Individualinteressen nicht zu Lasten des Verdächtigers gehen kann (vgl. Hoyer, Die Eignungsdelikte, 1987, 148 ff., Ruß LK 15). Ergibt eine bestimmte Sachlage, daß von mehreren Personen eine notwendig der Täter ist, so entfällt § 164, wenn *jeder* der Beteiligten durch Bestreiten den Kreis der Verdächtigten lediglich einzuengen sucht. Dies gilt nicht nur, wenn sich bei bloßem Leugnen der Verdacht zwangsläufig auf die anderen reduziert (Bay NJW **86**, 441, Celle NJW **64**, 733, Frankfurt DAR **99**, 225, Hamm NJW **65**, 62, VRS **32** 441, iE auch Langer, Lackner-FS 560, Schneider aaO 309 f.; aA Bockelmann II/3 S. 41), sondern auch dann, wenn von zwei in gleicher Weise in Betracht kommenden Personen jede die andere oder die eine ohne Widerspruch der anderen diese als Täter bezeichnet. Auch hier wird der aus der Sachlage sich ergebende Verdacht nicht verstärkt (vgl. Düsseldorf NJW **92**, 1119 m. iE zust. Anm. Mitsch JZ 92, 979, Fezer aaO 675 f., Geilen Jura 84, 255, Keller JR 86, 30, Kuhlen JuS 90, 399, Rudolphi SK 9, Ruß LK 6, W/Hettinger 697; aA Hamm NJW **65**, 62, Deutscher aaO 127 ff., Langer, Lackner-FS 563; Schneider aaO 310, NVZ 92, 471 u. dagegen Bienko NVZ 93, 98; offengelassen von Bay NJW **86**, 441, vgl. auch Frankfurt DAR **99**, 225: jedenfalls dann, wenn sich der andere – hier allerdings auf andere Weise – wegen der gleichen Tat strafbar gemacht hat). Ein Verdächtigen liegt hier erst vor, wenn der eine der Verdächtigen zusätzliche, auf die Täterschaft des anderen hinweisende Tatsachen behauptet oder der Beweislage zu dessen Nachteil verfälscht und dadurch der Verdacht gegen diesen verstärkt (vgl. dazu den Sachverhalt von Hamm VRS **32** 141). Wegen des idR höheren Beweiswerts einer solchen Aussage gilt dasselbe, wenn ein Unbeteiligter einen von zwei bereits Verdächtigten der Täterschaft bezichtigt (vgl. Mitsch aaO). Im Ergebnis ähnlich verhält es sich, wenn der Beschuldigte einer ihn belastenden Zeugenaussage widerspricht: Während das bloße Leugnen idR schon nicht die Behauptung eines Aussagedelikts des Zeugen enthält (vgl. Keller JR 86, 331, Langer, Lackner-FS 562, Vormbaum NK 26, iE auch Bay NJW **86**, 441), ist der ausdrücklich oder konkludent erhobene Vorwurf einer strafbaren Falschaussage nur dann eine für § 164 ausreichende Verdächtigung, wenn damit gegen den Zeugen wenigstens ein Anfangsverdacht geschaffen wird, was aber bei Äußerungen dieser Art im Hinblick auf die Verfahrensrolle und das Verteidigungsbedürfnis des Beschuldigten ohne Vorliegen entsprechender konkreter Anhaltspunkte im allgemeinen nicht der Fall ist (so iE auch Bay aaO, wo darin allerdings erst ein Problem der Absicht gesehen wird; vgl. ferner Deutscher aaO 145 ff., Fezer aaO 675 f., Vormbaum NK 27; and. hier Keller aaO, Langer aaO, JZ 87, 808, Rudolphi SK 2, Schneider aaO 311). – Was die Modalitäten der Verdächtigung betrifft, so ist eine solche auf zweierlei Weise möglich:

6/7 α) Ein Verdächtigen kann zunächst – ebenso wie in Abs. 2 – durch das **Behaupten von Tatsachen** erfolgen (vgl. RG HRR **39** Nr. 1437, Bay **57** 142, Neustadt GA **61**, 184, KG JR **63**, 351). Zum Behaupten von Tatsachen vgl. § 186 RN 3, 7, wobei in diesem Zusammenhang folgendes besonders hervorzuheben ist: 1. Die Verwendung reiner Rechtsbegriffe genügt nur, wenn und soweit sie im Verkehr als Tatsachen gelten (zB die Behauptung, der Verdächtigte habe eine bestimmte Sache „gestohlen" oder durch einen „Raubüberfall" erlangt); 2. bloße Urteile oder Rechtsbehauptungen, in denen nicht zugleich die Verdächtigung begründende Tatsachen angegeben werden, sind auch dann kein „Verdächtigen", wenn darin ein Vorwurf gegen den Betroffenen erhoben wird (zB: „A ist ein Dieb"; vgl. Langer, Lackner-FS 558, Rudolphi SK 6, Ruß LK 7); 3. nicht ausreichend ist es, wenn lediglich falsche Schlüsse aus richtig wiedergegebenen Tatsachen gezogen werden, vielmehr setzt das „Verdächtigen" voraus, daß diese selbst falsch dargestellt werden (vgl. RG **71** 167, Bay **57** 143, Braunschweig NJW **56**, 194, Celle NdsRpfl. **63**, 22, **65**, 260, Karlsruhe Justiz **66**, 158, NStE **Nr. 2**, KG JR **63**, 351, Köln MDR **61**, 618, Neustadt GA **61**, 184, Langer, Tröndle-FS 269, Rudolphi SK 6; Tröndle/Fischer 6, Vormbaum NK 38; vgl. ferner BVerfG NJW **91**, 1285); 4. auch Tatsachenbehauptungen genügen nicht, wenn sie so allgemein gehalten und unsubstantiiert sind, daß sie für die Behörde allenfalls Anlaß zu Rückfragen bei dem Anzeigeerstatter sein können (zB „A hat eine Sache gestohlen"); 5. die Weitergabe fremder Beschuldigungen ist nur dann eine Verdächtigung, wenn und soweit sie zugleich eine eigene Tatsachenbehauptung enthält (vgl. dazu u. 19 f.). – Gleichgültig ist, *auf welche Weise* die in einer Tatsachenbehauptung liegenden Verdächtigen erfolgen, ob ausdrücklich oder versteckt (zum konkludenten Behaupten vgl. Vormbaum NK 19), unter dem richtigen oder einem falschen Namen oder anonym, aus eigenem Antrieb oder auf fremde Veranlassung (vgl. RG DR **40**, 682), in einer Anzeige oder bei einer Vernehmung (vgl. RG **69** 174, BGH **13** 221, **18** 204, Bay **60** 192, Hamm JMBlNW **64**, 129). Nicht erforderlich ist, daß der Täter den Verdacht als gerechtfertigt bezeichnet. Ein Verdächtigen kann daher auch vorliegen, wenn ein bei den Strafverfolgungsorganen bestehender Verdacht auf einen anderen gelenkt wird, auch wenn zugleich zum Ausdruck gebracht wird, der Verdacht sei unberechtigt (vgl. Köln JMBlNW **61**, 147, Hamm VRS **35** 425); doch kann es hier an der Absicht des § 164 fehlen.

8 β) Eine Verdächtigung liegt aber auch vor, wenn der Täter, ohne selbst mit einer Behauptung hervorzutreten, lediglich eine falsche, einen anderen **verdächtigende Beweislage** schafft, zB der Polizei falsches Beweismaterial in die Hände spielt (sog. isolierte Beweismittelfiktion; vgl. RG **69** 175, BGH **9** 240, Blei GA 57, 139, Geilen Jura 84, 253 f., Rudolphi SK 7, Ruß LK 5, Tröndle/Fischer 4, Welp JuS 67, 510; and. Langer, Verdächtigung 15, Lackner-FS 542 ff., Vormbaum NK 20 f.). Für diese Erweiterung, die mit dem Wortlaut noch zu vereinbaren ist, spricht sowohl der Vergleich mit Abs. 2 – ginge es auch in Abs. 1 nur um „Behauptungen tatsächlicher Art", so wäre eine entsprechende Formulierung hier mehr als naheliegend gewesen – als auch die ratio legis, die gegenüber den für den Betroffenen besonders gefährlichen Verdächtigungen nach Abs. 1 einen weitergehenden Schutz rechtfertigt als nach Abs. 2. Eine Verdächtigung liegt daher zB auch im Zuspielen von Fangbriefen in die Hand eines Unschuldigen (BGH **9** 240; vgl. dazu auch Herzberg ZStW 85, 867), ferner darin, daß der Staatsanwaltschaft ein „Geständnis" unter falschem Namen zugeleitet wird (RG **7** 47, **69** 173, BGH **18** 204) oder der Polizei Schreiben in die Hände gespielt werden, die auf einen anderen als Verfasser hindeuten (RG HRR **39** Nr. 464).

9 b) **Gegenstand** der Verdächtigung ist die Beschuldigung, eine rechtswidrige Tat oder eine Dienstpflichtverletzung begangen zu haben. Dabei muß es sich um eine bestimmte Handlung oder Unterlassung handeln; unsubstantiierte Beschuldigungen genügen nicht (Bockelmann II/3 S. 46).

10 α) Eine **rechtswidrige Tat** ist nach § 11 I Nr. 5 nur eine solche, die den Tatbestand eines Strafgesetzes verwirklicht; Ordnungswidrigkeiten scheiden hier deshalb aus (für diese gilt Abs. 2, u. 13). Welche Voraussetzungen diese Tat erfüllen muß, ergibt sich entsprechend dem Schutzzweck der Vorschrift daraus, daß Gegenstand der Verdächtigung eine Handlung sein muß, die strafrechtliche Sanktionen irgendwelcher Art – also einschließlich der Maßregeln nach §§ 61 ff., aber auch des Schuldspruchs unter Absehen von Strafe (§ 60) usw. – nach sich ziehen kann (vgl. zB Geilen Jura 84, 300, Lackner/Kühl 5, Ruß LK 15, Tröndle/Fischer 5, Vormbaum NK 42 f.). Ergibt sich schon aus der Anzeige selbst, daß die fragliche Handlung wegen des Vorliegens eines Rechtfertigungs-, Schuld-, Strafausschließungsgrundes usw. keine strafrechtlichen Folgen haben kann – wobei im Fall des § 20 allerdings die Möglichkeit einer Maßregel zu berücksichtigen ist – oder daß die Handlung wegen eines Prozeßhindernisses oder des Fehlens einer nicht mehr zu beschaffenden Prozeßvoraussetzung nicht verfolgbar ist (vgl. Köln JMBlNW **55**, 45), so ist deshalb der objektive Tatbestand des Abs. 1 nicht erfüllt, da durch eine solche Anzeige weder der Angeschuldigte noch die Rechtspflege belastet wird (vgl. die Nachw. o.); ebensowenig ist hier § 145 d anwendbar (vgl. dort RN 7; vgl. auch Köln JMBlNW **61**, 147). Umgekehrt spricht der Gesetzeszweck dann aber für eine Anwendbarkeit des

Falsche Verdächtigung 11–16 **§ 164**

Abs. 1, wenn in einer im übrigen wahrheitsgemäßen Anzeige solche Umstände in Abrede gestellt oder verschwiegen werden, dies jedenfalls dann, wenn ihr Vorliegen zweifelsfrei feststeht (vgl. zB RG JW **34**, 169, BGH MDR/D **56**, 270, Brandenburg NJW **97**, 141, Karlsruhe NStZ-RR **97**, 37, Geilen aaO, Ruß LK 15; and. unter Beschränkung auf Rechtfertigungsgründe Rudolphi SK 15). Mit dem Gesetzeswortlaut ist dies jedenfalls in den Fällen vereinbar, in denen die fraglichen Umstände materiellrechtlicher Art sind, weil der in Abs. 1 benutzte Begriff der „rechtswidrigen Tat" (vgl. § 164 aF: „strafbare Handlung") auch hier nur den Sinn haben kann, strafrechtswidrige von nichtstrafrechtswidrigen Handlungen abzugrenzen (vgl. § 11 RN 41); Zweifel bleiben in diesem Zusammenhang daher nur bei prozessualen Hindernissen (auch für deren Einbeziehung aber Ruß aaO), bei denen dann aber jedenfalls Abs. 2 anwendbar sein muß (vgl. Rudolphi aaO). Aus dem Schutzzweck der Vorschrift (o. 1) folgt schließlich, daß es lediglich darauf ankommt, ob die fragliche Tat zZ der Anzeige strafrechtlich verfolgt werden konnte; wird ihre Strafbarkeit erst im Laufe des Verfahrens durch eine Gesetzesänderung beseitigt, so ist dies für die Strafbarkeit nach § 164 ohne Bedeutung (Rudolphi SK 11; and. Bay JZ **74**, 393 m. Anm. Meyer JR 75, 69 u. Wenner MDR 75, 161, Lackner/Kühl 5).

β) Die Behauptung einer **Dienstpflichtverletzung** kommt in bezug auf Handlungen in Betracht, **11** die disziplinarisch ahndbar sind (Lackner/Kühl 5, Ruß LK 17 f., Tröndle/Fischer 5). Hierher gehören daher angebliche Dienstverfehlungen von Beamten und Soldaten, u. U. auch durch außerdienstliches Verhalten, soweit dadurch die Dienstpflicht verletzt wird (RG **33** 31, **35** 99). § 164 aF hatte daneben noch die Amtspflichtverletzung genannt, worunter nach h. M. auch die ehrengerichtlich ahndbaren Pflichtverletzungen von Anwälten und Ärzten fallen sollten (vgl. hier 17. A., RN 10). Zwar sollte mit der Streichung der Amtspflichtverletzung durch das EGStGB in der Sache nichts geändert werden, da dieses den Begriff der Dienstpflicht in einem umfassenden Sinn verstanden wissen wollte (vgl. EEGStGB 232). Dennoch erscheint es unzulässig, den auf ein öffentlich-rechtliches Dienstverhältnis hinweisenden Begriff der Dienstpflicht auf Standespflichten auszudehnen (vgl. auch Karlsruhe NStE **Nr. 2**, Rudolphi SK 13, Ruß LK 18, Tröndle/Fischer 5, Vormbaum NK 45), zumal bei Ärzten, bei denen auch früher nicht von einem öffentlichen Amt gesprochen werden konnte (so jedoch RG JW **36**, 1604 für Anwälte); in diesen Fällen kommt daher erst Abs. 2 in Betracht. Auch bei der Behauptung einer Dienstpflichtverletzung muß die Verdächtigung zur Einleitung eines Verfahrens geeignet sein, weshalb § 164 nicht anwendbar ist, wenn zugleich Umstände mitgeteilt werden, die eine Sanktion ausschließen (o. 10).

2. Abs. 2 erfaßt das Aufstellen **sonstiger Behauptungen tatsächlicher Art** (zu deren Unwahrheit vgl. u. 15 ff.), die geeignet sind, ein behördliches Verfahren oder andere behördliche Maßnahmen **12** herbeizuführen oder fortdauern zu lassen. Von Abs. 1 unterscheidet sich Abs. 2 zunächst dadurch, daß hier nur solche Anschuldigungen in Betracht kommen, die keine Straftat oder Dienstpflichtverletzung zum Gegenstand haben (u. 13); zum andern genügt nach Abs. 2 – and. als nach Abs. 1 – nur die Behauptung von Tatsachen, nicht aber das Schaffen einer falschen Beweislage (o. 8). Nicht ausreichend sind auch hier bloße Werturteile oder Rechtsbehauptungen (o. 6); allgemeine Beschuldigungen wie zB die Behauptung, die Einnahmen eines Unternehmens beruhten auf „Nepp", sind idR nur Werturteile (vgl. Celle HannRpfl. **47**, 79).

a) **Behördliche Verfahren** und **andere behördliche Maßnahmen** sind nach Entstehungsgeschichte und ratio legis (vgl. RG JW **38**, 2733) nur solche, in denen – vergleichbar den Verfahren **13** nach Abs. 1 – staatliche oder vom Staat abgeleitete Stellen dem Bürger als dem davon Betroffenen in Ausübung hoheitlicher Gewalt gegenübertreten (vgl. auch Vormbaum NK 77). Hierher gehören zB Ehrengerichtsverfahren gegen Ärzte oder Anwälte (Karlsruhe NStE **Nr. 2**), das Verfahren nach dem OWiG (BGH MDR/H **78**, 623), die Entziehung von Konzessionen, Approbationen, akademischen Graden, die Schließung eines Geschäfts, eine Ausweisung, die Einstellung von Sozialhilfe, die Anordnung von Fürsorgeerziehung, die Entziehung des elterlichen Sorgerechts (Bay MDR **58**, 622), nicht aber Maßnahmen im Zivilprozeß, wie zB ein Pfändungsauftrag (RG JW **38**, 2733, Rudolphi SK 29, Ruß LK 22).

b) An der **Eignung** der Behauptung fehlt es, wenn die vorgetragenen Tatsachen keinen Anlaß zur **14** Einleitung eines behördlichen Verfahrens geben, so zB wenn der behauptete Sachverhalt die Entziehung der Konzession nicht rechtfertigt oder wenn sich aus der Anzeige einer Ordnungswidrigkeit ergibt, daß der Täter schuldlos gehandelt hat (vgl. näher o. 10).

3. Die **Verdächtigung** (Abs. 1) bzw. die **Behauptung** (Abs. 2) muß, wie sich schon aus der **15** Gesetzesüberschrift und mittelbar auch aus dem Erfordernis eines Handelns „wider besseres Wissen" ergibt, **objektiv falsch** sein (vgl. RG **71** 169, BGH MDR/D **56**, 270, Lackner/Kühl 7, Rudolphi SK 16, Ruß LK 9, Tröndle/Fischer 6, Vormbaum NK 46).

a) Umstritten ist beim *Verdächtigen* nach Abs. 1 – beim Behaupten nach Abs. 2 stellt sich diese **16** Frage nicht –, ob es dabei auf die **Unwahrheit** der vorgebrachten **Verdachtstatsachen** oder auf die der **Beschuldigung als solcher** und damit auf die Schuld bzw. Unschuld des Betroffenen ankommt. Nach BGH **35** 50 m. Bspr. bzw. Anm. Deutscher JuS 88, 526, Fezer NStZ 88, 177 gilt letzteres: Danach ist das Vorbringen falscher Beweismittel oder Beweisanzeichen keine Verdächtigung iS des Abs. 1, „wenn der andere die rechtswidrige Tat möglicherweise begangen hat" (ebenso RG HRR **38** Nr. 1568, DR **42**, 1141, Düsseldorf StraFo **99**, 64, Frankfurt HESt. **2** 258, Köln NJW **52**,

§ 164 17, 18   Bes. Teil. Falsche Verdächtigung

117, AG Hamburg StV **81**, 344, Tröndle/Fischer 6 u. ausführlich iS eines solchen „Beschuldigungsdelikts" Schilling GA **84**, 345 ff., A. Kaufmann-GedS 595 ff.). Eine solche Einschränkung läßt sich jedoch weder mit dem Wortlaut noch mit der ratio legis begründen. Mit der h. M. im Schrifttum und Teilen der Rspr. ist vielmehr daran festzuhalten, daß eine Verdächtigung nur dann falsch ist, wenn das unterbreitete – bzw. bei der isolierten Beweismittelfiktion (o. 8) das geschaffene – *Tatsachenmaterial*, das den Verdacht ergeben soll, der Wirklichkeit nicht entspricht, während es unerheblich ist, ob der Verdacht im Ergebnis berechtigt und damit der erhobene Vorwurf selbst richtig bzw. unrichtig ist (vgl. RG **71** 169, HRR **39** Nr. 1437, Celle MDR **61**, 619, Hamburg StV **86**, 343 [Vorlagebeschl.], Karlsruhe Justiz **66**, 158, Neustadt GA **61**, 184, Arzt/Weber V 120 f., Deutscher JuS **88**, 526, aaO 95 ff., Fezer aaO, Geilen Jura **84**, 302 f., Lackner/Kühl 7, Langer, Tröndle-FS 278 ff., Rudolphi SK 16, Ruß LK 10, Schmidhäuser II 73, Vormbaum NK 54). Bei Abs. 2 ergibt sich dies bereits aus dem Wortlaut; das gleiche muß dann aber wegen der Gleichwertigkeit beider Tatbestände auch für Abs. 1 gelten, zumal kein Grund ersichtlich ist, die falsche Behauptung, eine Ordnungswidrigkeit begangen zu haben (Abs. 2), anders zu behandeln als die Falschverdächtigung einer Straftat (Abs. 1). Im übrigen spricht dafür nicht nur, daß das Verdächtigen sinnvoll allein in seiner prozessualen Relevanz gesehen werden kann (vgl. näher Deutscher JuS **88**, 526, Fezer aaO), sondern auch der Grundgedanke der Vorschrift. Die Gegenmeinung wird den dort geschützten Rechtsgütern (o. 1) nicht gerecht: Würde es darauf ankommen, ob der Verdacht sich als berechtigt erweist, so wäre für eine Verurteilung aus § 164 der Nachweis erforderlich, daß der Verdächtigte unschuldig ist, womit dieser hier gegenüber § 186 einen wesentlich geringeren Schutz genießen würde, ganz abgesehen davon, daß auch der wirklich Schuldige einen Anspruch darauf hat, nicht auf Grund eines falschen Beweismaterials in ein Verfahren verwickelt zu werden; ebenso wird die Rechtspflege zu Unrecht in Anspruch genommen, wenn sie zum Einschreiten veranlaßt wird, obwohl das vorgelegte Material von vornherein für eine Verurteilung des Beschuldigten nicht in Betracht kommt (zu der in BGH aaO 54 befürchteten Erschwerung der Wahrheitsfindung im Strafverfahren vgl. mit Recht Deutscher JuS **88**, 529, Fezer aaO 178). Auch unwahre Tatsachenbehauptungen zur Überführung eines Schuldigen erfüllen daher den Tatbestand des § 164 (ebenso Rudolphi SK 17); umgekehrt ist die Mitteilung wahrer Tatsachen selbst dann nicht tatbestandsmäßig, wenn diese fälschlich als Verdachtsmomente gewertet werden.

17 b) Dafür, ob die Verdächtigung **falsch** ist, ist bei Behauptungen – bei Abs. 2 kommen nur solche in Betracht – auch hier maßgebend, ob ihr Gegenstand eine äußere oder innere Tatsache ist (vgl. dazu auch 7 f. vor § 153). Behauptet der Täter das Vorliegen eines äußeren Sachverhalts, so ist die Verdächtigung falsch, wenn seine Behauptung mit diesem nicht übereinstimmt. Ist Gegenstand seiner Behauptung dagegen nur sein subjektives Wissen, so ist die Verdächtigung falsch, wenn dieses nicht richtig wiedergegeben wird. Von Bedeutung ist dies zB auch beim Verschweigen entlastender Umstände (zu diesem vgl. zB RG **21** 103, **23** 373, Bay **57** 141, Brandenburg NJW **97**, 141, Karlsruhe NStZ-RR **97**, 37, ferner o. 8): Weil zB man mit einer Strafanzeige vielfach weder ausdrücklich noch konkludent behauptet wird, daß mögliche entlastende Umstände objektiv nicht vorlägen, sondern nur, daß dem Anzeigeerstatter solche neben den genannten belastenden Umständen nicht bekannt seien, ist die Verdächtigung nicht schon deshalb falsch, weil sie iE einen Unschuldigen trifft (gegen Schilling GA **84**, 364), sondern erst, wenn der Täter ihm bekanntes Entlastungsmaterial wider besseres Wissen verschweigt. Erforderlich ist, daß die Verdächtigung in ihrem **wesentlichen Inhalt** unrichtig ist; die unrichtige Wiedergabe oder das Weglassen belangloser Nebensächlichkeiten genügt nicht (vgl. RG **15** 391, **16** 37, **27** 229, **41** 59, BGH JR **53**, 181, MDR/D **56**, 269, Bay NJW **56**, 273, Karlsruhe Justiz **86**, 195, Lackner/Kühl 7, Rudolphi SK 18, Ruß LK 11, Vormbaum NK 55). Aber auch rechtlich an sich relevante, die Beurteilung des fraglichen Geschehens jedoch nicht wesentlich verändernde Unrichtigkeiten machen eine Verdächtigung noch nicht falsch, so wenn bei der Bezichtigung eines Meineids nur eine von mehreren als unrichtig bezeichneten Angaben derselben Aussage falsch ist (vgl. Bay NJW **53**, 353, **56**, 273; vgl. auch RG GA **44**, 136) oder wenn beim Vorwurf eines Betrugs nur eine der behaupteten Täuschungshandlungen begangen wurde (Karlsruhe Justiz **86**, 195). Dagegen ist der Tatbestand des Abs. 1 erfüllt, wenn die fragliche Tat durch die Anschuldigung ein wesentlich anderes Gewicht erhält, so wenn ein kleiner Diebstahl als Millionendiebstahl dargestellt wird (vgl. auch RG **27** 229, Karlsruhe aaO, Tröndle/Fischer 6). Eine falsche Verdächtigung liegt daher nicht erst vor, wenn dadurch die Art der von dem Angeschuldigten begangenen Straftat zu dessen Lasten geändert wird (vgl. aber BGH MDR/D **56**, 270 mwN) oder wenn fälschlich statt des Grundtatbestands die Voraussetzungen einer Qualifikation, das Vorliegen einer ideell konkurrierenden Tat oder die Merkmale eines strafverschwerenden Regelbeispiels behauptet werden (so aber Rudolphi SK 18; vgl. auch Ruß LK 11). Daß Übertreibungen von der Art wie in dem o. genannten Beispiel noch kein strafwürdiger Angriff auf die Rechtspflege zu sein braucht – § 145 d I Nr. 1 wäre hier nicht einmal einschlägig, wenn aus einem Grundtatbestand eine Qualifikation gemacht wird (vgl. dort RN 9) –, schließt die Anwendung der § 164 nicht aus, weil dieser (alternativ) auch den Betroffenen schützt (o. 1). Für diesen aber macht es einen Unterschied, ob er einer mehr oder weniger schweren Tat verdächtigt wird.

18 c) Geht es dem Täter lediglich darum, ein Verfahren zu dem Zweck einzuleiten, einen **zweifelhaften Sachverhalt klären** und die Schuld oder Unschuld eines anderen feststellen zu lassen, so fehlt es mangels einer falschen Verdächtigung schon am objektiven Tatbestand des § 164, wenn der

Täter wahrheitsgemäß neben den belastenden auch die entlastenden Umstände und die für ihn etwa bestehenden Zweifel und Ungewißheiten mitteilt (Karlsruhe NStE **Nr. 2,** Rudolphi SK 17; vgl. auch Frankfurt MDR **66,** 1017, Schmitt NJW 60, 569, ferner Bockelmann NJW 59, 1849, der hier freilich erst ein Problem der Absicht sieht). Auch dies gilt bereits für Abs. 1 und ergibt sich daraus, daß es bei § 164 nicht auf die Richtigkeit bzw. Unrichtigkeit des Verdachts, sondern des vorgelegten Tatsachenmaterials ankommt. Stellt der Täter dagegen zweifelhafte Dinge als sicher hin oder läßt er Wesentliches weg, so ist die Verdächtigung falsch.

d) Mit der **Weitergabe fremder Verdächtigungen** an die Adressaten des § 164 behauptet der **19** Täter zunächst, daß er die fremde Beschuldigung, so wie er sie wiedergibt, gehört habe. Darüber hinaus bringt er, sofern er erkennbar nicht bloßer Bote eines Dritten ist, mit der Weitergabe zum Zweck der Einleitung eines Verfahrens konkludent auch zum Ausdruck, daß er die fremde Anschuldigung für möglicherweise wahr halte und daß ihm keine den Verdacht entkräftenden Umstände bekannt seien. Eine falsche Anschuldigung liegt daher nicht nur vor, wenn er die fremde Verdächtigung bei der Weitergabe verfälscht, sondern hier auch dann, wenn er deren Unrichtigkeit erkennt oder ihm bekannte entlastende Umstände verschweigt (vgl. BGH **14** 246, Rudolphi SK 8, Ruß LK 13, Vormbaum NK 36; and. Langer, Lackner-FS 549).

e) Bei Verdächtigungen im **Dienstbetrieb von Behörden** ist zu unterscheiden: Schon der ob- **20** jektive Tatbestand ist nicht verwirklicht, wenn eine unzuständige Behörde eine bei ihr eingegangene Anzeige unverändert an die zuständige Stelle weitergibt (vgl. BGH **14** 241, München NStZ **85,** 549, Lackner/Kühl 4, Rudolphi SK 8; krit. Langer, Verdächtigung 19); hier handelt es sich um einen reinen „Postvorgang", weshalb eine Beihilfe zur falschen Verdächtigung des Anzeigenerstatters auch dann ausscheidet, wenn die Behörde diese erkennt. Ist dagegen die Behörde nach ihrem Aufgabenbereich selbst mit der fraglichen Angelegenheit befaßt, so gelten für die Weitergabe fremder Verdächtigungen ebenso wie für Beschuldigungen auf Grund eigener Wahrnehmungen oder Erhebungen die o. 16 ff. genannten allgemeinen Grundsätze (vgl. RG **72** 97, Tiedemann JR 64, 5); hier bei einer auf Grund eines entsprechenden Verdachts pflichtgemäß erstatteten „Amtsanzeige" den objektiven Tatbestand mit Hilfe des Gedankens der sozialen Adäquanz (vgl. 68 ff. vor § 13) einzuschränken (so München NStZ **85,** 549), besteht kein Anlaß, weil es eines solchen Korrektivs jedenfalls dann nicht bedarf, wenn, wie in diesem Fall, die Tatbestandsmäßigkeit bereits aus subjektiven Gründen zu verneinen ist (Handeln „wider besseres Wissen", u. 30). Die allgemeinen Regeln gelten schließlich auch, wenn von einer Behörde Beschuldigungen usw., die den eigenen Dienstbetrieb betreffen, an die vorgesetzte Stelle zur Veranlassung von Disziplinarmaßnahmen weitergeleitet werden (o. 19). Auch hier liegt in der kommentarlosen Weitergabe zunächst die Erklärung, daß die fragliche Beschuldigung erhoben worden sei; darüber hinaus bringt der Weitergebende damit zum Ausdruck, daß ihm nichts bekannt sei, was gegen die Richtigkeit der Beschuldigung sprechen könnte, weshalb der Tatbestand des § 164 auch bei Verschweigen solcher Umstände erfüllt ist.

4. Der Tatbestand kann auch durch **Unterlassen** verwirklicht werden, so unter den Vorausset- **21** zungen der Ingerenz (vgl. § 13 RN 32 ff.), wenn der Täter hinsichtlich der Unwahrheit seiner Beschuldigung zunächst mit dolus eventualis bzw. fahrlässig handelte, später aber deren Unrichtigkeit erkannt hat und seine Anschuldigung nicht berichtigt, obwohl das Verfahren usw. zu diesem Zeitpunkt noch fortdauert (vgl. BGH **14** 246, Geilen Jura 84, 256, Ruß LK 14; and. Arzt/Weber V 121, Bockelmann II/3 S. 45, Rudolphi SK 10, Tröndle/Fischer 4, Vormbaum NK 22). Daß mit der Einleitung des Verfahrens der „Unrechtserfolg bereits eingetreten" ist (Rudolphi SK 10), schließt eine Tatbestandsverwirklichung durch Unterlassen nicht aus, da in § 164 der Herbeiführung des Verfahrens dessen Fortdauernlassen gleichgestellt ist.

5. Erforderlich ist die Verdächtigung **eines anderen**. Eine falsche Selbstverdächtigung ist deshalb **22** nicht nach § 164, wohl aber u. U. nach § 145 d strafbar. Die Fremdbezichtigung muß sich gegen eine bestimmte, lebende und erkennbare Person richten (RG **70** 368, BGH **13** 220). Daher genügt weder die Verdächtigung eines Toten noch die einer fingierten Person. Der Beschuldigte muß so genau bezeichnet oder beschrieben sein, daß seine Ermittlung möglich ist (RG **42** 18, **53** 207, Brandenburg NJW **97,** 142, Düsseldorf NJW **62,** 1264, Hamm NJW **65,** 62). Hierfür reicht es aus, wenn der Anzeigende zum Ausdruck bringt, daß der Täter einem bestimmt bezeichneten Personenkreis angehören müsse und „jedes Mitglied der Tat fähig sei und deshalb einstweilen als verdächtig zu gelten habe" (RG JW **30,** 3554). Wird der Behörde nur die Begehung einer Straftat ohne Verdächtigung einer bestimmten Person vorgetäuscht, so kommt § 145 d in Betracht.

Wegen seines alternativen Schutzzwecks (o. 1 f.) ist § 164 nicht dadurch ausgeschlossen, daß der **23** durch die falsche Anschuldigung Betroffene mit ihr **einverstanden** war oder sogar dazu angestiftet hatte (RG **59** 35, BGH **5** 67, Düsseldorf NJW **62,** 1263, Lackner/Kühl 11, Rudolphi SK 20, Ruß LK 2, Tröndle/Fischer 7; and. Frank I 1, Hirsch, Schröder-GedS 318 f., 328, Vormbaum NK 66); vgl. aber auch u. 25. Zum Wegfall der Veröffentlichungsbefugnis vgl. § 165 RN 6.

6. Die Verdächtigung muß **gegenüber bestimmten Stellen** oder **in bestimmter Weise** erfolgen, **24** nämlich entweder bei einer Behörde, bei einem zur Entgegennahme von Anzeigen zuständigen Amtsträger bzw. militärischen Vorgesetzten oder öffentlich. Dies kann auch so geschehen, daß der Täter die Anschuldigung gegenüber einem gutgläubigen Dritten äußert und dieser eine zuständige Stelle der Vorstellung des Täters entsprechend dann auch tatsächlich benachrichtigt, so wenn er dem

Bestohlenen den Namen des angeblichen Diebes nennt (vgl. auch M-Schroeder II 421). Entsprechendes gilt, wenn die Anzeige bei einem zur Entgegennahme von Anzeigen nicht befugten Amtsträger erfolgt, dieser sie aber mit Willen des Täters an eine zuständige Stelle weitergibt (RG 33 383, BGH GA **68**, 84). In beiden Fällen bleibt der Täter mangels Vollendung jedoch straflos, wenn er seine Behauptung widerruft, bevor sie an eine zuständige Stelle weitergegeben wird (vgl. RG GA **52**, 246, Hamm JMBlNW **64**, 129, Rudolphi SK 21). Nicht erforderlich ist, daß die Behörde, der gegenüber die Verdächtigung erfolgt, selbst zur Einleitung eines Verfahrens usw. befugt ist (vgl. Ruß LK 25), wohl aber muß sie jedenfalls zur Weiterleitung an die zuständige Stelle verpflichtet sein (vgl. auch Rudolphi SK 24, Vormbaum NK 34; and. RG **71** 267, Ruß aaO).

25 a) **Behörden** sind Organe der Staatsgewalt, die als eigene, vom Wechsel der für sie tätigen Personen unabhängige organisatorische Einheiten unter öffentlicher Autorität für staatliche Zwecke tätig sind (RG **54** 150, BGH NJW **57**, 1673, MDR **64**, 69, Frankfurt NJW **64**, 1682). Zu den Behörden gehören nach § 11 I Nr. 7 auch die Gerichte. Gleichgültig ist, ob es sich um eine Behörde des Bundes, der Länder, der Gemeinden oder einer öffentlich-rechtlichen Körperschaft handelt. Zwar wird durch § 164 grundsätzlich nur die inländische Rechtspflege geschützt (h. M., vgl. RG **60** 317, BGH JR **65**, 306 und näher 13 ff. vor § 3; and. v. Weber DRZ **49**, 20; vgl. auch Schulz ZBernJV **65**, 33); unter dem Gesichtspunkt des Schutzes des Betroffenen kann wegen der Alternativität der Schutzzwecke (o. 1 f.) aber auch eine *ausländische* Behörde tauglicher Adressat einer falschen Verdächtigung sein (vgl. BGH **18** 333, Lackner/Kühl, Ruß LK 25, iE auch die o. 2 genannten Vertreter der „Individualtheorie" [vgl. zB Vormbaum NK 32]; and. nach der „Rechtspflegetheorie [o. 2] zB Rudolphi SK 23; bzgl. der Besatzungsbehörden vgl. BGH NJW **52**, 1385, Celle HESt. **1** 45, Köln NJW **52**, 117). War der Betroffene hier freilich mit der Anschuldigung einverstanden (o. 23), kommt § 164 mangels eines Schutzinteresses nicht in Betracht. Da es auch hier nur um den Schutz individueller Belange geht, gilt dasselbe, wenn bei aufgebauschten Sachverhaltsschilderungen Behördeninteressen tangiert sind (dazu o. 17).

26 **Einzelfälle:** Behörden iS des § 164 sind außer den Gerichten (§ 11 I Nr. 7; zu den Ehrengerichten für Rechtsanwälte vgl. RG JW **36**, 1604) beispielsweise: Dienststellen der Gemeinden (RG **40** 161, LG Köln JZ **69**, 80), der Stadtverordnetenvorsteher nach der hessischen GemeindeO (Frankfurt NJW **64**, 1682), der iVm dem Landesrecht nach § 380 StPO zuständige Schiedsmann (vgl. Düsseldorf JMBlNW **60**, 139), Industrie- und Handelskammern (RG **52** 198), Handwerkskammern (LG Tübingen MDR **60**, 780), der Präsident der Anwaltskammer (RG **47** 394), die Fakultäten der Universitäten (RG **75** 112), öffentliche Sparkassen (BGH **19** 21), selbständige Vollzugsanstalten (BGH GA **68**, 84), u. U. eine Oberförsterei (RG **41** 443). *Nicht* zu den Behörden zählen öffentlich-rechtliche Körperschaften, die nicht für die Zwecke des Staates, sondern lediglich für ihre eigenen Zwecke (Betreuung ihrer Mitglieder) tätig sind, wie Ortskrankenkassen, Berufsgenossenschaften (RG DStR **37**, 51) und Landesbrandkassen (vgl. Marienwerder DStR **37**, 173); verneint wurde die Behördeneigenschaft ferner bei den katholischen Bischöfen (RG **47** 49). Privatrechtlich organisierte Verwaltungskörper sind auch dann, wenn ihnen öffentliche Aufgaben übertragen sind, nur bei ausdrücklicher gesetzlicher Bestimmung den Behörden gleichzustellen (vgl. BGH[Z] **3** 121).

27 b) Zur **Entgegennahme von Anzeigen zuständige Amtsträger** (vgl. § 11 I Nr. 2) sind zB die Beamten der Staatsanwaltschaft und des Polizeidienstes (§ 158 StPO), ferner Disziplinarvorgesetzte jeder Art (vgl. zB § 3 II BBG [Dienstvorgesetzter], § 61 ZDG; zur Zuständigkeit der vom Gesetz gleichfalls genannten **militärischen Vorgesetzten** vgl. § 1 VI SoldatenG iVm §§ 23 ff. WehrdisziplinarO.

28 c) Über den Begriff **öffentlich** vgl. § 186 RN 19.

29 III. Für den **subjektiven Tatbestand** ist Handeln wider besseres Wissen und eine bestimmte Absicht erforderlich.

30 1. **Wider besseres Wissen** handelt, wer *sicher* weiß, daß die Beschuldigung unwahr ist, und zwar im Zeitpunkt der Verdächtigung (Bay **63** 218, Karlsruhe NStZ-RR **97**, 38); bedingter Vorsatz reicht insoweit nicht aus (vgl. RG **71** 37, JW **35**, 865, BVerfG NJW **91**, 1285, BGH MDR/D **56**, 279). Da die Unwahrheit der Beschuldigung sich nach dem o. 15 ff. Gesagten nicht auf die Richtigkeit des Verdachts, sondern auf das vom Täter vorgelegte Material bezieht, muß der Täter sicher wissen, daß seine tatsächlichen Angaben bzw. die geschaffene Beweislage (o. 8) unrichtig sind. Wider besseres Wissen wird jemand einer Straftat daher auch verdächtigt, wenn der Täter bewußt unrichtige Verdachtsgründe gegen jemand vorbringt, von dessen Schuld er überzeugt ist (o. 16; and. RG HRR **38** Nr. 1568, BGH **35** 50 m. Bespr. bzw. Anm. Deutscher JuS 88, 526, Fezer NStZ 88, 177, Frankfurt HESt. **2** 258, Köln NJW **52**, 117); doch liegt hier Verbotsirrtum vor, wenn er sein Tun deshalb für erlaubt gehalten hat (Rudolphi SK 31, Ruß LK 30). Mangels Verwirklichung bereits des objektiven Tatbestandes (o. 17) unschädlich ist ein Handeln wieder besseres Wissen, wenn bloße Nebensächlichkeiten oder die Beurteilung sonst nicht wesentlich verändernde Umstände bewußt falsch angegeben werden. Folgerichtig muß dies dann auch gelten, wenn Gegenstand der Falschverdächtigung ein Aussagedelikt oder ebenfalls eine falsche Anschuldigung mit mehreren als falsch bezeichneten Angaben ist und der Täter bezüglich einer von ihnen wider besseres Wissen handelt, während er die anderen für (möglicherweise) unwahr hält (vgl. RG **28** 393, Bay NJW **53**, 353, **56** 273, Ruß LK 29; and. nur – vgl. Ruß aaO mwN –, wenn der vom Täter für falsch gehaltene Aussagepunkt auch nach

seiner in der Laiensphäre zutreffenden Einschätzung von völlig untergeordneter Bedeutung war). Zum Verschweigen entlastender Umstände, deren wesentliche Bedeutung der Täter nicht erkennt, vgl. Karlsruhe NStZ-RR **97**, 37.

2. Hinsichtlich der *übrigen Tatbestandsvoraussetzungen* genügt (bedingter) **Vorsatz** (Köln NJW **53**, 1843, Braunschweig NJW **55**, 1935, Ruß LK 28). Unschädlich ist es, wenn der Täter das den Gegenstand der Verdächtigung bildende Verhalten für strafbar hält, während es in Wahrheit nur eine Dienstpflichtverletzung sein würde. Erfolgt die falsche Verdächtigung durch falsche Tatsachenbehauptungen, so gilt das gleiche, wenn das vom Täter für strafbar gehaltene Verhalten nur ein behördliches Verfahren nach Abs. 2 rechtfertigen würde (zB Ahndung nach dem OWiG; and. jedoch bei bloßer Schaffung einer falschen Beweislage, da dies für Abs. 2 nicht genügt, o. 12). Fällt der Verdacht auf eine andere Person als vom Täter beabsichtigt, so liegt ein Fall der Abweichung des Kausalverlaufs vor. Ausgehend von der Alternativität der Schutzzwecke ist diese als unwesentlich anzusehen (iE auch BGH **9** 240, wo jedoch zu Unrecht darauf abgestellt wird, daß der Verdächtige durch § 164 nicht geschützt sei, ferner Bockelmann II/3 S. 43, M-Schroeder II 424, Rudolphi SK 32, Tröndle/Fischer 15; and. Herzberg ZStW **85**, 892, Krey I 285, Rengier II 354, Ruß LK 30, Schroth, Vorsatz und Irrtum, 1998, 131). 31

3. Erforderlich ist ferner die **Absicht**, ein behördliches Verfahren oder andere behördliche Maßnahmen gegen den Verdächtigten herbeizuführen oder fortdauern zu lassen. Bedingter Vorsatz genügt hier nicht (BGH **13** 221, Köln JMBlNW **61**, 147), wohl aber genügt dolus directus in beiden Formen. Die Absicht ist also nicht nur als zielgerichtetes Handeln zu verstehen, sondern erfaßt auch das sichere Wissen, daß die Anschuldigung zu einem Verfahren gegen den Verdächtigten führen wird (BGH **13** 221, **18** 206, Bay NJW **86**, 441 m. Anm. Keller JR 86, 30, Düsseldorf NStZ-RR **96**, 198, Hamm NJW **65**, 62, VRS **35** 425, Schleswig SchlHA **52**, 67, Deutscher aaO 87 ff., Lackner/Kühl 9, Lenckner NJW 67, 1890, Oehler NJW 66, 1633, Rudolphi SK 33, Ruß LK 31, Saal NZV 98, 218, Schneider aaO 313 f.; and. Langer GA 87, 305 f., Vormbaum NK 64). § 164 ist daher auch anwendbar, wenn der Täter den Verdacht von sich abwenden will (RG **69** 175, Bay **60** 192, Schleswig SchlHA **59**, 81; vgl. aber auch LG Dresden NZV **98**, 217 m. Anm. Saal). Benutzt der Täter einen falschen Namen, ohne eine Identitätstäuschung zu beabsichtigen, so kann es an der Absicht fehlen (vgl. BGH **18** 206), ebenso, wenn der Täter eine Verkehrsübertretung abstreitet und sich außerdem damit verteidigt, ein anderer sei am Steuer gesessen (Köln JMBlNW **61**, 147; vgl. dazu auch o. 7) oder wenn bei einer Geschwindigkeitsüberschreitung als angeblicher Fahrer eine im Ausland lebende Person bezeichnet wird (Düsseldorf NStZ-RR **96**, 198). Ausreichend ist es, wenn ein bereits eingeleitetes Verfahren auf weitere Punkte erstreckt werden soll; auch braucht die Absicht nur auf die Einleitung oder das Fortdauern eines Verfahrens, nicht dagegen auf dessen für den Betroffenen nachteiligen Abschluß gerichtet zu sein, weshalb § 164 auch anwendbar ist, wenn der Täter nicht mit einer Bestrafung des Verdächtigten rechnet (RG HRR **38** Nr. 1206, Rudolphi SK 34). Über die Absicht, nur einen Verdacht klären zu lassen, vgl. o. 18. 32

IV. Eine **Rechtfertigung** kann sich weder aus § 193 noch aus Art. 17 GG ergeben (zu § 193: RG **71** 37, **72** 98, Schneider aaO 320 ff.; zu Art. 17 GG: BVerfGE **2** 229, BGH GA/H **59**, 337, München NJW **57**, 794; vgl. ferner Lackner/Kühl 11, Rudolphi SK 37, Ruß LK 33, Tröndle/Fischer 17, Vormbaum NK 67). Wissentlich falsche Behauptungen sind sowohl mit der Verfolgung berechtigter Zwecke (§ 193) als auch mit dem Sinn der Petition (Art. 17 GG) unvereinbar. Zur Einwilligung des Betroffenen vgl. o. 1 f., 23, 25. Schon nicht tatbestandsmäßig sind ferner „Selbsttäuschungen des Staats im Staatsinteresse" (Evers NJW 87, 154), wenn dadurch keiner der beiden Schutzzwecke der Vorschrift (o. 1) berührt wird (zB im Rahmen sog. verdeckter Ermittlungen von staatlichen Stellen mit Einwilligung des „Verdächtigten" inszeniertes Delikt, das zunächst zu Ermittlungen führt; vgl. Evers aaO, Kühne JuS 87, 190 f.). 33

V. Die Strafbarkeit nach § 164 entfällt nicht deshalb, weil die falsche Verdächtigung Mittel einer straflosen **Selbstbegünstigung** ist (vgl. § 258 RN 33 f. u. dazu auch Langer JZ 87, 809 ff., Deutscher aaO 159 ff., Mitsch JZ 92, 979 f., Schneider NVZ 92, 473 f.). Dies gilt auch, wenn die Anschuldigung nicht spontan, sondern im Rahmen einer Vernehmung erfolgt (and. RG **8** 162, LZ **22,** 43). Zum Leugnen einer Tat, wenn damit ein anderer in Verdacht gerät, vgl. o. 5. 34

VI. Vollendet ist die Tat bei der Verdächtigung gegenüber einer Behörde, wenn die Beschuldigung dieser zugegangen bzw. die behördliche Vernehmung, in deren Rahmen die Verdächtigung erfolgt, abgeschlossen ist (vgl. auch Langer GA 87, 299 ff.). Der Tatbestand ist daher noch nicht erfüllt, wenn gleichzeitig mit dem Eingang der Verdächtigung oder früher der Widerruf zugeht (RG GA **52**, 246, Bay DRZ **27**, 968) bzw. vor Abschluß der Vernehmung die Richtigstellung erfolgt (Hamm JMBlNW **64**, 129, Rudolphi SK 35, Ruß LK 32, Vormbaum NK 70); zur Anzeige bei einem unzuständigen Amtsträger vgl. o. 24. Da auf § 164 der Grundgedanke des **§ 158** zutrifft, ist diese Bestimmung **analog** anwendbar, so zB wenn der polizeilich vernommene Zeuge seine belastende Aussage widerruft, bevor irgendwelche Maßnahmen getroffen werden können (ebenso Lackner/Kühl 10, Otto II 475, Vormbaum NK 73; and. Rudolphi SK 36, Ruß LK 32). 35

VII. Täter kann jeder sein, insbes. auch eine Amtsperson im Verkehr von Behörde zu Behörde (vgl. RG **72** 97, München NStZ **85**, 549). Nicht strafbar ist jedoch die bloße dienstliche Weiterleitung einer bei einer Behörde erstatteten Anzeige an die zuständige Stelle (o. 20). Obwohl eine falsche 36

§ 165 1–5 Bes. Teil. Falsche Verdächtigung

Selbstbezichtigung nur unter § 145 d fällt, ist aus den o. 2 a. E. genannten Gründen auch die **Anstiftung** zur Falschverdächtigung der eigenen Person des Anstifters nach §§ 164, 26 strafbar.

37 **VIII. Konkurrenzen.** *Idealkonkurrenz* ist möglich mit §§ 153 ff., 185, 187 (RG HRR **40** Nr. 1324), nicht dagegen mit § 186 (Hamburg HRR **35** Nr. 541), es sei denn, daß in einer Anzeige neben wissentlich falschen auch gutgläubig aufgestellte Behauptungen iS des § 186 aufgestellt sind (zB falsche Verdächtigung zweier Personen, wobei der Täter nur bezüglich der einen wissentlich handelt). Idealkonkurrenz kommt ferner mit § 239 (RG HRR **39** Nr. 464) und §§ 257, 258 in Betracht. Verwirklicht ein Strafverfolgungsbeamter durch eine falsche Verdächtigung zugleich den Tatbestand des § 344, so tritt § 164 hinter diesen zurück (BGHR § 344 I Konkurrenzen 1, Oldenburg MDR **90**, 1135). Zum Verhältnis mehrerer falscher Anschuldigungen in einem Schriftstück vgl. 29 vor § 52. Wiederholt der Täter eine Anschuldigung ohne zusätzliches Vorbringen bei *derselben* Stelle, so wird damit der Tatbestand nicht erneut verwirklicht, jedenfalls aber läge hier eine mitbestrafte Nachtat vor; wird dagegen die erste Anschuldigung durch weitere Verdachtsmomente verstärkt, so ist diese mitbestrafte Vortat. Geschieht das Ganze gegenüber einer *anderen Stelle*, so besteht Realkonkurrenz, wenn dadurch auch sie zu eigener Tätigkeit verpflichtet wird, im Falle einer bloßen Weiterleitungspflicht an die zunächst damit befaßte Stelle dagegen nur dann, wenn die ursprüngliche Verdächtigung zugleich intensiviert wird.

38 **IX. Wahlfeststellung** mit §§ 153, 154 ist nicht möglich (Rudolphi SK 39, Vormbaum NK 82; and. BGH NJW **84**, 2109, Bay **91** 3, JR **78**, 25 m. Anm. Hruschka, Braunschweig NJW **59**, 1144, Ruß LK 34); vgl. § 1 RN 111.

39 **X.** Zu der früher in Abs. 3 aF geregelten **Einstellung des Verfahrens** während der Anhängigkeit des Verfahrens gegen den Verdächtigten vgl. jetzt § 154 e StPO, ferner hier die 19. A.

§ 165 Bekanntgabe der Verurteilung

(1) Ist die Tat nach § 164 öffentlich oder durch Verbreiten von Schriften (§ 11 Abs. 3) begangen und wird ihretwegen auf Strafe erkannt, so ist auf Antrag des Verletzten anzuordnen, daß die Verurteilung wegen falscher Verdächtigung auf Verlangen öffentlich bekannt gemacht wird. Stirbt der Verletzte, so geht das Antragsrecht auf die in § 77 Abs. 2 bezeichneten Angehörigen über. § 77 Abs. 2 bis 4 gilt entsprechend.

(2) Für die Art der Bekanntmachung gilt § 200 Abs. 2 entsprechend.

1 **I.** Die durch das EGStGB neu geregelte (vgl. dazu die 21. A., RN 2) Bekanntgabe der Verurteilung dient ausschließlich der **Genugtuung** und **Rehabilitierung** des Verletzten (krit. zu der Vorschrift Schomburg ZRP 86, 65, Vormbaum NK 3). Demgegenüber ist sie nach herkömmlicher Auffassung zugleich eine Nebenstrafe (RG **73** 24, BGH **10** 310, Bay **54** 71, Nürnberg NJW **51**, 124, Herdegen LK[10] 1). Da die Bekanntgabe nicht – auch nicht u. a. – den Sinn einer Bloßstellung des Täters haben kann – eine solche ergibt sich allenfalls als eine vom Gesetz nicht beabsichtigte Nebenwirkung –, fehlt ihr der Charakter einer gewollten Übelszufügung, weshalb sie richtigerweise als bloße Nebenfolge (vgl. 30 vor § 38) anzusehen ist (vgl. Rudolphi SK 1, Ruß LK 1 u. näher Tröndle LK [10]38 vor § 38 mwN, aber auch Vormbaum NK 4). Bei Jugendlichen ist sie nach § 6 I 2 JGG ausgeschlossen.

2 **II.** Die im Urteil auszusprechende Anordnung, das Urteil auf Verlangen öffentlich bekanntzumachen, ist von **folgenden Voraussetzungen** abhängig:

3 **1.** Die falsche Verdächtigung muß **öffentlich** (vgl. dazu § 186 RN 19) oder durch **Verbreiten von Schriften** (vgl. dazu § 184 RN 57) begangen worden sein. Den Schriften gleichgestellt sind Ton-, Bildträger usw. (vgl. § 11 III und dort RN 78 f.).

4 **2.** Es muß wegen der öffentlich usw. begangenen falschen Verdächtigung **auf Strafe erkannt** worden sein. Dies ist auch bei der Strafaussetzung nach § 56 der Fall, nicht aber – unter dem Gesichtspunkt der Genugtuungsfunktion des § 165 wenig sinnvoll – bei der Verwarnung unter Strafvorbehalt nach § 59 (Rudolphi SK 2, Ruß LK 3, Schomburg ZRP 86, 65, Vormbaum NK 6; and. Herdegen LK[10] 3), da hier die Strafe zwar bestimmt, aber noch nicht auf sie erkannt wird (vgl. auch § 59 II); auch ein Vorbehalt der Bekanntgabe ist hier nicht möglich. Als Nebenfolge kann die Bekanntmachung auch bei Idealkonkurrenz zu einem schwereren Delikt (zB § 154) angeordnet werden (§ 52 IV, RG **73** 24). Zu Art und Umfang der Bekanntmachung bei Konkurrenz mit einem anderen Delikt vgl. u. 7.

5 **3.** Formelle Voraussetzung ist ein entsprechender **Antrag des Verletzten,** d. h. desjenigen, der falsch verdächtigt worden ist. Hat dieser in die Tat eingewilligt, so ist er nicht Verletzter (BGH **5** 69, Lackner/Kühl 2, Rudolphi SK 2; Ruß LK 4). Andere Personen als der Verletzte sind hier im Unterschied zu § 200 grundsätzlich nicht antragsberechtigt, also zB nicht – wie nach §§ 200, 194 III – der Dienstvorgesetzte. Eine Ausnahme gilt beim Tod des Verletzten; hier geht das Antragsrecht nach Abs. 1 S. 2 auf die in § 77 II genannten Angehörigen über, wobei nach Abs. 1 S. 3 die Regelung des § 77 II auch im übrigen entsprechend anzuwenden ist (vgl. die Anm. dort). Ist der Verletzte geschäftsunfähig oder beschränkt geschäftsfähig, so gilt § 77 III entsprechend, ebenso § 77 IV, wenn mehrere Antragsberechtigte vorhanden sind (zB in den Fällen des § 77 III). Der Antrag kann, vorbehaltlich der §§ 331, 358 StPO, auch erst im Rechtsmittelverfahren gestellt werden (zur entsprechenden Anwen-

dung des § 354 I StPO bei § 200 aF vgl. BGH **3** 76); er ist analog § 77 d I 2 bis zum rechtskräftigen Abschluß des Verfahrens zurücknehmbar (Lackner/Kühl § 200 RN 3, Ruß LK 4, Vormbaum NK 7).

III. Liegen die genannten Voraussetzungen vor, so **muß** im Urteil (bzw. im Strafbefehl, § 407 II **6** StPO) **angeordnet werden,** daß die **Verurteilung wegen falscher Verdächtigung auf Verlangen öffentlich bekanntgemacht wird.** Ein versehentliches Übergehen des Antrags ist Revisionsgrund, wobei das Revisionsgericht die Anordnung entsprechend § 354 I StPO selbst treffen kann, wenn es die den Täter am wenigsten belastende Form wählt (vgl. BGH **3** 76 zu § 200 aF, Rudolphi SK 9, Ruß LK 5).

1. Die Anordnung bezieht sich nur auf die Verurteilung wegen falscher Verdächtigung. Wird der **7** Täter **zugleich wegen eines anderen Delikts verurteilt,** so ist bei *Realkonkurrenz* die Anordnung auf die Tat nach § 164 und die dafür verhängte Strafe zu beschränken; bei Bildung einer Gesamtstrafe ist dies die festgesetzte Einzelstrafe (vgl. Rudolphi SK 4, Ruß LK 5, Vormbaum NK 8; zu § 165 aF vgl. RG JW **37**, 3301, Bay JZ **60**, 707; zu § 200 aF vgl. Bay **61** 142; vgl. auch RG **27** 176). Auch bei *Idealkonkurrenz* ist nach dem Grundsatz zu verfahren, daß die Anordnung einerseits dem Zweck des § 165 gerecht wird (Rehabilitierung der Betroffenen durch Bekanntgabe der Verurteilung aus § 164), andererseits aber den Verurteilten nicht mehr als notwendig belastet (vgl. auch RG **27** 180). Daher muß der Täter zwar die Bekanntgabe des ungeteilten Urteilsspruchs hinnehmen, aber ohne Benennung des in Tateinheit stehenden anderen Delikts (zB bei Verurteilung nach § 153 in Tateinheit mit § 164 zu sechs Monaten Freiheitsstrafe: Bekanntgabe der Verurteilung „wegen falscher Verdächtigung in Tateinheit mit einem anderen Delikt zu sechs Monaten Freiheitsstrafe"; vgl. BGH **10** 306 [zu § 165 aF], Lackner/Kühl § 200 RN 5, Ruß LK 5, Tröndle § 200 RN 5; and. Rudolphi SK 5, Vormbaum NK 9).

2. Bei **mehreren Verletzten** ist die Anordnung so zu fassen, daß die Verurteilung auf das **8** Verlangen jedes einzelnen bekannt gemacht wird, dies aber nur bezüglich des Teils des Urteils, der ihn betrifft (zu § 165 aF vgl. RG DR **41**, 1402, zu § 200 aF vgl. Hamm NJW **74**, 467). Bei mehreren Angeklagten ist eine entsprechende Trennung vorzunehmen (Hamm aaO).

3. Die **Art der Bekanntmachung** ist nach Abs. 2 iVm § 200 II im Urteil zu bestimmen. Grund- **9** sätzlich steht es im pflichtgemäßen Ermessen des Gerichts, wie die Verurteilung bekanntgemacht werden soll (zB durch eine Zeitung oder durch Aushang zB am Schwarzen Brett einer Strafanstalt, vgl. RG HRR **39** Nr. 657; zum Aushang an der Gemeindetafel vgl. Petzold MDR **62**, 264) und in welchem Umfang sie erfolgen soll (nur Urteilstenor oder auch Urteilsgründe, vgl. RG **20** 1, Rudolphi SK 6, Ruß LK 6, Tröndle § 200 RN 5). Maßgebend dabei ist einerseits das Genugtuungsinteresse des Verletzten, andererseits das Interesse des Täters, nicht mehr als notwendig bloßgestellt zu werden. Ist die Tat jedoch durch Veröffentlichung in einer Zeitung oder Zeitschrift begangen worden, so *muß* die Bekanntmachung – jedenfalls auch – in eine Zeitung oder Zeitschrift aufgenommen werden, und zwar, wenn möglich, in dieselbe, die der falsche Verdächtigung enthalten war (was jedoch die Bekanntmachung in weiteren Zeitungen nicht ausschließt, Stuttgart NJW **72**, 2320). Entsprechendes gilt für die durch Veröffentlichung im Rundfunk begangene Tat. Immer ist die Art der Bekanntmachung so genau zu bestimmen, daß eine Vollziehung möglich ist. Dazu gehört wegen § 463 c III StPO bei Bekanntmachung in einer Zeitung oder Zeitschrift nicht nur, daß diese genannt wird (vgl. BGH GA **68**, 84, Bay **54** 71, Lackner/Kühl § 200 RN 4, Tröndle § 200 RN 6), sondern auch die nähere Bestimmung des Teils der Zeitung und der Schrift, in der die Bekanntmachung erfolgen soll (vgl. Ruß LK 6; vgl. auch § 200 II aF und EEGStGB 234).

IV. Während nach § 165 aF der Verletzte für die Ausführung der Bekanntmachung selbst zu sorgen **10** hatte, erfolgt jetzt der **Vollzug der Anordnung** durch die Vollstreckungsbehörde. Die Einzelheiten regelt § 463 c StPO; vgl. dazu Schomburg ZRP **86**, 66 sowie Nr. 231 RiStBV.

Elfter Abschnitt. Straftaten, welche sich auf Religion und Weltanschauung beziehen

Schrifttum: Bottke, Religionsfreiheit und Rechtsgüterschutz; strafrechtliche Aspekte von Sekten, Zeitschr. f. evangel. Ethik 1998, 95. – *Bruns,* Die Religionsvergehen, 1932 (StrAbh. 301). – *Eser,* Strafrechtlicher Schutz des religiösen Friedens, in: Friesenhahn-Scheuner, Handb. des Staatskirchenrechts, Bd. 2 (1975) 821. – *Hardwig,* Die Behandlung der Vergehen, die sich auf die Religion beziehen, in einem künftigen deutschen Strafgesetzbuch, GA **62**, 257. – *Henkel,* Strafrecht und Religionsschutz, ZStW **51**, 916. – *Kahl,* Religionsverbrechen, VDB III, 1. – *ders.,* Strafrechtsreform und Religionsschutz, Frank-FG II 287. – *Kesel,* Die Religionsdelikte und ihre Behandlung im künftigen Strafrecht, 1968. – *Manck,* Die ev.-theol. Diskussion um die Strafbarkeit von Gotteslästerungen und Kirchenbeschimpfung in jur. Sicht, 1966. – *Ott,* Ist die Strafbarkeit der Religionsbeschimpfung mit dem GG vereinbar?, NJW **66**, 639. – *Reinsdorf,* Zensur im Namen des Herrn: zur Anatomie des Gotteslästerungsparagraphen, 1997. – *Zipf,* Die Delikte gegen den öffentlichen Frieden im religiös-weltanschaulichen Bereich, NJW **69**, 1944. – *Rechtsvergleichend: Klotz,* Mat. II BT 149.

§ 166 Bes. Teil. Straftaten, welche sich auf Religion und Weltanschauung beziehen

Vorbemerkungen zu den §§ 166 ff.

1 I. Im Bemühen um weltanschauliche Neutralität („pluralistische Gesellschaft") wurden die §§ 166 ff. durch das **1. StrRG** v. 25. 6. 1969 (BGBl. I 645) neu gefaßt und dabei zT grundlegend umgestaltet (u. a. Streichung des selbständigen Tatbestands der Gotteslästerung und der Hinderung der Ausübung des Gottesdienstes, Einbeziehung von weltanschaulichen Bekenntnissen und Vereinigungen, Verzicht auf den vorher erforderlichen öffentlich-rechtlichen Status von Religionsgesellschaften; zum früheren Recht und zur Entstehungsgeschichte der einzelnen Vorschriften vgl. näher Dippel LK[10] jeweils vor RN 1). Das **24. StÄG** v. 13. 1. 87 (BGBl. I 141) und das **6. StrRG** führten zu Änderungen und Erweiterungen des § 168 (vgl. dort RN 1). Keine Mehrheit fand dagegen eine mit einer Gesetzesinitiative Bayerns (BR-Drs. 367/86) geforderte Erweiterung des § 166 durch eine Streichung der dort enthaltenen Friedensklausel (vgl. die Nachw. b. Tröndle/Fischer § 166 RN 1).

2 II. **Rechtsgut** der §§ 166 ff. sind nicht Religion und Weltanschauung als solche, ebensowenig das religiöse Gefühl (vgl. Nürnberg NStZ-RR **99**, 238), mögen sich auch die §§ 166, 167 auf „Religion und Weltanschauung beziehen" (vgl. die Abschnittsüberschrift; auf die §§ 167 a, 168 trifft freilich auch dies nicht zu). Überhaupt liegt den §§ 166 ff. kein einheitliches Rechtsgut zugrunde. Schutzgut des § 166 ist, wie sich schon aus dem Wortlaut ergibt, ausschließlich der öffentliche Friede (h. M., vgl. zB Köln NJW **82**, 657, Dippel LK[10] 5, § 166 RN 3 f., Herzog NK 1, Lackner/Kühl § 166 RN 1, Rudolphi SK 2 f., § 166 RN 1, Tröndle/Fischer § 166 RN 1, Zipf NJW 69, 1944; and. Fischer NStZ 88, 162 ff., GA 89, 456 ff., K. A. Fischer aaO [§ 166 vor 1] 134 ff. u. zu Abs. 1 Worms aaO [vgl. zu § 166] 101 ff.: gegenseitiges Anerkennungsverhältnis als personale Entfaltungsvoraussetzung; krit. zum Ganzen vgl. aber auch Stratenwerth, Lenckner-FS 386 f.: Ausweichen auf den öffentlichen Frieden als eine nur sekundäre Erscheinung wegen den Schwierigkeiten, ein einigermaßen greifbares Rechtsgut zu benennen). Ebenso wie in § 130 (vgl. dort RN 1, 10) ist der Begriff des „öffentlichen Friedens" auch hier in dem umfassenden, in § 126 RN 1 umschriebenen Sinn zu verstehen: Auch bei § 166 geht es nicht nur um den Teilaspekt, der betroffen ist, wenn durch die Beschimpfung von Bekenntnissen usw. die Saat der Feindschaft und Gewalt gesät wird – in dieser Beschränkung wäre die Vorschrift, da die Gefahr von Religionskriegen (zumindest vorläufig) keine meßbare Größe mehr sein dürfte, weitgehend gegenstandslos –, vielmehr gehört zum inneren Frieden auch die Toleranz in Glaubens- und Weltanschauungsfragen, ohne die eine freiheitlich-pluralistische Gesellschaft nicht existieren kann: „Jeder soll nach seiner Façon selig werden" können, ohne befürchten zu müssen, deshalb diffamiert und ins Abseits gestellt zu werden (so auch BVerwG NJW **99**, 304, OVG Koblenz NJW **97**, 1176; and. Beisel aaO 355 ff., 360). – Auch der Schutzzweck des **§ 167** wird durch den Gedanken des Friedensschutzes mitbestimmt, wenngleich dort auf die Gefahr der Friedensstörung nicht ausdrücklich abgestellt ist und die Tat insoweit nur ein abstraktes Gefährdungsdelikt sein kann (vgl. Dippel LK[10] 5, § 167 RN 3, Eser aaO 827, Rudolphi SK 2, § 167 RN 1; vgl. auch M-Schroeder II 125). Hinzu kommt hier jedoch als weiteres Schutzobjekt die ungestörte Ausübung von Religion und Weltanschauung selbst (Dippel LK[10] 5, Lackner/Kühl § 167 RN 1, Fischer/Tröndle § 167 RN 1), soweit diese durch ihre Institutionalisierung ein besonderes Gewicht erhält. – Dagegen schützen die **§§ 167 a, 168** das allgemeine Pietätsempfinden (vgl. RG **39** 155, München NJW **76**, 1805 m. Anm. Linck S. 2310, LG Hamburg NStZ **82**, 511, Dippel LK[10] 5, § 167 RN 2, § 168 RN 2, Herzog NK § 167 a RN 1, § 168 RN 1, Lackner/Kühl § 167 a RN 1, § 168 RN 1, Tröndle/Fischer § 168 RN 1), wobei § 168 außerdem zT noch dem nach BVerfGE **35** 41 auch dem ungeborenen Leben zukommenden und über den Tod hinaus andauernden Schutz der Menschenwürde (vgl. BT-Drs. 10/3758 S. 4, 10/6568 S. 4) bzw. dem nachwirkenden Persönlichkeitsrecht des Menschen Rechnung trägt, der auch nach seinem Tod Achtung verdient (vgl. Bieler JR 76, 224, Buschmann NJW 70, 2081, Herzog NK 2, M-Schroeder II 130; krit. dazu Rüping GA 77, 299 ff.: Schutz des Brauchtums im Totenkult, womit jedoch auf eine materiale Rechtsgutsbestimmung verzichtet wird). Religiöse oder weltanschauliche Bezüge fehlen hier dagegen (Eser aaO 821 f.). Auch der Gedanke des Friedensschutzes ist hier – insofern wie bei jedem Delikt – nur mittelbar von Bedeutung, führt aber nicht zur Annahme eines eigenständigen Rechtsguts (ebenso Dippel LK[10] 5; vgl. aber auch Rudolphi SK 3).

§ 166 Beschimpfung von Bekenntnissen, Religionsgesellschaften und Weltanschauungsvereinigungen

(1) **Wer öffentlich oder durch Verbreiten von Schriften (§ 11 Abs. 3) den Inhalt des religiösen oder weltanschaulichen Bekenntnisses anderer in einer Weise beschimpft, die geeignet ist, den öffentlichen Frieden zu stören, wird mit Freiheitsstrafe bis zu drei Jahren oder mit Geldstrafe bestraft.**

(2) **Ebenso wird bestraft, wer öffentlich oder durch Verbreiten von Schriften (§ 11 Abs. 3) eine im Inland bestehende Kirche oder andere Religionsgesellschaft oder Weltanschauungsvereinigung, ihre Einrichtungen oder Gebräuche in einer Weise beschimpft, die geeignet ist, den öffentlichen Frieden zu stören.**

Schrifttum: *Beisel,* Die Kunstfreiheitsgarantie des Grundgesetzes und ihre strafrechtlichen Grenzen, 1997. – *Dickel,* in: Evang. Kirchenlexikon, Bd. III, 1959. – *Fischer,* Die Eignung, den öffentlichen Frieden zu stören, NStZ 88, 159. – *ders.,* Das Verhältnis der Bekenntnisbeschimpfung (§ 166 StGB) zur Volksverhetzung (§ 130 StGB), GA 89, 445. – *K. A. Fischer,* Die strafrechtlich Beurteilung von Werken der Kunst, 1995. – *Kohlrausch,* Die Beschimpfung von Religionsgemeinschaften, 1908. – *Ruppel,* in: Evang. Kirchenlexikon Bd. II, 1958. – *W. Schilling,* Gotteslästerung strafbar?, 1966. – *Worms,* Die Bekenntnisbeschimpfung iS des § 166 I StGB und die Lehre vom Rechtsgut, Diss. Frankfurt, 1984. – *Würtenberger,* Karikatur und Satire aus strafrechtlicher Sicht, NJW 82, 610. Vgl. ferner die Angaben vor Vorbem. zu §§ 166 ff.

I. Zum **Rechtsgut** der Vorschrift vgl. o. 2 vor § 166. Sie erfaßt in **zwei Tatbeständen** die Beschimpfung des religiösen bzw. weltanschaulichen Bekenntnisses und die Beschimpfung von Religionsgesellschaften bzw. Weltanschauungsvereinigungen, ihrer Einrichtungen oder Gebräuche, die aber nur strafbar sind, wenn dies in einer Weise geschieht, die geeignet ist, den öffentlichen Frieden zu stören (krit. zum Sinn und Wert dieses zusätzlichen Erfordernisses Fischer NStZ 88, 159, GA 89, 445; vgl. dazu auch 1 vor § 166). Bei beiden Tatbeständen gibt es Überschneidungen mit dem gleichfalls den öffentlichen Frieden schützenden § 130 I Nr. 2, wenn das Beschimpfen des Bekenntnisses (Abs. 1) oder der Institution (Abs. 2) zugleich ein solches des dazugehörenden Bevölkerungsteils ist und darin außerdem ein Angriff auf die Menschenwürde der Betroffenen liegt. Hier hat § 166, da er nicht das Bekenntnis usw. als solches schützt, keine eigenständige Funktion mehr und tritt daher hinter dem strengeren § 130 zurück. Selbständige Bedeutung hat § 166 dagegen, wenn Beschimpfungen nach Abs. 1 oder 2 nicht zugleich gegen die durch das gemeinsame Bekenntnis oder die Institution verbundenen Personen gerichtet sind oder wenn sie nicht die besondere Qualität eines Angriffs auf deren Menschenwürde haben (vgl. aber auch Fischer GA 89, 463 f.). Insofern reicht der Friedensschutz des § 166 daher weiter als der des § 130, während er insoweit enger ist, als das Beschimpfen hier öffentlich usw. erfolgen muß (vgl. aber auch Beisel aaO 355, 360 mit der Forderung nach einer ersatzlosen Streichung der Vorschrift); zu einem weiteren, zumindest sprachlichen Unterschied vgl. u. 8 f.

II. Der **objektive Tatbestand des Abs. 1** erfaßt das in bestimmter Weise erfolgende, zur Störung des öffentlichen Friedens geeignete Beschimpfen von religiösen und weltanschaulichen Bekenntnissen.

1. Geschützt ist nach Abs. 1 der **Inhalt des religiösen** oder **weltanschaulichen Bekenntnisses** anderer.

a) Angriffsobjekt ist nicht der Akt individuellen oder kollektiven Bekennens, sondern der **Inhalt des Bekenntnisses,** d. h. die Zusammenfassung der Werte, an die der einzelne als etwas absolut Gültiges und ihn Verpflichtendes glaubt (vgl. Hamel, Handb. der Grundrechte I S. 56 ff., Dippel LK[10] 6, Herzog NK 2, Rudolphi SK 2, Tröndle/Fischer 2). Bekenntnisinhalt sind daher sowohl die formulierten Grundlehren und Glaubensregeln einer religiösen bzw. weltanschaulichen Gemeinschaft als auch die individuellen Glaubensvorstellungen eines einzelnen. Im übrigen ist Inhalt des Bekenntnisses und damit taugliches Objekt des Beschimpfens sowohl das Bekenntnis als Ganzes – hier deshalb auch ohne nähere Konkretisierung des Inhalts (vgl. Koblenz NJW **93**, 1808 [„protestantische Scheiße"]; and. Lackner/Kühl 2) – als auch seine wesentlichen Teile, ohne die das Bekenntnis seinen Sinn und Inhalt verlieren würde (vgl. Dippel LK[10] 7, Rudolphi SK 4, Zipf NJW 69, 1945). Dies gilt zB für den jeweiligen Gottesbegriff der verschiedenen Religionen, so daß die Gotteslästerung – obwohl als eigener Tatbestand beseitigt – auch nach § 166 nF weiterhin strafbar ist, sofern die Äußerung ihrem Inhalt nach auf den Gottesbegriff einer bestimmten Religion Bezug nimmt (vgl. BT-Drs. V/4094 S. 28, Dippel LK[10] 8, Herzog NK 3, Rudolphi SK 4). Zum wesentlichen Inhalt des Bekenntnisses gehören für die christliche Kirche ferner zB die Gestalt Christi und der Trinitätsgedanke, für die katholische Kirche auch die Mutter Jesu (vgl. LG Düsseldorf NStZ **82**, 290). Ob bestimmte Teile eines Bekenntnisses als wesentlich anzusehen sind, bestimmt sich nach den Vorstellungen und Überzeugungen der jeweiligen Anhänger des beschimpften Bekenntnisses (vgl. Rudolphi SK 4); ob dies für einen Außenstehenden als „abergläubische oder folkloristische Ausprägungen eines Glaubens" erscheinen, ist irrelevant (für Einschränkungen hier Herzog NK 6).

b) Um ein **religiöses** Bekenntnis handelt es sich, wenn sein wesentlicher Inhalt der Glaube an ein höheres göttliches Wesen ist, dessen vorgestellte Gebote der einzelne zur Maxime seines Handelns macht, wie immer er sich dieses göttliche Wesen auch denken mag, ob als Einheit (Monotheismus) oder als Vielheit (Polytheismus).

c) Dagegen hat ein **weltanschauliches** Bekenntnis die Sinndeutung der Welt im Ganzen und die Stellung des Menschen in ihr ohne diesen religiösen Bezug zum Gegenstand (vgl. Zippelius, Bonner Kommentar, Art. 4 RN 73, Rudolphi SK 2). Hierher gehören zB der Marxismus, der Materialismus, der humanitäre Idealismus, die Existenzphilosophie und Anthroposophie, nicht dagegen Auffassungen, die nur einzelne Aspekte des Lebens betreffen, wie zB die Programme politischer Parteien. Dies schließt nicht aus, daß auch politische Auffassungen unter § 166 fallen können, sofern sie zugleich Ausdruck einer einheitlichen Gesamtkonzeption der Welt im Ganzen sind, die der sich zu ihr Bekennende als ihm übergeordnet und für ihn verbindlich anerkennt. Ist zweifelhaft, ob es sich um ein religiöses oder weltanschauliches Bekenntnis handelt, so genügt die Feststellung, daß jedenfalls das eine oder andere vorliegt (vgl. zB Herzog NK 5, Rudolphi SK 2 u. näher zum Ganzen Eser aaO 828 f.).

§ 166 7–10   Bes. Teil. Straftaten, welche sich auf Religion und Weltanschauung beziehen

7 d) Es muß sich um das Bekenntnis **anderer** – nicht notwendig einer Personenmehrheit oder Gemeinschaft (Dippel LK[10] 13 f.) – handeln. Dies braucht kein für den Täter „anderes" Bekenntnis zu sein; erfaßt ist daher auch der Fall, daß er selbst Angehöriger des von ihm beschimpften Bekenntnisses ist.

8 2. Die **Tathandlung** des Abs. 1 besteht im öffentlichen oder durch Verbreiten von Schriften (§ 11 III) erfolgenden Beschimpfen der genannten Bekenntnisse, und zwar in einer Weise, die zur Störung des öffentlichen Friedens geeignet ist. Im Unterschied zu § 130 I Nr. 2, II sind hier – wohl im Anschluß an die frühere Terminologie des § 166 – das böswillige Verächtlichmachen und Verleumden nicht genannt. Jedenfalls ein Teil der darunter subsumierbaren Sachverhalte ist aber auch durch den Begriff des Beschimpfens erfaßt (u. 9).

9 a) Zum Begriff des **Beschimpfens**, das hier i. U. zu § 130 (vgl. dort RN 5 d) sowohl in der Behauptung einer schimpflicher Tatsache wie in einem abfälligen Werturteil (zB BGH GA 56, 316, Köln NJW **82**, 658, Nürnberg NStZ-RR **99**, 239) bestehen und auch aus religiösen Motiven erfolgen kann (Auseinandersetzung zwischen den Religionen), vgl. zunächst § 90 a RN 5. Soweit das Beschimpfen im Behaupten schimpflicher Tatsachen besteht, sind damit auch besonders gravierende Fälle einer Verleumdung erfaßt (von Bedeutung freilich weniger für Abs. 1 als für Abs. 2). Schon zu § 166 aF wurde angenommen, daß das Beschimpfen die Tendenz des „Verächtlichmachens" verfolge (RG **10** 148), das jetzt in § 130 I Nr. 2, II eigens genannt ist, wenn auch mit dem Zusatz, daß es „böswillig" erfolgen müsse. Jedenfalls mit dieser Einschränkung behält deshalb das „Verächtlichmachen" auch für § 166 seine Bedeutung als „Beschimpfen", zumal sich beide Begriffe schon in § 130 I Nr. 2, II nur in Nuancen unterscheiden lassen (vgl. aber auch den Versuch einer Differenzierung in BGH **7** 110 zu § 96 I Nr. 1 aF). Zu eng ist es auch, wenn das besonders Verletzende, welches das Beschimpfen von lediglich geringschätzigen oder beleidigenden Äußerungen abhebt, nur in der Rohheit des Ausdrucks oder inhaltlich in dem Vorwurf eines schimpflichen Verhaltens oder Zustands gesehen wird (so aber Karlsruhe NStZ **86**, 363 m. Anm. Ott S. 365 u. Katholnigg S. 555, Dippel LK[10] 17 mwN). Dieses kann sich vielmehr auch daraus ergeben, daß die geistigen Inhalte des Bekenntnisses in den Schmutz gezogen oder grob diffamiert werden (vgl. zB Nürnberg NStZ-RR **99**, 238: T-Shirt mit der Darstellung eines Kreuzes, an das ein Schwein genagelt ist, LG Düsseldorf NStZ **82**, 290: „Maria hättest Du abgetrieben, der Papst wäre uns erspart geblieben", LG Göttingen NJW **85**, 1652: „Lieber eine befleckte Verhütung als eine unbefleckte Empfängnis", Darstellung des gekreuzigten Christus mit der Umschrift „Masochismus ist heilbar"; vgl. ferner die Fälle von Düsseldorf NJW **83**, 1211, Köln NJW **82**, 657). In der Wiedergabe entsprechender fremder Äußerungen liegt ein Beschimpfen nur, wenn der Täter sie sich zu eigen macht (RG **61** 308, Dippel LK[10] 16, Herzog NK 7). Zu unterscheiden vom Beschimpfen ist das Verspotten, das nicht auf ein Verächtlich-, sondern auf ein Lächerlichmachen gerichtet ist (RG **10** 148). Auch die bloße Verneinung dessen, was zB als heilig verehrt wird, ist noch kein Beschimpfen, ebensowenig ablehnende oder gar scharfe Kritik (Celle NJW **86**, 1275, LG Bochum NJW **89**, 727). Maßstab dafür, ob eine Äußerung nach ihrem objektiven Aussagegehalt eine Beschimpfung ist, ist nicht das Verständnis und religiöse Gefühl der überzeugten Anhänger des betreffenden Bekenntnisses (so zur aF RG **64** 126; vgl. aber auch BGH GA **61**, 240, Bay JR **64**, 188, Hamburg GA **62**, 345), vielmehr kann es nach der Umgestaltung des § 166 zu einem Delikt gegen den öffentlichen Frieden nur noch darauf ankommen, ob sich nach dem objektiven Urteil eines auf religiöse Toleranz bedachten Beurteilers in der Äußerung eine so erhebliche Herabsetzung des Bekenntnisses erkennen läßt, daß sie als eine Gefährdung des öffentlichen Friedens gelten kann (ebenso zB Celle NJW **86**, 1275, Karlsruhe NStZ **86**, 363 m. Anm. Ott S. 365 u. Katholnigg S. 555, Köln NJW **82**, 657, LG Bochum NJW **89**, 727, LG Frankfurt NJW **82**, 658, Dippel LK[10] 21, Eser aaO 829 f., Rudolphi SK 10). Unter dieser Voraussetzung sind entsprechende Äußerungen auch nicht mehr durch das Grundrecht der Meinungsfreiheit gedeckt, zumal § 166 selbst wieder grundrechtsschützenden Charakter hat (vgl. Celle NJW **86**, 1275).

10 Diese Grundsätze gelten auch für **Kunstwerke** (zum Kunstbegriff vgl. § 193 RN 19). Zwar ist die in Art. 5 III GG garantierte Kunstfreiheit nicht durch Gesetzesvorbehalt eingeschränkt, sondern nur durch die grundgesetzliche Wertordnung selbst begrenzt (zB BVerfGE **30** 173, **67** 213 BVerwG NJW **99**, 304 mwN). Da zu dieser aber auch das Toleranzgebot gehört, ist eine künstlerische Betätigung, die dagegen wegen ihres beschimpfenden Charakters in so schwerwiegender Weise verstößt, daß sie zur Störung des öffentlichen Friedens geeignet ist, nicht mehr durch Art. 5 III GG gedeckt. Dabei wird man freilich dem hohen Rang, den das GG der Kunstfreiheit eingeräumt hat, in der Weise Rechnung zu tragen haben, daß man nur besonders rohe Äußerungen der Mißachtung als Beschimpfung genügen läßt, wobei entscheidend ist, welchen Eindruck das Werk nach seinem objektiven Sinngehalt auf einen künstlerisch aufgeschlossenen oder zumindest um Verständnis bemühten, wenn auch künstlerisch nicht notwendig vorgebildeten Menschen macht (vgl. BGH GA **61**, 240, Bay NJW **64**, 1149, Köln NJW **82**, 657, OVG Koblenz NJW **97**, 1175, Dippel LK[10] 23 ff., Herzog NK 9, Rudolphi SK 11). Stellt man dagegen wegen der erforderlichen Eignung zur Friedensstörung auf die Reaktion weiterer Kreise ab (Tröndle/Fischer 8, Würtenberger NJW **82**, 615), so wäre bei Beschimpfungen unterhalb der genannten Grenzen Art. 5 III GG als Rechtfertigungsgrund anzusehen. Im Einzelfall bedarf es hier einer sorgfältigen Abwägung unter Würdigung aller Umstände, um zu einem Ausgleich zwischen der Kunstfreiheit und den Belangen des § 166 zu kommen (vgl. zB OVG Koblenz NJW **97**, 1174 [dort § 166 mit Recht bejaht für das Rock-Comical „Das Maria-Syndrom"] u. zum

Ganzen auch Beisel aaO 346 ff., Eser aaO 830, K. A. Fischer aaO 142 ff., Noll ZStW 77, 32 ff.). Bei Satiren und Karikaturen ist auch hier (vgl. § 185 RN 8 a) zwischen dem Aussagekern und der satirischen bzw. karikaturistischen Einkleidung zu unterscheiden (vgl. Karlsruhe NStZ **86**, 363 m. Anm. Ott S. 365 u. Katholnigg S. 555, wo allerdings der satirische Charakter wegen der Plumpheit des Ganzen kaum noch auszumachen ist; vgl. ferner Köln NJW **82**, 657, LG Bochum NJW **89**, 727, LG Frankfurt NJW **82**, 658 u. näher Würtenberger NJW **82**, 610).

b) Die Beschimpfung muß **öffentlich** (vgl. dazu § 186 RN 19) oder durch **Verbreiten von Schriften** (vgl. dazu § 184 RN 57, aber auch Franke GA 84, 467) erfolgen, denen Ton-, Bildträger, Abbildungen usw. gleichgestellt sind (§ 11 III; vgl. dort RN 78 f.); zum Verbreiten über das Internet vgl. Nürnberg NStZ-RR **99**, 238 u. näher zur Frage der strafrechtlichen Verantwortlichkeit von Tele- u. Mediendienstanbietern insbes. im Internet § 184 RN 66 b ff.. Nicht genügend ist für § 166 das Verbreiten beschimpfender Schriften, vielmehr muß der Täter hier selbst „beschimpfen": Nicht tatbestandsmäßig ist daher die bloße Mitwirkung am Verbreiten eines fremden, Beschimpfungen enthaltenden Druckwerks, wenn sich der Täter mit dessen Inhalt nicht selbst identifiziert (vgl. aber auch Düsseldorf NJW **83**, 1211); hier kommt nur Beihilfe in Betracht. 11

c) Das öffentliche usw. Beschimpfen muß außerdem in einer Weise erfolgen, die **geeignet** ist, den **öffentlichen Frieden zu stören.** Zum *öffentlichen Frieden* vgl. § 126 RN 1 sowie 2 vor § 166 und zu dessen *Störung* zunächst § 126 RN 8 sowie § 130 RN 10. Ebenso wie bei § 130 ist auch hier eine Friedensstörung nicht erst mit dem Entstehen eines Klimas offener oder latenter Feindschaft anzunehmen, das sich jederzeit in Gewalt und Gegengewalt entladen kann, sondern schon dann, wenn Menschen nicht mehr in einer Gesellschaft leben können, ohne befürchten zu müssen, um ihres Glaubens usw. willen diskriminiert zu werden und Schmähungen ausgesetzt zu sein, gegen die man sich letztlich nicht wehren kann (so auch Nürnberg NStZ-RR **99**, 240). Auch für die konkrete Eignung (vgl. dazu entsprechend § 126 RN 9, § 130 RN 11) genügt es daher, wenn das – hier i. U. zu § 130 öffentlich erfolgende – Beschimpfen nach Inhalt und Art der Äußerung und nach den konkreten Fallumständen die begründete Befürchtung rechtfertigt, daß das Vertrauen der Betroffenen in die Respektierung ihrer religiösen oder weltanschaulichen Überzeugung erschüttert oder jedenfalls beeinträchtigt werden kann oder daß bei Dritten die Intoleranz gegenüber Anhängern des beschimpften Bekenntnisses gefördert wird (vgl. zB Celle NJW **86**, 1276, Karlsruhe NStZ **86**, 363 m. Anm. Ott S. 365 u. Katholnigg S. 555, Köln NJW **82**, 657, OVG Koblenz NJW **97**, 1176, Nürnberg NStZ-RR **99**, 240 [vgl. dort zugleich zur Eignung bei Verbreiten über das Internet], Dippel LK[10] 36, Herzog NK 14, Fischer/Tröndle 7, ferner Düsseldorf NJW **83**, 1211, LG Frankfurt NJW **83**, 658). Daß der Betroffenen gegen die Beschimpfung nichts unternommen, zB keine Strafanzeige erstattet haben, ist noch kein gegen die Eignung sprechendes Indiz, da dies auch andere Gründe als das Fehlen von Betroffensein haben kann (and. Karlsruhe NStZ **86**, 363 m. Anm. Ott S. 365 u. Katholnigg S. 555). An der Eignung zur Friedensstörung fehlt es auch nicht deshalb, weil sich die Beschimpfung lediglich gegen das – nach Auffassung der Mehrheit vielleicht abwegige – Bekenntnis einer Minderheit richtet; zu verneinen ist eine solche idR aber, wenn nur das individuelle Bekenntnis eines einzelnen oder nur einiger weniger beschimpft wird (vgl. Eser aaO 831, Dippel LK[10] 36, Rudolphi SK 15). Ebenso ist die Eignung zur Friedensstörung zu verneinen, wenn die pauschale Beschimpfung eines Bekenntnisses erkennbar nur das Mittel einer Individualbeleidigung ist und der Betroffene auch nicht wegen seines Bekenntnisses beschimpft wird (vgl. auch Koblenz NJW **93**, 1808). Nicht erforderlich ist, daß die beschimpfende Äußerung an die Kreise gerichtet ist, in denen sie zu einer Störung des öffentlichen Friedens führen kann, vielmehr genügt es, wenn zu befürchten ist, daß sie dort bekannt werden wird. Unter dieser Voraussetzung ist tatbestandsmäßig daher auch die Verbreitung nur einzelner Schriften (Köln NJW **82**, 657), die Veröffentlichung in einer Zeitschrift mit ohnehin schon „aufgeklärten Beziehern" oder innerhalb eines Personenkreises, der eine entsprechende Sprache gewöhnt und imstande ist, sich mit den fraglichen Äußerungen intellektuell auseinanderzusetzen (vgl. aber auch Karlsruhe NStZ **86**, 363, LG Bochum NJW **89**, 727). Ist die Äußerung geeignet, bei ihren Adressaten die Bereitschaft zur Intoleranz zu fördern (wofür die Verhetzung eines bereits aufnahmebereiten Publikums genügt), so kommt es darauf, ob auch die Anhänger des angegriffenen Bekenntnisses von der Beschimpfung erfahren können, nicht mehr an (vgl. Nürnberg NStZ-RR **99**, 241, Dippel LK[10] 37, Rudolphi SK 16). 12

III. Der objektive Tatbestand des Abs. 2 erfaßt die in bestimmter Weise erfolgende Beschimpfung von Kirchen, anderen Religionsgemeinschaften oder Weltanschauungsvereinigungen oder ihrer Einrichtungen oder Gebräuche. 13

1. Geschützt sind im Inland bestehende **Kirchen, andere Religionsgesellschaften, Weltanschauungsvereinigungen** sowie deren **Einrichtungen** und **Gebräuche.** 14

a) Das Gesetz versteht die **Kirchen** – anders als im kirchlichen Sprachgebrauch – nur als Unterfall der **Religionsgesellschaften** (vgl. Dippel LK[10] 38 mwN), wobei eine eindeutige Abgrenzung nicht möglich, aber auch nicht notwendig ist (Anhaltspunkte für die öffentliche Rechtsstellung einer Kirche sind die Rechtstradition der Kirchen, die mit ihnen abgeschlossenen Kirchenverträge, die öffentlich-rechtliche Dienstherreneigenschaft, die Hilfe des Staates im Kirchensteuerwesen und das Parochialrecht [vgl. Ruppel aaO 953]). Eine Religionsgesellschaft ist die der Angehörigen desselben oder eines verwandten Glaubensbekenntnisses – wobei es sich um den Glauben an ein höheres göttliches Wesen 15 handeln muß – zusammenfassende Verband zur *allseitigen* Erfüllung der dem gemeinsamen Bekenntnis dienenden Aufgaben (vgl. Anschütz, Die Verfassung des Deutschen Reiches, 4. A., Art. 137 WRV Anm. 2, Dippel LK[10] 39, Herzog NK 21, Rudolphi SK 5). Auf die Rechtsform kommt es nicht an; i. U. zu § 166 aF ist auch nicht Voraussetzung, daß die Religionsgesellschaft als öffentlich-rechtliche Körperschaft anerkannt ist (Rudolphi SK 5, Tröndle/Fischer 3). Geschützt sind daher außer den großen christlichen Kirchen zB auch die Alt-Katholische und die Griechisch-Orthodoxe Kirche, die Baptisten (vgl. RG **31** 237), die Mennoniten, die Zeugen Jehovas, freireligiöse und jüdische Gemeinden. Keine Religionsgesellschaften sind dagegen religiöse Vereine und Gemeinschaften, die lediglich bestimmte religiöse *Einzelzwecke* verfolgen, wie zB Vereinigungen zum Abhalten von Bibelstunden oder die Caritas und Innere Mission, die nur den helfenden Aspekt der Religion pflegen (vgl. Dippel LK[10] 40, Eser aaO 831 f., Herzog NK 21, Rudolphi SK 5; dazu, daß hier auch Art. 140 GG iVm Art. 137 WRV nicht gilt, vgl. Dickel aaO 590).

16   b) **Weltanschauungsvereinigungen** sind, wie sich aus der Gleichstellung mit den Religionsgesellschaften ergibt, nur solche Gemeinschaften, die um eine umfassende Verwirklichung der durch eine bestimmte Gesamtschau der Welt (o. 6) gestellten Lebensaufgaben bemüht sind; daß nur Teilaspekte (zB Nächstenhilfe) verfolgt werden, genügt nicht (vgl. Dippel LK[10] 41, Rudolphi SK 5). Unerheblich ist, ob die Vereinigung eine religionsfreie, eine areligiöse oder gar religionsfeindliche Lehre vertritt. Zu den Weltanschauungsvereinigungen gehören daher zB die Freimaurer, der Deutsche Freidenkerverband, die Anthroposophische Gesellschaft, die Deutschen Unitarier, die Humanistische Union, der Bund für Gotterkenntnis (L) usw., nicht dagegen politische Parteien oder die Rotarier.

17/18   c) **Einrichtungen** der genannten Vereinigungen (o. 15, 16) sind die von befugter Stelle geschaffenen Ordnungen und Formen für die innere und äußere Verfassung der Vereinigung und für die Ausübung des fraglichen Bekenntnisses (vgl. Dippel LK[10] 45, Herzog NK 18, Lackner/Kühl 3, Rudolphi SK 7). Wegen des Erfordernisses der Friedensgefährdung kommen dabei praktisch nur solche Einrichtungen in Betracht, die für die fragliche Vereinigung von wesentlicher Bedeutung sind (vgl. auch Herzog NK 18 u. die berechtigte Kritik von Dippel LK[10] 44). Als Einrichtungen iS des § 166 wurden von der Rspr. **beispielsweise** angesehen: Die Christusverehrung (RG **64** 123, Bay **54** 144, Nürnberg NStZ-RR **99**, 238), der Marienkult (RG **2** 428, LG Düsseldorf NStZ **82**, 290), das Predigtamt und die Predigt (RG **9** 160, **26** 39), Taufe und Abendmahl (RG **5** 354), **67** 373, Karlsruhe NStZ **86**, 363), die Evangeliumsverkündigung (RG **5** 354), das Glaubensbekenntnis (RG LZ **25**, 375), die Konfirmation (RG **5** 188), Meßopfer und Beichte (RG **33** 222), das Singen von Kirchenliedern (RG HRR **28** Nr. 1063), das Vaterunser (RG Recht **15**, 2614, Hamburg GA **62**, 345), das katholische Priestertum (RG **27** 284, **33** 222, Bay **54** 144), die Einrichtung kirchlicher Orden, nicht dagegen der einzelne Orden selbst (RG **33** 221), die Fastenhirtenbriefe der katholischen Bischöfe (RG Recht **32**, 521), das Laubhüttenfest (RG **47** 142). Verneint wurde die Eigenschaft einer Einrichtung dagegen für die Zehn Gebote (RG **26** 435), den Hochaltar und die Monstranz (Bay **54** 144), die Kanzel (RG **26** 39), den Rosenkranz (RG JW **15**, 42). Bei Überschneidungen mit einem Beschimpfen des Bekenntnisses selbst (Abs. 1) liegt nur eine einheitliche Tat vor.

19   d) **Gebräuche** sind die in der jeweiligen Auffassung der Vereinigung (o. 15, 16) begründeten und von ihr allgemein praktizierten tatsächlichen Übungen (vgl. Dippel LK[10] 49, Herzog NK 19, Rudolphi SK 8, Tröndle/Fischer 6). Nur persönliche oder örtliche Gepflogenheiten genügen daher nicht. Hierher gehören zB die Amtstracht der Geistlichen (RG **6** 88), die Reliquienverehrung (RG **22** 238, **24** 12), die Erteilung des Segens (RG HRR **32** Nr. 1272, Bay **54** 144), das Sichbekreuzigen (RG **33** 221, LG Frankfurt NJW **82**, 658), der Gebrauch des Weihwassers (RG GA **48**, 130), die kirchliche Begräbnisordnung (RG **31** 133). Wird nur eine einzelne, einer allgemeinen Übung entsprechende Handlung beschimpft, so genügt dies nur, wenn damit zugleich der Gebrauch als solcher getroffen werden soll (RG **45** 11, Dippel LK[10] 49). Zum Ganzen vgl. auch Eser aaO 832 f.

20   e) Geschützt sind Religionsgesellschaften usw. bzw. ihre Einrichtungen usw. nur, wenn die fragliche Vereinigung **im Inland besteht.** Dies ist auch der Fall, wenn sich die Mitglieder einer ausländischen Religionsgesellschaft im Inland (vgl. dazu 26 ff. vor § 3) in einer Gemeinde vereinigt haben. Eine größere Zahl von Mitgliedern kann hier so wenig wie sonst verlangt werden (ebenso Dippel LK[10] 50, Rudolphi SK § 167 RN 4); doch kann es bei nur wenigen Mitgliedern an der Eignung der Beschimpfung zur Friedensstörung fehlen. Nicht ausreichend ist es dagegen, wenn ausländische Vereinigungen zwar im Inland tätig werden und zB ihre hier lebenden Glaubensangehörigen betreuen, diese selbst aber keinerlei Zusammenschluß bilden.

21   2. Die Tathandlung der **Beschimpfung,** die öffentlich oder durch Verbreiten von Schriften (§ 11 III) erfolgen und zur Störung des öffentlichen Friedens geeignet sein muß, entspricht derjenigen des Abs. 1 (o. 8 ff.). Das Beschimpfen muß sich gegen die Religionsgesellschaft usw. bzw. ihre Einrichtung usw. als solche richten (vgl. zB Celle NJW **86**, 1275 [Kirche als „größte Verbrecherorganisation der Welt"], Herzog NK 23). Das Beschimpfen der Glaubenslehre selbst fällt nicht unter Abs. 2 – hier kommt jedoch Abs. 1 in Betracht –, und nicht ausreichend ist es auch, wenn Gegenstand der Beschimpfung lediglich eine auf Grund eines Brauchs vorgenommene einzelne Handlung ist (o. 19) oder wenn zB mit der Äußerung, die Geistlichen einer bestimmten Religionsgesellschaft seien Verbrecher, nicht das Amt als Einrichtung, sondern lediglich die Person der Betreffenden gemeint ist. Zwar kann in solchen Beschimpfungen mittelbar zugleich eine Herabsetzung der Religionsgesellschaft liegen; daraus aber, daß die in Abs. 2 besonders genannte Beschimpfung von Einrichtungen und Gebräuchen mittelbar zugleich eine solche der Religionsgesellschaft usw. darstellt, ist zu entnehmen, daß hier andere Formen der mittelbaren Beschimpfung der Vereinigung nicht erfaßt werden sollten (vgl. Herzog NK 23 u. näher Dippel LK[10] 51 ff.).

IV. Für den **subjektiven Tatbestand** ist sowohl im Fall des Abs. 1 als auch im Fall des Abs. 2 zumindest bedingter Vorsatz erforderlich, an dem es fehlen kann, wenn die beschimpfende Äußerung schon in anderen Zeitschriften erschienen ist, ohne daß daran jemand Anstoß genommen hätte (vgl. Köln NJW **82**, 657). Nicht notwendig ist eine besondere Absicht.

V. **Idealkonkurrenz** ist möglich mit den §§ 167 (vgl. auch 2 vor § 166), 167a, 168, ferner zB mit §§ 185 ff. (vgl. Dippel LK[10] 57, Herzog NK 25, Rudolphi SK 18, Tröndle/Fischer 1). Mit § 130 besteht wegen der erhöhten Eignung zur Friedensstörung trotz Identität des Rechtsguts Tateinheit, wenn in einer Schrift sowohl Beschimpfungen iS des § 166 als auch solche des durch das angegriffene Bekenntnis usw. verbundenen Bevölkerungsteils enthalten sind. Ist dagegen die Beschimpfung eines Bekenntnisses usw. zugleich als eine solche der ihm angehörenden Personengruppe zu verstehen und sind auch die weiteren Voraussetzungen des § 130 erfüllt (Angriff auf die Menschenwürde), so tritt § 166 hinter § 130 zurück (o. 1).

VI. Zur Frage des **Verletzten** iS des § 172 StPO vgl. Nürnberg NStZ-RR **99**, 239, Schmid KK § 172 RN 23 mwN.

§ 167 Störung der Religionsausübung

(1) **Wer**
1. **den Gottesdienst oder eine gottesdienstliche Handlung einer im Inland bestehenden Kirche oder anderen Religionsgesellschaft absichtlich und in grober Weise stört oder**
2. **an einem Ort, der dem Gottesdienst einer solchen Religionsgesellschaft gewidmet ist, beschimpfenden Unfug verübt,**

wird mit Freiheitsstrafe bis zu drei Jahren oder mit Geldstrafe bestraft.

(2) **Dem Gottesdienst stehen entsprechende Feiern einer im Inland bestehenden Weltanschauungsvereinigung gleich.**

Schrifttum: Vgl. die Angaben vor und zu § 166.

I. Die Bestimmung enthält **zwei Tatbestände:** die Störung des Gottesdienstes und den beschimpfenden Unfug an Orten, die dem Gottesdienst gewidmet sind. In beiden Fällen stehen dem Gottesdienst, der von Kirchen oder Religionsgesellschaften ausgeübt wird, Feiern von Weltanschauungsvereinigungen gleich (Abs. 2). Zum geschützten **Rechtsgut** vgl. 2 vor § 166.

II. Wegen **Störung des Gottesdienstes** usw. ist nach **Abs. 1 Nr. 1, Abs. 2** strafbar, wer den Gottesdienst, eine gottesdienstliche Handlung oder eine dem Gottesdienst entsprechende weltanschauliche Feier absichtlich und in grober Weise stört.

1. Geschützt sind der **Gottesdienst** und **gottesdienstliche Handlungen** einer im Inland bestehenden Kirche oder anderen Religionsgesellschaft (vgl. dazu § 166 RN 15, 20), ferner nach Abs. 2 dem Gottesdienst entsprechende **Feiern** einer im Inland bestehenden Weltanschauungsvereinigung (vgl. dazu § 166 RN 16, 20).

a) **Gottesdienste** sind religiöse Veranstaltungen zur *gemeinsamen* Andacht, Verehrung und Anbetung Gottes nach den Vorschriften, Gebräuchen und Formen der jeweiligen Religionsgemeinschaft, gleichgültig, ob sie an einem eigens dazu gewidmeten Ort (zB Kirche) oder an anderer Stelle (zB Gottesdienst im Freien) stattfinden (R 7 363, Celle NJW **97**, 1167, Dippel LK[10] 5, Rudolphi SK 2, Tröndle/Fischer 2). Dabei entscheidet letztlich das Kirchenrecht, die Satzung oder das Selbstverständnis der betreffenden Gemeinschaft, ob ein Gottesdienst vorliegt. Das Zelebrieren einer Messe in einer Kirche ist daher auch dann ein Gottesdienst, wenn Gläubige dabei im Einzelfall nicht anwesend sind; es genügt, daß der Gottesdienst auf ihre Anwesenheit angelegt ist (so zB Herzog NK 4; and. RG 17 316, wonach ein Gottesdienst eine Mehrheit von Teilnehmern voraussetzt). Kein Gottesdienst ist dagegen die religiöse Andacht eines einzelnen, und kein solcher ist es auch, wenn Andacht und Verehrung gegenüber politischen Demonstrationszwecken in den Hintergrund treten (vgl. Celle NJW **97**, 1167 [„Oekumenische Andacht" als „Mahnwache" vor einem Treffpunkt Rechtsradikaler], Tröndle/Fischer 2). Ebensowenig sind religiöse Unterweisungen (zB Religions- und Konfirmandenunterricht), das zur bloßen Belehrung erfolgende Vorlesen aus der Bibel, Vorträge religiösen Inhalts usw. Gottesdienste, selbst wenn sie in einer Kirche stattfinden (Herzog aaO, Rudolphi aaO, Tröndle/Fischer 2; zur Katechisation vgl. jedoch RG GA **40**, 325). An einem Gottesdienst fehlt es ferner für die Dauer eines offensichtlichen Kanzelmißbrauchs (Dippel LK[10] 6, Rudolphi aaO); doch liegt ein solcher nicht schon dann vor, wenn ein Geistlicher aus der Sicht seiner Religion zu politischen Fragen Stellung nimmt.

b) **Gottesdienstliche Handlungen** sind dem Ritus der jeweiligen Religionsgesellschaft entsprechende Akte der Religionsausübung, die neben dem eigentlichen Gottesdienst dem besonderen religiösen Bedürfnis einzelner dienen (Dippel LK[10] 6, Lackner/Kühl 2, Rudolphi SK 3, Fischer/

Tröndle 3). Nicht erforderlich ist ein sakramentaler Charakter der Handlung (RG 27 226), wohl aber die zumindest passive Assistenz eines Geistlichen oder einer anderen Person in einer vergleichbaren Funktion (vgl. Dippel aaO, Herzog NK 6, Tröndle 3; and. Rudolphi aaO, der sich dabei zu Unrecht auf RG 10 42 beruft). Hierher gehören daher zB Taufen, Trauungen, die Beichte, kirchliche Beerdigungen und Prozessionen (RG 28 303), nicht dagegen das andachtsvolle Verharren der Gemeinde vor Erscheinen des Geistlichen, das aber schon Teil des Gottesdienstes sein kann.

6/7 c) Dem Gottesdienst stehen nach Abs. 2 **entsprechende Feiern einer Weltanschauungsvereinigung** gleich. Dies sind nur solche Veranstaltungen, die der gemeinsamen kultischen Pflege der fraglichen Weltanschauung dienen (so zB nach Prot. V 2439 f. Feiern der Anthroposophen, Zeremonien der Freimaurer; näher dazu Eser aaO 834), nicht dagegen zB bloße Diskussionsveranstaltungen (krit. zu dieser Abgrenzung Herzog NK 7, der freilich übersieht, daß § 167 weder die Aktivitäten von Religionsgemeinschaften allgemein noch die Weltanschauungsvereinigungen als solche schützt). Nicht erfaßt sind den gottesdienstlichen Handlungen entsprechende einzelne feierliche Akte der Weltanschauungsvereinigung (Rudolphi SK 5; and. Dippel LK[10] 8).

8 2. Die Tathandlung besteht im **groben Stören** des Gottesdienstes usw. *Störung* ist jede Beeinträchtigung des vorgesehenen Ablaufs der bereits stattfindenden Veranstaltung (nicht dagegen die Verhinderung eines erst bevorstehenden Gottesdienstes usw., vgl. M-Schroeder II 128), gleichgültig, in welcher Weise dies geschieht und ob es sich dabei um einen Eingriff von außen (vgl. RG 5 528) oder um eine Aktion aus dem Kreis der Teilnehmer handelt (vgl. Dippel LK[10] 11, Herzog NK 8, Rudolphi SK 6). In Betracht kommen daher zB das Erregen von Lärm, das Werfen von Stinkbomben, die physische Behinderung von Teilnehmern, der Versuch, den Gottesdienst in eine Diskussion „umzufunktionieren", die „Besetzung" der Kanzel usw. (vgl. näher Dippel aaO). Erforderlich ist die Störung der Veranstaltung als solcher, was nicht der Fall ist, wenn nur einzelne Teilnehmer betroffen sind; nicht notwendig ist jedoch, daß sämtliche Teilnehmer gestört werden (vgl RG 17 316, GA 39, 210). Zu einer Unterbrechung oder völligen Einstellung des Gottesdienstes usw. braucht es nicht zu kommen (vgl. auch Eser aaO 834). Durch das zusätzliche Erfordernis der *in grober Weise* erfolgenden Störung wird der Tatbestand auf besonders empfindliche und nachhaltige Beeinträchtigungen beschränkt. Dabei kann sich die besondere Schwere aus der Art (zB Werfen von Stinkbomben), der Dauer, dem Zeitpunkt (zB während der Wandlung) als auch aus dem Erfolg der Störung (zB erzwungener Abbruch) ergeben (Herzog NK 10, Rudolphi SK 7, Tröndle/Fischer 5; zu politischen Demonstrationen in der Form einer Andacht vgl. aber auch Celle NJW **97**, 1167 u. dazu o. 4). Nicht erforderlich ist die Feststellung einer konkreten Gefährdung des öffentlichen Friedens, da § 167 insoweit ein abstraktes Gefährdungsdelikt darstellt (vgl. auch Dippel LK[10] 3, Herzog NK 1).

9 3. Der **subjektive Tatbestand** verlangt bezüglich der Störung Absicht iS von zielgerichtetem Handeln (vgl. dazu § 15 RN 66 ff.); sicheres Wissen um den Eintritt einer Störung genügt nicht (zB handwerkliche Arbeiten in der Nähe einer Kirche; vgl. Rudolphi SK 9, Tröndle/Fischer 7). Nicht erforderlich ist, daß der Täter in böswilliger Absicht handelt (vgl. Eser aaO 834). Bezüglich der übrigen Tatbestandsmerkmale genügt (bedingter) Vorsatz. Glaubt der Täter zur Störung berechtigt zu sein, so kann je nachdem § 16 (Erlaubnistatbestandsirrtum; vgl. § 16 RN 14 ff.) oder § 17 (Annahme eines – zumindest in diesem Umfang – nicht anerkannten Rechtfertigungsgrundes) in Betracht kommen.

10 4. Die **Rechtswidrigkeit** der Störung kann nach § 34 **ausgeschlossen** sein (zB Alarmieren der zum Gottesdienst versammelten Feuerwehr beim Ausbruch eines Brandes; vgl. RG 5 259). Nach RG 21 171 soll bei einem beleidigenden Inhalt der Predigt auch Notwehr möglich sein; doch kommt hier gleichfalls nur § 34 in Betracht (vgl. § 32 RN 23). Erfolgt die Störung durch einen erlaubten Gewerbebetrieb (vgl. RG 37 151), so fehlt es bereits an der erforderlichen Absicht (o. 9).

11 III. Nach **Abs. 1 Nr. 2, Abs. 2** ist strafbar das Verüben **beschimpfenden Unfugs an Orten,** die dem **Gottesdienst** oder entsprechenden **Feiern einer Weltanschauungsvereinigung** gewidmet sind.

12 1. Geschützt sind **Orte,** die dem **Gottesdienst** einer im Inland bestehenden Kirche oder anderen Religionsgesellschaft oder **entsprechenden Feiern** einer im Inland bestehenden Weltanschauungsvereinigung (Abs. 2) **gewidmet** sind, und zwar unabhängig davon, ob im Augenblick der Tat eine gottesdienstliche Benutzung usw. erfolgt. Über *Gottesdienste* und *entsprechende Feiern* einer im Inland bestehenden Religionsgesellschaft bzw. Weltanschauungsvereinigung vgl. o. 4, 6 f. Die Widmung zu gottesdienstlichen Handlungen (o. 5) oder – i. U. zu § 166 aF – zu religiösen Versammlungen genügt nicht (vgl. Begr. zu § 189 E 62). *Gewidmet* ist der Ort dem Gottesdienst usw., wenn er dazu bestimmt ist; eine tatsächliche, aus zufälliger Veranlassung erfolgende Verwendung hierfür genügt nicht (vgl. RG 29 336). Bei Orten, die generell dem Gottesdienst gewidmet sind, genügt es, daß die überwiegende Zweckbestimmung ist; daß sie gelegentlich auch anderen Aufgaben dienen sollen (zB Vorträge, Konzerte), ist unerheblich. Hierher gehören zB Kirchen einschließlich solcher Vor- und Nebenräume, auf die sich das religiöse Gefühl und die Andachtsstimmung mitzuerstrecken pflegen (BGH **9** 140 [als Durchgang zur Kirche dienender Windfang]; vgl. auch RG 45 243 [Sakristei]; krit. Dippel LK[10] 17), ferner Kapellen (auch Hauskapellen), Betsäle, sofern sie nicht dem Gottesdienst und nicht nur religiösen Versammlungen dienen. Auch Orte, deren allgemeine Zweckbestimmung eine andere ist, können vorübergehend dem Gottesdienst gewidmet sein (ebenso Herzog NK 13; vgl. aber auch

RG 29 336) und genießen dann den Schutz der Nr. 2. Voraussetzung ist hier jedoch, daß der Ort für die fragliche Zeit nicht zugleich anderen Zwecken dient (wie zB bei öffentlichen Straßen und Plätzen, auf denen ein Gottesdienst stattfindet; vgl. RG 28 303, Tübingen DRZ 48, 398). Auch genügt nicht, daß ein Gottesdienst tatsächlich stattfindet, erforderlich ist vielmehr, daß der fragliche Raum usw. durch entsprechende Maßnahmen auch äußerlich einen Charakter erhält, der seiner besonderen Bedeutung als Ort religiöser Andacht und Verehrung usw. Rechnung trägt (so zB, wenn ein Fabriksaal an bestimmten Tagen als gottesdienstlicher Raum für Gastarbeiter hergerichtet wird). Dies gilt auch für Friedhöfe, sofern dort im Einzelfall Gottesdienste stattfinden. Im übrigen sind diese durch Nr. 2 – anders als nach § 166 aF – schon deshalb nicht mehr geschützt, weil religiöse Begräbnisfeiern zwar gottesdienstliche Handlungen, aber keine Gottesdienste sind (o. 5; vgl. dazu auch Dippel LK[10] 17); in Betracht kommt hier jedoch § 168.

2. Die Tathandlung besteht im **Verüben beschimpfenden Unfugs** an den genannten Orten, d. h. in einem grob ungehörigen Verhalten, das die Mißachtung der Heiligkeit oder entsprechenden Bedeutung des Orts in besonders roher Weise zum Ausdruck bringt (vgl. RG 43 201, Dippel LK[10] 19, Herzog NK 15, Rudolphi SK 11, Tröndle/Fischer 11; and. bezüglich der besonderen Roheit BGH 9 140). Da sich die Handlung gegen den Ort richten muß, ist unerheblich, ob sie von anderen Personen wahrgenommen wird (vgl. RG GA 59, 335, Dippel LK[10] 19; vgl. aber auch RG 43 201). In Betracht kommen zB sexuelle Handlungen (BGH 9 140), Beschmieren der Wände mit Hakenkreuzen, Absingen pornographischer Lieder, nicht dagegen Rauchen, Nichtabnehmen des Hutes (Dippel LK[10] 20, Tröndle/Fischer 11; and. M-Schroeder II 129), auch nicht ohne weiteres starkes Lärmen (vgl. Eser aaO 835). Nicht erforderlich ist die Feststellung einer konkreten Gefährdung des öffentlichen Friedens, weil es sich auch bei Nr. 2 um ein abstraktes Gefährdungsdelikt handelt (and. wohl Rudolphi SK 11). 13

3. Der **subjektive Tatbestand** setzt Vorsatz voraus, zu dem auch das Bewußtsein des beschimpfenden Charakters der Handlung gehört. Bedingter Vorsatz genügt. 14

IV. **Idealkonkurrenz** kommt zB in Betracht mit §§ 166, 167a, 168, 185 ff., 240, 303, 304. 15

§ 167a Störung einer Bestattungsfeier

Wer eine Bestattungsfeier absichtlich oder wissentlich stört, wird mit Freiheitsstrafe bis zu drei Jahren oder mit Geldstrafe bestraft.

I. Zum geschützten **Rechtsgut** vgl. 2 vor § 166. Von § 167 I Nr. 1 unterscheidet sich § 167a 1 schon durch die andere Angriffsrichtung (hier: Pietätsempfinden, dort: ungestörte Religionsausübung usw.). Aber auch sonst entsprechen sich die Tatbestände nicht: Da § 167a das Pietätsempfinden schützt, wird hier auch die rein private Bestattungsfeier erfaßt, während eine solche für § 167 I Nr. 1 gerade nicht genügt. Auch setzt § 167a – anders als § 167 I Nr. 1 – keine „grobe" Störung voraus; ferner genügt hier i. U. zu § 167 I Nr. 1 schon die wissentliche Störung. Aus diesem Grund ist es auch ausgeschlossen, religiöse Beisetzungen von § 167a auszunehmen und allein dem § 167 I Nr. 1 zu unterstellen, da diese sonst im Vergleich zu sonstigen Bestattungsfeiern einen geringeren Schutz genössen (so mit Recht Dippel LK[10] 4 f. gegen Prot. V 2240).

II. Der **objektive Tatbestand** besteht im Stören einer Bestattungsfeier. 2

1. **Bestattungsfeier** ist jede Veranstaltung, bei der in feierlicher Form von einem Toten Abschied 3 genommen wird. Zwar setzt eine „Feier" die Einhaltung gewisser Formen voraus (Dippel LK[10] 10), doch sind insoweit keine strengen Anforderungen zu stellen. Nicht erforderlich sind bestimmte Zeremonien, Ansprachen oder die Mitwirkung eines Geistlichen, vielmehr ist auch die stille weltliche Feier geschützt. Auch braucht die Feier nicht an der Beisetzungsstelle stattzufinden, Feier im Trauerhaus und der Leichenzug gehören daher gleichfalls hierher (vgl. E 62, Begr. 346 zu § 190). Keine Voraussetzung ist ferner die Gegenwart einer Mehrzahl von Personen (vgl. Heimann-Trosien LK[9] 3); ebensowenig kommt es auf die Anwesenheit des Toten an, sofern nur ein unmittelbarer Zusammenhang zu dem Tod besteht und der Charakter eines Abschieds von dem Toten gewahrt ist. Um eine Bestattungsfeier handelt es sich daher zB auch bei dem gemeinsamen Gedenken an die bei einem Schiffsuntergang Vermißten oder bei einem Staatsakt, nicht dagegen bei bloßen Gedächtnisfeiern, Totenehrungen oder bei Seelenmessen, soweit sie nicht im Anschluß an die Bestattung abgehalten werden (ebenso Dippel LK[10] 10, Herzog NK 4, Rudolphi SK 2).

2. Über den Begriff der **Störung** vgl. § 167 RN 8. Eine Störung „in grober Weise" ist hier im 4 Unterschied zu § 167 nicht erforderlich; geringfügige Störungen, die das Pietätsempfinden nicht beeinträchtigen können, scheiden nach dem Zweck der Vorschrift jedoch aus (vgl. Rudolphi SK 3).

III. Der **subjektive Tatbestand** erfordert bezüglich der Störung Absicht iS von zielgerichtetem 5 Handeln (vgl. § 15 RN 66 ff.) oder Wissentlichkeit, d. h. das sichere Wissen, daß die Handlung zu einer Störung führen wird (vgl. § 15 RN 68). Im übrigen (Vorliegen einer Bestattungsfeier) genügt dagegen bedingter Vorsatz.

IV. **Idealkonkurrenz** ist möglich wegen der unterschiedlichen Angriffsrichtung mit § 167 (o. 1), 6 ferner zB mit §§ 166, 168, 189, 240.

§ 168 1   Bes. Teil. Straftaten, welche sich auf Religion und Weltanschauung beziehen

§ 168 Störung der Totenruhe

(1) Wer unbefugt aus dem Gewahrsam des Berechtigten den Körper oder Teile des Körpers eines verstorbenen Menschen, eine tote Leibesfrucht, Teile einer solchen oder die Asche eines verstorbenen Menschen wegnimmt oder wer daran beschimpfenden Unfug verübt, wird mit Freiheitsstrafe bis zu drei Jahren oder mit Geldstrafe bestraft.
(2) Ebenso wird bestraft, wer eine Aufbahrungsstätte, Beisetzungsstätte oder öffentliche Totengedenkstätte zerstört oder beschädigt oder wer dort beschimpfenden Unfug verübt.
(3) Der Versuch ist strafbar.

Vorbem. Geändert durch das 24. StrÄndG v. 13. 1. 1987, BGBl. I 141 und des 6. StrRG

Schrifttum: *Albrecht,* Die rechtliche Zulässigkeit postmortaler Transplantationen, 1986. – *v. Blume,* Fragen des Totenrechts, AcP 112, 367. – *Becker,* Der Umfang des Rechts öffentlicher Krankenanstalten zur Obduktion von Leichen, JR 51, 328. – *Brugger-Kühn,* Sektion der menschlichen Leiche, 1979. – *v. Bubnoff,* Rechtsfragen zur homologen Organtransplantation aus der Sicht des Strafrechts, GA 68, 65. – *Carstens,* Das Recht der Organtransplantation, 1978. – *Deutsch,* Die rechtliche Seite der Transplantation, ZRP 82, 174. – *Dietrich* (Hrsg.), Organspende, Organtransplantation, 1985 – *Ehlers,* Die Sektion zwischen individuell erklärter Einwilligung und Allgem. Geschäftsbedingungen in Krankenhausverträgen, MedR 91, 227. – *Engisch,* Über Rechtsfragen bei homologer Organtransplantation, Der Chirurg 67, 252. – *Eser,* Strafrechtlicher Schutz des religiösen Friedens, in: Friesenhahn-Scheuner, Handb. des Staatskirchenrechts, Bd. 2 (1975) 821. – *Forkel,* Verfügungen über Teile des menschlichen Körpers, JZ 74, 593. – *Geilen,* Probleme der Organtransplantation, JZ 71, 41. – *Haas,* Die Zulässigkeit klinischer Sektionen, NJW 88, 2929. – *Heinitz,* Rechtliche Fragen der Organtransplantation, 1970. – *Kaiser,* Künstliche Insemination und Transplantation, in: Göppinger, Arzt und Recht, (1966) 58. – *Kießling,* Verfügung über den Leichnam beider Totensorge, NJW 69, 533. – *Kohlhaas,* Rechtsfragen zur Transplantation von Körperorganen, NJW 67, 1489. – *Kopp,* Die Strafbarkeit der Entnahme von Leichenteilen, dargestellt am Beispiel von Gehörknöchelchen u. Augenhäuten, MedR 97, 544 – *von Kress,* Ärztl. Fragen der Organtransplantation, 1970. – *Laubenthal,* Einheitlicher Wegnahmebegriff im Strafrecht?, JA 90, 38 – *Lilie,* Zur Verbindlichkeit eines Organspenderausweises nach dem Tod des Organspenders, MedR 83, 131. – *Penning/Liebhardt,* Entnahme von Leichenteilen zu Transplantationszwecken – Straftat, ärztliche Pflicht oder beides?, Spann-FS 1986. – *Peuster,* Eigentumsverhältnisse an Leichen und ihre transplantationsrechtliche Relevanz, 1971. – *Pluisch/Haifer,* Die rechtliche Zulässigkeit von Leichenversuchen, NJW 94, 2377. – *Roxin,* Zur Tatbestandsmäßigkeit und Rechtswidrigkeit der Entfernung von Leichenteilen (§ 168 StGB), insbes. zum rechtfertigenden strafrechtlichen Notstand (§ 34 StGB), JuS 76, 505. – *Rüping,* Der Schutz der Pietät, GA 77, 299. – *Solbach,* Zur Frage der Zulässigkeit vorformulierter Einwilligungserklärungen für die Sektion in Krankenhausaufnahmeverträgen, MedR 91, 27. – *Steffen,* Zur Strafbarkeit der klinischen Sektion gem. § 168 StGB, 1996. – *Stellpflug,* Der strafrechtliche Schutz des menschlichen Leichnams, 1996. – *Stentenbach,* Der strafrechtliche Schutz der Leiche, 1992. – *Sternberg-Lieben,* Strafrechtlicher Schutz der toten Leibesfrucht (§ 168 StGB nF), NJW 87, 2062. – *Trockel,* Die Rechtswidrigkeit klinischer Sektionen, 1957. – *ders.,* Das Recht zur Vornahme von Organtransplantationen, MDR 69, 811. – *Zimmermann,* Gesellschaft, Tod und medizinische Erkenntnis, NJW 79, 569. – Zur *Reformdiskussion* „Transplantation" vgl. die 25. A. bzw. u. 1 a.

Materialien: Zum 24. StÄG (vgl. Vorbem.) BT-Drs. 10/3758, 10/6568, Prot. des BT-Rechtsausschusses Nr. 70 v. 16. 1. 86 (öffentliche Anhörung), BT-Plenum SBer. 10, 19758; zum 6. StrRG vgl. BT-Drs. 13/8587 S. 30, 13/9064 S. 10.

1 I. Die Vorschrift enthält **vier verwandte Tatbestände:** 1. Die Wegnahme des Körpers eines Verstorbenen usw.; 2. den beschimpfenden Unfug daran (Abs. 1); 3. die Zerstörung oder Beschädigung von Aufbahrungs-, Beisetzungs- oder öffentlichen Totengedenkstätten; 4. den beschimpfende Unfug dort (Abs. 2). Zum **Rechtsgut** der Vorschrift vgl. 2 vor § 166. Erweitert wurde diese bereits durch das **24. StÄG** v. 13. 1. 1987 (vgl. die Vorbem.), das als Reaktion auf bekanntgewordene Fälle einer unbefugten Wegnahme aus von Schwangerschaftsabbrüchen erlangten Embryonen und Feten zum Zweck ihrer kommerziellen Verwertung den Tatbestand auf tote Leibesfrüchte und Teile von solchen erstreckte (vgl. BT-Drs. 10/3758 S. 4, 10/6568 S. 3; krit. zur Kompetenz des Bundesgesetzgebers Koch NJW 88, 2286). Schutzobjekt ist auch hier das Pietätsgefühl der Allgemeinheit, ferner die Menschenwürde, die nach BVerfGE 33 41 auch dem ungeborenen Leben zukommt und über den Tod hinaus fortwirkt (vgl. BT-Drs. 10/3758 S. 4, 10/6568 S. 2). Gegen die Gefahren eines „Embryonenhandels" sind beide mit der Erweiterung des § 168 allerdings nur unzulänglich geschützt. Nicht unterbunden ist damit die Weggabe der toten Leibesfrucht durch den „Berechtigten" und ihre Weitergabe zum Zweck der „Verwertung" sowie diese selbst, und völlig ungeschützt ist auch, weil keine „Leibesfrucht", das tote Produkt einer extrakorporalen Befruchtung (krit. dazu insbes. Eser u. Schreiber in der öffentlichen Anhörung des BT-Rechtsausschusses, Prot. Nr. 70; vgl. ferner den weitergehenden Gesetzesantrag von Bayern BR-Drs. 42/85). Diese Unzulänglichkeiten waren zwar auch dem Gesetzgeber bewußt, der aber glaubte, eine geplante Gesamtregelung nicht abwarten zu können, mit der zugleich eine Verbesserung des Schutzes sterblicher menschlicher Überreste – zu der hier besonders regelungsbedürftigen Frage von Organtransplantationen vgl. jetzt u. a. E. – erreicht werden sollte (vgl. BT-Drs. 10/6568). Durch das EmbryonenschutzG v. 13. 12. 1990 (BGBl. I 2746) wurden diese mit dem 24. StÄG gebliebenen Lücken nicht geschlossen, da der dort vorgesehene Tatbestand der mißbräuchlichen Verwendung von Embryonen, von der Fiktion des

§ 8 II abgesehen, nur lebende Embryonen erfaßt (§ 2). – Das **6. StrRG** brachte neben sprachlichen Änderungen („Körper oder Teile des Körpers eines toten Menschen" statt „Leiche" bzw. „Leichenteile"), einer Klarstellung (s. u. 13) und einer Neugliederung des Tatbestands in zwei Absätzen je nach Art des Tatobjekts auch eine inhaltliche Erweiterung, bestehend in der Einbeziehung von Aufbahrungs- u. öffentlichen Totengedenkstätten neben den bisher genannten Beisetzungsstätten. Von erheblicher Bedeutung im Zusammenhang mit § 168 ist vor allem aber das nach einer langen, bis in die 70er Jahre zurückreichenden und durch ganz unterschiedliche Ansätze („Widerspruchs-", Informations-", „enge" und „erweiterte Einwilligungslösung") gekennzeichneten Reformdiskussion (Nachw. u. 1 a) zustande gekommene **TransplantationsG** vom 5. 11. 1997 (BGBl. I, 2631) mit einer durch eine entsprechende Strafvorschrift abgesicherten Regelung der Organentnahme bei einem toten Organspender (§§ 3 ff., 19 I), gegen die allerdings erhebliche und selbst die Verfassungsmäßigkeit in Frage stellende Einwände erhoben werden (vgl. Tröndle, Hirsch-FS 779 ff., Tröndle/ Fischer 4 d f. sowie 3 ff. vor § 211 m wN u. zuletzt Bavastro ZRP 99, 114, Rixen NJW 99, 3390; zum TPG vgl. im übrigen Deutsch NJW 98, 777, Kintzi DRiZ 97, 499, Kühn MedR 98, 455, Laufs NJW 98, 1754, Schroth JZ 97, 1149, Walter FamRZ 98, 201 u. rechtsvergleichend Kühn u. 1 a aaO 31 ff.). Ergänzend vgl. die Strafvorschrift über den Organhandel in § 18 TPG u. krit. dazu zB Schroth aaO.

Zur *Reformdiskussion „Transplantation" ab 1990* (zu den 70er Jahren s. 25. A. vor RN 1) vgl. zB Bien/ **1 a** Conzelmann (Hrsg.), Hirntodkriterium u. Organtransplantation (1998), Freund ZStW 109, 486, Grewel ZRP 95, 217, Heuer/Conrads MedR 97, 195, Hiersche u. a., Rechtliche Fragen der Organtransplantation (1990), Hirsch-Schmidt/Didczuhn, Transplantation und Sektion: Die rechtliche und rechtspolitische Situation nach der Wiedervereinigung (1992), Höfling JZ 95, 96, ders. MedR 96, 6, ders./Rixen, Verfassungsfragen der Transplantationsmedizin (1996), Hoerster Universitas 97, 42, Klinge, Todesbegriff, Totenschutz und Verfassung (1996), Kloth, Rechtsprobleme der Todesbestimmung und der Organentnahme von Verstorbenen (1994), Koch in: Arnold u. a. (Hrsg.), Grenzüberschreitungen, Beiträge zum 60. Geburtstag v. A. Eser, 1995, 371 ff., Kübler, Verfassungsrechtliche Aspekte der Organentnahme zu Transplantationszwecken (1997), Kühn, Die Motivationslösung (1998), Lang ZRP 95, 457, Laufs NJW 95, 2398, Lemke MedR 91, 281, Lührs ZRP 92, 302, K. Müller, Postmortaler Rechtsschutz – Überlegungen zur Rechtssubjektivität Verstorbener, 1996, Nickel MedR 95, 139, Rixen ZRP 95, 461, Schreiber, FS für K. Steffen, 1995, 450, Schreiber/Wolfslast MedR 92, 189, Sengler/Schmidt MedR 97, 241, Spittler JZ 97, 747, Steffen NJW 97, 1619, Sternberg-Lieben JA 97, 80, Taupitz JuS 97, 203, Vultejus ZRP 93, 435.

II. Die Tatbestände des Abs. 1. – 1. Die **1. Alt.** betrifft die **Wegnahme** des **Körpers** oder von **2 Teilen des Körpers** eines **verstorbenen Menschen** usw. **aus dem Gewahrsam des Berechtigten.** Kein zusätzliches Tatbestands-, sondern das allgemeine Deliktsmerkmal der Rechtswidrigkeit enthält die hier ausdrücklich erfolgte Kennzeichnung der Wegnahme als „unbefugt" (vgl. Dippel LK[10] 27, Lackner/Kühl 6, Rudolphi SK 7, Tröndle/Fischer 4).

a) **Tatobjekte** sind der **Körper** oder **Teile des Körpers eines verstorbenen Menschen** (aF: **3** „Leiche", „Leichenteile"), die **tote Leibesfrucht** oder **Teile einer solchen** und die **Asche** eines verstorbenen Menschen. In allen diesen Fällen besteht der Schutz des § 168 nur solange, als die Leiche usw. noch Gegenstand des Pietätsempfindens ist. Dies ist nicht mehr der Fall, wenn sie in erlaubter Weise Objekt des Rechtsverkehrs geworden ist (zB eine von der Anatomie erworbene Leiche); hier kommt nur noch ein Eigentumsdelikt in Betracht (Dippel LK[10] 13, Kohlhaas NJW 67, 1489, Rudolphi SK 2, Tröndle/Fischer 2; vgl. im übrigen § 242 RN 21). Im einzelnen: Um den *Körper eines Verstorbenen* (zum Todeszeitpunkt vgl. 16 ff. vor § 211 u. zu § 3 TPG u. 7) handelt es sich, solange sein Zusammenhang noch nicht durch den Verwesungsprozeß oder auf andere Weise aufgehoben und der Tote deshalb in seiner Individualität noch erkennbar ist (vgl. zB Dippel LK[10] 13, Herzog NK 4, Lackner/Kühl 2, Rudolphi SK 2, Tröndle/Fischer 2). Körper eines verstorbenen Menschen ist auch der eines totgeborenen Kindes, wobei die früher beim Begriff der „Leiche" umstrittene Frage, ob dafür das Erreichen einer „menschenähnlichen" Entwicklungsstufe genügt oder eine nach dem Grad der Entwicklung an sich mögliche Lebensfähigkeit außerhalb des Mutterleibs erforderlich ist (vgl. die 25. A.), ihre praktische Bedeutung verloren hat, seitdem auch die tote Leibesfrucht Tatobjekt sein kann (o. 1). Kein verstorbener Mensch, sondern eine tote Leibesfrucht ist jedenfalls der noch unterentwickelte Embryo. – Entsprechend wie beim Körper eines Verstorbenen ist auch bei den *Teilen eines solchen* vorauszusetzen, daß in einer Gesamtheit noch ein menschlicher Körper vorhanden ist (also zB nicht Skelettreste; vgl. zB Herzog NK 6, Tröndle/Fischer 2). Nicht hierher gehören daher vom toten Körper bereits gelöste Teile, die einer gesonderten Beseitigung zugeführt werden sollen und deshalb auch nicht mehr Gegenstand menschlichen Pietätsempfindens sind (vgl. AG Berlin-Tiergarten NJW **96**, 3092 m. Anm. Schmeissner/Wolfslast NStZ 97, 548, Herzog aaO, Lackner/Kühl 2, Tröndle/ Fischer 2; and. Rudolphi SK 2). Umgekehrt werden in den Körper eingefügte fremde Bestandteile ein Teil von diesem, wenn sie mit ihm fest verbunden sind und nur mit Gewalt oder jedenfalls nicht ohne Verletzung der Körperintegrität wieder entfernt werden können (vgl. Dippel LK[10] 14, Herzog NK 5, Tröndle/Fischer 2; and. zB Lackner/Kühl 2, Rudolphi SK 2, Jura 79, 46; zur Frage des Aneignungsrechts vgl. § 242 RN 21). Dies gilt zB für Zahnkronen, Brücken, Silberplatten als Ersatz der Schädeldecke, Herzschrittmacher, nicht aber für Zahn- und sonstige Prothesen; hier kann jedoch die 2. Alt. in Betracht kommen. Nicht als Leichenteil anzusehen ist nach dem Sinn des Gesetzes dagegen, was völlig unwesentlich ist. Da das Pietätsempfinden hier vernünftigerweise noch nicht

§ 168 4–6   Bes. Teil. Straftaten, welche sich auf Religion und Weltanschauung beziehen

beeinträchtigt sein kann, ist dies zB anzunehmen, wenn einem Toten zu Untersuchungszwecken eine geringe Menge Blut entnommen wird (Blei II 133, JA 75, 241, M-Schroeder II 132, Rudolphi SK 2; and. Frankfurt JZ **75**, 379 m. Anm. Geilen, Roxin JuS 76, 506, Frankfurt NJW **77**, 859, Dippel LK[10] 15). Wegen der damit verbundenen Verletzung der Körpersubstanz überschritten sind diese Grenzen jedoch bei der mit einer Sektion verbundenen Entnahme von Gewebeteilen (vgl. KG NJW **90**, 782) und wohl auch bei der von Gehörknöchelchen und Augenhäuten (vgl. Kopp MedR 97, 544, Rudolphi aaO). – Um eine *tote Leibesfrucht* bzw. um *Teile einer solchen* handelt es sich nur bei vorherigem Bestehen einer Schwangerschaft iS eines symbiotischen Verhältnisses zwischen Embryo und werdender Mutter (vgl. Eser, Prot. BT-Rechtsausschuß Nr. 70, Anl. S. 16). Embryonen und Feten als Ergebnis einer extrakorporalen Befruchtung fallen daher jedenfalls so lange nicht unter § 168 als sie nicht implantiert sind (vgl. BT-Drs. 10/6568 S. 3, Rudolphi SK 2). Daß der Schutz des § 168 ebenso wie bei § 218 erst mit der Nidation (§ 219 d) einsetzt (so BT-Drs. 10/3758 S. 4, 10/6568 S. 4), ist zwar nicht zwingend, hier aber praktisch keine Bedeutung, weil eine „Wegnahme" vorher kaum vorkommen dürfte (vgl. Eser aaO 16 f.). – Die *Asche des Verstorbenen* ist auch dann Tatobjekt, wenn sie nicht vollständig ist (Dippel LK[10] 18). Zu ihr gehören auch die mit einem Körper fest verbundenen fremden Bestandteile, die nicht verbrennbar sind (zB Goldzähne).

4   b) Die Tathandlung besteht in der **Wegnahme** des Leichnams usw. **aus dem Gewahrsam des Berechtigten.** Ausreichend dafür ist hier die Aufhebung des Gewahrsams, während es – dies i. U. zu § 242 (vgl. dort RN 22, 37) – auf die Begründung eines neuen Gewahrsams nach dem Sinn der Vorschrift nicht ankommt (h. M., zB Dippel LK[10], Herzog NK 12, Lackner/Kühl 3, Rudolphi SK 6, Tröndle/Fischer 3). Ebenso wie bei § 242 (vgl. dort RN 35) setzt die *Wegnahme* begrifflich jedoch ein Handeln gegen oder ohne den Willen des Berechtigten voraus, der zugleich Gewahrsam hat, weshalb bei dessen Einverständnis bereits der Tatbestand entfällt (vgl. auch Dippel LK[10] RN 31; zur Rangfolge mehrerer Berechtigter s. u. 5). Ohne Bedeutung für das Merkmal der Wegnahme ist dagegen der Wille eines Berechtigten, der nicht zugleich (Mit-)Gewahrsam hat (vgl. dazu u. 6).

5   α) **Berechtigter** ist, soweit es sich um sterbliche *menschliche Überreste* handelt, wem das Totenfürsorgerecht zusteht, das kein eigennütziges, sondern ein sog. Pflichtrecht ist. Berechtigte sind deshalb in erster Linie die näheren Angehörigen, die nicht notwendig zugleich Erben sein müssen (vgl. RG **64** 313), darüber hinaus aber auch mit dem Verstorbenen nicht verwandte Personen, die wegen ihrer besonders engen persönlichen Verbundenheit mit diesem und insofern mit einem Angehörigen vergleichbar ebenfalls zu den Hinterbliebenen gerechnet werden (zB Lebensgefährtin, besonders enger Freund; vgl. Dippel LK[10] 20 mwN u. jetzt auch § 4 III 5 TPG). Kommen danach mehrere Personen als Berechtigte in Betracht, so entscheidet bei Uneinigkeit derjenige, der dem Verstorbenen am nächsten stand (vgl. Dippel aaO). Insbes. beim Fehlen von Hinterbliebenen kommen auch andere Personen oder Institutionen in Betracht, denen die Obhut zusteht, weil sie für die Bestattung oder Bewahrung der Leiche zu sorgen haben (zB Altersheim, Krankenhaus [München NJW **76**, 1805] usw.; zu den Gemeinden vgl. Bieler JR 76, 228). Nach der Bestattung ist Berechtigter jedenfalls auch die Gemeinde usw., die den Friedhof unterhält, weshalb auch eigenmächtige Umbettungen durch Angehörige unter § 168 fallen können (LG Hamburg NStZ **82**, 511). – Bei der *toten Leibesfrucht* ist, entsprechend dem Totenfürsorgerecht, Berechtigter derjenige, der für ihre „hygienisch einwandfreie und dem sittlichen Empfinden entsprechende Beseitigung" zu sorgen hat (vgl. zB § 30 II BestattungsG Bad.-Württ. v. 21. 7. 1970 [GBl. 395] für Fehlgeburten, die nicht bestattet werden; zum Bestattungsrecht von Eltern eines fehlgeborenen Kindes vgl. aber auch Rixen FamRZ 94, 417). Dazu gehören zunächst die Eltern, an deren Stelle, wenn sie ihr Recht nicht wahrnehmen können und wollen, aber auch ein anderer treten kann. Bei einem klinisch erfolgten Fruchtabgang ist Berechtigter daher idR die Krankenhausleitung.

6   β) **Gewahrsam** ist hier nicht iS der §§ 242, 246 als Sachherrschaft zu verstehen – ein Begriff, der in diesem Zusammenhang unangemessen wäre –, sondern bedeutet die tatsächliche Obhut über die Leiche. Da aber auch diesem modifizierten Gewahrsamsbegriff ein Moment der Faktizität zugrundeliegt, muß der Berechtigte in einem *tatsächlichen* Obhutsverhältnis zu der Leiche stehen; den Begriff „Gewahrsam des Berechtigten" in ein rein normatives Merkmal iS eines Obhuts*rechts* umzudeuten (so aber Dippel LK[10] 24 mwN, ferner zB Kopp MedR 97, 547, Stellpflug aaO 17, Sternberg-Lieben NJW 87, 2062), verfehlt bei toten Leibesfrüchten vielfach schon die tatsächlichen Gegebenheiten (gegen eine Gleichsetzung mit dem Obhutsrecht der Angehörigen auch Lackner/Kühl 3, and. Sternberg-Lieben aaO), vor allem aber ist dies mit dem Gesetzeswortlaut nicht vereinbar (vgl. Karlsruhe Justiz **77**, 313, Zweibrücken JR **92**, 212 m. Anm. Laubenthal, Geilen JZ 71, 43 u. 75, 381, Otto II 329, Roxin JuS 76, 506, Rudolphi SK 3). Aus diesem folgt vielmehr, daß der Berechtigte tatsächlich Gewahrsam gehabt haben muß; daß er zum Gewahrsam berechtigt war, genügt nicht. Im einzelnen bedeutet dies: 1. *Nach der Bestattung* hat der Inhaber der Grabstelle Gewahrsam (nach RG **28** 190 der Eigentümer des Friedhofs), daneben bei öffentlichen Friedhöfen aber auch der Friedhofsverwaltung (vgl. auch LG Hamburg NStZ **82**, 511, Dippel LK[10] 25, Tröndle/Fischer 3). – 2. Nur unvollständig ist der Schutz des § 168 dagegen in der Zeit *vor der Bestattung*. Im Gewahrsam des Berechtigten ist der Leichnam hier zB zwar, wenn er sich im Haus der Angehörigen befindet, und dasselbe gilt auch noch bei einer Aufbahrung in der Leichenhalle (vgl. Frankfurt JZ **75**, 379 m. Anm. Geilen, Roxin JuS 76, 507). Weil das den Gewahrsam ausmachende Obhutsverhältnis nicht automatisch durch den Tod, sondern erst durch das Hinzukommen einer „faktischen Komponente" begründet wird (Zweibrücken JR **92**, 212 m. Anm. Laubenthal), ist § 168 aber schon dann nicht anwendbar, wenn die Hinterbliebenen, wie vielfach bei Unfällen, vom Tod ihres Angehörigen und seinem Aufenthaltsort zunächst noch gar nichts wissen (Roxin aaO). Als lückenhaft hat sich § 168 jedoch vor allem im Bereich klinischer Transplantationen und Sektionen erwiesen, bei letzteren, wenn mit der Obduktion eine Entnahme von Leichenteilen verbunden ist. Entgegen den Geboten der Pietät und dem nachwirkenden Persönlichkeitsrecht völlig unberücksichtigt geblieben ist hier der von dem Verstorbenen zu Lebzeiten geäußerte Wille, auch nach seinem Tod nicht als „Organspender" zur Verfügung stehen zu wollen, da es nach dem Tatbestand allein auf die Wegnahme aus dem Gewahrsam des Berechtigten ankommt, die nicht wegen der Versagung der Einwilligung durch den Verstorbenen zu einer solchen wird (vgl. zB Dippel LK[10] 31, Lackner/Kühl 4; and. zB v. Bubnoff GA 68, 73; zum umgekehrten Fall einer zu Lebzeiten erklärten Einwilligung vgl. u. 8). Bei Entnahmen in einem Krankenhaus usw. sind es in aller Regel aber auch nicht die Angehörigen, die „gefragt" sind, weil Gewahrsamsinhaber ausschließlich die Anstaltsleitung ist, solange sich der Tote in der tatsächlichen Obhut des Krankenhauses befindet (vgl. Karlsruhe Justiz **77**, 213, München NJW **76**, 1805 m. Anm. Linck S. 2310, Stuttgart Justiz **77**, 313, Zweibrücken JR **92**, 212 m. Anm. Laubenthal, auch KG NJW **90**, 782). Unter der Voraussetzung, daß auch das Krankenhaus zu den Berechtigten gehört (o. 5), ist eine iS des § 168 tatbestandsmäßige Wegnahme dann zwar diesem gegenüber möglich (so bei Entnahmen ohne Einvernehmen mit der Krankenhausleitung), gegenüber den Angehörigen dagegen allenfalls in einer kurzen Zwischenphase, wenn ihr Gewahrsam nicht erst mit der Herausgabe des Leichnams an sie entsteht (so Stuttgart aaO, München m. Anm. Linck aaO), sondern – was zumindest zweifelhaft ist – schon mit der Mitteilung des Krankenhauses, daß dieser abgeholt werden könne (so KG aaO). Im übrigen aber entfällt in diesen Fällen bereits der Tatbestand unabhängig von der Frage, ob auch das Krankenhaus als Berechtigter anzusehen ist, weil Leichenteile nicht aus dem Gewahrsam der Berechtigten weggenommen worden sind (jedenfalls iE so zB auch München aaO, Stuttgart aaO, Zweibrücken aaO, Albrecht aaO 94 ff., Blei II 133, Bockelmann, Strafrecht des Arztes 105 f., Geilen JZ 71, 43, Heinitz aaO 23, Kohlhaas NJW 67, 1491, Lackner/Kühl 4, Otto II 329, Penning/Liebhardt aaO 445 ff., Roxin JuS 76, 506, Rudolphi SK 3, Rüping GA 77, 303, Stellpflug aaO 62, Stentenbach aaO 72 ff., Trockel, Die Rechtswidrigkeit usw. 29 f.; and. KG aaO, v. Bubnoff GA 68, 71, Dippel LK[10] 24, Gribbohm JuS 71, 201, Kühn aaO [o. 1 a] 109 f., M-Schroeder II 132 f., Sternberg-Lieben NJW 87, 2062, Tröndle/Fischer 3; offengelassen von Koblenz NStE **Nr. 2**; vgl. auch u. 8).

Im Bereich des **Transplantationswesens** sind die o. 6 genannten, auf der Tatbestandsfassung des **7** § 168 beruhenden Strafbarkeitslücken nunmehr mit der **Strafvorschrift des § 19 TPG** beseitigt (zum Anwendungsbereich und seinen Einschränkungen vgl. § 1; zum Hirntod als Zulässigkeitsvoraussetzung vgl. § 3 II Nr. 2 u. Kritik die Nachw. o. 1 a E.; zur Frage eines Grundrechtsverstoßes, weil Nr. 1 zur Verhinderung einer postmortalen Organtransplantation gem. § 4 I ein Widerspruch erklärt werden muß, vgl. BVerfG NJW **99**, 858, 3403, wo dies verneint wird, aber auch Rixen ebd. S. 3389). Anknüpfend an §§ 3 I, II, 4 I 2 ist danach strafbar (Freiheitsstrafe bis zu drei Jahren oder Geldstrafe) die Organentnahme zu Transplantationszwecken entgegen dem zu Lebzeiten erklärten Widerspruch oder einer auf bestimmte Organe beschränkten Einwilligung des Verstorbenen oder ohne Zustimmung der Angehörigen, einer diesen gleichgestellten oder vom Verstorbenen eigens zu einer Entscheidung ermächtigten Person (vgl. § 4 II, III und dort auch zur Rangfolge), wobei die Angehörigen usw. aber nur bei Nichtvorliegen einer schriftlichen Einwilligung oder eines schriftlichen Widerspruchs des Verstorbenen und nur dann entscheidungsberechtigt sind, wenn ihnen eine Erklärung des Verstorbenen zur Organspende (vgl. dazu § 2 II) nicht bekannt ist (§ 4 I 2). Ist die Entscheidung von den Angehörigen usw. zu treffen, so haben sie – daher nur ein „Pflichtrecht" – den mutmaßlichen Willen des Verstorbenen zu beachten (§ 4 I 3, 4 mit einer entsprechenden Hinweispflicht des Arztes). Soweit zugleich § 168 anwendbar ist – zu dem hier unterschiedlichen Meinungsstand vgl. o. 6 –, geht § 19 I TPG als lex specialis vor (vgl. auch Herzog NK 14, Lackner/ Kühl 10, Schroth JZ 97, 1152); vgl. im übrigen auch u. 8. – Bis jetzt unerfüllt geblieben sind dagegen Forderungen nach einer gesetzlichen Regelung für die Zulässigkeit von wissenschaftlichen **Versuchen mit Leichen**, bei denen sich ebenfalls die Frage des Gewahrsams stellt (vgl. dazu Pluisch/Haifer NJW 94, 2377 ff.). – Nach wie vor lückenhaft ist ferner der **Schutz der toten Leibesfrucht** vor mißbräuchlicher Verwendung („*Embryohandel*"): Befindet sie sich, wie idR bei Schwangerschaftsabbrüchen, im Gewahrsam des Krankenhauses, das hier meist zugleich der Berechtigte ist (o. 5), so ist tatbestandsmäßig auch hier zwar eine Wegnahme durch einen außenstehenden Dritten oder einen Krankenhausbediensteten, nicht aber die Weggabe auf Anordnung oder mit Billigung der Krankenhausleitung (vgl. auch o. 1). Von der Organhandel-Strafvorschrift des § 18 TPG sind Embryonen nicht erfaßt.

e) **Unbefugt** ist die Wegnahme, wenn kein Rechtfertigungsgrund gegeben ist (o. 2; dazu, daß es **8** beim Einverständnis des Gewahrsamsinhabers bereits an einer Wegnahme fehlt, vgl. o. 4). In Betracht kommen hier zunächst öffentlich-rechtliche Vorschriften (vgl. zB §§ 87 III, 91 StPO). Ein mit dem Pietätsgebot gegenüber dem Toten und dessen nachwirkendem Persönlichkeitsrecht zu begründender Rechtfertigungsgrund kann ferner eine zu Lebzeiten erklärte Einwilligung des Verstorbenen sein (vgl. auch Rudolphi SK 8, Tröndle/Fischer 4; schon für Tatbestandsausschluß Herzog NK 15). Verneint man hier aus den o. 6 genannten Gründen nicht schon die Tatbestandsmäßigkeit, so ist dies zB von

§ 168 9   Bes. Teil. Straftaten, welche sich auf Religion und Weltanschauung beziehen

Bedeutung für die eine Entnahme von Gewebeteilen gestattenden Sektionsklauseln in Krankenhausverträgen, bei denen die Wirksamkeit der Einwilligung allerdings von der Gültigkeit solcher Klauseln nach dem AGB-Ges. abhängt (für Unwirksamkeit KG NJW **90**, 783, Haas NJW 88, 2933 f., Stentenbach aaO 125 ff. mwN; and. BGH[Z] NJW **90**, 2313 m. abl. Anm. Deutsch, Ackmann JZ 90, 925 u. Giesen/Kloth JR 91, 203; vgl. dazu ferner Ehlers MedR 91, 227, Solbach MedR 91, 27). Erledigt hat sich dagegen im Transplantationsbereich für § 168 mit § 19 I iVm § 3 I, II, § 4 I 2 TPG als lex specialis nicht nur die Frage der Wegnahme aus dem Gewahrsam des Berechtigten (o. 6 f.), sondern auch der früher von der hM bejahte Rechtfertigungsgrund einer zu Lebzeiten des Verstorbenen erklärten Einwilligung in eine postmortale Organspende: Zulässig nach § 1 I Nr. 1 und damit schon nicht tatbestandsmäßig iS des § 19 I ist danach eine Organentnahme mit Einwilligung des Organspenders, gleichgültig, ob die Angehörigen damit einverstanden sind oder nicht. Ohne Bedeutung für § 168 sind auch die zahlreichen Fragen, die mit dem TPG offengeblieben sind: so zB ob trotz des „nur" in § 4 I 2 im Hinblick auf die Bindung der Angehörigen an den mutmaßlichen Willen zu Lebzeiten des Verstorbenen (§ 4 I 3) nicht auch dessen mutmaßliche Einwilligung – wie schon bisher und wohl als Rechtfertigungsgrund – genügen muß (so Schroth JZ 97, 1152; and. Deutsch NJW 98, 778; krit. zu dieser „Leerformel" Walter FamRZ 98, 207) oder wie zu verfahren ist, wenn der Arzt nicht von den von ihm befragten Angehörigen, sondern über einen Dritten von einer Erklärung des Verstorbenen zur Organspende erfährt (vgl. dazu Walter aaO 206) oder wenn sich herausstellt, daß sich der Angehörige seine Entscheidungsbefugnis durch unwahre Auskünfte erschlichen hat. – Für § 168 bedeutungslos geworden ist mit dem diesem vorgehenden TPG auch die bisher vielfach bejahte Möglichkeit einer Rechtfertigung nach § 34 bei eigenmächtigen Organentnahmen in einem Krankenhaus zum Zweck einer konkret notwendigen Transplantation (vgl. die 25. A.). Die Tatbestandsmäßigkeit entgegen o. 6 unterstellt, wäre die Möglichkeit eines rechtfertigenden Notstands unter den gegebenen Verhältnissen hier allerdings ohnehin zu überdenken gewesen (vgl. dazu Kühn aaO [o. 1 a] 113 ff.). Wesentlich anders stellt sich die Rechtslage jedenfalls nach dem TPG dar. Kann das benötigte Organ nicht über eine Organspende beschafft werden, so besteht zwar nach wie vor eine Notstandslage iS des § 34 (gegenwärtige, nicht anders abwendbare Gefahr für Leib oder Leben), wobei die Gegenwärtigkeit der Gefahr – i. U. zu einer der bloßen Vorratshaltung dienenden Explantation – auch dann zu bejahen ist, wenn das fragliche Organ erst über eine Vermittlungsstelle an den bereits jetzt in Gefahr befindlichen Patienten weitergeleitet wird (umstr., vgl. dazu die 25. A. u. näher Kühn aaO [o. 1 a] 114 mwN; dazu, daß auch die Hämodyalyse keine Alternative ist, vgl. ebd. 115). In aller Regel zu verneinen sind auf der Grundlage des TPG aber die weiteren Voraussetzungen des § 34: Ist eine Organentnahme bei einem zu Lebzeiten erklärten Widerspruch des Verstorbenen unzulässig (§ 3 II Nr. 1) und „nur" zulässig, wenn entweder er früher eingewilligt hat (§ 3 I Nr. 1) oder im Fall des § 4 I 1 die entscheidungsberechtigten Angehörigen usw. zugestimmt haben (§ 4 I 2), so kann ein solches „Nein" bzw. das Fehlen des erforderlichen „Ja" auch nicht durch eine gegenteilige Interessenabwägung nach § 34 überspielt werden, gleichgültig, wie dringend der Bedarf ist und ob es sich bei dem Empfänger um einen Kranken im Nachbarzimmer oder um einen Unbekannten an irgendeinem anderen Ort handelt (vgl. für § 168 iE wie hier Rudolphi SK 8 a u. bei einer ausdrücklich versagten Einwilligung des Verstorbenen zB auch Lackner/Kühl 4, M-Schroeder II 133, Rüping GA 78, 136 mwN). Hier zwischen dem Verstorbenen und den Angehörigen zu unterscheiden und deren Entscheidungsrecht im Rahmen der Interessenabwägung als ein Recht minderer Art zu behandeln, ist bei der erweiterten Einwilligungslösung, die dem TPG zugrunde liegt, nicht möglich. Beruht, wie dies die Regel sein dürfte, die Nichtandersabwendbarkeit der Gefahr bei immer länger werdenden Wartelisten auf dem Mangel an Totenspenden im Versorgungssystem, so scheidet eine Rechtfertigung nach § 34 in beiden Fällen aus: Eine Organentnahme entgegen § 3 I oder II oder § 4 I 2 (§ 19 I) wäre dann praktisch immer möglich und die erweiterte Zustimmungslösung damit nichts anderes als ein gesetzgeberisches Eigentor. Wenn überhaupt, so können es deshalb nur Fälle ganz anderer Art sein, bei denen sich für das TPG die Frage einer Rechtfertigung nach § 34 noch stellen kann. – Bereits früher erledigt hat sich die ursprünglich umstrittene Frage einer Rechtfertigung gem. § 34 bei Handlungen iS des § 168, die Beweiszwecken im Sozialversicherungsrecht dienen – zB Entnahme von Leichenblut, wenn die Zahlung einer Hinterbliebenenrente bei Trunkenheit am Steuer ausgeschlossen ist (vgl. Frankfurt JZ **75**, 379 m. Anm. Geilen, Martens u. Roxin aaO, NJW **77**, 859, aber auch o. 3) –, seitdem dafür durch die Einfügung des § 1559 IV RVO eine ausdrückliche – insoweit aber auch abschließende – Ermächtigungsgrundlage vorhanden ist (vgl. auch § 34 RN 7, Rudolphi SK 8 b). Mangels einer solchen auch nicht § 34 gerechtfertigt ist dagegen, sofern tatbestandsmäßig (s. o. 6), die Entnahme von Organen und Gewebeteilen zum Zweck wissenschaftlicher Forschung (vgl. Dippel LK[10] 35).

9   **2.** Der Tatbestand des **Abs. 1 2. Alt.** erfaßt, bezogen auf den **Körper** oder **Teile des Körpers** eines **verstorbenen Menschen** usw., das **Verüben von beschimpfenden Unfug daran**. Zu den einzelnen *Tatobjekten* vgl. o. 3. Wo und ob sie sich im Gewahrsam eines Berechtigten befinden, ist ohne Bedeutung (zB die in der freien Landschaft liegende Leiche eines von einem tödlichen Schlaganfall Getroffenen). In zeitlicher Hinsicht reicht der Schutz des Abs. 1 2. Alt. bis zur Bestattung (bei Körperteilen und der toten Leibesfrucht bis zu anderweitiger Beseitigung); für die Zeit danach vgl. Abs. 2. Ohne Bedeutung ist, ob der Körper des Verstorbenen noch sichtbar ist, weshalb Tatobjekt auch der in einem verschlossenen Sarg befindliche Leichnam sein kann.

Störung der Totenruhe 10–12 **§ 168**

Das **Verüben beschimpfenden Unfugs** als Tathandlung bedeutet hier (zu § 167 vgl. dort 10 RN 13) ein im Angesicht eines Toten durch ein besonderes Maß an Pietätlosigkeit und Rohheit gekennzeichnetes Verhalten, mit dem der Täter seine Ver- oder jedenfalls Mißachtung zum Ausdruck bringt, wobei der dem Toten damit angetane „Schimpf" nicht nur in Schmähungen und Beschimpfungen, sondern auch in Hohn und Spott oder auch nur darin bestehen kann, daß „man so etwas mit einer (der) Leiche ja machen kann" (vgl. zB auch RG **42**, 146, BGH NStZ **81**, 300, Dippel LK[10] 42, Herzog NK 13, Lackner/Kühl 5, Tröndle/Fischer 5). Trotz der hier auch nach dem 6. StrRG mißverständlich gebliebenen Formulierung „daran" (zu Abs. 2 s. u. 13) nicht erforderlich ist die Vornahme der fraglichen Handlung unmittelbar „an" dem Körper des Verstorbenen usw., vielmehr genügt es, wenn sie, erkennbar auf diesen bezogen, in unmittelbarer Nähe begangen wird (zB Beschimpfen am offenen Grab; vgl. Dippel aaO, Herzog aaO, Rudolphi SK 10, Tröndle/Fischer 5). Noch kein beschimpfender Unfug ist zB das Zerstückeln einer Leiche, um diese unauffällig fortzuschaffen (BGH aaO), und auch die kommerzielle Verwertung von Leichenteilen oder toten Leibesfrüchten genügt für sich allein noch nicht (vgl. Tröndle/Fischer 6; and. Sternberg-Lieben NJW 87, 2062; zu ersteren vgl. jetzt § 18 TPG). Mit dieser Tatbestandsalternative des § 168 gleichfalls nicht erfaßbar sind die zu wissenschaftlichen Zwecken dienenden Leichenversuche, auch wenn sie mit Verunstaltungen verbunden sind (vgl. Pluisch/Haifer NJW 94, 2379).

III. Abs. 2 erfaßt in zwei Tatbeständen das **Zerstören bzw. Beschädigen** von **Stätten besonderer Pietät** und das **Verüben beschimpfenden Unfugs** an solchen Stätten. 11

1. Angriffsobjekte des Abs. 2 sind **Beisetzungsstätten** und die durch das 6. StrRG eingefügten 12 **Aufbahrungsstätten** und **öffentlichen Totengedenkstätten**. *Aufbahrungsstätten* sind Räumlichkeiten, die dazu dienen, den Verstorbenen noch bis zu seiner Beisetzung aufzubahren, damit Trauernde von ihm Abschied nehmen können (vgl. auch Herzog NK 18). Bei der Urne mit der Asche Verstorbener wäre daher Voraussetzung, daß hier gleichfalls eine Aufbahrung stattfindet; bloße Aufbewahrungsräume genügen nicht, weshalb zB auch die Leichenkammer pathologischer Institute nicht hierher gehört (vgl. Herzog aaO). Aber auch eigens für eine Aufbahrung geschaffene Räumlichkeiten wie Leichenhallen verdienen unter Pietätsgesichtspunkten nur dann den Schutz des § 168, wenn und solange eine Leiche dort tatsächlich aufgebahrt ist; eine leere Leichenhalle ist deshalb ebensowenig eine Aufbahrungsstätte wie ein leeres Grab eine Beisetzungsstätte ist. Umgekehrt können anderen Zwecken dienende Räume zur Aufbahrungsstätte werden, wenn dort aus besonderem Anlaß eine Leiche aufgebahrt wird (vgl. Rudolphi SK 11, Tröndle/Fischer 7). Keine Voraussetzung für eine Aufbahrungsstätte ist ihre Zugänglichkeit für die Öffentlichkeit (vgl. Tröndle/Fischer 7). – *Beisetzungsstätte* ist die gesamte, der Ruhe und dem Andenken eines Verstorbenen dienende Stätte einschließlich Sarg und Leiche (vgl. RG **28** 139); sie umfaßt nicht nur das Grab und den Grabhügel, sondern alles, was mit der Ruhestätte selbst in einem wesentlichen oder künstlichen Zusammenhang steht und dauernd mit ihr verbunden ist (so schon RG **39** 155 zu § 168 aF [„Grab"]), also zB auch eingepflanzte Blumen (R **9** 399, RG **42**, 145), das Grabdenkmal und die Umfriedung des Grabes (vgl. auch Dippel LK[10] 38, Lackner/Kühl 7, Rudolphi SK 10, Tröndle/Fischer 8), nicht aber zB Kränze und Bänke (Rüping GA 77, 303). Keine Beisetzungsstätten sind prähistorische Gräber, auf die sich das Pietätsempfinden nicht mehr erstreckt (Dippel LK[10] 41; zu einem durch Kriegseinwirkung mit der Besatzung gesunkenen U-Boot, das gleichfalls keine Beisetzungsstätte ist, vgl. BGH(Z) NJW **94**, 2613. – *Öffentliche Totengedenkstätten,* mit deren Einbeziehung vor dem Hintergrund rechtsextremistischer Ausschreitungen an Gedenkstätten für NS-Opfer (BT-Drs. 13/8587 S. 23) eine schon in RG **71**, 325 festgestellte Strafbarkeitslücke geschlossen wurde, sind für die Allgemeinheit bestimmt und für diese zugängliche Stätten, die als Erinnerungszeichen dem Andenken einzelner oder einer – auch unbestimmten – Vielzahl Toter dienen und die wegen des ihnen entgegengebrachten Pietätsempfindens deshalb nach dem Grundgedanken des § 168 auch dessen besonderen Schutz verdienen (vgl. Lackner/Kühl 7, Rudolphi SK 13, Tröndle/Fischer 9, aber auch BT-Drs. 13/8587 S. 31, wo die Eigenschaft als schützenswert dem Merkmal „normativen Charakter" des Merkmals „öffentlich" entnommen wird). Nicht erforderlich ist, daß es sich bei der Totengedenkstätte um ein besonderes Gebäude oder Bauwerk handelt, vielmehr kann eine solche zB auch durch die in die Außenmauer einer Kirche eingelassene Gedenktafel geschaffen werden. Gleichgültig ist ferner, ob die Stätte, wenn sie die genannten Voraussetzungen erfüllt, in öffentlichem oder privatem Eigentum steht; ausgenommen sind nur rein privat bestimmte und nicht für die Allgemeinheit bestimmte und für diese zugänglich sind (vgl. Tröndle/Fischer 9). Beispiele für Totengedenkstätten sind etwa Gedenkstätten für Opfer der NS- oder einer anderen Gewalt- oder Willkürherrschaft, die Gedenkstätte in München für die Opfer des Terroranschlags 1972 auf die israelische Olympiamannschaft, aber auch – im Gesetzgebungsverfahren umstritten, mit Recht aber so beschlossen (vgl. dazu Tröndle/Fischer 9) – die Gedenkstätten für die Gefallenen beider Weltkriege (and. Herzog NK 20). Nicht mehr unter den Tatbestand des § 168 fallen dagegen Stätten, die ursprünglich einmal Totengedenkstätten waren, wegen des inzwischen erloschenen Pietätsempfindens aber allenfalls noch von historischem, künstlerischem usw. Interesse und damit öffentliche Denkmäler iS des § 304 sind (vgl. dort RN 4). Ebensowenig gehören hierher Erinnerungsstätten allgemeiner Art, die auf bestimmte, gleichfalls mit dem Tod von Menschen verbundene Ereignisse hinweisen, bei denen aber nicht das Andenken an die Toten, sondern das fragliche Ereignis im Vordergrund steht (zB Siegesdenkmal auf einem früheren Schlachtfeld).

Vorbem §§ 169 ff. Bes. Teil. Straftaten gegen den Personenstand, die Ehe und die Familie

13   2. Die **Tathandlung** besteht bei der 1. Alt. im **Zerstören** bzw. **Beschädigen** der genannten Objekte, bei der 2. Alt. in dem dort begangenen **Verüben beschimpfenden Unfugs**. Zum *Zerstören* und *Beschädigen* vgl. § 303 RN 11 bzw. 8 ff. Noch kein Zerstören der Beisetzungsstätte ist das bloße Herausnehmen des Sarges aus dem noch offenen Grab (zB Dippel LK[10] 47, M-Schroeder II 134; and. RG 28 141), wohl aber eine Grabschändung, die so weit geht, daß eine würdige Ruhestätte danach nicht mehr vorhanden ist (vgl. Dippel aaO, Herzog NK 21 mwN). Nicht ausreichend ist das Beschädigen lose aufgelegter Kränze usw., da diese mangels einer dauernden Verbindung nicht Teil der Beisetzungsstätte sind (vgl. RG **21** 178, **42** 145, Dippel LK[10] 48, Herzog NK 22); doch kommt hier u. U. die 2. Alt. in Betracht. Wird nur das Grabmal selbst beschädigt, so soll § 304 vorgehen (Celle NdsRpfl. **86**, 225, Dippel aaO, Herzog aaO; vgl. dagegen aber mit Recht Rudolphi SK 12 unter Hinweis auf die unterschiedliche Schutzrichtung). – Zum *Verüben beschimpfenden Unfugs* vgl. entsprechend o. 10. Im Sinne der schon bisher h. M. (vgl. die 25. A. RN 11; and. noch RG **21** 178, **48** 299) klargestellt ist jetzt (6. StrRG) mit der Ersetzung des bisherigen „an" durch „dort", daß sich die fragliche Handlung nicht unmittelbar gegen die Stätte selbst als gegenständliches Angriffsobjekt richten muß, sondern daß es genügt, wenn sie in unmittelbarer Nähe und in inhaltlicher Beziehung auf die genannten Objekte in ihrer Eigenschaft als Beisetzungs-, Gedenkstätte usw. begangen wird (vgl. BT-Drs. 13/9064 S. 10). Erfaßt sind deshalb nicht nur das Aufstellen einer „Gedenktafel" auf einem Grab mit Beschimpfungen des Verstorbenen oder das „Schmücken" eines Denkmals für NS-Opfer mit der Hakenkreuzfahne, sondern auch Schimpfreden oder zotige Lieder an einem Grab oder das Singen von NS-„Kampfliedern" vor oder in einer NS-Opfergedenkstätte (vgl. dazu den in BT-Drs. 13/8587 S. 23 genannten Vorfall in der Gedenkstätte Buchenwald Anfang 1994). Bei Totengedenkstätten ist der Tatbestand auch erfüllt, wenn sich die beschimpfende Handlung nur gegen eine bestimmte Gruppe derer richtet, deren Andenken die Stätte dient (zB die einstige Nazi-Parole: „Juda verrecke" an einer Gedenkstätte für die Opfer des Nationalsozialismus). Entsprechendes gilt für Gedenkstätten für namentlich genannte Einzelpersonen, wenn der Täter es nur auf eine von ihnen abgesehen hat. Ob das Beschädigen der in Abs. 2 genannten Stätten zugleich ein beschimpfender Unfug dort ist, hängt von den Umständen ab (praktisch ohne Bedeutung, da in jedem Fall nur eine Tat nach § 168 vorliegt), und das Gleiche gilt für das als Beschädigen nicht erfaßbare (o. 12) Wegwerfen oder Beschädigen der an einem Grabe oder an einer Totengedenkstätte niedergelegten Kränze. Im Unterschied zum Beschädigen solcher Stätten kann beschimpfender Unfug dort auch von dem über das Grab usw. Verfügungsberechtigten selbst verübt werden (RG **42** 147).

14   IV. Der **subjektive Tatbestand** setzt durchweg (bedingten) Vorsatz voraus, wozu bei den Tatbestandsalternativen des Verübens von beschimpfendem Unfug auch das Bewußtsein der besonderen Pietätlosigkeit und des schimpflichen Charakters der Handlung gehört (vgl. RG **42** 146, **43** 203, BGH NStZ **81**, 300, Dippel LK[10] 50, Herzog NK 24). Nicht erforderlich ist die Absicht einer Pietätsverletzung (RG **42** 146). Angesichts der divergierenden Auffassungen zum „Gewahrsamsberechtigten" (o. 6) soll mit Rücksicht auf die noch h. M. in der Rspr. bei einer ohne Einwilligung der Angehörigen vorgenommenen Obduktion ein unvermeidbarer Verbotsirrtum vorliegen (Koblenz NStE **Nr. 2**), eine Frage, die sich bei Transplantationen jetzt mit dem TPG erledigt hat (vgl. o. 6 f.).

15   V. Der **Versuch** ist nach **Abs. 3** durchgehend strafbar.

16   VI. **Konkurrenzen**. Abs. 1 1. Alt. tritt, wenn und soweit bei Transplantationen anwendbar (o. 7), gegenüber § 19 I TPG als dem spezielleren Gesetz zurück. Idealkonkurrenz ist bei der 2. Alt. u. Abs. 2 2. Alt. (beschimpfender Unfug) zB möglich mit §§ 166, 167, 167 a, 303, 304 – über das Verhältnis zu § 189 vgl. dort RN 5 –, ebenso bei Abs. 2 1. Alt. (Zerstören u. Beschädigen; zu § 304 vgl. jedoch o. 13).

Zwölfter Abschnitt
Straftaten gegen den Personenstand, die Ehe und die Familie

Vorbemerkung zu den §§ 169 ff.

Die gegenwärtige Fassung der §§ 169 ff. mit einer Neunumerierung durch das 6. StrRG beruht, abgesehen von § 170 II (vgl. die Vorbem. dort), auf dem **4. StrRG** v. 23. 11. 1973 (BGBl. I 1725), durch das der 12. Abschnitt wesentlich umgestaltet wurde. Gestrichen wurden die früheren §§ 170 (Eheerschleichung), 170 a (Verschleuderung von Familienhabe) und 170 c (Verlassen einer Schwangeren). Mit gewissen Einschränkungen und Modifizierungen beibehalten wurden dagegen trotz der dagegen erhobenen Einwände (vgl. AE, BT, Sexualdelikte 59, 69) die §§ 170 d, (jetzt § 171), 173, wobei der früher im 13. Abschnitt enthaltene § 173 wegen der vom Gesetzgeber angenommenen familienzerstörenden Wirkung der Blutschande in den 12. Abschnitt übernommen wurde. Neu gefaßt wurde ferner § 169. Zu den Änderungen im einzelnen vgl. die 20. A. und näher zT krit. Hanack NJW 74, 1, Sturm JZ 74, 1. Die Zusammenfassung der §§ 169 ff. im 12. Abschnitt ist zwar äußerlich sachgerecht, ändert aber nichts daran, daß hier zT ganz unterschiedliche Rechtsgüter geschützt werden. So betreffen die §§ 169, 172 ausschließlich Rechtsgüter der Allgemeinheit (Personenstand,

Personenstandsfälschung 1–4 § 169

Institution der Ehe; and. für § 169 M-Maiwald II 136), während bei §§ 170, 171 Individualinteressen im Vordergrund stehen. Zum Ganzen vgl. näher Dippel LK¹⁰ 1 ff., M-Maiwald II 136 f.

Schrifttum: Becker, Kann das Strafrecht Ehe und Familie schützen?, FamRZ 54, 208. – *ders.,* Strafrechtliche Sicherung der elterlichen Sorgepflicht, MDR 73, 630. – *Blau,* Die Delikte gegen die Familie und gegen die Sittlichkeit, FamRZ 64, 242. – *Blei,* Der Strafrechtsschutz von Familienordnung und Familienpflicht, FamRZ 61, 137. – *Giesen,* Zur Strafwürdigkeit der Delikte gegen Familie und Sittlichkeit, FamRZ 65, 248. – *Hellmer,* Kriminalpolitik und Sittenstrafrecht, ZStW 70, 360. – *Hanack,* Die Reform des Sexualstrafrechts und der Familiendelikte, NJW 74, 1. – *Klöpper,* Das Verhältnis von § 173 StGB zu Art. 6 Abs. 1 GG, 1995. – *Schmitt,* Der strafrechtliche Schutz der Familie, Dt. Landesreferate z. VII. Internat. Kongreß f. Rechtsvergleichung 1967, 513. – *Sturm,* das Vierte Gesetz zur Reform des Strafrechts, JZ 74, 1. – Vgl. ferner die Angaben bei den einzelnen Vorschriften.

§ 169 Personenstandsfälschung

(1) **Wer ein Kind unterschiebt oder den Personenstand eines anderen gegenüber einer zur Führung von Personenstandsbüchern oder zur Feststellung des Personenstands zuständigen Behörde falsch angibt oder unterdrückt, wird mit Freiheitsstrafe bis zu zwei Jahren oder mit Geldstrafe bestraft.**

(2) **Der Versuch ist strafbar.**

Schrifttum: Baumann, Der strafrechtliche Schutz des Personenstandes, StAZ 58, 225. – *Frank,* Die wissentlich falsche Vaterschaftsanerkennung usw., ZBl. JugR 72, 260. – *Goeschen,* Zur Strafbarkeit der Personenstandsfälschung, ZRP 72, 108. – *Kohlrausch,* Verbrechen gegen den Personenstand, VDB IV 465. – *Maier,* Macht sich die Mutter eines nichtehelichen Kindes durch bloßes Verschweigen des Erzeugers nach § 169 StGB strafbar?, MDR 71, 883. – Aus den Gesetzesmaterialien: BT Drs. VI/3521 S. 10 ff., Prot. VI 1211 ff., 1227 ff., 2027 ff., 2044 f., Prot. 7 S. 3 f.

I. Geschütztes **Rechtsgut** ist der Personenstand (besser: Familienstand; vgl. Baumann StAZ 58, 1 226, Dippel LK¹⁰ 5 vor § 169, 5, Günther SK 2, M-Maiwald II 138), der als rechtlicher Status mit rechtlichen Wirkungen den Schutz des Strafrechtes verdient. Zur Neufassung durch das 4. StRG vgl. Günther SK 1, Sturm JZ 74, 2 u. zu den Änderungen der für § 169 relevanten Abstammungsrechts durch das am 1. 7. 1998 in Kraft getretene KindrechtsreformG v. 16. 12. 1997 (BGBl. I 2942) nunmehr die §§ 1591 ff. BGB nF. Ergänzend vgl. § 68 PStG.

II. **Personenstand** ist das familienrechtliche Verhältnis einer lebenden oder verstorbenen Person 2 zu einer anderen in allen seinen Beziehungen (RG **25** 189, **43** 403, **56** 134). Der Entstehungsgrund ist ohne Bedeutung; entscheidend ist nur, daß der Personenstand von Zivilrecht rechtlich anerkannt ist. Daher sind auch die durch Adoption, Anerkennung der Vaterschaft (§ 1592 I [o. 1]; vgl. auch § 1600 aF: Vaterschaftsanerkennung bei nichtehelichem Kind) usw. begründeten Rechtswirkungen als Personenstand iS des § 169 anzusehen. Ein totgeborenes Kind hat keinen Personenstand (RG **43** 404, Dippel LK¹⁰ 5; and. Baumann StAZ 58, 225), wohl aber ein Verstorbener (RG **25** 190). Zum Personenstand gehört auch das Geschlecht (Dippel LK¹⁰ 5, Tröndle/Fischer 3), nicht dagegen Name, Stand und Staatsangehörigkeit (Günther SK 2). Geschützt wird durch § 169 nur der Personenstand **eines anderen.** Die Veränderung usw. des *eigenen* Personenstandes wird, wenn nicht mittelbar zugleich ein fremder Personenstand betroffen ist, von § 169 nicht erfaßt (RG **25** 191, Hamm NStE **Nr. 1**, Stuttgart NJW **68**, 1341, Günther aaO), ebensowenig die Personenstandsfälschung in bezug auf eine erfundene Person (Tröndle/Fischer 4, Lackner/Kühl 1).

III. Die **Tathandlung** besteht im Unterschieben eines Kindes, in der falschen Angabe des Perso- 3 nenstandes oder dessen Unterdrückung gegenüber bestimmten Behörden.

1. Das **Unterschieben eines Kindes** (1. Alt.) bedeutet seinem Wortlaut nach die Herbeiführung 4 eines Zustandes, der ein Kind als das leibliche Kind einer Frau erscheinen läßt, die es nicht geboren hat, wobei Täterin auch die angebliche Mutter sein kann (RG **36** 137, Dippel LK¹⁰ 7, Günther SK 8). Das in der aF ausdrücklich genannte „Verwechseln" – dem Kind wird ein Personenstand zugeschrieben, der tatsächlich einem anderen zukommt – wird davon miterfaßt (Dippel LK¹⁰ 8, Lackner/Kühl 2, Sturm JZ 74, 2, Tröndle/Fischer 5). Ein Handeln gegenüber der zuständigen Behörde wird hier i. U. zur 2. und 3. Alt. nicht vorausgesetzt, doch macht die dort erforderliche Gefährdung der behördlichen Feststellung eines Personenstandes auch beim Unterschieben eine entsprechende Einschränkung notwendig. Auch bei diesem muß der Täter daher die Personenstandsfeststellung gefährden, hier dadurch, daß das Kind durch Täuschung anderer tatsächlich in eine – insbes. räumliche – Beziehung zu einer bestimmten Frau gebracht wird, nach der es auch für die Behörde als deren leibliches Kind erscheinen muß (vgl. Dippel LK¹⁰ 7, Günther SK 8, Lackner/Kühl 2, Sturm JZ 74, 2, aber auch M-Maiwald II 140). Nach h. M. ist Kind iS des § 169 nur eine Person, die infolge ihres geringen Alters keine zutreffenden Vorstellungen über ihren Personenstand hat (zB Baumann StAZ 58, 226, Dippel LK¹⁰ 9, Günther SK 10, Tröndle/Fischer 5); nur die 2. oder 3. Alt. kommt daher in Betracht, wenn eine Person, die im frühesten Kindesalter von der Mutter getrennt wurde, später einer anderen Frau als der angeblichen Mutter durch Täuschung beider als deren Kind „unterschoben" wird (vgl. näher Blei II 136).

§ 169 5–9   Bes. Teil. Straftaten gegen den Personenstand, die Ehe und die Familie

5   2. Die 2. Alt. erfaßt die **falsche Angabe** des Personenstandes gegenüber bestimmten Behörden, d. h. die Abgabe einer Erklärung, nach der sich das familienrechtliche Verhältnis eines anderen (o. 2) anders darstellt als es in Wahrheit ist (vgl. Hamm NStE **Nr. 1**). Das bloße Schaffen eines irreführenden tatsächlichen Zustands genügt dafür, weil keine „Angabe", nicht (ebenso Dippel LK^{10} 10, Günther SK 14, Lackner/Kühl 3). Ein Erfolg iS einer tatsächlichen Veränderung des Personenstands ist nicht erforderlich (and. § 169 aF), wohl aber muß nach dem Sinn der Vorschrift und entsprechend dem Unterdrücken (u. 8) zu der Abgabe der falschen Erklärung das Bewirken eines Zustands hinzukommen, in dem die behördliche Feststellung des wahren Personenstands zumindest gefährdet ist. Die bloße Abgabe offensichtlich falscher Erklärungen, die eine solche Gefahr nicht begründen, ist daher
6   nur (untauglicher) Versuch (and. Günther aaO).
    Adressat der falschen Erklärung können nur **bestimmte Behörden** sein (and. die aF), nämlich solche, die zur Führung von Personenstandsbüchern oder zur Feststellung des Personenstands zuständig sind. Voraussetzung in beiden Fällen ist, daß sie im konkreten Fall die entsprechenden Feststellungen mit Außenwirkung zu treffen haben (vgl. Hamm NStE **Nr. 1**). Zur *Führung von Personenstandsbüchern* sind die Standesämter zuständig (§§ 1, 2 PStG; für die ehem. DDR vgl. auch EV I Kap. II B III), während die Zuständigkeit zur *Feststellung des Personenstandes* auch anderen Behörden zukommt, sofern sie dazu berufen sind, mit Wirkung für und gegen jedermann speziell den Personenstand eines Menschen festzustellen. Dazu gehören zB das für Statussachen (vgl. §§ 631 ff., 640 ff. ZPO; and. im Unterhaltsprozeß), Todeserklärungen (vgl. § 9 VerschG; zur Geltung im Gebiet der ehem. DDR vgl. EV I Kap. III B III) oder Verfahren nach § 47 PStG, §§ 8 ff. TranssexuellenG v. 10. 9. 80 (BGBl. I 1654) zuständige Gericht, nicht aber das Jugendamt, Einwohnermeldeamt oder die Polizei, die zwar die Identität einer Person, nicht aber deren Personenstand festzustellen hat (hier kommt § 111 OWiG in Betracht). Unrichtige Angaben gegenüber einer unzuständigen Stelle können jedoch bei Weiterleitung an eine zuständige Behörde nach allgemeinen Grundsätzen bei entsprechendem Vorsatz mittelbare Täterschaft sein (Dippel LK^{10} 13, Tröndle/Fischer 6).
7   **Einzelfälle:** Unter die 2. Alt. fallen zB die Anmeldung eines nichtehelichen Kindes als ehelich beim Standesamt (RG 2 303), unrichtige Angaben über den Vater des Kindes gegenüber dem Standesamt (der in gerichtlichen Anfechtungs- oder Feststellungsverfahren nach §§ 1599, 1600 d, e BGB (o. 1; BT-Drs. VI/3521 S. 12), die Bezeichnung der Verstorbenen als Witwe statt als wiederverheiratet bei der Anmeldung eines Todesfalls beim Standesamt (RG JW **11**, 847), der Antrag auf Todeserklärung einer in Wahrheit noch lebenden Person (vgl. auch Kassel NJW **49**, 518), die Angabe eines falschen Samenspenders durch den Arzt bei einer heterologen Insemination (Dippel LK^{10} 14, Günther SK 16), falsche Angaben nach § 8 TranssexuellenG. Kein Fall des § 169 ist dagegen das Einreichen einer fälschlich den Tod des Ehepartners bescheinigenden ausländischen Sterbeurkunde im Aufgebotsverfahren vor dem deutschen Standesbeamten, da dieser nicht den Personenstand eines im Ausland lebenden Ausländers mit Außenwirkung festzustellen hat (Hamm NStE **Nr. 1**). Keine Personenstandsfälschung liegt auch in der wahrheitswidrigen Anerkennung der Vaterschaft an einem nichtehelichen Kind: Da die Anerkennung konstitutive Wirkung hat – sie begründet einen rechtlich wirksamen, wenn auch anfechtbaren Personenstand (§ 1599 BGB [o. 1]) –, kann es hier nicht mehr Aufgabe des Strafrechts sein, das Interesse des Kindes oder der Allgemeinheit an der wahren Abstammung auch dort unter Strafrechtsschutz zu stellen, wo das Zivilrecht bei der Bestimmung des Personenstandes von der biologischen Abstammung ausdrücklich absieht (vgl. zB Dippel LK^{10} 16, Günther SK 15, Lackner/Kühl 3, M-Maiwald II 139, Tröndle/Fischer 6; vgl. auch BT-Drs. VI/3521 S. 11). Nicht hierher gehören ferner zB falsche Angaben über den Personenstand bei der richterlichen Vernehmung eines Zeugen zur Person und das Eintragen falscher Personalien im Hotel (vgl. aber § 111 OWiG).

8   3. Eine **Unterdrückung** des Personenstandes (3. Alt.) ist das Bewirken eines Zustands, in dem das Bekanntwerden des wahren Personenstandes verhindert oder wesentlich erschwert wird (vgl. auch RG **39** 255, **41** 304), wobei auch hier ein Handeln gegenüber den o. 6 genannten Behörden notwendig ist. Das Unterdrücken kann sowohl durch falsche Erklärungen geschehen (ausgenommen solche über den Personenstand selbst, da hier schon die 2. Alt. gegeben ist) als auch durch sonstige, einen irreführenden tatsächlichen Zustand schaffende Handlungen als auch durch Unterlassen, sofern eine Garantenpflicht besteht (§ 13; vgl. dazu Dippel LK^{10} 12, Günther SK 19).
9   **Einzelfälle:** Eine Unterdrückung kann zB in falschen Aussagen im Statusprozeß liegen, so wenn die nichteheliche Mutter unter Leugnen ihres Mehrverkehrs behauptet, nur mit einem bestimmten Mann geschlechtlich verkehrt zu haben (vgl. dazu auch RG **72** 114, DR **43**, 895). Dem steht die Aufhebung des § 1717 BGB nicht entgegen, da der Mehrverkehr der Kindesmutter für den Wegfall der Vaterschaftsvermutung gem. § 1600 d BGB (o. 1) nach wie vor relevant ist. Ein zwar wahrheitswidriges, aber völlig unsubstantiiertes Bestreiten genügt dagegen nicht (ebenso Dippel LK^{10} 18; and. Tröndle/Fischer 7). Ein Unterdrücken kann ferner durch Bewirken der Blutentnahme bei einem anderen im Feststellungsverfahren nach § 1600 d BGB begangen werden (vgl. Oldenburg NdsRpfl. **51**, 37). Ein Unterdrücken durch Unterlassen ist möglich bei Verletzung der Anzeigepflichten nach §§ 16, 32 PStG (Dippel LK^{10} 19, Günther SK 20, Tröndle/Fischer 7; vgl. auch RG **10** 86). Kein Unterdrücken liegt dagegen in der bloßen Weigerung der nichtehelichen Mutter, den Erzeuger des Kindes zu nennen, da keine dahingehende Garantenpflicht besteht (Dippel LK^{10} 20, Günther aaO, Lackner/Kühl 3, Tröndle/Fischer 7 u. näher Maier MDR 71, 883; and. RG **72** 215); im Prozeß steht

der Mutter ohnehin ein Zeugnisverweigerungsrecht nach § 383 I Nr. 3 ZPO, u. U. auch nach § 384 Nr. 2 zu. Kein Unterdrücken ist auch die unwahre Erklärung der Mutter, den Vater nicht zu kennen (Dippel LK[10] 20, Tröndle/Fischer 7, Roxin, Engisch-FS 402; zweifelnd RG **70** 19) oder die Nichtanfechtung der Vaterschaft gem. §§ 1592 Nr. 1, 2, 1599 BGB (früher der Ehelichkeit nach §§ 1593 ff., 1600 a ff. BGB), da nach BGB bestehende Familienstand richtig ist. Auch die Weigerung eines Arztes, nach Vornahme einer heterologen Insemination den Samenspender zu nennen, ist mangels einer Offenbarungspflicht kein Unterdrücken (Dippel LK[10] 20, Günther SK 20, Lackner/Kühl 3, Tröndle/Fischer 7; vgl. aber auch Hanack NJW 74, 2). Zum Aussetzen des nichtehelichen Kindes durch die Mutter vgl. Günther SK 18 mwN.

IV. Für den **subjektiven Tatbestand** ist Vorsatz erforderlich; bedingter Vorsatz genügt (Oldenburg NdsRpfl. **51**, 37). Erforderlich ist das Bewußtsein und der Wille, den Personenstand des anderen in dem o. 4, 5, 8 genannten Sinn zu verdunkeln, und zwar bei der 2. u. 3. Alt. gegenüber einer zuständigen Behörde. Hinsichtlich der Zuständigkeit der Behörde genügt Bedeutungskenntnis (vgl. § 15 RN 43 f.). Der Vorsatz wird nicht dadurch ausgeschlossen, daß für den Täter Vermögensinteressen (zB Unterhaltsanspruch des Kindes) im Vordergrund stehen (Günther SK 23, M-Maiwald II 140; and. RG **72** 114, **77** 52; vgl. auch Dippel LK[10] 21). Zum Irrtum über eine Anmeldepflicht vgl. § 16 RN 93 ff. 10

V. Die Tat ist **vollendet**, sobald der o. 4, 5, 8 genannte Zustand herbeigeführt ist, wofür bei der 2. Alt. der bloße Eingang der falschen Erklärung bei der zuständigen Behörde genügen kann (ebenso Dippel LK[10] 22). Die Tat ist Zustandsdelikt, nicht Dauerdelikt (vgl. 82 vor § 52); sie kann daher trotz einer bereits eingetretenen Fälschungswirkung wiederholt werden (RG **34** 36, **36** 137, **40** 402, Nürnberg MDR **51**, 119), wobei auf der Grundlage von BGH **40** 138 ein Fortsetzungszusammenhang nicht mehr möglich sein dürfte (vgl. Günther SK 24). Ein nach Abs. 2 strafbarer **Versuch** kommt, sofern es sich dabei nicht um einen sog. umgekehrten Subsumtionsirrtum handelt (Wahndelikt), bei der 2. u. 3. Alt. auch bei irriger Annahme der Zuständigkeit in Betracht (Dippel LK[10] 23). 11

VI. Idealkonkurrenz ist zB möglich mit § 271 (RG **25** 188, Dippel LK[10] 26; vgl. aber auch RG **70** 238), ferner mit §§ 153 ff., 221 (and. Tröndle/Fischer 10), 234, 235, 263. 12

§ 170 Verletzung der Unterhaltspflicht

(1) **Wer sich einer gesetzlichen Unterhaltspflicht entzieht, so daß der Lebensbedarf des Unterhaltsberechtigten gefährdet ist oder ohne die Hilfe anderer gefährdet wäre, wird mit Freiheitsstrafe bis zu drei Jahren oder mit Geldstrafe bestraft.**

(2) **Wer einer Schwangeren zum Unterhalt verpflichtet ist und ihr diesen Unterhalt in verwerflicher Weise vorenthält und dadurch den Schwangerschaftsabbruch bewirkt, wird mit Freiheitsstrafe bis zu fünf Jahren oder mit Geldstrafe bestraft.**

Vorbem. Der ursprüngliche § 170 hatte den Tatbestand der Eheerschleichung enthalten, aufgehoben durch das 4. StrRG v. 23. 11. 1973. Durch das 6. StrRG wurde der frühere § 170b bei unverändertem Wortlaut zu § 170. Abs. 2 eingefügt durch Art. 8 des Schwangeren- und Familienhilfeänderungs G v. 21. 8. 1995, BGBl. I 1050.

Schrifttum: Baumann, Strafbare Zahlvaterschaft, FamRZ 57, 234. – Becker, Familienlastenausgleich und Mangelfälle nach dem KindesunterhaltsG, FamRZ 99, 65. – Bruns, Unterhaltspflichtverletzung und Gleichberechtigung, FamRZ 59, 129. – Dopffel/Buchhofer (Hrsg.), Unterhaltsrecht in Europa, Eine Zwölf-Länder-Studie, 1983. – Eckert, Die Auswirkungen des Nichtehelichengesetzes im Strafverfahren wegen Unterhaltspflichtverletzung (§ 170b StGB), FamRZ 74, 118. – Eggert, Die Bedeutung der Statusakte iS des § 1600 a BGB für den Strafrichter, MDR 74, 445. – Geppert, Zum Geltungsbereich des § 170b bei Unterhaltsverpflichtungen zum Nachteil von DDR-Bürgern, JR 88, 221. – Göppinger/Wax u. a., Unterhaltsrecht, 6. A. (1994). – Heimann-Trosien, Zur Übergangsregelung des Art. 12 § 3 NEhelG, JR 76, 235. – Kaiser, Bindung des Strafrichters an Zivilurteile usw., NJW 72, 1847. – Kalthoener/Büttner, Die Rechtspr. zur Höhe des Unterhalts, 6. A. (1997). – Klussmann, Strafbarkeit des vorrangig Unterhaltsverpflichteten nach § 170b bei öffentlichen Sozialleistungen, MDR 73, 457. – Knittel, Das neue Kindesunterhaltsrecht, Amtsvormund 98, 177. – Köhler/Luthin, Handbuch des Unterhaltsrechts, 8. A. (1993). – Kraemer, Nichterfüllung staatlicher Erstattungsansprüche als Unterhaltspflichtverletzung, NJW 73, 793. – v. Krog, Unterhaltspflichtverletzung und verschuldete Leistungsunfähigkeit, FamRZ 84, 539. – Kunz, Ist die Strafbewehrung der Unterhaltspflicht auch auf Ausländer anwendbar?, NJW 77, 2004. – ders., Zum Geltungsbereich des § 170b StGB, NJW 87, 881. – ders., Schutz der Individualinteressen durch § 170b StGB auch im Ausland?, NJW 95, 1519. – Mattmer, Der Straftatbestand der Unterhaltspflichtverletzung, NJW 67, 1593. – Matzke, Zur Tatbestandserfüllung des § 170b bei zivilgerichtlich noch nicht festgestellter nichtehelicher Vaterschaft, Amtsvormund 80, 709. – Oehler, Umgrenzung der gesetzlichen Unterhaltspflicht in § 170b StGB, FamRZ 59, 489. – Ostermann, Strafjustiz als Büttel der Jugendämter, ZRP 95, 204. – Riegner, § 170b StGB und die gleichrangige Unterhaltspflicht der Eltern, NJW 60, 1437. – Schittenhelm, Zweifelhafter Schutz durch das Strafrecht. – Einige kritische Bemerkungen zu dem neuen § 1706 II StGB, NStZ 97, 169. – Schröder, Der Begriff der „gesetzlichen Unterhaltspflicht" in § 170b StGB, JZ 59, 346. – Schumacher, Familienlastenausgleich und Mangelfälle nach dem KindesunterhaltG FamRZ 99, 699. – Schumacher/Grün, Das neue Unterhaltsrecht minderjähriger Kinder, FamRZ 98, 778. – Schwab, Bindung des Strafrichters an rechtskräftige Zivilurteile?, NJW 60, 2169. – Seebode, Unterhaltspflichtverletzung als Straftat, JZ 72, 389. – Welzel, Bemerkungen zu

§ 170 1–1 b   Bes. Teil. Straftaten gegen den Personenstand, die Ehe und die Familie

§ 170 b, H. Mayer-FS 395. – *Rechtsvergleichend: Ehrbeck,* Der Straftatbestand der Unterhaltsentziehung aus rechtsvergleichender Sicht: eine Fünf-Länder-Studie, 1989.

1   **I. Abs. 1** (zur Verfassungsmäßigkeit vgl. BVerfGE **50** 143) dient primär dem **Schutz des Unterhaltsberechtigten vor Gefährdung seines Lebensbedarfs** (BGH **26** 116); daneben, wenn auch erst in zweiter Linie, soll er zugleich die Allgemeinheit, insbes. die Sozialbehörden, vor der Inanspruchnahme von Mitteln bewahren, die von Rechts wegen der Unterhaltspflichtige aufzubringen hätte (BVerfGE **50** 143, 153, BGH **5** 108, **12** 169, **29** 85, Bay NJW **82**, 1243, Hamburg NJW **86**, 336, Karlsruhe JR **78**, 379 m. Anm. Oehler, KG JR **85**, 516 m. Anm. Lenzen, Saarbrücken NJW **75**, 507, Becker NJW 55, 1906, Dippel LK[10] § 170 b RN 3, Günther SK § 170 b RN 2, 11, Kunz NJW 95, 1519, Lackner/Kühl 1, M-Maiwald II 141, Tröndle/Fischer 1; and. Mittelbach MDR 57, 65, Schlüchter, Oehler-FS 316; krit. zu einer Strafvorschrift vgl. zB Ostermann ZRP 95, 204, Seebode JZ 72, 389 u. dazu auch Günther SK 9). Die Ansicht, § 170 b bestrafe ein Unrecht „gegen die Bande des Bluts und der Familie" (so noch BGH **5** 108, Hamm NJW **60**, 1632), ist mit Recht aufgegeben (BGH **12** 169; vgl. aber auch Zweibrücken MDR **74**, 1034). Gesetzliche Unterhaltspflichten gibt es auch gegenüber Nicht-Blutsverwandten (zB §§ 1592, 1593, 1754, 1755 BGB) und als bloße Nachwirkung familienrechtlicher Beziehungen (zB bei geschiedenen Gatten; vgl. auch Oehler FamRZ 59, 489).

1 a   Mit der Einführung des **Abs. 2** durch das SFH ÄndG v. 21. 8. 1995 (BGBl. I 1050) ist der Gesetzgeber der im zweiten Schwangerschaftsabbruchurteil aufgestellten Forderung des BVerfG nachgekommen, durch zusätzliche strafrechtliche Regelungen dafür Sorge zu tragen, daß Frauen der zumutbare Beistand aus ihrem familiären Umfeld, dessen sie wegen der Schwangerschaft bedürfen, nicht in verwerflicher Weise vorenthalten wird (BVerfGE **88** 203, 298; zur Entstehungsgeschichte vgl. näher Günther SK 6 ff., Schittenhelm NStZ 97, 169). Im Unterschied zu dem früheren § 170 c und zu § 201 E 62 ist Anknüpfungspunkt in Abs. 2 jedoch nicht die Verletzung einer umfassenden – also auch seelischen – Beistandspflicht des leiblichen Vaters, sondern lediglich das Vorenthalten des geschuldeten Unterhalts, hier dann freilich nicht auf den leiblichen Vater beschränkt; andererseits genügt nach Abs. 2 nicht schon, daß Mutter und Kind gefährdet (so früher § 170 c) bzw. einer Notlage ausgesetzt werden (§ 201 E 62), vielmehr muß es hier als Folge der Unterhaltspflichtverletzung zum Abbruch der Schwangerschaft kommen. Grundgedanke der Vorschrift ist entsprechend den verfassungsrechtlichen Vorgaben der Schutz des ungeborenen Lebens, indem sichergestellt wird, daß sich die Frau frei von den mit dem Vorenthalten des Unterhalts verbundenen materiellen Zwängen für ihr Kind entscheiden kann. **Geschütztes Rechtsgut** ist damit neben dem werdenden Leben zusätzlich die das Recht auf Mutterschaft umfassende Autonomie der Frau, mit der sich, wenn überhaupt, auch die gegenüber § 218 I deutlich höhere und in ihrer Obergrenze den besonders schweren Fällen des § 218 IV entsprechende Strafdrohung erklären ließe (vgl. aber auch Schittenhelm NStZ 97, 172). Wegen dieses völlig anderen Schutzzwecks ist der Tatbestand des Abs. 2 im Rahmen des § 170 ohne ein Fremdkörper – sachlich hätte er in den Zusammenhang des §§ 218 ff. gehört (so zB noch BT-Drs. 13/285 [§ 218 d II]) – und zumindest zweifelhaft ist deshalb auch, ob der Tatbestand des Abs. 2 gegenüber dem des Abs. 1 nur eine unselbständige Abwandlung iS einer bloßen Qualifikation und kein eigenständiges Delikt ist (für eine Qualifikation jedoch die h. M., zB Günther SK 38, Lackner/Kühl 1, M-Maiwald II 146, Tröndle/Fischer 10; and. Schittenhelm aaO 169 f. u. hier die 25. A.). Aber auch was den Inhalt betrifft, bleiben Fragen (vgl. zB die Kritik bei Günther SK 10, Otto Jura 96, 146, Schittenhelm aaO 170 ff., Tröndle NJW 95, 3017). Geht es darum, die Bereitschaft der Mutter zum Austragen der Schwangerschaft nicht zu zerstören, so macht die Beschränkung des Tatbestands auf das Nichtgewähren materieller Hilfe in Gestalt des Unterhalts wenig Sinn. Noch gewichtiger aber ist, daß die Vorschrift einerseits zu kurz, andererseits zu weit greift: zu kurz, weil sie in den praktisch wohl bedeutsamsten Fällen einer Unterhaltspflichtverletzung durch den mit der Mutter nicht verheirateten Vater unter dem Gesichtspunkt des Schutzes des ungeborenen Lebens in aller Regel „zu spät kommt", besteht hier doch eine Unterhaltspflicht erst frühestens 4 Monate vor der Niederkunft (§ 1615 l BGB; vgl. auch RN 8 vor § 218); zu weit, weil nach ihrem Wortlaut auch derjenige unter die Vorschrift fällt, der zwar der Schwangeren zum Unterhalt verpflichtet ist, den aber der Nasciturus selbst „nichts angeht" (so bei der Pflicht zur Zahlung von nachehelichem Unterhalt, wenn die geschiedene Frau von einem anderen schwanger ist; vgl. dazu u. 34 a). Zur Strafdrohung des Abs. 2 vgl. u. 37.

1 b   **II.** Bei Unterhaltspflichtverletzungen mit **Auslandsbezug** ist vorab die auch den §§ 3 ff. vorausgehende Frage zu entscheiden, ob sie überhaupt in den Schutzbereich des § 170 fallen und damit tatbestandsmäßig sein können. Hier gilt nach den in RN 15 vor § 3 genannten Grundsätzen im wesentlichen folgendes: 1. Nicht anwendbar ist § 170, wenn ein im Inland lebender Ausländer seine gesetzliche, auf deutschem oder ausländischem Recht beruhende Unterhaltspflicht gegenüber im Ausland lebenden Unterhaltsberechtigten nichtdeutscher Staatsangehörigkeit verletzt, da das deutsche Strafrecht nicht dazu berufen sein kann, zivilrechtliche Ansprüche auf Beschaffung des notwendigen Lebensunterhalts und fremde öffentliche Fürsorgesysteme weltweit mit einer Strafdrohung abzusichern, obwohl entsprechende Strafrechtssanktionen im Ausland vielfach unbekannt sind (h. M., vgl. BGH **29** 85 m. Anm. Oehler JR 80, 381 u. die Nachw. in RN 15 vor § 3, ferner Dopffel/Buchhofer aaO S. 656, Günther SK 13, M-Maiwald II 142; and. zB Karlsruhe JR **78**, 379 m. Anm. Oehler, Kunz NJW 95, 1591). Entsprechendes war vor dem Beitritt (3. 10. 1990) für Unterhaltspflichten gegenüber einem DDR-Bürger anzunehmen (vgl. die 23. A. RN 66 vor § 3, LG Ravensburg NStZ **84**, 459 mit Anm. Zuberbier/Becker NStZ 85, 269, Geppert JR 88, 224 ff., Dippel LK[10] 7; and. hier die h. M., zB Bay **86** 131, Frankfurt ROW **85**, 236, Hamburg NJW **86**, 336, KG JR **85**, 516 m. Anm. Lenzen, Stuttgart NStE **Nr. 2**, Kunz NJW 87, 882, Tröndle/Fischer 3). – 2. Aus denselben Gründen ist § 170 nicht einschlägig bei Unterhaltspflichtverletzungen eines Deutschen gegenüber einem eine fremde Staatsangehörigkeit besitzenden und im Ausland lebenden Unterhaltsberechtigten (vgl. Bay NJW **82**, 1241, Dippel LK[10] 7, Günther SK 15). – 3. Stets in den Schutzbereich des § 170 einbezogen sind dagegen deutsche Staatsbürger, weshalb Unterhaltspflichtverletzungen unter den Voraussetzungen des § 170 auch gegenüber einem im Ausland wohnenden deutschen Unterhaltsberechtigten tatbestandsmäßig sind; ob deutsches Strafrecht hier Anwendung findet, ist dann allerdings eine Frage der §§ 3 ff. (vgl. KG aaO, Kunz aaO). – 4. Den vollen Schutz des § 170 genießen schließlich, gleichgültig, ob sie auf deutschem oder ausländischem Recht beruhen (u. 2), Unterhaltsansprüche von im Inland lebenden Ausländern, wobei hier dann auch der weitere Schutzzweck des § 170 – Verhütung der Inanspruchnahme öffentlicher Mittel – voll zur Geltung kommt (vgl. Tröndle/Fischer 3). Zu beachten ist, daß die Tat hier wegen § 9 I stets im Inland begangen ist.

III. Tatbestandsvoraussetzung ist sowohl in Abs. 1 wie in Abs. 2 das Bestehen einer **gesetzlichen** **2** **Unterhaltspflicht.** Dazu gehören alle Unterhaltspflichten iS des deutschen Bürgerlichen Rechts (Hamm NJW **60**, 1632, JZ **62**, 547 m. Anm. Schröder, Bay **68** 62), wobei sich der Unterhaltsanspruch nach IPR aber auch aus einem ausländischen Gesetz ergeben kann (Bay NJW **82**, 1243, Hamm JMBlNW **59**, 269, Saarbrücken NJW **75**, 507, Stuttgart NJW **77**, 1601, Dippel LK[10] 7, Günther SK 17, Oehler JR 80, 382 [and. noch JR 75, 293 u. 78, 381 ff.: nur auf deutschem Recht beruhende Unterhaltspflichten]; zur Maßgeblichkeit von früherem DDR-Recht vor dem Beitritt vgl. Bay NJW **66**, 1173, KG JR **62**, 429). Gibt es einen solchen Anspruch, so greift der Schutz des § 170 ohne weiteres ein (BGH **12** 166, **26** 113, Bay **61** 260, Schröder JZ 59, 346). Nach BGB besteht eine Unterhaltspflicht zunächst zwischen Ehegatten (§§ 1360 ff.), u. U. auch gegenüber dem geschiedenen Gatten (§§ 1569 ff.; für bis zum 30. 6. 1977 rechtskräftig geschiedene Ehen vgl. §§ 58 ff. EheG) und als Folge der Eheaufhebung (§ 1318 BGB), wobei in der ehemaligen DDR für vor dem Beitritt (3. 10. 1990) erfolgte Scheidungen jedoch das bisherige Recht (§§ 29 ff. FamGB-DDR) maßgebend bleibt (Art. 234 § 5 EGBGB). Unterhaltspflichtig sind sich ferner Verwandte in gerader Linie (§§ 1601 ff.), also Kinder den Eltern, Eltern den Kindern, Enkeln usw. Zur Unterhaltspflicht auf Grund einer Adoption vgl. §§ 1751 IV, 1754, 1755, 1767 II, 1770; für in der ehem. DDR vor dem Beitritt adoptierte Kinder vgl. Art. 234 § 13 EGBGB. § 1615 I sieht schließlich eine zeitlich begrenzte Unterhaltspflicht des Vaters gegenüber der mit ihm nicht verheirateten Mutter vor. Nicht unterhaltspflichtig sind dagegen Geschwister untereinander. Wegen der Einzelheiten einschließlich der durch das Familienrechtsreformgesetz erfolgten Änderungen muß auf das zivilrechtliche Schrifttum verwiesen werden (zu den von der Rspr. entwickelten Grundsätzen über die Bedürftigkeit, die Leistungsfähigkeit und das Maß des Unterhalts. aus jüngster Zeit zB Graba FamRZ 95, 518, 96, 321, 97, 393, 98, 399, 99, 751, Kalthoener/Büttner aaO sowie NJW 95, 1788, 96, 1857, 97, 1818, 98, 2012, Büttner NJW 99, 2315; zum Unterhaltsrecht in den neuen Bundesländern zB Wolf DtZ 95, 386, Grandke NJ 98, 295 u. zum Unterhalt von Kindern seit dem 1. 7. 1998 Knittel, Amtsvormund 98, 177). Hervorzuheben ist unter Berücksichtigung der Änderungen durch das KindRG v. 16. 12. 1997 (vgl. Diederichsen NJW 98, 1977, Gaul FamRZ 97, 1441) und das KindUG v. 6. 4. 1998 (vgl. Knittel aaO, Schumacher/Grün Fam RZ 98, 778, Weber NJW 98, 1992) jedoch folgendes:

1. Mutter eines Kindes ist die Frau, die es geboren hat (§ 1591 BGB), **Vater** eines Kindes der **3** Mann, der zum Zeitpunkt der Geburt mit der Mutter verheiratet ist, der die Vaterschaft anerkannt hat oder dessen Vaterschaft nach § 1600 d BGB gerichtlich festgestellt ist (§ 1592; für Grenzfälle vgl. § 1593 BGB, zur Anfechtung der Vaterschaft vgl. § 1599 I BGB, zur Geburt eines Kindes nach Anhängigkeit eines Scheidungsantrages § 1599 II BGB). Vor Feststellung der Vaterschaft durch rechtswirksame Anerkennung oder rechtskräftige gerichtliche Feststellung kann die Erfüllung von Unterhaltspflichten auch mit den Mittel des Strafrechts nur ausnahmsweise erzwungen werden (§§ 1600 d IV, 1615 o BGB, § 641 d ZPO); vgl. auch u. 7.

a) Die beiden die Vaterschaft begründenden Statusakte in Form der **Anerkennung** oder **gerichtli-** **4/5** **chen Feststellung** (§ 1592 Nr. 2, 3 BGB), deren Vorliegen ausdrücklich im Strafurteil festgestellt werden muß (vgl. Schleswig SchlHA/E-L **85**, 117), binden auch den Strafrichter (vgl. § 640 h ZPO u. zur Anerkennung § 1600 a I BGB aF, BT-Drs. V 2379 S. 25 f.), der seinerseits dann nur noch über die weiteren Voraussetzungen der Unterhaltspflicht (Bedürftigkeit, Leistungsfähigkeit usw.) zu befinden hat (vgl. BGH **26** 113, Düsseldorf NStE **Nr. 8,** Stuttgart NJW **73**, 2305 m. Bspr. Eggert MDR 74, 445, Zweibrücken MDR **74**, 1034, Dippel LK[10] 14, Günther SK 20, Heimann-Trosien, JR 76, 235, Kaiser NJW 72, 1847, Lackner/Kühl 4, Tröndle/Fischer 3 w; vgl. aber auch u. 13). Deshalb ist im Strafverfahren nach § 170 eine Beweisführung über die Vaterschaft (zB durch erbbiologische Gutachten) unzulässig, wenn diese gem. § 1600 d BGB, § 640 h ZPO festgestellt ist (Hamm NJW **73**, 2306 zu § 1600 a aF). Dies gilt auch für ein Urteil, das mit Hilfe der Vermutung des § 1600 d II BGB die Vaterschaft festgestellt hat; das Gesetz hat hier eine letzte Ungewißheit der Abstammung bewußt in Kauf genommen und geringfügige Zweifel an der Vaterschaft für irrelevant erklärt. Eine entsprechende Bindungswirkung besteht bei gerichtlichen Vaterschaftsfeststellungen oder -anerkennungen vor Wirksamwerden des Beitritts (3. 10. 1990) in der ehemaligen DDR, soweit diese nach

§ 170 6–12   Bes. Teil. Straftaten gegen den Personenstand, die Ehe und die Familie

Art 234 § 7 I EGBGB unberührt bleiben. Zur Bindungswirkung der vor dem 1. 7. 1970 in den alten Bundesländern ergangenen rechtskräftigen Unterhaltsurteile nach § 1708 BGB aF (vgl. Art. 12 § 3 I 2 NEhelG) und der in Art. 12 § 3 I 1 NEhelG näher bezeichneten Anerkenntnisse vgl. die 25. A. RN 5).

6   b) Ergeht ein Feststellungsurteil oder wird die Vaterschaft anerkannt, so schuldet der mit der Mutter nicht verheiratete Vater dem Kind und der Mutter Unterhalt **rückwirkend von der Geburt an** (§§ 1600 d IV, 1615 l III BGB; vgl. auch § 1613 II Nr. 2 a). Die Nichtleistung der bis zur Vaterschaftsfeststellung fällig gewordenen Rückstände ist jedoch nicht nach § 170 strafbar (Bay **88** 92, Hamburg OLGSt **Nr. 2**, Dippel LK[10] 15). Dessen Grundgedanke, den Lebensunterhalt der Berechtigten in der Gegenwart und Zukunft zu sichern und die Allgemeinheit vor einer Inanspruchnahme zu schützen, erfordert es nicht, die Strafbarkeit auf die Nichtleistung des Unterhaltsrückstandes aus der Zeit vor der Vaterschaftsfeststellung auszudehnen. Als der Bedarf gegenwärtig war, konnte infolge der Sperrwirkung des § 1600 d IV BGB vom später festgestellten Vater noch kein Unterhalt verlangt werden (o. 3).

7   c) Ausnahmen von dem Grundsatz, daß Unterhaltsansprüche – als Rechtswirkungen der Vaterschaft iSv § 1600 IV BGB – gegen den mit der Mutter nicht verheirateten Vater erst nach der Feststellung der Vaterschaft geltend gemacht werden können, sehen die §§ 1615 o BGB, 641 d ZPO vor. Danach kann das Gericht auch schon vor Feststellung der Vaterschaft auf Antrag den mutmaßlichen Vater durch **einstweilige Verfügung** oder **einstweilige Anordnung** zur Unterhaltszahlung verpflichten. Hierbei handelt es sich um eine gesetzliche Unterhaltspflicht iS des § 170 (ebenso Dippel LK[10] 16), die aber gem. §§ 936, 926, 641 f. ZPO wieder entfallen kann. Nicht unter § 170 fällt dagegen die Nichtleistung einer durch einstweilige Verfügung oder einstweilige Anordnung auferlegten Sicherheit (Hinterlegung). Diese Verpflichtung steht der unmittelbaren Pflicht, Unterhalt zu gewähren, nicht gleich (vgl. §§ 1612 I, 1615 l III BGB). Über die Bedeutung einer späteren Abweisung der Feststellungsklage vgl. u. 12.

8   2. Soweit das Bürgerliche Recht **Beweisvermutungen** aufstellt, sind sie Bestandteil des Instituts der gesetzlichen Unterhaltspflicht und daher auch vom Strafrichter zu beachten (vgl. zu §§ 1717, 1718 BGB aF Braunschweig NdsRpfl. **59**, 230, Celle NJW **62**, 600, Stuttgart NJW **60**, 2205, ferner Dippel LK[10] 18, Günther SK 3, Lackner/Kühl 3, Mattmer NJW 67, 1593, M-Maiwald II 143, Schröder JZ 59, 347, Tröndle/Fischer 3 a).

9   a) Das **Nichtbestehen der Vaterschaft** trotz **bestehender Ehe mit der Mutter** darf auch der Strafrichter nur annehmen, wenn auf Grund einer Anfechtung rechtskräftig festgestellt ist, daß der Mann nicht der Vater des Kindes ist (§ 1599 I BGB; vgl. auch §§ 1593, 1599 II). Solange dies nicht der Fall ist, ist der gesetzliche Vater auch im Strafverfahren als unterhaltspflichtig zu behandeln (BGH **12** 166, Bay NJW **61**, 1415, Frankfurt FamRZ **81**, 1063, Dippel LK[10] 19, Günther SK 3, Lackner/Kühl 3, Fischer/Tröndle 3; and. Hamm FamRZ **57**, 367 m. Anm. Bruns). Nach der biologischen Abstammung des Kindes darf hier nicht geforscht werden; ebensowenig ist der Grundsatz in dubio pro reo anwendbar, da sonst die Schutzfunktion des § 1600 c BGB in erheblichem Umfang ausgeschaltet wäre (ebenso Dippel LK[10] 19); zur Möglichkeit der Aussetzung vgl. §§ 154 d, 262 II StPO.

10   b) Eine gleichwertige Bindungswirkung ergibt sich bei **nichtehelichen Kindern** aus der Feststellung der Vaterschaft durch Anerkennung oder gerichtliches Urteil (§§ 1594, 1600 d BGB). Auf die Beweisvermutungen des § 1600 II BGB darf der Strafrichter nicht zurückgreifen, wenn eine durch einstweilige Verfügung oder einstweilige Anordnung (o. 7) begründete Unterhaltspflicht verletzt wird, sofern nicht die Vaterschaft (im Fall des § 1615 o BGB) bereits wirksam anerkannt ist. Solange ein für und gegen alle wirkender Vaterschaftstitel noch nicht vorhanden ist und die Vaterschaft in den summarischen Zivilverfahren nur glaubhaft zu machen war (§§ 641 d II, 936, 920 II ZPO), kann der Strafrichter auch über die Tatsachen von Amts wegen Beweis erheben, die geeignet sind, die auf der Beiwohnung innerhalb der Empfängniszeit beruhende Vaterschaftsvermutung zu entkräften (zB durch Blutgruppengutachten). Im Zweifel zu Gunsten des Angeklagten darf in Vermutungsfällen aber nur entschieden werden, wenn die Vaterschaftsvermutung durch schwerwiegende Zweifel an der Vaterschaft ausgeräumt ist (ebenso Dippel LK[10] 20). An die durch einstweilige Verfügung oder einstweilige Anordnung festgesetzte Höhe der Unterhaltszahlung ist der Strafrichter nicht gebunden (ebenso Dippel aaO).

11   3. **Bindung an Zivilurteile.** Soweit *Statusurteile* oder vergleichbare Entscheidungen (vgl. §§ 1763 f., 1771 BGB für die Adoption) die Grundlage für den Beginn oder das Ende einer Unterhaltsverpflichtung bilden, ist deren Wirkung für und gegen jedermann auch im Strafverfahren zu beachten (Dippel LK[10] 22, Günther SK 21, Heimann-Trosien JR 76, 235, M-Maiwald II 143). Dies gilt insbesondere für die gerichtliche Anfechtung und Feststellung der Vaterschaft (§§ 1599 I, 1600 d, 1600 e BGB, § 640 h ZPO; zur Wirksamwerden des Beitritts ergangenen Entscheidungen in der ehem. DDR vgl. Art 234 § 7 EGBGB u. BVerfG FamRZ **95**, 411) und für Ehescheidungs- und Eheaufhebungsurteile (§§ 1564, 1313 BGB) sowie Ehenichtigkeitsurteile nach früherem Recht (§ 23 EheG).

12   Ist die *Vaterschaftsanfechtungsklage* (§ 1599 I BGB) *rechtskräftig abgewiesen*, so besteht die Unterhaltspflicht des Ehemannes der Mutter bzw. des Mannes, der die Vaterschaft anerkannt hat, wie bei unterbliebener Anfechtung ohne daß es auf die Abstammung des Kindes von dem Mann ankäme (§ 640 h ZPO; vgl. Bay NJW **61**, 1415, Dippel LK[10] 24, Lackner/Kühl 3, Schröder JZ 59, 347; and.

Saarbrücken FamRZ **59**, 35, Oehler FamRZ **59**, 490). Nach erfolgreicher Anfechtungsklage wirkt die *rechtskräftige Feststellung der Nichtvaterschaft* auf den Zeitpunkt der Geburt des Kindes zurück (Palandt-Diederichsen[58] § 1599 RN 2); der „Scheinvater" kann daher nicht mehr nachträglich nach § 170 bestraft werden, wenn er vor Rechtskraft des der Anfechtung stattgebenden Urteils an das Kind keinen Unterhalt gezahlt hat (Dippel LK[10] 23, Meyer NJW 69, 1360; and. Hamm NJW **69**, 805). Das gleiche gilt, wenn die Vaterschaftsanerkennung mit Erfolg angefochten wurde (§ 1599 I BGB); auch hier fällt die Vaterschaft mit Rechtskraft des Urteils rückwirkend weg (vgl. Palandt-Diederichsen[58] § 1599 RN 2). Ist die *Feststellungsklage* gegen einen Täter, der einer einstweiligen Verfügung oder Anordnung nach §§ 1615 o BGB, 641 d ZPO (o. 7) nicht nachgekommen ist, nachher *rechtskräftig abgewiesen* worden, so kann der bloß formale Verstoß gegen die einstweilige Zahlungsverpflichtung die Strafbarkeit nach § 170 nicht mehr begründen (vgl. § 641 g ZPO).

Wenn bzw. soweit die *Klage auf Unterhalt rechtskräftig abgewiesen* ist, kann der Strafrichter nicht über 13 § 170 erzwingen, was sich im Zivilrechtswege nicht durchsetzen ließe und daher bei Leistung unter dem Druck der Strafverfolgung kondiziert werden könnte (Dippel LK[10] 28, Schwab NJW **60**, 2169, Welzel 406; and. BGH **5** 111, Stuttgart NJW **60**, 2205, Tröndle/Fischer 3 a [dort unter Hinweis auf den hier idR gegebenen Tatbestandsirrtum]; vgl. auch Günther SK 22). Bei *rechtskräftiger Verurteilung* zur Unterhaltsleistung darf das den Unterhaltsanspruch begründende Statusverhältnis (o. 4, 10), nicht nachgeprüft werden. Im übrigen ist der Strafrichter aber nicht gebunden; er kann zB frei darüber befinden, ob um welchem Umfang der Berechtigte in Wahrheit bedürftig, der zur Unterhaltszahlung verurteilte Angeklagte leistungsfähig ist (BGH **5** 106, Bay NJW **67**, 1287, Bremen NJW **64**, 1286, Düsseldorf StV **91**, 68, Stuttgart NJW **60**, 2204, Dippel LK[10] 27, Tröndle/Fischer 3 a; and. Braunschweig NJW **53**, 558). Ebenso kann der Strafrichter die Höhe des geschuldeten Unterhalts abweichend von dem im Beschlußverfahren nach §§ 645 ff., 653 ZPO, 1612 a f. BGB iVm der nach § 1612 a erlassener RegelbetragVO (zuletzt vom 28. 5. 1999 [BGBl. I 1100]) pauschal festgesetzten Unterhaltsbetrag feststellen.

4. Ist eine Klage wegen Anfechtung der Vaterschaft oder auf Feststellung des Nichtbestehens eines 14 Vaterschaftsverhältnisses (§ 640 II ZPO iVm §§ 1599 ff. BGB) oder eine Restitutionsklage gem. §§ 580, 641 i ZPO anhängig, so kann das **Strafverfahren** nach §§ 154 d, 262 II StPO **ausgesetzt** werden.

5. Bei durch **Rechtsgeschäft** (Vertrag) begründeten Unterhaltsansprüchen ist zu differenzieren: 15 Beruhen sie ausschließlich auf dem Parteiwillen (zB vertraglicher Unterhaltsanspruch eines vor dem 1. 7. 1977 allein oder überwiegend schuldig geschiedenen Ehegatten), so ist die Nichterfüllung nicht nach § 170 strafbar. Sind sie dagegen auf gesetzlicher Grundlage vertraglich geregelt, so muß ermittelt werden, inwieweit gesetzliche und vertragliche Unterhaltspflicht sich decken (Dippel LK[10] 9, Günther SK 23, M-Maiwald II 143; zur Unterhaltspflicht aus einem gerichtlichen Vergleich vgl. Bay FamRZ **58**, 284, Köln NJW **62**, 929, Stuttgart Amtsvormund **97**, 427). Zur Bedeutung des Unterhaltsverzichts, mit dem die Unterhaltspflicht endet, soweit er wirksam ist, vgl. §§ 1585 c, 1614 BGB [§ 1615 e aF ist aufgehoben], Bay NJW **67**, 1287, Göppinger FamRZ 70, 222, Schumacher/Grün FamRZ 98, 787. Ein Verzicht „außer im Fall der Not" schließt die Strafbarkeit aus, solange die Notlage des Berechtigten dem Verpflichteten nicht bekannt ist. Eine Vereinbarung durch die ein Elternteil den anderen anläßlich der Scheidung von Unterhaltsansprüchen gemeinschaftlicher Kinder freistellt, läßt deren Unterhaltsansprüche unberührt – sie darf nicht zu Lasten der Kinder gehen (vgl. näher BGH JR **86**, 324 m. Anm. Göppinger).

6. Ersatzansprüche eines Dritten, der für den Unterhaltsschuldner geleistet hat (vgl. §§ 1607, 16 1584 BGB nF), fallen nicht unter § 170. Die Leistung des Dritten kann aber dadurch veranlaßt sein, daß er wegen der Nichtleistung des vorrangig oder eigentlich Unterhaltspflichtigen als „anderer" zahlte, um eine Gefährdung des Lebensbedarfs von dem Berechtigten abzuwenden. Dies ist nicht der Fall, wenn der Dritte im Auftrag des Verpflichteten oder ohne Rücksicht auf die Unterhaltsverweigerung des Verpflichteten zahlt (BGH **12** 185, Dippel LK[10] 10; vgl. auch u. 30). Kein Unterhaltsanspruch ist ferner der **Erstattungsanspruch eines öffentlich-rechtlichen Leistungsträgers**, und zwar auch dann nicht, wenn der Unterhaltsanspruch auf diesen Kraft Gesetzes übergegangen ist (§§ 90, 91 BSHG, §§ 37 ff. BaföG, § 94 III SGB VIII, § 7 UnterhaltsvorschußG [UVG]) oder auf ihn übergeleitet wurde (§ 140 AFG, §§ 95, 96 SGB VIII); vgl. BGH **26** 318 m. Anm. Forster NJW 76, 1645, Bay FamRZ **76**, 115, LG Memmingen NJW 73, 206, Stuttgart NJW **73**, 816, Kraemer NJW 73, 793; and. AG Bremerhaven MDR **66**, 166, Frankfurt NJW **72**, 836 m. Anm. Eggert S. 1383 u. Potthast S. 2276; zum Ganzen näher Klußmann MDR 73, 457; vgl. auch u. 31.

7. Die **Art der Unterhaltsgewährung** richtet sich gleichfalls nach Bürgerlichem Recht. Je nach 17/18 dem familienrechtlichen Status des Berechtigten können danach Geld-, Sach- und Dienstleistungen als Unterhalt geschuldet sein (vgl. §§ 1360, 1360 a II BGB zur Verpflichtung von Ehegatten zum Familienunterhalt; § 1361 IV zum Unterhalt bei Getrenntleben und § 1585 zum Unterhalt nach Scheidung der Ehe; zur Unterhaltspflicht von Verwandten in gerader Linie vgl. § 1612 u. dort Abs. 2 zum allerdings nicht unbeschränkten Recht von Eltern unverheirateter – auch volljähriger – Kinder, zu bestimmen, in welcher Art der Unterhalt gewährt werden soll). Auch die gesetzliche Unterhaltspflicht iS des § 170 umfaßt daher nicht nur die Pflicht zur Unterhaltsleistung in Geld, sondern zB auch die Erziehung und Pflege eines minderjährigen Kindes, zumal diese ungeachtet der hier bereits aufgrund des Sorgerechts bestehenden Verpflichtung für den Regelfall in § 1606 III BGB ausdrücklich

§ 170 19, 20   Bes. Teil. Straftaten gegen den Personenstand, die Ehe und die Familie

als Erfüllung der Unterhaltspflicht des betreffenden Elternteils bezeichnet wird (vgl. entsprechend zur Haushaltsführung durch einen Ehegatten § 1360 S. 2). Nicht erst die vollständige Verweigerung, sondern auch schon die bloße Vernachlässigung von Betreuungspflichten ist in solchen Fällen deshalb nach § 170 strafbar, wenn sie sich als teilweise Nichterfüllung der Unterhaltspflicht darstellt und den durch Pflichten dieser Art gesicherten Lebensbedarf gefährdet (vgl. BVerfGE **50** 153 f., Hamm NJW **64**, 2316, Dippel LK[10] 30, Lackner/Kühl 5, Otto II 333, Schröder JZ 62, 548, Welzel aaO 395; and. Karlsruhe JZ **73**, 600 m. Anm. Seebode, Günther SK 19, M-Maiwald II 142); daneben kann hier auch § 171 gegeben sein. Nach § 170 strafbar ist daher zB auch die Hausfrau, die bisher ihrer Unterhaltspflicht durch tatsächliche Versorgung ihrer minderjährigen Kinder nachgekommen ist und ihre Familie dann verläßt, wenn sie nicht durch Geldzahlung (vgl. LG Berlin FamRZ **68**, 469, RGRK-Mutschler § 1606 RN 16) ihren Unterhaltsanteil leistet (Hamm NJW **64**, 2316 m. Anm. Merkert NJW 65, 409, Dippel LK[10] 30, 52; and. Karlsruhe NJW **73**, 108). Ist der Bedürftige in einem Heim untergebracht, so besteht der Unterhalt in der Bestreitung der Kosten für die Heimunterbringung (Celle NJW **62**, 1832, Köln FamRZ **64**, 477); eine Strafbarkeit nach § 170 kommt hier freilich nur in Betracht, wenn zwischen der Unterbringung und der Vorenthaltung des Unterhalts ein innerer Zusammenhang besteht (u. 30). Dagegen sind notwendige Maßnahmen der elterlichen Vermögensverwaltung nicht Teil der Unterhaltspflicht (Bay **68** 60).

19   8. Ob und in welchem Maße eine gesetzliche Unterhaltspflicht besteht, bestimmt sich zunächst nach dem **Bedarf** des Berechtigten (zur Leistungsfähigkeit des Verpflichteten vgl. u. 20). An einem solchen fehlt es, wenn und soweit der Betreffende den ihm zustehenden Lebensbedarf selbst mit Mitteln decken kann, die ihm tatsächlich zur Verfügung stehen (zu § 1602 II BGB s. jedoch u.) oder die er sich durch die zumutbare Erfüllung seiner Erwerbs- u. sonstigen Obliegenheiten beschaffen kann (vgl. zB BGH NJW **98**, 979: Unterlassen des zumutbaren Einziehens von Forderungen). Ausgangswert für die Höhe der Unterhaltsschuld, die sich aus dem Urteil ergeben muß (vgl. Zweibrücken NJW **87**, 1899, ferner u. 22), ist bei gegebener Bedürftigkeit der angemessene Unterhalt, der sich beim *Verwandtenunterhalt* nach der Lebensstellung des Bedürftigen richtet (§ 1610 I BGB). Besonderheiten ergeben sich hier beim *Kinderunterhalt:* Danach braucht zB ein minderjähriges unverheiratetes Kind den Stamm seines Vermögens nicht anzugreifen (§ 1602 II BGB; zum volljährigen Kind vgl. BGH NJW **98**, 978), auch besteht keine Erwerbsobliegenheit, wenn sich das – auch volljährige – unterhaltsberechtigte Kind noch in einer angemessenen Ausbildung befindet (vgl. BGH FamRZ **95**, 475, Hamm FamRZ **88**, 425). Eine weitere Besonderheit ist die minderjährigen Kindern eingeräumte Möglichkeit, von den Elternteil, mit dem sie nicht in einem Haushalt leben, den Unterhalt in Vomhundertsatz eines oder des jeweiligen Regelbetrags nach der Regelbetragsverordnung in einem vereinfachten Verfahren zu verlangen (§§ 1612 a ff. BGB, §§ 645 ff. ZPO). Geht man davon aus, daß nach dem Bericht der BReg über das Existenzminimum von Kindern und Familien für das Jahr 1999 (BT-Drs. 13/9561) das Existenzminimum der drei Altersgruppen unterhaltsberechtigter Kinder ab 1999 461, 544 und 670 DM beträgt (Schumacher/Grün FamRZ **98**, 779), so liegen die Regelbeträge für den Barunterhalt eines minderjährigen Kindes nach dem KindesunterhaltsG und der RegelbetragVO idF v. 28. 5. 1999 (BGBl. 1998 I, 1100), angepaßt zum 1. 7. 1999 mit 355, 431 und 510 DM, erheblich unter diesen Werten; zu berücksichtigen ist dabei jedoch, daß die Regelbeträge ihrer Funktion nach auch nicht voll bedarfsdeckend sein sollen, sondern daß sie eine bloße Bemessungsgröße für dynamisierte Unterhaltstitel und für die Zulässigkeit des vereinfachten Verfahrens über den Unterhalt Minderjähriger darstellen (näher dazu u. Schumacher/Grün aaO. Schumacher Fam RZ 99, 749). Das Maß des von *Ehegatten* zu leistenden Familienunterhalts (§ 1360 BGB) bestimmt sich nach § 1360 a BGB, der Unterhalt getrennt lebender Gatten nach § 1361 BGB, die Höhe des *nachehelichen Unterhalts* bei Scheidung nach § 1578 BGB (für die ehem. DDR vgl. aber Art. 234 § 5 EGBGB) bzw. bei sog. Altehen nach §§ 58 ff. EheG. Als Orientierungshilfe zur Bestimmung des angemessenen Unterhalts für Kinder und Ehegatten und des sog. Selbstbehalts (Eigenbedarf) haben verschiedene OLGe Leitlinien und Tabellen entwickelt, von denen die „Düsseldorfer Tabelle" am verbreitetsten ist (vgl. Palandt-Diederichsen[59] § 15 ff. vor § 1601 und zur „Düsseldorfer Tabelle" zuletzt NJW 99, 1845). Sieht das Gesetz Unterhalt nach *Billigkeit* vor, so ist meist nur ein Unterhaltsbeitrag geschuldet, der unter dem angemessenen Unterhalt liegt (vgl. §§ 1361 III, 1579, 1611 BGB, §§ 59, 60, 61 II EheG). Soweit *Unterhalt für die Vergangenheit* verlangt werden kann (vgl. §§ 1613, 1360 a III, 1361 IV 3 BGB), hat dies für § 170 Bedeutung nur, wenn der Unterhaltsschuldner bereits in der fraglichen Zeit seine Unterhaltspflicht verletzt hat, nicht aber, wenn er den für die Vergangenheit geschuldeten Unterhalt jetzt nicht erbringt (vgl. entspr. o. 6).

20   9. Eine Unterhaltspflicht besteht nach Bürgerlichem Recht grundsätzlich nur bei **Leistungsfähigkeit** des Unterhaltsschuldners (vgl. insbes. §§ 1603, 1581 BGB; zur Feststellung im Urteil u. 22). Diese ist daher nicht, wie vielfach angenommen wird (vgl. zB Bay **88**, 92, **99**, 56, StV **83**, 418, Hamm NStZ-RR **98**, 208, Köln FamRZ **76**, 119, Koblenz GA **75**, 28, Dippel LK[10] 39, Lackner/Kühl 8, M-Maiwald II 143, Tröndle/Fischer 6; offengelassen von Köln NJW **81**, 63), ein „ungeschriebenes" Tatbestandsmerkmal des § 170, sondern – ebenso wie die Bedürftigkeit des Berechtigten (o. 19) – ein vom Strafrichter selbständig zu beurteilendes (o. 13) Element des gesetzlichen Merkmals der Unterhaltspflicht (so auch Günther SK 26). Zur Verurteilung des Verpflichteten durch das Familiengericht ohne Berücksichtigung seiner konkreten Leistungsfähigkeit kann es nach dem Gesetz nur noch im vereinfachten Verfahren nach §§ 645 ff. ZPO kommen (vgl. § 649 ZPO), wenn er nicht rechtzeitig

Verletzung der Unterhaltspflicht   21, 21a § **170**

im streitigen Verfahren (§ 651 ZPO) oder im Abänderungsverfahren (§ 654 ZPO) die Herabsetzung des Unterhalts wegen eingeschränkter Leistungsfähigkeit verlangt hat. Nur in solchen Fällen ist die Leistungsfähigkeit daher eine ungeschriebene Strafbarkeitsvoraussetzung. Die Leistungsfähigkeit muß während der Zeit bestehen, für die Unterhalt verlangt wird (BGH NJW **83**, 814; vgl. auch Düsseldorf OLGSt **Nr. 11**). Kann der Verpflichtete nur einen Teil des erforderlichen Unterhalts gewähren, so ist er insoweit leistungsfähig und damit unterhaltspflichtig.

a) Die **Anforderungen** an die Leistungsfähigkeit ergeben sich in allen Fällen aus dem Bürgerlichen   **21** Recht. Sie sind verschieden, je nachdem, wer Unterhalt verlangt. So ist im Fall des § 1603 I BGB der Unterhaltsschuldner schon dann nicht mehr als leistungsfähig anzusehen, wenn er bei Berücksichtigung seiner sonstigen Verpflichtungen (vgl. zu diesen und ihrer Berücksichtigung u. U. im Rahmen eines angemessenen Tilgungsplans zB BGH NJW **82**, 1641, FamRZ **84**, 657, Bay NJW **61**, 38, Hamm OLGSt **Nr. 1**, Köln NJW **62**, 1630, **81**, 63, Schlesw SchlHA **85**, 44, Palandt/Diederichsen[59]; § 1603 RN 23 ff. mwN) außerstande ist, ohne Gefährdung seines angemessenen Unterhalts den Unterhalt zu gewähren. Etwas anderes gilt jedoch im *Eltern-Kinderverhältnis*. Danach haben Eltern gegenüber minderjährigen unverheirateten Kindern und gegenüber volljährigen Kindern bis zur Vollendung des 21. Lebensjahres, die bei einem Elternteil leben und sich in der allgemeinen Schulausbildung befinden, alle verfügbaren Mittel zu ihrem Unterhalt und zu demjenigen der Kinder gleichmäßig zu verwenden (§ 1603 II BGB). Praktisch bedeutet dies, daß sie – vorbehaltlich § 1603 II 2 BGB (vgl. dazu Zweibrücken NJW **87**, 1899) – bereits als leistungsfähig anzusehen sind, wenn sie in der Lage sind, den Unterhalt ohne Gefährdung des eigenen Existenzminimums (unabweisliche Kosten für Ernährung, Kleidung und Wohnung, aber auch für die Erhaltung der Gesundheit) zu erbringen (vgl. dazu BGH NJW **84**, 1614 mwN, Bay **94** 65; zur Heranziehung des Vermögensstamms vgl. BGH FamRZ **89**, 171). Im Rahmen dieser gegenüber der gesetzlichen Regel in § 1603 I BGB erweiterten Unterhaltspflicht steht den Eltern nicht der angemessene eigene Unterhalt zu wie sonst dem Unterhaltsschuldner gegenüber Verwandten, sondern nur der notwendige Eigenbedarf (Selbstbehalt). Dieser „kleine Selbstbehalt" bemißt sich nicht nach den Pfändungsgrenzen der Zwangsvollstreckung oder nach den Sozialhilfesätzen (Zweibrücken OLGSt **Nr. 7** mwN), obwohl vermieden werden sollte, den Unterhaltspflichtigen durch Belastung mit Unterhaltsschulden zum Sozialhilfeberechtigten zu machen (zur Unterhaltsberechnung im sog. Mangelfall vgl. auch BGH NJW **97**, 1919). Revisionsrechtlich unbedenklich ist es dagegen, wenn das Gericht – vorbehaltlich durch besondere Umstände bedingter Abweichungen – von den auf Erfahrungswerten beruhenden Unterhaltstabellen und -leitlinien der OLGe (o. 19) ausgeht (BGH NJW **84**, 1614, **87**, 523, FamRZ **90**, 265, Zweibrücken aaO; vgl. auch Hamburg FamRZ **95**, 1418, Hamm OLGSt **Nr. 1**). Einem arbeitenden Elternteil muß jedoch immer so viel verbleiben, wie er zur Erhaltung seiner Arbeitskraft benötigt (Köln NJW **53**, 518, **62**, 1630). Ein ähnlich strenger Maßstab gilt für die Unterhaltspflicht von *Ehegatten* nach §§ 1360, 1361 BGB (vgl. Anm. B IV zur Düsseldorfer Tabelle [o. 19]), während bei geschiedenen Ehegatten im Falle einer nur beschränkten Leistungsfähigkeit nach § 1581 BGB eine Aufteilung nach Billigkeit zu erfolgen hat. Zur Herbeiführung der Leistungsunfähigkeit vgl. u. 27.

Auszugehen ist bei der Feststellung der Leistungsfähigkeit von den **tatsächlich vorhandenen**   **21 a** **Mitteln.** Dazu gehören neben dem Vermögen (vgl. dazu zB BGH NJW **89**, 524, Göppinger/Wax u. a. aaO RN 510, zum sog. Schonvermögen aber auch BGH FamRZ **86**, 48) Einkünfte aller Art, darunter nicht nur die normalen Arbeitseinkünfte, sonder idR auch Überstundenvergütungen (BGH FamRZ **80**, 984 KG FamRZ **88**, 720), das Urlaubs- u. Weihnachtsgeld (BGH NJW **91**, 1049), das Wohngeld (BGH FamRZ **88**, 771), das Kranken- u. Arbeitslosengeld (i. U. zur Arbeitslosenhilfe, vgl. BGH NJW **87**, 1551; zu Sozialleistungen bei Gesundheitsschäden vgl. § 1610 a), u. U. auch Schmerzensgeld (BGH NJW **89**, 524), nicht jedoch das Hausgeld eines Strafgefangenen (BGH NJW **82**, 2491). Im Fall des § 1603 I BGB ist von dem erzielten Nettoeinkommen der Betrag abzusetzen, der für den eigenen angemessenen Unterhalt des Verpflichteten und zur Erfüllung seiner sonstigen, nach § 1603 I zu berücksichtigenden Verbindlichkeiten erforderlich ist. Zu berücksichtigen ist dabei auch der bei zeitweiliger Verdienstlosigkeit entstandene Nachholbedarf (vgl. Bremen JR **61**, 226, Koblenz GA **75**, 28, Köln NJW **62**, 1630, Schleswig SchlHA **85**, 44). Einkünfte aus unsittlicher oder verbotener Tätigkeit (zB aus Prostitution, vgl. Düsseldorf NJW **62**, 688, Köln FamRZ **64**, 477) sind nur insoweit heranzuziehen, als sie tatsächlich bezogen werden, da niemand zur Fortsetzung einer solchen Tätigkeit gezwungen werden darf. Reichen die Einkünfte nicht aus, so muß der Unterhaltspflichtige auch den Stamm seines Vermögens angreifen; eine unwirtschaftliche Verwertung kann idR jedoch nicht verlangt werden (vgl. § 1581 S. 2 BGB u. näher Göppinger/Wax u. a. aaO RN 510), auch ist der notwendige künftige Eigenbedarf des Verpflichteten zu berücksichtigen (BGH NJW **89**, 524). Der Vater eines minderjährigen Kindes ist nicht in Höhe des ihm für das Kind gewährten Kindergeldes leistungsfähig, solange er das Kindergeld ohne pflichtwidriges Verhalten im übrigen für die Deckung seines notwendigen eigenen Bedarfs braucht (BGH FamRZ **89**, 171; and. Celle OLGSt **Nr. 3** u. hier die 25. A.; zur Kindergeldproblematik nach neuem Recht vgl. auch Becker FamRZ **99**, 66, Schumacher/Grün FamRZ **98**, 783, Schumacher FamRZ **99**, 699). – Neben den vorhandenen Mitteln sind für die Leistungsfähigkeit ferner die für den Verpflichteten im Rahmen einer ordnungsgemäßen Wirtschaftsführung **erreichbaren Mittel** maßgebend, wobei die Zumutbarkeit bei den einzelnen Unterhaltsverhältnissen (§§ 1603 I oder III, 1360, 1361 usw) unterschiedlich zu bewerten ist (BGH NJW **82**, 175, Bay StV **83**, 418, Köln NStZ **92**, 337;

§ 170 22   Bes. Teil. Straftaten gegen den Personenstand, die Ehe und die Familie

zur Verfassungsmäßigkeit vgl. BVerfGE **68** 256 m. Anm. Diederichsen JZ 85, 790). Der Verpflichtete muß insbes. seine Arbeitskraft entsprechend seinem Alter, seinem Gesundheitszustand, seinen sonstigen Fähigkeiten und seiner Vorbildung nach den Möglichkeiten des Arbeitsmarktes voll ausnützen – die Meldung beim Arbeitsamt genügt dafür allein noch nicht (Saarbrücken Amtsvormund **89**, 873, Zweibrücken NJW **87**, 1899) –, wobei der erweiterten Unterhaltspflicht nach §§ 1603 II, 1360 BGB auch eine erhöhte Arbeitspflicht mit verstärkter Bemühungen um einen Arbeitsplatz entspricht (vgl. zB BVerfGE **68** 256, BGH **14** 169, NJW **81**, 2805, **82**, 1050, **85**, 732, **86**, 719, **90**, 1477, Bay NJW **88**, 2750, **90**, 3284, StV **83**, 418, Bremen JR **61**, 226, Celle NJW **71**, 718, Dresden FamRZ **97**, 837, Hamm NStZ-RR **98**, 207, Köln FamRZ **97**, 1105, Stuttgart NJW **62**, 1631 m. Anm. Mittelbach JR **63**, 30, Amtsvormund **97**, 425, Zweibrücken RPfleger **80**, 280). Einschränkungen und Änderungen seiner Lebensführung und -gestaltung muß er dabei im Rahmen des Zumutbaren auf sich nehmen (BGH FamRZ **81**, 540, **82**, 366, Köln NStZ **92**, 337). Das Einkommen mindernde Veränderungen (Arbeitsplatz- und Berufswechsel) hat der Unterhaltspflichtige zu vermeiden, wenn dadurch kein ausreichendes Einkommen erzielt werden kann (vgl. zB BVerfGE **68**, 256 m. Anm. Diederichsen JZ 85, 790, BGH NJW **80**, 2414, Bay NJW **88**, 2750, Celle FamRZ **71**, 106, Hamm JMBlNW **61**, 9, KG FamRZ **84**, 592, Köln FamRZ **76**, 1191, Zweibrücken NJW **87**, 1899, LG Stuttgart NStZ **96**, 234; vgl. aber auch BVerfG FamRZ **96**, 343). Selbständig Erwerbstätigen kann u. U. die Annahme abhängiger Arbeit zumutbar sein, wenn die Ertragsfähigkeit des Unternehmens nicht wiederherzustellen ist (vgl. Hamm JMBlNW **61**, 9, Koblenz FamRZ **85**, 812, Köln NJW **62**, 1527; zur Hofaufgabe eines Landwirts vgl. Düsseldorf JMBlNW **64**, 166, Schleswig FamRZ **85**, 809). Art. 2 I, 12 GG stehen einer Pflicht zum Berufswechsel nicht entgegen, da grundsätzlich die durch Art. 6 GG geschützte familienrechtliche Unterhaltspflicht höher zu bewerten ist (BVerfGE **68**, 256 m. Anm. Diederichsen aaO, BGH NJW **80**, 2414, Celle NJW **71**, 718, Schleswig FamRZ **85**, 809). Auf eine berufliche Weiterbildung, die ihm die Erfüllung der Unterhaltspflicht unmöglich macht, muß der Unterhaltsschuldner verzichten (BGH NJW **80**, 2414, Stuttgart NJW **62**, 1631, Hamburg FamRZ **91**, 106). Zur Zumutbarkeit des Wechsels von einer kaufmännischen Tätigkeit zu körperlicher Arbeit vgl. LG Stuttgart NStE **Nr. 7** und sehr weitgehend LG Stuttgart NStZ **95**, 408: Zumutbarkeit für einen seit 7 Jahren in seinem Beruf nicht mehr vermittelbaren Arzt, als Hilfsarbeiter im Bau-, Gartenbau- oder Gastronomiegewerbe zu arbeiten; zur Frage der mit Einkommensverbundenen Kriegsdienstverweigerung eines Soldaten vgl. Köln NStZ **92**, 337. Der Unterhaltsschuldner kann auch dazu verpflichtet sein, sich bei Suchterkrankung einer Therapie zu unterziehen, damit er wieder erwerbsfähig wird (BGH FamRZ **87**, 69, 91). Ein unterhaltspflichtiger Ehemann und Vater muß für seine Mitarbeit im Betrieb seiner Frau u. U. eine angemessene Vergütung fordern (Köln NJW **62**, 1529). Ob und inwieweit neben der Besorgung des Hauswesens und der Betreuung von Kindern noch eine Pflicht zu einer Erwerbstätigkeit besteht, hängt von den Umständen des Einzelfalls ab, insbes. von dem nach Zahl, Alter und Entwicklungsstand der Kinder notwendigen Betreuungsaufwand, der Verfügbarkeit anderer Versorgungs- und Betreuungsmöglichkeiten und dem Aufwand, der für den anderen Gatten notwendig wäre (vgl. zB BGH NJW **83**, 2082, **85**, 430, FamRZ **88**, 256, KG FamRZ **84**, 898, Koblenz FamRZ **86**, 999, Naumburg FamRZ **98**, 243, Oldenburg FamRZ **86**, 1218, Stuttgart FamRZ **83**, 1233). Zu weiteren Einzelheiten vgl. das zivilrechtliche Schrifttum u. zu den strafrechtlichen Konsequenzen einer vom Unterhaltsschuldner zu vertretenden Leistungsunfähigkeit u. 27.

22   b) Die Leistungsfähigkeit ist vom Strafrichter **im Urteil in der Weise festzustellen,** daß angegeben wird, welchen Betrag der Täter mindestens hätte leisten können; außerdem müssen die Beurteilungsgrundlagen (tatsächliches oder erzielbares Einkommen, zu berücksichtigende Lasten, Eigenbedarf usw.) so genau dargelegt werden, daß eine Überprüfung der vom Tatrichter angenommenen Leistungsfähigkeit möglich ist (vgl. Bay **61** 263, **88** 93, **99**, 56, StV **83**, 418, **90**, 552, Bremen JR **61**, 226, Celle NJW **55**, 563, OLGSt **Nr. 3**, Düsseldorf NJW **94**, 672, StV **96**, 45 OLGSt **Nr. 11**, Hamburg StV **89**, 206, OLGSt **Nr. 2**, Hamm NJW **75**, 457, NStZ-RR **98**, 207, OLGSt **Nr. 1**, Koblenz GA **75**, 28, Köln FamRZ **76**, 119, StV **83**, 419, Schleswig SchlHA **85**, 44, SchlHA/E-L **85**, 117, Stuttgart Amtsvormund **97**, 425, Zweibrücken NJW **87**, 1899 u. näher Mattmer NJW 67, 1597; zu den Anforderungen an die Anklageschrift vgl. LG Dresden StV **96**, 203). Nicht ausreichend ist zB die Feststellung, daß der Täter „durchschnittliches Einkommen" hätte erlangen können (Köln FamRZ **76**, 119) oder daß er „irgendwie" in der Lage gewesen sei, seiner Unterhaltspflicht wenigstens zT nachzukommen (Bay **61** 263). Wird die Leistungsfähigkeit mit erzielbarem Einkommen begründet (vgl. dazu BGH NJW **85**, 732), so sind die beruflichen Fähigkeiten und Möglichkeiten unter Berücksichtigung der Arbeitsmarktlage in dem betreffenden Zeitraum festzustellen (Bay StV **90**, 552, Düsseldorf NJW **94**, 672, Köln StV **83**, 419, Stuttgart Amtsvormund **97**, 426); allgemeine Behauptungen genügen dafür nicht (Zweibrücken NJW **87**, 1899). Bei häufig wechselnden Einkünften muß die Leistungsfähigkeit für jeden einzelnen Zeitabschnitt festgestellt werden; eine Durchschnittsberechnung für einen größeren Zeitraum reicht regelmäßig nicht aus (Bay **88** 94, FamRZ **58**, 284, Köln NJW **62**, 1527, JMBlNW **69**, 55, Mattmer aaO). Geht es darum, ob der Täter von der gesteigerten Unterhaltspflicht gem. § 1603 II 3 BGB frei ist oder nicht, so sind auch Feststellungen über die Einkommens- und Vermögensverhältnisse anderer unterhaltspflichtiger Verwandter erforderlich (Bay StV **90**, 552, Düsseldorf NJW **94**, 672). Über die Zuziehung eines Sachverständigen bei der Beurteilung der Leistungsfähigkeit nach längerer Drogenabhängigkeit vgl. Köln OLGSt § 170 b S. 61.

10. Bei **mehreren Unterhaltsberechtigten** bestimmt sich die Rangfolge nach Bürgerlichem 23/24 Recht (§§ 1609, 1582, 1615 l III BGB; vgl. auch § 1603 II 2 BGB) unter Berücksichtigung des § 850 d II ZPO. Haben die Unterhaltsberechtigten *gleichen Rang* (zB minderjährige Kinder und Ehegatten, § 1609 II BGB) und reichen die verfügbaren Mittel des Schuldners zur Erfüllung aller Ansprüche nicht aus, so muß dieser – vorbehaltlich einer abweichenden Entscheidung des Vollstreckungsgerichts nach § 850 d II a ZPO – die seinen Selbstbehalt übersteigenden Mittel anteilig nach dem Verhältnis des Bedarfs jedes Berechtigten verteilen (vgl. Köln FamRZ 76, 119, Stuttgart MDR **77**, 1034; zur Erwerbspflicht der Hausfrau und des Hausmanns nach Wiederverheiratung gegenüber erstehelichen Kindern bzw. gegenüber dem unterhaltsbedürftigen früheren Ehegatten vgl. BGH[Z] **75** 272, BGH NJW **82**, 175, 1590, **85**, 318, **87**, 1549, FamRZ **81**, 341, **86**, 668, JZ **87**, 424, Koblenz FamRZ **89**, 295, Köln FamRZ **95**, 353, Schleswig FamRZ **89**, 997 u. zur Verfassungsmäßigkeit dieser Rspr. BVerfGE **68** 256 m. Anm. Diederichsen JZ 85, 790). Bei *rangungleichen* Ansprüchen hat der Unterhaltspflichtige zunächst die bevorrechtigten Ansprüche vollständig zu erfüllen. Kann er deshalb, weil dies seine Leistungsfähigkeit übersteigt, den nachrangig Berechtigten keinen Unterhalt mehr gewähren, so fehlt es insoweit schon an einer Unterhaltspflicht und damit an einer Tatbestandsvoraussetzung des § 170. Entzieht sich ein nur beschränkt leistungsfähiger Schuldner allen Verpflichtungen, so kann die Strafbarkeit einer Verletzung nachrangiger Unterhaltsansprüche nicht damit begründet werden, daß der Täter durch die Verletzung der vorrangigen Ansprüche etwas erspart habe und daher „leistungsfähig" gewesen sei (vgl. zB Braunschweig NdsRpfl. **59**, 230, Köln FamRZ **76**, 119, Stuttgart MDR **77**, 1043, Dippel LK[10] 36).

11. Von **mehreren Unterhaltspflichtigen** (vgl. §§ 1606 ff., 1608, 1615 l III, 1584 BGB) muß der 25 nachrangig Verpflichtete nicht nur bei Leistungsunfähigkeit des in erster Linie Verpflichteten (§§ 1607 I, 1608 S. 2 BGB), sondern auch dann Unterhalt leisten, wenn jener sich in strafbarer Weise seiner Verpflichtung entzieht (vgl. § 1607 II BGB). Zur gleichrangigen Unterhaltspflicht der Eltern (§ 1606 III BGB) vgl. u. 30, zum Rangverhältnis der Unterhaltspflicht des Vaters gegenüber der mit ihm nicht verheirateten Mutter (§ 1615 l BGB) zu derjenigen des Ehemannes der Mutter vgl. BGH FamRZ **98**, 341 m. Anm. Wenger MDR 98, 473 einerseits (gleicher Rang wie nach § 1606 III 1 BGB) und andererseits die bisherige Rspr., zB Celle FamRZ **79**, 119, Düsseldorf FamRZ **95**, 690, Hamm FamRZ **91**, 979, **97**, 632, KG FamRZ **98**, 556, Koblenz FamRZ **81**, 92 (vorrangige Haftung des Vaters); vermittelnd München FamRZ **94**, 1108, **97**, 613.

IV. Der **Tatbestand des Abs. 1** setzt voraus, daß sich der Täter seiner gesetzlichen Unterhalts- 26 pflicht (o. 2 ff.) entzieht, so daß der Lebensbedarf des Unterhaltsberechtigten gefährdet ist oder ohne die Hilfe anderer gefährdet wäre. Nach BVerfGE **50**, 162, BGH **12**, 187 handelt es sich dabei um ein konkretes Gefährdungsdelikt, was jedoch nur für die 1. Alt. zutrifft, da die 2. Alt. in Wahrheit ein Verletzungsdelikt enthält (materielle Einbußen bei den Hilfeleistenden, vgl. Ostendorf JuS 82, 427; and. Zieschang, Die Gefährdungsdelikte, 1998, 318 ff.).

1. Objektiver Tatbestand: a) Der Täter **entzieht** sich seiner Unterhaltspflicht, wenn er den 27 gesetzlich geschuldeten Unterhalt ganz oder teilweise nicht gewährt (vgl. BGH **12** 190, NJW **61**, 1110, Bay **88** 92, Hamburg OLGSt **Nr. 2**). § 170 enthält mithin ein (echtes) Unterlassungsdelikt (ebenso Köln NJW **81**, 63, Dippel LK[10] 52, Günther SK 29; vgl. 134 vor § 13). Dieses bleibt auch dann ein solches, wenn der Täter durch bestimmte Maßnahmen seine Inanspruchnahme vereitelt (zB Verhinderung fortlaufender Lohnpfändungen durch Arbeitsplatzwechsel, Vereitelung von Zustellungen durch Wohnsitzwechsel, Widerruf der Abtretung des Kindergelds; vgl. Celle GA **69**, 350, Hamburg OLGSt **Nr. 2**). Ebenso verhält es sich, wenn er durch aktives Tun seine Leistungsunfähigkeit herbeiführt (Dippel LK[10] 51, Günther SK 29, 54, Lackner/Kühl 9, Tröndle/Fischer 7; vgl. auch Saarbrücken NJW **75**, 506; and. BGH **18** 379), wo sich die Möglichkeit der Tatbestandsverwirklichung aus den Regeln über die omissio libera in causa ergibt (vgl. 144 vor 13; iE. auch BGH **14** 165 [Tatbestandserfüllung durch positives Tun]), so wenn der Verpflichtete sein Arbeitsverhältnis kündigt (Köln NStZ **92**, 337; vgl. auch Köln StV **83**, 419), fremde Schulden übernimmt (Bay NJW **61**, 38) oder durch Verschwendung (zB Glücksspiel), Übertragung seines Vermögens usw. seine Leistungsunfähigkeit in Kenntnis der drohenden Inanspruchnahme herbeiführt (BGH **14** 165, Hamm NJW **55**, 153, 1607; vgl. aber auch Schleswig SchlHA **53**, 216). Entsprechendes gilt, wenn der Täter Maßnahmen unterläßt, durch die er leistungsfähig geworden wäre („omissio libera in omittendo", vgl. 144 vor § 13, Dippel LK[10] 55), so wenn er seine Arbeitskraft nicht voll ausnutzt (vgl. zB Bay NJW **53**, 1927, **88**, 2750, Karlsruhe NJW **54**, 84, Köln JMBlNW **69**, 55, Stuttgart NJW **83**, 1631). In beiden Fällen ist Voraussetzung jedoch, daß bereits das Vorverhalten im Hinblick auf die schutzwürdigen Interessen des Unterhaltsberechtigten objektiv pflichtwidrig ist (vgl. auch Bay **88** 93), was in Fällen anzunehmen ist, in denen auch die zivilrechtliche Rspr. dem Täter wegen seines im Hinblick auf seine Unterhaltspflicht verantwortungslosen Verhaltens die Berufung auf seine Leistungsunfähigkeit nach den Grundsätzen von Treu und Glauben verwehrt (vgl. zB BGH NJW **85**, 732, **88**, 2239, FamRZ **87**, 374, Bamberg FamRZ **87**, 699, Frankfurt FamRZ **87**, 1144; vgl. dazu auch Bay aaO mwN, LG Stuttgart NStZ **96**, 234 und zum subjektiven Tatbestand u. 33). – Im übrigen setzt das Sich-Entziehen nicht voraus, daß die Unterhaltspflicht zuvor durch Urteil festgestellt (vgl. jedoch o. 3 ff.) oder der Verpflichtete vorher zur Zahlung aufgefordert worden ist (Düsseldorf NJW **53**, 1805, Dippel LK[10] 56). Kein Entziehen ist es jedoch, wenn die Unterhaltsgewährung aus Gründen scheitert, die in der Sphäre des Berechtigten liegen (ebenso Dippel aaO, Günther SK 29). Auch entzieht sich der Verpflichtete

§ 170 28–31 Bes. Teil. Straftaten gegen den Personenstand, die Ehe und die Familie

nicht seiner Unterhaltspflicht, wenn er bei unbekanntem Aufenthalt des Berechtigten keine Nachforschungen anstellt (vgl. BGH NJW **61**, 1110, Düsseldorf NJW **61**, 77, Hamburg OLGSt **Nr. 2**, Schleswig SchlHA **59**, 226, Dippel aaO, Günther aaO, Tröndle/Fischer 7) oder einer Hinterlegungsverpflichtung nicht nachkommt (Bay **61** 162, Dippel LK[10] 52). Erst recht keine Unterhaltspflichtverletzung ist die Weigerung, an der Verwaltung des Kindesvermögens mitzuwirken (Bay **68** 60; vgl. auch o. 18 a. E.).

28   b) Hinzukommen muß, daß durch das Verhalten des Täters der **Lebensbedarf** des Unterhaltsberechtigten **gefährdet ist** oder **ohne die Hilfe anderer gefährdet wäre**. Dabei ist **Lebensbedarf** nicht nur das unbedingt notwendige, sondern der gesamte unterhaltsrechtlich beachtliche Lebensbedarf (angemessener Unterhalt iS des § 1610 I BGB, den ehelichen Verhältnissen entsprechender Unterhalt usw. gem. §§ 1360, 1361, 1578 BGB; vgl. Dippel LK[10] 57, Günther SK 30, Lackner/Kühl 10, Tröndle/Fischer 8; vgl. auch o. 19). Beschränkungen sind nach §§ 1611, 1581, 1579, 1361 III BGB möglich.

29   α) Ausreichend ist eine **Gefährdung** des Lebensbedarfs; daß dieser tatsächlich beeinträchtigt worden ist, ist nicht erforderlich. Eine solche Gefährdung kann schon darin liegen, daß der Berechtigte notgedrungen selbst den Unterhalt durch eine Erwerbstätigkeit bestreitet, die ihm nur durch unzumutbare Anstrengungen möglich ist (BGH NJW **74**, 1868, Bay FamRZ **62**, 120, GA **63**, 345, Dippel LK[10] 58, Günther SK 30, M-Maiwald II 144, Tröndle/Fischer 8). Daß bei getrennt lebenden Ehegatten die Arbeit das Maß des § 1361 II BGB überschreitet, genügt dafür aber noch nicht (vgl. BGH NJW **74**, 1868 zu § 1361 BGB aF). Auch nur ganz unwesentliche Fehlbeträge sind noch keine (zusätzliche) Gefährdung iS des § 170 (vgl. Zweibrücken OLGSt. **Nr. 7**: Wegfall eines Betrags von DM 4,20; offengelassen vom Bay **99**, 57).

30   β) Der **tatsächlichen Gefährdung** steht es gleich, daß der Lebensbedarf ohne die **von anderen geleistete Hilfe** gefährdet wäre. Weil es bei einer solchen potentiellen Gefährdung die Dritten sind, die durch ihre Hilfe Einbußen tatsächlich erleiden (vgl. auch o. 26: Verletzungsdelikt) und weil es auf deren Höhe dabei nicht ankommen kann, ist diese Tatbestandsalternative i. U. zu o. 29 a. E. auch erfüllt, wenn der Verpflichtete im Rahmen seiner Leistungsfähigkeit nur einen sehr geringen Teilbetrag zu zahlen in der Lage wäre (vgl. Bay **99** 55). In allen Fällen Voraussetzung ist jedoch das Bestehen eines *inneren Zusammenhangs* zwischen der Unterhaltsverweigerung und der fremden Hilfe in der Weise, daß diese gerade deshalb gewährt wird, weil der Täter seiner Unterhaltspflicht nicht nachkommt (BVerfGE **50** 154, BGH **26** 312, NJW **63**, 579, **74**, 1868, Düsseldorf NStE **Nr. 6**, Frankfurt NJW **72**, 836, Hamm NJW **75**, 456, Karlsruhe NJW **72**, 836, Köln FamRZ **76**, 117, Dippel LK[10] 60, Günther SK 34). Daran fehlt es, wenn der andere ohne Rücksicht auf die Unterhaltsverweigerung leistet, wobei insoweit dann auch schon die unterhaltsrechtliche Bedürftigkeit nicht mehr besteht (vgl. Meurer JR 86, 210 ff.). Dies gilt zB bei Leistungen, die erbracht werden, um entsprechend einer Vereinbarung mit dem Unterhaltspflichtigen diesen zu entlasten oder um als gleichrangig Unterhaltspflichtiger für den vollen Unterhalt allein aufzukommen, oder weil er in seiner Beziehung zu dem Unterhaltsberechtigten verstärken will (BGH **12** 185, Dippel LK[10] 62; zu einem derartigen „Verzicht" der nichtehelichen Mutter auf Unterhaltsleistungen für das Kind vgl. Neustadt NJW **53**, 1805, zum Verzicht des Unterhaltsberechtigten selbst vgl. jedoch o. 15 und u. 32). Zur Bedeutung freiwilliger Zuwendungen Dritter an den Berechtigten vgl. auch BGH FamRZ **79**, 213, **86**, 151, **89**, 487, **93**, 417, Hamm FamRZ **98**, 767: Will der Dritte den Unterhaltspflichtigen entlasten, so ist dies im Umfang der Zuwendung als Erfüllung des Unterhaltsanspruchs anzusehen (§ 267 BGB); will er das nicht, so ändert sich durch die Zuwendung die Höhe des Unterhaltsanspruchs nicht, dies mit der Folge, daß strafrechtlich jedenfalls die Gefährdung „ohne die Hilfe" des Dritten bestehen bleibt. Gibt der Täter den Berechtigten in ein Heim, so leistet dieses zunächst auf Grund des Vertrags; als „anderer" iS des § 170 wird es erst tätig, wenn es trotz Erlöschens der vertraglichen Verpflichtungen die Betreuung fortsetzt. Unerheblich ist, ob die fremde Hilfe ohne rechtliche Verpflichtung oder von einem nachrangig Verpflichteten (o. 25) geleistet wird (vgl. Bremen JR **61**, 226, Hamm NJW **56**, 1409 zum Verhältnis der nichtehelichen Mutter zum Erzeuger gem. § 1709 I BGB aF, ferner Dippel LK[10] 62). Da Eltern zwar gleichrangig, aber nur anteilig im Verhältnis nach ihren Erwerbs- und Vermögensverhältnissen haften (§ 1606 III 1 BGB; vgl. BGH NJW **64**, 2118, Bay NJW **64**, 1084 m. Anm. Mittelbach JR 64, 307), ist als „anderer" iS des § 170 auch der Elternteil anzusehen, der über seine Verpflichtung hinaus Unterhalt leistet, weil der andere seiner Pflicht nicht nachkommt (Celle NJW **60**, 833, Hamm FamRZ **64**, 581, Stuttgart FamRZ **61**, 179, Sonnenschein SchlHA 62, 261).

31   Auch bei Gewährung **öffentlicher Hilfe** muß ein solcher innerer Zusammenhang zu der Unterhaltsverweigerung bestehen (BVerfGE **50** 154 f., BGH **26** 312 m. Anm. Forster NJW 76, 1645, Düsseldorf NStE **Nr. 6**, Zweibrücken NStZ **84**, 458), der zB bei Unterhaltsleistungen nach dem UnterhaltsvorschußG idF v. 19. 1. 1994 (BGBl. I 165, zuletzt geändert durch das KindUG v. 6. 4. 1998, BGBl. I 666, 674) gegeben sein kann, nicht dagegen bei Sozialversicherungsleistungen (vgl. BGH NJW **63**, 579, Bay GA **63**, 345) oder bei der Tuberkulosenhilfe (Celle NJW **59**, 2319). Bei Leistungen der öffentlichen Hand kommt es daher immer darauf an, aus welchem Anlaß, auf Grund welcher Vorschriften und zu welchem Zweck sie erfolgen (vgl. BGH **26** 316 f., Bay **83** 161 m. Anm. Meurer JR 86, 210, Düsseldorf JMBlNW **78**, 195; zur Notwendigkeit entsprechender Feststellungen im Urteil vgl. Bay aaO, Hamm NJW **75**, 456, Köln FamRZ **76**, 117). Von Bedeutung ist dies insbesondere bei der Heimunterbringung, die auf verschiedenen gesetzlichen Grundlagen be-

ruhen und unterschiedlichen Zielen dienen kann (§§ 2, 34 SGB VIII usw., vgl. näher BVerfGE **50** 155 f.; entsprechend für Unterbringung in einer Pflegefamilie Zweibrücken NStZ **84**, 458, für Bezahlung von „Pflegegeld" durch das Jugendamt an einen das nichteheliche Enkelkind versorgenden Großelternteil Bay **83** 161 m. Anm. Meurer JR **86**, 210). Hier ist zu unterscheiden: § 170 ist zunächst anwendbar, wenn die Heimunterbringung zur Sicherung der Lebensgrundlagen des Kindes erfolgt ist. Der zwischen der Unterhaltsverweigerung und der Heimunterbringung erforderliche innere Zusammenhang besteht ferner, wenn durch die Unterbringung zwar primär eine drohende Verwahrlosung abgewendet werden soll, diese aber gerade auf der Nichterfüllung der Unterhaltspflicht beruht (zur Verletzung unterhaltsrechtlicher Betreuungspflichten vgl. o. 17). Dasselbe gilt schließlich bei einer Unterbringung, die sowohl den – durch Unterhaltsverweigerung eines Verpflichteten – gefährdeten Lebensbedarf sichern als auch einer unabhängig von der Unterhaltspflichtverletzung drohenden Verwahrlosung begegnen soll, sofern der Zweck der Unterhaltssicherung schon für sich allein die Heimunterbringung gerechtfertigt hätte (BVerfGE **50** 156 ff., Dippel LK[10] 64, Günther SK 34, Lackner/Kühl 10; die Wendung in BGH **26** 317, daß im Jugendhilfe „gerade und allein wegen der Unterhaltsverweigerung" eingegriffen haben müsse, ist im Kontext dieser Entscheidung zu sehen und nicht so zu verstehen, daß der erforderliche innere Zusammenhang fehlt, wenn zum Zweck der Unterhaltssicherung noch ein weiterer Zweck hinzukommt; vgl. aber auch Düsseldorf JMBlNW **78**, 195). Wird hier ein zumutbarer Kostenbeitrag nicht geleistet, so verbleibt es auch während des Heimaufenthalts bei der Strafbarkeit nach § 170, solange die Fortsetzung der Unterbringung jedenfalls auch durch den Unterhaltssicherungszweck getragen wird (BVerfG aaO). Dagegen ist § 170 nicht anwendbar, wenn die Unterbringung nur aus anderen Gründen (zB geistige oder körperliche Behinderung, nicht auf einer Unterhaltspflichtverletzung beruhende Verwahrlosung usw.) erfolgt und der Verpflichtete keine Zahlungen leistet (vgl. Düsseldorf NStE **Nr. 6,** JMBlNW **78**, 195; dazu, daß darin kein Verstoß gegen Art. 3 I GG liegt, vgl. BVerfGE **50** 142). Ohne Bedeutung für das Bestehen eines inneren Zusammenhangs zwischen Unterhaltsverweigerung und öffentlicher Hilfe ist, ob diese auf Grund gesetzlicher Verpflichtung gewährt wird (BGH **26** 317 m. Anm. Forster NJW 76, 1645, Bay FamRZ **76**, 115 Dippel LK[10] 65; and. Frankfurt NJW **72**, 836), und ob der Unterhaltsanspruch des Kindes nach §§ 95, 96 SGB VIII, §§ 90, 91 BSHG auf den Träger der öffentlichen Hilfe übergegangen ist (BGH aaO; and. Frankfurt NJW **72**, 836); vgl. zum Ganzen auch Eggert NJW 72, 1383, Klußmann MDR 73, 457, Kraemer NJW 73, 793.

c) Durch die wirksame **Einwilligung** des Verletzten (insbes. Unterhaltsverzicht, d. h. Erlaßvertrag) **32** wird nicht erst die Rechtswidrigkeit der Unterhaltspflichtverletzung beseitigt, vielmehr entfällt bereits der Tatbestand des § 170 (vgl. auch Dippel LK[10] 68). Allerdings ist ein Verzicht nur bei geschiedenen Ehegatten uneingeschränkt zulässig (§ 1614 I BGB; für Ehegatten vgl. §§ 1360 a III, 1361 IV, 1585 c BGB).

2. Für den **subjektiven Tatbestand** ist Vorsatz erforderlich; bedingter Vorsatz genügt (h. M., zB **33** BGH **14** 168, NStZ **85**, 166, Bay **94** 65, Celle NJW **55**, 564, Hamburg OLGSt. **Nr. 2**, Hamm MDR **69**, 500, OLGSt. **Nr. 1**, Dippel LK[10] 69, Günther SK 35). Eine feindselige Einstellung oder verwerfliche Gesinnung ist nicht notwendig (BGH **14** 168, Bay NJW **52**, 438, Hamm JMBlNW **52**, 183, Dippel aaO, Günther aaO, Sturm JZ 74, 2; and. Welzel 427). Ebensowenig kann aus dem Begriff des „Sich-Entziehens" entnommen werden, daß bezüglich des Bestehens einer Unterhaltspflicht bedingter Vorsatz ausgeschlossen sein soll (so Schröder, 17. A., RN 24). Auch unter teleologischen Gesichtspunkten besteht zu einer solchen Einschränkung kein Anlaß, wenn die den bedingten Vorsatz kennzeichnende Gleichgültigkeit des Täters auch dem Für-Möglich-Halten des Bestehens einer Unterhaltspflicht gefolgert wird (vgl. § 15 RN 84; insoweit zutreffend daher der Hinweis in BGH **14** 168, Hamburg OLGSt. **Nr. 2**, daß an den Nachweis der inneren Tatseite strenge Anforderungen zu stellen seien). So liegt zB ein bedingter Vorsatz noch nicht vor, wenn der Täter bei Zweifeln über seine Unterhaltspflicht zunächst lediglich deshalb keinen Unterhalt leistet, weil er eine gerichtliche Entscheidung abwarten möchte (ebenso Dippel LK[10] 69; vgl. auch Hamburg OLGSt. **Nr. 2**; zum bedingten Vorsatz berechtigende Handlungen, die zum Verlust des Arbeitsplatzes führen, vgl. Hamm OLGSt **Nr. 1**). Dagegen ist hier dolus directus in der Form der Absicht (vgl. § 15 RN 67) gegeben, wenn er Handlungen vornimmt, um für alle Fälle, d. h. auch wenn sich seine Unterhaltspflicht herausstellen sollte, die Erfüllung zu vereiteln, zB sein Vermögen verschleudert (ebenso Dippel LK[10] 69). In den Fällen, in denen das Sich-Entziehen durch eine „omissio libera in causa" bzw. „omissio libera in omittendo" geschieht (o. 27), muß der (bedingte) Vorsatz nicht nur den Eintritt der Leistungsunfähigkeit (zB Verlust des Arbeitsplatzes), sondern auch die Pflichtwidrigkeit des Vorverhaltens umfassen (vgl. auch Bay **88** 93, Düsseldorf NStZ **92**, 337).

Der *Irrtum* über das Bestehen der Unterhaltspflicht ist Tatbestands-, nicht Verbotsirrtum, und zwar **33 a** nicht nur bei Fehlvorstellungen des Täters über die Umstände, die seine Unterhaltspflicht begründen, sondern auch dann, wenn er sich über das rechtliche Bestehen der Unterhaltspflicht selbst irrt (vgl. Bay **94** 65, Celle NdsRpfl. **62**, 211, Hamm OLGSt. **Nr. 1**, Köln NJW **81**, 63, Stuttgart NJW **62**, 1631, Zweibrücken NJW **87**, 1899, Dippel LK[10] 70, Günther SK 35, Lackner/Kühl 11, Tröndle/Fischer 11; and. Stuttgart NJW **60**, 2204: Verbotsirrtum). Der Grundsatz bei Unterlassungsdelikten, daß der Vorsatz zwar die pflichtbegründenden Umstände, nicht aber die Handlungspflicht als solche zu umfassen braucht (vgl. § 15 RN 96), gilt bei § 170 nicht, da hier die Unterhaltspflicht selbst Tatbestandsmerkmal ist und der Täter sich dieser „entziehen" muß. Daher ist der Vorsatz zB auch ausgeschlossen, wenn der Täter, der die unterhaltspflichtbegründenden Umstände iS der §§ 1570 ff. BGB kennt, irrig davon ausgeht, daß nach der Scheidung keine Unterhaltspflichten gegenüber dem geschiedenen Gatten mehr bestehen. Tatbestandsirrtum ist ferner zB der die Leistungsfähigkeit (o. 20 f.) betreffende Irrtum über die Rangfolge von Verbindlichkeiten (Bay **94** 65, Hamm OLGSt **Nr. 1**, Köln NJW **81**, 63) oder die mangelnde Kenntnis von der Verzichtsbereitschaft eines vorrangig befriedigten Gläubigers (vgl. Bay aaO). Ebenso kann die Annahme, die Unterhaltsverpflichtung richte sich stets nur nach dem tatsächlich verfügbaren Einkommen, zu einem Tatbestandsirrtum führen (vgl. Köln NStZ **92**, 337). Auch bei Vorliegen eines rechtskräftigen, der Unterhaltsklage stattgebenden Zivilurteils kann u. U. der Vorsatz ausgeschlossen sein (vgl. auch Günther SK 36, Koffka JR 68, 229). Ist die Unterhaltsklage abgewiesen, so entfällt schon der Tatbestand (o. 13, ferner Dippel LK[10] 70; and. Günther SK 36 [regelmäßig Vorsatzausschluß], Stuttgart NJW **60**, 2205 [Verbotsirrtum]). Tatbestandsirrtum liegt ferner dann vor, wenn der Täter irrig annimmt, eine Gefährdung des Lebensbedarfes würde – wegen Unterhaltszahlungen Dritter – nicht eintreten (BGH NStZ **85**, 166).

34   **V. Der Tatbestand des Abs. 2** setzt voraus, daß der einer Schwangeren zum Unterhalt verpflichtete Täter (o. 2 ff.) ihr diesen in verwerflicher Weise vorenthält und dadurch ein Schwangerschaftsabbruch bewirkt wird. Daß auch der Schwangerschaftsabbruch zum Tatbestand gehört und nicht lediglich, wie es das BVerfG für möglich erachtet hatte (BVerfGE **88** 298), eine objektive Bedingung der Strafbarkeit darstellt, folgt aus der sowohl im Vergleich zu Abs. 1 als auch zu § 218 I deutlich höheren Strafdrohung mit einer Obergrenze von 5 Jahren, die mit einer „unrechtsneutralen" objektiven Bedingung der Strafbarkeit nicht zu vereinbaren wäre (vgl. Günther 39, Schittenhelm NStZ 97, 172; and. Beckmann ZfL 95, 31).

34 a   **1. Objektiver Tatbestand:** Abs. 2 geht wie Abs. 1, an den er offensichtlich anknüpft, vom Bestehen einer gesetzlichen Unterhaltspflicht (o. 2 ff.) aus. Auf die Fragwürdigkeit dieser Regelung wurde schon o. 1 a hingewiesen: Nicht erfaßt ist damit der nichteheliche Vater, da er unterhaltspflichtig idR erst ab 6 Wochen, frühestens ab 4 Monaten vor der Geburt ist (§ 1615 l I, II BGB) und damit nicht schon innerhalb des 12-Wochen-Zeitraums des § 218 a I (vgl. dazu auch Günther SK 41 mit dem Hinweis auf das Willkürverbot). Andererseits kann Täter nach dem Wortlaut des Abs. 2 unter Berücksichtigung der §§ 1606, 1608, 1615 l, 1584 BGB jeder der Schwangeren zum Unterhalt Verpflichtete sein, neben dem Ehemann und den Eltern also zB auch der frühere Ehemann, der nach Scheidung der Ehe der von einem anderen Mann schwanger gewordenen Frau den geschuldeten Unterhalt vorenthält (in Fällen dieser Art kann zwar ein Unterhaltsanspruch nach § 1579 Nr. 7 BGB ausgeschlossen sein, muß aber nicht, und dasselbe gilt für § 1361 III bei getrennt lebenden Ehegatten; vgl. auch Günther SK 42). Mit den allgemeinen Regeln der Erfolgszurechnung, die auch in den Fällen des Abs. 2 gelten, ist dies jedoch unvereinbar, da bei einer erst durch das eigenverantwortliche Handeln eines Dritten – hier der Frau – vermittelten Kausalität zwischen dem Handeln des Erstverursachers und dem Erfolg der Zurechnungszusammenhang grundsätzlich zu verneinen ist (vgl. RN 100 ff. vor § 13 u. dazu auch Schittenhelm NStZ 97, 171). Das Vorenthalten des Unterhalts mit den in Abs. 2 genannten Folgen unterscheidet sich als solches nicht von anderen Verhaltensweisen, die gleichfalls dazu führen, daß die Frau in finanzielle Schwierigkeiten gerät und sich deshalb zu einem Schwangerschaftsabbruch entschließt (zB Nichtrückzahlung des von der Frau ausgeliehenen Geldes, Kündigung ihres Arbeitsverhältnisses usw.). Die hier der Erfolgszurechnung durch das Verantwortungsprinzip gezogenen Schranken bestehen nur dann nicht, wenn der Erstverursacher aufgrund von Sonderpflichten für die Unversehrtheit des fraglichen Rechtsguts einzustehen hat (vgl. RN 101 d vor § 13). Auch Täter nach Abs. 2 können daher nur Unterhaltsschuldner sein, die zugleich eine *(Beschützer-)Garantenstellung* gegenüber dem Nasciturus haben, so der Erzeuger, der Ehemann der Schwangeren für die Dauer der Ehe (vgl. aber auch § 1599 BGB) und die Großeltern (vgl. § 13 RN 18), nicht dagegen der frühere Ehemann nach Scheidung der Ehe gegenüber der von einem anderen Mann stammenden Leibesfrucht: Hier kann er wegen Unterhaltspflichtverletzung gegenüber der früheren Frau zwar nach Abs. 1 strafbar sein, nicht aber, weil für die dort geschützten Güter (o. 1 a) nicht bzw. nicht mehr „zuständig", nach dem mit einer deutlich höheren Strafdrohung versehenen Abs. 2. Da das Vorenthalten in Abs. 2 ebenso wie das Sich-Entziehen in Abs. 1 in einem Unterlassen besteht (o. 27), geht es bei Abs. 2 in der Sache demnach um einen Fall eines täterschaftlich begangenen Schwangerschaftsabbruchs durch Unterlassen (vgl. dazu auch Schittenhelm aaO; zur Täterschaft des Beschützergaranten vgl. RN 104 vor § 25), der unter den hier genannten Voraussetzungen strafbar ist, auch wenn er nach § 218 a I iS des § 218 nicht tatbestandsmäßig ist und deshalb eine Unterlassungstäterschaft nach § 218 ausscheidet. Im einzelnen gilt folgendes:

34 b   a) **Vorenthalten** wird der Unterhalt, wenn der Täter seiner Leistungspflicht ganz oder zT nicht nachkommt (Unterlassen). Trotz der von Abs. 1 abweichenden, offenbar in Anlehnung an § 201 E 62 gewählten Umschreibung der Tathandlung entspricht das „Vorenthalten" dem „Sich-Entziehen" in Abs. 1 (o. 27). Auch Abs. 2 setzt nicht voraus, daß die Schwangere Hilfe erbeten hat (zur Verdeutlichung hatte deshalb die E 62 statt der Wendung „die Hilfe . . . versagt" in dem früheren § 170 c vom bloßen „Vorenthalten" der Hilfe gesprochen; vgl. Begr. S. 355). Da trotz des weiterreichenden Schutzzwecks des Abs. 2 dem Unterhaltspflichtigen keine zusätzlichen Pflichten auferlegt werden sollen, macht er sich auch nicht nach Abs. 2 strafbar, wenn die Unterhaltsleistung aus Gründen scheitert, die in der Sphäre der Schwangeren liegen (zum Sich-Entziehen in einem solchen Fall o. 27). Daß infolge des Vorenthaltens des Unterhalts der Lebensbedarf der Frau gefährdet ist oder ohne die

Hilfe anderer gefährdet wäre (vgl. Abs. 1), verlangt das Gesetz hier nicht, doch ergibt sich aus dem Sinn der Vorschrift, daß für die Frau eine Lage entstehen muß, in der es jedenfalls auch Zwänge materieller Art sind, die einer Entscheidung für das Kind entgegenstehen. Ob trotz Leistungen Dritter (Gewährung öffentlicher Hilfe) der Schwangerschaftsabbruch immer noch von der Unterhaltsverweigerung „bewirkt" ist, d. h. ursächlich auf sie zurückgeht, ist eine Frage des Einzelfalls.

b) Nach dem Wortlaut muß das Vorenthalten des Unterhalts in **verwerflicher Weise** erfolgen. 34 c Offensichtlich als Einschränkung des Tatbestands gedacht, hat dieses Merkmal jedoch keine nennenswerte eigenständige Bedeutung in einer Regelung, die i. U. zu dem früheren § 170 c und § 201 E 62 („gewissenlos") nicht an eine umfassende Hilfspflicht, sondern lediglich an eine materielle Beistandspflicht anknüpft, da schutzwürdige Belange des Täters wie Zumutbarkeit der Leistung, Verpflichtungen gegenüber Dritten usw. bereits bei der Feststellung der Unterhaltspflicht zu berücksichtigen sind (vgl. näher Schittenhelm NStZ 97, 171). Soll mit Abs. 2 verhindert werden, daß Frauen durch das Nichtleisten des ihnen gesetzlich zustehenden Unterhalts in eine wirtschaftliche Lage gebracht werden, in der sie glauben, sich gegen das Kind entscheiden zu müssen, so ist eine Unterhaltsverweigerung in Kenntnis dieser Situation per se immer auch verwerflich (vgl. aber zB auch Günther SK 47, Lackner/Kühl 13, M-Maiwald II 147, Otto II 63, Tröndle NJW 95, 3018 mit dem zusätzlichen Erfordernis eines in besonderer Weise sozialethisch negativ zu beurteilenden Verhaltens). Ausnahmen sind denkbar bei nur geringfügigen Unterhaltspflichtverletzungen – so wenn der vorenthaltene Teil des Unterhalts nicht sonderlich ins Gewicht fällt –, deren Straflosigkeit nach Abs. 2 idR freilich auch damit zu begründen wäre, daß sie für die Frau nicht der wahre Grund des Schwangerschaftsabbruchs sein können.

d) Durch das Vorenthalten des Unterhalts muß ein **Schwangerschaftsabbruch bewirkt** werden. 34 d Dabei ist es gleichgültig, ob dieser nach § 218 strafbar oder nach § 218 a I tatbestandslos ist und auch eine Rechtfertigung braucht einer Strafbarkeit nach Abs. 2 nicht entgegenzustehen (so aber Günther SK 49), so zB – vergleichbar der mittelbaren Täterschaft durch ein rechtmäßig handelndes Werkzeug – wenn ungeachtet einer eindeutig embryopathischen Indikation (§ 218 a II; vgl. dazu dort RN 37 ff.) die zunächst noch unentschlossene oder sogar zum Austragen und Betreuen eines behinderten Kindes bereite Mutter sich erst durch das Vorenthalten ihres Unterhalts gezwungen sieht, diesen durch eigene Arbeit selbst zu verdienen und deshalb die Schwangerschaft abbrechen zu lassen. Bewirken bedeutet das Verursachen durch den gegenüber der Leibesfrucht zugleich garantenpflichtigen Unterhaltsschuldner (o. 34 a). Da Abs. 2 ein Unterlassungsdelikt betrifft (o. 34 a), gelten für den Kausalzusammenhang die für das Unterlassen maßgeblichen Grundsätze (§ 13 RN 61). Zu fragen ist deshalb, ob es bei Vornahme der pflichtgemäßen Handlung (Erbringen des geschuldeten Unterhalts) nicht zu dem Erfolg (Schwangerschaftsabbruch) gekommen wäre, was zu bejahen ist, wenn sich die Frau infolge der durch das Ausbleiben des Unterhalts für sie begründeten materiellen Zwangslage zu dem Schwangerschaftsabbruch entschlossen hat (dazu, daß Schwangerschaftsabbrüche hier vielfach nicht primär auf wirtschaftlich-sozialen Notlagen beruhen, sondern wegen einer gestörten Partnerschaftsbeziehung erfolgen, vgl. Günther SK 50, Tröndle NJW 95, 3018). Dabei ist ohne Bedeutung, ob sie sich schon im Zeitpunkt dieser Entscheidung in akuten finanziellen Schwierigkeiten befand oder ob sie solche erst für die Zukunft zu befürchten hatte, so zB weil sie nicht mehr berufstätig sein kann und von dem Vater des Kindes auch weiterhin kein Unterhalt zu erwarten ist. Auch genügt es, wenn das Vorenthalten des Unterhalts *eine* Ursache neben anderen (zB Kündigungsdrohung des Vermieters, der keine kleinen Kinder im Haus haben möchte) gewesen ist. Erst wenn es ausschließlich andere, mit der durch das Vorenthalten des Unterhalts geschaffenen materiellen Situation nicht zusammenhängende Gründe sind, die zu dem Schwangerschaftsabbruch führen, ist dieser von dem säumigen Unterhaltsschuldner nicht mehr iS des Abs. 2 bewirkt, was zB auch der Fall ist, wenn sich die Frau nur deshalb gegen das Kind entscheidet, weil sie das Versagen materieller Unterstützung zugleich als emotionale Abwendung deutet (vgl. Schittenhelm NStZ 97, 171). Lehnt die Frau die von Dritten (zB nicht unterhaltspflichtigen Eltern) angebotene finanzielle Unterstützung ab, so entlastet dies den Vater jedenfalls dann nicht, wenn sie dafür triftige Gründe hatte (zB weil sie den selbst in bescheidenen Verhältnissen lebenden Eltern nicht zur Last fallen will); lebt die Frau dagegen tatsächlich von der Hilfe anderer (einschließlich Sozialhilfe), so ändert dies zwar nichts an der Strafbarkeit nach Abs. 1, wohl aber entfällt die dort mit dem Verlust des Unterhalts vorausgesetzte materielle Zwangslage nicht mehr der wahre Grund für einen dennoch vorgenommenen Schwangerschaftsabbruch sein kann (vgl. Lackner/Kühl 13, Schittenhelm aaO). In aller Regel nicht erfüllt sind die Voraussetzungen des Abs. 2 schließlich auch, wenn der geschuldete Unterhalt nur vorübergehend nicht geleistet wird und dies für die Frau erkennbar ist (vgl. Schittenhelm aaO u. dort auch näher zum Ganzen).

2. Der **subjektive Tatbestand** setzt Vorsatz voraus; bedingter Vorsatz genügt. Zum Vorsatz bzw. 34 e Irrtum bezüglich des Bestehens einer Unterhaltspflicht vgl. o. 33 f.; zur Kenntnis der die Garantenstellung begründenden Umstände i. U. zu der aus der Garantenstellung folgenden Garantenpflicht vgl. § 15 RN 96. Zumindest bedingter Vorsatz ist auch hinsichtlich des Kausalzusammenhangs von Unterhaltspflichtverletzung und Schwangerschaftsabbruch notwendig (vgl. Günther SK 51, Lackner/Kühl 13, and. M-Maiwald II 147: § 18).

VI. Täter nach Abs. 1 kann nur der Schuldner bzw. nach § 14 I Nr. 3 (vgl. dort RN 10 a, ferner 35 Dippel LK 71) sein gesetzlicher Vertreter sein. Beihilfe kommt hier vor allem durch Abschluß eines

§§ 170 a, 170 b Bes. Teil. Straftaten gegen den Personenstand, die Ehe und die Familie

Lohnschiebungsvertrags (§ 850 h I ZPO) oder Dienstverschleierungsvertrags (§ 850 h II ZPO), durch falsche Zeugenaussagen im Unterhaltsprozeß in Betracht, ebenso durch falsche Auskünfte in den Fällen des § 643 II ZPO (Beihilfe zum Prozeßbetrug), wobei dem Dritten bewußt sein muß, daß der Täter seiner Unterhaltspflicht entgehen will. § 28 I findet auf Teilnehmer keine Anwendung (ebenso Dippel LK[10] 72). Zur Täterschaft nach Abs. 2 vgl. o. 34 a.

36 VII. **Konkurrenzen.** Bei **Abs. 1** ist Idealkonkurrenz möglich mit § 171 (BVerfGE **50** 157, Hamm NJW **64**, 2316, Günther SK 52, Lackner/Kühl 12, o. 17). Bei der Unterhaltspflichtverletzung gegenüber *einem Berechtigten* handelt es sich bei entsprechendem Vorsatz idR um eine Dauerstraftat (vgl. zB Bremen JR **61**, 226, Düsseldorf MDR **62**, 922, JMBlNW **65**, 281, Hamburg OLGSt **Nr. 2**, Hamm NJW **65**, 878, MDR **73**, 690, Koblenz GA **75**, 28, Köln NJW **62**, 2119, Saarbrücken NJW **75**, 508, Günther SK 52, Lackner/Kühl 12, Tröndle/Fischer 12). Sie beginnt mit der Gefährdung und endet mit dieser bzw. damit, daß aus anderen Gründen (zB Wegfall der Leistungsfähigkeit) ein tatbestandsmäßiges Verhalten nicht mehr vorliegt (Dippel LK[10] 73). Dies gilt auch bei einer späteren Fortsetzung der Unterhaltspflichtverletzung (zB nach wiedererlangter Leistungsfähigkeit), und zwar selbst bei Vorliegen eines einheitlichen Vorsatzes, da auch eine Dauerstraftat unterbrochen wird, wenn zeitweilig – zB wegen Haft – der objektive Tatbestand nicht vorliegt (Düsseldorf OLGSt **Nr. 11**, Hamburg OLGSt **Nr. 2**, Koblenz GA **75**, 28, Dippel LK[10] 73; vgl. auch 84 vor § 52, Hamm MDR **73**, 690; and. LG Berlin MDR **66**, 1017). Bei einheitlichem Vorsatz muß hier jedoch trotz der grundsätzlichen Absage an dieses Institut durch BGH **40** 138 nach wie vor Fortsetzungszusammenhang möglich sein (vgl. Lackner/Kühl 12); andernfalls liegt Realkonkurrenz vor (Hamburg OLGSt **Nr. 2**, Hamm NJW **78**, 877, MDR **73**, 690). Bei der Unterhaltspflichtverletzung gegenüber *mehreren Berechtigten* kommt je nach der Sachlage Tateinheit oder Tatmehrheit in Betracht. Maßgebend dafür sind, da es sich bei § 170 um ein Unterlassungsdelikt handelt (o. 27), die in 28 vor § 52 genannten Grundsätze. Da sich die Tat nach § 170 wegen ihres stark vermögensrechtlichen Charakters nicht gegen ein höchstpersönliches Rechtsgut richtet, kommt hier eine rechtliche Handlungseinheit jedoch auch dann in Betracht, wenn die mehreren Pflichten durch mehrere Handlungen zu erfüllen wären (ob zB die Erfüllung der Unterhaltspflicht gegenüber Ehefrau und zwei Kindern eine Überweisung an die Frau oder, weil die Kinder bereits volljährig sind, drei nacheinander geschriebene Überweisungen erfordert, kann keinen Unterschied begründen; vgl. auch Dippel LK[10] 75, Günther SK 52; and. BGH **18**, 379 f., M-Maiwald II 146). Diese Grundsätze gelten auch, wenn sich der Täter durch ein und dasselbe positive Tun mehreren Unterhaltspflichten entzieht (zB Widerruf einer Zahlungsanweisung) oder deren Erfüllung unmöglich macht (zB Niederlegung der Arbeit), da auch hier die eigentliche Straftat immer in einem Unterlassen besteht (o. 27, Dippel LK[10] 75; and. Celle MDR **64**, 862, GA **69**, 350, Tröndle/Fischer 12 [Idealkonkurrenz]). Ohne Bedeutung für die Konkurrenzfrage ist, ob die mehreren Unterhaltsansprüche den gleichen oder unterschiedlichen Rang haben (so mit Recht BGH **18** 376 gegen Köln NJW **58**, 720, Mittelbach MDR **57**, 67). Zur Frage, ob Unterhaltspflichtverletzungen gegenüber mehreren Berechtigten eine Tat im prozessualen Sinn sein können, vgl. Hamm NJW **78**, 2210, Stuttgart MDR **77**, 1034, LG Krefeld NJW **92**, 1248, Schmid MDR **78**, 547. – Auch bei **Abs. 2** ist Idealkonkurrenz möglich mit § 171. Realkonkurrenz mit § 240 IV Nr. 2 (Regelbeispiel eines besonders schweren Falles) besteht, wenn der Schwangerschaftsabbruch zusätzlich durch eine Nötigung mitverursacht wird.

37 VIII. **Strafe.** Auch bei § 170 gilt § 47, obwohl eine Geldstrafe problematisch ist, wenn der Täter sein verfügbares Geld zur Unterhaltszahlung verwenden soll (Lackner/Kühl 13). Eine angemessenere Lösung dürfte daher § 153 a StPO ermöglichen (vgl. Dippel LK[10] 77). Besondere Umstände iS des § 47 sind etwa die Hartnäckigkeit des Sich-Entziehens (vgl. LG Koblenz MDR **82**, 70). Wird eine Freiheitsstrafe zur Bewährung ausgesetzt (§ 56) und eine Weisung nach § 56 c II Nr. 5 (vgl. dort RN 22) erteilt, so ist zu beachten, daß dies nicht einzelnen Unterhaltsberechtigten zum Nachteil gereichen darf (Stuttgart MDR **77**, 1034, Dippel LK[10] 77). Vorhandene Unterhaltstitel aller dem Täter gegenüber Berechtigten sollten stets herangezogen und mitberücksichtigt werden. Zum Bewährungswiderruf wegen erneuter Straffälligkeit vgl. Düsseldorf StV **96**, 45. – Aus der wenig systemgerechten (o. 1 a) Entscheidung des Gesetzgebers, dem bisherigen § 170 b (jetzt § 170) noch das Bewirken eines Schwangerschaftsabbruchs „aufzupfropfen", ergab sich zwangsläufig die Notwendigkeit einer über die Höchststrafe des Abs. 1 (Freiheitsstrafe von 3 Jahren) hinausreichenden Strafdrohung in Abs. 2, dies, was die Obergrenze betrifft, auch im Ergebnis eine Gleichstellung mit dem Schwangerschaftsabbruch gegen den Willen der Schwangeren (§ 218 II Nr. 1) und der Nötigung zum Schwangerschaftsabbruch (§ 240 IV Nr. 2), wobei es sich dort jedoch nur um Regelbeispiele eines besonders schweren Falles handelt (vgl. dazu auch o. 1 a u. krit. Schittenhelm NStZ **97**, 172). Bei der Strafzumessung kann hier ein zur Unterhaltspflichtverletzung hinzukommendes Versagen des seelischen Beistands nicht straferschwerend berücksichtigt werden, da der Gesetzgeber bewußt davon abgesehen hat, einen solchen mit den Mitteln des Strafrechts zu erzwingen.

§ 170 a [**Verschleuderung von Familienhabe**] *aufgehoben durch das 4. StrRG v. 23. 11. 1973, BGBl. I 1725.*

§ 170 b [**Verletzung der Unterhaltspflicht**] *s. jetzt inhaltlich unverändert § 170.*

§ 170c [Versagung der Hilfe gegenüber einer Geschwängerten] *aufgehoben durch das 4. StrRG v. 23. 11. 1973, BGBl. I 1725.*

§ 171 Verletzung der Fürsorge- oder Erziehungspflicht

Wer seine Fürsorge- oder Erziehungspflicht gegenüber einer Person unter sechzehn Jahren gröblich verletzt und dadurch den Schutzbefohlenen in die Gefahr bringt, in seiner körperlichen oder psychischen Entwicklung erheblich geschädigt zu werden, einen kriminellen Lebenswandel zu führen oder der Prostitution nachzugehen, wird mit Freiheitsstrafe bis zu drei Jahren oder mit Geldstrafe bestraft.

Vorbem. Nummerierung geänd. durch das 6. StrRG (vormals § 170d)

I. Geschütztes **Rechtsgut** ist die gesunde körperliche und psychische Entwicklung von Jugendlichen unter 16 Jahren (Dippel LK[10] § 170d RN 3, Lackner/Kühl 1, Neuheuser NStZ 00, 174, Tröndle/Fischer 2; krit. Horn SK 2). Dagegen sind familienrechtliche Fürsorge- und Erziehungspflichten bzw. -ansprüche für die Rechtsgutsbestimmung ohne Bedeutung, vielmehr kennzeichnen diese lediglich den Personenkreis, durch den das Schutzgut der körperlichen und psychischen Entwicklung des Jugendlichen in strafwürdiger Weise – besondere Verantwortlichkeit von Erziehungspflichtigen, besondere Anfälligkeit des Rechtsguts diesen gegenüber – beeinträchtigt werden kann (ebenso Dippel LK[10] 3). Sinn der Vorschrift ist auch nicht die Ahndung des Ausbleibens menschlicher Zuwendung durch den Erziehungspflichtigen (BGH MDR **79**, 949). Zur Neufassung durch das 4. StrRG vgl. Dippel LK[10] 2, Sturm JZ 74, 3; aus den Materialien vgl. BT-Drs. VI/3521 S. 15 ff., 7/514 S. 4 ff., Prot. VI 1193 ff., 1224, 1253 ff., 1278 ff., 1289 ff., 1381 ff., Prot. VII 5 f. – **Ergänzend** vgl. § 105 SGB VIII (Ges. zur Neuordnung des Kinder- und Jugendhilferechts idF v. 3. 5. 1993 (BGBl. I 637), wo u. a. die Betreuung von Pflegekindern ohne die dafür erforderliche Pflegeerlaubnis unter Strafe gestellt wird, wenn dadurch leichtfertig das Kind oder der Jugendliche in seiner körperlichen, geistigen oder sittlichen Entwicklung schwer gefährdet wird. 1

II. Der **objektive Tatbestand** setzt voraus, daß der Täter seine Fürsorge- oder Erziehungspflicht gegenüber einer Person unter 16 Jahren gröblich verletzt und dadurch die Gefahr entsteht (konkretes Gefährdungsdelikt), daß der Schutzbefohlene in seiner körperlichen oder psychischen Entwicklung erheblich geschädigt wird, einen kriminellen Lebenswandel führt oder der Prostitution nachgeht. 2

1. Während die **Fürsorgepflicht** primär eine Schutzpflicht ist, ist Inhalt der **Erziehungspflicht** die richtige Anleitung des Jugendlichen in seiner körperlich-seelischen Entwicklung, wobei es sich – vgl. die Kritik von Horn SK 11 – von selbst versteht, daß dies keine Festlegung auf bestimmte Erziehungsinhalte oder -modelle bedeutet, sondern daß „richtig" in diesem Sinne alles ist, was im Rahmen eines vom Gesetz auch hier vorausgesetzten Grundkonsenses noch „vertretbar" ist (ebenso Dippel LK[10] § 170d RN 7). Diese Pflichten, die regelmäßig miteinander verbunden sind und die in der Sache den Garantenpflichten beim unechten Unterlassen entsprechen (vgl. Lackner/Kühl 8, Neuheuser NStZ 00, 174), können sich unmittelbar aus dem Gesetz ergeben (zB Eltern, nichteheliche Mutter, Vormund, Pfleger), aber auch auf Vertrag oder tatsächlicher Übernahme beruhen (Pflegeeltern, Heimleiter, Zusammenleben in einer Wohngemeinschaft usw.; vgl. Prot. VI 1193 u. zum Partner einer nichtehelichen Lebensgemeinschaft BGH NStE **Nr. 1**); die nur ganz vorübergehende Aufnahme eines fremden Jugendlichen in die Hausgemeinschaft des Täters reicht jedoch nicht aus (vgl. näher Dippel LK[10] 4). Auch aus einem öffentlich-rechtlichen Aufgabenbereich (zB Sozialarbeiter des Jugendamts, BT-Drs. VI/1552 S. 14) können sich Fürsorge- und Erziehungspflichten ergeben. 3

2. Die **Verletzung** der Fürsorge- oder Erziehungspflicht kann sowohl in einem Tun (zB Verführung zu Straftaten, übermäßiges Verabreichen von Alkohol [BGH **2** 348], Überanstrengung des Jugendlichen durch Arbeiten, bei denen dieser körperlich nicht gewachsen ist, gesundheitsgefährdende Unterbringung usw.) als auch in einem Unterlassen bestehen (zB Nichtversorgen eines Kindes [BGH NJW **51**, 282], Duldung von Alkohol- oder Rauschgiftmißbrauch). Dabei müssen die eine Pflichtverletzung darstellenden Handlungen bzw. Unterlassungen im einzelnen festgestellt werden; ein nur allgemeiner Mangel an Zuwendung zu dem Kind genügt nicht (vgl. BGH MDR **79**, 949, Dippel LK[10] § 170d RN 9 u. näher dazu Neuheuser NStZ 00, 176). **Gröblich** ist die Pflichtverletzung, wenn die fragliche Handlung objektiv in einem besonders deutlichen Widerspruch zu den Grundsätzen einer ordnungsgemäßen Erziehung steht – bei den vom Gesetz geforderten Folgen der Pflichtverletzung ist dies stets anzunehmen, weshalb das Merkmal „gröblich" insoweit keine zusätzliche Einschränkung bedeutet – und wenn sie subjektiv, gemessen an den Möglichkeiten des Täters, ein erhöhtes Maß an Verantwortungslosigkeit erkennen läßt (ebenso Dippel aaO, Neuheuser NStZ 00, 178; vgl. auch Horn SK 10, Lackner/Kühl 2, Tröndle/Fischer 4). Dafür kann bei einer besonders folgenschweren Pflichtverletzung eine einmalige Handlung genügen, bei einer Wiederholung oder längeren Dauer können aber auch Verstöße, die für sich gesehen von geringerer Art sind, zu einer gröblichen Verletzung werden (vgl. zB BGH **8**, 95, BGH NJW **52**, 476, NStZ **82**, 328, AG Wermelskirchen NJW **99**, 590, Dippel aaO, Lackner/Kühl 2, Tröndle/Fischer 4; vgl. auch u. 5 a. E., 12). 4

3. Die Vernachlässigung der Sorgepflicht muß den Schutzbefohlenen in die **Gefahr** bringen, daß er in seiner **körperlichen oder psychischen Entwicklung erheblich geschädigt** wird, daß er einen **kriminellen Lebenswandel** führt oder der **Prostitution** nachgeht. Dafür genügt nicht schon jede 5

§ 171 6–9   Bes. Teil. Straftaten gegen den Personenstand, die Ehe und die Familie

Möglichkeit, daß das Kind Schaden nehmen könnte (BGH NStZ **82**, 328), erforderlich ist vielmehr eine konkrete Gefahr (KG JR **75**, 297, **82**, 507, Dippel LK[10] § 170 d RN 10), an der es zB fehlt, wenn mit der Hilfe Dritter gerechnet werden kann, so wenn ein Kleinkind auf einem Bahnhof zurückgelassen wird und die Bahnhofsmission sofort einschreitet (Köln JR **68**, 308). „Gebracht" wird der Schutzbefohlene in eine solche Gefahr nicht nur, wenn sie vorher nicht bestanden hat, sondern auch dann, wenn eine bereits vorhandene Gefahr noch weiter intensiviert wird. Für den hier erforderlichen Ursachenzusammenhang gelten die allgemeinen Regeln (vgl. 71 ff. vor § 13); bei Pflichtverletzungen durch Unterlassen (o. 4) ist hier deshalb erforderlich, daß die Entstehung bzw. die Steigerung der Gefahr durch ein Einschreiten abgewendet worden wäre (vgl. dazu auch Dippel LK[10] 8, Horn SK 8). Die für § 171 erforderliche Gefahr kann zwar auch schon durch ein einmaliges Tun oder Unterlassen geschaffen werden, idR geschieht dies aber erst durch eine Mehrzahl zeitlich getrennter Einzelakte, was für den Tatbestand, weil sie insgesamt eine gröbliche Pflichtverletzung darstellen, gleichfalls genügt (vgl. o. 4 und die Nachw. dort; vgl. auch u. 12).

6 a) Die Gefahr einer erheblichen **körperlichen Entwicklungsschädigung** besteht, wenn zu befürchten ist, daß der normale Ablauf des körperlichen Reifeprozesses dauernd oder nachhaltig gestört wird (BGH NStZ **82**, 328, KG JR **75**, 297, Dippel LK[10] § 170 d RN 11, Lackner/Kühl 3). Die unzureichende Gewährung von Nahrung und körperlicher Pflege (vgl. RG **77** 215, BGH NJW **51**, 282, NStE **Nr. 1**), die Unterbringung in Räumen, die als Wohnung ungeeignet sind (Ställe, Keller usw.), die Vernachlässigung bei Krankheiten usw. genügen daher nur dann, wenn sie die ernsthafte Möglichkeit einer nachhaltigen Beeinträchtigung der ohne die Pflichtverletzung zu erwartenden körperlichen Entwicklung des betroffenen Jugendlichen besorgen lassen (ebenso Dippel LK[10] 12; vgl. auch Horn SK 4 f.). Bei der Verleitung zu Rauschgift- oder Alkoholmißbrauch oder einer dauernden körperlichen Überanstrengung ist eine solche Gefahr meist anzunehmen. Eine unmittelbare Gesundheitsschädigung braucht nicht bevorzustehen (RG **77** 217, Köln JR **68**, 308). Andererseits ist es nicht ausreichend, wenn der Schutzbefohlene bei einer bestimmten Gelegenheit lediglich der Gefahr körperlicher Verletzungen ausgesetzt wird (zB Veranlassen zu einer waghalsigen Kletterei, vgl. KG JR **75**, 297, Dippel LK[10] 9, 12, Lackner/Kühl 3).

7 b) Die Gefahr einer erheblichen **psychischen Entwicklungsschädigung** (mit Recht krit. zur Unbestimmtheit dieses Begriffs Hanack NJW 74, 3) besteht, wenn zu befürchten ist, daß der Ablauf des normalen geistig-seelischen Reifungsprozesses dauernd oder nachhaltig gestört wird (vgl. zB BGH NStZ **82**, 328, KG JR **82**, 507, Dippel LK[10] § 170 d RN 14). Erfaßt sind damit nicht nur Fehlentwicklungen, „die mit medizinisch-psychologischen Kriterien zu erfassen sind" (so jedoch BT-Drs. VI/3521 S. 16). Geschützt werden soll durch § 171 der Entwicklungsprozeß, in dem sich die seelischen Fähigkeiten zur Bewältigung der Lebensaufgaben herausbilden (vgl. BT-Drs. VI/3521 S. 16, Lackner/Kühl 3). Da Voraussetzung dafür aber auch das Hineinwachsen in die Gemeinschaft und ihr sozialethisches Normensystem ist, – jedenfalls soweit es sich dabei um einen Grundbestand gemeinsamer Überzeugungen handelt –, ist die sittliche Entwicklung insoweit auch Teil der psychischen Entwicklung iS des § 171 (vgl. auch § 184 b [„sittliche Gefährdung"], Dippel aaO, Tröndle/Fischer 5; and. Horn SK 6). Diese umfaßt deshalb die gesamte geistige und seelische Entwicklung des Menschen, deren verschiedene Bereiche sich in der Realität ohnehin vielfach nicht voneinander trennen lassen. Die Gefahr einer psychischen Entwicklungsschädigung besteht daher jedenfalls immer bei einer drohenden oder bereits eingetretenen Verwahrlosung iS des früheren § 64 JWG (Verwahrlosung als Voraussetzung der Fürsorgeerziehung; vgl. auch BGH NJW **52**, 476, KG JR **82**, 507, Dippel LK[10] 17, Horn SK 6). In Betracht kommen aber auch psychische Schädigungen anderer Art, die das Hineinwachsen und die Integration des Jugendlichen erschweren (zB völlige Verängstigung infolge dauernder Mißhandlungen; zu eng daher Horn SK 6). Für die „Erheblichkeit" des psychischen Entwicklungsschadens liefert im übrigen der Vergleich mit den folgenden Merkmalen des kriminellen Lebenswandels usw. Anhaltspunkte. Die Auswirkungen müssen hier daher für den Jugendlichen ähnlich schwerwiegend sein wie dort (vgl. auch KG JR **75**, 297, **82**, 507).

8 **Einzelfälle:** Eine psychische Gefährdung kommt zB in Betracht, wenn Kinder häufig bis spät in die Nacht in Wirtshäuser mitgenommen werden (BGH **2** 348) oder die Eltern in Gegenwart des Jugendlichen mit anderen Partnern geschlechtlich verkehren (vgl. BT-Drs. VI/1552, S. 15, ferner BGH **3** 259, NStZ **95**, 178, MDR **64**, 772, Bay NJW **52**, 988), ferner beim fortgesetzten Einschließen und Alleinlassen in der Wohnung (Sturm JZ 74, 3), bei täglichen grundlosen Schlägen (vgl. BGH NStE **Nr. 1**), beim Abhalten vom Schulbesuch, Vermitteln von gefährlichem Umgang, Anhalten zum Betteln usw. (vgl. auch die Bsp. b. Dippel LK[10] § 170 d RN 17). Nicht genügend ist dagegen die Erziehung in politisch oder religiös abwegigen Anschauungen (Dippel aaO) oder die Gefahr eines Schocks infolge einer bei einer bestimmten Gelegenheit drohenden Verletzung (KG JR **75**, 297); auch das Fotografieren der 10-jährigen Tochter in sexualbetonten Stellungen, wobei sich das Kind der Sexualbezogenheit jedoch nicht bewußt ist, schafft noch keine Gefahr iS des § 170 d (KG JR **82**, 507).

9 c) Die Gefahr eines **kriminellen Lebenswandels** oder der **Prostitution** wird vom Gesetz zwar als eigenständige Alternative genannt; da hier in aller Regel aber zugleich die psychische Entwicklung iS der 2. Alt. gefährdet ist (Dippel LK[10] § 170 d RN 18, Lackner/Kühl 4, Neuheuser NStZ 00, 177, Tröndle/Fischer 6), hat ihre besondere Erwähnung im wesentlichen nur den Sinn, den für die 2. Alt. erforderlichen Grad der Verwahrlosung (o. 7) zu verdeutlichen (KG JR **75**, 298, Dippel aaO, Hanack

NJW 74, 3; vgl. dazu auch AG Wermelskirchen NJW **99**, 590). *Krimineller Lebenswandel* setzt die wiederholte Begehung nicht unerheblicher, vorsätzlicher Straftaten voraus, wobei die Lebensführung insgesamt durch eine besondere Affinität zum Verbrechen gekennzeichnet sein muß (vgl. auch Neuheuser aaO, ferner zB Dippel LK[10] 19, Lackner/Kühl 4, Horn SK 7). Eine entsprechende Gefahr (zu ihrer Beweisbarkeit vgl. Neuheuser aaO 178) wird zB geschaffen, wenn Eltern gegen die Mitgliedschaft des Jugendlichen in einer Diebesbande nicht einschreiten oder es sonst unterlassen, ihn vom Kriminellenmilieu fernzuhalten (Dippel aaO, Sturm JZ 74, 3; vgl. dazu auch AG Wermelskirchen aaO), nicht aber durch die einmalige Aufforderung zur Begehung einer Straftat (vgl. BGH NJW **52**, 476, Dippel aaO). Zum Begriff der *Prostitution* vgl. § 180a RN 5 f. In die Gefahr, der Prostitution nachzugehen, kann zB ein Mädchen gebracht werden, wenn die Mutter selbst in der gemeinsamen Wohnung Prostitution ausübt (Dippel LK[10] 20).

III. Für den **subjektiven Tatbestand** ist wenigstens bedingter Vorsatz erforderlich, i. U. zur aF **10** aber nicht mehr, daß der Täter auch gewissenlos handelt (vgl. aber auch KG JR **75**, 297). Der Vorsatz muß sich insbes. auf die gröbliche Pflichtverletzung und die gerade dadurch verursachte konkrete Gefährdung beziehen (zum bedingten Vorsatz insoweit vgl. BGH MDR **79**, 949, NStZ **82**, 328). Bezüglich der Pflichtverletzung liegt ein Tatbestandsirrtum (§ 16) nicht nur bei Fehlvorstellungen über die die Fürsorgepflicht usw. begründenden Umstände vor, sondern aus denselben Gründen wie bei § 170 (vgl. dort RN 33 a) auch dann, wenn der Täter sich infolge falscher Bewertung über das Bestehen der Pflicht selbst irrt (and. insoweit Dippel LK[10] § 170 d RN 21, Horn SK 13, Lackner/Kühl 7).

IV. Täter kann nur sein, wer gegenüber dem Jugendlichen in dem vom Gesetz genannten **11** Pflichtenverhältnis steht (Sonderdelikt). § 28 I ist auf Teilnehmer nicht anwendbar, da sich die Fürsorgepflicht des § 171 im Prinzip nicht von sonstigen Garantenpflichten unterscheidet, diese aber kein besonderes Merkmal iS des § 28 darstellen (vgl. dort RN 19; and. Dippel LK[10] § 170 d RN 23, Horn SK 15).

V. Konkurrenzen. Die Subsidiaritätsklausel des § 170 d aF wurde durch das 4. StrRG gestrichen. **12** Trotz zT übereinstimmender Schutzrichtung ist Idealkonkurrenz mit §§ 174, 180, 180 b II Nr. 2 schon deshalb möglich, weil diese Tatbestände keine konkrete Gefährdung der psychischen Entwicklung voraussetzen (Dippel LK[10] § 170 d RN 24, iE auch Horn SK 16; and. zT Tröndle/Fischer 8). Entsprechendes gilt für das Verhältnis zu § 225, da es auch dort zu einer Gefährdung der (körperlichen bzw. psychischen) Entwicklung nicht gekommen zu sein braucht (Dippel aaO, Lackner/Kühl 9, M-Maiwald II 150, Sturm JZ 74, 3; and. Tröndle/Fischer 8). Idealkonkurrenz ist ferner mit § 222 möglich (vgl. BGH **2** 348: durch übermäßiges Verarbreichen von Alkohol herbeigeführte chronische Alkoholvergiftung mit tödlichem Ausgang), ebenso mit § 170 (vgl. dort RN 36), mit § 184 b dagegen nur, soweit außer dem Schützling noch andere Jugendliche gefährdet werden (sonst Vorrang des § 171, ebenso Dippel aaO). Benutzt der Fürsorgepflichtige den Schutzbefohlenen als Werkzeug zu Straftaten, so liegt Idealkonkurrenz mit § 171 vor. Entsprechendes gilt für die Beihilfe durch Unterlassen (vgl. 72 ff. vor § 25). Wird die Gefährdung erst durch eine Mehrzahl von Handlungen herbeigeführt, so stellen diese insgesamt *eine* Tat nach § 171 dar (BGH **8** 92, **43**, 3, NStE **Nr. 1**, Dippel LK[10] 25, Horn SK 15, Neuheuser NStZ **00**, 179). Gefährdet der Täter mehrere Personen, denen gegenüber er eine Fürsorgepflicht hat, so liegt je nach den Umständen (gleichartige) Idealkonkurrenz oder Tatmehrheit vor (Dippel LK[10] 26, Neuheuser aaO). Letzteres ist nach den in 28 vor § 52 genannten Grundsätzen auch im Fall des Unterlassens anzunehmen, wenn der Täter eine Mehrheit verschiedener Handlungen vorzunehmen hätte. § 105 SGB VIII (o. 1) tritt hinter § 171 zurück.

VI. Strafe. Zu den besonderen Umständen iS des § 47 I, die eine kurze Freiheitsstrafe unerläßlich **13** machen können, zur Sachdienlichkeit von Auflagen und Weisungen und zum Widerruf einer Strafaussetzung zur Bewährung vgl. Neuheuser NStZ **00**, 179.

§ 172 Doppelehe

Wer eine Ehe schließt, obwohl er verheiratet ist, oder wer mit einem Verheirateten eine Ehe schließt, wird mit Freiheitsstrafe bis zu drei Jahren oder mit Geldstrafe bestraft.

Vorbem. In der Nummerierung geänd. durch das 6. StrRG (vormals § 171); § 172 aF (Ehebruch) aufgehoben durch das 1. StrRG.

I. Rechtsgut der Vorschrift ist im Anschluß an das in § 1306 BGB (früher § 5 EheG, s. u.) **1** enthaltene Verbot der Doppelehe die auf dem Grundsatz der Einehe beruhende staatliche Eheordnung. Dabei kann Sinn der Vorschrift nur sein, den ungesetzlichen Zustand zu verhindern, der darin besteht, daß zwei formal gültige Ehen nebeneinander bestehen (and. BGH **4** 7, Horn SK 2; vgl. dazu u. 4). Zur Neufassung durch das 4. StrRG vgl. Sturm JZ 74, 3; aus den Materialien vgl. BT-Drs. VI/1552 S. 14, VI/3521 S. 17, Prot. VI 1244, 2030. An die Stelle der bisher für § 172 einschlägigen Vorschriften des EheG sind mit dem EheschließungsrechtsG v. 4. 5. 1998 (BGBl. I 833) – in Kraft seit 1. 7. 1998 – die §§ 1303 ff. BGB getreten.

§ 172 2–6   Bes. Teil. Straftaten gegen den Personenstand, die Ehe und die Familie

2   **II.** Der **objektive Tatbestand** setzt voraus, daß der Täter eine Ehe schließt, obwohl er oder der andere Teil verheiratet ist.

3   **1. Verheiratet** ist, wer in einer formell gültigen Ehe lebt, dies also auch dann, wenn sie gem. §§ 1314, 1315 BGB aufhebbar ist oder nach früherem Recht (§§ 17–24 EheG; s. o. 1. aE) – jetzt von der Eheaufhebbarkeit mitumfaßt (krit. dazu Bosch NJW 98, 2006) – sogar für nichtig erklärt werden konnte (zB RG **55**, 279, **60**, 348, LG Hamburg NStZ **90**, 280 m. Anm. Liebelt NStZ 93, 545, Dippel LK[10] § 171 RN 4, Lackner/Kühl 2, Tröndle/Fischer 1 a). Formell gültig ist die Ehe, wenn sie gem. § 1310 I, II BGB (früher § 11 EheG) vor einem – zur Mitwirkung bereiten (vgl. Dippel aaO mwN) – Standesbeamten geschlossen ist oder gem. § 1310 III BGB als geschlossen gilt (über vor dem Beitritt [3. 10. 1990] in der ehem. DDR geschlossenen Ehen vgl. EV I Kap. III B III, § 6 FamGB-DDR); andernfalls liegt eine nicht unter § 172 fallende Nichtehe vor (zu den lediglich zur Aufhebbarkeit bzw. früher zur Vernichtbarkeit führenden Formmängeln vgl. §§ 1311, 1314 I, 1315 II Nr. 2 BGB bzw. §§ 13, 17 EheG). Zur Formgültigkeit von Inlandseheschließungen zwischen oder mit Ausländern vgl. Art. 13 III EGBGB, zu der von Heiraten im Ausland Art. 11 I EGBGB (bei dessen 1. Alt. iVm Art. 13 I) und zur konsularischen Eheschließung von Deutschen im Ausland § 8 Ges. über die Konsularbeamten usw. v. 11. 9. 1974, BGBl. I 2317 (zu den Einzelfragen vgl. zB Palandt/Heldrich, 57. A., Art. 13 EGBGB RN 19 ff., Münch/Komm-Coester, 3. A., Art. 13 RN 84 ff.); zum Personalstatut bei mehrfacher Staatsangehörigkeit und von Staatenlosen vgl. Art. 5 EGBGB und zu den Sonderregelungen für Flüchtlinge, Verschleppte und Vertriebene Palandt/Heldrich aaO Anh. zu Art. 5 EGBGB. Soweit die Ehen mit einem Ausländer nach dessen Heimatrecht (vgl. Art. 13 I) das Bestehen einer Ehe zusätzlich auch von sachlichen Ehevoraussetzungen abhängt, ist nach dem Grundsatz der Geltung des „ärgeren Rechts" bei deren Fehlen auch nach deutschem Recht von einer Nichtehe auszugehen (vgl. zB BGH FamRZ **91**, 303, Düsseldorf FamRZ **92**, 815, Palandt/Heldrich aaO RN 14 mwN). – Bei formeller Gültigkeit (s. o.) besteht die Ehe bis zu ihrer Auflösung durch den Tod eines Gatten, durch eine rechtskräftige Scheidung (§ 1564 BGB) oder Aufhebung (§ 1313 BGB; früher § 29 EheG), nach früherem Recht auch bis zur rechtskräftigen Nichtigerklärung (§ 23 EheG), wobei deren ex tunc-Wirkung die Ehe jedoch nicht zu einer unter § 172 fallenden Nichtehe machte. Zur Wiederverheiratung im Fall der Todeserklärung vgl. u. 5.

4   **2. Die Tathandlung** besteht darin, daß der Täter, obwohl er oder der andere Teil in diesem Zeitpunkt verheiratet ist (o. 3), eine **Ehe schließt**, wobei diese gleichfalls formell gültig sein muß (o. 3). Strafbar ist danach zB auch der in einer Scheinehe Lebende, der eine weitere Scheinehe eingeht (zur Aufhebbarkeit vgl. jetzt § 1314 II Nr. 5 BGB). Bei einer Eheschließung in Kenntnis der noch nicht eingetretenen Rechtskraft der Scheidung oder Aufhebung der früheren Ehe ist der Tatbestand zwar gleichfalls erfüllt, doch ist hier mit Eintritt der Rechtskraft ein Strafaufhebungsgrund anzunehmen (ebenso Dippel LK[10] § 171 RN 10; nach § 20 II EheG [s. o. 1 a. E.] war bisher in einem solchen Fall die neue Ehe „als von Anfang an gültig anzusehen", während jetzt durch § 1315 II Nr. 1 deren Aufhebung ausgeschlossen wird). Dagegen ist bereits der Tatbestand zu verneinen, wenn nach dem gem. Art. 11 I, 13 I EGBGB – u. U. erst als „ärgeres Recht" – anzuwendenden ausländischen Recht bigamische Ehen von Anfang an eo ipso als nichtig und damit als Nichtehen anzusehen sind (vgl. LG Hamburg NStZ **90**, 280 m. Anm. Liebel; näher dazu und gegen eine ausschließliche Anwendung des inländischen Kollisionsrechts Liebelt GA 94, 20). Strafbar ist nur das *Eingehen* einer Doppelehe, nicht jedoch die Fortsetzung einer nach Auslandsrecht wirksam abgeschlossenen Mehrehe von Ausländern im Inland (vgl. StA München I NStZ **96**, 436, Dippel LK[10] 3, Tröndle/Fischer 2). Dagegen ist § 172 anwendbar, wenn ein Ausländer, nach dessen Heimatrecht eine Mehrehe zulässig ist, im Inland eine weitere Ehe eingeht, da dem die Vorbehaltsklausel des Art. 6 EGBGB entgegensteht (vgl. Dippel aaO, Tröndle/Fischer 2). Ob die Auslandsbigamie eines Deutschen nach § 172 strafbar ist, bestimmt sich nach § 7 II Nr. 2 und ist zu verneinen, wenn die Doppelehe in dem betreffenden Staat erlaubt ist (Tröndle/Fischer 2).

5   Besonderheiten gelten bei der **Wiederverheiratung im Fall der Todeserklärung**, wenn der für tot erklärte Ehegatte noch lebt. Erfolgt die neue Eheschließung nach Rechtskraft der Todeserklärung und ist auch nur einer der Gatten gutgläubig, so ist die frühere Ehe mit dem Eingehen der neuen Ehe nach § 1319 II BGB (früher § 38 II EheG, s. o. 1 aE) aufgelöst (zur ehem. DDR bei vor dem Beitritt [3. 10. 1990] erfolgter Todeserklärung eines Gatten vgl. jedoch EV I Kap. III B III, § 37 FamGB-DDR). Trotzdem soll hier nach h. M. § 172 anwendbar sein, da der eine Gatte im Zeitpunkt der Eheschließung noch verheiratet war (vgl. BGH **4** 7, Frankfurt NJW **51**, 414, Dippel LK[10] § 171 RN 12, Horn SK 4, Lackner/Kühl 3, M-Maiwald II 156). Schon nach dem Wortlaut des § 172 ist dies jedoch nicht zwingend, da die Schließung der neuen mit der Auflösung der früheren Ehe zeitlich zusammenfällt und der Täter hier allenfalls noch für eine „logische Sekunde" mit dem früheren Partner „verheiratet" ist. Vor allem aber spricht gegen eine Strafbarkeit nach § 172 in diesem Fall der Zweck der Vorschrift, der nur in der Verhinderung des Nebeneinanderbestehens zweier formell gültiger Ehen gesehen werden kann, dieser rechtswidrige Zustand hier aber wegen der Auflösung der früheren Ehe gerade nicht eintritt und die neue Ehe, von dem Aufhebungsrecht nach § 1320 BGB (früher § 39 EheG) abgesehen, voll wirksam ist (ebenso Otto II 331).

6   **III.** Für den **subjektiven Tatbestand** ist Vorsatz erforderlich; bedingter Vorsatz genügt (vgl. Braunschweig NJW **47**, 71 [wo jedoch zu Unrecht eine „innere Billigung" verlangt wird; vgl. dazu § 15 RN 81 f., 86], Freiburg NJW **49**, 185). Am Vorsatz fehlt es (§ 16), wenn der Täter infolge eines

Sachverhalts- oder Bedeutungsirrtums glaubt, die erste oder zweite Ehe sei formell ungültig oder die erste Ehe sei aufgelöst oder für nichtig erklärt.

IV. Vollendet ist die Tat mit dem formell gültigen Abschluß der zweiten Ehe; unerheblich ist, ob es zum Vollzug der Ehe kommt. Da die Tat Zustands- und kein Dauerdelikt ist (vgl. 82 vor § 52), ist sie mit der Vollendung zugleich beendet (Blei II 137, Dippel LK[10] § 171 RN 13, Lackner/Kühl 6, Tröndle/Fischer 4 unter Hinweis auf BGH 2 StR 535/59 v. 9. 12. 1959). Nach Beseitigung des Abs. 3 aF durch das 4. StrRG beginnt damit auch die Verjährungsfrist, so daß Verjährung eintreten kann, obwohl der rechtswidrige Zustand der Doppelehe noch fortbesteht. Zu einem Strafaufhebungsgrund nach Vollendung vgl. o. 4.

V. Täter können nur die Partner der Doppelehe sein. **Teilnahme** ist bis zur Eingehung der Doppelehe nach allgemeinen Grundsätzen möglich (zB Beihilfe des mitwirkenden Standesbeamten). § 28 I ist unanwendbar, da die Tat – auch wenn sie nur von den Partnern der Doppelehe begangen werden kann – keinerlei besonderen personalen Unwert aufweist (Horn SK 7, Lackner/Kühl 7; and. Dippel LK[10] § 171 RN 16, Roxin LK § 28 RN 68, Tröndle/Fischer 5). Nach der Eheschließung ist, da die Tat damit auch beendet ist (o. 7), eine Beihilfe nicht mehr möglich.

VI. Konkurrenzen. Tateinheit ist möglich mit §§ 156, 169 (Dippel LK[10] 18, Tröndle/Fischer 8), nicht dagegen mit Unterhaltspflichtverletzung gegenüber dem ersten Ehegatten (BGH LM **Nr. 1**).

§ 173 Beischlaf zwischen Verwandten

(1) Wer mit einem leiblichen Abkömmling den Beischlaf vollzieht, wird mit Freiheitsstrafe bis zu drei Jahren oder mit Geldstrafe bestraft.

(2) Wer mit einem leiblichen Verwandten aufsteigender Linie den Beischlaf vollzieht, wird mit Freiheitsstrafe bis zu zwei Jahren oder mit Geldstrafe bestraft; dies gilt auch dann, wenn das Verwandtschaftsverhältnis erloschen ist. Ebenso werden leibliche Geschwister bestraft, die miteinander den Beischlaf vollziehen.

(3) Abkömmlinge und Geschwister werden nicht nach dieser Vorschrift bestraft, wenn sie zur Zeit der Tat noch nicht achtzehn Jahre alt waren.

Vorbem. Fassung des AdoptionsG vom 2. 7. 1976, BGBl. I 1749.

Schrifttum: Gerchow, Ergebnisse über die Bedeutung soziologischer, psychologischer und psychopathologischer Faktoren bei Inzesttätern der Nachkriegszeit, MschrKrim. 55, 168. – *ders.,* Die Inzestsituation, Beitr. zur Sexualforschung, Bd. 33, (1965) 38. – *Maisch,* Der Inzest und seine psychodynamische Entwicklung, Beitr. zur Sexualforschung, Bd. 33 (1965) 51. – *ders.,* Inzest (rororo sexologie), 1968. – Aus den Gesetzesmaterialien: BT-Drs. VI/3521 S. 17, Prot. VI 1246, 1328, 2030, 2107, 2113, Prot. 7 S. 7.

I. Rechtsgut des § 173 ist nach h. M. das Freisein der engsten Familie von damit für unvereinbar gehaltenen sexuellen Beziehungen, dies unabhängig davon, ob es sich um eine noch intakte oder ohnehin schon zerstörte Familie handelt; daneben werden als Strafgrund zT auch Gefahren für die psychische Entwicklung des Partners (minderjährige Tochter, Geschwisterinzest) und die angebliche Gefahr eugenischer und genetischer Schäden genannt (vgl. BT-Drs. VI/1552 S. 14, VI/3521 S. 17, ferner zB BGH **39** 329 [Ehe und Familie als jedenfalls im Vordergrund stehende Schutzobjekte], Dippel LK[10] 3, Lackner/Kühl 1, Otto II 332, Sturm JZ 74, 3, Tröndle/Fischer 2). Doch ist zu bezweifeln, ob sich eine rationale, am Gesichtspunkt der Sozialschädlichkeit orientierte Begründung für die Strafbarkeit der „Blutschande" wirklich finden läßt, maW ob hier nicht letztlich doch überlieferte Moralvorstellungen strafrechtlich sanktioniert werden (vgl. AE, BT, Sexualdelikte 59, Dippel NStZ 94, 182, Horn SK 2, M-Maiwald II 157 u. näher Jung, Leferenz-FS 311, Stratenwerth, Hinderling-Festschr., 1976, 301, Lenckner-FS 360, SchwZStr. 115, 92; zur Frage der Verfassungsmäßigkeit vgl. Klöpper aaO vor § 169, wo diese verneint wird [S. 131]). Zur Neufassung durch das 4. StrRG vgl. Sturm JZ 74, 3.

II. Der objektive Tatbestand erfaßt – mit unterschiedlichen Strafdrohungen im einzelnen – den Beischlaf zwischen blutsmäßigen Verwandten auf- und absteigender Linie, ferner zwischen leiblichen Geschwistern.

1. Der Beischlaf erfordert eine Vereinigung der Geschlechtsteile in der Weise, daß das männliche Glied – wenn auch nur unvollständig – in die Scheide eingedrungen ist; bloße Berührung genügt nicht (RG JW **30**, 916), ebensowenig das bloße Einführen des Glieds in den sog. Scheidenvorhof (BGH NJW **59**, 1091, M-Schroeder I 171; and. BGH **16** 175, MDR **90**, 1128, MDR/D **73**, 17, Dippel LK[10] 9, Horn SK 3, Lackner/Kühl 3, Tröndle/Fischer 6 wegen der auch hier bestehenden Empfängnismöglichkeit; mit dem Begriff „Beischlaf" ist jedoch nicht mehr vereinbar, wie BGH NJW **59**, 1091 mit Recht feststellt, die „naturgemäße Vereinigung der Geschlechtsteile" bedeutet; vgl. auch RG **4** 23, **40** 39, JW **34**, 2335). Eine emissio oder immissio seminis ist nicht erforderlich; auch braucht der weibliche Partner noch nicht geschlechtsreif zu sein (RG **71** 130, Dippel LK[10] 12, wie überhaupt die Gefahr einer Empfängnis nicht zu bestehen braucht („Pille"). Den Beischlaf „vollzieht" auch das Opfer einer Vergewaltigung, sofern nicht wegen vis absoluta eine Handlung entfällt (vgl. 38 vor § 13, Dippel LK[10] 10; and. und zT mißverständlich Horn SK 4); vgl.

§ 173 4–9

im übrigen u. 7. Sonstige sexuelle Handlungen, auch wenn sie beischlafähnlich sind (zB Analverkehr), werden durch § 173 nicht erfaßt, obwohl sie für die durch die Vorschrift geschützten Ehe- und Familienbeziehungen ebenso belastend sein können (ebenso Dippel LK[10] 11).

4 2. Strafbar ist nur der Beischlaf zwischen **Blutsverwandten** (vgl. schon zur aF BGH **7** 245, GA **57**, 218), nämlich zwischen Aszendenten und Deszendenten und zwischen leiblichen Geschwistern (mit einer milderen Strafdrohung für Deszendenten und Geschwister, vgl. Abs. 2). Nachdem durch das AdoptionsG v. 2. 7. 1976 (BGBl. I 2749) ein umfassendes gesetzliches Verwandtschaftsverhältnis des Adoptivkindes zu dem Annehmenden und dessen Verwandten begründet worden ist (vgl. auch §§ 66, 72 FamGB-DDR), stellt das Gesetz dies jetzt ausdrücklich klar, indem es in Abs. 1 vom „leiblichen Abkömmling", in Abs. 2 vom „leiblichen Verwandten" spricht und in Abs. 2 auch die Fälle einbezieht, in denen, wie bei der Adoption (§ 1755 BGB), das zu den bisherigen (leiblichen) Verwandten bestehende Verwandtschaftsverhältnis rechtlich erloschen ist. Nicht strafbar ist daher der Beischlaf zwischen Adoptiveltern und Adoptivkind, zwischen Adoptivgeschwistern, ferner zwischen dem Ehemann und dem außerehelich empfangenen Kind seiner Frau, und zwar auch dann nicht, wenn die Vaterschaftsvoraussetzungen des § 1592 BGB (früher Ehelichkeitsvoraussetzungen nach § 1591 aF) erfüllt sind (BGH NJW **81**, 1326, Dippel LK[10] 4, Horn SK 5, Tröndle/Fischer 4). Strafbar ist andererseits auch der Beischlaf zwischen einem natürlichen Elternteil und dem Kind, das von einem anderen adoptiert worden ist. Der nichteheliche Vater ist gegenüber dem nichtehelichen Kind ein leiblicher Verwandter aufsteigender Linie (vgl. § 1589 BGB). Leibliche Geschwister sind auch die Kinder, die nur einen Elternteil gemeinsam haben. Über Verwandte und Geschwister vgl. im übrigen § 11 RN 6 f. Eine Bindung an Unterhalts- und Statusurteile besteht für § 173 nicht (Dippel LK[10] 6, Lackner/Kühl 2).

5 Zusätzliche Fragen ergeben sich, wenn die Beteiligten in einer zwar **formell gültigen**, wegen der Verwandtschaft gem. §§ 1307, 1314 I BGB aber **aufhebbaren** – nach dem bis zum 30. 6. 1998 geltenden Recht (§ 21 EheG, vgl. § 172 RN 1) sogar nichtigen – **Ehe** leben (für Strafbarkeit nach früherem Recht zB RG **5** 160, Blei II 139, dagegen aber die h. M., vgl. Dippel LK[10] 6 mwN u. jetzt Lackner/Kühl 3, Tröndle/Fischer 4). Nachdem die Blutschande zu einem Delikt gegen die Familie geworden ist, spricht gegen eine Strafbarkeit zwar nicht schon, daß der Tat hier die grobe Unsittlichkeit fehle; auch ändert sich an der angeblich familienzerstörenden Wirkung der Blutschande nichts, wenn die Beteiligten zusätzlich noch eine Ehe eingegangen sind. Andererseits ist aber zu berücksichtigen, daß die Ehe bis zu der wirksamen Aufhebung – und dasselbe galt für die frühere Nichtigkeitserklärung – rechtsbeständig ist. Dies rechtfertigt eine einschränkende Interpretation iS der h. M., zumal der Tatbestand kriminalpolitisch ohnehin problematisch ist (o. 1, Dippel LK[10] 6).

6 **III.** Für den **subjektiven Tatbestand** ist Vorsatz erforderlich; bedingter Vorsatz genügt. Die Unkenntnis der Umstände, welche die leibliche Verwandtschaft begründen, ist Tatbestandsirrtum, so zB wenn der Ehemann glaubt, das Kind seiner Frau sei nicht von ihm (im umgekehrten Fall: untauglicher Versuch). Die unzutreffende rechtliche Bewertung (zB der leibliche Vater hält sich mit seinem nichtehelichen Kind nicht für verwandt) ist dagegen idR bloßer Subsumtionsirrtum, der jedoch als Verbotsirrtum von Bedeutung sein kann (vgl. Dippel LK[10] 13, Horn SK 6, Lackner/Kühl 4). Wahndelikt ist zB die Annahme der Strafbarkeit des Beischlafs mit Adoptivverwandten oder Verschwägerten.

7 **IV.** Das Opfer einer Vergewaltigung ist, soweit nicht schon der Tatbestand entfällt (o. 3), nach den beim Nötigungsnotstand geltenden Regeln zwar nicht nach § 34 gerechtfertigt (vgl. § 34 RN 41 b, aber auch Horn SK 4), idR aber nach § 35 **entschuldigt** (Dippel LK[10] 14).

8 **V. Täter** kann, da die Tat ein eigenhändiges Delikt ist, nur der den Beischlaf vollziehende Blutsverwandte sein; mittelbare Täterschaft scheidet aus (Dippel LK[10] 16, Horn SK 7, Lackner/Kühl 6). Für die **Teilnahme** gelten folgende Grundsätze: Die Beteiligung des *Deszendenten* unterliegt den Regeln über die notwendige Teilnahme. Soweit sein Verhalten über das notwendige Maß nicht hinausgeht, kommt eine Teilnahme an der Tat des Aszendenten nicht in Betracht. Aber auch soweit der Deszendent mehr tut, tritt wegen § 28 II die Teilnahme an der Tat des Aszendenten hinter die eigene Täterschaft (Abs. 2) zurück. Die Teilnahme *Dritter* an der Tat des Deszendenten (Abs. 2) ist nach Abs. 1 zu bestrafen, weil hier zugleich eine mittelbare Beteiligung an der Tat des Aszendenten vorliegt (Dippel LK[10] 17, Horn SK 8). § 28 I ist bei der Teilnahme Dritter nicht anwendbar, da die Verwandtschaft noch keine spezifisch personale Pflicht begründet, die engste Familie von sexuellen Beziehungen freizuhalten, sondern insofern ein rein tatbezogener Umstand ist, als das geschützte Rechtsgut überhaupt nur innerhalb der fraglichen Verwandtschaftsbeziehungen verletzbar ist (BGH **39** 326 m. Anm. Dippel NStZ 94, 182 u. Stein StV 95, 251, Dippel LK[10] 17, Herzberg GA 91, 184, Horn SK 8, Lackner/Kühl 6, M-Maiwald II 158, Roxin LK § 28 RN 67, Schmidhäuser II 157; and. zB BGHR Anstifter 1, Otto II 332, Tröndle/Fischer 7 a).

9 **VI.** Für Abkömmlinge und Geschwister, die zZ der Tat das 18. Lebensjahr noch nicht vollendet haben, enthält **Abs. 3** einen **persönlichen Strafausschließungsgrund** (Dippel LK[10] 18, Horn SK 9, Lackner/Kühl 7, Sturm JZ 74, 3, Tröndle/Fischer 8; and. zur aF RG **19** 393 [Vollendung des 18. Lebensjahrs als Tatbestandsmerkmal], Jescheck/Weigend 471 f. [Entschuldigungsgrund]; vgl. auch 129 vor § 32 und näher Bloy, Die dogmatische Bedeutung der Strafausschließungs- und Strafaufhebungsgründe [1976] 140 ff.). Strafbare Teilnahme an der Tat des Jugendlichen bleibt daher möglich (BGHR Anstifter 1; and. RG **19** 393 zur aF).

VII. Von Bedeutung für die **Strafzumessung** sind vor allem die Art der Ausführung der Tat, das Verhalten des Opfers sowie die Ursachen der Tat. Fehlerhaft wäre es, die Begehung mit dem eigenen Kind als straferschwerend zu bewerten (§ 46 III, vgl. dort RN 45). Zur Strafzumessung bei einem Heranwachsenden (§ 105 JGG) vgl. BGH MDR/D **57**, 396.   10

VIII. Idealkonkurrenz ist möglich zB mit §§ 171 (Dippel LK[10] 20), 174 I Nr. 3 (BGH MDR/D **75**, 21, Lackner/Kühl 8, Tröndle/Fischer 9), 176, 176 a, 177, 182. Während bis zur grundsätzlichen Absage an die Rechtsfigur der fortgesetzten Tat durch BGH **40** 138 die Möglichkeit eines Fortsetzungszusammenhangs bei wiederholter Begehung mit derselben Person – iU zu der mit verschiedenen Partnern – angenommen wurde (vgl. noch BGH NStZ **93**, 535 m. Anm. Gribbohm u. im übrigen die 24. A. mwN), wird dies heute in der BGH-Rspr. speziell für § 173 ausdrücklich verneint (BGHR vor § 1, Serienstraftaten, Kindesmißbrauch 3; vgl. ferner zB Horn SK 10, Lackner/Kühl 8).   11

Dreizehnter Abschnitt

Straftaten gegen die sexuelle Selbstbestimmung

Vorbemerkungen zu den §§ 174 ff.

Schrifttum: Auerbach, Die eigenhändigen Delikte unter besonderer Berücksichtigung der Sexualdelikte des 4. StRG, 1978. – *Arzt,* Sexualdelikte und Strafrechtsreform, ZBernJV 119, 1. – *Bauer, Bürger-Prinz, Giese,* Sexualität und Verbrechen, 1963. – Empfiehlt es sich, die Grenzen des Sexualstrafrechts neu zu bestimmen?. Verh. des 47. DJT 1968 (mit Gutachten von *Hanack* und Referaten von *Just-Dahlmann, Lackner* und *Pallin*). – *Baumann,* Der lange Weg des 4. StRG, ZRP 71, 129. – *ders.* „Glücklichere Menschen" durch Strafrecht?, JR 74, 370. – *Baurmann,* Sexualität, Gewalt und psychische Folgen, 1983. – *Berg,* Das Sexualverbrechen, 1963. – *Blei,* Das 4. StRG, JA 73, 179, 249. – *Bockelmann,* Zur Reform des Sexualstrafrechts, Maurach-FS 391. – *Dessecker,* Veränderungen im Sexualstrafrecht, NStZ **98**, 1 – *Dreher,* Die Neuregelung des Sexualstrafrechts, eine geglückte Reform?, JR 74, 45. – *Eser,* Die Sexualität in der Strafrechtsreform, JurA 70, 218. – *Frommel,* Zaghafte Versuche einer Reform der sexuellen Gewaltdelikte, KJ 96, 164. – *Göppinger/Witter,* Handbuch der Forensischen Psychiatrie, 2. Bd., Berlin 1972. – *Hanack,* Die Reform des Sexualstrafrechts und der Familiendelikte, NJW 74, 1. – *Gössel,* Über die sog. Regelbeispielstechnik und die Abgrenzung zwischen Straftat und Strafzumessung, Hirsch-FS 183. – *Helmken,* § 179 – letzter Stolperstein der Vergewaltigungsreform?, ZRP 96, 241. – *Horstkotte,* Kuppelei, Verführung und Exhibitionismus nach dem 4. StRG, JZ 74, 84. – *Ilg,* Der strafrechtliche Schutz der sexuellen Selbstbestimmung des Kindes, 1997. – *Jaeger,* Symbolisches Strafrecht – expressive Kriminalpolitik: Die Reform der Sexualdelikte, in: Institut für Kriminalwissenschaften und Rechtsphilosophie Frankfurt a. M. (Hrsg.), Irrwege der Strafgesetzgebung, 1999, 49. – *Jung,* Neue Strafvorschriften gegen Menschenhandel, JuS 92, 979. – *Kelker,* Die Situation von Prostituierten im Strafrecht und ein freiheitliches Rechtsverständnis – Betrachtung der Situation nach dem 26. Strafrechtsänderungsgesetz, KritV 93, 289. – *Kohlhaas,* Empfiehlt es sich, die Grenzen des Sexualstrafrechts neu zu bestimmen?, DRiZ 68, 263. – *Krekeler,* Für Sexualstrafverfahren bedeutsame Änderungen des StGB, StraFo 98, 224. – *Kreß,* Das Sechste Gesetz zur Reform des Strafrechts, NJW 98, 633 – *Kusch,* Gespaltenes Sexualstrafrecht im vereinten Deutschland – Vereinbarkeit mit Art. 3 GG –, MDR 91, 99. – *ders.,* Verschärfter Jugendschutz. Zur Auslegung des neuen § 182 StGB, NJW 94, 1505. – *Lackner,* Grenzen des Sexualstrafrechts, Concepte 70, 27. – *Lautmann,* Sexualdelikte – Straftaten ohne Opfer?, ZRP 80, 44. – *Laufhütte,* Viertes Gesetz zur Reform des Strafrechts, JZ 74, 46. – *Lenckner,* Das 33. Strafrechtsänderungsgesetz – das Ende einer langen Geschichte, NJW 97, 2801 – *Mittermaier,* Verbrechen wider die Sittlichkeit, VDB IV, 1. – *Mildenberger,* Änderungen im 13. Abschnitt des StGB durch das 6. StRG, Streit 99, 3. – *Müller-Emmert,* Kuppelei, Prostitutionsförderung und Zuhälterei usw., DRiZ 74, 93. – *Otto,* Die Neufassung der §§ 177–179 StGB, Jura 98, 210. – *Peters,* Sexualstrafrecht – Gedanken zum Alternativ-Entwurf, MSchrKrim. 69, 41. – *Pott,* Rechtsgutsgedanke versus Freiheitsverletzung, KritV 99, 91. – *Renzikowski,* Das Sexualstrafrecht nach dem 6. StRG, NStZ 99, 377, 440. – *Roxin,* Sittlichkeit und Kriminalität, in: Mißlingt die Strafrechtsreform? (1969) 156. – *Schneider,* Zur Reform des Sexualstrafrechts, JR 68, 81. – *F. C. Schroeder,* Die Straftaten gegen die sexuelle Selbstbestimmung, 1971. – *ders.,* Die Straftaten gegen die sexuelle Selbstbestimmung nach dem Entwurf eines 4. StRG, ZRP 71, 14,– *ders.,* Systematische Stellung und Rechtsgut der Sexualstraftaten nach dem 4. StRG, Welzel-FS 859. – *ders.,* Das neue Sexualstrafrecht, 1975. – *ders.,* Die Entwicklung der Sexualdelikte nach dem 4. StRG, MSchrKrim. 76, 108. – *ders.,* Das 27. Strafrechtsänderungsgesetz – Kinderpornographie, NJW 93, 2581. – *ders.,* Das 29. Strafrechtsänderungsgesetz – §§ 175, 182 StGB, NJW 94, 1501. – *ders.,* Irrwege aktionistischer Gesetzgebung – das 26. StÄG (Menschenhandel), JZ 95, 231. – *ders.,* Die Revolution des Sexualstrafrechts 1992–1998, JZ 99, 827. – *Schünemann,* Die Mißachtung der sexuellen Selbstbestimmung des Ehepartners als kriminalpolitisches Problem, GA 96, 307. – *Schwind,* Probleme des Sittenstrafrechts, NJW 64, 1158. – *Sick,* Sexuelles Selbstbestimmungsrecht und Vergewaltigungsbegriff, 1993 (zit.: aaO). – *dies.,* Zweierlei Recht für zweierlei Geschlecht, ZStW 103, 43. – *Simson,* Grenzen des Sexualstrafrechts in Deutschland und Schweden, JZ 68, 481. – *Streng,* Überfordern Sexualstraftaten das Strafrechtssystem?, Bemmann-FS 443 – *Sturm,* Das Vierte Gesetz zur Reform des Strafrechts, JZ 74, 1. – *Wahle,* Zur Reform des Sexualstrafrechts, 1969.– *Walter/Wolke,* Zur Funktion des Strafrechts bei „akuten sozialen

Vorbem §§ 174 ff. 1   Bes. Teil. Straftaten gegen die sexuelle Selbstbestimmung

Problemen,, MschrKrim 97, 93 – *Woesner,* Erneuerung des Sexualstrafrechts, NJW 68, 673. – Vgl. auch die Angaben zu §§ 176, 177, 181 a, 183, 183 a, 184.
Rechtsvergleichend: Schwarz, Mat. II BT 177. – *Simson,* Grenzen des Sexualstrafrechts in Deutschland und Schweden, JZ 68, 481. – *Simson/Geerds,* Straftaten gegen die Person und Sittlichkeitsdelikte in rechtsvergleichender Sicht, 1969. – *Wetzel,* Die Neuregelung der §§ 177–179 StGB, 1998.
Materialien: Zum *33. StÄG* u. a. BT-Drs. 13/199, 323, 536, 2463, 3026 (Gesetzesentwürfe Bundesrat, Fraktionen u. Gruppen des BT), 13/4543 (Beschlußempfehlung BT-Rechtsausschuß), 13/4939 (Anrufung des Vermittlungsausschusses), 13/5011 (Beschlußempfehlung Vermittlungsausschuß), 13/7324 (Gesetzesentwurf v. Abgeordneten), 13/7663 (Beschlußempfehlung BT-Rechtsausschuß), BT-Plenarprotokolle 13/172, 175, BT-Rechtsausschußprotokoll 13/35; zum *6. StrRG* u. a. BT-Drs. 13/7164, 8587 (Gesetzesentwurf Bundesregierung), 13/2203, 8267 (Gesetzesentwürfe zu § 174c), 13/9064 (Bericht BT-Rechtsausschuß), BT-Plenarprotokoll 13/204.

1   **I.** Der 13. Abschnitt wurde durch das 4. StrRG v. 23. 11. 1973 (BGBl. I 1725; ÄndG v. 2. 3. 1974, BGBl. I 469, 502) völlig neu gestaltet (zur Entstehungsgeschichte vgl. Lackner/Kühl LK vor § 174 mwN); zu den Änderungen im einzelnen vgl. die Übersicht in der 20. A., Vorbem. 3; zur Ersetzung des Merkmals der „unzüchtigen Handlung" bzw. „Unzucht" in §§ 174 ff. a. F. durch den Begriff der „sexuellen Handlung" vgl. § 184 c RN 2. Der **Grundgedanke der Reform** des Sexualstrafrechts durch das 4. StrRG, die zu einer weitgehenden Einschränkung der Strafbarkeit, zugleich aber auch zu einer erheblichen Komplizierung der Rechtsanwendung geführt hat (vgl. auch Hanack NJW 74, 1 und u. 3), war, daß ein Verhalten nicht schon um seiner Unmoral willen Strafe verdient, sondern erst dann, wenn dadurch elementare Interessen anderer oder der Gemeinschaft verletzt werden („Sozialschädlichkeit"; krit. dazu z. B. Bockelmann aaO 391; zu der sich aus Art. 8 MRK ergebenden staatlichen Pflicht, vor Verletzungen des sexuellen Selbstbestimmungsrechts strafrechtlichen Schutz zu gewähren, vgl. EGMR NJW **85**, 2075). Demgemäß enthalten die §§ 174 ff. nur noch Bestimmungen, die dem **Schutz der „sexuellen Selbstbestimmung"** dienen (vgl. demgegenüber die frühere Überschrift: „Verbrechen und Vergehen wider die Sittlichkeit"). Dabei ist der Gesetzgeber, wie der Hinweis in § 184 c Nr. 1 auf das *„jeweils geschützte Rechtsgut"* zeigt, davon ausgegangen, daß sich dieses einheitliche Rechtsgut in den einzelnen Tatbeständen in verschiedener Weise konkretisiert (BT-Drs. VII/514 S. 12 und näher F. C. Schroeder, Welzel-FS 868 ff.). Doch muß bezweifelt werden, ob mit dem Begriff der „sexuellen Selbstbestimmung" die verschiedenen Aspekte wirklich zutreffend gekennzeichnet sind (vgl. Baumann JR 74, 371, Horn SK 2 f., Laufhütte LK 3 ff., Otto II 337, Sturm JZ 74, 4, Schmidhäuser II 163, ferner Dreher JR 74, 47 ff., nach denen Rechtsgut die in Art. 6 GG zum Ausdruck gekommene Sexualverfassung ist; für die gesetzliche Terminologie jedoch F. C. Schroeder, Welzel-FS 876 ff., M-Schroeder I 165 f., Sick aaO 78 ff., ZStW 103, 50 ff.; vgl. auch Blei II 141). Versteht man unter „sexueller Selbstbestimmung" in diesem Zusammenhang das Recht des einzelnen, nicht gegen seinen (wahren) Willen zum Objekt sexuellen Begehrens anderer gemacht zu werden, so ist damit das Schutzobjekt im wesentlichen dort zutreffend gekennzeichnet, wo mit der fraglichen Tat die Freiheit dieser Selbstbestimmung verletzt wird, so z. B. bei § 177 aber auch bei den Tatbeständen, bei denen Macht- und Autoritätsverhältnisse im Spiele sind (z. B. §§ 174 a, 174 b, 174 c) oder – hier freilich nur ein Element einer umfassenderen Freiheit – Prostituierte in Abhängigkeit gehalten oder in eine Situation gebracht werden, in der sie sich der Prostitution nur schwer entziehen können (z. B. §§ 180 a I, II Nr. 2 2. Alt., 180 b I, II Nr. 1). Dabei ist die freie Selbstbestimmung dann allerdings nicht selten nur ein Teilaspekt neben einem anderen Schutzobjekt (z. B. §§ 174 a, 174 b). Auch müssen hier Abstriche insofern gemacht werden, als sexuelle Selbstbestimmung an sich die Autonomie der Person und damit die aus der entsprechenden Einsichts- und Steuerungsfähigkeit bestehende Selbstbestimmungsfähigkeit voraussetzt, diese bei unreifen Kindern und Jugendlichen aber gerade fehlt, obwohl auch sie das Opfer einer Vergewaltigung usw. sein können; was hier von der „sexuellen Selbstbestimmung" bleibt, ist u. U. nicht mehr als die Freiheit in einem ganz natürlichen Sinn und der instinktive innere Widerstand eines Kindes gegenüber einem ihm noch fremden und unbekannten Geschehen. Erst recht dürfte mit der „sexuellen Selbstbestimmung" dort zu hoch gegriffen sein, wo der einzelne lediglich vor sexuellen Belästigungen und Konfrontationen mit fremder Sexualität bewahrt werden soll (§§ 183, 183 a, 184 I Nr. 6; and. F. C. Schroeder aaO 877, M-Schroeder aaO). Bei anderen Tatbeständen ist mit dieser nicht einmal ein entfernter Zusammenhang herzustellen, so insbes. § 184 I Nr. 9 (vgl. dort RN 3), z. T. aber auch § 180 a II Nr. 2 (vgl. dort RN 20). Das Wesentliche nicht getroffen ist mit dem Begriff der sexuellen Selbstbestimmung vor allem aber auch bei den die ungestörte sexuelle Entwicklung junger Menschen vor Beeinträchtigungen ihrer Gesamtentwicklung schützenden Jugendschutzvorschriften (z. B. §§ 174, 176, 180, 182), bei denen es letztlich überhaupt nicht um das Recht auf sexuelle Selbstbestimmung gehen kann, weil Voraussetzung dafür die rechtliche Selbstbestimmungsmöglichkeit und damit die bei unreifen Jugendlichen gerade noch nicht gegebene Selbstbestimmungsfähigkeit wäre (s. o.). Der Schutz der nicht abgeschlossenen sexuellen und psychischen Reifung ist deshalb kein Unterfall des Rechtsguts der sexuellen Selbstbestimmung (vgl. Laufhütte LK 7, aber auch F. C. Schroeder aaO), vielmehr schließen sich begrifflich beide sogar aus. Die Zuordnung der einzelnen Tatbestände des 13. Abschnitts zum einen oder anderen Rechtsgut kann allerdings dann zweifelhaft sein, wenn es nicht, wie in den §§ 176, 180 I, ein bestimmtes Alter (bis zu 14 bzw. bis zu 16 Jahren) allein ist, das den Strafgrund erklärt, sondern noch weitere, außerhalb des Opfers liegende Faktoren hinzukommen (vgl. z. B. §§ 174, 180 II, III, 182 I). Daß es in diesen Fällen auch bei den Altersgruppen von 14 bis 16 bzw. 14 bis 18 Jahren beim Rechtsgut des Jugend-

Vorbemerkungen zu den §§ 174 ff.   2–5 **Vorbem §§ 174 ff.**

schutzes bleibt – bei Kindern versteht sich dies von selbst – ist zwar nicht zwangsläufig vorgegeben, weil Jugendliche, wie § 182 II zeigt, nicht notwendig zur sexuellen Selbstbestimmung unfähig sein müssen. In der Regel aber sind solche zusätzlichen Merkmale beim Fehlen eines vergleichbaren Vorschrift für Erwachsene lediglich Ausdruck einer spezifischen Anfälligkeit Jugendlicher (z. B. Bestehen eines Verhältnisses i. S. des § 174, Aussicht auf ein Entgelt in § 180 II), was dafür spricht, daß bei ihrem Vorliegen die Selbstbestimmungsfähigkeit des Jugendlichen – bei vorhandener Einsicht in die Bedeutung und Tragweite des fraglichen Tuns – in Gestalt der Hemmungsfähigkeit nicht mehr in dem Maß besteht, wie dies bei einem Erwachsenen erwartet werden kann. Rechtsgut bleibt damit auch hier der Jugendschutz.

Das 4. StrRG stieß nach seinem Erlaß, wie nicht anders zu erwarten, auf recht **unterschiedliche** 2 **Kritik**. Gemessen an den Reformvorstellungen, wie sie insbes. dem AE zugrunde lagen, war der Gesetzgeber in der Beschränkung der Strafbarkeit auf eindeutig sozialschädliche Verhaltensweisen nicht weit genug gegangen (vgl. auch Baumann JR 74, 370, Hanack NJW 74, 3 ff., Lautmann ZRP 80, 44, Sick ZStW 103, 90 f.). Zwar sind einer „Entmoralisierung" des Sexualstrafrechts nach der Natur der Sache bestimmte Grenzen gesetzt (vgl. etwa zur Ersetzung des in §§ 174 ff. a. F. verwendeten Begriffs der „Unzucht" bzw. „unzüchtigen Handlung" durch den der „sexuellen Handlung" § 184 c RN 2, 15; vgl. ferner Bockelmann II/2 S. 126, Maurach-FS 391), doch muß für einzelne Tatbestände bezweifelt werden, ob die mit der Reform angestrebte Beschränkung der Strafbarkeit auf die Verletzung eindeutig substantiierbarer Rechtsgüter wirklich konsequent zu Ende geführt worden ist, so z. B. für § 180 a II Nr. 2 1. Alt. – ebenso für den früheren Abs. 3 – oder für § 181 a II (vgl. auch F. C. Schroeder, Welzel-FS 975: eine „mehr irrationale Bestrafung"). Andererseits wurde der Reform aber auch der Vorwurf einer unangemessenen Liberalisierung gemacht (so insbes. Dreher JR 74, 45). Von dieser Grundsatzfrage abgesehen, über die man streiten mag, sind es jedoch vor allem Mängel in der Einzelausgestaltung des Gesetzes, die Anlaß zur Kritik geben. Dies gilt nicht nur, aber vor allem für § 184 (vgl. dort RN 1 a, 38 a ff.; zu § 184 I Nr. 7 vgl. auch die Kritik von BVerfGE **47** 109).

II. Weitere **Änderungen im 13. Abschnitt** erfolgten durch das 26. StÄG v. 14. 7. 1992 (BGBl. I 3 1255), welches anstelle der §§ 180 a III–V, 181 a. F. die §§ 180 b, 181 einfügte, um vor allem der zunehmenden Internationalisierung des Menschenhandels und der damit verbundenen sexuellen Ausbeutung ausländischer Frauen Rechnung zu tragen. Das 27. StÄG v. 23. 7. 1993 (BGBl. I 1346) bezweckt durch Strafverschärfung (Abs. 3, 4) und Erweiterung der Strafbarkeit (Abs. 5) im Rahmen des § 184 die Bekämpfung kinderpornographischer Auswüchse auf dem Videomarkt. Durch das 29. StÄG v. 31. 5. 1994 (BGBl. I 1168) wurde § 182 unter Aufhebung des § 175 StGB, 149 DDR-StGB (vgl. auch u. 6) zu einer einheitlichen Schutzvorschrift für männliche und weibliche Jugendliche unter 16 Jahren umgestaltet. Dabei lag der Beseitigung der Strafbarkeit nach § 175 die Annahme zugrunde, daß eine eventuelle homosexuelle Prägung bei Männern bereits sehr früh stattfindet, § 175 mithin den angestrebten Schutz der ungestörten sexuellen Entwicklung männlicher Jugendlicher nicht gewährleisten konnte (vgl. auch § 182 RN 1). Durch das 30. StÄG v. 23. 6. 1994 (BGBl. I 1310) wurde § 78 b I Nr. 1 um das Ruhen der Verjährung bei bestimmten Sexualstraftaten erweitert.

III. Wesentlich umgestaltet wurden die Vorschriften über die Vergewaltigung und sexuelle Nöti- 4 gung sowie den sexuellen Mißbrauch schließlich durch das **33. StÄG** v. 1. 7. 1997 (BGBl. I 1607) und das **6. StrRG** v. 26. 1. 1998 (BGBl. I 164; vgl. die Überblicke bei Dessecker NStZ 98, 1, Krekeler StraFo 98, 224, Kreß NJW 98, 633, Lenckner NJW 97, 2801, DSNS-Nelles 69 ff., Otto Jura 98, 210, Renzikowski NStZ 99, 377, 440, BE-Schumacher/Becker 10 ff., ferner Lackner/Kühl 9, Tröndle/Fischer 3).

Das **33. StÄG** hat insbesondere die *sexuelle Nötigung* und *Vergewaltigung* in *§ 177 n. F.* in einem 5 einheitlichen, durchgehend geschlechtsneutral formulierten Tatbestand zusammengefaßt. Der erzwungene Beischlaf (Vergewaltigung) ist seither nur noch ein Regelbeispiel eines neugeschaffenen besonders schweren Falles, dem ähnliche, das Opfer besonders erniedrigende und bisher nur durch § 178 a. F. erfaßte Handlungen gleichgestellt werden (vgl. BT-Drs. 13/7324 S. 5). Den bisherigen Nötigungsmitteln der Gewalt und Drohung mit gegenwärtiger Gefahr wurde als weitere Tatvariante die Nötigung unter Ausnutzung einer Lage hinzugefügt, in der das Opfer der Einwirkung des Täters schutzlos ausgeliefert ist (vgl. dazu u. zu abweichenden Formulierungen BT-Drs. 13/4543 S. 12 f. bzw. 13/323 S. 3, 5 u. 13/2463 S. 3, 6). Geschlossen werden sollten damit mögliche Strafbarkeitslücken in Fällen, in denen Frauen vor Schreck starr oder aus Angst vor der Anwendung von Gewalt die sexuellen Handlungen des Täters über sich ergehen lassen und das Vorliegen von Gewalt oder einer konkludenten Drohung mit Angriffen auf Leib und Leben zweifelhaft sein kann (vgl. BT-Drs. 13/7324 S. 6); ferner wurde ein gegenüber § 179 verbesserter Schutz geistig und körperlich behinderter Menschen bezweckt (BT-Drs. 13/7663 S. 4). § 237 wurde aufgrund dieser Ausdehnung des § 177 als überflüssig angesehen und aufgehoben. Der neue Tatbestand des § 177 erstreckt sich außerdem durch Streichung des Merkmals „außerehelich" nunmehr auf die bisher nur nach § 240 strafbare Vergewaltigung und sexuelle Nötigung in der Ehe, was Hauptanliegen der Reform der §§ 177, 178 a. F. war. Im Gesetzgebungsverfahren umstritten war jedoch, ob in diesen Fällen dem Opfer, vorbehaltlich der Bejahung eines besonderen öffentlichen Interesses durch die Strafverfolgungsbehörde, zwar kein Antragsrecht (bis zu dem Ges. v. 26. 2. 1876, RGBl. S. 25, war das Verbrechen des § 177 generell Antragsdelikt!), wohl aber ein Widerspruchsrecht einzuräumen sei. Dieses wurde schließlich abgelehnt wegen der naheliegenden Gefahr, daß der Täter oder sein soziales Umfeld das Opfer zur Ausübung des Widerspruchsrechts unter Druck setzt (vgl. zB Deutscher Bundestag, Plenarprotokoll 13/172 S. 15 492 ff., Wetzel aaO 66 ff.). Nicht aufgenommen wurde auch eine „Versöhnungsklausel", mit der Möglichkeit einer Strafmilderung oder eines Absehens von Strafe im Interesse der Aufrechterhaltung der ehelichen Bindung (BT-Drs. 13/199 S. 3, 5, 13/323 S. 3, 4 [dort unter Einbeziehung eheähnlicher Bindungen]). Bei § 179 wurde u. a. ebenfalls die Beschränkung auf außereheliche sexuelle Handlungen gestrichen.

6 Das **6. StrRG** veränderte kurz darauf die §§ 177, 179 erneut, führte dort und in den §§ 176 a, 176 b, 178 Qualifikationstatbestände ein, gestaltete die tatbestandlichen Voraussetzungen der §§ 176 III, 179 I u. II um und schuf mit § 174 c einen neuen Tatbestand des sexuellen Mißbrauchs unter Ausnutzung eines Beratungs-, Behandlungs- oder Betreuungsverhältnisses. Ziel dieser Reform war in erster Linie eine „Harmonisierung" der Strafrahmen innerhalb des StGB, weshalb zB in den §§ 176 a IV, 176 b, 177 III u. IV, 178, 179 IV neue Tatbestände für erschwerte Fälle des sexuellen Kindesmißbrauchs, der sexuellen Nötigung und des sexuellen Mißbrauchs Widerstandsunfähiger geschaffen wurden, die in Voraussetzungen und Rechtsfolgen den §§ 250, 251 nF in wesentlichen Teilen entsprechen (vgl. BT-Drs. 13/8587 S. 18, 21, 31 f., 13/9064 S. 12 f.). Ein weiteres gesetzgeberisches Anliegen war die Verbesserung des Strafrechtsschutzes gegenüber sexuellem Kindesmißbrauch, weshalb § 176 in seinem Anwendungsbereich erweitert und mit einer deutlich erhöhten Strafdrohung versehen wurde; der Vorschlag des Bundesrats, die Vorschrift zum Verbrechen aufzustufen (vgl. BT-Drs. 13/8587 S. 58), konnte sich zwar nicht durchsetzen, doch wurden für erschwerte Fälle die Verbrechenstatbestände der §§ 176 a, 176 b geschaffen (vgl. BT-Drs. 13/8587 S. 31 f., 81, 13/9064 S. 10 f.). § 179 wurde in Abs. 1 von der als diskriminierend empfundenen terminologischen Anlehnung an § 20 gelöst und entsprechend den Begriffen des Behindertenrechts neu formuliert (vgl. BT-Drs. 13/8267 S. 8); der tatbestandliche Anwendungsbereich des Abs. 2 wurde auf Fälle erweitert, in denen der Täter das Opfer zu sexuellen Handlungen mit Dritten bestimmt, und die Strafdrohung wurde wie bei § 176 erhöht (vgl. BT-Drs. 13/9064 S. 13 f.). § 174 c schließlich, der auf einer getrennten Gesetzesinitiative beruhte und erst später in das 6. StrRG aufgenommen wurde (vgl. BT-Drs. 13/2203, 13/8267, 13/9064 S. 10), soll eine zunehmend als problematisch erkannte (vgl. Dessecker NStZ 98, 2 f.) Strafbarkeitslücke schließen und stellt deshalb den sexuellen Mißbrauch geistig oder seelisch Kranker, Behinderter oder Suchtkranker auch innerhalb nichtstationärer Beratungs-, Behandlungs- oder Betreuungsverhältnisse sowie den sexuellen Mißbrauch innerhalb psychotherapeutischer Behandlungsverhältnisse unter Strafe.

7 Die Neuerungen des 33. StÄG und des 6. StrRG sind, auch wenn die gesetzgeberischen Anliegen als solche zumeist befürwortet werden, auf vielfältige **Kritik** gestoßen (s. auch Lackner/Kühl 11, Schroeder JZ 99, 827 ff., Tröndle/Fischer 3). Neben einzelnen Sachproblemen wird vor allem die schlechte technische Qualität und mangelnde gegenseitige Abstimmung der verschiedenen Vorschriften hervorgehoben (besonders deutlich DSNS-Nelles 69: „Vorschriften . . . die . . . sich einer sinnvollen Auslegung sperren oder nur um den Preis von Wertungswidersprüchen interpretierbar sind"; s. auch Gössel, Hirsch-FS 188 f.). Die Vorwürfe sind in weiten Teilen berechtigt. Dies gilt vor allem für § 177, dessen tatbestandliche Abstufungen bereits nach dem 33. StÄG wegen der Auflösung des früher selbständigen Tatbestands der Vergewaltigung auf vielfältige Kritik gestoßen waren (vgl. zB Gössel, Hirsch-FS 189 ff., Jaeger aaO 57, Lackner/Kühl 11 mwN, Lenckner NJW 97, 2802, Pott KritV 99, 107 ff., Renzikowski NStZ 99, 378, 381, Schroeder JZ 99, 829; befürwortend zB Mildenberger aaO 12 ff. mwN; zu Tenorierungsproblemen s. § 177 RN 23). Nach dem 6. StrRG stehen außerdem die neu hinzugekommenen, auf die Gewaltkomponente bezogenen Qualifikationen der Abs. 3 u. 4 beziehungslos neben der vornehmlich auf die sexuelle Komponente bezogenen Strafzumessungsregelung des Abs. 2 (s. auch Kreß NJW 98, 643), ohne daß eine plausible durchgehende Stufung des Unrechts- und Schuldgehalts der betreffenden Taten erkennbar wäre (warum zB die Erzwingung besonders erniedrigender Sexualpraktiken [Abs. 2 Nr. 1] weniger strafwürdig sein soll als die normal schwere sexuelle Nötigung unter Mitnahme oder Verwendung ungefährlicher Hilfsmittel [Abs. 3 Nr. 1], leuchtet nicht ein; s. auch § 177 RN 25 sowie Schroeder JZ 99, 829). Ferner führt die Ausdehnung der Zwangsmittel auf das Ausnutzen „einer Lage, in der das Opfer der Einwirkung des Täters schutzlos ausgeliefert ist", zu erheblichen Abgrenzungsproblemen insbesondere gegenüber § 179 (vgl. § 177 RN 8, 11; zur Abgrenzung gegenüber §§ 174–174 c, 182 s. auch Wetzel aaO 179 ff.), die der Gesetzgeber großzügig der Praxis überlassen hat (vgl. BT-Drs. 13/7663 S. 5). Die Aufhebung der Beschränkung der §§ 177, 178, 179 a. F. auf außereheliche sexuelle Handlungen ist hingegen uneingeschränkt zu begrüßen (vgl. auch die 25. A. § 177 RN 1). Zwar war auch schon in der Diskussion vor dem 4. StrRG nicht streitig, daß sexuelle Gewalt innerhalb der Ehe grundsätzlich ebenso strafwürdig ist wie solche außerhalb der Ehe (vgl. Lenckner NJW 97, 2801, u. näher Wetzel aaO 38 ff.; und Schroeder JZ 99, 828, Schünemann GA 96, 316, 318 ff.), aber die zur Begründung des Verzichts auf die Kriminalisierung damals angeführten praktischen Argumente müßten dann auch für jede andere Form der Gewalt zwischen Ehegatten gelten und würden diese in der Konsequenz gegenüber dem gewalttätigen Partner schutzlos stellen. Ob freilich der Verzicht auf jegliche Möglichkeit der Strafmilderung oder Verfolgungsbeschränkung für sexuelle Gewalttaten innerhalb bestehender Partnerschaften – u. U. zugunsten anderer Formen staatlicher Intervention – sich in der Praxis bewährt oder die Gerichte nicht vielmehr zu Umgehungsstrategien verleitet, die auch über die problematischen Fälle hinaus den angestrebten Strafrechtsschutz gefährden (insoweit übereinstimmend die Kritik von Frommel KJ 96, 171 ff., Jaeger aaO 55 ff., Schünemann GA 96, 321 ff., 327; s. auch Lenckner NJW 97, 2803), muß die Zukunft erweisen. Über das Ziel eines verbesserten Strafrechtsschutzes hinausgeschossen ist der Gesetzgeber schließlich auch bei den §§ 176–176b. Neben den nicht nur wegen ihrer großen Zahl viel zu komplizierten Abstufungen (s. auch Jaeger aaO 59 ff.), welche der Praxis vor große Probleme stellen werden, muß insbesondere die Strafschärfung für Rückfalltäter nach § 176a I Nr. 4 verfassungskonform einschränkend ausgelegt werden, weil sie ansonsten nicht mit dem Tatschuldprinzip vereinbar wäre (s. § 176a RN 7).

IV. Fortgeltung von DDR-Recht Auch nach ihrem Beitritt waren in der früheren DDR die **8** damaligen §§ 175, 182 (a. F.) unanwendbar (EV I Kap. III A III). Statt dessen galt dort § 149 DDR-StGB mit der durch Art. 315c EGStGB angepaßten Strafdrohung weiter (EV II Kap. III C i. V. m. EV I Kap. III C II). Die Anwendung des in den Teilrechtsgebieten entstandenen partikulären Bundesrechts bestimmte sich nach den Regeln des interlokalen Strafrechts (vgl. 47 ff., 72 ff. vor § 3), was im Hinblick auf Art. 3 GG verfassungsrechtlich problematisch war (vgl. Kusch MDR 91, 100 f., aber auch Laufhütte LK § 182 FN 4; vgl. auch 78 vor § 3 mwN). Durch das 29. StÄG v. 31. 5. 1994 (BGBl. I 1168) ist nunmehr für das gesamte Bundesgebiet die neugefaßte Jugendschutzvorschrift des § 182 an die Stelle der früheren §§ 175, 182 bzw. § 149 DDR-StGB getreten. § 149 DDR-StGB kann für vor dem Änderungszeitpunkt begangene Taten noch bedeutsam sein (Laufhütte LK § 182 RN 9). Darüber hinaus kann das (mildere) Sexualstrafrecht der ehemaligen DDR auch bei Verurteilung nach dem StGB im Rahmen der Strafzumessung eine Rolle spielen (BGH **39** 317; zur Berücksichtigung des § 149 DDR-StGB bei der Strafzumessung für Taten nach dem früheren § 175 vgl. BGH **40** 64, zu §§ 173, 174, 176 III unter Zugrundelegung von Fortsetzungszusammenhang BGH NStZ **93**, 535 m. Anm. Gribbohm, zu § 182 BGH NStZ-RR **97**, 232).

§ 174 Sexueller Mißbrauch von Schutzbefohlenen

(1) Wer sexuelle Handlungen
1. an einer Person unter sechzehn Jahren, die ihm zur Erziehung, zur Ausbildung oder zur Betreuung in der Lebensführung anvertraut ist,
2. an einer Person unter achtzehn Jahren, die ihm zur Erziehung, zur Ausbildung oder zur Betreuung in der Lebensführung anvertraut oder im Rahmen eines Dienst- oder Arbeitsverhältnisses untergeordnet ist, unter Mißbrauch einer mit dem Erziehungs-, Ausbildungs-, Betreuungs-, Dienst- oder Arbeitsverhältnis verbundenen Abhängigkeit oder
3. an seinem noch nicht achtzehn Jahre alten leiblichen oder angenommenen Kind

vornimmt oder an sich von dem Schutzbefohlenen vornehmen läßt, wird mit Freiheitsstrafe bis zu fünf Jahren oder mit Geldstrafe bestraft.

(2) Wer unter den Voraussetzungen des Absatzes 1 Nr. 1 bis 3
1. sexuelle Handlungen vor dem Schutzbefohlenen vornimmt oder
2. den Schutzbefohlenen dazu bestimmt, daß er sexuelle Handlungen vor ihm vornimmt,

um sich oder den Schutzbefohlenen hierdurch sexuell zu erregen, wird mit Freiheitsstrafe bis zu drei Jahren oder mit Geldstrafe bestraft.

(3) **Der Versuch ist strafbar.**

(4) **In den Fällen des Absatzes 1 Nr. 1 oder des Absatzes 2 in Verbindung mit Absatz 1 Nr. 1 kann das Gericht von einer Bestrafung nach dieser Vorschrift absehen, wenn bei Berücksichtigung des Verhaltens des Schutzbefohlenen das Unrecht der Tat gering ist.**

Vorbem. Fassung des AdoptionsG vom 2. 7. 1976, BGBl. I 1749.

Schrifttum: Jung/Kunz, Das Absehen von Strafe nach § 174 IV StGB, NStZ 82, 409. – *Koeniger,* Der Mißbrauch abhängiger Personen (§ 174 Nr. 1 StGB), NJW 75, 161. – *Theede,* Unzucht mit Abhängigen, 1967. – Vgl. ferner die Angaben vor § 174 und zu § 176. – *Materialien:* u. a. BT-Drs. VI/3521, S. 20; Prot. VI 1339, 1475, 1514, 1779, 1811, 2034.

I. Rechtsgut der Vorschrift ist zunächst die ungestörte sexuelle Entwicklung von Kindern und **1** Jugendlichen (vgl. 1 vor § 174), die innerhalb bestimmter Unterordnungs- und Abhängigkeitsverhältnisse wegen der erhöhten Anfälligkeit des Opfers gegenüber sexuelle Übergriffe der Autoritätsperson eines besonderen Schutzes bedarf (vgl. BT-Drs. VI/3521 S. 20, BGH NStZ **83**, 553, StV **98**, 656, Lackner/Kühl 1, Laufhütte LK 1, M-Schroeder I 195, Sturm JZ 74, 5, Tröndle/Fischer 1a; krit. Horn SK 2, Jung/Kunz NStZ 82, 412, weil dies lediglich auf einer Hypothese beruhe, was sich jedoch gegen alle Jugendschutztatbestände einwenden ließe). Soweit die Vorschrift an Erziehungs-, Ausbildungs- und Betreuungsverhältnisse anknüpft, spielt auch der Gedanke mit, daß solche Verhältnisse um ihrer sozialen Funktion willen von sexuellen Kontakten freigehalten werden sollen (vgl. Horn SK 2, Jung/Kunz NStZ 82, 413; krit. M-Schroeder I 195; zu § 174 a. F. vgl. z. B. BGH **1** 58, **8** 280, **17** 194).

Die Vorschrift enthält **zwei Tatbestände**: Abs. 1, der einschließlich Abs. 3 unter den Voraus- **2** setzungen des § 5 Nr. 8 lit. a auch bei Auslandstaten anzuwenden ist (vgl. dort RN 14), erfaßt sexuelle Kontakte mit dem Opfer, sofern sie mit einer körperlichen Berührung verbunden sind (sexuelle Handlungen „an" dem Schutzbefohlenen usw.), Abs. 2 dagegen solche, bei denen es nicht zu einer körperlichen Berührung kommt (sexuelle Handlungen „vor" dem Schutzbefohlenen usw.). Im zweiten Fall ist zusätzliche Tatbestandsvoraussetzung, daß der Täter in der Absicht handelt, sich oder den Schutzbefohlenen sexuell zu erregen. Die unterschiedlichen Strafdrohungen bei beiden Tatbeständen beruhen offensichtlich darauf, daß das Gesetz bei körperlichen Berührungen eine erhöhte Gefährdung annimmt (entsprechend § 176 I, II und III; vgl. dazu jedoch § 184 c RN 3).

3 II. **Abs. 1** erfaßt sexuelle Kontakte zwischen dem Täter und dem Schutzbefohlenen, die in einer **körperlichen Berührung** bestehen.

4 1. Hinsichtlich des **geschützten Personenkreises** unterscheidet Abs. 1 drei Gruppen von Jugendlichen, die je nach Alter und dem Grad ihrer Abhängigkeit einen differenzierten Schutz genießen. Ohne Bedeutung ist das Geschlecht des Opfers.

5 a) Geschützt sind durch **Nr. 1** Personen **unter 16 Jahren**, die dem Täter zur **Erziehung, Ausbildung** oder zur **Betreuung in der Lebensführung anvertraut** sind. Durch diese Begriffe, die sich z. T. überschneiden, sollen mit einer Über- und Unterordnung verbundene Obhutsverhältnisse gekennzeichnet werden, auf Grund deren der Täter die (Mit-)Verantwortung auch für die Persönlichkeitsbildung im ganzen einschließlich der sittlichen Entwicklung des Schutzbefohlenen trägt (vgl. BGH **33** 344, **41** 139, NStZ **89**, 21) und deren Vermengung mit Sexualbeziehungen den Erziehungsaufgaben abträglich sein würde. Jugendliche unter 16 Jahren, die zu dem Täter lediglich in einem Dienst- oder Arbeitsverhältnis stehen, sind nur unter den zusätzlichen Voraussetzungen der Nr. 2 (Mißbrauch der Abhängigkeit) geschützt; wird andererseits die Tat an einem den geschützten Personenkreis der Nr. 1 angehörenden Jugendlichen zugleich unter Mißbrauch einer mit dem Erziehungsverhältnis usw. verbundenen Abhängigkeit begangen, so geht Nr. 2 der Nr. 1 vor (BGH **30** 355).

6 α) Zur **Erziehung** anvertraut ist der Jugendliche demjenigen, der verpflichtet ist, die Lebensführung des Jugendlichen und damit auch dessen geistig-sittliche Entwicklung zu überwachen und zu leiten. In Betracht kommen hier in erster Linie die Eltern oder Adoptiveltern (dazu u. 11), ferner Pflegeeltern (vgl. § 44 SGB VIII), der Vormund – bei der Amtsvormundschaft die mit der Betreuung beauftragte Person (§ 55 SGB VIII) – und Pfleger, soweit dieser auch für die Person des Jugendlichen zu sorgen hat. Bei Stiefeltern und anderen im selben Haushalt lebenden Personen genügt nicht schon die Hausgemeinschaft (RG DR **45**, 20, BGH NStZ **89**, 21, GA **67**, 21, NStE **Nr. 2** NStZ-RR/P **99**, 321 Nr. 1, 2, StV **97**, 520, BGHR § 174 Abs. 1 Obhutsverhältnis 4, 7, Braunschweig HESt. **2** 53, Celle NJW **56**, 1368 Schleswig SchlHA **54**, 61; krit. Wilmer aaO 273 f.), vielmehr kommt es auf die tatsächliche Überlassung der (Mit-)Erziehungsgewalt an, wofür es genügen kann, wenn sich der Stiefvater im Einvernehmen mit der Mutter um die Erziehung des Jugendlichen kümmert (BGH JZ **79**, 446, NStZ **89**, 21, BGHR § 174 Abs. 1 Obhutsverhältnis 4, 9; vgl. auch u. 9). Ist ein solches Verhältnis begründet, so endet es nicht allein deswegen, weil das Stiefkind den gemeinsamen Haushalt verläßt (Celle NJW **56**, 1368; vgl. auch BGH NJW **60**, 2156); andererseits kann es aber auch von der Mutter beendet werden, obwohl das Kind im gemeinsamen Haushalt verbleibt (BGH NStZ-RR/P **99**, 321 Nr. 2). Zur Erziehung anvertraut ist auch der Schüler dem ihn unterrichtenden Lehrer und dem Schulleiter (BGH **13** 352, **33** 343, Bay MDR **53**, 503), im allgemeinen aber nicht anderen Lehrern seiner Schule (vgl. BGH **19** 104; zu weitgehend RG JW **35**, 2370, **36**, 327); vgl. auch BGH MDR/D **69**, 16 (Nachhilfelehrer). Als Erzieher i. S. der Nr. 1 kommen ferner z. B. in Betracht Geistliche (vgl. RG **52** 73 [Konfirmandenunterricht], BGH **4** 212 [Jugendkreis], nicht jedoch bei nur allgemeinen seelsorgerischen Beziehungen [BGH **33** 345]), der Erziehungsbeistand (§ 30 SGB VIII), die Tagespflegepersonen (§ 23 SGB VIII), Erzieher in Tagesgruppen (§ 32 SGB VIII), Heimerzieher (§ 34 SGB VIII), das für die Erziehung verantwortliche Personal in Tageseinrichtungen (§ 22 SGB VIII), Internaten, Jugendwohnheimen usw.

7 β) Die Grenzen zwischen Erziehung und **Ausbildung** sind fließend, zumal nach § 6 I Nr. 5 des BerufsbildungsG v. 14. 8. 1969 (BGBl. I 1112; zur Geltung in der ehem. DDR vgl. EV I Kap. XVI C III) dem Ausbilder die charakterliche Förderung des Auszubildenden ausdrücklich zur Pflicht gemacht wird. Gemeint sind hier Verhältnisse, die primär auf die Vermittlung von Wissen und Fähigkeiten auf einem bestimmten Gebiet, namentlich zur Vorbereitung auf einen Beruf ausgerichtet sind. Zur Ausbildung anvertraut ist insbes. der Lehrling dem Lehrherrn bzw. dessen Vertreter (RG **62** 34, JW **34**, 2772, BGH LM **Nr. 14**, NStZ **82**, 328, Stuttgart HESt. **1** 29), u. U. auch schon vor Abschluß eines Lehrvertrags, wenn der Minderjährige bereits im Betrieb des Täters tätig ist (BGH NJW **58**, 2123). Auch Volontär- und Praktikantenverhältnisse, selbst Anlernverhältnisse (Oldenburg NdsRpfl. **48**, 159; and. BT-Drs. VI/3521 S. 21) können hierher gehören, ferner z. B. die Ausbildung einer Arzthelferin durch einen Arzt (RG HRR **34** Nr. 1420, BGH RdJ **60**, 126) oder die Ausbildung einer Tanzelevin durch einen Ballettmeister (RG **67** 390); weit. Bsp. b. Laufhütte LK 8. Zu verlangen ist aber stets, daß die Ausbildung im Rahmen eines gewissen Über- und Unterordnungsverhältnisses von allgemein geistiger Art erfolgt (vgl. z. B. BGH **4** 212, NJW **53**, 1923, RdJ **60**, 126) und daß die Persönlichkeit des Minderjährigen durch die Ausbildung zugleich irgendwie mitgeprägt wird (Stuttgart NJW **61**, 2172). Die bloße Vermittlung von Kenntnissen und Fähigkeiten in einem bestimmten Wissens- und Lebensbereich genügt daher für sich allein nicht; kein Ausbildungsverhältnis i. S. des § 174 besteht daher in der Regel zwischen Fahrlehrer und Fahrschüler (Stuttgart NJW **61**, 2171

Sexueller Mißbrauch von Schutzbefohlenen　　　　　　　8, 9　§ 174

m. Anm. Seibert NJW 62, 61; differenzierend BGH **21** 196 m. Anm. Lackner JR 68, 190, dagegen mit Recht Horn SK 5) oder zwischen dem Leiter und den Teilnehmern eines Koch- und Nähkurses (Kohlrausch-Lange II 2).

γ) Zur **Betreuung in der Lebensführung** anvertraut ist ein Minderjähriger dem Täter, wenn **8** dieser während einer gewissen Dauer jedenfalls auch für das geistig-sittliche Wohl des Minderjährigen verantwortlich ist (vgl. auch BGH **33** 344, **41** 139, Zweibrücken NJW **96**, 330, M-Schroeder I 200, Tröndle/Fischer 5). Damit sind lediglich intensivere, keine nur einmaligen, unbedeutenderen Betreuungsverhältnisse gemeint (vgl. BT-Drs. VI/3521 S. 21), weshalb z. B. der Babysitter, aber auch der Jugendherbergsvater und der Pkw-Fahrer, dem ein Mädchen für eine mehrstündige Autofahrt anvertraut worden ist, nicht hierher gehören und auch ein vierwöchiger Aufenthalt im Haushalt des Lebensgefährten der Mutter nicht genügt (BGH StV **97**, 520, Horn SK 6, Laufhütte LK 11, M-Schroeder I 201; z. T. and. Tröndle/Fischer 5 und zu § 174 a. F. auch BGH NJW **55**, 1934, **57**, 1201). Ein Betreuungsverhältnis i. S. der Nr. 1 besteht z. B. zwischen den Teilnehmern eines Zeltlagers und dem Lagerleiter (BGH LM **Nr. 5**), dem Ferienkind oder der für längere Zeit in den Haushalt aufgenommenen Jugendlichen und dem Gastgeber (RG **71** 362, Zweibrücken NJW **96**, 320), dem Trainer oder Begleiter einer Schülermannschaft und einem Schüler (BGH **17** 191), u. U. auch zwischen sehr jugendlichen Hausgestellten, die in den Haushalt aufgenommen sind und dort versorgt werden und den sie beschäftigenden Erwachsenen (RG **74** 277, BGH **1** 58, LM **Nr. 1**, Braunschweig NJW **49**, 877, Celle MDR **47**, 138; vgl. auch BGH JR **59**, 148), ferner zwischen einem seinen Eltern entlaufenen Jungen und einem Erwachsenen, dem der Junge von der Fürsorge anvertwortet worden ist (BGH **1** 292). Dagegen ist eine jugendliche Angestellte dem Ehemann ihrer Arbeitgeberin auch dann nicht zur Betreuung in der Lebensführung anvertraut, wenn sie in dessen Haushalt lebt (BGH NJW **55**, 1237). Ebensowenig genügt ein Arbeitsverhältnis als solches (BGH **1** 233) oder die Pflicht, nur wirtschaftlich für einen Jugendlichen zu sorgen (RG JW **37**, 1330). Kein Betreuungsverhältnis i. S. der Nr. 1 besteht ferner, sofern nicht besondere Umstände hinzukommen, zwischen dem Arzt und seinem minderjährigen Patienten (Frankfurt NJW **52**, 236, München MDR **51**, 52, LG Memmingen NJW **51**, 123; zu weitgehend BGH GA **59**, 276 zur a. F. sowie Spenner, Die Strafbarkeit des sexuellen Mißbrauchs, 1999, 129). Ebenso besteht zwischen einem Pfarrer und jugendlichen Gemeindemitgliedern nicht schon deshalb ein Betreuungsverhältnis, weil er tatsächlich auf deren Lebensführung Einfluß hat, sondern erst dann, wenn das fragliche Verhältnis über die allgemeinen seelsorgerischen Beziehungen zu den Mitgliedern einer Kirchengemeinde „deutlich hinausgeht" (BGH **33** 340 m. Anm. Gössel JR 86, 65 u. Jakobs NStZ 86, 216). Das Anvertrauen zur „Aufsicht" (§ 174 Nr. 1 a. F.) genügt nur noch, wenn damit auch eine Betreuung in der Lebensführung verbunden ist, was bei intensiveren Aufsichtsverhältnissen freilich meist der Fall sein dürfte.

δ) Der Jugendliche ist dem Täter zur Erziehung usw. **anvertraut**, wenn er diesem „durch Vertrau- **9** ensbeweis überantwortet, gewissermaßen in die Hand und deshalb in die Hut gegeben ist" (BGH **21** 200). Dies ist der Fall, wenn der Täter kraft Gesetzes (z. B. Eltern) oder einer ihm verliehenen Stellung (z. B. Lehrer, Vormund) für den Minderjährigen verantwortlich ist, ferner wenn ihm die Obhut über den Minderjährigen durch dessen Erziehungsberechtigten oder eine sonst für ihn verantwortliche Person (z. B. Fürsorgerin, vgl. BGH **1** 292) übertragen worden ist. Dies kann auch stillschweigend geschehen, wofür es bereits ausreichend ist, wenn der Täter die Erziehung im ausdrücklich oder konkludent erteilten Einverständnis des Personensorgeberechtigten mit diesem ausübt (BGH NStZ **89**, 21, NStE **Nr. 3** BGHR § 174 Abs. 1 Obhutsverhältnis 4, 9). Naheliegend ist eine solche wenigstens stillschweigende Übertragung der (Mit-)Verantwortung für das Kind bei einem mit der Mutter in Hausgemeinschaft lebenden Stiefvater; auch hier bedarf es allerdings konkreter Anhaltspunkte dafür (BGH aaO; s. auch BGH NStZ/Mie **96**, 120 Nr. 4, StV **97**, 520). Ebenso genügt es, wenn der Minderjährige mit dem Willen des Erziehungsberechtigten in ein Verhältnis eintritt, das seiner Natur nach mit besonderen Obhuts- und Betreuungspflichten gegenüber dem Jugendlichen verbunden ist. Gestatten daher Eltern ihrem minderjährigen Sohn, einem Sportverein beizutreten, so ist der Jugendliche jedem anvertraut, der ihn im Rahmen des Vereins zu betreuen hat (BGH **17** 194; vgl. auch BGH **1** 55 [Eintritt in fremden Haushalt], **4** 212). Tritt der Minderjährige in den Betrieb des Täters ein, so kann er diesem auch dann anvertraut sein, wenn der Lehrvertrag mit der Ehefrau des Täters geschlossen wurde (Stuttgart HESt **1** 291). Andererseits ist bei Großbetrieben mit besonderer Sorgfalt zu prüfen, ob der Minderjährige jedem anvertraut ist, der eine leitende Stellung in dem Betrieb bekleidet (Laufhütte LK 8, 12). Dem Hilfspersonal der Erzieher (z. B. in einem Mädchenpensionat) ist der Minderjährige nicht automatisch anvertraut. Ein Anvertrauen wird nicht dadurch ausgeschlossen, daß der Täter sich das Vertrauen erschlichen oder sich ein Amt angemaßt hat (Horn SK 3, Laufhütte LK 12, M-Schroeder I 200, Seibert GA 58, 364; and. Celle GA **58**, 309, z. T. auch Horn SK 3). Kein „Anvertrauen" liegt jedoch vor, wenn das Verhältnis allein zwischen dem Täter und dem Jugendlichen ohne wenigstens die Billigung einer für ihn verantwortlichen Person begründet wird, weshalb z. B. die Aufnahme eines entlaufenen Jugendlichen nicht ausreichend ist (and. BGH **41** 139 m. Anm. Bellay NStZ 95, 496, **33** 344, BGHR § 174 Abs. 1 Obhutsverhältnis 7, Gössel I 286, Horn SK 6, Laufhütte LK 11, Tröndle/Fischer 2; s. auch BGHR § 174 Abs. 1 Obhutsverhältnis 10, wo ein konkludentes Einverständnis der Mutter mit der Übernahme der Erziehung durch den Großvater aber tatsächlich vorlag).

§ 174

10 b) **Nr. 2** schützt – hier freilich nur unter der zusätzlichen Voraussetzung eines besonders festzustellenden Mißbrauchs der Abhängigkeit (u. 14) – Personen **unter 18 Jahren,** wenn sie dem Täter entweder i. S. der Nr. 1 zur **Erziehung usw. anvertraut** (o. 5 ff.) oder ihm im Rahmen eines **Dienst- oder Arbeitsverhältnisses untergeordnet** sind. Dazu gehören alle privat- oder öffentlichrechtlichen Dienst- oder Arbeitsverhältnisse unabhängig von ihrem Entstehungsgrund (Vertrag, Gesetz [z. B. Soldaten, die freilich nur ausnahmsweise noch nicht 18 Jahre alt sein dürfen; vgl. Hamm NJW **66**, 559]), der Art der zu leistenden Dienste und ohne Rücksicht darauf, ob das fragliche Verhältnis rechtswirksam besteht (ebenso Laufhütte LK 15). *Untergeordnet* ist der Jugendliche dem Täter im Rahmen eines solchen Verhältnisses, wenn dieser sein (unmittelbarer oder mittelbarer) Vorgesetzter ist und wenn er daher dessen Weisungen, sei es auch nur in bestimmten Bereichen, zu befolgen hat. Daß es sich dabei um eine über den Einzelfall hinausgehende Weisungsbefugnis handeln muß (Horn SK 16, Tröndle/Fischer 6), folgt spätestens daraus, daß andernfalls das vom Gesetz vorausgesetzte Maß an Abhängigkeit nicht bestehen kann.

11 c) **Nr. 3** schützt das **noch nicht 18 Jahre alte leibliche Kind** oder **Adoptivkind** des Täters. Grundgedanke der Vorschrift ist, daß die Beziehung zwischen Eltern und Kindern wegen der hier regelmäßig bestehenden und besonders intensiven Abhängigkeit in jedem Fall von sexuellen Kontakten freigehalten werden soll (vgl. BT-Drs. VI/3521 S. 24, Horn SK 24, Sturm JZ 74, 5). Im Unterschied zu Nr. 2 ist hier daher ein Mißbrauch der Abhängigkeit nicht erforderlich; da Nr. 3 ohne Rücksicht auf Sorgerecht und Erziehungspflicht allein auf die natürliche oder durch Adoption begründete Elternschaft abstellt, kommt es auch nicht darauf an, ob im Einzelfall ein Abhängigkeitsverhältnis tatsächlich besteht (BGH NJW **94**, 1078; zur Berücksichtigung der konkreten Ausgestaltung des Abhängigkeitsverhältnisses bei der Strafzumessung vgl. u. 21). Täter können daher nicht nur Elternteile sein, die das Sorgerecht verloren haben (z. B. Scheidung, Adoption des Kindes), sondern auch der von der Mutter getrennt lebende Vater, der nie in einer persönlichen Beziehung zu dem Kind gestanden hat. Anderseits wird – im Widerspruch zum Grundgedanken der Vorschrift (vgl. auch Laufhütte LK 17) – der sog. Scheinvater (§§ 1592, 1593 BGB) von Nr. 3 nicht mehr erfaßt, nachdem das Kind seit dem AdoptionsG v. 2. 7. 1976 (BGBl. I 1749) ein „leibliches" sein muß (BGH **29** 387); er kann freilich Täter nach Nr. 1, 2 sein, was bei Nr. 2 jedoch einen besonderen Mißbrauch voraussetzt. Auch Stief- und Pflegeeltern fallen nicht unter Nr. 3 (in Betracht kommen hier aber Nr. 1, 2), ebensowenig Großeltern, da Nr. 3 nur (leibliche oder angenommene) „Kinder" schützt (BGH NStZ/Mi **95**, 222 Nr. 3; ebenso Horn SK 25).

12 2. Die **Tathandlung** besteht in allen Fällen (Nr. 1–3) darin, daß der Täter sexuelle Handlungen „an" dem Schutzbefohlenen vornimmt (vgl. § 184 c RN 4 ff., 18) oder von diesem „an" sich vornehmen läßt (vgl. § 184 c RN 19), was jeweils eine körperliche Berührung voraussetzt (vgl. BGH **41** 243 m. Anm. Schroeder JR 96, 211, **41** 137, MDR **96**, 83; andernfalls kommt Abs. 2 in Betracht, so bei Manipulationen des Täters oder des Schutzbefohlenen an sich selbst oder mit einem Dritten). Im zweiten Fall muß die Handlung des Schutzbefohlenen die Merkmale einer sexuellen Handlung aufweisen (zu den sexuellen Handlungen von Kindern vgl. § 184 c RN 11); die sexuelle Absicht des Täters allein genügt nicht. Im übrigen ist zu unterscheiden:

13 a) In den Fällen der **Nr. 1, 3** genügt die **bloße Tatsache sexueller Kontakte** (vgl. Koblenz OLGSt § 174 S. 4). Darauf, ob der Täter seine Stellung dazu ausgenutzt oder mißbraucht hat, kommt es hier nicht an (vgl. BGH JR **84**, 428 m. Anm. Geerds). Es genügt auch, wenn die Initiative von dem Schutzbefohlenen ausgegangen ist (Horn SK 7, 26, Laufhütte LK 2); im Falle der Nr. 1 kann hier jedoch Abs. 4 in Betracht kommen.

14 b) Im Falle der **Nr. 2** ist dagegen zusätzlich erforderlich, daß der Täter die sexuelle Handlung **unter Mißbrauch** der mit dem Erziehungs-, Ausbildungs-, Betreuungs-, Dienst- oder Arbeitsverhältnis verbundenen **Abhängigkeit** vornimmt usw. Dies ist mehr als nur ein Mißbrauch des Jugendlichen (so § 174 Nr. 1 a. F.; die Rspr. dazu [vgl. 16. A., RN 26 f.] ist deshalb überholt, vgl. BGH **28** 365), aber auch mehr als der – stets gegebene – Mißbrauch der Stellung des Täters wie in § 174a I (BGH aaO, Horn SK 17, Lackner/Kühl 9, Laufhütte LK 16, Tröndle/Fischer 12). Erforderlich ist vielmehr, daß der Täter die auf seiner Macht gegenüber dem Schutzbefohlenen beruhende innere Abhängigkeit des Jugendlichen für seine Zwecke ausnutzt, wobei beiden Teilen der Zusammenhang des Abhängigkeitsverhältnisses mit den sexuellen Handlungen bewußt sein muß (BGH **28** 365, NStZ **82**, 329, NStZ/Mi **93**, 223 Nr. 3, NStZ-RR 97, 293, Zweibrücken NJW 96, 330, Horn SK 17, Laufhütte LK 16, Tröndle/Fischer 12). Dies setzt zwar nicht voraus, daß der Täter den Jugendlichen unter Druck setzt, indem er in diesem – und sei es auch nur durch schlüssiges Verhalten – die Befürchtung ernster Nachteile (z. B. Kündigung, Gehaltskürzung usw.) oder das Ausbleiben von Vorteilen (z. B. einer Gehaltserhöhung, auf die ein Anspruch besteht) für den Fall hervorruft, daß er sich ihm nicht willfährig zeigt (Tröndle/Fischer 12; vgl. aber auch BT-Drs. VI/3521 S. 22, Koblenz OLGSt § 174 S. 6, M-Schroeder I 204), wohl aber muß er in irgendeiner Weise – und wenn auch nur versteckt – seine Macht und Überlegenheit in einer für den Jugendlichen erkennbar werdenden Weise als Mittel einsetzen, um sich diesen gefügig zu machen (vgl. auch BGH **28** 365, NStZ **82**, 329, **91**, 81, **97**, 337 wo darin freilich nur *eine* Möglichkeit des Mißbrauchs gesehen wird). Dafür genügt es, wenn der Jugendliche in dem Täter eine Autoritätsperson sieht, der er Gehorsam schuldig zu sein glaubt und der Täter dies bei seinem Vorgehen bewußt in Rechnung stellt (s. auch Zweibrücken NJW **96**, 330). Auch Gewaltanwendung genügt, wenn sie in der für den Jugendlichen erkennbaren Erwartung erfolgt,

daß dieser infolge seiner Abhängigkeit später nichts dagegen unternehmen wird (vgl. auch Horn SK 17). Nicht ausreichend ist es dagegen, wenn der Täter lediglich durch Versprechen von Vorteilen zum Ziel kommt, mag er diese auch nur kraft seiner Stellung gewähren können (z. B. Versprechen von Gehaltserhöhung); hier nutzt er zwar seine Stellung aus, indem er Sondervorteile gewährt, mißbraucht aber nicht die zu ihm bestehende Abhängigkeit (and. Laufhütte LK 16). An einem Mißbrauch fehlt es auch bei Bestehen einer echten Liebesbeziehung (Tröndle/Fischer 12) oder bei einer nicht im Zusammenhang mit der Abhängigkeit stehenden, sondern z. B. ausschließlich sexuell motivierten Initiative des Schutzbefohlenen (ebenso Horn SK 17, Laufhütte LK 16; vgl. auch BGH **28** 365). Dagegen entfällt ein Mißbrauch nicht deshalb, weil der Täter schon vor Begründung des Abhängigkeitsverhältnisses sexuelle Beziehungen zu dem Opfer unterhalten hatte. Kommt der Täter nicht auch den Mißbrauch des Abhängigkeitsverhältnisses, sondern erst durch zusätzliche Gewalt oder Drohung zum erstrebten Erfolg, so wird der Mißbrauch dadurch nicht ausgeschlossen und § 174 I Nr. 2 bleibt neben § 177 anwendbar (vgl. BGH NStZ **97**, 337).

III. Abs. 2 erfaßt in zwei, mit einer geringeren Strafdrohung versehenen (vgl. dazu § 184 c RN 3) **15** Tatbeständen die **nicht in einer körperlichen Berührung bestehenden sexuellen Kontakte** zwischen dem Täter und den in Abs. 1 Nr. 1–3 genannten Schutzbefohlenen (zu diesen vgl. o. 5 ff.). Außer in der Form der sexuellen Betätigung unterscheidet sich Abs. 2 von Abs. 1 auch dadurch, daß der Täter hier handeln muß, um sich oder den Schutzbefohlenen sexuell zu erregen.

1. Die **Tathandlung** nach **Nr. 1** besteht in der Vornahme sexueller Handlungen „vor" dem **16** Schutzbefohlenen (vgl. dazu § 184 c RN 4 ff., 20 ff., insbes. 21 a, 23). Bei den Schutzbefohlenen nach Abs. 1 Nr. 2 muß dies auch hier unter Mißbrauch einer mit dem Erziehungsverhältnis usw. verbundenen Abhängigkeit geschehen (o. 14).

2. Die **Tathandlung** nach **Nr. 2** besteht darin, daß der Täter den Schutzbefohlenen – beim **17** Personenkreis des Abs. 1 Nr. 2 unter Mißbrauch der Abhängigkeit (o. 14) – dazu bestimmt, sexuelle Handlungen „vor" ihm vorzunehmen (vgl. dazu § 184 c RN 20 ff., insbes. 21 b, 24). Hier muß deshalb die Handlung des Schutzbefohlenen die Merkmale einer sexuellen Handlung erfüllen (vgl. § 184 c RN 4 ff.; zu sexuellen Handlungen von Kindern vgl. dort RN 11, aber auch KG **82**, 507). Zum Begriff des *Bestimmens* vgl. § 176 RN 8; nicht strafbar ist demnach, wer bei sexuellen Handlungen eines Schutzbefohlenen nur zuschaut und nicht verhindernd einschreitet, selbst wenn er aus sexuellen Motiven handelt (BGH **41** 246 m. Anm. Schroeder JR 96, 211, Laufhütte LK 5; vgl. auch BT-Drs. 7/514 S. 5 f.). Die sexuellen Handlungen müssen vor dem Täter *tatsächlich vorgenommen* worden sein; das erfolglose Bestimmen genügt nicht (Tröndle/Fischer 10).

IV. Subjektiver Tatbestand. Im Falle des **Abs. 1** ist (bedingter) **Vorsatz** erforderlich und aus- **18** reichend, der vor allem auch das Alter (vgl. dazu § 176 RN 10), das konkrete Obhutsverhältnis und im Fall des Abs. 1 Nr. 2 den Mißbrauch umfassen muß. An letzterem fehlt es, wenn der Täter glaubt, der Jugendliche lasse sich aus Gründen mit ihm ein, die mit dem Obhuts- usw. -verhältnis in keinem Zusammenhang stehen (BGH NStZ **82**, 329, Horn SK 19). Bei der Tat nach **Abs. 2** muß zum Vorsatz die **Absicht** („um zu") des Täters i. S. eines zielgerichteten Willens (vgl. § 15 RN 66 ff.) hinzukommen, sich oder den Schutzbefohlenen durch die Vornahme der Handlung usw. **sexuell zu erregen**, wozu auch die Steigerung oder das Aufrechterhalten einer schon vorhandenen Erregung gehört (BT-Drs. VI/3521 S. 25, Lackner/Kühl 14, Tröndle/Fischer 11). Damit sollen die Fälle ausgeschieden werden, in denen die sexuelle Handlung zwar vor dem Schutzbefohlenen stattfindet, dessen Anwesenheit aber nicht dem Zweck dient, ihn an dem sexuellen Vorgang teilhaben zu lassen, sondern z. B. auf beengten Wohnverhältnissen beruht (ebenso Laufhütte LK 19). Will der Täter sich selbst erregen, so ist daher die Absicht notwendig, den Schutzbefohlenen in den sexuellen Vorgang, zumindest als Ziel eines exhibitionistischen Aktes, einzubeziehen, wobei gerade dessen Teilhabe für den Täter eine stimulierende Rolle spielen muß (vgl. auch Blei II 151, Tröndle/Fischer 11). Nicht ausreichend ist es, wenn ausschließlich die Aufklärung des Jugendlichen bezweckt wird, auch wenn es dabei dann tatsächlich zu einer sexuellen Erregung kommt (Laufhütte LK 19, Sturm JZ 74, 5), wohl aber, wenn zu Forschungszwecken die Erregung von vornherein beabsichtigt war (Laufhütte LK 19 unter Hinweis auf BGH 2 StR 739/75 v. 10. 3. 76). Will der Täter nicht sich oder den Schutzbefohlenen, sondern einen Dritten erregen, so kommt nicht § 174, sondern § 180 oder § 176 III in Betracht.

V. Nach **Abs. 3** ist der **Versuch** in allen Fällen strafbar. Ein solcher liegt z. B. im Beginn des **19** Überredens des Opfers zum Dulden sexueller Handlungen. Zur Abgrenzung von Versuch und Vollendung, wenn der Täter mehr erreichen wollte, vgl. BGH **9** 13 mwN.

VI. Täter kann nur sein, wer Inhaber einer Autoritätsstellung i. S. des Abs. 1 Nr. 1–3 ist (Sonder- **20** delikt). Mittelbare Täterschaft ist nur bei Abs. 2 Nr. 2 in der Form möglich, daß der Täter den Schutzbefohlenen durch ein Werkzeug dazu bestimmt, daß er sexuelle Handlungen vor ihm vornimmt. Im übrigen handelt es sich um ein eigenhändiges Delikt, wofür im Fall des Abs. 1 dessen 2. Alt. („an sich ... vornehmen läßt") spricht, was dann aber zu entsprechenden Konsequenzen auch bei der 1. Alt. führen muß (BGH **41** 242). Für die **Teilnahme** gelten die allgemeinen Regeln (zur Beihilfe der Ehefrau durch Unterlassen einer Anzeige gegen den die Töchter fortgesetzt mißbrauchenden Ehemann vgl. BGH MDR/H **84**, 274 u. dazu Otto/Brammsen Jura 85, 540, Ranft JZ 87, 908). Das Opfer der Tat ist, gleichgültig von wem die Initiative ausgeht, straflos (RG **18** 281); zur notwendigen Teilnahme vgl. 46 f. vor § 25. Für Teilnehmer gilt § 28 I nicht (ebenso Horn SK 10, Laufhütte LK 20, M-Schroeder I 187; and. Gössel I 289, Otto II 346 u. 343, Tröndle/Fischer 1 a), da die in Abs. 1 genannten Abhängigkeitsverhältnisse lediglich eine besondere Beziehung kennzeichnen, in der das geschützte Rechtsgut – sexuelle Freiheit und ungestörte sexuelle Entwicklung des Jugendlichen – gegen Angriffe besonders gefährdet ist; der Gesichtspunkt einer besonderen personalen Pflichtverletzung spielt hier keine Rolle. Wer durch Kettenanstiftung den Schutzbefohlenen dazu bestimmt, daß er sexuelle Handlungen vor ihm vornimmt, ist weder Täter nach Abs. 2 Nr. 2 (vgl. § 176 RN 8) noch – mangels Haupttat – Anstifter hierzu (and. Laufhütte LK 20, dessen bei der Anstiftung geltender Gedanke der „Kettenbestimmung" jedoch hierher nicht übertragbar ist, weil das „Bestimmen" Tatbestandsmerkmal eines eigenen Delikts ist).

21 **VII. Strafe.** Zur Einbeziehung generalpräventiver Gesichtspunkte in die Strafzumessung vgl. BGHR § 46 III, Sexualdelikte 2, § 46 I, Generalprävention 7. Bei Taten nach § 174 I Nr. 3 kann die konkrete Ausgestaltung des Abhängigkeitsverhältnisses zwischen Täter und Opfer in die Strafzumessung einfließen (BGH NJW **94**, 1078). Bei Serienstraftaten ist eine Gesamtstrafe aufgrund zusammenfassender Würdigung der Täterpersönlichkeit und der einzelnen Straftaten zu bilden. Hierbei ist auf das Verhältnis der einzelnen Straftaten zueinander, insbes. ihr Zusammenhang, ihre größere oder geringere Selbständigkeit, die Häufigkeit ihrer Begehung, die Gleichartigkeit oder Verschiedenheit der verletzten Rechtsgüter und der Begehungsweisen sowie auf das Gesamtgewicht des abzuurteilenden Sachverhalts einzugehen (BGH NJW **95**, 2234). Kein *Strafschärfungsgrund* ist es, daß das Opfer dem Täter nicht entgegengekommen ist und ihm auch keinen Anlaß zu der Tat gegeben hat (BGH NStZ **82**, 463), ebensowenig daß der Täter eine besondere berufliche Stellung innehat, sofern sich aus ihr im Hinblick auf § 174 keine besonderen Pflichten ergeben (BGH/T NStZ **86**, 496). Ein Verstoß gegen das Doppelverwertungsverbot des § 46 III liegt vor, wenn die Zerstörung des familiären Vertrauensverhältnisses oder der Eingriff in die ungestörte sexuelle Entwicklung des Opfers strafschärfend berücksichtigt werden (BGH NStZ/Mie **96**, 121 Nr. 6, **98**, 131 Nr. 11, NStZ-RR/Ja **98**, 326 Nr. 26, StV **91**, 207, **94**, 306, **98**, 656). Auch kann aus der wiederholten Tatbegehung nicht ohne weiteres eine Strafschärfung abgeleitet werden (Jena JR **95**, 510 m. Anm. Terhorst). Eine *Strafmilderung* kann der Umstand begründen, daß beim Opfer typischerweise eintretenden seelischen Schäden ausbleiben (BGH MDR/H **86**, 443). Ist die Tat nach Abs. 2 Nr. 1 eine exhibitionistische Handlung i. S. des § 183, so ist die erweiterte Möglichkeit einer *Strafaussetzung* nach § 183 III, IV Nr. 2 zu beachten. **Abs. 4** ermöglicht das **Absehen von Strafe** (vgl. dazu 54 ff. vor § 38) bei Taten nach Abs. 1 Nr. 1 (o. 5 ff.) und solchen nach Abs. 2 i. V. mit Abs. 1 Nr. 1 (o. 15 ff.), wenn das Unrecht der Tat bei Berücksichtigung des Verhaltens des Schutzbefohlenen gering ist. Damit wird der Weite des Tatbestands des Abs. 1 Nr. 1 Rechnung getragen, nach dem jeder sexuelle Kontakt zwischen dem Täter und dem Schutzbefohlenen genügt, unabhängig davon, ob der Täter seine Stellung in irgendeiner Weise ausgenützt hat (Laufhütte LK 22; krit. Wilmer aaO 274). Hier kann von Strafe abgesehen werden, wenn das Unrecht gerade wegen des Verhaltens des Schutzbefohlenen als gering anzusehen ist; eine sonstige Unrechtsminderung (z. B. eine ihrer Art nach den Erheblichkeitsgrad des § 184 c Nr. 1 nur geringfügig übersteigende Handlung) genügt nicht, ebensowenig, daß nur die Schuld als solche gering ist (BT-Drs. VII/514 S. 6, Tröndle/Fischer 13). Deshalb reicht auch nicht jede Verführung durch den Schutzbefohlenen aus, vielmehr bewirkt dessen Verhalten eine Verringerung speziell des Unrechts nur dann, wenn mit Rücksicht darauf auch das Unrecht des Täters das geschützte Rechtsgut in Gestalt der ungestörten sexuellen Entwicklung des Jugendlichen nur in geringerem Maße berührt. Hierher gehören ferner die Fälle, in denen infolge der Aufnahme sexueller Kontakte durch den Jugendlichen das Obhutsverhältnis seiner sozialen Funktion beraubt wird (näher dazu Jung/Kunz NStZ 82, 409). Bedeutung hat Abs. 4 daher vor allem, wenn ein sexuell erfahrener Jugendlicher den Täter verführt oder die Tat bewußt erleichtert (and. Otto II 346; and. Horn SK 14: fehlende Tatbestandsmäßigkeit), ferner bei Bestehen einer echten Liebesbeziehung (Lackner/Kühl 16, Laufhütte LK 22, Tröndle/Fischer 13; vgl. dazu auch Koblenz OLGSt § 174 S. 4; rechtliche Bedenken gegen die strafschärfende Berücksichtigung bei Fehlen einer solchen Beziehung BGH NStZ/Mi **93**, 223 Nr. 7). Das Absehen von Strafe ist nur fakultativ (krit. Jung/Kunz aaO 412); z. B. kann aus spezialpräventiven Gründen Strafe erforderlich sein (and. Jung/Kunz aaO). Liegen zugleich die Voraussetzungen von Abs. 1 Nr. 2, 3 vor, so ist Abs. 4 nicht anwendbar (u. 22).

22 **VIII. Idealkonkurrenz** ist möglich mit §§ 171 (vgl. dort RN 12), 173 (vgl. dort RN 11), 176, 177, 180 III (bei Triolenverkehr), 182, 183, 240; über das Verhältnis zu § 185 vgl. dort RN 20. Innerhalb des § 174 tritt Abs. 2 hinter Abs. 1, ferner Abs. 1 Nr. 1, 2 hinter Nr. 3 (Köln OLGSt § 20 S. 14, Horn SK 31, Laufhütte LK 23) und Nr. 1 hinter Nr. 2 zurück (BGH **30** 355, BGHR 4174 Abs. 1 Obhutsverhältnis 9; and. Lackner/Kühl 18, Tröndle/Fischer 18), weshalb in diesen Fällen auch Abs. 4 unanwendbar bleibt. Tateinheit innerhalb des § 174 ist dagegen möglich, wenn durch dieselbe Handlung mehrere Opfer betroffen sind (BGH NStZ **91**, 81). Ein Fortsetzungszusammenhang kann seit BGH **40** 138 nicht mehr angenommen werden (zur früheren Rspr. vgl. BGH MDR **93**, 1095; zu den Anforderungen an die Urteilsfeststellungen bei Serienstraftaten vgl. die Nachw. § 176 RN 20).

§ 174a Sexueller Mißbrauch von Gefangenen, behördlich Verwahrten oder Kranken und Hilfsbedürftigen in Einrichtungen

(1) Wer sexuelle Handlungen an einer gefangenen oder auf behördliche Anordnung verwahrten Person, die ihm zur Erziehung, Ausbildung, Beaufsichtigung oder Betreuung anvertraut ist, unter Mißbrauch seiner Stellung vornimmt oder an sich von der gefangenen oder verwahrten Person vornehmen läßt, wird mit Freiheitsstrafe bis zu fünf Jahren oder mit Geldstrafe bestraft.

(2) Ebenso wird bestraft, wer eine Person, die in einer Einrichtung für Kranke oder hilfsbedürftige Menschen stationär aufgenommen und ihm zur Beaufsichtigung oder Betreuung anvertraut ist, dadurch mißbraucht, daß er unter Ausnutzung der Krankheit oder Hilfsbedürftigkeit dieser Person sexuelle Handlungen an ihm vornimmt oder an sich von ihr vornehmen läßt.

(3) Der Versuch ist strafbar.

Schrifttum: Degener, Gleichstellung behinderter Opfer bei der strafrechtlichen Verfolgung sexueller Gewalttaten, Streit 96, 99. – *Mildenberger*, Änderungen im 13. Abschnitt des StGB durch das 6. StRG, Streit 99, 3.

I. Die Vorschrift wurde durch das 6. StRG sprachlich umgestaltet (vgl. BT-Drs. 13/8267 S. 6) und in Abs. 2 in ihrem Anwendungsbereich erweitert. § 174a enthält zwei Tatbestände: den sexuellen Mißbrauch von Gefangenen oder Verwahrten durch Aufsichtspersonen usw. (Abs. 1) und den sexuellen Mißbrauch von stationär aufgenommenen Kranken und Hilfsbedürftigen durch ihre Betreuer (Abs. 2). Die in Abs. 1 und 2 geschützten **Rechtsgüter** decken sich nur zum Teil. Geschützt ist in **Abs. 1** zunächst die sexuelle Freiheit von Personen, die wegen ihrer Eingliederung in besondere Gewaltverhältnisse in ihrer Entscheidungs- und Handlungsfreiheit eingeschränkt und dem Täter in besonderem Maß ausgeliefert sind (vgl. 1 vor § 174). Daneben spielt aber auch der Gedanke eine Rolle, daß der Zweck der Verwahrung (z. B. Ziel des Strafvollzugs) gefährdet ist, wenn zwischen der Aufsichtsperson und dem Gefangenen sexuelle Kontakte bestehen und dadurch Abhängigkeitsverhältnisse besonderer Art geschaffen werden, bei denen eine Gleichbehandlung nicht mehr gewährleistet ist. Endlich schützt Abs. 1 auch das Vertrauen der Allgemeinheit in die Objektivität der für Gefangene usw. verantwortlichen Personen (BT-Drs. VI/3521 S. 25, Bockelmann II/2 S. 135, Lackner/Kühl 1, Laufhütte LK 1, Otto II 343, Tröndle/Fischer 1; z. T. and. M-Schroeder I 189f.; vgl. auch § 331 RN 1 e ff.). Da Abs. 1 nur einen Mißbrauch der Stellung des Täters, aber keinen solchen der Abhängigkeit des Gefangenen voraussetzt (u. 6), dessen freie sexuelle Selbstbestimmung also im Einzelfall tatsächlich nicht beeinträchtigt zu sein braucht, können diese weiteren Schutzzwecke hier sogar selbständige Bedeutung erlangen (vgl. Horn SK 2). In den Fällen des **Abs. 2** wird dagegen ausschließlich die Freiheit des Kranken oder Hilfsbedürftigen geschützt (vgl. Hamm NJW 77, 1500), da ihr Zustand einen normalen Widerstand erschwert bzw. ihre Abhängigkeit von Hilfe und Betreuung als Druckmittel zur Überwindung von Widerstand ausgenutzt werden kann. Dementsprechend ist es nach Abs. 2 auch erforderlich, daß der Täter das Opfer gerade unter Ausnutzung von dessen Krankheit usw. mißbraucht.

II. **Abs. 1** stellt den **sexuellen Mißbrauch** von **Gefangenen und behördlich Verwahrten** im Rahmen bestimmter Obhutsverhältnisse unter Strafe. Erfaßt sind hier – im Unterschied zu § 174 Abs. 2 – nur sexuelle Kontakte, die mit einer körperlichen Berührung verbunden sind.

1. Der **geschützte Personenkreis** umfaßt Gefangene und auf behördliche Anordnung Verwahrte, die dem Täter zur Erziehung, Ausbildung, Beaufsichtigung oder Betreuung anvertraut sind. Alter und Geschlecht sind ohne Bedeutung.

a) Zum Begriff des **Gefangenen** und des auf **behördliche Anordnung Verwahrten** vgl. § 120 RN 3ff. Personen, die aus anderen Gründen (z. B. auf Wunsch der Eltern in einem Internat) verwahrt werden, fallen nicht unter § 174a I. Die Tat braucht nicht in der Anstalt selbst begangen zu werden; auch Handlungen, die während der Außenarbeit, des Freigangs oder auf dem Transport vorgenommen werden, fallen unter § 174a (BT-Drs. VI/3521 S. 25, Horn SK 4, Lackner/Kühl 2, Laufhütte 3, 4, M-Schroeder I 191, Sturm JZ 74, 5, Tröndle/Fischer 2), nicht dagegen solche während des Hafturlaubs (Laufhütte LK 3).

b) Das Opfer muß dem Täter zur **Erziehung, Ausbildung, Beaufsichtigung** oder **Betreuung** anvertraut sein. In Anstalten (z. B. Vollzugsanstalt) muß deshalb die Beaufsichtigung gerade dieses Opfers zu den dienstlichen Aufgaben des Täters gehören (BGH NStZ/Mi 93, 223 Nr. 8). Zur *Erziehung* und *Ausbildung* vgl. § 174 RN 6 f., wobei letztere hier – abweichend von § 174 – nicht das Moment der Persönlichkeitsbildung zu enthalten braucht (z. B. Berufsausbildung erwachsener Gefangener durch Meister, Kursleiter usw.; vgl. aber auch Laufhütte LK 10). Das in § 174 fehlende Merkmal der *Beaufsichtigung* dient hier der Erfassung des reinen Wachpersonals, zu dem in besonderem Maß Abhängigkeitsverhältnisse bestehen können; Polizeibeamte usw., die in der Anstalt eine Vernehmung durchführen, fallen unter § 174b (ebenso Lackner/Kühl 3). Die *Betreuung* braucht sich anders als in § 174 nicht auf die Lebensführung zu erstrecken; nicht notwendig ist hier deshalb eine Mitverantwortung für die Prägung der Persönlichkeit im ganzen, vielmehr genügen auch Betreuungsaufgaben in Teilbereichen oder von nur vorübergehender Art (BT-Drs. VI/3521 S. 25, Lackner/Kühl 3,

§ 174 a 6–9

Laufhütte LK 12, Sturm JZ 74, 5, Tröndle/Fischer 2). Betreuer in diesem Sinne können z. B. Krankenpfleger, Ärzte, Geistliche, Sozialarbeiter, u. U. auch freiwillige Mitarbeiter im Vollzug sein, auch wenn sie nur im Rahmen eines begrenzten Auftrags für die Anstalt tätig sind. Zum *Anvertrauen* vgl. § 174 RN 9, wobei zu berücksichtigen ist, daß der hier in Frage kommende Täterkreis im Gegensatz zu §174 häufig nicht zur ganztätigen Betreuung verpflichtet ist und deshalb an die Feststellung des Anvertrauens besondere Anforderungen zu stellen sind (BGH NStZ **99**, 29); an einem solchen fehlt es daher, wenn sich die Tätigkeit einer Krankenschwester auf die Krankenabteilung beschränkt (BGH NStZ **99**, 29) oder wenn ein Polizeibeamter mit dem Opfer – jedenfalls z. Z. der Tat – dienstlich nichts zu tun hatte (BGH NJW **83**, 404, Laufhütte LK 13).

6   2. Die **Tathandlung** besteht darin, daß der Täter sexuelle Handlungen „an" dem Gefangenen usw. vornimmt (vgl. § 184 c RN 4 ff., 18) oder von diesem „an" sich vornehmen läßt (vgl. § 184 c RN 19), und zwar unter **Mißbrauch seiner Stellung.** Dieser Begriff ist weiter als der „Mißbrauch der Abhängigkeit" in § 174 I Nr. 2 (BGH **28** 365, StV **99**, 370 [insoweit in NStZ **99**, 29 falsch abgedruckt], NStZ **99**, 349, Sturm JZ 74, 5). So ist bei Angehörigen des Wachpersonals und Personen, die gegenüber dem Gefangenen oder Verwahrten weitgehende Befugnisse und Weisungsrechte haben, kein Nachweis besonderer Umstände erforderlich, aus denen sich die Ausnutzung der Abhängigkeit des Gefangenen ergibt (z. B. Einsatz der mit der Stellung verbundenen Macht als Druckmittel; vgl. BT-Drs. VI/3521 S. 26; BGH NStZ **99**, 29). Ein Mißbrauch i. S. des § 174 a I liegt hier vielmehr schon dann vor, wenn der Täter die Gelegenheit, die seine Stellung bietet, unter Verletzung der mit dieser verbundenen Pflichten bewußt zu sexuellen Handlungen mit dem Gefangenen benutzt (vgl. auch Horn SK 7, Lackner/Kühl 4, M-Schroeder I 192, Otto II 344 u. zu § 174 Nr. 2 a. F. BGH **2** 93, **8** 26 mwN). Sind die Beziehungen zwischen dem Verantwortlichen und dem Gefangenen dagegen nur in geringerem Maße durch ein Über- und Unterordnungsverhältnis geprägt, so scheidet ein Mißbrauch aus, wenn die Stellung des Täters für die Mitwirkung des Gefangenen an den sexuellen Handlungen keine oder nur eine untergeordnete Bedeutung hat (BGH NStZ **99**, 29; s. auch Lackner/Kühl 4; Tröndle/Fischer 4 u. wohl auch Horn SK 7). Hierher gehören der – kaum praktisch werdende – Fall, daß eine Strafgefangene mit einem Vollzugsbeamten verlobt oder verheiratet ist (BT-Drs. VI/3521 S. 26, Horn SK 7, Laufhütte LK 14), sowie andere Fälle einer echten Liebesbeziehung (BGH NStZ **99**, 349). Im übrigen kann der Mißbrauch auch außerhalb der Dienstzeit und der Anstalt geschehen (Tröndle/Fischer 2 mwN). Ebenso ist ein Mißbrauch der Stellung nicht deshalb zu verneinen, weil der Gefangene mit der Tat einverstanden war oder sogar selbst die Initiative ergriffen hat, wenngleich hier von einem „Delikt gegen die sexuelle Selbstbestimmung" kaum noch etwas übrig bleibt (ebenso Laufhütte LK 14; and. Gössel I 294) und die Strafbarkeit in diesen Fällen deshalb primär mit den o. 1 genannten weiteren Schutzzwecken begründet werden muß.

7   III. Abs. 2 erfaßt den **sexuellen Mißbrauch von Personen, die in einer Einrichtung für Kranke oder Hilfsbedürftige stationär aufgenommen sind,** wobei auch hier nur mit einer körperlichen Berührung verbundene sexuelle Kontakte strafbar sind.

8   1. a) Geschützt sind – unabhängig von Alter und Geschlecht – **in einer Einrichtung für Kranke und Hilfsbedürftige stationär Aufgenommene.** *Einrichtungen für Kranke oder Hilfsbedürftige* sind solche von einer gewissen organisatorischen Selbständigkeit, bei denen das Verhältnis zu ihren Benutzern einer einheitlichen rechtlichen Regelung unterliegt. Ohne Bedeutung ist, ob es sich um einen öffentlich-rechtlichen oder privaten Träger handelt und ob die Benutzung auf einer öffentlich-rechtlichen oder privatrechtlichen Grundlage erfolgt. In Betracht kommen vor allem Kliniken, Kurheime (BGH **19** 131), Rehabilitationszentren, Nervenheilanstalten (BGH **1** 122), Heime oder Wohnstätten für körperlich oder geistig Behinderte, Altenheime, soweit sie der Pflege Hilfsbedürftiger oder Kranker dienen. *Stationär aufgenommen* ist eine Person nur dann, wenn ihr zeitweiliger Aufenthaltsort zum Zweck der Behandlung oder Pflege in die Einrichtung verlegt wurde, wozu im Gegensatz zu § 174 a II a. F. auch teilstationäre Aufnahmen in Werkstätten für Behinderte, beschützte Wohnstätten oder Tagekliniken gehören (vgl. BT-Drs. 13/9064 S. 10, Lackner/Kühl 5, Mildenberger aaO 10 f.; BGH **29** 16, wo auf die Übernachtung abgestellt wurde [krit. Degener aaO 102 f.], ist daher überholt). Daß der stationär Aufgenommene tatsächlich krank oder hilfsbedürftig sein muß (Lackner/Kühl 7, Laufhütte LK 8; and. Horn SK 14), folgt spätestens daraus, daß die Tat unter Ausnutzung der Krankheit oder Hilfsbedürftigkeit begangen sein muß (vgl. auch Gössel I 292). Auf die Dauer der Unterbringung kommt es nicht an, ebensowenig auf den Ort des sexuellen Kontakts (z. B. während eines Spaziergangs auch außerhalb der Einrichtung).

9   b) Das Opfer muß dem Täter zur **Beaufsichtigung** (z. B. psychiatrische Einrichtungen) oder zur **Betreuung anvertraut** sein (krit. dazu M-Schroeder I 186). In einem solchen Verhältnis stehen z. B. Ärzte, das Pflegepersonal (vgl. BGH **1** 122), Masseure, medizinische Bademeister, nicht dagegen das technische und Verwaltungspersonal, soweit es nicht im Einzelfall zur Krankenbetreuung mit herangezogen wird (vgl. BGH NJW **64**, 458: Hausmeister [krit. Degener aaO 103]). Anvertraut ist der stationär Aufgenommene nur demjenigen, der generell oder im Einzelfall für die Beaufsichtigung oder Betreuung zu sorgen hat (z. B. Chefarzt, Stationsarzt usw., nicht dagegen der auf einer anderen Station tätige Pfleger). Nicht mehr erforderlich ist im Unterschied zu § 174 a. F. eine „Stellung" des Täters „in der Anstalt" (ebenso Laufhütte LK 15, Tröndle/Fischer 5 überholt daher BGH **19** 132). Doch kann dies nicht bedeuten, daß damit jede Überweisung an einen auswärtigen Arzt zur ambulanten Behandlung (z. B. Zahnarzt) ein Betreuungsverhältnis i. S. des Abs. 2 schafft; erforderlich ist hier

vielmehr, daß der Täter über das normale Arzt-Patientenverhältnis hinaus in das spezifische Betreuungsverhältnis zwischen Einrichtung und Aufgenommenem einbezogen ist und daher gegenüber dem Opfer eine ähnliche Stellung hat wie der Anstaltsarzt (vgl. auch Horn SK 15).

2. Die **Tathandlung** besteht im **Mißbrauch** des stationär Aufgenommenem dadurch, daß der Täter **unter Ausnutzung** der Krankheit oder Hilfsbedürfigkeit sexuelle Handlungen „an" dem stationär Aufgenommenen vornimmt (vgl. § 184c RN 4ff., 18) oder von diesem „an" vornehmen läßt (vgl. § 184c RN 19), was jeweils eine körperliche Berührung voraussetzt, wobei im zweiten Fall die Handlung des Opfers die Merkmale einer sexuellen Handlung aufweisen muß. Ein *Ausnutzen der Krankheit* oder *Hilfsbedürftigkeit* liegt vor, wenn das Vorgehen des Täters gerade durch den physisch oder psychisch geschwächten Zustand der stationär Aufgenommenen bzw. dessen Angewiesensein auf fremde Hilfe erleichtert wird und der Täter dies bewußt in Rechnung stellt (daß er durch den Zustand des stationär Aufgenommenen motiviert worden ist, ist dagegen nicht erforderlich; ebenso Laufhütte LK 16, Otto II 343). Dies ist schon dann der Fall, wenn der Täter das Einverständnis des Opfers deshalb leichter erlangt, weil dieses sich von seiner Hilfe abhängig fühlt. Nur bei einem wirklich freien, durch die Hilfsbedürftigkeit usw. nicht beeinflußten Einverständnis entfällt ein Ausnutzen (Horn SK 19, Laufhütte LK 16); auch die Initiative des stationär Aufgenommenen schließt ein solches daher nicht notwendig aus (z. B. Geisteskranker; Hingabe, weil das Opfer dadurch eine Verbesserung seiner Lage erhofft; ebenso Horn SK 18, Laufhütte LK 16). Noch kein Ausnutzen der Krankheit usw. ist das Ausnutzen der schon durch den Aufenthalt selbst gebotenen Möglichkeiten (Tröndle/Fischer 6), ebensowenig das Ausnutzen des Vertrauens, das Patienten einem Arzt entgegenzubringen pflegen: Daher kein Fall des Abs. 2, wenn der Täter den der Entlassung entgegen stehenden, gesundheitlich wiederhergestellten Patienten über den sexuellen Charakter seiner Handlung zu täuschen sucht, indem er den Eindruck erweckt, es handle sich um eine Untersuchung (Horn SK 18, Lackner/Kühl 8, Laufhütte LK 16; and. Hamm NJW **77**, 1499). Wird die Krankheit usw. in dem genannten Sinn ausgenutzt, so liegt in aller Regel auch ein *Mißbrauch* des Kranken vor (Horn SK 17, Tröndle/Fischer 7). In welchen Fällen dieses Merkmal zusätzliche Bedeutung haben könnte (vgl. BT-Drs. VI/3521 S. 27), ist nicht ersichtlich (ebenso Laufhütte LK 16), da es z. B. bei echten Liebesbeziehungen immer an einem „Ausnutzen" fehlen wird.

IV. Für den **subjektiven Tatbestand** ist Vorsatz erforderlich; bedingter Vorsatz genügt. 11

V. Nach **Abs. 3** ist der **Versuch** strafbar; über die Abgrenzung zur Vollendung vgl. BGH **9** 15. 12

VI. Täter kann nur sein, wer die Erziehungs-, Ausbildungs-, Beaufsichtigungs- oder Betreuungs- 13 stellung innehat (Sonderdelikt); Amtsträger braucht er jedoch auch im Fall des Abs. 1 – im Unterschied zu § 174b – nicht zu sein. Die Tat ist nur eigenhändig begehbar (vgl. § 174 RN 20). Das Opfer bleibt als notwendiger Teilnehmer straflos (vgl. dazu 46f. vor § 25). Für **Teilnehmer** ist § 28 I aus den entsprechenden Gründen wie bei § 174 (vgl. dort RN 20) nicht anwendbar (ebenso Horn SK 10, 21, Laufhütte LK 19, M-Schroeder I 187; and. Otto II 343).

VII. Idealkonkurrenz ist möglich zwischen Abs. 1 und 2 (Lackner/Kühl 13), ferner mit §§ 174, 14 176–179 (and. für § 177 I Nr. 3 Mildenberger aaO 11), 240, 331, 332; über das Verhältnis zu § 185 vgl. dort RN 20. Zwischen § 174a und § 174b besteht in der Regel Exklusivität, ausnahmsweise Idealkonkurrenz (vgl. § 174b RN 11). Zur Möglichkeit eines Fortsetzungszusammenhangs, soweit durch BGH **40** 138 nicht obsolet, vgl. 31 ff. vor § 52.

§ 174 b Sexueller Mißbrauch unter Ausnutzung einer Amtsstellung

(1) **Wer als Amtsträger, der zur Mitwirkung an einem Strafverfahren oder an einem Verfahren zur Anordnung einer freiheitsentziehenden Maßregel der Besserung und Sicherung oder einer behördlichen Verwahrung berufen ist, unter Mißbrauch der durch das Verfahren begründeten Abhängigkeit sexuelle Handlungen an demjenigen, gegen den sich das Verfahren richtet, vornimmt oder an sich von dem anderen vornehmen läßt, wird mit Freiheitsstrafe bis zu fünf Jahren oder mit Geldstrafe bestraft.**

(2) **Der Versuch ist strafbar.**

I. Rechtsgut der Vorschrift (zu den Änderungen durch das 4. StrRG vgl. Hanack NJW 74, 3, 1 Sturm JZ 74, 5), die einen Mißbrauch der Abhängigkeit des Opfers voraussetzt, ist primär die sexuelle Selbstbestimmung des Betroffenen (vgl. 1 vor § 174), daneben aber auch die Integrität der Ausübung staatlicher Macht bei den genannten Verfahren und das darauf bezogene Vertrauen der Allgemeinheit (BT-Drs. VI/3521 S. 28, Bockelmann II/2 S. 137, Tröndle/Fischer 1, weitgehend auch Horn SK 2; and. Laufhütte LK 1, M-Schroeder I 189f.). Zu den Gründen für die Beibehaltung der Vorschrift in der jetzigen Fassung vgl. BT-Drs. VI/3521 S. 29; krit. dazu Hanack, Gutachten A zum 47. DJT 138 ff., aber auch M-Schroeder I 190.

Gegenüber **§ 174a I** besteht folgender **Unterschied:** Während § 174a I Gefangene und Ver- 2 wahrte, die sich schon in einem besonderen Gewaltverhältnis befinden, schützen soll, bezweckt § 174b den Schutz von solchen Personen, die in ein Strafverfahren oder in bestimmte andere Verfahren verwickelt sind. Das wesentliche Unterscheidungsmerkmal kann daher nur in der Ursache gesehen werden, die für die Beeinträchtigung der individuellen Entscheidungsfreiheit maßgebend ist:

§ 174b 3–10   Bes. Teil. Straftaten gegen die sexuelle Selbstbestimmung

In § 174a ist es das *Gewaltverhältnis,* in dem der Verwahrte zu dem dort genannten Täterkreis steht; in § 174b ist es die *Furcht vor der nachteiligen Entscheidung* der dort genannten Person, insbesondere vor einer solchen, die eine Freiheitsentziehung zur Folge hat.

3   II. Zum **geschützten Personenkreis** gehören nur Personen, die in bestimmte Verfahren verwickelt sind. Die analoge Situation von Angehörigen des Betroffenen, die sich von dem Täter mißbrauchen lassen, um Nachteile von dem Betroffenen abzuwenden, wird von § 174b nicht erfaßt, ebensowenig das bloße Vorspiegeln eines Verfahrens (ebenso Horn SK 3; vgl. auch Tröndle/Fischer 2: ausreichend ein nur zum Schein eingeleitetes Verfahren). Zu den in Betracht kommenden Verfahren gehören:

4   1. das **Strafverfahren** einschließlich des Ermittlungsverfahrens, sobald sich dieses gegen den Betroffenen richtet, d. h. von dem formlosen Informationsverfahren in ein Verfahren gegen ihn übergegangen ist. Auch die Vollstreckung ist Teil des Strafverfahrens (Horn SK 4, Laufhütte LK 2); befindet sich der Betreffende jedoch im Strafvollzug, so erfüllen Amtsträger, welche in einem der in § 174a genannten Verhältnisse stehen, bereits diesen Tatbestand. Nach Wortlaut und Sinn der Vorschrift genügt auch das Drohen einer bloßen Geldstrafe (Horn SK 4, Laufhütte LK 2; and. M-Schroeder I 190 f.). Zum Strafverfahren gehört auch das Jugendstrafverfahren, nicht dagegen das Bußgeldverfahren (Horn SK 4; krit. Dreher JR 74, 18).

5   2. das objektive Verfahren zur **Anordnung einer freiheitsentziehenden Maßregel der Besserung und Sicherung** (§ 71). Für den Vollzug gilt nur § 174a, nicht § 174b, da es sich hier nicht mehr um ein Verfahren „zur" Anordnung der Maßregel handelt (ebenso Laufhütte LK 3, vgl. auch Horn SK 4).

6   3. sonstige Verfahren zur **Anordnung einer behördlichen Verwahrung,** z. B. Haft nach §§ 51, 70 StPO, §§ 390, 888, 901 ZPO usw., Arrest nach § 22 WehrdisziplinarO, Unterbringung nach den landesrechtlichen Unterbringungsgesetzen, Abschiebungshaft nach § 57 AusländerG, Anordnung der Heimerziehung (§ 34 SGB VIII), zwangsweise Unterbringung in eine Krankenanstalt nach § 37 II BundesseuchenG oder nach dem GeschlechtskrankheitenG, Verwahrung nach den Polizei- und Ordnungsgesetzen der Länder usw. (vgl. BT-Drs. VI/3521 S. 29).

7   III. Die **Tathandlung** besteht darin, daß der Täter unter **Mißbrauch** der durch das Verfahren begründeten **Abhängigkeit** sexuelle Handlungen „an" dem Betroffenen (d. h. demjenigen, gegen den sich das Verfahren richtet) vornimmt (vgl. § 184c RN 4 ff., 18) bzw. von dem „an" sich vornehmen läßt (vgl. § 184c RN 19), was jeweils eine körperliche Berührung voraussetzt, wobei im zweiten Fall die Handlung des Opfers die Merkmale einer sexuellen Handlung erfüllen muß. Im Unterschied zu § 174 I genügt hier nicht, daß der Täter seine Stellung mißbraucht, vielmehr muß er die Tat unter *Mißbrauch der durch das Verfahren begründeten Abhängigkeit* begehen (BGH NStZ/Mi 95, 222 Nr. 4, Laufhütte LK 9). Dies ist dann der Fall, wenn er ausdrücklich oder konkludent, offen oder versteckt in dem Betroffenen die Befürchtung erweckt, er werde das Verfahren in irgendeiner Weise nachteilig beeinflussen, und dies als Mittel benutzt, um sich den anderen gefügig zu machen. Dabei braucht der Nachteil noch nicht konkret faßbar zu sein. Ausreichend ist es auch, wenn der Täter die bereits vorhandene Furcht des Betroffenen vor einem nachteiligen Verlauf des Verfahrens ausnutzt, indem er ihm für den Fall seines Entgegenkommens verspricht, dieses günstig zu beeinflussen. Liegen diese Voraussetzungen vor, so kann die Initiative auch von dem Betroffenen selbst ausgehen (Laufhütte LK 9). Wird die Abhängigkeit in dem genannten Sinne ausgenützt, so ist dies immer auch ein Mißbrauch. Voraussetzung ist allerdings, daß eine solche Abhängigkeit im Einzelfall tatsächlich besteht, was auch bei einem Strafverfahren nicht immer zuzutreffen braucht, so wenn der Beschuldigte, der nur eine geringe Geldstrafe zu erwarten hat, aus der er sich nichts macht, aus ganz anderen Gründen dem Drängen des Täters nachgibt (vgl. auch Tröndle[48] 3, Sturm JZ 74, 6). Nicht hierher gehört auch Gewaltanwendung nur bei Gelegenheit eines durch das Verfahren begründeten Kontakts (Horn SK 8).

8   IV. Für den **subjektiven Tatbestand** ist Vorsatz erforderlich; bedingter Vorsatz genügt.

9   V. Der **Versuch** ist strafbar (Abs. 2); über die Abgrenzung zur Vollendung vgl. BGH **9** 15.

10 VI. **Täter** kann jeder Amtsträger (vgl. § 11 I Nr. 2 und dort RN 14 ff.) sein, der an einem solchen Verfahren *entscheidungserheblich* (o. 2) mitwirkt (Sonderdelikt). Zu den möglichen Tätern gehören insbesondere Richter, Staatsanwälte (nicht jedoch deren Hilfspersonal [Geschäftsstellenbeamte, Protokollführer]; and. Laufhütte LK 6) und Polizeibeamte (diese auch schon bezüglich des ersten Zugriffs nach § 163 StPO), in beschränktem Umfang auch Bahnpolizeibeamte (RG **57** 20), ferner beamtete Ärzte, die gutachtlich nach den landesrechtlichen Unterbringungsgesetzen tätig werden. Ein nur als Zeuge vernommener Polizeibeamter wirkt nicht an Verfahren mit, ebensowenig ein Bewährungshelfer (and. Laufhütte LK 6), Wachtmeister und das in den Kranken- und Heilanstalten tätige Personal (Horn SK 12); hier kommt jedoch § 174a in Betracht. Mittelbare Täterschaft ist nicht möglich (eigenhändiges Delikt, vgl. § 174 RN 20). Für die **Teilnahme** gelten die allgemeinen Regeln. Das Opfer ist, gleichgültig von wem die Initiative ausgeht, straflos (RG **18** 281); zur notwendigen Teilnahme vgl. 46 f. vor § 25. Da die Tat Amtsdelikt ist, gilt für den Teilnehmer § 28 I (and. Horn SK 12, Laufhütte LK 12, M-Schroeder I 183, 187).

VII. Idealkonkurrenz mit § 174a kommt nur in den Fällen in Betracht, in denen der am 11
Verfahren mitwirkende Beamte zugleich in einem der in § 174a genannten Verhältnisse zum Opfer
steht, z. B. der Staatsanwalt, dem der Untersuchungsgefangene während der Vernehmung zur Beaufsichtigung anvertraut ist (vgl. auch Lackner/Kühl 6); vgl. im übrigen die Konkurrenzen bei § 174a
(dort RN 14).

§ 174c Sexueller Mißbrauch unter Ausnutzung eines Beratungs-, Behandlungs- oder Betreuungsverhältnisses

(1) **Wer sexuelle Handlungen an einer Person, die ihm wegen einer geistigen oder seelischen Krankheit oder Behinderung einschließlich einer Suchtkrankheit zur Beratung, Behandlung oder Betreuung anvertraut ist, unter Mißbrauch des Beratungs-, Behandlungs- oder Betreuungsverhältnisses vornimmt oder an sich von ihr vornehmen läßt, wird mit Freiheitsstrafe bis zu fünf Jahren oder mit Geldstrafe bestraft.**

(2) **Ebenso wird bestraft, wer sexuelle Handlungen an einer Person, die ihm zur psychotherapeutischen Behandlung anvertraut ist, unter Mißbrauch des Behandlungsverhältnisses vornimmt oder an sich von ihr vornehmen läßt.**

(3) **Der Versuch ist strafbar.**

Schrifttum: Becker-Fischer/Fischer, Sexuelle Übergriffe in Psychotherapie und Psychiatrie, 1997. – *Heinz-Grimm,* Sexueller Mißbrauch geistig behinderter Menschen im Spannungsfeld des Strafrechts, in: *Walter* (Hrsg.), Sexualität und geistige Behinderung, 4. Aufl. 1996, 430. – *Noack/Schmid,* Sexuelle Gewalt gegen Menschen mit geistiger Behinderung, 1994. – *Spenner,* Die Strafbarkeit des „sexuellen Mißbrauchs" in der Psychotherapie gem. den §§ 174ff. StGB, 1999.

I. Rechtsgut der durch das 6. StrRG eingeführten Vorschrift ist die sexuelle Selbstbestimmung 1
von Personen jeden Alters und Geschlechts, die aufgrund einer psychischen Beeinträchtigung oder
Suchtkrankheit in Abhängigkeit zu den sie beratenden, behandelnden oder betreuenden Personen
geraten können und deshalb gegenüber diesen eines besonderen Schutzes vor sexuellen Übergriffen
bedürfen (vgl. BT-Drs. 13/8267 S. 6f., Tröndle/Fischer 2; s. auch Horn SK 2 sowie zum tatsächlichen
Ausmaß der Gefährdungen BT-Drs. 13/8267 S. 4f., Noack/Schmid aaO, Spenner aaO 10 ff.).
Darüber hinaus sollen – zumindest mittelbar – auch die Integrität und Lauterkeit der betreffenden
Behandlungs- und Betreuungsverhältnisse sowie das Vertrauen der Allgemeinheit in diese (Horn SK 2,
Mildenberger Streit 99, 12, Tröndle/Fischer 2), das Berufsethos der Heilberufe und das öffentliche
Interesse an einem funktionierenden Gesundheitswesen (BT-Drs. 13/2203 S. 5) geschützt werden. Da
aber eine Beschränkung der Betreuungs- und Behandlungsverhältnisse auf bestimmte Berufsgruppen
und Therapieformen im Gesetzgebungsverfahren ausdrücklich abgelehnt wurde (vgl. BT-Drs. 13/
8267 S. 7) und deshalb auch Behandlungen durch Außenseiter und „Scharlatane" erfaßt werden sollen
(vgl. BT-Drs. 13/2203 S. 4), fehlt ein abgrenzbares, hinreichend legitimiertes überindividuelles
Rechtsgut, das zur Auslegung der Tatbestandsmerkmale herangezogen werden könnte (so auch Horn SK
2). Maßgeblich ist daher – im Unterschied zu den §§ 174, 174a Abs. 1, 174b (vgl. § 174 RN 1,
§ 174a RN 1, § 174b RN 1) – vorrangig der Gedanke des Individualschutzes. Die Vorschrift schließt
Lücken des Strafrechtsschutzes, die sich für den betreffenden Personenkreis zwischen den §§ 174a,
174b einerseits und § 179 andererseits ergeben und auch durch einen Rückgriff auf die §§ 185, 240
nicht geschlossen werden können (vgl. BT-Drs. 13/8267 S. 5). Zur **Kriminologie** vgl. das Schrifttum
vor 1.

II. Abs. 1 stellt den **sexuellen Mißbrauch von geistig oder seelisch Kranken oder Behin-** 2
derten einschließlich Suchtkranken in bestimmten Obhutsverhältnissen unter Strafe. Erfaßt sind hier
– wie bei §§ 174 Abs. 1, 174a, 174b und im Unterschied zu § 174 Abs. 2 – nur sexuelle Kontakte,
die mit einer körperlichen Berührung verbunden sind.

1. Der **geschützte Personenkreis** umfaßt Personen, die dem Täter wegen geistiger, seelischer 3
oder suchtbedingter, nicht aber bloß körperlicher (and. noch BR-Drs. 295/97 [Beschluß] S. 2f.)
Leiden zur Beratung, Behandlung oder Betreuung anvertraut sind. Die Terminologie knüpft an die
in der Behindertenhilfe übliche Unterscheidung von geistiger und seelischer Behinderung an (vgl. § 39
Abs. 1 BSHG, § 1896 BGB, § 14 Abs. 2 SGB XI) und erstreckt diese Differenzierung auch auf den
Begriff der Krankheit (vgl. BT-Drs. 13/8267 S. 7).

a) **Geistige oder seelische Krankheiten** (zur Differenzierung zwischen dem medizinisch veral- 4
teten [vgl. Pschyrembel, Klinisches Wörterbuch, 258. Aufl. 1998, Stichwort „Geisteskrankheit"]
Begriff der „geistigen" Krankheiten und demjenigen der „seelischen Krankheiten" vgl. BT-Drs. 13/
8267 S. 7; s. auch Lackner/Kühl 2) sind sowohl die von § 20 umfaßten krankhaften seelischen
Störungen als auch der dort genannte Schwachsinn sowie die unter den Begriff der „schweren anderen
seelischen Abartigkeit" zu fassenden Persönlichkeitsstörungen, die aufgrund ihrer Schwere einen vergleichbaren Krankheitswert erreichen (vgl. im einzelnen § 20 RN 5ff.; s. auch BT-Drs. 11/4528
S. 115f., Bienwald, Staudinger BGB, 12. Aufl., § 1896 RN 33ff. [1995]). Zur **Behinderung** werden
diese Beeinträchtigungen, wenn sie sich als bleibend oder zumindest lang andauernd herausstellen
(Bienwald aaO RN 33, Lackner/Kühl 2, Tröndle/Fischer 3); die Begriffe der „Krankheit" und der

§ 174c 5, 6

„Behinderung" überschneiden sich daher. Als *„geistige"* Behinderung werden angeborene oder erworbene Intelligenzdefekte angesehen (BT-Drs. 11/4528 S. 116, BayObLG FamRZ **94**, 318, Bienwald aaO RN 35); *„seelische"* Behinderungen sind sonstige bleibende psychische Beeinträchtigungen (BT-Drs. 11/4528 S. 116, Bienwald aaO RN 37) wie zB Erscheinungen des Altersabbaus. **Suchtkrankheiten** sind Abhängigkeitskrankheiten wie zB Alkohol-, Medikamenten- oder Drogenabhängigkeit, die nicht nachweislich mit einer psychischen Beeinträchtigung verbunden sein müssen; nicht stoffgebundene Abhängigkeiten (zB Spielsucht) fallen hingegen nicht unter diesen Begriff und können daher nur bei entsprechender Schwere als „seelische Krankheit" (vgl. § 21 RN 10) angesehen werden (s. auch Lackner/Kühl 2).

5 b) Das Opfer muß dem Täter **wegen** der Krankheit usw zur **Beratung, Behandlung oder Betreuung anvertraut** sein. Im Unterschied zu den §§ 174, 174a wurde der Kreis der in Betracht kommenden Obhutsverhältnisse sehr weit gezogen, um einen möglichst umfassenden Schutz der geistig Kranken usw zu gewährleisten (vgl. BT-Drs. 13/8267 S. 7). Da die Vorschrift aber nur auf die Verhinderung sexueller Übergriffe innerhalb bestehender Abhängigkeitsverhältnisse zielt (o. 1), muß die Beratung, Behandlung oder Betreuung von einer solchen – zumindest beabsichtigten – Intensität und Dauer sein, daß eine Abhängigkeit entstehen kann, die es dem Opfer zusätzlich, d. h. über die bestehende psychische Beeinträchtigung hinaus, erschwert, einen Abwehrwillen gegenüber dem Täter zu entwickeln und zu betätigen; fehlt es daran, so ist das Opfer dem Täter jedenfalls nicht „anvertraut" (vgl. u.). Die Begriffe der Beratung, Behandlung und Betreuung überschneiden sich teilweise: *Beratung* ist nicht nur die einer möglichen Behandlung vorausgehende Besprechung (so aber Lackner/Kühl 4), sondern auch sonst jeder auf die Bewältigung der mit der Krankheit oder Behinderung spezifisch verbundenen Probleme gerichtete ratgebende Beistand, die *Behandlung* umfaßt alle Maßnahmen der Diagnose, Therapie und Rehabilitation (BT-Drs. 13/8267 S. 11, Lackner/Kühl 4) und die *Betreuung* setzt voraus, daß die Verantwortung für das leibliche und/oder geistig-sittliche Wohl des Kranken oder Behinderten zumindest in Teilbereichen übernommen wird, wobei eine längere Dauer nicht erforderlich ist. Zur Beratung usw *anvertraut* ist das Opfer dem Täter, wenn es ihm entweder von einem sorgeberechtigten Dritten überantwortet wird (zB ein Jugendlicher durch die Eltern, ein Volljähriger durch einen gem. § 1896 BGB bestellten Betreuer) oder – im Unterschied zu § 174, der sich auf Minderjährige bezieht, die sich nicht selbst „anvertrauen" können (vgl. dort FN 9) – wenn es sich aus eigener Entscheidung in das Beratungs-, Behandlungs- oder Betreuungsverhältnis begeben hat (s. auch BT-Drs. 13/8267 S. 6f., Horn SK 3, Lackner/Kühl 4, Tröndle/Fischer 4f.). Auf den Abschluß eines rechtswirksamen Vertrages kommt es nicht an, entscheidend ist allein die tatsächliche Übertragung der Beratungs-, Behandlungs- oder Betreuungsaufgabe (Tröndle/Fischer 9; teilw. and. Horn SK 3, Lackner/Kühl 4). Diese Übertragung muß freilich auf einem Vertrauensbeweis des sorgeberechtigten Dritten oder des Opfers selbst beruhen, so daß die einseitige Übernahme dieser Aufgaben durch den Täter (and. Tröndle/Fischer 9) oder die Übernahme lediglich unbedeutender Beratungs- oder Betreuungstätigkeiten nicht ausreicht. Zweifelhaft ist daher die in der Gesetzesbegründung geäußerte Einschätzung, zur Betreuung anvertraut sei eine geistig behinderte Person auch einem Busfahrer, der sie von einer Werkstatt für Behinderte nach Hause fährt (BT-Drs. 13/8267 S. 7); zumindest muß es sich um eine auf regelmäßige Transporte angelegte Fahrtätigkeit oder um eine längere Einzelfahrt handeln. *Wegen* der geistigen Krankheit usw anvertraut sind nur solche Personen, die sich aufgrund ihrer Beeinträchtigung in das Behandlungs- usw begeben haben oder vom Täter von einem Dritten überantwortet wurden. Erkennt hingegen zB ein Arzt erst während der Behandlung eines körperlichen Leidens, daß der Patient außerdem an einer psychischen Beeinträchtigung leidet, so erstreckt sich das Anvertrautsein erst dann auf diese Beeinträchtigung, wenn der Patient oder der sorgeberechtigte Dritte von dieser Diagnose Kenntnis haben und mit deren Behandlung durch diesen Arzt einverstanden sind (vgl. Tröndle/Fischer 5). Sobald aber das Behandlungsverhältnis in diesem Sinne „wegen" der psychischen Beeinträchtigung begründet worden ist, kommt es nicht mehr darauf an, ob die Beeinträchtigung sich dann auch als tatsächlich bestehend erweist (Horn SK 3).

6 2. Die **Tathandlung** besteht darin, daß der Täter sexuelle Handlungen „an" der ihm anvertrauten Person vornimmt (vgl. § 184c RN 4 ff., 18) oder von dieser „an" sich vornehmen läßt (vgl. § 184c RN 19), und zwar unter **Mißbrauch des Beratungs-, Behandlungs- oder Betreuungsverhältnisses**. Dieser Mißbrauch entspricht dem „Mißbrauch seiner Stellung" des § 174a Abs. 1 und liegt schon dann vor, wenn sich der Täter die Gelegenheit, die seine Vertrauensposition bietet, unter Verletzung der mit dieser verbundenen Pflichten zur Vornahme der Tathandlung zunutze macht (vgl. § 174a RN 6). Die sexuellen Handlungen müssen daher nicht im Rahmen konkreter Beratungs-, Behandlungs- oder Betreuungstermine vorgenommen werden, so daß ein Mißbrauch auch dann möglich ist, wenn der Täter das Betreuungsverhältnis usw pro forma beendet, bevor es zu den sexuellen Handlungen kommt (BT-Drs. 13/8267 S. 7, Horn SK 4, Lackner/Kühl 9, Tröndle/Fischer 12). Nicht vom Gesetz verlangt wird hingegen die Ausnutzung einer konkreten krankheits- oder behinderungsbedingten Abhängigkeit oder Hilflosigkeit (vgl. BT-Drs. 13/8267 S. 7, Lackner/Kühl 5) oder das Handeln gegen den Willen des Opfers (so i. E. auch Horn SK 5, Lackner/Kühl 5): Auch wenn geschütztes Rechtsgut vorrangig die individuelle Freiheit der sexuellen Selbstbestimmung und nicht die Integrität oder Störungsfreiheit des Beratungs-, Behandlungs- und Betreuungsverhältnisses ist (o. 1), durfte der Gesetzgeber angesichts der besonderen Gefährdung des geschützten Personenkreises auf derartige Erfordernisse verzichten und den Beratungs-, Behandlungs- und Betreuungs-

personen sexuelle Kontakte zu den ihnen Anvertrauten generell verbieten. Dennoch kann der Begriff des „Mißbrauchs" nicht völlig ohne Rücksicht auf die konkrete Schutzbedürftigkeit des Opfers bestimmt werden: Jedenfalls bei weniger schweren geistigen oder seelischen Beeinträchtigungen sind echte Liebesbeziehungen denkbar, die einen Mißbrauch ausschließen.

III. Abs. 2 erfaßt den **Mißbrauch** innerhalb **psychotherapeutischer Behandlungsverhältnisse**. Entgegen der Einschätzung des Gesetzgebers (vgl. BT-Drs. 13/8267 S. 7) handelt es sich nicht lediglich um eine Klarstellung gegenüber Abs. 1, sondern um einen selbständigen Tatbestand, der sowohl auf der Täter- als auch auf der Opferseite zu einem wesentlichen Teil andere Personengruppen betrifft. Die besondere Schutzbedürftigkeit ergibt sich hier weniger aus der Beeinträchtigung des Patienten, die Anlaß zur Therapie gegeben hat, als vielmehr aus der Eigenart der psychotherapeutischen Behandlung, die den Patienten regelmäßig in eine tiefgreifende Abhängigkeit zum Therapeuten geraten läßt und dem Therapeuten eine große Machtstellung verleiht (vgl. Spenner aaO 10 ff.; s. auch BT-Drs. 13/8267 S. 7, Dessecker NStZ 1998, 2 f.). 7

1. Zum **geschützten Personenkreis** gehört jede Person in einer **psychotherapeutischen Behandlung**. Der Begriff der „psychotherapeutischen Behandlung" ist weit zu verstehen, d. h. damit sind alle psychologischen Behandlungen wegen einer tatsächlichen oder vermeintlichen psychischen oder psychosomatischen Störung oder Erkrankung gemeint (vgl. Pschyrembel [o. 4], Stichwort „Psychotherapie"). Auch kommt es nicht darauf an, ob die Behandlung von einem Arzt oder einem gem. § 1 PsychThG approbierten Therapeuten nach von einem Fachverband anerkannten Regeln durchgeführt wird (ebenso Horn SK 13, Lackner/Kühl 7, Tröndle/Fischer 6); erfaßt sind vielmehr auch „Außenseitermethoden", selbst wenn die behandelnde Person nicht über die erforderliche Erlaubnis nach § 1 HeilPrG verfügt. Voraussetzung ist jedoch, daß die „Behandlung" der Feststellung, Behebung oder Linderung eines konkreten psychischen Leidens dient. Seelsorgerische Gespräche oder bloße Beratungen in Lebensfragen wie zB Erziehungsberatung oder Familienberatung sind daher keine psychotherapeutischen Behandlungen, soweit es dabei nur um die Bewältigung bestimmter Probleme der Lebensführung oder die Steigerung der allgemeinen sozialen Kompetenz oder Lebenstüchtigkeit geht. Zu den Voraussetzungen des „Anvertrautseins" vgl. o. 5. 8

2. Die **Tathandlung** besteht darin, daß der Therapeut „unter Mißbrauch des Behandlungsverhältnisses" sexuelle Handlungen „an" der anvertrauten Person vornimmt bzw. von ihr an sich vornehmen läßt (vgl. näher o. 6). Insbesondere bei körperbetonten Therapieformen muß hierbei näher geprüft werden, ob im Einzelfall die Erheblichkeitsschwelle des § 184 c tatsächlich erreicht wird (vgl. näher Tröndle/Fischer 11). 9

IV. Für den **subjektiven Tatbestand** ist Vorsatz erforderlich; bedingter Vorsatz genügt. 10

V. Nach **Abs. 3** ist der **Versuch** strafbar. 11

VI. **Täter** kann nur sein, wer gegenüber einer geschützten Person eine beratende, behandelnde oder betreuende Stellung innehat. Die Tat ist eigenhändiges Delikt (vgl. § 174 RN 20), so daß eine Tatbegehung in mittelbarer Täterschaft ausscheidet. Das Opfer bleibt als notwendiger Teilnehmer straflos, selbst wenn die Initiative von ihm ausging (vgl. dazu 46 f. vor § 25). Für Teilnehmer ist § 28 I aus den entsprechenden Gründen wie bei § 174 nicht anwendbar (vgl. dort RN 20). 12

VII. **Idealkonkurrenz** ist möglich zwischen Abs. 1 und Abs. 2 (Lackner/Kühl 12, Tröndle/Fischer 19), ferner mit §§ 174, 174 a Abs. 2 (wegen der unterschiedlichen Voraussetzungen des Mißbrauchs; s. auch Lackner/Kühl 12, Tröndle/Fischer 19), 176–179, 240; über das Verhältnis zu § 185 vgl. dort RN 20. 13

§ 175 [Homosexuelle Handlungen]

Aufgehoben durch das 29. StÄG v. 21. 5. 1994, BGBl. I 1168; vgl. jetzt § 182.

§ 176 Sexueller Mißbrauch von Kindern

(1) **Wer sexuelle Handlungen an einer Person unter vierzehn Jahren (Kind) vornimmt oder an sich von dem Kind vornehmen läßt, wird mit Freiheitsstrafe von sechs Monaten bis zu zehn Jahren, in minder schweren Fällen mit Freiheitsstrafe bis zu fünf Jahren oder mit Geldstrafe bestraft.**

(2) **Ebenso wird bestraft, wer ein Kind dazu bestimmt, daß es sexuelle Handlungen an einem Dritten vornimmt oder von einem Dritten an sich vornehmen läßt.**

(3) **Mit Freiheitsstrafe bis zu fünf Jahren oder mit Geldstrafe wird bestraft, wer**
1. **sexuelle Handlungen vor einem Kind vornimmt,**
2. **ein Kind dazu bestimmt, daß es sexuelle Handlungen an sich vornimmt, oder**
3. **auf ein Kind durch Vorzeigen pornographischer Abbildungen oder Darstellungen, durch Abspielen von Tonträgern pornographischen Inhalts oder durch entsprechende Reden einwirkt.**

(4) **Der Versuch ist strafbar; dies gilt nicht für Taten nach Absatz 3 Nr. 3.**

§ 176 1–3   Bes. Teil. Straftaten gegen die sexuelle Selbstbestimmung

Schrifttum: Backe u. a. (Hrsg.), Sexueller Mißbrauch von Kindern in Familien, 1986. – *Bussmann,* Ausweitung des Strafrechts nach dem 6. StrRG, StV 99, 613. – *Deckers,* Verteidigung in Verfahren wegen sexuellen Mißbrauchs von Kindern, NJW 96, 3105 – *Diesing,* Psychologische Folgen von Sexualdelikten an Kindern, 1980. – *Dölling,* Sexueller Mißbrauch von Kindern, in: Egg (s. u.), 19. – *Egg* (Hrsg.), Sexueller Mißbrauch von Kindern, 1999. – *Endres/Scholz,* Sexueller Kindesmißbrauch aus psychologischer Sicht, NStZ 94, 466. – *Hauptmann,* Zur Victimologie gewaltloser sexueller Kontakte zwischen Erwachsenen und Kindern, MSchrKrim. 78, 213. – *Heinz,* Bestimmungsgründe der differentiellen Wahrscheinlichkeit strafrechtlicher Sanktionierung bei Unzucht mit Kindern, MSchrKrim. 72, 126. – *Herbold,* Einige deliktstypische Veränderungen bei sexuellem Mißbrauch von Kindern in den letzten Jahren, MSchrKrim. 77, 99. – *Kersche,* Selektive Faktoren strafrechtlicher Sanktionierung und die Reformproblematik des § 176 Abs. 1, Ziff. 3 StGB – Unzucht mit Kindern, MSchrKrim. 72, 365. – *ders.,* Emanzipatorische Sexualpädagogik und Strafrecht, 1973. – *Lachmann,* Zur Verbreitung von Sexualdelikten an Kindern und Abhängigen, MSchrKrim. 88, 42. – *ders.,* Psychische Schäden nach „gewaltlosen" Sexualdelikten an Kindern und Abhängigen, MSchrKrim. 88, 47. – *Lempp,* Seelische Störung von Kindern als Opfer von gewaltlosen Sittlichkeitsdelikten, NJW 68, 2265. – *Liepmann,* Unzucht mit Kindern, 1974. – *Nixdorf,* Das Kind als Opfer sexueller Gewalt, MSchrKrim. 82, 87. – *Pitzer,* Therapie nach sexuellem Mißbrauch, in: Egg (s. o.), 259. – *Rösner/Schade,* Der Verdacht auf sexuellen Mißbrauch von Kindern in familiengerichtlichen Verfahren, FamRZ 93, 1133. – *Scholz/Endres,* Aufgaben des psychologischen Sachverständigen beim Verdacht des sexuellen Kindesmißbrauchs, NStZ 95, 6. – *Schetsche,* Der „einvernehmliche Mißbrauch", MSchrKrim. 94, 201. – *Schneider,* Viktimologische Aspekte des sexuellen Mißbrauchs von Kindern, in: Egg (s. o.), 209. – *Stumpf,* Opferschutz bei Kindesmißhandlung, 1995 – *Tröndle,* Verordnung von Kontrazeptiva an Minderjährige – eine Straftat?, Schmitt-FS 231. –*Trube-Becker,* Mißbrauchte Kinder: sexuelle Gewalt und wirtschaftliche Ausbeutung, 1992. – *Walter/Wolke,* Zur Funktion des Strafrechts bei „akuten sozialen Problemen", MSchrKrim 97, 93 – *Wilmer,* Sexueller Mißbrauch von Kindern, 1996 – *Wyss,* Unzucht mit Kindern, 1967. – Vgl. auch die Angaben vor Vorbem. zu §§ 174 ff. – *Materialien:* u. a. BT-Drs. VI/3521 S. 34, 13/9064 S. 10; Prot. VI 1485, 1497, 1507, 2037, VII 11.

1   **I. Rechtsgut** der unter den Voraussetzungen des § 5 Nr. 8 (vgl. dort RN 14) auch auf Auslandstaten anwendbaren Vorschrift ist die **ungestörte sexuelle Entwicklung** von Personen unter 14 Jahren (z. B. BGH **1** 175, **15** 121, **29** 340, StV **89**, 432, Hamm MDR **50**, 436; vgl. auch 1 vor § 174 u. zur Legitimation des Rechtsguts Schetsche aaO 201 ff.). Dabei war auch dem Gesetzgeber bewußt, daß schädliche Auswirkungen von Handlungen i. S. des § 176 oder auch nur konkrete Gefahren für die ungestörte Entwicklung des Kindes vielfach nicht nachweisbar sind (zu den Umständen, die für eine entsprechende Wahrscheinlichkeit sprechen können – z. B. großer Altersunterschied, Gewalt, Bedrohung, Mißbrauch über einen längeren Zeitraum usw. – vgl. Rösner/Schade FamRZ 93, 1135 f.; s. auch Dölling aaO 24, Pitzner aaO, Schneider aaO 217 ff.). Gesetzgeberisches Motiv war daher angesichts der hohen Bedeutung des Schutzobjekts bereits „die Ungewißheit über die Schädlichkeit sexueller Übergriffe" (BT-Drs. VI/3521 S. 35; vgl. dort auch die Zusammenfassung der gutachterlichen Äußerungen, ferner Laufhütte LK vor 1). Eine Schädigung oder konkrete Gefährdung gehört daher auch nicht zum Tatbestand (zur Strafzumessung vgl. u. 21), vielmehr ist die Tat ein abstraktes Gefährdungsdelikt (BGH MDR/H **80**, 984, JZ **87**, 366, Laufhütte LK 1, Tröndle/Fischer 1 a; vgl. auch BGH **38** 69) bzw. ein bloßes „Risikodelikt" (Armin Kaufmann JZ 71, 576), letzteres, sofern man davon ausgeht, daß die ursächlichen Zusammenhänge wissenschaftlich zweifelhaft sind. Gleichgültig, ob man das eine oder das andere annimmt, ist jedoch bei Taten nach § 176 wegen der hier nie auszuschließenden Möglichkeit schädlicher Wirkungen auch der Gegenbeweis der Ungefährlichkeit immer ausgeschlossen (vgl. auch Laufhütte LK 1). Tatbestandsmäßig sind Handlungen nach § 176 daher auch, wenn das Kind bereits sexuell erfahren war oder von ihm die Initiative von ihm ausgegangen ist (vgl. RG **10** 158, Horn SK 2, Lackner/Kühl 1, Laufhütte LK 1, Tröndle/Fischer 1 a, 4; zur Strafzumessung vgl. jedoch u. 21). Entsprechend § 174 und aus denselben Gründen wie dort (vgl. § 174 RN 2) unterscheidet das Gesetz auch hier mit entsprechend abgestuften Strafdrohungen zwischen sexuellen Kontakten mit dem Kind, die mit einer körperlichen Berührung verbunden sind (Abs. 1, 2) und solchen, bei denen dies nicht der Fall ist (Abs. 3; zur Kritik vgl. § 184 c RN 3). Zu den Änderungen durch das 4. StrRG im übrigen vgl. die 20. A. RN 2 und näher Hanack NJW 74, 4, Laufhütte LK vor RN 1, Sturm JZ 74, 6; zu den Änderungen durch das 6. StrRG vgl. u. 11 sowie vor § 174 RN 6. Zur **Kriminologie** vgl. das Schrifttum o. vor 1 sowie Kaiser Krim. 783. Danach ist der sexuelle Mißbrauch von Kindern zwar sehr viel häufiger als früher angenommen wurde und durch die Kriminalstatistiken belegt wird. Entgegen anderslautenden Behauptungen nicht annähernd so häufig ist nach dem derzeitigen Kenntnisstand aber der Kindesmißbrauch durch die Eltern selbst; falsche Anschuldigungen scheinen hier vor allem bei familienrechtlichen Auseinandersetzungen eine nicht unwesentliche Rolle zu spielen (vgl. näher Endres/Scholz NStZ 94, 467 [ca. 25%–50% der Falschbezichtigungen], 95, 6, Rösner/Schade FamRZ 93, 1133).

2   **II. Abs. 1** erfaßt den **unmittelbaren körperlichen Kontakt des Täters mit dem Kind.** Täter kann ein Mann oder eine Frau sein; ebenso ist das Geschlecht des Kindes ohne Bedeutung.

3   1. Die **1. Alt.** des Abs. 1 erfaßt die Vornahme **sexueller Handlungen „an"** einem Kind (vgl. dazu § 184 c RN 4 ff., 18). Dabei entscheidet sich im einzelnen nach der Erheblichkeitsklausel des § 184 c Nr. 1, von welcher Dauer und Intensität die fragliche Handlung sein muß (vgl. § 184 c RN 15 a ff.); keine Rolle dürfte im allgemeinen spielen, ob das Kind unbekleidet war oder nicht (vgl. auch RG **47** 75). Auszuscheiden haben nach § 184 c Nr. 1 solche Handlungen, die zwar eine Beziehung zum Geschlechtlichen aufweisen, jedoch schlechterdings keine Gefährdung der ungestörten sexuellen Entwicklung des Kindes darstellen können (and. Horn SK 2). Dies gilt z. B. für einen Kuß auf die Wange (Zweibrücken NStZ **98**, 357 m. Anm. Michel), das Streicheln des nackten Knies (and. BGH MDR/D **53**, 19 zu § 176 a. F.), das kurze (wenn auch massive) oder aus anderen Gründen unbedeutende Berühren der Brust über der Kleidung (BGH EzSt **Nr. 2**; vgl. auch BGH NStZ **92**, 432) oder bei einem flüchtigen Greifen unter den Rock (Tröndle/Fischer 3). Nach der Erheblichkeitsklausel des § 184 c Nr. 1 bestimmt sich auch, ob Handlungen genügen, deren Bedeutung das Kind nicht versteht oder die an einem schlafenden Kind vorgenommen werden (vgl. § 184 c RN 18). Da eine körperliche Berührung erforderlich ist – § 176 I beschreibt ein eigenhändiges Delikt (BGH **41** 242 m. Anm. Schroeder JR 96, 211) –, kann eine Handlung, bei der dies mißlingt, lediglich ein nach Abs. 4 strafbarer Versuch sein (u. 18).

2. Die 2. Alt. des Abs. 1 erfaßt den Fall, daß der Täter **sexuelle Handlungen von einem Kind** 4 „an" sich vornehmen läßt. Hier muß deshalb die Handlung des Kindes die Merkmale einer *sexuellen Handlung* erfüllen (vgl. dazu § 184 c RN 4 ff., zu den subjektiven Erfordernissen in diesem Fall vgl. § 184 c RN 11); zum Begriff des *An-sich-vornehmen-Lassens* vgl. § 184 c RN 19.

III. Abs. 2 betrifft die Fälle, in denen der Täter das **Kind zu körperlichen Kontakten mit** 5 **Dritten bestimmt.**

1. Die 1. Alt. erfaßt das **Bestimmen** eines Kindes **zur Vornahme** von sexuellen Handlungen 6 „an" einem **Dritten**. Ob sich der Dritte dadurch selbst nach Abs. 1 strafbar macht, ist ohne Bedeutung; er kann z. B. ebenfalls ein Kind sein (BGH **45** 42).

a) Erforderlich ist hier, daß das **Kind** eine **sexuelle Handlung** (vgl. § 184 c RN 4 ff., 11) „an" 7 (vgl. § 184 c RN 18) einem **Dritten** vornimmt. Darauf, ob dieser einverstanden ist, kommt es nicht an. Erfaßt werden daher auch Handlungen an einem Schlafenden (and. Laufhütte LK 4 zu § 176 a. F.), da nicht der Dritte, sondern das Kind geschützt ist.

b) Der Täter muß das Kind dazu **bestimmt** haben, d. h. er muß den Willen des Kindes – 8 ausdrücklich oder konkludent (vgl. RG **73** 246, HRR **39** Nr. 259, BGH **9** 113, NJW **85**, 924, Braunschweig NJW **47**, 109) – durch eine entsprechende psychische Einwirkung beeinflußt und dadurch dessen Entschluß zur Vornahme der sexuellen Handlung jedenfalls mitverursacht haben, wobei bei Kleinkindern beim Fehlen eines eigenen Entschlusses zweifelhaft sein kann, allerdings auch schon das bloße Verursachen des fraglichen Verhaltens genügen muß (BGH **41** 245). Hinzukommen muß als Erfolg die tatsächliche Vornahme der sexuellen Handlung (andernfalls Versuch nach Abs. 4). Auf welche Weise das Bestimmen geschieht (z. B. Überredung, Versprechen von Geschenken, Drohung, Täuschung, Wecken von Neugier [vgl. BGH NJW **53**, 710]), ist gleichgültig; nicht erforderlich ist die Überwindung besonderer Hemmungen. Kein „Bestimmen" i. S. der Vorschrift ist jedoch das der Kettenanstiftung (vgl. § 26 RN 13) entsprechende mittelbare Bestimmen über einen Dritten, da das Bestimmen hier täterschaftliche Begehung ist (ebenso Horn SK 7; and. Laufhütte LK 6 [vgl. dazu auch § 174 RN 20]); die Bestrafung des Hintermanns erfolgt vielmehr nach § 26. Ebensowenig wie bei der Anstiftung ist beim Bestimmen eine täterschaftliche Begehung durch Unterlassen möglich (so aber Gössel I 290). Sofern jedoch der Beschützergarant des Kindes dem Bestimmen eines Dritten nicht entgegentritt, kann diese eine Beihilfe durch Unterlassen darstellen (BGH **41** 246, Horn SK 8; weitergehend Laufhütte LK 7). Vgl. im übrigen zum Begriff des Bestimmens § 26 RN 3 ff.

2. Die 2. Alt. erfaßt das **Bestimmen** des Kindes, **sexuelle Handlungen** eines **Dritten** „an" sich 9 **vornehmen zu lassen.** Zum Begriff der *sexuellen Handlung* vgl. § 184 c RN 4 ff. Diese Handlung muß am Körper des Kindes vorgenommen werden; zur Frage, ob das Kind die Bedeutung der Handlung verstehen muß, vgl. § 184 c RN 18. Ein *An-sich-vornehmen-Lassen* des Kindes liegt sowohl vor, wenn das Kind die Handlungen des Dritten lediglich duldet, als auch dann, wenn es diesen zur Vornahme der Handlung an sich veranlaßt. Zum *Bestimmen* vgl. o. Rn.

IV. Für den **subjektiven Tatbestand** ist Vorsatz erforderlich; bedingter Vorsatz genügt (vgl. BGH 10 **4** 305, NStZ/Mie **98**, 131 Nr. 12, Bremen HESt. **2** 269, Frankfurt NJW **49**, 33). Erforderlich ist die Kenntnis vom Alter des Kindes (vgl. Bay MDR **63**, 333); auch insoweit ist bedingter Vorsatz ausreichend (vgl. RG HRR **40** Nr. 1327). Strafbar ist, wem das Alter unbekannt, aber auch gleichgültig war (vgl. RG **75** 128); Voraussetzung ist jedoch, daß der Täter die Möglichkeit, das Kind sei unter 14 Jahre alt, nicht ausschließt (vgl. auch Laufhütte LK 14 unter Hinweis auf BGH 4 StR 375/80 v. 21. 8. 80). Er muß deshalb an diese Möglichkeit gedacht haben; hat er sich über das Alter des Kindes überhaupt keine Gedanken gemacht, so liegt auch kein bedingter Vorsatz vor (BGH NJW **53**, 152, Gössel I 312, Tröndle/Fischer 12). Glaubt der Täter irrtümlich, das Kind sei noch nicht 14 Jahre alt, so liegt ein nach Abs. 4 strafbarer Versuch vor. Wo das Gesetz die Vornahme sexueller Handlungen durch das Kind verlangt (Abs. 1, 2. Alt., Abs. 2, 1. Alt.), muß der Täter wissen, daß das Kind deren Bedeutung in dem in § 184 c RN 11 genannten Sinn kennt (and. Laufhütte LK 15). Eigene sexuelle Absichten braucht der Täter hier nicht zu verfolgen.

V. Abs. 3 erfaßt **weitere Formen des sexuellen Mißbrauchs von Kindern**. Bestraft – wenn 11 auch nach einem gegenüber Abs. 1, 2 milderen Strafrahmen (o. 1) – werden danach Handlungen, die zwar nicht zu einem unmittelbaren Körperkontakt mit dem Kind führen, aber auf andere Weise die ungestörte sexuelle Entwicklung des Kindes gefährden können. Durch das 6. StrRG wurde die Strafdrohung angehoben, auf die nach § 176 Abs. 5 a. F. erforderliche Absicht des Täters, durch die

Tat sich, das Kind oder einen anderen sexuell zu erregen, verzichtet sowie Nr. 2 auf Fälle ohne Wahrnehmung der sexuellen Handlung des Kindes durch den Täter oder Dritte ausgedehnt (vgl. BT-Drs. 13/9064 S. 10 f.).

12 1. Nach **Nr. 1** ist strafbar, wer **sexuelle Handlungen** (vgl. § 184 c RN 4 ff.) „vor" dem Kind, d. h. an sich selbst oder an einem Dritten vornimmt (vgl. § 184 c RN 20 ff.). Über das Verhältnis zu § 183 vgl. dort RN 14 f.

13 2. **Nr. 2** erfaßt das **Bestimmen des Kindes** zur Vornahme **sexueller Handlungen an sich selbst**. Hier muß deshalb die Handlung des Kindes die Merkmale einer sexuellen Handlung aufweisen (vgl. dazu § 184 c RN 4 ff., 11). Schon an den begrifflichen Voraussetzungen einer solchen, jedenfalls aber an der Erheblichkeit (vgl. § 184 c RN 14 ff.) fehlt es, wenn der Täter das Kind veranlaßt, nackt zu baden, seinen Rock hochzuheben (and. zum früheren Recht BGH **17** 280, LM **Nr. 13**), einen Handstand zu machen, bei dem der Schlüpfer sichtbar wird (hier ebenso BGH **17** 285; and. BGH **2** 212) oder in Unterwäsche die Beine zu spreizen (BGH NJW **92**, 325); auch das bloße Betrachten eines sexuellen Vorgangs ist selbst noch keine sexuelle Handlung (and. zum früheren Recht BGH GA **66**, 309), wohl aber, wenn ein Kind veranlaßt wird, eine obszöne Stellung einzunehmen (vgl. BGH **43** 368, KG JR **82**, 507, Koblenz NJW **79**, 1467) oder das Geschlechtsteil zu entblößen (BGH NStE **Nr. 7**), bei einem 13jährigen Mädchen auch den Oberkörper (BGH NStZ **85**, 24). Die Vornahme einer sexuellen Handlung „an sich" setzt – im Gegensatz zu Abs. 5 Nr. 2 a. F., der die Vornahme „vor" dem Täter bzw. einem Dritten verlangte (vgl. dazu § 184 c RN 20 ff.) – nicht mehr voraus, daß der Täter oder ein Dritter die sexuelle Handlung wahrnimmt. Der Gesetzgeber wollte damit auch Fälle erfassen, in denen der Täter sich nicht in räumlicher Nähe zu dem Kind befindet, sondern dieses zB über Telefon zur sexuellen Handlung veranlaßt (vgl. BT-Drs. 9064 S. 10 f.; and. noch BGH **41** 285 zu § 176 Abs. 5 Nr. 2 a. F.). Die gewählte Formulierung geht aber darüber hinaus, weil sie überhaupt keinen Kontakt mehr zwischen dem Täter oder Dritten und dem Kind während der Vornahme der sexuellen Handlung verlangt (ebso. Tröndle/Fischer 7 a; and. Horn SK 19, Renzikowski NStZ 99, 440). Zur Vermeidung von Überkriminalisierungen ist daher eine einschränkende Auslegung geboten (vgl. auch Tröndle/Fischer aaO). Diese kann jedoch angesichts des insoweit eindeutigen Wortlauts nicht über das Erfordernis einer zumindest mittelbaren optischen oder akustischen Wahrnehmung der sexuellen Handlung durch den Täter oder einen Dritten erfolgen (so aber Renzikowski aaO, Horn aaO), sondern nur durch eine an das Rechtsgut der ungestörten sexuellen Entwicklung des Kindes (o. 1) angepaßte Bestimmung der Erheblichkeitsschwelle des § 184 c, die bei sexuellen Handlungen unter unmittelbarer Beobachtung durch den Täter oder einen Dritten schneller überschritten wird als bei solchen, die das Kind unbeobachtet vornimmt (s. auch § 184 c RN 16; ebenso Tröndle/Fischer 7 a; krit. Renzikowski aaO). Zum *Bestimmen* vgl. o. 8.

14 3. **Nr. 3** betrifft das in sexueller Absicht (u. 23) erfolgende **Einwirken auf das Kind durch Vorzeigen pornographischer Abbildungen** oder Darstellungen, durch **Abspielen** von **Tonträgern** pornographischen Inhalts oder **entsprechende Reden**.

15 a) Zum Begriff der **pornographischen Abbildungen** usw. vgl. § 11 RN 78, § 184 RN 4 ff.; es genügt hier jede Pornographie, nicht nur die sog. harte Pornographie i. S. des § 184 III. Abweichend von § 184 fallen (unbebilderte) pornographische Schriften nach dem eindeutigen Gesetzeswortlaut nicht unter Abs. 3 (Düsseldorf NJW **00**, 1129, M-Schroeder I 197), was aber wenig folgerichtig erscheint, weil andererseits auch das Einwirken durch Reden entsprechenden Inhalts oder das Abspielen von Tonträgern erfaßt wird, obwohl hier gleichfalls eine Gefährdung des Kindes nur bei einer eigenen gedanklichen Verarbeitung des Inhalts möglich ist. „Entsprechende Reden" (auch Lieder, vgl. Dreher JR 74, 49) sind solche, die nach Art, Inhalt und Intensität mit den sonstigen pornographischen Darstellungen usw. vergleichbar sind; sexualbezogene oder auch grob sexuelle Äußerungen reichen dafür noch nicht aus (BGH **29** 29, NJW **91**, 3162, StV **81**, 338, LG Zweibrücken StV **97**, 522 m.Anm. Michel).

16 b) Das **Einwirken** setzt zunächst eine Handlung voraus, die zur sinnlichen Wahrnehmung der Abbildung usw. durch das Kind führt; daß dies in räumlicher Anwesenheit des Täters geschieht, ist nicht erforderlich (BGH **29** 29: fernmündliche Einwirkung durch Reden). Die bloße Möglichkeit der Wahrnehmung genügt, anders als beim Zugänglichmachen des § 184 I Nr. 1 usw., nicht. Darüber hinaus muß das Einwirken – auch nach Verzicht auf das Erfordernis einer Absicht sexueller Erregung durch das 6. StrRG – auf eine psychische Einflußnahme in der Weise gerichtet sein, daß in dem Kind sexuelle Interessen geweckt oder sonst sexuelle Impulse ausgelöst werden sollen (ähnlich Tröndle/Fischer 8 [die Tätermotivation einschließendes Erheblichkeitserfordernis entspr. § 184 c]; vgl. auch BGH **29** 30, MDR/D **74**, 546, wo eine „Einflußnahme tiefergehender Art" verlangt wird, ferner Bussmann StV 99, 618 f., Laufhütte LK 13; and. Horn SK 24, Lackner/Kühl 6). Ein flüchtiges Vorzeigen und kurze oberflächliche Reden genügen nicht (BGH MDR/D **74**, 546).

17 4. Der **subjektive Tatbestand** verlangt **Vorsatz**, wobei bedingter Vorsatz genügt (bezüglich des Alters vgl. o. 10). Dazu gehört bei Nr. 1 zwar nicht, daß der Täter das Kind „als eine Art Partner" einbeziehen will, wohl aber muß sich der Vorsatz auf das Erfassen des Vorgangs durch das Kind i. S. des in § 184 c RN 20 ff. Gesagten beziehen. Eine besondere Absicht der sexuellen Erregung des Täters, des Kindes oder Dritter muß seit dem 6. StrRG nicht mehr vorliegen. Der Gesetzgeber begründet diesen Verzicht mit der Notwendigkeit, Spannungen zu § 176 a Abs. 2 zu vermeiden (vgl.

BT-Drs. 13/9064 S. 11); dadurch wird aber zugleich der Ausschluß sozialadäquater oder nicht hinreichend strafwürdiger Verhaltensweisen (zB Austausch von Zärtlichkeiten zwischen den Eltern in Gegenwart des Kindes) erschwert (die in die mit nicht geringen Unsicherheiten belastete Erheblichkeitsprüfung nach § 184c Nr. 1 (vgl. § 184c RN 14ff.) verlagert (s. auch Bussmann StV 99, 618, Renzikowski NStZ 99, 440; krit. daher schon zum alten Recht Hanack NJW 74, 4). Schon der Begriff der sexuellen Handlung, vor allem aber deren Erheblichkeit für die ungestörte sexuelle Entwicklung des Kindes, können freilich nicht ohne Rücksicht auf die konkreten Motive des Täters bestimmt werden. Fälle, in denen die tatbestandliche Erheblichkeitsschwelle überschritten wird, ohne daß der Tathandlung eine entsprechende sexuelle Motivation zugrunde liegt, dürften daher zwar nicht ausgeschlossen, aber selten sein (s. auch Bussmann aaO 619, Renzikowski aaO 441).

VI. Der **Versuch** ist in allen Fällen mit Ausnahme von Abs. 3 Nr. 3 (krit. dazu M-Schroeder I **18** 197) strafbar. Kommt es zu sexuellen Handlungen nach Abs. 1, 2, 3 Nr. 1 und 2, so ist die Tat vollendet und nicht deshalb nur Versuch, weil der Täter noch weitergehen wollte (Tröndle/Fischer 13 mwN). Ein Versuch nach **Abs. 1** ist es bereits, wenn der Täter das Kind durch eine entsprechende Beeinflussung (Überreden, Versprechen von Geschenken, Drohen usw.) zur anschließenden Vornahme oder Duldung sexueller Handlungen zu bringen versucht (vgl. BGH MDR/D **74**, 545, 722); läßt sich nicht feststellen, ob er sexuelle Handlungen an dem Kind vornehmen (Abs. 1) oder dieses zu sexuellen Handlungen an sich selbst (Abs. 3) veranlassen wollte, so ist eine Bestrafung nur wegen Versuchs nach Abs. 3 möglich (Zweibrücken OLGSt § 176 S. 9). Eine bloße Vorbereitungshandlung ist dagegen die Aufforderung an das Kind, mit dem Täter an einen versteckten Ort zu gehen (ebenso Horn SK 10, Laufhütte LK 19; and. noch RG **69** 142, BGH **6** 302, was jedoch nach der neuen Versuchsdefinition des § 22 nicht mehr haltbar ist, da hier das Aufsuchen des Orts noch ein wesentlicher Zwischenschritt ist). Führt der zur Vornahme sexueller Handlungen bereits fest entschlossene Täter das Kind an einen dazu geeigneten Ort, so ist zu unterscheiden: Versuch liegt hier vor, wenn er schon unterwegs auf das Kind entsprechend einwirkt, aber auch dann, wenn er nach seinem Tatplan bereits durch das Aufsuchen des fraglichen Orts zur Willensbeeinflussung des Kindes unmittelbar ansetzt, weil er erwartet, daß ihm sein Opfer dort in dieser Situation aus Angst ohne weiteres gefügig sein wird (vgl. i.E. auch BGH **35** 9; enger Rudolphi JuS 73, 25, weitergehend dagegen noch BGH MDR/D **74**, 545, 722, ferner Laufhütte LK 19, M-Schroeder I 197, Roxin JuS 79, 8 [Versuch in jedem Fall schon das Führen an den Tatort]); geht der Täter dagegen davon aus, daß er das Kind erst am Tatort durch weitere eigene Handlungen zur Aufnahme des sexuellen Kontakts bringen kann, so beginnt, weil dies noch wesentliche Zwischenakte sind, der Versuch erst damit (ebenso Tröndle/Fischer 13; vgl. für ein Verführen des Kindes auf freiwilliger Basis auch BGH aaO, was entgegen dem BGH aber auch gelten muß, wenn der Täter vorhat, einen etwaigen Widerstand des Kindes dort zu brechen, da Gewalt und Drohung als Merkmale der tatbestandsmäßigen Handlung des § 176 sind). Entsprechendes gilt, wenn der Täter das Kind zu sich in ein Zimmer ruft (vgl. BGHR § 176 I, Konkurrenzen 1, wo darin ohne weiteres ein Versuch gesehen wurde). Für den Versuch des Bestimmens in **Abs. 2, 3 Nr. 2** gelten die Regeln des § 30 entsprechend (vgl. dort RN 17ff.; ebenso Tröndle/Fischer 13; enger Horn SK 10, M-Schroeder I 197; weitergehend dagegen Laufhütte LK 20).

VII. Täter nach Abs. 1 kann nur sein, wer selbst mit dem Kind in körperliche Berührung kommt **19** (eigenhändiges Delikt; vgl. BGH **41** 242 m. Anm. F. C. Schroeder JR 96, 211). Im übrigen gelten zu Täterschaft u. Teilnahme die allgemeinen Regeln.

VIII. Konkurrenzen. Idealkonkurrenz des **Abs. 1** ist möglich mit §§ 173 (BGH NJW **53**, 710), **20** 174, 174a, 174c, 177 (BGH NStZ-RR **00**, 139 MDR/D **74**, 546), 179, 211, 212 (vgl. BGHR § 52 I, Handlung, dieselbe 22), 223ff., 240; über das Verhältnis zu § 182 vgl. dort Rn 16. Bei **Abs. 2** ist Idealkonkurrenz möglich mit § 177, ferner mit 223ff. sowie mit § 240; zu § 182 vgl. dort RN 16. Bei **Abs. 3** ist Idealkonkurrenz möglich zwischen Nr. 1 und §§ 174 II, 183 (vgl. dort RN 14f.), 183a, zwischen Nr. 2 und § 180 II, Nr. 3 sowie zwischen Nr. 3 und § 184 (BGH **43** 368); hinter Nr. 3 tritt § 184 I Nr. 1 zurück (BGH NJW **76**, 1984). Über das Verhältnis zur Beleidigung vgl. § 185 RN 20.– **Innerhalb des § 176** gilt folgendes: Bei einem gleichzeitigen körperlichen Sexualkontakt mit mehreren Kindern besteht Tateinheit nach Abs. 1 (BGH NStZ **95**, 222, BGHR § 176 I, Konkurrenzen 2). Dies gilt auch, wenn der Täter mit zwei Kindern, die er gleichzeitig aufgefordert hatte, zu ihm zu kommen, nacheinander den Beischlaf vollzieht, sofern die Aufforderung bereits im Versuch ist (vgl. dazu BGHR § 176 I, Konkurrenzen 1; auch BGH NStZ-RR **99**, 329, **00**, 139, NStZ/Mie **93**, 225, **96**, 122 Nr. 16). Bei gleichzeitiger Verwirklichung des Abs. 1 und 2 (zB Triolenverkehr) liegt Idealkonkurrenz nur vor, wenn auch der Dritte ein Kind ist; im übrigen handelt es sich wegen der Gleichwertigkeit der Begehungsweisen nur um eine Tat nach § 176 I, II (ebenso Horn SK 12; vgl. aber auch BGH **26** 174, Laufhütte LK 31, M-Schroeder I 198, Tröndle/Fischer 17). Bei Abs. 2 ist Idealkonkurrenz möglich, wenn mehrere Kinder zugleich zu Handlungen i.S. des Abs. 2 bestimmt werden. Beim Zusammentreffen einer Handlung nach Abs. 3 mit einer solchen nach Abs. 1, 2 tritt Abs. 3 als die leichtere Begehungsform zurück (BGH **43** 368, NStZ **96**, 383, MDR/D **74**, 722, NStE **Nr. 7**, Horn SK 12, Lackner/Kühl 10); wird jedoch Abs. 1, 2 nur versucht, so besteht Idealkonkurrenz zu Abs. 3 (BGH aaO). Ein Fortsetzungszusammenhang kann, auch wenn Opfer dasselbe Kind ist, nicht mehr angenommen werden; zu den Anforderungen an die Anklageschrift bei Serientaten vgl. z.B. BGH **40** 44, 161, NJW **96**, 206, NStZ **97**, 145, **99**, 42, 208, BGHR § 176, Serienstraftaten 1, StPO § 200 I 1 Tat 2, 9, Bamberg NJW **95**, 1167, Koblenz StV **95**,

§ 176

119; zu den erforderlichen Feststellungen im Urteil vgl. z. B. BGH **40** 159 ff., NJW **94**, 2557, NStZ **94**, 393, **95**, 78, **97**, 280, StV **95**, 116, NStZ-RR **99**, 79, BGHR § 176 Serienstraftaten 2, 4, 8, § 176 I, Mindestfeststellungen 1–3. Besteht die Beihilfe zu mehreren Taten aus nur einer Handlung oder pflichtwidrigen Unterlassung, so ist sie als eine Tat zu bewerten (BGH NStZ **93**, 584).

21 IX. Für die Bemessung der **Strafe** gelten die im einzelnen mehrfach abgestuften Strafrahmen der Abs. 1–3 (z. T. krit. Dreher JR 74, 49), bei deren Festlegung entscheidend ist, in welchem Maß der Schutzzweck der Vorschrift durch die Tat beeinträchtigt wurde (BGH StV **89**, 432). Ist die Tat nach Abs. 3 Nr. 1 eine exhibitionistische Handlung nach § 183, so ist die erweiterte Möglichkeit einer Strafaussetzung nach § 183 III, IV Nr. 2 zu beachten. Ein **minder schwerer Fall** nach Abs. 1, 2 ist anzunehmen bei geringerem Unrecht oder geringer Schuld, so z. B. bei Handlungen, welche die Erheblichkeitsschwelle des § 184 c Nr. 1 nur geringfügig übersteigen (BGH **Nr. 1**, BGHR § 46 I, Strafhöhe 11; vgl. aber auch BGH NStZ/Mie **93**, 224), ferner bei Verführung durch ein bereits sexuell erfahrenes Kind, bei einer partnerschaftlichen Liebesbeziehung zwischen dem Kind und einem jugendlichen Täter, bei relativ harmlosen Manipulationen eines Altersarteriosklerotikers, sofern hier nicht ohnehin § 21 in Betracht kommt (BGH **21** 57); vgl. dazu auch BT-Drs. VI/3521 S. 36, Lackner/Kühl 9, Laufhütte LK 22. Ein minder schwerer Fall darf nicht deshalb verneint werden, weil der Täter das Unrechtsbewußtsein hatte (BGH MDR/D **74**, 365) oder die Manipulation eindeutig die Erheblichkeitsschwelle des § 184 c Nr. 1 überschritt (BGHR § 176 I, minderschwerer Fall 3, NStZ/D **92**, 169, Jena StV **96**, 611). Daß der Täter zu normalen sexuellen Beziehungen nicht in der Lage ist, rechtfertigt dagegen für sich allein noch nicht die Annahme eines minder schweren Falles. Im übrigen sind alle für die Strafbemessung bedeutsamen Umstände zu würdigen, und zwar in ihrem Zusammenhang und nach ihrer Beziehung zu Tat und Täter (vgl. z. B. BGH NStE § 178 **Nr. 3**). *Straferschwerend* wirken zwar nicht schon die Folgen der Tat, „die möglicherweise eintreten können" (unzulässige Doppelverwertung; vgl. BGH aaO), wohl aber der Eintritt oder die festgestellte konkrete Gefahr psychischer oder physischer Schäden (vgl. BGH StV **95**, 470, GA **58**, 213, BGHR § 176 I, Strafzumessung 3; Hamburg MDR **72**, 1033; zur Strafbemessung bei psychischen Schäden als Folge mehrerer Taten vgl. BGH NStZ-RR **98**, 107, BGHR § 46 II, Tatauswirkungen 7). Daß der sexuelle Mißbrauch eines Kindes bei diesem in der Regel einen seelischen Schaden verursacht und ein solcher deshalb, weil er den Durchschnittsfall des Delikts kennzeichnet, nicht oder nur bei einem überdurchschnittlichen Schweregrad straferschwerend berücksichtigt werden darf (vgl. BGH StV **86**, 149, **87**, 146, **98**, 656, 657), entspricht nicht der Ausgangslage des Gesetzes (o. 1). Der Normalfall ist vielmehr die Ungewißheit über die Schädlichkeit der Tat (o. 1), weshalb es andererseits auch strafmildernd berücksichtigt werden kann, wenn Anzeichen dafür vorliegen, daß eine schädliche Wirkung nicht zu befürchten ist (vgl. BT-Drs. VI/3521 S. 35, BGH StV **86**, 149). Strafschärfend kann ferner die Häufigkeit des Verkehrs ins Gewicht fallen (BGH NStE **Nr. 4**), nach BGH MDR/D **67**, 14 auch, daß aus diesem ein Kind hervorgegangen ist. Auch ein mit dem Mißbrauch verbundener Vertrauensbruch (BGH NStZ/Mie **93**, 225) sowie der Mißbrauch des eigenen Kindes (BGH NStZ-RR **98**, 175) können zu Lasten des Täters ins Gewicht fallen. Unzulässig ist eine Strafschärfung dagegen deshalb, weil dem Täter die Einsicht fehlt, dem Opfer möglicherweise geschadet zu haben (BGH MDR/H **80**, 984), weil das Opfer keinen nachvollziehbaren Anlaß zu seinem Verhalten gegeben hat (BGH StV **87**, 146), der Täter dieses zu nachtschlafender Zeit zur Befriedigung seiner egoistischen sexuellen Bedürfnisse mißbraucht (BGHR § 46 Abs. 3 Sexualdelikte 4) oder daß sich das Opfer sich noch nicht an der oberen Altersgrenze befunden hat (BGH NStZ-RR **96**, 33, StV **95**, 470, MDR/H **78**, 280, BGHR § 176 I, Strafzumessung 3; vgl. auch BGH NStZ/Mie **93**, 225). Auch die wiederholte Tatbegehung gegen dasselbe Opfer ist nicht generell ein Strafschärfungsgrund (BGH MDR/H **95**, 879; zur Gesamtstrafenbildung in solchen Fällen vgl. BGH StV **97**, 76). Daß das Kind Opfer homosexueller Handlungen geworden ist, konnte für sich schon vor der Streichung des § 175 durch das 29. StÄG nicht strafschärfend bewertet werden (vgl. die 24. A. mwN). Erst recht gilt dies seit Aufhebung des § 175, mit der auch die Möglichkeit entfallen ist, eine Strafschärfung mit dem tateinheitlichen Zusammentreffen von § 176 und § 175 zu begründen (so noch BGH NStZ **93**, 591 gegen BGH NStZ **93**, 537; vgl. auch § 52 RN 47). Die bei Kindern ohnehin nicht sonderlich realistische Gefahr einer gesellschaftlichen Stigmatisierung und daraus resultierenden psychischen Schwierigkeiten (vgl. jedoch F. C. Schroeder JR **96**, 41) waren für den Gesetzgeber jedenfalls kein Anlaß, an § 175 festzuhalten, weshalb dieser Aspekt auch nicht bei § 176 zu Buche schlagen kann. Eine von § 182 (vgl. dort RN 16) abweichende Entscheidung wäre bei § 176 daher nur dann möglich, wenn es gute Gründe für die Annahme gäbe, daß die ungestörte sexuelle Entwicklung durch homosexuelle Kontakte bei Kindern mehr gefährdet ist als bei Jugendlichen zwischen 14 und 16 Jahren; mehr als Hypothesen sind dies jedoch nicht. Kein Strafschärfungsgrund ist auch, daß der Täter einer politischen Vereinigung nahesteht, die den freien sexuellen Umgang mit Kindern fordert (BGH NStZ **86**, 358). Ebensowenig kann ein solcher damit begründet werden, daß Sexualdelikte an Kindern im Interesse einer reinen und gesunden Jugend schwer geahndet werden müßten, da dies gegen das Verbot der Doppelverwertung verstößt (RG JW **36**, 3461). Die Berücksichtigung generalpräventiver Gesichtspunkte kann nicht mit dem bestehenden Dunkelziffer im Bereich des sexuellen Kindesmißbrauchs begründet werden (BGH StV **94**, 424, BGHR § 46 I, Generalprävention 7, vgl. auch § 46 RN 5). – *Strafmildernd* kann dagegen eine Triebperversion sein, da das Delikt des § 176 keineswegs auf Täter mit abartiger Triebrichtung beschränkt ist, dieser Gesichtspunkt also auch nicht schon im

Strafrahmen des § 176 berücksichtigt ist (Laufhütte LK 23; and. BGH JR **54**, 227). Ebenso kann eine erhebliche Minderung des Selbstwertgefühles beim Täter strafmildernd wirken (BGHR § 46 I, Strafhöhe 6). Zu weiteren Milderungsgründen vgl. o. Mit dem Fehlen von Strafschärfungsgründen kann eine Strafmilderung nicht begründet werden, zB damit, daß der Täter keine Gewalt angewandt habe (BGH NStZ/Mie **98**, 132 Nr. 14). Entsprechendes gilt umgekehrt für eine Strafschärfung (BGH NStZ/M **83**, 163).

X. Zur Zulässigkeit von **Führungsaufsicht** vgl. § 181 b. Nach § 2 II des KastrG v. 15. 8. 1969, BGBl. I 1143, kann mit Einwilligung des Täters auch eine **Kastration** durchgeführt werden. 22

XI. Zum **Ruhen der Verjährung** bis zur Vollendung des 18. Lebensjahres des Opfers vgl. § 78 b Nr. 1 u. dort RN 3. § 176 Abs. 1 und 2 verjähren gem. § 78 Abs. 3 Nr. 3 nach zehn Jahren, § 176 Abs. 3 gem. § 78 Abs. 3 Nr. 4 nach fünf Jahren (vgl. Saarbrücken NStZ-RR **97**, 235). 23

§ 176 a Schwerer sexueller Mißbrauch von Kindern.

(1) Der sexuelle Mißbrauch von Kindern wird in den Fällen des § 176 Abs. 1 und 2 mit Freiheitsstrafe nicht unter einem Jahr bestraft, wenn
1. eine Person über achtzehn Jahren mit dem Kind den Beischlaf vollzieht oder ähnliche sexuelle Handlungen an ihm vornimmt oder an sich von ihm vornehmen läßt, die mit einem Eindringen in den Körper verbunden sind,
2. die Tat von mehreren gemeinschaftlich begangen wird,
3. der Täter das Kind durch die Tat in die Gefahr einer schweren Gesundheitsschädigung oder einer erheblichen Schädigung der körperlichen oder seelischen Entwicklung bringt oder
4. der Täter innerhalb der letzten fünf Jahre wegen einer solchen Straftat rechtskräftig verurteilt worden ist.

(2) Mit Freiheitsstrafe nicht unter zwei Jahren wird bestraft, wer in den Fällen des § 176 Abs. 1 bis 4 als Täter oder anderer Beteiligter in der Absicht handelt, die Tat zum Gegenstand einer pornographischen Schrift (§ 11 Abs. 3) zu machen, die nach § 184 Abs. 3 oder 4 verbreitet werden soll.

(3) In minder schweren Fällen des Absatzes 1 ist auf Freiheitsstrafe von drei Monaten bis zu fünf Jahren, in minder schweren Fällen des Absatzes 2 auf Freiheitsstrafe von einem Jahr bis zu zehn Jahren zu erkennen.

(4) Mit Freiheitsstrafe nicht unter fünf Jahren wird bestraft, wer das Kind in den Fällen des § 176 Abs. 1 und 2
1. bei der Tat körperlich schwer mißhandelt oder
2. durch die Tat in die Gefahr des Todes bringt.

(5) In die in Absatz 1 Nr. 4 bezeichnete Frist wird die Zeit nicht eingerechnet, in welcher der Täter auf behördliche Anordnung in einer Anstalt verwahrt worden ist. Eine Tat, die im Ausland abgeurteilt worden ist, steht in den Fällen des Absatzes 1 Nr. 4 einer im Inland abgeurteilten Tat gleich, wenn sie nach deutschem Strafrecht eine solche nach § 176 Abs. 1 oder 2 wäre.

I. Die Vorschrift wurde durch das 6. StrRG eingefügt und tritt als **Qualifikation** des § 176 mit gestuften Strafdrohungen an die Stelle der bisherigen Regelbeispiele für besonders schwere Fälle des § 176 III a. F. (vgl. die Überblicke bei *Kreß* NJW **98**, 639, *BE-Becker* 15, *DSNS-Nelles* 70). Der schwere sexuelle Kindesmißbrauch ist nunmehr ein **Verbrechen**, so daß für Vorbereitungshandlungen § 30 anwendbar wird und eine Einstellung des Verfahrens gem. §§ 153, 153 a StPO oder ein Strafbefehl nicht mehr in Betracht kommt (vgl. BT-Drs. 13/8587 S. 31). Soweit bei einer Tat vor dem 1. 4. 1998 ein Regelbeispiel des § 176 III a. F. verwirklicht wurde, stellt dieser gegenüber § 176 a n. F. daher das mildere Gesetz iSd § 2 III dar; soweit nach dem alten Recht ein besonders schwerer Fall anzunehmen war, ohne daß eine Variante des § 176 a n.F. zutrifft, ist hingegen § 176 n. F. das mildere Gesetz (BGH NStZ **00**, 49, NStZ-RR **98**, 270). Zu § 176 Abs. 3 a. F. vgl. die 25. Aufl. sowie BGH NStZ **96**, 599, NStZ/Mie **97**, 120 Nr. 6, 7, **98**, 131 Nr. 13. 1

II. **Abs. 1** enthält vier verschiedene Qualifikationen des § 176 I u. II, die mit Freiheitsstrafe nicht unter einem Jahr bedroht sind. 2

1. Bei **Nr. 1** wurde der **Täterkreis** auf **Personen über achtzehn Jahre** beschränkt, insbesondere um jugendliche Täter mit sexuellen Beziehungen zu noch nicht vierzehnjährigen, aber bereits weit über den altersgemäßen Zustand hinaus entwickelten Mädchen aus dem Anwendungsbereich herauszunehmen (BT-Drs. 13/8587 S. 32). Die **Tathandlung** besteht im **Vollziehen des Beischlafs** (vgl. § 173 RN 3) oder in **ähnlichen sexuellen Handlungen** (zum Begriff der sexuellen Handlung vgl. § 184c RN 4ff.), die mit dem **Eindringen in den Körper** verbunden sind. Auf das Geschlecht von Täter und Opfer kommt es dabei nicht an. Die Formulierung wurde § 177 II S. 2 Nr. 1 n. F. nachgebildet (vgl. BT-Drs. 13/8587 S. 31 f. u. § 177 RN 19), weist aber Unterschiede auf: Maßgeblich ist nicht eine besondere Erniedrigung des Opfers, sondern das *Eindringen in den Körper*, d.h. 3

insbesondere die orale und anale Pentration mit dem männlichen Glied, aber auch das Eindringen mit anderen Körperteilen oder das Einführen von Gegenständen (vgl. BT-Drs. 13/7324 S. 6, BGH NJW **00**, 672 [Einführen des Fingers in die Scheide]). Teilweises Eindringen genügt, nicht aber das bloße Führen des erregten Gliedes an die Scheide des Kindes (BGH NStZ-RR **98**, 270) oder in den Scheidenvorhof (ebenso Tröndle/Fischer 4; entgegen BGH **16** 175 [zuletzt bestätigt von BGH NStZ/Mie **97**, 120 Nr. 6, NStZ-RR **97**, 354] liegt hier auch kein Beischlaf vor [vgl. § 173 RN 3]) oder ein „Oralverkehr" ohne Eindringen des Gliedes in den Mund (BGH NStZ **00**, 27). Ein Handeln gegen den Willen des Opfers ist nicht erforderlich (BGH **45** 132 m. Anm. Hörnle NStZ **00**, 310; und. LG Oldenburg NStZ **99**, 408). Die sexuelle Handlung muß *dem Vollzug des Beischlafs ähnlich* sein, d.h. eine entsprechende Erheblichkeit aufweisen; ein Zungenkuß genügt dafür nicht (vgl. BGH NJW **00**, 673 m. zust. Anm. Renzikowski NStZ **00**, 367; and. noch Renzikowski NStZ **99**, 441, Tröndle/Fischer 4), und auch beim Einführen von Gegenständen in den Mund ist eine sorgfältige Prüfung geboten, ob diese Schwelle erreicht wird (generell verneinend Renzikowski NStZ **00**, 367). Weiterhin ist erforderlich, daß der Täter die sexuelle Handlung **an dem Kind** vornimmt (vgl. § 184c RN 18) oder von diesem **an sich** vornehmen läßt (vgl. § 184c RN 19); erfaßt sind daher sowohl das Eindringen des Täters in den Körper des Kindes als auch das Eindringen des Kindes in den Körper des Täters (BGH **45** 133 m. Anm. Hörnle NStZ **00**, 310; and. LG Oldenburg NStZ **99**, 408).

4   **2. Nr. 2** betrifft die **gemeinschaftliche Begehung** einer Tat nach § 176 I oder II **von mehreren.** Der gesteigerte Unrechtsgehalt liegt zum einen in der Einschränkung der Widerstandsmöglichkeiten, zum anderen aber auch im erhöhten Gefährdungspotential für die ungestörte sexuelle Entwicklung des Kindes, das sich gegenüber dem gemeinsamen sexuellen Verlangen mehrerer in besonderem Maße als bloßes Objekt fremder Wünsche und Überlegenheit empfinden muß. Erforderlich ist, daß mindestens zwei Personen als Mittäter zusammenwirken, was freilich auch der Fall sein kann, wenn von einem Täter § 176 I und vom anderen § 176 II verwirklicht wird (ähnlich Tröndle/Fischer 5: Zusammenwirken als Täter mit derselben Zielrichtung). Nachdem das 6. StrRG im Gegensatz zu § 224 Nr. 4 n. F. (vgl. dort RN 11) hier ausdrücklich die Formulierung des § 25 II gewählt hat, ist klargestellt, daß für die zweite Person eine andere Beteiligungsform (z. B. Beihilfe durch Unterlassen durch eine untätig bleibende Mutter [vgl. dazu BGH **41** 246] oder Nebentäterschaft) nicht genügt (ebenso BE-Becker 17, Horn SK § 177 RN 27; insoweit wohl and. Tröndle/Fischer 5). Wirken zwei Personen als Mittäter zusammen, so ist die weitere Beteiligte aber Teilnahme an Nr. 2 möglich. Auf das Alter der Täter kommt es nicht an, so daß die Tat z. B. auch von einem 15-Jährigen begangen werden kann, der mit einem 13-Jährigen mittäterschaftlich zusammenwirkt.

5   **3. Nr. 3** erfaßt Fälle, in denen der Täter das Kind durch die Tat in die konkrete **Gefahr einer schweren Gesundheitsschädigung** (vgl. dazu § 225 RN 21) oder einer **erheblichen Schädigung der körperlichen oder seelischen Entwicklung** bringt (vgl. dazu § 171 RN 5 ff.; der Begriff der „seelischen Entwicklung" ist gleichbedeutend mit der dort genannten „psychischen Entwicklung"). Bei der *Gefahr einer erheblichen Schädigung der körperlichen oder seelischen Entwicklung* ist zu beachten, daß die generelle Möglichkeit einer solchen Schädigung schon von § 176 vorausgesetzt wird (vgl. dort RN 1) und deshalb eine darüber hinausgehende, auf die Tatumstände, die Persönlichkeit des Kindes und seine Lebensumstände gestützte konkrete Prognose erforderlich ist. Dafür wird regelmäßig die Beiziehung eines Sachverständigen erforderlich sein; und auch dem Grundsatz in dubio pro reo muß angesichts der erheblichen Prognoseunsicherheiten hinreichend Rechnung getragen werden (s. auch Renzikowski NStZ 99, 441, Tröndle/Fischer 6). Die Gefahr muß *durch die Tat* herbeigeführt worden sein. Da „Tat" iSd § 176 I u. II nur die Vornahme der sexuellen Handlung an dem Kind usw ist, nicht aber eine Gewaltanwendung, ist Nr. 3 nicht anwendbar, wenn die Gefahr einer schweren Gesundheitsschädigung auf der zur Vornahme der sexuellen Handlung verübten Gewalt beruht (and. Tröndle/Fischer 7); hier gilt vielmehr ausschließlich § 177 III Nr. 3 (vgl. dort RN 26). Für die erste Alternative des Abs. 3 bleiben damit im wesentlichen die Fälle, in denen die sexuelle Handlung selbst in einer die Gefahr verursachenden körperlichen Mißhandlung besteht (insbes. sadistische Handlungen). Die Gefahr einer Schädigung der körperlichen oder seelischen Entwicklung wird hingegen meistens auch auf der sexuellen Handlung beruhen; dabei reicht es aus, daß sich die geforderte Erheblichkeit der Gefährdung erst aus dem Zusammenwirken von sexueller Handlung und zusätzlich verübter Gewalt oder aus der mehrfachen Wiederholung der Tat ergibt (insoweit ebenso Tröndle/Fischer 7).

6   **4. Nr. 4** enthält eine **Rückfallvorschrift für Täter,** die innerhalb der letzten fünf Jahre schon einmal wegen einer Tat nach 176 I oder II rechtskräftig verurteilt wurden.

7   a) Die Aufnahme des Rückfalls in den schweren sexuellen Kindesmißbrauch stellt einen Rückschritt in nach der Aufhebung von § 48 a. F. durch das 23. StrÄG vom 13. 4. 1986 überwunden geglaubte Zeiten dar (vgl. Renzikowski NStZ 99, 441; s. auch Kreß NJW 98, 639). Sie ist auch nicht Ausdruck einer grundsätzlichen kriminalpolitischen Neuorientierung, sondern entstand erst im Laufe des Gesetzgebungsverfahrens als Kompromiß zwischen Befürwortern und Gegnern einer generellen Aufstufung des Grundtatbestands des § 176 zum Verbrechen (s. auch BT-Drs. 13/7559 S. 9, 13/8587 S. 58, 81). Ob eine Strafschärfung für Rückfalltäter überhaupt mit dem Schuldprinzip vereinbar ist, war bei § 48 a. F. umstritten und wurde vom BVerfG nur unter der Voraussetzung bejaht, daß in jedem Einzelfall festgestellt werden muß, „daß den Täter im konkreten Fall im Blick auf die Warnfunktion der Vorverurteilung ein verstärkter Schuldvorwurf trifft" (BVerfG **50** 134 m. Nachw. zur Diskussion aaO 135 ff.). § 176a I Nr. 4 n.F. genügt diesen Anforderungen hingegen nicht und muß daher verfassungskonform in der Weise einschränkend ausgelegt werden, daß über den Wortlaut hinaus in jedem Einzelfall ein Nachweis erforderlich ist, daß der Täter sich die frühere Verurteilung nicht hat zur Warnung dienen lassen oder ihm dies vorzuwerfen ist (ebenso Renzikowski aaO). Dabei sind im Rahmen einer Gesamtwürdigung auch psychische Faktoren, charakterliche Eigenschaften des Angeklagten und dessen Lebensumstände einzubeziehen (vgl. BVerfG aaO 136). Hinsichtlich der Einzelheiten kann insoweit auf die Rechtsprechung und Literatur zu § 48 a. F. zurückgegriffen werden (vgl. die 22. A. § 48 RN 17). Da § 176a I Nr. 4 – im Gegensatz zu § 48 a. F. – nur einschlägige Vorverurteilungen erfaßt, liegt ein erhöhter Schuldvorwurf zwar regelmäßig nahe; er kann im konkreten Fall aber dennoch fehlen, etwa weil der Täter wegen verminderter Schuldfähigkeit nicht fähig ist, die von der früheren Verurteilung ausgehende Warnung zu verstehen und sich nach ihr zu richten, oder weil sonstige Umstände einen kriminologischen Zusammenhang zwischen den Taten zweifelhaft erscheinen lassen (vgl. etwa Hamburg NStZ **83**, 366, Köln MDR **84**, 771, beide zu § 48 a. F.). Im übrigen muß im Hinblick auf die konkrete Schwere der aktuellen wie der früheren Tat, die Dauer des Zeitraums sowie den inneren Zusammenhang zwischen den Taten jeweils näher geprüft werden, ob die vom Gesetzgeber vorausgesetzte erhebliche Erhöhung des Schuldgehalts tatsächlich vorliegt oder ob nicht statt dessen von einem minder schweren Fall nach Abs. 3 auszugehen ist (vgl. dazu u. 15).

b) Die **frühere Verurteilung** muß wegen einer **Straftat nach § 176 I oder II** erfolgt sein. Dazu gehören auch Versuch und Teilnahme (vgl. BT-Drs. 13/9064 S. 11; ebenso BE-Becker 18, Lackner/Kühl 2), die hier besondere tatbestandliche Erscheinungsformen einer „solchen Straftat" darstellen (s. auch § 63 RN 3; and. für die Teilnahme Horn SK 4, Renzikowski NStZ 99, 442, Tröndle/Fischer 8). Die Gegenansicht führt zu Unrecht an, daß nur Abs. 2, nicht aber Abs. 1 Nr. 4 auf die Teilnahme (und den Versuch) Bezug nehmen: Während Abs. 2 den Vollendungsstrafrahmen der Qualifikation in Abweichung von den §§ 23 II, 27 II 2 auch auf Versuchs- und Teilnahmehandlungen des Grundtatbestandes erstreckt (vgl. u. 10), geht es in Abs. 1 Nr. 4 nur um die tatbestandliche Reichweite der Vortat, die nach den allgemeinen Regeln zu bestimmen ist. Auch Art und Höhe der durch das frühere Urteil verhängten Strafe sind unerheblich (vgl. BT-Drs. 13/9064 S. 11); wurde allerdings wegen Schuldunfähigkeit nur eine Maßregel der Besserung und Sicherung verhängt, so liegt mangels Schuld schon keine „Straftat" vor (und das frühere Urteil konnte im übrigen auch keine Warnfunktion entfalten), so daß Abs. 1 Nr. 4 nicht anwendbar ist (ebenso Renzikowski aaO 442, Tröndle/Fischer 8). Nach **Abs. 5 S. 2** sind auch **im Ausland abgeurteilte Taten** zu berücksichtigen, wenn diese nach deutschem Strafrecht unter § 176 I oder II fallen würden. Hierbei handelt es sich nicht um einen „hypothetischen Weltrechtsgrundsatz" (so aber Tröndle/Fischer 8), sondern der Gesetzgeber hat nur die naheliegende Schlußfolgerung gezogen, daß die einen erhöhten Schuldvorwurf begründende Warnfunktion auch von ausländischen Verurteilungen ausgehen kann (s. auch § 66 IV S. 5). Angesichts der in den verschiedenen Rechtsordnungen zu beobachtenden Formenvielfalt von verfahrensbeendigenden Entscheidungen außerhalb des förmlichen Urteils können sich hier jedoch in der Praxis erhebliche Unsicherheiten ergeben (vgl. etwa BGH NStZ **98**, 149 zur Frage des Strafklageverbrauchs nach Art. 54 des Schengener Durchführungsübereinkommens durch eine belgische „transactie"); zu verlangen ist daher eine Entscheidung, die sowohl eine der deutschen Rechtskraft vergleichbare Wirkung entfaltet als auch den Förmlichkeiten eines deutschen Strafurteils oder zumindest Strafbefehls insoweit entspricht, daß von ihr eine vergleichbare Warnfunktion ausgeht. Außerdem muß die ausländische Entscheidung rechtsstaatlichen Grundsätzen genügen (s. auch § 66 RN 71, Hanack LK § 66 RN 34, Lackner/Kühl § 66 RN 12) und hinreichend detaillierte Sachverhaltsfeststellungen enthalten, die eine Überprüfung der tatbestandlichen Voraussetzungen des § 176 I u. II ermöglichen.

c) Die frühere Verurteilung muß **rechtskräftig** und **innerhalb der letzten fünf Jahre** erfolgt sein. Im Gegensatz zu § 48 IV S. 1 a. F. und § 66 IV S. 3 beginnt die Frist der Rückfallverjährung nicht schon mit der Beendigung der früheren Tat, sondern erst mit dem rechtskräftigen Urteil. Auch insoweit ist jedoch zu berücksichtigen, daß die Warnfunktion vor allem von dem Erlaß bzw. der Verkündung des Urteils ausgeht und daß deshalb die letzte Tatsachenverhandlung oder die Zustellung des Strafbefehls maßgeblich ist und nicht erst der Eintritt der Rechtskraft (ebenso Renzikowski NStZ 99, 442, Tröndle/Fischer 8; and. Horn SK 4, Lackner/Kühl 2). Nach **Abs. 5 S. 1** werden Zeiten, die der Täter auf behördliche Anordnung in einer Anstalt verbracht hat (vgl. dazu § 66 RN 61), nicht in die Frist eingerechnet.

5. Für den **subjektiven Tatbestand** ist **Vorsatz** erforderlich; bedingter Vorsatz genügt. Bei **Nr. 3** gilt dies auch für die konkrete Gefahr der dort bezeichneten Schädigungen, die keine besondere Folge iSd § 18 darstellt (ebenso Tröndle/Fischer 7). Bei **Nr. 4** muß sich der Vorsatz auf die Vorverurteilung sowie die sonstigen äußeren Umstände des Rückfalls beziehen, die den erhöhten Schuldvorwurf begründen (s. auch Horn SK 4a).

III. Abs. 2 erhöht die Strafe für Taten nach § 176 I – IV auf Freiheitsstrafe nicht unter zwei Jahren, wenn der Täter oder Beteiligte in der **Absicht** handelt, die Tat zum **Gegenstand einer pornographischen Schrift (§ 11 III)** zu machen, die nach **§ 184 III oder IV verbreitet** werden soll. Da der spezifische Unrechtsgehalt der Qualifikation auf der subjektiven Zielsetzung beruht, ist *Absicht* i. e. S. erforderlich (vgl. § 15 RN 66; ebenso BE-Becker 18; s auch Renzikowski NStZ 99, 442 FN 158). Die Absicht muß auf zwei verschiedene Ziele gerichtet sein (vgl. auch Horn SK 5: mehrfach überschießende Innentendenz): erstens daß die Tat zum *Gegenstand einer pornographischen Schrift iSd § 11 III* (vgl. dort RN 78 ff. sowie § 184 RN 4 ff.) gemacht wird, die den Anforderungen des *§ 184 III* entspricht (vgl. dort RN 55), und zweitens daß diese Schrift gem. § 184 III *verbreitet* wird. Mit „verbreiten" sind hier sämtliche Tathandlungen des § 184 III (vgl. § 184 RN 57 ff.) gemeint und nicht lediglich diejenige des § 184 III Nr. 1 (and. Lackner/Kühl 3, Tröndle/Fischer 10), so daß auch das beabsichtigte Bereitstellen kinderpornographischer Dateien im Internet erfaßt wird (vgl. § 184 RN 57). Trotz der unglücklichen Formulierung ist diese weite Auslegung mit dem Wortlaut des § 176 a II vereinbar, da der Begriff des Verbreitens in der gesetzlichen Überschrift zu § 184 als Oberbegriff für sämtliche dort angeführten Tathandlungen verwendet wird und die Verweisung in § 176 a II sich nicht auf § 184 III Nr. 1 beschränkt. Sie allein entspricht auch den Intentionen des Gesetzgebers, der – wie der Verweis auf § 11 III zeigt – mit der Qualifikation insbesondere die beabsichtigte Weiterleitung in Datennetzen erfassen wollte (ebso. BE-Becker 18). Der Verweis auf § 184 IV ist überflüssig, da dieser nur eine Qualifikation zu § 184 III enthält (vgl. § 184 RN 60). Da die erhöhte Strafe auf alle **Beteiligten** (vgl. § 28 II) **einer Tat nach § 176 I–III** gleichermaßen anzuwenden ist und diese Tat aufgrund des **Verweises auf § 176 IV** auch nur in das Versuchsstadium gelangt sein muß – mit Ausnahme von Taten nach § 176 III Nr. 3 -, sind die Strafmilderungen für Beihilfe und Versuch nach den §§ 23 II, 27 II S. 2, 49 I nicht anwendbar (s. auch BE-Becker 18, Horn SK 5, Renzikowski NStZ 99, 442, Tröndle/Fischer 10; zur Möglichkeit der Annahme eines minder schweren Falles in solchen Fällen vgl. u. 15). § 30 ist anwendbar, so daß zB schon das entsprechende Anbieten der Herstellung von Kinderpornographie bestraft werden kann (s. auch Renzikowski NStZ 99, 442).

11 IV. Abs. 4 enthält zwei weitere Qualifikationen zu § 176 I und II, bei deren Vorliegen Freiheitsstrafe nicht unter fünf Jahren zu verhängen ist.

12 1. Nr. 1 erfaßt Fälle, in denen der Täter das Kind bei der Tat **körperlich schwer mißhandelt**. Die Vorschrift entspricht § 176 III Nr. 2 a. F., so daß zur Auslegung auf die frühere Rechtsprechung und Literatur zurückgegriffen werden kann (vgl. BGH NStZ **98,** 461). Zum Begriff des körperlichen Mißhandelns vgl. § 223 RN 3. Eine „schwere" körperliche Mißhandlung setzt nicht voraus, daß es zu einem Erfolg i. S. des § 226 gekommen ist, vielmehr genügt jede schwere Beeinträchtigung des körperlichen Wohlbefindens wie zB heftige, mit Schmerzen verbundene Schläge (BGH NStZ **98,** 461; s. auch Gössel I 313, Laufhütte LK 24, Tröndle/Fischer 11), wobei dieses Erfordernis nicht durch die Roheit des Vorgehens i. S. des § 225 ersetzt werden kann (BGH NStZ/Mie **94,** 223). Auch genügt eine schwere Gesundheitsschädigung ohne gleichzeitige schwere körperliche Mißhandlung nicht (Tröndle/Fischer 11; and. BGH NStZ **98,** 461). „Bei" der Tat ist die Mißhandlung im Fall des 176 I vorgenommen, wenn zwischen ihr und der sexuellen Handlung ein unmittelbarer Zusammenhang besteht. Dies ist sowohl dann der Fall, wenn die Mißhandlung selbst Bestandteil der sexuellen Handlung ist (z. B. sadistische Handlungen), als auch dann, wenn sie dazu dient, das Kind gefügig zu machen oder – sofern unmittelbar nach der Tat vorgenommen – zum Schweigen zu bringen (Gössel I 313, Laufhütte LK 24). Im Fall des § 176 II genügt es, wenn es beim Bestimmen des Kindes zu Mißhandlungen kommt (vgl. auch M-Schroeder I 196); daß diese bei dem sexuellen Kontakt mit dem Dritten fortgesetzt werden, ist nicht erforderlich. Praktische Bedeutung hat hier Nr. 1, wenn die Mitwirkung des Kindes durch schwere Mißhandlungen erzwungen wird. Der Vorsatz muß in allen Fällen auf eine schwere körperliche Mißhandlung gerichtet sein; ein gewöhnlicher Körperverletzungsvorsatz genügt auch dann nicht, wenn es zu einem Erfolg i. S. des § 226 kommt und der Täter insoweit fahrlässig gehandelt hat.

13 2. Nr. 2 erfaßt Fälle, in denen der Täter das Kind durch die Tat in die Gefahr des Todes (vgl. dazu § 250 RN 34) bringt. „Durch die Tat" wird diese Gefahr – wie bei Abs. 1 Nr. 3 (vgl. o. 5) – nur dann herbeigeführt, wenn die sexuelle Handlung selbst in einer entsprechenden körperlichen Mißhandlung besteht oder etwa zu einer lebensgefährlichen Schwangerschaft oder konkreten Suizidgefahr führt (s. auch § 176 b RN 2); es genügt hingegen nicht, daß die Lebensgefahr aus einer Gewaltanwendung resultiert, mit der die Vornahme und Duldung der sexuellen Handlung erzwungen werden soll (dann kommt nur § 177 IV Nr. 2 a in Betracht; vgl. dort RN 27).

14 IV. Konkurrenzen. § 176 a geht als Qualifikation dem Grundtatbestand des § 176 vor. Idealkonkurrenz kann hingegen zwischen vollendetem Grunddelikt und Versuch des § 176 a sowie zu § 177 ff. gegeben sein oder zwischen **Abs. 2** und § 184 III und IV (Horn SK 7, Tröndle/Fischer 12). Gegenüber **Abs. 4 Nr. 1** tritt § 223 zurück, zu den §§ 224 ff. besteht insoweit jedoch Idealkonkurrenz. Im übrigen s. § 176 RN 20. – **Innerhalb des § 176a** ist zwischen Abs. 1 und 2 Idealkonkurrenz möglich (Lackner/Kühl 6, Tröndle/Fischer 12; and. DSNS-Nelles 72), ebenso zwischen Abs. 1 oder 2 einerseits u. Abs. 4 andererseits, mit Ausnahme von Abs. 1 Nr. 3, der im Fall der Gefahr einer schweren Gesundheitsschädigung hinter Abs. 4 zurücktritt (ebenso Tröndle/Fischer 12).

15 V. Für die Bemessung der **Strafe** gelten die im einzelnen mehrfach abgestuften Strafrahmen der Abs. 1 – 4. **Abs. 3** sieht für Abs. 1 u. 2 jeweils Strafmilderungen für **minder schwere Fälle** vor; bei Abs. 4 wurde hingegen – im Unterschied zu § 177 IV Nr. 2 (s. § 177 V) – auf eine solche Milderungsmöglichkeit bewußt verzichtet (vgl. BT-Drs. 13/8587 S. 80; and. Horn SK 6: Redaktionsversehen). Wann ein minder schwerer Fall anzunehmen ist, richtet sich im wesentlichen nach denselben Kriterien wie bei § 176 (vgl. dort RN 21; s. auch BT-Drs. 13/8587 S. 32). So kommt ein

solcher in Betracht, wenn die Erheblichkeitsschwelle des § 184 c nur geringfügig überschritten wird (s. aber auch BGH NStZ **00**, 27: Auch bei weitem Überschreiten der Erheblichkeitsschwelle ist die Annahme eines minder schweren Falles nicht ausgeschlossen), ferner bei Abs. 1 Nr. 1, wenn es sich um eine Liebesbeziehung zwischen einem jungen Erwachsenen und einem weit entwickelten, knapp unter 14 Jahre alten Mädchen handelt oder das „Eindringen" die für die „Beischlafsähnlichkeit" erforderliche Intensität gerade erreicht (vgl. BGH NJW **00**, 673 m. abl. Anm. Renzikowski NStZ **00**, 368), bei Abs. 1 Nr. 4 wenn die Umstände des Rückfalls eine nur geringe Erhöhung des Schuldvorwurfs begründen (vgl. o. 7) oder bei Abs. 2, wenn der Betreffende nur Gehilfe der Tat nach § 176 ist (ebenso Horn SK 5, Renzikowski NStZ **99**, 442, Tröndle/Fischer 10).

VI. Zur Zulässigkeit der **Führungsaufsicht** vgl. § 181 b. 16

§ 176 b Sexueller Mißbrauch von Kindern mit Todesfolge

Verursacht der Täter durch den sexuellen Mißbrauch (§§ 176 und 176a) wenigstens leichtfertig den Tod des Kindes, so ist die Strafe lebenslange Freiheitsstrafe oder Freiheitsstrafe nicht unter zehn Jahren.

Die Vorschrift enthält eine **Erfolgsqualifikation** des sexuellen Kindesmißbrauchs. Sie wurde 1 wie § 176 a durch das 6. StrRG eingefügt und tritt an die Stelle des § 176 IV a. F. Der Strafrahmen wurde – in Übereinstimmung mit § 178 – an diejenigen der §§ 251, 306 c angepaßt (vgl. BT-Drs. 13/7164 S. 20 f.); durch Einfügung des Wortes „wenigstens" wurde – wie bei den §§ 178, 251 – klargestellt, daß auch eine vorsätzliche Herbeiführung der Todesfolge erfaßt ist.

1. Erforderlich ist, daß der Tod des Kindes **durch den sexuellen Mißbrauch (§§ 176 und 176 a) 2 verursacht** worden ist (vgl. 71 ff. vor § 13), d. h. die Todesfolge muß sich nach den Regeln der objektiven Zurechnung (vgl. 91 ff. vor § 13) als Verwirklichung der grunddeliktsspezifischen (iSd §§ 176 oder 176 a) Gefahr darstellen (vgl. § 18 RN 4). Soweit es sich um ein Grunddelikt nach § 176 handelt, gelten daher die gleichen Einschränkungen wie bei § 176 a I Nr. 3, IV Nr. 2 (vgl. dort RN 5, 13), und auch die Qualifikationen des § 176 a I, II, IV Nr. 2 fügen keine selbständige Gewaltkomponente hinzu, auf die § 176 b aufbauen könnte. Beruht der Tod des Kindes hingegen auf einer Tat nach § 176 IV Nr. 1, so sind auch „bei" der Vornahme der sexuellen Handlung usw. verübte schwere körperliche Mißhandlungen in den tatbestandlichen Bereich einbezogen und können daher die Grundlage der Todesfolge bilden. § 176 b ist daher anwendbar, wenn das Kind entweder an den Folgen einer zur Erzwingung der sexuellen Handlung verübten schweren körperlichen Mißhandlung stirbt (vgl. BT-Drs. 13/7559 S. 13) oder die sexuelle Handlung selbst in einer den Tod verursachenden einfachen körperlichen Mißhandlung besteht, ferner wenn der Tod durch eine auf der sexuellen Handlung beruhenden Schwangerschaft oder infolge eines psychischen Schocks oder Selbstmordes des mißbrauchten Kindes eintritt, weil es das Geschehen seelisch nicht bewältigt (vgl. auch Rengier, Erfolgsqualifizierte Delikte usw. [1986] 196, 230; and. Laufhütte LK 27), wobei es hier jedoch regelmäßig an der Leichtfertigkeit fehlen dürfte. Kein Fall des 176 b ist es, wenn das Opfer beim Versuch, dem Täter zu entfliehen, tödlich stürzt, da es sich dabei nicht um die Realisierung der tatbestandsspezifischen Gefahr handelt.

2. In subjektiver Hinsicht ist wenigstens **Leichtfertigkeit,** d. h. ein gesteigerter Grad von Fahrläs- 3 sigkeit erforderlich (vgl. dazu § 15 RN 106 f., 205, ferner Maiwald GA 74, 257). Führt der Täter den Tod lediglich leicht fahrlässig herbei, so liegt Idealkonkurrenz zwischen § 176 I bzw. § 176 a und § 222 bzw. § 227 vor; anderenfalls treten diese hinter § 176 b zurück. Bei vorsätzlicher Tötung ist Idealkonkurrenz mit § 211 möglich (vgl. § 251 RN 9).

3. Zur Möglichkeit eines **Versuchs** vgl. § 18 RN 8 ff. 4

4. **Konkurrenzen.** §§ 176, 176a, 222, 227 treten hinter § 176 b zurück; mit § 178 ist Idealkon- 5 kurrenz möglich. Im übrigen s. § 176 RN 20.

§ 177 Sexuelle Nötigung; Vergewaltigung

(1) **Wer eine andere Person**
1. **mit Gewalt,**
2. **durch Drohung mit gegenwärtiger Gefahr für Leib oder Leben oder**
3. **unter Ausnutzung einer Lage, in der das Opfer der Einwirkung des Täters schutzlos ausgeliefert ist,**

nötigt, sexuelle Handlungen des Täters oder eines Dritten an sich zu dulden oder an dem Täter oder einem Dritten vorzunehmen, wird mit Freiheitsstrafe nicht unter einem Jahr bestraft.

(2) **In besonders schweren Fällen ist die Strafe Freiheitsstrafe nicht unter zwei Jahren. Ein besonders schwerer Fall liegt in der Regel vor, wenn**
1. **der Täter mit dem Opfer den Beischlaf vollzieht oder ähnliche sexuelle Handlungen an dem Opfer vornimmt oder an sich von ihm vornehmen läßt, die dieses besonders**

§ 177   1

erniedrigen, insbesondere, wenn sie mit einem Eindringen in den Körper verbunden sind (Vergewaltigung), oder
2. die Tat von mehreren gemeinschaftlich begangen wird.

(3) Auf Freiheitsstrafe nicht unter drei Jahren ist zu erkennen, wenn der Täter
1. eine Waffe oder ein anderes gefährliches Werkzeug bei sich führt,
2. sonst ein Werkzeug oder Mittel bei sich führt, um den Widerstand einer anderen Person durch Gewalt oder Drohung mit Gewalt zu verhindern oder zu überwinden, oder
3. das Opfer durch die Tat in die Gefahr einer schweren Gesundheitsschädigung bringt.

(4) Auf Freiheitsstrafe nicht unter fünf Jahren ist zu erkennen, wenn der Täter
1. bei der Tat eine Waffe oder ein anderes gefährliches Werkzeug verwendet oder
2. das Opfer
   a) bei der Tat körperlich schwer mißhandelt oder
   b) durch die Tat in die Gefahr des Todes bringt.

(5) In minder schweren Fällen des Absatzes 1 ist auf Freiheitsstrafe von sechs Monaten bis zu fünf Jahren, in minder schweren Fällen der Absätze 3 und 4 auf Freiheitsstrafe von einem Jahr bis zu zehn Jahren zu erkennen.

Schrifttum: *Bärsch u. a.*, Gewalt an Frauen – Gewalt in der Familie, 1990. – *Baurmann*, Sexuelle Gewalttätigkeit in der Ehe, in: Bärsch u. a. (s. o.), 37. – *Behm*, Die Außerehelichkeit der Vergewaltigung – ein Rechtsproblem?, MDR 86, 886. – *Bittmann/Merschky*, Erste Erfahrungen mit § 177 1997, NJ 98, 461 – *Dost*, Psychologie der Notzucht, 1963. – *Fischer*, Sexuelle Selbstbestimmung in schutzloser Lage, ZStW 112 (2000), 75. – *Frommel*, Opferschutz durch hohe Strafdrohungen?, MSchrKrim 85, 350. – *dies.*, Wie kann die Staatsgewalt die Frauen vor sexueller Gewalt schützen?, ZRP 87, 242. – *dies.*, Das klägliche Ende der Reform der sexuellen Gewaltdelikte, ZRP 88, 233. – *Helmken*, Vergewaltigung in der Ehe, 1979. – *ders.*, Zur Strafbarkeit der Ehegattennotzucht, ZRP 80, 171. – *ders.*, Roll-Back des Patriarchats?, ZRP 85, 170. – *ders.*, Eheliche Vergewaltigung, ZRP 93, 459. – *ders.*, Vergewaltigungsreform und kein Ende?, ZRP 95, 302. – *ders.*, § 179 StGB – letzter Stolperstein der Vergewaltigungsreform, ZRP 96, 241. – *Horn*, Nötigung des Ehegatten zum Beischlaf – strafbar?, ZRP 85, 265. – *Incescu*, Feministische Signale durch Strafzumessung? – Der Streit um die Mindeststrafe bei Vergewaltigungen – StV 88, 496. – *Jerouschek*, Der irrtumsgeneigte Vergewaltigungstäter, JZ 92, 227. – *Krey*, Die strafrechtlichen und strafprozessualen Reformvorschläge der Gewaltkommission, 1991. – *Limbach*, Zur Strafbarkeit der Vergewaltigung in der Ehe, ZRP 85, 289. – *Lücke*, Vergewaltigung in der Ehe, in: Bärsch u. a. (s. o.), 55. – *Maurach*, Zum subjektiven Tatbestand der §§ 176 Ziff. 1, 177 StGB, GA 56, 305. – *Meidinger*, Viktimogene Bedingungen als Auslösereize bei Raub und Vergewaltigung, 1999. – *Michaelis/Arntzen*, Die Vergewaltigung aus kriminologischer, viktimologischer und aussagepsychologischer Sicht, 1981. – *Mildenberger*, Schutzlos – Hilflos – Widerstandsunfähig: Einige Anmerkungen zur Auslegung der Tatbestandserweiterung des § 177 StGB n. F., 1998. – *Mitsch*, Die Strafbarkeit der Ehegattenvergewaltigung im geltenden Recht, JA 89, 484. – *Mösl*, Ist eine Reform der „sexuellen Gewaltdelikte" notwendig?, ZRP 89, 49. – *Otto*, Die Neufassung der §§ 177–179 StGB, Jura 98, 210 – *Paeffgen*, Unzeitgemäße (?) Überlegungen zum Gewalt- und Nötigungs-Begriff, Grünwald-FS 43. – *Rössner*, Gewaltbegriff und Opferverhalten bei der Vergewaltigung, Leferenz-FS 527. – *Schneider*, Vergewaltigung in kriminologischer und viktimologischer Sicht, Blau-FS (1985) S. 343. –*Schroth*, Zentrale Interpretationsprobleme des 6. StrRG, NJW 98, 2861 – *Schünemann*, Die Mißachtung der sexuellen Selbstbestimmung des Ehepartners als kriminalpolitisches Problem, GA 96, 307 – *Schroeder*, Die Revolution des Sexualstrafrechts 1992–1998, JZ 99, 827. – *Sick*, Zweierlei Recht für zweierlei Geschlecht, ZStW 103, 43. – *dies.*, Sexuelles Selbstbestimmungsrecht und Vergewaltigungsbegriff, 1993 (zit. aaO). – *dies.*, Die sexuellen Gewaltdelikte, MSchrKrim. 95, 281. – *Teufert*, Notzucht und sexuelle Nötigung, 1980. – *Weis*, Die Vergewaltigung und ihre Opfer, 1982. – *Wetzel*, Die Neuregelung der §§ 177–179 StGB, 1998. – *Wiegmann*, Die starken Männer von Bonn? Zur Strafbarkeit sexueller Gewalt in der Ehe, in: Bärsch u. a. (s. o.), 1. – *Wolter*, Gewaltanwendung und Gewalttätigkeit, NStZ 85, 193, 245. – *Zschockelt*, Rechtstatsachen und Rechtsfragen zur sexuellen Gewaltkriminalität aus der Sicht eines Revisionsrichters, in: Bärsch u. a. (s. o.), 75. – *Zuck*, Gewalt in der Familie, MDR 87, 14. – Vgl. auch die Angaben vor § 174.

1 Die Vorschrift wurde durch das 33. StÄG und das 6. StrRG wesentlich umgestaltet (vgl. näher vor § 174 RN 4 ff.). Sie galt bis zum 4. 7. 1997 idF des 4. StrRG (zitiert als a. F.) und vom 5. 7. 1997 bis 31. 3. 1998 idF des 33. StÄG; seit 1. 4. 1998 gilt sie idF des 6. StrRG (zitiert als n. F.). Die Frage des *milderen Gesetzes* iSd § 2 Abs. 3 stellt sich daher sowohl im Verhältnis des § 177, 178 a. F. zu § 177 idF des 33. StÄG und §§ 177, 178 n. F. als auch im Verhältnis des § 177 idF des 33. StÄG zu § 177, 178 n. F. Außerdem muß für Taten, die vor dem 5. 7. 1997 begangen wurden und nach dem 1. 4. 1998 abgeurteilt werden, § 177 idF des 33. StÄG als milderes Zwischengesetz in Betracht gezogen werden (vgl. § 2 RN 29). Probleme bereitet insbesondere der Vergleich von § 177 I a. F. einerseits und § 177 III idF des 33. StÄG u. § 177 II n. F. andererseits: Soweit nach § 177 III idF des 33. StÄG oder § 177 II n. F. ein besonders schwerer Fall anzunehmen ist, sind diese keine milderen Gesetze als § 177 I a. F. (vgl. BGH NStZ-RR **97**, 353 Nr. 1, NStZ-RR/J **98**, 321 Nr. 2 u. 3 sowie NStZ/Mie **98**, 130 Nr. 3 für einen Sonderfall); wird hingegen trotz Verwirklichung eines Regelbeispiels ein besonders schwerer Fall nach § 177 III idF des 33. StÄG oder § 177 II n. F. verneint und liegen zugleich die Voraussetzungen des § 177 I a. F. vor, so sind § 177 I idF des 33. StÄG und § 177 I n. F. milder als § 177 I a. F. (vgl. BGH NStZ/Mie **98**, 130 Nr. 1, NStZ-RR **97**, 353 Nr. 2, NStZ-RR/P **99**, 354 Nr. 35, 36; s. auch BGH NStZ-RR **98**, 104, BGHR § 177 Abs. 2 [i. d. F. des

6. StrRG] Strafrahmenwahl 11, u. krit. Renzikowski NStZ 99, 382). Eine Tat, welche die §§ 177 a. F. u. 178 a. F. in Idealkonkurrenz verwirklicht, ist hingegen nach den – das Geschehen einheitlich erfassenden – § 177 III idF des 33. StÄG oder § 177 II n. F. nicht milder zu bestrafen (vgl. BGH NStZ-RR **97**, 354 Nr. 3, StV **99**, 372 [3 StR 52/99]). § 177 V n. F. ist nicht milder als § 177 II a. F. (BGH NStZ-RR/P **99**, 354 Nr. 34). § 237 a. F. ist milder als § 177 III idF des 33. StÄG und § 177 II n. F. (vgl. BGH NStZ-RR **98**, 105 Nr. 6; s. auch BGH NStZ-RR **98**, 298). Zu Besonderheiten bei der Verhängung von Jugendstrafe nach § 18 JGG vgl. BGH NStZ/Mie **98**, 130 Nr. 5. Zu §§ 177, 178 a. F. vgl. im übrigen die 25. Aufl. sowie BGH NStZ **97**, 385 (Rücktritt vom Versuch der sexuellen Nötigung), NStZ-RR **97**, 354 Nr. 3 (minder schwerer Fall nach §§ 177 II, 178 II a. F.), BGHR § 177 I Gewalt 12 (Rücktritt vom Versuch der Vergewaltigung), LG Mannheim NStZ **97**, 85 m. Anm. Reinhard (kein „Beischlaf" mit einem Transsexuellen).

I. Rechtsgut ist die freie sexuelle Selbstbestimmung einer Person gleich welchen Geschlechts und **2** Alters (s. aber auch BGHR § 21 Sachverständiger 8 zur sexuellen Nötigung eines einjährigen Kindes). Das 33. StÄG hat von der überkommenen, auf die Erzwingung des Beischlafs mit einer Frau beschränkten (vgl. etwa Wahrig, Deutsches Wörterbuch, 6. Aufl. 1997), Bedeutung des Begriffs der Vergewaltigung Abstand genommen und stellt statt dessen die sexuelle Nötigung in den Mittelpunkt. Zwar wurde auf die „Vergewaltigung" nicht völlig verzichtet, aber sie stellt nunmehr nur noch ein Regelbeispiel für die Annahme eines besonders schweren Falles der sexuellen Nötigung dar (vgl. Abs. 2 Nr. 1) und erfaßt jede dem Beischlaf ähnliche, das – auch männliche – Opfer besonders erniedrigende sexuelle Handlung (zur Kritik vgl. die Nachw. vor § 174 RN 7). Darüber hinaus wurde die schon lange nicht mehr zeitgemäße (vgl. vor § 174 RN 7 sowie 25. A. § 177 RN 1) Beschränkung auf außereheliche sexuelle Handlungen aufgehoben. Der Schutz der Freiheit der sexuellen Selbstbestimmung ist in § 177 freilich nicht vollständig, sondern wird – von den verschiedenen Formen des sexuellen Mißbrauchs (§§ 174–176 b, 179, 182) abgesehen – auf Fälle der Nötigung mit Gewalt, Drohung mit gegenwärtiger Leibes- oder Lebensgefahr oder unter Ausnutzung einer Lage, in der das Opfer der Einwirkung des Täters schutzlos ausgeliefert ist, beschränkt. Andere Formen der Nötigung werden dagegen nur von § 240 erfaßt (vgl. § 240 IV Nr. 1), und gegenüber Täuschungen besteht insoweit überhaupt kein Strafrechtsschutz (vgl. zum Ganzen auch Tröndle/Fischer 3).

II. Abs. 1 setzt als Grundtatbestand voraus, daß eine andere Person mit Gewalt, durch Drohung **3** mit gegenwärtiger Gefahr für Leib oder Leben oder unter Ausnutzung einer Lage, in der das Opfer der Einwirkung des Täters schutzlos ausgeliefert ist, genötigt wird, sexuelle Handlungen des Täters oder eines Dritten an sich zu dulden oder an dem Täter oder einem Dritten vorzunehmen. Der Tatbestand ist somit aus einer Nötigungskomponente und einer sexuellen Komponente zusammengesetzt. Beide Komponenten können auch durch dieselbe Handlung verwirklicht werden (vgl. u. 6), so daß es sich nicht notwendig um ein zweiaktiges Delikt handelt (vgl. Horn SK 3, Tröndle/Fischer 5; and. BGH NStZ **85**, 546).

1. Die **Nötigung** muß durch **Gewalt**, **Drohung** mit gegenwärtiger Gefahr für Leib oder Leben **4** oder unter **Ausnutzung** einer Lage, in der das Opfer der Einwirkung des Täters schutzlos ausgeliefert ist, erfolgen. Der Begriff der „Nötigung" setzt dabei die Überwindung des entgegenstehenden Willens des Opfers mit Zwangsmitteln voraus, was insbesondere bei dem Ausnutzen einer schutzlosen Lage näherer Prüfung bedarf (vgl. u. 11). Zwischen den Nötigungsmitteln und der erduldeten sexuellen Handlung muß außerdem objektiv ein Kausalzusammenhang (u. 12) und subjektiv ein Finalzusammenhang (u. 6, 7, 11) bestehen.

a) **Nr. 1** setzt als Nötigungsmittel **Gewalt** voraus (vgl. dazu zunächst 6 ff. vor § 234; zum angeblichen Versäumnis des Gesetzgebers, den Gewaltbegriff hier näher zu definieren, vgl. krit. Frommel ZRP 88, 234 u. dagegen Mösl ZRP 89, 50). Der Gleichstellung der Gewalt mit der i. U. zu § 240 qualifizierten Drohung (Gefahr für Leib oder Leben!) ist zu entnehmen, daß hier, abweichend vom allgemeinen Gewaltbegriff des § 240, nur Gewalt *gegen die Person* genügt (ebenso Bockelmann II/2 S. 133, Lackner/Kühl 4, Laufhütte LK 3, Tröndle/Fischer 6; and. Gössel I 270, Sick aaO 102, 155, Wolter NStZ 85, 251). Wesentliche Voraussetzung ist damit die Körperlichkeit des Zwangsmittels (s. auch Horn SK 10). Nach der Rspr. genügen für eine Gewaltanwendung alle eine gewisse – nicht notwendig erhebliche – körperliche Kraftentfaltung darstellenden Handlungen, die von der Person, gegen die sie gerichtet sind, nicht nur seelischen, sondern auch körperlichen Zwang empfunden werden (zB BGH NStZ **81**, 218, **85**, 71, **90**, 335, **93**, 340 [unter Berücksichtigung der durch eine körperliche und geistige Behinderung geprägten Persönlichkeitsstruktur des Opfers], **95**, 230, **96**, 31, **99**, 506, NStE § 177 **Nr. 9**, BGHR § 177 I Gewalt 4, § 178 I Gewalt 1, wobei es dann allerdings zumindest mißverständlich ist, wenn in diesem Zusammenhang von einem „psychisch determinierten Prozeß" gesprochen wird, weil dies in gleicher Weise auf die Drohung zutrifft; zur Rspr. vgl. auch Keller JuS 84, 113 f., Mildenberger aaO 32 ff., Mösl ZRP 89, 50 ff., Sick aaO 100 ff., 148 ff., MSchrKrim 95, 282 f., Wetzel aaO 158 ff.). Dabei ist jedoch zu berücksichtigen, daß Gewalt zwar häufig mit Kraftentfaltung verbunden ist (zB Brechen des geleisteten Widerstands [BGH NStE § 177 **Nr. 9**], Zur-Seite-Drücken der abwehrenden Hand [BGH **35** 78], Auseinanderdrücken der Beine [BGH NStZ **90**, 335, NStZ/Mie **97**, 120 Nr. 11] usw.); essentiell ist dies für die Anwendung von Gewalt aber nicht, wie zB das heimliche Beibringen von Betäubungsmitteln zeigt (vgl. u.). Letztlich entscheidend ist vielmehr der – wenn auch nur mittelbar über die Einwirkung auf eine Sache geschaffene – *körperlich wirkende Zwang* (Laufhütte LK 4; zutreffend daher BGH NStZ **96**, 276 [Gewalt durch Gefügigmachen des 10-jährigen Opfers durch stundenlanges, zur körperlichen Erschöpfung führendes Laufen durch den Wald; and. Lackner/Kühl 4, Renzikowski NStZ **99**, 380: Ausnutzen einer schutzlosen Lage]; vgl. aber auch Frommel ZRP **88**, 234 ff., Goy/Lohstöter StV **82**, 20, Sick aaO 119 f.). In der Sache im wesentlichen auf dasselbe hinauslaufen dürfte auch die Bestimmung der Gewalt als „jede gegen den Körper des Opfers gerichtete Einwirkung des Täters (außer einer Drohung . . .), die bestimmt und geeignet ist, die physischen oder psychischen Voraussetzungen des Opfers zu beeinträchtigen, deren dieses bedarf, um sich . . . dem sexuellen Ansinnen des Täters zu verweigern (Horn SK 10; zu weitgehend die ursprüngliche Definition u. im Anschluß daran auch Rössner aaO 535, Sick aaO 164: Gewalt als „jedes [nicht: Drohungs-] Verhalten, das bestimmt und geeignet ist . . .", womit jedoch schon jedes Zufügen eines empfindlichen Übels ausreichen würde [krit. dazu auch Hillenkamp NStZ **89**, 529]); die Erheblichkeitsgrenze des § 184c kann dafür – entgegen Sick aaO – schon deshalb kein geeignetes Korrektiv sein, weil es hier nicht um den Begriff der sexuellen Handlung geht). Nicht hierher gehören deshalb nur verbale Einwirkungen (BGH NStZ **81**, 218, NStZ/Mie **92**, 176 [Zurechtweisung unter Ausnutzung der väterlichen Autorität], Laufhütte LK 3, Wolter NStZ **85**, 198; and. wohl Sick aaO 105), auch wenn sie mit einem „psychischen Zwang von einigem Gewicht" verbunden sind (so jedoch Köln OLGSt § 177 S. 1: Gefügigmachen des Opfers durch fernmündliche Mitteilung einer angeblich schweren Erkrankung eines Angehörigen), und keine Gewalt ist auch das Hervorrufen von Angst und Furcht (auch wenn damit eine Beeinträchtigung des körperlichen Wohlbefindens verbunden ist, vgl. BGH NStZ **95**, 230, Herdegen LK § 249 RN 5; and. LG Hamburg MDR **95**, 1056), wo jedoch eine Drohung in Betracht kommt. Das Einschließen ist Gewalt, wenn für den Täter gerade der Verlust der körperlichen Bewegungsfreiheit des Opfers das Mittel ist, sich dieses gefügig zu machen, sei es durch das in dem Einsperren liegende Übel als solches („Mürbemachen" des Opfers), sei es dadurch, daß diesem durch Abschneiden der Fluchtmöglichkeiten jeder Widerstand als zwecklos dargestellt und damit von vornherein ausgeschlossen werden soll (zum Einsperren als Gewalt vgl. BGH NJW **81**, 2204 m. Anm. Otto JR **82**, 116, **95**, 229, NStE § 177 **Nr. 13**, GA **65**, 57, **81**, 168, MDR/D **74**, 722; vgl. auch BGH NStZ/Mie **96**, 123 Nr. 22, LG Saarbrücken NStZ **81**, 222 [keine Gewalt, wenn das Schließen der Tür nur dazu dient, ungestört zu sein]; and. Paeffgen, Grünwald-FS 454). Im übrigen ist das Einsperren meist zugleich mit der konkludenten Drohung verbunden, einen etwaigen Widerstand durch körperverletzende Gewalttätigkeiten zu brechen (2. Alt.). Noch keine Gewalt iSd Nr. 1, aber idR die Schaffung einer schutzlosen Lage iSd Nr. 3 (vgl. u. 9), ist dagegen das Fahren einer Frau an eine abgelegene Stelle, an der sie keine Hilfe erwarten kann (vgl. BGH NJW **81**, 2204 m. Anm. Otto JR **82**, 116, NStZ **90**, 335; and. zB bei Hineinzerren des Opfers in den Wagen [vgl. BGH NStZ **94**, 429, MDR/H **76**, 812], wobei der Tatbestand hier auch erfüllt sein kann, wenn die Frau am Tatort keinen Widerstand mehr leistet [u. 6, 12]; vgl. auch BGH NStE § 177 **Nr. 9** [eindeutige Gewalthandlungen am Tatort], **Nr. 24**, [Entführung als Nötigungsmittel]). Das Gefühl des Ausgeliefertseins des Opfers durch die Ortsveränderung, das jeden Widerstand als sinnlos erscheinen läßt (vgl. Otto JR **82**, 118), ist zunächst nur ein psychisch wirkender Zwang (offengelassen in BGH NStZ **90**, 335); aus dem Gesamtverhalten des Täters, der eine solche Situation bewußt schafft und sie dann auch ausnützt, wird sich hier aber immer eine konkludente Drohung i. S. der 2. Alt. ergeben (zur Anwendung der 3. Alt. in solchen Fällen vgl. u. 9, 11). Im übrigen kann Gewalt sowohl eine die sexuelle Handlung unmittelbar ermöglichende vis absoluta als auch vis compulsiva sein, durch welche das Opfer zur Aufgabe seines Widerstands veranlaßt werden soll (zB BGH GA **65**, 57). Gewalt in Form von vis absoluta ist auch das gewaltlose, ihr nicht einverständliche Beibringen von Rausch- oder Betäubungsmitteln (vgl. 13 vor § 234; BGH NStZ-RR/P **99**, 323 Nr. 14, StV **91**, 149, NStE § 177 **Nr. 17**, ferner zB BGH **14** 81 zu § 176 Nr. 1 a. F., BGH NJW **53**, 351 zu § 175 a a. F.), ebenso die Hypnose (M-Schroeder I 178). Ist das Opfer auf Grund einer Täuschung über die wahren Absichten des Täters mit der Anwendung solcher Mittel einverstanden, so entfällt mangels Gewalt zwar § 177 Abs. 1 Nr. 1, doch ist hier Abs. 1 Nr. 3 anwendbar (vgl. u. 11). Keine Gewalt ist auch die bloße Ausnutzung des Überraschungsmoments (RG **77** 81, BGH **31** 76 m. Anm. Lenckner JR **83**, 159 [überraschend geführte Schläge gegen den Genitalbereich], **36** 145, NStZ **93**, 78, NStZ/Mie **98**, 133 Nr. 26, Hamburg JR **50**, 409, Lackner/Kühl 4, Laufhütte LK 2, Tröndle/Fischer 7; vgl. aber auch Sick aaO 213 ff.; s. auch 23 vor § 234); auch § 177 I Nr. 3 kommt hier nicht in Betracht (vgl. u. 10). – *Gewalt gegen Dritte* (zB Angehörige oder dem Opfer zu Hilfe Eilende) kann zugleich eine solche gegen das Opfer sein, sofern sie auf dieses eine vergleichbare Zwangswirkung (vis compulsiva) ausübt (BGH **42** 378, Laufhütte LK 3, Paeffgen, Grünwald-FS 447 f., Wolter NStZ **85**, 249 f.; vgl. auch 19 vor § 234 sowie MDR/D **66**, 893, BGHR § 178 Gewalt 6; and. RG **64** 117, Horn SK 12, Lackner/Kühl 4, Tröndle/Fischer 6). Zu den Anforderungen an die Feststellung von Gewalt bei Serienstraftaten vgl. BGH **42** 111.

6 Die Gewalt muß das Mittel zur Erzwingung der sexuellen Handlung sein, zwischen beiden also eine **„zweckbestimmte"** bzw. **„finale Verknüpfung"** (zB BGH **42** 111, NJW **84**, 1632, NStZ/Mie **92**, 176, NStZ-RR **97**, 199, NStE § 177 **Nr. 2**, MDR/H **76**, 812) bestehen. Diese muß nicht unmittelbar in dem Sinne sein, daß die Gewalt zum sexuell bestimmten Geschehen selbst gehört (zB Ausschalten der Gegenwehr des Opfers), vielmehr genügt es auch, wenn durch gewaltsames Zuhalten des Mundes Hilferufe des Opfers und damit das Eingreifen Dritter unterbunden werden sollen (BGH NStZ **92**, 433). Auch muß die Gewalt der sexuellen Handlung nicht zeitlich vorausgehen (so aber zB

RG 63 227, 77 82), da sexuelle Gewaltakte zugleich nötigende Gewalt sein können, wenn sie auch dazu dienen, einen tatsächlich geleisteten oder im Hinblick auf weitere Akte erwarteten Widerstand zu überwinden bzw. auszuschließen (vgl. BGH 17 4f., Koblenz VRS 49, 349, Gössel I 272, Lackner/Kühl 4, Laufhütte LK 2, M-Schroeder I 179, Tröndle/Fischer 7 u. näher Lenckner JR 83, 162 f.; vgl. auch BGH NJW 70, 1465); ausgeschlossen ist der Tatbestand in solchen Fällen nur, wenn die „Gewalt"– zB in Form von Schlägen eines Sadisten – nicht zugleich der Widerstandsüberwindung dient und deshalb kein Nötigungsmittel, sondern Selbstzweck ist. Schließlich fehlt der Finalzusammenhang auch nicht deshalb, weil mit einer andauernden Zwangsausübung der Täter zunächst andere Zwecke als die Erzwingung der sexuellen Handlung verfolgt hatte (vgl. BGH NStE § 177 Nr. 27; zu den Fällen einer abgeschlossenen Gewaltanwendung s. u.). Da Gewalt schon begrifflich darauf gerichtet sein muß, einen geleisteten oder erwarteten Widerstand zu brechen bzw. zu verhindern (BGHR § 177 I Beweiswürdigung 11, vgl. auch 22 vor § 234) – ein tatsächliches Widerstandleisten ist daher nicht erforderlich (BGH NStE § 177 Nr. 13, NStZ/Mie 92, 176) –, fehlt es jedoch bereits an dieser und nicht erst an dem Finalzusammenhang, wenn das Opfer nach einer ihm zB zur Verärgerung zugefügten Mißhandlung aus Angst vor weiteren Schlägen sexuelle Handlungen duldet (übersehen in BGH NJW 84, 1632, NStE § 177 Nr. 2); in Betracht kommt hier jedoch eine konkludente Drohung iSd Nr. 2 (BGH aaO, NStE Nr. 9 zu § 178) oder das Ausnutzen einer schutzlosen Lage iSd Nr. 3. Um den Fall eines fehlenden Finalzusammenhangs handelt es sich dagegen, wenn der Täter nach abgeschlossener, ursprünglich ein anderes Ziel (zB 249) verfolgenden Gewalt*anwendung* aufgrund eines neuen Vorsatzes lediglich die noch fortdauernde Zwangs*wirkung* zur sexuellen Handlung mit dem Opfer ausnützt (vgl. BGH NJW 84, 1632, NStE § 177 Nr. 27, NStZ-RR 97, 292, NStZ/Mie 97, 178 Nr. 13, aber auch § 249 RN 6 u. Eser NJW 65, 327 [Gewalt durch Unterlassen; krit. dazu zB Küper JZ 81, 571, Günther SK § 249 RN 34]); hier kann nur eine Drohung iSv Nr. 2 vorliegen (u. U. auch § 179: zB das bewußtlose Raubopfer wird anschließend noch „vergewaltigt" [ebenso Tröndle/Fischer 8]; zum Ausnutzen einer schutzlosen Lage iSd Nr. 3, das ebenfalls im Finalzusammenhang zwischen dem Anwenden von Zwangsmitteln und der sexuellen Handlung erfordert, vgl. u. 11). Dasselbe gilt, wenn das Opfer aus Furcht vor einer Wiederholung der bei früheren sexuellen Handlungen verübten Gewalt von Gegenwehr absieht, und zwar auch dann, wenn mit der vorangegangenen, aber „ein für allemal" verübten Gewalt zugleich die künftigen Fälle „vorprogrammiert" werden sollten: Ist Motiv für das Opfer die Angst vor neuen Gewalttätigkeiten, so ist es zwar ein psychisch fortwirkender, aber nicht mehr körperlich empfundener Zwang, mit dem das Opfer zur Duldung späterer sexueller Handlungen genötigt werden sollte und tatsächlich genötigt worden ist. Insoweit ist daher § 177 I Nr. 1 nicht mehr anwendbar, wohl aber sind in solchen Fällen stets die Voraussetzungen der Nr. 2 erfüllt, weil hier immer die wenn auch unausgesprochene Drohung im Raum steht, der Täter werde sich mit neuer Gewalt „nehmen", was ihm nicht „freiwillig" gewährt wird (vgl. BGH NStZ 86, 409, NStE § 177 Nr. 19; für Gewalt hier jedoch BGH NStZ 81, 344, 92, 587, NStE § 177 Nr. 2, 7, MDR/H 76, 812, Laufhütte LK 5, Tröndle/Fischer 8; offengeblieben in BGH NStE § 177 Nr. 18, EzSt § 178 Nr. 5; vgl. auch BGH NStZ/Mie 94, 224 u. krit. zum Ganzen Sick aaO 131 ff.).

b) Nr. 2 erfaßt als weiteres Nötigungsmittel die **Drohung mit gegenwärtiger Gefahr für Leib oder Leben.** Zur *Drohung* vgl. zunächst 30 ff. vor § 234, § 249 RN 5. Es genügt nur eine solche *mit gegenwärtiger Gefahr für Leib oder Leben*, wobei im Fall bloßer Leibesgefahr Verletzungen von einer gewissen Erheblichkeit zu befürchten sein müssen (BGH NStZ/Mie 93, 225, StV 94, 127, NStE § 177 Nr. 7, 24 u. Nr. 9 zu § 178, MDR/D 75, 22, BGHR § 177 I Serienstraftaten 1, aber auch NStZ/Mie 98, 187 Nr. 30 [Drohung mit einer Ohrfeige kann ausreichen]; vgl. auch Laufhütte LK 10, Wolter NStZ 85, 198; and. Sick aaO 200 ff.); erreicht die Drohung nicht diesen Grad, so kommt im Falle des Ausnutzens einer schutzlosen Lage die Nr. 3 (vgl. näher u. 8), ansonsten lediglich § 240 in Betracht. Als „gegenwärtig" ist auch hier die sog. Dauergefahr (zB § 34 RN 17) anzusehen (vgl. BGH NStE § 177 Nr. 19, BG Meiningen NStZ 91, 490, Laufhütte LK 11); allerdings wird es sich hier immer zugleich um eine konkludente Wiederholung der früher ausgesprochenen Drohung handeln. Daß die Gefahr auf andere Weise abgewendet werden könnte (zB Einschalten der Polizei), kann zwar ein Indiz dafür sein, daß sie noch nicht gegenwärtig ist (vgl. Laufhütte LK 11; offengelassen in BGH NStE § 177 Nr. 19); ist sie dies jedoch, so kommt es auf die Nicht-anders-Abwendbarkeit des drohenden Übels nicht an. Die Gefahr braucht nicht für die genötigte Person selbst zu bestehen, vielmehr kann sich die Drohung bei einer entsprechenden Zwangswirkung – ebenso wie die Gewalt – unmittelbar auch gegen Dritte richten, wofür neben Angehörigen auch sonst dem Opfer nahestehende Personen in Betracht kommen (vgl. zB BGH NStZ-RR 98, 270, NStZ 94, 31, Lackner/Kühl 5, Laufhütte LK 12, M-Schroeder I 178, Sick aaO 209 f., Tröndle/Fischer 10; offengelassen von BGH NStZ 82, 286; vgl. dazu auch Bohnert JR 82, 397). Darauf daß bei der auf Dritte bezogenen Drohung auch das Opfer selbst in seinem eigenen Sicherheitsgefühl beeinträchtigt ist, kann es hier nicht ankommen (so aber zB BGH aaO, Laufhütte aaO); maßgebend ist vielmehr allein, daß die dem Dritten drohende Gefahr wegen der engen persönlichen Beziehung zu diesem gleichsam als eigene empfunden wird. Unter dieser Voraussetzung genügt daher auch eine Selbstmorddrohung (Sick aaO 210; and. BGH NStZ 82, 286, BGHR § 177 I Drohung 10, Horn SK 12, Lackner/Kühl 5, Laufhütte LK 12, Tröndle/Fischer 10). Die Drohung selbst kann auch in einem schlüssigen Verhalten liegen, wofür schon der ausdrückliche oder konkludente Hinweis auf frühere Gewaltakte oder das konklu-

§ 177 8, 9   Bes. Teil. Straftaten gegen die sexuelle Selbstbestimmung

dente Aufrechterhalten oder Wiederholen einer früheren Drohung ausreicht (vgl. BGH **42** 111, NStZ **99**, 505, MDR/H **91**, 701, NStE § 177 **Nr. 2, 19, 27**, NStE **Nr. 9** zu § 178, EzSt § 178 **Nr. 5**, MDR/H **81**, 99; s. aber auch BGH NStZ **98**, 105 Nr. 5 u. 6, sowie krit. zur Rspr. Mildenberger aaO 37 ff.). Ebenso kann in einer Gewaltanwendung zugleich die konkludente Drohung ihrer Fortsetzung oder Wiederholung enthalten sein (vgl. BGH NJW **84**, 1632, NStZ **86**, 409, **99**, 505). Die Frage des auch beim Drohen erforderlichen Finalzusammenhangs (o. 6; s. auch BGH NStZ-RR **98**, 105 Nr. 5, NStZ-RR/J **98**, 322 Nr. 9) erledigt sich hier deshalb auf diese Weise. Liegt zwischen der früheren Gewalt und der sexuellen Handlung jedoch ein längerer Zeitraum, so kann nicht ohne nähere Feststellungen von der Aufrechterhaltung bzw. konkludenten Wiederholung der Drohung und deren finaler Verknüpfung mit der sexuellen Handlung ausgegangen werden (vgl. BGH **42** 111, NStZ-RR **98**, 105 Nr. 5, StV **96**, 365). Zur konkludenten Drohung mit Gewalttätigkeiten in Fällen, in denen das Opfer aus Angst widerstandslos die sexuellen Handlungen des Täters duldet, etwa weil es von diesem an einen einsamen Ort verbracht wurde, s. auch o. 5 und u. 8.

8   c) **Nr. 3** enthält die Nötigung unter **Ausnutzung einer Lage, in der das Opfer der Einwirkung des Täters schutzlos ausgeliefert ist**. Mit der Einführung dieser neuen Variante der Nötigung durch das 33. StÄG sollten Strafbarkeitslücken geschlossen werden, wenn „Frauen vor Schrecken starr oder aus Angst vor der Anwendung von Gewalt ... sexuelle Handlungen über sich ergehen lassen" und das Verhalten des Täters weder als Gewalt noch als konkludente Drohung mit gegenwärtiger Leibes- oder Lebensgefahr gewertet werden kann (vgl. BT-Drs. 13/7324, S. 6 u. näher zur Reformgeschichte Fischer ZStW 112, 76 ff., Mildenberger aaO 24 ff. mit Darstellung der Problemfälle S. 31 ff.). Außerdem wollte der Gesetzgeber einen über § 179 hinausreichenden Strafrechtsschutz geistig und körperlich behinderter Menschen vor erzwungenen sexuellen Übergriffen erreichen (vgl. BT-Drs. 13/7663 S. 4). Die Vorschrift ist jedoch gründlich mißglückt: Statt einer der sexuellen Nötigung und Vergewaltigung im Strafmaß gleichgestellten, verschärften Form des sexuellen Mißbrauchs (s. auch Helmken ZRP 96, 241 ff.) wurde eine neue, bislang im System des StGB nicht bekannte Modalität der sexuellen Nötigung geschaffen, über deren Reichweite und Verhältnis insbesondere zu § 179 man sich schon im Gesetzgebungsverfahren nicht im klaren war (vgl. BT-Drs. 13/7663, S. 4). Dabei wurde insbesondere verkannt, daß der Begriff des „Nötigens" eine selbständige, über die bloße Ausnutzung einer schutzlosen Lage hinausreichende Bedeutung hat und den Anwendungsbereich von § 177 I Nr. 3 deshalb sowohl gegenüber § 179 als auch gegenüber dem zu Unrecht für obsolet gehaltenen § 237 a. F. (vgl. BT-Drs. 13/7324, S. 6) erheblich einschränkt (ebenso Fischer ZStW 112, 103). Gleichwohl dürfte das hauptsächliche Reformziel einer Korrektur der als zu restriktiv angesehenen Rechtsprechung zu §§ 177, 178 a. F. im Ergebnis erreicht werden, weil die neue Nötigungsvariante u. a. alle Formen der Drohung erfaßt und das Verhalten des Täters in den betreffenden Situationen deshalb jetzt zumindest als konkludente einfache Drohung iSd Nr. 3 aufgefaßt werden kann (vgl. näher u. 11; s. auch BGH NStZ-RR **98**, 104).

9   α) Das Opfer muß sich in einer Lage befinden, in der es **der Einwirkung des Täters schutzlos ausgeliefert** ist. Das Gesetz knüpft damit an die „hilflose Lage" iSd § 237 a. F. an, so daß die hierzu ergangene Rechtsprechung und Literatur herangezogen werden können (vgl. BGH **45**, 257, **44** 231 m. Anm. Laubenthal JZ 99, 583, NStZ **99**, 30, Fischer ZStW 112, 77 FN 18, Mildenberger aaO 51 ff., Otto Jura 98, 213, Renzikowski NStZ **99**, 379; zu § 237 a. F. vgl. insoweit die 25. A. § 237 RN 7). Im Unterschied zu § 237 a. F. muß die schutzlose Lage jedoch nicht auf einer Entführung beruhen, weshalb es einerseits nicht darauf ankommt, ob der Täter selbst das Opfer in diese Situation gebracht oder diese nur vorgefunden hat (ebenso BGH **45** 256, Fischer ZStW 112, 99, Laubenthal JZ 99, 584, Renzikowski NStZ **99**, 379, Tröndle/Fischer 11, 13; vgl. auch Helmken ZRP 96, 243; and. Horn SK 14, Lackner/Kühl 6), und ob die Schutzlosigkeit auf äußeren Umständen oder solchen, die in der Person des Opfers liegen, beruht (BGH **45** 256); andererseits sind aber an die Feststellung der Schutzlosigkeit jedenfalls dann höhere Anforderungen zu stellen, wenn diese nicht auf der Verbringung an einen einsamen Ort beruht (vgl. BGH **44**, 232; and. Renzikowski NStZ **99**, 379 FN 23). *Schutzlos ausgeliefert* ist das Opfer, wenn es sich aufgrund physischer Unterlegenheit oder psychischer Hemmung nicht selbst verteidigen und auch keine entsprechende Hilfe Dritter erlangen kann (vgl. Fischer ZStW 112, 80 f., Lackner/Kühl 6, Otto II 340, Renzikowski NStZ **99**, 379, Tröndle/Fischer 12). Ein vollständiger Ausschluß jeglicher Verteidigungsmöglichkeiten ist hierfür nicht erforderlich; es genügt vielmehr, wenn das Opfer aufgrund der äußeren Umstände in für einen objektiven Beobachter nachvollziehbarer Weise Widerstand für aussichtslos und Hilfe Dritter für unerreichbar hält (vgl. BGH **45** 256, NStZ **99**, 30, Mildenberger aaO 53, 62 ff., Tröndle/Fischer 12; s. auch BGH NJW **00**, 672 sowie zu § 237 a. F. BGH **22** 178, **24** 93, NJW **89**, 917; and. Renzikowski NStZ **99**, 379: ausschließlich Opferperspektive maßgeblich). Die *Einwirkung des Täters* besteht in dem auf die Vornahme oder Duldung einer sexuellen Handlung gerichteten nötigenden Zwang (vgl. u. 11), so daß die Schutzlosigkeit gerade diesem gegenüber bestehen muß. Hat der Täter das Opfer an einen einsamen Ort verbracht oder ihm dort aufgelauert, so liegt ein solches schutzloses Ausgeliefertsein nahe (vgl. BGH **44**, 232; s. auch Mildenberger aaO 57, Renzikowski NStZ **99**, 380). In anderen Fällen sind an die Feststellung des schutzlosen Ausgeliefertseins erhöhte Anforderungen zu stellen; insbesondere genügt eine bloße soziale Abhängigkeit – zB gegenüber dem Arbeitgeber – nicht, weil diese die unmittelbaren (körperlichen) Verteidigungsmöglichkeiten des Opfers nicht wesentlich beeinträchtigt – es sei denn, das Opfer wird durch das Vorgehen des Täters in einen solchen Schock versetzt, daß es tatsächlich widerstandsunfähig ist (ebenso Lackner/Kühl 6, Laubenthal aaO 584, Tröndle/Fischer 13; vgl. auch Wetzel aaO 179 ff.; and. Mildenberger aaO 58 ff.).

10 β) Der Täter muß ferner die Lage, in der das Opfer seiner Einwirkung schutzlos ausgeliefert ist, **ausnutzen.** Auch insoweit kann an § 237 a. F. angeknüpft werden (vgl. dazu die 25. Aufl. § 237 RN 15). Die Tat muß daher durch die besondere Lage des Opfers erstens objektiv ermöglicht oder zumindest erleichtert worden sein und der Täter muß dies zweitens subjektiv erkannt und sich zunutze gemacht haben (vgl. Lackner/Kühl 6, Mildenberger aaO 65 ff., Tröndle/Fischer 15). An beiden Voraussetzungen fehlt es beispielsweise, wenn der Täter, ohne seine sexuellen Absichten zuvor zu erkennen zu geben, den Körper des Opfers so überraschend berührt, daß dieses überhaupt nicht an Widerstand denken kann (ebenso Tröndle/Fischer 15 u. i. E. Renzikowski NStZ 99, 380; zum Fehlen von Gewalt in solchen Fällen o. 5).

11 γ) Erforderlich ist schließlich, daß der Täter das Opfer zur Duldung oder Vornahme einer sexuellen Handlung **nötigt**. Durch den Gebrauch des Begriffes „unter" hat der Gesetzgeber klargestellt, daß das Ausnutzen einer schutzlosen Lage als solches den Tatbestand der Nr. 3 noch nicht verwirklicht, diese vielmehr zusätzlich eine Nötigung voraussetzt, die freilich nicht auf die Zwangsmittel der Gewalt gegen die Person (nur eine solche reicht für Nr. 1; vgl. o. 5) oder Drohung mit gegenwärtiger Leibes- oder Lebensgefahr beschränkt ist (vgl. dazu BGH **45** 257 m. Anm. Fischer NStZ 00, 142, Fischer ZStW 112, 83 ff., Mildenberger aaO 71, Tröndle/Fischer 14; and. Lackner/Kühl 6 u. wohl auch Horn SK 14; s. auch Renzikowski NStZ 99, 380). „Nötigen" bedeutet daher – wie in § 240 I – die Überwindung eines entgegenstehenden Willens durch **Ausübung von Zwang** (vgl. allgemein BVerfG **92** 17, Paeffgen, Grünwald-FS 438 mwN, sowie speziell zu § 177 I Nr. 3 Fischer ZStW 112, 84 u. NStZ 00, 142, Mildenberger aaO 71; and. BGH **45** 257 ff. [Überwinden des entgegenstehenden Willens durch bewußtes Zunutze-Machen der schutzlosen Lage genügt]; s. auch hier § 240 RN 1 a). Aus dem Anwendungsbereich der Nr. 3 (und des § 177 insgesamt) scheiden somit alle Fälle aus, in denen das Opfer – etwa aufgrund einer Krankheit oder Behinderung – von vornherein nicht in der Lage ist, einen entgegenstehenden Willen zu bilden oder zu betätigen (BGH NStZ **00**, 140 [2 StR 397/99], Mildenberger aaO 76, Wetzel aaO 178), sowie solche, in denen das Opfer seinen Willen zwar gegenüber dem Täter artikulieren kann, dieser sich aber ohne Ausübung von Zwang durch schlichte Nichtbeachtung oder Täuschung darüber hinwegsetzt (ebenso Fischer ZStW 112, 90 f.; and. BGH **45** 257 ff. m. abl. Anm. Fischer NStZ 00, 142, Mildenberger aaO 80, Wetzel aaO 178); hier kommt nur § 179 in Betracht. Nötigt der Täter das Opfer hingegen unter Verwendung der Zwangsmittel der Nr. 1 oder 2, so tritt Nr. 3 zwar nicht generell hinter diese zurück, wohl aber wenn die schutzlose Lage gerade durch die Gewalt oder Drohung herbeigeführt wurde (vgl. BGH **44**, 230 einerseits und NStZ **99**, 242 andererseits). Eine strafbarkeitsbegründende Bedeutung hat Nr. 3 deshalb nur dann, wenn der Täter entweder nur Gewalt gegen Sachen oder Drohungen mit einem anderen Übel als gegenwärtiger Leibes- oder Lebensgefahr einsetzt oder Zwangsmittel anwendet, die keine Gewalt oder Drohung darstellen (ebenso Tröndle/Fischer 15; s. aber auch Fischer ZStW 112, 103 f. u. NStZ 00, 143). Da es jedoch um eine Nötigung zu einer sexuellen Handlung geht und die zudem unter Ausnutzung einer schutzlosen Lage erfolgen muß, dürften solche Fälle in der Praxis selten vorkommen. In Betracht kommt im wesentlichen die Ausübung von unmittelbarem Zwang, ohne daß sich dieser als Gewalt darstellt (zB das Opfer wird durch Täuschung über die wahre Absicht veranlaßt, sich zu betrinken, damit es danach den sexuellen Ansinnen keinen Widerstand mehr entgegensetzen kann; vgl. dazu. 5 sowie Horn SK 15, Renzikowski NStZ 99, 380 f.; zu anderen – für § 177 nicht relevanten – Fallkonstellationen vgl. Paeffgen, Grünwald-FS 441 f.). Darüber hinaus genügt es in Fällen, in denen das Opfer aus Angst von vornherein auf Widerstand verzichtet und der Täter deshalb keine Gewalt anwendet, daß das Verhalten des Täters sich als konkludente Drohung mit irgendeinem empfindlichen Übel darstellt, auch wenn man diesem Übel nicht – in aller Regel zu Unrecht (vgl. o. 5 u. 7; s. auch BGH NStZ **99**, 30, Fischer NStZ 00, 143, Helmken ZRP 95, 304, Lenckner NJW 1997, 2802, Renzikowski NStZ 99, 380) – die Qualität einer erheblichen gegenwärtigen Leibesgefahr zubilligen will (vgl. etwa BGH NStZ-RR/J **98**, 322 Nr. 9). Im übrigen ist wie bei den ersten beiden Tatbestandsvarianten auch hier ein **Finalzusammenhang** zwischen dem Einsatz des Nötigungsmittels und der sexuellen Handlung erforderlich (i. E. ebenso Horn SK 18; and. Dessecker NStZ 98, 2, Mildenberger aaO 90, Renzikowski aaO 380 f. [Kenntnis genügt]), so daß der Täter zB schon bei dem Überreden des Opfers zum Alkoholgenuß die Absicht haben muß, dessen sich in betrunkenem Zustand ergebende Widerstandsunfähigkeit zur Vornahme sexueller Handlungen auszunutzen.

12 2. Das **abgenötigte Verhalten** besteht darin, daß das Opfer **sexuelle Handlungen** des Täters oder eines Dritten „**an**" sich duldet oder „**an**" dem Täter oder einem Dritten vornimmt, wobei zwischen diesem und der Gewalt, Drohung oder Nötigung unter Ausnutzung einer schutzlosen Lage ein **Kausalzusammenhang** bestehen muß. Zum Begriff der sexuellen Handlung vgl. § 184 c RN 4 ff. Da § 177 nicht die allgemeine Handlungsfreiheit, sondern speziell die sexuelle Selbstbestimmung schützt, wird eine an sich geringfügige sexuelle Handlung nicht deshalb zu einer solchen „von einiger Erheblichkeit" i. S. des § 184 c Nr. 1, weil das Nötigungsmittel von besonderer Intensität war. Entgegen Koblenz NJW **74**, 870 kann daher das Vorliegen einer sexuellen Handlung i. S. des § 184 c bei der gewaltsam vorgenommenen Berührung einer weiblichen Brust unter dem Büstenhalter nicht damit begründet werden, daß der Täter sein Ziel mit besonderer Hartnäckigkeit verfolgte (ebenso Horn SK 5, Laufhütte LK 3); näher zur Erheblichkeit vgl. § 184 c RN 14 ff. – Erfaßt sind nur sexuelle

Handlungen des Täters oder eines Dritten „am" Opfer bzw. solche des Opfers „am" Täter oder einem Dritten, was jeweils einen unmittelbaren *Körperkontakt* voraussetzt (vgl. § 184c RN 18), wobei dieser zwar kein Hautkontakt zu sein braucht und deshalb auch durch einen Gegenstand vermittelt sein kann (BGHR § 178 I Sexuelle Handlung 8), durch den aber der Körper selbst, sei es auch durch die Kleidung hindurch, betroffen sein muß (BGH NStZ **92**, 433: Ejakulation auf die Lederjacke des Opfers i. U. zum bloßen Aufschlitzen des Rocks; s. auch BGH NStZ-RR **97**, 292: gewaltsames Entfernen der Kleidung des Opfers genügt für sich allein noch nicht). Sexuelle Handlungen, die das Opfer an sich selbst vornimmt, genügen deshalb nur bei einem entsprechenden körperlichen Mitmachen oder Nachhelfen des Täters (vgl. BGHR § 178 I Sexuelle Handlung 8), nicht aber, wenn dies ausschließlich vor dem Täter oder einem Dritten geschieht und dazu dient, diese sexuell zu erregen oder zu befriedigen; hier kommt nur § 240 (vgl. § 240 IV Nr. 1) in Betracht (BGH NStZ **82**, 286, NStE § 178 **Nr. 5**, Horn SK 4, Laufhütte LK 3). – Das *Dulden* setzt keine bewußte Hinnahme voraus und ebensowenig, daß das Opfer „das sexuelle Ansinnen des Täters erkannt sowie einen entgegenstehenden Willen gebildet hat" (so aber BGH **31** 76 m. Anm. Lenckner JR 83, 159, NStZ **93**, 78); es genügt, wenn der Täter das Opfer bis zur Bewußtlosigkeit würgt oder ihm heimlich betäubende Mittel beibringt und sich dann an ihm vergeht (vgl. LG Mosbach NJW **78**, 1868 und näher Lenckner aaO). – Erforderlich ist weiterhin, daß der Sexualkontakt unter dem Nötigungsdruck zustandegekommen ist. Der entgegenstehende Wille des Opfers muß daher bei Vornahme der sexuellen Handlung, die nicht im unmittelbaren zeitlichen Zusammenhang mit der Gewalt usw. erfolgen muß (BGH NStZ **85**, 71), fortbestehen (vgl. BGH NJW **65**, 1284, Horn SK 6), wenn auch nicht notwendig bis zu deren Beendigung; nicht ausreichend ist die sog. vis haud ingrata (krit. dazu Sick aaO 171ff., ZStW 103, 57ff., MSchrKrim 95, 285f.). Tatbestandsmäßig ist auch ein zunächst freiwillig gewährter Sexualkontakt, wenn dessen Fortsetzung erzwungen wird (BGHR § 177 I Drohung 11, Laufhütte LK 7); hier kann jedoch u. U. der Vorsatz entfallen (vgl. BGH GA **70**, 57). Widerruft das Opfer nachträglich und dem Täter erkennbar sein Einverständnis, so ist der Vorsatz zu bejahen, wenn dieser dennoch den ihm bewußten Widerstand des Opfers überwindet, um zum Höhepunkt zu kommen (Laufhütte LK 15, Sick aaO 216 f.; and. BGH NStZ **91**, 431 m. Anm. Sick JR 93, 164).

13 III. Der **subjektive Tatbestand** erfordert bezüglich der sexuellen Handlung bei der Gewaltanwendung usw. Absicht i. S. zielgerichteten Handelns (§ 15 RN 66ff.; o. 6; Horn SK 16; and. Sick aaO 218f.); im übrigen genügt bedingter Vorsatz (vgl. BGH GA **56**, 317, Celle JR **50**, 120). Beim Drohen muß der Täter daher wissen oder in Kauf nehmen, daß sein Verhalten vom Opfer als eine Drohung i. S. des § 177 aufgefaßt werden wird (vgl. BGH NStZ-RR/J **98**, 322 Nr. 9, NStE § 177 **Nr. 2, 7, 9**). Der Vorsatz muß sich ferner insbes. darauf erstrecken, daß das Opfer der Tat ernsthaften Widerstand entgegensetzt (vgl. zB BGH NStZ **91**, 400, NStE § 177 **Nr. 30**, MDR/H **91**, 701, sowie krit. Mildenberger aaO 86f.); er kann daher fraglich sein, wenn die Tat im Rahmen einer Beziehung begangen wird, die zwar gewaltgeprägt ist, aber vom Opfer aufrechterhalten wird (vgl. BGH NStE § 177 **Nr. 21** u. zu § 244 StPO **Nr. 77**). Ausgeschlossen ist der Vorsatz, wenn der Täter fälschlich von einem Einverständnis des Opfers ausgeht (vgl. BGH EzSt **Nr. 5**; dort aufgrund der Umstände verneint) oder nicht weiß, daß die anfänglich vorhandene Bereitschaft nicht mehr besteht (vgl. BGH NJW **93**, 1807). Dagegen kann der Vorsatz nicht deshalb verneint werden, weil die vom Opfer aus Angst vorgenommene sexuelle Handlung am Täter gegenüber dem, was der Täter wollte, ein „Weniger" darstellt (and. BGH NStZ/Mie **92**, 227: wesentliche Abweichung im Kausalverlauf, wenn das Opfer statt des verlangten Oralverkehrs das erigierte Glied des Täters lediglich in die Hand nimmt). Nicht nach § 177 strafbar ist schließlich derjenige, der zunächst glaubte, keinen wesentlichen Widerstand zu finden, und dann, als dieser geleistet wird, sofort vom Opfer abläßt (RG LZ **26**, 937). Wendet der Täter zunächst Gewalt an, geht er dann aber fälschlich von einer freiwilligen Hingabe des Opfers aus, so liegt lediglich Versuch vor (BGH **39** 245, NStZ **82**, 26; s. auch LG Köln StraFo **98**, 132). Ausreichend für den (bedingten) Vorsatz ist jedoch, daß der Täter die Ernstlichkeit des Widerstands für möglich hält, ihm dies jedoch gleichgültig ist (vgl. § 15 RN 82). An den Tatbestandsirrtum, der im Urteil zu erörtern ist, wenn besondere Umstände dazu drängen (BGH NStZ **83**, 71), können hier keine strengeren Anforderungen gestellt werden als sonst (vgl. jedoch BGH NStZ **83**, 71, GA **56**, 317, **70**, 57, Laufhütte LK 15; zu den Anforderungen an die Beweiswürdigung vgl. auch BGH NJW **91**, 2094); insbes. können Beweisschwierigkeiten nicht dadurch ausgeräumt werden, daß ein bedingter Vorsatz schon dann unterstellt wird, wenn der Täter sich vorher über die Einwilligung des Opfers keine Gewißheit verschafft hat (so jedoch BGH GA **56**, 316; krit. dazu Maurach GA 56, 305, Sick aaO 193ff., ZStW 103, 62ff.; vgl. aber auch M-Schroeder I 180: irrige Annahme der Einwilligung als Verbotsirrtum). Entfällt der Vorsatz, so kann auch eine Beleidigung des Opfers nur bei Hinzukommen besonderer Umstände angenommen werden (weitergehend Bay MDR **63**, 333; zur sog. Sexualbeleidigung vgl. § 185 RN 4); im übrigen kann § 229 in Betracht kommen (vgl. Jerouschek JZ 92, 227).

14 IV. **Vollendet** ist die Tat mit dem Vornehmen einer (vollendeten) sexuellen Handlung, mag der Täter dabei auch weitergesteckte Ziele verfolgen (vgl. BGH NStZ **96**, 31; BGHR § 178 I sexuelle Handlung 3). Der **Versuch** beginnt mit dem unmittelbaren Ansetzen zur Nötigung, auch wenn das Opfer das Ziel des Täters noch nicht erkennt (BGH MDR/D **72**, 924). Richtet sich die Gewalt gegen einen Angehörigen des Opfers, so ist dies nur dann ein Versuch, wenn der Täter glaubt, schon auf diese Weise zum Ziel zu kommen, nicht aber, wenn er davon ausgeht, daß er anschließend noch

Gewalt gegen das Opfer selbst anwenden muß (ebenso Tröndle/Fischer 17; and. BGH MDR/D **66**, 893, Horn SK 19, Laufhütte LK 16). Versuch liegt auch vor, wenn ein unter Anwendung des Überraschungsmoments durchgeführter und daher den Tatbestand des § 177 nicht erfüllender sexueller „Gewaltakt" (zB überraschend geführter Schlag gegen den Genitalbereich; o. 5) zugleich Nötigungsmittel zu weiteren sexuellen Handlungen ist (vgl. Laufhütte LK 6). Die nach Beginn der Ausführung erfolgende Einwilligung des Opfers schließt nur die Möglichkeit der Bestrafung wegen vollendeter Tat aus, nicht dagegen die Strafbarkeit wegen Versuchs (BGH MDR/D **53**, 147, Laufhütte LK 16; zur Möglichkeit des Rücktritts bei irrtümlicher Annahme der Einwilligung nach Versuchsbeginn BGH **39** 244 m. Anm. Streng NStZ 93, 582 u. Vitt JR 94, 199 sowie Bespr. Bottke JZ 94, 71, Laufhütte LK 16). Widerruft umgekehrt das Opfer nach Beginn seine Einwilligung, so findet § 177 Anwendung, falls dann Gewalt usw angewendet wird (BGH GA **70**, 57; vgl. aber auch Blei II 147, JA 71, 209). Strafbefreiender **Rücktritt** nach § 24 ist bis zum Beginn der sexuellen Handlung möglich (zur Abgrenzung des unbeendetem vom fehlgeschlagenen und vom beendeten Versuch vgl. § 24 RN 7 ff., 13 ff., ferner zB BGH NStZ-RR **97**, 259; zur Freiwilligkeit vgl. § 24 RN 42 ff. sowie zB BGH NStZ **83**, 217, **88**, 550, **92**, 587, StV **82**, 14, NStE § 177 § **24 Nr. 40**, MDR/H **91**, 482, StraFo **97**, 216, BGHR § 177 I Versuch 1, 3, Zweibrücken JR **91**, 214 m. Anm. Otto).

V. Täterschaft und Teilnahme sind nach den allgemeinen Grundsätzen möglich (zur Beihilfe **15** vgl. z. B. BGH NStE § 177 **Nr. 9**), da § 177 weder ein eigenhändiges noch ein Sonderdelikt ist. Nimmt der Täter nur einen der beiden Akte vor, aus denen § 177 zusammengesetzt ist, so gilt folgendes:

1. Wird das Opfer zu einer sexuellen Handlung mit einem Dritten genötigt, so ist der **Nötigende**, **16** wie sich schon aus der Tatbestandsfassung ergibt, stets (Mit-)Täter des § 177, ohne Rücksicht darauf, ob er selbst anschließend sexuelle Handlungen an dem Opfer vornehmen oder von diesem an sich vornehmen lassen will und ob der Dritte von der Nötigung des Opfers weiß (vgl. BGH NStZ **85**, 71, BGHR § 177 I Mittäter 1); gleichgültig ist auch, ob er die sexuellen Handlungen zwischen dem Dritten und dem Opfer „als eigene will" oder daran auch nur ein eigenes Interesse hat (BGH **27** 205, NStZ/Mie **94**, 22, Lackner/Kühl 2, Laufhütte LK 17, M-Schroeder I 180). Voraussetzung ist jedoch immer, daß die Nötigung täterschaftlich begangen ist, wobei Mittäter auch sein kann, wer nicht eigenhändig Gewalt anwendet usw. (BGH NStE § 177 **Nr. 35**, BGHR § 177 I Mittäter 1); wer dazu nur hilft, ist lediglich nach § 27 strafbar. Zur Beteiligung an einer von anderen ausgeführten sexuellen Nötigung oder Vergewaltigung durch Unterlassen vgl. zB BGH NStZ **82**, 245 (Garantenstellung des Wohnungsinhabers), NStZ-RR **97**, 292 (keine Garantenstellung aus vorausgehendem gemeinschaftlichem Raubversuch).

2. Der **Dritte**, der die sexuelle Handlung vornimmt oder an sich vornehmen läßt, ist Täter nach **17** § 177 nur, wenn ihm auch die Nötigung zugerechnet werden kann (vgl. BGH NStZ **85**, 70, 71, NJW **99**, 2909; zu BGH NStZ/Mie **92**, 177 – dort mißverständl. – vgl. Laufhütte LK 17 FN 65). Es genügt nicht – auch nicht für Abs. 1 Nr. 3 (vgl. o. 11) –, wenn er nur weiß, daß das Opfer genötigt worden ist und er diese Situation dann für sich ausnützt (hier kommt jedoch § 179 in Betracht; vgl. BGH NJW **86**, 77 m. Anm. Keller JR 86, 343, Sick aaO 144 f.); ferner genügt es ebenfalls nicht, wenn er bei der Gewaltanwendung zugegen war, diese innerlich gebilligt und den anderen durch seine Anwesenheit bei der Tatausführung bestärkt hat (BGH GA **77**, 144, NStZ **85**, 70) oder wenn er weiß, daß die Gewalt durch den anderen gerade zu dem Zweck ausgeübt wurde, ihm die sexuelle Handlung zu ermöglichen (and. BGH NStZ **85**, 71). Erforderlich ist vielmehr eine jedenfalls während der Tat des andern zumindest konkludent hergestellte Willensübereinstimmung (BGH NStZ **85**, 70, GA **77**, 144, Laufhütte LK 17, Sick aaO 144). Unter dieser Voraussetzung ist eine Mittäterschaft auch in der Weise möglich, daß der eine die Gewalt anwendet, während der andere die sexuelle Handlung vornimmt. Nach vollendeter sexueller Handlung durch einen Mittäter ist die Tat für denjenigen daher ebenfalls vollendet, der sich an der Nötigungshandlung beteiligt hat, selbst den Sexualkontakt aber nur versucht (BGH NStE § 177 **Nr. 10**).

VI. Abs. 2 sieht für **besonders schwere Fälle** eine erhöhte Mindeststrafe von zwei Jahren vor, **18** wobei das Gesetz in Nr. 1, 2 zwei **Regelbeispiele** nennt (allgemein zu diesen 44 ff. vor § 38). Auch außerhalb der Regelbeispiele kann ein besonders schwerer Fall vorliegen, zB wenn die Vergewaltigung nach Nr. 1 nur in das Versuchsstadium gelangt (vgl. u.), der Täter das Opfer zum Beischlaf usw mit Dritten nötigt oder die Tat gegenüber einem Kind begangen wird (vgl. Wetzel aaO 200). Auf der anderen Seite kann trotz Verwirklichung der Voraussetzungen des Abs. 2 Nr. 1 oder 2 ein besonders schwerer Fall zu verneinen sein, wenn das Tatbild aufgrund einer Gesamtabwägung von Tat und Täter nicht die erforderliche Schwere erreicht (vgl. BGH StV **98**, 76); hierfür sind dieselben Gesichtspunkte maßgeblich, die früher gem. § 177 II a. F. für die Annahme eines minder schweren Falles der Vergewaltigung heranzuziehen waren (s. auch Mildenberger aaO 16 ff., Renzikowski NStZ 99, 381) und die jetzt für die Prüfung des § 177 V n. F. von Bedeutung sind (vgl. dazu sowie zur Frage, ob bei Verwirklichung eines Regelbeispiels über die Verneinung eines besonders schweren Falles hinaus auch ein minder schwerer Fall nach Abs. 5 angenommen werden kann, u. 33). Insbesondere für Nr. 1, aber auch für Nr. 2, stellt sich weiterhin die Frage, ob und in welchem Umfang die **Versuchsregeln** anwendbar sind. Wie bei § 243 (vgl. § 243 RN 44; s. auch Renzikowski NStZ 99, 382) gilt folgendes: Ist die Tat nach Abs. 1 vollendet, das Regelbeispiel aber nur in das Versuchsstadium gelangt, so liegt insgesamt nur eine vollendete einfache sexuelle Nötigung vor, es sei denn die Tat stellt sich aufgrund der konkreten Umstände als sonstiger besonders schwerer Fall dar (BGH NJW **98**, 2987; and. Tröndle/Fischer 23 a u. wohl auch Horn SK 26 a). Wird hingegen die Tat nach Abs. 1 nur versucht, so kommt ein besonders schwerer Fall aufgrund eines Regelbeispiels nur im Falle von dessen Vollendung (die insoweit lediglich bei Nr. 2 möglich ist; and. Tröndle/Fischer 23 a) in Betracht, nicht aber, wenn auch das Regelbeispiel im Versuchsstadium stecken geblieben ist (insoweit and. BGH NJW **98**, 2987, Horn SK 26 a, Lackner/Kühl 11); ein sonstiger besonders schwerer Fall bleibt freilich auch dann möglich (vgl. § 243 RN 44 sowie Renzikowski NStZ 99, 382 RN 72). Da ein „Versuch eines besonders schweren Falles" somit nicht möglich ist, entfällt auch eine entsprechende Anwendung der Rücktrittsregeln (and. Horn SK 26 a, Lackner/Kühl 11; BGH NStZ-RR **98**, 104 betrifft insoweit nur § 177 Abs. F.).

19 1. Ein besonders schwerer Fall liegt nach **Nr. 1** in der Regel bei einer **Vergewaltigung** vor.

20 a) Erforderlich ist, daß der Täter mit dem Opfer den **Beischlaf vollzieht** oder **ähnliche sexuelle Handlungen** an dem Opfer vornimmt oder an sich von ihm vornehmen läßt, die dieses **besonders erniedrigen**, wobei das Gesetz konkretisierend darauf hinweist, daß solche Handlungen insbesondere dann vorliegen, wenn sie mit einem **Eindringen in den Körper** verbunden sind (s. auch BT-Drs. 13/7324, S. 6). Diese – kriminalpolitisch notwendige (vgl. Mildenberger aaO 12 f. mwN) – Ausdehnung des alten Vergewaltigungsbegriffes führt freilich wegen der Unbestimmtheit des „besonders Erniedrigen" zu nicht geringen Unsicherheiten bei der Rechtsanwendung (s. auch Mildenberger aaO 14 f.). Im einzelnen ist zu differenzieren: Wird der Beischlaf vollzogen (vgl. § 173 RN 3), so ist das Regelbeispiel verwirklicht. Im übrigen muß – im Unterschied zu § 176 a I Nr. 1 (vgl. dort RN 3) – anhand der konkreten Umstände geprüft werden, ob das Opfer im Einzelfall besonders erniedrigt wurde (vgl. auch Tröndle/Fischer 20; and. Renzikowski NStZ 00, 368). Das wird im Fall des Eindringens des männlichen Glieds in den Anus oder Mund des Opfers stets anzunehmen sein; ein Einführen anderer Körperteile oder Gegenstände in den Körper des Opfers oder das Einführen von Körperteilen des Opfers oder Gegenständen in den Körper des Täters ist hingegen je nach Art und Intensität der Beeinträchtigung u. U. auch ohne besondere Erniedrigung des Opfers denkbar (so BGH NJW **00**, 672 m. abl. Anm. Renzikowski NStZ 00, 367 [Eindrücken des Fingers in die mit dem Badeanzug bedeckte Scheide], Renzikowski NStZ 99, 381 [Zungenkuß]; Vergewaltigung wurde jedoch bejaht von BGH NStZ-RR **99**, 325 Nr. 24 [Einführen eines Fingers in den After], 25 [Manipulation an und in der Scheide], NStZ **00**, 254 [3 StR 524/99] u. LG Augsburg NStZ **99**, 307 [vollständiges Eindringen des Fingers in die Scheide]). Sonstige sexuelle Handlungen, die nicht mit dem Eindringen in den Körper verbunden sind, fallen schließlich zwar – im Gegensatz zu § 176 a I Nr. 1 – nicht von vornherein aus dem Anwendungsbereich der Nr. 1 heraus (s. auch Renzikowski NStZ 99, 381, 00, 368), müssen aber einen hohen Erheblichkeitsgrad aufweisen, damit man von einer vergleichbaren besonderen Erniedrigung des Opfers sprechen kann.

21 b) Der Täter muß die besonders erniedrigende sexuelle Handlung **„an" dem Opfer** vornehmen oder von diesem **„an sich"** vornehmen lassen. Im Gegensatz zu § 177 a. F. genügt es daher nicht, wenn der Täter das Opfer zum Beischlaf usw mit einem Dritten nötigt; es muß vielmehr zu einem unmittelbaren Körperkontakt zwischen Täter und Opfer kommen (BGH NJW **99**, 2909, NStZ **00**, 418; s. auch o. 12 u. § 184 c RN 18 f.). Fehlt es daran, so bleibt die Annahme eines sonstigen besonders schweren Falles möglich.

22 c) **Vollendet** ist die Vergewaltigung, sobald sich die bereits vollzogenen sexuellen Handlungen als besonders erniedrigend darstellen, auch wenn das eigentliche Ziel des Täters darüber hinausreicht. Dies wird regelmäßig schon mit dem Beginn des Eindringens in den Körper des Opfers der Fall sein (zum Beischlaf vgl. § 173 RN 3). Eine Straferhöhung ist hingegen ausgeschlossen, wenn das Opfer nach Beginn der Tatausführung nach Abs. 1, durch entsprechende Handlungen des Täters sexuell erregt, ohne Nachwirkung der Nötigung in den Beischlaf usw. einwilligt. Andererseits ist auch für einen besonders schweren Fall nicht erforderlich, daß das Opfer bis zum Beischlaf usw. äußerlich Widerstand leistet, da die vorausgegangene Anwendung von Zwangsmitteln bis zu diesem Zeitpunkt fortwirken kann (vgl. BGH NStZ **81**, 344, **83**, 168, **85**, 71, **95**, 244, MDR/D **74**, 722, MDR/H **76**, 812, Laufhütte LK 14). Aus diesem Grund kann auch aus der bloßen Duldung des Beischlafs nach vorausgegangener Gewalt nicht ohne weiteres auf ein Einverständnis geschlossen werden (BGH GA **75**, 84; zur Abgrenzung zwischen Duldung und Einwilligung vgl. auch BGH MDR/D **53**, 147); doch kann es hier am Vorsatz der Vergewaltigung fehlen, wenn der Täter aus der Aufgabe des äußeren Widerstands auf die freiwillige Hingabe schließt (vgl. BGH MDR/D **73**, 191, MDR/H **76**, 812, Laufhütte LK 15).

23 d) Entgegen der sonstigen Praxis zu Regelbeispielen für besonders schwere Fälle (vgl. K/Meyer-Goßner, StPO § 260 RN 25) ist im **Schuldspruch des Urteils** auf „Vergewaltigung" zu erkennen, da das Gesetz diese betreffenden Handlungen ausdrücklich als solche bezeichnet und dies auch in der Überschrift zu § 177 zur Geltung bringt (BGH NJW **98**, 2987, NStZ-RR **99**, 78, Horn SK 26 b, Lenckner NJW 97, 2802, Mildenberger aaO 11, Tröndle/Fischer 20; and. Bittmann/Merschky NJ **98**, 463 [„sexuelle Nötigung in einem besonders schweren Fall; Vergewaltigung"]; s. auch Renzikowski NStZ 99, 382). Dies gilt auch dann, wenn trotz Verwirklichung des Regelbeispiels ein besonders schwerer Fall verneint wird (BGH NStZ-RR/P **99**, 353 Nr. 32; and. LG Berlin NJ **98**, 382 mit krit. Anm. Mildenberger) oder wenn die Tat zusätzlich nach Abs. 3 oder 4 qualifiziert ist (vgl.

BGH NStZ-RR/P **99**, 355 Nr. 40, Renzikowski NStZ 99, 382). Da ein „Versuch eines besonders schweren Falles" bei einer Tat, die nach Abs. 1 vollendet ist, nicht möglich ist, weiterhin eine nach Abs. 1 versuchte Tat nicht aufgrund eines ebenfalls nur in das Versuchsstadium gelangten Regelbeispiels zu einem besonders schweren Fall wird und außerdem eine Vollendung von Abs. 2 Nr. 1 bei lediglich versuchter Tat nach Abs. 1 nicht denkbar ist (vgl. o. 18), kommt dagegen eine Verurteilung wegen „versuchter Vergewaltigung" nicht in Betracht (and. BGH NJW **98**, 2987: zwar keine Verurteilung wegen „versuchter Vergewaltigung" bei vollendetem Abs. 1 und versuchtem Regelbeispiel [zustimmend BGH StV **99**, 372, Lackner/Kühl 11], wohl aber bei versuchtem Abs. 1 und versuchtem Regelbeispiel; noch weitergehend Horn SK 26 b, Tröndle/Fischer 23 a: auch bei vollendetem Abs. 1 und versuchtem Regelbeispiel Verurteilung wegen „versuchter Vergewaltigung").

2. Ein besonders schwerer Fall liegt weiterhin nach **Nr. 2** in der Regel vor, wenn die Tat **von mehreren gemeinschaftlich** begangen wird. Der gesteigerte Unrechtsgehalt liegt hier – im Unterschied zu § 176a I Nr. 2 (vgl. dort RN 4) – in der verminderten Verteidigungsmöglichkeit des Opfers, das sich mehreren Angreifern gegenüber sieht und der erhöhten Gefährlichkeit sich gegenseitig stimulierender Täter (vgl. BT-Drs. 13/7324 S. 6). Wie bei § 176a I Nr. 2 ist Mittäterschaft erforderlich (vgl. dort RN 4 sowie BGH NJW **99**, 2910, Renzikowski NStZ 99, 382), wobei aber nicht jeder Mittäter eigenhändig Gewalt usw anwenden (vgl. BGH aaO) oder eigenhändig eine sexuelle Handlung vornehmen muß. An der besonderen Schwere und Gefährlichkeit gemeinschaftlicher Tatbegehung fehlt es jedoch, wenn sich einer von zwei Mittätern lediglich auf Vorbereitungshandlungen (oder als Garant auf untätiges Geschehenlassen) beschränkt oder bei der Tatbegehung nicht am Tatort anwesend ist (Horn SK 27; teilw. and. Renzikowski NStZ 99, 382, Tröndle/Fischer 22; vgl. auch § 224 RN 11).

VII. Die durch das 6. StrRG eingefügten **Abs. 3 und 4** enthalten **Qualifikationen** der sexuellen Nötigung und Vergewaltigung, die in Voraussetzungen und Rechtsfolgen weitgehend denjenigen des § 250 entsprechen (vgl. BT-Drs. 13/9064 S. 12f.). Wenngleich das Anliegen des Gesetzgebers berechtigt ist, Nötigungen mit dem Ziel sexueller Handlungen nicht milder zu bestrafen als Nötigungen mit dem Ziel der Wegnahme fremder Sachen, hat doch die schlichte Übertragung der Raubqualifikationen auf den durch das 33. StÄG reformierten § 177 zu Ungereimtheiten geführt, die eine durchgängige Stufung des Unrechts- und Schuldgehalts nicht immer hinreichend deutlich werden lassen (vgl. auch DSNS-Nelles 69). Insbesondere fehlt eine Abstimmung gegenüber der Strafzumessungsvorschrift in Abs. 2: Zum einen wird die Unterscheidung zwischen sexueller Nötigung und Vergewaltigung in Abs. 3 und 4 völlig aufgegeben (um dennoch wenigstens im Schuldspruch zum Ausdruck zu bringen, daß es sich um eine „Vergewaltigung" handelt, müssen auch hier die Voraussetzungen des – eigentlich nicht mehr anwendbaren – Abs. 2 Nr. 1 geprüft werden; vgl. BGH NStZ **00**, 254 [3 StR 363/99]; s. auch BGH NStZ-RR/P **99**, 355 Nr. 40, Renzikowski NStZ 99, 383 sowie u. 28); zum anderen ist nicht ohne weiteres erkennbar, warum die Erzwingung besonders erniedrigender sexueller Handlungen oder die gemeinschaftliche Tatbegehung durch mehrere weniger schwerwiegend sein soll als die einfache sexuelle Nötigung nach Abs. 1 durch einen Einzeltäter, der bei der Tat ein ungefährliches Mittel in Verwendungsabsicht bei sich führt (vgl. Abs. 3 Nr. 2). Um dem Unrechts- und Schuldgehalt der Tat im Einzelfall gerecht zu werden, müssen deshalb die durch Abs. 5 erweiterten Möglichkeiten der Strafzumessung weit ausgeschöpft werden (vgl. u. 26). Im Schuldspruch findet die Anwendung von Abs. 3 und 4 – im Unterschied zu Abs. 2 Nr. 1 und zu § 250 – keine Berücksichtigung (BGH NStZ **00**, 254 [3 StR 524/99]).

1. Abs. 3 erhöht die Strafe auf Freiheitsstrafe nicht unter 3 Jahren. Im Unterschied zu den §§ 244, I Nr. 1 a u. b, 250 I Nr. 1 gilt die Strafschärfung nur, wenn die entsprechenden Merkmale durch einen Täter iSd Abs. 1 (auch Mittäter, der nicht eigenhändig Gewalt usw anwendet und/oder die sexuelle Handlung vornimmt; s. auch o. 15 ff. u. Renzikowski NStZ 99, 382f., Tröndle/Fischer 25) verwirklicht werden. Zu **Nr. 1** (**Beisichführen** einer **Waffe** oder eines anderen **gefährlichen Werkzeugs**) und **Nr. 2** (**Beisichführen** eines sonstigen **Werkzeugs** oder **Mittels, um den Widerstand einer anderen Person durch Gewalt oder Drohung mit Gewalt zu verhindern oder zu überwinden**) vgl. § 244 RN 2ff., 11ff., § 250 RN 4ff., 14ff. (zur Übertragbarkeit der zu § 250 entwickelten Grundsätze auf § 177 III und IV vgl. BGH NStZ **99**, 242). Bei Nr. 2 stellt sich außerdem das Problem, daß das Beisichführen (auch Verwenden) eines ungefährlichen Werkzeugs oder Mittels den Unrechtsgehalt des Grundtatbestands des Abs. 1 im allgemeinen nur wenig erhöht. Zur Vermeidung unangemessen hoher Strafen, die mit dem Tatschuldprinzip nicht vereinbar wären, muß deshalb verstärkt auf die Möglichkeit der Strafmilderung nach Abs. 5 zurückgegriffen werden. Ansonsten wären auch Wertungswidersprüche gegenüber Abs. 2 nicht zu vermeiden, dessen Regelbeispiele trotz der milderen Strafdrohung keinen erkennbar geringeren Unrechtsgehalt als die Qualifikation des Abs. 3 Nr. 2 aufweisen. Nach **Nr. 3** gilt die Strafschärfung schließlich ebenfalls, wenn der Täter das Opfer **durch die Tat**, d. h. durch die Gewalt, Drohung, Nötigung unter Ausnutzen einer schutzlosen Lage oder die sexuelle Handlung, in die konkrete **Gefahr einer schweren Gesundheitsschädigung** (vgl. dazu § 225 RN 21) bringt. Für den **subjektiven Tatbestand** ist **Vorsatz** erforderlich; bedingter Vorsatz genügt. Dies gilt auch für die Gefahr in Nr. 3, auch wenn diese als besondere Folge iSd § 18 darstellt (ebenso Lackner/Kühl 11, Renzikowski NStZ 99, 383, Tröndle/Fischer 27; and. Horn SK 31).

2. Abs. 4 erhöht die Strafe auf Freiheitsstrafe nicht unter 5 Jahren, wenn der Täter bei der Tat eine **Waffe** oder ein anderes **gefährliches Werkzeug verwendet** (**Nr. 1**; vgl. dazu § 250 RN 27 ff. sowie

§ 177 28, 29   Bes. Teil. Straftaten gegen die sexuelle Selbstbestimmung

BGH NStZ **00**, 254 [3 StR 363/99 u. 3 StR 524/99], 419, NStZ-RR/P **99**, 355 Nr. 39), **das Opfer** bei der Tat **körperlich schwer mißhandelt** (**Nr. 2a**; vgl. dazu § 176a RN 12) oder dieses durch die Tat in die **konkrete Gefahr des Todes** bringt (**Nr. 2b**; vgl. dazu § 250 RN 34). Bei Nr. 2b muß sich der **Vorsatz** des Täters auf die konkrete Todesgefahr beziehen (ebenso Lackner/Kühl 11, Renzikowski NStZ 99, 384, Tröndle/Fischer 31; and. Horn SK 34).

28   **VIII. Konkurrenzen.** Bei mehrfacher Vornahme sexueller Handlungen unter Ausnutzung einer einheitlichen, während des gesamten Geschehens fortwirkenden Gewaltanwendung liegt eine Tat nach § 177 vor (BGH NJW **99**, 1041, NStZ-RR **99**, 293; and. BGH NStZ-RR/P **99**, 326 Nr. 26, 27 und für das alte Recht BGH MDR/H **81**, 99, NStZ **85**, 546, NStZ/Mie **96**, 123 Nr. 25, 30, **97**, 178 Nr. 17, 18, sowie – auch für das neue Recht – Lackner/Kühl 14, Tröndle/Fischer 36: Tateinheit; vgl. auch BGH NStZ **00**, 419 f., NStE § 52 **Nr. 22** [von mehreren Mittätern im Rahmen eines Gesamtgeschehens angewandte und andauernde Gewalt]); dasselbe gilt für die gleichzeitige Anwendung mehrerer Nötigungsmittel (vgl. BGH **44**, 231: Gewalt und Ausnutzen einer schutzlosen Lage). Eine fortbestehende schutzlose Lage iSd Abs. 1 Nr. 3 kann hingegen zwei auf getrennten Tatentschlüssen beruhende sexuelle Handlungen nicht zu einer Tat verbinden (BGH NStZ **99**, 505; offen gelassen in NStZ **00**, 419 f.). Wird im Rahmen einer Tat ein Regelbeispiel verwirklicht, werden beide Regelbeispiele gleichzeitig verwirklicht oder ist sonst bei mehrfachen sexuellen Handlungen ein besonders schwerer Fall anzunehmen, so handelt es sich nur um eine sexuelle Nötigung im besonders schweren Fall oder – sofern auch nur einmal Abs. 2 Nr. 1 verwirklicht wurde – um eine Vergewaltigung (vgl. BGH NJW **99**, 1041, Lackner/Kühl 14, Tröndle/Fischer 38). Tateinheit zwischen vollendeter sexueller Nötigung und versuchter Vergewaltigung ist – im Gegensatz zum früheren Recht – nicht mehr möglich (vgl. o. 18; ebenso Lackner/Kühl 14, Tröndle/Fischer 38; and. Horn SK 26 b). Bei sexuellen Handlungen gegenüber verschiedenen Opfern ist dagegen Tateinheit anzunehmen, wenn diese durch dieselbe Nötigungshandlung zu deren Duldung oder Vornahme gezwungen wurden (BGH NStZ **00**, 419 f., NStZ/Mie **92**, 177, **93**, 225, **94**, 224, NStZ-RR **98**, 104, **00**, 139, NStZ-RR/P **99**, 326 Nr. 28). Fortsetzungszusammenhang zwischen mehreren Vergewaltigungen ist ausgeschlossen (BGHR § 177 Serienstraftaten 2, vgl. auch BGH **40** 166; zu den Anforderungen an das Urteil bei Serienstraftaten BGH NJW **94**, 2557, BGHR § 177 Serienstraftaten 1, 2, § 177 I, Serienstraftaten 1, § 178 I, Mindestfeststellungen 1, BGH **42** 107). Ein Dauerdelikt nach § 239 kann wegen seines geringeren Unwerts nicht zwei sexuelle Nötigungen tateinheitlich miteinander verbinden (BGH NStE § 177 **Nr. 12**), wohl aber ein Verbrechen nach § 239 III o. IV (vgl. BGH NStZ-RR **98**, 234, NStZ-RR/J **98**, 324 Nr. 20 zu § 239 a. F.). Wird eine Qualifikation der Abs. 3 o. 4 verwirklicht, so ist dies im Schuldspruch durch Umschreibung des jeweiligen Gehalts zu kennzeichnen (Tröndle/Fischer 38); Abs. 2 geht in diesem Fall in der Qualifikation auf, doch ist die Tat bei Verwirklichung von Nr. 1 als „Vergewaltigung" zu bezeichnen (vgl. o. 25). Auch wenn bei derselben Tat mehrere Strafschärfungsgründe vorliegen, handelt es sich insgesamt nur um eine „sexuelle Nötigung" oder „Vergewaltigung" (vgl. 250 RN 35). Abs. 3 wird durch Abs. 4, § 177 insgesamt durch § 178 verdrängt (and. Tröndle/Fischer 38 sowie hier § 251 RN 10 für das Verhältnis von § 251 zu § 250); Tateinheit zwischen vollendeter Tat nach Abs. 1, 2 und versuchter Tat nach Abs. 3, 4 oder § 178 ist hingegen möglich (ebenso Lackner/Kühl 14). Zum Verhältnis von § 177 a. F. zu § 178 a. F. vgl. die 25. A. sowie BGH NStZ-RR **97**, 354 [2 StR 129/97]. Zu den Anforderungen an die Anklageschrift bei Serienvergewaltigungen vgl. BGH NStZ **99**, 520 (s. auch § 176 RN 20).

29   Im **Verhältnis zu anderen Tatbeständen** ist Idealkonkurrenz mit §§ 174–174c (vgl. BGH NStZ **97**, 337), 176–176b möglich, u.U. auch mit § 180b II Nr. 1 (BGH NStZ **99**, 311), § 181 I Nr. 1 (BGH NStZ-RR/P **99**, 356 Nr. 47, MDR/H **83**, 984), § 181 I Nr. 2 (BGH NJW **94**, 1015), § 182 (dort RN 16), ferner mit § 211 (vgl. BGHR § 52 I Handlung, dieselbe 22), § 218 (vgl. BGH NStZ **94**, 225) und mit den §§ 223 ff. (BGH GA **56**, 317, NJW **63**, 1683, NStZ/Mie **95**, 224, NStZ-RR/J **98**, 325 Nr. 21, 22, Frankfurt NJW **67**, 2076), sofern das Opfer über die im Vollzug des Geschlechtsverkehrs liegende unangemessene Behandlung hinaus körperlich mißhandelt wird; gegenüber Abs. 4 Nr. 2a tritt § 223 jedoch zurück. § 179 tritt hinter § 177 zurück (vgl. § 179 RN 10). Zum Verhältnis zu § 185 vgl. dort RN 20. Den §§ 239, 239a, 240, 241 geht § 177 vor, es sei denn, daß die Beeinträchtigung der Freiheit über das zur Verwirklichung der sexuellen Nötigung Erforderliche hinausgeht; in diesem Fall besteht Ideal- oder Realkonkurrenz (BGH **18** 26, **28** 19, NStZ **88**, 70, **99**, 83, NStZ-RR **97**, 292, GA **75**, 84, **77**, 306, MDR/D **56**, 144, **71**, 721, MDR/H **91**, 1021, LM **Nr. 8**, NStE § 177 **Nr. 14**, § 178 **Nr. 10**, BGHR § 177 I Beweiswürdigung 10, Konkurrenzen 2, 5, 10, 11, 12, § 178 Konkurrenzen 3, § 239 I, Konkurrenzen 7, NStZ/Mie **92**, 227, **93**, 226, **94**, 225, **95**, 224, **97**, 179 Nr. 21a, Koblenz VRS **49** 347; vgl. auch BGH NJW **64**, 1630). Ebenso kann Idealkonkurrenz mit § 239b bestehen (vgl. dort RN 20) und, wenn die Entführung mit einem PKW begangen wird, auch mit § 21 StVG, §§ 315c, 316 (BGH MDR/H **82**, 102, VRS **65** 133, **66** 443); ferner mit § 316a (BGH VRS **60** 102). Tateinheit mit § 249 besteht, wenn die Duldung der Wegnahme und der sexuellen Handlung durch dasselbe Nötigungsmittel erzwungen werden (zB fortwirkende Drohung; vgl. BGH NStE § 177 Nr. 52, NStZ/Mie **93**, 226, **94**, 225, **95**, 224 **98**, 187 Nr. 33 u. zu § 255 BGH NStE § 52 **Nr. 45**). Zur Möglichkeit von Tateinheit bei teilweiser Identität der Ausführungshandlungen vgl. BGHR § 177 I Konkurrenzen 7, aber auch BGH MDR/H **79**, 987.

IX. Strafzumessung. 1. Die zu §§ 177, 178 a. F. entwickelten Grundsätze sind sinngemäß auch 30 auf § 177 n. F. anzuwenden. Danach verstößt eine Strafschärfung, weil der Täter unter Voranstellung seiner egoistischen Wünsche massiv das Selbstbestimmungsrecht der Frau verletze (BGH StV **87,** 62, NStZ/D **91,** 274), mit der Tat seine Mißachtung gegen die Persönlichkeit des Opfers zum Ausdruck bringe oder es zum Sexualobjekt erniedrige, gegen das Doppelverwertungsverbot, wenn nicht besonders demütigende Umstände hinzukommen (BGH NStZ **00,** 366, NStZ/M **83,** 164, NStZ/T **86,** 496; vgl. auch BGHR § 177 I Strafzumessung 1 zum „Durchschnittsfall"). Dasselbe gilt für eine Strafschärfung, die mit der Gegenwehr des Opfers (BGH NStZ/Mie **97,** 179 Nr. 19), der Unfreiwilligkeit eines Rücktritts (BGH NStZ/Mie **97,** 179 Nr. 20) oder damit begründet wird, daß der Täter – sofern damit keine die Normalfälle der sexuellen Nötigung übersteigende Gewaltanwendung verbunden ist – grob vorgegangen sei (BGH NStZ-RR/J **98,** 326 Nr. 29, StV **87,** 195, BGHR § 177 I Strafzumessung 4) oder daß ihm deutlich gemacht werden müsse, er kein Recht darauf habe, mit Gewalt gegen eine hilf- und wehrlose Frau vorzugehen (BGH NStZ/T **86,** 157; vgl. auch BGHR § 177 I Strafzumessung 9). Weil das bloße Fehlen eines Strafmilderungsgrundes nicht strafschärfend berücksichtigt werden darf, kann eine Strafschärfung nicht darauf gestützt werden, daß das Opfer keinen Anlaß zu der Tat bzw. zur Annahme eines Einverständnisses gegeben oder der Täter sich nicht in einem „sexuellen Notstand" befunden habe (vgl. BGH StV **93,** 132, MDR **80,** 240, NStZ/M **83,** 163, NStZ/T **86,** 496, wobei allerdings zweifelhaft ist, ob der letztere überhaupt ein Strafmilderungsgrund sein kann [so aber BGHR § 177 II Strafrahmenwahl 4, Laufhütte LK 18; krit. dazu Sick aaO 236 ff., ZStW 103, 94 ff., MschrKrim 95, 290 f.]). Kein Strafschärfungsgrund ist auch eine durch die Tat verursachte Gonorrhöe-Infektion, die für den Täter nicht vorausehbar war (NStZ/Mie **96,** 123 Nr. 26), oder daß sich die Ehefrau des Täters in der Nachbarwohnung aufhielt (Köln NJW **82,** 2613). *Strafschärfend* können dagegen berücksichtigt werden: überdurchschnittliche Folgen der Tat, insbes. eine anhaltende seelische Beeinträchtigung (BGH NStE § 46 **Nr. 55**), die besondere Rücksichtslosigkeit des Vorgehens (BGHR § 177 I Strafzumessung 9), die Heimtücke der das Opfer von vornherein jeder Möglichkeit einer Gegenwehr beraubenden Begehungsweise (vgl. BGH NStE § 177 **Nr. 17**), die Verletzung des dem Täter entgegengebrachten Vertrauens, die besonders demütigende Behandlung des Opfers (auch außerhalb von Abs. 2 Nr. 1) oder die besondere Brutalität der Tatausführung (sofern diese nicht eine nach Abs. 4 erhöhte Strafe begründet und ihre zusätzliche Berücksichtigung gegen das Doppelverwertungsverbot verstieße; s. auch BGHR § 177 I Strafzumessung 13: keine strafschärfende Wirkung, wenn die Brutalität Folge einer alkoholbedingten Minderung der Hemmungsfähigkeit ist). Auch beim Versuch ist die besondere Intensität zu berücksichtigen, mit welcher der Täter zur Erreichung seines Ziels vorgegangen ist (BGH NStZ/D **95,** 488). Zur straferschwerenden Berücksichtigung idealkonkurrierender Delikte vgl. zB BGH MDR/H **93,** 405 (wegen Fehlens eines Strafantrags nicht mehr verfolgbare Entführung als strafschärfende Modalität der Vergewaltigung), BGHR § 178 Strafzumessung 1 (Vielzahl von Taten nach §§ 173, 174), BGHR § 46 II Vorleben 14 (nicht ausreichend der bloße Verdacht der Begehung weiterer Taten). *Strafmildernd* kann von Bedeutung sein, daß der Täter vor der Tat aufgrund des Verhaltens des Tatopfers mit einverständlichem Sexualkontakt gerechnet hatte (BGH StV **93,** 132, **97,** 634) oder dieses grundsätzlich zu sexuellen Handlungen bereit war (BGH NStZ/D **95,** 488, NStZ/Mie **96,** 123 Nr. 27, **28**), daß es sich um eine spontane Gelegenheitstat unter Bekannten handelt (vgl. Laufhütte LK 18 mwN) oder wenn das Opfer nach der Tat zum Täter mit Heiratsabsicht zurückkehrt (BGHR § 177 I Strafzumessung 13), wohl auch die Verurteilung zu Schmerzensgeld (vgl. BGHR vor § 1/minderschwerer Fall, Gesamtwürdigung, unvollständige 8 u. dazu Laufhütte aaO; umgekehrt zur Bemessung des Schmerzensgeldes bei einer nur milden Freiheitsstrafe vgl. BGH MDR/H **93,** 408), nur in engen Grenzen aber – wenn überhaupt – das Bestehen eines „sexuellen Notstands" (s. o.); vgl. im übrigen auch u. 32. Die Mindeststrafe darf auch bei Vorliegen mehrerer Erschwerungsgründe verhängt werden, wenn die strafmildernden Umstände so überwiegen, daß jene nicht mehr ins Gewicht fallen, andererseits aber auch kein minderschwerer Fall nach Abs. 5 vorliegt (BGH NStZ **84,** 117, 410, **88,** 497); doch darf in einem Fall mittlerer Schwere die Mindeststrafe nicht deshalb verhängt werden, weil diese relativ hoch ist (BGH NStZ **84,** 117). Zur Strafzumessungspraxis vgl. näher Zschockelt aaO.

2. Zum **besonders schweren Fall** nach **Abs. 2** vgl. o. 18 ff. Soweit es sich um eine Vergewal- 31 tigung iSd Nr. 1 handelt, bleiben für die Strafzumessung innerhalb des verschärften Strafrahmens die zu § 177 a. F. entwickelten Grundsätze anwendbar. Danach verstößt eine Strafschärfung, die mit der Vollendung des Beischlafs begründet wird, gegen das Doppelverwertungsverbot (BGH StV **93,** 132). Kein Strafschärfungsgrund ist auch die ungeschützte Durchführung des Geschlechtsverkehrs, wenn dieser im Rahmen einer einverständlichen sexuellen Beziehung zwischen Täter und Opfer üblicherweise ungeschützt vollzogen wurde (BGH NStZ/Mie **98,** 133 Nr. 22, BGHR § 177 I Strafzumessung 10; s. auch BGH NStZ **99,** 505). *Strafschärfend* verwertet werden kann hingegen die mehrfache Verwirklichung des Regelbeispiels der Nr. 1 (BGH NJW **99,** 1041 [Erzwingung des Oralverkehrs neben dem Vaginalverkehr], Frankfurt NStE § 177 **Nr. 8** [mehrfache Vergewaltigung unter anhaltenden Drohungen und länger dauernder Gewaltanwendung]), das bestehende Risiko einer HIV–Infektion (BGH **37** 157, NStZ **99,** 505), nach der neueren Rspr. auch der ungeschützte Verkehr mit einer Ejakulation in die Vagina (BGH **37** 153 m. Anm. Grasnick JZ 91, 933, Neumann StV 91, 256, Weßlau StV 91, 259, ferner NStZ **99,** 505, BGHR § 177 I Strafzumessung 10, 11, NStZ/Mie **93,**

§ 177 32–34   Bes. Teil. Straftaten gegen die sexuelle Selbstbestimmung

225; and. noch BGH NStZ **85**, 215), wobei allerdings unklar ist, von welchen Umständen es abhängen soll, ob dem Täter „aus dieser Art der Tatausführung ein erhöhter Schuldvorwurf unter dem Gesichtspunkt der Gefahr unerwünschter Zeugung" gemacht werden kann (BGH NStZ/Mie **93**, 225; Empfängnisfähigkeit der Frau, gewollter oder – bei einer Vergewaltigung kaum vorstellbar – ungewollter Samenerguß?). Zum Zusammentreffen eines Regelbeispiels mit verminderter Schuldfähigkeit vgl. BGH StV **99**, 490.

32   3. Abs. 5 ermäßigt die Strafe in **minder schweren Fällen des Abs. 1** auf sechs Monate bis zu fünf Jahre, in **minder schweren Fällen der Abs. 3** und **4** auf Freiheitsstrafe von einem Jahr bis zu zehn Jahren.

33   a) Ein **minder schwerer Fall des Abs. 1** liegt vor, wenn bei einer Gesamtwürdigung von Tat und Täter das Tatbild einschließlich aller subjektiven Momente und der Täterpersönlichkeit vom Durchschnitt der erfahrungsgemäß vorkommenden Fälle so erheblich abweicht, daß die Anwendung des Ausnahmestrafrahmens geboten erscheint (BGH NStZ-RR **98**, 298; zu §§ 177, 178 a. F. vgl. zB BGH **29** 97, BGH NStZ **83**, 119, NStE § 177 **Nr. 11**, 17, EzSt **Nr. 3**, BGHR § 177 II Gesamtwürdigung 1, 3, Strafrahmenwahl 5, 6). Dabei ist zu differenzieren: Wurde *kein Regelbeispiel des Abs. 2* verwirklicht, so ist Abs. 5 nicht nur in ausgesprochenen Ausnahmefällen, beim Vorliegen einer Ausnahmetat oder außergewöhnlichen Umständen anwendbar; maßgebend ist vielmehr nur, „ob der Fall minderschwer wiegt" (BGHR § 178 II Strafrahmenwahl 2; s. auch BGH StraFo **99**, 279). In Betracht kommt ein solcher zB, wenn die sexuelle Handlung die Erheblichkeitsschwelle des § 184 c nur geringfügig übersteigt (Koblenz NJW **74**, 870, Horn SK 24), der Täter bereits sexuelle Beziehungen zum Opfer unterhalten hatte (zB BGH MDR **63**, 62, NStE § 177 **Nr. 34**; vgl. aber auch Sick aaO 239 ff., MSchrKrim **95**, 290 ff.), ein echtes Liebesverhältnis anstrebte (vgl. BGH MDR **63**, 62, EzSt **Nr. 2**, Lackner/Kühl 13, Laufhütte LK 18) oder das Opfer dem früheren sexuellen Mißbrauch keinen Widerstand entgegengesetzt hatte (BGHR § 177 II Strafrahmenwahl 6). Dasselbe gilt, wenn das Opfer Anlaß zu der Tat gegeben hat (vgl. BGH NStE § 177 **Nr. 23**, 29, NStZ/T **86**, 153, Laufhütte LK 18, aber auch Sick aaO 242 f., MSchrKrim **95**, 291 ff.) – sozialadäquate Verhaltensweisen wie der Besuch mehrerer Gaststätten und die anschließende vertrauensvolle Einladung zu einer Tasse Tee im Elternhaus des Opfers genügen dafür aber nicht (Frankfurt NStE § 177 **Nr. 8**) –, wobei maßgebend ist, wie der Täter das Geschehen beurteilen durfte (LG Saarbrücken NStZ **81**, 222); daß er sich, ohne dazu berechtigten Anlaß zu haben, tatsächlich Hoffnung auf sexuelle Kontakte gemacht hat, genügt dagegen nicht (sehr weitgehend daher BGH StV **93**, 639). Auch verliert eine zunächst berechtigte Erwartungshaltung ihre Bedeutung bei einem sich über mehrere Stunden hinziehenden und durch ein besonders brutales Verhalten des Täters gekennzeichnetes Tatgeschehen (BGHR § 177 II Strafrahmenwahl 8; vgl. auch BGH NStZ-RR **98**, 298). Daß das Opfer eine Prostituierte ist, rechtfertigt für sich allein noch nicht die Annahme eines minderschweren Falles (vgl. BGH NStZ-RR/J **98**, 326 Nr. 30, MDR/D **71**, 985, Laufhütte LK 18; and. noch BGH MDR/D **73**, 555). Anderseits kann ein solcher nicht schon wegen des fehlenden Einverständnisses des Opfers in die sexuelle Annäherung des Täters verneint werden (BGH StV **93**, 132). Gleiches gilt, wenn der Täter zwar bereits früher entsprechende Straftaten begangen hat, diese aber von den Opfern nicht angezeigt wurden, so daß es nicht zu einer Verurteilung kam, von der eine schulderhöhende Warnfunktion ausgehen konnte (BGH NStZ/Mie **98**, 133 Nr. 23). Bei mittäterschaftlicher Begehung ist Abs. 5 für Mittäter, die auf sexuelle Handlungen verzichten, wegen der auch hier erforderlichen Gesamtwürdigung nicht deshalb unanwendbar, weil Kennzeichen der Mittäterschaft die Arbeitsteilung ist (BGH NStZ/Mie **92**, 177); auch bei einem Gehilfen scheidet Abs. 5 nicht schon wegen der Schwere der Haupttat aus, vielmehr bedarf es hier einer eigenständigen Würdigung des Gehilfenbeitrags (BGH NStE § 177 **Nr. 28**). Zum Zusammentreffen mehrerer Milderungsgründe vgl. zB BGH NStZ **83**, 119, BGHR § 178 II Strafrahmenwahl 2; zur Anwendung des Abs. 5 bei verminderter Schuldfähigkeit bzw. beim Versuch vgl. BGH MDR/H **80**, 104, NStZ **82**, 246, **85**, 443, 546, 547, GA **86**, 120, **91**, 270, VRS **66** 443, NStE § 177 **Nr. 3**, § 24 Nr. 40, BGHR vor § 1/ minderschwerer Fall, Strafrahmenwahl 7, § 177 II, Strafrahmenwahl 2, 5, NStZ/D **93**, 176, NStZ/Mie **92**, 227, **93**, 225, aber auch § 50 RN 2 ff. Wurde hingegen ein *Regelbeispiel des Abs. 2 verwirklicht*, so ist die Annahme eines minder schweren Falles zwar nicht völlig ausgeschlossen, aber doch auf seltene Ausnahmefälle beschränkt (BGH NStZ-RR/J **98**, 321 Nr. 4, NStZ-RR/P **99**, 355 Nr. 42, StV **99**, 603, **00**, 307 f., Bittmann/Merschky NJ 98, 463, Lenckner NJW 97, 2802, Tröndle/Fischer 35; s. auch Schroeder JZ **99**, 829). Für die Anwendung des Sonderstrafrahmens des Abs. 5 genügt es hier nicht, daß das Tatbild lediglich vom Durchschnittsbild der das Regelbeispiel verwirklichenden Fälle abweicht; es muß sich vielmehr um einen Fall handeln, der bei einer Gesamtwürdigung von Tat und Täter mit dem durchschnittlichen Erscheinungsbild und Unwertgehalt einer sexuellen Nötigung iSd Abs. 1 nicht mehr vergleichbar ist. Die vorstehend genannten mildernden Gesichtspunkte können daher bei gleichzeitigem Vorliegen eines Regelbeispiels des Abs. 2 zwar zur Verneinung eines besonders schweren Falles führen, reichen jedoch für eine zusätzliche Strafmilderung nach Abs. 5 in aller Regel nicht aus; dies gilt insbesondere auch für diejenigen Fälle, bei denen nach § 177 II a. F. ein minder schwerer Fall der Vergewaltigung anzunehmen war (vgl. dazu die 25. A. RN 18).

34   b) Ob ein **minder schwerer Fall** der **Abs. 3 oder 4** vorliegt, kann demgegenüber nicht allein anhand eines Vergleichs des konkreten Tatbilds mit dem durchschnittlichen Tatbild der das jeweilige Qualifikationsmerkmal verwirklichenden Fälle beurteilt werden (and. BGH NStZ 00, 254 [3 StR 363/99], 418 NStZ-RR **99**, 293). Maßgeblich ist vielmehr auch das Gewicht des verwirklichten Qualifikationsmerkmals als solches, weshalb die Annahme eines minder schweren Falles in den Fällen des Abs. 3 eher möglich ist als in den Fällen des Abs. 4. Ist zugleich ein Regelbeispiel des Abs. 2 verwirklicht, so schließt dies die Anwendung von Abs. 5 zwar nicht grundsätzlich aus, steht dieser aber häufig entgegen; zumindest muß bei der Straffestsetzung die Untergrenze des Abs. 2 beachtet werden, wenn ohne die Qualifikation ein besonders schwerer Fall vorliegen würde (BGH NStZ **00**, 419). Bei Abs. 3 Nr. 2 muß außerdem berücksichtigt werden, daß – entgegen der Wertung des Gesetzgebers – der Tatschuldgehalt des Qualifikationsmerkmals häufig geringer ausfällt als derjenige der Regelbeispiele des Abs. 2 und die hohe Strafdrohung daher grundsätzlich nur für Fälle gerechtfertigt werden kann, in denen sich die Tat zugleich als besonders schwerer Fall iSd Abs. 2 darstellen würde (vgl. o. 26; krit. zur gesetzgeberischen Konzeption auch Renzikowski NStZ 99, 384).

X. Zur Zulässigkeit von **Führungsaufsicht** vgl. § 181 b; über die Möglichkeit einer freiwilligen 35 Kastration vgl. § 2 II KastrG v. 15. 8. 1969, BGBl. I 1143.

XI. Zum Ruhen der **Verjährung** bis zur Vollendung des 18. Lebensjahres des Opfers vgl. § 78 b 36 Nr. 1 u. dort RN 3.

§ 178 Sexuelle Nötigung und Vergewaltigung mit Todesfolge

Verursacht der Täter durch die sexuelle Nötigung oder Vergewaltigung (§ 177) wenigstens leichtfertig den Tod des Opfers, so ist die Strafe lebenslange Freiheitsstrafe oder Freiheitsstrafe nicht unter zehn Jahren.

I. Die Vorschrift entspricht § 177 III a. F. und § 177 IV idF d. 33. StÄG. Sie wurde durch das 1 6. StrRG hierher versetzt und in der Strafdrohung verschärft. Es handelt sich um eine **Erfolgsqualifizierung** der sexuellen Nötigung oder Vergewaltigung, die jedoch abweichend von § 18 wenigstens Leichtfertigkeit erfordert. Erforderlich ist der Tod des „Opfers", d. h. der zur Vornahme oder Duldung der sexuellen Handlung genötigten Person; der Tod eines Dritten, gegen den Gewalt verübt worden ist, genügt daher nicht (Horn SK RN 2).

1. Erforderlich ist, daß der Tod **durch die sexuelle Nötigung oder Vergewaltigung**, d. h. durch 2 die Gewaltanwendung, die Drohung, die Nötigung unter Ausnutzung einer schutzlosen Lage oder die sexuelle Handlung verursacht worden ist (vgl. 71 ff. vor § 13), wobei nach den Regeln der objektiven Erfolgszurechnung (vgl. 91 ff. vor § 13) als Verwirklichung gerade der grunddeliktsspezifischen Gefahr darstellen muß (vgl. § 18 RN 4). Dies ist z. B. der Fall, wenn das Opfer infolge eines Würgegriffs oder eines durch die Drohung ausgelösten Schocks stirbt (vgl. auch BGH **20** 269 [Lösen eines Schusses bei Bedrohung mit Pistole]). Nicht hierher gehört dagegen, weil solche Risiken heute vernachlässigt werden können, wenn das Opfer infolge der Schwangerschaft bei der Entbindung (vgl. Rengier, Erfolgsqualifizierte Delikte usw. [1986] 230) und wohl auch bei einem kunstgerecht durchgeführten Schwangerschaftsabbruch; jedenfalls dürfte es hier i. d. R. an der Leichtfertigkeit fehlen. Das gleiche gilt für den Selbstmord des Opfers, wobei hier aber bei einem Erwachsenen – im Unterschied zu § 176 b (vgl. dort RN 2) – schon die objektive Erfolgszurechnung zu verneinen ist, wenn der Suizid auf einer freiverantwortlichen Entscheidung beruht (vgl. Rengier aaO 196). Der Tod ist nicht durch die Tat selbst verursacht, wenn der Täter das Opfer erst im Anschluß an die Tat (§ 177), d. h. nach Beendigung der sexuellen Handlung, vorsätzlich tötet, auch wenn er dabei die fortdauernde Gewaltlage zur Tötungshandlung ausnutzt (BGH NStZ-RR **99**, 170; vgl. auch BGH MDR/D **69**, 16 zu § 178 a. F.). Für den Dritten, der die sexuelle Handlung vollzieht, aber nicht selbst Gewalt usw. anwendet, gilt § 178 zunächst, wenn er selbst Täter ist (vgl. § 177 RN 17); zur Anwendbarkeit des § 178 auf Teilnehmer im übrigen vgl. § 18 RN 7. Ausreichend ist es, wenn der Tod schon infolge eines Versuchs (Gewaltanwendung) eintritt (RG **69** 332, BGH MDR/D **71**, 363, Laufhütte LK 19; vgl. dazu § 18 RN 9), doch kommt hier eine Milderung nach § 23 II in Betracht. Dies gilt auch, wenn zweifelhaft bleibt, ob der Tod vor oder nach der sexuellen Handlung eingetreten ist, da dann nicht auszuschließen ist, daß nur ein Versuch vorlag (vgl. BGH MDR/D **71**, 363).

2. Zur **Leichtfertigkeit** vgl. § 15 RN 106 f., 205, ferner § 176 b RN 3. Sie kommt insbes. bei 3 besonders brutalem Vorgehen (z. B. Würgen am Hals; vgl. Renzikowski NStZ 99, 384, Tröndle/ Fischer 5) in Betracht, im allgemeinen nicht bei Tod infolge der Schwangerschaft oder bei der Entbindung. Kann die Art und Weise des Vorgehens des Täters nicht mehr eindeutig geklärt werden, so kann er auch nicht nach § 178 verurteilt werden (BGH NStE **Nr. 20**). Durch die Einfügung des Wortes **„wenigstens"** ist – im Unterschied zu § 177 III a. F. (vgl. dazu die 25. A. § 177 RN 14) – klargestellt, daß auch die **vorsätzliche** Herbeiführung des Todes vom Tatbestand erfaßt wird.

II. **Konkurrenzen.** §§ 222, 227 treten hinter § 178 zurück (and. BGH NStZ **00**, 420: Tateinheit 4 mit § 227), während mit §§ 176 b, 211 ff. Idealkonkurrenz möglich ist (vgl. entsprechend § 251 RN 9). Bei einfacher Fahrlässigkeit hinsichtlich des Todeseintritts kommt eine Strafbarkeit gem. § 177 IV Nr. 2 b (vgl. Horn SK 2) in Tateinheit mit §§ 222 oder 227 in Betracht.

5   III. Trotz Voranstellung der **lebenslangen Freiheitsstrafe** ist diese nicht regelmäßig, sondern nur in besonders schweren Fällen auszusprechen (vgl. entsprechend § 251 RN 11). Sie wird im wesentlichen nur bei vorsätzlicher Herbeiführung der Todesfolge in Betracht kommen (ähnlich Horn SK 5; s. auch. Renzikowski NStZ 99, 384 [bei Leichtfertigkeit niemals schuldangemessen]; and. Tröndle/Fischer 7 [keine Beschränkung auf vorsätzliche Herbeiführung]).

§ 179 Sexueller Mißbrauch widerstandsunfähiger Personen

(1) Wer eine andere Person, die
1. wegen einer geistigen oder seelischen Krankheit oder Behinderung einschließlich einer Suchtkrankheit oder wegen einer tiefgreifenden Bewußtseinsstörung oder
2. körperlich

zum Widerstand unfähig ist, dadurch mißbraucht, daß er unter Ausnutzung der Widerstandsunfähigkeit sexuelle Handlungen an ihr vornimmt oder an sich von ihr vornehmen läßt, wird mit Freiheitsstrafe von sechs Monaten bis zu zehn Jahren bestraft.

(2) Ebenso wird bestraft, wer eine widerstandsunfähige Person (Absatz 1) dadurch mißbraucht, daß er sie unter Ausnutzung der Widerstandsunfähigkeit dazu bestimmt, sexuelle Handlungen an einem Dritten vorzunehmen oder von einem Dritten an sich vornehmen zu lassen.

(3) **Der Versuch ist strafbar.**

(4) **Auf Freiheitsstrafe nicht unter einem Jahr ist zu erkennen, wenn**
1. der Täter mit dem Opfer den Beischlaf vollzieht oder ähnliche sexuelle Handlungen an ihm vornimmt oder an sich von ihm vornehmen läßt, die mit einem Eindringen in den Körper verbunden sind,
2. die Tat von mehreren gemeinschaftlich begangen wird oder
3. der Täter das Opfer durch die Tat in die Gefahr einer schweren Gesundheitsschädigung oder einer erheblichen Schädigung der körperlichen oder seelischen Entwicklung bringt.

(5) In minder schweren Fällen der Absätze 1, 2 und 4 ist auf Freiheitsstrafe von drei Monaten bis zu fünf Jahren zu erkennen.

(6) § 176a Abs. 4 und § 176b gelten entsprechend.

Schrifttum: Vgl. die Hinweise vor § 174.

1   I. Die Vorschrift wurde durch das 33. StÄG und das 6. StrRG wesentlich umgestaltet (vgl. Lenckner NJW 97, 2802, Otto Jura 98, 210 ff., Renzikowski NStZ 99, 384). Ihr **Zweck** ist der Schutz von Personen, die einen sexuellen Widerstandswillen nicht oder nicht sinnvoll fassen bzw. ihn körperlich nicht betätigen können (KG NJW 77, 817; vgl. ferner BT-Drs. VI/1522 S. 18, 13/8267 S. 8). Da das Opfer mit der Tat tatsächlich einverstanden sein kann, kann das **Rechtsgut** jedoch nur mit Einschränkungen in der freien sexuellen Selbstbestimmung (so aber zB Lackner/Kühl 1, Laufhütte 1, Tröndle/Fischer 1 a) gesehen werden (vgl. auch Horn SK 2).

2   II. Abs. 1 setzt voraus, daß der Täter eine zum Widerstand aus psychischen oder physischen Gründen unfähige Person zu sexuellen Handlungen mißbraucht.

3   1. Das Opfer muß **zum Widerstand unfähig** sein. Dies ist der Fall, wenn es gegenüber dem sexuellen Ansinnen des Täters keinen zur Abwehr ausreichenden Widerstandswillen bilden, äußern oder realisieren kann (BGH **32** 183, **36** 147, NJW **83**, 636 m. Anm. Geerds JR 83, 254, NStZ **81**, 139, **98**, 83, LG Mainz MDR **84**, 773, Lackner/Kühl 3, Otto II 341; zu § 176 Nr. 2 a. F. vgl. BGH MDR/D **58**, 13, **67**, 14, **68**, 728). Die Ausnutzung erheblich eingeschränkter Abwehrmöglichkeiten reicht hier nicht aus (BGH MDR/H **91**, 702; krit. Sick, Sexuelles Selbstbestimmungsrecht und Vergewaltigungsbegriff 1993, 274 f.). Die Widerstandsunfähigkeit kann eine psychische (Nr. 1) oder physische (Nr. 2) sein, je nachdem, ob die Fähigkeit der Willensbildung oder der Willensbetätigung betroffen ist. Um einen Dauerzustand braucht es sich dabei nicht zu handeln, wenn sie nur z. Z. der Tat besteht (vgl. BGH **36** 147).

4   a) Die Voraussetzungen der **psychischen Widerstandsunfähigkeit** nach **Nr. 1** werden seit dem 6. StrRG nicht mehr mit den Begriffen des § 20 umschrieben – mit Ausnahme der tiefgreifenden Bewußtseinsstörung –, sondern an die im Behindertenrecht übliche Terminologie angelehnt, ohne daß damit aber sachliche Änderungen beabsichtigt sind (vgl. BT-Drs. 13/8267 S. 8). Die Prüfung ist – wie in § 20 – zweistufig aufgebaut.

5   α) Erforderlich ist zunächst eine **geistige** oder **seelische Krankheit** oder **Behinderung** einschließlich einer **Suchtkrankheit** (vgl. dazu § 174 c RN 4) oder eine **tiefgreifende Bewußtseinsstörung**. Im Rahmen des § 179 haben diese Begriffe freilich eine andere Bedeutung als bei den §§ 20, 174c (vgl. Lackner/Kühl 4 u. zu § 179 a. F. Hanack NJW 74, 3 sowie hier 25. A. RN 4 f.): Während dort entsprechende Störungen Relevanz erlangen, wenn sie zum Ausschluß oder zur erheblichen Minderung der Einsichts- und Steuerungsfähigkeit bzw. zu einer spezifischen Abhängigkeit gegenüber Beratungs- Betreuungs- oder Behandlungspersonen führen können, geht es hier um den

Verlust der Widerstandsfähigkeit gegenüber fremden sexuellen Ansinnen. Der Begriff der *tiefgreifenden Bewußtseinsstörung* (vgl. § 20 RN 12 ff.) erfaßt hier daher nach dem Sinn der Vorschrift und abweichend von § 20 auch die Fälle der völligen Bewußtlosigkeit (zB Schlaf, Ohnmacht; vgl. BGH **38** 68, NStZ **00**, 140, MDR/H **83**, 280, Fahl Jura 98, 459, Lackner/Kühl 4, Laufhütte LK 5, M-Schroeder I 183, Tröndle/Fischer 5 sowie den Fall von OLG Zweibrücken NJW **86**, 2960, wo jedoch § 179 nicht erwähnt wird; and. Meyer-Gerhards JuS 74, 566). Nach BGH NJW **86**, 77 m.Anm. Keller JR **86**, 343, GA **77**, 145 soll auch die völlige Erschöpfung nach mehrfacher Vergewaltigung hierher gehören, doch dürfte dies eher ein Fall der körperlichen Widerstandsunfähigkeit sein (Horn SK 6). Dagegen gehören hierher auch die Fälle, in denen das Opfer infolge Überraschung, Schreck oder Schock keinen Widerstandswillen bilden oder äußern kann (vgl. BGH **36** 147 m. Anm. Hillenkamp NStZ 89, 529, dort allerdings i. V. mit einer besonderen Persönlichkeitsstruktur; and. Horn SK 6 [körperliche Widerstandsunfähigkeit]). Die *geistigen oder seelischen Krankheiten oder Behinderungen einschließlich Suchtkrankheiten*, die in der Sache weitgehend den in § 20 genannten Störungen entsprechen (vgl. näher § 174 c RN 4), müssen hingegen einerseits einen höheren Schweregrad erreichen als in § 174 c vorausgesetzt, weil die Abhängigkeit von Beratungs-, Betreuungs- oder Behandlungspersonen als solche noch nicht zur Widerstandsunfähigkeit gegenüber sexuellen Ansinnen führt (ebenso Tröndle/Fischer 7), andererseits ist aber auch keine so weitgehende Zerstörung oder Erschütterung des Persönlichkeitsgefüges erforderlich, wie sie von den §§ 20, 21 verlangt wird (ebenso Laufhütte LK vor RN 1). Eine nähere Konkretisierung ist jedoch auf dieser Stufe nicht erforderlich, sondern ergibt sich erst im Rahmen der Prüfung der zweiten Stufe (u. 6).

β) Zweitens müssen die genannten psychischen Störungen zur **Widerstandsunfähigkeit** gegenüber dem konkreten sexuellen Ansinnen des Täters geführt haben. Davon kann ohne weiteres ausgegangen werden, wenn die Willensbildung des Opfers infolge seines Zustandes überhaupt ausgeschlossen war (z. B. Schlaf, Bewußtlosigkeit, Narkose, Hypnose, schwere Trunkenheit, u. U. auch bei Überraschung, Schreck oder Schock; vgl. BGH **36** 147 u. zu § 176 Nr. 2 a. F. BGH MDR/D **58**, 13, **67**, 14, **68**, 728). Ist dies dagegen nicht der Fall, war das Opfer also nicht völlig willenlos oder hat es sogar ausdrücklich in den Sexualkontakt eingewilligt, ist zur Feststellung notwendig, daß die psychische Störung die Möglichkeit einer anderen Entscheidung über das Sexualverhalten tatsächlich beseitigt hat (ebenso Keller JR 86, 344, wohl auch BGH NJW **86**, 77). Dabei sind die zu §§ 20, 21 entwickelten Grundsätze entsprechend anzuwenden (vgl. BGH **36** 147, NStZ **98**, 83), so daß zB bei alkoholischen Getränken oder psychotropen Substanzen nicht allein auf die Art und Menge der eingenommenen Substanz abgestellt werden kann, sondern auch psychodiagnostische Beurteilungskriterien heranzuziehen sind (BGH NStZ-RR **98**, 270; s. auch § 20 RN 16 a, 17). Für die Annahme von Widerstandsunfähigkeit genügt es nicht, daß das Opfer ohne den Defekt – wie jeder geistig gesunde Mensch – den Täter hätte zurückweisen können (so aber Horn SK 5); entscheidend ist vielmehr, daß es dies *wegen* des Defektes im konkreten Fall nicht konnte. Diese Feststellung kann nur im Rahmen eines hypothetischen Vergleiches damit getroffen werden, wie sich das Opfer – bei ansonsten gleichbleibender Persönlichkeitsstruktur – ohne die Störung verhalten hätte (and. Horn SK 5, 10 [Problem des „Mißbrauchs", für den die „innere Haltung des Täters gegenüber dem Opfer" maßgeblich ist]; s. auch Laufhütte LK 8, 13 f., Tröndle/Fischer 8). Eine Aussage darüber, ob das Opfer dann vermutlich (so Tröndle[48] 5; and. Tröndle/Fischer 8) oder auch nur möglicherweise anders reagiert haben würde, ist hier jedoch kaum mehr problematisch als der empirische Nachweis der sog. psychologischen Merkmale im Rahmen der §§ 20, 21 (vgl. § 20 RN 26). Sie mag vielleicht dort noch möglich sein, wo das Opfer selbst als Vergleichsperson zur Verfügung steht – so bei nur vorübergehenden Störungen, z.B. bei Trunkenheit, akutem Schub einer Schizophrenie, schweren Erschöpfungszuständen (vgl. BGH NJW **86**, 77 m. Anm. Keller JR 86, 342) –, obwohl es sich auch dann streng genommen nur um ein Indiz handeln kann, das auf diese Weise gewonnen wird. Auch dieser Weg versagt jedoch zB bei angeborener Intelligenzschwäche des Opfers. Da die bloße Tatsache sexueller Beziehungen eines psychisch Kranken oder Behinderten noch nicht für dessen auf der Krankheit oder Behinderung beruhenden Widerstandsunfähigkeit spricht, wird man die Entscheidung in solchen Fällen letztlich davon abhängig machen müssen, ob die Nachgiebigkeit gegenüber dem Ansinnen des Täters durch Umstände gekennzeichnet ist, unter denen ein geistig Gesunder sich normalerweise nicht mit diesem eingelassen hätte (zB Hingabe unter völlig entwürdigenden Bedingungen; vgl. auch Tröndle[48] 5 [entscheidend, ob das Opfer außerstande war, eine „sinnvolle" Entscheidung über sein Sexualverhalten zu treffen; dagegen aber Tröndle/Fischer 8]). Keine psychische Widerstandsunfähigkeit liegt vor, wenn das Opfer trotz der Störung tatsächlich Widerstand leistet und der Täter diesen nur mit den Mitteln der Nötigung überwinden kann (BGH NStZ **81**, 139, MDR/H **80**, 985). Geschieht dies unter den Voraussetzungen des § 177, so ist der Täter ausschließlich nach dieser (strengeren) Vorschrift strafbar. Handelt es sich dagegen lediglich um eine Nötigung nach § 240, so liegt ein Ausnutzen einer psychischen Widerstandsunfähigkeit nur vor, wenn die Nötigung allein wegen des psychischen Defekts des Opfers zum Erfolg geführt hat (zB das schwachsinnige Opfer hält das angedrohte Übel für realisierbar); im übrigen genießen hier jedoch auch psychisch Kranke oder Behinderte keinen Sonderschutz, weshalb es bei der Strafbarkeit nach § 240 oder wegen eines Versuchs nach § 179 bleibt (vgl. BGH NStZ **81**, 139).

b) **Körperlich widerstandsunfähig (Nr. 2)** ist das Opfer, wenn es seinen entgegenstehenden Willen wegen körperlicher Gebrechen oder infolge äußerer Einwirkung (z. B. Fesselung, Erschöpfung

§ 179 8–11   Bes. Teil. Straftaten gegen die sexuelle Selbstbestimmung

nach mehrfacher Vergewaltigung, vgl. aber auch BGH NJW **86**, 77 m. Anm. Keller JR 86, 342, GA **77**, 145 und o. 5) nicht äußern oder realisieren kann (BGH NJW **83**, 636 m. Anm. Geerds JR 83, 254). Daran fehlt es, wenn das Opfer tatsächlich Widerstand leistet, wegen seiner Unterlegenheit oder aus Angst vor dem Täter aber weiteren Widerstand unterläßt (vgl. BGH aaO [Spastikerin]); hier kommt § 177 in Betracht (vgl. aber auch Laufhütte LK 10, Sick aaO 126 ff.). Die Widerstandsunfähigkeit infolge kindlichen Alters gehört nicht hierher (BGH **30** 144, Laufhütte LK 9).

8   2. Die **Tathandlung** besteht in einem *Mißbrauch* des Opfers dadurch, daß der Täter *unter Ausnutzung* von dessen Widerstandsunfähigkeit *sexuelle Handlungen* (vgl. § 184 c RN 4 ff.) *„an"* dem Opfer vornimmt (vgl. § 184 c RN 18) oder von diesem *„an"* sich vornehmen läßt (vgl. § 184 c RN 19). Notwendig ist damit ein tatsächlicher Körperkontakt zwischen Täter und Opfer; deshalb von einem eigenhändigen Delikt zu sprechen (zB Lackner/Kühl 2, Tröndle/Fischer 2), macht wegen des durch das 6. StrRG neu eingefügten Abs. 2 (u. 12) aber keinen Sinn mehr (ebenso Renzikowski NStZ 99, 385). Ein An-sich-vornehmen-Lassen (2. Alt) ist im Fall der Nr. 2 nicht denkbar, da das Opfer insoweit nicht körperlich widerstandsunfähig sein kann (and. Tröndle/Fischer 9); jedenfalls würde es hier an einem „Ausnutzen" fehlen, so wenn der Täter zB sexuelle Handlungen eines Gelähmten an sich vornehmen läßt.

9   a) **Unter Ausnutzung** der Widerstandsunfähigkeit geschieht die Tat, wenn der die Bildung oder Verwirklichung eines ausreichenden Abwehrwillens ausschließende Zustand des Opfers die Vornahme der fraglichen Handlung ermöglicht oder begünstigt, der Täter dies bewußt als einen Faktor einkalkuliert (vgl. BGH NJW **86**, 77) und die ihm damit gebotenen besonderen „Chancen" dann wahrnimmt (vgl. auch Lackner/Kühl 7, ferner BGH **32** 183 m. Anm. Geerds JR 84, 430 u. Herzberg/Schlehofer JZ 84, 481: bewußtes Zunutzemachen). Die bloße Kenntnis der Widerstandsunfähigkeit genügt dafür nicht (BGH aaO, LG Mainz MDR **84**, 773), andererseits braucht der Täter durch diese zu seinem Tun nicht (mit-) motiviert worden zu sein (M-Schroeder I 184). An einem Ausnutzen der Widerstandsunfähigkeit oder jedenfalls an einem Mißbrauch (u. 11) fehlt es jedoch, wenn die Initiative vom Opfer ausgegangen ist (z. B. eine Prostituierte gibt sich einem Geisteskranken hin oder eine hochgradig schwachsinnige Person sucht sich unter der Dorfjugend ihre Partner; vgl. Prot. VI 1621 f., aber auch Horn SK 12, Tröndle/Fischer 10). Dasselbe gilt – sofern man hier nicht schon eine psychisch bedingte Widerstandsunfähigkeit iSd Nr. 1 verneint, vgl. o. 6 –, wenn sexuelle Beziehungen, die schon vorher bestanden haben, nach Eintritt der Störung lediglich fortgesetzt werden oder die schwachsinnige Person ein festes Verhältnis eingeht oder Partner eines auf menschlicher Zuneigung beruhenden Sexualakts ist (vgl. BGH **32** 183 m. Anm. Geerds JR 84, 430 u. Herzberg/Schlehofer JZ 84, 481). Dies ergibt sich schon daraus, daß es nicht Sinn des § 179 sein kann, Geisteskranken sexuelle Kontakte völlig unmöglich zu machen (BT-Drs. VI/3521 S. 41, BGH **32** 183, KG NJW 77, 817, Laufhütte LK 13, Tröndle/Fischer 10; vgl. aber auch Herzberg/Schlehofer JZ 84, 482).

10   Hat der Täter *die Widerstandsunfähigkeit selbst herbeigeführt, so gilt folgendes*: 1. Hat er dies gegen den Willen des Opfers und in der Absicht eines Mißbrauchs iSd § 177 getan, so ist zwar auch der Tatbestand des § 179 erfüllt (and. Horn SK 13, Lackner/Kühl 7, 14), doch tritt § 179 hier hinter § 177 zurück (ebenso Tröndle/Fischer 17; zu § 179 a. F. vgl. auch Blei II 149, Laufhütte LK 11). Nur § 179 ist anwendbar, wenn eine zu anderen Zwecken – z. B. Begehung eines Raubs – herbeigeführte Widerstandsunfähigkeit ohne erneute Nötigung zu Handlungen i. S. des § 179 mißbraucht wird (auch § 177 I Nr. 3 ist dann nicht anwendbar; vgl. § 177 RN 11). – 2. Hat das Opfer eingewilligt, bezieht sich sein Einverständnis jedoch nur auf die Herbeiführung der Widerstandsunfähigkeit (vgl. dazu BGH NStZ-RR **97**, 98), so ist der Täter nach § 177 I Nr. 3 strafbar, sofern er schon vor oder bei Heibeiführung des widerstandsunfähigen Zustands vorhatte, diesen zu sexuellen Handlungen auszunutzen (vgl. § 177 RN 11); hatte der Täter bei der Herbeiführung der Widerstandsunfähigkeit hingegen noch nicht diese Absicht, so ist nur § 179 anwendbar. – 3. Bezieht sich das Einverständnis des Opfers auch auf die sexuelle Handlung im Zustand der Widerstandsunfähigkeit, so nützt der Täter diese in der Regel nicht aus (Laufhütte LK 11; zu § 176 Nr. 2 a. F. vgl. BGH MDR/D 58, 13, Hamm HESt. 2151 [kein Mißbrauch]); sollte hier ausnahmsweise doch von einem „Ausnützen" gesprochen werden können, so fehlt es jedenfalls an einem Mißbrauch.

11   b) Der **Mißbrauch** des Opfers ergibt sich in der Regel schon daraus, daß der Täter dessen Widerstandsunfähigkeit in dem o. 9 genannten Sinn ausnützt (vgl. auch LG Mainz MDR **84**, 773, M-Schroeder I 184, Tröndle/Fischer 11, aber auch BGH **32** 183 m. Anm. Geerds JR 84, 430 u. Herzberg/Schlehofer JZ 84, 481: Mißbrauch auf Grund des Vorgehens des Täters und seiner Motive; dort bei behutsamem Vorgehen in einer durch persönliche Zuneigung und Fürsorge gekennzeichneten Beziehung verneint). Eine selbständige Bedeutung i. S. eines zusätzlichen Korrektivs hat dieses Merkmal allenfalls in Ausnahmefällen, so bei einem rein altruistischen Handeln (z. B. zu therapeutischen Zwecken, vgl. Laufhütte LK 14, Schroeder, Das neue Sexualstrafrecht 33). Nicht wegen des fehlenden Mißbrauchs, sondern schon aus den o. 6, 9 genannten Gründen zu verneinen ist der Tatbestand in dem in BT-Drs. VI 3521 S. 49 genannten Beispiel, daß ein Liebespaar sich durch Alkohol zu sexuellen Handlungen animieren läßt, obwohl der eine Partner – für den anderen erkennbar – bereits den Zustand einer tiefgreifenden Bewußtseinsstörung erreicht hat. Selbstverständlich ist, daß in den Fällen der Nr. 1 auch eine Einwilligung des Opfers den Mißbrauch nicht ausschließt, sofern diese gerade auf der Widerstandsunfähigkeit beruht.

III. Der durch das 6. StrRG eingefügte **Abs. 2** erfaßt jetzt auch den Mißbrauch Widerstands- 12
unfähiger durch **Bestimmen** des Opfers zu sexuellen Handlungen mit **Dritten** (vgl. § 176 RN 5 ff.).
Damit ist im Gegensatz zu § 179 a. F. auch Mittäterschaft eines körperlich Unbeteiligten oder mittelbare Täterschaft möglich, zB in der Weise, daß jemand einen anderen zu der Tat nach § 179 bestimmt, der von der psychischen Störung des Partners nichts weiß (soweit sich die täterschaftliche Begehung auch auf das „Bestimmen" des Opfers erstreckt [vgl. § 176 RN 8]; and. Horn SK 17).

IV. Der **subjektive Tatbestand** erfordert Vorsatz, der sich im Fall der Nr. 1 auch auf das Vorliegen 13
eines der dort genannten Merkmale als Ursache der Widerstandsunfähigkeit beziehen muß (wobei es freilich nur auf die zutreffende „Parallelwertung in der Laiensphäre" ankommt). Da bedingter Vorsatz genügt, ist es auch ausreichend, wenn der Täter mit einer solchen Möglichkeit lediglich rechnet, ihm dies jedoch gleichgültig ist (vgl. BGH NStE **Nr. 2**). Zu einem Fall des Verbotsirrtums bei § 176 Nr. 2 a. F. vgl. BGH JR **54**, 188.

V. Qualifikationen, welche die Tat zum Verbrechen machen, enthalten die **Abs. 4** und **6**. Die 14
einzelnen erschwerenden Umstände entsprechen denen der §§ 176 a I Nr. 1–3, IV, 176 b, so daß die dort entwickelten Grundsätze (vgl. § 176 a RN 3–5, 11–13, § 176 b RN 1–3) sinngemäß auch hier angewendet werden können (s. aber auch Renzikowski NStZ 99, 385).

VI. Der **Versuch** ist seit dem 6. StrRG gem. **Abs. 3** generell strafbar. Ein solcher liegt auch dann 15
vor, wenn der Täter die Widerstandsunfähigkeit des Opfers nur irrig annimmt, tatsächlich aber § 177 verwirklicht, weil das Opfer aus Angst auf den noch möglichen Widerstand verzichtet; eine zur Vollendungsstrafbarkeit nach § 179 führende Anwendung des § 16 II kommt hier nicht in Betracht, weil der Irrtum zugleich den Nötigungsvorsatz entfallen läßt und § 179 sich gegenüber § 177 daher nicht als wesensgleiches minus, sondern als aliud darstellt (and. Horn SK 16, Tröndle/Fischer 14). Tritt der Täter von einem Versuch nach Abs. 4 Nr. 1 zurück, so kann er nach Abs. 1 oder 2 strafbar bleiben.

VII. Konkurrenzen. Idealkonkurrenz des Abs. 1 ist zB möglich mit den §§ 173–176 b, und 240 16
(vgl. auch o. 6), des **Abs. 2** zB mit den §§ 174 II, 176 II, 176 b, und 240 sowie des **Abs. 4 Nr. 3** mit den § 223 ff. Zum Verhältnis zu § 185 vgl. dort RN 20. Hinter § 177 tritt § 179 zurück, wenn der Täter die Widerstandsunfähigkeit herbeigeführt hat, um das Opfer anschließend sexuell zu mißbrauchen (o. 10). Beginnt der Täter die Tat unter den Voraussetzungen des § 179 (sexuelle Handlungen an einem schlafenden Opfer) und beendet er sie in der Form des § 177 (Gewaltanwendung, nachdem das Opfer erwacht ist), so liegt nach BGH MDR/D **67**, 14 Realkonkurrenz vor, wenn der Täter auf Grund der veränderten Sachlage einen neuen Entschluß gefaßt hat, nach RG JW **29**, 1017 dagegen Idealkonkurrenz, wenn sein Vorsatz von Anfang an dahin ging, das Opfer im Schlaf zu mißbrauchen, für den Fall aber, daß es erwachen sollte, Gewalt anzuwenden (ebenso Laufhütte LK 20).- **Innerhalb des § 179** gilt folgendes: Bei gleichzeitigem Sexualkontakt mit mehreren widerstandsunfähigen Personen besteht Tateinheit nach Abs. 1. Dasselbe gilt bei Abs. 2, wenn mehrere widerstandsunfähige Personen zugleich zu Handlungen iSd Abs. 2 bestimmt werden. Bei gleichzeitiger Verwirklichung des Abs. 1 und 2 (zB Triolenverkehr) liegt Idealkonkurrenz nur vor, wenn auch der Dritte zum geschützten Personenkreis gehört; im übrigen handelt es sich wegen der Gleichwertigkeit der Begehungsweisen nur um eine Tat nach § 179 I, II. Zwischen Abs. 1, 2 einerseits und Abs. 4 Nr. 1 andererseits besteht Tateinheit, wenn der Täter zusätzlich sexuelle Handlungen vornimmt, die nicht ausschließlich zur Vorbereitung des Beischlafs usw. dienen; im übrigen geht Abs. 4 den Abs. 1 und 2 vor (vgl. zu § 179 a. F. Laufhütte LK 20). Zwischen dem vollendeten Abs. 1 oder 2 und dem Versuch des Abs. 4 oder 6 ist Tateinheit möglich.

VIII. Strafe. Das 6. StrRG hat den Strafrahmen des Abs. 1 – und damit auch des Abs. 2 – an 17
denjenigen des § 176 angepaßt und auf Freiheitsstrafe von sechs Monaten bis zu zehn Jahren erhöht (krit. zu dieser Gleichstellung Schroeder JZ 99, 830). Im Gesetzgebungsverfahren war eine Gleichstellung mit § 177 erwogen, aber letztendlich verworfen worden (vgl. BT-Drs. 13/9064, S. 13; s. auch Helmken ZRP 96, 243, Schroeder JZ 99, 830, Wetzel aaO 207 ff.). Die Strafe für die Qualifikationen des Abs. 4 entspricht denen des § 176 a I, und des Abs. 6 nimmt auch hinsichtlich der Rechtsfolgen auf § 176 a IV und § 176 b Bezug. Für **minder schwere Fälle** der Abs. 1, 2 und 4 sieht Abs. 5 Freiheitsstrafe von 3 Monaten bis zu fünf Jahren vor, während für Abs. 6 keine entsprechende Möglichkeit der Strafmilderung vorgesehen ist. Ein minder schwerer Fall nach Abs. 1 oder 2 kommt insbesondere bei nur geringfügigen Überschreitungen der Erheblichkeitsschwelle des § 184 c in Betracht, bei Abs. 4 Nr. 1 zB auch, wenn der Täter nach gemeinsamem Alkoholgenuß das betrunkene Opfer mißbraucht, nachdem schon vorher entsprechende Zärtlichkeiten ausgetauscht worden sind (ohne daß aus diesen freilich auf eine weitergehende Einwilligung geschlossen werden konnte, da sonst die Tat überhaupt straflos wäre).

IX. Zur Möglichkeit von **Führungsaufsicht** vgl. § 181 b; über die Möglichkeit einer freiwilligen 18
Kastration vgl. § 2 Abs. II KastrG vom 15. 8. 1969, BGBl. I 1143.

X. Zum **Ruhen der Verjährung** bis zur Vollendung des 18. Lebensjahres des Opfers vgl. § 78 b 19
Nr. 1 u. dort RN 3.

§ 180 Förderung sexueller Handlungen Minderjähriger

(1) Wer sexuellen Handlungen einer Person unter sechzehn Jahren an oder vor einem Dritten oder sexuellen Handlungen eines Dritten an einer Person unter sechzehn Jahren
1. durch seine Vermittlung oder
2. durch Gewähren oder Verschaffen von Gelegenheit

Vorschub leistet, wird mit Freiheitsstrafe bis zu drei Jahren oder mit Geldstrafe bestraft. Satz 1 Nr. 2 ist nicht anzuwenden, wenn der zur Sorge für die Person Berechtigte handelt; dies gilt nicht, wenn der Sorgeberechtigte durch das Vorschubleisten seine Erziehungspflicht gröblich verletzt.

(2) Wer eine Person unter achtzehn Jahren bestimmt, sexuelle Handlungen gegen Entgelt an oder vor einem Dritten vorzunehmen oder von einem Dritten an sich vornehmen zu lassen, oder wer solchen Handlungen durch seine Vermittlung Vorschub leistet, wird mit Freiheitsstrafe bis zu fünf Jahren oder mit Geldstrafe bestraft.

(3) Wer eine Person unter achtzehn Jahren, die ihm zur Erziehung, zur Ausbildung oder zur Betreuung in der Lebensführung anvertraut oder im Rahmen eines Dienst- oder Arbeitsverhältnisses untergeordnet ist, unter Mißbrauch einer mit dem Erziehungs-, Ausbildungs-, Betreuungs-, Dienst- oder Arbeitsverhältnis verbundenen Abhängigkeit bestimmt, sexuelle Handlungen an oder vor einem Dritten vorzunehmen oder von einem Dritten an sich vornehmen zu lassen, wird mit Freiheitsstrafe bis zu fünf Jahren oder mit Geldstrafe bestraft.

(4) In den Fällen der Absätze 2 und 3 ist der Versuch strafbar.

1 I. Durch das 4. StrRG wurden die früheren Tatbestände der Kuppelei (§§ 180, 181) zu einer Schutzbestimmung für Minderjährige umgestaltet (zur Entstehungsgeschichte vgl. Horstkotte JZ 74, 84, Laufhütte LK vor RN 1; aus den Materialien vgl. u. a. Prot. VI 1636, 1659, 1662, 1721, 2107, 2113, VII 15, 25, 27). **Rechtsgut** der Vorschrift ist damit nunmehr die ungestörte sexuelle Entwicklung von Jugendlichen (z. B. Horstkotte aaO 86, Lackner/Kühl 1 a, Laufhütte LK 1, Tröndle/Fischer 2; and. Horn SK 1 a; vgl. auch 1 vor § 174), und zwar in Abs. 1, 2 ausschließlich, während bei dem systematisch in den Zusammenhang des § 174 gehörenden Abs. 3 der Schutz der dort genannten Verhältnisse um ihrer sozialen Funktion willen noch als zusätzlicher Aspekt hinzukommt (vgl. § 174 RN 1). Nur teilweise beseitigt wurde durch die Neufassung des § 182 (vgl. dort) der bis dahin im System des Jugendschutzes bestehende Widerspruch, daß die Bestimmung von Personen unter 18 Jahren zur entgeltlichen Vornahme sexueller Handlungen an einem Dritten bzw. zum entgeltlichen An-sich-vornehmen-Lassen von einem Dritten nach § 180 II strafbar war, nicht aber die entsprechenden Sexualkontakte gegen Entgelt mit dem Täter selbst. Mit derselben Strafe bedroht ist jetzt zwar das Bestimmen eines noch nicht 16 Jahre alten Mädchens z. B. zum Beischlaf gegen Bezahlung mit einem Dritten (§ 180 II) und dem Täter selbst (§ 182 I Nr. 1); weshalb aber das Bestimmen einer 17jährigen dazu (§ 180 II: Schutzalter bis zu 18 Jahren) unter dem Gesichtspunkt des Jugendschutzes gefährlicher sein soll als das nicht mehr unter § 182 (Schutzalter bis zu 16 Jahren) fallende „Kaufen" eines gleichaltrigen Mädchens für eigene sexuelle Zwecke, ist nach wie vor nicht einsichtig (vgl. auch F.C. Schroeder ZRP 92, 296 f., M-Schroeder I 205). Die Gefahr des Abgleitens in die Prostitution ist hier wie dort dieselbe. Widersprüchlich ist auch, daß zwar das Bestimmen eines noch nicht ganz 18 Jahre alten Jugendlichen zur entgeltlichen Vornahme sexueller Handlungen vor Abs. 2 strafbar ist, nicht aber das Bestimmen eines erst gerade 14jährigen zu solchen Handlungen gegen Bezahlung vor dem Täter selbst (vgl. ferner auch § 182 RN 8). Zu erklären sind diese Unterschiede deshalb, wenn überhaupt, nur damit, daß die Befriedigung eigener Sexualität ungeachtet der auch hier möglichen Gefährdung des Jugendlichen privilegiert sein soll (zu den Konsequenzen vgl. u. 3). Zu weiteren Anomalien in der Einzelausgestaltung vgl. u. 21, 25 f.

2 II. Den Abs. 1–3 gemeinsam ist – insofern in Übereinstimmung mit dem bis zum 4. StrRG geltenden Recht (§§ 180, 181) – die **Förderung fremder Sexualität.** Im einzelnen bedeutet dies:

3 1. Nach § 180 strafbar sind die dort genannten Förderungshandlungen (Vorschubleisten usw.) nur, wenn sie sich auf den sexuellen Kontakt zwischen **mindestens einer geschützten Person** (Jugendliche unter 16 Jahren in Abs. 1, unter 18 Jahren in Abs. 2, 3) **und mindestens einem Dritten**, d. h. einer vom Täter verschiedenen Person beziehen. Die Förderung von sexuellen Handlungen des Jugendlichen an sich selbst oder mit dem Täter bleibt daher außerhalb des Tatbestands. Strafbar soll es dagegen sein, wenn der Täter mit dem Vorschubleisten usw. in bezug auf sexuelle Handlungen zwischen dem Jugendlichen und einem Dritten zugleich eigene sexuelle Zwecke verfolgt (Horn SK 4, ferner Gropp, Deliktstypen mit Sonderbeteiligung [1992], 322; zu § 180 a. F. vgl. BGH **11** 94, MDR/D **52**, 272). Nicht zuletzt wegen der sonst möglichen Friktionen mit § 176 III Nr. 2 (Strafbarkeit des Bestimmens zu sexuellen Handlungen an sich selbst nur bei Jugendlichen unter 14 Jahren) ist hier jedoch eine Einschränkung geboten: Da eigene sexuelle Kontakte zwischen dem Täter und dem Jugendlichen, von § 176 und § 182 abgesehen, als solche straflos sind und für § 180 die Förderung fremder Sexualität wesentlich ist, ist die Vorschrift nicht anwendbar, wenn das Einbeziehen einer

weiteren Person in das Geschehen ausschließlich den eigenen sexuellen Zielen des Täters dient (z. B. Triolenverkehr) oder diesen gegenüber völlig in den Hintergrund tritt (z. B. Gestattung der Anwesenheit eines Dritten bei Sexualkontakt des Täters mit einem Jugendlichen, womit an sich zugleich dessen sexuellen Handlungen vor einem Dritten nach Abs. 1 Nr. 2 Vorschub geleistet wird). Angebliche Beweisschwierigkeiten ändern daran nichts (so jedoch Horn SK 4), da solche nicht die Strafbarkeit eines Verhaltens begründen können. Nimmt man diese Einschränkungen nicht vor, so entfällt auch die Möglichkeit, die Straflosigkeit der Teilnahme des an der sexuellen Handlung beteiligten Dritten zu begründen (u. 32; widersprüchlich daher Horn SK 4 einerseits und 24 andererseits).

2. Gegenstand der Kuppelei sind nur sexuelle Handlungen (vgl. § 184 c RN 4 ff.) eines **Minderjährigen** „**an**" (vgl. § 184 c RN 18) oder „**vor**" (vgl. § 184 c RN 20 ff.) **einem Dritten** oder eines **Dritten** „**an**" **einem Minderjährigen.** Nicht erfaßt ist damit die Förderung sexueller Handlungen eines Dritten „vor" dem Minderjährigen; hier kommt nur bei Kindern unter 14 Jahren eine Teilnahme an der Tat nach § 176 III Nr. 1 in Betracht.

III. Abs. 1 erfaßt die **Kuppelei an noch nicht Sechzehnjährigen** durch das in bestimmten Formen erfolgende Vorschubleisten bezüglich sexueller Handlungen des Minderjährigen vor oder an einem Dritten oder eines Dritten an dem Minderjährigen, wobei jedoch das sog. Erzieherprivileg des Abs. 1 S. 2 eine Einschränkung enthält. Geschützt sind hier alle noch nicht 16-Jährigen; eine Beschränkung auf 14- bis 16-Jährige (vgl. BT-Drs. VI 3521 S. 44) ergibt sich weder aus dem Gesetzeswortlaut, noch ist sie von der Sache her berechtigt, da die Verkuppelung von Kindern nicht immer unter §§ 176, 26, 27 fällt (Tröndle/Fischer 5).

1. Vorschubleisten ist – insoweit dem „Hilfeleisten" in § 27 vergleichbar – das Fördern sexueller Kontakte zwischen dem Jugendlichen und einem Dritten, ohne daß es jedoch zu den sexuellen Handlungen tatsächlich gekommen sein müßte (h. M., vgl. z. B. BGH NJW **97**, 335, Gössel I 322, Lackner/Kühl 4, Laufhütte LK 4, M-Schroeder I 202, Otto II 347; i. E. wohl auch Tröndle/Fischer 6). Daß damit auch die erfolglose „Beihilfe" unter Abs. 1 fällt, ergibt sich zwar nicht zwingend aus dem Gesetzeswortlaut – dazu, daß für Abs. 2, 3 etwas anderes gilt, vgl. u. 25 –, folgt hier aber eindeutig aus der Entstehungsgeschichte (vgl. BT-Drs. VI/3521 S. 44; ebenso schon die h. M. zum früheren Recht, vgl. zuletzt BGH **24** 249 mwN). Andererseits enthält Abs. 1 aber auch kein bloßes Unternehmensdelikt (vgl. jedoch Horn SK 4), das auch untaugliche Förderungshandlungen umfassen würde (vgl. § 11 RN 54). Erforderlich ist vielmehr als „Erfolg" das *Schaffen günstigerer Bedingungen* für sexuelle Handlungen (KG NJW **98**, 3792, Lackner/Kühl 4, Tröndle/Fischer 6), und zwar i. S. einer unmittelbaren Gefährdung des Minderjährigen (Laufhütte LK 4, M-Schroeder I 202). Es genügt daher nicht jede noch so entfernte Förderungshandlung, vielmehr muß die Möglichkeit des Zustandekommens des sexuellen Kontakts in greifbare Nähe gerückt sein, woran es z. B. fehlt, wenn keiner der beiden Partner zu einem solchen bereit ist (vgl. BGH **24** 253, Gössel I 322, Laufhütte LK 4). Auch muß die sexuelle Handlung, auf die sich das Vorschubleisten bezieht, schon in gewissem Umfang nach Ort und Zeit *konkretisiert* sein, weshalb z. B. das Unterhalten eines Lokals für Homosexuelle oder eines Eros-Centers nicht genügt, auch wenn diese gelegentlich von Jugendlichen betreten werden (KG NJW **98**, 3792, Lackner/Kühl 4, Laufhütte LK 4, Tröndle/Fischer 6). Insbesondere muß die Person des Opfers im wesentlichen feststehen (KG aaO), was jedoch auch dann der Fall ist, wenn der Jugendliche einem individuell umgrenzbaren Personenkreis angehört (z. B. der Täter vermittelt Kontakte zu einer Gruppe Jugendlicher, wobei sich der Dritte seinen Partner dann selbst aussucht). Nicht erforderlich ist dagegen, daß auch der Dritte bereits konkretisiert ist (z. B. Überlassen eines Raums an ein junges Mädchen zu sexuellen Handlungen mit einem noch nicht feststehenden Partner; zu Abs. 2 vgl. auch BGH NJW **85**, 924; and. Horn SK 11, Laufhütte LK 4, Tröndle/Fischer 6). Ein Vorschubleisten in Beziehung auf die in Abs. 1 genannten Handlungen ist auch ihre *mittelbare* Förderung durch unmittelbares Vorschubleisten hinsichtlich der Mitwirkung des anderen. Der sexuellen Handlung des Jugendlichen an einem Dritten ist daher auch dann Vorschub geleistet, wenn der Täter unmittelbar nur für den Dritten tätig wird (diesem z. B. die Adresse eines zu sexuellen Handlungen bereiten Mädchens nennt), ebenso wie der Täter umgekehrt den sexuellen Handlungen eines Dritten an dem Jugendlichen Vorschub leistet, wenn seine Förderung unmittelbar diesem gilt (z. B. durch Überlassung eines Raums); daß es hier nicht darauf ankommen kann, auf wessen Seite der Täter steht, folgt schon daraus, daß die Strafbarkeit sonst von dem Zufall abhinge, ob der Kontakt zwischen dem Jugendlichen und dem Dritten in beiderseitigen sexuellen Handlungen am andern oder in der einseitigen Vornahme sexueller Handlungen des Jugendlichen am Dritten bzw. des Dritten am Jugendlichen besteht.

2. Das Vorschubleisten ist nur strafbar, wenn es in bestimmten Formen, nämlich durch **Vermittlung** (Nr. 1) oder durch **Gewähren oder Verschaffen von Gelegenheit** (Nr. 2) erfolgt. Sonstige Teilnahmehandlungen können durch Abs. 1 nicht erfaßt werden; dies gilt insbesondere auch für das Bestimmen (vgl. hier jedoch Abs. 2, 3) und sonstige psychische Einwirkungen, soweit hier nicht die in Nr. 1, 2 genannten Modalitäten hinzukommen. Während es früher auf eine scharfe Grenzziehung zwischen den Begriffen der „Vermittlung" und des „Gewährens oder Verschaffens von Gelegenheit" nicht ankam, ist eine solche jetzt wegen des auf Nr. 2 beschränkten sog. Elternprivilegs (Abs. 1 S. 2) notwendig geworden.

§ 180 8–11   Bes. Teil. Straftaten gegen die sexuelle Selbstbestimmung

8   a) Die **Vermittlung (Nr. 1)** ist gegenüber dem Verschaffen von Gelegenheit in Nr. 2 der engere Begriff und umfaßt nur die *Partnervermittlung*, d. h. die Herstellung einer – bisher nicht bestehenden – persönlichen Beziehung zwischen dem Jugendlichen und einem Dritten, welche sexuelle Handlungen zum Gegenstand hat (vgl. RG **29** 109, BGH **1** 116, KG NJW **77**, 2225, Gössel I 323, Lackner/Kühl 5, Laufhütte LK 5, M-Schroeder I 202, Tröndle/Fischer 7). Dies kann sowohl in der Weise geschehen, daß der Täter im Auftrag des einen an den anderen herantritt, mit dem Ziel, diesen für sexuelle Handlungen zu gewinnen, als auch dadurch, daß der Kuppler dem einen die Möglichkeit verschafft, selbst zu dem anderen in Beziehung zu treten, sofern dieser schon von sich aus zu sexuellen Kontakten bereit ist (z. B. Nennen der Adresse einer Prostituierten). Kein „Vermitteln" liegt dagegen vor, wenn der Täter zwar zwei Personen zusammenbringt, der eine von den sexuellen Absichten des anderen aber überhaupt nichts weiß (i. E. auch Horn SK 7, Laufhütte LK 5 [noch keine Vollendung]; and. BGH **10** 386, Tröndle/Fischer 7). Unter Nr. 1 fällt z. B. die Adressenvermittlung in einem Callgirl-Ring, nicht dagegen das Benennen eines Bordells, wenn dessen Existenz allgemein bekannt und die dort gebotene Gelegenheit daher ohne Vermittlung zugänglich ist (KG NJW **77**, 2225, Horn SK 6); auch das Organisieren von Zusammenkünften, bei denen es zu sexuellen Kontakten kommt (z. B. Veranstalten von Zeltlagern), ist nur dann ein Vermitteln, wenn das Verhalten der Teilnehmer durch Herstellen konkreter Beziehungen gesteuert wird (Bockelmann II/2 S. 144, Lackner/Kühl 5, Laufhütte LK 5). Die bloße Aufforderung oder das Animieren, sich selbst einen Partner zu suchen, ist noch kein Vermitteln (Tröndle/Fischer 7; vgl. auch BGH **9** 71, NJW **59**, 1284). Vollendet ist die Tat erst, wenn der Kontakt tatsächlich zustande gekommen ist; das Werben durch Zeitungsanzeigen oder das Nennen einer Adresse genügen als solche daher nicht (KG NJW **77**, 2225, Lackner/Kühl 5 u. zu § 181 a II BGH NStE § 181 a **Nr. 2**); zu sexuellen Handlungen muß es dagegen nicht gekommen sein (o. 6).

9   b) Das **Gewähren oder Verschaffen von Gelegenheit (Nr. 2)** ist das Bereitstellen oder Herbeiführen der *äußeren Bedingungen* für die Ermöglichung oder wesentliche Erleichterung der Vornahme von sexuellen Handlungen, wobei die Beziehungen zwischen den Beteiligten in diesem Fall entweder schon bestehen oder der Dritte bzw. der Jugendliche sich den Partner selbst beschafft (vgl. Gössel I 323, Horstkotte JZ 74, 87, Tröndle/Fischer 8). Das „Gewähren" unterscheidet sich vom „Verschaffen" nur dadurch, daß die Gelegenheit hier bereits vorhanden ist und zur Verfügung des Täters steht; daß das Gewähren ein entsprechendes Verlangen eines der Beteiligten voraussetzt (RG **2** 165, BGH NJW **59**, 1284, Lackner/Kühl 6), kann nicht verlangt werden, da es den Beteiligten überhaupt nicht bewußt zu werden braucht, daß ihnen vom Täter die Gelegenheit zu sexuellen Kontakten gegeben worden ist (vgl. auch Horn SK 12, Laufhütte LK 6). Ebenso wie bei Nr. 1 scheiden auch hier rein psychische Einwirkungen auf einen der Beteiligten aus (z. B. Anhalten zur Prostitution; and. RG **8** 236, BGH NJW **59**, 1284; offengelassen in BGH **9** 77, wo jedoch ein Verschaffen von Gelegenheit wegen des Hinzukommens weiterer Umstände angenommen wurde; wie hier Bockelmann II/2 S. 144, Lackner/Kühl 6, Laufhütte LK 6). Aber auch das Schaffen äußerer Bedingungen reicht dann nicht aus, wenn sie nur in einer entfernten, untypischen Verbindung zu der sexuellen Handlung stehen (BGH **21** 276: ähnl. zum entsprechenden Merkmal von § 29 I Nr. 10 BtMG Bay OLGSt § 29 BtMG **Nr. 1**) oder wenn diese dadurch nur unwesentlich gefördert wird (vgl. auch M-Schroeder I 202). Eine klare Grenzziehung, bei der es wesentlich auch auf die Umstände des konkreten Falles ankommt, dürfte freilich vielfach problematisch sein.

10   Unter Nr. 2 fällt vor allem das Überlassen oder Bereitstellen von Räumen (vgl. BGH NJW **59**, 1284, Laufhütte LK 6), das Abhalten oder Entfernen von Personen, von denen ein Einschreiten zu erwarten wäre (vgl. BGH **9** 76), das Beschützen eines Mädchens beim sog. Straßenstrich vor der „Konkurrenz" (vgl. BGH NJW **59**, 1284). Nicht ausreichend, weil nur eine mittelbare, d. h. nicht in enger Beziehung zu der sexuellen Handlung stehende Förderung, ist dagegen das bloße Unterhalten eines Homosexuellen-Lokals (Lackner/Kühl 6; and. beim Betrieb eines Lokals mit sexuellen Darbietungen [vgl. Celle GA **71**, 251], sofern es dabei zu sexuellen Handlungen i. S. des § 180 kommt), das Befördern an den Ort, an dem es zu dem sexuellen Kontakt kommt (and. BGH MDR/D **66**, 558, GA **66**, 337), die Behandlung durch einen Arzt (vgl. BGH **21** 275), das Verschaffen von Verhütungs- oder Schutzmitteln (Prot. VI/1671, Tröndle/Fischer 8), wohl auch nicht das Überlassen von Geld zur Bezahlung einer Prostituierten (and. RG **51** 46, Horn SK 11, Laufhütte LK 6, i. E. auch Tröndle/Fischer 7 [Vermitteln nach Nr. 1]).

11   3. Ein **Unterlassen** (über die Abgrenzung zum positiven Tun vgl. BGH MDR/D **55**, 269, Stuttgart FamRZ **59**, 74) ist dann ein Vorschubleisten, wenn der Unterlassende die Rechtspflicht hat, die in § 180 I mißbilligten sexuellen Handlungen zu verhindern (RG DR **39**, 989, BGH LM **Nr. 3**). Insoweit gelten die allgemeinen Regeln für Unterlassungsdelikte (vgl. § 13 und die Anm. dort). Eine solche Verpflichtung trifft vor allem die Eltern gegenüber ihren Kindern, ebenso je nach Sachlage sonstige Obhutspflichtige (z. B. Lehrer, Lagerleiter usw.). Zur Garantenstellung des Wohnungsinhabers vgl. § 13 RN 54, KG NJW **98**, 3792, Horn SK 21 (zu weitgehend Stuttgart FamRZ **59**, 74, Laufhütte LK 8). Wie stets bei den Unterlassungsdelikten (vgl. 155 vor § 13) wird auch hier die Rechtspflicht dadurch begrenzt, daß dem Täter ein Handeln wegen Gefährdung eigener billigenswerter Interessen *nicht zuzumuten* war (vgl. RG **77** 126, JW **39**, 400, KG JR **50**, 407 zu § 180 a. F.). Entsprechend diesem Grundsatz hatte bereits die Rspr. zu § 180 a. F. anerkannt, daß es den Eltern in der Regel nicht zuzumuten sei, polizeiliche Hilfe gegen ihre eigenen Kinder in Anspruch zu nehmen

(RG **77** 127, BGH [GrS] **6** 58, Celle NdsRpfl. **50**, 92; vgl. auch Horn SK 19, Laufhütte LK 9 sowie Hamm JR **51**, 349). Jetzt werden diese Fälle ausdrücklich durch das sog. Elternprivileg des Abs. 1 S. 2 gedeckt (u. 12 ff.).

4. Das schon im Gesetzgebungsverfahren umstrittene (vgl. Horstkotte JZ 74, 86, F. C. Schroeder, Lange-FS 391) **Erzieherprivileg** des **Abs. 1 S. 2** nimmt Handlungen des Sorgeberechtigten, soweit sie sich auf das Gewähren oder Verschaffen von Gelegenheit beschränken (S. 1 Nr. 2) und nicht gröblich gegen Erziehungspflichten verstoßen, von der Strafbarkeit aus. Die Regelung beruht auf dem Gedanken, daß der Erziehungsberechtigte auch in sexualpädagogischen Fragen eine gewisse Gestaltungsfreiheit haben muß (vgl. auch Art. 6 II GG) und daß sich hier deshalb das Strafrecht solange zurückhalten sollte, als nicht die Grenzen einer groben Pflichtverletzung überschritten sind (vgl. näher Horstkotte JZ 74, 86; and. F. C. Schroeder, Lange-FS 399: „Abstrakte Ungefährlichkeit" der Handlung in der Person des Sorgeberechtigten; vgl. auch M-Schroeder I 203). Systematisch handelt es sich bei dem Erziehungsprivileg um eine Einschränkung des Tatbestandes des S. 1 Nr. 2 und nicht erst um einen Rechtfertigungsgrund (BT-Drs. VI/3521 S. 45 und h. M., z. B. Bockelmann II/2 S. 146, Horstkotte JZ 74, 86, Lackner/Kühl 11, Laufhütte LK 10, Otto II 347, Tröndle/Fischer 11; krit. Becker/Ruthe FamRZ 74, 508, Hanack NJW 74, 8). Dies folgt daraus, daß Abs. 1 S. 2 auch bei einfachen, d. h. nicht „groben" Pflichtverletzungen anwendbar ist, was der Annahme eines Rechtfertigungsgrundes entgegensteht, da das Handeln des Sorgeberechtigten i. S. des Zivilrechts nach wie vor rechtswidrig ist (unberührt bleibt deshalb auch die Möglichkeit von Maßnahmen nach § 1666 BGB). Von der Sache her könnte Abs. 1 S. 2 zwar auch als bloßer Strafausschließungsgrund verstanden werden, doch spricht dagegen die Gesetzesformulierung, wonach S. 1 Nr. 2 in diesen Fällen „nicht anzuwenden ist."

Gedacht ist bei dieser Regelung nach den Gesetzesmaterialien (vgl. BT-Drs. VI/3521 S. 45, Horstkotte JZ 74, 86) einmal an die Fälle eines „pädagogischen Notstands", in denen der Sorgeberechtigte vor der Alternative steht, entweder der sexuellen Betätigung des Jugendlichen Vorschub zu leisten – wobei es hier namentlich auch der Grenzbereich von Tun und Unterlassen in Betracht kommt – oder das Vertrauensverhältnis zu dem Jugendlichen und damit die Chance künftiger erzieherischer Einwirkungen zu gefährden. Zum andern soll das Erzieherprivileg den Sorgeberechtigten aber auch einen gewissen Spielraum für die Verwirklichung ihrer pädagogischen Überzeugung lassen, indem ihnen vom Strafrecht die Ermöglichung einer sexuellen Betätigung des Jugendlichen nicht verwehrt wird, wenn sie diese „unter dem Gesichtspunkt einer sinnvollen, verantwortungsbewußten Sexualerziehung für angebracht halten" (BT-Drs. VI/3521 S. 45). Während die „Notstandsfälle" weitgehend unproblematisch sind – sie wurden schon nach der a. F. auch in Grenzfällen des aktiven Tuns (vgl. BGH **6** 58) mit Zumutbarkeitserwägungen befriedigend gelöst (o. 11) –, wird die Erstreckung des Erzieherprivilegs auf die 2. Fallgruppe im Schrifttum vielfach kritisch beurteilt (vgl. z. B. Becker/Ruthe FamRZ 74, 508, Dreher JR 74, 51, Hanack NJW 74, 8, Lackner/Kühl 9; vgl. auch Baumann JR 74, 392). In der Tat stößt hier die Handhabung des Abs. 1 S. 2, von extremen Fällen abgesehen, auf die – vom Gesetzgeber zu verantwortende – Schwierigkeit, daß sichere Maßstäbe für die Begrenzung pädagogisch motivierter Förderungshandlungen vielfach weder unter sozialethischen noch unter erziehungswissenschaftlichen Gesichtspunkten zur Verfügung stehen. Die deswegen erhobenen verfassungsrechtlichen Bedenken (vgl. Becker/Ruthe aaO, Lackner/Kühl 9, M-Schroeder I 202 ff.) würden freilich im gleichen Maß auch auf § 171 zutreffen, wo ebenfalls auf eine „gröbliche Verletzung" von „Erziehungspflichten" abgestellt wird; sie würden überdies, wenn sie berechtigt wären, dazu führen, daß § 180 I Nr. 2 auf Erziehungsberechtigte überhaupt nicht mehr anwendbar ist. Zieht man diese Konsequenz nicht, so bleibt daher ebenso wie in anderen Fällen, in denen das Gesetz in hohem Maß wertausfüllungsbedürftige Klauseln verwendet, auch hier nur die Möglichkeit, den Begriff der groben Pflichtverletzung auf Fälle zu beschränken, in denen diese nach dem Urteil aller redlich Denkenden eindeutig ist (vgl. auch Horn SK 15). Soweit dagegen feste Wertmaßstäbe fehlen und deshalb verschiedene, jeweils „vertretbare" Auffassungen einander gegenüberstehen, darf der Standpunkt des Täters auch dann nicht zu dessen Lasten gehen, wenn der Richter selbst diese Auffassung nicht teilt (vgl. näher Lenckner JuS 68, 308 f.).

a) Unter das Privileg des S. 2 fallen nur die **zur Sorge für die Person** des Minderjährigen **Berechtigten**. Wer dies ist, bestimmt sich nach BGB. In Frage kommen die Eltern (§§ 1626, 1626 a BGB), Vormünder (§ 1793 BGB) und Pfleger (vgl. § 1630 BGB), wobei die Erstreckung auf diese zeigt, daß das Erzieherprivileg des S. 2 über das in Art. 6 II GG statuierte Elternrecht hinausgeht. Ob Personensorgeberechtigte i. S. des § 180 auch Dritte sein können, denen von den Eltern das **Sorgerecht zur Ausübung** auf Widerruf **übertragen** wurde (zu dieser Möglichkeit vgl. Palandt-Diederichsen § 1626 RN 7), also Verwandte, Schulen, Internate, Pflegeeltern usw., erscheint fraglich (bejahend Horn SK 16, Laufhütte LK 11; verneinend z. B. Gössel I 324 f., Lackner/Kühl 13, M-Schroeder I 203). Jedenfalls ist hier sorgfältig zu prüfen, ob sich die Ausübung des Sorgerechts auch auf die Entscheidung so gravierender Fragen wie der sexuellen Betätigung Minderjähriger beziehen soll, was z. B. bei Pflegeeltern eher zu bejahen sein wird als bei Lehrern oder Heimleitern. In solchen Fällen ist ferner darüber zu entscheiden, ob sich die Überlassung der Ausübung des Sorgerechts nicht als ein Mißbrauch darstellt (s. auch Tröndle/Fischer 14).

b) Das Erzieherprivileg gilt **nur** für Förderungshandlungen durch **Gewähren oder Verschaffen von Gelegenheit** (S. 1 Nr. 2), also nicht für das Vorschubleisten durch Vermittlung (S. 1 Nr. 1).

§ 180 16–19   Bes. Teil. Straftaten gegen die sexuelle Selbstbestimmung

Weshalb der für Abs. 1 maßgebliche Grundsatz, daß die sexuelle Entwicklung von Jugendlichen von Interventionen Dritter abgeschirmt werden soll, diese sachliche Differenzierung zwischen den beiden Formen des Vorschubleistens, deren Übergänge ohnehin fließend sind, rechtfertigen soll (vgl. Horstkotte JZ 74, 87), ist nicht recht ersichtlich. Mit Recht weist Dreher JR 74, 51 auf den Widerspruch hin, der darin besteht, daß der Vater nach S. 2 zwar straflos sein kann, wenn er dem Sohn das Geld für den Besuch einer Prostituierten gibt (sofern man darin, wie RG 51 46, überhaupt ein Verschaffen von Gelegenheit sieht; o. 10), nicht aber, wenn er ihm die Adresse der Prostituierten vermittelt. Ungereimte Ergebnisse lassen sich hier nur dadurch vermeiden, daß S. 2 entgegen seinem Wortlaut in Fällen, in denen die Vermittlung in ihrer Bedeutung hinter dem Gewähren oder Verschaffen von Gelegenheit eindeutig zurücktritt, auch auf diese erstreckt wird (ebenso Laufhütte LK 10).

16   c) Das Privileg des S. 2 gilt nicht, wenn es sich bei dem Vorschubleisten nach S. 1 Nr. 2 um eine **gröbliche Verletzung der Erziehungspflicht** handelt. Auszuschließen ist eine solche in der Regel in den Fällen eines „pädagogischen Notstands" (o. 13), wenn dem Erziehungsberechtigten nicht zugemutet werden kann, den Jugendlichen von sexuellen Kontakten abzuhalten, etwa weil sonst das Vertrauensverhältnis zu diesem und damit auch die Grundlage der Erziehung überhaupt schwer gefährdet würde oder weil das Unterhalten einer sexuellen Beziehung für den Jugendlichen ein stabilisierender Faktor ist, der ungünstigen Entwicklungen vorbeugt (Horstkotte JZ 74, 86). Im übrigen kann eine Pflichtverletzung nicht schon dann angenommen werden, wenn das Fördern sexueller Beziehungen in seinem pädagogischen Sinn zwar fragwürdig, aber noch nicht eindeutig negativ zu bewerten ist. Erst wenn das verhältnismäßig breite Spektrum dessen, was heute angesichts des Vorhandenseins recht unterschiedlicher Auffassungen noch vertretbar erscheint, verlassen ist, kann nach dem o. 13 Gesagten auch eine Pflichtverletzung bejaht werden, wobei dieser dann zusätzlich noch eine „gröbliche", d. h. besonders schwerwiegende sein muß (vgl. auch Horn SK 15, Laufhütte LK 12, Tröndle/Fischer 13). Dies ist nicht schon der Fall, wenn Eltern ihre 15-jährige Tochter mit dem 17 Jahre alten festen Freund in der Wohnung übernachten lassen (so das Beisp. in BT-Drs. VI/3521 S. 45), auch nicht ohne weiteres, wenn sie den Verkehr mit einem wesentlich älteren Mann dulden, wohl aber, wenn die Gelegenheit zur Prostitution verschafft wird oder die Gefahr des Abgleitens in Promiskuität besteht (BT-Drs. VI/3521 aaO, Laufhütte LK 12). Eindeutig ist die Grenze des Zulässigen bei aktiven sexualpädagogischen Experimenten überschritten (Horstkotte JZ 74, 87), ferner bei der Förderung von sexuellen Kontakten zu dem Jugendlichen, die als solche schon strafbar sind (z. B. §§ 174, 176, 182; vgl. auch D-Tröndle 13, Horn SK 15, Laufhütte LK 12, Tröndle/Fischer 13). Hier ist der Sorgeberechtigte nicht nur wegen Teilnahme an diesen Taten strafbar, sondern auch nach § 180 I; da das Erzieherprivileg nur für § 180 I 1 Nr. 2, nicht aber für sonstige Sexualdelikte gegen den Jugendlichen und daher auch nicht für darauf bezogene Teilnahmehandlungen gilt (vgl. auch Horstkotte aaO), kann hier aus der Strafbarkeit der Teilnahme immer auch auf eine grobe Pflichtverletzung i. S. des § 180 I 2 geschlossen werden.

17   d) Die ursprünglich vorgesehene Erweiterung des Erziehungsprivilegs auf **Dritte**, die mit **Einwilligung des Sorgeberechtigten** handeln (BT-Drs. VI/3521 S. 45, BR-Drs. 441/73, § 180 I 2), ist auf Vorschlag des Vermittlungsausschusses wieder beseitigt worden (BT-Drs. 7/1166). Auch nach Streichung dieses „erweiterten Erziehungsprivilegs" ist der Dritte jedoch nur dann strafbar, wenn es ihm überlassen ist, nach eigenem Ermessen Handlungen i. S. des S. 1 Nr. 2 vorzunehmen. Ist ihm dagegen von dem Erziehungsberechtigten die fragliche Handlung konkret bezeichnet worden, so ist er nicht nur im Fall der Beihilfe straffrei (keine tatbestandsmäßige Haupttat), sondern auch dann, wenn er nach allgemeinen Regeln als Täter anzusehen wäre, weil es hier nicht darauf ankommen kann, ob der Sorgeberechtigte seine Entscheidung selbst handelnd in die Tat umsetzt oder dies im Rahmen einer inhaltlich genau bestimmten und begrenzten Einwilligung über einen Dritten geschieht (ebenso Horn SK 16, Laufhütte LK 11; Tröndle/Fischer 14; and. F.C. Schroeder, Lange-FS 399). Ob die Großmutter, die in Abwesenheit der Eltern die Tochter mit ihrem Freund ins Haus läßt, dies auf Weisung der Eltern (vgl. Horstkotte JZ 74, 87) oder nur mit deren Erlaubnis tut, begründet keinen sachlichen Unterschied.

18   Die Straflosigkeit steht auch in diesen Fällen unter dem Vorbehalt vertretbarer Ausübung des Sorgerechts. Erziehungsberechtigter wie Dritter sind daher strafbar, wenn die Entscheidung des Sorgeberechtigten seine Erziehungspflicht gröblich verletzt (o. 16). Fehlt es an einer Entscheidung des Sorgeberechtigten, so macht sich der Vorschubleistende auch dann strafbar, wenn sein Verhalten pädagogisch vertretbar war (ebenso Horn SK 16, Tröndle/Fischer 14). Bei Minderjährigen unter 16 Jahren ist es Dritten verwehrt, eigene sexualpädagogische Vorstellungen zu verwirklichen (vgl. BR-Drs. 498/70 S. 23).

19   IV. Abs. 2 erfaßt in zwei Begehungsformen die **Kuppelei** an **noch nicht 18-Jährigen** zu **entgeltlichen sexuellen Handlungen.** Der Grund für die Erhöhung der Strafdrohung und die Heraufsetzung des Schutzalters gegenüber Abs. 1 liegt darin, daß die Förderung von sexuellen Handlungen, für die der Jugendliche ein Entgelt erhält, die zusätzliche Gefahr des Abgleitens in die Prostitution schaffen kann, zumindest aber die Integration der Sexualität in die Persönlichkeit gefährdet (vgl. BT-Drs. VI/3521 S. 46, Horstkotte JZ 74, 87). Da die Gefahr, daß der Jugendliche auf den Weg der Prostitution geraten könnte, gesetzgeberischer Grund für die Vorschrift, aber nicht Tatbestandsmerkmal ist, ist Abs. 2 auch anwendbar, wenn der Jugendliche bereits der Prostitution nachgeht, zumal hier jedenfalls das Festhalten an der Prostitution begünstigt wird (BGH MDR/H 77, 809, Horn SK 27, Laufhütte LK 14).

1. Nach der **1. Alt.** ist strafbar **das Bestimmen** einer Person unter 18 Jahren zur **entgeltlichen** 20 **Vornahme** sexueller Handlungen an oder vor einem Dritten oder zum **entgeltlichen An-sich-vornehmen-Lassen** solcher Handlungen eines Dritten.

a) Zum **Bestimmen** vgl. zunächst § 176 RN 8. Zweifelhaft ist hier, ob es – was dem Vorschub- 21 leisten in Abs. 1 entsprechen würde – genügt, daß in dem Jugendlichen der Entschluß zur entgeltlichen Vornahme der sexuellen Handlung usw. hervorgerufen wird oder ob das Bestimmen ebenso wie in §§ 174 II Nr. 2, 176 II, III Nr. 2, 182 I 2, II 2 darüber hinaus auch in dem Sinn erfolgreich sein muß, daß es zu dem sexuellen Kontakt tatsächlich kommt. Trotz der unterschiedlichen Fassung von Abs. 2 einerseits, §§ 174 II Nr. 2, 176 II, III Nr. 2 andererseits ist letzteres anzunehmen (ebenso Horn SK 28, Tröndle/Fischer 16; vgl. auch BGH NJW **85**, 924, **97**, 335). Dafür spricht nicht so sehr, daß andernfalls Abs. 4 (Versuch) nur noch beschränkt von Bedeutung wäre, sondern vor allem, daß das Bestimmen in Abs. 2 keine andere Bedeutung haben kann als in Abs. 3. Dort aber würden die ohnehin vorhandenen Wertungswidersprüche zu § 174 II Nr. 2 in unerträglicher Weise verschärft, wenn auch das erfolglose Bestimmen erfaßt wäre (§ 174 II Nr. 2: Freiheitsstrafe bis zu 3 Jahren nur beim erfolgreichen Bestimmen, Abs. 3: Freiheitsstrafe bis zu 5 Jahren!); zu den Konsequenzen für die 2. Alt. vgl. u. 25. Erforderlich ist im Bestimmen des *Jugendlichen*, d. h. die unmittelbare Einwirkung auf ihn, wenn auch in der Form der mittelbaren Täterschaft. Dagegen genügt es nicht, wenn der Täter den Dritten bestimmt, sexuellen Kontakt zu einem Jugendlichen aufzunehmen und diesen dafür zu bezahlen. Ebenso wie z. B. in § 176 II, III Nr. 2 folgt dies auch in § 180 II daraus, daß das Bestimmen hier zur Täterschaft erhoben ist und die Regel, daß Anstiftung zur Anstiftung selbst Anstiftung zu der fraglichen Handlung ist, in diesen Fällen deshalb nicht gelten kann (and. Laufhütte LK 15). Nach Abs. 2 kann der Täter hier nur bestraft werden, wenn zugleich ein Vermitteln i. S. der 2. Alt. vorliegt.

b) Das Bestimmen muß darauf gerichtet sein, daß der Jugendliche sexuelle Handlungen **gegen** 22 **Entgelt** an oder vor einem Dritten vornimmt oder von einem Dritten an sich vornehmen läßt. Das Bestimmen muß sich deshalb auch auf die Entgeltlichkeit beziehen; umfaßt es nur die Vornahme der sexuellen Handlung, so genügt dies auch dann nicht, wenn der Jugendliche nachher tatsächlich ein Entgelt verlangt oder erhält. Nicht tatbestandsmäßig ist das Erkaufen eines sexuellen Kontakts mit dem Täter selbst; bei einem noch nicht 16 Jahre alten Opfer gilt hier jedoch § 182 I Nr. 1.

a) *Entgelt* ist jede in einem Vermögensvorteil bestehende Gegenleistung (§ 11 I Nr. 9 u. dort 23 RN 68 ff.). Neben Geld oder Sachwerten (vgl. z. B. BGH NStZ/Mie **97**, 179 Nr. 25) kann das Entgelt deshalb z. B. auch in einer Eintrittskarte oder Reise bestehen.

b) *Gegen* Entgelt erfolgt das Vornehmen oder An-sich-vornehmen-Lassen der Handlung durch den 24 Jugendlichen nur, wenn die Entrichtung des Entgelts schon vor oder jedenfalls während des sexuellen Kontakts als Gegenleistung für die Mitwirkung des Jugendlichen vereinbart worden ist. Es genügt deshalb nicht, wenn dieser erst nachträglich ein Entgelt fordert und annimmt; andererseits ist die Einigung über ein Entgelt im Zeitpunkt der sexuellen Handlung unabhängig davon ausreichend, ob dieses nachher tatsächlich entrichtet wird (Laufhütte LK 14; vgl. aber auch Tröndle/Fischer 16: möglicherweise nur Versuch). Gleichgültig ist auch, von wem das Entgelt geleistet werden soll; dies kann daher auch der Kuppler selbst oder ein unbeteiligter Dritter sein (Laufhütte aaO). Der Täter selbst braucht an dem Entgelt weder beteiligt noch interessiert zu sein (Horstkotte JZ 74, 87, Tröndle/Fischer 16); auch ist ein Handeln gegen Entgelt nicht deshalb ausgeschlossen, weil es an einen anderen (z. B. Zuhälter) abgeführt werden soll (BGH NStZ **95**, 540). Immer aber muß nach der ratio legis (Verhinderung des Abgleitens in die Prostitution) das vereinbarte Entgelt den Charakter einer Bezahlung für die Vornahme oder das An-sich-vornehmen-Lassen der sexuellen Handlung haben (BGH aaO). Daraus folgt einerseits, daß der Jugendliche durch die Aussicht auf das Entgelt zumindest mitmotiviert worden sein muß (vgl. BR-Drs. 489/70 S. 24, Horn SK 29, Tröndle/Fischer 16; and. Gössel I 326 f.), andererseits, daß Geschenke zur Gewinnung der Zuneigung des Jugendlichen nicht ausreichen (Lackner/Kühl 7; z. B. die Mutter bestimmt die Tochter, ein solches Geschenk von einem Bewerber anzunehmen), wobei die Abgrenzung im Einzelfall freilich schwierig sein kann.

2. Nach der **2. Alt.** ist strafbar das durch **Vermittlung** erfolgende **Vorschubleisten** in Beziehung 25 auf die **entgeltliche Vornahme** sexueller Handlungen oder das **entgeltliche An-sich-vornehmen-Lassen** solcher Handlungen durch eine Person unter 18 Jahren. Abweichend von Abs. 2 wird dagegen von Abs. 2 nicht erfaßt das Vorschubleisten durch Gewähren oder Verschaffen von Gelegenheit (vgl. BGHR § 180 Abs. 2 Bestimmen 1). Anders als in Abs. 1 muß hier das *Vorschubleisten* in dem Sinn erfolgreich gewesen sein, daß es zu dem sexuellen Kontakt tatsächlich gekommen ist; das bloße Schaffen günstigerer Bedingungen dafür genügt hier nicht. Dies folgt daraus, daß für das Vorschubleisten nichts anderes als bei dem Bestimmen (o. 21) gelten kann, da es sich bei diesen um eine gleichwertige Begehungsweisen handelt (ebenso BGH NJW **97**, 335, Horn SK 37, Laufhütte LK 16, Tröndle/Fischer 17). Vgl. im übrigen o. 6, ferner zum Begriff der *Vermittlung* o. 8, zur Vornahme usw. sexueller Handlungen *gegen Entgelt* o. 22 ff. Ebenso wie das Bestimmen der 1. Alt. muß auch das Vermitteln speziell die entgeltliche sexuelle Dienstleistung des Jugendlichen zum Gegenstand haben; schon im Zeitpunkt der Vermittlung muß deshalb auch klar sein, daß die Mitwirkung des Jugendlichen von einer Gegenleistung abhängt.

26 **V. Abs. 3** erfaßt die **Kuppelei an noch nicht 18jährigen Schutzbefohlenen** unter Mißbrauch eines Abhängigkeitsverhältnisses, wobei Kuppeleihandlung hier freilich nur das Bestimmen des Minderjährigen zur Vornahme sexueller Handlungen an oder vor einem Dritten bzw. zum An-sich-vornehmen-Lassen solcher Handlungen eines Dritten sein kann; zum *geschützten Personenkreis,* der dem des § 174 I Nr. 2 entspricht, vgl. dort RN 5 ff., 10, zum *Mißbrauch* der durch das Erziehungsverhältnis usw. begründeten Abhängigkeit vgl. § 174 RN 14, zum *Bestimmen* o. 21. Der Tatbestand ergänzt damit § 174 I Nr. 2, II Nr. 2, wo Täter nur sein kann, wer das Abhängigkeitsverhältnis zu eigenen sexuellen Kontakten mit dem Jugendlichen mißbraucht, während § 180 III für die Fälle gilt, in denen Nutznießer des Mißbrauchs ein Dritter ist. Die gegenüber Abs. 1 erhöhte Strafdrohung und die Heraufsetzung des Schutzalters haben ihren Grund in dem Bestehen eines besonderen Abhängigkeitsverhältnisses und dessen Mißbrauch durch den Täter. Völlig unausgewogen ist allerdings das Verhältnis der Strafdrohungen von Abs. 3 und § 174 II Nr. 2, wenn der Schutzbefohlene zu sexuellen Handlungen „vor" einem Dritten bestimmt wird (vgl. auch Dreher JR 74, 52, M-Schroeder I 204); dem kann nur bei der Strafzumessung Rechnung getragen werden.

27 **VI.** Für den **subjektiven Tatbestand** ist in allen Fällen Vorsatz erforderlich; bedingter Vorsatz genügt (Celle GA **71**, 252, Düsseldorf JMBlNW **50**, 82). Der Vorsatz muß sich insbes. auch darauf erstrecken, daß ein Jugendlicher unter 16 (Abs. 1) bzw. unter 18 Jahren (Abs. 2, 3) beteiligt ist, ferner auf eine jedenfalls schon in gewissem Umfang konkretisierte sexuelle Handlung, die durch die Tat gefördert wird (Laufhütte LK 18); das Bewußtsein, daß es irgendwann einmal zu sexuellen Handlungen kommen könnte, genügt nicht. Im Fall des Abs. 1 S. 2 muß der Täter ferner die Umstände kennen, die seine Förderungshandlung zu einer groben Pflichtverletzung machen; bewertet er diese dagegen lediglich falsch, so kann dies in den eindeutigen Fällen, in denen objektiv eine grobe Pflichtverletzung überhaupt erst angenommen werden darf (o. 13, 16), nur ein Verbotsirrtum sein (vgl. auch Lackner/Kühl 9, Laufhütte LK 18, Tröndle/Fischer 24). Bei der Kuppelei durch Unterlassen muß der Täter wissen, daß er durch sein Verhalten für die sexuelle Handlung günstigere Bedingungen schafft (vgl. RG **77** 127). Dazu gehört auch, daß er ein zumutbares Mittel kennt, die sexuelle Handlung zu verhindern oder zu erschweren (BGH FamRZ **56**, 81). Das Unrechtsbewußtsein muß auch hier tatbestandsbezogen sein; es genügt nicht, daß die Mutter die Förderung sexueller Kontakte ihrer unter 16 Jahre alten Tochter nur deshalb für Unrecht hält, weil es sich bei dem Partner um einen verheirateten Mann handelt (BGH MDR/D **67**, 14).

28 **VII. Vollendet** ist die Tat im Fall des Abs. 1 S. 1 Nr. 1, wenn die persönliche Beziehung zwischen dem Jugendlichen und dem Dritten zustande gekommen ist, im Fall des Abs. 1 S. 1 Nr. 2, wenn durch das Gewähren usw. von Gelegenheit die äußeren Bedingungen für die Vornahme der sexuellen Handlungen günstiger gestaltet worden sind (z. B. durch Überlassen eines Raums; zur Vornahme der sexuellen Handlungen selbst braucht es hier nicht gekommen zu sein (o. 6). Dagegen sind die Taten nach Abs. 2, 3 erst vollendet mit dem Vornehmen bzw. Vornehmenlassen der sexuellen Handlung (o. 21, 25; vgl. auch BGH NJW **85**, 924). Dafür ist hier jedoch nach Abs. 4 der **Versuch** strafbar, für den beim Bestimmen die Grundsätze über die versuchte Anstiftung zur Tatbegehung entsprechend gelten (vgl. § 30 RN 18 ff.). Ein Rücktritt nach § 24 durch Verhinderung des sexuellen Kontakts ist damit zwar in den Fällen des Abs. 2 und 3, nicht dagegen bei einem bereits vollendeten Vorschubleisten nach Abs. 1 möglich, doch sind hier zur Vermeidung widersprüchlicher Ergebnisse die für Unternehmensdelikte geltenden besonderen Rücktrittsregeln (vgl. § 11 RN 55, § 24 RN 116 ff.) analog anzuwenden (ebenso Horn SK 8).

29 **VIII. Täter** kann außer den an der sexuellen Handlung Beteiligten (vgl. auch o. 3) jeder sein, im Fall des Abs. 3 jedoch nur die in einem der dort genannten Verhältnisse stehende Autoritätsperson. Für die **Teilnahme** gilt folgendes:

30 1. Für **Dritte,** die an den sexuellen Handlungen **nicht selbst beteiligt** sind, gelten die allgemeinen Teilnahmeregeln (vgl. aber auch Sommer JR 81, 495); § 28 findet keine Anwendung und zwar auch nicht im Fall des Abs. 3 (vgl. dazu § 174 RN 20). Zur Teilnahme im Fall des Abs. 1 S. 2 vgl. u. 33.

31 2. Weil § 180 dem Schutz des jugendlichen Opfers dient, ist der **Jugendliche** auch dann nicht als Teilnehmer strafbar, wenn seine Beteiligung über notwendige Teilnahmehandlungen hinausgeht (Gropp aaO [o. 3] 317, Horstkotte JZ 74, 87, Lackner/Kühl 14, Laufhütte LK 19, Otto II 347, Sowada, Die „notwendige Teilnahme" als funktionales Prüfungsmodell usw. [1992] 225 f., Tröndle/Fischer 25). Etwas anderes gilt hier nur, wenn darin zugleich eine Beteiligung an der Förderung sexueller Handlungen zu Lasten eines anderen Jugendlichen liegt (vgl. Gropp aaO).

32 3. Auch der an den sexuellen Handlungen **selbst beteiligte Dritte** kann grundsätzlich nicht als Teilnehmer bestraft werden, und zwar auch dann nicht, wenn seine Beteiligung – z. B. als Anstiftung zum Vorschubleisten – über die Nutzung der Dienste des Kupplers hinausgeht (Bockelmann II/2 S. 147, Horn SK 24, Lackner/Kühl 14, M-Schroeder I 203, Otto II 347, Tröndle/Fischer 25; i. E. auch Gropp aaO [o. 3] 317 ff. u. zu § 180 a. F. z. B. Bindokat NJW 61, 1731, Herzberg GA 71, 10, Armin Kaufmann MDR 58, 177; and. Gössel I 325, Horstkotte JZ 74, 87 [bei Abs. 1, 2 unter Beschränkung auf die Anstiftung], Laufhütte LK 19 f. [nur Anstiftung] u. zu § 180 a F. z. B. RG **4** 252, HRR **39** Nr. 1379, BGH **10** 386, **15** 377, Baumann JuS 63, 53; näher zum Ganzen vgl. auch Sowada aaO [o. 33] 225 ff.). Für § 180 a. F. wurde dies zutreffend damit begründet, daß die Kuppelei eine tatbestandlich verselbständigte Teilnahme an einer als solcher nicht (oder nur unter einem anderen

Gesichtspunkt) strafbaren sexuellen Betätigung dritter Personen ist und daß für diese deshalb nur eine mittelbare Teilnahme am eigenen straflosen Tun vorliegt. Daran hat sich durch die n. F. nichts geändert, auch wenn die Kuppelei nunmehr zu einem Jugendschutztatbestand geworden ist (Lackner/Kühl 14). Wer selbst sexuelle Kontakte mit einem Jugendlichen hat, ist unter dem Gesichtspunkt des Jugendschutzes nur strafbar, wenn er eine Tat nach §§ 174ff., 182 begeht (vgl. auch o. 3; dazu, daß in den Fällen des § 182 I Nr. 2, II Nr. 2 der Dritte i. d. R. zum Täter der jeweiligen Nr. 1 wird, vgl. dort RN 15). Macht er sich nach diesen Vorschriften strafbar und ist die angedrohte Strafe hier mindestens ebenso hoch wie in § 180, so besteht schon vom Ergebnis her keine Notwendigkeit, ihn außerdem noch wegen Teilnahme nach § 180 zu bestrafen, auch wenn dann der sexuelle Kontakt zu dem Jugendlichen mit Hilfe eines Kupplers zustande gekommen ist. Ist dagegen die Handlung des Dritten gegenüber dem Jugendlichen entweder überhaupt nicht oder – weil der Bereich eines strafbaren Versuchs noch nicht betreten ist – noch nicht strafbar oder ist sie nur mit einer geringeren Strafe bedroht (z. B. § 182 II), so kann die Begrenzung, welche die §§ 174ff., 182 hinsichtlich der Strafbarkeit des eigenen sexuellen Kontakts zu einem Jugendlichen enthalten, nicht dadurch unterlaufen werden, daß der Dritte hier wegen Teilnahme nach § 180 bestraft wird. Hat z. B. das Gesetz in § 182 mit einer Schutzaltersgrenze von 16 Jahren bewußt davon abgesehen, auch denjenigen mit Strafe zu bedrohen, der sich seinen eigenen sexuellen Kontakt mit Jugendlichen zwischen 16 und 18 Jahren erkauft (vgl. auch Horstkotte JZ 74, 87), so kann diese Entscheidung des Gesetzgebers nicht dadurch umgangen werden, daß der Partner des Jugendlichen wegen Teilnahme aus § 180 II bestraft wird, wenn er sich dabei der Dienste eines anderen bedient (Bedenken hier auch bei Horstkotte aaO). Daß der Dritte hier von Täter des § 180 in ein strafrechtlich relevantes Geschehen verstrickt (Laufhütte LK 20), ändert daran nichts, weil dies auf die Schuldteilnahmetheorie als Strafgrund der Teilnahme hinausliefe. Eine Ausnahme von dem Grundsatz, daß die Teilnahme des Dritten straflos ist, ist nur in den Fällen des Abs. 3 anzuerkennen (z. B. der Dritte veranlaßt einen Lehrherrn, ihm durch Ausübung von Druck ein Lehrmädchen zur Verfügung zu stellen). Sie ist damit zu rechtfertigen, daß Abs. 3 systematisch ohnehin in den Zusammenhang des § 174 gehört (Sowada aaO [o. 31] 239 ff., Tröndle/Fischer 18; and. Gropp aaO [o. 3] 321); stünde die Bestimmung dort, so wäre unzweifelhaft, daß auch der Dritte selbst strafbarer Teilnehmer sein kann (i. E. ebenso Horn SK 48; and. Gropp aaO, Laufhütte LK 19).

4. Leistet der **Sorgeberechtigte** in der Form des Abs. 1 S. 1 Nr. 2 Vorschub, ohne dadurch eine **33** grobe Pflichtverletzung zu begehen, so ist sein Handeln tatbestandslos (Abs. 1 S. 2, o. 12), weshalb auch eine Teilnahme Dritter nicht möglich ist, und zwar auch dann nicht, wenn sie irrig die Voraussetzungen einer groben Pflichtverletzung annehmen (straflose versuchte Teilnahme; vgl. Horstkotte JZ 74, 87, Lackner/Kühl 13, Laufhütte LK 20, Tröndle/Fischer 14; and. F. C. Schroeder, Lange-FS 400). Handeln der Sorgeberechtigte und ein Dritter als Mittäter, so gilt das o. 17 Gesagte: Da hier die Entscheidung über die konkrete Handlung von dem Sorgeberechtigten mitgetragen wird, kann es nicht von Bedeutung sein, daß er nicht allein, sondern zusammen mit einem anderen handelt; straffrei ist in diesem Fall unter den Voraussetzungen des Abs. 1 S. 2 deshalb nicht nur der Sorgeberechtigte selbst, sondern auch der Mittäter (ebenso Tröndle/Fischer 14). Ist ein Dritter Täter, der Sorgeberechtigte dagegen nur Teilnehmer, so ist auch die Teilnahme durch das Erzieherprivileg gedeckt (Horstkotte JZ 74, 87, Lackner/Kühl 12, Tröndle/Fischer 11), wobei jedoch Voraussetzung ist, daß die Teilnahmehandlung nicht selbst eine grobe Pflichtverletzung ist, was z. B. der Fall sein kann, wenn dem Dritten völlig freie Hand gelassen wird; zur Strafbarkeit des Dritten bei Einwilligung des Sorgeberechtigten vgl. o. 17.

IX. Idealkonkurrenz zwischen den Taten des § 180 ist möglich mit Teilnahme an Delikten, die **34** der Dritte durch die geförderte sexuelle Handlung begeht (§§ 173ff.), ferner mit den §§ 171 (vgl. dort RN 12), 176 (BGH NStZ **96**, 599) und den meisten Tatbeständen der §§ 180a–181a; hinter § 180b II tritt jedoch Abs. 2 zurück (BGH NStZ-RR **98**, 299). Dagegen tritt Abs. 1 hinter § 182 I Nr. 2, II Nr. 2 zurück, wenn das Vermitteln zugleich mit einem Mißbrauch i. S. dieser Bestimmungen verbunden ist, während umgekehrt Abs. 2, 3 dem § 182 II Nr. 2 vorgehen (vgl. entsprechend zum Vorrang von § 182 I gegenüber § 181 II dort RN 16); im übrigen kann Tateinheit auch mit § 182 I Nr. 2 bestehen, so wenn bei Abs. 2 u. 3 zugleich eine Zwangslage i. S. des § 182 I Nr. 2 ausgenutzt wird (bei Abs. 3 allerdings nur, wenn die Zwangslage nicht im Mißbrauch der Abhängigkeit besteht). Innerhalb des § 180 gehen die Abs. 2, 3 dem Abs. 1, dessen Schutzzweck sie voll mitumfassen, als die schweren Formen vor (BGH NStZ-RR **98**, 299, Horn SK 25, Lackner/Kühl 15, Laufhütte LK 22, Tröndle/Fischer 26); dagegen ist zwischen den Abs. 2 und 3 Tateinheit möglich (Horn SK 43, Laufhütte LK 22).

§ 180 a Förderung der Prostitution

(1) **Wer gewerbsmäßig einen Betrieb unterhält oder leitet, in dem Personen der Prostitution nachgehen und in dem**

1. **diese in persönlicher oder wirtschaftlicher Abhängigkeit gehalten werden oder**
2. **die Prostitutionsausübung durch Maßnahmen gefördert wird, welche über das bloße Gewähren von Wohnung, Unterkunft oder Aufenthalt und die damit üblicherweise verbundenen Nebenleistungen hinausgehen,**

wird mit Freiheitsstrafe bis zu drei Jahren oder mit Geldstrafe bestraft.

§ 180a 1–5

(2) **Ebenso wird bestraft, wer**
1. einer Person unter achtzehn Jahren zur Ausübung der Prostitution Wohnung, gewerbsmäßig Unterkunft oder gewerbsmäßig Aufenthalt gewährt oder
2. eine andere Person, der er zur Ausübung der Prostitution Wohnung gewährt, zur Prostitution anhält oder im Hinblick auf sie ausbeutet.

Vorbem. Abs. 3 bis 5 wurden durch das 26. StÄG (BGBl. I S. 1255) aufgehoben; vgl. nunmehr § 180 b.

Schrifttum: Bargon, Prostitution und Zuhälterei, 1982. – *Borelli/Starck,* Die Prostitution als psychologisches Problem, 1957. – *Gleß,* Die Reglementierung von Prostitution in Deutschland, 1999. – *Hellebrand,* Kapitulation der Gerichte vor der Wirklichkeit? Zur „Förderung der Prostitution", Kriminalistik 78, 61. – *Horstkotte,* Kuppelei, Verführung und Exhibitionismus nach dem 4. StRG, JZ 74, 84. – *Kelker,* Die Situation von Prostituierten im Strafrecht und ein freiheitliches Rechtsverständnis, KritV 93, 289. – *Kühne,* Prostitution als bürgerlicher Beruf? ZRP 75, 184. – *Lautmann,* Sexualdelikte – Straftaten ohne Opfer?, ZRP 80, 44. – *Loosel/Schwägerl,* Prostitution als Problem der öffentlichen Sicherheit und Ordnung, BayVBl. 92, 228. – *Lüthge-Bartholomäus,* Die polizeiliche Schließung von „Massagesalons", NJW 75, 1871. – *Schneider,* Neuere kriminologische Forschungen zur Prostitution, Middendorf-FS 257.

1   **I. Rechtsgut.** Entsprechend dem allgemeinen Reformziel des 4. StrRG, Tatbestände mit eindeutig substantiierbaren Rechtsgütern zu schaffen, dient auch § 180 a nicht der Verhinderung der Prostitution als solcher (ein nach allen geschichtlichen Erfahrungen ohnehin aussichtsloses Unterfangen) oder der Bewahrung der „sexuellen Ordnung" (so jedoch Nitze NStZ 86, 360). Auch der Schutz der sexuellen Selbstbestimmung ist bei § 180 a nur ein Teilaspekt (vgl. RN 1 vor § 174). Geschützt ist hier vielmehr die Autonomie einzelner in einem umfassenderen Sinn, nämlich die persönliche Freiheit und wirtschaftliche Unabhängigkeit von Prostituierten gegenüber den besonderen Gefahren, die typischerweise gerade mit der Prostitutionsausübung für sie verbunden sind (vgl. BT-Drs. VI/1552 S. 25, 29, VI/3521 S. 47, ferner z. B. BVerfG NJW **93**, 1911, BGH **38** 95, KG NJW **76**, 813, **77**, 2223, JR **78**, 296, Köln NJW **74**, 1831, **79**, 728, Stuttgart MDR **75**, 331, Köberer StV 86, 295, Laufhütte LK 1, M-Schroeder I 209, Tröndle/Fischer 2). Daneben dient Abs. 2 Nr. 1 auch dem Jugendschutz (Laufhütte aaO; and. Gössel I 296: nur Schutzreflex). Näher zur Einschätzung der Prostitution und ihrer Gefahren durch den Gesetzgeber vgl. Horstkotte JZ 74, 87 f. und aus den Materialien u. a. Prot. VI 1636, 1724; 7 S. 15, 54, 83; zum Ganzen vgl. ferner das Schrifttum o. vor 1.

2   **II. Abs. 1** erfaßt das **Betreiben eines Bordells** oder eines **bordellartigen Betriebs,** zu deren Kennzeichnung sich das Gesetz weitgehend der Merkmale bedient, welche die Rspr. zu § 180 II a. F. entwickelt hatte (vgl. z. B. RG **62** 341, BGH NJW **64**, 2023, MDR/D **55**, 528).

3   **1.** Voraussetzung ist zunächst, daß es sich um einen **Betrieb** handelt, in dem der **Prostitution nachgegangen** wird.

4   a) **Betrieb** i. S. des Abs. 1 ist ein auf Gewinnerzielung gerichtetes und auf eine gewisse Dauer angelegtes Unternehmen, in das mehrere Prostituierte organisatorisch und räumlich eingegliedert sind (vgl. z. B. BGH NStZ **95**, 179, Bay NJW **94**, 2370, Blei II 155, Gössel I 298, Laufhütte LK 6, M-Schroeder I 210). Begrifflich gibt es zwar auch den „Ein-Mann-Betrieb". Daß ein solcher hier nicht gemeint ist, ergibt sich aber daraus, daß es bei § 180 a nach seiner Entstehungsgeschichte in der Sache um Bordelle und bordellartige Betriebe geht, für welche die Auswahlmöglichkeit typisch ist; erforderlich ist daher ein Betrieb mit mindestens zwei Prostituierten (z. B. BGH aaO, Bay aaO, Laufhütte aaO, Tröndle/Fischer 3; and. Horn SK 3). Nicht um einen „Betrieb" handelt es sich mangels der organisatorischen Zusammenfassung beim Vermieten von Wohnungen an selbständig „arbeitende" Prostituierte gegen Beteiligung am Verdienst (Frankfurt NJW **78**, 386). Mangels eines räumlichen Mittelpunkts, in dem die Prostitutionsausübung erfolgen muß – ein Erfordernis, das sich sowohl aus der Entstehungsgeschichte als auch aus dem Gesetzeswortlaut („in") und der Nr. 2 ergibt –, gehören ferner nicht hierher Agenturen, die einen Call-Girl-Ring betreiben und telefonisch sexuelle Kontakte vermitteln; Betriebe dieser Art werden vielmehr durch § 181 a II erfaßt (vgl. BT-Drs. VI/1552 S. 20, 3521 S. 42, 50, Horn SK 3). Daß der Prostitution räumlich „in" dem Betrieb „nachgegangen" werden muß, schließt allerdings nicht aus, daß dort Prostituierte sich lediglich anbieten (u. 6) und der eigentliche Sexualkontakt außerhalb stattfindet. Zweifelhaft ist, ob Betriebe i. S. des § 180 a auch gewöhnliche Wirtschaftsbetriebe usw. sein können, in denen nebenbei Prostituierte unter den Voraussetzungen des Abs. 1 tätig sind (z. B. in einem Großhotel werden für die Gäste zwei Frauen unter Bedingungen wie in einem Bordell „beschäftigt"). Möglich ist dies nur, wenn der Betrieb i. S. des § 180 a keine eigenständige Einrichtung zu sein braucht, sondern auch ein „Betrieb in einem Betrieb" sein kann, der, aus diesem herausgelöst und für sich gesehen, dem Bild eines Bordells oder bordellartigen Betriebs entspricht.

5   b) In dem Betrieb müssen Personen der **Prostitution** nachgehen. Prostitution (krit. zur Gesetzesterminologie M-Schroeder I 209) ist sowohl die hetero- als auch die homosexuelle Prostitution und bedeutet wie der Begriff der „gewerbsmäßigen Unzucht" in § 181 a a. F. die gewerbsmäßige (entgeltliche) Vornahme sexueller Handlungen mit wechselnden Partnern, wobei es sich freilich auch um einen festen Kundenstamm handeln kann (vgl. auch Horstkotte JZ 74, 89, Lackner/Kühl 1 a, Laufhütte LK 4, M-Schroeder I 209, Tröndle/Fischer 3). Die sexuelle Betätigung braucht nicht gerade in der Ausübung des Beischlafs zu bestehen (vgl. Köln NJW **74**, 1830 m. Anm. Loos JR 75, 248, KG

NJW **76**, 813: „Intimmassagen"); die bloße Vornahme sexueller Handlungen „vor" Dritten fällt aber nach dem herkömmlichen Sprachgebrauch jedenfalls dann nicht unter den Begriff der Prostitution, wenn es dabei an einem individualisierten Verhältnis fehlt (z. B. Auftreten einer Striptease-Tänzerin, vgl. Laufhütte LK 4, M-Schroeder I 209, Tröndle/Fischer 3). Ebensowenig genügt schon die Wahllosigkeit des Verkehrs, auch wenn damit gelegentlich Geschenke verbunden sind; typisch für die Prostitution ist vielmehr die emotionale Indifferenz. Ohne Bedeutung ist der zeitliche Abstand – auch eine Frau, die vorhat, ihre Preisgabe „bei Bedarf" zu wiederholen, begeht Prostitution –, wo und wie der Partner geworben wird und wer das Entgelt kassiert (vgl. BT-Drs. VI/1552 S. 26, Tröndle/Fischer 3). Zu den verschiedenen Definitionen der Prostitution vgl. auch Borelli-Stark aaO 2, ferner Kühne ZRP 75, 184.

c) Der Begriff **„nachgehen"** soll nicht, wie der Wortsinn anzudeuten scheint, dazu dienen, ein **6** länger andauerndes Verhalten zu kennzeichnen, sondern ist gleichbedeutend mit Ausübung der Prostitution und kann daher schon durch *eine* Handlung verwirklicht werden. Dabei genügt es, daß sich die betreffende Person zu entgeltlichen sexuellen Handlungen anbietet; daß es zu solchen tatsächlich kommt, ist nicht erforderlich (BVerfG NJW **85**, 1767, BGH **23** 173, Bay **88** 108 m. Anm. Behm JZ **89**, 301 [telefonische Anbahnungsverhandlungen], Karlsruhe MDR **74**, 858, Koblenz NJW **57**, 1684, Lackner/Kühl 1 a, Laufhütte LK 5, M-Schroeder I 209; and. Gleß aaO 108 f.). Noch nicht ausreichend sind hingegen bloße Verhandlungen potentieller Prostituierter mit einem Bordellbetreiber, da diese nicht unmittelbar auf die Ausübung der Prostitution zielen (BGH NStZ-RR **97**, 294, Lackner/Kühl 1 a).

2. Näher festgelegt wird die **Art** des verbotenen **Betriebs** durch die **Nrn. 1, 2**, wobei auch **7** Mischformen in der Weise denkbar sind, daß für die dort tätigen Prostituierten z. T. die Voraussetzungen der Nr. 1, z. T. die der Nr. 2 gegeben sind. Während Nr. 1 Betriebe betrifft, in denen wegen einer tatsächlich bestehenden Abhängigkeit die persönliche und „unternehmerische" Freiheit der Prostituierten ausgeschaltet oder jedenfalls erheblich eingeschränkt ist, enthält Nr. 2 insoweit ein abstraktes Gefährdungsdelikt (u. 9). Erhebliche und vom Gesetzgeber offenbar nicht bedachte Abgrenzungsschwierigkeiten ergeben sich dabei vor allem zu § 181 a I RN. 2 (vgl. dort RN 7). Auch die Umschreibung der „bordellartigen Betriebe" (so § 180 II a. F.) in Nr. 2 wird dem eigentlichen Zweck der Vorschrift – Schutz der Prostituierten (o. 1) – nur unvollkommen gerecht (u. 10).

a) Voraussetzung ist nach **Nr. 1**, daß Prostituierte in dem Betrieb in **persönlicher oder wirt- 8 schaftlicher Abhängigkeit** – beide sind vielfach miteinander verbunden – **gehalten** werden, wobei es genügt, wenn von mehreren in dem Betrieb tätigen Personen eine in einem solchen Abhängigkeitsverhältnis steht, sofern für die übrigen oder jedenfalls einen wesentlichen Teil von ihnen wenigstens die Voraussetzungen der Nr. 2 zutreffen und der Betrieb damit insgesamt den nach Abs. 1 notwendigen Charakter hat (weitergehend BGH NStZ **95**, 179; enger Tröndle/Fischer 4). Gemeint ist damit das Bordell im überlieferten Sinn (Laufhütte LK 8; vgl. auch § 180 II a. F. u. dazu RG **62** 341), das auch als „Massagesalon", „Sauna-Club" usw. getarnt sein kann (zu Nr. 2 vgl. z. B. KG NJW **76**, 813, Köln NJW **74**, 1830 m. Anm. Loos JR 75, 248, NJW **79**, 728). Eine *persönliche Abhängigkeit* besteht, wenn die Prostituierte in ihrer Lebensführung einschließlich der Ausübung ihres „Gewerbes" weitgehend der Disposition eines anderen unterworfen ist (z. B. wann, mit wem und mit welchen „Leistungen" sie sich zu prostituieren hat; Verbot der Prostitutionsausübung außerhalb des Betriebs, Bemessung der Freizeit usw.). Eine *wirtschaftliche Abhängigkeit* liegt vor, wenn sie das Entgelt für ihre Dienste nicht als „freie Unternehmerin", sondern als „Arbeitnehmerin" für den Betrieb verdient und deshalb bezüglich ihrer eigenen Einkünfte auf das angewiesen ist, was von diesem bewilligt bekommt, mag dies auch so bemessen sein, daß sie damit ihren Lebensbedarf sichern kann (vgl. auch Gössel I 299). Nicht erforderlich ist, daß die Prostituierte ausgebeutet wird (vgl. BGH NStZ **95**, 180 u. dazu § 181 a RN 3 ff.). – *Gehalten* werden die Prostituierten in den genannten Abhängigkeitsverhältnissen, wenn der fragliche Zustand durch eine gezielte und fortdauernde Einwirkung einseitig, d. h. gegen den freien Willen der Betreffenden herbeigeführt und aufrechterhalten wird. Wer sich freiwillig der Fremdbestimmung durch einen anderen unterwirft, wird von diesem nicht bzw. erst dann in Abhängigkeit „gehalten", wenn es ihm durch zusätzliche Maßnahmen erschwert wird, sich anders zu entscheiden und sich aus dem Abhängigkeitsverhältnis zu lösen (vgl. auch Horn SK 8, Laufhütte LK 9). Daß das Abhängigkeitsverhältnis zu dem Betrieb bestehen muß (BT-Drs. 7/514 S. 9, Laufhütte aaO), heißt nicht, daß der Täter selbst geschaffen haben muß, sondern genügt es auch, wenn das Abhängigkeitsverhältnis durch in seinem Betrieb tätige Dritte begründet wird und der Täter dies mitzuverantworten hat (vgl. BGH NStZ **95**, 181) oder wenn frühere Abhängigkeitsverhältnisse übernommen und aufrechterhalten werden (z. B. bei einem Inhaberwechsel). Nicht unter Nr. 1 fällt dagegen, wer nur duldet, daß sich in seinem Betrieb Abhängigkeitsverhältnisse der genannten Art zu außenstehenden Dritten entwickeln (ebenso Laufhütte aaO; mißverständlich BT-Drs. 6/1552 S. 25).

b) Nach **Nr. 2** genügt auch ein Betrieb, in dem die **Prostitutionsausübung** durch **Maßnahmen 9 gefördert** wird, die über die **Wohnungs-, Unterkunfts- oder Aufenthaltsgewährung** und die dabei **üblichen Nebenleistungen hinausgehen**. Dem liegt der Gedanke zugrunde, daß eine Abhängigkeit nach Nr. 1 vielfach nicht nachweisbar ist und daß deshalb auch typische Verhaltensweisen ausreichen müssen, hinter denen sich Abhängigkeitsverhältnisse häufig verbergen (vgl. BT-Drs. 7/514 S. 9). Daß die Unabhängigkeit der Prostituierten im Einzelfall beeinträchtigt oder konkret gefährdet

§ 180 a 10, 11   Bes. Teil. Straftaten gegen die sexuelle Selbstbestimmung

ist, braucht hier deshalb nicht festgestellt zu werden; es handelt sich mithin um ein abstraktes Gefährdungsdelikt (vgl. BVerfG NJW **93**, 1911, BGH NJW **86**, 596 m. Anm. Köberer StV 86, 294 u. Nitze NStZ 86, 358, NStZ **95**, 180, NStE **Nr. 4**, Hamm MDR **90**, 1033, KG JR **78**, 296, **80**, 121, Hellebrand, Kriminalistik 78, 62, Horstkotte JZ 74, 88, Laufhütte LK 11; krit. zum Deliktstypus Gleß aaO 138, Kelker Krit V 93, 310). Zur Verfassungsmäßigkeit der Vorschrift (Bestimmtheitsgebot, Verhältnismäßigkeitsprinzip) vgl. BVerfG NJW **93**, 1911), zur Notwendigkeit einer restriktiven Handhabung u. 10.

10 Was die *Art des Betriebs* i. S. der Nr. 2 betrifft, so muß es sich dabei zunächst um einen solchen handeln, in dem jedenfalls auch Wohnung, Unterkunft oder Aufenthalt gewährt wird. Auch nicht unter Nr. 2 fällt daher das Unterhalten eines Call-Girl-Rings. Ferner können im Zusammenhang mit der Prostitutionsausübung getroffene Förderungsmaßnahmen „in dem Betrieb" nur solche sein, die betriebsbezogen sind, d. h. die den Betrieb kennzeichnen (vgl. BGHR § 180 a I Nr. 2, Förderungsmaßnahmen 2) und damit jedenfalls einen wesentlichen Teil der in dem Betrieb tätigen Prostituierten betreffen (and. nur bei Mischbetrieb zugleich i. S. der Nr. 1). Dabei können auch außerhalb vorgenommene Maßnahmen sein, sofern sie sich nur in dem Betrieb auswirken (and. Lüthge-Bartholomäus NJW 75, 1871, M-Schroeder I 211). Zweifelhaft ist dagegen, ob, von dem in Nr. 2 ausdrücklich ausgenommenen Gewähren von Wohnung usw. und den damit üblicherweise verbundenen Nebenleistungen abgesehen, *jede Maßnahme* genügt, durch welche die Prostitutionsausübung *gefördert* wird. Von der h. M. wird dies unter Berufung auf den Gesetzeswortlaut bejaht: Erfaßt sind danach von Nr. 2 auch Betriebe, in denen lediglich günstigere Bedingungen für die Prostitutionsausübung geschaffen werden, z. B. durch Striptease- oder Pornofilmvorführungen, Einrichtung einer Sauna zur Kontaktaufnahme zwischen Prostituierten und Gästen, Fernhalten unerwünschter Kunden, Anzeigenwerbung usw., aber auch schon durch das bloße Herstellen einer gehobenen und diskreten Atmosphäre oder durch das Schaffen besonders günstigerer Arbeitsbedingungen (z. B. BGH NJW **86**, 596 m. Anm. Köberer StV 86, 295 u. Nitze NStZ 86, 359, NStE **Nr. 4**, Bay NJW **85**, 1566 m. Anm. Geerds JR 85, 472, Hamm MDR **90**, 1033, KG JR **78**, 296, **80**, 121, Köln NJW **79**, 728 m. Anm. Geerds JR 79, 343, Gössel I 299, Hellebrand, Kriminalistik 78, 62, Lackner/Kühl 4, Laufhütte LK 11, Tröndle/Fischer 5). Doch kann die Nr. 2 nicht von Nr. 1, der sie im Unrechtsgehalt in etwa entsprechen muß, gelöst werden, und vom Grundgedanken der Vorschrift, die nicht der Bekämpfung der Prostitution als solcher dient, sondern lediglich den Zweck hat, Prostituierte in ihrer persönlichen und wirtschaftlichen Bewegungsfreiheit zu schützen (zur entsprechenden Problematik in § 181 a II vgl. dort RN 14, 18). Nicht alle über das Wohnungsgewähren usw. hinausgehenden und die Prostitutionsausübung begünstigenden Maßnahmen sind aber notwendig solche, die in dem „institutionell verfestigten Vorfeld" dessen liegen, was „typischerweise die Unabhängigkeit der Prostituierten beeinträchtigt oder aufhebt" (KG JR **80**, 121, Köln NJW **79**, 728). Dort, wo eine solche Gefahr ausgeschlossen ist, weil die fragliche Maßnahme die persönliche und „unternehmerische" Freiheit der Prostituierten ersichtlich unangetastet läßt, ist Nr. 2 daher auch dann nicht anwendbar, wenn dadurch günstigere Bedingungen für die Prostitutionsausübung geschaffen werden (für eine Beschränkung auf Maßnahmen, die zur Gefährdung der Unabhängigkeit der Prostituierten geeignet sind, ursprünglich auch KG NJW **76**, 813, **77**, 2223, MDR **77**, 862 [aufgegeben jedoch in JR **80**, 121 unter Hinweis auf die gegenteilige Auffassung von BGH v. 14. 1. 77 – 1 StR 639/76 u. a.], Köberer StV 86, 296 u. noch enger LG Münster StV **92**, 581 [nur bei einem Handeln gegen den Willen der Prostituierten]; krit. zur h. M. auch Gleß aaO 105, 109 f., Horn SK 9, Lautmann ZRP 80, 45, Nitze NStZ 86, 359). Daß der Prostituierten zugleich ein Anreiz gegeben wird, weiter ihrem „Gewerbe" nachzugehen und daß sie dabei irgendwann einmal auch in persönliche und wirtschaftliche Abhängigkeit geraten könnte, genügt entgegen der h. M. nicht: Nr. 2 bezweckt nicht mehr und nicht weniger als den Schutz Prostituierter vor *aktuellen*, aus dem Eingebundensein in den Betrieb sich ergebenden Gefahren einer Abhängigkeit; Menschen vor falschen, aber in freier Selbstverantwortung getroffenen Lebensentscheidungen zu bewahren, kann dagegen hier wie auch sonst nicht die Aufgabe des Strafrechts sein (vgl. auch den Hinweis von Köberer aaO auf die Straflosigkeit der Suizidteilnahme). Ebensowenig kann es Sinn eines Gesetzes sein, jemanden deshalb zu bestrafen, weil er für die Prostitutionsausübung einigermaßen humane Rahmenbedingungen („gehobene Atmosphäre" usw.) schafft, während straflos bleibt, wer einer Prostituierten in menschenunwürdigen Verhältnissen gegen einen überhöhten, aber noch unterhalb der Grenze des Ausbeutens (Abs. 2 Nr. 2) liegenden Mietpreis Unterkunft gewährt (vgl. Köberer aaO; ähnl. aus polizeirechtlicher Sicht Loose/Schwägerl BayVBl. 92, 230). Der hier gebotenen restriktiven Interpretation bzw. teleologischen Reduktion, die dem sonst zu den abstrakten Gefährdungsdelikten vertretenen Grundsätzen entspricht (vgl. 3 a vor § 306), steht auch die Entstehungsgeschichte nicht entgegen (vgl. zu dieser KG NJW **77**, 2224, aber auch Hellebrand, Kriminalistik 78, 62 f.). Dies zeigen die bei den Gesetzesberatungen behandelten Beispiele des Anbringens von Spiegeln an der Decke, der Verwendung sog. Koberfenster usw. (vgl. zu den Nachw. KG NJW **76**, 814), die straflos bleiben sollten, obwohl es sich hier keineswegs um Maßnahmen handelt, die über den mit dem Gewähren von Wohnung usw. üblichen Nebenleistungen nicht hinausgehen. Im einzelnen gilt folgendes:

11 α) Schon nach dem **Gesetzeswortlaut ausgenommen** ist, auch wenn damit eine Förderung der Prostitution verbunden ist, *das bloße Gewähren von Wohnung* (d. h. einer Räumlichkeit mit der Möglichkeit eines längeren Aufenthalts einschließlich der Übernachtung, was keine Wohnsitzbegründung

vorausetzt; vgl. RG **62** 221, BGH MDR/D **52**, 274, Bremen MDR **51**, 53), *Unterkunft* (auch zum Übernachten geeignete, aber nur für einen kürzeren Zeitraum benutzte Räumlichkeit, z. B. Absteigequartiere) oder *Aufenthalt* (auch im Freien befindliche Räumlichkeiten, die nur vorübergehend benutzt werden). Nicht unter die Vorschrift fallen damit Inhaber von Prostituiertenwohnheimen („Eros-Center", vgl. Stuttgart MDR **75**, 330), Hoteliers oder private Zimmervermieter, die sich auf das Vermieten von „Absteigequartieren" beschränken (Laufhütte LK 10), ferner z. B. die Gestattung der Anwesenheit in einem Dirnenlokal oder in sog. Kontakthöfen oder -räumen. – Ausdrücklich ausgenommen sind ferner die mit dem Gewähren von Wohnung, Unterkunft oder Aufenthalt *üblicherweise verbundenen Nebenleistungen,* d. h. solche Leistungen, die normalerweise auch sonst im Beherbergungs- oder Gaststättengewerbe oder bei privater Zimmervermietung erbracht werden (vgl. z. B. BVerfG NJW **93**, 1911, Horn SK 9, Laufhütte LK 10; and. Nitze NStZ 86, 361). Hierher gehören z. B. Heizung, Reinigung, Stellen von Bettwäsche, Verpflegung, Verkauf von Alkohol (auch in den „Betriebsräumen"; vgl. aber auch Bay NJW **85**, 1566 m. Anm. Geerds JR 85, 472 unter Hinweis auf BGH v. 14. 10. 77 – 2 StR 192/77 u. zu § 180 a. F. BGH MDR/He **55**, 528, NJW **64**, 2024), Zurverfügungstellen von Notrufanlagen und von Gemeinschaftsräumen (auch zum gemeinsamen Aufenthalt mit „Kunden"), die Gestellung eines Portiers, der sich auf die Ausübung der üblichen Portierdienste beschränkt (vgl. BT-Drs. VI/1552 S. 26, KG NJW **76**, m814, JR **80**, 121, Laufhütte LK 10, Tröndle/Fischer 5).

β) **Weitere Einschränkungen** ergeben sich aus dem **Gesetzeszweck** (teleologische Reduktion; o. 10). Nicht unter Nr. 2 fallen danach auch solche die Prostitutionsausübung fördernden Maßnahmen, welche die Unabhängigkeit der Prostituierten in dem Betrieb offensichtlich nicht gefährden. Dazu gehören zunächst die auch bei den Gesetzesberatungen (o. 10) genannten Beispiele des Aufstellens von Gummischutzmittelautomaten, der Verwendung sog. Koberfenster und des Anbringens von Spiegeln an der Decke (i. E. ebenso Laufhütte LK 10). Dasselbe gilt entgegen der h. M. (o. 10) aber auch für das Schaffen besonders günstiger Arbeitsbedingungen, einer „gehobenen und diskreten Atmosphäre" (and. z. B. BGH NJW **86**, 596, NStE **Nr. 4,** Hamm MDR **90**, 1033), für den – mit oder ohne Gewinnbeteiligung der Prostituierten erfolgenden – Ausschank alkoholischer Getränke zur Förderung der Kontaktaufnahme (Horn SK 9, Tröndle/Fischer 5; and. z. B. BGH NJW **86**, 596, Bay NJW **85**, 1567, Hamm aaO), für die sexuelle Anregung der „Gäste" (Nacktänze, Pornofilme, Saunabetrieb usw., vgl. KG NJW **76**, 813 f.; and. z. B. BGH aaO, Bay aaO, KG JR **78**, 296, Köln NJW **79**, 728 m. Anm. Geerds JR 79, 343), für das Anbringen von Leuchtschriften und die Werbung durch Zeitungsinserate (KG NJW **76**, 813, MDR **77**, 862; vgl. i. E. auch Lüthge-Bartholomäus NJW 75, 1871, M-Schroeder I 211; and. Bay aaO, Köln aaO mwN).

γ) **Unzulässige Maßnahmen** der Prostitutionsförderung, die den Betrieb zu einem solchen nach Nr. 2 machen, sind deshalb nur diejenigen, hinter denen sich typischerweise Abhängigkeitsverhältnisse verbergen. Im Unterschied zu Nr. 1 brauchen diese hier nicht festgestellt zu werden, ebensowenig, daß die Prostituierten (einseitig) in solchen „gehalten" werden (vgl. dazu o. 8). Sind die fraglichen Maßnahmen ihrer Art nach geeignet, die persönliche und wirtschaftliche Handlungsfreiheit der Prostituierten zu gefährden, so genügt es für Nr. 2 vielmehr auch, wenn sie nicht einseitig oktroyiert, sondern nach Art eines Vertrags vereinbart sind, weil hier in aller Regel nicht ausgeschlossen werden kann, daß sich die Prostituierte letzten Endes doch dem Willen des Betriebsinhabers unterwerfen mußte (vgl. aber auch LG Münster StV **92**, 582). Anzunehmen ist dies z. B. bei der Auferlegung von Anwesenheitspflichten, der Einteilung eines „Schichtdienstes", der Zuteilung der „Freier", der Festsetzung bestimmter „Gästequoten" oder eines Mindestentgelts – wobei dies auch durch die Verquickung mit einer bestimmten Art der Mietzinsregelung erfolgen kann (Hamm MDR **90**, 1023) –, bei „Wettbewerbs-Absprachen" und beim zentralen Kassieren (z. B. Erwerb eines Bons beim Eintritt) und späteren Verteilen des Entgelts (z. B. BGH NJW **86**, 596, NStZ **95**, 180, NStE **Nr. 4,** Bay NJW **85**, 1566, KG NJW **76**, 813, Köln NJW **74**, 1831, Horn SK 9, Laufhütte LK 11, M-Schroeder I 210, Tröndle/Fischer 5).

3. Die Tathandlung besteht im **gewerbsmäßigen Unterhalten** oder **Leiten** eines solchen Betriebs. Das *Unterhalten* bedeutet, daß der Täter (Mit-)Inhaber ist, wobei er in wirtschaftlicher und organisatorischer Beziehung Einfluß auf die Prostitutionsausübung nimmt und direkt an Gewinn und Verlust teilhat. Nicht erforderlich ist, daß er den in Nr. 1, 2 beschriebenen Zustand selbst herbeigeführt hat; es genügt, daß er die von Dritten (z. B. Zuhälter) geschaffene Lage fortbestehen läßt (BT-Drs. VI/1552 S. 25, Bay NJW **85**, 1566 m. Anm. Geerds JR 85, 472, KG MDR **77**, 862, Lackner/Kühl 4). Auch mehrere Täter zusammen können einen derartigen Betrieb unterhalten (z. B. Zuhälterring). Noch kein Unterhalten ist das Herrichten und Ausstatten der für die Prostitutionsausübung benötigten Räume nach den Plänen der auch sonst in ihrer Entscheidung freien Prostituierten (BGH NJW **93**, 3210, wobei es hier jedoch schon an einem „Betrieb" fehlte), wohl aber das Anwerben und Verbringen von Prostituierten in das Bordell zur Vorbereitung auf die Prostitutionsausübung (BGH NStZ/Mie **98**, 187 Nr. 35). Der Begriff des *Leitens* betont demgegenüber stärker die Direktionsbefugnis und ist unabhängig von der Teilhaberschaft. Zum Begriff der *Gewerbsmäßigkeit* vgl. 95 vor § 52.

III. Abs. 2 erfaßt in zwei Tatbeständen die **Förderung von Prostitution** (o. 5) im Zusammenhang mit dem **Gewähren von Wohnung usw. zur Ausübung der Prostitution.**

§ 180a 16–21   Bes. Teil. Straftaten gegen die sexuelle Selbstbestimmung

16   1. Nach Abs. 2 **Nr. 1** ist strafbar das **Gewähren von Wohnung** sowie das **gewerbsmäßige Gewähren von Unterkunft oder Aufenthalt an Minderjährige zur Prostitutionsausübung.** Daß damit Minderjährige ausschließlich auf die Straßenprostitution angewiesen sind, hat der Gesetzgeber bewußt in Kauf genommen, um die Aufnahme von Prostituierten unter 18 Jahren in Prostituiertenwohnheimen, Eros-Centern usw. auszuschließen (vgl. BT-Drs. VI/1552 S. 27; mit Recht krit. M-Schroeder I 208, Horn SK 15).

17   a) Das **Gewähren,** d. h. das tatsächliche (entgeltliche oder unentgeltliche, unmittelbare oder mittelbare) Überlassen von Wohnung, Unterkunft oder Aufenthalt (vgl. zu diesen Begriffen o. 11) muß zur **Ausübung der Prostitution** erfolgen. Erforderlich ist damit eine zumindest stillschweigende Übereinkunft zwischen dem Täter und dem Minderjährigen dahingehend, daß diesem der fragliche Raum gerade zu Prostitutionszwecken, d. h. jedenfalls zur Anbahnung sexueller Kontakte (die selbst an einem anderen Ort stattfinden können) zur Verfügung stehen soll (Laufhütte LK 14 unter Hinweis auf BGH v. 30. 9. 1980 – 1 StR 419/80). Nicht strafbar ist deshalb das Wohnungsgewähren, wenn die Prostituierte ihr Gewerbe anderswo ausübt (vgl. auch BGH **9** 71 zu § 180 III a. F.), ebensowenig das bloße Dulden von Prostitution in der Wohnung (vgl. BGH aaO: mit „Wissen und Willen des Wohnungsgebers"; s. auch Horn SK 17, Laufhütte LK 14; mißverständlich Tröndle/Fischer 7 [einerseits soll „Kenntnis" des Täters genügen, andererseits sei ein „zumindest stillschweigendes Übereinkommen" erforderlich]). Auch ein Barbesitzer, der einer jugendlichen Prostituierten Aufenthalt in seinem Lokal gewährt, ist daher nicht schon deshalb strafbar, weil er gegen deren Versuche, „Kunden" zu finden, nicht einschreitet. Daß es tatsächlich zur Prostitutionsausübung gekommen ist, ist bei Nr. 1 (zu Nr. 2 vgl. u. 20) nicht erforderlich; wegen der besonderen Schutzrichtung (Jugendschutz) muß hier das Gewähren von Wohnung usw. zum Zweck der Prostitutionsausübung erfolgen.

18   b) Soweit lediglich Unterkunft oder Aufenthalt gewährt werden, ist **gewerbsmäßiges Handeln** erforderlich (vgl. dazu 95 vor § 52). Dies kann nicht bedeuten, daß der Täter die Absicht haben muß, aus der Unterkunftsgewährung usw. zu Prostitutionszwecken gerade in bezug auf Minderjährige Gewinn zu ziehen, vielmehr muß es nach dem Gesetzeszweck genügen, wenn der Täter überhaupt gewerbsmäßig zu Prostitutionszwecken Unterkunft oder Aufenthalt gewährt und dabei auch nur einmal eine Person unter 18 Jahren bei sich aufnimmt. Für die Erwerbsabsicht des Täters reichen mittelbare Vorteile aus, so z. B. Belebung des Umsatzes durch die Anwesenheit von Prostituierten in einer Bar (ebenso Laufhütte LK 15).

19   2. Nach **Nr. 2** ist strafbar das **Gewähren von Wohnung** zur Prostitutionsausübung (o. 17) unter der weiteren Voraussetzung, daß der andere, auf dessen Alter es hier nicht ankommt, zur Prostitution **angehalten** oder im Hinblick auf sie **ausgebeutet** wird. Das bloße Gewähren von Unterkunft und Aufenthalt (vgl. zu diesen Begriffen o. 11) genügt hier i. U. zu Nr. 1 nicht. Nicht hierher gehören daher z. B. Stundenhotels (vgl. zu § 180 III a. F. RG **62** 221, BGH MDR/D **52**, 273). Im übrigen gilt folgendes:

20   a) Ein **Anhalten** ist nicht schon das gelegentliche oder auch wiederholte Einwirken auf den andern, der Prostitution nachzugehen. Nach dem Schutzzweck der Vorschrift (o. 1) ist vielmehr eine andauernde und nachhaltige Beeinflussung erforderlich (BGH NStZ **83**, 220). Auch dann ist freilich nicht ersichtlich (ausgenommen der Fall der Nötigung), weshalb hier das erwachsene „Opfer" seine Entscheidung nicht selbst zu verantworten hat (vgl. auch RN 1 Vor § 174). Nicht notwendig ist, daß der Täter aus finanziellen Motiven handelt (Tröndle/Fischer 10). Das Anhalten muß die Prostitutionsausübung zumindest gefördert haben (and. Horn SK 26, Laufhütte LK 16, Tröndle/Fischer 10); zu einer Bestrafung des erfolglosen Bestimmens besteht hier, zumal auch der Gesetzeswortlaut dazu nicht zwingt, angesichts der Fragwürdigkeit des Tatbestands kein Anlaß.

21   b) **Ausbeuten** im Hinblick auf die Prostitution ist nicht schon das gewinnsüchtige Ausnützen der Prostitutionsausübung als Erwerbsquelle (so aber noch BGH MDR/D **74**, 722; vgl. dagegen jetzt BGH NStE **Nr. 3**). Die Gefahr der Verstrickung in Prostitution und Unfreiheit, der die Vorschrift begegnen will, besteht vielmehr nur dann, wenn die persönliche und wirtschaftliche Unabhängigkeit der Prostituierten durch das Ausbeuten in gravierender Weise beeinträchtigt wird. Der Begriff des Ausbeutens ist hier deshalb in demselben Sinn zu verstehen wie in § 181 a I Nr. 1 (vgl. BGH NStE **Nr. 3,** Horn SK 27, Tröndle/Fischer 11 u. mit Einschränkungen auch Laufhütte LK 17; zu § 181 a vgl. dort RN 4 f.), und ebenso wie dort muß es daher auch hier zu einer spürbaren Verschlechterung der wirtschaftlichen Lage der Prostituierten kommen (BGH aaO). Nur unter dieser Voraussetzung kann auch das Verlangen eines Mietpreises, der unter Berücksichtigung des von der Rspr. anerkannten Unbequemlichkeitszuschlages (vgl. RG **53** 286, **62** 345, **63** 166, Bay NJW **55**, 1198, GA **61**, 88; krit. Becker FamRZ 56, 8) in einem deutlichen Mißverhältnis zu den Leistungen des Vermieters (einschließlich eventueller Nebenleistungen) steht, ein Ausbeuten i. S. der Nr. 2 sein (BGH NStE **Nr. 3;** vgl. im übrigen § 291). Dagegen wird eine Prostituierte mit hohem Einkünften nicht schon deshalb ausgebeutet, weil sie für ihr Appartement den doppelten Mietpreis zu bezahlen hat. „Im Hinblick auf die Prostitution" wird das Opfer ausgebeutet, wenn sich der Täter gerade den Umstand zunutze macht, daß dieses sich wegen der geringen Neigung der meisten Vermieter, Wohnungen an Prostituierte abzugeben, in einer besonderen Zwangslage befindet. Nur in dieser speziellen Abhängigkeit unterscheidet sich Abs. 2 Nr. 2 von dem Ausbeuten nach § 181 a I Nr. 1 (vgl. dort RN 5), wobei die im Vergleich zu § 181 a I Nr. 1 geringere Strafdrohung allerdings kaum verständlich ist (vgl. M-

Schroeder I 212: „Skurriles Vermieterprivileg bei der Zuhälterei", aber auch BGH NStE **Nr. 3**; zu den Konsequenzen für § 181 a vgl. dort RN 5, 12).

IV. Für den **subjektiven Tatbestand** ist bei *Abs. 1* (bedingter) Vorsatz erforderlich, bezüglich der Gewerbsmäßigkeit die Absicht, sich eine fortlaufende Einnahmequelle zu verschaffen. Dasselbe gilt für *Abs. 2*, soweit nicht einzelne Tatbestandsmerkmale schon nach ihrem Sinn zielgerichtetes Handeln verlangen (Anhalten, Ausbeuten in Nr. 2; zum bedingten Vorsatz bezüglich des Alters bei Nr. 1 vgl. entsprechend § 176 RN 10). 22

V. Vollendung. Bei *Abs. 1* ist die Tat, bezogen jeweils auf dasselbe Opfer, bereits mit der ersten, ein Unterhalten bzw. Leiten darstellenden Handlung vollendet, beendet dagegen mit der Vornahme der letzten Handlung dieser Art (Dauerdelikt; vgl. auch BGH NStZ **90**, 80 zum Verjährungsbeginn). Für die Vollendung nach *Abs. 2 Nr. 2* ist erforderlich, daß es tatsächlich zur Prostitutionsausübung gekommen ist (o. 20), während bei *Abs. 2 Nr. 1* schon das bloße Überlassen der Wohnung usw. zu Prostitutionszwecken genügt (o. 17); soweit hier Gewerbsmäßigkeit notwendig ist (Nr. 2, 2. u. 3. Alt.), ist bereits die erste, in der entsprechenden Absicht vorgenommene Handlung ausreichend. 23

VI. Für **Täterschaft und Teilnahme** gelten die allgemeinen Regeln. Eine Beihilfe zu Abs. 1 Nr. 1 setzt voraus, daß dadurch gerade der Bordellbetrieb gefördert wird, was zwar bei der Veröffentlichung entsprechender Werbeanzeigen, nicht aber z. B. bei der Lieferung von Lebensmitteln der Fall sein kann. Zur Frage der Beihilfe eines gegen den Betrieb nicht einschreitenden Amtsträgers vgl. BGH NJW **87**, 199 m. Anm. Rudolphi JR 87, 335, Winkelbauer JZ 86, 1119 u. dazu auch Ranft JZ 87, 914 (Leiter eines Ordnungsamtes), BGH NJW **89**, 916 m. Anm. Bottke JR 89, 432 (Kriminalbeamter), BGH **38** 388 m. Anm. Bergmann StV 93, 518, Laubenthal JuS 93, 907, Mitsch NStZ 93, 384, Rudolphi JR 95, 167 (Beamte der Schutzpolizei bei außerdienstlich erlangter Kenntnis von der Tat). Die Prostituierte selbst ist straflos, sofern nicht ihre eigene Prostitutionsausübung hinaus Handlungen i. S. des § 180 a zu Lasten anderer Prostituierter vorliegen (z. B. Anstiftung zur Gründung eines Bordells, Unterstützung bei der Leitung des Betriebs; vgl. Gropp, Deliktstypen mit Sonderbeteiligung [1992] 317 f., Horn SK 12). Soweit nur die gewerbsmäßige Begehung strafbar ist (Abs. 1, Abs. 2 Nr. 1 in der 2. u. 3. Alt.), gilt für den nichtgewerbsmäßig handelnden Teilnehmer § 28 I (BGH NJW **87**, 199). Kein besonderes persönliches Merkmal i. S. des § 28 ist dagegen die in Abs. 2 vorausgesetzte Eigenschaft als Wohnungsinhaber usw. 24

VII. Konkurrenzen. Innerhalb des § 180 a ist wegen der unterschiedlichen Schutzrichtung Idealkonkurrenz möglich zwischen Abs. 1 und Abs. 2 Nr. 1, ebenso zwischen Abs. 2 Nr. 1 und Nr. 2. Innerhalb des Abs. 1 wird Nr. 2, die lediglich einen Auffangtatbestand enthält, durch Nr. 1 verdrängt (BGH NJW **99**, 3277, NStZ **90**, 80, **95**, 180, Lackner/Kühl 8, Laufhütte LK 22). Bei beiden Tatbeständen wird die Tat jeweils als Dauerdelikt (o. 31) gegenüber den einzelnen im Betrieb tätigen Prostituierten begangen, was zu (gleichartiger) Idealkonkurrenz führt, und zwar auch bei einer Fluktuation innerhalb der „Belegschaft", wenn sie in zeitlich sich überschneidenden Abschnitten erfolgt (vgl. 92 vor § 52). Entsprechendes gilt für Taten innerhalb des Abs. 2. – Tateinheit ist im übrigen möglich mit §§ 223 ff., 240, 302 a und Teilnahme an §§ 184 a, 184 b. Über das Verhältnis zu § 180 b vgl. dort RN 23, zu § 181 dort RN 18, zu § 181 a dort RN 26. 25

§ 180 b Menschenhandel

(1) **Wer auf eine andere Person seines Vermögensvorteils wegen einwirkt, um sie in Kenntnis einer Zwangslage zur Aufnahme oder Fortsetzung der Prostitution zu bestimmen, wird mit Freiheitsstrafe bis zu fünf Jahren oder mit Geldstrafe bestraft. Ebenso wird bestraft, wer auf eine andere Person seines Vermögensvorteils wegen einwirkt, um sie in Kenntnis der Hilflosigkeit, die mit ihrem Aufenthalt in einem fremden Land verbunden ist, zu sexuellen Handlungen zu bringen, die sie an oder vor einer dritten Person vornehmen oder von einer dritten Person an sich vornehmen lassen soll.**

(2) **Mit Freiheitsstrafe von sechs Monaten bis zu zehn Jahren wird bestraft, wer**
1. **auf eine andere Person in Kenntnis der Hilflosigkeit, die mit ihrem Aufenthalt in einem fremden Land verbunden ist, oder**
2. **auf eine Person unter einundzwanzig Jahren**

einwirkt, um sie zur Aufnahme oder Fortsetzung der Prostitution zu bestimmen, oder sie dazu bringt, diese aufzunehmen oder fortzusetzen.

(3) **In den Fällen des Absatzes 2 ist der Versuch strafbar.**

Vorbem. Eingefügt durch das 26. StÄG v. 14. 7. 1992, BGBl. I S. 1255.

Schrifttum: Dencker, Prostituierte als Opfer von Menschenhandel (§ 181 StGB), NStZ 89, 249. – *Dern*, Menschenhandel, Gesellschaft und Polizei, MSchrKrim 91, 329. – *Dreixler*, Der Mensch als Ware, 1998. – *Gössel*, Über das Verhältnis von Vorsatz und subjektiven Tatbestandselementen, Zipf-GS 217. – *Heine-Wiedenmann*, Konstruktion und Management von Menschenhandelsfällen, MSchrKrim 92, 121. – *Heine-Wiedenmann/Ackermann u. a.*, Umfang und Ausmaß des Menschenhandels mit ausländischen Mädchen und Frauen, 1992. – *F. C. Schroeder*, Irrwege aktionistischer Gesetzgebung, JZ 95, 232. – *ders.*, Neuartige Absichtsdelikte, Lenckner-FS 333.

§ 180 b 1–7   Bes. Teil. Straftaten gegen die sexuelle Selbstbestimmung

1   I. Vor dem Hintergrund des zunehmenden, vielfach von international operierenden Tätern betriebenen Frauenhandels mit seinen Auswüchsen im Inland wurden durch das **26. StÄG** (vgl. Vorbem.) die Abs. 3–5 des § 180 a a. F. aus diesem herausgelöst und in inhaltlich erweiterter bzw. veränderter Form und unter Vereinheitlichung des Sprachgebrauchs in dem neuen § 180 b mit einer allerdings nur z. T. zutreffenden Überschrift (vgl. F. C. Schroeder JZ 95, 238) zu einer eigenen Vorschrift erhoben. Rspr. u. Literatur des § 180 a III–V sind daher z. T. weiterhin verwertbar. Ziel der Neuregelung war die Verbesserung des Schutzes von Mädchen und Frauen – insbes. aus dem Ausland – vor sexueller Ausbeutung (BT-Drs. 12/2046 S. 4). Die neue Bestimmung entspricht (zusammen mit dem ebenfalls neugefaßten § 181) den internationalen Verpflichtungen, die sich für die Bundesrepublik aus dem Internationalen Abkommen zur Bekämpfung des Mädchenhandels v. 4. 5. 1910 und zur Unterdrückung des Frauen- und Kinderhandels v. 30. 9. 1921, beide idF v. 8. 9. 1972 (BGBl. II S. 1074 ff., 1478 ff., 1482 ff.) ergeben. – Zur Entstehungsgeschichte vgl. F. C. Schroeder JZ 95, 232 mwN u. aus den Materialien insbes. BT-Drs. 12/2046 u. 12/2589. Zur Kriminologie vgl. das Schrifttum o. vor 1.

2   II. **Rechtsgut.** Die Vorschrift dient dem Schutz der im Hinblick auf die in § 180 b genannten Schwächesituationen besonders anfälligen persönlichen Freiheit des Opfers einschließlich seiner sexuellen Selbstbestimmung (vgl. auch 1 vor § 174), hier in dem speziellen Sinn, sich frei für oder gegen die Ausübung von Prostitution und ihrer Vorstufen und die damit verbundenen Gefahren entscheiden zu können (vgl. auch Horn SK 2, Laufhütte LK 1, Otto II 351, F. C. Schroeder JZ 95, 237, M-Schroeder I 214, Tröndle/Fischer 3). Abs. 2 Nr. 2 freilich läßt sich, wenn überhaupt, nur als „verlängerter" Jugendschutz erklären (Dreixler aaO 217, Laufhütte aaO; and. Gössel I 296: nur Schutzreflex). Für Taten nach § 180 b gilt gem. § 6 Nr. 4 das **Weltrechtsprinzip.**

3   III. **Abs. 1** enthält **zwei Tatbestandsvarianten,** deren Unterschied in der den Widerstandswillen des Opfers schwächenden Situation (Bestehen einer Zwangslage bzw. einer auslandsspezifischen Hilflosigkeit) und dem vom Täter verfolgten Zwecken liegt (Prostitutionsausübung, Vornahme sexueller Handlungen an oder vor einem Dritten usw.) besteht.

4   1. Nach **Abs. 1 S. 1** ist strafbar das seines Vorteils wegen erfolgende **Einwirken** auf einen anderen, um ihn in **Kenntnis einer Zwangslage** zur **Aufnahme** oder **Fortsetzung der Prostitution zu bestimmen.** Dabei ersetzt das „Einwirken" des Täters auf eine andere Person „seines Vermögensvorteils wegen" das „gewerbsmäßige Anwerben" des § 180 a III a. F., das sich für einen wirksamen Schutz als nicht ausreichend erwiesen hatte (vgl. BT-Drs. 12/2046 S. 4 f.); der Beschränkung des damit erheblich erweiterten Tatbestands auf die strafwürdigen Fälle durch das weitere Merkmal des Handelns „in Kenntnis einer Zwangslage" (BT-Drs. 12/2589 S. 8). Unter dieser Voraussetzung sind nach wie vor auch die gewerbsmäßigen Agenturen erfaßt, für welche § 180 a III a. F. vor allem gedacht war.

5   a) Der **objektive Tatbestand** setzt das Bestehen einer Zwangslage voraus – nur dann kann der Täter in Kenntnis einer solchen handeln –, ferner ein Einwirken auf das Opfer als Mittel dazu, dieses zur Aufnahme oder Fortsetzung der Prostitution zu bestimmen. Daß es dazu tatsächlich kommt, ist nicht erforderlich, vielmehr ist hier auch die erfolglose „Anstiftung" strafbar (vgl. BGH **45,** 163, NStZ **00,** 86, Horn SK 3, Lackner/Kühl 3, Laufhütte LK 3 u. zu § 180 a IV 2. Alt. a. F. BGH NJW **90,** 196; vgl. i. U. dazu auch Abs. 2 Nr. 1, 2 jeweils 2. Alt. [„dazu bringt"]). Zweifelhaft, aber wohl zu verneinen ist dagegen, ob der Tatbestand auch dann verwirklicht ist, wenn der andere ohne die Einwirkung sich von sich aus zur Aufnahme oder Fortsetzung der Prostitution entschlossen war („omnimodo facturus", vgl. Horn aaO; and. BGH **45,** 161 ff., [für Abs. 2 Nr. 1, 2, jeweils 1. Alt.], NStZ **00,** 368 [zu § 180 a IV a. F.] Laufhütte LK 17), weil hier nichts anderes gelten kann als in den Fällen, in denen der Täter fälschlich vom Bestehen einer Zwangslage ausgeht (strafloser untauglicher Versuch).

6   α) Für das Merkmal **Zwangslage** ist wesentlich das Bestehen einer ernsten, nicht unbedingt existenzbedrohenden Not oder Bedrängnis persönlicher oder wirtschaftlicher Art, gleichgültig, ob sie für das Opfer unvermeidbar war oder nicht (BT-Drs. 12/2589 S. 8, Horn SK 4, Lackner/Kühl 6, Laufhütte LK 7). Dies kann auch bei bedrückender Armut und schlechten sozialen Verhältnissen im Heimatland des davon Betroffenen anzunehmen sein (vgl. auch BT-Drs. 12/2046 S. 4), ohne daß dann noch das Hinzukommen besonderer persönlicher Umstände (z. B. Notwendigkeit, einen kranken Familienangehörigen zu unterstützen) verlangt werden könnte (so aber Laufhütte LK 7). Ebenso muß es nach dem Sinn der Vorschrift genügen, wenn die Kenntnis der Zwangslage lediglich eine subjektive insofern ist, als die eine Notsituation begründenden Umstände tatsächlich nicht gegeben sind, das Opfer dies aber fälschlich annimmt (vgl. auch Laufhütte aaO). Gleichfalls nach dem Sinnzusammenhang auszuscheiden haben dagegen Zwangslagen, an denen sich für das Opfer durch die Aufnahme der Prostitution nichts ändern würde, so wenn der Täter eine Frau in Kenntnis ihrer Krankheit – gleichfalls eine Zwangslage – zur Prostitution drängt und diese selbstverständlich weiß, daß sie davon nicht wieder gesund wird.

7   β) Das **Einwirken** umfaßt alle Formen unmittelbarer psychischer Beeinflussung, setzt aber ein gesteigertes Maß an Intensität der Einflußnahme voraus (vgl. BGH **45,** 161, ferner zu § 180 a IV 2. Alt. a. F. z. B. BGH NJW **85,** 924, **89,** 1044, **90,** 196, NStZ **00,** 86, 368 Laufhütte LK 3, M-Schroeder I 214). Die Hartnäckigkeit des Täters (BGH NJW **90,** 196) ist dafür nur ein Beispiel. Neben dem wiederholten und nachhaltigen Drängen kommen als Mittel auch Einsatz von Autorität, Täuschung, Einschüchterung, Überreden durch Versprechungen, Wecken von Neugier usw. in

Betracht, an sich auch Gewalteinwirkungen und Drohungen, wobei hier jedoch § 181 I Nr. 1 vorgeht (vgl. z. B. BGH **45** 161 f. sowie [zu § 180 a IV 2. Alt. a. F.] NJW **89**, 1044, **90**, 196 Horn SK 3, Laufhütte LK 3; and. bei Gewalt und Drohung Tröndle/Fischer 5). Nicht ausreichend ist dagegen eine einfache Aufforderung, ein Vorschlag, ein „guter Rat" oder gar eine bloße Anfrage (vgl. BGH aaO). Seinem objektiven Sinngehalt nach muß das Einwirken die Absicht des Täters erkennen lassen, den anderen zur Aufnahme oder Fortsetzung der Prostitution zu bestimmen (u. 9; vgl. i. U. dazu auch u. 13). Nicht erforderlich ist, daß sich der Täter durch das Einwirken die Zwangslage bewußt zunutze macht; es genügt vielmehr ein Handeln „in Kenntnis" der Zwangslage, auch wenn dieses idR zugleich ein Ausnutzen sein dürfte.

b) Zum **subjektiven Tatbestand** gehört zunächst der entsprechende Vorsatz, wobei bedingter **8** Vorsatz auch hinsichtlich der Zwangslage des Opfers genügen muß, die dort vom Gesetz verlangte „Kenntnis" also nicht i. S. von „wissentlich" zu verstehen ist (vgl. umgekehrt § 16, der davon ausgeht, daß bedingter Vorsatz noch keine Unkenntnis bedeutet; and. Gössel, Zipf-GS 232 f., F. C. Schroeder, Lenckner-FS 345). Zu kennen braucht der Täter hier nur die wesentlichen Umstände, welche die Zwangslage begründen, auch muß er diese als eine Bedrängnis begreifen, nicht aber in ihrer rechtlichen Bewertung als Zwangslage nachvollziehen (Lackner/Kühl 6, Laufhütte LK 7). Hinzukommen muß zum Vorsatz eine besondere **Absicht** i. S. eines zielgerichteten Handelns (vgl. § 15 RN 66 ff.) in zweifacher Hinsicht:

α) Erforderlich ist zunächst, daß das Einwirken in der Absicht erfolgt, das Opfer zur **Aufnahme** **9** oder **Fortsetzung der Prostitution** (vgl. § 180 a RN 5) **zu bestimmen**, d. h. in ihm einen dahingehenden Entschluß hervorzurufen (vgl. § 176 RN 8, § 180 RN 21). Dabei betrifft die 1. Alt. Personen, die z. Zt. der Tat Prostitution noch nicht oder nicht mehr nachgehen, während mit der 2. Alt. drei Fallgruppen erfaßt sind: Hier geht es zunächst um die z. Zt. der Tat aktiven Prostituierten, die aus der Prostitution ganz „aussteigen" wollen, darüber hinaus aber – mit dem Wortlaut durchaus vereinbar, da die „Fortsetzung der Prostitution" sowohl auf die Prostitution überhaupt wie auf die Art und Weise der Prostitutionsausübung bezogen werden kann – auch diejenigen, die gegen ihren Willen zu einer intensiveren Form der Prostitutionsausübung gebracht oder von einer weniger intensiven abgehalten werden sollen (BGH **42** 181, 184 f. m. zust. Anm. Bottke JR 97, 250 u. krit. Anm. F. C. Schroeder JZ 97, 155, Wolters NStZ 97, 339, Horn SK 6, Laufhütte LK 6, Tröndle/Fischer 6; vgl. auch BT-Drs. 12/2589 S. 8; and. F. C. Schroeder JZ 95, 235). Maßgebend dafür ist unter Rechtsgutsaspekten, ob die – auch wirtschaftliche – Freiheit bei der einen Form deutlich mehr beeinträchtigt wird als bei der anderen. Anzunehmen ist dies zunächst, wenn es sich um eine qualitativ andere Form der Prostitutionsausübung handelt, so wenn sich freie und institutionalisierte bzw. abhängige Prostitution (vgl. Bay NJW **85**, 277 m. Anm. Bottke JR 85, 381 [zu § 180 IV 2. Alt. a. F.], Lackner/Kühl 5), einverständliche abhängige Prostution und „Sexsklaverei" (BGH **42** 181, 185), „Massage" und Beischlaf, Tätigkeit als Callgirl in „besten Kreisen" oder Straßenstrich gegenüberstehen (Horn SK 6), nicht dagegen, wenn die Alternative lautet: Straßenstrich oder Dirnenwohnheim, Auftraggeber A oder B (vgl. zu § 181 a. F. auch BGH **33** 355 m. Anm. Bottke JR 87, 33), Prostitutionsausübung am Ort X oder Y (BGH **33** 355, Lackner/Kühl 5, Laufhütte LK 6), hier bei sonst im wesentlichen gleichbleibenden Bedingungen der Prostitutionsausübung auch nicht, wenn es um In- oder Ausland geht (vgl. auch Lackner/Kühl 5, Laufhütte LK 6; zu Abs. 2 Nr. 1 vgl. u. 17). Änderungen, die lediglich den Umfang betreffen, genügen zwar nicht, wenn diese nur unwesentlich sind, andererseits aber auch nicht erst, wenn aus der anderen Quantität eine neue Qualität wird (z. B. Gelegenheits- u. Dauerprostitution), sondern schon dann, wenn durch das „Mehr" die Freiheit der Prostituierten deutlich spürbar beschnitten wird (z. B. tägliche Arbeitszeit von 8 statt 4 Stunden u. wohl auch bei einer 7-Tagewoche statt „Sonntags nie"; s. auch BGH **42** 185). Nicht hierher gehört, weil nicht die Prostitutionsausübung selbst und ihre Form betreffend, der Fall, daß die Prostituierte lediglich zur teilweisen Ablieferung ihrer Prostitutionseinnahmen gezwungen werden soll (BGH StV **95**, 23 [zu § 181]).

β) Hinzukommen muß, daß der Täter **seines Vermögensvorteils wegen** handelt. Dies sind **10** Sachen, Rechte, Leistungen, Nutzungen und sonstige Vorteile aller Art mit einem meßbaren wirtschaftlichen Wert, die mit dem Einwirken in einem sachlichen Zusammenhang stehen, wobei gleichgültig ist, ob Vorteilsgeber das Opfer (Abführen von Prostitutionseinnahmen) oder ein Dritter ist und ob der erstrebte Vermögensvorteil tatsächlich erlangt wird (vgl. Horn SK 5). Auch muß dieser nicht das einzige Ziel bzw. Motiv sein (Tröndle/Fischer 7), wohl aber im Vordergrund stehende Zielvorstellung (vgl. Horn SK 5, Lackner/Kühl 4; and. Laufhütte LK 4). Mit der Ersetzung der Gewerbsmäßigkeit in § 180 a Abs. 3 a. F. durch das Handeln seines Vermögensvorteils wegen genügt jetzt auch ein einmaliges Handeln ohne Wiederholungsabsicht.

2. Nach **Abs. 1 S. 2** ist strafbar das **Einwirken** seines Vorteils wegen auf einen andern, um diesen **11** in Kenntnis seiner **auslandsspezifischen Hilflosigkeit zu sexuellen Handlungen** mit Dritten **zu bringen**. Anlaß für die Schaffung dieses Tatbestands waren vor allem die Fälle des sog. „Heiratstourismus", in denen Frauen aus fremden Ländern mit der Aussicht auf eine Heirat hierher gelockt und verschiedenen Interessenten „zur Probe" angeboten werden, um dann schließlich in die Prostitution abzugleiten (vgl. BT-Drs. 12/2046 S. 6, Wolters NStZ 97, 340). Der Schutz, den die Vorschrift bezweckt, ist ein umfassender: Unabhängig von Geschlecht und Herkunft will sie Menschen vor der Gefahr ihrer sexuellen „Vermarktung" und Ausbeutung bewahren, die sich hier aus der erhöhten Anfälligkeit in Gestalt der mit dem Aufenthalt in einem fremden Land verbundenen besonderen

Hilflosigkeit ergibt, wobei es gleichgültig ist, ob die Betroffenen sich bereits in dem fremden Land befinden und dieser Zustand deshalb schon besteht oder ob er erst entstehen würde, wenn sie sich dorthin begeben würden. In seiner Struktur entspricht der Tatbestand dem des S. 1; daß es tatsächlich zu sexuellen Handlungen kommt, ist also auch hier nicht erforderlich (o. 5).

12 a) Der **objektive Tatbestand** setzt zunächst die **auslandsspezifische Hilflosigkeit** des Opfers voraus, sei es, daß diese infolge des Aufenthalts in dem fremden Land bereits Realität ist, sei es, daß der Eintritt dieser Hilflosigkeit aufgrund der gegebenen Umstände zu erwarten ist, wenn sich das Opfer dorthin begibt (vgl. BGH **42** 182 f. [zu § 181 I Nr. 3]). Eine solche auslandsspezifische Hilflosigkeit besteht nur, wenn das Opfer gerade wegen der besonderen Schwierigkeiten, denen es sich in einem ihm fremden Land ausgesetzt sieht, nach seinen persönlichen Fähigkeiten nicht mehr imstande ist, sich dem Ansinnen des Täters auf eine ihm unerwünschte sexuelle Betätigung aus eigener Kraft zu entziehen (vgl. BT-Drs.7/514 S. 10, ferner z. B. BGH **45**, 161, NStZ **99**, 349, NStZ-RR **97**, 293, Horn SK 7, Lackner/Kühl 8, Tröndle/Fischer 8). Ob das fragliche Land für das Opfer ein „fremdes" ist, ist deshalb auch keine Frage der Staatsangehörigkeit, sondern hängt ausschließlich davon ab, ob wegen der anderen Sprache, Lebensgewohnheiten usw. dem Betroffenen ein Sichzurechtfinden erheblich erschwert ist (was z. B. bei einer Heimkehr auch auf eine im Inland aufgewachsene Ausländerin oder eine im Ausland aufgewachsene Deutsche zutreffen kann), während dort, wo vergleichbare Verhältnisse bestehen – z. B. Schweiz, Österreich, Deutschland – das „andere" Land noch kein „fremdes" ist (zum Ganzen vgl. auch Laufhütte LK 10). Fälle einer auslandsspezifischen Hilflosigkeit sind danach insbes. Sprach- oder Kontaktschwierigkeiten, Unkenntnis der Lebensverhältnisse oder der rechtlichen Schutzmöglichkeiten, ferner z. B. durch die Ausländereigenschaft bedingte finanzielle Schwierigkeiten (vgl. F. C. Schroeder JZ 95, 233), die vom Täter durch Wegnahme des Passes, Zuweisung von Unterkunft, Kontrolle des Aufenthaltsorts usw. noch verstärkt werden können (vgl. BGH **45**, 161, NStZ **99**, 349, NStZ-RR **97**, 293). Daß das Opfer schon im eigenen Land unter Armut litt, schließt nicht aus, daß diese in einem fremden Land auslandsspezifisch sein kann, wenn sie dort vor allem Ausländer trifft, weil sie Ausländer sind (and. Horn SK 7, womit die Vorschrift wesentlich an Bedeutung verlieren dürfte, ist doch Ursache für den sog. „Heiratstourismus" gerade die Hoffnung, der Armut im eigenen Land zu entgehen). Auch die theoretische Möglichkeit, jederzeit in das Herkunftsland zurückzukehren, schließt die geforderte Hilflosigkeit nicht aus, wenn das Opfer wegen seiner Sprachschwierigkeiten usw. nicht in der Lage ist, diese Möglichkeit tatsächlich wahrzunehmen (BGH NStZ **99**, 349). Nicht um eine Hilflosigkeit, die mit dem Aufenthalt in einem fremden Land verbunden ist, handelt es sich dagegen bei Gebrechen und Krankheiten, auch wird eine solche nicht durch das Drohen legaler staatlicher Maßnahmen begründet, die jedermann treffen können (entgegen F. C. Schroeder aaO [vgl. auch Horn SK 7] aber wohl anders bei einer drohenden Abschiebung: Hier geht es nicht darum, daß „das Verbot des Menschenhandels nicht zur Erzwingung der Einwanderung mißbraucht werden darf", sondern um die ganz andere Frage, ob dies für Dritte ein Freibrief für die sexuelle Ausbeutung der Betroffenen sein kann; daß hier jedenfalls eine Zwangslage i. S. des S. 1 besteht, dürfte unzweifelhaft sein).

13 Die Tathandlung besteht auch hier in einem **Einwirken** (zum Begriff o. 7) auf das Opfer, wobei ein Unterschied zu S. 1 jedoch insofern besteht, als das Einwirken dort dazu dient, das Opfer zu etwas „zu bestimmen", in S. 2 dagegen, dieses zu bestimmten Handlungen „zu bringen". Während in S. 1 das Einwirken deshalb schon nach seinem objektiven und nach außen hin erkennbaren Sinn den Charakter einer „Anstiftung" haben muß, ist dies bei S. 2 nicht erforderlich, wo das „Einwirken" die „Anstiftungs"-Fälle zwar mitumfaßt, im übrigen aber weiter reicht. Ein Einwirken liegt hier vielmehr auch dann vor, wenn es unter Verschleierung des erstrebten Endziels (Vornahme sexueller Handlungen) zunächst nur den Sinn hat, das Opfer in die Lage einer auslandsspezifischen Hilflosigkeit zu bringen, in der dann – durch den Täter selbst oder einen Dritten – der zweite Akt des eigentlichen Bestimmens erfolgen oder das Opfer von sich aus zu dem gewünschten Entschluß gebracht werden soll. Ein Einwirken liegt hier daher z. B. auch vor, wenn in den Fällen des sog. „Heiratstourismus" junge Frauen aus den Ländern Südostasiens dazu überredet werden, ihr „Glück" in der Bundesrepublik zu suchen.

14 b) Zum **subjektiven Tatbestand**, der (bedingten) **Vorsatz** verlangt, gehört die Kenntnis der auslandsspezifischen Hilflosigkeit, die erst im Laufe des Gesetzgebungsverfahrens mit wenig überzeugender Begründung an die Stelle des ursprünglich vorgesehenen Merkmals „unter Ausnutzung der Hilflosigkeit" gesetzt wurde (vgl. BT-Drs. 12/2589 S. 8 u. krit. dazu F. C. Schroeder JZ 95, 233 f.). Schwierigkeiten ergeben sich hier, wenn die auslandsspezifische Hilflosigkeit des Opfers z. Zt. des Einwirkens noch nicht besteht, sondern erst geschaffen werden soll, da sich eine „Kenntnis" nur auf Vergangenes oder Gegenwärtiges beziehen kann (vgl. Schroeder JZ 95, 233 f. u. Lenckner-FS 344). Hier muß die Kenntnis daher entweder in eine entsprechende Voraussicht umgedeutet (Lackner/ Kühl 8, F. C. Schroeder JZ 95, 234, JZ 97, 155 u. Lenckner-FS 346 [der eine sichere Voraussicht verlangt]) oder als Kenntnis der gegenwärtig bereits gegebenen Umstände interpretiert werden, die bei einem Ortswechsel in ein fremdes Land dort die damit verbundene Hilflosigkeit begründen würden. Dazu, daß insoweit auch bedingter Vorsatz genügen muß, vgl. o. 8. Hinzukommen muß auch in S. 2 eine **Absicht** in doppelter Hinsicht: Der Täter muß seines Vorteils wegen handeln (o. 10), ferner mit dem Ziel, das Opfer zwar nicht wie in S. 1 zur Prostitution (die gleichwohl miterfaßt ist; vgl. BGH **42** 180; and. Wolters NStZ 97, 340), wohl aber zu sexuellen Handlungen zu bringen, die es „an" oder „vor" einem Dritten vornehmen oder „an sich" von einem Dritten vornehmen lassen soll (vgl. dazu § 184 c RN 4 ff., 17 ff.). Hierher gehört etwa die beabsichtigte „Vermarktung" in Peepshows oder die Fälle des sog. „Heiratstourismus", in denen das Opfer verschiedenen Interessenten „zur Probe" überlassen werden soll (BT-Drs. 12/2046 S. 6). Nicht anwendbar ist die Vorschrift, wenn es der Täter ausschließlich auf eigene sexuelle Kontakte mit dem Opfer abgesehen hat.

IV. Abs. 2 enthält mit einer deutlich höheren Strafdrohung als in Abs. 1 gleichfalls zwei Tatbestände, von denen der in Nr. 2 umschriebene an § 180 a IV a. F. anknüpft. Bei beiden geht es darum, Personen vor der Prostitution zu bewahren, bei denen eine im Vergleich zu Abs. 1 S. 1 erhöhte Anfälligkeit dafür angenommen wird. In beiden Fällen ist i. U. zu Abs. 1 keine Vorteilsabsicht erforderlich. **15**

1. Bei **Abs. 2 Nr. 1** ist Anknüpfungspunkt ebenso wie in Abs. 1 S. 2 die – bereits gegebene oder zu erwartende (o. 11) – **auslandsspezifische Hilflosigkeit** des Opfers (o. 12). Abgesehen von den unterschiedlichen Zielen (Vornahme sexueller Handlungen in Abs. 1 S. 2, Prostitution in Abs. 2), sind in den beiden Tatbestandsalternativen der Nr. 1 aber auch die Tathandlungen abweichend von Abs. 1 S. 2 umschrieben: **16**

a) Die **1. Alt.**, die insoweit Abs. 1 S. 1 entspricht, betrifft das **Einwirken** in Kenntnis der auslandsspezifischen Hilflosigkeit, um das Opfer zur Aufnahme oder Fortsetzung der Prostitution **zu bestimmen** (vgl. dagegen Abs. 1 S. 2: „zu bringen"). Zum Einwirken vgl. o. 7, zur Absicht des Bestimmens zur Aufnahme usw. der Prostitution o. 9. Dabei muß es, wenn es die Fortsetzung der Prostitution betrifft, i. U. zu Abs. 1 S. 1 (o. 9) genügen, daß das Opfer, das bereits in seinem Heimatland der Prostitution nachgeht und sie auch nicht aufgeben will, diese künftig in vergleichbarer Form in einem fremden Land ausüben soll. Zu begründen ist dies damit, daß es hier speziell um den Schutz des Opfers vor den besonderen, aus seiner Hilflosigkeit in einem fremden Land sich ergebenden Gefahren geht, dazu aber auch die Gefahr gehört, in spezifische, eine moderne Form der Sklaverei darstellende Abhängigkeitsverhältnisse zu geraten, die der Prostitution im Vergleich zu der vorher im eigenen Land ausgeübten eine neue Qualität verleihen (vgl. Horn SK 13). Wie bei Abs. 1 Nr. 1 ist der obj. Tatbestand jedoch nicht verwirklicht, wenn das Opfer schon von sich aus zur Aufnahme oder Fortsetzung der Prostitution entschlossen war (vgl. o. 5; and. BGH **45**, 161 ff. sowie zu § 180 a IV a. F. NStZ **00**, 368); im Unterschied zu Abs. 1 Nr. 1 kommt dann jedoch ein gem. Abs. 3 strafbarer untauglicher Versuch in Betracht. **17**

b) Die **2. Alt.** nennt den Fall, daß der Täter das Opfer **dazu bringt,** die Prostitution aufzunehmen oder fortzusetzen (o. 9), was bedeutet, daß es hier – i. U. zu Abs. 1 S. 1 u. Abs. 2 Nr. 1 1. Alt. – zu der Prostitutionsausübung – wenn auch nur für kurze Zeit – tatsächlich kommen muß (Erfolgsdelikt i. U. zu den unechten Unternehmensdelikten des Abs. 1 u. der 1. Alt. der Nr. 1; zum Beginn der Prostitutionsaufnahme vgl. § 180 a RN 6). Wie dieser Erfolg verursacht wird, ist an sich ohne Bedeutung (vgl. Horn SK 15), doch ergibt sich der nähere Inhalt der 2. Alt. erst aus einem Vergleich mit der 1. Alt., weil die dort bereits miterfaßten erfolgreichen (o. 5) Einwirkungen i. S. einer unmittelbaren und gesteigerten psychischen Beeinflussung (o. 7) in der 2. Alt. nicht mehr gemeint sein können. Für die 2. Alt. bleiben damit zunächst die Fälle, in denen der Täter dadurch eine Ursache für den Erfolg der Prostitutionsausübung setzt, daß er durch Herbeiführen einer entsprechenden äußeren Situation bzw. durch die Veranlassung des Opfers, sich dorthin zu begeben, in diesem bisher nicht vorhandenen Entschluß zur Prostitutionsaufnahme hervorruft oder daß er bei einem bereits vorhandenen Entschluß die Voraussetzungen für dessen – jedenfalls wesentlich erleichterte – Verwirklichung schafft, weshalb die Initiative hier auch von dem Betroffenen selbst ausgegangen sein kann (vgl. Lackner/Kühl 10, Laufhütte LK 13 u. zum „Zuführen" nach § 180 a IV a. F. auch BGH StV **86**, 297 mwN; enger Horn SK 15). Darüber hinaus fällt unter die 2. Alt. aber auch die erfolgreiche, aber unterhalb der Intensitätsschwelle des Einwirkens der 1. Alt. bleibende „Anstiftung", weil nicht einsichtig wäre, weshalb zwar jede sonstige Verursachung des Erfolgs, nicht aber die dafür gleichfalls kausale „einfache Anstiftung" genügen soll; auch steht dies nicht etwa im Widerspruch zur 1. Alt., wird dort doch wegen der besonderen Qualität des Einwirkens bereits die „versuchte Anstiftung" als vollendete Tat unter Strafe gestellt, während bei der 1. Alt. „Anstiftungsversuch" lediglich zur Versuchsstrafbarkeit nach Abs. 3 führt (vgl. dazu u. 21). Im übrigen kennzeichnet das „Dazu-Bringen" ein finales Tun, das – Erfordernis einer dahingehenden Absicht – auf das Ziel gerichtet sein muß, den Betroffenen auf dem genannten Weg zur Prostitutionsaufnahme usw. zu veranlassen; daß dies lediglich eine Nebenfolge bzw. Begleiterscheinung eines andere Zwecke verfolgenden Handelns ist, genügt mithin nicht. Nach der 2. Alt. strafbar ist daher z. B. die Vermittlung des Opfers an einen Zuhälterring oder seine Einführung ins Prostitutionsmilieu das Mitnehmen in ein Prostituiertenlokal, damit es dort entsprechend „animiert" wird (z. B. Horn SK 15, Lackner/Kühl 10), nicht aber die Kündigung eines Arbeitsverhältnisses mit einer Ausländerin, die sich als ungeeignet erwiesen hat, auch wenn der Arbeitgeber weiß, daß sie sich dann infolge ihrer auslandsspezifischen Hilflosigkeit der Prostitution zuwenden wird. **18**

2. Abs. 2 Nr. 2 stellt die entsprechenden Handlungen – Einwirken, um zur Prostitutionsaufnahme usw. zu bestimmen (o. 17) bzw. das Dazu-Bringen (o. 18) – unter Strafe, wenn es sich bei dem Opfer um eine **Person unter 21 Jahren** handelt. Darauf, ob diese sich in einer Zwangslage befindet, sonst **19**

hilflos oder sexuell noch unerfahren ist, kommt es hier nicht an, maßgebend ist vielmehr nach dem eindeutigen Gesetzeswortlaut allein das Alter (so schon § 180 a IV a. F.). Daß damit auch Personen zwischen 18 und 21 Jahren den Schutz der Vorschrift genießen, entspricht zwar völkerrechtlichen Verpflichtungen des deutschen Gesetzgebers (o. 1), ist in der Sache aber keineswegs selbstverständlich, heißt dies doch, daß dem sonst immer wieder beschworenen „mündigen Bürger" die Fähigkeit zur Selbstbestimmung noch nicht zugetraut wird, wenn es speziell um das „Ja" oder „Nein" zur Prostitution geht (vgl. auch BT-Drs. 12/2046 S. 6: „an sich systemwidrig"). Vor allem im Hinblick darauf stellt sich die Frage nach der Angemessenheit der in Abs. 2 angedrohten Mindeststrafe (z. B. menschlich nachvollziehbare Einwirkungen unter Freundinnen, vgl. Lackner/Kühl 12). Nur bei der 1. Alt. ist es auch möglich, der großen Spannbreite auf der Opferseite, die vom Kind bis zum Erwachsenen reicht, in der Weise Rechnung zu tragen, daß an die Intensität der Einwirkung (o. 7) umso höhere bzw. umgekehrt umso geringere Anforderungen gestellt werden, je älter bzw. jünger das Opfer ist, um schließlich bei Kindern schon ein bloßes Minimum an „Einwirken" ausreichen zu lassen. Die 2. Alt. des „Dazu-Bringens" bietet ein solches Korrektiv hingegen nicht, und zwar selbst für solche Fälle nicht, in denen – bei der 1. Alt. bedürfte es dann keines „Einwirkens" mehr – die Initiative von dem anderen ausgegangen ist (o. 19) und dieser die Altersgrenze von 21 Jahren fast erreicht hat. Als einziger – allerdings außerordentlich fragwürdiger – Ausweg bliebe hier deshalb nur, nach den Regeln der abstrakten Gefährdungsdelikte im Einzelfall den Gegenbeweis einer uneingeschränkten Eigenverantwortlichkeit zuzulassen.

20 **V.** Eine Tatbestandsverwirklichung durch **Unterlassen** ist bei Bestehen einer Garantenpflicht (vgl. § 13 RN 17 ff.) nur in den Fällen der jeweils 2. Alt. von Abs. 2 Nr. 1, 2 denkbar (z. B. Nichteinschreiten von Eltern bei entsprechenden Absichten eines noch minderjährigen Kindes als ein der erfolgreichen „Anstiftung" [o. 18] gleichwertiges Unterlassen nach Nr. 2 2. Alt.). Bei den übrigen Tatbeständen, die in einem Einwirken auf das Opfer bestehen, scheidet ein Unterlassen dagegen schon deshalb aus, weil das bloße Nichtstun der hier erforderlichen gesteigerten psychischen Beeinflussung durch positives Tun nicht gleichgestellt werden kann (vgl. Horn SK 11).

21 **VI. Vollendet** ist die Tat in den Fällen der jeweils 2. Alt. des Abs. 2 Nr. 1, 2 mit der ersten Handlung, welche die Merkmale der Prostitutionsausübung aufweist (vgl. § 180 a RN 6), im übrigen schon mit dem Einwirken, sobald dieses das dafür erforderliche Maß an Intensität erreicht hat und das vom Täter Gewollte erkennbar geworden ist (BGH **45**, 162 f., NStZ-RR/J 98, 323 Nr. 15; s. auch o. 5); beendet ist hier die Tat mit der Aufnahme usw. der Prostitution (vgl. zu § 180 a III a. F. BGH MDR/H **85**, 284) bzw. mit der Vornahme der in Abs. 1 S. 2 genannten sexuellen Handlungen. Der **Versuch** ist nach **Abs. 3** nur bei Taten nach Abs. 2 strafbar. Straflos bleibt damit in den Fällen des Abs. 1 der untaugliche Versuch nicht nur bei einer nur irrig angenommenen Zwangslage oder Hilflosigkeit (krit. dazu Lackner/Kühl 13), sondern auch das Einwirken in Unkenntnis dessen, daß der andere ohnehin zu dem ihm angesonnenen Verhalten entschlossen war (o. 5, 17). Daß nach den Absichten im Gesetzgebungsverfahren wegen des engen Bereichs zwischen Versuch und Vollendung die Versuchsstrafbarkeit auch für Abs. 2 auf die jeweils 2. Alt. des „Dazu-Bringens" beschränkt werden sollte (BT-Drs. 12/2589 S. 9, Tröndle/Fischer 13), ist angesichts des eindeutigen Gesetzeswortlauts ohne Bedeutung (vgl. Laufhütte LK 18). Strafbar ist daher auch der Versuch nach der jeweils 1. Alt., der zwar nicht notwendig schon mit dem Beginn der Einwirkungshandlung vorliegt, wohl aber dann – der Unterschied zur Vollendung kann damit zur quantité négligeable werden –, wenn der Täter unmittelbar dazu ansetzt, die Schwelle des besonderen Intensitätsgrades der Einwirkung zu überschreiten (vgl. auch BGH NJW **90**, 196 zu § 180 a IV a. F.: Versuch als „der Beginn eines weitergehenden, hartnäckigen Verhaltens"). Zur Vermeidung von Widersprüchen bei der jeweils 2. Alt. wird man deshalb auch in den o. 18 genannten Fällen einer „einfachen Anstiftung" usw. einen Versuch nicht schon mit dem Beginn der entsprechenden Beeinflussung annehmen dürfen, sondern erst dann, wenn diese in ihre entscheidende Phase tritt.

22 **VII.** Für die **Täterschaft und Teilnahme** gelten die allgemeinen Regeln. Das Handeln um eines Vermögensvorteils willen ist ein besonderes persönliches Merkmal i. S. des § 28 I (Horn SK 10, Lackner/Kühl 4, Laufhütte LK 16, Tröndle/Fischer 14). Das Opfer bleibt stets straflos.

23 **VIII. Konkurrenzen.** Idealkonkurrenz besteht nicht nur mit § 240, sondern ist bei Überschneidungen in der Vollendungs- bzw. Beendigungsphase des § 180 b (o. 21) wegen der z. T. unterschiedlichen Rechtsgutsaspekte bzw. der in ihrem Unrechtsgehalt qualitativ verschiedenen Begehungsweisen auch mit §§ 180, 180 a, 181 a möglich (vgl. BGH NJW **99**, 3277, BGHR § 180 a Abs. 1 Konkurrenzen 2, Horn SK 19, Laufhütte LK 20, Tröndle/Fischer 15; zu § 181 a vgl. dort RN 26), wobei aber § 180 II hinter § 180 b II zurücktritt (BGH NStZ **98**, 299); ebenso ist Idealkonkurrenz möglich mit der Teilnahme zu §§ 184 a, 184 b. Zum Verhältnis zu § 181 vgl. dort RN 18. Tateinheit besteht auch zwischen den verschiedenen Tatbeständen des § 180 b selbst, ausgenommen Abs. 2 Nr. 1 im Verhältnis zu Abs. 1 S. 2: Zwar verlangt Abs. 2 Nr. 1 i. U. zu Abs. 1 S. 2 kein Handeln eines Vermögensvorteils wegen, da ein solches tatsächlich aber auch hier immer gegeben sein dürfte, geht Abs. 2 Nr. 1 als eine wenn auch nur „faktische Qualifikation" Abs. 1 S. 2 vor (vgl. F. C. Schroeder JZ 95, 236, ferner Horn SK 19, Laufhütte LK 20, Wolters NStZ 97, 340; generell für Tateinheit zwischen Abs. 1 u. 2 jedoch Tröndle/Fischer 15; zw. Lackner/Kühl 14).

IX. Zur Möglichkeit von **Führungsaufsicht** vgl. § 181 b; § 181 c (Vermögensstrafe, Erweiterter 24
Verfall) gilt für § 180 b nicht.

§ 181 Schwerer Menschenhandel

(1) **Wer eine andere Person**
1. mit Gewalt, durch Drohung mit einem empfindlichen Übel oder durch List zur Aufnahme oder Fortsetzung der Prostitution bestimmt,
2. durch List anwirbt oder gegen ihren Willen mit Gewalt, durch Drohung mit einem empfindlichen Übel oder durch List entführt, um sie in Kenntnis der Hilflosigkeit, die mit ihrem Aufenthalt in einem fremden Land verbunden ist, zu sexuellen Handlungen zu bringen, die sie an oder vor einer dritten Person vornehmen oder von einer dritten Person an sich vornehmen lassen soll, oder
3. gewerbsmäßig anwirbt, um sie in Kenntnis der Hilflosigkeit, die mit ihrem Aufenthalt in einem fremden Land verbunden ist, zur Aufnahme oder Fortsetzung der Prostitution zu bestimmen,

wird mit Freiheitsstrafe von einem Jahr bis zu zehn Jahren bestraft.

(2) **In minder schweren Fällen ist die Strafe Freiheitsstrafe von sechs Monaten bis zu fünf Jahren.**

Vorbem. Neugefaßt durch das 26. StÄG v. 14. 7. 1992, BGBl. I 1255.

Schrifttum: Vgl. die Hinweise zu § 180 b.

I. Die Vorschrift (zu deren Neukonzeption durch das 4. StrRG vgl. Laufhütte LK vor 1) wurde 1
durch das **26. StÄG** (vgl. Vorbem.) neugefaßt und z. T. erweitert, wobei der Tatbestand der Nr. 3 unter Aufwertung zu einem Verbrechen dem früheren § 180 a III entnommen wurde. **Rechtsgut** ist ebenso wie in § 180 b (vgl. dort RN 2) – in § 181 allerdings ohne dessen jugendschutzrechtliche Komponente – die persönliche Freiheit einschließlich der sexuellen Selbstbestimmung (vgl. BT-Drs. 12/2046 S. 5, ferner BGH **33** 354, **42** 184, NStZ **83**, 262, StV **95**, 23). Geschützt sind diese auch hier gegen die Rekrutierung von Menschen beiderlei Geschlechts als Objekte für die Befriedigung sexueller Bedürfnisse anderer, wobei sich die dazu angewandten Methoden von § 180 b dadurch unterscheiden, daß sie wesentlich schwerwiegender sind als dort (zum Verhältnis beider Vorschriften vgl. u. 2). Die Vorschrift entspricht gleichfalls völkerrechtlichen Verpflichtungen (vgl. die in § 180 b RN 1 genannten Abkommen); auch für sie gilt nach § 6 Nr. 4 das **Weltrechtsprinzip.** – Aus den Materialien zum 4. StrRG vgl. insbes. Prot. VI 1637, 1644, 1738, 2117 u. zum 26. StÄG BT-Drs. 12/2046, 12/2589.

II. Die **Tatbestände der Nr. 1–3** sind entgegen der – auch sonst z. T. unzutreffenden (vgl. 2
F. C. Schroeder JZ 95, 238) – Überschrift „Schwerer Menschenhandel" nur zu einem Teil echte Qualifikationen zum „Menschenhandel" des § 180 b (insgesamt für echte Qualifikationen jedoch Tröndle/Fischer 2). Um eine solche handelt es sich zwar bei Nr. 3 im Verhältnis zu § 180 b I 2 („gewerbsmäßiges Anwerben" um „zur Aufnahme oder Fortsetzung der Prostitution zu bestimmen" statt „Einwirken seines Vermögensvorteils wegen" um „zu sexuellen Handlungen zu bringen"; vgl. BGH **42** 183 m. zust. Anm. F. C. Schroeder JZ 97, 156) und § 180 b II Nr. 1 1. Alt. (gewerbsmäßiges „Anwerben" statt „Einwirken"; vgl. auch BT-Drs. 12/2589 S. 9), nicht aber bei Nr. 1 gegenüber § 180 b I 1 und bei Nr. 2 gegenüber § 180 b I 2, weil das dort zusätzlich enthaltene Merkmal eines Handelns „seines Vermögensvorteils wegen" in Nr. 1, 2 nicht wiederkehrt. Hier kann deshalb nur von einer „faktischen Qualifikation" (Schroeder aaO 236; vgl. auch Horn SK § 180 b RN 19) gesprochen werden, dies deshalb, weil Taten nach Nr. 1, 2, bei denen der Täter nicht zugleich um seines Vermögensvorteils willen handelt, kaum vorkommen dürften (näher zum Ganzen Schroeder aaO; and. Lackner/Kühl 2). Zur Bedeutung bei den Konkurrenzen vgl. u. 18.

1. Der Tatbestand der **Nr. 1** besteht im **Bestimmen** eines anderen (Frau oder Mann) zur **Auf-** 3
nahme oder **Fortsetzung der Prostitution** mit den Mitteln der **Nötigung** (Gewalt, Drohung mit einem empfindlichen Übel) oder **List.** Im Unterschied zu Nr. 3 und zu § 180 b I 1, II Nr. 1, 2 jeweils 1. Alt. muß es hier zur Prostitutionsaufnahme usw. tatsächlich gekommen sein (zu deren Beginn vgl. § 180 a RN 6), i. U. zu dem weiterreichenden „Bringen" zur Prostitution in der jeweils 2. Alt. von § 180 b II Nr. 1, 2 (vgl. dort RN 18), in Nr. 1 dann allerdings beschränkt auf die Fälle, in denen der Entschluß zur Prostitutionsaufnahme usw. auf einem entsprechenden Bestimmen (u. 4) beruht. Gleichgültig ist, ob die Prostitutionsausübung im In- oder Ausland erfolgen soll, und ohne Bedeutung ist auch, ob die Nötigungsmittel bzw. die List im In- oder Ausland angewendet werden.

a) Der **objektive Tatbestand** verlangt zunächst ein **Bestimmen** zum (tatsächlich erfolgten) Auf- 4
nehmen bzw. Fortsetzen der Prostitution (vgl. § 180 b RN 9 u. zu § 181 a. F. auch BGH **33** 353 m. Anm. Bottke JR 87, 33, Dencker NStZ 89, 249), d. h. das „Anstiften" dazu i. S. des Verursachens eines entsprechenden Entschlusses durch eine dahingehende – ausdrückliche oder konkludente – unmittelbare psychische („kommunikative") Beeinflussung des Opfers (vgl. auch § 176 RN 8, § 180 RN 21). Kein Bestimmen, sondern nur ein strafbarer Versuch (Verbrechen) liegt deshalb vor, wenn

der andere ohnehin schon zur Prostitutionsaufnahme usw. entschlossen ist (vgl. auch Horn SK 4 u. zu § 181 a. F. BGH 33 355 m. Anm. Bottke JR 87, 36). Kein Bestimmen ist es auch, wenn der Entschluß zur Prostitutionsaufnahme usw. ohne geistige Beeinflussung ausschließlich durch das Schaffen einer äußeren Situation hervorgerufen wird (Fall des in Nr. 1 nicht erfaßten „Bringens" zur Prostitution; vgl. i. U. dazu die jeweils 2. Alt. des § 180 b II, Nr. 1, 2 u. dort RN 18). Schließlich genügt es auch nicht, wenn der Täter das freiwillig aus eigenem Entschluß der Prostitution nachgehende Opfer zur Ablieferung der Prostitutionseinnahmen zwingt, weil darin noch kein Bestimmen zur nicht gewollten Fortsetzung oder Intensivierung der Prostitution liegt (BGH StV **96**, 481).

5 Hinzukommen muß, daß das Bestimmen mittels **Gewalt,** durch **Drohung** mit einem empfindlichen Übel oder durch **List** erfolgt, wobei es genügt, daß diese Mittel, sofern ihnen nicht eine völlig untergeordnete Bedeutung zukommt, für die Entscheidung des Opfers wenigstens mitursächlich sind (BGH MDR/H **85**, 794 zur a. F., ferner Horn SK 4, Lackner/Kühl 4, Laufhütte LK 4, Tröndle/Fischer 3). Der Begriff der *Gewalt* entspricht hier, wie die Gleichstellung mit der Drohung mit einem empfindlichen Übel zeigt, dem des § 240 (vgl. dort RN 3 ff. u. 6 ff. vor § 234; and. Laufhütte LK 2: Gewalt i. S. § 177, wogegen jedoch spricht, daß dann auch die Drohung eine i. S. des § 177 qualifizierte sein müßte); dabei kommt hier als Mittel des Bestimmens praktisch nur die vis compulsiva in Betracht (vgl. Horn SK 5, Laufhütte aaO). Zur *Drohung mit einem empfindlichen Übel* vgl. § 240 RN 9 ff. u. 30 ff. vor § 234 sowie BGH NStZ **00**, 87. Einer Begrenzung durch die Verwerflichkeitsklausel des § 240 II bedarf es hier nicht, da dem Gesetz offensichtlich die Auffassung zugrunde liegt, daß das Bestimmen zur Prostitution durch eine Drohung mit einem empfindlichen Übel stets als verwerflich anzusehen ist (vgl. Laufhütte aaO). Zum Merkmal der *List* vgl. RN 38 vor § 234. Für Nr. 1 a. F. wurde hier allgemein angenommen, daß die Vorschrift wegen des Verbrechenscharakters der Tat restriktiv zu interpretieren war und daß deshalb das lediglich listige Schaffen eines Anreizes zur Prostitutionsausübung gegenüber einem Erwachsenen, der sich im übrigen frei für diese entscheidet, nicht genügen konnte, die List nach dem Schutzzweck der Vorschrift vielmehr gerade das Ziel der Prostitutionsausübung verschleiern mußte (vgl. BGH **27** 27 u. hier die 24. A. RN 3 mwN). Ebenso kann auch für Nr. 1 n. F. nicht zweifelhaft sein, daß es noch kein Bestimmen durch List ist, wenn einem vollverantwortlich handelnden Opfer z. B. die Absicht einer späteren Heirat (vgl. BGH aaO) oder die günstige Aussicht, auf diesem Wege rasch zu großem Reichtum zu kommen, vorgespiegelt wird (vgl. Horn SK 5, Lackner/Kühl 4, Laufhütte LK 3). Vom Gesetzgeber kaum gewollt sein dürften jedoch die Konsequenzen, die sich aus der Ersetzung des „Bringens" zur Prostitution in Nr. 1 a. F. durch das „Bestimmen" dazu in Nr. 1 n. F. ergeben (zum Unterschied vgl. § 180 b RN 13, 18). Nicht mehr erfaßt sind damit zunächst die Fälle eines bloß tatsächlichen Zuführens zur Prostitution in der Weise, daß das Opfer durch eine Täuschung über das eigentliche Ziel in eine Lage gebracht wird, in der es sich mit Rücksicht auf diese zur Prostitutionsaufnahme usw. entschließt (so aber wohl Laufhütte LK aaO; offengelassen von BGH **27** 28 zu Nr. 1 a. F.). Was dagegen das Bestimmen selbst betrifft, so könnte die Neuregelung ein gesetzgeberisches „Eigentor" sein, weil nicht zu sehen ist, wie es möglich sein soll, einen anderen zur Prostitution zu bestimmen und sie ihm zugleich zu verschleiern; daß das Opfer zur Prostitution „bestimmt" wird, dabei infolge irgendwelcher Machenschaften aber nicht weiß, daß es sexuelle Handlungen vornimmt oder daß diese entgeltlich sind (so Laufhütte LK aaO), ist kaum vorstellbar oder dürfte jedenfalls wenig realistisch sein (so mit Recht F. C. Schroeder JR 77, 358). Auch bei Täuschungen über die Art und Weise der Prostitutionsausübung – z. B. dem Opfer wird die genannte Adresse als ein Haus angepriesen, in dem Frauen in voller Freiheit der „Edelprostitution" nachgehen, während sich dahinter in Wahrheit ein Bordell mit strengen Abhängigkeitsverhältnissen verbirgt –, ist die List für das Bestimmen jedenfalls nicht mehr relevant, wenn der Betroffene sich frei in Kenntnis der wahren Situation für die Prostitutionsausübung auch unter den tatsächlich gegebenen Bedingungen entscheidet (sie war dies in dem genannten Bsp. nur für die Kontaktaufnahme als solche). Was damit für das Bestimmen durch List in Nr. 1 bleibt, ist nicht mehr viel. Es dürften dies im wesentlichen die Fälle sein, in denen Personen überlistet werden, die wegen ihres Alters oder infolge eines Defekts zur freien – auch sexuellen – Selbstbestimmung (noch) nicht fähig sind und die deshalb eines besonderen Schutzes bedürfen. Hier kommt als List daher auch das listige Schaffen eines Anreizes in Betracht, so in den o. genannten Bsp. des Vortäuschens einer Heiratsabsicht usw., wenn dies z. B. gegenüber Jugendlichen geschieht (vgl. daher auch BGH **27** 27 zu Nr. 1 a. F.: Tatbestandsverneinung nur beim listigen Schaffen eines Anreizes gegenüber Erwachsenen, die sich frei entscheiden können).

6 b) **Subjektiver Tatbestand.** Hinsichtlich der Wirksamkeit der Tatmittel genügt (bedingter) Vorsatz. Bezüglich der Prostitutionsausübung ist dagegen Absicht i. S. von zielgerichtetem Handeln (vgl. § 15 RN 66 ff.) erforderlich, da das Handeln mittels Gewalt und Drohung insoweit § 240 entspricht (vgl. dort RN 34) und dasselbe dann auch für die List gelten muß (vgl. auch Horn SK 6).

7 2. Die **Nr. 2** enthält zwei Tatbestandsalternativen, nämlich das **Anwerben durch List** – letztere hinzugefügt durch das 26. StÄG (s. Vorbem. sowie u. 8) – bzw. das **Entführen** mittels Gewalt, Drohung oder List, beides jeweils, um das Opfer in Kenntnis seiner **auslandsspezifischen Hilflosigkeit** zu **sexuellen Handlungen** mit Dritten **zu bringen.** Von Nr. 1 unterscheidet sich Nr. 2 schon in der Art der Tathandlung, ferner dadurch und insoweit ebenso wie § 180 b I 2, daß nicht die Prostitutionsausübung das Ziel zu sein braucht – der weitere Begriff der „sexuellen Handlungen" schließt diese allerdings ein (F. C. Schroeder JZ 95, 235) – und daß es zu der tatsächlichen Vornahme

von sexuellen Handlungen nicht gekommen sein muß. Ihr besonderes und hier auch die Bezeichnung als „Menschenhandel" in der Überschrift rechtfertigendes Gepräge erhält die Vorschrift jedoch durch den Bezug der Tat zu der bereits bestehenden oder zu erwartenden Hilflosigkeit des Opfers, die mit dem Aufenthalt in einem fremden Land verbunden ist; zu diesem Merkmal vgl. näher § 180 b RN 12.

a) **Tathandlung der 1. Alt.** ist, gleichgültig, ob dies im In- oder Ausland geschieht, das **Anwerben** **durch List** zu dem Zweck (Absicht, u. 12) den Angeworbenen in einem für ihn fremden und deshalb seine auslandsspezifische Hilflosigkeit begründenden Land (vgl. § 180 b RN 12) zu sexuellen Handlungen mit Dritten zu bringen. Das Merkmal der List wurde durch das 26. StÄG (s. Vorbem.) eingefügt, um damit die einschränkende Auslegung der Nr. 2 a. F., wonach das Anwerben durch eine Täuschung erfolgen mußte (z. B. BGH NStZ **83**, 262), nunmehr auch gesetzlich festzuschreiben (vgl. BT-Drs. 12/2589 S. 9).

α) **Anwerben** ist nicht nur ein finaler Begriff i. S. eines bloßen Werbens, sondern bedeutet ebenso wie schon in Nr. 2 a. F. (vgl. BGH NStZ **94**, 78) das Herbeiführen eines Vertragsabschlusses oder einer Vereinbarung mit einer entsprechenden Verpflichtung des Angeworbenen – auf die zivilrechtliche Beurteilung und Wirksamkeit kommt es nicht an –, durch die sich dieser für den Anwerber oder einen Dritten verfügbar in der Weise macht, daß er sich als gebunden betrachtet, nach deren Anweisungen eine bestimmte Tätigkeit auszuüben (vgl. BGH **42** 182, NStZ **94**, 78, NStZ-RR **97**, 293, NStZ-RR/J **98**, 323 Nr. 16, Horn SK 10, Lackner/Kühl 2 a, Laufhütte LK 5, Tröndle/Fischer 4 a). Nicht tatbestandsmäßig ist damit das bloße Ausnutzen der durch einen anderen bereits erfolgten Anwerbung (BGH **42** 186, NStZ **92**, 434). Einschränkungen sind aber auch beim Anwerben selbst zu machen, die, wenn sie nicht schon aus dem Begriff selbst ergeben, deshalb geboten sind, weil das Anwerben der 1. Alt. in seinem Unrechtsgehalt dem Entführen der 2. Alt. in etwa entsprechen muß (vgl. BGH NStZ-RR/J **98**, 323 Nr. 16 u. auch BGH NStZ **92**, 434 zu Nr. 2 a. F.). Dies bedeutet, daß der Täter die treibende Kraft für das Zustandekommen der Vereinbarung sein muß; war dies hingegen der andere – der bloße Umstand, daß z. B. in Form einer Nachfrage die Initiative von ihm ausging, genügt dafür allerdings noch nicht (vgl. auch Laufhütte LK 5) –, so ist ein Anwerben selbst dann zu verneinen, wenn er dabei das Opfer einer Täuschung wurde und damit an sich das Merkmal der List erfüllt sein kann. Was die Art und Weise des Anwerbens betrifft, so sollte bei Nr. 2 a. F. – dort noch ohne das Erfordernis der List – ein „massives Einwirken" auf das Opfer notwendig sein (BGH NStZ **92**, 434), was sich jetzt jedoch mit der Ergänzung um das weitere Merkmal der List erledigt haben dürfte (in diesem Sinne zu Nr. 2 a. F. schon BGH NStZ **83**, 262: „wenigstens eine Täuschung". u. dazu o. 8; vgl. auch Tröndle/Fischer 4 a).

β) Zum Begriff der **List** vgl. RN 38 vor § 234. Diese kann sich zunächst darauf beziehen, daß dem Opfer der wahre Zweck des Anwerbens – Vornahme sexueller Handlungen – verschleiert wird. Probleme, wie sie sich bei Nr. 1 ergeben (o. 5), bestehen hier nicht, weil Zweck des Anwerbens in Nr. 2 1. Alt. nicht das „Bestimmen" zu sexuellen Handlungen, sondern das „Bringen" zu solchen ist (vgl. dazu § 180 b RN 13, 18). Erfaßt ist damit z. B. auch das Anwerben für eine angebliche Tätigkeit als Haushilfin, Barfrau oder Tänzerin im Ausland, um das Opfer dort dann unter Ausnutzung seiner auslandsspezifischen Hilflosigkeit zu sexuellen Handlungen mit Dritten zu bringen. Ein Anwerben durch List ist es ferner, wenn das Opfer zwar weiß, daß es zu sexuellen Handlungen angeworben werden soll, aber über Art und Umfang getäuscht wird, was von ihm, wenn es an Ort und Stelle ist, erwartet wird und wogegen es sich dann nicht mehr wehren kann (z. B. statt „Lebensgefährtin eines reichen Herrn" Sexualpartnerin bei Liveshows; Anwerbung für drei Monate ins Ausland, wo das Opfer dann jedoch über diese Zeit hinaus zu weiteren sexuellen Handlungen gebracht werden soll; vgl. auch Laufhütte LK 5, Tröndle/Fischer 4 a u. zu Nr. 2 a. F. Dencker NStZ **89**, 253). Dasselbe gilt schließlich, wenn das Opfer den wahren Charakter der Anwerbung kennt, aber über die zu erwartende auslandsspezifische Hilflosigkeit getäuscht wird (z. B. entsprechende Zusagen, wonach sich das Opfer im Ausland „keinerlei Sorgen" zu machen brauche) oder wenn es sich um Täuschungen handelt, gegen die die bereits bestehende auslandsspezifische Hilflosigkeit besonders anfällig macht (z. B. Ausländer erhielten keine Arbeitserlaubnis und kämen deshalb nur auf diese Weise zu Geld). Liegt dagegen keiner dieser Fälle vor, weiß der andere also in klarer Erkenntnis der Tragweite seines Tuns, worauf er sich einläßt, so sind Täuschungen sonstiger Art keine List i. S. der Nr. 2 1. Alt., auch wenn es ohne sie zu der Anwerbung nicht gekommen wäre (z. B. Täuschung über die Höhe des Entgelts oder die Zusicherung, der fragliche Ort im Ausland sei ein idyllischer Platz an der Mittelmeerküste, während es sich in Wahrheit um ein tristes Großstadtviertel handelt; vgl. auch Horn SK 10, Lackner/Kühl 5, Laufhütte LK 8). Anders ist dies auch hier nur dann, wenn das Opfer zu einer freiverantwortlichen Entscheidung (noch) nicht fähig ist (z. B. Jugendlicher; vgl. auch o. 5).

b) **Tathandlung der 2. Alt.** ist das demselben Zweck – Bringen zu sexuellen Handlungen usw. – dienende (Absicht, u. 12) **Entführen** gegen den Willen des Opfers mit den Mitteln der **Gewalt**, der **Drohung** mit einem empfindlichen Übel oder der **List**. Zum Entführen mit Gewalt usw. vgl. § 239 a RN 6, 5 ff. vor § 234 (zur Gewalt auch o. 5; and. Laufhütte LK 6). Daraus, daß die Entführung dazu dienen muß, den Betroffenen in einem ihm fremden und daher seine auslandsspezifische Hilflosigkeit begründenden Land (vgl. § 180 b RN 12) zu sexuellen Handlungen mit Dritten zu bringen, ergibt sich, daß Ort der Entführung neben dem eigenen auch ein fremdes Land sein kann: ersteres, wenn das Opfer im Ausland zu sexuellen Handlungen gebracht werden soll, letzteres, wenn dies unter Ausnutzung der auslandsbedingten Hilflosigkeit in dem anderen Land oder in einem für das Opfer gleichfalls fremden Drittland geschehen soll. Erfolgt die Entführung mit den Mitteln der Nötigung, so ist es gleichgültig, ob das Opfer sofort oder erst später erkennt, was der Täter mit ihm vorhat. Bei der Entführung durch List ist eine Täuschung erforderlich entweder über den mit der Ortsveränderung verfolgten sexuellen Zweck (z. B. Vorspiegeln einer gemeinsamen Urlaubsfahrt ins Ausland) oder über Art und Ausmaß der vorzunehmenden sexuellen Handlung (z. B. angebliche Fahrt zu dem eine „Lebensgefährtin" suchenden reichen Ausländer) oder darüber, daß das Opfer ins Ausland gebracht bzw. dort hilflos sein wird (z. B. das mit der Vornahme sexueller Handlungen im Inland einverstandene Opfer wird, ohne dies zu bemerken, nicht an den dafür vorgesehenen Ort im Inland, sondern über die Grenzen gebracht).

12 c) Zu der für den **subjektiven Tatbestand** beider Alternativen erforderlichen Kenntnis der auslandsspezifischen Hilflosigkeit des Opfers vgl. § 180 b RN 14. Zum Vorsatz des Anwerbens bzw. Entführens muß jeweils hinzukommen die Absicht i. S. von zielgerichtetem Handeln (vgl. § 15 RN 66 ff.), in Kenntnis dieser Hilflosigkeit das Opfer zu sexuellen Handlungen zu bringen, die es „an" oder „vor" einem Dritten vornehmen oder „an sich" von einem Dritten vornehmen lassen soll (vgl. zu diesen Handlungen § 184 c Rn 4 ff., 17 ff. u. zum „Dazu-Bringen" i. U. zum Bestimmen § 180 b RN 13, 18). Bei der Entführung braucht diese Absicht zwar nicht schon bei Beginn der Entführungshandlung vorzuliegen, wohl aber muß sie spätestens bei Vollendung des Entführungsaktes vorhanden sein (näher Laufhütte LK 5).

13 3. Inhalt der **Nr. 3** ist das **gewerbsmäßige Anwerben** mit dem Ziel, das Opfer in Kenntnis seiner **auslandsspezifischen Hilflosigkeit** zur Aufnahme oder Fortsetzung der **Prostitution zu bestimmen**. Gedacht ist der erst durch das 26. StÄG (s. Vorbem. u. o. 1) in § 181 eingefügte Tatbestand (vgl. vorher § 180 a III) als Qualifikation (vgl. auch o. 2) zu § 180 b II Nr. 1 1. Alt. – qualifiziert dadurch, daß hier statt des bloßen „Einwirkens" das „gewerbsmäßige Anwerben" verlangt wird –, um damit das gewerbsmäßige Anwerben auch solcher ausländischer Mädchen und Frauen, die z. Zt. der Tat in ihrem Heimatland bereits als Prostituierte tätig sind, in § 181 (Verbrechen) unter Strafe zu stellen (BT-Drs. 12/2589 S. 9, wo allerdings der unzutreffende Eindruck erweckt wird, als sei dies erst jetzt strafbar; vgl. dazu bereits § 180 a III 2. Alt. a. F. i. V. mit § 6 Nr. 4 a. F. u. hier die 24. A. § 180 a RN 26). Im Unterschied zu Nr. 1 und entsprechend Nr. 2 und § 180 b II Nr. 1 1. Alt. ist es auch bei Nr. 3 nicht notwendig, daß es zu der Prostitutionsausübung tatsächlich kommt; i. U. jedoch zu § 180 b II Nr. 1 1. Alt., wo auch das erfolglose Einwirken genügt, setzt hier die Vollendung einen „Erfolg" wenigstens insofern voraus, als der andere zu Prostitutionszwecken tatsächlich angeworben worden sein muß. Von Nr. 2 1. Alt. unterscheidet sich Nr. 3 nicht nur in der Art des Anwerbens und darin, daß es in Nr. 3 ausschließlich um die Prostitution geht, sondern auch insofern, als Zweck des Anwerbens hier nicht schon das „Bringen", sondern nur das „Bestimmen" zur Prostitutionsaufnahme usw. ist (zum Unterschied vgl. § 180 b RN 13, 18).

14 a) Tathandlung, die im In- oder Ausland erfolgen kann, ist das **gewerbsmäßige Anwerben** zu dem Zweck (Absicht, u. 15), den Angeworbenen zur Aufnahme usw. der Prostitution in einem für ihn fremden und deshalb seine Hilflosigkeit begründenden Land zu bestimmen. Zum Anwerben o. 9, zur Gewerbsmäßigkeit 95 vor § 52. Was den Zweck der Prostitutionsausübung betrifft, so kommt für die Nr. 3 – i. U. zum „Bringen" zur Prostitution (o. 10, 12) – nur eine offene Anwerbung in Betracht: „Bestimmt" werden soll der Angeworbene hier dadurch, daß er sich durch den Abschluß einer entsprechenden Vereinbarung mit dem Anwerber in die Pflicht genommen fühlt, was voraussetzt, daß die Prostitutionsausübung auch Vertragsinhalt ist (Tröndle/Fischer 5). In Nr. 3 kommt es deshalb nicht nur „nicht darauf an, ob der Täter das Opfer über den Zweck der Anwerbung getäuscht hat" (so BT-Drs. 12/2589 S. 9), vielmehr ist eine solche Täuschung hier, weil mit dem Wortlaut unvereinbar, gerade ausgeschlossen (soll z. B. das angeblich für eine Hausmädchentätigkeit im Ausland angeworbene Opfer dort unter Ausnutzung seiner auslandsspezifischen Hilflosigkeit zur Prostitution veranlaßt werden, so ist dies – vgl. Nr. 2 1. Alt. – ein Anwerben durch List mit dem Ziel, das Opfer zur Prostitution „zu bringen"; vgl. entsprechend auch § 180 b I 2 u. dort RN 13). Für das Anwerben nach Nr. 3 kommen daher nur sonstige Täuschungen in Betracht (z. B. über die die auslandsspezifische Hilflosigkeit begründenden Umstände), erforderlich sind solche nach dem Gesetzeswortlaut aber nicht (vgl. auch BGH **42** 182 m. zust. Anm. Wolters NStZ 97, 340, ferner Horn SK 18, Lackner/Kühl 6, Laufhütte LK 10, Tröndle/Fischer 5). Handelt allerdings ein zur vollen Selbstverantwortung fähiges Opfer aus freien Stücken und in voller Kenntnis der Tragweite dessen, worauf es sich einläßt und was es bei einem Wechsel in ein fremdes Land zu erwarten hat, so ist ein schutzwürdiges Rechtsgut kaum noch zu erkennen, woran auch das zusätzliche Erfordernis der Gewerbsmäßigkeit nichts ändert. Zumal im Hinblick auf die Strafdrohung ist deshalb wie bereits beim „einfachen" Anwerben in Nr. 2 a. F. auch für das gewerbsmäßige Anwerben in Nr. 3 eine einschränkende Auslegung geboten: Ist schon beim Vergehenstatbestand des § 180 b II Nr. 1 1. Alt. für das „Einwirken" eine gesteigerte Einflußnahme auf den Willen des Betroffenen erforderlich (vgl. dort 7, 17), so muß dies erst recht für den Verbrechenstatbestand der Nr. 3 gelten, wo deshalb eine besonders massive, geschickte oder sonst skrupellose Art des Anwerbens zu verlangen ist (vgl. auch die Einschränkungen b. M-Schroeder I 217 u. zum Anwerben nach Nr. 2 a. F. BGH NStZ **92**, 434). Ist dies jedoch der Fall, so muß es für das Anwerben bzw. Bestimmen zum „Fortsetzen" der Prostitution entsprechend § 180 b II Nr. 1 1. Alt. (vgl. dort RN 17) auch genügen, wenn das Opfer, das bereits in seinem Heimatland der Prostitution nachging, diese auf gleiche Art und Weise in einem fremden Land praktizieren soll, weil es hier die auslandsspezifische Hilflosigkeit ist, die der Prostitutionsausübung eine besondere Qualität verleiht (and. Laufhütte LK 17).

b) Zu der für den **subjektiven Tatbestand** erforderlichen Kenntnis der auslandsspezifischen Hilflosigkeit des Opfers vgl. § 180 b RN 14. Zum Vorsatz des Anwerbens muß hier die Absicht i. S. von zielgerichtetem Handeln (vgl. § 15 RN 66 ff.) hinzukommen, in Kenntnis dieser Hilflosigkeit das Opfer zur Aufnahme usw. der Prostitution zu bestimmen. Zu der für die Gewerbsmäßigkeit erforderlichen Absicht vgl. 95 vor § 52. **15**

III. **Vollendet** ist die Tat nach Abs. 1 Nr. 1 mit der Vornahme der ersten, die Merkmale der Prostitutionsausübung aufweisenden Handlung (§ 180 a RN 6), beendet dagegen mit der Aufhebung der Wirkung des Nötigungsmittels (Laufhütte LK 15; and. BGH NStZ/Mie **96**, 125 Nr. 41: mit Vollendung ist die Tat abgeschlossen); neue Gewaltanwendungen usw. mit dem Ziel, die Aufgabe der Prostitution zu verhindern, bilden daher rechtlich selbständige Taten (insoweit ebenso BGH aaO). Nr. 2 1. Alt. und Nr. 3 sind vollendet mit dem Anwerben, d.h. dem Eingehen einer entsprechenden Verpflichtung des Angeworbenen (BGHR § 181 Abs. 1 Konkurrenzen 2), Nr. 2 2. Alt. mit dem Entführen, d. h. dem Wegbringen des Opfers von seinem gegenwärtigen Aufenthaltsort, sobald es der tatsächlichen Herrschaftsgewalt des Täters unterworfen ist; beendet ist die Tat in diesen Fällen mit der Vornahme von sexuellen Handlungen (Nr. 2 2. Alt.), bzw. der Aufnahme der Prostitution (vgl. BGH aaO, Wolters NStZ 97, 340 u. zu § 180 a III a. F. BGH MDR/H **85**, 284). Der **Versuch** ist strafbar (Verbrechen, § 23 I), so wenn es bei Abs. 1 Nr. 1 nicht zur Aufnahme der Prostitution kommt (vgl. BGH NStZ **00**, 87), bei einem nur zum Schein erfolgenden Sich-Anwerben-Lassen oder in dem o. 4 genannten Bsp. **16**

IV. Für die **Täterschaft und Teilnahme** gelten die allgemeinen Regeln (zur Mittäterschaft nach § 181 Nr. 1, 2 a. F. vgl. BGH NStZ **95**, 179). Das Opfer bleibt in allen Fällen straflos. Besondere Probleme ergeben sich hier nur bei Nr. 3 für den selbst nicht gewerbsmäßig handelnden Teilnehmer. Zwar ist die Gewerbsmäßigkeit an sich ein persönliches Merkmal i. S. des § 28, auch handelt es sich bei Nr. 3 um eine Qualifikation zu § 180 b II Nr. 1 1. Alt., dies jedoch mit der Besonderheit, daß es die Gewerbsmäßigkeit nicht allein ist, welche die Tat zu einem qualifizierten Tatbestand macht, sondern erst i. V. mit dem weiteren Merkmal des Anwerbens, das an die Stelle des bloßen Einwirkens in § 180 b tritt. Wendet man hier deshalb § 28 I an (so i. E. Horn SK 21, Laufhütte LK 1), so sind die Ergebnisse, zu denen dies über § 49 I führen würde, allerdings wenig einleuchtend, weil dann der nicht gewerbsmäßig handelnde Anstifter zum gewerbsmäßigen Anwerben milder zu bestrafen wäre (Freiheitsstrafe von 3 Monaten bis zu 7 1/2 Jahren) als der Anstifter zum bloßen Einwirken nach § 180 b II Nr. 1 1. Alt. (6 Monate bis 10 Jahre). Die Lösung deshalb bei § 28 II zu suchen, ist gleichfalls nicht unproblematisch. Setzt man sich darüber hinweg, daß die Gewerbsmäßigkeit in Nr. 3 für sich allein doch kein strafschärfendes Merkmal ist, so wäre damit unter Vermeidung der eben genannten Wertungswidersprüche zwar der Weg frei zu § 180 b II Nr. 1 1. Alt. mit seiner im Vergleich zu § 181 I geringeren Mindeststrafe. Schwierigkeiten ergeben sich hier aber, wenn umgekehrt der gewerbsmäßig handelnde Anstifter zu einem nicht gewerbsmäßigen Anwerben anstiftet: Zu sinnvollen Ergebnissen führt hier § 28 II nur bei einem erfolgreichen Anwerben (Strafbarkeit des Anstifters nach § 181 I), nicht dagegen bei einem bloßen Anwerbungsversuch (Strafbarkeit des Anstifters zwar nach § 181 I, aber mit der Milderungsmöglichkeit des § 49 I), wo es deshalb – der Versuch des Anwerbens ist idR zugleich ein vollendetes Einwirken – bei der Anstiftung zum vollendeten Grunddelikt des § 180 b II Nr. 1 1. Alt. bleiben muß. **17**

V. **Konkurrenzen.** Tateinheit mit Taten außerhalb des 13. Abschnitts ist bei Nr. 1 z. B. möglich mit §§ 223 ff., 239 (vgl. § 240 RN 41), 255 (vgl. BGH NStE **Nr. 2**), ebenso bei Nr. 2 2. Alt. u. hier auch mit §§ 234, 235 ff., während § 240 zurücktritt. Zum Verhältnis zu anderen Sexualdelikten vgl. zunächst § 180 b RN 23; ebenso wie dort kann auch hier in allen Fällen des § 181 Idealkonkurrenz bestehen mit §§ 180, 180 a, 181 a, u. U. auch mit § 177 (vgl. BGH **42** 185, NStZ/Mie **96**, 125 Nr. 41, NStZ-RR/P **99**, 356 Nr. 47, MDR/H **83**, 984, BGHR § 181 Abs. 1 Konkurrenzen 2 u. 3, Tröndle/Fischer 9; vgl. aber auch M-Schroeder I 216), ferner mit der Teilnahme zu §§ 184 a, 184 b. Was das Verhältnis zu § 180 b betrifft, so gilt folgendes: Tateinheit ist möglich mit § 180 b II Nr. 2 (Jugendschutz; vgl. BGH **42** 183, Lackner/Kühl 14), während Nr. 3 eine echte Qualifikation zu § 180 b I 2 (BGH **42** 183) u. II Nr. 1 1. Alt. ist und deshalb den Vorrang hat (BGHR § 181 Abs. 1 Konkurrenzen 3, Wolters NStZ 97, 340; s. auch o. 2). Dasselbe ist aber auch für Nr. 1 gegenüber § 180 b I 1 und für Nr. 2 gegenüber § 180 b I 2 anzunehmen, weil § 181 hier zwar nicht begrifflich, wohl aber faktisch alle Eigenschaften eines lediglich qualifizierten Tatbestands aufweist (o. 2) und deshalb bei den Konkurrenzfragen auch wie ein solcher zu behandeln ist (vgl. auch Lackner/Kühl § 180 b RN 14 u. näher F. C. Schroeder JZ 95, 236; enger Laufhütte LK 17, weitergehend Horn SK 9). Innerhalb von Nr. 1 u. 2 besteht Tateinheit, wenn mehrere Personen das Opfer derselben Nötigung usw. sind; innerhalb von Nr. 1 besteht Tatmehrheit, wenn dasselbe Opfer durch mehrere selbständige Handlungen jeweils zur Fortsetzung der Prostitution bestimmt wird (vgl. o. 16). **18**

VI. Der gleichfalls durch das 26. StÄG (s. Vorbem.) eingefügte **Abs. 2** sieht für **minder schwere Fälle** eine herabgesetzte Strafdrohung vor, deren Mindestmaß gegenüber § 181 a. F. von 3 Monaten auf 6 Monate angehoben wurde, um sicherzustellen, daß die Mindeststrafdrohung für das Verbrechen **19**

§ 181a 1–3 Bes. Teil. Straftaten gegen die sexuelle Selbstbestimmung

des § 181 nicht niedriger ist als für das Vergehen nach § 180b II (vgl. BT-Drs. 12/2589 S. 9). Ein minder schwerer Fall kann insbes. beim Anwerben in Betracht kommen, wenn es beim bloßen Anwerben (Vollendung) geblieben ist (vgl. BT-Drs. VI/3521 S. 49, Laufhütte LK 16), ferner wenn das Opfer über einschlägige Erfahrungen verfügt oder sonst weiß, worauf es sich einläßt (Tröndle/Fischer 8) oder wenn es nur ganz vorübergehend zur Prostitution gebracht werden soll, bei Nr. 3 auch, wenn es sich um den ersten Akt der Gewerbsmäßigkeit handelt.

20 VII. Zur Möglichkeit von **Führungsaufsicht** vgl. § 181b; zur **Vermögensstrafe** und zum **Erweiterten Verfall** vgl. § 181c.

§ 181a Zuhälterei

(1) Mit Freiheitsstrafe von sechs Monaten bis zu fünf Jahren wird bestraft, wer
1. eine andere Person, die der Prostitution nachgeht, ausbeutet oder
2. seines Vermögensvorteils wegen eine andere Person bei der Ausübung der Prostitution überwacht, Ort, Zeit, Ausmaß oder andere Umstände der Prostitutionsausübung bestimmt oder Maßnahmen trifft, die sie davon abhalten sollen, die Prostitution aufzugeben,

und im Hinblick darauf Beziehungen zu ihr unterhält, die über den Einzelfall hinausgehen.

(2) Mit Freiheitsstrafe bis zu drei Jahren oder mit Geldstrafe wird bestraft, wer gewerbsmäßig die Prostitutionsausübung einer anderen Person durch Vermittlung sexuellen Verkehrs fördert und im Hinblick darauf Beziehungen zu ihr unterhält, die über den Einzelfall hinausgehen.

(3) Nach den Absätzen 1 und 2 wird auch bestraft, wer die in Absatz 1 Nr. 1 und 2 genannten Handlungen oder die in Absatz 2 bezeichnete Förderung gegenüber seinem Ehegatten vornimmt.

Schrifttum: Amelunxen, Der Zuhälter, 1967. – Androulakis, Zur Frage der Zuhälterei, ZStW 78, 432. – Bargon, Prostitution und Zuhälterei usw., 1982. – Dieckmann, Das Bild des Zuhälters in der Gegenwart, 1976. – Ling, Die ausbeuterische Prostitution, GA 97, 468. – F. C. Schroeder, Neue empirische Untersuchungen zur Zuhälterei, MSchrKrim. 78, 62. – Vgl. ferner die Angaben vor §§ 174 ff.

1 **I. Rechtsgut.** Der Tatbestand der Zuhälterei, für dessen Streichung sich u. a. der AE (Bes. Teil, Sexualdelikte 55 f.) ausgesprochen hatte, wurde durch das 4. StrRG inhaltlich weitgehend umgestaltet und mit einer neuen Schutzrichtung versehen (vgl. dazu die 20. A. u. näher Horstkotte JZ 74, 88, Ling GA 97, 469 ff., 474). § 181a soll nicht die parasitäre Lebensweise des Täters treffen, der aus der Prostitution anderer seinen Gewinn zieht, sondern die *aktive Zuhälterei,* die zumindest eine Gefahr für die Freiheit der Prostituierten darstellt, die zum Ausbeutungsobjekt gemacht oder sonst fremden Entscheidungen unterworfen wird (vgl. BT-Drs. VI/1552 S. 29, Bay NJW **74**, 1573, **77**, 1209 m. Anm. Geerds JR 78, 81, KG NJW **77**, 2226, MDR **77**, 862, Horstkotte JZ 74, 89, Müller-Emmert DRiZ 74, 93). Geschütztes Rechtsgut ist deshalb, ebenso wie in §§ 180a, b, 181 (vgl. § 180b RN 2, § 181 RN 1) die Freiheit der Prostituierten i. S. ihrer persönlichen und wirtschaftlichen Unabhängigkeit (BGH **42** 183, NStZ **96**, 188, StV **83**, 239, Bay NJW **74**, 1573, KG NJW **77**, 2226; vgl. auch Horn SK 1a, Lackner/Kühl 2 vor §, Laufhütte LK 1, Ling GA **97**, 474, Tröndle/Fischer 3). Freilich ist diese Schutzrichtung nur bei den beiden Tatbeständen der „ausbeuterischen" und „dirigierenden" Zuhälterei (BGH MDR/D **74**, 722, Dreher JR 74, 53) des Abs. 1 hinreichend erkennbar. Dagegen kommt sie bei der nur „fördernden" („kupplerischen") Zuhälterei des Abs. 2 nur höchst unzulänglich zum Ausdruck, da die gewerbsmäßige Vermittlung und das Unterhalten von Beziehungen im Hinblick darauf nicht schlechthin eine konkrete oder auch nur abstrakte Gefährdung der wirtschaftlichen und persönlichen Bewegungsfreiheit der Prostituierten darstellen (über die daraus folgende Notwendigkeit einer restriktiven Interpretation u. 17 ff.). Auch haben sich mit dem durch die veränderten Verhältnisse im Zuhälterwesen bedingten Verzicht auf die für § 181a a. F. charakteristische Beziehung zwischen Täter und Opfer (vgl. dazu 16. A., RN 2), die einen anderen Inhalt hatte als nach der Beziehungsklausel der n. F. (u. 12), Abgrenzungsschwierigkeiten zu § 180a mit seiner wesentlich niedrigeren Strafdrohung ergeben (u. 7 und dazu auch KG MDR **77**, 862). Aus den Materialien vgl. u. a. Prot. VI 1184, 1644, 1744, 1757, 1803, 2117.

2 **II. Abs. 1** erfaßt in zwei Tatbeständen die „**ausbeuterische**" (Nr. 1) und die „**dirigierende**" **Zuhälterei** (Nr. 2), die gegenüber der nur „fördernden" Zuhälterei des Abs. 2 die schwereren Formen darstellen. Voraussetzung ist außer den in Nr. 1, 2 beschriebenen Handlungen (u. 3 ff.) das Bestehen einer über den Einzelfall hinausgehenden Beziehung zwischen den Beteiligten, die an der Tathandlung orientiert sein muß (u. 12). Täter und Opfer können sowohl ein Mann als auch eine Frau sein.

3 1. Nach **Nr. 1** ist strafbar das **Ausbeuten** einer anderen Person, der der Prostitution nachgeht. Geschützt sind damit nur Personen, die im Zeitpunkt des Ausbeutens der Prostitution nachgehen (vgl. dazu § 180a RN 5 f.); daß sie dies früher getan haben und daraus noch über Erträge verfügen, genügt deshalb nicht (vgl. zu § 181a a. F. Hamm NJW **72**, 882). Der Begriff des „Ausbeutens" ist unter Berücksichtigung des Schutzzwecks der Vorschrift zu bestimmen (Horstkotte JZ 74, 89). Da Abs. 1

die persönliche und wirtschaftliche Bewegungsfreiheit der Prostituierten schützen soll, ergibt sich daraus folgendes:

a) Erforderlich ist – gleichsam als Erfolgsunwert – zunächst eine **spürbare Verschlechterung der** **4** **wirtschaftlichen Lage** der Prostituierten als Folge der Ausbeutung (BT-Drs. VI/1552 S. 29, BGH NStZ **83**, 220, **89**, 67, **96**, 188, **99**, 350, NStZ/Mie **94**, 226, NStE § 180 a **Nr. 3**, StV **83**, 239, **84**, 334, MDR/D **74**, 546, 723, MDR/H **77**, 282, Bay NJW **74**, 1573, **77**, 1209 m. Anm. Geerds JR 78, 81, Hamburg NJW **75**, 127, Köln StV **94**, 245, LG München GewArch **88**, 351, Blei II 158, Horstkotte JZ 74, 89, Lackner/Kühl 3, Tröndle/Fischer 5). Dazu ist nicht erforderlich, daß die Prostituierte selbst nicht mehr über die erforderlichen Mittel verfügt (vgl. BGH MDR/H **77**, 282) oder daß sie daran gehindert wird, sich, wenn auch nur vorübergehend, von der Prostitution zurückzuziehen. Vielmehr genügt schon eine fühlbare Beschneidung des Lebensstandards, den sie sonst haben würde (BGH MDR/H **77**, 282 [bejaht bei einem Anteil von 50%], NStZ **89**, 67, **99**, 350 [als naheliegend angesehen, aber wegen fehlender Feststellungen zu den näheren Umständen offen gelassen bei einem Anteil von 50%, weil damit möglicherweise auch die Unkosten der Prostituierten gedeckt werden sollten], BGH 1 StR 388/76 v. 18. 1. 1977 [bejaht, wenn bei Ablieferung des gesamten Erlöses ihr Anteil im Ermessen des Zuhälters liegt], Bay NJW **77**, 1209, ferner KG MDR **77**, 862 [verneint bei einem Anteil von 30%], Köln OLGSt. § 181 a S. 5 [bejaht bei einem Anteil von 40%]; vgl. aber auch Horn SK 3). Die Urteilsfeststellungen dürfen sich dabei grundsätzlich nicht auf die Mitteilung von Prozentanteilen beschränken, sondern müssen Feststellungen zur Höhe der Einnahmen und Abgaben des Opfers enthalten (BGH NStZ **89**, 67, NStZ/Mie **94**, 226, StV **84**, 334, Laufhütte LK 4); sind keine exakten Angaben möglich, genügt es, wenn dem Opfer insgesamt nur ein kleinerer Teil seiner Einnahmen verbleiben (vgl. BGH NStZ **99**, 350 [Abführung von mindestens 50% der Einnahmen an den Bordellbesitzer, weitere 25% an den Täter und Bezahlung der Tagesmiete aus dem verbleibenden Anteil]). Daß der Täter ganz oder überwiegend seinen Lebensunterhalt mit den Erträgnissen der Prostituierten bestreitet, ist – abweichend von § 181 a a. F. – weder erforderlich noch ausreichend (BT-Drs. VI/3521 S. 50, BGH MDR/D **74**, 722, Bay NJW **74**, 1574). Auch liegt bei gemeinsamer Wirtschaftsführung ein Ausbeuten nicht schon deshalb vor, weil der Täter mehr verbraucht als er einbringt (vgl. jedoch zur a. F. RG **71** 279, BGH **4** 316, **15** 8). Entscheidend ist vielmehr, daß der Zuhälter durch den Vermögenszuwachs seine wirtschaftliche Freiheit auf Kosten des Opfers erweitert (vgl. Ling GA 97, 479); auf die Art der vermögenswerten Ausbeute (Geld, Sachleistungen usw.) kommt es dabei nicht an (Lackner/Kühl 3). Ob der Abfluß von Mitteln an den Zuhälter zu einem entsprechenden wirtschaftlichen Mißverhältnis führt, ist im Wege einer Saldierung zu ermitteln, bei der auch Gegenleistungen des Zuhälters wie der Schutz vor unliebsamen Freiern oder das Verschaffen eines Kundenkreises zu berücksichtigen sind (vgl. Ling GA 97, 478).

b) Hinzukommen muß die **besondere Verwerflichkeit** der **Begehungsweise** und **Motivation** **5** des Täters (and. Ling GA 97, 482: Handeln in Kenntnis und Billigung der die Bewertung als Ausbeutung tragenden Umstände genügt). Kennzeichnend für das Ausbeuten ist in subjektiver Hinsicht die Eigensucht des Täters (vgl. BGH **15** 40, NStZ **96**, 188), die jedoch für sich allein nicht ausreicht, weil nicht der Erwerb des Zuhälters als solcher bekämpft werden soll. Das bloße Ausgehaltenwerden reicht deshalb selbst bei erheblichen Zuwendungen nicht aus (z. B. BGH StV **84**, 334). Weitere Voraussetzung ist vielmehr, wie schon aus dem Begriff „Ausbeuten" folgt, das planmäßige Ausnützen eines irgendwie gearteten Herrschafts- oder Abhängigkeitsverhältnisses (ebenso BGH NStZ **83**, 220, **96**, 188, StV **83**, 239, **84**, 334, Horn SK 4, Laufhütte LK 4; vgl. auch Geerds JR 78, 82, M-Schroeder I 212, ferner Bay NJW **74**, 1574, KG NJW **77**, 2226, wo sogar von einem „entpersönlichten und bedrückenden Unterordnungs- und Abhängigkeitsverhältnis" die Rede ist, was jedoch zu eng sein dürfte; and. Ling GA 97, 477: abstraktes Gefährdungsdelikt, kein bestehendes Abhängigkeitsverhältnis erforderlich). Gleichgültig ist, worauf diese Abhängigkeit von dem Täter beruht, z. B. auf Furcht (vgl. BGH StV **84**, 334), einer starken emotionalen Anhänglichkeit (BGH NJW **93**, 3209 m. Anm. Oetjen StV **94**, 481), ob dabei Leichtsinn oder Unerfahrenheit der Prostituierten mit im Spiele ist und ob diese sich dem Herrschaftsverhältnis freiwillig unterwirft (BGH NJW **86**, 596, **93**, 3210 m. Anm. o, NStZ **85**, 453, **96**, 188, NStZ/Mie **94**, 226, BGHR § 181 I Nr. 2, Dirigieren 1, Bay NJW **77**, 1209 m. Anm. Geerds JR 78, 81, Laufhütte LK 4, Ling GA 97, 476, Tröndle/Fischer 5); handelt es sich freilich nur um die spezielle Abhängigkeit von Vermietern im Zusammenhang mit der Wohnungsgewährung, so ist ein Ausbeuten unter Ausnutzung dieser Abhängigkeit nur nach § 180 a II Nr. 2 strafbar (vgl. auch u. 12 u. § 180 a RN 21). In Betracht kommen z. B. wirtschaftliche Gründe (z. B. Schulden bei dem Zuhälter), Furcht vor dem Zuhälter (vgl. Hamburg NJW **75**, 127), das Angewiesensein auf diesen als Beschützer oder „Schlepper", aber auch enge persönliche Bindungen, besonders wenn diese die Form eines Hörigkeitsverhältnisses annehmen. Nur wenn der Täter seine durch ein solches Verhältnis begründete stärkere Position bewußt als Mittel einsetzt, um aus der Prostitutionsausübung einen Vorteil zu ziehen, beutet er die Prostituierte auch aus. Es genügt daher nicht, wenn er sich im Rahmen eines Verhältnisses, das nicht durch seine zumindest partielle Vormachtstellung gekennzeichnet ist oder in dem gar die Prostituierte selbst die dominierende Rolle spielt, lediglich aushalten läßt (vgl. Bay NJW **74**, 1574, Horn SK 4); denn das Gesetz will lediglich den aktiven Zuhälter, nicht aber die parasitäre Lebensweise als solche treffen (vgl. o. 1). Kein Ausbeuten liegt auch vor, wenn der Täter sich auf die Annahme von Zuwendungen beschränkt, mit denen ihn die Prostituierte an sich binden will. Etwas anderes kann hier jedoch gelten, wenn er dieser zu verstehen gibt, daß er sie andernfalls verlassen werde (so bei Bestehen einer engen persönlichen Bindung an den Zuhälter). Umgekehrt kann ein Ausbeuten auch in Betracht kommen, wenn der Täter die Prostituierte durch Gewalt, Drohung usw. zur Aufrechterhaltung des zwischen beiden bestehenden persönlichen Verhältnisses zwingt, sofern dies im Hinblick auf seine Einkünfte aus der Prostitution geschieht, und zwar selbst dann, wenn diese ihm bisher freiwillig gewährt worden sind (and. wenn er die Beziehungen nur aus persönlicher Zuneigung aufrecht erhalten wollte, vgl. Hamburg NJW **75**, 124). Gleichgültig ist, ob sich der Täter die fraglichen Vermögensvorteile aushändigen läßt oder ob er sie sich ohne oder gegen den Willen der Prostituierten selbst verschafft, wenn diese dagegen nicht einzuschreiten wagt.

6   2. **Nr. 2** erfaßt in drei Tatbeständen die „**dirigierende**" **Zuhälterei,** die in der bestimmenden Einflußnahme auf die Prostitutionsausübung besteht, wobei der Täter seines Vermögensvorteils wegen handeln muß.

7   **Ungeklärt** und auch vom Gesetzgeber kaum gesehen ist die Frage des **Verhältnisses der Nr. 2 zu § 180 a I Nr. 1.** Beide Tatbestände sind über das gemeinsame Rechtsgut hinaus auch sonst nahezu deckungsgleich, wenn der Täter des § 181 a I Nr. 2 zugleich ein solcher nach § 180 a I Nr. 1 ist: Das Halten in persönlicher Abhängigkeit i. S. des § 180 a I Nr. 1 ist ohne eine entsprechende Überwachung der Prostitutionsausübung (§ 181 a I Nr. 2 1. Alt.) kaum denkbar, auch gehört dazu typischerweise das Bestimmen von Zeit, Ausmaß usw. der Prostitutionsausübung (§ 181 a I Nr. 2 2. Alt.); ferner unterhält auch der Täter des § 180 a I Nr. 1 zu der Prostituierten in der Regel Beziehungen, die über den Einzelfall hinausgehen, und ebenso handelt er immer seines Vorteils wegen (§ 181 a I Nr. 2). Sollte es Fälle geben, in denen dies ausnahmsweise anders ist (vgl. – allerdings im Verhältnis zu § 180 a I Nr. 2, wo diese Frage nicht auftreten kann – KG MDR **77**, 864), so sind sie atypisch. Da dem Gesetz nicht unterstellt werden kann, daß es Täter nach § 180 a I Nr. 1 automatisch stets der höheren Strafdrohung des § 181 a I Nr. 2 unterwerfen wollte – § 180 a I Nr. 1 wäre dann überflüssig –, muß es einen Unterschied im Unrechtsgehalt beider Tatbestände geben, der nur in der massiveren Verletzung des Selbstbestimmungsrechts der Prostituierten im Falle des § 181 a I Nr. 2 bestehen kann (vgl. auch die in KG MDR **77**, 863 allerdings abgelehnte Auffassung der StA beim KG, wonach § 181 a I Nr. 2 eine „schärfere Form der Abhängigkeit der Prostituierten" voraussetzt). Mangels eindeutiger rechtsgutsbezogener Differenzierungskriterien bei der Art und Weise des Überwachens und der näheren Festlegung der Prostitutionsausübung kann Ansatzpunkt dafür nur der unterschiedliche Druck sein, der hinter diesen Maßnahmen steht: Während bei § 180 a I Nr. 1 das Drohen von „Sanktionen" genügt, die denen bei normalen Arbeitsverhältnissen entsprechen (z. B. Lohnkürzung, Entlassung), muß es sich im Falle des § 181 a I Nr. 2 um qualifizierte „Ungehorsamsfolgen" in Form von Gewalt (z. B. Prügel), Drohungen (z. B. mit einer Strafanzeige), Vorenthalten von Drogen bei drogensüchtigen Opfern, Zerstörung familiärer und sonstiger Beziehungen, Versagen bisher gewährten Schutzes usw. handeln, die auf eine völlige Unterwerfung unter den Willen des Zuhälters hinauslaufen. Die Folge dieser notwendigen Abgrenzung zu § 180 a I Nr. 1 ist eine generelle Einschränkung des Tatbestands der Nr. 2, die auch bei den außerhalb eines Betriebes „arbeitenden" Zuhältern zu beachten ist (vgl. auch LG Münster StV **92**, 581, wo Nr. 2 z. T. als verfassungswidrig – Verstoß gegen Art. 12 – angesehen wird).

8   a) Die 1. Alt. besteht im **Überwachen der Prostitutionsausübung.** Nach dem Sinn der Vorschrift – Schutz der Prostituierten in ihrer persönlichen und wirtschaftlichen Unabhängigkeit – ist dies nur die in ihrer Wirkung auf eine gewisse Dauer berechnete *kontrollierende* Überwachung, die wegen der überlegenen Stellung des Täters geeignet ist, die Prostituierte bei Ausübung ihres Gewerbes in ihrer Entscheidungsfreiheit zu beeinträchtigen (BGH NJW **86**, 596 m. Anm. Nitze NStZ 86, 359), also z. B. nicht, wenn lediglich das Abführen des dem Unternehmer zustehenden Getränkeanteils kontrolliert wird (vgl. BGHR § 181 a I Nr. 2, Dirigieren 2). Das Geben von Anweisungen ist dafür nicht erforderlich (BGH NJW **86**, 596, NStZ **82**, 379), wohl aber setzt das Überwachen begrifflich neben dem Beobachten noch die Durchsetzung des fraglichen Verhaltens voraus (vgl. Nitze aaO 361), wobei bezüglich des letzteren die o. 7 genannten besonderen Anforderungen zu beachten sind. Unter diesen Voraussetzungen kann sich – u. U. auch noch aus der Haft (BGH NStZ **82**, 379) – das Überwachen insbesondere darauf erstrecken, ob die Prostituierte ihr vorgeschriebenes „Soll" erfüllt, wieviel sie einnimmt usw. (vgl. BGH NJW **86**, 596 [Bonsystem], NStZ **82**, 379 [Buchführung], **89**, 67 [Kontrolle der Einnahmen], Bay NJW **77**, 1209 m. Anm. Geerds JR 78, 81 [Pflicht zu Aufzeichnungen, verbunden mit Stichproben], ferner Laufhütte LK 5). Nicht gemeint ist mit der 1. Alt. dagegen das lediglich *schützende* Überwachen („Bewachen") der Prostitutionsausübung, so z. B., wenn sich der Täter im Hintergrund hält, um notfalls bei Streitigkeiten mit „Freiern" einzugreifen, die Prostituierte vor der Polizei zu warnen, Konkurrentinnen aus ihrem „Revier" fernzuhalten usw. (BT-Drs. VI/1552 S. 30, Bay NJW **77**, 1209, Horn SK 11, Lackner/Kühl 4, Laufhütte LK 5, Tröndle/Fischer 6; and. § 181 a a. F.).

9   b) Die 2. Alt. betrifft die **Bestimmung von Ort, Zeit, Ausmaß oder anderen Umständen der Prostitutionsausübung.** Hier handelt es sich darum, daß der Täter durch Anordnungen, denen sich die Prostituierte wegen der überlegenen Machtposition des Täters nicht ohne weiteres entziehen kann, bestimmenden Einfluß auf die näheren Umstände der Prostitutionsausübung nimmt (vgl. BGH NStZ **83**, 220). Ebenfalls unter der Voraussetzung, daß hinter diesen Anordnungen besonders qualifizierter Druck steht (o. 7; vgl. auch BGH NJW **93**, 3203) – eine freiverantwortliche Unterwerfung scheidet hier deshalb, solange sie dies bleibt, von vornherein aus (vgl. Horn SK 12; and. BGH NJW **87**, 3210 mwN, Lackner/Kühl 4, Laufhütte LK 6) – gehört dazu z. B. die Zuweisung einer bestimmten Straße, die Anweisung, vom sog. Straßenstrich in ein Dirnenwohnheim überzuwechseln, die Festsetzung der täglichen „Arbeitszeit", der Höhe des Entgelts, der Zeit, die jedem Kunden gewidmet werden darf (vgl. BGH NJW **86**, 596, KG NJW **77**, 2225, LG München GewArch **88**, 351), das Aufstellen eines Einsatzplans (z. B. auch eines Fahrdiensts, vgl. Laufhütte LK 6 unter Hinweis auf BGH v. 27. 4. 82 – 1 StR 62/82), die Organisation des Geschäftsablaufs in einem der Prostitution dienenden „Club" (BGH NStZ **89**, 67) usw. Auch das „Verkaufen" und „Vermieten" an einen anderen Zuhälter gehören hierher (Tröndle/Fischer 7). Nicht ausreichend sind dagegen bloße Unterstützungshandlungen, z. B. die Vermittlung sexueller Kontakte (BGH NStZ **83**, 220) oder, soweit darin kein versteckter Zwang liegt, der Versuch, das Opfer unter Hinweis auf den Verdienstausfall zu mehr „Arbeit" zu bewegen (BGH NJW **93**, 3210), bloße Ratschläge und Empfehlungen über die Art der Prostitutionsausübung (Bay NJW **77**, 1209 m. Anm. Geerds JR **78**, 81), ebensowenig das Anmieten einer Wohnung, damit die Dirne dort der Prostitution nachgehen kann (BGH MDR/D **74**, 722) oder die Überlassung eines Séparées an Prostituierte während der Öffnungszeit einer Bar (BGH NJW **93**, 544). Auch das Festsetzen einer Anteilsquote am Dirnenlohn gehört nicht hierher (KG NJW **77**, 2226, MDR **77**, 862; and. Laufhütte LK 6) – hier kommt Nr. 1 in Betracht –, erst recht nicht, wenn sich das Opfer dem Verlangen nach Geldzahlungen zwanglos widersetzen kann (BGH NJW **93**, 3210).

c) Nach der 3. Alt. ist Voraussetzung, daß der Täter **Maßnahmen** trifft, die die andere Person **10** davon **abhalten** sollen, die **Prostitution aufzugeben.** Erfaßt werden hier Vorkehrungen gleich welcher Art, die geeignet sind, das Opfer in seiner Entscheidungsfreiheit zu beeinträchtigen (vgl. Bay NJW **77**, 1209 m. Anm. Geerds JR **78**, 81) und die darauf gerichtet sind, ihm den Weg aus der Prostitution zu verbauen (z. B. Gewalt, Drohung, Unterbrechen von Kontakten zur Umwelt, Verstricken in Straftaten, Halten in finanzieller oder sonstiger Abhängigkeit; vgl. auch BGH NStZ **82**, 379: Buchführung zur Sicherung der Verrechnung von Schulden mit den Einnahmen). Bloßes Zureden, im Prostituiertenmilieu zu bleiben, genügt nicht, solange kein versteckter Druck ausgeübt wird, auch wenn es sich dabei „um eine gezielte Einwirkung von einiger Erheblichkeit" handelt (and. BT-Drs. VI/1552 S. 30; wie hier Lackner/Kühl 4, Laufhütte LK 7). Nicht erforderlich ist, daß der andere schon den Entschluß gefaßt hat, die Prostitution aufzugeben; ausreichend sind auch rein vorsorgliche Maßnahmen. Wird das Opfer gegen seinen Willen tatsächlich dazu bestimmt, die Prostitution fortzusetzen, und werden dabei die Mittel des § 181 I Nr. 1 eingesetzt (vgl. dort RN 3 ff.), so geht dieser dem § 181 a I Nr. 2 3. Alt. vor.

d) Für jede der Alternativen ist erforderlich, daß der Täter **seines Vermögensvorteils wegen** **11** gehandelt hat, d. h. durch die Aussicht auf diesen motiviert worden ist; um das einzige Motiv braucht es sich dabei jedoch nicht zu handeln (Laufhütte LK 9). Zum Begriff des Vermögensvorteils vgl. § 180 b RN 10 bzw. 263 RN 167. Der Vermögensvorteil braucht nicht tatsächlich erlangt zu sein. Stoffgleichheit ist ebenfalls nicht erforderlich (Hamm NJW **72**, 882).

3. Sowohl in den Fällen der Nr. 1 als auch der Nr. 2 ist weitere Voraussetzung, daß der Täter im **12** Hinblick auf die dort genannten Handlungen **Beziehungen zu der anderen Person unterhält,** die **über den Einzelfall hinausgehen.** Der Zusatz „die über den Einzelfall hinausgehen" ist insofern jedoch tautologisch, als der Begriff der „Beziehungen" schon die Intention auf eine gewisse Dauer enthält, irreführend dagegen insofern, als ein bloßer zweiter Fall als solcher noch keine „Beziehungen" schafft. Auch im übrigen dürfte die vom Gesetz benutzte „Beziehungs"-Formel die Funktion eines Regulativs mit nur unerheblichen Schwierigkeiten erfüllen, da ihr wegen ihrer Unbestimmtheit nur ein geringer Aussagewert zukommt. Daraus, daß die Beziehungen „im Hinblick" auf die in Nr. 1, 2 genannten Handlungen über den Einzelfall hinaus unterhalten werden müssen, folgt zwar, daß es sich um Beziehungen handeln muß, die nach Art und Dauer typischerweise die Gefahr von Abhängigkeiten erhöhen (vgl. auch BGH NStZ **83**, 220, StV **84**, 334, KG NJW **77**, 2226, Horstkotte JZ **74**, 89). Die Grenzen bleiben jedoch außerordentlich fließend, eine bestimmte kriminologische Typik nicht gefordert wird (vgl. Horstkotte aaO; für die Notwendigkeit einer restriktiven Interpretation daher mit Recht Blei II 158). Nicht notwendig ist, daß es sich um das spezifisch „zuhälterische" Verhältnis handelt, das die Rspr. zu § 181 a a. F. verlangt hatte, d. h. jene „eigenartigen persönlichen Beziehungen", die mit der Deckung des Lebensunterhalts oder dem Schutz der Prostituierten zusammenhängen (vgl. hier der 16. A., RN 2 mwN). Erfaßt werden deshalb z. B. auch rein geschäftlich-wirtschaftliche Beziehungen (KG NJW **77**, 2223, MDR **77**, 862), die der Täter u. U. nur über Mittelsmänner zu der ihm persönlich unbekannten Prostituierten unterhält (so z. B. der Chef eines modernen Zuhälterrings, vgl. BT-Drs. VI/3521 S. 50, Lackner/Kühl 2, Laufhütte LK 4, Tröndle/Fischer 10). Da das Unterhalten der Beziehung im Hinblick auf die Handlungen nach Nr. 1, 2 erfolgen muß, scheiden andererseits die Fälle aus, in denen z. B. die Ausbeutung lediglich im Hinblick auf das Vermögen und Einkommen der Prostituierten erfolgt, also nicht die Prostitutionsausübung selbst der entscheidende Bezugspunkt ist. Dies gilt z. B. für die Kosmetikerin, die Friseuse, den Grundstücksverkäufer usw., die für ihre der Prostituierten erbrachte Leistung deshalb besonders hohe Preise verlangen, weil ihnen deren gute Einkommensverhältnisse bekannt sind (BT-Drs. VI/3521 S. 50). Dasselbe ist grundsätzlich auch bei Vermietern anzunehmen (Tröndle/Fischer 10); aber auch soweit die Fortsetzung des Mietverhältnisses zum Zweck der Ausbeutung begrifflich zugleich als das

§ 181 a 13–18 Bes. Teil. Straftaten gegen die sexuelle Selbstbestimmung

Unterhalten einer Beziehung im Hinblick darauf verstanden werden kann, ist ausschließlich § 180 a II Nr. 2 2. Alt. anzuwenden, die sonst überflüssig wäre (vgl. auch o. 5 u. § 180 a RN 21). Bei einem Verlöbnis oder Liebesverhältnis (zur Ehe u. 22) ist zu unterscheiden: Stehen die persönlichen Beziehungen für den Täter im Vordergrund, so führen gelegentliche Handlungen nach Nr. 1, 2 nicht zur Strafbarkeit nach § 181 a, weil dann die Beziehungen nicht im Hinblick darauf unterhalten werden; kommt es ihm dagegen nicht primär auf das Liebesverhältnis als solches, sondern zumindest in gleichem Maß auch auf die Prostitutionsausübung und die damit gegebene Möglichkeit der Ausbeutung des Partners an, so werden damit zugleich Beziehungen i. S. des Abs. 1 unterhalten (zu § 181 a a. F. vgl. BGH **15** 37, **21** 272, GA **62**, 272, LG München GewArch **88**, 350, Jescheck MDR 61, 337).

13 **III. Abs. 2** pönalisiert die „**fördernde**" („kupplerische") **Zuhälterei**, die gegenüber Abs. 1 die leichtere Begehungsform darstellt. Strafbar ist danach die gewerbsmäßige Förderung der Prostitutionsausübung durch Vermittlung sexuellen Verkehrs, wenn im Hinblick darauf Beziehungen zu der anderen Person unterhalten werden, die über den Einzelfall hinausgehen.

14 **1. Förderung der Prostitutionsausübung** ist an sich schon das Schaffen günstigerer Bedingungen für diese, ohne daß der Täter wie in Abs. 1 Nr. 2 einen bestimmenden Einfluß darauf nimmt. Jedoch sind beim Tatbestand des Abs. 2 ähnliche Einschränkungen geboten wie bei § 180 a I Nr. 2 (dort RN 10), die, wenn nicht hier, so spätestens bei der „Beziehungs"-Klausel vorzunehmen sind (u. 18, KG MDR **77**, 863).

15 **2.** Das Fördern muß speziell dadurch geschehen, daß der Täter **sexuellen Verkehr vermittelt**. *Sexueller Verkehr* ist auch hier nicht nur der Beischlaf, sondern jede Form sexueller Betätigung mit einem andern. Diese kann im Einzelfall zwar auch in der Vornahme sexueller Handlungen „vor" dem anderen bestehen (Laufhütte LK 13; and. Horn SK 18), doch fallen sexuelle Darbietungen in einem Nachtlokal nicht unter die Vorschrift, da der Begriff des sexuellen Verkehrs jedenfalls einen bestimmten Partner voraussetzt (abgesehen davon, daß hier auch nicht von einer Prostitutionsausübung gesprochen werden kann; vgl. § 180 a RN 5). Das gewerbsmäßige Vermitteln von Adressen solcher Lokale fällt daher selbst dann nicht unter Abs. 2, wenn im Hinblick darauf zugleich Beziehungen zu der Besitzerin unterhalten werden, die selbst mit entsprechenden Darbietungen auftritt. Betreibt der Täter einen „Begleitservice", so sind nähere Feststellungen erforderlich, daß sich die Vermittlung – auch – auf sexuellen Verkehr bezieht (BGH NStZ **99**, 615). *Vermittlung* bedeutet die Herstellung des Kontakts zwischen der Prostituierten und ihrem Partner, auch über Mittelsmänner oder über Zeitungsanzeigen (BGH NStE **Nr. 2**) und gleichgültig, auf wessen Anregung die Vermittlung zurückgeht; vgl. im übrigen § 180 RN 8.

16 **3.** Auch nach Abs. 2 ist erforderlich, daß der Täter im Hinblick auf die Handlung (Förderung durch Vermittlung) **Beziehungen** zu der Prostituierten **unterhält, die über den Einzelfall hinausgehen**.

17 Vgl. dazu zunächst o. 12. Die „Beziehungs"-Klausel ist hier noch problematischer als in Abs. 1, weil sie nicht ausreicht, den Tatbestand von nicht strafwürdigen Fällen abzugrenzen. Nach BT-Drs. VI/3521 S. 50 soll es mit ihrer Hilfe möglich sein, einerseits die Inhaber von Call-Girl-Ringen, sog. Massagesalons und die „Schlepper" von Prostituierten zu erfassen, andererseits aber Hotelportiers und Taxifahrer auszuscheiden, die gelegentlich gegen ein Trinkgeld die Adresse einer Dirne vermitteln (vgl. Laufhütte LK 3, aber auch Tröndle/Fischer 9). Doch sind die Grenzen hier durchaus fließend. Der Hotelportier z. B., der auf Grund einer Absprache mit Prostituierten jedesmal, wenn er danach gefragt wird, die entsprechenden Adressen nennt, unterhält bereits Beziehungen, die über den Einzelfall hinausgehen, wobei es gleichgültig ist, ob seine Vermittlerdienste durch eine „Provision" von Seiten der Prostituierten oder durch ein Trinkgeld des Interessenten honoriert werden. Da hier auch die Gewerbsmäßigkeit nicht verneint werden könnte, wäre Strafbarkeit nach Abs. 2 anzunehmen, obwohl im Hinblick auf das geschützte Rechtsgut kein wesentlicher Unterschied zu den Fällen besteht, die nach der Gesetzesbegründung straflos bleiben sollen.

18 Erforderlich ist deshalb eine *restriktive Interpretation* des Abs. 2 (vgl. auch KG MDR **77**, 863). Auch Abs. 2 will nicht das schmarotzerhafte Teilhaben an der Prostitution oder die Prostitution als solche treffen, vielmehr soll auch hier, wie sich schon aus dem Zusammenhang mit Abs. 1 ergibt, die Prostituierte in ihrer persönlichen und wirtschaftlichen Bewegungsfreiheit geschützt werden (and. Tröndle/Fischer 3). Für dieses Rechtsgut ist aber die gewerbsmäßige Vermittlung sexuellen Verkehrs als solche noch nicht einmal abstrakt gefährlich; sie schafft, weil sie die Prostitutionsausübung erleichtert, für die Prostituierte lediglich den Anreiz, daß sie weiterhin ihrem Gewerbe nachgeht, was für § 181 a jedoch nicht genügen kann („mündige Bürger"; vgl. auch § 180 a RN 10). Deshalb sind auch Beziehungen zu der Dirne, die lediglich durch die gewerbsmäßige „Beihilfe" zur (straflosen) Prostitution gekennzeichnet sind, als solche für Abs. 2 nicht ausreichend. Erforderlich ist vielmehr, daß bei diesen Beziehungen besondere Umstände hinzukommen, die wenigstens typischerweise die Gefahr begründen, daß die Prostituierte in die in Abs. 1 umschriebene Beschränkung der persönlichen oder wirtschaftlichen Bewegungsfreiheit gerät (ebenso KG MDR **77**, 863, Hilger NStZ 85, 570; vgl. aber auch LG München GewArch **88**, 350, wo diese Grenze noch nicht überschritten sein dürfte). Wird eine bereits bestehende Abhängigkeit i. S. des Abs. 1 durch Handlungen nach Abs. 2 gefördert, z. B. das Ausbeuten durch einen Dritten, so liegt i. d. R.

schon eine – mit höherer Strafe bedrohte – Beihilfe zu Abs. 1 vor (vgl. Bottke JR 87, 33, aber auch Laufhütte LK 12).

Beziehungen dieser Art brauchen aber selbst im Fall des „Schleppers" nicht immer vorzuliegen, so wenn die Prostituierte nicht von ihm, sondern dieser von ihr abhängig ist. Wenn demgegenüber in BT-Drs. VI/3521 S. 50 die generelle Einbeziehung des „Schleppers" damit begründet wird, daß dieser in Wirklichkeit häufig Zuhälter i. S. des Abs. 1 sei, was durch ein zunächst nach Abs. 2 eingeleitetes Ermittlungsverfahren am ehesten aufgedeckt werden könne, so ist dies eine rein prozeßtaktische Überlegung, die kein legitimer Strafgrund sein kann. Ebensowenig kann der Inhaber eines Betriebs, der nicht die Voraussetzungen des § 180 a I ff. erfüllt (vgl. dort RN 9 ff.), schon deshalb nach Abs. 2 bestraft werden, weil er durch Zeitungsinserate die Prostitutionsausübung fördert (vgl. KG MDR 77, 863). Ausreichend wäre es für Abs. 2 dagegen z. B., wenn der Täter zunächst nur fördert in der Absicht, die Prostituierte an sich zu binden, um sie dann bei der nächsten sich bietenden Gelegenheit auszubeuten.

4. Erforderlich ist, daß der Täter **gewerbsmäßig** handelt; vgl. dazu 95 vor § 52. Dies kann sowohl dadurch geschehen, daß er von der Dirne eine „Provision" bekommt, als auch so, daß er sich von dem Interessenten für die Angabe der Adresse bezahlen läßt (ebenso Laufhütte LK 13; and. Horn SK 19).

IV. Nach Abs. 3 stets strafbar sind **zuhälterische Handlungen unter Ehegatten.** Hier genügt es, daß der Täter den anderen Gatten, der der Prostitution nachgeht, ausbeutet (Abs. 1 Nr. 1), seines Vorteils wegen einen bestimmenden Einfluß i. S. des Abs. 1 Nr. 2 auf die Prostitutionsausübung nimmt oder diese gewerbsmäßig i. S. des Abs. 2 fördert. Darauf, ob die sonst vorausgesetzten Beziehungen über den Einzelfall hinaus (o. 12, 16 ff.) vorliegen oder feststellbar sind, kommt es bei Ehegatten nicht an; insofern bleibt daher ein Teilbereich der im Gesetzgebungsverfahren besonders umstrittenen Ehegattenkuppelei (früher § 181 I Nr. 2) strafbar.

V. Der **subjektive Tatbestand** verlangt, soweit nicht einzelne Tatmerkmale schon ihrem Sinne nach zielgerichtet sind (z. B. Ausbeuten, Überwachen; vgl. auch Lackner/Kühl 8), zumindest bedingten Vorsatz, der sich z. B. im Fall des Abs. 1 Nr. 1 auch auf die spürbare Verschlechterung der wirtschaftlichen Lage der Prostituierten beziehen muß – was entsprechende Feststellungen zur Höhe ihrer Einnahmen und Abgaben im Urteil voraussetzt – und ferner darauf, daß sie ihre Zahlungen auf der Grundlage eines Abhängigkeitsverhältnisses leistet (BGH NStZ **83**, 220, StV **84**, 334). Bei Abs. 1 Nr. 2 muß auch der – sich aus den einzelnen Anordnungen ergebende – Wille zum Dirigieren festgestellt werden (BGHR § 181 a I Nr. 2, Dirigieren 1). Zur Vorteilsabsicht bei Abs. 1 Nr. 2 vgl. o. 11.

VI. Vollendet ist die Tat im Fall des **Abs. 3** schon mit dem Ausbeuten, d. h. dem Eintreten einer spürbaren Verschlechterung der wirtschaftlichen Lage der Prostituierten, bzw. mit dem Überwachen usw. bzw. dem Fördern durch Vermittlung sexuellen Verkehrs (wobei es zu diesem selbst nicht gekommen zu sein braucht). Dagegen muß in **Abs. 1, 2** hinzukommen, daß der Täter im Hinblick auf das Ausbeuten usw. über den Einzelfall hinausgehende, d. h. auf eine gewisse Dauer angelegte Beziehungen unterhält. Diese Beziehungen müssen deshalb im Zeitpunkt des Ausbeutens usw. schon bestanden haben, da sie andernfalls nicht „unterhalten" werden. Ist dies jedoch der Fall, so ist die Tat auch hier schon mit dem erstmaligen Ausbeuten vollendet, beendet jedoch erst mit dem Ende der Beziehung bzw. dem letzten Ausbeutungsakt (Dauerdelikt, vgl. BGH **39** 390 m. Anm. Geerds JR 95, 71, BGH MDR/H **83**, 620, Tröndle/Fischer 16).

Strafloser Versuch (and. § 181 a a. F.) liegt vor, wenn der Täter eine Prostituierte durch Gewalt zu bestimmen versucht, an ihn regelmäßig Beträge aus ihrem Erwerb abzuführen (zu § 181 a a. F. vgl. BGH **19** 350).

VII. Für Täterschaft und **Teilnahme** gelten die allgemeinen Regeln, wobei Täter nur sein kann, wer selbst (wenn auch über einen Mittelsmann) die nach Abs. 1, 2 erforderlichen Beziehungen zu dem Opfer unterhält. Strafbare Teilnahme des Opfers ist nicht möglich (notwendige Teilnahme des Geschützten). Für Teilnehmer, die im Fall des Abs. 1 Nr. 2 nicht ihres Vorteils wegen bzw. im Fall des Abs. 2 nicht gewerbsmäßig handeln, gilt § 28 I.

VIII. Konkurrenzen. Bei **Abs. 1** ist Idealkonkurrenz möglich mit § 180 und § 180 a – zw. hier allerdings bei Abs. 1 Nr. 1 im Verhältnis zu § 180 a II Nr. 2 2. Alt., wo § 181 a den Vorrang haben dürfte – sowie mit § 180 b I I, II und § 181 (vgl. z. B. BGHR § 180 a Abs. 1, Konkurrenzen 2, Laufhütte LK 19, Tröndle/Fischer 17 u. weitgehend auch Horn SK 8; aus der Rspr. vgl. zu Abs. 1 Nr. 2 und § 180 I Nr. 2 BGH NStZ **89**, 68, KG MDR **77**, 862, zu Abs. 1 Nr. 2 und § 180 a IV a. F. – jetzt § 180 b II Nr. 2 – BGH MDR/H **79**, 106, BGHR § 181 a I Nr. 1, Konkurrenzen 1, Köln MDR **79**, 73). Dabei liegt Tateinheit auch dann vor, wenn Handlungen nach Abs. 1 mit dem anderen Delikt erst in dessen Beendigungsphase zusammenfallen (vgl. z. B. § 180 b RN 21, § 181 RN 16 u. entsprechend zu §§ 181, 180 a BGH NStZ **95**, 588). Im übrigen kann Tateinheit bestehen mit der Teilnahme zu §§ 184 a, b, ferner mit §§ 223 ff., 240, 253, wenn die Tat nicht nur gelegentlich einer zuhälterischen Beziehung, sondern als notwendiger Teil der Verwirklichung des Abs. 1 begangen wird (vgl. BGH MDR/D **68**, 728, MDR/H **83**, 793). Zur Möglichkeit einer Idealkonkurrenz durch Klammerwirkung – Abs. 1, 2 enthalten Dauerdelikte (o. 23) – mit weiteren, untereinander selbständigen Delikten vgl. BGH **39**, 390 m. Anm. Geerds JR 95, 71, BGH MDR/H **83**, 620 u. 14 ff.

§§ 181 b, 181 c Bes. Teil. Straftaten gegen die sexuelle Selbstbestimmung

vor § 52. – Für **Abs. 2** gilt im wesentlichen dasselbe (zu Abs. 2 und § 180 a III a. F. – jetzt § 180 b I 1, II Nr. 1 – vgl. BGH MDR/H **85**, 284, BGHR § 181 a II, Konkurrenzen 1). Hinter dem spezielleren § 180 a I tritt Abs. 2 jedoch zurück. – **Innerhalb des § 181 a** gilt folgendes: Abs. 2 tritt hinter Abs. 1 zurück (BGH MDR/D **74**, 723, KG NJW **77**, 2225). Werden innerhalb einer zuhälterischen Beziehung zu *derselben* Person wiederholt Handlungen nach Abs. 1 begangen, so liegt nur eine Tat vor, die ein durch die Beziehung zusammengefaßtes Dauerdelikt darstellt (o. 23). Dies gilt auch dann, wenn dabei Handlungen sowohl nach Nr. 1 als auch nach Nr. 2 begangen werden (ebenso Laufhütte 20 vor § 174; and. im Anschluß an BGH **19** 109 zu § 181 a a. F. BGH MDR/H **83**, 984 – offengelassen dagegen von BGH NStZ **94**, 395 –, Horn SK 18, Tröndle/Fischer 16: Annahme von Idealkonkurrenz, wogegen jedoch spricht, daß beiden Tatbeständen derselbe Schutzzweck zugrunde liegt und daß auch die Begehungsformen kein qualitativ verschiedenes Unrecht enthalten; vgl. i. E. auch Lackner/Kühl 9: Vorrang der Nr. 1 vor Nr. 2). Tateinheit ist möglich, wenn Handlungen i. S. des § 181 a zugleich mehrere Prostituierte betreffen (z. B. Registrierung und Abrechnung der Tageseinnahmen; vgl. BGH NStZ **89**, 68, StV **87**, 243, ferner NStZ/Mie **92**, 228, **94**, 226). Ist dies nicht der Fall, so kann Zuhälterei gegenüber mehreren Personen auch durch § 180 a I nicht tateinheitlich verbunden werden (vgl. BGH NStZ **89**, 68). Vgl. im übrigen zur Begehung gegenüber mehreren Opfern auch § 180 a RN 25.

27   IX. Zur Möglichkeit von **Führungsaufsicht** vgl. § 181 b; zur **Vermögensstrafe** und dem **Erweiterten Verfall** vgl. § 181 c.

§ 181 b Führungsaufsicht

In den Fällen der §§ 174 bis 174 c, 176 bis 180, 180 b bis 181 a und 182 kann das Gericht Führungsaufsicht anordnen (§ 68 Abs. 1).

Die Vorschrift wurde durch das 26. StÄG v. 14. 7. 1992 (BGBl. I 1255), das 33. StÄG v. 1. 7. 1997 (BGBl. I 1607), das Gesetz zur Bekämpfung von Sexualdelikten und anderen gefährlichen Straftaten v. 26. 1. 1998 (BGBl. I 160) und das 6. StrRG v. 26. 1. 1998 (BGBl. I 164) geändert. Zur Führungsaufsicht vgl. näher §§ 68 ff. mit Anm. Die Vorschrift gilt auch bei Versuch (§ 22), Teilnahme (§§ 26, 27) und versuchter Beteiligung (§ 30).

§ 181 c Vermögensstrafe und Erweiterter Verfall

In den Fällen der §§ 181 und 181 a Abs. 1 Nr. 2 sind die §§ 43 a, 73 d anzuwenden, wenn der Täter als Mitglied einer Bande handelt, die sich zur fortgesetzten Begehung solcher Taten verbunden hat. § 73 d ist auch dann anzuwenden, wenn der Täter gewerbsmäßig handelt.

Vorbem. Eingefügt durch Art. 1 Nr. 13 OrgKG v. 15. 7. 1992, BGBl. I S. 1303.

1   Die Vorschrift dient dazu, die organisierte Kriminalität, als deren typische Erscheinungsformen der Gesetzgeber auch Taten nach §§ 181, 181 a I Nr. 2 ansah, dadurch wirksamer zu bekämpfen, daß ihr die finanzielle Basis entzogen wird (vgl. BT-Drs. 12/989 S. 22; mit Recht krit. zur Nichteinbeziehung auch des § 181 a I Nr. 1 Laufhütte LK 2). Zu diesem Zweck kann bei einer Verurteilung nach §§ 181, 181 a I Nr. 2 auf **Vermögensstrafe** nach § 43 a (bei Freiheitsstrafe von mehr als 2 Jahren) erkannt und **Erweiterter Verfall** nach § 73 d angeordnet werden, wenn der Täter die zusätzlichen Voraussetzungen des § 181 c erfüllt.

2   Bei der *Vermögensstrafe* (§ 43 a; vgl. näher dort) bestehen diese in der Begehung der Tat nach §§ 181, 181 a I Nr. 2 als **Mitglied einer Bande,** die sich zur fortgesetzten Begehung solcher Taten verbunden hat. Zum Handeln als Mitglied der Bande vgl. § 244 RN 24 f. Daß sich die Bande zur fortgesetzten Begehung solcher Taten verbunden haben muß, bedeutet nicht, daß die Anwendbarkeit des § 181 c bei einer Tat nach § 181 a I Nr. 2 deshalb praktisch ausscheidet, weil diese eine Dauerstraftat ist (so aber Laufhütte LK 3): Ein und dieselbe tatbestandliche Handlungseinheit ist das „fortgesetzte" Handeln des § 181 a I Nr. 2 immer nur im Hinblick auf ein und denselben „anderen"; ist das Ganze dagegen, wie für die organisierte Kriminalität doch wohl typisch, auf einen größeren, ständig wechselnden Personenkreis angelegt, so beginnt mit jedem Hinzukommen einer anderen oder weiteren Person zugleich eine neue Tat i. S. des § 181 a I Nr. 2, weshalb hier dann auch nicht zweifelhaft sein kann, daß sich die Bande zur fortgesetzten Begehung solcher Taten verbunden hat. Nicht erforderlich ist hier i. U. zu § 244 I Nr. 2 ein Handeln unter Mitwirkung eines anderen Bandenmitglieds (and. Laufhütte LK 3), vielmehr genügt auch die Tatbegehung durch einen einzelnen, sofern er nur „als Mitglied einer Bande", d. h. in Verfolgung von deren Zielen und Interessen gehandelt hat (vgl. auch Horn SK 2 u. hier entsprechend zu § 184 IV dort RN 62). Voraussetzung für die Anordnung des *Erweiterten Verfalls* (§ 73 d; vgl. näher dort) ist entweder die bandenmäßige Begehung von Taten nach §§ 181, 181 a I Nr. 2 (S. 1) oder **gewerbsmäßiges Handeln** (S. 2); zum Begriff der Gewerbsmäßigkeit vgl. 95 vor § 52. Wenn S. 1 u. 2 nur vom „Täter" sprechen, so kann dies nicht im technischen Sinn gemeint sein, sondern hat sprachliche Gründe; erfaßt ist deshalb auch der Teilnehmer (vgl. auch D-Tröndle).

§ 182 Sexueller Mißbrauch von Jugendlichen

(1) Eine Person über achtzehn Jahre, die eine Person unter sechzehn Jahren dadurch mißbraucht, daß sie
1. unter Ausnutzung einer Zwangslage oder gegen Entgelt sexuelle Handlungen an ihr vornimmt oder an sich von ihr vornehmen läßt oder
2. diese unter Ausnutzung einer Zwangslage dazu bestimmt, sexuelle Handlungen an einem Dritten vorzunehmen oder von einem Dritten an sich vornehmen zu lassen,

wird mit Freiheitsstrafe bis zu fünf Jahren oder mit Geldstrafe bestraft.

(2) Eine Person über einundzwanzig Jahre, die eine Person unter sechzehn Jahren dadurch mißbraucht, daß sie
1. sexuelle Handlungen an ihr vornimmt oder an sich von ihr vornehmen läßt oder
2. diese dazu bestimmt, sexuelle Handlungen an einem Dritten vorzunehmen oder von einem Dritten an sich vornehmen zu lassen,

und dabei die fehlende Fähigkeit des Opfers zur sexuellen Selbstbestimmung ausnutzt, wird mit Freiheitsstrafe bis zu drei Jahren oder mit Geldstrafe bestraft.

(3) In den Fällen des Absatzes 2 wird die Tat nur auf Antrag verfolgt, es sei denn, daß die Strafverfolgungsbehörde wegen des besonderen öffentlichen Interesses an der Strafverfolgung ein Einschreiten von Amts wegen für geboten hält.

(4) In den Fällen der Absätze 1 und 2 kann das Gericht von Strafe nach diesen Vorschriften absehen, wenn bei Berücksichtigung des Verhaltens der Person, gegen die sich die Tat richtet, das Unrecht der Tat gering ist.

Vorbem. Neufassung i. V. m. der Aufhebung des § 175 durch das 29. StÄG v. 21. 5. 1994, BGBl. I 1168.

Schrifttum: Bruns, Zur geplanten einheitlichen Jugendschutzvorschrift, ZRP 91, 166 u. 325. – *ders.,* Schutz der Moral unter dem Vorwand des Jugendschutzes, ZRP 93, 232. – *Deutsche Gesellschaft für Sexualforschung,* Stellungnahme zur beabsichtigten Einführung eines Straftatbestandes „Sexueller Mißbrauch von Jugendlichen", MSchrKrim 92, 225. – *Frommel,* Zur Aufhebung von § 175 und § 182 StGB und Einführung einer einheitlichen Jugendschutzvorschrift für sexuelle Handlungen, KJ 92, 80. – *Kappe,* Die Fabrikation des Abnormen. Der § 175 StGB als Endpunkt der Geschichte rechtswirksamer Vorurteile gegen Homosexuelle, KJ 91, 205. – *Kusch,* Gespaltenes Sexualstrafrecht im vereinten Deutschland. Vereinbarkeit mit Art. 3 GG, MDR 91, 99. – *ders./Mössle,* Verschärfter Jugendschutz. Zur Auslegung des neuen § 182 StGB, NJW 94, 1504. – *Müller,* Erfahrungen und Gedanken zum deutschen Strafrecht aus der Sicht der neuen Bundesländer, ZStW 103, 902. – *Schetsche,* Der „einvernehmliche Mißbrauch". Zur Problematik der Begründung des sexualstrafrechtlichen Schutzes von Kindern und Jugendlichen, MSchrKrim 94, 201. – *F. C. Schroeder,* Der sexuelle Mißbrauch von Jugendlichen nach § 149 DDR-StGB, DtZ 91, 240. – *ders.,* Das 29. Strafrechtsänderungsgesetz. §§ 175, 182 StGB, NJW 94, 1501. – *Sick,* Zweierlei Recht für zweierlei Geschlecht. Wertungswidersprüche im Geschlechterverhältnis am Beispiel des Sexualstrafrechts, ZStW 103, 71. – *Steinmeister,* Zur Aufhebung von § 175 und § 182 StGB und Einführung einer einheitlichen Jugendschutzvorschrift für sexuelle Handlungen, KJ 92, 197. – *ders.,* „Jugendschutz" gegen Jugendliche?, ZRP 92, 87. – *Tröndle,* Ideologie statt Jugendschutz?, ZRP 92, 297. – *Wasmuth,* Straf- und Strafverfahrensrecht nach dem Einigungsvertrag, NStZ 91, 160. – *Materialien:* BT-Drs. 12/850, 1899, 4232, 4584, 7035.

I. Die Vorschrift wurde durch das **29. StÄG** (vgl. die Vorbem.) von Grund auf geändert und zu einer für das gesamte Bundesgebiet einheitlichen Jugendschutzvorschrift umgestaltet, die Jugendliche unter 16 Jahren unabhängig vom Geschlecht des Opfers und Täters gegen sexuellen Mißbrauch schützt (BT-Drs. 12/4584 S. 6). Sie führt zum einen zu einer formalen Rechtsvereinheitlichung zwischen den alten und neuen Bundesländern, indem zugleich das in diesem Bereich bisher unterschiedliche Strafrecht (§§ 175, 182 a. F. StGB einerseits, § 149 StGB-DDR andererseits) aufgehoben und durch den nunmehr bundeseinheitlich geltenden § 182 ersetzt wurde (zur früheren Rechtslage vgl. die 24. A. 4 vor § 174, § 175 RN 12, § 182 RN 10; vgl. auch F. C. Schroeder DtZ 91, 240; zur Frage, ob durch § 182 n. F. die Kontinuität des in § 175 a. F. vertypten Unrechts gewahrt ist, vgl. BGH NStZ **95,** 179, NStZ/Mie **96,** 126 Nr. 46, aber auch Bay NStZ **95,** 501 m. Anm. F. C. Schroeder JR **96,** 40; geht über § 149 StGB-DDR ist § 182 kein milderes Gesetz iSd § 2 III [BGH NStZ-RR **98,** 8]). Zum anderen erfolgte auch eine inhaltliche Angleichung der bisherigen Bestimmungen, da die neue Vorschrift mit § 149 StGB-DDR insoweit übereinstimmt, als die Schutzaltersgrenze bei 16 Jahren liegt und § 182 gleichfalls geschlechtsneutral formuliert ist, d. h. männliche und weibliche Jugendliche, homo- und heterosexuelle Handlungen einander gleichgestellt sind (BT-Drs. 12/4584 S. 6; krit. dazu Tröndle 3a, ZRP 92, 298). Im Gesetzgebungsverfahren war neben Abs. 2 (u. 10) insbes. der gegenüber dem früheren § 175 eingeschränkte strafrechtliche Schutz vor homosexuellen Kontakten zwischen einem erwachsenen Mann und einem Jugendlichen besonders umstritten (vgl. z. B. Tröndle 3 a mwN); die Entscheidung des Gesetzgebers ist jedoch letztlich nur der Ausdruck einer veränderten gesellschaftlichen Realität sowie des Bemühens, homosexuelle Betätigung nicht mehr zu diskriminieren (vgl. BT-Drs. 12/4584 S. 6 ff., Tönnies ZRP 92, 412). Gleichwohl bleibt fraglich, ob die Annahme des Gesetzgebers, daß die Fähigkeit zur sexuellen Selbstbestimmung bei männlichen

Jugendlichen bereits mit 16 Jahren angenommen werden kann, zutreffend ist (mit Recht krit. dazu Lackner/Kühl 1, F. C. Schroeder NJW 94, 1502, Tröndle 3 a). Auch ergeben sich nach wie vor Widersprüche in der Konzeption des strafrechtlichen Jugendschutzes bei einem Vergleich mit § 180 II (vgl. dort RN 1 sowie u. 8). Als Standort für die neue Jugendschutzbestimmung wurde § 182 StGB gewählt, da § 175 rechtshistorisch belastet erschien (BT-Drs. 12/4584 S. 7, F. C. Schroeder NJW 94, 1504, Tönnies ZRP 92, 411). Zur Entstehungsgeschichte vgl. im übrigen Laufhütte LK vor RN 1 mwN.

2   **Rechtsgut** der damit zugleich im sachlichen Zusammenhang mit den §§ 174, 176, 180 zu sehenden Vorschrift ist jedenfalls auch (zur sexuellen Selbstbestimmung vgl. u.) *die ungestörte sexuelle Entwicklung* von Personen unter 16 Jahren (Bay NStZ **95**, 501 m. Anm. F. C. Schroeder JR 96, 40, Kusch/Mössle NJW 94, 1505, Horn SK 2, Lackner/Kühl 1, Schetsche MSchrKrim 94, 202, F. C. Schroeder NJW 94, 1502, Tröndle 4). Ihr liegt die Annahme zugrunde, daß zwar ab dem 16. Lebensjahr die geistige und seelische Reife von Jugendlichen idR soweit entwickelt ist, „daß sie im sexuellen Bereich eigenverantwortlich zu handeln in der Lage sind" (BT-Drs. 12/4584 S. 7; vgl. aber auch o. 1), während bei der Altersgruppe zwischen 14 und 16 Jahren „der noch nicht abgeschlossene Reifeprozeß und die noch fehlende sexuelle Autonomie dazu führen können, daß ein sexueller Mißbrauch durch Erwachsene mit nachteiligen Folgen für die sexuelle Entwicklung des jugendlichen Opfers möglich ist" (BT-Drs. aaO; vgl. auch BGH **42** 28, 53 f.). Von wesentlicher Bedeutung ist dabei der Umstand, daß die Gefahr solcher Fehlentwicklungen bei Beziehungen mit älteren Partnern, die entwicklungsbedingt an Wissen und Erfahrung Jugendlichen unter 16 Jahren überlegen sind, größer ist als bei altersgemäßen sexuellen Erlebnissen und Erfahrungen mit Gleichaltrigen (vgl. Kusch/Mössle aaO 1505; gegen die Notwendigkeit einer besonderen Jugendschutzvorschrift aber z. B. BT-Drs. 12/ 850 [Gruppe PDS/Linke Liste], 12/1899 [Gruppe Bündnis 90/Die Grünen], Deutsche Gesellschaft für Sexualforschung aaO, Sick ZStW 103, 91 u. i. E. auch Schetsche aaO 205). – Daneben wird als weiteres Schutzgut. z. T. auch *die sexuelle Selbstbestimmung* des Opfers genannt (BGH **42** 53, 400, Bay NStZ **95**, 501, Horn SK 2). Dabei scheidet Abs. 2 allerdings von vornherein aus, weil es nicht um das Recht zur sexuellen Selbstbestimmung gehen kann, wenn dem Jugendlichen, wie es dort verlangt wird, die Fähigkeit zur Ausübung dieses Rechts gerade noch fehlt (vgl. 1 vor § 174). Anders könnte dies nur in den Fällen des Abs. 1 – hier insbes. beim Ausnutzen einer Zwangslage – sein, weil Abs. 2 mit der Notwendigkeit, das Fehlen der Fähigkeit zur sexuellen Selbstbestimmung im Einzelfall festzustellen (u. 11), zugleich die Möglichkeit voraussetzt, daß auch ein noch nicht 16 Jahre alter Jugendlicher – Kinder unter 14 Jahren freilich generell ausgenommen – diese Fähigkeit durchaus haben kann. Dagegen, daß hier – alternativ zum Schutz einer ungestörten sexuellen Entwicklung – das Recht auf sexuelle Selbstbestimmung zum Schutzobjekt wird, spricht jedoch, daß der Jugendliche dann außer der dafür erforderlichen Einsichtsfähigkeit auch über das entsprechende Hemmungsvermögen verfügen müßte. Diese Fähigkeit einem noch nicht 16jährigen, der sich in einer Zwangslage befindet oder dem ein Entgelt in Aussicht gestellt wird, generell abzusprechen, dürfte ein Gesetz aber ja wohl gute Gründe haben (vgl. auch BT-Drs. 12/4584 S. 8: keine „selbstbestimmte Entscheidung des Opfers"). Dabei findet die im Vergleich zu Abs. 2 höhere Strafdrohung des Abs. 1 (krit. Laufhütte LK 7) eine Erklärung nicht nur in der Notwendigkeit einer Anpassung an § 180 II (vgl. BT-Drs. 12/ 7035 S. 9), sondern auch in dem höheren Unrechtsgehalt, weil der Täter in Abs. 1 zu dem Zustand fehlender Selbstbestimmungsfähigkeit vielfach selbst beigetragen hat – beim Gewähren eines Entgelts immer, beim Ausnutzen einer Zwangslage dann, wenn diese von ihm geschaffen wurde –, während er in Abs. 2 lediglich einen Zustand ausnutzt, den er bereits fertig vorfindet.

3   **II. Abs. 1** stellt unabhängig vom Geschlecht von Täter und Opfer den **sexuellen Mißbrauch** von **Personen unter 16 Jahren** durch eine **Person über 18 Jahre** unter **Ausnutzung einer Zwangslage** (Nr. 1, 2) oder gegen **Entgelt** (Nr. 1) unter Strafe. Auf der Opferseite sind damit nach dem eindeutigen Wortlaut – das Gesetz spricht von „Personen" und nicht von „Jugendlichen" unter 16 Jahren – ebenso wie z. B. in § 174 I Nr. 1 auch Kinder bis zu 14 Jahren mitumfaßt, weshalb die Frage des Verhältnisses zu § 176 lediglich eine solche der Konkurrenzen ist (vgl. z. B. auch BGH **42** 29, 53, Laufhütte LK 8, Tröndle 14). Daß auf der Täterseite auch die Heranwachsenden einbezogen sind, obwohl zwischen diesen und den potentiellen Opfern keine erhebliche Altersdifferenz besteht, wurde damit begründet, daß es sich bei den Voraussetzungen der Nr. 1, 2 nicht mehr um „jugendtypische" Beziehungen handle (BT-Drs. 12/4584 S. 8).

4   **1.** Der Tatbestand des **Abs. 1 Nr. 1** erfaßt den Mißbrauch von Personen unter 16 Jahren durch den **unmittelbaren körperlichen Kontakt des Täters mit dem Opfer** –Vornahme sexueller Handlungen an diesem bzw. An-sich-vornehmen-Lassen solcher Handlungen von diesem – unter Ausnutzung einer Zwangslage (u. 5) oder gegen Entgelt (u. 6). Zum Begriff der *sexuellen Handlung* vgl. § 184 c RN 4 ff., zum *Vornehmen „an"* dem Jugendlichen § 184 c RN 18, zum *„An-sich-vornehmen-Lassen"* § 184 c RN 19. Den Begriff der sexuellen Handlung hier mit Hilfe der Erheblichkeitsklausel auf den Vaginal-, Oral- und Analverkehr zu beschränken (so Kusch/Mössle NJW 94, 1506; vgl. auch Bruns ZRP 91, 167), besteht kein Anlaß (ebenso BGH **42** 53, Lackner/Kühl 3, Otto II 348): Ganz abgesehen davon, daß einer solchen Einschränkung der erklärte Wille des Gesetzgebers entgegen steht (vgl. BT-Drs. 12/4232 S. 5, 12/4584 S. 9), läßt sich dies weder mit dem Problem des prozessualen Opferschutzes begründen – für dessen Lösung ist das Prozeßrecht und nicht das materielle Strafrecht und seine Interpretation zuständig – noch damit, daß die Gefahr einer „rechtsgutsverletzenden

Traumatisierung" erst dann bestehe, wenn „der letzte Schritt getan" wurde; diese Schwelle kann vielmehr auch schon beim Petting eines älteren Mannes mit einem noch unerfahrenen Mädchen überschritten sein (vgl. auch Lackner/Kühl 3, Laufhütte LK 2, Otto II 348).

a) Voraussetzung der ersten Tatbestandsvariante ist das **Ausnutzen einer Zwangslage** des Opfers. 5 Zum Begriff der *Zwangslage* vgl. § 180b RN 6, wobei hier wegen des Alters jedoch geringere Anforderungen zu stellen sind als bei den Erwachsenen dort. Erforderlich sind bedrängende Umstände von Gewicht, denen in spezifischer Weise die Gefahr anhaftet, daß sich der Jugendliche sexuellen Übergriffen nicht ohne weiteres entziehen kann (BGH 42 400 f.). Beispiele sind Drogenabhängigkeit, Obdachlosigkeit, Angst vor der Gewalt des Täters, ferner jugendspezifische Zwangslagen wie die Notsituation von zu Hause fortgelaufener oder aus einem Heim entwichener Jugendlicher (vgl. BT-Drs. 12/4584 S. 8, BGH 42 401, Horn SK 4, Tröndle 5), aber auch das Nichtfinden eines Ausbildungsplatzes oder die Angst vor elterlichen Sanktionen beim zu späten Nachhausekommen, wenn man nicht von einem PKW-Fahrer mitgenommen wird. Nicht ausreichend sind dagegen Überraschungssituationen als solche oder die Neugier auf sexuelle Erfahrungen in der Pubertätsphase (vgl. BGH 42 401, Horn SK 4; und. Tröndle 5). Gleichgültig ist auch hier, ob die Zwangslage für das Opfer vermeidbar war (z. B. Spielsucht) oder vom Täter geschaffen wurde oder bereits vorhanden war (BT-Drs. aaO, Laufhütte LK 3, Tröndle 5). – Unter *Ausnutzung* der Zwangslage handelt der Täter entsprechend dem Ausnutzen in §§ 174a II, 177 I Nr. 3, 179 (dort der Krankheit oder Hilfebedürftigkeit bzw. der Schutzlosigkeit oder Widerstandsunfähigkeit), wenn sie sein Vorhaben ermöglicht oder jedenfalls begünstigt, er dies bewußt als einen Faktor einkalkuliert und die ihm damit gebotene besondere Gelegenheit dann wahrnimmt (enger Horn SK 4; vgl. im übrigen näher § 174a RN 10, 177 RN 10, § 179 RN 9). Dabei kann dies zunächst in der Weise geschehen, daß die Beseitigung des die Zwangslage begründenden gegenwärtigen Übels von sexuellen Gegenleistungen abhängig gemacht wird (z. B. die Vermittlung einer Lehrstelle), ebenso aber auch dadurch, daß diese bei Zwangslagen, die im Drohen eines künftigen Übels bestehen, zur Voraussetzung für dessen Nichtverwirklichung gemacht werden (z. B. der heimatlose, in eine Wohnung aufgenommene Jugendliche muß befürchten, diese wieder verlassen zu müssen, wenn er dem Wohnungsinhaber nicht zu Diensten steht). Im ersten Fall können zugleich die Voraussetzungen der 2. Alt. („gegen Entgelt") erfüllt sein; notwendig ist dies aber nicht (z. B. Abwendung eines dem Jugendlichen drohenden Ausschlusses aus der Schule oder aus einem Verein), weshalb die 1. Alt. auch nicht nur ein Unterfall der Nötigung ist (so aber BGH 42 402, Kusch/Mössle NJW 94, 1506). Beruhen die Sexualkontakte nicht auf der Zwangslage des Opfers, sondern auf einer echten Liebesbeziehung zwischen ihm und dem Täter, so fehlt es begrifflich bereits an der „Ausnutzung" der Zwangslage (Horn SK 4; and. Tröndle 5 [kein Mißbrauch]).

b) Die zweite Tatbestandsvariante der Vornahme sexueller Handlungen usw. **gegen Entgelt** ergänzt 6 § 180 II (entgeltliche Sexualkontakte mit Dritten; vgl. dazu aber § 180 RN 1), mit der den im Erleben von Sexualität als „käuflicher Ware" liegenden Gefahren für die sexuelle Entwicklung und dem zu befürchtenden „Abgleiten in eine häufig mit Begleitkriminalität verbundene ‚Szene' " – warum nicht ebenso wie in § 180 II auch dem Abgleiten in Prostitution? – begegnet werden soll (BT-Drs. 12/4584 S. 8). Zum jeden Vermögensvorteil (z. B. auch Eintrittskarten, Reisen) als Gegenleistung umfassenden Begriff des *Entgelts* vgl. § 11 I Nr. 9 u. dort RN 68 ff. Da es auf die Größe des Vermögensvorteils nicht ankommt, kann dafür auch eine warme Mahlzeit genügen (krit. dazu Kusch/Mössle NJW 94, 1506; vgl. aber auch u. 7), andererseits sind mit dem Begriff des Entgelts immaterielle Vorteile ausgeschlossen, obwohl sie – z. B. die Aufnahme in einen Verein – für Jugendliche motivierender sein können als materielle Werte (vgl. Lackner/Kühl 5, F. C. Schroeder NJW 94, 1502; and. noch BT-Drs. 12/4584 S. 3, 8: „Entgelt oder vergleichbarer Vorteil"). Neben der Zuwendung genügt auch schon die bloße Vereinbarung des Entgelts (vgl. BT-Drs. 12/7035 S. 9). Zu dem Austauschverhältnis beim Handeln gegen Entgelt vgl. entsprechend § 180 RN 24. An einem solchen fehlt es bei einem Geschenk im Rahmen einer Liebesbeziehung (Horn SK 5; and. Tröndle 5 [kein Mißbrauch]) oder bei einer von der sexuellen Handlung völlig abgekoppelten Vermögenszuwendung, die nur der Aufrechterhaltung des persönlichen Kontakts zu dem Jugendlichen dient, wobei es hier nicht darauf ankommt, ob dieser den Kontakt auch ohne die Zuwendung aufrechterhalten würde (BGH 42 402, Kusch/Mössle aaO, Lackner/Kühl 5, Tröndle 5).

c) Neben der Ausnutzung einer Zwangslage usw. kommt dem im Gesetz genannten **Mißbrauch** 7 des Jugendlichen keine nennenswerte eigenständige Bedeutung i. S. einer zusätzlichen Tatbestandseinschränkung mehr zu (vgl. Kusch/Mössle NJW 94, 1507, Lackner/Kühl 5; and. F. C. Schroeder NJW 94, 1503 f., Tröndle 5). Wer bei dem vom Gesetz angenommenen „Machtgefälle" zwischen Täter und Opfer einen Jugendlichen unter 16 Jahren unter Ausnutzung einer Zwangslage oder gegen Entgelt zu Sexualkontakten bringt, „mißbraucht" diesen in aller Regel auch. Handelt es sich um eine echte Liebesbeziehung, so fehlt es bereits am Merkmal des Ausnutzens einer Zwangslage (o. 5) bzw. des Entgelts (o. 6), weshalb es der Mißbrauchsklausel gar nicht erst bedarf (and. Tröndle 5). Auch daß die Initiative vom Opfer ausgeht und erst recht das bloße Wahrnehmen einer „Chance" schließen einen Mißbrauch nicht aus (and. zur 1. Alt. Tröndle 5; vgl. auch F.C. Schroeder NJW 94, 1504), kann dies doch gerade Ausdruck der den Jugendlichen bedrängenden Zwangslage oder bei der 2. Alt. („gegen Entgelt") der Anfang eines Weges zur Prostitution sein (vgl. auch Horn SK 4 u. zu Abs. 4 u. 18). Ebensowenig kann der Mißbrauch wegen der völligen Geringfügigkeit des Entgelts (vgl. o. 6: warme Mahlzeit) verneint werden, wenn dieses für die Bereitschaft des Jugendlichen tatsächlich

§ 182 8–11   Bes. Teil. Straftaten gegen die sexuelle Selbstbestimmung

ursächlich war. Dies bedeutet nicht, daß es nicht „exzeptionelle Fälle" (BT-Drs. 12/4232 S. 5) geben könnte, die sich nur über das Mißbrauchsmerkmal ausschalten lassen (vgl. auch Lackner/Kühl 2); welche sind, bleibt freilich im Dunkeln und ergibt sich auch nicht aus den Gesetzesmaterialien (der Hinweis in BT-Drs. aaO [Entwurf BRat] auf Fälle, „in denen die Vermögensvorteile völlig in den Hintergrund treten und die Tathandlung keinen sozial-ethischen Tadel verdient" ist unergiebig, abgesehen davon, daß bei einem völlig in den Hintergrund tretenden Vermögensvorteil schon kein Handeln „gegen Entgelt" vorliegt).

8 2. Der Tatbestand des **Abs. 1 Nr. 2** betrifft den Mißbrauch einer Person unter 16 Jahren dadurch, daß diese unter Ausnutzung einer Zwangslage **zu körperlichen Sexualkontakten mit einem Dritten bestimmt** wird. In Nr. 2 nicht genannt ist i. U. zu Nr. 1 die Alternative des Handelns gegen Entgelt, weil entsprechende Bestimmungsakte bereits nach § 180 II strafbar sind (vgl. BT-Drs. 12/7035 S. 9). Zu Widersprüchen führt dies allerdings insofern, als § 180 II, anders als § 182, auch sexuelle Handlungen „vor" einem Dritten einbezieht, dies mit dem Ergebnis, daß das Bestimmen eines Jugendlichen zwischen 14 und 16 Jahren zur Vornahme solcher Handlungen zwar strafbar ist, wenn sie gegen Entgelt erfolgen (nach § 180 II sogar bis zur Vollendung des 18 Lebensjahres!), nicht aber, wenn das Opfer dazu unter Ausnutzung einer Zwangslage bestimmt wird. Unerheblich ist das Alter des Dritten; obwohl dem Gesetz die Annahme zugrunde liegt, daß die Gefahr von Fehlentwicklungen besonders bei nicht mehr jugendtypischen Sexualkontakten mit wesentlich Älteren besteht (o. 2), kann Dritter daher auch ein gleichaltriger Jugendlicher sein.

9 Im einzelnen vgl. zum Begriff der *sexuellen Handlung* § 184 c RN 4 ff., zu ihrem *Vornehmen „an"* einem Dritten § 184 c RN 18, § 176 RN 7, zum *„An-sich-vornehmen-Lassen"* von einem Dritten § 184 c RN 19, § 176 RN 9. Für das *Bestimmen* genügt nicht, daß in dem Jugendlichen ein entsprechender Entschluß hervorgerufen worden ist, vielmehr muß es trotz der von § 176 II abweichenden Formulierung tatsächlich zu dem sexuellen Kontakt gekommen sein, wofür nicht nur spricht, daß der versuchte Mißbrauch straflos bleiben sollte (vgl. BT-Drs. 12/4232 S. 5), sondern auch, daß andernfalls Diskrepanzen zu § 180 II entstünden (vgl. dort RN 21); zum Bestimmen vgl. im übrigen § 176 RN 8, § 180 RN 21 u. zur *Ausnutzung einer Zwangslage,* unter der das Bestimmen erfolgen muß, o. 5. Ist eine solche gegeben, so sind auch in Nr. 2 kaum noch Fälle denkbar, in denen das Merkmal des *Mißbrauchs* eine eigenständige Bedeutung hätte (zu Nr. 1 vgl. o. 7).

10 III. Abs. 2 pönalisiert den **sexuellen Mißbrauch** von **Personen unter 16 Jahren** durch eine **Person über 21 Jahre** unter **Ausnutzung der fehlenden Fähigkeit des Opfers zur sexuellen Selbstbestimmung**, wobei die Bezugshandlung des Mißbrauchs in Nr. 1, 2 dem in Abs. 1 Nr. 1, 2 genannten körperlichen Kontakt des Täters mit dem Opfer bzw. dem Bestimmen des Opfers zu einem solchen mit einem Dritten entspricht (vgl. insoweit daher o. 4, 9). Im Gesetzgebungsverfahren war die Vorschrift außerordentlich umstritten (Einwand der Unbestimmtheit und Nichthandhabbarkeit, Hinweis auf nachteilige Folgen eines Strafverfahrens für das Opfer; vgl. BT-Drs. 12/7035 S. 9, 12/7044, ferner Kusch/Mössle NJW 94, 1507). Die Anhebung des Mindestalters des Täters auf 21 Jahre wurde im Hinblick auf das hier notwendige „Machtgefälle" zwischen Täter und Opfer für erforderlich gehalten, auch sollte damit sichergestellt werden, daß jugendtypische Beziehungen mit etwas älteren Partnern, wie sie vor allem bei Mädchen häufig seien, nicht erfaßt werden (BGH **42** 27, BT-Drs. 12/4584 S. 8).

11 1. Geschützt sind nur Personen unter 16 Jahren, denen z. Zt. der Tat die **Fähigkeit zur sexuellen Selbstbestimmung fehlt**. Zwar ging der Gesetzgeber davon aus, daß „für Jugendliche zwischen 14 und 16 Jahren ein noch nicht abgeschlossener Prozeß der Entwicklung sexueller Reife typisch ist" (BT-Drs. 12/4594 S. 8), andererseits aber zugleich davon, daß dies – wie von Abs. 2 vorausgesetzt – im Einzelfall auch anders sein kann. Dies bedeutet, daß das Fehlen der Selbstbestimmungsfähigkeit (und ebenso der entsprechende Vorsatz!) im konkreten Fall festgestellt werden muß (vgl. BGH **42** 29, Horn SK 13, Laufhütte LK 4, Tröndle 9), was die Vorschrift vor dem Hintergrund der vielfältigen sexualwissenschaftlichen Zweifelsfragen (vgl. hierzu Tröndle 3 a mwN) außerordentlich problematisch macht und in der Praxis in aller Regel den Gutachterprozeß führen muß, von den Problemen solcher Verfahren für das Opfer ganz zu schweigen (krit. deshalb z. B. Horn aaO, Kusch/Mössle aaO, Lackner/Kühl 6; zu den Bedenken im Gesetzgebungsverfahren vgl. BT-Drs. 12/7035 S. 9). Diese Schwierigkeiten wären zwar auch nicht mit dem ursprünglich vorgesehenen Begriff „Unreife" (BT-Drs. 12/4584 S. 3) vermieden worden, wohl aber wäre damit das in der Sache Gemeinte deutlicher zum Ausdruck gekommen als mit dem zum Gesetzesinhalt gewordenen „Fehlen der Fähigkeit zur sexuellen Selbstbestimmung", die auch Fälle umfaßt, die nicht in diesen Zusammenhang gehören (vgl. aber F. C. Schroeder NJW 94, 1502: „begrüßenswerte Übereinstimmung mit dem Schutzzweck des 13. Abschnitts"). Sexuelle Selbstbestimmungsfähigkeit bedeutet nichts anderes als die Fähigkeit, Bedeutung und Tragweite eines sexuellen Geschehens zu erfassen und demgemäß die entsprechende Verhaltensentscheidung zu treffen (intellektuelles und voluntares Element, entsprechend z. B. der Schuld- oder Einwilligungsfähigkeit; vgl. auch Horn SK 13). Das Fehlen dieser Fähigkeit aber kann z. B. auch auf einer Geisteskrankheit oder schweren Trunkenheit des Opfers beruhen, auf Gründen also, wie sie bereits in § 179 berücksichtigt sind und die hier deshalb offensichtlich keine Rolle mehr spielen können. Worum es in einem speziellen Tatbestand „sexueller Mißbrauch von Jugendlichen" (Überschrift des § 182) allein gehen kann, ist vielmehr das altersbedingte Fehlen der sexuellen Selbstbestimmungsfähigkeit und damit um die jugendliche Unreife, die – § 3 JGG entsprechend abgewandelt – darin besteht, daß der Jugendliche nach seiner körperlich-geistig-sittlichen Entwicklung noch nicht reif genug ist, die Bedeutung und Tragweite der konkreten sexuellen Handlung für seine Person einzusehen bzw. nach dieser Einsicht zu handeln (vgl. auch Bay NStZ **95**, 501, F. C. Schroeder aaO, Tröndle 9). Bei Kindern unter 14 Jahren ist dies, wovon auch § 176 ausgeht, generell anzunehmen (vgl. Bay aaO), während es bei nahe an der Schutzaltersgrenze von 16 Jahren liegenden Jugendlichen zur Verneinung der Fähigkeit zur sexuellen Selbstbestimmung der Feststellung besonderer Gründe bedarf (z. B. Retardierung des Reifeprozesses; vgl. Laufhütte LK 4).

2. Die Tathandlung setzt den Mißbrauch des Jugendlichen unter **Ausnutzung** der fehlenden Fähigkeit des Opfers zur sexuellen Selbstbestimmung voraus (inhaltlich gleichbedeutend die von Abs. 1 Nr. 1, 2 abweichende Formulierung „. . . und dabei . . . ausnutzt"). Zum Merkmal des Ausnutzens vgl. o. 5 (wobei zu Abs. 1 kein Unterschied deshalb besteht, weil es dort äußere Umstände sind, welche die Möglichkeit zum Widerstand vermindern, hier aber ein innerer Zustand, denn was ausgenutzt wird, ist auch in Abs. 1 der durch die Zwangslage bzw. die Aussicht auf Entgelt begründete innere Zustand; mißverständl. daher Laufhütte LK 4). Nach BT-Drs. 12/4584 S. 8 (RegE) liegt hier neben dem Altersunterschied zwischen Täter und Opfer „das Schwergewicht" des Tatbestands: Wesentlich für das Ausnutzen als das bewußte Sich-zunutze-Machen der Unreife des jugendlichen Opfers soll danach sein „ein unlauteres Verhalten des Täters, das dazu führt, daß das Opfer einen entgegenstehenden Willen nicht entwickeln oder verwirklichen kann". Abgesehen davon, daß der Hinweis auf die „Unlauterkeit" außerordentlich vage bleibt (krit. auch Lackner/Kühl 6), kann das Merkmal des Ausnutzens jedoch nicht der Ort für die Lösung von Problemen sein, die das Gesetz an anderer Stelle – im Einzelfall erforderlicher Nachweis der fehlenden Fähigkeit zur sexuellen Selbstbestimmung – selbst geschaffen hat. Zwar ist es ein Ausnutzen der fehlenden Fähigkeit zur sexuellen Selbstbestimmung zweifellos auch, wenn das Opfer den sexuellen Kontakt an sich nicht will, dieser Wille dann aber, weil infolge des jugendlichen Alters noch unterentwickelt und deshalb nur bedingt vorhanden, vom Täter durch ein „unlauteres" Verhalten „überspielt" wird (z. B. Beeinflussung durch alkoholische Getränke oder – vgl. Horn SK 15 – Ausnutzung eines Erziehungsverhältnisses). Doch ist der Begriff des Ausnutzens auf solche Fälle nicht beschränkt, vielmehr liegt ein solches auch dann vor, wenn der Jugendliche unabhängig von einer „unlauteren" Vorgehensweise des Täters allein aufgrund seiner altersbedingten Unreife einen entsprechenden Willen nicht entwickeln oder verwirklichen kann und der Täter dies bewußt als einen Faktor einkalkuliert, der seinem Vorhaben zugute kommt. Im Unterschied zum „Verführen" i. S. des § 182 a. F., für das die Überwindung eines inneren Widerstandes des Opfers verlangt wurde (vgl. 24. A., § 182 RN 4), genügt es für § 182 II n. F. deshalb schon, daß man sich den Umstand zunutze macht, einen Jugendlichen vor sich zu haben, „mit dem man so etwas noch ohne weiteres machen kann". Eines besonders qualifizierten Ausnutzens in Form einer „intensiven Beeinflussung" (Tröndle 10) bedarf es mithin auch in Abs. 2 nicht. Keine Voraussetzung für ein Ausnutzen ist die geschlechtliche Unerfahrenheit des Opfers (Tröndle 10), und ebensowenig wird ein solches dadurch ausgeschlossen, daß die Initiative von diesem ausgeht (jugendliche Prostitution; vgl. aber auch Horn SK 15). Ebensowenig besteht Anlaß, das Ausnutzen auf sexuelle Handlungen beim ersten oder zweiten persönlichen Kontakt zwischen Täter und Opfer zu beschränken (so aber Kusch/Mössle NJW 94, 1507), da dies bei einem nach wie vor zur sexuellen Selbstbestimmung unfähigen Opfer eine Wiederholung nicht ausschließt (vgl. auch Horn SK 15, Lackner/Kühl 6); nur beim Ent- oder Bestehen eines echten Liebesverhältnisses, bei dem es nicht mehr darum geht, sich die jugendliche Unreife des Opfers zunutze zu machen, entfällt auch das Ausnutzen. Im übrigen gilt, daß von einem solchen umso eher ausgegangen werden kann, je größer das zwischen Täter und Opfer bestehende „Machtgefälle" ist (vgl. auch Horn SK 15). – Mit einem Handeln unter Ausnutzung der fehlenden Fähigkeit zur sexuellen Selbstbestimmung des Opfers wird dieses in aller Regel auch *mißbraucht;* hier gilt deshalb dasselbe wie für Abs. 1 (o. 7, 9).

IV. Für den subjektiven Tatbestand ist in allen Fällen zumindest bedingter Vorsatz erforderlich. Dieser muß sich insbes. darauf beziehen, daß das Opfer unter 16 Jahre alt ist (vgl. entsprechend § 176 RN 10), im Fall des Abs. 1 Nr. 1 2. Alt. ferner auf die Ursächlichkeit des Entgelts für die Bereitschaft des Jugendlichen zu sexuellen Handlungen und in den Fällen des Abs. 1 Nr. 1 1. Alt., Nr. 2 und des Abs. 2 auf die Umstände, die seine Zwangslage bzw. – Beweisschwierigkeiten sind damit vorprogrammiert – fehlende Fähigkeit zur sexuellen Selbstbestimmung begründen.

V. Vollendet ist die Tat nach Abs. 1 und 2 mit dem Beginn der sexuellen Handlung (zu den Fällen des Bestimmens nach Abs. 1 Nr. 2, Abs. 2 Nr. 2 vgl. auch o. 9). Der Versuch ist straflos (vgl. dazu auch o. 9).

VI. Täter kann nur sein, wer bei Begehung der Tat das 18. (Abs. 1) bzw. das 21. Lebensjahr (Abs. 2) vollendet hat. Zum täterschaftlichen Bestimmen vgl. entsprechend § 176 RN 8. Für die **Teilnahme** gelten die allgemeinen Regeln, weshalb im Fall des Abs. 2 für den unter 21 Jahre alten Teilnehmer bei Anwendung des Erwachsenenstrafrechts § 28 I gilt (Horn SK 16). Stets straflos, weil durch die Vorschrift geschützt ist das jugendliche Opfer (Lackner/Kühl 8, Laufhütte LK 6, Otto II 348). Ob der Dritte in den Fällen des Abs. 1 Nr. 2, Abs. 2 Nr. 2 wegen Teilnahme am Bestimmen strafbar sein kann, ist eine Frage, die sich hier i. U. zu § 180 (vgl. dort RN 32) nicht stellt, da er, wenn er die Zwangslage bzw. die fehlende sexuelle Selbstbestimmungsfähigkeit des Opfers kennt, diese mit der Aufnahme des sexuellen Kontakts in aller Regel auch ausnutzt und damit selbst zum Täter nach Abs. 1 Nr. 1 bzw. Abs. 2 Nr. 1 wird; Entsprechendes gilt für das Handeln gegen Entgelt, gleichgültig,

§ 182 16–18 Bes. Teil. Straftaten gegen die sexuelle Selbstbestimmung

ob dieses von ihm oder dem, der das Opfer dazu bestimmt hat, gewährt bzw. in Aussicht gestellt wurde (vgl. aber auch Laufhütte LK 6).

16 **VII. Konkurrenzen.** Tateinheit mit § 176 ist jedenfalls bei Abs. 2 ausgeschlossen, da der Mißbrauch eines Kindes immer zugleich ein solcher i. S. des Abs. 2 ist, hier jedoch § 176 mit der Altersgrenze bei 14 Jahren und der bis dahin vom Gesetz generell verneinten Fähigkeit zur sexuellen Selbstbestimmung die speziellere Vorschrift enthält (BGH **42** 27, 53, NStZ-RR **97**, 66, i. E. auch Bay NStZ **95**, 501, m. Anm. F. C. Schroeder JR 96, 40); Vorrang des § 176 muß aber auch im Verhältnis zu Abs. 1 bestehen, da die dort genannten Fälle gleichfalls nur Ausdruck der noch fehlenden Fähigkeit zur sexuellen Selbstbestimmung sind (o. 2), diese also gegenüber § 176 keinen zusätzlichen Unrechtsgehalt aufweisen (ebenso BGH **42** 53, NStZ-RR **97**, 66, Horn SK 11, Lackner/Kühl 11; and. – Tateinheit – noch BGH **42** 29 f [aufgegeben in NStZ-RR **97**, 66], Laufhütte LK 8, F. C. Schroeder aaO, Tröndle 14). Tateinheit kommt dagegen z. B. in Betracht mit den §§ 173–174 b, 180 a, 180 b, ferner – hier freilich nur, soweit dies nach den Tatbestandsvoraussetzungen des § 182 möglich ist (Ausnutzen einer Zwangslage) – mit den §§ 177, 178, 240; über das Verhältnis zu § 180 vgl. dort RN 34 u. zu § 185 dort RN 4, 20. – Innerhalb des § 182 geht Abs. 1 wegen seines höheren, seiner Art nach aber von Abs. 2 nicht verschiedenen Unrechtsgehalts (o. 2 a. E.) diesem vor (vgl. auch Horn SK 11, Lackner/Kühl 11; and. Laufhütte LK 8). Idealkonkurrenz zwischen oder innerhalb von Abs. 1 u. 2 ist nur möglich, wenn mehrere Jugendliche das Opfer eines einheitlichen sexuellen Geschehens sind oder wenn auf der Gegenseite von mehreren Beteiligten der eine sowohl Akteur i. S. der jeweiligen Nr. 1 als auch Bestimmender i. S. der Nr. 2 ist (vgl. die entsprechenden Fallgestaltungen bei § 176 dort RN 20).

17 **VIII.** Während Abs. 1 ein Offizialdelikt enthält, ist nach **Abs. 3** für Taten nach **Abs. 2** ein **Strafantrag** erforderlich, ergänzt allerdings um die Möglichkeit eines Einschreitens von Amts wegen bei Bestehen eines besonderen öffentlichen Interesses. Begründet wird dieser Unterschied damit, daß in den Fällen des Abs. 1, der auf tatbezogene Merkmale abstellt, ein öffentliches Strafverfolgungsinteresse regelmäßig gegeben sei, während in den Fällen des Abs. 2 der Entwicklungsstand des jugendlichen Opfers zu berücksichtigen sei und wo deshalb auch die Eltern usw. die Möglichkeit haben sollen, dieses vor den mit der Durchführung eines Strafverfahrens verbundenen erheblichen Belastung zu bewahren (BT-Drs. 12/4584 S. 9; krit. dazu Horn SK 19, Laufhütte LK 7, F. C. Schroeder NJW 94, 1504, Tröndle 9, 12; vgl. auch Kusch/Mössle NJW 94, 1507, Steinmeister ZRP 92, 90). Zum – hier von den Eltern oder sonst Sorgeberechtigten zu stellenden – Strafantrag vgl. §§ 77 ff. m. Anm., zum Einschreiten von Amts wegen vgl. § 230 m. Anm., dem Abs. 3 nachgebildet ist. Ein besonderes öffentliches Interesse ist hier besonders bei einschlägigen Vorstrafen oder einem besonders rücksichtslosen oder verwerflichen Handeln des Täters anzunehmen, ferner wenn die Tat nachteilige Wirkungen von einigem Gewicht bei dem Opfer zur Folge hatte (BT-Drs. 12/4584 S. 9).

18 **IX. Strafe.** Zum Unterschied der Strafdrohungen in Abs. 1 u. 2 vgl. o. 2 a. E. Bei der Strafzumessung kann nach Aufhebung des § 175 nicht mehr strafschärfend berücksichtigt werden, daß der Jugendliche das Opfer einer homosexuellen Handlung geworden ist (vgl. entsprechend zu § 176 dort RN 21; and. F. C. Schroeder JR 96, 41). Zu Lasten des Täters kann dagegen z. B. in den Fällen des Abs. 1 ins Gewicht fallen, daß er die von ihm ausgenutzte Zwangslage selbst geschaffen hat. Entsprechend § 174 IV (vgl. dort RN 21) u. des früheren § 175 II Nr. 2 ermöglicht **Abs. 4 das Absehen von Strafe** (vgl. dazu 54 ff. vor § 38) nach Abs. 1, 2, wenn bei Berücksichtigung des Verhaltens des Opfers **das Unrecht der Tat gering** ist (vgl. BT-Drs. 12/7035 S. 10; and. noch BT-Drs. 12/4584 S. 9, weil eine solche Regelung eine Verteidigung des Täters zu Lasten des Opfers begünstigen könne). Während § 174 IV einen notwendigen Ausgleich zu der Weite des Anwendungsbereichs von § 174 I Nr. 1 darstellt, ist hier allerdings die Frage, wie es möglich sein soll, daß das Verhalten eines nach Abs. 2 sogar erklärtermaßen noch unreifen Jugendlichen das Tatunrecht – also nicht erst die Schuld – unter den zuvor bejahten „Mißbrauch" bis zu der Grenze mindern kann, bei der das ganze Bagatellcharakter annimmt (vgl. auch F. C. Schroeder NJW 94,1504, ferner Kusch/Mössle ebd. 1507). Daß die Initiative von dem Jugendlichen ausging (vgl. Horn SK 12, Tröndle 13), dürfte dafür kaum schon ein hinreichender Grund sein, kann doch gerade dies auch Ausdruck der noch alters- und entwicklungsbedingten Unreife sein, dies einschließlich der noch fehlenden Fähigkeiten, mit Zwangslagen fertig zu werden oder der Aussicht auf ein Entgelt zu widerstehen (Abs. 1). Dasselbe gilt für den Jugendlichen, der sich „schon auf dem Weg zur Berufsprostitution befindet" (Horn aaO), zumal dieser Weg bei einem 14–15jährigen noch kein endgültiger sein kann (Kusch/Mössle aaO; vgl. dagegen auch Lackner/Kühl 10). Dagegen besteht bei der gleichfalls hier genannten festen Liebesbeziehung (Tröndle 13) für Abs. 4 schon deshalb kein Bedarf, weil es hier bereits am Tatbestand fehlt (kein Ausnutzen bzw. Handeln gegen Entgelt, o. 5, 6, 12), und lediglich ein Fall des Zweifelssatzes, nicht aber ein solcher des Abs. 4 ist es auch, wenn die „Echtheit" dieser Beziehung „im Zweifel bleibt" (so jedoch Horn aaO). Wenn überhaupt, so nur bedingt für Abs. 4 verwertbar ist schließlich auch der Umstand, daß sich das Opfer in unmittelbarer Nähe der Schutzaltersgrenze befindet (so jedoch Horn aaO), weil dies gerade in dem Verhalten des Opfers, auf das Abs. 4 abstellt, seinen Niederschlag finden müßte. Nicht anwendbar ist Abs. 4 daher auch auf sonstige Unrechtsminderungen (z. B. nur geringfügige Überschreitung des nach § 184 c Nr. 1 maßgeblichen Erheblichkeitsgrades); erst recht genügt es nicht, daß nur die Schuld als solche gering ist.

§ 183 Exhibitionistische Handlungen

(1) Ein Mann, der eine andere Person durch eine exhibitionistische Handlung belästigt, wird mit Freiheitsstrafe bis zu einem Jahr oder mit Geldstrafe bestraft.

(2) Die Tat wird nur auf Antrag verfolgt, es sei denn, daß die Strafverfolgungsbehörde wegen des besonderen öffentlichen Interesses an der Strafverfolgung ein Einschreiten von Amts wegen für geboten hält.

(3) Das Gericht kann die Vollstreckung einer Freiheitsstrafe auch dann zur Bewährung aussetzen, wenn zu erwarten ist, daß der Täter erst nach einer längeren Heilbehandlung keine exhibitionistischen Handlungen mehr vornehmen wird.

(4) Absatz 3 gilt auch, wenn ein Mann oder eine Frau wegen einer exhibitionistischen Handlung
1. nach einer anderen Vorschrift, die im Höchstmaß Freiheitsstrafe bis zu einem Jahr oder Geldstrafe androht, oder
2. nach § 174 Abs. 2 Nr. 1 oder § 176 Abs. 3 Nr. 1
bestraft wird.

Schrifttum: Benz, Sexuell anstößiges Verhalten usw., 1982. – *Glatzel,* Exhibitionistische Handlungen in der psychiatrischen Begutachtung (Prognose), For. 6, 167. – *v. Hören,* Ungereimtheiten bei der strafrechtlichen Verfolgung des Exhibitionismus, ZRP 87, 19. – *J. Moses,* Die psychischen Mechanismen des jugendlichen Exhibitionismus, Z. f. SexWiss. Bd. 17, 106. – *Müller-Dietz,* Kriminalprävention zwischen (Resozialisierungs-)Chance und (Kriminalitäts-)Risiko – am Beispiel des § 183 Abs. 3 StGB, K. Meyer-GedS 735. – *Sander,* Zur Beurteilung exhibitionistischer Handlungen 1996 (zit. aaO). – *ders.,* Ist eine Strafbarkeit exhibitionistischer Handlungen gerechtfertigt?, ZRP 97, 447. – *Schall,* Die Strafaussetzung zur Bewährung gem. § 183 Abs. 3 StGB, JR 87, 397. – *Schorsch,* Sexualstraftäter, 1971. – *Sick,* Zweierlei Recht für zweierlei Geschlecht, ZStW 103, 43. – *Wille,* Exhibitionisten, MSchrKrim. 72, 218. – *Witter,* Zur prognostischen Beurteilung von Exhibitionisten, Würtenberger-FS 333. – Vgl. auch die Angaben vor Vorbem. zu §§ 174 ff.

I. Rechtsgut. Zweck der Vorschrift ist, wie sich aus dem Antragserfordernis ergibt, nicht der Schutz öffentlicher Interessen, sondern die Bewahrung des einzelnen vor ungewollter Konfrontation mit möglicherweise schockierenden sexuellen Handlungen anderer (BGH MDR/D 74, 546, Lackner/Kühl 1, M-Schroeder I 218, Sander aaO 16; vgl. aber auch Tröndle 2). Zur Umgestaltung der Vorschrift durch das 4. StrRG vgl. die 20. A. u. näher Horstkotte JZ 74, 89, Müller-Dietz aaO 744 ff.; aus den Materialien vgl. u. a. Prot. VI 1487, 1493, 1766, 1810. Kritisch zur Strafbarkeit des Exhibitionismus unter Berufung auf Art. 3 II GG und das Fehlen sozialschädlicher Auswirkungen Sick aaO 83 ff. sowie eingehend Sander aaO 121 ff., ZRP 97, 447, der die Herabstufung der Vorschrift zur Ordnungswidrigkeit vorschlägt. 1

II. Die Tathandlung besteht in der exhibitionistischen Handlung eines Mannes, durch die ein anderer belästigt wird. Der nur selten vorkommende Exhibitionismus einer Frau hat Bedeutung lediglich für Abs. 4. 2

1. Der Begriff der **exhibitionistischen Handlung,** mit dem im kriminologischen Schrifttum z. T. recht unterschiedliche Phänomene umschrieben werden (vgl. Glatzel For. 6, 167, Schorsch aaO 98 ff., Wille MSchrKrim 72, 218), bedeutet nach h. M. eine sexuelle Handlung i. S. des § 184 c, die darin besteht, daß der Täter einem anderen (regelmäßig einer Frau oder einem Kind) ohne dessen Einverständnis und vielfach überraschend seinen entblößten Geschlechtsteil vorzeigt, um sich entweder allein dadurch oder durch die Beobachtung der Reaktion des anderen sexuell zu erregen, seine sexuelle Erregung zu steigern oder (u. U. durch Masturbation) zu befriedigen (vgl. BT-Drs. VI/3521 S. 53, BGH EzSt **Nr. 1,** Bay NJW **99,** 73, Düsseldorf NJW **77,** 262, NStZ **98,** 413, LG Koblenz NStZ-RR **97,** 104, Horn SK 2, Lackner/Kühl 2, Laufhütte LK 2, M-Schroeder I 218, Tröndle 5; vgl. auch BGH NStZ **92,** 433); das Vorzeigen eines Kunstpenis genügt dafür nicht, kann aber unter § 183 a fallen (LG Koblenz NStZ-RR **97,** 104, Lackner/Kühl 2, Laufhütte LK 2, Tröndle 5). Nicht erfaßt ist mit dieser Definition die Fallgruppe, bei der es dem Täter nicht nur auf die Konfrontation des anderen mit seiner eigenen sexuellen Betätigung ankommt, sondern er sich durch das Entblößen einen engeren freiwilligen sexuellen Kontakt mit seinem Opfer erhofft (vgl. dazu Wille aaO 219). Da das geschützte Rechtsgut hier in gleicher Weise betroffen ist – hinsichtlich der Belästigung des andern dürfte der Täter i. d. R. jedenfalls mit bedingtem Vorsatz handeln –, sind auch diese Fälle miteinzubeziehen (vgl. auch Laufhütte LK 3; offengelassen von Bay NJW **99,** 73; and. BT-Drs. VI/3521 S. 53, Gössel I 333). Wegen des nicht eindeutig feststehenden Begriffs der exhibitionistischen Handlung ist die davon nach dem Wortlaut gezogene Grenze erst dort nicht mehr erreicht, wo es dem Täter nicht mehr auf die Wahrnehmung der Entblößung ankommt, letztere vielmehr nur die Vorbereitung einer dann folgenden Vergewaltigung usw. ist (vgl. auch Lackner/Kühl 2, Laufhütte LK 3, Tröndle 5; and. Bay NJW **99,** 73: Wahrnehmung der sexuellen Entblößung als „Endziel"). Keine exhibitionistische Handlung mangels der dafür erforderlichen sexuellen Tendenz ist das Entblößen zur Provokation, zur Demonstration der Nacktheit, beim Urinieren usw. Da es dem Täter gerade um das Herstellen einer optischen Beziehung zu dem Opfer gehen muß (Absicht), fehlt es an einer exhibitionistischen Handlung auch dann, wenn er z. B. bei einer Masturbation lediglich mit der Möglichkeit der Beobachtung 3

§ 183   4–10   Bes. Teil. Straftaten gegen die sexuelle Selbstbestimmung

durch andere rechnet (Düsseldorf NJW **77**, 282, NStZ **98**, 413, Karlsruhe NStE **Nr. 4**). Nicht erforderlich ist die öffentliche Begehung (and. § 183 a. F.); auch auf die Entfernung kommt es nicht an, sofern nur der Betroffene den exhibitionistischen Charakter der Handlung erkannt hat (Voraussetzung für eine Belästigung).

4   2. Durch die exhibitionistische Handlung muß eine andere Person – gleichgültig, ob es sich dabei um einen (männlichen oder weiblichen) Erwachsenen oder um ein Kind handelt – **belästigt** worden sein, wofür jede negative Gefühlsempfindung von einigem Gewicht ausreicht (vgl. Blei II 159, Horn SK 3, M-Schroeder I 218 f.; krit. v. Hören ZRP 87, 21), die umso näher liegt, je weniger der Täter die sonst charakteristische Distanz zum Opfer wahrt (vgl. BGH NStZ/Mie **93**, 227, Laufhütte LK 4). Hierher gehören z. B. das Hervorrufen eines Schocks, von Schrecken, Angst, Ekel, Abscheu, Entrüstung, Ärger, aber auch das Empfinden, in seinem Scham- und Anstandsgefühl nicht unerheblich verletzt zu sein (vgl. Laufhütte LK 4, Tröndle 6). Dagegen fehlt es an einer Belästigung, wenn die Reaktion des Betroffenen lediglich Mitleid mit dem Täter, Verwunderung oder gar Interesse oder Vergnügen ist; das gleiche gilt bei Nichtverständnis der sexuellen Bedeutung der Handlung, insbes. bei Kindern (vgl. BGH NJW **70**, 1855). Eine unwesentliche Abweichung ist es, wenn nicht derjenige, auf dessen Zusehen es dem Täter ankommt, sondern ein daneben stehender Dritter belästigt wird (Laufhütte LK 4). Nicht ausreichend ist dagegen eine Belästigung, die erst mittelbar durch ein Weitererzählen des fraglichen Vorgangs (z. B. bei der Mutter durch den Bericht des Kindes) hervorgerufen wird (Tröndle 6). Allein daraus, daß die exhibitionistische Handlung von anderen beobachtet wurde, kann noch nicht geschlossen werden, daß sie auch belästigt wurden (BGH NStE **Nr. 2**).

5   III. Der **subjektive Tatbestand** verlangt, soweit nicht eine besondere Tendenz erforderlich ist (o. 3), Vorsatz; bedingter Vorsatz genügt. Dieser muß sich auch darauf erstrecken, daß ein anderer die Handlung des Täters wahrnimmt und dadurch belästigt wird.

6   IV. Besonderer Prüfung bedarf bei Exhibitionisten die Frage der **Schuldfähigkeit**, da der Täter hier vielfach an einer schweren Kernneurose (Prot. VI 1088) leidet, die als schwere seelische Abartigkeit i. S. der §§ 20, 21 seine Steuerungsfähigkeit in Frage stellen kann (vgl. Zweibrücken StV **86**, 436). Zwar dürften Fälle des § 20 selten sein (zurückhaltend BGH 5 StR 610/62 v. 19. 2. 1963), häufig kommt aber eine erhebliche Verminderung des Hemmungsvermögens nach § 21 in Betracht (vgl. auch BGH **28** 357, Zweibrücken aaO, Haddenbrock DRiZ 74, 40, Laufhütte LK 8, Tröndle 9, Witter, Lange-FS 730), was allein durch den Umstand eines planmäßig und folgerichtig erscheinenden Verhaltens nicht ausgeräumt wird (Zweibrücken aaO).

7   V. **Täter** kann nur ein Mann sein. Da die Tat nur eigenhändig begehbar ist, scheidet mittelbare Täterschaft aus (krit. Herzberg GA 91, 169). § 28 I ist auf die (auch durch eine Frau mögliche) **Teilnahme** nicht anwendbar (ebenso Herzberg aaO 169 f.).

8   VI. Die Tat wird nach **Abs. 2** grundsätzlich nur auf **Antrag** verfolgt, der von dem Belästigten (Verletzter) zu stellen ist. Ein **Einschreiten von Amts wegen** ist jedoch möglich, wenn die Strafverfolgungsbehörde dies wegen des besonderen öffentlichen Interesses an der Strafverfolgung für geboten hält. Außer bei besonderen Folgen der Tat kommt dies vor allem bei einer Behandlungsbedürftigkeit wegen Rückfallgefahr in Betracht, der nach Abs. 3 (u. 10 ff.) Rechnung getragen werden kann (vgl. BT-Drs. VI/3521 S. 55, M-Schroeder I 219, Tröndle 8). Vgl. im übrigen die Anm. zu § 230, dem Abs. 2 nachgebildet ist; zur Beachtlichkeit eines Strafantrags wegen „Beleidigung auf sittlicher Grundlage" vgl. BGH MDR/D **74**, 546.

9   VII. Die **Strafdrohung** ist mit einem Höchstmaß von einem Jahr Freiheitsstrafe bewußt niedrig gehalten; eine Sicherungsverwahrung scheidet damit praktisch aus, wegen § 62 und in Ermangelung der Erwartung erheblicher rechtswidriger Taten (§ 63; vgl. BGH NJW **98**, 3429, NStZ **95**, 228 [zu § 176 V Nr. 1 a. F.]) i. d. R. auch eine Unterbringung nach § 63 (BGH NStE **Nr. 30** zu § 63, NStZ-RR **99**, 298, Horstkotte JZ 74, 90). Mindestens bei fehlender Behandlungsbedürftigkeit kommt regelmäßig nur Geldstrafe in Betracht, zumal seelische Folgeschäden auch bei Kindern selten sind (v. Hören ZRP 87, 20). Aber auch bei Wiederholung der Tat kann eine Geldstrafe angemessen sein, so wenn der Täter schon dadurch zu einer Therapie veranlaßt werden kann (vgl. Horstkotte aaO); kann dagegen eine im Wiederholungsfall immer indizierte Behandlung nur über eine Freiheitsstrafe erreicht werden (Abs. 3, § 63 StVollzG), so ist eine solche nicht erst bei besonders großer Rückfallgeschwindigkeit oder einer zusätzlichen Gefahr zulässig (so jedoch Horn SK 11), auch § 47 steht hier einer Freiheitsstrafe nicht entgegen (Einwirkung auf den Täter). Bei der Strafzumessung dürfen dem Täter nicht Fähigkeiten zur Vermeidung kritischer Situationen zugeschrieben werden, die er tatsächlich nicht hatte (BGH **28** 359).

10   Verhängt das Gericht eine Freiheitsstrafe, so **erleichtert Abs. 3 eine Strafaussetzung zur Bewährung**, da die Anforderungen an die Prognose hier gegenüber § 56 I geringer sind. Da erfahrungsgemäß eine Prognose, wie sie § 56 I voraussetzt, bei Exhibitionisten nur selten möglich ist, erlaubt Abs. 3 eine Aussetzung über § 56 hinaus auch dann, wenn (nur) zu erwarten ist, daß der Täter erst nach einer längeren – also auch zeitlich nicht von vornherein absehbaren, mehrere Jahre dauernden – Heilbehandlung keine exhibitionistischen Handlungen mehr vornehmen wird (vgl. BGH NJW **98**, 3429, StV **96**, 605 f.; zur zeitlichen Grenze der Behandlungsdauer vgl. BGH **34** 150 m. Anm. Rössner EzSt Nr. 2 u. Bspr. Schall JR 87, 397, Müller-Dietz aaO 749 ff.). Nicht nur die Erwartung, der Täter werde auch ohne Einwirkung des Strafvollzugs keine Straftaten mehr begehen, sondern auch die

Prognose, er könne von seinem Trieb geheilt werden, rechtfertigt danach eine Strafaussetzung im Rahmen des § 183, und zwar auch dann, wenn für die Dauer der Therapie noch mit weiteren exhibitionistischen Handlungen zu rechnen ist (BGH m. Anm. Rössner u. Bspr. Schall aaO, Düsseldorf NStZ **84**, 263, Stuttgart MDR **74**, 685, Horstkotte JZ **74**, 90, Laufhütte LK 9; vgl. auch Lackner/Kühl 8). Auch die Erfolglosigkeit früherer Strafverfahren ist deshalb noch kein Grund zur Versagung der Aussetzung (Stuttgart aaO). Ebenso kann eine bereits durchgeführte Heilbehandlung zwar ein Indiz dafür sein, daß mit ihrem Erfolg nicht mehr gerechnet werden kann; sie steht der Anwendung des Abs. 3 aber dann nicht entgegen, wenn in Zukunft ein Erfolg ihrer Fortsetzung zu erwarten ist, was insbes. bei einem Teilerfolg der bisherigen Behandlung – z.B. Reduzierung der früheren Rückfallgeschwindigkeit und -häufigkeit, Begehung nur noch leichterer Taten – naheliegt (vgl. BGH **34** 150 m. Anm. Rössner u. Bspr. Schall aaO, Müller-Dietz aaO 752 ff.). Im übrigen ist zu beachten, daß Abs. 3 nur eine Sonderregelung für die Zukunftsprognose nach § 56 I trifft (vgl. Müller-Dietz aaO 756 ff.) und daher nur von dessen Anforderung befreit, weshalb es bei der Aussetzung einer Freiheitsstrafe von mehr als einem Jahr bei den zusätzlichen Voraussetzungen des § 56 II bleibt (BGH **28** 357, **34** 150; and. Rössner EzSt Nr. 2). Da Abs. 3 nur auf spezialpräventive Gesichtspunkte abstellt, kann seine Nichtanwendung umgekehrt nicht mit generalpräventiven Erwägungen begründet werden; dies ist vielmehr nur unter den Voraussetzungen des § 56 III möglich (BGH **34** 150 m. Anm. Rössner u. Bspr. Schall aaO, BGH NStZ **91**, 485, StV **96**, 606; vgl. auch Lackner/Kühl 8), bei dem aber das konkrete Gewicht der Tat und zugunsten des Täters die Wertung des § 183 III, IV zu berücksichtigen sind (BGH StV **96**, 606).

Auch im übrigen bleibt es bei einer Aussetzung nach Abs. 3 bei den §§ 56 a ff. Die Weisung, sich **11** einer Heilbehandlung zu unterziehen, darf daher nur mit Einwilligung des Verurteilten erteilt werden (§ 56 c III); eine zwangsweise Anordnung gibt es nicht. Wird das Einverständnis nicht gegeben und macht der Täter auch keine entsprechende Zusage nach § 56 c IV, so ist auch Abs. 3 nicht anwendbar, da dann die hier geforderte Prognose nicht begründet werden kann (BGH **34** 150 m. Anm. Rössner EzSt Nr. 2 u. Bspr. Schall JR 87, 397). Verweigert der Täter lediglich eine bestimmte Behandlung, so steht dies einer positiven Prognose nur dann entgegen, wenn andere Behandlungsmethoden im konkreten Fall keinen Erfolg versprechen oder unzumutbar sind (vgl. BGH aaO [„Androcur"], Schall aaO, vgl. auch Müller-Dietz aaO 754 ff.). Noch weniger erübrigt die Ablehnung einer Alkoholentziehungskur im Zusammenhang mit § 64 die Feststellung, ob der Täter nicht zu einer psychiatrischen oder psychotherapeutischen Behandlung bereit wäre (vgl. BGH NStE **Nr. 3**). Ist der Täter mit der Behandlung einverstanden, so darf die Strafe auch dann zur Bewährung ausgesetzt werden, wenn ein Therapieplatz nicht gesichert ist (BGH NJW **98**, 3429). Kommt es innerhalb der Bewährungszeit zu weiteren exhibitionistischen Handlungen, so zeigt die neue Tat allein noch nicht, daß die der Aussetzung zugrundeliegende Erwartung nicht erfüllt ist (§ 56 f I Nr. 1), da ja für die Dauer der Therapie gerade noch mit weiteren Taten zu rechnen war. Daher kann auch die Aussetzung nicht schon deshalb widerrufen werden, sondern nur dann, wenn die Behandlung gar nicht erst begonnen, abgebrochen oder ohne Erfolg beendet wurde (Düsseldorf NStZ **84**, 263); wird sie nicht widerrufen, so ist auch die neue Strafe auszusetzen (Blei II 160, Laufhütte LK 10, Tröndle 11). Auch andere Taten während der Bewährungszeit führen nicht zum Widerruf, da sie die besondere Prognose nach Abs. 3 und die Zielsetzung der Aussetzung nicht berühren (Blei aaO).

VIII. Eine **Erstreckung** der erweiterten Aussetzungsmöglichkeit nach Abs. 3 enthält **Abs. 4** auf **12** Taten, die als **exhibitionistische Handlung eines Mannes oder einer Frau** unter einem **anderen rechtlichen Gesichtspunkt strafbar** sind. Grundgedanke der Vorschrift ist, eine kriminalpolitisch wünschenswerte Aussetzung (i. V. mit einer Behandlung) nicht an rechtlich verschiedenen Einordnungen des Exhibitionismus scheitern zu lassen (Tröndle 12). Die Regelung des Abs. 4 gilt daher sowohl dann, wenn die Voraussetzungen der anderen Tatbestände neben denen des § 183 gegeben sind, als auch dann, wenn der Täter nur aus einer anderen Strafbestimmung i. S. des Abs. 4 bestraft wird, eine Verurteilung aus § 183 also überhaupt nicht erfolgt (z. B. weil eine Frau Täterin ist, das Opfer sich nicht belästigt fühlte oder keinen Strafantrag gestellt hat; vgl. BT-Drs. VI/3521 S. 56, Lackner/Kühl 10, Tröndle 12); darüber hinaus ist eine analoge Anwendung auf Handlungen nach § 183 a möglich, die zwar nicht exhibitionistisch bewertet werden können, kriminologisch aber vergleichbar sind (LG Koblenz NStZ-RR **97**, 105 [Vorzeigen eines Kunstpenis]). Im einzelnen kommt die erweiterte Möglichkeit der Aussetzung nach Abs. 3 in Betracht:

1. nach **Nr. 1** bei Verurteilung wegen einer exhibitionistischen Handlung nach einer Vorschrift, **13** die im Höchstmaß Freiheitsstrafe bis zu einem Jahr oder Geldstrafe androht. Gedacht war hier vor allem an die Beleidigung (vgl. BT-Drs. 7/514 S. 10), die nur deshalb nicht ausdrücklich genannt wurde, weil dies als Stellungnahme des Gesetzgebers zu der Frage hätte verstanden werden können, ob auch die sog. Sexualbeleidigung unter § 185 fällt (dort RN 4). Denkbar ist auch eine Verurteilung nach § 241; zu § 183 a dort RN 7. Sind die Bedingungen des § 56 II erfüllt, so kommt eine Aussetzung nach dieser Vorschrift auch dann in Betracht, wenn die verhängte Gesamtfreiheitsstrafe mehr als ein Jahr beträgt (vgl. BGH **34** 150, Schall JR 87, 401).

2. nach **Nr. 2**, wenn die Bestrafung wegen einer exhibitionistischen Handlung ausschließlich oder **14** zugleich nach § 174 II Nr. 1 oder § 176 III Nr. 1 erfolgt (zu den Urteilsanforderungen bei bestehender Therapiemöglichkeit vgl. BGHR § 176 V, Strafaussetzung 2). Hier ist Abs. 3 auch anwendbar, wenn eine Freiheitsstrafe bis zu 2 Jahren gem. § 56 II ausgesetzt werden soll, sofern dessen zusätzliche

Voraussetzungen vorliegen (BGH **28** 357, Horn SK 16, Horstkotte JZ 74, 90, Lackner/Kühl 10, Laufhütte LK 13, Schall JR 87, 401; and. Tröndle 12).

15   **IX. Idealkonkurrenz** ist z. B. möglich mit §§ 174 II Nr. 1, 176 III Nr. 1 (BGH NStZ-RR **99**, 298, Lackner/Kühl 11; zu § 183 a. F. vgl. BGH NJW **53**, 710; and. Laufhütte LK 14, Tröndle 13: Vorrang der §§ 174, 176, wogegen jedoch spricht, daß diese als reine Jugendschutztatbestände keine Belästigung verlangen), ferner z. B. mit §§ 123, 240, 241 (Tröndle 13; and. Laufhütte LK 14: § 240 verdrängt § 183); über das Verhältnis zu § 185 vgl. dort RN 20. Belästigt der Täter durch eine exhibitionistische Handlung mehrere Personen, so kommt gleichartige Idealkonkurrenz in Betracht (ebenso Laufhütte LK 14; vgl. aber auch BGH **4** 303 zu § 183 a. F.). Zum Fortsetzungszusammenhang vgl. 30 ff. vor § 52. § 183 a ist im Verhältnis zu § 183 subsidiär (vgl. auch § 183 a RN 8).

§ 183 a Erregung öffentlichen Ärgernisses

Wer öffentlich sexuelle Handlungen vornimmt und dadurch absichtlich oder wissentlich ein Ärgernis erregt, wird mit Freiheitsstrafe bis zu einem Jahr oder mit Geldstrafe bestraft, wenn die Tat nicht in § 183 mit Strafe bedroht ist.

Schrifttum: Binter, Die Unzucht mit Kindern und ihre Abgrenzung zur Beleidigung und der Erregung öffentl. Ärgernisses, NJW 53, 1815. – *Graalmann-Scheerer,* Die Privilegierung des Freiers im Straf- und Ordnungswidrigkeitenrecht, GA 95, 349. – *Marx,* Zum Begriff der „Öffentlichkeit" in § 183 StGB, JZ 72, 112. – *Würtenberger,* Kriminologie und Auslegung des § 183 StGB, JZ 60, 342.

1   **I. Rechtsgut.** Die Vorschrift (zur n. F. vgl. Horstkotte JZ 74, 89) enthält kein eigentliches Sexualdelikt, sondern stellt eine gewisse Parallele zu § 184 I Nr. 6 insofern dar, als hier die ungewollte Konfrontation anderer mit dem sexuellen Verhalten des Täters pönalisiert wird. Wie sich aus dem Erfordernis individueller Ärgniserregung ergibt, ist geschütztes Rechtsgut jedenfalls nicht primär das Allgemeininteresse daran, daß sexuelle Handlungen nicht in die Öffentlichkeit gehören (so jedoch Bockelmann II/2 S. 160, Lackner/Kühl 1, Tröndle 2; zu § 183 a. F. vgl. BGH **11** 284, Hamburg NJW **72**, 117), sondern das Individualinteresse des einzelnen, solche Vorgänge nicht ungewollt wahrnehmen zu müssen (vgl. BT-Drs. VI/3521 S. 56, Graalmann-Scheerer GA 95, 354, Horn SK 1, Horstkotte JZ 74, 90, Laufhütte LK 1, Marx JZ 72, 113, F. C. Schroeder, Welzel-FS 872 u. M-Schroeder I 219). Zur Verfassungsmäßigkeit der Vorschrift vgl. Lagodny 158 ff.

2   **II. Der objektive Tatbestand** setzt zweierlei voraus: Die Vornahme einer sexuellen Handlung in der Öffentlichkeit, ferner daß ein anderer dies beobachtet und daran Anstoß nimmt.

3   **1. Zum Begriff der sexuellen Handlung** vgl. § 184 c RN 4 ff.; bloßer Nudismus genügt dafür nicht. Für die „Erheblichkeit" (§ 184 c Nr. 1) gilt hier derselbe Maßstab wie dafür, wann das „Ärgernis" (u. 5) ein berechtigtes ist. Ohne Bedeutung ist, ob der Täter allein oder mit anderen handelt, ob die sexuelle Handlung erlaubt (Geschlechtsverkehr zwischen Ehegatten, vgl. RG **23** 234) oder verboten ist, ob der Täter ein Mann oder eine Frau ist. Der bloße Anschein einer sexuellen Handlung genügt nicht (vgl. BGH JZ **51**, 339). Auch mündliche und schriftliche Äußerungen sexuellen Inhalts sind, wie sich aus § 176 III ergibt, selbst keine sexuellen Handlungen (Horn SK 2, Laufhütte LK 2, M-Schroeder I 169, 219, Tröndle 3; zu § 183 a. F. vgl. BGH **12** 42 mwN).

4   **2. Die sexuelle Handlung ist öffentlich** vorgenommen, wenn sie wahrgenommen wird oder wahrgenommen werden könnte entweder 1. von einer nach Zahl und Zusammensetzung unbestimmten Personenkreis, ohne daß die unbestimmte Vielheit von Personen tatsächlich zugegen sein müßte (es genügt, daß sie jederzeit zur Stelle sein könnte; vgl. RG **73** 90, BGH **11** 282, NJW **69**, 853; and. Bockelmann II/2 S. 161) oder 2. von einem zwar bestimmten, aber nicht durch persönliche Beziehungen miteinander verbundenen Personenkreis, wobei es genügt, wenn die Möglichkeit der Wahrnehmung jeweils nur für einzelne, aber individuell nicht feststehende Angehörige des fraglichen Kreises besteht (BGH **11** 282, Celle GA **71**, 251, Köln NJW **70**, 670 m. Anm. Schröder JR 70, 429, ferner Graalmann-Scheerer GA 95, 354 f., Lackner/Kühl 2, Tröndle 4; krit. Marx JZ 72, 113). Persönliche Beziehungen in diesem Sinn, die den Kreis zu einem „geschlossenen" machen, können etwa bestehen zwischen den Teilnehmern einer Party oder den Mitgliedern eines Clubs, nicht aber zwischen denen eines Massenvereins (and. Köln NJW **70**, 670 m. Anm. Schröder JR 70, 429 u. Blei JA 71, 25: FKK-Verein mit 800 Mitgliedern), den Besuchern eines Nachtlokals (Celle GA **71**, 251) und in der Regel auch nicht zwischen den Angehörigen eines größeren Betriebs (näher dazu BGH **11** 285 f.). Auf die Öffentlichkeit des Orts kommt es nicht an (RG **38** 208, **42** 113). Auch wenn Tatort eine Straße ist, fehlt es deshalb an der Öffentlichkeit der Tatbegehung, wenn der Täter Vorkehrungen getroffen hat, daß er nicht von jedem beliebigen Passanten beobachtet werden kann (BGH NJW **69**, 853; vgl. auch BGH JZ **51**, 339). Andererseits ist die Handlung auch öffentlich vorgenommen, wenn sie am Fenster eines Privathauses geschieht und von einer gegenüberliegenden Fabrik aus beobachtet werden kann (BGH **11** 282; vgl. auch RG HRR **40** Nr. 641: Treppenhaus eines Mietshauses). Nicht öffentlich ist die Begehung, wenn die Vorgänge nur mit besonderer Bemühung wahrgenommen werden können (vgl. BGH JZ **51**, 339).

5   **3. Der Täter muß dadurch ein Ärgernis erregt** haben. Dies setzt zunächst voraus, daß ein anderer den sexuellen Vorgang wahrgenommen hat; andernfalls könnte er kein Ärgernis daran nehmen. Diese Wahrnehmung muß den sexuellen Gehalt der Handlung erfassen, was unter Umständen bei Kindern

nicht der Fall ist (vgl. BGH NJW **70**, 1855, MDR/D **70**, 898, KG JR **65**, 29). Das Ärgernis muß durch den unmittelbaren persönlichen Eindruck, nicht nur durch Berichte Dritter erregt worden sein. Dabei bedeutet Ärgernis hier die Verletzung des Scham- und Anstandsgefühls eines normal empfindenden Menschen, der sich ungewollt mit fremden sexuellen Handlungen konfrontiert sieht. Nicht ausreichend ist daher das „Ärgernis" eines Überempfindlichen oder des Besuchers eines Nachtlokals, in dem sexuelle Handlungen vorgenommen zu werden pflegen (BT-Drs. VI/3521 S. 57, Horn SK 4, Laufhütte LK 5, M-Schroeder I 220, Tröndle 5, i. E. auch Gössel I 335). Wird die Tat vor Kindern begangen, so ist bei völligem Nichtverständnis ein Ärgerniserregen nicht möglich; auch sie müssen das Verhalten des Täters nach ihrem Vorstellungsvermögen als anstößig empfinden (vgl. BGH NJW **70**, 1855 m. Anm. Geilen).

III. Der **subjektive Tatbestand** erfordert hinsichtlich der Vornahme sexueller Handlungen zumindest bedingten *Vorsatz*, der auch die Öffentlichkeit der Begehung umfassen muß (vgl. dazu BGH NJW **69**, 853). Bezüglich der Erregung von Ärgernis ist *Absicht* oder *Wissentlichkeit* erforderlich (vgl. § 15 RN 66 ff.), was die Vorschrift nahezu bedeutungslos machen dürfte (s. auch Graalmann-Scheerer GA 95, 355). 6

IV. Täterschaftliche Begehung erfordert keine eigenhändige Vornahme der sexuellen Handlung; (mittelbarer) **Täter** ist deshalb z. B. auch, wer einen bezüglich der Öffentlichkeit des Geschehens gutgläubigen Dritten zur Vornahme sexueller Handlungen veranlaßt oder bei einem zunächst „privaten" sexuellen Geschehen ohne Wissen der Beteiligten „die Öffentlichkeit herstellt" (and. Gössel I 336, Horn SK 6; wie hier Laufhütte LK 8). 7

V. Konkurrenzen. *Subsidiarität* besteht nach der ausdrücklichen Regelung des § 183 a trotz gleicher Strafdrohungen gegenüber § 183. Trotz der Gesetzesfassung („mit Strafe bedroht ist") dürfte dies jedoch nicht gelten, wenn eine Bestrafung nach § 183 nur mangels eines Strafantrags ausgeschlossen ist (vgl. 138 vor § 52; and. D-Tröndle 1, Horn SK 8, Laufhütte LK 10); der kriminalpolitischen Zielsetzung des § 183 III wird hier schon durch § 183 IV Nr. 1 ausreichend Rechnung getragen. *Idealkonkurrenz* ist möglich mit anderen Sexualdelikten; über das Verhältnis zu § 185 vgl. dort RN 20. Nehmen mehrere Personen Ärgernis an einer Handlung, so liegt, da durch die Vorschrift primär Individualinteressen geschützt sind (o. 1), gleichartige Idealkonkurrenz vor (ebenso Laufhütte LK 10; and. BGH **4** 304 zu § 183 a. F.: eine Tat). Zum Fortsetzungszusammenhang vgl. 30 ff. vor § 52. 8

§ 184 Verbreitung pornographischer Schriften

(1) Wer pornographische Schriften (§ 11 Abs. 3)
1. einer Person unter achtzehn Jahren anbietet, überläßt oder zugänglich macht,
2. an einem Ort, der Personen unter achtzehn Jahren zugänglich ist oder von ihnen eingesehen werden kann, ausstellt, anschlägt, vorführt oder sonst zugänglich macht,
3. im Einzelhandel außerhalb von Geschäftsräumen, in Kiosken oder anderen Verkaufsstellen, die der Kunde nicht zu betreten pflegt, im Versandhandel oder in gewerblichen Leihbüchereien oder Lesezirkeln einem anderen anbietet oder überläßt,
3 a. im Wege gewerblicher Vermietung oder vergleichbarer gewerblicher Gewährung des Gebrauchs, ausgenommen in Ladengeschäften, die Personen unter achtzehn Jahren nicht zugänglich sind und von ihnen nicht eingesehen werden können, einem anderen anbietet oder überläßt,
4. im Wege des Versandhandels einzuführen unternimmt,
5. öffentlich an einem Ort, der Personen unter achtzehn Jahren zugänglich ist oder von ihnen eingesehen werden kann, oder durch Verbreiten von Schriften außerhalb des Geschäftsverkehrs mit dem einschlägigen Handel anbietet, ankündigt oder anpreist,
6. an einen anderen gelangen läßt, ohne von diesem hierzu aufgefordert zu sein,
7. in einer öffentlichen Filmvorführung gegen ein Entgelt zeigt, das ganz oder überwiegend für diese Vorführung verlangt wird,
8. herstellt, bezieht, liefert, vorrätig hält oder einzuführen unternimmt, um sie oder aus ihnen gewonnene Stücke im Sinne der Nummern 1 bis 7 zu verwenden oder einem anderen eine solche Verwendung zu ermöglichen, oder
9. auszuführen unternimmt, um sie oder aus ihnen gewonnene Stücke im Ausland unter Verstoß gegen die dort geltenden Strafvorschriften zu verbreiten oder öffentlich zugänglich zu machen oder eine solche Verwendung zu ermöglichen,
wird mit Freiheitsstrafe bis zu einem Jahr oder mit Geldstrafe bestraft.

(2) Ebenso wird bestraft, wer eine pornographische Darbietung durch Rundfunk verbreitet.

(3) Wer pornographische Schriften (§ 11 Abs. 3), die Gewalttätigkeiten, den sexuellen Mißbrauch von Kindern oder sexuelle Handlungen von Menschen mit Tieren zum Gegenstand haben,
1. verbreitet,
2. öffentlich ausstellt, anschlägt, vorführt oder sonst zugänglich macht oder

3. herstellt, bezieht, liefert, vorrätig hält, anbietet, ankündigt, anpreist, einzuführen oder auszuführen unternimmt, um sie oder aus ihnen gewonnene Stücke im Sinne der Nummern 1 oder 2 zu verwenden oder einem anderen eine solche Verwendung zu ermöglichen,

wird, wenn die pornographischen Schriften den sexuellen Mißbrauch von Kindern zum Gegenstand haben, mit Freiheitsstrafe von drei Monaten bis zu fünf Jahren, sonst mit Freiheitsstrafe bis zu drei Jahren oder mit Geldstrafe bestraft.

(4) Haben die pornographischen Schriften (§ 11 Abs. 3) in den Fällen des Absatzes 3 den sexuellen Mißbrauch von Kindern zum Gegenstand und geben sie ein tatsächliches oder wirklichkeitsnahes Geschehen wieder, so ist die Strafe Freiheitsstrafe von sechs Monaten bis zu zehn Jahren, wenn der Täter gewerbsmäßig oder als Mitglied einer Bande handelt, die sich zur fortgesetzten Begehung solcher Taten verbunden hat.

(5) Wer es unternimmt, sich oder einem Dritten den Besitz von pornographischen Schriften (§ 11 Abs. 3) zu verschaffen, die den sexuellen Mißbrauch von Kindern zum Gegenstand haben, wird, wenn die Schriften ein tatsächliches oder wirklichkeitsnahes Geschehen wiedergeben, mit Freiheitsstrafe bis zu einem Jahr oder mit Geldstrafe bestraft. Ebenso wird bestraft, wer die in Satz 1 bezeichneten Schriften besitzt.

(6) Absatz 1 Nr. 1 ist nicht anzuwenden, wenn der zur Sorge für die Person Berechtigte handelt. Absatz 1 Nr. 3 a gilt nicht, wenn die Handlung im Geschäftsverkehr mit gewerblichen Entleihern erfolgt. Absatz 5 gilt nicht für Handlungen, die ausschließlich der Erfüllung rechtmäßiger dienstlicher oder beruflicher Pflichten dienen.

(7) In den Fällen des Absatzes 4 ist § 73 d anzuwenden. Gegenstände, auf die sich eine Straftat nach Absatz 5 bezieht, werden eingezogen. § 74 a ist anzuwenden.

Vorbem. Abs. 1 Nr. 3 a und S. 2 des ursprünglichen Abs. 4 (jetzt Abs. 6) eingefügt durch Art. 3 des Ges. zur Neuregelung des Jugendschutzes in der Öffentlichkeit v. 25. 2. 1985, BGBl. I 425; Abs. 3 geändert und Abs. 4, 5, 6 S. 3, Abs. 7 eingefügt durch das 27. StÄG v. 23. 7. 1993, BGBl. I 1346; Abs. 1 Nr. 4, 8 und Abs. 3 Nr. 3 geändert durch Art. 1 VerbBekG v. 28. 10. 1994, BGBl. I 3186 (Streichung der Bezugnahme auf den „räumlichen Geltungsbereich dieses Gesetzes"); Abs. 4 und 5 S. 1 geändert durch Art. 4 IuKDG v. 22. 7. 1997, BGBl. I 1870; Abs. 3 und 4 geändert durch Art. 1 Nr. 32 des 6. StrRG v. 26. 1. 1998, BGBl. I 164.

Übersicht

I. Vom 4. StRG bis zum 6. StRG 1	IX. Subjektiver Tatbestand 66
II. Rechtsgut 3	X. Tatbestandsausschluß (Abs. 6) .... 66 a
III. Begriff der pornographischen Schrift 4	XI. Beschränkungen der strafrechtlichen Verantwortlichkeit von Tele- und Mediendiensteanbietern (§ 5 TDG, § 5 MDStV) .... 66 b
IV. Tatbestände der „einfachen" Pornographie (Abs. 1) 6	
V. Verbreitung durch Rundfunk (Abs. 2) 51	XII. Beteiligung 67
VI. „Harte" Pornographie (Abs. 3) 52	XIII. Konkurrenzen 68
VII. Gewerbs- u. bandenmäßiges Verbreiten usw. von Kinderpornographie (Abs. 4) 60	XIV. Verjährung 69
	XV. Einziehung 70
VIII. Besitz u. – verschaffen von Kinderpornographie (Abs. 5) 63	XVI. Ergänzende Vorschriften 71

Stichwortverzeichnis

Anbieten 7, 24, 25 a
 öffentliches – 30 ff.
 – als Vorbereitungshandlung b. harter Pornographie 59
 – durch Verbreiten v. Schriften 33 ff.
Ankündigen
 öffentliches – 30 ff.
 – durch Verbreiten v. Schriften außerhalb d. Geschäftsverkehrs usw. 33 ff.
 – harter Pornographie 59

Anpreisen
 öffentliches – an für Minderjährige zugängl. usw. Ort 30 ff.
 – durch Verbreiten von Schriften 33 ff.
 – harter Pornographie als Vorbereitungshandlung 59
Anschlagen
 – an für Minderjährige zugängl. usw. Ort 15
 öffentliches – harter Pornographie 58
Ausfuhr
 – einfacher Pornographie 49

- harter Pornographie 59
- durch Versandhandel 50
Unternehmen der – 49
Ausstellen
- an für Minderjährige zugängl. usw. Ort 11 ff., 15
- öffentliches – harter Pornographie 58

Beziehen
- einfacher Pornographie 44
- harter Pornographie 59

Computerdatei 9, 15, 22, 65

Einfuhr
- harter Pornographie 59
- im Wege d. Versandhandels 27 f.
- Unternehmen der – 28
- zur Verwendung nach Abs. 1 Nr. 1–7 48 f.

Einsehbarkeit
- des Ortes für Minderjährige 13 f.
- des Ladengeschäfts bei gewerbl. Vermietung usw. 25 b

Einzelhandel außerhalb v. Geschäftsräumen 19 f.
Einziehung 70
Ergänzende Jugendschutzregelungen 71
Erzieherprivileg 9 a ff., 15 a ff.

Fernsehen s. Rundfunk
Filmvorführung 37 ff.
öffentliche – 40
Entgeltklausel 38 a, 41 ff.

Gelangenlassen, unaufgefordertes 36
Gewähren des Gebrauchs 25 a
Gewalttätigkeiten s. pornographische Schriften

Harte Pornographie s. pornographische Schriften
Herstellung
- einfacher Pornographie 43
- harter Pornographie 59

Internet 9, 11, 15, 22, 32, 36, 43, 57, 66 b ff.

Kinderpornographie 2, 55, 60 ff.
bandenmäßiges Verbreiten von – 60 ff.
Besitz von – 2, 65
Besitzverschaffen von – 64
gewerbsmäßiges Verbreiten von – 60 ff.
Kioske 21
Konkurrenzen 68
Kunst u. Pornographie 5 a

Ladengeschäft 25 b
für Jugendliche nicht zugängliches bzw. nicht einsehbares s. Zugänglichkeit, Einsehbarkeit
Lesezirkel 23
Leihbüchereien 23
Liefern
- einfacher Pornographie 45
- harter Pornographie 59

Mediendienst 66 b ff.

Ort, für Jugendliche zugänglicher bzw. einsehbarer s. Zugänglichkeit, Einsehbarkeit

Pornographische Schriften
Begriff 4
Harte Pornographie 52 ff.: Gewalttätigkeiten 54, sexueller Mißbrauch v. Kindern 2, 55, 60 ff., sexuelle Handlungen m. Tieren 56
Kunst und – 5 a
Typische Anzeichen für – 5

Rechtsgut 3
Rundfunk, Fernsehen 9, 12, 15, 38, 39 ff., 51, 66 d

Sexuelle Handlungen m. Tieren s. pornographische Schriften
Sexueller Mißbrauch v. Kindern s. Kinderpornographie
Subjektiver Tatbestand 66

Täterschaft, Teilnahme 67
Teledienst 66 b ff.

Übergangsregelung bis 1975 71
Überlassen 8, 24, 25 a
Unternehmen
- der Einfuhr s. dort
- der Ausfuhr s. dort

Verbreiten
- harter Pornographie 57
- durch Rundfunk 51
- von Kinderpornographie 2, 60 ff.
- von Schriften zum Zweck des Anbietens, Ankündigens, Anpreisens s. jeweils dort

Verjährung 69
Verkaufsstellen, die der Kunde nicht zu betreten pflegt 21
Vermieten pornographischer Schriften, gewerbliches 25 a
Eingeschränktes Vermietverbot 25 ff.
Geschäftsverkehr mit gewerbl. Entleihern 25
- in für Minderjährige nicht zugängl. usw. Ladengeschäften 25 b
Versandhandel 22, 27
Videotheken 25 ff.
Vorbereitungshandlungen
- zu Taten nach Abs. 1 Nr. 1–7 42 ff., 48
- zu Taten nach Abs. 3 Nr. 1,2 59
s. a. Anbieten, Beziehen, Herstellen, Liefern, Vorrätighalten, Einfuhr
Vorführen
- an für Minderjährige zugängl. usw. Ort 15
Filmvorführung s. dort
öffentliches – harter Pornographie 58
Vorrätighalten
- einfacher Pornographie 46
- harter Pornographie 59

Werbung s. Anbieten, Ankündigen, Anpreisen

Zugänglichkeit
- des Orts für Minderjährige 11 ff.
- des Ladengeschäfts bei gewerbl. Vermietung usw. 25 b
Zugänglichmachen 9
- an für Minderjährige zugängl. usw. Ort 15
öffentliches – harter Pornographie 58

Schrifttum (zum *Internet* vgl. die besonderen Angaben unten): *Baumann*, „Glücklichere Menschen" durch Strafrecht?, JR 74, 370. – *Becker*, Pornographische und gewaltdarstellende Schriften nach dem Vierten Strafrechts-Reformgesetz, MDR 74, 177. – *Beisel*, Die Verfassungsmäßigkeit des Verbots von Schriften sodomitischen Inhalts, ZUM 96, 859. – *Beisel/Heinrich,* Die Strafbarkeit der Ausstrahlung pornographischer Sendungen in codierter Form durch das Fernsehen, JR 96, 95. – *dies.,* die Strafbarkeit der Ausstrahlung jugendgefährdender Fernsehsendungen, NJW 96, 491. – *Boxdorfer,* Pornographic – sozialethische Unerträglichkeit oder strafwürdige Sozialschädlichkeit?, MDR 71, 445. – *Cramer,* Zur strafrechtlichen Beurteilung der Werbung für Pornofilme AfP 89, 611. – *Dreher,* Die Neuregelung des Sexualstrafrechts eine geglückte Reform?, JR 74, 45. – *Eckstein,* Pornographie und Versandhandel, wistra 97, 47. – *K. A. Fischer,* Die strafrechtliche Beurteilung von Werken der Kunst, 1995. – *Franke,* Strukturmerkmale der Schriftenverbreitungstatbestände des StGB, GA 84, 452. – *Gehrke,* Frauen und Pornographie, 1988. – *Giese,* Das obszöne Buch, 1965. – *Greger,* Die Video-Novelle 1985 und ihre Auswirkungen auf das StGB und GjS, NStZ 86, 8. – *Hanack,* Gutachten zum 47. Deutschen Juristentag (1968) 230 ff. – *ders.,* Die Reform des Sexualstrafrechts und der Familiendelikte, NJW 74, 1. – *Herkströter,* Rundfunkfreiheit, Kunstfreiheit und Jugendschutz, AfP 92, 23. – *von der Horst,* Rollt die Euro-Pornowelle?, ZUM 93, 227. – *Jung/Müller-Dietz,* Jugendschutz und die Neuen Medien, in: Expertenkommission Neue Medien (EKM) Baden-Württemberg, 1981. – *Kronhausen,* Pornographie und Gesetz, 1963 (dt. Übersetzung). – *Ladeur,* Zur Auseinandersetzung mit feministischen Argumenten für ein Pornographie-Verbot, ZUM 89, 157. – *Laufhütte,* 4. Gesetz zur Reform des Strafrechts, JZ 74, 46. – *Liesching/v. Münch,* Die Kunstfreiheit als Rechtfertigung für die Vertreibung pornographischer Schriften, AfP 99, 37. – *Lüttger,* Strafschutz für nichtdeutsche öffentliche Rechtsgüter, Jescheck-FS I 121. – *Mahrenholz,* Brauchen wir einen neuen Pornographie-Begriff?, ZUM 98, 525. – *B.-D. Meier,* Zur Strafbarkeit der neutralen Werbung für pornographische Schriften, NStZ 85, 341. – *ders.,* Strafbarkeit des Anbietens pornographischer Schriften, NJW 87, 1610. – *Mertner-Mainusch,* Pornotopia, 1970. – *D. Meyer,* Kunstwerk und pornographische Darstellung, SchlHA 84, 49. – *Ramberg,* Erfahrungen bei der Strafverfolgung der Verbreitung von Pornographie via Satellit, ZUM 94, 140. – *Rogall,* Zur Auslegung der Entgeltklausel in § 184 Abs. 1 Nr. 7, JZ 79, 715. – *Schreibauer,* Das Pornographieverbot des § 184 StGB, 1999. – *F. C. Schroeder,* Das „Erzieherprivileg" im Strafrecht, Lange-FS 391. – *ders.,* Die Überlassung pornographischer Darstellungen in gewerblichen Leihbüchereien, JR 77, 231. – *ders.,* Pornographieverbot als Darstellerschutz?, ZRP 90, 299. – *ders.,* Pornographie, Jugendschutz und Kunstfreiheit, 1992. – *ders.,* Das 27. Strafrechtsänderungsgesetz – Kinderpornographie, NJW 93, 2581. – *Schumann,* Werbeverbote für jugendgefährdende Schriften, NJW 88, 1134, 2495. – *ders.,* Zum strafrechtlichen und rundfunkrechtlichen Begriff der Pornographie, Lenckner-FS 565. – *Seetzen,* Vorführung und Beschlagnahme pornographischer und gewaltverherrlichender Spielfilme, NJW 76, 497. – *Walther,* Zur Anwendbarkeit der Vorschriften des strafrechtlichen Jugendmedienschutzes auf im Bildschirmtext verbreitete Mitteilungen, NStZ 90, 523. – *Weides,* Der Jugendmedienschutz im Filmbereich, NJW 87, 217. – *Weigend,* Strafrechtliche Pornographieverbote in Europa, ZUM 94, 133. – *Würkner,* Die Freiheit der Kunst in der Rechtsprechung von BVerfG und BVerwG, NVwZ 92, 1. – *Würtenberger,* Vom strafrechtlichen Kunstbegriff, Dreher-FS 79. – Zur Verbreitung pornographischer Schriften in Computernetzen, insbes. im *Internet: Altenhain,* Die strafrechtliche Verantwortung für die Verbreitung mißbilligter Inhalte in Computernetzen, CR 97, 485. – *ders.,* Die gebilligte Verbreitung mißbilligter Inhalte – Auslegung und Kritik des § 5 Teledienstegesetz, AfP 98, 457. – *Barton,* Multimedia-Strafrecht, 1999. – *Berger-Zehnpfund,* Kinderpornographie im Internet, Kriminalistik 96, 635. – *Bettinger/Freytag,* Privatrechtliche Verantwortlichkeit für Links, CR 98, 545. – *Bleisteiner,* Rechtliche Verantwortlichkeit im Internet, 1999. – *Conradi/Schlömer,* Die Strafbarkeit der Internet-Provider, NStZ 96, 366, 472. – *Derksen,* Strafrechtliche Verantwortung für in Computernetzen verbreitete Daten mit strafbarem Inhalt, NJW 97, 1878. – *Dippelhofer,,* Jugendschutz im Internet?, RdJB 00, 52. – *Engel-Flechsig/Maennel/ Tettenborn,* Das neue Informations- und Kommunikationsdienste-Gesetz, NJW 97, 2981. – *Flechsig/Gabel,* Strafrechtliche Verantwortlichkeit im Netz durch Einrichten und Vorhalten von Hyperlinks, CR 98, 351. – *Gounulakis,* Der Mediendienste-Staatsvertrag der Länder, NJW 97, 2993. – *Hoeren/Sieber* (Hrsg.), Handbuch Multimedia Recht, Rechtsfragen des elektronischen Geschäftsverkehrs, 1999 (zit. Hdb. MMR). – *Jäger/ Collardin,* Die Inhaltsverantwortlichkeit von Online-Diensten, CR 96, 236. – *Jofer,* Strafverfolgung im Internet, Phänomenologie und Bekämpfung kriminellen Verhaltens in internationalen Computernetzen, 1999. – *A. Koch,* Strafrechtliche Verantwortlichkeit beim Setzen von Hyperlinks auf mißbillige Inhalte, MMR 99, 704. – *F. A. Koch,* Internet-Recht, 1998. – *Kröger/Gimmy,* Handbuch zum Internet-Recht, 2000 (zit. Hdb. IR). – *v. Lackum,* Verantwortlichkeit der Betreiber von Suchmaschinen, MMR 99, 697. – *Liesching/Günter,* Verantwortlichkeit von Internet-Café-Betreibern, MMR 00, 260. – *Löhnig,* „Verbotene Schriften" im Internet, JR 97, 496. – *Müller-Terpitz,* Regelungsbereiche des § 5 MDStV, MMR 99, 478. – *Pelz,* Die strafrechtliche Verantwortlichkeit von Internet-Providern, ZUM 98, 530. – *ders.,* Die Strafbarkeit von Online-Anbietern, wistra 99, 53. – *Ritz,* Inhalteverantwortlichkeit von Online-Diensten, 1999. – *Sieber,* Strafrechtliche Verantwortlichkeit für den Datenverkehr in internationalen Computernetzen, JZ 96, 429, 494. – *ders.,* Kontrollmöglichkeiten zur Verhinderung rechtswidriger Inhalte in Computernetzen, CR 97, 581, 653. – *ders.,* Die Verantwortlichkeit von Internet-Providern im Rechtsvergleich, ZUM 99, 196. – *ders.,* Die rechtliche Verantwortlichkeit im Internet, MMR-Beilage 2/99, 1. – *ders.,* Verantwortlichkeit im Internet, 1999. – *ders.,* Mindeststandards für ein globales Pornografiestrafrecht, ZUM 2000, 89. – *Spindler,* Dogmatische Strukturen der Verantwortlichkeit der Diensteanbieter nach TDG und MDStV, MMR 98, 639. – *Stange,* Pornographie im Internet, Versuche einer strafrechtlichen Bewältigung, CR 96, 424. – *Theis,* Die Multimedia Gesetze, Erläuterungen, Gesetzestexte, amtliche Begründungen, 1997. – *Vassilaki,* Computer- und internetspezifische Entscheidungen der Strafgerichte, MMR 98, 247, 99, 525. – *dies.,* Strafrechtliche Verantwortlichkeit der Diensteanbieter nach dem TDG, Eine Untersuchung unter besonderer Berücksichtigung der Einordnung des § 5 TDG im Strafrechtssystem, MMR 98, 630. – *dies.,* Strafrechtliche Verantwortlichkeit durch Einrichten und Aufrechterhalten von elektronischen Verweisen (Hyperlinks), CR 99, 85. – *Waldenberger,* Teledienste, Mediendienste und die „Verantwortlichkeit" ihrer Anbieter, MMR 98, 124. – *Wimmer,* Die Verantwortlichkeit des Online-Providers nach dem neuen Multimediarecht, ZUM 99, 436. – Aus den *Materialien* vgl. u. a. BT-Drs. VI/1552, 3013, 3521, Prot. VI 1510, 1905, 1925, 1947, 1999, 2019, 2119, VII 60, 81 u. zum 27. StÄG (s. Vorbem.) BT-Drs. 12/709; 3001, 4883, BR-Drs. 207/1/92.

I. Das **4. StrRG** – noch ohne die erst später hinzugekommenen Tatbestände des Abs. 1 Nr. 3a **1** u. der Abs. 4, 5 (s. Vorbem.) – führte zu einer begrenzten Freigabe der sog. *einfachen Pornographie* (krit. Dreher JR 74, 54; gegen diesen Baumann JR 74, 372). Gesetzgeberisches Motiv war die Erwägung, daß angesichts des Fehlens wissenschaftlich gesicherter Erkenntnisse über die Möglichkeit schädlicher Auswirkungen der Pornographie (vgl. zu neueren Forschungen Schreibauer aaO 31 ff.) die Freiheit des erwachsenen Bürgers, selbst zu bestimmen, was er lesen will, solange den Vorrang hat, als die Ermöglichung dieser Selbstbestimmung nicht ernstzunehmende Gefahren für andere Rechtsgüter schafft. Solche wurden vor allem in der ungestörten sexuellen Entwicklung Jugendlicher gesehen – obwohl ein schädlicher Einfluß der Pornographie auch hier nicht bewiesen ist (z. B. BVerfGE **83** 140 ff.; s. auch Schumann, Lenckner-FS 572 f., Weigend ZUM 94, 136) –, ferner in dem Interesse des einzelnen, nicht ungewollt mit Pornographie konfrontiert zu werden (vgl. Schumann, Lenckner-FS 569 f.). Nicht mehr geschützt ist damit, wie dies früher für § 184 a. F. angenommen wurde, das Sittlichkeitsempfinden der Allgemeinheit. Dabei war sich auch der Gesetzgeber bewußt, daß mit der Freigabe der Pornographie für Erwachsene eine vollständige Abschirmung der Jugendlichen nicht mehr möglich ist. Trotz des umfangreichen Katalogs von Tatbeständen in Abs. 1 (krit. dazu Hanack NJW 74, 7) bietet der jetzige § 184 daher insoweit nur einen fragmentarischen Schutz; umgekehrt hat freilich auch dieser nur beschränkte Schutz die Nebenwirkung, daß dem Erwachsenen der Zugang zu pornographischen Erzeugnissen, die ihm an sich zugebilligt werden, erschwert wird. In vollem Umfang strafbar geblieben ist dagegen die sog. *harte Pornographie*, dies einmal wegen der Befürchtung, daß zu einem gewalttätig-sadistischen oder pädophilen Sexualverhalten neigende Personen, durch einschlägiges pornographisches Material aktiviert werden könnten (s. auch Schreibauer aaO 36 ff.), zum anderen weil man glaubte, daß Lücken im Jugendschutz, die mit der Freigabe an Erwachsene zwangsläufig entstehen, hier nicht hingenommen werden können.

Insgesamt hat die Reform damit deutlichen Kompromißcharakter (vgl. Becker MDR 74, 179: **1a** „christlich-sozial-liberaler Kompromiß"; zur Entstehungsgeschichte vgl. ferner Laufhütte JZ 74, 46, Rogall JZ 79, 715). Ob die Altersgrenze von 18 Jahren bei den Jugendschutztatbeständen der Vorschrift heute noch zeitgemäß ist, wird man bezweifeln können (z. B. Strafbarkeit des 19jährigen, der seiner 17jährigen Freundin pornographische Bilder zeigt; vgl. auch BGH NJW **98**, 1162 f., Weigend ZUM 94, 136 u. § 184 Nr. 2 a. F.: 16 Jahre). Auch ist sie nicht frei von größeren und kleineren Ungereimtheiten. Insbes. ist es nach Übernahme der Jugendschutzbestimmungen in das GjS nicht mehr einleuchtend, daß im GjS eine größtenteils übereinstimmende, z. T. aber auch abweichende Regelung dieser Materie beibehalten wurde. Da pornographische Schriften nach § 6 Nr. 2 GjS (denen Ton- und Bildträger usw. nach § 11 III gleichgestellt sind) automatisch unter die Bestimmungen der §§ 3–5 und damit auch unter die Strafvorschrift des § 21 fallen, und da ferner die meisten Straftatbestände des GjS mit denen des § 184 völlig übereinstimmen, ergibt sich hier die ganz ungewöhnliche Situation, daß derselbe Unwertsachverhalt in zwei verschiedenen Gesetzen mit derselben Strafdrohung versehen ist (vgl. dazu auch u. 68). Gesetzestechnisch völlig neu und ebensowenig sinnvoll erscheint das Nebeneinander beider Gesetze auch da, wo sich Abweichungen ergeben: So ist nach § 184 nur die vorsätzliche Begehung strafbar, während § 21 III GjS auch das fahrlässige Handeln pönalisiert; andererseits eröffnet § 21 V GjS die Möglichkeit des Absehens von Strafe, wenn z. B. ein Jugendlicher einem Jugendlichen eine pornographische Schrift überläßt, während in § 184 eine solche Regelung fehlt; vgl. auch u. 68. Zu der verfehlten Regelung des Abs. 1 Nr. 7 vgl. u. 38 a, 41 d.

Durch das **27. StÄG** (s. Vorbem.) wurde in Abs. 3 der Strafrahmen für das Verbreiten usw. von **2** kinderpornographischen Schriften erhöht, verbunden mit einer weiteren Anhebung der Mindeststrafe in dem neu geschaffenen Abs. 4 bei gewerbs- oder bandenmäßiger Begehung, sofern die Darstellung ein tatsächliches Geschehen wiedergibt. Ebenfalls neu eingefügt wurde der Tatbestand des Abs. 5, in dem – auch hier unter Beschränkung auf die ein tatsächliches Geschehen wiedergebenden Darstellungen – der Besitz und die Besitzverschaffung von Kinderpornographie unter Strafe gestellt wurden. Mit dem gleichfalls neuen Abs. 7 wurde die Einziehung von kinderpornographischen Schriften und die Abschöpfung des Gewinns erleichtert. Anlaß dieser Gesetzesänderungen war, daß sich mit dem Videomarkt für Kinderpornographie in den letzten Jahren eine neue Form sexuellen Mißbrauchs von Kindern entwickelte, die mit dem vorhandenen strafrechtlichen Instrumentarium nicht wirksam bekämpft werden konnte (vgl. BT-Drs. 12/3001 S. 4, 12/4883 S. 6 f., ferner F. C. Schroeder NJW 93, 2581 u. auch ZRP 92, 299). Das **IuKDG** (s. Vorbemerkung) erweiterte die Tatbestände der Abs. 4 u. 5 auf Darstellungen, die ein wirklichkeitsnahes Geschehen wiedergeben, weil durch die Entwicklung der Computertechnik künstlich erzeugte Darstellungen nicht mehr hinreichend sicher von Wiedergaben tatsächlicher Geschehnisse unterschieden werden können (vgl. BT-Drs. 13/7385 S. 60, 72, 13/7934 S. 41), und durch das **6. StrRG** wurden die Strafrahmen des Abs. 3 für das Verbreiten usw. von sonstiger „harter" Pornographie sowie des Abs. 4 – parallel zu § 176a – erhöht. Während mit der über den ursprünglichen Gesetzesvorschlag (BT-Drs. 12/3001) noch hinausgehenden Strafrahmenverschiebung in Abs. 3 lediglich das Ziel verfolgt wurde, ein „wirksames Signal für die nachdrückliche Strafverfolgung der Kinderpornographie" zu setzen und eine „verstärkte generalpräventive Wirkung" zu erreichen (BT-Drs. 12/4883 S. 6; vgl. auch u. 53), ist in den Fällen von Abs. 4, 5 mit der Beschränkung auf Schriften, die einen tatsächlichen oder wirklichkeitsnahen Kindesmißbrauch zum Gegenstand haben, auch der Strafgrund ein besonderer. Bei beiden Tatbeständen steht der – wenn auch nur mittelbare – Schutz speziell der mißbrauchten kindlichen „Darsteller" im Vordergrund, der dadurch erreicht werden soll, daß das Schaffen und Aufrechterhalten eines entsprechenden „Markts" mit authentischen kinderpornographischen Darstellungen verhindert wird (vgl. BT-Drs. 12/3001 S. 5 u. Anl. 3 S. 10 [Gegenäußerung der BReg zum Vorschlag des BRats, die Beschränkung auf die ein tatsächliches Geschehen wiedergebenden Schriften zu streichen], 12/4883 S. 7f.). Hier dann nicht nur bei den Vertreibern (Abs. 4), sondern auch bei den Konsumenten (Abs. 5) wegen ihrer „mittelbaren Verantwortlichkeit" (BT-Drs. ebd. S. 5 bzw. 8) anzusetzen, ist zwar nicht unproblematisch (vgl. Jäger, Schüler-Springorum-FS 232f., Lackner/Kühl 8b sowie u. 65), wäre aber jedenfalls dann kein völliges Novum, wenn hier Parallelen zu § 259 (vgl. dort RN 3) gezogen werden könnten (vgl. F. C. Schroeder ZRP 90, 300, NJW 93, 2583), wobei ein Unterschied allerdings insofern besteht, als dort das Schaffen eines Anreizes für die Begehung der Vortaten nach h. M. neben dem Perpetuierungs- und Vertiefungsgedanken allenfalls ein zusätzliches Moment ist, während das Sich-Verschaffen und der Besitz von Pornographie nur im Fall des Abs. 5 als strafwürdiges Unrecht angesehen wird, im übrigen aber straflos ist.

3 **II. Rechtsgut.** Die Tatbestände des **Abs. 1 Nr. 1–5** dienen ausschließlich oder jedenfalls primär dem Jugendschutz (ebenso z. B. Lackner/Kühl 1, Schumann, Lenckner-FS 569 ff. sowie eingehend Schreibauer aaO 71 ff.; z. T. and. F. C. Schroeder aaO 33, Tröndle 4: auch Schutz der „Sexualverfassung" bzw. vor ungewollter Konfrontation). Sie enthalten sowohl Elemente eines Risikodelikts (zu diesem vgl. Armin Kaufmann JZ 71, 576) als auch solche von Gefährdungsdelikten: Ersteres, weil gesicherte wissenschaftliche Erkenntnisse über schädliche Auswirkungen von Pornographie auf Jugendliche fehlen, das Gesetz insoweit also von einer Hypothese ausgeht (s. auch Schreibauer aaO 42ff.), letzteres unter dem Gesichtspunkt der Kenntnisnahme von Pornographie durch Jugendliche, die in den Fällen der Nr. 1 unmittelbar ermöglicht wird (insoweit daher – im übertragenen Sinn – eine „konkrete Gefährdung"), während die Nrn. 2–5 im Vorfeld liegende Handlungen erfassen, bei denen die Möglichkeit, daß Pornographie in die Hand von Jugendlichen gelangt, besonders groß ist („abstrakte Gefährdung"). Eine qualitativ andere Angriffsrichtung erfaßt der Tatbestand der **Nr. 6**, der den einzelnen vor ungewollter Konfrontation mit Pornographie schützen will (s. aber auch Schumann aaO 569: in zweiter Linie auch Jugendschutz). Rechtsgut ist hier die Intimsphäre und i. w. S. das Recht auf sexuelle Selbstbestimmung, wobei allerdings zweifelhaft sein kann, ob die hier in Betracht kommenden Eingriffe wirklich so „einschneidend" sind (BT-Drs. VI/1552 S. 34), daß das Strafrecht bemüht werden müßte (vgl. aber auch F. C. Schroeder aaO 32). Früher hatte die Rspr. diese Fälle als Beleidigung bestraft (vgl. § 185 RN 4), i. U. zu § 185 enthält Nr. 6 jedoch ein Offizialdelikt (!). **Nr. 7** soll in erster Linie dem Jugendschutz, daneben aber auch entsprechend Nr. 6 dem Schutz vor unverlangter Konfrontation mit pornographischen Filmszenen dienen (BT-Drs. VI/3521 S. 61). **Nr. 8** erfaßt Vorbereitungshandlungen zu den in Nr. 1–7 genannten Taten. In **Nr. 9,** wo ein Verhalten, auch soweit es im Inland straflos ist (Verbreiten an Erwachsene), nur deshalb unter Strafe gestellt wird, weil es im Ausland strafbar ist, sind letztlich die Beziehungen zu den betreffenden Ländern geschützt, die durch die Freigabe der Ausfuhr beeinträchtigt werden könnten (ebenso Lackner/Kühl 1; and. Lüttger aaO 171: ausländische Sexualordnung). Der die sog. harte Pornographie betreffende **Abs. 3** dient zunächst dem Jugendschutz – dies in einem doppelten Sinn: Bewahrung vor Fehlentwicklungen und Schutz vor dem Kindesmißbrauch durch Erwachsene –, insofern aber auch dem Schutz Erwachsener, als diese bei der Gewaltpornographie das Opfer von Tätern mit entsprechenden Neigungen werden könnten (o. 1; krit. Beisel ZUM 96, 859ff., der die 3. Var. [Sodomie] für verfassungswidrig hält, u. Schreibauer aaO 151). Ausschließlich um den Jugendschutz geht es in **Abs. 4, 5,** dort im Vorfeld des § 176 allerdings nur unter dem Aspekt des Kindesmißbrauchs bei der Herstellung von Kinderpornographie (o. 2). Rechtsvergleichend zu den Pornographieverboten in Europa und ihren unterschiedlichen Schutzzwecken u. zur der Fernsehrichtlinie des Rates der EG v. 3. 10. 1989 vgl. Weigend ZUM 94, 133; zum tatsächlichen Hintergrund vgl. Schreibauer aaO 7ff.

4 **III.** Durch Abs. 1 und 3 werden **pornographische Schriften** erfaßt (zu Abs. 2 u. 5 Ia). Über *Schriften,* denen nach § 11 III Ton- oder Bildträger, Datenspeicher, Abbildungen und sonstige Darstellungen gleichstehen und zu denen z. B. auch bespielte Magnetbänder für Video-Recorder und die für Computer verwendeten Datenträger einschließlich des Arbeitsspeichers, nicht aber Live-Darbietungen (vgl. aber Abs. 2) gehören, vgl. § 11 RN 78f. Während § 184 a. F. von einer „unzüchtigen" Schrift gesprochen hatte, bereitet jetzt der Begriff der **Pornographie,** der jedoch kaum weniger problematisch ist (vgl. auch Dreher JR 74, 56, Hanack NJW 74, 7, Herkströter AfP 92, 25 f., M-Schroeder I 222, Tröndle 6, sowie den Überblick über die verschiedenen Pornographiedefinitionen bei Schreibauer aaO 116ff.). Als pornographisch ist eine Darstellung anzusehen, wenn sie unter Ausklammerung aller sonstigen menschlichen Bezüge sexuelle Vorgänge in grob aufdringlicher (BGH **23** 44; „anreißerischer") Weise in den Vordergrund rückt und ihre Gesamttendenz ausschließlich oder überwiegend auf das lüsterne Interesse an sexuellen Dingen abzielt (BGH **37** 55 [60] m. Anm. Maiwald JZ 90, 1141, d'Heur StV 91, 165, Bay **74**, 181, Düsseldorf NStE **Nr. 5,** Karlsruhe NJW **74,** 2015, Becker MDR 74, 179; in der Sache auch BGH **23** 40, StV **81,** 338, Hamm NJW **74,** 817, Schleswig SchlHA **73,** 154 zum Begriff der „unzüchtigen" Darstellung in § 184 a. F.). Wesentlich ist danach zweierlei: *inhaltlich* die Verabsolutierung sexueller Lustgewinns und die Entmenschlichung der Sexualität, m. a. W. daß der Mensch durch die Vergröberung des Sexuellen „auf ein physiologisches Reiz-Reaktions-Wesen reduziert" (Karlsruhe aaO), daß er „zum bloßen (auswechselbaren) Objekt geschlechtlicher Begierde degradiert wird" (Düsseldorf NJW **74,** 1475, Karlsruhe NJW **87,** 1957,

München OLGSt **Nr. 1,** Dreher JR 74, 56, Gössel I 338, Tröndle 7; enger Schumann, Lenckner-FS 579 f. [vgl. u.] u. zustimmend für den Bereich außerhalb des StGB Mahrenholz ZUM 98, 526 ff.), *formal* die vergröbernde, aufdringliche, übersteigerte, „anreißerische" oder jedenfalls plump-vordergründige – i. U. zu einer ästhetisch stilisierten – Art der Darstellung (weshalb z. B. die in BGH **37** 60 m. Anm. aaO genannten indischen und fernöstlichen „Kopfkissen"- und „Hochzeitsbücher" keine Pornographie sind). Dabei ist auf die objektive Tendenz der Darstellung abzustellen; die subjektive Tendenz des Verfassers ist bedeutungslos (vgl. RG **24** 365, **26** 370, BGH **5** 348, Tröndle 7). Demgegenüber verstand der Sonderausschuß unter dem Begriff „Pornographie" Darstellungen, die zum Ausdruck bringen, daß sie ausschließlich oder überwiegend auf die Erregung eines sexuellen Reizes abzielen und dabei die in Einklang mit allgemeinen gesellschaftlichen Wertvorstellungen gezogenen Grenzen des sexuellen Anstandes eindeutig überschreiten (vgl. BT-Drs. VI/3521 S. 60; ebenso Düsseldorf NJW **74,** 1474 m. Anm. Möhrenschlager, NStE **Nr. 5,** Koblenz NJW **79,** 1467, Schleswig SchlHA **76,** 168, Fischer aaO 153, Lackner/Kühl 2, Laufhütte LK 7 f., JZ **74,** 47). Diese Definition ist z. T. auf Kritik gestoßen, weil sie mit den normativen Begriffen der „allgemeinen Wertvorstellungen" und des „sexuellen Anstands" viel zu unbestimmt sei, um eine brauchbare Richtlinie zu liefern (Karlsruhe NJW **74,** 2015, Dreher JR 74, 56, Tröndle 6). Doch wird hier das normative Element des Begriffs Pornographie, der rein deskriptiv überhaupt nicht zu bestimmen ist, lediglich besonders deutlich sichtbar (s. auch Schumann, Lenckner-FS 575). Insofern teilen alle Versuche einer Umschreibung das Schicksal der vom Sonderausschuß aufgestellten Definition, so etwa auch, wenn es im Rahmen der o. genannten Begriffsbestimmung darum geht, ob eine sexuelle Darstellung „grob aufdringlich" oder „anreißerisch" ist bzw. ob der Mensch durch sie zum „bloßen" Objekt sexueller Begierde „degradiert" wird. Ein wesentlicher Unterschied zwischen den verschiedenen Möglichkeiten, den Begriff der Pornographie zu definieren, besteht daher nicht (vgl. auch BT-Drs. VI/3521 S. 60, Hanack NJW 74, 7, Schumann, Lenckner-FS 574). Denn gleichgültig, wie diese im einzelnen umschrieben werden mag, liegt die eigentliche Schwierigkeit stets darin, daß hinreichend sichere Maßstäbe fehlen, mit deren Hilfe der normative Begriff „pornographisch" im Einzelfall ausgefüllt werden kann (vgl. auch Herkströter AfP 92, 25). Auch eine an den unterschiedlichen Rechtsgütern des § 184 (o. 3) orientierte teleologische Auslegung (vgl. Horn SK 4, Weigend ZUM 93, 137 u. näher Schreibauer aaO 126 ff., F. C. Schroeder aaO 21 ff.) beseitigt dieses Problem nicht: Zweifelhaft ist schon, ob die Wiederbelebung der „relativen Unzüchtigkeit" bei § 184 a. F. (z. B. BGH **3** 297 mwN) in Gestalt eines relativen Pornographiebegriffs der Vorschrift klarere Konturen verschafft, so wenn bei den Jugendschutztatbeständen die Schilderung von Sexualdelikten und Prostitution, die entwürdigende Einstellung zum anderen Geschlecht, eine Überbewertung der Sexualität und ihre Loslösung von anderen Lebensräumen u. a., bei Abs. 1 Nr. 6 dagegen die Verletzung des sexuellen Anstands als wesentlich angesehen wird (Horn aaO, Schroeder aaO 28 f., 31 ff., M-Schroeder I 222; krit. auch Schumann, Lenckner-FS 582); vor allem aber bleiben auch hier die Bewertungsfragen und damit das „alte Dilemma der Toleranzgrenze" (Hanack NJW 74, 7). Der Vorschlag von Schumann, Lenckner-FS 579 f., als „Pornographie" nur noch Darstellungen anzusehen, welche die Menschenwürde verletzen, was erst der Fall sei, wenn der dargestellte Sexualkontakt nicht mehr auf Freiwilligkeit und Gleichberechtigung der Sexualpartner beruhe, würde demgegenüber die Abgrenzungsprobleme zwar wesentlich vereinfachen; er ist jedoch mit der Unterscheidung zwischen „einfacher" Pornographie gem. § 184 I, II, für die dann kaum noch Raum bliebe (and. Schumann aaO 580), und „harter" Pornographie gem. § 184 III–V nicht vereinbar und könnte daher erst nach einer Gesetzesänderung verwirklicht werden. Dem Bestimmtheitsgebot des Art. 103 II GG kann de lege lata daher, wie immer in solchen Fällen, nur in der Weise Rechnung getragen werden, daß die Unsicherheit der in Bezug genommenen außergesetzlichen Wertmaßstäbe nicht zu Lasten des Täters gehen darf: Nur wenn sich aus diesem eine Entscheidung ergibt, die eindeutig oder jedenfalls relativ eindeutig in dem Sinn ist, daß eine abweichende Auffassung schlechterdings nicht mehr „vertretbar" erscheint, kann eine Darstellung als pornographisch bezeichnet werden, nicht aber, wenn man darüber vernünftigerweise gestritten werden kann (vgl. auch Laufhütte LK 8 u. näher dazu Lenckner JuS 68, 308 f., Schumann, Lenckner-FS 575 f.; zu § 226 a a. F. [Sittenwidrigkeit] vgl. entsprechend BGH **2** 32).

Auf der o. 4 genannten Grundlage können als **(zusätzliche) typische Anzeichen** für den pornographischen Charakter einer Schrift z. B. angesehen werden: das Fehlen jedes sozialen Werts der Darstellung (vgl. z. B. Prot. V 1930), die Flucht in eine Märchenwelt unaufhörlichen Genusses, die Fiktion der unerschöpflichen Potenz des Mannes und der unermüdlichen Hingabebereitschaft der Frau, der fehlende Bezug zum wirklichen individuellen oder gesellschaftlichen Leben, die Beschränkung auf den Lustgewinn als einziges Ziel und die fortschreitende Eskalation der Darstellung durch eine Aneinanderreihung von Szenen mit sexuell immer stärker provozierenden Reizen (vgl. Prot. VI 1047, Düsseldorf NStE **Nr. 5,** Laufhütte LK 17, ferner Bay NJW **72,** 1961 m. Anm. Heiligmann zu § 184 a. F; vgl. auch BGH **37** 64, wo diesem Umstand erst bei der Abwägung von Kunstfreiheit und Jugendschutz [u. 5 a] besondere Bedeutung eingeräumt wird). Um sog. Perversitäten braucht es sich nicht zu handeln, zumal die Grenzen zwischen diesen und dem „Normalen" durchaus fließend sind. Zumindest mißverständlich ist es, wenn es als Kriterium für eine pornographische Darstellung angesehen wird, daß diese keinen gedanklichen Inhalt vermittelt (so Düsseldorf NJW **74,** 1574 m. Anm. Möhrenschlager; vgl. aber auch BT-Drs. VI/3521 S. 60). Da die Vermittlung von Gedanken zum Wesen jeder Schrift, auch der rein pornographischen gehört, geht es hier vielmehr darum, ob bei Hinzukommen sonstiger gedanklicher Inhalte eine in einzelnen Teilen pornographische Schrift diese

§ 184 5 a

Eigenschaft verlieren kann. Hier kommt es stets auf den *Charakter des Gesamtwerks* an (Laufhütte LK 10 unter Hinweis auf BGH 5 StR 517/77 v. 17. 1. 1977, Schumann, Lenckner-FS 575). Die Tatsache, daß die pornographische Schilderung sexueller Vorgänge in eine mehr oder weniger triviale Rahmenhandlung eingebettet ist, die völlig in den Hintergrund tritt, würde deshalb an dem pornographischen Gesamtcharakter der Schrift nichts ändern. Umgekehrt wäre es aber auch nicht zulässig, eine Schrift als ganzes schon deshalb als pornographisch anzusehen, weil einzelne, aus dem Gesamtzusammenhang herausgelöste Teile dies sind (and. dagegen bei der isolierten Wiedergabe solcher Teile – z. B. Aneinanderreihung von pornographischen Zitaten aus einem wissenschaftlichen Werk – in einer eigenen Schrift; vgl. Meyer SchlHA 84, 51). Einigkeit besteht heute darüber, daß die Darstellung des Nackten (einschließlich der Genitalien) und sexueller Vorgänge (einschließlich des Geschlechtsverkehrs) als solche noch nicht pornographisch ist (vgl. z. B. Prot. VI 1114, 1917, 1962, 1965, 1991, Düsseldorf NStE **Nr. 5,** Frankfurt NJW **87**, 454, Lackner/Kühl 2, Tröndle 8; vgl. auch schon BGH **23** 44). Dies gilt sowohl für textliche wie für bildliche Darstellungen, wobei es im letzteren Fall auch nicht auf den Gesichtsausdruck der abgebildeten Person ankommen kann (and. RG **61** 382 zu § 184 a. F.). Hinzukommen müssen vielmehr die o. 4 genannten Voraussetzungen, wobei die schriftliche Schilderung und die bildliche Darstellung derselben Szene unterschiedlich zu beurteilen sein können (Tröndle 8). So sind Darstellungen, die ausschließlich aus photographischem Bildmaterial bestehen, dann als pornographisch anzusehen, wenn sie den organisch-physiologischen Aspekt der Sexualität in grob aufdringlicher Weise in den Vordergrund rücken. Dies trifft z. B. auf Photomagazine zu, wie sie in Bay **74**, 182, Düsseldorf NJW **74**, 1474 beschrieben sind (zu weitgehend aber wohl Koblenz NJW **79**, 1467: Nahaufnahme von Geschlechtsteil und Anus eines Mädchens unter 14 Jahren). Dabei kann sich der pornographische Charakter auch erst aus der Massierung sexueller Abbildungen ergeben, die für sich allein die Grenze des grob Aufdringlichen noch nicht überschreiten. Handelt es sich dagegen um eine aus Text und Bildmaterial zusammengesetzte Darstellung, so kann nicht auf letzteres allein abgestellt werden, vielmehr kommt es hier auf eine ganzheitliche Betrachtung und die aus dem Werk sich ergebende Gesamttendenz an (vgl. Prot. VI 1931, Tröndle 9 u. zu § 184 a. F. RG **31** 262, aber auch Horn SK 5). Dies kann dann auch dazu führen, daß eine Schrift, die – für sich betrachtet – pornographisches Bildmaterial enthält, durch den Text, den die Abbildungen illustrieren sollen, aus dem Bereich der Pornographie herausgehoben wird (z. B. sexualwissenschaftliches Werk mit entsprechenden Illustrationen). Voraussetzung ist freilich, daß der Text einen echten geistigen Gehalt aufweist (was auch bei populärwissenschaftlichen Aufklärungsbüchern der Fall sein kann), ferner daß die Bilder gegenüber dem Text eine sinnvolle Funktion erfüllen – etwa indem sie diesen unterstützen, verdeutlichen oder überhaupt erst voll zugänglich machen – und daß sie, was den Umfang betrifft, zu diesem in einem angemessenen Verhältnis stehen. Ist dies jedoch der Fall, so kann auch die von dem Bildmaterial ausgehende sexuelle Reizwirkung in einer Weise überlagert sein, daß es in Verbindung mit dem Text seinen pornographischen Charakter verliert. Entsprechend kommt es auch bei Filmen auf den Gesamteindruck an (vgl. BGH UFITA **80**, 203 u. LG Berlin S. 204 zu dem japanischen Film „Das Reich der Sinne", BGH UFITA **80**, 208 [„Die 120 Tage von Sodom"], Frankfurt JZ **74**, 516, wo die „Unzüchtigkeit" i. S. des § 184 a. F. bei einem Film verneint wurde, der zwar einzelne Darstellungen des Geschlechtsverkehrs in verschiedenen Variationen, nicht aber die Geschlechtsorgane selbst und einen Mund- und Triolenverkehr nur andeutungsweise gezeigt hatte). – Eine **„relative Pornographie"** entsprechend in dem früher bei § 184 a. F. z. T. angenommenen Sinn einer „relativen Unzüchtigkeit" gibt es heute nicht mehr (vgl. z. B. Laufhütte LK 10, Meyer SchlHA 84, 51, Tröndle 9). Da die Eigenschaft „pornographisch" der Schrift selbst anhaften muß, kann es dafür nur auf deren Inhalt, nicht aber auf außerhalb liegende Begleitumstände ankommen. Zweck und Art der Verwendung sind deshalb ebenso bedeutungslos wie der Leserkreis, an den sich die Schrift wendet (and. noch zu § 184 a. F. z. B. BGH **3** 297 mwN). – Zur Notwendigkeit einer ins einzelne gehenden Würdigung des Inhalts der Schrift, den Anforderungen an dessen Kennzeichnung im **Urteil** und zu den **Grenzen revisionsgerichtlicher Nachprüfung** vgl. BGH **37** 64, UFITA **80**, 203, Bay NJW **72**, 1961 m. Anm. Heiligmann, Düsseldorf NJW **84**, 1977, m. Anm. Lampe JR 85, 159, Frankfurt JZ **74**, 516, Karlsruhe OLGSt § 184 S. 101.

5 a   Zusätzliche Probleme ergeben sich neuerdings aus dem Verhältnis der **Pornographie** zur **Kunst.** Die früher h. M. verstand Kunst und Pornographie – ebenso wie Wissenschaft und Pornographie – als einander ausschließende Begriffe: Kunst konnte danach zwar obszön, aber nicht pornographisch sein, weil im Kunstwerk das Sexuelle nicht unter Ausklammerung aller sonstigen menschlichen Bezüge dargestellt, sondern durch die künstlerische Gestaltung so durchgeistigt und überhöht wird, daß es zum dienenden Bestandteil einer künstlerischen Aussage wird (vgl. d. Nachw. 24. A. RN 4 u. zuletzt LG Stuttgart ZUM **89**, 365; zu dem allerdings auch hier bestehenden „alten Dilemma der Toleranzgrenze" vgl. die 24. A. aaO). Diese „Exklusivitätstheorie" beruhte auf einem materialen Kunstbegriff, dem jedoch mit der Hinwendung zu einem offenen, bloß „formalen" Kunstbegriff in der BVerfG-Rspr. die Grundlage entzogen wurde (u.a. BVerfGE **67** 213, **75** 369, **81** 278; zur Entwicklung vgl. z. B. Henschel NJW 90, 1937, Würkner NVwZ 92, 1). Die Konsequenzen daraus hat BGH **37** 55 (zu H. Miller, Opus pistorum) m. Anm. Maiwald JZ 90, 1141, d'Heur StV 91, 165 in der Weise gezogen, daß die Exklusivität von Kunst und Pornographie (einschl. Abs. 3) auf den „Regelfall" beschränkt, in den Grenzbereichen – namentlich bei dem literarischen Sektor – dagegen die Möglichkeit von Überschneidungen angenommen wird (s. aber auch Liesching/v. Münch AfP 99, 38 f.: Ausschlußvermutung für § 184, wenn es sich um ein Kunstwerk handelt), und ebenso kann nach BVerfGE **83** 130

m. Bspr. bzw. Anm. Borgmann JuS 92, 916, Geis NVwZ 92, 25, Gusy JZ 91, 470, Herkströter AfP 92, 23 ein pornographischer Roman („Josefine Mutzenbacher") zugleich Kunst i. S. des Art. 5 III GG sein (vgl. in diesem Sinne auch schon Meyer-Cording JZ 76, 744, Seetzen NJW 76, 498; s. auch Schreibauer aaO 158 f.). Für die Anwendung des § 184 bedeutet dies zweierlei: Da nach diesem Kunstverständnis Pornographie zwar Kunst sein kann, aber nicht sein muß, ergibt sich hier zunächst die Notwendigkeit, Nur-Pornographie und pornographische Kunst voneinander abzugrenzen: Erstere ist immer strafbar, letztere braucht dies dagegen nicht zu sein (vgl. aber auch Herkströter AfP 92, 27), wobei die Kunsteigenschaft eines pornographischen Werks umso eher zu bejahen ist, je weiter und offener der Kunstbegriff selbst gefaßt wird, um schließlich, wenn Kunst alles ist, was die Gattungsanforderungen eines bestimmten Werktyps erfüllt, sogar zum Regelfall zu werden (krit. zu BGH aaO daher Laufhütte LK 9 FN 30, F. C. Schroeder aaO 54). Soweit Pornographie zugleich Kunst ist, unterfällt sie damit zwar dem Tatbestand des § 184, als weiteres Problem stellt sich dann aber die Frage einer Rechtfertigung nach Art. 5 III GG (and. Liesching/v. Münch AfP 99, 41: Kunstfreiheit als gesamttatbewertendes Merkmal). Zu entscheiden ist sie bei der vorbehaltlosen, jedoch nicht schrankenlosen Gewährung der Kunstfreiheit mittels einer Abwägung mit den Grundrechten anderer und mit sonstigen Rechtsgütern, die gleichfalls Verfassungsrang haben. Dazu gehört bei § 184 zwar der Jugendschutz (BVerfG aaO 139, BGH aaO 62 f. mwN), aber wohl kaum das Schutzobjekt des Abs. 1 Nr. 9 und hier deshalb mit der Folge einer Rechtfertigung nach Art. 5 III GG. Was den Jugendschutz betrifft, so hat weder dieser noch die Kunstfreiheit von vornherein den Vorrang (BVerfG aaO 143, BGH aaO 64, BVerwG NJW **93**, 1490, 1491 m. Anm. Geis JZ 93, 792; and. noch BVerwGE **23** 110). Als *Abwägungsfaktoren* werden hier genannt: auf seiten der *Kunstfreiheit* zunächst, in welchem Maß die fragliche Schilderung „künstlerisch gestaltet und in die Gesamtkonzeption des Kunstwerks eingebettet ist" (BVerfG aaO 147 f.), was in der Sache jedoch eine Anleihe bei einem materiellen Kunstbegriff und dem Grundsatz von BVerfGE **75** 377 widerspricht, wonach eine „Niveaukontrolle, also eine Differenzierung zwischen ‚höherer' und ‚niederer' . . . (und deshalb nicht oder weniger schutzwürdiger) Kunst" auf „eine verfassungsrechtlich unstatthafte Inhaltskontrolle" hinausliefe. Zugunsten der Kunstfreiheit soll ferner zu berücksichtigen sein das Ansehen eines Werkes, sein Echo und seine Wertschätzung in Kritik und Wissenschaft (BVerfG aaO; vgl. dazu aber auch F. C. Schroeder aaO 56). Auf der Seite des *Jugendschutzes* werden als Abwägungsgesichtspunkte aufgeführt, welches Maß an Jugendgefährdung von der fraglichen Schrift ausgehen kann (BVerfG aaO 147, BGH aaO 65 [dort unter Hinweis auf den Unterschied zwischen einem literarischen Werk und Videoprodukten oder sog. Sexmagazinen]), ob sie nur aus einer Aneinanderreihung von detaillierten Schilderungen sexueller Handlungen der verschiedensten Art besteht (BGH aaO 64), das Maß der Akzeptanz erotischer Darstellungen als sozialpsychologisches Phänomen (BGH aaO 65, ferner BVerfG aaO 147), schließlich auch, ob es sich um einfache oder sog. harte Pornographie (Abs. 3) handelt (vgl. BGH aaO 65). – Fazit: Im Rahmen des Tatbestands sind die Abgrenzungsschwierigkeiten nicht beseitigt, sondern nur zahlenmäßig reduziert; weitgehend erledigen würden sie sich dort nur bei einem völlig inhaltsleeren Kunstbegriff. Im übrigen kehren in der Sache die früheren Abgrenzungsfragen heute als Abwägungsprobleme auf der Rechtfertigungsebene wieder, darunter auch für solche, für die hier andere Maßstäbe angelegt werden als beim Tatbestand (Kunstbegriff). Ein Gewinn an Rechtssicherheit ist damit jedoch nicht verbunden, wie überhaupt die Handhabung der Vorschrift mit der „Wende" in der Rspr. nicht einfacher geworden ist (dazu, daß jedenfalls bei literarischen Werken Sachverständige zuzuziehen sind, vgl. BVerfG aaO 147 f.). Zur Kritik vgl. auch Horn SK 6 a, Maiwald JZ 90, 1143, d'Heur StV 91, 167 u. insbes. F. C. Schroeder aaO 54 ff.; zum Ganzen vgl. auch Laufhütte LK 9, K. A. Fischer aaO 165 ff., Liesching/v. Münch AfP 99, 37, Schreibauer aaO 160 ff. u. zu den bei § 6 GjS entstandenen Problemen Geis NVwZ 92, 27.

IV. Die Tatbestände des Abs. 1 (sog. einfache Pornographie).

1. Nach **Nr. 1** ist strafbar, wer – auch unentgeltlich – pornographische Erzeugnisse **einer Person unter 18 Jahren** (§ 184 Nr. 2 a. F.: 16 Jahre) **anbietet, überläßt oder zugänglich macht.** Gemeinsam ist diesen Modalitäten, daß einem bestimmten Jugendlichen die unmittelbare Möglichkeit der Kenntnisnahme verschafft oder in Aussicht gestellt wird, wobei jedoch i. U. zu Nr. 2 der Jugendliche mit dieser Möglichkeit tatsächlich konfrontiert werden muß. Ausgenommen von der Strafbarkeit ist das Überlassen usw. durch den Sorgeberechtigten (Abs. 6 S. 1; u. 9 a ff.). Eine weitere Einschränkung der Strafbarkeit ergibt sich daraus, daß Nr. 1 nicht anwendbar ist, wenn eine Gefahr für die ungestörte sexuelle Entwicklung im konkreten Fall offensichtlich ausgeschlossen ist (and. Lackner/Kühl 1, Horn SK 2, Laufhütte LK 3: relevant nur für die Strafzumessung). Dem steht auch die dem § 184 zugrundeliegende Hypothese nicht entgegen, daß Pornographie für Jugendliche möglicherweise schädlich sein kann (o. 3), rechtfertigt diese die Strafbarkeit unter dem Gesichtspunkt eines Risikodelikts doch nur, weil und soweit eine solche Möglichkeit nicht ausgeschlossen werden kann. Auch kann hier nichts anderes gelten als bei sexuellen Handlungen, die im Hinblick auf das geschützte Rechtsgut „von einiger Erheblichkeit" sein müssen (§ 184 c Nr. 1). Daran aber fehlt es, wenn einem kleinen Kind, das noch nicht lesen kann, einer fast 18-jährigen, über alle einschlägigen Erfahrungen verfügenden Prostituierten oder gar dem „Porno-Star" selbst eine pornographische Schrift überlassen wird. Ein dahingehendes Verbot wäre sinnlos und seine Sanktionierung ein Mißbrauch des Strafrechts.

§ 184 7–9 b   Bes. Teil. Straftaten gegen die sexuelle Selbstbestimmung

7   a) **Anbieten** bedeutet, daß einer bestimmten Person – hier einem oder mehreren Jugendlichen – ein konkretes Angebot i. S. der ausdrücklichen oder konkludenten Erklärung der Bereitschaft zur Besitzübertragung gemacht wird, ohne daß dies jedoch ein Vertragsantrag i. S. des BGB sein müßte (vgl. BGH **34** 98, Hamburg NJW **92**, 1184, Eckstein wistra 97, 51, Laufhütte LK 20 u. näher Horn NJW 77, 2332). Zeitungsinserate oder bloßes Auslegen in einem Schaufenster usw. genügen für Nr. 1 daher nicht (Düsseldorf NStE **Nr. 5**, Eckstein wistra 97, 51), weil es hier an einem bestimmten Adressaten fehlt und dabei offen bleibt, ob der Betreffende die Sache auch an einen Jugendlichen abgeben würde; in Betracht kommt hier jedoch Nr. 2 oder 5. Erforderlich ist, daß die angebotene Schrift tatsächlich verfügbar ist; unter dieser Voraussetzung genügt auch ein Angebot an einen Abwesenden (enger Steindorf, Erbs/Kohlhaas § 3 GjS Anm. 4 a: erforderlich sei Vorzeigen), das dem Jugendlichen jedoch zugegangen sein muß. Das Angebot als solches genügt; auf seine Annahme kommt es nicht an. Auch daß der Jugendliche den pornographischen Charakter der Schrift usw. erkannt hat, ist nicht erforderlich, wohl aber, daß dieser nach dem objektiven Erklärungswert des Angebots – hier dann unter besonderer Berücksichtigung des Empfängerhorizonts von Jugendlichen – erkennbar war (vgl. auch Laufhütte LK 20; and. Horn SK 8, Schreibauer aaO 190).

8   b) **Überlassen** ist die Verschaffung des Besitzes zu eigener Verfügung oder zu eigenem, auch nur vorübergehendem Gebrauch (z. B. Verleihen). Ein Überlassen scheidet daher aus, wenn die Übergabe an den Jugendlichen nur als Bote für einen Erwachsenen erfolgt (RG GA Bd. **59**, 314); doch kommt hier die 3. Alt. in Betracht. Auch hier ist nicht erforderlich, daß der Jugendliche bei Besitzübertragung den pornographischen Charakter der Schrift usw. erkennt.

9   c) Ein **Zugänglichmachen** i. S. der Nr. 1 kann auf zweierlei Weise erfolgen. Es umfaßt zunächst die Fälle, in denen der Täter bewirkt, daß das pornographische Erzeugnis seiner *Substanz* nach derart in den Wahrnehmungs- oder Herrschaftsbereich eines Jugendlichen gelangt, daß dieser die unmittelbare Zugriffsmöglichkeit auf die Sache selbst und damit auch die Möglichkeit der Kenntnisnahme von dem pornographischen Inhalt erlangt (vgl. Karlsruhe NJW **84**, 1975; vgl. auch Bay NJW **58**, 2026 zu § 3 GjS, Steindorf, Erbs/Kohlhaas § 3 GjS Anm. 4 c mwN). Dazu gehört z. B. das unbeaufsichtigte Liegenlassen von Pornographika, wenn sich ein Jugendlicher in der Nähe befindet (vgl. näher Horn NJW 77, 2335), ferner die Übergabe einer unverschlossenen Schrift an einen Jugendlichen zum Transport oder zur Aufbewahrung, nicht dagegen das Auslegen einer Schrift, wenn der Jugendliche nur in rechtswidriger Weise – z. B. Aufreißen einer Plastikfolie – Kenntnis von dem Pornographischen der Darstellung erlangen kann (Karlsruhe NJW **84**, 1975; and. Walther NStZ 90, 524). – Die andere Form des Zugänglichmachens besteht darin, daß der Jugendliche zwar nicht die Zugriffsmöglichkeit auf die Sache selbst erlangt, daß ihm aber sonst die Möglichkeit gegeben wird, von dem *Inhalt* der pornographischen Darstellung Kenntnis zu nehmen: z. B. Vorlesen, Vorzeigen von Bildern (BGH NJW **76**, 1984), Abspielen einer pornographischen Platte in Gegenwart eines Jugendlichen, Senden eines pornographischen Films im Fernsehen, auch nach 23 Uhr (vgl. Beisel/Heinrich NJW 96, 495, Schreibauer aaO 196 f.), sowie insbesondere das Bereitstellen entsprechender Computerdateien auf Servern im Internet (vgl. z. B. Barton aaO 136, Derksen NJW 97, 1881 f., F. A. Koch aaO 262, Pelz wistra 99, 54, Sieber Hdb. MMR 19 RN 607, 610; zu den Haftungsbeschränkungen des § 5 TDG/MDStV s. u. 66 b ff., zu Schutzvorkehrungen gegen die Kenntnisnahme durch Jugendliche u. 15; zum früheren Btx-Verfahren vgl. Stuttgart NStZ **92**, 38, Walther NStZ 90, 523 f.), aber auch schon das Anbieten des Vorlesens, Vorzeigens usw. Nicht erforderlich ist, daß der Jugendliche tatsächlich hinsieht oder zuhört. I. U. zu Nr. 2 setzen beide Formen des Zugänglichmachens hier jedoch voraus, daß sich ein Jugendlicher tatsächlich in dem Bereich befindet, in dem ein Zugriff auf den Gegenstand selbst oder die Wahrnehmung des Inhalts möglich ist.

9 a   d) Nach dem sog. **Erzieherprivileg** des Abs. 6 S. 1 (bis zum 27. StÄG [s. Vorbem.] Abs. 4 S. 1) ist Abs. 1 Nr. 1 nicht anzuwenden, wenn der Personensorgeberechtigte handelt. Vgl. dazu zunächst § 180 RN 12 ff.; näher hierzu Becker/Ruthe FamRZ 74, 508, Schreibauer aaO 346, F. C. Schroeder, Lange-FS 391.

9 b   Das sog. Erzieherprivileg ist hier in bewußter Abweichung von § 21 III a. F. GjS als Tatbestandsausschluß gestaltet. Dies ist allerdings nicht damit zu begründen, daß es zur Sexualerziehung gehören kann, Jugendliche an Hand von Anschauungsmaterial über die Wertlosigkeit von Pornographie aufzuklären (BT-Drs. VI/1552 S. 34). Eine solche pädagogische Tendenz wird in Abs. 6 S. 1 nicht vorausgesetzt. Als Begründung unzureichend ist auch der Gedanke, mit den Mitteln des Strafrechts möglichst nicht in die Intimsphäre der Familie einzugreifen (Prot. VI 1899 ff. zu § 131). Diese Motivation könnte nur zur Annahme eines persönlichen Strafausschließungsgrundes führen. Zudem hätte es dann nahegelegen, die Straflosigkeit auf weitere Angehörige – etwa entsprechend § 21 V n. F. GjS – auszudehnen. Auf eine bloße Unterstellung läuft es schließlich auch hinaus, wenn Abs. 6 S. 1 damit erklärt wird, daß die sonst abstrakt gefährliche Handlung des Abs. 1 Nr. 1 in der Person des Sorgeberechtigten „abstrakt ungefährlich" werde (so F. C. Schroeder, Lange-FS 399). Richtig dürfte vielmehr sein, den Grund für den Ausschluß des Tatbestandes des Abs. 1 Nr. 1 durch Abs. 6 S. 1 darin zu sehen, daß der Gesetzgeber wegen der Nichtbeweisbarkeit schädlicher Auswirkungen von Pornographie auf Jugendliche darauf verzichtet hat, die den Personensorgeberechtigten durch Art. 6 II GG garantierte Entscheidungsfreiheit in der Erziehung bereits unter dem Gesichtspunkt abstrakter Gefährdung durch ein strafrechtliches Verbot einzuschränken. Eine generelle rechtliche Billigung ist damit nicht verbunden (vgl. auch Laufhütte LK 22). Im einzelnen gilt folgendes:

α) Anders als in § 180 ist das Erzieherprivileg hier **nicht durch eine Mißbrauchsklausel einge-** 9 c
schränkt. Auch mißbräuchliches Handeln ist hier offenbar als nicht so gravierend angesehen worden,
um die Begründung der Strafbarkeit von einer – gerade auf diesem Gebiet – mit der Gefahr unein-
heitlicher Anwendung verbundenen Generalklausel abhängig zu machen. Der Schutz des Jugendlichen vor konkreter Gefährdung durch Mißbrauch des Personensorgerechts ist durch § 171 sowie
§ 1666 BGB hinreichend gewährleistet.

β) Die zunächst vorgesehene Erweiterung der Privilegierung auf **Dritte,** die mit Einwilligung des 9 d
Personensorgeberechtigten handeln, wurde im Vermittlungsausschuß gestrichen. Gleichwohl muß die
dem Personensorgeberechtigten belassene Entscheidungsfreiheit zur Folge haben, daß auch dritte
Täter des Abs. 1 Nr. 1 straflos bleiben, sofern sie mit der Tat lediglich eine Entscheidung des
Personensorgeberechtigten vollziehen (so z. B. der Buchhändler, der die pornographische Schrift auf
Anweisung des Vaters unmittelbar dem Sohn aushändigt; and. – und auch von seinem Ausgangspunkt
her keineswegs zwingend – F. C. Schroeder, Lange-FS 399). Eine Abweichung gegenüber der ursprünglich vorgesehenen Erweiterung ergibt sich nur insofern, als die Entscheidung darüber, ob
Jugendliche mit pornographischem Material konfrontiert werden soll, von dem Personensorgeberechtigten getroffen sein muß und nicht dem Dritten überlassen werden darf; vgl. auch § 180 RN 17.

γ) Da der Personensorgeberechtigte nicht tatbestandsmäßig handelt, sind auch **Teilnehmer** straflos 9 e
(so z. B. der Buchhändler, der dem Vater eine pornographische Schrift in dem Bewußtsein verkauft,
daß dieser sie seinem Sohn überlassen wird; and. F. C. Schroeder, Lange-FS 400); vgl. näher § 180
RN 33.

2. Nach **Nr. 2** ist strafbar, wer pornographische Erzeugnisse **an einem Ort,** der **Personen unter** 10
18 Jahren zugänglich ist oder von ihnen **eingesehen werden kann, ausstellt, anschlägt, vor-**
führt oder **sonst zugänglich macht.** Während Nr. 1 voraussetzt, daß die Schrift usw. dem Jugendlichen tatsächlich zugänglich geworden ist, genügt es für Nr. 2, daß sie in seinen potentiellen Wahr-
nehmungsbereich gelangt, m. a. W., daß der Jugendliche in dem Bereich, in dem sie zugänglich ist,
anwesend sein könnte (Celle MDR **85,** 693). Während die Nr. 2 (abstrakte Möglichkeit der Kenntnisnahme)
erfaßt damit die Fälle im Vorfeld der Nr. 1 (konkrete Möglichkeit der Kenntnisnahme). Da die Nr. 2
lediglich verhindern soll, daß es zu der Situation der Nr. 1 kommt, muß für ihre Interpretation der
Gesichtspunkt maßgebend sein, daß der Tatbestand nur verwirklicht ist, wenn es der Täter bewußt
dem Zufall überläßt, ob die Schrift usw. tatsächlich i. S. der Nr. 1 einem Jugendlichen zugänglich wird
(s. auch Beisel/Heinrich JR 96, 97). Über die daraus folgenden Einschränkungen vgl. u. 12.

a) **Zugänglich** für Personen unter 18 Jahren ist jeder **Ort,** der von ihnen ohne Überwindung 11
rechtlicher oder tatsächlicher Hindernisse betreten werden kann (auch wenn gegen Bezahlung eines
Eintrittsgeldes). Hierher gehören daher alle Grundstücke und Räumlichkeiten, die jedermann offenstehen (öffentliche Straßen, Plätze, Warenhäuser usw.), aber auch Orte, die nur zum Betreten durch
einen beschränkten Personenkreis bestimmt sind, wenn dazu jedenfalls auch Jugendliche gehören
(z. B. Schulen, Gemeinschaftsräume in einem Mietshaus, Wohnung, in der Jugendliche aufwachsen).
Damit sind insbesondere auch alle Orte erfaßt, an denen Jugendlichen eine Internetverbindung zur
Verfügung steht (z. B. Schulen, Bibliotheken, Internet-Cafés, Privatwohnungen). Im übrigen ist ein
Ort, dessen Betreten ein rechtliches Verbot (z. B. § 123) entgegensteht, auch dann nicht für andere
zugänglich, wenn er tatsächlich ohne Schwierigkeiten betreten werden kann (Celle MDR **85,** 693,
Horn SK 17, Lackner/Kühl 5, Laufhütte LK 23; and. Tröndle 15, Walther NStZ 90, 524). Voraussetzung ist allerdings, daß das Verbot die Bezeichnung einer rechtlichen Schranke tatsächlich verdient.
Verbote, die von Jugendlichen nur so verstanden werden können, daß sie nicht ernst zu nehmen sind,
machen den fraglichen Ort daher nicht unzugänglich (vgl. dazu auch Hamburg NJW **92,** 1183),
ebensowenig solche, die tatsächlich nicht geltend gemacht werden oder die gemeinhin nicht respektiert zu werden pflegen (vgl. Laufhütte aaO). An Orten, die sonst dem Publikum frei zugänglich sind,
genügt eine den Zutritt für Jugendliche untersagende Verbotstafel nur, wenn für ihre Beachtung
tatsächlich Sorge getragen wird, nicht aber, wenn sich Jugendliche erkennbar um das Verbot nicht
kümmern (zu Nr. 3 a vgl. auch BGH NJW **88,** 272 m. Anm. Greger JR 89, 29, Hamburg aaO).
Befinden sich Jugendliche nach Überwindung der entsprechenden Hindernisse an einem für sie an
sich nicht zugänglichen Ort, so ist dieser damit faktisch zugänglich geworden und deshalb ein solcher
i. S. der Nr. 2 (was auf das Verbot hinausläuft, ungeachtet des Umstands, daß die Jugendlichen rechtswidrig anwesend sind, pornographische Schriften vorzuführen usw.; vgl. Horn aaO, Laufhütte aaO).
Zur analogen Anwendbarkeit des Abs. 6 S. 1, wenn der Ort nur Jugendlichen zugänglich ist, für die
der Täter das Sorgerecht hat, vgl. u. 15 a.

Für Jugendliche zugänglich muß der Ort gerade *während der Zeit* sein, in der dort auch die 12
pornographischen Erzeugnisse zugänglich gemacht sind (ebenso Horn SK 17, Laufhütte LK 24). Das
Ausstellen usw. an einem an sich für Jugendliche zugänglichen Ort genügt daher nicht, wenn
sichergestellt ist, daß Jugendliche diesen während der fraglichen Zeit nicht betreten können oder
betreten werden (z. B. Abschließen; Abwesenheit der in einer Wohnung lebenden Jugendlichen).
Nach dem Sinn der Vorschrift (o. 10) muß es sogar ausreichen, wenn der Täter den Willen und die
Möglichkeit hat, Jugendliche für den Fall ihres Erscheinens rechtzeitig am Betreten zu hindern. Nicht
strafbar ist unter diesen Voraussetzungen daher z. B. der Wohnungsinhaber, der seinen erwachsenen
Gästen im Wohnzimmer einen pornographischen Film vorführt, obwohl sich auch fremde Kinder in
der Wohnung aufhalten (vgl. auch Laufhütte LK 24). Andererseits bietet die bloße Verlegung der

Ausstrahlung pornographischer Fernsehsendungen auf Zeiten nach 23 Uhr noch keine hinreichende Sicherheit gegen die Kenntnisnahme durch Jugendliche und schließt die Strafbarkeit deshalb nicht aus (vgl. Beisel/Heinrich NJW 96, 494 u. JR 96, 97).

13 b) Den genannten Orten stehen solche gleich, die, ohne selbst für Jugendliche zugänglich zu sein, von diesen **eingesehen werden können**. Voraussetzung ist damit, daß der Ort, von dem aus das Einsehen möglich ist, für Jugendliche zugänglich ist. Nicht genügend ist es, wenn besondere Bemühungen (z. B. Hochklettern) oder besondere Mittel (z. B. Fernrohr) erforderlich sind, damit der Ort eingesehen werden kann. Im übrigen gilt das o. 12 Gesagte entsprechend; auch hier ist es also z. B. der Tatbestand nicht erfüllt, wenn der Ort an sich einsehbar ist, während der fraglichen Zeit aber tatsächlich nicht eingesehen werden kann.

14 Nicht erfaßt ist der Fall, daß der Ort zwar *nicht einsehbar,* eine dort stattfindende pornographische Vorführung durch Tonträger aber *akustisch* an einem für Jugendliche zugänglichen Ort wahrnehmbar ist (z. B. Abspielen einer pornographischen Platte bei geöffneten Fenstern; ebenso Laufhütte LK 23). Zwar könnte man daran denken, daß hier der Ort der Vorführung an einem für Jugendliche zugänglichen Ort (Straße) selbst zugänglich gemacht ist (so Horn SK 18). Davon ist das Gesetz aber ersichtlich nicht ausgegangen, da dann für optisch wahrnehmbare Darstellungen an einem Ort, der von einer für Jugendliche zugänglichen Stelle aus eingesehen werden kann, das gleiche gelten müßte, womit die Erweiterung des Tatbestands auf für Jugendliche einsehbare Orte überflüssig wäre.

15 c) Die Tathandlung besteht darin, daß der Täter das pornographische Erzeugnis an solchen Orten **ausstellt, anschlägt, vorführt oder sonst zugänglich macht,** wobei das Ausstellen usw. lediglich beispielhaft aufgezählte Modalitäten des den Oberbegriff darstellenden Zugänglichmachens sind. Beim *Ausstellen, Anschlagen* und *Vorführen* geschieht dies dadurch, daß ohne Weitergabe der Sache selbst der gedankliche oder bildliche Inhalt der pornographischen Darstellung optisch wahrnehmbar und damit der Kenntnisnahme zugänglich gemacht wird. Kein Ausstellen i. S. der Nr. 2 ist daher z. B. das Ausstellen einer pornographischen Schrift mit einem neutralen Umschlag in einem Schaufenster (wohl aber wäre ihr offenes Auslegen in einer Buchhandlung ein Zugänglichmachen). Das *Vorführen* umfaßt darüber hinaus auch die akustische Wiedergabe des pornographischen Inhalts von Tonträgern; jedenfalls aber ist dies ein Zugänglichmachen. Zum *Zugänglichmachen* im übrigen vgl. o. 9, wobei hier darauf abzustellen ist, ob dem Jugendlichen die Schrift usw. im Falle seiner Anwesenheit an dem fraglichen Ort zugänglich gemacht wäre. Ein Zugänglichmachen ist daher insbesondere das Bereitstellen pornographischer Dateien im Internet, aber z. B. auch das Aufstellen von Schaukästen, in denen bei Auslösen eines Mechanismus (z. B. Geldeinwurf) pornographische Fotos betrachtet werden können (Bay NJW **76**, 529). Fraglich ist, ob und in welchem Umfang Vorkehrungen gegen die Wahrnehmung pornographischer Fernsehsendungen oder Computerdateien durch Jugendliche den Tatbestand entfallen lassen (zur Verlegung der Sendezeit nach 23 Uhr s. o. 11). Bei verschlüsselten Fernsehsendungen ist dies zu bejahen, wenn die erforderliche Decodiereinrichtung nur an Erwachsene abgegeben wird und die ohne diese empfangbaren Töne und Bilder keine pornographische Schrift mehr darstellen, da hier für den Programmanbieter nichts anderes gelten kann als für den Händler, der einem Erwachsenen pornographische Schriften verkauft und es gleichfalls nicht in der Hand hat, ob dieser sie nicht an Jugendliche weitergibt (vgl. auch Beisel/Heinrich JR 96, 96 f., v. d. Horst ZUM 93, 228, Schreibauer aaO 198 f., 213; and. Lackner/Kühl 6, Ramberg ZUM 94, 141). Hier kann jedoch der Geräteinhaber nach Nr. 2 (u. U. auch schon nach Nr. 1) strafbar sein, wenn er weiß, daß der Jugendliche das Programm entschlüsseln kann (zu den Eltern vgl. jedoch u. 15 a). Gleiches gilt für im Internet bereitgestellte Computerdateien, wenn die Sicherung so beschaffen ist, daß sie von Jugendlichen nur unter hohem Aufwand bzw. durch ein erhebliches Maß an Täuschung überwunden werden kann (zu den derzeit verbreiteten Systemen vgl. näher Dippelhofer RdJB 00, 57 ff., Sieber Hdb. MMR 19 RN 611 ff.). Dabei kann freilich – wie auch bei der Abgabe von Decodern für verschlüsselte Rundfunksendungen – nicht ganz an der Nr. 3 zugrunde liegenden Wertung vorbeigegangen werden, wonach im Falle des Versandhandels selbst durch Überprüfung des eingeschickten Personalausweises erfolgende Alterskontrollen als unzureichend angesehen werden (vgl. u. 22): Wegen der Anonymität des Internets genügen Sicherungssysteme nicht, die, wie z. B. das Erfordernis der Angabe einer Kreditkartennummer, von Jugendlichen durch einfache Täuschung umgangen werden können (s. auch Barton aaO 138, Bleisteiner aaO 177; and. Sieber Hdb. MMR 19 RN 616 f. u. JZ 96, 496); ausreichend ist hingegen die Kombination mehrerer anonymer Sicherungsmaßnahmen, wenn diese in ihrer Summe eine erhebliche Hürde darstellen (z. B. Kostenpflichtigkeit des Zugangs und Einsendung von Kopien eines Personaldokuments und einer Kredit- oder Scheckkarte, vgl. dazu Sieber Hdb. MMR 19 RN 613).

15 a d) Seinem Wortlaut nach schließt **Abs. 6 S. 1** zwar nur den Tatbestand des Abs. 1 Nr. 1 aus (o. 9 a ff.). Derselbe **Tatbestandsausschluß** muß aber auch für Nr. 2 gelten, sofern der Ort, an dem das pornographische Material zugänglich gemacht ist, nur für Jugendliche zugänglich bzw. einsehbar ist, die der Personensorge des Handelnden unterliegen (arg. a majore ad minus; vgl. z. B. auch Laufhütte LK 25).

16 3. Der Tatbestand der **Nr. 3,** der gleichfalls dem Jugendschutz dient, erfaßt **bestimmte Formen des gewerbsmäßigen Vertriebs** pornographischer Erzeugnisse, die der Gesetzgeber als besonders gefährlich ansah, weil bei ihnen eine zuverlässige Alterskontrolle nicht garantiert sei bzw. nicht ausreichend überwacht werden könne (vgl. BT-Drs. VI/3521 S. 60).

Die Vorschrift ist in mehrfacher Hinsicht restriktiv zu interpretieren. Mit dem ihr zugrundeliegenden Gedanken des Jugendschutzes läßt sie sich uneingeschränkt nur bezüglich des Versandhandels in Einklang bringen, weil der Händler hier, auch wenn Kontrollen vorgesehen sind (z. B. Einsenden des Personalausweises), zu einer sicheren Altersprüfung des Bestellers nicht imstande ist (vgl. Hamburg WRP **87**, 487; insoweit zutr. deshalb auch Düsseldorf NJW **84**, 1977). Mit Recht hat daher auch BVerfGE **30** 336 die entsprechende Bestimmung des § 4 I Nr. 3 GjS für verfassungsgemäß erklärt (vgl. aber auch Laufhütte LK 27). Im übrigen aber geht der Gesetzeswortlaut über den Gesetzeszweck, der unstreitig nur im Jugendschutz liegt, erheblich hinaus. Der Kioskhändler z. B., der pornographische Schriften „unter dem Ladentisch" verwahrt – bei offenem Ausstellen kommt Nr. 5 in Betracht, womit sich der Einwand von Stuttgart NJW **76**, 530 erledigt – und nur nach Vorlage des Personalausweises abgibt, handelt, was die Möglichkeit der Kenntnisnahme durch Jugendliche betrifft (o. 3), nicht einmal abstrakt gefährlich (oder jedenfalls nicht gefährlicher als bei erlaubten Vertriebsformen). Daß dies von einem Jugendlichen beobachtet werden könnte, rechtfertigt entgegen Stuttgart aaO keine andere Beurteilung, weil eine solche Möglichkeit auch in jedem Buchladen, erst recht aber z. B. bei einem Zeitschriftenstand in einem Warenhaus besteht, der nicht unter Nr. 3 fällt. Unabhängig davon, inwieweit sonst bei abstrakten Gefährdungsdelikten der Nachweis der Ungefährlichkeit die Strafbarkeit im Einzelfall ausschließt (vgl. 3 f. vor § 306), muß diese hier deshalb jedenfalls dann verneint werden, wenn eine wirklich zuverlässige Alterskontrolle vorgenommen wird, weil unter diesen Umständen der eine Strafe rechtfertigende Bezug der Handlung zum geschützten Rechtsgut nicht mehr besteht (ebenso M-Schroeder I 224 u. dazu neigend auch Hamm NStZ **88**, 415 u. i. E. Eckstein wistra 97, 51; and. Stuttgart NJW **76**, 529, Lackner/Kühl 6 a, Horn SK 25). Daran ändern auch Überwachungsschwierigkeiten nichts. Zudem sind diese nicht unüberwindlich (Kontrollen durch Testkäufer) und der dazu erforderliche Aufwand kaum größer als bei den Stichproben, die auch bei einem generellen Verbot durchgeführt werden müßten. Hier wäre daher schon in Frage zu stellen, ob ein solches nicht gegen das allgemeine verfassungsrechtliche Verhältnismäßigkeitsprinzip verstößt, wobei in diesem Zusammenhang auch an den polizeirechtlichen Grundsatz zu erinnern ist, daß der Erlaß einer PolizeiVO nur zu dem Zweck, der Behörde die Überwachung zu erleichtern, unzulässig ist (vgl. aber auch BVerfG NJW **77**, 2207, wo ein solcher Verstoß für Nr. 7 ohne nähere Begründung wegen „der mit einer Alterskontrolle verbundenen Schwierigkeiten" verneint wurde). Jedenfalls aber rechtfertigen Überwachungsschwierigkeiten keine Bestrafung unter dem Gesichtspunkt des Jugendschutzes, wenn von einer entsprechenden Gefährdung im Einzelfall keine Rede sein kann. – Nach dem Gesetzeszweck ist Nr. 3 ferner nicht anwendbar, wenn der Vertrieb im Einzelfall an Orten erfolgt, die für Jugendliche nicht zugänglich sind. Können an solchen Orten (z. B. „Kontakthof" eines Eros-Centers) pornographische Schriften ausgestellt werden usw., so muß dort auch ihr Anbieten z. B. durch einen ambulanten Händler möglich sein (and. Horn SK 25, weil – was nicht zutrifft – Nr. 3 auch dem Schutz Erwachsener diene). Soweit der Vertrieb in einer nur Erwachsenen zugänglichen Leihbücherei erfolgt, ist eine solche Einschränkung auch deshalb geboten, weil Nr. 3 a die gewerbliche Vermietung pornographischer Schriften in für Jugendliche nicht zugänglichen und einsehbaren Ladengeschäften gerade erlaubt, für den Printmedienverleih in den eigentlichen Leihbüchereien ohne Verstoß gegen Art. 3 GG dann aber nichts anderes gelten kann (vgl. Greger NStZ 86, 12 sowie u. 23). 17

a) Strafbar ist zunächst das Anbieten oder Überlassen pornographischer Erzeugnisse **im Einzelhandel außerhalb von Geschäftsräumen.** 18

α) **Einzelhandel** i. S. der Nr. 3 ist – im Gegensatz zu dem den Beschränkungen der Nr. 3 nicht unterliegenden Groß- und Zwischenhandel – das gewerbsmäßige Anschaffen oder Herstellen von Waren und ihr Feilbieten an den Endverbraucher (vgl. Bay NJW **58**, 1646, **74**, 2060). Nicht erforderlich ist, daß der Vertrieb von pornographischen Produkten der einzige oder überwiegende Geschäftszweck ist; es genügt, wenn jedenfalls auch gerade mit dem Umsatz solcher Erzeugnisse Gewinn erzielt werden soll, mag dies auch im Rahmen eines primär auf andere Leistungen gerichteten Gewerbebetriebs geschehen. Nicht unter Nr. 3 fällt daher z. B. der Inhaber eines Nachtlokals, der durch unentgeltliche Verteilung von pornographischen Werbeprospekten für sein Programm wirbt (vgl. Bay NJW **58**, 1647 zu § 4 GjS a. F.). Ob der Handel mit pornographischen Erzeugnissen nach gewerberechtlichen Vorschriften erlaubt ist, kann nach dem Sinn der Vorschrift keine Rolle spielen. 19

β) Verboten ist im Einzelhandel nur das Anbieten usw. **außerhalb von Geschäftsräumen,** wobei diese von ihrem Inhaber jedenfalls auch zum Vertrieb pornographischer Erzeugnisse bestimmt sein müssen. Zulässig bleibt dieser damit – vorbehaltlich des § 184 im übrigen – in Buchläden, sog. Sex-Shops usw., aber auch in einer Gastwirtschaft durch den Wirt. Kein Vertrieb außerhalb von Geschäftsräumen ist auch der aus Geschäftsräumen heraus, d. h. der Vertrieb, der auf Grund schriftlicher oder telefonischer Bestellung in einem Geschäftsraum erledigt wird (vgl. BGH **9** 270, Laufhütte LK 26; and. Tröndle 16); in Betracht kommt hier jedoch die 3. Alt. (Versandhandel). Erfaßt werden von der 1. Alt. der Nr. 3 deshalb alle Formen des ambulanten Handels, z. B. der Vertrieb von Haus zu Haus, der Straßenverkauf usw., aber auch der Verkauf in dafür nicht bestimmten Geschäftsräumen (z. B. durch einen Zeitungsverkäufer in einer Gaststätte; and. jedoch nach dem Sinn des Gesetzes, wenn dies in einem Sex-Shop oder insbesondere in einer Nachtbar mit entsprechenden Live-Darstellungen geschieht; vgl. auch BT-Drs. VI/3521 S. 60). 20

b) Strafbar ist auch der Vertrieb **in Kiosken oder anderen Verkaufsstellen, die der Kunde nicht zu betreten pflegt.** Dem liegt der Gedanke zugrunde, daß hier Käufe mehr oder weniger im 21

Vorübergehen getätigt werden und pornographische Erzeugnisse an diesen Orten deshalb für Jugendliche leichter zugänglich sind. Auch für den Kiosk ist wesentlich, daß er von Kunden nicht betreten zu werden pflegt. Bei sog. geteilten Kiosken, die mit einem Buchladen verbunden sind, kommt es deshalb darauf an, ob der Kunde die Schrift nur im geschlossenen Raum erwerben kann oder ob dies auch außerhalb möglich ist (vgl. Steindorf, Erbs/Kohlhaas § 4 GjS Anm. 5); im ersteren Fall gilt Nr. 3 ebensowenig wie für den Zeitschriftenstand in einem Warenhaus – der Vertrieb findet hier innerhalb eines Geschäftsraumes statt –, obwohl sich die Situation hier von der beim Erwerb an einem Kiosk nicht wesentlich unterscheidet (ebenso Laufhütte LK 26). Gleichgültig ist, ob der Kiosk unter freiem Himmel oder in einem umschlossenen Raum (z. B. Bahnhofshalle) befindet. Zu den anderen Verkaufsstellen, die der Kunde nicht zu betreten pflegt, gehören z. B. offene Verkaufsstände auf der Straße, Jahrmarktstände, aber auch Bücherwagen, sofern sie nicht zum Zwecke des Besichtigens und Heraussuchens betreten werden müssen.

22   c) Generell verboten ist ferner der Vertrieb pornographischer Erzeugnisse **im Versandhandel.** Erfaßt werden nicht nur die eigentlichen Versandunternehmen; entscheidend ist nach dem Sinn des Gesetzes vielmehr, ob der Vertrieb nach den für den Versandhandel typischen Formen erfolgt (vgl. auch BVerfG NStZ **82**, 285, Bay NJW **63**, 672, **67**, 1049 zu § 4 GjS, Schleswig OLGSt **Nr. 2**, Beisel/Heinrich JR 96, 97, Eckstein wistra 97, 48 ff.). Unter Abs. 1 Nr. 3 fällt daher auch derjenige, dessen Betrieb nicht überwiegend auf Versandhandel ausgerichtet ist, wenn er sich im Einzelfall dieser Vertriebsform bedient. Wesentlich dafür ist das Anonyme, weshalb zum Versandhandel jedes entgeltliche, der Veräußerung oder Vermietung (vgl. dazu BVerfG aaO; krit. Schreibauer aaO 220 f.) dienende Geschäft gehört, das im Wege der Bestellung und Übersendung der Ware ohne persönlichen Kontakt zwischen dem Lieferanten und dem ihm in der Regel unbekannten Kunden vollzogen wird (Düsseldorf NJW **84**, 1977, NStE **Nr. 1**; vgl. auch Bay aaO). Strafbar ist deshalb z. B. auch der Buchhändler, der auf telefonische, schriftliche oder elektronische Bestellung eine pornographische Schrift übersendet, sofern ihm der Besteller unbekannt ist (vgl. Eckstein wistra 97, 50), sowie das gezielte Versenden von pornographischen Computerdateien über das Internet. Daß nur Personen beliefert werden, die zuvor zum Zweck der Alterskontrolle ihren Personalausweis eingesandt und dann eine Mitgliedsnummer und zusätzlich eine Codezahl erhalten haben, ändert, weil auch dadurch Mißbräuche nicht ausgeschlossen werden können, an der Tatbestandsmäßigkeit nichts (vgl. Düsseldorf NJW **84**, 1977, Hamburg WRP **87**, 484, Eckstein wistra 97, 49 f., Schreibauer aaO 223). Kein Versandhandel ist dagegen die spätere Ausführung von Bestellungen, die persönlich aufgegeben worden sind oder die Vertreter eines stehenden Gewerbebetriebes ihrem Geschäftsherrn übermittelt haben (Schleswig OLGSt **Nr. 2**, Eckstein wistra 97, 49, Laufhütte LK 27, Schreibauer aaO 222 f.). Ebensowenig gehört die Belieferung von Wiederverkäufern hierher (vgl. Düsseldorf NStE **Nr. 1**, Eckstein wistra 97, 48). Nach dem eindeutigen Gesetzeswortlaut ist nicht möglich es ferner, Nr. 3 auf den Versandhandel mit Decodern und Decoderkarten zu erstrecken, auch wenn damit der Schlüssel für den Zugang zu pornographischen Filmen geliefert wird (ebenso Schreibauer aaO 228; and. Beisel/Heinrich JR 96, 97 f., v. d. Horst ZUM 93, 229), oder auf das Eröffnen des Zugriffs auf pornographische Computerdateien gegen Entgelt über das Internet durch Vergabe eines Paßworts (hier Zugänglichmachen nach Nr. 1, 2).

23   d) Erfaßt wird von Nr. 3 endlich der Vertrieb **in gewerblichen Leihbüchereien** und **Lesezirkeln,** offenbar weil hier wegen der außerordentlichen Breitenwirkung des Leihbuchwesens usw. die Gefahr als besonders groß angesehen wurde, daß pornographische Schriften in die Hand von Jugendlichen gelangen könnten (Düsseldorf OLGSt § 184 S. 84; krit. F. C. Schroeder JR 77, 233 [verfassungswidrig]; vgl. auch Schreibauer aaO 225). *Gewerbliche Leihbüchereien* sind – gleichgültig, ob sie als selbständiges Geschäft oder neben einem anderen Gewerbe betrieben werden –, nur solche Büchereien, die Bücher entgeltlich „ausleihen" (d. h. vermieten) und bei denen die Gewinnerzielung Haupt- oder Nebenzweck ist. Nicht hierher gehören Volksbüchereien u. a. öffentliche Bibliotheken, auch wenn ein Entgelt verlangt wird, da sie nicht dem Erwerb dienen. Auch Spezialunternehmen, die einen Filmkassettenverleih betreiben, sind nach Wortlaut und Entstehungsgeschichte keine „Leihbüchereien" (BGH **27** 52, Bay GA **77**, 369, Stuttgart NJW **76**, 1109, Lackner/Kühl 6 a, Laufhütte JZ 74, 48, M-Schroeder I 224; and. Karlsruhe NJW **74**, 2015, MDR **76**, 947 u. näher dazu F. C. Schroeder JR 77, 231; vgl. dazu jetzt Nr. 3 a, u. 24 a ff.). Keine Leihbüchereien sind nach Düsseldorf OLGSt § 184 S. 84 ferner sog. Sex-Shops, in denen u. a. pornographische Schriften vermietet werden. Schon nach der ratio legis, hier jedoch außerdem wegen der sonst zu Nr. 3 a auftretenden Widersprüche sind aber auch solche Leihbüchereien aus dem Tatbestand auszunehmen, die nur für Erwachsene zugänglich sind (o. 17, ferner Greger NStZ 86, 12). Der *gewerbliche Lesezirkel* unterscheidet sich von den Leihbüchereien im Grund nur dadurch, daß hier nicht Bücher, sondern periodisch erscheinende Zeit- und Druckschriften an einen größeren Leserkreis im Wege des Umlaufs vermietet werden, wobei es ohne Bedeutung ist, ob die Lesemappe ins Haus gebracht oder selbst abgeholt wird.

24   e) Die Tathandlung besteht darin, daß der Täter die pornographische Schrift usw. in den genannten Betriebsformen **einem anderen anbietet oder überläßt.** Zum Anbieten und Überlassen vgl. o. 7 f. Da das Anbieten noch kein Vertragsantrag i. S. des BGB sein muß, sondern eine bloße invitatio ad offerendum sein kann, fällt unter Nr. 3 auch das Versenden von selbst nicht pornographischen Prospekten von Pornographie im Versandhandel, dagegen nicht eine entsprechende Plakatreklame oder ein Inserat, weil das Anbieten hier nicht gegenüber einem bestimmten „anderen" erfolgt (vgl.

Düsseldorf NStE **Nr. 5**); insoweit kommt jedoch Nr. 5 in Betracht (u. 30). Zur Notwendigkeit einer Restriktion vgl. o. 17.

4. Veranlaßt durch Auswüchse auf dem Videokassettenmarkt (vgl. auch § 131 RN 1 f.), stellt die durch das Ges. zur Neuregelung des Jugendschutzes in der Öffentlichkeit v. 25. 2. 1985 (BGBl. I 425) eingefügte **Nr. 3 a** i. V. mit **Abs. 6 S. 2** ein **eingeschränktes Vermietverbot** von pornographischen Schriften auf. Eine entsprechende Ergänzung war notwendig geworden, weil der Tatbestand der Nr. 3 zwar die Vermietung von Pornographika außerhalb von Geschäftsräumen usw., im Versandhandel und in gewerblichen Leihbüchereien usw. erfaßt, nicht aber, soweit sie in Geschäftsräumen erfolgt, die der Kunde zu betreten pflegt und die, wie die Videotheken, auch keine Leihbüchereien sind (vgl. dazu o. 23). Auch Nr. 2 ist hier nicht einschlägig, wenn die pornographischen Erzeugnisse in einem vom Hauptgeschäftsraum abgetrennten, für Jugendliche nicht zugänglichen und nicht einsehbaren Nebenraum feilgehalten werden. Weil ein Zutrittsverbot für Jugendliche hier wegen des Massengeschäfts insbes. in Videotheken unter Jugendschutzaspekten nicht als ausreichend erschien, soll durch Nr. 3 a eine Konzentration des Vermietgeschäfts mit Pornographika auf für Jugendliche nicht zugängliche, spezielle Ladengeschäfte mit separatem Eingang erreicht werden (vgl. BT-Drs. 10/2456 S. 17, 25; zu den damit auftretenden Spannungen zu Nr. 3 bezüglich der Leihbüchereien, die dort nur durch eine restriktive Interpretation zu beseitigen sind, vgl. o. 17, 23, Greger NStZ 86, 12). Von einem zunächst diskutierten absoluten Vermietverbot wurde wegen verfassungsrechtlicher Bedenken abgesehen (vgl. jedoch die ein generelles Vermietungsverbot für pornographische Videoerzeugnisse vorsehende Gesetzesinitiative des BRats v. 18. 10. 1985 [BT-Drs. 10/4682] u. dazu Tröndle 20 d, Greger NStZ 86, 12, Maatz NStZ 86, 174 sowie den gleichlautenden Gesetzesantrag des BRats v. 23. 7. 1987 [BT-Drs. 11/638]). Auch unter Berücksichtigung der in Nr. 3 a vorgesehenen Einschränkungen bleibt jedoch ebenso wie bei Nr. 3 die Frage einer restriktiven Interpretation, wenn eine Alterskontrolle tatsächlich gewährleistet ist (vgl. o. 17 sowie Hamm NStZ **88**, 415; and. LG Stuttgart Justiz **86**, 99).

a) Tatbestandsmäßig ist – vorbehaltlich der u. 25 b, c genannten Einschränkungen – das **Anbieten oder Überlassen** im Wege **gewerblicher Vermietung** oder vergleichbarer gewerblicher Gewährung des Gebrauchs. Beim *Anbieten*, das hier ebenso wie in Nr. 1, an einen anderen gerichtet sein muß, besteht hier auch dann kein Unterschied zu Nr. 1 (o. 7), wenn die Vermietung in einem für Jugendliche zugänglichen oder einsehbaren und deshalb nicht unter die Ausnahmeklausel des Nr. 3 a fallenden Ladengeschäft (u. 25 b) erfolgt (so aber Düsseldorf NJW **92**, 1184, Laufhütte LK 30), da in diesem Fall mit dem Betreten des Geschäfts durch einen potentiellen Kunden aus dem zunächst nur allgemein angehaltenen Angebot an das Publikum ohne weiteres ein solches an diesen wird (entsprechende Situationen sind übrigens schon bei Nr. 3 denkbar, so bei Leihbüchereien). Zum *Überlassen* vgl. o. 8. *Gewerblich* ist die Vermietung usw., wenn sie, wenn auch nur neben anderen Geschäften, entgeltlich zum Zweck der Gewinnerzielung und in der Absicht erfolgt, aus solchen Geschäften eine nicht nur vorübergehende Einnahmequelle zu machen. Nicht erfaßt ist damit die einmalige oder nur gelegentliche Vermietung durch ein Unternehmen, das auch sonst andere Geschäfte tätigt. Der Vermietung gleichgestellt sind Geschäfte, die eine *vergleichbare Gewährung des Gebrauchs* zum Gegenstand haben. Wesentlich dafür ist, daß dem Kunden das Recht eingeräumt wird, die Sache nach Gebrauch zurückzugeben und daß ihm damit die höheren Aufwendungen erspart werden, die mit einem Vollerwerb verbunden wären. Um ein Umgehungsgeschäft braucht es sich dabei nicht zu handeln (vgl. aber BT-Drs. 10/2546 S. 24). Hierher gehören z. B. der Kauf mit einem Wiederverkaufsrecht und das „unentgeltliche" Entleihen gegen Bezahlung eines Mitgliedsbeitrags (vgl. BT-Drs. aaO, Tröndle 20 b).

b) Ausgenommen ist nach Nr. 3 a eine gewerbliche Vermietung in **Ladengeschäften, die Personen unter 18 Jahren nicht zugänglich** sind und von ihnen **nicht eingesehen** werden können. *Ladengeschäfte* sind nur solche Geschäftslokale, die – gleichgültig, ob ortsgebunden oder nicht (Verkaufswagen, vgl. Hamm NStZ **88**, 415) – über eine herkömmlich zu einem „Laden", in dem Gegenstände angeboten und überlassen werden, gehörende Ausstattung verfügen (also z. B. nicht Nachtlokale usw.) und die außerdem räumlich und organisatorisch selbständig sind und deshalb auch einen eigenen Zugang von der Straße oder von einer allgemeinen Verkehrsfläche her haben (h. M., vgl. BGH NJW **88**, 272 m. Anm. Greger JR 89, 29, Bay **86**, 32, VGH Mannheim NJW **87**, 1445 [zu § 3 I Nr. 3 GjS], LG Stuttgart Justiz **86**, 99, LG Verden NStZ **86**, 118, Tröndle 20 c, Greger NStZ 86, 12, Lackner/Kühl 6 a; and. LG Essen NJW **85**, 2841 m. abl. Anm. Führich NJW 86, 1156 u. Maatz NStZ 86, 174, LG Hamburg NJW **89**, 1046). Diese Voraussetzungen können je nach Art der baulichen Gestaltung auch erfüllt sein, wenn mehrere Einzelgeschäfte in einem Gebäude (z. B. in einem Einkaufszentrum oder in einer Ladenpassage) untergebracht sind (BGH m. Anm. Greger aaO). Einzelne im Geschäftsinneren befindliche, von den übrigen Geschäftsräumen zwar abgegrenzte, aber von dort aus zugängliche Räume (z. B. abgetrennte Räume in einem einheitlichen Warenhaus, vgl. BGH aaO), in denen speziell Pornographika vertrieben werden, sind dagegen auch dann kein eigenes Ladengeschäft, wenn es sich dabei nicht nur um einen gesonderten Raum („Schmuddelecke"), sondern um eine verselbständigte Abteilung („shop in the shop") handelt (andernfalls hätte es der Nr. 3 a nicht bedurft, da solche Räume, wenn sie für Jugendliche zugänglich sind und von diesen eingesehen werden können, bereits von Nr. 2 erfaßt sind; vgl. o. 25, VGH Mannheim aaO). Daran, daß derartige Räume, sofern sie für Jugendliche nicht zugänglich usw. sind, nach wie vor zulässig sind, wenn dort nur Kassetten zum Verkauf angeboten werden, hat Nr. 3 a dagegen nichts geändert (krit. dazu Greger NStZ 86, 12). *Nicht zugänglich* ist das Geschäft für Jugendliche, wenn diesen das Betreten

§ 184   25 c–29

deutlich erkennbar (z. B. durch einen entsprechenden Anschlag) durch ein eindeutiges Verbot (vgl. dazu Hamburg NJW **92**, 1195) untersagt ist und der Inhaber für dessen Einhaltung auch tatsächlich Sorge trägt (o. 11); eine Alterskontrolle erst an der Kasse genügt dafür nicht (vgl. BGH NJW **88**, 272 m. Anm. Greger JR 89, 29). Dabei darf das Ladengeschäft insgesamt für Jugendliche nicht zugänglich sein; auch unter diesem Gesichtspunkt genügt es bei einem aus mehreren Räumen bestehenden Geschäft daher nicht, wenn nur der Raum, in dem Pornographika angeboten werden, diese Voraussetzung erfüllt (ebenso Schreibauer aaO 233 f.; and. LG Hamburg NJW **89**, 1046). Werden pornographische Schriften nur zu bestimmten Zeiten zur Vermietung angeboten, so ist es dagegen ausreichend, wenn das Geschäft während dieser Zeit für Jugendliche unzugänglich ist (vgl. StA Konstanz MDR **90**, 742, Greger NStZ 86, 12). Das weitere Erfordernis, daß das Ladengeschäft von Jugendlichen auch *nicht eingesehen* werden kann – d. h. also von Orten aus, die Jugendlichen zugänglich sind –, soll verhindern, daß bei diesen Interesse für pornographische Erzeugnisse geweckt wird. Aus dieser ratio legis ergeben sich die Grenzen des fraglichen Merkmals: Danach ist der Tatbestand der Nr. 3 a zwar erfüllt, wenn die pornographischen Artikel in dem Geschäft so ausgelegt sind, daß sie durch eine Glastüre als solche wahrgenommen werden können, und wohl auch, wenn die Abwicklung der Vermietung von außen wahrgenommen werden kann (vgl. BGH NJW **88**, 272), nicht aber bei einer völlig unverfänglichen Schaufensterauslage oder wenn Jugendliche von der Straße aus während des Betretens des Geschäfts durch Kunden einen kurzen Blick in das Ladeninnere werfen können, ohne daß dabei jedoch Einzelheiten, insbes. die angebotenen Gegenstände erkennbar sind (vgl. Stuttgart MDR **87**, 1047). Ebensowenig braucht das Geschäft insgesamt nicht einsehbar zu sein (and. Hamburg NJW **92**, 1184): Daß durch die Eingangstürscheiben nur leere Regale und über die hinter den Fenstern aufgestellten Stellwände hinweg nur die Decke und Deckenlampen erkennbar sind (so im Fall Hamburg), ist ein Anblick, welcher bei Jugendlichen kaum mehr Interesse wecken dürfte als der eines insgesamt nicht einsehbaren Ladens mit zugeklebten Tür- und Fensterscheiben. Vgl. im übrigen o. 13 und dazu, daß die akustische Wahrnehmbarkeit nicht genügt, o. 14.

25 c   c) Eine weitere Ausnahme enthält **Abs. 6 S. 2,** wonach Nr. 3 a nicht gilt (Tatbestandsausschluß), wenn die Handlung **im Geschäftsverkehr mit gewerblichen Entleihern** erfolgt. Der Begriff des gewerblichen „Entleihers" ist hier nicht i. S. des BGB (§ 598) zu verstehen, vielmehr sind damit alle Personen gemeint, die Pornographika zu gewerblichen (o. 25 a) Zwecken anmieten (z. B. zur Vorführung eines pornographischen Films in Nachtbars usw.; vgl. BT-Drs. 10/2546 S. 24). Nach Abs. 6 S. 2 ist Nr. 3 a hier selbst dann nicht anwendbar, wenn das Überlassen usw. im Wege der Vermietung in Geschäftsräumen erfolgt, die für Jugendliche zugänglich sind. Dies ist jedoch deshalb unschädlich, weil in diesem Fall bereits Nr. 2 in Betracht kommt.

26   5. Nach **Nr. 4** ist strafbar das **Unternehmen der Einfuhr** pornographischer Erzeugnisse **im Weg des Versandhandels;** zum Rechtsgut vgl. o. 3. Strafbar sind damit, obwohl § 6 Nr. 6 nur Abs. 3, 4 nennt, auch Auslandstaten (dazu, daß § 9 hier nicht zu einer Inlandstat führt [abstraktes Gefährdungsdelikt], vgl. § 9 RN 6). Im Unterschied zu Nr. 3, wo das bloße Anbieten durch Prospekte genügt, muß hier das pornographische Erzeugnis selbst auf den Weg gebracht werden.

27   a) Unter Nr. 4 fällt nur das **Einführen im Wege des Versandhandels** (zu diesem vgl. o. 22), also der unmittelbare Versand aus dem Ausland an den Letztabnehmer („Verbraucher"); für die Belieferung eines inländischen Versandhändlers aus dem Ausland gilt dagegen Nr. 8. Als Einführer „im Wege des Versandhandels" ist, abweichend von der Definition des § 21 b AußenwirtschaftsVO, nur der Händler anzusehen, der den Versand der Schrift usw. in das Inland z. B. durch Aufgabe bei der Post im Ausland durchführt oder veranlaßt (vgl. auch Bay MDR **70**, 941, Stuttgart NJW **69**, 1545 zu § 184 Nr. 1 a. F.); der Abnehmer selbst führt nicht im Wege des Versandhandels ein und ist hier, sieht man von Abs. 5 ab, so wenig wie sonst beim Beziehen pornographischer Erzeugnisse strafbar (Hamm NJW **00**, 1965, LG Freiburg NStZ-RR **98**, 11, Horn SK 31, Laufhütte LK 33, M-Schroeder I 225, Schreibauer aaO; and. Bremen NJW **72**, 1678 zu § 184 a. F., Tröndle 21). Eingeführt ist die Sendung im Postweg, sobald sie die Grenze des Hoheitsgebiets der Bundesrepublik überschritten hat.

28   b) Strafbar ist nach Nr. 4 schon das **Unternehmen** des Einführens; zum Begriff des Unternehmens vgl. § 11 I Nr. 6 und dort RN 46 ff. Die Einbeziehung des Versuchs – strafbar ist danach bereits die Aufgabe bei der Post im Ausland – ist wenig einleuchtend und dürfte praktisch nahezu bedeutungslos sein; anders als beim Unternehmen des Ausführens (vgl. Nr. 9) konnte es hier auch nicht darum gehen, möglichst frühzeitig eine Beschlagnahme zu ermöglichen, da eine solche ohnehin erst in Betracht kommt, wenn das Inland erreicht und damit das Einführen vollendet ist. Zur Zulässigkeit der Weiterleitung pornographischer Schriften vom Post- und Zollbehörden an die Staatsanwaltschaften vgl. jetzt §§ 1 III, 5, 12 ZollVerwG (Art. 1 ZollrechtsÄndG v. 21. 12. 1992, BGBl. I 2125, ÄndG v. 27. 12. 1993, BGBl. I 2378) u. näher Tröndle 21 a.

29   6. Der Tatbestand der **Nr. 5** erfaßt **bestimmte Arten der Werbung** einschließlich des **Anbietens,** wobei diese in der 1. Alt. öffentlich und an einem bestimmten Ort, in der 2. Alt. durch Verbreiten von Schriften erfolgen muß. Beiden Alt. liegt die Erwägung zugrunde, daß diese Werbungsformen wegen ihrer Breitenwirkung oder ihres jedenfalls nicht überschaubaren Wirkungsbereichs unter dem Gesichtspunkt des Jugendschutzes besonders gefährlich sind, wobei die Gefahr hier z. T. allerdings noch wesentlich abstrakter ist als bei den übrigen im Vorfeld der Nr. 1 liegenden Gefährdungstatbeständen. Da die Bezugsquellen selbst für Jugendliche durch Nr. 1–4 verschlossen sind, ist allerdings auch hier zu fragen, ob es verfassungsrechtlich zulässig ist, statt die Einhaltung dieser Verbote zu überwachen, ein im Vorfeld liegendes Werbeverbot zu schaffen (vgl. dazu Schumann NJW 78, 1134, 2495, aber auch BVerwG NJW 77, 1411, wo dies für § 5 GjS bejaht wird [zur Verfassungsmäßigkeit des § 5 GjS a. F. vgl. einerseits BVerfGE 11 234, andererseits BVerwGE 39 197]; vgl. auch o. 17, u. 38).

a) Beiden Tatbestandsalternativen gemeinsam ist das Werben in der Form des **Anbietens, Ankündigens** und **Anpreisens.** Beim *Anbieten* genügen hier – i. U. zu Nr. 1 und 3 („einem anderen anbietet") – i. S. eines bloßen Feilbietens (vgl. dazu Horn NJW 77, 2331 f.) auch entsprechende Erklärungen an das Publikum, z. B. durch Plakate, Auslagen in einem Schaufenster (vgl. BGH 34 98), Aufstellen von Automaten usw. Dies gilt auch, wenn der angebotene Gegenstand tatsächlich nur an Erwachsene abgegeben und dies erkennbar gemacht wird in dem Angebot, da hier schon verhindert werden soll, daß Jugendliche für solche Erzeugnisse überhaupt interessiert werden. *Ankündigen* ist jede Kundgebung, durch die auf die Gelegenheit zum Bezug aufmerksam gemacht wird (RG 37 142, Hamm JMBlNW 58, 111); handelt es sich um pornographische Erzeugnisse, die nicht überlassen, sondern auf andere Weise zugänglich gemacht werden sollen (z. B. Filmvorführung), so genügt ein entsprechender Hinweis. *Anpreisen* ist die lobende und empfehlende Erwähnung und Beschreibung eines bestimmten pornographischen Erzeugnisses, das Hervorheben seiner Vorzüge usw. (RG 37 142). Enthält das Angebot usw. selbst einen pornographischen Text, so gilt schon Nr. 2. 30

Gemeinsam für alle diese Formen des Werbens gilt im einzelnen folgendes: 1. Nicht erforderlich ist, daß eine *Gewinnerzielung* beabsichtigt wird (BGH 34 219 m. Anm. Meier NJW 87, 1610). – 2. Es genügt jeweils eine versteckte Werbung, d. h. eine solche, bei der zwar nicht ausdrücklich, aber konkludent und damit erkennbar das wohlwollende Interesse des Publikums geweckt werden soll (BGH m. Anm. Meier aaO); nicht ausreichend ist daher eine kritische Auseinandersetzung, auch wenn sie objektiv geeignet ist, Interesse an der Schrift zu wecken (BGH aaO). – 3. Da der Zweck des Werbeverbots nur darin gesehen werden kann, zu verhindern, daß Jugendliche für pornographisches Material interessiert und auf die möglichen Bezugsquellen aufmerksam gemacht werden (BGH 34 98 m. Anm. Greger JR 87, 210, 34 219 m. Anm. Meier aaO), muß das Objekt der Werbung *tatsächlich pornographisch* sein (Hamburg MDR 78, 506). – 4. Nicht ausreichend ist eine *neutrale* Werbung, vielmehr ist in allen Fällen erforderlich, daß der pornographische Charakter dessen, wofür geworben wird, für den durchschnittlich interessierten und informierten Betrachter erkennbar gemacht wird und von diesem deshalb auch so verstanden werden muß (vgl. BGH 34 96, NJW 77, 1695, 89, 409, Bay 79, 46, Celle MDR 85, 693, Frankfurt NJW 87, 454, Karlsruhe NJW 84, 1975, Stuttgart MDR 77, 246, Justiz 81, 213, Beisel/Heinrich JR 96, 98 f., Cramer AfP 89, 611 ff., Horn SK 37, Lackner/Kühl 5, Laufhütte LK 34, M-Schroeder I 225, Meier NStZ 85, 341, NJW 87, 1610, Schumann NJW 78, 2495, Seetzen NJW 76, 497; and. München NJW 87, 453, Greger JR 87, 210, Schreibauer aaO 243; dagegen soll nach BGH 33 1, 34 99, BVerwG NJW 77, 1411 bei nach § 1 GjS indizierten Schriften auch die neutrale Werbung [vgl. § 5 II GjS] genügen, eine Differenzierung, die jedoch wenig einleuchtet [krit. dazu auch Laufhütte LK 20 FN 38; zu ihrer Verfassungsmäßigkeit vgl. BVerfG NJW 86, 1241]). Die Gegenmeinung, die auch die verdeckte, d. h. inhaltlich neutrale Werbung für tatbestandsmäßig hält, führt zu einer vom Schutzzweck der Vorschrift her nicht mehr gebotenen Einschränkung der Informationsfreiheit und steht deshalb im Widerspruch zu dem auch hier zu beachtenden Grundsatz der Verhältnismäßigkeit, abgesehen davon, daß hier von dem Gedanken eines abstrakten Gefährdungsdelikts kaum noch etwas übrig bleibt (auf RG 36 139, 57 361 kann die abweichende Auffassung ohnehin nicht mehr gestützt werden, da das RG seine weitergehende Interpretation des § 184 I Nr. 1 a. F. ausdrücklich damit begründet hatte, daß nach der a. F. schon jedes Verbreiten unzüchtiger Schriften unter Strafe gestellt war). Nicht notwendig ist, daß ausdrücklich auf den pornographischen Charakter aufmerksam gemacht wird, vielmehr kann dies z. B. auch versteckt mittelbar durch einen entsprechenden Hinweis im Firmennamen geschehen (z. B. „Porno-Palast"). Nicht ausreichend ist dagegen z. B. das bloße Ankündigen eines „Sex-Films" oder eines entsprechenden Filmtitels (z. B. „Blue Sex", vgl. BGH NJW 89, 409, Cramer AfP 89, 615), da der Film nicht pornographisch zu sein braucht (and. Schreibauer aaO 245). Ebensowenig genügt der bloße Hinweis „Nur für Erwachsene" oder auf das Bestehen eines Werbeverbots (vgl. Stuttgart MDR 77, 246, Mayer NJW 87, 1610, aber auch BGH 34 99). Auch muß aus der Werbemaßnahme selbst zu entnehmen sein, daß für Pornographie geworben wird (vgl. BGH NJW 89, 409); nicht tatbestandsmäßig ist daher z. B. eine für sich unverfängliche Zeitungsanzeige für einen Film, auch wenn der Leser weiß, daß in dem fraglichen Filmtheater regelmäßig pornographische Filme gezeigt werden (BGH aaO). 31

b) Nach der **1. Alt.** ist strafbar das Werben (Anbieten usw. o. 30 f.), das **öffentlich** und zugleich an **bestimmten Orten** erfolgt, nämlich an solchen, die Jugendlichen zugänglich sind oder von ihnen eingesehen werden können (vgl. dazu o. 11 ff.). Das Anbieten usw. geschieht öffentlich, wenn es von einem größeren, individuell nicht feststehenden oder jedenfalls durch persönliche Beziehungen nicht verbundenen Personenkreis wahrgenommen werden kann (vgl. § 186 RN 19). Plakat- oder Lautsprecherwerbung für pornographische Erzeugnisse auf öffentlichen Plätzen, entsprechende Schaufensterreklame, Fernseh- oder Rundfunkwerbung oder Werbung im Internet (vgl. Schreibauer aaO 257) fällt daher immer unter Nr. 5, da es sich hier zugleich um Orte handelt, die für Jugendliche zugänglich sind. Nicht hierher gehört dagegen das wahllose, aber nacheinander erfolgende Anspre- 32 chen einer unbestimmten Zahl einzelner Personen auf einer Straße (vgl. aber auch RG **34** 81); hier handelt der Täter zwar an einem öffentlichen Ort, jedoch erfolgt das Anbieten usw. selbst nicht öffentlich. Daß nach der 2. Alt. beim Verteilen von Prospekten usw. etwas anderes gilt, besagt nichts, weil diese Form der Werbung infolge der Perpetuierung des gedanklichen Inhalts und der mangelnden Kontrollierbarkeit durch den Täter wesentlich gefährlicher ist. Nicht strafbar ist auch das Werben vor Jugendlichen oder an einem für Jugendliche zugänglichen Ort, wenn dies nicht öffentlich geschieht (z. B. in einem geschlossenen Jugendclub), solange dies nicht in ein Anbieten nach Nr. 1 bzw. ein Zugänglichmachen nach Nr. 2 übergeht. Umgekehrt ist auch ein öffentliches Werben nicht strafbar, wenn es nicht an einem für Jugendliche zugänglichen Ort erfolgt (z. B. Werbung vor dem Publikum eines Nachtlokals, das von Jugendlichen nicht betreten werden kann).

33 c) Die **2. Alt.** erfaßt die Werbung (Anbieten usw., o. 30 f.) durch **Verbreiten von Schriften außerhalb des Geschäftsverkehrs mit dem einschlägigen Handel.**

34 α) Zum **Verbreiten** von – das Angebot, die Ankündigung usw. enthaltenden – Schriften vgl. u. 57, wobei hier mangels Verweises auf § 11 III allerdings nur Schriftstücke i. e. S. erfaßt sind (ebenso Schreibauer aaO 249; and. Horn SK 40, Laufhütte LK 35). Hierher gehört z. B. die Werbung durch Zeitungsanzeigen, Verteilen oder Auslegen von Reklameschriften zum Mitnehmen, Postwurfsendungen usw. Ein Verbreiten entfällt nicht deshalb, weil ein bestimmter Personenkreis persönlich angeschrieben wird, wenn dieser so groß ist, daß er nicht mehr kontrollierbar ist. Enthält die verbreitete Schrift selbst einen pornographischen Text, so ist meist einer der anderen Tatbestände des Abs. 1 erfüllt; ist dies ausnahmsweise nicht der Fall, so kann auch die mit dem – als solchem straflosen – Verbreiten pornographischer Schriften verbundene Werbung nicht nach Nr. 5 strafbar sein, so wenn z. B. an einem für Jugendliche nicht zugänglichen Ort pornographische Hefte verkauft werden, in denen weitere Titel derselben Reihe zum Bezug angeboten werden.

35 β) **Ausgenommen** ist das Anbieten usw. durch Verteilen von Schriften **innerhalb des Geschäftsverkehrs mit dem einschlägigen Handel.** Dazu gehört nicht nur die Anbahnung oder Fortsetzung geschäftlicher Beziehungen mit Personen, die hauptsächlich oder u. a. gerade pornographische Erzeugnisse verkaufen, vielmehr genügt es, wenn der andere Teil überhaupt mit dem Handel von Schriften, Ton- und Bildträgern usw. befaßt ist. Das Versenden von Angeboten pornographischer Literatur an Buchhändler, die bisher keine pornographischen Schriften in ihrem Sortiment hatten, erfolgt daher noch innerhalb des Geschäftsverkehrs mit dem einschlägigen Handel (ebenso Laufhütte LK 35, Schreibauer aaO 255). Zulässig sind deshalb auch Anzeigen in Fachblättern des Buchhandels (vgl. auch § 5 II 2 GjS a. F.). Darauf, ob der Handel in dieser Form erlaubt ist, kommt es nicht an; straflos ist daher z. B. auch das Versenden von Prospekten an Versandunternehmen (strafbar wäre jedoch nach Nr. 8 die spätere Lieferung; vgl. ferner § 21 I Nr. 5 GjS). Handel i. S. der Nr. 5 ist nicht nur das auf Veräußerung von Waren gerichtete Gewerbe, sondern z. B. auch die Tätigkeit von Filmverleihfirmen.

36 7. Nach **Nr. 6** ist strafbar, wer pornographische Erzeugnisse **an einen anderen gelangen läßt, ohne von diesem dazu aufgefordert zu sein** (zum Rechtsgut vgl. o. 3). Das *Gelangenlassen,* das auch im Rahmen einer nichtkommerziellen Betätigung erfolgen kann, ist dem Zugehen i. S. des BGB vergleichbar und bedeutet, daß die Schrift usw. so in den Verfügungsbereich eines anderen überführt wird, daß dieser von Inhalt Kenntnis nehmen kann; daß er tatsächlich Kenntnis nimmt oder nehmen will, ist nicht erforderlich (Lackner/Kühl 6 c, Tröndle 23; and. Schreibauer aaO 262). Dabei muß die Schrift selbst in den Verfügungsbereich des anderen gelangt sein. Eine sonstige Konfrontation mit Pornographie durch ungewolltes Vorführen, Vorlesen, Vorzeigen, Datenübertragung im Internet (vgl. Sieber JZ 96, 495) usw. genügt nicht (so z. B., wenn in einem Kino andere Filme als die angekündigten vorgeführt werden; vgl. jedoch Nr. 7 sowie Schreibauer aaO 263 f.). Das Gelangenlassen kann u. U. auch durch bloßes Unterlassen (z. B. durch Liegenlassen in einer fremden Wohnung) erfolgen. Ob dies auch für das Liegenlassen in öffentlichen Verkehrsmitteln oder an sonst allgemein zugänglichen Orten gilt (vgl. Laufhütte LK 37, JZ 74, 48, Tröndle 23), ist jedoch zumindest zweifelhaft, da hier andere (z. B. Mitreisende) nur durch einen zusätzlichen eigenen Akt die Verfügungsgewalt erlangen können und Nr. 6 ersichtlich auch nicht den Schutz vor ungewollter Konfrontation mit Pornographie in der Öffentlichkeit bezweckt (z. B. pornographische Plakate; ablehnend auch Schreibauer aaO 262). Erst recht nicht ausreichend ist schon nach dem Sinn der Nr. 6 das Zulassen der Entwendung (so jedoch Horn SK 48, der hierin nur ein Vorsatzproblem sieht). Weitere Voraussetzung ist, daß die Schrift usw. ohne vorherige, ausdrückliche oder konkludente *Aufforderung* in den Gewahrsam desjenigen gelangt, der nach dem Willen des Täters der Empfänger sein sollte. Der der Tatbestand ausschließenden Aufforderung des anderen muß nach dem Sinn des Gesetzes die vorherige (ausdrückliche oder konkludente) Einwilligung gleichstehen. Eine nur zu vermutende Einwilligung genügt nicht (Laufhütte LK 37), doch kann hier nach allgemeinen Grundsätzen die Rechtswidrigkeit ausgeschlossen sein (vgl. 54 ff. vor § 32), was z. B. bei der unaufgeforderten Zusendung von pornographischem Werbematerial an einen Stammkunden von Bedeutung sein kann.

37 8. Nach **Nr. 7** ist strafbar, wer pornographische Darstellungen **in einer öffentlichen Filmvorführung gegen ein Entgelt zeigt, das ganz oder überwiegend für diese Vorführung verlangt wird.** Die Vorschrift dient primär dem Jugendschutz, daneben auch dem Schutz Erwachsener vor ungewollter Konfrontation mit Pornographie (BVerfGE **47** 117).

38 Unter dem Gesichtspunkt des Jugendschutzes wurde die Vorschrift für erforderlich gehalten, weil sich § 6 JÖSchG a. F. als unzulänglich erwiesen habe und eine wirksame Alterskontrolle nicht gewährleistet sei (vgl. die Nachw. in BVerfGE **47** 119). Wird sie im Einzelfall wirksam gehandhabt (Ausweiskontrolle), so liegt im Hinblick auf den Jugendschutz nicht einmal eine abstrakt gefährliche Handlung vor. Dasselbe gilt hinsichtlich des Schutzes Erwachsener vor ungewollter Konfrontation mit Pornographie, wenn der Besucher auf den pornographischen Charakter des Films hingewiesen worden ist (vgl. auch M-Schroeder I 223 sowie zu Pay-TV-Sendungen Beisel/Heinrich JR 96, 98). Ebenso wie bei Nr. 3 (o. 17) ist daher auch hier eine entsprechende **Einschränkung des Tatbestands** geboten. Die verfassungsrechtlichen Bedenken, die andernfalls gegen Nr. 7 bestehen, sind auch durch BVerfGE **47** 119 nicht ausgeräumt. Das BVerfG begnügte sich hier mit der Feststellung, daß der Gesetzgeber „offenbar" auf Grund der bisherigen Erfahrungen der Auffassung gewesen sei, daß Alterskontrollen nicht ausreichten und daß sich „gesicherte Anhaltspunkte dafür, daß das nicht zutreffe" nicht gewinnen ließen (ähnl. BVerfG NJW **77**, 2207).

38 a Noch problematischer wird die Vorschrift durch die sog. **Entgeltklausel** (u. 41 ff.). Diese soll nicht das besondere Gewinnstreben erfassen – ein Gesichtspunkt, auf den es in diesem Zusammenhang ohnehin nicht ankommen kann –, vielmehr hat der Gesetzgeber in ihr ein „einigermaßen brauchbares Abgrenzungskriterium" gesehen, mit dem es möglich sein soll, einerseits herkömmliche Kinos von pornographischen Filmen freizuhalten, andererseits das ungereimte Ergebnis zu vermeiden, daß das Vorführen pornographischer Filme auch in Nachtlokalen u. ä. strafbar wird, in denen ein entsprechendes Verbot gegen die lebende Vorführung sexueller Handlungen nicht besteht (BT-Drs. VI/3521 S. 21, 61, Laufhütte JZ 74, 49). Abgesehen davon, daß sie zu kaum lösbaren Abgrenzungsfragen und zu „intrikaten Beweisschwierigkeiten" (Dreher JR 74, 57) führt, ist die Entgeltklausel jedoch kein geeignetes Mittel zur Erfüllung des im Vordergrund stehenden Zwecks des Jugendschutzes (and. BVerfGE **47** 117). Wenn etwa das BVerfG aaO 118 darauf hinweist, daß nach der Entgeltklausel der Besuch pornographischer Filme rechnerisch mindestens das Doppelte der für den Besuch eines herkömmlichen Filmtheaters notwendigen Aufwendungen erfordere und daß insoweit eine Hürde errichtet sei, „die jedenfalls nicht generell ungeeignet erscheint, Jugendlichen den Besuch pornographischer Filmveranstaltungen zu erschweren", so ist dies allein eine Folge des erhöhten Eintrittspreises, ohne daß es dann aber noch darauf ankommen dürfte, ob die Nebenleistung mit der Filmvorführung in dem hier geforderten inneren Zusammenhang steht und wie ihr Preis berechnet worden ist (u. 41 b ff.). Hinzukommt, daß die Ergebnisse, zu denen die Entgeltklausel führt, nicht weniger ungereimt sind als die, die das Gesetz vermeiden wollte. Ging es darum, Nachtlokale freizustellen, weil diese für Jugendliche ohnehin nicht ohne weiteres zugänglich sind, so kann es auch nicht mehr darauf ankommen, wofür das Entgelt überwiegend verlangt wird, ob für Getränke, pornographische „Live-Shows" oder Filme. Trotzdem ist der Nachtclubbesitzer im letzteren Fall strafbar (BT-Drs. VI/3521 S. 61, BVerfGE **47** 127), weshalb ihm nur geraten werden kann, sein Programm so mit pornographischen „Live-Shows" anzureichern, daß gelegentliche Filmvorführungen trotz weit überhöhter Getränkepreise bei der Endabrechnung nicht mehr entscheidend zu Buche schlagen. Ebenso ist ein Sex-Shopbesitzer, der den kostenlosen Besuch einer Filmvorführung vom Kauf von Waren im Wert von 6 DM abhängig macht, zwar strafbar, wenn sich die Kosten der Filmvorführung – wenn auch nur geringfügig – in dem Warenpreis niederschlagen, nicht aber, wenn dies nicht der Fall ist (Karlsruhe OLGSt § 184 S. 101 f.; vgl. auch u. 41 a). Nicht strafbar ist nach der Entgeltklausel ferner z. B. der Gastwirt, der nebenbei zur Steigerung seines Umsatzes pornographische Filme vorführt (vgl. Koblenz MDR **78**, 776). Auch Kinobesitzer sind von der Vorschrift nicht generell erfaßt, so nach Stuttgart OLGSt § 184 S. 74 nicht, wenn der bei einem Einheitspreis von 10 DM für Getränke berechnete Teilbetrag von 5 DM angemessen ist (eine Flasche Sekt-Piccolo), während Strafbarkeit anzunehmen wäre, wenn der Besucher bei demselben Preis z. B. nur eine Flasche Bier erhielte. Solche Differenzierungen sind unter dem Gesichtspunkt des Jugendschutzes nicht nur völlig sinnwidrig, sondern auch willkürlich. Dennoch hat BVerfGE **47** 116 die Verfassungsmäßigkeit der Nr. 7 bejaht (ebenso schon BVerfG GewA **76**, 161, NJW **77**, 2207, ferner z. B. BGH **29** 70, MDR **78**, 768, Seetzen NJW **76**, 497).

39 a) Erfaßt werden von Nr. 7 nur **Filmvorführungen,** wobei es unerheblich ist, ob diese in herkömmlicher Weise oder durch Fernsehausstrahlung (vgl. Beisel/Heinrich JR 96, 98) erfolgen oder der Besucher gegen Münzeinwurf einen Filmautomaten selbst betätigen kann (KG NStZ **85**, 220; and. M-Schroeder I 223; vgl. aber auch u. 40). Keine Filmvorführung ist aber das Vorführen anderer Ton- und Bildträger, daher auch nicht von pornographischen Diapositiven (unzulässige Analogie; ebenso Horn SK 17; and. Laufhütte LK 38, Tröndle 24), obwohl die Möglichkeit einer Jugendgefährdung hier nicht anders zu beurteilen ist als bei Filmen.

40 b) Die Filmvorführung ist **öffentlich,** wenn sie von einem größeren, individuell nicht feststehenden oder jedenfalls durch persönliche Beziehungen nicht verbundenen Personenkreis gleichzeitig wahrgenommen werden kann (vgl. Bay NJW **76**, 528, KG JR **78**, 166, NStZ **85**, 220; vgl. auch o. 32). Daß für den Film nach § 6 JSchÖG Jugendverbot besteht, ändert daran nichts, selbst wenn dieses kontrolliert und der Kreis der möglichen Besucher dadurch auf Erwachsene beschränkt wird (KG aaO unter Hinweis auf BGH 5 StR 598/76 v. 15. 2. 1977; vgl. jedoch o. 38, 17); öffentlich sind daher z. B. auch Filmvorführungen in einem sog. Sex-Shop, zu dem Jugendliche keinen Zutritt haben (Düsseldorf OLGSt § 184 S. 71, KG aaO, Karlsruhe OLGSt § 184 S. 99, Tröndle 24), oder Fernseh-

§ 184   41–41 d   Bes. Teil. Straftaten gegen die sexuelle Selbstbestimmung

ausstrahlungen in verschlüsselter Form (Beisel/Heinrich JR 96, 98). Auch entfällt die Öffentlichkeit nicht deshalb, weil der Zutritt zwar von einer sog. Mitgliedschaft abhängig ist, diese jedoch mit dem Besuch des Lokals und praktisch nur für die Zeit des Aufenthalts erworben wird (zu § 184 a. F. vgl. Hamm NJW **73**, 817). Nicht öffentlich sind dagegen geschlossene Veranstaltungen eines Vereins ausschließlich für Vereinsmitglieder, soweit es sich nicht um Massenvereine handelt (vgl. § 183 a RN 4); hier kommt nur Nr. 1 oder 2 in Betracht. Kein öffentliches Vorführen ist auch das Aufstellen eines Filmautomaten (z. B. in einer Videothek), bei dem die Filmvorführung jeweils nur von einer Person oder von unbestimmt vielen Einzelpersonen nacheinander verfolgt werden kann (Bay NJW **76**, 527, KG NStZ **85**, 220, LG Dortmund MDR **75**, 163); Entsprechendes gilt, wenn hier an die Stelle der Einzelperson nur ein individuell bestimmbarer kleiner Personenkreis treten kann (vgl. KG aaO: 2–5 Personen).

41   c) Strafbar ist das Zeigen pornographischer Darstellungen in einer öffentlichen Filmvorführung nur, wenn es **gegen ein Entgelt erfolgt, das ganz oder überwiegend für diese Vorführung verlangt wird** (vgl. auch o. 38 a). Dabei ist es gleichgültig, ob das Entgelt ausdrücklich als Gegenleistung für die Filmvorführung bezeichnet wird oder ob es in versteckter Form z. B. auf die Getränkepreise aufgeschlagen wird (BVerfGE **47** 121 f., 125 f., Hamm MDR **78**, 775, KG JR **77**, 379 m. Anm. Rudolphi, Koblenz MDR **78**, 776); notwendig ist jedoch immer, daß es ganz oder überwiegend die Gegenleistung gerade für die Vorführung des pornographischen Films darstellt. Im einzelnen gilt folgendes:

41 a   α) Straflos ist die Vorführung eines pornographischen Films, wenn sie **unentgeltlich** angeboten wird (vom Gesetzgeber bewußt in Kauf genommen, da mit solchen Veranstaltungen nicht gerechnet zu werden brauche). Nicht nach Nr. 7 strafbar ist daher z. B. der Gastwirt, der ohne Preisaufschlag zur Steigerung seines Umsatzes pornographische Filme vorführt (Koblenz MDR **78**, 776); das gleiche gilt für den Sex-Shopbesitzer, der den unentgeltlichen Zutritt zu einer Filmvorführung vom vorherigen Erwerb von Waren in Höhe eines bestimmten Mindestbetrags abhängig macht, wenn kein Anteil am Verkaufspreis der Waren Entgelt für die Filmvorführung ist (Bay **79** 34, Karlsruhe OLGSt § 184 102; enger wohl KG JR **78**, 166, weitergehend dagegen Düsseldorf OLGSt § 184 S. 71; in Betracht kommt hier aber ein Verstoß gegen § 1 ZugabeVO [vgl. dazu auch Bay **79** 34, Köln MDR **77**, 691]).

41 b   β) Die 1. Alt. des **„ganz" für die Filmvorführung verlangten Entgelts** erfaßt zunächst den Fall, daß diese die einzige vom Besucher bezahlte Leistung darstellt (z. B. auch Pay-TV in Form des „Pay-per-view"). Darüber hinaus ist aber auch bei einer Koppelung der Filmvorführung mit einer Nebenleistung der auf die erstere entfallende Anteil des Gesamtentgelts dann als „ganz für die Vorführung verlangt" anzusehen, wenn zwischen ihr und der Nebenleistung kein Zusammenhang besteht, und zwar unabhängig davon, ob die Einzelanteile als solche sichtbar gemacht sind (BVerfGE **47** 122, 126, BGH **29** 71 m. Anm. Mösl LM Nr. 5, Karlsruhe OLGSt § 184 S. 99 f., Stuttgart Justiz **79**, 387; mißverständlich Hamm MDR **78**, 775). An einem solchen Zusammenhang fehlt es, wenn die Nebenleistung keinerlei sachlichen Bezug zu der Filmvorführung hat, d. h. wenn sie nicht dazu bestimmt und geeignet ist, dem Besuch der Vorführung zu dienen oder diesen auch nur angenehmer zu machen (so z. B. wenn der Besucher zusätzlich Schallplatten, Porno-Hefte, Präservative usw. erhält, vgl. BGH **29** 71, Hamm MDR **78**, 775, Karlsruhe OLGSt § 184 S. 100; krit. zu dieser „Zusammenhangslösung" Rogall JZ **79**, 717). Darauf, welcher der beiden Entgeltanteile überwiegt, kommt es hier mithin nicht an.

41 c   γ) Die 2. Alt. des **„überwiegend" für die Filmvorführung verlangten Entgelts** ist nur von Bedeutung, wenn zwischen der Vorführung und einer damit gekoppelten Nebenleistung ein sachlicher Zusammenhang besteht (BVerfGE **47** 122, BGH **29** 71 m. Anm. Mösl LM Nr. 5 u. Rogall JZ **79**, 715, MDR **78**, 768, Lackner/Kühl 6 d, Laufhütte LK 40 f.). Um einen solchen Zusammenhang handelt es sich insbes. bei den mit der Verabreichung von Getränken usw. verbundenen Mischformen von herkömmlichem Kino- und Barbetrieb (nach BGH **29** 71 dagegen nicht bei zusätzlicher Überlassung von Schallplatten oder pornographischen Magazinen; offengelassen von VGH München GewA **86**, 25 bei Pralinen). Dabei ist es auch hier gleichgültig, ob zwischen der Vorführung und der weiteren Leistung (Getränke usw.) nach außen sichtbar getrennt oder ob ohne solche Kennzeichnung ein einheitlicher Preis verlangt wird (BVerfGE **47** 126, BGH MDR **78**, 768, Koblenz MDR **78**, 776, OLGSt § 184 S. 109, Laufhütte LK 38; and. noch BGH GewA **77**, 204, Karlsruhe MDR **78**, 507, wo bei einer nach außen sichtbaren Aufteilung des Gesamtentgelts angenommen wurde, daß der auf die Filmvorführung entfallende Anteil „ganz" für diese verlangt werde).

41 d   Nahezu aussichtslos ist der Versuch, zur Bestimmung des „überwiegenden" Anteils einen Berechnungsmodus zu finden, der dem Gesetzeszweck auch nur einigermaßen gerecht wird (vgl. auch BGH MDR **78**, 769, wonach eine endgültige Klärung dieser von zahlreichen Gerichten ganz verschieden beantworteten Frage „i. S. einer einfachen, umfassenden und für jedermann überschaubaren Lösung nur vom Gesetzgeber erwartet werden kann"; vgl. in diesem Zusammenhang auch BGH **29** 73 zum Verbotsirrtum, ferner D. Mayer JuS **79**, 251 und die Rechtsprechungsübersicht von Rogall JZ **79**, 715; vgl. aber auch Laufhütte LK 39). Allgemein angenommen wird, daß es auf die nominelle Deklaration der Preisanteile nicht ankommen kann, obwohl Nr. 7 an sich nur auf das „verlangte" Entgelt abstellt (vgl. z. B. BVerfGE **47** 111, BGH MDR **78**, 768, Stuttgart NStZ **81**, 262, Tröndle 24). Auch das Verhältnis der im Film- und gastronomischen Bereich gemachten betrieblichen Aufwendungen kann nicht maßgebend sein, weil die Entscheidung sonst weitgehend vom Zufall abhinge (z. B.

davon, ob die Einrichtung bereits amortisiert ist; vgl. auch BGH MDR **78**, 768: jedenfalls nicht allein maßgebend; gegen eine interne Gesamtkalkulation BVerfGE **47** 126, Stuttgart NStZ **81**, 262). Nach BGH **29** 70 soll deshalb bei der Frage, welcher Teil überwiegt, das angemessene und übliche Entgelt für beide Teilleistungen abzustellen sein (ebenso Laufhütte LK 42, Rogall JZ 79, 717; vgl. auch schon BVerfGE **47** 122, BGH MDR **78**, 768, aber auch Stuttgart NStZ **81**, 262, wonach es auf den angemessenen Wert der Nebenleistung nur ankommen soll, wenn der Gesamtpreis wenigstens das Doppelte des angemessenen Entgelts für die Filmvorführung ausmacht). Damit ist zwar die Beweisführung wesentlich erleichtert (zu den erforderlichen Feststellungen im Urteil vgl. Koblenz OLGSt § 184 S. 109), gemessen am Gesetzeszweck wird die Strafbarkeit auf diese Weise jedoch von völlig sachfremden Kriterien abhängig gemacht: Wenn die Entgeltklausel nach BVerfGE **47** 118 deshalb „nicht generell ungeeignet erscheint, Jugendlichen den Besuch pornographischer Filmveranstaltungen zu erschweren", weil der Besuch rechnerisch mindestens das Doppelte des Eintrittsgelds für ein herkömmliches Filmtheater kostet, so ist es völlig unerheblich, ob der Besucher bei einem Gesamtentgelt von z. B. 10 DM als Nebenleistung eine Flasche Bier oder – vgl. den Fall von Stuttgart OLGSt § 184 S. 77 – eine Flasche Sekt-Piccolo (Preis: 5 DM) erhält. Sicherzustellen, daß Besucher mindestens das Doppelte des Entgelts für eine herkömmliche Filmvorführung aufwenden müssen, um so für Jugendliche eine gewisse Hürde zu errichten (so auch Stuttgart NStZ **81**, 262), kann schon deshalb nicht der Sinn der Entgeltklausel sein, weil dieser Effekt auch wesentlich einfacher zu erreichen wäre (Zutritt in „Porno-Kinos" nur gegen das Doppelte des normalen Eintrittspreises). Unter diesen Umständen bleibt nur die Möglichkeit, die Entgeltklausel hier so umzudeuten, daß sie dem mit ihr vom Gesetzgeber verfolgten Zweck so weit als möglich Rechnung trägt. Besteht dieser darin, Kinos von pornographischen Filmen freizuhalten, so bedeutet dies, daß die Voraussetzungen der Entgeltklausel unabhängig von der Preisgestaltung grundsätzlich dann als gegeben anzusehen sind, wenn nach dem Zuschnitt des fraglichen Betriebs in dem Rechtsverhältnis zwischen Unternehmer und Besucher die Elemente überwiegen, die für den mit einem gewöhnlichen Filmtheater abgeschlossenen Vertrag wesentlich sind; je mehr sich dagegen der Betrieb vom reinen Kinounternehmen entfernt und durch Leistungen bestimmt wird, die auch im Gaststättengewerbe üblich sind – wofür z. B. die Art der Einrichtung, das Angebot an Getränken, die nicht auf die Zeit der Vorführung beschränkte Verweildauer von Bedeutung sein kann –, um so eher ist auch eine Gleichstellung mit jenen Lokalen gerechtfertigt, die nach der Entstehungsgeschichte von der Nr. 7 ausgenommen bleiben sollten (ebenso KG JR **77**, 379 m. Anm. Rudolphi, Horn SK 54; vgl. auch Koblenz MDR **78**, 776, D. Mayer JuS 79, 251; and. BVerfGE **47** 123, KG JR **78**, 166, Koblenz MDR **78**, 776, Lackner/Kühl 6 d: nur Indiz neben der Preisgestaltung; vgl. auch Laufhütte LK 42). Eine solche „teleologisch begründete Gesetzeskorrektur" (zu deren Zulässigkeit vgl. Larenz, Methodenlehre der Rechtswissenschaft, 6. A., 400) muß auch im Strafrecht möglich sein, wenn der Gesetzeszweck eindeutig zu ermitteln und nicht auf andere Weise zu verwirklichen ist. Der Gesetzeswortlaut setzt hier nur insofern eine Grenze, als dies nicht zu Lasten des Täters gehen darf (insoweit berechtigt die Einwände von BVerfGE **47** 123, Stuttgart OLGSt § 184 S. 76). Trotz des überwiegend einem herkömmlichen Kino entsprechenden Charakters des fraglichen Betriebs ist Nr. 7 daher nicht anwendbar, wenn die Preise für Filmvorführung und Nebenleistung angemessen sind und der Anteil für die Vorführung nicht überwiegt (so in dem Fall von Stuttgart aaO). Ebenfalls kein „überwiegendes" Entgelt liegt bei Pay-TV-Sendungen vor, wenn die Gebühr nicht für die einzelne Sendung erhoben wird, sondern als monatliche Pauschale für ein überwiegend nicht-pornographisches Angebot (s. auch Beisel/Heinrich JR 96, 98).

9. Der Tatbestand der **Nr. 8** erfaßt **bestimmte Vorbereitungshandlungen** zu den Taten nach Nr. 1–7. Strafbar ist danach das Herstellen, Beziehen, Liefern, Vorrätighalten und das Unternehmen des Einführens pornographischer Schriften usw. zur eigenen oder fremden Verwendung i. S. der Nr. 1–7. Dabei genügt es auch, wenn nicht die fragliche Schrift selbst, sondern die aus ihnen gewonnenen Stücke in dem genannten Sinn verwendet werden sollen, der Täter also nur das „Mutterstück" herstellen usw. Erfaßt sind damit zunächst solche Stücke, welche die unmittelbare technische Gewinnung des Endprodukts ermöglichen (z. B. Platten, Drucksätze, Matrizen, Negative, durch Scannen usw. gewonnene Bilddateien; vgl. BGH **32** 1). Zweifelhaft ist jedoch, ob hierher auch Manuskripte, Drehbücher usw. gehören, die lediglich als Vorlage für den Inhalt der zur Verwendung i. S. der Nr. 1–7 gedachten Stücke dienen sollen. BGH **32** 1 hat dies für den insoweit entsprechenden Tatbestand des Herstellens in § 131 I Nr. 4 (entspr. § 184 III Nr. 3) grundsätzlich bejaht, jedoch mit der Einschränkung, daß ein für den Druck gedachtes Manuskript erst dann i. S. dieser Vorschriften hergestellt sei, „wenn der zu veröffentlichende Inhalt feststeht und der Weg zur technischen Vervielfältigung freigegeben ist". Will man Manuskripte als „Mutterstück" nicht schlechthin ausnehmen – jeder Verfasser könnte dann nur noch Teilnehmer an der fremden Herstellung sein –, so ist eine solche Restriktion der viel zu weiten Vorfeldtatbestände der §§ 131 I Nr. 4, 184 I Nr. 8, III Nr. 3, bei denen schon genügt, daß eine Verwendung durch Dritte ermöglicht werden soll, in der Tat unumgänglich. Entsprechende Einschränkungen können auch bei den anderen Begehungsmodalitäten geboten sein, wobei sich die gleichen Fragen angemessen stellen (z. B. Vorrätighalten oder Einführen eines Manuskripts, für das noch kein Abnehmer vorhanden ist). In Erweiterung von BGH **32** 1 wird man hier deshalb ganz allgemein verlangen müssen, daß bei Manuskripten usw., aus denen die für die Verwendung vorgesehenen Stücke nicht unmittelbar gewonnen werden können, die Gefahr jederzeit möglicher Verwendung „bereits ganz nahe gerückt ist" (S. 8; ebenso Laufhütte LK 43, Schreibauer aaO 279).

43 a) **Herstellen** ist das Anfertigen pornographischer Schriften usw., die entweder selbst oder als „Musterstück" für eine Verwendung i. S. der Nr. 1–7 vorgesehen sind. Hersteller ist daher z. B. sowohl der Photograph, der die pornographische Szene aufnimmt (Gewinnung des Negativs; überholt damit Bay MDR **58**, 443, Hamburg MDR **63**, 1027), als auch derjenige, der aus dem Negativ die pornographischen Bilder herstellt oder durch Scannen nichtdigitalisierter Bilder die für die Bereitstellung im Internet erforderliche Bilddatei erzeugt. Hergestellt ist die Schrift usw. erst mit Erreichen eines Zustands, in dem sie für den fraglichen Zweck geeignet ist (vgl. Horn SK 58); zu weitergehenden Einschränkungen bei Manuskripten vgl. o. 42. Lediglich eine Unterart des Herstellens ist das Vervielfältigen.

44 b) **Beziehen** ist das Erlangen tatsächlicher eigener Verfügungsgewalt durch abgeleiteten Erwerb (also nicht eigenmächtiges Sichverschaffen; vgl. auch RG **77** 118) von einem anderen, gleichgültig, ob dies entgeltlich oder unentgeltlich geschieht. Der bloße Abschluß eines Kaufvertrags ist noch kein Beziehen.

45 c) **Liefern** ist der entsprechende Vorgang auf der Gegenseite und bedeutet die Übergabe der Sache zur eigenen Verfügungsgewalt des Bestellers. Aus diesem Grund kann das Vermieten pornographischer Filme durch eine Filmverleihfirma zur Verwendung nach Nr. 7 – wenig sachgerecht – nur durch die Alt. des Vorrätighaltens (u. 46) erfaßt werden (in BGH **29** 68 wird hier Nr. 8 ohne nähere Prüfung bejaht). Das unaufgeforderte Gelangenlassen an einen anderen genügt nicht (vgl. Tröndle 29).

46 d) Das **Vorrätighalten**, das dem Herstellen oder Beziehen zeitlich vielfach nachfolgen wird, bezeichnet das Besitzen zu einem bestimmten Verwendungszweck (RG **42** 210; näher dazu Horn NJW **77**, 2331), wozu auch das Speichern auf der Festplatte eines Computers gehört (vgl. Schreibauer aaO 280). Ein „Vorrat" ist nicht erforderlich; es genügt, daß einzelne Stücke zur Disposition stehen (RG **42** 210, **62** 396). Hinzukommen muß jedoch, daß der Täter eigene Verfügungsgewalt besitzt, d. h. über den Absatz jedenfalls mitbestimmen kann. Das bloße Verwahren ist kein Vorrätighalten.

47 e) Zum **Unternehmen des Einführen** vgl. zunächst o. 26 ff. *Einführen* i. S. der Nr. 8 ist das Verbringen der Sache über die Grenze, soweit dies nicht im Wege des Versandhandels an den Letztbezieher geschieht, weil dafür Nr. 4 gilt. Abweichend von § 21 b AußenwirtschaftsVO ist auch hier Einführer nur derjenige, der die Sache entweder selbst über die Grenze bringt oder in dessen Auftrag sie über die Grenze gebracht wird. Dagegen ist z. B. der inländische Versandhändler, der sich von einem ausländischen Hersteller beliefern läßt, nicht selbst Einführer i. S. der Nr. 8. Würde er die pornographischen Erzeugnisse beim inländischen Hersteller beziehen, so würde er sich nach der 2. Alt. erst strafbar machen, wenn die Sachen in seinen Besitz gelangt sind (o. 44); es ist deshalb nicht einzusehen, warum er mit der Begründung, er sei Einführer i. S. der 4. Alt., bei einem Bezug aus dem Ausland schon wesentlich früher (Versuch!) strafbar sein sollte. *Unternommen* (Versuch!) ist die Einfuhr bereits, wenn die Sache einen grenznahen Ort erreicht hat und von dort aus in Richtung Grenze in Bewegung gesetzt wird (vgl. BGH MDR **83**, 685 mwN zum Versuch der Einfuhr).

48 f) In allen Fällen ist außer dem Vorsatz (u. 66) erforderlich, daß der Täter handelt, **um** die hergestellten usw. pornographischen Erzeugnisse oder aus ihnen gewonnene Stücke (z. B. Nachdrucke, Abzüge usw.) **i. S. der Nr. 1–7 zu verwenden oder einem anderen eine Verwendung zu ermöglichen**. Soweit es sich um das Unternehmen des Einführens handelt, ist dies allerdings in bezug auf Nr. 4 nicht möglich. Im übrigen ist hier Absicht i. S. von zielgerichtetem Handeln erforderlich (BGH **29** 72; vgl. § 15 RN 66 ff.). Soweit der Täter handelt, um einem anderen die Verwendung zu ermöglichen, braucht diese jedoch nicht selbst beabsichtigt zu sein; es genügt, wenn er das Ziel verfolgt, eine Situation zu schaffen, in welcher der fraglichen Gegenstände i. S. der Nr. 1–7 verwenden kann. Dies ist z. B. auch der Fall, wenn es dem Täter letztlich nur um den Kaufpreis geht, da er seinen eigenen Vorteil hier nur über die Herbeiführung der genannten Situation erreichen kann.

49 10. Strafbar ist nach **Nr. 9** das **Unternehmen der Ausfuhr** pornographischer Schriften usw., um diese selbst oder aus ihnen gewonnene Stücke im Ausland entgegen den dort geltenden Strafvorschriften zu verbreiten oder öffentlich zugänglich zu machen oder eine solche Verwendung zu ermöglichen. Zur *Ausfuhr*, d. h. dem Verbringen über die Grenzen der Bundesrepublik, gehört auch die Durchfuhr (Schleswig NJW **71**, 2319); zum Begriff des *Unternehmens* vgl. § 11 I Nr. 6 u. dort RN 46 ff. *Ausland* war nach dem Sinn der Vorschrift (o. 3) vor dem Beitritt auch die DDR, was für vorher begangene Taten von Bedeutung ist (ebenso Laufhütte LK 45). Anderseits besteht nach der ratio legis kein Anlaß, Nr. 9 auch anzuwenden, wenn der Täter die beabsichtigte Verbreitung usw. in dem betreffenden Land fälschlich für strafbar hält (and. Tröndle 32). Die *Absicht* (o. 48) muß hier auf das *Verbreiten* (u. 57) oder *öffentliche Zugänglichmachen* (u. 58) bzw. auf die Ermöglichung einer solchen Verwendung gerichtet sein.

50 Nicht unter Nr. 9 fällt dagegen der *Versandhandel* in das Ausland. Dieser kann jedoch nach Nr. 3 strafbar sein, was allerdings voraussetzt, daß auch in dem betreffenden Staat ein Pornographieverbot unter dem Gesichtspunkt des nach Nr. 3 geschützten Rechtsguts (Jugendschutz) besteht (vgl. Karlsruhe NJW **87**, 1957). Entsprechendes gilt für Vorbereitungshandlungen hierzu nach Nr. 8.

51 V. In **Abs. 2** wird die Verbreitung pornographischer Darbietungen durch den **Rundfunk** ausdrücklich genannt, weil zweifelhaft erschien, ob Abs. 1 auch Live-Sendungen erfaßt. Der Begriff

Rundfunk ist weit auszulegen und umfaßt für die Allgemeinheit bestimmte Ton- und Bildübertragungen (vgl. Horstkotte JZ 74, 47), wozu auch die verschiedenen Formen des Pay-TV sowie über Satellit, Funk oder Datenleitungen erreichbare moderne Zugriffs- und Abrufdienste (Near Video on Demand, Video on Demand, WWW-Angebote) gehören, letztere jedoch nur, soweit sie der Allgemeinheit und nicht lediglich geschlossenen Benutzergruppen oder einzelnen Personen offen stehen (vgl. Schreibauer aaO 179 u. Hdb. IR 586; eingehend zu den verschiedenen Rundfunkbegriffen Holznagel Hdb. MMR 3.2 RN 8 ff.); auf die medienrechtliche Abgrenzung von Rundfunk, Medien- und Telediensten (vgl. u. 66 d) kommt es hierbei nicht an. Nicht erfaßt sind danach Live-Darbietungen aus dem Internet für jeweils eine einzelne Person, auch wenn sie zuvor der Allgemeinheit angeboten wurden (vgl. Schreibauer aaO 183). *Darbietungen* i. S. des Abs. 2 sind nur Live-Sendungen, nicht dagegen die Reproduktion von Ton- oder Bildträgern, da diese bereits von Abs. 1 – dort idR jedenfalls durch Nr. 2 – erfaßt ist (Beisel/Heinrich NJW 96, 492 u. JR 96, 99, Schreibauer aaO 288, Tröndle 33; and. Lackner/Kühl 7, Weigend ZUM 94, 133 FN 3). Auch ist Abs. 2 im Wege teleologischer Redaktion auszuschließen, wenn es sich um verschlüsselte Übertragungen handelt und sichergestellt ist, daß die Decodiereinrichtung nicht an Jugendliche abgegeben wird, da kein weitergehendes Schutzinteresse als bei Abs. 1 Nr. 2 besteht (vgl. o. 15; s. auch Beisel/Heinrich JR 96, 99, Schreibauer aaO 290). **Verbreiten** ist – im Unterschied zu Abs. 3 Nr. 1 (u. 57) – jede rundfunkmäßige Art der Ton- oder Bildübertragung an die Allgemeinheit (s. auch Tröndle/Fischer 33), wobei täterschaftliches Handeln durch jeden für die Sendung (Mit)-Verantwortlichen möglich ist (z. B. Programmdirektor, verantwortlicher Redakteur, entgegen Lackner/Kühl 7 jedoch nicht der Autor oder Produzent; s. auch Schreibauer aaO 329 ff.).

VI. Auch die sog. **harte Pornographie** des **Abs. 3** ist Pornographie i. S. des Abs. 1, für die **52** deshalb zunächst einmal Abs. 1 Nr. 1–9 gilt (s. auch BGH NJW **99**, 1982). Über Abs. 1 hinaus werden hier jedoch noch weitere Begehungsmodalitäten erfaßt, nämlich nach Nr. 1 das Verbreiten schlechthin (also auch unter Erwachsenen; krit. bzgl. der Sodomiepornographie F. C. Schroeder aaO 10, NJW 93, 2583), nach Nr. 2 das öffentliche Ausstellen usw., auch soweit dies nicht an einem für Jugendliche zugänglichen Ort i. S. des Abs. 1 Nr. 2 geschieht, endlich nach Nr. 3 gewisse Vorbereitungshandlungen zu diesen Taten. Zum Rechtsgut vgl. o. 3; zur Geltung des Abs. 3 auch für Auslandstaten vgl. § 6 Nr. 6.

1. Als sog. **harte Pornographie** sieht das Gesetz pornographische Schriften usw. (o. 3 ff.) an, die **53** Gewalttätigkeiten, den sexuellen Mißbrauch von Kindern oder sexuelle Handlungen von Menschen mit Tieren zum Gegenstand haben. Von diesem besonderen Inhalt abgesehen, ist der Pornographiebegriff hier jedoch derselbe wie in Abs. 1 (BGH MDR/H **78**, 804, Lackner/Kühl 8, Laufhütte LK 13, Tröndle 34; and. Mahrenholz ZUM 98, 526 f.). Nur der besondere Inhalt ist es auch, der mit dem 27. StÄG (s. Vorbem. u. o. 2) innerhalb des Abs. 3 zu unterschiedlichen Strafrahmen und einer im Vergleich zur Gewalt- und Sodomiepornographie wesentlich höheren Strafdrohung bei der Kinderpornographie führte.

a) Die sog. Gewaltpornographie (1. Alt.) umfaßt Schriften usw., die **Gewalttätigkeiten zum 54 Gegenstand** haben, gleichgültig, ob es sich um die Darstellung eines tatsächlichen oder nur fiktiven Geschehens handelt. Dabei sind Gewalttätigkeiten i. S. des Abs. 3 nur solche gegen Menschen (entsprechend z. B. § 131; vgl. dort RN 6), für die die Entfaltung physischer Kraft unmittelbar gegen die Person in einem aggressiven Handeln erforderlich ist (BGH NJW **80**, 66, Karlsruhe GA **77**, 246, Köln NJW **81**, 1458, Laufhütte LK 14). Die Gewalttätigkeit braucht als solche keinen sexuellen Charakter haben, wobei dann auch ein einverständliches Handeln genügt (z. B. Darstellung sadistischer oder sadomasochistischer Handlungen; vgl. Karlsruhe aaO, Köln aaO, Hanack NJW 74, 7). Sie kann aber auch – wenn auch nur fiktives – Nötigungsmittel zur Erreichung sexueller Ziele sein (z. B. Darstellung einer Vergewaltigung); eine vis haud ingrata genügt daher nicht, ebensowenig eine Nötigung durch Bedrohung mit einer künftigen Gewalttätigkeit (BGH NJW **80**, 66). Ob die Schrift usw. Gewalttätigkeiten zum Gegenstand hat, hängt von dem Gesamteindruck ab, den ein objektiver Betrachter gewinnen muß (Köln NJW **81**, 1458). Daran fehlt es zwar, wenn eine an sich gewalttätige Handlung durch die Art der Darstellung, Zusätze usw. so relativiert oder verfremdet wird, daß sie insgesamt den Charakter einer Gewalttätigkeit verliert (Köln aaO). Nicht erforderlich ist dagegen, daß auch der Eindruck der Echtheit vermittelt wird; um eine Darstellung von Gewalttätigkeiten handelt es sich daher auch, wenn die Szenen eines Filmes erkennbar gestellt und überdies schlecht gespielt sind (vgl. näher Köln aaO u. zum Ganzen Schreibauer aaO 134 ff.).

b) Hierher gehört ferner die sog. Kinderpornographie, d. h. Schriften, die den **sexuellen Miß- 55 brauch von Kindern** zum Gegenstand haben. Gemeint sind damit Handlungen, die so, wie sie dargestellt werden – i. U. zu Abs. 4, 5 kann es sich hier auch um ein wirklichkeitsfernes fiktives Geschehen handeln –, die Merkmale des § 176 aufweisen (vgl. dort Überschrift u. im Ganzen Schreibauer aaO 140 ff.). Sie können auch von Kindern untereinander vorgenommen werden (KG NJW **79**, 1897, Laufhütte LK 15), während sexuelle Handlungen an toten Kindern, weil nicht unter § 176 fallend, ungeachtet ihrer Scheußlichkeit auch keine Pornographie i. S. des Abs. 3 sein können (Lackner/Kühl 4, Laufhütte LK 15, Tröndle 36). Handlungen nach § 176 III auszunehmen, besteht weder nach dem an die Überschrift des § 176 anknüpfenden Text des Abs. 3 noch deshalb insgesamt umfassenden Wortlaut des Abs. 3 noch nach dessen Sinn Anlaß (so aber Laufhütte aaO; wie hier BGH **43** 368, Lackner/Kühl 4, Renzikowski NStZ 00, 28, Tröndle 36; vgl. auch Horn SK 66). Zum Gegen-

§ 184 56, 57   Bes. Teil. Straftaten gegen die sexuelle Selbstbestimmung

stand hat die Schrift usw. solche Handlungen nur, wenn diese der Darstellung unmittelbar selbst zu entnehmen sind, aus der sich auch ergeben muß, daß es sich um Kinder unter 14 Jahren handelt (Horn SK 66). Nicht erfaßt sind daher Darstellungen, die zwar den Schluß zulassen, daß sie durch eine Handlung nach § 176 III Nr. 2 zustandegekommen sind, die aber selbst eine solche Handlung, d. h. insbesondere den Akt des Bestimmens, nicht zum Inhalt haben (z. B. Nacktaufnahme eines Kindes in obszöner Stellung; and. BGH 43 368, 45, 42 f. m. zust. Anm. Renzikowski NStZ 00, 28, Koblenz NJW 79, 1467, KG NJW 79, 1897, München OLGSt **Nr. 1;** krit. auch Horn SK 66; diff. Schreibauer aaO 147 f.). Dieses Ergebnis mag nach dem Gesetzeszweck zwar wenig sinnvoll sein; nach dem Gesetzeswortlaut läßt sich dies aber nicht vermeiden.

56   c) Die sog. Sodomiepornographie (3. Alt.) betrifft **sexuelle Handlungen von Menschen mit Tieren** (auch toten; and. Laufhütte LK 16). Dies sind nur solche, bei denen es zu einem körperlichen Kontakt kommt (Sodomie; vgl. Lackner/Kühl 4, Tröndle 37). Gleichgültig ist, ob ein tatsächliches oder fiktives Geschehen Gegenstand der Schrift usw. ist. Zu den Erfordernissen einer sexuellen Handlung, die aus der Darstellung erkennbar sein muß, vgl. § 184 c RN 5 ff.

57   2. a) **Tathandlung** nach **Nr. 1** ist das **Verbreiten,** d. h. die mit einer körperlichen Weitergabe der Schrift verbundene Tätigkeit, die darauf gerichtet ist (finales Element), diese ihrer *Substanz* nach – also nicht nur bezüglich ihres *Inhalts* oder durch bloßes Vorlesen, Anschlagen, Ausstellen, Anbringen von Aufklebern usw. (vgl. hier jedoch Nr. 2, 3) – einem größeren Personenkreis zugänglich zu machen (vgl. RG **16** 245, BGH **18** 63, NJW **99,** 1980, Bay **79** 71, MDR **58,** 443, Bremen NJW **87,** 1428, Frankfurt NJW **84,** 1128, StV **90,** 209, Hamburg JR **83,** 127 m. Anm. Bottke sowie Franke NStZ 84, 126, KG JR **83,** 249 u. näher Franke GA 84, 459 ff.), wobei dieser nach Zahl und Individualität unbestimmt oder jedenfalls so groß sein muß, daß er für den Täter nicht mehr kontrollierbar ist (vgl. BGH **13** 258, Bay OLGSt § 186 S. 6 ff., Köln NJW **82,** 657, OLGSt § 186 S. 14; *presserechtlicher Verbreitungsbegriff*). Nicht erfaßt ist danach insbesondere die Bereitstellung von Dateien im Internet, da deren Übertragung nicht durch körperliche Weitergabe erfolgt (vgl. Jofer aaO 167 ff., A. Koch MMR 99, 709, Schreibauer aaO 294; and. F. A. Koch aaO 262, Derksen NJW 97, 1881, Pelz wistra 99, 540; zum früheren Btx-Verfahren vgl. Walther NStZ 90, 524), jedoch liegt hier idR ein öffentliches Zugänglichmachen iSd Nr. 2 vor (vgl. Sieber Hdb. MMR 19 RN 621). Auch der Gesetzgeber ist von diesem engen Begriff der Verbreitung ausgegangen, wie die Erweiterung der Tathandlungen des § 86 I um das öffentliche Zugänglich machen in Datenspeichern durch das IuKDG (vgl. Vorbem.) zeigt (vgl. BT-Drs. 13/7385 S. 36; ebso. Lackner/Kühl § 74 d RN 5). Die Weitergabe einer Schrift nur an einzelne bestimmte Personen ist ebenfalls noch kein Verbreiten (Köln OLGSt § 186 S. 14), auch wenn dies zum Zweck der Veröffentlichung geschieht (vgl. BGH MDR **66,** 687 zu § 93 a. F. [Übergabe eines Manuskripts an Verleger zur Prüfung], Frankfurt StV **90,** 209 zu § 111 [Zuleiten einer Pressemitteilung an Zeitungsredaktion]; zu Nr. 3 [Herstellen usw.] vgl. jedoch u. 59, auch kommt hier eine Anstiftung zum Verbreiten durch den anderen in Betracht). Liegen die genannten Voraussetzungen dagegen vor, so ist ein Verbreiten nicht deshalb zu verneinen, weil die Schrift in einzelnen Empfängern „vertraulich" oder in verschlüsselter Form (Beisel/Heinrich JR 96, 99, Schreibauer aaO 294) zugeleitet wird (RG **9** 292, BGH **13** 258). Nicht notwendig ist, daß die Schrift tatsächlich an eine größere Zahl von Personen oder auch nur an eine von ihnen gelangt ist (mißverständlich daher BGH aaO [„zugänglich gemacht werden"]; and. auch Horn SK 69: Gewahrsamserlangung jedenfalls durch eine Person), und noch weniger, daß diese vom Inhalt Kenntnis genommen haben. Da ein Verbreiten bereits die Verbreitungstätigkeit, d. h. das Auf-den-Weg-Bringen der Schrift ist (vgl. RG **16** 246, **64** 292, Tröndle/Fischer § 74 d RN 4), genügt es vielmehr, wenn sich der Täter dieser in einer Weise entäußert hat, daß er ihre Kenntnisnahme durch Dritte nicht mehr verhindern kann. Im übrigen ist zu unterscheiden: Bei einer Mehrzahl zur Verbreitung bestimmter Schriften („Mengenverbreitung", vgl. Keltsch NStZ 83, 121) ist es ausreichend, wenn mit deren Verbreitung begonnen worden ist, was schon mit der Abgabe des ersten Stücks der Fall ist (vgl. RG **42** 210, Keltsch aaO, Lackner/Kühl § 74 d RN 5; and. Franke GA 84, 470). Möglich ist ein Verbreiten aber auch als „Kettenverbreitung" (Keltsch aaO) bei einem Einzelexemplar, wenn dieses einem größeren Personenkreis (vgl. o.) nacheinander zugänglich gemacht werden soll (daß die Schrift nur bestimmten Personen hintereinander zum Lesen gegeben werden soll, genügt auch hier nicht; vgl. RG HRR **40** Nr. 1150). In diesem Fall kann daher auch im Verleihen ein Verbreiten sein (vgl. zum Verleihen auch RG DJ **37,** 897, BGH **13** 258). Geschieht dies durch den Täter selbst, so liegt entsprechend der „Mengenverbreitung" ein Verbreiten bereits in der ersten Weggabe (and. Franke aaO 467 f.). Wird die Schrift dagegen durch einen Dritten in Umlauf gesetzt, so ist die Aushändigung an diesen ein Verbreiten nur, wenn sie zu dem Zweck erfolgt, daß der Empfänger die Schrift durch Weitergabe einem größeren Personenkreis zugänglich macht (für die Notwendigkeit einer entsprechenden Absicht z. B. RG **7** 115, **9** 194, **16** 246, Bay **51** 417, **79** 72; zum finalen Element des Verbreitens vgl. auch Bremen NJW **87,** 1428). Geschieht dies dagegen zu einem anderen Zweck (z. B. Altpapiersammlung), so wird damit die Schrift auch dann nicht verbreitet, wenn der Betreffende in der sicheren Vorstellung handelt, die Schrift werde hernach an andere weitergegeben werden (so jedoch Horn SK 69; vgl. auch Bremen aaO), und erst recht nicht, wenn er mit dieser Möglichkeit lediglich rechnet (so aber z. B. RG **55** 277, HRR **40** Nr. 1150, BGH **19** 71, Bay NStZ **83,** 121 m. Anm. Keltsch, NStE § 131 **Nr. 2** [wo zusätzlich ein „Billigen" verlangt wird]); hier kommt vielmehr nur eine Teilnahme am Verbreiten durch den Empfänger in Betracht. Entgegen BGH **8** 165 stellt die Annahme der Schrift in der Absicht, sie weiterzugeben, keine strafbare Teilnahme am Verbreiten dar, vielmehr liegt insoweit notwendige Teilnahme vor; soweit die Weitergabe tatsächlich erfolgt, ist der erste Abnehmer nicht Teilnehmer an der Tat des Vormanns, sondern selbst Täter.

b) Nach **Nr. 2** ist strafbar, wer Darstellungen sog. harter Pornographie **öffentlich ausstellt, anschlägt, vorführt oder sonst zugänglich macht.** Zum *Ausstellen, Anschlagen* usw. o. 15. Im Unterschied zu Abs. 1 Nr. 2 muß das Ausstellen usw. hier *öffentlich* erfolgen (vgl. dazu o. 32, 40); daß dies an einem Ort geschieht, der Jugendlichen zugänglich ist, ist nicht erforderlich (z. B. Nachtlokal), aber auch nicht genügend (z. B. Wohnung). **58**

c) Nach **Nr. 3** sind strafbar **bestimmte Vorbereitungshandlungen** zu den Taten nach Abs. 3 Nr. 1, 2 (o. 57f.). Zu den hier erforderlichen Einschränkungen o. 42; zum *Herstellen, Beziehen, Liefern, Vorrätighalten* und zum *Unternehmen des Einführens* bzw. *Ausführens* o. 43ff., 49, zum *Anbieten, Ankündigen* und *Anpreisen* o. 30f., wobei diese hier jedoch i. U. zu Abs. 1 Nr. 5 nicht öffentlich zu erfolgen brauchen. Erfaßt sind damit an sich auch lobende Hinweise im Bekanntenkreis auf Gegenstände des Abs. 3 und deren Bezugsquellen; doch fehlt es hier in aller Regel an der Absicht, dem Lieferanten das Verbreiten zu ermöglichen, vielmehr steht der Täter in diesen Fällen auf der Seite des grundsätzlich straflos handelnden „Endverbrauchers". Die Frage, ob durch den Wortlaut der Nr. 3 auch die Fälle abgedeckt sind, in denen der Täter gerade durch das Einführen verbreiten will (vgl. BT-Drs. VI/1552 S. 36; zu § 184 Nr. 1 a a. F. vgl. u. a. Bay MDR **70**, 141, Hamm NJW **70**, 1756, Stuttgart NJW **69**, 1545, Zweibrücken NJW **70**, 1758), ist praktisch bedeutungslos geworden, da der ausländische Versandhändler jedenfalls nach Abs. 1 Nr. 4 strafbar ist. Zu der nach Nr. 3 erforderlichen *Absicht* vgl. entsprechend o. 48. **59**

VII. Mit dem durch das 27. StÄG (s. Vorbem. u. o. 2) neugeschaffenen, durch das IuKDG (vgl. Vorbem.) erweiterten und durch das 6. StrRG (vgl. Vorbem.) in der Strafdrohung verschärften Tatbestand des **Abs. 4** wird das **gewerbs- oder bandenmäßige** Verbreiten, Herstellen usw. (Abs. 3) von **Kinderpornographie** unter eine wesentlich höhere Strafe gestellt, wenn die Schrift usw. (o. 3) bei der Darstellung des sexuellen Mißbrauchs von Kindern ein **tatsächliches oder wirklichkeitsnahes Geschehen wiedergibt** („Realpornographie" i. U. zur „Fiktivpornographie", vgl. F. C. Schroeder NJW 93, 2583; zur ursprünglich im Anschluß an Abs. 3 vorgesehenen Einbeziehung auch der letzteren vgl. BT-Drs. 12/3001 S. 3, 5 u. zu den Gründen für die jetzige Fassung BT-Drs. 12/4883 S. 8, 13/7385 S. 60, 72, 13/7934 S. 41). Es handelt sich dabei um eine Qualifikation des Abs. 3 (BT-Drs. 12/4883 S. 7, Lackner/Kühl 8 a, Tröndle 41), qualifiziert durch die gewerbs- oder bandenmäßige Begehungsweise und mit der Besonderheit, daß es hier mit der Beschränkung auf „Realpornographie" nicht mehr oder nur noch sekundär um den Schutz von Kindern allgemein vor dafür anfälligen „Konsumenten" geht, sondern vielmehr speziell um den Schutz der bei der Wiedergabe eines tatsächlichen Geschehens nach § 176 mißbrauchten kindlichen „Darsteller" (vgl. o. 2, ferner F. C. Schroeder NJW 93, 2582: „Schutz der Darsteller als Rechtsgut"). An dieser grundsätzlichen Schutzrichtung hat auch die mit Beweisproblemen begründete Ausdehnung des Tatbestands auf Darstellungen wirklichkeitsnaher Geschehen durch das IuKDG nichts geändert (s. auch Schreibauer aaO 141), wenngleich die Grenzen zur „Fiktivpornographie" fließend geworden sind. Zur Geltung des Weltrechtsprinzips vgl. § 6 Nr. 6. **60**

1. Zu den Schriften, die den **sexuellen Mißbrauch von Kindern zum Gegenstand** haben, vgl. o. 55. Mit der Beschränkung auf die **ein tatsächliches oder wirklichkeitsnahes Geschehen wiedergebenden** kinderpornographischen Schriften ausgeschieden ist die als solche erkennbare „Fiktivpornographie" in Gestalt von Zeichentrickfilmen, pornographischen Zeichnungen, Romanen, Gedichten usw., was – nach dem Grundgedanken der Vorschrift (o. 2, 60) folgerichtig – damit begründet wird, daß deren Entstehung regelmäßig nicht mit tatsächlichem sexuellen Mißbrauch von Kindern verbunden ist (BT-Drs. 12/4883 S. 8; s. auch BGH **43** 369 f.). Darstellungen wirklichkeitsnaher Geschehen können demgegenüber auf einen tatsächlichen sexuellen Kindesmißbrauch zurückzuführen sein, dessen Aufzeichnung im Wege digitaler Bildbearbeitung, Fotomontage usw. verändert wurde, auch wenn dies nicht zwingend ist (vgl. BGH **43** 369 [Scheinpose eines schlafenden Kindes]). Da jedoch zwischen Wirklichkeitsnähe und Wirklichkeitsferne keine klare Grenze gezogen werden kann und die Erfassung auch fiktiver Darstellungen der Vermeidung von Beweisschwierigkeiten dient (o. 2), muß die Vorschrift insoweit restriktiv ausgelegt werden: Wirklichkeitsnah ist ein Geschehen nur dann, wenn ein durchschnittlicher, nicht sachverständiger Beobachter nicht sicher ausschließen kann, daß es sich um ein tatsächliches Geschehen handelt (ebenso Jofer aaO 170). Für Abs. 4 bleiben deshalb im wesentlichen Filme, Videofilme, Fotografien, authentische Tonaufnahmen sowie auf derartigen Vorlagen beruhende oder diese nachahmende Computerdateien, an sich auch wirklichkeitsgetreue schriftliche oder wörtliche Darstellungen eines erkennbar realen Geschehens, die aber praktisch nur von geringer Bedeutung sein dürften. **61**

2. Die **Tathandlung** entspricht dem Katalog des Abs. 3 (o. 57 ff.), wobei hier jedoch hinzukommen muß, daß der Täter **gewerbsmäßig** oder als **Mitglied einer Bande** handelt, die sich zur fortgesetzten Begehung solcher Taten verbunden hat. Zur Gewerbsmäßigkeit vgl. 95 vor § 52; zum Handeln als Mitglied einer Bande, mit der hier der besonderen Gefährlichkeit einer organisierten und meist konspirativen Begehungsweise Rechnung getragen werden soll (BT-Drs. 12/3001 S. 5), vgl. § 244 RN 24 f. Nicht erforderlich ist hier i. U. zu § 244 I Nr. 3 ein Handeln unter Mitwirkung **62**

eines anderen Bandenmitglieds, weil sich bei der bandenmäßigen Verbreitung von Kinderpornographie die besondere Gefährlichkeit vornehmlich aus der Existenz der Bande als solcher und nicht aus der Tatausführung durch mehrere Personen ergibt (vgl. BT-Drs. aaO).

63 VIII. **Abs. 5** idF des 27. StÄG (s. Vorbem. u. o. 2) stellt mit einem gleichfalls neugeschaffenen Tatbestand das **Unternehmen des Verschaffens des Besitzes** (S. 1) und den **Besitz** (S. 2) von **kinderpornographischen Schriften** usw. (o. 3) **i. S. des Abs. 4** unter Strafe (zum sexuellen Mißbrauch von Kindern als Gegenstand der Schrift vgl. o. 55, zur Wiedergabe eines tatsächlichen oder wirklichkeitsnahen Geschehens o. 61; für eine von der gesetzlichen Überschrift abweichende Tenorierung als „Verschaffen kinderpornographischer Schriften" Hamburg NStZ-RR **99**, 330). Ebenso wie mit Abs. 4 wird mit Abs. 5 dem „Realkinderpornomarkt" – hier vor allem den „Konsumenten" – der Kampf angesagt, um auf diese Weise den sexuellen Mißbrauch der kindlichen „Darsteller" zu verhindern. Die im RegE (BT-Drs. 12/3001 S. 6) zunächst noch als weiterer „Strafgrund" genannten „negativen Auswirkungen auf Betrachter" – mögliche Anregung zum Kindesmißbrauch, Beeinträchtigung der seelischen Entwicklung und sozialen Orientierung Jugendlicher (vgl. auch Tröndle 42) – fallen demgegenüber nicht eigenständig ins Gewicht: Die in § 184 V a. F. vollständig ausgeklammerte und auch jetzt nur sehr eingeschränkt erfaßte „Fiktivpornographie" kann, wenn sie „gut gemacht" ist, für den Betrachter „anregender" und damit in dieser Hinsicht gefährlicher sein als die optische und akustische Wiedergabe eines primitiven und widerwärtigen realen Geschehens; auch wäre es ein Widerspruch, nur den Besitz von Kinderpornographie zu pönalisieren, während der von Gewaltpornographie nach wie vor straflos ist, obwohl die fraglichen Gefahren dort um nichts geringer sein dürften (krit. zu dieser „Jagd nach zusätzlichen Rechtfertigungen" auch F. C. Schroeder NJW 93, 2582). Bleibt daher als eigentlicher Strafgrund der mittelbare Schutz potentieller „Darsteller" (ebenso BGH **43** 368 f.), so sind auch die Tathandlungen des Besitzverschaffens und Besitzens und ihre Reichweite danach zu bestimmen, ob sie zur Schaffung und Aufrechterhaltung eines entsprechenden „Marktes" und damit zu einem weiteren Bedarf an „Realkinderpornographie" beitragen (vgl. auch BT-Drs. 12/4883 S. 7). Ob die hier mit den Kategorien täterschaftlicher Zurechnung und der Teilnahme nicht mehr erfaßbare „mittelbare Verantwortlichkeit des Verbrauchers" (ebd. S. 8; vgl. auch BT-Drs. 12/3001 S. 5) und Beweisschwierigkeiten (vgl. ebd. S. 4) den Einsatz von Strafe hinreichend legitimieren, ist eine andere Frage (krit. Jäger, Schüler-Springorum-FS 232 f., Lackner/Kühl 8 b; vgl. ferner u. 65), und ebenso, ob sich ein nominell zwar strafbewehrtes, in praxi aber kaum überwachbares Besitzverbot zur Bekämpfung von Kindesmißbräuchen nicht als stumpfe Waffe erweist. Zu der Tatbestandseinschränkung durch Abs. 6 S. 3 vgl. u. 65 a.

64 1. Tathandlung nach S. 1 ist das als **Unternehmensdelikt** (§ 11 I Nr. 6) ausgestaltete **Verschaffen des Besitzes** von entsprechenden Schriften für sich oder für einen Dritten. Erfaßt sind damit sowohl auf der Geber- wie auf der Empfängerseite und bereits im Versuchsstadium alle mit der Übertragung des unmittelbaren oder mittelbaren Besitzes im zivilrechtlichen Sinn verbundenen Erwerbs- und Gebrauchsüberlassungsgeschäfte (vgl. BT-Drs. 12/3001 S. 6; zum mittelbaren Besitz bei der 2. Alt. vgl. jedoch u. 65), wobei diese zugleich ein Verbreiten, Beziehen, Liefern usw. i. S. des Abs. 3 Nr. 1, 3 sein können, sowie das Kopieren von Bilddateien auf einen Datenträger (vgl. AG Hamburg CR **98**, 33 m. Anm. Vassilaki) oder deren Versenden per E-Mail an Dritte, nicht jedoch das bloße Bereitstellen auf einem Server, damit sie von Dritten geladen und kopiert werden können (vgl. Schreibauer aaO 310). Hierher gehören dürfte aber auch das einseitige Verschaffen (Diebstahl, Unterschlagung; vgl. Laufhütte LK 48), weil dies beim Vorbesitzer zur Nachfrage nach „Ersatz" führen und so zur Förderung des Umsatzes und dem damit verbundenen Anreiz zur Begehung neuer Straftaten nach § 176 bei der Herstellung solcher Produkte beitragen kann (auch eine Orientierung an § 259 – vgl. F. C. Schroeder NJW 93, 2583 – würde ein „Verschaffen" nur ausschließen, wenn der mit dem Vortäter vergleichbare Produzent bestohlen wird; auf diesen Fall ist der Begriff hier jedoch nicht beschränkt). Noch kein Verschaffen, sondern lediglich eine Beihilfe dazu sind dagegen Hilfstätigkeiten durch bloße Besitzdiener (z. B. Ladenverkäufer, Überbringen durch einen Boten; zum Besitzen vgl. u. 65) und erst recht nicht das bloße Anschauen kinderpornographischer Schriften, die sich im Besitz eines anderen befinden (Laufhütte LK 48). Von vornherein nicht unter Abs. 5, der an den Besitz einer Schrift als Sache anknüpft, fällt auch das Verschaffen der Möglichkeit zum Empfang entsprechender Filmsendungen, obwohl hier ebenfalls mit dem „Konsum" zugleich der Bedarf nach „Neuem" i. S. des Abs. 5 geschaffen werden kann.

65 2. Nach S. 2 tatbestandsmäßig ist ferner das **Besitzen** von „Realkinderpornographie", das von der Begründung des Besitzverhältnisses bis zu dessen Beendigung reicht (Dauerdelikt). Ein legitimer Grund der Pönalisierung ist kaum erkennbar: In der Regel geht dem Besitzen ein bereits nach S. 1 strafbares Sich-Verschaffen des Besitzes voraus. Daß der Tatbestand des S. 2 nur wegen der hier denkbaren Ausnahmen – Besitz des als Beteiligter ohnehin schon nach § 176 strafbaren Herstellers, Gutgläubigkeit beim Besitzerwerb und erst späteres Erkennen des wahren Charakters der Schrift – geschaffen wurde, ist jedoch nicht anzunehmen. Ebensowenig würden Beweisschwierigkeiten bezüglich des Verschaffens eine Pönalisierung des Besitzens legitimieren, wenn dieses nicht bereits per se strafwürdig ist. Dann aber läßt sich nur noch ein sehr entfernter Zusammenhang mit dem Grundgedanken der Vorschrift ausmachen, den Mißbrauch kindlicher „Darsteller" durch ein „Austrocknen" des Marktes zu verhindern, „lebt" dieser doch von der Nachfrage und Handlungen nach S. 1, nicht aber vom Aufrechterhalten eines statischen Besitzzustands. Der Besitzer würde dazu nur beitragen, wenn er mit der in seinem Besitz befindlichen Schrift das Kaufinteresse anderer weckt (was beim Ausleihen bereits ein Verschaffen i. S. des S. 1 wäre) oder sich durch sie zum Erwerb neuer Schriften animieren läßt. Erforderlich ist jedoch nicht, weshalb sich das Gesetz hier offensichtlich mit der bloßen Möglichkeit begnügt, daß er dies tun könnte. Nur so wäre es auch zu erklären, daß der unvorsätzlich in den Besitz gelangte Besitzer strafbar sein soll, wenn er nach Erkennen des pornographischen Inhalts der Schrift diese nicht alsbald vernichtet oder einer Behörde abliefert (BT-Drs. 12/3001 S. 6, Horn SK 78; krit. dazu Lackner/Kühl 8b); daß er sie vor anderen sicher verschließt, genügt demnach, weil an deren Sinnes werden könnte, nicht. Von der „starken mittelbaren Verantwortlichkeit des Verbrauchers für den mit der Herstellung verbundenen Kindesmißbrauch" (BT-Drs. aaO 5) bleibt damit freilich kaum noch etwas übrig, erst recht nicht nach der Ausbreitung des Internet, das die tatsächlichen Möglichkeiten einer unvorsätzlichen Besitzerlangung erheblich erweitert hat. – Was das Merkmal „Besitzen" selbst betrifft, so folgt aus dem Gesagten, daß Voraussetzung dafür die mit dem Innehaben und Aufrechterhalten eines tatsächlichen Herrschaftsverhältnisses gegebene Möglichkeit sein muß, die Schrift sich und anderen zugänglich zu machen (vgl. BT-Drs. aaO 5 unter Hinweis auf den Besitztatbestand des § 29 I Nr. 3 BtMG u. dazu z. B. BGH **26** 117, **27** 380, **30** 279, ferner Lackner/Kühl 8 b, Laufhütte LK 48, Tröndle 42). Bei Computerdateien (vgl. § 11 RN 78) ist dieses Herrschaftsverhältnis nicht schon mit der Darstellung auf dem Bildschirm begründet, sondern erst mit dem dauerhaften Abspeichern auf der Festplatte usw. (ebenso Sieber Hdb. MMR 19 RN 627; offen gelassen von Hamburg NStZ-RR **99**, 329 m. Anm. Bertram JR 00, 126), was bei einer Übertragung aus dem Internet allerdings regelmäßig automatisch durch die Software im sog. Cache erfolgt (s. auch Schreibauer aaO 309, Sieber Hdb. MMR 19 RN 627). Erfaßt ist stets der unmittelbare Besitzer, der mittelbare hingegen nur, wenn er ungehinderten Zugang zu der Schrift hat und ohne weiteres über sie verfügen kann (vgl. Laufhütte aaO), was bei Computerdateien z. B. der Fall ist, wenn der Vorgesetzte, Leiter eines Rechenzentrums usw. einen ungehinderten Zugang zu dem Computer hat, auf dem die Dateien gespeichert sind, und deren kinderpornographischen Inhalt kennt (vgl. Sieber Hdb. MMR 19 RN 626). Gleichfalls hierher gehören soll die Besitzdienerschaft i. S. des § 855 BGB (BT-Drs. aaO 6, Lackner/Kühl 8 b, Laufhütte aaO, Tröndle 42). Zwar hat auch der Besitzdiener faktisch die genannte Möglichkeit, um aber Wertungswidersprüche mit dem Verschaffen des Besitzes in S. 1 zu vermeiden, wo der Besitzdiener nur Gehilfe sein kann (o. 64), wird man die entsprechenden Konsequenzen auch für S. 2 ziehen müssen: Ist z. B. das Überbringen durch einen Boten nur eine Beihilfe zur Besitzverschaffung, so darf dies nicht durch die Annahme eines täterschaftlichen Besitzens nach S. 2 wieder rückgängig gemacht werden. Dasselbe – lediglich Beihilfe zum Besitzen – muß dann auch in anderen Fällen gelten.

3. Nach **Abs. 6 S. 3 ausgenommen** von dem Besitzverschaffungs- u. Besitzverbot des Abs. 5 („gilt nicht") mit der Folge einer entsprechenden Einschränkung bereits des Tatbestands sind Handlungen, die ausschließlich der **Erfüllung rechtmäßiger dienstlicher** oder **beruflicher Pflichten dienen.** Um die Erfüllung solcher „rechtmäßig" (gibt es auch „rechtswidrige"?) Pflichten handelt es sich z. B. bei der Wahrnehmung von Aufgaben im Rahmen der Strafverfolgung oder der Prüfung von jugendgefährdendem Schrifttum nach dem GjS, bei den Pflichten von Sachverständigen, Anwälten, Ärzten oder Psychologen (z. B. für die Diagnose oder Therapie notwendige Kenntnis des wirklichen Geschehens beim Kindesmißbrauch), aber auch bei der Ausführung von Forschungsaufträgen und von Forschungsvorhaben im Hochschulbereich (vgl. BT-Drs. 12/4883 S. 8 f., ferner z. B. Laufhütte LK 50, Tröndle 43, zur Forschung aber auch F. C. Schroeder NJW 93, 2583). Dabei soll mit dem Ausschließlichkeitserfordernis sichergestellt werden, daß die fragliche Aufgabenerfüllung der einzige Grund für die Besitzverschaffung usw. ist (BT-Drs. aaO 9). Nicht erfaßt von Abs. 6 S. 3 ist der in BT-Drs. 12/3001 S. 6 genannte Fall, daß der unvorsätzlich in den Besitz gelangte Besitzer nach Erkennen des Inhalts der Schrift diese vernichten oder einer Behörde abliefern muß, maW also einem Dritten den Besitz verschaffen muß. Obwohl Abs. 6 S. 3 den Eindruck einer abschließenden Regelung erweckt, ist jedoch auch hier nach dem Sinn des Gesetzes bereits die Tatbestandsmäßigkeit i. S. des S. 1 zu verneinen (teleologische Reduktion).

IX. Für den **subjektiven Tatbestand** ist in allen Fällen des § 184 Vorsatz erforderlich, wobei bedingter Vorsatz genügt, soweit nicht in einzelnen Tatbeständen (Abs. 1 Nr. 8, 9; Abs. 3 Nr. 3) eine besondere *Absicht* verlangt wird (o. 48, 51, 57, 59). Die Beschränkung auf vorsätzliches Handeln in § 184 wird weitgehend allerdings dadurch wieder hinfällig gemacht, daß nach § 21 III GjS auch die fahrlässige Begehung strafbar ist (vgl. o. 2 u. zur Fahrlässigkeit BGH NJW **90**, 3028 f.). Der Vorsatz muß sich zunächst auf den pornographischen Charakter der Schrift usw. beziehen, was eine entsprechende Bedeutungskenntnis („Parallelwertung in der Laiensphäre", vgl. § 15 RN 43 a) voraussetzt, in den Fällen des Abs. 4, 5 außerdem auf die Tatsachen, aufgrund derer das dargestellte Geschehen als „wirklichkeitsnah" anzusehen ist (o. 61); daß der Täter selbst mit der Möglichkeit der Wiedergabe eines tatsächlichen Geschehens rechnet, ist hingegen nicht erforderlich, weil sonst die bei § 184 IV, V a. F. bestehenden Beweisprobleme auf die subjektive Ebene verlagert würden. Ferner muß der Vorsatz die einzelnen Begehungsmodalitäten umfassen (zum Vorsatz bzgl. des Alters in Abs. 1 Nr. 1 vgl. entsprechend § 176 RN 10), bei gem. Abs. 5 S. 2 aus dem Internet bezogenen Dateien daher auch die dauerhafte Speicherung (vgl. o. 65). Bei Filmen hat eine Unbedenklichkeitsbescheinigung der Freiwilligen Selbstkontrolle der Filmwirtschaft (FSK; sog. X-Prüfentscheidungen) keine rechtliche Verbindlichkeit, schließt aber praktisch meist den Vorsatz aus (Seetzen NJW 76, 499). Ein

§ 184   66 a–66 d   Bes. Teil. Straftaten gegen die sexuelle Selbstbestimmung

Tatbestandsirrtum bzgl. des pornographischen Charakters der Schrift usw. kommt ferner in Betracht, wenn in vergleichbaren Fällen Strafverfahren nicht zu einer Verurteilung geführt haben (vgl. BGH NJW **57**, 389). Um einen *Verbotsirrtum* handelt es sich dagegen, wenn der Täter glaubt, pornographische Erzeugnisse in der fraglichen Form vertreiben oder für sie werben zu dürfen (vgl. BGH NJW **57**, 389, **88**, 273 [zu Abs. 1 Nr. 3 a], **89**, 409 [zu Nr. 5]). Dieser ist nicht schon deshalb unvermeidbar, weil andere das gleiche tun (Düsseldorf NStE **Nr. 5**, Stuttgart NJW **81**, 999 zu Abs. 1 Nr. 5 [Kinoreklame]). Bei der mißglückten Regelung der Nr. 7, deren objektiver Sinn kaum auszumachen ist, ist ein Verbotsirrtum besonders naheliegend (vgl. dazu BGH **29** 73, MDR **78**, 768, KG JR **77**, 379 m. Anm. Rudolphi, **78**, 166, Karlsruhe OLGSt § 184 S. 103 u. näher D. Mayer JuS 79, 250).

66 a   **X. Zum Tatbestandsausschluß nach Abs. 6** vgl. o. 9 a ff., 25 u. 65 a. Als **Rechtfertigungsgrund** kommt bei § 184 mit Ausnahme des Abs. 5 (vgl. Laufhütte LK 50) die Kunstfreiheit des Art. 5 III GG in Betracht, wenn man entgegen der früheren Exklusivitätstheorie auf der Grundlage eines offenen, mehr oder weniger formalen Kunstbegriffs davon ausgeht, daß Pornographie zugleich Kunst sein kann (o. 5 a). Zu der hier erforderlichen Abwägung, wenn die durch § 184 geschützten Rechtsgüter gleichfalls Verfassungsrang haben, vgl. o. 5 a. Zu einem Fall der mutmaßlichen Einwilligung vgl. o. 36.

66 b   **XI. Beschränkungen der strafrechtlichen Verantwortlichkeit von Tele- u. Mediendiensteanbietern (§ 5 TDG, § 5 MDStV).** Soweit die Verbreitung pornographischer Schriften über moderne Kommunikationsmedien, insbesondere das **Internet** erfolgt, was vornehmlich für die Tathandlungen des Abs. 1 Nr. 1 u. 2 (vgl. o. 9, 11, 15), aber auch des Abs. 1 Nr. 3, 4, 5, 7–9, Abs. 2, Abs. 3 Nr. 2, 3 und Abs. 5 S. 1 in Betracht kommt (zur tatsächlichen Ausbreitung von Pornographie im Internet vgl. z.B. Jofer aaO 49 ff., Schreibauer aaO 12 ff.; zu den technischen Einzelheiten vgl. z.B. Bleisteiner aaO 18 ff., Schreibauer aaO 20 ff., Sieber Hdb. MMR 19 RN 133 ff.), sind die besonderen Haftungsbeschränkungen des § 5 TDG u. des § 5 MDStV für Anbieter von Tele- und Mediendiensten zu beachten. Die im wesentlichen gleichlautenden Vorschriften sollen den Betrieb und die Benutzung der modernen Kommunikationsmedien von unkalkulierbaren Haftungs- und Strafbarkeitsrisiken freistellen und dadurch die internationale Wettbewerbsfähigkeit Deutschlands sichern (vgl. BT-Drs. 13/7385 S. 16, Sieber Hdb. MMR 19 RN 221 ff.; zur vorherigen Rechtslage vgl. z.B. AG Tiergarten MMR **98**, 49 m. Anm. Hütig, Altenhain CR 97, 485, Conradi/Schlömer NStZ 96, 472, Derksen NJW 97, 1882, Jäger/Collardin CR 96, 236, Löhnig JR 97, 496, Sieber JZ 96, 429, 499). Die Regelung ist freilich in mehrfacher Hinsicht unklar und hat zu zahlreichen Rechtsunsicherheiten geführt:

66 c   So wird § 5 MDStV von einigen Autoren wegen fehlender Gesetzgebungskompetenz der Länder als verfassungswidrig angesehen mit der Folge, daß für die Anbieter von Mediendiensten die allgemeinen strafrechtlichen Regeln gelten sollen (zB Barton aaO 94 ff., Gounalakis NJW 97, 2995, Lackner/Kühl 7 a, Pichler MMR 98, 81, Spindler NJW 97, 3194; and. Bleisteiner 213 ff., 220, Müller-Terpitz Hdb. IR 176 ff. u. MMR 98, 478, Sieber Hdb. MMR 19 RN 228). Dies könnte aufgrund des großen tatsächlichen Umfangs der Pornographieangebote im Internet auch in Fällen bloßer Zugangsvermittlung iSd § 5 III MDStV zu einer Strafbarkeit wegen Beihilfe zu den Tathandlungen des Abs. 1 Nr. 1 u. 2 führen und Anbieter von Mediendiensten entgegen dem erklärten gemeinsamen Willen von Bund und Ländern in sachlich nicht gerechtfertigter Weise schlechter stellen als Anbieter von Telediensten. Zumindest für den Bereich des Strafrechts sollte daher § 5 TDG hilfsweise analog auch auf Mediendienste erstreckt werden, so daß die betreffenden Einschränkungen der strafrechtlichen Verantwortlichkeit auch im Falle der Verfassungswidrigkeit des § 5 MDStV anwendbar blieben (ebenso Sieber Hdb. MMR 19 RN 228).

66 d   **1. Anwendungsbereich.** Noch nicht hinreichend geklärt ist, wer im einzelnen als **Diensteanbieter** iSd § 5 TDG/MDStV anzusehen ist und an den Haftungsprivilegien teilhat. Dies gilt zunächst für die vom Gesetzgeber vorgenommene Aufteilung der modernen Kommunikationsmedien in *Rundfunk*, *Mediendienste* und *Teledienste* (vgl. § 2 I RfStV, § 2 MDStV, § 2 TDG sowie näher Bleisteiner aaO 114 ff., Holznagel Hdb. MMR 3.2 RN 8 ff., Kreile in Hartstein u. a., Rundfunkstaatsvertrag, Kommentar [Stand 2000], § 2 RN 1 ff., Moos Hdb. IR 37 ff.). Als „Rundfunk" werden in diesem Zusammenhang (zum weiteren Rundfunkbegriff in Abs. 2 vgl. o. 51) alle durch elektromagnetische Schwingungen übertragene, an die Allgemeinheit gerichtete Angebote in Bild, Ton oder Text angesehen, die nachhaltig auf die öffentliche Meinungsbildung einwirken und deshalb strengeren Regeln unterliegen als die anderen Dienste. „Mediendienste" betreffen demgegenüber zwar ebenfalls elektronische Angebote der Massenkommunikation, wirken aber nicht in vergleichbarem Maße auf die öffentliche Meinungsbildung ein, und „Teledienste" sind alle elektronischen Angebote der Individualkommunikation. Für die strafrechtliche Verantwortlichkeit entscheidend ist die Abgrenzung zwischen Rundfunk einerseits, der nicht unter die Haftungsbeschränkungen des § 5 TDG/MDStV fällt, und Medien- und Telediensten andererseits (näher dazu Holznagel aaO RN 30 ff., 57 ff., Moos aaO 54 ff.); die – vielfach unklare – Binnenabgrenzung von Medien- und Telediensten (vgl. dazu Barton aaO 103 ff., Holznagel aaO RN 44 ff., Moos aaO 47 ff.; krit. zu dieser „künstlichen Aufspaltung" Jofer aaO 135) ist wegen der gleichlautenden und nach dem Willen der Bundes- und Ländergesetzgeber einheitlich auszulegenden Regelungen des § 5 TDG u. § 5 MDStV (vgl. Sieber Hdb. MMR 19 RN 221, 227) für das Strafrecht unerheblich (s. auch o. 66 c). *Innerhalb des Bereichs der Medien- und Teledienste* ist umstritten, wer als privilegierter *„Anbieter"* eines solchen Dienstes zu gelten hat und wer

lediglich „*Nutzer*" ist, für den die Haftungsbeschränkungen des § 5 TDG/MDStV nicht gelten. § 3 TDG/MDStV definiert die Anbieter als „natürliche oder juristische Personen oder Personenvereinigungen, die eigene oder fremde Teledienste/Mediendienste zur Nutzung bereithalten oder den Zugang zur Nutzung vermitteln", während „Nutzer" solche Personen oder Personenvereinigungen sind, „die Teledienste/Mediendienste nachfragen". Der Betreiber einer privaten Homepage ist danach idR nur Nutzer, weil er fremde Dienste zur Einrichtung und Bereitstellung der Homepage in Anspruch nimmt; soweit er auf dieser Homepage aber selbst Tele- oder Mediendienstleistungen offeriert, wenn auch nur in der Form von Hyperlinks, die auf fremde Angebote verweisen, kann er zugleich auch Anbieter sein (vgl. näher Jofer aaO 155 ff.; ebenso z. B. Flechsig/Gabel CR 98, 353, Pelz ZUM 98, 532, Sieber Hdb. MMR 19 RN 243; and. F. A. Koch, Internet-Recht 262 u. wohl auch Müller-Terpitz Hdb. IR 206). Noch wenig diskutiert ist weiterhin die praktisch bedeutsame Frage, ob auch Unternehmen, Universitäten, Schulen, Bibliotheken oder sog. Internet-Cafés, die ihren Mitarbeitern, Studierenden oder Kunden einen Internetzugang zur Verfügung stellen, durch § 5 TDG/MDStV privilegierte „Anbieter" sind oder lediglich „Nutzer", die das von dritter Seite erlangte Internet„angebot" an „Unternutzer" weitergeben (vgl. näher Bleisteiner aaO 159 f., Liesching/Günter MMR 00, 260 ff.; s. auch Schreibauer aaO 343). Im letzteren Fall würde sich beispielsweise ein Schulleiter, der seine Schüler unkontrolliert im Internet „surfen" läßt, möglicherweise wegen Beihilfe zu § 184 strafbar machen (vgl. dazu u. insbes. zu Betreibern von Internet-Cafés Liesching/Günter, MMR 00, 261, die insoweit garantenpflichtwidriges Unterlassen annehmen), während er im ersteren Fall gem. § 5 III TDG von jeder Verantwortlichkeit befreit wäre (vgl. u. 66 i). Da § 3 TDG/MDStV keine Beschränkung auf gewerbliche oder über bestimmte technische Einrichtungen verfügende „Anbieter" enthält und die Einrichtung von Internetzugängen in Schulen, Bibliotheken, Unternehmen usw. nach dem Gesetzeszweck eher gefördert als behindert werden soll, müssen diese jedenfalls dann als von § 5 TDG/MDStV privilegierte Anbieter angesehen werden, wenn der Internetzugang den Mitarbeitern, Schülern usw. über konkret definierte dienstliche oder schulische Aufgaben hinaus auch zu allgemeineren, insbes. privaten Zwecken zur Verfügung gestellt wird (ähnl. Schreibauer aaO 343: zumindest analoge Anwendung von § 5 III TDG; für Universitäten vgl. auch München [Z] K & R **00**, 356; and. Barton aaO 242, Bleisteiner aaO 160, 168 f. sowie für Betreiber von Internet-Cafés Liesching/Günter MMR 00, 264 f.).

2. Ebenfalls umstritten ist die **Rechtsnatur** der Haftungsbeschränkungen (vgl. z. B. Barton aaO 89 ff., Bleisteiner aaO 153 ff., Spindler MMR 98, 639). Während eine verbreitete Ansicht § 5 TDG/MDStV als rechtsgebietsübergreifenden „Vorfilter" ansieht, welcher der strafrechtlichen usw. Prüfung vorgelagert sei (Altenhain AfP 98, 458, Bleisteiner aaO 157, Engel-Flechsig/Maennel/Tettenborn NJW 97, 2984, Jaeger RDV 98, 267, Moritz CR 98, 506, Müller-Terpitz Hdb. IR 173 f.; ähnl. Pelz wistra 99, 58; in diese Richtung auch die Gesetzesmaterialien [vgl. BT-Drs. 13/7385 S. 20, 51; s. aber auch BT-Drs. 13/8153 S. 8]), spricht sich die Gegenansicht für ihre Integration in das allgemeine System der Strafbarkeitsvoraussetzungen aus, wobei die Auffassungen über den genauen Ort und die Art und Weise dieser Einbettung erheblich differieren (vgl. einerseits Sieber Hdb. MMR 19 RN 233, Spindler MMR 98, 643 [tatbestandsintegrierende Lösung], und andererseits LG München I NJW **00** 1051 f. m. Anm. Heghmanns ZUM 00, 463, Moritz CR 00, 119 [Schuldfrage], Heghmanns aaO 465 [Strafausschließungsgrund], Vassilaki MMR 98, 633 ff. [mehrere Zurechnungsstufen umfassendes Teledienstinhaltsdelikt]). Die Frage hat erhebliche praktische Bedeutung, weil die einzelnen Voraussetzungen des § 5 TDG/MDStV im Rahmen der Vorfilterlösung nicht notwendig den allgemeinen strafrechtlichen Zurechnungsregeln (zB Vorsatzerfordernis, keine bloß objektive Zurechnung von „Kenntnis" iSd § 5 II TDG/MDG innerhalb von Wirtschaftsunternehmen [vgl. Bleisteiner aaO 155 f., 186 f., 188 ff.]) unterfallen, während dies bei einer Integration in das System der allgemeinen Straftatmerkmale sehr wohl der Fall wäre. Tatsächlich kann § 5 TDG/MDStV entweder als allen Rechtsgebieten vorgegebene allgemeinrechtliche *Verhaltensnorm* interpretiert werden, die für das Strafrecht innerhalb der einschlägigen Tatbestände die Grenze des erlaubten Risikos festlegt, oder als von der Rechtswidrigkeit oder Rechtmäßigkeit des betreffenden Verhaltens unabhängige *Sanktionsnorm*, die als allen Rechtsgebieten verbietet, negative Sanktionen an ein entsprechendes Verhalten zu knüpfen. Für den Sanktionsnormcharakter spricht zunächst die Gesetzesformulierung („sind . . . verantwortlich"), die jedoch schon dadurch relativiert wird, daß lediglich § 5 IV TDG sich auf rechtswidrigkeits- und verschuldensunabhängige Haftungsformen bezieht (vgl. u. 66 f), während die für das Strafrecht maßgeblichen § 5 I–III TDG/MDStV eine Verantwortlichkeit nur für Fälle rechtswidrigen Verhaltens vorsehen; vorrangiges Kriterium ist deshalb der Gesetzeszweck der Schaffung von Orientierungssicherheit für Anbieter von Tele- und Mediendiensten, welchem die Festlegung der Grenze zwischen erlaubtem und verbotenem Verhalten sehr viel besser gerecht wird als eine bloße Haftungsbeschränkung. § 5 TDG/MDStV konkretisiert daher die tatbestandlichen Verhaltensnormen (ebenso Sieber Hdb. MMR 19 RN 233 u. i. E. weitgehend auch Bleisteiner aaO 157 f.).

3. Umfang der Einschränkungen der strafrechtlichen Verantwortlichkeit. § 5 TDG/ MDStV enthält ein gestuftes System der Verantwortlichkeit für rechtswidrige Inhalte: Gem. § 5 I TDG/MDStV sind Diensteanbieter uneingeschränkt nach den allgemeinen Regeln verantwortlich, soweit sie *eigene Inhalte zur Nutzung bereithalten*; für *zur Nutzung bereitgehaltene fremde Inhalte* haften sie gem. § 5 II TDG/MDStV hingegen nur, wenn sie von diesen Inhalten Kenntnis haben und ihnen deren Sperrung technisch möglich und zumutbar ist; *vermitteln* sie *lediglich den Zugang zu fremden*

§ 184 66 g, 66 h Bes. Teil. Straftaten gegen die sexuelle Selbstbestimmung

Inhalten, so sind sie gem. § 5 III TDG/MDStV von jeder Verantwortlichkeit freigestellt. Die Regelung ist abschließend, so daß innere Lücken mittels einer am Gesetzeszweck orientierten, systematischen Auslegung geschlossen werden müssen (vgl. u. 66 i). Die weitergehende Verpflichtung zur Sperrung der Nutzung rechtswidriger Inhalte nach § 5 IV TDG u. § 18 MDStV hat dagegen für das Strafrecht keine Bedeutung, weil damit – schon aufgrund der systematischen Stellung des § 5 IV TDG, der ansonsten § 5 I–III TDG überflüssig machen würde – lediglich verschuldensunabhängige Verpflichtungen gemeint sind (vgl. BT-Drs. 13/7385 S. 20 f., 13/8153 S. 9 f., Bleisteiner aaO 203 ff., Jofer aaO 139, Müller-Terpitz Hdb. IR 201 ff., Sieber Hdb. MMR 19 RN 225, 300 ff., Vassilaki MMR 98, 631; and. GBA MMR 98, 95 m. Anm. Hoeren). Im einzelnen bedeutet dies folgendes:

66 g   a) Für **zur Nutzung bereitgehaltene eigene Inhalte** sind Diensteanbieter gem. **§ 5 I TDG/ MDStV** nach den allgemeinen Gesetzen verantwortlich. *Eigene Inhalte* sind solche, die vom Diensteanbieter entweder selbst erstellt wurden oder die er sich durch bewußte Übernahme zu eigen gemacht hat (vgl. z. B. München [Z] K & R **00**, 356, Altenhain AfP 98, 459, Barton aaO 206 ff., Bleisteiner aaO 162 ff., Müller-Terpitz Hdb. IR 192 f., Sieber Hdb. MMR 19 RN 258 ff.). *Zur Nutzung bereitgehalten* werden diese Inhalte, wenn sie der Diensteanbieter auf eigenhändig kontrollierten oder ihm aufgrund mittelbarer Täterschaft oder Mittäterschaft zuzurechnenden fremden Servern gespeichert und dem Zugriff der Nutzer geöffnet hat (vgl. z. B. Altenhain AfP 98, 458 f., Barton aaO 216 f., 242, Müller-Terpitz Hdb. IR 190 f., 205 f., Sieber Hdb. MMR 19 RN 270 ff.; and. Bleisteiner aaO 170, 173, Bettinger/Freytag CR 98, 550, Flechsig/Gabel CR 98, 354, v. Lackum MMR 99, 700, Schreibauer aaO 339 f.: bloßer Verweis durch "Hyperlink" genügt [s. auch u. 66 i]; zur Zurechnung innerhalb von Konzernen vgl. AG München NStZ **98**, 518 m. Anm. Hoeren NJW 98, 2792, Jaeger RDV 98, 266, Kühne NJW 99, 188, Moritz CR 98, 505, Pätzel NStZ 98, 625, Pelz NStZ 98, 627 u. wistra 99, 53, Sieber MMR 98, 438, v. Gravenreuth MMR 98, 628, Vassilaki NStZ 98, 521, LG München I NJW **00**, 1051 m. Anm. Heghmanns ZUM 00, 463, Kühne NJW 00, 1003, Moritz CR 00, 119). Eine Konkretisierung dieser abstrakten Kriterien ist angesichts der Vielgestaltigkeit und raschen Veränderung der tatsächlichen Phänomene schwierig und wurde bislang allenfalls in Ansätzen geleistet. Besondere Probleme bereitet dabei die im Internet übliche Technik der Verweisung durch sog. *Hyperlinks,* die sowohl als Hilfsmittel zur schnelleren Bewegung innerhalb eines einzelnen Dokuments oder eines einheitlichen Angebots als auch zur Herstellung einer Verbindung zu fremden Anbietern eingesetzt werden können (vgl. z. B. Barton aaO 211 ff., Bettinger/Freytag NJW 98, 548 ff., Bleisteiner aaO 169 ff., A. Koch MMR 99, 704 ff., Müller-Terpitz Hdb. IR 204 ff., Sieber Hdb. MMR 19 RN 266 ff.). Auch die Einstufung von *Diskussionsforen,* die von dem Anbieter eingerichtet und betreut werden, oder von sog. *Suchmaschinen,* bei denen fremde Angebote häufig nicht nur mechanisch gesucht und aufgelistet, sondern gezielt zusammengestellt und redaktionell bearbeitet werden (vgl. v. Lackum MMR 99, 697 ff.), kann sich im Einzelfall als schwierig herausstellen. Für die Prüfung des § 5 I TDG/MDStV ist daher eine gestufte Vorgehensweise zu empfehlen: 1. Ein zur Nutzung bereitgehaltener eigener Inhalt liegt jedenfalls dann vor, wenn das Angebot so konzipiert ist, daß es dem Nutzer gegenüber als von diesem Anbieter stammend erscheint, und der Anbieter den oder die Server, auf denen die betreffenden Dateien gespeichert sind, zurechenbar beherrscht. Ebenfalls hierher gehören Kommentierungen und redaktionelle Bearbeitungen fremder Angebote, sofern die Kommentierung oder Bearbeitung auf das fremde Angebot gerade erkennbar bezogen ist und bereits als solche einen strafrechtlich relevanten Inhalt darstellt. 2. Ist das Angebot dagegen auf einem fremden Server abgespeichert, den der Anbieter weder eigenhändig noch in täterschaftlichem Zusammenwirken mit anderen beherrscht, so wird es nicht „zur Nutzung bereitgehalten"; ob es sich dabei um einen „eigenen" oder „fremden" Inhalt handelt ist unerheblich. § 5 I TDG/MDStV ist deshalb auf Hyperlinks und Suchmaschinen idR nicht anwendbar (ebenso Altenhain AfP 98, 458, Barton aaO 218, Dippelhofer RdJB 00, 54, Jaeger RDV 98, 268 f., Müller-Terpitz Hdb. IR 190, 205 f., Pelz ZUM 98, 533; and. LG Lübeck NJW COR **99**, 244, Bleisteiner aaO 173 f., Engel-Flechsig/Maennel/Tettenborn NJW 97, 2985, Flechsig/Gabel CR 98, 354, A. Koch MMR 99, 706, Lackner/Kühl 7 a, Vassilaki MMR 98, 6343). 3. Ein Angebot, das auf einem eigenen oder vom Täter beherrschten fremden Server zur Nutzung bereitgehalten wird, aber als Angebot eines anderen Anbieters in Erscheinung tritt, kann dennoch „eigene" Inhalte zum Gegenstand haben, wenn der Täter sich dieses Angebot ausdrücklich oder konkludent zu eigen gemacht hat; entscheidend sind hier die Umstände des Einzelfalls (vgl. näher z. B. Barton aaO 209 ff., Bleisteiner aaO 163 f., Müller-Terpitz Hdb. IR 192 f., Sieber Hdb. MMR 19 RN 258 ff.).

66 h   b) Für **zur Nutzung bereitgehaltene** (vgl. o. 66 g) **fremde Inhalte** ist ein Diensteanbieter gem. **§ 5 II TDG/MDStV** nur dann verantwortlich, wenn er **Kenntnis von diesen Inhalten** hat und ihm eine **Verhinderung der Nutzung technisch möglich und zumutbar** ist. § 5 II TDG/ MDStV enthält damit eine Haftungsbeschränkung insbes. für „Hostprovider", denen eine systematische Inhaltskontrolle der auf ihren Rechnern gespeicherten Dateien wegen deren großer Zahl und rascher Veränderung zumeist schon technisch, jedenfalls aber aus wirtschaftlichen Gründen nicht möglich ist (vgl. Sieber Hdb. MMR 19 RN 139 ff., 254 f.). Umstritten ist vor allem der Begriff der *„Kenntnis":* Zwar besteht weitgehende Einigkeit, daß bedingter Vorsatz hinsichtlich der abstrakten Möglichkeit rechtswidriger Inhalte auf dem eigenen Server nicht ausreicht, doch gehen die Meinungen über den erforderlichen Konkretisierungsgrad (vgl. einerseits Bleisteiner aaO 180, Moritz CR 98, 507, Müller-Terpitz Hdb. IR 197, Pelz ZUM 98, 534 u. wistra 99, 59, Sieber Hdb. MMR 19

RN 277 [konkreter einzelner Inhalt als Bezugspunkt] u. andererseits AG München NStZ **98**, 520, Barton aaO 196 [konkrete Anhaltspunkte über Existenz inkriminierender Inhalte ausreichend]) und die notwendige Intensität des Vorsatzes (vgl. einerseits Bleisteiner aaO 180, Schreibauer 336, Sieber Hdb. MMR **19** RN 276, Vassilaki NStZ **98**, 521 u. wohl auch Müller-Terpitz Hdb. IR 196 [dolus directus 1. oder 2. Grades erforderlich] sowie andererseits BT-Drs. 13/7385, S. 20, 51, Barton aaO 195, 229 [bedingter Vorsatz genügt]; s. auch Lackner/Kühl 7 a) weit auseinander. Da die Hostprovider nur von unwirtschaftlichem blindem Herumstochern entbunden, nicht aber für bewußtes Verschließen der Augen prämiert werden sollen, wird dem Gesetzeszweck freilich bereits durch die erhöhte Konkretisierung des Vorsatzgegenstandes genügt, ohne daß zusätzlich eine gesteigerte Vorsatzintensität verlangt werden müßte: Rechnet der Diensteanbieter ernsthaft mit der Möglichkeit, daß auf einem von ihm kontrollierten Server unter einer bestimmten Adresse pornographische Inhalte gespeichert sind, so hat er ausreichende „Kenntnis"; eine konkrete Einsichtnahme in die betreffenden Dateien, ohne die das eine direkten Vorsatz begründende sichere Wissen schwerlich zustande käme, ist hingegen nicht erforderlich. Gleichgültig ist auch, ob die Kenntnis auf eigenen Recherchen oder fremden Hinweisen beruht (vgl. Bleisteiner aaO 181, Sieber Hdb. MMR **19** RN 279); sie muß jedoch bei der zur Verantwortung gezogenen Person selbst vorliegen und kann nicht als fremdes Wissen über § 14 oder § 166 BGB zugerechnet werden (etwa wenn nur der Jugendschutzbeauftragte eines entsprechenden Unternehmens diese Kenntnis erlangt und sie nicht an den Unternehmensleiter weitergibt; vgl. näher Bleisteiner aaO 186 f.; and. Barton aaO 231; offen gelassen von Müller-Terpitz Hdb. IR 197; s. auch o. 66 e). Die *technische Möglichkeit und Zumutbarkeit der Nutzungsverhinderung* ist in den Fällen des § 5 II TDG/MDStV in aller Regel unproblematisch zu bejahen, denn wenn der Hostprovider erst einmal die konkrete Adresse kennt, unter welcher der betreffende Inhalt abgespeichert ist, ist ihm auch eine Sperrung oder Löschung ohne weiteres möglich, ohne daß dafür größere Nachteile in Kauf genommen werden müßten (ebenso Altenhain AfP 98, 463, Bleisteiner aaO 337, Sieber Hdb. MMR **19** RN 282, 326; s. auch Jofer aaO 142 ff.). Schließlich führt die Regelung des § 5 II TDG dazu, daß in den betreffenden Fällen regelmäßig nur eine Strafbarkeit wegen *Unterlassens* der Sperrung, nicht aber wegen aktiven Tuns in Betracht kommt: Solange der Provider die konkreten strafbaren Inhalte nicht kennt, ist das Einrichten und Betreiben des Dienstes nicht rechtswidrig, und auch nach Erlangung der Kenntnis wäre die Einstellung des ganzen Dienstes in aller Regel unzumutbar, so daß der Bereich der erlaubten Risiken nicht schon durch die aktive Aufrechterhaltung des Serviceangebots, sondern nur durch das Unterlassen der Einzelsperrung überschritten wird (vgl. Sieber Hdb. MMR **19** RN 330 ff.; s. auch Barton aaO 198, Jofer aaO 122 ff., Ritz aaO 76). Erforderlich ist daher zusätzlich eine Garantenstellung des Diensteanbieters, die sich wegen des rechtmäßigen Vorverhaltens nicht aus Ingerenz, sondern nur aus der Herrschaft über die Gefahrenquelle ergeben kann (vgl. dazu allgemein § 13 RN 43 ff. sowie speziell zu Anbietern von Tele- und Mediendiensten Jofer aaO 125 ff., Pelz wistra 99, 55 f., Ritz aaO 77 ff., Sieber Hdb. MMR **19** RN 335 ff.) und in den betreffenden Fällen lediglich zu einer Strafbarkeit wegen Beihilfe führt (vgl. allgemein 108 vor § 25 sowie speziell zu § 5 II TDG/MDStV Vassilaki MMR 98, 634; and. Barton aaO 201 f., Jofer aaO 152: auch Täterschaft möglich).

c) Beschränkt sich der Diensteanbieter darauf, **lediglich den Zugang zur Nutzung fremder Inhalte zu vermitteln,** so ist er gem. § 5 III 1 TDG/MDStV von jeder Verantwortlichkeit befreit; gleiches gilt gem. § 5 III 2 TDG/MDStV für die **automatische und kurzzeitige Vorhaltung fremder Inhalte auf Grund Nutzerabfrage** (sog. Proxy-Cache-Privileg; vgl. dazu BT-Drs. 13/7385, S. 20, sowie z. B. Sieber Hdb. MMR **19** RN 295 ff.). Die Privilegierung des *§ 5 III 1 TDG/MDStV* soll insbes. „Accessprovider" schützen, denen eine Kontrolle des durch ihre Einrichtungen strömenden Datenflusses idR schon technisch unmöglich ist (vgl. Sieber Hdb. MMR **19** RN 251 ff.) und die sich ansonsten u. U. wegen Beihilfe zur Verbreitung pornographischer Schriften usw. strafbar machen würden. Freilich ist der Anwendungsbereich der Regelung unklar, insbes. im Hinblick auf die Frage, ob § 5 III TDG/MDStV alle Tele- und Mediendienstangebote erfaßt, die nicht unter § 5 I u. II TDG/MDStV fallen, oder ob § 5 TDG/MDStV insgesamt nur Teilbereiche solcher Angebote betrifft und im übrigen die allgemeinen strafrechtlichen Regelungen gelten. Diese bislang noch wenig problematisierte Grundsatzfrage (s. aber Bleisteiner aaO 170 f.) ist sowohl für die Auslegung des Begriffs der Zugangsvermittlung erheblich als auch für die Beurteilung der vom Wortlaut nicht erfaßten Zugangsvermittlung zu eigenen Inhalten. Für die Annahme einer abschließenden Regelung spricht nicht nur der aus den Materialien erkennbare Wille des Gesetzgebers (vgl. BT-Drs. 13/8153 S. 8), sondern auch die Existenz des § 5 I TDG/MDStV, der bei einer lediglich partiellen Regelung keinen Sinn machen würde. Das Bereithalten zur Nutzung und die bloße Zugangsvermittlung müssen deshalb als korrespondierende Begriffe aufgefaßt werden, welche die möglichen Formen der Mitwirkung an der Herstellung einer Verbindung zwischen Anbieter und Nutzer erschöpfend beschreiben. Als *Zugangsvermittlung* ist somit jede Tätigkeit eines Diensteanbieters anzusehen, die dazu beiträgt, daß ein entsprechendes Telekommunikationsangebot an den Nutzer gelangt, und die sich nicht als ein „zur Nutzung Bereithalten" darstellt; der Zusatz „lediglich" hat daher keine eigenständige Bedeutung (and. z. B. Lackner/Kühl 7 a). Darüber hinaus ist § 5 III TDG/MDStV in analoger Anwendung auch auf Fälle zu erstrecken, in denen ein Anbieter zu *eigenen Inhalten* (o. 66 g) den Zugang vermittelt, ohne sie selbst zur Nutzung bereitzuhalten (zB wenn der Täter ein fremdes Angebot per Hyperlink in sein eigenes Angebot einbettet und es sich dadurch „zu eigen macht" [vgl. o. 66 g]): § 5 I TDG/MDStV

§ 184 67, 68   Bes. Teil. Straftaten gegen die sexuelle Selbstbestimmung

ist insoweit nicht einschlägig, da ein Verzicht auf die begrenzende Wirkung des „zur Nutzung Bereithalten" zugleich die für fremde Inhalte unumstrittene Differenzierung zwischen § 5 II u. III TDG/MDStV aufheben würde, und eine analoge Anwendung von § 5 II TDG scheitert daran, daß dessen Regelung gerade auf den umgekehrten Fall des zur Nutzung Bereithaltens fremder Inhalte zugeschnitten ist und auf die Zugangsvermittlung zu eigenen Inhalten nicht paßt („Kenntnis" liegt bei eigenen Inhalten immer vor, eine „Verhinderung der Nutzung" ist wegen der fehlenden Kontrolle über den fremden Rechner nicht möglich und für das schlichte Unterlassen der Zugangsvermittlung macht eine Schranke der technischen Möglichkeit und Zumutbarkeit keinen Sinn; and. A. Koch MMR 99, 707 u. für Suchmaschinen v. Lackum MMR 99, 700). Dies bedeutet, daß bloße Verweise durch Hyperlinks oder Suchmaschinen auf Inhalte, die nicht auf einem eigenhändig oder sonst in täterschaftlicher Form kontrollierten Server gespeichert sind, zu keiner strafrechtlichen Verantwortlichkeit führen können (vgl. o. 66 g; and. für Suchmaschinen auch v. Lackum MMR 99, 699 f.), und zwar auch dann nicht, wenn der Betreffende mit dem Betreiber des – u. U. im Ausland installierten – Servers bewußt zusammenwirkt, sein Handeln sich aber nur als Teilnahme an der Tat des Betreibers des Servers darstellt (s. auch Jofer aaO 158 f.; and. BT-Drs. 13/8153, S. 13, Müller-Terpitz Hdb. IR 200 f., Sieber Hdb. MMR 19 RN 293 f.); die Gegenansicht, die auf Hyperlinks § 5 I o. II TDG/MDStV anwendet (vgl. die Nachw. o. 66 g), ist mit dem Gesetzeswortlaut nicht vereinbar, da ein bloßer Verweis auf eine fremde, vom Verweisenden nicht beeinflußbare Webseite nicht mehr als „zur Nutzung Bereithalten" angesehen werden kann. Auf der anderen Seite müssen wegen der Weite des Begriffs der „Zugangsvermittlung" auch die Betreiber von Internetcafés und Leiter von Firmen, Bibliotheken oder Schulen, die ihren Kunden, Mitarbeitern oder Schülern den Internetzugang ermöglichen (vgl. o. 66 d), sowie entgegen § 2 IV Nr. 1 TDG auch Netzbetreiber, die lediglich den Durchfluß der Daten gewährleisten (vgl. LG München I NJW **00**, 1051, m. Anm. Moritz CR 00, 119, Jaeger RDV 98, 267, Moritz CR 98, 506 f., Müller-Terpitz Hdb. IR 201, Pelz ZUM 98, 533 f., wistra 99, 58, Sieber Hdb. MMR 19 RN 284 ff., Vassilaki NStZ 98, 521; and. AG München NStZ **98**, 519 f., Altenhain AfP 98, 463 f.), in den Anwendungsbereich des § 5 III TDG/MDStV einbezogen werden.

67   **XII.** Soweit auf den Gewahrsam desjenigen abgestellt wird, der die Pornographie zugänglich macht, kann **Täter** nur der Gewahrsamsinhaber sein (Laufhütte LK 53). Für die **Teilnahme** gelten die allgemeinen Grundsätze (vgl. jedoch auch o. 9 e); § 28 I findet keine Anwendung (Laufhütte LK 53; and. Horn SK 11, 49), wohl aber § 28 II bzgl. der Gewerbsmäßigkeit nach Abs. 4. Straflos bleibt auch hier die notwendige Teilnahme (vgl. dazu 47 vor § 25). Dies gilt für den Letztbezieher, soweit sich seine Teilnahme in der Vornahme solcher Handlungen erschöpft, die dem (straffreien) Beziehen pornographischer Erzeugnisse vorausgehen bzw. dieses ermöglichen (z. B. Kauf an einem Kiosk als Anstiftung zum Überlassen). Strafloser Teilnehmer ist als geschützte Person ferner der Jugendliche, der einen anderen dazu bestimmt hat, ihm pornographische Schriften zu überlassen (Laufhütte LK 53, Tröndle 47).

68   **XIII. Konkurrenzen.** Idealkonkurrenz ist möglich zu § 131 (vgl. Beisel/Heinrich NJW 96, 496), ferner zwischen den einzelnen Modalitäten des § 184, soweit diese einen selbständigen Unwertgehalt besitzen, so zwischen Abs. 1 Nr. 1 u. 6 (Laufhütte LK 56; vgl. aber auch Altenhain ZStW 107, 382 ff.). Werden durch die Tat nach Nr. 1 mehrere Jugendliche betroffen, so ist ebenfalls (gleichartige) Idealkonkurrenz anzunehmen; auch zwischen Nr. 1 und Nr. 2–5 und 7 ist wegen der zusätzlichen Gefährdung, die in diesen Taten zum Ausdruck kommt, Idealkonkurrenz möglich. Die Übersendung von Prospekten im Versandhandel fällt sowohl unter Nr. 3 als auch unter Nr. 5; hier dürfte Nr. 5 lex specialis sein. Dasselbe gilt für Abs. 3 im Verhältnis zu Abs. 1 mit Ausnahme der Nr. 1 und 6 (vgl. auch BGH NJW **99**, 1982, Beisel/Heinrich NJW 96, 496). Die Vorbereitungshandlungen nach Abs. 1 Nr. 8, Abs. 3 Nr. 3 und die jeweils verbotene Verwendung sind zusammen eine Tat (vgl. RG **38** 72 und entsprechend § 146 RN 26, § 267 RN 79); doch behalten Abs. 1 Nr. 8, Abs. 3 Nr. 3 ihre selbständige Bedeutung, soweit die verbotene Verwendung die dazu getroffene Vorbereitung nicht erschöpft (BGH NJW **76**, 720; s. aber auch BGH NJW **99**, 1979: Unternehmen der Einfuhr nach Abs. 3 Nr. 3 tritt hinter Abs. 3 Nr. 1 zurück). Abs. 4 geht Abs. 3 und Abs. 3 – ungeachtet der speziellen Angriffsrichtung des Abs. 5 – diesem vor (vgl. F. C. Schroeder NJW 93, 2583). Ist eine Vorschrift über mehrere Tatbestandshandlungen in bezug auf ein pornographisches Werk verletzt worden (z. B. Anbieten und Überlassen, Herstellen und Liefern; Besitzverschaffen und Besitzen in Abs. 5), so liegt nur ein Delikt vor, da es sich hier um gleichwertige Begehungsweisen handelt (vgl. BGH **5** 381, Hamburg NStZ-RR **99**, 329 m. Anm. Hütig CR 99, 714 [mehrere Taten nach Abs. 5 S. 1 werden durch den fortdauernden Besitz nach Abs. 5 S. 2 zu einer rechtlichen Handlungseinheit verklammert]). Gegenüber § 176 III Nr. 3 (Einwirkung auf ein Kind durch Vorzeigen pornographischer Abbildungen usw.) tritt Abs. 1 Nr. 1 zurück (BGH MDR **76**, 942), während Abs. 5 in Tateinheit mit § 176 steht (BGH **43** 368). Im Verhältnis zu § 185 ist § 184 I Nr. 6 jetzt als lex specialis anzusehen (Laufhütte LK 56; and. für § 184 a. F. RG **52** 270). Soweit das GjS inhaltlich übereinstimmende Tatbestände enthält (o. 2), liegt weder Idealkonkurrenz (so jedoch Laufhütte JZ 74, 46) noch Gesetzeskonkurrenz vor (so jedoch Bay **79** 49, Stuttgart NJW **76**, 529, Beisel/Heinrich NJW 96, 496, Eckstein wistra 97, 48, Horn SK 14, Lackner/Kühl 14, Laufhütte LK 56, M-Schroeder I 224 f., Meier NStZ 85, 341, Tröndle 50: Vorrang des § 184, wobei jedoch nicht ersichtlich ist, welcher sachliche Gesichtspunkt bei inhaltlich völlig gleichlautenden Vorschriften den Vorrang der einen vor der anderen begründen könnte). Die Verurteilung hat hier – in der Konkurrenzlehre ein Novum – aus § 184 und § 21 GjS zu erfolgen, ohne daß dies freilich irgendwelche sachlichen Konsequenzen hätte. Soweit das GjS die Möglichkeit des Absehens von Strafe vorsieht (§ 21 V), muß Entsprechendes für § 184 gelten (vgl. Beisel/Heinrich NJW 96, 496, Horn SK 15, Lackner/Kühl 14, Laufhütte LK 54, Schreibauer aaO 356, Tröndle 50).

XIV. Ein Presseinhaltsdelikt mit einer nach Landesrecht kürzeren **Verjährung** (vgl. § 78 RN 9, § 78 a RN 16) ist zwar das Verbreiten nach Abs. 3 Nr. 1 und Ausstellen usw. nach Abs. 3 Nr. 2 (BGH **45**, 43, Laufhütte LK 47), nicht aber das Vorrätighalten usw. nach Abs. 3 Nr. 3, soweit es nicht zu der beabsichtigten Verbreitung gekommen ist (vgl. Bay MDR **75**, 419 u. entsprechend zu § 131 Nr. 4 NStE § 131 **Nr. 2**). Keine Presseinhaltsdelikte, weil nur bestimmte Vertriebsformen betreffend, enthalten mit Ausnahme der Nr. 5 2. Alt. (Bay **79** 44, Laufhütte LK 36) auch die Tatbestände nach Abs. 1; das gleiche gilt für § 21 GjS i. V. mit den entsprechenden Vertriebsverboten nach §§ 3 ff. GjS (vgl. BGH **26** 40, Bay MDR **75**, 419, Stuttgart NJW **76**, 530, Franke GA 82, 411 ff.). Nicht um ein Presseinhaltsdelikt handelt es sich schließlich bei Abs. 5, weil die Bestrafung vom Verbreiten unabhängig ist (BT-Drs. 12/3001 S. 6). Soweit ein Verbreiten nach Abs. 3 Nr. 1 zugleich die besonderen Voraussetzungen des Abs. 1 erfüllt, bleibt es insoweit bei der allgemeinen Verjährungsfrist nach § 78 (BGH NJW **99**, 1982). 69

XV. Mit dem neuen Tatbestand des Abs. 4 (o. 60 ff.) wurde in **Abs. 7 S. 1** zugleich die Möglichkeit geschaffen, in den Fällen des Abs. 4 den **Erweiterten Verfall** gem. § 73 d anzuordnen (vgl. dazu BT-Drs. 12/4883 S. 9). Für die **Einziehung** sind zunächst die allgemeinen Vorschriften maßgebend, nämlich § 74 d III für Taten nach Abs. 1, 4 (zu Abs. 1 vgl. BGH NJW **80**, 406), § 74 d I, II für solche nach Abs. 3. Besonderheiten gelten für Taten nach dem gleichfalls neuen Abs. 5 (o. 63 ff.), bei denen **Abs. 7 S. 2** die obligatorische Einziehung vorsieht. Da Abs. 7 S. 2 eine besondere Vorschrift i. S. des § 74 IV ist, erfolgt die Einziehung hier unabhängig von den Voraussetzungen des § 74 d bei Vorliegen eines Einziehungsgrundes nach § 74 II, III. Erweitert werden diese Möglichkeiten durch **Abs. 7 S. 3**, wonach auch § 74 a (fakultative Dritteinziehung) anzuwenden ist. Die früher im Hinblick auf das Brief- und Postgeheimnis nicht abschließend geklärten Fragen bei der Einziehung aus dem Ausland eingeführter Schriften (vgl. d. Nachw. hier 24. A.) haben sich mit dem Inkrafttreten der §§ 1 III, 5, 12 ZollVerwG (Art. 1 ZollrechtsÄndG v. 21. 12. 1992, BGBl. I 348) am 1. 1. 1993 erledigt. 70

XVI. Ergänzend zum Gestatten der Anwesenheit von Jugendlichen bei der öffentlichen Vorführung nicht freigegebener Filme und zum Zugänglichmachen nicht freigegebener bespielter Bildträger vgl. §§ 6, 7, 12 I Nr. 5, 6 JÖSchG n. F. (BGBl. I 425). 71

§ 184 a Ausübung der verbotenen Prostitution

Wer einem durch Rechtsverordnung erlassenen Verbot, der Prostitution an bestimmten Orten überhaupt oder zu bestimmten Tageszeiten nachzugehen, beharrlich zuwiderhandelt, wird mit Freiheitsstrafe bis zu sechs Monaten oder mit Geldstrafe bis zu einhundertachtzig Tagessätzen bestraft.

I. Die Prostitution ist als solche nur unter den Voraussetzungen der §§ 184 a, 184 b strafbar (früher: Übertretung nach § 361 Nr. 6 b, c), wobei **Rechtsgut** des § 184 a das Interesse der Allgemeinheit ist, an bestimmten Orten vor den mit der Prostitution verbundenen Belästigungen sicher zu sein (Bay **88** 107 m. Anm. Behm JZ 89, 301; krit. Gleß, Die Reglementierung von Prostitution in Deutschland 1999, 107). Den „Grundtatbestand" zu § 184 a enthält § 120 I Nr. 1 OWiG, wo schon das einfache Zuwiderhandeln gegen das Verbot mit Bußgeld bedroht ist, während § 184 a ein „beharrliches" Zuwiderhandeln voraussetzt. 1

II. § 184 a stellt eine **Blankettvorschrift** dar, die das durch eine gültige Rechtsverordnung erlassene Verbot voraussetzt, der Prostitution bzw. – was dem Prostitutionsbegriff gleichsteht – der Gewerbsunzucht (vgl. VG Neustadt NJW **85**, 2846) an bestimmten Orten überhaupt oder zu bestimmten Tageszeiten nachzugehen. Nach Art. 297 EGStGB (früher: Art. 3 des 10. StÄG v. 7. 4. 1970, BGBl. I 313; zur Kritik u. Reform vgl. Gleß aaO [o. 1] 2) können die Landesregierungen und mit ihrer Ermächtigung oberste Landesbehörden und höhere Verwaltungsbehörden zum Schutze der Jugend oder des öffentlichen Anstands (vgl. VGH München NJW **72**, 91) die Ausübung der Prostitution in einzelnen Gemeinden, in Teilen von Gemeinden, an öffentlichen Orten oder zu bestimmten Zeiten verbieten, wobei die Verbotsmöglichkeiten je nach der Größe der Gemeinde differenziert sind. Die Ermächtigung, gegen die keine verfassungsrechtlichen Bedenken bestehen (vgl. dazu und zu den Grenzen BayVerfGHE **31** 167, NJW **83**, 2188 mwN), ist abschließend, weshalb weitergehende Verbote nicht zulässig sind (vgl. BGH **11** 31, **23** 174). Die in ihrem Rahmen erlassenen Rechtsverordnungen (vgl. die Nachw. b. Tröndle 3; zu ihrer nicht nur straf-, sondern auch polizeirechtlichen Natur vgl. VGH Kassel NJW **84**, 505, Schatzschneider NJW 85, 2794 mwN), müssen den Bereich, für den das Verbot gelten soll, genau bezeichnen (vgl. BVerwG NJW **64**, 512 zu § 361 Nr. 6 c a. F.), wobei der Zweck des § 297 III EGStGB zu beachten ist (vgl. VGH Kassel NJW **81**, 779). Wird es für eine Gemeinde oder für einen einzelnen Gemeindebezirk erlassen (was auch einzelne Straßenzüge oder öffentliche Plätze sein können; Stuttgart Justiz **64**, 125), so erstreckt es sich auf das ganze Gebiet 2

§ 184a 3–8   Bes. Teil. Straftaten gegen die sexuelle Selbstbestimmung

der Gemeinde bzw. des fraglichen Gemeindebezirks, also auf sämtliche dazu gehörenden Grundstücke (BGH 23 174, Stuttgart Justiz 68, 50).

3   III. Strafbar ist nur das **beharrliche Zuwiderhandeln gegen** das in der Rechtsverordnung erlassene **Verbot,** der **Prostitution** an bestimmten Orten überhaupt oder zu bestimmten Tageszeiten **nachzugehen.** Die Tat ist ein abstraktes Gefährdungsdelikt (Laufhütte LK 2; vgl. auch u. 4).

4   1. Zum Begriff „der **Prostitution** nachgehen" vgl. § 180 a RN 5 f. Ist nicht nur der sog. Straßenstrich auf Grund des Art. 297 I Nr. 3 EGStGB verboten, sondern erstreckt sich das Verbot auf das ganze Gebiet bzw. Teile des Gebiets einer Gemeinde (Art. 297 I Nr. 1, 2), so braucht die Handlung weder öffentlich noch besonders auffällig zu geschehen (Bay 88 107 m. Anm. Behm JZ 89, 301, VG Neustadt NJW 85, 2846, Laufhütte LK 2, Tröndle 3). Erst recht muß es nicht zu einer tatsächlichen Belästigung einzelner gekommen sein (Bay aaO). Weil es sich bei § 184 a um ein abstraktes Gefährdungsdelikt handelt, braucht auch die Gefahr einer Belästigung im Einzelfall nicht festgestellt zu werden, weshalb z. B. auch unauffällige „Hausbesuche" einer Prostituierten im Sperrbezirk unter die Vorschrift fallen (Bay aaO, Behm aaO). Nach dem Gesetzeszweck und nach den für abstrakte Gefährdungsdelikte geltenden Grundsätzen (vgl. 3 a vor § 306) haben jedoch solche Handlungen auszuscheiden, bei denen diese Gefahr generell schlechterdings ausgeschlossen ist, so z. B. bei telefonischen Anbahnungsverhandlungen, die eine Prostituierte aus ihrer in einem Sperrbezirk gelegenen Wohnung führt (vgl. näher Behm aaO; and. jedoch Bay aaO).

5   2. Der Begriff **„beharrlich",** den das Gesetz auch sonst gelegentlich verwendet (z. B. § 25 StVG), bezeichnet eine in der Tatbegehung zum Ausdruck kommende besondere Hartnäckigkeit und damit die gesteigerte Gleichgültigkeit des Täters gegenüber dem gesetzlichen Verbot, die zugleich die Gefahr weiterer Begehung indiziert (ebenso Bay 88 41, Köln GA 84, 333, Horn SK 3, Laufhütte LK 4, Lackner/Kühl 5). Eine wiederholte Begehung ist zwar immer Voraussetzung (BGH 23 172, Bay aaO, M-Schroeder I 206, Tröndle 5), aber für sich allein nicht genügend. Vielmehr muß sich aus der Tat eine erhöhte Mißachtung staatlicher Anordnungen ergeben, ein Mehr an Widersetzlichkeit gegenüber der normalen Gesetzesübertretung (ebenso Bay aaO, Köln aaO). Eine vorherige Abmahnung ist dazu nicht erforderlich (Tröndle 5; and. Horn SK 3, Laufhütte LK 4; offengelassen von BGH NStZ 92, 595 [zu § 148 GewO]), wenn nur die Gesamtwürdigung ein beharrliches Zuwiderhandeln ergibt, wofür z. B. auch die Überwindung besonderer Hindernisse sprechen kann. Anderseits kann es an einem solchen fehlen, wenn zwischen früheren Vorfällen und der neuen Tat ein längerer Zeitraum liegt (Köln aaO: 4 1/2 Jahre) oder wenn es nach früheren Verurteilungen und der darauf erfolgten Verlegung des „Arbeitsplatzes" nach außerhalb mit einem zeitlichen Abstand nur noch gelegentlich zur Prostitution in dem Sperrbezirk kommt (Bay aaO). Kann die Beharrlichkeit nicht festgestellt werden, so gilt § 120 I Nr. 1 OWiG.

6   IV. Der **subjektive Tatbestand** verlangt Vorsatz; bedingter Vorsatz genügt. Der Vorsatz muß sich insbes. auch auf das Handeln an einem verbotenen Ort oder zur verbotenen Zeit erstrecken (BGH 23 167, Frankfurt NJW 66, 1257, Hamm NJW 68, 1976). Er setzt ferner das Wissen um die Umstände voraus, die das Zuwiderhandeln zu einem „beharrlichen" machen.

7   V. Die Tat ist ein eigenhändiges Delikt, weshalb **Täter** nur sein kann, wer selbst – als Mann oder Frau – der Prostitution in der verbotenen Weise nachgeht (Bay NJW 85, 1566 m. Anm. Geerds JR 85, 472, Laufhütte LK 6). Bei einem **Teilnehmer,** der selbst nicht beharrlich handelt, liegt lediglich eine Ordnungswidrigkeit nach § 120 I Nr. 1 OWiG vor, da „beharrlich" ein besonderes persönliches Merkmal i. S. des § 14 IV OWiG ist (Bay m. Anm. Geerds aaO, M-Schroeder I 206, Tröndle 6; i. E. auch Lackner/Kühl 7; and. Otto II 350; handelt jedoch lediglich ein, wenn auch nicht beharrlicher Haupttäter beharrlich, so ist er Teilnehmer der Straftat, obwohl strafrechtlich eine „Haupttat" fehlt (Bay m. Anm. Geerds aaO, Göhler NStZ 86, 18). Notwendiger Teilnehmer und damit weder Teilnehmer an einer Straftat noch Beteiligter i. S. des OWiG ist jedoch der „Freier" (Horn SK 5, Laufhütte LK 6, Otto II 350, Tröndle 6; and. Graalmann-Scheerer GA 95, 349 ff.) bzw. – weil es dafür allein auf die Bedeutung des objektiven Tatbeitrags ankommt – derjenige, der in der Rolle eines solchen auftritt, weshalb z. B. auch zu Überführungszwecken geführte Scheinverhandlungen durch einen Polizeibeamten in Zivil keine Beteiligung sind (vgl. i. E. auch BVerfG NJW 85, 1767 m. Anm. Lüderssen StV 85, 178). Die Zimmervermietung usw. an eine Prostituierte ist als solche ebensowenig eine Beihilfe wie z. B. der Verkauf von Lebensmitteln (vgl. auch RG 39 48), wohl aber dann, wenn die Überlassung des Raums gerade zu Prostitutionszwecken erfolgt; in diesem Fall steht auch § 180 a der Annahme einer Beihilfe zu § 184 a nicht entgegen, da § 180 a wegen seiner völlig anderen Schutzrichtung keine solche Beihilfe ausschließende Sonderregelung enthält (vgl. Bay 81 44, Geerds JR 85, 472, Gössel I 345, Laufhütte LK 6 f.; and. Horn SK 5, Lackner/Kühl 7, Tröndle 6). Zur Frage der Beihilfe eines Rechtsanwalts durch unrichtige Auskunft über das Bestehen eines Sperrbezirks vgl. Stuttgart Justiz 87, 197.

8   VI. **Idealkonkurrenz** ist z. B. möglich mit §§ 183 a, 184 b, ferner zwischen §§ 180 ff. und Teilnahme zu § 184 a. § 120 I Nr. 1 OWiG tritt hinter § 184 a zurück (vgl. § 21 OWiG). Bei der **Strafzumessung** bedarf die fast völlige Ausschöpfung des Strafrahmens unter Beachtung der Tatmodalitäten einer besonders eingehenden Begründung; der Hinweis auf die Rückfälligkeit genügt dafür nicht (Bay 88 41).

§ 184 b Jugendgefährdende Prostitution

Wer der Prostitution
1. in der Nähe einer Schule oder anderen Örtlichkeit, die zum Besuch durch Personen unter achtzehn Jahren bestimmt ist, oder
2. in einem Haus, in dem Personen unter achtzehn Jahren wohnen,

in einer Weise nachgeht, die diese Personen sittlich gefährdet, wird mit Freiheitsstrafe bis zu einem Jahr oder mit Geldstrafe bestraft.

I. Rechtsgut. Die Vorschrift, die an Stelle des § 361 Nr. 6 b a. F. getreten ist, dient dem Jugendschutz, wobei der Gesetzgeber hier im Unterschied zu § 171 (vgl. dort RN 7) keine Bedenken hatte, von einer „sittlichen" Gefährdung des Jugendlichen zu sprechen. Zur Reform vgl. Gleß, Die Reglementierung von Prostitution in Deutschland, 1999, 143. **1**

II. § 184 b enthält **zwei Tatbestände,** denen gemeinsam ist, daß durch die dort beschriebene Prostitutionsausübung (zum „der Prostitution nachgehen" vgl. § 180 a RN 5 f.) eine sittliche Gefährdung der geschützten Personen eintreten muß. **2**

1. Strafbar ist nach **Nr. 1** die Prostitutionsausübung **in der Nähe** von **Schulen** oder **anderen Örtlichkeiten, die zum Besuch von Personen unter 18 Jahren bestimmt** sind. Örtlichkeiten i. S. der Nr. 1 sind nicht nur Gebäude (z. B. Jugendheime, Kindergärten), Spielplätze usw., sondern auch vorübergehende Einrichtungen, wie z. B. das Zeltlager einer Jugendgruppe. Ob die Örtlichkeit zum Besuch von Jugendlichen *bestimmt* ist, hängt von einer entsprechenden Widmung dessen ab, der über ihren Verwendungszweck zu entscheiden hat; daß Jugendliche von ihren Eltern an den Ort mitgenommen zu werden pflegen (Hamburg HRR **32** Nr. 491) oder tatsächlich an dem Ort verkehren (z. B. Lokal, das überwiegend von Jugendlichen besucht wird), reicht nicht aus (ebenso Horn SK 3, Laufhütte LK 3). Der Prostitutionsausübung *in der Nähe* solcher Örtlichkeiten muß es gleichstehen, wenn sie an bzw. in dieser selbst erfolgt (z. B. in einem Gebäude, in dem sich auch ein Kindergarten befindet). **3**

2. Nr. 2 erfaßt die Prostitutionsausübung in einem **Haus,** in dem **Personen unter 18 Jahren wohnen,** d. h. dort ihre nicht nur vorübergehende räumliche Lebensgrundlage haben. **4**

3. Beide Tatbestände setzen voraus, daß die Prostitutionsausübung in einer Weise geschieht, die **Minderjährige sittlich gefährdet.** Dies bedeutet zunächst einen Ausschluß abstrakt ungeeigneter Begehungsweisen („in einer Weise nachgeht"; z. B. Straßenstrich vor einer Schule während der Nacht, Treffen besonderer Vorkehrungen in einem Wohnhaus), selbst wenn dann Jugendliche in Einzelfällen tatsächlich hinzukommen (ebenso Laufhütte LK 5). Darüber hinaus muß mindestens ein Minderjähriger – und zwar bei Nr. 2 gerade ein solcher, der in dem fraglichen Haus wohnt („diese", nicht „solche" Personen) – in seiner sittlichen Entwicklung konkret gefährdet worden sein (ebenso Horn SK 1, Tröndle 4; and. M-Schroeder I 206). Dieser muß deshalb auch tatsächlich anwesend gewesen sein, wobei es dann allerdings entsprechend dem Zugänglichmachen in § 184 I Nr. 1 (vgl. dort RN 9) genügen muß, wenn er die Prostitutionsausübung hätte wahrnehmen können (vgl. auch Lackner/Kühl 3, Tröndle 4; and. Horn SK 5, Laufhütte LK 5, Otto II 349: tatsächliche Wahrnehmung). Hinzukommen muß die Prognose, daß die Entwicklung ethischer Wertvorstellungen gerade bei diesem Jugendlichen durch die (mögliche) Wahrnehmung beeinträchtigt werden kann. Daran fehlt es z. B., wenn die Prostitutionsausübung vor einem Kleinkind oder einem sittlich bereits „verdorbenen" Jugendlichen erfolgt (ebenso Gössel I 345, Horn SK 5; vgl. auch Prot. V 3108, Laufhütte LK 5 f.). Aber auch sonst kann eine sittliche Gefährdung i. S. einer konkreten Gefahr nicht ohne weiteres unterstellt werden. **5**

III. Zum **subjektiven Tatbestand,** zur **Täterschaft** und **Teilnahme** und zu den **Konkurrenzen** vgl. entsprechend § 184 a RN 6 ff. **6**

§ 184 c Begriffsbestimmungen

Im Sinne dieses Gesetzes sind
1. sexuelle Handlungen
   nur solche, die im Hinblick auf das jeweils geschützte Rechtsgut von einiger Erheblichkeit sind,
2. sexuelle Handlungen vor einem anderen
   nur solche, die vor einem anderen vorgenommen werden, der den Vorgang wahrnimmt.

I. Die Vorschrift enthält zwei an die geänderte Terminologie des Gesetzes anknüpfende **„Begriffsbestimmungen",** die aber nur von begrenztem Wert sind, da sie die eigentlichen Sachfragen weitgehend offenlassen (u. 4 ff., 20 ff.). **1**

1. Die §§ 174 ff. a. F. hatten sich durchgehend der Begriffe **„unzüchtige Handlung", „Unzucht"** und davon abgeleiteter Bezeichnungen (z. B. § 184 a. F.: „unzüchtige Schriften") bedient. Dabei bezeichnete „Unzucht" usw. eine Handlung, die objektiv, d. h. ihrem äußeren Erscheinungsbild **2**

§ 184 c 3–7 Bes. Teil. Straftaten gegen die sexuelle Selbstbestimmung

nach eine Beziehung zum Geschlechtlichen aufweist, subjektiv von einer sexuellen Tendenz oder Vorstellung getragen ist und die das Scham- und Sittlichkeitsgefühl in geschlechtlicher Hinsicht gröblich verletzt (vgl. 16. A., 4 vor § 173). Mit der Ersetzung dieses Begriffs durch den Terminus der „**sexuellen Handlung**" in §§ 174 ff. n. F. sollte der Gefahr begegnet werden, daß das Geschlechtliche von vornherein mit einem negativen Vorzeichen versehen werden könnte. Wertfrei ist aber auch der neue Begriff der sexuellen Handlung nicht. Dies zeigt gerade § 184 c Nr. 1, wo sich der Gesetzgeber genötigt sah, einen normativen Bezug in der Weise herzustellen, daß die sexuelle Handlung, um eine solche i. S. des Gesetzes zu sein, „im Hinblick auf das jeweils geschützte Rechtsgut von einiger Erheblichkeit" sein muß. Ebenso wie die „Unzucht" ist daher auch die „sexuelle Handlung" ein normatives Tatbestandsmerkmal, nur daß der normative Charakter hier weniger evident ist. Die Problematik ist deshalb die gleiche geblieben, wobei noch hinzukommt, daß nicht einmal Klarheit darüber besteht, welche Elemente für eine sexuelle Handlung als solche erforderlich sind (u. 4 ff.).

3 2. Das frühere Recht hatte zur Kennzeichnung des strafbaren Verhaltens regelmäßig von unzüchtigen Handlungen „**mit**" einem anderen gesprochen, wobei jedoch zweifelhaft war, von welcher Art die damit gemeinte Beziehung zwischen Täter und Opfer sein mußte. Zur Vermeidung dieser Interpretationsschwierigkeiten unterscheiden die §§ 174 ff. n. F. durchgehend zwischen sexuellen Handlungen „**an**" und solchen „**vor**" einem anderen sowie seit dem 6. StrRG auch solchen „**an sich**", wobei § 184 c Nr. 2 den Begriff der sexuellen Handlung „vor" einem anderen näher erläutern soll. Zweifelhaft ist allerdings, ob es richtig war, mit dieser Unterscheidung in §§ 174, 176 auch eine Differenzierung in der Strafhöhe zu verbinden. Die Annahme des Gesetzgebers einer erhöhten Gefährdung bei sexuellen Handlungen „an" dem Opfer trifft in dieser Allgemeinheit nicht zu, da z. B. sexuelle Handlungen „vor" einem Kind für dessen Entwicklung wesentlich gravierender sein können als vergleichsweise harmlose Manipulationen „an" ihm (krit. auch F. C. Schroeder ZRP 71, 16, M-Schroeder I 169).

4 II. **Sexuelle Handlungen** sind nach **Nr. 1** solche, **die im Hinblick auf das jeweils geschützte Rechtsgut von einiger Erheblichkeit sind.** Die Nr. 1 enthält damit nicht eigentlich eine Definition, sondern geht von einem vorgegebenen Begriff der sexuellen Handlung aus, der lediglich durch die Bezugnahme auf das jeweils geschützte Rechtsgut und auf die Erheblichkeit eine gewisse Einschränkung erfährt.

5 1. **Der Begriff der sexuellen Handlung** selbst ist in Nr. 1 nicht definiert. Während der Begriff der „unzüchtigen Handlung" in §§ 174 ff. a. F. nach allg. M. eine objektive und eine subjektive Komponente enthalten hatte, ist die entsprechende Frage bei der „sexuellen Handlung" zweifelhaft und umstritten. Z. T. wird neben dem äußeren Sexualbezug weiterhin ein subjektives Element in Gestalt einer sexuellen Tendenz des Handelnden verlangt (vgl. Blei II 144; bei mehrdeutigem äußeren Erscheinungsbild auch Lackner/Kühl 2 und wohl auch Sturm JZ 74, 4), z. T. wird auf eine solche aber auch gänzlich verzichtet (vgl. die Nachw. u. 7).

6 a) Unverzichtbar ist zunächst, daß die Handlung **objektiv**, d. h. nach ihrem äußeren Erscheinungsbild einen **Sexualbezug** aufweist (h. M., z. B. BGH **29** 338, NJW **92**, 325, MDR/H **80**, 454, NStZ **83**, 167, **85**, 24, KG JR **82**, 507, Köln NJW **74**, 830, Zweibrücken NStZ **98**, 357 m. Anm. Michel, Bockelmann II/2 S. 129, Gössel I 263, Horn SK 2, Laufhütte LK 5 f., M-Schroeder I 170 f., Tröndle 3). Abzustellen ist dabei auf den Gesamtvorgang (vgl. BGH NJW **92**, 325 [sich in Unterhose mit gespreizten Beinen fotografieren lassen], MDR/H **80**, 454 [Trinken des Urins eines Kindes im Zusammenhang mit dem Onanieren vor diesem], NStZ **85**, 24 [Entblößen des Oberkörpers durch ein Kind i. V. mit sexuellen Fragen des Täters als sexuelle Handlung des Kinds]). Handlungen, die äußerlich völlig neutral sind und keinerlei Hinweis auf das Geschlechtliche enthalten, sind daher auch dann keine sexuelle Handlung, wenn sie einem sexuellen Zweck dienen. Abweichend von der Rspr. zu §§ 174 ff. a. F. kann hier auch nicht auf den Eindruck eines Beobachters abgestellt werden, dem „die Handlung in ihrer ganzen Bedeutung, sowohl das körperliche Tun als auch die Gesinnung und Willensrichtung des Täters bekannt ist" (RG **67** 112; vgl. z. B. auch BGH **2** 167, **17** 280). Danach würde eine sexuelle Handlung auch dann vorliegen, wenn ein Lehrer ausschließlich aus sexuellen Motiven eine Züchtigung vornimmt, diese sich aber äußerlich in keiner Weise von sonstigen Züchtigungen unterscheidet (so RG **67** 110). Ob dies für das frühere Merkmal der „unzüchtigen Handlung" richtig war, kann hier dahingestellt bleiben; für den Begriff der „sexuellen Handlung" kann daran jedenfalls schon deshalb nicht mehr festgehalten werden, weil etwa gerade sadistische oder masochistische Handlungen ihren sexuellen Charakter erst dadurch erhalten, daß sie ihre Beziehung zum Geschlechtlichen auch äußerlich erkennen lassen (vgl. Gössel I 264, Laufhütte LK 6 unter Hinweis auf BGH 1 StR 405/79 v. 21. 8. 1979). Für das Erfordernis einer solchen objektiven Komponente spricht auch der Grundgedanke der Reform, da Handlungen, denen äußerlich jeder Sexualbezug fehlt, nicht schon deshalb speziell die sexuelle Selbstbestimmung oder die ungestörte sexuelle Entwicklung Jugendlicher beeinträchtigen können, weil der Täter mit seinem Tun insgeheim geschlechtliche Ziele verfolgt (vgl. Lenckner JR 83, 160).

7 b) Nicht mehr erforderlich ist nach h. M., abweichend von der Rspr. zu §§ 174 ff. a. F. (z. B. RG **57** 239, **63** 12, BGH **15** 278), ein **subjektives Element** in Gestalt einer „wollüstigen Absicht" (BT-Drs. VI/3521 S. 36, BGH **29** 338, NStZ **83**, 167, BGHR § 178 I, Sexuelle Handlung 8, Zweibrücken NStZ **98**, 357 m. Anm. Michel, Baumann JR 74, 371, Bockelmann II/2 S. 129, Dreher JR 74,

47, Gössel I 263, Horn SK 2f., M-Schroeder I 170, Sick, Sexuelles Selbstbestimmungsrecht und Vergewaltigungsbegriff [1993] 260 ff., Tröndle 4; z. T. and. Blei II 144, Lackner/Kühl 2 f., Sturm JZ 74, 4). Gefolgert wird dies z. T. aus § 174 II, wo zu der sexuellen Handlung die Absicht des Täters hinzukommen muß, sich oder den Schutzbefohlenen usw. sexuell zu erregen. Dies ist jedoch unzutreffend, da die dort geforderte Absicht lediglich den Sinn hat, solche sexuellen Vorgänge auszuschließen, die sich zwar vor den Augen des Schutzbefohlenen usw. abspielen, in die dieser aber nicht einbezogen ist. Folgerungen für den Begriff der sexuellen Handlung selbst können daraus mithin nicht gezogen werden. Hier ist richtigerweise zu differenzieren:

α) Ist die Handlung nach ihrem äußeren Erscheinungsbild *ausschließlich und eindeutig sexualbezogen*, **8** so kann es in der Tat nicht mehr darauf ankommen, ob der Handelnde mit seinem Tun die Absicht (i. S. von zielgerichtetem Handeln) der Erregung oder Befriedigung eigener oder fremder Geschlechtslust verfolgt. Dies ergibt sich schon aus der Sicht der durch die §§ 174 ff. geschützten Rechtsgüter, für die es unerheblich ist, ob der Täter subjektiv in wollüstiger Absicht handelt. Ebenso besteht z. B. eine pornographische „Live-Show" in einem Nachtlokal aus „sexuellen Handlungen", auch wenn es den Akteuren weder um die Befriedigung eigener noch um die Erregung fremder Geschlechtslust, sondern allein um das „Honorar" geht (von Bedeutung z. B. für § 180 II; vgl. auch Laufhütte LK 7). Bei einem objektiv eindeutig sexualbezogenen Verhalten kann daher nicht mehr verlangt werden, als daß sich der Handelnde des sexuellen Charakters seines Tuns bewußt ist (vgl. auch BGH NJW **93**, 2253, NStZ **83**, 167). Dies allerdings ist auch erforderlich (zu den diesbezüglichen Anforderungen bei Kindern vgl. u. 11), was sich bei sexuellen Handlungen des Täters spätestens aus dem Vorsatzerfordernis und im übrigen daraus ergibt, daß es eine „sexuelle" Handlung, bei der sich der Handelnde des sexuellen Bezugs überhaupt nicht bewußt ist, schon begrifflich nicht geben kann (vgl. auch Horn JR 81, 252, Laufhütte LK 8).

β) Dagegen ist bei Handlungen, die ihrem äußeren Erscheinungsbild nach *ambivalent* sind, weiterhin **9** erforderlich, daß sie durch die Absicht motiviert sind, eigene oder fremde Geschlechtslust zu erregen oder zu befriedigen (vgl. etwa den Sachverhalt von BGH **31** 76 und dazu Lenckner JR **83**, 160, ferner BGH StV **97**, 524 [Sitzen auf einer Frau, um auf sie zu onanieren, als vollendete sexuelle Handlung], NStZ-RR/P **99**, 357 Nr. 49 [Griff von hinten zwischen die Beine des entkleideten Mädchens, um die Flucht zu verhindern, nicht notwendig sexuelle Handlung]; wie hier auch Lackner/Kühl 2; and. aber z. B. Horn SK 2, Laufhütte LK 6, Sick aaO [o. 7] 261 f.). So sind z. B. Schläge auf den nackten Körper keine sexuelle Handlung, wenn sie aus Wut erfolgen (vgl. auch RG JW **36**, 389), wohl aber dann, wenn dies in sexueller Absicht geschieht. Ebenso ist z. B. eine Scheidenmassage durch einen Arzt nur unter dieser Voraussetzung eine sexuelle Handlung. Zu §§ 174 ff. a. F. vgl. auch RG **57** 239 (Handeln aus Aberglaube), DR **44**, 767 (Scherz).

In den Fällen einer sogenannten „*Motivbündelung*" (BGH **13** 140), in denen eine Handlung, mit der **10** z. B. ärztliche oder Erziehungszwecke verfolgt werden, zugleich von einer sexuellen Tendenz begleitet ist, ist davon auszugehen, daß das bloße Mitschwingen von Lustvorstellungen als Begleiterscheinung des an sich einwandfreien Handlungsmotivs die Handlung nicht zu einer sexuellen macht (vgl. zu § 174 a. F. BGH **13** 142). Dasselbe gilt aber auch, wenn die sexuelle Komponente zwar Antrieb für das Handeln war, der ärztliche oder Erziehungszweck usw. den Täter aber ebenfalls bestimmt hat und dessen Voraussetzungen objektiv vorlagen. Entscheidend ist in diesen Fällen allein, daß das Verhalten des Täters objektiv indiziert, also z. B. die ärztliche Maßnahme medizinisch erforderlich war. Die sexuelle Tendenz, die dabei im Spiel war oder die gar den Täter zu seinem Verhalten mitveranlaßt hat, verleiht diesem noch nicht den Charakter des Sexuellen (vgl. z. B. auch Bockelmann II/2 S. 129 f., Horn SK 7).

γ) Das Gesetz geht davon aus, daß auch *Kinder* sexuelle Handlungen vornehmen können (vgl. **11** §§ 174 I, II Nr. 2, 176 II, III Nr. 2), obwohl bei diesen eine sexuelle Tendenz i. S. einer wollüstigen Absicht (o. 9) und auch das volle Bewußtsein der sexuellen Bedeutung ihres Verhaltens (o. 8) vielfach noch fehlen wird. Wie schon nach § 176 I Nr. 3 a. F. (vgl. näher 16. A., § 176 RN 29) kann aber auch hier nicht auf jegliche subjektive Komponente verzichtet und diese durch eine entsprechende sexuelle Tendenz des Partners des Kindes ersetzt werden (vgl. für ambivalente Handlungen auch BGH **17** 280 zu § 176 I Nr. 3 a. F.; and. BGH **29** 336 m. Anm. Horn JR 81, 251, KG JR **82**, 507, Gössel I 264 f., Lackner/Kühl 4, M-Schroeder I 169, Tröndle/Fischer § 176 RN 41). Handlungen, die zwar äußerlich sexualbezogen sind, die das Kind aber völlig arg- und ahnungslos vornimmt und in einem ganz anderen Zusammenhang einordnet, sind schon nach ihrem Handlungssinn keine „sexuellen" Handlungen (o. 8; vgl. auch BGH NStZ **85**, 24). Auch stellen sie – selbst bei Berücksichtigung des Unbewußten – für die ungestörte sexuelle Entwicklung keine meßbare Gefahr dar, weshalb sie jedenfalls keine sexuellen Handlungen des Kindes sind, die für das geschützte Rechtsgut von einiger Erheblichkeit sind (u. 14 ff.). Richtig ist nur, daß bei Kindern nach dem Schutzgedanken der fraglichen Vorschriften geringere Anforderungen an das subjektive Element zu stellen sind. Hier muß es genügen, daß das Kind seinem Alter entsprechende Vorstellungen oder – bei ambivalenten Handlungen – Empfindungen hat oder jedenfalls „kindhaft" erkennt, daß es sich und sein Handeln in den Dienst fremder Sexualität stellt (vgl. auch Blei II 144; and. BGH **29** 336 m. Anm. Horn JR 81, 251, Laufhütte LK 20 f., 24). Daß die damit erforderlichen Feststellungen die praktische Anwendung der §§ 174 ff. erschweren (BGH aaO, Horn aaO, Laufhütte LK 21, 24), ist zwar zutreffend, doch mußten diese nach BGH **17** 280, GA **69**, 378 bei ambivalenten Handlungen auch nach § 176 a. F. getroffen

§ 184 c 12–15 b   Bes. Teil. Straftaten gegen die sexuelle Selbstbestimmung

werden. Unzulässig ist es auch, die mit der Beweisführung für das Kind verbundenen Schäden mit der Frage zu verquicken, ob die fragliche Tat strafwürdiges Unrecht ist (so jedoch Horn aaO), was – eine Konsequenz der Reform – zu verneinen ist, wenn das geschützte Rechtsgut der ungestörten sexuellen Entwicklung des Kindes nicht betroffen sein kann.

12 c) Der Begriff der sexuellen Handlung umfaßt sowohl **hetero-** als auch **homosexuelle Handlungen,** letztere sowohl unter Männern als auch unter Frauen.

13 d) Die inhaltlichen Anforderungen an den Begriff der sexuellen Handlung sind ferner unabhängig davon, ob der Täter diese **selbst vornimmt** oder von einem anderen („an" bzw. „vor" sich) **vornehmen läßt.** Im letzteren Fall muß das Verhalten des anderen alle Merkmale einer sexuellen Handlung aufweisen (zu sexuellen Handlungen von Kindern vgl. o. 11); auf ein sexuelles Motiv des Täters kommt es hier nicht an.

14 2. Entfallen soll nach der Tendenz des 4. StrRG die moralische Komponente, die nach §§ 174 ff. a. F. in dem Begriff der unzüchtigen Handlung enthalten war („Verletzung des Scham- und Sittlichkeitsgefühls in sexueller Beziehung", vgl. 16. A., 6 vor § 173 mwN). An ihre Stelle getreten ist die **Erheblichkeitsklausel** des § 184 c Nr. 1, wonach sexuelle Handlungen „im Sinne dieses Gesetzes" nur solche sind, „die im Hinblick auf das jeweils geschützte Rechtsgut von einiger Erheblichkeit sind". Dabei muß die Erheblichkeit der tatbestandsmäßigen Handlung selbst zukommen; ein als solches tatbestandsloses Begleitgeschehen hat außer Betracht zu bleiben (vgl. Hamm MDR **77,** 862).

15 Ob damit gegenüber dem normativen und damit zwangsläufig unvollständigen Korrektiv der a. F. unter dem Gesichtspunkt der Rechtssicherheit viel gewonnen ist, muß bezweifelt werden (vgl. Dreher JR 74, 47: „Um keinen Deut besser"). Der auf eine Quantität abstellende Begriff „von einiger Erheblichkeit" läßt schon als solcher einen erheblichen Beurteilungsspielraum. Dadurch, daß er zu dem geschützten Rechtsgut in Beziehung zu setzen ist, gewinnt er nicht wesentlich an Konturen, zumal vielfach auch über das geschützte Rechtsgut keine volle Klarheit besteht (so auch Sturm JZ 74, 4). Aber auch das normative Element selbst ist durch die n. F. nur scheinbar eliminiert. Zwar ist es schon um einer zeitgemäßen Gesetzessprache willen zu begrüßen, daß der zum Moralisieren verleitende Begriff der „unzüchtigen" durch den der „sexuellen" Handlung ersetzt worden ist, wertfrei kann aber auch dieser in Verbindung mit der Erheblichkeitsklausel nicht sein. Bestimmt man die sexuelle Handlung, die für das geschützte Rechtsgut von einiger Erheblichkeit ist, als eine solche, die „nach Art, Intensität und Dauer eine sozial nicht mehr hinnehmbare Beeinträchtigung eines bestimmten, im Tatbestand geschützten Rechtsguts bedeutet" (Lackner/Kühl 5) – und in diese Richtung würden alle „Definitionen" gehen müssen, ohne jedoch mehr Substanz bieten zu können –, so setzt die zu treffende Entscheidung eine Orientierung an den Maßstäben der Sozialethik voraus, nicht anders als beim Begriff der unzüchtigen Handlung, wo man auf das allgemeine Scham- und Sittlichkeitsempfinden zurückgreifen mußte (vgl. auch M-Schroeder I 171). Will man hier deshalb von einem Fortschritt sprechen, so liegt er allein darin, daß das normative Element nunmehr in einer weniger penetranten Form in Erscheinung tritt. In der Sache aber ist ein solches Element, durch das zugleich sozialethische Vorstellungen in das Gesetz einfließen, unverzichtbar.

15 a a) Die Erheblichkeitsklausel enthält insofern zunächst eine **quantitative** Komponente, als zu fragen ist, ob das Rechtsgut im Hinblick auf Art, Intensität, Dauer und sonstige Umstände wie der Handlungsrahmen und die Beziehung zwischen den Beteiligten (vgl. BGH NStZ **92,** 432, MDR/H **91,** 702 mwN) in einer Weise berührt wird, daß von „einiger Erheblichkeit" gesprochen werden kann. Der Grad der Gefährlichkeit für das geschützte Rechtsgut (BGH aaO, Lackner/Kühl 5) ist dabei nur ein bedingt verwertbares Kriterium, vor allem, wenn es sich dabei um eine empirisch meßbare Größe handeln soll. Darauf kann allenfalls bei den reinen Jugendschutztatbeständen abgestellt werden, obwohl auch bei diesen über die Gefährlichkeit im Grunde nur vage Vermutungen möglich sind; immerhin wird man hier die Erheblichkeit in solchen Fällen verneinen können, in denen nach menschlichem Ermessen eine Gefährdung der sexuellen Entwicklung des Kindes bzw. Jugendlichen ausgeschlossen ist (so zu § 176 Nr. 3 a. F. schon BGH **17** 289; krit. Horn SK § 176 RN 2). In anderen Fällen, insbes. bei Angriffen auf die sexuelle Selbstbestimmung, kann dagegen das normative Problem nicht mit Hilfe einer Gefährlichkeitsprognose umgangen werden, so z. B. wenn es um die Frage geht, ob die gewaltsam vorgenommene Berührung der Brust einer Frau unter dem Büstenhalter (vgl. Koblenz NJW **74,** 870) anders zu beurteilen ist als der gewaltsame Griff über den Kleidern. Die Entscheidung, ob die Handlung „nach Art und Intensität eine sozial nicht mehr hinnehmbare Beeinträchtigung" (Köln NJW **74,** 1830, Lackner/Kühl 5) des fraglichen Rechtsguts und damit im Hinblick auf dieses von einiger Erheblichkeit ist, kann in solchen Fällen vielmehr ohne Rückgriff auf gewisse sexualethische Standards und Maßstäbe überhaupt nicht getroffen werden (vgl. auch o. 15). Irgendein neuer Aspekt wird hier durch § 184 c Nr. 1 nicht ins Spiel gebracht, vielmehr ist der Maßstab im wesentlichen der gleiche geblieben wie im früheren Recht, wo die Rspr. ebenfalls einen Verstoß gegen die Sexualethik von einer gewissen Erheblichkeit verlangt hatte (vgl. Bockelmann II/2 S. 131). Deshalb hat auch die bisherige Rspr. zu den §§ 174 ff. a. F. ihre Bedeutung nicht verloren.

15 b Mangels „einiger Erheblichkeit" sind daher – wie schon bisher – Handlungen auszuscheiden, die sich als bloße – wenn auch grobe – Taktlosigkeiten und Geschmacklosigkeiten darstellen, sofern sie wegen der damit verfolgten sexuellen Tendenz überhaupt eine sexuelle Handlung sind (vgl. z. B. BGH GA **69,** 378 [Urinieren vor einem Kind als Vorwand für eine Entblößung], NStE § 178 **Nr. 6** [Umarmen und Küssen; dort wegen der weiteren Umstände jedoch zw.], Zweibrücken NStZ **98,** 357

m. Anm. Michel [Kuß auf die Wange]; vgl. ferner z. B. RG **67** 170, JW **36**, 1909, BGH NJW **54**, 120). Aber auch bei eindeutig sexualbezogenen Handlungen scheiden unabhängig vom geschützten Rechtsgut – also auch bei §§ 174, 176 – nach Art, Dauer und Intensität nur unbedeutende Berührungen aus (vgl. BGH NStZ **83**, 553, EzSt § 176 **Nr. 2**, MDR/H **74**, 545). Dazu gehören z. B. das Berühren des (nackten) Oberschenkels (BGH MDR/D **74**, 545; vgl. ferner BGH GA **52**, 243, FamRZ **66**, 632), das Streicheln des nackten Knies eines Kindes (and. BGH MDR/D **53**, 19 zu § 176 a. F.), das Streicheln vom Rücken zum Po, teilweise unter der Kleidung (Koblenz OLGSt § 184 c Nr. 1), der flüchtige Griff an die Genitalien über den Kleidern (BGH **1** 298), das kurze Anfassen der Brust eines Mädchens über den Kleidern (BGH MDR/H **74**, 545; zu § 176 Nr. 3 a. F. vgl. auch BGH NJW **54**, 120, GA **54**, 243), das Streicheln des ganzen Körpers über der Kleidung (BGH NStZ-RR/P **99**, 357 Nr. 50), während ein „spürbarer Griff" mit einem kurzen Betasten bzw. ein „massives Anfassen" nach BGH NStZ **83**, 553 (zu § 174), EzSt § 176 **Nr. 2** (zu § 176) „Grenzfälle" sind (vgl. aber auch BGH NStZ **92**, 432 [zu § 176], wonach ein nicht nur flüchtiger oder zufälliger Griff genügt, Koblenz VRS **49** 349: Ausreichend ein „fester Griff"). Verleitet der Täter ein Kind in wollüstiger Absicht, seinen Rock hochzuheben, weil er den Schlüpfer sehen will, so ist dies jedenfalls keine sexuelle Handlung von einiger Erheblichkeit (and. zu § 176 Nr. 2 a. F. BGH **17** 280). Ebensowenig ist eine solche, wenn ein Kind veranlaßt wird, mit einer Unterhose bekleidet die Beine zu spreizen (BGH NJW **92**, 326). Dasselbe gilt für den Versuch, das Opfer zu entkleiden, wenn dies nur das Mittel zur Ermöglichung des beabsichtigten Sexualakts sein soll (BGH NStE § 178 **Nr. 6**, StV **97**, 523). Dagegen wurden als sexuelle Handlungen von einiger Erheblichkeit angesehen z. B. das in anstößiger Weise erfolgende Zeigen des Geschlechtsteils durch ein Kind (KG JR **82**, 507, Koblenz NJW **79**, 1467; vgl. auch BGHR § 176 V, Sexuelle Handlung 1), ein Kuß und das Streicheln des Geschlechtsteils über der Kleidung bei einem Kind (BGH JR **38** 213), der feste Griff über der Hose an die Scheide eines Kindes (BGH NStZ **92**, 432, NStZ/Mie **93**, 228), das Berühren des nackten Geschlechtsteils (BGH **35** 76, BGHR StPO § 267 I 1, Sachdarstellung 7), das längere Betasten des Geschlechtsteils einer Frau über der Kleidung, nachdem der Täter sie vorher überfallen und niedergeworfen hatte (BGH MDR/D **74**, 366, das „eingehende" Betasten der Brust einer Frau (BGH NStZ/Mie **92**, 228), das Greifen in die Schamhaare und das Spielen an der Brustwarze (BGH NStZ **83**, 553), die gewaltsam vorgenommene Berührung der Brust einer Frau unter dem Büstenhalter (Koblenz NJW **74**, 870, wobei jedoch zweifelhaft ist, ob dies auch mit der Hartnäckigkeit begründet werden konnte, mit welcher der Täter sein Ziel verfolgt hatte; vgl. dazu auch Horn SK 15).

b) Die Erheblichkeit ist insofern eine **relative,** als sie im Hinblick auf das jeweils geschützte **16** Rechtsgut zu bestimmen ist. Bei Tatbeständen mit mehreren Rechtsgütern (z. B. § 174) ist die Handlung zu allen in Beziehung zu setzen, wobei dann auch das unterschiedliche Gewicht der verschiedenen Schutzobjekte zu berücksichtigen ist (vgl. dazu auch Horn SK 10, Laufhütte LK 11 f.). Dieser relative Aspekt der Erheblichkeitsklausel kann dazu führen, daß ein und dieselbe Handlung je nach der Schutzrichtung des betreffenden Tatbestands verschieden zu bewerten ist. So sind bei Tatbeständen zum Schutz der ungestörten sexuellen Entwicklung von Kindern und Jugendlichen an das quantitative Element der Erheblichkeit (o. 15 a f.) geringere Anforderungen zu stellen als bei Delikten gegen die sexuelle Selbstbestimmung Erwachsener – nach BGH NStZ **83**, 553 sind sie bei ersteren „nicht zu hoch zu schrauben" –, weshalb z. B. bei Zungenküssen mit Abhängigen oder Kindern (§§ 174, 176) andere Maßstäbe anzulegen sind als im Fall des § 177 (vgl. BGH StV **83**, 415 f. im Anschluß an BGH **18** 169 zu §§ 174, 175, 176 I Nr. 1 a. F; vgl. auch OGH **2** 331, Stuttgart NJW **63**, 1684, LG Kleve StraFO **98**, 63; krit. zu dieser Differenzierung Sick aaO [o. 7] 268 ff., ZStW 103, 70). Auch bei den §§ 174, 176 kann das Erheblichkeitsmerkmal wegen der z. T. unterschiedlichen Schutzrichtung beider Vorschriften nicht ohne weiteres gleich ausgelegt werden (so aber BGH NStZ **83**, 553). Ebenso kann z. B. bei § 183 a mehr an Erheblichkeit zu verlangen sein (z. B. sexuelle Handlungen eines Liebespaars auf einer Parkbank) als z. B. bei §§ 174, 176. Ferner ist bei den Jugendschutztatbeständen die Erheblichkeitsschwelle unterschiedlich anzusetzen, je nachdem, ob es sich um ein jüngeres Opfer handelt oder ob es der Altersgrenze schon verhältnismäßig nahe ist (Koblenz OLGSt § 184 Nr. 1, Lackner/Kühl 6); auch müssen bei § 176 III Nr. 2 n. F. höhere Anforderungen gestellt werden, wenn das Kind zu sexuellen Handlungen bestimmt wird, die der Täter weder optisch noch akustisch wahrnehmen kann (vgl. § 176 RN 13). Ganz allgemein kann bei den Jugendschutztatbeständen für die Erheblichkeit auch von Bedeutung sein, ob das Opfer bereits sexuelle Erfahrungen gemacht hat. Unterschiede ergeben sich ferner z. B. innerhalb des § 180; da dessen Abs. 2 speziell das Abgleiten des Jugendlichen in die Prostitution verhindern soll, sind hier an die Erheblichkeit strengere Anforderungen zu stellen als im Fall des Abs. 1.

III. Die §§ 174 ff. n. F. unterscheiden durchgehend zwischen sexuellen Handlungen **„an"** und **17** solchen **„vor" einem anderen** sowie solchen **„an sich"** (vgl. auch o. 3). Die **Nr. 2** dient vor allem dazu, das Handeln „vor" einem anderen zu erläutern.

1. „An" einem anderen ist die sexuelle Handlung vorgenommen, wenn eine – u. U. auch durch **18** einen Gegenstand vermittelte (BGHR § 178 I, Sexuelle Handlung 8) – körperliche Berührung stattgefunden hat. Hierfür genügt – wenn er zumindest durch die Kleidung betroffen ist (BGH NStZ **92**, 433), das Ejakulieren und Urinieren auf den Körper (Laufhütte LK 16 unter Hinweis auf BGH 3 StR 401/82 v. 12. 11. 82 und 3 StR 446/82 v. 8. 12. 82), nicht aber – weil noch keine sexuelle Handlung – das bloße Herunterreißen der Kleidungsstücke des Opfers (vgl. BGH NStZ **90**, 490

§ 184 c 19–21 a Bes. Teil. Straftaten gegen die sexuelle Selbstbestimmung

[offengelassen, wenn sich der Täter schon dadurch sexuelle Erregung oder Befriedigung verschaffen wollte], NStZ/Mie **94**, 225, NStE **Nr. 8** zu § 178). Dabei hängt es vom Schutzzweck der jeweiligen Vorschrift ab, ob der andere die an ihm vorgenommene sexuelle Handlung wahrgenommen und ihren sexuellen Charakter erkannt haben muß (generell verneinend jedoch z. B. Gössel I 266, M-Schroeder I 169, Tröndle 9, Tröndle/Fischer § 176 RN 3). Nicht erforderlich ist dies bei den Tatbeständen, welche die sexuelle Selbstbestimmung des Opfers schützen und wo deshalb schon jedes Handeln ohne den Willen des Betroffenen genügt (vgl. Lenckner JR 83, 160, aber auch Horn SK 16; differenzierend Laufhütte LK 17). Daher kann z. B. die Tat nach § 174 a auch an einem Schlafenden begangen werden; erst recht gilt dies für § 179, da dort gerade Personen geschützt werden, die aus psychischen oder physischen Gründen widerstandsunfähig sind. Etwas anderes gilt jedoch entgegen der h. M. (BGH **29** 339 m. Anm. Horn JR 81, 251, **38** 68 m. Anm. Molketin NStZ 92, 179, NJW **81**, 1850, Horn SK 6, M-Schroeder aaO, Laufhütte LK 21, Tröndle/Fischer aaO) bei den Jugendschutztatbeständen. Muß das Kind bei der Vornahme eigener sexueller Handlungen am Täter wenigstens eine ungefähre, seinem Alter entsprechende Vorstellung von der sexuellen Bedeutung seines Tuns haben (o. 11), so kann grundsätzlich nichts anderes gelten, wenn sexuelle Handlungen an dem Kind vorgenommen werden. Auch hier ist trotz körperlicher Berührung eine sexuelle Handlung „an" einem anderen mangels „einiger Erheblichkeit" für das Rechtsgut der ungestörten sexuellen Entwicklung zu verneinen, wenn auch unter Berücksichtigung der Psychologie des Unbewußten die Möglichkeit einer Gefährdung des Opfers nach menschlichem Erfahrungswissen ausgeschlossen ist oder allenfalls eine quantité négligeable darstellt. Dies ist jedenfalls dann der Fall, wenn das Kind bzw. der Jugendliche die Handlung völlig arglos an sich geschehen läßt, so wenn ein Arzt aus sexuellen Motiven, die für das Kind nicht erkennbar sind, unter dem Vorwand einer Untersuchung dessen Geschlechtsteil betastet, wohl aber auch beim Griff an die Genitalien eines Kindes im Säuglingsalter (für Strafbarkeit nach § 176 dagegen BGH **30** 144 bei 7 Monate altem Kind). Ob dies für sexuelle Handlungen an einem Schlafenden gilt (bejahend auch hier z. B. BGH **38** 68 m. Anm. Molketin NStZ 92, 179, Fahl Jura 98, 459, Horn SK 6, Tröndle 9), hängt davon ab, wie die Möglichkeiten einer Beeinflussung über das Unbewußte zu beurteilen sind. Überholt sind jedenfalls die Erwägungen, aus denen die frühere Rspr. die Strafbarkeit in solchen Fällen bejaht hat (vgl. BGH **1** 397 zu § 175 a. F., **15** 197 zu § 176 I Nr. 3 a. F.: strafbar, weil der Tatbestand „allein den Mißbrauch des fremden Körpers zum Gegenstand" habe). Daß entsprechende Manipulationen an Kindern ein grober Verstoß gegen die – auch heute noch geltende – Sexualmoral sind, ist unzweifelhaft, ändert aber nichts daran, daß das geltende Recht nicht mehr diese, sondern nur noch die ungestörte sexuelle Entwicklung Jugendlicher schützt; hier zu unterstellen, daß diese mit jedem Sexualbezug aufweisenden Betasten eines ahnungslosen Kindes auch nur möglicherweise in Frage gestellt ist, ist jedoch eine unzulässige, weil mit der Erheblichkeitsklausel nicht zu vereinbarende Fiktion.

19 2. Die §§ 174 ff. unterscheiden bei Handlungen, die das Opfer „am" Täter vornimmt, zwischen Fällen, in denen der Täter diese Handlungen **an sich vornehmen läßt** und solchen, in denen er das Opfer dazu **bestimmt,** sie **an ihm** (bzw. einem Dritten) **vorzunehmen.** Der Unterschied besteht darin, daß im ersten Falle gleichgültig ist, von wem die Initiative zur Tat ausgegangen ist und welche Motive die Duldung veranlaßt haben – auch das bloße Zulassen aus anderen als sexuellen Beweggründen ist hier erfaßt –, während im zweiten Falle erforderlich ist, daß der Täter durch sein Einwirken auf das Opfer den Entschluß zum Handeln in diesem hervorruft, dieses also „anstiftet".

20 3. „**Vor**" **einem anderen** ist die sexuelle Handlung nach § 184 c **Nr. 2** vorgenommen, wenn dieser sie wahrgenommen hat. Dieser Satz ist ebenso lapidar wie nichtssagend. Denn fraglich ist schon, ob die Wahrnehmung auch den sexuellen Charakter der Tat umfassen muß. Zweifelhaft ist aber auch, ob und in welchem Umfang der Handelnde die Wahrnehmung durch einen anderen als Faktor in sein Tun einbeziehen muß. Dessen bloße Anwesenheit genügt jedenfalls nicht.

21 a) Überwiegend wird angenommen, daß die sinnliche (u. U. auch akustische) **Wahrnehmung des äußeren Geschehensablaufs** genüge, während nicht erforderlich sei, daß der andere auch den **sexuellen Charakter** der Handlung erkannt habe (BT-Drs. VI/3521 S. 24, Bockelmann II/2 S. 132, 142, Gössel I 267, Horn SK 19, Lackner/Kühl 8, Laufhütte LK 24, M-Schroeder I 169, Tröndle 9; wohl auch BGH **29** 339 m. Anm. Horn JR 81, 251, MDR/D **74**, 546; vgl. auch Blei II 145). Doch kann diese Frage nicht generell nach dem – insoweit nicht eindeutigen – § 184 c Nr. 2, sondern nur nach dem Sinn der jeweiligen Vorschrift entschieden werden.

21 a α) Soweit in §§ 174 II Nr. 1, 176 III Nr. 1 *sexuelle Handlungen des Täters* „vor" einem Schutzbefohlenen bzw. Kind erfaßt werden, folgt zwar schon aus der ratio legis, daß sich das Opfer der sexuellen Bedeutung der Handlung nicht voll bewußt gewesen sein muß; ebensowenig kann eine innere Anteilnahme an dem Geschehen oder auch nur dessen „geflissentliches" Betrachten (so die Rspr. zu § 176 I Nr. 3 a. F., z. B. BGH **1** 171, **8** 3, **15** 122) verlangt werden (vgl. BT-Drs. VI/3521 S. 37, Lackner/Kühl § 176 RN 4, Tröndle/Fischer § 176 RN 6). Andererseits kann aber auch ein bewußtes sinnliches Wahrnehmen des äußeren Geschehensablaufs nicht genügen (so jedoch die h. M., vgl. o. 21), hinzukommen muß vielmehr auch hier eine wenigstens vage, dem Alter entsprechende („kindhafte") Vorstellung von der sexuellen Bedeutung des Vorgangs. Es kann hier nichts anderes gelten als bei sexuellen Handlungen „an" dem Kind (oben 18) und solchen, die das Kind selbst vornimmt (o. 11). Nicht ausreichend ist es jedenfalls, wenn das Opfer dem Geschehen völlig arglos zusieht und dieses in keiner Weise als etwas Besonderes empfindet. Hier fehlt es – auch unter Berücksichtigung des Unbewußten – an der Erheblichkeit i. S. der Nr. 1. Die weitergehende Auffassung, die sich mit der Wahrnehmung des äußeren Vorgangs begnügt, würde hier zu einer in der Sache nicht gerechtfertigten Verschärfung gegenüber dem früheren Recht führen, das in § 176 I Nr. 3 a. F. ausdrücklich und in § 174 a. F. dem Sinne nach unzüchtige Handlungen „mit" dem Opfer verlangt hatte (vgl. dazu die 16. A., § 174 RN 21 ff., § 176 RN 26). Wenn bei § 176 schon die Ungewißheit über die Schädlichkeit sexueller Übergriffe auf Kinder die Strafbarkeit rechtfertigt (BT-Drs. VI/3521 S. 35), so muß die sexuelle Handlung vor dem Kind für dessen ungestörte sexuelle Entwicklung jedenfalls abstrakt gefährlich sein. Dies aber ist nicht der Fall, wenn das Kind überhaupt nicht erkennen und u. U. nicht einmal erkennen kann (z. B. Kleinkind), worum es geht. Das gleiche gilt auch für § 174 II Nr. 1; daß dort noch weitere Schutzzwecke hinzukommen (vgl. § 174 RN 1), ändert daran nichts, da auch diese nicht betroffen sein können, wenn der Schutzbefohlene von der sexuellen Bedeutung der vor ihm vorgenommenen Handlung keinerlei Vorstellung hat. Hier liegt daher jeweils nur Versuch vor, wenn der Täter irrig davon ausgegangen ist, daß das Opfer auch die sexuelle Bedeutung der Handlung erfassen wird.

β) Nimmt dagegen das *Opfer eine sexuelle Handlung* „vor" dem Täter (§ 174 II Nr. 2) bzw. einem **21 b** Dritten vor (§§ 180 II, 181 I Nr. 2), so gilt folgendes: Bei § 181 I Nr. 2 ist es eine rein akademische Frage, ob der Dritte nur den äußeren Vorgang oder auch dessen sexuelle Bedeutung erkennen soll; denn Fälle des Menschenhandels, in denen das Opfer zwar zu sexuellen Handlungen vor Dritten gebracht werden soll, diese aber nicht auch den sexuellen Charakter der Handlung erkennen sollen, gibt es nicht. Ebenso dürften – obwohl denkbar – bei § 174 II Nr. 2 kaum Fälle vorkommen, in denen der *Täter* das Opfer dazu bestimmt hat, daß es sexuelle Handlungen *vor ihm* vornimmt, er die sexuelle Bedeutung des Geschehens dann aber nicht erkennt. Das Problem reduziert sich damit für § 180 II auf die Vornahme sexueller Handlungen vor einem *Dritten*. Im Hinblick auf das geschützte Rechtsgut müßte es hier an sich genügen, daß die Person unter 18 Jahren in der ihrem Alter gemäßen Vorstellung handelt, das Objekt fremder Geschlechtslust zu sein (and. Laufhütte LK 24), ohne Rücksicht darauf, ob der Dritte die Handlung tatsächlich wahrnimmt (noch weitergehend § 176 Nr. 3 2. Alt. a. F., wo in der Tat der Dritte nicht einmal in der Vorstellung des Kindes zugegen sein mußte; vgl. 16. A., RN 30). Das in § 184 c Nr. 2 aufgestellte Erfordernis einer Wahrnehmung durch den Dritten erscheint in diesem Fall daher wenig folgerichtig, was dann aber auch zugleich dafür spricht, daß man hier nicht mehr verlangt, als nach dem Gesetzeswortlaut unbedingt geboten ist. Hier braucht sich deshalb die Wahrnehmung nur auf den äußeren Geschehensablauf zu beziehen.

b) **Nicht erforderlich** ist für die Vornahme einer sexuellen Handlung „vor" einem anderen das **22** Bestehen einer **gedanklichen Partnerschaft** i. S. eines einverständlichen sexuellen Erlebnisses (and. das frühere Recht, soweit dort die Vornahme unzüchtiger Handlungen „mit" einem anderen erforderlich war, vgl. z. B. BGH **4** 323, **5** 88, **8** 1). Genügend ist vielmehr eine bestimmte **Intention des Handelnden,** wobei im einzelnen zu unterscheiden ist:

α) Knüpft das Gesetz an eine *sexuelle Handlung des Täters* „vor" dem Opfer an (§§ 174 II Nr. 1, **23** 176 III Nr. 1), so muß sie darauf gerichtet sein, den anderen in der Weise in den sexuellen Vorgang miteinzubeziehen, daß gerade die Wahrnehmung durch ihn für den Täter ein entscheidender Faktor ist. In § 174 II folgt dies schon daraus, daß der Täter hier in der Absicht handeln muß, speziell durch die Vornahme der sexuellen Handlung vor dem Kind bzw. Jugendlichen entweder sich selbst oder das Opfer sexuell zu erregen, und auch für § 176 III Nr. 1 ist zumindest erforderlich, daß der Täter eine bewußte Wahrnehmung der sexuellen Bedeutung des Geschehens durch das Kind herbeiführen will (s. auch § 176 RN 17). Nicht ausreichend ist es deshalb z. B., wenn der Täter in Gegenwart eines Kindes an sich selbst sexuelle Handlungen vornimmt, die Tatsache, daß das Kind dies wahrnimmt, für ihn jedoch keinerlei Bedeutung hat.

β) Nimmt dagegen das *Opfer sexuelle Handlungen* „vor" dem Täter bzw. einem Dritten vor **24** (§§ 174 II Nr. 2, 180 II) bzw. soll es solche vornehmen (§ 181 I Nr. 2), so genügt sein Bewußtsein – bei Kindern die ihrem Alter entsprechende Vorstellung –, daß es sich damit in den Dienst fremder Sexualität stellt (vgl. auch Horn SK § 176 RN 31). Genügen nur sexuelle Handlungen vor einem Dritten, so muß das Opfer speziell für diesen handeln; kein Fall des § 180 II liegt daher z. B. vor, wenn der Täter den Minderjährigen gegen Entgelt für eigene sexuelle Zwecke dazu bestimmt, daß er sexuelle Handlungen vor ihm vornimmt, auch wenn dies zugleich von zufällig anwesenden Dritten wahrgenommen wird.

4. Sexuelle Handlungen **„an sich",** die seit dem 6. StrRG für § 176 III Nr. 2 ausreichend sind, **25** setzen weder eine körperliche Berührung eines anderen noch eine Wahrnehmung des Geschehens durch andere voraus (vgl. näher § 176 RN 13).

Vierzehnter Abschnitt. Beleidigung

Vorbemerkungen zu den §§ 185 ff.

Übersicht

I. Rechtsgut	1	IV. Beleidigungsfreie Sphäre	9
II. Beleidigungsfähigkeit	2	V. Beschimpfungs- u. ä. Tatbestände außerhalb des 14. Abschnitts; § 238 StGB-DDR	10
III. Beleidigung unter einer Kollektivbezeichnung	5		

Schrifttum: Arzt, Der strafrechtliche Schutz der Intimsphäre, 1970. – *ders.,* Der strafrechtliche Ehrenschutz – Theorie und praktische Bedeutung, JuS 82, 717. – *Bassenge,* Ehe und Beleidigung, 1937. – *Bemmann,* Ehrverletzungen und Strafbedürftigkeit, Wolff-FS 33. – *Binding,* Die Ehre und ihre Verletzbarkeit, 1892. – *Binter,* Die Unzucht mit Kindern und ihre Abgrenzung zur Beleidigung, NJW 53, 1815. – *Dau,* Der strafrechtliche Ehrenschutz der Bundeswehr, NJW 88, 2650. – *Dencker,* Bundesverfassungsgericht und kollektive Beleidigung, Bemmann-FS 291. – *Graf zu Dohna,* Unzucht und Beleidigung, DStR 41, 34. – *Engelhard,* Die Ehre als Rechtsgut im Strafrecht, 1921. – *Engisch,* Beleidigende Äußerungen über dritte Personen im engsten Kreis, GA 57, 326. – *ders.,* Bemerkungen über Normativität und Faktizität im Ehrbegriff, Lange-FS 401. – *Erhardt,* Kunstfreiheit und Strafrecht, 1989. – *Findeisen/Hoepner/Zünkler,* Der strafrechtliche Ehrenschutz – ein Instrument zur Kriminalisierung politischer Meinungsäußerungen, ZRP 91, 245. – *T. Fischer,* Sind Behörden beleidigungsfähig?, JZ 90, 68. – *Gallas,* Beleidigung und Sittlichkeitsdelikt, ZAkDR 41, 15. – *ders.,* Der Schutz der Persönlichkeit im Entwurf eines StGB, ZStW 75, 16. – *v. Gamm,* Persönlichkeits- u. Ehrverletzungen durch Massenmedien, 1969. – *Geppert,* Straftaten gegen die Ehre, Jura 83, 530, 580. – *Gillen,* Das Verhältnis von Ehren- u. Privatsphärenschutz im Strafrecht, 1999. – *Haas,* Der vergessene Vorsatz oder: Beleidigungsvorsatz und „Soldaten-Beschluß" des BVerfG, GA 96, 473. – *Hafter,* Ehrbegriff und Beleidigung, SchwZStr. 57, 405. – *Haß,* Zur Frage der sog. Sexualbeleidigung, SchlHA 1975, 123. – *Heins,* Der historische und soziale Gehalt der Ehre, 1942 (StrAbh. 427). – *Heinz,* Kunst und Strafrecht, in: Mühleisen, Grenzen politischer Kunst (1982). – *Helle,* Die Rechtswidrigkeit der ehrenrührigen Behauptung usw., NJW 1961, 1896. – *ders.,* Der Schutz der persönlichen Ehre, 1957. – *ders.,* Der Ehrenschutz des Freigesprochenen, GA 1961, 166. – *Hellmer,* Beleidigung und Intimsphäre, GA 63, 129. – *Hilgendorf,* Tatsachenaussagen und Werturteile im Strafrecht, entwickelt am Beispiel des Betrugs u. der Beleidigung, 1998. – *Hillenkamp,* Zur Reichweite der Beleidigungstatbestände, Hirsch-FS 555. – *Hirsch,* Ehre und Beleidigung, 1967 (zit. aaO). – *ders.,* Grundfragen von Ehre und Beleidigung, Wolff-FS 125. – *Hunger,* Das Rechtsgut des § 189, 1996. – *Jakobs,* Die Aufgabe des strafrechtlichen Ehrenschutzes, Jescheck-FS 627. – *Ignor,* Der Straftatbestand der Beleidigung, 1995. – *Jescheck,* Ehrenschutz durch das strafrechtliche Feststellungsverfahren, GA 57, 365. – *Kargl,* Beleidigung und Retorsion. Zur Unterscheidung von Freiheitsverletzung und Vorteilsverwehrung bei den Ehrdelikten, Wolff-FS 189. – *Kern,* Die Äußerungsdelikte, 1919. – *ders.,* Die Beleidigung, in: Frank-FG II 335. – *Kiehl,* Strafrechtliche Toleranz wechselseitiger Ehrverletzungen, 1986 (Frankfurter kriminalwissenschaftl. Studien, Bd. 15). – *ders.,* Das Ende der „kleinen Sexualdelikte"?, NJW 89, 3003. – *Kienapfel,* Privatsphäre und Strafrecht, 1969. – *Kittlas,* Alle Soldaten sind Mörder. Jüngste juristische u. politische Beurteilungen zu dieser Aussage usw., 1995. – *Knittel,* Ansehen und Geltungsbewußtsein. Grundlagen der strafrechtlichen Beleidigungstatbestände, 1985. – *Küpper,* Grundprobleme der Beleidigungsdelikte, JA 85, 453. – *ders.,* Strafrechtlicher Ehrenschutz und politische Meinungsäußerungen, ZRP 91, 249. – *Lampe,* Geschäfts- und Kreditverleumdung, Oehler-FS 275. – *Laubenthal,* Ehrenschutz bei Kollektivbeleidigungen, ZRP 73, 215 (u. dazu Dolde S. 217). – *Laubenthal,* Beleidigung Jugendlicher durch sexuelle Handlungen, JuS 87, 700. – *Liepmann,* Die Beleidigung, VDB IV, 217. – *Lüthge-Bartolomäus,* Schluß mit der Lückenbüßerfunktion des § 185 auf dem Gebiet von Sitte und Anstand, MDR 75, 815. – *Mackeprang,* Ehrenschutz im Verfassungsstaat, 1990. – *W. Müller,* Beleidigung im Sühnetermin, GA 61, 161. – *Nock,* Beleidigung – Kundgabe von Mißachtung. Polizeibeamte als Opfer oder Täter von Beleidigungsdelikten, Kriminalistik 98, 781. – *Nolte,* Beleidigungsschutz in der freiheitlichen Demokratie, 1992. – *Otto,* Persönlichkeitsschutz durch strafrechtlichen Schutz der Ehre, Schwinge-FS 71. – *ders.,* Ehrenschutz in der politischen Auseinandersetzung, JR 83, 1. – *Peglau,* Der Schutz des allgemeinen Persönlichkeitsrechts durch das Strafrecht, 1997. – *ders.,* Plädoyer für einen stärkeren strafrechtlichen Persönlichkeitsschutz, ZRP 98, 249. – *Praml,* Beleidigungsdelikte bei anwaltlicher Interessenvertretung, NJW 76, 1967. – *Ramm,* Der Ehrbegriff als Grundlage des Ehrenschutzes im Strafrecht, 1936 (StrAbh. 366). – *Richtberg,* Ehrenschutz im Öffentlichen Recht, 1989. – *Ritze,* Die „Sexualbeleidigung" und § 185 StGB und das Verfassungsgebot „nulla poena sine lege", JZ 80, 91. – *Rogall,* Beleidigung u. Indiskretion, Hirsch-FS 665. – *Schendzielorz,* Umfang und Grenzen der straffreien Beleidigungssphäre, 1993. – *M. Schmid,* Zum Ehrenschutz bei Tatsachenbehauptungen gegenüber dem Betroffenen, MDR 81, 15. – *Schößler,* Anerkennung und Beleidigung. Rechtsgut u. Strafzweck des § 185 StGB, 1997. – *Schramm,* Über die Beleidigung von behinderten Menschen, Lenckner-FS 539. – *Schwinge,* Ehrenschutz im politischen Bereich, MDR 73, 801. – *Sendler,* Bereicherung oder Vergiftung der politischen Auseinandersetzung? NJ 97, 57. – *Sick,* Die Rechtsprechung zur Sexualbeleidigung, JZ 91, 330. – *Spinellis,* Das Rechtsgut der Ehre, Hirsch-FS 739. – *Stark,* Ehrenschutz in Deutschland, 1996. – *Tenckhoff,* Die Bedeutung des Ehrbegriffs für die Systematik der Beleidigungstatbestände, 1974. – *ders.,* Grundfälle zum Beleidigungsrecht, JuS 88, 199, 457, 621, 793, JuS 89, 35, 198. – *U. Weber,* Garantenstellung kraft Sachherrschaft? Zur strafrechtlichen Verantwortlichkeit für

Schrifttum **1 Vorbem §§ 185 ff.**

beleidigende Parolen auf Sachen, Oehler-FS 83. – *Wenzel,* Tatsachenbehauptungen und Meinungsäußerungen, NJW 68, 2353. – *Wolff,* Ehre und Beleidigung, ZStW 81, 886. – *Wolff-Reske,* Die Korrespondenz zwischen Gefangenen u. ihnen nahestehenden Personen als „beleidigungsfreier Raum", Jura 95, 184. – *Würkner,* Was darf Satire?, JA 88, 183. – *ders.,* Freiheit der Kunst, Persönlichkeitsrecht und Menschenwürde, ZUM 88, 171. – *Würtenberger,* Karikatur und Satire aus strafrechtlicher Sicht, NJW 82, 610. – *ders.,* Satire und Karikatur in der Rechtsprechung, NJW 83, 1144. – *Zechlin,* Kunstfreiheit, Strafrecht und Satire, NJW 84, 1091. – Rechtsvergleichend: *Deipser* Mat. II BT 199. – Vgl. ferner die Angaben zu §§ 186, 187 a, 189, 193.

Speziell zur Beleidigung von Gemeinschaften: *Androulakis,* Die Sammelbeleidigung, 1970. – *Birk,* Die passive Beleidigungsfähigkeit von Kapitalgesellschaften, GmbH-Rundschau 1956, 105. – *Bruns,* Zur Frage der passiven Beleidigungsfähigkeit handelsrechtlicher Kapitalgesellschaften im Strafrecht, NJW 58, 689. – *Flatten,* Strafrechtlicher Ehrenschutz der Handelsgesellschaften, 1962. – *Giehring,* Die sog. „Soldatenurteile" – eine kritische Zwischenbilanz, StV 92, 194. – *Goerlich,* Soldatische Pflichten, provokative Meinungsäußerungen und die Vereinigungsfreiheit des Soldaten, Jura 93, 471. – *Gounalakis,* „Soldaten sind Mörder", NJW 96, 480. – *Hammeley,* Die Kollektivbeleidigung, 1910 (StrAbh. 121). – *Hurwicz,* Beleidigung sozialer Einheiten, ZStW 31, 873. – *Arthur Kaufmann,* Zur Frage der Beleidigung von Kollektivpersönlichkeiten, ZStW 72, 418. – *Krug,* Ehre und Beleidigungsfähigkeit von Verbänden, 1965. – *Rotz,* Der strafrechtliche Schutz der Ehre von Personenmehrheiten, 1974. – *Wagner,* Beleidigung eines Kollektivs oder Sammelbeleidigung, JuS 78, 674. – *Wehinger,* Kollektivbeleidigung – Volksverhetzung, 1994. – *Welzel,* Über die Ehre von Gemeinschaften, ZStW 57, 28.

I. Rechtsgut der §§ 185 ff. ist, von § 189 abgesehen (vgl. dort RN 1) und i. U. zur früheren Injurie (vgl. dazu M-Maiwald I 230), nach ganz hM ausschließlich die **Ehre** (zB BGH **1** 289, **11** 71, **16** 62, **36** 148, Herdegen LK[10] 1, Lackner/Kühl 1, Rudolphi SK 1, Zaczyk NK 1 mwN; and. Bassenge aaO 27 [öffentlicher Frieden] u. zT auch Jakobs, Jescheck-FS 627 f., 636 f. [Schutz auch des öffentlichen Interesses am Unterbleiben von unwahren Zurechnungen zu Lasten einer Person; vgl. dagegen aber M-Maiwald I 231, Rudolphi SK 5 a], ferner Peglau aaO 104 ff., NStZ 98, 197 [Verletzung des allgemeinen Persönlichkeitsrechts in den Fällen des § 194 I 2; vgl. dazu § 185 RN 3, § 194 RN 1]). Umstritten ist, was darunter zu verstehen ist (zusf. Ignor aaO 32 ff., Otto aaO 73 f., Tenckhoff aaO 26 u. zuletzt eingehend Hirsch aaO 125 ff.), wobei die hier bestehenden Unterschiede freilich nicht korrekt gekennzeichnet sind, wenn von einem „faktischen", „normativen", „normativ-faktischen Ehrbegriff" gesprochen wird, da sich in jedem dieser Begriffe normative und faktische Elemente finden (vgl. näher Engisch, Lange-FS 401). Nach dem *„faktischen"* Ehrbegriff ist Ehre das subjektive Ehrgefühl bzw. der gute Ruf in seiner realen Existenz (vgl. die Nachw. b. Herdegen LK[10] 6; ähnl. Knittel aaO 15 ff.: guter Ruf und das in diesem fundierte Geltungsbewußtsein). Für das Recht ist ein solcher Ehrbegriff aber schon deshalb nicht verwendbar, weil das subjektive Ehrgefühl fehlen oder übertrieben hoch, der tatsächliche Ruf dagegen unverdient gut oder schlecht sein kann (vgl. auch Zaczyk NK 4). Nach dem dualistischen *(„normativ-faktischen")* Ehrbegriff stellt die Ehre deshalb ein komplexes Rechtsgut dar, das sowohl den inneren Wert eines Menschen („innere Ehre") als auch sein Ansehen (guter Ruf) in den Augen anderer („äußere Ehre") umfaßt, wobei der „inneren Ehre" zT dem § 185, die „äußere Ehre" den §§ 186, 187 zugeordnet wird (vgl. zB BGH [GrS] **11** 70, Bay BA 86 92, Blei II 91, Bockelmann II/2 S. 184, Frank I vor § 185, Hartung ZStW **71**, 387, Kohlrausch-Lange II vor § 185, Tröndle § 185 RN 2). Doch ist der innere Wert eines Menschen nicht verletzbar, während der gute Ruf nur insoweit Schutz verdient, als er tatsächlich verdient ist (mit dieser Einschränkung zB wohl auch BGH **11** 71, wobei dann jedoch in der Sache zu der „normativen" Ehrauffassung kein nennenswerter Unterschied mehr besteht; vgl. auch Hirsch, Wolff-FS 132 f.). Demgegenüber sieht die heute wohl bereits zur hM gewordene *„normative"* Ehrauffassung das Schutzobjekt der §§ 185 ff. in dem auf die Personenwürde gegründeten, einem Menschen berechtigterweise zustehenden Geltungswert bzw. in dem aus diesem folgenden Anspruch, nicht unverdient herabgesetzt zu werden (so mit Unterschieden im einzelnen zB BGH **1** 289, **36** 148 m. Anm. Hillenkamp NStZ 89, 529 u. Otto JZ 89, 803, Arzt JuS 82, 717 f., Eser III 181, Gallas ZStW 75, 26, Gillen aaO 8, Gössel I 348 f., Herdegen LK[10] 8 ff., Hirsch aaO 29 ff., 45 ff., 72 ff., Wolff-FS 127 ff., 131 ff., Arthur Kaufmann ZStW 72, 430, Krug aaO 105 ff., 203, Lackner/Kühl 1, M-Maiwald I 230, Schendzielorz aaO 16, Schmidhäuser II 60, Tenckhoff aaO 71, JuS 88, 202 ff., Welzel 303, W-Hettinger 114; vgl. im Grundsatz auch Spinellis, Hirsch-FS 742 ff., 762: Ehrenstatus des Menschen, der seinem Menschenwert entspricht und auch dem Grad angemessen ist, in dem er in seiner sozialen Rolle entsprechenden sittlich-sozialen Pflichten nicht verletzt hat). Eingewandt wird gegen eine solche Rechtsgutsbestimmung jedoch, daß der Geltungswert einer Person als solcher nur durch diese selbst, nicht aber durch Dritte beeinträchtigt werden könne und daß deshalb, wenn der Wert nicht verletzbar sei, auch ein mit ihm verbundener Achtungsanspruch nicht die Möglichkeit der Verletzung begründen könne (so Zaczyk NK 5). Die Lösung soll deshalb ein *interpersonaler* Ehrbegriff sein: Ehre ist deshalb „das von der Würde des Menschen geforderte und seine Selbständigkeit als Person begründende Anerkennungsverhältnis mit anderen Personen" (Zaczyk NK 1 [vgl. auch Hirsch-FS 827] im Anschluß an E. A. Wolff aaO 899 ff. u. mehr oder weniger weitgehend in diesem Sinn zB auch Ignor aaO 174 ff., Kargl, Wolff-FS 217, Otto II 110, Schwinge-FS 74 ff., Rudolphi SK 5, Schößler aaO 89 ff., Schramm, Lenckner-FS 544 ff.; krit. dazu aber zB Herdegen LK[10] 11, Gillen aaO 7, Hirsch, Wolff-FS 127 ff., Tenckoff aaO 127, 174). Doch brauchen „normativer" und „interpersonaler" Ehrbegriff in der Sache deshalb keine Gegensätze zu sein. Letzterer bietet eine durchaus plausible Erklärung für den strafrechtlichen Ehrenschutz insofern, als es Aufgabe der §§ 185 ff. letztlich nur sein kann, dem Menschen ein „die Selbständigkeit ermöglichendes Anerkennungsverhältnis" (vgl. E. A. Wolff aaO) zu sichern, ohne das er sich nicht entwickeln und entfalten kann. Allerdings bedarf dieses „Anerkennungsverhältnis" noch einer deliktsspezifischen Präzisierung und Beschränkung, weil nicht jede Persönlichkeitsrechtsverletzung eine strafbare Ehrverletzung ist. Ob dies iS der „normativen" Ehrauffassung geschieht – daß der Geltungswert als solcher unverletzlich ist, schließt nicht aus, daß es einen verletzbaren Anspruch darauf gibt, nicht unter seinem Wert behandelt zu werden (vgl. auch Hirsch, Wolff-FS 134 ff.), wobei ein solcher Anspruch durchaus Teil eines „Anerkennungsverhältnisses" sein kann – oder ob man hier auf der Grundlage des „interpersonalen" Ehrbegriffs davon spricht, daß der einzelne „einen Anspruch darauf hat, daß das seine Selbständigkeit und die freie Entfaltung seiner Persönlichkeit ermöglichende Anerkennungsverhältnis nicht durch die Kundgabe von Nicht-, Gering-, oder Mißachtung verletzt wird" (so Schramm aaO 546), macht iE dann jedoch keinen Unterschied. Unvollständig bleiben beide Ehrbegriffe dagegen insofern, als sie ausschließlich an die Personenwürde anknüpfen. Dies mag zwar durch den Begriff der Ehre nahegelegt werden, der nach seinem ursprünglichen Sinn in der Tat einen solchen personalen Bezug aufweist. In den §§ 185 ff. selbst wird dieser Begriff aber an keiner Stelle verwendet, vielmehr hält das Gesetz, wie sich aus § 194 III, IV ergibt, auch bestimmte *Institutionen* für *beleidigungsfähig*, womit es zu erkennen gibt, daß auch diesen – und nicht nur ihren Mitgliedern – eine eigene „Ehre" zukommt, die unabhängig davon betroffen sein kann, ob auch einzelne Personen beleidigt sind (u. 3; vgl. auch BVerfGE **93** 291 u. zur Beleidigungsfähigkeit von Personengemeinschaften u. 3). Dann aber geht es in §§ 185 ff. nicht nur um die Ehre als einen Aspekt der Personenwürde, sondern letztlich um das „Anerkennungsverhältnis" als Voraussetzung dafür, daß Personen, aber auch Institutionen in einer Gemeinschaft existieren und wirken können bzw. iS des „normativen" Ehrbegriffs, um den sittlichen, personalen und sozialen Geltungswert und den daraus folgenden Achtungsanspruch, der – hier beschränkt auf den Einzelpersonen und – sozialen Geltungswert – gewissen Institutionen und Personengemeinschaften tatsächlich zukommt (vgl. die Beisp. in § 185 RN 2; vgl. auch BGH **36** 148 m. Anm. Hillenkamp NStZ 89, 529 u. Otto JZ 89, 803, wo die Frage eines sozialen Geltungswerts neben einem personalen offengelassen wird; für Beschränkung auf einen personalen u. krit. zum sittlichen u. sozialen Geltungswert aber Hirsch, Wolff-FS 136 ff.; zum Ganzen vgl. auch Herdegen LK[10] 8 ff.). Dabei werden diese allerdings, weil sich das Strafrecht auf die Gewährleistung des für die Existenz- und Entfaltungsmöglichkeiten in einer menschlichen Gemeinschaft unabdingbaren „Anerkennungsverhältnisses" beschränken muß, durch die §§ 185 ff. nur insoweit geschützt, als die „Ehre" durch das Zuschreiben einer *negativen Qualität* (Unzulänglichkeiten, Minderwertigkeit des Betroffenen) „bemakelt" wird (vgl. auch BGH aaO), was Bedeutung insofern hat, als die bloße Nichtanerkennung jemand tatsächlich zukommenden Geltungswerts durch das Absprechen von besonderen Verdiensten, auszeichnenden Eigenschaften usw. nicht unter die §§ 185 ff. fällt, die Ehre maW also nicht steigerungsfähig ist (vgl. Herdegen LK[10] 5, 15, Hirsch aaO 54 ff., Wolff-FS 139 f., Rudolphi SK 3, § 185 RN 11, Schramm aaO 554 f., Tenckhoff aaO 50 ff., 181 u. entsprechend zum Absprechen eines besonders schweren Schicksals § 185 RN 3; vgl. auch Isensee AfP 93, 626 f.; and. Jakobs aaO 640, M-Maiwald I 232).

1 a **Reformfragen.** Kein Anlaß besteht zu Überlegungen, den Ehrenschutz ausschließlich dem Zivilrecht zu überlassen oder jedenfalls auf eine strafrechtliche Sanktionierung der Beleidigung (§ 185) zu verzichten (vgl. dazu aber Frommel KJ 95, 411, ferner BT-Drs 11/1040 S. 7 [Herabstufung des § 185 zur Ordnungswidrigkeit; zu den evidenten Mängeln einer solchen Lösung vgl. Bemmann, Wolff-FS 34 f.], Kargl aaO 217 ff.); für eine Beschränkung des Strafrechts auf die Menschenwürde verletzende Ehrverletzungen mit einem entsprechenden Gesetzesvorschlag Bemmann aaO 38 ff. Durchaus berechtigt wäre dagegen im Umfeld der § 185 ff. die den bisherigen Reformen unerledigt gebliebene Schaffung eines Indiskretionstatbestands zum Schutz vor öffentlicher Bloßstellung (vgl. zB § 182 E 62, § 145 AE, Arzt aaO u. zuletzt Rogall, Hirsch-FS 665 ff. mwN). Zu dem im außerstrafrechtlichen Bereich sich abzeichnenden Wandel des Persönlichkeits- und Ehrschutzes vgl. zB Kübler JZ 84, 541, Mackeprang aaO 43 ff., 159 ff., Nolte aaO 40 ff., Richtberg aaO, Stürner JZ 94, 866 ff., ferner Ossenbühl JZ 95, 641 f. – **Rechtsvergleichend** zum Ehrenschutz vgl. zB Stürner aaO 868 ff. u. – insbes. zur vergleichenden verfassungsrechtlichen Verankerung – Nolte aaO 191 ff., Tettinger aaO (vor § 193) 18 ff.

II. Beleidigungsfähigkeit

2 **1.** Opfer einer Beleidigung kann zunächst jede **natürliche Person** sein. Beleidigungsfähig sind daher auch *Kinder* und *geistig behinderte Menschen,* was schon in RG **7** 368 angenommen wurde, wenn das fragliche Verhalten so beschaffen ist, „daß es die menschliche Würde, welche jeder Person vermöge der Tatsache, daß sie ein Mensch ist, derselben aberkennt". Im übrigen bestimmt sich bei Kindern deren Beleidigungsfähigkeit nach ihrem Entwicklungsstand und ihrem davon abhängigen Geltungswert und Achtungsanspruch (zB – vgl. Zaczyk NK 10 – einem 14-Jährigen wird der Verstand eines Kleinkindes zugeschrieben; vgl. auch BGH **7** 132: Ansinnen an ein 12-jähriges Kind, die Eltern zu belügen [krit. dazu Zaczyk aaO]), wobei hier dann noch zusätzlich zu beachten ist, daß die gleiche Äußerung gegenüber einem Kind und einem Erwachsenen eine unterschiedliche inhaltliche Bedeutung haben kann (zB der Ausdruck „Schwein"; vgl. M-Maiwald I 233). Geistig Behinderte („Geisteskranke") können nach herkömmlicher Auffassung beleidigt werden, wenn ihnen der ihnen trotz ihrer

Behinderung verbleibende oder – bei einer erst später eingetretenen Behinderung – der aus früherer Zeit verbliebene Geltungswert abgesprochen wird (vgl. Herdegen LK¹⁰ 18, Rudolphi SK 6 mwN). Vor dem Hintergrund des 1994 zum Schutz von behinderten Menschen geschaffenen verfassungsrechtlichen Diskriminierungsverbots (Art. 3 III 2 GG) wird neuerdings aber auch angenommen, daß ein geistig oder psychisch behinderter Mensch „genau so viel Ehre besitzt wie ein Mensch ohne diese Beeinträchtigungen" (Schramm, Lenckner-FS 550). Probleme müssen sich bei der Annahme einer derartigen „Ausstrahlungswirkung" des Art. 3 III 2 GG jedoch dann ergeben, wenn es bei den in diesem Zusammenhang genannten Ausdrücken „Idiot", „Debiler", „Schwachsinniger" (Schramm aaO 547) nicht um ein nach dem Kontext eindeutig negatives, geistig Behinderte zu Menschen zweiter Klasse degradierendes Werturteil geht (dazu Schramm aaO 550 ff.; vgl. dazu auch § 185 RN 8) – auch die überkommene Meinung würde hier zur Beleidigungsfähigkeit und damit zu einer Beleidigung iS des § 185 führen –, sondern um eine bestimmte geistige Zustände kennzeichnende Tatsachenaussage: Wäre mit solchen Befunden nicht zugleich eine Reduzierung des personalen Geltungswerts verbunden, so wären zB die unwahre oder nicht erweislich wahre Behauptung, eine bestimmte Person leide an hochgradigem Schwachsinn, die §§ 186, 187 von vornherein unanwendbar. Daß i.U. dazu ausschließlich körperliche Behinderungen an der Beleidigungsfähigkeit nichts ändern, dürfte selbstverständlich sein. – Nicht beleidigungsfähig sind dagegen *Verstorbene* (RG **13** 95, Blei II 94, Gössel I 350, Lackner/Kühl § 189 RN 1, M-Maiwald I 233, Rudolphi SK 7, Tenckhoff JuS 88, 200, Zaczyk NK 8; and. Herdegen LK¹⁰ § 189 RN 2, Hirsch aaO 125 ff., Wolff-FS 141 f., Hunger aaO 114 ff., Welzel 305). Dafür spricht schon der Wortlaut des § 189 (Verunglimpfen des Andenkens eines Verstorbenen und nicht des Verstorbenen selbst), vor allem aber folgt dies daraus, daß es bei einem Toten nicht mehr um den Schutz eines Geltungswerts als Voraussetzung der Existenz und des Wirkens in der Gesellschaft gehen kann (vgl. Rudolphi aaO) und daß hier deshalb auch nicht nur der Schutzumfang ein verschiedener ist (so Herdegen aaO), sondern bei § 189 das Schutzobjekt selbst ein anderes sein muß (vgl. dort RN 1).

2. Zutreffend nimmt die wohl h. M. an, daß unter gewissen Voraussetzungen auch **Institutionen** und **Personengemeinschaften** als solche beleidigungsfähig sind (zB RG **70** 141, **74** 269, BGH **6** 186, **36** 88, BGH [Z] NJW **71**, 1655, Bay StV **82**, 576, Düsseldorf MDR **79**, 692, Frankfurt NJW **89**, 1367, Koblenz OLGSt § 77 S. 1, Stuttgart [Z] NJW **76**, 628, Blei II 94, Eser III 181, Geppert Jura 83, 536 ff., Ignor aaO 69 f., Krey I 209 f., Küpper JA 85, 455, Lackner/Kühl 5, M-Maiwald I 235 f., Rengier II 152, Schmidhäuser II 62, Tenckhoff JuS 88, 457 ff., Tröndle § 185 RN 18; and. RG **3** 247, **68** 123, Findeisen/Hoepner/Zünkler ZRP 97, 247, T. Fischer JZ 90, 68, Gössel I 252, Herdegen LK¹⁰ 19, Hirsch aaO 91 ff., Wolff-FS 140 f., Arthur Kaufmann ZStW 72, 418, Krug aaO 203 ff., Rudolphi SK 9, Schößler aaO 250 ff., Wagner JuS 78, 674, Zaczyk NK 12 ff.). Für Behörden, politische Körperschaften usw. folgt dies schon aus § 194 III, IV, aus dem sich zugleich ergibt, daß i.U. mit „Recht der persönlichen Ehre" in Art. 5 II GG (vgl. dazu BVerfG NJW **95**, 3304) ein als „Ehre" i.w.S. geschützter Geltungswert nicht nur natürlichen Personen zukommt, sondern – und zwar nicht nur als „Kollektivehre" der ihnen angehörenden Individualpersonen – unabhängig von ihrer Größe auch gewissen Institutionen als solchen (vgl. dazu auch BVerfGE **95** 291 und ebenso hier zB Gössel aaO, Hirsch aaO, Rudolphi aaO, Zaczyk NK 16; and. Fischer aaO: lediglich verfahrensrechtliche Regelung des Antragsrechts bei Beleidigung von Behördenangehörigen usw. unter einer Kollektivbezeichnung [u. 5 ff.]). Doch besteht kein Anlaß, die von § 194 III 4 vorausgesetzte Beleidigungsfähigkeit auf öffentliche Institutionen zu beschränken (so aber Gössel, Hirsch, Rudolphi, Zaczyk jeweils aaO), da dies weder dem heutigen Staats- und Gesellschaftsverständnis noch der Bedeutung entsprechen würde, die außerhalb des öffentlichen Rechts stehende Organisationen inzwischen erlangt haben. Dies gilt umso mehr, als die in § 194 III 2 neben den Behörden genannten „sonstigen Stellen" – im Zuge der „Privatisierung der Verwaltung" von zunehmender Bedeutung – auch Privatrechtsorganisationen sein können, die sich zwar durch ihre staatliche Verflechtung, nicht aber in ihrer Aufgabe und in ihrem Wirken von privaten Institutionen unterscheiden (dazu, daß die Ergänzung des § 11 Nr. 2 c durch den Hinweis „unbeschadet der zur Aufgabenerfüllung gewählten Organisationsform" nur eine Klarstellung ist, vgl. BT-Drs. 13/5584 S. 12, BGH **43** 377 f.). Mit Recht erkennt deshalb die wohl hM im Anschluß an BGH **6** 186 (dazu Bruns NJW 55, 689) den Schutz der §§ 185 ff. ohne Rücksicht auf den rechtlichen Status allen Personenvereinigungen zu, die eine rechtlich anerkannte gesellschaftliche Funktion erfüllen und einen einheitlichen Willen bilden können. Auch für sie gilt, daß ihr Wirken in der Gesellschaft nur möglich ist, wenn ihre Tätigkeit nicht diskreditiert wird, weshalb der soziale Geltungswert solcher Kollektivgebilde in gleicher Weise des Schutzes bedarf wie bei Einzelpersonen. Zwar ließen sich hier Strafbarkeitslücken in Einzelfällen auch durch die Annahme einer Beleidigung der einzelnen Mitglieder unter einer Kollektivbezeichnung (u. 5 ff.) vermeiden; vielfach ist dies aber nicht möglich, so bei größeren Organisationen (zB Gewerkschaft) oder solchen, zu denen ihre Mitglieder nur in einer sehr lockeren Beziehung stehen (zB Aktionäre einer AG). Entsprechend den in § 194 III, IV genannten Institutionen ist für die Beleidigungsfähigkeit anderer Personengemeinschaften allerdings zu verlangen, daß sie nicht nur legale Zwecke verfolgen, sondern auch soziale Funktionen von einer gewissen Relevanz erfüllen (zu eng jedoch RG **70** 141, **74** 269: nur bei Erfüllung öffentlicher Aufgaben).

Einzelfälle: Beleidigungsfähig ist danach die Bundeswehr als solche (vgl. BVerfGE **95**, 291, BGH **36** 88, Frankfurt NJW **89**, 1367, Hamm NZWehrR **77**, 70 u. dazu zT zust., zT krit. Arzt JZ 89, 647,

Dau NJW 88, 2652, NStZ 89, 361, Fischer JZ 90, 68, Giehring StV 92, 194, Gounalakis NJW 96, 483, Maiwald JR 89, 486; zur Beleidigung unter einer Kollektivbezeichnung vgl. u. 7), ferner Parteien und ihre Unterorganisationen (Düsseldorf MDR **79**, 692, München NJW **96**, 2515), Gewerkschaften (BGH [Z] NJW **71**, 1665) u. entsprechend Arbeitgeberorganisationen, eine gemeinnützige Wohnungsbaugesellschaft (Bay StV **82**, 576), das Rote Kreuz und kirchliche Hilfswerke, wissenschaftliche Gesellschaften, die Verlags-GmbH einer Tageszeitung (BGH **6** 186), eine Bank-AG (Köln NJW **79**, 1723), u. U. auch Personengesellschaften des Handelsrechts (zB BGH [Z] NJW **80**, 2807, **81**, 2119, Stuttgart [Z] NJW **76**, 628; vgl. auch BGH[Z] NJW **93**, 526). Nicht beleidigungsfähig sind dagegen zB Vereine, in denen lediglich private Hobbys gepflegt werden, ferner – weil kein Verband mit einheitlicher Willensbildung – die „Polizei" als Ganzes (Bay NJW **90**, 1742, Düsseldorf NJW **81**, 1522; and. jedoch einzelne Polizeibehörden usw. [AG Weinheim NJW **94**, 1544, LG Mannheim NStZ-RR **96**, 360]) oder „die deutschen Anwälte" (and. LG Ravensburg JW **37**, 181, LG Hannover NJW **48**, 349). Zum Ganzen vgl. näher das Schrifttum o. vor 1 a. E.

4 3. Mit Recht verneint wird dagegen von der hM die Beleidigungsfähigkeit der **Familie** als solcher (zB BGH JZ **51**, 520 m. Anm. Mezger, Bay **86** 92, Freiburg DRZ **47**, 416 und die ältere Rspr. des RG [vgl. die Nachw. in RG **70** 98], Gössel I 352, Herdegen LK[10] 25, Hirsch aaO 98, Lackner/Kühl 5, M-Maiwald I 236, Rudolphi SK 10, Schmidhäuser II 62, Tenckhoff JuS 88, 459; and. zB RG **70** 97, Arthur Kaufmann ZStW **72**, 441; vgl. auch Zaczyk NK 5). Die Familie ist ein gleichsam interner, aber kein nach außen handelnder, korporativer Verband, der als solcher am sozialen Leben teilnimmt, weshalb hier die o. 3 genannten Gründe für die Zuerkennung eines eigenständigen Ehrenschutzes nicht gegeben sind. Die Familie als solche kann daher weder dadurch beleidigt werden, daß über sie insgesamt (zB die „Maiers") etwas Ehrenrühriges ausgesagt wird – hier ohnehin ein rein theoretisches Problem, da in diesem Fall immer die einzelnen Familienmitglieder unter einer Kollektivbezeichnung beleidigt sind (u. 5 ff.) – noch dadurch, daß ein einzelnes Familienmitglied herabgesetzt wird. Zur Frage einer mittelbaren Beleidigung von Eltern oder Ehegatten, wenn unmittelbar ein Kind oder der andere Gatte betroffen ist, vgl. § 185 RN 10.

III. Beleidigung unter einer Kollektivbezeichnung

5 Von der Beleidigung einer Personengemeinschaft ist die Beleidigung mehrerer Personen unter einer Kollektivbezeichnung zu unterscheiden (näher dazu Androulakis aaO 42 ff., Ignor aaO 76 ff., Wagner JuS 78, 674, Wehinger aaO 17 ff.). Während dort die Korporation bzw. Institution als solche betroffen ist – die einzelnen Mitglieder dagegen nur, soweit zugleich eine Beleidigung unter einer Kollektivbezeichnung vorliegt –, sind hier die unter den Sammelbegriff fallenden Einzelpersonen beleidigt, was zu unterschiedlichen Konsequenzen für den Strafantrag führt (vgl. § 194 RN 3). Ob bei der Verwendung einer Gesamtbezeichnung alle beleidigt sind, auf welche die fragliche Kennzeichnung zutrifft, ist allerdings nach das besondere Problem der Kollektivbeleidigung (eingehend dazu Androulakis aaO). Zu beachten ist deshalb, daß dort, wo sich die ehrverletzende Äußerung trotz Benutzung eines Sammelbegriffs erkennbar jedenfalls auch auf eine oder mehrere ganz bestimmte Einzelperson(en) bezieht, zumindest diese beleidigt sind, so daß die Frage einer Kollektivbeleidigung hier nur bezüglich der übrigen Angehörigen der fraglichen Personengruppe entstehen kann (so zB, wenn der Täter in Beziehung auf einen oder mehrere bestimmte Polizeibeamten davon spricht, es sei ja bekannt, daß „die deutsche Polizei" aus „brutalen Schlägern" bestehe: Beleidigung hier jedenfalls dieses Beamten; vgl. dazu auch Krey I 201, Wehinger aaO 17; zur Anwendung des § 22 Nr. 1, 2 StPO bei Kollektivbeleidigung von Richtern vgl. BVerfG NJW **92**, 2472). Im übrigen ist Voraussetzung einer Sammelbeleidigung einzelner immer, daß sich die fragliche Äußerung nach ihrem objektiven Sinn nicht nur auf das Kollektiv als eine von ihnen mitgebildete Gesamterscheinung (zB ein bestimmter Beruf als solcher), sondern auf diese selbst als Individuen bezieht (vgl. dazu Androulakis aaO 42 ff., Dencker, Bemmann-FS 295 f.; zur Bedeutung kollektiver Bezüge für die persönliche Ehre vgl. BVerfGE **93** 299). Dabei geht es im einzelnen um zwei Fallgruppen, die sich im Grunde freilich nur quantitativ unterscheiden:

6 1. Eine Kollektivbeleidigung ist danach zunächst in der Weise möglich, daß der Täter nicht alle, sondern nur **einen** oder **mehrere Angehörige** der Gruppe meint, seine Äußerung – i. U. zu dem o. 5 genannten Fall – jedoch offenläßt, wer gemeint ist und damit jeder einzelne betroffen sein kann. Hier sind daher, vorbehaltlich erkennbar gemachter Ausnahmen, alle beleidigt („in der X-Fraktion des Landtags sitzt ein Landesverräter"; vgl. BGH **14** 48, **19** 235, MDR **64**, 518, Herdegen LK[10] 21, Lackner/Kühl 4, Rudolphi SK 12, Zaczyk NK 29; and. Androulakis 51 ff. [krit. dazu Wehinger aaO 28 f.]). Da hier aber nicht alle, sondern nur einer oder mehrere der Gruppe gemeint sind, ist Voraussetzung, daß es sich um einen verhältnismäßig kleinen, hinsichtlich der Individualität seiner Mitglieder überschaubaren Kreis handelt, weil sich andernfalls die Bedeutung der Beleidigung „in der Unbestimmtheit verliert" (KG JR **78**, 423, ferner Bay NJW **90**, 921 m. Anm. Seibert StV 90, 211, Düsseldorf MDR **81**, 868, Tenckhoff JuS 88, 459, Zaczyk aaO). Kriterium ist hier, bis zu welcher Zahl und Größe jeder einzelne in den Verdacht geraten kann, der tatsächlich Gemeinte zu sein, wofür die Grenzen enger zu ziehen sind als in den u. 7 ff. genannten Fällen: So können die 100 Mitglieder einer bestimmten Kooperation zwar beleidigt sein, wenn von ihnen behauptet wird, sie seien „alle Verbrecher", nicht aber, wenn die Behauptung lautet, unter ihnen sei „ein Verbrecher". Zum Ganzen vgl. auch Lamprecht u. Dolde ZRP 73, 215 bzw. 217, Wehinger aaO 29 ff., 54 ff.

Beleidigung 7–7 b **Vorbem §§ 185 ff.**

2. Eine Beleidigung einer Mehrheit einzelner Personen unter einer Kollektivbezeichnung ist ferner **7** in der Weise möglich, daß mit der Bezeichnung einer bestimmten Personengruppe **alle ihre Angehörigen** getroffen werden sollen, wobei der Täter selbst diese Personen nicht zu kennen und sich vorzustellen braucht (st. Rspr., zB schon R **1** 292, RG **3** 12, 246, **7** 169, **23** 246, JW **28**, 806 u. zuletzt BGH **36** 85 m. Anm. Arzt JZ 89, 647, Dau NStZ 89, 361 u. Bspr. Maiwald JR 89, 485; vgl. ferner die Nachw. u. 8). Voraussetzung ist dabei jedoch immer, daß sich aus dem objektiven Sinn der fraglichen Äußerung deren Individuumsbezogenheit ergibt, dies i. U. zu allgemeinen Werturteilen über bestimmte Personengruppen als solche, die noch keine Beleidigung der einzelnen Kollektivangehörigen sind (vgl. dazu Wehinger aaO 45 ff. u. pass.). Erforderlich für eine solche – und darauf muß sich auch der Vorsatz beziehen – ist hier im einzelnen:

a) Weil feststehen muß, welche einzelnen Personen beleidigt sind, muß sich die bezeichnete **7 a** Personengruppe auf Grund bestimmter Merkmale so deutlich aus der Allgemeinheit herausheben, daß der **Kreis der Betroffenen klar umgrenzt** und damit die Zuordnung des einzelnen zu ihr nicht zweifelhaft ist (vgl. zB RG **68** 124, JW **32**, 3113, BGH **2** 38, **11** 208, Bay NJW **53**, 554, JR **89**, 73 m. Anm. Volk, NJW **90**, 921 m. Anm. Seibert StV 90, 212, KG JR **78**, 422, **90**, 124, Herdegen LK[10] 22, M-Maiwald I 235, Rudolphi SK 13); daß bei einzelnen Personen zweifelhaft ist, ob sie die fraglichen Kriterien erfüllen, hindert nicht, jedenfalls die andern, bei denen dies eindeutig ist, als beleidigungsfähig anzusehen (vgl. dazu auch RG **31** 189, Hamm DB **80**, 1215, ferner Androulakis aaO 46 ff. [ausreichend das Vorhandensein eines „unzweifelhaften Kerns"], Giehring StV 92, 197, Wehinger aaO 32 ff., 42 ff.).

b) Da die eben genannte Voraussetzung aber auch auf die unter einer Kollektivbezeichnung nicht **7 b** beleidigungsfähigen Protestanten, Katholiken, Akademiker, Frauen, Behinderte (zu diesen vgl. Schramm aaO 557 ff.) usw. (vgl. auch u. 8) zutrifft, muß als weiteres Erfordernis hinzukommen, daß der fragliche Personenkreis **zahlenmäßig überschaubar** ist (vgl. Bay NJW **90**, 1742, Frankfurt NJW **89**, 1367 m. Anm. Dau NStZ 89, 361, Arzt JuS 82, 719, JZ 89, 647, Giehring StV 92, 199, Maiwald JR 89, 485, Volk JR 89, 74, Wehinger aaO 54 ff., ferner Androulakis aaO 63 ff., 79 ff., der auf die Überschaubarkeit für den Täter abstellt; krit. zu diesem Kriterium – die Notwendigkeit einer zusätzlichen Einschränkung wird freilich auch dort anerkannt – BGH **36** 87 mit Anm. Arzt JZ 89, 647 mit dem Einwand der nicht zuverlässigen Abgrenzbarkeit, der jedoch jeden anderen Versuch der Grenzziehung in gleicher Weise und damit die Figur der Kollektivbeleidigung insgesamt trifft; vgl. dazu auch BVerfGE **93** 300 f.). Ist dieser Kreis so groß, daß sich die ehrenrührige Äußerung in der Masse verliert und den einzelnen nicht mehr erreicht (zB „alle Kaufleute sind Betrüger"), so kommt eine Kollektivbeleidigung nicht in Betracht (vgl. iE auch BGH aaO, ferner zB Arzt JuS 82, 719, Giehring aaO, Maiwald aaO, Volk aaO, Wehinger aaO 54 ff.). Umgekehrt ist eine Sammelbeleidigung daher um so eher anzunehmen, je kleiner das Kollektiv ist bzw. – von Bedeutung bei zahlenmäßig größeren Gruppen – je mehr der einzelne aufgrund besonderer Umstände in das Kollektiv eingebunden ist und sich daher auch unmittelbar angesprochen fühlen muß (vgl. auch Zaczyk NK 34). Zu beachten ist auch, daß bei einer ihrer sprachlichen Fassung nach gegen eine zahlenmäßig nicht überschaubare Personenmehrheit gerichteten Äußerung besondere Umstände dafür sprechen können, daß in Wahrheit nach ihrem objektiven Sinngehalt nur die – hier dann kollektivbeleidigungsfähigen – Mitglieder einer kleineren Teilgruppe gemeint sind. Von Bedeutung ist dies bei den „Soldaten sind (potentielle) Mörder" – u. ä. Parolen unserer Tage: Unter einer Sammelbeleidigung beleidigungsfähig sind trotz ihrer großen Zahl bei Berücksichtigung des besonderen Eingebundenseins in das Kollektiv zwar die (aktiven) Soldaten der Bundeswehr, dies aber, wenn sich die Äußerung auf alle Soldaten der Welt bezieht, nicht deshalb, weil dazu auch die Bundeswehrsoldaten gehören (so aber wohl Bay NJW **91**, 1494 m. Anm. Brammsen JR 92, 82) – die Eingrenzung der Sammelbeleidigungen auf einen überschaubaren Personenkreis wäre damit wieder hinfällig, weil Kollektive vielfach in örtliche usw. Untergruppen fallen –, sondern nur dann, wenn ausschließlich Angehörige der Bundeswehr als die angegriffene Personenmehrheit anzusehen sind (BVerfG NJW **94**, 2944 [Soldaten I] m. Bspr. Campbell NStZ 95, 328, Dencker, Bemmann-FS 296 ff., Gounalakis NJW 96, 481, Grasnik JR 95, 162, Herdegen NJW 94, 2933, Hill DRiZ 94, 458 u. Stark JuS 95, 692, BVerfGE **93** 302 [Soldaten II] m. Bspr. bzw. Anm. Berkemann JR 96, 185, Gounalakis NJW 96, 483, Haas GA 96, 473, Hufen JuS 96, 738, Otto NStZ 96, 127, Zuck JZ 96, 364 u. dazu auch LG Mainz NStZ-RR **96**, 331; vgl auch BGH **37** 80 m. Anm. Arzt JZ 89, 647 [unter Einbeziehung der sich in einem Wehrdienstverhältnis befindenden Reservisten und ehemaliger Soldaten, soweit sie sich weiterhin der Bundeswehr verbunden fühlen und dies auch zum Ausdruck bringen], Frankfurt NJW **89**, 1367 m. Anm. Dau NStZ 89, 363, **91**, 2032 m. Anm. Brammsen JR 92, 85 [Zweifel dort jedoch bezüglich der Führungs- und Ausbildungskräfte der Bundeswehr], AG Spaichingen NJW **91**, 1496, ferner – zT and. bzw. krit. – zB Dau NJW 88, 2653 f., Giehring StV 92, 195 ff., Görlich Jura 93, 476, Maiwald JR 89, 485, Schößler aaO 273 ff., Wehinger aaO 60; zur Frage der Kundgabe von Mißachtung vgl. § 185 RN 8, zu § 193 dort RN 16). Ungeachtet ihrer Zahl wird von der Rspr. die Kollektivbeleidigungsfähigkeit der in Deutschland lebenden Juden bejaht (u. 8), was nur damit zu begründen ist, daß sie wegen des in der Geschichte einmaligen, „ihnen vom Nationalsozialismus auferlegten Schicksals in der Allgemeinheit als eine eng umgrenzte Gruppe erscheinen" (BGH **11** 209; vgl. aber auch u. 8). Für andere, zahlenmäßig nicht mehr ohne weiteres überschaubare und u. U. nach Hunderttausenden oder Millionen zählende „Teile der Bevölkerung" (§ 130) gilt dies jedoch nicht; hier bleibt es vielmehr bei den

Vorbem §§ 185 ff. 7 c–9   Bes. Teil. Beleidigung

strengeren Voraussetzungen des § 130, was zB auch für pauschale Beschimpfungen der bei uns lebenden Türken gilt (and. Lohse NJW 85, 1680 unter unzulässiger Berufung auf die Rspr. zur Kollektivbeleidigungsfähigkeit von Juden). Daran hat auch die Neuregelung des § 194 durch das 21. StÄG v. 13. 6. 1985 (vgl. § 194 RN 1) nichts geändert (ebenso Herdegen LK[10] § 194 RN 1, Lackner/Kühl 3, § 194 RN 4, Wehinger aaO 69). Zwar könnte dessen Entstehungsgeschichte dafür sprechen, daß der Gesetzgeber davon ausging, auch die Verfolgten anderer Gruppen – BT-Drs. 10/3242 S. 10 nennt hier die Schlesier – seien unabhängig von deren Größe kollektiv beleidigungsfähig. Eine solche Annahme, die dann auch für andere Fälle gelten und damit zu einer uferlosen Ausdehnung der ohnehin vielfach überstrapazierten Figur der Kollektivbeleidigung führen müßte, hatte jedoch schon im damals geltenden Recht (auch in der Rspr.) keine Grundlage. Vor allem aber hat sie auch als (möglicher) Wille des Gesetzgebers in der Neufassung des § 194 keinen hinreichenden Ausdruck gefunden; insbes. folgt aus dem Verzicht auf das Antragserfordernis, wenn der Verletzte als Angehöriger einer Gruppe unter einer Gewalt- und Willkürherrschaft verfolgt wurde und die Beleidigung mit dieser Verfolgung zusammenhängt, noch nicht, daß damit alle Angehörigen einer solchen Gruppe auch schon unter der Gruppenbezeichnung beleidigt werden können (vgl. auch Lackner/Kühl 3, Tröndle § 194 RN 1, Wehinger aaO 64 ff.; zur Kritik am 21. StÄG vgl. ferner § 185 RN 3 u. die Nachw. dort, § 194 RN 1).

7 c   c) Damit jedes einzelne Mitglied der fraglichen Personengruppe beleidigt ist, muß sich die **Äußerung auf alle beziehen** (vgl. auch Zaczyk NK 34). Dies ist nicht nur der Fall, wenn ausdrücklich „alle" einbezogen werden, sondern auch bei Pauschalurteilen, die nach ihrem objektiven Erklärungswert zwar Ausnahmen zulassen, diese aber von der Masse der übrigen nicht erkennbar abgegrenzt werden, so daß dann letztlich doch wieder jeder sich betroffen fühlen muß (vgl. R **1** 293, RG **33** 47, Bockelmann NJW 53, 555, Wehinger aaO 24 ff., 29; and. RG JW **32**, 3113, Bay NJW **53**, 554, Herdegen LK[10] 22, Rudolphi SK 13, Tenckhoff JuS 88, 459 u. wohl auch BGH **36** 87 m. den o. 7 genannten Anm., wo für den Vergleich des Soldatenberufs mit dem von KZ-Aufsehern, Henkern und Folterknechten jedoch eine Kollektivbeleidigung aller Soldaten angenommen wurde, weil hier das „Unwerturteil mit einem Kriterium verbunden ist, das eindeutig allen Soldaten zuzuordnen ist, weil es ein äußeres Verhalten und ein objektives Eingebundensein in das angefochtene Kollektiv beschreibt"). Dabei bleibt es auch, wenn ausdrücklich Ausnahmen gemacht, diese aber nicht näher gekennzeichnet werden (zB „von einigen wenigen Ausnahmen abgesehen, sind die Professoren der Universität X . . ." – dies i. U. zu „von einigen wenigen stadtbekannten Ausnahmen abgesehen, sind die . . .", wo nur die übrigen beleidigt sind; vgl. aber auch Bockelmann aaO). Etwas anderes gilt hier erst, wenn die nicht näher kenntlich gemachten Ausnahmen nach dem Sinn der Äußerung so zahlreich sind, daß sie sich der Regel anzunähern beginnen; hier ist keiner beleidigt.

8   Zu a)–c) **Einzelfälle:** Von der Rspr. wurden beispielsweise – zT jedoch zu weitgehend (vgl. dazu auch Dencker, Bemmann-FS 294 ff., Herdegen LK[10] 24, Zaczyk NK 32, 35 f. u. die krit. Übersicht von Androulakis aaO 12 ff., Wehinger aaO 33 ff.) – folgende Sammelbezeichnungen *als ausreichend* angesehen: Der preußische Richterstand (R **1** 292), die Großgrundbesitzer eines bestimmten Landstrichs (RG **33** 46), die deutschen Offiziere (RG LZ **15**, 16), die aktiven und zT auch ehemalige Soldaten der Bundeswehr (o. 7 b), alle christlichen Geistlichen (RG GA Bd. **48**, 121), die deutschen Ärzte (RG JW **32**, 3113), die Patentanwälte (Bay NJW **53**, 554), die „Spitze der Großbanken" (Hamm DB **80**, 1250), die Polizei, soweit damit erkennbar nur die bei bestimmten Einsatz beteiligten Beamten gemeint sind (RG **45** 138, Bay NJW **90**, 921 m. Anm. Seibert StV 90, 212, Frankfurt NJW **77**, 1353 m. Anm. Wagner JuS 78, 674; vgl. auch BVerfG NZV **94**, 486 [„abkassierende Bullen"]), die bei einer polizeilichen Schauveranstaltung teilnehmenden Polizeibeamten, auch wenn sie aus verschiedenen Dienstbereichen kommen (Bay JR **89**, 72 m. Anm. Volk), die „GSG 9" (Sondereinheit des Bundesschutzes, Köln OLGSt § 185 S. 35; vgl. auch Stuttgart JR **81**, 339), die Kriminalpolizei einer bestimmten Stadt (Köln OLGSt § 185 S. 12, AG Weinheim NJW **94**, 1544), die in Schutz- und Kriminalpolizei tätigen Beamten (Düsseldorf MDR **81**, 868; vgl. aber auch NJW **81**, 1522), die mit Schutzhelm, Schutzschild und Schlagstock tätig werdenden Polizeibeamten (Schleswig SchlHA **84**, 86; vgl. auch Hamm NStZ **89**, 578, KG JR **90**, 124), die heute in Deutschland lebenden, vom Nationalsozialismus verfolgten Juden (BGH **11** 207, **16** 57, NJW **52**, 1183; vgl. auch BGH **32** 9; weitergehend jetzt aber BVerfGE **90** 251 f. m. Anm. Schulze-Fielitz JZ 94, 902, NJW **93**, 917, BGHZ **75** 160 m. Anm. Deutsch NJW 80, 1100 u. wohl auch BGH **40** 103: auch erst nach 1945 geborene Personen, wenn sie im „Dritten Reich" als „Volljuden" oder „jüdische Mischlinge" verfolgt worden wären; and. bzw. krit. dazu aber zB Arzt JuS 82, 719, Geppert Jura 83, 538 f., Schößler aaO 268 f., Wehinger aaO 38 f., 60 ff., Zaczyk NK 36). – *Nicht als ausreichend* wurde dagegen zB angesehen: „alle an der Entnazifizierung Beteiligten" (BGH **2** 39; dazu, daß Entsprechendes „für alle an einem Schwangerschaftsabbruch Beteiligten" zu gelten hätte, vgl. F. C. Schroeder NStZ 85, 452), die Christen (LG Köln MDR **82**, 771), die Protestanten, die Akademiker (BGH **11** 209), „die Robenknechte in Moabit" (KG JR **78**, 422), die Polizei in ihrer Gesamtheit (BGH StV **82**, 222, Bay NJW **89**, 1742, **90**, 921, Düsseldorf NJW **81**, 1522), die Frauen (LG Hamburg NJW **80**, 56), die älteren Frauen (LG Darmstadt NStE § 185 Nr. 5 [„Altweibersommer"]).

9   **IV.** Im Grundsatz anerkannt ist heute, daß ehrverletzende Äußerungen über (nicht anwesende) Dritte in besonders engen Lebenskreisen nicht strafbar sind (sog. **„beleidigungsfreie Sphäre"**; krit. zur Terminologie Gillen aaO 4), wenn sie Ausdruck des besonderen Vertrauens sind und die Vertrau-

Beleidigung　　　　　　　　　　　　　　　　　　　　9a, 9b **Vorbem §§ 185 ff.**

lichkeit (Nichtweitergabe an Dritte) gewährleistet erscheint (and. noch RG **71** 159, Hamm HESt **2** 273: nur § 193). Umstritten ist jedoch die Begründung dafür (u. 9a) und keineswegs selbstverständlich ist auch, von Äußerungen im engsten Familienkreis abgesehen, die Reichweite der zu berücksichtigenden Verhältnisse (u. 9b). Näher zur Entwicklung u. zu den auch heute noch bestehenden Unsicherheiten vgl. zuletzt Hillenkamp, Hirsch-FS 555 ff., zugleich mit einem Überblick über die in der Rspr. in diesem Zusammenhang behandelten Sachverhalte.

1. Die **Begründung** dieser „beleidigungsfreien Sphäre" kann nicht schon darin liegen, daß hier – **9a** vergleichbar einem Selbstgespräch (vgl. § 185 RN 11) – bereits die „Kundgabe" einer Mißachtung zu verneinen sei, weil bei ehrverletzenden Äußerungen im engsten Familienkreis die Beziehung zum sozialen Bereich noch fehle bzw. weil, was in der Sache auf dasselbe hinausläuft, solche Äußerungen nicht gegen den Achtungsanspruch des Betroffenen in der Gemeinschaft gerichtet seien (so mit Unterschieden im einzelnen zB Oldenburg GA **54**, 284, Celle NdsRpfl **64**, 174, Engisch GA 57, 331, Gallas ZStW 60, 396 FN 31, Hellmer GA 63, 135 ff., Krey I 212, M-Maiwald I 241, Welzel 308, Zaczyk NK 38). Abgesehen davon, daß dann – viel zu weitgehend – auch eindeutige Verleumdungen (§ 187) straflos wären, überzeugt die Begründung schon deshalb nicht, weil es hier nicht darum geht, ob die Familie im Kreis ist, „der als Träger der Wertschätzung des Betroffenen selbständig in Betracht kommt" (so mit Recht Blei II 96). Entscheidend ist vielmehr, daß die einzelnen Familienmitglieder Träger einer solchen Wertschätzung sind und daß sich daran auch nichts ändert, wenn die fragliche Äußerung im Familienkreis fällt, besonders deutlich zB bei herabsetzenden Äußerungen über Nachbarn, die deren Wertgeltung wesentlich nachteiliger treffen können als entsprechende Aussagen gegenüber beliebigen Dritten (vgl. gegen die Verneinung einer Kundgabe auch Gillen aaO 61 ff., Herdegen LK[10] § 185 RN 12). Der Grund der Straflosigkeit kann deshalb nur darin liegen, daß eingedenk des urmenschlichen Bedürfnisses nach einem Sich-Mitteilen-Können Familie und vergleichbare Nähebeziehungen höchst unvollkommen blieben, gäbe es in ihnen nicht zugleich einen Freiraum auch für solche Äußerungen, die für einen außenstehenden Dritten ehrverletzend sind (vgl. zB auch BGH [Z] NJW **84**, 1105, **93**, 526, Bockelmann II/2 S. 186, Herdegen LK[10] § 185 RN 13, Hillenkamp, Hirsch-FS 571, M-Maiwald I, 240, Otto I 119, aaO 87, Rudolphi SK 18, Schendzielorz aaO 33, 107, Schmidhäuser II 63, W-Hettinger 485 u. näher dazu Gillen aaO 25 ff.). Dabei kann – entgegen der h.M. – der Weg zu einem solchen „Refugium" (Rudolphi aaO) allerdings nicht der einer teleologischen Tatbestandsreduktion und auch nicht der einer Rechtfertigung sein (für Tatbestandsausschluß mit unterschiedlicher Begründung aber zB Gillen aaO 75 ff., Hillenkamp JuS 97, 825, Hirsch-FS 568 ff., Küpper JA 85, 456, Lackner/Kühl § 185 RN 9, M-Maiwald 241, Roxin I 243, Rudolphi aaO, Schößler aaO 244, Wasmuth NStZ 95, 101, Wolff-Reske Jura 96, 186, Wolter in: Wolter/Freund, Strafzumessung usw., 1996, 2, 14; für Rechtfertigungsgrund mit gleichfalls unterschiedlicher Begründung zB Herdegen LK[10] § 185 RN 14, Otto I 122 [§ 34], Schendzielorz aaO 199 ff., 214 ff., Schmidhäuser aaO [§ 193]; vgl. auch Koblenz NStE § 119 StPO **Nr. 8**). Gegen eine Tatbestandslösung spricht, daß die Gründe der Straflosigkeit auf einer ganz anderen Ebene liegen und an der Eigenschaft einer verbotenen Ehrverletzung nichts ändern (so aber zB Hillenkamp, Hirsch-FS 568), gegen einen Rechtfertigungsgrund, daß ein den Achtungsanspruch des Betroffenen überwiegendes Interesse nur ein sachliches Interesse und nicht schon das mehr oder mindergroße subjektive Aussprachebedürfnis bis hin zu aufgestauten Emotionen sein könnte und daß mit einer Rechtfertigung auch die Möglichkeit einer (Ehren-)Notwehrhilfe zugunsten des Betroffenen (§ 32 RN 5a, § 185 RN 15) abgeschnitten wäre (vgl. gegen eine Rechtfertigungslösung auch Gillen aaO 53 ff.). Auch daß nach BVerfGE **90** 255 m. Anm. Wasmuth NStZ 95, 100 u. Popp ebd. 413, NJW **95**, 1477 m. Anm. Kiesel JR 95, 413 ehrverletzende Äußerungen im vertraulichen Kommunikationsbereich am Grundrechtschutz des Art. 2 I iVm Art. 1 I GG teilhaben (vgl. dazu auch Gillen aaO 35 ff.), kann nicht das Recht bedeuten, andere ohne sachliche Gründe beleidigen zu dürfen, vielmehr kann es hier nur darum gehen, daß solche Äußerungen „ohne rechtliche Folgen bleiben" (BVerfGE NJW **95**, 1478 l. Sp.). Entsprechend § 36, der, wenngleich aus anderen Gründen, ebenfalls eine weitgehend freie Rede ermöglichen soll, kann deshalb auch die „beleidigungsfreie Sphäre" für das Strafrecht nur ein auf dem Vorrang außerstrafrechtlicher Interessen beruhender (persönlicher) Strafausschließungsgrund sein (vgl. 128, 130a vor § 32; abl. aber Gillen aaO 46 ff., Hillenkamp, Hirsch-FS 566 f.). Ist die Tat schon aus anderen Gründen straflos (§ 193), so hat es dabei selbstverständlich sein Bewenden.

2. Gegenstand und **Umfang** der „beleidigungsfreien Sphäre" ergeben sich aus dem o. 9a **9b** genannten Grundgedanken des Privilegs. Gelten kann dieses danach zwar für die §§ 185, 186, nicht aber bei der bewußt wahrheitswidrigen Verleumdung nach § 187 (hM, zB Engisch GA 57, 332 f., Gillen aaO 124 ff., Hellmer GA 63, 138, Herdegen LK[10] § 185 RN 14, Krey I 212, Rudolphi SK 19, W-Hettinger 486, Zaczyk NK 42; and. Hillenkamp JuS 97, 826, Hirsch-FS 572, zT auch Schendzielorz aaO 178 f.; zu Formalbeleidigungen u. § 189 vgl. Gillen aaO 136 ff.). Was den privilegierten Personenkreis betrifft, so wurde dieser ursprünglich auf den engsten Familienkreis beschränkt (so zB Bay MDR **76**, 1036 [unter Hinweis auf Art. 6 GG], Blei II 96, Otto aaO 87; vgl. auch BGH MDR/D **54**, 335, Bay **55** 204, Celle NdsRpfl. **64** 174, Oldenburg GA **54**, 284, Schleswig SchlHA **76**, 468). Mit Recht werden heute überwiegend aber auch andere vergleichbar enge persönliche Verhältnisse – zB nichteheliche Lebensgemeinschaften, enge Freundschaften, u.U. auch Wohngemeinschaften (Ersatz für die Familie!) – einbezogen (vgl. zB BVerfGE **90** 255 m. Anm. Wasmuth NStZ 95, 100, NJW

Vorbem §§ 185 ff. 10 Bes. Teil. Beleidigung

95, 1477 m. Anm. Kissel JR **95**, 381, **97**, 185, Bockelmann II/2 S. 186, Engisch GA 57, 331, Herdegen LK[10] § 185, RN 13, Hillenkamp JuS **97**, 826, Krey I 213, Lackner/Kühl § 185 RN 9, M-Maiwald I 241, Rudolphi SK 19, Schmidhäuser II 63 f., Tenckhoff JuS 88, 789, W-Hettinger 486, Wolff-Reske Jura **96**, 187 f., Zaczyk NK 37 u. näher dazu Gillen aaO 142 ff.; enger Frankfurt NStZ **94**, 405: Bezugsperson als Ersatz für Ehepartner bzw. Familie; offengelassen von BGH [Z] NJW **84**, 1104, **93**, 526, Koblenz NJW-RR **89**, 1195, wo zugleich auf Art. 6 I GG hingewiesen wird, dem im vorliegenden Zusammenhang jedoch keine Begrenzung auf die Familie entnommen werden kann). – Über diese besonders engen zwischenmenschlichen Beziehungen hinaus und damit auf einer anderen Ebene liegend, jedoch aus denselben Gründen wie dort, muß es aber auch bei bestimmten, wegen ihrer besonderen Bedeutung durch eine Schweigepflicht des Ansprechpartners (§ 203) abgesicherten Vertrauensverhältnissen – besonders deutlich bei der Inanspruchnahme von Anwälten, Ärzten und Psychotherapeuten – einen Bereich geben, der frei von Sanktionen ist, wenn der Mandant usw. bei der Suche nach Rat und Hilfe über andere „auspackt" und dabei auch seinen Emotionen freien Lauf läßt (vgl. iE – überwiegend speziell zu dem praktisch besonders bedeutsamen Fall des Anwaltsmandanten, zT auch für Arztpatienten – zB auch LG Achen [Z] NJW **90**, 1544, Gössel I 366, Hellmer GA 63, 139, Küpper JA 85, 456, Lackner/Kühl § 185 RN 9, M-Maiwald I 241, Praml NJW 76, 1967, Rengier II 157, Schendzielorz aaO 268 ff. [zum Verhältnis gegenüber bloßen Hilfspersonen vgl. aber S. 263], Tröndle § 185 RN 10, Wolff-Reske Jura **96**, 189, Zaczyk NK 40; and. BGH MDR **54**, 335, Stuttgart NJW **63**, 119 m. Anm. Rutkowski, LG Aschaffenburg NJW **61**, 1545 m. Anm. Rutkowski, ferner – nur § 193 – Herdegen LK[10] § 185 RN 14, Rudolphi SK 19, Tenckhoff JuS 88, 789, W-Hettinger 486 u. weitgehend auch Gillen aaO 162 ff.; offengelassen von Hamburg NJW **90**, 1246 m. Anm. Dähn JR **90**, 516 [dort aber für den konkreten Fall mit einer dem Grundgedanken der „beleidigungsfreien Sphäre" widersprechenden Begründung verneint; vgl. krit. dazu auch M-Maiwald aaO], Hamm NJW **71**, 1854]. Umgekehrt besteht jedoch schon mangels einer vergleichbaren Vertraulichkeitsgewähr kein straffreies Vertrauensverhältnis bei drittbeleidigenden Äußerungen des Anwalts, Arztes usw. gegenüber dem Mandanten, Patienten usw. (vgl. Gillen aaO 159 ff., Schendzielorz aaO 241 f., 264, Zaczyk NK 37; and. München [Z] NJW **93**, 2998 [ehrverletzende Tatsachenbehauptung einer Ärztin über einen Dritten im vertraulichen Gesprächskreis], LG Aachen [Z] NJW **90**, 1544 [drittbeleidigende Äußerungen eines Arztes gegenüber Patienten und Klinikpersonal]; krit. dazu auch Lackner/Kühl § 185 RN 9). Sein Bewenden bei § 193 hat es auch bei Äußerungen im Verhältnis Chef-Sekretärin (vgl. LG Hannover NDsRpfl. **66**, 23, Gillen aaO 157 ff.; and. Koblenz OLGSt § 185 **Nr. 2**, § 193 **Nr. 1**: keine „Dritte" iS des § 186), und nicht mehr zur „beleidigungsfreien Sphäre" gehören ferner Beleidigungen in einem kleinen Kreis von Personen, die nur durch vorübergehende gemeinsame Interessen verbunden sind (vgl. BGH [Z] NJW **84**, 1105 [Versammlung geschädigter ehemaliger Aktionäre], ebensowenig ehrenrührige Tatsachenbehauptungen in einem internen Rundschreiben einer Großbank an ihre Geschäftsstellenleiter im In- und Ausland (vgl. BGH [Z] NJW **93**, 526) oder im Schreiben eines Herausgebers an die Geschäftsführer der übergeordneten Verlagsgruppe (so aber Frankfurt AfP **90**, 220 u. dagegen mit Recht Gillen aaO 155 ff.). – Voraussetzung für das Bestehen einer „beleidigungsfreien Sphäre" ist im übrigen stets, daß die dazu gehörende Vertraulichkeit im Einzelfall tatsächlich auch gewährleistet erscheint, was zB nicht bei ehrverletzenden Äußerungen im engsten Familienkreis in Anwesenheit Dritter oder innerhalb einer Auseinandersetzung zwischen Familienangehörigen oder wenn bei dem Gespräch des Mandanten mit seinem Anwalt in den Gängen des Gerichts Dritte mithören können (vgl. zB Bay **55** 204, MDR **76**, 1077, Hamburg NJW **90**, 1246 m. Anm. Dähn JR **90**, 516, Schleswig SchlHA **76**, 168, Herdegen LK[10] § 185 RN 14, Lackner/Kühl § 185 RN 9, Rudolphi SK 19; zT and. Schendzielorz aaO 183 ff.). Kein Anlaß besteht dagegen, die Straflosigkeit auf spontane mündliche Äußerungen zu beschränken (ebenso Geppert Jura 83, 535, Herdegen LK[10] § 185 RN 14, Hillenkamp, Hirsch-FS 572 f., Schendzielorz aaO 186, Zaczyk NK 41; and. Hellmer GA 63, 139). Eine „beleidigungsfreie Sphäre" besteht deshalb zB auch für Gefangenenpost, und zwar unabhängig davon, ob eine Briefkontrolle stattfindet (BVerfGE **90** 255 m. Anm. Wasmuth NStZ **95**, 100 u. Popp ebd. 413, NJW **95**, 1477, **97**, 185, Brandenburg StV **95**, 420, Frankfurt NStZ **94**, 404, Wolff-Reske Jura **96**, 188; vgl. aber auch Bamberg NStZ **94**, 407; and. aber – vgl. BVerfGE **90** 262, Wolff-Reske aaO 190 –, wenn der Täter die Vertraulichkeit selbst aufgehoben hat, so wenn die fragliche Äußerung nur den Zweck hat, den Briefkontrolleur selbst zu treffen). Auch kann es keinen Unterschied machen, ob ein beleidigender Brief „in der ersten Erregung" oder „aus ruhiger Überlegung heraus" verfaßt wurde (so aber Koblenz NStE § 119 StPO **Nr. 8**).

10 V. Auch **außerhalb des 14. Abschnitts** finden sich Tatbestände, bei denen die Tathandlung in einer Beleidigung i. w. S. besteht (vgl. zB §§ 90, 90 b [„verunglimpft"], § 103 [„beleidigt"], § 130 I Nr. 2, II [„beschimpft, böswillig verächtlich macht oder verleumdet"], § 166 [„beschimpft"]). Bezüglich des Stellenwerts, den die Beleidigung in diesen Vorschriften hat, bestehen jedoch erhebliche Unterschiede: Während zB § 103 einen reinen Ehrschutztatbestand enthält (vgl. dort RN 1) und § 90 neben dem Amt auch die Person schützt, ist das „Verunglimpfen" bzw. „Beschimpfen" usw. in den §§ 90 b, 130 I Nr. 2, 166 nur ein Mittel zur Verfolgung weitergesteckter Ziele (§ 90 b: Angriff auf bestimmte Verfassungsorgane und damit letztlich auf die verfassungsmäßige Ordnung; §§ 130 I Nr. 2, 166: Angriff auf den öffentlichen Frieden; zu § 130 II vgl. dort RN 1 a). Zur letzten Gruppe gehörte auch der in der früheren DDR durch das 9. DDR-StÄG v. 29. 6. 1990 (GBl. I 256) eingeführte und nach

Beleidigung 1, 2 § 185

dem EV II Kap. III C I zunächst in Kraft gebliebene, inzwischen durch das 6. StrRG jedoch aufgehobene § 238 StGB-DDR (Abs. 2: Beleidigung von Richtern usw. als Angriff auf die richterliche Unabhängigkeit und damit die Rechtspflege).

§ 185 Beleidigung

Die Beleidigung wird mit Freiheitsstrafe bis zu einem Jahr oder mit Geldstrafe und, wenn die Beleidigung mittels einer Tätlichkeit begangen wird, mit Freiheitsstrafe bis zu zwei Jahren oder mit Geldstrafe bestraft.

Schrifttum: Vgl. die Angaben vor Vorbem. 1.

I. Der **objektive Tatbestand** verlangt eine – in § 185 nicht näher umschriebene (zur Verfassungsmäßigkeit vgl. BVerfGE **93**, 291 f., Küpper ZRP 91, 250; and. Findeisen/Hoepner/Zünkler ZRP 91, 246; vgl. auch Husmann MDR 88, 727, Ignor aaO 149 ff., Ritze JZ 80, 92) – „Beleidigung", worunter der Angriff auf die Ehre eines anderen (vgl. dazu 1 ff. vor § 185) durch die Kundgabe von Nicht-, Gering- oder Mißachtung zu verstehen ist (hM, zB RG **71** 160, BGH **1** 289, **7** 131, **16** 63, Bay JR **63**, 468, NJW 80, 1969, Düsseldorf NJW **92**, 1335, 98, 3215, Herdegen LK[10] 1, M-Maiwald I 243, Rudolphi SK 1, Zaczyk NK 2; vgl. dazu aber auch Schößler aaO 229 f., 240 f.). Während die §§ 186, 187 die Ermöglichung *fremder* Mißachtung durch ehrenrührige Tatsachenbehauptungen über den Betroffenen gegenüber Dritten unter Strafe stellen, erfaßt § 185 die Kundgabe *eigener* Mißachtung (vgl. aber auch Tenckhoff JuS **88**, 791). Eine solche ist auf dreierlei Weise möglich: 1. durch Äußerung eines beleidigenden *Werturteils* gegenüber dem Betroffenen selbst oder 2. über einen gegenüber Dritten und 3. durch ehrenrührige *Tatsachenbehauptungen gegenüber dem Betroffenen selbst* (hM, zB Herdegen LK[10] 1, Lackner/Kühl 2, Rudolphi SK 2, Zaczyk NK 1; zur Abgrenzung von Tatsachenbehauptungen und Werturteilen vgl. § 186 RN 3 f.). Dabei ist in allen Fällen erforderlich, daß sich der Täter mit dem ehrenrührigen Inhalt seiner Äußerung identifiziert; keine Beleidigung ist daher, ohne sie sich selbst zu eigen zu machen (vgl. dazu LG Oldenburg NJW-RR **95**, 1477), die bloße Weitergabe beleidigender Urteile Dritter, die Wiedergabe einer von bestimmten Bevölkerungsteilen vertretenen Ansicht durch Schauspieler bzw. Sendeverantwortliche in einem Fernsehspiel (Köln NJW 93, 1487 [„Lindenstraße"]) oder die Wiedergabe einer fremden ehrenrührigen Tatsachenbehauptung gegenüber dem Betroffenen (vgl. Herdegen LK[10] 34). Richtet sich eine ehrenrührige Tatsachenbehauptung diesem gegenüber zugleich an anwesende Dritte, so kommen daneben die §§ 186, 187 in Betracht (vgl. auch § 186 RN 9, 21).

1. Erforderlich ist eine Äußerung von **Mißachtung** oder **Nichtachtung** in dem spezifischen Sinn, daß dem Betroffenen der sittliche, personale oder soziale Geltungswert (zum ersteren u. letzteren vgl. aber auch RN 1 vor § 185) durch das Zuschreiben *negativer Qualitäten* ganz oder teilweise abgesprochen, ihm maW also seine Minderwertigkeit bzw. Unzulänglichkeit unter einem dieser drei Aspekte attestiert wird (vgl. auch BGH **36** 148, Bay **83** 32, Düsseldorf NJW **89**, 3030, **92**, 1335, Geppert Jura 83, 589, Lackner/Kühl 4, ferner Herdegen LK[10] 1, Ignor aaO 186 ff., Schößler aaO 240 f.). Eine Beleidigung ist es deshalb, wenn dem Betroffenen ein unsittliches oder rechtswidriges Verhalten vorgeworfen oder angesonnen wird – letzteres freilich nur, wenn damit zum Ausdruck gebracht wird, der andere werde als eine Person eingeschätzt, die zu dem fraglichen Verhalten imstande sei (vgl. Herdegen LK[10] 35, Hirsch aaO 62) – oder wenn ihm sonst die moralische Integrität generell oder in einer bestimmten Hinsicht abgesprochen wird (zB „Lump", „Dieb", Versuch einer Bestechung [RG **31** 194]; sittlicher Geltungswert). Eine Beleidigung liegt ferner in einer die Mißachtung des anderen als ein vernünftiges Wesen ausdrückenden Vorwurf elementarer menschlicher Unzulänglichkeiten (zB „Idiot"; vgl. Herdegen aaO, Hirsch aaO 52 ff., Rudolphi SK 12; personaler Geltungswert). Eine den sozialen Geltungswert des Opfers betreffende Beleidigung ist es schließlich, wenn diesem ganz oder teilweise die Fähigkeit aberkannt wird, seinen Beruf oder sonstige von ihm übernommene soziale Aufgaben wahrzunehmen (zB Bezeichnung eines Arztes als „Pfuscher"; vgl. Lackner/Kühl 4, Schramm, Lenckner-FS 555, Tröndle 9, iE auch Herdegen LK[10] aaO u. 13 ff. vor § 185, Hirsch aaO 73 ff., Rudolphi SK 15), nicht dagegen wenn ihm besondere Verdienste und Leistungen abgesprochen werden (u. 3). Noch keine Beleidigung ist auch die bloße Ablehnung eines anderen, weshalb es bei ausländerfeindlichen Äußerungen eine Interpretationsfrage ist, ob damit zugleich die Minderwertigkeit des Betroffenen zum Ausdruck gebracht werden soll (vgl. Zweibrücken NStZ **94**, 490 u. ferner auch § 130 RN 5 d). Dasselbe gilt für auf bestimmte Personengruppen beschränkte Zutrittsverbote zu Lokalen usw., die nur dann eine Beleidigung enthalten, wenn sie so zu verstehen sind, daß der Inhaber die Betroffenen nicht für würdig hält, bei ihm bedient zu werden (zu verneinen zB beim Abweisen von Männern in einem Frauenbuchladen, dagegen bejaht bei Bay **83** 32 dagegen bejaht für das in höflicher Form erfolgte und mit der angeblich fehlenden Aufnahmemöglichkeit begründete Abweisen von US-Soldaten in einer Diskothek, wobei diese – wovon der objektive Erklärungswert des fraglichen Verhaltens allerdings nicht abhängen kann – den Vorwand tatsächlich durchschauten; allgemein ist bei Zutrittsverboten zu beachten, daß sie auch nur mit Rücksicht auf andere Kunden, die andernfalls wegzubleiben drohen, erlassen sein können, weshalb entgegen Lohse NJW 85, 1680 f. auch ein spezielles Verbot für Türken nicht schlechthin eine Beleidigung zu sein braucht; zu Zutrittsverboten für Behinderte vgl. entsprechend Schramm aaO 556 f.). Nicht ausreichend für § 185 sind

ferner bloße Unhöflichkeiten und Taktlosigkeiten, sofern sie nicht wegen der besonders groben Form als Ausdruck der Mißachtung erscheinen (vgl. RG LZ **15**, 445 [Weglassen des „Herr"], RG **41** 82, Düsseldorf NJW **60**, 1072 [Anrede mit „Du"; vgl. dazu aber auch Düsseldorf JR **90**, 345 m. Anm. Keller]). Auch Belästigungen (vgl. Bay JR **63**, 468 m. Anm. Schröder, NJW **80**, 1969), unpassende Scherze, Foppereien u. ä. (vgl. RG **1** 390, JW **36**, 2997) sind eine Beleidigung nur bei Hinzukommen besonderer Umstände, welche die Ansicht von der Minderwertigkeit des Betroffenen ausdrücken (vgl. zB auch Herdegen LK[10] 27, M-Maiwald I 246, Schramm aaO 556). Allgemein gilt, daß es nicht Aufgabe des § 185 sein kann, den einzelnen vor bloßen Ungehörigkeiten zu schützen. Zu verlangen ist daher für das Vorliegen einer Beleidigung stets eine eindeutige Abwertung des Betroffenen, was voraussetzt, daß diese ein gewisses Gewicht hat. Dabei sind bei politischen Äußerungen strengere Anforderungen zu stellen als im privaten Bereich (sehr weitgehend jedoch KG JR **80**, 290 m. Anm. Volk: Parlament als das „Allerheiligste des bürgerlichen Volksbetrugs" keine Beleidigung). Zu beachten ist ferner, daß nicht jede Verletzung von Persönlichkeitsrechten auch schon eine Ehrverletzung darstellt. § 185 schützt nur einen speziellen Aspekt des allgemeinen Persönlichkeitsrechts, nicht aber dieses selbst, weshalb eine Mißachtung der Persönlichkeit nur dann eine Beleidigung ist, wenn der andere damit gerade in seiner Ehre iS seines personalen usw. Geltungswerts getroffen werden soll (vgl. Bay NJW **80**, 1969, Oldenburg NJW **63**, 920, Herdegen LK[10] 2 vor § 185, Hirsch aaO 60 ff., Lackner/Kühl 4, Nolte aaO 47 f., Rudolphi SK 17 vor § 185, Tenckhoff aaO 43 ff., Welzel 307). Erst recht ist die Mißachtung rechtlich geschützter Beziehungen oder Institutionen als solche noch keine Beleidigung. Von Bedeutung ist dies insbes. in folgenden Fällen:

3 a) Keine Beleidigung ist das bloße **Absprechen** besonderer **Verdienste, Leistungen** und **Vorzüge** einerseits (vgl. 1 vor § 185), aber auch eines **besonders schweren**, durch Not, Krankheit, Verfolgung usw. gekennzeichneten **Schicksals**, das der Betroffene zu erleiden hatte, andererseits. Zwar wird das Persönlichkeitsbild eines Menschen auch durch solche Umstände geprägt, weshalb er, wenn sie zu Unrecht bestritten werden, in seinem allgemeinen Persönlichkeitsrecht verletzt sein mag; eine strafbare Beleidigung liegt darin aber mangels Zuschreibung einer negativen Qualität nicht (and. Schößler aaO 122), es sei denn, dem Betroffenen werde damit zugleich vorgeworfen, daß er lüge, indem er die fraglichen Umstände fälschlich für sich in Anspruch nehme. Wenn deshalb nach BGHZ **75** 160 m. Anm. Deutsch NJW 80, 1100 Menschen jüdischer Abstammung auf Grund ihres Persönlichkeitsrechts Anspruch auf Anerkennung des in der Geschichte einmaligen Verfolgungsschicksals der Juden unter der NS-Gewaltherrschaft haben, so heißt dies i. U. zur „Auschwitzlüge" iS einer lügnerischen Behauptung von Juden noch nicht, daß schon das bloße Leugnen des millionenfachen Massenmords an Juden über eine Persönlichkeitsrechtsverletzung hinaus auch eine Beleidigung iS des § 185 ist (so aber im Anschluß an BGH aaO, wo sich entsprechende Wendungen finden, obwohl es dort nur um den zivilrechtlichen Unterlassungsanspruch ging, zB BGH **40** 97 [„Gaskammermythos"] m. Anm. Baumann NStZ 94, 392, Bertram NJW 94, 2002, Jakobs StV 94, 541, Bay **96** 22, NStZ **97**, 283 m. Anm. Jakobs JR 97, 344, Peglau NStZ 98, 196, Celle NJW **82**, 1545, Zweibrücken NStZ **94**, 490, Beisel NJW **95**, 1001, u. inzidenter wohl auch BGH 5 StR 866/83 v. 27. 1. 1984; vgl. auch BVerfGE **90** 251 f., NJW **93**, 917, wo die Anwendung des § 185 jedoch lediglich verfassungsrechtlich als unbedenklich angesehen wird, ferner AG Hamburg NJW **95**, 1039, LG Hamburg NStZ-RR **96**, 262 zur Mehrdeutigkeit des Begriffs „Mythos"). Gegen die sog. *„einfache Auschwitz-Lüge"* mit den Mitteln des Strafrechts auch in den von § 130 aF (vgl. dort RN 1 u. 24. A. RN 7) nicht erfaßten Fällen vorzugehen, mochte zwar menschlich und politisch geboten sein (vgl. auch 2 vor § 123); hierzu § 185 als Vehikel zu benutzen, war juristisch jedoch eine von Anfang an höchst anfechtbare Verlegenheitslösung, die deshalb jetzt nach der Erweiterung des § 130 durch das VerbrBekG, mit der auch die relevanten Fälle der „einfachen Auschwitz-Lüge" erfaßt sind (Abs. 3, vgl. dort RN 16 ff.), alsbald wieder aufgegeben werden sollte, zumal sie ohnehin versagt, wenn der Täter von der Richtigkeit seines Bestreitens überzeugt ist (fehlender Beleidigungsvorsatz; zu den Problemen bei § 130 III vgl. dort RN 20). Im übrigen wären diese in ihrer Begründung auf die Einmaligkeit des Verfolgungsschicksals der Juden abhebenden Entscheidungen zur „Auschwitz-Lüge" auch nicht verallgemeinerungsfähig (vgl. auch Deutsch NJW 80, 1100). Zwar liegt der Neuregelung des § 194 durch das 21. StÄG v. 13. 6. 1985 (vgl. § 194 RN 1) offensichtlich die Annahme zugrunde, daß bereits nach geltendem Recht auch schon das bloße Leugnen des unter dem nationalsozialistischen oder einer anderen Gewalt- und Willkürherrschaft begangenen Unrechts als Beleidigung der davon betroffenen Opfer anzusehen sei (vgl. BT-Drs. 10/3242 S. 8). Als Beleidigung der bei und nach Kriegsende aus den deutschen Ostgebieten Vertriebenen soll danach zB auch die in der politischen Diskussion immer wieder angeführte sog. *„Vertreibungslüge"* anzusehen sein. Abgesehen davon, daß hier auch in anderer Hinsicht Dämme eingerissen würden (vgl. 7 ff. vor § 185), wird damit jedoch dem strafrechtlichen Ehrschutz eine Funktion zugeschrieben, die er bisher nicht hatte und die er auch nicht haben kann, wenn dies nicht zur völligen Verwischung der Konturen der Ehrverletzungstatbestände und letztlich zu ihrer Auflösung führen soll (krit. zum 21. StÄG auch Herdegen LK[10] § 194 RN 1, Köhler NJW 85, 2389, Lackner/Kühl 3 vor § 185, § 194 vor 1, Lenckner, in: 40 Jahre Bundesrepublik Deutschland, 40 Jahre Rechtsentwicklung [Tübinger Rechtswiss. Abh., Bd. 69, 1990] 341, Marqua DRiZ 85, 226, Ostendorf NJW 85, 1062, Tröndle § 194 RN 1, Zaczyk NK § 194 Rn 1; vgl. ferner Findeisen/Hoepner/Zünkler ZRP 91, 247 f., aber auch Vogelsang NJW 85, 2386, Wehinger aaO 69 ff.). Zwar könnte den Gesetzgeber niemand hindern, einen solchen Schritt in die falsche Richtung zu tun und

Beleidigung 3 a, 4 § 185

die §§ 185 ff. über ihren traditionellen Inhalt hinaus auf das Leugnen erlittenen Unrechts zu erweitern, und nicht ausgeschlossen wäre es auch, gesetzestechnisch dazu die „Hintertür" des § 194 zu benutzen. Seine Absichten bzw. Vorstellungen müßten dann aber im Gesetzeswortlaut hinreichend Ausdruck gefunden haben, was hier gerade nicht der Fall ist: § 194 I knüpft, ebenso wie die aF lediglich an den Begriff der – hier mit einer Verfolgung zusammenhängenden – Beleidigung an, ohne daß die Neuregelung jedoch zu erkennen gäbe, daß mit dem Terminus „Beleidigung" etwas anderes gemeint sein soll als nach bisherigem Recht. Aus demselben Grund verbietet sich auch eine Einbeziehung des allgemeinen Persönlichkeitsrechts als weiteres Schutzgut des § 185 (so aber Peglau o. 1 vor § 185 aO). Das 21. StÄG hat deshalb am überkommenen Bestand des materiellen Ehrschutzstrafrechts nicht geändert.

b) Keine Beleidigung sind ferner **sonstige Persönlichkeitsverletzungen**, zB unbefugtes Fotographieren u. a. Verletzungen des Rechts am eigenen Bild (Oldenburg NJW 63, 920, Teubner JR 79, 424), Verletzungen der Privat- und Intimsphäre (Bay 80 32 m. Anm. Rogall NStZ 81, 102: Beobachten eines Liebespaares bei Zärtlichkeiten, wobei es gleichgültig ist, ob diese öffentlich ausgetauscht werden und ob sie von einer Art sind, daß ein Zusehen das Scham- und Sittlichkeitsgefühl verletzt; zu Indiskretionen durch öffentliche Bloßstellungen – strafbar nach § 186 nur bei ehrenrührigen, nicht erweislich wahren Tatsachenbehauptungen – vgl. RN 1 a vor § 185), das Werfen von Steinchen an ein Wohnungsfenster, um die Bewohner zu ärgern (Bay JR 63, 468 m. Anm. Schröder). Das gleiche gilt entgegen der Rspr. aber auch für die Weitergabe von Aktaufnahmen an Dritte (and. BGH 9 17), für die unverlangte Zusendung sexuellen Aufklärungsmaterials (and. RG LZ 14, 396, BGH [GrS] 11 67 m. Anm. Kern JZ 58, 618, Stuttgart NJW 69, 684; vgl. auch BGH NJW 70, 1457, MDR/D 70, 731 [bloße Werbezettel]) und für die unverlangte Zusendung einer Werbeschrift für die finanzielle Beteiligung am Bau eines Eros-Centers, auch wenn sich der Absender über den bloßen Hinweis auf die Möglichkeit einer solchen Kapitalanlage hinaus „ungebeten als Ratgeber in Fragen der Finanzierung von Bordellen aufdrängt" (and. insoweit Stuttgart MDR 75, 330 m. Anm. Lüthge-Bartolomäus S. 815 u. Blei JA 75, 801). In diesen Fällen mögen zwar Persönlichkeitsrechte anderer Art (für die ungewollte Zusendung pornographischer Schriften vgl. § 184 I Nr. 6) mißachtet worden sein, nicht aber die Ehre des Betroffenen. 3 a

c) Daß § 185 keine „lückenfüllende Aufgabe" (BGH 16 63) hat, gilt insbes. auch für den Bereich der sog. **Sexualbeleidigung**. Scham- und Ehrverletzung sind nicht dasselbe (vgl. aber zB BGH 1 289), und ebensowenig enthält die Mißachtung der Persönlichkeit, die in einem Sexualdelikt oder in anderen Fällen eines sozialethisch mißbilligten sexualbezogenen Verhaltens zum Ausdruck kommt, schon per se oder auch nur in der Regel den Vorwurf mangelnder Ehre. Davon war bisher schon die hM im Schrifttum ausgegangen (vgl. zB Arzt JuS 82, 726, Geppert Jura 83, 588, Gössel I 361, Haß SchlHA 75, 123, Herdegen LK[10] 28 ff., Hillenkamp JR 87, 126, Wassermann-FS 870, Hirsch aaO 61 ff., Kiehl NJW 89, 303, Lackner/Kühl 6, Laubenthal JuS 87, 700, Ritze JZ 80, 91, Rudolphi SK 16 f. vor § 185, Schubarth JuS 81, 728, Sick JZ 91, 332 f., Tenckhoff aaO 43 ff., JuS 88, 205, Zaczyk NK 25 vor § 185; krit. jedoch Tröndle 9 a). Auf diese Linie sind nunmehr aber auch neuere Entscheidungen eingeschwenkt (BGH 36 145 m. Anm. Hillenkamp NStZ 89, 529 u. Otto JZ 89, 803, NJW 86, 2442 m. Anm. Hillenkamp JR 87, 126, NStZ 93, 182, 95, 129, BGHR § 178 I Gewalt 1, Bay NJW 99, 73, Koblenz OLGSt **Nr. 6**, Zweibrücken NJW 86, 2960, LG Zweibrücken StV 97, 522 m. Anm. Michel u. früher schon Hamm NJW 72, 884, mit Einschränkungen auch BGH 35 76; offengelassen in BGH NStZ 87, 21, 92, 33 m. Anm. Keller JR 92, 246 u. wohl auch in NJW 89, 3029, NStZ/Mi 93, 228 Nr. 28), die damit mit der langen Tradition einer früheren Judikatur gebrochen haben, welche die Beleidigung zu einem Auffangtatbestand für „kleine Sexualdelikte" (Arzt JuS 82, 725, Ignor aaO 61 ff.) gemacht hatte (zB Vergewaltigung einer menstruierenden Frau oder ein Vergewaltigungsversuch, von dem der Täter zurückgetreten war, als Beleidigung [Frankfurt NJW 67, 2075, BGH StV 82, 14], ebenso der Beischlaf mit einem noch unreifen Mädchen ohne wirkliche Zuneigung [BGH 5 363, 8 357, GA 66, 388, zT zusätzlich unter Hinweis auf den großen Altersunterschied], das Ansinnen des Geschlechtsverkehrs an ein 16-jähriges Mädchen [Hamburg NJW 80, 2592] oder eine verheiratete Frau, die dazu keinen Anlaß gegeben hatte [RG 74 166], eine nicht unter § 183 a fallende exhibitionistische Handlung [Düsseldorf NJW 77, 262], das Vorzeigen „an sich nicht unzüchtiger" Bilder nackter Frauen vor jungen Mädchen [BGH 1 288, GA 63, 50]; zu weiteren Fällen dieser Art vgl. hier die 23. A., sowie die Rspr.-Übersicht bei Ignor aaO 47 ff.). Daß damit die Grenzen des § 185 jedoch überschritten waren, ist nicht erst ein Ergebnis der Reform der §§ 174 ff., auch wenn es richtig ist, daß diese nach dem Willen des Gesetzgebers „zu einer Entlastung des Beleidigungsstrafrechts" führen sollte (vgl. Sonderausschuß Prot. VI S. 1771) und daß sie ihren Sinn verlieren würde, wenn ein als Angriff auf die sexuelle Selbstbestimmung nicht (mehr) pönalisiertes Verhalten durch die Hintertür des § 185 zur strafbaren Sexualbeleidigung wird (vgl. zB BGH NJW 86, 2442 m. Anm. Hillenkamp JR 87, 126, NStZ 95, 129, Zweibrücken NJW 86, 2960, Laubenthal JuS 87, 701 f., Otto JZ 89, 804, Ritze JZ 80, 92). Entscheidend ist vielmehr, daß die Ehre nur durch Äußerungen und Kundgaben angegriffen werden kann, die ihrem objektiven Sinngehalt nach dem Betroffenen eine negative Qualität zuschreiben und für ihn damit „ehrenrührig" sind (vgl. auch BGH 36 148 [Beleidigung als „Nachsagen von Mängeln"], NStZ 93, 182, Herdegen LK[10] 31). Darum geht es bei den meisten der bisher von der Rspr. dem § 185 zugeschlagenen Fälle jedoch nicht, jedenfalls nicht eo ipso: Auch hier können zwar „Achtungsansprüche" verletzt sein, etwa auf Respektierung des Rechts 4

§ 185 4a

auf sexuelle Selbstbestimmung, des Schamgefühls, der Intimsphäre usw.; im Vergleich zu Ehrangriffen handelt es sich dabei aber „um sachlich verschiedene und gesetzlich unterschiedlich erfaßte Verletzungen der Persönlichkeitssphäre" (Ignor aaO 52 ff., Otto JZ 89, 803; ebenso BGH aaO u. die hM im Schrifttum). Dadurch, daß hier vielfach von einem Angriff auf die „Geschlechtsehre" gesprochen wird, wird dieser Sachverhalt nur verdunkelt. Im einzelnen hat dies **folgende Konsequenzen:** 1. Mit dem „gewöhnlichen Erscheinungsbild" von Sexualdelikten ist weder regelmäßig noch „notwendigerweise" (so jedoch BGH StV **82**, 15 zu § 177) der Tatbestand einer nur im Konkurrenzweg zurücktretenden Beleidigung verbunden (für eine solche „Tatbestandslösung" i. U. zu einer bloßen „Konkurrenzlösung" jetzt auch BGH **36** 150 m. Anm. Hillenkamp NStZ 89, 529 u. Otto JZ 89, 803 sowie die hM im Schrifttum; offengelassen noch von BGH NJW **86**, 2442 m. Anm. Hillenkamp JR 87, 126). Dies gilt auch für § 177, wo mit Recht darauf hingewiesen wird, daß die Methode des Vorgehens vielfach gerade auf das Gegenteil hindeutet (Herdegen LK[10] 29 mwN; vgl. aber auch Zaczyk NK 25 vor § 185). Entgegen BGH StV **82**, 14 bleibt daher beim strafbefreienden Rücktritt vom Versuch nach § 177 nicht automatisch eine strafbare Beleidigung übrig. – 2. Dasselbe gilt für unsittliche Sexualverhaltensweisen, die noch unterhalb der Schwelle der §§ 174 ff. liegen (BGH **36** 145 m. Anm. Hillenkamp NStZ 89, 529 u. Otto JZ 89, 803, NStZ **95**, 129 sowie die hM im Schrifttum). Die bei § 185 notwendigen Einschränkungen nur für Handlungen gelten zu lassen, „die mit dem regelmäßigen Erscheinungsbild eines Sexualdelikts notwendig verbunden sind" (so jedoch BGH **35** 77), verbietet sich unter den genannten Rechtsguts- und Tatbestandsgesichtspunkten – ist ein Angriff im Kernbereich der Sexualdelinquenz nicht schon per se zugleich eine Ehrverletzung, so kann auch ein im Vorfeld liegendes Verhalten einen solchen Effekt nicht haben (Hillenkamp NStZ 89, 530) –, ganz abgesehen davon, daß der Vorwurf eines Unterlaufens der Reform des Sexualstrafrechts hier erst recht erhoben werden könnte. Nicht begründet ist auch die Sorge von BGH NStZ **87**, 21, wonach Frauen bei Verneinung eines Ehrangriffs ihr Notwehrrecht gegen Belästigungen verlieren könnten, da hier immer noch ein notwehrfähiger Angriff auf das allgemeine Persönlichkeitsrecht vorliegen kann (vgl. auch Hillenkamp NStZ 89, 530). Gegen sog. „Busengrapscher" darf sich eine Frau selbstverständlich wehren, und zwar unabhängig davon, ob sie dadurch in ihrer Ehre oder „nur" in ihrem allgemeinen Persönlichkeitsrecht angegriffen wird; auch handelt es sich dabei nach heutigem Verständnis nicht nur um einen Bagatellangriff und damit um einen Fall der bloßen Unfugabwehr (vgl. § 32 RN 49). – 3. Für beide Fallgruppen gilt deshalb, daß sexualbezogene Handlungen nur dann eine Beleidigung sein können, wenn sie über den allgemeinen und noch unspezifischen Angriff auf die Personenwürde oder das allgemeine Persönlichkeitsrecht hinaus *zusätzlich* die Einschätzung von der Minderwertigkeit des Opfers iS eines Mangels an Ehre zum Ausdruck bringen (BGH **36** 150 m. Anm. Hillenkamp NStZ 89, 529 u. Otto JZ 89, 803, NStZ **93**, 182, **95**, 129, BGHR § 178 I Gewalt 1, Bay NJW **99**, 73; vgl. auch schon BGH NJW **86**, 2442 m. Anm. Hillenkamp JR 87, 126, Koblenz OLGSt **Nr. 6**, Zweibrücken NJW **86**, 2960; zum Schrifttum vgl. o.). Dies kann ausdrücklich oder konkludent geschehen und kann sich auch aus den „besonderen Umständen" ergeben (BGH **36** 150, NJW **86**, 2442, NStZ **92**, 34 m. Anm. Keller JR 92, 246), jedenfalls aber muß das Täterverhalten diesen *objektiven Erklärungswert* haben. In BGH NJW **86**, 2442 wurde dies bejaht, weil sich die Täter ein schüchternes und noch unerfahrenes 14-jähriges Mädchen zu besonderen Sexualpraktiken „wie eine Dirne auslieferten". Dagegen ist das Ansinnen eines bestimmten sexuellen Verhaltens nicht schon deshalb eine Beleidigung, weil das Opfer dazu keinen Anlaß gegeben hat (auch dann kann darin, ohne daß damit zugleich ein Werturteil über die Person des Angesprochenen abgegeben werden soll, nur der Wunsch auf ein solches Eingehen enthalten sein; vgl. Herdegen LK[10] 29 mwN) oder wenn einem Kind Geld angeboten wird (LG Zweibrücken StV **97**, 522 m. Anm. Michel). Erst wenn der Täter zu erkennen gibt, daß er die Betroffene zB als „Flittchen", „dumme Gans" oder sonst als eine Person einschätzt, mit der „man so etwas ohne weiteres machen kann", sind hier wie auch in anderen Fällen die Grenzen zur Beleidigung überschritten (so auch BGH NStZ **92**, 34 m. Anm. Keller JR 92, 246, Koblenz OLGSt **Nr. 6**). Nach wie vor zu weitgehend ist es deshalb, wenn solche „besonderen Umstände", die ein unmoralisches Sexualverhalten zur Beleidigung machen, in der Ausnutzung der Stellung als Ausbilder und in der ständigen Nichtbeachtung der Bitte des Opfers, doch von ihm abzulassen, gesehen wurden (so aber BGH NStZ **87**, 21; vgl. dagegen auch Herdegen LK[10] 30, Kiehl NJW 89, 3003, Sick JZ 91, 332), und das gleiche gilt für das unter dem Vorwand eines Diebstahlverdachts erfolgende Abtasten zweier Mädchen zwischen 14 und 18 Jahren über und unter der Kleidung (and. – für § 185 – jedoch BGH **35** 76; krit. dazu Herdegen aaO, Kiehl aaO, Sick aaO) und für das Betasten der Oberschenkel eines 12-jährigen Mädchens, das der Täter hartnäckig verfolgt hatte und gegen das er mit Nötigungsmitteln vorgegangen war (and. BGH NJW **89**, 3029). Für eine Beschränkung der Sexualbeleidigung auf verbale oder gestische Äußerungen besteht jedoch kein Anlaß (and. Sick, Sexuelles Selbstbestimmungsrecht usw. [1993] 317 ff., JZ 91, 333).

4a d) Ebensowenig kann § 185 ein Mittel sein, die **Ehe**, insbes. den **Anspruch auf eheliche Treue** vor Eingriffen Dritter zu schützen. Der Ehegatte wird nicht dadurch beleidigt, daß ein Dritter mit dem anderen Gatten Eheverfehlungen begeht (Zweibrücken NJW **71**, 1225; and. RG **70** 94 [nächtliche „Bierreise" mit angetrunkener Ehefrau als Beleidigung des Mannes], **65** 1, **70** 176, **75** 259, BGH NJW **52**, 476 [Ehebruch mit Ehefrau als Beleidigung des Mannes], wobei freilich der Ehebruchtatbestand des § 172 aF als eine dem § 185 vorgehende Sonderregelung angesehen wurde, es sei denn, daß die Ehe mangels eherechtlicher Schuld nicht geschieden werden konnte oder sich auf Grund der Begleitumstände eine zusätzliche Beleidigung ergab; zu den Konsequenzen der Aufhebung des § 172 aF aus der Sicht dieser Rspr. vgl. Pauli JR 71, 194] u. and. auch BSG NJW **97**, 966). Daran ändert auch das Hinzukommen „besonderer Umstände" nichts, sofern diese nicht in einer ausdrücklich oder konkludent geäußerten selbständigen Beleidigung des betroffenen Gatten, sondern zB nur darin bestehen, daß der Ehebruch in der ehelichen Wohnung stattfindet (u. U. Verletzung des Hausrechts; and. insoweit Zweibrücken NJW **71**, 1225). Zur sog. mittelbaren Beleidigung von Ehegatten u. 10.

e) Das gleiche gilt für die Mißachtung von **Eltern- und Sorgerechten.** Nicht um die Ehre der Eltern, sondern um deren Erziehungsrecht und Sorge um das Kind geht es zB bei einer zu Heilzwecken vorgenommenen, aber vor den Eltern geheimgehaltenen Untersuchung der Genitalien eines 10jährigen Mädchens (and. BGH **7** 129: Beleidigung der Eltern) oder bei der Züchtigung eines fremden Kindes in Anwesenheit des Erziehungsberechtigten (and. Koblenz NJW **55**, 602 m. Anm. Friese). Bei sexuellen Handlungen an oder vor Kindern geht zwar auch die Rspr. davon aus, daß diese nur bei Hinzukommen „besonderer Umstände" zugleich eine unmittelbare Beleidigung der Eltern seien (zB RG **70** 248, BGH **16** 59 f., 62, JZ **51**, 520 m. Anm. Mezger u. Welzel MDR 51, 502, Bay **86** 91, MDR **58**, 264, Hamm MDR **67**, 148, NJW **72**, 883, Stuttgart MDR **51**, 244), doch wurden solche zB schon im hinterlistigen Auftreten gegenüber dem Vater unter schnöder Verletzung der diesem gegenüber bestehenden Freundschaftspflicht gesehen (RG JW **37**, 180), ferner darin, daß die Tat in der elterlichen Wohnung begangen wird (RG JW **37**, 1331; and. aber Bay **86** 92 f.), daß das Opfer in seiner Familie unter dem Schutz des Vaters lebt (RG **70** 249) oder daß der Täter „das Erziehungswerk der besorgten Eltern bewußt dadurch mißachtet", daß er, obwohl verheiratet und ohne gegenseitige Zuneigung, unter Ausnutzung seiner sozialen Stellung geschlechtliche Beziehungen mit einem Mädchen aufnimmt, das seiner Obhut von den Eltern aus wirtschaftlicher Not überlassen worden war (BGH JZ **51**, 520 m. Anm. wie o.; vgl. auch RG **70** 249, Stuttgart MDR **51**, 244; zurückhaltender Bay **86** 91, Hamm MDR **67**, 148, NJW **72**, 843). Demgegenüber kann jedoch auch hier eine Beleidigung nur angenommen werden, wenn diese „besonderen Umstände" nur der Art sind, daß in ihnen zusätzlich zur Mißachtung des fremden Sorgerechts zumindest konkludent ein negatives Werturteil über den Sorgeberechtigten selbst zum Ausdruck kommt (so im wesentlichen auch das neuere Schrifttum; vgl. zB Hirsch aaO 61 ff., Herdegen LK[10] 33 sowie 29 vor § 185, M-Maiwald I 239, Rudolphi SK 16 f. vor § 185, Tenckhoff aaO 43 ff., Welzel 307). Ob sich der Sorgeberechtigte tatsächlich um die Erziehung gekümmert hat und ob die fragliche Handlung überhaupt in seine Entscheidungskompetenz fällt, ist dafür ohne Bedeutung (vgl. aber auch BGH JZ **51**, 520 m. Anm. wie o., Bay **86** 92), ebenso, ob der Täter den Erziehungsberechtigten kennt (vgl. aber auch BGH **16** 60 f.). Zur sog. mittelbaren Beleidigung von Eltern u. 10.

2. Da geschütztes Rechtsgut nur der dem einzelnen tatsächlich zukommende Geltungswert ist, kann auch die Beleidigung nur in einer **unverdienten** Mißachtung bestehen.

a) Bei **Tatsachenbehauptungen** – wobei hier nur solche gegenüber dem Betroffenen in Betracht kommen (o. 1) – setzt dies voraus, daß diese in den wesentlichen Punkten *unwahr* sind (zur Behauptung einer Straftat vgl. § 190 und dort RN 1), weshalb sich eine Beleidigung bei wahren Behauptungen nur aus der Form der Äußerung oder den besonderen Umständen, unter denen sie geschah, ergeben kann (vgl. § 192). Die Unwahrheit ist hier also – and. als in § 186 – Tatbestandsmerkmal, das vom Vorsatz umfaßt sein muß und bei dem der Grundsatz „in dubio pro reo" gilt, so daß der Täter freizusprechen ist, wenn die Unwahrheit nicht festgestellt werden kann (Bay NJW **59**, 57, Köln NJW **64**, 2121, Koblenz MDR **77**, 864, OLGSt § 193 **Nr. 1**, Blei II 97, Bockelmann II/2 S. 187, Eser III 190, Geppert Jura 83, 587, Arthur Kaufmann ZStW 72, 433, Krey I 170, Lackner/Kühl 11, Rudolphi SK 4, Schendzielorz aaO 25, M. Schmid MDR **81**, 15, Tröndle § 186 RN 12, W-Hettinger 513, Zaczyk NK 11). Demgegenüber soll nach anderer Auffassung die Unwahrheit kein Tatbestandsmerkmal, sondern – ebenso wie in § 186 – die Feststellung der Wahrheit ein Strafausschließungsgrund sein, dies mit der Folge, daß das Beweisrisiko zu Lasten des Täters geht (so zB RG **64** 11, Frankfurt [Z] MDR **80**, 495, Gössel I 362, Hartung NJW 65, 1743, Herdegen LK[10] 36 ff., Hirsch aaO 204 ff., M-Maiwald 259, Otto aaO 83, Tenckhoff JuS 89, 36 f.). Doch ist dies eine unzulässige Analogie zu § 186, dem keineswegs als allgemeines Grundprinzip des Beleidigungsrechts entnommen werden kann, daß die Strafbarkeit vom Nachweis der Unwahrheit unabhängig ist (so aber zB Herdegen aaO). Dies gilt vielmehr nur für § 186, weil dort wegen der besonderen Gefährlichkeit des Angriffs durch Tatsachenbehauptungen gegenüber Dritten der ungeschmälerte Geltungswert des Betroffenen im Interesse eines wirksamen Ehrenschutzes vermutet wird (vgl. § 186 RN 1), läßt sich aber nicht auf die für den Betroffenen weniger gravierenden Fälle des § 185 übertragen: Werden Tatsachenbehauptungen nur ihm gegenüber aufgestellt, so ist sein Geltungswert bei Dritten nicht beeinträchtigt, und auch ehrenrührige Werturteile gegenüber Dritten (u. 7) sind für ihn weit weniger gefährlich, weil diese – and. als Tatsachenbehauptungen – dem Dritten noch keine Grundlage für eine entsprechende eigene Urteilsbildung liefern. Den Belangen des Betroffenen ist hier dadurch Rechnung zu tragen, daß die Wahrheit bzw. Unwahrheit auch dann zu prüfen ist, wenn bereits feststeht, daß der Täter jedenfalls mangels Vorsatzes freizusprechen wäre (vgl. entsprechend zum Verhältnis des Wahrheitsbeweises in § 186 zu § 193 dort RN 2); zum zivilrechtlichen Rechtsschutz in diesen Fällen, für den andere Beweisregeln gelten als im Strafrecht, vgl. Nolte aaO 81 ff., M. Schmid MDR 81, 16 f.

7 b) Auch negative **Werturteile** (gegenüber dem Betroffenen oder Dritten, o. 1) enthalten, vorbehaltlich einer Formalbeleidigung (§ 192), keine Mißachtung, wenn sie sich auf ein ehrminderndes Verhalten des Betroffenen beziehen und in dem Sinne *richtig* (angemessen) sind – einen „Wahrheitsbeweis" gibt es hier nicht (vgl. dazu auch EGMR NJW **92**, 613) –, daß sie durch den fraglichen Sachverhalt getragen werden, d. h. keine überschießende Abwertung zum Ausdruck bringen. Dies gilt nicht nur, wenn die Bewertung lediglich die Schlußfolgerung aus mitgeteilten Tatsachen ist (vgl. Bay **63** 177, Hamburg GA Bd. **47**, 459), sondern auch dann, wenn das Werturteil zwar nicht mit einer Tatsachenmitteilung verbunden ist, aber erkennbar einen bestimmten ehrmindernden Sachverhalt betrifft (vgl. Frankfurt JR **72**, 515 m. Anm. Hirsch, Herdegen LK[10] 6, Hilgendorf aaO 239 f. [vgl. aber auch 228 ff.], Hirsch aaO 210 ff., Lenckner, Noll-GedS 246, M-Maiwald I 260, Rudolphi SK 23, Tenckhoff aaO 135 ff., JuS 89, 36; and. Kiehl aaO 107 ff.). Tatbestandsmäßig keine Beleidigung – und nicht erst nach § 193 gerechtfertigt oder nach § 199 straffrei – ist daher zB die Zurückweisung völlig unsinniger Vorwürfe als „dummes Geschwätz". Demgegenüber soll nach RG **35** 232, **64** 11, JW **34**, 692 die Wahrheit der das negative Werturteil belegenden Tatsachen nur für die Strafzumessung von Bedeutung sein (vgl. auch Zaczyk NK 12), wobei jedoch verkannt wird, daß die einem ehrmindernden Sachverhalt kongruente negative Bewertung den Betroffenen in seinem – ihm tatsächlich zustehenden – Geltungswert ebensowenig beeinträchtigen kann wie das Vorhalten der fraglichen Tatsachen selbst. Dem steht auch § 199 nicht entgegen (vgl. aber Tröndle 8 b), da für diesen die Fälle bleiben, in denen sich die Erwiderung nicht darauf beschränkt, dem Erstbeleidiger dessen Beleidigung vorzuwerfen. Für das Beweisrisiko und den Vorsatz bezüglich der dem Urteil zugrundeliegenden Tatsachen gilt das o. 6 Gesagte.

8 3. Erforderlich ist die **Kundgabe** der Mißachtung, d. h. deren Manifestation durch ein Verhalten mit einem entsprechenden Erklärungswert, gleichgültig, ob es sich dabei um Äußerungen durch Wort, Schrift, Bild, Gesten, symbolischen Handlungen oder Tätlichkeiten (u. 18) handelt. Maßgebend dafür, ob eine Äußerung die Mißachtung eines anderen zum Ausdruck bringt, ist nicht, wie der Täter sie versteht (dies ist nur für den Vorsatz von Bedeutung) oder wie der Empfänger sie tatsächlich verstanden hat, sondern wie er sie verstehen durfte, d. h. ihr durch **Auslegung** zu ermittelnder **objektiver Sinngehalt** (vgl. zB BVerfGE **93** 298, BGH **19** 237, EzSt § 189 **Nr. 1**, Bay JR **63** 141, **80** 32, **83** 32, NJW **57**, 1607, JR **97**, 341 m. Anm. Jakobs, Düsseldorf NJW **89**, 3030 m. Anm. Laubenthal JR **90**, 127, Hamm DAR **57**, 214, NJW **71**, 1852, KG JR **88**, 522, Köln NStZ **81**, 183, JMBlNW **83**, 36, LG Kaiserslautern NJW **89**, 1369, LG Mainz NStZ-RR **96**, 331, AG Spaichingen NJW **91**, 1496, Haas GA 96, 473, Herdegen LK[10] 17, Rudolphi SK 7, Schößler aaO 246, Zaczyk NK 7). Bei Presseveröffentlichungen darf – trotz des vielfach nur flüchtigen Zeitungslesers – die Überschrift nicht ohne den folgenden Text gesehen werden (vgl. dazu auch Veith NJW 82, 2225); ebensowenig darf bei einem nicht vorwiegend an geistig anspruchslose Leser gerichteten Zeitungsartikel auf mögliche Mißverständnisse abgestellt werden, die sich für jemand ergeben können, der den klar ausgedrückten gedanklichen Zusammenhang nicht durchschaut (Köln AfP **84**, 233). Im übrigen ist die Gesamtheit der äußeren und inneren Umstände zu berücksichtigen – letztere (zB eine Kränkungsabsicht) freilich nur, soweit sie nach außen erkennbar geworden sind (vgl. BGH **8** 326, aber auch BGH MDR/D **55**, 396) –, insbes. der Ton (Schimpfworte in scherzhaftem, „Komplimente" in höhnischem, abfälligen Ton), Alter, Stellung, persönliche Eigenschaften und Beziehungen der Beteiligten, die Anschauungsweise der beteiligten Kreise und ihre Gewöhnung an bestimmte Redewendungen, die Ortsüblichkeit bestimmter Ausdrücke, die Umstände, unter denen die Äußerung erfolgte usw. (vgl. zB RG **41** 51, **60** 35, **75** 182, Bay NJW **57**, 1608, Celle NdsRpfl **77** 88, Düsseldorf JR **57**, 345 m. Anm. Keller, Hamm DAR **57**, 214, NJW **82**, 659, Köln JMBlNW **83**, 36). Handlungen oder Äußerungen von schlechthin beleidigendem Charakter gibt es nicht (zB RG **65** 1, Düsseldorf NJW **60**, 1072, Lackner/Kühl 4, Herdegen LK[10] 18 mwN), vielmehr kommt es immer darauf an, „wer was zu wem sagt und unter welchen Umständen dies geschieht" (W-Hettinger 510). Dies gilt auch für das heutige „Du-Phänomen" (Keller JR **90**, 345; vgl. dazu auch Düsseldorf ebd. u. zum Duz-Zwang in Betrieben Roellecke NJW **99**, 999); ebenso kann der Ausdruck „Bulle" nach dem heutigen Sprachgebrauch bestimmter Bevölkerungsgruppen nur der wertneutralen Bezeichnung von Polizeibeamten dienen (vgl. KG JR **84**, 165 m. Anm. Otto; and. wenn damit erkennbar eine Beschimpfung verbunden ist [vgl. Bay JR **89**, 72 m. Anm. Volk: „Bullen-Auftrieb", Oldenburg JR **90**, 127 m. Anm. Otto: „Scheißbullen"]; zur Beleidigung von Polizeibeamten vgl. auch Nock Kriminalistik 98, 781), und selbst das Götz-Zitat kann – jedenfalls in seinem Herkunftsland – auch als durchaus freundschaftlich gemeintes Mittel zur Einleitung, Fortsetzung und Beendigung von Gesprächen zu verstehen sein. Ebenso macht es einen Unterschied, ob zB die Ausdrücke „Idiot", „Debiler", „Schwachsinniger", „Krüppel" gegenüber entsprechend behinderten Menschen nach ihrem Kontext iS einer negativen Bewertung als Schimpfworte gebraucht werden oder ob damit nur der psychische bzw. physische Zustand eines Menschen gekennzeichnet werden soll (zB Termini „Idiotie" usw. in der Fachsprache oder die Redeweise, daß jemand als „Krüppel" aus dem Krieg heimgekehrt sei (vgl. näher dazu Schramm, Lenckner-FS 550 ff.). Eine Interpretationsfrage ist es auch, ob bei herabsetzenden Äußerungen über bestimmte Tätigkeiten und Funktionen (zB Politik als „schmutziges Geschäft", Wehrdienst als „potentieller Mord") nur diese als solche gemeint sind oder (auch) die Personen, welche diese Tätigkeiten usw. ausüben (vgl. auch Dencker, Bemmann-FS 295 f., Giehring StV 92, 199 f.). Auch wenn nur vom „Soldatenberuf" die Rede ist, ist letzteres zB anzunehmen, wenn dieser mit dem Beruf von „Folter-

Beleidigung 8a § 185

knechten, KZ-Aufsehern oder Henkern" verglichen wird, weil damit immer auch eine moralische Abwertung der Soldaten selbst verbunden ist (vgl. BGH **36** 83 m. Bspr. Maiwald JR **89**, 485, AG Spaichingen NJW **91**, 1496; vgl. dazu aber auch 7 b vor § 185). Umgekehrt kann dagegen auch die Bezeichnung von Soldaten als „(potentielle) Mörder" je nach Kontext und sonstigen Umständen nur als plakative Kennzeichnung radikaler pazifistischer Wertvorstellungen über das „Soldatenhandwerk" als solches zu verstehen sein, ohne daß damit zugleich der sittliche Geltungswert des Soldaten als Person angegriffen werden soll (vgl. auch BVerfGE **93** 298 [Soldaten II] m. Bspr. bzw. Anm. 7 b vor § 185). Anders ist es jedoch auch hier, wenn mit einer solchen Äußerung nach ihrem objektiven Sinn und unter Berücksichtigung des Gesamtzusammenhangs, in dem sie steht, in erster Linie oder jedenfalls auch der Soldat als Person gemeint ist (zur Möglichkeit einer Kollektivbeleidigung vgl. 7 b vor § 185): Selbst wenn damit nicht der Vorwurf bereits begangener Morde verbunden ist, „so bleibt doch die wertende Gleichstellung mit einem Mörder eine tiefe Kränkung" und damit tatbestandsmäßig eine Beleidigung, und zwar gleichgültig, ob der Ausdruck „Mörder" iS des § 211 auch umgangssprachlich zu verstehen ist (BVerfG aaO 297; vgl. auch Bay NJW **91**, 1493 m. Anm. Brammsen JR **92**, 82, Frankfurt NJW **89**, 1367 m. Anm. Dau NStZ **89**, 361 u. Bspr. Maiwald JR **89**, 485, **91**, 2035 m. Anm. Brammsen JR **92**, 82, LG Frankfurt NStZ **90**, 232 m. Anm. Brammsen [offengelassen in NJW **88**, 2683]; zu § 193 vgl. dort RN 16). Kaum zweifelhaft kann dieser zugleich persönliche Bezug sein bei der Bezeichnung von Soldaten als „vom Staat bezahlte Berufsmörder" (Düsseldorf OLGSt § 130 **Nr. 2**, Koblenz GA **84**, 575 zu § 130) oder von Offizieren als „Wehrsklavenhalter" (LG Kaiserslautern NJW **89**, 1369). – Zu den Grenzen der revisionsgerichtlichen *Überprüfung der Auslegung durch den Tatrichter* vgl. zB BGH **21** 371, Bay NJW **90**, 921 m. Anm. Seibert StV **90**, 212, **95**, 2501 m. Anm. Otto JR **95**, 218, Hamburg NJW **84**, 1130, KG JR **80**, 290, Karlsruhe NJW **82**, 647, Köln NJW **77**, 398, NStZ **81**, 183, JMBlNW **83**, 36, **84**, 47, OLGSt **Nr. 1**, § 186 S. 12, Stuttgart OLGSt S. 4; zu der nicht weitergehenden „vollen verfassungsrechtlichen Nachprüfung" im Hinblick auf Art. 5 GG, wonach dieser auch verletzt ist, wenn die fragliche Äußerung den ihr vom Gericht entnommenen Sinn nicht hat oder wenn bei mehrdeutigen Äußerungen die zur Verurteilung führende Deutung zu Grunde gelegt worden ist, ohne daß andere, ebenfalls mögliche Deutungen mit überzeugenden oder schlüssigen Gründen ausgeschlossen worden sind, vgl. zB BVerfGE **43** 136 f., **82** 52 m. Anm. Kübler JZ **90**, 916, **82** 280 m. Anm. Tettinger JZ **90**, 1074, **85** 13 f., **93** 295 m. Sondervotum Haas S. 314 f. u. Anm. bzw. Bspr. RN 7 b vor § 185, **94** 9, NJW **92**, 2013, **93**, 1845, **94**, 2943 m. Bspr. 7 b vor § 185; krit. dazu zB LG Mainz NStZ-RR **96**, 332 f. (nicht nur „Superrevisions-", sondern sogar „Supertatsacheninstanz"), Bertrams DVBl. 91, 1226, Herdegen NJW **94**, 2933, Hillgruber/Schemmer JZ **92**, 949, Isensee AfP **93**, 628 f., Kiesel NVwZ **92**, 1132, Krey JR **95**, 226 f., Kriele NJW **94**, 1901, Ossenbühl JZ **95**, 640 f., Sendler ZRP **94**, 346, Tröndle § 193 RN 14 m; vgl. aber auch Dencker, Bemmann-FS 293, Grimm NJW **95**, 1700, Henschel NJW **90**, 1944.

Bei **Satiren, Karikaturen** usw. (zu Glossen vgl. zB BGH NJW **00**, 1039, Düsseldorf NJW **92**, 1335, 1336, zu Parodien Zechlin NJW **84**, 1092 gegen Karlsruhe NJW **76**, 1810) ist zwischen dem (verdeckten, aber erkennbaren) Aussagekern und dessen karikativer, satirischer usw. Einkleidung zu unterscheiden (zu den Strukturmerkmalen der Satire vgl. Erhardt aaO 135 ff.). Ist schon der *Aussagekern* selbst beleidigend, so ist damit immer zugleich der Tatbestand der §§ 185 ff. erfüllt, so zB wenn einem Politiker unterstellt wird, er bediene sich der Justiz in anstößiger Weise für seine Zwecke und empfinde dabei auch noch besondere Lust und Freude (vgl. BVerfGE **75** 379, Hamburg NJW **85**, 1654 m. Anm. Geppert JR **85**, 430; zu Tatsachenbehauptungen vgl. auch KG NStZ **92**, 385 m. Anm. Liesching, von Münch NStZ **99**, 85). Enthält der Aussagekern selbst dagegen keine Ehrverletzung, so ist bei der Prüfung, ob die karikative, satirische usw. *Form* eine Mißachtung darstellt, zu berücksichtigen, daß es zum Wesen von Karikatur, Satire usw. gehört, mit Mitteln zu arbeiten, die übertreiben und in grotesker oder verzerrender Weise pointieren und verfremden, weshalb hier ein größeres Maß an Gestaltungsfreiheit zugestanden werden muß (vgl. zB RG **62** 184, BVerfGE **75** 369, 377 m. Anm. bzw. Bspr. Würkner NStZ **88**, 23, NJW **88**, 317, JA **88**, 183 u. ZUM **88**, 171, **86**, 11 f. m. Bspr. Hillgruber/Schemmer JZ **92**, 946 u. Schmidt-De Caluwe NVwZ **92**, 1166, Bay NJW **57**, 1607, UFITA **48**, 356, JR **98**, 384 m. Anm. Foth, Celle NJW **53**, 1764, Düsseldorf NJW **92**, 1335, 1336, Frankfurt JR **96**, 250 m. Anm. Foth, Hamburg MDR **67**, 146, NJW **85**, 1654 m. Anm. Geppert aaO, Hamm NJW **82**, 659, KG NStZ **92**, 386 m. Anm. wie o., Karlsruhe NJW **82**, 646, Köln JMBlNW **83**, 36, VGH München NJW **84**, 1136, AG Frankfurt NJW **89**, 1745, K. A. Fischer aaO [vor § 193] 62 f., Gounalakis NJW **95**, 811, 813, Herdegen LK[10] 23 f., M-Maiwald I, 245, Rudolphi SK 8 u. näher Erhardt aaO 137 ff., Otto JR **83**, 1, Würkner aaO, Würtenberger NJW **82**, 610 u. **83**, 1144, Zechlin NJW **84**, 1091; vgl. auch BGH [Z] NJW **83**, 1194 [satirisches „Moritatengedicht"] und zur Unterscheidung von Dokumentation und Dokumentarsatire Stuttgart NJW **76**, 629). Weil die satirische usw. Einkleidung als Übertreibung durchschaubar ist, werden die Tatbestandsgrenzen einer Beleidigung nur unter besonderen Umständen überschritten. Es bleiben dafür im wesentlichen solche Fälle, in denen die Äußerungsform, wenn auch versteckt und „zwischen den Zeilen", hinreichend deutlich zugleich eine besondere Mißachtung des Betroffenen erkennen läßt (zB BVerfGE **75** 369 m. Anm. bzw. Bspr. Würkner wie o.: Darstellung eines Politikers als sexuell sich betätigendes Schwein). Ob es sich dabei um ein durch Art. 5 III GG geschütztes Kunstwerk handelt – auch nach BVerfGE **86** 9 ist eine Satire nicht per se schon Kunst –, ist für die Frage der Tatbestandsmäßigkeit ohne Bedeutung (vgl. zB Hamburg JR **83**, 508, Geppert JR **85**, 430, Lackner/Kühl 14, Roggemann

JZ 92, 941; and. KG NStZ **92**, 385 mwN u. Anm. wie o.; zur Frage der Rechtfertigung vgl. § 193 RN 19). – Was speziell die Ermittlung der Aussage eines **Kunstwerks** betrifft, ist im übrigen zu beachten, daß hier nicht auf den mit der betreffenden Kunstform besonders vertrauten (vgl. aber auch Hamburg MDR **67**, 146), aber auch nicht auf den in künstlerischen Dingen völlig unbewanderten Betrachter oder Leser abzustellen ist (vgl. BVerfGE **67** 229 f. m. Anm. Otto NStZ 85, 213), sondern auf den unvoreingenommenen, vernünftigen Durchschnittsleser usw. (vgl. zB BGH [Z] NJW **61**, 1913, **75**, 1882, Bay NJW **57**, 1607, Köln JMBlNW **83**, 36, VGH München NJW **84**, 1137, Heinz aaO 60, Würtenberger NJW **82**, 615 u. 83, 1146), wobei es wegen der Geschlossenheit eines Kunstwerks auf den Gesamteindruck ankommt, den der Betrachter usw. bei nicht nur flüchtigem Hinsehen gewinnen muß (vgl. auch BVerfG aaO, Bay MDR **94**, 80). Dies gilt jedenfalls für Kunst, die sich an alle wendet und jedermann zugänglich ist; auf das besondere Kunstverständnis eines konkreten Rezipientenkreises abzustellen (vgl. Erhardt aaO 205 ff.; and. K. A. Fischer aaO [vor § 193] 65), ist allenfalls möglich, wenn nur dieser angesprochen werden soll und mit sonstigem Publikum nicht zu rechnen ist (zB geschlossene Aufführung). Zu berücksichtigen ist ferner, daß künstlerische Ausdrucksformen, insbes. Satiren und Karikaturen von Verkürzungen und Vereinfachungen leben, die stets mit der Gefahr von Mißverständnissen verbunden sind. Hier darf sich das Gericht daher auch nicht allein für die strafrechtlich relevante Deutung entscheiden, indem es mit Hilfe der Figur des „besonnenen Betrachters" nur auf einen flüchtigen, naiven Betrachter abstellt (BVerfGE **67** 230 m. Anm. Otto aaO [Straßentheater, „anachronistischer Zug" als Mittel des Wahlkampfes; vgl. dazu auch AG Kempten NJW **85**, 987]; vgl. auch BGH [Z] NJW **83**, 1194 m. Anm. Zechlin). Zur Kunstfreiheit als Rechtfertigungsgrund vgl. § 193 RN 19. – Soweit es sich um Äußerungen im **politischen Meinungskampf** oder um Beiträge zur öffentlichen geistigen Auseinandersetzung (vgl. BVerfGE **54** 129: Kulturkritik) handelt, müssen die Gesichtspunkte und Maßstäbe, mit deren Hilfe der Bedeutung der Äußerung ermittelt wird, mit Art. 5 I GG vereinbar sein. Unzulässig ist danach eine „weite Auslegung im Interesse eines wirksamen Ehrenschutzes" und das Abstellen auf den „flüchtigen Leser" (BVerfGE **43** 130). Bei für den eigenen politischen Standpunkt werbenden Aussagen, insbes. im Wahlkampf, ist schon bei der Feststellung von deren Inhalt zu berücksichtigen, daß polemische Überzeichnungen und vereinfachende Verkürzungen vielfach nicht wörtlich zu nehmen sind, sondern nur dazu dienen, die eigene Meinung möglichst wirksam darzustellen (vgl. BGH [Z] NJW **84**, 1102, Otto JR 83, 7); schon unter diesem Gesichtspunkt kann dann auch bei Werturteilen über konkurrierende Parteien und politische Gruppierungen ein „robusterer Sprachgebrauch" zulässig sein als bei Äußerungen über Personen (BVerfGE **69** 270 m. Anm. F. C. Schroeder NStZ 85, 451). Von mehreren Deutungsmöglichkeiten darf die zur Strafbarkeit führende nur zugrundegelegt werden, wenn dafür besondere Gründe angegeben werden (zur BVerfG-Rspr. vgl. 8 a. E.). Diese können sich zwar auch aus den Umständen ergeben, müssen dann aber nach BVerfGE **82** 52 f. dem Täter „zurechenbar" sein, was zB nicht der Fall ist, wenn er die fraglichen Umstände gar nicht kennt oder wenn sie im konkreten Fall nicht erkennbar zum Inhalt seiner Äußerung werden (vgl. auch Köln NJW **93**, 1487 für Äußerungen in einem Fernsehspiel). Andererseits darf aber auch nach Art. 5 I GG die eigene Interpretation einer mehrdeutigen Äußerung nicht als Fremdzitat ausgegeben werden (BVerfGE **54** 208). Zur Rechtfertigung beleidigender Äußerungen im öffentlichen Meinungskampf vgl. § 193 RN 15 ff.

9 4. Die Kundgabe muß den **Betroffenen erkennen lassen.** Die beleidigte Person (bzw. Personengemeinschaft, vgl. 3 vor § 185) muß zwar nicht namentlich bezeichnet (RG **52** 160), aber doch bestimmt oder zumindest feststellbar sein (vgl. Hamburg NJW **84**, 1130 [Schlüsselroman]), was zB nicht der Fall ist, wenn die „Organe des Innenministers" beschimpft werden (RG JW **32**, 3266) oder ohne erkennbaren Bezug zu einem Betroffenen der Vorwurf der Rechtsbeugung erhoben wird (Düsseldorf NJW **89**, 3030 m. Anm. Laubenthal JR 90, 127), wohl aber, wenn die abgebildete Person erkennbar ist (insoweit zutr. BGH **9** 17). Richtet sich die Beleidigung gegen eine beleidigungsfähige Personengemeinschaft (vgl. 3 vor § 185), so ist im Rahmen der Frage des Einzelfalls, ob damit zugleich die ihr angehörenden Einzelpersonen gemeint sind (die dann freilich individualisierbar sein müssen); umgekehrt ist eine gegen die Mehrheit oder alle Mitglieder der Korporation gerichtete Beleidigung nicht notwendig eine solche gegen diese selbst (vgl. RG **40** 185, **41** 170, **47** 64, **52** 160, KG JR **80**, 290 m. Anm. Volk); zur Beleidigung unter einer Kollektivbezeichnung vgl. 5 ff. vor § 185. Mit politischen Äußerungen, die sich verbal gegen eine bestimmte Institution richten, ist in Wahrheit nur das „System" als solches gemeint (vgl. KG JR **80**, 290 m. Anm. Volk). Auch bei einer herabsetzenden Äußerung über einen Polizeieinsatz hängt es von ihrem durch Auslegung zu ermittelnden Sinn ab, ob damit zugleich die beteiligten Beamten getroffen werden sollten (BVerfG NJW **92**, 2815 [„Gestapo-Methoden"], Köln NStZ **81**, 183).

10 Von **mittelbaren** oder **indirekten** Beleidigung wird vielfach gesprochen, wenn außer dem unmittelbar Betroffenen noch ein Dritter in seinem Achtungsanspruch verletzt wird (vgl. zB Bay **57** 200, Herdegen LK[10] 26 vor § 185, Hirsch aaO 65 FN 47, M-Maiwald I 239, W-Hettinger 476). Die Figur der mittelbaren Beleidigung ist jedoch überflüssig, soweit damit Fälle erfaßt werden sollen, in denen ein beleidigender Ausdruck – zB „Hurensohn", Bezeichnung eines Kindes als „verkommen und verwahrlost" – zugleich Dritte (Mutter, Eltern) trifft, weil diese hier bereits unmittelbar beleidigt sind (insoweit zutr. RG **70** 248), wenn sich das fragliche Schimpfwort erkennbar auch auf sie bezieht (und nur unter dieser Voraussetzung können auch sie beleidigt sein, was in den genannten Beispielen keineswegs stets der Fall zu sein braucht; vgl. dazu Bremen MDR **62**, 234). Soweit die sog.

mittelbare Beleidigung dagegen dazu dient, sexuelle Angriffe auf Kinder oder Ehegatten als Ehrverletzung des Sorgeberechtigten oder anderen Gatten bestrafen zu können (vgl. Bay **57** 201), stellt sie ein Relikt der überholten Auffassung dar, wonach in dem Kind auch der Ehemann bzw. Hausvater „injuriiert" ist (iniuria mediata; vgl. Gössel I 354, Herdegen LK¹⁰ 26 vor § 185, Hirsch aaO 65, 68, Jescheck GA 56, 110, Welzel 307, Zaczyk NK 26 vor § 185). Durch den unsittlichen Griff an die Brust einer verheirateten Frau wird der Ehemann daher weder unmittelbar (o. 3 f.) noch mittelbar beleidigt (and. Bay GA **63**, 20).

5. Die Kundgabe der Mißachtung muß **an einen anderen gerichtet** sein – bei Tatsachenbehauptungen an den Betroffenen selbst, bei Werturteilen auch an Dritte (o. 1) –, wobei jedoch nicht erforderlich ist, daß dieser sie als solche versteht (vgl. dazu u. zur Vollendung u. 16). Daß es sich dabei um den eigentlichen Adressaten der Äußerung handelt, ist nicht erforderlich (zB Diktat des beleidigenden Briefs; vgl. RG JW **24**, 911, Rudolphi SK 6, Tenckhoff JuS 88, 788, Tröndle 10; and. Zaczyk NK 19 vor § 185 u. zu § 186 vgl. auch Koblenz OLGSt § 185 **Nr. 2**, § 193 **Nr. 1**). Auch daß diese als „vertraulich" bezeichnet wird, ändert nichts (BGH MDR/D **54**, 335; vgl. auch Bay MDR **76**, 1036). Keine Beleidigung sind dagegen Selbstgespräche oder Tagebuchaufzeichnungen, die nicht für andere bestimmt sind, dies auch dann nicht, wenn sie gegen den Willen des Betreffenden tatsächlich mitgehört bzw. gelesen werden, wobei es iE ohne Bedeutung ist, ob es hier schon an einer Kundgabe oder erst am entsprechenden Vorsatz fehlt (vgl. dazu zB RG **71** 160, Bay JZ **51**, 786, Herdegen LK¹⁰ 10, Zaczyk aaO). Zu ehrverletzenden Äußerungen im engsten Familienkreis usw. („beleidigungsfreie Sphäre") vgl. 9 ff. vor § 185.

6. Denkbar ist auch eine Beleidigung durch **Unterlassen**, wenn dieses einen eigenen Erklärungswert hat. Soweit es sich um die ehrverletzende Weglassung von Höflichkeitsformeln (zB der Anrede „Herr"; vgl. RG LZ **15**, 445) handelt, liegt freilich idR bereits ein konkludentes Tun vor. Für ein Unterlassen bleiben daher im wesentlichen die Fälle, in denen der Täter nicht verhindert, daß eigene, von ihm fixierte Äußerungen (zB Tagebuchaufzeichnung) zur Kenntnis Dritter gelangen. Dagegen kann das bloße Nichthindern von beleidigenden Äußerungen Dritter, für die der Betreffende verantwortlich ist, mangels Kundgabe eigener Mißachtung nur eine Beihilfe durch Unterlassen sein (auch gegen Beihilfe aber zB Zaczyk NK 4; zur Frage der strafrechtlichen Verantwortlichkeit von Tele- u. Mediendienstanbietern insbes. im Internet [§ 5 TDG, § 5 MDStV] vgl. § 184 RN 66 b ff.). Keine solche ist das Nichtbeseitigen beleidigender Aufschriften auf einer Hauswand durch den Eigentümer, weil diesen keine Beseitigungspflicht iS des § 13 trifft (vgl. Weber, Oehler-FS 86 ff.). Zum Ganzen vgl. auch Herdegen LK¹⁰ 25, Krey I 182, Küpper JA 85, 456, Rudolphi SK 16 mwN.

7. Einzelfälle: Von der **Rspr.** wurde eine Beleidigung **beispielsweise** in folgenden Fällen angenommen (vgl. dazu auch o. 3 f.): Bezeichnung als „warmer Bruder" (RG **41** 286; vgl. auch Köln OLGSt S. 44), eines verkehrswidrig fahrenden Autofahrers als „Schwein" (Hamm DAR **57**, 214; vgl. auch Bay **56**, 282, Köln OLGSt S. 57) oder eines Polizeibeamten, der „Sex" mit Rentnerinnen liebe, als „Charakterschwein" (Hamm NJW-RR **95**, 1114), herabsetzende Anrede in der Du-Form (RG **41** 82, Düsseldorf NJW **60**, 1072; vgl. auch Düsseldorf JR **90**, 345 m. Anm. Keller), Setzen der Worte „Künstler" und „Werke" in Anführungszeichen (Hamm NJW **82**, 1656; im konkreten Fall jedoch nach § 193 gerechtfertigt), u. U. die Bezeichnung als „Lügner" (RG JW **31**, 2800; zum Vorwurf einer „unverschämten Lüge" in der politischen Auseinandersetzung vgl. LG Frankfurt NJW **74**, 2244), als „Nazi" bzw. „alter Nazi" (Düsseldorf NJW **48**, 386, **70**, 905; vgl. auch BVerfG NJW **92**, 2013), als „Jungfaschist" (Karlsruhe MDR **78**, 421) bzw. „Oberfaschist" (Düsseldorf NJW **86**, 1262, wo wegen des in der Umgangssprache inzwischen schillernd gewordenen Begriffs „Faschismus" mit Recht auf den Gesamtzusammenhang hingewiesen wird), Vorwurf faschistischer Gesinnung (BVerfG NJW **90**, 1981), Bezeichnung eines Politikers als „Zwangsdemokrat" (BVerfGE **82** 282), Ersetzung des „ß" in einem Namen durch SS-Runenzeichen (Hamburg JR **83**, 298 m. Anm. Bottke), Gleichstellung mit einem Gauleiter (Celle HESt **1** 66), erkennbar herabsetzende Bezeichnung als Jude (BGH **8** 325) oder Ausländer (Bay NJW **91**, 2031 m. Bspr. Mitsch JuS 92, 289), Leugnen der NS-Judenmorde als Beleidigung der Menschen jüdischer Abstammung, die im „Dritten Reich" verfolgt wurden oder verfolgt worden wären, wenn sie damals schon gelebt hätten (vgl. die Nachw. o. 3 sowie 7 b, 8 vor § 185; zu herabsetzenden Äußerungen über das Schicksal von Juden in einem Plädoyer vgl. BGH EzSt § 189 **Nr. 1**), Vorwurf der „Liquidierung von Rentnern" durch das Kostendämpfungsprogramm (Bay NStZ **83**, 126), des „Faschismus" und der „Kriegstreiberei" (Hamm NJW **82**, 652), Darstellung eines Politikers als blindwütiger Kampfstier (Hamm aaO; zu politischen Karikaturen und Satiren vgl. ferner zB Bay NStZ **83**, 265, Hamburg NJW **85**, 1654, aber auch Köln JMBlNW **83**, 36 sowie die zT krit. Rspr.-Übersicht von Otto JR 83, 1, Würtenberger NJW 83, 1144; o. 8 a), Bezeichnung eines Behinderten als „Krüppel" (BVerfGE **86** 13, Düsseldorf [Z] NJW-RR **90**, 1117; vgl. aber auch o. 8), eines Parteivorsitzenden als „Schweinehirt von Passau" (Koblenz NJW **78**, 1817), von Bankiers als „mafia-vergleichbare Gestalten" (Hamm DB **80**, 1215), eines hohen Verwaltungsbeamten als „allergrößte Pfeife" (LG Oldenburg NJW-RR **95**, 1477), eines Polizeibeamten als „bedenkenloser Lügner" (Hamburg JR **97**, 521 m. Anm. Foth), eines Richters als „Verfassungsfeind" (Koblenz OLGSt S. 52) oder seine Zuordnung zum „Volksgerichtshof" (Hamburg NJW **90**, 1246), Bezeichnung des OLG Nürnberg als „Reichsparteitagsgericht" (Bamberg NJW **94**, 1977; vgl. aber auch BVerfG NJW **94**, 1149), Vergleich des Soldatenberufs mit dem des „Folterknechts, KZ-Aufsehers oder Henkers" (BGH **36** 83; zur Bezeichnung von Soldaten als „[potentielle] Mörder" vgl. o. 8 sowie 7 b vor § 185, § 193

RN 16 u. zur Äußerung durch Offizier als Dienstvergehen BVerfG NJW **92**, 2750), von Offizieren als „Wehrsklavenhalter" (OLG Kaiserslautern NJW **89**, 1369) oder als „Schinder", „Mörder", „Verbrecher" und ihre Gleichsetzung mit den KZ-Schergen des „Dritten Reichs" (LG Baden-Baden NJW **85**, 2431), eines Hauseigentümers als „Wohnungshai" (Köln JMBlNW **83**, 117 [im konkreten Fall jedoch für zulässig erklärt]), höhnische Begrüßung eines Gemeindevorstehers während des Urinierens (RG LZ **16**, 1037), Übersendung einer Postkarte des Graphikers K. Staeck mit der Darstellung der Rückansicht eines überdimensional großen Gesäßes auf einem viel zu kleinen Bürostuhl mit Widmung an einen Polizeibeamten (AG Hamburg NJW **89**, 410), Angebot eines Geschenks an Beamten für nichtpflichtwidrige Handlung (RG **31** 194), ohne sachlichen Grund erfolgende Abweisung von US-Soldaten in einer Gaststätte (Bay **83** 32; o. 2), Ansinnen an Kind zu „unsittlicher Lüge" gegenüber Eltern (BGH **7** 132), Absprechen der für einen Beruf erforderlichen Qualifikation (vgl. R **1** 28 [Bismarck rede „wie ein Schornsteinfeger"], Köln OLGSt S. 39 [Rat an Richter, „in Rente zu gehen", weil „im Alter der Kalk rieselt"], VGH Mannheim AnwBl. **79**, 227 [„sog. Anwälte"]), Bezeichnung eines Urteils als „Terrorurteil" (BGH MDR/D **55**, 396), Vorwurf der Rechtsbeugung oder der „willkürlichen Bestrafung" (Köln OLGSt S. 13, 27; vgl. aber auch Düsseldorf NJW **98**, 3214 [Bezeichnung einer Strafverfolgungsmaßnahme als „Willkür"], Zweibrücken GA **78**, 208, LG Frankfurt AnwBl. **77**, 169 [nicht ausreichend schon jede einseitig gefärbte Kritik an der Verhandlungsführung des Gerichts, auch wenn darin eine tendenziöse Überzeichnung oder ein überspitzt formulierter Hinweis auf falsche Rechtsansichten liegt]), Bezeichnung eines Polizeibeamten als „Spitzel" (Köln OLGSt S. 27) oder als „Bulle" (Bay JR **89**, 72 m. Anm. Volk [„Bullenauftrieb"], Hamm JMBlNW **82**, 22, LG Essen NJW **80**, 1639; and. KG JR **84**, 116 m. abl. Anm. Otto, offengelassen von Bay NJW **90**, 1742) bzw. als „Scheißbulle" (Oldenburg JR **90**, 126 m. Anm. Otto), der „GSG 9" (Sondereinheit des Bundesgrenzschutzes) als „Killertruppe" (Köln OLGSt S. 35), die Kennzeichnung eines Polizeieinsatzes als „Mord" und „Terror" (Frankfurt NJW **77**, 1353; vgl. aber auch Köln NStZ **87**, 183), Aufkleber mit der Darstellung prügelnder Polizeibeamter und der Unterschrift „Polizeisportverein" (Hamm NStZ **89**, 578, KG JR **90**, 124, Schleswig SchlHA **84**, 86), Vergleich polizeilichen Vorgehens mit Gestapo-Methoden (BVerfG NJW **92**, 2815, LG Hechingen NJW **84**, 1766), Unterstellung der Neigung zu Amtsmißbräuchen bei Polizeibeamten (Düsseldorf JMBlNW **81**, 223), bestimmte symbolische Handlungen, zB Ausräuchern eines Stuhls, auf dem der Betreffende gesessen hatte (RG LZ **15**, 60), das „Vogelzeigen" (Tippen an die Stirn; vgl. Bay OLGSt S. 5, Düsseldorf NJW **60**, 1072, aber auch Düsseldorf NJW **96**, 2245 zum sog. „Doppelvogel"), der „Stinkefinger" (Düsseldorf VRS **82**, 121), das Anspucken (Zweibrücken NStZ **90**, 541), das an den Nachbarn adressierte Aufstellen sog. Frustzwerge, welche bei heruntergelassener Hose ihr Hinterteil hinstrecken usw. (AG Grünstadt NJW **95**, 889). Zur Frage, ob Formulierungen in den Urteilsgründen eine Beleidigung sein können, vgl. Celle NdsRpfl **81**, 88; zur Bescheidung eines beleidigenden Rechtsmittels vgl. Düsseldorf wistra **92**, 200; dazu, ob Kritik an einer Stellenbesetzung („schwarzer Filz") auch eine Ehrverletzung des Eingestellten sein kann, vgl. BGH (Z) NJW **82**, 1805; zur Beleidigung durch Scherz und Fopperei o. 2, zur sog. Sexualbeleidigung o. 4, zur Beleidigung von Eltern durch sexuelle Handlungen mit einem Kind o. 4 b.

14   **II.** Für den **subjektiven Tatbestand** genügt (bedingter) Vorsatz bezüglich der objektiven Merkmale; eine besondere Kränkungsabsicht ist nicht erforderlich (vgl. RG **70** 250, BGH NStZ **92**, 34, Bay **98** 19, OLGSt S. 5, Koblenz NJW **78**, 1816, Herdegen LK[10] 39, Tröndle 23, Zaczyk NK 15). Ausreichend ist deshalb das Bewußtsein, daß die Äußerung nach ihrem objektiven Erklärungswert einen beleidigenden Inhalt hat (vgl. zB BGH **1** 291, **7** 134, GA **63**, 50, Bay **83** 32, Köln OLGSt S. 11, Zweibrücken NJW **86**, 2960), wozu – sofern nicht eine weitergehende Formalbeleidigung oder ein Wertungsexzeß vorliegt – auch die Kenntnis der Unwahrheit der Tatsachen gehört, die gegenüber dem Betroffenen behauptet oder einem Werturteil zugrundegelegt werden (bestr.; o. 5 ff.). Weiß der Täter, daß seine Äußerung objektiv als ehrenkränkend verstanden werden kann, so entfällt sein Vorsatz nicht deshalb, weil er dem Begriff einen anderen Sinn unterlegen wollte (vgl. RG **65** 21, Köln OLGSt S. 27 u. im Zusammenhang mit den „Soldaten sind Mörder"-Äußerungen Haas GA 96, 473; vgl. auch RG **63** 115: objektiv mehrdeutige Erklärung); ist umgekehrt die Äußerung objektiv nicht beleidigend, so wird sie nicht dadurch zu einer Beleidigung, daß der Täter in Kauf nimmt, daß sie als solche mißverstanden werden könnte (Herdegen LK[10] 39). Zum Vorsatz gehört ferner das Wollen des Zugehens der ehrenrührigen Äußerung an einen anderen, ohne Bedeutung ist, wenn sie an einen anderen als den vom Täter gewollten Adressaten gelangt (zB RG **26** 202, **48** 62, **57** 193, **71** 160, Bay **86** 89 m. Anm. Streng JR 87, 431, Herdegen LK[10] 40, Rudolphi SK 20; and. Zaczyk NK 16). Eine vollendete Beleidigung liegt daher auch vor, wenn – Fall eines unbeachtlichen error in persona – der Täter infolge einer Verwechslung einen anderen ohrfeigt oder den „falschen" Fernsprechteilnehmer beschimpft (vgl. RG HRR **41** Nr. 840, KG GA Bd. **69**, 117, Bay **86** 89 m. Anm. Streng aaO, Küpper JA 85, 458); erkennt der Angesprochene im letzteren Fall den Irrtum des Täters und bezieht er deshalb die ehrverletzende Äußerung nicht auf sich, so hat dies Bedeutung lediglich insofern, als Verletzter und damit antragsberechtigt (§ 194 I) nicht er, sondern der tatsächlich Gemeinte ist (vgl. Bay aaO m. Anm. Streng aaO, Herdegen LK[10] 40). Hat der Täter nur den Vorsatz des § 185, so bleibt es dabei auch, wenn eine an den Betroffenen gerichtete Tatsachenbehauptung nicht diesem, sondern einem Dritten zugeht (keine Strafbarkeit nach §§ 186, 187; vgl. Herdegen LK[10] 40).

Beleidigung 15–19 **§ 185**

III. Als **Rechtfertigungsgründe** kommen insbes. in Betracht: die *Wahrnehmung berechtigter Interessen* (§ 193; zur Bedeutung der Meinungs- und Kunstfreiheit vgl. dort RN 15 ff., 19), die *Notwehr* (§ 32), sofern die Notwehrhandlung in einer Beleidigung besteht und diese zur Abwehr einer noch nicht beendigten Ehrenkränkung erforderlich ist (sog. Ehrennotwehr; vgl. RG **21** 171, **29** 240, BGH **3** 217) und die *Einwilligung* (vgl. 33 ff. vor § 32, BGH [GrS] **11** 72, Bay **63** 25), diese freilich erst, wenn sie der Handlung nicht schon ihren beleidigenden Charakter nimmt und so als „Einverständnis" (30 ff. vor § 32) bereits den Tatbestand ausschließt (für eine solche Differenzierung zB Blei II 97, Lackner/Kühl 12, Lenckner ZStW 72, 450, Maiwald I 169, Tenckhoff JuS 89, 198, Tröndle 14; generell für Tatbestandsausschluß zB RG **60** 35, BGH **36** 87, GA **63**, 50, MDR/D **53**, 597, Gössel I 368, Herdegen LK¹⁰ 41, M-Maiwald I 237, Zaczyk NK 14, für Rechtfertigung zB BGH **11** 72, **23** 3 f., NJW **51**, 368, MDR/D **71**, 721, Bay **63** 25, Welzel 311). Nennenswerte praktische Konsequenzen hat diese dogmatisch begründete Unterscheidung hier jedoch nicht, da auch ein tatbestandsausschließendes Einverständnis im Fall des § 185 die natürliche Einsichts- und Urteilsfähigkeit des Betroffenen voraussetzt (vgl. 32 vor § 32), wobei die ursprünglich hohen Anforderungen an diese bei Jugendlichen bezüglich einer wirksamen „Preisgabe der Geschlechtsehre" (vgl. RG **75** 180 mwN) im wesentlichen erst durch BGH MDR/D **71**, 721 unter Hinweis auf die geänderten Verhältnisse eine gewisse Auflockerung erfuhren (zur Einwilligungsfähigkeit Jugendlicher in diesem Zusammenhang vgl. zB auch BGH **5** 362, **8** 358, GA **56**, 317, **63**, 50, Bay **63** 25, Stuttgart NJW **62**, 62). Nach dem o. 4 Gesagten liegt in den Fällen der sog. Sexualbeleidigung der Tatbestand des § 185 idR jedoch schon aus anderen Gründen nicht vor, so daß sich auch die Frage der Einwilligungsfähigkeit hier nicht mehr stellt. Zu den Voraussetzungen von Einverständnis bzw. Einwilligung vgl. im übrigen 33, 35 ff. vor § 32; zur irrigen Annahme einer wirksamen Einwilligung vgl. 52 vor § 32.

IV. Vollendet ist die Beleidigung, sobald sie zur Kenntnis eines anderen gelangt ist (BGH **9** 18), wobei dieser jedoch nicht notwendig der eigentliche Adressat zu sein braucht (zB RG JW **24**, 911 [Kenntnisnahme des nach Diktat Schreibenden], RG **26** 206, **48** 63, Bay MDR **76**, 1037 [Kenntnisnahme von Gefangenenbriefen durch Richter], ferner RG **71** 160, BGH MDR/D **54**, 335; vgl. auch o. 11, 14). Eine Sinnesänderung des Täters vor Kenntnisnahme durch andere ist ohne Bedeutung, wenn er sie nicht verhindert (RG **57** 194). Nicht erforderlich ist, daß der andere den Inhalt in seinem ehrenrührigen Sinn versteht, da die Verletzung des Achtungsanspruchs davon unabhängig ist und eine Beleidigung gegenüber Kindern und Geisteskranken sonst vielfach unmöglich wäre (RG **10** 373, **29** 399, **60** 35, BGH NJW **51**, 368, Bay NJW **57**, 1607, Schramm, Lenckner-FS 560; and. RG **65** 21, BGH **9** 19, Gössel I 367, Herdegen LK¹⁰ 26, Hirsch aaO 219 FN 39, Lackner/Kühl 7, M-Maiwald I 238, Rudolphi SK 17, Schößler aaO 249, Tenckhoff JuS 88, 789, Tröndle 15, W-Hettinger 487, Zaczyk NK 13). Erst recht nicht notwendig ist, daß der Betroffene die Äußerung als ihn beleidigend empfindet (zB RG **75** 183, BGH **1** 291, **7** 132, NJW **51**, 368, Bay **63** 25).

V. Täter kann nur sein, wer eigene Mißachtung zum Ausdruck bringt (vgl. zB BVerfGE **82** 253, Köln NJW **93**, 1487, **96**, 2829, Herdegen LK¹⁰ 43, Zaczyk NK 19). Auch die Rundfunk- u. Fernsehmitarbeiter, die für eine Sendung, in der beleidigende Äußerungen Dritter fallen, zuständig sind, sind daher nicht schon deshalb als Täter anzusehen, weil sie sich von den fraglichen Äußerungen nicht distanzieren, sondern erst, wenn sie sich mit diesen, für das Publikum erkennbar, identifizieren (vgl. BGHZ **66** 189, Köln aaO; was die Frage einer Beihilfe betrifft, so ist zu beachten, daß eine solche nur bis zur Vollendung der durch den Dritten begangenen Beleidigung möglich ist). Ebenso ist aus den genannten Gründen eine *Mittäterschaft* nur möglich, wenn sich jeder Beteiligte die ehrenrührige Erklärung erkennbar zu eigen macht (zu den Grenzen der Mittäterschaft bei Herausgabe eines beleidigenden Flugblatts vgl. Köln MDR **79**, 158 und bei einer Demonstration, in der ein Mitdemonstrant ein beleidigendes Transparent trägt, vgl. BVerfG aaO; zur strafrechtlichen Verantwortlichkeit bei Redakteurskollektiven vgl. Franke JZ 82, 579). Nichts anderes gilt schließlich für die *mittelbare Täterschaft:* Auch eine solche kommt nur in Betracht, wenn erkennbar bleibt, daß der Hintermann seine Mißachtung zum Ausdruck bringen will (zB Übermitteln von dessen Erklärung durch einen Gutgläubigen; vgl. auch Herdegen LK¹⁰ 43).

VI. Eine **Qualifikation** ist die Beleidigung mittels einer **Tätlichkeit**, d. h. einer unmittelbar gegen den Körper gerichteten Einwirkung, die nach ihrem objektiven Sinn eine besondere Mißachtung des Geltungswerts des Betroffenen ausdrückt (zB Anspucken, Ohrfeige, Abschneiden der Haare usw.). Da Grund der Qualifikation nicht der Eingriff in die Körperintegrität, sondern nur die Kundgabe einer den Betroffenen besonders demütigenden Mißachtung sein kann, ist eine körperliche Berührung nicht erforderlich (ebenso Geppert Jura 83, 588, Lackner/Kühl 13, aA die hM, zB RG **67** 174, **70** 250, Herdegen LK 15, M-Maiwald I 246, Rudolphi SK 21, Tröndle 12, Zaczyk NK 20); auch eine fehlgegangene Ohrfeige kann daher eine tätliche Beleidigung sein, nicht dagegen eine unsittliche Handlung am Körper des anderen, soweit dies nicht in besonders entwürdigender Weise geschieht (o. 4; and. noch zB BGH JZ **52**, 757, Bay **63** 25 mwN: sexuelle Handlungen und Geschlechtsverkehr mit einem noch unreifen Mädchen als tätliche Beleidigung; vgl. auch BGH NJW **51**, 368). Zum Verhältnis zwischen tätlicher Beleidigung und Körperverletzung vgl. Zweibrücken NJW **91**, 240.

VII. Einen **Strafausschließungsgrund** enthält § 36; vgl. ferner 9 ff. vor § 185 (beleidigungsfreie Sphäre) und o. 6 (Bedeutung des Wahrheitsbeweises). Zur **Straffreierklärung** bei wechselseitig begangenen Beleidigungen vgl. § 199, aber auch o. 7.

§ 186

20 **VIII. Konkurrenzen.** Zum Verhältnis mehrerer beleidigender Äußerungen in einer Schrift oder Rede vgl. 29 vor § 52; werden durch eine Handlung zugleich verschiedene Personen beleidigt, so liegt gleichartige Idealkonkurrenz vor (vgl. RG 66 4). Idealkonkurrenz ist ferner möglich mit § 90 b (vgl. dort RN 10), § 113 (Köln VRS 37 35), §§ 166 ff., § 239 (BGH GA 63, 13), § 240 (Düsseldorf VRS 82 121, Koblenz NJW 93, 1809; vgl. auch Stuttgart VRS 80 345), §§ 333 f. (vgl. RG LZ 16, 681), §§ 31, 32, 36 WStG (Celle NJW 61, 521), zwischen tätlicher Beleidigung und § 223 (BGH MDR/D 75, 196 mwN). Über das Verhältnis zu §§ 186,187 vgl. dort RN 21 bzw. 8, zu § 90 vgl. dort RN 12. Mit den Sexualdelikten besteht nach der früher hM Gesetzeskonkurrenz (mit Vorrang der § 174 ff.), sofern nicht besondere Umstände hinzukommen, die einen zusätzlichen Ehrangriff enthalten und dann zu Idealkonkurrenz führen (zu § 174 vgl. zB RG 68 25, JW 37, 2380, BGH JZ 52, 757, zu § 177 aF [jetzt § 177 II Nr. 1] BGH GA 56, 316, LM § 177 Nr. 8, StV 82, 14, Frankfurt NJW 67, 2075, zu § 178 aF [jetzt § 177 I] Düsseldorf NStE § 178 **Nr. 4,** zu § 182 zB BGH 8 359, GA 66, 338, ferner zB Gallas ZAkDR 41, 114, Arthur Kaufmann ZStW 72, 426, Lauthütte LK § 174 RN 23, § 182 RN 6). Die Annahme von Gesetzeskonkurrenz erledigt sich jedoch, wenn man nach dem o. 4 Gesagten davon ausgeht, daß Sexualdelikte für sich allein noch keine Beleidigung enthalten (vgl. auch Herdegen LK[10] 47, M-Maiwald I 244, Rudolphi SK 27); auch bei einem Rücktritt vom Versuch nach § 177 kann der Täter daher nicht ohne weiteres nach § 185 bestraft werden (and. BGH StV 82, 14). Dies gilt auch für § 183 (vgl. aber auch Stuttgart MDR 74, 685, Lackner/Kühl § 183 RN 11; generell für Vorrang des § 183 dagegen Tröndle § 183 RN 13).

21 **IX. Strafe.** Die Verhängung einer kurzfristigen Freiheitsstrafe nach § 47 I 2. Alt. ist nicht schon deshalb gerechtfertigt, weil ein Gerichtsvorsitzender bei der Urteilsverkündung persönlich beleidigt wird und dies in Anwesenheit einer Schulklasse geschieht (Köln OLGSt S. 39). Zur Bestrafung wegen „schwerer" Beleidigung vgl. BGH NStZ/D 92, 170; dazu, daß „politische Verblendung" beim Leugnen des Holocaust kein Strafmilderungsgrund ist, vgl. BGH NJW 95, 340, aber auch LG Mannheim NJW 94, 2494 m. Bspr. Bertram aaO 2397 u. Sendler ZRP 94, 377.

22 **X.** Zum **Strafantrag** vgl. § 194 u. zur **Bekanntgabe der Verurteilung** § 200; zur **Verjährung** bei Pressedelikten vgl. § 78 RN 9, § 78 a RN 16.

§ 186 Üble Nachrede

Wer in Beziehung auf einen anderen eine Tatsache behauptet oder verbreitet, welche denselben verächtlich zu machen oder in der öffentlichen Meinung herabzuwürdigen geeignet ist, wird, wenn nicht diese Tatsache erweislich wahr ist, mit Freiheitsstrafe bis zu einem Jahr oder mit Geldstrafe und, wenn die Tat öffentlich oder durch Verbreitung von Schriften (§ 11 Abs. 3) begangen ist, mit Freiheitsstrafe bis zu zwei Jahren oder mit Geldstrafe bestraft.

Schrifttum: Beling, Wesen, Strafbarkeit und Beweis der üblen Nachrede, 1909. – *Bemmann,* Was bedeutet die Bestimmung „wenn diese Tatsache nicht erweislich wahr ist" in § 186 StGB?, MDR 56, 387. – *Bockelmann,* Ist die Weitergabe ehrverletzender Tatsachen strafbar, die der Beleidigte selbst mitgeteilt hat?, JR 54, 327. – *Hansen,* Üble Nachrede im Interesse des Verletzten, JR 74, 406. – *Helle,* Die Unwahrheit und die Nichterweislichkeit der ehrenrührigen Behauptung, NJW 64, 841. – *Henning,* Die Zulässigkeit des Wahrheitsbeweises bei der Ehrenkränkung, 1939 (StrAbh. 400). – *Kindhäuser,* Gefährdung als Straftat, 1989. – *Müller,* Üble Nachrede durch Strafanzeige, MDR 65, 629. – *Miseré,* Die Grundprobleme der Delikte mit strafbegründender besonderer Folge, 1997. – *Pfleiderer,* Der Wahrheitsbeweis bei Beleidigungen, 1933 (StrAbh. 315). – *Ranft,* Keine üble Nachrede durch Strafanzeige?, MDR 62, 107. – *Roeder,* Wahrheitsbeweis und Indiskretionsdelikt usw., Maurach-FS 347. – *Streng,* Verleumdung durch Tatsachenmanipulation?, GA 85, 214. – *Veith,* Öffentlichkeit der Hauptverhandlung und üble Nachrede, NJW 82, 2225. – *Wenzel,* Tatsachenbehauptungen und Meinungsäußerungen, NJW 68, 2353. Vgl. ferner die Angaben vor § 185.

1 **I. Grundgedanke.** Während § 185 die Kundgabe eigener Mißachtung betrifft, erfaßt § 186 – ebenso wie § 187 – die *Ermöglichung fremder Mißachtung* durch das Behaupten oder Verbreiten von ehrenrührigen Tatsachen den Betroffenen gegenüber einem Dritten (vgl. zB Lackner/Kühl 2, Zaczyk NK 1). Da ehrverletzende Tatsachenbehauptungen dem Dritten viel eher die Grundlage zur eigenen Mißachtung des Opfers liefern als abwertende Urteile oder Meinungsäußerungen und wegen der möglichen Breitenwirkung, wenn solche Behauptungen Dritten gegenüber aufgestellt werden, kann hier das Opfer in seinem Achtungsanspruch wesentlich nachhaltiger getroffen werden als in den Fällen des § 185 (vgl. zB auch Rudolphi SK 1). § 186 trägt diesem Umstand in zweifacher Weise Rechnung: 1. zunächst und vor allem dadurch, daß hier im Interesse eines wirksamen Ehrenschutzes der *ungeschmälerte* Geltungswert des Betroffenen *bis zum Beweis des Gegenteils* – d. h. der Wahrheit der Äußerung – *vermutet* wird (vgl. Arzt/Weber I 173, Herdegen LK[10] 2, Rogall, Hirsch-FS 683 f., Tenckhoff JuS 88, 621). Verboten ist deshalb nach § 186 wegen der bloßen Möglichkeit, daß das Opfer im Ergebnis zu Unrecht in seinem ihm tatsächlich zustehenden Achtungsanspruch verletzt wird, grundsätzlich schon das Behaupten usw. ehrenrühriger Tatsachen schlechthin und ohne Rücksicht darauf, ob sie tatsächlich unwahr sind (*abstraktes Gefährdungsdelikt;* vgl. Bockelmann II/2 S. 189,

JR 54, 328, Gössel I 374, Herdegen LK[10] 2, 10, Tenckhoff aaO 622, Tröndle 15; and. zB Hirsch aaO 154 f., Wolff-FS 144 ff., Kindhäuser aaO 298 ff., Küpper JA 85, 459, Miseré aaO 144 ff., Zaczyk NK 6, 19, Zieschang, Die Gefährdungsdelikte, 1998, 301 ff.; vgl. auch Rudolphi SK 8). Tatbestandsmäßig ist daher auch das Aufstellen ehrenrühriger Behauptungen, die sich hinterher als wahr erweisen, weil wegen der praesumtio boni für den Betroffenen bis zum Beweis des Gegenteils von ihrer Unwahrheit auszugehen ist (vgl. dagegen aber zB Hirsch, Wolff-FS 144). Erlaubt ist dies, von sonstigen Rechtfertigungsgründen abgesehen, nur dann, wenn der Täter im Einzelfall berechtigte Interessen wahrnimmt (§ 193). Ist dies nicht der Fall, so berücksichtigt das Gesetz das Bedürfnis, die Wahrheit zu sagen, nur durch Anerkennung eines an das Gelingen des Wahrheitsbeweises geknüpften Strafausschließungsgrunds bzw. durch Schaffung einer objektiven Strafbarkeitsbedingung in Gestalt der Nichterweislichkeit (hM, vgl. u. 10, 13 ff. u. dort auch zu der Gegenmeinung iS einer Vorsatz-Fahrlässigkeitskombination). Nicht zu übersehen sind allerdings auch die Schattenseiten einer solchen Regelung: Ist eine im Zeitpunkt der Äußerung erweislich wahre Behauptung dies in dem späteren Verfahren nicht mehr, weil die zunächst vorhandenen eindeutigen Beweismittel nicht mehr zur Verfügung stehen, so führt dies – hier in dubio contra reum – zu einer Verurteilung nach § 186, wenn nicht ein Fall des § 193 vorliegt. – 2. Des weiteren hat § 186 aber auch die Lücken im strafrechtlichen Ehrenschutz zu schließen, die sich aus der Beschränkung des subjektiven Tatbestands des § 187 auf ein Handeln wider besseres Wissen ergeben (vgl. dort RN 5): Dem § 186 unterfallen deshalb auch *erwiesen unwahre Tatsachenbehauptungen*, wenn der Täter die Unwahrheit nicht kannte, sondern insoweit nur mit bedingtem Vorsatz handelte (vgl. auch Herdegen LK[10] 1). Mit dem Wortlaut des § 186 ist dies durchaus vereinbar: Ist die behauptete usw. Tatsache erwiesenermaßen unwahr, so ist sie damit immer zugleich nicht erweislich wahr (aber nicht umgekehrt!).

II. Für den **objektiven Tatbestand** ist das Behaupten oder Verbreiten einer Tatsache in Beziehung auf einen anderen erforderlich, die diesen verächtlich zu machen oder in der öffentlichen Meinung herabzuwürdigen geeignet ist. Ob diese Voraussetzungen erfüllt sind, bestimmt sich nach dem durch Auslegung zu ermittelnden objektiven Sinn der Äußerung (vgl. dazu § 185 RN 8 f.), wobei auch hier bei inhaltlich mehrdeutigen Äußerungen die für den Betroffenen besonders belastende Bedeutung nur zugrunde gelegt werden darf, wenn die anderen auszuschließen sind (vgl. zB BGH NJW **98**, 3048 m. Anm. Dietlein JR **99**, 246 [„IM-Sekretär, über 20 Jahre im Dienste des Staatssicherheitsdienstes tätig"]; vgl. dazu zB auch BVerfGE **93** 295 f., **94** 9 mwN).

1. Unter § 186 fällt nur die Behauptung usw. von **Tatsachen**, dies i. U. zu den nicht durch Tatsachen belegten Werturteilen und allgemein gehaltenen Meinungsäußerungen, für die ausschließlich § 185 gilt (zu den geistesgeschichtlichen Hintergründen der Unterscheidung u. ihrer Entwicklung vgl. Hilgendorf aaO 43 ff.). Tatsachen sind konkrete Vorgänge oder Zustände der Vergangenheit oder Gegenwart, die sinnlich wahrnehmbar in die Wirklichkeit getreten und damit dem Beweis zugänglich sind (zB RG **41** 193, **55** 131, BVerfGE **94** 8, BGH JR **77**, 29 m. Anm. F. C. Schroeder, NJW **94**, 2614, **98**, 3048 m. Anm. Dieterlein JR **99**, 246, JZ **97**, 785 m. Anm. Helle, Brandenburg NJW **98**, 1002, Herdegen LK[10] § 185 RN 4, Lackner/Kühl 3, Rudolphi SK 3, Tröndle 1, Zaczyk NK 2; näher zum Ganzen zT mit Modifikationen auf das Tatsachenwissen abstellend Hilgendorf aaO 116 ff.). Dazu gehören auch innere Tatsachen (zB Absichten, Motive usw.), soweit sie zu bestimmten äußeren Geschehnissen, durch die sie in der äußeren Welt zur Erscheinung gelangt sind, erkennbar in Beziehung gesetzt werden (RG aaO, BGH **6** 357, **12** 291, JR **77**, 29, MDR/D **51**, 404, Braunschweig GA **53**, 50, Köln NJW **93**, 1486; zum Schrifttum vgl. die Nachw. o. sowie Hilgendorf aaO 128 ff.), die daß ein Werturteil (s. u.) nicht deshalb zu einer Tatsachenaussage wird, weil mit ihm zugleich die innere Tatsachen einer entsprechenden Überzeugung usw. behauptet wird, vgl. iE auch Hilgendorf aaO 141 f., 188 ff. [„parasitäre Tatsachenaussage"]). Demgemäß sind auch *Tatsachenaussagen* (Behaupten, Verbreiten) nur solche Äußerungen, deren Gehalt einer objektiven Klärung zugänglich ist und als etwas Geschehenes oder Vorhandenes mit den prozessualen Möglichkeiten festgestellt werden kann. Nur Tatsachenaussagen können deshalb auch wahr oder unwahr sein, weshalb zB Aussagen über künftige Ereignisse nur dann hierher gehören, wenn sie zugleich eine Behauptung über eine gegenwärtige Tatsache enthalten (vgl. RG **62** 3, BGH MDR/D **52**, 408, Rudolphi SK 3). Um bloße *Werturteile* (Meinungsäußerungen; krit. zu dieser Gleichsetzung jedoch Hilgendorf aaO 185 ff.: Meinungsäußerungen sind Tatsachenaussagen mit abgeschwächtem Geltungsanspruch) handelt es sich dagegen, wenn die Äußerung durch Elemente der subjektiven Stellungnahme, des Dafürhaltens oder Meinens geprägt ist und deshalb nicht wahr oder unwahr, sondern je nach der persönlichen Überzeugung nur falsch oder richtig sein kann (zum Ganzen vgl. zB BVerfGE **61** 1, **85** 14, **94** 8, BGH NJW **82**, 2246, 2248, **94**, 2615, **96**, 1133, **98**, 3048, DB **74** 1429, Brandenburg NJW **96**, 1002, Celle NJW **88**, 354, Frankfurt NJW **89**, 1367, KG StV **97**, 486, Köln NJW **93** 1487, AfP **84**, 116, LG Köln NJW **88**, 2895, LG Saarbrücken NJW-RR **93**, 730, Arzt/Weber I 173, Grimm NJW **95**, 1698 f., Herdegen LK[10] § 185 Rn. 3, Hilgendorf aaO 173 ff., M-Maiwald I, 249 f., Otto II 113, JR **83**, 5, Zaczyk NK 3). Maßgebend dafür, ob das eine oder das andere anzunehmen ist, ist der objektive Sinngehalt der Äußerung wie er von dem angesprochenen Adressaten verstanden werden muß, wobei nicht nur Wortlaut und Form, sondern auch der Kontext und der gesamte Kommunikationszusammenhang zu berücksichtigen sind (vgl. zB BGH **6** 162, NJW **93**, 930, **94**, 2614, **96**, 1133, **97**, 2513, NJW-RR **94**, 1247 jeweils mwN, Hirsch aaO 210 ff., Nolte aaO 61 ff.). Dies gilt auch für „rhetori-

§ 186   4

sche", d. h. eine versteckte Aussage enthaltende Fragen, die nach ihrem objektiven Sinn sowohl eine Tatsachenbehauptung als auch ein Werturteil zum Ausdruck bringen können, dies i. U. zu den „echten", d. h. auf eine Antwort gerichteten und eine solche offenlassenden Fragen, die weder Tatsachenbehauptungen noch Werturteile sind, mögen sie auch neben diesen durch Art. 5 I 1 GG geschützt sein und unter dem Gesichtspunkt der Meinungsfreiheit Werturteilen „gleichstehen" (vgl. BVerfGE **85** 31 f.; vgl. dazu auch Frankfurt [Z] ZUM **92**, 361, Hamburg [Z] ZIP **92**, 119 f., NJW-RR **95**, 541, Nürnberg NJW-RR **95**, 539, Grimm aaO 1699 f., Hilgendorf aaO 150 ff.).

4   Trotz der begrifflich klaren Unterscheidungskriterien ist die **Grenze** zwischen **Tatsachenaussage** und **Werturteil** im Einzelfall vielfach fließend, weil eine Tatsachenbehauptung zugleich eine Bewertung enthalten kann, ebenso wie umgekehrt Äußerungen, die sprachlich als Werturteil auftreten, Angaben tatsächlicher Art beinhalten können (vgl. schon RG **61** 12 mwN, ferner zB Frankfurt NJW **89**, 1368, Lackner/Kühl 3, M-Maiwald 250, Rudolphi SK 4, Tröndle 1 mwN). Nicht in diesen Zusammenhang gehören damit einheitliche Äußerungen, in denen Tatsachenbehauptung und Werturteil ihre eigenständige Bedeutung behalten, so wenn beide völlig isoliert nebeneinander stehen oder wenn das Werturteil aus den behaupteten Tatsachen nicht ableitbar ist oder als Wertungsexzeß über eine allgemein akzeptable Wertung des mitgeteilten Tatsachenkerns hinausgeht (hier daher auch Idealkonkurrenz zwischen § 185 und §§ 186 bzw. 187; vgl. dazu auch u. 21). Um die Problemfälle einer echten „Gemengelage" handelt es sich vielmehr nur dann, wenn ein und dieselbe Aussage sich gegenseitig durchdringende tatsächliche und wertende Elemente enthält oder wenn im Rahmen einer einheitlichen Äußerung tatsächliche und wertende Aussagen ohne eigenständige Bedeutung (s. o.) in einem inneren Zusammenhang stehen und sich gegenseitig ergänzen. Hier muß dann für die Abgrenzung – und damit zugleich für die Zuordnung zu § 185 einerseits, §§ 186, 187 andererseits – maßgebend sein, ob der tatsächliche oder der wertende Gehalt aus dem Gesamtinhalt der Äußerung sich ergebenden Sinn im Vordergrund steht und diese prägt (vgl. zB BVerfGE **61** 9, **85** 15 f., **90** 248, NJW **91**, 1529, BGH **6** 159, NJW **55**, 311, **66**, 1617, **71**, 1656, **81**, 1095, **94**, 126, 2615, Celle NJW **88**, 354, Düsseldorf NStE **Nr. 4**, Köln AfP **84**, 116, München NJW **96**, 2515, VGH München NVwZ **86**, 327, Stuttgart JZ **69**, 78, Lackner/Kühl 3, Otto I 113, JR **83**, 5, Tröndle 2; vgl. aber auch Hilgendorf aaO 183 f.). Im einzelnen bedeutet dies: 1. Um eine *Tatsachenbehauptung* handelt es sich deshalb, wenn eine in Form eines Urteils gekleidete Äußerung (zB Bezeichnung als Dieb) erkennbar auf ein tatsächliches Geschehen bezogen ist, das in dem Werturteil gleichsam nur verkürzt wiedergegeben ist, oder wenn die Äußerung das tatsächlich Geschehene so deutlich umschreibt, daß ein unbefangener Dritter die Schlußfolgerung nachvollziehen und die der Wertung zugrunde liegenden Tatsachen erkennen kann (zB RG **68** 121, BGH **12** 291, Bay **63** 177, NJW **95**, 2501 m. Anm. Otto JR **95**, 218, KG JR **83**, 351, AG Frankfurt AnwBl. **77**, 170, Herdegen LK[10] § 185 RN 6, Otto JR **83**, 5, Rudolphi SK 5, Tenckhoff JuS **88**, 649, Zaczyk NK 3; vgl. auch BGH NJW **82**, 2246, 2248, **93**, 526, 931, **94**, 2615). Umgekehrt verliert eine Tatsachenbehauptung diese Eigenschaft nicht deshalb, weil aus den behaupteten Tatsachen zugleich das entsprechende Werturteil abgeleitet wird (zB BGH **12** 287, NJW **98**, 3047 m. Anm. Dietlein JR **99**, 246 [„IM-Sekretär, über 20 Jahre im Dienst des Staatssicherheitsdienstes"; zu der Äußerung, jemand sei „über 20 Jahre im Dienst des Staatssicherheitsdienstes gewesen", vgl. auch Sendler NJW **97**, 57], Celle NJW **88**, 354, Hamburg ZIP **92**, 118 [„Stasi-Helfer"], Karlsruhe NJW-RR **95**, 478 [„Hochstapler"]). Dasselbe gilt, wenn zur Wiedergabe und Kennzeichnung bestimmter Vorgänge Begriffe benutzt werden, in denen zugleich ein negatives Urteil zum Ausdruck gebracht wird, weshalb zB, weil in ihrem Tatsachenkern dem Beweis zugänglich, die Behauptung, mißbeliebige Kritiker eines bestimmten Unternehmens würden von diesem „bespitzelt" und „unter Druck gesetzt", eine Tatsachenbehauptung und nicht nur ein Werturteil ist (and. BVerfGE **85** 19 u. krit. dazu zB Hufen JuS **92**, 961, Kiethe/Fruhmann MDR **94**, 2). Als Tatsachenbehauptungen einzustufen sind schließlich auch auf Werturteilen beruhende Äußerungen, wenn und soweit bei dem Adressaten zugleich die Vorstellung von konkreten, in die Wertung eingekleideten Vorgängen hervorgerufen wird, die als solche einer Überprüfung mit den Mitteln des Beweises zugänglich sind (BGH NJW **92**, 1316). Zu unwahren Behauptungen in einer „Dokumentarsatire" vgl. Stuttgart NJW **76**, 628. Daß eine auf ihren Wahrheitsgehalt überprüfbare Aussage mit einschränkenden Formulierungen versehen ist, ändert am Vorliegen einer Tatsachenbehauptung nichts, wenn sie so zurückhaltend sind, daß sie den unbefangenen Dritten nicht davon abhalten können, die Behauptung als endgültig zu verstehen (vgl. BGH JZ **97**, 785 m. Anm. Helle: „mit an Sicherheit grenzender Wahrscheinlichkeit"). – 2. Nur ein *Werturteil* ist dagegen anzunehmen, wenn tatsächliche Bestandteile in einem Gesamtzusammenhang stehen, der durch wertende Betrachtungen geprägt ist (vgl. zB zum „Pleite gehen" und „pleite gemacht" BGH NJW **94**, 2614). Um ein Werturteil handelt es sich deshalb, wenn dieses lediglich in tatsächlicher Beziehung erläutert wird, d. h. ein etwaiges tatsächliches Vorbringen gegenüber dem gewollten Werturteil so sehr zurücktritt, daß es nur dazu dient, dieses näher zu begründen und zu verdeutlichen (vgl. BGH NJW **55**, 311, OGH **2** 310, LG Frankfurt AnwBl. **77**, 169, Rudolphi SK 5). Die Äußerung, auf Grund bestimmter Tatsachen werde jemand eine gewisse Handlungsweise zugetraut, enthält daher idR nur ein Werturteil dahingehend, daß er einer solchen Handlung fähig sei (RG **67** 269, Tenckhoff JuS **88**, 620). Nur ein Werturteil stellt es auch dar, wenn der tatsächliche Gehalt der Äußerung so substanzarm ist, daß er, mag der Tatsachenkern auch erkennbar sein, gegenüber der subjektiven Wertung völlig in den Hintergrund tritt (vgl. BVerfGE **61** 1 [„CSU als NPD Europas"], NJW **84**, 1741 [globale Bewertung der Tendenz der „Bild"-Zeitung], BGH [Z] ZUM **92**, 545, Hamburg [Z] NJW **92**, 2035 [„Nazi-Sekte"],

LG Saarbrücken [Z] NJW-RR **93**, 730; and. jedoch bei nur ganz allgemein gehaltenen Tatsachenbehauptungen, die aber trotz mangelnder Substantiierung den Eindruck erwecken, daß ihre Richtigkeit durch Benennung einer Mehrzahl von Einzelfällen belegt werden kann [vgl. dazu Köln AfP **84**, 116: Behauptung, die EAP lege jungen Leuten den Abbruch der Ausbildung und die Trennung vom Elternhaus nahe usw.]). Ebenso ist es lediglich ein Werturteil, wenn der Täter aus einem richtig mitgeteilten unverfänglichen Sachverhalt eine als unzutreffend erkennbare ehrenrührige Schlußfolgerung zieht (vgl. KG JR **63**, 351), selbst wenn er auf diese Weise zur Behauptung einer ehrenrührigen Tatsache gelangt (u. 7). Auf ein bloßes Werturteil deutet es ferner hin, wenn in einem neuen Wissenschaftsgebiet ein gegenwärtig noch nicht beweisbarer Standpunkt eingenommen wird (Hamm [Z] AfP **84**, 110). Werden politische Handlungen auf unehrenhafte Motive zurückgeführt, so liegt idR nur ein Werturteil und keine Aussage über innere Tatsachen vor, solange das historische Urteil über die Ereignisse nicht feststeht (BGH **6** 357). Ebenso überwiegt bei der Behauptung einer mit einem konkreten äußeren Geschehen nicht belegten inneren Tatsache vielfach das Werturteil, insbes. wenn die Erklärung erkennbar von einseitiger politischer oder weltanschaulicher Sicht geprägt ist (Düsseldorf JMBlNW **81**, 223 mwN [angebliche Neigung der Polizeibeamten zum Amtsmißbrauch]). Auch sonst können Äußerungen im politischen Bereich, die zunächst als Tatsachenbehauptung erscheinen, in Wahrheit ganz oder überwiegend als politische Werturteile zu verstehen sein (vgl. BGH JR **77**, 28 m. Anm. Schroeder, München [Z] MDR **94**, 29 m. Anm. Kiethe/Fruhmann). Ein Werturteil ist zB die Bezeichnung eines Widerstandskämpfers als Landesverräter (BGH **11** 329), von Soldaten als Mörder (BVerfG NJW **95**, 3303), ebenso der Ausdruck „alter Nazi" (Düsseldorf NJW **70**, 905) oder die Bezeichnung als „Altkommunist im Geiste Stalins" (AG Weinheim NJW **94**, 1543). Zur Leugnung der Judenvernichtung als „Gaskammermythos" vgl. BGH **40** 103 f. m. Anm. Jakobs StV 94, 542.

2. Die behauptete usw. Tatsache muß **geeignet** sein, den Betroffenen **verächtlich zu machen** **5** oder **in der öffentlichen Meinung herabzuwürdigen.** Das *Verächtlichmachen* und *Herabwürdigen* erfaßt alle Aspekte des Ehrbegriffs (Angriff auf den sittlichen, personalen und sozialen Geltungswert, vgl. 1 vor § 185, § 185 RN 2); eine exakte Abgrenzung beider Begriffe ist weder erforderlich noch möglich, wenngleich ersterer mehr auf die sittlich-personale, letzterer mehr auf die soziale Komponente hindeutet (vgl. Frank II 2, Tröndle 13, Zaczyk NK 5). Ein qualitativer oder auch nur quantitativer Unterschied liegt darin aber nicht (Herdegen LK[10] 10, M-Maiwald I 251, Rudolphi SK 7; and. Blei II 99 f.). Ein solcher wird auch nicht dadurch begründet, daß das Herabwürdigen eine besondere Beziehung zur „*öffentlichen Meinung*" verlangt. Damit wird – was im Grunde selbstverständlich ist und auch für die 1. Alt. gilt – lediglich klargestellt, daß es für die Ehrenrührigkeit nicht auf die Ansicht einzelner Kreise oder geschlossener Gruppen, sondern auf einen generellen Maßstab ankommt (vgl. Herdegen aaO), wobei für diesen letztlich auch nicht die tatsächliche „öffentliche Meinung", sondern die Wertung des Rechts maßgebend ist (vgl. BGH **8** 326, **11** 331, Rudolphi SK 8; vgl. auch Hamburg ZIP [Z] **92**, 118, DtZ **93**, 351 [„Stasi-Helfer"]). Da es genügt, daß die fragliche Tatsache zum Verächtlichmachen usw. *geeignet* ist – ein Erfolg braucht also nicht eingetreten zu sein –, ist diese Voraussetzung schon mit jedem Behaupten ehrenrühriger Tatsachen erfüllt (vgl. Herdegen aaO). Auch darauf, ob die Behauptung usw. nach den konkreten Umständen, unter denen sie erfolgt, geeignet ist, den anderen verächtlich zu machen usw., kommt es nicht an, da § 186 allein auf die auf die Person des Betroffenen bezogene Eignung der behaupteten Tatsache, nicht aber auf die der Behauptung abstellt (and. Hoyer, Die Eignungsdelikte [1987] 142 ff., Zieschang aaO [o. 1]). Unerheblich ist daher, ob der Adressat von der fraglichen Tatsache bereits wußte, ob er sie anderweitig erfahren hätte und ob er der Behauptung Glauben schenkt oder die Unwahrheit sofort erkennt hat (and. Rudolphi SK 8, Zaczyk NK 6) oder erkennen konnte. Ohne Bedeutung ist in diesem Zusammenhang auch die Wahrheitsfrage (vgl. aber auch Kindhäuser aaO 305): Auch wenn die behauptete Tatsache wahr ist, bleibt sie zum Verächtlichmachen usw. geeignet, solange sie nicht hic et nunc für jedermann als wahr erwiesen ist. Einschränkungen nach den bei abstrakten Gefährdungsdelikten (o. 1) vertretenen Prinzipien (vgl. 3 a vor § 306) kämen hier nur dann in Betracht, wenn – nach den Gesetzen, denen der „Klatsch" folgt, ganz unwahrscheinlich – mit Sicherheit jede „Beschädigung" des anderen von vornherein ausgeschlossen werden könnte.

3. Die **Tathandlung** besteht im Behaupten oder Verbreiten von Tatsachen der fraglichen Art in **6** Beziehung auf einen anderen gegenüber einem Dritten (vgl. dazu aber auch Hilgendorf aaO 188 ff.: Tatsachenaussagen von abgeschwächter Geltungskraft als bloße Meinungsäußerungen).

a) **Behaupten** bedeutet, etwas als nach *eigener Überzeugung* geschehen oder vorhanden hinstellen **7** (vgl. zB Köln NJW **63**, 1634). Ist dies der Fall, so ist es gleichgültig, ob der fragliche Sachverhalt als Produkt eigener oder fremder Wahrnehmung oder Schlußfolgerung erscheint (vgl. Herdegen LK[10] 7, Rudolphi SK 9, Zaczyk NK 8; and. M-Maiwald I 251). Ein Behaupten kann daher auch in der Weitergabe fremder Wahrnehmungen oder Mitteilungen enthalten sein, sofern zu deren Wahrheitsgehalt positiv Stellung bezogen wird und sie sich damit erkennbar zu eigen gemacht werden (vgl. zB BGH NJW **96**, 1132 mwN, Schleswig SchlHA **91**, 107; vgl. auch BGH JZ **97**, 785 m. Anm. Helle: ausreichend ist das Fehlen einer erkennbaren Distanzierung). Unerheblich ist auch, ob die Behauptung ausdrücklich oder nur konkludent aufgestellt wird und in welche sprachliche Form sie gekleidet ist. So ist mit der falschen Wiedergabe eines Zitats immer die Behauptung verbunden, daß die fragliche Äußerung so gefallen sei (vgl. dazu BVerfGE **54** 217 f.); ebenso kann das Bestreiten einer Tatsache zugleich das (konkludente) Behaupten einer solchen enthalten (zB Bestreiten, daß der andere in Notwehr gehandelt habe: Behauptung einer rechtswidrigen Tötung), eine vor den Augen des Publikums in einem Warenhaus durchgeführte Sensorkontrolle die Behauptung eines Diebstahls (vgl. Hamm NJW **87**, 1034 [dort allerdings zw., wenn damit nicht mehr als ein bloßer Verdacht geäußert wurde]; vgl. auch Zaczyk NK 8). Desgleichen kann – was Auslegungsfrage im Einzelfall ist – eine Äußerung, die verbal nur als persönliches Urteil (zB „meines Erachtens", „offenbar", „es muß angenommen werden"), Vermutung, Verdacht oder sogar nur als (rhetorische) Frage formuliert ist, in der Sache eine versteckte Behauptung enthalten (vgl. zB RG **60** 374, **67** 270, Celle MDR **60**, 1032, Hamm NJW **71**, 853, Köln NJW **62**, 1121 m. Anm. Schaper, 63, 1634, **88**, 1803, Koblenz OLGSt § 185 S. 31, München [Z] NJW **93**, 2999, Herdegen LK[10] 7, Rudolphi SK 9). Kein Behaupten ist es dagegen, wenn der fragliche Sachverhalt nur als möglich dargestellt wird, mag dies auch in der erkennbaren Absicht geschehen, den anderen zu veranlassen, daraus für den Betroffenen nachteilige Schlüsse zu ziehen. Da § 186 nur die Fälle erfaßt, in denen dem Dritten die tatsächliche Grundlage für eigene Mißachtung geliefert wird, ist der Tatbestand nach dem Sinn der Vorschrift ferner auch dann nicht erfüllt, wenn der Täter aus einem von ihm mitgeteilten unverfänglichen Sachverhalt durch unzutreffende persönliche Schlußfolgerungen, die als solche erkennbar sind, zur Behauptung ehrenrühriger Tatsachen gelangt; in Betracht kommt hier vielmehr § 185 (ebenso Bay NStZ **83**, 126, Herdegen LK[10] 7, Rudolphi SK 9; vgl. aber auch RG **67** 268, Köln NJW **63**, 1634). Nicht unter § 186 fällt schließlich, obwohl der ehrverletzende Erfolg der gleiche ist, das bloße Schaffen einer den Betroffenen kompromittierenden Sachlage, so wenn Diebesgut in der Tasche eines anderen versteckt oder eine angeblich von dem Betroffenen stammende und diesen kompromittierende Schrift unter dessen Namen veröffentlicht wird: Im ersten Fall fehlt es mangels einer Äußerung schon an einem Behaupten, im zweiten mangels eines erkennbaren Drittbezugs jedenfalls an einem Behaupten „in Beziehung auf einen anderen,, da dies eine Äußerung voraussetzt, hinter der ein anderer als der Betroffene als – angeblicher oder wirklicher – Urheber steht (ebenso BGH NStZ **84**, 216, ferner zB Herdegen LK[10] 7, Krey I 215 f., Küpper JA 85, 459, Rudolphi SK 10, Tenckhoff JuS 88, 621, Tröndle 5, Zaczyk NK 21; dazu, daß hier auch kein Verbreiten vorliegt, u. 8); auch § 185 gilt, weil gleichfalls ein Äußerungsdelikt, hier nicht.

8 b) Die 2. Alt. des **Verbreitens** ergänzt die 1. Alt., indem hier solche Tatsachenmitteilungen erfaßt werden, die kein Behaupten sind, weil der Täter die fragliche Tatsache nicht nach eigener Überzeugung als richtig hinstellt. Verbreiten bedeutet deshalb die Mitteilung einer ehrenrührigen Tatsache als Gegenstand fremden Wissens und fremder Überzeugung durch Weitergabe von – wirklichen oder angeblichen – Tatsachenbehauptungen anderer, die sich der Täter nicht selbst zu eigen macht und für deren Richtigkeit er daher auch nicht eintritt (vgl. RG **38** 368, Bay OLGSt S. 6, Hansen JR 74, 406 f., Herdegen LK[10] 8, Hilgendorf aaO 192, Rudolphi SK 11, Tröndle 7, Zaczyk NK 9). Auch bei der 2. Alt. handelt es sich daher um ein Äußerungsdelikt mit erkennbarem Drittbezug, weshalb das Schaffen einer den Betroffenen kompromittierenden Sachlage (o. 7) hier gleichfalls ausscheidet (vgl. die Nachw. o. 7, ferner Herdegen LK[10] 9, Lackner/Kühl 5, Zaczyk NK 12). Die Gegenmeinung, die das Verbreiten mit einem „Gelangen-Lassen in einen weiteren Umkreis" gleichsetzt (Streng GA **85**, 222; vgl. auch Gössel I 376 f.), macht nicht nur die 1. Alt. (Behaupten) nahezu bedeutungslos, sondern leugnet auch den Charakter des § 186 als Äußerungsdelikt, obwohl die Gesetzesüberschrift von der „üblen Nach*rede*" spricht und § 193 bei den Ehrverletzungsdelikten durchgehend von einer „Äußerung" ausgeht, und zwar, wie sich aus entgegen Streng aaO 229 aus § 193 a. E. ergibt, auch bei den „ähnlichen Fällen". Nicht hierher gehört ferner die Weitergabe fremder Werturteile; daß ein anderer ein solches abgegeben hat, ist keine Tatsache iS des § 186, da dies noch keine Grundlage für fremde Mißachtung ist (in Betracht kommt hier jedoch § 185, sofern sich der Täter mit dem wiedergegebenen fremden Werturteil identifiziert und dadurch eigene Mißachtung zum Ausdruck bringt; vgl. § 185 RN 1, Herdegen LK[10] 9, Zaczyk NK 7). Auch bei Mitteilung eines fremden Verdachts kommt es deshalb darauf an, ob damit nur eine sprachlich andere Form für eine Tatsachenbehauptung gewählt worden ist. Da der (angebliche) Urheber der fremden Tatsachenbehauptung nicht erkennbar sein muß, kann auch die Weitergabe eines bloßen Gerüchts („Es heißt, X habe . . .") ein Verbreiten sein (vgl. RG **22** 223, **38** 368, JW **36**, 389, BGH **18** 183, Hamm NJW **53**, 596, Herdegen LK[10] 8, Lackner/Kühl 5, Rudolphi SK 11, Tröndle 7, Zaczyk NK 10). Unerheblich ist, in welcher Form die Mitteilung erfolgt und ob sie an einen größeren Kreis gelangt oder gelangen soll (RG **30** 225, Bay OLGSt S. 6); die Mitteilung an nur eine Person – auch „unter dem Siegel der Verschwiegenheit" – genügt (vgl. Herdegen LK[10] 9). Ebenso wie beim Behaupten ist auch beim Verbreiten nicht erforderlich, daß die fragliche Tatsache dem Empfänger bisher unbekannt war, weil hier schon die Möglichkeit (abstraktes Gefährdungsdelikt) genügen muß, daß dieser in seinem Glauben bestärkt wird (vgl. M-Maiwald I 251; enger Neustadt MDR **62**, 235, Herdegen aaO, Rudolphi SK 11: nur bei tatsächlicher Beseitigung bisher vorhandener Zweifel). Schließlich entfällt ein Verbreiten nicht deshalb, weil der Täter die Richtigkeit der von ihm weitergegebenen fremden Tatsachenbehauptung bezweifelt oder sogar als unglaubwürdig bezeichnet (so RG **22** 223, **38** 368, BGH **18** 183, Hamm NJW **53**, 596 für die Weitergabe eines Gerüchts; vgl. ferner Herdegen aaO; and. zB BGH NJW **96**, 1131, LG Hamburg NJW **98**, 3651 [kein Verbreiten bei ernsthafter Distanzierung], Zaczyk NK 10). Dies gilt selbst dann, wenn die fragliche Behauptung durch eine substantiierte Gegendarstellung entkräftet wird, da dies an der Ehrenrührigkeit der weitergegebenen Tatsache selbst nichts ändert und

§ 186 nur darauf abstellt, ob die verbreitete Tatsache (nicht: die Äußerung insgesamt) geeignet ist, den anderen verächtlich zu machen usw. (and. Rudolphi SK 11). Doch kann hier, wenn keine Einwilligung des Betroffenen vorliegt, vielfach eine mutmaßliche Einwilligung angenommen werden (vgl. Lackner/Kühl 5, ähnl. Hansen JR 74, 406, Herdegen LK[10] 8; für Rechtfertigung nach § 193 Tröndle 7); notwendig ist dies jedoch nicht, da der Betroffene auch hier im Einzelfall gute Gründe gegen diese Form des „Herumtragens" haben kann („semper aliquid haeret"); zur Weitergabe vom Betroffenen selbst aufgestellter Behauptungen vgl. u. 12, 16. – Möglich ist ein Verbreiten auch durch *Unterlassen*, wenn der Täter trotz Bestehens einer entsprechenden Garantenpflicht fremde ehrenrührige Tatsachenbehauptungen nicht verhindert (eine Identifizierung mit diesen ist beim Verbreiten nicht erforderlich, weshalb hier auch Täterschaft möglich ist); nicht hierher gehört jedoch mangels einer Garantenpflicht des Eigentümers das Nichtbeseitigen ehrverletzender Aufschriften auf Hauswänden usw. (vgl. Weber, Oehler-FS 86 ff.). Zur Frage der strafrechtlichen Verantwortlichkeit von Tele- u. Mediendienstanbietern insbes. im Internet (§ 5 TDG, § 5 MDStV) vgl. § 184 RN 66 b ff.

c) Das Behaupten usw. der ehrenrührigen Tatsache muß **in Beziehung auf einen anderen** 9 erfolgen (zur Beleidigungsfähigkeit vgl. 2 ff. vor § 185), der zwar nicht namentlich bezeichnet, aber nach Inhalt oder Umständen der Äußerung doch hinreichend sicher erkennbar sein muß (vgl. zB BGH **14** 50, Braunschweig NdsRpfl **65**, 210, Köln OLGSt S. 12, Rudolphi SK 12; vgl. auch § 185 RN 9 und zur Beleidigung unter einer Kollektivbezeichnung 5 ff. vor § 185). Wird eine erdichtete ehrenrührige Behauptung eines Dritten verbreitet, so kann darin sowohl eine üble Nachrede gegenüber dem Betroffenen als auch gegenüber dem angeblichen Urheber liegen. Mit der entsprechenden Verfälschung eines Zitats können ehrenrührige Tatsachen in bezug auf den Zitierten behauptet werden (vgl. BVerfGE **54** 208, BGH NJW **78**, 1797 [Böll-Urteil]). Auch kann § 186 in der Form verwirklicht werden, daß in einer bereits begangenen üblen Nachrede der Name des Betroffenen ausgewechselt wird (Stuttgart NJW **72**, 2320). Daß das Behaupten usw. „in Beziehung" auf einen anderen erfolgen muß, bedeutet zugleich, daß die Äußerung zumindest auch **an einen Dritten** gerichtet sein und an einen solchen gelangen muß (zur Vollendung u. 17). Kein Fall des § 185 sondern des § 186 liegt deshalb auch vor, wenn in einem Brief an Eheleute ehrenrührige Behauptungen über einen der beiden Gatten enthalten sind (Koblenz § 193 **Nr. 1**); zu Äußerungen in der „beleidigungsfreien Sphäre" (Familie usw.) vgl. dagegen 9 b v. § 185. Nicht erforderlich ist auch hier, daß der Dritte der eigentliche Adressat ist (vgl. § 185 RN 11, zum Diktat eines an einen Dritten gerichteten Briefs aber auch Koblenz OLGSt. § 193 **Nr. 1**). Wird dagegen die ehrenrührige Tatsache ausschließlich gegenüber dem Betroffenen selbst behauptet, so ist allein § 185 anwendbar (hM, zB RG **29** 40, **41** 61, Bay NJW **59**, 57, Celle NdsRpfl **63**, 91, Koblenz MDR **77**, 864, Köln NJW **64**, 2121, Oldenburg NdsRpfl **55**, 118, Lackner/Kühl 6, Rudolphi SK 1, 12, Tröndle 5). § 186 gilt hier nur, wenn sich der Täter des Opfers als Werkzeug zur Weiterleitung an einen Dritten bedient, so wenn der Betroffene zur Mitteilung an diesen verpflichtet ist (vgl. RG **41** 61).

4. Kein Tatbestandsmerkmal (so aber Bemmann MDR 56, 387, Sax JZ 76, 82, 434) ist dagegen 10 bei § 186 die **Unwahrheit** der behaupteten usw. Tatsache oder deren **Nichterweislichkeit**, vielmehr ist letztere nach hM nur eine objektive Bedingung der Strafbarkeit bzw. – was in der Sache hier kein Unterschied ist – die Erweislichkeit ein (sachlicher, vgl. 131 vor § 32) Strafausschließungsgrund (o. 1; für Strafbarkeitsbedingung zB RG **69** 81, Hamm JMBlNW **51**, 163, Bay **64** 129, Hamm JMBlNW **51**, 1034, Koblenz MDR **77**, 864, OLGSt § 193 **Nr. 1**, Arzt/Weber I 173, Blei II 101, Gössel I 379, Lackner/Kühl 7, Otto, Schwinge-FS 82 ff., Schendzielorz aaO 24, für Strafausschließungsgrund zB RG **64** 425, Kohlrausch-Lange VIII; vermittelnd wie hier zB BGH **11** 274, Herdegen LK[10] 12, § 190 RN 1, Krey I 204, Tröndle 12; für rein prozessuale Wirkung Arthur Kaufmann ZStW 72, 437, M-Maiwald I 249 [Umkehrung des Satzes „in dubio pro reo"]). Der Vorsatz braucht sich weder auf die Unwahrheit der mitgeteilten Tatsache noch auf deren Nichterweislichkeit (vgl. dazu Herdegen LK[10] 3) zu beziehen. Entgegen einer neueren und im Vordringen begriffenen Auffassung setzt das tatbestandliche Unrecht des § 186 aber auch keine objektive Sorgfaltspflichtverletzung bezüglich der Wahrheitsfrage voraus (so aber Hirsch aaO 168, ZStW 90, 980, Wolff-FS 144, ferner zB Geisler, Zur Vereinbarkeit objektiver Strafbarkeitsbedingungen mit dem Schuldprinzip, 1998, 437, Kindhäuser aaO 305 ff., Küpper JA 85, 459, Miseré aaO 149, Roxin I 901, Rudolphi SK 15, W-Hettinger 501, Wolff ZStW 81, 907, Zaczyk NK 19). Dagegen spricht, daß dies zu einer unangemessenen und, wie auch § 193 zeigt, vom Gesetz nicht gewollten Verkürzung des strafrechtlichen Ehrenschutzes führen würde (mit Recht ablehnend daher zB auch Herdegen LK[10] 4, Lackner/Kühl 7 a, M-Maiwald I 248 f., Tenckhoff aaO 115 ff.). Straflos sind daher nicht erweislich wahre ehrenrührige Tatsachenbehauptungen usw. nicht schon deshalb, weil der Täter zuvor sorgfältige Erkundigungen eingezogen hat oder sein Gewährsmann als zuverlässig gilt, sondern von den u. 16 genannten Sonderfällen abgesehen erst dann, wenn dies in Wahrnehmung berechtigter Interessen nach § 193 – der sonst bei § 186 weitgehend überflüssig wäre – geschehen ist: Strafbar bleiben deshalb zB ehrenrührige Behauptungen, die lediglich den Sinn haben „auszupacken", mag auch die Information des Täters aus der Sicht ex ante zuverlässig erschienen sein.

III. Der **subjektive Tatbestand** erfordert (bedingten) Vorsatz, der sich zwar auf die Ehrenrührig- 11 keit der behaupteten usw. Tatsache, nicht aber auf deren Unwahrheit oder Nichterweislichkeit beziehen muß (o. 1, 10); auch eine Sorgfaltswidrigkeit ist insoweit nicht erforderlich (o. 10). Der Täter muß ferner das Bewußtsein und den Willen der Kundgabe (zumindest auch) an einen Dritten haben.

§ 186 12–16   Bes. Teil. Beleidigung

Nicht erforderlich ist auch hier eine Beleidigungsabsicht. Vgl. im übrigen – vorbehaltlich der durch die Besonderheiten des § 186 bedingten Abweichungen – auch § 185 RN 14.

12 **IV.** Als **Rechtfertigungsgrund** kommt insbes. die Wahrnehmung berechtigter Interessen (§ 193) in Betracht; zu einem Fall der (mutmaßlichen) Einwilligung o. 8. Das Verbreiten einer ehrenrührigen Behauptung ist nicht schon deshalb gerechtfertigt, weil diese selbst in Wahrnehmung berechtigter Interessen erfolgte (zB Verbreiten einer nach § 193 gerechtfertigten Strafanzeige); ist die Weitergabe jedoch an eine Person erfolgt, der gegenüber die fragliche Tatsache auch behauptet werden darf (zB Weitergabe einer Zeitungsmeldung an jemand, der die Zeitung nicht gelesen hat), so muß sich die rechtfertigende Wirkung auch auf das Verbreiten der Behauptung erstrecken, sofern der Täter deren Unrichtigkeit nicht kennt oder auf Grund neuer Tatsachen begründete Zweifel hat (vgl. Herdegen LK[10] 9). Bei irriger Annahme, der Behauptende (zB die Zeitungsredaktion) habe den Wahrheitsgehalt pflichtgemäß geprüft (vgl. § 193 RN 11, 17), muß in diesem Fall § 16 entsprechend gelten (vgl. § 193 RN 24). Der Umstand, daß sich der Täter bezüglich der mitgeteilten Tatsache auf eine behördliche Auskunft oder eine entsprechende Äußerung des Betroffenen selbst berufen kann, schließt als solcher die Rechtswidrigkeit noch nicht aus (and. RG **73** 67, KG JR **53**, 327, NJW **55**, 1368; vgl. aber auch u. 16).

13 **V.** Ein **Strafausschließungsgrund** ist, sofern nicht eine Formalbeleidigung vorliegt (§ 192), die **Erweislichkeit** der behaupteten usw. Tatsache (bzw. die Nichterweislichkeit eine objektive Strafbarkeitsbedingung, o. 1, 10). Maßgeblich ist also nicht, ob diese wahr oder unwahr ist, sondern ob sie als wahr erwiesen wird (zur Bedeutung des Wahrheitsbeweises bei Werturteilen, die in Verbindung mit einer Tatsachenbehauptung abgegeben werden, vgl. dagegen § 185 RN 7). Dabei hat das Gericht auch hier, ebenso wie sonst im Strafverfahren, *von Amts wegen* die materielle Wahrheit zu erforschen (§§ 155 II, 244 II StPO); über offenkundige Tatsachen – zB die millionenfache Ermordung von Menschen jüdischer Abstammung in den Gaskammern der Nationalsozialisten – ist eine Beweiserhebung überflüssig, vgl. BGH **40** 99, NJW **95**, 340, NStZ **94**, 140, Celle MDR **94**, 608, Düsseldorf MDR **92**, 500); eine formelle Beweislast iS einer Beweisführungspflicht hat der Täter nicht, wohl aber trifft ihn die materielle Beweislast (vgl. zB RG DJ **37**, 163, BGH MDR/D **54**, 335, Bay VRS **82**, 47, Tübingen DRZ **48**, 497, Herdegen LK[10] § 190 RN 4, Lackner/Kühl 7 a, M-Maiwald I 261, Tröndle 8, Zaczyk NK 23; zur Übernahme der in § 186 enthaltenen Beweislastregel in das Zivilrecht vgl. Lingemann, Der Wahrheitsbeweis beim Widerruf ehrkränkender Behauptungen, [1991, Diss. Tübingen]). Im einzelnen gilt folgendes:

14 1. Das Gericht ist zur **Erhebung des Wahrheitsbeweises** auch **verpflichtet**, wenn bereits feststeht, daß der Täter auch bei Nichterweislichkeit nach § 193 freizusprechen ist (vgl. zB RG HRR **37** Nr. 530, BGH **4** 198, **11** 273, Bay **83** 35, **98** 17, Graul NStZ 91, 459 f., Herdegen LK[10] § 190 RN 5, Lackner/Kühl 7 a, Zaczyk NK 24; and. Gössel I 380; zu § 193 im zivilrechtlichen Ehrschutzverfahren vgl. Nolte aaO 82 ff.). Obwohl an sich systemwidrig, ist dies damit zu rechtfertigen, daß das Strafverfahren hier im Rahmen des Möglichen zugleich der Wiederherstellung des guten Rufs des Betroffenen dienen soll. Dasselbe muß deshalb auch gelten, wenn ein Freispruch aus anderen Gründen (zB Verbotsirrtum) erfolgen muß. Umgekehrt ist der Wahrheitsbeweis auch zu erheben, wenn der Täter auch bei dessen Gelingen nach §§ 192, 185 zu bestrafen ist (RG **64** 11, BGH **27** 290, Zaczyk NK 25; and. Teuchhoff aaO 143).

15 2. Der **Wahrheitsbeweis ist geführt**, wenn die behauptete usw. Tatsache in den wesentlichen Punkten als richtig festgestellt ist; ist der Tatsachenkern zutreffend, so sind einzelne Übertreibungen oder unrichtige Nebensächlichkeiten unschädlich (vgl. zB RG **55** 132, **62** 95, BGH **18** 182, Hamm JMBlNW **58**, 112, Saarbrücken OLGSt S. 1, AG Ravensburg AnwBl. **78**, 421 u. zT krit. dazu auch Hilgendorf aaO 225 ff.; zu dem besonderen Wahrheitsbegriff bei künstlerischen Aussagen vgl. BGH NJW **83**, 1194 m. Anm. Zechlin [satirisches „Moritatengedicht"]). Daß andere dasselbe behaupten, ist noch kein Wahrheitsbeweis (BGH **18** 183). Die behaupteten und bewiesenen Tatsachen müssen identisch sein (RG **62** 95, **64** 286, BGH MDR/D **55**, 269, Hilgendorf aaO 226 f.). Die Feststellung anderer ehrmindernder Tatsachen genügt deshalb nicht, selbst wenn sie dem behaupteten Vorkommnis gleichartig sind. Auch entsprechende Beweisanträge sind deshalb abzulehnen, es sei denn, daß zB bei widersprechenden Zeugenaussagen mit dem Beweis ähnlicher Vorkommnisse zugleich ein Beweisanzeichen für die Richtigkeit der behaupteten Tatsache erbracht werden kann (vgl. BGH VersR **63**, 943; zur Zulässigkeit von Beweisanträgen vgl. ferner BGH MDR/D **55**, 269 sowie Herdegen LK[10] § 190 RN 2 mwN; vgl. auch Nr. 230 RiStBV).

16 3. Wird die **Wahrheit nicht festgestellt**, so gehen Zweifel, abweichend vom Grundsatz „in dubio pro reo", grundsätzlich zu Lasten des Täters, so daß dieser zu verurteilen ist, wenn nicht die Rechtswidrigkeit (o. 12) oder die Schuld ausgeschlossen ist (wobei zu beachten ist, daß ein Verbotsirrtum schon dann vorliegt, wenn der Täter glaubt, für wahr gehaltene ehrenrührige Tatsachen einem anderen auch ohne Wahrnehmung berechtigter Interessen mitteilen zu dürfen; zum Verbotsirrtum vgl. auch Ottow NJW 56, 211, Sax JZ 76, 436 mwN). Nur ausnahmsweise ist dem Täter die Unwahrheit nachzuweisen, wenn ihm der Schutz des § 193 mit Erwägungen versagt wird, die aus dem Inhalt der Rechtswidrigkeit der Behauptung hergeleitet werden (Bay **55** 13). Aber auch sonst gibt es, unabhängig vom Vorliegen des § 193 oder eines Verbotsirrtums, Situationen, in denen der Täter trotz Mißlingens des Wahrheitsbeweises straflos bleiben muß. Dazu gehört der Fall, daß der Täter lediglich wiedergibt, was der

Betroffene selbst von sich gesagt hat. Hier kann zwar, weil in einer solchen Selbstbezichtigung noch keine Preisgabe oder Verwirkung des Achtungsanspruchs gegenüber Dritten gesehen werden kann, nicht schon die Tatbestandsmäßigkeit verneint werden (so aber zB Bockelmann JR 54, 327, Lackner/ Kühl 5, M-Maiwald I 251, Rudolphi SK 11; vgl. auch Zaczyk NK 11), und ebensowenig ist die Weitergabe in einem solchen Fall ohne Vorliegen eines besonderen Rechtfertigungsgrundes (mutmaßliche Einwilligung, § 193) gerechtfertigt (and. KG JR **54**, 355, NJW **55**, 1368), zumal der Betroffene sonst völlig schutzlos wäre (zB auch keine Notwehr). Wohl aber verdient dieser hier nicht mehr den weitreichenden Strafschutz des § 186, der dem Täter das volle Beweisrisiko aufbürdet. Hat dieser daher im Vertrauen auf die Richtigkeit der von dem Betroffenen aufgestellten Behauptung gehandelt, so ist auch bei Mißlingen des Wahrheitsbeweises ein Strafausschließungsgrund anzunehmen (vgl. iE auch Zaczyk aaO). Dasselbe muß gelten, wenn die Mitteilung ehrenrühriger Tatsachen auf die entsprechende Auskunft einer zuständigen Behörde gestützt wird (o. 12). Da für staatliches Handeln die Vermutung der Richtigkeit gilt, wäre es auch hier grob unbillig, wenn die Nichterweislichkeit zu Lasten des Täters ginge.

VI. Vollendet ist die Tat, wenn die Äußerung zur Kenntnis eines Dritten gelangt ist. Da nicht 17 diese, sondern die behauptete usw. Tatsache geeignet sein muß, den Betroffenen verächtlich zu machen usw., kommt es auch bei § 186 (abstraktes Gefährdungsdelikt) nicht darauf an, ob der Dritte den ehrenrührigen Inhalt verstanden hat (zu § 185 vgl. dort RN 16; and. Zaczyk NK 20).

VII. Qualifiziert ist die üble Nachrede, wenn sie **öffentlich** oder durch **Verbreiten von Schrif-** 18 **ten** begangen wird.

1. Öffentlich ist die üble Nachrede erfolgt, wenn sie unabhängig von der Öffentlichkeit des 19 fraglichen Orts von einem größeren, nach Zahl und Individualität unbestimmten oder durch nähere Beziehung nicht verbundenen Personenkreis unmittelbar wahrgenommen werden kann (vgl. zB RG **38** 207, **42** 112, **63** 431, Celle MDR **66**, 347, NStZ **94**, 440 [zu § 86 a], Hamm GA **80**, 223 [zu § 140], KG JR **84**, 249 [zu § 111], Köln OLGSt S. 13, Franke GA **84**, 458 f., Herdegen LK[10] 13, Zaczyk NK **27**, 29). Daß und wieviele der dazugehörenden Personen von der fraglichen Äußerung tatsächlich Kenntnis genommen haben, ist für das Merkmal „öffentlich" dagegen unerheblich (allerdings setzt schon der Grundtatbestand voraus, daß sie wenigstens zur Kenntnis eines von ihnen gelangt ist; vgl. o. 17, aber auch Zaczyk NK 26). Äußerungen in Rundfunk und Fernsehen sind daher stets öffentlich, und zwar nicht nur bei Live-Sendungen, sondern – die 2. Alt. des Verbreitens von Schriften scheidet hier aus (vgl. u. 20) – auch bei der Wiedergabe einer zuvor gefertigten Aufzeichnung. Dasselbe gilt für Äußerungen, die über Computernetze (zB „Internet") für die Benutzer solcher Systeme ohne weiteres abrufbar sind; zur Haftung von Diensteanbietern für fremde Inhalte, die sie lediglich den Zugang zur Nutzung vermitteln, s. näher § 184 RN 66 b ff. Im übrigen gilt folgendes: Bei *mündlichen* Äußerungen müssen hier – and. als zB in § 183 a (vgl. dort RN 4) – unbeteiligte Dritte, die sie hätten hören können, tatsächlich anwesend sein (RG **63** 431, DR **41**, 1838, Braunschweig NJW **53**, 875); daß sie hätten anwesend sein können, genügt daher ebensowenig wie die Anwesenheit von nur einem oder wenigen unbeteiligten Dritten (Celle NdsRpfl **66**, 234, Hamm GA **80**, 222; vgl. aber auch Celle NStZ **94**, 440, wonach bereits drei Unbeteiligte ausreichen). Auch wird eine mündliche Äußerung nicht deshalb zu einer öffentlichen, weil sie nacheinander mehreren Personen gegenüber erfolgt (and. F. C. Schroeder GA 62, 231), ebensowenig eine an einen bestimmten Personenkreis gerichtete Erklärung deshalb, weil sie hinterher in die Öffentlichkeit gelangt und der Täter damit rechnet (vgl. Köln OLGSt S. 14, Herdegen aaO). *Versammlungen* – zB in den §§ 90 ff., 111, 130 III, 130 a II Nr. 2, 187 als weitere Alternative ausdrücklich genannt, was nur heißen kann, daß nicht jede in einer Versammlung gemachte Äußerung zugleich öffentlich ist – sind nur dann öffentlich, wenn es sich dabei nicht um einen geschlossenen Personenkreis (zB Mitglieder eines Vereins) handelt oder wenn daneben auch außenstehende Dritte anwesend sind (vgl. RG HRR **39** Nr. 917 [AG-Hauptversammlung], Köln OLGSt S. 14 [Parteiversammlung], Zaczyk NK 28). Auch in einer für jedermann zugänglichen Versammlung gemachte Äußerungen genügen aber dann nicht, wenn die Zahl der Anwesenden an den Fingern einer Hand abzuzählen sind, und ebensowenig werden Äußerungen in einem geschlossenen Personenkreis deshalb zu öffentlich gemachten, weil der Täter zu diesem in keinerlei Beziehung stand (RG **42** 114). Öffentlichkeit des Orts ist nicht erforderlich, ohne die eben genannten Voraussetzungen aber auch nicht ausreichend (RG **38** 208); selbst wenn hier Publikum tatsächlich zugegen war, sind die beleidigenden Äußerungen daher nicht öffentlich erfolgt, wenn sie nur von dem engeren Kreis, für den sie bestimmt waren, wahrgenommen werden konnten (RG **3** 361, **10** 296, **21** 254, **22** 241, **38** 208, Herdegen LK[10] 13). Auch nicht jede in einer öffentlichen Gerichtssitzung ausgesprochene Beleidigung ist öffentlich begangen, vielmehr kommt es darauf an, ob unbeteiligte Zuhörer anwesend sind (vgl. Hamm JMBlNW **51**, 164, ferner unter Hinweis auf BGH 5 StR 472/68, Gössel I 380); zu beleidigenden Äußerungen in einem Eisenbahnabteil vgl. RG **58** 53, **65** 112. – Eine *schriftliche* üble Nachrede ist öffentlich begangen, wenn die Möglichkeit der Kenntnisnahme durch beliebige Dritte besteht, ohne daß diesen hier die Schrift wie beim Verbreiten einer solchen (u. 20) selbst körperlich zugänglich gemacht wird. Der Fall ist dies zB bei Plakaten an einem nicht nur für einen bestimmten Personenkreis zugänglichen Ort (vgl. auch Hamburg NStZ **83**, 127 m. Anm. Franke NStZ 84, 126), bei einer Zeitungsanzeige, beim Aufsprühen auf eine Wand, aber auch bei einer offenen Postkarte (RG HRR **32** Nr. 1798, Kiel JW **31**, 2523, Herdegen LK[10] 14; vgl. aber auch

§ 187 1   Bes. Teil. Beleidigung

Zaczyk NK 30), nicht dagegen bei Zusendung als Drucksache in einem offenen Umschlag (RG 37 289) oder bei der Auslage einer beleidigende Äußerungen enthaltenden Broschüre, weil diese hier nicht unmittelbar wahrnehmbar sind (vgl. KG JR **84**, 249 zu § 111). Auch daß die Beleidigung in einem an eine Behörde gerichteten Schreiben oder in einem an eine Redaktion abgesandten Manuskript enthalten ist, macht sie noch nicht zu einer öffentlichen (RG HRR **41** Nr. 518, Stuttgart NJW **72**, 2320), und dasselbe gilt für eine Pressemitteilung, die im Fall ihrer Veröffentlichung jedoch je nach den Umständen mittelbare Täterschaft oder Anstiftung sein kann (zu § 111 vgl. auch Frankfurt StV **90**, 209). Selbstverständlich ist schließlich, daß eine nichtöffentliche schriftliche Beleidigung nicht deshalb zu einer öffentlichen wird, weil sie hinterher von anderen gelesen und so der Öffentlichkeit bekannt wird (RG JW **38**, 2892).

20 2. Für die **Verbreitung von Schriften**, denen nach § 11 III Ton-, Bildträger usw. gleichstehen (vgl. dort RN 78 ff.), gilt der mit dem „Verbreiten" des Grundtatbestands nicht identische presserechtliche Verbreitungsbegriff wie er auch in zahlreichen anderen Vorschriften (zB §§ 90 ff., 111, 130 ff., 166, 184) verwendet wird. Voraussetzung ist hier deshalb, daß die Schrift einem größeren Personenkreis körperlich – also nicht nur in ihrem Inhalt (vgl. dazu o. 19) – zugänglich gemacht wird (vgl. zB Herdegen LK[10] 14 u. näher dazu § 184 RN 57; and. Franke GA 84, 467 u. zT auch Zaczyk NK 32).

21 **VIII. Konkurrenzen.** Zum Verhältnis mehrerer den Tatbestand des § 186 erfüllender Äußerungen in einer Schrift oder Rede vgl. 29 vor § 52, § 185 RN 20. Mit § 185 ist Idealkonkurrenz möglich, wenn der Täter zusätzlich zu der üblen Nachrede seine Mißachtung des Betroffenen zum Ausdruck bringt, während bezüglich der in dem Behaupten ehrenrühriger Tatsachen notwendig enthaltenen Mißachtung § 186 als speziellere Vorschrift vorgeht, und zwar auch dann, wenn der Täter die ehrenrührige Tatsachenbehauptung noch ausdrücklich mit einer daraus abgeleiteten negativen Schlußfolgerung verbindet (hM, vgl. zB RG **59** 417, **65** 358, BGH **6** 161, **12** 292, NStE § 185 **Nr. 6**, Celle GA **60**, 248, Düsseldorf JMBlNW **90**, 152, Hamm NJW **71**, 1850, Köln OLGSt § 185 S. 44, Stuttgart JZ **69**, 78, Gössel I 356, Lackner/Kühl 11, Tröndle § 185 RN 24, Zaczyk NK 38; generell für Vorrang des § 186 jedoch Herdegen LK[10] 30 vor § 185, Rudolphi SK 21 vor § 185). Idealkonkurrenz mit § 185 ist deshalb in folgenden Fällen möglich: 1. wenn der Tatsachenbehauptung eine selbständige, aus dieser jedenfalls nicht ausschließlich ableitbare Formalbeleidigung hinzugefügt wird (zB RG **65** 359, BGH **12** 292, Bay NJW **62**, 1120, Köln OLGSt § 185 S. 44, Tröndle aaO, Zaczyk NK 39; and. Tenckhoff JuS 88, 792); 2. bei Tatsachenbehauptungen, die sowohl an den Betroffenen selbst als auch an einen Dritten gerichtet sind, so bei einer mündlichen Äußerung in Anwesenheit beider oder bei einer schriftlichen Äußerung gegenüber dem Betroffenen, die dieser als Werkzeug des Täters auf Grund einer dazu bestehenden Pflicht an einen Dritten weiterleiten soll (vgl. zB RG **41** 65, Bay NJW **62**, 1120, Celle GA **340**, 247, Zaczyk aaO; and. Tenckhoff aaO). Über das Verhältnis zu § 187 vgl. dort RN 8, zu § 164 dort RN 37.

22 **IX.** Zum **Strafantrag** vgl. § 194, zur **Straffreierklärung** § 199, zur **Urteilsbekanntmachung** § 200, zur **Verjährung** bei Pressedelikten § 78 RN 9, § 78 a RN 16.

§ 187 Verleumdung

Wer wider besseres Wissen in Beziehung auf einen anderen eine unwahre Tatsache behauptet oder verbreitet, welche denselben verächtlich zu machen oder in der öffentlichen Meinung herabzuwürdigen oder dessen Kredit zu gefährden geeignet ist, wird mit Freiheitsstrafe bis zu zwei Jahren oder mit Geldstrafe und, wenn die Tat öffentlich, in einer Versammlung oder durch Verbreiten von Schriften (§ 11 Abs. 3) begangen ist, mit Freiheitsstrafe bis zu fünf Jahren oder mit Geldstrafe bestraft.

1 **I.** Die Vorschrift enthält 2 Tatbestände. Die **Verleumdung i. e. S.** knüpft an § 186 an, schützt im Unterschied zu diesem aber nicht den vermuteten, sondern den tatsächlichen Geltungswert, weshalb die ehrenrührigen Tatsachenbehauptungen usw. hier erweislich unwahr sein müssen. Demgegenüber enthält die in § 187 zusätzlich genannte **Kreditgefährdung** kein Ehr-, sondern ein Vermögensdelikt (hM, vgl. zB RG **44** 158, Gössel I 381, Herdegen LK[10] 3, Lackner/Kühl 2, M-Maiwald I 253 [and. noch M-Schroeder[6] I 217: Ehrdelikt], Rudolphi SK 9, Tröndle 2, Zaczyk NK 4 u. näher dazu und im Hinblick auf § 15 UWG für Streichung dieser Tatbestandsalternative Lampe, Oehler-FS 283 ff.). Die Kreditwürdigkeit betrifft nicht nur die „wirtschaftliche Seite der Ehre" (so jedoch M-Schroeder[6] aaO). Wäre dies der Fall, so wäre ihre ausdrückliche Nennung in § 187 überflüssig gewesen. Behauptungen, die den Kredit eines anderen zu gefährden geeignet sein können, werden zwar zugleich dessen Geltungswert betreffen (zB wenn seine „Zahlungsmoral" in Frage gestellt wird oder durch die Behauptung, der Betroffene verspiele sein gesamtes Vermögen), sie müssen dies aber nicht, weil die Kreditwürdigkeit noch von weiteren Umständen abhängen kann (zB Behauptung, einem Unternehmer seien wichtige Aufträge gekündigt worden, weil sein Auftraggeber in Schwierigkeiten geraten sei; vgl. auch die Bsp. b. Lampe aaO 284). Soweit dies nicht der Fall ist, hat die nur aus Zweckmäßigkeitsgründen unter die Ehrdelikte eingereihte Kreditgefährdung als Angriff auf das Vermögen daher selbständige Bedeutung.

II. Der **objektive Tatbestand** setzt sowohl bei der Verleumdung als auch bei der Kreditgefährdung das Behaupten oder Verbreiten von Tatsachen (also nicht bloßer Werturteile) in Beziehung auf einen anderen voraus (vgl. § 186 RN 3 ff.; zu Äußerungen im engsten Familienkreis vgl. 9 b vor § 185), wobei hier aber die behauptete usw. Tatsache – genauer: die Behauptung – unwahr sein muß. Im Unterschied zu § 186 ist die Unwahrheit in § 187 Tatbestandsmerkmal und muß dem Täter nachgewiesen werden; bleiben insoweit Zweifel, so kommt nur § 186 in Betracht. Unwahr ist die Behauptung, wenn sie in ihren wesentlichen Punkten falsch ist; geringfügige Übertreibung oder die Unrichtigkeit von Nebensächlichkeiten genügen nicht. Eine Beweiserhebung bezüglich des wesentlichen Sachverhalts ist auch erforderlich, wenn die Unrichtigkeit bestimmter Einzelheiten bereits feststeht, weil erst dann darüber entschieden werden kann, ob diese für eine Verurteilung nach § 187 ausreichen (RG **2** 2). Zum Wahrheitsbeweis vgl. auch § 186 RN 15 sowie § 190. Im übrigen gilt folgendes:

1. Bei der **Verleumdung** muß die behauptete usw. Tatsache geeignet sein, den anderen verächtlich zu machen oder in der öffentlichen Meinung herabzuwürdigen (vgl. dazu § 186 RN 5).

2. Bei der **Kreditgefährdung** muß die behauptete usw. Tatsache geeignet sein, den Kredit des anderen zu gefährden, d. h. das Vertrauen in die Leistungsfähigkeit und -willigkeit zu beeinträchtigen, das dieser hinsichtlich der Erfüllung seiner vermögensrechtlichen Verbindlichkeiten genießt (vgl. Herdegen LK[10] 3). Daß dieses Vertrauen tatsächlich erschüttert worden ist, ist nicht erforderlich. Auf die Ehrenrührigkeit der behaupteten usw. Tatsache kommt es hier nicht an (o. 1). Da die Kreditgefährdung ein Vermögensdelikt ist, kann sich die Tat, unabhängig von der Frage der Beleidigungsfähigkeit von Personengemeinschaften (vgl. 3 vor § 185), auch gegen juristische Personen, Handelsgesellschaften usw. richten (Herdegen LK[10] 3, Lackner/Kühl 2, M-Maiwald I 253, Rudolphi SK 10, Tröndle 2, Zaczyk NK 4).

III. **Subjektiver Tatbestand.** Hinsichtlich der Unwahrheit der behaupteten usw. Tatsache muß der Täter **wider besseres Wissen** gehandelt, also positive Kenntnis von der Unwahrheit gehabt haben. Bedingter Vorsatz genügt insoweit daher nicht (RG **32** 302, JW **37**, 3215; anwendbar ist dann jedoch § 186, vgl. dort RN 1), wohl aber bezüglich der übrigen Tatbestandsmerkmale.

IV. Die **Rechtswidrigkeit** kann hier durch Einwilligung (and. Zaczyk NK 6: Tatbestandsausschluß), mutmaßliche Einwilligung, in besonderen Fällen auch nach § 34, nicht aber nach § 193 ausgeschlossen werden (bestr.; vgl. § 193 RN 2).

V. Entsprechend § 186 ist die Tat qualifiziert, wenn sie **öffentlich**, durch **Verbreitung von Schriften** usw. (vgl. § 186 RN 19 f.) oder – insoweit über § 186 hinausgehend – in einer **Versammlung** (vgl. dazu § 90 RN 5; von Bedeutung bei geschlossenen Veranstaltungen) begangen worden ist.

VI. **Konkurrenzen.** Für das Verhältnis zu § 185 gilt Entsprechendes wie bei § 186 (vgl. dort RN 21 sowie RG HRR **40** Nr. 1234). Auch mit § 186 ist Idealkonkurrenz denkbar (teils unter § 186, teils unter § 187 fallende Äußerung, die sich auf verschiedene Tatsachenkomplexe oder verschiedene Personen bezieht; vgl. auch RG GA Bd. **52**, 94, Zaczyk NK 10). Idealkonkurrenz ist ferner möglich mit §§ 153 ff., 164 (vgl. dort RN 37), zwischen Verleumdung und § 15 UWG (während die Kreditgefährdung als der speziellere Tatbestand § 15 UWG vorgeht; vgl. Lampe, Oehler-FS 288, M-Maiwald I 254, aber auch Zaczyk aaO) und wegen der unterschiedlichen Angriffsrichtung auch zwischen beiden Tatbeständen des § 187 (Rudolphi SK 11; and. Herdegen LK[10] 3: Subsidiarität der Kreditgefährdung). Fortsetzungszusammenhang – sofern überhaupt noch möglich (vgl. 23 ff. vor § 52) – zwischen § 185 bzw. § 186 und 187 ist ausgeschlossen (RG HRR **38** Nr. 186, JW **34**, 905).

VII. Zum **Strafantrag** vgl. § 194, zur **Straffreierklärung** § 199, zur **Urteilsbekanntmachung** § 200, zur **Verjährung** bei Pressedelikten § 78 RN 9, § 78a RN 16.

§ 188 Üble Nachrede und Verleumdung gegen Personen des politischen Lebens

(1) **Wird gegen eine im politischen Leben des Volkes stehende Person öffentlich, in einer Versammlung oder durch Verbreiten von Schriften (§ 11 Abs. 3) eine üble Nachrede (§ 186) aus Beweggründen begangen, die mit der Stellung des Beleidigten im öffentlichen Leben zusammenhängen, und ist die Tat geeignet, sein öffentliches Wirken erheblich zu erschweren, so ist die Strafe Freiheitsstrafe von drei Monaten bis zu fünf Jahren.**

(2) **Eine Verleumdung (§ 187) wird unter den gleichen Voraussetzungen mit Freiheitsstrafe von sechs Monaten bis zu fünf Jahren bestraft.**

Vorbem. Eingefügt als § 187 a durch das StÄG v. 30. 8. 1951, BGBl. I 739 und durch das 6. StrRG umnummeriert in den durch das EGStGB aufgehobenen § 188, der ursprünglich die zusätzliche Möglichkeit einer Verurteilung zu einer Buße an den Beleidigten vorgesehen hatte.

Schrifttum: Hartung, Beleidigung von Personen, die im politischen Leben stehen, JR 51, 677. – *Schwinge*, Ehrenschutz im politischen Bereich, MDR 73, 801.

§ 188   1–7

1   I. Die Vorschrift, die Qualifikationen zu den §§ 186, 187 enthält, schafft einen **verstärkten Ehrenschutz** für Persönlichkeiten des politischen Lebens und soll der Vergiftung des politischen Lebens durch Ehrabschneidung entgegenwirken. Geschützt wird die Person, nicht das Amt (BGH **6** 161, Bay **82** 56; vgl. im übrigen zB § 90 b). Zur Verfassungsmäßigkeit der Vorschrift vgl. BVerfGE **4** 352.

2   II. Den besonderen Schutz des § 188 genießen nur **Personen, die im politischen Leben des Volkes stehen** und die deshalb, weil sie besonders exponiert sind, in erhöhtem Maß auch das Ziel von Ehrverletzungen sind. Schon wegen des relativ hohen Maßes an Unbestimmtheit des damit umschriebenen Personenkreises und der damit bestehenden Gefahr einer Ausuferung sind die Grenzen jedoch eng zu ziehen (Bay **82** 58 ff., **89** 51, Rudolphi SK § 187 a RN 1). Personen des „öffentlichen Lebens", wozu auch Künstler, Wissenschaftler, Journalisten usw. gehören können, sind noch nicht solche des „politischen Lebens" (vgl. auch Herdegen LK[10] § 187 a RN 1, Rudolphi SK 3). Für den Sonderschutz des § 188 genügt daher nicht schon die Wahrnehmung öffentlicher Aufgaben, auch wenn dies in einer herausragenden Stellung geschieht (zB Leiter bedeutender kultureller Einrichtungen). Aber auch eine besonders aktive Teilnahme an der politischen Gestaltung des Gemeinwesens macht den Betreffenden noch nicht zu einer „im politischen Leben des Volkes stehenden Person". Dazu gehören vielmehr nur solche Personen, die sich für eine gewisse Dauer mit den grundsätzlichen, den Staat, seine Verfassung, Gesetzgebung, Verwaltung, internationale Beziehungen usw. unmittelbar berührenden Angelegenheiten befassen und auf Grund der ausgeübten Funktion das politische Leben maßgeblich beeinflussen (vgl. zB RG **58** 415, BGH **4** 339, Bay **82** 56, **89** 50, Herdegen LK[10] 2, Lackner/Kühl 2, Rudolphi SK 3, Tröndle 2, aber auch Zaczyk NK § 187 a RN 3). Eine politische *Betätigung* ist dafür nicht erforderlich (BGH **4** 339 betr. Bundesverfassungsrichter). Unerheblich ist auch, ob der Betreffende durch eine allgemeine Wahl in seine Stellung gelangt ist (and. Hartung JR 51, 678), ob er die Staatsgewalt repräsentiert und ob er zu den Regierungsparteien oder der Opposition gehört (vgl. Herdegen aaO).

3   **Einzelfälle:** Zu dem besonders geschützten Personenkreis gehören demnach zB der Bundespräsident, Regierungsmitglieder (Düsseldorf NJW **83**, 1211), Bundes- und Landtagsabgeordnete (vgl. BGH **3** 74, NJW **52**, 194) und wegen des erheblichen Einflusses von Entscheidungen des BVerfG auf politische Maßnahmen anderer Verfassungsorgane auch die Bundesverfassungsrichter (BGH **4** 338), ferner die führenden Mitglieder politischer Parteien (Düsseldorf NJW **83**, 1211), u. U. je nach Art und Bedeutung ihres Wirkens auch die Führer von Gewerkschaften, Arbeitgeber- oder anderen bedeutenden Verbänden (vgl. zB Herdegen LK[10] § 187 a RN 3, Lackner/Kühl 2; and. Zaczyk NK § 187 a RN 5). Nicht unter § 188 fallen dagegen, weil sie idR keinen politisch erheblichen Einfluß ausüben, Kommunalpolitiker (Bay **82** 56 [Gemeinderat]; and. Zaczyk NK 4) und einzelne Verwaltungsbeamte (vgl. Frankfurt NJW **81**, 1569 [Landrat; and. jedoch für bayerische Landräte wegen ihrer gegenüber anderen Bundesländern herausragenden Stellung Bay **89** 50], Herdegen aaO, Rudolphi SK § 187 a RN 3). Nicht hierher gehören auch ausländische Politiker (Herdegen aaO, Tröndle 2).

4   III. Die **Tathandlung** kann eine üble Nachrede (§ 186) oder eine Verleumdung (§ 187) sein, die sich jedoch nicht auf die politische Tätigkeit des Betroffenen zu beziehen brauchen (ebenso Herdegen LK[10] § 187 a RN 4). Eine einfache Beleidigung (§ 185) genügt dagegen nicht. Hinzukommen müssen folgende weitere Voraussetzungen:

5   1. Erforderlich ist eine Begehung **in bestimmter Form**, nämlich *öffentlich* (vgl. dazu § 186 RN 19), in einer *Versammlung* (vgl. § 90 RN 5) oder durch *Verbreitung von Schriften* usw. (vgl. § 186 RN 20).

6   2. Die Tat muß **geeignet sein**, das öffentliche **Wirken** des Betroffenen – der deshalb zZ der Tat noch im politischen Leben stehen muß – **erheblich zu erschweren**. Ob „die Tat" dazu geeignet ist – auf einen Erfolg kommt es nicht an –, bestimmt die hM allein nach dem Inhalt der aufgestellten Behauptung und ihrer abstrakten Eignung zu negativen Auswirkungen, während andere Umstände wie die Glaubwürdigkeit des Täters, die Art der Verbreitung und die Größe des erreichten Personenkreises dabei unberücksichtigt bleiben sollen (zB BGH NJW **54**, 649, NStZ **81**, 300, MDR/H **80**, 455, Herdegen LK[10] § 187 a RN 4, M-Maiwald I 276, Tröndle 6). Im Unterschied zu §§ 186, 187, wo es allein auf die Eignung der behaupteten usw. „Tatsache" zum Verächtlichmachen usw. ankommt (vgl. § 186 RN 5), ist bei dem Begriff „Tat" in § 188 eine solche Verkürzung auf den Inhalt der Äußerung jedoch nicht möglich (Hoyer, Die Eignungsdelikte [1987] 146 f.). „Tat" ist hier vielmehr die konkrete Tat in ihrem gesamten Erscheinungsbild (vgl. Hoyer aaO, Lackner/Kühl 3, Zaczyk NK § 187 a RN 5, Zaczyk NK § 187 a RN 6, Zieschang, Die Gefährdungsdelikte, 1998, 306 f.). Sie ist deshalb auch zur Grundlage der Eignungsprüfung zu machen, was bedeutet, daß trotz des Inhalts der Äußerung die konkrete Eignung der Tat, den Betroffenen als des für sein öffentliches Wirken erforderlichen Vertrauens unwürdig erscheinen zu lassen, zu verneinen sein kann (Hoyer aaO, Rudolphi aaO). Hat bereits eine wahre Behauptung diese Eignung, so ist § 188 nicht deshalb anwendbar, weil zusätzlich aufgestellte unwahre Behauptungen eine solche gleichfalls aufweisen (vgl. Bay **51** 423, Herdegen LK[10] 4, Rudolphi SK 5).

7   IV. Zum **subjektiven Tatbestand** vgl. zunächst § 186 RN 11, § 187 RN 5. Hinzukommen muß der (bedingte) Vorsatz in bezug auf die qualifizierenden Merkmale des § 188. Erforderlich ist außerdem, daß die Tat aus **Beweggründen** begangen wird, die mit der Stellung des Beleidigten im öffentlichen Leben zusammenhängen, was zB auch dann der Fall ist, wenn ein führender Politiker lediglich in seiner Eigenschaft als Kanzlerkandidat angegriffen wird (Düsseldorf NJW **83**, 1211). Um politische Motive braucht es sich dabei nicht zu handeln, vielmehr genügt es schon, wenn die Tat zB deshalb begangen wird, weil sich der Täter wegen der besonderen politischen Stellung des Opfers einen erhöhten Absatz verspricht (BGH **4** 121). Ist Täter ein verantwortlicher Schriftleiter (vgl. Bay **53** 170, Hamburg NJW **53**, 1766, Schleswig SchlHA **54**, 63), so gilt die in den Pressegesetzen zT enthaltene Beweisvermutung insoweit nicht (zu § 20 II ReichspresseG vgl. BGH **9** 187).

V. Die **Rechtswidrigkeit** kann nach § 193 ausgeschlossen sein, jedoch nur im Fall der üblen 8 Nachrede (vgl. § 193 RN 2), wobei an die Prüfungspflicht (vgl. § 193 RN 11, 18) hier besonders hohe Anforderungen zu stellen sind (BGH LM Nr. **4** zu § 354 StPO).

VI. **Idealkonkurrenz** ist möglich mit § 90 a u. wegen der Verschiedenheit der geschützten 9 Rechtsgüter auch mit § 90 b (vgl. dort RN 10). Über das Verhältnis zu § 20 RPresseG vgl. BGH **9** 187.

VII. Zum **Strafantrag** vgl. § 194, zur **Straffreierklärung** § 199, zur **Urteilsbekanntmachung** 10 § 200, zur **Verjährung** bei Pressedelikten § 78 RN 9, § 78 a RN 16.

§ 189 Verunglimpfung des Andenkens Verstorbener

Wer das Andenken eines Verstorbenen verunglimpft, wird mit Freiheitsstrafe bis zu zwei Jahren oder mit Geldstrafe bestraft.

Schrifttum: Hunger, Das Rechtsgut des § 189 StGB, 1996. – *Kißler*, Die Beschimpfung Verstorbener, 1919 (StrAbh. 199). – *Rüping*, Der Schutz der Pietät, GA 77, 299. – *Tietz*, Der Schutz der Toten im Recht der Gegenwart, 1931 (StrAbh. 292). – *Westermann*, Das allgemeine Persönlichkeitsrecht nach dem Tode, FamRZ 69, 561. Vgl. ferner die Angaben vor § 185.

I. Das **Rechtsgut** der Vorschrift (zur historischen Entwicklung vgl. Hunger aaO 17 ff.) ist 1 umstritten. Teilweise wird dieses in der Ehre des Verstorbenen gesehen – vgl. die Nachw. in RN 2 vor § 185 –, wogegen jedoch die dort genannten Gründe sprechen. Ebensowenig schützt § 189 die Familienehre (so Kohlrausch-Lange I; vgl. dagegen 4 vor § 185) oder die Ehre von Angehörigen, da solche fehlen können – das Vorhandensein eines Antragsberechtigten (§ 194 II 1) gehört nicht zum Tatbestand des § 189 (Düsseldorf NJW **67**, 1143) – und die Tat auch von Angehörigen selbst begangen werden kann. Aus den gleichen Gründen kann das Schutzobjekt nicht ausschließlich im Pietätsempfinden der Angehörigen gesehen werden (so aber zB M-Maiwald I 254), wenngleich der historische Gesetzgeber davon ausgegangen sein dürfte (vgl. Rüping GA 77, 305 mwN; für eine Erweiterung auf das Pietätsgefühl der Allgemeinheit daher Düsseldorf NJW **67**, 1142, Bockelmann II/2 S. 194, Gössel I 385, Lackner/Kühl 1, was jedoch – insofern anders als bei den besonders gravierenden Handlungsweisen des § 168 – auf eine reine Fiktion hinauslaufen dürfte; gegen jeden „Gefühlsschutz" Rudolphi SK 1 mwN, dessen Erklärung – Schutz des sozialen Friedens – jedoch in gleicher Weise auf alle Delikte gegen Individualrechtsgüter zutreffen würde). Ist das Pietätsempfinden der Angehörigen zwar mitgeschützt, bildet dieses für sich allein aus den genannten Gründen aber noch keine tragfähige Grundlage, so kann § 189 nur damit erklärt werden, daß es sich hier – ein Aspekt, der auch bei § 168 von Bedeutung ist (vgl. 2 vor § 166) – um eine Nachwirkung des Schutzes der Persönlichkeit handelt und Rechtsgut deshalb ein gegenüber der Ehre eingeschränktes und entsprechend verändertes Persönlichkeitsrecht eigener Art ist, das im postmortalen Respektierung eines Kernbereichs dessen, was den Verstorbenen in seinem Leben ausmachte und prägte, seinen Ausdruck findet (vgl. auch BGH **40** 105 im Anschluß an BGHZ **50** 133 m. Anm. Neumann-Duesberg JZ 68, 703: Schutz der Menschenwürde, die auch nach dem Tod „wenn auch in eingeschränkter und veränderter Form" fortbestehe; vgl. ferner zB Tröndle 1, aber auch Rüping aaO; and. Zaczyk NK 1 ff., wonach Schutzgut die „Ehre des Adressaten und darüber vermittelt als in ihr enthalten die Ehre des Verstorbenen" sein soll). Dies bedeutet zugleich, daß nicht alles, was von der Ehre umfaßt ist, auch hierher gehört; wohl aber kann das, was keine Ehrverletzung ist, auch nicht unter § 189 fallen. Ebensowenig wie § 185 (vgl. dort RN 3) erfaßt deshalb auch § 189 das bloße Inabredestellen eines besonders schweren Schicksals (vgl. auch Zaczyk NK 4; and. BGH **40** 104 [Gaskammermythos] m. Anm. s. § 185 RN 3, Bay **96** 22, NStZ **97**, 283 m. Anm. Peglau NStZ 98, 196 u. Jakobs JR 97, 342, Zweibrücken NStZ **94**, 490, Tröndle 2). Zu entsprechenden Regelungen in anderen Rechten vgl. Hunger aaO 57 ff.).

II. Der **objektive Tatbestand** verlangt das Verunglimpfen des Andenkens eines Verstorbenen. Das 2 *Verunglimpfen* kann durch eine Beleidigung (§ 185), üble Nachrede (§ 186) oder Verleumdung (§ 187) begangen werden, setzt aber eine *besonders schwere Kränkung* voraus (Bay JZ **51**, 786, NJW **88**, 2902, Düsseldorf NJW **67**, 1142, Lackner/Kühl 3, M-Maiwald I 255, Rudolphi SK 3; vgl. auch BGH **12** 366, Herdegen LK[10] 3, Hirsch aaO 142 [erhebliche Kränkung], ferner Tröndle 2, Zaczyk NK 4; and. Schmidhäuser II 67 f.). Die Schwere kann sich insbesondere aus dem Inhalt und der Form (zB auch Tätlichkeiten am Leichnam), daneben aber auch aus anderen Umständen, etwa dem erkennbar gewor-

§ 190 1–4

denen Motiv oder der Gelegenheit der Äußerung ergeben (Bay JZ **51**, 786). Nicht hierher gehören dagegen unbefugte Transplantat- u. Blutprobenentnahmen (vgl. M-Maiwald I 255, Roxin JuS 76, 506). *Verstorbener* iS des § 189 ist auch, wer als Verschollener nach dem VerschG für tot erklärt worden ist. Auch mehrere Verstorbene können unter einer Kollektivbezeichnung (vgl. 5 ff. vor § 185) verunglimpft werden (BGH NJW **55**, 800, Herdegen LK[10] 3, Rudolphi SK 3; vgl. aber auch Zaczyk NK 5). Die Verunglimpfung des *Andenkens* erfordert, daß die Ehrenkränkung zur Kenntnis einer lebenden Person gelangt. Eine nach außen hin nicht erkennbare Verunglimpfung eines Leichnams genügt daher nicht (Bay JZ **51**, 786), wohl aber wenn die Tat sichtbar Spuren hinterläßt und diese von Dritten wahrgenommen werden (and. auch hier unter Hinweis auf § 168 Zaczyk aaO; zum Konkurrenzverhältnis vgl. u. 5).

3 III. Für den **subjektiven Tatbestand** ist Vorsatz erforderlich; bedingter Vorsatz genügt (Bay JZ **51**, 786). Hält der Täter den Verunglimpften irrtümlich für tot, so können wegen der Verschiedenheit der Rechtsgüter (o. 1) weder § 189 noch §§ 185 ff. Anwendung finden; Entsprechendes gilt für den umgekehrten Fall (iE auch RG **26** 33, Lackner/Kühl 4, Rudolphi SK 7, Rüping GA 77, 305, Tenckhoff JuS 88, 201; and. Bockelmann II/2 S. 194, Herdegen LK[10] 4, Schmidhäuser II 67 f., Tröndle 4, zT auch Zaczyk NK 8). Das gleiche gilt, wenn zweifelhaft ist, ob die Äußerung vor oder nach dem Tode des Verunglimpften gemacht worden ist (Rudolphi SK 9).

4 IV. Ist die Tat durch Tatsachenbehauptungen begangen, so ist der **Wahrheitsbeweis** (auch nach § 190) zulässig (Herdegen LK[10] 5, Tröndle 2; and. M-Maiwald I 255); der Gedanke des § 192 gilt aber auch hier (vgl. dort RN 2). Eine **Rechtfertigung** nach § 193 scheidet bei § 189 aus (vgl. § 193 RN 2; and. Zaczyk NK 9).

5 V. **Konkurrenzen:** Besteht das Verunglimpfen im Verüben beschimpfenden Unfugs am Leichnam oder an Aufbahrungs- oder Beisetzungsstätte eines Verstorbenen, so geht § 168, der neben dem nachwirkenden Pesönlichkeitsrecht auch das allgemeine Pietätsempfinden schützt (vgl. 2 vor § 166) und deshalb mit einer höheren Strafdrohung versehen ist, dem § 189 vor.

6 VI. Zum **Strafantrag** vgl. § 194 II, zur **Anwendbarkeit des** § **199** dort RN 2, zur **Urteilsbekanntmachung** § 200; zur **Verjährung** bei Pressedelikten § 78 RN 9, § 78a RN 16.

§ 190 Wahrheitsbeweis durch Strafurteil

Ist die behauptete oder verbreitete Tatsache eine Straftat, so ist der Beweis der Wahrheit als erbracht anzusehen, wenn der Beleidigte wegen dieser Tat rechtskräftig verurteilt worden ist. Der Beweis der Wahrheit ist dagegen ausgeschlossen, wenn der Beleidigte vor der Behauptung oder Verbreitung rechtskräftig freigesprochen worden ist.

1 I. Die Vorschrift enthält zwei **Beweisregeln** für den Wahrheitsbeweis (zu S. 2 vgl. aber auch Tenckhoff JuS 89, 37). Diese gelten nicht nur bei des §§ 186, 187, sondern auch für den Wahrheitsbeweis im Falle des § 185 (Bay JW **31**, 1619, NJW **61**, 85, KG HRR **26** Nr. 1438, Herdegen LK[10] 1, Lackner/Kühl 1, Tröndle 1, Zaczyk NK 1; and. Frankfurt JW **27**, 1599, Gössel I 389) und des § 189. Die Vorschrift ist nicht exklusiv in dem Sinn, daß bei Straftaten der Wahrheitsbeweis nur durch eine entsprechende Verurteilung geführt werden könnte; Entsprechendes gilt für die Nichterweislichkeit.

2 II. Ist die behauptete oder verbreitete Tatsache eine **Straftat,** so wird der Grundsatz der freien richterlichen Beweiswürdigung (§ 261 StPO) durch § 190 in folgender Weise eingeschränkt:

3 1. Der **Beweis der Wahrheit** ist nach S. 1 als **erbracht** anzusehen, wenn der Beleidigte wegen dieser Tat – auch durch Strafbefehl – rechtskräftig **verurteilt** worden ist (vorbehaltlich der Rechtsstaatsmäßigkeit auch durch ein früheres DDR-Gericht; vgl. dazu jetzt § 1 Strafrechtl. RehabilitierungsG idF v. 1. 7. 1999, BGBl. I 1613). Eine Verurteilung ist es auch, wenn der andere nach § 199 lediglich für straffrei erklärt oder wenn nach dem früheren § 233 von Strafe abgesehen wurde, ferner in den Fällen des § 59 (Herdegen LK[10] 7, Lackner/Kühl 2, Tröndle 3, Zaczyk NK 2). Ohne Bedeutung ist, ob die Verurteilung oder deren Rechtskraft vor oder nach der Äußerung erfolgt bzw. eingetreten ist, ebenso nach § 51 II BZRG ob sie im Bundeszentralregister bereits getilgt oder nach Eintritt der Tilgungsreife zu tilgen ist (vgl. BT-Drs. VI/1550 S. 22 zu § 49 II EBZRG, Herdegen aaO, Lackner/Kühl 2, Rudolphi SK 5, Stadie DRiZ 72, 349, Tröndle 3, Zaczyk aaO; and. Dähn JZ 73, 51). Dagegen endet die Beweiswirkung des S. 1 mit einem Wiederaufnahmebeschluß nach § 370 II StPO (Rudolphi aaO).

4 2. Der **Beweis der Wahrheit** ist nach S. 2 **ausgeschlossen,** wenn der Beleidigte wegen dieser Tat **vor** der **Behauptung** oder Verbreitung rechtskräftig **freigesprochen** worden ist. Ist dagegen der Freispruch erst nach der Behauptung erfolgt, so ist der Wahrheitsbeweis ohne Bindung an das freisprechende Urteil zulässig. „Freigesprochen" ist der Beleidigte nur, wenn durch eine Sachentscheidung (auch Freispruch mangels Beweises) festgestellt ist, daß er für die ihm zur Last gelegte Tat strafrechtlich nicht belangt werden kann (vgl. Herdegen LK[10] 8, Zaczyk NK 3); Einstellung wegen Verjährung, fehlenden Strafantrags oder die Straffreierklärung (§ 199) genügt nicht (entsprechend zur Außerverfolgungsetzung nach § 198 StPO aF München NJW **57**, 793; and. Stuttgart NJW **60**, 1872), ebensowenig die Ablehnung, einen Strafbefehl zu erlassen (LG München NJW **69**, 759). Beschränkt sich die Behauptung auf das Vorliegen einer rechtswidrigen, aber nicht schuldhaften Tat, so schließt ein Freispruch wegen fehlender Schuld den Wahrheitsbeweis nicht aus (Gössel I 390, Herdegen aaO). Eine Berufung auf § 193 ist, wenn der Täter den Freispruch kennt, idR ausgeschlossen (Herdegen aaO, Rudolphi SK 6, Tröndle 4; vgl. auch Zaczyk NK 3 u. weitergehend für generellen Ausschluß Helle GA 61, 166).

§ 191 [Aussetzung des Verfahrens] *Aufgehoben durch das EGStGB; vgl. jetzt § 154e StPO*

§ 192 Beleidigung trotz Wahrheitsbeweises

Der Beweis der Wahrheit der behaupteten oder verbreiteten Tatsache schließt die Bestrafung nach § 185 nicht aus, wenn das Vorhandensein einer Beleidigung aus der Form der Behauptung oder Verbreitung oder aus den Umständen, unter welchen sie geschah, hervorgeht.

Schrifttum: Edenfeld, Der Schuldner am Pranger – Grenzen zivilrechtlicher Schuldbeitreibung, JZ 98, 645. – *Oppe,* Ist eine Beleidigungsabsicht zur Strafbarkeit nach §§ 192, 193 StGB erforderlich?, MDR 62, 947. – *Scheffler,* Zur Strafbarkeit der Schuldbeitreibung mittels „Schwarzen Mannes", NJ 95, 573. – *Weber,* Die Bedeutung der Worte „das Vorhandensein einer Beleidigung" in §§ 192, 193 StGB, ZStW 53, 196. Vgl. ferner die Angaben vor § 185.

I. Die Behauptung oder Verbreitung einer erweislich wahren Tatsache ist als solche keine Ehrverletzung. Möglich bleibt aber eine Bestrafung wegen sog. **Formalbeleidigung** nach § 185 (krit. zur Terminologie Zaczyk NK 1), wenn das Vorhandensein einer Beleidigung aus der Form der Behauptung oder Verbreitung oder aus den Umständen, unter welchen sie geschah, hervorgeht. Erforderlich, aber auch ausreichend ist dafür, daß durch die Form oder Begleitumstände eine selbständige, durch die wahren Tatsachen nicht mehr gedeckte beleidigende Wertung zum Ausdruck gebracht wird (vgl. näher Zaczyk NK 3 f.). Dies kann auch bei der Reaktualisierung einer länger zurückliegenden ehrenrührigen Tatsache der Fall sein (vgl. näher Herdegen LK[10] 8, Rudolphi SK 7 mwN). Zweifelhaft ist dagegen, ob hierher auch der sog. Publikationsexzeß – Veröffentlichung einer wahren ehrenrührigen Tatsache, obwohl daran kein öffentliches Interesse besteht – gehört (so die hM, zB Braunschweig MDR **48**, 186, Frankfurt NJW **48**, 226, Herdegen LK[10] 7, Lackner/Kühl 2, M-Maiwald I 262, Peglau aaO 119, ZRP 98, 250 f., Rudolphi SK 6, Tröndle 4, Zaczyk NK 4; and. LG Hamburg MDR **92**, 522). Doch liegt in einer solchen Bloßstellung u. U. zwar eine Verletzung des allgemeinen Persönlichkeitsrechts, jedenfalls idR aber keine Mißachtung in dem speziellen Sinn des § 185 (vgl. für solche Fälle § 182 E 62, aber auch Hirsch aaO 226 ff., 237 u. dazu Rogall, Hirsch-FS 679 f.). Dies gilt auch für die öffentliche Mahnung säumiger Schuldner (zB am Schwarzen Brett eines Mietshauses; and. Dresden JW **30**, 1317), solange dies nicht den Charakter eines – dann auch § 193 ausschließenden – schimpflichen „An-den-Pranger-Stellen" annimmt (vgl. zu den heutigen Methoden des Einsatzes „Schwarzer Männer" usw. LG Bonn NJW-RR **95**, 1515, LG Leipzig NJW **95**, 3190, Edenfeld JZ 98, 645, Scheffler NJW 95, 573). Vgl. im übrigen § 193 RN 26 ff.

II. Die Vorschrift gilt für alle Beleidigungsdelikte, die durch **Tatsachenbehauptungen** begangen werden können, also nicht nur für die §§ 186, 187, sondern auch für § 185 (Bay NJW **59**, 58, KG JW **30**, 2579; vgl. § 185 RN 5 ff.). Anwendbar ist § 192 ferner auf entsprechende Verunglimpfungen nach § 189 (Herdegen LK[10] 2, Lackner/Kühl 1, Rudolphi SK 1, Tröndle 1, Zaczyk NK 2).

III. Das Vorliegen einer evtl. übrig bleibenden Formalbeleidigung ist erst dann zu prüfen, wenn **der Wahrheitsbeweis tatsächlich erbracht** ist (Herdegen LK[10] 9). Schon wegen des für die Strafzumessung bedeutsamen unterschiedlichen Unrechtsgehaltes muß dieser auch dann erhoben werden, wenn der Täter auf jeden Fall nach §§ 192, 185 zu bestrafen wäre (hM, zB RG **64** 11, BGH **27** 290, Rudolphi SK 10, Tröndle 5).

IV. Ist trotz geführten Wahrheitsbeweises auf Grund des § 192 der § 185 wegen der Form oder der Umstände der Äußerung anwendbar, so ist ein **Ausschluß der Rechtswidrigkeit** nach § 193 nicht mehr möglich (RG JW **32**, 409, Herdegen LK[10] 9, Rudolphi SK 8, Zaczyk NK 8; and. Braunschweig NJW **52**, 237; vgl. § 193 RN 26 ff.).

§ 193 Wahrnehmung berechtigter Interessen

Tadelnde Urteile über wissenschaftliche, künstlerische oder gewerbliche Leistungen, desgleichen Äußerungen, welche zur Ausführung oder Verteidigung von Rechten oder zur Wahrnehmung berechtigter Interessen gemacht werden, sowie Vorhaltungen und Rügen der Vorgesetzten gegen ihre Untergebenen, dienstliche Anzeigen oder Urteile von seiten eines Beamten und ähnliche Fälle sind nur insofern strafbar, als das Vorhandensein einer Beleidigung aus der Form der Äußerung oder aus den Umständen, unter welchen sie geschah, hervorgeht.

§ 193

Übersicht

I. § 193 ab Rechtfertigungsgrund	1	V. Rügen, dienstliche Anzeigen	7
II. Anwendungsbereich u. Struktur des § 193	2	VI. Wahrnehmung berechtigter Interessen	8
III. Tadelnde Urteile über wissenschaftliche, künstlerische oder gewerbliche Leistungen	5	VII. Ähnliche Fälle	25
		VIII. Formalbeleidigung	26
IV. Ausführung oder Verteidigung von Rechten	6		

Stichwortverzeichnis

Ähnliche Fälle 25
Anwendungsbereich des § 193 2 f.
Ausführung und Verteidigung von Rechten 6

Berechtigte Interessen s. Wahrnehmung berechtigter Interessen

Dienstliche Anzeigen oder Urteile von seiten eines Vorgesetzten 7

Formalbeleidigungen u. § 193 26 ff.
  Bedeutung bei § 193 26
  Erforderlichkeit einer Beleidigungsabsicht? 27
  Form und Umstände 28 f.

Irrtum, irrige Annahme der Voraussetzungen des § 193 24

Karikatur 16
Künstlerische Betätigung u. Kunstfreiheit 19
Kunstkritik 19

Leserbrief 18

Medienberichte, Prüfungs- u. Informationspflicht s. dort
Verdachtsberichterstattung bei strafrechtlichen Ermittlungsverfahren 18
Meinungsfreiheit 6, 15 ff.
  bei ehrenrührigen Werturteilen 15, 16
  bei ehrenrührigen Tatsachenbehauptungen 15, 17
  Vermutungsformel 15
  Wechselwirkungstheorie 15

Prüfungs- u. Informationspflicht 11
  – der Medien
  – des Rechtsanwalts

Rechtsanwalt, Ausführung u. Verteidigung von Rechten durch – 6, 22
  Wahrnehmung berechtigter Interessen durch – 22
  Prüfungs- u. Informationspflicht s. dort

Satire 19
Schmähkritik 12, 16

Vorhaltungen von Rügen eines Vorgesetzten 7

Wahrnehmungen berechtigter Interessen 8 ff.
  Anwendungsbereich 2 f.
  Beiträge zur öffentlichen Meinungsbildung 15 ff.
  berechtigte – 8, 9 a ff.
  eigene u. fremde Interessen 13
  Erforderlichkeit 10
  Geeignetheit 10
  – als gemeinsame Grundvariante des § 193 4
  Interessenabwägung u. überwiegendes Interesse 12
  Kunstfreiheit s. dort
  Medienberichte s. dort
  Prüfungs- u. Informationspflicht s. dort
Rechtfertigungs- u. nicht nur Entschuldigungsgrund 1
Strafanzeigen 20
Verhältnis zu Art. 5 GG 1, 8

Schrifttum: Adam, Die Wahrnehmung berechtigter Interessen im Dienststrafverfahren, JR 59, 12. – *Arzt*, Der strafrechtliche Ehrenschutz, JuS 82, 717. – *Beisel*, Die Kunstfreiheitsgarantie des Grundgesetzes, 1997. – *Coing*, Ehrenschutz und Presserecht, 1960. – *Czajka*, Pressefreiheit und öffentliche Aufgabe der Presse, 1968. – *v. der Decken*, Meinungsäußerungsfreiheit und Ehrenschutz in der politischen Auseinandersetzung, 1980 (Diss. Göttingen). – *ders.*, Meinungsäußerungsfreiheit und Recht der persönlichen Ehre, NJW 83, 1400. – *Eidenmüller*, Der unliebsame Kritiker: Theaterkritik und Schmähkritik, NJW 91, 1439. – *Erdsiek*, Wahrnehmung berechtigter Interessen ein Rechtfertigungsgrund?, JZ 69, 311. – *Erhardt*, Kunstfreiheit und Strafrecht, 1989. – *Eser*, Wahrnehmung berechtigter Interessen als allgemeiner Rechtfertigungsgrund, 1969. – *K.A. Fischer*, Die strafrechtliche Beurteilung von Werken der Kunst, 1995. – *Fritze*, Wettbewerb und Grundrecht der freien Meinungsäußerung, NJW 68, 2358. – *Fuhrmann*, Die Wahrnehmung berechtigter Interessen durch die Presse, JuS 70, 70. – *Geis*, Meinungsfreiheit und das Verbot rechtsradikaler Äußerungen, RdJB 94, 218. – *Gounalakis*, Freiräume und Grenzen politischer Karikatur und Satire, NJW 95, 809. – *Graul*, Tatbestand vor Rechtswidrigkeit? – Zum Freispruch aus § 193 StGB, NStZ 91, 457. – *Grimm*, Die Meinungsfreiheit in der Rechtsprechung des Bundesverfassungsgerichts, NJW 95, 1697. – *Helle*, Die Rechtswidrigkeit der ehrenrührigen Behauptung, NJW 61, 1896. – *Henschel*, Die Kunstfreiheit in der Rechtsprechung des BVerfG, NJW 90, 1937. – *Ignor*, Der Straftatbestand der Beleidigung, 1995. – *Isensee*, Kunstfreiheit im Streit mit Persönlichkeitsschutz, AfP 93, 619. – *Kaiser*, Grundrechte als Rechtfertigung für Vergehen der üblen Nachrede?, NJW 62, 236. – *Karpen/Hofer*, Die Kunstfreiheit in Art. 5 III 1 GG in der Rechtsprechung seit 1985, JZ 92, 951 u. 1060. – *Kastner*, Die Crux der Kritik – in der Literatur, auf der Bühne und in der Musik, NJW 95, 822. – *Kiesel*, Die Liquidierung des Ehrenschutzes durch das BVerfG, NVwZ 92, 1129. – *Klee*, Das Recht auf Wahrheit als Grundprinzip des § 193 StGB, Frank-FG II 365. – *Koebel*, Namensnennung in Massenmedien, JZ 66, 389. – *Krekeler*, Ehrverletzungen durch den Verteidiger und § 193 StGB, AnwBl. 76, 190. – *Kretschmer*, Strafrechtlicher Ehrenschutz und Meinungs- u. Pressefreiheit im Recht der Bundesrepublik Deutschland und der Vereinigten Staaten von Amerika, 1994. – *Krey*, Das

Bundesverfassungsgericht in Karlsruhe – ein Gericht läuft aus dem Ruder, JR 95, 221. – *Kriele*, Ehrenschutz und Meinungsfreiheit, NJW 94, 1897. – *Kübler*, Ehrenschutz, Selbstbestimmung und Demokratie, NJW 99, 1281. – *Ladeur*, Meinungsfreiheit, Ehrenschutz und die Veränderung der Öffentlichkeit in der Massendemokratie, AfP 93, 531. – *Lenckner*, Die Rechtfertigungsgründe und das Erfordernis pflichtgemäßer Prüfung, H. Mayer-FS 165. – *ders.*, Die Wahrnehmung berechtigter Interessen, ein „übergesetzlicher" Rechtfertigungsgrund?, Noll-GedS 243. – *Lobe*, Die Wahrnehmung berechtigter Interessen, R. Schmidt-FG (1932) 79. – *Loeffler*, Die Sorgfaltspflicht der Presse und des Rundfunks, NJW 65, 942. – *Merz*, Strafrechtlicher Ehrenschutz und Meinungsfreiheit, 1998. – *Meurer*, Wahrnehmung berechtigter Interessen und Meinungsfreiheit, Hirsch-FS 651. – *Müller*, Ehrenschutz und Meinungsfreiheit, AfP 97, 499. – *Neumann-Duesberg*, Keine Wahrnehmung berechtigter Interessen durch die Presse bei Mißbrauch der Pressefreiheit, JR 57, 85. – *Ossenbühl*, Medien zwischen Macht und Recht, JZ 95, 633. – *Otto*, Ehrenschutz in der politischen Auseinandersetzung, JR 83, 1. – *ders.*, Strafrechtlicher Ehrenschutz und Kunstfreiheit der Literatur, NJW 86, 1206. – *Praml*, Beleidigungsdelikte bei anwaltlicher Interessenvertretung, NJW 76, 1967. – *Preuß*, Untersuchungen zum erlaubten Risiko im Strafrecht, 1974. – *Redeker*, „Individualisierung", NJW 93, 1835. – *Rehbinder*, Die öffentliche Aufgabe und rechtliche Verantwortlichkeit der Presse, 1962. – *Roeder*, Der systematische Standort der „Wahrnehmung berechtigter Interessen" usw., Heinitz-FS 229. – *Schaffstein*, Der Irrtum bei der Wahrnehmung berechtigter Interessen, NJW 51, 691. – *Scheu*, Interessenwahrnehmung durch Rundfunk und Presse, 1965. – *Schmid*, Dienstaufsichtsbeschwerde und Petitionsrecht, BayVerwBl. 81, 267. – *Schmid*, Freiheit der Meinungsäußerung und strafrechtlicher Ehrenschutz, 1972. – *Schmidt*, Wahrnehmung berechtigter Interessen ein Rechtfertigungsgrund?, JZ 70, 8. – *Schmitt Glaeser*, Meinungsfreiheit und Ehrenschutz, JZ 83, 95. – *ders.*, Meinungsfreiheit, Ehrenschutz und Toleranzgebot, NJW 96, 873. – *Schöbener*, Kein Ehrenschutz für Soldaten der Bundeswehr?, NZWehrR 93, 45. – *Seibert*, Zur Wahrnehmung berechtigter Interessen, MDR 51, 709. – *Sendler*, Liberalität oder Libertinage?, NJW 93, 2157. – *ders.*, Kann man Liberalität übertreiben?, ZRP 94, 343. – *Soehring*, Ehrenschutz und Meinungsfreiheit, NJW 94, 2926. – *Stürner*, Die verlorene Ehre des Bundesbürgers – Bessere Spielregeln für die öffentliche Meinungsbildung?, JZ 94, 865. – *Tettinger*, Der Schutz der persönlichen Ehre im freien Meinungskampf, JZ 83, 317. – *ders.*, Die Ehre – ein ungeschütztes Verfassungsgut?, 1995 (zit.: aaO). – *Trifftterer/Schmoller*, Die Freiheit der Kunst und die Grenzen des Strafrechts, ÖJZ 93, 547 u. 573. – *Uhlitz*, Gewerbeschädigende Werturteile, NJW 66, 2097. – *ders.*, Politischer Kampf und Ehrenschutz, NJW 67, 129. – *Veith*, Öffentlichkeit der Hauptverhandlung und üble Nachrede, NJW 82, 2225. – *Walchshöfer*, Ehrverletzende Äußerungen in Schriftsätzen, MDR 75, 11. – *A. Weber*, Die Bedeutung der Worte „das Vorhandensein einer Beleidigung" in §§ 192, 193 StGB, ZStW 53, 196. – *R. Weber*, Ehrenschutz im Konflikt mit der Pressefreiheit, Faller-FS (1984) 442. – *Wenzel*, Das Recht der Wort- und Bildberichtserstattung, 1967. – *v. Wich*, Das Grundprinzip der Wahrnehmung berechtigter Interessen, 1932 (StrAbh. 303). – *Würkner*, Das Bundesverfassungsgericht und die Freiheit der Kunst, 1994. – *ders.*, Was darf Satire?, JA 88, 183. – *ders.*, Wie frei ist die Kunst?, NJW 88, 317. – *ders.*, Freiheit der Kunst, Persönlichkeitsrecht und Menschenwürdegarantie, ZUM 88, 171. – *Zaczyk*, § 193 als Rechtfertigungsgrund, Hirsch-FS 819. – *Zartmann*, Die Wahrnehmung berechtigter Interessen als Schuldausschließungsgrund (StrAbh. 330). – Vgl. ferner die Angaben zu § 185.

I. Die Vorschrift enthält besondere **Rechtfertigungsgründe** für die Ehrverletzungsdelikte (hM, zB RG **59** 415, **65** 335, 427, BVerfGE **12** 125, BGH **12** 293, **18** 184, BGHZ **3** 281, **31** 313, Bay **61** 46, **62** 93, Braunschweig SJZ **48**, 768 m. Anm. Kern, Arzt/Weber I 175, Blei II 105, Herdegen LK[10] 1 ff., Lackner/Kühl 1, M-Maiwald I 264, Rudolphi SK 1, Tröndle 1, W-Hettinger 515, Zaczyk NK 1; vgl. ferner 79 vor § 32 sowie Eser aaO 20 f., der bereits eine Tatbestandsbeschränkung für möglich hält; für einen bloßen [„echten"] „Strafunrechtsausschließungsgrund" dagegen Günther, Strafrechtswidrigkeit usw. 309 ff., SK 52 vor § 32 [vgl. dazu 8 vor § 32], für einen Schuldausschließungsgrund zB RG **64** 23, Erdsiek JZ 69, 311, Roeder aaO 229, Schmidt JZ 70, 8, Zartmann aaO 73). Sie beruhen auf dem Prinzip des überwiegenden Interesses (u. 8), wobei die „tadelnden Urteile über wissenschaftliche, künstlerische oder gewerbliche Leistungen", die Äußerungen „zur Ausführung oder Verteidigung von Rechten" usw. einschließlich der „ähnlichen Fälle" denselben Prinzipien folgen wie die „Wahrnehmung berechtigter Interessen" und damit in der Sache nur Anwendungsfälle von dieser sind (vgl. Arzt/Weber I 177). Auch für sie gilt daher, daß eine Ehrverletzung nicht schon deshalb gerechtfertigt ist, weil mit der Äußerung irgendwelche rechtlich schutzwürdigen Interessen verfolgt werden, sondern nur dann, wenn diese sich gerade auch gegenüber dem Recht auf Ehre durchsetzen dürfen. Soweit Gesichtspunkte der Meinungsbildung, der Kunst und Wissenschaft eine Rolle spielen, wird § 193 heute meist als eine Ausprägung der Grundrechte des Art. 5 GG verstanden (zB BVerfGE **12** 125, **42** 152, BGH **93** 290 f., BGH JR **82** 293, BVerwG NJW **82**, 1008, Bay StV **82**, 576, Düsseldorf NJW **82**, 661, 1658, KG JR **80**, 290 m. Anm. Volk, Köln NJW **77**, 398, Lackner/Kühl 1, Meurer, Hirsch-FS 655, Rudolphi SK 1 u. zum Ganzen auch Ignor aaO 91 ff., Mackeprang aaO 64 ff.). Richtigerweise hat § 193 – mit der „Wahrnehmung berechtigter Interessen" ohnehin eine ausfüllungsbedürftige Generalklausel – insoweit jedoch seine für die Rechtfertigung konstitutive Funktion überhaupt an Art. 5 GG abgegeben (vgl. Lenckner, Noll-GedS 254; ebd. K. A. Fischer aaO 70, Merz aaO 56 ff., Zaczyk NK 6 u. näher zu einer „Rehabilitierung" des § 193 Hirsch-FS 820 ff., 830; krit. zB auch Nolte aaO 54), wobei die Frage dann nur noch sein kann, ob und inwieweit auch unrichtige Tatsachenbehauptungen dem Schutz des Art. 5 I 1 GG unterfallen (u. 15). Bei ehrenrührigen Werturteilen aber liefert Art. 5 „nicht nur den Maßstab für die Konkretisierung des § 193, sondern ist selbst der in Frage kommende Rechtfertigungsgrund" (Herdegen LK[10] 4), was nicht heißt, daß deshalb auch der Abbau des strafrechtlichen Ehrenschutzes zu billigen wäre, wie er inzwischen unter Berufung auf das Grundrecht der Meinungsfreiheit stattgefunden hat (vgl. u. 15). An Bedeutung verloren hat § 193 im übrigen auch insofern, als bei einem Ehrbegriff, der nicht auf das subjektive Ehrgefühl oder den tatsächlichen Ruf, sondern auf den dem Betroffenen berechtigterweise zustehenden Geltungswert abstellt (vgl. 1 vor § 185), an sich zwar ehrenrührige, aber tatsachenadäquate Werturteile schon tatbestandsmäßig keine Beleidigung sind (vgl. § 185 RN 7, Lenckner, Noll-GedS 246). Über § 34 geht § 193 insofern hinaus, als die Wahrnehmung berechtigter Interessen nicht nur dem Schutz bedrohter, sondern in der geistigen Auseinandersetzung, in Kunst, Literatur usw. auch der Schaffung neuer Werte dient (vgl. § 34 RN 1, Noll ZStW **65**, 31).

2 **II. 1. Anwendungsbereich.** § 193 gilt grundsätzlich nur für beleidigende Äußerungen iS der §§ 185, 186, 188 I, ausgenommen Formalbeleidigungen iS des § 192 (vgl. dort RN 4) und solche Fälle des § 185, in denen die Mißachtung ausschließlich durch die Form kundgetan wird (vgl. zB RG **60** 335, Düsseldorf NStZ-RR **96**, 7, Herdegen LK[10] 11, Tröndle 3, Zaczyk NK 7, aber auch Graul NStZ 91, 461, Lackner/Kühl 3). Kommt ein Wahrheitsbeweis in Betracht, so ist § 193 ferner erst zu prüfen, wenn dieser mißlungen ist (RG JW **36**, 3461, BGH **4** 198, **7** 392, **11** 273, Hamm JMBlNW **53**, 139, Graul aaO 459, Herdegen aaO, M-Maiwald I 272, Rudolphi SK 4; vgl. § 186 RN 14). Unanwendbar ist § 193 ferner bei § 187, einer wissentlich unwahren Tatsachenbehauptung gegenüber dem Betroffenen (§ 185) und bei § 189 (Rudolphi SK 2): Die Verfolgung eines berechtigten Zwecks ist unvereinbar mit der Verleumdung, der bewußten Lüge (RG DJ **36**, 825; vgl. auch BGH **14** 51, NJW **64**, 1149, Hamm NJW **71**, 853) und mit der Verunglimpfung (Rüping GA 77, 305; u. U. kann hier aber das Merkmal der Verunglimpfung entfallen). Demgegenüber hat die Rspr. in besonderen Ausnahmefällen die Anwendbarkeit des § 193 auch für § 187 und § 189 bejaht, insbes. zugunsten des Angeklagten, der zu seiner Verteidigung andere durch das Leugnen von Tatsachen verleumdet (RG **34** 222, **48** 415, **58** 39, BGH NJW **52**, 194, NStZ **95**, 78 m. Anm. Jahn StV 96, 259, Hamm NJW **71**, 853; ebenso und zT noch weitergehend Arzt/Weber I 177, Blei II 105, Gössel I 357, 394, Herdegen LK[10] § 187 RN 5, Küpper JA 85, 461, Lackner/Kühl 3, Tenckhoff JuS 89, 199, Tröndle 3, Zaczyk NK 8 f.; vgl. auch M-Maiwald I 264 f. u. zu § 189 auch BGH EzSt § 189 **Nr. 1**). Kann ein unbegründeter Verdacht und damit die Gefahr eines Fehlurteils nur durch die bewußte Verleumdung Dritter abgewendet werden, so handelt es sich jedoch in Wahrheit um einen gewöhnlichen Notstandsfall, der nach § 34 zu beurteilen ist (Rudolphi SK § 187 RN 6, Roeder aaO 233 FN 9 mwN). Weil § 193 nur bei den §§ 185, 186, nicht aber bei § 187 anwendbar ist, ist Voraussetzung für die Anwendung des § 193 immer auch die Feststellung des objektiven und subjektiven Tatbestands (vgl. Bay **83** 32, JR **98**, 384 m. Anm. Foth, Frankfurt NJW **89**, 1367, Köln NJW **64**, 2122, Herdegen LK[10] 12, Rudolphi SK 4; and. für den subjektiven Tatbestand Graul NStZ 91, 458).

3 Für *Straftaten außerhalb des 14. Abschnitts* gilt § 193 nicht; dieser enthält keinen allgemeinen Rechtfertigungsgrund (vgl. dazu 79 vor § 32, ferner § 123 RN 33, § 164 RN 33, § 201 RN 32, § 203 RN 29). Eine Rechtfertigung nach § 193 erstreckt sich daher nicht auf eine mit der Beleidigung idealkonkurrierende Tat; umgekehrt entfällt § 193 nicht schon deshalb, weil der Täter zugleich eine andere Tat begeht (zB § 267; and. RG **39** 182). Zur Anwendbarkeit des § 193 in Disziplinarsachen vgl. Adam JR 59, 12.

4 **2. Die einzelnen Fälle des § 193** betreffen Sachverhalte von sehr unterschiedlicher Art. Ebenso unterschiedlich ist der Bestimmtheitsgrad, mit dem die dort aufgeführten rechtfertigenden Sachverhalte umschrieben sind, besonders deutlich bei der am Ende stehenden Generalklausel der „ähnlichen Fälle". Der „mit Abstand wichtigste Anwendungsfall des § 193" (Herdegen LK[10] 6) ist die **Wahrnehmung berechtigter Interessen**, während die anderen dort genannten Fälle, obwohl im Gesetzeswortlaut und in ihrer Reihenfolge nicht einmal angedeutet, nur Unterarten davon sind, weil auch sie sich auf diesen gemeinsamen Nenner bringen lassen (zu den „ähnlichen Fällen" vgl. jedoch u. 25). Voraussetzung ist damit bei allen, daß sie den Anforderungen genügen, die für die Wahrnehmung berechtigter Interessen gelten, wobei deren gesetzliche Umschreibung allerdings insofern ergänzungsbedürftig ist, als hier für eine Rechtfertigung die berechtigte (!) Wahrnehmung solcher Interessen hinzukommen muß (vgl. u. 8 ff.; zur Vereinbarkeit mit Art. 103 II GG vgl. 25 vor § 32).

5 **III.** Die zunächst genannten **tadelnden Urteile über wissenschaftliche, künstlerische oder gewerbliche Leistungen** betreffen nicht nur Werturteile (vgl. § 186 RN 3 f.), sondern auch Tatsachenausssagen, so zB die Behauptung bestimmter Eigenschaften der fraglichen Leistung. Soweit sie über eine rein sachliche Kritik nicht hinausgehen, sind sie schon nicht tatbestandsmäßig (vgl. zB Herdegen LK[10] 13, Rudolphi SK 5, Tenckhoff JuS 89, 199, Tröndle 6; vgl. auch RG **39** 311); dasselbe gilt für an sich zwar abwertende, aber noch tatsachenadäquate Werturteile (vgl. § 185 RN 7, o. 1). Für § 193 (bzw. Art. 5 GG; o. 1) bleiben daher solche Fälle, in denen entweder der Tatbestand des § 186 erfüllt ist oder in denen ein Werturteil (§ 185) den Betroffenen zwar in seinem ihm tatsächlich zustehenden Geltungsanspruch verletzt, dieses aber wegen besonderer Umstände und unter Berücksichtigung des Art. 5 I GG immer noch als eine zulässige Form der Kritik erscheint (vgl. zB den Fall Hamm NJW **82**, 1656). *Wissenschaftliche* Leistungen sind nach hM zB auch richterliche Urteile (vgl. Blei II 105, Herdegen LK[10] 14, Rudolphi SK 6, Tröndle 6; and. RG **40** 348), *gewerbliche* Leistungen zB auch die eines Berufssportlers, ebenso Äußerungen der Presse und anderer Massenmedien, soweit diese „Dienstleistungen" für das Informationsinteresse der Allgemeinheit sind (Herdegen aaO, Rudolphi aaO; vgl. auch BVerfGE **12** 131, BGHZ **45** 297, Zaczyk NK 13). Urteile über die Dienstführung von Behörden oder deren Angehörigen können jedenfalls als Wahrnehmung berechtigter Interessen (vgl. Düsseldorf NJW **92**, 1336) oder als „ähnlicher Fall" gerechtfertigt sein (vgl. näher Herdegen aaO,

Rudolphi aaO; überholt RG **39** 312, HRR **30** Nr. 1776), ebenso zB solche über Leistungen von Ärzten und Anwälten (RG JW **13**, 940) oder von Krankenhäusern (BGH MDR **56**, 735).

IV. Gerechtfertigt sein können ferner beleidigende Äußerungen **zur Ausführung oder Verteidi-** 6
gung von Rechten. Feste Grenzen zur Wahrnehmung berechtigter Interessen bestehen hier noch weniger als in den anderen Fällen, was aber schon deshalb unschädlich ist, weil die Äußerungen zur Ausführung oder Verteidigung von Rechten nur ein Anwendungsfall von diesen sind (o. 4). In der Sache ohne Bedeutung ist es daher auch, ob mit den „Rechten" hier nur eigene oder auch im Auftrag des Inhabers wahrgenommene fremde Rechte gemeint sind, dies mit der Folge, daß im ersteren Fall in Ausübung eines Anwaltsmandats begangene Ehrverletzungen „erst" als Wahrnehmung berechtigter Interessen gerechtfertigt sein können (so RG **30** 42, Düsseldorf NStZ-RR **96**, 7, Hamburg NJW **52**, 903, Tröndle 13 u. hier u. 22; and. zB BGH StV **87**, 534, KG StV **97**, 486, NStZ-RR **98**, 13, Herdegen LK[10] 15, Rudolphi SK 7, Zaczyk NK 15; offengelassen zB von Köln NJW **79**, 1723). Zur *Ausführung von Rechten* gehören nicht nur die die eigentliche Rechtsausübung enthaltenden Äußerungen (zB Klage, Einlegen von Rechtsmitteln; zur Ablehnung eines Richters wegen Befangenheit vgl. Bay **55** 178), sondern auch solche, welche die Geltendmachung eines Rechts lediglich vorbereiten oder sichern sollen (vgl. Bay MDR **56**, 53) oder die vor Schlichtungsstellen zur Vermeidung eines Rechtsstreits gemacht werden (München NJW-RR **95**, 1215); *zur Verteidigung von Rechten* ist eine Äußerung gemacht, wenn sie der Abwehr eines erwarteten oder bereits eingeleiteten Rechtsangriffs dient (vgl. Herdegen LK[10] 15, Rudolphi SK 7). In beiden Fällen muß die fragliche Äußerung ebenso wie bei der Wahrnehmung berechtigter Interessen (s. u. 9 a ff.) ein angemessenes und damit zugleich geeignetes und erforderliches Mittel zur Ausführung usw. von Rechten sein, was nicht voraussetzt, daß sie letztlich rechtserheblich war, vielmehr genügt es, wenn gute Gründe dafür sprechen, daß sie vom Gericht als rechtserheblich erachtet werden könnte (vgl. Bay JR **53**, 192, München aaO). Nicht notwendig ist, daß sich die Äußerung gegen den richtet, gegen den das Recht ausgeübt wird (vgl. zB Celle NJW **61**, 231 [Einrede des Mehrverkehrs im Unterhaltsprozeß], Hamburg JW **38**, 3104, JR **97**, 521 m. Anm. Foth [Angriffe gegen einen Zeugen]). Im übrigen ist bei BVerfG NJW **91**, 2075 bei der Anwendung des § 193 die Ausstrahlungswirkung des gleichfalls aus dem Rechtsstaatsprinzip folgenden Anspruchs auf rechtliches Gehör (Art. 103 I GG) auf die Betätigungsfreiheit im Prozeß (Art. 2 I GG) zu berücksichtigen (vgl. auch BVerfG NJW **91**, 29, Düsseldorf NJW **98**, 3215, KG StV **97**, 485, NStZ-RR **98**, 13). Die Strafdrohung der §§ 185, 186 – insbes. die Möglichkeit, daß der Wahrheitsbeweis nach § 186 nicht geführt werden kann – darf den einzelnen danach nicht davon abschrecken, seine Rechte auch mit ehrverletzenden Äußerungen zu verteidigen, soweit sie zur Rechtswahrung geeignet, erforderlich und angemessen sind. Ebenso zu beachten ist auch bei Ehrverletzungen in einem gerichtlichen Verfahren das Grundrecht der freien Meinungsäußerung nach Art. 5 I 1 GG (vgl. zB BVerfG NJW **91**, 2075, **00**, 199, Düsseldorf aaO, NStZ-RR **96**, 7, KG aaO, StV **97**, 485), wobei dann allerdings Unterschiede bestehen zwischen Werturteilen und Tatsachenbehauptungen und ob es in dem Verfahren um die Allgemeinheit wesentlich berührende Angelegenheiten oder um die Verfolgung privater Interessen geht (vgl. dazu u. 12, 15 ff. u. speziell im vorliegenden Zusammenhang Düsseldorf NStZ-RR **96**, 7, NJW **98**, 3215, KG StV **97**, 485, NStZ-RR **98**, 13). Im „Kampf um das Recht" sind deshalb außerhalb des § 187 auch drastische Worte zulässig, soweit zu der Sache mit innerer Zusammenhang besteht und die Unhaltbarkeit der Äußerung nicht auf der Hand liegt (BVerfG NJW **91**, 2075, Düsseldorf NJW **98**, 3215, Stuttgart NStE § 178 GVG **Nr. 6;** zur Wiederholung einer amtlich oder gerichtlich geprüften und widerlegten Behauptung vgl. Hamm NJW **61**, 520 mwN). Von Bedeutung kann auch sein, ob die Äußerung nur zur Kenntnis der Prozeßbeteiligten oder auch an Außenstehende gelangt (vgl. BVerfG NJW **91**, 2076). Nicht gerechtfertigt sind aber auch hier grobe Beleidigungen u. Beschimpfungen, dies schon deshalb nicht, weil sie zur Verfolgung von Rechten nicht geeignet sind (vgl. zB Hamburg JR **97**, 521 m. Anm. Foth: Bezeichnung eines als Zeugen vernommenen Polizeibeamten als „bedenkenloser Lügner"). Vgl. im übrigen auch u. 22 zu Beleidigungen bei anwaltlicher Interessenvertretung; zur Frage des zivilrechtlichen Ehrenschutzes gegenüber Zeugenaussagen und Parteivorbringen im Zivilprozeß vgl. zB BGH ZUM **92**, 544, Hamm NJW **92**, 1329 mwN, ferner einerseits Helle GRUR 82, 207, NJW 87, 233, andererseits Walter JZ 86, 614 mwN. – Nicht hierher gehören die einer Prozeßpartei (bzw. ihrem Anwalt) erteilten Auskünfte, die aber, wenn sie zur Sache gehören, als Wahrnehmung berechtigter Interessen (u. 13) oder jedenfalls als „ähnliche Fälle" gerechtfertigt sein können (vgl. dazu RG **59** 174, Bay **53** 109, **64** 131, Herdegen LK[10] 16, Rudolphi SK 8). Gleiches gilt für Zeugenaussagen und Sachverständigengutachten (u. 25).

V. Zu den namentlich besonders genannten Fällen, in denen eine beleidigende Äußerung gerecht- 7
fertigt sein kann, gehören schließlich die **Vorhaltungen und Rügen der Vorgesetzten** gegen ihre Untergebenen und die **dienstlichen Anzeigen oder Urteile** von seiten eines Beamten. *Vorhaltungen und Rügen eines Vorgesetzten* sind nur solche im Rahmen eines beamtenrechtlichen oder sonstigen Über- und Unterordnungsverhältnisses (zB Prinzipal-Angestellter); jedenfalls als „ähnliche Fälle" sind aber zB auch die Rügen von Beamten gegenüber Nichtuntergebenen zur Wahrung der Ordnung (vgl. RG **30** 39) und solche von Lehrern gegenüber ihren Schülern anzusehen (vgl. Herdegen LK[10] 32, Rudolphi SK 26, Tröndle 18, Zaczyk NK 37). Zu den *dienstlichen Anzeigen und Urteilen* eines Beamten gehören alle Erklärungen, die dieser in Erfüllung öffentlich-rechtlicher Aufgaben abgibt (vgl. zB VGH München NVwZ **86**, 327 [negative Bewertung von Arbeitsplätzen eines ansiedlungswilligen

Unternehmers durch Bürgermeister], AG Köln NStZ **85**, 384 [negative Bewertung in Widerspruchsbescheiden bei Prüfung der §§ 10–13 StVollzG durch Dezernenten des Justizvollzugsamts], Herdegen aaO).

VI. Die Wahrnehmung berechtigter Interessen

8 Der **praktisch wichtigste Fall** des § 193 ist die Wahrnehmung berechtigter Interessen, die zur Rechtfertigung einer beleidigenden Äußerung allerdings nicht schon deshalb führt, weil mit ihr rechtlich schutzwürdige Interessen verfolgt werden, sondern nur dann, wenn der Täter in *berechtigter* Wahrnehmung rechtlich anerkannter Interessen handelt (vgl. die Nachw. u. 9 a). Nach hM handelt es sich um einen Fall der Güter- und Interessenabwägung (zB RG **65** 2, 47, **66** 2, BGH **18** 184, MDR/D **53**, 401, BGHZ **3** 281, Braunschweig SJZ **48**, 768, Hamm NJW **87**, 1035, Gössel I 395, Herdegen LK[10] 17, Lackner/Kühl 1, 10, Meurer, Hirsch-FS 655 f. [unter Hinweis auf die Weiträumigkeit dieser Abwägung], Rehbinder aaO 17 f., Rudolphi SK 9, Schmidhäuser II 63, Tröndle 8, W-Hettinger 518; and. Merz aaO 72 ff., Zaczyk NK 2, Hirsch-FS 828 f.). Dabei sind es jedoch unterschiedliche Gesichtspunkte, die ein überwiegendes Interesse (u. 12) in der Weise begründen, daß sich das wahrgenommene Interesse gegenüber dem Rechtsgut Ehre durchsetzen darf (vgl. dazu Lenckner, Noll-GedS 249, JuS 88, 352, ferner Herdegen LK[10] 2 ff.): Bei *ehrenrührigen Werturteilen* iS des § 185 sind es vor allem die Grundrechte der Art. 5 GG, die und die mit ihnen wahrgenommenen Interessen, die in dem Konflikt mit dem Recht auf Ehre den Vorrang beanspruchen und damit selbst vorsätzliche Ehrverletzungen rechtfertigen können (Düsseldorf NJW **92**, 1336; vgl. zur „Wechselwirkungstheorie" des BVerfG u. 15; dazu, daß „Sitz" des Rechtfertigungsgrunds hier letztlich nicht mehr § 193, sondern Art. 5 GG selbst ist, o. 1). Bei der *üblen Nachrede* iS des § 186, wo der ungeschmälerte Geltungswert des Betroffenen bis zum Beweis des Gegenteils aus Gründen eines möglichst wirksamen Ehrenschutzes vermutet wird, kommt dagegen noch der – hier auch das Erfordernis pflichtgemäßer Prüfung (u. 11) erklärende – Gedanke des erlaubten Risikos (vgl. 11 f. vor § 32) hinzu, der dem Interessenkonflikt sein spezifisches Gepräge gibt und ein überwiegendes Interesse begründet: Damit zB überhaupt Mißstände zur Sprache gebracht werden können – was kaum noch möglich wäre, wenn der Täter im Fall der späteren, nicht selten durch Zufälligkeiten bedingten Nichterweislichkeit immer seine Bestrafung zu gewärtigen hätte –, dürfen hier ehrenrührige Behauptungen unter bestimmten Voraussetzungen auch auf die Gefahr hin aufgestellt werden, daß sie sich hinterher nicht als wahr erweisen, der Betroffene im Ergebnis also zu Unrecht in seiner Ehre verletzt wird (vgl. zB Gallas, Niederschr. Bd. 9, 71, Herdegen LK[10] 3, Hirsch ZStW 74, 93 ff., Ehre und Beleidigung 200 f., Jescheck/Weigend 402, Lenckner, Mayer-FS 179 f., Noll-GedS 249, M-Maiwald I 266, Schmidhäuser 321, Tröndle 1, Welzel 320; vgl. aber auch Bockelmann II/2 S. 191, Eser aaO **38**, Preuß aaO 220, Rudolphi SK 1 u. mit Einschränkungen Merz aaO 108 f., Zaczyk NK 3).

9 1. Rechtfertigungsvoraussetzung ist zunächst die Wahrnehmung eines **berechtigten Interesses**, d. h. die Verfolgung eines vom Recht als schutzwürdig anerkannten öffentlichen oder privaten, ideellen oder materiellen Zwecks (vgl. dazu m. Beisp. Merz aaO 108 f., Zaczyk NK 18). Zwecke, die dem Recht oder den guten Sitten zuwiderlaufen, scheiden damit von vornherein aus (vgl. RG **15** 17, **36** 423, Herdegen LK[10] 18, Lackner/Kühl 5, Mackeprang aaO 91 ff., Merz aaO 103, Meurer, Hirsch-FS 657, Rudolphi SK 11), so zB wenn der andere durch Aufdeckung seines Privatlebens unmöglich gemacht werden soll (RG **40** 101) oder wenn der Täter durch eine Beleidigung ein Strafverfahren gegen sich herbeiführen will, um das angebliche Unrecht seiner früheren Verurteilung zu beweisen (RG **74** 261, JW **34**, 1418, 37, 1160, BGH MDR/D **56**, 10). Nicht der Wahrnehmung berechtigter Interessen dienen ferner zB beleidigende Äußerungen, die lediglich dem Freude am Klatsch, der Befriedigung menschlicher Neugier und der Erregung von Sensationen dienen (vgl. RG **36** 423, BGH **18** 186). Auch werden mit dem Verbreiten ehrenrühriger Umstände aus dem Privatleben eines andern nicht schon deshalb berechtigte Interessen wahrgenommen, weil dieser im öffentlichen Leben steht (vgl. BGH **18** 186, JZ **65**, 411 m. Anm. Koebel, Gössel I 394, Herdegen LK[10] 18, Rudolphi SK 11). Zur Frage, ob die wahrgenommenen Interessen solche des Täters sein müssen, u. 13.

9 a 2. Die Verfolgung eines berechtigten Zwecks rechtfertigt die Ehrverletzung allein noch nicht, vielmehr muß diese unter Berücksichtigung der gesamten Umstände auch das **angemessene Mittel** hierzu sein: Nicht rechtswidrig ist nur die *berechtigte* Wahrnehmung rechtlich anerkannter Interessen (vgl. zB RG **15** 17, **42** 441, **63** 231, BGH **14** 48, Braunschweig GA **62**, 84, Frankfurt NJW **89**, 1368, Koblenz OLGSt S. 57, LG Kaiserslautern NJW **89**, 1370, Eser aaO 58 ff., Herdegen LK[10] 25, Lenckner JuS 88, 352, M-Maiwald I 267, Rudolphi SK 22 ff., Tröndle 8, Zaczyk NK 21). Im einzelnen gilt folgendes:

10 a) Voraussetzung ist zunächst, daß die beleidigende Äußerung zur Wahrnehmung des verfolgten Interesses **geeignet und erforderlich** war (vgl. BGHZ **3** 281, BGH MDR **56**, 735, MDR/D **53**, 401, Koblenz OLGSt S. 57, Köln NJW **79**, 1723, OLGSt § 186 S. 13, LG Kaiserslautern NJW **89**, 1370, Fuhrmann JuS 70, 72, Herdegen LK[10] 25, Rudolphi SK 19 ff.; vgl. auch Meurer, Hirsch-FS 658 ff., Zaczyk NK 21 u. näher Merz aaO 658 ff.). An der *Geeignetheit* fehlt es zB bei der Information eines beliebigen Dritten, der nicht in der Lage ist, die Durchsetzung des wahrgenommenen Interesses in irgendeiner Weise zu fördern (vgl. RG **59** 173, Rudolphi SK 19). Im politischen Meinungskampf (u. 15 ff.) reicht dagegen die Möglichkeit der Überzeugung oder Überredung der Zuhörer iS der

Meinung des Täters aus (Frankfurt NJW **91**, 2034 m. krit. Anm. Brammsen JR 92, 83 f.; vgl. aber auch Bay NJW **91**, 1495 m. Anm. Brammsen aaO). Zulässig ist es im allgemeinen, sich an einen Rechtsanwalt oder an die zuständige Behörde zu wenden (vgl. Maunz-Dürig Art. 17 RN 49); Interessenverbände stehen einem Anwalt jedenfalls dann gleich, wenn sie im Einzelfall die Interessen des Ratsuchenden wahrnehmen sollen und können (and. Köln NJW **58**, 802). Die *Erforderlichkeit* ist zu verneinen, wenn die beleidigende Äußerung zur Wahrnehmung des verfolgten Interesses überhaupt oder in der konkreten Art nicht notwendig war, weil dem Täter ein gleich wirksames, aber milderes Mittel zur Verfügung stand (vgl. Rudolphi SK 20 f., aber auch BGHZ **45** 306 ff., Nipperdey MDR 56, 736). Dies ist zB der Fall, wenn beim Verdacht eines Warenhausdiebstahls eine den Betroffenen unnötig bloßstellende Sensorkontrolle vor den Augen des Publikums auch an einem verdeckten Ort hätte durchgeführt werden können (vgl. dazu Hamm NJW **87**, 1034, LG Paderborn NStZ **85**, 458, wo § 193 schon aus diesem Grund zu verneinen war) oder wenn der Täter unnötigerweise die „Flucht in die Öffentlichkeit" antritt (vgl. Braunschweig MDR **48**, 186, Gössel I 395, Herdegen LK[10] 28, Merz aaO 125 f.). Auch bei der Kritik öffentlicher Behörden ist eine solche, weil nicht zugleich ein Informationsinteresse der Allgemeinheit besteht, daher erst dann zulässig, wenn Vorstellungen bei der zuständigen Stelle erfolglos geblieben sind oder von vornherein aussichtslos erscheinen (vgl. dazu auch RG **15** 19, Braunschweig NJW **48**, 697, Köln NJW **58**, 802, Herdegen aaO, Rudolphi SK 23). Schon eine Frage der Erforderlichkeit ist es auch, ob das öffentliche Interesse an der Unterrichtung über bestimmte Vorfälle auch eine Namensnennung der daran Beteiligten notwendig macht (vgl. BGH JZ **65**, 413, Herdegen LK[10] 29, Koebel JZ 66, 389, Rudolphi SK 21, aber auch Merz aaO 115 f., 126 ff.; zur Beleidigung unter einer Kollektivbezeichnung [vgl. 5 ff. vor § 185], wo eine Namensnennung gerade erforderlich sein kann, vgl. aber auch BGH **19** 235). Bei öffentlichen Auseinandersetzungen, insbes. im politischen Meinungskampf, ist im Hinblick auf Art. 5 GG zu berücksichtigen, daß hier auch in der Sache an sich nicht gebotene Schärfen oder mit Entstellungen verbundene Vergröberungen noch erforderlich sein können, weil die fragliche Äußerung nur so überhaupt Wirkung auf die öffentliche Meinungsbildung erzielen kann (u. 15 ff.). Ebenso ist das Interesse des Täters am rhetorischen Gehalt seiner Aussage zu beachten (Frankfurt aaO 2035; vgl. aber auch Bay aaO, AG Spaichingen NJW **91**, 1497).

b) Unter dem Gesichtspunkt der Angemessenheit des Mittels ist auch die von der Rspr. entwickelte **11 Prüfungs- und Informationspflicht** zu sehen (zB RG **62** 93, **63** 204, **74** 257, BGH **14** 48, NJW **53**, 1722, **85**, 2647, **98**, 3049, Frankfurt NJW **91**, 2035 f., Hamburg MDR **80**, 953, Hamm HESt. **2** 274, NJW **87**, 1035, Koblenz OLGSt **Nr. 1**; vgl. auch Eser aaO 64 f., Herdegen LK[10] 21, Jescheck/Weigend 402, Lackner/Kühl 10, Lenckner, Mayer-FS 180, M-Maiwald I 267, Tröndle 8, Zaczyk NK 43). Auf den Gedanken des erlaubten Risikos beruhend (vgl. 11 f., 19 vor § 32, o. 8, ferner zB Hirsch aaO 200 f., Jescheck/Weigend aaO, M-Maiwald aaO), trägt sie den Besonderheiten des § 186 Rechnung und ist deshalb ausschließlich dort von Bedeutung: § 193 erlaubt hier zwar das Behaupten usw. ehrenrühriger Tatsachen auch auf die Gefahr hin, daß der Betroffene iE zu Unrecht in seinem – nach dem Gesetz bis zum Beweis des Gegenteils vermuteten (vgl. § 186 RN 1) – Geltungswert verletzt wird, macht dies aber folgerichtig davon abhängig, daß das Risiko durch eine solches Fehlgriffs durch eine objektiv sorgfaltsgemäße Prüfung der jeweiligen Sachlage und ggf. durch das Einholen weiterer Informationen auf das nach den Umständen mögliche Minimum beschränkt wird (zu der Auffasssung, die bei § 186 die Prüfungspflicht bereits als Tatbestandsmerkmal ansieht, vgl. dort RN 10). Zu versagen ist dem Täter der Schutz des § 193 daher bei einer Verletzung dieser Prüfungspflicht (vgl. die Nachw. o., iE auch Hirsch aaO 200, Rudolphi SK 24, Zaczyk NK 43; vgl. auch BGH NJW **93**, 930). Der von der Rspr. – zurückgehend auf das RG – in diesem Zusammenhang vielfach gebrauchte und unterschiedlich umschriebene Begriff der „Leichtfertigkeit" (vgl. dazu Hamburg MDR **80**, 953 mwN) ist nach dem heutigen Sprachgebrauch („grobe Fahrlässigkeit") zumindest mißverständlich (vgl. auch Merz aaO 186): Ausgeschlossen ist eine Rechtfertigung nach § 193 nicht erst bei einer Pflichtwidrigkeit in besonders qualifizierter Form, sondern schon dann, wenn der Täter bei gewissenhafter, ihm möglicher und zumutbarer Prüfung hätte erkennen müssen, daß die Grundlagen für seine Behauptung unzuverlässig oder unzulänglich sind (RG **74** 261, Celle NJW **88**, 353, Hamburg aaO, Köln NJW **97**, 1248). Eine viel zu weitgehende Einschränkung des strafrechtlichen Ehrenschutzes ist es daher auch, wenn – gleichgültig, was dort unter „Leichtfertigkeit" verstanden wird – nach BVerfG NJW **00**, 199 das leichtfertige Aufstellen einer (Tatsachen-)Behauptung „bei weitem(!) noch nicht das Maß an Sorglosigkeit im Umgang mit der Wahrheit zum Ausdruck bringt", das eine Versagung des Grundrechtsschutzes des Art. 5 I rechtfertigen könne. Nicht möglich ist es auch, hier zwischen der „Leichtfertigkeit" bezüglich der Unwahrheit und der Nichterweislichkeit zu unterscheiden (vgl. aber Hamm NJW **54**, 441), da es bei § 193 allein auf die Prüfung der Wahrheit ankommen kann. Der Umfang der Prüfungspflicht bestimmt sich nach den Umständen des konkreten Falls (vgl. BGH [Z] NJW **93**, 527; vgl. auch Herdegen LK[10] 21: „situations- und konfliktsabhängig"; zu den aus Art. 5 folgenden Grenzen u. 15, 18). Maßgebend dafür sind insbes. die zeitlichen, beruflichen und persönlichen Möglichkeiten weiterer Aufklärung, das Gewicht der für die Wahrheit der aufgestellten Behauptung sprechenden Umstände, die Schwere des erhobenen Vorwurfs und die möglichen Auswirkungen für den Betroffenen (vgl. zB BGH [Z] NJW **85**, 2647, **98**, 3049 m. Anm. Dietlein JR 99, 246, Herdegen LK[10] 21 f., Lackner/Kühl 10, Rudolphi SK 24). Pflichtwidrig (bzw. „leichtfertig" iS der Rspr.) ist es zB, wenn ehrenrührige Behauptungen auf haltlose Vermutungen gestützt oder Tatsachen

§ 193 12   Bes. Teil. Beleidigung

in der Erregung entstellt werden (vgl. BGH MDR/D **54**, 335) oder wenn eine durch Urteil oder durch andere amtliche Feststellungen widerlegte Behauptung ohne neue Beweismittel wiederholt wird (RG JW **33**, 961, Bay **51** 421; vgl. aber auch Hamm NJW **61**, 520 [Feststellung nur der Nichterweislichkeit]), ferner wenn aus mitgeteilten äußeren Tatsachen, auch wenn diese nicht nachgeprüft werden mußten, ohne weiteres (falsche) Schlußfolgerungen bezüglich innerer Tatsachen gezogen werden (Hamburg MDR **80**, 953). Dagegen genügt den Anforderungen an die Prüfungspflicht, wer sich bei einer ehrenrührigen Tatsachenbehauptung, die nicht aus seinem eigenen Erfahrungs- und Kontrollbereich stammt und seine eigenen Überprüfungsmöglichkeiten übersteigt, gutgläubig auf unwidersprochene Pressemitteilungen, andere öffentlich zugängliche Quellen oder die Ausführungen eines Abgeordneten bezieht (so für herabsetzende Äußerungen in einem Flugblatt BVerfGE **85** 21 ff. m. Bspr. Heselhaus NVwZ 92, 743; krit. dazu Kiesel NVwZ 92, 1135 [„unangebrachter Vertrauensvorschuß gegenüber den Medien"], Krey JR 95, 226, Kriele NJW 94, 1901 f., Tettinger aaO 30). Radikale und extremistische Presseerzeugnisse werden dabei regelmäßig nicht geeignet sein, „insoweit Vertrauenstatbestände zu begründen" (Geis RdJB 94, 222). Geringere Anforderungen gelten, wenn der Täter Schutzvorkehrungen getroffen hat, um zu verhindern, daß ehrverletzende Behauptungen aus seinem Kontrollbereich an die Öffentlichkeit gelangen (BGH [Z] NJW **93**, 527), oder wenn er unerwartet eine Frage zu beantworten hat (vgl. Hamm NJW **54**, 441), strengere dagegen bei öffentlichen Beleidigungen (vgl. RG **66** 2, BGH **3** 75, NJW **52**, 194), auch wenn es sich dabei um solche im Wahlkampf handelt (Stuttgart JZ **69**, 77). Zu der – allerdings nur begrenzten – Prüfungspflicht, wenn beleidigende Behauptungen sich auf die Entscheidung eines früheren DDR-Gerichts stützen, vgl. BGH(Z) NJW **85**, 2644; zur Prüfungspflicht bei Presseveröffentlichungen u. 18, bei Strafanzeigen u. 20, bei Petitionen u. 21, bei Anwälten u. 22.

12   c) Unter Wertgesichtspunkten ist die beleidigende Äußerung ein angemessenes Mittel nur, wenn eine **Abwägung aller Umstände des konkreten Falls** ergibt, daß das Interesse, die fragliche Äußerung tun zu dürfen, das Interesse am Schutz der Ehre **überwiegt** (so zB auch Bay NJW **95**, 2501 m. Anm. Otto JR 95, 218, Hamm NJW **87**, 1034, Gössel I 395, Herdegen LK[10] 17, Lenckner, Noll-GedS 248 f., Rudolphi SK 9, Seibert MDR 51, 710; and. zB Lackner/Kühl 10, Tenckhoff JuS 89, 201, Tröndle 8 u. wohl auch BGH **18** 184, Frankfurt NJW **91**, 2035 [Gleichwertigkeit]; vgl. ferner zB BGHZ **31** 313, M-Maiwald I 267, Meurer, Hirsch-FS 658 f. [„vertretbares" bzw. „erträgliches" Verhältnis bzw. „Verhältnismäßigkeit" i. e. S. zwischen Ehrverletzung und dem verfolgten Zweck] u. zum Ganzen krit. bzw. abl. Merz aaO 135 ff., Zaczyk NK 21). Von vornherein zu verneinen ist dies bei einer unzulässigen Interessenverknüpfung, so wenn sich der Täter durch eine ehrenrührige Tatsachenbehauptung von einem in keinem Zusammenhang damit stehenden wirtschaftlichen Schaden schützen oder seine wirtschaftliche Lage verbessern will (vgl. RG **38** 253) oder wenn er mit der Beleidigung lediglich ein Strafverfahren gegen sich herbeiführen will, um dort einen mit der Beleidigung nicht zusammenhängenden Vorfall zur Sprache bringen zu können, mag er an dessen Feststellung auch ein an sich berechtigtes Interesse haben (andernfalls schon keine Wahrnehmung rechtlich anerkannter Interessen, o. 9; zur Erörterung von Tatsachen im Sühnetermin, die nur mittelbar die Privatklage betreffen, vgl. Braunschweig GA **62**, 83). Im übrigen ist zu unterscheiden: Soweit eine *Beleidigung iS des § 185* in einer (vorsätzlich!) unwahren Tatsachenbehauptung (vgl. § 185 RN 6) gegenüber dem Betroffenen besteht, dürften Fälle einer berechtigten Interessenwahrnehmung kaum vorkommen (vgl. aber auch Zaczyk NK 7). Für eine Rechtfertigung bleiben hier daher im wesentlichen durch ein Verhalten des Betroffenen veranlaßte negative Werturteile, die zwar nicht mehr tatsachenadäquat und damit ehrverletzend sind (vgl. § 185 RN 7), die vom Betroffenen wegen eines entgegenstehenden höheren Interesses aber gleichwohl hingenommen werden müssen. Vor dem Hintergrund des Art. 5 GG und dem verschiedenen Gewicht der Meinungsfreiheit ist hier dann weiter zu unterscheiden zwischen beleidigenden Äußerungen in einer die Öffentlichkeit wesentlich berührenden Frage (vgl. dazu u. 15 ff.) und solchen im privaten Bereich, ein Unterschied, der auch in der Rspr. des BVerfG seinen Ausdruck findet, wenn dort die vom BVerfG angenommene Vermutung für die Zulässigkeit der freien Rede und die besonders strengen Anforderungen an die eine Rechtfertigung ausschließende „Schmähkritik" auf Äußerungen im Bereich der öffentlichen Meinungsbildung beschränkt und die sog. Privatfehden ausdrücklich ausgenommen werden (vgl. zB BVerfGE **93**, 294, NJW **99**, 2263 u. dazu u. 15). Dabei ist der Begriff der „Schmähkritik" (s. u. 16) in diesem letzteren Zusammenhang allerdings zumindest mißverständlich: Geht es bei Auseinandersetzungen im privaten Bereich zB darum, daß der andere nur dadurch zurechtgewiesen und „zur Ordnung gerufen" werden kann, daß ihm „noch eine übergezogen wird", so muß die Grenze des Unzulässigen schon bei groben Beleidigungen erreicht sein und nicht erst dann, wenn das Ganze den Charakter einer „Schmähung" annimmt (vgl. auch BVerfGE **54**, 137, NStZ **94**, 403, wonach im privaten Bereich jedenfalls bei schweren und haltlosen Kränkungen der Ehrenschutz regelmäßig den Vorrang hat). Nach § 193 nicht mehr gerechtfertigt ist daher zB die Beschimpfung des Liebhabers der Ehefrau als „Schwein" durch den Ehemann, dies i. U. zB zu der Bezeichnung als „Nazischwein" in der politischen Auseinandersetzung als Reaktion auf die Verherrlichung der NS-Gewaltverbrechen (vgl. Hamm GA **74**, 62 zu der Äußerung, es sei Zeit, daß ein „kleiner Hitler" komme und wieder einige Menschen vergast oder verbrannt würden). Was die mit Ehrangriffen im privaten Bereich wahrgenommenen Interessen betrifft, so können dazu zB auch „Zucht und Sitte" in einem Haus (vgl. KG GA Bd. **69**, 120) oder der Arbeitsfrieden in einem Betrieb gehören (vgl. KG DRZ **50**, 418, Zaczyk NK 21).

Noch kein höherrangiges Interesse begründet dagegen das Bedürfnis, seinem „Frust" gegenüber dem Betroffenen ein „Ventil zu öffnen" (vgl. AG Grünstadt NJW **95**, 889) oder sich gegenüber Dritten über den Betroffenen auszusprechen und dabei auch „Dampf abzulassen", und dies auch nicht, wenn es in einem besonders vertrauten Kreis geschieht (vgl. dazu 9 ff. vor § 185). Sofern das Versagen des Zutritts zu einem Lokal usw. allein wegen der Zugehörigkeit zu einer bestimmten Personengruppe eine Beleidigung sein sollte (vgl. dagegen § 185 RN 2), können ausnahmsweise zB auch wirtschaftliche Interessen, wenn sie eindeutig überwiegen, die Tat rechtfertigen (offengelassen von Bay **83** 32). – Im Fall der *üblen Nachrede* (§ 186) sind bei der Abwägung vor allem zu berücksichtigen (vgl. dazu auch Herdegen LK[10] 17): Art und Schwere der behaupteten ehrenrührigen Tatsachen – damit zusammenhängend – das Gewicht der wahrgenommenen Interessen (zB Aufdeckung privater Verfehlungen oder öffentlicher Mißstände), die Wirkung für den Betroffenen bei Nichterweislichkeit der behaupteten Tatsachen („semper aliquid haeret"), die größere oder geringere Sicherheit bzw. Wahrscheinlichkeit, daß die aufgestellte Behauptung der Wahrheit entspricht, die größere oder geringere Glaubwürdigkeit der fraglichen Aussage, ob diese mehr oder weniger substantiiert ist oder unter Umständen erfolgt, unter denen mit Vereinfachungen, Übertreibungen und Entstellungen zu rechnen ist (zB Wahlkampf), ferner Ob und Umfang einer mit der Äußerung verbundenen Breitenwirkung (zB Vorstandssitzung oder Hauptversammlung einer AG). Zu ehrenrührigen Tatsachenäußerungen über Angelegenheiten von öffentlichem Intresse vgl. u. 15, 17, zu den Medien u. 18, zu Strafanzeigen, Petitionen und der Ausübung eines Anwaltsmandats u. 20 ff.

3. Gerechtfertigt soll die Ehrverletzung nach hM grundsätzlich ferner nur sein, wenn die wahr- **13** genommenen Interessen **den Täter selbst angehen**, wobei davon zT das Vorliegen eines berechtigten Interesses (so zB Lackner/Kühl 6), zT die berechtigte Wahrnehmung eines solchen abhängig gemacht wird (so zB Herdegen LK[10] 19, Rudolphi SK 12 ff.). Bei *Interessen der Allgemeinheit* wird dies heute allgemein bejaht, weil sie jeden angehen und idR daher auch von jedermann wahrgenommen werden dürfen (zB BVerfGE **12** 113, BGH **12** 287, **18** 182, NJW **56**, 799, BGHZ **31** 308, Frankfurt NJW **89**, 1368, M-Maiwald I 268 f., Meurer, Hirsch-FS 657, Rudolphi SK 15, Tröndle 12, Zaczyk NK 20; die frühere RG-Rspr., die dem einzelnen ein Recht zur Wahrnehmung allgemeiner Interessen nur in besonderen Ausnahmefällen zugebilligt hatte [vgl. die Nachw. in der 21. A. RN 14], ist, weil sie dem heutigen Verständnis von der Stellung des Bürgers nicht mehr entspricht, überholt). Soweit es sich um *private Interessen* handelt, soll der einzelne dagegen grundsätzlich nur zur Wahrnehmung eigener Interessen befugt sein, wobei allerdings ein mittelbar eigenes Interesse (zB als Mitglied eines Vereins) als ausreichend angesehen wird. Zur Wahrung fremder Belange ist der Täter nach hM dagegen nur ausnahmsweise befugt, nämlich wenn er ein besonderes Recht dazu hat oder wenn er diesen so nahe steht, daß er sich billiger- und vernünftigerweise zu ihrem Verfechter aufwerfen darf (so zB RG **63** 229 mwN, Bay **51** 240, NJW **65**, 58, Herdegen LK[10] 19, Lackner/Kühl 6, Meurer aaO 658, Rudolphi SK 13 f., Tröndle 10, 13, Zaczyk NK 20). Ersteres wird zB angenommen bei einer Beauftragung mit der Wahrnehmung fremder Interessen (zB als Anwalt [u. 22], Organ eines Interessenverbands; zu Auskunfteien vgl. RG **38** 131, Jäger NJW 56, 1224) oder bei einer entsprechenden Amts- oder Berufsstellung (zB Gemeinderatsmitglied [Bay NJW **56**, 354, OVG Koblenz NJW **92**, 184, Schleswig SchlHA **91**, 107], Landtagsabgeordneter [BGH MDR/D **55**, 270], Geschäftsführer einer Firma [Hamm NJW **87**, 1035], Vormund, Insolvenzverwalter usw.), letzteres zB bei naher Verwandtschaft, Freundschaft (Bay NJW **65**, 58) oder einem langjährigen Angestelltenverhältnis (Braunschweig SJZ **48**, 768 m. Anm. Kern, Düsseldorf JR **48**, 350), dies allerdings nur, solange der andere dies duldet oder keinen anderen Willen äußert. Schon bei beleidigenden Werturteilen (§ 185), wo solche Einschränkungen im Prinzip berechtigt sein mögen (generell für Einbeziehung auch fremder Interessen dagegen Blei II 106, Welzel 321), ist dies jedoch zu eng, weil dort bei Beachtung der sonst durch § 193 gezogenen Grenzen eine Wahrnehmung fremder Interessen auch in Fällen zulässig sein muß, die der Geschäftsführung ohne Auftrag entsprechen. Darüber hinaus ist bei § 186 der Rechtfertigungsgrund der Wahrnehmung berechtigter Interessen auch auf solche Fälle zu erstrecken, in denen der Adressat ein berechtigtes Informationsinteresse hat, und zwar unabhängig davon, ob der Täter bei der Mitteilung von sich aus oder erst auf Anfrage macht und ob er zur Auskunft verpflichtet ist (vgl. Herdegen LK[10] 28). Daß in solchen Fällen ein sachliches Bedürfnis für eine Rechtfertigung bestehen kann, anerkennt auch die Rspr., indem sie hier einen „ähnlichen Fall" annimmt (vgl. RG **59** 172, Bay **53** 109 mwN); doch steht auch vom Wortlaut her nichts im Wege, das Schaffen der Voraussetzungen dafür, daß ein anderer seine Interessen verfolgen kann, als eine wenigstens mittelbare „Wahrnehmung (fremder) berechtigter Interessen" zu bezeichnen.

4. Sonderfragen zur Wahrnehmung berechtigter Interessen ergeben sich bei Ehrverletzungen **14** im Zusammenhang mit die Allgemeinheit wesentlich berührenden Angelegenheiten einschl. Presseveröffentlichungen (u. 15 ff.), durch eine künstlerische Betätigung (u. 19), bei Strafanzeigen (u. 20), Petitionen (u. 21) und bei Ausübung eines Anwaltmandats (u. 22).

a) Da sich in Angelegenheiten von allgemeinem Interesse – wozu nicht nur die Politik, sondern zB **15** auch die Kunst (BVerfGE **54** 129), Mißstände in einem bestimmten Wirtschaftszweig (BVerfGE **60** 234, Brandenburg NJW **95**, 887) usw. gehören – jedermann auf die Wahrnehmung berechtigter Interessen berufen kann (o. 13), ist § 193 auch auf **Beiträge zur öffentlichen Meinungsbildung** über gesellschaftlich, politisch usw. relevante Fragen einschließ. Veröffentlichungen in der Presse oder anderen Medien anwendbar (hM; vgl. zB schon BVerfGE **12** 113, **24** 278, BGH **12** 287, **14** 48, **18**

§ 193 15

182, BGHZ **31** 308, **45** 296, Düsseldorf NJW **72**, 650, Frankfurt NJW **77**, 1353, Hamburg NJW **67**, 213, Köln NJW **77**, 398, Stuttgart JZ **72**, 745 u. ebenso im Schrifttum zB Arzt/Weber I 175, Eser aaO 63 f., Fuhrmann JuS 70, 73, Herdegen LK[10] 20, Lackner/Kühl 12, Mackeprang aaO 91 ff., M-Maiwald I 269 f., Rudolphi SK 15 f., Tröndle 12; dazu, daß das Parteienprivileg [Art. 21 GG] als solches der Bestrafung wegen einer in Verfolgung der Ziele der Partei begangenen Beleidigung nicht entgegensteht, vgl. BVerfGE **47** 136, **69** 257, Zaczyk § 185 RN 18; vgl. auch BGH **29** 50, Köln OLGSt § 186 S. 13). In diesem Bereich, in dem es um die öffentliche Meinungsbildung geht, kommt dem durch Art. 5 I 1 GG und Art. 5 I 2 GG geschützten, auch Meinungsäußerungen in Presseerzeugnissen umfassenden **Grundrecht der Meinungsfreiheit** besondere Bedeutung zu (zum Verhältnis von Art. 5 I 1 zur Pressefreiheit des Art. 5 I 2 vgl. BVerfGE **85** 12 m. Bspr. Heselhaus NVwZ 92, 740), wobei Art. 5 II und der dort genannte Begriff der „Schranke" des Rechts auf freie Meinungsäußerung selbstverständlich nicht in dem Sinn zu verstehen sind, daß die Meinungsfreiheit endet, wo das „Recht der persönlichen Ehre" beginnt (vgl. dazu auch Zaczyk, Hirsch-FS 823). Im Ausgangspunkt von weitreichender Bedeutung ist hier die in der **Rspr. des BVerfG** erfolgte Übertragung der zunächst nur für die Schranke der allgemeinen Gesetze in Art. 5 II GG entwickelten „Wechselwirkungstheorie" auch auf das Verhältnis von Meinungsfreiheit und dem Recht auf Ehre, dies mit der Folge, daß bei einer Kollision zwischen beiden auch das Recht auf Ehre seinerseits wieder im Licht der Bedeutung des Grundrechts auf freie Meinungsäußerung zu bestimmen und in seiner dieses beschränkenden Wirkung deshalb entsprechend einzuschränken sei (vgl. im Anschluß an BVerfGE **7** 208 f., **12** 124 zB BVerfGE **42** 150 u. 169, **54** 136, **61** 10 f., **85** 16, 33, **86** 10 f., **90** 248 f., **93** 290, **94** 8 u. zuletzt NJW **99**, 2263). Das Ergebnis ist eine deutliche Relativierung und damit zugleich Einschränkung des straf- und zivilrechtlichen Ehrenschutzes. Nicht berücksichtigt ist bei einer so verstandenen „Wechselwirkungstheorie" jedoch, daß es sich bei dem in Art. 5 II eigens genannten „Recht auf persönliche Ehre" i. U. zu den Schutzgütern der „allgemeinen Gesetze" nicht um irgendein beliebiges Rechtsgut und damit nicht um das Verhältnis von Verfassungs- zum einfachen Recht handelt, sondern um ein Rechtsgut, das, in Art. 5 II eigens genannt und zudem in Art. 1 I wurzelnd, ebenso wie die Meinungsfreiheit selbst Verfassungsrang hat und bei einer Abwägung mit dieser daher auch entsprechend zu gewichten ist (so überwiegend auch das Schrifttum, vgl. u. 15 a; vgl. auch BVerfGE **93** 290, wo unter Hinweis auf BVerfGE **54** 153 ff. zwar der grundrechtliche Schutz der Ehre eingeräumt wird, daraus aber keine Folgen gezogen werden). Mit der Eigenschaft der Ehre als einem eigenständigen und prinzipiell gleichgewichtigen Verfassungsrechtsgut neben der Meinungsfreiheit nicht zu vereinbaren ist deshalb auch die „Vermutungsformel" des BVerfG, wonach – dies i. U. zu privaten Auseinandersetzungen – für Äußerungen „im geistigen Kampf in einer die Öffentlichkeit berührenden Frage" nach Art. 5 GG generell und nicht etwa nur für die spontanen mündlichen Äußerungen die „Vermutung für die Zulässigkeit der freien Rede" sprechen soll (so zB BVerfGE **54** 139, **60** 241, **61** 11, **66** 150, **85** 16, **93** 294, NJW **91**, 1530, **92**, 1846, **94**, 2943 [Anm. u. Bspr. dazu s. 7 b vor § 185] u. zuletzt **99**, 2263; vgl. auch BGH NJW **94**, 126 m. Bspr. Würkner S. 914, **98**, 3044, ferner zB Meurer, Hirsch-FS 661): Im Ergebnis heißt dies nichts anderes als daß dann auch ein strafrechtlicher Ehrenschutz „im Zweifel nicht mehr stattfindet" (Schmitt Glaeser JZ 83, 95) und woran es nichts ändert, wenn diese Vermutung nur iS eines besonderen Begründungszwangs bei Abweichungen verstanden wird (vgl. zB BVerfGE **23** 295, Grimm NJW 95, 1703 f.), da eine Entscheidung zu Lasten der Ehre gleichfalls der Begründung bedarf (überwiegend abl. daher auch das Schrifttum, vgl. u. 15 a). Das Prinzip, von dem auszugehen ist, muß vielmehr sein, daß unter dem Vorzeichen zweier Rechtsgüter von grundsätzlich gleichem Verfassungsrang im Einzelfall durch eine den Konflikt zwischen Meinungsfreiheit und Ehre in allen seinen positiven und negativen Vorzugstendenzen berücksichtigende *umfassende Interessenabwägung* zu ermitteln ist, ob der Schutz der Ehre hinter dem Recht auf freie Meinungsäußerung zurückzutreten hat, wobei jedoch Äußerungen, mit denen keine berechtigten Interessen verfolgt werden, von vornherein auszuscheiden haben, weil in solchen Fällen das Recht auf Ehre stets eine Schranke iS des Art. 5 II GG sein muß (vgl. Merz aaO 114). Wesentliche Faktoren sind hier insbes. der Inhalt des Ehrangriffs, seine qualitative und quantitative Wirkung mit Mittel des Angriffs einerseits, dessen Anlaß, der mit der Äußerung verfolgte Zweck sowie Art und Gewicht des damit wahrgenommenen Interesses andererseits (vgl. auch o. 12 u. näher zB Grimm NJW 95, 1702 f., Mackeprang aaO 149 ff., Tettinger aaO 37, JZ 83, 320 ff.; dazu, daß hier nicht nur auf die Meinungsfreiheit als solche, losgelöst von den damit verfolgten Interessen usw., abgestellt werden kann, vgl. zB KG StV **97**, 485, Herdegen LK[10] 4, Merz aaO 111 ff., aber auch Köln NJW **97**, 1247). Dabei können die Auswirkungen des Art. 5 GG auf § 193 verschieden sein, je nachdem, ob der Betroffene eine Person oder eine Institution ist, die sich unsachlicher und massiver Kritik u. U. eher stellen muß (BVerfGE **93** 291 [unter Hinweis darauf, daß es hier nicht um das in Art. 5 II genannte Recht auf „persönliche" Ehre geht], BGH **36** 89). Ebenso ist zu berücksichtigen, ob der Betroffene als Privatperson oder in der Eigenschaft als Verantwortungsträger in Politik oder Wirtschaft getroffen wird (BGH [Z] NJW **94**, 126 f.; vgl. auch K. A. Fischer aaO 99 f., Gounalakis NJW 95, 815 f.). Umgekehrt gehört zu den wesentlichen Abwägungsgesichtspunkten auch die Funktion, in der die fragliche Äußerung gemacht wurde (vgl. BVerfG NJW **00**, 200 [Anwalt]; zur Beschränkung der Meinungsfreiheit von Soldaten vgl. jedoch BVerfG NJW **92**, 2750), wobei es bei Presseveröffentlichungen allerdings unerheblich ist, ob sie in Ausübung einer Berufstätigkeit als Journalist erfolgt sind, da auch Beiträge Dritter einschließlich Leserbriefe in gleicher Weise geschützt sind (vgl. BVerfGE **10** 121, NJW **91**, 3024, BGH **18** 187, Düsseldorf NJW **92**, 1336). Von Bedeutung kann ferner sein, ob es sich um eine spontane freie Rede oder um sonstige Äußerungen handelt (vgl. auch Tettinger JZ 83, 324; zu der auf erstere nicht beschränkten „Vermutungsformel" des BVerfG vgl. o.). Ebenso kann es eine Rolle spielen, daß das Publikum in bestimmten Bereichen an eine harte, ausfällige Sprache, an Übertreibungen und Verzerrungen gewöhnt ist und deshalb von vornherein Abstriche zu machen pflegt (zB politische Auseinandersetzungen, geschäftlicher Wettbewerb usw.), in anderen dagegen nicht (zB wissenschaftliche Publikationen; vgl. Karlsruhe NJW **89**, 1360; vgl. auch Ladeur AfP 93, 533 ff., wonach nichtinstitutionalisierte Kommunikationsforen nach anderen Spielregeln verlangten als institutionalisierte Foren der Öffentlichkeit). Von erheblicher Bedeutung ist schließlich, ob es sich um *Werturteile* oder *Tatsachenbehauptungen* bzw. -mitteilungen handelt (vgl. dazu § 186 RN 3 f.), da nur erstere als Meinungsäußerung den vollen Schutz des Art. 5 genießen, während Tatsachenbehauptungen, weil als solche keine Meinungsäußerung, von Art. 5 I nur mitgeschützt sind, soweit sie Voraussetzung der dort gewährleisteten Bildung von Meinungen sind (zB BVerfGE **54** 219, **61** 8, **85** 15, **90** 247, **94** 7, NJW **91**, 2074, **93**, 1845). Von vornherein nicht vom Schutz des Art. 5 I umfaßt sind bewußt unwahre Tatsachenbehauptungen und solche, deren Unwahrheit bereits im Zeitpunkt der Äußerung unzweifelhaft feststeht (vgl. BVerfG aaO u. zuletzt NJW **99**, 1324, **00**, 200, BGH NJW **98**, 3048 m. Anm. Dietlein JR 99, 246, Bremen StV **99**, 535; vgl. auch BVerfG NJW **91**, 2075, Bay NJW **95**, 2501 m. Anm. Otto JR 95, 218: Tatsachenbehauptungen, deren Unwahrheit ohne weiteres auf der Hand liegt), dies i. U. zu den lediglich nicht erweislich wahren Behauptungen – hier also auch, wenn sie sich später als unwahr herausstellen –, die iE zwar keine Grundlage für die Meinungsbildung sein können, die aber deshalb in den Schutzbereich des Art. 5 I fallen müssen, weil der Kommunikationsprozeß beeinträchtigt wäre, wenn risikofrei nur noch unumstößliche Wahrheiten geäußert werden könnten (zB BVerfGE **43** 136, NJW **91**, 2075, **99**, 1324). Entsprechend verschieden ist auch die „Ausstrahlungswirkung" (BVerfGE **7** 207) des Art. 5 I: Sie reicht bei Werturteilen weiter als bei Tatsachenbehauptungen, weil diesen im Rahmen der fallbezogenen Abwägung regelmäßig ein geringeres Gewicht zukommt als Werturteilen (dies zugleich mit der Folge, daß schon die unzutreffende Einordnung einer Äußerung als Tatsachenbehauptung eine Grundrechtsverletzung sein kann); ferner gibt es Sorgfaltspflichten nur bei Tatsachenbehauptungen (zu der in diesem Zusammenhang vielfach genannten „Leichtfertigkeit" vgl. o. 11), auch wenn diese dann im Interesse eines freien Kommunikationsprozesses, den Art. 5 I im Auge hat, nicht überspannt werden dürfen (vgl. BVerfGE **85** 15 mwN, BGH NJW **98**, 3049 m. Anm. Dietlein aaO, **00**, 1037 u. näher zum Ganzen zuletzt BVerfG NJW **99**, 1324, 2263). Trotz der stärkeren Gewichtung der Ehre bei Tatsachenbehauptungen nicht zu übersehen sind aber auch die zur „Wechselwertungstheorie" und „Vermutungsformel" (s. o.) hinzukommenden weiteren Einschränkungen des straf- und zivilrechtlichen Ehrenschutzes durch die BVerfG-Rspr.: einmal durch die Verschiebung der Grenzen von Tatsachenbehauptungen hin zu bloßen Werturteilen (vgl. zB BVerfGE **85** 19 u. dazu § 186 RN 4), wobei diesen dann zusätzlich auch noch solche Fälle zugeordnet werden, in denen angeblich tatsächliche und wertende Bestandteile ohne eine Sinnverfälschung des Ganzen nicht zu trennen sein sollen (vgl. zB BVerfG aaO 15, **90** 248 m. Anm. Schulze-Fielitz JZ 94, 902, NJW **93**, 1845, BGH NJW-RR **94**, 1247, Bremen StV **99**, 535); zum andern dadurch, daß in dem so erweiterten Bereich bloßer Werturteile an die dort neben den Menschenwürdeverletzungen und Formalbeleidigungen (zu diesen vgl. § 192 RN 1) bestehende Schranke einer „Schmähkritik" (vgl. u. 16) besonders strenge Anforderungen gestellt werden und eine solche bei Äußerungen in einer die Öffentlichkeit wesentlich berührenden Frage „nur ausnahmsweise(!) vorliegen und im übrigen eher auf die sog. Privatfehde beschränkt bleiben" soll (so BVerfGE **93** 294 [Anm. u. Bspr. dazu s. 7 b vor § 185] u. im Anschluß daran Düsseldorf NStZ-RR **96**, 165, Frankfurt JR **96**, 250 m. Anm. Foth; vgl. auch BVerfGE **82** 51, NJW **98**, 2263: Zurücktreten der Meinungsfreiheit bei Schmähkritik nur „in der Regel"). Zu rechtfertigen wäre dies auch nicht mit dem Hinweis auf die „starke Formulierungen" notwendig machende „heutige Reizüberflutung aller Art" (vgl. BVerfGE **24** 286, aber auch Hamm NJW **82**, 661), trägt doch ein solches Argument den Keim der Eskalation bereits in sich, weil es iVm der „Vermutungsformel" der Anfang einer Spirale ohne Ende sein könnte. Im Schrifttum ist diese insgesamt einseitig zu Lasten des Ehrenschutzes gehende Rspr. deshalb auch ganz überwiegend auf zT entschiedene Ablehnung oder jedenfalls erhebliche Bedenken gestoßen (vgl. in diesem Zusammenhang auch § 185 RN 8 a. E.: BVerfG als „Superrevisionsinstanz").

15 a In diesem Sinn zB Arzt, JuS 82, 727 f., Buscher NVwZ 97, 1059, v. d. Decken NJW 83, 1400, Forkel JZ 94, 640 ff., Foth JR 96, 254, Gornig JuS 88, 278, Herdegen LK[10] 5 ff., NJW 94, 2933, Isensee AfP 93, 626, Kiesel NVwZ 92, 1129, Krey I, 208, JR 95, 225, Kriele NJW 94, 1898, Lackner/Kühl 12, Mackeprang aaO 109 ff., Merz aaO 59 ff., 180 ff., Nolte aaO 32 ff., Ossenbühl JZ 95, 640, Otto II 119, JR 83, 513, Jura 97, 140, Schmitt Glaeser JZ 83, 97 ff., Schöneberg NZ WehrR 93, 51 f., 58 u. pass., Sendler NJW 93, 2157, ZRP 94, 347, Steinkamm NZWehrR 95, 59, Stürner JZ 94, 865, Tettinger aaO 12, 17, 25, 28 ff., JZ 83, 317, JuS 97, 771, Tröndle 14 a ff., Odersky-FS 266 ff., R. Weber aaO, Zaczyk NK 33, Hirsch-FS 823 ff.; im wesentlichen iS des BVerfG vgl. dagegen aber zB Grimm NJW 95, 1697, Ignor aaO 96 ff., Kübler NJW 99, 1281, Kutscha JuS 98, 676 ff., Maurer, Hirsch-FS 677 ff., G. Müller AfP 97, 499, Schößler aaO 293 ff., Soehring NJW 94, 2926; für eine Rücknahme des strafrechtlichen Ehrenschutzes bei politischen Äußerungen Findeisen/Hoepner/Zünkler ZRP 91, 249 u. dagegen Küpper ZRP 91, 250. Rechtsvergleichend Deutschland/USA dazu vgl. Kretschmer aaO.

16 α) Für **ehrenrührige Werturteile** (§ 185) gilt nach der Rspr. im einzelnen insbes. folgendes: Aus Art. 5 GG folgt hier zunächst, daß derjenige, der im öffentlichen Meinungsbildungsprozeß über eine

§ 193   16

die Öffentlichkeit wesentlich berührende Frage begründeten Anlaß zu einem herabsetzenden Urteil gegeben hat, grundsätzlich auch Einschränkungen seines Ehrenschutzes hinnehmen muß (vgl. zB BVerfGE **12** 131, **54** 138, **66** 150, NJW **92**, 2815, BGH **12** 287, Bay NStZ **83**, 265, Hamburg NJW **84**, 1130, Hamm NJW **82**, 1656 u. dazu, daß zB auch beleidigende Äußerungen eines Strafgefangenen in diesen Zusammenhang gehören BVerfG NStZ **94**, 300, 357; vgl. auch EGMR NJW **92**, 613). Solange es dem Kritiker nur darum geht, dem eigenen Standpunkt Nachdruck zu verleihen, ist er nicht auf das schonendste Mittel beschränkt; vielmehr sind auch scharfe und polemisierende Formulierungen, überspitzte und „plakative Wertungen" und übertreibende und verallgemeinernde Kennzeichnungen des Gegners zulässig (vgl. zB BVerfGE **54** 139, **60** 241, **82** 282, NJW **92**, 2816, NStZ **94**, 301, BGH **36** 85 m. Anm. Arzt JZ 89, 647, Dau NStZ 89, 861 u. Bspr. Maiwald JR 89, 485, BGH [Z] NJW **81**, 2119, **94**, 126 m. Bspr. Emmerich JuS 94, 346 u. Würkner NJW **94**, 914, Bay NStZ **83**, 265, Brandenburg NJW **95**, 887, Düsseldorf NJW **72**, 650, NStZ-RR **96**, 7, Frankfurt NJW **77**, 1553, **79**, 1368, Hamm GA **74**, 62, NJW **82**, 1658, Karlsruhe MDR **78**, 421, KG StV **97**, 486, NStZ-RR **98**, 13, LG Berlin NJW **97**, 1371; vgl. dazu auch Otto JR 83, 6 ff., Rudolphi SK 23 b). Ebenso sind bei der Erörterung öffentlicher Angelegenheiten in der Presse auch einseitig gefärbte Stellungnahmen und „beißende Kritik, selbst wenn sie objektiv falsch, geschmacklos oder banal ist", hinzunehmen (Zweibrücken GA **78**, 209; vgl. auch Düsseldorf NJW **92**, 1336). Auch brauchen ehrverletzende Äußerungen nicht stets durch Tatsachen belegt zu sein, die eine kritische Beurteilung ermöglichen (BVerfGE **42** 170, BGH NJW **74**, 1763, Hamm NJW **82**, 661). Grundsätzlich gleichgültig ist, ob die Äußerung „wertvoll" oder „wertlos", „richtig" oder „falsch", begründet oder grundlos, rational oder emotional ist (zB BVerfGE **30** 347, **33** 14, **61** 7, **85** 15, **90** 247, **93** 289, NJW **92**, 2816, **94**, 2943, Düsseldorf NStZ-RR **96**, 166; dazu, daß es ein Unterschied sein kann, ob es sich um eine spotane, in höchster Erregung und offensichtlich absurde Äußerung handelt oder um eine wohlüberlegte, womöglich schriftlich abgefaßte Erklärung, vgl. jedoch Koblenz NStZ-RR **00**, 44). Dabei überwiegt der Schutz der freien Meinungsäußerung umso eher, je gewichtiger die fragliche Angelegenheit für die Öffentlichkeit ist (zB BGH [Z] NJW **94**, 126 f., Frankfurt NJW **89**, 1368, Karlsruhe MDR **78**, 421, LG Kaiserslautern NJW **89**, 1370, LG Saarbrücken [Z] NJW-RR **93**, 731; vgl. dazu auch Rudolphi SK 23 b). Von Bedeutung kann daher sein, ob ein Sachverhalt vorliegt, der scharfe Kritik geradezu „herausfordert" (vgl. Düsseldorf NJW **92**, 1335 [grobe Verstöße gegen Opportunitätsprinzip bei Verfolgung von Verkehrsverstößen], **92**, 1336). Speziell auf Äußerungen des Betroffenen darf nicht nur dann mit abwertender Kritik reagiert werden, wenn diese ihrerseits beleidigend waren; maßgebend für die Frage der Zulässigkeit einer „reaktiven Verknüpfung" (Herdegen LK[10] 7) ist vielmehr, ob und in welchem Ausmaß der Betroffene seinerseits am Prozeß öffentlicher Meinungsbildung teilgenommen und sich damit „damit zu eigenem Entschluß und den Bedingungen des Meinungskampfes unterworfen hat" (BVerfGE **54** 138, **61** 13, BGH [Z] NJW **94**, 126 f.; vgl. ferner zB BVerfGE **66** 150, Bay NJW **91**, 1495 f., NStZ **83**, 265, Köln NJW **77**, 398, JMBlNW **83**, 38, AG Nürnberg StV **82**, 78; krit. hierzu Kiesel NVwZ 92, 1133). Hier besteht ein **„Recht auf Gegenschlag"** dergestalt, daß der Täter einen Angriff auf eine von ihm vertretene Auffassung auch mit „starken Formulierungen" abwehren darf (vgl. zB BVerfGE **24** 286, **42** 153, **66** 116, Frankfurt JR **96**, 251 m. Anm. Foth; dazu, daß ein solches Recht auch der Bundesregierung zusteht, vgl. BVerwG NJW **84**, 2591). Dabei braucht sich der „Gegenschlag" nicht auf eine sachliche Widerlegung zu beschränken, vielmehr sind auch herabsetzende Äußerungen gerechtfertigt, wenn sie, gemessen an den von der Gegenseite aufgestellten Behauptungen, nicht unverhältnismäßig sind und sich noch als adäquate Reaktion darstellen (zB BVerfGE **12** 132, **24** 286, **54** 137, BGHZ **45** 308, Bay NStZ **83**, 265, Hamm GA **74**, 62, NJW **82**, 661, 1658, Köln NJW **77**, 398, Koblenz NJW **78**, 816, AG Weinheim NJW **94**, 1543 f.; vgl. auch BVerfGE **86** 13 f.). Dies gilt nicht nur, aber vor allem im politischen Meinungskampf (zu weitgehend aber – für eine Privilegierung von Politikern schlechthin – München [Z] MDR **94**, 29 m. Anm. Kiethe/Fruhmann). In besonderem Maß soll die „Vermutung der Zulässigkeit der freien Rede" (o. 15) im Wahlkampf gelten und nicht zuletzt für Auseinandersetzungen unter politischen Parteien (BVerfGE **61** 11 f. [„CSU als NPD Europas"]; krit. dazu Schmitt Glaeser JZ 83, 98 f.). Soll die Wirkung einer Meinungsäußerung durch eine Personalisierung des Angriffs gesteigert werden, kommt es darauf an, ob der Betroffene als Privatperson getroffen werden soll oder in der Eigenschaft als verantwortlicher Entscheidungsträger, der das gegnerische Lager repräsentiert (BGH [Z] NJW **94**, 126 m. Bspr. Emmerich JuS 94, 346 u. Würkner NJW 94, 914). Schließlich kann es auch einen Unterschied machen, ob sich eine Äußerung unmittelbar gegen die Person des Betroffenen oder nur gegen sein Handeln richtet (vgl. BVerfG NJW **92**, 2816, offengelassen von Karlsruhe Justiz **94**, 340). Nicht gerechtfertigt sind jedoch Verletzungen der Menschenwürde, Formalbeleidigungen (u. 26 ff.) und solche Äußerungen, bei denen nicht mehr die Auseinandersetzung in der Sache, sondern Beschimpfungen, Schmähungen und Diffamierungen der Person im Vordergrund stehen (**„Schmähkritik"**, zB BVerfGE **82** 51, 284, **85** 16, **93** 294, NJW **92**, 2014, **93**, 1462 m. Bspr. Hufen JuS 94, 165, JZ **90**, 1072 m. Anm. Tettinger, BGH **36** 85, BGH[Z] NJW **74**, 1763, **77**, 627, **78**, 1798, **82**, 2247, **94**, 124 m. Bspr. wie o., **00**, 1038 f., Bay **98** 15 m. Anm. Foth JR 98, 387, NStZ **83**, 126, 265, NJW **91**, 1493, Brandenburg NJW **95**, 887, **96**, 1002, Celle NStZ **98**, 88, Düsseldorf NJW **86**, 1262, **92**, 1335, 1336, NStZ-RR **96**, 165, Frankfurt JR **96**, 250 m. Anm. Foth, Hamm NJW **82**, 659, KG JR **90**, 124, DtZ **92**, 286, StV **97**, 486, Köln AfP **83**, 472, München NJW **96**, 2515, LG Göttingen NJW **96**, 1138, LG Oldenburg NJW-RR **95**, 1427, LG Saarbrücken [Z] NJW-RR **93**, 731; vgl. auch Bay MDR **94**, 81 f., Düsseldorf NStZ-RR **96**, 7,

Hamburg [Z] NJW **92**, 2035, LG Mannheim NStZ-RR **96**, 366). Dabei soll eine solche „Schmähkritik" bei einer die Öffentlichkeit wesentlich berührenden Frage nach BVerfGE **93** 294 „nur ausnahmsweise vorliegen", was praktisch auf das Ende des strafrechtlichen Ehrenschutzes hinausläuft (vgl. dazu schon o. 15). Mit Recht verneint wird daher eine Rechtfertigung auch bei Äußerungen, die einen in keinem Verhältnis zum Anlaß stehenden „Wertungsexzeß" darstellen (Bay NStZ **83**, 126, 265, Frankfurt NJW **77**, 1353, Hamm aaO, Karlsruhe MDR **78**, 421, Koblenz NJW **78**, 816, Köln OLGSt § 185 S. 36 f., Zweibrücken GA **78**, 211, LG Kaiserslautern NJW **89**, 1370 u. iE auch LG Nürnberg NJW **98**, 3423; zu Auseinandersetzungen unter politischen Parteien im Wahlkampf vgl. aber auch BVerfGE **61** 12 [Einschränkungen der freien Rede nur in „äußersten Fällen"], **69** 269 [Zurückweisung eines Wahlwerbespots durch Rundfunkanstalt nur bei „evidenten,, und „nicht leicht wiegenden" Verstößen gegen § 185; krit. dazu F. C. Schroeder NStZ 85, 451 mit dem zutr. Hinweis, daß im konkreten Fall schon die Voraussetzungen des § 185 nicht erfüllt waren]). Durch § 193 nicht mehr gedeckt ist deshalb zB die Bezeichnung von Soldaten als „(potentielle) Mörder" (zu den Tatbestandsvoraussetzungen vgl. 7 vor § 185, § 185 RN 8), wenn über eine radikalpazifistische Kritik am Soldatentum als solchem (vgl. § 185 RN 8) hinaus auch Soldaten als Menschen „in die Ecke gestellt" und damit gekränkt werden sollen (vgl. Bay NJW **91**, 1495 m. Anm. Brammsen JR 92, 84, Frankfurt NJW **89**, 1969, aber auch BVerfGE **93** 303 f. m. Anm. Otto NStZ 96, 127, Zuck JZ 96, 364, LG Frankfurt NJW **88**, 2683, NStZ **90**, 233 m. Anm. Brammsen; vgl. auch Giehring StV 92, 201, Goerlich Jura 93, 476). Auch ist Vorraussetzung immer, daß Anlaß und Reaktion durch einen gemeinsamen Bezug auf die Sache, d. h. auf das die öffentliche Meinungsbildung berührende konkrete Interesse miteinander verknüpft sind (vgl. auch Frankfurt NJW **89**, 1368); daß „mit gleicher Münze zurückgezahlt wird", genügt daher nicht (Frankfurt NJW **91**, 2035 m. Anm. wie o., Köln NJW **77**, 398). Von Bedeutung ist ferner, ob die Reaktion fallbezogen ist oder in einer abwertenden Kennzeichnung der Person besteht, weshalb Ehrverletzungen, durch die der Betroffene, losgelöst vom konkreten Streit, umfassend und verallgemeinert herabgesetzt wird, nicht gerechtfertigt sind (Düsseldorf NJW **86**, 1263). Bei herabsetzender Kritik fremder Äußerungen müssen diese selbst richtig wiedergegeben werden (näher zu den Voraussetzungen und Grenzen einer von Art. 5 I GG noch gedeckten interpretierenden Zitierweise vgl. BVerfGE **54** 208 gegen BGH [Z] NJW **78**, 1797 u. dazu Roellecke JZ 80, 701, W. Schmidt NJW 80, 2066, Wenzel AfP 78, 143).

Einzelfälle aus der Rspr.: Unter Ausnutzung täterfreundlicher Interpretationsmöglichkeiten als zulässig angesehen wurde etwa die Bezeichnung des ehem. bayerischen Ministerpräsidenten Strauß als „Typus des Zwangsdemokraten" (BVerfGE **82** 272; krit. dazu zB Tettinger JZ 90, 1074, Otto Jura 97, 143 f.), einer Abschiebemaßnahme als „Gestapo-Methode" (BVerfG NJW **92**, 2815; vgl. auch Koblenz NStZ-RR **00**, 44 zum Vorwurf gegenüber einer Sozialbehörde „Das sind ja die reinsten Stasi-Methoden"), einer politischen Partei als „Verbrecher"- bzw. „Mörderbande" (KG DtZ **92**, 286), eines Bischofs in einer Satirezeitschrift im Zusammenhang mit der Abtreibungsfrage als „Kinderschänder" (Frankfurt JR **96**, 250 m. krit. Anm. Foth), der gegen Justizangehörige erhobene Vorwurf einer Verfolgung „mit Auswüchsen im Stil faschistischer Sippenhaftung" (Düsseldorf NStZ-RR **96**, 164), die Charakterisierung eines Amtsleiters als „schläfrig, dickfellig", der nur „aufwacht, um Bürger dumm zu verkaufen" (Düsseldorf NJW **92**, 1336 vor dem Hintergrund kritisch zu beurteilender Maßnahmen); krit. zu dieser Rspr. m. weit. Beisp. Tröndle 14 q ff. Eine Rechtfertigung verneint wurde dagegen zB bei der Bezeichnung eines querschnittsgelähmten Reserveoffiziers in einem Satire-Magazin als „Krüppel" (BVerfG NJW **92**, 2073), von Heinrich Böll als „steindummer, kenntnisloser und talentfreier Autor" bzw. als „zT pathologischer, zT harmloser Knallkopf" (BVerfG NJW **93**, 1462 m. Bspr. Hufen JuS 94, 165) oder eines Leserbriefschreibers als „Altkommunist im Geiste des Mörders Stalin" (LG Mannheim NStZ-RR **96**, 360).

β) Auch für das Behaupten und Verbreiten **ehrenrühriger Tatsachen** iS des § 186 (vgl. auch schon o. 12) gilt zunächst, daß hier ein den Ehrenschutz überwiegendes Interesse um so eher anzunehmen ist, je mehr Gewicht die fragliche Angelegenheit für die Allgemeinheit hat. Umgekehrt ist bei Fehlen jeglichen öffentlichen Informationsinteresses eine „Flucht in die Öffentlichkeit" in keinem Fall gerechtfertigt (vgl. auch Rudolphi SK 23). Dabei darf der Kreis der Angelegenheiten, an denen ein ernsthaftes Informationsinteresse der Öffentlichkeit besteht, allerdings nicht zu eng gezogen werden; selbst Berichte, denen es auf Skandale und Sensationen ankommt, stehen nicht schlechthin im Widerspruch zur öffentlichen Aufgabe der Presse, sondern nur dann, wenn es sich dabei um bloße Sensationsmache ohne wirklichen Nachrichtenwert handelt (vgl. Herdegen LK[10] 18, Schneider NJW 63, 665; mißverständl. daher BGH **18** 187; vgl. auch Kriele NJW 94, 1902 ff., Sendler ZRP 94, 349 ff.). Unzulässig ist jedoch das Eindringen in den privaten Lebensbereich ohne zwingenden Grund (vgl. BGH **19** 235). Dies gilt auch für das Privatleben von Politikern oder sonstigen Persönlichkeiten des öffentlichen Lebens, wo gleichfalls besondere Umstände hinzukommen müssen, um die fragliche Angelegenheit zu einer solchen von öffentlichem Interesse zu machen (vgl. BGH **18** 186 m. Anm. Schneider NJW 63, 665, Fuhrmann JuS **70**, 74). Erst recht scheidet § 193 bei Berichten über die Intimsphäre aus (vgl. BVerfGE **6** 41, Fuhrmann aaO). – Andererseits sind der Rechtfertigung von Tatsachenbehauptungen iS des § 186, weil sie den Betroffenen besonders nachhaltig belasten, umso engere Grenzen gezogen, je höher das Risiko ist, daß sie unwahr bzw. nicht erweislich wahr sind (zB BGHZ NJW **77**, 1289). Ehrenrührige Beschuldigungen in der Öffentlichkeit sind zwar nicht schon deshalb unzulässig, weil der Täter weiß, daß er sie notfalls nicht beweisen kann (so zB wenn der

Betroffene die ihn kompromittierenden Äußerungen bei einem Gespräch ohne Zeugen später leugnen sollte; vgl. dazu auch BGHZ **49** 266, aber auch Tettinger JZ 83, 323); kommt aber hinzu, daß er selbst Zweifel an der Richtigkeit seiner Behauptung hat oder haben muß, so ist diese nur ausnahmsweise gerechtfertigt, wenn dabei Interessen von besonders hohem Rang auf dem Spiel stehen (Erhardt aaO 195). Ob eine öffentliche Namensnennung oder sonstige Identifikation der an ehrenrührigen Vorgängen Beteiligten zulässig ist, hängt von den Umständen des Einzelfalls ab; zu verneinen ist dies, wenn dem Betreffenden dadurch Nachteile entstehen, die zu dem Gewicht der fraglichen Angelegenheit außer Verhältnis stehen (vgl. zB BVerfGE **35** 232 zu Fällen sog. kleiner Kriminalität u. bei Jugendlichen, Rudolphi SK 23; dazu daß jedenfalls bei nicht völlig zweifelsfreien Informationen dem Betroffenen regelmäßig vorher zumindest Gelegenheit zur Stellungnahme gegeben werden muß, vgl. u. 16, wobei die dort genannte Sorgfaltspflicht der Medien speziell in dieser Hinsicht ohne weiteres verallgemeinerungsfähig ist). Zur Bezeichnung einer Äußerung, mit welcher der Täter in einem Pressegespräch konfrontiert wird, als „Lüge" vgl. Köln AfP **91**, 488 u. zu einer ehrenrührige Behauptungen enthaltende Veröffentlichung von „Stasi"-Akten Hamburg DtZ **93**, 349. Rechtsvergleichend zum Schutz des Persönlichkeitsrechts in Medien vgl. Stürner JZ 94, 868 ff.

18 Wegen der hohen Breitenwirkung von besonderer Bedeutung ist die **Prüfungs- u. Informationspflicht** (o. 11) bei ehrenrührigen Tatsachenbehauptungen usw. in den **Medien** und damit vor allem in Erzeugnissen der Presse (wozu neben Zeitungen, Zeitschriften auch Bücher, Kassetten usw. gehören; vgl. dazu Löffler, Presserecht, 4. A., Einl. RN 1) und in Hörfunk- u. Fernsehendungen. Hier besteht nach den landesrechtlichen Presse- u. Mediengesetzen die Pflicht, alle Nachrichten und Berichte vor ihrer Verbreitung mit der nach den Umständen gebotenen Sorgfalt auf Wahrheit, Inhalt und Herkunft zu prüfen (vgl. zB für Bad.-Württ. § 6 S. 1 LPresseG v. 14. 1. 1964, GBl. 111, letztes ÄndG v. 24. 11. 1997, GBl 483 sowie § 3 III 3 LMedienG v. 19. 7. 1997, GBl. 273 u. zu den anderen Bundesländern die Gesetzestexte b. Löffler aaO 240 ff.). Zwar können diese Sorgfaltspflichten wegen Art. 5 GG nicht so bemessen werden, daß dadurch der Meinungsbildungsprozeß ernsthaft gefährdet wird (o. 15), weshalb hier auch nicht die strengen Methoden wissenschaftlicher oder gerichtlicher Wahrheitsermittlung gelten können (vgl. BGH NJW **77**, 1289, **79**, 267). Wohl aber sind an die „pressemäßige" oder „berufsmäßige", d. h. bei Prüfung der Wahrheitsfrage mit den Mitteln von Presseorganen usw. zu erbringende Sorgfalt wegen der genannten Breitenwirkung strenge Maßstäbe anzulegen (so BGH NJW **52**, 194, Hamburg NJW **67**, 213, Karlsruhe NJW-RR **95**, 478, Köln GA **57**, 61, Stuttgart NJW **72**, 2302, M-Maiwald I 268, Tröndle 16, Zaczyk NK 44; vgl. im übrigen zB BGH [Z] NJW **77**, 1289, **87**, 2226, **96**, 1133 [Buchveröffentlichung], **00**, 1036, Köln NJW **63**, 1634, **77**, 2683, Hamburg ZIP **92**, 118, DtZ **93**, 351, Saarbrücken NJW **97**, 1376, LG Berlin NJW **97**, 1373, AG Mainz NStZ **95**, 347 m. Anm. Otto, Bork ZIP 92, 102 f., Eser aaO 64 f., Herdegen LK[10] 23). Eine Mitteilung oder ein Bericht darf daher nicht ohne weiteres ungeprüft übernommen werden (BGH NJW **63**, 904), wobei hinsichtlich des Umfangs der Prüfung einerseits die zur Verfügung stehenden Informationsquellen, die zeitlichen Grenzen einer Presseberichterstattung (Aktualität, Gefahr im Verzug), der Rang des wahrgenommenen Interesses, andererseits die Schwere der ehrenrührigen Behauptung, die Zuverlässigkeit des Informanten, ein zu erwartendes Gutachten usw. zu berücksichtigen sind (vgl. zB BGH NJW **77**, 1288, **97**, 786 m. Anm. Helle, Brandenburg NJW **95**, 888, Karlsruhe aaO, AG Mainz aaO, Herdegen aaO). Danach kann zB auch die Mitteilung des Verdachts ehrenrühriger Vorgänge unter Hinweis auf den Mangel an Bestätigung oder der Bericht über eine öffentlich erfolgte Ehrverletzung unter gleichzeitiger Distanzierung zulässig sein, wenn ein besonderes Informationsbedürfnis besteht und eine rechtzeitige Aufklärung nicht möglich ist (BGH NJW **77**, 1289, Tröndle 16). Ein Verstoß gegen die pressemäßigen Sorgfaltsanforderungen ist es jedoch, wenn ein Presseunternehmen ohne Durchführung eigener Recherchen von einem ihm bekannten Bericht einer anderen Zeitung oder einer amtlichen Verlautbarung zum Nachteil des Betroffenen abweicht (Saarbrücken aaO, LG Berlin NJW **97**, 1373) oder ein Polizeibericht nachlässig ausgewertet wird (vgl. Düsseldorf MDR **71**, 661). Bestehen nicht behebbare Zweifel an der Richtigkeit einer Meldung, so ist ein entsprechender Hinweis erforderlich (vgl. zB BGH NJW **77**, 1289, Herdegen aaO, Wenzel aaO 187; vgl. auch § 3 III 4 LMedienG Bad.-Württ. [s. o.], wonach noch nicht ausreichend verbürgte Nachrichten und Berichte nur mit einem erkennbaren Vorbehalt veröffentlicht werden dürfen). Darüber hinaus muß, solange ein Mindestbestand an entsprechenden Beweistatsachen nicht zusammengetragen ist, von einer Veröffentlichung umso eher abgesehen werden, je schwerwiegender eine solche für den Betroffenen ist (vgl. Saarbrücken aaO; zu Eingriffen in die Privatsphäre vgl. auch § 3 IV 2 LMedienG Bad.-Württ.). Ob eine Rückfrage bei dem Betroffenen geboten ist – vorausgesetzt, daß eine solche nicht von vornherein eindeutig aussichtslos erscheint –, richtet sich nach den Umständen des Einzelfalles (Köln NJW **63**, 1635; vgl. auch § 3 IV 1 LMedienG Bad.-Württ.), wobei dies insbes. dann zu bejahen sein kann, wenn bei nicht hinlänglich sicheren Informationen der Name veröffentlicht werden soll (vgl. BGH NJW **96**, 1134, Brandenburg NJW **95**, 888, Stuttgart NJW **72**, 2320). – Besonders strenge Maßstäbe gelten bei der *Verdachtsberichterstattung* über ein *strafrechtliches Ermittlungsverfahren* im Hinblick darauf, daß auch bei einer späteren Einstellung an dem Betroffenen „etwas hängen bleiben" kann und wo deshalb die Anforderungen an die publizistische Sorgfalt umso höher anzusetzen sind, je schwerer und nachhaltiger das Ansehen des Betroffenen durch die Veröffentlichung beeinträchtigt wird (so zuletzt BGH NJW **00**, 1036 mwN). Unzulässig ist es hier, die Einleitung des Verfahrens mit dem Nachweis der Schuld gleichzusetzen oder durch eine präjudizierende Darstellung den unzutreffenden Eindruck zu erwecken, der Betroffene sei der ihm vorgeworfenen Tat bereits überführt (vgl. BGH aaO 1036 f., Brandenburg aaO, Frankfurt NJW-RR **90**, 990, Köln JMBlNW **85**, 282, München NJW-RR **96**, 1488, 1494). Ferner sind bei einer Berichterstattung immer zugleich die zur Verteidigung des Beschuldigten vorgetragenen Tatsachen und Argumente zu berücksichtigen (BGH aaO 1037 mwN). Auch dürfen bei einem Hinweis auf ein noch schwebendes Ermittlungsverfahren Verdachtsgründe, welche das Presseorgan nicht aus eigenen Recherchen, sondern nur auszugsweise und bruchstückhaft aus den Akten kennt, nicht im Vorgriff auf das Ermittlungsverfahren zu bestimmten Behauptungen über die Schuld des Betroffenen verdichtet werden (vgl. Köln NJW **87**, 2682, wo dies zusätzlich mit der Unschuldsvermutung begründet wird). Regelmäßig einzuholen ist hier eine Stellungnahme des Betroffenen (BGH aaO 1038 mwN). Eine Namensnennung kommt grundsätzlich nur in Fällen schwerer Kriminalität oder bei Straftaten in Betracht, welche die Öffentlichkeit besonders berühren (zB §§ 331 ff.; vgl. BGH aaO 1038 mwN). – Für die Prüfungspflicht bei *Leserbriefen* gelten nur insofern geringere Anforderungen, als hier zugunsten des Täters seine idR geringeren Informationsmöglichkeiten zu berücksichtigen sind (vgl. Köln JMBlNW **62**, 108). Zur Verantwortlichkeit eines Redakteurs vgl. ferner zB Bay **62** 93, zu der eines Verlegers zB Stuttgart NJW **76**, 628 u. für die Presse näher zum Ganzen Löffler aaO § 6 LPG RN 153 ff.

b) Zugleich eine Wahrnehmung berechtigter Interessen iS des § 193 ist die Wahrnehmung der **19** Rechte aus Art. 5 III 1 GG bei einer **künstlerischen Betätigung** (vgl. aber auch KG NStZ **92**, 385 [Tatbestandsausschluß], Tenckhoff JuS **89**, 200, Zaczyk NK 39 [„ähnlicher Fall"]; dazu daß § 193 neben Art. 5 GG keine eigenständige Bedeutung mehr hat, vgl. o. 1; zur Tatbestandsmäßigkeit vgl. § 185 RN 8 a). Wesentlich für eine solche ist nach BVerfGE **30** 189 „die freie schöpferische Gestaltung, in der Eindrücke, Erfahrungen, Erlebnisse des Künstlers durch das Medium einer bestimmten Formensprache zu unmittelbarer Anschauung gebracht werden", das „Zusammenwirken von Intuition, Phantasie und Kunstverstand" und die weniger auf Mitteilung als auf Ausdruck der individuellen Persönlichkeit des Künstlers gerichtete Tätigkeit (ebenso zB Bay JR **98**, 386 m. Anm. Foth, Maunz-Dürig-Herzog-Scholz Art. 5 III RN 29, Würtenberger, Dreher-FS 89). Dieser wertbezogene oder materiale Ansatz (Henschel NJW **90**, 1938; and. Otto II 120) findet sich zwar auch noch in den beiden weiteren Entscheidungen BVerfGE **67** 213 (226) m. Anm. Otto NStZ **85**, 213, **75** 369 (377) m. Anm. bzw. Bspr. Würkner NStZ **88**, 23, Würkner JA **88**, 317, JA **88**, 183, ZUM **88**, 171. Zugleich wird dort aber unter dem Eindruck der Kritik an BVerfGE **30** 189 die Unmöglichkeit einer generellen Definition von Kunst betont (aaO S. 225 bzw. 377) und deshalb ein „weiter Kunstbegriff" (aaO S. 225) zugrunde gelegt, bei dem eine „Niveaukontrolle" unzulässig ist (aaO S. 377; zum Ganzen vgl. auch Beisel aaO 40 ff.). Mit dieser Öffnung zu einem eher formalen Kunstverständnis – dieselbe Entwicklung hat sich inzwischen bei § 184 vollzogen, wo heute Pornographie zugleich Kunst sein kann (vgl. BVerfGE **83** 130, BGH **37** 55 u. dazu § 184 RN 5 a) – hat sich die Frage der Abgrenzung von Kunst und Nichtkunst allerdings keineswegs erledigt, sondern nur verschoben: Eine Satire etwa kann Kunst sein, sie muß dies aber nicht, weil das ihr wesenseigene Merkmal der Verfremdung, Verzerrung und Übertreibung auch das Mittel einer einfachen Meinungsäußerung sein kann (vgl. BVerfGE **86** 9 m. Bspr. Hillgruber/Schemmer JZ **92**, 946, Bay **93** 116, **98** 20 f. m. Anm. Foth JR **98**, 387; aus der umfangreichen Diskussion zum Kunstbegriff vgl. zB Emmerich/Würkner NJW **86**, 1195, Erhardt aaO 44 ff., 56 ff., K. A. Fischer aaO 21 ff., 36 ff., Gounalakis NJW **95**, 811 ff., Hoffmann NJW **85**, 237, Isensee AfP **93**, 622 ff., Kirchhof NJW **85**, 925, Otto JR **83**, 8, NJW **86**, 1207, Wolfram SchlHA **84**, 2, Würkner aaO [vor RN 1], Würtenberger aaO, Zechlin NJW **84**, 1091 jeweils mwN; zum österreichischen Recht vgl. Trifferer/Schmoller JZ **93**, 549). Ebenso selbstverständlich sollte aber auch sein, daß eine Erweiterung des Kunstbegriffs nicht zu Lasten des strafrechtlichen Ehrenschutzes gehen darf. Auszugehen ist hier nach st. Rspr. von dem Grundsatz, daß die durch Art. 5 III GG zwar vorbehaltlos, aber nicht schrankenlos gewährleistete Kunstfreiheit nach Maßgabe der grundgesetzlichen Wertordnung begrenzt ist durch andere Verfassungswerte und damit auch durch das Persönlichkeitsrecht einschließlich des Rechts auf die Ehre (Art. 2 i Vm Art. 1 I GG), dem seinerseits allerdings wieder die Kunstfreiheit Grenzen zieht. Im Konfliktfall bedeutet dies, daß zwischen Kunstfreiheit und Persönlichkeitsschutz abzuwägen ist – dies hier mit dem Ziel eines verhältnismäßigen Ausgleichs der verfassungsrechtlich geschützten Interessen („praktische Konkordanz") –, wobei sich eine solche Abwägung allerdings dann erübrigt, wenn es sich, weil hier in keinem Fall durch Art. 5 III GG gerechtfertigt, um einen Angriff auf den durch Art. 1 I GG geschützten Kern menschlicher Ehre handelt (vgl. zB BVerfGE **30** 189 [Roman], **67** 213 [politisches Straßentheater], **75** 373 [Karikatur], BGH [Z] NJW **75**, 1884 [Theaterstück], **83**, 1194 m. Anm. Zechlin [„Moritatengedicht"], Bay **93** 111, **98** 15 m. Anm. Foth JR **98**, 387 [Vortrag bzw. Gesäßentblößung u. „Gruß" besonderer Art eines Liedermachers], Hamburg NJW **84**, 1130 m. Anm. Otto JR **83**, 511 [Schlüsselroman], Karlsruhe [Z] NJW **94**, 1963, [Lied], LG Berlin NJW **97**, 1371 [Cartoon in einem Satiremagazin; vgl. dort auch dazu, daß es nicht mehr um die Kunst-, sondern um die Meinungsfreiheit geht, wenn einer späteren Justizkritik des Magazins das von einem Gericht als Schmähung angesehene Cartoon beigefügt wird, um dem Leser die vermeintliche Haltlosigkeit der fraglichen Entscheidung vor Augen zu führen]; vgl. ferner zB Erhardt aaO 103 ff., K. A. Fischer aaO 71 ff., Gounalakis NJW **95**, 815, Herdegen LK[10] 9, Lackner/Kühl 14, Otto JR **83**, 10, Würtenberger NJW **82**, 615, aber auch Isensee AfP **93**, 627 f., Zaczyk NK 40 f., Zechlin NJW **84**, 1091 jeweils mwN u. zur Grundrechtskonkurrenz Henschel NJW **90**, 1943; zum österreichischen Recht vgl. Trifferer/Schmoller aaO 547, 573). Während es bei dieser Abwägung auf seiten des Betroffenen vor allem um Art und Gewicht der Ehrverletzung geht, kehren bei der Kunstfreiheit dieselben Abwägungsfaktoren wieder, die schon bei § 184 von Bedeutung sind (vgl. dort RN 5 a), darunter – bei einem mehr oder weniger formalen Kunstbegriff, obwohl in der Sache eine „Niveaukontrolle" (s. o.), als Korrektiv unverzichtbar – auch das Maß der künstlerischen Gestaltung. Dabei kann sich dann auch ergeben, daß das Ausmaß künstlerischer Verfremdung eine Aussage zulässig macht, die dies unter dem Aspekt der Meinungsfreiheit (Art. 5 II GG) nicht mehr wäre (Otto JR 83, 10, NJW 86, 1210). Geringfügige Beeinträchtigungen und die bloße Möglichkeit einer schwerwiegenden Beeinträchtigung des Persönlichkeitsrechts sind nach BVerfGE **67** 228 m. Anm. Otto NStZ **85**, 213 wegen der hohen Bedeutung der Kunstfreiheit hinzunehmen. Dagegen sind eindeutige Schmähungen oder Diffamierungen und erst recht Angriffe auf die Menschenwürde des Betroffenen (s. o.), mögen sie auch in ein „künstlerisches Gewand" gekleidet sein, durch Art. 5 III GG nicht mehr geschützt (vgl. d. Nachw. o.). Diese Grenzen gelten auch für die gleichfalls unter den Schutzbereich des Art. 5 III GG fallende politisch engagierte Kunst, bei der mit Mitteln der Kunst eine bestimmte Meinung kundgetan wird (vgl. BVerfGE **67** 227 f. m. Anm. Otto aaO, **75** 377 m. Anm. bzw. Bspr. Würkner wie o., Erhardt aaO 169 ff., K. A. Fischer aaO 53; vgl. aber auch Stuttgart NJW **76** 630, Otto JR 83, 10, NJW 86, 1210 u. zur Übertragung der für Art. 5 I GG entwickelten Grundsätze Gounalakis NJW 95, 813 f.). Überschritten sind sie zwar nicht schon, wenn in einer Satire ein Politiker in der Rolle eines Homosexuellen erscheint (vgl. KG NStZ **92**, 385 m. Anm. Liesching u. von Münch NStZ 99, 85), wohl aber bei der karikaturistischen Darstellung eines Politikers als kopulierendes Schwein (vgl. BVerfGE **75** 379 f. m. Anm. bzw. Bspr. Würkner wie o., Hamburg NJW **85**, 1654 m. Anm. Geppert JR 85, 430) oder bei der Gleichstellung von demokratischen Politikern mit Zielen, Methoden, Taten und Führungspersonen des Nationalsozialismus (Bay MDR **94**, 81). Nicht mehr durch Art. 5 III GG gedeckt ist es auch, wenn in einem Pop-Song eine bekannte Sportlerin zum Objekt sexueller Begierde gemacht und dies mit dem Hinweis auf blutschänderische Beziehungen zu ihrem Vater garniert wird (Karlsruhe [Z] NJW **94**, 1963), und ebensowenig, wenn in einem Schlüsselroman der Betroffene, mag er auch nur für einen kleinen Kreis identifizierbar sein, als „alte Ratte" bzw. „mieser Kerl" bezeichnet wird (and. Hamburg NJW **84**, 1130 m. Anm. Otto JR 83, 511, wo auch einem Romanautor ein Recht auf „Gegenschlag" [o. 16] eingeräumt wird; vgl. dazu auch K. A. Fischer aaO 101 ff.). – Im übrigen ist zu beachten, daß der Schutz des Art. 5 III GG sowohl den „Werkbereich" der Kunst (eigentliche künstlerische Betätigung) als auch deren „Wirkbereich", d. h. das öffentliche Zugänglichmachen des Kunstwerks einschließlich der Werbung umfaßt (BVerfGE **77** 240, 251 m. Anm. Würkner NJW **88**, 327, BVerwG NJW **90**, 2011 m. Anm. Würkner), wobei allerdings nach BVerfG aaO 254 eine „tatsächliche Vermutung" dafür spricht, daß die Kunstfreiheit im Werkbereich eher den Vorrang genießt als im Wirkbereich (krit. dazu Würkner NJW **88**, 327). Nicht mehr zum „Wirkbereich" gehört jedoch das Übersenden eines beleidigende Wendungen enthaltenden Gedichtbands durch den Autor an eine bestimmte Einzelperson, um speziell diese zu treffen (vgl. LG Baden-Baden NJW **85**, 2431; vgl. auch den Fall von AG Hamburg NJW **89**, 410) oder das Aufstellen vom Täter geschaffener sog. Frustzwerge als gezieltes Mittel eines Ehrangriffs (AG Grünstadt NJW **95**, 889). Dagegen ist *Kunstkritik* auch bei Verwendung von spezifischen Stilmitteln nicht selber Kunst und genießt damit auch nicht den Schutz des Art. 5 III GG (BVerfG NJW **93**, 1462 m. Bspr. Hufen JuS 94, 165, Eidenmüller NJW 91, 1440, Kastner NJW 95, 827; and. Isensee AfP 93, 624 f., Tröndle 14 t). Speziell zu den Grenzen rechtlich zulässiger Theaterkritik vgl. Eidenmüller aaO 1439 ff., zur Freiheit der Literatur und ihrer Grenzen vgl. Kastner NJW 82, 601, Otto NJW 86, 1206, zu Karikaturen und Satiren vgl. die Nachw. in § 185 RN 8 a. Zum Verhältnis von Ehrenschutz und Kunstfreiheit in der Rspr. – insbes. des BVerfG – vgl. Henschel NJW 90, 1937 ff., Ignor aaO 128 ff., Karpen/Hofer JZ 92, 951, 1060, Würkner, Das Bundesverfassungsgericht und die Freiheit der Kunst (1994) u. zur Kritik der BVerfG-Rspr. auch Tröndle 14 t f. mwN.

20   c) **Strafanzeigen**, Anzeigen von Dienstpflichtverletzungen oder standesrechtlichen Verstößen sind auch bei Nichterweislichkeit der behaupteten Straftat usw. nach § 193 gerechtfertigt, wenn für den Verdacht Anhaltspunkte gegeben sind, die Anzeige also nicht jeder Grundlage entbehrt. Dies gilt unabhängig davon, ob der Anzeigende von der (angeblichen) Tat selbst betroffen ist, da das Recht zur Erstattung von Anzeigen jedermann zusteht (vgl. zB RG **29** 56, **62** 93, **66** 1, BVerfGE **74** 257, Bay NJW **54**, 1011, Düsseldorf VRS **60** 115, Köln NJW **97**, 1247 m. Bspr. Fahl JA 98, 365, Rudolphi SK 17, Tröndle 15). Wird die Anzeige bei der untersuchungspflichtigen Behörde erstattet, so hat der Täter im allgemeinen keine eigene Informations- und Prüfungspflicht, da es hier gerade Aufgabe der Behörde ist, den Verdacht zu klären (vgl. RG **66** 1). Dies gilt insbes. für sog. Aufklärungsanzeigen (vgl. Bockelmann NJW 59, 1849), in denen der Anzeigende von einer Sache nicht sicher ist, aber begründeten, d. h. nicht nur auf haltlose Vermutungen gestützten Anlaß zu einer Aufklärung durch die Polizei hat. Deshalb braucht der Täter von der Richtigkeit seines Vorwurfs auch nicht überzeugt zu sein (vgl. auch Köln aaO). Unzulässig ist es aber auch hier, Tatsachen als gewiß zu behaupten, an deren Richtigkeit der Täter zweifelt (vgl. Köln aaO, Herdegen LK[10] 22 mwN). Bei Verfehlungen in Ausübung einer beruflichen Tätigkeit muß eine Mitteilung auch an den (privaten) Arbeitgeber möglich sein. Näher zur strafrechtlichen Würdigung unbegründeter Dienstaufsichtsbeschwerden vgl. Schmid Bay VerwBl. 81, 267.

21   d) Entsprechendes wie bei Anzeigen gilt für **Petitionen** nach Art. 17 GG. Auch beleidigende Petitionen sind nur in den – hier allerdings weiteren (o. 20) – Grenzen des § 193 gerechtfertigt; aus

Art. 17 GG ergeben sich keine weitergehenden Rechte (vgl. BGH GA/H **59**, 46, Düsseldorf NJW **72**, 650, Hamm JMBlNW **70**, 34, München NJW **57**, 795, Herdegen LK[10] 22, Rudolphi SK 18; and. Arndt NJW **57**, 1072 [Art. 17 GG als selbständiger Rechtfertigungsgrund]; vgl. ferner Helle NJW **61**, 898, Kaiser NJW **62**, 236). Unzulässig sind ehrenrührige Vorwürfe, die mit dem Verfahren offensichtlich nichts zu tun haben (Düsseldorf NVwZ **83**, 502). Für die Prüfungspflicht gelten aber auch hier geringere Anforderungen, insbes. nach Ausschöpfung des Verwaltungswegs (Düsseldorf NJW **72**, 650).

e) Beschränkt man – nach dem Wortlaut keineswegs eindeutig – die in § 193 eigens genannte Ausführung oder Verteidigung von Rechten auf eigene Rechte (s. o. 6), so können ehrverletzende Äußerungen eines **Rechtsanwalts** im Rahmen seiner Berufsausübung jedenfalls als Wahrnehmung berechtigter Interessen gerechtfertigt sein. Dabei gelten für diese im wesentlichen dieselben Regeln wie dort. Hinzuweisen ist jedoch auf folgende Besonderheiten: Der Rechtsanwalt ist nicht schon kraft seines Berufes zur Wahrung fremder Interessen berechtigt, sondern idR erst aufgrund eines entsprechenden Auftrags (RG **47** 171; vgl. ferner Hamburg NJW **52**, 903, LG Köln MDR **73**, 65, Tröndle 13). Auch besteht ein Unterschied zur Partei, dem Beschuldigten usw. insofern, als der Anwalt ein unabhängiges Organ der Rechtspflege ist (§ 1 BRAO), zu dessen Grundpflichten – in der genannten Eigenschaft keineswegs nur von standesrechtlicher Bedeutung – es gehört, sich bei seiner Berufsausübung nicht unsachlich zu verhalten, was u. a. insbes. bei solchen herabsetzenden Äußerungen der Fall ist, zu denen andere Beteiligte oder der Verfahrensverlauf keinen Anlaß gegeben haben (§ 43 a III BRAO; vgl. zB auch BVerfG NJW **88**, 194, BGH NJW **88**, 1100) bzw. die, was iE dasselbe besagt, in keinem inneren Zusammenhang zu der Rechtsverfolgung stehen (zB BVerfG NJW **91**, 2077, BGH aaO 1099, Düsseldorf NJW **98**, 3215, KG JR **88**, 523, Köln OLGSt § 185 S. 16). Im einzelnen: Was ehrenrührige *Werturteile* betrifft, so ist es selbstverständlich zulässig, daß der Anwalt in einem Schriftsatz aus der zuvor im einzelnen aufgelisteten sachlichen Kritik oder in seinem Plädoyer aus den mitgeteilten Tatsachen auch ehrenrührige Schlußfolgerungen zieht, sofern er nicht eine zusätzliche Abwertung des Betroffenen zum Ausdruck bringt (BVerfG NJW **99**, 2263, Düsseldorf NStZ-RR **96**, 7, Saarbrücken AnwBl. **79** 193; vgl. auch BGH NStZ **87**, 554, EzSt § 189 Nr. 1 [Herabsetzung des Schicksals der Juden im Warschauer Getto], Düsseldorf NJW **98**, 3214 [Vorwurf einer objektiv „willkürlichen" iS von rechtlich nicht mehr vertretbaren richterlichen Anordnung, wo dann jedoch schon die Tatbestandsmäßigkeit zweifelhaft war], LG Hechingen NJW **84**, 1767 [Kennzeichnung bedenklicher Ermittlungsmaßnahmen als „Gestapo-Methoden"]). Ebenso darf auch der Rechtsanwalt im Rahmen seiner Berufsausübung starke, eindringliche Ausdrücke und sinnfällige Schlagworte benutzen und sogar „ad personam" argumentieren (zB BVerfGE **76** 192, NJW **88**, 193, **00**, 200, Bremen StV **99**, 536, Düsseldorf NStZ-RR **96**, 7, NJW **98**, 3215, Hamburg MDR **84**, 940, KG JR **88**, 523, StV **87**, 485, NStZ-RR **98**, 13), und selbst übertreibende Wertungen als „Wucher" und „erpressen" können in Anbetracht der Besonderheiten des Falles noch gerechtfertigt sein (Köln NJW **79**, 1723; vgl. auch LG Berlin NJW **84**, 1760: Bezeichnung als „Absahnhai" in einem Schriftsatz). Auch bei Berücksichtigung der hier in Frage stehenden Allgemeininteressen, bei denen nicht schon jede unnötige Schärfe vermieden werden muß (s. o. 16), sehr weitgehend ist es dagegen, wenn auch der in einer Dienstaufsichtsbeschwerde gegen einen Richter zum Ausdruck gebrachte Vorwurf zulässig sein soll, dieser sei entweder „zu dumm" oder er habe absichtlich ein Fehlurteil gesprochen (so KG StV **97**, 485; vgl. auch KG NStZ-RR **98**, 12: Begründung eines Befangenheitsantrags mit der „Hörigkeit" der abgelehnten beisitzenden Richter gegenüber dem Vorsitzenden). Nicht erst wegen der fehlenden Angemessenheit, sondern schon mangels der erforderlichen Eignung für eine Interessenwahrnehmung in einem gerichtlichen Verfahren nicht rechtfertigungsfähig sind jedenfalls grobe Beleidigungen und Verunglimpfungen (vgl. dazu auch BVerfG NJW **96**, 3268: Bezeichnung der Begründung einer Gerichtsentscheidung als „gelogen" u. Äußerungen gegenüber dem Gerichtsvorsitzenden: „Sie machen sich doch lächerlich" und „Merken Sie nicht, daß Sie hier stören"). Ohne Bedeutung ist dagegen, daß die fragliche Äußerung gegenüber einem Berufskollegen gemacht wurde, da das Gewicht des Ehrenschutzes hier nicht größer ist als bei Äußerungen gegenüber sonstigen Dritten (BVerfG NJW **99**, 2262). – Bei ehrverletzenden *Tatsachenbehauptungen* (§ 186) im Vorbringen eines Anwalts erledigt sich die Frage einer Rechtfertigung nach § 193 im Zivilprozeß nicht schon damit, daß in den „Streitschriften eines Prozesses keine objektive Darstellung des Für und Wider zu erwarten ist, es vielmehr dem Gegner überlassen werden kann, etwaige dagegen sprechende Tatsachen und Erwägungen vorzubringen" (so aber BGH [Z] NJW **62**, 244; vgl. dazu auch Helle NJW **61**, 1896): Geschieht dies mit dem Ergebnis der Nichterweislichkeit der behaupteten Tatsache, so bleibt auch hier, ebenso wie in anderen Verfahren, in denen die Verhandlungsmaxime nicht gilt, nur die Möglichkeit einer Rechtfertigung unter den Voraussetzungen des § 193 (vgl. auch Zaczyk NK 15). Für die dazu gehörende Erfüllung von Prüfungs- und Informationspflichten (s. o. 11) bedeutet dies, daß es auch im Zivilprozeß nicht nur um „minimale Prüfungspflichten" gehen kann (so aber Herdegen LK[10] 15). Vielmehr gilt auch dort, daß der Anwalt – zumal als unabhängiges Organ der Rechtspflege und nicht zuletzt im Interesse der vertretenen Partei – den Wahrheitsgehalt der aufgestellten Behauptungen im Rahmen des Möglichen und Zumutbaren zu überprüfen und ggf weitere Informationen einzuholen hat. Nicht gerechtfertigt ist daher der Anwalt, der bei pflichtgemäßer Prüfung hätte erkennen können, daß die Unterlagen für seine Behauptung unzuverlässig oder unzulänglich sind (vgl. RG **74** 257, Hamburg

NJW **52**, 903, KG JR **88**, 523, Walchshöfer MDR 75, 15) oder daß ein ihm mitgeteilter Sachverhalt noch nicht bestimmte ehrenrührige Schlußfolgerungen zuläßt (Hamburg MDR **80**, 953). Dabei sind für den Umfang seiner Prüfungspflicht vor allem die Schwere der ehrenrührigen Äußerungen, der für die Richtigkeit der Behauptung sprechende Wahrscheinlichkeitsgrad, die größere oder geringere Eilbedürftigkeit der Angelegenheit und die Erreichbarkeit sicherer Informationen von Bedeutung. Daher hat der Anwalt jedenfalls solche nicht völlig unzweifelhaften Informationen nachzuprüfen, die er sich schnell und zuverlässig selbst verschaffen kann (vgl. auch BVerfG NJW **00**, 200, mit dem Hinweis, daß im strafrechtlichen Ermittlungsverfahren Beschwerden auch ohne vorherige Einsicht in die Ermittlungsakten so rasch wie möglich zu erheben sein können). Nur im übrigen darf er sich – sofern nicht konkrete Anhaltspunkte für die Unrichtigkeit bestehen – regelmäßig ohne eigene Nachprüfung auf die Angaben seines Mandanten verlassen (vgl. BGH NJW **62**, 244, Köln NJW **79**, 1723, Herdegen LK[10] 15, Praml NJW 76, 1669, Walchshöfer aaO; vgl. auch Hamburg JW **38**, 3104, MDR **69**, 142, **73**, 407, LG Berlin MDR **56**, 758, LG Köln MDR **73**, 65, Zaczyk NK 45). Für ehrenrührige Behauptungen, die der Anwalt nicht auf Veranlassung des Mandanten, sondern von sich aus aufstellt, trägt er die volle Verantwortung (RG HRR **41** Nr. 840, Seibert MDR 51, 711). Doch darf der Verteidiger im Interesse seines Mandanten vor dem Hintergrund augenscheinlich einander widersprechender Auskünfte verschiedener Staatsanwälte davon ausgehen, daß die entlastende zutreffend ist (BVerfG NJW **00**, 200). In *eigener Sache* (zB als Angeklagter) dürfen an einen Anwalt keine höheren Anforderungen gestellt werden als an andere (KG JR **88**, 523). Der *Mandant* haftet für ehrenrührige Behauptungen in den Schriftsätzen seines Prozeßbevollmächtigten als mittelbarer Täter (vgl. dazu auch Praml aaO), wenn er diesen durch bewußt wahrheitswidrig oder leichtfertig aufgestellte Tatsachenbehauptungen irregeführt hat (KG DStR **39**, 62; vgl. auch Celle NJW **61**, 232, **91**, 1190, Hamm NJW **71**, 1850). Zur Anwendbarkeit des § 193 bei Informationserteilung an einen Anwalt vgl. Celle NJW **91**, 1190, LG Aschaffenburg NJW **61**, 1544 m. Anm. Rutkowsky, wobei freilich umstritten ist, ob hier nicht ohnehin eine „beleidigungsfreie Sphäre" anzunehmen ist (vgl. 9 b vor § 185). Zum Ganzen vgl. weiter Reichard AnwBl. 56, 19 und speziell zur Wahrnehmung berechtigter Interessen durch den Verteidiger Krekeler AnwBl. 76, 190.

23 5. Als **subjektives Rechtfertigungselement** ist außer dem Erfordernis pflichtgemäßer Prüfung (o. 11, 18 sowie 19 f. vor § 32) nach hM die *Absicht* der Interessenwahrnehmung erforderlich (vgl. zB RG **50** 321, BGH **18** 186, MDR/D **53**, 401, Eser aaO 25 f., Gössel I 396, Herdegen LK[10] 30, Merz aaO 188, Tenckhoff JuS 88, 202, Tröndle 17, W-Hettinger 517, Zaczyk NK 46; vgl. auch RG **61** 400, Düsseldorf VRS **60** 115, Hamburg JR **52**, 204: Motiv), wobei es allerdings unschädlich sein soll, wenn der Täter daneben noch andere Zwecke verfolgt (vgl. zB RG **61** 401, BGH NStZ **87**, 554, Düsseldorf VRS **60** 115, Hamburg JR **52**, 203, NJW **84**, 1132, Koblenz VRS **53** 269, Köln OLGSt § 185 S. 18, Köln NJW **97**, 1247). Doch müssen auch hier die allgemeinen Grundsätze gelten (vgl. 13 ff. vor § 32), wonach es genügt, wenn der Täter in Kenntnis der rechtfertigenden Sachlage handelt, im Fall des § 193 also, wenn er die objektiven Umstände kennt, bei deren Vorliegen ihm die fragliche Äußerung in der konkreten Situation gestattet werden darf (vgl. auch Lackner/Kühl 9, M-Maiwald I 266, Rudolphi SK 25). Daß die Äußerung „zur" Wahrnehmung berechtigter Interessen gemacht sein muß, steht dem ebensowenig entgegen wie zB die entsprechende Wendung in § 34 (vgl. dort RN 48). Etwas anderes ergibt sich hier auch nicht aus dem Prinzip des erlaubten Risikos, da dieses zwar eine besondere Prüfungspflicht, nicht aber eine Beschränkung der Interessenwahrnehmung auf absichtliches Handeln notwendig macht. Rechtfertigen deshalb die Umstände zB eine Strafanzeige und hat der Täter diese pflichtgemäß geprüft, so ist § 193 nicht deshalb unanwendbar, weil er allein aus Rachsucht und nicht auch zur Wahrung staatlicher Strafverfolgungsinteressen gehandelt hat (vgl. M-Maiwald I 266 f.; and. Koblenz VRS **45** 269; vgl. ferner Düsseldorf VRS **80** 115); ebenso entfällt bei einer sorgfältig recherchierten und berechtigte Informationsinteressen erfüllenden Zeitungsmeldung der Schutz des § 193 nicht deshalb, weil es dem Täter allein um die Steigerung der Auflage geht (and. Hamm DB **80**, 1215). Daß beleidigende Äußerungen, die nur *gelegentlich* einer Wahrnehmung berechtigter Interessen gemacht werden, nicht gerechtfertigt sind (vgl. RG **29** 57, Bay NJW **52**, 1120, Tröndle 17), ergibt sich schon aus dem Fehlen des objektiven Bezugs zu diesen.

24 6. Bei **irriger Annahme** der Voraussetzungen des § 193 gelten die allgemeinen Grundsätze über den Irrtum bei Rechtfertigungsgründen (vgl. 19 vor § 13, § 16 RN 14, 21 vor § 32). Ein Irrtum über die Geeignetheit zur Interessenwahrung oder über andere Umstände, die den Rechtfertigungsgrund des § 193 ergeben würden, schließt nach hM den Vorsatz aus oder ist jedenfalls wie ein vorsatzausschließender Irrtum zu behandeln (vgl. RG **25** 355, **59** 416, JW **23**, 349, Braunschweig GA **62**, 85, Eser aaO 65, Herdegen LK[10] 31, Tröndle 20, Zaczyk NK 47), es sei denn, daß der Täter seine Prüfungspflicht verletzt bzw. – nach der Rspr. – leichtfertig gehandelt hat (krit. dazu Lenckner, Mayer-FS 184; vgl. auch Rudolphi SK 28, Schröder-GedS 92 ff.). Dagegen ist der Irrtum über die rechtlichen Grenzen des § 193 Verbotsirrtum (§ 17; vgl. Braunschweig GA **62**, 85 und zur Frage der Vermeidbarkeit im Fall eines Wertungsexzesses Hamm NJW **82**, 659, AG Frankfurt NJW **89**, 1745); dasselbe soll nach Hamburg NJW **66**, 1978 gelten, wenn der Täter den ihm bekannte Sachlage lediglich falsch beurteilt (vgl. auch Tröndle 20 unter Hinweis auf BGH 3 StR 52/63, ferner Herdegen LK[10] 31). Vgl. näher zum Ganzen Schaffstein NJW 51, 691, Seibert MDR 51, 711 und – vom Standpunkt der strengen Schuldtheorie aus – Hartung NJW 51, 212.

VII. Auch die „**ähnlichen Fälle**" können nur solche sein, welche die Merkmale einer berechtigten Wahrnehmung schutzwürdiger Interessen aufweisen, weshalb ihre ausdrückliche Nennung neben der Wahrnehmung berechtigter Interessen keine selbständige Bedeutung hat. Gleichgültig ist deshalb auch, ob damit nur Fälle gemeint sind, die den unmittelbar zuvor genannten Vorhaltungen und Rügen von Vorgesetzten „ähnlich" sind oder ob dabei auch an die beiden ersten Alternativen des § 193 gedacht ist (während Äußerungen, die keine Wahrnehmung berechtigter Interessen, sondern einer solchen nur „ähnlich" sind, nicht genügen). Die hM rechnet hierher die Fälle, in denen jemand in Erfüllung einer Rechtspflicht handelt, zB als Zeuge oder Sachverständiger aussagt (RG **41** 255, BGH MDR/D **53**, 147; zum Sachverständigen bei einer Parlamentsanhörung vgl. BGH [Z] NJW **81**, 2117), und zwar auch vor der Polizei (Stuttgart NJW **67**, 792 m. Anm. Roxin). Über weitere Bsp. o. 5 ff., 13.

VIII. Trotz Wahrnehmung berechtigter Interessen usw. bleibt die Tat jedoch als **Formalbeleidigung** strafbar, wenn das Vorhandensein einer Beleidigung aus der Form der Äußerung oder aus den Umständen, unter denen sie geschah, hervorgeht (vgl. entsprechend § 192; liegen dessen Voraussetzungen vor, so kommt § 193 nicht mehr in Betracht, da die Merkmale einer Formalbeleidigung in beiden Fällen die gleichen sind [and. Braunschweig NJW **52**, 237]). Als übrigbleibende Beleidigung kommt hier wie in § 192 nur eine solche nach § 185 in Betracht; üble Nachrede (§ 186) und Verleumdung (§ 187) scheiden aus, weil sie sich nicht aus der Form und den Umständen ergeben, sondern nur aus dem Inhalt der Äußerung (Hamm JMBlNW **51**, 164, Herdegen LK[10] 33, Rudolphi SK 29, Tröndle 25; and. RG JW **36**, 3491, DR **40**, 682, Zaczyk NK 49). Daraus, daß die Wahrnehmung berechtigter Interessen nur eine unter Berücksichtigung aller Umstände zulässige Ehrverletzung ist (o. 9 a) und dies auch für die anderen in § 193 aufgeführten Fälle gilt (o. 1, 4), folgt andererseits, daß die genannte Einschränkung des § 193 für § 185 ohne Bedeutung ist: Hier sind es zB schon keine „Vorhaltungen und Rügen eines Vorgesetzten" iS einer berechtigten Interessenwahrnehmung, wenn sich der Untergebene dessen an sich berechtigte Vorwürfe in einer entwürdigenden Stellung anhören muß; umgekehrt kann eine Beleidigung iS des § 185, die sich als Wahrnehmung berechtigter Interessen darstellt, auch keine Formalbeleidigung mehr sein (vgl. auch Dähn JR 90, 517, Graul NStZ 91, 461, Herdegen LK[10] 33 sowie BVerfGE **60** 242 für durch Art. 5 GG gedeckte Äußerungen). Nur bei § 186, wo es allein auf den Inhalt der Behauptung usw. ankommt, ist die Situation denkbar, daß diese als solche durch die Wahrnehmung berechtigter Interessen gedeckt ist, eine Beleidigung iS des § 185 sich aber aus der Form usw. ergibt. Unter diesen Voraussetzungen bleiben auch Presseveröffentlichungen als Formalbeleidigung strafbar (vgl. Bay **61** 47, UFITA **48**, 356).

1. Bestritten ist – wie bei § 192 –, ob Form und Umstände der Äußerung nur die Bedeutung von Indizien für eine im Einzelfall festzustellende besondere **Beleidigungsabsicht** haben (so zB RG **40** 318, **41** 255, **64** 14, Frankfurt NJW **48**, 226, Saarbrücken AnwBl. **79**, 193, Uhlitz NJW 66, 2099) oder ob es genügt, daß Form und Umstände für sich allein ein als selbständige Beleidigung zu würdigendes Mehr an Ehrherabsetzung ergeben, wobei dann insoweit auch bloßer Vorsatz ausreicht (so zB Gössel I 398, Herdegen LK[10] § 192 RN 5, Lackner/Kühl 13, M-Maiwald I 264, Rudolphi SK 30, Tröndle 22). Der Gesetzeswortlaut spricht gegen das Erfordernis einer besonderen Beleidigungsabsicht; da es auf eine solche auch sonst nicht ankommt (vgl. § 185 RN 14), gibt es zudem keinen sachlichen Grund, bei der in den Fällen der §§ 192, 193 übrig bleibenden Formalbeleidigung anders zu entscheiden. Die Befürchtung einer zu weitgehenden Einschränkung der Straflosigkeit erledigt sich, da nicht schon die bloße Ungehörigkeit der Form usw. genügt, diese vielmehr die Qualität einer selbständigen Ehrverletzung haben muß (vgl. Herdegen aaO).

2. Die **Form** der Äußerung, aus der sich eine Beleidigung ergeben kann, kann insbes. der Ausdrucksweise zu entnehmen sein (zB besonders gehässige Form, Gebrauch von Schimpfworten, vgl. RG JW **34**, 1852, Celle NStZ **98**, 88 [u. a. Verballhornung des Namens des Adressaten], Frankfurt NJW **77**, 1354, Koblenz OLGSt S. 57, Stuttgart JW **39**, 151). Bei der Würdigung der Ausdrucksform sind die Persönlichkeit des Täters, seine durch Bildungsgrad und Lebensverhältnisse bedingte gewöhnliche Ausdrucksweise, eine durch den Anlaß der Interessenwahrung hervorgerufene besondere Erregung und alle sonstigen Umstände des Falles in Betracht zu ziehen (RG JW **38**, 1805, Nürnberg FamRZ **65**, 274). Der Richter muß angeben, welche Ausdrücke der Täter an Stelle der gebrauchten hätte benutzen können, um den Inhalt der beleidigenden Äußerung ohne die beleidigende Form wiederzugeben (RG JW **36**, 3461). In Betracht kommen ferner zB der Ton der Äußerung (RG **54** 289) und die anonyme Form; Äußerungen, die durch Art. 5 GG gedeckt sind, können auch keine Formalbeleidigung sein (BVerfGE **60** 242).

3. Als **Umstände** kommen hier nur solche in Betracht, die die beleidigende Äußerung begleiten, also räumlich und zeitlich mit ihr in so naher Beziehung stehen, daß sie gleichzeitig mit der Äußerung auf den Hörer einwirken und dadurch den Eindruck beeinflussen können, den dieser von dem Sinn und Inhalt der Äußerung empfängt (RG **34** 80, HRR **31** Nr. 1988). Nicht hierher gehören dagegen innere Vorgänge, zB die feindliche Gesinnung oder das gespannte Verhältnis zwischen Beleidiger und Beleidigtem (RG HRR **27** Nr. 324), ferner auch nicht das Lauschen an der Wand (RG HRR **27** Nr. 975).

§ 194 Strafantrag

(1) Die Beleidigung wird nur auf Antrag verfolgt. Ist die Tat durch Verbreiten oder öffentliches Zugänglichmachen einer Schrift (§ 11 Abs. 3), in einer Versammlung oder durch eine Darbietung im Rundfunk begangen, so ist ein Antrag nicht erforderlich, wenn der Verletzte als Angehöriger einer Gruppe unter der nationalsozialistischen oder einer anderen Gewalt- und Willkürherrschaft verfolgt wurde, diese Gruppe Teil der Bevölkerung ist und die Beleidigung mit dieser Verfolgung zusammenhängt. Die Tat kann jedoch nicht von Amts wegen verfolgt werden, wenn der Verletzte widerspricht. Der Widerspruch kann nicht zurückgenommen werden. Stirbt der Verletzte, so gehen das Antragsrecht und das Widerspruchsrecht auf die in § 77 Abs. 2 bezeichneten Angehörigen über.

(2) Ist das Andenken eines Verstorbenen verunglimpft, so steht das Antragsrecht den in § 77 Abs. 2 bezeichneten Angehörigen zu. Ist die Tat durch Verbreiten oder öffentliches Zugänglichmachen einer Schrift (§ 11 Abs. 3), in einer Versammlung oder durch eine Darbietung im Rundfunk begangen, so ist ein Antrag nicht erforderlich, wenn der Verstorbene sein Leben als Opfer der nationalsozialistischen oder einer anderen Gewalt- und Willkürherrschaft verloren hat und die Verunglimpfung damit zusammenhängt. Die Tat kann jedoch nicht von Amts wegen verfolgt werden, wenn ein Antragsberechtigter der Verfolgung widerspricht. Der Widerspruch kann nicht zurückgenommen werden.

(3) Ist die Beleidigung gegen einen Amtsträger, einen für den öffentlichen Dienst besonders Verpflichteten oder einen Soldaten der Bundeswehr während der Ausübung seines Dienstes oder in Beziehung auf seinen Dienst begangen, so wird sie auch auf Antrag des Dienstvorgesetzten verfolgt. Richtet sich die Tat gegen eine Behörde oder eine sonstige Stelle, die Aufgaben der öffentlichen Verwaltung wahrnimmt, so wird sie auf Antrag des Behördenleiters oder des Leiters der aufsichtführenden Behörde verfolgt. Dasselbe gilt für Träger von Ämtern und für Behörden der Kirchen und anderen Religionsgesellschaften des öffentlichen Rechts.

(4) Richtet sich die Tat gegen ein Gesetzgebungsorgan des Bundes oder eines Landes oder eine andere politische Körperschaft im räumlichen Geltungsbereich dieses Gesetzes, so wird sie nur mit Ermächtigung der betroffenen Körperschaft verfolgt.

Vorbem. Abs. 1 S. 2–5 und Abs. 2 S. 2–4 eingefügt bzw. geändert durch das 21. StÄG v. 13. 6. 1985, BGBl. I 965.

1   I. Bei allen Delikten des 14. Abschnitts ist grundsätzlich ein **Strafantrag** (zu diesem vgl. §§ 77 ff. m. Anm.) als Prozeßvoraussetzung erforderlich. Ausnahmen enthalten Abs. 4, wo an die Stelle des Antrags die Ermächtigung tritt, ferner – eingefügt bzw. geändert durch das 21. StÄG (vgl. Vorbem.) – Abs. 1 S. 2, Abs. 2 S. 2, wo unter gewissen Voraussetzungen eine Strafverfolgung von Amts wegen ermöglicht wird; eine entsprechende Anwendung des § 230 I 1 2. Halbs., wonach – eine Strafverfolgung von Amts wegen bei Bejahung des besonderen öffentlichen Interesses zuläßt, ist bei den §§ 185 ff. dagegen nicht möglich (RG DR **44**, 724, BGH **7** 256). Mit der **Neuregelung** des **Abs. 1 S. 1–5** und des **Abs. 2 S. 2–4** durch das 21. StÄG wollte der Gesetzgeber eine Regelung schaffen, „die es erlaubt, dem Leugnen des unter der Herrschaft des Nationalsozialismus oder einer anderen Gewalt- oder Willkürherrschaft begangenen Unrechts strafrechtlich zu begegnen" (BT-Drs. 10/3242 S. 8). Den politischen Hintergrund hierfür bildete die Diskussion um die Bestrafung des von § 130 aF (vgl. 2 vor § 123, § 130 RN 1, 16 ff.) nicht erfaßten bloßen Bestreitens der systematischen Judenvernichtung durch die NS-Machthaber (sog. „einfache Auschwitz-Lüge"), das ursprünglich unter dem Gesichtspunkt eines Angriffs auf den öffentlichen Frieden in einem eigenen Tatbestand unter Strafe gestellt werden sollte (vgl. die in BT-Drs. 10/1286 vorgesehene Erweiterung des § 140: Strafbarkeit des öffentlichen usw. Billigens, Leugnens oder Verharmlosens einer unter der NS-Herrschaft begangenen Handlung iS des § 220 a I, sofern dies in einer Weise geschieht, die geeignet ist, den öffentlichen Frieden zu stören; vgl. jetzt § 130 III). Wegen der dagegen erhobenen Einwände einigten sich die Koalitionsparteien dann jedoch auf eine verfahrensrechtliche Lösung im Rahmen des § 194, die mit dem Verzicht auf das Antragserfordernis eine erleichterte Strafverfolgung nach den §§ 185 ff. ermöglichen soll und dabei auch die Beleidigung von Opfern anderer Gewalt- und Willkürherrschaften einbezieht (näher zur Entstehungsgeschichte Vogelsang NJW 85, 2386 sowie DRiZ 85, 225, Wehinger aaO [vor § 185] 65 ff.). Der Regelung liegt offensichtlich die Annahme zugrunde, daß bereits nach geltendem Recht das bloße Leugnen des unter der nationalsozialistischen oder anderen Gewalt- und Willkürherrschaft begangenen Unrechts als Beleidigung der betroffenen Opfer anzusehen sei. Abgesehen von der Rspr. zur sog. „Auschwitzlüge" (vgl. § 185 RN 3), die wegen der Einmaligkeit ihres historischen Hintergrunds jedoch erkennbar nicht verallgemeinerungsfähig ist (vgl. dazu auch Deutsch NJW 80, 1100), entbehrte eine so weitreichende Annahme aber jeglicher Grundlage. Da eine solche auch nicht der Neuregelung des § 194 entnommen werden kann – daß das Leugnen des Verfolgungsschicksals ganzer Bevölkerungsgruppen eine Kollektivbeleidigung aller ihrer Mitglieder sein soll, kommt dort an keiner Stelle zum Ausdruck –, ist die Rechnung des Gesetzgebers insoweit daher nicht aufgegangen (vgl. dazu auch 7 vor § 185 sowie § 185 RN 3 mwN zur Kritik am 21. StÄG; vgl. auch Peglau o. 1 vor § 185 aaO u. § 185 RN 3 a. E.). An der Verlegenheitslösung

Strafantrag 2–5 **§ 194**

einer Bestrafung nach §§ 185 ff. in solchen Fällen noch länger festzuhalten, besteht um so weniger Anlaß, als den praktisch relevanten Sachverhalten, die auch Anlaß für die Neuregelung in § 194 waren („Auschwitz-Mythos"), inzwischen mit der Erweiterung des § 130 dort Rechnung getragen werden sollte. Für den von § 130 nicht erfaßten Bereich bleiben die Änderungen des § 194, von den grundsätzlichen Einwänden abgesehen, aber auch in anderer Hinsicht mehr als fragwürdig. Zu bezweifeln ist schon der kriminalpolitische Sinn einer Regelung, welche Gewalt- und Willkürherrschaften der ganzen Welt und nach Abs. 2 S. 2 auch die einer u. U. schon weiter zurückliegenden Vergangenheit einbezieht. Daß die Gerichte hier mit den erforderlichen (auch historischen) Tatsachenfeststellungen überfordert sein können, ist abzusehen. Ebensowenig spricht es für die Praktikabilität der neuen Vorschriften, daß nach Abs. 1 S. 2 mühsame Erhebungen darüber notwendig werden können, ob unmittelbar Betroffene in der Bundesrepublik überhaupt (noch) leben (hier in Zweifelsfällen nach Abs. 2 S. 2 zu verfahren, ist nicht möglich, da § 189 nicht gilt, wenn offenbleibt, ob die Äußerung vor oder nach dem Tod des Betroffenen gemacht wurde [vgl. dort RN 3]). Insgesamt ist die neue Regelung daher „keine beifallswürdige Leistung des Gesetzgebers" (Herdegen LK[10] 1).

II. Abs. 1 regelt die Voraussetzungen, unter denen eine **Beleidigung**, d. h. eine Tat iS der §§ 185– 2 187 a, verfolgt werden kann. Erforderlich ist danach grundsätzlich ein Strafantrag (S. 1; zur Ermächtigung gem. Abs. 4 vgl. u. 17 ff.), wenn nicht der besondere Fall des S. 2 vorliegt. Dabei stellen auch die dort genannten Erfordernisse eine Prozeßvoraussetzung dar, weshalb das Verfahren – sofern auch ein Antrag fehlt – einzustellen ist, wenn sich zB herausstellt, daß es Verletzte iS des S. 2 nicht gibt oder daß zwischen der Beleidigung und der Verfolgung durch eine Gewalt- und Willkürherrschaft kein Zusammenhang besteht (ebenso Herdegen LK[10] 2).

1. Soweit nach Abs. 1 ein **Antrag** erforderlich ist, ist antragsberechtigt grundsätzlich der *Verletzte*, 3 d. h. der Beleidigte (über Ausnahmen vgl. Abs. 3). Bei Beleidigung mehrerer unter einer Kollektivbezeichnung (vgl. 5 ff. vor § 185) kann der einzelne nur für sich selbst den Antrag stellen, nicht für das Kollektiv (RG **23** 246, **68** 124, Frankfurt NJW **91**, 2036 m. Anm. Hilger JR 91, 391, Hamburg MDR **81**, 71, Köln NStE § 77 **Nr. 3**, Herdegen LK[10] 2, Zaczyk NK 1; vgl. auch § 77 RN 11); zur Möglichkeit einer Vertretung der übrigen vgl. § 77 RN 25 ff. Auch der Vorstand eines Vereins kann wegen Beleidigung einzelner Mitglieder Strafantrag nur kraft besonderer Vollmacht stellen, nicht aber schon deswegen, weil er nach der Satzung die Standesinteressen der Mitglieder wahrzunehmen hat (RG **37** 37: Vorstand einer Ärztekammer; vgl. aber auch Hamburg MDR **81**, 71). Ist der Verletzte geschäftsunfähig oder beschränkt geschäftsfähig, so gilt § 77 III (vgl. dort RN 15 ff.). Ist eine Gemeinschaft als solche beleidigt, so ist das vertretungsberechtigte Organ antragsberechtigt (vgl. § 77 RN 14, BGH **6** 186), jedoch nur für die Gemeinschaft als solche und nicht für die einzelnen Mitglieder, wenn diese zugleich persönlich beleidigt sind (KG JR **80**, 290 m. Anm. Volk). – Ist der *Verletzte nach der Tat* (sonst §§ 189, 194 II), aber vor Ablauf der Antragsfrist *gestorben*, so geht das Antragsrecht nach Abs. 1 S. 5 in der in § 77 II bezeichneten Reihenfolge auf die dort genannten *Angehörigen* über (vgl. § 77 RN 12). Dies gilt nicht, wenn der Verletzte vorher wirksam verzichtet hat (vgl. § 77 RN 31) oder die Verfolgung seinem erklärten Willen widerspricht (§ 77 II 4; vgl. RN 12).

2. Abs. 1 S. 2 ermöglicht – allerdings nicht gegen den Widerspruch des Verletzten (S. 3) – unter 4 bestimmten Voraussetzungen eine **Strafverfolgung von Amts wegen**, wenn die Tat mit der Verfolgung durch die nationalsozialistische oder eine andere Gewalt- und Willkürherrschaft zusammenhängt. Die durch das 21. StÄG eingefügte Vorschrift soll es nach Auffassung des Gesetzgebers erlauben, dem Leugnen des unter der NS-Herrschaft oder einer anderen Gewalt- und Willkürherrschaft begangenen Unrechts mit Hilfe des § 185 ff. wirksam zu begegnen (BT-Drs. 10/3242 S. 8; vgl. dazu jedoch o. 1, ferner 7 vor § 185 u. § 185 RN 3). Die Tat bleibt zwar auch in diesen Fällen ein Privatklagedelikt (§ 374 I Nr. 2 StPO; vgl. auch Zaczyk NK 3); die Gründe, aus denen § 194 I 2 eine Strafverfolgung von Amts wegen vorsieht, sprechen hier idR aber auch für das Bestehen eines öffentlichen Interesses iS des § 376 StPO. Im einzelnen ist erforderlich:

a) Die Tat muß durch **Verbreiten** oder **öffentliches Zugänglichmachen einer Schrift** 4 a (§ 11 III), in einer **Versammlung** oder durch eine **Darbietung im Rundfunk** begangen sein. Über *Schriften*, denen nach § 11 III Ton- und Bildträger, Datenspeicher, Abbildungen und andere Darstellungen gleichstehen, vgl. § 11 RN 78 f. Zum *Verbreiten* vgl. § 184 RN 57; zum *öffentlichen Zugänglichmachen*, das, wie sich aus der beispielhaften Aufzählung in §§ 131 I Nr. 2, 184 III Nr. 2 ergibt, insbes. auch das öffentliche Ausstellen, Anschlagen und Vorführen umfaßt, vgl. § 184 RN 58 u. zur Frage der strafrechtlichen Verantwortlichkeit von Tele- u. Mediendienstanbietern insbes. im Internet dort RN 66 b ff.; zur Begehung in einer *Versammlung*, die keine öffentliche zu sein braucht, vgl. § 90 RN 5; zur Begehung durch *Darbietungen im Rundfunk* vgl. § 184 RN 51, § 131 RN 3. Vom Antragserfordernis ausgenommen sind damit nur Beleidigungen mit einer besonderen Breitenwirkung, wobei allerdings mündliche Äußerungen, die öffentlich erfolgen (vgl. § 186 RN 19), nur zT und Biertischgespräche u. ä. überhaupt nicht erfaßt sind (krit. dazu Vogelsang NJW 85, 2386).

b) Der Verletzte muß als **Angehöriger einer Gruppe** unter der nationalsozialistischen oder einer 5 anderen **Gewalt- und Willkürherrschaft verfolgt** worden sein. Das Antragserfordernis entfällt danach nur, wenn der Verletzte selbst und gerade wegen seiner Zugehörigkeit zu einer bestimmten Gruppe Verfolgungsmaßnahmen ausgesetzt war; daß er als Nachkomme der unmittelbar Betroffenen beleidigt worden ist, was die Rspr. für die heute in der Bundesrepublik lebenden, erst nach 1945 geborenen Juden beim Leugnen der NS-Judenmorde angenommen hat (vgl. BVerfGE **90** 251 f. m. Anm. Schulze-Fielitz JZ 94, 902, NJW **93**, 917, BGHZ **75** 160, Celle NJW **82**, 1545, 1 Ss 126/84 v. 30. 1. 1985), genügt mithin nicht (Herdegen LK[10] 5, Lackner/Kühl 6, Rudolphi SK 5, Tröndle 3 c, Zaczyk NK 11; vgl. auch BT-Drs. 10/3242 S. 10). Auch die Beleidigung einer erst nach der Verfolgung zur Wahrnehmung von Interessen der Verfolgten gebildeten Organisation (zB VVN, Vertriebenenverbände) fällt nicht unter S. 2. Daraus, daß der Verletzte wegen seiner Zugehörigkeit zu der Gruppe Verfolgungsmaßnahmen erlitten haben muß, folgt andererseits, daß diese sich zugleich gegen die Gruppe insgesamt gerichtet haben müssen. Dabei ist unter einer *Gruppe*, ebenso wie in § 220 a, eine – räumlich nicht notwendig vereinigte – Mehrzahl von Personen zu verstehen, die durch gemeinsame Merkmale verbunden ist und sich dadurch von der übrigen Bevölkerung abhebt (vgl. Herdegen aaO, Lackner/Kühl 6, Tröndle 3 c, Zaczyk NK 9 u. näher Jähnke LK[10] § 220 a RN 9). Während jedoch § 220 a nur für nationale, rassische, religiöse oder durch ihr Volkstum bestimmte Gruppen gilt, enthält § 194 eine solche Beschränkung nicht; erfaßt sind hier deshalb auch politische, wirtschaftliche und sonstige Gruppen (zB Kommunisten, „Kapitalisten", Homosexuelle, Behinderte [NS-„Euthanasie"-Aktion], die Widerstandskämpfer gegen den Nationalsozialismus insgesamt in der Verfolgung des gemeinsamen Ziels der Beseitigung des NS-Regimes, aber auch die einzelnen, jeweils durch bestimmte gemeinsame politische Grundauffassungen verbundenen Gruppen des Widerstands [vgl. dazu aber auch BT-Drs. 10/3242 S. 10]). Eine *Gewalt- und Willkürherrschaft* iS des § 194 ist, abweichend von der Generalklausel in § 92 II Nr. 6 (vgl. dazu dort RN 12, ferner BGH GA/W **61**, 1 Nr. 3), nicht schon eine Gesellschaftsordnung, die wesentliche Grundsätze einer freiheitlichen Demokratie in unserem Verständnis nicht anerkennt. Wie die beispielhafte Voranstellung der NS-Gewalt- und Willkürherrschaft zeigt, fallen darunter vielmehr nur solche Herrschaftssysteme, die sich nach dem Muster des NS-Staats, wenn auch unter anderen ideologischen Vorzeichen, über elementare Menschenrechte hinwegsetzen (ebenso Herdegen LK[10] 5, Lackner/Kühl 6, Tröndle 3 c). *Verfolgter* ist jeder, der die Unrechtsmaßnahmen eines solchen Systems (physische Liquidation, KZ-Haft, Verschleppung, Ausweisung, Diskriminierung usw.), mögen diese auch unter dem Deckmantel der Legalität erfolgt sein (zB „Nürnberger Gesetze"), zu erleiden oder zu befürchten hatte, wobei es genügt, wenn diese Maßnahmen von staatlichen Stellen gedeckt wurden. Bei Juden, die im Machtbereich der NS-Herrschaft lebten, trifft dies ohne weiteres zu (Lackner/Kühl 6, Tröndle 3 c, Zaczyk NK 11).

5 a   c) Mit dem weiteren Erfordernis, daß die Gruppe, als deren Angehöriger der Verletzte verfolgt wurde, **Teil der Bevölkerung** sein muß, soll eine „nicht vertretbare Ausweitung" des Anwendungsbereichs des S. 2 vermieden werden (BT-Drs. 10/3242 S. 11). Nicht notwendig ist, daß die Gruppe schon zZ der Verfolgung ein Teil der – hier allein gemeinten – *inländischen* Bevölkerung war, vielmehr kommt es ausschließlich darauf an, ob sie dies zZ der Tat ist. Daraus, daß die Gruppe und nicht nur ihre Angehörigen in diesem Zeitpunkt Teil der Bevölkerung gewesen sein müssen, folgt zugleich, daß sie auch jetzt noch die Merkmale einer solchen aufweisen muß, weshalb insoweit auch kein Unterschied zwischen der „Gruppe" iS des § 194 und den „Teilen der Bevölkerung" in § 130 (vgl. dort RN 3) besteht (and. Zaczyk NK 12). Eine Verfolgung von Amts wegen ist daher nicht möglich, wenn die zZ der Tat in der Bundesrepublik lebenden Angehörigen der verfolgten Gruppe zahlenmäßig nicht bzw. nicht mehr ins Gewicht fallen bzw. sich wegen des Verlusts des sie unterscheidenden gemeinsamen Merkmals von der Bevölkerung im übrigen nicht mehr abheben (vgl. auch Herdegen LK[10] 6). Nicht erforderlich ist dagegen, daß die verfolgte Gruppe in ihrer Gesamtheit Teil der inländischen Bevölkerung ist (vgl. Tröndle 3 d).

6   d) Die Tat muß schließlich **mit dieser Verfolgung zusammenhängen**. Dies ist der Fall, wenn die von dem Verletzten erlittene Verfolgung Anlaß oder Bezugspunkt der Beleidigung gewesen ist, wobei sich dieser Zusammenhang, wenn auch nicht ausdrücklich, so doch jedenfalls aus den Umständen ergeben muß, unter denen die Äußerung erfolgte (vgl. auch Herdegen LK[10] 7, Lackner/Kühl 8, Rudolphi SK 6, Tröndle 3 d); daß die Verfolgung das nicht erkennbar gewordene Motiv der Tat war, genügt mithin nicht. Nicht erforderlich ist, daß ein solcher Zusammenhang gerade zu den eigentlichen Verfolgungsmaßnahmen und ihren Folgen für den Betroffenen besteht; nach dem Sinn der Vorschrift genügt es vielmehr auch, wenn die Tat mit den Gründen der Verfolgung zusammenhängt (zB Bezeichnung der am 20. Juli 1944 Beteiligten als „gekaufte Landesverräter" oder der Juden als „Blutsauger der Menschheit"). In subjektiver Hinsicht muß sich der Täter, auch wenn S. 2 keine Tatbestandsmerkmale enthält, des Zusammenhangs mit der Verfolgung bewußt sein (ebenso Herdegen LK[10] 7). Zu beachten sind ferner die allgemeinen Grundsätze des strafrechtlichen Ehrenschutzes. Soweit es sich um abwertende Äußerungen handelt, die sich nur ganz pauschal gegen eine bestimmte Gruppe richten, ist trotz des Zusammenhangs mit deren Verfolgung S. 2 daher nur anwendbar, wenn damit nach den Regeln über die Beleidigung unter einer Kollektivbezeichnung (vgl. 5 ff. vor § 185) die einzelnen Gruppenangehörigen beleidigt sind. Nach der Rspr. gilt dies wegen der historischen Einmaligkeit des organisiert und mit technisierter Perfektion begangenen Massenmords an Juden während des NS-Regimes zwar für das Leugnen der Judenvernichtung („Auschwitz-Lüge"; vgl. 7 f. vor § 185 u. § 185 RN 3, o. 1). Dagegen fällt die sog. „Vertreibungslüge" schon deshalb nicht unter S. 2, weil weder die Vertriebenen insgesamt noch die einzelnen Vertriebenengruppen (zB die Schlesier) unter einer Kollektivbezeichnung beleidigt werden können (vgl. dazu 7 vor § 185 u. § 185 RN 3, o. 1).

e) **Ausgeschlossen** ist eine Verfolgung von Amts wegen trotz Vorliegens der Voraussetzungen des S. 2, wenn der **Verletzte widerspricht** (S. 3). Ein Prozeßhindernis wird dadurch jedoch nur bezüglich dieses Verletzten geschaffen; sind durch die Tat noch andere verletzt, die nicht widersprochen haben, so nimmt das Verfahren – ebenso wie bei ideal konkurrierenden Offizialdelikten – insoweit seinen Fortgang (vgl. BT-Drs. 10/3242 S. 11, Herdegen LK[10] 8). Widerspricht der Verletzte, so ist darin zugleich ein Verzicht auf das Antragsrecht (vgl. § 77 RN 31) zu sehen, dies schon deshalb, weil andernfalls auch der mit S. 4 verfolgte Zweck, bezüglich der Beendigung des Verfahrens klare Verhältnisse zu schaffen, vereitelt würde. Eine nähere Regelung des verfahrensrechtlich ein Novum darstellenden Widerspruchs enthält das Gesetz, von S. 4 abgesehen, der eine Rücknahme ausschließt, nicht. Hier sind deshalb, soweit möglich, die Vorschriften über den Strafantrag (§§ 77 ff.) bzw., weil sich der Widerspruch ebenso wie die Zurücknahme des Antrags (§ 77 d) und der Verzicht auf das Antragsrecht (vgl. § 77 RN 31) zu Gunsten des Täters auswirkt, die für diese geltenden Regeln entsprechend anzuwenden (vgl. auch Lackner/Kühl 9, Rudolphi SK 7, Tröndle 3 e, Zaczyk NK 14). Dies bedeutet zB, daß der Widerspruch zwar formlos gegenüber jeder Strafverfolgungsbehörde erklärt werden kann, wirksam aber erst mit dem Eingang bei der zZ mit der Sache befaßten Stelle wird (zur Zurücknahme des Antrags vgl. § 77 d RN 5), daß er bis zum rechtskräftigen Abschluß des Verfahrens möglich ist (vgl. § 77 d I 2), daß er auf einen von mehreren Tätern beschränkt werden kann (vgl. § 77 RN 42 ff.) und daß er bedingungsfeindlich ist (vgl. § 77 RN 41). Ist der Verletzte nicht (voll) geschäftsfähig, so gilt § 77 III entsprechend; eine gewillkürte Vertretung ist dagegen nur in der Erklärung, nicht dagegen im Willen zulässig (vgl. § 77 RN 25 ff.). Eine Pflicht zur Befragung des Verletzten, ob er von seinem Widerspruchsrecht Gebrauch machen will, ist grundsätzlich zwar zu bejahen, wenn davon ausgegangen werden muß, daß ihm die Tat unbekannt ist (die Situation ist hier eine andere als beim Antragsrecht; vgl. dazu Nr. 6 II RiStBV). Zu einem Prozeßhindernis dürfte das Unterbleiben der Befragung aber nur dort führen, wo sie ohne weiteres möglich gewesen wäre (also zB nicht bei einer Kollektivbeleidigung, bei der die einzelnen Verletzten kaum feststellbar sind).

3. Ist der **Verletzte nach der Tat** (sonst §§ 189, 194 II), aber vor Ablauf der Antragsfrist **gestorben**, so geht das Antragsrecht (S. 1) nach S. 5 in der in § 77 II bezeichneten Reihenfolge auf die dort genannten Angehörigen über (vgl. § 77 RN 12). Entsprechendes gilt für das Widerspruchsrecht nach S. 3, das bei mehreren Angehörigen gleichen Rangs entsprechend § 77 d II nur von allen gemeinsam ausgeübt werden kann (vgl. BT-Drs. 10/3242 S. 11, Lackner/Kühl 10, Tröndle 3 f., Zaczyk NK 15). In beiden Fällen findet ein Übergang jedoch nicht statt, wenn der Verletzte vorher wirksam verzichtet hat (vgl. § 77 RN 31 zum Strafantrag) oder die Verfolgung bzw. im Fall des S. 2 die Nichtverfolgung seinem erklärten Willen widerspricht; § 77 II 4, wo dies für den Strafantrag ausgesprochen ist (vgl. dort RN 12), muß entsprechend auch für den Widerspruch gelten.

III. Auch die **Verunglimpfung Verstorbener** (§ 189) ist nach **Abs. 2** grundsätzlich Antragsdelikt (S. 1); ausnahmsweise ist jedoch auch hier eine Verfolgung von Amts wegen möglich, wenn der Verstorbene sein Leben als Opfer einer Gewalt- und Willkürherrschaft verloren hat und die Verunglimpfung damit zusammenhängt (S. 2). Im Unterschied zu 194 II aF gilt dies nach der nF jedoch nur noch für Taten, die idR eine besondere Breitenwirkung haben; andererseits ist eine Strafverfolgung von Amts wegen nach der nF nicht mehr davon abhängig, daß der Verstorbene keine Antragsberechtigten hinterlassen hat oder diese vor Ablauf der Antragsfrist gestorben sind.

1. Soweit ein **Antrag** erforderlich ist, sind hier nach S. 1 die in § 77 II bezeichneten Angehörigen antragsberechtigt, und zwar in der Reihenfolge, in der sonst das Antragsrecht nach § 77 II beim Tod des Verletzten übergeht (vgl. § 77 RN 12). Stirbt daher der zunächst antragsberechtigte vor Ablauf der Antragsfrist und ist kein Berechtigter derselben Ranggruppe mehr vorhanden, so geht das Antragsrecht auf die Angehörigen der nach § 77 II 2 folgenden Gruppe über. Der überlebende Ehegatte ist auch dann antragsberechtigt, wenn er wieder geheiratet hat, nicht dagegen, wenn die Ehe zZ des Todes bereits aufgelöst war (vgl. § 77 RN 12, Herdegen LK[10] 2). § 77 II 4 ist hier ohne Bedeutung.

2. Eine **Strafverfolgung von Amts wegen** ist nach S. 2 möglich (Prozeßvoraussetzung, o. 2), wenn 1. die Verunglimpfung durch *Verbreiten* oder *öffentliches Zugänglichmachen einer Schrift* iS des § 11 III, in einer *Versammlung* oder durch eine *Darbietung im Rundfunk* begangen wurde (o. 4 a); 2. der Verstorbene sein *Leben als Opfer* der nationalsozialistischen oder einer anderen *Gewalt- und Willkürherrschaft* (o. 5) *verloren* hat, wofür es genügt, wenn der Tod die – wenn auch nur mittelbare – Folge erlittener Verfolgungsmaßnahmen war (zB Freitod auf Grund der Verfolgung, Tod nach Beendigung der Gewalt- und Willkürherrschaft als Spätfolge der erlittenen Mißhandlungen; vgl. Herdegen LK[10] 9, Rudolphi SK 13, Tröndle 4 u. zu § 194 II aF auch Schafheutle JZ 60, 474); 3. die Tat *damit zusammenhängt* (o. 6), daß der Verstorbene den Tod als Opfer einer Gewalt- und Willkürherrschaft gefunden hat. Auch hier ist entsprechend Abs. 1 S. 3 eine Verfolgung von Amts wegen jedoch ausgeschlossen, wenn ein Antragsberechtigter *widerspricht* (S. 3, 4; o. 6 a). Sind bezüglich eines Verstorbenen mehrere Antragsberechtigte vorhanden (zB Ehegatten und Kinder, vgl. § 77 1), so genügt deshalb schon der Widerspruch eines von ihnen (vgl. auch § 77 IV u. dort RN 33; der Grundgedanke des § 77 d II 2 – vgl. dort RN 4 – trifft hier nicht zu); hier können die übrigen eine Strafverfolgung daher nur über einen Antrag gem. S. 1 erreichen.

IV. Ist Verletzter ein **Amtsträger usw.**, so hat neben diesem unter den Voraussetzungen des **Abs. 3 S. 1** auch dessen **Dienstvorgesetzter ein Antragsrecht**. Dieses Antragsrecht beruht nicht auf einer

Vertretung des verletzten Untergebenen, sondern stellt ein *selbständiges Recht* dar, das dem Vorgesetzten sowohl im öffentlichen Interesse (Wahrung des durch die Tat mittelbar betroffenen Ansehens der Behörde, die deshalb auch Verletzter iS des § 172 StPO ist [vgl. RG **74** 313, BGH **9** 265]) als auch im Hinblick auf seine Fürsorgepflicht gegenüber dem Untergebenen eingeräumt worden ist (vgl. BGH **7** 260, Herdegen LK¹⁰ 10, Rudolphi SK 16, Zaczyk NK 19); praktische Bedeutung hat dies u. a. wegen des Kostenrisikos bei einer Privatklage (vgl. § 471 II StPO). Abs. 3 S. 1 enthält kein Tatbestandsmerkmal der Beleidigung iS einer besonderen Amts- oder Berufsehre, sondern handelt lediglich vom Antragsrecht des Vorgesetzten (RG **76** 369). Die Antragstellung durch den Vorgesetzten macht andererseits auch die Prüfung des öffentlichen Interesses durch die Staatsanwaltschaft nach § 376 StPO nicht überflüssig (vgl. RiStBV Nr. 229 II, ferner Nr. 86, 232 [Beleidigung von Richtern und Justizbeamten]). Da das Strafantragsrecht des Vorgesetzten in den Bereich seiner hoheitlichen Aufgaben fällt, muß eine Beschränkung des Strafantrags in persönlicher Hinsicht dem Gleichheitssatz des Art. 3 GG gerecht werden (Rudolphi SK 16, Stree DÖV 58, 175, Tiedemann GA 64, 358).

11 1. Voraussetzung für das erweiterte Antragsrecht nach Abs. 3 S. 1 ist zunächst, daß sich die **Tat gegen bestimmte Personen** richtet, nämlich gegen einen *Amtsträger* iS des § 11 I Nr. 2 (vgl. dort RN 16 ff.), wozu ausländische Beamte nicht gehören (and. zu § 196 aF RG **4** 40), gegen einen *für den öffentlichen Dienst besonders Verpflichteten* iS des § 11 I Nr. 4 (vgl. dort RN 34 ff.) oder gegen einen *Soldaten der Bundeswehr*. Gleichgestellt sind nach Abs. 3 S. 3 *Träger von Ämtern* einer der *Kirchen* oder einer anderen *Religionsgesellschaft* des öffentlichen Rechts, ferner nach Art. 7 II Nr. 9 des 4. StÄG *Angehörige der NATO-Stationierungstruppen* in der Bundesrepublik (vgl. 17 vor § 80). Der Amtsträger usw. muß sich zZ der Tat noch im Dienst befinden; der Vorgesetzte hat daher kein Antragsrecht, wenn ein pensionierter oder sonst aus dem Dienst geschiedener oder verstorbener Amtsträger usw. in Beziehung auf seinen früheren Dienst beleidigt wird (RG **13** 95, **27** 194, Herdegen LK¹⁰ 10, Tröndle 10, Zaczyk NK 20). Ist dagegen das Antragsrecht des Vorgesetzten einmal entstanden, so entfällt es nicht nachträglich durch Ausscheiden des Amtsträgers usw. aus dem Dienst. Unerheblich ist auch, ob der Amtsträger usw. den gesetzlichen Vorschriften entsprechend angestellt wurde (RG **2** 82).

12 2. Das Antragsrecht des Vorgesetzten setzt ferner voraus, daß die Beleidigung gegen die genannten Personen **während der Ausübung ihres Dienstes** oder in **Beziehung auf ihren Dienst** begangen wird. In Betracht kommen auch bei der 2. Alt. nur Taten nach §§ 185–187 a, nicht dagegen § 189, da sich der Amtsträger usw. zZ der Tat noch im Dienst befinden muß (o. 11).

13 a) **Während der Ausübung des Dienstes** ist die Beleidigung begangen, wenn sie mit dieser zeitlich zusammentrifft und in einer örtlichen Beziehung zu ihr steht (vgl. Herdegen LK¹⁰ 11, Lackner/Kühl 13, Rudolphi SK 18, Tröndle 6, Zaczyk NK 21). Es genügt daher nicht, wenn sie an einem anderen Ort zufällig zu einer Zeit erfolgt, zu welcher der Amtsträger usw. im Dienst ist. Dagegen ist es bei einer schriftlichen Beleidigung ausreichend, wenn sie dem Amtsträger usw. in seine Dienststelle geschickt wird (RG **76** 368 m. Anm. Mezger DR 43, 753). Ob die Dienstausübung rechtmäßig ist, ist unerheblich (RG **3** 189, Herdegen aaO, Tröndle 6; dazu, daß im Fall ihrer Rechtswidrigkeit § 193 von Bedeutung sein kann, vgl. Zaczyk aaO). In Ausübung seines Dienstes handelt idR nicht ein zum Sachverständigen bestellter Hochschullehrer bei der Erstattung seines Gutachtens (Bay GA **79**, 224). Der Inhalt der Beleidigung kann auch privater Art sein (Rudolphi SK 18, Tröndle 6; auch Zaczyk NK 21).

14 b) **In Beziehung auf den Dienst** ist die Beleidigung begangen, wenn sie die Tätigkeit im Dienst oder die dienstliche Stellung erkennbar zum Gegenstand hat oder sonst ein erkennbarer Zusammenhang zu diesen hergestellt wird (vgl. RG **39** 361, **66** 128, Herdegen LK¹⁰ 11, Lackner/Kühl 13, Rudolphi SK 19, Tröndle 7, Zaczyk NK 22). Dies kann auch bei Vorwürfen wegen eines außerdienstlichen Verhaltens der Fall sein, wenn der Täter es zu der dienstlichen Stellung in Beziehung bringt, zB wenn einem Beamten der Vorwurf gemacht wird, er habe sich durch sein außerdienstliches Verhalten seiner Stellung unwürdig erwiesen (vgl. RG **3** 244, **44** 191, **76** 369 m. Anm. Mezger DR 43, 753). Nicht ausreichend ist es dagegen, wenn ein solcher Zusammenhang nicht hergestellt wird, auch wenn dem Beleidigten ein Verhalten vorgeworfen wird, das ihn, wenn es wahr wäre, als amtsunwürdig erscheinen ließe (vgl. RG **12** 268: Vorwurf, ein Superintendent habe mit einer Magd Unzucht getrieben; zu weitgehend RG **12** 49, wo der Vorwurf eines außerdienstlichen Fehlverhaltens als ausreichend angesehen wird, wenn dadurch besondere – auch für den außerdienstlichen Bereich geltende – Berufspflichten verletzt werden; vgl. ferner RG **25** 127). Nach RG **39** 362 soll auch die Beleidigung eines Polizeibeamten als in Beziehung auf seinen Beruf begangen anzusehen sein, wenn behauptet wird, er habe bei seiner Vernehmung über den Leumund einer Person die Eidespflicht verletzt (vgl. auch RG **39** 350). Dagegen ist nach RG **32** 276 die Beleidigung eines Beamten, der als gerichtlicher Sachverständiger tätig wird, nicht schon deshalb in Beziehung auf seinen Dienst begangen, weil er sein Gutachten auf seine Berufserfahrung stützte. In subjektiver Hinsicht muß sich der Täter der Beziehung bewußt sein (Tröndle 7, Zaczyk NK 23; and. RG **76** 369); dies ist zwar kein Tatbestandsmerkmal, wohl aber eine Voraussetzung des Antragsrechts (entsprechend o. 6).

15 3. Liegen die genannten Voraussetzungen vor, so hat der **Dienstvorgesetzte** ein **selbständiges Antragsrecht**. Dafür, wer Dienstvorgesetzter ist, wozu nicht nur der unmittelbare, sondern auch der mittelbar höhere Vorgesetzte gehört (Bay **56** 257), sind die dienstrechtlichen Bestimmungen maßgeblich; vgl. auch § 77 a m. Anm. und zum Antragsrecht bei Beleidigungen gegen die Bundeswehr bzw. Soldaten der Bundeswehr Dau NJW 88, 2655. Was den Lauf der Antragsfrist betrifft, so muß sich der

Dienstvorgesetzte die Kenntnis seines ständigen Vertreters anrechnen lassen (BGH **44** 209). Das Antragsrecht des Dienstvorgesetzten wird durch Zurücknahme des vom Beleidigten gestellten Strafantrags nicht berührt. Erforderlich ist allerdings, daß das Antragsrecht des unmittelbar Beleidigten überhaupt zur Entstehung gekommen ist (vgl. RG JW **32**, 3268). Die Rücknahme des Antrags ist in den Grenzen des § 77 d ebenso möglich wie durch den Beleidigten selbst (vgl. Bremen MDR **59**, 681 zu § 196 aF). Ob eine behördliche Äußerung ein Antrag ist, muß, wie auch sonst, durch Auslegung ermittelt werden (vgl. Köln NJW **65**, 408).

V. Richtet sich die Tat **gegen eine Behörde** oder eine **sonstige Stelle**, die Aufgaben der 16 öffentlichen Verwaltung wahrnimmt, so wird sie nach **Abs. 3 S. 2** auf Antrag des Behördenleiters oder des Leiters der aufsichtführenden Behörde verfolgt. Dies gilt jedoch nur, wenn die Behörde usw. als solche beleidigt ist (vgl. 3 vor § 185, aber auch Fischer JZ 90, 73: Kollektivbeleidigung der dort tätigen Amtsträger und daher Antragsrecht des Behördenleiters neben dem des Dienstvorgesetzten nach Abs. 3 S. 1); sind nur einzelne Mitglieder betroffen, so gilt Abs. 3 S. 1. Den Behörden (vgl. dazu § 11 I Nr. 7 und dort RN 57 ff., § 164 RN 25) und den sonstigen Stellen, die Aufgaben der öffentlichen Verwaltung wahrnehmen (zB Krankenkassen, Berufsgenossenschaften, vgl. § 11 RN 37), sind auch hier durch S. 3 Behörden der Kirchen und der anderen Religionsgesellschaften des öffentlichen Rechts gleichgestellt, ferner nach Art. 7 II Nr. 10 des 4. StÄG Dienststellen der in der Bundesrepublik stationierten NATO-Truppen (vgl. 17 vor § 80). Zu der – zu verneinenden – Frage, ob auch die Bundesregierung eine Behörde ist, vgl. Tröndle 12 mwN. Antragsberechtigt ist sowohl der Leiter der Behörde als auch der Leiter der Aufsichtsbehörde (vgl. § 77 IV).

VI. Abs. 4 sieht bei Beleidigungen gegen ein **Gesetzgebungsorgan** des Bundes oder eines Landes 17 oder gegen eine andere **politische Körperschaft** im räumlichen Geltungsbereich des Gesetzes als Verfolgungsvoraussetzung an Stelle des Antrags eine **Ermächtigung** (zu dieser vgl. § 77 e m. Anm.) der betroffenen Körperschaft vor. Auch hier ist erforderlich, daß sich die Tat gegen das Gesetzgebungsorgan oder die politische Körperschaft als solche richtet, also nicht nur gegen Teile davon (zB eine Fraktion, vgl. Düsseldorf NJW **66**, 1235) oder gegen einzelne Mitglieder (RG **40** 185, **47** 64). Unter Umständen kann jedoch eine Beleidigung einzelner Mitglieder zugleich eine solche der Körperschaft selbst enthalten (vgl. RG **47** 64). Eine Beleidigung der Körperschaft usw. liegt zB vor, wenn sie hinsichtlich der Tätigkeit, die ihr obliegt, beleidigend angegriffen wird (RG **33** 66, **41** 70), aber auch, wenn sie in bezug auf ihre Entstehung und Zusammensetzung mit beschimpfenden Bezeichnungen belegt wird (vgl. RG **67** 63: „Geldsackparlament").

1. Zu den **Gesetzgebungsorganen des Bundes oder eines Landes** vgl. § 105 RN 4. **Andere** 18 **politische Körperschaften** sind solche, die, ohne Behörden (Abs. 3 S. 2) oder Gesetzgebungsorgane des Bundes oder eines Landes zu sein, als Teil der Staatsorganisation zur Erreichung des Staatszwecks mitzuwirken berufen sind (vgl. RG **7** 374, **33** 66, **69** 145, Düsseldorf NJW **66**, 1235, Herdegen LK[10] 13, Rudolphi SK 23, Tröndle 15). Dazu gehören zB Kreistage, Stadt- und Gemeinderäte u. a. Organe der Kommunalverbände (vgl. RG **33** 66, **40** 184), nicht dagegen die Bundesregierung (Tröndle 15 unter Hinweis auf BGH 1 StR 532/61, Zaczyk NK 24) und politische Parteien (Düsseldorf aaO, Herdegen aaO, Lackner/Kühl 15, Rudolphi aaO).

2. Die **Ermächtigung** muß von der Körperschaft selbst erteilt sein; die Ermächtigung eines 19 Ausschusses genügt nur, wenn dieser seinerseits dazu besonders ermächtigt worden ist (Herdegen LK[10] 14 mwN). Ist die beleidigte Körperschaft aufgelöst, so entscheidet sie in der neuen Zusammensetzung über die Ermächtigung (RG **7** 386).

§ 195 [Antragsrecht des Ehemanns] *Aufgehoben durch das 3. StÄG v. 4. 8. 1953, BGBl. I 735.*

§ 196 [Antragsrecht des Vorgesetzten] *Aufgehoben durch das EGStGB; vgl. jetzt § 194 III.*

§ 197 [Ermächtigung] *Aufgehoben durch das EGStGB; vgl. jetzt § 194 IV.*

§ 198 [Antrag bei wechselseitigen Beleidigungen] *Aufgehoben durch das EGStGB; vgl. jetzt § 77 c.*

§ 199 Wechselseitig begangene Beleidigungen

Wenn eine Beleidigung auf der Stelle erwidert wird, so kann der Richter beide Beleidiger oder einen derselben für straffrei erklären.

Schrifttum: Baumann, Die Beweislast bei § 199 StGB, NJW 58, 452. – *Kargl,* Beleidigung und Retorsion, Wolff-FS 189. – *Kiehl,* Strafrechtliche Toleranz wechselseitiger Ehrverletzungen, 1986 (Frankfurter kriminalwissenschaftl. Studien Bd. 15). – *Küper,* Die Grundlagen der Kompensation, JZ 68, 651. – *Küster,* Zum Wesen der strafrechtlichen Kompensation, NJW 58, 1659. – *Reiff,* Vom Wesen und der Anwendung der Kompensation, NJW 58, 982. – *ders.,* Weitere Gedanken zum Wesen der strafrechtlichen Kompensation, NJW 59, 181. – *Schwarz,* Erwiderung von Beleidigungen, NJW 58, 10.

§ 199 1–7

1 **I.** Die Vorschrift ermöglicht es, bei gegenseitigen Beleidigungen einen oder beide Täter für straffrei zu erklären (sog. **Kompensation** oder **Retorsion**). Ihre Begründung ist umstritten und muß für Erst- und Zweitbeleidiger, die bei mehrfacher wechselseitiger Tatbegehung in ihrer Rolle auch wechseln können, getrennte Wege gehen (and. Kiehl aaO 131 ff. u. pass.). Hinsichtlich des Erstbeleidigers ist ratio legis, daß dieser in Form der Gegenbeleidigung bereits eine Art „Strafe" erhalten hat und damit das Strafbedürfnis entfallen kann (so zB Herdegen LK[10] 1, Küper JZ 68, 654, Küster NJW 58, 1660, Lackner/Kühl 1, M-Maiwald I 278, Rudolphi SK 1, Tenckhoff JuS 89, 202; vgl. auch RG **70** 330, Hamm JMBlNW **51**, 142; and. Kiehl aaO 60 ff., 76 ff., Reiff NJW 59, 181 u. krit. dazu auch Kargl, Wolff-FS 200 ff. mwN). Dagegen beruht beim Erwidernden (Zweittäter) die Möglichkeit der Straffreierklärung auf einer Unrechts- und Schuldminderung, wobei sich erstere aus der Provokationshandlung des Gegners und der Nähe zur Notwehr, letztere aus der besonderen, durch die Erstbeleidigung ausgelösten affektiven Erregung ergibt (zB Küper JZ 68, 655 ff., Lackner/Kühl 1, Rudolphi aaO, Tenckhoff aaO; vgl. auch Hamm NJW **65**, 1612, zu weitgehend jedoch Bay **58** 247: mögliche Unrechtsminderung auch schon beim Ersttäter; für eine ausschließlich schuldbezogene Betrachtungsweise dagegen zB RG **70** 329, BGH **10** 373, Hamburg NJW **66**, 1977, Hamm GA **72**, 29, Herdegen aaO, M-Maiwald aaO; krit. dazu Kiehl aaO 112 ff. u. zum Ganzen Kargl aaO 202 ff.). Weggefallen ist mit der Aufhebung des § 233 durch das 6. StrRG die dort bisher vorgesehene Möglichkeit einer Kompensation von Beleidigungen mit leichten Körperverletzungen. Daß sich die Fälle des bisherigen § 233 schon nach allgemeinen Vorschriften – insbes. §§ 153, 153 a StPO, § 59 – angemessen erledigen lassen (so die Begründung BT-Drs. 13/8587 S. 36), würde jedoch in gleicher Weise für § 197 gelten, weshalb der Sinn von dessen Fortbestehen mit Recht in Frage gestellt wird (vgl. Wolters JZ 98, 389, aber auch Kargl aaO 223: „als Mahntafel für einen strafrechtlichen Fremdkörper unverzichtbar").

2 1. Die Vorschrift gilt für **alle Delikte** des 14. Abschnitts. Hier eine Ausnahme bei § 189 zu machen, der in diesem Zusammenhang „von selbst ausscheiden" soll (Tröndle 4; vgl. ferner zB Kiehl aaO 202, Küper JZ 68, 651), besteht kein Anlaß. Erwidernder und Erstbeleidigter brauchen bei § 199 auch unter dem Gesichtspunkt der hier vorausgesetzten Schuldminderung (o. 1) nicht identisch zu sein (s. auch u. 8 a), weil eine Affektsituation bei dem Zweittäter auch bestehen kann, wenn die Erstbeleidigung gegen eine ihm nahestehende Person gerichtet war. Diese Situation aber kann in gleicher Weise bei § 189 gegeben sein, so zB wenn der Sohn eine Verunglimpfung seines verstorbenen Vaters auf der Stelle durch eine Beleidigung erwidert (ebenso Gössel I 399, Herdegen LK[10] 7, Rudolphi SK 2, Zaczyk NK 2).

3 2. Die Möglichkeit einer **Ehrennotwehr** (§ 32) wird durch § 199 nicht ausgeschlossen; § 199 ist erst von Bedeutung, wenn eine solche nicht vorliegt. Obwohl § 199 an sich voraussetzt, daß eine bereits vollendete Beleidigung mit einer Beleidigung erwidert wird (Hamm JMBlNW **51**, 228), muß die Vorschrift aber anwendbar sein, wenn der Beleidigte bei einer noch nicht abgeschlossenen Beleidigung über die erforderliche Abwehr hinausgeht und § 32 daher ausscheidet.

4 3. Bestritten ist, ob § 199 voraussetzt, daß die **jeweils andere Beleidigung bewiesen** ist (so Bay MDR **54**, 690, Bremen NJW **55**, 1645, Reiff NJW 58, 982, Schwarz NJW 58, 10) oder ob es ausreicht, daß die Begehung der Gegenbeleidigung nicht ausgeschlossen werden kann (so BGH **10** 373 m. Anm. Kern JZ 58, 373, Bay NJW **59**, 58, **91**, 2031, Celle MDR **57**, 435, Hamburg NJW **65**, 1611, Herdegen LK[10] 4, Küster NJW 58, 1661, M-Maiwald I 278 f., Rudolphi SK 10, Zaczyk NK 7). Die letztgenannte Auffassung verdient den Vorzug, weil hier ebenso wie sonst bei Zweifeln über das Vorliegen strafausschließender oder -mildernder Umstände der Grundsatz „in dubio pro reo" gelten muß (Stree, In dubio pro reo [1962] 33). § 199 ist daher sowohl anwendbar, wenn sich der Ersttäter unwiderlegt darauf beruft, seine Beleidigung sei erwidert worden, als auch dann, wenn der Zweittäter seine Tat als Reaktion auf die erste Beleidigung hinstellt.

5 **II.** Das Privileg des § 199 **gilt** sowohl für den **Erstbeleidiger** (RG **70** 330) als auch für den **Zweittäter.** Voraussetzung dafür ist zunächst, daß derjenige, der für straffrei erklärt werden soll, eine strafbare und prozessual verfolgbare Beleidigung begangen hat; andernfalls ist er freizusprechen bzw. das Verfahren einzustellen (Gössel I 400, Herdegen LK[10] 2, Küper JZ 68, 658 f., Lackner/Kühl 2, Rudolphi SK 3). Verschieden sind dagegen bei Erst- und Zweittäter – entsprechend den unterschiedlichen Gründen der Privilegierung (o. 1) – die Anforderungen, die jeweils an die Gegenbeleidigung zu stellen sind:

6 1. Für die Straffreierklärung des **Ersttäters** genügt es, wenn die gegen ihn gerichtete Beleidigung tatbestandsmäßig und rechtswidrig ist, da bereits dann die durch ihn begangene Beleidigung als vergolten erscheint. Nicht ausreichend ist es deshalb, wenn die Erwiderung schon nicht tatbestandsmäßig (vgl. § 185 RN 5 f.) oder zB nach § 193 gerechtfertigt ist (vgl. Hamm GA **74**, 62). Andererseits ist es nicht erforderlich, daß die beleidigende Erwiderung schuldhaft, strafbar (vgl. zB § 36) oder prozessual verfolgbar ist (Herdegen LK[10] 2 f., Küper JZ 68, 659, Lackner/Kühl 2, Rudolphi SK 5, Tenckhoff JuS 89, 202; daß das Erfordernis einer schuldhaften Gegenbeleidigung dagegen RG JW **30**, 919, Kiehl aaO 204 f., M-Maiwald I 278, Tröndle 3, Zaczyk NK 3).

7 2. Für die Straffreierklärung des **Zweittäters** genügt es dagegen nicht, daß die Erstbeleidigung tatbestandsmäßig und rechtswidrig gewesen ist (so jedoch Küper JZ 68, 659 f.). Die vom Gesetz beim Zweittäter vorausgesetzte schuldmindernde Affektsituation (o. 1) verdient vielmehr nur dann Nachsicht, wenn die Erstbeleidigung auch schuldhaft gewesen ist (vgl. RG JW **30**, 919, Lackner/Kühl 2, M-Maiwald I 278, Rudolphi SK 7, Tenckhoff JuS 89, 203, Tröndle 3), genauer: wenn der Zweittäter nach seiner Vorstellung schuldhaft beleidigt worden ist, weil andernfalls von ihm erwartet werden kann, daß er die Beleidigung auch „affektiv verkraftet" (Herdegen LK[10] 2). Eine Straffreierklärung des Zweittäters ist daher zB auch möglich, wenn dieser den Erstbeleidiger irrig für schuldfähig gehalten hat (Herdegen LK[10] 3), während sie umgekehrt ausgeschlossen ist, wenn er fälschlich von einem schuldlosen Verhalten des anderen ausgegangen ist. Daraus, daß die Möglichkeit einer Straffreierklärung beim Zweittäter zugleich auf einer Unrechtsminderung beruht (o. 1), folgt andererseits aber auch, daß eine tatbestandsmäßige und rechtswidrige Erstbeleidigung objektiv gegeben sein muß, da nur dann der Gesichtspunkt der notwehrähnlichen Lage zum Tragen kommt (vgl. RG **7** 102, Küper JZ 68, 660, Rudolphi SK 8, Tenckhoff JuS 89, 203, Tröndle 1; and. Celle GA Bd. **47**, 300, Hamburg NJW **65**, 1611, **66**, 1978 m. Anm. Deubner NJW 67, 63, Hamm GA **72**, 29, **74**, 62, Herdegen LK[10] 3, Lackner/Kühl 2, M-Maiwald I 278: maßgebend auch insoweit die Vorstellung des Zweittäters, wobei jedoch außer Betracht bleibt, daß der Privilegierung des Zweittäters nicht nur eine mit seiner besonderen psychischen Situation zu erklärende Schuldminderung zugrunde liegt). Nimmt der Zweittäter irrig das Vorliegen einer rechtswidrigen Erstbeleidigung an, so ist, sofern er auch von der Schuld des Ersttäters ausgeht (s. o.), § 199 bei Unvermeidbarkeit des Irrtums jedoch entsprechend anwendbar (vgl. auch M-Maiwald I 278, Rudolphi SK 8, Zaczyk NK 6 unter Hinweis auf die analoge Situation in § 35 II); dagegen bestünde bei einem vermeidbaren Irrtum ohnehin kein Anlaß, von der Möglichkeit einer Straffreierklärung Gebrauch zu machen (für eine Strafmilderung entsprechend § 35 II Rudolphi aaO; generell für Unbeachtlichkeit eines Irrtums Kiehl aaO 205). Ohne Bedeutung ist auch hier das Vorliegen eines Strafausschließungsgrundes (zB § 36; and. RG **4** 14) oder eines Verfolgungshindernisses (Braunschweig SJZ **48**, 769 [fehlender Strafantrag]; vgl. auch Köln MDR **73**, 688) auf seiten des Ersttäters.

III. Sowohl beim Erst- als auch beim Zweittäter setzt die Straffreierklärung ferner voraus, daß die Erstbeleidigung durch die Zweitbeleidigung **auf der Stelle erwidert** worden ist.   **8**

1. Zur **Erwiderung** gehört, daß die Beleidigungen in ursächlichem Zusammenhang stehen; sie   **8 a** müssen grundsätzlich auch zwischen denselben Personen gewechselt sein. Bei gewissen nahen Beziehungen ist letzteres allerdings nicht erforderlich; so kann bei einer Beleidigung der Ehefrau eine Gegenbeleidigung durch den Ehemann straffrei sein (KG JW **30**, 1316, JR **57**, 388, Hamm GA **72**, 29, Herdegen LK[10] 5, Lackner/Kühl 3, Rudolphi SK 9, Tröndle 1, Zaczyk NK 4; vgl. auch Hamburg NJW **65**, 1611 [eheähnliche Gemeinschaft], Kiehl aaO 206). Stets muß sich aber die Erwiderung gegen den Erstbeleidiger richten; sie darf keine unbeteiligte dritte Person beleidigen (Hamm JMBlNW **51**, 142; and. Gössel I 400). Unschädlich ist es, wenn die gegen den Erstbeleidiger gerichtete Gegenbeleidigung einem Dritten gegenüber ausgesprochen wird (Braunschweig SJZ **48**, 769). Bei Beleidigung mehrerer Personen sind die Voraussetzungen des § 199 nach dessen Grundgedanken (o. 1) in vollem Umfang nur dann erfüllt, wenn sie alle die Beleidigung erwidert haben (vgl. RG **70** 331) oder wenn der Erwidernde zugleich für die anderen gesprochen hat, so zB wenn nur der eine von den beiden beleidigten Ehegatten antwortet (vgl. KG JW **30**, 3002, ferner Herdegen LK[10] 5, Zaczyk NK 4). Im übrigen tritt die Wirkung des § 199 nur im Verhältnis zum Erwidernden ein.

2. Daß die Erwiderung **auf der Stelle** erfolgen muß, wird von der hM nicht als eine unmittelbare   **9** zeitliche Aufeinanderfolge, sondern iS eines sachlich-psychologischen Zusammenhangs verstanden: Auf der Stelle erwidert ist die Beleidigung danach, wenn und solange – auch bei schriftlichen Beleidigungen und Erwiderungen und solchen durch die Presse (vgl. Herdegen LK[10] 6, M-Maiwald I 279; and. Kiehl aaO 119) – die Zweittat durch die infolge der Erstbeleidigung ausgelösten affektiven Erregung verursacht ist, was zB bei deren Anhalten oder erneutem Hervortreten auch bei einer erst am nächsten Tag erfolgten Gegenbeleidigung noch der Fall sein kann (vgl. RG **38** 341, **70** 331, BGH StV **95**, 23, Braunschweig SJZ **48**, 769, Hamburg NJW **66**, 1978, Oldenburg NdsRpfl **51**, 51, Schleswig SchlHA **75**, 187, Herdegen aaO, Hirsch LK[10] § 233 RN 16, Lackner/Kühl 3, Rudolphi SK 9, Tröndle 2; and. Kiehl aaO 118 ff., 203 f.). Eine solche den Wortsinn der Wendung „auf der Stelle" an sich überschreitende Deutung ist unbedenklich, soweit sie sich in bonam partem auswirkt, indem sie die Möglichkeit der Straffreierklärung für beide Beteiligten erweitert, zumal dies auch beim Zweitbeleidiger der ratio legis (Schuldminderung, o. 1) durchaus entgegenkommt. Zu einer nicht sachgerechten Einschränkung führt die Gleichsetzung des Merkmals „auf der Stelle" mit dem Bestehen eines besonderen Erregungszustands beim Zweitbeleidiger jedoch, wenn dieser affektfrei und in kühler Überlegung handelt (vgl. dazu auch Kiehl aaO 118 ff.): Unter diesen Umständen besteht dann zwar kein Anlaß, den Zweittäter für straffrei zu erklären (u. 10), wohl aber wird die Möglichkeit dazu mit einer rein psychologischen Bestimmung des Erwiderungskonnexes auch für den Ersttäter verbaut, obwohl dies nicht nur dem Wortlaut der Vorschrift, sondern hier auch ihrem Sinn widerspricht. Mit Rücksicht darauf muß entsprechend der Wortbedeutung eine Erwiderung „auf der Stelle", unabhängig davon, ob sie affektbedingt ist, immer auch dann angenommen werden, wenn zwischen Erst- und Zweitbeleidigung ein unmittelbarer zeitlicher Zusammenhang besteht (Tenckhoff JuS 89, 203; vgl. auch Zaczyk NK 5); auf einen örtlichen Zusammenhang – von Bedeutung bei schriftlichen Beleidigungen – kommt es nicht an.

10   **IV. Liegen die** – von Amts wegen zu beachtenden – **Voraussetzungen des § 199 vor**, so steht es im **Ermessen des Richters**, ob er **beide Beleidiger oder einen** derselben für **straffrei erklären** will; dagegen ist eine Strafmilderung in § 199 nicht vorgesehen, was jedoch eine Berücksichtigung der Gegenbeleidigung bei der Strafzumessung nicht ausschließt (vgl. Herdegen LK[10] 7, Tröndle 6, Zaczyk NK 5). Als Strafe des § 199 sind auch Erziehungsmaßregeln und Zuchtmittel anzusehen (Bay NJW **61**, 2029). Ferner ist § 199 auch anwendbar, wenn der andere Beleidiger bereits rechtskräftig verurteilt (vgl. Hamm NJW **57**, 392) oder freigesprochen worden ist (Celle MDR **59**, 511). Die Ausübung des Ermessens hat sich vor allem an der ratio legis (o. 1) zu orientieren, was zB von Bedeutung ist, wenn der Zweitbeleidiger affektfrei gehandelt hat (o. 9). Bei Anwendung des § 199 ergeht kein Freispruch, vielmehr ist der Täter schuldig zu sprechen, verbunden mit der Straffreierklärung (zur Umwandlung von Frei- in Schuldspruch durch das Revisionsgericht vgl. Celle MDR **89**, 840); wegen der Kosten vgl. § 468 StPO.

11   **V. Eine Anordnung der Urteilsbekanntmachung** nach § 200 ist, da § 200 eine Hauptstrafe voraussetzt, neben der Straffreierklärung nicht möglich; das gleiche gilt für die **Einziehung**, soweit sie Strafcharakter hat (vgl. 14 ff. vor § 73, § 74 RN 18, LG Bremen NJW **55**, 959), da dies mit der Freistellung nach § 199 nicht zu vereinbaren wäre. Dagegen ist eine Einziehung und Unbrauchbarmachung nach § 74 d wegen ihres Sicherungscharakters (vgl. § 74 d RN 1) neben § 199 möglich.

12   **VI.** Über die Bedeutung des § 199 bei **Idealkonkurrenz** mit anderen Delikten vgl. § 52 RN 46.

§ 200 Bekanntgabe der Verurteilung

(1) Ist die Beleidigung öffentlich oder durch Verbreiten von Schriften (§ 11 Abs. 3) begangen und wird ihretwegen auf Strafe erkannt, so ist auf Antrag des Verletzten oder eines sonst zum Strafantrag Berechtigten anzuordnen, daß die Verurteilung wegen der Beleidigung auf Verlangen öffentlich bekanntgemacht wird.

(2) Die Art der Bekanntmachung ist im Urteil zu bestimmen. Ist die Beleidigung durch Veröffentlichung in einer Zeitung oder Zeitschrift begangen, so ist auch die Bekanntmachung in eine Zeitung oder Zeitschrift aufzunehmen, und zwar, wenn möglich, in dieselbe, in der die Beleidigung enthalten war; dies gilt entsprechend, wenn die Beleidigung durch Veröffentlichung im Rundfunk begangen ist.

1   **I. Zweck und Inhalt** der Vorschrift entsprechen weitgehend § 165. Das dort Gesagte gilt hier daher sinngemäß (krit. zu der Vorschrift und für ihre Beschränkung auf Medienbeleidigungen Schomburg ZRP 86, 65, Zaczyk NK 1). § 200 gilt auch im Fall des § 189 (Bay **49/51** 458, Zaczyk NK 2), ferner nach § 103 II bei der Beleidigung von Organen und Vertretern ausländischer Staaten. Vgl. auch Nr. 231 RiStBV.

2   **II.** Abweichend von § 165, wo der Antrag nur vom **Verletzten** bzw. bei dessen Tod auch von einem in § 77 II bezeichneten Angehörigen gestellt werden kann, kann hier auch ein **sonst zum Strafantrag Berechtigter** (vgl. § 194 II, III) den Antrag auf eine Anordnung iS des § 200 stellen. Im Falle des § 194 muß der Antrag von der beleidigten Körperschaft als dem Verletzten gestellt werden. Zum Antragsrecht bei Beleidigung der Bundesregierung vgl. Tröndle 4 unter Hinweis auf BGH 3 StR 52/63. Möglich ist auch, daß der Antrag nach § 200 von einem anderen gestellt wird als von dem, der den Strafantrag gestellt hat (zB Strafantrag durch Dienstvorgesetzten, Antrag nach § 200 durch den Verletzten; vgl. aber zu § 200 a. F. RG 60 80). Dagegen kann das Verlangen auf Vollzug der Anordnung nach § 463 c StPO nur von dem Antragsteller iS § 200 bzw. demjenigen gestellt werden, der an seiner Stelle antragsberechtigt geworden ist (zB § 77 II; inzwischen eingetretene Volljährigkeit des Beleidigten). Der Antragsteller braucht nicht als Privat- oder Nebenkläger am Verfahren beteiligt zu sein. Zum Antragsrecht der StA im Falle des § 103 vgl. dort Abs. 2 S. 2; in den Fällen des § 194 I 2, II 2 muß diese auch ohne ausdrückliche Regelung als antragsberechtigt angesehen werden (ebenso Herdegen LK[10] 3, Zaczyk NK 5).

Fünfzehnter Abschnitt

Verletzung des persönlichen Lebens- und Geheimbereichs

Vorbemerkungen zu den §§ 201 ff.

1   **I.** Der **15. Abschnitt** geht mit Ausnahme des erst durch das 2. WiKG v. 15. 5. 1986 (BGBl. I 721) eingefügten § 202 a, der Erweiterung des § 201 II sowie der inzwischen zahlreichen Ergänzungen des § 203 (vgl. jeweils die Vorbem. dort) und des durch das BegleitG zum TKG v. 17. 12. 1997 (BGBl. I 3108) als Ersatz für § 354 aF eingefügten § 206 auf das EGStGB zurück. Inhalt des 15. Abschnitts sind die Nachfolgebestimmungen zu den §§ 298–300 aF, die das Gesetz systematisch unzutreffend gemeinsam mit den Tatbeständen des strafbaren Eigennutzes in den 25. Abschnitt eingeordnet hatte. Ihre Zusammenfassung in einem selbständigen Abschnitt (vgl. schon §§ 182 ff. E 62) soll zugleich die

II. Die Tatbestände des 15. Abschnitts beruhen auf dem gemeinsamen Grundgedanken, daß eine 2
Entfaltung der Persönlichkeit (vgl. Art. 1, 2 II GG) nur möglich ist, wenn dem einzelnen hierfür ein
Freiraum gegenüber Gemeinschaft, Staat und Mitmenschen gewährleistet wird (EEGStGB 235). Die
dem E 62 entnommene Abschnittsüberschrift soll dies dadurch zum Ausdruck bringen, daß die den
§§ 201 ff. zugrundeliegenden Rechtsgüter unter dem Begriff des **„persönlichen Lebens- und
Geheimbereichs"** zusammengefaßt werden. Tatsächlich schützen die §§ 201 ff. jedoch nur bestimmte Ausschnitte aus diesem Bereich, wobei die gesetzlichen Überschriften zu den einzelnen
Bestimmungen das jeweils erfaßte Rechtsgut freilich nur ungenau bezeichnen (vgl. § 201 RN 2,
§ 202 RN 2, § 202a RN 1, § 203 RN 3, § 206 RN 2; vgl. auch W-Hettinger 522 und zur bloßen
Hinweisfunktion von amtlichen Überschriften BGH **29** 224). Aber auch die Abschnittsüberschrift
selbst gibt die in den §§ 201 ff. geregelte Materie nicht durchweg zutreffend wieder. So bezieht sich
§ 203 nicht nur auf den „persönlichen Geheimbereich" (zu dem nach E 62, Begr. 326 zwar auch
Betriebs- und Geschäftsgeheimnisse zählen sollen, die andererseits aber, wie die Aufzählung in
§ 203 I, II zeigt, nicht zum „persönlichen Lebensbereich" gehören), vielmehr können im Einzelfall
auch Geheimnisse unter die Vorschrift fallen, die dem dienstlichen Geheimbereich entstammen (so
wenn einem Anwalt, der die Interessen einer Behörde vertritt, Amtsgeheimnisse anvertraut werden;
auch für § 203 II kommen in gewissem Umfang Dienstgeheimnisse in Betracht, vgl. dort RN 44a).
Ebenso schützt § 202 nicht nur den persönlichen Geheimbereich, sondern zB auch Briefe von
Behörden, § 202a auch nichtpersonenbezogene Daten, § 201 nicht nur zum persönlichen Lebensbereich gehörende, sondern zB auch dienstliche Äußerungen (Frankfurt NJW **77**, 1547, Karlsruhe NJW
79, 1513; vgl. § 201 RN 6). Nicht zum Ausdruck kommt schließlich in der Bezeichnung „persönlicher Lebens- und Geheimbereich", daß es sich bei den in § 201 ff. geschützten Rechtsgütern nicht
nur um Individualgüter handelt (vgl. jedoch EEGStGB 236), sondern daß es hier zT auch – wenn
nicht sogar primär – um Interessen der Allgemeinheit geht (vgl. § 203 RN 3, § 206 RN 1). Im
übrigen wird der fragmentarische Charakter des Strafrechts gerade im vorliegenden Abschnitt deutlich. Obwohl gleichfalls in diesen Zusammenhang gehörend, hat das EGStGB darauf verzichtet,
Strafbestimmungen gegen die öffentliche Erörterung fremder Privatangelegenheiten (vgl. § 182 E 62,
§ 145 AE, BT, Straftaten gegen die Person, 2. Halbbd.) und zum Schutz des Intimbereichs vor
unbefugten Aufnahmen usw. (vgl. § 146 II AE) in das Gesetz aufzunehmen (über die Gründe vgl.
EEGStGB 235 f.; zum Ganzen vgl. zuletzt Schünemann ZStW **90**, 34 ff. mwN).

§ 201 Verletzung der Vertraulichkeit des Wortes

(1) **Mit Freiheitsstrafe bis zu drei Jahren oder mit Geldstrafe wird bestraft, wer unbefugt**
1. **das nichtöffentlich gesprochene Wort eines anderen auf einen Tonträger aufnimmt oder**
2. **eine so hergestellte Aufnahme gebraucht oder einem Dritten zugänglich macht.**

(2) **Ebenso wird bestraft, wer unbefugt**
1. **das nicht zu seiner Kenntnis bestimmte nichtöffentlich gesprochene Wort eines anderen mit einem Abhörgerät abhört oder**
2. **das nach Absatz 1 Nr. 1 aufgenommene oder nach Absatz 2 Nr. 1 abgehörte nichtöffentlich gesprochene Wort eines anderen im Wortlaut oder seinem wesentlichen Inhalt nach öffentlich mitteilt.**

Die Tat nach Satz 1 Nr. 2 ist nur strafbar, wenn die öffentliche Mitteilung geeignet ist, berechtigte Interessen eines anderen zu beeinträchtigen. Sie ist nicht rechtswidrig, wenn die öffentliche Mitteilung zur Wahrnehmung überragender öffentlicher Interessen gemacht wird.

(3) **Mit Freiheitsstrafe bis zu fünf Jahren oder mit Geldstrafe wird bestraft, wer als Amtsträger oder als für den öffentlichen Dienst besonders Verpflichteter die Vertraulichkeit des Wortes verletzt (Absätze 1 und 2).**

(4) **Der Versuch ist strafbar.**

(5) **Die Tonträger und Abhörgeräte, die der Täter oder Teilnehmer verwendet hat, können eingezogen werden. § 74a ist anzuwenden.**

Vorbem. Abs. 2 Nr. 2 eingefügt durch das 25. StÄG v. 20. 8. 1990, BGBl. I 1764.

Schrifttum: Alber, Zum Tatbestandsmerkmal „nichtöffentlich" in § 201 Abs. 1 Nr. 1 StGB, JR 81, 495. –
Arzt, Der strafrechtliche Schutz der Intimsphäre, 1970. – *Blei,* Strafschutzbedürfnis und Auslegung, Henkel-
FS 109. – *Bottke,* Anfertigung und Verwendung heimlicher Wort- und Stimmaufzeichnungen auf Tonträger
außerhalb des Fernmeldeverkehrs, Jura 87, 356. – *Frank,* Die Verwertbarkeit rechtswidriger Tonbandaufnahmen Privater, 1996. – *Gallas,* Der Schutz der Persönlichkeit, ZStW **75**, 16. – *Gündisch/Dany,* Rundfunkberichterstattung aus Gerichtsverhandlungen, NJW **99**, 256. – *Helle,* Besondere Persönlichkeitsrechte im

§ 201 1, 2   Bes. Teil. Verletzung des persönl. Lebens- u. Geheimbereichs

Privatrecht, 1991. – *Henkel,* Der Strafschutz des Privatlebens gegen Indiskretion, in: Verhandlungen des 42. DJT, 1957, Bd. II, D 59. – *Klug,* Konfliktlösungsvorschläge bei heimlichen Tonbandaufnahmen zur Abwehr krimineller Telefonanrufe, Sarstedt-FS 103. – *ders.,* Das Grundrecht der Fernsehfreiheit im Spannungsfeld der Interessen- und Rechtsgüterabwägung nach § 34 StGB bei Kollisionen mit § 201 StGB, Oehler-FS 397. – *Kohlhaas,* Das Mitschneiden von Telefongesprächen usw., NJW 72, 238. – *Kramer,* Heimliche Tonbandaufnahmen im Strafprozeß, NJW 90, 1760. – *Lenckner,* Zur „Verletzung der Vertraulichkeit des Wortes": § 201 StGB nach dem 25. Strafrechtsänderungsgesetz, Baumann-FS 135. – *Marxen,* Tonaufnahmen während der Hauptverhandlung für Zwecke der Verteidigung, NJW 77, 2188. – *Nelles,* Telefonüberwachung bei Kidnapping, Stree/Wessels-FS 719. – *Neumann-Duesberg,* Das gesprochene Wort im Urheber- und Persönlichkeitsrecht, 1949. – *Peglau,* Der Schutz des allgemeinen Persönlichkeitsrechts durch das Strafrecht, 1997. – *Rogall,* Beleidigung und Indiskretion, Hirsch-FS 665. – *Roggemann,* Das Tonband in Verfahrensrecht, 1962. – *G. Schmidt,* Zur Problematik des Indiskretionsdelikts, ZStW 79, 741. – *Schilling,* § 298 StGB bei der Aufzeichnung von Telefongesprächen, NJW 72, 854. – *Schmitz,* Verletzung der Vertraulichkeit des Wortes, § 201 StGB, JA 95, 118. – *Sieber,* Informationstechnologie und Strafrechtsreform, 1985. – *Siegert,* Der Mißbrauch von Schallaufnahmegeräten im geltenden Recht, 1953. – *Süß,* Geheimsphäre und moderne Technik, H. Lehmann-FS (1956) I 189. – *Suppert,* Studien zur Notwehr und zur „notwehrähnlichen Lage", 1973. – *Walther/Silverman,* Lauschangriffe durch Informanten – Rechtsvergleichende Beobachtungen zum Schutz der Privatsphäre anläßlich der Clinton-Affäre, ZRP 99, 100. – *Wenzel,* Das Recht der Wort- und Bildberichterstattung, 1967. – *Wölfl,* Die Verwertbarkeit heimlicher privater Ton- und Bildaufnahmen im Strafverfahren, 1997. – *Würtenberger/Schenke,* Der Schutz von Amts- und Berufsgeheimnissen im Recht der polizeilichen Informationserhebung, JZ 99, 548.

1 I. Durch das **EGStGB** wurde § 298 aF und das dazugehörige (unechte) Amtsdelikt des § 353 d I aF in einer Vorschrift zusammengefaßt (zu § 353 d II aF vgl. jetzt § 206 IV); zu den – nur geringfügigen – Änderungen im übrigen vgl. die 20. A. In der Fassung des EGStGB hatte sich § 201 zunächst darauf beschränkt, das unbefugte Herstellen und Verwenden von Tonaufnahmen und das unbefugte Abhören mittels eines Abhörgeräts unter Strafe zu stellen (vgl. Abs. 1, 2 S. 1 Nr. 1 nF). Nicht strafbar war danach dagegen die Veröffentlichung des illegal aufgenommenen oder abgehörten Wortes in Druckschriften oder im Rundfunk. Darin lag eine bewußte Beschränkung, weil für das Unrecht des § 201 die Unmittelbarkeit des Eingriffs in die Privatsphäre durch einen Angriff auf die Unbefangenheit der mündlichen Äußerung für entscheidend gehalten wurde (vgl. die Nachw. b. Schilling JZ 80, 10, ferner BT-Drs. 11/2714 S. 3). Diese Rechtslage wurde jedoch als unbefriedigend empfunden (vgl. die Gesetzesanträge in BT-Drs. 8/2396, 8/2545, 9/719, 10/1618; krit. jedoch die Stellungnahme der BReg. in BT-Drs. 8/2545 S. 13; vgl. dazu auch Schilling aaO 7 ff.). Vor dem Hintergrund einiger besonders spektakulärer Fälle (vgl. BT-Drs. 11/6714 S. 3) – zuletzt die Veröffentlichung von Berichten in einer Illustrierten, in denen illegal erlangte Informationen des Staatssicherheitsdienstes der ehemaligen DDR über Telefongespräche westdeutscher Politiker verbreitet wurden – wurde deshalb die Vorschrift durch Abs. 2 durch das **25. StÄG** (vgl. die Vorbem.) um den neuen Tatbestand der jetzigen Nr. 2 erweitert (vgl. dazu BT-Drs. 11/6714, 11/7414, Helle aaO 334 ff., Lenckner, Baumann-FS 135 ff.). Dem StGB der ehem. DDR war eine § 201 entsprechende Bestimmung bis zur Einfügung des § 135 a StGB-DDR durch das 6. StÄG v. 29. 6. 1990 (GBl. I 526) fremd. Zeitlich davor durchgeführte Telefonüberwachungen im Beitrittsgebiet bleiben daher wegen des Rückwirkungsverbots straflos (BGH 40 10; vgl. auch Reuter NJ 91, 383; zur Strafbarkeit wegen Amtsanmaßung beim Abhören von Telefongesprächen durch Angehörige des MfS vgl. § 132 Rn. 8).

2 II. Nach der Erweiterung des § 201 um Abs. 2 S. 1 Nr. 2 durch das 25. StÄG (o. 1) bleibt als gemeinsames **Rechtsgut** der hier formulierten Tatbestände nur noch das aus dem allgemeinen Persönlichkeitsrecht (vgl. BVerfGE 34 238, NJW 92, 815, BGH 14 358, 31 299, 34 43, Helle aaO 3 ff., 229 ff.) folgende Recht auf Bestimmung der Reichweite einer Äußerung (vgl. für § 201 aF Samson SK 2) sowie die Wahrung der Unbefangenheit des gesprochenen Worts (vgl. für § 201 aF zB Träger LK[10] 2, für die nF Jung NK 2, Lackner/Kühl 1, ferner Peglau aaO 32 f.). Zu erklären ist damit zwar die Beschränkung des § 201 auf das nichtöffentlich gesprochene Wort, das Spezifische des durch § 201 aF und jetzt durch Abs. 1, 2 Nr. 1 geschützten Rechtsguts war bzw. ist dies jedoch nicht, weil ersteres in gleicher Weise für schriftliche Äußerungen, letzteres auch für das heimliche Mitschreiben einer mündlichen Äußerung zu gelten hätte. Die besondere Eigenart des Rechtsguts machen hier vielmehr zwei weitere Aspekte des Persönlichkeitsrechts aus: In *Abs. 1,* unabhängig von deren Inhalt, der Schutz vor der stimmlichen Perpetuierung einer Äußerung, d. h. davor, daß das, „was als flüchtige Lebensäußerung gemeint war, in eine jederzeit reproduzierbare Tonkonserve verwandelt wird" (Gallas ZStW 75, 19) und der Sprecher damit selbst „verfügbar" bleibt (vgl. auch Jena NStZ 95, 503, Helle aaO 240, Küpper 77, Lackner/Kühl 1, M-Maiwald I 283, Schilling JZ 80, 10, Träger LK[10] 2), in *Abs. 2 Nr. 1 nF* (Abs. 2 aF) der Schutz „vor technischer Ausdehnung des Klangbereichs" (Schilling aaO), d. h. vor einer besonderen Form des Ausspähens der Persönlichkeitssphäre des Betroffenen, die – trotz gleicher Strafdrohung – als „Einbrechen" von außen im Grunde noch schwerer wiegt als der Vertrauensmißbrauch beim heimlichen Fixieren eines Gesprächs durch einen Gesprächsteilnehmer (vgl. Arzt aaO 244; zum Ganzen vgl. auch Arzt aaO 238 ff., Helle aaO 238 ff., Suppert aaO 162 ff. mwN, ferner Klug, Sarstedt-FS 103 ff.). Um etwas anderes geht es dagegen in *Abs. 2 S. 1 Nr. 2 nF:* Hier handelt es sich nicht um die akustische Reproduktion einer Äußerung des Sprechers – diese fällt bereits unter Abs. 1 Nr. 2 –, sondern um die nur gedankliche Wiedergabe des gesprochenen Worts, wobei es wie in Abs. 2 S. 1 Nr. 2 wesentlich auf den Inhalt der wiedergegebenen Äußerung ankommt

(vgl. Abs. 2 S. 2 und dazu u. 22, 27), der bei Abs. 1, 2 S. 1 Nr. 1 gerade keine Rolle spielt. Für einen solchen Tatbestand mögen einsichtige kriminalpolitische Gründe sprechen, u. a. daß die hier erfaßten „mittelbaren Verletzungshandlungen dem unbefugten Aufnehmen oder Abhören vielfach erst ihren Sinn geben" (BT-Drs. 11/6714 S. 3). Doch ändert dies nichts daran, daß Abs. 2 S. 1 Nr. 2 nF eine qualitativ andere Angriffsrichtung hat (and. Jung NK 2). Dafür liefert auch die Gesetzesbegründung einen Beleg, denn wenn die Bagatellklausel des S. 2 (u. 27) die Bedeutung haben soll, solche Gesprächsinhalte vor Verbreitung zu schützen, die ein Geheimnis im materiellen Sinn darstellen oder die den Verletzten in der Öffentlichkeit bloßstellen würden (BT-Drs. 11/6714 S. 4), so weist dies in aller Deutlichkeit in die Richtung des Geheimnisschutzes und eines Indiskretionsdelikts (vgl. auch Rogall, Hirsch-FS 677 f., Schilling aaO). Insofern ist Abs. 2 S. 1 Nr. 2 daher ein Fremdkörper innerhalb des § 201; auch stellt sich die Frage eines Wertungswiderspruchs zu § 202, wo die Veröffentlichung eines unbefugt geöffneten Briefes nach wie vor straflos ist (vgl. dazu auch BT-Drs. 8/2545 S. 13); zum Ganzen vgl. Lenckner, Baumann-FS 139 ff.

III. Die Vorschrift des § 201 enthält, abgesehen von der Qualifikation des Abs. 3, **vier Tatbestände:** die Aufnahme des nichtöffentlich gesprochenen Worts auf einen Tonträger (Abs. 1 Nr. 1), das Gebrauchen oder Zugänglichmachen einer solchen Aufnahme (Abs. 1 Nr. 2), das Abhören des nichtöffentlich gesprochenen und nicht zur Kenntnis des Täters bestimmten Worts (Abs. 2 S. 1 Nr. 1) und das öffentliche Mitteilen eines nach Abs. 1 Nr. 1 aufgenommenen bzw. nach Abs. 2 S. 1 Nr. 1 abgehörten nichtöffentlich gesprochenen Worts (Abs. 2 S. 1 Nr. 2); zu dem für alle Tatbestände gemeinsamen, in seiner verbrechenssystematischen Funktion aber nicht einheitlichen Erfordernis eines „unbefugten" Handelns vgl. u. 29 ff. Dabei gehören Abs. 1 Nr. 1 und 2 sachlich unmittelbar zusammen, während Abs. 2 S. 1 Nr. 1 und 2 ebenso wie Abs. 1 und Abs. 2 S. 1 Nr. 2 ganz verschiedene Unwertsachverhalte betreffen (o. 2). Zum – von § 201 nicht erfaßten – Verfälschen von Tonbändern vgl. § 268 u. dort RN 17, zum Löschen vgl. § 274 RN 7, § 303 RN 8 b.

1. Der Tatbestand des **Abs. 1 Nr. 1** betrifft das **Aufnehmen des nichtöffentlich gesprochenen Worts** eines anderen auf einen Tonträger. Wozu dies geschieht, ist unerheblich. Auch heimliche Gesprächsaufnahmen zum Zweck ihrer auditiv-phonetisch-sprachwissenschaftlichen oder physikalisch-sonographischen Auswertung als Mittel des Stimmvergleichs erfüllen nach Sinn und Wortlaut den Tatbestand (vgl. dazu auch BGH **34** 39 m. Anm. Meyer JR 87, 215 u. Wolfslast NStZ 87, 103).

a) Geschützt ist nur das (auch fernmündlich, vgl. Karlsruhe NJW **79**, 1513, Klug, Sarstedt-FS 106, Schilling NJW 72, 854) **gesprochene Wort,** nicht dagegen andere stimmliche Äußerungen wie Seufzen, Gähnen usw. oder das bloße Aneinanderreihen einzelner Silben (Helle aaO 247, Rengier II 174; and., da auch hier eine Persönlichkeitsverletzung vorliege, Arzt aaO 243). Im übrigen kommt es weder auf die Vertraulichkeit bzw. Geheimhaltungsbedürftigkeit noch auf den Inhalt der Äußerung an, zB ob sie privater oder beruflicher bzw. dienstlicher oder geschäftlicher Natur ist (vgl. BGH[Z] NJW **88**, 1016, Frankfurt NJW 77, 1547 m. Anm. Arzt JR 78, 170, Karlsruhe NJW **79**, 1513, Jena NStZ **95**, 503, Frank aaO 47 f., Klug, Sarstedt-FS 113 ff., Lackner/Kühl 2, Träger LK[10] 2, 5). Unerheblich ist ferner, ob es sich um eine eigene oder fremde Gedankenerklärung (zB Vorlesen aus der Zeitung) handelt (Helle aaO 249, Jung NK 3, Träger LK[10] 4; and. bezügl. fremder Texte Blei II 115, Henkel FS 118, Lackner/Kühl 2, Tröndle 2; differenzierend Samson SK 4, Schmitz JA 95, 118). Daß nach BVerfG **34** 247 bestimmte Mitteilungen im Geschäftsverkehr (zB fernmündliche Durchsagen, Bestellungen) aus dem verfassungsrechtlich geschützten Bereich von vornherein herausfallen (vgl. auch BGH[Z] NJW **88**, 1017), ist für § 201 ohne Bedeutung (vgl. Tenckhoff JR 81, 225 f., Träger LK[10] 2); ebensowenig verliert eine Äußerung wegen ihres strafbaren Inhalts den Schutz des § 201 (vgl. zur sog. „Verfalltheorie" Frank aaO 45 ff. mwN). Gleichgültig ist ferner, ob die Äußerung überhaupt dem Verständnis anderer zugänglich ist; auch zusammenhang- und sinnlose Äußerungen, mag sich der Sprechende dessen bewußt sein oder nicht (Rauschzustand, Geisteskrankheit), sind geschützt. Unerheblich ist schließlich, ob die Äußerung bewußt gemacht wird (zB Sprechen im Schlaf). Das gesprochene Wort ist zum einen als Gegensatz zum geschriebenen oder durch andere Zeichen (zB Morsezeichen, elektronische Impulse von Datenübertragungsleitungen (Sieber aaO 51 f.]) ausgedrückten Wort zu verstehen, bedeutet also nur das Erfordernis einer mündlichen Äußerung, nicht aber den Ausschluß von Gesang und Sprechgesang aus dem Schutzbereich des Tatbestands (and. Lackner/Kühl 2, M-Maiwald I 295, Otto II 125, Träger LK[10] 6, Tröndle 2; wie hier Arzt aaO, Gössel I 407, Jung NK 3, Rengier II 174, W-Hettinger 526). Zum andern bedeutet es das „live" gesprochene Wort im Gegensatz zu dem von einem Tonträger reproduzierten Wort (dazu u. 12).

b) Die Äußerung muß **nichtöffentlich** gemacht sein. Dies ist der Fall, wenn sie nicht für einen größeren, nach Zahl und Individualität unbestimmten oder nicht durch persönliche oder sachliche Beziehungen miteinander verbundenen Personenkreis bestimmt oder unmittelbar verstehbar ist (vgl. Frankfurt NJW **77**, 1547 m. Anm. Arzt JR 78, 170, Karlsruhe NJW **79**, 1513, Jung NK 4, Klug, Sarstedt-FS 106, Lackner/Kühl 2, Träger LK[10] 8, Tröndle 2; vgl. dazu auch § 186 RN 19). Dies gilt auch für Äußerungen von Amtsträgern; diese wegen der erforderlichen „Transparenz" der Verwaltung als „öffentlich" anzusehen, wenn sie in dienstlicher Eigenschaft gegenüber einem Privaten gemacht worden sind, ist nach dem Gesetzeszweck (o. 2) nicht möglich (vgl. Karlsruhe aaO, Tenckhoff JR 81, 255 u. näher Alber JR 81, 495, Helle aaO 257; and. Ostendorf JR 79, 468 f.).

§ 201 7–12   Bes. Teil. Verletzung des persönl. Lebens- u. Geheimbereichs

7   α) Nicht unter § 201 fallen zunächst Äußerungen, die nach dem Willen des Sprechers **an die Öffentlichkeit gerichtet** sind. Hier kommt es nicht darauf an, ob Dritte sie tatsächlich wahrgenommen haben bzw. ob hierzu überhaupt die Möglichkeit bestand. Ein Rundfunkinterview ist, auch wenn es nie gesendet wird, öffentlich und daher vor zusätzlicher heimlicher Aufnahme (bzw. Abhören nach Abs. 2 S. 1 Nr. 1) nicht geschützt. Umgekehrt ist eine polizeiliche Beschuldigtenvernehmung auch dann nichtöffentlich, wenn die Möglichkeit einer späteren Reproduktion in einer öffentlichen Hauptverhandlung besteht (Frankfurt NJW **77**, 1547 m. Anm. Arzt JR 78, 170).

8   Bei Gesprächen *mehrerer Personen* kommt es darauf an, ob der Teilnehmer- bzw. Zuhörerkreis begrenzt oder für beliebige Dritte offen ist (vgl. Blei II 115 ff., Henkel-FS 116 f.). Aus der bloßen Anzahl der Hörer allein ergibt sich die Öffentlichkeit einer Äußerung nicht. Auch was in einer größeren Versammlung gesagt wird, kann nichtöffentlich sein, wenn die Teilnehmer einen durch gemeinsame Merkmale verbundenen geschlossenen Kreis bilden (Parteiversammlung, Fraktionssitzung; vgl. Gössel I 407, Träger LK[10] 8, Tröndle 2; and. Helle aaO 252). Bei Großveranstaltungen wird die Öffentlichkeit regelmäßig aber nur dann verneint werden können, wenn durch besondere Maßnahmen (Eingangskontrollen usw.) der „Ausschluß der Öffentlichkeit" sichergestellt ist (vgl. Nürnberg NJW **95**, 874, aber auch Blei, Henkel-FS 117). Der bloße Eintrag in ausliegende Teilnehmerlisten genügt dafür nicht, weshalb hier auch der Hinweis des Versammlungsleiters auf die Nichtöffentlichkeit eine faktisch-öffentliche Versammlung nicht zu einer geschlossenen machen kann (Nürnberg aaO). Dagegen macht die Gegenwart von Pressevertretern bei den im übrigen geschlossenen Veranstaltung die dort getanen Äußerungen allein nicht zu öffentlichen: § 201 stellt auf die Äußerung in ihrer akustischen Gestalt ab, weshalb es nicht darauf ankommt, ob der Inhalt zur schriftlichen Veröffentlichung bestimmt ist.

9   β) Nicht geschützt sind nach dem Grundgedanken des § 201 aber auch solche Äußerungen, die zwar nicht an die Öffentlichkeit gerichtet sind, die aber – dem Sprecher bewußt(!) – so in der Öffentlichkeit erfolgen, daß sie von Dritten ohne besonderes Bemühen mitangehört werden können und damit **faktisch öffentlich** sind (vgl. Jung NK 4 u. ähnl. Arzt JR 77, 340). Dies gilt zB für laut geführte Gespräche auf öffentlichen Straßen oder in öffentlichen Verkehrsmitteln usw. (zu weitgehend jedoch Celle JR 77, 338 m. Anm. Arzt aaO; vgl. auch Henkel aaO 82). Öffentlich in diesem Sinn und deshalb durch § 201 nicht geschützt ist aber auch der mit einem gewöhnlichen Rundfunkgerät abhörbare „nichtöffentliche" Sprechfunkverkehr (Polizeifunk, Funktaxis usw.; Gössel I 407, Samson SK 5, Schmitz JA 95, 118, Träger LK[10] 7, Tröndle 2). Daß solche Sendungen auf Sonderfrequenzen erfolgen, steht dem nicht entgegen (zur Strafbarkeit des Abhörens nach § 15 FAG vgl. Karlsruhe NJW **70**, 394 m. Anm. Parmentier S. 873 [vgl. jetzt §§ 65 I, 94 TKG]; zur Strafbarkeit des Abhörens von Flugfunk gem. §§ 86 S. 1 u. 2, 95 TKG vgl. AG Burgdorf CR **98**, 223). Etwas anderes gilt nur für Richtfunkanlagen (etwa zur Übertragung von Telefongesprächen); hier ist durch technische Mittel sichergestellt, daß die Sendungen nur von Berechtigten empfangen werden können.

10   Was in einer kraft Gesetzes *öffentlichen Verhandlung* (zB Gerichtsverhandlung, Gemeinderatssitzung) gesagt wird, ist stets ein § 201 ausschließendes öffentlich gesprochenes Wort (and. Helle aaO 257 f.). Auf die tatsächliche Anwesenheit von Publikum und dessen Größe kommt es dabei nicht an – die Anwendbarkeit des § 201 hinge sonst von Zufällen ab (zB aufsehenerregender Mord- oder bloßer Mietprozeß) –, entscheidend ist vielmehr, daß hier die gesetzlich vorgesehene Öffentlichkeit darauf angelegt ist, jedermann und jederzeit ein Zuhören zu ermöglichen. Nicht ausgeschlossen ist damit bei heimlichen Aufnahmen ein weitergehender zivilrechtlicher Schutz, wenn das allgemeine Persönlichkeitsrecht auch das Recht umfaßt, darüber zu bestimmen, ob, wann und wo sprachliche Äußerungen auf einen Tonträger aufgenommen werden dürfen (vgl. zu Äußerungen eines Gemeinderats in einer öffentlichen Sitzung Köln NJW **79**, 661, aber auch Celle AfP **86**, 57, ferner Helle aaO 258 mwN). Ebenso sind unabhängig von § 201 Tonaufzeichnungen in öffentlichen Gerichtsverhandlungen zum Zweck öffentlicher Vorführung oder Veröffentlichung nach § 169 S. 2 GVG (zu dessen Zweck und Tragweite vgl. BGH NJW **89**, 643) stets unzulässig (also auch dann, wenn zB der Verteidiger, dessen Plädoyer aufgenommen wird, einverstanden sein sollte); zu Ausnahmen vgl. § 17 a BVerfGG u. zu dessen Erweiterung auf andere Zweige der Gerichtsbarkeit Gündisch/Dany NJW **99**, 256. Äußerungen in *nichtöffentlichen Verhandlungen* sind dagegen stets als nichtöffentliche anzusehen, auch wenn bestimmten Personen, etwa Vertretern der Presse gem. § 175 II GVG die Teilnahme gestattet war (Blei II 117, Henkel-FS 117, Gössel I 407); dasselbe gilt für Fragen und Vorhaltungen eines Polizeibeamten bei der Vernehmung eines Beschuldigten im Ermittlungsverfahren, auch wenn sie später in die öffentliche Hauptverhandlung eingeführt werden (Frankfurt NJW **77**, 1547).

11   c) Das gesprochene Wort ist auf einen **Tonträger** (Schallplatte, Tonband usw., vgl. § 11 RN 78) **aufgenommen**, wenn eine akustische Wiedergabe möglich ist. Ist die Aufnahme mißlungen, so kommt nur Versuch in Betracht (Arzt aaO 260, Samson SK 7; u. 36). Unerheblich ist, ob der Aufnahmevorrichtung ein Abhörgerät iS des Abs. 2 S. 1 Nr. 1 vorgeschaltet war (u. 20).

12   α) Nur die im **Augenblick des Sprechens gemachte Aufnahme** genügt für den Tatbestand (Arzt aaO 243 FN 293, Blei II 117 f., Helle aaO 247, 262, Jung NK 5, Lackner/Kühl 3, Samson SK 7, Träger LK[10] 12, W-Hettinger 528; and. Gössel I 409, Tröndle 2, 4). Das Kopieren einer bereits vorhandenen Aufnahme fällt deshalb nicht unter Abs. 1 Nr. 1. Dies ergibt sich schon aus dem Gesetzeswortlaut, der auf das „gesprochene" – d. h. also nicht auf das mit technischen Mitteln aufgezeichnete – Wort abstellt (Küpper 77, Träger aaO). Dafür spricht aber auch die ratio der Nr. 1 und der Vergleich mit Nr. 2: Nur die im Augenblick des Sprechens angefertigte Aufnahme kann das Vertrauen auf die Vergänglichkeit des Worts verletzen, indem sie den Sprechenden zur „Tonkonserve" macht und damit unmittelbar in sein Persönlichkeitsrecht eingreift; dagegen wird der Umgang mit bereits vorhandenen Tonträgern und damit zB auch deren Vervielfältigung als nur mittelbarer Eingriff ausschließlich von Abs. 1 Nr. 2 erfaßt. Wurde das Original ohne Wissen des Sprechers aufgenommen, so ist das Kopieren nach Nr. 2 strafbar, weshalb es hier eines Rückgriffs auf Nr. 1 ohnehin nicht bedarf. Ist das Kopieren dagegen eine auch nach Nr. 2 aus guten Gründen nicht strafbare Verwertungshandlung (Selbst- und konsentierte Fremdaufnahmen), so kann diese Begrenzung auch nicht durch eine extensive Anwendung der Nr. 1 unterlaufen werden.

β) Seiner Schutzfunktion entsprechend muß der Tatbestand ferner auf das **Aufnehmen ohne** 13 **Wissen des Betroffenen** beschränkt werden (vgl. AG Hamburg NJW **84**, 2111, Arzt aaO 266 f., Lenckner, Baumann-FS 147 f., Simon, Niederschr. Bd. 9 S. 402; iE weitgehend auch Köln NJW **62**, 686 m. Anm. Bindokat, Frank aaO 49 f., Gössel I 411, 415, Jung NK 6, M-Maiwald I 295 [tatbestandsausschließendes Einverständnis; u. 14]; and. die wohl h. M., u. 14). Denn nur durch heimliche Tonaufnahmen wird das Vertrauen in die Flüchtigkeit des gesprochenen Worts enttäuscht; weiß der Sprechende dagegen von der Aufnahme, so weiß er auch und nimmt dies hin, daß er als solcher künftig verfügbar bleibt, weshalb er insofern auch nicht mehr unter dem speziellen Aspekt seines Persönlichkeitsrechts verletzt sein kann, der durch § 201 geschützt wird (o. 2; ein zivilrechtlicher Unterlassungsanspruch aus § 823 I [allg. Persönlichkeitsrecht] iVm § 1004 BGB bleibt davon unberührt, Karlsruhe [Z] NJW-RR **98**, 1116). Dem entspricht es, wenn jetzt auch § 100c StPO ausdrücklich von einer Aufnahme usw. „ohne Wissen des Betroffenen" spricht. Erforderlich ist daher eine entsprechende teleologische Reduktion des Gesetzestextes innerhalb der Nr. 1 oder – der naheliegendere Weg – eine dahingehende Interpretation des vorangestellten Merkmals „unbefugt", das damit die gleiche Doppelfunktion (vgl. 65 vor § 32) erhält wie zB in § 203 (vgl. dort RN 21), indem es über die Bezeichnung des allgemeinen Deliktsmerkmals der Rechtswidrigkeit hinaus zusätzlich das bereits den Tatbestand begrenzende Erfordernis eines Handelns ohne Wissen des Betroffenen in sich aufnimmt (noch weitergehend bei Telefongesprächen – Notwendigkeit einer Täuschung – Kohlhaas NJW 72, 238 u. dagegen Schilling NJW 72, 854, Roggemann aaO 99; wie hier Jung NK 6, der aber wegen der „willensbezogenen" Konzeption des tatbestandsausschließenden Einverständnisses das Aufnehmen mit Wissen des Betroffenen dann von Abs. 1 Nr. 1 erfaßt sieht, wenn es gegen dessen Willen geschieht [vgl. dazu u. 14]).

Demgegenüber geht die wohl h. M. von der Tatbestandsmäßigkeit der mit Wissen des Sprechers 14 gemachten Aufnahme aus und verweist auf die Möglichkeit einer konkludent erklärten rechtfertigenden Einwilligung (vgl. BGH[Z] **88**, 1017 mwN, Jena NStZ **95**, 502, Helle aaO 262, Klug, Sarstedt-FS 107, Oehler-FS 401 f., Lackner/Kühl 11, Samson SK 24, Träger LK[10] 9, 24, Tröndle 7, W-Hettinger 529). Aus der Entstehungsgeschichte ergibt sich dies jedoch nicht. § 183 E 62, der § 298 aF und § 201 als Vorbild diente, sollte in Abs. 1 Nr. 1 die Aufnahme des nichtöffentlich gesprochenen Worts eines anderen „ohne dessen Einwilligung" erfassen, womit die Einwilligung bewußt als tatbestandsausschließendes Einverständnis (vgl. dazu 30 ff. vor § 32) gekennzeichnet war (E 62, Begr. 327 f., 332). In der jetzigen Fassung des Tatbestands hat sich der Gesetzgeber ebenso bewußt einer Stellungnahme zur dogmatischen Funktion der Einwilligung in § 201 I Nr. 1 enthalten (EEGStGB 236; vgl. auch Corves, Diemer-Nicolaus Prot. V 1354 f.). Die beiden Nummern vorangestellte und in allen Tatbeständen des 15. Abschnitts verwandte Merkmal „unbefugt" sollte nach der Absicht des Gesetzgebers lediglich darauf hinweisen, daß bei den §§ 201-204 die Möglichkeit straflosen Handelns (zB auf Grund verfahrens- oder verwaltungsrechtlicher Regelungen) häufiger gegeben sei als sonst, die dogmatische Entscheidung der dabei maßgeblichen Gesichtspunkte aber offen lassen, so daß darin auch keine Entscheidung gegen das „Einverständnis" gesehen werden kann. In der Sache kann es freilich nicht einmal auf ein Einverständnis iS eines zustimmenden Willens ankommen. Denn Nr. 1 würde dann auch das Aufnehmen mit Wissen aber gegen den Willen des Betroffenen erfassen (dafür aber Jena aaO, Helle aaO 243, 262 f., Tröndle 7, W-Hettinger 529 u. insoweit auch Jung NK 6). Soweit derartige Fälle einen strafwürdigen Unrechtsgehalt aufweisen, ergibt dieser sich aber nicht aus dem Herstellen der Tonaufnahme, sondern allein aus der Beugung des entgegenstehenden Willens des Sprechers, so daß richtigerweise nicht § 201 I Nr. 1, sondern ausschließlich § 240 anzuwenden ist. Die Entscheidungsfreiheit des Sprechers bereits unterhalb der Schwelle des § 240 zu schützen, besteht andererseits kein Anlaß (ebenso Arzt aaO 266). Die erzwungene Aufnahme war im übrigen auch nie Gegenstand der Beratungen zu § 183 E 62 bzw. § 298 aF. Erörtert wurde stets nur die heimliche Aufnahme, so daß die Fassung des § 183 Nr. 1 E 62 auch dem damaligen Stand der Diskussion nicht entsprach (so auch Simon, Niederschr. Bd. 9 S. 402). Konsequenterweise nicht erfaßt ist dann von Abs. 1 Nr. 1 auch die mit Wissen des Betroffenen angefertigte Tonbandaufnahme, wenn dessen Einverständnis dazu durch Täuschung erschlichen wurde. Auch hier sind selbst in besonders gravierenden Fällen (zB das angeblich für private Zwecke aufgenommene Gespräch wird später im Rundfunk gesendet) die o. 2 genannten Rechtsgutsaspekte allenfalls zT berührt; ebenso wie bei anderen schweren Persönlichkeitsrechtsverletzungen muß es hier deshalb beim Schutz durch § 823 BGB bleiben.

2. Abs. 1 Nr. 2, der das **Gebrauchen** und **Zugänglichmachen** einer nach Nr. 1 hergestellten 15 Aufnahme betrifft, ergänzt den Tatbestand der Nr. 1, indem hier die durch das Aufnehmen nach

§ 201   16–18   Bes. Teil. Verletzung des persönl. Lebens- u. Geheimbereichs

Nr. 1 geschaffene akustische Reproduzierbarkeit des Betroffenen aktualisiert oder einem anderen möglich gemacht wird (vgl. Arzt aaO 263). Dabei kann Täter sowohl der Hersteller selbst (zum Verhältnis von Nr. 1 u. 2 vgl. u. 38) als auch – gleichgültig wie er in den Besitz der Aufnahme gelangt ist – ein Dritter sein.

16   a) Tatobjekt ist eine „**so hergestellte Aufnahme**". Der Wortlaut dieser Bezugnahme auf Nr. 1 ist mehrdeutig. Umstritten ist deshalb auch, ob damit lediglich auf den Text innerhalb der Nr. 1 verwiesen wird (so Mösl LK[9] § 298 RN 9, Rudolphi, Schaffstein-FS 447, Suppert aaO 209 ff.) oder ob das „so" darüber hinaus auch das vorangestellte Merkmal „unbefugt" miteinbezieht, also nur die „unbefugt" hergestellte Aufnahme gemeint ist (so die h. M., zB KG JR **81**, 255, Arzt aaO 263 f., Helle aaO 264, Jung NK 8, Kramer NJW 90, 1762, Lackner/Kühl 9 a, M-Maiwald I 296, Otto II 126, Samson SK 11, Schmitz JA 95, 119, Träger LK[10] 13, Tröndle 4, W-Hettinger 536). In der Sache geht es dabei vor allem darum, ob durch Nr. 2 auch der Fall erfaßt ist, daß eine mit Einwilligung des Betroffenen angefertigte Aufnahme mißbräuchlich verwendet wird (zB das Tonbandprotokoll einer geschäftlichen Unterredung wird der Konkurrenz in die Hände gespielt). Dies ist mit der h. M. jedoch zu verneinen, wobei auch die Entstehungsgeschichte in diese Richtung weist (vgl. dazu Träger LK[10] 13 mwN). Die Situation des Einwilligenden ist hier keine andere als die desjenigen, der seine Worte selbst aufnimmt und der damit nach dem insoweit eindeutigen Wortlaut der Nr. 2 nicht geschützt wird, wenn er die Aufnahme einem anderen überläßt, der sie abredewidrig verwendet (vgl. dazu auch Hillenkamp, Vorsatztat und Opferverhalten [1981] 77 ff., 145 ff.). Schon dies zeigt, daß Nr. 2 keine gegenüber Nr. 1 selbständige Schutzfunktion hat und nicht etwa das Vertrauen auf den diskreten Umgang mit Tonaufnahmen schützt oder ein strafrechtlich geschütztes „Recht am aufgenommenen Wort" begründet (ebenso Träger LK[10] 13). Aus dem Charakter der Nr. 2 als Verwertungshandlung folgt vielmehr, daß der Tatbestand sich nur auf solche Aufnahmen beziehen kann, die mit dem Makel einer Persönlichkeitsverletzung iS der Nr. 1 – d. h. also ihrer Herstellung ohne Wissen des Sprechenden (o. 13) – behaftet sind. Nicht notwendig ist dagegen, daß das Herstellen der Aufnahme auch rechtswidrig war: Ist zB das (heimliche) Aufnehmen gem. § 34 oder §§ 100 a ff. StPO gerechtfertigt (u. 31 a, 34, 34 a), so ist nach der ratio legis kein sachlicher Grund ersichtlich, die Nr. 2 nicht anzuwenden, wenn die im Hinblick darauf rechtmäßig angefertigte Aufnahme nachher zu ganz anderen Zwecken mißbraucht wird (zB Abspielen am Stammtisch; vgl. aber auch Träger LK[10] 13, der hier auf § 353 b und auf den früheren § 354 IV [vgl. jetzt § 206 IV] verweist und im übrigen die Strafbarkeitslücke für erträglich hält). Für den Umfang der mit der Formulierung „eine so hergestellte Aufnahme" erfolgten Verweisung bedeutet dies, daß hier entgegen der h. M., die pauschal auch das vorangestellte Merkmal „unbefugt" miteinbezieht, zu differenzieren ist (so schon Blei II 118, Henkel-FS 114, vgl. auch Helle aaO 265): „Unbefugt" muß das Aufnehmen danach nur insofern sein, als darin entsprechend der Doppelfunktion dieses Merkmals bereits das den Tatbestand einschränkende Erfordernis des Handelns ohne Wissen des Betroffenen enthalten ist (o. 13), während ein iS des allgemeinen Deliktsmerkmals der Rechtswidrigkeit „unbefugtes" Herstellen der Aufnahme nicht erforderlich ist. Ob bei einem in diesem Sinn „befugten" Herstellen auch das Gebrauchen usw. rechtmäßig und damit „befugt" iS der Nr. 2 ist, bedarf daher eigener Prüfung, ebenso wie umgekehrt die Verwertung einer rechtswidrig hergestellten Aufnahme gerechtfertigt sein kann (u. 29, 33); zum Ganzen näher Lenckner, Baumann-FS 146 ff.

17   b) Die Tathandlung besteht im **Gebrauchen** der Aufnahme oder darin, daß sie **einem Dritten zugänglich gemacht** wird. Gebraucht ist die Aufnahme, wenn die technischen Möglichkeiten des Tonträgers ausgenutzt werden, sei es zur Reproduktion des gesprochenen Worts durch Abspielen – wobei gleichgültig ist, ob der Täter die Aufnahme nur für sich selbst oder (auch) für Dritte abspielt oder abspielen läßt –, sei es zur Verbesserung der Tonqualität (vgl. Düsseldorf NJW **95**, 975) oder zur Gewinnung von Kopien durch Überspielen (zB Lackner/Kühl 4, Träger LK[10] 14; and. für den letzten Fall Tröndle 4 [Herstellen nach Nr. 1; vgl. dazu o. 12]). Nicht notwendig ist, daß bei Kopieren, daß der Täter selbst vom Inhalt Kenntnis nimmt (Helle aaO 266, Träger aaO; and. Samson SK 12, Schmitz JA 95, 119), und ohne Bedeutung ist auch, ob er die Kopien für sich oder Dritte herstellt; im letzteren Fall ist dann auch das Abspielen durch den Empfänger der Kopie nach Nr. 2 strafbar, da es nicht auf den Gebrauch des Originaltonträgers, sondern auf den der Tonaufnahme ankommt (Jung NK 7, Samson SK 9, Träger aaO). Einem Dritten zugänglich gemacht ist die Aufnahme zunächst, wenn diesem durch körperliche Übergabe der Gebrauch in dem genannten Sinn ermöglicht wird; ausreichend ist es aber auch, wenn ihm lediglich die Möglichkeit verschafft wird, von der akustischen Reproduktion Kenntnis zu nehmen (Gössel I 410, Jung NK 7, Samson SK 13, Träger LK[10] 15; and. Tröndle 5). Gebrauchen und Zugänglichmachen überschneiden sich daher teilweise: Wer die Aufnahme einem anderen vorspielt, gebraucht sie und macht sie diesem zugleich zugänglich. Beide Alternativen setzen nicht voraus, daß der Gebrauchende usw. die Aufnahme zuvor selbst hergestellt hat; wie er in ihren Besitz gelangt ist (zB auch als Dieb), ist ohne Bedeutung. Weder ein Gebrauchen noch ein Zugänglichmachen ist es jedoch, wenn lediglich über den Inhalt der Aufnahme – und zwar selbst bei wortgetreuer Wiedergabe – berichtet wird (allg. M., zB BGH[Z] JZ **79**, 350, Blei II 118, Lackner/Kühl 4, Samson SK 9, Träger LK[10] 14 f., W-Hettinger 531); in Betracht kommt hier jedoch seit dem 25. StÄG (o. 1) eine Strafbarkeit nach Abs. 2 S. 1 Nr. 2 (u. 22 ff.).

18   3. Abs. 2 S. 1 Nr. 1 schützt das nichtöffentlich gesprochene Wort gegen das unbefugte **Abhören mit einem Abhörgerät**. Das Belauschen ohne ein solches ist dagegen straflos.

a) **Abhörgeräte** sind technische Vorrichtungen jeglicher Art, „die das gesprochene Wort über dessen normalen Klangbereich hinaus durch Verstärkung oder Übertragung unmittelbar wahrnehmbar machen" (E 62, Begr. 332). Hierher gehören deshalb zB Mikrophonanlagen, Richtmikrophone, drahtlose Kleinstsender (sog. „Minispione"), Stethoskope zum Abhören von Wänden, Vorrichtungen zum „Anzapfen" von Telefonleitungen usw., und zwar unabhängig davon, ob ihr Besitz, vorbehaltlich einer besonderen Erlaubnis, verboten ist oder nicht (vgl. § 65 TKG). Abhörgeräte iS des Abs. 2 sind deshalb entgegen der h. M. (BGH **39** 343 m. Bspr. bzw. Anm. Jung JuS 94, 617, Sternberg-Lieben Jura 95, 303 BGH[Z] NJW **82**, 1397 m. Anm. Schlund JR 82, 374, Hamm NStZ **88**, 515 m. Anm. Amelung u. Krehl StV 88, 376, LG Regensburg NStZ **83**, 366, Helle aaO 270 ff., Lackner/Kühl 5, Samson SK 18, Träger LK[10] 20, Tröndle 5) auch die von der Post angebotenen Zusatzeinrichtungen, die das Mithören von Telefongesprächen ermöglichen (Zweithörer, -gerät, Lautsprecher): Daß im Geschäftsleben Mithöranlagen üblich geworden seien und inzwischen auch bei privaten Telefonanschlüssen mit ihrem Vorhandensein und ihrer Benutzung gerechnet werden müsse (so BGH[Z] aaO, wobei letzteres aber mehr als zweifelhaft ist), mag zwar bei der Frage einer mutmaßlichen Einwilligung (u. 30; vgl. aber auch Jung NK 9) von Bedeutung sein, ändert aber nichts daran, daß auch solche Geräte begrifflich und ihrer Funktion nach „Abhörgeräte" sind, zumal sonst – eine Konsequenz der h. M. – der betroffene Fernsprechteilnehmer auch dann schutzlos bliebe, wenn das Verhalten des Gesprächsteilnehmers, der einen anderen mithören läßt, auf Täuschung angelegt ist, das Gespräch erkennbar vertraulichen Charakter hat oder wenn der Betroffene ausdrücklich erklärt, daß er auf Vertraulichkeit Wert legt (und der andere ihm sogar ausdrücklich versichert, daß er frei und ungehindert sprechen könne!). Zwar soll in diesen Fällen auch nach BGH **39** 345 mwN Raum bleiben für die Annahme einer Verletzung des Persönlichkeitsrechts; das Kind mit dem Bad ausgeschüttet wird dann aber, wenn dem Betroffenen auch der pauschalen Verneinung der Tatbestandsmäßigkeit iS des Abs. 2 Nr. 1 auch hier der strafrechtliche Schutz des § 201 versagt wird (iE wie hier BAG NJW **98**, 1331, LAG Berlin JZ **82**, 258, Gössel I 414, Klug, Sarstedt-FS 106; vgl. auch BAG NJW **83**, 1691 m. Anm. Schlund BB 83, 1728, Arzt aaO 246, Schmitz JA 95, 120, ferner Jung NK 9, der zur Vermeidung der genannten Konsequenzen potentielle Mithörer ggf. zum Adressatenkreis der Äußerung zählen will). Anders verhält es sich nur bei einem gewöhnlichen Telefonapparat, der nicht dadurch zum Abhörgerät wird, daß technische Störungen das Mithören fremder Gespräche ermöglichen (vgl. BT-Drucks. V/1880 S. 14, Corves, Prot. V 1359, Gössel I 415, Lackner/Kühl 5, Samson SK 18, Träger LK[10] 20; and. Tröndle 7).

b) Das **Abhören** mit einem Abhörgerät ist mehr als nur das zufällige Zugegensein und Mithören des durch ein solches Gerät übermittelten nichtöffentlich gesprochenen Wort eines anderen. Täter des Abhörens nach Abs. 2 S. 1 Nr. 1 kann vielmehr nur sein, wer das von ihm oder einem angebrachte Abhörgerät gezielt als Mittel dazu benutzt, das gesprochene Wort über dessen normalen Klangbereich hinaus unmittelbar akustisch verstehbar zu machen. Nicht erforderlich ist die unmittelbare Wahrnehmung selbst, vielmehr fällt unter Abs. 2 Nr. 1 auch das Koppeln eines Abhörgeräts mit einer Aufnahmevorrichtung (vgl. Träger LK[10] 20), ohne daß es dann noch einen Unterschied macht, ob der Täter beim Abhören selbst zuhört oder das Gesprochene zunächst lediglich aufnimmt (ebenso Träger aaO). Zwar ist hier schon Abs. 1 Nr. 1 anwendbar – weshalb für das Gebrauchen usw. der Tonaufnahme immer auch Abs. 1 Nr. 1 gilt –, nicht erfaßt ist damit aber das Unrecht des „Einbrechens" in die Persönlichkeitssphäre des Betroffenen von außen durch die Anwendung von Abhörgeräten. Da das Abhören kein eigenhändiges Delikt ist, kann Täter auch sein, wer nicht selbst abhört, sondern sich dazu eines Dritten als Werkzeug bedient (vgl. Arzt aaO 249, Träger aaO). Im übrigen ist entsprechend dem Schutzzweck der Vorschrift (o. 2) und ebenso wie bei Abs. 1 Nr. 1 (o. 13 f.) auch bei Abs. 2 S. 1 Nr. 1 anzunehmen, daß nur das heimliche Abhören tatbestandsmäßig ist. Ist das Abgehörte dessen bewußt, so ist schon zweifelhaft, ob das Gesprochene damit nicht auch zur Kenntnis des Abhörenden bestimmt ist (u. 21; vgl. auch Büchner in: Büchner u. a., Beck/scher TKG-Kommentar, 1997, § 86 RN 2; and. Gössel I 413); jedenfalls aber hat insoweit auch hier das Merkmal „unbefugt" die Funktion einer entsprechenden Tatbestandseinschränkung zu übernehmen (zu Abs. 1 Nr. 1 vgl. o. 13; and. Träger LK[10] 18): Wer weiß, daß er abgehört wird, kann sich darauf ebenso einstellen wie auf ihn, dessen gesprochenes Wort auf einem Tonträger konserviert wird; spricht er dennoch, so kann er auch nicht mehr in seinem Vertrauen enttäuscht werden, über seine natürlichen oder – so bei einem Telefongespräch – jedenfalls überschaubaren Grenzen hinaus akustisch nicht vernehmbar zu sein (vgl. auch BAG NJW **98**, 1332). Weiß von zwei Gesprächspartnern dagegen nur einer, daß das Gespräch abgehört wird, so ist der Tatbestand immer noch im Hinblick auf den anderen verwirklicht. Ind. Arzt/Weber I 191).

c) Auch durch Abs. 2 S. 1 Nr. 1 wird nur das **nichtöffentlich** gesprochene Wort eines anderen geschützt (o. 6 ff.; zum Abhören des „nichtöffentlichen" Sprechfunkverkehrs o. 9). Ferner darf das Abgehörte **nicht zur Kenntnis des Abhörenden bestimmt** sein, wobei „Kenntnis" nur als Kenntnisnahme des gesprochenen Worts durch Hören zu verstehen ist (Arzt aaO 255 ff., Jung NK 10, Samson SK 16; and. E 62, Begr. 332, Blei II 119, Lackner/Kühl 5, Träger LK[10] 19). Damit entfällt die Möglichkeit einer (mittelbaren) Täterschaft nach Abs. 2 S. 1 Nr. 1 bei einem Gesprächsteilnehmer, der einen Dritten beauftragt, das Gespräch heimlich abzuhören (in Betracht kommt jedoch Teilnahme). Wohl aber kann derjenige den Tatbestand der Nr. 1 erfüllen, der später nur den *Inhalt* des Gesprächs erfahren soll, so zB der Firmenchef, der sich in ein geschäftliches Telefongespräch seines

§ 201 22–25   Bes. Teil. Verletzung des persönl. Lebens- u. Geheimbereichs

Prokuristen einschaltet (Jung NK 10, Samson SK 16, Schmitz JA 95, 119; and. die o. Genannten; vgl. aber auch u. 30). Jedenfalls bei einer Einwilligung ist das Gesprochene auch für den Täter bestimmt (zum Abhören mit Wissen des Betroffenen o. 20).

22 4. In dem erst durch das 25. StÄG (o. 1) eingefügten **Abs. 2 S. 1 Nr. 2** wird mit gewissen Einschränkungen das **öffentliche Mitteilen** des nach Abs. 1 Nr. 1 **aufgenommenen** oder nach Abs. 2 Nr. 1 **abgehörten nichtöffentlich gesprochenen Worts** eines anderen unter Strafe gestellt. Während die unmittelbare öffentliche Live-Übertragung des Abgehörten schon früher durch Abs. 2 aF (jetzt Abs. 2 Nr. 1; o. 20) und die öffentliche akustische Reproduktion des Gesprochenen mit Hilfe einer nach Abs. 1 Nr. 1 oder beim Abhören (o. 20) angefertigten Tonaufnahme durch Abs. 1 Nr. 2 erfaßt waren, ist damit nunmehr auch die nicht akustische, sondern lediglich *inhaltliche* öffentliche Wiedergabe des nichtöffentlich gesprochenen Worts strafbar. Dabei besteht ein wesentlicher Unterschied jedoch insofern, als der Inhalt des Gesprochenen bei der akustischen Übertragung oder Wiedergabe keine Rolle spielt, während er hier, wie S. 2 zeigt (u. 27), von entscheidender Bedeutung ist (zu den unterschiedlichen Schutzzwecken o. 2).

23 a) Gegenstand und Grundlage des öffentlichen Mitteilens muß das „**nach Abs. 1 Nr. 1 aufgenommene oder nach Abs. 2 Nr. 1 abgehörte**" nichtöffentlich gesprochene Wort eines anderen sein. Diese Bezugnahme ist ebenso mehrdeutig wie diejenige in Abs. 1 Nr. 2 (vgl. Lenckner, Baumann-FS 146 f. u. o. 16): Weil gesetzestechnisch nicht anders möglich, könnte damit trotz der Verweisung auf „Abs. 1 Nr. 1" bzw. „Abs. 2 Nr. 1" nur der Text innerhalb der jeweiligen Nr. 1 gemeint sein, ebenso aber auch Abs. 1 Nr. 1 bzw. Abs. 2 Nr. 1 insgesamt, d. h. einschließlich des beiden Nummern vorangestellten Merkmals „unbefugt" (wovon die Gesetzesbegründung auszugehen scheint [vgl. BT-Drs. 11/6714 S. 3, ferner die dort u. pass. sowie in BT-Drs. 11/7414 S. 3 u. pass. ständig wiederkehrende Wendung von den „illegal" erlangten Gesprächsinhalten usw.] u. so auch Lackner/Kühl 9 a, Schmitz JA 95, 120, Tröndle 6). Obwohl der Sprecher im Fall des Abs. 2 S. 1 Nr. 2 nicht selbst verfügbar gemacht wird, sondern nur noch mittelbar betroffen ist – nicht anders, als wenn sich die Veröffentlichung seiner Äußerung auf andere Quellen (zB heimlich angefertigtes Wortprotokoll) stützt –, und obwohl es hier iS eines Indiskretionsdelikts um den Inhalt des gesprochenen Worts geht (o. 2), kann die Frage für Abs. 2 S. 1 Nr. 2 iE jedoch nicht anders entschieden werden als bei Abs. 1 Nr. 2 (o. 16). Denn ebenso wie dort gibt es auch hier keine sachlichen Gründe, die einsichtig machen könnten, daß strafbar sein soll, wer aus einem von ihm, aber im Einverständnis des anderen angefertigten Tonbandprotokoll vertrauliche Äußerungen seines Gesprächspartners der Öffentlichkeit mitteilt, während er straflos bleibt, wenn ihm die von dem Gesprächspartner selbst angefertigte Tonaufnahme von diesem überlassen worden ist (weil dessen Äußerungen dann nicht mehr das nichtöffentlich gesprochene Wort „eines anderen" sind). Andererseits besteht aber auch kein Anlaß, als „Vordelikt" ein rechtswidriges und in diesem Sinn „unbefugtes" Aufnehmen oder Abhören zu verlangen: Wer das aus einer rechtmäßigen Abhörmaßnahme gem. §§ 100 a ff. StPO Erfahrene in der Presse veröffentlicht, ist selbstverständlich nach Abs. 2 S. 1 Nr. 2 strafbar. Ebenso wie bei Abs. 1 Nr. 2 gilt deshalb auch hier für den Umfang der Verweisung, daß das Aufnehmen bzw. Abhören zwar tatbestandsmäßig in dem o. 13, 20 genannten Sinn, nicht aber rechtswidrig gewesen sein muß (vgl. näher Lenckner aaO 149 ff.).

24 b) Tathandlung ist das **öffentliche Mitteilen** des Aufgenommenen oder Abgehörten **im Wortlaut** oder seinem **wesentlichen Inhalt** nach. Täter nach Nr. 2 kann sowohl der Aufnehmende oder Abhörende selbst (zum Verhältnis zu Abs. 1 Nr. 1 vgl. u. 38) als auch ein Dritter sein. Wie dieser Kenntnis von dem aufgenommenen oder abgehörten Gesprächsinhalt erlangt hat, ob durch Überlassen oder Vorspielen der Tonaufnahme, durch ein Wortlautprotokoll oder einen mündlichen Bericht über das Abgehörte, ist ohne Bedeutung. Auch das Veröffentlichen einer gestohlenen Tonaufnahme fällt unter Nr. 2.

25 α) Im Unterschied zu § 353 d Nr. 3 genügt hier neben dem öffentlichen Mitteilen *im Wortlaut* – d. h. in voller Übereinstimmung mit dem gesprochenen Wort ohne Änderungen, Hinzufügungen oder Auslassungen – die Wiedergabe des *wesentlichen Inhalts*, weil andernfalls „der Tatbestand insgesamt ins Leere gehen würde" (BT-Drs. 11/7414 S. 4; and. zuletzt noch die GesAnträge BT-Drs. 8/2396, 8/2545). Ausreichend ist daher auch die Wiedergabe in indirekter Rede oder eine sinngemäße Darstellung. Daß hier der „wesentliche Inhalt" mitgeteilt werden muß, bedeutet bei einem aufgenommenen Gespräch nicht, daß die Gesprächsbeiträge eines oder beider Partner insgesamt in ihrem wesentlichen Inhalt wiedergegeben sein müssen. Zu beziehen ist dies vielmehr auf das „gesprochene Wort", weshalb der Tatbestand der Nr. 2 auch verwirklicht ist, wenn nur einzelne Äußerungen – diese dann allerdings in ihrem „wesentlichen Inhalt", d. h. ohne sinnentstellende Änderungen, Kürzungen usw. – veröffentlicht werden. Daß auf diese Weise der Gesprächsinhalt durch die isolierte Wiedergabe einzelner Äußerungen ohne ihren Kontext dennoch verfälscht werden kann, ändert an der Anwendbarkeit der Nr. 2 nichts. Im übrigen muß sich aus der Mitteilung zwar nicht ergeben, wann, wo, wem gegenüber und unter welchen Umständen der Betroffene die fragliche Äußerung getan hat, wohl aber, daß sie sich als Quelle auf das „nichtöffentlich gesprochene Wort eines anderen" stützt und wer dieser „andere" ist. Dazu bedarf es keiner Namensnennung, wenn jedenfalls für die Adressaten der Mitteilung die Gemeinte ohne weiteres erkennbar ist.

β) Die *Mitteilung* ist *öffentlich,* wenn ihr Inhalt von einem größeren, nach Zahl und Individualität 26
unbestimmten oder durch nähere Beziehungen nicht verbundenen Personenkreis unmittelbar zur
Kenntnis genommen werden kann; daß dies tatsächlich geschieht, ist nicht erforderlich (vgl. entspr.
§ 353d Nr. 3 u. dort RN 46 sowie § 186 RN 19, ferner BT-Drs. 11/6714 S. 3). Eine Veröffentlichung ist dafür nicht erforderlich, und unerheblich ist auch, ob die öffentliche Mitteilung mündlich
oder schriftlich gemacht wird (vgl. im übrigen § 353d RN 46 u. näher § 186 RN 19). Für die
Täterschaft und Teilnahme gelten die allgemeinen Regeln; nur Anstifter zur Tat nach Nr. 2 ist daher,
wer das von ihm oder einem anderen Aufgenommene oder Abgehörte an eine Zeitschrift verkauft
und diese dann einen entsprechenden Bericht veröffentlicht.

c) Eine Tatbestandseinschränkung (zB Lackner/Kühl 8, Tröndle 7a) enthält die sog. **Bagatellklau-** 27
sel des Abs. 2 **S. 2** (BT-Drs. 11/6714 S. 3, 11/7414 S. 4; krit. Helle aaO 342f., Rogall, Hirsch-FS
678), wonach das öffentliche Mitteilen nach S. 1 Nr. 2 nur strafbar ist, wenn es **geeignet** ist,
berechtigte Interessen eines anderen zu beeinträchtigen (dazu, daß S. 2 nur im Fall des Abs. 2
S. 1 Nr. 2 anwendbar ist, vgl. Jena NStZ 95, 503). Ob es sich dabei um materielle oder ideelle, private
oder öffentliche Interessen handelt, ist gleichgültig, sofern sie nur vom Recht als schutzwürdig
anerkannt sind oder diesem jedenfalls nicht zuwiderlaufen. Der „andere", der diese Interessen hat, kann
sowohl der durch das Aufnehmen oder Abhören verletzte Sprecher als auch ein Dritter sein, über den
gesprochen wurde. Daß der Betroffene tatsächlich in seinen Interessen beeinträchtigt wird, ist nicht
erforderlich; vielmehr genügt es schon, daß die Mitteilung dazu *geeignet* ist. Dies hängt zunächst von
dem wiedergegebenen Gesprächsinhalt ab, so insbes. wenn es sich um ein Geheimnis
im materiellen Sinn handelt oder wenn der Betroffene durch die Preisgabe der Äußerung in irgendeiner Weise bloßgestellt würde (vgl. BT-Drs. 11/6714 S. 4); auch die Mitteilung von Tatsachen, die
geeignet sind, das berufliche oder öffentliche Wirken zu erschweren, gehören hierher, während Belanglosigkeiten selbstverständlich ausscheiden (vgl. BT-Drs. 11/7414 S. 4: Gespräche über das Wetter).
Da es auf die Eignung der konkreten Mitteilung ankommt (vgl. entspr. § 187a RN 6), sind außerdem
aber auch die Art der Wiedergabe und die Umstände zu berücksichtigen, unter denen sie erfolgt (vgl.
auch Lackner/Kühl 8, Schmitz JA 95, 120). Auch die Empfänglichkeit des angesprochenen Adressatenkreises kann hier eine Rolle spielen. Liegen bereits entsprechende Vorveröffentlichungen vor, so kann
die Eignung zu verneinen sein, wenn weitere negative Auswirkungen nicht mehr zu befürchten sind.

IV. Den qualifizierten Tatbestand des **Abs. 3** erfüllt, wer als **Amtsträger** (§ 11 RN 14ff.) oder als 28
für den öffentlichen Dienst besonders Verpflichteter (§ 11 RN 34ff.) eine der in Abs. 1 und 2
genannten Taten begeht (unechtes Amtsdelikt; Anwendbarkeit des § 28 II auf Teilnehmer). Als Amtsträger usw. handelt der Täter, wenn er die Tat bei seiner dienstlichen Tätigkeit oder zu dienstlichen
Zwecken begeht, wobei es im letzteren Fall gleichgültig ist, ob dies während oder außerhalb der
Dienststunden geschieht. Nicht ausreichend ist es dagegen, wenn außerhalb der Dienststunden dienstlich zugängliche Geräte oder Einrichtungen zu privaten Zwecken benutzt werden (ebenso Gössel
I 418, Jung NK 14, and. Träger LK[10] 32, Tröndle 8).

V. In den in Abs. 1 bis 3 genannten Fällen muß der Täter jeweils **„unbefugt"** handeln. Dieses 29
Merkmal hat bei Abs. 1 Nr. 1, Abs. 2 S. 1 Nr. 1 eine Doppelfunktion, indem es bei einem Aufnehmen bzw. Abhören mit Wissen des Betroffenen bereits den Tatbestand entsprechend einschränkt (o.
13f., 20). Im übrigen bezeichnet „unbefugt" das allgemeine Deliktsmerkmal der Rechtswidrigkeit,
auf die hier wegen des häufigen Vorliegens eines Rechtfertigungsgrunds besonders hingewiesen wird
(vgl. EEGStGB 236, Karlsruhe NJW **79**, 1514). Dabei gilt für Handlungen nach Abs. 1 Nr. 2, Abs. 2
S. 1 Nr. 2, daß sie nicht eo ipso schon deshalb gerechtfertigt sind, weil das heimliche Aufnehmen bzw.
Abhören dies war (o. 16, 23). Vielmehr bedarf es dazu jeweils einer besonderen Befugnis, die sich
freilich aus demselben Rechtfertigungsgrund ergeben kann, der auch das Aufnehmen bzw. Abhören
rechtmäßig macht (zB rechtfertigt Not des Beweisnotstands, der nach § 34 auch das Aufnehmen, deckt die
spätere Verwendung als Beweismittel, nicht aber Mißbräuche zu anderen Zwecken). Im einzelnen
kann sich eine Befugnis zunächst aus den allgemeinen Rechtfertigungsgründen ergeben, wobei die
Einwilligung entgegen der h. M. (o. 14) freilich nur noch für Abs. 1 Nr. 2, Abs. 2 Nr. 2 Bedeutung
hat, da in den Fällen des Abs. 1 Nr. 1, Abs. 2 S. 1 Nr. 1 das Wissen des Betroffenen bereits den
Tatbestand ausschließt. Einen weiteren speziellen Rechtfertigungsgrund für das öffentliche Mitteilen
nach Abs. 2 S. 1 Nr. 2 enthält dort S. 3 (u. 33a). Zusätzliche Befugnisse aus anderen gesetzlichen
Eingriffsermächtigungen ergeben sich für unter Abs. 3 fallende behördliche Maßnahmen (vgl. u. 34).

1. Eine Rechtfertigung auf Grund **mutmaßlicher Einwilligung** (vgl. dazu 54ff. vor § 32) kommt 30
im Fall des *Abs. 1 Nr. 1* vor allem bei Telefongesprächen im Geschäfts- und Behördenverkehr in
Betracht. Soweit das gesprochene Wort hier nur der Übermittlung sachlicher Information dient und
nicht zugleich als Ausdrucksmittel der Persönlichkeit erscheint (zB telefonische Durchsagen, Aufgabe
einer Bestellung, Fahrplanauskünfte usw., vgl. Karlsruhe NJW **79**, 1514), kann im allgemeinen davon
ausgegangen werden, daß der Gesprächspartner auf einen entsprechenden Hinweis keinen Wert legt
und im Fall seiner Befragung einwilligen würde (vgl. 54 vor § 32, 2. Fall; iE auch Träger LK[10] 25
[konkludente Einwilligung], Lackner/Kühl 14 [Sozialadäquanz; das Bestehen entsprechender „Gepflogenheiten" ist jedoch nicht der sachliche Grund der Befugnis, sondern ein – vielfach entscheidendes – Indiz für die mutmaßliche Einwilligung; gegen die Sozialadäquanz als selbständigen Rechtfertigungsgrund vgl. 80 vor § 32]; vgl. aber auch Jung NK 18). Geht der Täter, weil das Aufnehmen
verbreitete Praxis ist, davon aus, der Anrufer wisse, daß ein Band mitläuft, so fehlt es bereits am Vorsatz

§ 201   31, 31 a   Bes. Teil. Verletzung des persönl. Lebens- u. Geheimbereichs

des § 201 I Nr. 1 (o. 13). Dagegen scheidet eine mutmaßliche Einwilligung aus bei Verhandlungen, bei denen der andere Teil nach Art oder Inhalt des Gesprächs vernünftigerweise auf die Flüchtigkeit des gesprochenen Worts vertraut, aber auch schon dann, wenn nicht ohne weiteres angenommen werden kann, daß er auf seine an sich mögliche Befragung verzichtet (vgl. Karlsruhe NJW **79**, 1513 [Telefongespräch über Erweiterung einer Konzession]; vgl. dazu auch BGH **34** 43). – Im Fall des *Abs. 2 S. 1 Nr. 1* kann eine mutmaßliche Einwilligung insbes. in Betracht kommen, wenn das Mitgehörte seinem Inhalt nach zur Kenntnis des Abhörenden bestimmt ist (vgl. das Bsp. o. 21). Auch bei Dienst- u. Geschäftsgesprächen kann dies bei heimlichem Mithören des Vorgesetzten jedoch nicht ohne weiteres angenommen werden; daß der Untergebene von der Mithörmöglichkeit weiß, genügt jedenfalls noch nicht, während im übrigen die konkreten Umstände maßgebend sind (vgl. in diesem Zusammenhang zur Frage einer Persönlichkeitsrechtsverletzung BVerfG NJW **92**, 815 m. Anm. Däubler CR 94, 754 sowie BAG NJW **98**, 1331). – Denkbar ist eine mutmaßliche Einwilligung schließlich auch bei *Abs. 2 S. 1 Nr. 2*, so wenn der Betroffene bereits ins Gerede gekommen ist und eine Veröffentlichung für ihn, um größeren Schaden abzuwenden, das geringere Übel ist.

31 2. Möglich ist ferner eine Rechtfertigung nach den **Notrechten** der §§ 32, 34. Dies gilt zunächst für Abs. 1 u. Abs. 2 Nr. 1 (u. 31 a ff.); zu Abs. 2 S. 1 Nr. 2 vgl. u. 33 a und zu hoheitlichem Handeln nach Abs. 3 u. 34.

31 a a) Bei Handlungen nach **Abs. 1 Nr. 1, Abs. 2 S. 1 Nr. 1** gehören hierher zunächst die Fälle, in denen das heimliche Aufnehmen oder Mithören der **Verhinderung rechtswidriger Angriffe** dient, zB zur rechtzeitigen Ermittlung des unbekannten Täters bei telefonischen Bombendrohungen, erpresserischen Telefonanrufen usw. oder dazu, den bekannten Täter durch Hinweis auf das gewonnene Beweismittel von weiterem Vorgehen abzuhalten (vgl. BGHZ **27** 290, BGH **14** 361, **34** 51, Celle NJW **65**, 1677 m. Anm. R. Schmidt JuS 67, 19, Düsseldorf NJW **66**, 214, Frankfurt NJW **67**, 1048; vgl. auch KG JR **81**, 254 m. Anm. Tenckhoff, wo freilich nur auf das Beweisinteresse abgestellt wurde). Hier kann schon § 32 anwendbar sein, so in den Kidnapping-Fällen, in denen das entführte Kind einem fortdauernden und damit gegenwärtigen Angriff auf Leben und Freiheit ausgesetzt ist (Nelles aaO 733). Dasselbe gilt, wenn man bei Erpressungen oder Nötigungen per Telefon den Angriff auf die Handlungsfreiheit mit dem Aussprechen der Drohung nicht als abgeschlossen ansieht – diese selbst könnte durch das Aufnehmen usw. nicht mehr abgewehrt werden –, sondern als weiterhin gegenwärtig, solange die dadurch für den Betroffenen geschaffene Zwangslage fortdauert (umstr., vgl. dazu § 32 RN 18 mwN, ferner Helle aaO 295, Jung NK 19, Kramer NJW 90, 1762, Otto, Kleinknecht-FS 334, Träger LK[10] 27; and. noch hier die 24. A.). Soweit es sich um erst künftige, jedoch nur durch sofortiges Handeln abwendbare Angriffe handelt – bei Nötigungen und Erpressungen die Verwirklichung des angedrohten Übels –, ist dagegen § 32 auch nicht analog anwendbar (vgl. § 32 RN 17), doch dürften in diesen Fällen idR die Voraussetzungen aus § 34 erfüllt sein (zur Gegenwärtigkeit der Gefahr vgl. dort RN 17), soweit dabei zwangsläufig auch Anrufe unbeteiligter Dritter mitgehört werden, allerdings nur bei Gefahren für erhebliche Rechtsgüter (näher zur Aufnahme krimineller Telefonanrufe Klug, Sarstedt-FS 101 ff.). – Auch zur **Verhinderung einer Beweisnot** kann in engen Grenzen § 34 anwendbar sein, wenn nur so eine Gefahr für rechtlich geschützte Interessen abgewendet werden kann. Dabei ist jedoch zwischen dem heimlichen Abhören eines Gesprächs (Abs. 2 S. 1 Nr. 1, u. U. in Verbindung mit Abs. 1 Nr. 1) und dem heimlichen Aufnehmen durch einen Gesprächspartner (Abs. 1 Nr. 1) zu unterscheiden (and. Helle aaO 299 f.): 1. Das *Abhören* „auf Verdacht" durch Private ausschließlich zu Zwecken der Strafverfolgung ist grundsätzlich schon deshalb unzulässig, weil dies in den Grenzen der §§ 100 a ff. StPO allein der dafür zuständigen Behörden und nur im Rahmen einer Telefonüberwachung vorbehalten ist (vgl. § 34 RN 41: Vorrangigkeit eines besonderen Verfahrens); etwas anderes gilt hier nur für Fälle, die von vornherein außerhalb des Regelungsbereichs der §§ 100 a ff. StPO liegen, so für automatische Ton- u. Filmaufnahmen bei einem Banküberfall (vgl. auch Celle NJW **65**, 1679). Aber auch im Zivilprozeß kann das Risiko prozessualer Beweisbarkeit, mit dem jedes Recht belastet ist, selbst im Fall einer echten Beweisnot jedenfalls kein Eindringen in fremde Gespräche mit technischen Mitteln rechtfertigen, und zwar auch dann nicht, wenn für den Täter selbst wichtige Persönlichkeitsinteressen auf dem Spiel stehen (zB Ehescheidung: Stuttgart MDR **77**, 683, Arzt aaO 78 ff.; and. KG NJW **67**, 115). – 2. Nicht ausgeschlossen ist eine Rechtfertigung nach § 34 dagegen beim heimlichen *Fixieren eines Gesprächs* durch einen Gesprächspartner zur Führung des sonst nicht möglichen Beweises, weil er der Gesprächspartner in diesem Fall eher hinnehmen muß, beim Wort genommen zu werden. Steht der späteren Verwendung allerdings ein Beweisverwertungsverbot entgegen, so scheidet auch hier § 34 schon deshalb aus, weil die Herstellung der Aufnahme nicht das geeignete Mittel ist (vgl. § 34 RN 19), der Beweisnot zu begegnen. Im übrigen entscheidet eine umfassende Interessenabwägung, bei der u. a. der Grad der Vertraulichkeit des Gesprächs, der Lebensbereich, dem dieses zugeordnet ist, das von Art und Bedeutung des zu beweisenden Umstandes abhängige Gewicht des Beweisinteresses und die Größe der Beweisnot zu berücksichtigen sind. Staatliche Strafverfolgungsinteressen rechtfertigen im allgemeinen noch keine heimlichen, auf Verdacht hin erfolgenden Gesprächsaufzeichnungen unter Privaten zum Zweck der Überführung des Schuldigen (vgl. auch Walther/Silverman ZRP 99, 100 m. rechtsvergl. Hinw.). Eindeutig zulässig wäre es dagegen, wenn ein zu Unrecht Beschuldigter sich nur durch die Aufnahme privater Äußerungen eines falschen Belastungszeugen wirksam verteidigen kann (Träger LK[10] 28), und auch sonst kommt § 34 am ehesten in Betracht bei rechtswidrigen

Äußerungen gegenüber dem Täter, deren Nichtbeweisbarkeit für diesen selbst eine unzumutbare Beeinträchtigung seiner Persönlichkeitsinteressen zur Folge hätte. Für zulässig gehalten hat die Rspr. zB die Aufnahme beleidigender Äußerungen zum Zweck einer zivilrechtlichen Ehrenschutzklage (BGH [Z] NJW **82**, 277 m. Anm. Dünnebier NStZ 82, 255), einer Privatklage (Frankfurt NJW **67**, 1047) oder eines Scheidungsverfahrens (KG NJW **56**, 26) und die Aufzeichnung eines Nötigungsversuchs durch das Opfer zu Beweiszwecken im Strafverfahren (KG JR **81**, 255 m. Anm. Tenckhoff [hier deshalb unbedenklich, weil der Täter nur durch das Strafverfahren die ihm drohende Gefahr abwenden konnte]), nicht dagegen die Beweismittelerlangung in einer bloßen Grundstücksangelegenheit (Düsseldorf NJW **66**, 214) oder sonst zur Verfolgung zivilrechtlicher Ansprüche (BGH[Z] NJW **88**, 1018 mwN; vgl. aber auch Bay **94** 7 m. Anm. Preuß StV 95, 66 [Beweisnot im Unterhaltsprozeß]). Unzulässig ist auch die heimliche Aufnahme von Verhandlungen mit einer Behörde, um die erwartete Zusage eines begünstigenden Verwaltungsakts beweisen zu können (vgl. Karlsruhe NJW **79**, 1513, ferner o. 30), oder von Fragen und Vorhalten eines Polizeibeamten bei der Beschuldigtenvernehmung, weil die Bitte um eine Protokolldurchschrift abschlägig beschieden wurde (Frankfurt NJW **77**, 1547 m. Anm. Arzt JR 78, 170; and. wenn unzulässige Vernehmungsmethoden festgehalten werden sollen); zum Ganzen vgl. auch Arzt aaO 88 ff., Frank aaO 50 ff., Helle aaO 296 ff., ferner Wölfl aaO. – Auch soweit Handlungen nach Abs. 1 Nr. 1, Abs. 2 S. 1 Nr. 1 der **Informationsbeschaffung für Presse und Rundfunk** dienen, kommt als Rechtfertigungsgrund nur § 34 in Betracht. Die Pressefreiheit als solche (Art. 5 GG) schützt das rechtswidrige Beschaffen von Informationen nicht (BVerfGE **66** 137, Klug, Oehler-FS 404). Das Abhören (Abs. 2 S. 1 Nr. 1) auf bloßen Verdacht hin dürfte allerdings auch hier nach § 34 kaum jemals gerechtfertigt sein. Eher denkbar ist dies beim heimlichen Fixieren eines Gesprächs (Abs. 1 Nr. 1), wenn zB nur auf diese Weise öffentliche Mißstände aufgedeckt und dadurch Gefahren iS des § 34 abgewendet werden können, wobei als Abwägungsfaktoren dieselben Kriterien wiederkehren, die in BVerfGE **66** 137 ff. im Zusammenhang mit dem Verwerten rechtswidrig erlangter Informationen genannt sind.

Vielfach werden in diesem Zusammenhang noch **weitere Konstruktionen** herangezogen, so die **32** einer „notwehrähnlichen Lage" (vgl. die Nachw. in § 32 RN 17) oder der Begriff der Sozialadäquanz (Roggemann aaO 98 f., Tröndle 7). Beide sind jedoch nicht als selbständige Rechtfertigungsgründe anzuerkennen (vgl. 107 a vor § 32, § 32 RN 17) und zur Gewinnung sachgerechter Ergebnisse auch nicht erforderlich (vgl. auch BGH **31** 304, Jung NK 16, Träger LK[10] 27 ff.). Auch zu einer analogen Anwendung des § 127 StPO besteht kein Anlaß (Gössel I 418, Hillenkamp aaO [o. 16] 123 f., Samson SK 26 gegen Suppert aaO 292 ff.). Ebensowenig ist hier die „Wahrnehmung berechtigter Interessen" in analoger Anwendung des § 193 ein zusätzlicher Rechtfertigungsgrund (vgl. dazu 79 vor § 32, Tenckhoff JR 81, 256, Träger LK[10] 29 u. näher Lenckner, Noll-GedS 250 ff.), und dasselbe gilt für einen von den Voraussetzungen des § 34 gelösten Grundsatz der Güter- und Interessenabwägung (vgl. zB Helle aaO 304 f., Küpper 78, Lackner/Kühl 13, Samson SK 27 ff., Träger LK[10] 27 ff.; and. aber wohl BGHZ **27** 290, **73** 124, NJW **88**, 1017, Bay NJW **90**, 197, KG NJW **56**, 26, **67**, 115, Frankfurt NJW **67**, 1048, Roggemann aaO 100, Tröndle 7). Dies ist eindeutig beim Abhören (Abs. 2 S. 1 Nr. 1); aber auch beim Aufnehmen (Abs. 1 Nr. 1) ermöglichen für die in Betracht kommenden Fälle bereits die §§ 32, 34 sachgerechte Lösungen, wobei zu berücksichtigen ist, daß auch notstandsfähig nicht nur existentielle Güter, sondern alle rechtlich geschützten Interessen sind (§ 34 RN 9) und daß ein „Angriff" bzw. eine „Gefahr" auch die zu befürchtende Fortdauer einer noch nicht abgeschlossenen Beeinträchtigung sein kann (§ 32 RN 16, 17 a, § 34 RN 12; vgl. auch Lackner/Kühl 13, Samson SK 30 und für die Beschaffung von Beweismitteln BGH **31** 307). Daß es eine notstandsunabhängige Interessenabwägung hier nicht geben kann, zeigt seit dem 25. StÄG (o. 1) im übrigen auch die Sonderregelung des Abs. 2 S. 3 (u. 33 a), die eigens für die Tatbestandsalternative des öffentlichen Mitteilens nach Abs. 2 S. 1 Nr. 2 geschaffen wurde und von der Gesetzesbegründung ausdrücklich auf diese beschränkt wird (vgl. BT-Drs. 11/7414 S. 5). Heimliche Tonaufnahmen, die nicht der Gefahrenabwendung, sondern zB wissenschaftlichen Zwecken dienen (zB Sprachforschung), sind daher, vorbehaltlich einer mutmaßlichen Einwilligung, nicht gerechtfertigt (and. Tröndle 7).

b) Ist das heimliche Herstellen einer Tonaufnahme durch § 34 gerechtfertigt, so ist es auch ihre **33** **Verwertung** durch Handlungen iS des **Abs. 1 Nr. 2**, wenn sie den Zwecken dient, die auch die Aufnahme zulässig machten (o. 29; vgl. dazu auch Frank aaO 94 ff., Jung NK 23). Aber auch das Verwerten rechtswidrig erlangter Aufnahmen kann nach § 34 gerechtfertigt sein. Dies gilt zB, wenn der Beweisnotstand, der auch ein heimliches Fixieren gerechtfertigt hätte (o. 31 a), wegen des Todes des einzigen Zeugen erst später eintritt. Ebenso darf zB eine unbefugt zur Beweismittelerlangung angefertigte Tonaufnahme, aus der sich als „Zufallsfund" der Hinweis auf eine bevorstehende Straftat oder das Bestehen anderer gravierender Gefahren ergibt, zum Zweck der Verbrechensverhinderung bzw. Gefahrabwendung der Polizei oder dem Bedrohten zugänglich gemacht und von diesen zum selben Zweck gebraucht werden. Entsprechendes gilt, wenn die Verwertung einer unberechtigten Tonaufnahme das einzige Mittel zur Entlastung eines Unschuldigen ist (vgl. BGH **19** 332, Otto, Kleinknecht-FS 338), und zulässig kann es auch sein, wenn ein Anwalt ein Ablehnungsgesuch nach § 26 StPO nur durch Vorlage einer ihm zugespielten Tonbandaufnahme des Telefongesprächs eines Richters glaubhaft machen kann, aus der sich dessen Befangenheit ergibt (Frankfurt NJW **79**, 1172). Soweit Handlungen iS des Abs. 1 Nr. 2 nur dazu dienen, einem anderen eine rechtmäßige Verwertung zu ermöglichen, müssen auch sie zulässig sein, und zwar unabhängig davon, ob sich der Täter auf einen eigenen Rechtfertigungsgrund berufen kann. Ist zB die Veröffentlichung des Inhalts nach Abs. 2 S. 3 gerechtfertigt (u. 33 a), so kann es nicht rechtswidrig sein, wenn die Aufnahme dem Presseorgan zu diesem Zweck zugänglich gemacht wird. Da es sich hier in der Sache vielfach zugleich um die Teilnahme an einer rechtmäßigen Haupttat handelt, können solche Handlungen nicht deshalb strafbar sein, weil sie in Abs. 1 Nr. 2 als täterschaftliche Begehung erfaßt sind. Zur Frage von zivilprozessualen Beweisverwertungsverboten vgl. in diesem Zusammenhang auch Helle aaO 308 ff. mwN.

33 a 3. Auch bei **Abs. 2 S. 1 Nr. 2** ist, von der (mutmaßlichen) Einwilligung abgesehen, eine Rechtfertigung zunächst nach § 34 möglich (zB öffentliche Mitteilung einer durch Abhören erlangten Information über in Verkehr gebrachte giftige Lebensmittel). Der **besondere Rechtfertigungsgrund des S. 3**, der ohnehin nur die Wahrnehmung öffentlicher Interessen erlaubt, hat an dem Anwendungsbereich des § 34 nichts geändert (Lenckner, Baumann-FS 151). Er erlangt Bedeutung vielmehr erst dort, wo es nicht mehr um die Abwendung einer Gefahr iS des § 34 geht (wozu auch die zu befürchtende Intensivierung oder Fortdauer einer noch nicht abgeschlossenen Beeinträchtigung gehört, vgl. § 34 RN 12 u. dazu auch Lackner/Kühl 15). Vom Gesetzgeber war Abs. 2 S. 3 als Konkretisierung eines aus Art. 5 I GG abgeleiteten Rechtfertigungsgrunds gedacht (vgl. BT-Drs. 11/6714 S. 4, 11/7414 S. 4), wobei den Hintergrund die Entscheidung BVerfGE 66 116 (Publizierung rechtswidrig erlangter Informationen aus dem redaktionellen Bereich eines Presseorgans, „Fall Wallraff") bildete, der auch das Erfordernis vom Bestehen eines „überragenden Interesses" entnommen ist (aaO 139). Danach die Veröffentlichung rechtswidrig (im konkreten Fall durch Täuschung) erlangter Informationen ausnahmsweise zulässig, wenn eine umfassende Interessenabwägung ergibt, „daß die Bedeutung der Information für die Unterrichtung der Öffentlichkeit eindeutig die Nachteile überwiegt, welche der Rechtsbruch für den Betroffenen und die (tatsächliche) Geltung der Rechtsordnung nach sich ziehen muß" (aaO 139). Auch der besondere Rechtfertigungsgrund des Abs. 2 S. 3 ist daher beschränkt auf die Wahrnehmung „öffentlicher Interessen", und auch hier nur, soweit nicht schon § 34 einschlägig ist (Lenckner aaO; für den Schutz privater Interessen bleibt es ohnehin bei § 34). Mißverständlich ist es jedoch, wenn BT-Drs. 11/7414 S. 4 das Erfordernis eines „überragenden öffentlichen Interesses" auf den Wertunterschied der kollidierenden Interessen bezieht. Hier gilt vielmehr nichts anderes als bei allen auf dem Prinzip des überwiegenden Interesses beruhenden Rechtfertigungsgründen (vgl. 7 vor § 32) einschließlich des § 34 (vgl. dort RN 45): Ausreichend ist ein eindeutiges Interessenübergewicht (vgl. auch BVerfG aaO, Schmitz JA 95, 120, Tröndle 7 b), wobei ein solches nach der gesetzgeberischen Wertung hier allerdings nur dann besteht, wenn der Täter „überragende" öffentliche Interessen wahrnimmt (näher Lenckner aaO 152 ff.; vgl. auch M-Maiwald I 297). Nach BVerfG aaO 139 ist dies regelmäßig nicht anzunehmen, wenn die veröffentlichte Information Zustände oder Verhaltensweisen betrifft, die ihrerseits nicht rechtswidrig sind. Die Bedeutung des S. 3 dürfte daher im wesentlichen dann in der Aufdeckung gravierender Rechtsverstöße – in BT-Drs. 11/7414 S. 4 werden hier beispielhaft die Katalogtaten der §§ 129 a I, 138 I und schwerwiegende Verstöße gegen das AWG (zB illegale Lieferungen an eine ausländische C-Waffen-Fabrik) genannt – oder öffentlicher Mißstände von ganz erheblichem Gewicht liegen; das Privatleben und die Intimsphäre von Politikern haben dagegen tabu zu sein, ersteres jedenfalls dann, wenn es den Betroffenen für sein Amt nicht völlig disqualifiziert. Nach der für die Lösung jedes Interessenkonflikts geltenden Grundsätzen muß die öffentliche Mitteilung ferner das geeignete und zugleich das relativ mildeste Mittel zur Wahrnehmung der fraglichen Interessen sein. Schließlich gilt Abs. 2 S. 3 nur für Taten nach S. 1 Nr. 2, nicht dagegen für solche nach Abs. 1 oder Abs. 2 S. 1 Nr. 1 (BT-Drs. 11/7414 S. 5). Eine Ausnahme ist hier nur bezüglich solcher Handlungen nach Abs. 1 Nr. 2 zu machen, die notwendiges Mittel zu einer nach S. 3 zulässigen Veröffentlichung sind (zB Abspielen der Tonaufnahme, o. 33). Dagegen wird das heimliche Abhören nicht deshalb rechtmäßig, weil das dabei zufällig in Erfahrung Gebrachte eine Veröffentlichung nach Abs. 2 S. 3 rechtfertigt.

34 4. Nach **Abs. 3 iVm Abs. 1, 2** tatbestandsmäßige **behördliche Maßnahmen** können zunächst aufgrund **besonderer gesetzlicher Befugnisse** gerechtfertigt sein. Hierher gehören außer dem auch für amtliches Handeln geltenden besonderen Rechtfertigungsgrund des Abs. 2 S. 3 zunächst die §§ 100 a ff. StPO, die das *Strafverfolgungszwecken* dienende Abhören und Aufnehmen des Fernmeldeverkehrs und seit dem OrgKG – hier neuerdings sogar innerhalb von Wohnungen (Ges. v. 4. 5. 1998, BGBl. I 845; vgl. dazu die erforderliche Änderung des Art. 13 GG vgl. Ges. v. 26. 3. 1998, BGBl. I 610) – das Abhören und Aufzeichnen des nichtöffentlich gesprochenen Worts regeln (§ 100 c I Nr. 2, 3, II). Da das im Einverständnis mit dem Anschlußbenutzer erfolgende heimliche Telefonmithören über einen Zweithörer usw. gleichfalls ein Abhören iS des Abs. 2 Nr. 1 ist (o. 19; and. die h. M.), müssen auch hier die Voraussetzungen der §§ 100 a ff. StPO erfüllt sein, wenn dies durch einen Polizeibeamten geschieht (offengelassen von BGH MDR/H **89**, 861; and. dagegen BGH **39** 335 [„in der Regel nicht rechtswidrig"] m. Anm. Welp NStZ 94, 294 u. auf den Vorlagebeschluß BGH NStZ **96**, 200 m. Anm. Fezer S. 289 jetzt auch BGH [GrS] **42** 154 m. Anm. bzw. Bespr. Bernsmann StV 97, 116, Derksen JZ 97, 167, Kudlich JuS 97, 696, Renzikowski JZ 97, 710, Rieß NStZ 96, 505, ferner Hamm NStZ **88**, 515 m. Anm. Amelung, Krehl StV 88, 376, K/Meyer-Goßner § 100 a RN 1; im Hinblick auf Art. 10 GG wie hier Lisken NJW 94, 2069, Tietje MDR 94, 1078 [unter Hinweis auf EGMR zu Art. 8 MRK]). Zur strafprozessualen Verwertbarkeit von Erkenntnissen, die durch eine präventivpolizeilichen Zwecken dienende akustische Wohnraumüberwachung gewonnen wurden,

Verletzung der Vertraulichkeit des Wortes 34 a § 201

vgl. jetzt § 100 f II StPO u. näher dazu zB Nack KK § 100 f RN 6 ff.; zu § 100 c I Nr. 2 vgl. u. 34 a. Im Bereich *präventiv-polizeilicher Gefahrenabwehr* finden sich besondere Ermächtigungsgrundlagen für das Abhören und Aufnehmen des nichtöffentlich gesprochenen Worts (Abs. 1, 2 S. 1 Nr. 1) – darunter auch der „große Lauschangriff" auf Wohnungen – mit Unterschieden im einzelnen bezüglich der dafür notwendigen Voraussetzungen usw. u. a. in den Verfassungsschutzgesetzen (vgl. §§ 8 II, 9 BVerfSchutzG v. 20. 12. 1990, BGBl. I 2954, letztes ÄndG v. 17. 6. 1999, BGBl. I 1334; für die Länder zB § 6 LVSG Bad.-Württ. v. 22. 10. 1991, GBl. 639, letztes ÄndG v. 15. 12. 1998, GBl. 660), ferner §§ in §§ 16, 23 BKA-Ges. v. 7. 7. 1997, BGBl. I 1650, § 28 BGrenzschutzG v. 19. 10. 1994, BGBl. I 2978, letztes ÄndG v. 22. 12. 1999, BGBl. I 2534 und in den Polizeigesetzen der Länder (vgl. zB §§ 22, 23 PolG Bad.-Württ. idF v. 13. 1. 1992, GBl. 1, letztes ÄndG v. 15. 12. 1998, GBl. 660). Zu den nach diesen Gesetzen bestehenden Nutzungsmöglichkeiten – von Bedeutung für Abs. 1 Nr. 2 – vgl. die einschlägigen Bestimmungen dort; zur Zulässigkeit der Verwendung von durch eine akustische Wohnraumüberwachung nach. § 100 c I Nr. 3 StPO erlangten Erkenntnissen zu Zwecke des Strafverfahrens hinaus auch für solche präventiv-polizeilicher Art vgl. jetzt § 100 f I StPO u. näher dazu Nack KK 2 ff.; zu § 100 c I Nr. 2 vgl. u. 34 a. Hierher gehören ferner die §§ 1 ff. Ges. zu Art. 10 GG v. 13. 8. 1968, BGBl. I 949 (letzt. ÄndG v. 17. 6. 1999 BGBl. I 1334), wo den Verfassungsschutzbehörden, dem Bundesnachrichtendienst usw. zur Abwehr von Gefahren für die freiheitlich demokratische Grundordnung usw. unter bestimmten, durch Art. 13 VerbrBekG v. 28. 10. 1994 (BGBl. I 3186) inzwischen erheblich erweiterten Voraussetzungen die Überwachung und Aufzeichnung des Fernmeldeverkehrs gestattet wird (zu den neuen Überwachungsmöglichkeiten nach § 3 und der sog. verdachtslosen Rasterfahndung vgl. jedoch BVerfG NStZ **95**, 503 u. jetzt BGBl. I 1999, S 1914, NJW **00**, 55, 66 f. m. Bspr. Arndt S. 47 mit dem Ergebnis der teilweisen Verfassungswidrigkeit des § 3; krit. zur Neuregelung auch Arndt NJW 95, 169, Köhler StV 94, 386, Pfeiffer ZRP 94, 254, Riegel ZRP 95, 176); zur Zulässigkeit eines V-Mann-Einsatzes in Zusammenhang mit einer gleichzeitigen Telefonüberwachung nach Art. 8 MRK vgl. EGMR NJW **92**, 3088 u. zur Unzulässigkeit der Überwachung von Konsularbeamten BGH NJW **90**, 1799 m. Anm. Schroeder JZ 90, 1034. Eine besondere Ermächtigungsgrundlage enthalten seit dem Ges. v. 28. 2. 1992 (BGBl. I 372) schließlich die §§ 39 ff. AWG (vgl. dazu aber auch § 202 a RN 11) über die Befugnis des Zollkriminalamts, zur Verhütung von Straftaten nach dem AWG den Fernmeldeverkehr zu überwachen und aufzuzeichnen (krit. dazu Gusy StV 92, 484, Michalke StV 93, 267). Soweit diese Vorschriften den Fernmeldeverkehr betreffen, begründen sie Eingriffsrechte sowohl in das Fernmeldegeheimnis (Art. 10 GG) als auch in das andersartige Rechtsgut des § 201 (vgl. auch BGH **34** 50 zu § 100 a StPO), nicht aber werden umgekehrt durch die Befugnis zum Abhören usw. des nichtöffentlich gesprochenen Worts als Eingriffe in das Fernmeldegeheimnis mit abgedeckt. Keine Befugnis iS des § 201 ergibt sich dagegen aus den §§ 168 a II StPO, 160 a I ZPO, da diese Bestimmungen nach h. M. zwar das Herstellen eines (vorläufigen) Tonbandprotokolls auch ohne Zustimmung der beteiligten Personen, nicht aber – und nur darum geht es in § 201 (o. 13) – das heimliche Aufnehmen gestatten (vgl. zB KK-Müller § 168 a RN 4, Rieß LR § 168 a RN 24). Da Tonbandaufnahmen in der Hauptverhandlung ohnehin der Zustimmung der Betroffenen bedürfen (vgl. BGH **19** 193, Schleswig NStZ **92**, 399 m. Anm. Molketin NStZ 93, 145), sind heimliche Aufnahmen dort erst recht unzulässig.

Wesentlich an Bedeutung verloren hat in diesem Zusammenhang seit der Schaffung zT weitreichender Ermächtigungsgrundlagen durch das OrgKG, die Polizeigesetze der Länder u. weitere Gesetze der **rechtfertigende Notstand**, da bei behördlichen Maßnahmen ein Rückgriff auf § 34 ausgeschlossen ist, wenn auch nicht der Interessenkonflikt durch spezielle öffentlich-rechtliche Bestimmungen abschließend geregelt ist (§ 34 RN 7). Ganz ausgeschlossen ist § 34 im Bereich der *Strafverfolgung*, da hier die strafprozessualen Befugnisse (§§ 100 a ff. StPO) iS eines numerus clausus zu verstehen sind (vgl. BGH **31** 306). Schon aus diesem Grund auch nicht nach § 34 gerechtfertigt ist daher zB eine nach § 100 a StPO unzulässige, weil außerhalb des Fernmeldeverkehrs erfolgende „Raumgesprächs"-Aufzeichnung über einen versehentlich eingeschalteten Telefonhörer im Rahmen einer Telefonüberwachung (BGH **31** 296 m. Anm. Amelung JR 84, 254, Geerds NStZ 83, 518; zu einer schon nach § 100 a StPO zulässigen „Raumgesprächs"-Aufzeichnung vgl. Düsseldorf NJW **95**, 975), ebensowenig die Verletzung der Zuständigkeitsregelung des § 100 b StPO (BGH **31** 304 m. Anm. Gössel JZ 84, 361) und die Überwachung des Fernmeldeverkehrs zwischen dem Beschuldigten und seinem Verteidiger (vgl. dazu BGH **33** 347, K/Meyer-Goßner § 100 a RN 13 mwN. u. näher Brenner, Die strafprozessuale Überwachung des Fernmeldeverkehrs mit Verteidigern, 1994; zu den Grenzen vgl. auch Düsseldorf aaO). Ebenso müßte die von der h. M. zur Überführung eines Straftäters in Fällen schwerer Kriminalität oder zur Entlastung eines Unschuldigen für zulässig gehaltene heimliche Aufzeichnung einer Beschuldigtenvernehmung (vgl. Bonjong KK § 136 a RN 25 Hanack LR § 136 a RN 44 mwN.; offengelassen für den ersten Fall von BGH **34** 52 u. nw. Rogall SK-StPO § 136 a RN 58) heute auf der Basis der durch das OrgKG neugeschaffenen § 100 c StPO gelöst werden können, so wie umgekehrt nach dieser Bestimmung jetzt auch die bisher als unzulässig angesehene heimliche Aufnahme eines Gesprächs des Beschuldigten zum Zweck eines physikalisch-sonographischen Stimmenvergleichs (vgl. BGH **34** 39) zu beurteilen wäre. Allein eine Frage des Prozeßrechts ist es schließlich, ob und inwieweit Abhörergebnisse im Strafverfahren als Beweismittel durch Handlungen nach Abs. 1 Nr. 2 verwertet werden dürfen. Dasselbe gilt für die prozessuale Verwertung heimlicher Aufnahmen durch Private, die nach der hier gebotenen Interessenabwägung von der h. M. etwa in Fällen schwerer Kriminalität zur Überführung von Straftätern oder zur Entlastung von

34 a

Unschuldigen für zulässig gehalten wird (vgl. zB BVerfGE **34** 249 f., m. Anm. Arzt JZ 73, 505, BGH **19** 332, **27** 357, **34** 401, **36** 173, Bay NJW **90**, 198, aber auch BGH **14** 358; zur Verwertbarkeit im Zivilprozeß vgl. zB BGH[Z] NJW **82**, 277 m. Anm. Dünnebier NStZ **82**, 255 [zivilrechtliche Ehrenschutzklage], KG NJW **67**, 115, Stuttgart MDR **77**, 683 [Ehescheidung], Werner NJW 88, 993 mwN). – Auch im Bereich *polizeilicher Gefahrenabwehr* (zum Problem der hier auftretenden „Gemengelagen" vgl. Achenbach AK-StPO § 163 RN 11 mwN) hat § 34 nach Einführung spezieller gesetzlicher Ermächtigungen inzwischen wesentlich an Bedeutung verloren. So ist es zB selbstverständlich, daß die o. 34 genannten Gesetzesbestimmungen, die, wie schon ihre unterschiedlichen Kataloge von „Erhaltungsgütern" zeigen, jeweils abschließender Natur sind und deshalb nicht mit Hilfe des § 34 auf Gefahren anderer Art erweitert werden dürfen. Mit dem neuen § 109 f StPO erledigt hat sich auch die bisher nur mit Hilfe des § 34 (vgl. die Voraufl.) zu entscheidende Frage, ob durch eine Maßnahme nach § 100 c I Nr. 3 erlangte Information auch für präventive Zwecke und umgekehrt präventiv erlangte Erkenntnisse im Strafverfahren verwendet werden dürfen (offen bleibt dies in § 100 f allerdings für Abhörmaßnahmen nach § 100 c I Nr. 2, wo – vgl. dazu Nack KK § 109 f RN 19 – einiges für das Nichtbestehen spezieller Verwendungsbegrenzungen im einen oder anderen Sinn spricht). Völlig obsolet geworden ist § 34 deshalb aber nicht. Auf § 34 angewiesen ist man zB bei der Warnung der Bevölkerung vor einem flüchtigen Schwerverbrecher durch seine Stimmwiedergabe im Rundfunk mit Hilfe einer der Polizei zugespielten illegalen Tonbandaufnahme (Abs. 1 Nr. 2; zur Anwendbarkeit schon des § 32, wenn solche Maßnahmen die Identifizierung des Geiselnehmers und damit die Befreiung der bedrohten Geisel ermöglichen sollen, o. 31 a), und dasselbe gilt, da der besondere Rechtfertigungsgrund des Abs. 2 S. 3 für andere Fälle gedacht ist (o. 33 a), wenn die Bevölkerung vor Händlern mit giftigen Lebensmitteln gewarnt wird, von denen die Behörde auf diesem Weg Kenntnis erlangt hat (Abs. 2 S. 1 Nr. 2). Auch in anderen Fällen, in denen spezielle Vorschriften (noch) fehlen, bleibt § 34 unverzichtbar.

35 **VI. Vorsatz und Irrtum.** Der Vorsatz – bedingter Vorsatz genügt bei allen Tatbeständen des § 201 – muß im Fall des Abs. 1 Nr. 1, Abs. 2 S. 1 Nr. 1 auch die Heimlichkeit des Aufnehmens bzw. Abhörens (tatbestandseinschränkende Funktion des Merkmals „unbefugt", o. 13, 20) umfassen. Daß das Aufnehmen oder Abhören ohne Wissen des Betroffenen erfolgt ist, muß auch der Täter des Abs. 1 Nr. 2, Abs. 2 S. 1 Nr. 2 wissen, nicht aber, daß diese auch rechtswidrig und in diesem Sinne „unbefugt" waren (zu Abs. 2 Nr. 1 and. Düsseldorf NJW **95**, 975, M-Maiwald I 296, Tröndle 10). Letzteres ergibt sich daraus, daß Handlungen nach Abs. 1 Nr. 2, Abs. 2 S. 1 Nr. 2 auch bei einem rechtswidrigen Aufnehmen gerechtfertigt sein können (o. 33), während sie umgekehrt nicht eo ipso schon deshalb rechtmäßig sind, weil das Aufnehmen usw. dies war (o. 16, 23, 29; eine dahingehende Annahme wäre daher nur ein Verbotsirrtum. Im übrigen kann der Irrtum über die (rechtfertigende) Befugnis je nach Sachlage ein analog § 16 zu behandelnder Erlaubnistatbestandsirrtum (vgl. 21 vor § 32) oder ein Verbotsirrtum (§ 17) sein (vgl. Frankfurt NJW **77**, 1547, Karlsruhe NJW **79**, 1513; zum Irrtum bei der Einwilligung und mutmaßlichen Einwilligung vgl. 52, 60 vor § 32, zum Irrtum bei § 34 vgl. dort RN 50 f.). Eine falsche Abwägung nach Abs. 2 S. 3 ist bei zutreffend erkanntem Sachverhalt ein bloßer Verbotsirrtum (vgl. entspr. § 34 RN 51).

36 **VII. Vollendet** ist die Tat nach Abs. 1 Nr. 1, Abs. 2 S. 1 Nr. 1 mit dem Aufnehmen bzw. Abhören des ersten gesprochenen Worts, auch wenn es der Täter auf mehr als einen Satz abgesehen hatte (zB auftretender Defekt); Entsprechendes gilt für das Abspielen nach Abs. 1 Nr. 2. Der **Versuch** ist in allen Fällen strafbar **(Abs. 4)**. Er beginnt nicht schon, wenn das Gerät betriebsbereit gemacht wird, sondern erst, wenn der Täter sich anschickt, es einzuschalten (vgl. auch Träger LK[10] 34). Beendet ist der Versuch mit dem Einschalten auch, wenn der Aufzunehmende oder Abzuhörende (zunächst) nicht spricht. Zum fehlgeschlagenen Versuch bei einem Versagen des Geräts vgl. § 24 RN 7 ff.

37 **VIII. Konkurrenzen. 1.** Unbefugtes Aufnehmen oder Abhören (Abs. 1 Nr. 1, Abs. 2 S. 1 Nr. 1) kann zu Strafbestimmungen, die das Ausspähen von Geheimnissen erfassen (zB §§ 96, 98, 99) in Idealkonkurrenz treten. Mit Vorschriften, die den Geheimnisverrat bestrafen (so zB §§ 94, 95, 97, 203, 206, § 17 UWG) besteht Idealkonkurrenz, wenn dies durch Gebrauchen oder Zugänglichmachen der Aufnahme selbst (Abs. 1 Nr. 2) geschieht; wird nur der Inhalt des Aufgenommenen oder Abgehörten weitergegeben, ist regelmäßig nur Tatmehrheit gegeben. Zwischen Abs. 1 Nr. 1, Abs. 2 S. 1 Nr. 1 und §§ 86 S. 1, 95 Alt. 1 TKG einerseits (enger noch §§ 11, 18 FAG) sowie zwischen Abs. 1 Nr. 2 Abs. 2 Nr. 2 und §§ 86 S. 2, 95 2. Alt. TKG andererseits ist Tateinheit möglich (Büchner in: Büchner u. a., TKG [s. o. 20] § 95 RN 5). Idealkonkurrenz ist auch möglich mit § 94 I Nr. 1 TKG.

38 **2.** Für das **Verhältnis der verschiedenen Tatbestände** des § 201 gilt folgendes: Bei Abs. 1 Nr. 1 u. Nr. 2 handelt es sich um unselbständige Alternativen eines Tatbestandes. Daher begeht nur eine Tat nach § 201 I, wer eine Aufnahme herstellt und sie dann gebraucht oder einem Dritten zugänglich macht (ebenso Otto II 127 f., iE auch Samson SK 35; anal. Jung NK 25, Lackner/Kühl 19, Träger LK[10] 36 [nur bei Gebrauchsabsicht im Zeitpunkt des Aufnehmens]). Bei mehrfachem Gebrauchmachen kommt seit BGH **40** 138 wohl nur noch Realkonkurrenz, nicht mehr dagegen Fortsetzungszusammenhang in Betracht. Mißbräuchliches Abhören (Abs. 2 S. 1 Nr. 1) und unbefugtes Aufnehmen usw. (Abs. 1 Nr. 1) sind selbständige Tatbestände, so daß zwischen ihnen Idealkonkurrenz möglich ist (Jung NK 25, Lackner/Kühl 19, Träger LK[10] 36, Tröndle 12). Erst recht gilt dies wegen der unterschiedlichen Schutzrichtung für Abs. 1 Nr. 1, Abs. 2 S. 1 Nr. 1 einerseits und Abs. 2 S. 1 Nr. 2 andererseits (o. 2).

IX. In **Abs. 5** werden alle **Tonträger** und **Abhörgeräte,** die bei einer der vorgenannten Taten 39
Verwendung gefunden haben, der **Einziehung** unterworfen, ohne daß es dabei auf die Feststellung
ankäme, ob sie im Einzelfall als Tatwerkzeug oder als Tatprodukt iS des § 74 anzusehen sind. Für die
sonstigen Voraussetzungen und Folgen der Einziehung sind die §§ 74 ff. maßgebend, insbes. muß ein
Einziehungsgrund iS des § 74 II gegeben sein (vgl. 11 f. vor § 73). Darüber hinaus ist aber hier auch
die strafähnliche Dritteinziehung nach § 74 a für zulässig erklärt (Abs. 5 S. 2). Der Einziehung
behördeneigener Geräte usw. im Fall das Abs. 3 steht § 74 II entgegen.

X. Die Gemeintatbestände des Abs. 1 und 2 sind gemäß § 205 I **Antragsdelikte.** 40

§ 202 Verletzung des Briefgeheimnisses

(1) Wer unbefugt
1. einen verschlossenen Brief oder ein anderes verschlossenes Schriftstück, die nicht zu seiner Kenntnis bestimmt sind, öffnet oder
2. sich vom Inhalt eines solchen Schriftstücks ohne Öffnung des Verschlusses unter Anwendung technischer Mittel Kenntnis verschafft,

wird mit Freiheitsstrafe bis zu einem Jahr oder mit Geldstrafe bestraft, wenn die Tat nicht in § 206 mit Strafe bedroht ist.

(2) Ebenso wird bestraft, wer sich unbefugt vom Inhalt eines Schriftstücks, das nicht zu seiner Kenntnis bestimmt und durch ein verschlossenes Behältnis gegen Kenntnisnahme besonders gesichert ist, Kenntnis verschafft, nachdem er dazu das Behältnis geöffnet hat.

(3) Einem Schriftstück im Sinne der Absätze 1 und 2 steht eine Abbildung gleich.

Vorbem. Abs. 3 geändert durch das 2. WiKG v. 15. 5. 1986, BGBl. I 721; durch Art. 2 Abs. 13 Nr. 2 des BegleitG zum TKG v. 17. 12. 1997, BGBl. I 3108 wurde der bisher in Abs. 1 genannte § 354 durch den jetzt an seine Stelle getretenen § 206 ersetzt.

I. Durch das **EGStGB** wurde der Schutz von Schriftstücken gegen den Bruch des Briefgeheimnis- 1
ses durch eine Erweiterung des Tatbestandes auf gleichwertige Formen der Kenntnisverschaffung und
eine Erhöhung der Strafdrohung gegenüber dem früheren Recht (§ 299 aF) wesentlich verstärkt (vgl.
EEGStGB 237, ferner § 184 E 62; zT krit. Arzt/Weber I 195); wegen der Einzelheiten vgl. die 20. A.
Nicht erfaßt werden von § 202 sonstige Indiskretionen (zB Mitteilung des Inhalts eines versehentlich
oder von einem Dritten geöffneten Schriftstücks, vgl. EEGStGB 237), i. U. zu § 201 Abs. 2 Nr. 2
auch nicht die öffentliche Mitteilung des Inhalts (vgl. dazu § 201 RN 2).

Geschütztes **Rechtsgut** ist nicht schon die Unversehrtheit des Verschlusses (so jedoch zu § 299 aF 2
zB RG GA Bd. **61**, 339; vgl. auch Samson SK 1), wogegen außer der systematischen Stellung der
Vorschrift vor allem Abs. 1 Nr. 2 und Abs. 2 sprechen, u. a. deswegen, weil dort eine Kenntnisnahme
vom Inhalt verlangt wird. Entgegen der Überschrift schützt § 202 aber auch nicht nur das Briefgeheimnis, denn während sich dieses seinem Begriffe nach nur auf den Nachrichtenverkehr zwischen
zwei verschiedenen Personen bezieht (vgl. für Art. 10 GG Maunz-Dürig RN 13), fallen unter § 202
auch Schriftstücke, die der Eigentümer für sich selbst verschlossen aufbewahrt. Ebenso ungenau ist der
Hinweis auf den „Schutz der Privatsphäre" (BGH NJW **77**, 590), da § 202 zB auch für Mitteilungen
im Behördenverkehr gilt (vgl. Träger LK¹⁰ 2). Rechtsgut des § 202 ist vielmehr ganz allgemein die aus
dem Recht am gedanklichen Inhalt eines Schriftstücks folgende Befugnis, andere von dessen Kenntnisnahme auszuschließen bzw. diesen nur bestimmten Personen zugänglich zu machen, ein Recht, das
freilich nur dann geschützt wird, wenn das Schriftstück durch einen Verschluß gegen Kenntnisnahme
besonders gesichert ist (Lenckner JR 78, 424; vgl. iE auch Jung NK 5: Schutz des „Schrift-
geheimnisses", aber auch Küper JZ 77, 465, Schmitz JA 95, 297). Dabei braucht es sich nicht
notwendig um eine Verkörperung eigener Gedankenäußerungen zu handeln (zB die in einer verschlossenen Kassette aufbewahrten Briefe der verstorbenen Ehefrau); nicht entscheidend sind auch die
Eigentumsverhältnisse (zB beschlagnahmtes Schriftstück, das von der Staatsanwaltschaft in einem Brief
verschickt wird). Gegen die Geheimsphäre richtet sich die Tat nur in einem weiteren Sinn, da Inhalt
des Schriftstücks kein Geheimnis im materiellen Sinn zu sein braucht (vgl. daher auch Küper JZ 77,
465, Lackner/Kühl 1, M-Maiwald I 283, Träger LK¹⁰ 2: „formaler Geheimbereich"). Zum weiterreichenden, unabhängig von § 201 unmittelbar aus dem allgemeinen Persönlichkeitsrecht abgeleiteten
zivilrechtlichen Schutz des Briefgeheimnisses vgl. BGH JZ **90**, 754 m. Anm. Helle, Giese JR 91, 69
(Schutz des „Kommunikationsbereichs" und damit des Empfängers vor Zugang der Sendung).

II. **Tatobjekt** sind in Abs. 1 Nr. 1 Briefe und andere Schriftstücke, wogegen Nr. 2 und Abs. 2 nur 3
auf letztere Bezug nehmen. Aus der Formulierung der Nr. 1 ergibt sich jedoch, daß der Brief nur als
Unterart des Schriftstücks zu verstehen ist, so daß Nr. 2 und Abs. 2 auch auf Briefe uneingeschränkt
anwendbar sind. Gleichgestellt sind den Schriftstücken gewisse andere Gegenstände (Abs. 3).

1. Brief ist jede schriftliche Mitteilung einer Person an eine andere (RG **1** 115, **36** 268), unabhän- 4
gig von der Art der Übermittlung (Post, Privatbote etc.) und dem Vorhandensein einer Unterschrift
des Absenders (Blei II 119 f., Träger LK¹⁰ 6). Ein leerer, aber unverschlossener Briefumschlag ist kein
Brief, ebensowenig eine Warensendung in einem Briefumschlag (and. § 206 II Nr. 1). **Schriftstück**
ist jede Verkörperung eines gedanklichen Inhalts durch Schriftzeichen (näher zum Erfordernis der

Schrift vgl. Träger LK[10] 4). Um eine Urkunde iS des § 267 braucht es sich dabei nicht zu handeln; ebensowenig braucht das Schriftstück eine Mitteilung an andere (zB Tagebuch) oder eigene Gedanken zu enthalten (vgl. Träger LK[10] 5, 8). Einschränkungen ergeben sich jedoch sowohl für Briefe als auch für Schriftstücke daraus, daß nur verschlossene Briefe usw. geschützt sind und der Verschluß speziell dazu dienen muß, die beliebige Kenntnisnahme gerade des gedanklichen Inhalts zu verhindern (Helle, Besondere Persönlichkeitsrechte im Privatrecht 1991, 320, Träger LK[10] 10, Tröndle 3). Nicht unter die Vorschrift fallen daher zB verschlossene Umschläge, die lediglich Geld, Zeitungen oder Mitteilungen allgemeiner Art wie zB Gebrauchsanweisungen, Werbebroschüren usw. enthalten (Blei II 120, JA 74, 605, Jung NK 3, Lackner/Kühl 2, Tröndle 3, W-Hettinger 548; and. Bockelmann II/2 S. 171 f., Schmitz JA 95, 297, zT auch Träger LK[10] 10), es sei denn, daß sich aus den besonderen Umständen ein fremder Kenntnisnahme entgegenstehendes Interesse ergibt (zB Aufschrift „persönlich" bei Werbung für pornographische Schriften; vgl. ferner auch Haft BT 74, Rengier II 176). Ein Geheimnis im materiellen Sinn braucht der Brief usw. nicht zu enthalten (Tröndle 2); es genügt, daß sein Inhalt – gleichgültig aus welchen Gründen – anderen nicht ohne weiteres zugänglich sein soll.

5 2. Den Schriftstücken sind nach **Abs. 3** gleichgestellt **Abbildungen** (Fotos, Lichtpausen usw.; vgl. § 11 RN 78). Diese brauchen zwar über die schlichte Wahrnehmbarkeit des Abgebildeten hinaus keinen „Gehalt" aufzuweisen (Blei II 121), entsprechend der ratio legis muß der Berechtigte aber ein Interesse daran haben, andere von ihrer beliebigen Kenntnisnahme auszuschließen. Abbildungen iS des Abs. 3 sind daher zB zwar Erinnerungsfotos, nicht aber die an jedem Kiosk erhältliche Bildpostkarte des Urlaubsorts, die zufällig im verschlossenen Schreibticki aufbewahrt wird (so mit Recht Blei aaO; vgl. aber auch Träger LK[10] 12). Die ursprünglich den Schriftstücken ebenfalls gleichgestellten sonstigen „zur Gedankenübermittlung bestimmten Träger" wurden durch das 2. WiKG gestrichen, da diese nunmehr von § 202a miterfaßt sind (vgl. BT-Drs. 10/5058 S. 29).

6 III. Die **Tathandlungen** nach **Abs. 1** müssen gegen ein verschlossenes, nicht zur Kenntnis des Täters bestimmtes Schriftstück (einschließlich Brief, o. 3) bzw. gegen eine dieselbe Voraussetzung erfüllende Abbildung (Abs. 3) gerichtet sein und bestehen darin, daß der Täter diese entweder öffnet (Nr. 1) oder ohne Öffnung des Verschlusses sich vom Inhalt Kenntnis verschafft (Nr. 2).

7 1. **Verschlossen** iS von Abs. 1 ist das Schriftstück usw., wenn ein mit ihm unmittelbar verbundener Verschluß die Kenntnisnahme durch beliebige Dritte zumindest erschwert (vgl. auch EEGStGB 237, ferner RG **16** 288, Tröndle 5 [„deutliches Hindernis"]). Dies ist zB der Fall, wenn es in einem zugeklebten Umschlag enthalten ist, nicht aber wenn mehrere offene Schriftstücke lediglich zusammengefaltet oder zu einem Bündel verschnürt sind – auch bei Kreuzbandsendungen – oder in einer Aktentasche transportiert werden. Ohne Bedeutung ist, ob der Verschluß durch einen Umschlag hergestellt oder an dem Schriftstück selbst, zB durch Versiegelung, angebracht ist. Das der Kenntnisnahme entgegenstehende Hindernis braucht nicht von so erheblicher Art zu sein, daß ein Öffnen nur durch Beschädigen des Verschlusses erfolgen kann (RG **16** 284, Jung NK 4, Träger LK[10] 13), auch schließt die ordnungsgemäße Lösbarkeit des Verschlusses – zB eine Verknotung – das Bestehen eines solchen nicht aus (RG **16** 287); eine leicht aufziehbare Schleife genügt jedoch nicht (Träger aaO, Tröndle 5; vgl. aber auch Jung aaO). Daß der Verschluß imstande sein muß, ein unbemerktes Öffnen zu verhindern, ist nicht erforderlich. Maßgeblich sind letztlich die Umstände des Einzelfalles (RG **16** 287, **42** 288). Kein Verschluß ist jedoch die Verschlüsselung der Gedankenerklärung oder eine Codierung eines Datenträgers gegen unbefugtes Datenabrufen (vgl. dazu jetzt § 202a u. dort RN 8).

8 2. Hinzukommen muß, daß das Schriftstück usw. zur **Kenntnisnahme** des Täters im Zeitpunkt der Tathandlung **nicht bestimmt** ist. Die Bestimmung trifft derjenige, der ein Recht am gedanklichen Inhalt des Schriftstücks hat (nicht notwendig der Eigentümer, vgl. o. 2, aber auch Helle aaO [o. 4] 321 [Inhaber der Sachherrschaft]) und deshalb auch darüber entscheiden kann, wem dieses zugänglich gemacht werden soll. Bei einem Brief ist dies idR der Absender; ist er dem Adressaten zugegangen (zB Einwurf in den Briefkasten), so wird jedoch ausschließlich dieser verfügungsberechtigt (vgl. Träger LK[10] 25, 36; and. Samson SK 10). Dies gilt auch, wenn der Brief versehentlich oder infolge einer Täuschung einem Dritten ausgehändigt wurde (vgl. § 205 RN 3; iE auch BGH[Z] JZ **90**, 754 m. Anm. Helle; and. Jung NK 5) oder wenn der Absender den Brief mit dem Vermerk „persönlich" versehen hat (and. Tröndle 7), da er mit dem Übergang des Rechts am Brief auf den Adressaten nicht mehr rechtlich bindend bestimmen kann, daß dieser den Brief nur selbst öffnen darf (ebensowenig wie er eine Weitergabe des Inhalts durch den Adressaten verhindern kann). Wie der Fall des an den Adressaten gelangten Briefs zeigt, ist bestimmungsberechtigt auch nicht notwendig der Verschließende oder derjenige, der den Verschluß durch den anderen anbringen läßt (vgl. aber auch Samson SK 10, Träger LK[10] 24, 28, Tröndle 7). Öffnet derjenige den Brief usw., zu dessen Kenntnisnahme dieser bestimmt ist, so fehlt es bereits an einer Tatbestandsvoraussetzung; es entfällt hier also nicht erst das Merkmal „unbefugt". Umgekehrt sagt eine besondere Öffnungsbefugnis (u. 12 ff.) nichts darüber aus, zu wessen Kenntnisnahme der Brief usw. bestimmt ist.

9 3. Ein **Öffnen** iS von **Abs. 1 Nr. 1** liegt vor, wenn der Verschluß so weit aufgehoben ist, daß eine Kenntnisnahme des Inhalts möglich ist. Nicht erforderlich ist hierzu die – auch nur teilweise – Beseitigung oder Beschädigung des Verschlusses (RG **20** 375: ausreichend bei ungenügendem Verschluß des Briefumschlages dessen Zusammendrücken, so daß das inliegende Schriftstück herausgezogen werden kann). Auf die Kenntnisnahme des Täters vom Inhalt kommt es nicht an; es genügt

4. Das ohne Öffnung erfolgte **Kenntnisverschaffen unter Anwendung technischer Mittel** **10/11** **(Abs. 1 Nr. 2)** setzt den Gebrauch spezifisch technischer Hilfsmittel (zB Durchleuchtungseinrichtung) voraus. Es genügt deshalb nicht, daß der Täter das Schriftstück lediglich von außen abtastet oder gegen das Licht hält (EEGStGB 237; krit. Schmitz JA 95, 299). Im Unterschied zu Nr. 1 muß sich der Täter vom Inhalt des Schriftstücks hier tatsächlich Kenntnis verschafft haben, was voraussetzt, daß er dieses zumindest teilweise gelesen und das Gelesene jedenfalls in seiner Wortbedeutung im wesentlichen verstanden hat (ebenso Rengier II 186; and. Jung NK 6, Träger LK[10] 21, Schmitz JA 95, 299). Das bloße „Anstellen einer visuellen Wahrnehmung" ist noch kein Kenntnisverschaffen vom *Inhalt* (ebenso Jung aaO, Träger aaO; and. Blei II 122, JA 74, 606, Lackner/Kühl 4, W-Hettinger 554); nicht ausreichend ist es deshalb, wenn das Schriftstück in einer dem Täter nicht geläufigen Fremdsprache oder in einer für ihn unleserlichen Schrift geschrieben ist (vgl. auch Haft BT 75; and. Jung aaO, Träger aaO). Andererseits ist für das Kenntnisverschaffen nicht erforderlich, daß der Täter den Gesamtzusammenhang oder den besonderen Sinn einzelner Worte versteht. – Das Erfordernis des Kenntnisverschaffens in Nr. 2 kann gegenüber Nr. 1 zu unterschiedlichen Ergebnissen führen, so wenn der Täter lediglich Geld sucht, dabei aber in Kauf nimmt, auch auf Schriftstücke zu stoßen. Ist dies der Fall, nimmt er von ihrem Inhalt jedoch keine Kenntnis, so ist er zwar nach Nr. 1 strafbar, wenn er den Brief geöffnet hat, nicht aber nach Nr. 2, wenn er den Brief durchleuchtet hat. Das gleiche gilt, wenn dem Täter eine Kenntnisnahme vom Inhalt subjektiv unmöglich ist.

5. Öffnen und Kenntnisverschaffen müssen **unbefugt** erfolgen. Es handelt sich hierbei um das **12** allgemeine Deliktsmerkmal der Rechtswidrigkeit, welches immer dann vorliegt, wenn der Täter kein Recht hat, den Brief oder das Schriftstück zu öffnen bzw. sich von seinem Inhalt Kenntnis zu verschaffen. Die Einwilligung des Verfügungsberechtigten schließt hier jedoch bereits den Tatbestand aus, da mit der Einwilligung das Schriftstück in der Regel zugleich zur Kenntnis des anderen bestimmt wird (o. 8, Jung NK 6, M-Maiwald I 287, W-Hettinger 555; enger Samson SK 10, Träger LK[10] 35).

a) Ein Recht zur Öffnung und damit auch zur Kenntnisnahme kann sich zunächst aus **gesetzlichen** **13** **Sonderregelungen** ergeben. Hierher gehören zB die §§ 99, 100 III StPO für die Öffnung von Briefen und Postsendungen nach einer Postbeschlagnahme, § 119 III StPO bzw. §§ 29 III, 130 StVollzG für die Überwachung des Schriftverkehrs von und mit Untersuchungshäftlingen bzw. Strafgefangenen und Sicherungsverwahrten (zum Vollzug der Maßregeln nach §§ 63, 64 vgl. Baur MDR 81, 803), § 99 II InsO für die Öffnung der für den Schuldner eingehenden Briefe usw. nach Anordnung der Postsperre und § 1 I iVm § 2 Ges. zu Art. 10 GG v. 13. 8. 1968 (BGBl. I 949; letztes ÄndG v. 17. 6. 1999, BGBl. I 1334) für das Öffnen dem Brief- und Postgeheimnis unterliegender Sendungen durch die Verfassungsschutzbehörden, den Bundesnachrichtendienst usw. zum Zwecke der Abwehr von drohenden Gefahren für die freiheitliche demokratische Grundordnung usw. Weitere spezielle gesetzliche Ermächtigungen enthalten § 5 ZollVerwG v. 21. 12. 1992 (BGBl. I 2125; letztes ÄndG v. 26. 5. 1998, BGBl. I 1121), das Ges. zur Überwachung strafrechtlicher u. a. Verbringungsverbote v. 24. 5. 1961 (BGBl. I 607, letztes ÄndG Art. 12 Ges. v. 14. 9. 1994, BGBl. I 2325) und die Unterbringungsgesetze der Länder (zB § 10 UBG Bad.-Württ. idF. v. 2. 12. 1991, GBl. 794, letztes ÄndG v. 3. 7. 1995, GBl. 510). Eine besondere gesetzliche Befugnis ist schließlich auch dem Erziehungsrecht der Eltern und Vormünder gem. §§ 1626, 1631, 1705, 1793, 1800 BGB zu entnehmen (vgl. dazu Jung NK 9; zum Recht des Vormunds, den Briefverkehr des Mündels zu kontrollieren, soweit dies im Einzelfall durch den Schutzzweck der Vormundschaft geboten ist, vgl. Hamm NJW-RR **86**, 81); bei der Betreuung Volljähriger besteht eine Befugnis zum Öffnen der Post dagegen nur im Falle einer ausdrücklichen Anordnung durch das Gericht (§ 1896 IV BGB). Zu den wegen der Subsidiarität gegenüber § 206 hier allerdings bedeutungslosen Befugnissen der Post vgl. dort RN 26.

b) Daneben kommen die **allgemeinen Rechtfertigungsgründe,** insbesondere Notstand und **14** mutmaßliche Einwilligung in Betracht. Letztere ist vor allem unter Ehegatten von Bedeutung; bei intakter Ehe dürfte hier ein Öffnungsrecht im Rahmen alltäglicher Angelegenheiten vielfach dem mutmaßlichen Willen des Ehepartners entsprechen (enger Jung NK 8, Träger LK[10] 37), ohne Vorliegen besonderer Umstände aber nicht bei Briefen, die erkennbar nur an seine Person gerichtet sind. Im übrigen besteht grundsätzlich kein Recht, die an den anderen Ehegatten gerichteten oder von diesem herrührenden Briefe zu öffnen (M-Maiwald I 287, Träger LK[10] 32, Tröndle 12).

6. Für den **subjektiven Tatbestand** ist *Vorsatz* erforderlich, der sich bei beiden Tatbeständen u. a. **15** darauf beziehen muß, daß es sich um einen Brief bzw. um ein sonstiges, nicht zu seiner Kenntnisnahme bestimmtes Schriftstück handelt. Nicht nach § 202 ist deshalb strafbar, wer auf einem Lohnbüro Lohntüten öffnet, um daraus das Geld zu entnehmen, dabei aber unvorhergesehen auf eine schriftliche Nachricht stößt. Während bei Nr. 1 bezüglich aller Tatbestandsmerkmale auch bedingter Vorsatz genügt, verlangt Nr. 2 eine besondere *Absicht:* Da das Kenntnisverschaffen *unter Anwendung technischer Mittel* erfolgen muß, hier also eine Mittel-Zweck-Beziehung erforderlich ist, folgt daraus für den subjektiven Tatbestand, daß zB das Durchleuchten auf das Ziel der Kenntniserlangung gerichtet sein muß (and. zB Träger LK 39). Dafür spricht auch der Vergleich mit dem entsprechend aufgebauten Tatbestand des Abs. 2, wo noch deutlicher zum Ausdruck kommt, daß das Öffnen zum Zweck der Kenntnisverschaffung erfolgt sein muß. Mangels der erforderlichen Absicht ist nach Nr. 2

§ 202 a   Bes. Teil. Verletzung des persönl. Lebens- u. Geheimbereichs

daher nicht strafbar, wem es beim Durchleuchten des Briefs lediglich auf das Auffinden von Geld ankommt, auch wenn er dann auf ein Schriftstück stößt, von dem er einzelne Teile – quasi unvermeidlich – in sein Bewußtsein aufnimmt; anders ist dies nur, wenn er das Durchleuchten fortsetzt, um das Schriftstück, an dessen Inhalt er Interesse gewonnen hat, lesen zu können. Bei irriger Annahme von Umständen, aus denen sich eine Befugnis zum Öffnen usw. ergeben würde, gilt § 16 entsprechend (vgl. 21 vor § 32); beim Irrtum über das Bestehen einer vom Recht überhaupt nicht oder jedenfalls nicht in diesem Umfang anerkannten Befugnis ist § 17 anzuwenden.

16   7. **Vollendet** ist die Tat nach Nr. 1, sobald der Verschluß so weit beseitigt bzw. überwunden ist, daß einer Kenntnisnahme nichts mehr im Wege steht, nach Nr. 2, wenn der Täter jedenfalls von einem Teil des Inhalts Kenntnis besitzt. Der Versuch ist straflos.

17   IV. **Abs. 2** erweitert den Schutz auf zur Kenntnis des Täters nicht bestimmte (o. 8) **offene**, aber – gleichsam ersatzweise (Rengier II 177) – durch ein **verschlossenes Behältnis** gegen Kenntnisnahme besonders **gesicherte Schriftstücke** (einschließlich Briefe, o. 3) bzw. Abbildungen (Abs. 3). Strafbar ist hier die Kenntnisverschaffung, nachdem der Täter das Behältnis dazu geöffnet hat.

18   1. Der Begriff des **Behältnisses** ist hier ebenso wie in § 243 I Nr. 2 (vgl. dort RN 22) zu verstehen. Schriftstücke, die in einem verschlossenen Raum offen aufbewahrt werden, sind daher durch Abs. 2 nicht geschützt. Hier soll ausreichender Schutz durch § 123 gewährleistet sein (vgl. EEGStGB 237; krit. Blei II 121, JA 74, 606). In Betracht kommen als Behältnisse demnach zB Kassetten mit Briefen oder Tagebuchaufzeichnungen, Dokumentenmappen, aber auch Schreibtische, Schubladen, Aktenschränke u. ä. Ebenso wie in § 243 I Nr. 2 (vgl. dort RN 22) muß das Behältnis tatsächlich **verschlossen** sein – eine nicht abgeschlossene Schublade genügt daher nicht –, wobei der Verschluß hier jedenfalls auch gerade der Sicherung vor fremder Kenntnisnahme dienen muß (vgl. Träger LK[10] 16 u. o. 4).

19   2. Die zweiaktige Tathandlung besteht im **Öffnen des Behältnisses** und dem nachfolgenden **Kenntnisverschaffen** (o. 10). Das Öffnen kann auch mit den dafür vorgesehenen Werkzeugen geschehen (vgl. Träger LK[10] 20), so wenn ein Angestellter, der Zugang zu dem Behältnis hat, dem Täter den Schlüssel aushändigt und dieser sich dann mittels des Schlüssels Zugang und Kenntnis verschafft. Eigenhändiges Öffnen durch den Täter ist nicht erforderlich; es genügt, wenn er den Verschluß durch einen Dritten öffnen läßt, dem es selbst auf die Kenntnisnahme nicht ankommt (and. Schmitz JA 95, 300). Dies ist unzweifelhaft, wenn der Dritte gutgläubig ist (zB Täuschung eines Schlossers, der Schlüssel sei verloren) oder unter Zwang handelt. Mittelbare Täterschaft liegt insoweit nach allgemeinen Regeln aber auch vor, wenn der Dritte den ersten Akt des mehraktigen Delikts als absichtslos – dolos handelndes Werkzeug (zur Absicht u. 21) verwirklicht (vgl. § 25 RN 18 f., Träger LK[10] 21; and. Samson SK 13). Nicht tatbestandsmäßig, weil hier das Schriftstück zu seiner Kenntnis bestimmt ist, handelt dagegen der das Behältnis öffnende Adressat des Schriftstücks, auch wenn einem Dritten die alleinige Öffnungsbefugnis zusteht (von Bedeutung, wenn dieser dem Adressaten das Schriftstück durch Einschließen in einem ihm gehörenden Behältnis vorenthält; vgl. Träger LK[10] 29, Tröndle 7).

20   3. Der Täter muß auch hier **unbefugt** handeln (o. 12 ff.), wobei es aber entscheidend nicht auf die Öffnungsbefugnis, sondern die beim Öffnenden fehlende Berechtigung zur Kenntnisnahme ankommt (o. 19).

21   4. Der **subjektive Tatbestand** erfordert außer dem (bedingten) Vorsatz im übrigen, daß der Täter das Behältnis in der *Absicht* öffnet, sich vom Inhalt der darin befindlichen Schriftstücke Kenntnis zu verschaffen („... nachdem er das Behältnis *dazu* geöffnet hat"; vgl. Jung NK 7, Lackner/Kühl 5; and. zB Schmitz JA 95, 300, Träger LK[10] 39). Eine solche Absicht iS von zielgerichtetem Handeln liegt auch vor, wenn der Täter nicht sicher weiß, ob er auf das gesuchte Schriftstück stößt (vgl. § 15 RN 67). Dagegen gilt Abs. 2 nicht, wenn jemand das Behältnis aus anderen Gründen (zB Diebstahlsabsicht) öffnet und sich erst nachträglich zur Kenntnisnahme entschließt (vgl. Lackner/Kühl 8).

22   V. **Idealkonkurrenz** besteht mit § 242 und § 246, da eine Verurteilung allein wegen Diebstahls oder Unterschlagung den besonderen Unrechtsgehalt des § 202 nicht erfaßt (ebenso BGH NJW **77**, 590 m. Anm. Küper JZ 77, 464 u. Lenckner JR 78, 424, Blei II 122 f., Jung NK 12, Lackner/Kühl 8, M-Maiwald I 287, Samson SK 19, Träger LK[10] 43, Tröndle 16; für Vorrang der §§ 242 ff. jedoch RMG 10 250, wohl auch RG **54** 295). Dagegen tritt § 303 hinter Abs. 1 Nr. 1 zurück, soweit nur der Verschluß beschädigt wird (Lenckner aaO, Träger LK[10] 43), während zu Abs. 2 Idealkonkurrenz besteht (ebenso Jung aaO; insoweit and. Lackner/Kühl 8). Daß § 206 gegenüber § 202 I vorrangig ist, folgt bereits aus dem Gesetzeswortlaut.

23   VI. Die Strafverfolgung setzt einen **Antrag** voraus, § 205.

§ 202 a Ausspähen von Daten

(1) **Wer unbefugt Daten, die nicht für ihn bestimmt und die gegen unberechtigten Zugang besonders gesichert sind, sich oder einem anderen verschafft, wird mit Freiheitsstrafe bis zu drei Jahren oder mit Geldstrafe bestraft.**

(2) **Daten im Sinne des Absatzes 1 sind nur solche, die elektronisch, magnetisch oder sonst nicht unmittelbar wahrnehmbar gespeichert sind oder übermittelt werden.**

Vorbem. Eingefügt durch das 2. *WiKG* v. 14. 5. 1986, *BGBl.* I 721.

Schrifttum: *Bär*, Polizeilicher Zugriff auf kriminelle Mailboxen, CR 95, 489. – *ders.*, Strafrechtliche Kontrolle in Datennetzen, MMR 98, 463. – *Beucher/Engels*, Harmonisierung des Rechtsschutzes verschlüsselter Pay-TV-Dienste gegen Piraterieakte, CR 98, 101. – *Binder*, Strafbarkeit intelligenten Ausspähens von programmrelevanten DV-Informationen, 1994. – *Bühler*, Ein Versuch, Computerkriminellen das Handwerk zu legen: Das Zweite Gesetz zur Bekämpfung der Wirtschaftskriminalität, MDR 87, 448. – *Etter*, Noch einmal: Systematisches Entleeren von Glücksspielautomaten, CR 88, 1021. – *Felixberger*, Staatliche Überwachung der Telekommunikation – Anwendungsbereich und Befugnispalette des Begleitgesetzes zum TKG, CR 98, 143. – *Granderath*, Das Zweite Gesetz zur Bekämpfung der Wirtschaftskriminalität, DB 86, Beil. 18, 1. – *v. Gravenreuth*, Computerviren, Hacker, Datenspione, Crasher und Cracker, NStZ 89, 201. – *Haft*, Das Zweite Gesetz zur Bekämpfung der Wirtschaftskriminalität (Computerdelikte), NStZ 87, 6. – *Haß*, Der strafrechtliche Schutz von Computerprogrammen, in: Lehmann (Hrsg.), Rechtsschutz und Verwertung von Computerprogrammen, 2. Aufl. (1993), 479. – *Hauptmann*, Zur Strafbarkeit des sog. Computerhackens – Die Problematik des Tatbestandsmerkmals „Verschaffen" in § 202 a StGB, jur – PC 89, 215. – *Heinrich*, Die Strafbarkeit der unbefugten Vervielfältigung u. Verbreitung von Standardsoftware, 1993. – *Jessen*, Zugangsberechtigung und besondere Sicherung im Sinne von § 202 a StGB, 1994. – *Leicht*, Computerspionage – Die „besondere Sicherung gegen unberechtigten Zugang" (§ 202 a StGB), IuR 87, 45. – *Lenckner/Winkelbauer*, Computerkriminalität – Möglichkeiten und Grenzen des 2. WiKG (I), CR 86, 483. – *Mehrings*, Der Rechtsschutz computergestützter Fachinformationen, 1990. – *Meier*, Softwarepiraterie – eine Straftat?, JZ 92, 657. – *Möhrenschlager*, Das neue Computerstrafrecht, wistra 86, 128. – *Palm/Roy*, Mailboxen: Staatliche Eingriffe und andere rechtliche Aspekte, NJW 96, 1791. – *Schlüchter*, Zweites Gesetz zur Bekämpfung der Wirtschaftskriminalität, 1987. – *dies.*, Zweckentfremdung von Geldspielgeräten durch Computermanipulationen, NStZ 88, 53. – *Schmitz*, Ausspähen von Daten, § 202 a StGB, JA 95, 478. – *Schulze-Heiming*, Der strafrechtliche Schutz des Computerdaten gegen die Angriffsformen der Spionage, Sabotage und des Zeitdiebstahls, 1995. – *Sieber*, Informationstechnologie und Strafrechtsreform, 1985. – *Tiedemann*, Die Bekämpfung der Wirtschaftskriminalität durch den Gesetzgeber, JZ 86, 865. – *Welp*, Datenveränderung (§ 303 a StGB), IuR 88, 443. – *Westpfahl*, Strafbarkeit des systematischen Entleerens von Glücksspielautomaten, CR 87, 515. – **Materialien:** Entwurf eines 2. Gesetzes zur Bekämpfung der Wirtschaftskriminalität (2. WiKG), Beschlußempfehlung und Bericht des Rechtsausschusses, BT-Drs. 10/5058.

I. Rechtsgut. Die durch das 2. WiKG (vgl. Vorbem.) eingefügte Vorschrift soll die Strafbarkeitslücken schließen, die mit dem Aufkommen computergestützter Informations- und Kommunikationssysteme bei § 202 entstanden waren (u. a. beim Abfangen von Daten im Übermittlungsstadium; vgl. BT-Drs. 10/5058 S. 28, Engelhard DVR 85, 171, Möhrenschlager wistra 86, 139 f., Sieber aaO 51 ff., Tröndle 1). Entsprechend § 202 (vgl. dort RN 2) ist Rechtsgut des § 202 a daher die formelle Verfügungsbefugnis desjenigen, der als „Herr der Daten" – d. h. kraft seines Rechts an ihrem gedanklichen Inhalt und damit unabhängig von den Eigentumsverhältnissen am Datenträger – darüber bestimmen kann, wem diese zugänglich sein sollen (ebenso Celle CR 90, 277, Binder aaO 42, Jähnke LK[10] 2, Jessen aaO 37 ff., 44, M-Maiwald I 299, iE weitgehend auch Haß aaO 480, Jung NK 2, Lackner/Kühl 1, Leicht IuR 87, 45, Möhrenschlager wistra 86, 140, Samson SK 1, Schulze-Heiming aaO 337 ff., Tröndle 2; vgl. näher Lenckner/Winkelbauer CR 86, 485, aber auch Mehrings aaO 181 f., 185, Tiedemann JZ 86, 871). Ebenfalls in Übereinstimmung mit § 202 ist dieses Recht allerdings auch hier nur dann geschützt – insofern enthalten beide Vorschriften ein „viktimodogmatisches" Element (vgl. 70 b vor § 13) –, wenn die Daten besonders gesichert sind. Dagegen dient § 202 a nicht dem Schutz von Geheimhaltungs- oder sonstigen Interessen dessen, über den die Daten etwas aussagen („Betroffener" iS des BDSG; vgl. Lenckner/Winkelbauer aaO, Jessen aaO 43, aber auch Gössel I 426, Lackner/Kühl 1 [„mitgeschützt"], Schlüchter aaO 61 ff.); diesen Schutz gewährt vielmehr ausschließlich § 43 BDSG, wenngleich nur für personenbezogene Daten, während § 202 a entgegen der auch hier ungenauen Titelüberschrift (vgl. 2 vor § 201) eine solche Beschränkung nicht kennt. Daß mit dem Verfügungsrecht über Daten häufig (aber keineswegs notwendig) wirtschaftliche Interessen verbunden sind, macht die Tat noch nicht zu einem Vermögensdelikt; insoweit handelt es sich vielmehr um einen bloßen Schutzreflex (vgl. auch Haft NStZ 87, 9 [Vermögen als Rechtsgut] u. dagegen Haß aaO 480, Jessen aaO 37 ff., Jung NK 2). Zu auch international noch in der Entwicklung begriffenen Computerstrafrecht vgl. Jung NK 1 mwN.

II. Die Bedeutung der Vorschrift reicht über den Tatbestand des § 202 a insofern hinaus, als **Abs. 2** eine **Legaldefinition** der geschützten Daten enthält, die auch für andere Bestimmungen gilt, dies freilich nur, soweit dort ausdrücklich auf § 202 a II verwiesen wird (vgl. §§ 274 I Nr. 2, 303 a, 303 b I Nr. 1 i. V. mit § 303 a), während im übrigen (zB § 263 a) vom allgemeinen Datenbegriff auszugehen ist (vgl. auch BT-Drs. 10/5058 S. 34). Auch davon abgesehen ist die Definition des Abs. 2 jedoch nur von beschränktem Wert, weil sie den Begriff des Datums selbst offenläßt und diesen nur insofern einschränkt, als Daten iS des § 202 a (bzw. der Vorschriften, die hierauf verweisen) nur solche sein sollen, die elektronisch, magnetisch oder sonst nicht unmittelbar wahrnehmbar gespeichert sind oder übertragen werden.

1. Der Begriff der **Daten** (bzw. des Datums), der bisher schon in § 268 verwendet wurde (vgl. dort RN 11), ist auch im Bereich der Datenverarbeitung nicht eindeutig (vgl. dazu Lenckner/Winkelbauer CR 86, 484 f. mwN). Bei den einschlägigen Tatbeständen des 2. WiKG ist von einem weiten Datenbegriff auszugehen, der entsprechend dem allgemeinen Sprachgebrauch alle durch Zeichen oder kontinuierliche Funktionen dargestellten Informationen erfaßt, die sich als Gegenstand oder Mittel der Datenverarbeitung für eine Datenverarbeitungsanlage codieren lassen oder die das Ergebnis eines

§ 202 a   4–6   Bes. Teil. Verletzung des persönl. Lebens- u. Geheimbereichs

Datenverarbeitungsvorgangs sind. Nicht entscheidend ist daher, ob die Daten noch weiterer Verarbeitung bedürfen, weshalb hierunter neben den Eingabe- und Stammdaten auch die Ausgabedaten fallen (zum Ganzen vgl. auch Jähnke LK[10] 3, Lackner/Kühl § 263 a RN 3, Samson SK 4, Schlüchter aaO 60 u. näher Lenckner/Winkelbauer aaO, Welp IuR 88, 444 f., ferner den Entwurf einer Neudefinition von DIN 44 300 Teil 2-3.1.13 bei Möhrenschlager wistra 86, 132; krit. dazu Jessen aaO 47 f.). Als Mittel der Datenverarbeitung sind Daten auch die ihrerseits wieder aus Daten zusammengefügten Programme (vgl. Jähnke aaO; and. v. Gravenreuth NStZ 89, 203 f.) – daß diese in § 263 neben den Daten eigens genannt sind, dient lediglich der Klarstellung (vgl. BT-Drs. 10/5058 S. 30) –, ferner solche Daten, die einen Zugangscode darstellen (Lackner/Kühl aaO, Möhrenschlager aaO, Schlüchter aaO). Im Unterschied zum BDSG müssen die Daten hier nicht personenbezogen sein; auch ein Geheimnis braucht ihnen nicht zugrunde zu liegen (wogegen im Fall des § 202 a auch nicht dessen Überschrift „Ausspähen von Daten" spricht, vgl. Lenckner/Winkelbauer CR 86, 485 f., ferner Jähnke LK[10] 2, Mehrings aaO 180, Möhrenschlager wistra 86, 140).

4 2. Dieser allgemeine Datenbegriff erfährt durch **Abs. 2** eine **zweifache Einschränkung**: 1. Die Daten dürfen *nicht unmittelbar wahrnehmbar*, d. h. also erst nach einer entsprechenden technischen Umformung sichtbar oder hörbar sein (krit. zu diesem Kriterium Welp IuR 88, 446). Ausgenommen sind damit manuell erstellte Datensammlungen (BT-Drs. 10/5058 S. 29), aber auch Lochkartendaten, weil sie visuell unmittelbar wahrnehmbar sind, mögen sie zur Erfassung ihres Bedeutungsgehalts auch noch der Entschlüsselung bedürfen (vgl. v. Gravenreuth NStZ 89, 206, Haß aaO 481; Jähnke LK[10] 4, Jung NK 4, Lackner/Kühl 2, Lenckner/Winkelbauer CR 86, 484, Schlüchter aaO 60 f., Tröndle 4; Welp IuR 88, 446; and. Gössel I 426). Nicht erforderlich ist dagegen eine Umsetzung in andere Zeichen, weshalb auch die zu ihrer Wahrnehmung mittels eines Lesegerätes lediglich zu vergrößernden Daten auf Mikrofilmen nicht unmittelbar wahrnehmbar sind (Lackner/Kühl 2, Schmitz JA 95, 480; and. SK-Samson 7, Jähnke LK[10] 4). Ohne Einfluß auf die Frage der Wahrnehmbarkeit bleiben lediglich solche technischen Hilfsmittel, die ein abgeschwächtes Wahrnehmungsvermögen auf die durchschnittliche Höhe anheben (zB Brillen, Hörgeräte o. ä., vgl. Jessen aaO 51 f., Schmitz JA 95, 480). Wie durch die Worte „oder sonst" klargestellt wird, ist Abs. 2 auch offen für künftige Technologien bei der Speicherung oder Übermittlung von Daten (vgl. BT-Drs. 10/5058 S. 29). Zu den nur beispielhaft genannten Formen elektronischer oder magnetischer Fixierung gehören zB Röhren- und Relaissysteme, Magnetplatten oder -bänder, Disketten, Floppies, COM- bzw. CIM-Systeme (vgl. zu diesen Welp aaO 446, aber auch Jähnke LK[10] 4, Samson SK 7) und Hologrammspeicher (Bühler MDR 87, 453). – 2. Daten iS des § 202 a sind ferner nur solche, die entweder *gespeichert* sind oder *übermittelt* werden, wobei mit der Einbeziehung der letzteren das praktisch bedeutsame „Anzapfen" von Datenübertragungsleitungen erfaßt werden soll (vgl. BT-Drs. 10/5058 S. 28). Gespeichert sind die Daten, wenn sie zum Zweck ihrer weiteren Verwendung erfaßt, aufgenommen oder aufbewahrt sind (§ 3 V Nr. 1 BDSG), womit alle Formen ihrer Verkörperung auf einen Datenträger geschützt sind (krit. zu der Verwendungsklausel jedoch Welp aaO 445, Schulze-Heiming aaO 43, ferner Jessen aaO 53 ff., der eine Adressierung der Daten für maßgebend hält u. dagegen Schmitz JA 95, 481). Übermittelt werden die Daten, wenn sie durch die speichernde Stelle weitergegeben oder zur Einsichtnahme, insbes. zum Abruf bereitgehalten werden, aber auch während des Datenflusses innerhalb der speichernden Stelle (Welp aaO). Daten, die nicht gespeichert sind oder sich nicht im Übertragungsstadium befinden, fallen dagegen auch nicht in den Schutzbereich des § 202 a (bzw. der auf diesen verweisenden Vorschriften); dies gilt insbes. für die (noch zu speichernden) Inputdaten und die (bereits ausgedruckten) Outputdaten (i. U. etwa zu §§ 263 a, 269, wo auch die falsche Dateneingabe und die Verwendung unrichtiger Ausdruckdaten erfaßt ist).

5 III. Der **objektive Tatbestand** setzt voraus, daß der Täter sich oder einem anderen Daten iS des Abs. 2 verschafft, die nicht für ihn bestimmt und die gegen unberechtigten Zugang besonders gesichert sind.

6 1. Für den Täter **nicht bestimmt** sind die Daten, wenn sie ihm nach dem Willen des Berechtigten im Zeitpunkt der Tathandlung nicht zur Verfügung stehen sollen (vgl. auch Jung NK 8, Lackner/Kühl 3). Dabei ist Berechtigter iS des formell Verfügungsberechtigten (o. 1) bei gespeicherten Daten (o. 4) idR die speichernde Stelle, u. U. auch – so bei der Datenverarbeitung in fremdem Auftrag (zB Lohnbuchhaltung für fremdes Unternehmen) – ein Dritter, während bei übermittelten Daten (o. 4) zu unterscheiden ist: Damit, daß die Daten für den Empfänger zum Abruf bereitgehalten werden, sind sie für ihn zwar auch bestimmt, zum Berechtigten wird er aber erst, wenn er von seinem Abrufsrecht Gebrauch macht; werden die Daten sonst an ihn weitergegeben, so wird er Berechtigter erst mit ihrem Empfang (vgl. entsprechend § 202 RN 8). Ohne Bedeutung ist, daß sich die Daten inhaltlich auf den Täter beziehen: Er wird dadurch weder zum Berechtigten (o. 1) noch sind sie deshalb schon für ihn bestimmt (vgl. Granderath DB 86, Beil. 18, 2, Jähnke LK[10] 12, Jessen aaO 61, Lackner/Kühl 3, Lenckner/Winkelbauer CR 86, 485, Möhrenschlager wistra 86, 140, Schlüchter aaO 61; zu personenbezogenen Daten vgl. aber auch Gössel I 427). Eine solche Bestimmung ist auch noch nicht darin zu sehen, daß Daten unter gewissen Voraussetzungen allgemein zugänglich sind, zB der (entgeltliche) Abruf von einer Datenbank nach ordnungsgemäßem Anschluß (BT-Drs. 10/5058 S. 29; dagegen wäre das weitere Abrufen von Daten durch einen Anschlußinhaber entgegen einer Nutzungsuntersagung, jedoch ohne gleichzeitige Sperrung seines Anschlusses wegen der fehlenden Zugangssicherung nicht tatbestandsmäßig; vgl. auch Jähnke LK[10] 9, Mehrings aaO 189). Hat der Berechtigte dagegen dem anderen die Daten zugänglich gemacht, so sind sie für diesen auch bestimmt, selbst wenn sie ihm nur für bestimmte Zwecke überlassen sind. Sie bleiben dies deshalb auch bei einer zweckwidrigen Verwendung, weshalb zB der Angestellte, der das von ihm zu bearbeitende Datenmaterial seines Geschäftsherrn einem Dritten verschafft, schon aus diesem Grund nicht den Tatbestand des § 202 a erfüllt (vgl. Bay NJW **99**, 1727 m. Bspr. Pätzel 3246, Gössel I 427, Jähnke LK[10] 10, Tröndle 7 u. näher Lenckner/Winkelbauer CR 86, 486). Dabei ist jedoch zu beachten, daß die Überlassung von Daten zum Zweck ihrer Nutzung nicht immer mit ihrem Zugänglichmachen verbunden ist und nach dem Willen des Berechtigten verbunden sein soll. Dies gilt zB für die verschlüsselten Daten auf dem Magnetstreifen einer Bankomatenkarte (vgl. AG Böblingen CR **89**, 308, Richter ebd. S. 303 zu Manipulationen an der Codekarte bzw. der Übertragung der dort enthaltenen Daten auf eine Blankokarte) und für die Programmdaten eines Spielautomaten, die auch für den Erwerber deshalb „nicht bestimmt" sind (vgl. Etter CR 88, 1024, Neumann JuS 90, 539, Schlüchter NStZ 88, 55, iE auch Westpfahl CR 87, 517; and. LG Duisburg CR **88**, 1028; zum „Leerspielen" eines Spielautomaten u. 10). Bei der Herstellung von Raubkopien von Software-Programmen ist deshalb zu unterscheiden: Sind diese so gestaltet, daß der Anwender mit ihnen zwar arbeiten kann, ihm die Programmdaten selbst aber entsprechend dem Willen des Herstellers unzugänglich bleiben sollen, so sind sie für ihn auch nicht bestimmt, weshalb der Zugriff auf solche Daten unter Überwindung der Zugangssicherung nach § 202 a strafbar ist (vgl. Haß aaO 482, Lackner/Kühl 3, Leicht IuR 87, 50, Lenckner/Winkelbauer CR 86, 486, Meier JZ 92, 661, Schlüchter aaO 66; and. Heinrich aaO 303 f., Jähnke LK[10] 9, Samson SK 12, Tröndle 7); verhindert der Programmschutz dagegen nur die maschinelle Herstellung von Kopien, während die Programmdaten selbst für den Anwender über den Bildschirm seines Betriebssystems zugänglich sind, so sind sie insofern auch für ihn bestimmt, weshalb § 202 a in diesem Falle ausscheidet (vgl. Leicht IuR aaO, Lenckner/Winkelbauer aaO).

2. Hinzukommen muß als kumulatives Erfordernis, daß die Daten **gegen unberechtigten Zugang besonders gesichert** sind. Nicht geschützt sind mithin – entsprechend § 202 – Daten, die zwar für den Täter nicht bestimmt sind, denen aber eine solche Zugangssicherung fehlt. Gegen unberechtigten Zugang besonders gesichert sind sie, wenn Vorkehrungen getroffen sind, die objektiv geeignet und subjektiv nach dem Willen des Berechtigten dazu bestimmt sind, den Zugriff auf die Daten auszuschließen oder wenigstens nicht unerheblich zu erschweren. Dies braucht zwar nicht ihr einziger Zweck zu sein, jedenfalls aber muß der Berechtigte durch die Sicherung gerade auch sein spezielles „Interesse an der ‚Geheimhaltung' dokumentieren" (BT-Drs. 10/5058 S. 29; vgl. ferner Binder aaO 52 ff., Jähnke LK[10] 14, Lackner/Kühl 4, Leicht IuR 87, 74 ff., Lenckner/Winkelbauer CR 86, 478, Möhrenschlager wistra 86, 140, Schlüchter aaO 65, Tröndle 7 a). Nicht ausreichend ist es deshalb, wenn die fragliche Einrichtung oder Maßnahme, die mag sie objektiv zugleich als Zugangssicherung wirken, ausschließlich anderen Zwecken dient (zB Feuerschutz) oder der Zweck der Datensicherung nur von ganz untergeordneter Bedeutung oder gar ein bloßer Nebeneffekt ist (zB die mit jedem Gebäude verbundene „Zugangssicherung"; vgl. Jähnke LK[10] 15, Jessen aaO 120). Nur von begrenztem Wert als Auslegungshilfe ist der Hinweis auf die §§ 202 II, 243 I Nr. 2 (vgl. BT-Drs. 10/5058 S. 29, v. Gravenreuth NStZ **89**, 206), weil Sicherungsobjekte im Fall des § 202 a nicht nur körperliche Gegenstände, sondern auch unkörperliche Informationen sein können (zB beim Abrufen von Daten über einen Bildschirm, Auffangen von Funksignalen oder Nachrichtenströmen). Ebenso wie dort muß die Zugangssicherung im Zeitpunkt der Tathandlung jedoch tatsächlich wirksam sein (Binder aaO 52), weshalb der Tatbestand nicht erfüllt ist, wenn zB die sonst in einem Tresor verwahrten Datenträger gerade offen herumliegen (vgl. Haß aaO 482, Jähnke LK[10] 7).

a) Zugangssicherungen bei *gespeicherten Daten* sind nicht nur solche, die unmittelbar am Datenspeicher oder gar am Datum selbst angebracht sind, vielmehr genügen auch mittelbare Sicherungen in der Weise, daß das zum Abruf der Daten notwendige Betriebssystem gesichert (vgl. Leicht IuR 87, 49 f.) oder das Datenverarbeitungszentrum als „Closed-shop" betrieben wird (vgl. Lenckner/Winkelbauer CR 86, 487, Samson SK 10, Schlüchter aaO 65, Tröndle 7 a; and. Leicht aaO 48). Nicht ausreichend sind dagegen bloße Verbote, Genehmigungsvorbehalte usw. (vgl. v. Gravenreuth NStZ 89, 206, Jähnke LK[10] 14). Im einzelnen gehören hierher zB Paßworte (vgl. dazu Binder aaO 46 f., Jessen aaO 151 ff.), Benutzerkennummern, Magnetkarten, Fingerabdruck- und Stimmerkennungsgeräte (vgl. Lackner/Kühl 4). Auch Kopierschutzmaßnahmen, die das Übertragen eines Programms auf einen anderen Datenträger verhindern und damit die Verfügungsgewalt über diese Daten ausschließen, können geeignete Zugangssicherungen darstellen (Meier JZ 92, 662; and. Haß aaO 482 [lediglich Schutz des Vervielfältigungsrechtes], Heinrich aaO 303); dazu, daß auch die Verschlüsselung gespeicherter Daten ausreichen muß, u. – Bei im *Übertragungsstadium* befindlichen Daten kommen, solange sie „unterwegs" sind, als Sicherungsmaßnahmen im wesentlichen nur die verschiedenen Möglichkeiten der Datenverschlüsselung in Betracht. Daß eine Verschlüsselung nach der ratio legis für § 202 a genügen muß, ist unzweifelhaft, zumal sonst Daten während ihrer unmittelbaren Übertragung weitgehend schutzlos blieben; aber auch mit dem Gesetzeswortlaut ist dies vereinbar, weil hier der – nicht nur räumlich zu verstehende – „Zugang" zu den Originaldaten verhindert wird, der Schlüssel also als eine den einzelnen Daten unmittelbar anhaftende Zugangssicherung angesehen werden kann (so jedenfalls iE auch Granderath DB 86, Beil. 18, 2, Jähnke LK[10] 16, Lackner/Kühl 4, Leicht IuR 87,

§ 202a 9, 10   Bes. Teil. Verletzung des persönl. Lebens- u. Geheimbereichs

51 f., Mehrings aaO 185, Möhrenschlager wistra 86, 140, Tröndle 7 a u. näher dazu Lenckner/Winkelbauer CR 86, 487, Schulze-Heiming aaO 73 ff.). Nicht ausreichend ist es dagegen, daß die Kommunikation auf einer gedanklichen Ebene oder in einer Fremdsprache erfolgt, die nur für wenige zugänglich bzw. verständlich ist.

9   b) Nicht ohne weiteres klar ist die Bedeutung der Kennzeichnung der Sicherung als einer solchen gegen **„unberechtigten"** Zugang. Weil eine Zugangssicherung per se schon den Zweck hat, Unbefugte auszuschließen, kann darin nur eine zusätzliche Einschränkung liegen. Nicht ausreichend ist es daher, daß überhaupt eine Zugangssicherung besteht – in diesem Fall wäre das Merkmal „unberechtigt" überflüssig –, aber auch nicht, daß die Daten speziell vor dem Zugriff des Täters besonders geschützt sind (so iE aber wohl Jung NK 7, Tröndle 7 a), weil dann die korrekte Gesetzesfassung hätte lauten müssen: „... und ihm gegenüber gegen Zugang besonders gesichert sind". Zu sehen ist dieses zusätzliche Erfordernis vielmehr im Zusammenhang mit dem zunächst genannten Merkmal, daß die Daten „für ihn nicht bestimmt" sein dürfen (and. Jähnke LK[10] 15), was bedeutet: Da „berechtigt" der Zugang nur für diejenigen sein kann, für welche die Daten auch „bestimmt" sind, muß umgekehrt auch die Sicherung gegen „unberechtigten" Zugang gegenüber all denen bestehen, für welche die Daten nicht bestimmt sind. Für das sog. „Closed-shop"-System hat dies zB zur Folge, daß sie nur dann eine besondere Sicherung gegen unberechtigten Zugang darstellt, wenn die dort ohne weitere Sicherung abfragbaren Daten für alle „Closed-shop"-Zugangsberechtigten bestimmt sind; haben dort dagegen noch andere Betriebsangehörige ohne weiteres Zutritt, so verlieren damit die Daten den Schutz des § 202 a auch gegenüber Betriebsexternen (vgl. Schulze-Heiming aaO 68 f., Jähnke LK[10] 15, Lenckner/Winkelbauer CR 86, 487; and. Jung NK 7, Tröndle 7 a). Im praktischen Ergebnis bedeutet dies, daß der Berechtigte, um den Schutz des § 202 a zu erlangen, zu umfassenden Sicherungsmaßnahmen gezwungen ist; ob dies vom Gesetzgeber so beabsichtigt war, ist allerdings eine andere Frage (krit. Jessen aaO 140 f.).

10   3. Die Tathandlung besteht darin, daß der Täter die Daten **sich oder einem anderen verschafft**, wobei dies, wie sich aus dem Sinnzusammenhang ergibt, unter Überwindung der Zugangssicherung erfolgen muß (vgl. Celle CR **90**, 277 m. Anm. Etter, Jähnke LK[10] 7). Unter dieser Voraussetzung kann sich daher auch der Besitzer des Datenspeichers die Daten verschaffen (o. 6; and. zB Samson SK 12). Verschafft sind die Daten zunächst, wenn der Täter bzw. der Dritte durch optische bzw. akustische Wahrnehmung von ihnen tatsächlich Kenntnis genommen hat, ferner – i. U. zu § 202 II, wo nur das *Kenntnis*verschaffen genügt (vgl. dort RN 19, 10) – ohne vorherige Kenntnisnahme aber auch dann, wenn der Täter den (körperlichen) Datenträger in seine oder des Dritten Verfügungsgewalt bringt oder wenn er die Daten auf einem solchen fixiert (vgl. Jähnke LK[10] 6, Jung NK 9, Lackner/Kühl 5, M-Maiwald I 300, Mehrings aaO 190, Samson SK 11, Schlüchter aaO 66 ff., Tröndle 9 u. näher Lenckner/Winkelbauer CR 86, 488; entsprechend zu § 96 vgl. dort RN 4). Sind die Daten durch ihre Verschlüsselung besonders gesichert, so ist allerdings zu beachten, daß sie erst mit der Überwindung der Zugangssicherung, d. h. also der Entschlüsselung der Daten, verschafft sind; anders als in § 96 genügt es bei § 202 a noch nicht, daß der Täter eine Diskette mit verschlüsseltem Text in seine Verfügungsgewalt bringt, vielmehr liegt ein Verschaffen hier erst vor, wenn er die Daten tatsächlich entschlüsselt hat (Schmitz JA 95, 483) oder jedenfalls auch den Schlüssel in seinen Besitz bringt (and. Jessen aaO 144 f., Samson SK 12 u. auch noch Lenckner/Winkelbauer CR 86, 488; vgl. ferner Beucher/Engels CR 98, 103 zur Herstellung sog. „Piratenkarten" zum unrechtmäßigen Empfang von verschlüsselten Pay-TV-Diensten). Beim „Leerspielen" eines Glücksspielautomaten sind die Programmdaten nur verschafft, wenn der Täter durch (gewaltsames) Herauslösen und Auswerten (Überspielen auf einen Auswertungscomputer usw.) des EPROM-Chips selbst in deren Besitz gelangt (vgl. zB Etter CR 88, 1024, Neumann JuS 90, 539, Westpfahl CR 87, 516 f.), nicht aber wenn er das Programm durch Beobachten des Spielablaufs, Experimentieren und Berechnungen entschlüsselt oder wenn er – vgl. zB die Sachverhalte von BGH **40** 331, LG Göttingen NJW **88**, 2488 – mit Hilfe eines illegal erworbenen, für den Spielverlauf eines bestimmten Automatentyps maßgeblichen Computerprogramms den Automaten „überlistet" (vgl. zB auch Bühler MDR 91, 14, Füllkrug/Schnell wistra 88, 180, Neumann JuS 90, 539; zu § 242 vgl. dort RN 36, zu § 263 a dort RN 20 a, zu § 265 a dort RN 9, zu § 17 II Nr. 2 UWG zB Bay NStZ **90**, 595, JR **94**, 289 m. Anm. Achenbach, Celle NStZ **89**, 367 m. Anm. Etter CR 89, 1006, LG Duisburg CR **88**, 1027, LG Freiburg NJW **90**, 2635, LG Memmingen CR **88**, 1026, AG Ansbach CR **89**, 415, AG Aschaffenburg CR **88**, 1030, AG Augsburg CR **89**, 1004 m. Anm. Etter u. zum Ganzen Achenbach Jura 91, 225, Bühler, Die strafrechtliche Erfassung des Mißbrauchs von Geldspielautomaten, 1993, Mitsch JZ 94, 882 ff. mwN). Ebensowenig ist der Erwerb der von einem anderen über ein Ausspähen nach § 202 a erlangten Wiedergabe der Daten in wahrnehmbarer Form, etwa eines Datenausdrucks, ein Verschaffen in dem hier erforderlichen Sinn (Celle CR **90**, 276 m. Anm. Etter). Bewußt straflos bleiben sollte nach dem 2. WiKG – entgegen ursprünglich weitergehenden Vorschlägen – das bloße Eindringen in einen Datenspeicher oder Datenübermittlungsvorgang und damit auch das sog. „Hacking", das sich, um damit die entsprechenden Fertigkeiten unter Beweis zu stellen, im bloßen „Knacken" eines Computersystems erschöpft (vgl. BT-Drs. 10/5058 S. 28; hierzu dazu Flick Dannecker BB 96, 1289, Granderath DB 86, Beil. 18, 2, Lenckner/Winkelbauer CR 86, 488, Sieber CR 95, 103, Volesky CR 91, 553). Weil sich dagegen jedoch einwenden läßt, daß auch schon das Beschaffen des entsprechenden und gleichfalls nur über Programme zu ermittelnden Codeworts ein Verschaffen von Daten ist (vgl. Bühler MDR 87, 452) und weil der „Hacker" sich idR erst dann zufrieden geben wird, wenn – erst dann weiß er auch, daß keine weiteren Sicherungen zu überwinden sind – die im System befindlichen Zieldaten seinem Zugriff offenliegen (Hilgendorf JuS 96, 994), ist das vom Gesetzgeber gewollte Ergebnis der Straflosigkeit letztlich nur über eine entsprechende teleologische Reduktion des Merkmals „Verschaffen" zu erreichen (so zB auch Hilgendorf aaO, Lackner/Kühl 5, Rengier II 188, Schmitz JA 95, 483; vgl. dazu auch Hauptmann jur-PC 89, 217, der für das Verschaffen deshalb zusätzlich eine Abspeicherung verlangt; zur Straflosigkeit des „Hacking" vgl. im übrigen auch Binder aaO 49 ff., Haß aaO 484, Jähnke LK[10] 6, Jung NK 9, Tröndle 2, für Strafbarkeit dagegen zB Jessen aaO 179 ff., Schulze-Heiming aaO 82 f.). Von bloßem „Hacking" kann jedoch dann nicht mehr die Rede sein, wenn der Zweck des Eindringens nicht vorrangig in der Überwindung der Zugangssicherung besteht. Daten „verschafft" sich daher zB eine Strafverfolgungsbehörde, die sich zu Beweissicherungszwecken in fremde Datenspeicher einwählt (so iE auch Bär CR 95, 495, MMR 98, 467).

IV. Der Täter muß **unbefugt** handeln, womit hier – ebenso wie bei § 202 (vgl. dort RN 12, 20) **11** – das allgemeine Deliktsmerkmal der Rechtswidrigkeit gemeint ist, das nur bei Vorliegen eines Rechtfertigungsgrundes entfällt (vgl. Lackner/Kühl 7, Lenckner/Winkelbauer CR 86, 488, Samson SK 13, Schlüchter aaO 68, Tröndle 9). Als solcher kommt zB die (mutmaßliche) Einwilligung in Betracht, wenn die Daten zwar nicht für den Täter, wohl aber für einen Dritten bestimmt sind und der Täter sie diesem verschafft (zur mutmaßlichen Einwilligung vgl. auch Jung NK 10); willigt der Berechtigte dagegen in die Kenntnisnahme durch den Täter ein, so sind damit idR auch die Daten für diesen bestimmt, was bereits zum Tatbestandsausschluß führt (vgl. auch § 202 RN 21, M-Maiwald I 300). Ohne Bedeutung ist die Einwilligung dessen, den die Daten betreffen, weil er nicht Rechtsgutsinhaber ist (vgl. Lackner/Kühl 7, Lenckner/Winkelbauer CR 86, 485, Tröndle 9). Auch soweit der Betroffene einen Auskunftsanspruch nach § 19 BDSG hat, folgt aus diesem noch nicht die Befugnis, sich die über ihn gespeicherten Daten eigenmächtig zu verschaffen. – Tatbestandsmäßige behördliche Maßnahmen können auch aufgrund besonderer gesetzlicher Befugnisse gerechtfertigt sein. Im Bereich der *Strafverfolgung* kommt – soweit der Datenträger selbst in behördlichen Gewahrsam genommen wird – § 94 StPO in Betracht (vgl. Lackner/Kühl 7 u. dazu auch K/Meyer-Goßner § 94 RN 4, Kudlich JuS 98, 212, Palm/Roy NJW 96, 1795), bei Eingriffen in Datenübermittlungsvorgänge über Telekommunikationsnetze aber auch – jedenfalls seit der Anpassung von dessen Wortlaut durch Ges. v. 8. 6. 1989, BGBl. I 1026 („Aufzeichnen") – § 100 a StPO (BGH NJW **97**, 1934; vgl. auch Bär CR 95, 498). § 100 a StPO dürfte dabei – unter sinngemäßer Heranziehung der Grundgedanken der §§ 102, 103 StPO – sogar für den heimlichen Zugriff auf die in einem Datenspeicher (zB einer Mailbox) abgelegten und mit Paßwort gespeicherten Daten im Wege des Einwählens über ein Datennetz unter fremder Kennung gelten (BGH aaO m. iE zust. Bspr. Kudlich JuS 98, 209; abl. dagegen die Anm. bzw. Bspr. Bär CR 96, 490, Palm/Roy NJW 97, 1904; vgl. aber auch KK-Nack § 100 a RN 8 ff.). Im Bereich *präventiv-polizeilicher Gefahrenabwehr* kann das tatbestandsmäßige Aufzeichnen von Daten während ihrer Fernübermittlung durch § 1 I Ges. zu Art. 10 GG v. 13. 8. 1968 (BGBl. I 949, letztes ÄndG v. 17. 6. 1999, BGBl. I 1334) gerechtfertigt sein. Eine entsprechende Befugnis gewährt auch § 39 I AWG, der idF des Art. 2 Abs. 23 Nr. 1 a Ges. v. 17. 12. 1997 (BGBl. I 3108; letztes ÄndG v. 22. 12. 1999, BGBl. I 2822) noch um eine darüber hinausgehende Sonderregelung erweitert wurde. Danach ist unter den engen Voraussetzungen der §§ 39–41 AWG das Zollkriminalamt auch zur Überwachung und Aufzeichnung von Inhalten ermächtigt, die in Datenspeichern innerhalb eines Telekommunikationsnetzes (d. h. Voice- und Mailboxen, vgl. Begr. des RegE BT-Drs. 13/8016 S. 31) abgelegt sind (vgl. dazu auch Felixberger CR 98, 143). Wegen eines anhängigen Normenkontrollverfahrens (vgl. RegE eines 10. Ges. zur Änd. des AWG v. 28. 5. 1999, BR-Drs. 314/99) wurde die Geltung des §§ 39 ff. AWG durch § 51 AWG idF des Art. 1 Ges. v. 22. 12. 1999, BGBl. I 2822, jedoch bis zum 31. 12. 2002 befristet. Keine gesetzliche Befugnis iSd § 202 a kann sich in diesen Fällen dagegen aus den Generalklauseln der Polizeigesetze ergeben, weil hier regelmäßig der Schutzbereich des Art. 10 GG betroffen ist (Riegel in: Erbs/Kohlhaas Vorbem G 10 RN 37; vgl. auch BGH aaO, Kudlich JuS 98, 213; and. Bär CR 95, 493, MMR 98, 465).

V. Für den **subjektiven Tatbestand** genügt (bedingter) Vorsatz; eine weitergehende Absicht der **12** Verwertung der Daten ist nicht erforderlich (vgl. Binder aaO 55, Granderath DB 86, Beil. 18, 2). Hält sich der Betroffene iS des BDSG für berechtigt, die über ihn gespeicherten Daten schon deshalb abzurufen, weil sie sich auf ihn beziehen, so ist dies ein bloßer Verbotsirrtum (§ 17).

VI. Idealkonkurrenz ist zB möglich mit §§ 123, 242 (Diebstahl von Datenträgern, vgl. Jähnke **13** LK[10] 20, Lackner/Kühl 8, Schlüchter aaO 61; and. Haft NStZ 87, 10), 274 I Nr. 2, 303 a, 303 b (Lackner/Kühl 8; vgl. aber auch Jung NK 11), mit § 96 (bei Staatsgeheimnissen), § 17 UWG (bei Geschäftsgeheimnissen, vgl. Binder aaO 68 ff., Jessen aaO 169 ff., Grosch/Liebl CR 88, 573, Jähnke LK[10] 20), §§ 106, 108 a UrhG (bei urheberrechtlich geschützten Programmdaten), § 43 BDSG (bei personenbezogenen Daten; zu § 41 BDSG aF vgl. Tröndle 11, Jähnke LK[10] 20).

VII. Die Strafverfolgung setzt einen **Antrag** voraus (§ 205; zum Ausschluß des Übergangs auf **14** Angehörige vgl. dort Abs. 2 S. 1 u. RN 7).

§ 203 Verletzung von Privatgeheimnissen

(1) Wer unbefugt ein fremdes Geheimnis, namentlich ein zum persönlichen Lebensbereich gehörendes Geheimnis oder ein Betriebs- oder Geschäftsgeheimnis, offenbart, das ihm als

1. Arzt, Zahnarzt, Tierarzt, Apotheker oder Angehörigen eines anderen Heilberufs, der für die Berufsausübung oder die Führung der Berufsbezeichnung eine staatlich geregelte Ausbildung erfordert,
2. Berufspsychologen mit staatlich anerkannter wissenschaftlicher Abschlußprüfung,
3. Rechtsanwalt, Patentanwalt, Notar, Verteidiger in einem gesetzlich geordneten Verfahren, Wirtschaftsprüfer, vereidigtem Buchprüfer, Steuerberater, Steuerbevollmächtigten oder Organ oder Mitglied eines Organs einer Rechtsanwalts-, Patentanwalts-, Wirtschaftsprüfungs-, Buchprüfungs- oder Steuerberatungsgesellschaft,
4. Ehe-, Familien-, Erziehungs- oder Jugendberater sowie Berater für Suchtfragen in einer Beratungsstelle, die von einer Behörde oder Körperschaft, Anstalt oder Stiftung des öffentlichen Rechts anerkannt ist,
4a. Mitglied oder Beauftragten einer anerkannten Beratungsstelle nach den §§ 3 und 8 des Schwangerschaftskonfliktgesetzes,
5. staatlich anerkanntem Sozialarbeiter oder staatlich anerkanntem Sozialpädagogen oder
6. Angehörigen eines Unternehmens der privaten Kranken-, Unfall- oder Lebensversicherung oder einer privatärztlichen Verrechnungsstelle

anvertraut worden oder sonst bekanntgeworden ist, wird mit Freiheitsstrafe bis zu einem Jahr oder mit Geldstrafe bestraft.

(2) Ebenso wird bestraft, wer unbefugt ein fremdes Geheimnis, namentlich ein zum persönlichen Lebensbereich gehörendes Geheimnis oder ein Betriebs- oder Geschäftsgeheimnis, offenbart, das ihm als

1. Amtsträger,
2. für den öffentlichen Dienst besonders Verpflichteten,
3. Person, die Aufgaben oder Befugnisse nach dem Personalvertretungsrecht wahrnimmt,
4. Mitglied eines für ein Gesetzgebungsorgan des Bundes oder eines Landes tätigen Untersuchungsausschusses, sonstigen Ausschusses oder Rates, das nicht selbst Mitglied des Gesetzgebungsorgans ist, oder als Hilfskraft eines solchen Ausschusses oder Rates,
5. öffentlich bestelltem Sachverständigen, der auf die gewissenhafte Erfüllung seiner Obliegenheiten auf Grund eines Gesetzes förmlich verpflichtet worden ist, oder
6. Person, die auf die gewissenhafte Erfüllung ihrer Geheimhaltungspflicht bei der Durchführung wissenschaftlicher Forschungsvorhaben auf Grund eines Gesetzes förmlich verpflichtet worden ist,

anvertraut worden oder sonst bekanntgeworden ist. Einem Geheimnis im Sinne des Satzes 1 stehen Einzelangaben über persönliche oder sachliche Verhältnisse eines anderen gleich, die für Aufgaben der öffentlichen Verwaltung erfaßt worden sind; Satz 1 ist jedoch nicht anzuwenden, soweit solche Einzelangaben anderen Behörden oder sonstigen Stellen für Aufgaben der öffentlichen Verwaltung bekanntgegeben werden und das Gesetz dies nicht untersagt.

(3) Einem in Absatz 1 Nr. 3 genannten Rechtsanwalt stehen andere Mitglieder einer Rechtsanwaltskammer gleich. Den in Absatz 1 und Satz 1 Genannten stehen ihre berufsmäßig tätigen Gehilfen und die Personen gleich, die bei ihnen zur Vorbereitung auf den Beruf tätig sind. Den in Absatz 1 und den in Satz 1 und 2 Genannten steht nach dem Tod des zur Wahrung des Geheimnisses Verpflichteten ferner gleich, wer das Geheimnis von dem Verstorbenen oder aus dessen Nachlaß erlangt hat.

(4) Die Absätze 1 bis 3 sind auch anzuwenden, wenn der Täter das fremde Geheimnis nach dem Tod des Betroffenen unbefugt offenbart.

(5) Handelt der Täter gegen Entgelt oder in der Absicht, sich oder einen anderen zu bereichern oder einen anderen zu schädigen, so ist die Strafe Freiheitsstrafe bis zu zwei Jahren oder Geldstrafe.

Vorbem. Abs. 1 Nr. 3 erweitert durch Art. 7 ÄndG zur BRAO u. BPAO v. 31. 8. 1998, BGBl. I 2600 mit der Einbeziehung von Organen usw. einer Rechts- oder Patentanwaltsgesellschaft, durch Art. 9 ÄndG zur BNotO v. 31. 8. 1998, BGBl. I 2585 mit der Gleichstellung anderer Mitglieder einer Rechtsanwaltskammer mit den Rechtsanwälten (hier über Abs. 3 S. 1 mit Folgewirkung für S. 2) und – hier außerhalb des Gesetzestextes – durch § 42 Ges. zur Umsetzung von Richtlinien der EG auf dem Gebiet des Berufsrechts der Rechtsanwälte v. 9. 3. 2000, BGBl. I 182 mit der Gleichstellung von europäischen Rechtsanwälten mit den Rechtsanwälten und Anwälten im Bereich von § 203 I Nr. 3, III–V und der §§ 204, 205. – Abs. 1 Nr. 4 erweitert durch das Ges. zur Neuordnung des Kinder- und Jugendhilferechts v. 26. 6. 1990, BGBl. I 1163. – Abs. 1 Nr. 4a eingefügt durch das 5. StrRG v. 18. 6. 1974, geändert durch das 15. StÄG v. 18. 5. 1976, durch Art. 13 des SFHG v. 27. 7. 1992, BGBl. I 1398 u. zuletzt durch Art. 8 des SFHÄndG v. 21. 8.

Verletzung von Privatgeheimnissen **§ 203**

1995, BGBl. I 1050. – Abs. 2 S. 1 Nr. 1, 2 (Nr. 2 ist nicht ausdrücklich genannt, dessen Einbeziehung sich aber aus dem nachfolgenden Gesetzestext ergibt) erweitert – hier gleichfalls außerhalb des Gesetzestextes – durch Art. 2 § 8 EuropolGes. v. 16. 12. 1997, BGBl. II 2150 mit der Gleichstellung des dort im einzelnen näher umschriebenen Personenkreises bzw. der nach Art. 32 II des Übereinkommens zur Verschwiegenheit oder zur Geheimhaltung besonders Verpflichteten mit den Amtsträgern bzw. den für den öffentlichen Dienst besonders Verpflichteten. – Abs. 2 Nr. 6 eingefügt durch das StrafverfahrensÄndG v. 2. 8. 2000, BGBl. I 1253.

Übersicht

I. Neufassung durch das EGStGB .. 1	VII. Subjektiver Tatbestand 71
II. Rechtsgut 3	VIII. Vollendung 72
III. Unbefugte Geheimnisoffenbarung, Täterkreis nach Abs. 1 4	IX. Täterschaft, Teilnahme 73
	X. Qualifikation nach Abs. 5 74
IV. Geheimnisoffenbarung durch Amtsträger usw., Abs. 2 43	XI. Konkurrenzen 76
V. Erweiterter Täterkreis in Abs. 3 .. 62	XII. Strafantrag 77
VI. Tod des Geheimnisträgers, Abs. 4 70	

Stichwortverzeichnis

Amtsträger 56
Anvertrauen eines Geheimnisses 12 ff., 16, 18
Arzt, s. Heilberufe
Ausschußmitglieder 59
Beratungsstellen 38 f.
Berufspsychologen 36
Einzelangaben über persönliche oder sachliche Verhältnisse 47 ff.
Geheimnis 5 ff., 44 ff.
 Begriff 5
 Beschränkter Personenkreis 6
 Drittgeheimnis 8, 15
 Fremdes – 8, 44 f.
 Gegenstand 9 ff., 46 ff.: Betriebs- und Geschäftsgeheimnisse 11, Daten für Aufgaben der öffentlichen Verwaltung 46 ff., persönlicher Lebensbereich 9 f.
 Gegenständlich fixiertes – 17
 Geheimhaltungsinteresse 7
 aus Nachlaß erlangtes – 69
 nach Tod des Verpflichteten erlangtes – 66 ff.
 – mit wirtschaftlichem Wert 25
Heilberufe 35
Hilfs- und Lernpersonal 63 ff.
Konkurrenzverhältnisse 76
Krankenanstalten 42
Mitteilung an andere Behörden 52
Offenbaren
 – eines Geheimnisses 19 f., 45
 – nach Tod des Betroffenen 70
Offenbarungsbefugnisse 21 ff., 53 ff.
 – bei Abs. 1: Einverständnis 22 ff., Rechtfertigungsgründe s. dort, Tod des Verfügungsberechtigten 25, Verfügungsberechtigter 23
 – bei Abs. 2: Einverständnis 53, Rechtfertigungsgründe s. dort
Personalvertretungen 58
Privatärztliche Verrechnungsstellen 41
Qualifikationstatbestand 74 f.
Rechtfertigungsgründe 26 ff., 53 ff.
 – bei Abs. 1: mutmaßliche Einwilligung 27, Notstand 30 ff., Offenbarungspflichten 28 f.
 – bei Abs. 2: allgemeine – 53 c, besondere Offenbarungsrechte 53 ff., zwingendes öffentliches Interesse 55
Rechtsgut 3
Rechts- und Wirtschaftsleben 37
Rechtsanwalt, s. Rechts- und Wirtschaftsleben
Sachverständiger 16, 60 f.
Sonst bekannt gewordenes Geheimnis 15
Sozialarbeiter, -pädagogen 40
Täterkreis 34 ff., 55 ff., 62 ff.
Tod
 – des Verpflichteten 66 ff.
 – des Verfügungsberechtigten, s. Offenbarungsbefugnisse
Unbefugtes Offenbaren, s. Offenbarungsbefugnisse
Untersuchungsanstalten 42
Versicherungsträger 41
Vorsatz 71
Zustimmung des Verfügungsberechtigten, s. Offenbarungsbefugnisse

Schrifttum: Ackermann, Zur Verschwiegenheitspflicht des Rechtsanwalts in Strafsachen, DJT-FS I, (1960) 479. – *Arloth,* Arztgeheimnis und Auskunftspflicht bei AIDS im Strafvollzug, MedR 86, 295. – *Au,* Namen und Anschriften von Patienten in steuerlichen Fahrtenbüchern, NJW 99, 340. – *Ayasse,* Die Grenzen des Datenschutzes im Bereich der privaten Versicherungswirtschaft, VersR 87, 536. – *Bär,* Informationelle Selbstbestimmung und Justiz – Das neue Justizmitteilungsgesetz, CR 98, 767. – *Bauer,* Moderne Informationsverarbeitung – strafrechtlicher Schutz bei Mißbrauch?, Diss. Tübingen 1988. – *Baur,* Schweigepflicht und Offenbarungsbefugnis des Arztes im Rahmen der Mitteilungsvorschriften der RVO, SGb. 84, 150. – *Becker,* Schutz des Privatgeheimnisses im neuen Strafrecht, MDR 74, 888. – *Belz,* Melderecht und Datenschutz, VerwBl Bad.-Württ. 81, 344, 377. – *Berger,* Die Abtretung ärztlicher Honorarforderungen, NJW 95, 1584. – *ders.,* Zur Neuregelung der Zession anwaltlicher Gebührenforderungen in § 49 b IV BRAO, NJW 95, 1406. – *Bindokat,* Die erschlichene Bekanntgabe des Berufsgeheimnisses, NJW 54, 865. – *Bittmann,* Das Sozialgeheimnis im Ermittlungsverfahren, NJW 88, 3138. – *Bockelmann,* Das Strafrecht des Arztes, in: Ponsold Lb. 9. – *Bohne/Sax,* Der strafrechtliche Schutz des Berufsgeheimnisses, in: Deutsche Landesreferate z. III. Intern. Kongreß f. Rechtsvergl. (1950) 399. – *Bongen/Kremer,* Probleme der Abwicklung ärztlicher Privatliquidation durch ärztliche Verrechnungsstellen, NJW 90, 2911. – *Bornkamm,* Berichterstattung über schwebende Strafverfahren und das Persönlichkeitsrecht des Beschuldigten, NStZ 83, 102. – *Brötel,* Reden ist

§ 203
Bes. Teil. Verletzung des persönl. Lebens- u. Geheimbereichs

Silber, Schweigen ist Gold? Zur Behandlung ärztlicher Honoraransprüche bei Abgabe der eidesstattlichen Versicherung, NJW 98, 3387. – *Budde/Witting,* Die Schweigepflicht des Betriebsarztes, MedR 87, 23. – *St. Cramer,* Strafprozessuale Verwertbarkeit ärztlicher Gutachten aus anderen Verfahren, 1995. – *Dahs,* Die Entbindung des Rechtsanwalts von der Schweigepflicht im Konkurs der Handelsgesellschaft, Kleinknecht-FS 63. – *Däubler,* Die Schweigepflicht des Betriebsarztes – ein Stück wirksamer Datenschutz?, BB 89, 282. – *Damian,* Geheimnisschutz und Offenbarungspflichten in der Bewährungshilfe, BewH 93, 325. – *Dierks,* Schweigepflicht und Datenschutz in Gesundheitswesen und medizinischer Forschung, 1993. – *Dölling,* Datenschutz und JGH-Bericht, BewH 93, 128. – *Eberbach,* Juristische Probleme der HTLV-III-Infektion (AIDS), JR 86, 230. – *Ehmann,* Strafbare Fernwartung in der Arztpraxis, CR 91, 293. – *Eiermann,* Die Schweigepflicht des Betriebsarztes bei arbeitsmedizinischen Untersuchungen nach dem Arbeitssicherheitsgesetz, BB 80, 214. – *Emrich,* Die Tätigkeit der Gerichte und der Sozialdatenschutz, in: Frommann u. a., Sozialdatenschutz (1985), 113. – *Ernesti,* Informationsverbund Justiz – Polizei, NStZ 83, 57. – *Eser,* Medizin und Strafrecht, ZStW 97, 1. – *Finger,* Geheimnisbruch, VDB VIII, 293. – *Fischer/Uthoff,* Das Recht der formularmäßigen Einwilligung des Privatpatienten bei externer Abrechnung, MedR 96, 115. – *Fleig,* Die Mitteilungspflichten der Justizorgane bei Straftaten von Angehörigen des öffentlichen Dienstes, NJW 91, 1016. – *Flor,* Beruf und Schweigepflicht – eine Gegenüberstellung, JR 53, 368. – *Franzheim,* Informationspflichten in Strafsachen im Konflikt mit dem Daten- und Geheimnisschutz, ZRP 81, 6. – *Frommann,* Schweigepflicht und Berufsauftrag des Sozialarbeiters, in: Frommann u. a., Sozialdatenschutz (1985), 159. – *Geppert,* Die ärztliche Schweigepflicht im Strafvollzug, 1983. – *Göppinger,* Entbindung von der Schweigepflicht und Herausgabe von Krankenblättern, NJW 58, 241. – *Goll,* Offenbarungsbefugnisse im Rahmen des § 203 Abs. 2 StGB, Diss. Tübingen 1980. – *Grabsch,* Die Strafbarkeit der Offenbarung höchstpersönlicher Daten des ungeborenen Menschen, 1994. – *Groell/Mörsberger,* Stolperstein Datenschutz, in: Frommann u. a., Sozialdatenschutz (1985), 212. – *Groß/Fünfsinn,* Datenweitergabe im strafrechtlichen Ermittlungsverfahren, NStZ 92, 105. – *Hackel,* Drittgeheimnisse innerhalb der ärztlichen Schweigepflicht, NJW 69, 2257. – *Hahne-Reulecke,* Das Recht der Rechnungshöfe auf Einsicht in Krankenakten, MedR 88, 235. – *Händel,* Suizidprophylaxe und ärztliche Schweigepflicht, Leithoff-FS 555. – *Haft,* Zur Situation des Datenschutzstrafrechts, NJW 79, 1194. – *Hardtung,* Auskunftspflicht der Sozialbehörden nach § 69 Nr. 1 SGB X im staatsanwaltschaftlichen Ermittlungsverfahren, NJW 92, 211. – *R. Hassemer,* Die innerbehördliche Auskunftspflicht, ZfJ 93, 12. – *W. Hassemer,* Das Zeugnisverweigerungsrecht des Syndikusanwalts, wistra 86, 1. – *Haus,* Der Sozialdatenschutz in gerichtlichen Verfahren, NJW 88, 3126. – *Heckel,* Behördeninterne Geheimhaltung, NVwZ 94, 224. – *Henssler,* Das anwaltliche Berufsgeheimnis, NJW 94, 1817. – *Hinrichs,* Rechtliche Aspekte zur Schweigepflicht der Betriebsärzte und des betriebsärztlichen Personals, DB 80, 2287. – *Hirte,* Datenschutz contra Privatrecht, NJW 86, 1899. – *Höft,* Straf- und Ordnungswidrigkeitenrecht im Bundesdatenschutzgesetz, 1986. – *Höh,* Strafrechtlicher Anonymitätsschutz des Beschuldigten vor öffentlicher Identifizierung durch den Staatsanwalt – Zugleich ein Beitrag zur Rechtfertigungslehre bei § 203 Abs. 2 S. 2 StGB, Diss. Bonn 1985. – *Hollmann,* Formularmäßige Erklärung über die Entbindung von der Schweigepflicht gegenüber Versicherungsunternehmen, NJW 78, 2332. – *Hufen,* Das Volkszählungsurteil des BVerfG und das Grundrecht auf informationelle Selbstbestimmung, JZ 84, 1072. – *Hümmerich,* Der Austausch personenbezogener Daten zwischen öffentlicher Verwaltung und freien Trägern, in: Mörsberger, Datenschutz im sozialen Bereich (1981) 120. – *Inhester,* Rechtliche Konsequenzen des Einsatzes von Bildarchivierungs- und Kommunikationssystemen (PACS), NJW 95, 685. – *M. J. Jakobs,* Ermittlungsverfahren wegen Verstoßes gegen das Betäubungsmittelgesetz, JR 82, 359. – *Jekewitz,* Die Einsicht in Strafakten durch parlamentarische Untersuchungsausschüsse, NStZ 85, 395. – *Jung,* Ärztliche Schweigepflicht, Saarl. ÄBl. 81, 244. – *ders.,* Der strafrechtliche Schutz des Arztgeheimnisses im deutschen und französischen Recht, Constantinesco-GedS 355. – *Kalsbach,* Über die Schweigepflicht und das Offenbarungsrecht des Rechtsanwalts, AnwBl. 55, 41. – *Kamps,* Der Verkauf der Patientenkartei und die ärztliche Schweigepflicht, NJW 92, 2313. – *Kamps/Kiesecker,* Auskunftspflicht des Arztes gegenüber Leistungsträgern der Sozialgesetzbuchs, MedR 97, 216. – *Kiesecker,* Die Schwangerschaft einer Toten – Strafrecht an den Grenzen von Leben und Tod, 1996. – *Kilian,* Rechtsfragen der medizinischen Forschung mit Patientendaten, 1983. – *ders.,* Rechtsprobleme der Behandlung von Patientendaten im Krankenhaus, MedR 86, 7. – *Kirchherr/Stützle,* Aktuelle Probleme zu Bankgeheimnis und Bankauskunft, ZIP 84, 515. – *Kleinewefers/Wilts,* Die Schweigepflicht der Krankenhausleitung, NJW 64, 428. – *dies.,* Die Schweigepflicht gegenüber Auskunftsersuchen der Haftpflichtversicherer, VersR 63, 989. – *Knemeyer,* Geheimhaltungsanspruch und Offenbarungsbefugnisse im Verwaltungsverfahren, NJW 84, 2241. – *Kohlhaas,* Medizin und Recht, 1969. – *ders.,* Strafrechtliche Schweigepflicht und prozessuales Schweigerecht, GA 58, 65. – *Krauß,* Schweigepflicht und Schweigerecht des ärztlichen Sachverständigen im Strafprozeß, ZStW 97, 81. – *Krekeler/Schonard,* Der Berufshelfer im Sinne des § 53 a StPO, wistra 98, 137. – *Kreuzer,* Die Schweigepflicht von Krankenhausärzten gegenüber Aufsichtsbehörden, NJW 75, 2232. – *ders.,* Aids und Strafrecht, ZStW 100, 786. – *Kuchinke,* Ärztliche Schweigepflicht, Zeugniszwang und Verpflichtung zur Auskunft nach dem Tod des Patienten, Küchenhoff-GedS 371. – *Kühne,* Innerbehördliche Schweigepflicht von Psychologen, NJW 77, 1478. – *ders.,* Die begrenzte Aussagepflicht des ärztlichen Sachverständigen, JR 81, 647. – *ders.,* Die innerorganisatorische Schweigepflicht des Sozialarbeiters usw., in: Frommann u. a., Sozialdatenschutz (1985) 155. – *Lang,* Das Recht auf informationelle Selbstbestimmung des Patienten und die ärztliche Schweigepflicht in der gesetzlichen Krankenversicherung, 1997. – *Langheit,* Umfang und Grenzen der ärztlichen Schweigepflicht gem. § 203 I Nr. 1 StGB, NStZ 94, 6. – *Laufs,* Arztrecht, 5. A. – *ders.,* Krankenpapiere und Persönlichkeitsschutz, NJW 75, 1433. – *ders.,* Praxisverkauf und Arztgeheimnis – ein Vermittlungsvorschlag, MedR 89, 309 f. – *Lenckner,* Aussagepflicht, Schweigepflicht und Zeugnisverweigerungsrecht, NJW 65, 321. – *ders.,* Ärztliches Berufsgeheimnis, in: Göppinger, Arzt und Recht (1966) 159 ff. – *ders.,* Verschwiegenheitspflicht und Zeugnisverweigerungsrecht des Beraters (§ 218 b), in: Eser/Hirsch, Sterilisation und Schwangerschaftsabbruch (1980) 227. – *ders.,* Die Wahrung des ärztlichen Berufsgeheimnisses, in: Forster, Praxis der Rechtsmedizin (1986) 581. – *Lilie,* Ärztliche Dokumentation und Informationsrechte des Patienten, 1980. – *von Lindheim,* Zu einigen Problemen des Gesetzes zur Änderung des Stasi-Unterlagen-Gesetzes, NJW 98, 3012. – *Maier*, Die Sphinx des Sozialgeheimnisses bei besonders schutzwürdigen personenbezogenen Daten, SGb. 83, 89. – *Mallmann/Walz*, Datenschutz bei Sozial- und Jugendämtern nach der Neuregelung des Sozialgeheimnisses im SGB, in: Mörsberger, Datenschutz im sozialen Bereich (1981) 28. – *Martens/Wilde*, Strafrecht und Ordnungsrecht in der Sozialversicherung, 4. A. 1987. – *Marx*, Schweigerecht und Schweigepflicht der Angehörigen des Behandlungsstabes im Straf- und Maßregelvollzug, GA 83, 160. – *Mennicke/Radtke*, Die Abtreibung der Honorarforderung aus strafrechtlicher Sicht, MDR 93, 400. – *Merten*, Das Abrufrecht der Staatsanwaltschaft aus polizeilichen Dateien, NStZ 87, 10. – *Michalowski*, Schutz der Vertraulichkeit strafrechtlich relevanter Patienteninformationen, ZStW 109, 519. – *Michalski/Römermann*, Verkauf einer Anwaltskanzlei, NJW 96, 1305. – *Molitor*, Das Recht der Akteneinsicht bei Sozialverwaltung und Justiz, in: Mörsberger, Datenschutz im sozialen Bereich (1981) 246. – *ders.*, Strafvereitelung durch Datenschutz?, in: Frommann u. a., Sozialdatenschutz (1985) 75. – *Mörsberger*, Der Sozialarbeiter im Dilemma zwischen der Notwendigkeit des Informationsaustausches und der Pflicht zur Diskretion, in: Mörsberger, Datenschutz im sozialen Bereich (1981) 140. – *Motsch*, Betrachtungen zum Stasi-Unterlagen-Gesetz, Helmrich-FS 95. – *Müller*, Schweigepflicht und Schweigerecht, in: Mergen, Die juristische Problematik in der Medizin, Bd. II (1971), 63. – *Müller-Dietz*, Juristische Grundlagen und Dimensionen der Schweigepflicht des Arztes, in: H. Jung, Aktuelle Probleme und Perspektiven des Arztrechts (1989), 39. – *Narr*, Die Schweigepflicht des Pathologen, Verh. Dtsch. Ges. Path. 63 (1973) 645. – *Niemeyer*, Geheimnisverletzungen, in: Müller-Gugenberger, Wirtschaftsstrafrecht, 1987. – *Onderka/Schade*, Gilt die Schweigepflicht für Sozialarbeiter/Sozialpädagogen auch innerhalb der Behörde?, in: Mörsberger, Datenschutz im sozialen Bereich (1981) 172. – *Ostendorf*, Die Informationsrechte der Strafverfolgungsbehörden gegenüber anderen staatlichen Behörden im Widerstreit mit deren strafrechtlichen Geheimhaltungspflichten, DRiZ 81, 4. – *ders.*, Die öffentliche Identifizierung von Beschuldigten durch die Strafverfolgungsbehörden als Straftat, GA 80, 445. – *ders.*, Der strafrechtliche Schutz von Drittgeheimnissen, JR 81, 444. – *Otto*, Strafrechtliche Konsequenzen aus der Ermöglichung der Kenntnisnahme von Bankgeheimnissen in einem öffentlich-rechtlichen Kreditinstitut durch Wartungs- und Servicepersonal eines Computer-Netzwerks, wistra 99, 201. – *Palm/Roy*, Nutzung von Stasi-Unterlagen durch parlamentarische Untersuchungsausschüsse, NJW 98, 3005. – *Pardey*, Informationelles Selbstbestimmungsrecht und Akteneinsicht, NJW 89, 1647. – *Pickel*, Geheimhaltung und Offenbarung von Daten im Sozialrecht, MDR 84, 885. – *Rein*, Die Bedeutung der §§ 203ff. StGB nF für die private Personenversicherung, VersR 76, 117. – *Riegel*, Internationale Bekämpfung von Straftaten und Datenschutz, JZ 82, 312. – *Rieger*, Praxisverkauf und ärztliche Schweigepflicht, MedR 92, 147. – *Riekenbrauk*, Sozialdatenschutz im Strafverfahren, StV 92, 37. – *Rogall*, Die Verletzung von Privatgeheimnissen (§ 203 StGB), NStZ 83, 1. – *ders.*, Moderne Fahndungsmethoden im Lichte gewandelten Grundrechtsverständnisses, GA 85, 1. – *ders.*, Informationseingriff und Gesetzesvorbehalt im Strafprozeßrecht, ZStW 103, 907. – *Roßnagel*, Datenschutz bei Praxisübergabe, NJW 89, 2303. – *Roxin*, Das Zeugnisverweigerungsrecht des Syndikusanwalts, NJW 92, 1133. – *Rudolphi*, Der strafrechtliche und strafprozeßrechtliche Schutz der Geheimsphäre der anerkannten Schwangerschaftskonfliktberatungsstellen nach den §§ 3 und 8 des Schwangerschaftskonfliktgesetzes und ihrer Mitglieder und Beauftragten, Bemmann-FS 412. – *Rüping*, Schweigepflicht – Möglichkeiten und Grenzen, Internist 83, 206. – *H. Schäfer*, Die Einsicht in Strafakten durch Verfahrensbeteiligte und Dritte, NStZ 85, 198. – *ders.*, Der Konkursverwalter im Strafverfahren, wistra 85, 209. – *U.H. Schäfer*, Sicherungsabtretung von Honorarforderungen und Schweigepflicht, wistra 92, 281. – *Schatzschneider*, Die Neuregelung des Schutzes der Sozialdaten im Sozialgesetzbuch – Verwaltungsverfahren –, MDR 82, 6. – *Schenkel*, Keine berufsbezogene Schweigepflicht hauptamtlicher Bewährungshelfer, NStZ 95, 67. – *Schikkedanz*, Die Verfassungsmäßigkeit der Mitteilungspflicht der Staatsanwaltschaft gegenüber anderen Behörden, BayVBl. 81, 588. – *Schimke*, Die Schweigepflicht des Betriebsarztes bei freiwilligen Vorsorgeuntersuchungen nach dem Arbeitssicherheitsgesetz, BB 79, 1354. – *Schlink*, Das Volkszählungsurteil und seine Bedeutung für das Sozialrecht, in: Frommann u. a., Sozialdatenschutz (1985) 237. – *Schlund*, Zu Fragen der ärztlichen Schweigepflicht, JR 77, 265. – *ders.*, Die ärztliche Schweigepflicht, in: Laufs/Uhlenbruck, Handbuch des Arztrechts (1992) 378. – *ders.*, Grundsätze ärztlicher Verschwiegenheit im Rahmen der Verkehrssicherheit, DAR 95, 50. – *Eb. Schmidt*, Der Arzt im Strafrecht (1939) 3ff. – *ders.*, Der Arzt im Strafrecht, in: Ponsold, Lb., 2. A. (1957) 22. – *G. Schmidt*, Zur Problematik des Indiskretionsdelikts, ZStW 79, 741. – *Schmidt-Beck*, Rechtliche Aspekte der EDV-gestützten ärztlichen Dokumentation, NJW 91, 2335. – *Schmitz*, Verletzung von (Privat)geheimnissen – Der Tatbestand des § 203 StGB, JA 96, 772. – *ders.*, Verletzung von (Privat)-geheimnissen – Qualifikationen und ausgewählte Probleme der Rechtfertigung, JA 96, 949. – *ders.*, Kleine Anmerkung zur privaten Nutzung betrieblicher Kraftfahrzeuge durch Schweigepflichtige, wistra 97, 293. – *Schnapp*, Amtshilfe, behördliche Mitteilungspflicht und Geheimhaltung, NJW 80, 2165. – *Scholz*, Schweigepflicht des Berufspsychologen bei psychologischen Einstellungsuntersuchungen, NJW 81, 1987. – *Schuegraf*, Schweigepflicht des Arztes gegenüber dem Dienstherrn eines Beamten?, NJW 61, 961. – *Schünemann*, Der strafrechtliche Schutz von Privatgeheimnissen, ZStW 90, 11. – *E. Schumann*, Der Name als Geheimnis, Henckel-FS 1995, 773. – *Sieveking*, Die Offenbarungsbefugnis des Sozialhilfeträger gegenüber Ausländerbehörden, in: Frommann u. a., Sozialdatenschutz (1985) 50. – *Simitis*, Die informationelle Selbstbestimmung – Grundbedingung einer verfassungskonformen Informationsordnung, NJW 84, 398. – *Simon/Taeger*, Grenzen kriminalpolizeilicher Rasterfahndung, JZ 82, 140. – *Solgraf*, Kann der Arzt von seiner Schweigepflicht entbunden werden, wenn sein Patient verstorben oder willensunfähig ist?, DRiZ 78, 204. – *Taschke*, Akteneinsicht und Geheimnisschutz im Strafverfahren, CR 89, 299ff., 410ff. – *Taupitz*, Die ärztliche Schweigepflicht in der aktuellen Rechtsprechung des BGH, MDR 92, 421. – *Teyssen/Goetze*, Vom Umfang staatsanwaltschaftlicher Ermittlungsrechte am Beispiel des kassenärztlichen Abrechnungsbetruges, NStZ 86, 529. – *Thilo*, Bankgeheimnis, Bankauskunft und Datenschutzgesetze, NJW 84, 582. – *Tiedemann*, Datenübermittlung als Straftatbestand, NJW 81, 945. – *ders.*, Kommentar zum GmbH-Strafrecht (§§ 82–85 GmbHG und ergänzende Vorschriften). Sonderausgabe aus Scholz, GmbHG, 3. Aufl. (1995). – *Timm*, Grenzen der ärztlichen Schweigepflicht, 1988. – *Tobinsky*, Zur Strafbarkeit des Arztes, der bei der Abrechnung seiner privatärztlichen Tätigkeit sog. „Privatärztliche Verrechnungsstellen" einschaltet, 1991. – *Treffer*, Zur Auskunftspflicht kommunaler Pressestellen gegenüber der Presse in Umweltfragen im Spannungsfeld der strafrechtlichen Haftung nach § 203 StGB, ZUM 90, 507. – *Tröndle*, Verordnung von Kontrazeptiva an Minderjährige, R. Schmitt-FS, 231. – *O. Vogel*, Zum strafrechtlichen Schutz des Sozialgeheimnisses, 1994. – *Walter*, Die Auskunftspflicht der Sozialbehörden und Arbeitsämter in Ermittlungs- und Strafverfahren, NJW 78, 868. – *v. Wedel/Eisenberg*, Informationsrechte Dritter im (Jugend-)Strafverfahren, NStZ 89, 505. – *Wente*, Persönlichkeitsschutz und Informationsrecht der Öffentlichkeit im Strafverfahren, StV 88, 216. – *Wiesner*, Zu den Grenzen der ärztlichen Schweige- und Auskunftspflicht, Der medizinische Sachverständige 86, 50. – *Wiethaupt*, Herausgabe von Krankenblättern an Dritte?, JR 54, 174, 375. – *Woesner*, Fragen ärztlicher Geheimhaltungspflicht, NJW 57, 692. – *Wöllweber*, Iustitias langer Arm – Analyse und Kritik des Justizmitteilungsgesetzes, NJW 97, 2488. – *Würthwein*, Inneroganisatorische Schweigepflicht im Rahmen des § 203 StGB, Diss. Tübingen 1992. – *Würz-Bergmann*, Abtretung von Honorarforderungen schweigepflichtiger Gläubiger, 1993. – *Zieger*, Zur Schweigepflicht des Anstaltsarztes, StV 81, 559. – *Zöllner*, Daten- und Informationsschutz im Arbeitsverhältnis, 1983. – *Zuck*, Verfassungsrechtliche Anforderungen an eine Regelung der MiStra, StV 87, 32.

1/2 **I.** Der Anwendungsbereich der Vorläuferbestimmung des § 300 aF wurde durch das **EGStGB** erheblich erweitert, wobei Abs. 2 die Aufhebung einer Vielzahl, zT divergierender Vorschriften des Nebenstrafrechts ermöglichte; wegen der Einzelheiten vgl. die 19. A. und näher Becker MDR 74, 888, Göhler NJW 74, 833. Parallele – durch das EGStGB neugefaßte – Vorschriften finden sich in § 333 HGB, § 404 AktG, § 151 GenG, § 120 BetriebsverfassungsG, § 58 SchwerbehindertenG, § 35 SprecherausschußG; vgl. auch § 85 GmbHG. Zum Datenschutz vgl. ferner § 43 I Nr. 1 BDSG, zum Sozialdatenschutz § 85 SGB X u. zum öffentlichen, zumindest in wesentlichen Teilen wörtlichen Mitteilen bestimmter Stasi-Unterlagen § 44 StUG v. 20. 12. 1991 (BGBl. I 2272; letztes ÄndG v. 14. 9. 1994, BGBl. I 2325) u. krit. dazu Gounalakis/Vollmann DtZ 92, 78, Stoltenberg ebd. 72. – Zu den Änderungen bzw. Erweiterungen der Vorschrift seit ihrem Bestehen s. Vorbem. – Zum Entwurf eines ... StÄG – Schutz von Privatgeheimnissen – (BT-Drs. 13/58), der zur Schließung von Strafbarkeitslücken unter bestimmten Voraussetzungen eine Erweiterung des Anwendungsbereiches der §§ 203 II 1, IV, V, 204, 205 u. des § 354 IV (jetzt § 206 IV) auf bestimmte Funktionsträger der früheren DDR und inoffizielle Mitarbeiter des ehemaligen Ministeriums für Staatssicherheit usw. vorgesehen hatte, der vom Bundestag nach einer Überweisung an den Rechts- u. den Innenausschuß in der 13. Legislaturperiode jedoch nicht mehr beschlossen wurde und damit nach dem Prinzip der Inkontinuität als hinfällig anzusehen ist, vgl. die 25. A.

3 **II. Rechtsgut.** Aus Art. 2 I iVm Art. 1 GG folgt nach BVerfGE **65** 41 ff. zwar auch ein verfassungsrechtlich gesichertes Recht, grundsätzlich selbst zu entscheiden, wann und in welchen Grenzen persönliche Lebenssachverhalte von einem Dritten offenbart werden dürfen („Recht auf informationelle Selbstbestimmung" als Teil des allgemeinen Persönlichkeitsrechts; vgl. auch § 1 I BDSG). *Strafrechtlich* geschützt ist aber nicht nur und auch nicht in erster Linie das *Individualinteresse an der Geheimhaltung* bestimmter Tatsachen (so aber BGHZ **115** 123, **122** 115 m. Anm. Giesen/Pröll JR 94, 29, Mankowski JZ 94, 48, Bay [Z] NJW **87**, 1492, Hamburg NStZ **98**, 358 m. Bspr. Weichert NStZ 99, 490, Oldenburg NJW **92**, 758, Arzt/Weber I 196, Geppert aaO 12 f., Gössel I 428, Grabsch aaO 17 ff., Hahne-Reulecke MedR 88, 236, Jähnke LK[10] 14, Jung NK 3, Kreuzer NJW 75, 2233, ZStW 100, 804, Lackner/Kühl 1, Michalowski ZStW 109, 522, Otto II 129, Ostendorf JR 81, 446 ff., Rogall NStZ 83, 4 f., Schmidhäuser II 79, Schmitz JA 96, 772, Schünemann ZStW 90, 51 ff., Tröndle 1 b), weil dieses Interesse nicht nur in dem § 203 genannten Personen besteht. Die Beschränkung des Täterkreises läßt vielmehr auf eine vorrangige sozialrechtliche Funktion des § 203 schließen: Schutzgut ist in erster Linie das *allgemeine Vertrauen in die Verschwiegenheit der Angehörigen bestimmter Berufe*, der Verwaltung usw. als Voraussetzung dafür, daß diese ihre *im Interesse der Allgemeinheit liegenden Aufgaben* erfüllen können. Deshalb gilt zB der strafrechtliche Schutz des ärztlichen Berufsgeheimnisses letztlich dem allgemeinen Interesse an einer funktionsfähigen ärztlichen Gesundheitspflege, die ohne ein vertrauensvolles Verhältnis zwischen Arzt und Patient nicht möglich ist (vgl. zB BGH NJW **68**, 2290, Köln NStZ **83**, 412 m. Anm. Rogall, Schleswig NJW **81**, 294, Ayasse VersR 87, 538 f., Becker MDR 74, 891, Bockelmann II/2 S. 174 f. und aaO 9 f., Cramer aaO 44 ff. [unter besonderer Hervorhebung des Verschwiegenheitsvertrauens], Frommann aaO 163, 197, Haffke GA 73, 67, Henssler, NJW 94, 1820, Arthur Kaufmann NJW 58, 272, Laufs, Arztrecht 240 ff., Lenckner aaO [1966], 160 f., NJW 64, 1187 u. 65, 322 f., M-Maiwald I 283, Mittelbach MDR 56, 566, Rüping, Internist 83, 206, Samson SK 4, Schäfer DStR 37, 198, Schlund JR 77, 269, Eb. Schmidt JZ 51, 213, NJW 62, 1747 f., Solbach DRiZ 78, 205, iE auch Eser ZStW 97, 41; vgl. auch Blei II 123, Rudolphi, Schaffstein-FS 443 f.; zur Gefährdung des Arztgeheimnisses durch die sich ausbreitende medizinische Dokumentation, Informatik usw. vgl. Dierks aaO 29 ff., Eser ZStW 97, 41 f., Inhester NJW 95, 685, Kilian NJW 87, 697 u. 92, 2313, MedR 86, 7, Laufs NJW 80, 1319 u. 87, 1455, Müller-Dietz aaO 51 ff., Schmidt-Beck NJW 91, 2335). Entsprechendes gilt für die Schweigepflicht der anderen in Abs. 1 genannten Berufsgruppen (zum Anwaltsgeheimnis zB KG[Z] NJW **92**, 2271, Henssler NJW 94, 1820), wobei die Möglichkeit der freien Auswahl der Vertrauensperson in allen diesen Fällen kein entscheidendes Kriterium ist (vgl. jedoch EEGStGB 238). Ebenso ist das Vertrauen in die Verschwiegenheit von Amtsträgern (Abs. 2) notwendige Voraussetzung für die Bereitschaft des Bürgers, der öffentlichen Verwaltung die von ihr benötigten Angaben zugänglich zu machen (vgl. dazu Knemeyer NJW 84, 2242 mwN). Die gegen eine solche zugleich

institutionelle Rechtsgutsbestimmung erhobenen Einwände sind nicht begründet, was insbes. auch für die „viktimologische" Betrachtungsweise von Schünemann (ZStW 90, 53 ff.) gilt, wonach die Beschränkung des Täterkreises mit dem hier bestehenden „faktischen Zwang" zur Preisgabe privater Geheimnisse an die im Gesetz genannten Berufsgruppen zu erklären sei (aaO 54; gegen Schünemann vgl. u. a. Bockelmann ebd. 211, Grünwald ebd. 214, Jähnke LK[10] 37, Schnorr von Carolsfeld ebd. 215). Dies überzeugt schon deshalb nicht, weil eine „sozial notwendige Preisgabe privater Geheimnisse" (ZSchwR 97, 153) auch in anderen, von § 203 nicht erfaßten Bereichen vorkommt: So müssen zB auch Arbeitsuchende ihrem künftigen Arbeitgeber in vielen Fällen Geheimnisse iS des § 203 offenlegen, wobei der „faktische Zwang", der den „billigerweise zu verlangenden Selbstschutz vereitelt", hier vielfach nicht geringer ist als bei der Inanspruchnahme der in § 203 genannten Berufe. Deshalb kann auch keine Rede davon sein, daß die Erweiterung des Täterkreises in § 203 durch das EGStGB lediglich eine Anpassung „an die durch die sozialen Veränderungen eingetretene Verschärfung der viktimologischen Situation" bedeute (ZStW 90, 54; krit. dazu auch Hillenkamp, Vorsatztat und Opferverhalten, 1981, 71 ff.). Ebensowenig ein Gegenargument ist das Antragserfordernis des § 205 (so jedoch BGHZ **115** 125), kann dessen Sinn ungeachtet der verletzten Allgemeininteressen hier doch auch darin liegen, zu verhindern, daß das fragliche Geheimnis gegen den Willen des unmittelbar Betroffenen (zum Verletzten vgl. § 205 RN 5) zum Gegenstand eines trotz § 171 b GVG grundsätzlich öffentlichen Strafverfahrens gemacht werden kann. Zur Dispositionsbefugnis über das Geheimnis vgl. u. 22 f.

III. Die **Tat nach Abs. 1** besteht im unbefugten Offenbaren eines fremden Geheimnisses, das dem Täter in einer der in Nr. 1–6 genannten Eigenschaften anvertraut oder sonst bekanntgeworden ist. 4

1. Geheimnisse sind Tatsachen, die nur einem beschränkten Personenkreis bekannt sind und an 5 deren Geheimhaltung derjenige, den sie betreffen (sog. Geheimnisträger), ein von seinem Standpunkt aus sachlich begründetes Interesse hat oder bei eigener Kenntnis der Tatsache haben würde (vgl. zB Düsseldorf JMBlNW **90**, 153, in der Sache weitgehend auch Jähnke LK[10] 19, der neben dem Geheimhaltungsinteresse als eigene Voraussetzung den Geheimhaltungswillen nennt; ausschließlich auf den Willen des Betroffenen abstellend u. gegen einen primär interessenorientierten Geheimnisbegriff Jung NK 4). Dabei kann es sich um Tatsachen beliebiger Art handeln (enger Rogall NStZ 83, 5 f.); ein Geheimnis kann daher etwa auch der Umstand sein, daß man zu bestimmten Fragen eine bestimmte Meinung vertritt (von Bedeutung zB bei psychologischen Tests; vgl. iE auch Scholz NJW 81, 1988). Auch der Tod des Geheimnisträgers ändert an der Geheimniseigenschaft grundsätzlich nichts (vgl. Abs. 4 sowie u. 70). Andererseits kann Geheimnisträger nur ein bereits lebender Mensch sein (vgl. Grabsch aaO 79 ff.); jedoch werden Tatsachen, die sich auf den noch ungeborenen Menschen beziehen (zB Mißbildungen), idR Geheimnisse der Schwangeren sein (ebenso Lang aaO 49 f.; and. Grabsch aaO 123 ff.). Im einzelnen gilt folgendes:

a) Voraussetzung ist zunächst, daß die fragliche Tatsache – unabhängig davon, ob der Betroffene 6 selbst sie kennt (zB dem Patienten vom Arzt verschwiegene Krankheit) – nur einer **beschränkten Zahl von Personen** bekannt oder zugänglich ist. Unproblematisch ist dies bei einem geschlossenen Personenkreis, der entweder im Innenbereich durch ein besonderes Verhältnis gegenseitigen Vertrauens oder nach außen durch das Bestehen einer besonderen Verschwiegenheitspflicht gekennzeichnet ist (zB Familie, Freundeskreis und Arbeitskollegen des Geheimnisträgers; Werksangehörige eines Unternehmens, die mit dessen Betriebsgeheimnissen umzugehen haben). Darüber hinaus bleibt das Geheimnis aber auch dann noch ein solches, wenn der fragliche Personenkreis wenigstens noch ohne weiteres überschaubar und in gewissem Umfang damit zugleich kontrollierbar ist (vgl. auch Jähnke LK 23), wobei die bloße Ungewißheit darüber, ob nicht auch die eine oder andere weitere Person das Geheimnis kennt, unschädlich ist. Überschritten ist diese – zugegebenermaßen unscharfe – Grenze spätestens aber immer dann, wenn das Geheimnis so vielen anderen bekannt geworden ist, daß „es nichts mehr verschlägt, wenn noch weitere davon erfahren" (Bockelmann II/2, 176; vgl. auch Jähnke aaO: „griffige Faustformel", was selbstverständlich nicht gleichzusetzen ist mit dem Anspruch auf „Patentlösungen"). Kein Geheimnis (mehr) ist auch, was für jedermann wahrnehmbar ist bzw. wird (zur Offenkundigkeit vgl. zB auch Jähnke aaO, M-Maiwald I 288), gleichgültig, wieviele Personen davon tatsächlich Kenntnis nehmen. Was Gegenstand einer öffentlichen Gerichtsverhandlung ist, ist daher unabhängig davon, ob und wieviele Zuhörer anwesend sind, nicht mehr geheim (BGHZ **122**, 118 m. Anm. bzw. Bspr. o 3, Düsseldorf JMBlNW **90**, 153), und ebensowenig sind dies Vorgänge, die sich an der Öffentlichkeit abgespielt haben, zB polizeiliche Maßnahmen gegen einen Straftäter, die von beliebigen Dritten beobachtet werden konnten, dies einschließlich der Tatsache des sich anschließenden polizeilichen Ermittlungsverfahrens (vgl. Koblenz OLGSt § 203 S. 5). Das gleiche gilt zB für die gem. § 33 I StVG gespeicherten und nach § 39 I für jedermann im Rahmen der einfachen Registerauskunft zugänglichen Fahrzeug- und Halterdaten (Hamburg NStZ **98**, 358 m. Bspr. Weichert NStZ 99, 490; zu § 12 GBO, § 915 ZPO vgl. Jähnke aaO; vgl. dazu auch u. 44). Ohne Bedeutung für den Geheimnischarakter einer Tatsache ist es dagegen, wenn darüber nur unbestätigte Gerüchte im Umlauf sind (RG **26** 7, **38** 65, **62** 70; vgl. auch Jung NK 5, Lackner/Kühl 14). Auch kann eine einmal offenkundige Tatsache in Vergessenheit geraten und so durch Zeitablauf zu einem Geheimnis werden (Düsseldorf aaO; and. Jung NK 5).

b) Der **Geheimnisträger** muß ferner **an der Geheimhaltung** ein bei Berücksichtigung seiner 7 persönlichen Situation **sachlich begründetes („verständliches") Interesse** haben (Bockelmann II/

2 S. 177 und aaO 11, Jähnke LK[10] 27, Lackner/Kühl 14, Lenckner aaO [1966] 171, Otto wistra 99, 202; iE trotz abweichender Formulierungen [„berechtigtes", „schutzwürdiges" Interesse] ebenso zB Gössel I 430, M-Maiwald I 288, Tröndle 5, W-Hettinger 562; krit. Jung NK 4, Samson SK 26). Dies ist in aller Regel nicht nur bezüglich gesundheitlicher, familiärer, finanzieller Verhältnisse usw. der Fall, sondern kann schon für die bloße Tatsache, daß sich jemand überhaupt in psychologischer oder ärztlicher Behandlung usw. befindet, anzunehmen sein (vgl. BAG NStE **Nr. 2**, Bremen MedR **84**, 112, Oldenburg NJW **82**, 2615, **92**, 758, LG Köln NJW **59**, 1598, U. Schäfer wistra 93, 283, ebenso auch Karlsruhe NJW **84**, 676 u. näher E. Schumann, Henckel-FS 773), ebenso für die Begleitumstände einer Krankenhausaufnahme, vor allem, wenn diese Rückschlüsse auf die Identität des Patienten zulassen (vgl. BGH **33** 148 m. Anm. Rogall NStZ 85, 374 u. Hanack JR 86, 35 [zu § 53 StPO]). Das Kriterium der „sachlichen Berechtigung" des Geheimhaltungsinteresses erfordert nicht dessen positive Bewertung in der Weise, daß es bei Anlegung eines objektiven Maßstabs als vernünftig erscheinen müßte und daß jeder andere in der Lage des Geheimnisträgers dessen Interessenbewertung teilen würde. Der Schutzzweck des § 203 verlangt vielmehr, auch rein persönliche, von anderen nicht geteilte Auffassungen anzuerkennen, so daß dem Erfordernis der „sachlichen Berechtigung" lediglich die Funktion einer negativen Abgrenzung gegenüber reiner Willkür und Launenhaftigkeit des Geheimnisträgers zukommt, die in der Regel zB dem Wunsch nach Geheimhaltung der Präferenz für Urlaub am Meer oder in den Bergen, für eine bestimmte Kunstrichtung usw. zugrundeliegen wird (Lenckner aaO [1966] 172; ebenso KG[Z] NJW **92**, 2771, Schleswig NJW **85**, 1091, Haft BT 78 u. ähnl. Blei II 124, Bockelmann aaO 12, Gössel I 431, Jähnke LK[10] 27, Tröndle 5; krit. Schmitz JA 96, 775). Gleichgültig ist, wie das Geheimhaltungsinteresse rechtlich zu bewerten ist. Höherrangige entgegenstehende Interessen beseitigen nicht den Geheimnischarakter einer Tatsache, sondern sind erst unter dem Gesichtspunkt der Offenbarungsbefugnis von Bedeutung. Auch eine Krankheit, die einen Autofahrer zum Führen von Kraftfahrzeugen untauglich macht, oder der Plan einer Straftat sind Geheimnisse iS des § 203 (Lenckner aaO [1986] 583, ferner Rudolphi, Bemmann-FS 419; zur Beteiligung des Geheimhaltungspflichtigen an Straftaten des Geheimnisträgers vgl. jedoch u. 15). Hat der Geheimnisträger selbst von dem Geheimnis keine Kenntnis, so kommt es auf sein mutmaßliches Interesse an der Geheimhaltung an.

8   c) **Fremd** ist jedes eine andere – natürliche oder juristische – Person betreffende Geheimnis. Ob der Patient, Mandant usw. oder derjenige, der sonst dem Arzt, Rechtsanwalt usw. das Geheimnis anvertraut, selbst der Geheimnisträger ist oder ein Dritter, ist ohne Bedeutung (Bockelmann aaO 10, Lenckner aaO [1966] 171, Müller-Dietz aaO 42, Eb. Schmidt aaO [1957] 26; vgl. auch Hackel NJW 69, 2257, Jung NK 10). Jedoch muß im letztgenannten Fall nach dem Schutzzweck des § 203 (o. 3) auch der Patient, Mandant usw. ein eigenes oder altruistisches Interesse an der Wahrung des Drittgeheimnisses haben (and. Jähnke LK[10] 30).

9   d) **Unerheblich** für den Geheimnisbegriff ist, auf **welchen Lebensbereich** sich das Geheimnis bezieht, da die im Tatbestand genannten Geheimnisse lediglich Beispielsfälle sind. Tatobjekt kann daher zB auch das Geheimnis sein, das sich auf die wissenschaftliche, künstlerische oder politische Betätigung des Geheimnisträgers bezieht, aber auch ein Dienst- oder Staatsgeheimnis, das zB der Beamte oder Politiker seinem Anwalt anvertraut, sofern er nur an dessen Wahrung selbst interessiert ist (EEGStGB 238 und h. M., zB Bockelmann aaO 10, Gössel I 431, Jähnke LK[10] 20, Lackner/Kühl 14, M-Maiwald I 288, Schlund JR 77, 265, Tröndle 3; vgl. aber auch Rogall NStZ 83, 5 f.). Von Bedeutung ist der Gegenstand des Geheimnisses nur beim Einverständnis (u. 23 ff.) und beim Strafantrag (vgl. § 205 RN 10).

10   α) Zu dem vom Gesetz besonders genannten **persönlichen Lebensbereich** gehört ein Geheimnis dem Wortsinn nach an sich nur, wenn es die Intim- und Privatsphäre des Geheimnisträgers betrifft (vgl. auch Tröndle 3). Wie sich jedoch aus § 205 II 2 ergibt (vgl. dort RN 10), ist dieser Begriff in einem viel umfassenderen Sinn zu verstehen. Danach gehören zum „persönlichen Lebensbereich" alle Geheimnisse, soweit sie nicht selbst einen wirtschaftlichen Wert verkörpern – so die in § 203 besonders genannten Betriebs- und Geschäftsgeheimnisse (u. 11) – oder jedenfalls als dessen Annex auf einen Vermögenswert bezogen sind (vgl. § 205 RN 10). Der Begriff des persönlichen Lebensbereichs dient demnach der Abgrenzung vom wirtschaftlichen Lebensbereich und umfaßt zB auch das berufliche, politische usw. Wirken des Geheimnisträgers.

11   β) **Betriebs- und Geschäftsgeheimnisse** sind solche, die im Zusammenhang mit einem Geschäftsbetrieb stehen und an deren Geheimhaltung der Unternehmer ein wirtschaftliches Interesse hat. Dabei werden dem Begriff des Betriebsgeheimnisses die die technische Seite eines Unternehmens betreffenden Tatsachen (zB Produktionsmethoden), dem des Geschäftsgeheimnisses die Geheimnisse des kaufmännischen Bereichs zugeordnet (zB Kalkulationen, Marktstrategien, Kundenlisten, aber auch steuerliche Verhältnisse des Betriebs [LG Konstanz [Z] NJW **92**, 1241]; zu den durch eine öffentliche Ausschreibung erlangten Angeboten als Geschäftsgeheimnis des ausschreibenden Unternehmens vgl. BGH wistra **95**, 266). Auf das Bestehen eines gewerblichen Schutzrechts oder die Schutzfähigkeit kommt es nicht an. Eine scharfe Grenzziehung zwischen den beiden – zT unter dem Oberbegriff „Unternehmensgeheimnis" zusammengefaßten – Begriffen ist ebenso wenig möglich wie nicht erforderlich (zum Ganzen vgl. ausführlich Baumbach/Hefermehl, Wettbewerbsrecht, 17. A., § 17 UWG RN 2 ff., Geilen, Aktienstrafrecht [1984] § 404 RN 20 ff., v. Gamm, Wettbewerbsrecht, Bd. 1, 5. A., S. 987, Tetzner, UWG, 2. A., § 17 RN 10 ff.). Auch die bei § 17 UWG, § 404 AktG

umstrittene Frage nach der Schutzwürdigkeit sitten- und gesetzwidriger Geheimnisse (vgl. Geilen aaO RN 41 ff., Tetzner aaO RN 10) ist für § 203 ohne Bedeutung (o. 7).

2. Das Geheimnis muß dem **Täter in seiner Eigenschaft als Angehöriger** der vom Gesetz 12 ausdrücklich genannten Berufsgruppen **anvertraut oder sonst bekannt geworden** sein. Dies können auch mehrere Personen sein, die der Informant im einzelnen nicht einmal zu kennen braucht, so zB wenn der Versicherungsnehmer „seiner" Krankenkasse (Abs. 1 Nr. 6) Geheimnisse mitteilt, die damit den für ihn zuständigen Sachbearbeitern anvertraut sind.

a) **Anvertraut** ist ein Geheimnis dem Täter „**als**" Arzt usw., wenn es ihm in innerem Zusammen- 13 hang mit der Ausübung seines Berufs mündlich, schriftlich oder auf sonstige Weise (zB Vorzeigen eines Gegenstands, einer Verletzung usw.) unter Umständen mitgeteilt worden ist, aus denen sich die Anforderung des Geheimhaltens ergibt (vgl. RG 13 60, 66 274, Köln NStZ 83, 412 m. Anm. Rogall, Jähnke LK[10] 24, Samson SK 29, Tröndle 7; zu den einem Arzt usw. als gerichtlich bestelltem Sachverständigen gemachten Angaben u. 16). An einem solchen Zusammenhang fehlt es, wenn ein Anwalt von einem Kollegen nicht anders als ein Dritter eine Gebührenforderung erwirbt (vgl. BGH NJW 93, 1912, Hamburg NJW 93, 1335, AG München [Z] NJW-RR 97, 1560). Zwar ist der Erwerber hier nach § 49b IV 1 BRAO in gleicher Weise zur Verschwiegenheit verpflichtet wie der beauftragte Rechtsanwalt; daran, daß ihm die mit der Gebührenforderung verbundenen Mandantengeheimnisse nicht, wie § 203 I dies verlangt, „als" Anwalt anvertraut wurden, ändert die Auferlegung dieser Schweigepflicht jedoch nichts, weshalb der Erwerber insoweit auch nicht Täter des § 203 sein kann (eine Verletzung des § 49b IV 1 BRAO kann aber iVm § 823 II BGB zur Schadensersatzpflicht führen, vgl. Berger NJW 95, 1406). Während im übrigen bei den Angehörigen der „klassischen" Vertrauensberufe (Arzt, Anwalt usw.) das Erfordernis eines funktionalen Zusammenhangs mit der Berufsausübung im Prinzip unproblematisch ist (u. 14), können sich hier bei den in Nr. 5 genannten Sozialarbeitern, soweit sie als Angehörige der freien Wohlfahrtspflege usw. nicht zugleich unter Abs. 2 fallen, erhebliche Schwierigkeiten ergeben (vgl. näher zB Frommann aaO 166 ff., 198 ff., Heckel NVwZ 94, 228). Da von den Angehörigen dieses Berufs ganz unterschiedliche Aufgaben wahrgenommen werden, die – i. U. zu den Ärzten, Anwälten usw. – nur zT vertrauensgebunden sind, wird man hier die Tätigkeit „als" Sozialarbeiter iS des § 203 auf die Wahrnehmung solcher Aufgaben beschränken müssen, die dessen spezifische Ausbildung erkennen lassen und deren Erfüllung ein besonderes Vertrauen in die Verschwiegenheit des Betreffenden voraussetzt (Frommann aaO 204, 206 f., Heckel aaO, Schenkel NStZ 95, 69; vgl. auch Jähnke LK[10] 34), was zB bei hauptamtlichen Bewährungshelfern (idR Sozialarbeiter, u. 40) entsprechend der Doppelfunktion der Bewährungshilfe (§ 56d III) ungeachtet der damit verbundenen Abgrenzungsschwierigkeiten dazu führt, daß sie nach Abs. 1 nur schweigepflichtig sind, soweit ihnen die fraglichen Tatsachen im Rahmen der Hilfe und Betreuung, nicht aber im Zusammenhang mit ihren Kontroll- und Überwachungsaufgaben bekannt werden (vgl. zB Damian BewH 92, 325 ff., Kästner BewH 82, 320, Kühne in: Frommann aaO 155 ff., Schmitt BewH 92, 359 ff. u. auch. Schenkel aaO 68 ff.; zur innerbehördlichen Schweigepflicht u. 45, 46). Ist der fragliche Zusammenhang jedoch gegeben, der bei einem Arzt zB auch bei der Blutentnahme von einem Blutspender besteht (and. LG Köln NJW 56, 1112), so ist es im übrigen ohne Bedeutung, ob der Anvertrauende der Patient, Mandant usw. des Schweigepflichtigen oder ein Dritter ist (zB ein Angehöriger des Patienten, ein ratsuchender Kollege; vgl. Lenckner aaO [1966] 174 f., Jähnke LK[10] 31, Rudolphi, Bemmann-FS 419 f.).

Unerheblich ist, ob die dem Täter gegebenen Informationen in unmittelbarem Zusammenhang mit 14 der erbetenen ärztlichen Behandlung, dem zu führenden Rechtsstreit usw. stehen (RG 13 61). Die Schweigepflicht besteht auch insoweit, als der Patient, Mandant usw. den Besuch beim Arzt, Anwalt usw. zu einer allgemeinen Aussprache über sonstige Sorgen und Nöte ausweitet, die vielfach erst das notwendige Vertrauensverhältnis zu diesem schafft (vgl. Lenckner aaO [1966] 174, [1986] 583). Daß die Mitteilung während der Sprech- oder Dienststunden gemacht wird, ist nicht erforderlich; auch wer den Arzt usw. bei anderer Gelegenheit, etwa auf der Straße oder bei gesellschaftlichen Anlässen – sei es auch gegen dessen Willen – in seiner beruflichen Eigenschaft in Anspruch nimmt, vertraut ihm an (Bockelmann aaO 12 FN 19, Kohlhaas aaO 12). Andererseits steht nicht alles, was zB dem Arzt in seiner Sprechstunde mitgeteilt wird, schon deshalb in dem seine Schweigepflicht begründenden inneren Zusammenhang mit seiner ärztlichen Tätigkeit. Ausnahmen werden vor allem dann in Betracht kommen, wenn Arzt und Patient auch sonst in engem gesellschaftlichem Kontakt stehen. Ohne Bedeutung ist, ob der Täter für den Anvertrauenden oder Geheimnisträger tatsächlich tätig geworden ist. Auch die vom Arzt sofort abgelehnte Bitte um ein falsches Gesundheitszeugnis unterliegt der Schweigepflicht (Bockelmann aaO 13 FN 20, Kohlhaas aaO 10).

b) **Sonst bekanntgeworden** ist das Geheimnis dem Täter „als, Arzt usw., wenn er es auf andere 15 Weise, jedoch gleichfalls in innerem Zusammenhang mit der Ausübung seines Berufs erfahren hat. Entsprechend dem Anvertrauen ist auch hier Voraussetzung, daß dies im Rahmen einer typischerweise auf Vertrauen angelegten Sonderbeziehung geschieht (Samson SK 30, Schmitz JA 96, 776 u. für § 53 StPO KK-Pelchen § 53 RN 18; and. zB Gössel I 433, Jähnke LK[10] 36, Rogall NStZ 83, 413, Tröndle 8; offengelassen von BGH 33 150 m. Anm. Hanack JR 86, 35, Rogall NStZ 85, 374 v. Bspr. Mitsch JuS 89, 967 [zu § 53 StPO]), wobei eine solche nicht nur zu dem Geheimnisträger (and. insoweit Samson aaO), sondern auch zu dem Informanten bestehen kann (zB ein Untersuchungsbefund läßt Rückschlüsse auf körperliche Eigenschaften der Eltern des Untersuchten zu; vgl. dazu auch Köln

NStZ **83**, 412 m. Anm. Rogall). Auch daß sie im Einzelfall unfreiwillig eingegangen wird (zB Amtsarzt, gerichtlich bestellter Sachverständiger), steht einer solchen Beziehung nicht entgegen. Besteht sie, so sind dem Schweigepflichtigen nicht nur solche Tatsachen „sonst bekannt geworden", deren Feststellung zu seiner beruflichen Tätigkeit gehört – zB Feststellung einer dem Patienten unbekannten Krankheit durch den Arzt oder bestimmter persönlicher Eigenschaften durch Psychologen auf Grund von Testfragen (vgl. dazu aber auch Scholz NJW 81, 1989) –, vielmehr genügt es auch, wenn ihm gerade seine Berufsausübung die Möglichkeit ungehinderter Kenntnisnahme verschafft hat (vgl. LG Karlsruhe StV **83**, 144 m. Anm. Kreuzer). Unter diesen Voraussetzungen können daher zB auch von einem Arzt bei einem Hausbesuch gemachte Beobachtungen oder mitgehörte Gespräche von Familienangehörigen seiner Schweigepflicht unterfallen (vgl. Jähnke LK[10] 35, Lackner/Kühl 16, Lenckner aaO [1966] 174 ff., Müller-Dietz aaO 42, Tröndle 8; enger Karlsruhe NJW **84**, 676, Schünemann ZStW 90, 57 u. krit. auch Hillenkamp aaO [RN 3 a. E.] 63 ff.; zum Besichtigungsgang eines Werksarztes vgl. jedoch mit Recht Samson SK 30). Dasselbe gilt für Beobachtungen, die der Schweigepflichtige bereits bei Anbahnung des Behandlungs-, Beratungsverhältnisses usw. macht (vgl. BGH **33** 151 m. Anm. Rogall, Hanack [zu § 53 StPO]), wozu auch solche gehören, die sich lediglich auf eine Begleitperson beziehen (Mitsch JuS 89, 967). An dem inneren Zusammenhang fehlt es dagegen zB, wenn der Schweigepflichtige aus rein privater Neugier anläßlich seiner Berufsausübung eigenmächtig in eine fremde Geheimsphäre eindringt (zB der Arzt liest ohne Wissen des Kranken in dessen Nachttisch verwahrte Briefe). Nach dem Sinn der Schweigepflicht kann sich diese auch nicht auf Straftaten gegen den Schweigepflichtigen im Zusammenhang mit seiner Berufsausübung beziehen (zB Beleidigungen des Anwalts bei einem Mandantengespräch); ebenso wird idR als berufsfremd erlangte Kenntnis anzusehen sein, was bei der Mitwirkung an Straftaten des Geheimnisträgers in Erfahrung gebracht wird (vgl. BGH **38** 7 [zu § 53 StPO], Jähnke LK[10] 23).

16 c) Anvertraut oder bekanntgeworden iS des § 203 sind einem Arzt, Psychologen usw. auch die Tatsachen, die er als vom Gericht **bestellter Sachverständiger** (zB im Fall des § 81 StPO) vom oder über den zu Begutachtenden bzw. von oder über einen Dritten erfährt (BGH **38** 369 [zu § 53 StPO], Bockelmann II/2 S. 180 u. aaO 13 f., Jähnke LK[10] 79, Marx GA 83, 163, Krauß ZStW 97, 86 ff., Lackner/Kühl 23, Rüping, Internist 83, 208; and. zB RG **61** 384, **66** 273, OGH **3** 63, Dahs LR § 76 RN 2, Eb. Schmidt aaO [1939] 32 ff., Tröndle 7, wobei nach RG **61** 384 eine Ausnahme nur für solche Mitteilungen gelten soll, die mit dem Gutachten in keinem Zusammenhang stehen und bei denen anzunehmen ist, daß sie unter der Voraussetzung der Geheimhaltung gemacht wurden). Wenn hier von der Gegenmeinung ein Anvertrautsein usw. mit der Begründung bestritten wird, daß der Sachverständige die Mitteilungen von vornherein in der deutlich erkennbaren Absicht ihrer Verwertung vor Gericht entgegennehme, so schüttet sie das Kind mit dem Bade aus, weil damit jeglicher Schutz durch § 203 unmöglich gemacht wird, also zB auch dann, wenn der Sachverständige sein Wissen über den Probanden anderen Personen gegenüber ausplaudert (vgl. Krauß aaO 87). Deswegen kann in diesen Fällen nicht schon das Merkmal des Anvertrauens usw. verneint werden, vielmehr schützt § 203 auch das für die Ausübung der Sachverständigentätigkeit erforderliche Vertrauen, das hier allerdings naturgemäß allein darauf gerichtet ist, daß der Sachverständige die ihm anvertrauten usw. Geheimnisse nur im Rahmen der ihm übertragenen Aufgabe mitteilt (vgl. BGH **38** 369 [zu § 53 StPO]), d. h. nur soweit sie für die Erstattung des Gutachtens von Bedeutung sind und nur den nach der Verfahrensordnung zur Kenntnisnahme berufenen Personen (Gericht, Staatsanwaltschaft usw.). Nur soweit die Gutachterpflicht reicht, kann deshalb, weil hier das allgemeine Vertrauen in die Verschwiegenheit von Ärzten usw. von vornherein nicht berührt ist, auch das Entstehen einer Schweigepflicht und damit bereits die Tatbestandsmäßigkeit der in Erfüllung des Gutachterauftrags gemachten Mitteilungen verneint werden (and. Jähnke LK[10] 79, Jung NK 36, Krauß ZStW 97, 96 ff.: bloße Offenbarungsbefugnis), wobei dann allerdings zweifelhaft sein kann, ob dies auch für sog. Zusatztatsachen gilt (für unterschiedliche Behandlung von Befund- und Zusatztatsachen auch bei § 203 näher Krauß aaO, Müller-Dietz aaO 48). Nicht möglich ist dagegen ein „Rollensplitting" in der Weise, daß darauf abgestellt wird, in welcher „Rolle" (Arzt oder Gerichtshelfer) der Gutachter dem Probanden gegenübergetreten ist (so aber Kühne JZ 81, 647; dagegen Dencker NStZ 82, 460, Jähnke aaO, Krauß aaO 90 f.), und nicht entscheidend kann in den genannten Grenzen auch sein, ob der Betroffene freiwillig mitwirkt oder seine Zustimmung durch seine gesetzliche Duldungspflicht ersetzt wird (vgl. BGH **38** 369 [freiwillige Untersuchung in familienrechtlichem Verfahren], aber auch BGHZ **40** 295: Ausnahme von der Schweigepflicht nur „im Umfang der Pflicht zur Duldung"). Im übrigen aber stehen der Arzt, Psychologe usw. auch als Sachverständige unter dem Schweigegebot des § 203.

17 d) Bei einem **gegenständlich fixierten Geheimnis** – zB in einem Schriftstück, in einer bildlichen Darstellung usw. – ist für das Anvertrauen usw. nicht erforderlich, daß der Täter vom Inhalt Kenntnis genommen hat. Es genügt, daß ihm zB das Schriftstück als Arzt usw. übergeben worden oder sonst im Zusammenhang mit seiner beruflichen Tätigkeit in seinen Besitz gelangt ist, so daß er imstande ist, den Inhalt auch ohne eigene Kenntnisnahme Dritten durch Weitergabe zu offenbaren (vgl. auch Jähnke LK[10] 31, Otto wistra 99, 202).

18 e) Die Schweigepflicht besteht nur, wenn der Arzt, Anwalt usw. ein Geheimnis **ausschließlich in beruflicher Eigenschaft** erfahren hat. Hatte er bereits vorher auf andere Weise davon Kenntnis erlangt, so ist es ihm weder als Arzt usw. bekanntgeworden noch – da das Anvertrauen im Tatbestand als Unterfall des Bekanntwerdens gefaßt ist – anvertraut. Der ratio legis zufolge kann sich die

Schweigepflicht aber auch nicht auf solche Geheimnisse erstrecken, die der Arzt usw. später noch einmal außerhalb seiner Berufstätigkeit erfährt (Jähnke LK[10] 38). Jedoch können in beiden Fällen Mitteilungen, die über die außerberuflich erlangte Information hinausgehen, zB die Tatsache, daß eine bestimmte Person dem Täter das Geheimnis in seiner beruflichen Eigenschaft mitgeteilt hat, durch § 203 untersagt sein.

3. Offenbart ist ein Geheimnis, wenn es in irgendeiner Weise an einen anderen gelangt ist. Bei mündlichen Mitteilungen ist dafür die Kenntnisnahme erforderlich, während bei einem in einem Schriftstück usw. verkörperten Geheimnis das Verschaffen des Gewahrsams mit der Möglichkeit der Kenntnisnahme durch den anderen genügt (vgl. Jähnke LK[10] 39 u. zum unechten Unterlassen u. 20). Ob das Offenbaren ausdrücklich oder konkludent, spontan oder auf eine Frage hin erfolgt, ist unerheblich, ebenso, auf welchem Weg das Geheimnis dem anderen zugänglich gemacht wird, weshalb zB bei einer Telefondatenerfassung schon das bloße Anrufen eines anderen zugleich eine Geheimnisoffenbarung (Identität des Angerufenen) sein kann (mit Recht hat daher BAG NStE **Nr. 2** für die Gespräche eines bei einer kommunalen Beratungsstelle für Drogensüchtige usw. tätigen Berufspsychologen eine automatische Zielnummererfassung für unzulässig erklärt, da dieser hier, soweit keine besondere Offenbarungsbefugnis – zB mußmaßliche Einwilligung des Angerufenen – besteht, entweder eine rechtswidrige Tat iS des § 203 begehen oder Telefongespräche mit den von ihm betreuten Personen unterlassen muß; vgl. dazu auch Onderka/Schade BewH 93, 136). Ausreichend als Offenbaren ist auch das bloße Inumlaufsetzen eines Gerüchts. Offenbart werden muß sowohl die geheime Tatsache als auch die Person des Geheimnisträgers; Mitteilungen, aus denen die Person des Betroffenen nicht ersichtlich ist (zB Publikationen in Fachzeitschriften), genügen daher nicht (vgl. zB LG Köln MedR **84**, 110, Bockelmann aaO 14, Jung NK 19, Rüping, Internist 83, 207, Samson SK 35, Schmitz JA 96, 777). Daraus, daß § 203 zwar nicht nur, aber auch (o. 3) das Geheimnis selbst schützt, folgt, daß dieses dem Empfänger noch unbekannt sein muß (Jähnke LK[10] 39, Lackner/Kühl 17, Samson SK 35, Tröndle 26; and. Kohlhaas GA 58, 69), wobei es jedoch genügt, wenn ihm eine bloße Vermutung, eine bis dahin noch unsichere Kenntnis oder ein Gerücht bestätigt wird (vgl. RG **26** 7, **38** 65, aber auch Karlsruhe NJW **84**, 676). Mangels Offenbarung nicht nach § 134 BGB iVm § 203 I Nr. 3 nichtig ist deshalb auch die im Rahmen einer Kanzleiveräußerung erfolgende Abtretung einzelner Honorarforderungen unter Rechtsanwälten, wenn der Zessionar als früherer Mitarbeiter des Zedenten schon vor Übergabe der Handakten die Angelegenheiten des Mandanten umfassend kennengelernt hat (BGH[Z] NJW **95**, 2915 m. Anm. bzw. Bspr. Michalski/Römermann NJW 96, 1305, Poll JR 96, 203, Zuck EWiR 95, 1215; vgl. auch BGH[Z] NJW **97**, 188 m. Anm. Goette DStR 97, 40 [vorangehende Bestellung des Zessionars zum Abwickler der Kanzlei des Zedenten], LG Darmstadt [Z] NJW **94**, 2962 sowie u. 24 b, 28). Gleichgültig ist dagegen, ob die Mitteilung „vertraulich" oder an einen Angehörigen erfolgt, und ohne Bedeutung ist insbesondere auch, ob der Empfänger seinerseits schweigepflichtig ist (zB Mitteilung an Konsiliarius oder eine Verrechnungsstelle iS von Abs. 1 Nr. 6, vgl. BGHZ **115** 128, **116** 272, BGH[Z] NJW **93**, 1912, Bay NJW **95**, 1623 m. Anm. bzw. Bspr. Fabricius StV 96, 485, Gropp JR 96, 478, Longino ZfJ 97, 136, Stuttgart NJW **87**, 1490, AG Düsseldorf MedR **86**, 83, AG München [Z] NJW-RR **97**, 1560, Jähnke aaO, Jung NK 19, Lackner/Kühl 17, Lenckner aaO [1986] 583 f., Samson SK 35; zum [konkludenten] Einverständnis bzw. zur mutmaßlichen Einwilligung in solchen Fällen u. 24 b, 27 f.). Doch sind Einschränkungen schon beim Begriff des Offenbarens jedenfalls dann zu machen, wenn das Geheimnis nicht einer bestimmten Person, sondern einer Einrichtung (zB Versicherungsunternehmen, vgl. Abs. 1 Nr. 6) anvertraut ist und wo für die interne Weitergabe Entsprechendes gelten muß wie bei Behörden (u. 45; vgl. LG Bonn [Z] NJW **95**, 2419, ferner Ayasse VersR 87, 537). Bereits an einem Offenbaren dürfte es aber auch in anderen Fällen fehlen, in denen der Mitteilungsempfänger, obwohl nicht der eigentliche Adressat des Anvertrauens, noch unmittelbar an dem konkreten Vertrauensverhältnis teilnimmt, so in einer Anwaltskanzlei bei der vertretungsweisen Bearbeitung der Angelegenheit durch einen anderen dort beschäftigten Anwalt (vgl. BGH[Z] NJW **95**, 2916 m. Anm. bzw. Bspr. wie o.) oder den Abwickler der Kanzlei (§ 55 BRAO; vgl. BGH[Z] NJW **97**, 188 m. Anm. bzw. Bspr. wie o.) oder bei der im Rahmen einer ordnungsgemäßen Berufsausübung erforderlichen Zuziehung von Hilfskräften (zB Arzthelferin; vgl. zB Jähnke LK[10] 39, 41, Langkeit NStZ 94, 6, Lenckner aaO [1986] 176, Tröndle 26; and. Hinrichs DB 80, 2287); davon abgesehen wäre in diesen Fällen der Tatbestand jedenfalls aus den u. 21 f., 24 b genannten Gründen (konkludentes Einverständnis) zu verneinen.

Da die Sonderpflicht des § 203 nicht lediglich auf Verschwiegenheit, sondern – wie in Abs. 3 S. 3 zutreffend formuliert – auf die Wahrung des Geheimnisses gerichtet ist, ist ein Offenbaren auch durch **Unterlassen** möglich, so zB wenn der Arzt die Einsichtnahme in die Krankenblätter oder deren Mitnahme nicht verhindert (vgl. § 13 RN 31, Jähnke LK[10] 44 mwN). Das bloße Herumliegenlassen mit der Möglichkeit der Kenntnisnahme durch Dritte genügt dafür aber noch nicht (so jedoch Langkeit NStZ 94, 6 u. wohl auch Lackner/Kühl 17), vielmehr sind hier entsprechend dem positiven Tun die Voraussetzungen des § 13 nur erfüllt, wenn der Dritte von dem Inhalt des Geheimnisses entweder tatsächlich Kenntnis genommen oder das fragliche Dokument usw. in seinen Gewahrsam gebracht hat und dies von dem Schweigepflichtigen zumindest bedingt vorsätzlich in Kauf genommen wurde.

4. Die Offenbarung des Geheimnisses muß **unbefugt** geschehen. Dies ist der Fall, wenn sie ohne Zustimmung des Verfügungsberechtigten und ohne ein Recht zur Mitteilung erfolgt. Das Merkmal

§ 203 22, 23   Bes. Teil. Verletzung des persönl. Lebens- u. Geheimbereichs

„unbefugt" hat hier eine Doppelfunktion (vgl. 65 vor § 13, ferner zB § 201 RN 29, § 206 RN 11): Teilweise begrenzt es bereits den Tatbestand, zT hat es aber auch nur die Bedeutung des allgemeinen Deliktsmerkmals der Rechtswidrigkeit, je nachdem, ob die „Befugnis" zur Offenbarung tatbestandsausschließend (u. 22 ff.) oder rechtfertigend wirkt (u. 26 ff.; vgl. auch Köln NJW **62**, 686 m. Anm. Bindokat, Jähnke LK[10] 74, Jakobs JR 82, 359, Jung NK 21, M-Maiwald I 292; ausschließlich im zweiten Sinn dagegen die h. M., zB Bremen MedR **84**, 112, Dreher MDR 62, 592, Lackner/Kühl 2 vor § 201, Samson SK 36, Tröndle 27). Eine Offenbarungsbefugnis folgt nicht schon daraus, daß auch der Empfänger schweigepflichtig ist (zB BGHZ **115** 128 f., **116** 272, NJW **93**, 1912, 2372, Hamburg NJW **93**, 1355, KG[Z] NJW **92**, 2772, Jähnke LK[10] 40; vgl. aber auch u. 29 zu § 49 b IV 1 BRAO, der davon auszugehen scheint); doch kann dies unter dem Gesichtspunkt der mutmaßlichen Einwilligung (u. 27) und der Rechtfertigung gem. § 34 von Bedeutung sein.

22   a) „Befugt" ist eine Offenbarung zunächst, wenn sie mit **Zustimmung des Verfügungsberechtigten** erfolgt. Daß § 203 nicht primär dem Schutz individueller, sondern allgemeiner Interessen dient (o. 3), steht dem nicht entgegen, führt vielmehr dazu, daß die Einwilligung des Verfügungsberechtigten nicht erst rechtfertigt (so aber Lackner/Kühl 2 vor § 201, Samson SK 38 ff., Tröndle 27), sondern bereits als „Einverständnis" (vgl. dazu 30 vor § 32) den Tatbestand ausschließt (so auch Köln NJW **62**, 686 m. Anm. Bindokat u. Dreher MDR 62, 592, [offen gelassen jedoch in NStZ **83**, 412 m. Anm. Rogall], Ayasse VersR 87, 537 f., Gössel I 433, Jähnke LK[10] 56, Jung NK 21, Krey I 235, M-Maiwald I 285, Welzel 336; vgl. auch Tiedemann, GmbH-Strafrecht [1995] § 85 RN 20). Denn da das Vertrauen der Allgemeinheit in die Verschwiegenheit von Ärzten usw. nur verlangt, daß diese die ihnen anvertrauten usw. Geheimnisse nicht gegen oder ohne den Willen des Patienten usw. preisgeben, wird es auch durch eine mit Einverständnis erfolgende Offenbarung gar nicht erst berührt (vgl. Lenckner aaO [1966] 177 f., [1986] 584).

23   α) Die **Verfügungsberechtigung** über ein anvertrautes usw. Geheimnis wird von der h. M. allein dem Geheimnisträger zugesprochen (Blei II 126, Göppinger NJW 58, 243, Gössel I 434, Hackel NJW 69, 2257, Jähnke LK[10] 59, 62, Lackner/Kühl 18, Rogall NStZ 83, 414, Tröndle 28; enger Schünemann ZStW 90, 57 f.). Unter Berücksichtigung des Schutzzwecks des § 203 (o. 3) ergibt sich jedoch folgende Differenzierung (vgl. dazu Lenckner aaO [1966] 178 f., ähnl. Samson SK 38 f.): Hinsichtlich der *Geheimnisse, die ihn selbst betreffen*, ist der Patient, Mandant usw. stets allein verfügungsbefugt, d. h. auch dann, wenn ein Dritter den Schweigepflichtigen informiert hat, sofern dies nur in innerem Zusammenhang mit der Inanspruchnahme ärztlicher, anwaltlicher usw. Hilfe durch den Geheimnisträger geschah (so zB wenn die Ehefrau des Patienten dem Arzt von ihr für notwendig erachtete zusätzliche Mitteilungen über ihren Ehemann macht [and. Krauß ZStW 97, 113], nicht aber, wenn Mandant A seinem Anwalt im Zusammenhang mit seiner eigenen Rechtsangelegenheit Geheimnisse des B mitteilt, der gleichfalls Mandant des Anwalts ist). Das Einverständnis des Informanten ist hier ohne Bedeutung. Allerdings kann schon die Tatsache, daß er dem Schweigepflichtigen ein Geheimnis des Patienten usw. offenbart hat, ihrerseits ein Geheimnis des Informanten sein, über dessen Preisgabe – auch gegenüber dem Geheimnisträger – nur er entscheiden kann. Da § 203 den Geheimnisschutz nicht in erster Linie um individueller Geheimhaltungsinteressen willen, sondern primär zur Sicherung bestimmter Vertrauensverhältnisse gewährleistet, erstreckt sich die Verfügungsbefugnis des Patienten, Mandanten usw. aber auch auf die *Geheimnisse Dritter*, die er dem Schweigepflichtigen anvertraut hat oder die diesem im Zusammenhang mit der Behandlung, Beratung usw. bekanntgeworden sind. Schon wenn er allein einverstanden ist, entfällt die Schweigepflicht (für Dispositionsbefugnis des Patienten über Drittgeheimnisse auch Cramer aaO 49 f., Jung NK 21, Kohlhaas aaO 40 f., GA 58, 73, Otto II 130, ferner zB Krauß ZStW 97, 113 f., Schmitz JA 96, 952; and. die h. M., ferner Rüping, Internist 83, 207). Verfügungsbefugt ist in diesen Fällen neben dem Patienten usw. aber auch der betroffene Dritte selbst (ebenso Köln NStZ **83**, 412 m. Anm. Rogall, iE auch Bockelmann aaO 16 FN 36; and. insoweit Jung NK 21, Samson SK 39, ferner Ostendorf JR 81, 448). Denn da nur wenn und allein einverstanden ist, wird das Verhältnis zwischen Arzt und Patient, Mandant und Anwalt usw. durch die Offenbarung nicht berührt. Freilich kann auch hier die Tatsache, daß der Patient usw. den Schweigepflichtigen über den Dritten informiert hat, ein nur seiner Verfügung unterliegendes Geheimnis sein. – Ist Mandant eine juristische Person, so ist verfügungsberechtigt diese, weshalb das Einverständnis durch das jeweils vertretungsberechtigte Organ zu erteilen ist, auch wenn das Geheimnis dem Schweigepflichtigen durch eine andere für die juristische Person handelnde Person (zB Angestellter, früherer Vorstand) anvertraut worden ist. Im Insolvenzverfahren geht das Verfügungsrecht im Rahmen seiner Aufgaben auf den Insolvenzverwalter über (entsprechendes galt im Konkurs- und Gesamtvollstreckungsverfahren, vgl. BGHZ **109** 270 u. dazu Nassall NJW 90, 496, Nürnberg NJW **77**, 303, Schleswig ZIP **83**, 968, LG Lübeck ZIP **83**, 711 m. Anm. Henckel zu § 383 I Nr. 6 ZPO; and. LG Düsseldorf NJW **58**, 1152 zu § 53 StPO [Alleinkompetenz der bisherigen Organe], Dahs aaO 74 ff. [sowohl Konkursverwalter als auch die „faktisch und rechtlich in das anwaltliche Vertrauensverhältnis einbezogenen Repräsentanten der Gesellschaft"]). Auf das zusätzliche Einverständnis des Schuldners bzw. des bisherigen Organs oder auch der Gesellschafter kommt es hier nur an, wenn das Geheimnis nicht nur die Insolvenzmasse, sondern zugleich deren persönlichen Bereich betrifft, so zB wenn der GmbH-Geschäftsführer dem für die GmbH tätigen Wirtschaftsprüfer eine von ihm begangene Untreue offenbart hat (vgl. BVerfG NJW **81**, 1433, Koblenz NStZ **85**, 426 m. Anm. Herrmann S. 565, Schleswig NJW **81**, 294 m. Anm. Haas wistra 83, 183, LG Saarbrücken wistra **95**, 239

Verletzung von Privatgeheimnissen   24–24 b **§ 203**

m. Anm. Weyand zu § 53 StPO, Jähnke LK[10] 61, Samson SK 41, Schmitz JA 96, 952, zT auch Gülzow NJW 81, 265; and. LG Lübeck NJW **78**, 1014, Schäfer wistra 85, 211 f. u. zum Ganzen näher Dahs aaO 63 ff.).

β) Für die **Wirksamkeit** des – hier bereits tatbestandsausschließenden (o. 22) – **Einverständnisses** 24 gelten im übrigen die Regeln zur rechtfertigenden Einwilligung (35 ff. vor § 32) grundsätzlich entsprechend. Soweit es sich nicht um vermögenswerte Geheimnisse (o. 9 ff.) handelt, bei denen es auf die Geschäftsfähigkeit ankommt (ebenso Jähnke LK[10] 57), ist die natürliche Einsichts- und Urteilsfähigkeit ausreichend (vgl. dazu und zur Möglichkeit einer Vertretung entsprechend 39 ff. vor § 32). Der zustimmende Wille muß ferner nach außen hin zum Ausdruck gekommen sein, und zwar vor dem Offenbaren des Geheimnisses, auch muß das Einverständnis zu diesem Zeitpunkt noch bestehen (43 f. vor § 32). Schließlich muß sich der Einwilligende der Bedeutung und Tragweite seiner Entscheidung bewußt sein, was bei formularmäßig erteilten pauschalen Ermächtigungen in Krankenhausaufnahme-, Versicherungsverträgen usw. im Einzelfall durchaus zweifelhaft sein kann (vgl. auch Ayasse VersR **87**, 538, Fischer/Uthoff MedR 96, 115, Hollmann NJW **78**, 2332). Rechtsgutsbezogene Fehlvorstellungen, Täuschungen und Drohungen machen auch hier das Einverständnis eo ipso unwirksam (45 ff. vor § 32; vgl. auch Jähnke LK[10] 64); daß der Patient bei der Einwilligung in die Weitergabe der Behandlungsdaten an eine Verrechnungsstelle nicht weiß, daß die „Abwicklung der Patientenrechnungen" mit einer Forderungsabtretung verbunden ist, genügt dafür mangels des erforderlichen Rechtsgutsbezugs eines solchen Irrtums allerdings nicht (and. Karlsruhe [Z] NJW **98**, 831 m. Anm. Vahle DVP 98, 262). Im einzelnen ist folgendes hervorzuheben:

αα) Das Einverständnis ist grundsätzlich **formlos** möglich. Aber auch bei ausnahmsweise zum 24 a Schutz vor Übereilung (Gefahr rechtsgutsbezogener Fehlvorstellungen) gesetzlich ausdrücklich vorgeschriebener **Schriftform** – zB § 49 b IV 2 BRAO idF v. 2. 9. 1994 (BGBl. I 2278; vgl. dazu Berger NJW 95, 1406) u. für den Regelfall § 4 II 2 BDSG – ist ein nur mündlich erklärtes Einverständnis schon nach allgemeinen und auch hier geltenden Einwilligungsgrundsätzen (vgl. 43 vor § 32) nicht schlechthin unbeachtlich: Jedenfalls dann, wenn der Betreffende wußte, was er tut, kann der bloße Formmangel die Geheimnisweitergabe nicht zum strafwürdigen Unrecht machen (vgl. auch Ambs in: Erbs/Kohlhaas § 4 BDSG RN 6, Jähnke LK[10] 67; für eine Verletzung der ärztlichen Schweigepflicht nach § 203 I beim Mitteilen unter das BDSG fallender Patientendaten ohne schriftliche Einwilligung jedoch Bremen [Z] NJW **92**, 757 m. Bspr. Körner-Dammann S. 729; offengelassen von BGHZ **115** 129 m. Bspr. bzw. Anm. Bongen/Kremer MDR 91, 1031, Körner-Dammann NJW 92, 729, Taupitz MedR 91, 330). Für die Weitergabe persönlicher Daten im Anwendungsbereich des BDSG dürfte dies sogar generell zu verneinen sein, weil nach § 1 IV 2 BDSG die Verpflichtung zur Wahrung gesetzlicher Geheimhaltungspflichten oder von nicht auf gesetzlichen Vorschriften beruhenden Berufs- oder besonderen Amtsgeheimnissen „unberührt bleibt" und dies dann auch für die dazu entwickelten Grundsätze gelten muß (vgl. auch BT-Drs. 11/4306 S. 39), zu denen neben der Möglichkeit einer nur konkludenten oder mutmaßlichen Einwilligung immer schon die Formfreiheit gehörte (daß mit dieser „Subsidiaritätsregel" nur die vor dem Inkrafttreten des BDSG bestehende Rechtslage als Mindestschutz garantiert werden sollte – so zB Bremen aaO mwN – findet im Gesetzeswortlaut keinen Ausdruck; wie hier zB Auernhammer, BDSG, 3. A., § 1 RN 26, Langkeit NStZ 94, 7, Schlund aaO 413, Tröndle 9 a; für die Anwendbarkeit des § 4 II BDSG auch auf die nicht den Dateibegriff des § 3 II erfüllende Patienten- und Mandantendateien bzw. -karteien jedoch zB BGHZ **116** 273 m. Bspr. bzw. Anm. Kamps NJW 92, 1545, Körner-Dammann ebd. S. 1543, Rieger MedR 92, 147, Schlund JR 92, 203, Bremen aaO m. Bspr. wie o., Bongen/Kremer NJW 90, 2913, Bork NJW 92, 2452 f., König NJW 91, 755, Roßnagel NJW 89, 2303, Taupitz MDR 92, 423, Walz in: Simitis u. a., BDSG, 4. A., § 1 RN 30, Simitis ebd. § 4 RN 39).

ββ) Das Einverständnis kann **ausdrücklich** oder **konkludent** erklärt sein, letzteres auch bei 24 b vorgeschriebener Schriftform (weshalb zB die Nichtbefolgung der Hervorhebungspflicht des § 4 II 3 BDSG ein stillschweigend erklärtes Einverständnis nicht unwirksam machen würde). Dies gilt selbst dann, wenn, wie jetzt in § 49 b IV 2 BRAO (o. 24 a), die Abtretung usw. einer anwaltlichen Gebührenforderung an einen nicht als Anwalt zugelassenen Dritten u. a. nur unter der Voraussetzung einer ausdrücklichen schriftlichen Einwilligung des Mandanten für zulässig erklärt wird; denn hier mag bei einer konkludenten Erklärung zwar die Abtretung gem. § 134 BGB nichtig sein (§ 49 b IV 2, 1. Halbs. als Verbotsgesetz), für die strafrechtliche Beurteilung nach § 203, bei der es allein auf das Vorliegen des Einverständnisses in Kenntnis seiner Bedeutung und Tragweite ankommt, ist dies jedoch ebenso bedeutungslos wie das Fehlen der weiteren in § 49 b IV 2 genannten Erfordernisse (titulierte Forderung usw.). Zu verlangen ist für ein konkludentes Einverständnis allerdings immer, daß der zustimmende Wille der Erklärungsberechtigten in dem fraglichen Verhalten hinreichend deutlich zum Ausdruck kommt. Zu verneinen ist dies zB bei der Abrechnung privatärztlicher Leistungen durch externe (gewerbliche oder berufsständisch-privatärztliche) Verrechnungsstellen, weil dieses Verfahren nicht so selbstverständlich oder in einem Maße üblich ist, daß die Inanspruchnahme eines Arztes ohne gleichzeitigen Widerspruch nur als Zustimmung zur Übergabe der Patientendaten enthaltenden Abrechnungsunterlagen verstanden werden könnte (zB BGHZ **115** 128 m. mwN. u. Bspr. bzw. Anm. o. 24 a, BGH[Z] NJW **92**, 2349 m. Anm. Reiling MedR 92, 331, Schlund JR 93, 25, Karlsruhe [Z] NJW **98**, 831 m. Anm. o. 24, Lackner/Kühl 18, Tröndle 28 a; vgl. auch Köln NJW **91**, 753 m. Anm. König [Abtretung an Factoring-Unternehmen], LG Stuttgart [Z] NJW-RR **97**, 1068 [unzureichende

Befreiungserklärung]; and. zB LG Kleve NJW **91**, 756, Jähnke LK[10] 69; krit. zu den Auswirkungen dieser Rspr. aus zivilrechtlicher Sicht Berger NJW **95**, 1584; zur Inanspruchnahme eines Arztes auf Krankenschein und die kassenärztliche Abrechnung vgl. jetzt §§ 294 ff. SGB V). Da ein konkludentes Einverständnis mehr verlangt als ein bloßes Geschehenlassen oder passives Dulden, reicht hier selbst die Kenntnis des Patienten von einer entsprechenden Übung des Arztes nicht ohne weiteres aus (von BGH[Z] NJW **92**, 2348 m. Anm. wie o. verneint für die Kenntnis aufgrund früherer Rechnungen; vgl. aber auch u.). Ebenso liegt nicht schon in der Inanspruchnahme ärztlicher Behandlung das stillschweigende Einverständnis in die spätere Weitergabe der Behandlungsunterlagen an den Praxisübernehmer beim Verkauf einer Arztpraxis (BGHZ **116** 274 m. Bspr. bzw. Anm. o. 24 a, wo deshalb grundsätzlich eine ausdrückliche Zustimmung verlangt wird; and. Jähnke LK[10] 70 mwN; vgl. auch u.). Entsprechendes gilt für den Verkauf einer Anwaltspraxis mit Überlassen der Akten und – hier seit dem neuen § 49 b IV 1 BRAO (o. 24 a) jedoch mit Besonderheiten beim Erwerb durch einen Anwalt (u. 29; zu S. 2 vgl. o.) – für die Abtretung anwaltlicher Honorarforderungen (zB BGHZ **122** 115 m. Anm. Giesen/Poll JR **94**, 29, Mankowski JZ **94**, 48, BGH[Z] NJW **93**, 1912, **95**, 2026 m. Anm. bzw. Bspr. Auernhammer DuD 96, 460, Goette DStR 95, 1362, Michalski/Römermann NJW 96, 1305 u. Ring EWiR 95, 1059, Nürnberg AnwBl. **95**, 195 mwN; zum Praxisverkauf an einen in der Kanzlei schon zuvor tätigen Anwalt; zu ähnlichen Fällen, in denen es schon an einem Offenbaren fehlen kann, vgl. o. 19 a. E. und zur Überlassung von Patienten- u. Mandantenunterlagen beim Verkauf einer Arzt- oder Anwaltspraxis im übrigen u. 28). Dem liegt das Prinzip zugrunde, daß es Aufgabe des Arztes usw. ist, sich um ein hinreichend eindeutiges Einverständnis des Patienten usw. zu kümmern, und nicht Sache des Patienten, zur Vermeidung des falschen Eindrucks eines stillschweigenden Einverständnisses der Weitergabe seiner Daten zu widersprechen (vgl. BGHZ **115** 127, **116** 274, **122** 119, NJW **92**, 2349 m. Bspr. bzw. Anm. wie o. bzw. o. 24 a; zur Frage einer mutmaßlichen Einwilligung in diesen Fällen u. 27 f.). Nicht bedeuten kann dies allerdings, daß die Eigenverantwortlichkeit des Patienten usw. damit völlig aufgehoben ist (vgl. auch U. Schäfer wistra 93, 284). Als wirksames stillschweigendes Einverständnis muß es vielmehr zB angesehen werden, wenn sich der Patient in die Behandlung eines Arztes begibt, obwohl in dessen Wartezimmer auf einem deutlichen und nicht zu übersehenden Aushang auf die externe Abrechnung bei Privatpatienten hingewiesen wird (offengelassen von BGHZ **115** 127; and. Düsseldorf NJW **94**, 2421, Schmidt-Beck NJW 93, 2336; vgl. auch Taupitz MDR 92, 423), und das gleiche gilt, wenn der Patient nach einem entsprechenden Rundschreiben des Arztes an seine Privatpatienten, er werde künftig, soweit dem nicht widersprochen werde, über eine Verrechnungsstelle abrechnen, weiterhin diesen Arzt aufsucht. Ebenso ist ein konkludentes Einverständnis in die Übergabe der Patientenunterlagen an den Praxisübernehmer anzunehmen, wenn der Patient mit seinem bisherigen Arzt abspricht, daß er die Behandlung bei dessen Nachfolger fortsetzen werde (während die erst dem Nachfolger gegenüber konkludent zum Ausdruck gebrachte Zustimmung [vgl. BGHZ **116** 275, KG[Z] MDR **98**, 827] voraussetzen würde, daß das Offenbaren hier nicht bereits mit der Besitzübertragung erfolgt ist [o. 19]; zur mumaßlichen Einwilligung vgl. u. 28). Erst recht kann ein konkludentes Einverständnis in anderen Fällen anzunehmen sein, so insbes. wenn die Inanspruchnahme des Schweigepflichtigen speziell im Hinblick auf die von einem Dritten verlangten Informationen erfolgt (zB ärztliche oder psychologische Einstellungsuntersuchung), oder wenn der Betreffende weiß, daß der Schweigepflichtige nur mit Hilfe Dritter für ihn wirksam tätig werden kann (zB ein Sozialarbeiter nur, wenn er auch bestimmte andere Personen ins Vertrauen ziehen darf; vgl. aber auch Frommann aaO 178 f.). Von einem konkludenten Einverständnis ist aber zB auch auszugehen, wenn der Klinikarzt nach einer Einweisung durch den Hausarzt diesem berichtet (München NJW **93**, 797) oder bei einer Krankenhausbehandlung bezüglich der Zuziehung weiterer Fachärzte, wenn sich der Patient wegen der Art seiner Erkrankung der Notwendigkeit einer ressortübergreifenden Behandlung bewußt ist (Langkeit NStZ 94, 7; vgl. dort auch zum arbeitsteiligen Zusammenwirken eines Ärzteteams). Ebenso kann die Inanspruchnahme einer Versicherung wegen eines Unfalls zugleich die stillschweigende Zustimmung zu diesbezüglichen Auskünften des Arztes an den Versicherungsträger enthalten, und dasselbe gilt, wenn nach Vorlage eines ärztlichen Attests in einem gerichtlichen Verfahren Rückfragen bei dem ausstellenden Arzt notwendig werden (Karlsruhe NStZ **94**, 141). Soweit hier nicht schon ein Offenbaren zu verneinen ist (o. 19), sind durch ein konkludentes Einverständnis ferner solche Mitteilungen gedeckt, die bei Begründung einer Anwaltssozietät unter den Sozien erfolgen (KG NJW **92**, 2371; zu weitgehend dagegen LG Baden-Baden [Z] NJW-RR **98**, 202 [auch bei zeitweiser Außensozietät im Rahmen eines „sanften Übergangs" nach Kanzleiveräußerung und der Abtretung von Honorarforderungen]; vgl. aber auch AG Schleiden [Z] NJW-RR **99**, 502) oder die der Arzt, Anwalt usw. üblicherweise seinem Hilfspersonal macht. Bei der Weitergabe von Daten an die Krankenhausverwaltung kann von einem solchen dagegen nur insoweit ausgegangen werden, als diese für die Abrechnung notwendig sind (vgl. LG Bonn [Z] NJW **95**, 2419).

24 c γγ) Das Einverständnis kann gegenständlich (vgl. Jung NK 22) und auf die Mitteilung an bestimmte Personen **beschränkt** sein (zB bei der Untersuchung für den Abschluß einer Lebensversicherung nur bezüglich der Weitergabe des verlangten Befundes und nur an die Versicherung; bei einer psychologischen Einstellungsuntersuchung nur bezüglich der Eignungsaussage gegenüber dem Betriebsinhaber; vgl. dazu iE auch Scholz NJW 81, 1989). Insbes. wird sich das Einverständnis in aller Regel nicht auf die Offenbarung solcher Geheimnisse beziehen, die dem Verfügungsberechtigten selbst noch unbekannt sind (zB ein vom Arzt noch verschwiegener Befund) oder von denen er annimmt, sie seien dem Schweigepflichtigen unbekannt (zB Abtreibungsversuch als Ursache einer Erkrankung).

γ) Beim **Tod des Berechtigten** ist zu unterscheiden: Bei Geheimnissen, die den persönlichen Lebensbereich iS von o. 10 betreffen (zB Frage der Testierfähigkeit), ist die Verfügungsbefugnis höchstpersönlicher Natur und erlischt daher mit dem Tod des Berechtigten (vgl. RG **71** 22, Bay[Z] NJW **87**, 1492, BayLSG NJW **62**, 1789, Jähnke LK[10] 51, 73, Jung NK 21, Lenckner aaO [1966] 181, M-Maiwald I 289, Samson SK 41, Eb. Schmidt NJW 62, 1745). Weder die Erben noch die nächsten Angehörigen können in diesem Fall – ohne daß darin ein Widerspruch zu § 205 II wäre – den Schweigepflichtigen von seiner Pflicht entbinden (h. M.; and. Kuchinke aaO 376 ff., Solbach DRiZ 78, 206); eine Offenbarungsbefugnis kann sich hier deshalb nur aus anderen Gründen ergeben (u. 26 ff.). Etwas anderes gilt dagegen für Geheimnisse, die selbst einen wirtschaftlichen Wert verkörpern oder sich jedenfalls auf einen Vermögenswert beziehen. Da der Erbe hier mit deren Erwerb zugleich Geheimnisträger wird, steht ihm auch die Verfügungsbefugnis zu (Hamburg NJW **62**, 691, Jähnke LK[10] 51, Kuchinke aaO 382 ff., Lenckner aaO, Samson SK 41).

b) Befugt ist ferner die Offenbarung bei **Vorliegen eines Rechtfertigungsgrundes.** Im einzelnen gilt folgendes:

α) Auf eine Rechtfertigung durch **mutmaßliche Einwilligung** (54 ff. vor § 32) kann es nur in Fällen ankommen, in denen nicht schon ein Offenbaren zu verneinen ist (o. 19) und auch ein konkludentes Einverständnis (o. 24 b) nicht festgestellt werden kann (weshalb zB das Zuziehen des erforderlichen Hilfspersonals nicht erst in diesen Zusammenhang gehört; vgl. auch BGH[Z] NJW **95**, 2916 m. Anm. bzw. Bspr. wie o. 19). Von Bedeutung ist die mutmaßliche Einwilligung hier vor allem, wenn das Einverständnis des Verfügungsberechtigten nicht eingeholt werden kann, so zB wenn der Arzt die Angehörigen eines bewußtlosen Unfallverletzten informiert, aber auch nach dem Tod des Verfügungsberechtigten (vgl. dazu BGH[Z] NJW **83**, 2627 m. Anm. Giesen JZ 84, 281, Bay[Z] NJW **87**, 1492, Samson SK 27, iE auch Jähnke LK[10] 53; and. Solbach DRiZ 78, 205 [Verfügungsbefugnis der Angehörigen; o. 25]). Eine mutmaßliche Einwilligung wird hier auch nicht durch eine gesetzlich vorgeschriebene Schriftform für das Einverständnis ausgeschlossen (and. Simitis in: Simitis u. a. BDSG § 4 RN 43 mwN), da diese voraussetzt, daß die Einwilligung überhaupt erklärt werden kann (vgl. dazu im übrigen auch o. 24 a). Im übrigen kann eine mutmaßliche Einwilligung zwar auch anzunehmen sein, wenn der Verfügungsberechtigte gefragt werden könnte, jedoch ohne weiteres davon ausgegangen werden kann, daß er bereits darauf keinen Wert legt. Voraussetzung ist dann aber, daß ein mangelndes Interesse an der Einhaltung der Schweigepflicht offen zutage liegt (vgl. BGHZ **115** 126, **122** 120 w. Bspr. bzw. Anm. o. 24 a, 24 b, ferner 54 vor § 32). Bei Mitteilungen an nächste Angehörige sind diese Voraussetzungen vielfach gegeben (enger Schlund JR 77, 266; vgl. auch Jähnke LK[10] 69, Langkeit NStZ 94, 8); davon abgesehen dürfte bei bestehender Befragungsmöglichkeit der Anwendungsbereich der mutmaßlichen Einwilligung jedoch eng begrenzt sein (vgl. Jähnke LK[10] 81, Jung NK 24).

Der Umstand, daß auch der *Empfänger der Mitteilung gem. § 203 schweigepflichtig* ist, kann in diesem Zusammenhang zwar von Bedeutung sein, rechtfertigt für sich allein bei einem Übergehen des Betroffenen aber noch nicht die Annahme von dessen mutmaßlicher Einwilligung (vgl. OVG Lüneburg NJW **75**, 2263). Soweit nicht weitere Umstände hinzukommen, sind daher zB auch Mitteilungen unter Ärzten – zB Auskünfte des früher behandelnden Arztes, Zuziehen eines weiteren Arztes als Konsiliarius – nur mit Zustimmung des Patienten zulässig (vgl. zB Bay NStZ **95**, 187, Bockelmann II/2 S. 171, Kohlhaas aaO 23, Langkeit NStZ 94, 7, Lenckner aaO [1986] 586). Entsprechendes gilt für Mitteilungen unter Anwälten, und zwar auch bei Bestehen einer Bürogemeinschaft (vgl. KG[Z] NJW **92**, 2771; zum Zuziehen eines Sozietätskollegen vgl. dagegen o. 19). Im Hinblick auf die zunehmende Sensibilisierung in Sachen Datenschutz kann heute auch nicht mehr pauschal eine mutmaßliche Einwilligung in die Überlassung von Patienten- oder Mandantenunterlagen anläßlich der Veräußerung einer Arzt- oder Anwaltspraxis unterstellt werden (vgl. BGHZ **116** 268 [273] m. Bspr. bzw. Anm. o. 24 a, BGH[Z] NJW **95**, 2026 m. Anm. bzw. Bspr. o. 24 b, Lackner/Kühl 19, M-Maiwald I 292, Roßnagel NJW 89, 2304, Rüping, Internist 83, 207, Samson SK 42, Taupitz MDR 92, 421; and. früher BGH[Z] NJW **74**, 602 m. Anm. Kuhlmann JZ 74, 670 u. krit. zur Aufgabe dieser Rspr. Hohenstatt AnwBl. 93, 603 u. 94, 60, Rieger MedR 92, 147, Tröndle 28 a); soweit hier das Einverständnis nicht ausdrücklich oder konkludent dem Praxisvorgänger erklärt wurde (o. 24 b), bleibt deshalb, obwohl wegen der Kennzeichnung mit den Namen gleichfalls nicht unproblematisch, nur die Möglichkeit der Übergabe in einem verschlossenen Umschlag o. ä. mit der Absprache, daß dieser nur im Beisein des Patienten usw. geöffnet werden darf (vgl. dazu auch Samson SK 42, Taupitz aaO, ferner Hülsmann/Maser MDR 97, 111, Michalski/Römermann NJW 96, 1305 sowie die Münchener Empfehlungen zur Wahrung der ärztlichen Schweigepflicht bei Veräußerung einer Arztpraxis MedR 92, 207). Aber auch für das im Vergleich zu einem Praxisverkauf weniger weitgehende Mitteilen von Patientendaten zum Zweck externer Abrechnung durch eine private Verrechnungsstelle (zur Schweigepflicht gem. Abs. 1 Nr. 6 u. 41) kann die mutmaßliche Einwilligung heute keine taugliche Rechtsgrundlage mehr sein, da die hier allein betroffenen Patienten ohne weiteres befragt werden könnten und diesen – von möglichen Ausnahmen abgesehen – nicht unterstellt werden kann, ein solches Verfahren sei für sie so selbstverständlich, daß sich schon die bloße Anfrage erübrigt (vgl. zB BGHZ

§ 203 29 Bes. Teil. Verletzung des persönl. Lebens- u. Geheimbereichs

115 123 [126] m. Bspr. bzw. Anm. o. 24 a, Karlsruhe [Z] NJW **98**, 831 m. Anm. o. 24, Köln [Z] NJW **91**, 753 m. Anm. König [Abtretung an Factoring-Unternehmen], Oldenburg [Z] NJW **92**, 758 [Abtretung mit vom Arzt selbst vorgenommener Abrechnung], Lackner/Kühl 19, Samson SK 42; vgl. auch VG Münster MedR **84**, 118, Schlund JR 77, 268, Taupitz VersR 91, 1213, Tobinsky aaO 191 ff.; zur Frage eines konkludenten Einverständnisses o. 24 b). Entsprechendes gilt für die – im übrigen jetzt in § 49 b IV BRAO geregelte (o. 24 a, b, u. 29) – Abtretung von anwaltlichen Gebührenforderungen (vgl. BGHZ **122** 115 [120] m. Anm. o. 24 b), ebenso für die Abtretung von Honoraransprüchen durch Angehörige der anderen in Abs. 1 genannten Berufe, bei der gleichfalls idR weder von einem konkludenten Einverständnis noch von einer mutmaßlichen Einwilligung ausgegangen werden kann (vgl. iE auch Hamm [Z] DStR **92**, 557, LG Konstanz [Z] NJW **92**, 1241 für Steuerberater, LG Bochum [Z] NJW **93**, 1535 m. Anm. Wilhelms für Tierärzte [dazu, daß veterinärmedizinische Abrechnungsunterlagen vielfach jedoch keine Geheimnisse iS des § 203 enthalten vgl. u. 31], aber auch LG Baden-Baden [Z] NJW-RR **98**, 202 u. im Ganzen ferner Würz-Bergmann aaO 107 ff. u. pass.). Zum Ermöglichen des Zugriffs auf die in einer Arztpraxis gespeicherten Daten bei der Fernwartung von Software vgl. entsprechend Ehmann CR 91, 294 f., zum Einsatz von Bildarchivierungs- u. Kommunikationssystemen durch externe Dokumentationsstellen Inhester NJW 95, 688; zu den Problemen bei zentralen Schreibbüros in Krankenhäusern, den dort tätigen haupt- und nebenbeamtlichen Archivaren u. ä. vgl. Langkeit NStZ 94, 8 f. u. zur Problematik von Patientenchipkarten Kilian NJW 92, 2316 f. Verzichtbar kann – sofern hier nicht schon ein konkludentes Einverständnis anzunehmen ist – eine Rückfrage dagegen zB sein, wenn ein Arzt ergänzende Fragen einer Versicherung zu einem mit Zustimmung des Patienten erstatteten Bericht beantwortet oder wenn der liquidationsberechtigte Krankenhausarzt sein Honorar durch das Krankenhaus einziehen läßt (vgl. LG Itzehoe NJW **93**, 794).

29 β) Eine Befugnis zur Offenbarung ist ferner gegeben, wenn der sonst Schweigepflichtige **auf Grund besonderer Gesetze** zur Offenbarung verpflichtet oder berechtigt ist. Eine besondere gesetzliche **Offenbarungspflicht** ist die für alle in Abs. 1 Genannten geltende *Anzeigepflicht gem.* § 138, für Rechtsanwälte, Verteidiger und Ärzte mit der Sonderregelung des § 139 III 2. Für die in Abs. 1 Nr. 6 genannten Lebensversicherungen ist darüberhinaus auch § 1 II Nr. 2, IV iVm § 11 GeldwäscheG v. 25. 10. 1993 (BGBl. I 1770, letztes ÄndG v. 4. 5. 1998, BGBl. I 845) zu beachten; vgl. dazu auch § 261 RN 1. – Ebenso geht die *prozessuale Aussagepflicht* der Schweigepflicht vor, soweit den Schweigepflichtigen in den Verfahrensordnungen nicht zugleich ein Zeugnisverweigerungsrecht eingeräumt ist (vgl. einerseits § 383 I Nr. 5 ZPO, andererseits § 53 StPO, § 84 I FGO iVm § 102 AO u. dazu Lenckner NJW 65, 323, Freund GA 93, 49, K-Meyer § 53 RN 4 mwN sowie Michalowski ZStW 109 536; and. Foth JR 76, 9, Pardey RPfl 90, 397; für das Sozialgeheimnis vgl. jedoch § 35 III SGB I). Inwieweit zeugnisverweigerungsberechtigte Schweigepflichtige ohne Entbindung von der Schweigepflicht oder beim Widerruf einer Entbindung (vgl. dazu BGH **42** 73 m. Anm. Welp JR 97, 35) – bei einer Entbindung fehlt es schon am Tatbestand (o. 22) – aussagen dürfen, richtet sich nach allgemeinen Regeln (u. 30 ff.); hier ist die Geheimnisoffenbarung nicht schon deshalb befugt, weil sie in einer Zeugenaussage vor Gericht erfolgt (hM; vgl. Jähnke LK[10] 80 Rudolphi, Bemmann-FS 423, jeweils mwN). Hierher gehören ferner Offenbarungs- u. Auskunftspflichten in der Zwangsvollstreckung, soweit sie – von Bedeutung bei Honorarforderungen – der Schweigepflicht vorgehen (zu § 807 ZPO vgl. Köln [Z] MDR **93**, 1007, LG Kassel [Z] RPfleger **97**, 121, LG Würzburg [Z] NJW-RR **98**, 1373, Sein/Jonas/Münzberg, ZPO, 21. A., § 807 RN 34 mwN [Name des Drittschuldners u. Höhe der Forderung], zu § 836 III ZPO Stuttgart [Z] NJW **94**, 2838 [Höhe der Forderung], aber auch Würz-Bergmann aaO 224 ff. u. näher Brötel NJW 98, 3387, U. Schäfer wistra 93, 283, 285; and. LG Memmingen [Z] NJW **96**, 793, Berger NJW 95, 1584, 1589). Zur Pflicht zur Vorlage von Krankenunterlagen an den Rechnungshof durch eine von diesem überprüfte Universitätsklinik vgl. BVerwG NJW **89**, 2961, OVG Lüneburg NJW **84**, 2652, Hahne-Reulecke MedR 88, 235. – Eine aus dem *Erziehungsrecht der Eltern* (§§ 1626, 1631 BGB) folgende Offenbarungspflicht besteht diesen gegenüber bei minderjährigen Geheimnisträgern, die allerdings durch das Selbstbestimmungsrecht des Kindes begrenzt ist (vgl. BVerfGE **59** 360 u. speziell für den Bereich der Sozialarbeit Frommann aaO 182 ff., ferner Tröndle, R. Schmitt-FS 237 f.). – *Anzeige-, Mitteilungs- und Auskunftspflichten speziell im Gesundheitswesen* enthalten zB §§ 11 II, 12, 13 GeschlechtskrankheitenG, §§ 3 ff. BundesseuchenG (vgl. dazu Bay **81**, 69; zur Diskussion über eine gesetzliche Meldepflicht für AIDS vgl. zB Arloth MedR 86, 297 FN 29, BR-Drs. 294/87 [Gesetzentwurf Bayern]), die landesrechtlichen Bestattungsgesetze (Auskunftspflicht gegenüber dem Leichenschauarzt, vgl. zB § 23 Bad.-Württ. BestattungsG v. 21. 7. 1970, GVBl. S. 317; letztes ÄndG v. 7. 2. 1994, GVBl. S. 86), ferner die §§ 294 ff. SGB V ("Übermittlung von Leistungsdaten an Krankenkassen durch Kassenärzte usw.; näher dazu Kamps/Kiesecker MedR 97, 217), mit denen sich auch die Streitfrage zu dem früheren § 368 II 2 RVO (vgl. dazu die 23. Aufl.) erledigt haben dürfte; zu den Mitteilungspflichten speziell des Betriebsarztes nach dem ArbeitssicherheitsG v. 12. 12. 1973 (BGBl. I 1885, letztes ÄndG v. 19. 12. 1998, BGBl. I 3243) vgl. Hinrichs DB 80, 2288 f. mwN. Nicht in diesen Zusammenhang gehören dagegen § 1543 d RVO und § 100 SGB X. Die dort ausgesprochene Verpflichtung des behandelnden Arztes zur Auskunft über Behandlung und Zustand des Verletzten gegenüber dem Träger der Sozialversicherung ist in Wahrheit nicht Grund, sondern Folge einer Befugnis, die sich regelmäßig aus dem Einverständnis (u. U. auch der mutmaßlichen Einwilligung) des Verletzten ergibt, das dieser – um den Preis des

Verlusts seiner Ansprüche – aber auch verweigern kann (vgl. § 66 SGB I, Kohlhaas aaO 26 f., Martens/Wilde aaO 154 f. mwN; and. Jähnke LK[10] 78, Kamps/Kiesecker aaO 218). Auch aus § 60 SGB I folgt keine Offenbarungspflicht (so jedoch Hassemer ZfJ 93, 17 f., Narr, Ärztl. Berufsrecht, 2. A., RN 758), da § 60 Nr. 1 nur eine Pflicht des Antragstellers zur Zustimmung begründet, bei deren Verletzung die Folgen des § 66 eintreten (ebenso Tiedemann NJW 81, 948). Ebenso begründet § 106 III Nr. 2 SGG eine solche Pflicht nicht. – Zwar keine Offenbarungspflicht, aber eine besondere gesetzliche **Offenbarungsbefugnis** des Geheimhaltungspflichtigen enthält zB § 12 GeldwäscheG v. 25. 10. 1993 (BGBl. I 1770; letztes ÄndG v. 4. 5. 1998, BGBl. I 845; vgl. dazu Götzens AnwBl. 93, 206, Hartung AnwBl. 94, 441) und ein bloßes Melderecht für Patientendaten hatte bis zu seinem Außerkrafttreten Ende 1999 auch das BKrebsregisterG v. 4. 11. 1994 (BGBl. I 3351) vorgesehen, hier allerdings iVm einem Widerspruchsrecht des Patienten, das faktisch jedoch nur eingeschränkt bestand, weil auf die dazu notwendige Unterrichtung des Patienten in bestimmten Fällen verzichtet werden konnte (vgl. näher dazu Hollmann NJW 95, 763; zu den jetzt ausschließlich zur Ländersache gewordenen Krebsregistergesetzen vgl. mit zT unterschiedlichen Regelungen zB für NRW Ges. v. 12. 2. 1985, GVBl. 125, für Bad.-Württ. Ges. v. 7. 2. 1994, GBl. S. 86 u. zuletzt für Schlesw.-Holst. Ges. v. 28. 10. 1999, GVOBl. 336, für Rheinl. Pfalz Ges. v. 22. 12. 1999, GVBl. 457). Hierher dürfte ferner die Regelung des § 49 b IV 1 BRAO idF v. 2. 9. 1994 (BGBl. I 2278) gehören (zu S. 2 o. 24 a), mit der die Abtretung von Honorarforderungen unter Anwälten erleichtert werden soll und die deshalb im Hinblick auf § 203 nur als besondere Befugnisnorm verstanden werden kann (vgl. auch BGH[Z] NJW **95**, 2916, LG Baden-Baden [Z] NJW-RR **98**, 202, Feuerich/Braun, BRAO, 4. A., § 49 b RN 35), die aber offensichtlich auf einem Mißverständnis beruht: Nach der Gesetzesbegründung (BT-Drs. 12/7656 S. 19) soll hier wegen § 134 BGB, § 203 eine Abtretung nur wirksam sein, wenn entweder die Zustimmung des Mandanten eingeholt wurde oder – hier also ohne eine solche! – wenn der Zessionar und der Zedent denselben Schweigepflichten unterworfen seien, obwohl gerade dies nach den überkommenen und auch in der Rspr. vertretenen Grundsätzen für eine befugte Geheimnisoffenbarung nicht genügen würde (o. 19, 21; abl. deshalb auch AG München [Z] NJW-RR **97**, 1559; vgl. auch Nürnberg AnwBl. **95**, 195, Berger NJW 95, 1406 u. 1585).

γ) Befugt ist schließlich die Offenbarung im **Notstand gem.** § **34**, was voraussetzt, daß sie zum Schutz bedrohter, vom Recht anerkannter Interessen erforderlich ist und diese bei einer Gesamtabwägung aller „positiven" und „negativen Vorzugstendenzen" überwiegen, wobei auf der „Eingriffsseite" nicht nur das (größere oder geringere) subjektive Geheimhaltungsinteresse des Geheimnisträgers zu berücksichtigen ist, sondern auch die Bedeutung der Tat für das Vertrauen der Allgemeinheit in die Verschwiegenheit der fraglichen Berufsträger als Voraussetzung für eine funktionsfähige Gesundheits-, Rechtspflege usw. (vgl. Lenckner aaO [1980] 237, Otto wistra 99, 204; näher zu § 34 vgl. dort). Auch in den Fällen, in denen die Rspr. bisher, ohne dabei ausdrücklich auf Notstandsregeln zurückzugreifen, nach dem Grundsatz der „Güter- und Interessenabwägung" verfuhr (zB BGH **1** 366, MDR **56**, 625, NJW **68**, 2288; vgl. auch OVG Lüneburg NJW **75**, 2264, VG Lüneburg NJW **97**, 2468 m. Anm. Vahle DVP 97, 525), ging es in der Sache immer um eine Anwendung des § 34. Dagegen ist ein eigenständiger, geringere Anforderungen stellender Rechtfertigungsgrund der „*Wahrnehmung berechtigter Interessen*" hier ebensowenig anzuerkennen wie zB bei § 201 (vgl. 79 vor § 32 mwN, ferner zB Jähnke LK[10] 82, Jung NK 25, Otto wistra 99, 204, Samson SK 46, Schmitz JA 96, 953, Schünemann ZStW 90, 61 f. u. § 201 dort RN 32; and. Eser, Wahrnehmung berechtigter Interessen usw. [1969] 13 f., Rogall NStZ 83, 6, U. Schäfer wistra 93, 285, Tröndle 31 u. dagegen Lenckner, Noll-GedS 250 ff.). Geheimnisoffenbarungen, die nicht dem Schutz bedrohter Interessen, sondern der Schaffung neuer Werte dienen, können analog § 30 IV Nr. 5 AO bei Bestehen eines zwingenden öffentlichen Interesses allenfalls öffentlichr Stellen zugestanden werden (u. 55), nicht aber dem Täterkreis des Abs. 1. Die Weitergabe von Geheimnissen zB zu Forschungszwecken bedarf hier vielmehr einer besonderen gesetzlichen Regelung (vgl. deshalb zB auch die o. 29 genannten Sonderregelungen in den Krebsregistergesetzen u. zu den Datenschutzgesetzen u. 53 c; zum Problem der medizinischen Forschung mit Patientendaten vgl. näher zB Dierks aaO 66 f., Kilian aaO [1983], MedR 86, 11, 13 f., ferner Ringwald NJW 82, 2593 gegen Blohmke/Kniep NJW 82, 1324, Simitis MedR 85, 195). Im übrigen besteht für die Anerkennung eines besonderen Rechtfertigungsgrunds der Wahrnehmung berechtigter Interessen bei Ausschöpfung des § 34 auch kein sachliches Bedürfnis: So fehlt es zB in dem in diesem Zusammenhang immer wieder genannten Fall der Geheimnisoffenbarung zum Zweck der Einklagung des Arzt- oder Anwaltshonorars (u. 33) weder an einer gegenwärtigen Gefahrenlage iS des § 34 (fortdauernder Beeinträchtigung von Vermögensinteressen; vgl. § 34 RN 12, 17) noch an einem „wesentlich", d. h. bereits überwiegenden Interesse (vgl. § 34 RN 45), weil hier auf der „Erhaltungsseite" nicht nur der bedrohte Vermögenswert, sondern auch der allgemeine Gesichtspunkt zu berücksichtigen ist, daß der Schweigepflichtige sonst praktisch rechtlos wäre, während andererseits bei dem Betroffenen seine geringere Schutzwürdigkeit zu Buche schlägt, weil er den hier bestehenden Interessenkonflikt selbst veranlaßt hat (vgl. § 34 RN 30, BGHZ **122** 120, Samson SK 44). Im einzelnen ist, was die Frage eines rechtfertigenden Notstands betrifft, folgendes hervorzuheben:

αα) Nach § 34 kann die Offenbarung vor allem gerechtfertigt sein, wenn es um die Abwendung ernstlicher **Gefahren für Leib und Leben** geht. Dies gilt zB – sofern nicht schon § 11 II GeschlechtskrankheitenG eine Offenbarungsbefugnis begründet – für die Warnung von Angehörigen oder Kontaktpersonen vor einer von dem Patienten ausgehenden Ansteckungsgefahr, wenn nicht die Gewähr besteht, daß diese selbst für die notwendige Aufklärung sorgt (RG **38** 62; zu Aids vgl. Frankfurt [Z] NJW **00**, 875 [Aufklärungspflicht] m. Anm. bzw. Bspr. Spickhoff 848 u. Vogels MDR 99, 1444, LG Braunschweig [Z] NJW **90**, 770, Arloth MedR 86, 298f., Bruns MDR 87, 356, Eberbach JR 86, 233, NStZ 87, 142, Jähnke LK[10] 88, Kreuzer ZStW 100, 803, Laufs NJW 87, 2265, Loschelder NJW 87, 1468, Rieger DMW 92, 678 sowie Hirsch LK § 34 RN 68a mwN). Hierher gehört ferner die Mitteilung einer Geisteskrankheit zum Zweck einer erforderlichen Anstaltsunterbringung nach den Unterbringungsgesetzen, aber auch die Benachrichtigung der zuständigen Verwaltungsbehörde über schwere geistige oder körperliche Mängel eines autofahrenden Patienten als letztes Mittel zur Abwendung erheblicher Gefahren für die Verkehrssicherheit (vgl. BGH NJW **68**, 2288 m. Anm. Händel NJW 69, 555, München MDR **56**, 565 m. Anm. Mittelbach, Jähnke LK[10] 89, Kohlhaas aaO 30, Laufs NJW 87, 1455, Lenckner aaO [1966] 183, Rüping, Internist 83, 208, Samson SK 43, Schlund JR 77, 268, DAR 95, 53, Tröndle 31, Wiesner aaO 50; and. Bockelmann aaO 17, Verkehrsstrafrechtl. Aufsätze u. Vorträge 26 ff., Woesner NJW 57, 694; die „Fernwirkung", daß dadurch bestimmte Personen vom Aufsuchen eines Arztes abgehalten werden könnten und damit erst recht einen Risikofaktor darstellen – so Arzt/Weber I 199 –, muß dabei als weniger reale Gefahr hingenommen werden). Nicht zulässig ist dagegen die gegen den ausdrücklichen Willen eines voll einsichts- und urteilsfähigen Patienten erfolgende Mitteilung seines lebensgefährlichen Zustands an Angehörige als Mittel zu seiner Rettung (ebenso M-Maiwald I 293; and. BGH JZ **83**, 151 m. Anm. Geiger, Lilie NStZ 83, 314 u. Kreuzer JR 84, 294); denn abgesehen davon, daß der Patient für seine Weigerung gute Gründe haben kann, ist seine in voller Verantwortung getroffene Entscheidung hier ebenso zu respektieren wie bei der Verweigerung einer ärztlichen Behandlung (and. daher bei Unreifen und psychisch Gestörten oder – vgl. auch § 34 RN 8, 33 – bei Selbstmordgefahr [vgl. hierzu Händel aaO], das tatsächliche Bestehen einer solchen vorausgesetzt [vgl. dazu Bay NJW **95**, 1624]). Zur Offenbarungsbefugnis des Betriebsarztes gegenüber dem Arbeitgeber usw. vgl. Budde/Witting MedR 87, 25, Budde DB 85, 1529, Däubler BB 89, 282, Hinrichs DB 80, 2288, Zöllner aaO 35 jeweils mwN. – Auch bei **anderen Rechtsgütern** kann in besonderen Fällen § 34 in Betracht kommen, insbes. wenn es darum geht, Unrecht von dem bedrohten Gut abzuwenden: Befugt handelt danach zB der Arzt, wenn er die Geisteskrankheit des verstorbenen Erblassers offenbart, der seine Familie enterbt hat (vgl. BGHZ **91** 392, Bay [Z] NJW **87**, 1492, Stuttgart NJW **83**, 1070, 1744; vgl. auch Kuchinke aaO 384ff.), ferner der Verteidiger, der dem in schwere Not geratenen Opfer eines Diebstahls nach Verurteilung des Diebs das Versteck der Beute preisgibt. Wohl stets gerechtfertigt ist – unabhängig von der Schwere der zu erwartenden Sanktion – auch eine Geheimnisoffenbarung, die dem Schutz eines Unschuldigen vor strafrechtlicher Verfolgung dient (vgl. dazu auch Dahs, Handb. des Strafverteidigers, 4. A., 33, Flor JR 53, 370, Haffke GA 73, 68, Henssler NJW 94, 1823; diff. Michalowski ZStW 109, 536; and. Woesner NJW 57, 694). Zum Zweck der *Verhinderung* einer bevorstehenden, jedoch nicht nach § 138 anzeigepflichtigen (vgl. sonst o. 29) Straftat ist eine Offenbarungsbefugnis jedenfalls in den Fällen des § 139 III 2 anzunehmen (Anzeige nach erfolglosem Bemühen, den Täter von der Tat abzuhalten; vgl. auch M-Maiwald I 293). Aber auch sonst können bei einer in § 138 nicht aufgeführten Tat, sofern diese von einiger Erheblichkeit ist, im Einzelfall die Voraussetzungen des § 34 gegeben sein, wobei dann allerdings als milderes Mittel statt einer Anzeige bei der Polizei u.U. auch schon eine Mitteilung an den Bedrohten genügen kann (vgl. auch Michalowski aaO 534). Zu den Befugnissen des Beraters iS des Abs. 1 Nr. 4a zur Verhinderung eines unerlaubten Schwangerschaftsabbruchs vgl. Lenckner aaO (1980) 237 f.; zu den Offenbarungsbefugnissen des Arztes anläßlich der Verschreibung von Verhütungsmitteln an Minderjährige vgl. Tröndle, R. Schmitt-FS 237 ff.

32 ββ) Das **Strafverfolgungsinteresse** bezüglich bereits begangener Delikte (zur Straftatverhinderung vgl. o. 31) rechtfertigt die Verletzung der Schweigepflicht grundsätzlich nicht (Bremen MedR **84**, 112, Haffke GA 73, 65, Gössel I 435, Jähnke LK[10] 89, Jung NK 27, Rengier II 181, Eb. Schmidt aaO [1957] 27 f., Samson SK 45; enger Michalowski ZStW 109, 531). Etwas anderes dürfte hier nur bei besonders schweren, mit einer nachhaltigen Störung des Rechtsfriedens verbundenen Verbrechen gelten (zB terroristische Gewaltakte; and. unter Berufung auf § 53 StPO u. der diesem entnommenen Interessenabwägung Michalowski aaO), ferner wenn die Gefahr besteht, daß der Täter weiterhin erhebliche Straftaten begehen wird (vgl. Lenckner aaO [1966] 183 u. näher Haffke aaO 69f.). Beruht die Kenntnis des Schweigepflichtigen von der Tat freilich gerade darauf, daß der Täter sein Patient, Mandant usw. ist, so besteht eine Offenbarungsbefugnis nur bei hochgradiger Gefährlichkeit für die Zukunft, und auch dies nicht, wenn sich der Täter wegen dieser Tat an einen Anwalt (Übernahme der Verteidigung) oder Arzt (zB zur Behandlung einer die Gefährlichkeit begründenden Triebanomalie) gewandt hat.

33 γγ) Auch die **Wahrung eigener Interessen** des Schweigepflichtigen kann die Geheimnisoffenbarung nach § 34 rechtfertigen. Dies ist zB der Fall, wenn und soweit sie erforderlich ist zur Abwendung der Gefahr einer unbegründeten strafrechtlichen Verfolgung (BGH **1** 366, KG JR **85**, 162, Kiesecker aaO 214, Michalowski ZStW 109, 536, Samson SK 45) – nach BGH MDR **56**, 625 auch zur Erlangung von Straffreiheit nach § 158 wegen der zuvor geleisteten Beihilfe zu einem Zeugenmeineid – oder zur Abwehr einer unberechtigten Zivilklage (zB Arzthaftungsprozeß). Dasselbe gilt, wenn das berufliche Ansehen des Schweigepflichtigen durch unwahre Behauptungen beeinträchtigt wird (vgl.

Verletzung von Privatgeheimnissen 34, 35 § 203

auch § 30 IV Nr. 5.c AO für das Steuergeheimnis), wobei es hier jedoch auch darauf ankommt, von wem die fragliche Äußerung stammt (zB von dem Patienten selbst oder einem Dritten) und ob sie gut- oder bösgläubig erfolgt ist (vgl. näher die 21. A.). Gerechtfertigt ist schließlich auch – iE unbestr., zur Begründung o. 30 – die zur schlüssigen Begründung einer Klage notwendige Offenbarung von Geheimnissen bei der gerichtlichen Geltendmachung einer Honorarforderung des Schweigepflichtigen (zB BGH **1** 368, BGHZ **115** 129 m. Bspr. bzw. Anm. o. 24 a, **122** 120 m. Anm. o. 24 b, BGH[Z] NJW **93**, 2371, KG [Z] NJW **92**, 2771, **94**, 463, Köln [Z] NJW **92**, 2772, Oldenburg [Z] NJW **92**, 758, Henssler NJW **94**, 1822, Jähnke LK[10] 83, Jung NK 28, Lackner/Kühl 25, Samson SK 44, U. Schäfer wistra 93, 285). Daß damit auch ein Anwalt beauftragt werden darf, versteht sich von selbst (zB Oldenburg aaO); zweifelhaft ist dies unter Erforderlichkeitsaspekten nur, wenn der Schweigepflichtige gleichfalls Anwalt ist und den Prozeß ebensogut selbst führen könnte (vgl. aber auch Hamburg NJW **93**, 1336). Eindeutig ist dagegen, daß hier rein wirtschaftliche Erwägungen, von denen die Durchsetzung des Honoraranspruchs nicht abhängt, wie ohne Einverständnis des Mandanten erfolgende Abtretung des Honoraranspruchs an einen außerhalb des Mandatsverhältnisses stehenden Dritten ebensowenig rechtfertigen können wie das Interesse, bei der gerichtlichen Durchsetzung der Forderung in der Rolle eines Zeugen zu sein (vgl. BGH **122** 121, Köln aaO u. zur Abtretung einer ärztlichen Honorarforderung an eine externe Verrechnungsstelle entsprechend BGH **115** 129; dazu, daß sich daran auch durch § 49 b IV 1 BRAO nichts geändert hat, s. auch o. 29). Nicht zulässig ist es auch, bei der Geltendmachung einer anwaltlichen Gebührenforderung zur Begründung des Arrestgrundes gem. § 917 ZPO dem Anwalt im Rahmen des Anwaltsvertrags anvertraute Tatsachen zu offenbaren, die zur Substantiierung des Anspruchs in einem Hauptprozeß nicht vorgetragen werden müssen (KG NJW **94**, 462). Zum Ganzen vgl. auch Würz-Bergmann aaO 25 f., 129 ff.; dazu, daß die Offenbarung von Behandlungs- oder Mandatsverhältnissen gegenüber der Finanzverwaltung aus Gründen der Steuerersparnis nicht nach § 34 gerechtfertigt sein kann, vgl. Schmitz wistra 97, 293, ferner Au NJW 90, 340.

5. Täter kann nach Abs. 1 nur sein, wer zZ des Anvertrauens usw. **Angehöriger** einer der **in** 34 **Nr. 1–6 genannten Berufsgruppen** ist; über die Erweiterung des hier genannten Täterkreises durch Abs. 3 S. 1 mit der Gleichstellung von Rechtsanwälten und anderen Mitgliedern einer Rechtsanwaltskammer, durch Abs. 3 S. 2 mit der Einbeziehung des Hilfspersonals und der in der Berufsausbildung befindlichen Personen und durch Abs. 3 S. 3 mit der postmortalen Verlängerung des Schutzes durch die Inpflichtnahme bestimmter Außenstehender vgl. u. 62 ff. Dabei genügt es in allen Fällen, daß der Täter dem Publikum gegenüber als Angehöriger einer der vom Gesetz genannten Gruppen auftritt, d. h. die fragliche Tätigkeit unter Inanspruchnahme der dazugehörenden Bezeichnung tatsächlich ausübt (ebenso Jähnke LK[10] 101, Schmitz JA 96, 773). Ob die Voraussetzungen, unter denen dies zulässig ist, im Einzelfall gegeben sind, ist dagegen ohne Bedeutung. Täter nach Nr. 1 ist daher zB auch der „Arzt", der eine ärztliche Praxis betreibt, ohne je eine Approbation erlangt zu haben, Täter nach Nr. 2 auch der Psychologe, der sich zu Unrecht als Dipl.-Psychologe bezeichnet, weil er keine staatlich anerkannte wissenschaftliche Abschlußprüfung abgelegt hat. Dies ergibt sich daraus, daß der einzelne, der die Dienste der fraglichen Berufe in Anspruch nimmt, meist nicht nachprüfen kann, ob der Betreffende tatsächlich Arzt usw. ist; da § 203 jedenfalls auch das Vertrauen in die Verschwiegenheit bestimmter Berufe schützen soll, muß die Vorschrift daher auch anwendbar sein, wenn dieses im Einzelfall einem Täter entgegengebracht wird, der zu Unrecht als Angehöriger der fraglichen Berufsgruppe auftritt.

a) **Nr. 1** erfaßt die **Angehörigen** von **Heilberufen.** Eigens aufgeführt sind hier die *Ärzte* (§ 2 V 35 BÄO), wozu zB auch Pathologen gehören (Narr aaO; speziell zum Betriebsarzt vgl. zB Eiermann BB 80, 214, Hinrichs DB 80, 2287, Jähnke LK[10] 99, Schimke BB 79, 1354; zum Amtsarzt vgl. Jakobs JR 82, 359), *Zahnärzte* (Ges. über d. Ausübg. d. Zahnheilkunde idF v. 16. 4. 1987, BGBl. I 1225; letztes ÄndG v. 27. 9. 1993, BGBl. I 1666), *Tierärzte* (BTierärzteO idF v. 20. 11. 1981, BGBl. I 1193; letztes ÄndG v. 27. 9. 1993 aaO) und *Apotheker* (BApothekerO idF v. 19. 7. 1989, BGBl. I 1478, 1842; letztes ÄndG v. 27. 9. 1993 aaO). Dabei können sich, was den Umfang der Schweigepflicht betrifft, auch Unterschiede zwischen den einzelnen Berufen ergeben: Was zB für den Arzt ein Geheimnis des Patienten ist, braucht für den Tierarzt kein solches des Tierhalters oder Auftraggebers zu sein (zB Tatsache und Art der Krankheit und der Behandlung; vgl. dazu Celle [Z] NJW **95**, 786, aber auch Bochum NJW **93**, 1535 m. Anm. Wilhelms, LG Lüneburg [Z] NJW **93**, 2994). Aufgenommen wurden die Tierärzte in Nr. 1 durch das EGStGB, weil gewisse Krankheiten vom Tier auf den Menschen und umgekehrt übertragbar sind und der Tierarzt oft neben oder gar vor dem Arzt von entsprechenden Erkrankungen bei Menschen erfährt (E 62, Begr. 335); denkbar sind aber auch weitere Fälle, so wenn der Veterinär vom Eigentümer zur Behandlung eines von diesem zuvor schwer mißhandelten Tieres gerufen wird (Tatsache der Mißhandlung als Geheimnis des Eigentümers). Pauschal erfaßt sind in Nr. 1 ferner die *Angehörigen sonstiger Heilberufe,* deren Ausübung oder Berufsbezeichnung eine *staatlich geregelte Ausbildung* erfordert. Dazu gehören zB Ergotherapeuten (Ges. v. 25. 5. 1976, BGBl. I 1246; letztes ÄndG v. 16. 6. 1998, BGBl. I 1311), Hebammen und Entbindungspfleger (Ges. v. 4. 6. 1985, BGBl. I 902; letztes ÄndG v. 21. 9. 1997, BGBl. I 2390), Krankenschwestern, Krankenpfleger, Kinderkrankenschwestern (Ges. v. 4. 6. 1985, BGBl. I 893; letztes ÄndG v. 21. 9. 1997 aaO), medizinisch-technische Assistenten (Ges. v. 2. 8. 1993, BGBl. I 1402; letztes ÄndG v. 21. 9. 1997 aaO), pharmazeutisch-technische Assistenten (Ges. v. 18. 3. 1968, BGBl. I 228 idF v.

Lenckner 1637

23. 9. 1997, BGBl. I 2349; letztes ÄndG v. 21. 9. 1997 aaO), Logopäden (Ges. v. 7. 5. 1980, BGBl. I 529; letztes ÄndG v. 8. 3. 1994, BGBl. I 446), Masseure, Physiotherapeuten (Ges. v. 26. 5. 1994, BGBl. I 1084; letztes ÄndG v. 21. 9. 1997 aaO), Orthoptisten (Ges. v. 28. 11. 1989, BGBl. I 2061; letztes ÄndG v. 21. 9. 1997 aaO), Rettungsassistenten (Ges. v. 10. 7. 1989, BGBl. I 1384; letztes ÄndG v. 21. 9. 1997 aaO), psychologische Psychotherapeuten und Kinder- und Jugendlichenpsychotherapeuten (Ges. v. 16. 6. 1998, BGBl. I 1311; vgl. aber auch u. 36). Nr. 1 gilt auch für die Angehörigen von Heilberufen, die ihre Ausbildung nach Vorschriften der ehem. DDR erhalten haben bzw. abschließen werden (zu den Einzelheiten vgl. EV I Kap. X D II). Nicht erfaßt, da ohne staatlich geregelte Ausbildung, sind dagegen die Heilpraktiker (vgl. Ges. v. 17. 2. 1939, RGBl. I 251, letztes ÄndG v. 2. 3. 1974, BGBl. I 469).

36 b) Mit der Einbeziehung der **Berufspsychologen** in den Täterkreis trägt das Gesetz in **Nr. 2** der immer stärker werdenden praktischen Bedeutung dieses Berufs (Psychotherapie, psychologische Tests bei Stellenbewerbungen usw.; zu letzteren vgl. Scholz NJW 81, 1987) Rechnung. Berufspsychologe ist nur, wer auf mindestens einem der Hauptanwendungsgebiete der Psychologie hauptberuflich tätig ist, nicht dagegen wer eine psychologische Tätigkeit lediglich aus Liebhaberei oder als Hilfswissenschaft neben oder bei einem anderen Hauptberuf ausübt. Als Täter kommen damit außer den zB in der Psychotherapie tätigen Psychologen, die allerdings unter den Voraussetzungen des PsychotherapeutenG v. 16. 6. 1998, BGBl. I 1311 schon von Nr. 1 erfaßt sind (o. 35), auch Werbe- und Verkehrspsychologen in Betracht, wenn sie zB durch Tests, auf deren Grundlage sie ihre Vorschläge erarbeiten, fremde Geheimnisse erfahren (vgl. jedoch Blau NJW 73, 2235; zu Einstellungstests durch Betriebspsychologen vgl. Zöllner aaO 39). Ähnlich der Regelung in Nr. 1 werden allerdings nur Berufspsychologen mit staatlich anerkannter Abschlußprüfung erfaßt (zZ entweder Diplomprüfung an einer deutschen Universität oder gleichrangigen deutschen Hochschule oder Promotion im Hauptfach Psychologie; vgl. EEGStGB 239).

37 c) In **Nr. 3** sind Personen mit bestimmten Berufen und Funktionen im **Rechts- und Wirtschaftsleben** zusammengefaßt. Schweigepflichtig sind danach zunächst *Rechtsanwälte* (§§ 1 ff. BRAO, für die ehem. DDR m. d. Maßgabe d. Art. 21 Ges. z. Neuordnung d. Berufsrechts d. Rechtsanwälte usw. v. 2. 9. 1994, BGBl. I 2278), wozu auch ausländische Anwälte gehören, deren Tätigkeit im Innland anerkannt ist; zu der für § 203 I Nr. 3, Abs. 3 bis 5, §§ 204, 205 ausdrücklich bestimmten Gleichstellung europäischer Rechtsanwälte vgl. jetzt § 42 Ges. zur Umsetzung von Richtlinien der EG auf dem Gebiet des Berufsrechts der Rechtsanwälte v. 9. 3. 2000, BGBl. I 182; zur Gleichstellung anderer Mitglieder von Rechtsanwaltskammern vgl. Abs. 3 S. 1 u. dazu u. 62a. Als Rechtsanwälte sind auch Syndikusanwälte anzusehen, sofern sie typisch anwaltlich, d. h. als unabhängiges Organ der Rechtspflege und nicht nur weisungsgebunden tätig werden (vgl. Hassemer wistra 86, 1, Roxin NJW 92, 1129, Senge KK § 53 RN 15 zu § 53 StPO sowie § 356 RN 5), nicht dagegen Rechtsbeistände, soweit sie nicht durch Abs. 3 S. 1 Rechtsanwälten gleichgestellt sind (u. 62a), ferner Prozeßagenten (Jähnke LK[10] 103 mwN). – Genannt werden in Nr. 1 weiter die *Patentanwälte* (PatAnwO v. 7. 9. 1966, BGBl. I 557; letztes ÄndG Art. 1 Nr. 13 Ges. v. 19. 12. 1998, BGBl. I S. 3836, in der ehem. DDR m. d. Maßgabe d. EV I Kap. III A III), die *Notare* (§§ 1 ff., 18 BNotO, für die ehem. DDR – ausgenommen Ost-Berlin – VO über die Tätigkeit von Notaren usw. idF v. 22. 8. 1990, BGBl. I 1328 u. m. d. Maßgabe d. EV II Kap. III A III), die, als Amtsträger iS des § 11 I Nr. 2b durch Abs. 2 Nr. 1 erfaßt, hier nur um der Einbeziehung ihres Hilfspersonals willen genannt sind. – Abs. 3 willen genannt sind (vgl. E 62, Begr. 335), sowie *Verteidiger in gesetzlich geordneten Verfahren,* also nicht nur in Strafsachen (§ 138 StPO), sondern auch in Bußgeld-, Disziplinar- und Ehrengerichtsverfahren. – Schweigepflichtig nach Nr. 1 sind schließlich die *Wirtschaftsprüfer* und *vereidigten Buchprüfer* (WirtschPrüfO idF v. 5. 11. 1975, BGBl. I 2803; letztes ÄndG Art. 1 Nr. 15 Ges. v. 19. 12. 1998, BGBl. I 3836 u. für die ehem. DDR mit der Maßgabe des EV I Kap. V B III), denen gem. § 134 WirtschPrüfO die früher in § 300 I Nr. 2 genannten vereidigten Bücherrevisoren gleichstehen, die *Steuerberater* und *Steuerbevollmächtigten* (StBerG idF v. 4. 11. 1975, BGBl. I 2735; letztes ÄndG Art. 1 Nr. 14 Ges. v. 19. 12. 1998, BGBl. I 3836) sowie *Organe* und *Mitglieder von Organen* von *Rechtsanwalts-, Patentanwaltsgesellschaften* (vgl. Vorbem.) oder von *Wirtschaftsprüfungs-, Buchprüfungs-* und *Steuerberatungsgesellschaften.* Die Einbeziehung dieser Organe und Organmitglieder ist vor dem Hintergrund zu sehen – dies gilt vor allem für die zuletzt genannten Gesellschaften; zu den Rechts- u. Patentanwaltsgesellschaften vgl. dagegen § 59 f BRAO, § 97 a PatAnwO –, daß Vorstandsmitglieder, Geschäftsführer oder Mitglieder der durch Gesetz, Satzung oder Gesellschaftsvertrag vorgesehenen Aufsichtsorgane solcher Gesellschaften auch Personen sein können, die selbst nicht Wirtschaftsprüfer usw. sind (vgl. §§ 28 II, 56 II, 130 II WirtschPrüfO, §§ 50 III, 72 II StBerG). Auch für diese Personengruppe ist die Aufnahme in den Tatbestand des § 203 iE allerdings nur von Bedeutung, sofern sie nicht bereits als vertretungsberechtigte Organe juristischer Personen usw. gem. § 14 I Nr. 1 schweigepflichtig sind. Unabhängig davon, daß sich dies in diesen Fällen jedenfalls aus § 14 III ergeben würde, kommt es für die Schweigepflicht der in Nr. 3 genannten Organe usw. generell nicht darauf an, ob ihre Bestellung wirksam bzw. nach den einschlägigen Bestimmungen (zB § 28 II WirtschaftsprüferO) zulässig ist. Maßgeblich kann nur sein, daß der Betreffende eine auf der jeweiligen Organisationsgrundlage der Gesellschaft beruhende Funktion als Organ oder Mitglied eines Organs tatsächlich wahrnimmt.

38 d) Die durch das Ges. zur Neuordnung des Kinder- u. Jugendhilferechts (vgl. die Vorbem.) um die Familienberatung erweiterte **Nr. 4** erfaßt entsprechend der zunehmenden Bedeutung der **Ehe-,**

Familien-, Erziehungs-, Jugend- und Suchtberatung die Personen, die eine solche Beratung ausüben, dies freilich nur, wenn sie bei einer besonderen Beratungsstelle tätig sind, die von einer Behörde (vgl. dazu § 11 I Nr. 4 und die Anm. dort) oder Körperschaft, Anstalt oder Stiftung des öffentlichen Rechts als solche anerkannt ist. Ehe-, Familienberater usw., die ihre Tätigkeit nicht bei einer solchen Stelle ausüben, fallen nicht unter Nr. 4, können im Einzelfall aber Täter nach Nr. 1, 2 sein (zB der Arzt, der einen Rauschgiftsüchtigen behandelt, der freipraktizierende Dipl.-Psychologe bei der Eheberatung usw.). Das Erfordernis besonderer Anerkennung soll der eindeutigen Abgrenzung und sachgemäßen Beschränkung des Täterkreises dienen (EEGStGB 239). Zu den Körperschaften des öffentlichen Rechts, auf deren Anerkennung es nach dem Gesetzeswortlaut u. a. ankommt, gehören auch die Kirchen (vgl. auch BVerfGE **44** 380). Dies führt zu dem nicht ohne weiteres einleuchtenden Ergebnis, daß zwar die Angehörigen einer kirchlichen Eheberatungsstelle nach § 203 strafbar sein können, nicht aber der Geistliche selbst, der im Rahmen seiner seelsorgerischen Tätigkeit Eheleute in Ehe- oder Erziehungsfragen berät.

e) **Nr. 4 a** nennt in Anpassung an das SchKG (Art. 1 des SFHÄndG, vgl. Vorbem.) die **Mitglieder** 39 und **Beauftragten** von **anerkannten Beratungsstellen** sowohl nach § 3 SchKG (Beratung in Fragen der Sexualaufklärung, Verhütung, Familienplanung usw., § 2 I SchKG) als auch von anerkannten Schwangerschaftskonfliktberatungsstellen nach § 8 iVm § 5 SchKG, § 219. Im Unterschied zu den Mitgliedern brauchen die Beauftragten nicht selbst bei der fraglichen Stelle tätig zu sein; zu ihnen gehören daher auch die in § 6 III Nr. 1, 2 von außerhalb im Einvernehmen mit der Schwangeren zur Beratung zugezogenen Personen, soweit sie nicht ohnehin schon von § 203 erfaßt sind (näher zum Täterkreis Rudolphi, Bemmann-FS 416 ff.). Vgl. im übrigen zur früheren Fassung näher Lenckner aaO (1980) 229 ff. u. zu den anerkannten Konfliktberatungsstellen § 219 RN 18 ff.; zur Nichtanwendbarkeit der Nr. 4 a in ihrer bis zum Schwangeren- und FamilienhilfeG v. 27. 7. 1992, BGBl. I 1398 (Art. 13, 16) gültigen Fassung auf Beratungsstellen der neuen Bundesländer vgl. die 24. A.

f) **Nr. 5** erfaßt die **staatlich anerkannten Sozialarbeiter und Sozialpädagogen**, wobei jedoch 40 die o. 13 genannten Einschränkungen zu beachten sind. Während zB § 124 II BundessozialhilfeG von „Sozialarbeitern" spricht (früher: Fürsorger, Wohlfahrtspfleger), gehen neuere Tendenzen dahin, diesen Begriff durch den des „Sozialpädagogen" zu ersetzen; aus diesem Grund erscheinen in Nr. 5 beide Bezeichnungen (vgl. Prot. VII 1060). In beiden Fällen ist staatliche Anerkennung erforderlich, die ihrerseits – jedenfalls zZ – in allen Bundesländern ein Hoch- oder Fachhochschulstudium voraussetzt (vgl. die Nachw. in Schlegelberger/Friedrich, Das Recht der Gegenwart, 30. A., Stichwort „Sozialarbeiter" bzw. „Sozialpädagogen"). Nur unter dieser Voraussetzung fällt daher zB auch ein Bewährungshelfer unter Nr. 5, was bei den hauptamtlichen Bewährungshelfern idR jedoch der Fall ist (o. 13). Ohne Bedeutung ist, in welchem Bereich der Sozialarbeiter usw. tätig ist (Prot. VII 1061) und daß er – i. U. zu den „klassischen" Vertrauensberufen der Nr. 1, 3 – in aller Regel im Dienst einer sozialen Organisation steht (staatliche, kommunale Stellen, freie Wohlfahrtspflege), wobei es hier dann auch unerheblich ist, ob er als Angehöriger einer öffentlichen Einrichtung zugleich unter Abs. 2 fällt (hier dann allerdings i. U. zu Abs. 1 [o. 13] ohne Rücksicht auf die von ihm wahrgenommenen Aufgaben). Nicht hierher gehören dagegen zB staatlich anerkannte Erzieher, Kindergärtnerinnen usw., die weder Sozialarbeiter noch Sozialpädagogen sind (vgl. BT-Drs. 7/1261 S. 15).

g) Nach **Nr. 6** sind schweigepflichtig schließlich die **Angehörigen** eines Unternehmens der 41 **privaten Kranken-, Unfall- oder Lebensversicherung** oder einer **privatärztlichen Verrechnungsstelle**. Nr. 6 bezieht sich nur auf die *private* Krankenversicherung usw.; bei öffentlich-rechtlichen Versicherungsträgern (Sozialversicherung) gilt Abs. 2. Bei den privatärztlichen Verrechnungsstellen ist zweifelhaft, ob zu diesen neben den berufsständischen Verrechnungsstellen (bürgerlich-rechtliche Vereine mit freiwilliger Mitgliedschaft, die für ihre Mitglieder Honorarforderungen einziehen) auch gewerbliche Factoring-Unternehmen gehören (so Stuttgart NJW **87**, 1490) oder ob deren Einbeziehung eine unzulässige Analogie wäre (vgl. Köln NJW **91**, 753 m. Anm. König). Für letzteres spricht der Wortlaut – privatärztliche Verrechnungsstellen können danach nur solche sein, die von der Ärzteschaft getragen sind –, aber auch der Umstand, daß der Gesetzgeber bei Schaffung der Vorschrift an gewerbliche Verrechnungsstellen nicht gedacht haben konnte, weil es solche damals noch nicht gab (vgl. dazu aber auch Stuttgart aaO). – *Angehörige* der genannten Unternehmen sind die Inhaber, Leiter, Organe, Mitglieder des Organs und alle Bediensteten, die durch ihre Funktion mit Geheimnissen in Berührung kommen (vgl. auch die Formulierung in § 185 I Nr. 5 E 62), ferner aber auch die selbständigen Vertreter der privaten Krankenversicherungen usw. (Jähnke LK[10] 105, Rein VersR 76, 118 f.). Da zu den schweigepflichtigen Bediensteten zB auch die mit bloßer Schreibarbeit betraute Sekretärin gehören kann, dürfte die Erweiterung des Täterkreises auf die berufsmäßig tätigen Gehilfen in Abs. 3 S. 2 für Nr. 6 im wesentlichen gegenstandslos sein. Von Bedeutung ist sie jedoch für das Hilfspersonal des selbständigen Versicherungsvertreters.

h) Abweichend von § 184 I Nr. 5 E 62 werden in § 203 **nicht genannt** die Inhaber, Leiter, 42 Organe und Bediensteten von **Krankenanstalten** und von **medizinischen Zwecken dienenden Untersuchungsanstalten**. Zwar wird man bei Krankenanstalten, soweit nicht bei staatlichen und kommunalen Krankenhäusern ohnehin Abs. 2 in Betracht kommt, auch das Verwaltungspersonal weitgehend als berufsmäßig tätige Gehilfen des Arztes ansehen können (u. 64); ob dies ohne Widerspruch zum Gesetzeswortlaut aber auch bei der Krankenhausleitung möglich ist, ist zumindest zweifelhaft (so jedoch EEGStGB 238, Kleinewefers/Wilts NJW 64, 430). Auch die Angehörigen von medizinischen Zwecken dienenden Untersuchungsanstalten sind schweigepflichtig nur, soweit sie bereits unter Nr. 1 fallen oder jedenfalls der Leiter Arzt ist, so daß das Hilfspersonal dann von Abs. 3 S. 2 erfaßt wird.

43 IV. **Abs. 2** enthält in der Sache eine Erweiterung des Tatbestandes des Abs. 1 in persönlicher und gegenständlicher Hinsicht, indem hier die unbefugte Geheimnisoffenbarung durch **Amtsträger und gewisse amtsnahe Personen** mit Strafe bedroht wird und den Geheimnissen in gewissem Umfang **für Aufgaben der öffentlichen Verwaltung erfaßte Daten** gleichgestellt werden. Von § 353b unterscheidet sich Abs. 2 nicht nur durch den größeren Täterkreis (Nr. 4, 5, 6) und das fehlende Erfordernis der Gefährdung wichtiger öffentlicher Interessen, sondern auch dadurch, daß der ausschließlich staatliche Angelegenheiten betreffenden (Staats-, Amts-) Geheimnisse nur in beschränktem Umfang unter Abs. 2 fallen (u. 44a), während dieser umgekehrt auch bestimmte Angaben ohne Rücksicht auf ihren Geheimnischarakter erfaßt. Soweit sich Überschneidungen mit Abs. 1 ergeben (zB Amtsarzt, im Polizeidienst stehender Berufspsychologe), liegt nur eine Tat nach § 203 vor (Jung NK 43, Tröndle 38; and. Gössel I 437).

44 1. Gegenstand der Tat sind nach **Abs. 2 S. 1** auch hier zunächst **fremde Geheimnisse,** die dem Täter in einer der in Nr. 1–6 genannten Eigenschaften anvertraut worden oder sonst bekanntgeworden sind. Das o. 5–18 zu Abs. 1 Gesagte gilt deshalb auch hier. Schon am Geheimnischarakter fehlt es deshalb bei Tatsachen, die in öffentlichen Registern eingetragen und aufgrund gesetzlich bestimmter Einsichts- oder Auskunftsrechte einem nicht mehr zu überschauenden Personenkreis ohne Schwierigkeiten zugänglich sind. Mangels kontrollierbarer Zahl der Eingeweihten soll dies nach neuerer Rspr. auch dann noch gelten, wenn die Auskunft ein besonderes Interesse des Antragstellers voraussetzt (so für die im Rahmen einer einfachen Registerauskunft gem. § 39 I StVG zugänglichen Fahrzeug- und Halterdaten der Fahrzeugregister Hamburg NStZ **98**, 358 m. Bspr. Weichert NStZ 99, 490; vgl. auch Bay NJW **99**, 1727 m. Bspr. Pätzel 3246, ferner Jähnke LK[10] 22, Schmitz JA 96, 774). Für das Anvertrauen und Bekanntwerden genügt es, wenn der Täter die Kenntnis über den behördeninternen Dienstweg nur mittelbar von dem Betroffenen erlangt hat, die Geheimnisse idR nicht einem bestimmten Amtsträger, sondern der Behörde anvertraut werden (vgl. entsprechend zum Offenbaren u. 45). Geschützt ist hier wegen des anderen Täterkreises auch das *Bankgeheimnis* bei öffentlichen Sparkassen usw. (allgemein zum Bankgeheimnis vgl. Lerche ZHR 85, 165, Rehbein ZHR 85, 139, Steindorff ZHR 85, 151), dies i. U. zu den von § 203 nicht erfaßten Privatbanken, was wenig sinnvoll ist. Kreditauskünfte von Sparkassen bedürfen daher nicht anders als schon wegen § 203 der – jedenfalls mutmaßlichen – Einwilligung des Kunden (vgl. aber auch Düsseldorf ZIP **85**, 1319, Hamm MDR **83**, 667). Schon die Ermächtigung in Nr. 7 aF AGB-Sparkassen (abgedr. b. Kirchherr/Stützle ZIP 84, 515) genügte dafür nicht (vgl. die 24. A. mwN; zur sog. „Schufa-Klausel" vgl. auch BGHZ **95** 362 m. Anm. Simitis JZ 86, 188 u. Geiger CR 85, 72), zweifelhaft ist aber auch das Genügen einer „allgemeinen" Zustimmung, wie sie jetzt in Nr. 3 II der seit 1. 1. 1993 geltenden Fassung (abgedr. NJW **93**, 840) als ausreichend angesehen wird (vgl. Baumbach/Hopt, HGB, 29. A., AGB-Banken Nr. 2, RN 5; vgl. auch o. 24 u. näher zu den datenschutzrechtlichen Fragen der Bankauskunft Zöllner ZHR 85, 179). – Über die Erweiterung durch Abs. 2 S. 2 auf gewisse Daten u. 46 ff.

44a Eine Besonderheit gegenüber Abs. 1 besteht jedoch insofern, als **Geheimnisse, die ausschließlich den Staat selbst betreffen,** jedenfalls für den Personenkreis der Nr. 1, 2 keine „fremden" Geheimnisse sind (vgl. auch Jähnke LK[10] 30). Dies ergibt sich aus dem Zweck des § 203, der zwar das Vertrauen des Publikums in die Verschwiegenheit gewisser Berufe schützt (o. 3), nicht aber das Vertrauen des Staates in die Verschwiegenheit seiner Funktionäre *im Innenverhältnis* (zB im Hinblick auf einen bevorstehenden Polizeieinsatz). Der Amtsträger, der ein ihm in dieser Eigenschaft bekanntgewordenes Dienstgeheimnis preisgibt, ist daher nach Abs. 2 nur strafbar, wenn Geheimnisträger – jedenfalls auch – ein Dritter ist; im übrigen kommt hier nur § 353b in Betracht. Ebenso ist das, was von Angehörigen einer Behörde dienstlich in deren Namen gegenüber Dritten erklärt oder unternommen wird, im Verhältnis zum Behördenleiter kein fremdes Geheimnis, weshalb diesem ein solches auch dann nicht offenbart wird, wenn er von dem Dritten, der als Amtsträger selbst schweigepflichtig ist, in der fraglichen Angelegenheit angesprochen wird. Etwas anderes gilt für den Bereich des Abs. 2 nur, wenn der Staat *nach außen* einem Schweigepflichtigen als Vertrauensgeber und damit nicht anders als sonst ein Dritter gegenübertritt. Dies ist zB der Fall, wenn eine Behörde einen öffentlich bestellten Sachverständigen (Nr. 5) in Anspruch nimmt, ferner zB gegenüber den Mitgliedern von Personalräten (Nr. 3), wobei es gleichgültig ist, ob es sich dabei um Personen nach Nr. 1, 2, um sonstige Bedienstete oder um Gewerkschaftsvertreter (vgl. § 34 BPersonalvertretungsG) handelt; das gleiche dürfte für Nr. 4 gelten. Hier sind deshalb auch Amtsgeheimnisse, die sich ausschließlich auf öffentliche Angelegenheiten beziehen, für den Betreffenden ein „fremdes" Geheimnis.

45 2. Zum **Offenbaren** des Geheimnisses o. 19f. Im Behördenverkehr ist hier zu unterscheiden: Mangels einer dahingehenden Schweigepflicht regelmäßig schon kein Offenbaren und nicht erst eine Frage einer entsprechenden Befugnis ist es nach dem Sinn der Vorschrift, wenn das Geheimnis *innerhalb derselben Behörde* – diese verstanden im funktionalen und nicht im organisationsrechtlichen Sinn – im Rahmen einer ordnungsgemäßen Erledigung der fraglichen Angelegenheit auf dem Dienstweg zur Kenntnis eines zuständigen (!) anderen Behördenangehörigen gebracht wird (so zB auch Frankfurt NStZ-RR **97**, 69, Heckel NVwZ 94, 227 f., Jähnke LK[10] 42, Lackner/Kühl 21, Otto wistra 99, 203, Rogall NStZ 83, 8; für ein befugtes Offenbaren dagegen zB Tröndle 32). Im Verkehr mit

Behörden werden Angaben, die Geheimnisse enthalten, meist der Behörde in Gestalt der dort tätigen Personen gemacht, „die es angeht"; aber auch dort, wo dies einem bestimmten Amtsträger gegenüber geschieht, wird das Vertrauen – insoweit anders als bei den „klassischen" Vertrauensberufen des Abs. 1 (Arzt, Anwalt) – idR nicht dem Amtsträger in seiner Person, sondern als Repräsentant seiner Behörde entgegengebracht (zu entsprechenden Fällen auch bei Abs. 1 o. 19). Anders könnte dies nur sein, wenn das Geheimnis einem Behördenangehörigen „unter dem Siegel der Verschwiegenheit" mitgeteilt und eine solche dann auch zugesagt wird (vgl. dazu Haß SchlHA 76, 3, aber auch Jähnke LK[10] 42). Eindeutig um eine auch behördeninterne Schweigepflicht und damit zugleich um ein Offenbaren bei der Weitergabe von Geheimnissen innerhalb derselben Behörde handelt es sich dagegen in den Fällen, in denen der Amtsträger zugleich Inhaber einer besonderen Vertrauensstellung iS des Abs. 1 ist und ihm speziell in dieser, auf die Behörde nicht übertragbaren Eigenschaft fremde Geheimnisse anvertraut oder zugänglich gemacht werden (zB Klinik- oder Anstaltsarzt, Arzt im Strafvollzugs- oder Truppendienst, Psychologe im öffentlichen Dienst, Sozialarbeiter usw.; vgl. dazu für die im Strafvollzug tätigen Personen iSd Abs. 1 Nr. 1, 2, 5 jetzt § 182 II 1 StVollzG idF des 4. StVollzGÄndG v. 26. 8. 1998, BGBl. I 2461 sowie die Nachw. u. 56 im Zusammenhang mit der sich hier dann stellenden Frage einer besonderen Offenbarungsbefugnis; zur nur beschränkten Geltung des Abs. 2 für Sozialarbeiter und Bewährungshelfer vgl. o. 13). Entsprechendes wie für den internen Behördenverkehr gilt für das Mitteilen von Geheimnissen an *Aufsichtsbehörden* (vgl. zB Jähnke LK[10] 42, Kreuzer NJW 75, 2234, Rogall NStZ 83, 9; zum Behördenverkehr zwischen Staatsanwaltschaften, Generalstaatsanwalt und Justizminister vgl. aber auch Landau/Dahmes DRiZ 92, 130). Immer ein Offenbaren ist demgegenüber die Mitteilung an *andere Behörden* (zu den Offenbarungsbefugnissen u. 53 ff.). Zum Ganzen vgl. auch Würthwein aaO 138 ff., 164 ff.

3. Während Abs. 1 auf den Schutz von Geheimnissen beschränkt ist, schützt **Abs. 2 S. 2** darüber hinaus auch **bestimmte, für Aufgaben der öffentlichen Verwaltung erfaßte Daten,** indem diese – vorbehaltlich der Einschränkung im 2. Halbsatz – den Geheimnissen gleichgestellt werden. Diese Erweiterung in gegenständlicher Hinsicht soll der Entwicklung der modernen Verwaltung Rechnung tragen, die aus Rationalisierungsgründen in zunehmendem Maß dazu gezwungen ist, für ihre vielfältigen Aufgaben im Rahmen der Daseinsvorsorge usw. Einzelangaben über persönliche und sachliche Verhältnisse des Bürgers zu erfassen, zu speichern, zu verarbeiten, unter einzelnen Behörden auszutauschen usw. (EEGStGB 242). Wegen ihres generalklauselartigen Charakters ist die Vorschrift jedoch nicht unbedenklich (vgl. Arzt/Weber I 204, Schünemann ZStW 90, 26; zum Ganzen vgl. auch Tiedemann NJW 81, 945). Sie ist daher auch einschränkend zu interpretieren, wobei die Gleichstellung mit den Geheimnissen zusätzlich dafür spricht, „den Datenbegriff zum Geheimnisbegriff hinzuentwickeln" (Jähnke LK[10] 45). Einen noch weitergehenden – allerdings auf personenbezogene Daten (u. 47) beschränkten – straf- und bußgeldbewehrten Datenschutz enthalten das durch Art. 1 Ges. v. 20. 12. 1990 (BGBl. I 2954; letztes ÄndG v. 17. 12. 1997, BGBl. I 3108) neugefaßte BDSG (§§ 43, 44), die Datenschutzgesetze der Länder (vgl. dazu die Nachw. b. Tröndle 9 b) und bereichsspezifische Sonderbestimmungen, zB § 85 SGB X, § 42 AusländerzentralregisterG v. 2. 9. 1994 (BGBl. I 2265). Zur Neufassung des BDSG vgl. Büllesbach NJW 91, 2593, Dammann NVwZ 91, 640 und zu den schon bei § 41 BDSG aF erhobenen und bei § 43 nF weiterbestehenden Bedenken gegen die Vereinbarkeit mit Art. 103 II GG zB Möhrenschlager wistra 91, 328, Schünemann ZStW 90, 23 ff., Tiedemann NJW 81, 946, Ordemann-Schomerus BDSG, 5. A., § 43 Anm. 1 mwN.

a) Geschützt sind für Aufgaben der öffentlichen Verwaltung erfaßte **Einzelangaben über persönliche oder sachliche Verhältnisse** eines anderen, wobei der „andere" hier i. U. zu den „personenbezogenen Daten" des BDSG (vgl. § 3 I) auch eine juristische Person sein kann (vgl. EEGStGB 242). Der Bezug der Angaben auf eine bestimmte (natürliche oder juristische) Person muß zumindest aus dem Zusammenhang, in dem sie stehen, erkennbar sein (EEGStGB aaO, Jähnke LK[10] 46, Lackner/Kühl 15, Samson SK 33). Fehlt es an einer solchen Beziehung, so kommt nur § 353 b in Betracht.

α) Die Angaben müssen etwas über die *sachlichen und persönlichen Verhältnisse* des anderen aussagen, was zB schon für die bloße Anschrift zutrifft (Samson SK 33). Geheimnischarakter brauchen sie nicht zu haben, weil sie sonst schon unter S. 1 fallen. Sowohl aus dem Schutzzweck der Vorschrift (o. 3) als auch aus den Merkmalen des „Anvertrauens" und des „Offenbarens" ergibt sich jedoch, daß offenkundige Tatsachen, d. h. solche, von denen „verständige Menschen regelmäßig Kenntnis haben oder über die sie sich aus zuverlässigen Quellen ohne besondere Fachkunde sicher unterrichten können" (so BGH **6** 293 zu § 244 III StPO), nicht gemeint sein können (ebenso Bay NJW **99**, 1727 m. Bspr. Pötzel 3246 und Hamburg NStZ **98**, 358 m. Bspr. Weichert NStZ 99, 490 zu den im Rahmen der einfachen Registerauskunft nach § 39 I StVG zugänglichen Daten, ferner Jähnke LK[10] 46, Tröndle 9; and. Samson SK 33; vgl. auch die entsprechende Tatbestandseinschränkung in § 43 BDSG). Nicht geschützt sind ferner Daten, wenn und soweit der Betroffene an ihrer Geheimhaltung offensichtlich kein Interesse hat (o. 46, Jähnke aaO, Tröndle 9; and. Gössel I 436). Ob es sich darüber hinaus zugleich um ein Geheimnis handelt, kann wegen der Gleichstellung mit einem solchen idR offenbleiben (auch wenn S. 2 systematisch voraussetzt, daß dies zu verneinen ist, weil sonst bereits S. 1 gilt). Eine Entscheidung darüber, ob ein Geheimnis oder nur eine unter S. 2 fallende Einzelangabe vorliegt, kann jedoch bei Mitteilung an eine andere Behörde notwendig sein, weil diese im Fall des S. 2 vorbehaltlich eines besonderen gesetzlichen Verbots immer zulässig ist, während es bei Geheimnissen hier der Zustimmung des Betroffenen oder eines besonderen Offenbarungsrechts bedarf; auch bei der Frage einer Rechtfertigung – zB nach § 34 – kann der Unterschied von Bedeutung sein.

49 β) Die Angaben müssen *für Aufgaben der öffentlichen Verwaltung erfaßt* worden sein. Um welche Aufgaben der öffentlichen Verwaltung (vgl. dazu § 11 RN 22) es sich dabei handelt, ist gleichgültig; auch müssen die Angaben nicht allein zu diesem Zweck erfaßt worden sein (EEGStGB 243). Erfaßt sind sie nur, wenn sie zu dem Zweck festgehalten werden, eine Unterrichtung über die Verhältnisse des Betroffenen auch für später zu ermöglichen; nicht „erfaßt" sind daher zB Angaben, die bei einer Personenüberprüfung oder zur Begründung des Antrags auf Erteilung einer Konzession gemacht werden (vgl. EEGStGB 243, Jähnke LK[10] 48, Tröndle 9). In welcher Form die Angaben festgehalten werden (schriftlich, auf Lochkarten, Magnetbändern usw.), ist unerheblich; auch brauchen sie noch nicht gespeichert oder sonst eingeordnet zu sein (EEGStGB aaO, Jähnke aaO, Lackner/Kühl 15, Niemeyer aaO 405, Tröndle 9).

50 b) Unter den genannten Voraussetzungen sind die Einzelangaben iS des S. 2 **den Geheimnissen gleichgestellt**. Ersetzt wird damit jedoch nur das Tatbestandsmerkmal „Geheimnis" in S. 1, dessen übrige Voraussetzungen daher auch für S. 2 gegeben sein müssen. Auch hier müssen die fraglichen Tatsachen deshalb dem Täter in seiner Eigenschaft als Amtsträger usw. anvertraut worden oder sonst bekannt geworden sein (o. 12 ff.).

51 c) Die Tathandlung besteht auch hier im **Offenbaren** (o. 19 f.), wobei jedoch für Mitteilungen innerhalb *derselben* Behörde generell die o. 45 genannte Einschränkung gilt. Darüber hinaus bestimmt S. 2 2. Halbs. ausdrücklich, daß S. 1 nicht anzuwenden ist im **zwischenbehördlichen Datenverkehr** (einschließlich Mitteilungen an sonstige Stellen [vgl. § 11 RN 25] für Aufgaben der öffentlichen Verwaltung, wenn das Gesetz die Weitergabe an die andere Behörde nicht untersagt (vgl. zB § 16 BStatistikG v. 22. 1. 1987, BGBl. I, 462, 565; letztes ÄndG v. 16. 6. 1998, BGBl. I 1300). Schon die Formulierung („ist nicht anzuwenden") spricht dafür, daß hier ebenfalls bereits der Tatbestand und nicht erst die Rechtswidrigkeit ausgeschlossen ist (ebenso Höft aaO 51 f., Jähnke LK[10] 50, Lackner/Kühl 15 und wohl auch Prot. VII 1060; and. Tröndle 32). Dabei geht das Gesetz in S. 2 2. Halbs. offensichtlich davon aus, daß die zwischenbehördliche Datenübermittlung grundsätzlich – d. h. vorbehaltlich eines besonderen Verbots – zulässig (und damit auch nicht tatbestandsmäßig) ist, was sowohl aus der Fassung des S. 2 als auch daraus folgt, daß der 2. Halbs. bei einem prinzipiellen Verbot mit Erlaubnisvorbehalt keinerlei Sinn hätte, weil ein solches bereits den 1. Halbs. iVm S. 1 zugrunde liegt. Genau umgekehrt wird das Regel-Ausnahmeverhältnis in dem Volkszählungsurteil des BVerfG (BVerfGE 65 1 m. Anm. Simitis NJW 84, 398) gesehen, wonach die Erhebung und Weitergabe von Daten – dies jedenfalls bei automatisierter Datenverarbeitung – verfassungsrechtlich nur zulässig ist, wenn das Gesetz dies ausdrücklich gestattet (vgl. dazu auch Hufen JZ 84, 1072, Krause JuS 84, 268, Rogall GA 85, 8, ZStW 103, 907, Schlink aaO 237). Für § 203 II 2 hat diese Entscheidung jedoch ebensowenig Konsequenzen wie ihre legislative Umsetzung durch die Neufassung des BDSG, das, von einem grundsätzlichen Verbot ausgehend, die Ausnahmen enumerativ festlegt (vgl. § 15 nF). § 203 II 2 entsprechend umzudeuten und dadurch die Diskrepanzen zum BDSG zu beseitigen, ist nicht möglich, da dem Art. 103 II GG entgegensteht (vgl. Lang aaO 50). Was § 203 II 2 betrifft, so bleibt es deshalb dabei, daß schon dessen Tatbestand nicht verwirklicht ist, wenn es an einem speziellen Verbot fehlt. Unberührt davon bleibt selbstverständlich die weitergehende Strafbarkeit nach § 43 BDSG usw., wo i. U. zu § 203 II 2 allerdings nur Daten von natürlichen Personen geschützt werden (o. 47). Davon abgesehen läuft die Vorschrift des § 203 II 2 heute jedoch leer; plausible Gründe für ihre Beibehaltung sind nicht ersichtlich (vgl. auch Lackner/Kühl 15).

52 4. Zum Merkmal **„unbefugt"** vgl. zunächst o. 21 ff. Während für den zwischenbehördlichen Austausch von Einzelangaben iS des S. 2 dessen 2. Halbs. eine bereits den Tatbestand einschränkende Sondervorschrift enthält (o. 51), gelten für die *Mitteilung solcher Daten an Dritte* und die *Weitergabe von Geheimnissen an eine andere Behörde* oder *Dritte* die allgemeinen Regeln. Befugt sind diese deshalb bei einem ausdrücklichen oder konkludenten **Einverständnis** des Betroffenen (o. 22 ff.; zum Schriftformerfordernis zB des § 4 II 2 BDSG, § 67 b SGB X vgl. entsprechend o. 24 a; and. zu § 67 SGB X aF Pickel MDR 84, 887) oder bei Bestehen eines **besonderen Offenbarungsrechts** iS eines Rechtfertigungsgrundes. Ein solches folgt nicht schon aus dem allgemeinen Grundsatz der Rechts- und Amtshilfe (Art. 35 I GG) und den diesen lediglich konkretisierenden gesetzlichen Bestimmungen wie zB § 5 VwVfG (vgl. Jähnke LK[10] 95, Rogall NStZ 83, 7, Schnapp NJW 80, 2167, Tröndle 32, Walter NJW 78, 869 u. zu § 5 VwVfG u. 53 b). Ebensowenig genügen bloße Verwaltungsvorschriften, die keine Eingriffsrechte schaffen können. Auch nach der Rspr. des BVerfG muß der Einzelne zwar Einschränkungen seines Rechts auf informationelle Selbstbestimmung im überwiegenden Allgemeininteresse hinnehmen, Voraussetzung dafür aber ist eine u. a. eindeutige gesetzliche Grundlage (vgl. näher BVerfGE 65, 1, 43 f., 78, 85, 80, 373) wie sie zB auch bei den früheren Anordnungen über Mitteilungen in Strafsachen (MiStra) und Zivilsachen (MiZi) und den RiStBV Nr. 23, 182 ff. nicht bestanden hatte (vgl. dazu jetzt u. 53 b). Nach einem langen sog. Übergangsbonus (vgl. die Voraufl.) sind inzwischen für die verschiedensten Bereiche neben bereits bestehenden Vorschriften zahlreiche weitere spezielle Gesetzesregelungen geschaffen worden, so vor allem durch das JustizmitteilungsG v. 18. 6. 1997, BGBl. I 1430 u. zuletzt durch das StVerfÄndG v. 2. 8. 2000, BGBl. I 1253 (vgl. dazu u. 53 a f.). Im einzelnen gilt folgendes:

Verletzung von Privatgeheimnissen 53, 53 a **§ 203**

a) Eine eindeutige Grundlage für ein Offenbarungsrecht sind zunächst **besondere gesetzliche** 53 **Bestimmungen,** die – wenn auch nicht ausdrücklich, so doch in der Sache – **qualifizierte Mitteilungspflichten und Auskunftsrechte** in dem Sinn enthalten, daß diese unabhängig davon bestehen, ob die Tatsachen, die mitzuteilen sind und offenbart werden dürfen, ein Geheimnis iS des § 203 darstellen (vgl. auch Rogall NStZ 83, 8, Schnapp NJW 80, 2165).

α) Befugnisse dieser Art finden sich zunächst in **bereichsspezifischen Spezialgesetzen.** Hier- 53 a her gehören zB § 9 *BSeuchenG* (Anzeigepflicht von Medizinaluntersuchungsämtern usw.), *§§ 30 f. StVG* (Auskünfte aus dem Verkehrszentralregister), *§ 39 StVG* (KFZ-Halterauskunft, zu § 26 V StVZO aF vgl. zB BVerwG NJW **86**, 2329 m. Anm. Bull JZ 86, 637, NJW **86**, 2331, OVG Koblenz NJW **84**, 1914, VGH Mannheim NJW **84**, 1911, Hirte NJW 86, 1899, Jähnke LK[10] 92), *§ 90 d BBG, § 56 d BRRG* (Auskünfte aus Personalakten), *§§ 30 ff. BZRG* (Auskunft aus dem Zentralregister), *§§ 105, 116 AO* (Mitteilungen gegenüber den Finanzbehörden), *§§ 17 ff. Melderechtsrahmen G* idF v. 24. 6. 1994 (BGBl. I 1430, letztes ÄndG v. 12. 7. 1994, BGBl. I 1497) und die Landesmeldegesetze (dazu zB BayVerfGH NVwZ **87**, 786, OVG Bremen NJW **92**, 1341, OVG Münster NVwZ **89**, 1177), *§ 61 PStG* (Einsicht in Personenstandsbücher; vgl. LG Frankenthal NJW **85**, 2538: nicht für wissenschaftliche Fortbildungszwecke; zu den Übermittlungsvorschriften in den *GesundheitsdienstGes.* der Länder, zB § 16 GesundheitsdienstG Bad.-Württ. v. 12. 12. 1994, GBl. S. 663, letztes ÄndG v. 17. 6. 1997, GBl. S. 278 (Übermittlung von Patientendaten durch Gesundheitsämter nur auf Grund besonderer Rechtsvorschriften, einer Einwilligung sowie zur Gefahrenabwehr und zur Verfolgung bestimmter Straftaten; vgl.; dazu VGH Mannheim NJW **97**, 3110). Vorschriften dieser Art sind ferner zB die *§§ 17 ff., BVerfSchutzG, §§ 10 ff. MAD-Ges., § 8 ff. BND-Ges.* (jeweils idF d. Ges. v. 20. 12. 1990, BGBl. I 2954; letztes ÄndG v. 20. 4. 1994, BGBl. I 867), § 3 V Ges. zu Art. 10 GG v. 13. 8. 1968 (BGBl. I 949; letztes ÄndG v. 17. 6. 1999, BGBl. I 1334; zur Verfassungswidrigkeit des § 3 V vgl. jedoch BVerfG BGBl. I **99**, 1914, NJW **00**, 55), *§ 21 SicherheitsüberprüfungsG* v. 20. 4. 1994 (BGBl. I 867), *§ 8 AsylVerfG* idF v. 27. 7. 1993 (BGBl. I 1361; letztes ÄndG v. 29. 10. 1997, BGBl. I 2584), *§§ 76 ff. AusländerG* v. 9. 7. 1990 (BGBl. I 1354; letztes ÄndG v. 16. 12. 1999, BGBl. I 2970) sowie das *JustizmitteilungsG* v. 18. 6. 1997, BGBl. I 1430 mit den in Art. 2 bis 32 vor dem Hintergrund der BVerfG-Rspr. in stattlicher Zahl neu geschaffenen bereichsspezifischen Mitteilungsregelungen iS von entsprechenden Pflichten oder Befugnissen (u. a. § 125 c BRRG idF des Art. 5, § 5 a BMeldedatenübermittlungsVO idF des Art. 6, § 27 III, IV BtMG idF des Art. 7, § 40 a WertpapierhandelsG idF des Art. 16, § 45 a AWG idF des Art. 24, § 60 KreditwesenG idF des Art. 25, § 145 VersicherungsaufsichtsG idF des Art. 26; vgl. näher dazu Bär CR 98, 767, Wollweber NJW 97, 2488); zu den durch Art. 1 in das EGGVG (§§ 13 ff.; § 14 geänd. durch Art. 7 StVerfÄndG v. 11. 8. 2000, BGBl. I 1253) eingefügten Vorschriften über die Übermittlung personenbezogener Daten von Amts wegen durch die ordentlichen Gerichte un Staatsanwaltschaften an öffentliche Stellen des Bundes und eines Landes vgl. u. 53. b – Für das *Sozialgeheimnis* (§ 35 SGB I nF) enthält *§ 67 d I SGB X n.F.* eine abschließende Regelung dahingehend, daß eine Übermittlung von Sozialdaten nur zulässig ist, soweit eine gesetzliche Übermittlungsbefugnis nach den §§ 68 bis 77 oder nach einer anderen Rechtsvorschrift in diesem Gesetzbuch – so zB §§ 276 f., 306 SGB V – besteht (zu der wesentlich detaillierteren Neufassung durch das 2. SGB-ÄndG v. 13. 6. 1994, BGBl. I 1229 vgl. Wagner NJW 94, 2937 u. näher Lang aaO 125 ff.; zur aF vgl. die Nachw. in der 24. A. u. zuletzt Schleswig NJW **94**, 3110, Stuttgart NStZ **93**, 552). – Ebenso ausführlich sind die Vorschriften des an die Stelle des EV Anl. I Kap. II B II Nr. 2 b getretenen *Stasi-UnterlagenG* v. 20. 12. 1991 (BGBl. I 2272; letztes ÄndG v. 19. 12. 1998, BGBl. I 3778) über die Auskunfts-, Einsichts- und Herausgaberechte bzw. Mitteilungspflichten bezüglich der Unterlagen des Staatssicherheitsdienstes der ehem. DDR (vgl. insbes. §§ 12 IV, 13 V, 15, 16 bis 34), wobei diese Regelungen den Bestimmungen über die Zulässigkeit der Übermittlung personenbezogener Informationen in anderen Gesetzen vorgehen (§ 43); vgl. näher dazu die StUG-Kommentare von Stoltenberg (1992), Schmidt/Dörr (1993) u. Weberling (1993), ferner zB Bork ZIP 92, 90, Palm/Roy NJW 98, 3005, Staff ZRP 92, 462, Stoltenberg DtZ 92, 65, Trute JZ 92, 1043 u. zum ÄndG v. 20. 12. 1996, BGBl. I 2096 von Lindheim NJW 98, 3012. – Wenig klar ist die Rechtslage hinsichtlich eines Auskunftsanspruchs der Presse nach den *LandespresseGes.,* die einerseits die Behörden verpflichten werden, der Presse die zur Erfüllung ihrer öffentlichen Aufgaben dienenden Auskünfte zu erteilen, diese andererseits aber verweigert werden können, soweit Geheimhaltungsvorschriften entgegenstehen (zB § 4 I, II Nr. 2 LPressG Bad.-Württ. v. 14. 1. 1964, GBl. S. 11; letztes ÄndG v. 24. 1. 1997, GBl. S. 483). Würde dazu auch § 203 II gehören, so wäre damit das Informationsrecht der Presse von vornherein weitgehend blockiert. Weil dies nicht gewollt sein kann, muß hier deshalb die Möglichkeit einer Einzelabwägung zugelassen werden, wie sie in den Pressegesetzen in derselben Bestimmung (zB § 4 II Nr. 3 LPressG Bad.-Württ.) gleichfalls vorgesehen ist (so Schleswig NJW **85**, 1090 m. Anm. Wente NStZ 86, 366, ferner zB Koblenz wistra **87**, 359, Lackner/Kühl 21, Treffer ZUM 90, 507; vgl. auch Bornkamm NStZ 83, 106 f., Jähnke LK[10] 93, Ostendorf GA 80, 460, Stelkens/Bonk/Sachs, VwVfG, 5. A., § 30 RN 16 f., Wente StV 88, 219 f.). Ist der Name des Betroffenen in der Öffentlichkeit nicht bekannt, so ist eine öffentliche Identifizierung im Ermittlungsstadium nur ausnahmsweise zulässig, so zB bei Personen, die im Zusammenhang mit allgemein interessierenden Vorgängen in die Rolle einer Person der Zeitgeschichte gelangt sind (vgl. KG NJW **94**, 2052 mwN; vgl. auch Koblenz aaO, ferner u. 54 u. näher Höh aaO 112 ff.). – Zum Steuergeheimnis § 355 RN 19 ff.

Lenckner

§ 203 53 b, 53 c   Bes. Teil. Verletzung des persönl. Lebens- u. Geheimbereichs

53 b   β) Spezielle Befugnisnormen ergeben sich ferner aus den **Verfahrensordnungen** mit den dort enthaltenen Vorschriften, nach denen Gerichte oder Behörden berechtigt oder verpflichtet sind, anderen Stellen oder Dritten Kenntnis über bestimmte Tatsachen zu verschaffen einschließlich der Gewährung von Akteneinsicht und der Erteilung von Auskünften. Dazu gehören zunächst Bestimmungen, die für *Straf- und Zivilverfahren* gleichermaßen gelten. Seit dem in Umsetzung verfassungsrechtlicher Vorgaben geschaffenen JustizmitteilungsG (s. o. 53, 53 a) sind dies die dort durch Art. 1 in das EGGVG eingefügten §§ 12, 13 (hier mit einer Grundsatzregelung), 16 Nr. 1, 17 ff., wo es um die verfahrensübergreifenden Zwecken dienende Übermittlung personenbezogener Daten von Amts wegen durch Gerichte der ordentlichen Gerichtsbarkeit und Staatsanwaltschaften an öffentliche Stellen geht (vgl. näher dazu Bär u. Wollweber aaO o. 53 a). – Spezielle *strafprozeßuale Regelungen* in dem hier interessierenden Zusammenhang waren schon früher die §§ 80 II, 95, 96, 98 a, b, 147, 161 (vgl. dazu auch die 25. A.), 163 II, 358 III, 397 I, 406 e, 474, 475 StPO sowie Nr. 128 ff. RiStBV (vgl. o. 53; zum Sozialgeheimnis vgl. jedoch § 35 SGB I, § § 67 ff. SGB X, zum Steuergeheimnis § 30 AO u. a. dazu § 355 Rn. 19 ff.; zu den zahlreichen Einzelfragen und den Grenzen dieser besonderen strafprozessualen Befugnisse vgl. die StPO-Kommentare mwN). Neu hinzugekommen sind hier mit Art. 1 JustizmitteilungsG § 14 EGGVG und mit Art. 8, 9 JustizmitteilungsG § 8 EGStPO und § 453 I S. 4 2. Halbs. StPO sowie zuletzt mit dem StVerÄndG v. 2. 8. 2000, BGBl. I 1253 u. a. § 147 VI, § 161 I 2, 2. Halbs., § 163 I S. 2 u. die zuletzt eingefügten §§ 474 ff. StPO mit der Abschnittsüberschrift „Erteilung von Auskünften und Akteneinsicht, sonstige Verwendung von Informationen für verfahrensfremde Zwecke" (vgl. dazu BT-Drs. 13/9718, 14/1484); zum Strafverfahren vgl. ferner – jetzt auf der Grundlage von §§ 12 V, 13 ff. EGGVG (zur früheren Rechtslage vgl. o. 52) – die Anordnung über die Mitteilung in Strafsachen (MiStra) m. Wirkung v. 1. 6. 1998 (zB Bad. Württ. AV v. 29. 4. 1998, Justiz 98, 200) und die Änderungen der RiStBV m. Wirkung v. 1. 7. 1999, die auch soweit die Nr. 23, 182 ff. unverändert geblieben sind, nunmehr gleichfalls durch die §§ 12 V, 13 ff. EGGVG gedeckt sein dürften (zB Bad.-Württ. AV v. 9. 4. 1998, Justiz 98, 199). – Für den Bereich des *Strafvollzugs* wurde durch das 4. StVollZÄndG v. 26. 8. 1998, BGBl. I 2461 mit § 180 StVollZG eine umfassende Regelung geschaffen. – Für die Datenübermittlung an die an *Jugendstrafverfahren* Beteiligten im Rahmen der Ermittlungshilfe durch die Jugendgerichtshilfe (Jugendämter) soll seit einer am 1. 4. 1993 in Kraft getretenen Änderung des SGB VIII/KJHG dessen § 61 III iVm § 38 II JGG die erforderliche Rechtsgrundlage sein, wobei zT aber mit Recht bezweifelt wird, ob in der jetzigen Regelung der Charakter einer besonderen Befugnisnorm hinreichend deutlich zum Ausdruck kommt (vgl. näher dazu Brunner/Dölling, JGG, 10. A., § 38 RN 19 b, Diemer/Schoreit/Sonnen, JGG 3. A., § 38 RN 11, Ostendorf JGG, 4. A., § 43 RN 5 [„gesetzlicher Trick"] jeweils mwN u. krit. vgl. Kiehl NJW 93, 1052; zur Weitergabe eines Krankenberichts vgl. LG Hamburg NStZ **93**, 401 m. Anm. Dölling). – Für den *Zivilprozeß* einschließlich Zwangsvollstreckung und das *FGG-Verfahren* sind spezielle Vorschriften – auch hier zT ergänzt durch das JustizmitteilungsG – die §§ 299, 299 a, §§ 915 ff. ZPO, § 15 EGGVG, §§ 34, 35 a, 69 k ff., 70 n, 125 a, 147, 159 II FGG, ferner die auf der Grundlage von §§ 12 V, 13 ff. EGGVG neu erlassene Anordnung über Mitteilungen in Zivilsachen (MiZi), zB Bad. Württ. AV v. 15. 5. 1998, Justiz 1998, S. 236 (zu den Einzelheiten vgl. die ZPO- und FGG-Kommentare). – Für das *Verwaltungs-* bzw. *verwaltungsgerichtliche Verfahren* sind einschlägige Bestimmungen § 29 VwVfG bzw. § 100 VwGO. Dagegen ist eine Geheimnisoffenbarung nicht schon deshalb befugt, wiel sie im Rahmen der Amtshilfe erfolgt, da als Gesetz iS des § 5 II 2 VwVfG auch § 30 VwVfG anzusehen ist (umstr.; vgl. näher Stelkens/Bonk/Sachs, VwVfG, 5. A., § 30 RN 23 mwN, ferner o. 52). – Zum Akteneinsichtsrecht von *parlamentarischen Untersuchungsschüssen* vgl. BVerfGE **67** 100, KG NJW **93**, 403, Jekewitz NStZ 84, 515 u. 85, 395, Schäfer NStZ 85, 203 f.

53 c   γ) Neben diesen speziellen Befugnisnormen enthalten die **Datenschutzgesetze** eine allgemeine Regelung über die Zulässigkeit der Übermittlung personenbezogener Daten, die im öffentlichen Bereich mit der Einbeziehung von Daten in Akten erheblich an Bedeutung gewonnen hat. Zwar sind die Datenschutzgesetze ausschließlich im Hinblick auf das Persönlichkeitsrecht des Betroffenen (vgl. zB § 1 I BDSG) und nicht unter dem Gesichtspunkt des bei § 203 II hinzukommenden überindividuellen Rechtsguts (o. 3) konzipiert, doch tritt auch dieses hier zurück, wenn die Individualinteressen an der Geheimhaltung bestimmter Tatsachen verletzt werden dürfen (and. noch die 24. A., RN 53 b). Auch daß die personenbezogenen Daten der Datenschutzgesetze nicht notwendig zugleich Geheimnisse iS des § 203 zu sein brauchen, ändert nichts; es genügt, daß sie solche sein können und deshalb von den datenschutzrechtlichen Mitteilungsbefugnissen mitumfaßt sein müssen. Geregelt sind diese im BDSG für Mitteilungen an öffentliche Stellen (§ 2 I, II) in §§ 14, 15, für die Datenübermittlung an nicht-öffentliche Stellen (§ 2 IV) in § 16 und an Stellen im Ausland in § 17, wobei in dem umfangreichen Katalog des § 14 II neben der – bereits den Tatbestand ausschließenden (o. 21 f.) – Einwilligung (Nr. 1; zu deren Schriftform nach § 4 II 2 vgl. o. 24 a) und der mutmaßlichen Einwilligung (Nr. 3) als Offenbarungsgründe u. a. die Abwehr erheblicher Nachteile für das Gemeinwohl usw. (Nr. 6), die Verfolgung von Straftaten oder Ordnungswidrigkeiten usw. (Nr. 7), die Abwehr einer schwerwiegenden Beeinträchtigung der Rechte eines anderen (Nr. 8) und unter bestimmten Voraussetzungen die Durchführung wissenschaftlicher Forschung (Nr. 9) genannt werden; vgl. im wesentlichen entsprechend zB § 13 iVm §§ 12, 11 IV LDSG Bad.-Württ. v. 27. 5. 1991, GBl. 277; letztes ÄndG v. 21. 7. 1997, GBl. S. 297 (zur Weitergabe personenbezogener Daten für wissenschaftliche Zwecke nach § 28 II LDSG NRW vgl. Hamm JR **97**, 170 m. Anm. Schlüchter/Duttge, Vahle DVP

Verletzung von Privatgeheimnissen 54, 55 **§ 203**

96, 531, ferner Duttge NJW 98, 1617). Besonderheiten in Form eines „verlängerten" Geheimnisschutzes durch eine entsprechende Zweckbindung gelten nach § 39 BDSG für personenbezogene Daten, die der speichernden Stelle in Ausübung einer Berufs- oder Amtspflicht zur Verfügung gestellt wurden und die einem Berufs- oder besonderen Amtsgeheimnis (zB Steuer-, Post- u. Fernmeldegeheimnis) unterliegen. Zu den Einzelheiten vgl. die Kommentarliteratur zum BDSG, zB Auernhammer, BDSG, 3. A., Bergmann u. a., Datenschutzrecht, Gola/Schomerus, BDSG, 6. A., Simitis u.a., BDSG, 4. A.

b) Fehlen besondere gesetzliche Vorschriften, so können Mitteilungen an andere Behörden oder **54** Dritte auch nach **allgemeinen Rechtfertigungsgründen** zulässig sein. Neben den o. 53 c genannten datenschutzrechtlichen Befugnisnormen haben sie allerdings an Bedeutung verloren. Es bleiben hier im wesentlichen Sachverhalte, die außerhalb des Anwendungsbereichs der Datenschutzgesetze liegen, was wegen der dort ausgesprochenen Beschränkung auf personenbezogene Daten einer natürlichen Person insbes. für Geheimnisse gilt, die einer juristischen Person zuzuordnen sind. Nicht unter die datenschutzrechtlichen Übermittlungsbestimmungen fallen auch Geheimnisse, von denen ein Amtsträger zwar in dienstlicher Eigenschaft weiß, die aber weder in Dateien noch in Akten noch sonstwie dokumentiert sind, und zumindest zweifelhaft ist dies, wenn sie ihren Niederschlag lediglich in Vorentwürfen oder Notizen gefunden haben, die nach § 3 III BDSG vom Aktenbegriff ausgenommen sind (vgl. dazu Auernhammer aaO [o. 53 c] § 3 RN 22, § 12 RN 2, Bergmann u. a. aaO [o. 53 c] § 3 RN 52). In solchen von den Datenschutzgesetzen nicht erfaßten Fällen kann sich, abgesehen vom Einverständnis und der mutmaßlichen Einwilligung (o. 27 u. 54 ff. vor § 32), eine Offenbarungsbefugnis vor allem aus § 34 ergeben (zu dessen Anwendbarkeit auf staatliches Handeln vgl. dort RN 7), der hier dann nicht nur die in § 14 II Nr. 6, 8 BDSG genannten Fälle umfassen würde, sondern – vorbehaltlich einer abschließenden Sonderregelung (zB § 69 I Nr. 2, 73 SGB X) – entsprechend Nr. 7 auch das Offenbaren von Straftaten (zur Notstandsfähigkeit von staatlichen Strafverfolgungsinteressen vgl. § 34 RN 11). Dabei besteht hier, was die Interessenabwägung nach § 34 betrifft, ein gewichtiger Unterschied zu Abs. 1 insofern, als es gerade Aufgabe des Staates ist, Rechtsbrüchen zu begegnen, weshalb das Vertrauen in die Verschwiegenheit staatlicher Stellen in diesen Fällen nicht in derselben Weise zu Buche schlagen kann wie bei den Schweigepflichtigen des Abs. 1 (o. 32; vgl. auch Hamburg JR **86**, 168 m. Anm. Meyer u. näher Goll aaO 135 ff., 143). Auch nach Notstandsregeln (zum Informationsanspruch der Presse o. 53 a) nur in besonderen Ausnahmefällen zulässig ist jedoch die öffentliche Identifizierung eines Beschuldigten im Ermittlungsverfahren (zB zur Warnung der Bevölkerung bei Gefahr weiterer erheblicher Straftaten eines auf freiem Fuß befindlichen Verdächtigen; näher dazu vgl. Höh aaO). Gleichfalls nur ausnahmsweise unter besonderen Umständen nach § 34 gerechtfertigt ist das Ermöglichen der Kenntnisnahme von Bankgeheimnissen eines öffentlich-rechtlichen Kreditinstituts durch ein externes Wartungs- u. Servicepersonal eines Computer-Netzwerkes (vgl. näher Otto wistra 99, 204 ff. u. a. mit dem Hinweis auf die Minimierung der Gefahr eines Mißbrauchs). Gegenüber dem Geheimhaltungsinteresse des Verstorbenen kein höherrangiges Interesse ist nach OVG Lüneburg NJW **97**, 2468 m. Anm. Vahle DVP 97, 525 auch das Interesse eines Kindes an der Kenntnis der in der Todesbescheinigung genannten Erkrankungen und Todesursachen des leiblichen Vaters, dessen gesundheitliche Konstitution es geerbt haben kann. Noch **keine hinreichende Grundlage** für eine Offenbarungsbefugnis sind neben § 34 dagegen die Wahrnehmung berechtigter Interessen (vgl. 80 vor § 32, o. 30, 33) und der Begriff der Sozialadäquanz (so aber Franzheim ZRP 81, 7; gegen die Sozialadäquanz als Rechtfertigungsgrund vgl. 107 a vor § 32; erst recht entfällt hier wegen einer oft früher üblichen Behördenpraxis nicht schon der Tatbestand [vgl. 68 ff. vor § 13]). Dasselbe gilt für die Genehmigung durch einen Vorgesetzten, da der Schutz des § 203 nicht zu dessen Disposition steht; nur im Fall einer rechtswidrigen und dennoch verbindlichen Weisung kann hier der Untergebene in seiner Person gerechtfertigt sein (vgl. 89 vor § 32).

c) Zweifelhaft ist, ob entsprechend § 30 IV Nr. 5 AO zum Steuergeheimnis und vorbehaltlich einer **55** abschließenden Sonderregelung auch das Bestehen eines „**zwingenden öffentlichen Interesses**" als selbständige Offenbarungsbefugnis anzusehen ist (vgl. Karlsruhe NJW **84**, 676, Goll S. 91, Tröndle 32; and. Jähnke LK[10] 86). Zwar würde dies über § 34 (o. 54) insofern nicht hinausführen, als auch ein „zwingendes öffentliches Interesse" nur ein solches sein kann, das gegenüber dem Geheimhaltungsinteresse das eindeutig überwiegende Interesse ist (vgl. daher auch Karlsruhe aaO: „vorrangiges öffentliches Interesse"). Anders aber als § 34, der nur die Abwendung von Gefahren iS der Erhaltung von Bestehendem betrifft – und dasselbe dürfte für § 14 II Nr. 6 BDSG gelten („Abwehr" erheblicher Nachteile usw. oder einer sonst unmittelbar drohenden Gefahr usw.; o. 53 c) –, würde es der Begriff des „zwingenden öffentlichen Interesses" erlauben, über den Schutz des Vorhandenen hinaus den Aufgaben staatlicher Daseinsvorsorge in einem umfassenderen Sinn Rechnung zu tragen, also zB auch, soweit es um die Schaffung neuer Lebensgrundlagen und die Bewältigung von Zukunftsaufgaben geht (vgl. § 355 RN 27). Zumal bei einem Vergleich mit dem vom Gesetz höher eingestuften Steuergeheimnis (vgl. die Strafdrohung des § 355) sollte man annehmen, daß die Erfüllung solcher Verwaltungsaufgaben bei § 203 II gleichfalls oder sogar erst recht ein legitimer Offenbarungsgrund sein kann, auch wenn hier darum umso höhere Anforderungen zu stellen wären, je mehr die Privatsphäre des Betroffenen berührt ist (vgl. zu § 30 VwVfG auch Knemeyer NJW 84, 2245 f.). Eine gesetzliche Eingriffsnorm, wie sie bei personenbezogenen Daten iS der Datenschutzgesetze notwendig wäre, ersetzt eine solche Analogie allerdings nicht.

56 d) Bei **Amtspersonen**, die wegen ihres Berufs zugleich unter Abs. 1 fallen und für die deshalb auch eine **innerbehördliche Schweigepflicht** besteht (o. 45), bedarf die Weitergabe von Geheimnissen innerhalb derselben Behörde oder an eine Aufsichtsbehörde gleichfalls einer besonderen Offenbarungsbefugnis. Eine spezielle Rechtsgrundlage für eine solche enthält für die im Strafvollzug tätigen Angehörigen der in Abs. 1 Nr. 1, 2, 5 genannten Berufe nunmehr § 182 II 2, 3 StVollzG idF des 4. StVollzÄndG v. 26. 8. 1998 (BGBl. I 2461) mit einer – strafrechtlich allerdings bedeutungslosen – Unterscheidung zwischen Offenbarungspflichten und bloßen Offenbarungsbefugnissen gegenüber dem Anstaltsleiter, wenn die Offenbarung für die Aufgabenerfüllung der Vollzugsbehörde oder zur Abwehr von erheblichen Gefahren für Leib oder Leben des Gefangenen oder Dritter erforderlich bzw. unerläßlich ist (zu den Gesetzesmaterialien vgl. zuletzt BT-Drs. 13/11 016 mwN). Im übrigen, d. h. bei Fehlen einer besonderen gesetzlichen Regelung, ist zunächst selbstverständlich, daß sich eine Offenbarungsbefugnis nicht schon aus dem dienstrechtlichen Verhältnis ergibt (zB Karlsruhe NStZ 93, 405, OVG Lüneburg NJW 75, 2263, Arloth MedR 86, 296 f., Geppert aaO 20 ff., Jähnke LK[10] 43, Kreuzer NJW 75, 2232, Lackner/Kühl 20 mwN). Weil der im öffentlichen Dienst tätige Arzt, Psychologe usw. ungeachtet seiner „Verbeamtung" Arzt usw. und damit Normadressat nach Abs. 1 bleibt, ist hier vielmehr auch bei der Frage einer innerdienstlichen Offenbarungsbefugnis jedenfalls prinzipiell von den für Abs. 1 geltenden Regeln auszugehen (vgl. zB auch Kreuzer aaO 2234, Marx GA 83, 170). Neben den o. 22 ff. genannten Offenbarungsgründen ist in diesem Zusammenhang vor allem auch § 34 von Bedeutung (o. 30 ff.), bei dem im Rahmen der Interessenabwägung dann allerdings zu berücksichtigen ist, daß der Arzt usw. zugleich in den Aufgabenbereich seiner Behörde eingebunden und diesem gleichfalls verpflichtet ist, dies mit der Folge, daß sich je nach Art der fraglichen Funktion (zB Arzt in einem öffentlichen Krankenhaus einerseits, Amts-, Truppen- oder Anstaltsarzt andererseits) die Gewichte mehr oder weniger verschieben können. Schon nach Notstandsregeln gerechtfertigt war bisher – vgl. jetzt § 182 II 2, 3 StVollzG (s. o.) – zB das Melden von AIDS-infizierten Gefangenen an den Anstaltsleiter (vgl. zB Arloth aaO 297, Bottke, in: Schünemann/Pfeiffer, Die Rechtsprobleme von AIDS [1988] 239, Eberbach NStZ 87, 141, Lackner/Kühl 20, aber auch Bruns StV 87, 506, Eisenberg/Fisser JuS 91, 756). Dagegen können Mitteilungen, die für die Aufgabenerfüllung der fraglichen Behörde erforderlich sind – in § 182 II 2 StVollzG jetzt ausdrücklich genannt – nicht generell mit der gegenwärtige Gefahr für ein Rechtsgut vorauszusetzenden § 34 gerechtfertigt werden. Wenn in diesem Zusammenhang und in anderen Fällen vielfach auf eine übergesetzliche Interessenabwägungsregel außerhalb des § 34 verwiesen wird (vgl. zB Karlsruhe aaO, OVG Lüneburg aaO, Jähnke LK[10] 97), so ist dies seit der Rspr. des BVerfG zum Erfordernis einer eindeutigen gesetzlichen Regelung (vgl. o. 52) auch hier nur noch mit der Inanspruchnahme des sog. Übergangsbonus möglich. Näher zu den noch nicht abschließend geklärten Fragen einer innerdienstlichen Offenbarungsbefugnis vgl. für *Krankenhausärzte* zB Hahne-Reulecke MedR 88, 237 f., Kreuzer aaO 2235 f., Med.Klinik 76, 1396, 1467, 1520 u. 77, 776, für *Ärzte, Psychologen usw. im Strafvollzug* Calliess/Müller-Dietz, StVollzG, 8. A. 2000, § 182 RN 4 ff., Schwind/Böhm, StVollzG, 3. A. 1999, § 182 RN 6 ff. und zum früheren Recht zB Arloth aaO 295, Geppert aaO, Marx aaO 160, für *Psychologen im öffentlichen Dienst* zB BAG NStE **Nr. 2**, Kühne NJW 77, 1478, für *Sozialarbeiter* zB Damian BewH 92, 351 f., Formmann aaO 180, Heckel NVwZ 94, 228, Kühne in: Formmann aaO, Onderka/Schade aaO 175 ff., zu den *Bewährungshelfern* aber auch Schenkel NStZ 95, 67 u. dazu o. 13; zum Ganzen vgl. ferner Rogall NStZ 83, 8, Würthwein aaO 190 ff.

57 *Zu a)–d):* Das Merkmal „unbefugt" in den §§ 201 ff. war vom Gesetzgeber als Hinweis darauf gedacht, daß nach den einschlägigen gesetzlichen Regelungen und allgemeinen Rechtsgrundsätzen zu prüfen sei, ob das im übrigen tatbestandsmäßige Verhalten straflos ist (vgl. EGStGB 236). Im Fall des § 203 II wurden der Verwaltung mit den „allgemeinen Rechtsgrundsätzen" jedoch Steine statt Brot gegeben. Inzwischen ist an deren Stelle mit der Kodifizierung von Datenschutz- und zahlreichen Spezialgesetzen in weitem Umfang zwar Gesetzesrecht getreten, erschöpfend ist dieses System spezieller Eingriffsnormen aber noch nicht. Auch davon abgesehen besteht ein erhebliches Maß an Rechtsunsicherheit, bedingt dadurch, daß sich die verschiedenen Fach- und Verfahrensgesetze zT überschneiden und daß sich der Versuch, die Voraussetzungen für Mitteilungsbefugnisse näher zu umschreiben, nicht selten „im Nebel der Generalklauseln verliert" (Simitis NJW 84, 400; vgl. etwa §§ 15 ff. iVm § 14 II Nr. 6, 8 BDSG, die gegenüber der allgemeinen Notstandsregelung des § 34 nicht mehr Substanz enthalten). Nach wie vor berechtigt ist deshalb der Hinweis, „daß bei der Weitergabe von Geheimnissen und Einzelangaben im Behördenverkehr weiterhin Vorsicht geboten ist" (Lackner/Kühl 21; vgl. auch Heckel NVwZ 94, 229).

58 5. **Täter** nach Abs. 2 können nur die **Angehörigen** der in **Nr. 1–6 genannten Personengruppen** sein. Die Erweiterung des Täterkreises durch Abs. 3 auf Hilfspersonen usw. gilt für Abs. 2 nicht (u. 62). Nicht anwendbar ist Abs. 2 auch auf Funktionsträger der früheren DDR und inoffizielle Stasi-Mitarbeiter, da sie zZ der Kenntniserlangung nicht Amtsträger usw. iS des § 11 I Nr. 2 usw. waren (vgl. dazu Bork ZIP 92, 95; zu einem inzwischen erledigten Entwurf über eine Erweiterung des Anwendungsbereichs des Abs. 2 vgl. o. 1). Zu den Überschneidungen mit dem von Abs. 1 erfaßten Täterkreis vgl. o. 45.

59 a) Zu den **Amtsträgern (Nr. 1)** vgl. § 11 I Nr. 2 und dort RN 14 ff. Gleichgestellt sind diesen hier nach § 2 SAEG-ÜbermittlungsschutzG v. 16. 3. 1993 (BGBl. I 336) die Bediensteten des statistischen Amtes der EG, ferner die in Art. 2 § 8 EuropolGes. (s. Vorbem.) genannten Mitglieder des Verwaltungsrats, der Direktor und seine Stellvertreter, der Finanzkontrolleur, die Mitglieder des Haushaltsausschusses u. die Bediensteten bei Europol sowie die Verbindungsbeamten. – Zu den **für den öffentlichen Dienst besonders Verpflichteten (Nr. 2)** vgl. § 11 I Nr. 4 u. dort RN 34 ff.; gleichgestellt sind diesen nach Art. 2 § 8 Europol Ges. die anderen nach Art. 32 II des Übereinkommens zur Verschwiegenheit oder zur Geheimhaltung besonders verpflichteten Personen.

b) Mit den in **Nr. 3** erfaßten **Personen, die Aufgaben und Befugnisse nach dem Personalvertretungsrecht wahrnehmen,** wurden die unterschiedlichen und zT einander widersprechenden Regelungen des früheren Rechts vereinheitlicht (vgl. näher EEGStGB 240). Dabei umfaßt der Begriff des Personalvertretungsrechts alle Rechtsnormen, welche die Interessenvertretung der Angehörigen von Dienststellen (einschließlich Betriebsverwaltungen) des Bundes, der Länder und der Körperschaften, Anstalten und Stiftungen des öffentlichen Rechts regeln. Dazu gehört deshalb nicht nur das Personalvertretungsrecht nach dem BPersonalvertretungsG v. 15. 4. 1974 (BGBl. I 693, letztes ÄndG v. 16. 12. 1997, BGBl. I 3094) und der entsprechenden Landesgesetze (vgl. die Übersicht bei Erbs/Kohlhaas, Registerband-Lexikon des Nebenstrafrechts von Göhler/Buddendiek/Lenzen unter „Personalvertretungen"), sondern zB auch das Vertretungsrecht der Richter (§§ 49, 72, 74 DRiG), Staatsanwälte (vgl. zB §§ 88 f. bad.-württ. LandesrichterG idF v. 19. 7. 1972, GBl. S. 432; letztes ÄndG v. 15. 12. 1997, GBl. S. 522), Soldaten (vgl. §§ 35, 70 SoldatenG) und der Zivildienstleistenden (§ 37 ZivildienstG idF v. 28. 9. 1994, BGBl. I 2811; letztes ÄndG v. 21. 9. 1997, BGBl. I 2390); für die ehem. DDR vgl. etwa das Ges. zur sinngemäßen Anwendung des BPersonalvertretungsG v. 22. 7. 1990 (GBl. I S. 1014) u. dazu EV I Kap. XIX A, EV II Kap. XIX A. Aufgaben und Befugnisse nach dem Personalvertretungsrecht werden schon nach dem Sinn der Vorschrift nur von solchen Personen wahrgenommen, die eine „gesteigerte" (EEGStGB 241), d. h. spezifisch der Personalvertretung dienende und deshalb mit einer besonderen Vertrauensstellung verbundene Funktion ausüben. Nicht gemeint ist deshalb die Wahrung von Rechten, wie sie jedem Bediensteten zustehen (zB Wahlrecht, Teilnahme an der Personalversammlung). Dagegen fallen unter Nr. 3 zB die Mitglieder der Personalräte (einschließlich der Stufenvertretungen und des Gesamtpersonalrats, vgl. §§ 53 ff. BPersVG), gleichgültig, ob es sich dabei um Beamte, Angestellte oder Arbeiter handelt, ferner zB der Wahlvorstand, die Jugendvertretung und die Vertrauensleute nach §§ 20, 57 ff., 85 II BPersVG. Eine Wahrnehmung von Aufgaben und Befugnissen des Personalvertretungsrechts ist auch die Mitwirkung an Personalratssitzungen mit nur beratender Stimme durch Gewerkschaftsbeauftragte (§ 36 BPersVG), Jugendvertreter, Vertreter der nicht ständig Beschäftigten usw. nach § 40 BPersVG.

c) Nach **Nr. 4** sind schweigepflichtig ferner die **Mitglieder** und **Hilfskräfte** eines für ein Gesetzgebungsorgan des Bundes oder eines Landes (vgl. § 105 RN 4) **tätigen Untersuchungsausschusses, sonstigen Ausschusses** oder **Rates,** die nicht selbst Mitglieder des Gesetzgebungsorgans sind. Gemeint sind hier nicht Ausschüsse „der" Gesetzgebungsorgane, sondern solche, die „für" ein Parlament tätig sind, vor allem Enquete-Kommissionen (vgl. zB § 5 Ges. über Enquete-Kommissionen des Abgeordnetenhauses von Berlin v. 7. 12. 1970, GVBl. 1974), Sachverständigenräte usw., die von außen die Tätigkeit der Parlamente unterstützen (EEGStGB 241). Täter können zunächst – auch bei nur vorübergehender Zugehörigkeit – die *Mitglieder* dieser Ausschüsse usw. sein, die, weil sie nicht für die Aufgaben der öffentlichen Verwaltung wahrnehmende Stelle tätig sind, auch nicht als für den öffentlichen Dienst besonders Verpflichtete (Nr. 2) behandelt werden können. Ausgenommen sind jedoch solche Mitglieder, die zugleich Mitglied des fraglichen Gesetzgebungsorgans sind. Erfaßt sind ferner die *Hilfskräfte* der genannten Ausschüsse (also nicht eines einzelnen Mitglieds), wozu zwar Assistenten, nicht aber Schreibkräfte gehören dürften. Für diese Einschränkung spricht nicht nur, daß das Gesetz hier nicht den in Abs. 1 in einem umfassenderen Sinn gebrauchten Begriff des „Gehilfen" verwendet, sondern auch der Vergleich mit den sonst nach Abs. 2 Schweigepflichtigen, deren Hilfspersonal weder durch Abs. 2 noch durch Abs. 3 erfaßt wird (im Fall der Nr. 1, 2 nur, soweit es sich dabei ebenfalls um Amtsträger oder besonders Verpflichtete handelt).

d) Nach **Nr. 5** sind Täter die **öffentlich bestellten Sachverständigen,** die auf die gewissenhafte Erfüllung ihrer Obliegenheiten auf Grund eines Gesetzes förmlich verpflichtet worden sind. Dabei handelt es sich um die nach § 36 GewO öffentlich bestellten Sachverständigen, die, weil sie freiberuflich und nicht für den öffentlichen Dienst iS des § 11 I Nr. 4 tätig sind, nicht zu den für den öffentlichen Dienst besonders Verpflichteten gehören und deshalb auch nicht schon unter Nr. 2 fallen (vgl. auch § 11 RN 39). Eine förmliche Verpflichtung dieser Sachverständigen zur gewissenhaften Erfüllung ihrer Obliegenheiten sieht § 1 I Nr. 3 VerpflichtungsG idF des Art. 42 EGStGB vor. Zur ratio und Kritik der Vorschrift vgl. hier die 20. A. RN 61.

e) Die durch Art. 3 des StrafverfahrensÄndG v. 2. 8. 2000, BGBl. I S. 1253 eingefügte Nr. 6 erweitert den Täterkreis **auf Personen,** die auf die gewissenhafte Erfüllung ihrer Geheimhaltungspflicht bei der **Durchführung wissenschaftlilcher Forschungsvorhaben** aufgrund eines Gesetzes **förmlich verpflichtet** worden sind. Die Vorschrift ist im Zusammenhang mit dem neuen § 476 StPO zu sehen, nach dessen Abs. 3 die Übermittlung personenbezogener Daten an eine Hochschule, andere wissenschaftliche Forschungseinrichtungen oder öffentliche Stellen unter den weiteren Voraussetzungen des Abs. 1 nur in der Weise zulässig ist, daß die fragliche Informationen speziell diesen Personen übermittelt wird, die Amtsträger, für den öffentlichen Dienst besonders Verpflichtete oder solche Personen sind, die nach der im VerpflichtungsG v. 2. 3. 1974 (BGBl. I S. 469, 547; ÄndG v. 15. 8.

§ 203 62–64 Bes. Teil. Verletzung des persönl. Lebens- u. Geheimbereichs

1974, BGBl. I S. 1942) geregelten Form auf die Erfüllung ihrer Geheimhaltungspflicht eigens verpflichtet worden sind (vgl. BT-Drs. 13/9718 S. 25, 32, 14/1484 S. 35).

62 **V. Abs. 3** erweitert zunächst in S. 1, 2 den Kreis der nach Abs. 1 Schweigepflichtigen auf weitere durch ihre **besondere Tätigkeit** mit fremden Geheimnisse in Berührung kommende Personen und stellt dann in S. 3 den Angehörigen des so erweiterten Täterkreises nach deren Tod auch **bestimmte Außenstehende** gleich. Für Abs. 2 gilt diese Erweiterung des Täterkreises durch Abs. 3 S. 2, 3 dagegen nicht, was sich bei den Hilfspersonen usw. der in Abs. 2 Nr. 1, 2 Genannten damit rechtfertigen läßt, daß sie idR selbst jedenfalls besonders Verpflichtete iS des Abs. 2 Nr. 2 sein werden. Lücken bleiben jedoch zB im Bereich des Abs. 2 Nr. 5 (Sekretärin des Sachverständigen) u. Nr. 6 (nicht gleichfalls zur Verschwiegenheit förmlich verpflichtete Hilfskraft), wo sich dann bei der Zuziehung von Hilfspersonen die Frage einer insoweit bestehenden Offenbarungsbefugnis stellt (vgl. dazu auch Otto wistra 99, 203).

62 a 1. Der durch das BNotOÄndG (vgl. Vorbem.) neu eingefügte S. 1 stellt den in Abs. 1 Nr. 3 genannten Rechtsanwälten (o. 37) **andere Mitglieder einer Rechtsanwaltskammer** gleich. Mit dieser Ergänzung sollten die sog. Kammerrechtsbeistände, dh Rechtsbeistände nach dem RechtsberatungsG, die in eine Rechtsanwaltskammer aufgenommen wurden und sich mit Rechtsanwälten zur gemeinschaftlichen Berufsausübung in einer Sozietät verbinden können und die damit denselben beruflichen Pflichten unterliegen wie diese, auch strafrechtlich zur Verschwiegenheit verpflichtet werden (BT-Drs. 13/4184 S. 41). Diese strafrechtliche Gleichstellung ist zwar folgerichtig, praktische Bedeutung hat sie aber nur noch für solche Rechtsbeistände, die vor der Neufassung des Art. 1 § 1 RBeratungsG durch das 5. BRAGebOÄndG v. 18. 8. 1980 (BGBl. I 1503) die Kammermitgliedschaft erlangt haben, während seitdem Rechtsbeistände nur noch Teilerlaubnisse erhalten, was nach § 209 I BRAO für eine Aufnahme in die Rechtsanwaltskammer nicht genügt (vgl. dazu Seng KK § 53 RN 15 u. näher in Erbs/Kohlhaas R 55 Vorbem. 1, Art. 1 § 1 RN 28).

63 2. Nach **S. 2** stehen den in Abs. 1 und S. 1 Genannten ihre **berufsmäßig tätigen Gehilfen** und die Personen gleich, die bei ihnen **zur Vorbereitung auf den Beruf tätig** sind.

64 a) **Berufsmäßig tätiger Gehilfe** iS des S. 2 ist, wer innerhalb des beruflichen Wirkungsbereichs eines Schweigepflichtigen nach Abs. 1 und S. 1 eine auf dessen berufliche Tätigkeit als Arzt usw. bezogene unterstützende Tätigkeit ausübt, welche die Kenntnis fremder Geheimnisse mit sich bringt oder ohne Überwindung besonderer Hindernisse ermöglicht. Das Merkmal „berufsmäßiger" Tätigkeit bedeutet also nicht – insoweit in Übereinstimmung mit § 53 a StPO, wo lediglich von den „Gehilfen" die Rede ist –, daß der Gehilfe diese selbst als seinen Beruf ausüben muß (so aber zB Lackner/Kühl 11 b, Rudolphi, Bemmann-FS 417, Samson SK 15, Schmitz JA 96, 773), weshalb zB auch die nur gelegentlich in der Arztpraxis ihres Mannes mithelfende Ehefrau unter die Vorschrift fällt (Jähnke LK[10] 109, Lenckner aaO [1966] 166, [1986] 582, M-Maiwald I 291, Tröndle 11; vgl. aber auch Jung NK 9). Gemeint sein kann damit vielmehr nur das Bestehen eines inneren Zusammenhangs zwischen der unterstützenden Tätigkeit des Gehilfen und der berufsspezifischen Tätigkeit der in Abs. 1 und S. 1 genannten Personen. Gehilfen iS des S. 2 sind daher zB Bürovorsteher und Sekretärinnen von Anwälten, Sprechstundenhilfen von Ärzten, das technische Bedienungspersonal von ärztlichen Apparaturen oder von Bildarchivierungs- und Kommunikationssystemen im Bereich bildgebender Diagnostik („PACS", vgl. Inhester NJW 95, 685). Nicht hierher gehören dagegen Verrichtungen, welche lediglich die äußeren Bedingungen für die fragliche Berufstätigkeit schaffen oder betreffen (zB Reinigungskräfte, Pförtner, Chauffeure, Koche, bloßes Wartungs- u. Servicepersonal von technischen Geräten; vgl. Jähnke LK[10] 107 mwN FN 203, 206 u. zuletzt Otto wistra 99, 203, zum Wartungspersonal aber auch Lackner/Kühl 11 b u. zur Wartung von Software Ehmann CuR 91, 294). Beim Personal von (privaten oder öffentlichen) Krankenhäusern ist, soweit es nicht schon unter Abs. 1 Nr. 1 fällt (zB Krankenpfleger), zu unterscheiden, ob die fragliche Tätigkeit noch in einem unmittelbaren inneren Zusammenhang mit dem Behandlungsgeschehen steht (vgl. Oldenburg NJW **82**, 2616, LR-Dahs § 53 a RN 2, KK-Pelchen § 53 a RN 2). Zu bejahen ist dies für das Pflegepersonal (zB auch Zivildienstleistende) und das Personal der mit den Patienten befaßten technischen Dienste, von Labors, Röntgenabteilungen und internen Dokumentationsstellen, in denen im Interesse des Patienten dessen Daten archiviert werden (zur digitalen medizinischen Archivierung von Röntgenunterlagen vgl. Kilian NJW 87, 695), nicht aber für das gesamte Verwaltungspersonal (vgl. d. Nachw. o., aber auch Kleinewefers/Wilts NJW 64, 428, Kreuzer NJW **75**, 2235 u. hier die 24. A.; noch als Gehilfen iS des S. 2 dürften allerdings die mit der Kostenabrechnung betrauten Angestellten anzusehen sein, da andernfalls eklatante Widersprüche zwischen externen – vgl. dazu Abs. 1 Nr. 6 – und internen Verrechnungsstellen bestünden). Keine Gehilfen sind externe Dritte, die für Berufe iS des Abs. 1 selbständig Aufträge ausführen, auch wenn diese unmittelbar auf die fragliche Berufsausübung bezogen sind (zB Erstatten eines Rechtsgutachtens für einen Anwalt; krit. Krekeler/Schonard wistra 98, 137 [zu § 53 a StPO]; dazu, daß externes Wartungs- u. Servicepersonal eines Computer-Netzwerks jedenfalls aus diesem Grund – s. im übrigen schon o. – keine Gehilfen iS des Abs. 3 S. 2 sein können, vgl. Otto aaO). Dies folgt zwar nicht schon zwingend aus dem Begriff des Gehilfen, wohl aber aus dem Grundgedanken der Vorschrift: Schützt diese jedenfalls auch das allgemeine Vertrauen in die Verschwiegenheit der Angehörigen bestimmter Berufe (o. 3), so können Gehilfen nur solche Personen sein, die an diesem Vertrauen teilhaben, was voraussetzt, daß sie in die Organisation der fraglichen Berufspraxis selbst in irgendeiner Weise – also nicht notwendig durch einen Dienstvertrag – mit eingebunden sind (vgl. zB Jähnke LK[10] RN 107,

Lackner/Kühl 11 b u. zu § 53 a StPO LR-Dahs RN 3, K/Meyer-Goßner RN 2, KK-Pelchen RN 3; and. zu dem von einem Anwalt beauftragten Detektiv LG Frankfurt NJW **59**, 589, Jungfer StV 89, 504 sowie Krekeler/Schonard aaO u. zur Fernwartung von Software Ehmann aaO 295). Die Frage, die sich hier allein stellt, ist vielmehr, ob der Schweigepflichtige den Dritten aufgrund einer besonderen Offenbarungsbefugnis zuziehen durfte.

b) Zur Gruppe derjenigen, die bei einem Schweigepflichtigen nach Abs. 1 zur **Vorbereitung auf ihren Beruf** (also nicht notwendig auf den des Schweigepflichtigen) tätig sind, gehören zB familierende Medizinstudenten, Lehrschwestern in Krankenhäusern und Referendare, die einem Anwalt zur Ausbildung zugewiesen sind. 65

3. Durch **S. 3** wird den in Abs. 1 und Abs. 3 S. 1 und 2 Genannten **nach dem Tode** des zur Wahrung des Geheimnisses **Verpflichteten** ferner derjenige gleichgestellt, der das **Geheimnis von dem Verstorbenen oder aus dessen Nachlaß erlangt** hat. 66

a) **Von einem Schweigepflichtigen** iS des Abs. 1 oder Abs. 3 S. 1 oder 2 **erlangt** ist das Geheimnis, wenn der Arzt usw. es dem Täter offenbart hat, nicht dagegen, wenn dieser sich die Kenntnis durch eigenmächtiges rechtswidriges Handeln (zB durch Entwenden von Akten) verschafft hat (Eb. Schmidt aaO [1939] 17; and. Gössel I 430, Tröndle 13; vgl. auch Samson SK 17). Denn die Schweigepflicht Außenstehender – um die allein es hier gehen kann – kann nicht weiter reichen als die der nach Abs. 1 und nach Abs. 3 S. 1, 2 Verpflichteten. Gleichgültig ist, ob der Schweigepflichtige das Geheimnis unbefugt oder befugt mitgeteilt hat (Lackner/Kühl 13; and. – nur bei unbefugter Offenbarung – Jähnke LK[10] 113, ferner Eb. Schmidt aaO 18, dessen Begründung, die befugte Offenbarung nehme einer Tatsache ihre Geheimniseigenschaft, jedoch nicht zutrifft). Jedoch ist S. 3 dann nicht anwendbar, wenn die Befugnis auf dem Einverständnis des Verfügungsberechtigten beruht. Ob dieser das Geheimnis dem Dritten selbst mitteilt oder mit seiner Offenbarung durch den Schweigepflichtigen einverstanden ist, kann keinen Unterschied machen (ebenso Schmitz JA 96, 774). 67

Kritisch zu dieser Alt. des S. 3 ist anzumerken, daß sie auch nach Wegfall der früheren Beschränkung des Tatbestands auf das Veröffentlichen des Geheimnisses alles andere als eine sinnvolle Strafbestimmung ist (vgl. zB auch Jähnke LK[10] 113 [mit ihr „weiß niemand etwas anzufangen"], Jung NK 16, M-Maiwald I 291, Samson SK 17). Da die Strafwürdigkeit der Weitergabe eines von einem Schweigepflichtigen erlangten Geheimnisses nicht davon abhängen kann, ob dies vor oder nach dessen Tod geschieht, kann der Tod des primär Verpflichteten nur als objektive Bedingung der Strafbarkeit aufgefaßt werden (vgl. Lenckner aaO [1966] 169 f., Jähnke aaO, Schünemann ZStW 90, 59, aber auch Jung NK 17). Im E 62 (Begr. 338) ist das Abstellen auf den Tod des primär Verpflichteten dann auch mit Erwägungen zum Strafbedürfnis begründet, und zwar damit, daß der Arzt, Anwalt usw. bis zu seinem Tode selbst für die Wahrung des Geheimnisses zu sorgen habe und strafrechtlich verantwortlich sei, während man sich nachher nur an den Mitwisser halten könne. Abgesehen davon jedoch, daß der Schweigepflichtige idR kein wirksames Mittel in der Hand haben wird, seinen Mitwisser an der Weitergabe des ihm Offenbarten zu hindern, ist nicht einzusehen, wieso das Strafbedürfnis bezüglich der Tat des Mitwissers dadurch begründet sein soll, daß der Arzt, Anwalt usw. für die seine nicht mehr zur Verantwortung gezogen werden kann (vgl. auch Becker MDR 74, 890), – ein Gesichtspunkt, der im übrigen ohnehin nicht zutrifft, wenn er, was die Bestimmung nicht voraussetzt (o. 67), den Mitwisser unbefugt informiert hat. Eine kriminalpolitische Notwendigkeit für die Regelung läßt sich entgegen dem E 62 aber auch nicht damit begründen, daß den in Abs. 3 S. 3 2. Alt. genannten Tätern die oft unwiderlegbare Behauptung abgeschnitten werden müsse, sie hätten das Geheimnis schon zu Lebzeiten des Schweigepflichtigen erfahren. Zum einen vermag auch diese Erwägung schon unter praktischen Gesichtspunkten nicht zu überzeugen, da auch die weitergehende Behauptung vielfach nicht zu widerlegen sein wird, die fragliche Tatsache sei kein Geheimnis mehr, weil man sie schon zu Lebzeiten des Schweigepflichtigen einer beliebigen Anzahl von Personen – straflos – weitererzählt habe (vgl. Eb. Schmidt aaO [1939] 18 f.). Zum andern aber ist es illegitim, ein Strafbedürfnis für einen Fall A nicht aus diesem selbst, sondern aus befürchteten Beweisschwierigkeiten in einem Fall B herzuleiten. Auch wenn er als objektive Bedingung der Strafbarkeit verstanden wird, ist der Tod des Schweigepflichtigen aber ein willkürlich gewähltes Kriterium (vgl. Lenckner aaO [1966] 170 FN 23). 68

b) Sachgerecht ist dagegen die Verlängerung des Geheimnisschutzes in der 2. Alt. des S. 3, die vor allem die Erben des Schweigepflichtigen betrifft. **Aus dem Nachlaß** iS des S. 3 hat jedermann die Kenntnis des Geheimnisses **erlangt**, der es in Ausübung wirklicher oder vermeintlicher Rechte an dem Nachlaß daraus erfahren hat. Neben den wirklichen Erben kommen also zB auch der Erbschaftsbesitzer und der Testamentsvollstrecker in Frage. Nicht hierher gehören dagegen der Altpapierhändler, dem alte Unterlagen verkauft werden, der Käufer der verwaisten Arztpraxis – hier gilt Abs. 1 – und bei der Sichtung des Nachlasses zugezogene Helfer (vgl. Schmitz JA 96, 773; and. insoweit Jähnke LK[10] 114, Kohlhaas GA 58, 68, Eb. Schmidt aaO [1939] 20 ff.). Zur Zulässigkeit der Geltendmachung von Honorarforderungen eines Rechtsanwalts usw. durch dessen Erben vgl. LG Bautzen [Z] NJW-RR **98**, 872 u. dazu auch Berger NJW 95, 1586, 1589. 69

VI. Abs. 4, nach dem die Abs. 1–3 auch anzuwenden sind, wenn der **Täter das fremde Geheimnis** (im Fall des Abs. 2 auch eine gleichstehende Einzelangabe, vgl. o. 46 ff.) **nach dem Tode des Betroffenen offenbart,** hat lediglich klarstellende Funktion (and. Schünemann ZStW 90, 60). 70

Daß die Schweigepflicht nicht durch den Tod des Patienten, Mandanten usw. aufgehoben wird (so auch schon RG **71** 22), versteht sich im Hinblick auf den Schutzzweck des § 203 von selbst. Denn ein vertrauensvolles Verhältnis zu Ärzten, Anwälten usw. wäre nicht möglich, wenn derjenige, der sie in dieser Eigenschaft in Anspruch nimmt, nicht auch für die Zeit nach seinem Tode mit ihrer Verschwiegenheit rechnen könnte (Bockelmann aaO 15, Lenckner aaO [1966] 173 f.). Aus diesem Grund können zB der Schweigepflicht des Arztes auch Feststellungen unterliegen, die dieser erst nach dem Tod des Patienten trifft (zB Syphilis als Todesursache; vgl. Müller-Dietz aaO 43, Kiesecker aaO 210, aber auch Bockelmann aaO 32). Selbstverständlich ist ferner, daß bei anvertrauten usw. Drittgeheimnissen der Tod des Dritten die Schweigepflicht unberührt läßt. Auch inhaltlich besteht die Schweigepflicht jedenfalls grundsätzlich unverändert fort und beschränkt sich nicht etwa auf Tatsachen, die den sittlichen oder sozialen Wert des Betroffenen mindern (so aber Düsseldorf NJW **59**, 821, LG Augsburg NJW **64**, 1187 m. Anm. Lenckner u. ähnl. Schünemann aaO; wie hier BayLSG NJW **62**, 1789, Becker MDR 74, 891, Jähnke LK[10] 53, Jung NK 13, M-Maiwald I 291 f., Eb. Schmidt NJW **62**, 1745; vgl. auch Bay[Z] NJW **87**, 1492, Kuchinke aaO 374 ff.). Allerdings kann sich hier eine zeitliche Begrenzung insofern ergeben, als das Schutzbedürfnis in dem Maß schwindet, in dem die Erinnerung an den Verstorbenen verblaßt oder seine Person hinter der historischen Gestalt zurücktritt (Jähnke LK[10] 52; vgl. auch Jung aaO); auch kann nach dem Tode eine mutmaßliche Einwilligung (o. 27) in Fällen anzunehmen sein, in denen der Betroffene zu seinen Lebzeiten in eine Geheimnisoffenbarung nicht eingewilligt hätte. Zur Frage, ob das Interesse des Kindes an der Kenntnis der in der Todesbescheinigung genannten Erkrankungen und Todesursachen des leiblichen Vaters, dessen gesundheitliche Konstitution es geerbt haben kann, eine Offenbarung von Geheimnissen des Verstorbenen rechtfertigt, vgl. VG Lüneburg NJW **97**, 2468 m. Anm. Vahle DVP 97, 525 (Einsicht in Todesbescheinigung).

71 **VII.** Für den **subjektiven Tatbestand** ist Vorsatz erforderlich, wobei bedingter Vorsatz genügt (Jähnke LK[10] 116, Tröndle 34); zu der besonderen Absicht nach Abs. 5 vgl. u. 74. Der Täter muß also zB wissen, daß es sich um ein fremdes Geheimnis oder um eine Einzelangabe iS des Abs. 2 S. 2 handelt, daß ihm diese in seiner besonderen Eigenschaft anvertraut worden sind usw. Hinsichtlich des Merkmals „unbefugt" gilt folgendes: Nimmt der Täter irrig ein (tatbestandsausschließendes) Einverständnis des Verfügungsberechtigten an, so gilt § 16 unmittelbar (so zu § 300 aF zum Kölln NJW **62**, 686 m. Anm. Bindokat; and. die h. M., die hier von einer rechtfertigenden Einwilligung ausgeht [nur entsprechende Anwendung des § 16; vgl. zB Dreher MDR 62, 592]); nimmt er irrig die Voraussetzungen eines vom Recht anerkannten Offenbarungsrechts iS eines Rechtfertigungsgrundes an, so ist § 16 entsprechend anzuwenden (vgl. 19 vor § 13, § 16 RN 14 ff. u. 21 vor § 32). Dagegen liegt Verbotsirrtum (§ 17) vor, wenn der Täter trotz Kenntnis aller Umstände von seiner Schweigepflicht nichts weiß oder wenn er eine vom Recht überhaupt nicht oder nicht in diesem Umfang anerkannte Offenbarungsbefugnis annimmt. Um einen Verbotsirrtum handelt es sich deshalb zB auch, wenn ein Arzt glaubt, einem Kollegen schon deshalb, weil auch dieser schweigepflichtig ist, Anfragen über seinen Patienten beantworten zu dürfen (o. 21, 27, Bay NStZ **95**, 187, M-Maiwald I 292 f., aber auch BGH **4** 356, Koblenz NStE **Nr. 5:** Tatbestandsirrtum).

72 **VIII. Vollendet** ist die Tat mit dem Offenbaren, d. h. bei mündlicher Mitteilung mit der Kenntnisnahme durch den Empfänger, dies aber ohne Rücksicht darauf, ob er das Mitgeteilte tatsächlich verstanden hat, bei einem in einem Schriftstück usw. verkörperten Geheimnis mit der Übertragung des Gewahrsams derart, daß eine Kenntnisnahme ohne weiteres möglich ist (o. 19; and. M-Maiwald I 289). Zur Beendigung in Fällen des Abs. 5, 2. Alt. vgl. u. 74.

73 **IX. Täter** kann nur ein nach Abs. 1–3 Schweigepflichtiger sein (echtes Sonderdelikt). Nicht möglich ist daher zB eine mittelbare Täterschaft desjenigen, der einen gutgläubigen Arzt zur Offenbarung eines Geheimnisses veranlaßt (RG **63** 315, BGH **4** 359). Auch wegen Anstiftung kann der Hintermann hier mangels einer vorsätzlichen Haupttat nicht bestraft werden (BGH **4** 355, wo dies für möglich gehalten wurde [aufgegeben in BGH **9** 370], ist durch § 26 überholt; vgl. 32 ff. vor § 25). Im übrigen ist **Teilnahme** nach allgemeinen Grundsätzen möglich. Nach h. M. soll auf den Teilnehmer, der selbst nicht zur Geheimhaltung verpflichtet ist, § 28 I anwendbar sein (zB Herzberg GA 91, 167, 179, Jung NK 40, Lackner/Kühl 2, Samson SK 51, Tröndle/Fischer 35, W-Hettinger 561). In der Tat könnte es zunächst naheliegen, in der Eigenschaft als Arzt, Anwalt, Amtsträger usw. ein besonderes persönliches Merkmal iS des § 28 I zu sehen. Spätestens bei den in Abs. 3 S. 3 1. Alt. genannten Tätern, die derselben Strafdrohung unterliegen, kann davon jedoch keine Rede mehr sein, weil die bloße Tatsache, Mitwisser des Geheimnisses geworden zu sein, kein personales Unrecht iS des § 28 I begründet. Aber auch bei den Ärzten, Anwälten usw. kennzeichnet die Tätereigenschaft in Wahrheit nicht eine besondere personale Pflichtverletzung, sondern lediglich die Beziehung, in der das primär geschützte Rechtsgut – Vertrauen in die Verschwiegenheit bestimmter Berufe – überhaupt verletzt werden kann. Die Eigenschaft als Arzt usw. ist daher ein tatbezogenes und kein täterbezogenes Merkmal iS des § 28 I, weshalb diese Bestimmung auf den Teilnehmer nicht anwendbar ist (ebenso Gössel I 437, Grünwald, A. Kaufmann-GedS 563). Zur Frage der Anwendbarkeit des § 28 II im Fall des Abs. 5 vgl. u. 75.

74 **X. Qualifiziert** ist die Tat nach **Abs. 5,** wenn der Täter **gegen Entgelt** oder in der **Absicht** gehandelt hat, **sich oder einen anderen zu bereichern** oder einen **anderen zu schädigen.** Handeln gegen *Entgelt* (vgl. § 11 I Nr. 9 und dort RN 68 ff.) liegt vor, wenn der Täter das Geheimnis

"verkauft", nicht dagegen, wenn der Schuldner des Täters die Begleichung einer Forderung von der Offenbarung abhängig macht; vgl. im übrigen auch § 180 RN 24. Die *Absicht, sich oder einen Dritten zu bereichern*, muß, obwohl Abs. 5 dies i. U. zu § 300 III aF nicht mehr ausdrücklich verlangt, auf die Erlangung eines *rechtswidrigen* Vermögensvorteils gerichtet sein, da nur dann die erhöhte Strafe gerechtfertigt ist (ebenso Jung NK 41, Niemeyer aaO 408, Tiedemann, GmbH-Strafrecht [1995] § 85 RN 34; and. BGH NStZ 93, 538, Jähnke LK[10] 117, Lackner/Kühl 28). Erst mit dessen Erlangen ist die Tat hier deshalb auch beendet (vgl. § 78a RN 1; and. BGH aaO). Eine eigennützige Bereicherungsabsicht liegt zB vor, wenn der Täter ein Betriebsgeheimnis offenbart, um sich im Hinblick auf dessen geplante Verwertung beraten zu lassen, eine fremdnützige, wenn es einem anderen zur Verwertung überlassen wird. Meist wird es sich beim Handeln in eigennütziger Bereicherungsabsicht freilich zugleich um eine Offenbarung gegen Entgelt handeln, da auch dieses ein dem Täter nicht zustehender Vermögensvorteil ist. Die Alternative entgeltlichen Handelns in diesem Fall tatsächlich erhalten haben muß, ist daher jedenfalls iE ohne Bedeutung (Jähnke LK[10] 117, Samson SK 53). Für die *Schädigungsabsicht* genügt jeder vom Täter beabsichtigte Nachteil; ein Vermögensschaden ist nicht erforderlich (ebenso Jähnke aaO, Tiedemann aaO RN 35; and. Jung NK 41, Samson SK 53). Auch der ideelle Schaden, zB bei öffentlicher Bloßstellung, genügt. *Absicht* bedeutet hier zielgerichtetes Handeln (vgl. Lenckner NJW 67, 1894); dem Täter muß es also auf die Bereicherung bzw. Schädigung ankommen.

Zweifelhaft ist, ob auf den **Teilnehmer**, der selbst nicht in Vorteilsabsicht usw. handelt, § 28 II **75** anzuwenden ist. Dafür würde zwar sprechen, daß das Handeln in der Absicht, sich durch die Offenbarung zu bereichern, als Ausdruck einer besonders verwerflichen Gesinnung verstanden werden könnte. Andererseits ist der Vorteilsabsicht in Abs. 5 das entgeltliche Handeln gleichgestellt, das seinerseits aber nicht anders behandelt werden kann als das mit gleicher Strafe wie in Abs. 5 bedrohte Verwerten eines Geheimnisses in § 204. Ob zB ein Anwalt zur Verwertung (§ 204) oder zum Verkauf eines Betriebsgeheimnisses (§ 203 V) angestiftet wird, kann für die Strafbarkeit des Anstifters keinen Unterschied machen. Da aber das Verwerten in § 204 trotz der dafür erforderlichen Gewinnerzielungsabsicht ein rein tatbezogenes Merkmal ist, der Anstifter hier also aus dem Strafrahmen des § 204 bestraft wird, muß auch für die Anstiftung zum Verkauf des Geheimnisses die Strafdrohung des § 203 V zugrunde gelegt werden. Dies spricht dafür, § 28 II bei § 203 V insgesamt nicht anzuwenden (and. Herzberg GA 91, 178 f., Jung NK 42, Gössel K 437, Jähnke LK[10] 117, Samson SK 54, Schmitz JA 96, 951).

XI. Idealkonkurrenz ist möglich mit § 353b (Jähnke LK[10] 118, Jung NK 43, Lackner/Kühl 29, **76** Tröndle 38). Eine Datenübermittlung gem. § 43 I Nr. 1 BDatenschutzG tritt hinter § 203 zurück (zu § 41 I Nr. 1 BDSG aF vgl. Arzt/Weber I 205, Bauer aaO 94 f., Becker SchlHA 80, 32; and. Dammann, in: Simitis/Dammann/Mallmann/Reh, BDSG, 3.A., § 41 RN 35: Tateinheit; wegen der gleichen Strafdrohung ohne praktische Bedeutung). Soweit die Voraussetzungen des § 203 erfüllt sind, ist § 19 III TPG kraft ausdrücklicher gesetzlicher Regelung subsidär, was aber im Hinblick auf das dort fehlende Strafantragserfordernis (dazu BT-Drs. 13/4355, S. 32, 13/8017, S. 4) zu Wertungswidersprüchen führen kann (Heger JZ 98, 506, Lackner/Kühl 29; and. Schroth JZ 98, 506). Zwischen Abs. 2 und §§ 206, 355 besteht Gesetzeskonkurrenz mit Vorrang der letzteren (vgl. § 206 RN 39, § 355 RN 36). Soweit für die unbefugte Geheimnisoffenbarung durch bestimmte Personen, die zugleich unter Abs. 1 fallen können, noch Sonderregelungen bestehen (zB § 333 I HGB, § 404 I Nr. 2 AktG, § 151 I Nr. 2 GenG: Prüfer und deren Gehilfen), dürften diese dem § 203 vorgehen (ebenso Geilen aaO [vgl. o. 11] RN 90; praktisch wegen der gleichen Strafdrohung hier ohne Bedeutung). Geht dem Verwerten des Geheimnisses (§ 204) ein Offenbaren voraus oder erfolgt das Verwerten durch Offenbaren (zB Verkauf), so gilt ausschließlich § 203 V (vgl. § 204 RN 5, 12). Treffen Abs. 1 und 2 zusammen (zB Amtsarzt), so liegt nur eine Tat nach § 203 vor (vgl. o. 43).

XII. Zum Erfordernis des **Strafantrags** vgl. § 205. **77**

§ 204 Verwertung fremder Geheimnisse

(1) **Wer unbefugt ein fremdes Geheimnis, namentlich ein Betriebs- oder Geschäftsgeheimnis, zu dessen Geheimhaltung er nach § 203 verpflichtet ist, verwertet, wird mit Freiheitsstrafe bis zu zwei Jahren oder mit Geldstrafe bestraft.**

(2) **§ 203 Abs. 4 gilt entsprechend.**

I. Die durch das EGStGB im Anschluß an § 186b E 62 in das StGB aufgenommene Vorschrift, **1** durch die zahlreiche Sonderbestimmungen des Nebenstrafrechts überflüssig wurden, bedeutet eine Ergänzung zu § 203. Das **Rechtsgut** entspricht demjenigen des § 203 (vgl. dort RN 3), mit dem Unterschied, daß es hier nicht um das Vertrauen in die Verschwiegenheit bestimmter Berufsgruppen geht, sondern um das Vertrauen in ihre Integrität dergestalt, daß die Angehörigen dieser Berufe aus den ihnen anvertrauten Geheimnissen nicht selbst Kapital schlagen. Sachlich schließt sich § 204 an das in § 203 V erfaßte Offenbaren gegen Entgelt an, indem hier die eigene wirtschaftliche Verwertung des Geheimnisses mit der gleichen Strafe bedroht wird. Ebenso wie § 203 enthält auch § 204 ein **echtes Sonderdelikt** (Träger LK[10] 4). – Zu der in der 13. Legislaturperiode eingebrachten, aber nicht

§ 204 2–7   Bes. Teil. Verletzung des persönl. Lebens- u. Geheimbereichs

erledigten Erweiterung des § 204 auf bisher nicht erfaßte Funktionsträger der früheren DDR vgl. § 203 RN 1.

2   II. Strafbar ist nach **Abs. 1** das unbefugte **Verwerten eines fremden Geheimnisses** durch einen nach § 203 zur Geheimhaltung Verpflichteten.

3   1. Obwohl sich § 204 seinem Wortlaut nach auf alle dem § 203 unterfallenden **Geheimnisse** bezieht (vgl. § 203 RN 5 ff.), kommen hier, wie sich aus der Tathandlung des „Verwertens" ergibt (u. 5), praktisch nur solche Geheimnisse in Betracht, die ihrer Natur nach zur wirtschaftlichen Ausnutzung geeignet sind (vgl. auch Jung NK 1, Träger LK[10] 3; vgl. auch EEGStGB 244). Deshalb werden vom Gesetz auch die Betriebs- und Geschäftsgeheimnisse (vgl. dazu § 203 RN 11) besonders hervorgehoben, die freilich nur die praktisch wichtigsten Beispiele darstellen, da unter der Voraussetzung ihrer wirtschaftlichen Verwertbarkeit auch andere Geheimnisse den Schutz des § 204 genießen. Dies gilt zB für die Erfindung einer Privatperson oder andere Geheimnisse, die nur deshalb keine Betriebs- oder Geschäftsgeheimnisse sind, weil ihnen der nach der Rspr. (vgl. zB RGZ **149** 332) erforderliche Zusammenhang mit einem Betrieb oder Geschäft (noch) fehlt (vgl. EEGStGB aaO). Wegen der Gleichstellung mit den Geheimnissen können auch Einzelangaben iS des § 203 II 2 unter § 204 fallen, dies freilich nur, soweit sie durch die in § 203 II 1 genannten Personen verwertet werden (EEGStGB aaO); die Einschränkung des § 203 II 2 2. Halbsatz gilt für § 204 nicht (ebenso Träger aaO).

4   2. Voraussetzung ist ferner, daß der Täter **nach § 203 zur Geheimhaltung verpflichtet** ist, d. h., daß er zu dem dort genannten Personenkreis gehört und daß ihm das Geheimnis in seiner Eigenschaft als Angehöriger der fraglichen Berufsgruppe anvertraut worden oder sonst bekanntgeworden ist (vgl. § 203 RN 12 ff.). Auch eine Schweigepflicht nach § 203 III genügt, wobei im Fall des § 203 III 3 auch die Verwertung jedoch erst nach dem Tod des primär Verpflichteten strafbar ist.

5/6   3. Die Tathandlung besteht im **Verwerten** des Geheimnisses, d. h. in der eigenen wirtschaftlichen Nutzung des in dem Geheimnis verkörperten Werts zum Zweck der Gewinnerzielung, gleichgültig, ob dies zum eigenen oder fremden Vorteil geschieht (vgl. auch EEGStGB 244, Blei II 127, Gössel I 438, Jung NK 2, Lackner/Kühl 4, M-Maiwald I 289, Samson SK 2, Träger LK[10] 5, Tröndle 3, ferner zB RG **62** 206 zu § 17 II UWG, Bay NStZ **84**, 169 m. Anm. Maiwald zu § 355, Geilen, Aktienstrafrecht [s. § 203 RN 11] RN 55 zu § 404 AktG, Tiedemann, GmbH-Strafrecht [3. A. 1995] § 85 RN 15 mwN zu § 85 GmbHG). Nicht hierher gehört deshalb die Verwertung durch Offenbaren des Geheimnisses (zB Verkauf an Dritte), die bereits durch § 203 V erfaßt ist (vgl. EEGStGB aaO). Kein Verwerten iS des § 204 ist ferner die nichtwirtschaftliche Verwertung, zB zu politischen Zwecken (Tröndle 3) oder zum Zweck der Erpressung des Geheimnisträgers (Blei aaO; and. Geilen aaO RN 57, Rein VersR 76, 123), woraus zugleich folgt, daß für § 204 nur Geheimnisse in Betracht kommen, denen ein wirtschaftlicher Wert innewohnt (o. 3). Ein „Verwerten des Geheimnisses" ist aber auch noch nicht gleichbedeutend mit der wirtschaftlichen Ausnutzung der Kenntnis eines Geheimnisses, wie sie zB auch bei der nicht unter § 204 fallenden Verwertung sog. Insider-Informationen gegeben ist, so wenn ein Wirtschaftsprüfer seinen auf Grund einer Betriebsprüfung erlangten Informationsvorsprung zum An- oder Verkauf von Aktien des fraglichen Unternehmens in der Hoffnung auf einen Spekulationsgewinn benutzt (vgl. auch Jung NK 2, Träger LK[10] 6; und. Samson SK 2, Ulseimer NJW 75, 1999 und zu § 355 Bay NStZ **84**, 169 m. abl. Anm. Maiwald, zu § 404 II AktG Geilen aaO RN 63; vgl. auch Dingeldey, Insider-Handel und Strafrecht [1983] 33, Tiedemann aaO RN 17; erfaßt sind derartige Verhaltensweisen inzwischen jedoch durch den neugeschaffenen Straftatbestand des Insiderhandels gem. § 38 iVm § 14 WertpapierhandelsG v. 16. 7. 1994, BGBl. I 1794 u. jetzt idF v. 9. 9. 1998, BGBl. I 2708 [vgl. dazu Assmann ZGR 94, 494, Weber NJW 94, 2851 ff.]). Ein Verwerten des Geheimnisses liegt vielmehr erst vor, wenn der Täter die den Gegenstand des Geheimnisses bildenden wirtschaftlichen Nutzungsmöglichkeiten selbst in der Absicht realisiert, daraus unmittelbar und auf Kosten des – dadurch entsprechend „entreicherten" – Geheimnisträgers Gewinn zu ziehen (ebenso Jung NK 3, Tiedemann aaO RN 17, Träger aaO). Dabei ist allerdings erforderlich, daß die Handlung wenigstens geeignet ist, eine solche Vermögensverschiebung herbeizuführen; nicht notwendig ist dagegen die Gefahr einer völligen Entwertung des Geheimnisses für den Geheimnisträger (vgl. auch RG **63** 206) oder daß dieser tatsächlich einen Verlust erleidet. – *Beispiele:* Ein Verwerten liegt demnach etwa vor, wenn ein Patentanwalt das anzumeldende Patent seines Mandanten zur eigenen Produktion benutzt (zB Jung NK 4, Tröndle 3) oder wenn ein Wirtschaftsprüfer auf dem Kundenstamm seines Mandanten eine eigene Firma errichtet (Blei II 127). Kein Verwerten ist dagegen zB der Nachbau einer Erfindung lediglich für private Zwecke (zB für den eigenen Haushalt, aus Sammlerleidenschaft usw.), ferner der mit Rücksicht auf die zu erwartende Wertsteigerung vorgenommene Grundstückskauf eines Anwalts, der von den Planungsvorhaben der von ihm beratenen Gemeinde erfahren hat (vgl. dazu auch das Bsp. des Wirtschaftsprüfers o.).

7   4. Die Verwertung muß **unbefugt** sein, wofür Entsprechendes gilt wie bei § 203 (vgl. dort RN 21 ff.). Aus den dort genannten Gründen schließt auch hier das Einverständnis des Betroffen bereits die Tatbestandsmäßigkeit aus (ebenso Jung NK 5). Zur Person des Zustimmungsberechtigten vgl. § 203 RN 23. Handelt es sich um Drittgeheimnisse, so gilt auch hier, daß neben dem Dritten der Mandant usw. verfügungsberechtigt ist (daher keine Strafbarkeit nach § 204, wenn der Anwalt das ihm von einem Mandanten mitgeteilte Betriebsgeheimnis eines Dritten mit Zustimmung des ersteren verwertet, ein Ergebnis, das nur auf den ersten Blick befremdlich ist, weil § 204 nicht die unbefugte Verwertung fremder Geheimnisse als solche bestraft, sondern nur, wenn dadurch zugleich die Vertrauensbeziehung zwischen Mandant und Anwalt usw. verletzt wird, was hier jedoch nicht der Fall ist; auch sonst ist die Verwertung fremder Betriebs- und Geschäftsgeheimnisse, wenn nicht die zusätzlichen Voraussetzungen des § 17 II UWG erfüllt sind, nicht strafbar). § 34 dürfte hier keine praktische Bedeutung haben.

5. Für den **subjektiven Tatbestand** ist Vorsatz erforderlich. Da das Verwerten auf die wirtschaftliche Nutzung des Geheimnisses *gerichtet* sein muß, ist bedingter Vorsatz insoweit nicht denkbar (Träger LK[10] 9). Der hier erforderliche direkte Vorsatz liegt jedoch auch vor, wenn der Täter zum Zweck der wirtschaftlichen Ausnutzung handelt, dabei aber noch nicht sicher weiß, ob eine solche möglich oder lohnend ist (vgl. § 15 RN 67). Im übrigen genügt dagegen auch bedingter Vorsatz. 8

III. Durch die Verweisung in **Abs. 2** auf § 203 IV wird auch für den Bereich des § 204 klargestellt, daß der Schutz des Abs. 1 mit dem **Tod des Betroffenen** nicht endet (vgl. § 203 RN 70). Strafbar ist daher auch die nach diesem Zeitpunkt vorgenommene Verwertung. Da für § 204 nur Geheimnisse von wirtschaftlichem Wert in Betracht kommen, geht hier die Zustimmungsbefugnis (o. 7) auf die Erben des Geheimnisträgers über (vgl. § 203 RN 25; ebenso Jung NK 5); handelt es sich um ein Drittgeheimnis, so sind nach dem Tod des Mandanten usw. ausschließlich der Dritte bzw. dessen Erben zustimmungsbefugt (vgl. § 203 RN 25). 9

IV. **Vollendet** ist die Tat mit der Verwertung, d. h. mit Herbeiführung des Zustands, in dem eine Gewinnerzielung unmittelbar möglich erscheint. Nicht erforderlich ist dagegen, daß der Täter mit der weiteren Verwertung begonnen oder den erstrebten Vorteil (zB Umsatzsteigerung) tatsächlich erlangt hat (ebenso Träger LK[10] 7; Jung NK 2, Lackner/Kühl 2, SK-Samson 2; vgl. auch Godin/Wilhelmi, Komm. zum AktG [4. A.] § 404 Anm. 8). Vollendet ist die Tat daher zB nicht erst mit der Inbetriebnahme, sondern schon mit der erfolgreichen Herstellung der den Gegenstand des Geheimnisses bildenden Maschine (vgl. RG 40 408, 63 206, Träger LK[10] 10; zu eng RG 39 85). 10

V. **Täter** kann nur ein nach § 203 Schweigepflichtiger sein. Die Verwertung braucht zwar nicht eigenhändig zu erfolgen; läßt der Täter jedoch das Geheimnis durch einen Gehilfen für sich verwerten, so liegt idR nicht ein qualifiziertes Offenbaren nach § 203 V vor. Für Teilnehmer ist § 28 I ebensowenig anwendbar wie bei § 203 (vgl. dort RN 73, aber auch Herzberg GA 91, 179). 11

VI. **Idealkonkurrenz** ist möglich mit § 246. Mit § 17 II UWG ist wegen der unterschiedlichen Regelungsbereiche Idealkonkurrenz nur in seltenen Fällen möglich, so wenn der Täter den primär zur Geheimhaltung Verpflichteten zum Geheimnisverrat anstiftet und nach dessen Tod (§ 203 III 3) das Geheimnis verwertet. Geht dem Verwerten ein Offenbaren voraus oder erfolgt das Verwerten durch Offenbaren (zB Verkauf), so gilt ausschließlich § 203 V (ebenso Jung NK 6, Lackner/Kühl 6). Soweit für bestimmte Personengruppen, die zugleich unter § 204 fallen können, noch Sondervorschriften bestehen (zB § 355, § 333 II HGB, § 404 II AktG, § 151 II GenG: Prüfer und deren Gehilfen), dürften diese vorgehen (vgl. Träger LK[10] 12; wegen der teilweisen Übereinstimmung der Strafdrohung nur beschränkt von praktischer Bedeutung). 12

VII. Zum Erfordernis des **Strafantrags** vgl. § 205. 13

§ 205 Strafantrag

(1) **In den Fällen des § 201 Abs. 1 und 2 und der §§ 202 bis 204 wird die Tat nur auf Antrag verfolgt.**

(2) Stirbt der Verletzte, so geht das Antragsrecht nach § 77 Abs. 2 auf die Angehörigen über; dies gilt nicht in den Fällen des § 202 a. Gehört das Geheimnis nicht zum persönlichen Lebensbereich des Verletzten, so geht das Antragsrecht bei Straftaten nach den §§ 203 und 204 auf die Erben über. Offenbart oder verwertet der Täter in den Fällen der §§ 203 und 204 das Geheimnis nach dem Tod des Betroffenen, so gelten die Sätze 1 und 2 sinngemäß.

Vorbem. Abs. 2 S. 1 geändert durch das 2. WiKG v. 15. 5. 1986, BGBl. I 721.

I. Der **Strafantrag** (vgl. dazu §§ 77 ff. m. Anm.) ist nach **Abs. 1** mit Ausnahme der §§ 201 III, 206 bei allen Delikten des 15. Abschnitts **Prozeßvoraussetzung**. **Antragsberechtigt** ist – von den Fällen des Abs. 2 abgesehen – nur der **Verletzte** (§ 77 I); dem Dienstvorgesetzten steht bei Taten des Amtsträgers nach §§ 203, 204 kein Antragsrecht zu. Im einzelnen gilt folgendes: 1

1. Im Fall des § 201 ist Verletzter und damit antragsberechtigt nur der **Sprecher des nichtöffentlichen Worts,** nicht dagegen zB der Eigentümer der weitergegebenen Aufnahme oder ein sonst Betroffener (zB derjenige, um dessen Angelegenheit es in dem aufgenommenen Gespräch ging, auch wenn er an ihrer Geheimhaltung ein berechtigtes Interesse hat; ebenso Träger LK[10] 3). Wurde ein Gespräch mehrerer Personen aufgenommen oder abgehört, so kann jeder den Antrag selbständig stellen (§ 77 IV). 2

2. Im Fall des § 202 ist Verletzter der z. Z. der Tat **Verfügungsberechtigte** (RG GA Bd. 61, 339, RGZ 94 2, Jung NK 1, Lackner/Kühl 2, Samson SK 4, Tröndle 3), d. h. derjenige, der auf Grund 3

§ 205 4–10   Bes. Teil. Verletzung des persönl. Lebens- u. Geheimbereichs

seines Rechts am Inhalt des Schriftstücks über dessen Kenntnisnahme verfügen kann (vgl. dazu § 202 RN 8). Dies ist nicht notwendig der Eigentümer oder derjenige, der den Verschluß angebracht hat (and. Träger LK[10] 4; vgl. auch § 202 RN 8). Bei einem Brief ist bis zu dessen Zugang an den Adressaten der Absender antragsberechtigt (enger Samson SK 4), danach ausschließlich der Empfangsberechtigte, und zwar auch dann, wenn der Brief versehentlich oder auf Grund einer Täuschung einem Dritten zugestellt worden ist (vgl. RG GA Bd. **61**, 339, Helle JZ 90, 758, Träger aaO, Tröndle/Fischer aaO; vgl. auch KG LZ **16**, 1269). Derjenige, dessen Angelegenheiten das Schriftstück betrifft, ist nicht Verletzter, kann weder er noch ein anderer zugleich der Verfügungsberechtigte in dem o. genannten Sinne ist; das gleiche gilt für den Eigentümer des verschlossenen Behältnisses im Fall des § 202 II.

4   3. Entsprechendes gilt im Fall des **§ 202 a,** wo Verletzter der über die Daten formell Verfügungsberechtigte ist (vgl. dort RN 1, 6).

5   4. Umstritten ist, wer im Fall des **§ 203** Verletzter und damit **antragsberechtigt** ist (eine Folge der Meinungsverschiedenheiten über das Rechtsgut des § 203, vgl. dort RN 3). Teilweise wird angenommen, daß antragsberechtigt nur der Geheimnisträger sei (so zB Hackel NJW 69, 2259, 2277, Lackner/Kühl 2, Träger LK[10] 6, Tröndle 4); zT wird daneben auch der Anvertrauende als antragsberechtigt angesehen (zB M-Maiwald I 295, Samson SK 5, Welzel 37), während nach Jung NK 1 u. Kohlrausch/Lange § 300 Anm. IX nur dieser das Antragsrecht haben soll. Aus der hier vertretenen Auffassung, wonach Rechtsgut des § 203 primär die Vertrauensbeziehung zwischen Patient und Arzt usw. ist, daneben aber auch das Geheimnis selbst geschützt wird (vgl. § 203 RN 3), ergibt sich für die Antragsberechtigung folgendes: Handelt es sich um Geheimnisse des Patienten, Mandanten usw., so ist ausschließlich dieser antragsberechtigt. Dies gilt auch dann, wenn Anvertrauender ein Dritter ist, weil dieser weder unter dem Gesichtspunkt des auf das Arzt-Patientenverhältnis usw. beschränkten Vertrauensschutzes noch unter dem des Geheimnisschutzes der Verletzte ist (and. nur dann, wenn schon die Tatsache der Mitteilung für den Dritten ein Geheimnis darstellt und dieses zugleich mit der Offenbarung des Geheimnisses des Patienten usw. preisgegeben wird; vgl. auch § 203 RN 23). Hat dagegen der Patient usw. dem Arzt Drittgeheimnisse anvertraut, so ist antragsberechtigt sowohl der Patient als auch der Dritte, der erstere, weil er in seiner Vertrauensbeziehung zum Arzt betroffen ist, der letztere, weil er als Geheimnisträger Verletzter ist. Die Antragsberechtigung deckt sich hier deshalb mit der Verfügungsberechtigung (zu dieser vgl. § 203 RN 23; verkannt von Rogall NStZ 83, 414).

6   5. Entsprechendes wie bei § 203 gilt für die **Antragsberechtigung** im Fall des **§ 204**.

7   II. Ist der **Verletzte nach der Tat,** aber vor Antragstellung **gestorben,** so geht das Antragsrecht nach Abs. 2 S. 1, 2 grundsätzlich auf die **Angehörigen bzw. Erben** über. Ausgeschlossen ist der Übergang nach S. 1, 2. Halbs. jedoch im Fall des § 202 a, was nach BT-Drs. 10/5058 S. 29 der „vergleichbaren Regelung zu § 41 I Nr. 2 BDSG" (aF) entsprechen soll (krit. dazu Haft NStZ 87, 10). Ausgeschlossen ist der Übergang außerdem nach allgemeinen Regeln, wenn das Antragsrecht des Verletzten durch Fristablauf oder Verzicht erloschen ist (vgl. § 77 RN 31), ferner nach § 77 II 4, wenn die Verfolgung sonst dem erklärten Willen des Verletzten widerspricht (vgl. § 77 RN 12). Dies gilt auch für das Antragsrecht der Erben, da § 77 II 4, der dem Wortlaut nach nur den Übergang auf Angehörige ausschließt, hier entsprechend anzuwenden ist. Im einzelnen gilt folgendes:

8   1. Nach **S. 1** geht das Antragsrecht in der Reihenfolge des § 77 II grundsätzlich auf die dort genannten **Angehörigen** des Verletzten über (vgl. § 77 RN 12). Zur Frage, wer Verletzter iS der §§ 201–204 ist, o. 3 ff.

9   2. Ausnahmsweise werden nach **S. 2** bei Taten nach **§§ 203, 204** nicht die Angehörigen – jedenfalls nicht als solche –, sondern die **Erben** antragsberechtigt, wenn das offenbarte bzw. verwertete **Geheimnis nicht zum persönlichen Lebensbereich** des Verletzten **gehört.** Handelt es sich um eine Erbengemeinschaft, so ist trotz der gesamthänderischen Verbundenheit jeder Miterbe für sich antragsberechtigt. Dies folgt zwar nicht schon aus § 77 IV, der mehrere Antragsberechtigte voraussetzt, ergibt sich aber daraus, daß hier nichts anderes gelten kann als bei der erst nach dem Tod des ursprünglichen Geheimnisträgers begangenen Geheimnisverletzung (Abs. 3 S. 3), bei der jeder der Miterben als Verletzter und damit als Antragsberechtigter anzusehen wäre (u. 14).

10   a) Mit den **Geheimnissen, die nicht zum persönlichen Lebensbereich gehören,** können, wie auch die Bezugnahme der Gesetzesbegründung (EEGStGB 243) auf § 300 RN 28 der 16. Aufl. dieses Kommentars zeigt, nur solche gemeint sein, die selbst einen **Vermögenswert** verkörpern (zB Betriebs- und Geschäftsgeheimnisse; vgl. auch Jung NK 2, Gössel I 438, Lackner/Kühl 4, Träger LK[10] 7, Tröndle 5) oder die sich jedenfalls als dessen Annex auf einen noch vorhandenen und deshalb mit diesem vererblichen Vermögensgegenstand beziehen (zB Anlagebeteiligung eines Privatmanns). Denn nur bei Geheimnissen, die vererblich sind – was ihre Zugehörigkeit zum Vermögen voraussetzt (§ 1922 BGB) –, erscheint es sinnvoll, auch das Antragsrecht abweichend von der Regel des S. 1 auf die Erben übergehen zu lassen. Dagegen besteht kein sachlich begründeter Anlaß, das Antragsrecht abweichend von S. 1 nicht auf die Angehörigen, sondern auf die Erben (u. U. also auch auf den Fiskus!) übergehen zu lassen, wenn etwa der Patient seinem Arzt Geheimnisse anvertraut hatte, die sein dienstliches oder politisches Wirken betrafen. Obwohl nach dem Wortsinn auch „nicht zum persönlichen Lebensbereich gehören" (vgl. § 203 RN 10), muß es hier bei dem Grundsatz des S. 1 bleiben. Dies bedeutet daher, daß auch der Begriff des „zum persönlichen Lebensbereich gehörenden Geheimnisses" – entgegen der mißglückten Gesetzesterminologie (vgl. auch Tröndle § 203 RN 3) –

alle Geheimnisse umfassen muß, die nicht in dem genannten Sinn vermögensbezogen sind. Eine andere Frage ist es, ob die Regelung des S. 2 ohne weiteres mit dem sonst geltenden Grundsatz zu vereinbaren ist, daß bei der Verletzung materieller Güter das Antragsrecht nicht vererblich ist (vgl. § 77 RN 13), was zB dazu führt, daß die Erben zwar antragsberechtigt sind, wenn die den Gegenstand eines Geheimnisses bildende Maschine durch einen Geheimnisverrat wertlos geworden ist, nicht aber, wenn der Täter die Maschine zerstört hat (§ 303).

b) Eine weitere Einschränkung ist notwendig bei **Drittgeheimnissen,** wenn man davon ausgeht, daß hier sowohl der anvertrauende Mandant usw. als auch der Dritte antragsberechtigt ist (o. 5). Hier kann Abs. 2 S. 2 nur für den Todesfall des Dritten (Geheimnisträger) gelten. Stirbt dagegen zB der Mandant, der seinem Anwalt das Betriebsgeheimnis eines Dritten offenbart hat, so muß es bei der Regel des S. 1 bleiben, da das in der Person des Mandanten enttäuschte Vertrauen völlig unabhängig davon ist, ob das anvertraute Geheimnis einen Vermögenswert verkörpert oder nicht. **11**

III. Wird in den Fällen der §§ 203, 204 die **Tat nach dem Tod des Betroffenen begangen,** so gilt nach **Abs. 2 S. 3** die Regelung des Abs. 2 S. 1, 2 entsprechend. Dies bedeutet im einzelnen: **12**

1. Grundsätzlich sind antragsberechtigt in der Reihenfolge des § 77 II die **Angehörigen** des Verletzten (daß das Gesetz hier vom „Betroffenen" spricht, bedeutet keinen sachlichen Unterschied), bei Drittgeheimnissen also sowohl die Angehörigen des Patienten usw., wenn dieser gestorben ist, als auch die Angehörigen des verstorbenen Geheimnisträgers (o. 5). Daß die Angehörigen hier antragsberechtigt sind, steht nicht im Widerspruch dazu, daß diese über das Geheimnis selbst grundsätzlich nicht verfügen können (vgl. § 203 RN 25). **13**

2. Handelt es sich um ein Geheimnis, das **nicht zum persönlichen Lebensbereich** gehört, so sind antragsberechtigt die **Erben.** Ebenso wie S. 2 kann aber auch S. 3 nur für Geheimnisse in dem o. 10 genannten Sinn gelten. Bei sonstigen Geheimnissen gibt es für ein von der Regel des S. 3 iVm S. 1 abweichendes Antragsrecht der Erben ebensowenig einen einleuchtenden Grund wie im Fall des S. 1. In dieser Beschränkung auf vermögenswerte Geheimnisse enthält S. 3 dann freilich eine Selbstverständlichkeit, da Geheimnisse dieser Art mit dem Tod des ursprünglichen Geheimnisträgers als Teil des Nachlasses ohnehin auf die Erben übergehen, diese hier also selbst unmittelbar die Verletzten sind. Allerdings gilt dies nur, wenn sie zZ der Tat noch die Geheimnisträger sind; haben die Erben das Geheimnis (zB ein Betriebsgeheimnis) vorher weiterveräußert, sind sie nicht mehr sie, sondern der Erwerber antragsberechtigt. Bei Drittgeheimnissen gilt die entsprechende Einschränkung wie bei S. 2 (o. 11); antragsberechtigt sind hier die Erben nur, wenn die Tat nach dem Tod des Geheimnisträgers begangen wird. Bei einer Erbengemeinschaft ist trotz der gesamthänderischen Verbundenheit jeder der Miterben als Verletzter und damit – auch ohne Mitwirkung der übrigen – als antragsberechtigt anzusehen. **14**

§ 206 Verletzung des Post- oder Fernmeldegeheimnisses

(1) **Wer unbefugt einer anderen Person eine Mitteilung über Tatsachen macht, die dem Post- oder Fernmeldegeheimnis unterliegen und die ihm als Inhaber oder Beschäftigtem eines Unternehmens bekanntgeworden sind, das geschäftsmäßig Post- oder Telekommunikationsdienste erbringt, wird mit Freiheitsstrafe bis zu fünf Jahren oder mit Geldstrafe bestraft.**

(2) **Ebenso wird bestraft, wer als Inhaber oder Beschäftigter eines in Absatz 1 bezeichneten Unternehmens unbefugt**

1. **eine Sendung, die einem solchen Unternehmen zur Übermittlung anvertraut worden und verschlossen ist, öffnet oder sich von ihrem Inhalt ohne Öffnung des Verschlusses unter Anwendung technischer Mittel Kenntnis verschafft,**
2. **eine einem solchen Unternehmen zur Übermittlung anvertraute Sendung unterdrückt oder**
3. **eine der in Absatz 1 oder in Nummer 1 oder 2 bezeichneten Handlungen gestattet oder fördert.**

(3) **Die Absätze 1 und 2 gelten auch für Personen, die**

1. **Aufgaben der Aufsicht über ein in Absatz 1 bezeichnetes Unternehmen wahrnehmen,**
2. **von einem solchen Unternehmen oder mit dessen Ermächtigung mit dem Erbringen von Post- oder Telekommunikationsdiensten betraut sind oder**
3. **mit der Herstellung einer dem Betrieb eines solchen Unternehmens dienenden Anlage oder mit Arbeiten daran betraut sind.**

(4) **Wer unbefugt einer anderen Person eine Mitteilung über Tatsachen macht, die ihm als außerhalb des Post- oder Telekommunikationsbereichs tätigem Amtsträger auf Grund eines befugten oder unbefugten Eingriffs in das Post- oder Fernmeldegeheimnis bekanntgeworden sind, wird mit Freiheitsstrafe bis zu zwei Jahren oder mit Geldstrafe bestraft.**

(5) **Dem Postgeheimnis unterliegen die näheren Umstände des Postverkehrs bestimmter Personen sowie der Inhalt von Postsendungen. Dem Fernmeldegeheimnis unterliegen der Inhalt der Telekommunikation und ihre näheren Umstände, insbesondere die Tatsache,**

§ 206 1, 2   Bes. Teil. Verletzung des persönl. Lebens- u. Geheimbereichs

ob jemand an einem Telekommunikationsvorgang beteiligt ist oder war. Das **Fernmeldegeheimnis erstreckt sich auch auf die näheren Umstände erfolgloser Verbindungsversuche.**

Vorbem. Als Nachfolgevorschrift des bisherigen § 354 eingefügt durch Art. 2 XIII Nr. 6 BegleitG zum TelekommunikationsG v. 17. 12. 1997, BGBl. 3108 (s. u. 1). Ergänzend vgl. das PostG v. 22. 12. 1997, BGBl. I 3294, das TelekommunikationsG – TKG – v. 25. 7. 1996, BGBl. 1120, ÄndG v. 17. 12. 1997 BGBl. I 3108, die Postdienstunternehmen-DatenschutzVO – PDSV – v. 4. 11. 1996, BGBl. I 1636, die Telekommunikationsdienstunternehmen-DatenschutzVO – TDSV – v. 12. 7. 1996, BGBl. I 982 u. dazu jetzt den TDSV-E der Bundesregierung v. 17. 5. 2000. – Aus den Gesetzesmaterialien vgl. BT-Drs. 13/ 8016, 13/8453, 13/8776.

1   **I.** Mit dem neuen, an die Stelle des bisherigen § 354 tretenden § 206 (s. Vorbem.) wurden für das Strafrecht die Konsequenzen aus der weitreichenden **Umstrukturierung** des **bisherigen Post- u. Fernmeldewesens** gezogen, die, beginnend mit der Postreform I von 1989 in mehreren Abschnitten vollzogen, gekennzeichnet ist durch die Aufgliederung der früheren Deutschen Bundespost in die Teilbank Post, Postbank und Telekommunikation, die Privatisierung dieser Unternehmen durch ihre Umwandlung in Aktiengesellschaften und die Liberalisierung des Post- u. Telekommunikationsmarktes durch die Zulassung von privaten Wettbewerbern (vgl. näher zu diesen Reformen zB Pfefferman in: Badura u.a. [Hrsg.], Beck'scher PostG-Kommentar, 2000 [künftig: BK-PostG], Einf. S. 26ff., Stern ebd. § 39 RN 3ff., Schuster in: Büchner u. a. [Hrsg.], Beck'scher TKG-Kommentar 1997 [künftig: BK-TKG], § 1 RN 17ff., Welp, Lenckner-FS 620ff.). Mit der inzwischen durch die entsprechenden Reformgesetze erfolgten Umsetzung des Art. 87 f II GG, wonach die Dienstleistungen des Postwesens und der Telekommunikation als privatwirtschaftliche Tätigkeiten zu erbringen sind, war, von wenigen Ausnahmen abgesehen (Aufsichtstätigkeiten innerhalb der verbliebenen Hoheitsverwaltung des Bundes im Post- u. Telekommunikationsbereich sowie Abs. 4), der bisherigen Zuordnung der Verletzung des Post- u. Fernmeldegeheimnisses zu den Straftaten im Amt jegliche Grundlage entzogen. Eingefügt wurde das Nachfolgevorschrift durch das BegleitG (vgl. Vorbem.) deshalb in den 15. Abschnitt „Verletzung des persönlichen Lebens- u. Geheimbereichs" (zur Ungenauigkeit der Überschrift, die auch im vorliegenden Zusammenhang offensichtlich ist, vgl. 2 vor § 201), dies unter Beibehaltung der Offizialdelikteigenschaft der Tat und deshalb im Anschluß an § 205 (vgl. BT-Drs. 13/8016 S. 29, aber auch Welp, Lenckner-FS 629 FN 44). Inhaltlich brachte der neue § 206 vor allem Änderungen bei der Bestimmung des Täterkreises, der als Folge der Postreformen an die Verhältnisse des liberalisierten Marktes für Post- u. Telekommunikationsdienstleistungen anzupassen war. Aktualisiert wurden ferner, anknüpfend an die §§ 39 I E PostG, 85 I TKG, die Definitionen der Begriffe „Postgeheimnis" und „Fernmeldegeheimnis" in Abs. 5 (vgl. BT-Drs. 13/ 8016 aaO u. dort auch zur Ersetzung des bisherigen „und" durch „oder"), die § 39 I EPostG (jetzt § 39 I PostG) bzw. § 89 I TKG nachgebildet sind. Beseitigt wurden schließlich Strafbarkeitslücken und ähnliche Mängel, die sich bei dem bisherigen § 354 in Abs. 3 S. 2 (Beschränkung auf Taten nach Abs. 1) und in Abs. 4 (Beschränkung auf „befugte" Eingriffe) ergeben hatten (vgl. dazu die 25. A. § 354 RN 31, 34 u. BT-Drs. 13/8016 aaO sowie u. 30, 34).

2   Das **Rechtsgut** der Vorschrift ist ebenso wie schon bei dem früheren § 354 durch unterschiedliche Aspekte gekennzeichnet. Dem Schutz des Post- und Fernmeldegeheimnisses (vgl. Art. 10 GG, § 39 PostG, § 85 TKG [s. Vorbem.]) dienen zunächst Abs. 1 u. Abs. 5 – hier allerdings nur mit Einschränkungen (vgl. u. 15, 17) – und die an diese anknüpfenden Erweiterungen des Täterkreises in Abs. 2 Nr. 3, Abs. 3; dasselbe gilt für Abs. 4, der den Schutz des Post- und Fernmeldegeheimnisses über den Post- u. Telekommunikationsbereich hinaus erstreckt. Anders als bei dem Briefgeheimnis des § 202 geht es bei dem Post- und Fernmeldegeheimnis des § 206 ebenso wie schon in § 354 aF jedoch nicht nur um ein Individualrechtsgut – Schutz des Interesses der im Einzelfall am Post- und Fernmeldeverkehr Beteiligten daran, daß dem Post- oder Fernmeldeweg anvertraute Informationen nicht zur Kenntnis Dritter gelangen –, vielmehr wird hier zugleich das Vertrauen der Allgemeinheit in die Sicherheit und Zuverlässigkeit des Post- und Telekommunikationsverkehrs geschützt (vgl. Lackner/Kühl 1, Otto II 131, Tröndle 1 u. zu § 354 aF RG JW **28**, 662, Hoyer SK § 354 RN 1, Schäfer LG[10] § 354 RN 4 u. näher Welp, Die strafrechtliche Überwachung des Post- und Fernmeldeverkehrs [1974] 38 f., 163). Am Bestehen eines solchen weiteren Rechtsguts hat auch die Privatisierung des Post- u. Fernmeldewesens nichts geändert (so aber jetzt Welp, Lenckner-FS 626ff.: nur noch Individualinteressenschutz), gilt hier insofern doch nichts anderes als bei § 203 (vgl. dort RN 3): Ohne das genannte Vertrauen in die bereichsspezifische Integrität des Post- und Telekommunikationswesens könnten die fraglichen Dienste nicht ihre im Interesse der Allgemeinheit liegenden Aufgaben erfüllen. Dieser weitere Aspekt stellt zugleich den Sachzusammenhang mit den Tatbeständen des Abs. 2 Nr. 1, 2 und den entsprechenden Erweiterungen in Abs. 2 Nr. 3, Abs. 3 her, wo es nicht (Abs. 2 Nr. 2) oder nur zT (Abs. 2 Nr. 1; s. o.) um das Post- und Fernmeldegeheimnis geht: Geschützt wird hier neben dem Individualinteresse des Betroffenen an dem ordnungsgemäßen Umgang mit dem fraglichen Gegenstand gleichfalls das öffentliche Vertrauen in die Sicherheit und Zuverlässigkeit des Post- und Fernmeldeverkehrs. In diesem Allgemeininteresse an der Zuverlässigkeit des Post- und Fernmeldebetriebs haben deshalb die verschiedenen Tatbestände des § 206 auch ihr gemeinsames Rechtsgut.

Verletzung des Post- oder Fernmeldegeheimnisses   3–6   § 206

II. Abs. 1 erfaßt das **Mitteilen** von dem **Post- oder Fernmeldegeheimnis unterliegenden** **Tatsachen** an andere, begangen durch den **Inhaber** oder **Beschäftigte** eines **Unternehmens,** das geschäftsmäßig **Post- oder Telekommunikationsdienste erbringt;** über die Erweiterung des Täterkreises durch Abs. 2 Nr. 3, Abs. 3 vgl. u. 21 ff., 27 ff. 3

1. Voraussetzung ist zunächst, daß es sich um **Tatsachen** handelt, die dem **Post- oder Fernmeldegeheimnis unterliegen** und die dem **Täter als Inhaber oder Beschäftigten** eines geschäftsmäßig Post- oder Telekommunikationsdienste erbringenden Unternehmens **bekanntgeworden** sind. 4

a) Gegenstand der Mitteilung können nur **Tatsachen** sein, wobei sich eine Abgrenzung von bloßen Urteilen (vgl. § 186 RN 3 f., § 263 RN 8 f.) hier deshalb erübrigt, weil auch die Weitergabe eines Urteils idR zugleich eine Aussage darüber enthält, daß zwischen bestimmten Personen ein Post- oder Fernmeldeverkehr stattgefunden hat, was als Tatsachenmitteilung ausreicht (u. 6). Nicht erforderlich ist, daß es sich bei diesen Tatsachen materiell um Privat- oder Dienstgeheimnisse handelt. 5

b) Die Tatsache muß dem **Post- oder Fernmeldegeheimnis** unterliegen. Welche Tatsachen dies sind, bestimmt **Abs. 5** (vgl. dazu auch o. 1), wobei dessen mit § 39 I PostG übereinstimmender **S. 1** die sachlich-gegenständliche Reichweite des **Postgeheimnisses** umschreibt (and. noch § 354 V aF). Geschützt sind danach zunächst die *näheren Umstände des Postverkehrs* bestimmter Personen, zu denen alle mit dem spezifischen Postverkehr in unmittelbarem Zusammenhang stehenden Verbindungsdaten gehören, die nicht den anschließend genannten Inhalt der Postsendung selbst betreffen: zB Name und Anschrift des Absenders und Empfängers, Ort und Zeit der Aufgabe einer Sendung, Art und Weise der Inanspruchnahme der Dienstleistung, aber auch, ob überhaupt und wie viele Postsendungen jemand erhalten oder abgesandt hat (vgl. Stern BK-PostG [o. 1] § 39 RN 10 mwN). Ausgenommen sind nach der ratio legis jedoch offenkundige Tatsachen, soweit sie keine Rückschlüsse auf die postalische Nutzung zulassen (vgl. Stern aaO. dort auch zur Anschrift einer Person u. zu weiteren Einzelfragen). Was den persönlichen Geltungsbereich betrifft, so wird durch § 39 I PostG ausdrücklich klargestellt, daß er sowohl auf der Absender- wie auf der Empfängerseite neben natürlichen auch juristische Personen – also auch solche des öffentlichen Rechts – umfaßt; bei nicht rechtsfähigen Personenvereinigungen sind es die hinter ihnen stehenden natürlichen Personen, die geschützt sind (vgl. BR-Drs. 147/97 S. 45). In zeitlicher Hinsicht umfaßt der Postverkehr die von der Post beherrschte Übermittlungsphase, beginnend also mit der Einlieferung der Sendung bei der Post und endend mit der Ablieferung beim Empfänger (vgl. auch Sternberg-Lieben Jura 95, 302, Welp NStZ 94, 295). – Dem Postgeheimnis unterliegt nach Abs. 5 S. 1 ferner der *Inhalt von Postsendungen*. Was Postsendungen sind, ergibt sich aus der Legaldefinition des § 4 Nr. 5 iVm Nr. 1, 2 PostG (Briefsendungen usw.; zu den Divergenzen in Abs. 2 bei Paketen mit über 20 kg Einzelgewicht vgl. u. 17). Im Unterschied zum früheren Recht können dies auch unverschlossene Sendungen sein, vgl. zB BVerwG NVwZ **98**, 1084 mwN, Stern aaO RN 14; zum Tatbestand des Abs. 2 Nr. 1 vgl. jedoch u. 18). Was den Inhalt selbst betrifft, so kann dieser außer Mitteilungen, Anfragen und sonstigen gedanklichen Äußerungen zB auch in einer reinen Warensendung bestehen (Stern aaO). Unerheblich ist die äußere Ordnungsgemäßheit der Sendung (vgl. Stern aaO). Unter den Schutz des Postgeheimnisses fallen auch sog. Fangbriefe (vgl. BVerwG aaO), nicht geschützt sind aber lediglich den Inhalt betreffende Tatsachen, die allgemeinkundig sind (zB Nachrichten aus einer verschickten Zeitung, Schilderung der Wetterverhältnisse auf einer Postkarte). – Die das **Fernmeldegeheimnis** betreffenden **S. 2, 3** sind § 85 I TKG nachgebildet, was in S. 2 auch den Unterschied zu S. 1 in der Reihenfolge der beiden Alternativen erklärt, der, weil in keinem Zusammenhang mit der inhaltlichen Reichweite beider Geheimnisse stehend, in der Sache jedoch ohne Bedeutung ist (vgl. BT-Drs. 13/8016 S. 30). Im Unterschied zum früheren Recht kommt es nach dem TKG nicht mehr darauf an, ob eine Fernmeldeanlage für den öffentlichen Verkehr bestimmt ist, womit sich die nach der Auffächerung im Bereich der Telekommunikation immer schwieriger gewordene Abgrenzung zwischen im öffentlichen und nicht-öffentlichen Verkehr für geschlossene Benutzergruppen erbrachten Übertragungsdienstleistungen erledigt hat (vgl. dazu Wuermeling/Felixberger CR 97, 234, ferner Büchner BK-TKG [o. 1], § 89 RN 5, 8 u. ebenso jetzt die dem BRat zur Genehmigung vorliegende TDSV; zu der zZ noch geltenden TDSV [s. Vorbem.] vgl. dort § 1 I 2). Geschützt sind hier alle tatsächlichen Teilnehmer am Fernmeldeverkehr, also nicht nur die berechtigten Inhaber entsprechender Anschlüsse und Anlagen (vgl. OVG Münster NJW **75**, 1335). Ebenso unterliegen dem Fernmeldegeheimnis auch Vorgänge, bei denen schon die besonderen Möglichkeiten des Fernmeldewesens zu strafbaren oder sonst rechtswidrigen Zwecken mißbraucht werden (vgl. BVerfGE **85** 397, ferner zB Sternberg-Lieben Jura 1995, 300 mwN). Nicht unter die Vorschrift fallen dagegen die „dialogisch" organisierten Dienste (Kompatibilitäts-, Verarbeitungsdienste usw.) im Verhältnis der Beteiligten untereinander, da es in § 206 ebenso wie beim Postgeheimnis auch beim Fernmeldegeheimnis nur um den Schutz des Nachrichtenverkehrs mit anderen und den besonderen Gefahren der Übermittlung durch Dritte gehen kann und nicht um den Schutz vor Indiskretionen durch den Kommunikationspartner (näher dazu Welp, Lenckner-FS 637 ff.; vgl. auch Lackner/Kühl 13). Im übrigen gilt für S. 2, 3 im einzelnen folgendes: Geschützt wird durch S. 2 zunächst der *Inhalt der Telekommunikation,* d. h. nach der Begriffsbestimmung des § 3 Nr. 16 TKG der Inhalt des technischen Vorgangs des Aussendens, Übermittels und Empfangens von Nachrichten jeglicher Art in der Form von Zeichen, Sprache, Bildern und Tönen mittels Telekommunikationsanlagen, wobei diese in Gestalt bestimmter Einrichtungen oder Systeme in § 3 Nr. 17 näher umschrieben sind. Erfaßt ist damit der Inhalt jeder Art individueller Nachrichten- 6 übermittlung, neben dem klassischen Fernsprechen und Fernschreiben also auch die modernen Telekommunikationsdienstleistungen wie Telefax, E-mail usw. (vgl. Büchner BK-TKG [o. 1] § 85 RN 2). Nicht hierher gehören dagegen Kommunikationsvorgänge, die für die Öffentlichkeit bestimmt sind (Büchner aaO), ferner gilt für offen- bzw. allgemeinkundige Tatsachen Entsprechendes wie beim Postgeheimnis (s. o.). – Entsprechend S. 1. 1. Alt. unterliegen dem Fernmeldegeheimnis nach S. 2 ferner die *näheren Umstände der Telekommunikation,* wobei besonders hervorgehoben wird, ob jemand an einen Telekommunikationsvorgang beteiligt ist oder war. Geschützt sind damit insbesondere die Verbindungsdaten eines Telekommunikationsvorgangs, d. h. wer, wann, von wo, auf welche Weise, wie lange und wie oft mit wem und wohin kommuniziert hat (vgl. dazu zB auch schon BVerfGE **67** 172, **85**, 396, OVG Bremen CR **94**, 702, Karlsruhe NStZ **92**, 401, Saarbrücken NStZ **91**, 386). Dabei genügt schon das bloße Anwählen (zB BGH **31** 297, **35** 33) – nur von klarstellender Bedeutung ist deshalb auch S. 3, wonach das Fernmeldegeheimnis auch die näheren Umstände erfolgloser Verbindungsversuche umfaßt –, und ebenso geschützt sind bei einer Mobiltelefonanlage die technisch bedingten Positionsmeldungen nicht telefonierender Mobiltelefone (vgl. LG Dortmund NStZ **98**, 577, LG Ravensburg NStZ-RR **99**, 84, Kalf in: Erbs/Kohlhaas, TKG § 85 RN 4). Obwohl in S. 2 i. U. zu S. 1 nicht von der Telekommunikation „zwischen bestimmten Personen" gesprochen wird, gehören auch bei S. 2, 3 nicht hierher jedoch solche Umstände, bei denen es wie zB beim Umfang des Fernmeldeverkehrs einer Stadt oder bei anderen lediglich für statistische Zwecke erhobenen Daten nicht um einen konkreten Kommunikationsvorgang und die daran Beteiligten geht (vgl. auch Lackner/Kühl 13 u. zu § 354 aF EEGStGB 287).

7 c) Weitere und zugleich den Täterkreis des Abs. 1 (zu dessen Erweiterung durch Abs. 3 vgl. u. 27 ff.) bestimmende Tatbestandsvoraussetzung ist, daß dem Täter die dem Post- bzw. Fernmeldegeheimnis unterliegende Tatsache **als Inhaber** oder **Beschäftigtem** eines geschäftsmäßig Post- oder Telekommunikationsdienste erbringenden **Unternehmens bekannt** geworden ist. Während § 354 I aF sich hier noch auf die „Bediensteten der Post" beschränken konnte, trägt § 206 I damit nunmehr den Verhältnissen eines durch die Postreformen liberalisierten Marktes für Post- u. Telekommunikationsdienstleistungen Rechnung.

8 α) Der **Personenkreis des Abs. 1** – Inhaber und Beschäftigte eines Unternehmens, das geschäftsmäßig Post- oder Telekommunikationsdienste erbringt – ist nach BT-Drs. 13/8016 S. 29 deckungsgleich mit den gem. §§ 39 II PostG, 85 II TKG zur Wahrung des Post- bzw. Fernmeldegeheimnisses verpflichteten Personen, die geschäftsmäßig Post- bzw. Telekommunikationsdienste erbringen oder daran mitwirken, wobei der Begriff des „geschäftsmäßigen Erbringens" durch die Legaldefinitionen der §§ 4 Nr. 4 PostG, 3 Nr. 5 TKG als das „nachhaltige Erbringen" bzw. „nachhaltige Angebot" der bereichsspezifischen Dienste „mit oder ohne Gewinnerzielungsabsicht" – und damit nicht notwendig iS von gewerblich – bestimmt wird. Entgegen der Gesetzesbegründung besteht eine solche Deckungsgleichheit zwischen § 206 und den Regelungen des PostG u. TKG jedoch nur eingeschränkt, da Abs. 1 an das Bestehen eines *Unternehmens* anknüpft, was schon dem Wortsinn nach über die bereits mit der Dauerhaftigkeit der Dienstleistung und einem gewissen Mindestumfang an Geschäftsvorgängen gegebene Nachhaltigkeit hinaus zusätzlich noch weiteres voraussetzt, insbes. eine gewisse betriebliche Verfestigung der Funktionswahrnehmung, ein Mindestmaß organisatorischer Strukturen und – worauf auch der Begriff „Inhaber" hindeutet – einen von der Funktionswahrnehmung isolierbaren Bestand an Betriebsmitteln (vgl. Welp, Lenckner-FS 632 f.). Probleme ergeben sich ferner bei Nebenstellenanlagen im Telekommunikationsbereich, die von Abs. 1 nur dann ohne weiteres erfaßt sind, wenn sie von einem Unternehmen betrieben werden (zB von einem Betrieb für die private Nutzung durch Betriebsangehörige, von einem Hotel für Hotelgäste). Divergenzen bestehen hier aber, wenn es sich um Behörden und andere öffentliche Stellen handelt und die sich nur ausräumen lassen, sofern es möglich ist, die Behörde usw. insoweit als ein Unternehmen anzusehen (zu § 85 II TKG vgl. Büchner BK-TKG [o. 1] § 85 RN 4, Kalf in: Erbs/Kohlhaas, TKG § 85 RN 8 u. zu Nebenstellenanlagen im Eigen- u. Fremdbetrieb auch Wuermeling/Felixberger CR 97, 231 f.). – *Inhaber* eines solchen sind nicht nur – dies stünde in eindeutigem Widerspruch zum Gesetzeswortlaut („geschäftsmäßig" statt „gewerbsmäßig") – natürliche Personen in ihrer Eigenschaft als Träger einzelkaufmännischer Unternehmen oder als (Mit-)Eigner von Personenhandels- oder Kapitalgesellschaften (zumindest mißverst. daher BT-Drs. 13/8016 S. 29, Tröndle 2), sondern jeder, der allein oder mit anderen aus eigenem Recht über die sachlichen und personellen Betriebsmittel verfügen und über die Funktionswahrnehmung auf dem Gebiet des Post- oder Telekommunikationswesens entscheiden kann (so Welp aaO 632 f.). *Beschäftigte* sind alle in einem privatrechtlichen oder (auslaufenden) öffentlich-rechtlichen Dienstverhältnis stehenden Mitarbeiter (vgl. BT-Drs. 18/8016, Lackner/Kühl 3; zu Einschränkungen vgl. aber auch u. 9). Gleichgültig ist, ob es sich dabei um Voll- oder nur Teilzeitbeschäftigte handelt. Im Unterschied zum bloßen „Mitwirken" in §§ 39 II PostG, 85 II TKG für Abs. 1 nicht genügend sind jedoch nur sporadische Tätigkeiten, auch dürften mit dem Begriff des Beschäftigten nur entgeltliche Beschäftigungsverhältnisse gemeint sein (vgl. Welp aaO 633), wobei hier dann aber bei unentgeltlichen Dienstleistungen die Deckungsgleichheit mit dem PostG u. TKG über Abs. 3 Nr. 2 (Betrautsein mit dem Erbringen von Postdiensten usw.) hergestellt wird.

9 β) Die dem Post- oder Fernmeldegeheimnis unterliegende Tatsache muß dem Täter in bestimmten Eigenschaften, nämlich **als Inhaber** bzw. **Beschäftigtem** in dem o. 8 genannten Sinn **bekanntge-**

worden sein. Keine Probleme dürften sich hier bei den Inhabern ergeben: Was sie in dieser Eigenschaft an geheim zu haltenden Tatsachen erfahren, ist ihnen immer auch als Inhaber bekannt geworden, bei mehreren Inhabern eines Unternehmens mit unterschiedlichen Kompetenzbereichen unabhängig von der innerdienstlichen Zuständigkeit. Dagegen sind bei den Beschäftigten dieselben Einschränkungen zu machen wie schon bei § 354 aF, wo dies unter Hinweis auf das Rechtsgut der Wendung „als Bediensteter der Post" entnommen wurde (vgl. hier die 25. A. RN 7, ferner zB Hoyer SK 8, Schäfer LK[10] 6): Voraussetzung ist danach, daß die Tätigkeit des Beschäftigten die Kenntnis der fraglichen Tatsache mit sich bringt oder daß deren Bekanntwerden jedenfalls in einem funktionalen Zusammenhang zu den von ihm zu erbringenden Verrichtungen steht. Ein solcher ist schon dann anzunehmen, wenn der Täter eine post- oder telekommunikationsspezifische Tätigkeit ausübt und diese ihm die Möglichkeit der Kenntnisnahme gibt, ohne daß er dabei besondere Hindernisse überwinden muß, wozu zB auch der mit der Reparatur einer Fernmeldeanlage betraute Fernmeldetechniker oder der im Postdienst tätigen Mitarbeiter des Betriebssicherungsdienstes gehören (näher zu diesen Welp ArchPT 94, 33 ff.). Entscheidend ist damit letztlich die besondere Sachnähe, die zugleich das besondere Vertrauen in die Diskretion des Bediensteten notwendig macht. An dieser fehlt es zB bei dem nur mit Reinigungsarbeiten beauftragten Postarbeiter, der zur Versendung bereitliegende Postkarten liest (ebenso Hoyer SK § 354 RN 6) oder bei dem Portier eines Telekommunikationsunternehmens, der im Vorübergehen aus der offenen Tür eines Sitzungszimmers von Fernmeldegeheimnissen hört, aber auch bei dem mit spezifisch post- oder telekommunikationsdienstlichen Verrichtungen betrauten Beschäftigten, wenn er die Kenntnis erst nach Überwindung besonderer Sicherungsvorrichtungen (zB Aufbrechen eines Schreibtisches) erlangt (ebenso Schäfer LK[10] § 354 RN 6). Nicht erforderlich ist dagegen, daß der Täter selbst mit der Sache dienstlich befaßt ist; fällt sie in den Aufgabenbereich eines anderen, so genügt es, wenn sie ihm im Zusammenhang mit seinem Dienst bekannt wird (so zB bei einem dienstlichem Anlaß geführten Gespräch, gleichgültig, ob die Mitteilung der fraglichen Tatsache durch den anderen zulässig ist oder nicht; and. bei reinen Privatgesprächen). Auch ist der erforderliche innere Zusammenhang zwischen der Tätigkeit und dem Bekanntwerden nicht deshalb ausgeschlossen, weil der Beschäftigte die Kenntnis unbefugt (vgl. Tröndle 8) oder durch Überschreitung seiner innerdienstlichen Kompetenzen erlangt hat. Hat er dagegen von der fraglichen Tatsache schon vorher außerdienstlich Kenntnis bekommen, so ist sie ihm nicht erst als Beschäftigtem eines Postdienstunternehmens usw. bekanntgeworden, auch wenn er sie in dieser Eigenschaft noch einmal erfährt (vgl. auch Lackner/Kühl 7, Schäfer LK[10] § 354 RN 8, Tröndle 8). Jedoch ist ihm auch hier jede zusätzliche Mitteilung, die sich nicht mehr als bloße Bekanntgabe seiner außerdienstlichen Information darstellt, untersagt (vgl. auch Karl JuS 92, 68). – Für Inhaber und Beschäftigte gemeinsam gilt, daß allein das Bekanntwerden der fraglichen Tatsache in der betreffenden Eigenschaft erfolgt sein muß; gibt er danach seiner Inhaberschaft oder seine Beschäftigung auf oder macht er die Mitteilung sonst als Privater (zB am Stammtisch), so steht dies seiner Täterschaft deshalb nicht entgegen (zur fortbestehenden Geheimhaltungspflicht im ersten Fall vgl. auch § 39 II 2 PostG, § 85 II 2 TKG).

2. Die Tathandlung besteht in der **Mitteilung** einer dem Postgeheimnis usw. unterliegenden Tatsache **an einen anderen.** Dafür genügt jede schriftliche, mündliche oder sonstige Bekanntgabe, wobei der Empfänger nicht notwendig außerhalb des Post- oder Fernmeldedienstes stehen muß. Auch Mitteilungen unter den Bediensteten selbst können den Tatbestand erfüllen; idR werden sie jedoch entweder befugterweise erfolgen (u. 12 ff.) oder aber schon keine Verletzung des Post- und Fernmeldegeheimnisses enthalten. Letzteres ist der Fall, wenn im gewöhnlichen Geschäftsgang – insbes. auf Grund organisatorischer Arbeitsteilung oder technisch bedingt, zB bei der Telegrammübermittlung – verschiedene Personen nacheinander mit der Sache befaßt sind. Der Arbeitsverbund schafft hier nicht erst eine besondere Befugnis zur Weitergabe (u. 13), vielmehr nimmt die bei der normalen Abwicklung des Postdienstes erforderliche Weitergabe dieser schon den Charakter des Mitteilens iS des § 206 (zu § 39 III 1 PostG – Entsprechendes würde für § 85 III 1 TKG gelten – vgl. iE auch Stern BK-PostG [o. 1] § 39 RN 25: Einschränkung beim Schutz der Vertraulichkeit von Postsendungen); jedenfalls aber wäre hier ein tatbestandsanschließendes Einverständnis des Benutzers (u. 11) anzunehmen. Nach dem Gesetzeswortlaut genügt nur das Mitteilen solcher Tatsachen, die *dem Täter selbst bekannt* sind. Geschieht die Mitteilung jedoch auf andere Weise als durch mündliche Weitergabe, so muß auch hier eine am Gesetzeszweck orientierte „berichtigende" Auslegung dahin möglich sein, daß es genügt, wenn der Täter im Bewußtsein, daß es sich um ein Postgeheimnis usw. handelt, dem Dritten den Gegenstand zugänglich macht, der die fragliche Tatsache enthält, auch wenn er den Inhalt selbst nicht kennt (zB der Briefträger überläßt einem Dritten den Inhalt der Posttasche, damit dieser die darin liegenden Postkarten lesen kann; vgl. auch Lackner/Kühl 7, Schäfer LK[10] § 354 RN 16 u. näher Welp, Lenckner-FS 636 f.; and. Hoyer SK § 354 RN 18). Abs. 2 Nr. 3 ist hier nicht anwendbar (u. 22). – Abs. 1 kann auch durch **Unterlassen** verwirklicht werden, wenn es der Bedienstete pflichtwidrig geschehen läßt, daß sich andere Kenntnis von der dem Post- oder Fernmeldegeheimnis unterfallenden Tatsache verschaffen (ebenso Schäfer LK[10] § 354 RN 17). Voraussetzung für seine Garantenstellung (vgl. § 13) ist dabei, daß er selbst mit der fraglichen Angelegenheit befaßt ist oder daß sie sonst in seinen Verantwortungsbereich fällt. Strafbar ist danach zB der Briefträger, der es geschehen läßt, daß ein Dritter die in der Posttasche enthaltene Post durchsieht (dazu, daß der Briefträger selbst von dem Inhalt im einzelnen keine Kenntnis zu haben braucht, vgl. o.).

§ 206 11–13   Bes. Teil. Verletzung des persönl. Lebens- u. Geheimbereichs

11   4. Das Mitteilen muß **unbefugt** sein, was der Fall ist, wenn es ohne Einwilligung des Betroffenen erfolgt und kein Recht zur Mitteilung an den Dritten besteht. Dabei hat das Merkmal „unbefugt" die gleiche Doppelfunktion wie in § 203 (vgl. dort RN 21) und § 355 (vgl. dort RN 19): Die Einwilligung schließt als „Einverständnis" (vgl. 30 vor § 32) bereits die Tatbestandsmäßigkeit aus, da hier das Vertrauen der Allgemeinheit in die Wahrung des Post- bzw. Fernmeldegeheimnisses nicht mehr berührt wird (vgl. entsprechend § 203 RN 22 u. ebenso Büchner BK-PostG [o. 1] § 85 RN 18; and. Hoyer SK § 354 RN 32); im übrigen handelt es sich dagegen um das allgemeine Deliktsmerkmal der Rechtswidrigkeit, die nur bei Vorliegen eines besonderen Rechtfertigungsgrunds entfällt.

12   a) Eine **Einwilligung** (Einverständnis, s. o. 11) ist von Bedeutung, wenn und soweit sie *von allen* an dem konkreten Post- und Fernmeldeverkehr Beteiligten erteilt wird (zB BVerfGE **85** 386, 399 m. Bspr. bzw. Anm. Sachs JuS 92, 960, Schatzneider NJW 93, 2029, Schlosser NJW 92, 3275 u. Gusy JZ 92, 1018, OVG Bremen CR 94, 703, Amelung, Dünnebier-FS 494, StV **85**, 260, ders./ Pauli MDR 80, 801, Gusy JuS 86, 95, Hoyer SK § 354 RN 32, Lisken NJW 94, 2069, Nelles, Stree/ Wessels-FS 730, Sternberg-Lieben Jura 95, 300 f.; vgl. auch Saarbrücken NStZ **91**, 386 m. Anm. Krehl, Bär, Der Zugriff auf Computerdaten im Strafverfahren [1992], 339 f.; and. bisher jedoch die h. M., vgl. Bay **74** 30 u. d. Nachw. b. Amelung/Pauli aaO FN 2, Schäfer LK[10] § 354 RN 57 FN 6). Daß es im Verhältnis der Partner zueinander kein Post- und Fernmeldegeheimnis gibt (so die h. M.), ist zwar richtig – dies auch wenn der Anrufer Beschäftigter eines Telekommunikationsdienstunternehmens ist (vgl. den Fall LG Stuttgart StV **91**, 13 m. Anm. Walther) –, besagt aber nur, daß zB der Fernsprechteilnehmer über die von ihm geführten Gespräche ohne Einwilligung des anderen jederzeit Dritten berichten kann; daß der eine mit Wirkung für den anderen auch gegenüber dem Telekommunikationsdienstunternehmen auf die Wahrung des Fernmeldegeheimnisses verzichten kann, folgt daraus jedoch nicht, da dem Recht eine Verfügungsbefugnis über Grundrechtspositionen Dritter fremd ist. Auch die Einrichtung einer sog. Fangschaltung oder Zählervergleichseinrichtung zur Feststellung des Urhebers beleidigender usw. Anrufe und Auskünfte hierüber sind deshalb nicht schon durch eine entsprechende Ermächtigung des beleidigten Anschlußinhabers gedeckt (zB BVerfG aaO; and. Bay aaO), sondern bedürfen einer gesetzlichen Grundlage (vgl. dazu u. 13). Ebensowenig darf das Unternehmen dem Anschlußinhaber ohne weiteres Auskunft über den von seinem Apparat aus von einem Dritten geführten Fernsprechverkehr erteilen (vgl. OVG Münster NJW **75**, 1355 m. Anm. Meyn S. 2358). Wenn dagegen – bei § 206 allerdings nur für Abs. 4 (u. 32 ff.) von Bedeutung – das mit Zustimmung des einen Fernsprechteilnehmers ohne Wissen des anderen Zweithörer erfolgende heimliche Mithören durch einen Polizeibeamten unter dem Gesichtspunkt des Fernmeldegeheimnisses (zu § 201 vgl. dort RN 19) zulässig ist (vgl. zB BGH **39** 335 m. Bspr. Sternberg-Lieben Jura 95, 299, Tietje MDR 94, 1078 u. Anm. Welp NStZ 94, 294, Hamm NStZ **88**, 515 m. Anm. Amelung, Krehl StV 88, 376, Rudolphi SK-StPO § 100 a RN 9), so nicht wegen des Einverständnisses, sondern weil die – wenn auch zeitgleiche – Wahrnehmung auf der Empfängerseite außerhalb der Herrschaftssphäre des Telekommunikationsdienstunternehmens erfolgt und der gegenständliche Schutzbereich des Fernmeldegeheimnisses damit verlassen ist (vgl. Sternberg-Lieben aaO 302, Welp aaO 295; vgl. auch o. 6). Im übrigen gelten für die Wirksamkeit des Einverständnisses die Regeln zur rechtfertigenden Einwilligung (35 ff. vor § 32) grundsätzlich entsprechend (zu § 203 vgl. dort RN 24 ff., 52). Die Verweisung in § 3 I TDSV bzw. § 2 I PDSV (s. Vorbem.) auf das BDSG und damit auch auf die dort nach § 4 II 2 grundsätzlich erforderliche Schriftform ist strafrechtlich mit denselben Einschränkungen zu verstehen wie zB bei § 203 (vgl. dort RN 24 a, 52 sowie 43 vor § 32).

13   b) Eine **Befugnis** zur Mitteilung **iS eines Rechtfertigungsgrundes** besteht, wenn das Post- oder Telekommunikationsunternehmen auf der Grundlage **besonderer Gesetze** von sich aus oder auf Verlangen zu Anzeigen, Mitteilungen, zur Aushändigung von Sendungen usw. **verpflichtet** oder **berechtigt** ist (dazu daß betriebsbedingte Weitergaben innerhalb eines Unternehmens schon kein Mitteilen sind, vgl. o. 10). Für beide Bereiche sehen hier jetzt § 39 III 3 PostG und § 85 III 3 TKG eine generelle Begrenzung in der Weise vor, daß die Weitergabe an andere nur zulässig ist, soweit diese Gesetze oder eine andere gesetzliche Vorschrift dies vorsehen und sich dabei ausdrücklich auf Postsendungen oder Postverkehr bzw. auf Telekommunikationsvorgänge beziehen. Zu den eine **Mitteilungspflicht** begründenden gesetzlichen Bestimmungen, die *sowohl den Post- wie den Telekommunikationsbereich* betreffen, gehört danach zunächst der in § 39 III 4 PostG und § 85 III 4 TKG mit dem ausdrücklichen Hinweis auf den Vorrang der Anzeigepflicht eigens genannte *§ 138*. Hierher gehört ferner für beide Bereiche *§ 1 II Ges. zu Art. 10 GG* v. 13. 8. 1968 (BGBl. I 949; letztes ÄndG v. 17. 6. 1999, BGBl. I 1334: Auskünfte auf Grund entsprechender Anordnungen über die näheren Umstände des Post- u. Fernmeldeverkehrs und Aushändigung von Sendungen an Verfassungsschutzbehörden usw. zur Abwehr drohender Gefahren für die freiheitliche demokratische Grundordnung oder den Bestand oder die Sicherheit des Bundes usw.). Entsprechend und damit gleichfalls für beide Bereiche gilt § 1 II Ges. zu Art. 10 GG nach *§ 39 V AWG* (letztes ÄndG v. 22. 12. 1999, BGBl. I: Befristung bis 31. 12. 02) auch im Außenwirtschaftsrecht, dort für Auskünfte usw. an das Zollkriminalamt zur Verhütung von Straftaten nach dem AWG oder dem Kriegswaffenkontrollg); zur technischen Umsetzung usw. – u. a. auch zu dem vom Betreiber bereitzustellenden Informationen – vgl. für beide Vorschriften die Fernmelde-ÜberwachungsVO v. 18. 5. 1995, BGBl. I 722. Eine gesetzliche Ermächtigung, Auskünfte über den beschlagnahmefähigen Post- und Fernmeldeverkehr (Telegramme!) zu verlangen, enthält schließlich auch *§ 99 StPO*, weil ein solches mit einer entsprechenden

Pflicht verbundenes Auskunftsrecht als ein minus gegenüber der Beschlagnahmebefugnis in dieser mitenthalten ist (vgl. zugleich zum Inhalt u. den Grenzen dieser Pflicht mit entsprechenden Konsequenzen für die Aussagepflicht eines Bediensteten als Zeuge zB Kurth NStZ 83, 541, Nack KK § 99 RN 10, Rudolphi SK-StPO § 99 RN 17 ff., G. Schäfer LR § 99 RN 38 ff. mwN, § 84 RiStBV; dazu, daß § 161 StPO hier keine Grundlage für eine Auskunftspflicht ist, vgl. zB K/Meyer-Goßner § 99 RN 13, Rudolphi aaO RN 16 mwN). – Hinzu kommen weitere, jeweils *nur den Post- oder Telekommunikationsbereich* betreffende Vorschriften: Speziell beim *Postgeheimnis* ergeben sich entsprechende Pflichten insbes. aus *§ 42 I 2 PostG* (Auskünfte an Regulierungsbehörde im Rahmen der Überwachung der Einhaltung des Postgeheimnisses), *§ 3 Ges. zur Überwachung strafrechtlicher u. a. Verbringungsverbote* v. 24. 5. 1961 (BGBl. I 607, letztes ÄndG v. 14. 9. 1994, BGBl. I 2325: Vorlage von Sendungen, deren Einfuhr oder Verbreitung aus Gründen des Staatsschutzes verboten ist, an zuständige Zolldienststellen) und *§ 5 ZollVerwG* (Art. 1 Ges. v. 21. 12. 1992, BGBl. I 2125 u. ÄndG v. 27. 12. 1993, BGBl. I 2378: Vorlagepflicht gegenüber der zuständigen Zollstelle bei Postsendungen, bei denen hinreichende Anhaltspunkte für eine verbotene Ein-, Ausfuhr usw. bestehen; zum Zollkodex der EG vgl. Stern BK-PostG [o. 1] § 39 RN 47), ferner – hier mit einer privaten Interessen dienenden Pflicht – aus *§ 99 InsO* (Zuleitung der für den Schuldner bestimmten Postsendungen an den Insolvenzverwalter auf Anordnung des Insolvenzgerichts). – Im *Telekommunikationsbereich* schließen die §§ *100 a, 100 l III StPO* entsprechend wie § 99 StPO (s. o.) als Eingriff von geringerer Intensität gleichfalls ein entsprechendes Recht auf Erteilung von Auskünften ein, dies aber nur für den nach der Anordnung stattfindender Telekommunikationsverkehr (vgl. Rudolphi SK-StPO § 100 a RN 8, Welp NStZ 94, 213). Für vorausgegangene Telekommunikationsvorgänge können derzeit noch gem. dem durch § 99 I Nr. 2 TKG neugefaßten und durch Art. 4 Ges. v. 20. 12. 1999, BGBl. I 2491 ergänzten und in seiner Geltungsdauer bis zum Ablauf des 31. 12. 2001 verlängerten *§ 12 FAG* unter den dort genannten Voraussetzungen Auskünfte verlangt werden (zu § 12 FAG vgl. zB auch BGH NStZ **98**, 92). Eine Auskunftspflicht besteht ferner zB hinsichtlich ankommender Verbindungen unter den weiteren in *§ 8 TDSV* (s. Vorbem., in der dem BRat zur Zustimmung vorliegenden Neufassung § 10; vgl. auch § 89 II Nr. 3 lit. b TKG) genannten Voraussetzungen, wenn ein Kunde in einem zu dokumentierenden Verfahren schlüssig vorträgt, daß bei seinem Anschluß wiederholt drohende oder belästigende Anrufe ankommen (vgl. näher dazu Büchner in: Büchner BK-TKG [o. 1] § 89 RN 28, § 8 TDSV RN 1 f.; zur Vorgeschichte u. hier insbes. zu BVerfGE **85** 386 m. Bspr. u. Anm. wie o. 12 vgl. die 25. A. § 354 RN 13; dazu, daß bei solchen sog. Fangschaltungen nicht schon die Ermächtigung durch den betroffenen Anschlußinhaber als solche eine hinreichende Rechtsgrundlage ist, vgl. o. 12 u. zum früheren Meinungsstand im übrigen näher Schäfer LK[10] § 354 RN 60 ff.). – Spezielle gesetzliche **Befugnisse** ergeben sich für das *Postwesen* aus *§ 39 V PostG*, wenn die Mitteilung erforderlich ist zur außergerichtlichen (Anwalt!) oder gerichtlichen Geltendmachung eines im Zusammenhang mit dem Erbringen von Postdienstleistungen gegen den betreffenden Kunden entstandenen Anspruchs (Erfüllungsanspruch aus dem Postbeförderungsvertrag, u. U. auch Schadens- u. Aufwendungsersatz; vgl. Stern aaO RN 64 f.), und dasselbe gilt für Mitteilungen, die erforderlich sind, um die Verfolgung von beim Postverkehr zum Schaden eines Postunternehmens begangenen Straftaten zu ermöglichen. Täter solcher Taten können sowohl Beschäftigte des Unternehmens wie außenstehende Dritte sein, wobei mit dem Erfordernis einer Begehung „beim Postverkehr" jedoch immer ein Bezug der Tat zur betrieblichen Abwicklung von Postdienstleistungen bestehen muß, weshalb Delikte, bei denen die Post lediglich zur Beförderung von Sendungen strafbaren Inhalts (zB beleidigender Brief, Falschgeldpaket) eingeschaltet wird, von vornherein ausscheiden. Was die weitere Voraussetzung eines „Schadens" betrifft, so müssen dafür auch Nachteile genügen, die wie bei Taten nach § 201 oder des § 206 selbst in einem Verlust an Vertrauenswürdigkeit von Postunternehmen gegenüber ihren Kunden im Umgang mit den ihnen anvertrauten Postsendungen bestehen (vgl. dazu u. näher zum Ganzen Stern aaO RN 66 ff.). – Speziell im *Telekommunikationsbereich* enthält nunmehr die *TDSV* (s. Vorbem.) eine Regelung für Fälle dieser und anderer Art, darunter Vorschriften über die Übermittlung von Verbindungsdaten zur Ermittlung des Entgelts (§ 6; vgl. dazu auch Bremen CR **94**, 700 m. Anm. Walz CR 95, 52 u. Marschang S. 53) und über die Befugnisse bei Störungen und beim Mißbrauch von Telekommunikationseinrichtungen und Telekommunikationsdienstleistungen (§ 7).

Keine Grundlage mehr für eine Mitteilungsbefugnis sind dagegen, die mutmaßliche Einwilligung **14** ausgenommen (s. u.), die **allgemeinen Rechtfertigungsgründe** (zum Fernmeldegeheimnis vgl. dazu schon die 25. A., § 354 RN 14), weil es sich bei diesen nicht, wie in § 39 III 3 PostG, § 85 III 3 TKG ausdrücklich zur Voraussetzung gemacht, um Vorschriften handelt, die sich ausdrücklich auf Postsendungen oder Postverkehr bzw. auf Telekommunikationsvorgänge beziehen. Von Bedeutung ist dies zwar nicht für § 32, weil eine *Notwehr(hilfe)* auch dann ausscheidet, wenn der Post- oder Fernmeldeverkehr das Mittel eines schon bzw. noch gegenwärtigen Angriffs ist (vgl. dazu die 25. A. aaO). Wohl aber ist mit den genannten Regelungen im PostG und TKG die früher vielfach angenommene und jetzt nur noch für „Altfälle" bedeutsame Möglichkeit eines Ausweichens auf den *Notstand* des § 34 entfallen (zum früheren Meinungsstand u. zu den Einzelheiten vgl. die 25. A. aaO). Nicht mehr möglich ist damit – rechtspolitisch überaus fragwürdig – eine Benachrichtigung der Polizei, wenn Beschäftigte eines Post- oder Telekommunikationsdienstunternehmens im Rahmen ihrer Tätigkeit vom Vorhaben einer im Katalog des § 138 (vgl. o. 13) nicht genannten, gleichwohl jedoch gravierenden Straftat erfahren, zB von einem groß angelegten Rauschgifthandel, von einem drohenden Kindesmißbrauch durch einen „Kinderporno"-Hersteller oder – Beisp. b. Schäfer LK[10] § 354 RN 55 – von einer für andere mit der Gefahr Leib und Leben verbundenen Tat nach § 330 a. – Nicht in diesen Zusammenhang gehört jedoch die *mutmaßliche Einwilligung*, weil es bei den zusätzlichen Anforderungen der §§ 39 III 3 PostG, 85 III 3 TKG nur um den besonderen Schutz des Betroffenen in Fällen eines zu seinen Lasten nach dem Prinzip des überwiegenden Interesses entschiedenen Interessenkonflikts geht, während die mutmaßliche Einwilligung ein auf dem Prinzip des mangelnden Interesse beruhender Rechtfertigungsgrund ist (vgl. 54 vor § 32). Eine solche ist hier daher nach wie vor möglich (ebenso Büchner in: Büchner BK-TKG [o. 1] § 85 RN 18), dies entsprechend der Einwilligung (o. 12) aber nur, wenn sie bei mehreren Betroffenen für alle anzunehmen ist.

15 III. **Abs. 2** schützt die einem Unternehmen iS des Abs. 1 anvertrauten Sendungen vor **Ausforschung** (Nr. 1) und **Unterdrückung** (Nr. 2), wobei Nr. 1 sachlich in den Zusammenhang von Abs. 1 gehört, weil sich die Tat auch hier, wenngleich mit Einschränkungen, im wesentlichen gegen das Postgeheimnis richtet (vgl. u. 17), während bei Nr. 2 ein solcher Bezug fehlt und wo Schutzziel deshalb nur noch das Vertrauen in die Sicherheit und Zuverlässigkeit des Post- u. Fernmeldeverkehrs sein kann (krit. zur Beibehaltung dieser Alt. Welp, Lenckner-FS 643 f.). Nr. 3 erfaßt zusätzlich das **Gestatten** und **Fördern** der in Abs. 1 und Abs. 2 Nr. 1 und 2 genannten Handlungen. Auch Abs. 2 nennt als Täter lediglich **Inhaber** und **Beschäftigte** der in Abs. 1 genannten Unternehmen (o. 8); eine Erweiterung des Täterkreises erfolgt jedoch durch Abs. 3 (u. 27 ff.).

16 1. Nach **Nr. 1** ist strafbar das unbefugte (dazu u. 26) **Öffnen** von einem Untenehmen iS des Abs. 1 anvertrauten **verschlossenen Sendungen** sowie die unbefugte **Kenntnisverschaffung** ohne **Öffnung des Verschlusses** unter **Anwendung technischer Mittel** durch Inhaber oder Beschäftigte eines solchen Unternehmens.

17 a) Tatobjekt ist eine den Unternehmen iS des Abs. 1 (o. 8) zur Übermittlung **anvertraute, verschlossene Sendung**. Da verschlossene *Sendungen* nur solche mit körperlichen Gegenständen sein können (zB Briefe, Pakete usw.; vgl. Lackner/Kühl 8, Welp, Lenckner-FS 639 u. zu § 354 aF zB Hamm NJW **80**, 2320, Hoyer SK § 354 RN[10] 22), nicht aber die unkörperliche, in § 3 Nr. 16 TKG umschriebene Telekommunikation – also auch nicht bei verschlüsselten Sendungen –, ist der Tatbestand der Nr. 1 für den Telekommunikationsbereich (zu Nr. 2 vgl. u. 20) allenfalls am Rande von Bedeutung (bei Telegrammen denkbar bei der physischen und bereits verschlossenen Ausfertigung der zu übermittelnden Mitteilung, während die postalische Beförderung von der Ausgabestelle zum Empfänger eine Postdienstleistung iS des § 4 Nr. 1 a PostG ist; vgl. Herdegen BK-PostG [o. 1] § 4 RN 9). Anderseits ist der Begriff der Sendung aber auch nicht gleichbedeutend mit der Postsendung in § 4 Nr. 5 iVm Nr. 1 PostG, weshalb Pakete mit einem Einzelgewicht von mehr als 20 kg zwar Gegenstand einer Sendung iS der Nr. 1, nicht aber einer Postsendung gem. § 4 Nr. 4 iVm Nr. 1 b PostG sein können und die damit auch nicht dem Postgeheimnis unterfallen (vgl. § 39 I PostG); Voraussetzung für die Anwendbarkeit der Nr. 1 bleibt hier dann aber, daß diese Art dieser Dienste vom einem Unternehmen erbracht werden, das zugleich Postdienstunternehmen iS des Abs. 1 ist (vgl. näher dazu u. krit. zu diesen Divergenzen u. zur Einbeziehung von Paketen überhaupt Welp aaO 639 ff.). – Zum Merkmal des *Verschlossenseins* vgl. § 202 RN 7; kein Verschluß ist zB die Warenbeutelklammer eines Musterbeutels (Stuttgart NStZ **84**, 25, BVerwG NJW **84**, 2111). Der Verschluß braucht nicht vom Absender zu stammen, kann auch von Postbediensteten angebracht worden sein (zB bei Telegrammen, Wiederverschließen nach Beschädigung des ursprünglichen Verschlusses, vgl. Schäfer LK[10] § 354 RN 22). *Anvertraut* ist die Sendung einem Postdienstunternehmen vom ordnungsgemäßen Gelangen in den Postverkehr – nicht erforderlich dafür ist die Annahme oder sonstige Bearbeitung durch die Post, vielmehr genügt bereits das Einwerfen in den Briefkasten (RG **22** 395, **28** 100) – bis zur Ablieferung an den Empfänger oder der Rückgabe an den Absender (vgl. RG **54** 228, Hamm NJW **80**, 2320, Schäfer LK[10] § 354 RN 23 f.). Anvertraut sind dem Postdienstunternehmen auch die dem Briefträger wegen unrichtiger Zustellung zurückgegebenen Sendungen (RG **36** 267), ferner eigene Sendungen solcher Unternehmen (zB Gebührenanmahnungen, RG DR **39**, 924 m. Anm. Richter) einschließlich der zur Feststellung der Zuverlässigkeit bzw. zur Entlarvung von verdächtigen Postbediensteten in den Postverkehr gebrachten sog. Fangbriefe (RG **65** 146, **69** 271, Schäfer aaO, Tröndle 12; and. Hoyer SK § 354 RN 20, doch ändert eine nur insgeheim erteilte Einwilligung des Absenders [Post] in die Öffnung nichts daran, daß hier nach wie vor das allgemeine Vertrauen in die Zuverlässigkeit des Postverkehrs verletzt wird). Wird einem Postboten eine Sendung zur Aufgabe bei der Post übergeben, so ist diese der Post nur anvertraut, wenn er zur Annahme dienstlich beauftragt und befugt ist (RG **51** 115); daß die Sendung lediglich dem Täter anvertraut ist, genügt nicht.

18 b) Die Tathandlung besteht im **Öffnen** – d. h. der Beseitigung des Verschlusses derart, daß der Zugang zum Inhalt ohne wesentliche Hindernisse möglich ist (vgl. RG **20** 376 u.im übrigen § 202 RN 9) – oder im **Sichverschaffen der Kenntnis** ohne Öffnung des Verschlusses unter **Anwendung technischer Mittel**. Ein bloßes Abtasten genügt mithin nicht, ebensowenig ein Kenntnisverschaffen auf andere Weise, zB durch Aushorchen eines anderen Bediensteten. Da in Nr. 1 i. U. zu § 202 I Nr. 2 nicht nur der Inhalt von Schriftstücken, sondern von Sendungen jeder Art (zB auch Pakete) gegen ein Ausspähen geschützt ist, muß hier auch das „Sich-Kenntnis-Verschaffen" durch Anwendung technischer Mittel gegenüber § 202 (vgl. dort RN 10 f.) in dem weiteren Sinne verstanden werden, daß eine äußerliche Wahrnehmung des Inhalts im Rahmen der durch das technische Mittel gegebenen Möglichkeiten genügt (vgl. Schäfer LK[10] § 354 RN 26, Tröndle 14 u. näher Maiwald JuS 77, 361; and. Lachner/Kühl 9).

c) Der Täter muß **als Inhaber** oder **Beschäftigter** eines Unternehmens iS des Abs. 1 (s. o. 8) **19** handeln, was der Fall ist, wenn das Öffnen usw. noch in einem inneren Zusammenhang mit der Inhaberstellung bzw. der dienstlichen Tätigkeit des Beschäftigten steht (vgl. auch o. 9). Nicht erforderlich dafür ist der Gewahrsam oder Mitgewahrsam an dem fraglichen Gegenstand (vgl. OGH **1** 255 zu § 354 idF bis zum EGStGB). Wohl aber müssen Beschäftigte als Täter mit bereichsspezifischen Verrichtungen betraut sein, die ihnen ohne Überwindung zusätzlicher Hindernisse (zB Aufbrechen einer Tür) den Zugriff auf die Sendung ermöglichen (zB durch Zutritt zu bestimmten Räumen). Nicht hierher gehört deshalb der Postarbeiter, der nur mit Reinigungsarbeiten beschäftigt ist und bei dieser Gelegenheit Pakete öffnet; wird er freilich gelegentlich oder aushilfsweise auch zu postdienstlichen Verrichtungen herangezogen, so kann er insoweit auch Täter sein (and. zu § 354 aF noch BGH NJW **53**, 1153 wegen der in diesem Fall verneinten Beamteneigenschaft). Hat der Täter dagegen eine spezifische postalische Tätigkeit auszuüben, so ist es gleichgültig, ob diese mehr oder weniger mechanischer Art ist; Täter kann daher auch der mit mechanischen Sortier- oder Beförderungsaufgaben betraute Postfacharbeiter sein, ferner der Kraftwagenfahrer, der Pakete von Postamt zu Postamt befördert (Schäfer LK[10] § 354 RN 6; zu § 354 idF bis zum EGStGB vgl. Bremen HESt. **2** 66, KG HESt. **2** 68).

2. Nach **Nr. 2** ist strafbar das unbefugte (dazu u. 26) **Unterdrücken** einer einem Unternehmen iS **20** des Abs. 1 zur Übermittlung **anvertrauten Sendung** durch Inhaber oder Beschäftigte eines solchen Unternehmens (zum geschützten Rechtsgut vgl. o. 15, 1). Da die Sendung hier i. U. zu Nr. 1 auch unverschlossen sein kann, ist der Begriff der Sendung in Nr. 2 nicht auf körperliche Gegenstände beschränkt (vgl. dazu o. 17 einschließlich der dort genannten Pakete mit einem Einzelgewicht von mehr als 20 kg), sondern umfaßt auch die unkörperlichen Sendungen über den technischen Vorgang des Aussendens, Übermittelns usw. von Nachrichten in der Form von Zeichen, Sprache, Bildern oder Tönen mittels Telekommunikationsanlagen (s. § 3 Nr. 16 TKG). Unterdrückt ist eine Sendung im *Postbereich,* wenn der fragliche Gegenstand dem ordnungsgemäßen Postverkehr entzogen wird (RG **1** 115, **52** 249, **72** 197, BGH **19** 32), und zwar auch dann, wenn der Gewahrsam des Postunternehmens bestehen bleibt (zB Verstecken innerhalb des Sortierraums, vgl. RG DRZ **27** Nr. 961, Hamm NJW **80**, 2320). Heimliches Vorgehen ist nicht erforderlich, weshalb eine Sendung auch durch offenes Liegenlassen am Arbeitsplatz unterdrückt werden kann (Köln NJW **87**, 2596). Ein nur vorübergehendes Entziehen genügt, zB vorübergehendes Verstecken eines Briefes, um diesen nicht sofort, sondern erst am anderen Morgen zustellen zu müssen (vgl. RG **28** 100, **52** 249, **72** 194, Celle MDR **57**, 565, Hamm NJW **80**, 2320 [zeitweiliges Zurückhalten des Empfängerabschnitts bei einer Nachnahmeüberweisung], KG JR **77**, 426, Köln NJW **87**, 2596). Zu weitgehend ist es jedoch, wenn nach der h. M. nicht einmal eine Verzögerung der Zustellung erforderlich sein soll (RG **28** 100 [Überlassen eines Briefes an einen anderen auch nur für die Dauer einer Viertelstunde], RG JW **35**, 2970, Schäfer LK[10] § 354 RN 30, Tröndle 15; vgl. auch Köln aaO, Hoyer SK § 354 RN 24). Auch untergeordnete Verstöße gegen Vorschriften rein innerdienstlichen Charakters sind kein Unterdrücken, selbst wenn sie Verzögerungen auf dem Postweg verursachen (zB unzulässiger Gaststättenbesuch während des Austragens; vgl. RG JW **36**, 513, Celle MDR **57**, 565, Köln NJW **87**, 2596, Arzt/Weber V 161, Lackner/Kühl 10, Schäfer LK[10] § 354 RN 32); es genügt deshalb auch nicht, wenn ein Postbediensteter Sendungen an sich nimmt und zustellt, ohne daß er ihm zugeschrieben oder zugeteilt waren (RG **73** 236). Dagegen liegt ein Unterdrücken und nicht nur ein rein innerdienstlicher Verstoß vor, wenn der Bedienstete Nachnahmesendungen ohne Bezahlung des Nachnahmebetrags an den Empfänger aushändigt (RG **71** 330, Hoyer SK § 354 RN 24, Schäfer aaO, Tröndle 15; and. Welzel 558): Da hier die Sendung gerade nicht an den richtigen Adressaten gelangt – die Post ist vielmehr für diese Fällen zur Rücksendung an den Absender verpflichtet –, wird in diesen Fällen auch das Vertrauen sowohl des Absenders als auch der Allgemeinheit in die Zuverlässigkeit des Postverkehrs beeinträchtigt, wenn die Post ihre über die reine Beförderung hinausgehende Pflicht verletzt, dem Absender das Versandgut solange zu erhalten, bis die Zahlung des Nachnahmebetrags gewährleistet ist. Nach dem Sinn der Vorschrift muß es auch genügen, wenn nur ein Teil der Sendung dem Postverkehr entzogen wird (zB Wegnahme einzelner Gegenstände aus einem Paket; and. RG **57** 8 [mit dem begriffsjuristischen Argument, ein Teil des Inhalts eines Pakets sei nicht das Paket selbst], Tröndle 15; wie hier weitgehend Hoyer aaO, M-Schroeder II [7. A.] 279, Schäfer aaO 33); auch mit dem Wortlaut der Vorschrift ist dies zu vereinbaren, wenn unter „Unterdrücken" auch das teilweise Unterdrücken einer Sendung verstanden wird. – Im *Telekommunikationsbereich* gilt zunächst Entsprechendes, soweit es dort gegenständliche Sendungen gibt (vgl. o. 17: die – hier auch unverschlossene – Ausfertigung eines Telegramms vor der postalischen Beförderung). Ein Unterdrücken ist dort aber vor allem durch Eingriffe in den technischen Vorgang des Aussendens, Übermittelns und Empfangens von Nachrichten mittels Telekommunikationsanlagen (vgl. § 3 Nr. 16 TKG) möglich, dies mit dem Ergebnis, daß die zu sendende Nachricht ihr Ziel nicht oder nur noch verspätet oder unvollständig erreicht. – Zum *Täterkreis* (Handeln als Inhaber oder Beschäftigter) vgl. entsprechend o. 19.

3. Nach **Nr. 3** ist strafbar, wer als Inhaber oder Beschäftigter eines Unternehmens iS des Abs. 1 **21** unbefugt (u. 26) **Handlungen nach Abs. 1 oder Abs. 2 Nr. 1, 2 gestattet oder fördert.** Zweck der Vorschrift ist es, die genannten Personen, wenn sie Verletzungen des Post- oder Fernmeldegeheimnisses oder das Unterdrücken von Sendungen gestatten oder fördern, als Täter zu erfassen, so daß eine Strafmilderung nach § 27 ausscheidet. Soweit die Verhinderung der gestatteten oder geförderten Handlung in den Verantwortungs- und Pflichtenkreis des Täters fällt, was bei Inhabern idR ohne weiteres anzunehmen ist, würde sich dies freilich auch schon aus allgemeinen Grundsätzen ergeben, da Teilnahmehandlungen von Personen, die gegenüber dem Rechtsgut eine besondere Schutzpflicht haben, immer zur Täterschaft führen (vgl. 104 vor § 25); insofern hat Nr. 3 daher nur deklaratorische Bedeutung.

22   a) Ein Gestatten bzw. Fördern der **in Abs. 1 bezeichneten Handlung** bedeutet zunächst, daß der andere alle Tatbestandsmerkmale des Abs. 1 erfüllen muß, also auch selbst die Kenntnis als Inhaber oder Beschäftigter erlangt haben muß (o. 9). Nicht erfaßt sind durch Nr. 3 deshalb die Fälle, in denen der Täter die Mitteilung durch einen Außenstehenden geschehen läßt (ebenso zu § 354 aF Hoyer SK 26, Schäfer LK[10] 34; and. Tröndle 16 u. zu § 354 aF M-Maiwald II [7. A.] 279), gleichgültig, wie dieser die Kenntnis erlangt hat (hat er sie mit Wissen des Täters erlangt, so kommt für diesen bereits Abs. 1 [Unterlassen, o. 10 aE] in Betracht). Diese Einschränkung ist auch vom Schutzzweck der Vorschrift her gerechtfertigt, weil ein Unternehmen iS des Abs. 1 nicht verpflichtet sein kann, das (weitere) Bekanntwerden von Tatsachen zu verhindern, die den Bereich, für den das Post- und Fernmeldegeheimnis gilt, bereits verlassen haben. Sollte der Täter noch Vorgesetzter iS des § 357 sein, so ist Nr. 3 gegenüber § 357 die speziellere Vorschrift (ebenso Schäfer aaO 82; and. Tröndle 16, § 357 RN 7); § 357 hat hier selbständige Bedeutung nur, wenn es beim Versuch des Verleitens geblieben ist.

23   α) Bezogen auf Abs. 1 bedeutet die 1. Alt. des *Gestattens* nach seinem Wortsinn, daß der „Haupttäter" des Abs. 1 die ihm bekannt gewordene und unter das Post- oder Fernmeldegeheimnis fallende Tatsache einem anderen deshalb mitteilt, weil er dafür „grünes Licht" durch einen Vorgesetzten – bei mehreren Inhabern durch einen Mitinhaber – oder durch den in der fraglichen Angelegenheit zuständigen Beschäftigten bekommen hat (vgl. zu § 354 aF auch Hoyer SK 27, Schäfer LK[10] 36). Unter dieser Voraussetzung gehört auch die Anstiftung hierher. Ein pflichtwidriges Unterlassen ist dagegen nur dann ein über das bloße Zulassen hinausgehendes „Gestatten", wenn damit gegenüber dem anderen konkludent das Einverstandensein mit der Handlung zum Ausdruck gebracht wird (and. zB Tröndle 16 u. zu § 354 aF M-Maiwald II [7. A.] 279, was iE aber deshalb ohne besondere Bedeutung ist, weil hier dann jedenfalls die Möglichkeit eines Förderns [u. 24] bleibt.

24   β) Mit der 2. Alt. des *Förderns* von Handlungen nach Abs. 1 ist jede sonstige Veranlassung oder Unterstützung erfaßt, soweit sie kein Gestatten ist. Ein Fördern durch pflichtwidriges Unterlassen setzt voraus, daß die fragliche Angelegenheit in den Verantwortungsbereich des Täters fällt; bei positivem Tun genügt dagegen unter der Voraussetzung des inneren Zusammenhangs mit der Inhaberstellung bzw. der dienstlichen Tätigkeit des Beschäftigten (Fördern „als Inhaber" usw.) jedes Handeln.

25   b) Ein Gestatten bzw. Fördern von **Handlungen nach Abs. 2 Nr. 1 und 2** ist i. U. zu den Handlungen nach Abs. 1 (o. 22) auch möglich, wenn der andere selbst nicht zu dem Täterkreis des Abs. 1 gehört (ebenso zu § 354 aF Hoyer SK 26, Schäfer LK[10] 35). Dies ergibt sich schon aus dem Gesetzeswortlaut – die Worte „als Inhaber oder Beschäftigter" sind in Abs. 2 nicht Teil der Nummern 1 und 2, sondern diesen vorangestellt –, folgt aber auch aus der ratio legis, da das Vertrauen der Allgemeinheit zugleich dahin geht, daß Sendungen, die sich noch im Bereich eines Post- oder Telekommunikationsdienstunternehmens befinden, nicht Dritten für Handlungen nach Nr. 1 und 2 zugänglich gemacht werden. Im übrigen gilt das o. 22 ff. Gesagte entsprechend, wobei es hier für das Gestatten auch genügt, wenn sich die fragliche Sendung im Herrschaftsbereich des Betreffenden befindet (vgl. auch D-Tröndle 16 u. zu § 354 aF Schäfer LK[10] 36).

26   4. Zu dem für Nr. 1–3 gemeinsamen Merkmal **unbefugt** vgl. zunächst o. 11. Da das *Öffnen usw.* (Nr. 1) sachlich in den Zusammenhang von Abs. 1 gehört (o. 15), gelten hier für die Einwilligung dieselben Regeln wie dort (o. 12). Im übrigen bedarf die Öffnungsbefugnis einer gesetzlichen Grundlage. Das PostG selbst enthält einen Katalog entsprechender Befugnisse in § 39 IV zum Zweck der Prüfung entgeltbegünstigter Postsendungen (Nr. 1), zur Sicherung des Inhalts beschädigter Postsendungen (Nr. 2), zur Ermittlung des sonst nicht feststellbaren Empfängers oder Absenders (Nr. 3) und zur Abwendung körperlicher Gefahren, die von der Sendung für Personen und Sachen ausgehen (Nr. 4), wobei diese Maßnahmen aber nur zulässig sind, wenn keine milderen Mittel zur Verfügung stehen (zum Ganzen vgl. näher Stern BK-PostG (o. 1), § 39 RN 51 ff.). Dagegen schließt die Pflicht zur Vorlage von Postsendungen bei Behörden oder Dritten nicht zugleich die Befugnis zu ihrer Öffnung ein (vgl. auch Schäfer LK[10] § 354 RN 51). – Das *Unterdrücken* (Nr. 2) durch Aushändigen der Sendung an Dritte ist gerechtfertigt bei Bestehen einer entsprechenden gesetzlichen Pflicht (zB § 1 II Ges. zu Art. 10 GG, § 39 V AWG, § 3 Verbringungsverbots G, § 99 I InsO; vgl. o. 13). Hierher gehört ferner die in § 39 IV Nr. 4 PostG mitenthaltene Befugnis zur Vernichtung von Sendungen mit gefährlichem Inhalt (zum Öffnen vgl. o.). Zur Gestattung des Zurückstellens von Postsendungen aufgrund von Dienstanweisungen vgl. Köln NJW **87**, 2596. Auch nach § 32 nicht zulässig ist dagegen das Öffnen eines Briefes, von dem der Täter begründeten Anlaß zu der Annahme hat, daß er Beleidigungen gegen ihn enthält (vgl. RG JW **28**, 662, ferner o. 14). – Für das *Gestatten* usw. (Nr. 3) gilt Entsprechendes wie zu Nr. 1, 2: Ist die Bezugshandlung durch eine besondere Befugnis gedeckt, so gilt dies auch für das Gestatten usw. (zu Handlungen nach Abs. 1 vgl. o. 13 f.).

IV. Abs. 3 erweitert den Täterkreis der Abs. 1, 2 über die Inhaber und Beschäftigten eines 27 Unternehmens iS des Abs. 1 hinaus auf weitere, nämlich externe, jedoch **unternehmensnahe Personen,** die aufgrund ihrer besonderen Tätigkeit gleichfalls die Möglichkeit haben, die in Abs. 1, 2 bezeichneten Handlungen zu begehen. Gegenüber § 39 II PostG, § 85 II TKG besteht dabei die Besonderheit, daß es hier erst das Strafrecht ist, das den in Abs. 3 genannten Personenkreis zur Wahrung des Post- bzw. Fernmeldegeheimnisses verpflichtet, während PostG und TKG in diesem Zusammenhang nur vom geschäftsmäßigen Erbringen von Post- bzw. Telekommunikationsdiensten und dem Mitwirken daran sprechen. Erforderlich ist bei den fraglichen Personen im Fall des Abs. 3 iVm Abs. 1 die Kenntnis von der dem Post- und Fernmeldegeheimnis unterliegenden Tatsache in ihrer besonderen Eigenschaft erlangt haben, im Fall des Abs. 3 iVm Abs. 2, daß sie in dieser Eigenschaft gehandelt haben. – Zur Strafbarkeit gleichfalls unternehmensexterner Personen, die mittels einer Funkanlage (vgl. 3 Nr. 4 TKG) für diese nicht bestimmte Nachrichten abhören und anderen mitteilen, vgl. § 95 iVm § 86 TKG u. näher dazu Büchner BK-TKG (o. 1) zu §§ 86, 95.

1. Durch **Nr. 1** werden den Inhabern und Beschäftigten eines Unternehmens iS des Abs. 1 zu- 28 nächst Personen gleichgestellt, die **Aufgaben der Aufsicht** über solche Unternehmen **wahrnehmen.** Dazu gehören seit 1. 1. 1998 vor allem Angehörige der verbliebenen Hoheitsverwaltung des Bundes durch die Regulierungsbehörde für Post und Telekommunikation als Bundesoberbehörde im Geschäftsbereich des BMinisters für Wirtschaft (vgl. §§ 44 ff. PostG, 66 ff. TKG u. speziell zum Auskunfts- u. Prüfungsrecht § 45 PostG, §§ 71, 72 TKG). Vielfach wird es sich dabei zugleich um Amtsträger iS des § 11 I Nr. 2 handeln, was im vorliegenden Zusammenhang jedoch ohne Bedeutung ist, da es hier nicht auf den öffentlich-rechtlichen oder privatrechtlichen Status dieser Personen ankommt, sondern auf ihre berufsspezifische Funktion, die ihnen u. U. den Zugang zu geheimnisgeschützten Tatsachen eröffnet (so BT-Drs. 13/8016 S. 29; vgl. auch Lackner/Kühl 4, Tröndle 3). Der Anwendungsbereich der Nr. 1 dürfte im wesentlichen auf Taten nach Abs. 1 beschränkt sein, während bei Taten nach Abs. 2 Voraussetzung wäre, daß solche von Angehörigen der Regulierungsbehörde überhaupt begangen werden können.

2. Durch **Nr. 2** werden Personen in die Tatbestände der Abs. 1, 2 einbezogen, die, ohne in einem 29 Inhaber- oder Beschäftigungsverhältnis zu einem Post- oder Telekommunikationsdienstunternehmen iS des Abs. 1 zu stehen (o. 7 ff.), entweder von einem solchen Unternehmen selbst oder aber mit dessen Ermächtigung von anderen Stellen oder Personen mit **Post- oder Telekommunikationsdiensten betraut** sind. Fälle dieser Art wären u. U. etwa, wenn Bundesbahnbediensteten oder Bediensteten von Fluggesellschaften neben ihrer originären Beförderungstätigkeit zugleich die Beförderung von verschlossenen Postsäcken obliegt (vgl. auch Lackner/Kühl 5 u. zur Wahrnehmung von Aufgaben des präventiven Betriebsschutzes bei § 354 aF Welp ArchPT 94, 35). Dagegen fallen Expreßdienste, die ausschließlich Pakete mit einem Einzelgewicht von mehr als 20 kg befördern und die deshalb keine geschäftsmäßig Postdienste erbringenden Unternehmen nach Abs. 1 sind (vgl. § 4 Nr. 4, 5 iVm Nr. 1 lit. b PostG) und von solchen oder mit deren Ermächtigung nicht eigens betraut sein müssen, auch nicht unter Abs. 3 Nr. 2.

3. Durch **Nr. 3** werden schließlich solche Personen einbezogen, die mit der **Herstellung** von 30 dem Betrieb eines Post- oder Telekommunikationsdienstunternehmens iS des Abs. 1 dienenden **Anlagen** oder mit **Arbeiten an solchen** betraut sind. In Betracht kommen dafür vor allem Inhaber, Angestellte und Arbeiter von Privatfirmen, die Post- und Fernmeldeanlagen herstellen oder instandsetzen (vgl. EEGStGB 286). Mit den „dem Betrieb eines solchen Unternehmens dienenden Anlagen" können hier nur die für den Post- u. Telekommunikationsbereich spezifischen Einrichtungen gemeint sein; der mit der Ausbesserung eines Gebäudes oder einer Lichtleitung betraute Handwerker fällt daher nicht unter Nr. 3, ebensowenig wie der nur mit Reinigungsarbeiten betraute Postarbeiter von Abs. 1 erfaßt wird (ebenso Schäfer LK[10] 42). Das „Herstellen" reicht von den Planungsarbeiten bis zu möglichen Probesendungen, hat praktischer Bedeutung allerdings nur, soweit dabei im Fall des Abs. 1 dem Post- oder Fernmeldegeheimnis unterliegende Tatsachen in Erfahrung gebracht bzw. in den Fällen des Abs. 2 die dort genannten Handlungen ermöglicht werden. – Beseitigt ist mit Nr. 3 nunmehr die auf das EGStGB zurückgehende Strafbarkeitslücke, die § 354 III 2 mit seiner Beschränkung auf Taten nach Abs. 1 enthalten hatte (vgl. auch o. 1 aE). Strafbar nach § 206 ist deshalb nicht nur der Angestellte einer Privatfirma, wenn er das, was er bei der Inspektion einer Sortiermaschine aus der vorbeilaufenden Post zur Kenntnis genommen hat, an Dritte weitergibt (Abs. 1), sondern auch, wenn er bei dieser Tätigkeit Pakete oder Briefe öffnet oder unterdrückt (Abs. 2; bisher nur beim Öffnen von Briefen Strafbarkeit nach der wesentlich milderen Bestimmung des § 202).

4. Zu dem für Nr. 1–3 gemeinsamen Merkmal **„unbefugt"** vgl. o. 11 ff., 26, wobei Voraussetzung 31 hier dann allerdings ist, daß Adressaten der dort genannten Pflichten und Befugnisse auch in die besonderen Tätergruppen des Abs. 3 sein können. So setzt zB die für Abs. 1, 2 Nr. 2 bedeutsame Auskunfts- u. Aushändigungspflicht nach § 1 II Ges. zu Art. 10 GG (s. o. 13) das geschäftsmäßige Erbringen von Postdiensten oder das Mitwirken daran voraus, wobei letzteres für die Tätergruppe der Nr. 2 unproblematisch sein dürfte, nicht aber für diejenige der Nr. 1 u. 3 (eine Aushändigungspflicht dürfte sich bei den Tätern der Nr. 3 allerdings ohnehin erledigen). Ebenso können zB die in § 39 IV Nr. 1, 3 PostG genannten Befugnisse nicht für den Personenkreis der Nr. 3 gedacht sein und die Befugnisse der Nr. 2, 4 allenfalls dann, wenn sofortiges Handeln geboten und die Benachrichtigung

§ 206 32–36   Bes. Teil. Verletzung des persönl. Lebens- u. Geheimbereichs

eines Postbediensteten nicht mehr möglich ist (vgl. das o. 30 genannte Beispiel des mit der Inspektion einer Sortiermaschine beauftragten Angestellten einer Privatfirma).

32   V. Während Abs. 1 und die darauf bezogenen Tatbestände in Abs. 2 Nr. 3 u. Abs. 3 verhindern sollen, daß dem Post- oder Fernmeldegeheimnis unterfallende Tatsachen über den internen Geheimnisbereich der in Abs. 1 genannten Unternehmen und deren unmittelbares Umfeld iS des Abs. 3 hinausgetragen werden, erweitert **Abs. 4** diesen Schutz (zur Strafdrohung vgl. u. 41) darüber hinaus auf solche Tatsachen, die dem Täter als einem **außerhalb des Post- oder Telekommunikationsbereichs tätigen Amtsträger** auf Grund eines befugten oder unbefugten **Eingriffs** in das Post- oder Fernmeldegeheimnis bekanntgeworden sind. Gleichgestellt sind den Amtsträgern nach § 48 I WStG die Offiziere und Unteroffiziere der Bundeswehr. Zu der noch in der 13. Legislaturperiode vorgesehenen Erweiterung des Anwendungsbereichs des Abs. 4 auf den Amtsträgern vergleichbare Funktionsträger der früheren DDR vgl. § 203 RN 1.

33   1. Während § 353 d aF nur das nichtöffentlich gesprochene Wort erfaßt hatte, bezieht sich Abs. 4 auf **alle zZ des Eingriffs dem Post- und Fernmeldegeheimnis unterliegenden Tatsachen** (o. 4 ff.), also zB auch auf schriftliche Mitteilungen. Nicht unter Abs. 4 fallen Tatsachen, die zZ des Eingriffs nicht bzw. noch nicht oder nicht mehr dem Post- oder Fernmeldegeheimnis unterlagen, so zB der zZ der Beschlagnahme noch nicht in den Postverkehr gelangte Brief oder beim heimlichen Mithören über einen Zweithörer durch einen Polizeibeamten im Einverständnis des einen Fernsprechteilnehmers (vgl. o. 12); hier kommt, sofern nicht schon die Kenntnis deliktisch erlangt wurde (zu § 201 in dem eben genannten Beisp. vgl. dort RN 19), eine Strafbarkeit nur nach § 203 II, u. U. auch nach § 353 b in Betracht.

34   2. Die Tatsache muß dem Täter in seiner Eigenschaft als post- bzw. telekommunikationsbereichsexterner **Amtsträger** (§ 11 I Nr. 2 u. dort RN 16 ff.) bzw. als Offizier oder Unteroffizier (§ 48 I WStG) auf **Grund eines befugten oder unbefugten Eingriffs** in das Post- oder Fernmeldegeheimnis **bekanntgeworden** sein. Gleichgültig ist, mit welchen Mitteln der *Eingriff* erfolgte: zB Öffnen eines Briefs, Kenntnisverschaffung vom Inhalt einer Postsendung durch technische Mittel, Abhören eines Telefongesprächs, Zugriff auf den Datenbestand einer Mailbox, und zwar, weil hier gleichfalls in erster Linie der Schutzbereich des Fernmeldegeheimnisses betroffen ist, nicht nur bei der Nachrichtenübermittlung zu und von einer Mailbox, sondern auch in der Zwischenphase, in der die abgespeicherte Information dort „ruht" (vgl. BGH NJW 97, 1934 u. zum Schrifttum dazu, wo dies umstritten ist, § 202 a RN 11). – Das Merkmal „auf Grund" eines Eingriffs macht zwar deutlich, daß zwischen diesem und der Kenntniserlangung ein Ursachenzusammenhang bestehen muß, was aber nicht heißt, daß der Täter den Eingriff selbst vorgenommen haben müßte, vielmehr genügt es auch, wenn ihm die fragliche Tatsache im dienstlichen Bereich als Folge eines Eingriffs durch einen anderen (zB durch Weitergabe des Geheimnisses) bekannt geworden ist (vgl. Tröndle 10 u. zu § 354 aF EEGStGB 286, Hoyer SK 14, Schäfer LK[10] 46). – Im Unterschied zu § 354 IV aF, der auf *befugte* Eingriffe beschränkt war, kann der Eingriff nunmehr auch ein *unbefugter* gewesen sein. Beseitigt ist damit die in der Sache nicht begründete Besserstellung von Amtsträgern, wenn sie den Eingriff nicht selbst vorgenommen haben (damit also auch keine Strafbarkeit nach §§ 201, 202), sondern von diesem vielmehr über andere erfahren haben und wo deshalb bei einer Weitergabe nur eine Strafbarkeit nach dem mit einer geringeren Strafdrohung versehenen § 203 II in Betracht kam (vgl. BT-Drs. 13/8016 S. 29 u. hier die 25. A.). Durch entsprechende Befugnisse gedeckt sind im Anwendungsbereich des Abs. 4 vor allem Eingriffe auf der Grundlage und in den Grenzen der §§ 1 I, 2 ff. Ges. zu Art. 10 GG (zur teilweisen Verfassungswidrigkeit des § 3 vgl. BVerfG BGBl. 99, 1914, NJW 00, 55 u. dazu Arndt ebd. S. 47), des § 3 VerbringungsverbotsG (o. 13), 39 AWG (o. 13), 10 IV ZollVerwG (o. 13) und der §§ 99 ff. StPO. Umgekehrt ist der Eingriff unbefugt, wenn es an einer gesetzlichen Grundlage dafür fehlt oder eine solche überschritten ist oder wenn wesentliche Verfahrensvorschriften nicht eingehalten sind. Für die Erlangung der Kenntnis *als* Amtsträger gilt das o. 9 Gesagte entsprechend.

35   3. Die Tathandlung besteht in der **Mitteilung** an einen anderen; vgl. dazu o. 10. Ebenso wie in Abs. 1 (o. 9) kommt es auch hier nicht darauf an, ob der Täter im Zeitpunkt der Mitteilung noch Amtsträger usw. gewesen ist bzw. ob er dabei in seiner Eigenschaft als Amtsträger usw. gehandelt hat; diese Voraussetzungen müssen vielmehr nur im Zeitpunkt der Kenntniserlangung vorgelegen haben.

36   4. Das Merkmal „**unbefugt**" hat auch hier die o. 11 genannte Bedeutung. Werden die aus dem Eingriff in das Post- oder Fernmeldegeheimnis gewonnenen Erkenntnisse von dem Amtsträger innerhalb derselben Behörde oder an die vorgesetzte Dienststelle im Wege einer ordnungsgemäßen dienstlichen Behandlung der Angelegenheit weitergeleitet, was auch bei einem unbefugt erfolgten Eingriff der Fall sein kann (zB Klärung von Zweifelsfragen, Bericht an Vorgesetzten), so fehlt es schon an einem Mitteilen iS des § 206, weshalb es einer besonderen Befugnis erst bei der Weitergabe an eine andere Stelle bedarf. Dabei folgt aus dem Umstand, daß der Eingriff ein befugter war, nicht zwangsläufig, daß dasselbe dann auch für das Mitteilen der durch diesen bekanntgewordenen Tatsachen gelten müßte (zB Weiterleitung an eine dafür nicht zuständige Stelle). Umgekehrt ist die Weitergabe der Ergebnisse eines unbefugten Eingriffs zwar idR gleichfalls unbefugt; Ausnahmen sind aber auch hier denkbar, so bei einer aus § 138 folgenden Anzeigepflicht, die sich damit erledigt, daß die entsprechenden Informationen illegaler Herkunft sind. Eine ausdrückliche gesetzliche Grundlage für eine Mitteilungspflicht enthält zB § 12 S. 2 ZollVerwG (o. 13) mit der an die Öffnungs- u. Prüfungs-

Aufgehoben durch Art. 1 Nr. 58 1. StrRG vom 25. 6. 1969, BGBl. I 645 **§§ 206–210**

befugnis bei Postsendungen anknüpfenden Weiterleitungsbefugnis an die Staatsanwaltschaft bei hinreichendem Verdacht einer Straftat. Im übrigen ist hier von dem Grundsatz auszugehen, daß Mitteilungspflichten oder -befugnisse bestehen können, wenn die Mitteilung, die Zuständigkeit des Empfängers vorausgesetzt, zur Verfolgung der Zwecke erforderlich ist, die bereits den Eingriff in das Post- bzw. Fernmeldegeheimnis notwendig machten oder bei Zufallsfunden gemacht hätten (vgl. dazu auch § 7 III Ges. zu Art. 10 GG [o. 13] und zur Verfassungswidrigkeit von dessen § 3 III 2 BVerfG NJW 00, 55, 64 wegen der fehlenden Bindungswirkung der Berichtepflicht an die die Fernmeldekontrolle legitimierenden Zwecke). Hinzukommen muß als weitere Voraussetzung für ein befugtes Mitteilen, daß der Eingriff nicht aus anderen Gründen gesetzwidrig war, dies jedenfalls dann, wenn und soweit damit prozessuale Verwertungsverbote verbunden sind (vgl. zu § 354 aF auch Hoyer SK 31 mwN; and. Schäfer LK[10] 47), wobei allenfalls zweifelhaft sein kann, ob diese auch eine nur mittelbare Verwertung in dem Sinne umfassen, daß auf Grund der erlangten Erkenntnisse Ermittlungen geführt und dabei andere Beweismittel gewonnen werden (vgl. näher zum Ganzen zB K/Meyer § 100 a RN 14 ff., Nack KK § 100 a RN 37 ff., Rudolphi SK-StPO § 100 a RN 23 ff. jeweils mwN).

VI. Für den **subjektiven Tatbestand** ist in allen Fällen Vorsatz erforderlich (zu § 354 aF vgl. RG **37** 71 382); bedingter Vorsatz genügt, und zwar – i. U. zur ursprünglichen Fassung des früheren § 354 – auch für Abs. 2 Nr. 3. Nimmt der Täter irrig Umstände an, die, wenn sie gegeben wären, die Mitteilung rechtfertigen würden, so gilt § 16 entsprechend (vgl. 21 vor § 32); dagegen ist der Irrtum über die Grenzen einer Befugnis Verbotsirrtum (§ 17).

VII. Zwar enthält § 206 Sonderdelikte, doch ist – jedenfalls bei Taten nach Abs. 1 bis 3 – § 28 auf **38** den **Teilnehmer** nicht anwendbar (vgl. jetzt auch Tröndle 1, aber auch 19; and. zu § 354 aF zB Herzberg GA 91, 167, 179, Maiwald JuS 77, 361, Schäfer LK[10] 81). Die Sondereigenschaft des Täters kennzeichnet hier lediglich die besondere Beziehung, in der das geschützte Rechtsgut – Vertrauen der Allgemeinheit in die Integrität des Post- und Telekommunikationswesens – verletzt werden kann; sie ist somit ausschließlich rechtsguts- und tatbezogen. Daß hier personale Elemente auch nicht zusätzlich für die Charakterisierung des Unrechts von Bedeutung sind, folgt im übrigen auch aus der Gleichstellung der Angehörigen des Post- und Telekommunikationsbereichs in Abs. 1, 2 und des bereichsexternen Pesonenkreises in Abs. 3, bei dem das Moment einer besonderen personalen Pflichtverletzung, wie sie etwa die klassischen Amtsdelikte charakterisiert, völlig fehlt (in Nr. 1 unabhängig von der Amtstätereigenschaft des Täters und besonders deutlich bei den in Abs. 3 Nr. 3 erfaßten Angehörigen von Privatfirmen, bei denen auch das faktische Betrautsein mit entsprechenden Arbeiten zu keiner Pflichtenstellung führt, die mit der eines Amtsträgers vergleichbar wäre; vgl. auch § 203 RN 73, § 353 b RN 23, § 355 RN 35).

VIII. Idealkonkurrenz ist wegen der Verschiedenheit der Rechtsgüter möglich mit den §§ 201 I **39** Nr. 2 (vgl. aber auch dort RN 37), 202a, 242, 246, 274 I Nr. 1, 303, 303a, 353b. Wesentlich an Bedeutung verloren hat die früher umstrittene Frage des Konkurrenzverhältnisses zu § 133 und dort insbes. zu dessen Abs. 3 (vgl. dazu KG JR **77**, 426 [Postbediensteter als Amtsträger] u. hier die 25. A. mwN), die sich heute nur noch bei Abs. 3 Nr. 1 u. Abs. 4 stellen kann (zB Amtsträger überläßt den von ihm beschlagnahmten Brief einem Dritten), wo dann aber wegen der unterschiedlichen Rechtsgüter (§ 133: Schutz des dienstlichen Gewahrsams) gleichfalls Idealkonkurrenz anzunehmen ist, in den Fällen des Abs. 4 mit seiner im Vergleich zu § 133 III deutlich geringeren Strafdrohung (vgl. auch – zT and. – Lackner/Kühl 16, Tröndle 21). Tatmehrheit mit §§ 242, 246 besteht, wenn der Täter sich den Inhalt der geöffneten Sendung erst auf Grund eines später gefaßten Entschlusses zueignet (Tröndle 21). § 202 tritt, wie sich schon aus der dort aufgenommenen Subsidiaritätsklausel ergibt, hinter § 206 zurück. Da auch § 203 II zugleich das öffentliche Vertrauen in die Verschwiegenheit von Amtspersonen schützt (vgl. dort RN 3), die Geheimnisverletzung dort jedoch gleichfalls kein spezifisches Amtsdelikt ist, geht § 206 III Nr. 1, IV als die speziellere Vorschrift vor (vgl. auch Lackner/Kühl 16, Tröndle 21, u. zu § 354 aF Hoyer SK 33; and. hier aber Schäfer LK[10] 82). Zum Verhältnis von Abs. 2 Nr. 3 zu § 357 vgl. o. 22.

IX. Die **Strafe** ist in den Fällen der Abs. 1–3 für alle Tätergruppen einheitlich Freiheitsstrafe bis zu **40** fünf Jahren oder Geldstrafe; demgegenüber beträgt für die in Abs. 4 genannten Amtsträger die Höchststrafe zwei Jahre. Daß sachliche Gesichtspunkte eine solche Differenzierung nicht rechtfertigen, wird besonders bei dem Personenkreis des Abs. 3 Nr. 3 deutlich: Der Amtsträger nach Abs. 4 unterliegt danach einer wesentlich milderen Strafdrohung als der Angestellte der Privatfirma, der eine dem Postgeheimnis unterliegende Tatsache mitteilt, von der er bei der Reparatur einer Posteinrichtung Kenntnis erlangt hat (vgl. krit. auch Schäfer LK[10] § 354 RN 81).

§ 206 in seiner ursprünglichen Fassung u. **§§ 207–210** *Aufgehoben durch Art. 1 Nr. 58 1. StrRG vom 25. 6. 1969, BGBl. I 645.*

Die §§ 201–210 aF hatten den **Zweikampf** mit tödlichen Waffen unter Strafe gestellt. Nennenswerte praktische Bedeutung hatten diese Vorschriften jedoch nie erlangt. An der strafrechtlichen Beurteilung der studentischen Schlägermensur hat sich durch die Aufhebung der §§ 201 ff. aF nichts geändert. Nachdem BGH **4** 24 es abgelehnt hat, in der Mensur einen Zweikampf mit tödlichen Waffen zu sehen, bleibt diese – wie bisher – auch künftig nach § 228 a straflos (vgl. dort RN 20).

Sechzehnter Abschnitt. Straftaten gegen das Leben

Vorbemerkungen zu den §§ 211 ff.

Übersicht

I. Systematik der Tötungsdelikte		3. Aktive Lebensverkürzung	24 ff.
1. Straftaten gegen das menschliche Leben iwS	1	4. Passive Euthanasie-Behandlungsabbruch	27 ff.
2. Tötungsdelikte ieS	2 ff.	5. Reformbemühungen	32 b
3. Erfolgsqualifizierende Todesfolge	10	IV. Selbsttötung	33 f.
4. Lebensgefährdung	11	1. Straflosigkeit der Teilnahme	35 f.
II. 1. Beginn des Menschseins	13	2. Mittelbare Täterschaft	37 f.
2. Lebensfähigkeit; pränatale Eingriffe	14 f.	3. Nichthinderung einer Selbsttötung	39 ff.
3. Todesbegriff	16 ff.	4. Anderweitige Strafbarkeit	47
III. Euthanasie – Sterbehilfe	21	5. Nötigung durch Suizidverhinderung	48
1. Hirntod als Zäsur	22		
2. Schmerzlinderung ohne Lebensverkürzung	23		

I. Systematik der Tötungsdelikte.

Schrifttum: Bernsmann, Zur Konkurrenz von „privilegierten" u. „qualifizierten" Tötungsdelikten, JZ 83, 45. – *Busch,* Über die vorsätzl. Tötung, Rittler-FS 287. – *Dotzauer/Jarosch,* Tötungsdelikte, 1971. – *Eser,* Die Tötungsdelikte in der Rspr. zw. BVerfGE 45, 187 u. BGHGSSt. 1/81, NStZ 81, 383. – *ders.,* Die Tötungsdelikte in der Rspr. seit BGH-GSSt 1/81 bis Ende Juni 1983, NStZ 83, 433; 84, 49. – *Frommel,* Die Bedeutung der Tätertypenlehre bei der Entstehung des § 211 StGB, JZ 80, 559. – *Glatzel,* Mord u. Totschlag, 1987. – *Göppinger/Bresser,* Tötungsdelikte, 1980. – *Grasberger,* Die (mangelnde) Eignung der Mordmerkmale (usw.), MSchrKrim 99, 147. – *Gropp,* Der Grundsatz des absoluten Lebensschutzes (usw.), Brauneck-FG 285. – *Hardwig,* Zur Systematik der Tötungsdelikte, GA 54, 257. – *Heine,* Tötung aus „niederen Beweggründen", 1988. – *ders.,* Stand u. Entwicklung der Mordtatbestände (usw.), Brauneck-FG 315. – *Kerner,* Der Wandel der höchstrichterl. Rspr. zu den Mordmerkmalen u. zur lebenslangen Freiheitsstrafe, Heidelberg-FS 419. – *Küper,* Die Rspr. des BGH zum tatbestandssystematischen Verhältnis von Mord u. Totschlag, JZ 91, 761, 862, 910. – *E. v. Liszt,* Die vorsätzl. Tötungen, 1919. – *F. v. Liszt,* Verbrechen wider das Leben, VDB V 1. – *Mitsch,* Grundfälle zu den Mordmerkmalen, JuS 96, 26. – *Möhrenschlager,* Tötungsdelikte (Lit.-Übers.), NStZ 81, 57. – *Riess,* Zur Abgrenzung von Mord u. Totschlag, NJW 68, 628. – *Sax,* Der Grundtatbestand bei den Tötungsdelikten (usw.) ZStW 64 (1952) 393. – *E. Schmidt,* Aufbau u. Auslegung der Tötungsdelikte, DRZ 49, 241. – *H. Schröder,* Der Aufbau der Tötungsdelikte, SJZ 50, 560. – *Welzel,* Zur Systematik der Tötungsdelikte, JZ 52, 72. – *Rechtsvergleichend: Eser/Koch,* Die vorsätzl. Tatbestände, ZStW 92, 491. – *Hakeri,* Die türk. Strafbestimmungen zum Schutz des Lebens der Person im Vergleich mit dem dt. Recht, 1997. – *Rengier,* Ausgrenzung des Mordes aus der vorsätzl. Tötung? ZStW 92, 459. – *Simson/Geerds,* Straftaten gegen die Person u. Sittlichkeitsdelikte, 1969. – Zur *Reform*diskussion: *Albrecht,* Das Dilemma der Leitprinzipien auf der Tatbestandsseite des Mordparagraphen, JZ 82, 697. – *Arzt,* Die Delikte gegen das Leben, ZStW 83, 1. – *Beckmann,* Zur Neuregelung der vorsätzl. Tötungsdelikte, GA 81, 337. – *Eser,* Empfiehlt es sich, die Straftatbestände des Mordes, des Totschlags u. der Kindestötung (§§ 211–213, 217 StGB) neu abzugrenzen? Gutachten D zum 53. DJT, 1980; dazu Referate von *Fuhrmann* u. *Lackner* (in DJT-Sitzungsbericht M, 1981). – *Friedrich/Koch,* Reformvorschlag zu den vorsätzl. Tötungsdelikten, JuS 72, 457. – *Geilen,* Zur Entwicklung u. Reform der Tötungsdelikte, JR 80, 309. – *Gössel,* Überlegungen zur Reform der Tötungsdelikte, DRiZ 80, 281. – *Gribbohm,* Zur Neuabgrenzung der Straftatbestände des Mordes, des Totschlags u. der Kindestötung, ZRP 80, 222. – *Heine,* Mord u. Mordstrafe: Grundmängel der dt. Konzeption u. rechtsvergleich. Reformüberlegungen, GA 00, 305. – *Jähnke,* Über die gerechte Ahndung vorsätzl. Tötung u. über das Mordmerkmal der Überlegung, MDR 80, 705. – *Otto,* Straftaten gegen das Leben, ZStW 83 (1971) 39. – *Rüping,* Zur Problematik des Mordtatbestandes, JZ 79, 617. – *Thomas,* Die Geschichte des Mordparagraphen, 1985. – *Woesner,* Neuregelung der Tötungstatbestände, NJW 80, 1136. – *Zipf,* Kriminalpol. Überlegungen zu einer Reform der Tötungsdelikte, Würtenberger-FS 191. – Vgl. ferner die Angaben v. vor 13, 21, 33 sowie zu §§ 211, 212.

1 1. Zu den **Straftaten gegen das (menschliche) Leben** gehören sowohl die *Tötungsdelikte* ieS (§§ 211–213, 216, 222 und mit Vorbehalt die §§ 220 a, 221) als auch der *Schwangerschaftsabbruch* (§§ 218–219 b). Dies ist durch Einordnung in denselben 16. Abschn. auch gesetzlich klargestellt (and. Arzt/Weber 130, Gössel I 11, M-Schroeder I 76, wobei jedoch verkannt wird, daß der Schwangerschaftsabbruch seinen Charakter als Straftat gegen artspezifisches menschliches Leben nicht schon dadurch verliert, daß das ungeborene Leben uU zwecks Rettung anderer Güter gerechtfertigterweise geopfert werden darf; vgl. 9 vor § 218). Während der Schwangerschaftsabbruch gegen das *ungeborene* Leben gerichtet ist, haben die Tötungsdelikte ieS den „Menschen" als *geborenes* Leben zum Gegenstand (u. 12).

Systematik der Tötungsdelikte 2–5 **Vorbem §§ 211 ff.**

2. Der den **Tötungsdelikten ieS** gemeinsame *Erfolgsunwert* der Tötung eines Menschen ließe sich 2
an sich durch einen einzigen Tatbestand erfassen (so Dänemark). Doch mit Rücksicht darauf, daß
dieser Unwert sowohl durch verschiedenartige Tötungsmodalitäten (zB heimtückisch oder grausam)
als auch je nach Zielsetzung (Habgier, Ermöglichung einer Straftat) oder Motivation (niedrige Beweggründe
einerseits, Tötung aus Mitleid oder infolge einer Provokation andererseits) unterschiedlich
hoch oder niedrig sein kann (vgl. Otto ZStW 83, 43 f., aber auch § 211 RN 6), ist der Gesetzgeber
seit langem bemüht, von dem „Normalfall" der vorsätzlichen und fahrlässigen Tötung (§§ 212, 222)
sowohl strafschärfende (§ 211) als auch strafmildernde Fälle (§§ 213, 216) abzuheben. Eine solche
Dreistufigkeit der Tötungsdelikte läßt sich, wenn auch mit teils abw. Differenzierungskriterien und
unterschiedlicher Gesetzestechnik, in vielen Rechtsordnungen nachweisen (vgl. Eser/Koch ZStW **92**,
491/496 ff., Schröder Mat. I 283 f., Simson/Geerds aaO 7 ff.) und wird i. Grds. auch von den meisten
deutschen Reformentwürfen nicht aufgegeben (vgl. E 62 §§ 134– 138, ferner AE/BT Straftaten
gegen die Person 1. Hbd. §§ 100–104, insbes. durch Differenzierung innerhalb von § 100). Dennoch
spricht kriminalpolitisch mehr für eine (auch im Ausland vordringende) grundsätzliche **Zweistufigkeit**
zwischen *nicht-privilegierbarer* und *privilegierbarer* Tötung (eingeh. Eser DJT-Gutachten D 86,
insbes. 106 ff.; grds. zust. 53. DJT NJW 80, 2512, Beckmann GA 81, 337 ff.; rechtsvergleich. Heine
Brauneck-FG 330 ff., GA 00, 305 ff. weit. Reformlit. o. vor RN 1).

a) Vom **Totschlag** (§ 212), mit dem der „Durchschnittsfall" der vorsätzlichen Tötung erfaßt 3
werden soll (vgl. dort RN 1), wird in *strafschärfender* Richtung der **Mord** (§ 211) abgehoben (zu
dessen Tatbestandsgeschichte näher Thomas aaO). Anstelle eines einzigen begrifflichen Abgrenzungskriteriums,
wie etwa dem der Überlegung (vgl. u. 4), wird der Mord heute durch eine Kasuistik von
Umständen abgeschichtet, die teils durch die Niedrigkeit der *Motivation* (Mordlust, Befriedigung des
Geschlechtstriebs, Habgier, sonstige niedrige Beweggründe), teils durch den deliktischen *Tatzweck*
(Ermöglichung oder Verdeckung einer Straftat) und teils durch die besondere Gefährlichkeit oder
Brutalität der *Tatausführung* (heimtückisch, grausam, mit gemeingefährlichen Mitteln) charakterisiert
sind und eine Gemeinsamkeit allenfalls darin haben, daß sie die Tötung als *besonders verwerflich*
erscheinen lassen (vgl. aber auch Eser DJT-Gutachten D 50 ff., Rüping JZ 79, 618 f.). Schon deshalb
ist der Unterschied von Mord und Totschlag kein qualitativer, sondern lediglich ein *quantitativgradueller,*
was sowohl für deren systematisches Verhältnis (u. 5) als auch für die Frage nach der
abschließenden Natur der Mordmerkmale (§ 211 RN 7 ff.) von Bedeutung ist.

Mit dieser an **sozialethischen** Verwerflichkeitsgedanken ausgerichteten Kasuistik des Mordtatbestandes 4
hat das StGB eine deutsch-rechtliche Entwicklungslinie wieder aufgenommen, die auf die
Heimlichkeit und damit die Unehrlichkeit der Tatbegehung abgestellt hatte, jedoch unter römischrechtlichem
Einfluß durch Abheben auf das Merkmal der **Überlegung** (vgl. Art. 137 CCC) abgelöst
worden war (vgl. Heine Brauneck-FG 317 ff., Rüping JZ 79, 618, Simson/Geerds aaO 13 ff., aber
auch Eser DJT-Gutachten D 115 ff.). Jene *psychologisierende* Betrachtung hatte zunächst auch in das
StGB Eingang gefunden, sich aber teils als zu weit, teils als zu eng erwiesen: Zu weit etwa da, wo der
Täter zwar mit Vorbedacht, aber zwecks Befreiung aus einer ihm ausweglos erscheinenden Konfliktlage
oder aus Mitleid mit einem Schwerleidenden tötet; zu eng hingegen dort, wo die Kurzschlußtötung
auf heimtückische oder grausame Weise ausgeführt wird (vgl. Eser DJT-Gutachten D 23 ff.,
Heine, Tötung 19 ff., M-Schroeder I 27, aber auch Köhler GA 80, 121 ff.). Mit Neufassung des § 211
durch Ges. v. 4. 9. 41 wurde daher die Überlegungskriterium völlig aufgegeben und durch die jetzige
Verwerflichkeitskasuistik ersetzt, wobei die vor allem auf Stooß (VE 1894 S. 147) zurückgehende
Konzeption der Art. 111–117 des schweizStGB von 1937 als Vorbild diente (vgl. Jähnke LK 35 ff.;
Müller-Dietz Jura 83, 568 ff.; auch die Deutung der Mordmerkmale aus einem „Mißverhältnis
zwischen Mittel und Zweck" durch Schroeder JuS 84, 277 beruht letztlich auf einer Verwerflichkeitsbetrachtung
und liefert zudem nur Teilerklärungen; näher Heine, Tötung 206 ff.). Anders als Art. 112
aF schweizStGB, das sich in weiser Zurückhaltung mit einer generellen Mordklausel begnügte („Tötung
unter Umständen oder mit einer Überlegung, die eine besonders verwerfliche Gesinnung oder
Gefährlichkeit des Täters offenbaren"), glaubte der deutsche Gesetzgeber die Verwerflichkeitsfälle
durch bestimmte *Mordmerkmale* konkretisieren zu können. Dieser Versuch muß schon deshalb als
mißglückt bezeichnet werden, weil einerseits schwerste Erscheinungsformen (wie etwa Mutwilligkeit)
unerfaßbar bleiben, andererseits bestimmte Mordmerkmale problematisch sind (wie etwa die heimtückische
Tötung aus Not oder Mitleid); vgl. ua die Kritik von Beckmann GA 81, 337 ff., Geilen JR 80,
309 ff., Gribbohm ZRP 80, 224 f., Heine Tötung 23 ff., Brauneck-FG 315 ff., GA 00, 305 ff.,
Woesner NJW 80, 1137 f. sowie Eser DJT-Gutachten D 34 ff. u. Grasberger aaO, je mwN Daher ist
zumindest den Ausweitungen durch entsprechend einschränkende Auslegung abzuhelfen (näher § 211
RN 10).

Welche Konsequenzen aus dieser Abschichtung für das **systematische Verhältnis** von § 211 und 5
§ 212 zu ziehen sind, ist umstritten. Vereinzelt blieben jedenfalls die Versuche, den § 211 als *Grundtatbestand*
zu deuten (so Eb. Schmidt DRZ 49, 241, SJZ 49, 562) bzw. § 212 als *Auffangtatbestand* für
alle einerseits nicht qualifizierten und andererseits auch nicht privilegierten Tötungsfälle zu konstruieren
(so Sax ZStW 64, 402 f.; ähnl. Hall Eb. Schmidt-FS 343). Dagegen hält der **BGH** nach wie vor
daran fest, daß in den §§ 211, 212 zwei **selbständige Tatbestände** mit jeweils unterschiedlichem
und abschließend umschriebenem Unrechtsgehalt zu erblicken seien (BGH **1** 370, **6** 330, **22** 377; i.
Grds. auch bestätigt durch GSSt BGH **30** 105 [dazu § 211 RN 10 a; vgl. aber auch BGH **36** 233 m.

Eser 1669

Anm. Beulke NStZ 90, 278]; ebso. Woesner NJW 78, 1025), mit der Folge, daß der Teilnehmer akzessorisch nach § 28 I zu behandeln ist (vgl. § 211 RN 46). Gegenüber dieser Auffassung, die spätestens mit Einfügung von § 50 II aF unhaltbar wurde (vgl. Arzt JZ 73, 681 ff.), erblickt die hL im **Mord** lediglich eine unselbständige **Qualifizierung des Totschlags** (Tröndle § 211 RN 14, Hardwig GA 54, 258, Gössel I 12 ff., Hirsch Tröndle-FS 34, Horn SK § 211 RN 2, Kerner Heidelberg-FS 429 ff., Lackner/Kühl 22, M-Schroeder I 28, Schröder NJW 52, 649, Welzel JZ 52, 73, W-Hettinger RN 69 f. sowie Jähnke LK 39 ff. mwN; noch weitergeh. iSv bloßen Regelbeispielen Strangas RechtsTh 85, 491 ff.; vgl. aber auch Puppe JR 84, 233). Für diese Auffassung, die für Tatbeteiligte den Weg einer Akzessorietätslockerung nach § 28 II eröffnet (vgl. § 211 RN 46), spricht nicht nur das schweizerische Vorbild, das die Tötungsdelikte in Form eines Grundtatbestandes mit qualifizierenden und privilegierenden Abwandlungen systematisiert hat (o. 4; vgl. Stratenwerth, Schweiz. Strafr., BT/I[4] [1995] 22), sondern auch die nur quantitativ graduelle Stufung von Mord und Totschlag (o. 3) und die nicht in jeder Hinsicht als abschließend zu verstehende Natur der Mordmerkmale (§ 211 RN 8 ff.).

6 Dieser Annahme eines bloßen Qualifizierungsverhältnisses von Mord und Totschlag steht auch nicht entgegen, daß das Gesetz in § 211 vom **„Mörder"** und in § 212 vom **„Totschläger"** spricht. Denn weder liegt darin eine Anerkennung der Lehre vom „normativen Tätertyp" (so die Bestrebungen von Dahm, Der Tätertyp im Strafrecht [1940] 21, 23, 25; vgl. dazu o. 5 vor § 13), noch sollte damit auf grundsätzlich verschiedene kriminologische Tätertypen Bezug genommen werden (vgl. RG **76** 299, **77** 43, Eser DJT-Gutachten D 32, eingeh. Frommel JZ 80, 559 ff.), ganz abgesehen davon, daß für eine solche Typenbildung hinreichend gesicherte empirische Befunde fehlen (vgl. Eser aaO 52, 106 mwN). Vielmehr soll durch diese Terminologie der Richter lediglich auf die besondere Rolle hingewiesen werden, die bei der Abgrenzung von Mord und Totschlag der Persönlichkeit des Täters und der Verwerflichkeit seiner Motivation zukommt (vgl. amtl. Begr. DJ 41, 935; krit. Heine aaO 23 ff.). Danach hat der Richter bei Auslegung der Mordmerkmale jeweils mitzubedenken, ob die Tat nach allen Umständen des Einzelfalles und nach der Gesamtpersönlichkeit des Täters die abschließende Kennzeichnung als Mord verdient (vgl. RG **76** 299, **77** 43, HRR **42** Nr. 608; and. BGH **3** 332 f., M-Schroeder I 37 f.). Zu den Konsequenzen dieser Auffassung im einzelnen vgl. § 211 RN 7 ff.

7 b) In *strafmildernder* Richtung ist, nachdem die früher ausdrücklich privilegierte *Kindestötung* (§ 217) durch das 6. StrRG entfallen ist (vgl. aber auch § 213 RN 15 ff.), heute nur noch die **Tötung auf Verlangen** (§ 216) tatbestandlich abgehoben, wobei sich die Milderung teils mit gemindertem Unrecht: Verlangen des Rechtsgutsinhabers bei § 216 (vgl. dort RN 1, 4 ff.), teils vorrangig mit geminderter Schuld: etwa Handeln aus Mitleid bei § 216, erklären läßt (rechtsvergleich. dazu Arzt u. Otto ZStW 83, 32 ff. bzw. 70 ff., Eser/Koch ZStW 92, 531 ff., 545 ff.). Auch bei diesem Tatbestand ist das **systematische** Verhältnis zu den §§ 211 bis 213 umstritten: Während die Rspr. in Entsprechung zum Verhältnis von § 211 zu § 212 auch in § 216 einen *selbständigen* Tatbestand erblickt (BGH **2** 258, **13** 165, ebso. Tröndle § 216 RN 1), sieht die hL darin eine *unselbständige Privilegierung* des auch insoweit als Grundtatbestand zu verstehenden § 212 (Blei II 28, 31, Jähnke LK 45, Lackner/Kühl § 216 RN 1, M-Schroeder I 53, W-Hettinger 69 f.). Soweit es bei diesem Streit jedoch nur darum geht, daß bei gleichzeitigem Vorliegen von strafschärfenden und strafmildernden Merkmalen (zB bei Tötung des dies Verlangenden aus Habgier) keinesfalls der Mordtatbestand zum Zuge kommen soll, braucht dafür der § 216 nicht unbedingt als Sonderdelikt verstanden zu werden (so aber offenbar Schröder 17. A. 7 vor § 211); denn nach heutiger hM müssen etwaige Qualifizierungen sowohl gegenüber selbständigen wie auch gegenüber unselbständigen Privilegierungen zurücktreten (vgl. Horn SK § 217 RN 2, Maihofer H. Mayer-FS 197, M-Zipf I 289 f., W-Beulke 113; krit. Bernsmann aaO). Auch hinsichtlich der Anwendbarkeit von § 213 (vgl. BGH **2** 258) hat nach Angleichung der Strafrahmen der Einordnungsstreit seine praktische Bedeutung verloren (Horn SK § 216 RN 2). Frei von solchen Erwägungen ist damit nunmehr eine sachorientierte *Differenzierung* eröffnet: Während die lediglich schuldbezogene Rücksichtnahme auf die Ausnahmesituation der nichtehelichen Mutter bei dem aufgehobenen § 217 für eine nur *unselbständige Privilegierung* sprach, handelt es sich bei § 216 um eine Art „Selbstmord durch fremde Hand" (Bringewat ZStW 87, 645, Tröndle[43] § 216 RN 1), der sich vom Normalfall vorsätzlicher Fremdtötung so tiefgreifend abhebt, daß § 216 als **selbständiger** Tatbestand zu betrachten ist (vgl. E. v. Liszt aaO 161 f.); vgl. auch den auf das Verbot *aktiver* Lebensvernichtung beschränkten Sanktionszweck des § 216 (dort RN 10). Über die sich daraus für Tatbeteiligung ergebenden Konsequenzen vgl. § 216 RN 17 ff.

8 c) Neben den vertatbestandlichten Qualifizierungen (§ 211) bzw. Privilegierungen (§ 216) kann der Totschlag auch noch durch **unbenannte** Strafschärfungsgründe **(§ 212 II)** bzw. durch strafmildernde Zumessungsregeln **(§ 213)** modifiziert sein. Diese nicht abschließend vertatbestandlichten Abstufungen kommen in Betracht, wenn der „normale" Unrechts- oder Schuldgehalt eines Totschlags über- oder unterschritten ist, ohne daß damit bereits die Merkmale eines Straferschwerungs- bzw. Strafmilderungstatbestandes erfüllt wären. So etwa läßt sich der durch § 211 nicht erfaßte Fall mutwilliger Tötung (vgl. o. 4) durch § 212 II strafschärfend sanktionieren (vgl. dort RN 12), während eine Strafmilderung nach § 213 etwa bei einer in oder nach Ablauf der Geburtsphase in einer Verzweiflungssituation begangenen Tötung eines Kindes in Betracht kommt.

d) Der früher in § 214 vertatbestandlichte *Totschlag bei Unternehmung einer strafbaren Handlung* ist ebenso wie der *Aszendententotschlag* (früher § 215) durch Ges. v. 4. 9. 41 gestrichen worden. Der erste Fall kann jetzt durch § 211 erfaßt werden (vgl. dort RN 31 f.). Auch im zweiten Fall wird idR das enge Verhältnis des Täters zum Getöteten die Tat als besonders schwer erscheinen lassen; doch kann dies nicht ausnahmslos gelten: so etwa dann nicht, wenn der Sohn den trunksüchtigen Vater, der seine Mutter schwer mißhandelt, tötet. In solchen Fällen ist durch Aufhebung des § 215 dem Richter ermöglicht, die unter Abwägung aller Umstände angemessene Strafe zu finden, ohne an ein zu hohes Mindestmaß gebunden zu sein (vgl. RG **67** 280, Lange LK⁹ 8 vor § 211). Der die *Kindestötung* privilegierende § 217 ist durch das 6. StrRG (mit Wirkung vom 1. 4. 1998) aufgehoben worden, weil er nicht mehr zeitgemäß ist. Im übrigen kann der psychischen Ausnahmesituation einer Mutter, die ihr Kind in oder gleich nach der Geburt tötet, auch durch § 213 ausreichend Rechnung getragen werden.

e) Strittig ist das gleichzeitige **Zusammentreffen von qualifizierenden und privilegierenden Merkmalen,** wie etwa bei heimtückischer Tötung (§ 211) im Affekt (§ 213) oder bei grausam (§ 211) ausgeführter Tötung auf Verlangen (§ 216). Dabei werden einerseits bei Vorliegen des Mordtatbestandes die strafmildernden Zumessungsregeln bei bloßem Totschlag (§ 213) für unanwendbar erklärt (vgl. § 213 RN 3, aber auch § 211 RN 9 f., 11), während durch den Privilegierungstatbestand des § 216 die etwaige Mordqualifizierung verdrängt werde (vgl. § 216 RN 2). Die gegen eine solche „Konkurrenzlösung" von Bernsmann JZ 83, 45 ff. erhobenen Einwände sind zwar bedenkenswert, ohne daß aber eine eigene „interpretatorische" Lösung wesentlich über die hier geforderte Gesamtwürdigung (§ 211 RN 10) hinauskäme bzw. im übrigen selbst unbefriedigend bleibt.

3. Von den hier infragestehenden Tötungsdelikten ieS, bei denen die Herbeiführung des Todes den tatbestandsmäßigen Erfolg darstellt, sind jene Delikte zu unterscheiden, in denen die Todesfolge lediglich als strafschärfende **Erfolgsqualifizierung** zu betrachten ist: so in den Fällen der §§ 176 b, 178, 218 II Nr. 2, 221 III, 227, 239 IV, 239 a III, 239 b II, 251, 306 c, 307 III, 308 III, 309 IV, 312 IV, 313 II, 314 II, 318 IV (vgl. Rengier, Erfolgsqualif. Delikte [1986] 98 ff.). Bei diesen Tatbeständen braucht der Todeseintritt nicht vom Vorsatz umfaßt zu sein. Immerhin fordern die moderneren erfolgsqualifizierten Tatbestände aber zumindest *leichtfertige* Todesherbeiführung (so in §§ 176 b, 178, 218, 239 a, 239 b, 251, 306 c, 307 III, 308 III, 309 IV). Soweit dies nicht vorausgesetzt wird, genügt nach § 18 die *fahrlässige* Erfolgsverursachung.

4. Die Tötungsdelikte ieS setzen für ihre Vollendung den Todeseintritt des Opfers voraus. Deshalb genügt dafür nicht schon bloße **Lebensgefährdung.** Obgleich es im Lebensschutzinteresse liegen könnte, auch schon bloße Lebensgefährdungen tatbestandlich zu erfassen, hat das StGB – im Unterschied etwa zum PrALR II 20 § 509 und schweizStGB Art. 129 (vgl. auch § 89 östStGB) – von einem *generellen* Lebensgefährdungstatbestand abgesehen, um stattdessen lediglich die Lebensgefährdung durch bestimmte Mittel (zB §§ 221, 231, 313) **speziell** zu vertatbestandlichen. Rechtspolitisch dazu Arzt ZStW 83, 2, 37 f., Lange LK⁹ 9 vor § 211 sowie Buckenberger, Strafrecht u. Umweltschutz, 1975, je mwN.

II. Geschütztes **Rechtsgut** der Tötungsdelikte ieS (o. 2) ist das **menschliche Leben.** *Tatobjekt* ist der **geborene** *Mensch* (im Unterschied zur noch *ungeborenen Leibesfrucht* bei Schwangerschaftsabbruch; vgl. o. 1 sowie 9 vor und 6 zu § 218). Deshalb ist für den Anwendungsbereich der Tötungsdelikte von wesentlicher Bedeutung, in welchem Zeitpunkt das Leben Menschenqualität erlangt (u. 13) und damit zum Tatobjekt werden kann (u. 14 f.) bzw. bis zu welchem Zeitpunkt es diese Qualität behält (u. 16 ff.).

Schrifttum zum *Beginn und Ende (der Schutzwürdigkeit) menschlichen Lebens: Asada,* Lebensschutz u. Selbstbestimmung im Strafrecht, in *Leipold,* Selbstbestimmung in der mod. Gesellschaft aus dt. u. jap. Sicht (1997), 85. – *Beckmann,* Ist der hirntote Mensch eine „Leiche"?, ZRP 96, 219. – *Bockelmann,* Strafrecht des Arztes, 1968, 108 ff. – *Bottke,* Strafr. Probleme am Lebensbeginn u. am Lebensende, in Dt. Sektion der Internat. Juristen-Kommission, Lebensverlängerung aus med., ethischer u. rechtl. Sicht (1995), 35. – *Cremer,* Strafr. relevantes Abgrenzungskriterium zw. „Leibesfrucht" u. Mensch bei der abdominalen Schnittentbindung, MedR 93, 421. – *Engisch,* Der Arzt an den Grenzen des Lebens, 1973. – *Englert,* Todesbegriff u. Leichnam als Element des Totenrechts, 1979. – *Eser,* Zwischen „Heiligkeit" u. „Qualität" des Lebens, Tüb. FS 377. – *ders.,* Medizin u. Strafrecht, ZStW 97 (1985) 1. – *ders.,* Lebensrecht, in: Eser/v. Lutterotti/Sporken, Lexikon Medizin – Ethik – Recht (1989) 696. – *Fritsche,* Grenzbereich zwischen Leben und Tod², 1979. – *Funck,* Der Todeszeitpunkt als Rechtsbegriff, MedR 92, 182. – *Geilen,* Neue juristisch-medizinische Grenzprobleme, JZ 68, 150. – *ders.,* Das Leben des Menschen in den Grenzen des Rechts, FamRZ 68, 121. – *ders.,* Medizinischer Fortschritt u. juristischer Todesbegriff, Heinitz-FS 373. – *ders.,* Legislative Erwägungen zum Todeszeitproblem, in *Eser,* Suizid u. Euthanasie (1976) 301. – *Giesen,* Eth. u. rechtl. Probleme am Ende des Lebens, JZ 90, 929. – *Giesen/Kreienburg,* Organtransplantation – Wann endet das Leben? 1969. – *Grewel,* Zwischen Lebensrettung u. Euthanasie, ZRP 95, 217. – *Gropp,* Der Embryo als Mensch (usw.), GA 00, 1. – *Hanack,* Todeszeitbestimmung, Reanimation u. Organtransplantation, in: Eser, Recht u. Medizin (1990) 234. – *Heun,* Der Hirntod als Kriterium des Todes des Menschen, JZ 96, 213. – *Höfling,* Um Leben u. Tod, JZ 95, 26. – *ders.,* Hirntodkonzeption u. Transplantationsgesetzgebung, MedR 96, 6. – *Hoff/in der Schmitten,* Wann ist der Mensch tot?, 1995. – *Horn,* Todesbegriff, Todesbeweis u. Angiographie in jur. Sicht, Internist 1974, 557. – *Kaiser,* Der Tod u. seine Rechtsfolgen, in: *Mergen,* Die jur. Problematik in der Medizin I (1971) 31. – *König,* Todesbegriff, Todesdiagnostik u. Strafrecht, 1988. – *v. Kress/Heinitz,* Ärztl./rechtl. Fragen der Organ-

§§ 211 ff. Vorbem 13, 14   Bes. Teil. Straftaten gegen das Leben

transplantation, 1970. – *Krösl-Scherzer,* Die Bestimmung des Todeszeitpunktes, 1973. – *Laufs,* Jur. Probleme des Hirntods, Nervenarzt 85, 399. – *Leisner,* Das Lebensrecht (hrsg. von der nd.-sächs. Landeszentrale f. pol. Bildung), 1976. – *Lenckner,* Arzt u. Strafrecht, in: *Forster,* Praxis der Rechtsmedizin, 1986, 569. – *Lüttger,* Der Tod u. das Strafrecht, JR 71, 309. – *ders.,* Geburtshilfe u. Menschwerdung in strafr. Sicht, Heinitz-FS 359. – *ders.,* Geburtsbeginn u. pränatale Einwirkung mit postnatalen Folgen, JuS 83, 481. – *Merkel,* Hirntod u. kein Ende, Jura 99, 113. – *Mueller,* Gerichtliche Medizin ²(1975) 8. – *Neuhaus,* Med. Probleme bei der Todeszeitfeststellung (usw.), Heinitz-FS 397. – *Peters,* Der Schutz des neugeborenen, insbes. des mißgebildeten Kindes, 1988. – *Rixen,* Todesbegriff, Lebensgrundrecht u. Transplantationsges., ZRP 95, 461. – *Saerbeck,* Beginn u. Ende des Lebens als Rechtsbegriffe, 1974. – *Schreiber,* Kriterien des Hirntodes, JZ 83, 593. – *Schwalm,* Über den Beginn des menschl. Lebens aus der Sicht des Juristen, MDR 68, 277. – *Seebaß,* Entstehung des Lebens (Schriftr. Univ. Münster H. 2), 1980. – *Spittler,* Der menschli. Körper im Hirntod (usw.), JZ 96, 747. – *Steffen,* Wieviele Tode stirbt der Mensch?, NJW 97, 1619. – *Sternberg-Lieben,* Tod u. Strafrecht, JA 97, 80. – *Stratenwerth,* Zum jur. Begriff des Todes, Engisch-FS 528. – *Tepperwien,* Praenatale Einwirkungen als Tötung oder Körperverletzung? 1973. – *Wagner/Brocker,* Hirntodkriterium u. Lebensgrundrecht, ZRP 96, 226. – *Waldstein,* Das Menschenrecht zum Leben, 1982. – *Weissauer/Opderbecke,* Tod, Todeszeitbestimmung u. Grenzen der Behandlungspflicht, Anästhes. Inform. 1972, 2. – *Wolfslast,* Grenzen der Organgewinnung, MedR 89, 163. – *Zippelius,* An den Grenzen des Rechts auf Leben, JuS 83, 659. – Vgl. ferner die Nachw. u. vor 21, 33.

13   1. **Mensch** iSd StGB wird man mit **Beginn des Geburtsaktes** (BGH **31** 348 m. Anm. Arzt FamRZ 83, 1019, Eser NStZ 84, 49, Lüttger NStZ 83, 481, Paehler DRiZ 84, 276, Karlsruhe MDR **84**, 686) und nicht erst (wie bei § 1 BGB) mit „Vollendung der Geburt" (vgl. RG DR **39**, 365). Dies ergab sich früher schon positiv-rechtlich aus § 217 aF, wo das Gesetz die Tötung eines „in" der Geburt befindlichen Kindes nicht mehr als Schwangerschaftsabbruch, sondern bereits als Tötungsdelikt ieS behandelte; doch auch nach Aufhebung dieses Tatbestandes durch das 6. StrRG (o. 7) hat sich an dieser Grenzziehung, da vom Gesetzgeber offensichtlich nicht beabsichtigt (vgl. BT-Drs. 13/8587 S. 34, 81, aber auch DSNS-Struensee 29), nichts geändert (vgl. aber auch rechtspol. dazu Gropp GA 00, 14 f.). Zudem spricht dafür auch der Schutzzweck: Während es im Zivilrecht lediglich um Zuerkennung der Rechtsfähigkeit geht (vgl. Larenz/Wolf, Allg. Teil d. Bürgerl. Rechts ⁸[1997] § 5 II) und im Sozialrecht die Erfassung als „Leibesfrucht" dieser bei Erstreckung des Versicherungsschutzes bis zum Geburtsende hin besser zustatten kommt (vgl. BSG NJW **86**, 1571), versucht das Strafrecht bereits den Geburtsvorgang als eine Zone erhöhter Gefahr für das Kind in den Tatbestand, insbes. auch fahrlässige Erfolgsverursachung einschließenden Tötungs- und Körperverletzungsdelikte einzubeziehen (vgl. RG **9** 131, **26** 179, BGH **10** 5, Saerbeck aaO 94). Der Geburtsbeginn wurde nach einer lange vorherrschenden Auffassung bei den sog. Preßwehen angesetzt (Welzel 280; ähnl. Saerbeck aaO 95 ff.: Beginn der Austreibungsperiode; noch weiter zurückgeh. wollte Lange LK⁹ 3 im Anschluß an Binding und Gerland erst auf das Heraustreten des Kindes aus dem Mutterleib abstellen; vgl. zum Ganzen auch E. v. Liszt aaO 8 ff. sowie dogmengeschichtl. Peters aaO 155 ff.). Demgegenüber ist aufgrund neuerer medizinischer Erkenntnisse der Geburtsbeginn bereits mit dem Einsetzen der sog. **Eröffnungswehen** anzunehmen (nachdem in BGH **31** 356 noch offengelassen, inzwischen klargestellt in BGH **32** 194 m. Anm. Koch MedR 85, 83; ebenso Karlsruhe NStZ **85**, 314 m. Anm. Jung, sowie Tröndle 2, Geilen FamRZ 68, 121 ff., Horn SK § 212 RN 3; eingeh. Lüttger JR 71, 133 ff., NStZ **83**, 482; aus med. Sicht für Abheben auf das Blasensprung Cremer MedR **89**, 301). Ob diese spontan eintreten oder künstlich (so insbes. medikamentös) hervorgerufen werden, ist gleichgültig (vgl. aber auch Lüttger Heinitz-FS 359 ff.). Bei operativer Entbindung (Kaiserschnitt) ist der die Eröffnungsperiode ersetzende ärztliche Eingriff entscheidend (Karlsruhe NStZ **85**, 315, Lüttger aaO), wobei im Interesse optimalen Schutzes zwar ein Abheben auf den Eingriffsbeginn nahe läge (so Tröndle 2, Gössel I 26, Schmidhäuser II 15 bzw. bereits auf die Narkoseeinleitung abhebend Cremer MedR 93, 421); da aber die Eröffnung der Bauchdecke uU auch anderen Zwecken dienen kann, ist auf die Eröffnung des Uterus abzustellen (Isemer/Lilie MedR 88, 68, Jähnke LK 3, Tröndle 2). Diese Zäsur gilt für vorsätzliche und fahrlässige Tötung gleichermaßen (vgl. BGH **31** 352, Arzt FamRZ 83, 1019, Lüttger NStZ 83, 483; vgl. auch Jung NStZ **85**, 316 f.).

14   2. Um Objekt eines Tötungsdelikts sein zu können, ist lediglich erforderlich, daß das Kind im vorbezeichneten Zeitpunkt des Geburtsbeginns *tatsächlich gelebt* hat, ohne dabei noch vom Leben der Mutter abhängig zu sein (vgl. RG DR **39**, 365, BGH **10** 292). Dagegen ist seine **weitere Lebensfähigkeit nicht erheblich** (vgl. v. Liszt VDB V 10, BGH **10** 293, sowie zu gegenteiligen med. Vorstellungen Hiersche MedR 84, 216). Daher kann auch ein neugeborenes Kind, das nach Alter oder Bildung seiner Organe keine Chance hat, außerhalb des Mutterleibes längere Zeit fortzuleben, Objekt eines Tötungsdeliktes sein (vgl. § 218 RN 24; daher problem. StA Oldenburg NStZ **99**, 462 m. krit. Anm. Tröndle). Entsprechendes gilt für Menschen, denen etwa aufgrund einer schweren Verletzung oder infolge einer progredient tödlichen Krankheit nur noch geringe oder überhaupt keine Lebenschancen mehr eingeräumt werden können (RG **2** 405, BGH VRS **17** 191, **25** 43, Küper JuS 81, 790; vgl. auch OGH **2** 140, NJW **49**, 910). Denn angesichts der Lebensgarantie des Art. 2 II GG (vgl. BVerfGE **39** 1, 42, **88** 203) kann auch der strafrechtliche Lebensschutz grundsätzlich weder von der physischen Lebensfähigkeit oder Lebenserwartung noch vom subjektiven Lebenswillen, geschweige von seiner sozialen Funktionsfähigkeit oder gesellschaftlichen Wertschätzung abhängig gemacht werden (vgl. Maunz-Dürig Art. 2 II GG 8 ff., Leisner aaO 20 ff., M-Schroeder I 12, 24, W-Hettinger 2); über die damit verbundene Problematik der Euthanasie und Sterbehilfe vgl. u. 21 ff.

Daher stehen auch Kinder mit körperlichen oder geistigen Defekten ebenso wie *Mißgeburten*, sofern sie jedenfalls lebend zur Welt gekommen sind, unter dem Schutz der Tötungstatbestände (vgl. Engisch, Euthanasie 23, Gössel I 24, Jähnke LK 6, aber auch Frank I und M-Schroeder I 14, wonach die Mißgeburt wenigstens „Menschenantlitz" tragen müsse); von diesem Schutz ist auch der Anencephalus nur in dem (wohl seltenen) Fall ausgenommen, daß er schon bei Geburtsbeginn überhaupt nicht lebt (vgl. Isemer/Lilie MedR 88, 66 f., Wolfslast MedR 89, 164 sowie eingeh. Bottke aaO 59 ff., aber auch Hanack Noll-GedS 204, Jähnke LK § 218 RN 4, die beim „hirnlosen Foetus" bereits „werdendes Leben" iSv § 218 bestreiten). Folglich ist auch für eine Vernichtung sog. „lebensunwerten Lebens" kein Raum (vgl. u. 24). Dagegen scheidet der als *Mole* bezeichnete entwicklungsunfähige oder schon abgestorbene Fötus sowohl als Objekt eines Schwangerschaftsabbruchs wie auch eines Tötungsdeliktes aus (vgl. § 218 RN 6). Allg. zu Wandlungen des Lebensschutzes Eser Tüb. FS 377 ff. sowie spez. zum Mißgebildeten Peters aaO.

Fraglich ist die Anwendbarkeit der Tötungstatbestände bei **pränatalen Handlungen,** die zwar erst 15 nach Geburtsbeginn den Tod bewirken, aber bereits zu einem Zeitpunkt vorgenommen wurden, in dem das betroffene Leben noch keine Menschenqualität iSd Tötungsdelikte (o. 13 f.) besaß. Für die damit notwendige **Abgrenzung von Schwangerschaftsabbruch** kann weder die Zeit der *Handlungs*vornahme noch des letztendlich tödlichen *Erfolgseintritts,* sondern allein der Zeitpunkt entscheidend sein, in dem sich die Handlung beim Betroffenen *auszuwirken beginnt* (ähnl. auf die „Einwirkung auf das Opfer" abheb. BGH **31** 352, Jähnke LK 4, Lüttger NStZ 83, 483 mwN, wobei jedoch unter „Einwirken" nicht schon das nur tangierende „Auftreffen" auf den Betroffenen, sondern erst dessen schädigende „Auswirkung" verstanden werden darf; ebenso W-Hettinger 12 und wohl auch Karlsruhe MDR **84,** 687). Ist dies noch *vor Geburtsbeginn* der Fall, etwa indem durch einen Eingriff eine Fehlgeburt herbeigeführt wird, so ist diese Handlung selbst dann nur nach § 218 erfaßbar, wenn der Fötus lebend zur Welt kommt und dann (bereits als Mensch) stirbt (vgl. Arm. Kaufmann JZ 71, 569 ff.; iglS Horn SK § 212 RN 4, Jähnke LK 4, W-Hettinger 12 f.). Demzufolge bleibt eine nur fahrlässige pränatale Einwirkung mit letztlich tödlichem Erfolg – jedenfalls im Hinblick auf den Fötus – strafrechtlich sanktionslos (BVerfG NJW **88,** 2945, BGH **31** 352 f., Bamberg NJW 88, 2963, Karlsruhe MDR **84,** 687; vgl. auch Tepperwien aaO 114 ff.; bzgl. der Schwangeren vgl. § 218 RN 68); denn einerseits steht einer Anwendung von § 222 entgegen, daß die zum Tode führende Wirkung bereits zu einem Zeitpunkt einsetzte, als der Betroffene noch ein Fötus war, und andererseits ist § 218 bei bloßer Fahrlässigkeit nicht strafbar. Kommt eine pränatale Handlung dagegen *erst* beim lebend *geborenen* Menschen zur Auswirkung (zB indem eine vor Geburtsbeginn der Mutter beigebrachte Virusinfektion durch nachgeburtliche Kontakte auf das Kind übertragen wird und bei diesem zum Tod führt), so ist dies nicht mehr nach § 218, sondern allenfalls als Tötungsdelikt erfaßbar. Entsprechendes muß erst recht für den Fall gelten, daß die schon vor der Geburt aufgestellte Giftflasche erst von dem herumkrabbelnden Kind ausgetrunken wird (Horn SK § 212 RN 4). Zu sonstigen Überschneidungen und Abgrenzungsproblemen von Schwangerschaftsabbruch und Tötungsdelikten vgl. 40 f. vor sowie 22 ff. zu § 218. Zu parallelen Problemen bei (nichttödlichen) pränatalen *Verletzungen* vgl. § 223 RN 1 a.

3. Ferner bedarf der für das *Ende des Menschseins* maßgebliche **Todeszeitpunkt** einer Festlegung. 16 Da die Tötungstatbestände nur den Schutz des *lebenden* Menschen bezwecken, endet ihr Anwendungsbereich dort, wo der Mensch als tot zu bezeichnen ist (über den Schutz der Leiche vgl. § 168). Da sich dazu dem StGB keinerlei Aussagen entnehmen lassen (und auch der neue § 3 II TPG über den Bereich der Organtransplantation hinaus keine allgemeinverbindliche Klärung bringt: vgl. u. 20), hat man im Anschluß an traditionelle medizinische Auffassungen den maßgeblichen Todeszeitpunkt im „irreversiblen Stillstand von Kreislauf und Atmung verbunden mit dem Aufhören der Tätigkeit des zentralen Nervensystems, gefolgt vom Absterben aller Zellen und Gewebe des gesamten Organismus" erblickt (Hansen, Gerichtliche Medizin² [1965] 20). Dieser an Herz- und Atmungsstillstand ausgerichtete sog. *klinische Tod* ist jedoch vor allem aus zwei Gründen problematisch geworden (vgl. Hanack in Eser, Medizin 234 ff.): a) Zum einen wegen der medizinisch-technischen Möglichkeit künstlicher **Reanimation** nach Stillstand der spontanen Atmungs- und Kreislauftätigkeit. Insoweit stellt sich die Frage, ob der klinische Tod auch weiterhin der maßgebliche Anknüpfungspunkt sein kann, oder ob stattdessen auf einen anderen Zeitpunkt, so etwa den des Hirntodes, abzustellen wäre: Ersteres hätte zur Folge, daß einerseits schon bei Stillstand der Atmungs- und Kreislauftätigkeit die Pflicht zu weiteren Lebenserhaltungsmaßnahmen bei dem ja bereits als tot zu betrachtenden Patienten entfallen würde und damit die künstliche Reanimation im Belieben des Arztes stünde, daß aber andererseits die Behandlungspflicht grundsätzlich so lange andauern würde, wie Atmung und Kreislauf noch funktionsfähig sind, und dies selbst dann, wenn inzwischen der totale Hirntod eingetreten wäre. Ist dagegen etwa auf den Organtod des Gehirns abzuheben, so besteht einerseits die Pflicht zu künstlicher Reanimation solange, wie die Hirnfunktionen noch nicht total erloschen sind, andererseits endet aber die Lebenserhaltungspflicht spätestens dann, wenn der Hirntod eingetreten ist, und zwar unabhängig von der möglicherweise noch intakten Kreislauftätigkeit dieses „lebenden Organpräparats" (Geilen JZ 68, 150). b) Zum anderen wird die an Kreislauf- und Atmungsstillstand ausgerichtete Todesauffassung durch das steigende Bedürfnis nach frühzeitigen **Transplantations**möglichkeiten in Frage gestellt. Denn nicht nur, daß danach eine Herztransplantation grundsätzlich unzulässig wäre, da ja das Herz im Körper des Empfängers weiterschlagen soll, also auch im Körper des Spenders noch hätte zum Schlagen gebracht oder gehalten werden können (vgl. Stratenwerth Engisch-FS 535); auch würde damit das medizinische Interesse an möglichst „frischen" Transplantaten vereitelt (Geilen Heinitz-FS 381, Hanack in Hiersche 144, Schönig NJW 68, 189, Stratenwerth aaO). Insofern erschiene aus Transplantationssicht ein möglichst frühzeitiger Todeszeitpunkt wünschenswert.

17 Diese Verschiedenartigkeit, wenn nicht gar Gegenläufigkeit der Interessen bei Reanimationsbedürfnissen einerseits und Transplantationsinteressen andererseits hat bereits die Frage nach **unterschiedlichen Todesbegriffen** wach werden lassen (Saerbeck aaO insbes. 123 ff.), wobei dort, wo es allein um das Lebenserhaltungsinteresse des betreffenden Patienten geht, der Todeszeitpunkt möglichst *spät* anzusetzen sei, während in Transplantationsfällen mit Rücksicht auf das Rettungsinteresse des Organempfängers der Tod des ohnehin nicht mehr zu rettenden Spenders möglich *frühzeitig* anzunehmen wäre. Gegen solche interessenorientierten Todesdefinitionen hat sich jedoch zu Recht bereits die Vollversammlung des Europarates ausgesprochen (Resolution 613 Nr. 4 v. 29. 1. 76; vgl. auch Geilen in Eser, Suizid 303 ff., Englert aaO 65 ff.). Denn so legitim das Rettungsinteresse des Empfängers auch sein mag, so müßte es doch zu kaum absehbaren Folgen führen, wollte man den für den Lebensschutz wesentlichen Todesbegriff durch heteronome Hilfsaspekte verfälschen; vielmehr wäre solchen Rücksichten auf andere Weise, wie etwa durch ein aus Einwilligungs- und/oder Notstandsgrundsätzen zu entwickelndem Transplantationsrecht Rechnung zu tragen (vgl. dazu auch § 34 RN 20).

18 Daher ist – jedenfalls für das Strafrecht – an einem **einheitlichen Todeszeitpunkt** festzuhalten, wobei zu dessen Bestimmung zwischen dem normativ maßgeblichen Todes*begriff* und den medizinisch-beweismäßigen Todesfeststellungs*kriterien* zu unterscheiden ist – was freilich selbst heute noch häufig nicht richtig begriffen wird, mit der Folge, daß primäre Wertungsaspekte im Hinblick auf das, was den „lebenden" Menschen ausmacht, und empirische Faktoren, in denen jenes „Leben" seinen faktischen Sitz hat bzw. mit ihrem Ausfall das Ende menschlichen Lebens anzunehmen ist, in problemverzerrender Weise miteinander vermengt werden und man dabei teils auch noch Fragen des prämortalen Behandlungsabbruchs oder der Organtransplantation – und dies oft noch durch entsprechend ergebnisorientierte Vorverständnisse – mitzuerledigen versucht (wie etwa bei Funck MedR 92, 182 ff., Dencker NStZ 92, 313 f. und – wenngleich mit eher gegenläufiger Tendenz – Tröndle 3 ff.; vgl. auch die Kritik von Joerden NStZ 93, 268 ff., Puppe JR 92, 513). Zu weiteren Ausdifferenzierungen dieser beiden normativ-empirischen Entscheidungsebenen, ohne allerdings selbst erkennbaren Nutzen daraus zu ziehen, vgl. Höfling JZ 95, 30.

19 a) Was den vorrangig zu bestimmenden **Todesbegriff** betrifft, bei dem es sich entgegen einem weitverbreiteten Mißverständnis (vgl. etwa Gerlach AR 82, 262) nicht einfach um eine medizinische Vorgegebenheit, sondern um eine normative Konvention handelt (vgl. Eser ZStW 97, 27 ff., Heine LdR 8/1680, 1, Heun JZ 96, 214, Schreiber JZ 83, 593, Laufs Nervenarzt 85, 399), kann es dafür weder erst auf den völligen Ausfall jeglicher biologischer Lebensregungen (gegen einen solchen „Totaltod" iSv Gerlach treff. Weissauer-Opderbecke Anästh. Inf. 72, 2 ff.) noch bereits auf den Stillstand von Herz- und Atmungstätigkeit ankommen, sondern allein auf das sog. **Hirntod** (so die heute hM: vgl. ua Horn SK § 212 RN 5, Jähnke LK 8 f. mwN; ebso. BAK DÄBl. 93, C-1975 ff. u. 97, C-957 ff.; vgl. auch Tröndle 3 a). Denn da es dem Strafrecht um den Schutz menschlichen Lebens geht und der Sitz dessen, was das Personsein des Menschen und sein Lebenszentrum ausmacht, nicht im Herzen oder einem sonstigen Organ, sondern im Gehirn zu erblicken ist (Lenckner aaO S. 612, Stratenwerth Engisch-FS 543), wird der das Ende spezifisch menschlichen Lebens markierende Vorgang zu Recht im irreversiblen und totalen Funktionsausfall des Gehirns gesehen (so auch die Hirntodkriterien der BAK DÄBl. 82, H. 14 S. 35 ff.; dazu Laufs aaO S. 399, Schreiber JZ 83, 593 ff., Schuh AR 82, 260 ff., Sternberg-Lieben JA **97**, 82 ff.; iglS als Voraussetzung für eine Transplantation vom toten Spender § 3 II TPG (u. 20); vgl. auch DÄBl. 93, C-1975, 97, C-957, Gsell aaO 174, Wolfslast aaO sowie aus med. Sicht Spittler JZ 97, 749 ff.); aus verfassungsrechtl. Gründen gegen Abheben auf den Hirntod Höfling JZ 95, 26 ff., 31 ff. (vgl. auch MedR **96**, 8), ohne freilich seinerseits zu begründen, unter welchen anderen Voraussetzungen der „letzte Lebensvollzug" nicht mehr „als Lebensvollzug negiert" würde, ganz abgesehen davon, daß man seiner Kritik an einer angeblich mit der Hirntodkonzeption verbundenen „begriffsmanipulatorischen Schutzbereichsreduktion" (aaO 32) eine biologistisch-tutorische Schutzbereichsextension mit dem (von ihm selbst eingestandenen) Folgenproblem schwer zu lösender Rechtsgüterkollisionen entgegenzuhalten hätte. Denn wer Hirntote zu Lebenden erklärt, muß sich unausweichlich mit der Konsequenz auseinandersetzen, daß die Organentnahme die Tötung eines lebenden Menschen durch Dritte bedeutet, auch wenn der Sterbeprozeß unaufhaltsam ist und der Sterbende vorher seine Einwilligung zur Organentnahme gegeben hat (vgl. § 216; so zu Recht Hanz JZ 96, 215 ff.; ähnl. Wagner/Brocker ZRP 96, 227 ff., die insbes. die Möglichkeit einer Rechtfertigung des Eingriffs in Art. 2 II GG durch eine Einwilligung des noch „lebenden Hirntoten" als Grundrechtsverzicht ablehnen). Gleiches muß sich Grewel ZRP 95, 218 entgegenhalten lassen, wenn er den Hirntod lediglich als Zeitpunkt der Irreversibilität anerkennt, zu dem die Behandlungspflicht des Arztes erlösche, der hirntote Mensch aber gleichwohl lebe (iglS Höfling MedR 96, 8). Gleichermaßen nicht frei von Widersprüchen ist die Auffassung, wie sie von Rixen ZRP 95, 461 ff. vertreten), einerseits aus Art. 1, 2 GG eine Grundrechtsgarantie schon allein für das „bloße biologische Lebensein des menschlichen Organismus" abzuleiten (aaO 463 ff.), andererseits aber einen Behandlungsabbruch bei dem danach eigentlich noch „lebenden" Menschen damit zu begründen, daß nach Eintritt des (zuvor als nur schwer feststellbar geschilderten) Hirntods „ein

sinnvolles Therapieziel nicht mehr gegeben" sei (aaO 464), somit also offenbar doch mehr als das nur biologisch-organische Lebendigsein für das „Menschsein" wesentlich sein muß. Ähnliches wäre letztlich auch gegen Bemühungen (wie namentl. von Hoff/in der Schmitten aaO 220 ff., ähnl. Beckmann ZRP 96, 221 ff.) einzuwenden, die auf den „Tod des Organismus als eines Ganzen" abheben wollen und einen solchen „Systemtod" beim unumkehrbaren Zusammenbruch der Interaktion zwischen dem Gesamtorganismus und den einzelnen Organen ansetzen. Ebensowenig ist mit dem Abheben auf den „point of no return" iSe „Unumkehrbarkeit des Sterbeprozesses" (so Tröndle 3 b) mehr Sicherheit zu gewinnen, solange dieser „Punkt" nicht geklärt ist, ganz abgesehen davon, daß man durch Abheben auf die Unumkehrbarkeit des (nach welchen Kriterien eigentlich zu bestimmenden?) Sterbeprozesses in den Bereich der dem Tod doch gerade noch vorgelagerten Sterbehilfe gerät.

b) Eine ganz andere Frage ist die nach den **Kriterien, Anzeichen und Methoden,** mittels derer **19 a** sich der Hirntod feststellen läßt. Ob dieser bereits bei Ausfall des Großhirns (so iSd sog. Kortikaltodthese etwa Funck MedR 92, 182, Horn Internist 74, 559 f.) oder erst dem des Gesamthirns (Hirnrinde und Hirnstamm: so BÄK u. RefE o. 18 aaO, ferner Bottke aaO 58, Geilen Heinitz-FS 388, 392, Kaufmann JZ 82, 486, Sternberg-Lieben JA 97, 84) angenommen werden kann, ist eine primär medizinisch-empirische Frage (Jähnke LK 9; diese Unterscheidung verkannt von Beckmann ZRP 96, 221 bei seiner Kritik am Hirntodkriterium), ebenso wie die nach der indiziellen Bedeutung sonstiger Ausfallerscheinungen, wie sie erstmals in der Übereinkunft der deutschen Chirurgen und Anästhesisten (Chirurg 68, 196) für maßgeblich erklärt und inzwischen durch die BÄK-Hirntodkriterien (o. 18) aktualisiert wurden (so insbes. das Zusammentreffen von Bewußtlosigkeit, fehlender Spontanatmung, beidseitiger Mydriasis (Pupillenerweiterung) und fehlender Lichtreaktion mit Null-Linie im Elektroencephalogramm und/oder mit angiographisch nachgewiesenem intracraniellem Kreislaufstillstand). Daher sind solche Kriterienkataloge allenfalls insofern rechtlich bedenklich, als der „Gehirntod bereits zum leichter faßbaren Zeitpunkt des Herzstillstandes postuliert" wird (so I Nr. 2 der vorgen. Chirurgenübereinkunft); denn da der Hirntod dem Herzstillstand im Regelfall erst mit einem zeitlichen Abstand von 5–8 Minuten nachzufolgen pflegt (Bockelmann aaO 111, Schwerd, Rechtsmedizin [1979] 199 ff.), handelt es sich bei solchen Postulierungen nicht nur um medizinische Hirntodfeststellungskriterien, sondern um normativ-relevante Vorverlagerungen des Todesbegriffs. Daher läßt sich der Verzicht auf (mögliche) Reanimierung eines progredient und inkurabel Moribunden allenfalls nach den Grundsätzen passiver Sterbehilfe (dazu u. 27 ff.), nicht aber damit rechtfertigen, daß dieser bereits mit Herzstillstand als tot zu betrachten sei. Aus ähnlichen Gründen sind auch diagnostische Eingriffe zur Feststellung des Hirntodes nur insoweit unbedenklich, als sie, wie dies uU bei Gehirngefäßdarstellungen durch ein Angiogramm geschehen kann, nicht gerade erst das herbeiführen, was sie als bereits eingetreten lediglich beweisen sollen, nämlich den Hirntod (vgl. Geilen Heinitz-FS 387, Horn SK § 212 RN 6, König aaO 116, aber auch Jähnke LK 9).

Soweit es um die vielfach geforderte **gesetzliche Fixierung** des Todeszeitpunktes geht (vgl. **20** Englert aaO 86 ff. mwN), wird man dies nur hinsichtlich des auf den Hirntod abzustellenden Todes*begriffes* befürworten können (iE ähnl. Sternberg-Lieben JA 97, 87, Wagner/Brocker ZRP 96, 230), während die Diskussion über die verläßlichsten der medizinischen Hirntodfeststellungs*kriterien* noch zu sehr im Fluß ist, um bereits gesetzlich festgeschrieben zu werden (vgl. Geilen in Eser, Suizid 310 f.). Deshalb hat der Gesetzgeber für den dringlich klarzustellenden Bereich der Organtransplantation (vgl. Steffen NJW 97, 1619) gut daran getan, sich als eine der Voraussetzungen der Transplantation vom toten Spender zwar auf den Hirntod festzulegen, dessen genauere empirische Feststellung hingegen dem jeweiligen Stand der medizinischen Wissenschaft zu überlassen (§ 3 II TPG). Vgl. zur Entwicklung Bottke aaO 70 ff., Dippel Hanack-FS 665 ff., sowie Deutsch NJW 98, 777, der aber bei Annahme von zwei verschiedenen Todesbegriffen in § 3 bzw. § 5 TPG verkennt, daß letzterenfalls bei nicht mehr behebbarem Stillstand von Herz und Kreislauf nach Ablauf von weiteren 3 Stunden für die Todesfeststellung bereits ein Arzt (statt sonst zwei) genügt, ohne daß aber damit die Hirntodfeststellung iSv § 3 entfiele. Zur Rechtslage in Frankreich, Polen und Japan vgl. Jung MedR 96, 355, Weigend/Zielinska MedR 96, 445 bzw. Asada aaO 98.

III. Euthanasie – Sterbehilfe – Vernichtung sog. „lebensunwerten Lebens"

Schrifttum: vgl. die Angaben o. vor 13, u. vor 33 sowie zu § 216 u. § 223 RN 27, ferner: *AE-Sterbehilfe* (Baumann u. a., Alternativentwurf eines Gesetzes über Sterbehilfe), 1986. – *Aly* u. a., Reform u. Gewissen, „Euthanasie" im Dienst des Fortschritts, 1985. – *Arzt*, Recht auf den eigenen Tod?, JR 86, 309. – *Auer/Menzel/Eser*, Zwischen Heilauftrag und Sterbehilfe, 1977. – *Bernat*, Ethik u. Recht an der Grenze zw. Leben u. Tod, 1993. – *Bernsmann*, Der Umgang mit irreversibel bewußtlosen Personen u. das Strafrecht, ZRP 96, 87. – *Binding/Hoche*, Die Freigabe der Vernichtung lebensunwerten Lebens, 1920. – *Blaha u. a.*, Schutz des Lebens – Recht auf Tod, 1978. – *Bockelmann*, Strafrecht des Arztes (1968) 24 ff. – *Brändel*, Über das Recht, den Zeitpunkt des eigenen Todes selbst zu bestimmen, ZRP 85, 85. – *Brenske*, Tötungen aus eugenischen Gründen u. aus Euthanasiegründen, JR 52, 275; 53, 215. – *Burkart*, Das Recht, in Würde zu sterben, 1983. – *v. Dellingshausen*, Sterbehilfe u. Grenzen der Lebenserhaltungspflicht des Arztes, 1981. – 56. DJT, Recht auf den eigenen Tod? Gutachten von *Otto* Bd. I/D. u. Referate von *Hiersche* u. *Tröndle*, Bd. II/M, 1986. – *Dölling*, Zulässigkeit u. Grenzen der Sterbehilfe, MedR 87, 6. – *Dörner*, Hält der BGH die „Freigabe der Vernichtung lebensunwerten Lebens" wieder für diskutabel?, ZRP 96, 93. – *Ehrhardt*, Euthanasie u. Vernichtung „lebensunwerten Lebens", 1965. – *Eid*, Euthanasie, ²1985. – *Eid-Frey*, Sterbehilfe, 1978. –

§§ 211 ff. Vorbem
Bes. Teil. Straftaten gegen das Leben

Eisenbart, Patiententestament u. Stellvertretung in Gesundheitsangelegenheiten, 1998. − *Engisch*, Euthanasie u. Vernichtung lebensunwerten Lebens in strafr. Beleuchtung, 1948. − *Ders.*, Der Arzt an den Grenzen des Lebens, 1973. − *Ders.*, Ärztl. Sterbehilfe, Dreher-FS 309. − *Ders.*, Aufklärung u. Sterbehilfe bei Krebs, Bokkelmann-FS 519. − *Eser*, Suizid u. Euthanasie, 1976. − *Ders.*, Der Arzt zwischen Eigenverantwortung u. Recht, Ärztebl. Bad.Württ. (ÄBlBW) 80, 732; 81, 12. − *Ders.*, Grenzen der Behandlungspflicht, in *Lawin/Huth*, Grenzen der ärztl. Aufklärungs- u. Behandlungspflicht (1982), 77. − *Ders.*, Freiheit zum Sterben − Kein Recht auf Tötung, JZ 86, 786. − *Ders.*, Ziel u. Grenzen der Intensivpädiatrie aus rechtl. Sicht, Narr-FS (1988) 47. − *Ders.*, Recht u. Medizin, 1990. − *Fischer*, Euthanasie heute?, 1968. − *Frisch*, Leben u. Selbstbestimmungsrecht im Strafrecht, in *Leipold*, Selbstbestimmung in der modernen Gesellschaft aus dt. u. jap. Sicht (1997), 103. − *Füllmich*, Der Tod im Krankenhaus usw., 1990. − *Geilen*, Euthanasie u. Selbstbestimmung, 1975. − *Goetzeler*, Gedanken zum Problem der Euthanasie, SchwZStr 65, 403. − *Goll*, Behandlungspflicht u. Sterbehilfe, AR 80, 319. − *Gose/Hoffmann/Wirtz*, Aktive Sterbehilfe? Zum Selbstbestimmungsrecht des Patienten, 1997. − *Gründel*, Einwilligung des Betreuers in den Abbruch lebenserhaltender Maßnahmen, NJW 99, 3391. − *Gsell*, Richtlinien zu Medizin, Ethik u. Recht, ZStW 97 (1985) 164. − *Hanack*, Grenzen ärztl. Behandlungspflicht bei schwerstgeschädigten Neugeborenen, MedR 85, 33. − *Hegselmann/Merkel*, Zur Debatte über Euthanasie, 1991. − *Heifetz-Mangel*, Das Recht zu sterben, 1976. − *Helgerth*, Strafr. Beurteilung der Sterbehilfe durch den Arzt, JR 76, 45. − *Hepp*, Hilfe zum Sterben? Hilfe beim Sterben!, 1992. − *Herzberg*, Sterbehilfe als gerechtfertigte Tötung im Notstand, NJW 96, 3043. − *Hiersche*, Euthanasie, 1975. − *Ders.*, Das Recht des Menschen auf einen würdigen Tod, Weißauer-FS 55. − *Hiersche/Hirsch/Graf-Baumann*, Grenzen ärztl. Behandlungspflicht bei schwerstgeschädigten Neugeborenen, 1987. − *G. Hirsch*, Der sterbende Mensch, ZRP 85, 239. − *H.J. Hirsch*, Behandlungsabbruch u. Sterbehilfe, Lackner-FS 597. − *Jakobs*, Behandlungsabbruch auf Verlangen usw., Schewe-FS (1991), 72. − *Ders.*, Tötung auf Verlangen, Euthanasie u. Strafrechtssystem, 1998. − *Kaufmann*, Zur eth. u. rechtl. Beurteilung der sog. Früheuthanasie, JZ 82, 481. − *Ders.*, Euthanasie − Selbsttötung − Tötung auf Verlangen, MedR 83, 121. − *Ders.*, Mod. Medizin u. Strafrecht, 1989. − *Keyserlingk*, Die Strafbarkeit der Nichtbehandlung von Neugeborenen (Kanada/USA), ZStW 97 (1985) 178. − *Klenner*, Die Tötung auf Verlangen, 1925. − *Koch*, Euthanasie, Sterbehilfe (Bibliogr.), 1984. − *Koch/v. Lutterotti*, „Sterbehilfe" gegen den Willen des Patienten, DMW 87, 1597. − *Krauß*, Medizinischer Fortschritt u. ärztliche Ethik, 1975. − *Künschner*, Wirtschaftl. Behandlungsverzicht u. Patientenauswahl, 1991. − *Küper*, Tötungsverbot u. Lebensnotstand, JuS 81, 785. − *Kuhlendahl*, Euthanasie − Sterbehilfe − Behandlungsabbruch, NJW 74, 1419. − *Kutzer*, Strafr. Überlegungen zum Selbstbestimmungsrecht des Patienten (usw.), MDR 85, 710. − *ders.*, Strafrechtl. Grenzen der Sterbehilfe, NStZ 94, 110. − *Laber*, Die rechtl. Probleme der Früheuthanasie, MedR 90, 182. − *Ders.*, Der Schutz des Lebens im Strafrecht, 1997. − *Langer*, Rechtl. Aspekte der Sterbehilfe, in: *Kruse/Wagner*, Sterbende brauchen Solidarität, 1986, 101. − *Ders.*, Euthanasie im Krankenhaus, JR 93, 133. − *Lauter/Meyer*, Entkriminalisierung der Sterbehilfe?, MSchrKrim 88, 370. − *Leonardy*, Sterbehilfe, DRiZ 86, 281. − *Lilie*, Hilfe zum Sterben, Steffen-FS (1995) 273. − *v. Loewenich*, Grenzen der ärztl. Behandlungspflicht bei schwerstgeschädigten Neugeborenen, MedR 85, 30. − *Lohmann*, Die Euthanasie − Diskussion seit 1945, 1975. − *v. Lutterotti*, Menschenwürdiges Sterben, ²1987. − *Ders.*, Sterbehilfe, lex artis u. mutmaßl. Patientenwille, MedR 88, 55. − *Merkel*, Tödl. Behandlungsabbruch (usw.), ZStW 107 (1995) 545. − *Ders.*, Ärztliche Entscheidungen über Leben u. Tod in der Neonatalmedizin, JZ 96, 1145. − *J.-E. Meyer*, Tötung ohne Einwilligung, ZRP 78, 188. − *Möllering*, Schutz des Lebens − Recht auf Sterben, 1977. − *Moor*, Die Freiheit zum Tode, 1973. − *Muñoz Conde*, Die Verleitung zum Suizid durch Täuschung, ZStW 106 (1994) 547. − *Opderbecke*, Grenzen der Intensivmedizin, MedR 85, 23. − *Otto*, Pflichtenkollision u. Rechtswidrigkeitsurteil, ³1978. − *Ders.*, Die strafr. Problematik der Sterbehilfe, Jura 99, 434. − *Pauleikhoff*, Ideologie u. Mord, 1986. − *Pelckmann*, Euthanasie, MKrimBiol. 23, 178. − *Pelzl*, An der Grenze von Leben u. Tod, KritV 94, 179. − *Platen*, Die Tötung Geisteskranker, 1948. − *Rickmann*, Zur Wirksamkeit von Patiententestamenten im Bereich des Strafrechts, 1987. − *Rieger*, Die mutmaßl. Einwilligung in den Behandlungsabbruch, 1998. − *Rilinger*, Das Recht auf Leben als ein unteilbares Menschenrecht, GA 97, 418. − *Roxin*, Die Sterbehilfe im Spannungsfeld von Suizidteiln. etc., NStZ 87, 345. − *Saliger*, Sterbehilfe nach Verfahren. Betreuungs- u. strafrechtliche Überlegungen im Anschluß an BGHSt 40, 257, KritV 98, 118. − *Saueracker*, Die Bedeutung des Patiententestaments usw., 1990. − *Sax*, Zur rechtlichen Problematik der Sterbehilfe durch vorzeitigen Abbruch einer Intensivbehandlung, JZ 75, 137. − *Schmitt*, Euthanasie aus der Sicht des Juristen, JZ 79, 462. − *Ders.*, Eugen. Indikation vor u. nach der Geburt, Klug-FS II 329. − *Ders.*, Ärztl. Entscheidungen zwischen Leben u. Tod, JZ 85, 365. − *Ders.*, Das Recht auf den eigenen Tod, MDR 86, 617. − *Schmuhl*, Rassenhygiene, Nationalsozialismus, Euthanasie, 1987. − *Schneider*, Tun u. Unterlassen beim Abbruch lebenserhaltender medi. Behandlung, 1998. − *Schöch*, Menschenwürdiges Sterben u. Strafrecht, ZRP 86, 236. − *Ders.*, Beendigung lebenserhaltender Maßnahmen, NStZ 95, 153. − *Schreiber*, Das Recht auf den eigenen Tod, NStZ 86, 337. − *Ders.*, Sterbehilfe u. Therapieabbruch, Hanack-FS 735. − *Schwartländer*, Der Mensch u. sein Tod, 1976. − *Simson*, Euthanasie als Rechtsproblem, NJW 64, 1153. − *Ders.*, Ein Ja zur Sterbehilfe aus Barmherzigkeit, Schwinge-FS 89. − *Sporken*, Darf die Medizin, was sie kann?, 1971. − *Sternberg-Lieben*, Strafbarkeit des Arztes wegen Verstoß gegen in Patienten-Testament, NJW 85, 2734. − *Ders.*, Selbstbestimmtes Sterben: Patientenverfügung. gewillkürte Stellvertretung, Lenckner-FS 349. − *Stoffers*, Sterbehilfe, MDR 92, 621. − *Stratenwerth*, Sterbehilfe, SchwZStr 78, 60. − *Trockel*, Sterbehilfe im Wandel der Zeit, NJW 75, 1440. − *Tröndle*, Warum ist die Sterbehilfe ein rechtl. Problem?, ZStW 99 (1987) 25. − *Ders.*, Strafr. Lebensschutz u. Selbstbestimmungsrecht des Patienten, Göppinger-FS 595. − *Tuchel*, „Kein Recht auf Leben", 1984. − *Uhlenbruck*, Der Patientenbrief, NJW 78, 566. − *Ders.*, Recht auf den eigenen Tod?, ZRP 86, 209. − *Ders.* Patiententestament, Betreuungsverfügung u. Vorsorgevollmacht (usw.), 1996. − *Uhlenbruck/Rollin*, Sterbehilfe u. Patiententestament, 1983. − *Ulsenheimer*, Therapieabbruch bei schwerstgeschädigten Neugeborenen, MedR 94, 425. − *Valentin*, Die Euthanasie, 1969. − *Verrel*, Selbstbestimmungsrecht contra Lebensschutz, JZ 96, 224. − *Wassermann*, Das Recht auf den eigenen Tod, DRiZ 86, 291. − *v. Weizsäcker*, Euthanasie u. Menschenversuche, 1947. − *Winau/Rosemeier*, Tod u. Sterben, 1984. − *Wunderli*, Euthanasie, 1974. − *Zimmermann*, Der Sterbende u. sein Arzt, NJW 77, 2101. −

Euthanasie - Sterbehilfe   21–24 **Vorbem §§ 211 ff.**

Rechtsvergleichend: Eser/Koch, Materialien zur Sterbehilfe, 1991. – *Plachta,* Neuere Entwicklungen in Kanada zum Thema „Das Recht zu sterben", ZStW 109 (1997) 217.

Mit wachsender Manipulierbarkeit des Todes durch die moderne Medizin (vgl. ua Krauß aaO 21 102 ff.) und mit dementsprechend steigendem Selbstbestimmungsinteresse über das eigene Leben und Sterben (vgl. Eser, Suizid 392 f., Geilen aaO 6 ff. sowie zur neuesten Diskussion Laufs NJW 99, 1701 f.) stellt sich auch die Frage nach den **Möglichkeiten und Grenzen von Sterbehilfe** in neuartiger Dringlichkeit: und zwar nicht nur als (selbstverständliche) Hilfe *im* Sterben in Form von Schmerzbeseitigung, sondern auch als Hilfe *zum* Sterben durch gezielte Tötung oder Abbruch einer nicht mehr als sinnvoll erscheinenden Lebensverlängerung. Auch geht es dabei schon nicht mehr nur um Sterbehilfe für Moribunde oder Schwerleidende, die ausdrücklich nach Erlösung verlangen, sondern auch um das Sterbenlassen von irreversibel Hirngeschädigten (wie insbes. beim sog. Apalliker) oder um „Früheuthanasie" von Neugeborenen mit schweren Mißbildungen (vgl. Hanack MedR 85, 33 ff., Merkel JZ 96, 1145 ff.). Diesen verschiedenartigen Fragestellungen durch möglichst einfache Entscheidungsprinzipien gerecht zu werden, ist zwar ein verständliches Verlangen, das jedoch schon wegen teils gegenläufiger Interessen nur begrenzt durchsetzbar ist (allg. zu diesen Rahmenbedingungen Eser JZ 86, 786 ff.). So etwa ist die vor allem von Medizinerseite erhobene Forderung, dem Arzt im Grenzbereich des Sterbens ein möglichst weites *Ermessen* einzuräumen (vgl. etwa Fritsche aaO 81 ff.), schon mit der Lebensschutzgarantie schwer vereinbar (vgl. Eser ÄBlBW 80, 732 ff.). Ähnlich bietet auch die in BGH **32** 377 ff. eingeräumte Möglichkeit, in Ausnahmefällen die Entscheidung über Fortsetzung oder Abbruch lebensrettender Maßnahmen in die *ärztliche Gewissensentscheidung* zu stellen, keinen akzeptablen Weg (näher Eser MedR 85, 6 ff., Merkel JZ 96, 1148). Auch der Versuch, die (ausdrückliche oder mutmaßliche) *Einwilligung* des Betroffenen als einziges Zulässigkeitskriterium zu nehmen, muß jedenfalls bei Sterbehilfe durch aktive Tötung an die Rechtfertigungssperre des § 216 stoßen; auch wäre eine ausschließliche Einwilligungslösung insofern zu eng, als damit das dringende Problem des Behandlungsabbruchs bei entscheidungsunfähigen Patienten ungelöst bliebe. Andererseits anstelle der Einwilligung allein auf den noch verbliebenen „*Lebenswert*" des Betroffenen abzustellen, stünde im Widerspruch zur grundsätzlichen Unantastbarkeit des Lebens (vgl. o. 14). Daher bedarf der Bereich zulässiger Sterbehilfe auch weiterhin der Umgrenzung anhand bestimmter Falldifferenzierungen (vgl. zum Ganzen insbes. v. Dellingshausen aaO, Engisch, Der Arzt 36 ff. sowie in Eser, Suizid 312 ff., Hanack in Hiersche 121 ff., Goll aaO, Hirsch aaO, Kutzer NStZ 94, 110 ff., Langer aaO, Möllering aaO 8 ff., Pelzl aaO, Tröndle aaO; vgl. auch die Grundsätze der BÄK zur Sterbehilfe NJW 98, 3406; zum eig. Standpunkt näher in Auer/Menzel/Eser 83 ff. sowie in Eid 47 ff., rechtspol. in Eser, Suizid 392 ff., ferner u. 32 b; allg. zur Entwicklung Laufs NJW 99, 1761 f.). Dabei ist von folgenden – im wesentlichen auch den §§ 214–215 AE-Sterbehilfe (vgl. u. 32 b) entsprechenden – **Grundsätzen** auszugehen:

1. Problematisch ist insoweit nur die **vor Eintritt des Hirntodes** geleistete Sterbehilfe. 22 Denn da mit dem Hirntod das Menschsein iSd Lebensschutztatbestände endet (vgl. o. 16 ff.), ist *nach diesem Zeitpunkt* nicht nur der Verzicht auf weitere Beatmungsmaßnahmen zulässig, sondern uU sogar die aktive Beendigung einer möglicherweise noch spontan funktionierenden Kreislauftätigkeit. Dementsprechend wird auch durch Transplantatentnahme von einem Hirntoten kein lebender Mensch mehr betroffen (Stratenwerth Engisch-FS 544), so daß dadurch allenfalls noch besondere Transplantationsvorschriften (§§ 3 ff., 17 ff. TPG) oder Leichenschutzbestimmungen (etwa § 168) berührt sein könnten.

2. Zulässig ist jedenfalls Hilfe *im* Sterben durch bloße **Schmerzlinderung ohne lebensverkür-** 23 **zendes Risiko,** und zwar selbst dann, wenn dies zu einer Bewußtseinstrübung führen kann (vgl. Heine LdR 8/1680, 6, Helgerth JR 76, 45, M-Schroeder I 22), wie etwa bei dem oft so bezeichneten Verwandeln des Todeskampfes in ein sanftes „Hinüberschlummern" (Schröder 17. A. 14, vgl. ferner Bockelmann aaO 30, Ehrhardt aaO 8). Wird diese Hilfe dem Schwerleidenden vorenthalten, so kann sich der für die Behandlung verantwortliche Arzt uU wegen Körperverletzung durch Unterlassen strafbar machen (vgl. Eser in Auer/Menzel/Eser 85 ff., Hanack in Hiersche 122 ff., Roxin in Blaha 86 f., Uhlenbruck Narr-FS 169 f.), wenn nicht sogar wegen Tötung, falls sich die unterlassene Schmerzbekämpfung lebensverkürzend auswirkt (Langer aaO 136 f.).

3. Grundsätzlich *unzulässig* ist dagegen jede gezielte **aktive Lebensverkürzung.** 24
a) Das gilt jedenfalls ausnahmslos für die **sog. „Vernichtung lebensunwerten Lebens"** (vgl. Roxin in Blaha 94 ff.). Denn weder gibt es geborenes Leben, das generell vom Schutzbereich der Tötungstatbestände ausgenommen wäre (vgl. o. 14, aber auch u. 32), noch gibt es für derartige Tötungen auch nur einen speziellen Rechtfertigungsgrund (vgl. OGH **1** 323, 331 m. Anm. Welzel MDR 49, 373, KG DRZ **47**, 199 m. Anm. Lange, Frankfurt SJZ **47**, 623, MD-Dürig Art. 2 II RN 10, Engisch, Euthanasie 36 ff., Jähnke LK 6, Küper JuS 81, 785 ff., Möllering aaO 50, Simson NJW 64, 1155). Demgemäß konnte auch den an den NS-Euthanasie-Aktionen (dazu Aly ua aaO, Pauleikhoff aaO, Schmuhl aaO, Tuchel aaO, Winau aaO 27 ff.) beteiligten Selektionsärzten allenfalls entschuldigende Pflichtenkollision (so Welzel 184; ähnl. Rudolphi SK 8 vor § 19 mwN; vgl. aber auch Otto aaO 108, 122 ff.) bzw. ein persönlicher Strafausschließungsgrund (so OGH **1** 335, **2** 126; ähnl. BGH NJW **53**, 513, Oehler JR **51**, 493, Peters JR 49, 496) zugebilligt werden (vgl. auch Hirsch LK[9] 177, 181 vor § 51, Meyer ZRP 78, 188 sowie o. 115 ff. vor § 32). Dementsprechend ist auch für eine

aktive „Früheuthanasie" geschädigter Neugeborener kein Raum (Kaufmann JZ 82, 483, 487 mwN); zu deren Sterbenlassen durch Nichtversorgung vgl. u. 32 a. Anderseits sind jedoch derartige (Ab-)Wertungstendenzen als Folge einer fragwürdigen „wrongful life"-Schadensersatzrechtsprechung bei unzureichender Aufklärung über die Möglichkeit eines Schwangerschaftsabbruchs (BGH NJW **83**, 1371, **84**, 658, **94** 788, 790, tendenziell noch weitergeh. Deutsch, JZ 83, 459; 84, 889, MDR 84, 793) – trotz gegenteiliger Beschwichtigungen des BGH – nicht zu verkennen (vgl. demgegenüber insbes. BVerfGE **88** 204, 295, dagegen aber wiederum BGH (Z) NJW **95**, 1609, ferner ua Frankfurt NJW **83**, 341, Aretz JZ 84, 719, Giesen JR 84, 223 f.; vgl. dazu auch 4 vor § 218 mwN.).

25 b) Auch soweit die aktive Tötung als **Mittel zur Schmerzbeseitigung** iSe Hilfe *zum* Sterben oder zwecks Erlösung von einem scheinbar sinnlos gewordenen Leben („Bilanzselbstmord") durch dritte Hand erfolgt, ist sie rechtswidrig, und zwar kraft Einwilligungssperre des § 216 selbst dann, wenn sie auf ausdrückliches und ernstliches Verlangen des Getöteten geschieht (Gössel I 31, Jähnke LK 14, Möllering aaO 38 ff. mwN; abw. Frisch aaO 110, Trockel NJW 75, 1445 f.; de lege ferenda vgl. Eser in Eid 64 ff., aber auch Kaufmann MedR 84, 124). Davon zu unterscheiden ist das Recht des Patienten, die Unterlassung einer bestimmten oder jeglicher ärztlichen Behandlung zu fordern. Die Patientenautonomie gibt damit ein Abwehr- bzw. Verhinderungsrecht, nicht aber einen Anspruch auf eine bestimmte Behandlung (so zu Recht Verrel JZ 96, 226 unter Berufung auf LG Karlsruhe NJW **92**, 756). Auch läßt sich einem etwaigen Mitleidshandeln des Täters in Abwägung von verbleibendem Lebensrest und Schmerzlinderung nicht schon durch Zubilligung eines rechtfertigenden Notstandes (so Buschendorf in Valentin 64, Herzberg NJW 86, 1639 ff., Horn SK § 212 RN 26 e, Otto DJT-Gutachten 58 ff. sowie Simson Schwinge-FS 110; vgl. aber demgegenüber in Eser, Suizid 415; wie hier Merkel JZ 96, 148) oder eines übergesetzlichen entschuldigenden Notstandes (so für „extreme Ausnahmesituationen" Langer aaO 121 ff., ferner Hirsch Lackner-FS 614 ff., Lenckner aaO 604, Tröndle ZStW 99, 41 f.), sondern allenfalls durch Absehen von Strafe Rechnung tragen (so zumindest de lege ferenda § 216 II AE-Sterbehilfe, Dölling MedR 87, 8, 11 f., Engisch Bockelmann-FS 636 f., Hanack in Hiersche 155 f., Roxin in Blaha 93 f., Wassermann in Winau/Rosemeier aaO 401 ff.; abl. Opderbecke/Weissauer, DÄBl. 87, C-1575; vgl. zum Ganzen auch Eser, Suizid 400, 419, 422 sowie in Auer/Menzel/Eser 90 ff.). Zur Abgrenzung täterschaftlicher Sterbehilfe von bloßer Beihilfe zur Selbsttötung vgl. u. 33 ff. sowie § 216 RN 11, zum Entfallen des Mordmerkmals „Heimtücke" bei Mitleidstötung vgl. BGH **37** 376 m. Anm. Geilen Spendel-FS 519 ff., Langer JR 93, 136, Roxin NStZ 92, 35.

26 c) Stellt sich die Lebensverkürzung hingegen nur als **unbeabsichtigte Nebenfolge** einer Schmerzlinderung dar – mag dies nach dem Stand der heutigen Schmerztherapie auch nur noch selten zu befürchten sein (v. Lutterotti aaO 124) –, so wird bei dieser sog. indirekten Sterbehilfe der Arzt iE heute nahezu allgemein für straflos gehalten (vgl. BÄK NJW **98**, 3407, DJT-Beschluß aaO II/M 191 f., Tröndle DJT aaO II/M 31 ff., 48 f., Schmitt MDR 86, 620; and. aber namentl. wohl Gössel I 31 u. wohl auch Leisner aaO 39 f.), wobei jedoch der maßgebliche Begründungsweg noch höchst umstritten ist (vgl. Otto DJT-Gutachten I/D 54 ff. mwN): Während teilweise bereits die *Tötungsrelevanz* des auf Schmerzlinderung gerichteten Handelns verneint (so etwa Frisch aaO 108, Helgerth JR 76, 45 f., Jähnke LK 15, 17, W-Hettinger 31 f., wohl auch noch Blei II 17) oder die Lebensverkürzung als sozialadäquat angesehen (Herzberg NJW 96, 3048 f.) bzw. die *Vorsätzlichkeit* in Frage gestellt wird (so Bockelmann aaO 25, 70 f., Goll AR 80, 321), will die wohl überwiegende Auffassung dem Arzt rechtfertigenden *Notstand* (so Buschendorf in Valentin 55 ff., Geilen aaO 22 f., Hanack in Hiersche 132 f., Kutzer NStZ 94, 115, Langer aaO 141 ff., Möllering aaO 15 ff., Otto DJT-Gutachten I/D 56, Schreiber NStZ 86, 340), evtl. iVm Elementen der – für sich allein nicht ausreichenden (o. 25) – Einwilligung (so Dölling MedR 87, 7), rechtfertigende (so Leonardy DRiZ 86, 286 f.) oder jedenfalls entschuldigende *Pflichtenkollision* (so Schwalm BayÄBl. 75, 566) zubilligen. Richtigerweise wird der Arzt jedoch schon dann als gerechtfertigt anzusehen sein, wenn er sich innerhalb der durch *erlaubtes Risiko* gezogenen Grenzen hält (vgl. v. Dellingshausen aaO 111 ff., aber auch 103 ff. vor § 32). Das ist dann der Fall, wenn der Arzt unter Anwendung der in der konkreten Situation erforderlichen Sorgfalt dem Schmerzlinderungsinteresse des Patienten nachkommen will, und dieser das damit verbundene Todesrisiko unter verständiger Würdigung seiner Lage in Kauf nimmt bzw. – im Fall seiner Entscheidungsunfähigkeit – mutmaßlich in Kauf nehmen würde (zust. Engisch Bockelmann-FS 532; iglS wohl Roxin in Blaha 87 f., Verrel JZ 96, 226 f.; näher zum Ganzen in Auer/Menzel/Eser 88 ff.; für gesetzl. Klarstellung daher auch § 214 a AE-Sterbehilfe, Brändel ZRP 85, 92). Auch vom BGH wurde nun erstmals die sog. indirekte Sterbehilfe für zulässig erklärt (BGH **42** 301, ausführl. in NJW **97**, 807 m. Bspr. Dölling JR 98, 160, Martin JuS 97, 661, Schöch NStZ 97, 409, Verrel MedR **97**, 248), wobei der dieser Entscheidung zugrundeliegende Sachverhalt die forensischen Schwierigkeiten bei der Unterscheidung zwischen indirekter u. (unzulässiger) direkter Sterbehilfe verdeutlicht, die in der Abgrenzung zwischen dolus eventualis und dolus directus liegt.

27 4. Von besonderer praktischer Bedeutung ist das Sterbenlassen (**„passive Euthanasie"**) durch Verzicht auf lebensverlängernde Maßnahmen, wie dies vor allem bei Moribunden, irreversibel Bewußtlosen oder ähnlich aussichtslos erscheinenden Behandlungsfällen, und zwar uU schon vor Beginn des Sterbevorgangs (vgl. BGH **40** 257 m. Anm. Helgerth JR 95, 338), heute verstärkt gefordert wird (vgl. den Meinungsüberblick in Auer/Menzel/Eser 93 ff., 99 ff., 119 ff., v. Dellingshausen aaO 357 ff., die Richtl. d. BÄK u. der Dt. Ges. f. Chir. [abgedr. in AE-Sterbehilfe 41 ff.] sowie § 214 AE-

Sterbehilfe). Strafrechtlich relevant nach §§ 211 ff. wird dies als bloßes *Unterlassen* allerdings von vorneherein nur dann, wenn durch Aufnahme oder Fortführung der Behandlung der Todeseintritt noch weiter hätte hinausgezögert werden können, und sei es auch nur kurzfristig (vgl. § 212 RN 3), und dem Unterlassenden als Garanten iSv § 13 eine entsprechende Erfolgsabwendungspflicht oblag: sei es als Arzt kraft Behandlungsübernahme (vgl. BGH NJW **79**, 1258, Lenckner aaO 573) oder aufgrund von Bereitschaftsdienst (vgl. Bockelmann aaO 19 ff., Kreuzer, Ärztl. Hilfeleistungspflicht 73 ff.), oder sei es, daß aufgrund natürlicher Verbundenheit (Angehöriger) oder Ingerenz (Unfall) zumindest die Pflicht zum Herbeirufen ärztlicher Hilfe besteht (vgl. BGH NStZ **87**, 406).

a) Liegt eine solche Lebenserhaltungspflicht vor, so ist der Verzicht auf (weitere) Lebensverlängerungsmaßnahmen nur dort unproblematisch, wo dies im tatsächlichen oder mutmaßlichen Einverständnis (vgl. BGH **40** 257 [m. Bspr. Coeppicus NJW 98, 3381, Dörner ZRP 96, 93, Helgerth JR 95, 338, Lilie aaO, Merkel ZStW 107, 545 ff., Schöch NStZ 95, 155, Vogel MDR 95, 337], wo für das mutmaßl. Einverständnis ein Anforderungskatalog formuliert wird; vgl. auch Bernsmann ZRP 96, 90 ff., der mit Hilfe des Betreuungsrechts das Strafrecht zurückdrängen möchte), oder gar auf Verlangen des sich der Folge seiner Entscheidung bewußten Patienten geschieht (vgl. BGH **37** 376, NStZ **83**, 118, LG Ravensburg NStZ **87**, 229, 406, Geilen aaO 12 f., Hanack in Hiersche 142, Helgerth JR 76, 46, Kaufmann MedR 84, 122, Möllering aaO 51, ferner u. 43), wobei einem „Patiententestament" zumindest indizielle Bedeutung zukommen kann (vgl. gegenüber einer zu pauschalen Abwertung von Spann MedR 84, 13 u. a. Bottke aaO 100 ff., Dölling MedR 87, 9, Heine JR 86, 317, Hiersche MedR 87, 83, Hirsch Lackner-FS 604, Kaufmann MedR 84, 123, Rickmann aaO 207 f., Rieger DMW 88, 999, Wuermeling u. Atrott MMW 84, 973 ff., Wassermann in Winau/Rosemeier aaO 403 f., während andere teils sogar für eine strafbewehrte Bindungswirkung eintreten: so namentl. Harder AR 91, 11 ff., Sternberg-Lieben NJW 85, 2734; vgl. ferner Arzt JR 86, 310 f., Füllmich NJW 90, 2301, Schmitt MDR 86, 620, Uhlenbruck NJW 78, 566, MedR 83, 16; 92, 134, 138 ff., ZRP 86, 215, Uhlenbruck/Rollin aaO sowie Deutsch/Kleinsorge/Ziegler aaO). Darüber hinaus wird von Frankfurt/M. NJW **98**, 2747 auf das Erfordernis einer vormundschaftsgerichtlichen Genehmigung analog § 1904 BGB für einen Behandlungsabbruch abgestellt (zust. LG Duisburg NJW **99**, 2744), wobei freilich die Folgen einer solchen Genehmigung für das Strafrecht offen bleiben; näher zu dieser Entscheidung u. der entspr. Anwendung des § 1904 BGB Knieper NJW 98, 2720, Laufs NJW 98, 3399, Müller-Freienfels JZ 98, 1132, Saliger JuS 99, 16, Seitz ZRP 98, 417, Verrel JR 99, 5; aber eine vormundschaftsgerichtl. Genehmigungszuständigkeit verneint. LG München NJW 99, 1788 m. Bspr. Gründel ebda. 3391, Schlund JR 00, 65. Freilich wird man die Straflosigkeit bei derartigem **einverständlichen Behandlungsverzicht** nicht einfach aus dem damit entzogenen Behandlungs*recht* des Arztes folgern können, wie dies Geilen mit Berufung auf das Selbstbestimmungsrecht des Patienten tut (aaO 8 ff.); denn was im Hinblick auf das disponible Rechtsgut der körperlichen Integrität zwingend sein mag, gilt wegen § 216 nicht ohne weiteres auch für das Rechtsgut Leben (vgl. auch Engisch Dreher-FS 310, 322). Wie sich jedoch nicht zuletzt aus der grundsätzlichen Straflosigkeit des Suizids ergibt (u. 33), dürfte die Rechtfertigungssperre des § 216 von vornherein auf die *aktive* Tötung *durch* einen *anderen* beschränkt sein (vgl. § 216 RN 10) und jedenfalls einem garantenpflichtbeseitigenden Hilfsverzicht nicht entgegenstehen (v. Dellingshausen aaO 358 ff., Goll AR 80, 323, Jähnke LK 13, Lenckner aaO 575, 605; iE ebenso Arzt JR 86, 310 f., Leonardy DRiZ 86, 285; hingegen maßgeblich auf den jeweiligen „Organisationskreis" von Arzt und Patient abhebend, ohne daß freilich diese Grenzziehung immer leichter zu bestimmen wäre, Jakobs Schewe-FS 74 ff.), ganz abgesehen davon, daß in der Aufnötigung ungewollter oder gar abgewehrter Hilfe eine dem Arzt schwerlich zumutbare Verpflichtung läge (weswegen die „Ausschöpfung intensivmedizinischer Technologie", wenn dies dem „wirklichen oder anzunehmenden Patientenwillen widerspricht", von BGH **37** 378 zu Recht als „rechtswidrig" bezeichnet wird). Näher dazu wie auch zu weiteren Einzelfragen einverständlichen Sterbenlassens, dessen praktische Reichweite man freilich nicht überschätzen sollte (vgl. Lilie aaO 278 ff.), s. Eser in Auer/Menzel/Eser 99 ff., wobei freilich im Hinblick auf die grundsätzliche Unbeachtlicherklärung des Suizid- (und damit konsequenterweise wohl jeden Sterbe-)willens in BGH **32** 375, NJW **83**, 351 (m. krit. Anm. Eser NStZ 84, 56) zu fragen wäre, inwieweit dann für einverständliches Sterbenlassen überhaupt noch Raum bleibt (näher dazu Eser MedR 85, 16); bei der auf Vermeidung dieser Konsequenz gerichteten Differenzierung von Kutzer NStZ 94, 113 f. wird übersehen, daß sowohl beim (aktiven) Suizid als auch bei der den Tod bewußt inkaufnehmenden Behandlungsverweigerung (nach Bottke aaO 55 ff. ein „passiver Suizid") ein „auf die eigene Tötung gerichteter Wille des Patienten" vorliegt, der nach BGH u. Kutzer konsequenterweise rechtlich inakzeptabel sein müßte; vgl. auch u. 42 f.).

b) Weitaus problematischer ist der **einseitige Behandlungsabbruch,** dh die weder von einer tatsächlichen noch einer mutmaßlichen Einwilligung des Betroffenen gedeckte Nichtaufnahme bzw. Nichtfortführung einer Behandlung: α) Geschieht dies, um damit einem Schwerleidenden, bei dem der Sterbensprozeß bereits unwiderruflich eingesetzt hat, weitere Schmerzen zu ersparen, so kann die Bevorzugung des **Schmerzlinderungsinteresses** gegenüber dem noch verbleibenden Lebensrest aus einer dem rechtfertigenden Notstand vergleichbaren Pflichtenkollision gerechtfertigt sein (so offenbar Geilen aaO 26; vgl. auch v. Dellingshausen aaO 406 ff., Hanack in Hiersche 139 ff.), falls man nicht bereits die Garantenpflicht wegen Unzumutbarkeit weiterer sowohl lebens- wie leidensverlängernder Maßnahmen entfallen läßt. β) Besteht dagegen **kein Schmerzlinderungsbedürfnis,** etwa weil der

Patient ohnehin bereits bewußtlos ist, so ist für eine „interne" Abwägung der eigenen Interessen des Patienten kein Raum. Daher kommt hier ein Behandlungsverzicht nach allgemeinen Unterlassungsgrundsätzen nur dann in Betracht, wenn (weitere) Lebensverlängerungsmaßnahmen entweder faktisch unmöglich oder für Arzt oder Patienten normativ unzumutbar sind (grds. zust. Detering JuS 83, 419, Kaufmann JZ 83, 484 ff.): Ein Fall von **Unmöglichkeit** liegt jedoch nicht schon darin, daß lediglich das Grundleiden nicht mehr behoben werden kann, aber immerhin noch das Leben verlängert werden könnte; unmöglich ist die Lebenserhaltung vielmehr erst dann, wenn weder die notwendigen Mittel oder Geräte noch das erforderliche Personal vorhanden sind, um den Todeseintritt hic et nunc verhindern zu können. Solange daher eine Lebensverlängerung medizinisch-technisch möglich wäre, kann ein nicht-einverständliches und nicht zur Schmerzerlösung erforderliches Sterbenlassen (wie insbes. beim Apalliker) allenfalls aus normativer **Unzumutbarkeit** weiterer Lebenserhaltungsmaßnahmen zulässig sein. Eine solche Unzumutbarkeit läßt sich jedoch, soll das maßgebliche Kriterium hinreichend objektivierbar sein, weder mit der „Sinnlosigkeit" weiterer Bemühungen (so die hM im med. Schrifttum, vgl. Fritsche, v. Lutterotti, Opderbecke, jeweils in Eser, Suizid 136 ff., 153 ff., 291 ff.; ähnl. Roxin Engisch-FS 398, Simson Schwinge-FS 98), noch mit der „Schicksalhaftigkeit" oder „Natürlichkeit des Todes" (so Weissauer/Opderbecke Anästh. Inf. 72, 13, Sax JZ 75, 149, ähnl. Möllering aaO 59 ff., Samson, Internist 74, 549) und auch nicht mit einer Unterscheidung zwischen „gewöhnlichen" und „außergewöhnlichen" Maßnahmen (so namentl. Pius XII. in seiner Anästhesisten-Ansprache von 1957; krit. dazu Häring in Eser, Suizid 265) begründen, sondern ist aus der Zielsetzung des ärztlichen Auftrags herzuleiten: Sieht man diesen auf die Erhaltung und Ermöglichung menschlicher Selbstverwirklichung beschränkt (so zu Recht namentl. schon Fritsche aaO 57 ff., Krauß aaO 102 ff.), so findet die Lebenserhaltungspflicht dort ihre Grenze, wo dem Menschen aufgrund unwiderruflichen Verlustes jeglicher Reaktions- und Kommunikationsfähigkeit jede Möglichkeit weiterer Selbstwahrnehmung und Selbstverwirklichung genommen ist (zust. Goll AR 80, 324, Horn SK § 212 RN 26 c; iglS Dölling MedR 87, 9, Leonardy DRiZ 86, 284, Lenckner aaO 605), wobei es natürlich nicht nur auf sprachliches Unvermögen, sondern auch (iSv Kaufmann JZ 82, 486) auf den Ausschluß sonstiger sinnlicher Mitteilungsmöglichkeiten ankommt. Dies ist spätestens bei nachweislich *irreversiblem Bewußtseinsverlust* anzunehmen (iE ebso. v. Dellingshausen aaO 401 ff., Opderbecke MedR 85, 27 f.). Daher ist jedenfalls von diesem Zeitpunkt an – nach Schreiber NStZ 86, 342 sogar schon früher – ein Sterbenlassen zulässig, auch ohne daß sich der Arzt dafür des mutmaßlichen Einverständnisses des Betroffenen sicher sein müßte (iglS Geilen aaO 20, Krauß aaO 107, Häring in Eser, Suizid 266 f., Roxin in Blaha 89 f., iE auch Merkel ZStW 107, 543 ff., 574 sowie schließl. auch Bockelmann WMW 76, 150). γ) Entsprechendes hat für den Fall zu gelten, daß weitere Lebensverlängerungsmaßnahmen gegen die *Menschenwürde* des Sterbenden verstoßen würde (vgl. Hanack in Hiersche 138, v. Lutterotti aaO insbes. 131 ff., Möllering aaO 56 ff., Stratenwerth Engisch-FS 534), wie etwa dort, wo die Hinauszögerung des Todeseintritts allein von finanziellen Interessen der Angehörigen (etwa Erhaltung eines Rentenanspruches) oder des Krankenhauses (zB Belegungsinteresse) bestimmt ist (Kaufmann JZ 82, 485). Hier hat der Arzt nicht nur das Recht, sondern sogar die Pflicht zum Behandlungsabbruch (vgl. Otto DJT-Gutachten 38 mwN). Näher zum Ganzen Eser in Auer/Menzel/Eser 119 ff., ferner iSv „übergesetzl. Strafausschließungsgrund" Langer aaO 124 ff. Auch nach BGH **32** 379 gibt es keine Lebenserhaltungspflicht um jeden Preis, ohne daß er aber für die in die „ärztliche Verantwortung" gestellte Abwägung der widerstreitenden Interessen konkretere Maßstäbe geben würde. δ) Speziell zum Behandlungsabbruch *entgegen einem ausdrücklichen Behandlungsverlangen* des Patienten bzw. seiner Angehörigen Koch/v. Lutterotti DMW 87, 1587 f.

30 c) Noch weithin ungeklärt ist die Frage, ob und inwieweit ein einseitiger Behandlungsabbruch auch wegen **Unverhältnismäßigkeit von Aufwand und potentiellem Erfolg** zulässig sein soll (grdl. dazu Künschner aaO). Einer solchen „externen" Abwägung des Lebenserhaltungsinteresses des Patienten gegenüber Interessen anderer bzw. der Allgemeinheit scheint entgegenzustehen, daß nach überkommener Auffassung Leben nicht einmal gegen Leben aufrechenbar sein soll (vgl. § 34 RN 23) und dies noch weniger gegenüber materiellen Interessen möglich sein kann. Tatsächlich ist jedoch nicht zu leugnen, daß die medizinische Praxis nicht nur zu selektivem Einsatz ihrer beschränkten Möglichkeiten gezwungen ist (vgl. Fritsche aaO 52 ff.), sondern im Sinne einer „Pflege-Ökonomie" auch immer wieder vor der Frage steht, ob sich der Einsatz an sich möglicher Lebensverlängerungsmaßnahmen überhaupt noch „lohnt" (vgl. Kautzky in Eid 32, Sporken 198 f.). Stellen sich derartige *Prioritäten*-Probleme, so sind im wesentlichen drei Grundkonstellationen auseinanderzuhalten: α) Bedürfen mehrere Patienten *gleichzeitig* einer gleichartigen Versorgung, ohne daß jedoch Personal und/oder Ausrüstung zur Behandlung aller ausreichen würden, so ist dem Arzt ein *Auswahlermessen* einzuräumen (vgl. Bockelmann aaO 115, 126, BayÄBl. **73**, 730, Jähnke LK 19, Küper, Grund- u. Grenzfragen der rechtfertig. Pflichtenkollision (1979) 28 f., Schwalm BayÄBl. 75, 567, wobei freilich strittig ist, ob (dagegen Küper ebda.) bzw. wie weit dieses Ermessen einer Mißbrauchskontrolle unterliegt (vgl. Eser in Auer/Menzel/Eser 133 ff.). β) Tritt dagegen das Versorgungsbedürfnis für mehrere Patienten *nicht gleichzeitig* auf, sondern ist etwa der eine bereits an das einzig verfügbare Gerät angeschlossen, so darf er nicht weiteres zugunsten eines später Eingelieferten „abgehängt" werden. Ebensowenig darf seine Versorgung vernachlässigt werden, um Behandlungskapazitäten für mögliche spätere Neueinlieferungen freizuhalten (Jähnke LK 19, Krey JuS 71, 249, Schwalm BayÄBl. 75, 567, Weissauer/Opderbecke Anästh. Inf. 72, 13 gegen Bockelmann). Vielmehr muß jeder Patient in vollem Umfang die notwendige Versorgung erhalten; wird später ein anderer Patient eingeliefert, so hat grundsätzlich die Priorität Vorrang (Jähnke LK 19, Krey JuS 71, 249; and. Dingeldey Jura 79, 476 f., Jescheck/Weigend 367, Lenckner Med.klin. 69, 1006, Welzel 185; vgl. auch Otto aaO 119 ff.). γ) Wo es hingegen weniger um das zeitliche Moment geht und keine Pflichten zur Erhaltung konkret bestimmter Menschenleben unmittelbar miteinander in Konflikt geraten, ist eine deutliche Tendenz zur Berücksichtigung *sonstiger familiär-sozialer oder wirtschaftlicher Interessen*, also auch materieller Faktoren zu beobachten (vgl. ua Ehrhardt aaO 21, Engisch, Euthanasie 21, Kautzky in Eid 32, Opderbecke in Eser, Suizid 136 ff., Sporken aaO 198, Ulsenheimer MedR 94, 428; dagegen für Beschränkung auf med.-biolog. Faktoren Hanack in Hiersche 165 f., Hirsch ZRP 86, 241; vgl. auch Stratenwerth SchwZStr. 78, 76 ff.). Auch wenn die Entwicklung in diese Richtung drängt, dürfen wirtschaftliche Gründe nicht die Frage nach dem „Sinn" weiterer Lebensverlängerung *für den Patienten* verdrängen; wo die Lebenserhaltung irgendeinen Sinn für ihn haben kann, darf sie nicht aus Kostengründen unterlassen werden, soll nicht der Lebensschutz einer totalen Materialisierung zum Opfer fallen. Näher zum Ganzen Eser in Auer/Menzel/Eser 132 ff. sowie Künschner aaO.

d) Ist nach den vorerörterten Kriterien die Pflicht zu (weiteren) Lebensverlängerungsmaßnahmen **31** zu verneinen, so ist im Grundsatz gleichgültig, ob das Sterbenlassen bereits durch **Nichtaufnahme** oder erst durch **Abbruch** einer (bereits begonnenen) Behandlung erfolgt; denn soweit der Arzt von der Behandlungsaufnahme absehen darf, muß er sie auch straflos beenden dürfen, und umgekehrt (vgl. Goll AR 80, 324, Roxin Engisch-FS 399 ff.; zu gewissen Einschränkungen dieser Gleichbehandlung vgl. Eser in Auer/Menzel/Eser 96 ff.). Unberührt davon bleibt jedoch in jedem Fall die Pflicht zur Aufrechterhaltung jener Grundernährung und *Basispflege*, wie sie jedem hilfsbedürftigen Menschen zusteht (dazu Menzel in Eser, Suizid 147, Schara MMW 75, 1422, Kaufmann JZ 82, 487 mwN). Im übrigen hingegen ist es rechtlich unerheblich, ob das Sterben durch Verzicht auf Überführung in eine Intensivstation, durch Abbruch einer bereits begonnenen Therapie oder durch Nichtbehandlung einer sog. interkurrenten Krankheit (zB Lungenentzündung eines Apallikers) beschleunigt wird.

e) Entsprechendes hat grds. auch für den **technischen Behandlungsabbruch**, wie insbes. für das **32** umstrittene Abschalten von Respiratoren, zu gelten. Denn gleich, ob man darin bloßes *Unterlassen* weiterer Lebensverlängerung erblickt (iS dieser vordringenden – wenngleich unterschiedlich begründeten – Auffassung ua Engisch Dreher-FS 325 ff., Geilen Heinitz-FS 383, Kaufmann MedR 84, 122, Lackner/Kühl 8, Lenckner aaO 606, Roxin Engisch-FS 395 ff., W-Hettinger 38 sowie o. 159 f. vor § 13), oder ob man es zwar als *aktives* Tun begreift, aber wie Hirsch auf den kurz vor dem einsetzenden Sterbensprozeß den Schutzzweck des Lebensachtungsgebotes entsprechend enger faßt (so Bottke aaO 122 f., Jähnke LK 17, Möllering aaO 65 ff., Sax JZ 75, 137, 144 ff.; vgl. auch Hirsch Lackner-FS 604 f., Samson Welzel-FS 601 f., Horn SK § 212 RN 22, 260 u. [mit fragwürdigen Hilfspflichtvorbehalten] Zimmermann NJW **77**, 2106; gegen solche Einschränkungen Bockelmann aaO 112 f., Anästh. Inf. 73, 233; vgl. auch Jescheck/Weigend 604) oder uU entschuldigende Pflichtenkollision einräumt (Gössel I 33 ff.), kann jedenfalls im Ergebnis kein Zweifel sein, daß dort, wo ein medikamentös-therapeutischer Behandlungsabbruch zulässig wäre, auch der technische Behandlungsabbruch zulässig sein muß (näher dazu Eser in Auer/Menzel/Eser 138 ff.; iglS v. Dellingshausen aaO 461 ff., Dölling MedR 87, 9 f. sowie die Gleichstellung von Abbrechen und Unterlassen in § 214 I AE-Sterbehilfe). Liegen die entsprechenden Voraussetzungen dafür vor, so kann es dabei auch keinen wesentlichen Unterschied machen, ob der Behandlungsabbruch durch einen Arzt, eine Krankenschwester oder einen sonstigen *Dritten* herbeigeführt wird (zust. LG Ravensburg NStZ **87**, 229 m. Anm. Roxin 348, Stoffers MDR 92, 621 ff., Tröndle Göppinger-FS 595, 600; vgl. auch Sax JZ 75, 150, v. Kenne in Eid/Frey 112); denn selbst wenn damit gegen innerdienstliche Anweisungen oder gegen das Hausrecht verstoßen würde, hätte dies doch – natürlich immer vorausgesetzt, daß wegen Vorliegens der Abbruchsvoraussetzungen keine weitere Lebenserhaltungspflicht mehr besteht – jedenfalls nichts mehr mit der Verletzung von Lebensschutzinteressen zu tun.

f) Noch weithin ungeklärt ist das **Sterbenlassen von mißgebildeten Neugeborenen**, wie es – **32 a** wenn auch meist insgeheim – schon praktiziert wird (vgl. Heifetz/Mangel aaO 47 ff., Kaufmann JZ 82, 481, Kreuzer Kriminalistik 82, 491, Merkel in Hegselmann/Merkel aaO 100 ff., Regenbrecht MMW 73, 602 f., ferner rechtsgeschichtl. Peters aaO sowie rechtsvergl. Keyserlingk ZStW 97, 178 ff.; aus med. Sicht BÄK NJW 98, 3407, v. Loewenich MedR 85, 30 ff.). Klar sollte sein, daß es sich bei solcher „Früheuthanasie" schon nicht mehr um individuelle Sterbehilfe, sondern um gesellschaftsnützliche Eugenik handelt (vgl. Eser Narr-FS 61 f.), bei der es nicht mehr um biologisch-quantitative, sondern bereits um personal-qualitative Lebensbetrachtung geht (Laber MedR 90, 188). Während Schmitt diesen Schritt für „nunmehr fällig" hält, aber allenfalls für die Eltern (im Unterschied zum weiterhin hilfspflichtigen Arzt) „in menschlich besonders tragischen Fällen" eines übergroßen Konfliktsdrucks die Zumutbarkeit der Behandlungspflicht verneinen würde (Klug-FS II 329 ff.), und auch Kaufmann (JZ 82, 486) nur für „Grenzfälle" stark unterentwickelter Mißgeburten einen ärztlichen Beurteilungsspielraum einräumen würde, hält Hanack (MedR 85, 35 ff.) eine weitergehende Reduzierung der ärztlichen Behandlungspflicht für vertretbar (vgl. auch die von der Dt. Ges. f. MedR vorgeschlagenen Richtlinien in MedR 86, 281, ferner den auf Nichterlangbarkeit des Bewußtseins abhebenden § 214 I Nr. 2 AE-Sterbehilfe m. Begr. 20, ähnl. Laber MedR 90, 188 sowie die „Einbekker Empfehlungen" in Hiersche/Hirsch/Graf-Baumann aaO m. revid. Fassung in MedR 92, 206;

dazu auch Schlund AR 91, 109 ff.). Dies wird noch weiterer Diskussion bedürfen, wobei – unter verstärkter Berücksichtigung auch der familiär-sozialen Implikationen (vgl. Ulsenheimer MedR 94, 428) – letztlich wohl nur folgende Alternative bleibt: Je mehr die Allgemeinheit im Interesse weitestgehenden Lebensschutzes ihrerseits bereit ist, neben oder anstelle der Eltern die Folgelasten für ein schwerstbehindertes Kind mitzuübernehmen, desto eher erscheint es zumutbar und geboten, die Pflicht zu lebensrettenden Maßnahmen möglichst streng zu fassen. Je weniger eine solche Solidarbereitschaft mit den Eltern besteht, desto weniger erscheint der Staat berechtigt, den unmittelbar Betroffenen unter Strafandrohung Pflichten aufzubürden, deren Folgelasten die Allgemeinheit nicht mitzutragen bereit ist (vgl. auch Eser JZ 86, 793).

32 b   5. Angesichts der verschiedenartigen Unzulänglichkeiten des geltenden Rechts (Überblick bei Eser JZ 86, 791 ff. mwN) sind derzeit weltweit **rechtspolitische Reformbemühungen** zu beobachten, wobei man hierzulande teils schon mit bloßen Rechtsprechungskorrekturen auszukommen hofft (so namentl. Herzberg JZ 86, 1021, Hiersche DJT-Referat 22 ff., Hirsch Lackner-FS 610 ff., Kutzer MDR 85, 715 f. sowie mit Vorbehalt Otto DJT-Gutachten 90 ff.), während andere mehr oder weniger einschneidende Gesetzesänderungen für erforderlich halten (vgl. ua Brändel ZRP 85, 85 ff., Dölling MedR 87, 11 f., Eser JZ 86, 793 ff., Schmitt MDR 86, 617 ff., Schöch ZRP 86, 236 ff., Schreiber NStZ 86, 343 ff., Uhlenbruck ZRP 86, 217, Wassermann DRiZ 86, 296 f. sowie letztl. auch Tröndle DJT-Referat 35 ff., 50 ff., ZStW 99, 46 ff., MedR 88, 163, Göppinger-FS 607 f., nachdem dessen Gesamtlösung durch Ausgrenzung kunstgerechten ärztlichen Handelns – unter Einbindung anstelle einer Sonderregelung der Sterbehilfe – zwar grundsätzlich wünschenswert wäre, aber noch weitergehende gesetzliche Eingriffe erfordern würde [med. krit. v. Lutterotti MedR 88, 55 ff.]; vgl. auch die Stellungnahmen der öffentl. Anhörung zum Thema „Sterbehilfe" im BT-Rechtsausschuß Sten. Prot., 51. Sitzung v. 15. 5. 1985; dazu DRiZ 85, 368 f.). Mit Blick auf den Gesetzgeber hat sich namentlich der AE-Sterbehilfe für eine Klarstellung des (einverständlichen und einseitigen) Behandlungsabbruchs (§ 114) und der leidensmindernden Maßnahmen mit Lebensverkürzungsrisiko (§ 114a) ausgesprochen, eine die BGH-Rspr. korrigierende Straffreistellung der Nichthinderung einer (freiverantwortlichen) Selbsttötung gefordert (§ 215) sowie für Tötung auf Verlangen in extremen Leidenssituationen ein fakultatives Absehen von Strafe vorgeschlagen (§ 216 II). Obgleich auf dem 56. DJT, der ua dem „Recht auf den eigenen Tod?" gewidmet war, der Ruf nach dem Gesetzgeber nur bezüglich des Absehens von Strafe (§ 216 II) Unterstützung fand, kann sich der AE-Sterbehilfe doch insofern bestätigt sehen, als seine Klarstellungs- und Modifizierungsvorschläge als sachgerechte Beschreibung bereits geübter Praxis bzw. als künftig zu befolgende Leitlinie für die Rechtsprechung jedenfalls der Sache nach Anerkennung fanden (vgl. DJT-Beschlüsse II/M 191 ff., Brodersen JZ 86, 1098, Hanack MedR 87, 96, ferner Hiersche DJT-Referat 27 f., Tröndle DJT-Referat 49 f., ZStW 99, 33 ff.). Zur Diskussion im Ausland vgl. allg. Eser/Koch, Materialien zur Sterbehilfe (1991), spez. zur ehem. DDR Lammich MedR 87, 90 ff., zu den Niederlanden Sagel ZRP 86, 318 ff., Scholten JZ 84, 877 bzw. zur neuesten Entwicklg. Jochemsen J. of med. ethics 94, 212 ff., zu Österreich Schick in Bernat aaO 121 ff., zur Schweiz Gsell ZStW 97, 164 ff., Heine JR 86, 214 ff., zu Japan Asada aaO 89 ff.

IV. Selbsttötung: Beteiligung – Nichthinderung.

Schrifttum: vgl. die Angaben o. vor 21, ferner: *Baechler,* Tod durch eigene Hand, 1981. – *Bottke,* Suizid u. Strafrecht, 1982. – *Ders.,* Das Recht auf Suizid u. Suizidverhütung, GA 82, 546. – *Ders.,* Probleme der Suizidbeteiligung, GA 83, 22. – *Bringewat,* Selbstmord, Suizidpatient u. Arztpflichten, NJW 73, 540. – *Ders.,* Tötung auf Verlangen u. der sog. „erweiterte Selbstmord", JuS 75, 155. – *Charalambakis,* Selbsttötung aufgrund Irrtums u. mittelbare Täterschaft, GA 86, 485. – *Dölling,* Suizid u. unterlassene Hilfeleistung, NJW 86, 1011. – *Eser,* Suizid u. Euthanasie, 1976. – *Ders.,* Sterbewille u. ärztl. Verantwortung, MedR 85, 6. – *Gallas,* Strafbares Unterlassen im Falle einer Selbsttötung, JZ 60, 649, 686. – *Geilen,* Suizid u. Mitverantwortung, JZ 74, 145. – *Gores,* Suizid als Problemlösung, 1981. – *Gropp,* Suizidbeteiligung u. Sterbehilfe in der Rspr., NStZ 85, 97. – *Haesler/Schuh,* Der Selbstmord, 1986. – *Heinitz,* Teilnahme u. unterlassene Hilfeleistung beim Selbstmord, JR 54, 403. – *Herzberg,* Zur Strafbarkeit der Beteiligung am freigewählten Selbstmord, ZStW 91 (1979) 557. – *Ders.,* Beteiligung an einer Selbsttötung usw., JA 85, 131, 177, 265, 336. – *Ders.,* Zum mord. Schutz des Selbstmordgefährdeten, JZ 86, 1021. – *Ders.,* Straffreie Beteiligung am Suizid u. gerechtfertigte Tötung auf Verlangen, JZ 88, 182. – *Hohmann/König,* Zur Begründung der strafr. Verantwortl. in den Fällen aktiver Suizidteilnahme, NStZ 89, 304. – *Holyst,* Selbstmord – Selbsttötung, 1986. – *Klinkenberg,* Die Rechtspflicht zum Weiterleben u. ihre Grenzen, JR 78, 441. – *Koch,* Der Suizidpatient als Rechtsfall, MMW 84, 713. – *Kohlhaas,* Das Recht auf den eigenen Tod, NJW 73, 548. – *Ders.,* Selbstmordverursachung u. Garantenpflicht, JR 73, 53. – *Kreuzer,* Die ärztl. Hilfeleistungspflicht bei Unglücksfällen im Rahmen des § 330 c StGB, 1965. – *Michale,* Recht u. Pflicht zur Zwangsernährung, 1983. – *Neumann,* Die Strafbarkeit der Suizidbeteiligung (usw.), JA 87, 244. – *Ostendorf,* Das Recht zum Hungerstreik, 1983 (Zus. in GA 84, 308 ff.). – *Pöldinger/Reimer,* Psychiatr. Aspekte suizidalen Verhaltens, 1985. – *Rehbach,* Bemerkungen zur Geschichte der Selbstmordbestrafung, DRiZ 86, 241. – *Ringel,* Selbstmord, HwbKrim III, 125. – *Roxin,* Die Mitwirkung beim Suizid, Dreher-FS 331. – *Scheffler,* Die Rspr. zur Strafbarkeit der Mitwirkung am Suizid (usw.), JRE 99, 341. – *Schilling,* Abschied vom Teilnahmeargument bei der Mitwirkung zur Selbsttötung, JZ 79, 159. – *Schmidhäuser,* Selbstmord u. Beteiligung am Selbstmord in strafr. Sicht, Welzel-FS 801. – *Schneider/Rossel/Klug,* Selbsttötung nach Anleitung, Spann-FS 491. – *Simson,* Die Suizidtat, 1976. – *Spendel,* Fahrlässige Teilnahme an Selbstmord u. Fremdtötung, JuS 74, 749.

Tröndle, Zwangsernährung u. Rechtsstaat, Kleinknecht-FS 411. – *Wagner,* Selbstmord u. Selbstmordverhinderung, 1975.

Die Tötungstatbestände richten sich, auch wenn dies in ihrem Wortlaut nicht mit letzter Eindeutigkeit zum Ausdruck kommt, gegen die Tötung eines **anderen Menschen**. Daher ist die **Selbsttötung straflos**, und zwar schon mangels Tatbestandsmäßigkeit (RG **70** 315, BGH **2** 152, **32** 262, 371, Tröndle 4, Gössel I 28, Jähnke LK 21, Lackner/Kühl 9). Abweichende Konstruktionen eines sowohl die Fremd- wie die Selbsttötung umfassenden Tatbestandes, dessen Verwirklichung lediglich für den Selbsttötenden aus subjektiven Gründen straflos bleibe (Schmidhäuser Welzel-FS 810 ff.; ähnl. Bringewat ZStW 87, 623 ff. unter Berufung auf angebl. Gewohnheitsrecht), sind weder normtheoretisch haltbar (vgl. Gössel JA 76, 396) noch mit der geschichtlichen Entwicklung (allg. dazu Rehbach aaO) und dem Schutzzweck der Tötungstatbestände vereinbar (vgl. v. Holtzendorff Hdb. III 146 f., Herzberg JA 85, 132 ff., Horn SK § 212 RN 8, Roxin Dreher-FS 336 ff., Simson aaO 55 ff., 72 ff.; zur fragwürdigen Konstruktion einer „einverständlichen Fremdtötung" von Schilling aaO vgl. 24. A. mwN). Auch kennt das deutsche StGB im Unterschied zu manchen ausländischen Rechten weder einen besonderen Tatbestand für den Selbstmord*versuch* (so England bis zum Suicide Act 1961) noch für die *Verleitung* oder *Beihilfe* zur Selbsttötung (so Art. 115 schweizStGB, § 78 östStGB; vgl. auch Simson/Geerds 63 ff., Heine JR 86, 314 ff.; zur Strafbarkeit der Beteiligung an einer Selbsttötung nach jap. Recht vgl. Asada aaO 86 ff.). 33

Diese Zurückhaltung sieht sich seit einiger Zeit verstärkt mit Befunden empirischer Suizidforschung konfrontiert, wonach der *Suizidwille* regelmäßig als *pathologisch* anzusehen sei (vgl. die Nachw. bei Geilen JZ 74, 148 ff., ferner Meyer MedR 85, 210 ff., Ringel HwbKrim III 160 sowie zu Suizidtheorien Baechler aaO, Gores aaO 46 f., Kindt MMW 84, 704 ff.; krit. zu § 215 AE-Sterbehilfe Sondervotum von Bochnik MedR 87, 220). Deswegen jede Ermöglichung oder Zulassung eines Suizids generell für strafbar erklären zu wollen (mit dieser Tendenz namentl. Bringewat ZStW 87, 623 ff., Herzberg, Unterlassung im Strafrecht [1972] 265 ff., Schmidhäuser Welzel-FS 801 ff., Schwalm Engisch-FS 553 ff. sowie mit Vorbehalt wie Geilen aaO, Horn SK § 212 RN 12), wäre jedoch nur dann gerechtfertigt, wenn die Möglichkeit eines nichtkrankhaften Suizids praktisch auszuschließen wäre (vgl. demgegenüber den Fall von BGH **32** 367 m. Anm. Eser MedR 85, 6, ferner Sonneck/Ringel in Eser, Suizid 77 f., Pohlmeier MMW 82, 1121, Simson aaO 93 ff. sowie Wagner aaO 110 ff., der zu einem ungefähren Verhältnis von 60 : 40 zwischen freiverantwortlichen und nichtfreiverantwortlichen Suiziden kommt) und wenn nicht einmal das subjektive Freiheitsbewußtsein des Suizidenten Respektierung verdienen würde. Auch ungeachtet der Frage, ein „Recht" auf Selbsttötung, das einer Pönalisierung schon grundsätzlich entgegenstünde, zu bejahen (so etwa Wagner 108 ff., iE auch Bottke aaO 42 ff., Uhlenbruck ZRP 86, 214, Wassermann in Winau/Rosemeier aaO 384 ff.) oder zu verneinen wäre (so namentl. Hirsch Lackner-FS 610 ff., Otto DJT-Gutachten 17 f., Roellecke in Eser, Suizid 336 ff.), ist das Strafrecht weder ein taugliches noch ein angemessenes Mittel, um die Unterstützung von existentiellen Entscheidungen zu verhindern, die zumindest *subjektiv freiverantwortlich* erscheinen (vgl. u. 36 sowie Eser, Suizid 398 ff., in Auer/Menzel/Eser 92 ff., 103 ff., Roxin Dreher-FS 351 ff., Simson aaO 79 ff., 109 ff., ferner grdl. zur strafr. Relevanz des Freiheitsbewußtseins Burkhardt Lenckner-FS 3. ff.). Dabei sei jedoch nicht verkannt, daß die Rspr. oft allzu leicht zur Annahme von Freiverantwortlichkeit neigt, wo sachkundig(er)e Ermittlungen vielleicht doch verantwortlichkeitsausschließende Depression oder einen „Appell-Suizidversuch" zu Tage gefördert hätten (so wohl in den Fällen von BGH **7** 168, **13** 162, BGH NJW **60**, 1821, JR **56**, 347, JR **79**, 429 m. krit. Anm. Hirsch; vgl. auch Geilen JZ 74, 148 ff., NJW 74, 572 sowie die Rspr.-Kasuistik von Scheffler aaO). Solchen tatsächlichen Fehleinschätzungen braucht jedoch auch **de lege ferenda** nicht durch generelle Pönalisierung der Suizidbeteiligung, sondern lediglich durch größere Zurückhaltung bei Annahme von Freiverantwortlichkeit begegnet zu werden (vgl. auch Bottke aaO 317 ff. sowie u. 36). Demgemäß geht es auch bei § 215 AE-Sterbehilfe, dem im wesentlichen auch die nachfolgenden Leitlinien entsprechen, nicht einfach – wie offenbar Herzberg in seiner Kritik (JZ 86, 1021 ff.) glauben machen möchte – um Ausweitung oder Einengung strafloser Suizidteilnahme, sondern um eine sachgerechte Lösung für die – wenngleich vielleicht wenigen, so deswegen doch keineswegs unerheblichen – Fälle, in denen die Freiverantwortlichkeit des Sterbewillens nach menschlichem Ermessen außer Zweifel steht und ihm dennoch vom BGH **32** 367 die Beachtlichkeit grundsätzlich versagt wird. Zur Kritik des AE von Herzberg (JZ 86, 1021 ff.) vgl. 25. A. 34

Im einzelnen ergibt sich daraus für das geltende Recht:

1. Ebenso wie die *Selbsttötung* als solche (o. 33) ist auch die vorsätzliche **Teilnahme daran straflos**, da es mangels Tatbestandsmäßigkeit an einer entsprechenden Haupttat fehlt (BGH **2** 152, **32** 264, 371 mwN, Bottke aaO 235 ff., Tröndle 4), wobei sich dieses formale Akzessorietätsargument vor allem mit dem Prinzip der Eigenverantwortlichkeit des Opfers abstützen läßt (so namentl. Neumann JA 87, 245 ff.), während es Sax JZ 75, 146 daraus ableiten will, daß der Selbstmord keine Rechtsgutsverletzung darstelle (dagegen Herzberg ZStW 91, 572 f.). Das gilt sowohl für Anstiftung (Welzel 281) wie für Beihilfe (RG **70** 315, BGH **6** 154, Düsseldorf NJW **73**, 2215), und erst recht – trotz ihrer moralischen Fragwürdigkeit – für allgemeine Suizidanleitungen ohne Bezug zu einem konkreten Fall (wie etwa Guillon/Le Bonniec, Gebrauchsanleitung zum Selbstmord (1982), Kehl, Sterbehilfe (1989); vgl. auch Schneider ua Spann-FS 491 ff.). Auch die **fahrlässige Mitverursachung** einer (freiverant- 35

§§ 211 ff. Vorbem 36–38

wortlichen) Selbsttötung, zB durch leichtfertiges Herumliegenlassen einer schußbereiten Waffe, muß jedenfalls dann straflos bleiben, wenn sie bei vorsätzlicher Begehung als Anstiftung oder Beihilfe zu werten wäre (so – mit allerdings zu weit geratenem Leitsatz – BGH **24** 342, Bay NJW **73**, 565 sowie Hirsch JR 79, 430, Horn SK § 212 RN 21, Lackner/Kühl 11, Roxin Gallas-FS 243 ff., Rudolphi SK 79 vor § 1, Simson aaO 68 ff., 115 f.; and. Kohlhaas JR 73, 53 ff.); iE ebso. Tröndle 4 sowie van Els NJW 72, 147 durch Verneinung einer Sorgfaltspflicht des Mitverursachers (ähnl. Welp JR 72, 427; vgl. auch Otto JuS 74, 709) sowie Spendel JuS 74, 756 mit Berufung auf die grds. Straflosigkeit fahrlässiger Teilnahme; vgl. auch Blei JA 72, 573, Geilen JZ 74, 146 ff. Entsprechendes hat für die (vorsätzliche oder fahrlässige) Veranlassung einer (sich schließlich als tödlich realisierenden) *Selbstgefährdung* zu gelten (vgl. BGH **32** 265, NStZ **87**, 406 sowie § 216 RN 11 a, § 222 RN 3, 5, je mwN). Davon unberührt bleibt jedoch die Fahrlässigkeitshaftung für sonstige Sorgfaltsverletzungen, zB bei Transport eines Suizidpatienten (vgl. Geilen NJW 74, 570 f., Simson aaO 70 sowie u. 46).

36   Straflos ist die Teilnahme aber immer nur solange, als sie sich auf die bloße Förderung einer *Selbst*tötung beschränkt, nicht in täterschaftliche *Fremd*tötung übergeht (zur Abgrenzung vgl. Jakobs, Tötung auf Verlangen aaO sowie u. § 216 RN 11), und die Selbsttötung auf einer **freiverantwortlichen Willensentschließung** beruht (davon absch. bei ärztl. Behandlungsverhältnis BGH JR **79**, 429 m. krit. Anm. Hirsch; grds. gegen die – gelegentlich freilich mißverständl. mit dem nicht völlig inhaltsgleichen Prinzip der *Eigen*verantwortlichkeit vermengte – Freiverantwortlichkeit Herzberg JA 85, 136 ff.; mehr aus pragm. Gründen abl. auch Kutzer MDR 85, 713, Schmitt MDR 86, 619). Da es dabei nicht auf „objektive Freiheit", sondern lediglich auf die Respektierung subjektiven Freiheitsbewußtseins ankommen kann (vgl. o. 34; zust. Wassermann DRiZ 86, 295), ist die Suizidentscheidung solange als „freiverantwortlich" anzusehen, als keinerlei Anzeichen für psychische Störungen oder Zwangsvorstellungen erkennbar sind, aufgrund derer die *natürliche Einsichts- oder Urteilsfähigkeit* hinsichtlich der Tragweite und Unwiderruflichkeit dieses Schrittes ausgeschlossen oder wesentlich beeinträchtigt sein könnte. Als Anhaltspunkte dafür können die in § 20 genannten Symptome dienen (vgl. § 103 AE, Sax JZ 76, 81, aber auch Bottke GA 83, 30 ff., der analog auf die §§ 20, 35 bzw. § 19 JGG Bezug nimmt, wiederum and. Wagner aaO 117 f., der zudem auf die materiellen Unterbringungsvoraussetzungen abheben will, bzw. Hirsch JR 79, 432, der eine dem mittelbaren Täter gleichkommende Beherrschung durch den Dritten verlangt (Otto DJT-Gutachten I/D 65 mwN). Dabei ist jedoch zu berücksichtigen, daß es nicht um die Zurechenbarkeit von „Schuld" für fremdschädigendes Verhalten geht, sondern um die vorsorgliche Verhütung möglicherweise unfreiwilliger Selbstvernichtung. Daher kann nicht schon einfach aus dem Fehlen von Krankheitssymptomen iSv § 20 auf Freiverantwortlichkeit geschlossen werden; vielmehr muß der Suizidwunsch einem ernstlichen Tötungsverlangen iSv § 216 vergleichbar sein (vgl. Geilen JZ 74, 151 f., Herzberg JA 85, 336 ff., Horn SK § 212 RN 15, Scheffler aaO 368, W-Hettinger 448 f., aber auch Roxin Dreher-FS 343 ff.). Daran wird es regelmäßig bei bloßen Appell-Suizidversuchen (vgl. o. 34) fehlen. Zur Problematik des Hungerstreiks vgl. u. 45. Auch bei *Kindern* und Jugendlichen wird mangels Einsicht in die Tragweite des Suizids die Freiverantwortlichkeit regelmäßig zu verneinen sein (vgl. § 103 AE; and. inzident BGH **19** 135 bei 16 jähr. Mädchen).

37   2. Bei **mangelnder Freiverantwortlichkeit** des Suizidenten (bzw. wenn diese offensichtlich zweifelhaft ist), macht sich ein Dritter, der dies erkennt und dennoch den Suizid veranlaßt oder unterstützt, wegen **Tötung in mittelbarer Täterschaft** strafbar (Arzt/Weber I 92, Tröndle 5, Lackner/Kühl 13 ff., Roxin, Täterschaft[6] (1994) 476, 572 f., Simson aaO 113), und zwar auch § 212, da mangels Ernstlichkeit des Todeswunsches auch § 216 zu verneinen ist. Hat er die mangelnde Verantwortlichkeit des von ihm unterstützten Suizidenten *fahrlässigerweise* nicht erkannt, kommt § 222 in Betracht (vgl. Welp JR 72, 428 sowie Wegener JZ 80, 593 zu psychotherap. Fehlbehandlung). Entsprechendes gilt bei Veranlassung einer nicht eigenverantwortlichen Selbstgefährdung (BGH NStZ **83**, 72; vgl. § 222 RN 5). Hält er den Suizidenten irrtümlich für nicht verantwortlich, so liegt Totschlags*versuch* vor. Darüber hinaus kommt Tötung in mittelbarer Täterschaft in allen Fällen in Betracht, in denen der Getötete als *Werkzeug gegen sich selbst* benutzt wird (BGH **32** 28 m. Anm. Roxin NStZ 84, 71, Schmidhäuser JZ 84, 195, BGH NStZ **84**, 73, Tröndle 5, Hirsch JR 79, 433, Horn SK § 212 RN 10, Welzel 281), so vor allem, wenn er durch Zwang (Androhung weiterer Mißhandlung: vgl. OGH NJW **49**, 598), Arglist (Vorspiegelung der Bereitschaft zum Doppelselbstmord: vgl. BGH GA **86**, 508, wobei freilich – über die Erzeugung des Motivirrtums hinaus – maßgeblich auf täterschaftliche Handlungssteuerung durch massive intellektuell-psychische Lenkung des Suizidenten abgehoben wird), oder in Ausnutzung eines Irrtums über den Geschehensablauf (vermeintliche Ungefährlichkeit einer tödlichen Droge) oder des zur Selbsttötung treibenden Motivs (scheinbare Unheilbarkeit einer Krankheit) dazu veranlaßt wird, Hand an sich zu legen oder sich dabei helfen zu lassen (Jähnke LK 25; vgl. auch Bottke aaO 247 ff.); eingeh. u. diff. zu verschiedenen Formen von Motivirrtümern (u. zugleich krit. zu BGH aaO) Charalambakis GA 86, 485 ff., Muñoz Conde ZStW 106, 547 ff., Neumann JA 87, 249 ff.

38   Dagegen ist in der bloßen **Veranlassung eines Suizids** (oder gar in einer *Überredung* dazu) solange keine strafbare Tötung in mittelbarer Täterschaft zu erblicken, als die Selbsttötung letztlich *freiverantwortlich* erfolgt (vgl. M-Schroeder I 17). Soweit dies Tröndle 5 (m. zw. Berufung auf BGH **2** 151 f.) bestreiten will, verkennt er, daß durch Überredung der Suizident nicht notwendig zum Werkzeug des Bestimmenden wird und zudem die allgemein als Möglichkeit strafloser Suizidbeteiligung anerkannte

Anstiftung (vgl. o. 35) regelmäßig zu mittelbarer Täterschaft führen müßte, wenn sie über psychische Beihilfe hinausgeht. Aus ähnlichen Gründen wäre auch bei Beschränkung strafloser Teilnahme auf Hilfeleistungen, zu denen der Dritte nicht wenigstens in Form von § 216 durch den Lebensmüden aufgefordert wurde (so Horn SK § 212 RN 16), kaum noch ein Fall strafloser Anstiftung bzw. anstiftungsähnlicher Ratschläge denkbar. Ebensowenig kann mittelbare Täterschaft immer schon dann angenommen werden, wenn der den Tod bewirkende Beitrag des Helfers auch durch den Lebensmüden selbst physisch hätte erbracht werden können. Wenn Horn aaO dies damit begründen will, daß psychische Nichtverkraften des „letzten Schrittes" durch eigene Hand als Zeichen mangelnder Freiverantwortlichkeit zu betrachten sei, so würde damit nicht nur der Bereich strafloser Suizidbeihilfe auf untergeordnete Unterstützungshandlungen beschränkt, sondern konsequenterweise müßte damit auch die „Ernstlichkeit" des von ihm angenommenen § 216 verneint werden und folglich § 212 zum Zuge kommen. Falls daher das Zurückschrecken vor dem Handanlegen an sich selbst nicht auch durch sonstige tödlichen Stoßes an den Helfer weniger ein Problem der Freiverantwortlichkeit als vielmehr eine Frage des Übergangs von bloßer Suizidbeihilfe zu täterschaftlicher Tötung auf Verlangen zu erblicken (näher zu dieser Abgrenzung § 216 RN 11).

3. Weitere Einschränkungen hat der Bereich strafloser Suizidbeteiligung dadurch erfahren, daß das **39** **tatenlose Geschehenlassen einer Selbsttötung** nach §§ 212, 216, 13 bzw. nach § 323 c als *Unterlassen* strafbar sein kann. Und zwar soll dies sowohl dort in Betracht kommen, wo die aktive Unterstützung als solche (zB durch Verschaffen einer Waffe) nach den bei o. 35 genannten Grundsätzen an sich straflos ist (vgl. BGH **6** 154), wie auch da, wo die Selbsttötung in keiner Weise positiv beeinflußt, sondern lediglich unterlassen wird, entweder bereits die *Durchführung* des Suizids zu *verhindern* (zB durch Abdrehen des Gashahnes) oder dann wenigstens den Suizid*erfolg abzuwenden* (durch Verbringen des bereits Vergifteten in ein Krankenhaus). Während in solchen Fällen die Rspr. zu extensiver Unterlassungshaftung neigt (vgl. u. 42) wird von einem Teil der Lehre im Interesse verstärkter Selbstmordprophylaxe befürwortet wird (vgl. namentl. Geilen JZ 74, 153 f., Herzberg ZStW 91, 569 ff., JA 85, 177 ff., Horn SK § 212 RN 12 ff., Kutzer MDR 85, 712 ff., Schwalm Engisch-FS 535 ff.), sieht die hL darin zutreffend die Gefahr, daß damit die Straflosigkeit der Suizidteilnahme praktisch völlig unterlaufen wird (vgl. die Meinungsübersicht bei Bottke aaO 272 ff., Wagner aaO 25 ff.). Daher bedarf es einer **differenzierenden** Betrachtung:

a) Soweit dem Suizidvorhaben von vorneherein die **Freiverantwortlichkeit fehlt,** ist nicht nur **40** seine aktive Veranlassung oder Unterstützung (o. 37), sondern unstreitig auch sein bloßes Geschehenlassen strafbar (vgl. RG **7** 332, M-Schroeder I 19, Wagner aaO 128, Roxin, Täterschaft⁶ 476), und zwar für einen Lebensschutzgaranten (Angehöriger, Arzt aufgrund Behandlungsübernahme) als Töten durch Unterlassen nach §§ 212, 13 (wobei mangels Beachtlichkeit des Suizidwillens auch § 216 ausscheidet; vgl. dort RN 11), für Nichtgaranten nach § 323 c, da jedenfalls der unfreie Suizidversuch grundsätzlich als „Unglücksfall" zu betrachten ist (vgl. BGH **2** 151 sowie § 323 c RN 7). Auch ist hier nach Möglichkeit bereits die Durchführung des Suizids zu verhindern (vgl. Horn SK § 212 RN 17) und nicht erst dessen Erfolg abzuwenden. Wurde ersteres versäumt, so kann von dem darin liegenden Unterlassungsversuch (vgl. § 22 RN 50) aber noch durch rechtzeitige Rettung des Verletzten zurückgetreten werden. Totschlagsversuch liegt auch dann vor, wenn der Garant einen reflektierten „Bilanzselbstmord" fälschlich für defekt erachtet (Horn aaO). Hält er umgekehrt den Suizid irrigerweise für ernstlich, so muß ihm auf der Basis der BGH-Rspr. zum freiverantwortlichen Suizid (u. 42) über § 16 II zumindest § 216 zugute kommen, während er nach der hier vertretenen Auffassung (u. 41) wegen Tatbestandsirrtums (§ 16 I) allenfalls nach § 222 strafbar ist (Wagner aaO 128).

b) Soweit andererseits mit hinreichender Wahrscheinlichkeit von einem **freiverantwortlichen** und **41** bis zum tödlichen Ende durchgehaltenen Suizidwillen ausgegangen werden kann (der unheilbar Krebskranke bittet ausdrücklich darum, ihn nach Einnahme einer Überdosis nicht in ein qualvolles Leben zurückzuholen), läßt sich bei Respektierung dieses Entschlusses weder für die Nichthinderung des Suizids noch für den Verzicht auf Rettungsmaßnahmen eine strafrechtliche Verantwortlichkeit begründen, und zwar weder aus Garantenhaftung noch aus § 323 c (so jedenfalls i. Grds. die **herrsch. Lehre**: vgl. aus neuerer Zeit vor allem AE-Sterbehilfe §§ 214 II, 215 (zust. DJT-Beschlüsse II/M 194), ferner ua Arzt/Weber I 88 ff., Bottke aaO 272 ff., 292 ff., Charalambakis GA 86, 504, Dreher JR 67, 270, Tröndle 6, van Els NJW 72, 1477, Friebe GA 59, 163, Gössel I 46 f., Grünwald GA 59, 119 ff., Hartung JR 55, 348, Heinitz JR 54, 403, 55, 105, Hirsch JR 79, 432, Lackner/Kühl 15, Lenckner aaO 575, M-Schroeder I 19, Roxin, Täterschaft⁶ 473 ff., in Blaha 96 ff., NStZ **84**, 412, Rudolphi SK 38 vor § 13, Schweiger NJW 55, 816, Simson aaO 58 ff., 66 ff., 114 f., Wagner aaO 25 ff., 46 ff., Wassermann in Winau/Rosemeier aaO 393 ff., Welzel 281; diff. für Verneinung von Tötung durch Unterlassen, für Möglichkeit nach § 323 c Dölling NJW 86, 1016 [abgesehen von einem „Abwägungssuizid"], Jähnke LK 24, Neumann JA 87, 254 ff., Otto DJT-Gutachten I/D 75 ff., W-Hettinger 57 ff., ebso. Gallas JZ 60, 689 mit dem Vorbehalt, daß jedenfalls § 323 c dann zum Zuge kommen müsse, wenn der Suizident nach vollendetem Versuch nur noch als „Opfer" seiner Tat angetroffen werde; vgl. aber dazu u. 44). Entsprechendes hat für fahrlässige Nichthinderung eines freiverantwortlichen Suizids zu gelten (vgl. Bockelmann ZStW 66, 117, Gallas JZ 60, 690). Damit ist sowohl für den echten „Bilanzselbstmord" (vgl. aber dazu Meyer MedR 87, 210 ff.) wie auch für die Selbstbefreiung aus schwerem Leiden ein Weg eröffnet, den zu verstellen jedenfalls keine strafrechtlich

§§ 211 ff. Vorbem 42, 43

sanktionierbare *Pflicht* besteht. Zu dem davon zu unterscheidenden *Recht* zu (privater oder öffentlicher) Suizid-Prophylaxe vgl. Bottke aaO 81 ff., GA 82, 346 ff., Koch MMW 84, 713 ff., Wagner aaO 123 ff. mwN sowie § 240 RN 32.

42 Demgegenüber hat vor allem der **BGH** unter teilweiser Billigung der Lehre (vgl. die bei 39 Genannten) das Geschehenlassen eines Suizids schon auf verschiedene Weise zu sanktionieren versucht (näher zur Entwicklung Eser MedR 85, 9 ff., Gropp NStZ 85, 97 ff.): So zunächst durch *generelle* Annahme einer *Rettungspflicht* des Garanten bei jedwedem Suizidversuch (BGH **2** 150 ff.; konkludent ebso. BGH **7** 268, **13** 166, JR **55**, 104); dann durch Annahme eines rettungspflichtbegründenden *Unglücksfalles* iSv § 323 c (dort RN 7) jedenfalls vom Zeitpunkt der Hilfsbedürftigkeit an (BGH **6** 147, **7** 272 m. insoweit zust. Anm. Gallas JZ 54, 641, BGH **32** 381, JR **56**, 347; vgl. auch BGH **13** 169 sowie W-Hettinger 60 ff., der jedoch bei erkennbarem Festhalten am Suizidentschluß die Zumutbarkeit der Hilfeleistungspflicht verneinen würde; vgl. ferner Klinkenberg aaO, dessen „Rechtspflicht zum Weiterleben" jedoch bereits im Ansatz verfehlt erscheint: vgl. Roxin Dreher-FS 337 ff., Eser, Suizid 397 ff. sowie Wellmann JR 79, 182 m. Erwid. von Klinkenberg). Andererseits wurden aber diese Suizidverhinderungspflichten teilweise wieder eingeschränkt: So zum einen dadurch, daß eine Garantenhaftung nur insoweit eingreifen soll, als der Garant das Suizidgeschehen *beherrscht* (BGH **13** 166 f. [wo eine solche Tatbeherrschung jedoch in casu mangels „Täterwillens" verneint wurde], zust. Lange LK[9] 5); zum anderen dadurch, daß die Hilfeleistungspflicht, und zwar sowohl nach § 13 wie nach § 323 c, erst mit der *Handlungsunfähigkeit* des Suizidenten einsetze (BGH NJW **60**, 1821 f.; ebso. Bay NJW **73**, 565 m. Anm. Geilen JZ 73, 320, Kielwein GA 55, 227, Niese JZ 53, 175; dagegen – jedenfalls in sich konsequent – die Verhinderungspflicht noch weiter vorverlagernd und dann allenfalls über eine Abwägung nach § 34 zu einer Rechtfertigung des Sterbenslassens gelangend Herzberg JA 85, 185); auch bedürfe bei der Freiverantwortlichkeit des Suizids die *Zumutbarkeit* der Hilfeleistung jeweils besonderer Prüfung (BGH **7** 272, **13** 169, **32** 381; vgl. auch BGH NStZ **84**, 73). Einen buchstäblich zwiespältigen Höhepunkt hat diese Entwicklung im Wittig-Fall BGH **32** 367 gefunden, indem einerseits – nach gewissen Anklängen in BGH NJW **83**, 350 m. Anm. Eser NStZ 84, 56 – der Suizidwille für grundsätzlich unbeachtlich erklärt und damit eine Entbindung von einer einmal eingetretenen Rettungspflicht seitens des Patienten abgeschnitten wird, indem aber andererseits dem Arzt ein eigenverantwortliches Abwägungsermessen eingeräumt wird, innerhalb dessen das Selbstbestimmungsrecht des Suizidenten nur einer unter anderen Faktoren sei, wobei in casu wegen der durch den Suizid bereits eingetretenen „irreparablen schweren Schäden" eine Wiederbelebungspflicht verneint wurde, ohne daß aber der dogmatische Ansatzpunkt dafür völlig klar wäre (so zB nach Schmitt JZ 84, 868 wohl mangelnde Zumutbarkeit, nach Herzberg NJW 86, 1639, JZ 86, 1024 hingegen Rechtfertigung nach § 34); vgl. dazu auch o. 28 aE. – Diese Rspr. kann nicht befriedigen. Was einerseits die

43 grundsätzliche Annahme einer Hilfspflicht betrifft, so mag dies in manchen der Entscheidungsfälle deshalb akzeptabel erscheinen, weil in tatsächlicher Hinsicht bereits die Freiverantwortlichkeit infrage zu stellen wäre (vgl. o. 34, 36) und demzufolge die Suizidverhinderungspflicht schon nach den bei 40 bzw. 44 erörterten Grundsätzen hätte bejaht werden können. Dagegen läßt sich ihre normative Begründung nicht halten. Nicht nur, daß sich beim Geschehenlassen eines Suizids brauchbare Abgrenzungskriterien weder nach den allgemeinen Teilnahmeregeln (vgl. Gallas JZ 60, 650 f., Roxin, Täterschaft[6] 473 f.) noch mit Konstruktion eines Tatherrschaftswechsels bei Handlungsunfähigkeit des Suizidenten gewinnen lassen (vgl. Bringewat NJW 73, 541 f., Dreher JR 67, 269 f., Heinitz JR 61, 28 f.); auch ist der in dieser Zäsur zum Ausdruck kommende Wertungsunterschied schon in sich widersprüchlich: Denn so widersinnig es wäre, zunächst dem Suizidgehilfen das aktive Verschaffen von tödlichen Tabletten zu gestatten (o. 35), um ihn nach Einnahme zur Rettung des Suizidenten zu verpflichten (vgl. Heinitz JR 55, 105), so wenig würde einleuchten, daß der Arzt zwar die freiverantwortliche Suizidhandlung des Krebskranken soll geschehen lassen dürfen, dann aber postwendend zur Abwendung des Suiziderfolgs verpflichtet wäre (Jähnke LK 24), wobei diese von BGH **32** 374 bestrittene Widersinnigkeit insbes. auch durch eine Vorverlagerung der Rettungspflicht nicht auszuräumen wäre (vgl. Eser MedR 85, 12). Nicht weniger widersprüchlich wäre es, zwar den Beschützergaranten (Arzt, Angehörigen) zur Suizidverhinderung für verpflichtet zu halten, dagegen bei Ingerenz aufgrund vorangegangener positiver Beihilfe zum Selbstmord nach allgemeinen Grundsätzen (vgl. 87 ff. vor § 25) eine täterschaftliche Verantwortlichkeit für die Nichthinderung des Erfolges verneinen zu müssen, ganz abgesehen davon, daß es wertungswidersprüchlich wäre, aus einem an sich straflosen Vorverhalten eine strafbegründende Ingerenzstellung abzuleiten (vgl. Jähnke LK 24). Zumindest aber müßte dort, wo der Garant aus Respekt vor dem Willen des Suizidenten untätig bleibt, § 216 und nicht §§ 212, 221 zur Anwendung kommen (vgl. Gallas JZ 60, 688, aber auch § 216 RN 10). Da solche Widersprüche mit der grundsätzlichen Wertentscheidung des Gesetzgebers für die Straflosigkeit aktiver Suizidbeteiligung nicht vereinbar sind, war auch in der **neueren Rspr.** eine verstärkte *Respektierung des freiverantwortlichen Suizids* durch Verneinung einer Verhinderungspflicht zu beobachten: vgl. Düsseldorf NJW **73**, 2215 m. Anm. Blei JA 74, 103 (krit. dazu jedoch Geilen NJW 74, 570, Bringewat JuS 75, 155), mit gleicher Tendenz BGH NStZ **83**, 117, Düsseldorf JMBLNRW **83**, 197, ferner bereits LG Bonn MDR **68**, 66 m. Anm. Paehler und LG Berlin JR **67**, 269, wo allerdings an § 323 c festgehalten wird (krit. dazu Dreher JR 67, 271); vgl. zum Ganzen auch Eser in Auer/Menzel/Eser 110 f., MedR 85, 11. Wenn dann mit BGH **32** 367 dieser Weg abgeschnitten wurde, so kann anderseits das stattdessen eingeräumte ärztliche Abwägungsermessen (vgl. zuvor 42 aE) – trotz des nachherigen Differenzierungsbemühens des Berichterstatters Kutzer (MDR

86, 710 ff.) – keine akzeptable Ersatzlösung bieten, und zwar weder für den Arzt noch für den Betroffenen und seine Angehörigen (vgl. im einzelnen Eser MedR 85, 13 ff.). Krit. ua auch DJT-Beschluß II/M 194, NJW 86, 3073, Dölling MedR 87, 10, Hiersche Weißauer-FS 55 ff., Hirsch Lackner-FS 599, 603, Lackner/Kühl 15, Otto DJT-Gutachten 67 ff., 94, Roxin NStZ 87, 345, Schmitt JZ 84, 866, Sowada Jura 85, 88, Solbach JA 84, 756, Tröndle ZStW 99, 45, Göppinger-FS 596, Uhlenbruck ZRP 86, 215 f.; dagegen dem BGH trotz Detailkritik grds. zust. Herzberg JA 85, 184 f., 267 ff., der allerdings in dem hier vertretenen Standpunkt zu Unrecht eine „Apologie des Freitodes" bekämpfen zu müssen glaubt, dabei sein Beispielsmaterial weniger aus dem Bereich praktisch unzweifelhafter als eher aus der Grauzone zweifelhafter Freiverantwortlichkeit bezieht (wo selbstverständlich auch hier eine Rettungspflicht bejaht wird: vgl. u. 44) und der seinerseits bei seiner maßgeblich mit § 34 argumentierenden Abwägung (vgl. aber dazu auch NJW **96**, 3045 ff.) klare Konturen vermissen läßt. Im wesentl. wie hier auch München NJW **87**, 2940 (Fall Hackethal) m. Anm. Herzberg JZ 88, 182; auch in BGH NJW **88**, 1532 m. Anm. Rippa NStZ **88**, 553 wurde ein deutliches Abrücken von BGH **32** 367 avisiert.

c) Zwischen dem Fall des nichtfreiverantwortlichen (o. 40) und des freiverantwortlich durchgehaltenen Suizids (o. 41 ff.) stehen die nicht seltenen Fälle, in denen der Suizidversuch zwar freiverantwortlich begonnen wurde, dann aber ein **Sinneswandel** sichtbar wird, zB durch Hilferufe des bereits Verletzten. Hier bleibt zwar das *Zulassen* des Versuchs als Respektierung eines (subjektiv) freien Entschlusses straflos (vgl. o. 41). Doch tritt spätestens mit Erkennbarwerden der Sinnesänderung die Rettungspflicht nach § 13 bzw. § 323 c ein (vgl. BGH JR **56**, 347 m. Anm. Maurach 349, Gallas JZ 60, 689, Horn SK § 212 RN 18). Denn wenn überhaupt, so können Hilfspflichten immer nur solange zurücktreten, wie darauf tatsächlich verzichtet wird. Eine solche Sinnesänderung braucht nicht ausdrücklich erklärt zu werden, sondern kann sich auch aus den Umständen ergeben (hilfeheischende Gesten, Mißlingen des vereinbarten Doppelselbstmords); denn sonst würden jene schutzlos bleiben, die sich bereits so schwer geschädigt haben, daß sie zu keinen Erklärungen mehr fähig sind. Dagegen würde man bereits zu weit in den Versuchsbereich hineingeraten, wollte man, wie von manchen vorgeschlagen (vgl. namentl. Gallas JZ 60, 691 f. sowie W-Hettinger RN 60), zumindest eine Hilfspflicht nach § 323 c grundsätzlich immer schon dann annehmen, wenn man eines Suizidenten ansichtig wird. Denn ganz abgesehen davon, daß damit im Grunde nur der Zufallspassant in Pflicht genommen werden könnte, kann dem vorsorglichen Schutz bei zweifelhaftem Suizidwillen schon dadurch hinreichend Rechnung getragen werden, daß man „in dubio pro vita" (Wassermann in Winau/Rosemeier aaO 395; iglS Dölling NJW 86, 1015) – die Rettungspflicht, und zwar sowohl nach § 13 wie auch nach § 323 c, jedenfalls dann einsetzen läßt, wenn nach dem Verlauf des Suizidgeschehens (Mißlingen der als schmerzlos geplanten Tötungsart, offensichtliche Ernüchterung angesichts des der Familie zugefügten Schocks) oder aufgrund sonstiger Umstände (wie etwa bei Enthüllung des scheinbaren „Bilanzselbstmordes" als bloßer Appell) eine Sinnesänderung nicht ausgeschlossen werden kann. Vgl. auch Wagner aaO 129.

d) Nach diesen Grundsätzen ist auch die strittige **Zwangsernährung bei Hungerstreik** von Straf- oder Untersuchungsgefangenen zu behandeln, wobei – entgegen einer häufig zu beobachtenden Vermengung – zwischen *vollzugsrechtlichen* Rechten und Pflichten einerseits und der *strafrechtlichen* Verantwortlichkeit bei Ernährungsverzicht anderseits zu unterscheiden ist (vgl. Horstkotte SA VII/ 2065 ff., Michale aaO 188): Vollzugsrechtlich *darf* nach § 119 III StPO, §§ 101 I, 178 StVollzG der hungerstreikende Gefangene im Rahmen des Zumutbaren zwangsweise ernährt werden, wenn für ihn eine schwerwiegende Gesundheits- oder Lebensgefahr besteht; er *muß* zwangsernährt werden, sobald nicht mehr von einer freien Willensbestimmung ausgegangen werden kann; die schon zuvor einsetzende Pflicht zur Zwangsernährung bei Bestehen einer „akuten Lebensgefahr" nach § 101 I 2 StVollzG (vgl. LR[25]-Hilger § 119 RN 193 ff., Linck NJW 75, 19, Nöldeke-Weichbrodt NStZ 81, 281 ff.; krit. dazu Wagner aaO 143 ff.; vgl. auch Tröndle Kleinknecht-FS 411 ff.) wurde durch das StVollzÄG v. 27. 2. 85 (BGBl. I 461) gestrichen. Von dieser vollzugsrechtlichen Lage zu unterscheiden ist die (hier allein infragestehende) *strafrechtliche Pflicht* zu künstlicher oder notfalls zwangsweiser Ernährung, wofür es nach allg. Unterlassungsgrundsätzen einer Garantenstellung der zuständigen Vollzugsorgane bedarf (vgl. Herzberg ZStW 91, 560 f.). Eine solche Pflicht kann zwar grds. auch aus dem öffentlich-rechtlichen Fürsorgeverhältnis, in dem der Gefangene aufgrund der ihm genommenen Möglichkeit zur Selbstverpflegung steht, gefolgert werden (vgl. BGHZ **21** 220, Koblenz NJW **77**, 1461 m. Anm. Wagner JR 77, 473, Wagner aaO 153 ff., iE ähnl. Kühne NJW 75, 672); ihrem Umfang nach muß sie jedoch den gleichen Beschränkungen unterliegen wie jede andere Suizidverhinderungspflicht auch (vgl. Horstkotte SA 53. Sitzg. 2065 ff., Bemmann Klug-FS II 568, Wassermann DRiZ 86, 295). Das bedeutet, daß eine über (geduldete) künstliche Versorgung hinausgehende Pflicht zur Ernährung mit *Zwangs*mitteln nur insoweit besteht, als der Hungerstreik pathologisch oder durch Gruppenzwang bedingt ist oder, weil als vermeintlich ungefährlicher kurzfristiger Appell gedacht (vgl. Horn SK § 212 RN 15), in Unkenntnis des tödlichen Risikos durchgeführt wird (Fall des nichtfreiverantwortlichen Suizids: o. 40), bzw. daß die erforderlichen Rettungsmaßnahmen ergriffen werden müssen, sobald (ähnlich dem abgebrochenen Suizidversuch: o. 44) der Hungerstreik aufgegeben wird oder sonstige Anzeichen für einen Sinneswandel sprechen. Soweit der Streikende dagegen trotz voller Aufklärung und ungetrübter Einsicht das tödliche Risiko durchzustehen bereit ist oder gar durch seinen Tod ein Fanal setzen will, ist nach den zum freiverantwortlichen Suizid entwik-

§ 211

kelten Grundsätzen (o. 41 ff., krit. aber Herzberg ZStW 91, 574 ff.) sowohl die Verhinderungs- wie die Rettungspflicht und folglich auch die Pflicht zur Zwangsernährung zu verneinen (ebso. Wagner aaO 141 f., iE auch LR[25]-Hilger § 119 RN 207, Michale aaO 171 ff., 204, Wassermann in Winau/ Rosemeier aaO 396). Nach der Gegenauffassung des BGH (o. 42) könnte dies zwar grds. nur bis zum Eintritt der Handlungsunfähigkeit bzw. Bewußtlosigkeit gelten; doch wäre dann bei offensichtlich bis zum letzten entschlossenen Selbstaufgabewillen zumindest die Zumutbarkeit von Zwangsernährungs- bzw. sonstigen Rettungsmaßnahmen in Zweifel zu ziehen (vgl. Koblenz NJW 77, 1461; insoweit ebso. Nöldeke-Weichbrodt NStZ 81, 284). Vgl. zum Ganzen auch Geppert, Freiheit u. Zwang im Strafvollzug (1976), insbes. 36 ff., Jura 82, 177 ff., Husen ZRP 77, 289 (dagegen Baumann ZRP 78, 358 f.), Ostendorf aaO (dazu aber auch Jakobs ZStW 95, 677 ff.), Wagner ZRP 76, 1 ff., Weis ZRP 75, 83 ff., Winiger SchwZStr. 95, 386 ff. sowie mit Erfahrungsberichten, rechtsvergleich. u. rechtspol. Beiträgen Heim aaO; spez. zu den Pflichten beamteter Ärzte Weichbrodt NJW 83, 311 ff.

46 e) Wird ein bewußtloser Suizident einem **Arzt zur Behandlung überwiesen,** so ist die ärztliche Übernahme- und Rettungspflicht nicht anders zu beurteilen als bei einem „Normalpatienten" (Bringewat NJW 73, 543 f.). Daher entsteht spätestens mit Behandlungsübernahme eine Garantenpflicht, deren kunstwidrige Verletzung fahrlässige Tötung begründen kann (insoweit zutr. Bay NJW **73**, 565 m. Anm. Geilen JZ 73, 320; vgl. auch Simson aaO 70). Zu Sorgfaltspflichten bei klinisch-psychiatrischer Behandlung vgl. Fehse Arzt u. Krhs. 86, 45 f., Wolfslast NStZ 84, 105 ff.

47 4. Kann nach dem Vorstehenden eine Selbsttötung dem Unterlassenden nicht zur Last gelegt werden, so kann dies auch *nicht* unter **anderen rechtlichen Aspekten** zu einer *Strafbarkeit* führen. Schlägt zB der nicht verhinderte Suizid fehl, kommt es jedoch zu einer Körperverletzung, so haftet der Unterlassende auch nicht nach §§ 223 ff. Ebensowenig ist die einem Verbrecher geleistete Selbstmordbeihilfe als Strafvereitelung erfaßbar (Tröndle 5). Zum *Schwangerschaftsabbruch* durch versuchten Suizid vgl. § 218 RN 26.

48 5. Zu einer **Suizidverhinderung mit Nötigungsmitteln** vgl. § 240 RN 32.

§ 211 Mord

(1) **Der Mörder wird mit lebenslanger Freiheitsstrafe bestraft.**

(2) **Mörder ist, wer**

aus Mordlust, zur Befriedigung des Geschlechtstriebs, aus Habgier oder sonst aus niedrigen Beweggründen,
heimtückisch oder grausam oder mit gemeingefährlichen Mitteln oder
um eine andere Straftat zu ermöglichen oder zu verdecken,
einen Menschen tötet.

Schrifttum: vgl. zunächst die Angaben zu den Vorbem. vor § 211; ferner: *Arzt,* „Gekreuzte" Mordmerkmale?, JZ 73, 681. – *Ders.,* Die Einschränkung des Mordtatbestandes, JR 79, 7. – *Brocker,* Das Tatbestandsmerkmal der Verdeckungsabsicht, MDR 96, 228. – *Bruns,* Gesetzesänderung durch Richterspruch?, Kleinknecht-FS 49. – *v. Danwitz,* Die Tötung eines Menschen mit gemeingefährl. Mitteln, Jura 97, 569. – *Elf,* Relativierung der lebenslangen Freiheitsstrafe, NStZ 92, 468. – *Engisch,* Zum Begriff des Mordes GA 55, 161. – *Eser,* „Heimtücke" auf höchstrichterl. Prüfstand, JR 81, 177. – *Fischer,* Die „Begleiterscheinung" beim Ermöglichungs- u. Verdeckungsmord, NStZ 96, 416. – *Franke,* Zum Mordmerkmal „Habgier" bei Vorliegen eines Motivbündels, JZ 81, 525. – *Fünfsinn,* Die Rechtsfolgenlösung zur Umgehung der lebenslangen Freiheitsstrafe für Mord, Jura 86, 136. – *Ders.,* Die Rückwirkung des § 57 a StGB auf die Bestrafung wegen Mordes, GA 88, 164. – *Fuhrmann,* Die Verdeckungsabsicht beim Mord, JuS 63, 19. – *Geilen,* Heimtücke u. kein Ende?, Schröder-GedS 235. – *Ders.,* Das politische Attentat als Mord, Bockelmann-FS 613. – *Ders.,* Bedingter Tötungsvorsatz bei beabsichtigter Ermöglichung u. Verdeckung einer Straftat, Lackner-FS 571. – *Glatzel,* Mord u. Totschlag, 1987. – *Groth,* Der Verdeckungsmord als doppelmotivierter Handlungsakt, 1993. – *Günther,* Lebenslang für „heimtückischen Mord", NJW 82, 353. – *Ders.,* Mordunrechtsmindernde Rechtfertigungselemente, JR 85, 268. – *Hassemer,* Die Mordmerkmale, insbes. „heimtückisch" u. „niedrige Beweggründe", JuS 71, 626. – *Heine,* Tötungsdelikte, LdR 8/1680, 1. – *Hohmann/Matt,* Zum Mordmerkmal der „Verdeckung einer anderen Straftat", JA 89, 134. – *Jähnke,* Rechtsfolgenlösung des BGH, Spendel-FS 537. – *Jakobs,* Niedrige Beweggründe beim Mord usw., NJW 69, 489. – *Jescheck/Triffterer,* Ist die lebenslange Freiheitsstrafe verfassungswidrig?, 1978. – *Kerner,* Der Wandel in der höchstrichterl. Rspr. zu den Mordmerkmalen u. zur lebenslangen Freiheitsstrafe, Heidelberg-FS 419. – *Ders.,* Tötungsdelikte u. lebenslange Freiheitsstrafe, ZStW 98, 874. – *Köhler,* Zur Abgrenzung des Mordes, GA 80, 121. – *Küper,* Zur Problem. der Verdeckungsabsicht bei „außerstrafrechtl." Verdeckungszweck, JuS 1158. – *Ders.,* Mord u. Totschlag in Mittäterschaft, JuS 91, 639. – *Laber,* Die neue Rspr. zum Mordmerkmal der Verdeckungsabsicht, MDR 89, 861. – *Lange,* Eine Wende in der Auslegung des Mordtatbestandes, Schröder-GedS 217. – *Meier,* Zur gegenwärtigen Behandlung des „Lebenslänglich" beim Mord, 1989. – *Meyer,* Zu den Begriffen der Heimtücke u. der Verdeckungsabsicht, JR 79, 441, 485. – *Müller-Dietz,* Mord, lebenslange Freiheitsstrafe u. bedingte Entlassung, Jura 83, 568, 628. – *Ders.,* Das Verhältnis von Gesetz u. Richter am Beispiel des § 211 StGB, Nishihara-FS 248. – *Otto,* Die Mordmerkmale in der höchstrichterl. Rspr., Jura 94, 141. – *Paeffgen,* Habgier u. niedrige Beweggründe, GA 82, 255. – *Radbruch,* Der politische Mord, SJZ 49, 311. – *Rengier,* Das Mordmerkmal der Heimtücke nach BVerfGE 45, 187, MDR 79, 969; 80, 1. – *Ders.,* Der GStS auf dem Prüfstand, NStZ 82, 225. – *Ders.,* Das Mordmerkmal „mit gemeingefährlichen Mitteln", StV 86, 405. – *Oppitz,* Strafverfahren u. Strafvollstreckung bei NS-Gewaltverbrechen, 1976. – *Saliger,* Zum Mordmerkmal der Verdeckungsabsicht, ZStW 109 (1997) 302. – *Schaffstein,* Zur Auslegung des Begriffs der „heimtückischen" Tötung als Mordmerkmal, H. Mayer-FS 419. – *Schmidhäuser,* Gesinnungsmerkmale im Strafrecht, 1958. – *Ders.,* Zum Mordmerkmal der Habgier, Reimers-FS (1979) 445. – *Ders.,* Der Verdeckungsmord usw., NStZ 89, 55. – *Schmoller,* Überlegungen zur Neubestimmung des Mordmerkmals „heimtückisch", ZStW 99, 389. – *Schröder,* Zur Abgrenzung zwischen Mord u. Totschlag, JZ 52, 526. – *Schroeder,* Grundgedanken der Mordmerkmale, JuS 84, 275. – *Schwalm,* Heimtücke u. achtenswerter Beweggrund, MDR 57, 260. – *v. Selle,* Zur Strafbarkeit des pol. motivierten Tötungsverbrechens, NJW 00, 992. – *Siol,* Mordmerkmale in kriminologischer u. kriminalpolitischer Sicht, 1973. – *Sonnen,* Zur Problematik des § 211 StGB, JA 80, 35. – *Spendel,* „Heimtücke" u. gesetzliche Strafe bei Mord, JR 83, 269. – *Stark,* Die lebenslange Freiheitsstrafe nach der Entscheidung des BVerfG v. 3. 6. 92, JZ 94, 189. – *Veh,* Mordtatbestand u. verfassungskonforme Rechtsanwendung, 1986. – *Weiß,* Die Problematik der Verdeckungsabsicht im Mordtatbestand, 1997. – *Woesner,* Moralisierende Mordmerkmale, NJW 78, 1024. – *Wohlers,* Die Abgrenzung des Verdeckungsmords vom Totschlag, JuS 90, 20.

I. Durch den Tatbestand des **Mordes** wird die vorsätzliche Tötung eines Menschen, sofern sie 1 durch besondere Verwerflichkeit und/oder Gefährlichkeit gekennzeichnet ist (Abs. 2), mit lebenslanger Freiheitsstrafe bedroht (Abs. 1). Obgleich Mord gesetzessystematisch vorangestellt ist, handelt es sich bei § 211 weder um den Grundtatbestand der übrigen Tötungsdelikte noch um einen diesem gegenüber selbständigen Tatbestand, sondern lediglich um eine **Qualifizierung** des als Grundtatbestand zu verstehenden *Totschlags* (§ 212). Näher zum Ganzen 2 ff., 5 vor § 211.

II. Die **Tathandlung** besteht in der Tötung (§ 212 RN 3) eines *anderen Menschen* (12 ff. vor 2 § 211). Auf welche *Weise* dies geschieht, ist ebenso unerheblich wie bei § 212 (vgl. dort RN 3). Jedoch kann sich aus der Tötungsart ein Mordmerkmal ergeben, wie insbes. bei grausamer oder gemeingefährlicher Tatausführung (vgl. u. 27, 29). Auch **Unterlassen** kommt in Betracht (vgl. BGH 3 **19** 167, MDR/D **66**, 24 und **74**, 14, Herzberg JuS 75, 171 f., Krey I 74 ff., Lackner/Kühl 2; and. Schünemann, Grund u. Grenzen der unechten Unterlassungsdelikte [1971] 372 f.; krit. auch Jescheck JZ 61, 752), sofern sich nicht aus dem Charakter der einzelnen Mordmerkmale gewisse Einschränkungen ergeben, wie zB bei Unterlassen von Rettungsmaßnahmen bei Verdeckungsabsicht (vgl. u. 35).

III. Die Tötung wird zum Mord, wenn ein bestimmtes **Mordmerkmal (Abs. 2)** erfüllt ist. Diesen 4 liegt im wesentlichen folgende *Konzeption* zugrunde:

1. Im Unterschied zum früher maßgeblichen *psychologischen Überlegungs* kriterium ist in der gegen- 5 wärtigen Fassung der Mord durch seine **besondere sozialethische Verwerflichkeit** charakterisiert (vgl. 4 vor § 211). Diese versucht das Gesetz durch **drei Fallgruppen** zu konkretisieren, wobei zwischen der besonderen Verwerflichkeit des *Beweggrundes* (Gruppe 1: Mordlust, Befriedigung des Geschlechtstriebes, Habgier oder sonstige niedrige Beweggründe), der besonders gefährlichen oder unmenschlichen Art der *Tatausführung* (Gruppe 2: heimtückisch, grausam oder mit gemeingefährlichen Mitteln) und der besonderen deliktischen *Zielsetzung* (Gruppe 3: Ermöglichung oder Verdeckung einer Straftat) differenziert wird.

2. Die **verbrechenssystematische** Einordnung der Mordmerkmale ist umstritten. Während sie 6 von einigen allesamt als *Schuld* elemente gedeutet wurden (Engisch GA **55**, 166, Lange LK[9] 3 sowie wieder Köhler JuS 84, 763; iE ebenso – wenngleich nach grds. anderer Grenzziehung zwischen Unrecht und Schuld – Schmidhäuser, Gesinnungsmerkmale 223 ff.; vgl. aber auch seinen BT 20 f.), hat sie vor allem die Rspr. als *Unrechts* merkmale verstanden (vgl. BGH **6** 331, grds. ebenso Jähnke LK 46 f. vor § 211 mwN), wobei daran anknüpfend ein Teil der Lehre zwischen *objektiven* (Gruppe 2) und *subjektiven* Unrechtsmerkmalen (Gruppen 1 und 3) differenziert (Horn SK 3, M-Schroeder I 36, Rengier II 15). Demgegenüber hat Schröder weder eine ausschließliche Zuordnung zum einen oder anderen Bereich noch überhaupt eine klare Differenzierung für möglich gehalten, sondern von komplexen *Strafzumessungserwägungen* gesprochen, in denen Unrechts- und Schulderwägungen zusammentreffen können (17. A. 6 vor § 211). Dem ist insofern zuzustimmen, als sich – wohl mit Ausnahme der objektiv unrechtssteigernden gemeingefährlichen Mittel – kaum eines der Mordmerkmale mit ausschließlich unrechts- oder schuldbezogenen Faktoren erklären läßt. Doch allein deshalb bei § 211 praktisch auf die Ebene einer dem § 213 vergleichbaren Strafzumessungsregel zu stellen, würde seiner (jedenfalls positiv) abschließenden Vertatbestandlichung (vgl. u. 7 ff.) nicht gerecht. Noch am ehesten vermag die **Differenzierung** zwischen primär **unrechts-** und primär **schuldsteigernden** Merkmalen zu überzeugen (vgl. Heine LdR 8/1680, 4): Zu ersteren ist die Gruppe 2 zu rechnen, wobei durch Grausamkeit (Schmerzintensivierung) und gemeingefährliche Mittel (Gefährdung anderer) bereits die objektive Erfolgsunwert wesentlich erhöht ist, während bei Heimtücke über den objektiven Unwert der Wehrlosigkeit des Opfers hinaus der besondere Vertrauensbruch (vgl. u. 26) vor allem in gesteigertem Handlungsunwert niederschlägt. Dagegen sind die übrigen als spezielle Schuldmerkmale zu betrachten (vgl. aber auch Arzt/Weber I 37 f., Paeffgen GA 82, 255 ff.), wobei jedoch allenfalls bei den Motivationen der Gruppe 1 an „echte" Gesinnungsmerkmale zu denken ist, aber selbst diese ähnlich wie die Absichten der Gruppe 3 wegen der damit manifestierten Herabsetzung des Rechtswertes Leben bzw. durch Bezug auf ein mittangiertes Rechtsgut eher den „unechten" Gesinnungsmerkmalen (zu dieser Diff. 122 vor § 13) nahekommen (eingeh. Heine aaO 213 ff., 230). Im übrigen ist diese Kategorisierung nicht überzubewerten, solange durch die Einordnung der Mordmerkmale auf Unrechts- oder Schuldebene weder die Frage des Mordvorsatzes (u. 37) noch die Anwendbarkeit von § 28 (u. 44 ff.) präjudiziert wird. Vgl. aber auch Sax JZ 76, 14.

7 3. Der **Katalog des Abs. 2** ist jedenfalls insoweit **abschließend**, als nur bei *positivem* Vorliegen von mindestens einem der Mordmerkmale wegen Mordes bestraft werden darf. Fehlt es daran, so bleibt § 211 selbst dann ausgeschlossen, wenn die Tötung eine noch so verwerfliche Einstellung oder besondere Gefährlichkeit des Täters offenbart (vgl. Tröndle 2). Daß die Tötung gleichzeitig mehreren Gruppen des Abs. 2 zuzurechnen ist (Bsp. bei Eser NStZ 81, 386 f.), ist nicht erforderlich, ja teils nicht einmal möglich, wie etwa idR im Verhältnis von Heimtücke und Verdeckungsabsicht (vgl. Eser NStZ 83, 440). Daher genügt bereits, daß der Täter etwa aus niedrigen Beweggründen oder auf heimtückische Weise oder mit Verdeckungsabsicht handelt (vgl. Frankfurt SJZ **47**, 628). Deshalb kann der Schuldspruch bestehen bleiben, wenn der Tatrichter ein Mordmerkmal rechtsfehlerfrei bejaht, ein zweites dagegen zu Unrecht angenommen hat (BGH **41** 222, NStZ-RR **96**, 99; vgl. aber hins. des Strafausspruches BGH **41** 224). Auch Wahlfeststellung ist möglich (vgl. u. 13).

8 Streitig ist dagegen, ob Abs. 2 auch in der Weise abschließend ist, daß bei Vorliegen eines seiner Merkmale **zwingend** auf Mord zu erkennen sei (eingeh. Veh aaO 19 ff.). Diese Frage stellt sich vor allem dann, wenn die durch ein Mordmerkmal erschwerte Tötung gleichzeitig durch strafmildernde Umstände relativiert ist: so zB bei heimtückischer Tötung aus achtenswerten Motiven, gemeingefährlicher Tötung eines verhaßten Diktators, grausamer Tötung aufgrund eines unverschuldeten Affekts (zu der damit vorgegebenen Unausweichlichkeit von Wertungen vgl. Kerner Heidelberg-FS 429 ff.). Daß in derartigen Fällen die Möglichkeit bestehen sollte, der Konsequenz der sonst absolut lebenslangen Freiheitsstrafe zu entgehen, wird allgemein eingeräumt. Strittig ist jedoch der dabei einzuschlagende Weg:

9 a) Nach der in der heutigen **Rspr.** vorherrschenden Auffassung ist in Abs. 2 eine sowohl **positiv wie negativ abschließende Umschreibung** der Tötungsfälle zu verstehen, die das Gesetz als besonders verwerflich und deshalb als Mord beurteilt; demzufolge bleibt – jedenfalls auf Tatbestandsebene – auch kein Raum für eine korrektive richterliche Gesamtwürdigung der Tat als ausnahmsweise nicht verwerflich (so in st. Rspr. BGH **3** 186, **9** 389, **11** 143, NJW **51**, 204, GA **71**, 155, MDR/D **70**, 898, bestätigt durch GSSt BGH **30** 105 [vgl. u. 10 a], NStZ **84**, 454; i. Grds. ebenso Arzt/Weber I 38 f., Tröndle 2, Jähnke LK 37 f. vor § 211, Krey I 54, Mitsch JuS 96, 121 f., Schwalm MDR 58, 397, W-Hettinger 133, Woesner NJW 78, 1027; vgl. auch Rengier MDR 80, 3, der aber durch Ausschluß von § 211 bei Milderungsfaktoren nach § 213 zu ähnl. Ergebnissen wie die hL u. 10 kommt). Um jedoch den damit vorgezeichneten Zwang zur Annahme von § 211 bei Vorliegen eines Mordmerkmals wenigstens teilweise zu entschärfen, hat man bestimmte Merkmale einschränkend auszulegen versucht: So etwa dadurch, daß für Heimtücke eine „feindliche Willensrichtung" des Täters gegenüber dem Opfer vorausgesetzt (BGH **9** 390; vgl. u. 25 a) oder für Grausamkeit eine „gefühllose, unbarmherzige Gesinnung" gefordert wird (vgl. RG **76** 299), wobei „Umstände in Tat und Täterpersönlichkeit" zu berücksichtigen seien (BGH NStZ **82**, 380; vgl. u. 28). Doch ganz abgesehen davon, daß damit das angebliche Mehr an Rechtssicherheit (vgl. BGH **11** 143) durch eine zweifelhafte Kasuistik von selbst wieder in Frage gestellt wird, lassen sich damit ohnehin nur Teilkorrekturen erreichen.

10 b) Solchen Halbheiten sucht im Anschluß an das RG die wohl **herrsch. Lehre** abzuhelfen, indem sie den Fällen des Abs. 2 lediglich *symptomatisch-indizielle* Bedeutung beimißt. Danach wird durch Vorliegen eines Mordmerkmals noch nicht zwingend Mord begründet; entscheidend ist vielmehr, ob aufgrund einer **Gesamtwürdigung** unter Berücksichtigung der Persönlichkeit des Täters und aller Tatumstände die Tötung als besonders verwerflich erscheint (vgl. RG **76** 299, HRR **42**, 608, 671, Bertram u. Jescheck in Jescheck/Triffterer aaO 175 bzw. 132, Busch Rittler-FS 295, Geilen JR 80, 309, Haft II 84, Heine LdR 8/1680, 4, Horn SK 6, Lange LK[9] 3, Riess NJW 68, 630, Schönke NJW 50, 237, Welzel 284 sowie Günther JR 85, 268 ff., der nicht voll rechtfertigende Elemente zumindest mordunrechtsausgleichend in Anrechnung bringt). Dementsprechend kann beispielsweise sowohl bei Tötung aus Verdeckungsabsicht aufgrund einer entschuldbaren heftigen Gemütsbewegung wie auch bei altruistisch motivierter Heimtücke Mord verneint werden. Da diese Auffassung sowohl der auf dem Verwerflichkeitsgedanken basierenden Mordqualifikation (vgl. 4, 6 vor § 211) als auch der Einzelfallgerechtigkeit am besten Rechnung trägt, ist ihr im Grundsatz zuzustimmen. Dies ist jedoch *nicht* so zu verstehen, als ob damit dem Mordkatalog des Abs. 2 *zusätzlich* ein *ungeschriebenes* Tatbestandsmerkmal iS besonderer Verwerflichkeit zu subintelligieren sei, mit der Folge, daß über das Vorliegen eines bestimmten Mordmerkmals hinaus jeweils noch der positive Nachweis besonderer Verwerflichkeit zu führen wäre (so Lange ZStW **83**, 246, ferner LK[9] 3, aber auch Schröder-GedS 217). Entscheidend ist vielmehr nur, daß dem Richter durch **„negative Typenkorrektur"** die Möglichkeit eröffnet ist, trotz Vorliegens eines Mordmerkmals § 211 dann zu verneinen, wenn aufgrund einer umfassenden Gesamtwürdigung die Tötung ausnahmsweise als nicht besonders verwerflich erscheint.

10 a c) Das somit i. Grds. allgemein akzeptierte Gebot einer **restriktiven Handhabung des § 211** ist vor allem in **BVerfGE 45 187** verfassungsrechtlich untermauert worden (NJW **77**, 1525 m. Anm. Beckmann GA 79, 441, Schmidhäuser JR 78, 265, Woesner NJW 78, 1025; vgl. auch BVerfGE **54** 100 sowie die Mat. in Jescheck/Triffterer aaO, ferner die Entwicklungsübersicht von Müller-Dietz aaO); denn danach ist die lebenslange Freiheitsstrafe bei Mord nur dann als verfassungsmäßig anzusehen, wenn der Richter für jeden Einzelfall dem Grundsatz „sinn- und maßvollen Strafens" Rechnung tragen kann, wobei es jedoch der Strafrechtsprechung überlassen wurde, ob diese Restriktion des § 211 durch tatbestandsimmanente Einschränkung einzelner Mordmerkmale (o. 9) oder durch gesamtwürdigende Typenkorrektur (o. 10) oder durch sonstige Herstellung von Verhältnismäßigkeit zwischen Tatbestand und Rechtsfolge zu geschehen hat. Während sich der BGH zunächst mit Einzelkorrekturen glaubte begnügen zu können (vgl. insbes. u. 24, 32a sowie die Rspr.-Übers. von Geilen, Meyer, Rengier und Sonnen, je aaO), hat auf Vorlagebeschluß des 4. StS (NStZ **81**, 181 m. Anm. Eser JR 81, 177) der **GSSt** in einer zwar auf Heimtücke beschränkten, aber durchaus verallgemeinerungsfähigen Grundsatzentscheidung den dritten der vorgenannten Wege eingeschlagen (BGH **30** 105, 120 ff. m. Anm. Bruns JR 81, 358, Lackner NStZ 81, 348): Danach wird zwar einerseits an der *tatbestandlichen Exklusivität* der Mordmerkmale festgehalten und demzufolge – unter Ausschluß gesamtwürdigender Typenkorrektur – nur eine merkmalimmanente Restriktion zugelassen, aber andererseits die *Absolutheit der Rechtsfolge aufgehoben,* indem bei Vorliegen außergewöhnlicher schuldmindernder Umstände der **Straf(milderungs)rahmen des § 49 I Nr. 1** eröffnet wird (vgl. näher u. 57).

Diese **„Rechtsfolgenlösung"** ist zwar immerhin ein erster Schritt, um etwa dem durch die Arglosigkeit   10 b
des Opfers ausnutzenden Konflikttäter wenigstens durch Vermeidung der lebenslangen Freiheitsstrafe Einzelfallgerechtigkeit widerfahren zu lassen. Deshalb hat der BGH jedenfalls nach Grundintention und Ergebnis teilweise Zustimmung gefunden (so namentl. bei Gössel I 65 ff., Rengier NStZ 82, 225; 84, 22 f. sowie neuerdings bei Jähnke Spendel-FS 537; vgl. ferner Albrecht JZ 82, 697, Frommel StV 82, 533, Kratzsch JA 82, 401, wobei sich freilich über Art und Grad der jeweiligen Zustimmung mit Bruns Kleinknecht-FS 54 trefflich streiten läßt). Davon ganz abgesehen, ob damit nicht bereits die verfassungsrechtlichen Grenzen richterlicher Rechtsschöpfung überschritten sind (so Bruns aaO sowie JR 81, 361, ferner Arzt/Weber I 50, Tröndle 2c, 17, Günther NJW 82, 352, Köhler JuS 84, 770, Küpper Kriele-FS 783, Müller-Dietz Nishihara-FS 256 f., Mitsch JuS 96, 122, Paeffgen Peters-FS (1984) 69 f., Spendel JR 83, 271, StV 84, 46: „objektive Rechtsbeugung"; vgl. auch Bamberg NJW **82**, 1715, Lackner/Kühl 20 vor § 211, NStZ 81, 348; vernein. hingegen Jähnke Spendel-FS 539 ff.), kann diese Lösung auch in der Sache nicht befriedigen. Denn nicht nur, daß damit nur für den (ohnehin schwer abgrenzbaren) Teilbereich „außergewöhnlicher" Schuldmilderungsfälle der Weg zu Einzelfallgerechtigkeit eröffnet ist, aber selbst dann der Täter mit dem tatbestandlichen Stigma des „Mordes" behaftet bleibt (vgl. Eser NStZ 81, 348; 84, 433) und „gewöhnlich" schuldgeminderte Fälle nach wie vor mit „lebenslang" sanktioniert werden müssen (vgl. Heine LdR 8/1680, 3), wird nach dem damit eingeführten (in sich widersprüchlichen) Fall des „minderschweren Mordes" das Wertungsgefüge der Tötungsdelikte noch mehr verzerrt (vgl. Ebert JZ 83, 638, Günther NJW 82, 355 f., Köhler JuS 84, 763, 769 f.; krit. auch Fünfsinn Jura 86, 136 ff., Geilen Lackner-FS 571, Hirsch Tröndle-FS 28 f., Horn SK 6a, Kerner Heidelberg-FS 438 f., Otto II 11, 21, Schmidhäuser II 17, NStZ **89**, 58, Wessels II/1 S. 21). Damit bleibt nach wie vor der Ruf nach dem Gesetzgeber (vgl. 2 vor § 211 u. Albrecht JZ 82, 705, ohne daß aber dessen eigener Strafzumessungsvorschlag ein Mehr an Rationalität erwarten ließe, ferner Blei II 22, Günther NJW 82, 358, JR 85, 268 ff., Heine Brauneck-FG 317 ff., 340 f.). Zur weiteren „Entschärfung" des „lebenslangen" Absolutheitsmechanismus durch Ermöglichung einer Strafaussetzung nach § 57a einerseits vgl. dort sowie Fünfsinn GA 88, 164 ff., zur weiteren „Verkomplizierung" der Strafzumessung aufgrund von BVerfGE **86** 288 andererseits vgl. Elf NStZ 92, 468, Stark JZ 94, 189.

d) Bei **Zusammentreffen von Mordmerkmalen mit vertatbestandlichten Privilegierungen,**   11
wie zB bei (der bisherigen) Kindestötung unter heimtückischer Ausschaltung eines schutzbereiten Dritten oder bei Tötung auf Verlangen mit gleichzeitiger Verdeckungsabsicht, bedarf es keiner der vorgenannten Restriktionsmethoden, und zwar weder iSd BGH (o. 9) noch der hL (o. 10). Denn bei solchem tatbestandlichen Zusammentreffen wird nach allgemeiner Auffassung § 211 ohnehin durch den jeweiligen Privilegierungstatbestand verdrängt (vgl. § 216 RN 2 bzw. zu 25. A. zu § 217 aF RN 2). Gleiches will M-Schroeder I 38 für benannte Strafmilderungsgründe zu § 213 annehmen; dem dürfte jedoch bereits dessen eindeutiger Wortlaut („Totschläger") entgegenstehen (vgl. dort RN 3). Vgl. auch 9a vor § 211.

4. In **zeitlicher** Hinsicht braucht das Mordmerkmal weder von Anfang an gegeben noch bis zum   12
Erfolgseintritt ständig durchgehalten zu sein (Jähnke LK 38). Entscheidend ist vielmehr nur, daß es *innerhalb der deliktischen Durchführungsphase* – dh zwischen Versuchsbeginn, also nach Fassung des Tötungsentschlusses und dessen unmittelbarer Umsetzung (vgl. BGH NJW **86**, 266) nicht schon während der Planungs- oder Vorbereitungsphase (vgl. BGH **32** 382), und vor Abschluß der den tödlichen Erfolg herbeiführenden Handlung (BGH **37** 40) – auftritt (vgl. BGH **6** 331, Lackner/Kühl 14 sowie Horn SK 19, freilich nur mit Bezug auf die niedrigen Beweggründe). Demgemäß kommt § 211 sowohl dort in Betracht, wo der Täter die als Reaktion auf eine Provokation begonnene Tötung aus Mordlust zu Ende führt oder nach fehlgeschlagenem Totschlagsversuch das Opfer mit Verdeckungsabsicht tötet, wie auch da, wo er nach grausamem Tatbeginn die Schmerzen des nicht mehr rettbaren Opfers zu erleichtern versucht. Jedoch kann in solchen Fällen eine Verneinung von § 211 aufgrund einer Gesamtabwägung (o. 10) naheliegen. Demgegenüber genügt nicht schon ein bloß räumlich-zeitlicher bzw. durch die Art der Tatausführung geschaffener objektiver Zusammenhang, etwa zwischen grausam zu bewertenden Körperverletzungshandlungen und einer selbst nicht grausamen Tötungshandlung (BGH **37** 41, NJW **86**, 265 m. Anm. Amelung NStZ 86, 266).

5. Die einzelnen Tatmodalitäten des § 211, von denen bei derselben Tat durchaus mehrere   13
vorliegen können (vgl. Eser NStZ 81, 386 f. mwN), besitzen einander gegenüber *keine rechtliche*

§ 211 14–16 Bes. Teil. Straftaten gegen das Leben

Selbständigkeit. Da sie auf vergleichbaren Verwerflichkeits- bzw. Gefährlichkeitsgedanken beruhen (o. 5), ist eine **Wahlfeststellung** zwischen ihnen ohne weiteres zulässig (BGH **22** 12 m. Anm. Martin LM Nr. 58, GA **80**, 23, StV **81**, 339 [vgl. aber dazu auch Eser aaO], MDR/H **92** 632, NStZ-RR **99**, 106, 170, 234 [m. Bespr. Bosch, Schindler JuS 00, 77], NStZ/A 00, 20, Tröndle 10). Bei Wechsel der Qualifikation ist gemäß § 265 StPO auf die Veränderung des rechtlichen Gesichtspunktes hinzuweisen (BGH **23** 95, **25** 287, **41** 62, MDR/H **81**, 102), ebenso wie beim Übergang von § 212 auf § 211 ein bestimmtes Mordmerkmal anzugeben ist (BGH NStZ **83**, 34, **98**, 529, StV **98**, 583).

14   IV. **Im einzelnen** werden in **Gruppe 1** des Abs. 2 **mordqualifizierende Beweggründe** genannt (vgl. o. 5). Während *Absicht* auf einen bestimmten Erfolg absieht (vgl. § 15 RN 65 ff. sowie u. 33), sind mit *Beweggrund* (weitergehend) jene Vorstellungen gemeint, durch die der zur Tötung führende Wille des Täters entscheidend beeinflußt wird (vgl. OGH NJW **50**, 357, wN b. Heine aaO 161). Dabei können intentionale, nämlich die Zielverfolgung des Verhaltens erfassende Motivationselemente von reaktiven Motivationsformen, welche den Anlaß für die Tötungshandlung darstellen, unterschieden werden. Diese sind jeweils im Zusammenhang zu sehen mit zuständlichen Motivationsarten, die als personale Stimmungslagen bzw. emotionale Befindlichkeiten, wie zB Eifersucht, Haß, Rache, die Handlung tragen (zum Ganzen Heine aaO 167 ff.; vgl. auch Alwart GA 83, 433 ff.). Bei *Motivationsbündeln* ist eine Gesamtwürdigung unter Berücksichtigung der jeweiligen Antriebsstärke geboten (vgl. BGH NStZ **89**, 19). Zur Frage der Bewußtheit der Motivation vgl. u. 37. Bei den im einzelnen genannten Motiven der Mordlust, der Befriedigung des Geschlechtstriebes und der Habgier handelt es sich lediglich um gesetzliche Beispiele für *niedrige Beweggründe* (OGH **1** 99, BGH **3** 133, NJW **81**, 933; vgl. auch Paeffgen GA 82, 265), wobei dieser Beispielscharakter selbstverständlich nicht zwingend zu einer „unwiderlegbaren" Einstufung als „niedrig" zu führen braucht (daher fehlgeh. die Kritik von Gössel I 68). Entsprechendes gilt im Hinblick auf ihre deliktische Zielsetzung für die Ermöglichungs- und Verdeckungsabsicht der Gruppe 3 (vgl. BGH **11** 228, **23** 37, MDR/H **80**, 628). Soweit eines dieser speziellen (und deshalb auch vorrangig zu prüfenden) Motiv- oder Absichtsmerkmale gegeben ist, kann darin nicht zugleich auch noch ein „sonstiger" niedriger Beweggrund erblickt werden (BGH NStZ/E **81**, 387). Damit ist ein (uU strafzumessungsrelevantes) Zusammentreffen eines benannten Mordmerkmals mit einem nicht bereits dadurch erfaßten „sonstigen" niedrigen Beweggrund selbstverständlich nicht ausgeschlossen.

15   1. Als **Mordlust** wurde im Anschluß an BGH NJW **53**, 1440 üblicherweise das Töten „aus unnatürlicher Freude an der Vernichtung eines Menschenlebens" bezeichnet (krit. zB Arzt/Weber I 54). Doch nicht nur, daß diese Begriffsbestimmung auf pathologische Defekte des Täters hinweist (vgl. Jähnke LK 6, Otto ZStW 83, 58) und damit zumindest § 21 regelmäßig nahelegt, kommt ihr auch praktisch wenig Aussagekraft zu (vgl. Eser DJT-Gutachten D 183). Daher stellt der BGH neuerdings zu Recht mehr nach Gefährlichkeitskriterien darauf ab, ob in der Tat eine „prinzipielle, vom individuellen Täter gelöste Mißachtung fremden Lebens zum Ausdruck" kommt (BGH **34** 59 m. Anm. Geerds JR 86, 519), wodurch der Rechtswert Leben prinzipiell herabgesetzt wird (Heine aaO 213). Notwendige äußere Bedingung wird regelmäßig sein, daß das Opfer dem Täter keinerlei sozialen Anlaß zur Tat gegeben hat. Motivational verlangt der BGH, daß der Tod des Opfers „als solcher der einzige Zweck der Tat ist" (BGH **34** 59, NJW **94**, 2629 m. Anm. Fabricius StV 95, 637). Als derart leitende Antriebe kommen etwa in Frage reiner Mutwille an einem Zufallsopfer (BGH **34** 60), völlig willkürliches (vgl. BGH NStZ **88**, 268) oder Töten als sexuelles Stimulans (M-Schroeder[6] I 34) oder das „sportliche Jagen" von Opfern (BGH **34** 60, Horn SK 9; vgl. auch BGH NStZ/E **81**, 386, Otto II 14 f., Rüping JZ 79, 620). Ein nur bedingter Tötungsvorsatz kann dafür nicht genügen (vgl. BGH MDR/D **74**, 547). Unerheblich ist dagegen, inwieweit das Handeln aus Mordlust auf einer persönlichkeitsadäquaten seelischen Grundlage beruht (BGH NJW **53**, 1440); ebensowenig kann die (von Gössel I 72 geforderte, aber schon forensisch kaum feststellbare) Vorstellung des Täters, den Tötungsakt „lustvoll zu erleben", entscheidend sein. Anders als beim Mordmerkmal der niedrigen Beweggründe, dessen Annahme der nicht beherrschbare Einfluß gefühlsmäßiger oder triebhafter Regungen entgegenstehen kann (vgl. u. 39), wird Mordlust nicht ohne weiteres durch unrechtsmindernde, auf Vorgänge außerhalb des Tatgeschehens bezogene Triebe oder Emotionen ausgeschlossen (vgl. BGH NJW **94**, 2630); letztentscheidend muß freilich auch hier die Gesamtwürdigung bleiben (vgl. o. 10).

16   2. Töten **zur Befriedigung des Geschlechtstriebes** ist unzweifelhaft dann anzunehmen, wenn sich der Täter durch den Tötungsakt als solchen sexuelle Befriedigung verschaffen will. Über diesen „Lustmord" ieS hinaus ist diese Motivation aber auch dort noch gegeben, wo das Opfer getötet wird, um sich in nekrophiler Weise an seiner Leiche zu vergehen (BGH **7** 353, StV **82**, 15, OGH **2** 337) oder wo der Tod des Opfers als Folge der Vergewaltigung zumindest billigend in Kauf genommen wird (BGH **19** 105, NJW **82**, 2565, NStZ/E **81**, 384, **83**, 434 f., NStE Nr. **16**, M-Schroeder I 39). Wenn demgegenüber Schröder dieses Merkmal auf den Lustmord beschränken wollte, um in anderen Fällen auf niedrige Beweggründe zurückzugreifen (17. A. RN 9), so kann das nur dort überzeugen, wo die Tötung lediglich der Wut über die Verweigerung des Geschlechtsverkehrs entspringt (vgl. BGH **2** 62 f.), also nicht wenigstens auch noch seiner Ermöglichung oder Verdeckung dient, oder wo nicht das Opfer des Sexualdelikts, sondern ein Dritter (Begleiter, Voyeur, Tatzeuge) getötet wird (vgl. Arzt/Weber I 55, Horn SK 11, Mitsch JuS 96, 123, Otto ZStW 83, 60 f.; and. M-Schroeder I 39). Nicht erforderlich ist, daß der Täter sein sexuelles Ziel tatsächlich erreicht (BGH NJW **82**, 2565,

OGH NJW **50**, 711). Handelt er jedoch nicht zur Befriedigung, sondern lediglich zur *Erregung* des Geschlechtstriebes, so ist dies allenfalls als sonstiger niedriger Beweggrund (u. 19) erfaßbar (Jähnke LK 7, M-Schroeder I 39).

3. Töten **aus Habgier** setzt zunächst voraus, daß sich das Vermögen des Täters – objektiv oder **17** zumindest nach seiner Vorstellung – durch den Tod des Opfers unmittelbar vermehrt oder durch die Tat jedenfalls eine sonst nicht vorhandene Aussicht auf eine unmittelbare Vermögensvermehrung entsteht (BGH NJW **93**, 1664). Aus Habgier handelt demnach unstreitig der Raubmörder (BGH **39** 160) und der für einen Tatlohn gedungene Täter (M-Schroeder I 40). Wenn darüberhinaus nicht schon jedwede Vermögensvorteilsabsicht genügen soll (so aber – entgegen der hM – Arzt/Weber I 55 f., Otto ZStW 83, 79), ist eine Einschränkung erforderlich: und zwar entweder dadurch, daß man mit der hM nach Verwerflichkeitskriterien ein Gewinnstreben „um jeden Preis" (OGH **1** 136), nämlich eine „Steigerung des Erwerbsinnes auf ein ungewöhnliches, ungesundes, sittlich anstößiges Maß" voraussetzt (iS dieser Formulierung von Schönke 6. A. Anm. V 1 c ua BGH **10** 399, **29** 318, NJW **81**, 932, BGH NStZ-RR **99**, 235, Bay **49** 42, Dresden NJ **49**, 69, Lackner 4, M-Schroeder I 40; vgl. auch Horn SK 12, Schmidhäuser Reimers-FS 445 ff.), oder daß man (richtigerweise) mehr nach Gefährlichkeitskriterien auf das von Hemmungslosigkeit und Rücksichtslosigkeit getriebene und nicht auf bloße Behebung einer singulären Konfliktlage gerichtete Streben nach Vermögensmehrung abhebt (vgl. Eser DJT-Gutachten D 161 f., 172 f., Heine LdR 8/1680, 4; im Ansatz auch Jähnke LK 8; vgl. auch BGH **29** 317 m. krit. Anm. Paeffgen GA 82, 255 ff., der seinerseits ein „unbedingtes Haben-Wollen/Müssen" verlangt, ferner BGH StV **86**, 47). Während die erstgenannte Auffassung grds. keinen Unterschied zwischen dem Erstreben von Zugewinn und dem Ersparen von Aufwendungen macht (BGH **10** 399; ebso. Jähnke aaO, jedoch in Widerspruch zu seiner Charakterisierung von Habgier als Vermögens*mehrung* einerseits und von Verneinung bei bloßer Besitz*erhaltungs*absicht andererseits) und demzufolge auch in der Befreiung von Schulden oder Unterhaltspflichten Habgier erblickt (BGH **10** 399, NStZ/E **81**, 384, Haft II 85, Lackner/Kühl 4, M-Schroeder aaO), wird letzteres bei einem lediglich auf Bestandserhaltung (so BGH NStZ-RR **99**, 235) und nicht auf ein Mehr an Gütern gerichteten Streben idR zu verneinen sein (iE ebenso Tröndle 5, Mitsch JuS 96, 124; vgl. auch Horn SK 14). Dagegen erscheint nach beiden Auffassungen unerheblich, ob ein beträchtlicher Gewinn oder nur ein geringwertiges Objekt erstrebt wird (BGH NJW **81**, 933, OGH **1** 336, Jähnke aaO); denn selbst letzterenfalls kann gerade in der Kraßheit des Mißverhältnisses von erstrebtem Vorteil und angerichtetem Schaden ein besonders hoher Grad lebensverachtender Gefährlichkeit zum Ausdruck kommen (vgl. BGH **29** 318 [wo jedoch der Suchtbefriedigungsaspekt zu wenig berücksichtigt ist: vgl. Paeffgen aaO] sowie Schroeder JuS 84, 277). Gleiches gilt für das rücksichtslose Durchsetzen eines (tatsächlich oder vermeintlich zustehenden) Anspruchs (daher – entgegen Hamburg NJW **48**, 350, Arzt/Weber I 57, Schmidhäuser Reimers-FS 446 ff., Welzel 283 – grds. für Habgier auch Jähnke aaO, M-Schroeder aaO, diff. Mitsch JuS 96, 124). Doch wird es daher letztlich auf die *Gesamtwürdigung* ankommen, wie sie heute auch vom BGH für Habgier gefordert wird (BGH NJW **81**, 933, **91**, 1189, StV **86**, 47; and. offenbar Jähnke aaO). Das ist vor allem bei einem *Motivbündel* bedeutsam (allg. dazu Alwart GA 83, 433 ff., Glatzel aaO 60, Heine aaO 173 f.): Dieses läßt Habgier unberührt, solange sie – wie etwa neben Haß oder Rache – jedenfalls iSv mitbestimmend bewußtseinsdominant war (BGH NJW **49**, 911, **81**, 933, NStZ **89**, 20, StV **93**, 360, OGH **1** 137, Tröndle 5, Horn SK 18; vgl. auch BGH **41** 58, 62) und nicht durch entlastende Beweggründe – wie etwa Handeln aus akuter Not oder krankhafter Suchtabhängigkeit (insofern zutr. Alwart JR 81, 295) – wesentlich relativiert wird (vgl. OGH **1** 90, 136, M-Schroeder I 40, ferner BGH NJW **81**, 933 zu mangelnder Eigensüchtigkeit; vgl. auch Franke JZ 81, 525/8, der offenbar nur, aber auch immer bei Vorliegen eines weder niedrigen noch wertneutralen Mitmotivs Habgier ausschließen will). Auch durch Handeln im *Affekt* kann, muß aber nicht notwendig Habgier ausgeschlossen sein (BGH **29** 317, OGH **1** 165, W-Hettinger 94); dies aber dann, wenn der Wegnahmevorsatz erst nach der Tötung gefaßt wird (vgl. BGH StV **83**, 359). Vgl. zum Ganzen auch Eser NStZ **81**, 384; 83, 435.

4. Über diese konkretisierten Motivationen hinaus kommt nach der zugrunde liegenden General- **18** klausel (o. 14) Mord auch dann in Betracht, wenn der Täter **sonst aus niedrigen Beweggründen** handelt (zu deren Begriff und Feststellung vgl. Paeffgen GA 82, 265 f., Eser NStZ 81, 835, 836; 83, 435, Heine aaO 139 ff., 167 f., Paeffgen GA 82, 265 f.). *Maßstab* dafür sind die in der Rechtsgemeinschaft als sittlich verbindlich anerkannten Anschauungen (vgl. OGH **2** 345, KG JR **47**, 27), wobei vom Standpunkt des unverbildeten Betrachters auszugehen ist (BGH NJW **67**, 1141; vgl. Eser III 32; zur Berücksichtigung abw. Wertvorstellungen von Ausländern vgl. BGH **22** 77 m. Anm. Kohlhaas LM Nr. 59, MDR/H **77**, 809, NJW **80**, 537 [m. Anm. Köhler JZ 80, 238], NJW **95**, 602 [m. krit. Anm. Fabricius StV 96, 209], StV **81**, 399, **97**, 565, **98**, 131, Heine aaO 274 f., aber auch Jähnke LK 39]. Danach muß sich die Motivation der Tat nicht nur als verwerflich darstellen, sondern auf tiefster Stufe stehen und als besonders verachtenswert erscheinen (BGH **2** 63, **3** 133, 333, StV **94**, 182, OGH **1** 327, **2** 345, Kiel SchlHA **48**, 129, Jähnke LK 26, M-Schroeder I 42). Gradmesser ist insoweit die autonome, ichbezogen allein an den eigenen Bedürfnissen ausgerichtete und nicht bloß von „schicksalhaften" Konfliktsituationen abhängige soziale Rücksichtslosigkeit der Interessenverwirklichung, bei welcher der Rechtswert Leben absolut degradiert wird (eingeh. Heine aaO 217 ff.; vgl. auch BGH NStZ **89**, 319, Mitsch JuS 96, 125, Paeffgen GA 82, 265 ff.). Dabei ist die Niedrigkeit des (nach BGH StV **00**, 76 vorherrschenden) Beweggrundes nach den *Gesamtumständen* der Tat zu beurteilen (BGH

§ 211 19

NJW **54**, 565, **84**, 1830, GA **74**, 370, MDR/H **80**, 267, StV **83**, 504, **96**, 211, NStZ **84**, 261, **99**, 129 f., NStZ/E **83**, 435 mwN), wobei dem Mißverhältnis zwischen Tatanlaß und Zweck (vgl. BGH MDR/D **75**, 725, MDR/H **80**, 629, NJW **81**, 1382, StV **83**, 504, NStZ/E **83**, 435 mwN, Horn SK 8, 15, M-Schroeder I 42) wie auch der Art oder Verschuldetheit der eigenen Lage (vgl. BGH LM Nr. **25**) wesentliche – aber nicht allein entscheidende (BGH StV **81**, 399, 400) – Bedeutung zukommt (BGH **28** 212, StV **00**, 20, Heine aaO 238 ff.). Entsprechendes gilt für die Lebensverhältnisse des Täters, seine persönlichen Beziehungen zum Opfer sowie für die Art und Dauer der Tatausführung (BGH NStZ-RR **98**, 67, NStZ/E **83**, 435). Dabei sind sowohl schwere Persönlichkeitsstörungen als auch provokationsbedingte Affekte und personkonfliktgeprägte Affektlagen eher als entlastend (vgl. OGH **2** 177, BGH StV **81**, 231, **98**, 25) denn als belastend zu werten (daher bedenkl. BGH NJW **54**, 565, **67**, 1140; vgl. auch BGH MDR **56**, 498, OGH **2** 392, Paeffgen aaO 270 ff., eingeh. Heine aaO 256 ff.). Auch bei Berücksichtigung seiner Lebensgeschichte (BGH NStZ/E **83**, 435) muß jedoch der entscheidende *Bezugspunkt* in jedem Falle die Motivation zur konkreten *Tat* und nicht etwa eine allgemeine charakterliche Verwahrlosung des Täters (M-Schroeder I 42) sein. Dementsprechend muß auch bei *Motivbündelung* zumindest einer der leitenden Beweggründe als niedrig einzustufen sein (vgl. BGH MDR/H **77**, 809, GA **80**, 23, OGH **1** 328), ohne daß aber davon die Tat wesentlich geprägt sein müßte (so aber BGH MDR/H **80**, 985, **84**, 441, NJW **81**, 1382, StV **83**, 504, NStZ **97**, 81 m. krit. Anm. Walter NStZ 98, 36; vgl. aber auch Eser NStZ **81**, 385, ferner Alwart GA 83, 433 ff., Heine aaO 174). Daher ist bei vordergründigen Anstößen wie Wut, Enttäuschung oder Haß idR zu prüfen, inwieweit diese ihrerseits auf einer niedrigen Gesinnung (oder wohl richtiger: Einstellung) beruhen (vgl. BGH MDR/H **80**, 629, 985, **81**, 266, StV **81**, 400, **83**, 504, **87**, 296, **94**, 182, **95**, 302, **96**, 211, **98**, 25, NStZ **84**, 261, **85**, 216, **93**, 183, Tröndle 5 b, Gössel I 70). Sind sämtliche für die Tötung in Betracht kommenden Beweggründe als niedrig einzustufen, kommt es nicht darauf an, welcher für den Täter bestimmend war (BGH NStZ-RR **98**, 133). Vgl. auch die Rspr.-Übers. in Eser DJT-Gutachten D 41 f., NStZ 81, 384 ff., 83, 435 f., ferner Heine aaO 45 ff., 222 f., 252 ff., Jakobs NJW 69, 489.

19 **Beispielsweise** wurde als niedrig eingestuft die Tötung aus Wut über verweigerten (BGH **2** 60, NStZ/M **92**, 229) bzw. vom Opfer nicht als „positives Erlebnis" empfundenen (BGH NStZ-RR **99**, 170) Geschlechtsverkehr oder zur Erregung des Geschlechtstriebes (M-Schroeder I 42; vgl. o. 16), die Beseitigung des einem ehebrecherischen Verhältnis entgegenstehenden Ehegatten (BGH **3** 133, GA **86**, 509; vgl. aber auch NStZ **98**, 352), und zwar selbst dann, wenn die Ehe unverschuldet unglücklich ist (BGH NJW **55**, 1727); dagegen kommt es bei Eifersucht entscheidend auf die Umstände des Einzelfalles an (vgl. BGH **3** 182, **22** 13, StV **81**, 399, NStZ/E **81**, 385, NStZ **84**, 261, StV **00**, 20). Als niedrig ist auch hemmungslos, triebhafte Eigensucht anzusehen (BGH **3** 132, **30** 343, **42** 226, VRS **17** 187), wie sie insbes. in übersteigertem Neid oder Geltungsdrang zum Ausdruck kommen kann (BGH **9** 183, MDR/D **69**, 723, NStZ/E **83**, 436, NStE Nr. **35**, vgl. auch NStZ **97**, 81 m. krit. Anm. Walter NStZ 98, 36), sofern dem Täter seine Ichbezogenheit bewußt ist (BGH StV **83**, 504, **84**, 72; vgl. auch Dreher MDR 56, 498) oder eigensüchtiges Karrierestreben nicht gegenüber Gehorsam oder Versetzungsaus aus menschlicher Schwäche zurücktritt (BGH MDR/H **84**, 441); auch in der Wut über den möglichen Verlust des Sorgerechts kann überzogene Eigensucht zum Ausdruck kommen (BGH StV **84**, 72), ebenso bei Tötung eines Zufallsopfers, um an dessen Stelle für tot zu gelten und ein von bisherigen Verpflichtungen freies „neues Leben" zu beginnen (BGH NStZ **85**, 454), oder im Anfahren eines Unbekannten, um sich aus (unbegründetem) Ärger über die Wegnahme des Führerscheins abzureagieren (BGH b. Sonnen JA 89, 64), während ein Kind beseitigt sehen zu wollen für sich allein nur ein Beweis für Tötungsvorsatz ist (BGH NJW **84**, 1830). Außerdem kommen als niedrig in Betracht Rachsucht (BGH NJW **58**, 189, StV **81**, 231, OGH **1** 364; vgl. aber auch BGH NJW **82**, 2738, StV **98**, 130), Imponiergehabe (BGH NStZ **99**, 130), Rassenhaß (BGH **18** 37, **22** 376; vgl. aber auch BGH NStZ/E **81**, 385), wobei ausreicht, sich die rassistischen Beweggründe anderer zu eigen zu machen (BGH NJW **94**, 395), ferner die (der Verdeckungsabsicht vergleichbare) Tötung zur Verhinderung einer berechtigten Festnahme (BGH MDR/D **71**, 722, NStE Nr. **18**; vgl. aber auch BGH MDR/H **79**, 280, **88**, 1001, Tröndle 5 a) oder um sich der Verurteilung wegen eines zuvor begangenen Verbrechens zu entziehen (BGH MDR/H **87**, 280), Tötung eines Strafvollzugsbeamten, um sich eigensüchtig der Verantwortung für begangenes Unrecht zu entziehen (BGH NStE Nr. **15**), Verdeckung von (tatsächlich oder vermeintlich) verwerflichem Fehlverhalten (vgl. BGH NStZ **97**, 81, NStZ-RR **99**, 234, 235 sowie u. 33) oder einer – allerdings nicht „anderen" – Straftat (BGH NJW **92**, 919 m. Anm. Hohmann NStZ 93, 183; vgl. auch u. 32 a), sowie nicht zuletzt auch mutwillige Lust an körperlicher Mißhandlung (BGH GA **80**, 23, NStZ/E **81**, 386, Jähnke LK 27 mwN). Ob dagegen auch Wut oder Enttäuschung über eine Niederlage (vgl. BGH MDR/D **75**, 542) bzw. das Verbergen von Versagens (vgl. BGH NStZ/A **99**, 19) als derart verabscheuungswert anzusehen ist, hängt wesentlich von Art und Nichtigkeit des Anlasses ab (vgl. Tröndle 5 a). Auch bei Tötung zur Ausschaltung eines gefährlichen Erpressers (vgl. Tröndle 5 b) ist die besondere Verwerflichkeit ebenso zweifelhaft wie dort, wo der Täter zwar aus materiellen Gründen, aber unter dem starken Druck einer unverschuldeten wirtschaftlichen Notlage handelt (OGH **1** 90). Entsprechendes gilt für das Mitspielen von (vermeintlichem) Altruismus (vgl. BGH NStZ/E **81**, 385). Freilich bleibt bei dieser Kasuistik immer zu beachten, daß sie zwangsläufig mit dem Stigma des Ausschnitthaften belastet ist, zumal ausschlaggebend eine Gesamtwürdigung des Motivationsvorganges ist (s. auch o. 14). Dementsprechend kann es den Täter bei der prinzipiell als niedrig einzustufenden Blutrache entlasten, wenn er

sich zur Rettung der Familienehre unausweichlich in Pflicht genommen sah (vgl. BGH NJW **95**, 603, m. krit. Anm. Fabricius StV 96, 209).

Fraglich ist, inwieweit **politische Beweggründe** als niedrig erscheinen können (so grds. Jähnke **20** LK 29, Otto Jura 94, 146). Die unter dem Eindruck politischer Unterdrückung naheliegende Differenzierung zwischen achtenswertem „Tyrannenmord" und verabscheuungswürdigem „Demokratenmord" (vgl. Jagusch SJZ 49, 324, Radbruch SJZ 48, 311, Stock SJZ 47, 530, Zinn SJZ 48, 141) ist zu vordergründig, um der Vielschichtigkeit von politischem Widerstand, idealistischem Gerechtigkeitsstreben und egoistischen Machtgelüsten gerecht werden zu können (vgl. M-Schroeder I 42 f.; spez. zur Problematik der NS-Verbrechen Hanack JZ 67, 229 ff. sowie BGH MDR/H **84**, 441). Daher ist weniger entscheidend der politische Standort des Täters oder die Anfechtbarkeit des vom Opfer repräsentierten Regimes, sondern der dabei *persönlich verfolgte Zweck* unter Berücksichtigung der Verhältnismäßigkeit der darauf zielenden Tat (grds. ebenso Horn SK 16, M-Schroeder I 43): Geht es dem Täter lediglich aus Rivalitätsgründen um die Beseitigung eines politischen Gegners, so ist dies ebenso als niedrig anzusehen wie dort, wo durch gewalttätigen Widerstand letztlich nur der Weg für die eigene Macht oder die einer sympathisierenden Gruppe freigemacht werden soll (vgl. Frankfurt SJZ **47**, 629 m. Anm. Radbruch, KG JR 47, 27; vgl. auch OGH NJW **50**, 435). Gleiches gilt für den Fall, daß sich ein politischer Richter durch Rechtsbeugung zum Herrn über Leben und Tod aufwirft (BGH NJW **71**, 571 m. Anm. Spendel NJW 71, 537). Dagegen wird bei Handeln in (tatsächlichem oder zumindest vertretbar vermeintlichem) Allgemeininteresse die besondere Verwerflichkeit des Beweggrundes idR zu verneinen sein (OGH **1** 98); dies vor allem dann, wenn der Täter sogar zur Selbstopferung bereit ist (M-Schroeder I aaO). Zur Motivation bei terroristischen Attentaten vgl. Geilen Bockelmann-FS 622 ff., zur Tötung aus Protesthaltung gegen eine Flughafenerweiterung vgl. BGH NStZ **93**, 342 m. Anm. Brocker NStZ 94, 33, zur Befehlsbefolgung von „Mauerschützen" BGH NStZ **95**, 2733. Vgl. zum Ganzen auch Brocker JR 92, 13, v. Selle aaO, Zielke JR 91, 136; 92, 230.

V. Nach den in **Gruppe 2** erfaßten **Ausführungsmodalitäten** (vgl. o. 5) wird der Täter zum **21** Mörder, wenn er die Tötung *heimtückisch, grausam* oder mit *gemeingefährlichen Mitteln* ausführt.

1. Das Mordmerkmal der **Heimtücke**, das in der Praxis eine besonders große Rolle spielt (vgl. **22** Eser NStZ 83, 436), ist schon seit langem (vgl. Veh aaO 31 ff., 129 ff.) und zwar vor allem deshalb umstritten, weil es für die Berücksichtigung entlastender Motive nur wenig Raum läßt (vgl. Eser DJT-Gutachten D 44 ff., 180 ff. mwN). Der deshalb gerade hier gebotenen restriktiven Handhabung (vgl. BVerfGE **45** 187, 259 ff., BGH JR **81**, 212 f. m. Anm. Eser ebda. 177) versucht ein Teil der Lehre mittels einer Gesamtwürdigung (vgl. o. 10) bzw. durch Abheben auf einen besonders verwerflichen Vertrauensbruch abzuhelfen (u. 26 ff.). Demgegenüber begnügt sich die Rspr. – wie durch GSSt BGH **30** 115 erneut bestätigt (vgl. o. 10 a sowie BGH **32** 382, NStZ **83**, 35) – jedenfalls in tatbestandlicher Hinsicht auch weiterhin mit begrifflichen Einzelkorrekturen, indem insbes. an die Arglosigkeit des Opfers (u. 24) bzw. an das Ausnutzungsbewußtsein des Täters (u. 25) verschärfte Anforderungen gestellt werden. Das bedeutet im einzelnen:

a) Nach der **herrsch. Meinung** handelt heimtückisch, wer die **Arg- und Wehrlosigkeit des 23 Opfers bewußt ausnützt** (RG **77** 44, BGH **2** 251, **7** 218, **9** 385, **32** 382 m. Anm. Jakobs JZ 84, 996, StV **81**, 623, NStZ **84**, 261), vorausgesetzt jedoch, daß dies **in feindlicher Willensrichtung** geschieht (BGH **9** 390; ebso. Tröndle 6 c, Jähnke LK 41 f., M-Schroeder I 45 f.), ohne daß es aber dabei auf einen verwerflichen Vertrauensbruch ankäme (BGH **7** 221, **28** 211, **30** 115 f., StV **81**, 622, Rengier MDR 80, 4).

α) **Arglos** ist, wer sich im Zeitpunkt der Tat, dh bei Beginn des ersten mit Tötungsvorsatz **24** geführten Angriffs (BGH **7** 221, **18** 88, **19** 322, NJW **80**, 792, NStZ **87**, 173, GA **87**, 129, StV **98**, 545), wobei auf den Eintritt in das Versuchsstadium abzuheben ist (BGH **32** 382, NJW **91**, 1963, NStZ-RR **96**, 98, NStE Nr. 26), keines Angriffs von Seiten des Täters versieht (BGH **7** 218, **20** 302, NStZ/E **83**, 436; vgl. auch BGH VRS **63** 119: Steinwürfe von Autobahnbrücke). Das ist idR auch bei Schlafenden zu bejahen (BGH **23** 119 m. Anm. Hassemer JuS 71, 626, **28** 211, NStZ **83**, 553; krit. Fahl Jura 98, 457), nicht dagegen bei Besinnungslosen (BGH StV **98**, 545; vgl. auch u. 25 b). Die Arglosigkeit kann entfallen, wenn der Täter dem Opfer mit offener Feindseligkeit entgegentritt (BGH **19** 321, **20** 302) oder das Opfer wegen unmittelbar *vorangegangener feindseliger Auseinandersetzungen* mit einem Angriff auf sein Leben rechnen konnte: Nachdem dafür unter dem Eindruck von BVerfGE **45** 187 der BGH zunächst schon jede (auch nur verbale) Art einer in offener Feindschaft geführten Auseinandersetzung die Arglosigkeit beseitigen konnte (BGH **27** 322, **28** 211, zust. Rengier MDR 79, 973 f.; krit. Geilen Schröder-GedS 235 ff., M.-K. Meyer JR 79, 441 ff.), wurde dafür alsdann ein erkennbar gegen das Leben oder die körperliche Unversehrtheit gerichteter Angriff verlangt (BGH NJW **80**, 792, NStZ/E **81**, 387, StV **85**, 235; vgl. auch BGH **30** 113, NStZ **93**, 342, NStE Nr. 11, 12, NStZ-RR **99**, 234, Sonnen JA 80, 35 f.), während danach wieder schon bei rein verbalen Auseinandersetzungen die Arglosigkeit entfallen sollte (BGH NStZ **83**, 35). Demgegenüber ist seit BGH **33** 363 eine Rückkehr zu jenem früheren Standpunkt zu beobachten, wonach eine nur verbale Attacke Heimtücke nicht ausschließe, wenn das Opfer gegenüber einem Angriff auf Leben oder körperliche Unversehrtheit arglos blieb (BGH NStE Nr. **21**; krit. Rengier NStZ 86, 505 f.); davon ist jedoch nicht auszugehen, wenn der später Getötete in herausfordernder Weise mit den Tätlichkeiten begonnen hat (BGH NJW **91**, 1963 m. Anm. Otto JR 91, 382) und dem Opfer die Möglichkeit blieb, dem

§ 211   24a–25a   Bes. Teil. Straftaten gegen das Leben

drohenden Angriff zu begegnen (BGH StV **98**, 544). Auch an das Erfordernis *unmittelbaren* Vorangehens der Feindseligkeit werden unterschiedlich enge Anforderungen gestellt (vgl. im einzelnen BGH NStZ **81**, 387, **83**, 437 sowie Eser JR **81**, 181). Trotz vorausgegangener Aggression soll Heimtücke jedenfalls dann nicht ausgeschlossen sein, wenn sich das Opfer gerade zur Tatzeit eines Angriffs nicht versieht (BGH MDR/H **82**, 283; vgl. auch NStZ **83**, 256), wie etwa dort, wo das Opfer die Auseinandersetzung für beendet ansieht und deswegen seine Deckung aufgibt (BGH **39** 369, NStZ-RR **96**, 322) bzw. darauf in einem Hinterhalt überrascht wird (BGH NStZ **84**, 261) oder wo bei offen feindseligem Entgegentreten die Tötungsabsicht erst unmittelbar vor dem Angriff erkannt wird (BGH **22** 77, **23** 121, NStZ **99**, 506, NStZ/A **99**, 19, NStZ-RR **97**, 168; vgl. auch BGH NStE Nr. **6**, NJW **91**, 2976, StV **93**, 361), selbst wenn im letzten Moment noch eingeschränkte Abwehrversuche möglich sind (BGH NJW **96**, 471). Auch kann bei einer zunächst nicht bekannten Tatbeteiligung Mehrerer dem erst später angreifenden Mittäter gegenüber noch Arglosigkeit bestehen (vgl. Tröndle 6 a). Ebensowenig wird die Arglosigkeit eines Polizeibeamten durch das generelle „rollenbedingte" Mißtrauen gegenüber einer zu kontrollierenden Menschengruppe aufgehoben (BGH **41** 1179 m. krit. Anm. Schuster NJW 95, 2698).

24a   β) Aufgrund der Arglosigkeit muß das Opfer **wehrlos** sein, nämlich keine oder nur eine reduzierte (BGH GA **71**, 113) Möglichkeit zur Verteidigung besitzen (BGH **2** 61, **11** 143, **20** 302). An diesem *Kausalzusammenhang* zwischen Arg- und Wehrlosigkeit (BGH **19** 321, **32** 382) fehlt es sowohl da, wo sich das Opfer bereits zu einem beiderseits arglosen Zeitpunkt (zB durch einverständliche Fesselung) wehrlos machen ließ (BGH **32** 382 m. Anm. Jakobs JZ 84, 996 sowie iE zust. M.-K. Meyer JR 86, 133), wie auch dort, wo das Opfer – etwa wegen Gefangenschaft oder Lähmung – zwar hilflos, sich aber der Gefahr bewußt ist (vgl. BGH **18** 38, **39** 369) bzw. dieser mangels Ansprechbarkeit nicht bewußt werden kann (BGH NStZ **97**, 490 m. Anm. Spendel JZ 97, 1186) oder wo die Arglosigkeit auf die Wehrlosigkeit keinerlei Einfluß gehabt hat, zB weil sich das Opfer selbst bei rechtzeitigem Erkennen des Angriffs doch nicht hätte helfen können. Doch kommt in solchen Fällen uU Heimtücke durch arglistige Ausschaltung von *Hilfspersonen* oder sonstigen *schutzbereiten Dritten* in Betracht (vgl. BGH **8** 216, **18** 38, **32** 382, LM **Nr.** 4, NJW **78**, 709, Mitsch JuS 96, 213, Rengier MDR 80, 6). Im übrigen kommt es nicht mehr darauf an, ob im Augenblick der Tat die Arglosigkeit noch fortgedauert hat, wie bei dem in den Hinterhalt gelockten Opfer, das die Falle zu spät durchschaut (BGH **22** 77, **32** 386 f.). Dabei kann freilich Wehrlosigkeit entfallen, wenn dem Opfer die Flucht oder sinnvolles Einwirken auf den Täter möglich geblieben wäre (BGH NStZ **89**, 365).

25   γ) Die arglosigkeitsbedingte Wehrlosigkeit des Opfers muß der Täter **bewußt ausgenutzt** haben (BGH **6** 121, **9** 389, **11** 143, **27** 323, NStZ **97**, 491). Dies setzt nicht voraus, daß der Täter die Arg- und Wehrlosigkeit des Opfers planvoll herbeigeführt oder verstärkt hat (BGH **8** 219, **18** 88), so daß er auch eine vorgefundene Situation ausnutzen kann (BGH **27** 324, **32** 382 m. Anm. Jakobs JZ 84, 996; vgl. auch VRS **63** 119 u. NStZ-RR **97**, 294: Steinwürfe von Autobahnbrücke); nicht genügend ist hingegen die bloße Ausnutzung einer bereits bestehenden *Wehr* losigkeit (BGH **32** 388). Für das dafür erforderliche Ausnutzungs*bewußtsein* wird vor allem seit BVerfGE **45** 187 verstärkt verlangt, daß der Täter die Arg- und Wehrlosigkeit seines Opfers nicht nur in äußerlicher Weise wahrgenommen, sondern in ihrer Bedeutung für die hilflose Lage des Angegriffenen erfaßt und dies bewußt für die Tatbegehung ausgenutzt hat (BGH NJW **78**, 710, **80**, 293, NStZ **81**, 140, StV **81**, 277, MDR/H **89**, 1052). In Präzisierung dieser Formel verlangt der BGH das Bewußtsein, daß die Durchführung der Tat durch die Arglosigkeit des Opfers erleichtert (BGH StV **85**, 235) bzw. daß ein durch seine Ahnungslosigkeit gegenüber einem Angriff schutzloser Mensch überrascht wird (BGH NStZ **85**, 216, **87**, 173, **93**, 342, StV **90**, 545, GA **87**, 129 mwN). Hingegen setzt Ausnutzungsbewußtsein zwar nicht unbedingt längere Überlegung oder gar planvolles Vorgehen voraus; vielmehr kann der Täter auch einer raschen Eingebung folgend die für ihn günstige Situation „mit einem Blick" erfaßt haben (BGH **2** 60, NStZ **81**, 140, StV **83**, 523). Auch wird Heimtücke nicht ohne weiteres durch Handeln im *Affekt* ausgeschlossen (BGH **11** 139, OGH **2** 222, 390, Jähnke LK 47 f.; vgl. auch BGH NStZ **88**, 268 m. Anm. Venzlaff, Bernsmann NStZ 89, 163). Immerhin können aber die Spontaneität des Tatentschlusses, eine starke alkoholische Beeinträchtigung (BGH NJW **86**, 1503) oder eine heftige Gemütsbewegung dafür sprechen, daß es dem Täter am Ausnutzungsbewußtsein gefehlt hat (vgl. BGH MDR/H **78**, 805, NStZ **81**, 140, **83**, 35, StV **81**, 523, NJW **83**, 2456, StV **85**, 235, MDR/H **86**, 272, NStZ/E **83**, 437, NStZ **87**, 555 mwN, Tröndle 12), wie insbes. bei suizidaler Motivation (vgl. BGH GA **79**, 337; spez. zu (verneintem) Arglosigkeitsbewußtsein bei „Mauerschützen" vgl. BGH NJW **95**, 2732). Allerdings kann selbst bei schwerer seelischer Abartigkeit das Ausnutzungsbewußtsein vorliegen, wenn die Tatausführung umsichtig und nicht spontan erfolgt (BGH MDR/H **90**, 487). Im übrigen setzt das Ausnutzen voraus, daß die vom Täter zutreffend wahrgenommene Lage des Opfers für seinen Willensbildungsprozeß tatsächlich *kausal* geworden ist; dafür ist jedoch nicht erforderlich, daß der Tötungsentschluß überhaupt erst durch die arg- oder wehrlose Lage des Opfers ausgelöst worden sein müßte, wohl aber, daß die Kenntnis der Umstände das Vorstellungsbild des Täters mitgeprägt hat; deshalb wird Heimtücke nicht schon dadurch ausgeschlossen, daß der Täter auch in einer nicht arg- oder wehrlosen Situation des Opfers getötet hätte (vgl. BGH NStZ **84**, 506, **85**, 216, aber auch StV **81**, 377, 400).

25a   δ) Zudem wird seit BGH **9** 385 ein Handeln **in feindseliger Willensrichtung** verlangt (BGH GA **87**, 129, M-Schroeder I 46), um damit vor allem bei Tötung zum vermeintlich Besten des Opfers

(Ersparen von Not oder Schande) Heimtücke auszuschließen (BGH **11** 143, Jähnke LK 48 mwN), wie insbes. bei mißglücktem Mitnahmesuizid (BGH MDR/H **81**, 267; noch weitergeh. für Ausschluß bei „achtenswerten Motiven" Schwalm MDR 57, 261; vgl. aber demgegenüber auch BGH NJW **78**, 709, NStZ **95**, 230 m. krit. Anm. Winckler/Foerster NStZ 96, 32); maßgeblich sei dabei sein, wenn auch krankhaft verblendete Sicht des Täters (BGH StV **89**, 390; vgl. aber auch zur Tötung Schwerstkranker im Krankenhaus BGH **37** 376 [m. Anm. Roxin NStZ 92, 35] **42** 304, StV **98**, 584, wonach sich das tötungsmotivierende Mitleid bei normativer Betrachtung aus einer objektiv nachvollziehbaren Wertung des Täters ableiten lassen müsse; vgl. zu dieser Fallgruppe auch Geilen Spendel-FS 519, Kutzer NStZ 94, 111, Langer JR 93, 133). Dieses (an sich billigenswerte) Ergebnis aber mit mangelndem „ausnutzen" zu begründen (so BGH **11** 143), kann nicht überzeugen: auch der wohlmeinend Tötende macht sich nun einmal die Arg- und Wehrlosigkeit seines Opfers zunutze, um sein Ziel zu erreichen; im übrigen können damit nur seltene Extremfälle ausgeschlossen werden, da nahezu jede Tötung auf einer feindlichen Willensrichtung beruht (vgl. auch BGH **3** 183, Arzt/Weber I 48, Rengier MDR 80, 5) und zudem bei Nichtaufklärbarkeit der Beweggründe des Täters die Annahme einer feindlichen Willensrichtung nicht ausgeschlossen sein soll (BGH MDR/D **74**, 366); krit. auch Geilen JR 80, 312, Hassemer JuS 71, 629, Mielke NStZ 96, 477.

ε) Ferner wird einschränkend Heimtücke dort verneint, wo das Opfer **konstitutionell arg- und** **25 b** **wehrlos** ist (Kleinkinder, Besinnungslose) und daher weder die böse Absicht des Täters erkennen noch diesem wirksam entgegentreten kann (BGH **3** 330, **4** 13, **18** 38, NJW **66**, 1824, MDR/H **77**, 282, NStE Nr. **26**, vgl. auch BGH StV **98**, 545, aber auch NStZ **95**, 231; and. generell Gössel I 86 f. bzw. bzgl. Besinnungslosen Dreher MDR **70**, 248, Tröndle GA **73**, 321; zu weitgeh. jedenfalls BGH JZ **74**, 512 m. krit. Anm. Baumann, wenn auch Geisteskranken die Verteidigungsfähigkeit abgesprochen wird). Allerdings ist nach BGH **8** 218 und MDR/D **73**, 901 Heimtücke auch gegenüber Kleinkindern möglich, wenn zur Überwindung natürlicher Abwehrinstinkte das Tötungsmittel versüßt wird (krit. Rengier MDR 80, 6) bzw. schutzbereite Dritte ausgeschaltet werden (vgl. BGH NJW **78**, 709 zu 3jährigem Kind, ferner o. 24 a); für Beschränkung auf Tötung innerhalb eines Garantenverhältnisses Arzt/Weber I 51.

b) Anstelle (oder jedenfalls in Ergänzung zu) dieser Ausnutzungsformel des BGH, deren begriffliche **26** Rigidität sich auch durch Einzelkorrekturen – wie von BGH JR **81**, 212 eingeräumt – weder hinreichend noch widerspruchsfrei beheben läßt (vgl. Eser DJT-Gutachten D 44 ff., JR **81**, 180 ff. mwN), verlangt die **hL** einen **besonders verwerflichen Vertrauensbruch** (vgl. Blei II 25, Jescheck in Jescheck/Trifterer 130, Kohlrausch/Lange VIII 5, Schaffstein H. Mayer-FS 424 ff., Schmidhäuser, Gesinnungsmerkmale 232 ff.; ähnl. Jakobs JZ 84, 996 ff., Hassemer JuS 71, 630, Krey I 58 f., Lange Schröder-GedS 229 ff., Otto II 19 f., JR 91, 383 sowie Horn SK 32 f.; vgl. auch Arzt JR 79, 11, der nach Ausnahmesachverhalten sucht, in denen die besondere Verwerflichkeit in der Regel fehlen soll, ferner Lackner NStZ 81, 349, W-Hettinger 108, die durch Betonung der „Tücke" ein hinterhältig-verschlagenes Vorgehen fordern; ähnl. Veh, der eine Einschränkung mittels des Vertrauensbruchskriteriums zwar für verfassungsrechtlich geboten, aber auch nicht für ausgeschlossen hält, seinerseits jedoch entscheidend auf die „Heimlichkeit" und „Tücke" des Täterverhaltens abheben will: aaO 156 ff. bzw. 164 ff.; and. Schmoller aaO, der in Modifizierung des Überlegungskriteriums auf eine „besonders weitgehende, dem Opfer nicht erkennbare Tatvorbereitung" abstellt; gegen die hL Mitsch JuS 96, 214). Dabei darf jedoch der Begriff des *Vertrauens* (gegenüber der Kritik von BGH **30** 116, Geilen Schröder-GedS 249 ff. u. Rengier MDR 80, 4) weder auf schlichter Arglosigkeit gleichgesetzt noch auf institutionalisierte Vertrauensbeziehungen familiärer oder freundschaftlicher Art verkürzt werden; vielmehr muß Leitgedanke der „Mißbrauch sozial-positiver Vertrauensmuster" sein (näher dazu M.-K. Meyer JR 79, 485 ff.; 86, 135 ff., zust. Horn SK 32), wie sie einerseits durch sozial-freundliche Kontakte entstehen, andererseits selbst innerhalb der Familie oder sonstiger institutionalisierter Vertrauensbeziehungen infolge von Konflikten aufgehoben werden können (vgl. Eser DJT-Gutachten D 181 f.). Ein solcher besonders verwerflicher Vertrauens*bruch* kann zwar, muß aber nicht notwendig in jeder Ausnutzung von Arg- und Wehrlosigkeit (o. 23) liegen; denn über bloße Heimlichkeit oder Hinterlist hinaus ist für das Element der „Tücke" kennzeichnend, daß der Täter ein gerade ihm entgegengebrachtes Vertrauen täuscht, indem er die dadurch verursachte Wehrlosigkeit seines Opfers ausnutzt. Daher ist Heimtücke insbes. dann zu verneinen, wenn lediglich das Überraschungsmoment ausgenutzt, zB ein ahnungsloser Passant von hinten angefallen wird. Im übrigen braucht jenes Vertrauen nicht unbedingt zwecks Tatausführung *erschlichen* zu sein (vgl. BGH NJW **51**, 410); vielmehr genügt (jedenfalls de lege lata) auch schon die Ausnutzung vorhandenen Vertrauens. Daher handelt ein Ehegatte, der den anderen im Schlaf tötet, idR auch dann heimtückisch, wenn er keine besonderen Maßnahmen getroffen hat, um den Partner einzuschläfern (vgl. BGH JR **51**, 687, Kiel HE **1** 91). Das Opfer muß jedoch imstande gewesen sein, dem Täter Vertrauen entgegenzubringen und einem etwaigen Angriff selbst oder mit Hilfe Dritter entgegenzutreten, wobei Heimtücke das Mittel darstellt, um diese Abwehr zu verhindern. Das wird bei Bewußtlosen und Kleinkindern nur dann anzunehmen sein, wenn es der Täter darauf anlegt, sogar die natürlichen Abwehrinstinkte (zB gegen bittere Gifte) durch entsprechende Zusätze auszuschalten. Zudem kann hier Heimtücke darin liegen, daß *Hilfspersonen* oder schutzbereite Dritte arglistig ausgeschaltet werden (vgl. o. 24 a). Im übrigen kann auch hier unter Berücksichtigung der *gesamten Tatumstände* die Annahme von Mord entfallen (vgl. Eser JR 81, 182 f. sowie o. 10).

§ 211 27–31 Bes. Teil. Straftaten gegen das Leben

27 **2. Grausam** tötet, wer dem Opfer Schmerzen oder Qualen körperlicher oder seelischer Art zufügt, die nach Stärke oder Dauer über das für die Tötung erforderliche Maß hinausgehen (BGH StV **97**, 566, Rüping JZ 79, 620). Dazu verlangt die hM subjektiv ein Handeln des Täters aus einer gefühllosen und unbarmherzigen Gesinnung (RG **76** 299 m. Anm. Mezger DR 43, 290, 77 45, BGH **3** 181, 264, NStZ **82**, 379, OGH **1** 90, 99, 371, **2** 116, 175 f., Tröndle 7, Horn SK 43). Eine solche ist jedoch regelmäßig schon dann anzunehmen, wenn der Täter die Schmerzen in Kenntnis ihrer Wirkung zufügt (Jähnke LK 57; so i. Grds. auch BGH NStZ **82**, 379, MDR/H **87**, 623; vgl. auch BGH NStZ/E **81**, 388, Nürnberg NStZ **83**, 319, Frister StV 89, 344 f., aber auch StV **97**, 566). Grausamkeit kann auch darin liegen, daß der als solchen schmerzlosen Tötung (zB durch sofort tödlichen Schuß) quälende Leiden vorausgehen (BGH NJW **51**, 666, **71**, 1190, JZ **84**, 995: Tötungsvorbereitungen im Angesicht des Opfers), bei deren Zufügung der Täter jedoch mit Tötungsvorsatz handeln muß (BGH NJW **86**, 265 m. Anm. Amelung NStZ **86**, 266, Mitsch JuS 96, 215), während im übrigen Eventualvorsatz genügt (BGH NJW **88**, 2682 m. Anm. Frister StV 89, 344, NStE Nr. **22**). Andererseits muß aber das grausame Verhalten vor Abschluß der den tödlichen Erfolg herbeiführenden Handlung auftreten (BGH **37** 40; vgl. auch o. 12). Da es sich objektiv um die Zufügung schwerer Leiden handeln muß, ist Grausamkeit zu verneinen, wenn dem Opfer bereits *jede Empfindungsfähigkeit fehlt* (vgl. BGH NJW **86**, 266; and. Gössel I 91). Dies kann jedoch allenfalls bei Bewußtlosigkeit oder totaler Abstumpfung des Gefühlslebens angenommen werden (vgl. Horn SK 41; abw. RG **62** 160, OGH **1** 99.), nicht dagegen bei bloßer Halbohnmacht (OGH HE **2** 277; vgl. auch BGH NStE Nr. **22**, M-Schroeder I 47). Werden körperliche Verletzungen durch Todesangst übertönt, so ist auf das seelische Leiden abzuheben (BGH NStZ/E **81**, 388 mwN). Auch gegenüber Kleinkindern kommt Grausamkeit in Betracht, zB bei planmäßigem Verhungern- oder Verdurstenlassen (BGH MDR/D **74**, 14), wobei der Qualungsvorsatz besonders sorgfältiger Prüfung bedarf (BGH NStZ **82**, 379). Nicht grausam handelt, wer mit Tötungsabsicht auf den Hals des Opfers einsticht und dann in einen
28 Blutrausch fällt (BGH NStE Nr. 17). Ähnlich kann Grausamkeit bei Handeln im **Affekt** oder aufgrund entschuldbarer heftiger Gemütsbewegung, soweit es nicht bereits an der subjektiven Grausamkeitsgesinnung fehlt (vgl. RG **76** 299, OGH **1** 371, **2** 176, BGH **3** 333, MDR/D **70**, 383, MDR/H **87**, 623, NStE Nr. 10), uU aufgrund der *Gesamtabwägung* der Tat entfallen (vgl. o. 10); eine solche wird inzwischen auch vom BGH gefordert (BGH NStZ **82**, 380; vgl. auch Eser NStZ 83, 439).

29 **3.** Mörder ist ferner, wer einen Menschen **mit gemeingefährlichen Mitteln** tötet. Gegenüber einer Beschränkung auf Mittel iSd §§ 306 ff. (so etwa Kohlrausch/Lange VIII 7) besteht heute im wesentlichen Einigkeit darüber, daß die abstrakte Gefährlichkeit des Mittels weder erforderlich ist (so aber v. Danwitz Jura 97, 572 f. u. offenbar auch Horn SK 49 f.) noch für sich allein genügt. Dem scheint zwar BGH NJW **85**, 1477 insofern nahezukommen, als das eingesetzte Mittel seiner Natur nach nicht mehr beherrschbar und daher geeignet sein müsse, eine größere Zahl von Menschen zu gefährden; letztlich wird jedoch auf die *Nichtkontrollierbarkeit der konkreten Anwendung* abgehoben, nämlich darauf, daß der Täter die von ihm eingesetzten Mittel in der konkreten Tatsituation unter Berücksichtigung seiner persönlichen Fähigkeit nicht so beherrscht, daß eine Gefährdung einer Mehrzahl von Personen an Leib oder Leben nicht ausgeschlossen erscheint (BGH aaO 1478, ferner Jähnke LK 59, Lackner/Kühl 11, M-Schroeder I 47, W-Hettinger 103). Dieser Ansatzpunkt wird freilich, sofern die Mordmerkmale als Ausdruck besonderer sozialer Rücksichtslosigkeit und der absoluten Degradierung menschlichen Lebens zu verstehen sind (vgl. BGH **34** 14, NJW **85**, 1478), daraufhin einzuengen sein, daß durch das eingesetzte Mittel *unbeteiligte* Dritte einer *Lebens*gefahr ausgesetzt werden (vgl. Eser DJT-Gutachten D 171; iglS Rengier StV 86, 406 f. sowie hins. Lebensgefahr wohl auch Horn JR 86, 33, während umgekehrt für Blei II 26 schon die Gefährdung von Sachgütern ausreichen soll). Gemeingefährlich ist ein Tötungsmittel daher bereits dann, wenn der Täter die Wirkung der von ihm entfesselten Kräfte nicht bestimmen oder in ihrem Gefährdungsbereich nicht begrenzen kann (vgl. RG **5** 309, Dresden NJW **48**, 274, Maurach JuS 69, 255). Demgemäß wird zwar eine Brandstiftung, Überschwemmung oder Explosion iSd §§ 306 ff. regelmäßig § 211 erfüllen, muß das aber zB dann nicht, wenn der Täter weiß, daß sich das Tatopfer allein in dem angezündeten Haus befindet. Andererseits kann bei Steinwürfen von einer Autobahnbrücke (BGH VRS **63** 119) Gemeingefährlichkeit gegeben sein. Gleiches kommt bei Schüssen aus einer Maschinenpistole auf der Straße in Betracht, wenn dadurch auch unbeteiligte Passanten getroffen werden können (vgl. Dresden NJW **48**, 274). Handelt es sich freilich um ein typischerweise in seinen Wirkungsmitteln beherrschbares Tötungsmittel, wie idR bei einer einfachen Pistole, so wird ein gezielter Schuß nicht schon deshalb gemeingefährlich, weil der Täter billigend in Kauf nimmt, einen Fehlschuß statt eines anderen aus einer Anzahl von Menschen zu treffen (BGH **38** 353 m. Anm. Rengier JZ 93, 364). An einer Tatausführung *mit* gemeingefährlichen Mitteln fehlt es, wenn der Täter eine bereits vorhandene gemeingefährliche Situation lediglich zur Tat ausnutzt, selbst wenn sie von ihm fahrlässig (ohne Tötungsvorsatz) geschaffen worden ist, zB das Opfer in einem fahrlässig in Brand gesteckten Haus schlafend zurückgelassen wird (zust. BGH **34** 13, Tröndle **8**, Rengier StV 86, 408). Zur Problematik dieses Mordmerkmals bei Mehrfachtötungen vgl. Geilen Bockelmann-FS 621 f.

30 **VI.** Durch die in **Gruppe 3** erfaßten **Zielsetzungen** wird zum Mörder, wer einen Menschen tötet, um eine *andere Straftat* entweder zu *ermöglichen* oder zu *verdecken*.

31 **1.** Der mordqualifizierende Unwert der **Ermöglichungsabsicht** liegt darin, daß die Tötung als Mittel zur Begehung weiteren kriminellen Unrechts dient (vgl. BGH NStZ **96**, 81, Mitsch JuS 96,

216, Stratenwerth JZ 58, 545), zB um die Wohnung des Opfers auszurauben oder um nach Ausschaltung des Wärters gewaltsam aus der Strafanstalt auszubrechen (vgl. BGH MDR/D **70**, 560). Die besondere Verwerflichkeit der **Verdeckungsabsicht** ist darin zu erblicken, daß ein Menschenleben, sei es als Opfer der zu verdeckenden Tat (BGH GA **62**, 143), als Tatzeuge (RG HRR **42**, 608), als Verfolger (BGH **15** 291) oder als Unbeteiligter (BGH **41** 358), vernichtet wird, um die eigene (oder auch eine fremde Bestrafung) zu vereiteln (vgl. BVerfGE **45** 265, BGH **7** 290, Stratenwerth JZ 58, 545, Arzt JR 79, 9; krit. Heine aaO 215, der auf die Mediatisierung des Rechtsguts Leben zu rücksichtsloser Selbstverwirklichung abstellt; zur kriminalpol. Berechtigung dieser Mordalternative vgl. Eser DJT-Gutachten D 177 f. mwN; gegen die Verfassungsmäßigkeit dieses Mordmerkmals Weiß aaO 201, weil die Tötung zur Verdeckung einer Straftat ohne sachl. Grund schärfer bestraft wird als die zur Verheimlichung einer Ordnungswidrigkeit oder zur Ermöglichung einer Flucht). Beide Tatmodalitäten können auch **zusammentreffen,** so bei Verdeckung des versuchten Diebstahls, um dessen Vollendung durch Raub zu ermöglichen (OGH **2** 19, ferner BGH MDR/H **81**, 102; vgl. dazu auch o. 13).

2. Als zu ermöglichende bzw. zu verdeckende **Straftat** kommt nur eine *kriminell strafbare* Handlung **32** iSv § 11 I Nr. 5 in Betracht, also ein Verbrechen oder Vergehen (§ 12), nicht dagegen eine bloße Ordnungswidrigkeit (BGH **28** 93, Lackner/Kühl 12, Mitsch JuS 96, 218; and. Schroeder JuS 84, 277) oder ein zwar verwerfliches, nicht aber für strafbar gehaltenes Verhalten (BGH NStZ/E **81**, 430, Jähnke LK 9, 14); zu diesbezüglichen Irrtümern vgl. u. 33. Im übrigen ist gleichgültig, ob es sich dabei um eine *eigene* oder *fremde* Straftat handelt (BGH VRS **23** 207, Jähnke LK 9), wie etwa im Falle sukzessiver Mittäterschaft (BGH **9** 180 m. Anm. Dreher MDR 56, 499); denn auch reine Selbstbegünstigungsabsicht vermag den Täter nicht zu entlasten (BGH **9** 182, Tröndle 9 b). Auch ist unerheblich, ob es sich bei der zu *verdeckenden* Tat um Tun oder Unterlassen, um vorsätzliche oder fahrlässige Begehung (vgl. BGH VRS **23**, 207) oder um ein nur versuchtes (vgl. BGH MDR/D **74**, 366) oder ein bereits beendetes Delikt handelt. Entsprechendes gilt grds. auch für die zu *ermöglichende* Tat (OGH **2** 19; zum Unterlassen vgl. Horn SK 55), abgesehen von der nicht absichtlich begehbaren Fahrlässigkeit (Tröndle 9 b) und der bereits beendeten Tat, bei der ein weiteres Ermöglichen schon begrifflich ausscheidet (so beim Zustands-, nicht aber beim Dauerdelikt; vgl. 81 f. vor § 52).

3. Für das **Verhältnis der Tötung zu der zu ermöglichenden bzw. zu verdeckenden Tat** **32 a** erschien es nach der früheren Rspr. gleichgültig, ob die Bezugstat mit der Tötung in Tatmehrheit oder Tateinheit steht (vgl. BGH **7** 327, LM Nr. **10**, M-Schroeder I 41), so daß etwa Verdeckung durch Vollendung des vorangegangenen Totschlagsversuchs an demselben Opfer in Betracht kam (BGH MDR/D **74**, 366 sowie in neuerer Zeit wieder NStE Nr. **22**, **44** bzw. **41** zu § 177 als Vortat); ebensowenig brauchten andererseits die Bezugstat und die Tötung unbedingt unmittelbar aufeinanderzufolgen (Dreher³⁷ 9). Gegenüber solchen Ausweitungen insbes. der Verdeckungsabsicht glaubte BVerfGE **45** 267 der verfassungsrechtlich gebotenen Restriktion (vgl. o. 10 a) etwa dadurch Rechnung tragen zu können, daß Verdeckungsabsicht auf die Fälle *vorausgeplanter* Tötung beschränkt wird (ähnl. Schmidhäuser JR 78, 270). Demgegenüber wurde bereits in BGH **27** 281 das Erfordernis einer vorangegangener Überlegung ebenso zurückgewiesen (iglS BGH MDR/H **80**, 105, NStZ **84**, 45 mwN; vgl. aber auch BGH JR 79, 471) wie eine Einschränkung über die „besondere Verwerflichkeit der Tat" (BGH **30** 115 sowie danach wieder NStE Nr. **23**) und stattdessen vom 2. StS (grdl. BGH **27** 346) das Erfordernis einer „anderen" Straftat wieder verstärkt betont: Danach war „*in Grenzfällen engen zeitlichen und sachlichen Zusammentreffens von Vortat und Verdeckungstötung*" Verdeckungsabsicht zu verneinen, wenn die aus einem spontanen Angriff auf Leib oder Leben bestehende Vortat ohne deutliche Zäsur nahtlos in die Tötung übergeht. Diese Formel wurde vom 2. StS mehrfach einengend präzisiert (BGH GA **78**, 327; LM StGB 1975 Nr. **2**, JR 79, 470, MDR/H **80**, 106, NStZ **85**, 454), während die anderen Strafsenate die Gefolgschaft offenließen, die Voraussetzungen der Einschränkung aber jeweils als tatsächlichen Gründen verneinten: Dies galt insbes. dann, wenn sich der Täter bereits in rechtsfeindlicher Einstellung in die zur Tötung führende Situation begeben hatte (BGH **28** 77, NStZ **84**, 454). Auf der Basis dieser Rspr. war bei der einer Vortat nachfolgenden Tötung Verdeckungsabsicht praktisch nur dann ausgeschlossen, wenn folgende Elemente kumulativ gegeben waren: (a) Gleichartigkeit der Angriffsrichtung von Vortat und Verdeckungstötung, (b) Doppelspontaneität bei beiden Taten sowie (c) ein enger räumlich-zeitlicher Zusammenhang (vgl. 23. A. mwN). Ua auch in Reaktion auf Kritik aus dem Schrifttum (Arzt JR 79, 1, Eser NStZ **81**, 429 f., 83, 439 f., Geilen JR 80, 313, M.-K. Meyer JR 79, 488 f., Köhler GA 80, 128, Sonnen JA 80, 37 f.) hat der 2. StS in BGH **35** 116 seine *einschränkende Linie aufgegeben* und sich auf den Standpunkt gestellt, daß weder eine jähe Eingebung Verdeckungsmord entgegenstehe noch das Mordmerkmal Planung und Vorbedacht voraussetze. Vielmehr seien Verdeckungsabsicht und niedrige Beweggründe unter Wertungsgesichtspunkten gleichzusetzen, zumal beides Tatmotive darstellen; deshalb könne für die Verdeckungsabsicht keine Tatbestandseinschränkung anerkannt werden, die für niedrige Beweggründe gerade nicht gelte (BGH **35** 116, 120 ff., Tröndle 9 a). Insofern sind die Einschränkungsbemühungen des BGH wieder auf dem Nullpunkt angelangt (vgl. Weiß aaO 305). Diesbezüglich verwirft der 2. StS den Weg, Vortat und Tötungsdelikt zu einer einzigen Tat im Rechtssinne zu verklammern, hält es dagegen aber für erwägenswert, die Verdeckungsabsicht als gesetzlich benanntes Regelbeispiel eines niedrigen Beweggrundes zu verstehen (abl. Mitsch JuS 96, 216 f.) und auf diese Weise die Möglichkeit zu einer *Gesamtwürdigung* der Handlungsantriebe zu eröffnen. Dann könnte in Ausnahmefällen der Mordtatbestand – trotz festgestellter Verdeckungsabsicht – verneint werden (BGH **35** 127, vgl. auch NStE Nr. **23**; krit. Lackner/Kühl 13, Hohmann/Matt JA 89, 134, Schmidhäuser NStZ 89, 55, Wohlers JuS 90, 20, die für eine modifizierte Überlegungslösung eintreten, Laber MDR 89, 861, die für eine Heranziehung von § 213 plädiert, Timpe NStZ 89, 71 mit dem Versuch, nach Zuständigkeiten des Täters für seinen Tatantrieb zu differenzieren). Neuerdings betont der BGH aber wieder verstärkt das Erfordernis einer *„anderen"* Straftat, deren Vorliegen bei Übergang vom bedingten zum unbedingten Tötungsvorsatz hinsichtlich der zeitlich davor liegenden Teile einer einheitlichen Tötungshandlung verneint wird (BGH NJW **90**, 2758 [m. Anm. Hohmann JR 91, 212], NStZ-RR **98**, 67). In einem ähnlich gelagerten Fall soll freilich gerade diese Einheitlichkeit der Tötungshandlung wegen einer gewissen Zäsur fehlen (BGH NJW **92**, 920 m. Anm. Hohmann NStZ 93, 183 NStZ-RR **99**, 234, BGHR 211 Verdeckung **11**). In einer weiteren Entscheidung wird wiederum auf die deutliche zeitliche Zäsur sowie das Vorliegen eines neuen Tatentschlusses abgestellt (BGH NStE Nr. **44**). Da die Entscheidungen jedoch von verschiedenen Senaten stammen, kann von einer einheitlichen Linie noch

32 b nicht gesprochen werden (vgl. auch Heine Brauneck-FG 325 ff.). – Nachdem von den ursprünglichen Einschränkungsbemühungen ohnehin nur wenig übrig geblieben war (vgl. Eser NStZ **83**, 439 f.), belegen diese Kehrtwendungen die Unzulänglichkeit solcher merkmalsimmanenter Restriktionen, die eine *Gesamtwürdigung von Tat und Täter* (o. 10) letztlich nicht ersetzen können (vgl. auch Saliger ZStW 109, 332 u. Horn SK 66, der freilich iE für die Rechtsfolgenlösung [u. 57] plädiert). Das gilt auch für den – immerhin aber bereits wertenden – Versuch von Arzt JR 79, 11, bei engem Zusammenhang zwischen Vortat und Tötung Verdeckungsabsicht jedenfalls dann abzulehnen, wenn es sich bei der Vortat um ein Verbrechen handelt oder der Täter durch eine schwere Provokation zur (gegebenenfalls leichten) Vortat hingerissen wurde.

33 4. Für die auf Ermöglichung oder Verdeckung einer anderen Tat gerichtete **Absicht** ist zielgerichtetes Handeln erforderlich (BGH **15** 293, StV **88**, 62, NStZ **96**, 81 m. Anm. Fischer ebda. 416, Horn SK 56, 65), aber auch ausreichend (vgl. § 15 RN 65). Da der beabsichtigte Erfolg nicht unbedingt eintreten muß, braucht weder die zu verdeckende Tat tatsächlich begangen worden noch die zu ermöglichende Tat objektiv überhaupt begehbar zu sein (M-Schroeder I 40); entscheidend ist vielmehr allein die darauf gerichtete Vorstellung des Täters (Jähnke LK 10). Dementsprechend kommt Ermöglichungs- oder Verdeckungsabsicht auch dann in Betracht, wenn der Täter die objektiv als Notwehr gerechtfertigte Tat irrigerweise für strafbar (BGH **11** 226 m. Anm. Stratenwerth JZ 58, 545, Tröndle 9 b, Horn SK 56 bzw. 64, M-Schroeder I 40, W-Hettinger 124; and. OGH **1** 190, Eb. - Schmidt DRZ 49, 246) bzw. die zu verdeckende Tat, derentwegen das Verfahren bereits eingestellt ist, noch für verfolgbar hält (BGH MDR/H **83**, 622; zur Verdeckung eines länger zurückliegenden unbewiesen gebliebenen Tatverdachts vgl. BGH NStZ **85**, 166). Umgekehrt wäre konsequenterweise diese Absicht zu verneinen, wenn der Täter die zu ermöglichende oder zu verdeckende Tat aus irgendwelchen Gründen für nicht strafbar (BGH NStZ **98**, 353) oder nicht für verfolgbar hält (so OGH NJW **50**, 195, Arzt/Weber I 61). Dem ist jedoch allenfalls insoweit zuzustimmen, als der Täter die Absichtstat für *gerechtfertigt* ansieht (insoweit ebenso Horn SK 56); dagegen läßt sich die auch dieser Mordqualifikation zugrundeliegende Verwerflichkeit dann schwerlich verneinen, wenn der Täter die zu ermöglichende Tat lediglich für nicht strafbar oder prozessual für nicht verfolgbar, wohl aber für rechtswidrig hält (insoweit ebenso Tröndle 9 b, Mitsch JuS 96, 217; and. Horn SK 64; vgl. auch Gössel I 75 f., 81 f.). Zudem ist in derartigen Fällen auch Mord aus niedrigen Beweggründen in Betracht zu ziehen (vgl. o. 19 sowie BGH **11** 228, GA **79**, 108, NStZ/E **81**, 430, NStZ **97**, 81, **98**, 353, Jähnke LK 27).

34 Verdeckungsabsicht ist nicht dadurch ausgeschlossen, daß die **Tat als solche** bereits (tatsächlich oder vermeintlich) **entdeckt** ist, dem Täter es jedoch noch darauf ankommt, seine eigene **Täterschaft zu verbergen** (BGH NJW **52**, 431, GA **79**, 108, NStZ-RR **97**, 132, M-Schroeder I 39), einen Zeugen zu beseitigen (RG HRR **42**, 608) oder sich der Ergreifung zu entziehen (BGH **11** 270, **15** 291, LM Nr. **30**, VRS **37** 28, NStZ-RR **99**, 235), vorausgesetzt jedoch, daß er sich oder seine Tat noch nicht voll erkannt glaubt und daher mit der Vorstellung von Entdeckungsvereitelung handelt (BGH **15** 296, NJW **91**, 1189). Ein Bestreben freilich, das ausschließlich darauf gerichtet ist, einen zeitlichen Vorsprung zu erhalten, um fliehen zu können, genügt nicht (BGH NStZ **85**, 166), ebensowenig die Absicht des bereits entdeckten Täters, nach Anklageerhebung die Überführung durch Beseitigung eines Belastungszeugen zu erschweren (BGH StV **91**, 255). Nicht erforderlich ist hingegen, daß sich der Täter unbedingt einer Strafverfolgung entziehen will (BGH NStZ **99**, 243); vielmehr genügt auch schon die auf Vermeidung außerstrafrechtlicher Konsequenzen (wie etwa einer Zwangsvollstreckung) gerichtete Absicht (BGH **41** 8 [zust. Fischer NStZ 96, 418, Saliger StV 98, 19 u. ZStW 109, 317, krit. Brocker MDR 96, 228, Küper JZ 95, 1158 ff.; and. auch Rengier II 29], NStZ **99**, 615, NStZ/A **00**, 20).

35 Auch bei nur **bedingtem Tötungsvorsatz** ist grds. sowohl Ermöglichungsabsicht (BGH **23** 176, NStZ/E **81**, 429) als auch Verdeckungsabsicht (BGH **11** 270, **15** 291 m. Anm. Jescheck JZ 61, 752, 41 359 m. zust. Anm. Saliger ZStW 109, 325, BGH NJW **99**, 1040, LM Nr. **30**, VRS **24** 184, StV **83**, 459) denkbar, wobei vor allem zwei Fallkonstellationen zu unterscheiden sind: Geht der Täter davon aus, daß die Verdeckung *nur* durch den Tod des Opfers zu erreichen sei, so ist die gleichzeitige Annahme von nur bedingtem Tötungsvorsatz ausgeschlossen (BGH **21** 283, NJW **78**, 1460, MDR/H **81**, 102, **93**, 406, NStZ/E **81**, 430, StV **83**, 458, **92**, 260, NStZ **84**, 116, **85**, 166), wie regelmäßig dort, wo sich der Täter vom Opfer erkannt glaubt und daher bei dessen Weiterleben Entdeckung zu befürchten hat; denn entweder muß er, wenn er dies wirklich verhindern will, mit direktem Vorsatz gehandelt haben, oder falls er den Tod tatsächlich nur bedingt in Kauf genommen hat, kann er schwerlich die Vorstellung gehabt haben, die erstrebte Verdeckung nur durch die Tötung des Opfers erreichen zu können; deshalb geht es bei dieser Fallkonstellation meist um die Ausräumung von denkgesetzlichen Widersprüchen in den tatrichterlichen Feststellungen (vgl. BGH StV **83**, 459, NStZ **84**, 116, aber auch Arzt/Weber I 60) bzw. um sorgfältigere Prüfung des Tötungsvorsatzes überhaupt (vgl. § 212 RN 5 zu bloßem Gefährdungsvorsatz sowie Eser NStZ 83, 440 mwN). Glaubt der Täter hingegen nicht erkannt und hätte er daher selbst bei Weiterleben des Opfers keine Identifizierung durch dieses zu befürchten, also nach Vorstellung des Täters an sich auch ohne Tötung des Opfers eine Tatverdeckung möglich wäre, so können mit Verdeckungsabsicht vorgenommene Handlungen mit nur bedingtem Tötungsvorsatz einhergehen (BGH NJW **99**, 1040 m. Anm. Momsen JR **00**, 26, Schroth NStZ **99**, 554). Gleiches soll gelten, wenn eine Entdeckungsgefahr nicht wegen der Aussagen des Opfers, sondern wegen dessen körperlichen Zustands zu befürchten ist (BGH NJW **88**, 2682 m. Anm. Frister StV 89, 344). Ebenso wie beim grundsätzlich möglichen Zusammentreffen mit anderen Motiven, wie Haß, Wut oder Angst (BGH MDR/H **76**, 15; vgl. aber auch NStZ/E **83**, 440 zu FN 144 ff.), ist auch für diese Fallkonstellation entscheidend, daß der Tod des Opfers nicht nur Begleiterscheinung oder Folge, sondern das (wenn auch nur bedingte) *Mittel zur Ermöglichung oder Verdeckung* der anderen Straftat darstellt (BGH **7** 290, **15** 293 [vgl. aber auch **41** 358], Tröndle 9, W-Hettinger 128). Diese Mittel-Folge-Formel braucht jedoch nicht zu bedeuten, daß bei Ermöglichungsabsicht der Täter unbedingt in der Vorstellung töten müsse, die zu ermöglichende Tat unter den gegebenen Umständen nicht auf andere Weise erreichen zu können (so aber BGH MDR/H **80**, 629); vielmehr kann für die Ermöglichungsabsicht bereits genügen, daß der Täter sein kriminelles Ziel durch Tötung eines anderen leichter oder schneller zu erreichen hofft (vgl. Geilen Lackner-FS 573 ff.; so jetzt auch BGH **39** 159 m. Anm. Graul JR 93, 510, Schroeder JuS 94, 294). Dabei genügt es, daß nicht der Tod des Opfers, sondern die zur Tötung geeignete *Handlung* vom Täter als Mittel zur Begehung der weiteren Straftat angesehen wird (BGH **39** 159, **41** 358). Demgemäß kommt Verdeckkungsabsicht auch in Betracht, wenn der Täter den Tod des Opfers nicht als einziges Mittel der Verdeckung ansieht, sondern es sich auch für möglich hält, daß die Tat im Fall des Weiterlebens des Opfers unentdeckt bliebe (BGH NJW **88**, 2682 m. Anm. Frister StV 89, 344). Für Verdeckungsabsicht ist aber die Vorstellung erforderlich, etwas bisher Unbekanntes solle weiterhin unentdeckt bleiben, sei es die Begehung einer Straftat oder die Person des Täters (BGH **11** 269, LM Nr. **30**), wobei sich die Tötungshandlung nicht gegen den potentiellen Entdecker richten muß (BGH **41** 358, zust. Fischer NStZ **96**, 416, Saliger ZStW 109, 325; and. Weiß aaO 223). Das kann vor allem bei Tötung durch **Unterlassen** in *Fluchtfällen* fraglich sein, wenn zu diesem Zweck der Täter das versorgungsbedürftige Opfer liegenläßt und dabei dessen Tod in Kauf nimmt: Hier ist Verdeckungsabsicht jedenfalls dann zu verneinen, wenn sich der Täter bereits voll entdeckt glaubt, also nichts mehr zu verbergen hat, sondern sich nur noch vor seinen Verfolgern in Sicherheit bringen will. Gleiches gilt für den Fall, daß der Täter vor drohender Entdeckung flieht, sofern er von dem Opfer selbst keine Aufdeckung seiner Täterschaft zu befürchten hätte (BGH **7** 287; krit. dazu M-Schroeder I 41; vgl. auch BGH MDR/D **66**, 24). Dagegen kommt Verdeckungsabsicht dann in Betracht, wenn der Täter von dem im Stich Gelassenen die Entdeckung seiner Person fürchtet und Hilfe gerade deswegen unterläßt, um diese Entdeckung unmöglich zu machen. Demgegenüber glaubte BGH **7** 290 für Verdecken mehr verlangen zu müssen als bloßes „Nichtaufdecken" durch Flucht, nämlich ein „Zudecken", wie etwa durch Unkenntlichmachen von Tatspuren oder Unschädlichmachen von Menschen (aufgegeben in MDR/D **66**, 24; vgl. auch NJW **92**, 584). Eine solche vordergründige Wortklauberei kann jedoch ebensowenig überzeugen wie die zwar grundsätzlichere, aber schwerlich mit § 13 vereinbare Auffassung von Grünwald (H. Mayer-FS 291), wonach Mord mit Ermöglichungs- oder Verdeckungsabsicht nur durch positives Tun begangen werden könne; deshalb könnte § 211 allenfalls an der mangelnden Gleichwertigkeit nach § 13 I scheitern (vgl. aber auch Horn SK 69, Jescheck JZ 61, 752, Mitsch JuS 96, 219). Freilich wird für Ermöglichungsabsicht nicht schon genügen, daß die Rettung des Opfers allein deshalb unterbleibt, weil Rettungsmaßnahmen die beabsichtigte Tat gestört hätten. (and. Jähnke LK 22, zw. Horn SK 57). Unstreitig ist die Tötung Mittel zur Verdeckung dann, wenn der namentlich noch nicht bekannte Täter sich der Festnahme dadurch entzieht, daß er sich den Fluchtweg freischießt (vgl. BGH **15** 292, VRS **37** 30). Vgl. zum Ganzen auch Eser III 37 f., Fuhrmann JuS 63, 19 sowie teils abw. Gössel I 82 f.

VII. Für den **subjektiven Tatbestand** ist **Vorsatz** erforderlich. Was das im Hinblick auf das Vorliegen eines Mordmerkmals bedeutet, ist strittig, wobei sich jedoch manche Meinungsverschiedenheiten daraus erklären, daß nicht klar genug zwischen Gegenstand und Inhalt des Mordvorsatzes (37 f.), seinen psychologischen Voraussetzungen (39) und seinem Intensitätsgrad (40) unterschieden wird. 36

1. Daß der Mordvorsatz seinem *Gegenstand* nach auf die **Todesverursachung** gerichtet sein muß, steht ebenso wie bei § 212 außer Frage (vgl. dort RN 5 sowie BGH NStZ **97**, 435). Dagegen wird die Frage, inwieweit er sich auch auf das **Mordmerkmal** beziehen muß, meist von dessen Stellung im Deliktsaufbau abhängig gemacht: Soweit als Tatbestands- oder *Unrechts*merkmal eingestuft (vgl. o. 6), wird § 15 für unmittelbar anwendbar erklärt (BGH MDR/D **67**, 726). Doch auch soweit es lediglich 37 als *Schuld*merkmal begriffen wird, sei das Wissen des Täters um das Vorliegen des betreffenden Merkmales zwar kein eigentliches Vorsatzerfordernis, ergebe sich jedoch aus allgemeinen Schuldprinzipien (Schröder 17. A. RN 23 f., W-Hettinger 137). Soweit es dagegen als bloßes *Gesinnungs*merkmal verstanden wird, komme es auf das Bewußtsein etwa von der Niedrigkeit des Beweggrundes nicht an (vgl. Engisch GA 55, 161, Jescheck GA 56, 110; vgl. auch OGH **2** 345; zum Ganzen Heine aaO 160 ff.). An diesen Differenzierungsversuchen ist richtig, daß die verschiedenen Mordmerkmale hinsichtlich des Vorsatzerfordernisses in der Tat nicht völlig einheitlich behandelt werden können. Jedoch ist die erforderliche Differenzierung weniger von der verbrechenssystematischen Stellung als vielmehr von der phänomenologischen Struktur des einzelnen Mordmerkmals abhängig: a) Soweit es sich um Mordmerkmale handelt, die sich (zumindest auch) im objektiven *Erfolgs*unwert des Mordes niederschlagen (vgl. o. 6), muß dem Täter das Vorliegen der entsprechenden Umstände bewußt sein: so bei Grausamkeit das Wissen um die übermäßige Schmerzzufügung (o. 27) oder bei Gemeingefährlichkeit das Bewußtsein der Nichtkontrollierbarkeit des benutzten Tötungsmittels (vgl. o. 29 sowie Horn SK 51). Entsprechendes hat bei Heimtücke für das Wissen um die Arg- und Wehrlosigkeit des Opfers zu gelten (vgl. o. 23 ff. sowie BGH **6** 121, 333, NJW **66**, 1824). Insofern ist § 15 jeweils unmittelbar anzuwenden. Demzufolge ist etwa Heimtücke zu verneinen, wenn der Täter meint, das Opfer sei mißtrauisch geworden und habe sich daher mit einer Waffe versehen. b) Soweit es sich dagegen um den subjektiven *Handlungs*unwert bzw. um spezielle *Schuld*merkmale handelt (vgl. o. 6), setzt die dafür erforderliche Motivation oder Absicht per se einen bestimmten psychischen Sachverhalt voraus, ohne den sie alles sein kann, nur eben kein handlungsmotivierender Faktor. Insofern handelt es sich bei dementsprechendem Bewußtsein bereits um einen konstitutiven Teil der Motivation bzw. der Absicht (vgl. Horn SK 17, Sax JZ 76, 14, o. § 15 RN 25, aber auch 40 ff.). Demgemäß erfordern die spezifizierten Absichten der 3. Gruppe das motivierte Anstreben eines über die Tötung hinausgehenden Sachverhalts. Dabei setzt das „Haben" solcher Intentionen notwendig voraus, daß das Angestrebte Gegenstand der Vorstellungen geworden ist. Auch soweit es auf bestimmte Anlässe ankommt (o. 14), muß der Täter die entsprechenden Umstände gekannt haben, wobei freilich abgeschwächte Bewußtseinsgrade hinreichen. Bezüglich Motivationselementen wie Eifersucht, Rache uä genügt demgegenüber, daß der Täter diese personalen Antriebe handlungsvorbereitend und -begleitend miterlebe, sie die Tat mitmotivierten und er sie deshalb wie sonst nur eben „hatte" (eingeh. Heine aaO 176 ff.). Im übrigen würde das Erfordernis eines „Erkennens der Antriebsregelungen" im Augenblick der Tat (vgl. BGH NJW **89**, 1739 m. Anm. Heine JR 90, 299, NStZ/E **81**, 385 mwN) jedenfalls dann an der psychologisch-psychiatrischen Wirklichkeit vorbeiführen, wenn damit eine spezifische Reflexion iSe dezidierten Abwägens gemeint wäre (so aber Köhler GA 80, 130, JZ 80, 239). Das bedeutet, daß zB beim Lustmord in die Vorstellung des Täters eingegangen ist, daß ihm das Töten zur Befriedigung seines Geschlechtstriebs dient (vgl. o. 16), daß bei Habgier die Vorstellung des erstrebten Gewinns bewußtseinsleitend war (BGH StV **86**, 47) oder daß bei Verdeckungsabsicht der Tod des Opfers für den Täter das Mittel sein soll, um die Entdeckung seiner Tatbeteiligung zu verhindern. Ähnlich muß er von der Strafbarkeit der zu ermöglichenden bzw. zu verdeckenden Tat ausgehen (vgl. o. 33 ff.). Handelt es sich hingegen um Fälle, in denen der Täter irrtümlich von Voraussetzungen ausgeht, die sein Verhalten nicht als niedrig erscheinen ließen, so fehlt es an einer geeigneten Motivation (BGH GA **67**, 244, Heine aaO 231 f.). Zu weitgehend in Verneinung dieser Umstandskenntnis jedoch BGH JZ **74**, 511 m. krit. Anm. Baumann und Kratzsch JR 75, 102 zu NS-Euthanasieaktionen.

38 **Nicht** zu verwechseln mit Sachverhaltskenntnis und Motivationsbewußtsein ist hingegen die normative **Wertung durch den Täter.** Zwar verlangt der BGH, daß der Täter das Mordmerkmal niedrige Beweggründe „in seiner Bedeutung für die Tat" erfaßt hat (st. Rspr.: BGH **6** 332, **28** 212, MDR/H **79**, 280, StV **87**, 151). Doch ebensowenig wie der Dieb die für die Fremdheit der Sache wesentlichen Wertungen nachzuvollziehen braucht (vgl. § 15 RN 45), so wenig kommt es beim Mörder auf die eigene Einschätzung seiner Beweggründe als niedrig iSv § 211 an (insoweit mißverständl. BGH NJW **95**, 603); denn zum einen bleibt die „Definitionsmacht" auf jeden Fall beim Strafrecht, zum anderen setzt das Gesetz prinzipiell ein entsprechendes Wertwidrigkeitsbewußtsein voraus und schließlich genügt für volle Schuld schon, daß der Täter aus absoluter Gleichgültigkeit gegenüber den unverbrüchlichen Werten der Gesellschaft handelt – wobei es keine Rolle spielt, ob er diese Wertung für sich akzeptiert oder nicht (Heine aaO 185 ff. gegen Köhler GA 80, 130 ff., JuS 84, 766; vgl. auch BGH NStZ **81**, 259). Daher genügt insoweit bereits, daß sich der Täter der Umstände bewußt ist, die seine Motivation als niedrig erscheinen lassen (vgl. BGH NJW **95**, 603) und damit die Tötung zum Mord stempeln (vgl. BGH **3** 180, **22** 80, MDR/D **68**, 895, **74**, 546, NStZ **83**, 19, **93**, 183, NStE Nr. **19**, NJW **89**, 1739 m. Anm. Heine JR 90, 299, 94, 396, Tröndle 12, Jähnke LK 35, M-Schroeder I 43 f.; vgl. aber auch Herdegen BGH-FS 200 f.). Diesbezüglich ist ausreichend, daß (ähnlich wie bei Vorsatz, o. § 15 RN 45) der soziale Sinngehalt der motivierenden Ereignisse nach Laienart erfaßt wird, so etwa der Umstand, daß eine Bagatelle vorliegt, wenn ein Kleinkind schreit. Dementsprechend kommt es auch hinsichtlich des etwaigen Mißverhältnisses von Tatanlaß und tödlichem Erfolg – entgegen der mißverständlichen Formulierung von BGH MDR/H **79**, 280, NStZ **81**, 259 – lediglich darauf an, daß sich der Täter etwa der leichtgewichtigen oder selbstverschuldeten Faktoren seiner Wut bewußt ist (vgl. BGH NStZ/E **81**, 386, **83**, 436, Heine aaO 178 f.). Ähnlich braucht er nicht den Rechtsbegriff der Heimtücke, sondern nur die dafür erforderlichen Umstände zu kennen (BGH NJW **51**, 411).

2. Sachverhaltskenntnis und Motivationsbewußtsein (o. 37) setzen aber voraus, daß der Täter dazu 39
überhaupt **psychisch fähig** ist. Das erfordert namentlich bei niedrigen Beweggründen, daß der Täter
seine gefühlsmäßigen oder triebhaften Regungen *gedanklich zu beherrschen* und *willensmäßig zu steuern*
vermag (vgl. BGH **28** 212, NJW **92**, 2630, **95**, 603, MDR/H **80**, 629, 986, **81**, 266, 267, **84**, 989,
89, 1052, NStZ **81**, 101, **88**, 360, **93**, 281, **96**, 384, **97**, 81, NStZ-RR **98**, 67, NStE Nr. **15**, 19, 20,
NJW **89**, 1739 m. krit. Anm. Heine JR **90**, 299), wobei eine dahingehende Annahme regelmäßig um
so eher gerechtfertigt sein soll, je schwerwiegender die Tat nach ihren Modalitäten und Folgen ist
(BGH StV **94**, 372 [m. krit. Anm. Fabricius], NStZ-RR **98**, 134). Dieses spezifische Beherrschungs-
und Steuerungsvermögen ist etwa dann zweifelhaft, wenn die Tat einen nichtigen Anlaß jedem
Verständnis entzieht (BGH StV **87**, 150) oder der Täter aus plötzlicher Wutaufwallung (BGH MDR/
D **74**, 546, MDR/H **81**, 266), aufgrund spontan gefaßten Tatentschlusses (BGH MDR/H **79**, 280,
80, 986, NStZ **83**, 19), unter Alkoholeinfluß (BGH StV **84**, 465), bei erheblich verminderter Schuldfähigkeit (BGH NStE Nr. **13**) bzw. Triebanomalie (BGH NStE Nr. **20**) oder sonstwie im Affekt
handelt (BGH **28** 212, GA **75**, 306, **79**, 337, MDR/H **77**, 637, **78**, 805, **80**, 629, NJW **81**, 1382, StV
87, 296, OGH **3** 82; vgl. aber auch BGH NJW **51**, 410, LM Nr. **5**; zu weitgehend BGH **6** 329; vgl.
ferner zu Mordlust BGH **34** 62 f. m. Anm. Geerds JR **86**, 519, zu Verdeckungsabsicht BGH NStZ
85, 455). Ferner ist dies dann zu verneinen, wenn der Täter zu einer Wertung seiner Beweggründe als
niedrig schon seiner Persönlichkeitsstruktur nach nicht fähig ist und sich damit auch der Relevanz der
maßgeblichen Umstände nicht bewußt werden kann (vgl. BGH NStZ **81**, 259, StV **81**, 338; so dürfte
auch die – sonst mit dem bei 38 Ausgeführten unvereinbare – „Wertungsunfähigkeit" nach BGH
MDR/D **69**, 723 zu verstehen sein); mwN zur Rspr. Eser NStZ 81, 385 f.; 83, 436, Heine aaO 33,
249 ff., 274. Freilich handelt es sich dabei häufig schon nicht mehr um Vorsatz- bzw. Motivations-
probleme, sondern um die bei Mord naheliegende Frage der *Schuldunfähigkeit* bei affektgeladenen
Taten (vgl. Horn SK 17, Lange LK⁹ 16; vgl. auch BGH NStZ **95**, 539, Jäger MSchrKrim 78, 308 f.;
allg. dazu § 20 RN 15). Fehlt dieses spezifische Motivationsbeherrschungsvermögen (oder ist es
zweifelhaft), so entfällt nach BGH der Mordvorwurf, nicht dagegen auch die strafrechtliche Verantwortlichkeit für die vorsätzliche Tötung (BGH MDR/H **84**, 980, StV **94**, 372 unter Hinweis auf eine
höhere Hemmschwelle; vgl. aber auch BGH NStZ **88**, 361 sowie krit. Heine aaO 250 ff., JR **90**,
299 f.). Zu dem Fall, daß der Täter erst *nach Beginn* der Tat schuldunfähig wird und in diesem Zustand
die Tat vollendet, vgl. BGH **7** 326, **23** 133 m. Anm. Oehler JZ 70, 379, BGH GA **56**, 26, Oehler GA
56, 1 ff. sowie § 20 RN 40.

3. Dem *Intensitätsgrad* nach genügt grds. auch für Mord **bedingter Vorsatz** (BGH NJW **68**, 660, 40
OGH **3** 36, Tröndle 11, Lackner/Kühl 15), und zwar sowohl bezüglich des Todeseintritts als auch der
Mordqualifizierung, wie etwa bei gemeingefährlicher Tötung im Hinblick auf die Nichtkontrollier-
barkeit des Tatmittels. *Auszunehmen* davon sind jedoch jene Mordmerkmale, die entweder gänzlich
oder hinsichtlich einzelner Umstände eine bestimmte Zielsetzung voraussetzen, so bei Mordlust
(BGH MDR/D **74**, 547) oder bei Verdeckungsabsicht, wofür zwar die bedingte Inkaufnahme des
Todes genügt, der Tod jedoch gezielt als Mittel zur Verdeckung dienen muß (vgl. o. 35). In *zeitlicher*
Hinsicht muß das erforderliche Bewußtsein – jedenfalls zeitweilig – *bei Tatbegehung*, also nicht nur
während der Planungsphase, gegeben sein (vgl. o. 12).

VIII. Zur **Rechtfertigung** und **Entschuldigung** gilt grds. das gleiche wie bei Totschlag (vgl. 41
§ 212 RN 6 ff.). Jedoch wird es jedenfalls bei mordqualifizierenden *Motiven* und *Absichten* idR am
subjektiven Rechtfertigungs- bzw. Entschuldigungselement fehlen. Zu „übergesetzlicher Schuldminderung" vgl. u. 58.

IX. **Täter** des Mordes kann *jedermann* sein. Zur Straflosigkeit des *Selbstmords* sowie zum täterschaft- 42
lichen Mord durch Veranlassung einer nichtfreiverantwortlichen Selbsttötung vgl. 33, 35 ff. vor § 211.
Wer mit eigener Hand tötet, ist immer Täter, auch wenn er dies im Interesse eines anderen oder unter
dessen Einfluß tut; der gegenteiligen früheren Rspr. (RG **74** 84, BGH **18** 87) ist durch § 25 I 1. Alt.
der Boden entzogen (vgl. 58 vor § 25). Für die *Tatbeteiligung mehrerer* gelten die allgemeinen Grundsätze (§§ 25 ff.). Dabei ist folgendes zu beachten:

1. **Mittäterschaftlicher** Mord setzt nicht unbedingt eigenhändiges Töten jedes Beteiligten voraus; 43
vielmehr kann nach allgemeinen Täterschaftskriterien bereits die Mitwirkung zu Vorbereitungshandlungen genügen (RG **63** 101, LZ **26**, 637; zu weitgeh. wohl BGH **37** 289 [m. abl. Anm. Herzberg JZ
91, 856, Puppe NStZ 91, 571, Roxin JR 91, 206], wonach schon die bloße, bei der Tat fortwirkende
Verabredung zur Tötung ausreiche; bestät. von BGH NJW **92**, 919; vgl. auch NStZ **95**, 285).
Ebensowenig steht der Annahme von Mittäterschaft entgegen, daß ungewiß ist, welcher der beiden
Täter den tödlichen Schlag geführt hat (OGH **1** 111; vgl. auch BGH NJW **66**, 1823, NStZ **96**,
434, **98**, 565). Auch ist Mittäterschaft in der Weise denkbar, daß der eine wegen Mordes (etwa weil
von niedrigen Beweggründen bestimmt), der andere wegen Totschlags schuldig ist (RG DR **44**, 147,
Jähnke LK § 212 RN 6 sowie unter Aufgabe von BGH **6** 330 – wenngleich in gewissem Widerspruch
zur Annahme von Selbständigkeit zwischen § 211 und § 212 [vgl. 5 vor § 211] – jetzt auch BGH **36**
231 m. Anm. Beulke NStZ **90**, 278, Timpe JZ 90, 97; vgl. auch RG **44** 321). Zur Tötung in
mittelbarer Täterschaft vgl. § 212 RN 9.

2. Die Bestrafung des **Teilnehmers** wegen Mordes ist unproblematisch, wenn er in gleicher Weise 44
wie der Haupttäter ein Mordmerkmal erfüllt, zB diesen aus eigenem Rassenhaß zu einer rassistisch

motivierten Tötung anstiftet. Dagegen entstehen Schwierigkeiten bereits da, wo Täter und Teilnehmer verschiedene Mordmerkmale verwirklichen, zB der Gehilfe die vom Haupttäter aus Verdeckungsabsicht durchgeführte Tötung selbst nur zur Erlangung des Tatlohnes unterstützt (dazu näher u. 54). Noch schwieriger wird es dort, wo im Unterschied zu Mitbeteiligten ein *Beteiligter keinerlei Mordmerkmale* in eigener Person erfüllt. Ihm gegenüber ist schon nach allgemeinen *Vorsatz-* und Schuldgrundsätzen für eine Bestrafung wegen Mordes nur dann Raum, wenn er um die Mordqualifizierung des Mitbeteiligten weiß (§§ 15, 26, 27, 29; vgl. BGH NStZ/E 83, 440, NJW 83, 405, 93, 2126, Horn SK 23, M-Schroeder I 47 f.): Ist etwa dem Gehilfen bei Aushändigung der Waffe unbekannt, daß das Opfer heimtückisch erschossen werden soll, so kann er schon mangels Mordvorsatzes nur nach §§ 212, 27 strafbar sein. Freilich sollten die Anforderungen an die Kenntnis des Gehilfen von der Mordqualifikation des Haupttäters nicht so überspannt werden, wie dies etwa hinsichtlich heimtückischer NS-Euthanasiemaßnahmen in BGH JZ **74**, 511 (m. krit. Anm. Baumann und Kratzsch JR 75, 102) geschehen ist. Zu dem umgekehrten Fall, daß der Teilnehmer einen „überschießenden" Mordvorsatz hat, vgl. u. 50 ff. Weiß dagegen der eine von der Mordqualifizierung des anderen Tatbeteiligten, so stellt sich die weitere (von BGH NJW **93**, 2126 aber offenbar vernachlässigte) Frage, ob und inwieweit dies auch dem persönlich qualifikationslos Handelnden nach allgemeinen *Akzessorietätsregeln* zugerechnet werden kann. Die Antwort darauf ist sowohl vom tatbestandlichen Verhältnis zwischen § 211 und § 212 wie auch vom täter- oder tatbezogenen Charakter der einzelnen Schuldmerkmale iSv § 28 abhängig. Dabei sind unter Berücksichtigung des unterschiedlichen Meinungsstandes vor allem folgende Fälle zu unterscheiden (vgl. auch das Schema bei Arzt/Weber I 46):

45 a) Zu dem Fall, daß der **Haupttäter Mord** begeht, während der **Teilnehmer qualifikationslos** handelt:

46 α) Auf dem Boden des **BGH,** wonach in § 211 ein gegenüber § 212 *selbständiger* Tatbestand zu erblicken ist (5 vor § 211), ist zunächst danach zu fragen, ob das vom Haupttäter verwirklichte Merkmal ein tat- oder ein täterbezogenes darstellt (BGH NJW **82**, 2738; allg. zu dieser Differenzierung § 28 RN 10 ff.): Handelt es sich um ein *tatbezogenes* Merkmal, was insbes. bei gemeingefährlicher Tatausführung angenommen wird (BGH **22** 378), dann bleibt es wegen Nichtanwendbarkeit der §§ 28, 29 bei der *akzessorischen* Haftung des Teilnehmers aus dem vom Haupttäter verwirklichten Mordtatbestand (§§ 26, 27; vgl. § 28 RN 15). Handelt es sich dagegen um ein *täterbezogenes* Merkmal, wie etwa bei niedrigem Beweggrund (BGH **22** 378) oder Habgier (BGH MDR **82**, 339, NStZ **89**, 19), so ist der Weg frei für eine *Akzessorietätslockerung* nach § 28, wobei dessen Abs. 1 zum Zuge kommt (BGH NStZ **81**, 299, StV **84**, 69), da der BGH die Merkmale selbständiger Tatbestände kurzerhand mit strafbegründenden Merkmalen iSv **§ 28 I** gleichsetzt (BGH **22** 377, 381; vgl. aber dazu § 28 RN 23, Samson SK § 28 RN 23). Demzufolge ist zwar auch der Teilnehmer aus dem vom Haupttäter verwirklichten Mordtatbestand zu verurteilen, jedoch kommt ihm, da selbst qualifikationslos handelnd, die obligatorische Strafmilderung nach § 28 I zugute (vgl. Eser NStZ 83, 440 f., Küper JZ 91, 761 ff.).

47 Die danach wesentliche Frage, welche Merkmale des § 211 als tat- und welche als täterbezogene anzusehen sind, ist vom BGH freilich noch nicht abschließend geklärt. Jedenfalls wird **Tatbezogenheit** bei den Merkmalen der Gruppe 2 angenommen (zu Heimtücke vgl. BGH **23** 104, zur Grausamkeit BGH MDR/D **70**, 382, zur Gemeingefährlichkeit BGH **22** 378), während als **täterbezogen** die Motive der Gruppe 1 (vgl. BGH **22** 378, NStZ **81**, 299, **89**, 19, NJW **82**, 2738, StV **84**, 69; und. KG JR **69**, 63 m. abl. Anm. Koffka JR 69, 41), ebenso wie die Absichten der Gruppe 3 (BGH **23** 40, MDR/H **80**, 628, StV **84**, 69; vgl. auch BGH MDR/D **69**, 193 sowie Jakobs NJW 69, 489 ff.) erachtet werden.

48 β) Auch nach der **herrsch. Lehre** verbleibt es bei streng akzessorischer Bestrafung des Teilnehmers nach dem vom Haupttäter verwirklichten Mordtatbestand, soweit dieser, wie bei Grausamkeit oder Gemeingefährlichkeit, durch ein *tatbezogenes* Merkmal erfüllt ist (vgl. Horn SK 46). Hat dagegen der Haupttäter ein *täterbezogenes* Merkmal verwirklicht, so ist der qualifikationslose Teilnehmer aus dem Totschlagtatbestand zu bestrafen. Der dahin führende Weg ist allerdings umstritten: Während ein Teil der Lehre die als spezielle *Schuld*elemente zu begreifenden Mordmerkmale nach **§ 29** behandelt (so namentl. Jescheck/Weigend 474, 659 f., Schmidhäuser I 278 f.; krit. dazu Herzberg ZStW **88**, 70 ff.), ist nach der hier vertretenen Auffassung der Weg über **§ 28 II** zu gehen, da die Mordmerkmale nicht als strafbegründend, sondern lediglich als straf*schärfend* zu verstehen sind (vgl. 5 vor § 211) und § 28 II alle täterbezogenen Merkmale, ungeachtet ihrer Einordnung als Schuld- oder subjektive Unrechtsmerkmale, erfaßt (vgl. § 28 RN 7). Anders als nach BGH (o. 46) trifft daher den qualifikationslos handelnden Teilnehmer nicht nur eine gemilderte Mordstrafe, sondern kraft „Tatbestandsverschiebung" nach § 28 II von vornherein nur die Totschlagsstrafe (ebso. Baumann NJW **69**, 1280, Tröndle 14, Heine aaO 232 ff., Jähnke LK 65, Jakobs NJW 69, 492, Lackner/Kühl 16, M-Schroeder I 48, Rengier II 35 f.).

49 Strittig ist die *Einordnung* der Mordmerkmale als **tat-** oder **täterbezogen:** Während Lange sie allesamt als schuldsteigernd versteht und dementsprechend wohl nach § 29 behandeln will (LK[9] 3, 17; vgl. auch Class NJW 49, 83), neigt die hL (insofern übereinst. mit dem BGH o. 47) dazu, die Begehungsweisen der Gruppe 2 als tatbezogen und damit streng akzessorisch zu behandeln, die Motive und Absichten der Gruppen 1 und 3 hingegen als täterbezogen iSv § 28 II zu betrachten (vgl.

ua M-Schroeder I 48, Welzel 285, W-Hettinger 141). Dem ist im wesentlichen zuzustimmen, mit Ausnahme der Heimtücke, bei der im Hinblick auf die persönliche Vertrauensbeziehung (vgl. o. 26) die Täterbezogenheit überwiegen dürfte (iE ebenso Herzberg ZStW 88, 105 ff., Langer Lange-FS 262; ähnl. hins. Heimtücke und Grausamkeit Roxin LK § 28 RN 77 f., Schünemann JA 80, 578). Demgegenüber will Tröndle RN 14 sogar die Habgier, die Befriedigung der Geschlechtslust, die Absichten der Gruppe 3 wie auch teils sogar die niedrigen Beweggründe (zB bei rassistischer Zielsetzung) als tatbezogen verstehen, wobei jedoch das in diesen Motiven und Absichten steckende personale Einstellungsmoment unterbewertet wird (vgl. auch Jakobs NJW 70, 1089).

b) Für den umgekehrten Fall, daß beim **Teilnehmer Mordmerkmale** vorliegen, während der **Haupttäter qualifikationslos** handelt, gilt folgendes: 50

α) Soweit es sich um ein **tatbezogenes** Merkmal handelt (o. 49), ist für eine Akzessorietätslockerung nach § 28 kein Raum, so daß Rspr. und Lehre zu gleichen Ergebnissen kommen (vgl. o. 46, 48): Wird etwa die als grausam angestiftete Tötung tatsächlich ohne übermäßige Schmerzzufügung ausgeführt, so ist der Anstifter akzessorisch nach §§ 212, 26 zu verurteilen, wobei allenfalls noch tateinheitlich versuchte Anstiftung nach §§ 211, 30 (vgl. § 30 RN 39) oder im Hinblick auf seine grausame Absicht Strafschärfung nach § 212 II in Betracht käme (vgl. Horn SK 38). Dies ist unbefriedigend in Fällen qualifizierter Beihilfe, da diese wohl über § 30 erfaßbar ist. Deshalb glaubte Schröder den Gehilfen, der das Gift unter der Vorspiegelung schmerzloser Wirkung liefert und davon profitieren würde, daß der Haupttäter mangels Grausamkeitsvorsatzes nur nach § 212 strafbar ist, unter entsprechender Anwendung mittelbarer Täterschaftsgrundsätze nach § 211 verurteilen zu sollen (17. A. RN 32; ähnl. Horn aaO zu heimtückischer Teilnahme an nicht-heimtückischer Haupttat). Dem steht zwar dort nichts im Wege, wo der Lieferant im Grunde nicht als Gehilfe, sondern kraft seiner „Wissensherrschaft" sogar mittelbarer Täter wäre (vgl. § 25 RN 21 ff.). Soweit es dagegen an den allgemeinen Kriterien mittelbarer Täterschaft fehlt, wäre jener rechtspolitisch begrüßenswerte Vorschlag zwar nach Urheberschaftsgrundsätzen (vgl. 33 vor § 25) vertretbar gewesen, mit dem jetzt gesetzlich verankerten Akzessorietätssystem aber kaum vereinbar. 51

β) Zu gleicher akzessorischer Haftung des Teilnehmers aus dem vom Haupttäter verwirklichten § 212 muß die **Rspr.** auch bei **täterbezogenen** Merkmalen kommen. Denn da sie die Mordmerkmale als straf*begründend* versteht (o. 46), wird zwar deren Fehlen durch § 28 I straf*mildernd* honoriert, ihre Verwirklichung durch den Teilnehmer hingegen umgekehrt *nicht* straf*schärfend* berücksichtigt (vgl. § 28 RN 26, Eser II 182). Demzufolge profitiert der aus niedrigen Beweggründen handelnde Teilnehmer davon, daß dem Täter diese Motivation fehlt und er gleich diesem nur aus § 212 bestraft werden kann (BGH **1** 369; ebenso Busch LK[9] § 48 RN 31; zu Täterschaft aus § 211 aufgrund „Wissensherrschaft" vgl. Horn SK 26, aber auch o. 51). Doch wird hier im Hinblick auf die überschießende Motivation des Teilnehmers Strafschärfung nach § 212 II zu erwägen sein (vgl. BGH **1** 372). Dagegen dürfte für eine tateinheitliche Strafbarkeit nach §§ 211, 30 – anders als bei tatbezogenen Merkmalen (o. 51) – hier kein Raum sein; denn da nach § 28 I die beim Teilnehmer selbst vorhandenen strafbegründenden Merkmale unbeachtlich sein sollen (vgl. § 28 RN 26), muß der auf dieser gesetzgeberischen Wertentscheidung beruhende Strafschärfungsverzicht erst recht im Falle nur irriger Annahme strafbegründender Merkmale in der Person des Haupttäters gelten (vgl. auch § 30 RN 13). 52

γ) Demgegenüber gelangt die **herrsch. Lehre** bei **täterbezogenen** Merkmalen zu befriedigenderen Ergebnissen, da sie – ebenso wie in der umgekehrten Fallkonstellation (o. 48) – auch hier § 28 II zur Anwendung bringen und dem Teilnehmer seine niedrigen Beweggründe durch Verurteilung aus dem strafverschärften § 211 selbst dann zur Last legen kann, wenn der qualifikationslos handelnde Täter nur nach § 212 strafbar ist (Baumann 611, Heine aaO 234, Horn SK 26, 62, M-Schroeder I 48 f., Welzel 285, W-Hettinger 153). 53

c) Soweit Täter und Teilnehmer zwar **nicht identische,** aber jeder ein mordqualifizierendes Merkmal in eigener Person verwirklicht und jeder von der Qualifizierung des jeweils anderen weiß, ergibt sich für *tat*bezogene Merkmale die Strafbarkeit beider nach § 211 bereits aus allgemeinen Akzessorietätsgrundsätzen (vgl. o. 46 bzw. 48), so etwa wenn das vom Gehilfen gelieferte schmerzsteigernde Gift auf gemeingefährliche Weise eingesetzt wird. Gleiche Akzessorietätsgrundsätze gelten für den Fall, daß der Teilnehmer aus *täter*bezogen aus niedrigen Beweggründen, der Täter hingegen *tat*bezogen grausam tötet. Dagegen stößt der umgekehrte Fall bereits auf Schwierigkeiten: Liefert etwa der Gehilfe ein an sich gemeingefährliches Mittel, das jedoch vom Täter unter Ausschaltung von Gefahren für andere, aber aus Mordlust eingesetzt wird, so scheint zwar die Rspr. akzessorisch aus § 211 verurteilen zu wollen und die für den Teilnehmer bei Fehlen eines täterbezogenen Merkmals zu § 28 I vorgesehene Strafmilderung im Hinblick darauf zu versagen, daß er selbst ein anderes Mordmerkmal verwirklicht hat (vgl. BGH 1 StR 18/63 b. Tröndle RN 14). Ob jedoch auf gleiche Weise auch die sich für die Lehre ergebende Tatbestandsverschiebung nach § 28 II (vgl. o. 48) abgeblockt werden kann, ist zweifelhaft. Vor ähnlichen Schwierigkeiten steht die Rspr. bei unterschiedlichen *täter*bezogenen Merkmalen, da auch in diesem Fall dem Teilnehmer, der nicht von gleichen Beweggründen motiviert wird wie der Täter, die Strafmilderung von § 28 I zugute kommen müßte, während die Lehre in diesem Falle eine Verurteilung beider aus § 211 zwanglos über § 28 II erreichen kann (vgl. Horn SK 27, Wessels-Hettinger RN 151). Der BGH versucht diese Schwierigkeiten 54 dadurch zu überwinden, daß er bei täterbezogenen Merkmalen dem Teilnehmer die Strafmilderung nach § 28 I jedenfalls dann versagt, wenn er zwar nicht mit der Verdeckungsabsicht des Täters, wohl aber aus einem „gleichartigen" niedrigen Beweggrund Beihilfe leistet (BGH **23** 39). Obgleich solche **„gekreuzten" Mordmerkmale** dogmatisch nicht unproblematisch sind (vgl. insbes. Arzt JZ 73, 681 ff.), ist ihre Zielsetzung schwerlich zu mißbilligen (zust. insbes. Jakobs NJW 70, 1089, Jescheck/Weigend 660, Horn SK 27). Würde man sie auf jegliche Art von Mordkombinationen ausdehnen, so ließen sich vielleicht auch manche anderen Ungereimtheiten des wenig glücklichen Mordtatbestandes entschärfen.

55 d) Im übrigen muß für die **Gesamtwürdigung** der Tat auch zugunsten des Teilnehmers gelten, was dem Täter zugebilligt wird: Läßt man nach den o. 10 erörterten Grundsätzen eine „negative Typenkorrektur" zu, so ist der Tatbeitrag des Teilnehmers ebenso wie der des Haupttäters umfassend dahingehend zu bewerten, ob es sich um einen Fall handelt, in dem die indizielle Bedeutung der Mordmerkmale zu einer Verurteilung aus § 211 führen kann, oder ob mildernde Umstände diese Indizwirkung widerlegen und daher nur eine Verurteilung aus § 212 angebracht erscheint. Es wäre nicht folgerichtig anzunehmen, für den Täter könne trotz eines Mordmerkmals nur Totschlag in Betracht kommen, während bei der Teilnahme reine Akzessorietätsregeln anzuwenden seien.

56 X. **Versuch** (§ 23 I 1. Alt.) ist sowohl dadurch möglich, daß der Tod des Opfers ausbleibt, wie auch dadurch, daß der Täter irrig das Vorliegen eines objektiven mordqualifizierenden Umstandes, zB die Vertrauensseligkeit eines bereits abwehrbereiten Opfers (Heimtücke: BGH NStZ **94**, 583) oder die Nichtkontrollierbarkeit eines in Wirklichkeit begrenzt wirkenden Mittels annimmt (vgl. Horn SK 34, 44, M-Schroeder I 49). Zum Versuchs*beginn* vgl. § 212 RN 10, zum Zusammentreffen mit *vollendetem* Totschlag § 212 RN 14.

57 XI. 1. Als **Strafe** ist **absolut lebenslange Freiheitsstrafe** angedroht (zu ihrer verfassungsrechtl. und rechtspol. Problematik vgl. § 38 RN 2 f. sowie § 57 a mwN; kriminol. vgl. Kerner ZStW 98, 874 ff., Meier aaO). Jedoch ist ihre Absolutheit dadurch **eingeschränkt**, daß nach GSSt BGH **30** 105 bei Vorliegen **außergewöhnlicher schuldmindernder Umstände**, aufgrund welcher die Verhängung lebenslanger Freiheitsstrafe als unverhältnismäßig erscheint, der **Strafrahmen des § 49 I Nr. 1** anzuwenden ist (vgl. o. 10 a sowie zur Kritik 10 b), wie *beispielsweise* bei Taten, die durch eine notstandsnahe, ausweglos erscheinende Situation (vgl. BGH NStZ **95**, 231), durch große Verzweiflung oder tiefes Mitleid motiviert oder aus „gerechtem Zorn" aufgrund einer schweren Provokation begangen werden, ferner bei Taten, die in einem vom Opfer verursachten und ständig neuangefachten, zermürbenden Konflikt oder in schweren, immer wieder zu heftiger Gemütsbewegung führenden Kränkungen des Täters durch das Opfer ihren Grund haben (iglS die bereits für die Privilegierbarkeit als bloßer „Totschlag" vorgeschlagenen Faktoren bei Eser DJT-Gutachten D 126 ff., 201 mwN). Damit war jedoch nicht allgemein die Einführung eines Sonderstrafrahmens für minderschwere Fälle beabsichtigt (BGH NJW **83**, 54, NStZ **84**, 20) und zudem in erster Linie nur an die Abwendung lebenslanger Freiheitsstrafe bei Heimtücke gedacht (vgl. BGH **42** 304, Rengier NStZ 82, 227, 230), ohne aber offenbar damit – bei aller gebotenen Differenzierung – die Erstreckung auf andere Mordmerkmale völlig ausschließen zu wollen (vgl. bzgl. Verdeckungsabsicht BGH **35** 127, NStZ/E **83**, 439 zu FN 129, NStZ **84**, 454 sowie Heine aaO 188 f., Horn SK 66, Jähnke Spendel-FS 545); einschr. jedoch BGH **42** 301 (m. zust. Anm. Schöch NStZ 97, 410, Dölling JR 98, 161), wonach bei Habgier eine analoge Anwendung des § 49 I Nr. 1 ausscheide. Zudem versucht der BGH möglichen Ausuferungen auf zweifache Weise entgegenzuwirken: Zum einen dadurch, daß der Weg zu § 49 nur in außergewöhnlichen „Grenzfällen" offen sein soll (BGH **41** 93, NStZ **82**, 69, **83**, 553), in denen nicht bereits durch restriktive Tatbestandsauslegung das Mordmerkmal ausschließbar bzw. lebenslange Freiheitsstrafe nicht schon durch Ausschöpfung sonstiger gesetzlicher Strafmilderungsmöglichkeiten (wie vor allem nach §§ 21, 23 II, 35 II) vermeidbar ist (BGH NStZ **84**, 454, NJW **83**, 54, 2456 m. Anm. Rengier NStZ 84, 21, NStZ 94, 581 zu § 13 II; vgl. ferner Spendel StV 84, 45). Zum anderen sei ein strenger Maßstab an die berücksichtigungsfähigen Umstände anzulegen; denn obgleich die nach BGH **30** 119 als „außergewöhnlich" in Betracht kommenden Umstände weithin dem Anwendungsfeld des § 213 entsprechen, soll nicht jeder Entlastungsfaktor, der zu einem minderschweren Totschlag führen würde, bei Vorliegen eines Mordmerkmals den Weg zu § 49 eröffnen können (BGH NJW **83**, 54, 56; mit solcher Tendenz aber Rengier MDR 1980, 3, NStZ **82**, 226: Umfeld der §§ 213, 216, 217 aF), sondern nur bei solchen Schuldminderungsfaktoren, die – unter einer Gesamtwürdigung des Tatgeschehens und der Täterpersönlichkeit (BGH NStZ **83**, 554, **84**, 20) – in ihrer Gewichtung gesetzlichen Milderungsgründen (wie etwa den §§ 21, 35) vergleichbar sind (BGH NJW **83**, 54, 90, 2897, NStZ **83**, 69, **84**, 20). Weitere Nachw. u. Bsp. b. Eser NStZ 83, 438 f. u. Müller NStZ 85, 159. Zur Konkretisierung derartiger Grenzfälle vgl. Günther JR 85, 268 ff., der bei qualifizierten Defensivnotlagen eine teilrechtfertigungsbedingte Unrechtsminderung sieht, die einer Ahndung der Tötung als Mord entgegenstehe. Vgl. zum Ganzen auch Montenbruck, Strafrahmen u. Strafzumessung, 1983, insbes. 127 ff.

58 2. Im übrigen ist auch bei § 211 Strafmilderung nach **besonderen gesetzlichen Milderungsgründen** (wie insbes. nach §§ 21, 23) nicht ausgeschlossen, andererseits aber auch nicht zwingend (vgl. BVerfGE NJW **79**, 207 zu § 21, BGH MDR/H **91**, 703, NStZ **95**, 285 f., LG Frankfurt NJW **80**, 1402 zu § 23). Besteht indes allein die Wahl zwischen lebenslanger und zeitiger Freiheitsstrafe, dann müssen besonders erschwerende Gründe vorliegen, um nicht von der Strafmilderung des § 21

Totschlag 1–4 § 212

Gebrauch zu machen (BGH StV **90**, 157, **93**, 355, NStZ **94**, 184, NStZ-RR **96**, 161). Für einen „*übergesetzlichen Schuldminderungsgrund*" bei staatlich angeordneten Verbrechen, wie er von LG Hamburg NJW **76**, 1756 m. Anm. Hanack angenommen, von BVerfGE **54**, 100 und BGH NJW **77**, 1544, **78**, 1336 hingegen verneint wurde, dürfte nunmehr – ganz ungeachtet seiner grundsätzlichen Fragwürdigkeit (dazu 126 a vor § 32) – durch Einräumung von § 49 I Nr. 1 das praktische Bedürfnis entfallen sein. Zur Möglichkeit der Strafmilderung nach der sog. *Kronzeugenregelung* vgl. § 129 a RN 8.

3. Zur Möglichkeit freiwilliger **Kastration** bei Mord aufgrund abnormen Geschlechtstriebs vgl. 59 das KastrG (§ 223 RN 53 ff.).

XII. Konkurrenzen: Zwischen versuchtem **Totschlag** und Mord (etwa mit Verdeckungsabsicht 60 [BGH MDR/D **74**, 366]) ist Tateinheit denkbar. Dagegen tritt Mordversuch hinter der Vollendung als subsidiär zurück (and. OGH **2** 357). Zu früher möglichem Fortsetzungszusammenhang zwischen Totschlag und anschließendem versuchten Mord vgl. 25. A. 44 f. vor § 52. Über das Verhältnis zu **sonstigen Tatbeständen** vgl. § 212 RN 14 ff.

§ 212 Totschlag

(1) **Wer einen Menschen tötet, ohne Mörder zu sein, wird als Totschläger mit Freiheitsstrafe nicht unter fünf Jahren bestraft.**

(2) **In besonders schweren Fällen ist auf lebenslange Freiheitsstrafe zu erkennen.**

Schrifttum: Vgl. die Angaben vor und zu § 211, ferner: *Jakobs,* Die Konkurrenz von Tötungsdelikten mit Körperverletzungsdelikten, 1967. – *Momsen,* Der bes. schwere Fall des Totschlags (§ 212 II), NStZ 98, 487. – *R. Schmitt,* Vorsätzliche Tötung u. vorsätzliche Körperverletzung, JZ 62, 389. – *Schroth,* Die Rspr. des BGH zum Tötungsvorsatz in der Form des „dolus eventualis", NStZ 90, 324. – *Szwarc,* Aids u. Strafrecht, 1996.

I. Der Tatbestand des **Totschlags** bildet als „Normalfall" vorsätzlicher Tötung das **Grunddelikt** 1 für den qualifizierten Mord (§ 211) und für die privilegierte Tötung auf Verlangen (§ 216) (3 ff. vor § 211). Der Zusatz „ohne Mörder zu sein" (Abs. 1) ist heute ohne sachliche Bedeutung (6 vor § 211) und zudem irreführend, da es auch einer Abgrenzung gegenüber § 216 bedürfte (Tröndle 1). Rechtspol. dazu Eser DJT-Gutachten D 97 ff.

II. Schutzobjekt ist ein **anderer Mensch**; dazu 12 ff., 33 vor § 211. 2

III. Die **Tathandlung** des **Tötens** besteht in der Verursachung des Todes, und zwar gleich, ob 3 durch Lebensverkürzung eines an sich gesunden Menschen oder durch Sterbensbeschleunigung bei einem bereits Kranken oder gar Moribunden (BGH **21** 61, Jähnke LK 3); ebenso ist gleichgültig, ob das Leben durch Beschleunigung des Todeseintritts nur um eine *geringe Zeitspanne* verkürzt wird (vgl. BGH NJW **63**, 1366, **87**, 1092, NStZ **81**, 218 m. Anm. Wolfslast, NStZ 85, 27, StV 86, 59, 200, Bay NJW **73**, 565, aber auch BGH **42** 305, Sax JZ 75, 142, 147 ff., Wachsmuth/Schreiber NJW 82, 2097). Ebensowenig kommt es hinsichtlich des *Mittels* darauf an, ob die Lebensverkürzung durch physische Einwirkung (Erschlagen, Erschießen, Vergiften) oder durch psychische Einflußnahme (Erregung eines tödlichen Schocks, Schwächung der Lebenskräfte durch Entmutigung) bewirkt wird. Auch durch HIV–Infizierung (dazu 223 RN 6 a) kommt Totschlag in Betracht (vgl. grds. BGH **36** 15 f., 267, LG Nürnberg NJW **88**, 2311, Bottke AIFO 88, 630 ff.; 89, 473 ff., Herzberg JZ 89, 478 ff. u. in Szwarc aaO 62 ff., Lackner/Kühl 12 a vor § 211, Rengier Jura 89, 229 ff.), wobei insbes. die Zurechenbarkeit nicht schon dadurch ausgeschlossen wird, daß der Tod erst nach vielen Jahren oder infolge eines zunächst nur latenten Risikos eines vollen Ausbruchs der AIDS-Erkrankung eintritt (vgl. Bottke AIFO 88, 635; 89, 474, Frisch JuS 90, 365, Knauer GA 98, 430 ff.; and. Schünemann in Schünemann/Pfeiffer, Die Rechtsprobleme von AIDS (1988) 483 ff., JR **89**, 91 f., vgl. ihn jetzt aber auch in Szwarc aaO 14). Dagegen wird man den Nachweis von zumindest bedingtem Vorsatz nicht schon damit begründen können, daß sich der Täter des HIV–Infektionsrisikos bewußt war, weil dies nicht ausschließt, dennoch auf das Nichtausbrechen der erst letztlich tödlichen AIDS-Erkrankung vertraut zu haben (vgl. BGH **36** 10 ff., 267; vgl. auch Frisch JuS 90, 366 f., Lackner mwN). Solche Bedenken bestehen um so mehr gegenüber der Annahme von versuchtem Totschlag allein aufgrund des Einlassens auf ungeschützten Sexualverkehr eines HIV–Infizierten (vgl. BayObLG NJW **90**, 121, LG Kempten NJW **89**, 2068 sowie zum Ganzen auch § 223 RN 7). Zur Todesverursachung durch Verschaffen von Drogen vgl. Schäfer Middendorff-FS 244 ff.

Zu *mittelbarer* Tötung durch Veranlassen eines unfreien Suizids vgl. 37 vor § 211 sowie u. 9. Tötung 4 ist auch durch **Unterlassen** begehbar, wie etwa durch Verhungern- oder Verkommenlassen eines Pflegebefohlenen (vgl. RG **69** 321, BGH MDR/D **74**, 14, NStZ **98**, 245), durch Nichthinderung einer Kindstötung der Mutter durch den Erzeuger (vgl. RG **66** 71), durch Beteiligung an einer gemeinschaftl. verübten rechtswidrigen Körperverletzung (BGH NStZ **85**, 24; vgl. auch BGH JR **93**, 159 m. krit. Anm. Neumann), durch Geschehenlassen eines unfreien Suizids durch einen Angehörigen (dazu 40 vor § 211) oder durch Unterlassen möglicher und erfolgversprechender Rettungsmaßnahmen bei einem Unfallverletzten. Zum Sterbenlassen von Moribunden vgl. 27 ff. vor § 211. Zur

§ 212 5–9

Eigenverantwortlichkeit staatlicher Organe angesichts terroristischer Lebensbedrohungen vgl. BVerfG NJW 77, 2255 (Fall Schleyer).

5   IV. Für den **subjektiven Tatbestand** ist **Vorsatz** erforderlich, der sich insbes. auf die den Tod herbeiführende Handlung beziehen muß (BGH StV **86**, 59 [m. Anm. Arzt ebd. 338], 200). Dafür genügt zwar kein dolus subsequens (vgl. BGH JZ **83**, 864 m. Anm. Hruschka, ferner BGH NStZ **84**, 214, StV **86**, 59), wohl aber – über *direkten* hinaus (dazu BGH NStE Nr. **9, 13**) – *bedingter* Vorsatz (vgl. BGH NJW **68**, 660, NStZ **81**, 22 m. Anm. Köhler JZ 81, 35, VRS **63** 119, 453, aber auch BGH NStZ/E **81**, 430, VRS **62** 120, NStZ/E **83**, 365). Auf letzteren kann aber nicht schon, sofern es sich nicht um ein äußerst gefährliches Tun handelt (vgl. BGH NStZ **99**, 507), aus der Inkaufnahme einer Gefährdung geschlossen werden (BGH MDR/H **81**, 630, **85**, 794, NJW **83**, 2268, **89**, 3027, NStZ **82**, 506, **84**, 19, NStZ/A **00**, 18 f., VRS **64** 112, 191, DRiZ/H **83**, 485, StV **82**, 509, **84**, 187, **93**, 641, **95**, 511, NStZ/E **84**, 49 f., StV **86**, 198, NStE Nr. **8, 30**, DAR **99**, 464, LG Rostock NStZ **97**, 391 sowie spez. zum Hineinfahren in Fußgängergruppe BGH JA **89**, 64 m. Anm. Sonnen, JZ 90, 297 m. Anm. Joerden, zum Durchbrechen einer Polizeisperre BGH NStZ-RR **96**, 97, NZV **92**, 370, aber auch **93**, 237). Selbst wenn eine Handlung generell geeignet ist, tödliche Verletzungen herbeizuführen, bleibt daher eine sorgfältige Prüfung der inneren Voraussetzungen unentbehrlich (BGH NStZ **86**, 550, **92**, 384, 587, **99**, 454, **00**, 29, NStZ-RR **96**, 355, **97**, 35, 199, StV **97**, 7, 8, Meyer-Goßner NStZ 86, 49 f. mwN. So liegt zwar bei äußerst gefährlichen Gewalthandlungen, wie zB zahlreichen Hammerschlägen gegen den Kopf des Opfers, die Annahme von Eventualtötungsvorsatz nahe, ohne daß es aber einen derartigen Erfahrungssatz gibt (BGH NStZ **86**, 550; vgl. auch BGH NStE Nr. **17**, 19, MDR/H **91**, 295, NStZ **94**, 585, **97**, 434, NStZ-RR **97**, 223, LG Rostock NStZ **97**, 391 m. krit. Anm. Fahl). So kann ein unkontrollierter Gefühlsausbruch im Vorfeld der §§ 20, 21 der Inkaufnahme des Todes entgegenstehen (BGH StV **87**, 92; vgl. auch BGH NStZ **88**, 360, 361, **99**, 454). Auch bei spontanen, affektiven Tötungshandlungen kann aus dem Wissen um einen möglichen Erfolgseintritt nicht ohne weiteres auf das Vorliegen des voluntative Vorsatzelements geschlossen werden (BGH NStZ **88**, 175, StV **92**, 574, **93**, 307, **94**, 14; vgl. auch BGH NStE Nr. **10**, 11, 16, 28, 33). Wichtige Rückschlüsse können sich dabei aus der Motivation (BGH NStE Nr. **5**, NStZ-RR **96**, 35) bzw. aus dem Nachtatverhalten ergeben (BGH StV **88**, 93 m. Anm. Sessar). Vgl. zum Ganzen auch Schroth NStZ **90**, 324 ff. Spez. zu bedingtem Tötungsvorsatz bei AIDS-Infizierungen und Drogenverabreichung vgl. die diesbezgl. Nachw. o. 3. Zu Schmerzlinderungsmaßnahmen mit bedingt vorsätzlichem Lebensverkürzungsrisiko vgl. 26 vor § 211. Zu Über das Verhältnis zum Körperverletzungsvorsatz vgl. u. 17 ff. Zu Tötungsfällen mit dolus generalis vgl. § 15 RN 58. Zum Vorsatzausschluß bei Beeinträchtigung der Schuldfähigkeit vgl. BGH MDR/H **83**, 794, StV **91**, 510, **92**, 10, NStZ/E **84**, 50 mwN. Zum Nachweis bedingten Vorsatzes bei Tötung durch Unterlassen vgl. BGH NJW **92**, 584 (m. Bspr. Puppe NStZ 92, 576), NStZ-RR **98**, 101, bzw. bei Brandanschlägen auf ein von Menschen bewohntes Gebäude BGH NStZ **94**, 483, 584, NStZ-RR **96**, 35, StV **94**, 654. Zum Vorsatz bei Todesschüssen an der innerdeutschen Grenze vgl. 99 ff. vor § 3.

6   V. Eine **Rechtfertigung** der Tötung kann jedenfalls nicht auf *Einwilligung* gestützt werden (vgl. § 216 RN 13). Auch *rechtfertigender Notstand* scheidet grds. selbst dort aus, wo Leben gegen Leben
7   steht (vgl. § 34 RN 23 f., Küper JuS 81, 785 ff., aber auch 25 f. vor § 211). Zur Rechtfertigung der Tötung eines in der Geburt befindlichen Kindes (Perforation) vgl. 41 vor § 218. Im übrigen ist als Rechtfertigungsgrund vor allem die *Notwehr* von Bedeutung (vgl. § 32 RN 38 f.). Zu deren (umstrittener) Einschränkung durch die EMRK vgl. 24 vor und 62 zu § 32, aber auch Schroeder Maurach-FS 127 ff. Die Befugnis der Sicherheitsorgane, zur Durchführung von Festnahmen notfalls den Verbrecher zu töten, ist durch Art. 2 II b EMRK ausdrücklich vorbehalten. Zum Recht der Verfolgungsorgane zum *Schußwaffengebrauch,* insbes. auch gegenüber Fliehenden, vgl. 85 vor sowie 42 f. zu § 32. Zur Frage der Rechtfertigung von Todesschüssen an der *innerdeutschen Grenze* vgl. 99 ff. vor § 3. Bei Ausübung eines *Amtsrechts* soll das Einschreiten auch dann gerechtfertigt sein, wenn der Täter sich über die tatsächliche Lage geirrt hat, jedoch aufgrund pflichtgemäßer Prüfung ein Einschreiten für erforderlich halten konnte (RG **72** 311; vgl. aber dazu auch 19, 83 ff. vor § 32). Zur Rechtfertigung der Tötung im *Kriege* vgl. BGH **23** 103, ferner Jähnke LK 16 ff., Kimminich, Völkerrecht[6] (1997), 423 ff., M-Schroeder I 31 f. mwN, Schwenck Lange-FS 97 ff., Seidel-Hohenveldern, Völkerrecht [8](1994), 420 ff., Wolfrum, in: Fleck, Hdb. d. Humanit. Völkerrechts (1994) 433. Die Rechtfertigung einer *Todesstrafe* ist heute durch Art. 102 GG ausgeschlossen (vgl. 27 vor § 38). Zum Fall einer rechtswidrigen Tötung durch Gerichtsurteil vgl. BGH **9** 302, ferner u. 9.

8   VI. Von **Entschuldigungsgründen** sind namentlich *entschuldigender Notstand* (§ 35, vgl. dort insbes. 33) und *Pflichtenkollision* (115 ff. vor § 32) hervorzuheben. Zu einem Fall von Dauernotstand vgl. RG **60** 318; zu einem „übergesetzlichen Schuldmilderungsgrund" bei staatlich angeordneten Verbrechen vgl. LG Hamburg NJW **76**, 1756 m. Anm. Hanack; dazu § 211 RN 58. Zu Handeln auf *rechtswidrigen Befehl* vgl. BGH NStZ **95**, 286, zu nicht vom Befehl gedeckten Exzessen gegenüber der Zivilbevölkerung vgl. BGH NJW **95**, 1297.

9   VII. Für **Täterschaft und Teilnahme** gelten die allgemeinen Grundsätze (§§ 25 ff.). Von zwei *Mittätern* einer Tötung kann der eine des Totschlags, der andere des Mordes schuldig sein (vgl. § 211 RN 43). *Mittelbare* Täterschaft ist auch durch falschverdächtigende Denunziation möglich (vgl. BGH **3** 4), bei inhaltlich wahren Anzeigen dann, wenn unter den gegebenen Umständen mit einem rechtswidrigen oder unverhältnismäßigen Todesurteil zu rechnen ist (vgl. BGH **3** 110, **4** 66, M-Schroeder

I 30, Schweiger NJW 52, 1200). Zur mittelbaren Täterschaft von Mitgliedern des DDR-NVR bei Tötungen an der innerdeutschen Grenze vgl. BGH 40 218, 230 ff., 45, 270 sowie § 25 RN 21 ff. Zur Abgrenzung mittelbarer Tötungstäterschaft von strafloser Selbsttötungsteilnahme vgl. 37 f. vor § 211.

VIII. Der **Versuch** ist strafbar (§ 23 I 1. Alt.). Zum Versuchs*beginn* vgl. § 22 RN 39, 44 mwN. **10**

IX. 1. Als **Regelstrafe** ist Freiheitsstrafe nicht unter 5 Jahren bis zum Höchstmaß von 15 Jahren **11** (§ 38 II) angedroht. In der Absichtlichkeit der Tötung liegt nicht ohne weiteres ein Strafschärfungsgrund (BGH NJW **81**, 2204 m. Anm. Bruns JR **81**, 513, NStZ **82**, 116, MDR/H **84**, 276; zu direktem Vorsatz vgl. BGH MDR/H **92**, 633, StV **93**, 72); zu weiteren Strafzumessungsproblemen vgl. Eser NStZ **84**, 58 mwN. Die Möglichkeit freiwilliger **Kastration** bei zu befürchtenden Tötungen aufgrund eines abnormen Geschlechtstriebes läßt sich zwar nicht unmittelbar aus § 2 II KastrG begründen, mittelbar aber über die dort angeführten und dem § 212 vorgelagerten §§ 223 ff. (vgl. § 223 RN 55 f.).

2. Strafschärfend ist in **besonders schweren Fällen** (allg. dazu 47 vor § 38) auf lebenslange **12** Freiheitsstrafe zu erkennen (**Abs. 2**; zu dessen – mittlerweile wieder von Strangas RechtsTh 85, 485 bezweifelten – Vereinbarkeit mit Art. 103 I GG vgl. BVerfG JR **79**, 28 m. krit. Anm. Bruns, BGH NJW **82**, 2265, Momsen NStZ 98, 487). Da damit die Totschlagsstrafe mit der des Mordes gleichgestellt ist, ist die Unterscheidung zwischen den beiden Tatbeständen weitgehend wieder aufgehoben. Dennoch könnte man auch seit Abschaffung der Todesstrafe den Abs. 2 nur dann als obsolet (so Schröder 17. A. RN 9) ansehen, wenn § 211 nicht nur einengende sondern auch ausweitende Tatbestandskorrekturen zuließe (dazu § 211 RN 7 ff.). Diese Lücke kann dadurch geschlossen werden, daß ein Totschlag, der zwar keines der Mordkriterien erfüllt, seinem gesamten Unrechts- und Schuldgehalt nach jedoch der Verwerflichkeit eines Mordes gleichkommt, nach Abs. 2 verschärft wird (vgl. BGH StV **87**, 296, OGH DRZ **49**, 525, ferner Oske MDR 68, 811, Warnken NJW 69, 687), so insbes. bei einem überlegten oder besonders brutal ausgeführten Totschlag (vgl. LG Berlin MDR **67**, 511), bei grausamen Mißhandlungen vor dem endgültigen Tötungsentschluß (vgl. BGH NJW **86**, 266), bei einer „niedrigen Beweggründen sehr nahegekommenden" und „hinrichtungsähnlichen Bluttat" (BGH MDR/H **77**, 638; vgl. auch Nürnberg NStZ **82**, 510), ferner wenn der Täter zur Verdeckung eines ihm später unangenehmen, von ihm selbst provozierten Geschehens handelte (BGH NStZ **91**, 432) oder zur Ermöglichung oder Verdeckung einer Tötung noch ein weiteres Tötungsverbrechen eingeplant war (BGH NJW **82**, 2264 m. Anm. Bruns JR 83, 28; vgl. auch Eser NStZ **84**, 51 mwN). Dabei darf jedoch das Fehlen einer subjektiven Mordkomponente nicht einfach durch Annahme von § 212 II unterlaufen werden (BGH NStZ **81**, 258, **84**, 312, Momsen NStZ 98, 490). Deshalb muß das Zurückbleiben hinter einem (nicht voll verwirklichten) Mordmerkmal durch zusätzliche (Unrechts- bzw.) Schuldsteigerungsfaktoren aufgewogen sein (BGH NJW **81**, 2310, **82**, 2265, NStZ-RR **99**, 101 f., Bruns JR 79, 30, MDR **82**, 65, Momsen NStZ 98, 488). Bei *verminderter Schuldfähigkeit* (§ 21) scheint inzwischen auch der BGH einen schweren Fall grds. ausschließen zu wollen (vgl. BGH StV **87**, 296 sowie mwN Eser NStZ 81, 430, Horn SK **83**, 19. Im übrigen ist die gegenüber der Verhängung lebenslanger Freiheitsstrafe bei § 211 zu beachtende *Verhältnismäßigkeitsgrenze* (vgl. dort 10 a, 57) auch gegenüber der Annahme eines besonders schweren Falles nach § 212 II entsprechend zu berücksichtigen (BGH NJW **81**, 2311). Daher kann vor allem dann, wenn das Tatgeschehen einem Milderungsfall nach § 213 nahekommt, die Annahme eines besonders schweren Falles ausgeschlossen sein (vgl. BGH aaO).

3. Zu Strafmilderung in **minderschweren Fällen** vgl. § 213, ferner § 211 RN 58. **13**

X. **Konkurrenzen: 1.** Als *allgemeines* Delikt tritt § 212 sowohl hinter der Privilegierung des § 216 **14** wie auch hinter der Qualifizierung des § 211 zurück, es sei denn, daß letzterer nur zum Versuch kommt. Über das Verhältnis zu § 213 vgl. dort 2. Gleichartige *Idealkonkurrenz* von § 212 ist bei Herbeiführung des Todes durch dieselbe Handlung (zB durch Sprengstoffanschlag) sowie bei mehreren Akten aufgrund des gleichen Entschlusses (vgl. BGH JZ **77**, 609, aber auch StV **81**, 396, NStZ **84**, 311, **96**, 129, JZ **85**, 250) anzunehmen. Auch mit § 220 a ist wegen unterschiedlichen Schutzgutes (vgl. dort 2) Idealkonkurrenz möglich.

2. Mit den durch **Todeseintritt qualifizierten Tatbeständen** (zB §§ 178, 227, 251) soll Ideal- **15** konkurrenz möglich sein (RG **31** 202, JW **33**, 2059 m. Anm. Gallas, RG HRR **39** Nr. 122; so jetzt auch BGH **39** 100 bzgl. § 251, vgl. dort RN 9; nach OGH **1** 363 Realkonkurrenz). Dies ist jedoch nur bei den „unechten" erfolgsqualifizierten Delikten annehmbar (vgl. § 18 RN 6), nicht dagegen bei den „echten" (wie zB §§ 221 III, 227), da sich bei ihnen vorsätzliche und fahrlässige Erfolgsherbeiführung ausschließen (ebenso Horn SK § 221 RN 19, § 226 RN 17).

3. Zwischen **fahrlässiger** und *versuchter* vorsätzlicher Tötung ist Realkonkurrenz denkbar, zB **16** wenn der Täter den tödlich Verwundeten nach einem Verkehrsunfall in der Meinung liegen läßt, er sei noch am Leben (vgl. BGH **7** 287, VRS **17** 191). Dagegen tritt § 222 hinter die *vollendete* Tötung als subsidiär zurück (vgl. BGH **39** 199).

4. Besondere Probleme stellen sich im **Verhältnis von Tötung und Körperverletzung.** Her- **17** kömmlich wurde dies meist als *Vorsatz*problem gesehen, obgleich sich darin an sich nur das objektive Tatbestandsverhältnis widerspiegelt (vgl. § 15 RN 40, Hirsch LK 14 vor § 223, Jakobs aaO 119 ff.): Nach der sog. „*Gegensatztheorie*" soll der Tötungsvorsatz schon begrifflich das gleichzeitige Vorliegen

eines bloßen Körperverletzungsvorsatzes ausschließen (RG **61** 375, OGH **1** 263, **3** 58; vgl. auch Arzt/Weber I 97 f., Welzel v. Weber-FS 242). Daher stelle sich hier ein Konkurrenzproblem überhaupt nur dann, wenn eine mit Körperverletzungsvorsatz begonnene Tat mit Tötungsvorsatz fortgesetzt wird (so zB für Idealkonkurrenz von § 212 mit § 229 aF RG **42** 214; vgl. auch Oldenburg NdsRpfl. **48**, 69, aber auch RG **67** 367, wonach die §§ 223, 223 a aF in der späteren Tötung „aufgehen"). Nach einer *eingeschränkten* Auffassung sollen aber immerhin direkter Körperverletzungs- und *bedingter* Tötungsvorsatz ideell konkurrieren können (RG **25** 321, **62** 8, Kiel MDR **47**, 70, Frank V vor § 211). Beide Auffassungen können jedoch nicht befriedigen: Die erste vermag zwar Diskrepanzen zwischen privilegierter Tötung (§ 216) einerseits und qualifizierten Körperverletzungen (§§ 224, 225, 226) andererseits auszuschließen (vgl. Hirsch LK 16 vor § 223, Welzel 282, v. Weber-FS 244; so iE auch der u. 25 vertretene Weg); jedoch hat sie beim Rücktritt vom Tötungsversuch keine Möglichkeit, wegen Vorsatzverneinung eine bereits voll verwirklichte Körperverletzung zu erfassen. Andererseits muß die zweite Auffassung bei Rücktritt vom Tötungsversuch zu einer ungerechtfertigten Privilegierung desjenigen führen, der mit unbedingtem Tötungsvorsatz gehandelt hat, während bei nur bedingtem Tötungsvorsatz auf die strafbar verbleibende Körperverletzung zurückgegriffen werden kann. Beides wird durch die heute insbes. in der Rspr. vorherrschende *„Einheitstheorie"* vermieden, wonach im Tötungsvorsatz stets ein Körperverletzungsvorsatz eingeschlossen ist und die §§ 223 ff. deshalb auf der Konkurrenzebene zurücktreten (vgl. BGH **16** 122, **41** 14, NJW **62**, 115, **91**, 990, Blei D 18, Lackner/Kühl 8; vgl. auch RG **28** 212, **44** 223), und zwar gleichgültig, ob der Täter mit bedingtem oder unbedingtem Tötungsvorsatz gehandelt hat (vgl. BGH **21** 265 m. Anm. Schröder JZ 67, 709). Da jedoch dabei der Blick auf die subjektive Tatseite beschränkt bleibt, verschließt sich dieser Auffassung die Möglichkeit, bei fehlgeschlagenem Tötungsversuch den bei immerhin vollendeter Körperverletzung verwirklichten Erfolgsunwert durch Idealkonkurrenz zwischen §§ 223 ff. und § 212 ff., 22 sachgerecht zu erfassen (vgl. u. 23 sowie jetzt auch BGH **44** 196, ferner Lange LK⁹ 17, Schröder JR 69, 265, Welzel 282; vgl. auch Tröndle § 211 RN 16; dagegen für Subsidiarität der §§ 223 ff. selbst unter Berücksichtigung des objektiven Erfolgsunwerts Hirsch LK 18 vor § 223, ZStW **81**, 929 f., Horn SK 32). Eingehend zum Ganzen Jakobs aaO. Befriedigende Lösungen sind nur durch eine **differenzierende** Betrachtung zu erlangen:

18 a) Dabei ist zunächst bei den *objektiven* Tatbestandsverhältnissen im Falle **vollendeter Tötung** anzusetzen und jedenfalls insoweit iSd „Einheitstheorie" (o. 17) davon auszugehen, daß jede vollendete (aber nicht jede versuchte) Tötung objektiv eine Körperverletzung als notwendiges Durchgangsstadium voraussetzt, weshalb auch subjektiv im Tötungsvorsatz stets der einer Körperverletzung zumindest in Form von Mitbewußtsein (vgl. § 15 RN 51) eingeschlossen ist (vgl. aber auch u. 19). Mit der Tötung konkurriert deshalb immer eine **Körperverletzung,** die aber hinter jener als **subsidiär** zurücktritt, weil und soweit ihr Unwertgehalt in dem der Tötung bereits mitenthalten ist.

19 aa) Dies gilt auch dann, wenn der Täter im Rahmen einer „natürlichen Handlungseinheit" (dazu 23 vor § 52) *zunächst nur mit Körperverletzungsvorsatz* und erst dann mit Tötungsvorsatz gehandelt hat (vgl. RG **67** 367, BGH MDR/D **69**, 902, **74**, 366 [zum umgekehrten Fall vgl. BGH NStZ **98**, 621], ferner Hirsch LK 20 vor § 223, Horn SK 34, Lackner/Kühl 9; and. RG **42** 214, Tröndle § 211 RN 16; vgl. aber auch u. 19). oder der Tod auf besonders schmerzhafte oder intensiv verletzende Weise herbeigeführt wird, da derart erschwerte Tötungen von § 211 (grausam) oder § 212 II hinreichend erfaßt werden (vgl. Hirsch LK 17 vor § 223, Horn SK 31; and. Jakobs aaO 111 ff.; vgl. auch u. 20). Ebenso tritt die nach § 224 durch besondere Gefährlichkeit qualifizierte Körperverletzung hinter der Tötung zurück. Dagegen scheiden schwere Körperverletzungen iSd § 226 (zB Tötung durch Schuß ins Auge) als nur kurzfristiges Durchgangsstadium zur Tötung schon tatbestandlich aus, da sie ihr besonderes Gewicht erst bei dauerhafter Auswirkung zu Lebzeiten des Opfers erhalten würden (BGH NStZ **97**, 234, Hirsch LK 16 f. vor § 223, R. Schmitt JZ 62, 392, Welzel 282; vgl. auch u. 20). Zum Verhältnis von § 212 zu § 229 aF vgl. 25. A.

20 bb) Dagegen ist je nach Sachlage *Ideal-* oder *Realkonkurrenz* anzunehmen, wenn der **Körperverletzung** über die Tötung hinaus **selbständiger Unwertgehalt** zukommt, der durch die §§ 211 ff. nicht voll erfaßt wird. Dies gilt etwa dann, wenn der Täter erst nach oder im Verlauf einer (uU langdauernden) fortgesetzten Mißhandlung zur Tötung übergeht (BGH NJW **62**, 115, NStZ **94**, 79, NStZ-RR **99**, 101), da hier – im Unterschied zum Fall „natürlicher Handlungseinheit" (o. 19) – von einem bloßen Durchgangsstadium nicht mehr die Rede sein kann (BGH NJW **84**, 1568). Entsprechendes gilt im Verhältnis zu § 226, wenn der Tod erst nach längerem Siechtum des Opfers eintritt bzw. eintreten sollte, da insoweit dem Zeitmoment eine eigene Bedeutung zukommt (vgl. o. 19, M-Schroeder I 118, Welzel 282; and. Hirsch LK 17 vor § 223, Horn SK 31 für Subsidiarität; vgl. auch BGH **22** 249). Idealkonkurrenz kommt weiter in Frage, wenn die Tötung zugleich eine Mißhandlung Schutzbefohlener (§ 225) oder eine Körperverletzung im Amt (§ 340) darstellt, da die damit verbundene besondere Pflichtverletzung durch §§ 211 ff. nicht erfaßt wird (and. Hirsch LK 20 vor § 223, der dann aber nicht, wie in Vorbem. 11, Idealkonkurrenz von § 340 mit § 225 aF annehmen dürfte). Demgegenüber kann der Auffassung, daß *alle* mit einer Tötung zusammenhängenden Erschwerungsgründe durch §§ 211, 212 II abschließend erfaßt würden (so Hirsch aaO, Horn SK 31), nicht gefolgt werden, da eine Tötung nicht einfach nur eine besonders qualifizierte Körperverletzung darstellt (vgl. auch Welzel v. Weber-FS 244, Lange LK⁹ 17) und zudem der spezifische Tötungsunwert in den genannten Fällen nicht unbedingt in einer Erhöhung, sondern auch in einer Ergänzung durch andersartiges Unrecht bestehen kann.

b) Wird die **Tötung nur versucht,** so sind folgende Fälle zu unterscheiden: 21

aa) Soweit der Tötungsversuch eine noch **nicht vollendete Körperverletzung** bewirkt hat, tritt 22 der im weiterreichenden Tötungsversuch enthaltene Körperverletzungsversuch grds. zurück, und zwar gleichgültig, ob der Täter mit bedingtem oder direktem Tötungsvorsatz gehandelt hat (vgl. BGH **21** 265 sowie o. 17 f.).

bb) Dagegen wird eine bereits **vollendete Körperverletzung** iSd §§ 223 ff. durch eine nur 23 versuchte Tötung nicht verdrängt (so jetzt auch BGH **44** 196 [m. Anm. Kudlich JA 99, 452, Satzger JR 99, 203], wie schon bisher Tröndle § 211 RN 16, Maatz NStZ 95, 210 ff., Schröder JR 69, 265, Vogler Bockelmann-FS 725, Welzel 282; and. noch BGH **16** 122, **21** 265 [m. abl. Anm. Schröder JZ 67, 709], **22** 248 m. abl. Anm. Jakobs NJW 69, 489, **30** 167 [m. Anm. Bruns JR 82, 166], MDR/H **81**, 99, **86**, 622, NStZ **81**, 23, **95**, 79, NStZ-RR **98**, 42, NStZ/E **84**, 57, Hirsch LK 18 vor § 223, Horn SK 32, M-Schroeder I 109, R. Schmitt JZ 62, 389; vgl. aber auch BGH **35** 305 u. MDR/H **95**, 880); denn sonst würde dem (im Vergleich zu o. 22) besonderen Umstand, daß immerhin ein Körperverletzungserfolg eingetreten ist, nicht ausreichend Rechnung getragen. Bei der hier gebotenen Annahme von **Idealkonkurrenz** wird auch nicht (entgegen Hirsch aaO) der im Tötungsvorsatz enthaltene Körperverletzungsvorsatz unzulässigerweise „doppelt verwertet", sondern lediglich der in Tötungsvorsatz noch nicht enthaltene Erfolgsunwert der (vorsätzlich herbeigeführten) Körperverletzung in Ansatz gebracht (BGH **44** 196). Der Hinweis der Gegenmeinung auf die nur fakultativ mildere Versuchsstrafe (§§ 23 II) bzw. auf die Möglichkeit, die „verschuldeten Auswirkungen der Tat" nach § 46 II im Rahmen der Strafzumessung zu berücksichtigen, übersieht die Klarstellungsfunktion der Idealkonkurrenz (vgl. § 52 RN 2). Nur so läßt sich konsequent auch bei anderen qualifizierten Versuchen die Annahme von Idealkonkurrenz begründen, wie zB im Verhältnis von § 223 zu §§ 226 II, 22 (BGH **21** 195; vgl. auch 125 ff. vor § 52; konsequent dagegen Hirsch LK 18, Horn SK § 224 RN 26). Entgegen BGH **22** 248 (m. abl. Anm. Jakobs NJW 69, 489) schließt der Vorsatz bei Tötungsversuch die fahrlässige (§ 18) Verursachung der qualifizierenden Folgen des § 226 I nicht aus. Daher ist zwischen Mordversuch und vollendetem § 226 I Idealkonkurrenz möglich (so jetzt auch BGH **44** 196, MDR/H **95**, 880, Schröder JR 69, 265; iE and. Hirsch aaO), ebenso mit § 226 II (BGH NStZ **95**, 589; vgl. aber auch NStZ **97**, 233: Absicht iSd § 226 II idR nicht mit direktem Tötungsvorsatz zu vereinbaren).

cc) Im übrigen lebt auch nach der ansonsten abw. hM eine verdrängte Strafbarkeit wegen voll- 24 endeter Körperverletzung wieder auf, wenn der Täter von einem Tötungsversuch strafbefreiend **zurücktritt** (RG DJ **38**, 723, BGH **41** 14, JR **52**, 414, Hirsch LK 19 vor § 223, Horn SK 33, M-Schroeder I 109). Nach der hier vertretenen Auffassung folgt dies schon daraus, daß die Rücktrittswirkung sich nicht auf vollendete idealkonkurrierende Delikte erstreckt (vgl. § 24 RN 109).

c) Sonderprobleme ergeben sich im Verhältnis von **privilegierten Tötungen** (§§ 213, 216) zu 25 **qualifizierten Körperverletzungen** (§ 226). Soll hier die Privilegierung der Tötung nicht unterlaufen werden, so muß eine mit höherer Strafe bedrohte qualifizierte Körperverletzung grds. außer Betracht bleiben (vgl. 136, 141 vor § 52). Das gilt auch dann, wenn das *privilegierte Tötungsdelikt* (zB **§ 216**) nur *versucht,* die qualifizierte Körperverletzung (**§ 226 I**) dagegen vollendet ist und der Täter vom Tötungsversuch zurücktritt (vgl. Hirsch LK 16 vor § 223, Horn SK § 216 RN 18, M-Schroeder I 54). In diesem Fall genügt es auch nicht, lediglich den Strafrahmen des § 226 I über dessen Abs. 3 an den privilegierten Tötungsdelikts anzugleichen (so Schröder 17. A. RN 14 d); denn damit bliebe die Tat nach wie vor als Verbrechen (§ 12 III) und somit schwerer eingestuft als ohne den Rücktritt im Vollendungsfalle des § 216; vielmehr ist hier der Privilegierung des Tötungsdelikts eine **Sperrwirkung** zu entnehmen, die den Rückgriff auf das strengere Körperverletzungsdelikt regelmäßig ausschließt, so daß in Beispielsfall eine vollendete Körperverletzung nur über die §§ 223, 224 erfaßt werden kann (vgl. Hirsch aaO, ZStW 81, 931, Horn SK § 216 RN 18, Lackner § 216 RN 7; zu § 226 II vgl. aber u. 26). Dagegen tritt im Verhältnis von **§§ 212, 213, 22** zu **§§ 226 I** die zuvor erörterte Friktion nicht auf, da § 213 den Verbrechenscharakter des Totschlags unberührt läßt (vgl. § 12 III, § 213 RN 2). Insoweit ist also Idealkonkurrenz bzw. bei Rücktritt vom Tötungsversuch eine Verurteilung aus § 226 möglich, wobei der Strafrahmen des § 226 III ohnehin unter dem des § 213 liegt. Schließlich kann auch **§ 227** mit einem Versuch nach **§§ 213, 216, 22** zusammentreffen (oder im Falle des Rücktritts davon übrigbleiben), so etwa, wenn dem Täter der Todeseintritt infolge wesentlicher Abweichung im Kausalverlauf nicht mehr als vorsätzlich, aber als fahrlässig zugerechnet werden kann (vgl. § 24 RN 23 f., 65, aber auch § 227 RN 5). Über das Verhältnis privilegierter Tötung zu § 229 aF vgl. 25. A.

Dagegen wird ein Zusammentreffen der **§§ 213, 216** mit **§ 226 II** kaum praktisch werden, da 26 dieser die dem objektiven Tatbestand entsprechende Absicht verlangt, das Opfer mit den schweren Körperverletzungsfolgen weiterleben zu lassen (vgl. o. 19), eine solche Absicht jedoch regelmäßig einen Fall von §§ 213, 216 ausschließen wird. Davon abgesehen bestünde in einem solchen Fall auch kein Anlaß, die Sperrwirkung des milderen Tötungsdelikts gegenüber § 226 II durchgreifen zu lassen, so etwa dort, wo (auf dem Boden des § 217 aF bzw. jetzt nach § 213 RN 15 ff.) die Mutter den Tod ihres nichtehelichen Kindes aus Haß erst nach längerem Siechtum eintreten lassen wollte.

27 5. Zum Zusammentreffen mit **Schwangerschaftsabbruch** vgl. § 218 RN 68, mit **Raub** § 251 RN 9, mit **Waffendelikten** vgl. Eser NStZ 84, 57 f. mwN.

§ 213 Minder schwerer Fall des Totschlags

War der Totschläger ohne eigene Schuld durch eine ihm oder einem Angehörigen zugefügte Mißhandlung oder schwere Beleidigung von dem getöteten Menschen zum Zorne gereizt und hierdurch auf der Stelle zur Tat hingerissen worden oder liegt sonst ein minder schwerer Fall vor, so ist die Strafe Freiheitsstrafe von einem Jahr bis zu zehn Jahren.

Vorbem. Strafrahmenverschärfung durch das 6. StrRG v. 26. 1. 98 (BGBl. I 164).

Schrifttum: Bernsmann, Affekt u. Opferverhalten, NStZ 89, 160. – *Blau,* Die Affekttat zw. Empirie u. normativer Bewertung, Tröndle-FS 109. – *Eser,* Renaissance des § 213 StGB, Middendorff-FS 65. – *Geilen,* Provokation als Privilegierungsgrund der Tötung?, Dreher-FS 357. – *Glatzel,* Privilegierung versus Dekulpation bei Tötungsdelikten, StV 87, 553. – *Herde,* Regelungsbedarf für eine gesetzl. Verschärfung des Strafrahmens u. eine Ausdehnung des Anwendungsbereichs des § 213 StGB, ZRP 90, 458. – *Maatz,* Der minder schwere Fall des Totschlags, Salger-FS 91. – *Moos,* Die Tötung im Affekt im österreich. Strafrecht, ZStW 89 (1977) 796. – Speziell zur Kindstötung (§ 217 aF) als minderschwerer Fall: *Guhl-Finkenthei,* § 217 StGB, Bemmann-FS 299. – *Hussels,* Renaissance oder endgültiger Tod des § 217 StGB?, NStZ 94, 526. – *Rump/ Hammer,* Zur Verfassungswidrigkeit des § 217 StGB, NStZ 94, 69. – *Sieg,* Gegen die Privilegierung der Tötung des nichtehelichen Kindes, ZStW 102 (1990) 292, sowie 25. A. § 217 mwN. – Vgl. ferner die Angaben vor u. zu den §§ 211, 212.

1 **I.** Durch Strafmilderung bei **minder schweren Fällen des Totschlags,** deren praktische Bedeutung wieder beträchtlich zugenommen hat (vgl. Eser NStZ 81, 431; 84, 52, Middendorff-FS 657, Geilen JR 80, 315) und mit der Aufhebung der speziellen Privilegierung des § 217 durch das 6. StrRG weiter hinzugewinnt (Kudlich JuS 98, 471, u. 15 ff.), soll insbes. der Tatsache Rechnung getragen werden, daß der Täter aufgrund eines durch das Opfer selbst ausgelösten Affekts oder infolge eines vergleichbaren Erregungszustandes in seinem Hemmungsvermögen in einem solchen Grade geschwächt gewesen sein kann, daß er wegen Schuldminderung (OGH **2** 343), wenn nicht gar wegen quantitativ-gradueller Reduzierung des Unrechts (so Heine aaO 269, Mitsch JuS 96, 29), die volle Totschlagsstrafe weder verdient noch ihrer (so insbes. bei singulärer Tatsituation) bedarf (vgl. BGH **16** 362, Horn SK 3; krit. aber BGH **33** 38). Vgl. auch Bernsmann aaO 162 f., Glatzel aaO).

2 **1.** Seiner Rechtsnatur nach ist § 213 weder ein selbständiger Tatbestand noch eine unselbständige Privilegierung, sondern lediglich eine **Strafzumessungsregel des § 212** (Hamm NJW **82,** 2786, Tröndle 1, Jähnke LK 2, Mitsch JuS 96, 28), die systematisch als dessen Abs. 3 zu sehen ist. Das gilt auch für den (benannten) Strafmilderungsgrund der *Provokation* (1. Alt.; insoweit and. M-Schroeder I 50), da diese lediglich als gesetzlich konkretisiertes Beispiel der (unbenannten) *sonst minderschweren Fälle* (2. Alt.) zu verstehen ist. Demzufolge blieb schon bis § 213 aF mit einem Strafrahmen von 6 Monaten bis 5 Jahren der Charakter eines danach strafgemilderten Totschlags als **Verbrechen** unberührt und damit auch der Versuch strafbar (vgl. § 212 RN 10, ferner Horn SK 2, Lackner/Kühl 1); nach Anhebung der Mindeststrafe auf 1 Jahr durch das 6. StrRG ist dieses Problem obsolet geworden (vgl. § 23 I 1. Alt. iVm § 12 I).

3 **2.** Die Vorschrift ist unmittelbar nur auf Totschlag iSv **§ 212** anwendbar, wie sich sowohl aus dem Gesetzeswortlaut („Totschläger") wie auch aus der Überschrift („Totschlag") ergibt. Daher ist beim **Zusammentreffen mit mordqualifizierenden Umständen** (zB provozierte Tötung mit gemeingefährlichen Mitteln) für den BGH ein Rückgriff auf § 213 verschlossen (vgl. BGH **11** 139 sowie § 211 RN 9), während bei nichtabschließendem Verständnis der Mordmerkmale die Umstände des § 213 aufgrund der für § 211 erforderlichen Gesamtabwägung zumindest zu einer Verneinung von Mord führen können (vgl. § 211 RN 10 sowie u. 14; ebenso Geilen JR 80, 314, Heine LdR 8/1680, 2, Küpper Kriele-FS 792 ff., Rengier MDR 80, 2 f.; m. gleicher Tendenz Horn SK 211 RN 5 f., Weiß aaO 316; vermitt. M-Schroeder I 38, 52). Dagegen ist bei Zusammentreffen mit der **Privilegierung des § 216** ein Rückgriff auf § 213 – wenn nicht sogar tatbestandlich ausgeschlossen (BGH **2** 258 bzw. **1** 235, ferner Tröndle 1) – so jedenfalls entbehrlich, da diese Tatbestände bereits einen ausreichenden Strafmilderungsrahmen eröffnen. Zu einer analogen Heranziehung der Milderungsgründe des § 213 bei den §§ 224, 227 vgl. dort RN 15 bzw. 8.

4 **II.** Der benannte **„provozierte" Totschlag (1. Alt.)** setzt folgendes voraus:

5 **1.** Eine **Mißhandlung** oder **schwere Beleidigung** muß **dem Täter** oder einem seiner **Angehörigen** zugefügt worden sein, wobei nach BGH MDR/D **75,** 196, StV **85,** 146 schon die Möglichkeit einer solchen Beleidigung genügen soll (vgl. auch OGH **2** 343). Allerdings muß es sich nach BGH **34** 37 um eine volltatbestandliche Beleidigung, die auch vom Vorsatz des Provozierenden getragen ist (vgl. aber dazu auch u. 12), handeln (vgl. auch BGH NStZ **88,** 216, MDR/H **89,** 111). Zum *Angehörigen* sowie zu einer etwaigen Erstreckung auf sonstige *nahestehende Personen* vgl. § 11 RN 3 ff., 11. Unter *Mißhandlungen* sind nicht nur körperliche Beeinträchtigungen, sondern auch Mißhandlungen seelischer Art (Gössel I 52, Horn SK 4, Lackner/Kühl 2, M-Schroeder I 51), wie sie etwa in einem fehlgeschlagenen, aber bedrohlichen Angriff auf Leib oder Leben liegen kann (BGH NJW **95,**

Minder schwerer Fall des Totschlags 6, 7 **§ 213**

1911), zu verstehen, da letztere nicht stets als Beleidigung erfaßbar sind. Auch die *schwere Beleidigung* ist nicht auf Ehrverletzungen iSd §§ 185 ff. zu beschränken (so aber Gössel I 53), sondern umfaßt jede schwere Kränkung (BGH StV **83**, 199), wie zB die wiederholte Mißachtung des Hausrechts (BGH MDR/H **79**, 987, mwN Eser Middendorff-FS 69 f.; krit. Jähnke LK 4). Dabei aufgrund einseitig maskuliner Ehrvorstellungen und antiquierter Privilegien teils sehr weitgehend (vgl. Geilen Dreher-FS 363 ff., ferner Arzt/Weber I 67, Burgsmüller StV **81**, 340 ff.), wurde eine solche Provokation zB im Ehebruch mit der Frau des Totschlägers (RG JW **30**, 919 m. Anm. Mittermaier), in der Bedrohung mit einem Feuerhaken (RG HRR **35** Nr. 312) oder in Angriffen gegen die Selbstachtung (Herabwürdigung der sexuellen Potenz: BGH MDR/H **79**, 107, StV **83**, 61) erblickt (vgl. aber aus Eser NStZ **84**, 52 zu einer gewissen Tendenzwende. Auch fortlaufende, sich immer mehr steigernde leichte Kränkungen können in ihrem Zusammenwirken eine schwere Beleidigung darstellen (RG HRR **32**, 1176, BGH MDR/H **79**, 456, MDR/H **89**, 111). Die Schwere der erlittenen Kränkung ist *objektiv* unter Berücksichtigung auf die Gesamtbeziehung der Streitenden zu bestimmen (RG HRR **35** Nr. 312, BGH MDR/H **77**, 638, **91**, 483, NStZ **81**, 300, **82**, 27, **96**, 33, NStZ/E **84**, 52, StV **81**, 631, NJW **87**, 3143, Jähnke LK 6). Daher kommt es bei der einem Angehörigen zugefügten Beleidigung nicht darauf an, ob sie von diesem oder vom Täter selber, etwa wegen besonderer Empfindlichkeit, als schwer empfunden wird (RG **66** 162, HRR **36** Nr. 1390), sondern darauf, ob die Kränkung, aufgrund einer Gesamtbetrachtung beurteilt, als schwer zu gelten hat (vgl. BGH b. Eser Middendorff-FS 69 f., NStE Nr. 24). Dabei ist der persönliche Lebenskreis des Täters maßgebend mitzuberücksichtigen (BGH NJW **87**, 3143, NStZ **85**, 216, Eser Middendorff-FS 69). Dies bezieht sich nicht nur auf Milieu und Sprachgebrauch der Beteiligten, sondern auch auf depressive Phasen des Opfers, die sich vom sonstigen Umgang der Partner unterscheiden. Daher kann einer Kränkung, die gewöhnlich objektiv als schwer einzustufen wäre, diese Eigenschaft abgehen, wenn die provozierenden Äußerungen auf einer dem Täter bekannten psychischen Erkrankung des Opfers beruhen und diese nur in bestimmten Situationen manifest wird (BGH NJW **87**, 3143). Andererseits kann sich zB aus asiatischer Mentalität eine Ehrverletzung als schwer darstellen (vgl. BGH StV **85**, 235 sowie mwN Eser Middendorff-FS 70 f.; ferner zu Recht jedenfalls gegen strafschärfende Berücksichtigung ausländ. Strafrechtsvorstellungen Nestler-Tremel StV **86**, 83 ff. entgegen Grundmann NJW 85, 1251 ff.). Selbst bei einer Äußerung, die den Tatsachen entspricht, kann durch die Art und Weise ihrer Kundgabe eine erhebliche Kränkung zum Ausdruck kommen (BGH StV **88**, 428, vgl. auch BGH StV **90**, 204). Zur Verhältnismäßigkeit zwischen Tötung und Kränkung vgl. u. 11.

Die Provokation muß **vom Getöteten** erfolgt sein. Reizung durch einen *Dritten* genügt daher **6** nicht (BGH MDR/D **73**, 901), auch nicht durch einen *Angehörigen* des Getöteten (vgl. BGH NStZ **84**, 311, wo aber ein sonst minderschwerer Fall iSd 2. Alt. nahegelegen hätte). Da es sich jedoch um keine „eigenhändige" Provokation zu handeln braucht, genügt auch eine mittelbare Herausforderung durch Zwischenschaltung eines (gut- oder bösgläubigen) Dritten (vgl. Horn SK 6). Auch sind hinsichtlich der Schwere der Provokation nicht allein das gegenwärtige Verhalten bzw. bestimmte Einzelakte des Getöteten, sondern das Gesamtverhalten (vgl. BGH MDR/H **78**, 280) sowie etwaige frühere Kränkungen mitzuberücksichtigen, als deren Fortsetzung das jetzige Verhalten „gleichsam nur der Tropfen ist, der das Faß zum Überlaufen bringt" (BGH MDR **61**, 1027, MDR/D **74**, 723, MDR/H **78**, 110, **79**, 280, NStZ **82**, 27, **83**, 365, **84**, 507, NStZ-RR **96**, 259, NStZ/E **81**, 431, **84**, 52, NStE Nr. **24**, StV **84**, 284, **91**, 105, **98**, 131).

2. Der Täter muß **ohne eigene Schuld** gereizt worden sein. Das ist unzweifelhaft der Fall, wo der **7** Täter keinerlei Veranlassung zu einer Mißhandlung oder Beleidigung durch das spätere Opfer gegeben hat, ebenso wie umgekehrt die Privilegierung entfällt, wenn der Täter zunächst seinerseits schuldhaft das bis dahin friedfertige Opfer zu seiner provokatorischen Reaktion herausgefordert hatte. Derart einseitig schuldhaft ist die Tötung jedoch nur selten veranlaßt; denn häufig gehen der tötungsauslösenden Provokation beiderseitige Vorwürfe oder mehr oder weniger lange Auseinandersetzungen voraus. Für solche Fälle, die durchweg eine „Ganzheitsbetrachtung des beiderseitigen Verhaltens" erfordern (BGH b. Eser Middendorff-FS 71), ist zu beachten, daß eine privilegierungshindernde „Schuld" des Täters an der Provokation zwar einerseits kein Verschulden im verbrechenssystematischen Sinne erfordert (BGH MDR/D **74**, 723, StV **83**, 199, Jähnke LK 10, aber auch Horn SK 7), aber andererseits nicht schon darin zu erblicken ist, daß der Täter die Provokation des späteren Opfers verursacht (BGH StV **86**, 200) oder überhaupt dazu Anlaß gegeben hat (RG JW **36**, 2998, DR **40**, 682). Entscheidend ist vielmehr, daß der Täter *im gegebenen Augenblick keine genügende Veranlassung* zu der Mißhandlung oder schweren Beleidigung durch das Opfer gab (RG HRR **36** Nr. 1390, BGH **21** 16, MDR **61**, 1027, MDR/D **74**, 733, StV **85**, 367, **86**, 200, OGH **2** 342) bzw. eine etwaige akute Veranlassung ihm *nicht vorzuwerfen* ist (BGH NStZ **83**, 554, **84**, 216 sowie mwN Eser Middendorff-FS 71 f.; vgl. auch BGH NJW **83**, 293, NStE Nr. **9** sowie aus psych. Sicht Blau aaO 114 ff., Glatzel, Mord 53). Deshalb kann in früheren Kränkungen nur insoweit ein privilegierungshinderndes Eigenverschulden des Täters erblickt werden, als sie zusammen mit dem gegenwärtigen Verhalten die Provokation auslösen (BGH MDR **61**, 1027, MDR/H **79**, 456; vgl. auch BGH NStZ **81**, 140, 300, **92**, 588) und das Opferverhalten seinerseits eine verständliche Reaktion darstellt (BGH StV **86**, 200); daher braucht eigenes Fehlverhalten des Täters einer Privilegierung nicht entgegenzustehen, sofern die unter dem Gesichtspunkt der Angemessenheit zu prüfende Reaktion des Opfers ihrerseits unverhältnismäßig ist (BGH StV **81**, 546; vgl. auch BGH MDR/H **81**, 809, StV **85**, 367). Zudem wird die

Eser 1713

§ 213 8–12   Bes. Teil. Straftaten gegen das Leben

strafmildernde Provokation nur ausgeschlossen, wenn sich das Eigenverschulden des Täters gerade auf die ihm vom Opfer zugefügte tötungsauslösende Kränkung bezieht (BGH StV **81**, 546; vgl. auch BGH MDR/D **74**, 723, MDR/H **79**, 456, NStZ/E **81**, 431). Sozialethisch belanglose Regelverstöße, Lästigkeiten, wie etwa übertrieben fürsorgliche Art, sind jedoch idR nicht zu berücksichtigen (dazu wie auch zu weiteren Rspr.-Bsp. Eser Middendorff-FS 71 f. sowie NStZ **84**, 53; krit. zu den uneinheitl. Zurechnungsmodellen Krümpelmann ZStW 99, 219). Unerheblich ist ein etwaiges Verschulden des *Angehörigen*, zu dessen Gunsten der Täter handelt (vgl. Horn SK 7, Jähnke LK 10). Falls es an einer der vorgenannten Privilegierungsvoraussetzungen fehlt, kann jedoch ein sonst minderschwerer Fall (2. Alt.) in Betracht kommen (BGH NJW **68**, 757; vgl. u. 13).

8 3. **Zum Zorne gereizt** ist der Täter nicht etwa nur durch Zornaffekte im engeren Sinne (BGH NStZ **83**, 555); ausreichend sind vielmehr alle sthenischen Antriebe, wie etwa Wut oder Empörung (vgl. BGH NJW **81**, 2310, StV **81**, 546, **83**, 60; abl. Gössel I 56), darüber hinaus aber überhaupt jede zornnahe Erregung (vgl. BGH MDR/H **81**, 980), sofern diese reaktiven Vorgänge bei der Tötung einen beherrschenden Einfluß ausgeübt haben (vgl. BGH StV **83**, 198, Heine LdR 8/1680, 2, aber auch BGH JR **78**, 341 m. krit. Anm. Geilen) und nicht lediglich persönlichkeitsbedingte Überreaktionen darstellen (BGH NStZ/E **84**, 53 FN 244). Das Vorliegen von verminderter Schuldfähigkeit ist dabei unter Umständen eine hinreichende, keineswegs aber notwendige Bedingung für die Intensität des provokationsbedingten Affekts (vgl. BGH NJW **81**, 2310, StV **91**, 106, Eser Middendorff-FS 74, ferner Glatzel, Mord 94).

9 4. Daß der Täter **auf der Stelle** zur Tat hingerissen worden sein muß, ist weniger räumlich oder zeitlich, sondern im Sinne eines *motivationspsychologischen Zusammenhangs* zu verstehen (vgl. BGH NJW **91**, 1964, NStZ/E **84**, 53, NStZ **95**, 83, StV **91**, 106, Heine LdR 8/1680, 3). Daher ist § 213 weder dadurch ausgeschlossen, daß die Tat der Mißhandlung nicht unmittelbar, sondern nur nach einem gewissen zeitlichen Zwischenraum folgt (vgl. RG **66** 160, **69** 316, BGH MDR/D **74**, 723, **75**, 542, NStZ **84**, 216, OGH **1** 372), noch etwa dadurch, daß der Zorn den Täter im Tatzeitpunkt nicht mehr im ursprünglichen Umfang beherrscht (vgl. RG HRR **39**, 653; zu weit. Bsp. vgl. Eser Middendorff-FS 74). Entscheidend ist vielmehr allein, daß die Tat jedenfalls noch unter dem Eindruck der durch die Mißhandlung hervorgerufenen Erregung begangen wird (vgl. BGH NStZ/E **81**, 431, **84**, 53). Dabei können auch länger zurückliegende Vorgänge noch eine Rolle spielen, wenn sie durch die Provokation wieder aktualisiert werden (vgl. o. 6 sowie Tröndle 6).

10 5. Um **zur Tat hingerissen** worden zu sein, muß die Tötung auf den Affekt und dieser seinerseits auf die Provokation rückführbar sein. Diese tatauslösende **Kausalität** setzt zunächst voraus, daß der Täter eine objektiv beleidigende Äußerung überhaupt zur Kenntnis genommen hat (BGH NStZ/E **84**, 53 FN 249). Daran fehlt es sowohl dann, wenn der Täter bereits zur Tat entschlossen war, als die Provokation erfolgte (vgl. BGH **21** 14, aber auch Geilen Dreher-FS 357 ff.), wie auch da, wo die Erregung bereits völlig verflogen war (vgl. BGH GA **70**, 214, NStZ **98**, 84, NStZ-RR **96**, 194) und nur noch als Vorwand zur Tötung benutzt wird (vgl. Horn SK 8 a) oder wo umgekehrt erst für die Zukunft gedroht wird (BGH MDR/H **79**, 280). Dagegen wird § 213 nicht dadurch ausgeschlossen, daß sich der Täter neben dem Zornaffekt auch durch Haß- und Rachegefühle hat mitbestimmen lassen (vgl. BGH NJW **77**, 2086), vorausgesetzt jedoch, daß innerhalb eines solchen **Motivbündels** dem provokationsbedingten Affekt eine zumindest kumulativ entscheidende Schlüsselstellung zukommt (BGH NStZ/E **81**, 431 FN 189, StV **83**, 60, 198, Geilen JR **78**, 341 ff. sowie Eser NStZ **84**, 53 FN 251 gegenüber dem Einschränkungsversuch von Bernsmann JZ **83**, 50; krit. auch Maatz Salger-FS 99).

11 6. Ferner ist eine gewisse **Verhältnismäßigkeit** zwischen Provokation und Tat zu fordern. Dabei ist von untergeordneter Bedeutung, ob man dies als selbständige Milderungsvoraussetzung versteht (so wohl Lackner/Kühl 7) oder mit der hM bereits bei der Schwere der Beleidigung (o. 5) berücksichtigt (so RG **66** 161, BGH LM Nr. **4**, GA **70**, 214, NStZ **85**, 216 u. b. Eser Middendorff-FS 71) oder bei der schuldhaften Veranlassung der Provokation und damit der Angemessenheit der Opferreaktion (o. 7) einbringt (so BGH StV **81**, 546, **85**, 367): auch wenn eine Mißhandlung grundsätzlich außer Verhältnis zur Tötung steht (BGH LM Nr. **4**, Horn SK 5), so gibt es doch unter Berücksichtigung des Anlasses unterschiedliche Grade von Unverhältnismäßigkeit; denn maßgebend ist nicht das Verhältnis von Affektanlaß und Affektfolge (Tod), sondern zwischen Anlaß und Affekt (vgl. Moos ZStW 89, 845). Entscheidend ist daher allein, daß nicht schon jede Provokation genügen kann, sondern nur eine solche, die nach ihrer Art und Schwere geeignet ist, einen heftigen Affekt beim Täter hervorzurufen (vgl. RG JW **39**, 147, BGH MDR/H **91**, 483, NStZ **96**, 33, Geilen Dreher-FS 374 ff., Gössel I 55). Deshalb ist bei einem objektiv nichtigen Anlaß nicht nur die (tatsächliche) Ursächlichkeit der Provokation für den Tötungsentschluß in Frage zu stellen (so BGH GA **70**, 214, b. Eser Middendorff-FS 74, ferner Horn aaO), sondern die (materielle) Berechtigung einer Milderung zu verneinen (iglS Jähnke LK 4), so zB bei bloßem Vergrämen eines Rehbocks (RG JW **39**, 147). Vgl. auch o. 7.

12 7. In **subjektiver** Hinsicht muß der Täter vom Vorliegen einer Mißhandlung oder schweren Beleidigung ausgegangen sein. Nimmt er eine solche **irrtümlich** an, so soll nach BGH (**1** 205, **34** 39, MDR/H **79**, 987, NStZ **88**, 216) nur ein sonst minder schwerer Fall (u. 13) in Betracht kommen (ebenso Tröndle 7, Gössel I 59, Horn SK 4, Jähnke LK 9, Lackner/Kühl 3, Mitsch JuS **96**, 29). Dies soll selbst dann gelten, wenn der Täter ein Verhalten, das nach seinem objektiven Erklärungswert als

Beleidigung verstanden werden könne, aber nicht so gemeint sei, als Beleidigung auffasse (BGH **34** 37; zu gegenläufigen Tendenzen in der Rspr. vgl. Eser NStZ 84, 53 mwN). Sofern demgegenüber eine solche Motivation nicht bereits der eines Täters gleichzustellen ist, der tatsächlich motiviert wurde (so RG **69** 314, JW **30**, 919), zumal sich dies bereits aus dem „impressiven" Element des § 213 begründen ließe (vgl. M-Schroeder I 51), muß jedenfalls § 16 II analog zum Zuge kommen (vgl. dort RN 27). Bei Zweifeln über das Vorliegen einer Provokation ist zugunsten des Täters zu entscheiden (OGH **2** 343). Der Irrtum über die rechtlich hinreichende Schwere der Provokation ist lediglich Subsumtionsirrtum.

8. Selbst bei Vorliegen der vorgenannten Voraussetzungen ist jedoch eine Privilegierung nach der 1. Alt. (entgegen BGH **25** 222, MDR/H **79**, 987, StV **81**, 524, Tröndle 2, Gössel I 61, Jähnke LK 2) **nicht zwingend,** sondern setzt – ähnlich wie bei den Qualifizierungsmerkmalen des § 211 (dort RN 9) – eine **Gesamtwürdigung** aller Tatumstände voraus (Horn SK 10, vgl. auch Maatz Salger-FS 98 f.). Bei den sonst *minderschweren* Fällen der 2. Alt. ergibt sich das bereits aus deren offener Fassung (vgl. u. 13); aufgrund der allgemeinen Gleichstellung muß Entsprechendes für den benannten Privilegierungsgrund der 1. Alt. gelten (vgl. BGH NStZ/E **81**, 431). Demgemäß kann zB eine schwere Beleidigung durch die Grausamkeit oder Heimtücke der Tötung kompensiert sein (vgl. auch o. 3). Zum Zusammentreffen mit *besonderen gesetzlichen Strafmilderungsgründen* (wie etwa §§ 21, 23) vgl. u. 23. **12 a**

III. Ein unbenannter **„sonst minder schwerer Fall" (2. Alt.),** wie er wegen der Enge der Provokationsalternative steigende Bedeutung erlangt (vgl. Eser DJT-Gutachten D 123 ff., 129 f., 145 f., NStZ **81**, 432; **84**, 54, Middendorff-FS 75), kommt in Betracht, wenn aufgrund einer **Gesamtbetrachtung** aller Umstände, die für die Wertung von Tat und Täter bedeutsam sein können und wobei alle wesentlichen entlastenden und belastenden Faktoren gegeneinander abzuwägen sind, sich die Tat in einem solchen Grad vom „Normalfall" einer vorsätzlichen Tötung abhebt, daß die Anwendung des Regelstrafrahmens (§ 212 I) unangemessen wäre (so i. Grds. BGH **4** 8, NJW **56**, 757, MDR/D **75**, 542, MDR/H **76**, 633, **80** 105, GA **80**, 143, StV **82**, 223, **83**, 60, **84**, 14, 284, **96**, 81, NStZ **83**, 366, **84**, 118, 507, NStZ/E **84**, 54 FN 264; vgl. auch allg. zu minderschweren Fällen 48 vor § 38). Ebenso wie die dafür maßgeblichen Umstände nach Art und Gewicht nicht denen der Provokationsklausel zu entsprechen brauchen (BGH NStZ/E **84**, 54 FN 265, NStZ **85**, 310, NStZ/D **93**, 473; vgl. aber Tröndle 2 b), können auch Milderungsgründe, die je für sich nicht ausreichen würden, in ihrer Summierung einen minderschweren Fall begründen (BGH StV **84**, 73, **96**, 89); Entsprechendes gilt für Reizungen unterhalb der Schwelle der 1. Alt. (BGH StV **84**, 283, 284). Zudem ist gleichgültig, ob die für die Abwägung heranzuziehenden Gesichtspunkte der Tat innewohnen, sie begleiten, ihr vorausgehen oder folgen (BGH NStZ/E **84**, 54 FN 267, NJW **86**, 793 mwN). Daher sind auch die Vorgeschichte der Tat (BGH NStZ **83**, 366, NJW **85**, 870 m. Anm. Timpe JR 86, 7), die gesamten Beziehungen zwischen den Beteiligten, die psychische Lage des Täters wie auch sein Verhalten nach der Tat zu berücksichtigen, außerhalb der Tatausführung liegende Umstände allerdings nur insoweit, als sie entweder sichere Rückschlüsse auf die innere Einstellung des Täters zu seiner Tat zulassen (zur Überzeugungsbildung beim schweig. Angeklagten vgl. BGH NStZ-RR **96**, 4) oder Bedeutung für den Unrechtsgehalt der Tat selber haben (BGH NStZ/E **84**, 54 FN 269, NJW **85**, 870, **86**, 794, **88**, 1153, b. Eser Middendorff-FS 76). Daß der Täter mit direktem Vorsatz tötete, rechtfertigt nicht ohne weiteres die Annahme erhöhter Schuld (BGH NStE Nr. **25**). Täterspezifisch kann bedeutsam sein, daß er in zwar nicht schuldlosem, aber verständlich hoher Erregung befand (BGH NJW **68**, 757), ferner daß er Entwicklungsrückstände aufweist (BGH StV **84**, 284), aufgrund einer besonderen Persönlichkeitsstruktur übersteigert reagiert, seine Intelligenz im Grenzbereich zum Schwachsinn liegt oder ihm aufgrund seiner kulturellen Prägung die Fähigkeit fehlt, sich von seinen (ausländischen) Wertvorstellungen zu distanzieren (BGH NStZ **82**, 115, StV **88**, 341, LG Osnabrück StV **94**, 430). Bei Affekttaten sind eine Vielzahl von Verletzungshandlungen häufig eher ein Anzeichen für die Stärke einer affektiven Beeinträchtigung als Ausdruck besonderer krimineller Energie; solche Handlungsmodalitäten sind dem Täter nicht anzulasten (BGH NJW **88**, 1153; vgl. auch NStZ **89**, 318, NStE Nr. **13**). Im Hinblick auf das Opferverhalten kann bedeutsam sein, daß die Tötung während einer vom Opfer veranlaßten Auseinandersetzung erfolgt (vgl. BGH NStE Nr. **3**, StV **90**, 205) bzw. in Notwehrnähe angesiedelt war (vgl. BGH StV **81**, 508, **83**, 60). Ebenso wie ein Tötungsverlangen aus Mitleidsmotive (vgl. BGH **27**, 299, Arzt ZStW **83**, 27 f.), zumal mit anschließendem Suizidversuch, einen minderschweren Fall nahelegen. Gleiches gilt für Handeln in Verzweiflung (Heine LdR 8/1680, 3). Weitere Nachw. (auch zum Vorangehenden) bei Eser NStZ 84, 54 f., Middendorff-FS 75 f. Spez. zu Strafmilderungsgründen bei „Mauerschützen" (wie etwa weit zurückliegende Tatzeit, Verzicht auf „letzte Konsequenz" beim Zielen, Täter als letztes Glied einer langen Befehlskette und infolge der staatl. Indoktrination selbst ein „Opfer der Verhältnisse an der Grenze") vgl. BGH NJW **95**, 2729, 2732. **13**

Über solche allgemeinen Entlastungsfaktoren hinaus soll sich ein minderschwerer Fall auch schon – und zwar für sich allein – aus dem Vorliegen eines **besonderen gesetzlichen Strafmilderungsgrundes** iSv § 49 ergeben können (idS bereits BGH NJW **56**, 757, vgl. auch Goydke Odersky-FS 378 ff.) und daher vor allem bei *verminderter Schuldfähigkeit* (BGH StV **81**, 401, **82**, **69**, 474, MDR/H **81**, 809, NStZ **83**, 366, **84**, 507, NStZ/E **81**, 432 FN 196 ff., **84**, 54 FN 271, NJW **86**, 793 m. krit. Anm. Bruns JR 86, 337, NStE Nr. **4**, **7**, **11**), wobei ggf. auch in dubio-Grundsätze **14** anzuwenden sind (BGH NStZ **87**, 70, **96**, 328, NStZ-RR **97**, 99), ferner bei *Versuch* (BGH StV **82**, 69, 72, NStZ/E **84**, 55 FN 280 f., MDR/H **85**, 793, NJW **86**, 794, NStE Nr. **1**, b. Eser Middendorff-FS 78), sowie offenbar auch bei Tötung durch *Unterlassen* (BGH NStZ/E **84**, 55 FN 283; vgl. aber dazu auch Eser aaO). Allerdings führt das Vorliegen dieser gesetzlichen Strafmilderungsgründe nicht obligatorisch zu § 213 2. Alt. Vielmehr sind alle ent- und belastenden Gesichtspunkte (vgl. § 46 I 1) gegeneinander abzuwägen, wobei die Anforderungen an das Vorliegen eines minder schweren Falles wegen des hohen Rangs des Rechtsguts Leben einerseits und der milden Strafandrohung des § 213 andererseits nicht zu niedrig angesetzt werden dürfen (BGH NJW **86**, 793, NStZ **93**, 278, **97**, 592, **98**, 84, 191, NStZ-RR **98**, 42; gegenüber nicht unzweideutigen früheren Entscheidungen vgl. 22. A. sowie Eser Middendorff-FS 78). Dabei können der Einstufung als minder schwer zB die Leichtfertigkeit entgegenstehen, mit der sich der Täter in die Tatsituation brachte, wie auch der Umstand, daß das Opfer nicht den geringsten Anlaß gab (BGH NJW **86**, 793). Demgemäß ist etwa eine erhebliche Verminderung der Schuldfähigkeit ihr Gewicht nicht deshalb abzusprechen, weil sie auf übermäßigem *Alkoholgenuß* beruht (BGH NJW **86**, 793; vgl. auch BGH MDR/H **80**, 455, StV **82**, 474, **84**, 284, 285, NJW **84**, 1693, NStE Nr. 22), vielmehr ist insoweit auf die zu den §§ 21, 49 entwickelten Grundsätze zurückzugreifen (BGH NJW **86**, 793 m. krit. Anm. Bruns JR **86**, 337, **96**, 328, NStZ **90**, 537, NStZ/D **90**, 175; vgl. auch § 21 RN 20 f.). Auch ist das Ausmaß der Alkoholisierung zu berücksichtigen (BGH aaO). Die trotz dieser *Gesamtbetrachtung* prinzipiell eingeräumten und jeweils nach pflichtgemäßem Ermessen zu prüfende *Wahlmöglichkeit* zwischen einer Strafrahmenherabsetzung nach § 213 oder einer solchen des § 212 nach § 49 iVm §§ 13 II, 21, 23 II (BGH NStZ **82**, 200, **84**, 118, StV **83**, 60, MDR/H **83**, 619, NStZ/E **84**, 55 mwN, Theune NStZ 86, 495, NStZ/D **90**, 175) ist jedoch nicht unproblematisch, weil damit die durch § 49 vorgegebene Limitierung unterlaufen werden kann (vgl. Eser Middendorff-FS 79 sowie § 50 RN 3, während umgekehrt Horn SK 18 sogar eine Pflicht zur Wahl des § 213 annimmt; vgl. auch BGH NStZ-RR **96**, 194 u. Maatz Salger-FS 94 f.). Dies um so mehr, wenn zudem noch die Möglichkeit einer Doppelmilderung eingeräumt wird (dazu u. 23). Unstreitig ist hingegen § 213 nicht dadurch ausgeschlossen, daß der Täter nach *Jugendstrafrecht* (§ 18 I 3 JGG) ohnehin in die Vergünstigung eines von § 212 abweichenden Strafrahmens kommt (BGH NStZ/E **81**, 431 FN 173, NJW **82**, 693, MDR/H **82**, 104, StV **82**, 474); denn auch für die Bemessung einer Jugendstrafe ist von Bedeutung, wie die Tat nach allgemeinem Strafrecht einzustufen wäre. Vgl. zum Ganzen auch Eser NStZ 81, 432; 84, 54 f., Middendorff-FS 77 ff. sowie speziell zu weiteren Grenzproblemen gegenüber §§ 20, 21 Bresser NJW 78, 1189, Geilen Dreher-FS 381 f.

15 IV. Mit dem Wegfall der Strafmilderung für die **Tötung des nichtehelichen Kindes (§ 217 aF)** im Zusammenhang mit der Geburt durch das 6. StrRG erhält die 2. Alt. des § 213 einen weiteren Anwendungsbereich (Tröndle 7). Die Streichung wurde damit begründet, daß die Vorschrift des § 217 aF nicht mehr zeitgemäß sei und kaum praktische Bedeutung habe (vgl. BT-Drs. 13/1764, S. 34 u. 13/8587, S. 34; dafür schon Rump/Hammer NStZ 94, 69, Sieg ZStW 102, 292, dagg. Hussels NStZ 94, 526, vgl. ferner Eser DJT-Gutachten D 147 f. mwN, NStZ 84, 57 Guhl-Finkenthei Bemmann-FS 310 ff.). Jedoch werden die Fälle des § 217 aF regelmäßig unter § 213 2. Alt. zu subsumieren sein, da idR mit dem Erregungszustand der Mutter während der Geburt verbundene Belastung die Tat vom „Normalfall" der vorsätzlichen Tötung in einem solchen Grad abhebt, daß die Anwendung des Regelstrafrahmens (§ 212 I) unangemessen wäre (vgl. o. 13; and. wohl DSNS-Struensee 28, der nur die bisher minder schweren Fälle iSd § 217 II aF auch unter § 213 faßt). Mit Wegfall der speziellen Privilegierung des § 217 aF gewinnt allerdings die Befürchtung von Schröder, daß beim Vorliegen eines Mordmerkmals gegenüber einer Kindstötung § 211 durchgreifen müßte (vgl. 17. A. RN 2), wieder an Bedeutung, vor allem wenn die Tat einen zwischenwirtschaftlichen Hintergrund hat (vgl. DSNS-Struensee 28, Guhl-Finkenthei aaO 310). Beim Zusammentreffen mit einem Mordmerkmal wird daher die Einschränkung des § 211 auch hier bedeutsam (vgl. § 211 RN 10).

16 1. **Tatobjekt** der Kindstötung war nach dem ausdrücklichen Wortlaut des § 217 aF nur das *nichteheliche* Kind. Die Unterscheidung zwischen nichtehelichem und ehelichem Kind sollte im Rahmen des § 213 jedoch keine Rolle mehr spielen, da es insoweit nur auf den Erregungszustand der Mutter abzustellen sein wird. Da das **Kind** als *Mensch* iSv § 212 (und nicht mehr als „Leibesfrucht" iSv § 218) zu verstehen ist (Horn SK 5), muß die Einwirkung zu einem Zeitpunkt erfolgen oder jedenfalls noch fortdauern, zu dem bereits die Eröffnungswehen eingesetzt haben (vgl. 13 vor § 211 sowie u. 18) und das Kind, ohne Rücksicht auf seine möglicherweise beschränkte Lebensfähigkeit, tatsächlich *lebt* (vgl. BGH NStZ **87**, 21 sowie 14 vor § 211).

17 2. Die **Tathandlung** bestand im Rahmen des § 217 aF in der Tötung des Kindes in oder gleich nach der Geburt. Daran sollte auch nach der Streichung des Tatbestandes jedenfalls insoweit festgehalten werden, als damit typischerweise der Zeitraum umfaßt wird, in dem der Erregungszustand der Mutter vermutet werden kann. Auch wenn mit der Aufhebung des § 217 das positiv-rechtliche Argument für den Beginn des menschlichen „in der Geburt" entfallen ist (vgl. DSNS-Struensee 29), besteht kein Anlaß, die Abgrenzung zwischen Tötung und Körperverletzung einerseits und Schwangerschaftsabbruch andererseits neu zu bestimmen (vgl. auch 13 vor § 211).

18 a) **In der Geburt** bedeutet, daß sie ihren Anfang genommen haben muß. Dies ist der Fall, wenn die schließlich zur Ausstoßung führenden Eröffnungswehen eingesetzt haben (vgl. 13 vor § 211). **Gleich nach der Geburt** ist nicht im Sinne eines bestimmten Zeitraums, sondern – ähnlich wie bei der Provokation der 1. Alt. (vgl. o.9) – *psychologisch* zu verstehen. Entscheidend ist, ob die durch die Geburt hervorgerufene Gemütsbewegung zZ der Tat noch anhält und der Erregungszustand der Mutter daher eine von § 212 abweichende Würdigung rechtfertigt. Dies kann auch noch anderthalb Stunden nach der Geburt der Fall sein (RG DR **44** 148).

b) **Töten** setzt einen Totschlag voraus. Die Tötungs*handlung* muß während der Geburtsphase (o. 18) erfolgt sein, während der Tötungs*erfolg* auch später eintreten kann. Daß die Schwangere Bedingungen, die zum Tode des Kindes führen, schon vor Geburtsbeginn gesetzt hat (zB Wegschicken von Dritten), schließt die Tötung nicht aus, wenn die Wirkungen dieses Tuns nicht mehr am Kind als Leibesfrucht (dazu 40 vor § 218), sondern erst am *geborenen* Kind zur Entfaltung kommen sollen und die dafür wesentlichen Bedingungen auch noch in der Geburtsphase erhalten werden (vgl. RG **62** 199). Der Annahme eines minder schweren Falles muß nicht entgegenstehen, daß die Mutter den Tötungsentschluß schon vor der Geburt des Kindes gefaßt hat (vgl. zu § 217 aF RG DR **44** 657, BGH MDR/D **72**, 570). In diesem Fall ist der die Anwendung des § 213 rechtfertigende Erregungszustand jedoch ebenso sorgfältig zu prüfen wie in den Fällen, in denen die Schwangere sich bereits durch die vor der Geburt gesetzten Bedingungen jeder Möglichkeit begeben hat, das auf den Tod des Kindes hinführende Kausalgeschehen noch rechtzeitig abzuwenden. 19

c) Im Unterschied zu § 217 aF, wo die Privilegierung schon allein aufgrund des Tötens in der Geburtsphase genügte (vgl. 25. A. § 217 RN 8), ist für § 213 vorauszusetzen, daß sich die Täterin tatsächlich in einem **Erregungszustand** befunden hat, da sich nur so eine von § 212 abweichende Beurteilung der Tat rechtfertigen läßt. Allerdings wird man bei Tötungshandlungen in oder gleich nach der Geburt einen solchen Erregungszustand regelmäßig vermuten dürfen (o. 15; vgl. auch Marneros MSchrkrim 98, 173). Dagegen dürfte der Anwendung des § 213 nicht entgegenstehen, daß die Täterin planmäßig oder überlegt handelt. Häufig wird auch ein Ausschluß oder eine Verminderung der Schuldfähigkeit naheliegen (vgl. zu diesem Problem bei § 217 aF BGH NStZ **83**, 280, **87**, 21; zur davon zu unterscheidenden Handlungsunfähigkeit vgl. BGH StV **94**, 229). Zu weiteren Besonderheiten des § 217 aF, wie zB zum Töten durch Unterlassen notwendiger Geburtsvorbereitungen, vgl. 25. A. § 217 RN 7. 20

V. Da es sich bei diesen Strafmilderungsgründen um primär **täterbezogene** Merkmale handelt, kann § 213 in analoger Anwendung von § 28 II nur dem **Täter** oder **Teilnehmer** zugute kommen, bei dem sie vorliegen (Horn SK 20, Lackner 8; and. Gössel I 18, 60). Dies gilt auch für die Privilegierung der ihr Kind in der Geburtsphase tötenden Mutter (o. 15ff.; vgl. 25. A. § 217 RN 12ff.). 21

VI. Der **Versuch** bleibt strafbar, da § 213 den Charakter des Totschlags als Verbrechen unberührt läßt (vgl. o. 2). 22

VII. An die Stelle der in § 212 angedrohten **Strafe** tritt (anstelle des früheren Strafrahmens von 6 Monaten bis 5 Jahren) aufgrund des 6. StrRG Freiheitsstrafe von 1 Jahr bis 10 Jahren. Der Prüfung von § 213 ist der Richter nicht deshalb enthoben, weil er eine schuldangemessene Strafe bereits durch Anwendung von *Jugendstrafrecht* oder aufgrund *besonderer gesetzlicher Strafmilderungsgründe* glaubt erreichen zu können (vgl. o. 14, aber auch § 50 RN 3). Über die damit eröffnete **Strafrahmenwahl** hinaus soll nach BGH uU eine *Doppelmilderung* sowohl aufgrund von § 213 wie auch eines besonderen gesetzlichen Milderungsgrundes (§§ 13 II, 21, 23, 27) in Betracht kommen, wie etwa dort, wo die Gemütsbewegung des Täters über die in § 213 vorausgesetzte Wirkung hinaus eine hochgradige Erregung (§ 21) ausgelöst hat (BGH StV **85**, 233, NStZ **86**, 115, **95**, 287, MDR/H **93**, 1038), oder beim Zusammentreffen eines Provokationsfalles iSd 1. Alt. des § 213 mit einem auf Alkoholgenuß beruhenden Strafmilderungsgrund nach § 21 (BGH StV **93**, 421); vgl. – auch zu den Prüfungsschritten – BGH MDR **85**, 793, b. Eser Middendorff-FS 79, ferner BGH StV **83**, 60, **92**, 371, 372, **96**, 204, JZ **83**, 400 m. Anm. Schmitt, NStZ 84, 54, 55, 118, 216, 548, 86, 71, Blau aaO 115 ff., Herde ZRP **90**, 459, Maatz Salger-FS 94. Zum **Absehen von Strafe** vgl. BGH **27** 298. 23

§ 214 [Totschlag bei Unternehmung einer strafbaren Handlung] *aufgehoben 1941 (vgl. 9 vor § 211).*

§ 215 [Aszendententotschlag] *aufgehoben 1941 (vgl. 9 vor § 211).*

§ 216 Tötung auf Verlangen

(1) **Ist jemand durch das ausdrückliche und ernstliche Verlangen des Getöteten zur Tötung bestimmt worden, so ist auf Freiheitsstrafe von sechs Monaten bis zu fünf Jahren zu erkennen.**

(2) **Der Versuch ist strafbar.**

Schrifttum: vgl. die Angaben zu 12, 21, 33 vor § 211, ferner: *Bringewat*, Unbeachtlicher Selbsttötungswille usw., in *Eser*, Suizid u. Euthanasie (1976) 369. – *Detering*, § 216 StGB u. die aktuelle Diskussion um die Sterbehilfe, JuS 83, 418. – *Fink*, Selbstbestimmung u. Selbsttötung, 1992. – *Herzberg*, Der Fall Hackethal,

NJW 86, 1635. – *Ders.,* Die Quasi-Mittäterschaft bei Eigenverantwortlichkeit des Opfers?, JuS 88, 771. – *Ders.,* Straffreies Töten bei Eigenverantwortlichkeit des Opfers?, NStZ 89, 559. – *Hirsch,* Einwilligung u. Selbstbestimmung, Welzel-FS 775. – *Hoerster,* Rechtsethische Überlegungen zur Freigabe der Sterbehilfe, NJW 86, 1786. – *Ders.,* Warum keine aktive Sterbehilfe?, ZRP 88, 1. – *Jakobs,* Zum Unrecht der Selbsttötung u. der Tötung auf Verlangen, A. Kaufmann-FS 459. – *Ders.,* Tötung auf Verlangen, Euthanasie u. Strafrechtssystem, 1998. – *Krock,* Teilnahme am Suizid u. Tötung auf Verlangen, KritJ 95, 60. – *Merkel,* Teilnahme am Suizid, in *Hegselmann/Merkel* (s. 21 vor § 211) 71. – *Roxin,* Die Abgrenzung von strafloser Suizidteilnahme usw., GA-FS 177. – *R. Schmitt,* Strafr. Schutz des Opfers vor sich selbst?, Maurach-FS 113. – *Schroeder,* Beihilfe zum Selbstmord u. Tötung auf Verlangen, ZStW 106 (1994) 565. – *Simson,* Die Tötung aus Barmherzigkeit in rechtsvergleich. Sicht, in *Eser,* Suizid 322. – *Weigend,* Über die Begründung der Strafosigkeit bei Einwilligung des Betroffenen, ZStW 98 (1986), 44. – *Wilms/Jäger,* Menschenwürde u. Tötung auf Verlangen, ZRP 88, 41.

1 I. Durch die Strafmilderung bei **Tötung auf Verlangen,** deren Privilegierung auf die Aufklärungszeit zurückgeht (M-Schroeder I 53, zur Geschichte auch Jakobs aaO 5 ff.), soll der Tatsache Rechnung getragen werden, daß sich der Täter von dem suizidähnlichen Verlangen des Getöteten hat leiten lassen und dadurch sowohl das *Unrecht* (Rechtsgutsverzicht) wie auch die *Schuld* (Mitleidskonflikt, Hilfsmotivation) *gemindert* erscheint (vgl. § 101 AE Begr. 21; dazu Hirsch aaO 796 f.; ferner Ebert JZ 83, 636, E. v. Liszt aaO 156). Den weitergehenden Forderungen nach völliger Straflosigkeit der einverständlichen Tötung (vgl. namentl. Hoerster ZRP 88, 4, 185 [in Erwid. auf Wilms/Jäger aaO], Jakobs A. Kaufmann-FS 470 ff., Arth. Kaufmann ZStW 83, 251 f., MedR 84, 124, Marx, Zur Definition des Begriffs „Rechtsgut" (1972) 64 ff., Merkel aaO 75 ff., R. Schmitt aaO 113 ff., JZ 79, 462 ff., sowie diverse Euthanasie-Gesellschaften) stehen sowohl grundsätzliche Bedenken (Unantastbarkeit fremden Lebens) wie auch praktische Gründe (Mißbrauchsgefahr) entgegen (vgl. Eser in Eid 64 ff., Geilen, Euthanasie 21 ff., Hirsch aaO 775 ff., Kutzer ZRP 97, 119, Möllering aaO 93 ff., Verrel JZ 96, 226, krit. zu diesen Bedenken aber Jakobs aaO 19 ff.; vgl. auch Otto DJT aaO I/D 53 f., Schroeder ZStW 106, 565 ff. sowie Weigend aaO 66 ff. zu einer bewußt von einem sozialen Lebenserhaltungsinteresse her argumentierenden Einschränkung der individuellen Dispositionsfreiheit über das Leben, während Hoerster (NJW **86,** 1789) zwar – angeblich weltanschaulich neutral – individualistisch ansetzt, aber dann doch bei „paternalistischem" Schutz vor nachträglich vielleicht „unvernünftig" erscheinender Selbstschädigung endet). Die gegenläufigen Bestrebungen nach Einschränkung der in § 216 eingeräumten Privilegierung (Bringewat in Eser 368 ff.) beruhen auf empirisch zweifelhaften Annahmen genereller Krankhaftigkeit des Sterbewillens wie auch auf mangelnder Respektierung subjektiven Freiheitsbewußtseins (vgl. 34, 36 vor § 211 mwN). Rechtsvgl. Simson in Eser 322 ff. Zur Möglichkeit des *Absehens von Strafe* vgl. § 216 II AE-Sterbehilfe sowie mwN 25 vor § 211. Zu sonstigen Formen von *Sterbehilfe* und Euthanasie vgl. 21 ff. vor § 211, zur Abgrenzung von strafloser *Suizidteilnahme* u. 11. Im Verhältnis zu §§ 211, 212 stellt § 216 nicht nur eine unselbständige
2 Privilegierung, sondern einen **selbständigen Tatbestand** dar (vgl. 7 vor § 211). Liegen seine Voraussetzungen vor, so ist eine Bewertung der Tat als Mord (zB wegen Grausamkeit der Tatausführung) ausgeschlossen (vgl. RG 53 293, Jähnke LK 2, Lackner 1). Entsprechend kommt auch bei Zusammentreffen mit weiteren Milderungsgründen des § 213 allein § 216 zum Zuge (RG **45** 248, BGH **2** 258, Tröndle 1; vgl. auch Horn SK 2).

II. Die tatbestandlichen Voraussetzungen im einzelnen:

3 1. Das Opfer muß **vorsätzlich getötet** worden sein. Insofern müssen zunächst alle objektiven und subjektiven Voraussetzungen des § 212 vorliegen. Die Art und Weise der Tatausführung ist unerheblich (vgl. jedoch u. 6). War der Patient bei Verabreichung der gewünschten sterbensbeschleunigenden Spritze wider Erwarten bereits hirntot (vgl. 18 f. vor § 211), so kommt nach Abs. 2 Versuch von § 216 in Betracht. Fehlt es am Tötungsvorsatz (leichtfertige Überdosierung), kommt allenfalls § 222 in Frage (Horn SK 4).

4 2. Das Opfer muß seine Tötung **ausdrücklich und ernstlich verlangt** haben. Als Unrechtsminderungsgrund (o. 1) muß dies *objektiv* gegeben sein; entgegen Horn SK 3 genügt daher nicht schon die subjektive Vorstellung des Täters, daß ein Sterbeverlangen des Getöteten vorliegt. Fehlt es daran, so kommt § 216 allenfalls über § 16 II zum Zuge (Tröndle 2, Jähnke LK 18, Mitsch JuS 96, 312; vgl. auch 1.).

5 a) Zum **Verlangen** gehört mehr als bloßes Einverständnis des Getöteten (RG **68** 307 m. Anm. Matzke JW 35, 285): über das Erdulden der Tötung hinaus muß der Getötete auf den Willen des Täters eingewirkt haben (vgl. RG DR **45,** 21, M-Schroeder I 53, R. Schmitt JZ 79, 464 f.). Dies bedeutet jedoch nicht, daß der Vorschlag oder die Initiative zur Tötung unbedingt vom Getöteten ausgegangen sein müßte (vgl. Jähnke LK 8); vielmehr genügt ein „Bestimmen" iSv § 26 (vgl. Horn SK 5). Ebenso wie Anstiftung schon dann noch in Betracht kommt, wenn der Täter zwar bereits zur Tat entschlossen ist, jedoch die Ausführung noch von der Zustimmung eines anderen abhängt (vgl. § 26 RN 5), ist auch § 216 noch annehmbar, wenn das Opfer einem Vorschlag des Täters nachdrücklich zustimmt und der Täter ohne diese Zustimmung nicht handeln würde (ebso. Arzt/Weber I 179; vgl. aber auch u. 9). Dementsprechend kommt es beim Entschluß mehrerer Personen, *gemeinsam* in den Tod zu gehen, für § 216 nicht darauf an, von wem der Anstoß dazu ausgegangen ist, sofern nur jeder durch die Entschlossenheit des anderen mitbestimmt wurde (vgl. Lange LK[9] 2); zur Abgrenzung von bloßer Suizidbeihilfe in solchen Fällen vgl. u. 11.

Das Tötungsverlangen braucht *nicht* unbedingt an den *konkreten* Täter gerichtet zu sein; daher **6** können auch Aufforderungen an die Allgemeinheit genügen (Tröndle 2; vgl. aber auch Jähnke LK 5), sofern darin nicht ein bloßer Hilfsappell nach besserer Fürsorge zu erblicken und daher die Ernstlichkeit (u. 8) zu verneinen ist. Wurde aber das Begehren an eine *bestimmte* Person (Ehegatten, Arzt) oder Personenkreis (Pflegepersonal) gerichtet, so kommt einem außenstehenden Täter § 216 nicht zugute (Horn SK 6). Entsprechendes hat für Beschränkungen auf bestimmte *Tötungsmodalitäten* zu gelten: Hat der Getötete eine möglichst unauffällige Tötung durch Überdosierung eines Medikaments oder in stiller Einsamkeit gewünscht, so wäre eine Tötung durch Erschießen während des Besuchszeit von § 216 nicht gedeckt (W-Hettinger 157). Indes brauchen sonstige *Bedingungen* der Annahme eines Verlangens nicht entgegenzustehen, wie etwa dem als „aufschiebend" zu verstehenden Verlangen, (nur oder erst) bei Mißlingen eines Suizids aktiv nachzuhelfen (vgl. BGH NJW **87**, 1092).

b) **Ausdrücklich** ist das Verlangen dann, wenn es in eindeutiger, nicht mißzuverstehender Weise **7** gestellt worden ist. Dies muß nicht unbedingt in Worten, sondern kann auch durch unzweideutige Gesten (Horn SK 7, Jähnke LK 6) oder gar nur in Frageform geschehen (BGH NJW **87**, 1092). Ein nur vermutetes Verlangen hingegen genügt nicht (RG **57** 381). Hat der Täter eine Geste des Opfers tatsächlich als Verlangen gedeutet, kommt ihm § 216 über § 16 II zugute (and. offenbar Arzt/Weber I 80).

c) Ferner muß das Verlangen **ernstlich,** dh von freiem Willen getragen und zielbewußt auf Tötung **8** gerichtet sein, und zwar nicht nur aus der Sicht des Täters (so offenbar M-Schroeder I 54), sondern aufgrund subjektiv freiverantwortlichen Entschlusses des Opfers. Insofern gilt Gleiches wie für Beachtlichkeit des Suizidwillens (vgl. 36 vor § 211). Dementsprechend kann die Ernstlichkeit des Tötungsverlangens sowohl fehlen bei alters- oder krankheitsbedingtem Mangel der natürlichen Einsichts- oder Urteilsfähigkeit (vgl. RG **72** 400, BGH NJW **81**, 932, Jähnke LK 7, aber auch BGH **19** 137, wo bereits der Suizidwille einer 16jährigen für beachtlich gehalten wurde; zu Recht krit. dazu Geilen JZ 74, 149), wie auch bei Zwang, arglistiger Erschleichung des Tötungsverlangens (zB durch Vorspiegelung eigener Selbstmordabsichten des Täters, vgl. RG JW **33**, 961 m. Anm. Hall, Otto II 32) oder bei wesentlichen Motivirrtümern. Da es dabei nicht um strafrechtliche Schuldfähigkeit, sondern um die Beachtlichkeit des Verfügungswillens iSd Einwilligungsfähigkeit geht, kann den Symptomen des § 20 lediglich indizielle Bedeutung zukommen (vgl. Horn SK 8). Auch bei Handeln aus einer Augenblicksstimmung oder vorübergehenden Depression ist daher die Ernstlichkeit regelmäßig zu verneinen (Tröndle 3, Welzel 285).

3. Durch das Verlangen muß der Täter **zur Tötung bestimmt worden** sein. Wie bei Anstiftung **9** ist dies ausgeschlossen, wenn er als omnimodo facturus ohnehin bereits zur Tat entschlossen war (vgl. RG **68** 307) oder nicht durch das Verlangen, sondern durch andere Umstände (zB Versprechungen eines Dritten) zur Tat veranlaßt wurde (Tröndle 4). Dies bedeutet jedoch nicht, daß das Tötungsverlangen das einzige Tatmotiv gewesen sein müßte, sofern es wenigstens das hauptsächlich bestimmende war (vgl. Horn SK 5, Jähnke LK 8). Ist dies der Fall, so wird § 216 durch minderwertige Nebenmotive (Erbschaftshoffnungen, Loswerden einer familiären Belastung) ausgeschlossen (M-Schroeder I 54; iE ebso. Arzt/Weber I 79).

4. Fraglich ist, ob und inwieweit § 216 durch **Unterlassen** verwirklicht werden kann. Vom BGH **10** wird dies stillschweigend bejaht (vgl. insbes. BGH **13** 166, **32** 367 m. Anm. Eser MedR 85, 6, ferner Bockelmann, Strafrecht des Arztes 114, Helgerth JR 76, 46, Herzberg JuS 75, 172, M-Schroeder I 53, Schmitt MDR 86, 620), so daß sowohl die Nichthinderung eines Suizids durch den Garanten wie auch der sterbebeschleunigende Behandlungsabbruch nach § 216 strafbar sein müßten, wenn sie in Respektierung eines freiverantwortlichen Sterbeverlangens geschehen. (Fehlt es daran, so kommt ohnehin nicht § 216, sondern § 212 in Betracht; vgl. 37 vor § 211 sowie Horn SK 14). Dem steht jedoch bereits entgegen, daß gerade eine solche Unterordnung unter den Willen des Lebensmüden zugleich der Grund sein kann, der zum Wegfall des auch für § 216 erforderlichen Täter- bzw. Tatbeherrschungswillens führt (vgl. BGH **13** 166 ff.). Doch ganz abgesehen von solchen Widersprüchen, die sich weder mit allgemeinen Teilnahmeregeln noch mit der Figur eines Tatherrschaftswechsels bei Eintritt der Handlungsunfähigkeit des Sterbenden befriedigend lösen lassen (vgl. 43 vor § 211), ist die Begehbarkeit des § 216 durch Unterlassen schon grundsätzlich in Zweifel zu ziehen: Sieht man die Einwilligungssperre des § 216 (u. 11) ausschließlich *gegen aktive Fremdtötung* gerichtet (so zu Recht Sax JZ 75, 146 ff.; iglS Engisch, Arzt 43 f., Kaufmann MedR 84, 122, Kreuzer, Hilfeleistungspflicht 66 FN 257, Küpper 18, Rudolphi Jura 79, 42, Stratenwerth SchwZStr 78, 69), so wird nicht nur das ausdrücklich verlangte, sondern bereits das einverständliche Sterbenlassen nicht vom Tatbestandsbereich des § 216 erfaßt (vgl. Eser in Auer/Menzel/Eser 108 f.; iE ebso. Bockelmann II/2 S. 17, Detering JuS 83, 419, Jähnke LK 9 sowie 13, 24 vor § 211, Krey I 80 ff., W-Hettinger 162). Andernfalls ist bei Sterbenlassen in Respektierung der im Sterbeverlangen zum Ausdruck kommenden Hilfsverweigerung die Zumutbarkeit aufgedrängter Hilfe bzw. die nach § 13 erforderliche Gleichwertigkeit zu verneinen (vgl. Gössel I 98, Simson Schwinge-FS 98 f., ferner 154 vor § 13). Somit kann § 216 durch Unterlassen lediglich für die (freilich nicht seltenen) Fälle praktisch werden, in denen dem Sterbeverlangen die Freiverantwortlichkeit gefehlt hat und damit objektiv § 212 verwirklicht ist (vgl. 37, 40 vor § 211 sowie o. 4), der Garant jedoch das Verlangen für ernstlich hielt; hier muß ihm, sofern nicht – wegen Annahme eines freiverantwortlichen Suizids und damit mangels Fremdtötungs-

vorsatzes – ohnehin bereits die Strafbarkeit zu verneinen ist, zumindest § 216 über § 16 II zugute kommen (iE ebso. Horn SK 14).

11 5. Besondere Schwierigkeiten kann die **Abgrenzung von Tötung auf Verlangen** gegenüber (strafloser) **Teilnahme an der Selbsttötung** (35 vor § 211) bereiten. Bedeutsam ist dies jedoch nur für solche Fälle, in denen sich der Tatbeteiligte nicht nur auf Tatanstöße, Ratschläge oder Vorbereitungshilfen beschränkt, sondern unmittelbar in das Tötungsgeschehen hineinziehen läßt. Soweit es dabei um bloßes *Nichtabhalten* eines freiverantwortlich handelnden Suizidenten durch einen Beschützergaranten geht, scheidet § 216 bereits nach den bei 10 angeführten Gründen aus (zur Gegenauffassung nach Eintritt der Handlungsunfähigkeit des Suizidenten vgl. 42 vor § 211). Soweit die Tötung dagegen *aktiv* mitbewirkt wird (Aufdrehen des Gashahns, Einflößen des Giftes), ist das maßgebliche Abgrenzungskriterium noch sehr umstritten (vgl. Arzt ZStW 83, 33 ff.). Daß die allgemeinen Täterschaftskriterien (Täterwille, Tatherrschaft) dafür nicht taugen, weil für § 216 gerade typisch ist, daß sich der Täter dem Willen des Getöteten unterwirft (vgl. Blei II 29 f.), mußte selbst der BGH einräumen, indem er sein anfängliches Abheben auf den Täterwillen (BGH **13** 166 f.) zugunsten einer Tatherrschaftsbetrachtung aufgab (BGH **19** 138 f., MDR/D **66**, 382, NJW **87**, 1092 m. Anm. Herzberg JuS 88, 771, NStZ 89, 559, Roxin NStZ 87, 345; ebenso Busch LK[9] § 49 RN 23, Herzberg JuS 75, 37 f., Kohlhaas LM Nr. 3 zu § 216; ähnl. diff. Jähnke LK 13 nach dem „Schwergewicht des Tatbeitrags"); dagegen für Anwendung der allg. Abgrenzungskriterien Schroeder ZStW 106, 574 ff.). Wenn jedoch für eine solche Tatbeherrschung durch den Täter kennzeichnend sein soll, daß das Opfer „duldend von ihm den Tod entgegennimmt" (BGH **19** 139; ähnl. Arzt/Weber I 91: „sich in die Hand eines anderen gibt"), so wird übersehen, daß selbst bei duldender Hinnahme des Lebensmüde das Geschehen dadurch nicht beherrschen kann, daß es von seiner Entscheidung abhängig bleibt, ob das Tun des Beteiligten zum Erfolg führt oder (zB durch Verweigerung der Gifteinnahme, Verlassen des Zimmers) scheitert (vgl. Horn SK 10, Roxin, Täterschaft[7] 567 ff.). Stattdessen den Bereich des § 216 auf die Fälle einzuengen, in denen sich der Getötete auf eine reine *Anstiftungs*tätigkeit beschränkt (Dreher MDR 64, 338), vermag auch in der (inzwischen offenbar zurückgenommenen) Verfeinerung dieser Auffassung durch Horn SK (1983) 11 nicht voll zu überzeugen; denn ob der Getötete lediglich um Öffnung des Gashahnes zu bitten braucht (dann § 216) oder sich dazu selbst noch in einen anderen Raum begeben muß (dann straflose Teilnahme), mag zwar ebenso wie dort, wo er sich den Tod auch selbst geben könnte, für die Ernstlichkeitsfrage relevant sein, nicht dagegen für die Abgrenzung bloßer Suizidteilnahme von täterschaftlicher Tötung. Entscheidend muß vielmehr sein, ob sich das Geschehen letztlich als Selbst- oder als Fremdverfügung darstellt: Soll dem *Getöteten* bis zum letzten Tatbeitrag des anderen noch die *freie Entscheidung* über Leben und Tod verbleiben (durch Verlassen des Raumes, Zurückweisen des Bechers), so handelt es sich um bloße Suizidbeihilfe, andernfalls (so beim Schuß mit der Waffe, dem Zuziehen der Schlinge, der tödlichen Spritze) um täterschaftliche Tötung auf Verlangen. Versteht man „Beherrschung des Tötungsgeschehens" iS dieses bereits von Schröder (12. A. Anm. 17) entwickelten Ansatzes, so läßt sich eine gewisse Übereinstimmung konstatieren (vgl. insbes. Roxin, Täterschaft[7] 567 ff., der allerdings in Anm. NStZ 87, 347 f. zu BGH NJW **87**, 1092 – ähnl. wie Hohmann/König NStZ 89, 304 f., Neumann JA 87, 244 ff. – durch Abheben auf das in Eigenverantwortlichkeit unternommene „in die eigene Hand nehmen" der Selbsttötung den straffreien Suizidteilnahmebereich noch weiter ausdehnt und damit auf scharfe Kritik gestoßen ist [vgl. Herzberg JuS 88, 771, NStZ 89, 559], ferner Blei II 30, Hanack in Hiersche 150, Krey I 103 ff., Lackner 24, M-Schroeder I 28, Paehler MDR 64, 648 f., Welzel 286, W-Hettinger 161 ff.; unscharf, aber wohl iglS Bottke aaO 236 ff.; dazu Jakobs ZStW **95**, 675; spez. zum Fall Hackethal vgl. München NJW **87**, 2940, Herzberg NJW 86, 1635 ff.; in umgekehrte Richtung den Bereich des § 216 weiter ausdehnend, indem – durch Unterlaufen der auf die Letztverantwortung abhebenden Grenzziehung – trotz Eigenverantwortlichkeit des Opfers durch Annahme eigener *Mit*beherrschung des Tötungsgeschehens nach § 216 strafbar sein soll, Kutzer NStZ 94, 111 f.; grds. abw. Merkel aaO 84 ff., wonach iSe „weichen Paternalismus" auf die „Innenperspektive des individuellen Suizidenten" abzuheben sei; zutr. krit. dazu Roxin GA-FS 180 ff.). Nach der hier vertretenen Abgrenzung macht sich auch beim einseitig fehlgeschlagenen *Doppelselbstmord* der Überlebende nur dann nach § 216 strafbar, wenn nach dem letzten von ihm erbrachten Tatbeitrag (zB durch Einleiten der Abgase in den PKW) dem Opfer nicht mehr die Möglichkeit verbleibt, sich dem tödlichen Erfolg (etwa durch Aussteigen) zu entziehen; daher iE fragwürdig BGH **19** 135 (vgl. auch Eser III 45 ff. sowie Roxin, Täterschaft[7] 568 mwN).

11 a Nach den gleichen Kriterien wie zuvor ist im Falle eines sich letztlich als tödlich realisierenden Risikos zwischen der **Veranlassung einer Selbstgefährdung** und **einverständlicher Fremdgefährdung** zu unterscheiden: Jeweils Freiverantwortlichkeit des Betroffenen vorausgesetzt ist ersteres schon mangels einer tatbestandsmäßigen Haupttat straflos (BGH **32** 262 m. Anm. Dach NStZ 85, 24, Horn JR 84, 511, Kienapfel JZ 84, 750, Otto Jura 84, 536, Tröndle-FS 157 f., Roxin NStZ 84, 411, BGH NStZ **85**, 25, Bay NStZ **97**, 341, Stuttgart VRS **67** 429), wobei allerdings diese Straflosigkeit der Beteiligung an eigenverantwortlicher Selbstgefährdung teils dadurch unterlaufen wird, daß nach Eintritt der Hilflosigkeit eine Rettungspflicht angenommen wird (BGH NStZ **85**, 319 m. krit. Anm. Roxin). Demgegenüber bedarf die einverständliche Selbstgefährdung, weil sie tatbestandsmäßig, grds. einer besonderen Rechtfertigung, und zwar nach den für die Einwilligung in riskante Handlungen geltenden Regeln (dazu 102 ff. vor § 32). Im Falle *mangelnder Freiverantwortlichkeit* des Betroffenen hingegen kommt je nach den subjektiven Vorstellungen der Veranlassenden mittelbare

Täterschaft (vgl. 37, 40 vor § 211) oder fahrlässige Tötung (vgl. 35 vor § 211, § 222 RN 3, 5) in Betracht.

Ist nach den vorgenannten Grundsätzen der Tod des Opfers dem Täter nicht zuzurechnen, so darf er auch **nicht** im Rahmen **anderer Delikte** berücksichtigt werden, zB wenn die Beihilfe zur Selbsttötung sich als fahrlässige Brandstiftung darstellt (§ 306 d iVm § 306 a II), durch die der Suizident ums Leben kommt (vgl. 47 vor § 211; and. Jähnke LK 21). Dagegen kann die Suizidbeihilfe bei einer Schwangeren als Beihilfe zum Schwangerschaftsabbruch strafbar sein (vgl. § 218 RN 26). **12**

III. Für **Rechtswidrigkeit und Rechtfertigung** gelten an sich die allg. Regeln (§ 212 RN 6 f.), wobei jedoch hier typischerweise nicht einmal für Notwehr Raum ist. Da selbst dem Verlangen des Opfers lediglich straf*mildernde* Kraft zukommt, enthält § 216 zugleich eine für die gesamte Rechtsordnung verbindliche **Einwilligungssperre** (Jähnke LK 17) gegenüber *aktiver* Fremdtötung (vgl. Bay NJW **57**, 1246), und zwar ohne Rücksicht auf Alter und Zustand des Betroffenen (vgl. LG Ravensburg NStZ **87**, 229). Diese Unverfügbarkeit des Lebens läßt sich sowohl aus Tabuisierungsgründen (vgl. Hirsch aaO 775 ff. gegen Schmitt aaO 113 ff.) wie auch aus Mißbrauchsabwehr (vgl. Arzt ZStW **83**, 36 f.) begründen. Daher ist auch für einen Rechtfertigungsgrund „Euthanasie" kein Raum (Möllering aaO 96 ff.; vgl. auch 24 vor § 211). Dagegen wird eine Rechtfertigung nach § 34 namentlich von solchen Autoren nicht ausgeschlossen, die – auf Kosten straffreier Suizidteilnahme bzw. strafloser Nichthinderung eines Suizids – den Tatbestandsbereich des § 216 eher weit fassen (so zB Herzberg JA 85, 131 f., 177 ff., 265 ff., NJW 86, 1638 ff.; vgl. auch Otto DJT-Gutachten 54 f., 58 f., 97 f.). Zu weiteren Strafeinschränkungen bei *passiver Sterbehilfe* vgl. o. 10 sowie 27 ff. vor § 211. **13**

IV. Für den **subjektiven Tatbestand** ist **Vorsatz** erforderlich, bedingter genügt (Jähnke LK 18). Über den Tötungserfolg (o. 3) hinaus muß der Vorsatz auf das objektive Vorliegen eines ausdrücklichen und ernsthaften Verlangens bezogen sein; andernfalls fehlt es bereits am Bestimmtwerden durch das Verlangen (o. 9). Nimmt der Täter ein solches **Verlangen irrtümlich** an (zB durch Verkennung der mangelnden Ernstlichkeit) oder bezieht er es fälschlich auf seine Person (vgl. o. 6), so kommt ihm § 216 nach § 16 II zugute (Tröndle 2, M-Schroeder I 53 f.; vgl. auch Gössel I 100 sowie o. 4). Fällt ihm bei seinem Irrtum *Fahrlässigkeit* zur Last, so bleibt davon unberührt (auf 216 gerichteter) Tötungsvorsatz unberührt (vgl. Horn SK 3) und § 222 ausgeschlossen (vgl. auch M-Schroeder I 54, Germann SchwZStr **54**, 361). Kennt **umgekehrt** der Täter ein tatsächlich vorliegendes Tötungsverlangen nicht, so scheidet § 216 schon deshalb aus, weil er sich nicht hat davon bestimmen lassen (vgl. o. 9). Statt dessen kommen die §§ 211, 212 zum Zuge (vgl. Horn SK 3). Zu etwaigen Verbotsirrtümern vgl. Jähnke LK 18 f. **14**

15

V. Der strafbare **Versuch (Abs. 2)** setzt voraus, daß sich der Täter von einem (tatsächlichen oder vermeintlichen) Sterbeverlangen bestimmen läßt (vgl. o. 4, 14); andernfalls greift § 212 ein (o. 15). Versuch durch *Unterlassen* scheidet aus: sofern der Unterlassende von der Freiverantwortlichkeit des Verlangenden ausgeht, fehlt ihm bereits der Entschluß zu einem tatbestandlich erfaßbaren Verhalten (vgl. o. 10, Jähnke LK 20), hält er den Verlangenden für nicht freiverantwortlich, greifen die §§ 211, 212 ein (vgl. 37 vor § 211). **16**

VI. 1. Täter des § 216 kann nur sein, wer als (tatsächlicher oder vermeintlicher) Adressat des Sterbeverlangens getötet hat (vgl. o. 6, 14, Jähnke LK 10). War das Verlangen etwa ausschließlich an den Arzt gerichtet, so bleibt die an der Ausführung täterschaftlich mitwirkende Krankenschwester *mittäterschaftlich* nach § 212 strafbar (Jähnke aaO), wobei jedoch wegen der selbständigen Natur des § 216 (o. 2) die Bezeichnung der beiden als „Mittäter" ausgeschlossen ist (vgl. § 25 RN 87), was aber lediglich für den Urteilstenor Bedeutung hat (Horn SK 13). **17**

2. Teilnahme kommt idR nur in Form von Beihilfe in Betracht, jedoch ist Anstiftung nicht grundsätzlich ausgeschlossen (Jähnke LK 10, Mitsch JuS 96, 312; and. Horn SK 13): so wenn der Arzt durch Angehörige veranlaßt wird, dem Sterbeverlangen des Schwerleidenden nachzukommen. Da es sich dabei nicht um ein ausschließlich tatbezogenes, sondern auch um ein *täterbezogenes* Merkmal (Mitleidsmotivation) handelt (vgl. o. 1), ist § 28 anwendbar (vgl. Jähnke LK 10), und zwar wegen des auch bei selbständigem Charakter des § 216 (o. 1) nicht ausgeschlossen (vgl. 7 vor § 211). Demzufolge kann § 216 nur dem Tatbeteiligten zugute kommen, der durch das Sterbeverlangen bestimmt wird. Nach der Gegenauffassung (Horn aaO, Schröder 17. A. RN 16) ist der Teilnehmer akzessorisch aus § 216 zu verurteilen, und zwar selbst dann, wenn er selbst nicht durch das Sterbeverlangen zur Beteiligung bestimmt wurde. Hat er von dessen Vorliegen jedoch nichts gewußt, ist er mangels Vorsatzes iSv § 216 nach § 212 strafbar (vgl. o. 15). Dies hat dann auch für den umgekehrten Fall zu gelten, daß zwar der Teilnehmer ein Sterbeverlangen hat unterstützen wollen, der Täter selbst sich davon jedoch nicht hat leiten lassen. Falls der Gehilfe diesen Mangel nicht erkennt, kann ihm § 216 aber über § 16 II zugute kommen (vgl. o. 14). Das *Opfer* selbst bleibt auch bei mißglücktem Tötungsversuch straflos: *notwendige* Teilnahme (46 f. vor § 25, M-Schroeder I 54; grdl. dazu Gropp, Deliktstypen mit Sonderbeteiligung, 1992, insbes. 182, 341, 343). **18**

VII. Idealkonkurrenz ist möglich mit Mord oder Totschlag, wenn durch dieselbe Handlung eine weitere Person getötet wird, der gegenüber die Voraussetzungen von § 216 nicht vorliegen (RG **53** 293). Über das Verhältnis zu den §§ 223 ff. vgl. § 212 RN 14 ff., insbes. 25 f. **19**

§ 217 Kindestötung *aufgehoben durch Art. 1 Nr. 35 des 6. StrRG (vgl. aber § 213 RN 1, 15 ff.).*

§§ 218 ff. Vorbem

Vorbemerkungen zu den §§ 218 bis 219 b (Schwangerschaftsabbruch)
Stichwortverzeichnis
Zahlen in Normalschrift bedeuten die RN zu den §§ bzw. zu den Vorbem.

Abbrechender Arzt, s. Arzt
Abbruchsfristen, s. Fristen
Abortive Mittel **218** 13 f., 20 f., **219 a** 4, **219 b** 2, s. a. Schwangerschaftsabbruch
Absaugung **218** 20, **219 a** 4
Absterben der Leibesfrucht, s. Leibesfrucht
Abtöten der Leibesfrucht, s. Leibesfrucht
Abtreibung **218** 4, s. a. Schwangerschaftsabbruch; Fremd- **218** 1 ff., 29, 51, 55 ff.; Laien- Vorbem. 12, 18 **218** 59, **218 a** 58; Selbst- **218** 1 ff., 30, 51
Abtreibungspille, s. RU 486
Adoption **218 a** 35
Anbieten, Ankündigen, Anpreisen von Diensten und Mitteln zum Schwangerschaftsabbruch **219 a** 2 ff.
Approbation, Erfordernis der – s. Arzt
Arzt, *allgemein:* Abbruch durch – Vorbem. 27 ff., **218 a** 10, 70; Beratung durch – s. Beratung u. beratender Arzt; Strafbarkeit des – Vorbem. 27 ff.; Weigerungsrecht des –, s. Weigerungsrecht
abbrechender –: Vorbem. 28, **218 a** 10, 58 ff., 70; ärztliche Untersuchung **218 c** 9; Approbationserfordernis des – **218 a** 58; Gelegenheit zur Darlegung der Abbruchsgründe **218 c** 4; Identität des – mit beratendem u. indikationsfeststellendem – s. Identität; Letztverantwortung des – **218 b** 16; Prüfungspflicht des – **218 a** 64; Täterschaft und Strafbarkeit des – Vorbem. 28 ff., **218** 2, 59 ff., **218 a** 80 ff., **218 b** 1, 20 **218 c** 1 ff., **219** 24
beratender –: Vorbem. 30, **218** 53, **218 a** 71, 79 f., **219** 19, s. a. Beratung; Identität mit abbrechendem Arzt s. Identität
indikationsfeststellender –: Vorbem. 29, **218** 53, **218 b** 1, 23 ff.; Approbationserfordernis **218 b** 8; Identität mit abbrechendem – s. Identität; Feststellungsbefugnis **218 b** 1 ff.; Feststellungspflicht des – **218** 39, 81 ff., Strafbarkeit des – Vorbem. 29, **218** 53, **218 b** 21, 23 ff.
Ärztliche Beratung, s. Beratung
Ärztliche Kunstregeln **218 a** 59 f., 82
Ausland, Abbruch im – Vorbem. 42 ff.
Ausschabung **218** 13
Ausspülung **218** 13

Berater, s. Beratung
Beratender Arzt, s. Arzt
Beratung
allgemein: Vorbem. 7 ff., 17, **218** 64, **218 a** 2 ff., 79, **219** 1 ff.
ärztliche –: **218 a** 1, 79 f., **218 c** 5 ff.
Bescheinigung **218 a** 7, **219** 16
Indikation und – Vorbem. 19, **218 a** 25, **218 c** 10, **219** 1
Konflikt-: **219** 4, 6
Straffreiheit nach –, Vorbem. 6 ff., 17, **218** 33, **218 a** 2 ff., **219** 22 ff.
Ziel der – Vorbem. 7 f., **219** 24
Beratungsmodell, Vorbem. 6 ff., **218 a** 3
Beratungsstelle **218 a** 71, **219** 18 ff., **219 a** 10
DDR: Fortgeltung Vorbem. 5, 47 ff.
Dritter, Beteiligung – am Schwangerschaftsabbruch Vorbem. 32, **218** 51 ff.; – an der Beratung **219** 12

Eihautstich **218** 20
Einnistung, s. Nidation

Einrichtung zur Vornahme von Abbrüchen **218 a** 82
Einwilligung der Schwangeren, s. Schwangere; – des Mannes **218 a** 62
Embryo **218** 4 ff., s. a. Leibesfrucht
Embryonenschutzgesetz Vorbem. 10 f., 34 f., **218** 1, 18
Empfängnisverhütung Vorbem. **219** 10
Eröffnungswehen Vorbem. 40, **218** 20
Eugenik **218 a** 38
Eugenische Indikation, s. Indikation

Fetozid s. Mehrlingsreduktion
Förderungshandlungen Vorbem. 44, **219 a** 1 ff., **219 b** 1 ff.
Fremdabtreibung, s. Abtreibung
Fristen
– allgemein Vorbem. 33 ff., **218** 10 ff., **218 a** 1 ff., 72; – für Beratung **218 a** 11; – embryopathische Indikation – Vorbem. 38, **218 a** 43; – kriminologische Indikation **218 a** 53; – medizinische Indikation **218 a** 42; Karenzfristen **218 a** 8, **219** 13, **218 b** 13
Fristenmodell Vorbem. 3
Früheuthanasie Vorbem. 41, **218 a** 43
Frühgeburt Vorbem. 40, **218** 22 ff.
Frühphase Vorbem. 10, 34 f., **218** 1

Geburt, s. a. Frühgeburt; Geburtsvorgang Vorbem. 40 f.; Notstandstötung i. d. – Vorbem. 41; Tötung i. d. – Vorbem. 40 f., **218** 19
Gegensätze z. Schwangerschaftsabbruch, s. Schwangerschaftsabbruch

Hirntod, s. Schwangere

Identität zw. beratendem u. abbrechendem Arzt Vorbem. 27 ff., **218 c** 10; zw. indikationsfeststellendem u. abbrechendem Arzt Vorbem. 27 ff., **218 b** 12
Indikation
embryopathische – Vorbem. 8, 37, **218 a** 20, 37 ff.
eugenische – **218 a** 20, s. embryopathische
genetische – s. embryopathische
kindliche – s. embryopathische
kriminologische – Vorbem. 8, 37, **218 a** 20, 45 ff.
medizinisch-soziale – Vorbem. 8, 37, **218 a** 20, 26 ff.
Notlagen- Vorbem. 7 f., **218 a** 20, 26 ff.
Rechtfertigung durch – Vorbem. 18, **218 a** 21
soziale – s. Notlagen-
System der – **218 a** 23
Indikationsarzt, s. Arzt
Indikationsfeststellung Vorbem. 22, **218** 53, **218 a** 81, **218 b** 1 ff.; Befugnis zur – **218 b** 7 ff.; bewußt falsche – **218 b** 23 ff.; Form der – **218 b** 6; mißbräuchl. Ausübung der – **218 b** 23; Schwangerschaftsabbruch ohne – **218 b** 3 ff.; Untersagung der – **218 b** 32 ff.
Indikationsmodell Vorbem. 2 ff., **218 a** 1
Insemination **218** 7
Irrtum s. bei Schwangerschaftsabbruch

Karenzfristen, s. Fristen
Konfliktberatung, s. Beratung

Schwangerschaftsabbruch

Kontrollvorschriften, ergänzende **218 a** 78
Kriminologische Indikation, s. Indikation
Kürettage, s. Abtreibung

Laienabtreibung, s. Abtreibung
Leben
  Lebensgefahr für Schwangere **218 a** 28
  Lebensrecht des Ungeborenen Vorbem. 9, **218 a** 34, **219** 4
  Rechtsqualität des ungeborenen – Vorbem. 9 f., **218** 25
Leibesfrucht **218** 4 ff.
  Abtöten der – **218** 4 ff., s. Schwangerschaftsabbruch
  Absterben der – **218** 5 ff., 44

Medizinische Indikation, s. Indikation
Mehrlingsschwangerschaft, – reduktion Vorbem. 9, **218** 8, **218 a** 31, 34, 40 f.
Meldepflicht s. Statistik
Mole **218** 7
Morning-after-pills **218** 13, **219 b** 2

Neugeborenes **218** 19, 23 f., 69, **218 a** 43
Nidation Vorbem. 34 ff., **218** 1, 10 f.; Abschluß der – **218** 14; – hemmende und -verhindernde Mittel Vorbem. 34 ff., **218** 10, 16, **219 b** 2; – Zeitpunkt der – Vorbem. 37, **218** 11, 15
Nothilfe zugunsten des Embryos **218** 38
Notlagenindikation, s. Indikation
Notstand beim Schwangerschaftsabbruch Vorbem. 2 ff., **218** 37
  – Tötung in der Geburt, s. Geburt
Perforation Vorbem. 41
Pessare **218** 13, **219 b** 2
Prostaglandine **218** 20, **219 a** 4, **219 b** 2
Prüfungspflicht s. Arzt

Rechtsgut beim Schwangerschaftsabbruch, s. Schwangerschaftsabbruch
Reform des § 218 Vorbem. 2 ff.
RU 486 **218** 21

Schwangere
  Einverständnis der – **218** 32; Einwilligung der – **218** 34, 58, **218 a** 61 f., 84; hirntote – **218** 27; Privilegierung der – **218** 62 ff., **218 a** 66 ff.; Selbsttötung der – **218** 26; Strafbarkeit der – Vorbem. 26, **218** 62 ff., **218 b** 20, **218 c** 12, **219 b** 8; Verlangen der – **218** 9; Weigerungsrecht der –, s. Weigerungsrecht
Schwangerschaft
  Schutzphasen bei – Vorbem. 33 ff.; Zumutbarkeit der – **218 a** 32 ff., 39
Schwangerschaftsabbruch, Begriff **218** 1 ff.
  Anbieten, Anpreisen, Ankündigen zum –, s. Anbieten

Vorbem. §§ 218 ff.

Besonders schwerer Fall **218** 57 ff.
Gegenstände zum – **218** 20 ff., **219 b** 2, **219 a** 4
Indikationen beim –, s. Indikation
Inverkehrbringen von Mitteln zum illegalen – **219 b** 1 ff.
Irrtum beim – **218** 42
Mittel zum –, s. Gegenstände und Abortive Mittel
Notstand beim –, s. Notstand
partieller – **218 a** 34, 40, s. auch Mehrlingsschwangerschaft
Recht auf – **218 a** 84
Rechtfertigung des – Vorbem. 18 f., 41, **218** 33 ff., **218 a** 21 ff.
Rechtsgut beim – Vorbem. 9 ff., **218 b** 1
Rechtswidrigkeit des – **218** 33, **218 a** 13 ff.
Strafbarkeit des – **218 a** 1, 78
Täterschaft beim – **218** 28 ff.
Teilnahme am – **218** 51 ff.
Unterlassen des – **218** 54
Verbreiten von Schrifttum zum – **219 a** 7
Verhinderung des – durch Notwehr, Nothilfe **218** 38
Verfahren des – **218** 13 f., 20 f., **219 a** 4, **219 b** 2
Versuch des – **218** 45 ff.
Schwangerschaftskonfliktgesetz Vorbem. 8, **219** 1
Soziale Indikation, s. Indikation
Soziales Umfeld, Strafbarkeit Vorbem. 7 f.
Statistik Vorbem. 46
Systematik der §§ 218–219 b Vorbem. 14 ff.

Tatbestandsausschluß Vorbem. 17, **218 a** 4 ff., 12 ff.
Tötung i. d. Geburt, s. Geburt
  Selbst- der Schwangeren, s. Schwangere

Unterlassen, s. Schwangerschaftsabbruch
Untersagung der Indikationsfeststellung **218 b** 32

Vakuumaspiration, s. Absaugung
Verbreiten von Schriften z. Schwangerschaftsabbruch **219 a** 7
Vergewaltigung **218 a** 47
Verlangen der Schwangeren, s. Schwangere
Versuch, s. Schwangerschaftsabbruch
Vollendung **218** 44
Vorbereitungshandlungen Vorbem. 23, **218** 47

Wahlfeststellung **218** 70
Weigerungsrecht des Arztes **218 a** 84 ff., **218 b** 17; Grenzen des – **218 a** 86; – des Indikationsarztes **218 b** 17; – des Personals **218 a** 84 f.; – der Schwangeren **218 a** 84 f.; – des Krankenhausträgers **218 a** 84 f.
Werbung für Mittel zum Schwangerschaftsabbruch **219 a** 1 ff.

Zumutbarkeit der Schwangerschaft, s. Schwangerschaft

Aus dem *neueren Schrifttum* (zum *älteren* vgl. 19. A. u. 24. A.): *Albrecht*, Schwangerschaftsabbruch, in *Eser/Kaiser/Weigend*, II. dt.-poln. Koll. über Strafrecht u. Kriminologie, 1986, 195. – *Amtenbrink/Heidenreich/Petersen*, Schwangerschaftsabbruch als Konflikt für den ausführenden Arzt, 1991. – *Arndt/Erhard/Funke*, Der § 218 StGB vor dem BVerfG (Dokumentation), 1979. – *Augstein/Koch*, Was man über den Schwangerschaftsabbruch wissen sollte, 1985. – *Baumann*, Das Abtreibungsverbot des § 218, 1971. – *Ders.*, Gefahren eines Indikationsmodells beim Schwangerschaftsabbruch, H. Schultz-FG 134. – *Baumann/Günther/Keller/Lenckner*, § 218 StGB im vereinten Deutschland. Die Gutachten der strafrechtlichen Sachverständigen, 1992. – *Beckel*, § 218 – Abtreibung in der Diskussion, 1972. – *Beckmann*, Embryonenschutz u. Grundgesetz, ZRP 87, 80. – *Ders.*, Zur Verfassungswidrigkeit der „neuen" Fristenregelung, MDR 92, 1093. – *Belling*, Ist die Rechtfertigungsthese zu § 218 a StGB haltbar?, 1987. – *Bemmann*, Zur Frage der Strafwürdigkeit der Abtreibung, ZStW 83, 81. – *Bernsmann*, Forum: Schwangerschaftsabbruch zwischen „Töten" u. „Sterbenlassen", JuS 94, 9. – *Böckle*, Schwangerschaftsabbruch, 1981. – *Brießmann*, Grundlinien einer verfassungskonformen Regelung des Schwangerschaftsabbruchs, JR 91, 397. – *Brugger*, Abtreibung – ein Grundrecht oder ein

§§ 218 ff. Vorbem

Verbrechen?, NJW 86, 896. – *Büchner,* Kein Rechtsschutz für ungeborene Kinder?, ZRP 91, 431. – *Däubler-Gmelin u. a.,* § 218. Der tägliche Kampf, 1987. – *Damm,* Technolog. Entwicklung u. rechtl. Subjektivierung, KritV 91, 279. – *Demel,* Abtreibung zw. Straffreiheit u. Exkommunikation, 1995. – *Denninger,* Schwangerschaftsabbruch, Mahrenholz-FS 561. – *Deutsch,* Embryonenschutz in Deutschland, NJW 91, 721. – *Dreier,* Menschenwürdegarantie u. Schwangerschaftsabbruch, DÖV 95, 1036. – *Dworkin,* Die Grenzen des Lebens, 1994. – *Eberbach,* Forschungen an menschl. Embryonen, ZRP 90, 217. – *Enigl/Perthold,* Der weibl. Körper als Schlachtfeld, 1993. – *Eser,* Reform der Schwangerschaftsunterbrechung, Med. Welt 71, 721. – *Ders.,* Konzeptionsverhütung u. Schwangerschaftsabbruch bei geistig behinderten Adoleszentinnen, in *Müller/Olbing,* Ethische Probleme in der Pädiatrie, 1981, 105. – *Ders.,* Reform des Schwangerschaftsabbruchsrechts: Entwicklung u. gegenwärtiger Stand, in: *Eser/Kaiser/Weigend* (s. Albrecht) 123. – *Ders.,* Neuartige Bedrohungen ungeborenen Lebens, 1990. – *Ders.,* Schwangerschaftsabbruch zw. Grundwertorientierung u. Strafrecht, ZRP 91, 291. – *Ders., G.* Radbruchs Vorstellungen zum Schwangerschaftsabbruch, Spendel-FS 475. – *Ders.,* Neuregelung des Schwangerschaftsabbruchs vor dem Hintergrund des Embryonenschutzgesetzes, Schwartländer-FS 183. – *Ders.,* Das neue Schwangerschaftsabbruchsstrafrecht auf dem Prüfstand, NJW 92, 2913. – *Ders.,* Zur Rechtsnatur der „Allg. Notlagenindikation" zum Schwangerschaftsabbruch, R. Schmitt-FS 171 (die Beiträge von ZRP bis Schmitt-FS auch in *Eser/Koch,* Neuregelung). – *Ders.,* Schwangerschaftsabbruch: Auf dem verfassungsgerichtl. Prüfstand, Rechtsgutachten im Normenkontrollverfahren zum SFHG, 1994. – *Ders.,* Schwangerschaftsabbruch: Reformversuche in Umsetzung des BVerfG-Urteils, JZ 94, 503. – *Eser/Hirsch,* Sterilisation u. Schwangerschaftsabbruch, 1980. – *Eser/Koch,* Schwangerschaftsabbruch im intern. Vergleich, Teil 1: Europa, 1988; Teil 2: Außereuropa, 1989; Teil 3: Rechtsvergleich. Querschnitt – Rechtspol. Schlußbetrachtungen – Dok. zur neueren Rechtsentwicklung, 1999. – *Dies.,* Schwangerschaftsabbruch: Auf dem Weg zu einer Neuregelung, 1992. – *Esser,* Der Arzt im Abtreibungsstrafrecht, 1992. – *Fezer,* Zum gegenwärtigen Stand der Reform des § 218 StGB, GA 74, 65. – *Fleisch,* Die verfassungsrechtl. Stellung des Vaters, 1987. – *Frankowski/Cole,* Abortion and Protection of the Human Fetus, 1987. – *Frommel,* Strategien gegen die Demontage der Reform der §§ 218 ff. StGB in der Bundesrepublik, ZRP 90, 351. – *Dies., Vorschläge für eine Neufassung des § 218 StGB/BRD, NJ 90, 329.* – *Dies.,* § 218: Straflos, aber rechtswidrig, KJ 93, 324. – *Dies.,* Höchstrichterliche Folgen, NKrimJ 93, 7. – *Gante,* § 218 in der Diskussion, 1991. – *Geddert,* Abtreibungsverbot u. Grundgesetz, in *Lüderssen/Sack,* Vom Nutzen u. Nachteil der soz. Wiss. f. d. Strafrecht II, 1980, 333. – *Geiger,* Die Rechtswidrigkeit des Schwangerschaftsabbruchs, FamRZ 86, 1. – *Ders.,* Der Schwangerschaftsabbruch, Tröndle-FS 647. – *Geiger/von Lampe,* Das 2. Urteil des BVerfG zum Schwangerschaftsabbruch, Jura 94, 20. – *Geilen,* Zum Schwangerschaftsabbruch an der Anfangsgrenze des Lebens, ZStW 103 (1991), 829. – *Gescher,* Rechtsprobleme des Schwangerschaftsabbruchs bei Anenzephalen, 1994. – *Glöckler/Schad/Schily/Debes,* Lebensschutz u. Gewissensentscheidung, 1992. – *Grandke,* Kann Schwangerschaftsabbruch durch das Strafrecht verhindert werden?, NJ 90, 542. – *Dies.,* Anm. zum Urteil des BVerfG zu § 218 StGB, NJ 93, 347. – *Gropp,* Der straflose Schwangerschaftsabbruch, 1981. – *Ders.,* § 218 a StGB als Rechtfertigungsgrund, GA 88, 1. – *Ders.,* Das 2. Urteil des BVerfG zur Reform des § 218 ff. – ein Schritt zurück?, GA 94, 147. – *Ders.,* Der Grundsatz des absoluten Lebensschutzes (usw.), Brauneck-FG 285. – *Ders.,* Der Embryo als Mensch (usw.), GA 00, 1. – *Günther,* Der Diskussionsentwurf eines Embryonenschutzgesetzes, GA 87, 433. – *Ders.,* Strafrechtsdogmatik u. Kriminalpolitik im vereinten Deutschland, ZStW 103 (1991), 851. – *Ders.,* Die Gesetzentwürfe zur Reform des Abtreibungsstrafrechts, MedR 92, 65. – *Ders.,* Klassifikation der Rechtfertigungsgründe, Spendel-FS 189. – *Günther/Keller,* Fortpflanzungsmedizin u. Humangenetik – Strafrechtl. Schranken?, 1987. – *Häußler-Sczepan,* Arzt u. Schwangerschaftsabbruch, 1989. – *Häußler/Holzhauer,* Die Implementation der reformierten §§ 218 f. StGB, ZStW 100 (1988) 817. – *Dies.,* Schwangerschaft u. Schwangerschaftsabbruch, 1989. – *Hanack,* Künstliche Eingriffe in die Fruchtbarkeit, in *Göppinger,* Arzt und Recht, 1966, 11. – *Ders.,* Zum Schwangerschaftsabbruch aus sog. kindlicher Indikation als Grenzproblem, Noll-GedS 197. – *Hartmann,* Neuregelung des Schwangerschaftsabbruchsrechts, NStZ 93, 483. – *Hassemer,* Prozedurale Rechtfertigung, Mahrenholz-FS 731. – *Hauner/Reichart,* § 218. Zur aktuellen Diskussion, 1992. – *Heinemann,* Frau u. Fötus in der Prä- u. Perinatalmedizin aus strafr. Sicht, 2000. – *Hermes/Walther,* Schwangerschaftsabbruch zw. Recht u. Unrecht, NJW 93, 2337. – *Herzog,* Der Verfassungsauftrag zum Schutze des ungeborenen Lebens, JR 69, 441. – *Hesse,* Die verfassungsgerichtl. Kontrolle der Wahrnehmung grundrechtl. Schutzpflichten des Gesetzgebers, Mahrenholz-FS 541. – *Hetrodt,* Die Beratung nach § 218 – Parteien im Streit, 1995. – *Hiersche,* § 218 aus der Sicht eines Frauenarztes, Tröndle-FS 669. – *Ders.,* § 218 StGB Vom Lebensschutz- zum Arztschutzparagraphen?, Frauenarzt 91, 83. – *Hiersche/Jähnke,* Der todkranke Foetus, MDR 86, 1. – *Hilgendorf,* Ektogenese u. Strafrecht, MedR 94, 429. – *Ders.,* Scheinargumente (usw.), NJW 96, 758. – *Hinderer,* Gedanken über die künftige Regelung des Schwangerschaftsabbruchs, Baumann-FS 183. – *v. Hippel,* Besserer Schutz des Embryos vor Abtreibung?, JZ 86, 53. – *Hirsch,* Die „Pille danach", MedR 87, 12. – *Hoerster,* Ein Lebensrecht f. die menschl. Leibesfrucht?, JuS 89, 172. – *Ders.,* Abtreibung im säkularen Staat, 2. A. 1995. – *Ders.,* Beratung u. Lebensrecht im Konflikt, DÄBl 94, C-540. – *Hoffacker/Steinschulte/Fietz,* Auf Leben u. Tod, 1985. – *Hofmann,* Schwangerschaftsunterbrechung, 1974. – *Hülsmann,* Produktion u. Reduktion von Mehrlingen, 1992. – *Isensee,* Abtreibung als Leistungstatbestand der Sozialversicherung, NJW 86, 1645. – *Jerouschek,* Lebensschutz u. Lebensbeginn. Kulturgeschichte des Abtreibungsverbots, 1988. – *Ders.,* Vom Wert u. Unwert der pränatalen Menschenwürde, JZ 89, 279. – *Jüdes,* In-vitro-Fertilisation u. Embryo-Transfer, 1983. – *Jürgens/Pieper,* Demographische u. sozialmedizinische Auswirkungen der Reform des § 218, 1975. – *Jung/Müller-Dietz,* § 218 StGB – Dimensionen einer Reform, 1983. – *Juristen-Vereinigung Lebensrecht* Schriftenreihe, 1985 ff. – *Arth. Kaufmann,* Rechtsfreier Raum u. eigenverantwortliche Entscheidung, Maurach-FS 327. – *Ders.,* Rechtswidrig, rechtmäßig oder was?, JZ 92, 981. – *Kayßer,* Abtreibung u. die Grenzen des Strafrechts, 1997. – *Keller,* Die Formel „Dies gilt nicht" in strafrechtl. Vorschriften, Baumann-FS 227. – *Keller/Günther/Kaiser,* Embryonenschutzgesetz, 1992. – *Ketting/v. Praag,* Schwangerschaftsabbruch. Gesetz u. Praxis im intern. Vergleich, 1985. – *Klug,* eyn noch nit lebendig kindt, 1986. – *Kluth,* Zur Rechtsnatur der indizierten Abtreibung, FamRZ 85, 440. – *Ders.,* Der rechtswidrige Schwangerschaftsabbruch als erlaubte Handlung, FamRZ 93, 1382. – *Koch,* Landesbericht

Schwangerschaftsabbruch **Vorbem §§ 218 ff.**

BRD, in: Eser/Koch (s. o.) I 17. – *Ders.*, Recht u. Praxis des Schwangerschaftsabbruchs im intern. Vergleich, ZStW 97 (1985), 1043. – *Körner*, Ethik der menschl. Fortpflanzung, 1992. – *Krahl*, Abtreibung u. § 218 StGB, Jura 92, 393. – *Kriele*, Die neuen Abtreibungsregelungen vor dem GG, DVBl 92, 1457. – *Ders.*, Die nicht-therapeutische Abtreibung vor dem GG, 1992. – *KritV* Sonderheft 1/1993, Das Urteil zu § 218 – in Wortlaut u. Kommentar. – *Lackner*, Die Neuregelung des Schwangerschaftsabbruchs, NJW 76, 1233. – *Langer*, Verfassungsvorgaben für Rechtfertigungsgründe, JR 93, 1. – *Lauff/Arnold*, Der Gesetzgeber u. das „Retortenbaby", ZRP 84, 279. – *Laufhütte/Wilkitzki*, Zur Reform der Vorschriften über den Schwangerschaftsabbruch, JZ 76, 329. – *Leist*, Um Leben u. Tod, 3. A. 1992. – *Lenckner*, Der rechtfertigende Notstand, 1965. – *Lennartz*, Die elterl. Verantwortung, MedR 93, 179. – *Lenzen*, Staatl. Lebensschutzverweigerung, Tröndle-FS 723. – *Liebl*, Ermittlungsverfahren, Strafverfolgungs- und Sanktionspraxis beim Schwangerschaftsabbruch, 1990. – *Losch*, Lebensschutz am Lebensbeginn: Verfassungsrechtl. Probleme des Embryonenschutzes, NJW 92, 2926. – *Lübbe*, Das BVerfG hat gesprochen, KritV 93, 313. – *Lüttger*, Der Beginn der Geburt u. das Strafrecht, JR 71, 133. – *Müller-Emmert*, Die Vorschriften des 15. StÄG über den Schwangerschaftsabbruch, DRiZ 76, 164. – *Muth*, Die Diskussion über eine Reform des strafr. Abtreibungsverbots in der BRD bis zum 15. StRÄG, 1994. – *Oeter/Nohke*, Der Schwangerschaftsabbruch: Gründe, Legitimationen, Alternativen, 1982. – *Ostendorf*, Experimente mit dem „Retortenbaby", JZ 84, 595. – *Otto*, Die strafr. Neuregelung des Schwangerschaftsabbruchs, Jura 96, 135. – *Peters*, Der Schutz des neugeborenen, insbes. des mißgebildeten Kindes, 1988. – *Petersen*, Zum § 218 StGB, Frauenarzt 93, 1039. – *Priester*, Rechtsfreier Raum u. strafrechtl. Schwangerschaftsabbruch, A. Kaufmann-FS 499. – *Ders.*, Rechtstheoretische Überlegungen zur Reform des Abtreibungsrechts, Stree/Wessels-FS 869. – *Pursch*, § 218. Die Entscheidung, 1992. – *Raasch*, Frauenträume nach dem 2. Urteil des BVerfG zu § 218 StGB, Mahrenholz-FS 607. – *Rahardt-Vahldieck*, Unaufrichtigkeit des Gesetzes?, ZRP 93, 41. – *Ramm*, Die Fortpflanzung – ein Freiheitsrecht?, JZ 89, 861. – *v. Renesse*, §§ 218 f. StGB – eine unvollkommene Antwort auf ein unlösbares Problem, ZRP 91, 321. – *Roxin*, Entwicklung u. gesetzliche Regelung des Schwangerschaftsabbruchs, JA 81, 226, 542. – *Reis*, Das Lebensrecht des ungeborenen Kindes als Verfassungsproblem, 1984. – *Ders.*, Zur Mißbilligung des Schwangerschaftsabbruchs im Recht, 1992. – *Reiter/Keller*, Herausforderung Schwangerschaftsabbruch, 1992. – *Dies.*, Paragraph 218: Urteil u. Urteilsbildung, 1993. – *Roellecke*, Lebensschutz, „Schutz von Ehe und Familie" u. Abtreibung, JZ 91, 1045. – *Rudolphi*, Straftaten gegen das werdende Leben, ZStW 83, 105. – *Rüpke*, Schwangerschaftsabbruch u. Grundgesetz, 1975. – *Saerbeck*, Beginn u. Ende des Lebens als Rechtsbegriffe, 1974. – *Sachs*, Neuregelung des Schwangerschaftsabbruchs, JuS 94, 69. – *Sass*, Medizin u. Ethik, 1994. – *Sax*, Der verbrechenssystematische Standort der Indikationen zum Schwangerschaftsabbruch, JZ 77, 326. – *Schlingensiepen-Brysch*, Schwangerschaftsabbruch, ZRP 90, 224. – *Schöttler*, Von der Abtreibung zur Sterbehilfe, ZRP 92, 132. – *Schreiber*, Der Spielraum des Gesetzgebers bei der Neuregelung des Schwangerschaftsabbruchs, FamRZ 75, 669. – *Schroeder*, Abtreibung – Reform des § 218 (Dok.), 1972. – *Ders.*, Unaufrichtigkeit des Gesetzes, ZRP 92, 409. – *Schulte*, Unerwünschte Schwangerschaft, 1969. – *Schulz*, Verschlungene Wege des Lebensschutzes, StV 94, 38. – *Schünemann*, Quo vadis § 218 StGB?, ZRP 91, 379. – *Schutz/Siebers*, Ärztliche Schwangerschaftskonflikt-Beratung, DMW 85, 1175. – *Siebel*, Soziologie der Abtreibung, 1971. – *Simson/Geerds*, Straftaten gegen die Person u. Sittlichkeitsdelikte in rechtsvergleichender Sicht, 1969. – *Singer*, Praktische Ethik, 1984. – *Spieker*, Schwangerschaftsabbrüche. Zur Problematik der Statistik in der Bundesrepublik Deutschland, Jura 87, 57. – *Starck*, Abtreibung auf Grund Gewissensentscheidung?, JZ 93, 31. – *Ders.*, Der verfassungsrechtl. Schutz des ungeborenen menschlichen Lebens, JZ 93, 816. – *Steiner*, Der Schutz des Lebens durch das Grundgesetz, 1992. – *Stürner*, Schadensersatz für mißglückte Abtreibung, JZ 86, 122. – *Ders.*, Die Unverfügbarkeit ungeborenen menschl. Lebens (usw.), JZ 90, 709. – *Ders.*, Der strafreie Schwangerschaftsabbruch in der Gesamtrechtsordnung: Rechtsgutachten vor dem BVerfG, 1994. – *Tallen*, § 218 – Zwischenbilanz einer Reform, 1980. – *Tepperwien*, Praenatale Einwirkung als Tötung oder Körperverletzung?, 1973. – *Thomas/Kluth*, Das zumutbare Kind: Die 2. Bonner Fristenregelung vor dem BVerfG, 1993. – *Tröndle*, „Soziale Indikation" – Rechtfertigungsgrund?, Jura 87, 66. – *Ders.*, Der Schutz des ungeborenen Lebens in unserer Zeit, ZRP 89, 54. – *Ders.*, Das Menschenbild des GG u. die Neuregelung des Abtreibungsrechts, Spendel-FS 611. – *Ders.*, Das 2. Fristenlösungsurteil des BVerfG u. die Folgen, MedR 94, 356. – *Ders.*, Das SFHÄndG, NJW 95, 3009. – *Ders.*, Die Rechtsphilosophie N. Hoersters u. die Abtreibungsdebatte, GA 95, 249. – *Trube-Becker*, Abtreibung mit Todesfolge, Med. Kl. 74, 897. – *Ullrich*, § 218: Das Urteil des BVerfG aus der Sicht der Beratung u. Beratungsstellen, Frauenarzt 93, 1041. – *v. Voss*, Chancen für das ungeborene Leben, 1988. – *Vultejus*, Das Urteil von Memmingen, 1990. – *Weigend/Zielinska*, Das neue polnische Recht des Schwangerschaftsabbruchs, ZStW 106 (1994), 213. – *Weiß*, Das Lebensrecht des Embryos – ein Menschenrecht, JR 92, 182. – *Ders.*, Das Lebensrecht ungeborener Kinder u. ihr strafrechtlicher Schutz in der Schwangerschaft, JR 93, 449. – *Ders.*, Das Verfassungsgericht, der Prozeß u. das Recht, JA 94, 315. – *Ders.*, Die Strafbarkeit der Körperverletzung u. Tötung Ungeborener, GA 95, 373. – *Wilkitzki/Lauritzen*, Schwangerschaftsabbruch in der BRD, 1981. – *Wille*, Der Schwangerschaftsabbruch, in: Forster, Praxis der Rechtsmedizin, 1986, 220. – *Zuck*, Die gespaltene Gesellschaft – Abtreibungsdebatte ohne Ende?, MDR 91, 1118. – Zur Rechtslage in der ehemaligen DDR vgl. die Angaben u. 524. Vgl. ferner die Angaben zu §§ 218, 218 a, 218 b, 219 sowie zu § 223 RN 27, 53.

Gesetzesmaterialien: E 1962 §§ 140–142, AE-BT §§ 105–107. *Entwürfe zum 5. StrRG:* BT-Drs. VI/3434 (= RegE); BT-Drs. 7/375 (= SPD/FDP-Entwurf) m. Bericht des Sonderausschusses BT-Drs. 7/1981 (neu) (= *1. Ber.*); BT-Drs. 7/443 (= Müller-Emmert-Entwurf) m. Bericht des Sonderausschusses BT-Drs. 7/1982; BT-Drs. 7/554 (= CDU-Entwurf) m. Bericht des Sonderausschusses BT-Drs. 7/1983; BT-Drs. 7/561 (= Heck-Entwurf) m. Bericht des Sonderausschusses BT-Drs. 7/1984 (neu). *Entwürfe zum 15. StÄG* (Anpassung des 5. StrRG an BVerfGE 39 1): BT-Drs. 7/4128 (= SPD/FDP-ÄndE), BT-Drs. 7/4211 (CDU-ÄndE), dazu Bericht des Sonderausschusses BT-Drs. 7/4696 (= *2. Ber.*). Protokolle des Sonderausschusses: 6. Wahlperiode S. 2141 ff., 7. Wahlperiode S. 669 ff., 1277 ff., 1295 ff., 1323 ff., 1381 ff., 1401 ff., 1439 ff., 1517 ff., 1549 ff., 1557 ff., 1593 ff., 1631 ff., 2343 ff., 2353 ff., 2359 ff., 2393 ff., 2413 ff., 2451 ff. *Stenographische*

§§ 218 ff. Vorbem. 1, 2

Berichte der Verhdlgen d. 7. Dt. *Bundestages* S. 5729 ff., S. 6331 ff., S. 15 358 ff., 16 656 ff. *Entwürfe zum SFHG:* BT-Drs. 12/551 (= FDP-Entwurf), BT-Drs. 12/696 (= Entwürfe B 90/Die Grünen), BT-Drs. 12/841 (= SPD-Entwurf), BT-Drs. 12/989 (= Entwurf PDS/Linke Liste), BT-Drs. 12/1178 (neu) (= CDU/CSU-Entwurf), BT-Drs. 12/1179 (= Werner-Entwurf), BT-Drs. 12/12/2605 (neu) (= Gruppenentwurf); dazu Bericht des Sonderausschusses BT-Drs. 12/2875. *Entwürfe zur Änderung des SFHG:* BT-Drs. 12/6643 (= Regierungsentwurf), BT-Drs. 12/6669 (= SPD-Entwurf), BT-Drs. 12/6715 (= Entwurf B 90/Die Grünen), BT-Drs. 12/6944 (= Carsten-Geis-Entwurf), BT-Drs. 12/6988 (= Hüppe-Entwurf), BT-Drs. 12/6647, 6648, 7682 u. 7683 (Entwurf PDS/Linke Liste); dazu Bericht des Sonderausschusses BT-Drs. 12/7660; *der 13. Wahlperiode:* BT-Drs. 13/27 (= SPD-Entwurf), BT-Drs. 13/268 (= FDP-Entwurf), BT-Drs. 13/285 (= CDU/CSU-Entwurf), BT-Drs. 13/397 (= PDS-Entwurf), BT-Drs. 13/402 (= Entwurf B 90/Die Grünen), BT-Drs. 13/395 (= Hüppe-Entwurf). *Sonstige einschlägige Materialien:* BT-Drs. VI/2025, VI/3137, 7/376, 7/1753, 7/2099, 7/2318, 7/2319, 7/2411, 7/4876, 7/4932, 7/5022, 7/5627, BR- Drs. 58/72, 329/74, ferner Bericht der „*Kommission* zur Auswertung der Erfahrungen mit dem reformierten § 218 StGB", BT-Drs. 8/3630, 8/4160, 12/1716.

Übersicht zu den Vorbem. vor § 218

I. Entwicklungsgeschichte – Derzeitiger Stand	1 ff.
1. Grundlagen des geltenden Rechts ..	1
2. Entwicklung bis zum 2. BVerfG- Urteil	2 ff.
3. Konzeption des geltenden Schwangeren- und Familienhilfe(änderungs)gesetzes	8 ff.
II. Schutzgut – Verhältnis zum ESchG	9 ff.
III. Gesetzestechnik	14
1. Strafbegründungs- und Strafschärfungsnormen	15
2. Strafbefreiungsgründe	16 ff.
3. Ergänzende Schutz- und Kontrollvorschriften	22
4. Vorbereitungstatbestände	23
5. Außerstrafrechtliche Zusatzregeln ..	24
6. Unterschiedliche Strafbarkeit der Schwangeren, des Arztes und von Dritten	25
IV. Zeitliche Schutzphasen	33
1. Frühphase	34
2. von der Nidation bis 12. Woche	37
3. von 12. bis 22. Woche	38
4. Endphase	39
5. Abgrenzung Schwangerschaftsabschluß und Geburtsbeginn	40 ff.
V. Internationalstrafrechtliche Aspekte ...	42
1. Grundsätzliches – Straflosigkeit nach Tatortrecht	42 ff.
2. Strafbarkeit nach Tatortrecht	45
VI. Meldepflicht	46
VII. Räumlicher und zeitlicher Anwendungsbereich – Zeitweilige Rechtsuneinheitlichkeit in den Alten und Neuen Bundesländern	47 ff.
1. Grundsatz des mildesten Gesetzes ...	48
2. Schwangerschaftsabbruch im alten Bundesgebiet mit dortiger Lebensgrundlage	49
3. Schwangerschaftsabbruch im neuen Bundesland mit dortiger Lebensgrundlage	50
4. Auseinanderfallen von Wohnsitz- und Tatortrecht	51
5. Auslandstaten von Deutschen	52
6. Weitere Anwendbarkeit des DDR- Rechts	53
7. Schrifttum zum Schwangerschaftsabbruchsrecht in der DDR und zur Regelung im Einigungsvertrag	54

1   **I. 1. Grundlage des geltenden Rechts** über Schwangerschaftsabbruch sind die **§§ 218 bis 219 b** aufgrund von Art. 13 **SFHG** (Schwangeren- u. FamilienhilfeG = Ges. zum Schutz des vorgeburtlichen/werdenden Lebens, zur Förderung einer kinderfreundlicheren Gesellschaft, für Hilfen im Schwangerschaftskonflikt u. zur Regelung des Schwangerschaftsabbruches v. 27. 7. 92, BGBl I 1398) idF von Art. 8 **SFHÄndG** (Schwangeren- u. Familienhilfeänderungs G v. 21. 8. 95, BGBl I 1050). Damit wurde sowohl die bis dahin teils noch unterschiedliche Rechtslage in den alten und neuen Bundesländern (näher dazu 25. A. RN 47) als auch die vom BVerfG angeordnete Übergangslösung (u. 7) beseitigt und mit Wirkung vom 1. 10. 95 eine *einheitlich* für das *gesamte Bundesgebiet* gültige Rechtsgrundlage geschaffen (zu einigen erst am 1. 1. 96 inkraftgetretenen, die §§ 218 ff. jedoch nicht berührenden Vorschriften vgl. Art. 11 SFHÄndG). – **Ergänzende „flankierende" Maßnahmen** sozialpolitischer Art (wie Beratung zur Aufklärung und Familienplanung, soziale Hilfen, Versicherungs- und Kündigungsschutz bei legalem Schwangerschaftsabbruch) finden sich im Strafrechtsreform-Ergänzungsgesetz (StREG) v. 28. 8. 75 (BGBl I 2289; zu dessen Verfassungsmäßigkeit vgl. BVerfG NJW **77**, 31, **84**, 1805) sowie in Art. 1–12 SFHG und Art. 1–7, 9 SFHÄndG. Damit hat die wechselvolle Geschichte des Abtreibungsrechts auf der Basis eines **kombinierten Beratungs- und Indikationsmodells** bei ärztlichem Abbruch in Verbindung mit zusätzlichen Privilegierungen für die Schwangere einen bundeseinheitlichen Abschluß gefunden, der einen Mittelweg zwischen den zuvor in der BRD und der DDR geltenden Regelungsmodellen darstellt.

2   **2. Die Entwicklung zum heutigen Recht** verlief im wesentlichen in folgenden Schritten: Der ursprüngliche § 218, der vom Zeitpunkt der Empfängnis an jede Selbst- und Fremdabtreibung ausnahmslos unter Strafe gestellt hatte und damit manche historische Vorgänger an Strenge überbot (vgl. Dähn in Baumann, Abtreibungsverbot 329 ff., Simson/Geerds aaO 81 ff., Trommsdorf-Gerlich in Prot. VII 685 ff. sowie allg. zur Geschichte des Abtreibungsverbots Jerouschek aaO, Peters aaO bzw.

zum kirchl. Strafrecht Demel aaO), galt schon seit längerem als reformbedürftig (vgl. im einzelnen Eser in Eser/Kaiser/Weigend aaO 123 ff., Koch aaO 64 ff.). Denn auch nach zwischenzeitlicher Anerkennung der sog. *medizinischen Indikation* als rechtfertigendem „übergesetzlichem Notstand" (RG 61 242) im Jahre 1927 war das Abtreibungsverbot noch zu rigide, um auch sonstigen Notlagen der Schwangeren hinreichend Rechnung zu tragen. Dadurch waren selbst in unzumutbaren Konfliktsituationen die betroffenen Frauen in die Illegalität gedrängt. Sofern sie nicht Mittel besaßen, um in Ländern mit großzügigeren Abtreibungsregelungen (dazu BT-Drs. VI/2025 S. 6 ff., Prot. VII 1299 ff., Hanack in Baumann, Abtreibungsverbot 209 ff.) einen Abbruch vornehmen zu lassen (vgl. u. 42), mußten sie bei Kurpfuschern, bei denen sie selbst erheblich mitgefährdet waren, oder bei Ärzten, die sich ihr strafrechtliches Risiko entsprechend honorieren ließen (vgl. 1. Ber. 6), ihre Zuflucht suchen. Daß dabei einer Dunkelziffer von schätzungsweise 75 000 bis 300 000 illegalen Abtreibungen pro Jahr zuletzt nur noch rund 300 Verurteilungen gegenüberstanden (vgl. 1. Ber. 5 f., Prot. VII 1446 ff., ferner Jürgens-Pieper aaO 37 ff.), war Beweis für die weitgehende Wirkungslosigkeit des strikten Abtreibungsverbotes.

Wichtigstes und auch weithin akzeptiertes **Reformziel** war es seit Anfang der 70er Jahre im wesentlichen, durch teilweise Rücknahme der Strafdrohung die legale Lösung unzumutbarer Konfliktlagen zu ermöglichen, den Weg zum Arzt zu eröffnen und durch verstärkte soziale Hilfe und Beratung langfristig eine Aborteindämmung zu erreichen (vgl. allerdings auch Eser in Hofmann aaO 124 ff.). Umstritten war jedoch der dafür einzuschlagende *Weg:* Das dem 5. StrRG v. 18. 6. 1974 zugrundeliegende **Fristenmodell**, wie es im Jahre 1970 von der AE-Mehrheit vorgelegt worden war (vgl. §§ 105–107 AE-BT), erhoffte sich einen besseren Schutz des ungeborenen Lebens dadurch, daß im ersten Schwangerschaftsdrittel der Abbruch straflos bleibt, damit sich die Schwangere ohne Angst vor Strafe und im Bewußtsein, in ihrer Entscheidung freizubleiben, einer Beratung unterzieht (vgl. SPD/FDP-E mit 1. Ber. 5 ff.; zu rechtshist. Vorläufern fristmäßiger Differenzierungen wie etwa von Radbruch vgl. Eser Spendel-FS 475 ff., ferner Klug aaO). Demgegenüber waren sich die auf dem **Indikationsmodell** beruhenden Entwürfe im Grundsatz darin einig, daß die Tötung ungeborenen Lebens grundsätzlich strafwürdig und strafbedürftig ist und nur ausnahmsweise in unzumutbaren Konfliktsituationen zugelassen werden kann (so im Anschluß an den AE-Minderheitsvorschlag – wenn auch mit unterschiedlich weit gezogenen Indikationen – Müller-Emmert-E, CDU-E und Heck-E; näher zum Vergleich der verschiedenen Entwürfe Eser in Hofmann 136 ff., Fezer GA 74, 65 ff.; zu den gesetzgeberischen Stationen Lackner NJW 76, 1233; zur öffentl. Diskussion vgl. Sandschneider in Jung/Müller-Dietz aaO 19 ff.). Diesem Standpunkt hatte sich das BVerfG in seinem **1. Schwangerschaftsabbruchsurteil** v. 25. 2. 75 angeschlossen, da nur so das Recht auf Leben, wie es „jedem" – und damit auch dem Embryo – nach Art. 2 II iVm Art. 1 GG zusteht, hinreichend gewährleistet ist (BVerfGE 39 1, 36 ff.; auszugsw. in NJW 75, 573 ff.); deshalb hatte es die dreimonatige Freistellungsfrist und damit den wesentlichen Kern des 5. StrRG für verfassungswidrig erklärt. Ob damit das BVerfG seine Entscheidungskompetenz überschritten hatte (so das Minderheitsvotum BVerfGE 39 69 ff.), muß hier dahinstehen (krit. Geddert aaO, Kriele JZ 75, 222 ff., Menger VerwArch. 75, 397 ff., Rüpke aaO sowie aus dogmatischen Gründen Jerouscheck JZ 89, 279; vgl. andererseits aber auch Krumbiegel FamRZ 75, 550 ff., R. Schmitt JZ 75, 356 ff., Laufhütte/Wilkitzki JZ 76, 329 mwN; zum Ganzen auch Müller-Dietz in Jung/Müller-Dietz aaO 77 ff.). In *kriminalpolitischer* Hinsicht jedenfalls hatte sich das Fristenmodell des 5. StrRG bereits so weit von der Beratungskonzeption, wie sie den sozialpolitisch entscheidenden Kern des AE-Fristenmodells ausmachte (vgl. insbes. Grünwald und Lenckner in Baumann, Abtreibungsverbot 204 bzw. 276 ff.), entfernt, daß von einer ernstzunehmenden und langfristig auf Aborteindämmung hinzielenden Beratung kaum noch die Rede sein konnte (vgl. Eser in Hofmann 120 f., 144, Fezer GA 74, 72 f. sowie 18. A. 4 vor § 218, § 218 c RN 10 ff.; insoweit krit. auch Minderheitsvotum BVerfGE 39 86). Für die damit notwendig gewordene Anpassung des 5. StrRG an den vom BVerfG gezogenen Rahmen war zwar nur noch auf dem Boden eines Indikationsmodells Raum; doch konnte sich auch dabei der Gesetzgeber zu keinem, für eine breitere Mehrheit gangbaren Lösungsweg durchringen: Während der CDU/CSU-E (BT-Drs. 7/4211) die allgemeine Notlage nur als fakultativen Strafabsehensgrund anerkennen und im übrigen an einem strengeren Beratungs- und Begutachtungsverfahren festhalten wollte, versuchte der schließlich Gesetz gewordene SPD/FDP-E eines **15. StÄG** v. 18. 5. 1976 (BT-Drs. 7/4128) den vom BVerfG belassenen Spielraum voll auszuschöpfen, indem er eine *umfassende medizinisch-soziale Indikationskonzeption* mit einem sehr offenen Beratungs- und Feststellungsverfahren verband und zudem der Schwangeren bei vorheriger Beratung bis zum Ende der 22. Woche Straffreiheit einräumte (vgl. den krit. Vergleich von Gössel JR 76, 1 ff., Schreiber FamRZ 75, 669 ff.; zum Gesetzgebungsverfahren Eser in Eser/Kaiser/Weigend aaO, 127 ff., Jähnke LK 4 ff., Koch aaO 76 ff., Laufhütte/Wilkitzki JZ 76, 329 sowie Kraiker aaO, ferner zum Gang des Gesetzgebungsverfahrens des SchwangerenberatungsG von 1970 bis 1990 Hetrodt aaO; vgl. zum Ganzen auch Gante aaO und Muth aaO, mit Darstellung der Rechtslage und Streitpunkte von 1953 bis zum 15. StÄG).

Allerdings kam auch damit die Reformdiskussion zu keinem Ende, wobei freilich die weiteren Auseinandersetzungen um eine **Reform der Reform** von durchaus gegenläufigen Zielsetzungen bestimmt waren: Von den einen wurde vor allem im Interesse größerer Selbstbestimmung der Schwangeren eine weitere Liberalisierung, wenn nicht sogar völlige Abschaffung des § 218 gefordert (vgl. ua Frommel NJ 90, 329 u. ZRP 90, 351, Hoerster JuS 89, 172, Smaus in Jung/Müller-Dietz aaO

§§ 218 ff. Vorbem 5

43 ff., ferner die Beiträge in v. Paczensky aaO sowie die parlam. Initiativen der Grünen BT-Drs. 10/ 6137, 11/2422 [nach Lackner 3 „offensichtlich verfassungswidrig"], des Landes Berlin BR-Drs. 650/ 90 wie auch Forderungen in der SPD-Dokumentation aaO, ferner seitens des Europ. Parlaments BT-Drs. 11/6895; vgl. auch u. 7). Demgegenüber wurde von anderen vor allem mangelnde Kontrollierbarkeit der anteilsmäßig sehr hohen allgemeinen Notlagenindikation (vgl. u. 46) wie auch Ineffizienz des Beratungs- und Indikationssystems beklagt (vgl. 24. A. § 218b RN 1a, § 219 RN 2 je mwN) und daher eine Verschärfung gefordert, wobei nicht zuletzt die *Finanzierung* von Schwangerschaftsabbrüchen *mit öffentlichen Mitteln* (Sozialversicherung und staatliche Beihilfen) gerügt wurde (vgl. ua die Schriftenreihe der Jur. Ver. Lebensrecht aaO sowie die Beiträge in Hoffacker/Steinschulte/Fietz, ferner v. Hippel JZ 86, 53 ff., Isensee NJW 86, 1645 ff., Geiger u. Lenzen Tröndle-FS 662 ff. bzw. 723 ff, Tröndle NJW 89, 2990). In diese Richtung zielten auch verschiedentlich erhobene Klagen von Versicherungspflichtigen gegen ihre Ersatzkassen auf Unterlassung von Leistungen nach §§ 200 f, g RVO bei Schwangerschaftsabbrüchen wegen einer allg. Notlage. Während von Sozialgerichten diese Klagen überwiegend abgewiesen wurden, gelangte in einem Verfahren auf Vorlage des SG Dortmund zum BVerfG, das – ohne Stellungnahme zur Sache – die Vorlage samt der ihr zugrundeliegenden (unzulässigen) Popularklage verwarf (BVerfG NJW 84, 1805), dementsprechend auch die Sozialgerichte die Unterlassungsklagen abwiesen (SG Dortmund NJW 85, 701, BSG NJW 87, 517, zust. Franke AöR 89, 36 ff.) und auch die dagegen gerichtete Verfassungsbeschwerde erfolglos blieb (BVerfG NJW 88, 2288 m. krit. Anm. v. Hippel NJW 88, 2940, Kluth Jura 89, 408; vgl. auch Philipp NJW 87, 2275 zur Prüfungspflicht der Krankenkassen hins. der Rechtmäßigkeit der abgerechneten Schwangerschaftsabbrüche, ferner zur Lohnfortzahlungspflicht BVerfG NJW 90, 241 m. Anm. Jahn JuS 91, 106, BAG NJW 95, 3073 m. Anm. Pallaseh NJW 95, 3025, Geiger EuGRZ 90, 173, Kluth JR 90, 104 sowie allg. zu diesen „flankierenden" Maßnahmen Koch aaO 186 ff.). Problematisch konnten und können auch die *zivilrechtlichen* Auswirkungen unter dem Gesichtspunkt sein, daß die Möglichkeit eines Ersatzanspruches bei fehlgeschlagenem Schwangerschaftsabbruch (hierzu insbes. BGH(Z) NJW 85, 671, 2749, 2752; vgl. auch BGH NJW 92, 1556, Braunschweig VersR 92, 91) jedenfalls im allgemeinen Bewußtsein das „Kind als Schaden" erscheinen läßt (vgl. Grunsky Jura 87, 82, ferner ua Dannemann VersR 89, 676, Engelhardt VersR 88, 540, Stürner FamRZ 85, 753 ff., JZ 86, 122 ff., Jura 87, 75 ff., Waibl NJW 87, 1513 ff. mwN; abl. jetzt BVerfGE 88 296 [2. Sen.], dazu Deutsch NJW 93, 2361): zur Frage, ob diese Ablehnung auch für Fälle einer fehlgeschlagenen Sterilisation bzw. fehlerhaften genetischen Beratung gilt, vgl. BGH (Z) NJW 94, 788 [m. Bspr. Schöbener JR 96, 89], bzw. ob sie eine tragende Rechtsansicht darstellt, vgl. einerseits vernein. BVerfG [1. Sen.] NJW 98, 520, andererseits bejah. BVerfG [2. Sen.] NJW 98, 523 [dazu Deutsch NJW 98, 510], BGH (Z) NJW 95, 1609 [der in Abgrenzung zu BGH (Z) NJW 85, 2752 für einen Ersatzanspruch einen auf einer erwiesenen Indikation beruhenden fehlgeschlagenen Schwangerschaftsabbruch voraussetzt], BGH (Z) NJW 94, 788 (m. Anm. Deutsch u. Roth NJW 94, 776 bzw. 2402), Düsseldorf NJW 95, 1620; vgl. außerdem Hochreuter KritV 96, 171, 180 ff., ferner u. § 218a RN 38). Ebenso war das *verfassungsrechtliche* Risiko, das der Gesetzgeber mit dieser nicht ganz grundlos bereits so bezeichneten „verkappten Fristenlösung" (Lademann DRiZ 75, 398, Schreiber aaO 673, Rudolphi SK 23 vor § 218) einging, nicht ohne weiteres von der Hand zu weisen (vgl. 24. A. § 218 RN 49, § 218b RN 1a sowie die Diskussion in DÄBl. 78, 781 ff., 1349 ff., ferner Tröndle ZRP 89, 54 ff.), wobei als Höhepunkt der Auseinandersetzung um die Verfassungsmäßigkeit der §§ 218 ff. aF das im Februar 1990 seitens der Bayer. Reg. vor dem BVerfG in Gang gesetzte abstrakte Normenkontrollverfahren zu betrachten war. Dieses richtete in erster Linie gegen das Beratungs- und Indikationsfeststellungsverfahren (§§ 218b, 219 StGB aF), verfolgte aber auch die Feststellung der Verfassungswidrigkeit der §§ 200 f, g RVO, soweit diese eine Kostentragungspflicht bei der allg. Notlagenindikation statuierten (krit. dazu Fischer StV 90, 332). Nicht zuletzt hatten auch die Fortschritte der Fortpflanzungsmedizin bei extrakorporaler Erzeugung von menschlichem Leben bedenkliche Schutzlücken sichtbar werden lassen (vgl. u. 10 f.). Zur weiteren Würdigung des bisherigen Rechts mit teils gegenläufigen Tendenzen vgl. auch Kommissionsbericht BT-Drs. 8/3630, BT-Drs. 8/4160, Augstein/Koch aaO 216 ff., Albrecht u. Eser in Eser/Kaiser/Weigend aaO 146 ff., 195 ff., Jähnke LK 27 ff., Jung in Jung/Müller-Dietz aaO 133 ff., Koch aaO 271 ff., ZStW 97, 1069 ff., Köpcke ZRP 85, 161 ff., Schlingensiepen-Brysch ZRP 90, 224, Stürner JZ 90, 709 ff. sowie die Beiträge in Jura 87 (H. 2) 57 ff.

5 Ein neuer Reformanstoß war von der **Wiedervereinigung Deutschlands** ausgegangen (vgl. Einf. 12 vor § 1). Da es bei den Verhandlungen von 1990 über den Einigungsvertrag (EV) nicht gelungen war, den Geltungsbereich der bundesdeutschen Indikationsregelung (§§ 218–218d aF) auch auf die Beitrittsgebiete der ehemaligen DDR zu erstrecken und daher dort deren „Fristenlösung" (§§ 153– 155 DDR-StGB iVm dazu ergangenen Gesetzen und Durchführungsbestimmungen, abgedr. in 24. A. RN 48 f.) fortgalt, gab es zunächst in beiden Teilgebieten Deutschlands unterschiedliches *partielles Bundesrecht* (vgl. 75 vor § 3 sowie 25. A. RN 47 ff.). Um diesen auf Dauer unerträglichen Mangel an Rechtseinheitlichkeit baldmöglichst zu überwinden, war in Art. 31 IV EV der gesamtdeutsche Gesetzgeber beauftragt worden, „spätestens bis zum 31. 12. 1992 eine Regelung zu treffen, die den Schutz vorgeburtlichen Lebens und die verfassungskonforme Bewältigung von Konfliktsituationen schwangerer Frauen vor allem durch rechtlich gesicherte Ansprüche für Frauen, insbesondere auf Beratung und soziale Hilfen, besser gewährleistet, als dies in beiden Teilen Deutschlands derzeit der Fall ist".

Die anschließende **Reformdiskussion** war zunächst zwar auch weiterhin vor allem durch die 6 traditionelle Konfrontation von „*Indikations*"- und „*Fristenmodell*" geprägt, wobei einerseits Anhänger des ersteren teils mit gewissen Verschärfungen sogar noch hinter den mit dem bisherigen bundesdeutschen Recht erreichten Reformzustand zurückgehen wollten (wie namentl. Brießmann JR 91, 397, Büchner ZRP 91, 431, Knippel ZRP 92, 152; Schöttler ZRP 92, 134 f., Tröndle Spendel-FS 611; vgl. auch Roellecke JZ 91, 1045, Weiß JR 92, 182), während andererseits noch weitergehende Liberalisierungen (wie namentl. von BÄK in Frauenarzt 91, 473, Frommel ZRP 90, 352 f., Günther ZStW 103, 869 ff. in Baumann ua, Gutachten 81; Hinderer Baumann-FS 183, Lenckner in Baumann ua, Gutachten 121 ff., Priester Stree/Wessels-FS 869, v. Renesse ZRP 91, 321, Schünemann ZRP 91, 390 f.) teils bis hin zum Verzicht auf jede Beratungspflicht (so etwa Frommel NJ 90, 329; Juristinnenbund NJ 91, 359; Nelles in Baumann ua 167 ff.) oder gar völlige Freigabe des Schwangerschaftsabbruchs (so zB die bei Frommel ZRP 90, 354 genannten Gruppen) gefordert wurden, sich aber auch Differenzierungen in der Weise finden, daß zwar die Strafbarkeit für eine bestimmte Frist zurückgenommen werden könne, die Mißbilligung von nicht indizierten Abbrüchen jedoch auf andere Weise, wie vor allem durch Vorenthalten von Vergünstigungen in anderen Rechtsgebieten zum Ausdruck gebracht werden müsse (Stürner JZ 90, 709 u. Gutachten aaO). Zur Sicht aus der ehemaligen DDR vgl. Brunner JuS 91, 357, Fritsche in Hauner/Reichart aaO 188 ff., Körner/Richter NJ 90, 235, Müller ZStW 103, 904 ff.; aus ärztlicher Sicht vgl. BÄK Frauenarzt 91, 473, Hiersche Frauenarzt 91, 83. Wie sich jedoch mittlerweile aus rechtsvergleichenden Untersuchungen ergeben hat (näher Eser/Koch, Neuregelung aaO 167 ff.), ist zwischen diesen beiden Extremen, die sich typisiert auch als „*Indikationsmodell auf Drittbeurteilungsbasis*" und „*Fristenmodell auf Selbstbestimmungsbasis*" kennzeichnen lassen (vgl. Eser ZRP 91, 293 ff.), ein mittlerer Weg zu finden, der für die Straffreiheit zwar einerseits eine Not- und Konfliktlage sowie eine darauf gerichtete Beratung voraussetzt, aber andererseits die „Letztverantwortung" der Schwangeren überläßt, wobei man diesen Regelungstypus je nach Gewichtung als „*notlagenorientiertes Diskursmodell*" (Eser ZRP 91, 297) oder auch als „Notlagenmodell auf Selbsteinschätzungsbasis" (Eser/Koch aaO 171) bezeichnen kann. Zwar wurde die normative Eigenständigkeit dieses Regelungsmodells (vgl. Eser, Gutachten 25), das in ausländischen Reformgesetzen in steigendem Maße vorzufinden ist, hierzulande noch nicht hinreichend erkannt, wenn nicht gar bewußt ignoriert (möglicherweise weil sich vermittelnde Lösungen offenbar leichter verdrängen lassen, wenn man sie entweder unter Hervorhebung von Gemeinsamkeiten dem eigenen Lager oder unter Potenzierung von Unterschieden dem Gegenlager zuschlägt). Gleichwohl fanden die Grundanliegen dieses mittleren Weges – vor allem nach einem vielbeachteten Vorstoß von BT-Präsidentin Süssmuth im Sinne eines „dritten Weges" (in Hauner/Reichart aaO 167 ff.; vgl. auch schon ZRP 90, 366 ff.) – jedenfalls in der Sache nach insofern freundlichen Niederschlag, als sich aus den zunächst 6 verschiedenen Entwürfen, die – wie der von PDS/Linke Liste – von einer völligen Abschaffung der §§ 218 ff. und der Postulierung eines „Rechts auf Abtreibung" einerseits bzw. – wie der Werner-E – bis zu einer Beschränkung auf die medizinisch-vitale Indikation andererseits reichten (vgl. die Angaben zu den Gesetzesmaterialien o. vor 1 sowie vergleich. Eser NJW 92, 2913 f.), ein von den SPD- und FDP-Fraktionen sowie einem Teil von CDU/CSU-Abgeordneten getragener „Gruppenantrag" (BT-Drs. 12/2875) herausschälte, der nach dem Leitprinzip „Hilfe statt Strafe" vor allem auf Beratung setzt und die strafrechtliche Absicherung nur als letztes Mittel begreift: Dementsprechend wurde zwar die grundsätzliche Pönalisierung des Schwangerschaftsabbruchs beibehalten (§ 218), dabei aber Straflosigkeit für den innerhalb von 12 Wochen von einem Arzt nach Beratung in einer Not- und Konfliktlage vorgenommenen Abbruch unter Deklarierung als „nicht rechtswidrig" (§ 218 a I) eingeräumt und in der für die Schwangere vorgesehenen Konfliktberatung ihre „Eigenverantwortung" und ihre Befähigung zu einer „verantwortungsbewußten eigenen Gewissensentscheidung" betont; im übrigen konnten infolge der bereits weitgehenden Straffreiheit für die ersten 12 Wochen sowohl die bisherige „kriminologische" Indikation entfallen als auch die medizinisch-soziale Indikation (unter Wegfall der Berücksichtigung der gegenwärtigen und künftigen Lebensverhältnisse) enger gefaßt werden (§ 218 a II). Zu weiteren Einzelheiten der verschiedenen Entwürfe (einschl. eines Vergleichs mit der „Fristenregelung" von 1974) vgl. Eser, Gutachten 26 ff., ferner Geilen ZStW 103, 841 ff., Günther MedR **92**, 65, Krahl Jura 92, 397, Schünemann ZRP 91, 398 f., Tröndle Spendel-FS 611 ff., Tröndle[46] 3 e ff., Zuck MDR 91, 1118, die Beiträge von Steiner, Bender und Keller in Reiter/Keller, Herausforderung aaO sowie die Stellungnahmen zur BT-Anhörung v. 14. 11. 91 in Baumann ua aaO. Obgleich dieser „Gruppenantrag" eine breite Mehrheit im BT wie auch die Zustimmung des BR gefunden hatte, konnte dieses **Schwangeren- und FamilienhilfeG (SFHG)** v. 27. 7. 92 (BGBl. I 1398) nicht in Kraft treten, da es aufgrund einer Normenkontrollklage von Bayern und von 249 BT-Abgeordneten, mit der vor allem die Unvereinbarkeit des SFHG mit der „verfassungsrechtlichen Schutzpflicht des Staates gegenüber dem ungeborenen menschlichen Leben" geltend gemacht (näher dazu Tröndle[46] 3 g, 21 f mwN), zusammen mit den strafrechtlichen Vorschriften (§§ 218–219 b idF Art. 13 Nr. 1 SFHG) zunächst durch eine *einstweilige Anordnung des BVerfG* v. 4. 8. 92 und 25. 1. 93 (BVerfGE **86** 390 bzw. **88** 83) ausgesetzt wurde und nach Verbindung der Hauptsache mit der bereits gegen das 15. StÄG erhobenen Normenkontrollklage Bayerns von 1990 (vgl. o. 4) durch *BVerfG-Urteil v. 28. 5. 93* verschiedene Vorschriften des SFHG für nichtig erklärt wurden.

Der Inhalt und die Auswirkungen dieses **2. Schwangerschaftsabbruchsurteils** (BVerfGE **88** 203 7 = NJW **93**, 1751) sind ambivalent und werden je nach dem rechtspolitischen Standpunkt teils als zu weit und teils als zu wenig weitgehend empfunden. Da Rechtspolitik nicht Aufgabe eines Gesetzeskommentars sein kann (weswegen auf die Auseinandersetzung mit Fehldeutungen meiner eigenen Position, wie sie auch im BVerfG-Urteil, mehr aber noch in manchen literarischen Polemiken zu finden sind, an dieser Stelle bewußt verzichtet wird), seien hier lediglich die wichtigsten strafrechtsrelevanten Aussagen des BVerfG-Urteils zusammengestellt, soweit sie für die weitere Gesetzgebung oder deren Ausdeutung oder Ergänzung (vgl. etwa u. 8, § 218a RN 13 ff.) Bedeutung haben: a) Ebenso wie im 1. Schwangerschaftsabbruchsurteil ist wesentlicher Ausgangspunkt für die Regelung des Schwangerschaftsabbruchs die *Schutzpflicht* (auch) für das ungeborene menschliche Leben (BVerfGE **88** 203 ff. LS Nrn. 1–6, S. 251 ff.); dennoch kann es mit Rücksicht auf gegenläufige Grundrechtspositionen der Frau in Ausnahmelagen zulässig, wenn nicht sogar geboten sein, eine Rechtspflicht zum Austragen des Kindes nicht aufzuerlegen (BVerfGE **88** 204 LS 7, S. 255 ff.). Insofern wird die Regelung des Schwangerschaftsabbruchs auch weiterhin als ein an Unzumutbarkeitskriterien ausgerichtetes Kollisions- und Abwägungsproblem verstanden. b) Im übrigen ist für den zur Erreichung jenes Schutzziels einzuschlagenden Weg von grundlegender Bedeutung, daß das BVerfG den Wechsel im Schutzkonzept bestätigt und damit für ärztliche Abbrüche innerhalb der ersten 12 Wochen das sog. **Beratungskonzept** *grundsätzlich anerkannt* hat (BVerfGE **88** 204 LS 11, S. 264 ff.). c) Derart „beratene" Schwangerschaftsabbrüche sollen jedoch lediglich *straffrei*, nicht aber als *„nicht rechtswidrig"* anzuerkennen sein. Daher wurde § 218 a I idF des SFHG für nichtig erklärt (BVerGE **88** 208 Tenor Nr. I.1) und bis zum Inkrafttreten einer gesetzlichen Neuregelung mit der Maßgabe ersetzt, daß § 218 im Falle eines ärztlichen Abbruchs nach Beratung innerhalb von 12 Wochen „keine Anwendung findet" (ÜbergAO Nr. II.2 S. 1) und „das grundsätzliche Verbot des Schwangerschaftsabbruchs auch in diesen Fällen unberührt bleibt" (ÜbergAO Nr. II.2 S. 2). Mit diesem „Tatbestandsausschluß" (anstelle einer möglicherweise für die gesamte Rechtsordnung erheblichen „Rechtfertigung") sollte vor allem dreierlei erreicht werden (vgl. BVerfGE **88** 273 ff., 336 ff.): zwar *Straffreiheit* für den beratenen Schwangerschaftsabbruch, aber Aufrechterhaltung seiner *Mißbilligung* im außerstrafrechtlichen Bereich und damit auch grundsätzlicher *Ausschluß von Kostenerstattungen*. d) Um nun ungewollte Folgewirkungen dieses Verständnisses des beratenen Schwangerschaftsabbruchs als „straffrei, aber rechtswidrig" abzuwenden, sah sich das BVerfG in seinen Gründen (und daher möglicherweise nicht mit verfassungsrechtlicher Verbindlichkeit) zu gewissen *Korrektiven* veranlaßt: So sollen trotz Rechtswidrigkeit des Abbruchs darauf gerichtete *Arzt- und Krankenhausverträge* rechtmäßig (BVerfGE **88** 295) wie auch die gegen einen rechtswidrigen Abbruch an sich mögliche *Nothilfe* nach § 32 ausgeschlossen (BVerfGE **88** 279) und auch Sozialhilfeleistungen für einen beratenen Abbruch möglich sein (BVerfGE **88** 205 LS 16, S. 317, 320 ff.); zu weiteren Friktionen vgl. § 218a RN 12 ff. e). Hinsichtlich der vom SFHG belassenen *Indikationen* (vgl. o. 6) wurde nicht nur bei der (nunmehr engeren) *medizinischen* Indikation der Rechtfertigungscharakter anerkannt, sondern es solcher – wenngleich klageantragsbedingt nur übergangsweise, so doch grundsätzlich – auch der *allgemeinen Notlagenindikation* idF des § 218 a II Nr. 3 aF (BVerfGE **88** 208 Tenor Nr. 4, 209 ÜbergAO Nr. II.1, S. 257, 272, 325 ff.) zuerkannt. Gleiches ist inzident für die im SFHG herausgenommene *kriminologische* Indikation geschehen, indem für diesen Fall bis zu einer Neuregelung Versicherungsleistungen für zulässig erklärt wurden (BVerfGE **88** 213 ÜbergAO Nr. II.9). f) Angesichts der gewichtigen Rolle, die in diesem Schutzkonzept der *Beratung* zukommt, wurden die im SFHG vorgesehenen Zielbeschreibungen und Beratungsverfahren für unzulänglich befunden; daher wurde § 219 idF des SFHG für nichtig erklärt und bis zu einer Neuregelung durch Regeln ersetzt, die eine zwar *„ergebnisoffen, aber zielgerichtet"* auf Fortsetzung der Schwangerschaft ausgerichtete Beratung gewährleisten sollen (BVerfGE **88** 208 Tenor Nr. I. 2, S. 210 ÜbergAO Nr. II. 3, 4, S. 301 ff.). g) Für die infolge der Teilnichtigkeit des SFHG erforderlich gewordene Nachbesserung wurden dem Gesetzgeber – und zwar über die zu ersetzenden Teile hinaus – verschiedene **Vorgaben für die Neuregelung** gemacht: so zur Schaffung von strafbewehrten Schutzpflichten im *sozialen Umfeld* der Schwangeren (BVerfGE **88** 204 LS Nr. 9. S. 296 ff.), zur verstärkten *Inpflichtnahme des Arztes* (BVerfGE **88** 204 LS 13, S. 289 ff.) sowie zu einem Verbot, vor Ablauf einer bestimmten Frist *das Geschlecht des Ungeborenen mitzuteilen* (BVerfGE **88** 291). – Wie kann anders zu erwarten, hat dieses insgesamt um einen Kompromiß zwischen mehreren, zum Teil extrem divergierenden Positionen bemühte Urteil (Lackner 11) kaum ungeteilte Zustimmung (wie vereinzelt bei Lerche 165, Michalk 175, Steiner 187, jew. in KritV 1/1993) als vielmehr mehr oder weniger weitgehende und gegenläufige **Kritik** erfahren: Während für die einen das BVerfG den Interessen der Frau zu große Zugeständnisse auf Kosten des Lebensschutzes macht (so Kluth FamRZ 93, 1382, Starck JZ 93, 816, Tröndle 14 d ff., MedR 94, 350, NJW 95, 3009; vgl. auch Lackner 11 f.), ist es für andere auf dem Boden eines neuen Schutzkonzepts auf halbem Wege stehen geblieben (so namentl. v. Baross 116, Denninger 128, Eser 132, Eylmann 140, Hassemer 156, jew. in KritV 1/1993), sofern man sich nicht sogar – freilich unrealistischerweise – eine grundsätzliche Kehrtwende zum Vorrang des Selbstbestimmungsrechts der Schwangeren erhofft hatte (so etwa in KritV 1/1993 Bergmann 124, Gerhard 147, Landfried 160; ferner Frommel KJ 93, 324, Grandke NJ 93, 347, noch weitergeh. für Verfassungswidrigkeit des BVerfG-Urteils wegen Verletzung der weltanschaul. Neutralitätspflicht des Staates Wetz ARSP 97, 566). Und selbst soweit der grundsätzliche Kurs des BVerfG hinsichtlich Straffreiheit nach Beratung Anerkennung findet, werden doch zahlreiche innere Widersprüche und Friktionen der vom BVerfG gewählten Konstruktion moniert (so etwa bei Dreier DÖV 95, 1039, Geiger/v. Lampe Jura 94, 20, Gropp GA 94, 147 ff., Hartmann NStZ 93, 483, Hermes/Walther NJW 93, 2337, Hoerster JuS 95, 192, Schlink/Bernsmann KritV 1/1993 S. 180, Schulz StV 94, 38) oder verfassungsgerichtlich

| Rechtsentwicklung | 8 Vorbem §§ 218 ff. |

bedenkliche Grenzüberschreitungen konstatiert (so etwa Geiger/v. Lampe Jura 94, 28 f., Hartmann NStZ 93, 485, Hermes/Walther NJW 93, 2339 f., Hesse Mahrenholz-FS 555; vgl. auch Denninger Mahrenholz-FS 565 ff. zur Kritik am Maßstab des „Untermaßverbots", so auch Kayßer aaO 65, die sich ua deswegen für die strafr. Freistellung des Schwangerschaftsabbruchs ausspricht). Zur eigenen Einschätzung des SFHG, das zwar einer Nachbesserung bedürftig, aber durchaus einer entsprechenden verfassungskonformen Auslegung zugänglich erschien, und seiner Beurteilung durch das BVerfG, das bei seinem Aufbruch zu einem neuen Weg auf halber Strecke stehen blieb, vgl. Eser, Gutachten, insbes. 44 ff., ferner in NJW 92, 2919 ff., KritV 1/1993 S. 132 ff., JZ 94, 503 ff.

3. In mehr oder weniger distanzierter bis zu wortgetreuer **legislatorischer Umsetzung des BVerfG-Urteils** wurden nun wiederum insgesamt fünf Gesetzesvorlagen eingebracht (vgl. die BT-Drs. zur 12. Wahlperiode o. vor 1 sowie den krit. Vergleich von D–Tröndle[47] 14 ff., Eser JZ 94, 503 ff.). Der schließlich im BT verabschiedete Koalitionsentwurf der CDU/CSU/FDP (BT-Plenar-Prot. 12/19 959, 20 004) vermochte jedoch im BR keine Mehrheit zu finden (BT-Drs. 12/8276), sodaß er mit Ablauf der 12. BT-Wahlperiode am 16. 10. 94 der Diskontinuität verfiel. Von den im 13. BT teils wortgleich neueingebrachten 6 Entwürfen (vgl. die Angaben o. vor 1) kam es schließlich zu einem von der SPD und FDP sowie großen Teilen der CDU/CSU mitgetragenen „Entwurf eines Schwangeren-Familienhilfeänderungs G" (SFHÄndG, BT-Drs. 13/1801), das am 29. 6. 95 eine breite BT-Mehrheit (BT-Plenar-Prot. 13/3753 ff.) wie schließlich auch die Zustimmung des BR fand und mit Verkündung vom 21. 8. 95 (BGBl I 1050) am 1. 10. 95 in Kraft trat. Im Vergleich zum SFHG 1992 (o. 6) und den BVerfG-Vorgaben (o. 7) erscheinen zur **Konzeption des SFHÄndG** folgende Übereinstimmungen und Abweichungen bemerkenswert: a) Unter Aufrechterhaltung des *Beratungskonzepts* ist der nach Beratung innerhalb von 12 Wochen von einem Arzt vorgenommene Schwangerschaftsabbruch mittels eines Tatbestandsausschlusses straffrei (§ 218 a I), ohne daß jedoch die vom BVerfG in der ÜbergAO Nr. II. 2 S. 2 vorgesehene Aufrechterhaltung des grundsätzlichen Schwangerschaftsabbruchsverbots (vgl. o. 7) in das jetzige Gesetz eingefügt worden wäre (zu den möglichen Konsequenzen dieser gesetzlichen Abweichung, für die in den Materialien keine Begründung zu finden ist, wie auch zum Verständnis dieses „Tatbestandsausschlusses" überhaupt vgl. § 218 a RN 12 ff.). b) Bei den *Indikationen* wurde mit Erweiterung der (im SFHG) eng medizinischen auf eine *medizinisch-soziale* (§ 218 a II) wiederum die frühere weitere Fassung des 15. StÄG wiederhergestellt (vgl. § 218 a RN 26) und damit auch ein Ersatz für den Wegfall der früheren *embryopathischen* Indikation geschaffen (vgl. § 218 a RN 37). Zudem wurde – wie auch schon in der BVerfG-ÜbergAO Nr. II. 9 für Krankenkassen- und Beihilfeleistungen eingeräumt – die *kriminologische* Indikation wieder eingeführt (§ 218 a III; vgl. dort RN 45). Dieser Bereich nicht rechtswidriger Schwangerschaftsabbrüche hätte natürlich noch größer sein können, wenn der Gesetzgeber von der Möglichkeit, die – auch nach BVerfG-Urteil an sich zulässige – *allgemeine Notlagen*indikation wieder einzuführen (vgl. o. 7, Eser, JZ **74**, 510), Gebrauch gemacht hätte, worauf er jedoch ohne ersichtlichen Grund verzichtet hat. Näher zum Verhältnis der verschiedenen – teils tatbestandsausschließenden, teils rechtfertigenden und teils nur persönlich strafausschließenden – Straffreistellungsformen vgl. u. 16 ff., § 218 a RN 1. c) Soweit hingegen (wie in den Fällen des § 218 a I) eine *Beratung* erforderlich ist, wurden sowohl die Anforderungen an das Beratungs*ziel* (nämlich trotz Ergebnisoffenheit zielorientierte Ermunterung zur Fortsetzung der Schwangerschaft unter Bewußtmachen des Lebensrechts des Ungeborenen) als auch an das Beratungs*verfahren* verschärft (vgl. § 219 iVm §§ 5–11 SchKG idF des Art. 1 SFHÄndG, abgedruckt u. nach § 219). d) Die gesteigerte Verantwortlichkeit des *Arztes* (vgl. o. 7) wird in einem besonderen Pflichtenkatalog vertatbestandlicht (§ 218 c), ohne aber dabei dem an sich vom BVerfG geforderten Verbot der Mitteilung des Geschlechts des Ungeborenen (o. 7) mangels derzeitiger praktischer Relevanz (BT-Drs. 13/1850 S. 26) Rechnung zu tragen. e) Auch der BVerfG-Forderung nach Strafbewehrung des *sozialen Umfeldes* (o. 7) wurde nur insoweit entsprochen, als für die zum Schwangerschaftsabbruch führende Unterhaltspflichtverletzung ein strafverschärfter Qualifizierungstatbestand eingeführt wurde (§ 170 II) und die Nötigung zum Schwangerschaftsabbruch fortan als strafverschärftes Regelbeispiel gilt (§ 240 IV Nr. 2). Freilich wird § 170 II schon deshalb weitgehend leerlaufen, weil die Unterhaltspflicht für die Mutter frühestens 4 Monate vor der Entbindung beginnt (§ 1615 l II 3 BGB) und daher bei straffreiem Abbruch innerhalb der ersten 12 Wochen gerade der Fall des ohnehin überhaupt erst zu einem späteren Schwangerschaftszeitpunkt unterhaltspflichtigen nichtehelichen Vaters nicht erfaßt wird (vgl. § 170 RN 1 a, 2, 35 a ff.), während durch die Regelverschärfung des § 240 IV Nr. 2 allenfalls die besondere Verwerflichkeit der Nötigung zum Schwangerschaftsabbruch bewußt gemacht wird, ohne daß jedoch damit die allgemeinen Nachweisprobleme für den Grundtatbestand des § 240 erleichtert würden (vgl. dort RN 12 ff., 38 f.). Vgl. zum Ganzen auch Prot. der 3. Sitzung des BT-Unterausschusses „Schwangeren-FamilienänderungsG" v. 11. 5. 1995; zum eigenen Standpunkt dort S. 3/13 ff., 43 ff., 56 ff., 73 f., 100 ff., ferner BT-Drs. 13/1850 S. 19, 25 ff. f) Als „*flankierende Maßnahmen*" kommen neben Krankenkassenleistungen beim „nicht rechtswidrigen" Schwangerschaftsabbruch (§ 24 b I, II SGB V) auch für den Fall des nur „beratenen Abbruchs" iSv § 218 a I Leistungen für ärztliche Beratung und – mit Ausnahme des Abbruchs als solchen – auch für Nachbehandlung und Versorgungsmaßnahmen (§ 24 b III, IV SGB V) sowie im Bedarfsfall auch Sozialhilfe in Betracht (Art. 5 SFHÄndG). Aufrechterhalten wurden ferner auch das bereits durch das SFHG (Art. 14) eingeführte Zeugnisverweigerungsrecht für Berater (§ 53 I Nr. 3 a StPO) und das damit verbundene Beschlagnahmeverbot (§ 97 I, II StPO). Auch wenn das SFHG einschließlich seiner weitgehend vom BVerfG vorgegebenen Modifizierungen durch das SFHÄndG nicht allen Erwartungen gerecht geworden ist und dies angesichts entgegengesetzter Ausgangspunkte auch gar nicht konnte, bleibt ihm doch zunächst einmal eine Bewährungschance einzuräumen: nicht zuletzt im Interesse des ungeborenen Lebens, für dessen effektiven Schutz mehr vom Helfen als vom Strafen zu erhoffen ist. Vgl. insgesamt zur strafr. Neuregelung Kausch ARSP 95, 496, Otto Jura 96, 135, Schlund ArtzR 97, 235, Weiß GA 95, 373 sowie bes. krit. Tröndle NJW 95, 3009 ff.

9 II. **Geschütztes Rechtsgut** ist (auch) beim Schwangerschaftsabbruch, wie sich schon aus seiner systematischen Stellung im Abschnitt der „Straftaten gegen das Leben" ergibt, in erster Linie das **menschliche Leben**, und zwar vom Zeitpunkt seiner Individuation an, durch die es, wenn auch erst keimhaft und entwicklungsbedürftig, als nicht mehr teil- und austauschbare „Lebensprogrammeinheit" einer bestimmten Person abschließend festgelegt ist (vgl. u. 34 f., ferner BVerfGE **39**, 36 f., **88** 203, 251 f., BT-Drs. 7/1981, S. 5, Gropp aaO 12 ff., Jähnke LK 15, Koch aaO 91, Roxin in Baumann, Abtreibungsverbot 177, Tröndle 17, aber auch u. 11 zum EschG). Auch hat es, weil noch ungeboren, deshalb nach hM keine andere Wertqualität als das bereits geborene Leben (BVerfGE **39** 37, Lorenz in Isensee/Kirchhof, Hdb. des StaatsRechts VI (1998) 7, vgl. auch BT-Drs. 7/1981 S. 5, Belling aaO 110 ff., Bockelmann JZ 59, 498 Anm. 12, Jerouschek GA 87, 483, Arth. Kaufmann JZ 63, 142, Otto II 54, Tröndle 17; and. Arzt/Weber I 141, Rüpke 70 ff., Geddert aaO m. Erw. von Kulenkampff; aus einem utilitaristischen Ansatz heraus dem Embryo ein Lebensrecht prinzipiell abspech. Singer aaO insb. 104 ff. u. 146 ff., u. in Sass aaO 139 ff.; Hoerster, Abtreibung [m. Bspr. Bernat MedR 92, 33, Joerden JZ 92, 456, Oberlies ZRP 93, 71, Tröndle GA 95, 249], JuS 89, 172 [m. Reaktionen 772 ff., 1031 f.], JuS 91, 190 [m. Erw. Schroeder 362], JZ 91, 503 [m. Erw. Stürner 505, Hruschka 507, m. Replik Hoerster 1128], ZRP 91, 398, NJW 91, 2540 [m. Erw. Tröndle 2542], GA 92, 94 [zu Viefhues GA 91, 455], JBl 92, 2 [zu Bydlinski JBl 91, 477], DÄBl 94, C-540; vgl. auch Sass aaO 167 ff., Ramm JZ 89, 867; zum Ganzen auch Gropp Brauneck-FS 288, Kluth in Thomas/Kluth aaO 99 ff., Lackner 7, Schlingensiepen-Brysch ZRP 92, 418, Schünemann ZRP 91, 384 ff., Stürner JZ 90, 718, Weiß JR 92, 183 sowie zur engl.- amerik.- austral. Diskussion Leist aaO 15 ff., Dworkin aaO). Dementsprechend erklärte sich auch nach der bislang hier vertretenen Auffassung der Umstand, daß das ungeborene Leben strafrechtlich weniger hoch bzw. abgestuft sanktioniert ist (vgl. u. 34 f.), weniger aus einer unterschiedlichen Wertqualität (wie offenbar AE-BT 31 zu § 105, Losch NJW 92, 2930, M-Schroeder I 76, Schwalm MDR 68, 277), sondern einmal aus dem notwendigen Ausgleich der objektiven Interessenkollision, in die Mutter und Embryo aufgrund ihrer naturgegebenen Verbindung einer „Zweiheit in Einheit" (BVerfGE **88** 253, 344 f.) geraten können, zum anderen aus Rücksicht auf die subjektive Konfliktsituation der Schwangeren, aufgrund der auch der personale Handlungsunwert gemindert ist (vgl. Eser in Hofmann 152 ff.). Deshalb hätte man bei Festhalten an der grundsätzlichen *Gleichwertigkeit* des Schutzanspruchs als menschlichem Leben allenfalls von einer unterschiedlichen *Gewichtigkeit* innerhalb der Abwägung zwischen dem bisher geborenen Menschen in Gestalt der Schwangeren und dem noch ungeborenen Leben in Gestalt eines noch entwicklungsbedürftigen Embryos sprechen können. Von hier wird jedoch nach weiterem Überdenken ein Schritt weiterzugehen und die im Laufe seiner Entfaltung zunehmende Werthaftigkeit des ungeborenen Lebens einzuräumen sein (näher dazu in Eser/Koch Teil 3 S. 577 ff.). Diese die Schutzwürdigkeit des ungeborenen Lebens prinzipiell nicht infragestellenden Abschichtungen durch verschiedenartige Straffreistellungsgründe, die nicht zuletzt von Straftauglichkeitsfaktoren abhängen, werden namentlich von Reis aaO durch Verkürzung auf den verfassungsrechtlichen Schutzwürdigkeitsaspekt verkannt (näher zu diesen Strafabstufungsproblemen Eser in Hofmann 144 ff., 158 ff.; vgl. auch § 218a RN 21 f. sowie spez. zu Reis Engelhardt DRiZ 86, 11 ff.). Ebensowenig ändert diese dem Schwangerschaftsabbruch bereits unrechtsimmanente Interessenabwägung etwas daran, daß es sich auch beim ungeborenen Leben um ein **eigenständiges, höchstpersönliches** und vom Schutzwillen der Mutter unabhängiges Rechtsgut handelt (vgl. BVerfGE **39** 42 ff., **88** 251 f.; insoweit ebenso die fast ganz hM: vgl. BGH **11** 17, Hanack ZRP 70, 134, Jähnke LK 15, Lüttger JR 69, 446, M-Schroeder I 55, Rudolphi SK 76, Spendel LK § 32 RN 168 ff., Tröndle 17; einschr. aber Köhler GA 88, 435; zum konträren verfassungsrechtl. Ansatz in den USA vgl. Brugger aaO, JZ 92, 911, Morris ZStW 89, 892 ff.). Aus diesem Grunde kommt auch einer Einwilligung der Frau in den Schwangerschaftsabbruch für sich allein keine rechtfertigende Kraft zu (W-Hettinger 223; vgl. § 218 RN 34). Da es somit nicht (allein) um die Integrität der Schwangerschaft als besonderem Zustand der Frau (wie etwa nach früherem poln. Recht: vgl. Weigend in Eser/Koch I 1190 f., 1214 f.), sondern um das Leben des einzelnen Embryos geht, ist auch bei einer Mehrlingsschwangerschaft jeder einzelne Embryo als selbständig geschützt zu betrachten (vgl. Eser, Bedrohungen 64 f., ferner § 218 RN 8, § 218a RN 31, 34, 41). Während im übrigen beim Grundtatbestand des § 218 das ungeborene Leben als Schutzgut außer Zweifel steht, ist gleiches – zumindest *mittelbar* – auch für die subsidiären Ergänzungstatbestände der §§ 218b–219b anzunehmen (vgl. § 218b RN 1, § 219 RN 4, aber auch Gössel JR 76, 3 ff.).

10 Dagegen ist während der (nach § 218 I 2 tatbestandlich nicht erfaßten) **Frühphase** (u. 34) bis zum Inkrafttreten des EschG (u. 11) an einem strafrechtlichen oder sonstigen Schutztatbestand zugunsten des ungeborenen Lebens gefehlt (vgl. Eser in Braun/Mieth/Steigleder aaO 137, Gössel I 121, Horstkotte Prot. VII 1639, Koch MedR 86, 262, Lenckner in Baumann, Abtreibungsverbot 294 Anm. 12, Rudolphi SK 10 a, R. Schmitt JZ 75, 357). Dieser Mangel einfachgesetzlichen Schutzes

Geschütztes Rechtsgut 11, 12 **Vorbem §§ 218 ff.**

noch nicht nidierten menschlichen Lebens brauchte aber schon bisher einerseits weder seine Schutzwürdigkeit im allgemeinen noch seine Notwehrfähigkeit im besonderen auszuschließen; denn sofern menschliches Leben bereits vom Befruchtungszeitpunkt an Grundrechtsschutz in Anspruch nehmen kann (so namentl. Beckmann, Belling, Reis je aaO mwN; offenlass. hingegen bereits BVerfG **39** 37 wie auch **88** 251), kommt ihm – obgleich nicht geeignetes „Tatobjekt" iSv § 218 – doch jedenfalls Rechtsgutsqualität zu (vgl. Hirsch MedR 87, 13). Andererseits braucht aber selbst die Anerkennung einer solchen Schutzwürdigkeit nicht die Verfassungswidrigkeit eines strafrechtlichen Schutzverzichts in dieser Frühphase zu bedeuten, kommt es doch für eine Pönalisierung – über die Strafwürdigkeit hinaus – auch noch auf die Strafbedürftigkeit und Straftauglichkeit an (näher Eser in Hofmann aaO 144 f., iglS BVerfGE **39** 44 ff., 47, **88** 258; vgl. auch Eberbach ZRP 90, 217, Hirsch aaO 14 f. sowie u. 35). Dementsprechend wäre auch den Schutzbedürfnissen, wie sie sich bei **extrakorporaler Befruchtung** gegenüber dem Experimentieren bzw. Vernichten von gezielt dafür „produzierten" bzw. als Folge einer In-vitro-Fertilisation „überschüssigen" Embryonen stellen können, erst dann und nur insoweit mit strafrechtlichen Sanktionen zu begegnen gewesen, als andere Kontrollinstrumentarien keinen ausreichenden Schutz erwarten ließen (weitere Einzelheiten bei Eser, Bedrohungen 28 ff. sowie in Braun/Mieth/Steigleder aaO; vgl. zum Ganzen auch die bei § 223 RN 50 zur Embryoforschung u. Humangenetik zit. Lit.).

Bereits vor der letzten Reform des § 218 ist jedoch die früher straffreie **Pränidationsphase außer- 11 und innerhalb des Mutterleibs** durch das am 1. 1. 1991 in Kraft getretene **Embryonenschutzgesetz (ESchG)** einer straf- und bußgeldbewehrten Regelung unterworfen worden (zur Entstehungsgeschichte vgl. 25. A.). Danach ist im wesentlichen folgendes verboten: die gezielte Erzeugung menschlicher Embryonen zu Forschungszwecken (§ 1 I Nr. 2), jegliche Verwendung menschlicher Embryonen zu fremdnützigen, nämlich nicht ihrer Erhaltung dienenden Zwecken (§ 2), die extrakorporale Befruchtung von mehr Eizellen als innerhalb eines Zyklus übertragen werden sollen (§ 1 I Nr. 5), die intratubare Befruchtung bzw. Übertragung von mehr als drei Eizellen bzw. Embryonen (§ 1 I Nr. 3, 4), der Gentransfer in menschliche Keimzellen (§ 5), die Abspaltung noch totipotenter Zellen eines menschlichen Embryos, zB zu Zwecken der Forschung und Diagnostik (§ 6), das Klonen durch gezielte Erzeugung genetisch identischer Menschen (§ 6), die gezielte Erzeugung von Chimären- und Hybridwesen aus Mensch und Tier (§ 7), die gezielte Festlegung des Geschlechts des künftigen Kindes (§ 3) sowie die Mitwirkung an gespaltenen Mutterschaften durch Leih- oder Ersatzmutterschaft (§ 1 I Nrn. 1, 7). Außerdem ist für künstliche Befruchtung und Embryoübertragung ein strafbewehrter Arztvorbehalt vorgesehen (§ 11). Zu weiteren Einzelheiten vgl. Deutsch NJW **91**, 721, Gropp Brauneck-FG 292 ff., Keller JR 91, 441, Losch NJW 92, 2926 sowie den ESchG-Komm. von Keller/Günther/Kaiser, zur internat. Übereinkommen vgl. Eser, Biomedizin u. Menschenrechte (1999). Auch wenn sich diese Tatbestände des ESchG von denen der §§ 218 ff. dadurch leicht abgrenzen lassen, daß es bei ersteren um Eingriffe außerhalb des Mutterleibs oder jedenfalls vor Abschluß der Einnistung des befruchteten Eis in der Gebärmutter geht, während Schwangerschaftsabbruch erst mit diesem Zeitpunkt einsetzt (§ 218 I 2), sind mögliche Rückwirkungen nicht von der Hand zu weisen. Dabei wird vor allem der mögliche Wertungswiderspruch zwischen dem nahezu absoluten, jeder Abwägung entzogenen Schutz, der durch das ESchG dem pränidativen Embryo garantiert wird, einerseits und der Abwägung mit möglichen Gegeninteressen der Schwangeren, denen sich durch § 218a der bereits nidierte Embryo ausgesetzt sieht, andererseits (vgl. Brohm JuS 98, 203, Eser, Bedrohungen 57 ff., Schwartländer-FS 190 ff., Losch NJW 92, 2929 ff.; and. Deutsch NJW 91, 724) weiterer Prüfung, wenn nicht gar einer gesetzgeberischen Korrektur bedürfen. Dies gilt auch für die unterschiedliche Behandlung des Embryos zu Forschungszwecken, die bei dessen extrakorporaler Erzeugung verboten, bei seiner Gewinnung durch einen spontanen Abgang oder einen Schwangerschaftsabbruch hingegen erlaubt ist. Ein weiterer Wertungswiderspruch könnte darin liegen, daß die Präimplantationsdiagnose verboten, eine Untersuchung bei Embryonen in utero dagegen zulässig ist (vgl. Brohm JuS 98, 204, wo allerdings zur embryopathischen Indikation nicht klargestellt ist, daß es sich um einen Unterfall der medizinisch-sozialen Indikation handelt, für die letztlich doch körperliche oder seelische Gesundheitsgefährdung der Schwangeren ausschlaggebend ist).

Neben dem ungeborenen Leben ist auch die **Gesundheit der Schwangeren** Schutzgut des § 218 **12** (Lackner § 218 RN 1, Tröndle 17; and. die frühere hM: vgl. Hanack aaO 140, Lay LK⁹ § 218 RN 6, Lüttger JR 69, 447; einschr. auch noch Jähnke LK 16 [der von „nachrangigem Rechtsgut" spricht], M-Schroeder I 76 [nur bezgl. des Verbots des Abbruchs durch Nichtärzte], Otto II 54, Rudolphi SK 56, W-Hettinger 224: bloßer „Schutzreflex"). Denn nicht nur, daß sich § 218 primär gegen den Schwangerschaftsabbruch durch Laienabtreiber und die damit verbundenen Gefahren für die Frau richtet (vgl. § 218a RN 58 sowie insbes. auch die Strafschärfung qualifizierter Gefährdung der Schwangeren nach § 218 II Nr. 2); auch sind die Straffreistellungsfristen vornehmlich aus dem sich dann steigernden Eingriffsrisiko für die Frau zu erklären (vgl. u. 37; ferner Prot. VII 1323 ff.; noch weitergeh. der in solcher Einseitigkeit freilich schwerlich überzeugende Versuch von Rüpke aaO 89 ff., 154 ff., den Strafschutz gegen Schwangerschaftsabbruch primär aus dem „Privatheitsgrundrecht" der Schwangeren zu begründen und zu begrenzen). Schon mit Rücksicht auf ihre eigenen Schutzinteressen bedarf es daher für die Rechtfertigung eines Schwangerschaftsabbruchs über das Vorliegen eines bestimmten Indikationsgrundes hinaus immer auch der Einwilligung der Frau (vgl. § 218 RN 34). Insoweit kommt denn auch die **Entscheidungsfreiheit** der Schwangeren als weiteres Schutzgut hinzu (vgl. Arzt/Weber I 141; and. Jähnke LK 17 mwN).

Eser

§§ 218 ff. Vorbem 13–22

13 Dagegen dient das Verbot des Schwangerschaftsabbruchs – anders als nach den NS-Erbgesundheitsgesetzen (vgl. RG **76** 93; Rietzsch DR 43, 242) – weder dem „Bestand und der Lebenskraft des Volkes" (so aber mittelbar nach BGH **18** 283; vgl. auch Schmidhäuser II 36) noch sonstigen **bevölkerungspolitischen Interessen** (Hanack aaO 40, Jähnke LK 15, Lüttger JR 69, 447, Rudolphi SK 57, Tröndle 17; vgl. aber auch Blei II 35, Ebbinghaus FamRZ 59, 93, Zillmer NJW 58, 2099; dazu Martin NJW 59, 468). Andernfalls wären auch die freiwillige Sterilisation und sonstige Empfängnisverhütungsmethoden unter Strafe zu stellen (Hanack aaO 41). Vgl. auch Prot. VII 1382 ff.

14 **III. Gesetzessystematisch** sind die §§ 218–219 b folgendermaßen zu begreifen:

15 1. **Strafbegründungsnorm** für das grundsätzliche Verbot des Schwangerschaftsabbruchs ist § **218 I 1**, wobei jedoch die *Frühphase* bis zum Abschluß der Nidation schon tatbestandlich durch § 218 I 2 ausgenommen ist (vgl. u. 34 f.). Zwar wird heute nicht mehr ausdrücklich zwischen *Selbst*- und *Fremd*abtreibung unterschieden; doch stehen der Sache nach auch weiterhin beide Abbruchsformen einheitlich als *Vergehen* unter Strafe, wobei freilich bei Selbstabbruch der Schwangeren nach § 218 III Straf**milderung** eingeräumt wird (näher § 218 RN 28 ff.). Straf**schärfung** ist nach Regelbeispieltechnik durch § 218 II vorgesehen (näher dort RN 57 ff.).

16 2. **Strafbefreiungsgründe** finden sich nunmehr in vier-(wenn nicht sogar fünf-)facher *Abstufung* (zur seinerzeit noch dreistufigen Ausgangslage in der aF des 15. StÄG vgl. 24. A. 9 ff. sowie grdl. Gropp aaO):

17 a) Zum einen aufgrund **Tatbestandsausschlusses des „beratenen" Schwangerschaftsabbruchs (§ 218 a I)**, wonach der nach ordnungsgemäßer Beratung innerhalb von 12 Wochen nach der Empfängnis durch einen Arzt vorgenommene Abbruch *straffrei* ist, aber nach dem Willen des BVerfG *rechtswidrig* bleiben soll (näher dazu § 218 a RN 13 ff.).

18 b) Zum anderen aufgrund **rechtfertigender Indikation (§ 218 a II, III)**, wobei jeweils unterschiedliche Eingriffsfristen vorgesehen sind (näher dort RN 20 ff.). Da diese Indikationsgründe nur bei *ärztlichem* Schwangerschaftsabbruch durchgreifen, bleiben Laienabtreibungen, von seltenen Ausnahmefällen (§ 218 a RN 58) abgesehen, grundsätzlich nach § 218 strafbar.

19 c) Zwischen den vorgenannten Fällen des zwar *straffreien*, aber *(möglicherweise) rechtswidrigen* (o. 17) und des *rechtfertigend indizierten* (o. 18) Schwangerschaftsabbruchs kommt nunmehr auch ein **tatbestandslos-rechtmäßiger** in Betracht, und zwar in Form eines *beratenen* Abbruchs nach § 218 a I, bei dem zwar die formelle Indikationsfeststellung nach § 218 b unterblieb, materiell jedoch alle Voraussetzungen einer Indikation nach § 218 a II bzw. III gegeben sind; denn ebensowenig wie nach vorherigem Recht die Rechtfertigung aufgrund einer material vorliegenden Indikation deren formelle Feststellung voraussetzte (vgl. 24. A. § 218 a RN 63), sowenig bedarf es für die Rechtfertigung des Schwangerschaftsabbruchs als solchen (§ 218) einer formellen Indikationsfeststellung; vielmehr handelt es sich bei dieser nach wie vor lediglich um eine subsidiäre Kontrollvorschrift (§ 218 b I 1, 2), wegen deren Verletzung sich ohnehin nur der Arzt, nicht aber die Schwangere strafbar machen kann (§ 218 b I 3). Vgl. dazu auch § 218 a RN 81, § 218 b RN 22.

20 d) Desweiteren ist der *Schwangeren*, sofern nicht bereits Straflosigkeit nach § 218 a I (o. 17) oder Rechtfertigung nach § 218 a II, III (o. 18 bzw. 19) durchgreift, durch § 218 a IV ein **persönlicher Strafausschließungsgrund** eingeräumt, vorausgesetzt, daß der Abbruch von einem Arzt nach ordnungsgemäßer Beratung innerhalb der ersten 22 Schwangerschaftswochen durchgeführt wird (näher § 218 a RN 66 ff.). Da dies die Rechtswidrigkeit des Abbruchs unberührt läßt, bleiben sonstige Tatbeteiligte, und zwar auch der Arzt, nach § 218 I strafbar. Entsprechendes gilt bei dem der Schwangeren eingeräumten persönlichen Strafausschließungsgrund bei bloßem *Versuch* (§ 218 IV 2).

21 e) Schließlich ist darüber hinaus – und zwar ohne daß ein Rechtfertigungsgrund vorliegen, eine Beratung vorausgegangen oder der Abbruch durch einen Arzt durchgeführt sein müßte – bei der Schwangeren im Falle „besonderer Bedrängnis" ein **Absehen von Strafe** möglich (§ 218 a IV 2; vgl. dort RN 75 ff.). Dies ist vor allem bei Laienabort bedeutsam, wobei jedoch der Dritte, ebenso wie bei den vorgenannten Strafbefreiungsgründen, nach § 218 strafbar bleibt.

22 3. Durch den subsidiären § **218 b** soll die **Indikationsfeststellung** gewährleistet werden. Freilich kommt dieser Tatbestand nur dann zum Zuge, wenn an sich ein rechtfertigender Indikationsgrund nach § 218 a II, III (o. 18 f.) vorliegt (denn andernfalls greift bereits § 218 durch), also lediglich die Feststellungspflicht verletzt ist. Da jedoch auch insoweit der Schwangeren ein persönlicher Strafausschließungsgrund eingeräumt ist (§ 218 b I 3), kann sich nach § 218 b I 1 praktisch nur der Arzt strafbar machen (vgl. u. 26, 28). Dies gilt auch – und zwar schon aufgrund von dessen Sonderdeliktsnatur – für § **218 b I 2**, durch den die Indikationsfeststellung gegen unrichtige ärztliche Feststellung abgesichert werden soll. Entsprechendes ist für die Pflicht zur Durchführung des Abbruchs in einer die notwendige **medizinische** Nachbehandlung gewährleistenden **Einrichtung** anzunehmen, wobei deren Verletzung jedoch lediglich als Ordnungswidrigkeit sanktioniert ist (§§ 13, 14 SchKG; vgl. § 218 a RN 82). Durch diese bundesgesetzliche Wahrnehmung der Regelungskompetenz ist es dem Landesgesetzgeber nicht nur verwehrt, weitere Strafvorschriften für ärztliche Handlungen im Zusammenhang mit Schwangerschaftsabbrüchen zu erlassen, da diese in §§ 218, 218 b und 218 c StGB abschließend niedergelegt sind; vielmehr ist auch ihr Erlaß als bloßes Verwaltungsunrecht durch

§§ 13, 14 SchKG der Kompetenz des Landesgesetzgebers entzogen (vgl. BVerfGE **98** 312 f. = NJW **99**, 841 zum Bay. SHEG; dazu § 218 a RN 58, 82, § 218 c RN 4).

4. Schließlich werden in den **§§ 219 a, 219 b** noch bestimmte Anstiftungs- und Beihilfehandlungen im **Vorbereitungsbereich** des Schwangerschaftsabbruchs als abstrakte Gefährdungsdelikte unter Strafe gestellt (Jähnke LK 20), und zwar teils im Hinblick auf die Rechtswidrigkeit des dadurch geförderten Abbruchs (§ 219 b), wobei die Schwangere wiederum aufgrund eines persönlichen Strafausschließungsgrundes straffrei bleibt (§ 219 b II), teils wegen der anstößigen Form bzw. der gewinnsüchtigen Absicht der Förderung des Abbruchs, wobei dieser selbst jedoch nicht unbedingt rechtswidrig zu sein braucht (§ 219 a). 23

5. Zu **außerstrafrechtlichen Zusatzregeln** vgl. u. 46 *(Meldepflicht)* sowie § 218 a RN 84 ff. *(Weigerungsrecht).* 24

6. Aufgrund der **personbezogen** verschiedenartigen Strafbefreiungen können sich *Schwangere, Ärzte* und sonstige *Drittbeteiligte* somit **unterschiedlich strafbar** machen (zur Ausgangslage im 15. StÄG vgl. die Übersicht in Eser/Hirsch aaO 120 ff. u. Augstein/Koch aaO 202 ff.): 25

a) Die **Schwangere** kann hinsichtlich eines an ihr selbst durchgeführten oder zugelassenen Abbruchs überhaupt nur nach § 218 I, III strafbar sein, und auch dies nur dann, wenn es sich um eine Laienabtreibung handelt oder bei ärztlichem Abbruch der Indikationsgrund und/oder die vorgängige Beratung fehlen bzw. die 22-Wochen-Frist überschritten ist; denn dann kommt weder Straflosigkeit nach § 218 a I noch Rechtfertigung nach § 218 a II, III (o. 18) noch ein persönlicher Strafausschließungsgrund nach § 218 a IV 1 (o. 20) in Betracht. Immerhin kann aber selbst dann noch bei „besonderer Bedrängnis" nach § 218 a IV 2 von Strafe abgesehen werden (o. 21). Diese Strafbefreiungsgründe gelten sowohl für täterschaftliche wie für teilnehmende Beteiligung. Denkbar ist daher allenfalls noch Strafbarkeit der Schwangeren nach § 219 a, wenn sie das bei ihr verwendete Mittel oder Verfahren auch für andere Schwangerschaftsabbrüche anpreist. Dagegen bleibt sie sowohl hinsichtlich der Veranlassung eines ohne Indikationsfeststellung durchgeführten Abbruchs (§ 218 b I 1) wie auch hinsichtlich der Anstiftung zu einer unrichtigen ärztlichen Feststellung (§ 218 b I 2) straffrei (§ 218 b I 3). Entsprechendes gilt für vorbereitendes Inverkehrbringen von Abtreibungswerkzeugen nach § 219 b II. 26

b) Der **Arzt** kann in dreifacher Rolle am Schwangerschaftsabbruch beteiligt sein: als *abbrechender* (§ 218 a), als *beratender* (§ 219) oder als *indikationsfeststellender* Arzt (§ 218 b). Dabei ist **Rollenidentität** nur insoweit ausgeschlossen, als der abbrechende Arzt nicht zugleich die Beratung (§§ 218 c, 219 II 3) und/oder die Indikationsfeststellung (§ 218 b I 1) vornehmen darf, während der indikationsfeststellende mit dem beratenden Arzt personengleich sein kann (vgl. § 218 b RN 12, § 219 RN 19). Demgemäß müssen die hier möglichen ärztlichen Funktionen beim Schwangerschaftsabbruch von mindestens zwei Ärzten wahrgenommen werden, wobei eine Rollenteilung in der Weise möglich ist, daß der eine Arzt sich auf den Abbruch beschränkt, während der andere die Beratung und/oder die Indikationsfeststellung vornimmt. Je nach der im Einzelfall wahrgenommenen Funktion kann sich der Arzt dabei auf *unterschiedliche* Weise strafbar machen: 27

α) Soweit der Arzt nur als **abbrechender** tätig wird, kommt Strafbarkeit nach § 218 I 1 in Betracht, wenn er im Falle des § 218 a I ohne Verlangen der Schwangeren und/oder ohne den Nachweis von deren vorheriger Beratung bzw. in Fällen des § 218 a II, III ohne Einwilligung der Schwangeren und/oder ohne Vorliegen einer Indikation abbricht oder eine der für diese Fälle vorgesehene Fristen – so im Falle des § 218 a I frühestens 3 Tage nach der Beratung und spätestens bis zum Ablauf von 12 Wochen bzw. letzteres auch im Falle des § 218 a III – nicht einhält. Zudem kann nach § 218 II Strafschärfung eintreten, wenn der Arzt *gegen den Willen* der Schwangeren oder unter *leichtfertiger Gefährdung* von Leib und Leben handelt (vgl. ferner § 218 RN 60 zur Gewerbsmäßigkeit). Ferner kann sich der Arzt selbst für den Fall, daß der Abbruch schon aufgrund der Einwilligung und einer Indikation nach § 218 a II, III gerechtfertigt ist, *subsidiär* nach § 218 b I 1 strafbar machen, wenn die Indikationsfeststellung durch einen anderen Arzt fehlt. Schließlich kommt aufgrund des durch das SFHÄndG neu eingeführten § 218 c subsidiäre Strafbarkeit in Betracht, wenn der Arzt eine der dort vorgesehenen Pflichten – Gelegenheit für die Frau zur Darlegung ihrer Abbruchsgründe, ärztliche Beratung, Feststellung der Schwangerschaftsdauer, Respektierung der Rollentrennung zwischen Abbruch und Beratung – verletzt. 28

β) Soweit er nur als **Indikationsarzt** nach § 218 b I 1 mitwirkt, kann er sich – je nach Gut- oder Bösgläubigkeit des Operators – wegen mittelbarer Täterschaft bzw. Beihilfe zu § 218 strafbar machen, falls er durch falsche Indikationsstellung einer rechtswidrigen Abtreibung vorsätzlich Vorschub leistet. Demzufolge bleibt für die subsidiäre Strafdrohung des § 218 b I 2 gegenüber dem Indikationsarzt nur Raum, wenn der Abbruch, für den ihm wider besseres Wissen unrichtige Indikationsfeststellung geliefert wurde, nicht zur Ausführung gelangt (vgl. Lackner NJW 76, 1242) oder aus einem anderen als dem fälschlich festgestellten Grund objektiv indiziert war (vgl. § 218 b RN 31). Nach dem gegenüber § 218 subsidiären § 218 b I 1 kommt eine Strafbarkeit des Indikationsarztes allenfalls insoweit in Betracht, als er bei einem nach § 218 a II, III gerechtfertigten Abbruch die Ordnungsmäßigkeit einer mangelhaften Indikationsfeststellung vorspiegelt (mittelbare Täterschaft von § 218 b I 1) oder den Operator trotz Mangelhaftigkeit der Indikationsfeststellung zum Abbruch veranlaßt (vgl. § 218 b RN 20). 29

§§ 218 ff. Vorbem 30–37

30 γ) Soweit der Arzt nur als **Berater** iSv §§ 218a I, 219 mitwirkt, kommt Tatbeteiligung an § 218 I in Betracht, wenn durch die Beratung ein nicht gerechtfertigter Abbruch (zB bei mangelnder Indikation) oder ein (zB wegen Fristüberschreitung) nicht nach § 218a I strafloser Abbruch unterstützt wird. Insofern gilt Gleiches wie für die Tatbeteiligung sonstiger Dritter (u. 32).

31 δ) Soweit der **abbrechende** Arzt **zugleich** noch **beratende** und/oder **indikationsfeststellende** Funktionen wahrnimmt, hat seine etwaige Strafbarkeit nach § 218 Vorrang (vgl. o. 28). Ist der Abbruch als solcher nach § 218a II, III gerechtfertigt (o. 18), so kommt auch dann, wenn der abbrechende Arzt unter Verletzung des Identitätsverbots zugleich die Rolle des Beraters oder des Indikationsarztes übernommen hat (vgl. o. 27), nur die subsidiäre Strafbarkeit nach § 218b I in Betracht.

32 c) **Sonstige Dritte,** die an einem rechtswidrigen Schwangerschaftsabbruch beteiligt sind (zB bei mangelnder Einwilligung der Schwangeren, fehlender Beratung oder Indikation bzw. nichtärztlicher Durchführung), sind nach § 218 I (bzw. II) strafbar, und zwar gleichgültig, ob sie als Laienaborteur, als nichtärztliche Berater (zB durch Adressenvermittlung) oder als Arzt in bloßer Beraterfunktion (vgl. o. 30) mitgewirkt haben. Dabei ist die Strafe aufgrund von § 28 II selbst dann aus § 218 I zu entnehmen, wenn lediglich eine nach § 218 III strafgemilderte Selbstabtreibung der Schwangeren durch bloße Beihilfe unterstützt wurde (§ 218 RN 51). Ebenso bleibt die Strafbarkeit des Dritten nach § 218 I durch einen etwaigen persönlichen Strafausschließungsgrund der Schwangeren nach §§ 218 IV 2, 218a IV 1 (o. 20, 26) unberührt. Im übrigen kommt auch für Drittbeteiligte, soweit nicht bereits § 218 durchgreift, subsidiäre Strafbarkeit nach den §§ 218b, 219a, 219b in Betracht. Bei § 219a und § 219b ist dies sowohl täterschaftlich wie durch Teilnahme möglich, ebenso bei §§ 218b I 1, indem etwa in mittelbarer Täterschaft dem gutgläubigen Operateur eine gefälschte Indikationsfeststellung vorgelegt wird (vgl. § 218b RN 21). Dagegen ist bei § 218b I 2 wegen dessen Sonderdeliktsnatur (mittelbare) Täterschaft durch Nichtärzte zwingend ausgeschlossen (vgl. dort RN 30).

33 **IV. Zeitlich** sind **vier Schutzphasen innerhalb der Schwangerschaft** zu unterscheiden:

34 1. Für die **Frühphase** bis zum *Abschluß der Einnistung* des befruchteten Eies in der Gebärmutter (sog. **Nidation**) fehlt es – jedenfalls im Bereich des Schwangerschaftsabbruchsrechts (vgl. aber o. 11 zum ESchG) – an einer strafrechtlichen Schutznorm zugunsten des Embryos, da nach dem (mit dem früheren § 219d inhaltsgleichen) § 218 I 2 Handlungen, deren Wirkungen *vor* diesem Zeitpunkt eintreten, nicht als Schwangerschaftsabbruch gelten (so iSd bereits zum früheren Begriff der abtreibungsfähigen „Leibesfrucht" vorherrschenden Auffassung erstmals gesetzlich klargestellt durch das § 218 IdF des 5. StrRG; vgl. RegE 15, 2. Ber. 13 sowie 24. A. RN 26 mwN). Da der Abschluß der Nidation etwa auf den 14. Tag nach der Empfängnis anzusetzen und zu deren Fixierung ihrerseits jeweils auf die letzte Menstruation zurückzurechnen ist (vgl. § 218 RN 15), sind demnach alle Eingriffe in die Schwangerschaft innerhalb der *ersten vier Wochen seit Beginn der letzten Periode* durch § 218 schon **tatbestandlich nicht erfaßt.** Näher zu den Konsequenzen sowie zur Begriffsbestim-

35 mung und Berechnung des Nidationszeitpunktes § 218 RN 10 ff. – Ob sich die Straffreiheit dieser Frühphase daraus erklären läßt, daß es bis zum Nidationsabschluß noch an *individuiertem Leben fehlt,* wird inzwischen wieder zunehmend bestritten (vgl. Belling aaO 66, Gropp aaO 49; offenlass. BVerfGE **39** 37, **88** 251). Aber wenngleich biologisch-genetisch nicht zu bestreiten ist, daß bereits mit der Vereinigung von Ei und Samen artspezifisch menschliches Leben in dem Sinne entsteht, daß daraus nur ein Mensch, nicht aber ein nicht-menschliches Wesen erwachsen kann (vgl. Blechschmidt, Vom Ei zum Embryo [1970] 34 ff., Saerbeck aaO 19, so auch BVerfGE **88** 251 f.) und somit bereits dieses Leben eine andere Qualität als sonstiges biologisches Leben besitzt (vgl. Eberbach ZRP 90, 218, Eser, Bedrohungen 39 ff. sowie in Günther/Keller aaO 282 f.), erscheint die Frühphase letztlich aus pragmatischen Gründen (vgl. RegE 15) strafrechtlich *nicht schutzfähig,* da hier das Vorliegen einer Schwangerschaft idR weder objektiv beweisbar noch für die Frau subjektiv erfahrbar ist (vgl. Eser in Hofmann aaO 167 f., Gesenius, Empfängnisverhütung³ 103 f., Rudolphi SK 10, ferner Prot. VI 2177 ff., BT-Drs. 12/2605 [neu] S. 22). Solche praktischen Nachweisbarkeitsmängel würden nun zwar nicht auch extrakorporal erzeugtem Leben entgegenzuhalten sein; doch selbst wenn bereits dem nicht-implantierten Embryo grundsätzliche Schutzwürdigkeit zuzuerkennen ist, braucht das Schutzinstrument nicht unbedingt strafrechtlicher Art zu sein. Dazu wie auch zu sonstigen Konsequenzen der bis zum Inkrafttreten des EschG straffreien **Vornidationsphase** für das nicht-implantierte befruchtete Ei vgl. o. 10 f.

36 Unberührt von dieser Freistellung abortiver Eingriffe in der Frühphase bleiben selbstverständlich die der **Gesundheit der Schwangeren** dienenden Schutztatbestände. Wird etwa die Frau durch eine kunstfehlerhafte abrasio eventuell verletzt oder bei einer Nachblutung unzureichend versorgt, so kommen nach allgemeinen Grundsätzen die §§ 223 ff. zum Zuge.

37 2. Nach Abschluß der Nidation, dh praktisch **vom 14. Tag seit Empfängnis** bzw. mit Beginn der 5. Woche nach der letzten Menstruation (vgl. o. 34), ist der Schwangerschaftsabbruch nach § 218 grundsätzlich strafbar, und zwar sowohl bei Selbstabbruch der Schwangeren als auch bei Fremdabbruch durch einen Dritten. Dies gilt grundsätzlich auch bei kunstgerechter Durchführung durch einen Arzt. Jedoch kann der Abbruch gleichermaßen für die Schwangere wie für den Arzt im Falle einer **Beratung** nach § 218a I *straflos* (o. 17) oder bei Vorliegen einer der in § 218a II, III genannten **Indikationen** *gerechtfertigt* sein. Jedoch muß sowohl für die Straflosigkeit nach *Beratung* wie auch bei

der „*kriminologischen*" Indikation der Eingriff bis spätestens zum **Ende der 12. Woche** seit Empfängnis durchgeführt werden (§§ 218a I Nr. 3 bzw. III), während die „medizinische" Indikation bis zum Ende der Schwangerschaft zulässig ist (§ 218a II) und dies nunmehr auch für die in der „medizinischen" aufgegangenen bisherigen „embryopathischen" Indikation (vgl. o. 8) bedeutsam sein kann (vgl. § 218a RN 37, 43). Die 12-Wochen-Frist erklärt sich im wesentlichen daraus, daß in dieser Phase der Eingriff noch relativ gefahrlos für die Schwangere durchführbar ist (vgl. RegE 26, 28, Zander Prot. VI 2160ff. AE-BT Begr. 31).

3. Die von der **12. bis 22. Woche** reichende Zeitspanne, die bislang für eine „embryopathische" Indikation noch wichtig sein konnte (vgl. o. 8, 24. A. RN 30), ist jetzt nur noch für die *Schwangere* von Bedeutung, indem sie schon mit einem lebensfähigen Fötus zu rechnen ist (vgl. 1. Ber. 15, ferner Prot. VII 1461ff.) und damit eine Kollision mit etwaigen Lebenserhaltungspflichten eintreten kann. Daher ist hier ein Abbruch *nur noch bei medizinischer* Indikation zu rechtfertigen (vgl. § 218a II, III), wobei die Nichtanwendbarkeit bzw. Unzumutbarkeit der Lebens- oder Gesundheitsgefahr für die Schwangere besonders sorgfältiger Prüfung bedarf (näher § 218a RN 28, 42). **38**

4. Mit der **Endphase ab der 23. Woche** nach der Empfängnis wird ein Abbruch umso problematischer, je mehr in dieser Phase bereits mit einem lebensfähigen Fötus zu rechnen ist (vgl. 1. Ber. 15, ferner Prot. VII 1461ff.) und damit eine Kollision mit etwaigen Lebenserhaltungspflichten eintreten kann. Daher ist hier ein Abbruch *nur noch bei medizinischer* Indikation zu rechtfertigen (vgl. § 218a II, III), wobei die Nichtanwendbarkeit bzw. Unzumutbarkeit der Lebens- oder Gesundheitsgefahr für die Schwangere besonders sorgfältiger Prüfung bedarf (näher § 218a RN 28, 42). **39**

5. Da § 218 den Abbruch einer „Schwangerschaft" voraussetzt, endet sein Anwendungsbereich mit **Abschluß der Schwangerschaft**. Dazu könnte allgemeinsprachlich an sich auch noch der *Geburtsvorgang* gerechnet werden. Wie jedoch schon der Vergleich mit § 217 aF ergibt, der eine Tötung „in der Geburt" bereits als Tötungsdelikt iSd §§ 211ff. zu betrachten, wobei mit Streichung des § 217 durch das 6. StrRG zwar eine positiv-rechtliche Stütze weggefallen ist, ohne daß aber damit eine Verschiebung der bisherigen Grenzziehung zwischen § 218 und den §§ 211ff. beabsichtigt war (vgl. BT-Drs. 13/8587 S. 43, 81, Gropp GA 00, 14f. sowie 13 vor § 211, § 213 RN 1, 15ff.). Da für den Geburtsbeginn das Einsetzen der sog. **Eröffnungswehen** maßgeblich ist (vgl. Koch in Eser/Koch I 104ff. sowie 13 vor § 211), findet § 218 nur auf solche Eingriffe Anwendung, die noch *vor* diesem Zeitpunkt, so vor allem während der sog. Vorwehen als bloßem Vorzeichen der Geburt, vorgenommen werden, während Eingriffe *nach* Beginn der Eröffnungswehen bereits den §§ 211ff. bzw. §§ 223ff. unterliegen. Dabei kommt es weniger auf den Zeitpunkt des tödlichen *Erfolgs*eintritts als vielmehr auf den Auswirkungsbeginn des *Eingriffs* bzw. im Falle von Unterlassen (wie notwendigen „Hilfsmaßnahmen zur Menschwerdung" durch rechtzeitige Geburtseinleitung einerseits bzw. Nichtversorgung einer Frühgeburt andererseits) auf die auswirkungserhebliche Versäumung der Hilfspflicht an (vgl. BVerfGE NJW **88**, 2945, Bamberg NJW **88**, 2963, Karlsruhe MDR **84**, 686, Jähnke LK § 218 RN 15, 17, 22, Lüttger NStZ 83, 484). Daher bleibt § 218 grundsätzlich auch dann noch anwendbar, wenn das Kind erst nach Vollendung der Geburt stirbt, dies jedoch infolge eines Eingriffs, der bereits vor Einsetzen der Eröffnungswehen vorgenommen worden war. Zu möglichen Überschneidungen und Konkurrenzen mit Tötungs- und Körperverletzungsdelikten vgl. § 218 RN 23f., 68. **40**

Diese Grenzlinie ist auch für *Rechtfertigungs*fragen von Bedeutung. Da § 218a nur bei einem noch als Schwangerschaftsabbruch zu betrachtenden Eingriff durchgreift, ist damit eine Tötung des Kindes **nach Geburtsbeginn** nicht zu rechtfertigen (Koch aaO 108, Rudolphi SK 15; auch Arzt/Weber I 158). Die damit vor allem für die sog. *Perforation* bei Wasserköpfigkeit des Kindes entstehende Rechtfertigungslücke versuchten mehrere Entwürfe durch einen allgemeinen Privilegierungstatbestand der „Notstandstötung in der Geburt" zu schließen (vgl. § 217a in BT-Drs. 7/1982/83/84). Da aber damit nur *Lebens*gefahr für die Mutter erfaßt worden wären, hat das 5. StrRG (ebenso wie stillschweigend auch das SFHG) auf diesen Tatbestand verzichtet, um auf solche Weise die weitergehende (weil auch *Gesundheits* gefahren umfassende) allgemeine Notstandsregel des § 34 anwendbar sein zu lassen (vgl. 1. Ber. 13). Jedoch wurde dabei nicht bedacht, daß mit Geburtsbeginn bereits – nach § 212 gleichermaßen hochgeschütztes – Leben gegen Leben steht und damit nach allgemeinen Grundsätzen eine Rechtfertigung ausgeschlossen wäre (vgl. § 34 RN 23; vgl. aber dazu auch Eser/Koch Teil 3 S. 573ff.). Da auch § 35 für den Arzt regelmäßig ausscheidet, weil für ihn die Mutter meist keine „nahestehende Person" ist, wird ihm von einem Teil der Lehre allenfalls ein übergesetzlicher Entschuldigungsgrund eingeräumt (vgl. Rudolphi SK 15). Anderseits ist jedoch iSe Rechtfertigung zu berücksichtigen, daß es bei der Perforation nicht um eine normale schwangerschaftsbedingte Interessenkollision geht, sondern um die Rettung der Mutter aus einer Gefährdung, die von der besonderen Konstitution des Kindes ausgeht (vgl. § 34 RN 23, 30 sowie Hirsch LK § 34 RN 74, Jähnke LK § 212 RN 10; so iS rechtfertigender Pflichtenkollision M-Schroeder I 71, Lackner/Kühl § 34 RN 9, wohl auch Tröndle § 34 RN 21 iVm 11 vor § 32). Allerdings bleibt dabei zu bedenken, daß heute die Perforation in vielen Fällen durch abdominalen Kaiserschnitt ersetzt werden kann (vgl. Martius/Rath, Geburtshilfe u. Perinatologie [1998] 383); ist ein solcher ohne besonderes Risiko durchführbar, wäre eine Perforation nicht indiziert. Anderseits wird man aber der Schwangeren einen Kaiserschnitt schwerlich gegen ihren Willen aufzwingen können. Zu dem dadurch entstehenden, rechtlich noch wenig ausgeleuchteten Dilemma für den Arzt wie auch zu der dann möglicherweise **41** auftauchenden Frage einer „Früheuthanasie" mißgebildeter Neugeborener vgl. 32 a vor § 211, ferner Einbecker Empfehlungen über die Grenzen ärztl. Behandlungspflicht bei schwerstgeschädigten Neugeborenen, MedR 92, 206 ff. sowie Klinkhammer DÄBl. 96 C-339 ff., Beckmann MedR 98, 15 ff., Jähnke § 218 LK 23 ff., Holschneider ArztR 98, 97 ff.

42 V. 1. **Internationalstrafrechtlich** besteht im Hinblick auf den bekannten „Abtreibungstourismus" in Länder mit Fristen- oder weitergehenden Indikationsregelungen (wie zunächst England, Dänemark, Schweden sowie inzwischen auch Österreich, Frankreich und Italien) oder wie zeitweilig aufgrund faktischer Nichtverfolgungspraxis in den Niederlanden (vgl. Wilkitzki/Lauritzen aaO 108 ff. sowie eingeh. zum internat. Vergleich Ketting/v. Praag aaO 7 ff., Koch ZStW **97**, 1043 ff. sowie die Länderberichte in Eser/Koch aaO, insbes. Teil 3 S. 89, 343 ff., 401 ff., 547, Frankowski/Cole aaO) Anlaß zu dem Hinweis, daß nach dem Schutzprinzip bzw. aktiven Personalprinzip des **§ 5 Nr. 9** das deutsche Strafrecht unabhängig vom möglicherweise **straffreiem Tatortrecht** auf den Schwangerschaftsabbruch einer Deutschen im Ausland anwendbar bleibt (vgl. § 5 RN 17, aber auch 55 vor § 3; zur abweich. Rechtslage in den Beitrittsländern bis zum Inkrafttreten des SFHÄndG vgl. u. 47 ff.). Dies gilt jedoch nur für einen täterschaftlichen Abbruch nach **§ 218**, soweit er nicht nach § 218 a I straflos oder nach § 218 a II, III nicht zumindest materiell gerechtfertigt ist (vgl. o. 17). Liegt dagegen eine Indikation tatsächlich vor, so bleibt der im Ausland durchgeführte Abbruch auch dann straflos, wenn er ohne formelle Indikationsfeststellung (§ 218 b I 1) durchgeführt wird (vgl. AG Albstadt MedR **88**, 261 m. Anm. Mitsch Jura 89, 193, Jähnke LK § 218 RN 66); denn die Einhaltung dieser Pflichten bildet keine Rechtfertigungsvoraussetzung (§ 218 a RN 81). Entsprechendes gilt für den Fall, daß der Abbruch nicht durch einen nach deutschem Recht approbierten, sondern durch einen nach Tatortrecht zugelassenen Arzt durchgeführt wird; denn für die Rechtfertigung nach § 218 a II, III genügt, daß es sich beim Operateur um einen den deutschen Qualifikationserfordernissen vergleichbaren Arzt handelt (vgl. § 218 a RN 58). Fehlt es dagegen sowohl materiell an einer Indikation nach § 218 a II, III als auch an einer ordnungsgemäßen Beratung nach §§ 218 a I, 219, so ist der Abbruch für eine(n) Deutsche(n) iSv § 5 Nr. 9 strafbar, da die Beratung für § 218 a I eine Strafbarkeitsvoraussetzung darstellt und somit – anders als nach dem § 218 b aF (vgl. 24. A. 35 vor § 218, § 218 a RN 63 ff.) – nicht nur subsidiäre Bedeutung hat. Bei ausländischer Teilnahme an einem Abbruch im Inland kommt § 9 II zum Zuge (vgl. dort RN 11).

43 Fraglich ist jedoch, inwieweit die Schwangere bei einem nichtindizierten und damit durch § 5 Nr. 9 erfaßten (vgl. dort RN 17) Abbruch den *persönlichen Strafausschließungsgrund* des § 218 a IV 1 (o. 20) in Anspruch nehmen kann. Ausgeschlossen ist dieser jedenfalls da, wo sie sich vorher keinerlei Beratung iSv § 219 unterzogen hat; andererseits ist ein solcher aber einzuräumen dort, wo sie bei Fahrtantritt ihrer Beratungspflicht nachgekommen ist (vgl. M-Schroeder I 75; trotzdem für Strafbarkeit der Schwangeren bei Abbruch im Ausland Rudolphi SK 20, 50). Daher dürfte in Fällen, in denen die Schwangere ohne inländische Beratung im Ausland hat abbrechen lassen, allenfalls ein Absehen von Strafe nach § 218 a IV 2 in Betracht kommen.

44 Unzweifelhaft dagegen ist, daß bloße Förderungshandlungen nach **§§ 219 a, 219 b**, da durch § 5 Nr. 9 nicht ausdrücklich erfaßt, nur dann strafbar sind, wenn sie gem. §§ 3, 9 im Inland vorgenommen werden (vgl. Jähnke LK § 218 RN 66; Laufhütte/Wilkitzki JZ 76, 330) bzw. hier den tatbestandsmäßigen Erfolg herbeiführen (zB das vom Ausland versandte Abtreibungsinstrument im Inland in den Verkehr gelangt). Vgl. im übrigen auch § 5 RN 17.

45 2. Soweit der Schwangerschaftsabbruch auch nach **Tatortrecht strafbar** ist, kommen bei Abbruch an einer deutschen Schwangeren über § 7 I aufgrund des passiven Personalprinzips die §§ 218 ff. auch gegenüber einem *ausländischen* Täter zur Anwendung (vgl. § 7 RN 6, 11). Eingehend zum Ganzen (auf der Ausgangslage des 15. StÄG) in Eser/Hirsch aaO sowie Koch aaO 108 ff.

46 VI. Zur **statistischen** Erfassung ist für Ärzte eine **Meldepflicht** an das Stat. Bundesamt über die von ihnen nach § 218 a durchgeführten Schwangerschaftsabbrüche (ohne Nennung des Namens der Schwangeren) vorgesehen (§§ 15–18 SchKG), um auf diese Weise zuverlässigeres Material über Ursachen und Auswirkungen des Schwangerschaftsabbruchs zu erhalten (vgl. 1. Ber. 19, BT-Drs. 13/1850 S. 22). Obgleich die Verletzung dieser Pflicht eine Ordnungswidrigkeit nach § 23 BStatistikG darstellt, war bisher von einem nicht unerheblichen Meldedefizit auszugehen (vgl. Erhard in Hoffakker ua 159 ff., Spieker Jura 87, 57 ff.). Mit der Neuregelung der Bundesstatistik über Schwangerschaftsabbrüche ab dem 1. 1. 1996 ist aufgrund der neu eingeführten Pflicht zur Auskunft über die Inhaber der Arztpraxen und Leiter der Krankenhäuser unter Angabe der Anschrift der ambulanten oder stationären Einrichtung eine Kontrolle der Auskunftspflicht durch das Stat. Bundesamt möglich. Nach den jährlich vom Stat. Bundesamt herausgegebenen Zahlen (in: Gesundheitswesen, Fachserie 12, Reihe 3) wurden während 1998 im gesamten Bundesgebiet 131 795 Abbrüche durchgeführt, davon 3,3% aufgrund der allgemeinen-medizinischen (davon 0,3% psychiatrischen), 0,0% aufgrund der kriminologischen Indikation sowie 96,7% aufgrund der Beratungsregelung. Inwieweit die gegen die vom Stat. Bundesamt erhobenen Daten geäußerten Bedenken fortbestehen, läßt sich nach der Veräußerung der Erhebungspraxis noch nicht abschließend beurteilen (zu den früher vorgetragenen Bedenken vgl. 25. A. sowie v. Hippel JZ 86, 54 f., Kuhn DÄBl. 87, 1157 f.); immerhin wird aber im Statistischen Jahrbuch 1999 (S. 417) eine erhebliche Verringerung der bis zur Neuregelung in größerem Umfang vorhandenen Untererfassung festgestellt.

VII. Räumlicher und zeitlicher Anwendungsbereich – Zeitweilige Rechtsuneinheitlich- 47
keit in den Alten und Neuen Bundesländern. Nachdem bei den Verhandlungen über den Einigungsvertrag (EV; dazu Einf. 14 vor § 1) bekanntlich zunächst keine sofortige Rechtsvereinheitlichung für den Bereich des Schwangerschaftsabbruchs hatte erreicht werden können (näher dazu wie auch zur zwischenzeitlichen Entwicklung 25. A.), wurde **volle Rechtseinheit** erst durch Ersetzung aller bisherigen bundesdeutschen und DDR-Bestimmungen zum Schwangerschaftsabbruch durch das SFHG idF des **SFHÄndG** (einschließl. des dort in Art. 10 nun ebenfalls ohne Einschränkung bundesweit geltenden § 5 Nr. 9) mit dessen Inkrafttreten am 1. 10. 1995 erreicht. Diese bis dahin bestehende räumliche und zeitliche Rechtsuneinheitlichkeit hat für **zuvor begangene Straftaten** nach den Regeln des *temporalen und interlokalen Strafrechts* (allg. dazu 47 ff. vor § 3) im wesentlichen folgende Konsequenzen:

1. Nach dem **Grundsatz des mildesten Gesetzes (§ 2 III)** ist bei einem vor dem 1. 10. 1995 48 begangenen Schwangerschaftsabbruch zu prüfen, ob und inwieweit das zur Tatzeit am Tatort geltende Recht oder eine zwischenzeitliche Rechtsänderung für den Täter günstiger ist als das derzeit geltende Recht. Dabei muß sowohl zwischen dem Alten und dem Neuen Bundesgebiet unterschieden werden als auch zwischen Schwangerschaftsabbrüchen, die vor bzw. nach der BVerfG-ÜbergangsAO vorgenommen wurden, da diese die bundesdeutsche und die DDR-Regelung einheitlich ersetzte und lediglich § 5 Nr. 9 im Alten Bundesgebiet weiterhin unwirksam war. Im übrigen ist allgemein festzustellen, daß a) die „Fristenregelung" der DDR im Vergleich zur bundesdeutschen „Indikationsregelung" grundsätzlich weniger streng war, b) das DDR-Recht auch im Vergleich zur Neuregelung des SFHG idF der (auch für die ehemalige DDR geltenden) BVerfG-ÜbergangsAO und c) gleichermaßen auch im Vergleich zu der nunmehr geltenden Regelung idF des SFHÄndG weniger streng blieb, daß jedoch d) im Vergleich zu den §§ 218–219 d aF bereits die Neuregelung durch das SFHG idF der BVerfG-ÜbergangsAO für den Täter günstiger war (wobei freilich unter konkreter Betrachtung [vgl. § 2 RN 30] bei bestimmten Konstellationen, wie bei mangelnder Beratung, die nur subsidiäre und auf die Schwangere ohnehin nicht anwendbare Strafbarkeit nach § 218 b aF günstiger sein kann als nach dem SFHG idF SFHÄndG), und e) im Vergleich dazu die nunmehr geltende Regelung idF des SFHÄndG gegenüber der BVerfG-ÜbergangsAO insofern noch günstiger ist, als die (wiedereingeführte) „kriminologische" Indikation nicht mehr nur als sozialrechtliche Leistungsgrundlage (wie nach BVerfG-ÜbergangsAO Nr. II.9), sondern als Rechtfertigungsgrund anerkannt ist (§ 218 a III), ferner für eine als „medizinische" indizierbare „embryopathische" Indikation die noch in § 218 a III idF des SFHG vorgesehene 22-Wochen-Frist entfallen ist und es insoweit, wie in den Indikationsfällen überhaupt, keiner Beratung mehr bedarf, wobei die Beratungsanforderungen nach § 218 a I iVm § 219 kaum als unterschiedlich zu werten sein dürften, da sich das SFHÄndG insoweit eng an die BVerfG-ÜbergangsAO gehalten hat.

2. Das hat für Schwangerschaftsabbrüche, die im **Alten Bundesgebiet von Tatbeteiligten mit** 49 **dortiger Lebensgrundlage** begangen wurden, zur Folge, daß auch für bereits vor dem 1. 10. 95 begangene Taten das nunmehr geltende als das mildeste Recht anzuwenden ist. Dies ist das Ergebnis des Vergleichs zwischen dem geltenden Recht und dem für den Zeitpunkt bis zum 15. 6. 93 relevanten 15. StÄG bzw. dem danach relevanten SFHG idF der BVerfG-ÜbergangsAO (vgl. o. 48 zu d u. e).

3. Wurde ein Schwangerschaftsabbruch in einem **Neuen Bundesland von Tatbeteiligten mit** 50 **dortiger Lebensgrundlage** begangen, so bleibt für Taten bis zum 15. 6. 93 nach dem Vergleich zwischen dem geltenden Recht und dem DDR-Strafrecht bzw. dem SFHG idF der BVerfG-ÜbergangsAO (vgl. o. 48 zu a) u. c) das frühere DDR-Strafrecht als das mildeste Gesetz anwendbar. Für Schwangerschaftsabbrüche, die dort in der Zeit nach dem 16. 6. 93 bis zum 30. 9. 95 vorgenommen wurden, ist ein Vergleich zwischen dem SFHG idF der BVerfG-ÜbergangsAO und dem geltenden Recht vorzunehmen (vgl. o. 48 zu e), mit der Konsequenz, daß letzteres als das mildeste Gesetz anzusehen ist.

4. Schwieriger wird es dagegen bei einem **Auseinanderfallen von Wohnsitz- und Tatortrecht** 51 für den Fall, daß ein Schwangerschaftsabbruch in einem Anwendungsgebiet begangen wird, in dem der Täter nicht zugleich seinen Wohnsitz hat (wie zB beim Abbruch einer in Frankfurt/Main wohnhaften Schwangeren in Frankfurt/Oder). Nach der hier vertretenen (in der 24. A. RN 45 f. mwN näher begründeten) Auffassung ist in einem solchen Fall das jeweils am *Tatort* geltende Recht anzuwenden (ebenso Brunner JuS 91, 258, Fischer MDR 91, 582 m. Erw. Schneiders MDR 91, 585, Günther ZStW 103, 822 ff., Kadel ZRP 91, 112, Tröndle[46] m., Wasmuth NStZ 91, 161 f.; vgl. zum Ganzen o. 51, 55 vor § 3, Eser GA 91, 249 f., 251 f.), mit der Folge, daß bei einem Schwangerschaftsabbruch bis zum 15. 6. 93 in einem Neuen Bundesland das frühere DDR-Strafrecht anzuwenden ist, und zwar ohne Rücksicht auf den Wohnort der Tatbeteiligten. Folgt man hingegen dem *Wohnortprinzip* (wie Helgerth/König JR 91, 177, Schünemann ZRP 91, 381 ff., Strömer NJ 90, 541, ROW 91, 11, Vormbaum StV 91, 181 f.; vgl. auch Schneiders MDR 90, 1049; zw. Wilms ZRP 90, 474 m. Erw. Strömer ZRP 91, 151), so wäre eine Täterin mit Lebensgrundlage in einem Alten Bundesland auch vor dem 16. 6. 93 nach dem nunmehr geltenden SFHG idF SFHÄndG zu beurteilen.

52 5. Noch komplizierter ist die Frage des anzuwendenden Rechts bei **Auslandstaten von Deutschen,** weil es hier nach dem neueingeführten Art. 1 b EGStGB auf das *Wohnsitzprinzip* iSd „Lebensgrundlageprinzips" ankommt (vgl. näher 24. A. RN 47) und zudem § 5 Nr. 9 von der Erstreckung auf die Beitrittsgebiete bis zum Inkrafttreten des SFHÄndG ausgenommen war (vgl. o. 47). Demzufolge finden auf Auslandstaten vor dem 1. 10. 95 von Deutschen mit damaliger Lebensgrundlage in einem der Alten Bundesländer nach §§ 2 III, 5 Nr. 9 die neuen §§ 218–219 b idF des SFHÄndG Anwendung, während Schwangerschaftsabbrüche vor diesem Zeitpunkt von Deutschen mit Lebensgrundlage in einem der Neuen Bundesländer im Ausland unter Berücksichtigung des aktiven Personalitäts- und Wohnsitzprinzips nach den bisherigen §§ 80, 153–155 DDR-StGB zu beurteilen sind.

53 6. Soweit sich aus dem Vorausgehenden noch eine **weitere Anwendbarkeit des DDR-Rechts** ergibt, finden sich die einschlägigen Vorschriften in der 24. A. RN 48 f. abgedruckt.

54 7. *Schrifttum zum Schwangerschaftsabbruchsrecht in der DDR und zur Regelung im Einigungsvertrag:* Beckmann, Zur Verfassungsmäßigkeit der Regelung des Schwangerschaftsabbruchs im EV, MDR 91, 117. – *Brunner,* Was bleibt übrig vom DDR-Recht nach der Wiedervereinigung?, JuS 91, 353. – *Buchholz/Dähn/Weber,* Strafrecht, Bes. Teil, 1981, S. 121–123. – *Classen,* Abtreibung – Verfassung – Deutsche Einheit, GA 91, 209. – *Duft u. a.,* Strafrecht der DDR, 1981, S. 361–364. – *Eser,* Deutsche Einheit, GA 91, 241. – *Eser/Arnold,* Strafrechtsprobleme im geeinten Deutschland, NJ 93, 289. – *Fischer,* Unterschiedl. Strafrecht in Deutschland?, MDR 91, 582. – *Günther,* Strafrechtsdogmatik u. Kriminalpolitik im vereinten Deutschland, ZStW 103 (1991), 851. – *Helgerth/König,* Das Strafanwendungsrecht beim Schwangerschaftsabbruch nach dem EV, JR 91, 177. – *Kadel,* Schwangerschaftsabbruch im vereinten Deutschland, ZRP 91, 112. – *Körner/Richter,* Schwangerschaftsabbruch u. künstl. Fortpflanzung, NJ 90, 235. – *Kusch,* Gespaltenes Sexualstrafrecht im vereinten Deutschland, MDR 91, 99. – *Lammich,* Landesbericht DDR, in: Eser/Koch aaO I 325. – *Mahrad,* Schwangerschaftsabbruch in der DDR, 1987. – *Müller,* Erfahrungen u. Gedanken zum deutschen Strafrecht aus der Sicht der neuen Bundesländer, ZStW 103 (1991), 883. – *Oberlies,* Ist die DDR-Fristenregelung wirklich verfassungswidrig?, ZRP 92, 264. – *Philipp,* Bei Fristenregelung weder Abtreibung auf Krankenschein noch Lohnfortzahlung, MDR 91, 1. – *Reis,* Offene Fragen zum EV, NJW 91, 662. – *Reiserer,* Schwangerschaftsabbruch durch Minderjährige im vereinten Deutschland, FamRZ 91, 1136. – *Roellecke,* Schwierigkeiten mit der Rechtseinheit nach der dt. Wiedervereinigung, NJW 91, 657. – *Sachs,* Der Fortbestand der Fristenlösung für die DDR u. das Abtreibungsurteil des BVerfG, DtZ 90, 193. – *Schneiders,* Die Regelungen über das mat. Strafrecht im Einigungsvertrag, MDR 90, 1049. – *Ders.,* Schwangerschaftsabbruch u. interlokales Strafrecht, MDR 91, 585. – *Stern,* Der verfassungsändernde Charakter des EV, DtZ 90, 289. – *Strömer,* Der EV und das Tatortprinzip, NJ 90, 541. – *Ders.,* Die kollisionsrechtl. Regelung des Schwangerschaftsabbruchs im Bundesgebiet, ROW 91, 1. – *Ders.,* Rechtsprobleme des Schwangerschaftsabbruchs, ZRP 91, 151. – *Vormbaum,* Probleme der Strafrechtsanwendung im vereinten Deutschland, StV 91, 176. – *Wasmuth,* Straf- u. Strafverfahrensrecht nach dem EV, NStZ 91, 151. – *Wilms,* Rechtsprobleme des Schwangerschaftsabbruchs im vereinten Deutschland, ZRP 90, 470.

§ 218 Schwangerschaftsabbruch

(1) **Wer eine Schwangerschaft abbricht, wird mit Freiheitsstrafe bis zu drei Jahren oder mit Geldstrafe bestraft. Handlungen, deren Wirkung vor Abschluß der Einnistung des befruchteten Eies in der Gebärmutter eintritt, gelten nicht als Schwangerschaftsabbruch im Sinne dieses Gesetzes.**

(2) **In besonders schweren Fällen ist die Strafe Freiheitsstrafe von sechs Monaten bis zu fünf Jahren. Ein besonders schwerer Fall liegt in der Regel vor, wenn der Täter**
1. **gegen den Willen der Schwangeren handelt oder**
2. **leichtfertig die Gefahr des Todes oder einer schweren Gesundheitsschädigung der Schwangeren verursacht.**

(3) **Begeht die Schwangere die Tat, so ist die Strafe Freiheitsstrafe bis zu einem Jahr oder Geldstrafe.**

(4) **Der Versuch ist strafbar. Die Schwangere wird nicht wegen Versuchs bestraft.**

Vorbem. Fassung durch das SFHG v. 27. 7. 92 (BGBl. I 1398); vgl. auch 1 vor § 218.

Schrifttum: Vgl. zunächst die Angaben vor den Vorbem. zu § 218 sowie zu §§ 218 a, 219. Ferner: *Beckmann,* Die Behandlung hirntoter Schwangerer im Licht des Strafrechts, MedR 93, 121. – *Bockenheimer-Lucius/Seidler,* Hirntod u. Schwangerschaft, 1993. – *Dauth/Klinkhammer,* RU 486, DÄBl 92, C-1749. – *Frommel,* Erlanger Replik, NKrimP 93, 9. – *Giesen/Poll,* Recht der Frucht/Recht der Mutter in der embryonalen u. fetalen Phase aus jur. Sicht, JR 93, 177. – *Hilgendorf,* Forum: Zwischen Humanexperiment u. Rettung ungeborenen Lebens, JuS 93, 97. – *Hirsch,* Die „Pille danach", MedR 87, 12. – *Kiesecker,* Die Schwangerschaft einer Toten, 1996. – *Klein/Raymond/Dumble,* Die Abtreibungspille, RU 486, 1992. – *Koch,* Hirntod u. Schwangerschaft, in: Stepán-FS 187. – *Lüttger,* Genese und Probleme einer Legaldefinition, Sarstedt-FS 169. – *Stellpflug,* Intensivmed. Maßnahmen an hirntoten Schwangeren, DMW 97, 554.

1 I. Die auf das 15. StÄG von 1976 zurückgehende Fassung der im früheren § 218 sog. „Abtreibung" enthält in Abs. 1 das grundsätzliche **strafrechtliche Verbot des Schwangerschaftsabbruchs** (vgl. 15 vor § 218), wobei der vorher durch § 219 d aF erfaßte *Ausschluß der Frühphase bis zur Nidation* durch das SFHG (richtigerweise) bereits hier als S. 2 angefügt wurde. Anders als das außerhalb des Mutterleibs gezeugte und durch das ESchG – wenn auch nur teilweise – geschützte menschliche Leben (vgl. 11, 34 vor § 218), ist die *Leibesfrucht* (krit. zu diesem Begriff Paehler DRiZ 84, 276) erst ab ihrer Nidation strafrechtlich gegen Schwangerschaftsabbruch geschützt (vgl. u. 10 ff.). Im übrigen wurden die ursprünglich in § 218 III 2, 3 aF enthaltenen Privilegierungen der Schwangeren durch das SFHG den Straffreistellungen des § 218 a (als Abs. 4) zugeordnet, während die Strafschärfungen und -milderungen ihren bisherigen Standort hier in Abs. 2 und 3 behalten haben. Im Grundtatbestand des Abs. 1 ist sowohl der **Fremdabbruch** durch einen Dritten als auch der **Selbstabbruch** durch die Schwangere erfaßt. – Für den *Fremdabbruch* ist dies schon vom Wortlaut her zweifelhaft. Auch wird 2 dabei ja auch kein Unterschied zwischen dem Abbruch durch einen *Laien*abtreiber oder durch einen *Arzt* gemacht; während jedoch bislang der Arzt nur aufgrund eines Rechtfertigungsgrundes (wie in den Fällen des § 218 a II, III) straflos bleiben konnte, ohne daß davon die Tatbestandsmäßigkeit des Schwangerschaftsabbruchs iSv § 218 I berührt worden wäre, kann nunmehr der ärztliche Abbruch nach einer Beratung iSv § 218 a I schon tatbestandlich ausgeschlossen sein, so daß darin – ähnlich wie in manchen ausländischen Rechten – der Ansatz zu einem privilegierten Typ des ärztlichen Fremdabbruchs erblickt werden kann. – Doch auch für den *Selbst*abbruch bildet Abs. 1 die tatbestandliche 3 Grundlage; denn da die Strafmilderungsklausel in Abs. 3 die Möglichkeit der Tatbegehung durch Schwangere voraussetzt, ohne diese „Tat" näher zu umschreiben, ist auch für die Strafbegründung des Selbstabbruchs auf den Grundtatbestand des Abs. 1 zurückzugreifen (vgl. RegE 12, Tröndle 8, Lackner 2). Soweit der Abbruch aktiv durch die Schwangere selbst bewirkt wird, läßt sich dies – entgegen Bernsmann JuS 94, 9 ff., v. Renesse ZRP 91, 322 (vgl. auch Kayßer aaO 68 ff.) – offensichtlich auch nicht in bloßes Unterlassen einer (uU wegen Unzumutbarkeit zu verneinenden) Austragungspflicht umdeuten (BVerfGE **88** 256, Lackner 3; vgl. auch Lennartz MedR 93, 179, JuS 94, 903); über etwaige Besonderheiten bei bloßer *Zulassung* des Schwangerschaftsabbruchs durch die Schwangere vgl. u. 31. Ebenso wie schon zur früheren „Abtreibung" (BGH **1** 140; vgl. 24. A. mwN) sind somit Fremd- und Selbstabbruch nicht als selbständige Tatbestände, sondern als ein **einheitliches Delikt** des Schwangerschaftsabbruchs zu verstehen, bei dem nur in der Strafdrohung je nach der Person des Täters differenziert wird (Lackner 2). Demgemäß ist in Abs. 3 lediglich ein *persönlicher Strafmilderungsgrund* (iSv § 28 II) des durch Abs. 1 bereits tatbestandlich miterfaßten Selbstabbruchs zu erblicken (vgl. RegE 12, 1. Ber. 14). Über die sich daraus ergebenden Konsequenzen für Täterschaft und Teilnahme vgl. u. 28 ff. Die in Abs. 2 vorgesehenen *Strafschärfungsgründe* kommen allerdings nur bei Fremdabbruch in Betracht (vgl. u. 57). Gleiches gilt bei *Versuch*, der – wie in Abs. 4 S. 2 ausdrücklich klargestellt – nur für den *Fremd*abtreiber strafbar ist.

II. Das **Tatobjekt** des Schwangerschaftsabbruchs ist sowohl gegenständlich wie entwicklungszeit- 4
lich zu bestimmen. Obgleich der insoweit deutlichere Wortlaut des früheren § 218 („Abtöten der 5
Leibesfrucht") im 15. StÄG durch den Begriff des „Schwangerschaftsabbruchs" ersetzt wurde, ist Schutzobjekt des § 218 nicht etwa der „Schwangerschaftszustand" als solcher (wie zB im früheren polnischen Recht: vgl. 9 vor § 218), sondern die **Leibesfrucht** iSd im Mutterleib wachsenden menschlichen Lebens.

Wie jedoch aus der Handlungsumgrenzung in Abs. 1 S. 1 zu entnehmen ist, ist das Leben im Mutter- 6
leib jedenfalls strafrechtlich nicht in jeder Entwicklungsphase geschützt, sondern erst *mit Abschluß der Einnistung des befruchteten Eies in der Gebärmutter*. Ungeachtet der Frage, wann biologisch-medizinisch von menschlichem Leben bzw. von Schwangerschaft oder dem Vorliegen einer Leibesfrucht gesprochen werden kann (vgl. dazu Hassenstein in Eser/v. Lutterotti/Sporken, Lexikon Medizin Ethik Recht (1989) 673 ff., Hofmann aaO 13 ff.), ist durch Abs. 1 S. 2 mit der tatbestandlichen Nichterfassung der Frühphase bis zur sog. Nidation klargestellt, daß nicht schon das befruchtete, sondern erst das in die Gebärmutterschleimhaut **eingenistete Ei** als Leibesfrucht iSd §§ 218 ff. anzusehen ist (zum dafür wesentl. Nidationszeitpunkt vgl. u. 15, zur damit verbundenen Frage nach dem geschützten Rechtsgut vgl. 9 ff., 34 f. vor § 218). Daher scheidet das in einer Retorte befruchtete Ei, solange es 7
nicht eingenistet ist, als Tatobjekt aus. Im übrigen aber kommt es auf die Art der Befruchtung (künstliche Insemination, extrakorporale Befruchtung, Vergewaltigung, vgl. aber dazu § 218 a RN 47) nicht an (Tröndle 3). Ist die Nidation einmal abgeschlossen, was idR mit Ablauf von 4 Wochen seit Beginn der letzten Menstruation der Fall ist (vgl. u. 15), so ist der Entwicklungsstand des Embryos unerheblich, solange er nur im Zeitpunkt des Eingriffs lebt. Daher kann auch ein *mißgebildeter* Embryo Gegenstand eines Schwangerschaftsabbruchs sein (M-Schroeder I 79, Jähnke LK 4, Weinknecht Frauenarzt 88, 427), nicht dagegen eine bereits abgestorbene Leibesfrucht, wie zB ein – freilich nicht notwendigerweise (vgl. Tröndle 3 a, Rudolphi SK 7) – hirntoter Anencephalus (vgl. aber auch Gescher aaO, Isemer/Lilie MedR 88, 66, Ulsenheimer DÄBl. 90, C-2117 ff. sowie 14 vor § 211; weiterhin. hingegen Hanack Noll-GedS 204), bzw. eine sog. **Mole**, bei der lediglich die Zellelemente noch eine Weile weiterwachsen, während sich die Fruchtanlage des Keimes aufgrund endogener Faktoren oder exogener Schädigung nicht mehr fortentwickelt und damit noch innerhalb der Schwangerschaft zum Untergang bestimmt ist (vgl. Hofmann, Die Fehlgeburt[2] (1969), 143 ff., ferner M-Schroeder I 79, Jähnke LK 4, aber dazu auch Hiersche MedR 84, 215 f.; andererseits wohl noch kritischer, weil durch Ausgrenzung vor ärztlichen Eingriffen, die sich schon intra-, sondern uU erst perinatal zum unvermeidlichen Fruchttod führen, Koch aaO 208 f.). Nach gleichen Grundsätzen wird auch bei extrauteriner Schwangerschaft zu verfahren sein (Jähnke LK 3, Koch aaO 102 f., M-Schroeder I 78, Rudolphi SK 2, Tröndle 4; and. Hilgendorf MedR 94, 429). Allerdings kommt in den

§ 218 8–13 Bes. Teil. Straftaten gegen das Leben

letztgenannten Fällen (untauglicher) Versuch in Betracht (vgl. u. 46). Zu Fortsetzung oder Abbruch einer Schwangerschaft bei einer *hirntoten Schwangeren* vgl. u. 27.

8 Ist mithin Tatobjekt die in der Gebärmutter eingenistete Leibesfrucht, so kommt bei **Mehrlingsschwangerschaft** jeder Embryo als eigenständiges Tatobjekt in Betracht. Werden also bei einer Zwillingsschwangerschaft ein behinderter Embryo mittels selektiven *Fetozids* oder bei einer durch Sterilitätsbehandlung provozierten höhergradigen Mehrlingsschwangerschaft unselektiv einzelne Embryonen abgetötet (§ 218a RN 40f.), um dadurch einen Totalabbruch zu vermeiden, so fehlt es bei einer solchen „Schwangerschaftskorrektur" jedenfalls nicht schon an der Tatbestandsmäßigkeit nach § 218 (vgl. Eser, Bedrohungen 67, Hülsmann NJW **92**, 2333 mwN; iglS Hirsch MedR **88**, 292, wohl auch Eberbach JR **89**, 269). Deshalb kommt bei einer „Mehrlingsreduktion" für den Arzt Straffreiheit allenfalls über § 218a in Betracht (vgl. dort RN 31, 34, 41). Ausf. zum Ganzen Hülsmann, Produktion aaO.

9 III. Die **Tathandlung** bedarf sowohl hinsichtlich ihres Beginns (u. 10f.) als auch ihres Endes (u. 19ff.) einer Abgrenzung. Ferner kann auch die Abhängigkeit vom Schicksal der Schwangeren Fragen aufwerfen (u. 25ff.).

10 1. Der mögliche **Beginn** eines Schwangerschaftsabbruchs ist in **Abs. 1 S. 2** nur in negativer Weise umschrieben, indem „Handlungen, deren Wirkung vor Abschluß der Einnistung des befruchteten Eies in der Gebärmutter eintritt, nicht als Schwangerschaftsabbruch" gelten. Dieser tatbestandliche Ausschluß von Handlungen, die lediglich *nidationsverhindernde* Wirkung haben, bedeutet positiv gewendet, daß für Schwangerschaftsabbruch die (letztlich zum Absterben führende) **Einwirkung auf**
11 **ein bereits eingenistetes Ei** erforderlich ist. Diese tatbestandliche Ausgrenzung von nur nidationsverhindernden Eingriffen in der Frühphase der Schwangerschaft aus dem Bereich des Schwangerschaftsabbruchs geht auf § 218 I idF des 5. StrRG zurück (zu den kriminalpol. Gründen vgl. 10, 34f. vor § 218, zur Entstehungsgeschichte Gante aaO 262, Lüttger aaO, zu verfassungsrechtl. Bedenken R. Esser aaO 95, Hirsch MedR **87**, 15). Während dies zunächst gesetzestechnisch in der Weise geschah, daß nur der „später als am 13. Tag nach der Empfängnis" vorgenommene Schwangerschaftsabbruch unter Strafe gestellt war, wurde diese – gewiß nicht mangelfreie – *formelle Fristregel* durch das 15. StÄG (in § 219d als Vorgänger des jetzigen § 218 I 2) durch eine **materielle Umschreibung des Nidationszeitpunkts** ersetzt und dies damit begründet, daß der 13. Tag nach der Empfängnis zwar das statistische Mittel des Nidationsabschlusses darstelle, dieser aber auch schon vor oder nachher eintreten könne (Prot. VII 2433f.). Diese medizinisch-biologische Genauigkeit wird jedoch nicht nur mit einem Verlust an Praktikabilität erkauft (aber demgegenüber Lüttger aaO 181 ff.), sondern auch mit anderweitigen Problemen erkauft; denn während der Nidationszeitpunkt nach heutigen Erkenntnissen praktisch nicht fixierbar ist, läßt sich der Empfängniszeitpunkt immerhin durch Rückrechnung auf die letzte Periode bestimmen (vgl. u. 15). Soweit zum anderen die Notwendigkeit einer *allgemeinen Begriffsbestimmung* anstelle einer auf § 218 beschränkten damit begründet wird, daß andernfalls in sonstigen Vorschriften (wie etwa bei Beratungspflichten oder Werbeverbot nach den §§ 219a, 219b) Schwangerschaftsabbruch in einem weiteren, auch Nidationshemmer umfassenden Sinne hätte mißverstanden werden können (Laufhütte/Wilkitzki JZ 76, 329, Müller-Emmert DRiZ 76, 164f.), war eine solche Besorgnis bereits durch einhellig gegenteilige Interpretation widerlegt (vgl. 18. A. 13 vor § 218, § 219b RN 4, § 219b RN 2 sowie Tröndle[45] § 219a RN 5, § 219c RN 2). Auch daß bei Abheben auf die *nidationshindernde Wirkung* der Arzt von strafrechtlichen Risiko frei sei (Laufhütte Prot. VII 2433), trifft nur begrenzt zu. Denn zeitlichen Spekulationen ist er im Grunde nur bei *reinen* Nidationshemmern enthoben (vgl. Franz Prot. VII 2434). Bleibt ihm dagegen nur ein uU auch noch abortiv wirkendes Verfahren, wie zB bei Ausschabung (vgl. u. 13f.), so kann er diesen Weg nur wählen, wenn er aufgrund entsprechender zeitlicher Berechnung die Nidation noch nicht für abgeschlossen zu halten braucht (vgl. auch Jähnke LK § 219a RN 2, Rudolphi SK 6). Daß damit gerade der gewissenhafte Arzt einem gesteigerten Risiko ausgesetzt wird, scheint dem Gesetzgeber völlig entgangen zu sein; denn während der „großzügige" Arzt sich durch die Unsicherheit des Nidationszeitpunktes dazu verleitet sehen könnte, diesen möglichst spät anzusetzen und damit notfalls über Tatbestandsirrtum Straffreiheit zu erlangen (vgl. u. 42), handelt der einen früheren Nidationsabschluß einkalkulierende Arzt mit bedingtem Abbruchsvorsatz und insofern wegen Versuchs strafbar (vgl. u. 46 sowie Blei JA 76, 531 f.). Auch daß mit § 218 I 2 primär die Ärzteschaft angesprochen sei (Laufhütte/Wilkitzki JZ 76, 330), verrät ein fragwürdiges Strafrechtsverständnis – ganz abgesehen davon, daß gerade die Frühphase der einzige Zeitraum ist, in dem die Schwangere uU auch noch ohne ärztliche Hilfe den Nidationseintritt verhindern könnte und deshalb durch eine mehr *formelle* zeitliche Befristung Klarheit über den strafreien Raum erhalten sollte. Näher zum Ganzen auch Gropp aaO 35 ff., 193 ff., Koch aaO 97 ff.

12 Im einzelnen ist unter folgenden **Voraussetzungen** eine Handlung **kein Schwangerschaftsabbruch:**

13 a) Die in Betracht kommenden **Handlungen** sind in umfassendem Sinne zu verstehen. Da der Gesetzgeber bewußt darauf verzichtet hat, die Ausschlußklausel des Abs. 1 S. 2 auf spezifische Nidationshemmer zu beschränken (Prot. VII 2434), kommen dafür Mittel und Verfahren verschiedenster Art in Betracht: so vor allem die Verabreichung oder Einnahme von Medikamenten (wie zB die „Pille danach" [im Unterschied zur „Abtreibungspille" RU 486 bzw. „Mifegyne": dazu u. 21]), ferner die Anwendung sonstiger chemischer oder mechanischer Mittel (Intrauterinpessare, Spiralen und Schlei-

fen), oder auch operative Behandlungen und Verfahren (wie Ausspülung oder Ausschabung), die darauf gerichtet oder dazu geeignet sind, bei einem bereits befruchteten Ei die volle Einnistung in die Gebärmutter zu verhindern. Dagegen gehören ausschließlich *empfängnisverhütende* Mittel *nicht* zu solchen Handlungen; denn da sie eine bereits bestehende Schwangerschaft nicht mehr beeinflussen können, liegen sie noch im Vorfeld des § 218 und bedürfen daher auch keines besonderen tatbestandlichen Ausschlusses.

b) Die **Wirkung** der Handlung muß **vor Nidationsabschluß eintreten**. Dieses Erfordernis ist **14** nicht so zu verstehen, als ob damit nur ausschließlich nidationshemmende Mittel und Verfahren erfaßt würden; denn da Abs. 1 S. 2 nicht auf die *Art* der Maßnahme, sondern lediglich auf ihre nidationshemmende *Wirkung* abstellt, kommen dafür auch Verfahren, die (wie etwa die Ausschabung) an sich auch noch *abortiv* wirken, dh die Vernichtung eines bereits eingenisteten Eies bewirken könnten, in Betracht, vorausgesetzt jedoch, daß sie im konkreten Fall – weil noch rechtzeitig vor Nidationsabschluß vorgenommen – tatsächlich nur die Nidation verhinderten (gerade umgekehrt – weil im Ansatz verfehlt – M-Schroeder I 70). Entscheidend ist ferner, daß durch das Mittel oder den Eingriff nicht nur, wie der Wortlaut des Abs. 1 S. 2 nahelegen könnte, *irgendeine* Wirkung (zB bloße Nidationsverzögerung) eintritt, sondern daß dadurch das Ei *abstirbt* (Lüttger aaO 177).

c) Fraglich ist, ob und inwieweit die Annahme einer nur nidationsverhindernden Maßnahme die **15** Fixierung des (potentiellen) **Nidationszeitpunktes** voraussetzt. Soweit es sich um *reine Nidationshemmer* handelt, ist dies entbehrlich; denn sofern ein Mittel schon seiner Art nach ein bereits eingenistetes Ei nicht mehr beeinträchtigen kann, ist der Zeitpunkt seines Einsatzes für Abs. 1 S. 1 unerheblich. Deshalb bedarf es bei solchen Mitteln auch keiner Reflexion darüber, ob der Nidationszeitpunkt möglicherweise bereits überschritten ist oder nicht. Soweit ein Mittel oder Verfahren dagegen sowohl nidationsverhindernde als auch noch abortive Wirkung haben kann – und eine solche *ambivalente Wirkung* ist offenbar nicht allgemein auszuschließen (vgl. Teichmann, Empfängnisverhütung [1996] 132 f., Hirsch MedR 87, 15) –, wäre an sich für den konkreten Einzelfall festzustellen, daß im Zeitpunkt des tödlichen Wirkungseintritts die Nidation noch nicht abgeschlossen war. Da damit den Beteiligten jedoch eine nach heutigen medizinischen Erkenntnissen praktisch undurchführbare Prüfung aufgegeben würde (vgl. Bardens Prot. VII 2433), bleibt kein anderer Weg als der einer Berechnung aufgrund von allgemeinen Erfahrungswerten, und zwar durch Rückrechnung auf die letzte *Menstruation* und von dort auf den vermutlichen *Empfängniszeitpunkt*. Danach ist die Nidation idR mit Ablauf des 13. Tages nach der Empfängnis abgeschlossen und diese ihrerseits rund 2 Wochen nach Beginn der letzten Regel anzusetzen (vgl. Moore/Persand, Embryologie[4] [1996] 43 f., Schmidt-Matthiesen/Hepp, Gynäkologie u. Geburtshilfe[9] [1998] 134 f.). Zusammengerechnet bedeutet dies, daß bei schwangerschaftsbezogenen Maßnahmen, die nicht schon ihrer Art nach auf Nidationsverhinderung beschränkt sind, eine solche Wirkung idR so lange angenommen werden kann, als sie innerhalb der ersten **4 Wochen seit Beginn der letzten Menstruation** eintritt bzw. einzutreten pflegt (zust. Lüttger aaO 182). Legen Besonderheiten des Einzelfalles einen früheren oder späteren Wirkungszeitpunkt nahe, so ist selbstverständlich dieser maßgeblich; denn anders als bei der fristmäßigen Abgrenzung nach § 218 I idF des 5. StrRG (vgl. o. 11), ist bei Abs. 1 S. 2 an sich der tatsächliche Wirkungseintritt entscheidend. Erst dann, wenn sich diese Feststellung für den konkreten Einzelfall nicht treffen läßt, ist der Nidationszeitpunkt mit Hilfe genereller Rückrechnungen zu fixieren. Dies wird in der Praxis die Regel sein, was freilich nicht zu einer „großzügigen Handhabung der Daten" berechtigt, um auf diese Weise die in § 218 a I, III, IV 1 statuierten Fristerfordernisse zu unterlaufen (vgl. BGH NJW **89**, 1536). Zu etwaigen Irrtümern aufgrund falscher tatsächlicher Prämissen oder fehlerhafter Berechnungen vgl. o. 11, u. 42, 46. Näher zum Ganzen Gropp aaO 35 ff.

d) Hat nach dem Vorangehenden wegen nur nidationsverhindernder Wirkung eine Handlung nicht **16** als Schwangerschaftsabbruch iS dieses Gesetzes zu gelten, so hat dies zur **Folge**, daß sie schon tatbestandlich nicht dem Verbot des § 218 unterfällt und demzufolge auch weder für Straflosigkeit nach § 218 a I einer Beratung nach § 219 noch einer besonderen Rechtfertigung nach § 218 a II, III und demzufolge auch keiner vorgängigen Indikationsfeststellung nach § 218 b bedarf (Rudolphi SK 5; vgl. im einzelnen 34 f. vor § 218). Dementsprechend werden nidationshemmende Mittel auch vom Werbe- und Vertriebsverbot der §§ 219 a und 219 b schon tatbestandlich nicht erfaßt (vgl. dort RN 4 bzw. 2). Zwar gilt die negative Legaldefintion in Abs. 1 S. 2 an sich nur für dieses Gesetz. Doch ist sie über das StGB hinaus jedenfalls überall dort als verbindlich anzusehen, wo es um Schwangerschaftsabbruch im strafrechtlichen Sinne geht. Dies ist insbes. im StrREG sowie für das gesamte SFHG und SFHÄndG der Fall (vgl. 1 vor § 218). Im übrigen jedoch läßt § 218 I 2 medizinische Sach- **17** verhalte und Termini unberührt. Insbes. wird dadurch nicht ausgeschlossen, auch schon vor Nidationseintritt das Vorliegen einer Schwangerschaft anzunehmen (and. offenbar 2. Ber. 13); denn mit dem „Nichtgelten" nidationsverhindernder Maßnahmen als Schwangerschaftsabbruch sollen diese lediglich normativ aus dem Regelungsbereich des Abtreibungsverbots ausgenommen werden. Ebensowenig ist dem Abs. 1 S. 2 eine Aussage über den Beginn des „Menschseins" zu entnehmen (vgl. BVerfGE **88** 250 f., Eser in Günther/Keller aaO 282 ff., Tröndle 4). Zu etwaigen Subsumtionsirrtümern vgl. Gössel JR 76, 2 sowie u. 42, 45 f.

e) Andererseits wird durch § 218 I 2 nicht ausgeschlossen, danach nicht als Schwangerschafts- **18** abbruch erfaßbare Eingriffe in der Frühphase **anderweitig tatbestandlich** zu erfassen, wie dies durch das **EmbryonenschutzG** geschehen ist (dazu 11 vor § 218).

§ 218 19–22   Bes. Teil. Straftaten gegen das Leben

19   2. Im Hinblick auf das **Ende** ist für Schwangerschaftsabbruch erforderlich, daß er zum **Absterben der Leibesfrucht** führt; denn als eine gegen die Leibesfrucht gerichtete Handlung (o. 5) kann dafür nicht schon die Beendigung der Schwangerschaft durch vorzeitige Herbeiführung der Geburt des Kindes genügen. Daher fehlt es an dem für Schwangerschaftsabbruch erforderlichen tödlichen Erfolg sowohl dort, wo mit wehenfördernden Mitteln lediglich die Geburt beschleunigt wird (Lackner NJW 76, 1235), als auch bei einem Eingriff im letzten Schwangerschaftstrimester, durch den die Geburt eines vermeintlich bereits lebensfähigen Kindes herbeigeführt werden soll, dieses aber tot geboren wird oder in so schwachem Zustand zur Welt kommt, daß es stirbt (vgl. Jähnke LK 6, Tröndle 6, wobei dafür nach Koch aaO 207 f., M-Schroeder I 79 schon dolus eventualis genügen soll). In solchen Fällen ist die Handlung nicht auf einen für das Kind tödlichen Abbruch, sondern lediglich auf eine Beschleunigung bzw. vorgezogene Vollendung der Schwangerschaft gerichtet (vgl. RegE 13, aber auch Gössel I 122, wonach es offenbar nur am Vorsatz fehlen soll; zur besonderen Situation bei einer sterbenden oder toten Schwangeren vgl. u. 27). Führt hingegen der Eingriff zum Tod der Leibesfrucht, so ist unerheblich, ob überhaupt und ggf. zu welchem Zeitpunkt die Frucht aus dem mütterlichen Körper ausgestoßen oder entfernt wird (iE ebenso Koch aaO 200). Im übrigen gilt folgendes:

20   a) Auf welche **Art und Weise** der Tod der Leibesfrucht bewirkt wird, ist *unerheblich*. In Betracht kommen sowohl *unmittelbare* Einwirkungen auf die Leibesfrucht, wie etwa durch Absaugen (Vakuumaspiration), Ausschaben der Gebärmutter (Kürettage) oder sonstige mechanische Werkzeuge (zB Eihautstich) oder chemische, medikamentöse (zB Prostaglandine, Antigestagene oder intrakardiale Injektion von Herzgiften), thermische oder elektrische Mittel, als auch Einwirkungen auf die Schwangere, die *mittelbar* zum Absterben des Embryos führen, wie zB die einer Schwangeren verabreichten oder ihr eingenommenen Medikamente oder Drogen, sofern sie (auch) zur Vernichtung des Embryos geeignet sind (vgl. Tröndle 5, Jähnke LK 41 vor § 218, Rudolphi SK 11). Entscheidend ist allein, daß der Eingriff noch vor Einsetzen der Eröffnungswehen vorgenommen wird (vgl. 40 vor § 218, Lackner 3) und dadurch das Kind nicht nur geschädigt, sondern in seiner Lebensfähigkeit zerstört wird. Über die Anwendung der Körperverletzungstatbestände bei bloßen *Beschädigungen* vgl. § 223 RN 1 a.

21   Eine neue und auch umstrittene Methode stellt das **Präparat Mifegyne** (Mifepriston, früher: RU 486) dar, bei dem durch die mehrmalige Gabe von Antigestagenen mit oder ohne Prostaglandinen auf künstlichem Wege ein Abort ausgelöst wird (zur Wirkungsweise vgl. Winkler/Rath DÄBl. 96, C-1437 mwN). In einigen Ländern steht es bereits im klinischen Gebrauch (zur Handhabung in Frankreich vgl. Cunze Frauenarzt 91, 348, Dauth/Klinkhammer DÄBl 92, C-1750, Grüter EthikMed 934, 56; zu Erprobungen in der damaligen DDR BT-Drs. 12/1716). In Deutschland ist das Präparat nach heftiger Diskussion (vgl. 25. A.) vom Bundesinstitut f. Arzneimittel u. Medizinprodukte am 6. 7. 99 zugelassen worden, wobei es allerdings nur bis zum 49. Tag der Gravidität eingesetzt werden darf (vgl. Kindermann, Frauenarzt 99, 999 f.). Ungeklärt ist für Deutschland freilich noch die kombinierte Abgabe von Prostaglandinen, welche die Wirksamkeit von Mifepriston optimieren, jedoch in der hierzulande erhältlichen Zusammensetzung keine Zulassung zum Schwangerschaftsabbruch besitzen (zu den sich daraus ergebenen Problemen vgl. Leinmüller DÄBl. 96, C-1423). Auch das Präparat selbst ist in Deutschland nicht frei verkäuflich. Zudem ist es wegen seiner möglichen *abortiven* (und daher nicht bereits nach Abs. 1 S. 2 tatbestandslosen) Wirkung nur unter den Voraussetzungen des § 218 a I – nämlich nach Beratung und aufgrund ärztlicher Verordnung – straffrei. Mißbrauchsmöglichkeiten und Eigenabbrüchen wird daher auch dem neuen § 47 a AMG idF v. 26. 7. 99 (BGBl. I 1666) vorgebeugt: Um die Abgabe und Einnahme nur unter ärztlicher Aufsicht und nur in Einrichtungen Sd § 13 SchKG zu gewährleisten, sind ein Sondervertriebsweg sowie bestimmte Nachweispflichten vorgeschrieben (vgl. BT-Drs. 14/898 S. 1, 2, 4; vgl. auch § 218 a RN 58). Zudem bleibt auch medizinisch zu berücksichtigen, daß diese Form des Schwangerschaftsabbruchs nicht unbedingt eine für die Schwangere besonders „einfache" Methode darstellt, da sie dabei den Fruchtabgang bewußt erlebt und durch die eigene Einnahme des Präparates auch in stärkerem Maße als bei ärztlichen Eingriff eigene Verantwortung zu übernehmen hat (vgl. Winkler/Rath DÄBl. 96, C-1437, Bansbach MMW 99, 14).

22   Erfolgt der Abbruch durch eine mit Tötungsabsicht herbeigeführte **Frühgeburt**, so ist unerheblich, ob das Kind bereits (bzw. noch) im Mutterleib stirbt oder ob es zwar lebend zur Welt kommt, aber infolge des Abbruchs den Tod findet (vgl. Gössel I 135). Die zweite Möglichkeit will die Rspr. allerdings auf den Fall beschränken, daß die *Todesursache in der mangelnden Ausreifung* des Kindes liegt (BGH **10** 5, 293, **13** 24, MDR/D **53**, 597, wohl auch Blei II 36, M-Schroeder I 79; wie hier Jähnke LK 12, Lackner 4, Roxin JA 81, 545 f.). Diese Einschränkung kann *nicht* befriedigen; denn entweder müßten damit alle Fälle, in denen die Lebensfähigkeit im Zeitpunkt des Eingriffs weniger auf die (vom Normalfall abweichende) Vorzeitigkeit der Geburt als auf andere Gründe, wie etwa Mißbildung von Organen oder Schädigungen während der Schwangerschaft, zurückzuführen ist, unerfaßt bleiben (so Tepperwien aaO 100 ff.) oder aber über die Tötungstatbestände erfaßt werden. Für eine solche Alternative, wie sie schon aufgrund der früheren Unterscheidung zwischen Abtötung im Mutterleib und Abtreibung ieS nicht akzeptabel erschien (vgl. Schröder 17. A. 3 b, ferner Lay LK[9] 25), besteht heute um so weniger Anlaß, als das Gesetz nur noch von Schwangerschaftsabbruch spricht und es allein darauf ankommen kann, daß dieser für den Tod des Kindes mitursächlich ist, gleich, durch welche sonstigen Gründe auch immer dieser Erfolg noch mitbeeinflußt wird. Die (vermeintliche)

Gegenauffassung von Rudolphi SK 12 läuft letztlich auf das gleiche hinaus; denn wenn er dort, wo das Kind „ohne den Eingriff des Täters trotz der vorhandenen Schädigung in lebensfähigem Zustand geboren worden wäre", (zu Recht) § 218 bejaht, so ist die hier gemeinte Mitursächlichkeit von Abbruch und (täterunabhängiger) Schädigung insofern gegeben, als jedenfalls für dieses Kind – trotz einer im übrigen normalen Ausreifung – aufgrund individueller Mängel der Abbruch zu früh kam.

b) Auch auf einen **engen zeitlichen Zusammenhang** zwischen Geburt und Tod, wie er in BGH **10** 5, 293, **13** 24 gefordert wurde (iE ebenso Arzt/Weber I 142, Jähnke LK 13, Tepperwien aaO 109 ff.), kann es *nicht* ankommen (ebenso Gössel I 121, Lay LK⁹ 25, Rudolphi SK 12; zw. Lackner 4). Sonst würde die Entscheidung über vollendete oder versuchte Abtreibung davon abhängen, wie lange die Kunst der Ärzte das Leben des Neugeborenen verlängern kann. So wenig § 226 unanwendbar wird, wenn die Körperverletzung erst nach längerer Zeit zum Tode führt, so wenig kann vollendete Abtreibung ausgeschlossen werden, wenn der Tod des Neugeborenen erst zu einem späteren Zeitpunkt eintritt, solange nur die Ursache für diesen Erfolg auf einer während der Schwangerschaft vorgenommenen vorsätzlichen Einwirkung beruht. – Kommt nach Schwangerschaftsabbruch das **Kind lebend** zur Welt, so ist es ohne Rücksicht auf Lebensfähigkeit oder Lebenserwartung Mensch iSd Tötungsdelikte (vgl. 14 vor § 211). Bleibt es am Leben, so liegt nur *versuchter* Schwangerschaftsabbruch vor (vgl. RG **4** 381, Tröndle 6). Falls es Dauerschäden erlitten hat, kann darüberhinaus Körperverletzung in Betracht kommen (vgl. § 223 RN 1 a). Wird das lebend geborene Kind nach der Geburt getötet, so sind die §§ 211 ff. erfüllt. Daneben liegt (nur) versuchter Schwangerschaftsabbruch vor, da der tödliche Erfolg nicht durch den Abbruch, sondern durch die Tötungshandlung herbeigeführt worden ist (so BGH **13** 21, Lackner 4, M-Schroeder I 79, W-Hettinger 240; and. BGH **10** 291, Jähnke LK 11: vollendete Abtreibung, nach Tröndle 6 je nach den Umständen in Tateinheit oder Tatmehrheit mit § 212). Vgl. zum Ganzen Eser III 53 ff., insbes. 56 ff., sowie Koch aaO 105 ff.

3. Aus der eigenständigen Rechtsgutqualität des ungeborenen Lebens (9 vor § 218) ergibt sich, daß die Anwendbarkeit des § 218 **vom Schicksal der Schwangeren unabhängig** ist. Daher wird für § 218 weder vorausgesetzt, daß die Schwangere den Tod des Kindes überlebt (RG **67** 207, BGH **1** 281, noch wird § 218 dadurch ausgeschlossen, daß der Täter die Schwangere vorsätzlich tötet (BGH NStZ **96**, 276) bzw. zu töten versucht und den damit zwangsläufig verbundenen Tod des Kindes in Kauf nimmt (vgl. BGH **11** 15 m. abl. Anm. Jescheck JZ 58, 749, Roxin JA 81, 547); denn da „Schwangerschaftsabbruch" lediglich als Kurzformel für alle unmittelbaren oder mittelbaren Einwirkungen auf die Leibesfrucht dient (vgl. RegE 13), kann aus diesem Terminus noch weniger als aus dem früheren „Abtöten" entnommen werden, daß die Frau den Abbruch der Schwangerschaft überleben müsse (Jähnke LK 8). Über das Verhältnis zu *Körperverletzung* an der Schwangeren vgl. u. 68. – Demzufolge kann Schwangerschaftsabbruch an sich auch durch **Selbsttötung der Schwangeren** (und dementsprechend auch durch Selbstverletzung) verwirklicht werden (Blei II 35, Jähnke LK 9, Rudolphi SK RN 14; and. Welzel 302) und demgemäß in der Beihilfe zur Selbsttötung eine Beihilfe (oder uU sogar mittelbare Täterschaft) zu § 218 liegen (vgl. RG DR **40**, 26, M-Schroeder I 80, Roxin JA 81, 543; and. Jescheck JZ 58, 749). Doch wird bei Selbsttötung der Schwangeren besonders zu prüfen sein, ob sie sich auch der Mitvernichtung ihrer Leibesfrucht bewußt war (vgl. Bockelmann ZStW 65, 573, Lackner 6) bzw. die für ihre Schuldfähigkeit (§ 20) erforderliche Steuerungsfähigkeit besaß (vgl. auch Jähnke LK 9).

Zweifelhaft ist jedoch, ob der Abbruch der künstlichen Aufrechterhaltung der Vitalfunktionen einer **hirntoten Schwangeren**, deren Fötus noch lebt (wie im sog. „*Erlanger Fall*"; vgl. zur Schilderung dieses wie auch des „Stuttgarter Falls" Kiesecker aaO 27 ff.), als Schwangerschaftsabbruch iSd § 218 anzusehen ist (bejah. Beckmann MedR 93, 123, Hilgendorf JuS 93, 99, Lackner 3, Tröndle 6 a; zw. Giesen/Poll JR 93, 178, Koch Stepàn-FS 193). Will man hier aufgrund der eigenständigen Rechtsstellung des nasciturus (9 vor § 218) unmittelbar in eine Abwägung mit der Menschenwürde der Mutter (Art. 1 I GG) und ihrem postmortalen Persönlichkeitsrecht (ausführl. Giesen/Poll JR 93, 179) eintreten, was zu einem Überwiegen der Rechtsposition des nasciturus führt (so Beckmann MedR 93, 121 ff, Hilgendorf JuS 93, 99, die dann im Falle eines Abbruchs der künstlichen Aufrechterhaltung der Vitalfunktionen der Toten über eine Garantenpflicht aus dem Behandlungsvertrag zu einer Strafbarkeit durch Unterlassen kommen, ebenso Laufs NJW 85, 1363; vgl. auch Lackner 4, Tröndle 6 a, AG Hersbruck FamRZ 92, 1471), so wird das Prozeßhafte der Entwicklung und die symbiotische Verbundenheit von Mutter und Leibesfrucht während der Schwangerschaft iSe Schicksalsgemeinschaft verkannt (Giesen/Poll JR 93, 177, Koch Stepàn-FS 199), deren rechtliche Anerkennung auch durch das Verbot der Leihmutterschaft (Art. 1 I Nr. 7 ESchG, 11 vor § 218) ausgedrückt wird. Daher wie auch aufgrund des allgemeinen Erfordernisses einer Einwilligung der Frau in den Schwangerschaftsabbruch (§ 218 a RN 61) kann nicht ohne weiteres der tatsächliche oder mutmaßliche Wille der Schwangeren außer Acht gelassen werden (so aber Beckmann MedR 93, 125; für dessen Erheblichkeit hingegen Lackner § 218 a RN 7; vorschnell eine mutmaßl. Einwilligung vernein. Hilgendorf JuS 93, 102, dazu Koch Stepàn-FS 196). Jedenfalls ist es nicht zulässig, bei tatbestandsmäßiger Bejahung von § 218 nach einer möglichen Schädigung des Kindes zu differenzieren (so Hilgendorf JuS 93, 99, vgl. AG Hersbruck FamRZ **92**, 1471), da die embryopathische Indikation – nach nF iSe medizinisch-sozialen Indikation – allein auf die Zumutbarkeit für die Schwangere selbst abstellt und folglich nicht eingreift (Beckmann MedR 93, 121, Koch Stepàn-FS 193 f.; vgl. § 218 a RN 37 ff.). Da andererseits auch die selbständige Rechtsposition des nasciturus (9 vor § 218) berücksichtigt werden muß, wäre für die strafrechtliche Beurteilung darauf abzustellen, ob er zum Zeitpunkt des Todes der Mutter *extrauterin lebensfähig* ist mit der Folge, daß eine Rettungspflicht bestünde (Koch Stepàn-FS 200; vgl. Hilgendorf JuS 93, 100, Tröndle 6 a, die auf die Überlebenschancen abstellen). Im übrigen geht es hier eher um die Frage des *Behandlungsrechts* als einer Behandlungspflicht iSe künstlichen Aufrechterhaltung der Vitalfunktionen der Toten. Vgl. zum „Erlanger Fall" AG Hersbruck FamRZ **92**, 1471 m. krit. Anm. Schwab, ferner Coester-Waltjen Gernhuber-FS 837, Kern MedR 93, 111, Stellpflug DMW 97, 594; krit. Frommel NKrimP 93, 10, Koch Stepàn-FS 192 ff., Bockenheimer-Lucius/Seidler aaO. Vgl. auch bereits Hiersche MedR **85**, 45 ff. zu einem Kaiserschnitt bei einer *sterbenden* oder toten *Schwangeren*, ferner Hilgendorf, der in NJW 96, 758 den „Erlanger Fall" zum Anlaß einer kritischen Auseinandersetzung mit allgemeineren Argumenten in der Abtreibungsdiskussion nimmt (m. Erwid. Heuermann NJW 96, 3063, Hoerster NJW 97, 773, Weiß NJW 96, 3064 u. Replik Hilgendorf NJW 97, 3074).

28 **IV. Täterschaftlicher** Schwangerschaftsabbruch ist sowohl in Form des *Fremdabbruchs* durch einen Dritten (Abs. 1) als auch des *Selbstabbruchs* durch die Schwangere (Abs. 3) möglich; jedoch ist bei letzterer Strafmilderung bzw. unter bestimmten Voraussetzungen ein persönlicher Strafausschließungsgrund eingeräumt (vgl. u. 62, 64, § 218 a RN 66 ff.). Zum Verhältnis dieser beiden Begehungsformen vgl. o. 3.

29 **1. Fremdabbruch** kann **durch jedermann** begangen werden (außer durch die Schwangere selbst), insbes. neben Laien auch durch einen Arzt, da selbst ein nach § 218 a II, III indizierter Abbruch iSv § 218 I tatbestandsmäßig ist (vgl. aber auch zum Tatbestandsausschluß des ärztlichen Abbruchs nach Beratung gemäß § 218 a I dort RN 2 ff.). Ob dies eigenhändig geschieht oder *mittelbar* durch Einschaltung eines weiteren Dritten (zB eines gutgläubigen Arztes, dem eine Vergewaltigung vorgespiegelt wird), ist gleichgültig (Tröndle 8). Auch die Schwangere kann zum Werkzeug des Dritten werden, wenn sie zur Einnahme eines angeblich harmlosen, in Wirklichkeit jedoch abortiven Mittels veranlaßt wird. Täterschaftliche Fremdabtreibung durch **Unterlassen** ist anzunehmen, wenn der Dritte als Garant für das Leben des Nasciturus (auch als dessen Erzeuger) einzustehen hat (vgl. 91 vor § 25, ferner BGH MDR/D **73**, 369, Arzt/Weber I 144, Kluth FamRZ 93, 1389, Rudolphi SK 18, Tröndle 6 a; and. RG **56** 169, Heinitz in 41. DJT-FS 113; diese mögliche Täterschaft des Vaters offenbar verkannt von AG Albstadt MedR **88**, 262 [vgl. aber auch u. 38]; gleiches gilt für den Aufsichtspflichtigen einer schuldunfähigen Schwangeren (M-Schroeder I 80) bzw. für den Arzt im Falle von Bereitschaftsdienst oder Behandlungsübernahme (Jähnke LK 17, Lüttger NStZ 83, 484). Ob der Abbruch mit oder ohne *Einwilligung* der Schwangeren erfolgt, ist für die Tatbestandsbegründung nach Abs. 1 ohne Bedeutung; jedoch kommt bei Handeln gegen den Willen der Schwangeren Strafschärfung nach Abs. 2 in Betracht (dazu u. 58).

30 **2.** Täterschaftlicher **Selbstabbruch durch die Schwangere** ist in vierfacher Weise denkbar: a) *eigenhändig*, indem zB die Schwangere selbst durch mechanische oder chemische Einwirkung auf die Leibesfrucht oder durch Einnahme von medikamentösen Abortmitteln (zB Prostaglandin) den Abbruch herbeiführt; b) in *mittelbarer* Täterschaft durch Einsatz eines gutgläubigen Werkzeugs, zB indem sie einen Arzt die angeblichen Reste einer Fehlgeburt ausräumen läßt oder eine medizinische Indikation (zB eine suizidale Depression) vortäuscht (vgl. Arzt/Weber I 143); g) durch *mittäterschaftliches* Zusammenwirken mit einem Dritten (vgl. BGH **1** 142, Düsseldorf SJZ **48**, 470; M-Schroeder I 75, Rudolphi SK 9; and. aufgrund abw. Tatbestandsverständnisses RG **72** 404, **74** 22; vgl. ferner u.

31 55); d) durch bloßes *Zulassen* einer Fremdabtreibung. – Zwar ist das im ursprünglichen § 218 genannte **Zulassen** seit der Neufassung durch das 5. StrRG nicht mehr ausdrücklich geregelt. Doch wurde diese Hervorhebung zu Recht für entbehrlich gehalten, weil die Schwangere schon aufgrund Ermöglichung (und damit regelmäßig positivem Tun durch Hingabe: vgl. ausdrückl. bejah. Tröndle 8, Jähnke LK 16, Roxin JA 81, 542, aber auch o. 3 zu genereller Umdeutung des Selbstabbruchs als Unterlassen) oder unmittelbarer Duldung des Abbruchs durch einen Dritten zur Beteiligten an dessen Haupttat wird (vgl. RegE 14, BT-Drs. 7/1984 S. 9). Da ihr zudem eine Garantenstellung iSe Obhutspflicht zugunsten ihrer Leibesfrucht zukommt (Arzt/Weber I 144, Rudolphi SK 15), haftet sie nach allgemeinen Grundsätzen nicht nur als Teilnehmerin, sondern als Täterin (vgl. 91 vor § 25). Soweit bei Unterlassen Täterschaft und Teilnahme nach anderen Kriterien differenziert wird (dazu 78 ff. vor § 25), ergibt sich die Täterschaft des Zulassens einer Fremdabtreibung durch die Schwangere regelmäßig aus ihrem Eigeninteresse bzw. aus ihrer Tatherrschaft (vgl. Horstkotte Prot. VII 1519, Lackner 15, Preisendanz 6; einschr. Tröndle 8, Rudolphi SK 17; nach Gössel I 131 Fall von „mittäterschaftl. Begehungstäterschaft"); vgl. auch RegE 14. Über die Beschränkung des Zulassens von Abtreibungs*handlungen* Dritter (und nicht nur der Hinnahme abortiver *Wirkungen*) vgl. Hansen MDR 74,

32 797 ff., aber auch Jähnke LK 17. – Für das Zulassen genügt das ausdrückliche oder stillschweigende *Einverständnis* der Schwangeren mit dem Eingriff. Ein solches liegt auch dann vor, wenn sie sich lediglich dem Ansinnen eines Dritten fügt oder narkotisieren läßt, damit der Eingriff an ihr vorgenommen werden kann. Besondere Voraussetzungen für die Willens- oder Einsichtsfähigkeit sind nicht erforderlich, können jedoch im Rahmen von § 20 eine Rolle spielen.

33 **V.** Wird unter den vorgenannten Voraussetzungen **nach Abschluß der Nidation**, dh praktisch ab 4 Wochen von der letzten Menstruation (vgl. o. 15) ein Abbruch vorgenommen, so ist er grundsätzlich **rechtswidrig**. Das gilt auch für den kunstgerecht durchgeführten Abbruch eines Arztes (vgl. o. 2). Um für alle Beteiligten straflos zu sein, muß daher der Schwangerschaftsabbruch entweder die

Voraussetzungen einer **Straffreistellung** nach § 218a I oder die eines **Rechtfertigungsgrundes** nach § 218a II oder III erfüllen (vgl. auch den Überblick über die Strafbegründungs- und Straffreistellungsstufen 16 ff. vor § 218).

1. Freilich kann für die Straflosigkeit eines Schwangerschaftsabbruchs nicht schon allein die **Einwilligung** der Schwangeren genügen; insbes. war schon früher (vgl. RG **61** 252 f., **70** 108) und ist auch weiterhin auf diesem Wege keine Rechtfertigung zu begründen, da das ungeborene Leben als selbständiges Rechtsgut der für eine wirksame Einwilligung erforderlichen Dispositionsbefugnis der Schwangeren entzogen ist (vgl. 9 vor § 218, Jähnke LK 37). Ebensowenig kommt dem Selbstbestimmungsrecht der Schwangeren als solchem grundsätzlicher Vorrang vor der mit ihrem eigenen Leben aufs engste verbundenen Leibesfrucht zu (BVerfGE **39** 48, **88** 252, 254; vgl. aber auch Eser, Gutachten 44 ff. zu der oft kurzschlüssig damit gleichgesetzten „Letztverantwortung" der Schwangeren). Soweit daher in § 218a die Einwilligung (bzw. im Falle des § 218a I sogar das „Verlangen") der Schwangeren vorausgesetzt wird, ist dies primär zur Rechtfertigung des mit dem Abbruch zwangsläufig verbundenen Eingriffs in Eigeninteressen der Schwangeren (Gesundheitsrisiko, Selbstbestimmung über ihren Körper, Erhaltung ihrer Leibesfrucht) erforderlich (vgl. 12 vor § 218 sowie Lenckner aaO 276 ff., M-Schroeder I 83; ferner § 218a RN 61).

2. Der Abbruch ist kraft *Tatbestandsausschlusses nach § 218a I* **straffrei**, wenn die Schwangere sich 35 mindestens drei Tage vor dem Eingriff hat beraten lassen, den Abbruch verlangt und dieser von einem Arzt innerhalb der ersten 12 Wochen durchgeführt wird. Einzelheiten dazu bei § 218a RN 2 ff.

3. Darüber hinaus kommt Rechtfertigung in Betracht, wenn neben der Einwilligung der Schwangeren auch noch eine **Indikation zum Schwangerschaftsabbruch** nach § 218a II, III vorliegt und der Eingriff unter Einhaltung der ggf. vorgeschriebenen *Frist* (§ 218a III) durch einen **Arzt** ausgeführt wird. Einzelheiten dazu bei § 218a RN 20 ff.

4. **Sonstige Rechtfertigungsgründe** kommen *grundsätzlich nicht* in Betracht (and. Gössel I 122). 37 Das gilt auch – entgegen Bay NJW **90**, 2332 (dazu nachfolgend) – für den allgemeinen Notstand des § 34. Denn da es sich bei den Indikationsgründen um gesetzlich vorwegbewertete Anwendungsfälle des Notstandsgedankens handelt (vgl. § 218a RN 21 f. sowie § 34 RN 6), würde diese Wertung unterlaufen, wenn auch beim Fehlen von Voraussetzungen eines speziellen Rechtfertigungsgrundes bzw. über dessen Anwendungsbereich hinaus auf § 34 zurückgegriffen werden könnte (weswegen auch der Versuch von Bay aaO verwundert, für die von ihm seinerzeit als Rechtfertigungsgrund abgelehnte allg. Notlagenindikation [§ 218a II Nr. 3 aF] mit Hilfe von § 34 oder rechtfertigender Pflichtenkollision Ersatz zu schaffen – so als ob diese größere Trennschärfe aufzuweisen hätten und nicht in gleichem Maße dem Einwand ausgesetzt wären, daß das Leben des Einen den nicht-vitalen Interessen eines Anderen geopfert werden; denn dieser Einwand wäre allenfalls bei streng medizinisch-vitaler Indikation ausgeräumt, worauf aber wohl selbst das Bay die rechtfertigende Wirkung des § 218a aF nicht einschränken wollte; vgl. auch 24. A. § 218a RN 6, 42). Auf der heutigen Grundlage des SFHÄndG wäre allenfalls zu bedenken, ob nicht unter den § 218a I straffreien Fällen manche **materiell rechtmäßigen** Abbrüche enthalten sein könnten (vgl. 19 vor § 218 sowie § 218a RN 17). Im übrigen stellt sich nach wie vor die schon früher umstrittene Frage, inwieweit sich ein **Nichtarzt,** dem durch das Arzterfordernis (§ 218a RN 58) der Schwangerschaftsabbruch grundsätzlich untersagt ist, in Notfällen auf § 34 berufen könnte. Da das Arzterfordernis kein „Medizinerprivileg" darstellen, sondern dem Schutz der Mutter vor unsachgemäßen Eingriffen dienen soll, muß es jedenfalls dort verzichtbar sein, wo bei akuter Gefahr für Leib oder Leben der Mutter wegen Nichterreichbarkeit eines Arztes andernfalls überhaupt keine Hilfe möglich wäre. In solchen – wenn auch praktisch sehr seltenen – Fällen muß auch der Nichtarzt ebenso wie die Schwangere bei Vorliegen aller sonstigen Indikationsvoraussetzungen gerechtfertigt sein (so schon Schröder 17. A. RN 11, Welzel 301 und wohl auch BGH **1** 330; ebenso RegE 18, Blei JA 76, 601, Lackner NJW 76, 1237, Rudolphi SK § 218a 15; einschr. auf Lebensgefahr Jähnke LK 38; and. RG **62** 137, **70** 60; vgl. auch BGH **2** 244).

5. Fehlt es an einer Rechtfertigungsvoraussetzung, so kann der Abbruch als rechtswidriger Angriff 38 gegen den Fötus (bzw. bei mangelnder Einwilligung der Schwangeren auch gegen diese) mittels **Notwehr/Nothilfe** (§ 32) verhindert werden (vgl. Coester-Waltjen NJW 85, 2175; zu vormundschaftsgerichtl. Zwangsmaßnahmen gegenüber einer minderjähr. Schwangeren vgl. AG Celle NJW 87, 2307). Ist dagegen der Abbruch als solcher gerechtfertigt (o. 36 f. sowie § 218a RN 20 ff.), so ist auch seine Verhinderung durch Notwehr **ausgeschlossen.** Das gilt zum einen für eine Nothilfe zugunsten des Ungeborenen (vgl. Günther in Reiter/Keller, Urteil 229 sowie hins. zivilr. Abwehrmöglichkeiten AG Köln NJW **85**, 2201 m. [abl.] Anm. Jagert FamRZ **85**, 1173, [zust.] Roth-Stielow 2746, Stürner Jura 87, 80 f.); denn hierfür fehlt es – jedenfalls im Verhältnis zur Schwangeren und zum Arzt – an der Rechtswidrigkeit des Angriffs (vgl. Seebald GA 74, 338). Inwieweit sich dieser Ausschluß von Nothilfe freilich auch in Fällen des § 218a I durchhalten läßt (wie von BVerfGE **88** 279 vorgegeben), wenn der danach tatbestandslose Abbruch nach BVerfGE **88** 203, 210 ÜbergAO Nr. II. 2 S. 2, 273 ff. trotzdem rechtswidrig sein soll, wird kaum widerspruchsfrei zu begründen sein (näher dazu § 218a RN 13 ff.; vgl. aber dazu auch § 32 RN 19, § 35 RN 32). Zum anderen ist aber auch Notwehr zur Durchsetzung eigener Interessen des „Erzeugers" ausgeschlossen (Jähnke LK 40; iE ebso. Spendel LK § 32 RN 168 ff. sowie – entgegen AG Köln aaO – Coester-Waltjen NJW 85, 2175;

denn insoweit fehlt es am Vorrang etwaiger Eigeninteressen des Mannes gegenüber denen der Schwangeren (vgl. auch Fleisch aaO 46 ff.). Inwieweit diese Ignorierung des Mannes freilich auch rechtspolitisch auf die Dauer vertretbar ist, steht dahin (vgl. Prot. VII 1311 ff., Tröndle 14 f. vor § 218, Kluth FamRZ 93, 1389, Schünemann JZ 81, 576, Wilkitzki/Lauritzen aaO 49 sowie auch rechtsvergl. Bienwald FamRZ 85, 1096 ff.; dagegen für Alleinbestimmungsrecht der Frau Finger KritJ 86, 336 f.). Dabei wird es jedoch weniger um ein formelles Widerspruchsrecht des Mannes (vgl. § 218 a RN 62) als vielmehr um seine Miteinbeziehung in die Beratung im Interesse einer gemeinsamen Entscheidung mit der Schwangeren gehen dürfen (vgl. Eser ZRP 91, 298; iglS § 6 III Nr. 3 SchKG).

39 Auch die **Verletzung der Indikationsfeststellungspflicht** (§ 218 b) vermag für sich allein kein Notwehrrecht gegen den Schwangerschaftsabbruch zu begründen. Einmal dient diese Formalabsicherung primär öffentlichen Vorsorge- und Kontrollinteressen (vgl. § 218 b RN 1 f.). Zum anderen müßte selbst dann, wenn sie als notwehrfähig anzusehen wäre (was allerdings bei öffentlichen Interessen idR zu verneinen ist, vgl. § 32 RN 6 f., Jähnke LK 40), die Verteidigungshandlung auf Durchsetzung jener Pflicht beschränkt bleiben. Dementsprechend wäre auch die Verhinderung eines Abbruchs mit Nötigungsmitteln so lange nicht als rechtswidrig iSv § 240 anzusehen, als damit lediglich die vorherige Indikationsfeststellung erzwungen werden soll. Hat sich die Schwangere dagegen dieser Pflicht unterzogen, so wird die gewaltsame Verhinderung eines auch im übrigen legalen Abbruchs zur strafbaren Nötigung.

40 6. Zum **Weigerungsrecht** des Arztes (selbst bei rechtmäßigem Abbruch) vgl. § 218 a RN 84 ff.

41 VI. 1. Für den **subjektiven Tatbestand** ist **Vorsatz** erforderlich. Fahrlässige Herbeiführung eines Schwangerschaftsabbruches (zB durch Verabreichung bzw. Einnahme fruchtschädigender Medikamente oder durch fehlgeburtinduzierendes Verhalten) ist nicht strafbar (§ 15). Der Vorsatz, für den auch bedingter genügt (BGH NJW **51**, 412), muß sich auf das Absterben der Leibesfrucht beziehen (vgl. RG **4** 381). Die Absicht, lediglich eine Frühgeburt herbeizuführen, reicht dafür nicht (bloßer Gefährdungsvorsatz), es sei denn, daß der mögliche Tod mit in Kauf genommen wird (vgl. o. 19, 22, Rudolphi SK 23). Jedoch ist der Vorsatz nicht dadurch ausgeschlossen, daß er je nach den Umständen auf die Vernichtung der noch ungeborenen Leibesfrucht oder den Tod des Kindes in oder nach der Geburt gerichtet ist (vgl. BGH **10** 6, BGH MDR/D **53**, 597, Tröndle 9, Jähnke LK 43, Lackner 9).

42 2. Für **Irrtum** gelten die allgemeinen Grundsätze. Glaubt etwa der Arzt fälschlich, daß das verabreichte Medikament nur nidationsverhindernd wirken könne oder daß im Hinblick auf die unregelmäßige Periode der Schwangeren im Zeitpunkt seines Eingriffs die Nidation noch nicht abgeschlossen gewesen sei, so ist er wegen *Tatbestandsirrtums* straffrei (vgl. Tröndle 9, Rudolphi SK 12). Gleiches gilt bei einer Ausschabung, die lediglich der Ausräumung einer vermeintlich bereits abgestorbenen Frucht dienen soll (Jähnke LK 44). Ähnlich ist bei irrtümlicher Annahme von Indikationsvoraussetzungen nach den allgemeinen Grundsätzen über den *Rechtfertigungsirrtum* (§ 16 RN 14 ff., § 17 RN 10) zu verfahren, nachdem die in verschiedenen Entwürfen für ein 5. StrRG und 15. StÄG vorgesehenen besonderen Irrtumsregeln, wonach der Täter nur bei Leichtfertigkeit strafbar sein sollte (vgl. etwa § 219 e in BT-Drs. 7/1982, ferner Prot. VII 1603 ff.), nicht Gesetz geworden sind, sondern die Lösung dieser Fragen im Fristenmodell bewußt der Rspr. überlassen wurde (vgl. Prot. VII 1640 ff.). Damit ist auch künftig nicht ausgeschlossen, daß die Rspr. über die Statuierung einer Pflicht zur *gewissenhaften Prüfung* der Indikationsvoraussetzungen (vgl. § 218 a RN 64) selbst dort zu vorsätzlichem Schwangerschaftsabbruch kommt, wo der Täter lediglich fahrlässig einen Eingriffsgrund (zB eine Lebensgefahr für die Schwangere) angenommen hat (RG **62** 138, **64** 104, BGH **2** 114, **3** 7, NJW **51**, 770). Demgegenüber kann es nach der hier vertretenen Auffassung für die Rechtfertigung nur darauf ankommen, daß die Indikationsvoraussetzungen objektiv vorliegen (vgl. 14 ff. vor § 32). Dementsprechend entfällt nach allgemeinen Grundsätzen (§ 16 RN 14 ff.) bei irrtümlicher Annahme eines Indikationsumstandes (Lebensgefahr, Vergewaltigung) die Vorsatzhaftung jedenfalls bei einem unvermeidbaren Irrtum (LG Memmingen NStZ **89**, 228), aber auch dann, wenn bei größerer Sorgfalt die Depression der Schwangeren als vorgespiegelt hätte erkannt werden können (ebenso Jescheck 377 mwN; and. M-Schroeder I 83; vgl. auch § 218 b RN 16), während umgekehrt ein Verbotsirrtum anzunehmen ist, wenn die Schwangere einer „besonderen Bedrängnis" iSv § 218 a IV 2 oder einer Beratung nach § 218 a IV 1 irrigerweise rechtfertigende Wirkung beilegt. Zu dem Fall ungewisser Vorstellungen des Täters über eine (tatsächlich nicht gegebene) Indikation vgl. Warda Lange-FS 119 ff., 144 sowie § 16 RN 22. Vgl. zum Ganzen (auf der Grundlage des 5. StrRG) auch Eser u. Lenckner in Eser/Hirsch aaO 153 f. bzw. 185 f. sowie Jähnke LK § 218 a RN 30 ff., Roxin JA 81, 543 ff.

43 VII. Zum **persönlichen Strafausschließungsgrund** nach § 218 a IV 1 vgl. die zusammenfassende Übersicht über Privilegierungen der Schwangeren u. 62 ff. sowie § 218 a RN 68 ff.

44 VIII. 1. **Vollendet** ist die Tat nicht schon mit Abschluß des schwangerschaftsabbrechenden Eingriffs (so aber Tröndle 5 bei Nichtlebensfähigkeit), sondern erst mit dem Absterben der Leibesfrucht als dem eigentlichen Ziel des Abbruchs (vgl. o. 9, 19 ff.; ferner RG HRR **39** Nr. 396, Arzt/Weber I 142, Jähnke LK 6). Das gilt auch für das *Zulassen* des Schwangerschaftsabbruchs durch die Frau (RG **61** 361). Kann eine Kausalität zwischen Eingriff und Tod der Leibesfrucht nicht (bzw. nach BGH nicht innerhalb eines engen zeitlichen Zusammenhanges: o. 23) nachgewiesen werden, so kommt „in dubio pro reo" nur Verurteilung wegen Versuchs in Betracht (vgl. RG **41** 352, BGH MDR/D **68**,

201), gegebenenfalls in Tateinheit mit versuchter oder vollendeter Tötung (vgl. o. 24 u. 69 f. sowie Eser III 58 f.)

2. Der **Versuch** ist nicht generell, sondern nur für den **Dritten** strafbar (Abs. 4 S. 1). Die *Schwangere* hingegen bleibt insoweit *straflos* (Abs. 4 S. 2). Da es sich aber dabei lediglich um einen *persönlichen Strafausschließungsgrund* handelt, bleiben Teilnehmer ihres Versuches strafbar (AG Albstadt MedR **88**, 261 m. Anm. Mitsch Jura 89, 192, RegE 15, Tröndle 10; vgl. BGH FamRZ **75**, 488). Zu welchem Zeitpunkt die Schwangere den Versuch unternimmt, ist unerheblich; deshalb bleibt sie selbst bei Durchstechen der Fruchtblase in Geburtsnähe straflos, sofern das Kind den Eingriff überlebt. Gleiches gilt für das Zulassen eines nicht zur Vollendung kommenden Abbruchs. Infolgedessen kann sich die Schwangere nach einem mißglückten illegalen Abbruchsversuch ohne Furcht vor Strafe in ärztliche Behandlung begeben. – Im übrigen gelten die allgemeinen Versuchsgrundsätze. Insbes. ist auch der **untaugliche** Versuch strafbar (vgl. § 22 RN 6): so vor allem an einer Nichtschwangeren (vgl. RG **47** 66, AG Albstadt MedR **88**, 261) – was Abs. 4 S. 2 aF (überflüssigerweise) durch den Terminus „Frau" anstelle von „Schwangere" in Abs. 4 idF des SFHG klarzustellen versucht hatte (vgl. Prot. VII 1636) – oder bei bereits abgestorbener Frucht (vgl. Hamm HE **2** 13, Bay **78** 41). Gleiches gilt für den Versuch mit untauglichen Mitteln (vgl. RG **1** 439, **17** 159, **34** 218, **68** 13), wobei freilich bei offensichtlich ungeeigneten Mitteln (Spülungen mit bloßem Wasser nach abgeschlossener Nidation) an § 23 III zu denken ist. Ferner ist Versuch dort denkbar, wo ein möglicherweise auch noch abortiv wirkender Nidationshemmer verspätet genommen wird, wobei freilich bei Erfolgslosigkeit die Schwangere nach Abs. 4 S. 2 in jedem Falle straffrei bleibt (vgl. Blei JA 76, 531 f.). Dagegen ist die Verabreichung reiner Nidationshemmer in der irrigen Annahme, daß dies bereits strafbar sei (vgl. o. 13), strafloses Wahndelikt (Koch in Eser/Koch I 211, Lackner 9; vgl. § 22 RN 78 ff.). – Für die Abgrenzung **bloßer Vorbereitungshandlungen** vom Versuch kommt es darauf an, daß der Täter unmittelbar zum Eingriff ansetzt (vgl. § 22 RN 36 ff.). Das ist mit Einweisung oder Verbringung der Schwangeren in ein Sanatorium, in dem der Abbruch vorgenommen werden soll, noch nicht der Fall (vgl. RG HRR **30** Nr. 1671), ebensowenig schon mit der Bereiterklärung eines Arztes zum Abbruch (vgl. RG **76** 378 und BGH **4** 17 zum vergleichbaren Fall des Erkundigens bzw. Aufforderns durch die Schwangere). Selbst die Untersuchung durch einen zum Abbruch bereiten Arzt kann noch bloße Vorbereitungshandlung sein (vgl. aber BGH MDR/D **53**, 19), es sei denn, daß dies zur Ermöglichung des unmittelbar folgenden Eingriffs dienen soll (zB Einsetzen des Gebärmutterspiegels zum Eihautstich: Bay **53**, 155, Tröndle 10, Jähnke LK 47, M-Schroeder I 86). Auch in einer Einspritzung zur Herbeiführung einer zum Eingriff dann „rechtfertigenden" Blutung liegt bereits ein Versuch (RG **77** 252). – Versuch in **mittelbarer** Täterschaft kommt bei Übergabe angeblich harmloser Beruhigungsmittel, in Wirklichkeit jedoch wirksamer Abtreibungsmittel an eine gutgläubige Schwangere in Betracht, und zwar auch dann, wenn es nicht zur beabsichtigten Einnahme kommt (vgl. aber § 22 RN 54). Ist die Schwangere dagegen ihrerseits bösgläubig, so ist der Dritte bis zur Einnahme allenfalls nach § 219 b strafbar (vgl. Jähnke LK 47; and. RG **76** 384); die Schwangere selbst bleibt straflos (§ 219 b II).

3. Für den **Rücktritt** vom Versuch gelten die allgemeinen Grundsätze des § 24. Als *unbeendet* ist der Versuch so lange anzusehen, als der Täter noch mit keinen tödlichen Verletzungen für die Leibesfrucht rechnet oder noch nicht alles Erforderliche für einen Fruchtabgang getan zu haben glaubt (zB bei Durchstoßen der Gebärmutter, ohne jedoch bereits die Fruchtblase angestochen zu haben: vgl. BGH MDR/D **53**, 721). Gibt die Schwangere den (für sie ohnehin straflosen) Versuch *freiwillig* auf, so kommt dies wegen der persönlichen Natur des Rücktritts (§ 24 RN 73) dem Dritten nicht ohne weiteres zugute. Anders dort, wo dieser etwa die von Angst oder Unwohlsein befallene Schwangere dazu überredet, ein eingenommenes abortives Mittel wieder auszubrechen (vgl. auch RG **57** 280 zum Herausnehmen eines schmerzhaften Katheters). Auch wenn der Arzt mit Rücksicht auf das ihm zu hoch erscheinende Verletzungsrisiko den Eingriff abbricht, kann darin noch freiwilliger Rücktritt liegen, es sei denn, daß er mit Todesgefahr für die Schwangere rechnet oder ihm ähnliche Gründe die Fortführung des Schwangerschaftsabbruchs praktisch unmöglich erscheinen lassen (vgl. BGH MDR/D **53**, 721, Jähnke LK 50).

4. Zu selbständig **strafbaren Vorbereitungshandlungen** vgl. §§ 219 a, 219 b.

IX. Teilnahme ist sowohl am Fremdabbruch nach Abs. 1 (o. 29) als auch am Selbstabbruch nach Abs. 3 (o. 30) möglich. Da es sich jedoch bei der Privilegierung der Selbstabtreibung um einen *persönlichen Strafmilderungsgrund* zugunsten der Schwangeren iSv 28 II handelt (vgl. RegE 13, Horstkotte Prot. VII 1519 f.), sind *Fremdbeteiligte ausschließlich aus* **Abs. 1** (uU iVm Abs. 2) zu bestrafen (vgl. BGH **1** 142, 251, Tröndle 11, Lackner 16, Rudolphi SK 26). Umgekehrt käme der Schwangeren auch bei Beteiligung an der bei ihr vorgenommenen Fremdabtreibung des Dritten immer Abs. 3 zugute; doch tritt ihre Anstiftung dazu regelmäßig hinter ihrer eigenen Täterschaft durch Zulassen des Abbruchs (vgl. o. 31) zurück (vgl. RG **64** 150, Lackner 17). Im einzelnen ist noch folgendes zu beachten:

1. Beihilfe kann zB sowohl durch Verschaffen von Abtreibungsmitteln (vgl. RG **58** 115), durch Benennung oder Vermittlung von abtreibungsbereiten Personen oder Einrichtungen (Bay MDR **78**, 951), Verbringung in die Klinik (AG Albstadt MedR **88**, 262), Gewährung der für einen Abbruch erforderlichen Geldmittel (BGH FamRZ **75**, 488) wie auch durch Assistieren bei einem illegalen

Eingriff oder Zurverfügungstellen von Einrichtungen oder Räumlichkeiten zur Durchführung des Eingriffs (Horstkotte Prot. VII 1522) geleistet werden. Dies gilt auch für einen schließlich untauglich gebliebenen Versuch (vgl. BGH FamRZ **75**, 488). Wird der Schwangeren jedoch bewußt ein untaugliches Mittel gegeben, kommt zwar Betrug in Betracht (vgl. RG **44** 230, § 263 RN 150), für Beihilfe zu § 218 hingegen würde es am erforderlichen Vollendungsvorsatz fehlen (vgl. § 27 RN 19 sowie RG **56** 170, BGH MDR/D **54**, 335, Tröndle 11); zur Strafbarkeit nach § 219 b in solchen Fällen vgl. dort RN 2, 6.

53 Auch **Berater** oder **Begutachter** sind von der Strafbarkeit wegen Teilnahme nicht ausgenommen. So kommt Beihilfe insbes. dort in Betracht, wo die Schwangere in gesetzwidriger Form beraten (näher zu den inhaltl. Anforderungen an die Beratung nach §§ 5–7 SchKG iVm § 219 dort RN 5 ff.) wird (vgl. Rudolphi SK 27), oder wo ihr zur Durchführung eines illegalen Abbruchs eine Adresse benannt wird. Allerdings kommt es letzterenfalls für die Förderungshandlung iSv § 27 entscheidend darauf an, daß die fragliche Adresse nicht bereits allgemein zugänglich war (zB durch Veröffentlichung in Illustrierten) oder zumindest ohne konkrete Hinweise durch den Berater nicht hätte gefunden werden können. Bei Preisgabe von Abtreibungsadressen durch ein allgemeines Medium (Fernseh- oder Radioreportage, Zeitungsbericht) wird es regelmäßig an dem für § 27 erforderlichen Bezug zu einer konkreten Tat fehlen; stattdessen kann Strafbarkeit nach § 219 a in Betracht kommen, falls die Veröffentlichung aus Vorteilsabsicht oder in grob anstößiger Weise erfolgt (vgl. dort RN 7 f.). Gibt der Berater der Adresse eines abbruchswilligen Arztes allein deshalb heraus, um angesichts der unbedingten Abtreibungsentschlossenheit der Schwangeren wenigstens eine kunstgerechte Durchführung zu gewährleisten, so ist im Hinblick auf die mitgeschützte Gesundheit der Schwangeren (12 vor § 218) bezüglich der Beihilfe an Rechtfertigung nach § 34 zu denken, wenn nicht bereits aufgrund gesamtabwägender Risikominderung der Förderungscharakter zu verneinen ist (vgl. 94 vor § 13, § 27 RN 10, Roxin LK § 27 RN 4, Rudolphi/Samson SK 58 vor § 1 bzw. § 27 RN 10; insoweit and. Jähnke LK 32). Auch durch eine bewußt falsche *Indikationsfeststellung* ist Beihilfe, wenn nicht sogar mittelbare Täterschaft, möglich (vgl. Prot. VII 1609 sowie § 218 b RN 30). Dies für den Indikationsarzt auf *wissentlich* unrichtige Feststellungen zu beschränken und damit bedingt vorsätzliche Beteiligung auszuschließen (wie seinerzeit hins. des [mit § 218 b I 2 nF inhaltsgleichen] § 219 a aF Rudolphi SK 11), ist angesichts der (teils) unterschiedlichen Schutzgüter von § 218 und § 218 b nicht berechtigt (zust. Jähnke LK 32).

54 2. Auch **durch Unterlassen** kann Beihilfe zu § 218 geleistet werden, sofern der Unterlassende zur Verhinderung des Schwangerschaftsabbruchs verpflichtet ist. Dies ist insbes. bei einem *Überwachungsgaranten* (vgl. § 13 RN 11 ff.) anzunehmen, der die Pflicht hat, innerhalb bestimmter Lebensbereiche strafbare Handlungen zu verhindern, zB zwischen Eheleuten innerhalb der ehelichen Wohnung (BGH NJW **53**, 591, östOGH ÖJZ **62**, 107, Jähnke LK 34). Doch ergibt sich aus § 139 III, daß ein Angehöriger niemals gezwungen sein kann, durch sein Einschreiten den Täter in die Gefahr einer Strafverfolgung zu bringen. Deshalb kann ein Ehegatte lediglich zum Einreden auf seinen Partner verpflichtet sein (wie nachdrückl. von BVerfGE **88** 204 LS 9, S. 271, 296 f. iSe Aktivierung des sozialen Umfelds gefordert: vgl. 7 vor § 218); nicht dagegen, Strafverfolgungsorgane in Anspruch zu nehmen (Lay LK[9] 94; jedenfalls zu weitgeh. Schleswig NJW **54**, 285, wonach die Arbeitgeberin gegenüber einer minderjährigen anhanglosen Hausangestellten verpflichtet sein soll, deren offenbar außerhalb der Wohnung erfolgende Abtreibung zu verhindern). Ebensowenig trifft den Vermieter eine Verhinderungspflicht, wenn er aufgrund eines bereits bestehenden Vertrages weder tatsächlich noch rechtlich in der Lage ist, auf Vorgänge in den von ihm vermieteten Räumen Einfluß zu nehmen (Horstkotte Prot. VII 1520). Soweit dagegen einem *Beschützergaranten* (vgl. § 13 RN 10, Jähnke LK 33) sogar eine Schutzpflicht zugunsten des Nasciturus obliegt, ist er nicht nur wegen Beihilfe, sondern wegen Täterschaft strafbar (dies offenbar übersehen von AG Albstadt MedR **88**, 262; vgl. o. 29).

55 3. Auch **Mittäterschaft** ist zwischen Fremdabbruch und Selbstabbruch möglich, da es sich um das gleiche Delikt mit Strafdrohungen für verschiedene Täter handelt (vgl. o. 1, 28 ff.). Jedoch kommt eine Beihilfe des einen an der Tat des anderen neben solcher Mittäterschaft nicht mehr in Betracht. Vgl. zum Ganzen auch Gropp, Deliktstypen mit Sonderbeteiligung (1992) 291 f., 295 f., 303, 314, 342, Lackner 17, Schröder MDR **49**, 391 ff.

56 X. 1. Als **Regelstrafe** ist für den **Fremdabtreiber** nach Abs. 1 Freiheitsstrafe bis zu 3 Jahren oder Geldstrafe vorgesehen; gegenüber der Schwangeren vgl. u. 62 ff. Daß die Strafwürdigkeit des Schwangerschaftsabbruchs in der Öffentlichkeit umstritten sei, ist für sich allein kein Grund für eine „symbolische" Beschränkung auf die geringstmögliche Strafe; vielmehr ist auch bei § 218 eine Gesamtabwägung iSd § 46 geboten (vgl. auch Jähnke LK 59 f.).

57 2. Für **besonders schwere Fälle (Abs. 2)** ist Strafschärfung vorgesehen. Die ausdrücklich genannten Fälle des Handelns gegen den Willen der Schwangeren (Nr. 1) bzw. der leichtfertigen Verursachung einer Todes- oder schweren Gesundheitsgefahr (Nr. 2) sind jedoch nicht mehr als abschließend zu verstehen, sondern bloße **Regelbeispiele** (vgl. RegE 13; allg. zu dieser Gesetzestechnik 44 vor § 38).

58 a) Ein Handeln **gegen den Willen der Schwangeren (Nr. 1)** liegt nicht schon dann vor, wenn lediglich das ausdrückliche Einverständnis der Schwangeren fehlt oder wenn sie den Abbruch zwar innerlich mißbilligt, aber ohne erkennbaren Widerstand hinnimmt. Erforderlich ist vielmehr, daß sie

ihren entgegenstehenden Willen, und sei es auch nur durch entsprechende Gestik, nach außen hin unmißverständlich manifestiert hat (Koch aaO 213, Lackner 19). Maßgebend ist dabei der natürliche Wille. Da es dabei vornehmlich um den Schutz des Selbstbestimmungsrechts der Frau geht, ist im Handeln gegen ihren Willen auch dort anzunehmen, wo sie, um ihrem möglichen Widerspruch zuvorzukommen, durch Narkose (Otto II 60, zw. Gössel I 130), Drogen oder ähnliche Mittel in einen willensbeeinträchtigenden Zustand versetzt wurde (Rudolphi SK 30), wobei jedoch nicht erforderlich ist, daß ihr Widerstand mit List, Drohung oder Gewalt überwunden wird. Vielmehr genügt bereits das schlichte Hinwegsetzen des Mannes oder der Eltern über den erklärten Widerspruch einer sich hilflos fühlenden Frau bzw. einer minderjährigen Tochter (and. Jähnke LK 62), und zwar selbst dann, wenn der Abbruch an sich nach § 218a (zB wegen Vergewaltigung) indiziert wäre (Koch aaO 213 f.). Dagegen ist Widerstand der Schwangeren dort unbeachtlich, wo ihre Einwilligung wegen eigener Entscheidungsunfähigkeit durch den gesetzlichen Vertreter ersetzt wurde (vgl. Tröndle 15 sowie § 218a RN 61). Wird die Schwangere tateinheitlich mit dem Abbruch getötet, ist damit nicht ohne weiteres auch § 218 II Nr. 1 erfüllt (BGH NStZ **96**, 276).

b) Durch die „Kurpfuscherklausel" von **Nr. 2** soll vor allem (wenn auch nicht ausschließlich) 59 *Laienabtreibungen* vorgebeugt werden, bei denen nicht nur infolge unsachgemäßer Durchführung, sondern auch im Hinblick auf mangelnde Nachbehandlungsmöglichkeiten regelmäßig mit der **Gefahr einer schweren Gesundheitsschädigung** (näher dazu § 225 RN 21) zu rechnen ist (vgl. BT-Drs. 7/1981 S. 13). Dafür müssen nicht unbedingt schwere Körperverletzungen iSv § 226 zu befürchten sein, vielmehr genügen bereits Gesundheitsschäden, welche die Schwangere in ihrer physischen oder psychischen Stabilität oder in ihrer Arbeitsfähigkeit nachhaltig beeinträchtigen oder sie in eine qualvolle oder langwierige Krankheit stürzen könnten (vgl. BT-Drs. VI/3434 S. 13). Doch auch ein *Arzt* kann **leichtfertig** iS grober Fahrlässigkeit (vgl. § 15 RN 205) handeln, wenn er einen Abbruch ohne die gynäkologische erforderliche Sachkunde oder ohne hinreichende Komplikationsvorsorge durchführt. Zur Abtreibung mit **Todesfolge** vgl. Trube-Becker Med. Klinik 74, 897 ff. Nr. 2 wird nicht dadurch ausgeschlossen, daß der Tod erst Folge der Gesundheitsschädigung tatsächlich eintritt. *Vorsätzliche* Gefährdung wird, wenn nicht bereits unmittelbar durch Nr. 2 (vgl. § 251 RN 9), so jedenfalls als ein dem Regelbeispiel vergleichbarer Fall (u. 60) erfaßbar sein (vgl. Jähnke LK 63, Laufhütte/Wilkitzki JZ 76, 330).

c) Da es sich bei Nr. 1 und 2 lediglich um Regelbeispiele handelt, ist bei ihrem Vorliegen ein 60 Strafschärfungsgrund nicht zwingend gegeben, sondern noch von einer **Gesamtabwägung** abhängig (vgl. 44 ff. vor § 38). Andererseits kommt aber darüber hinaus Strafschärfung auch in anderen **vergleichbar schweren Fällen** in Betracht, so insbes. bei *gewerbsmäßigem* (allg. dazu 95 vor § 52) Handeln (vgl. BT-Drs. 7/1982, Tröndle 16, Jähnke LK 64, Rudolphi SK 34), wobei selbstverständlich nur illegale Abtreibungen mitberücksichtigt werden können (Lackner NJW 76, 1236).

d) Bei Vorliegen eines dieser Strafschärfungsgründe **erhöht** sich die Mindeststrafe auf 6 Monate, 61 die Höchststrafe auf 5 Jahre Freiheitsstrafe. Dies gilt aber immer nur für **Drittäter** bzw. Tatbeteiligte nach dem vorangehenden Abs. 1, nicht dagegen für die durch die nachfolgend in Abs. 3 privilegierte Schwangere (vgl. Lackner 18).

3. Die **Schwangere** ist demgegenüber in vierfacher Weise **privilegiert:** 62

a) Durch **Herabsetzung des Strafrahmens (Abs. 3)** ist die Höchststrafe für die Schwangere auf 63 Freiheitsstrafe bis zu 1 Jahr oder Geldstrafe beschränkt. Damit soll der persönlichen Konfliktsituation Rechnung getragen werden, aus der heraus die Schwangere regelmäßig handelt (1. Ber. 14). Ob sie im Abbruch selbst mitgewirkt oder lediglich den Eingriff durch einen Dritten zugelassen hat, ist dabei unerheblich (vgl. o. 51 sowie Laufhütte/Wilkitzki JZ 76, 330).

b) Zudem erlangt die Schwangere **volle Straffreiheit (§ 218a IV 1)**, wenn sie den Abbruch nach 64 vorheriger *Beratung* innerhalb der *12. bis 22. Woche* seit Empfängnis von einem *Arzt* durchführen läßt. Näher dazu § 218a RN 66 ff.

c) Ferner bleibt für die Schwangere der **Versuch straffrei (Abs. 4 S. 2)**; vgl. o. 45. 65

d) Schließlich ist für die Schwangere noch ein **Absehen von Strafe (§ 218 IV 2)** möglich, wenn sie 66 sich zur Zeit des Eingriffs in „**besonderer Bedrängnis**" befunden hat. Näheres dazu § 218a RN 75 ff.

XI. Konkurrenzen: 1. Kommt es zu einem strafbaren Schwangerschaftsabbruch nach § 218, so 67 tritt die gleichzeitige Verletzung der Indikationsfeststellungspflicht nach **§ 218b I 1** als *subsidiär* zurück. Gleiches gilt für Anstiftung oder Beihilfe der *Schwangeren* zu dem an ihr vorgenommenen Abbruch eines Dritten (Abs. 1) gegenüber ihrer eigenen Täterschaft nach Abs. 3 (vgl. o. 30, 51) sowie für die Verletzung der dem *Arzt* obliegenden Pflichten **§ 218c I**. Zwischen § 218 und **§ 219a** Nr. 1 ist Realkonkurrenz möglich (vgl. Tröndle 19). Fortsetzungszusammenhang, soweit nicht durch BGH **40** 138 obsolet geworden (vgl. 31 vor § 52), ist zwischen **mehreren Abbruchsversuchen** hinsichtlich derselben Schwangerschaft (vgl. BGH MDR/D **56**, 394, Jähnke LK 51), nicht aber zwischen Abbrüchen bei verschiedenen Schwangerschaften derselben Frau möglich, ebensowenig bei verschiedenen Frauen (vgl. bereits RG **59** 98, **68** 14, BGH MDR/D **66**, 727).

2. Eine mit dem Schwangerschaftsabbruch notwendig verbundene **Körperverletzung der** 68 **Schwangeren** (zivilr. dazu unterschiedl. Düsseldorf NJW **88**, 777 bzw. Koblenz NJW **88**, 2959) wird als sog. Begleittat durch den vollendeten § 218 miterfaßt (BGH **10** 312, GA **66**, 339), während mit

§ 218 a

nur versuchtem Abbruch Tateinheit in Betracht kommt (BGH GA **72**, 162, Lackner 21). Letzteres gilt auch für weitergehende (vorsätzliche oder fahrlässige) Verletzungen der Frau, wie zB bei kunstfehlerhafter ärztlicher Behandlung (vgl. Lüttger NStZ 83, 484 sowie Arzt FamRZ 83, 1020 gegen BGH **31** 357) oder nach §§ 224, 226 durch Tritte in ihren Leib, und zwar sowohl bei nur versuchtem (hM; vgl. BGH **28** 17, Rudolphi SK 40) als auch bei vollendetem Abbruch (vgl. Tröndle 20, Rudolphi SK 40; insofern and. BGH **28** 16; diff. Jähnke LK 54 f.; vgl. auch Jung NStZ 85, 316 f.). Gleiches wird bei **Tötung der Schwangeren** als Folge des (versuchten oder vollendeten) Abbruchs durch Tateinheit zwischen §§ 218, 227 anzunehmen sein (BGH **28** 14, 17, NJW **84**, 674, Tröndle 20, Jähnke LK 55, Koch aaO 206, 215, W-Hettinger 239; and. BGH **15** 345: § 218 in Tateinheit mit § 222 unter Beachtung der Mindeststrafe des § 227). Ist die Tötung der Frau das primäre Angriffsziel des Täters, so ist im Hinblick auf die Verschiedenheit der Rechtsgutsträger Tateinheit zwischen vorsätzlicher Tötung und Schwangerschaftsabbruch möglich, sofern der Vorsatz beide Folgen umfaßt (BGH **11** 15, NStZ **96**, 276; and. OGH NJW **50**, 195); denn würde man § 218 hinter der Tötung zurücktreten lassen, so könnte das nicht nur bei Tötung der Schwangeren zur Verlangen zu Ungereimtheiten im Strafmaß führen, sondern müßte bei bloßer Beihilfe zur Selbsttötung – entgegen OGH aaO – selbst im Hinblick auf § 218 Straflosigkeit zur Folge haben (vgl. Jähnke LK § 212 RN 42). Entsprechendes gilt für fahrlässige Tötung (BGH **1** 280), desgleichen zwischen Anstiftung und Beihilfe zum Schwangerschaftsabbruch und fahrlässiger Tötung (BGH **1** 280, MDR/D **71**, 722). Wird die Frau mit Nötigungsmitteln zum Abbruch gezwungen, kommt Tateinheit zwischen § 218 II Nr. 1 und § 240 (und zwar jetzt idR mit Strafschärfung nach § 218 II) in Betracht (BGH GA **66**, 339, Tröndle 22).

69 3. Im Hinblick auf das **Kind** verbleibt es bei mißglücktem Schwangerschaftsabbruch idR bei Versuch des § 218, da pränatale Körperverletzung tatbestandlich ausgeschlossen ist (vgl. § 223 RN 1 a, Jähnke LK 53, aber auch BGH MDR/D **71**, 895). Kommt nach einem Eingriff ein lebendes Kind zur Welt, das alsbald nach der Geburt durch einen erneuten Angriff getötet wird, besteht Realkonkurrenz zwischen versuchter Abtreibung, die jedoch für die Schwangere selbst nicht mehr strafbar ist (Abs. 4 S. 2), und vollendeter Tötung (BGH **13** 21, Lackner 21; and. noch BGH **10** 291: Idealkonkurrenz zwischen vollendeter Abtreibung und vollendeter Tötung); vgl. dazu auch o. 24 sowie Eser III 59.

70 4. **Wahlfeststellung** soll möglich sein zwischen § 218 und §§ 211 ff., wenn nicht nachweisbar ist, ob das Kind den Schwangerschaftsabbruch überlebt hat und erst durch nachgeburtliche Einwirkung bzw. Nichtversorgung den Tod fand (vgl. BGH **10** 294, dazu Eser III 53 ff., insbes. 61, ferner Tröndle 6, Jähnke LK 67, Lackner 21; vgl. aber demgegenüber o. § 1 RN 97 a). Jedenfalls ist Wahlfeststellung zwischen § 218 und § 263 (Lieferung eines möglicherweise untauglichen Abtreibungsmittels) ausgeschlossen (BGH MDR/D **58**, 739, Rudolphi SK 41; vgl. § 1 RN 115).

71 XII. Da die Abtreibung ein *Erfolgsdelikt* ist, beginnt die **Verjährung** nicht schon mit der letzten Handlung des Täters, sondern erst mit dem Tod der Leibesfrucht (§ 78 a; vgl. RG DR **43**, 577).

§ 218 a Straflosigkeit des Schwangerschaftsabbruchs

(1) Der Tatbestand des § 218 ist nicht verwirklicht, wenn
1. die Schwangere den Schwangerschaftsabbruch verlangt und dem Arzt durch eine Bescheinigung nach § 219 Abs. 2 Satz 2 nachgewiesen hat, daß sie sich mindestens drei Tage vor dem Eingriff hat beraten lassen,
2. der Schwangerschaftsabbruch von einem Arzt vorgenommen wird und
3. seit der Empfängnis nicht mehr als zwölf Wochen vergangen sind.

(2) Der mit Einwilligung der Schwangeren von einem Arzt vorgenommene Schwangerschaftsabbruch ist nicht rechtswidrig, wenn der Abbruch der Schwangerschaft unter Berücksichtigung der gegenwärtigen und zukünftigen Lebensverhältnisse der Schwangeren nach ärztlicher Erkenntnis angezeigt ist, um eine Gefahr für das Leben oder die Gefahr einer schwerwiegenden Beeinträchtigung des körperlichen oder seelischen Gesundheitszustandes der Schwangeren abzuwenden, und die Gefahr nicht auf eine andere für sie zumutbare Weise abgewendet werden kann.

(3) Die Voraussetzungen des Absatzes 2 gelten bei einem Schwangerschaftsabbruch, der mit Einwilligung der Schwangeren von einem Arzt vorgenommen wird, auch als erfüllt, wenn nach ärztlicher Erkenntnis an der Schwangeren eine rechtswidrige Tat nach den §§ 176 bis 179 des Strafgesetzbuches begangen worden ist, dringende Gründe für die Annahme sprechen, daß die Schwangerschaft auf der Tat beruht und seit der Empfängnis nicht mehr als zwölf Wochen vergangen sind.

(4) Die Schwangere ist nicht nach § 218 strafbar, wenn der Schwangerschaftsabbruch nach Beratung (§ 219) von einem Arzt vorgenommen worden ist und seit der Empfängnis nicht mehr als zweiundzwanzig Wochen verstrichen sind. Das Gericht kann von Strafe nach § 218 absehen, wenn die Schwangere sich zur Zeit des Eingriffs in besonderer Bedrängnis befunden hat.

Vorbem. Fassung durch SFHG idF des SFHÄndG (vgl. 1 vor § 218).

§ 218 a
Straflosigkeit des Schwangerschaftsabbruchs

Schrifttum: Siehe die Angaben vor § 218 sowie zu § 219. Ferner: *Ahrens,* Med. Indikationen zum therap. Schwangerschaftsabbruch, 1972. – *Bernsmann,* Zum Zusammenspiel von strafr. Regelung u. „flankierenden Gesetzen" beim Schwangerschaftsabbruch, ArbuR 89, 10. – *Binschus,* Adoption, ZfJ 91, 451. – *Böhm-Mehring,* Nidationshemmende u. abortive Maßnahmen nach Notzuchtverbrechen, Med. Klinik 71, 989. – *Böhme-Marr,* Schwangerschaftsunterbrechung aus psychiatrischer Indikation, DMW 75, 865. – *Büchner,* Abtreibung u. Berufsfreiheit, NJW 99, 833. – *Bundesärztekammer (BÄK),* Mehrlingsreduktion durch Fetozid, DÄBl. 89, 1389. – *Cramer,* Genom- u. Genanalyse, 1991. – *Ders.,* Embryopatische Indikation u. pränatale Diagnostik, ZRP 92, 136. – *Ders.,* Pränatale Diagnostik u. Fetaltherapie, MedR 92, 14. – *Eberbach,* Rechtsprobleme der HIV–III-Infektion, 1987. – *Ders.,* Pränatale Diagnostik (usw.), JR 89, 265. – *Engelhardt,* Ethische Indikation u. Grundgesetz, FamRZ 63, 1. – *Eser,* „Ärztl. Erkenntnis" u. richterl. Überprüfung (usw.), Baumann-FS 155 (auch in Eser/Koch, Neuregelung 13). – *Ders.,* Zur Rechtsnatur der „Allg. Notlagenindikation (usw.)", R. Schmitt-FS 171. – *Ders.,* Sanktionierung u. Rechtfertigung durch Verfahren, KritV Sonderheft (Hassemer zum 60. Geburtstag) 2000, 43. – *Esser,* Rechtfertigt § 218 a die Indikationsfälle? AR 81, 260, 295. – *Ders.,* Die Rechtswidrigkeit des Aborts, MedR 83, 57. – *Franzki,* Neue Dimensionen in der Arzthaftung (usw.), VersR 90, 1181. – *Heinemann,* Schwangerschaftsabbruch aufgrund embryopathischer Indikation, Zentralbl. f. Gynäkologie 1998, 598. – *Hennies,* Schwangerschaftsabbruch bei schweren embryonalen Schäden?, ArztR 98, 127. – *Hepp,* Höhergradige Mehrlinge, Geburtshilfe u. Frauenheilkunde (GebFra) 89, 225. – *Herrmann/von Lüpke,* Lebensrecht u. Menschenwürde, 1991. – *Hirsch,* „Reduktion" von Mehrlingen, MedR 88, 292. – *Hülsmann,* Fetozid, NJW 92, 2331. – *Ders.,* Indikationsfeststellung zum Schwangerschaftsabbruch, StV 92, 92. – *Jähnke,* Rechtsgutverrichtung nach ärztl. Ermessen?, Hanack-FS 187. – *Kaiser,* Eugenik u. Kriminalwissenschaft heute, NJW 69, 538. – *S. Koch,* Der Bayerische Sonderweg im Abtreibungsrecht, 1998. – *Köhler,* Personensorge u. Abtreibungsverbot, GA 88, 435. – *Kluth,* Das Grundrecht auf Leben u. die „ratio" des Gesetzgebers, GA 88, 547. – *Krischek,* Psychiatr. Aspekte der Schwangerschaftsunterbrechung, in: *Hofmann,* Schwangerschaftsunterbrechung (1974) 251. – *Küper,* Der „verschuldete" rechtfertigende Notstand, 1983. – *Langer,* Strafgesetzl. Tatbestandsausschluß gem. § 218 a I StGB, Zschr. f. Lebensrecht 2/99, 47. – *Lang-Hinrichsen,* Betrachtungen zur sog. ethischen Indikation der Schwangerschaftsunterbrechung, JZ 63, 721. – *Lau,* Indikationen zum Schwangerschaftsabbruch, 1976. – *Laufs,* Pränatale Diagnostik u. Lebensschutz aus arztrechtl. Sicht, MedR 90, 231. – *Ders.,* Am Ende eine nur wenig verhüllte Fristenlösung, NJW 95, 3042. – *Lenckner,* Der rechtfertigende Notstand, 1965. – *Mende,* Schwangerschaftsabbruch und Sterilisation aus nervenärztl. Sicht, 1968. – *Pluisch,* Der Schwangerschaftsabbruch aus kindl. Indikation im Spannungsfeld der pränatalen Diagnostik, 1992. – *Schlund,* Rechtsfragen der „eugenischen" Judikation, AR 90, 105. – *Ders.,* Aufklärungsdefizit über mögl. pränatale Schädigung (usw.), JR 93, 144. – *Schneble,* Behinderung – keine Indikation zur Abtreibung, DÄBl 91, 2142. – *Schramm,* Alles andere als „Eugenik", MMW 94, 61. – *Schroeder-Kurth,* Ärztliche Indikation u. Selbstbestimmung bei der vorgeburtl. Chromosomendiagnostik, MedR 91, 128. – *Sülke,* „Ärztl. Erkenntnis" (usw.), 1995. – Zur aF des § 218 a vgl. auch die Angaben in der 24. A.

Übersicht

I. Allgemeines 1	1. Vornahme durch einen Arzt 58
II. Tatbestandsausschluß des „beratenen" ärztlichen Abbruchs (Abs. 1) 2	2. Beachtung der ärztlichen Kunstregeln 59
1. Beratungsmodell 3	3. Einwilligung der Schwangeren 61
2. Voraussetzungen 4	4. Subjektive Voraussetzungen 63
3. Straflosigkeit 12	5. Rechtsfolge § 218 65
4. Beschränkung auf § 218 19	V. Besondere Privilegierungen für die Schwangere 66
III. Straflosigkeit aufgrund rechtfertigender Indikation 20	1. Volle Straffreiheit (Abs. 4 S. 1) 68
1. Neuregelung durch das SFHÄndG . 20	2. Absehen von Strafe (Abs. 4 S. 2) 75
2. Medizinisch-soziale Indikation (Abs. 2) 26	VI. Ergänzende Schutz- und Kontrollvorschriften 78
3. Kriminologische Indikation (Abs. 3) 45	1. Beratungs- und Untersuchungspflichten (§ 218 c I Nr. 1–3) 80
4. Wegfall der allgemeinen Notlagenindikation 54	2. Förmliche Indikationsfeststellung ... 81
IV. Gemeinsame Voraussetzungen für Tatbestandsausschluß (Abs. 1) oder Rechtfertigung (Abs. 2, 3) 57	3. Nichtbehandlung 82
	4. Meldpflicht 83
	VII. Weigerungsrecht 84

I. Durch diese Vorschrift werden erstmals **alle Straffreistellungsgründe** für den Schwangerschaftsabbruch zusammengefaßt. Als weitestgehender Straflosigkeitsgrund wird der *beratene ärztliche Abbruch innerhalb von 12 Wochen* als Abs. 1 idF des SFHÄndG vorangestellt. Die – der Sache nach bereits in § 218 a I bzw. II Nr. 2 idF des 15. StÄG enthaltenen – Rechtfertigungsgründe sind als *medizinisch-soziale Indikation* in Abs. 2 bzw. als *kriminologische Indikation* in Abs. 3 geregelt, während die frühere „eugenische" und „allgemeine Notlagenindikation" (§ 218 a II Nr. 1 und 3 idF des 15. StÄG) formell entfallen sind, jedoch bis zu einem gewissen Grad in den beiden erhaltenen Indikationen fortleben (vgl. u. 37 ff., 54 ff.). Die bereits in § 218 III 2 und 3 idF des 15. StÄG enthaltenen *Privilegierungen der Schwangeren* wurden durch das SFHG inhaltsgleich (richtigerweise) nun hier als 1

§ 218 a 2–9 Bes. Teil. Straftaten gegen das Leben

Abs. 4 eingefügt. Insgesamt bildet somit § 218 a nunmehr in Umsetzung entsprechender BVerfG-Vorgaben (vgl. 7 vor § 218) das Kernstück einer **kombiniert-abgestuften Beratungs- und Indikationsregelung** bei ärztlichem Abbruch iVm zusätzlichen Privilegien für die Schwangere. Zu weiteren Einzelheiten dieser verschiedenen Strafbegründungs- und Straffreistellungsstufen einschließlich zusätzlicher Kontrolltatbestände vgl. 16 ff. vor § 218. Allerdings sind für eine Straflosigkeit nach § 218 a teils auch noch zusätzliche Vorschriften zu beachten: so im Falle des *beratenen Abbruchs* nach Abs. 1 (u. 2 ff.) die Beratungsanforderungen nach § 219 und die besonderen ärztlichen Pflichten nach § 218 c sowie für den *indiziert-gerechtfertigten* Abbruch nach Abs. 2 und 3 (u. 20 ff.) die Indikationsfeststellungspflicht nach § 218 b.

2 II. Die **Straflosigkeit des beratenen ärztlichen Abbruchs innerhalb von 12 Wochen (Abs. 1)** geht hinsichtlich ihrer *Zielsetzung* (u. 3) und ihren wesentlichen *Voraussetzungen* (u. 4 ff.) auf das SFHG zurück (vgl. 6 vor § 218), während sich die *tatbestandsausschließende Folge* (u. 12 ff.) den vom SFHÄndG zu beachtenden BVerfG-Vorgaben verdankt.

3 1. Der mit dem Übergang vom früheren Indikationsmodell zu diesem **Beratungsmodell** vollzogene und grundsätzlich auch vom BVerfG gebilligte *Wechsel im Schutzkonzept* (BVerfGE 88 204 LS 11, 251 f., 264; vgl. 7 vor § 218) beruht auf der Erkenntnis, daß ein effektiver Schutz des ungeborenen Lebens nur mit der Schwangeren und daher schwerlich mit den bisher repressiv gegen sie ausgerichteten Strafsanktionen zu erreichen ist. Deshalb hat das Beratungskonzept zum **Ziel**, der Schwangeren in einer ergebnisoffenen Beratung Hilfsmöglichkeiten für ein künftiges Leben mit dem Kind aufzuzeigen und ihr bei der Bewältigung ihres Konflikts beizustehen; dies aber setzt voraus, daß sie sich ohne Angst vor Strafe eröffnen kann, in ihrer eigenen Verantwortung ernst genommen sieht und ihr dementsprechend auch die Letztentscheidung überlassen wird (vgl. BT-Drs. 12/2605 [neu] S. 3 ff., 16 ff., 21 f., BVerfGE 88 247 f.). Den dafür vom SFHG eingeräumten Ausschluß der Rechtswidrigkeit glaubte das BVerfG jedoch nicht zugestehen zu können, da Schwangerschaftsabbruch nur in Ausnahmefällen gerechtfertigt sein könne (BVerfGE 88 257, 272) und die Voraussetzungen dafür nicht durch die betreffende Frau selbst, sondern nur durch Dritte festgestellt werden dürften (BVerfGE 88 204 LS 15, 274), was aber seinerseits mit der an sich erwünschten Offenheit der Beratung unvereinbar sei (BVerfGE 88 274), und weil selbst im Falle eines beratenen Abbruchs dessen grundsätzliche Mißbilligung unberührt bleiben müsse (BVerfGE 88 275 ff.). Den entsprechenden Vorgaben des BVerfG (vgl. 7 vor § 218) hat das SFHÄndG – wenngleich ohne den in der BVerfG-ÜbergAO Nr. II.2 S. 2 enthaltenen Verbotsvorbehalt – in der Weise Rechnung getragen, daß im Falle von Abs. 1 „der Tatbestand des § 218 nicht verwirklicht (ist)" (vgl. 8 vor § 218). Zu den Folgen vgl. u. 13 ff.

4 2. Die **Voraussetzungen dieses Tatbestandsausschlusses** sind folgende:

5 a) Die Schwangere muß einen **Beratungsnachweis** (Abs. 1 Nr. 1 Hbs. 2) erbringen, wofür dreierlei erforderlich ist:

6 α) Es muß eine **Beratung tatsächlich** stattgefunden haben. Zu den einzelnen Anforderungen an die Beratung vgl. § 219. Würde es daran gänzlich fehlen, so könnte dies keinesfalls durch eine wahrheitswidrige „Scheinbescheinigung" unterlaufen werden (vgl. Eser JZ 94, 508). Deshalb wäre bei entsprechender Kenntnis von der Unechtheit einer Beratungsbescheinigung sowohl die Schwangere als auch der Arzt nach § 218 strafbar; hält der Arzt eine falsche Bescheinigung irrtümlich für richtig, kommt ihm ein Tatbestandsirrtum zugute (Lackner 5). Hat dagegen eine Beratung tatsächlich stattgefunden, so wird Straffreiheit nach Abs. 1 nicht etwa schon deshalb ausgeschlossen, weil das Beratungsgespräch in jeder Hinsicht den Anforderungen des § 219 entsprochen hat; denn wenn um der gewünschten Offenheit des Beratungsgesprächs willen dessen Vertraulichkeit geschützt und daher einer gerichtlichen Überprüfung nicht zugänglich sein soll (vgl. BT-Drs. 13/285 S. 17 f.), dann kann eine nur fehlerhafte Beratung nicht einer nachweislich gänzlich unterbliebenen gleichgesetzt werden (vgl. Eser JZ 94, 508 f.). Daher sind Beratungsfehler lediglich als berufsrechtliche Verstöße des Beraters erfaßbar (Lackner 5).

7 β) Ferner muß in formeller Hinsicht die Beratung durch eine den Anforderungen des § 219 II 2 entsprechende **Bescheinigung**, aus der sich auch die Einhaltung der 3-Tages-Karenz (u. 8) ergeben muß (Lackner 5), nachgewiesen sein. Näher zu diesen Anforderungen § 219 RN 16.

8 γ) In zeitlicher Hinsicht muß die Beratung **mindestens drei Tage vor dem Eingriff** stattgefunden haben. Bei der Fristberechnung wird nach § 187 I BGB der Tag, an dem die Beratung stattfindet, nicht mitgezählt; der Eingriff darf daher frühestens am 4. Tag nach der Beratung vorgenommen werden. Mit dieser *Karenz* soll zur Vermeidung überstürzter Entscheidungen sichergestellt werden, daß die Schwangere das Beratungsergebnis verarbeiten und mit Vertrauenspersonen besprechen kann (vgl. 2. Ber. 9, BT-Drs. 12/2605 [neu] S. 22). Diesem Zweck würde es nicht gerecht, wenn sich die Schwangere lediglich fristgerecht an den Berater wenden würde, um dann erst kurz vor Eingriff die eigentliche Beratung durchführen zu lassen (Lackner NJW 76, 1239).

9 b) Ferner wird von der Schwangeren ein **Verlangen** (Nr. 1 Hbs. 1) vorausgesetzt, so daß eine bloße Einwilligung in den Schwangerschaftsabbruch nicht genügt. Damit soll sichergestellt werden, daß die Schwangere sich den Abbruch nicht nur hat aufdrängen lassen oder duldend hinnimmt, sondern in reflektierter Weise begehrt (vgl. BT-Drs. 12/2875 S. 84 f.; Eser, Gutachten 33, 105). Dies kann nicht zuletzt für die ärztliche Entscheidung von Bedeutung sein (vgl. Tröndle 7). Im übrigen hat zur

1754   *Eser*

Einsichtsfähigkeit der Schwangeren und ihrer Willensäußerung gleiches zu gelten wie für die Einwilligung (dazu u. 61).

c) Der Schwangerschaftsabbruch muß von einem **Arzt** vorgenommen werden (Abs. 1 Nr. 2; näher dazu u. 58), wobei dieser *nicht zugleich als Berater* nach Nr. 1 (o. 5) fungiert haben darf (§ 219 II 3; vgl. dort RN 19) und die *zusätzlichen Pflichten nach § 218c* – so das Gelegenheitgeben für die Schwangere, ihre Abbruchgründe darzulegen, sowie die ärztliche Aufklärung und Feststellung der Schwangerschaftsdauer – zu beachten hat (näher dort RN 3 ff.). Sofern freilich nur eine der in § 218c genannten Pflichten (einschließl. der nach dessen Abs. 1 Nr. 4 unzulässigen Doppelrolle als beratender und abbrechender Arzt) verletzt wird, hat dies idR lediglich die subsidiäre Strafbarkeit des Arztes nach jener Strafdrohung zur Folge, während die Straflosigkeit nach § 218a I von solchen zusätzlichen Pflichtversäumnissen unberührt bleibt (vgl. u. 19 sowie § 218c RN 1, 10, 14).

d) Schließlich muß der Eingriff **innerhalb der ersten 12 Wochen** seit der Empfängnis vorgenommen werden (zur Berechnung vgl. § 218 RN 15). Diese bereits von der früheren allgemeinen Notlagenindikation (§ 218a II Nr. 3, III aF) bekannte und weiterhin auch für die kriminologische Indikation geltende Beschränkung (§ 218a III) erklärt sich vor allem daraus, daß ein längeres Zuwarten weder gegenüber dem bereits weiterentwickelten Kind noch mit Rücksicht auf das steigende Eingriffsrisiko vor allem bei jüngeren Schwangeren zu verantworten wäre (vgl. RegE 26).

3. Sind die vorgenannten Voraussetzungen erfüllt, so ist *der Tatbestand des § 218 nicht verwirklicht*. Als einzige unbestreitbare **Folge** ist danach der Schwangerschaftsabbruch **nach § 218 nicht strafbar**, und zwar für **alle Tatbeteiligten** (BT-Drs. 13/285 S. 17; zur mögl. Strafbarkeit nach subsidiären Vorschriften oder anderen Schutztatbeständen vgl. o. 10 bzw. u. 65, 78 ff.). Alle weiteren Deutungen und Konsequenzen hingegen sind mehr oder weniger problematisch und mit schwer lösbaren Widersprüchen erkauft:

a) Versteht man diese Nichtverwirklichungsklausel, wie bei unbefangener und vorgabefreier Interpretation naheliegend, als **normalen Tatbestandsausschluß**, so wird damit der fristgerechte, beratene und ärztliche Abbruch aus dem strafrechtlich vertypten Unrecht herausgenommen und ist jedenfalls im Bereich des Strafrechts nicht als Unrecht zu betrachten (in diesem Sinne auch BT-Drs. 13/1850 S. 25). Damit bleibt jedoch offen, welche Bedeutung ein solcher Tatbestandsausschluß für die übrigen Rechtsbereiche hat und wie sich dies nicht zuletzt auch auf die Qualität des zu schützenden Rechtsguts auswirkt. Denn da die Nichtvertatbestandlichung eines Verhaltens ganz unterschiedliche Gründe und Wirkungen haben kann, angefangen vom bloßen – vielfältig begründbaren – Pönalisierungsverzicht (bei einer ansonsten als rechtswidrig oder sozialethisch mißbilligenswerten Handlung) bis hin zur Verneinung der Schutzwürdigkeit des betroffenen Interesses (vgl. Eser, Gutachten 92 ff. mwN), sind aus der Nichtverwirklichungsklausel von Abs. 1 als solcher weder außerstrafrechtlich fortwirkende Mißbilligungskundgaben einerseits noch auf die gesamte Rechtsordnung ausstrahlende Rechtfertigungswirkungen andererseits zu entnehmen; vielmehr ist dann – ebenso wie beim ähnlich strukturierten Ausschluß der Vornidationsphase in § 218 I 2 – nicht auszuschließen, daß infolge der strafrechtlichen Nichterfassung von (nur) nidationsverhindernden Maßnahmen wie auch von ärztlichen abortiven Eingriffen nach Beratung innerhalb von 12 Wochen das ungeborene Leben insoweit schon gar keine Rechtsgutqualität habe (wie auch im Sondervotum Mahrenholz/Sommer BVerfGE **88** 355 f. befürchtet). Diese zumindest für das allgemeine Rechtsbewußtsein nicht auszuschließende Deutung hätte freilich den rechtstechnischen Vorteil, daß damit jedenfalls ein Teil der sowohl vom Gesetzgeber gewünschten als auch vom BVerfG gebilligten Rechtsfolgen (vgl. 7 vor § 218) in sich widerspruchsfrei möglich wären: Denn wenn im ausgegrenzten Bereich als Tatbestandsausschluß unter Wegfall der Schutzqualität des betroffenen Gutes verstanden, hat man keine Probleme, mangels eines rechtswidrigen Eingriffs Nothilfe auszuschließen, den auf Abbruch gerichteten Arzt- und Krankenhausverträgen die Rechtswirksamkeit zuzuerkennen, Vorsorge für öffentliche Abbruchseinrichtungen zu treffen, und nicht zuletzt auch die Kosten für Schwangerschaftsabbrüche versicherungs- und sozialrechtlich zu finanzieren. Aber selbst wenn man Letzteres (wie nach BVerfGE **88** 205 LS 16) nicht will, bliebe es auf der Basis eines normalen Tatbestandsausschlusses dem Gesetzgeber unbenommen, einem tatbestandslosen Schwangerschaftsabbruch – etwa weil reine Privatsache – die Förderung aus öffentlichen oder solidargemeinschaftlichen Mitteln vorzuenthalten; denn aus der Unverbotenheit einer Handlung ergibt sich nicht ohne weiteres ein Leistungsanspruch (vgl. Eser, Gutachten 96 ff.). Allerdings muß man sich darüber klar sein, daß die innere Widerspruchsfreiheit eines derartigen Tatbestandsausschlusses mit einem entsprechenden Mißbilligungsverzicht erkauft ist.

b) Soll zur Vermeidung der letztgenannten Konsequenz die Nichtverwirklichungsformel von Abs. 1 als **Tatbestandsausschluß unter Mißbilligung als rechtswidrig** zu verstehen sein (wie vom BVerfG gewollt [vgl. 7 vor § 218]; weswegen es sich nach Langer aaO lediglich um einen Ausschluß des *Straf*-, nicht des *Unrecht*statbestandes handele), so läßt sich hinsichtlich der daraus zu ziehenden *Konsequenzen* allenfalls widerspruchsfrei begründen, daß aus einem trotz strafrechtlicher Tatbestandslosigkeit anderweitig rechtswidrigen Schwangerschaftsabbruch keine Finanzierungsansprüche abgeleitet werden können. Entsprechendes wäre dann aber konsequenterweise auch für den (von BVerfGE **88** 205 LS 16 S. 2 hingegen eingeräumten) Sozialhilfeanspruch zu erwarten; denn entweder ist den dafür gegebenen Abwägungsgründen (BVerfGE **88** 321 f.) rechtswidrigkeitsausschließende Wirkung beizulegen, was dann aber gleichermaßen auch für andere, den Weg in die Illegalität verhindernde sozial- und privatversicherungsrechtliche Leistungen zu gelten hätte; oder der Schwangerschaftsabbruch behält trotz Unterstützung durch Sozialhilfe seinen rechtswidrigen Charakter, wodurch dann freilich die öffentliche Hand und damit der Staat noch unmittelbarer zu einem „Unrechtsteilnehmer" wird, als dies bei der vor einer solchen Rolle zu bewahrenden Solidargemeinschaft der Fall wäre. Noch weniger ist bei Einordnung fristgerechter beratener ärztlicher Abbrüche als rechtswidrig daran vorbeizukommen, daß der Staat – unter Billigung des BVerfG – schon durch Einrichtung und Überwachung des Beratungssystems (vgl. BVerfGE 88 204 LS 12), jedenfalls aber durch die Pflicht zur Sicherstellung eines ausreichenden und flächendeckenden Angebots ambulanter wie auch stationärer Einrichtungen für Schwangerschaftsabbruch (BVerfGE 88 328 ff.; vgl. u. 82), „rechtswidrigen" Aktivitäten Vorschub leistet und sich dadurch mit seinem Selbstverständnis als „Rechtsstaat" in Widerspruch setzt. Aber auch die vom BVerfG gewollte Rechtmäßigkeit der auf „rechtswidrige" Schwangerschaftsabbrüche gerichteten Arzt- und Krankenhausverträge (vgl. aaO 295) ist schwer begründbar (es sei denn, man erklärt in einer – für das öffentliche Rechtsbewußtsein freilich kaum nachvollziehbaren – Differenzierung die Handlung zwar für den Arzt, nicht aber für die Frau als rechtmäßig, wie dies Graßhof in Thomas/Kluth 325 tut; hiergegen Friauf ebda. 336 f.). Nicht zuletzt ist auch der vom BVerfG gewollte Ausschluß von Nothilfe gegen einen beratenen Abbruch (aaO 279) auf der Basis von Rechtswidrigkeit des Abbruchs nicht ohne Bruch mit dem traditionellen Verständnis von § 32 zu erreichen; wie nämlich offenbar vom BVerfG übersehen und dann auch in BT-Drs. 13/1850 S. 25 nicht voll erfaßt, setzt § 32 nicht unbedingt einen „strafrechtswidrigen" Angriff voraus; vielmehr genügt dafür nach hM schon jeder „objektiv im Widerspruch zur Rechtsordnung" stehende Angriff (vgl. § 32 RN 19 mwN). Gerade wenn man aber mit dem BVerfG für die ganze Dauer der Schwangerschaft vom grundsätzlichen Unrechtscharakter des Abbruchs ausgeht (aaO 203 LS 4) und daher das vom beratenen Abbruch das grundsätzliche Abbruchsverbot unberührt erklärt (aaO 210 ÜbergAO Nr. II.2 S. 2) – und dies wohl kaum anders denn als Verhaltensmißbilligung verstanden werden kann –, so wäre gegenüber einem derart „rechtswidrigen" Angriff Nothilfe zugunsten des ungeborenen Lebens allenfalls noch damit auszuschließen, daß das übergeordnete Interesse an der Wirksamkeit der Beratungsschutzkonzeption (vgl. BT-Drs. aaO) als eine Art „sozialethischer Schranke" des Notwehrrechts (vgl. Satzger JuS 97, 800, allg. dazu § 32 RN 43 ff. mwN) verstanden wird.

15   Doch selbst wenn man die vorangehenden Friktionen in Kauf zu nehmen bereit ist, bleibt auf dieser Ausgangsbasis die Frage, woraus sich für den *tatbestandslosen* Abbruch nach Abs. 1 die *Mißbilligung als rechtswidrig* eigentlich ergeben soll. Zwar läßt sich – ähnlich wie bei der straftatbestandlichen Ausgrenzung der Vornidationsphase nach § 218 I 2 – auch für den straftatbestandslosen Bereich des § 218 a I die grundsätzliche Schutzwürdigkeit der ungeborenen Lebens unmittelbar aus der grundrechtlichen Menschenwürde- und Lebensschutzgarantie herleiten (vgl. 9 f. vor § 218). Damit sind jedoch nicht ohne weiteres alle dagegen gerichteten Verletzungshandlungen für rechtswidrig erklärt; denn sonst hätte sich auch das BVerfG für die von ihm verlangte Mißbilligung des (nur) beratenen Schwangerschaftsabbruchs schlicht mit der Berufung auf den entgegenstehenden Grundrechtsschutz begnügen können, statt sich um einen außerstrafrechtlichen Mißbilligungsersatz für den insoweit entfallenden Straftatbestand bemühen zu müssen. Wollte man für diesen Mißbilligungsersatz freilich bereits das Vorenthalten von positiven Vergünstigungen im Zusammenhang mit dem Schwangerschaftsabbruch genügen lassen, wie dies im Anschluß an das Gutachten von Stürner (aaO, insbes. 166 ff.) anklingt (BVerfGE 88 315, 321 ff.), so sähe man sich dem Einwand ausgesetzt, daß auch in sonstigen ärztlichen Bereichen aus der Nichterstattung von Behandlungskosten nicht ohne weiteres auf die Rechtswidrigkeit des betreffenden Eingriffs geschlossen werden kann (vgl. Eser, Gutachten 88 ff.). Und in der Tat scheint dem BVerfG eine mögliche Mißbilligung aus außerstrafrechtlichen Leistungsverweigerungsnormen nicht genügt zu haben, erschien es ihm doch offenbar erforderlich, in seiner ÜbergangsAO zum Tatbestandsausschluß des beratenen Schwangerschaftsabbruchs (Nr. II. 2 S. 1) den Satz anzufügen, daß „das grundsätzliche Verbot des Schwangerschaftsabbruchs auch in diesen Fällen unberührt bleibt" (S. 2; vgl. auch 7 vor § 218). Auch wenn diese Formulierung die Art und den Umfang möglicher Ausnahmen von diesem „grundsätzlichen" Verbot offen läßt, ist trotz der damit verbundenen Unbestimmtheit zumindest eine gesetzesgleiche Mißbilligungsgrundlage vorhanden.

16   Damit war freilich nur für die Geltungsdauer der BVerfG-ÜbergAO eine Rechtsgrundlage für die Behandlung des (nur) beratenen Abbruchs als „verboten" vorhanden. Denn nachdem das SFHÄndG auf einen der BVerfG-ÜbergAO entsprechenden Zusatz – trotz diesbezüglicher Monita in der BT-Anhörung vom 14. 4. 94 (vgl. Eser JZ 94, 504 f.) und somit sehenden Auges – verzichtet hat, fehlt es nunmehr an einer ausdrücklichen Mißbilligung der in Abs. 1 enttatbestandlichten Schwangerschaftsabbrüche, hat doch der – im entsprechenden CDU/CSU/FDP-Entwurf ausdrücklich eingeräumten – Folge, daß aufgrund der Tatbestandsausschlusses nichts darüber ausgesagt ist, „ob das Verhalten im Sinne der gesamten Rechtsordnung rechtmäßig oder rechtswidrig ist" (BT-Drs. 13/285 S. 17). Dieser Mißbilligungsverzicht könnte allerdings verfassungsrechtlich problematisch sein, scheint er doch der Mißbilligungsvorgabe des BVerfG (vgl. 7 vor § 218) nicht zu entsprechen. Da jedoch – genau besehen – das BVerfG einerseits lediglich untersagt hat, den (nur) beratenen Schwangerschaftsabbruch positiv „für gerechtfertigt (nicht rechtswidrig)" zu erklären (BVerfGE 88 273, 337), und andererseits nicht die ausdrückliche *Bezeichnung* als „rechtswidrig", sondern lediglich gefordert hat, daß er bei eigenständigen außerstrafrechtlichen Regelungen „*als rechtswidrig zugrundezulegen*" sei (aaO 274), war der Gesetzgeber lediglich gehalten, (nur) beratene Schwangerschaftsabbrüche nicht vorbehaltlos wie „rechtmäßige" zu behandeln, ohne sie aber umgekehrt als „rechtswidrig" bezeichnen zu müssen. Diesem **Differenzierungsgebot** hat der Gesetzgeber im Bereich des Sozialrechts dadurch Rechnung getragen, daß er zwischen „nicht rechtswidrigen" und „unter den Voraussetzungen des § 218 a I vorgenommenen" Schwangerschaftsabbrüchen unterscheidet (vgl. Art. 5 § 2 II, Art. 9 VII Nr. 1 SFHÄndG) und nur bei ersteren einen Leistungsanspruch für den Schwangerschaftsabbruch anerkennt (vgl. § 24 b SGB V idF des Art. 4 Nr. 2 SFHÄndG). Freilich, auch wenn mit dieser „Degradierung" des (nur) beratenen Schwangerschaftsabbruchs der verfassungsgerichtlichen Differenzierungsvorgabe hinreichend entsprochen sein mag, bleibt die rechtspolitisch delikate Frage einer Korrumpierung des Sozialrechts als Mißbilligungsinstrument.

c) Als Mittelweg zwischen den beiden vorgenannten Deutungen des Tatbestandsausschlusses, wobei jedoch erstere (a) wegen ihrer weitreichenden schutzschwächenden Implikationen schwerlich mit den BVerfG-Vorgaben vereinbar wäre und es für die zweite (b) an einer ausdrücklichen Mißbilligungserklärung fehlt, bleibt die Deutung der dem Abs. 1 unterfallenden Fälle als **Tatbestandsausschluß mit rechtliche Ambivalenz.** Damit wird auch der von der BVerfG-Mehrheit erkannten (vgl. insbes. BVerfGE **88** 257, 272) und namentlich im Sondervotum von Böckenförde (aaO 359 ff.) hervorgehobenen Tatsache Rechnung getragen, daß sich in der von Abs. 1 erfaßten „Gemengelage" neben nicht indizierten auch indizierungsfähige Schwangerschaftsabbrüche finden, denen die Rechtfertigung nach Abs. 2 oder 3 nicht vorenthalten werden darf. Letzteres wird freilich nur dadurch zu ermöglichen sein, daß man die Nichtverwirklichungsformel von Abs. 1 als *Tatbestandsausschluß sui generis* begreift; würde man nämlich in einem nach Abs. 2 oder 3 indikationsfähigen Fall, in dem sich die Schwangere einer dafür an sich nicht gebotenen Beratung unterzieht und fristgerecht innerhalb von 12 Wochen durch einen Arzt abbrechen läßt, wegen des damit bereits voll erfüllten Abs. 1 den Tatbestand des § 218 entfallen lassen, so würde es nach den allgemeinen strafrechtlichen Verbrechensregeln an einer tatbestandsmäßigen Grundlage fehlen, die noch einer Rechtfertigung zugänglich wäre (vgl. Eser JZ 94, 505 f.). Da es jedoch schwerlich im Sinne der sozialrechtlichen Begünstigung von „nicht rechtswidrigen" Schwangerschaftsabbrüchen liegen kann, solche Fälle auszuschließen, in denen sich die Schwangere über die für einen Leistungsanspruch an sich genügende Indizierung ihres Abbruchs hinaus auch noch einer Beratung nach Abs. 1 unterzieht, müssen auch Fälle, bei denen an sich bereits nach Abs. 1 die Tatbestandsmäßigkeit entfällt, auch noch einer Rechtfertigung nach Abs. 2 oder 3 zugänglich bleiben. Um dies zu ermöglichen, wird Abs. 1 als ein Tatbestandsausschluß eigener Art zu begreifen sein, der nur dann zum Tragen kommt, wenn eine nach § 218 tatbestandsmäßige Handlung nicht (auch noch) gerechtfertigt ist. Freilich, auch dieser Weg wird mit fragwürdigen strafrechtsdogmatischen Friktionen erkauft, ganz zu schweigen davon, daß eine solche rechtlich ambivalente „Gemengelage" die rechtsstaatlich gebotene Klarstellung von Recht und Unrecht vermissen läßt (näher dazu Eser, Gutachten 95 ff.). Auch wird weder dem Arzt noch der Schwangeren verständlich zu machen sein, daß ihr Verhalten trotz peinlichster Beachtung des Gesetzes möglicherweise dennoch rechtswidrig sein soll (vgl. Eser JZ 94, 508; Geiger/v. Lampe Jura 94, 26; Grandtke KritV 1/1993 S. 153; Hartmann NStZ 93, 484; Hermes/Walther NJW 93, 2341). Insoweit präsentiert sich die vom BVerfG vorgegebene Neuregelung nicht als Gesetzgebung für Bürgerinnen und Bürger, sondern für Juristen, und selbst bei diesen nur für Spezialisten (vgl. Lerche in Reiter/Keller, Urteil 192; Schulz StV 94, 42). Vgl. zum Ganzen auch jew. in KritV 1/1993 Denninger 130, Eylmann 141, Schlink/Bernsmann 181; Hermes/Walther NJW 93, 2340 f., Hartmann NStZ 93, 484 f., Geiger/v. Lampe Jura 94, 27, Krey I 70; Günther ZStW 103, 874 f., in Reiter/Keller Urteil 221; Keller in Reiter/Keller, Urteil 203; Schulz StV 94, 44 f., ferner Rudolphi SK 2, wonach der Tatbestandsausschluß des § 218 I „de facto einem Rechtfertigungsgrund gleichsteht" und dies zunehmend als eine „besondere Form der Rechtfertigung bedeutet werde; zur dritten Kategorie des „rechtsfreien Raumes" vgl. Arth. Kaufmann JZ 92, 981, ähnl. Priester A. Kaufmann-FS 499.

d) Angesichts der von der Konstruktion des Abs. 1 aufgeworfenen Schwierigkeiten stellt sich die Frage, *warum das BVerfG dem Gesetzgeber diesen Weg gewiesen* und den zuvor durch das SFHG eingeschlagenen blockiert hat. Grob vereinfachend ist ein Schlüssel zur Erklärung in folgenden Punkten zu finden: Einerseits kam auch das BVerfG nicht mehr daran vorbei, daß nach dem offensichtlichen Scheitern primär repressiver Regelungsmodelle zumindest die Chance eines mehr auf Hilfe setzenden Beratungskonzepts wahrzunehmen ist. Andererseits glaubte es aber Rechtfertigung nur bei Indikation auf Drittbeurteilungsbasis einräumen und eine solche Indikationspflicht nicht mit einer ergebnisoffenen Beratung vereinbaren zu können und trotz Einhaltung aller Beratungsregeln und der damit verbundenen staatlichen Kooperation die rechtliche Mißbilligung aufrechterhalten zu müssen. Die damit heraufbeschworenen Zielkonflikte und regelungstechnischen Friktionen sind jedoch *nicht zwingend* und wären durchaus zu vermeiden, wenn Rechtfertigung nicht mit moralischer Billigung gleichgesetzt und ihre Reichweite nicht überschätzt, die Indikationsfeststellung durch Dritte nicht zu einem Bollwerk „unverzichtbarer rechtsstaatlicher Grundsätze" (BVerfGE **88** 274) aufgebaut (und damit vielen Ländern mit sonst gleicher Rechtskultur, aber ohne formelles Indikationsfeststellungsverfahren mangelnde Rechtsstaatlichkeit attestiert) und die Möglichkeit einer Verbindung von materialen Abwägungskriterien mit prozeduralen Rechtfertigungserfordernissen besser genutzt würde (näher dazu Eser, Gutachten, insbes. 57 ff., 80 ff., 88 ff., 100 ff., KritV 1/1993 S. 132 ff., 138 f., JZ 94, 510,

§ 218a 19–25 Bes. Teil. Straftaten gegen das Leben

KritV 2000, aaO sowie Hassemer Mahrenholz-FS, Wolter GA 96, 227; vgl. auch Gropp GA 94, 160 ff., Kayßer aaO 151 ff.).

19 4. Die tatbestandsausschließende **Wirkung** von Abs. 1 ist **auf § 218 beschränkt**, bezieht sich also nicht auf andere Tatbestände, so auch nicht auf die §§ 218b, 218c–219b. Daher bleibt auch dort, wo bei einem beratenen Abbruch dem Arzt ein vorwerfbarer Kunstfehler unterläuft, die Strafbarkeit nach §§ 222, 223 ff. unberührt (Tröndle 2).

20 III. 1. **Straflosigkeit aufgrund rechtfertigender Indikation (Abs. 2, 3)** kommt seit der Neuregelung durch das SFHÄndG nur noch als *medizinisch-soziale* (u. 26 ff.) oder als *kriminologische* (u. 45 ff.) in Betracht. Das bedeutet jedoch nicht, daß die für die frühere „eugenische" und „allgemeine Notlagenindikation" (§ 218a II Nr. 1, 3 idF des 15. StÄG) wesentlichen Faktoren nunmehr völlig unbeachtlich geworden wären. Vielmehr sollen die Fälle der (heute anstatt „eugenisch" meist sog.) *embryopathischen* Indikation nach dem Willen des Gesetzgebers (BT-Drs. 13/1850, S. 25 f.) durch die medizinische Indikation mitaufgefangen werden (u. 37); und gleichermaßen können auch Fälle der bisherigen *allgemeinen Notlagenindikation*, an deren Stelle nun weithin der straflose „beratene" Abbruch nach Abs. 1 getreten ist, bei Vorliegen einer entsprechenden Gefahrenlage in der medizinisch-sozialen Indikation (Abs. 2) Berücksichtigung finden (u. 54 ff.).

21 a) Ihrer **Rechtsnatur** nach sind die Indikationen von Abs. 2 und 3 als **Rechtfertigungsgründe** zu verstehen. Dies ist nunmehr durch Kennzeichnung solcher Abbrüche als „*nicht rechtswidrig*" ausdrück-
22 lich klargestellt. Damit hat eine sowohl langwierige wie teils auch stark ideologisch besetzte Diskussion einen letztlich auch vom BVerfG gebilligten Abschluß gefunden, und zwar bis hin zu der besonders umstrittenen allgemeinen Notlagenindikation des bisherigen § 218a II Nr. 3 aF (vgl. BVerfGE 88 256 f., 272, 325 f., Gropp GA 94, 156). In § 218a aF war im Falle einer Indikation der Schwangerschaftsabbruch lediglich als „nicht strafbar" bezeichnet worden, so daß diese unentschiedene Formulierung praktisch auf jeder Ebene des Verbrechensbegriffes – angefangen vom Tatbestandsausschluß über Rechtfertigung oder Entschuldigung bis hin zu einem bloßen Strafausschließungsgrund – eingestuft werden konnte. Während sich die Rspr. überwiegend der Deutung als Rechtfertigungsgrund anschloß (vgl. zuletzt BGH 38 158), wurde dies von anderen sogar für verfassungswidrig erklärt (vgl. namentlich Tröndle[46] 8a vor § 218); zu weiteren Einzelheiten und Belegen – einschließlich der Begründung des eigenen Standpunktes iSv Rechtfertigung – vgl. 24. A. RN 5 f., Eser R. Schmitt-FS 171 ff., auch in Eser/Koch, Neuregelung 49 ff. Auch wenn die – nicht immer von Polemik freien – Auseinandersetzungen damit kaum beendet sein werden (vgl. etwa Belling MedR 95, 184, Tröndle 14k vor § 218, Kluth FamRZ 93, 1390), ist mit der sich auf die Grundlinie des BVerfG haltenden gesetzlichen Klarstellung doch jedenfalls für die praktische Gesetzesanwendung nunmehr eine klare Rechtsgrundlage geschaffen (iglS Lackner 16 vor § 218). Der Sache nach läßt sich in den von Abs. 2 und 3 erfaßten Fällen – ebenso wie schon bei § 218a aF – der Ausschluß der Rechtswidrigkeit aus einer umfassenden Interessenabwägung erklären, wie sie dem Prinzip nach auch dem allgemeinen rechtfertigenden Notstand nach § 34 zugrundeliegt; demzufolge sind die einzelnen Indikationen des § 218a als Rechtfertigungsgründe zu begreifen, in denen unzumutbaren Konfliktsituationen der Schwangeren aufgrund einer **gesetzlichen Vorwegabwägung iSv § 34** Rechnung getragen wird (vgl. § 34 RN 6b sowie – jeweils zu § 218a aF – Gropp aaO 170 f., GA 94, 150, 153 f., 160 ff., Lenckner GA 85, 306, Rudolphi SK 1, aber auch Köhler GA 88, 435, der die Indikationen beim defensiven Notstand ansiedelt, sowie den – teils auch der hier vertretenen Gesamtinteressenabwägung nahekommenden – Versuch von Bernsmann aaO 14 ff., unter Lösung von den in § 34 verankerten Prinzipien in prozeduralen Erfordernissen zusätzliche Entsprechungselemente zu finden; zu solchen prozeduralen Faktoren vgl. auch Eser, Gutachten 110, Hassemer Mahrenholz-FS 731 ff.).

23 b) **Gesetzestechnisch** sind die in Abs. 2 und 3 geregelten Fälle nicht (wie etwa noch im RegE) als selbständig nebeneinanderstehende Indikationen, sondern nach wie vor lediglich als *gesetzlich konkretisierte Unterfälle* einer **medizinisch-sozialen Gesamtindikation** zu begreifen (näher zum bisherigen Meinungsstand 24. A. RN 2 f. mwN). Das hat zur Folge, daß die kriminologische Indikation nach Abs. 3 nicht, wie dies bei ihrem Verständnis als bloßem Unterfall von Abs. 2 anzunehmen wäre, auch noch dessen Voraussetzungen erfüllen müßte; vielmehr ist die kriminologische Indikation als konstitutiver Teil einer umfassenden medizinisch-sozialen Indikation zu verstehen, die somit auch deren Rahmen und Rechtfertigungsniveau mitbestimmt (so zum Verständnis des § 218a aF auch Rudolphi SK 6).

24 c) Die in Abs. 2 und 3 umschriebenen Indikationen sind als **abschließend** zu verstehen (vgl. Rudolphi SK 13; einschr. M-Schroeder 80), nachdem der Gesetzgeber bereits beim 15. StÄG bewußt davon abgesehen hat, die anerkannten Abbruchsgründe lediglich als Regelfälle zu konstruieren (vgl. Prot. VII 2399 f.). Sofern daher nicht – wie in Fällen der weggefallenen „eugenischen" und „allgemeinen Notlagenindikation" – ersatzweise die Voraussetzungen von Abs. 2 oder 3 erfüllt sind, kann bei Indikationsmängeln auch nicht auf allgemeine Unzumutbarkeitsgedanken zurückgegriffen werden. Zur ausnahmsweisen Heranziehung von § 34 bei nichtärztlichen Eingriffen vgl. § 218 RN 37.

25 d) Im **Verhältnis zu Abs. 1** ist zu beachten, daß einerseits für eine rechtfertigende Indikation nach Abs. 2 und 3 keine Beratung mehr vorausgesetzt wird und andererseits im Falle einer Beratung bei ärztlichem Abbruch innerhalb von 12 Wochen nach Abs. 1 eigentlich bereits die Tatbestandsmäßigkeit des Abbruchs entfiele und demzufolge für eine Rechtfertigung nach Abs. 2 und 3 der Boden entzogen wäre (vgl. Eser JZ 94, 505 f.). Da jedoch schwerlich gewollt sein kann, daß eine Schwangere einer möglichen Rechtfertigung nach Abs. 2 oder 3 und den damit verbundenen sozialrechtlichen Vergünstigungen dadurch verlustig geht, daß sie durch eine Beratung und die dafür erlangte Bescheinigung mehr tut, als für eine Rechtfertigung erforderlich wäre, muß ihr der Weg zu einer rechtfertigenden Indikation nach Abs. 2 oder 3 auch dann offen bleiben, wenn zudem auch die zum Wegfall des Schwangerschaftsabbruchstatbestandes führenden Voraussetzungen von Abs. 1 erfüllt sind (vgl. auch o. 17).

2. Die **medizinisch-soziale Indikation (Abs. 2)** gilt unter den bereits seit dem 1. StÄG vorgesehenen Voraussetzungen fort, nachdem die „Berücksichtigung der gegenwärtigen und zukünftigen Lebensverhältnisse", auf die das SFHG wohl mit Rücksicht auf die Möglichkeit eines nicht rechtswidrigen Abbruchs nach Beratung glaubte verzichten zu können (vgl. Eser KritV 1/1993 S. 139), durch das SFHÄndG wiederhergestellt wurde (vgl. BT-Drs. 13/27 S. 3, 10, 13/268 S. 8, 28; hierfür bereits Eser KritV 1/1993 S. 139, JZ 94, 510, Gropp GA 94, 162, Hermes/Walther NJW 93, 2346, Schulz StV 94, 40; and. Steiner KritV 1/1993 S. 189). Diese Indikation beruht auf der Erwägung, daß die Schwangere in menschlich unzumutbarer Weise überfordert würde, wenn das Austragen der Schwangerschaft selbst auf Kosten ihres eigenen Lebens oder Gesundheitszustandes von ihr verlangt würde (vgl. Horstkotte Prot. VII 1470, BVerfGE **88** 256). Auch wenn Gesundheitsgefährdungen im somatischen Bereich durch gynäkologische Fortschritte geringer wurden und Eingriffe bei noch nicht 14 jährigen auch ohne konkrete Gesundheitsgefahr schon kriminologisch indiziert sind (vgl. u. 91), ist ihre steigende Bedeutung im psychischen Bereich (vgl. Prot. VI 2195 f., 2202 f., VII 1438, Krischek aaO 251 ff., aber auch Böhme/Marr aaO) um so weniger zu unterschätzen, wenn dabei auch die gegenwärtigen und künftigen Lebensverhältnisse mitzuberücksichtigen sind; dies findet sich auch in BVerfGE **88** 256 anerkannt, da sich Konflikte und Belastungen der Schwangeren auch aus der Vorausschau auf ihre umfassenden Sorge- und Einstandspflichten für ein Kind nach dessen Geburt ergeben können. Da sich diese Indikation somit nicht auf die Feststellung eines gesundheitsgefährdenden Befundes beschränkt, sondern dabei auch familiär-soziale Lebensumstände zu berücksichtigen sind und damit auch eine „soziale Komponente" erhält (BGH **38** 156), wird ihre Kennzeichnung als *medizinisch-soziale* dem Sinn dieser Indikation besser gerecht. Zudem hat sie als „Auffangindikation" für die bisher embryopathisch indizierten Fälle (vgl. o. 20) eine weitere Funktion erhalten. Um so mehr wird im Hinblick darauf, daß für die Indikation nach Abs. 2 keine Befristung vorgesehen ist, darauf zu achten sein, daß mit fortschreitender Schwangerschaftsdauer um so größere Anforderungen an die Unzumutbarkeit einer weiteren Fortsetzung der Schwangerschaft zu stellen sind (vgl. u. 42 f. sowie 39 vor § 218). **Im einzelnen** setzt diese Indikation folgendes voraus:

a) Der Schwangerschaftsabbruch muß zur Abwendung einer „*Gefahr für das Leben*" oder der „*Gefahr einer schwerwiegenden Beeinträchtigung des körperlichen oder seelischen Gesundheitszustandes*" der Schwangeren notwendig sein.

α) Als **Lebensgefahr** kommen sowohl solche Risiken in Betracht, die sich aus mangelnder körperlicher Stabilität der Schwangeren oder aus bereits vorhandenen Leiden, die durch die Schwangerschaft verschlimmert werden könnten, ergeben (zB bei chronisch entzündeter Restniere oder Gebärmutterkrebs; vgl. im einzelnen Lau aaO 17 f.), als auch psychische Depressionen, die eine Suizidneigung hervorrufen oder verstärken könnten (vgl. RG **61** 258, BGH **3** 9, Frankfurt VersR **87**, 416). Doch ist eine solche schon in jeder Selbstmorddrohung, die erfahrungsgemäß nicht selten wahrgemacht werden (vgl. Schulte Prot. VI 2196), zu sehen, sondern jeweils im Einzelfall zu prüfen, inwieweit dies auf einer ernstzunehmenden Entschlossenheit oder Verzweiflung beruht (vgl. BGH **2** 115, AG Celle NJW **87**, 2309, ferner Krischek aaO 262 ff., 268 f.).

β) Auch als **Gesundheitsgefahr** kommt sowohl die Hervorrufung wie auch die Steigerung von Krankheiten in Betracht, wobei neben *körperlichen* nun ausdrücklich auch *seelische* Leiden genannt sind (zu letzteren vgl. Böhme-Marr aaO). Wie sich zudem aus der Ersetzung eines seinerzeit verständlich geforderten „Gesundheitsschadens" (vgl. § 218 a in BT-Drs. 7/554, 7/561) durch „Beeinträchtigung des Gesundheitszustandes" ergibt, ist Gesundheitsbeschädigung weder im engen Sinne der §§ 223 ff. zu verstehen, noch braucht die Gesundheitsgefahr einem bestimmten Krankheitsbild zu entsprechen bzw. aus spezifischen somatischen oder psychischen Faktoren zu diagnostizieren sein (vgl. Hirsch/Weißauer aaO 33 f., Lackner[20] 6, Rudolphi SK 27). Entscheidend ist vielmehr eine *ganzheitliche Betrachtung*, in der neben biologisch-medizinischen Bedingungen auch die gesamten sozialen Lebensumstände der Schwangeren miteinzubeziehen sind, und zwar sowohl der *gegenwärtigen* als auch, wie vom Gesetz nun ausdrücklich gefordert, unter Berücksichtigung der *künftigen* Lebensverhältnisse der Schwangeren (vgl. Prot. VII 1522 ff., 1576 ff., 1. Ber. 15, BGH NJW **85**, 2749). Zwar ist damit nicht iSd WHO schon jede Störung des sozialen Wohlbefindens als Gesundheitsgefahr zu verstehen, und damit ebensowenig bereits jede normalerweise mit Schwangerschaft und Geburt verbundene Belastung (vgl. Tröndle 14). Dennoch ist diese Indikation keine rein medizinische mehr, sondern insofern eine bereits *medizinisch-soziale* (vgl. Bremen VersR **84**, 289, Wilkitzki Prot. VII 2398; enger Jähnke LK 35), als auch solche Gefährdungen in Betracht kommen, die sich durch Summierung wirtschaftlicher und familiärer Belastungen oder in Vorausschau auf künftige Überforderungen durch Sorge- und Einstandspflichten im Falle einer Geburt eines Kindes (BVerfGE **88** 256) als psychische Dauerüberlastung der Schwangeren niederschlagen können (Bremen aaO, Bild der „verbrauchten

§ 218 a 30–34   Bes. Teil. Straftaten gegen das Leben

Mutter": Horstkotte Prot. VII 1523; ferner Düsseldorf NJW **87**, 2307, Lackner[20] 6, Rudolphi SK 27, 31, BT-Dr. VI/3434 S. 20: psychosomatische Persönlichkeitsverbiegungen, neurasthenische Entwicklungen mit ständigen Versagenserlebnissen und depressive Fehlentwicklungen; vgl. im einzelnen auch Mende in Lau aaO 79 ff.). Auch bei jugendlichen Schwangeren, deren körperliche oder seelische Reife noch nicht abgeschlossen ist oder die bei Austragen der Schwangerschaft zu einem nicht nur vorübergehenden Abbruch ihrer Ausbildung gezwungen würden, sind derartige psychische Entwicklungsstörungen denkbar (vgl. Poettgen DÄBl. 77, 515).

30   Auf jeden Fall muß jedoch die zu befürchtende Beeinträchtigung des Gesundheitszustandes eine **schwerwiegende** sein. Damit sind zwar einerseits sowohl solche Belastungen ausgeschlossen, wie sie naturgemäß jede Schwangerschaft zur Folge hat (BVerfGE **88** 257, Lackner 12; vgl. o. 29), als auch solche psychischen Umstellungen, wie sie etwa mit der Einplanung eines unerwarteten Kindes oder der Beschränkung des Lebensstandards verbunden sein können. Andererseits muß aber die Beeinträchtigung nicht so schwerwiegend sein, daß sie praktisch einer Lebensgefahr gleichkäme (BVerfGE **88** 256; and. insoweit nur die Werner- und Hüppe-E BT-Drs. 12/1179, 12/2875 bzw. 13/395); denn in der Gesundheitsgefahr ist ein eigenständiger Indikationsgrund zu erblicken, der aus sich selbst heraus zu bestimmen und hinsichtlich seiner Schwere an dem der Schwangeren Zumutbaren zu messen ist (vgl. dazu auch u. 34, Rudolphi SK 28, aber auch Jähnke LK 46, der bei – kaum sachgerechter – Orientierung an der Erwerbsfähigkeit von deren wenigstens 50%iger Minderung ausgeht; insoweit zu Recht krit. Hiersche Tröndle-FS 674 f.).

31   γ) Eine **konkrete** Gefahr wird zwar nicht ausdrücklich vorausgesetzt, doch ergibt sich dies aus dem ultima ratio-Gedanken (u. 32; i. Grds. ebenso Rudolphi SK 29). Deshalb müssen über rein spekulative Vermutungen hinaus konkrete Anhaltspunkte für den möglichen Schadenseintritt bestehen, wobei der Grad der Wahrscheinlichkeit von der Größe der Gefahr abhängig zu machen ist. Dementsprechend kann bei Lebensgefahr schon ein relativ geringer Wahrscheinlichkeitsgrad genügen (vgl. RegE 21). Konkretheit der Gefahr bedeutet jedoch **nicht Gegenwärtigkeit**; denn das Gesetz läßt aufgrund Berücksichtigung künftiger Lebensverhältnisse (o. 29) zu Recht auch Gefahren genügen, die erst im weiteren Schwangerschaftsverlauf, bei der Geburt oder gar erst danach einzutreten drohen (BVerfGE **88** 256, Rudolphi SK 30; vgl. auch § 34 RN 17; umgekehrt zum *nachträglichen* Wegfall einer Notlage, was idR aber wohl nur unterhaltsersatzrechtlich bedeutsam sein dürfte, vgl. BGH NJW **85**, 2752 m. Anm. Stürner JZ 86, 122). Daher kann bei einer (hochgradigen) Mehrlingsschwangerschaft neben einer Gefährdung der Schwangeren durch Thromboembolien, Gestosen, Fruchtwasserembolien, atypische kindliche Lagen im Mutterleib u. dgl. (Hülsmann NJW 92, 2334; vgl. auch Eser, Bedrohungen 65, Eberbach JR 89, 271, Hirsch MedR 88, 293 sowie aus med. Sicht BÄK DÄBl. 89, 1390, Hepp GebFra 89, 231), was einem spezifischen Krankheitsbild entspräche, im Einzelfall auch die mögliche (durch die Betreuung einer großen Anzahl an Kindern hervorgerufene) nachgeburtliche Überforderung der Schwangeren die Annahme dieser Indikation begründen (vgl. auch o. 29, u. 34).

32   b) Die Lebens- oder Gesundheitsgefahr darf *nicht auf eine andere für die Schwangere zumutbare Weise abwendbar* sein. Dieses **ultima-ratio**-Erfordernis bedarf jeweils sowohl einer medizinischen Prüfung (α) als auch einer normativen Wertung (β):

33   α) An der **faktischen Nichtabwendbarkeit** kann es fehlen, wenn die Gefahr für die Schwangere bereits durch eine medizinische Behandlung zu beheben wäre, der Abbruch also schon medizinisch nicht erforderlich ist: so zB bei medikamentöser Stützung des Kreislaufs oder bei Beseitigung depressiver Zustände durch entsprechende Psychopharmaka (Tröndle 16; vgl. auch BGH **3** 12 zur Aufnahme in eine Nervenklinik; dazu aber auch u. 34). Entsprechendes gilt bei sozialbedingten Gesundheitsbelastungen durch personelle oder materielle Überbrückungshilfen, während mit bloßen Gegenvorstellungen und Vertröstungen (vgl. BGH **3** 12) idR nur eine vorübergehende Entlastung oder Scheinberuhigung zu erreichen sein wird. Einziges Mittel ist der Abbruch insbes. auch dann nicht, wenn das Lebens- oder Gesundheitsrisiko allein in der Schwangerschafts*dauer* liegt und durch eine künstliche Frühgeburt beseitigt werden könnte. Geschieht dies zu einem Zeitpunkt, in dem das Kind bereits lebensfähig ist bzw. durch entsprechende medizinische Maßnahmen am Leben erhalten werden könnte, so wäre ein Abbruch mit gezielter Tötung des Kindes jedenfalls aus medizinischer Sicht nicht indiziert.

34   β) Entscheidend ist jedoch letztlich die **Unzumutbarkeit** anderweitiger Abwendungsmöglichkeiten (BVerfGE **88** 256 f.). Denn selbst bei faktischer Behebbarkeit der Lebens- oder Gesundheitsgefahr durch entsprechende medizinische, psychiatrische oder sozialhelferische Maßnahmen bleibt der Abbruch zulässig, wenn der Weg, auf dem der Schwangerschaftsabbruch abgewendet werden könnte, für die Schwangere nicht zumutbar erscheint: so zB Einweisung in eine Heilanstalt (vgl. RegE 21, Jähnke LK 48, Lackner 13, M-Schroeder I 81, aber auch Tröndle 16). Das ist insbes. bei medizinisch-sozialer Indikation bedeutsam. Liegt etwa die gesundheitliche Überforderung der Schwangeren nicht nur in der Austragung der Schwangerschaft, sondern auch oder gerade in der nachgeburtlich fortwirkenden Dauerbelastung, so kann die Schwangere nicht ohne weiteres auf eine das Leben des Kindes erhaltende Frühgeburt verwiesen werden. Andererseits wird man bei einer hochgradigen und das Leben oder die Gesundheit der Schwangeren gefährdenden Mehrlingsgravidität (vgl. o. 31) trotz der medizintechnischen Möglichkeit eines partiellen Schwangerschaftsabbruchs (vgl. Hepp GebFra 89, 225) einen Abbruch der gesamten Schwangerschaft zumindest derzeit nicht von vornherein verwehren können. Zwar wäre die Indikationslage uU durch eine fraktionierte Abruptio anders als durch einen Total-

abbruch abwendbar; doch ist der Schwangeren nicht zuletzt wegen des noch experimentellen Charakters eines solchen Eingriffs ein derartiges Vorgehen nicht generell zumutbar (ebso. Eberbach JR **89**, 271, Hülsmann NJW **92**, 2334; enger Hirsch MedR 88, 293 f.; vgl. auch Eser, Bedrohungen 65; eingeh. Hülsmann, Produktion). Im übrigen hängt das, was der Schwangeren unter Berücksichtigung des Lebensrechts des Kindes an Ausweichmöglichkeiten zugemutet werden kann, wie bei jeder Interessenabwägung entscheidend von den Umständen des Einzelfalles ab (Prot. VII 2397, Laufhütte/Wilkitzki JZ 76, 332; vgl. dazu auch § 34 RN 22 f.). Dabei wird der Maßstab um so strenger sein, je mehr sich die Schwangerschaft ihrer Endphase nähert (vgl. RegE 21, Tröndle 15).

Ob dagegen der Schwangeren die Freigabe des Kindes zur **Adoption** oder zu (möglicherweise **35** dauernder) **Heimunterbringung** zugemutet werden kann, war schon während des Gesetzgebungsverfahrens zum 15. StÄG problematisch (vgl. RegE 27, BR-Drs. 58/72 S. 27, Prot. VI 2351, VII 1333, 1409) und ist es auch weiterhin geblieben. Wäre dies generell zu bejahen (mit dieser Tendenz etwa AG Celle NJW **87**, 2310, Tröndle 23, Petersen DÄBl. 78, 374 ff.; vgl. auch Bay MDR **78**, 952, Weimar Hegnauer-FS 650 f.; Weiß JR 93, 457 u. 94, 318 f., weitgeh. auch Kluth FamRZ **93**, 1388, Starck JZ 93, 820), so könnte selbst die medizinisch-soziale Indikation weitgehend leerlaufen, da die Schwangere, sofern nicht ihre physische Gesundheit gefährdet wäre, im Regelfall auf den Adoptionsweg verwiesen werden könnte (vgl. LG Memmingen NStZ **89**, 228, Jähnke LK 33 vor § 218). Andererseits wird aber dieses Alternativangebot auch nicht generell zu verwerfen sein (so aber für den Regelfall Arzt/Weber I 152, letztl. auch Jähnke LK 76). Vielmehr ist auch hier – wie vom Gesetz ohnehin vorausgesetzt – auf die *individuellen Umstände* abzuheben (vgl. o. 26, 29, 34, BGH **38** 161 f.; insoweit grds. ebso. Bay NJW **90**, 2330, iglS Hollmann AR 81, 206, Koch aaO 140 ff., Lackner 13, Rudolphi SK 32). Danach wird man einer Schwangeren, die etwa selbst schlechte Heim- oder Adoptionserfahrungen hinter sich hat oder die in Sorge um das Schicksal des Kindes sich dauernden psychischen Belastungen ausgesetzt sähe, schwerlich den Adoptionsweg zumuten können (insoweit enger Bay NJW **90**, 2330). Soweit es ihr dagegen lediglich um „Wahrung des Gesichts" ginge, wäre eine tiefergehende Begründung der Unzumutbarkeit zu verlangen. Vgl. – mit weitergehenden Reformvorschlägen – auch Binschus ZfJ 91, 451.

c) Art und Schwere der Gefahr sind jeweils **nach ärztlicher Erkenntnis** zu beurteilen. Gleiches **36** gilt für die medizinische Unausweichlichkeit des Schwangerschaftsabbruchs. Durch Ersetzung des Begriffs der „medizinischen Wissenschaft" (idF des 5. StrRG) durch den der „ärztlichen Erkenntnis" wollte der Gesetzgeber sichergestellt wissen, daß sich die Prüfung der Indikationsvoraussetzungen nicht auf medizintechnische Daten beschränkt, sondern alle ärztlich bedeutsamen Faktoren, einschließlich des Wertes des ungeborenen Lebens, mitberücksichtigt (vgl. Prot. VII 2395 f.). Soweit ein Arzt die erforderliche Sachkunde nicht selbst besitzt (zB als Gynäkologe hins. eines suizidalen Syndroms; grds. zw. Jähnke Hanack-FS 187), hat er einen Facharzt hinzuzuziehen (vgl. BGH **3** 11, NJW **51**, 413, Jähnke LK 49). Entsprechendes hat bei sozialbedingten Gesundheitsgefahren zu gelten, zu deren Beurteilung ein Arzt ohne einschlägige Erfahrungen nicht ohne weiteres kompetent sein wird (vgl. BVerfGE **39** 62). Vgl. auch u. 63 f. sowie § 218 b RN 10, 29. Andererseits dürfte das Gesetz durch Abheben auf die „ärztliche" Erkenntnis ähnlich wie bei sonstigen medizinischen Eingriffen auch hier dem Arzt insoweit einen gewissen *Beurteilungsspielraum* einräumen, als es zum einen um die Einhaltung der dem Arzt im Abbruchszeitpunkt zugänglichen Erkenntnismöglichkeiten geht und zum anderen um die davon ausgehende Beurteilung der Situation der Schwangeren. Eine solche Beschränkung der Prüfung auf „Vertretbarkeit" der ärztlichen Entscheidung (so bereits BGH(Z) NJW **85**, 2753 [m. krit. Anm. Kluth NJW 86, 2348, Jähnke Hanack-FS 192 f., Stürner JZ 86, 123], ferner BGH **38** 156 [m. Bespr. Hassemer JuS 92, 703, Kluth JZ 92, 533, Lackner NStZ 92, 331, Vultejus NJ 92, 198], zust. BVerfGE **88** 327; näher Eser JZ 91, 1013, Hülsmann StV 92, 78 ff.), ist einerseits nicht etwa schon deshalb ausgeschlossen, weil die Entscheidung über Straffreiheit nicht gerichtlicher Überprüfung entzogen werden dürfe (so aber Bay NJW **90**, 2329 [m. krit. Anm. Eser JZ 91, 1003], Gössel I 126, Lackner 10, Philipp Jura 87, 88, Rudolphi SK 39, je mwN); denn selbst grundsätzliche richterliche Kontrollbedürftigkeit auch der Indikationsfeststellung schließt nicht aus, bestimmte tatsächliche Erhebungen und Einschätzungen innerhalb einer „vertretbaren" (und insoweit überprüfbaren) Bandbreite dem sachverständig(er)en Urteil eines Arztes zu überlassen (vgl. allg. zu Beurteilungsspielräumen BGH **30** 324 mwN); dieses muß aber immerhin insoweit gerichtlich überprüfbar bleiben, als es um die Einhaltung der dem Arzt im Abbruchzeitpunkt zugänglichen Erkenntnismöglichkeiten geht (BGH **38** 154; daher BGH NJW **85**, 2753 jedenfalls insoweit mißverständlich, als zu weit subjektivierend dem Arzt die „letzte eigenverantwortliche Entscheidung" eingeräumt wird; wohl noch weitergeh. Düsseldorf NJW **87**, 2307, Fischer StV 90, 336 durch Annahme eines jeder Überprüfung entzogenen „weiten Ermessens" des Arztes, sowie Köhler GA 88, 435 mit dem Abstellen auf die „willkürfreie-wohlüberlegte Beurteilung der Schwangeren"; bereits gegen eine ärztliche Prüfungspflicht überhaupt mit der Folge, daß die „ärztliche Erkenntnis" lediglich als Maßstab für die gerichtl. Sachverhaltserforschung diene, Sülke aaO 179 ff.). Näher zum Ganzen Eser Baumann-FS 155 ff. (auch in Eser/Koch, Neuregelung 13 ff.).

d) Nach den vorangehenden Voraussetzungen sind auch Fälle der nicht mehr ausdrücklich geregel- **37** ten **embryopathischen Indikation** zu beurteilen. Denn mit dem Wegfall des § 218 a II Nr. 1 aF sollte den damit erfaßten Fallkonstellationen keineswegs ersatzlos die Möglichkeit einer Rechtfertigung entzogen werden; vielmehr sollen diese Fälle, da es auch dabei letztlich auf die mögliche

Überforderung der Frau ankommt, durch die medizinische Indikation des Abs. 2 „aufgefangen" werden (BT-Drs. 13/1850 S. 51; vgl. auch Gropp Brauneck-FG 301 ff., Hennies ArztR 98, 127 ff., Hochreuther KritV 96, 172; krit. Laufs NJW 95, 3042; abl. Tröndle 9 a). Diese Einordnung in die medizinische Indikation läßt sich damit erklären, daß es schon bislang letztlich entscheidend auf die notstandsähnliche Konfliktlage ankommt, in der sich die Schwangere angesichts der mit dem Austragen und Betreuen eines behinderten Kindes verbundenen außergewöhnlichen Belastungen sieht, die vergleichbaren seelischen Überforderungen iSd medizinischen Indikation nicht nachstehen und deren Hinnahme ihr von der Rechtsordnung nicht abverlangt werden kann (vgl. RegE 23, 1. Ber. 15,

38 BVerfGE **88** 272). Damit wurde nicht zuletzt den von den Behindertenverbänden vorgetragenen Bedenken Rechnung getragen, daß das Abheben des § 218 a II Nr. 1 aF auf eine bestimmte Schädigung des Kindes als Diskriminierung und Abwertung behinderten Lebens mißverstanden werden könnte. Denn obgleich es schon bei der bisher eingeräumten Zulassung eines Schwangerschaftsabbruchs im Falle einer genetischen oder pränatalen Schädigung des Kindes nicht um die Verhinderung erbkranken Nachwuchses als solche ging, sondern letztentscheidend damit allein der Schwangeren die befürchtete psychische Belastung erspart werden sollte (vgl. 24. A. RN 19 mwN), war damit die Gefahr nicht auszuschließen, daß dadurch langfristig das Tor zu platter Eugenik geöffnet werden könnte (vgl. Eser in Hofmann aaO 170 f., Hanack Noll-GedS 199 ff., Hiersche Tröndle-FS 675 ff., Rüpke aaO 49, 144, Seidler aaO 77; krit. auch Geiger/von Lampe Jura 94, 25, Gerhard KritV 1/ 1993, 151). Diese Entwicklung ist um so beängstigender, als neue Methoden der pränatalen Diagnostik (wie zB die Chorionbiopsie) zunehmend (auch leichte) fötale Schädigungen erkennen lassen und über die der gesellschaftlichen Konvention unterworfenen Kriterien wie „Schwere der Schädigung" oder der „Zumutbarkeit" die geringer werdende „Fehlertoleranz" hinsichtlich fötaler Krankheiten durchzuschlagen scheint (vgl. Eberbach JR 89, 265); deshalb ist vor jedem „Automatismus zwischen Befund und Schwangerschaftsabbruch" zu warnen (vgl. Cramer, Genomanalyse 96, 99, Pluisch aaO 73 f., 87 f., krit. auch Laufs MedR 90, 231 f., NJW 98, 1753, Schramm MMW 94, 61, Simon MDR 91, 7; vgl. auch Ges. f. Humangenetik Frauenarzt 92, 954; zur öff. Diskussion vgl. Wildfeuer Zschr. f. med. Ethik 91, 131). Daher ist nicht zuletzt auch bei der Begriffswahl Vorsicht geboten: Nachdem weder die Bezeichnung dieser Indikation als „genetische" noch als „kindliche" den tragenden Abbruchsgrund sachgerechter zum Ausdruck bringt und die bisher gängige Bezeichnung als „eugenisch" wohl doch zu einseitig in bevölkerungspolitischem Sinne mißverstanden werden kann (abl. insbes. Ges. f. Humangenetik EthikMed 91, 97; krit. zur Terminologie auch Koch aaO 122), sei hier in Ermangelung eines Besseren der – auch vom Gesetzgeber bevorzugten Bezeichnung (BT-Drs. 13/ 1850 S. 51) – als *embryopathisch* der Vorzug gegeben.

Im einzelnen ist folgendes zu beachten:

39 α) Im Unterschied zu § 218 a II Nr. 1 aF, wo *auf Seiten des Kindes* bestimmte Schädigungen infolge einer Erbanlage oder schädlicher Einflüsse vor der Geburt vorliegen mußten (näher dazu 24. A. § 218 a RN 21–24), kommt es nunmehr nach Abs. 2 allein darauf an, daß das Austragen des Kindes **für die Schwangere eine körperliche oder seelische Gesundheitsgefährdung** in dem o. 28 ff. beschriebenen Sinne bedeuten würde, wobei hier vor allem in Vorausschau auf die nachgeburtlichen Sorge- und Einstandspflichten (vgl. BVerfGE **88** 256) die *künftigen Lebensverhältnisse* besonderer Berücksichtigung bedürfen. Dafür können die Art und Schwere der zu befürchtenden Schädigung des Kindes keinesfalls abstrakt und generell festgelegt werden, sondern sind immer nur in Relation zu den damit verbundenen Belastungen für die Schwangere zu bemessen. Dabei können auch zeitliche, kräftemäßige oder finanzielle Überforderungen bei Mitversorgung eines unheilbar geschädigten Kindes, soweit sich dies für die Schwangere gesundheitlich niederschlägt, ausreichen. Soweit es um die **Abwendbarkeit** solcher Belastungen geht, müssen diese **zumutbar** sein (vgl. o. 34). Dies wird man zB nicht schon mit Aussicht auf Unterbringung des Kindes in einer entsprechenden Anstalt sagen können (vgl. Tröndle[46] 17, Jähnke LK 54; vgl. auch o. 35).

40 β) Besondere Probleme bereitet die seit Ende der 70er Jahre praktizierte **selektive Abtreibung eines behinderten Zwillings**. Bereits unter Geltung des § 218 a II Nr. 1 aF war wenig untersucht, inwieweit diese Fälle von jener Indikation erfaßt werden (vgl. Eberbach JR 89, 271 f., Hirsch MedR 88, 294), wobei hinzukommt, daß solche Eingriffe auch für den „ausgesparten" gesunden Fötus mit besonderen Risiken verbunden sind. Da dieser Fallbereich schon vom Gesetzgeber der bisherigen „eugenischen" Indikation schwerlich bedacht war (vgl. Eberbach JR 89, 272), ist es nach deren Wegfall um so mehr geboten, für eine Lösung auf das dem Abs. 2 zugrundeliegende Notstands- und Konfliktprinzip zurückzugehen. Kommt es danach entscheidend darauf an, ob der Schwangeren die Fortsetzung der konkreten Schwangerschaft zumutbar ist, so wird man nicht generell von ihr verlangen können, (auch) den kranken um des gesunden Embryos willen auszutragen (so aber offenbar Hirsch MedR 88, 294 mit dem Hinweis auf gewichtige, allerdings nicht näher genannte Gründe). Ebensowenig wird man generell von der Zulässigkeit eines Abbruchs und einer Gefährdung des gesunden Zwillings ausgehen können, sondern die Entscheidung von den individuellen Faktoren des konkreten Einzelfalles abhängig machen müssen. Im übrigen ist zu beachten, daß nach allgemeinen Grundsätzen eine Schädigung des gesunden und von dem Eingriff ausgesparten Zwillings nur bei *vorsätzlich* bewirkter Abtreibung strafrechtlich erfaßt wird, wobei freilich angesichts des noch experimentellen Charakters eines selektiven Reduktionseingriffs ein – zumindest bedingt – vorsätzliches Handeln nicht von vornherein auszuschließen ist.

Soweit es darüber hinaus um die seit Mitte der 80er Jahre praktizierte **„Mehrlingsreduktion"** iSd 41 Verringerung einer höhergradigen und im Gefolge einer Sterilitätstherapie auftretenden Mehrlingsgravidität durch Abtötung eines Teils der Föten geht (vgl. Eberbach JR 89, 272, Gropp Brauneck-FG 293, 300f., Hirsch MedR 88, 294, aus med. Sicht BÄK DÄBl. 89, 1389 sowie Hepp MMW 88, 16; 90, 423, GebFra 89, 225), konnte man schon bisher eine embryopathische Indikation weder mit dem schematischen Hinweis auf die Anzahl an Föten noch mit dem Ziel, dadurch die Chancen der übrigen Föten auf ein gesundes Überleben zu steigern, begründen; denn schon nach dem Wortlaut des Gesetzes mußten dringende Gründe für die Annahme einer fötalen Schädigung auszumachen sein. Sofern dies freilich für alle Mehrlinge gleichermaßen oder für bestimmte Föten im Einzelfall aufgrund konkreter Anhaltspunkte nach ärztlicher Erkenntnis der Fall ist, wird man – vorbehaltlich der Voraussetzung, daß von der Schwangeren mit Rücksicht auf ihre gesundheitliche Gefährdung die Fortsetzung der konkreten Schwangerschaft nicht verlangt werden kann – eine Abtötung der betroffenen Föten als von § 218a II gedeckt ansehen müssen. Soweit danach sogar ein vollständiger Schwangerschaftsabbruch zulässig wäre, wird man einen partiellen Abbruch als „quantitatives Minus" der Schwangeren nicht von vornherein verwehren können (Hülsmann NJW 92, 2334; vgl. auch Eser, Bedrohungen 67f.). Dabei wird im Rahmen der Zumutbarkeitsprüfung insbes. auch bedeutsam sein, inwieweit durch eine „Mehrlingsreduktion" – anstelle eines sonst für alle Föten voraussichtlichen fatalen Ausgangs – wenigstens einem Teil von ihnen eine Überlebenschance eröffnet werden kann. Um solche geradezu makabren Folgeprobleme der modernen Reproduktionsmedizin von vornherein zu vermeiden, kommt naturgemäß der ärztlichen Prävention gesteigerte Bedeutung zu (vgl. BÄK DÄBl. 89, 1389, Eser, Bedrohungen 68ff., Hepp MMW 90, 423). Dies freilich allein schon von der in § 1 I Nrn. 3, 4 ESchG vorgeschriebenen Beschränkung der Befruchtung von maximal drei Eizellen bzw. der Implantation extrakorporal erzeugter Embryonen auf maximal drei (vgl. o. 11 vor § 218) zu erhoffen, würde verkennen, daß höhergradige Mehrlingsschwangerschaften auch von einer noch weitaus schwerer beherrschbaren hormonellen Ovulationsauslösung herrühren können. Näher zum Ganzen Hülsmann, Produktion.

e) **Zeitlich** ist – im Unterschied zur 12-Wochen-Frist bei der Straffreistellung nach Beratung 42 (Abs. 1) wie auch zur kriminologischen (Abs. 3, u. 53) – bei der **medizinischen Indikation keine Befristung** vorgesehen (zum inhaltsgleichen § 218a III aF offenbar verkannt von BGH(Z) NJW **85,** 2750 m. krit. Anm. Köster JZ 86, 585). Demzufolge ist bei entsprechender Leibes- oder Lebensgefahr für die Mutter ein Schwangerschaftsabbruch an sich bis zum Beginn der Geburt möglich (vgl. 37 vor § 218). Doch wird in der Endphase die Zumutbarkeit eines Eingriffs, durch den das Leben des Kindes geschont werden könnte (vgl. 39 vor § 218, o. 34), besonders sorgfältig zu erwägen sein.

Dies ist vor allem auch bei der **embryopathischen** Indikation von Bedeutung, die früher nach 43 § 218a III aF nur bis zur 22. Woche zulässig war (24. A. RN 30), nunmehr aber als Unterfall der medizinischen Indikation (o. 20, 37 f.) ebenfalls *unbegrenzt* zulässig ist (deshalb ablehn. zur Streichung der embryopathischen Indikation als eigenen Rechtfertigungsgrund Helmke ZRP 95, 441; vgl. auch BT-Drs.14/1075 sowie die BÄK-Erklärung zum Schwangerschaftsabbruch nach Pränataldiagnostik DÄBl. 98, C-2126, worin außerdem der Wegfall der Beratungspflicht und der statistischen Kontrolle kritisiert wird; so auch Beckmann MedR 98, 155 unter Anzweifelung der Verfassungsmäßigkeit der Regelung mit Blick auf Art. 3 III 2 GG). Diese „versteckte Fristverlängerung" erweist sich als eine ambivalente Folgewirkung: Auf der einen Seite gab es gute Gründe, bei der „eugenischen" Indikation die Abbruchsfrist über die sonstige 12-Wochen-Frist hinaus bis zur 22. Woche reichen zu lassen, weil damit bestimmte Diagnoseverfahren, wie zB die Amniocentese zur Feststellung von Stoffwechselerkrankungen (deren Durchführung freilich ihrerseits nicht ohne Schädigungsrisiko für das Kind ist: Hiersche/Jähnke MDR 86, 1; vgl. auch Schlund JR 93, 144, Schroeder-Kurth MedR 91, 128), nach dem Stand der Medizin bei Erlaß des § 218a aF (1975) überhaupt erst nach 3 Monaten möglich waren und dann zudem noch eine gewisse Beobachtungsdauer benötigten (vgl. Bickel Prot. VI 2189ff.), weshalb es gerade im Interesse des Kindes liegen könnte, zur Vermeidung voreiliger Entscheidungen genügend Zeit für eine möglichst sichere Diagnose zu lassen, um bei negativem Befund die Fortsetzung der Schwangerschaft zu ermöglichen (daher gegen eine Fristverkürzung auch Ges. f. Humangenetik EthikMed 91, 97). Andererseits muß aber nach Ablauf von 22 Wochen seit Empfängnis bereits mit der Lebensfähigkeit des Kindes gerechnet werden (vgl. Zander Prot. VI 2165), weswegen dem Töten oder Sterbenlassen von bereits Lebensfähigen durch eine Ausschlußfrist von vornherein vorzubeugen war (vgl. 1. Ber. 15, weswegen zur Vermeidung eines Fetozids Schumann/Schmidt-Recla MedR 98, 504 die Wiedereinführung einer fristgebundenen embryopathischen Indikation vorschlagen). Bedenkt man freilich hinwiederum mögliche Wertungswidersprüche zur sog. „Früheuthanasie" (vgl. 32 a vor § 211), so erscheint es durchaus auf der Linie einer nicht starr begrenzbaren medizinischen Indikation zu liegen, wenn bei einem ohnehin nicht lebensfähigen Kind eine nachgeburtliche Lebenserhaltung (dazu die „Einbecker Empfehlungen" MedR 92, 206) nicht geboten wäre (so Cramer, Genomanalyse 122, ZRP 92, 138f., Hiersche MedR 89, 304, Hiersche/Jähnke aaO m. med. Kasuistik, Pluisch aaO f.; abl. Gescher aaO für den Fall des Anencephalus; vgl. auch Eberbach JR 89, 268, Hanack Noll-GedS 202f., Isemer/Lilie MedR 88, 66, aber auch Jähnke LK 51). Vgl. zum Ganzen auch Eser/Koch Teil 3 S. 223ff, 378ff., Gropp GA 00, 8ff.

f) Zu den sonstigen **allgemeinen Voraussetzungen** für einen straffreien medizinisch-sozial indi- 44 zierten Schwangerschaftsabbruch vgl. u. 57 ff.

§ 218 a 45–50   Bes. Teil. Straftaten gegen das Leben

45 3. Auch die sog. **kriminologische Indikation (Abs. 3)**, die auf der Basis der rechtfertigenden Beratungsregelung des SFHG entbehrlich gewesen war (vgl. 6 vor § 218), ist durch das SFHÄndG wieder eingeführt worden (vgl. o. 8 vor § 218), nachdem sie bereits vom BVerfG unter Anerkennung ihres rechtfertigenden Charakters als Grundlage für Sozialleistungen übergangsweise angeordnet worden war (BVerfGE **88** 213 ÜbergAO Nr. II.9, 325 f.). Mit dieser (hinsichtlich ihrer Voraussetzungen mit dem bisherigen § 218 a I, II aF inhaltsgleichen) Indikation soll der Schwangeren ein Weg aus *rechtswidrig aufgezwungener Schwangerschaft* eröffnet werden. Denn auch eine solche kann für die betroffene Frau eine derart schwere Belastung darstellen, daß die Rechtsordnung von einer Mißbilligung des Schwangerschaftsabbruchs als rechtswidrig Abstand nehmen muß (vgl. RegE 24 sowie zur Rechtsnatur o. 21 f.).

46 Anders als die medizinische und embryopathische war diese oft auch als „*ethisch*" oder „*humanitär*" bezeichnete Indikation sowohl ihrer inneren Berechtigung nach als auch hinsichtlich ihres praktischen Bedürfnisses lange umstritten; doch hatte sich bereits in den neueren Indikationsentwürfen zum 15. StÄG die Auffassung durchgesetzt, daß auch bei solchen Konfliktlagen ein rechtfertigender Ausweg geschaffen werden müsse (vgl. 24. A. RN 33 mwN). Auch hat sich die Befürchtung, damit weitestgehende Mißbrauchsmöglichkeiten zu eröffnen (vgl. Tröndle[46] 19), die jedoch schon der Gesetzgeber bewußt in Kauf zu nehmen bereit war (vgl. RegE 25), in der Zwischenzeit nicht bewahrheitet (vgl. Koch aaO 127 ff.). **Im einzelnen** setzt die kriminologische Indikation folgendes voraus:

47 a) An der Schwangeren muß eine **rechtswidrige Tat iSd §§ 176 bis 179** vorgenommen worden sein, wobei nach Streichung des Kriteriums der Außerehelichkeit durch das 6. StRG nun auch die innerhalb einer Ehe aufgezwungene Schwangerschaft einen kriminologischen Indikationsgrund abgeben kann (zu vor dem 1. 4. 98 begangenen ehelichen Vergewaltigungen vgl. 25 A.). Hauptanwendungsfall ist die Vergewaltigung nach § 177 II Nr. 1 (die durch das 6. StRG nunmehr als besonders schwerer Fall einer sexuellen Nötigung bzw. iSd § 177 I anzusehen ist), da es dort bereits als Voraussetzung des Regelbeispiels zum Beischlaf gekommen sein muß. Um Strafbarkeitslücken auszuschließen, werden auch der sexuelle Mißbrauch von Kindern (§§ 176, 176 a, 176 b, insbes. 176 a I Nr. 1), die Erfolgsqualifizierung der sexuellen Nötigung bzw. Vergewaltigung (§ 178) und der sexuelle Mißbrauch Widerstandsunfähiger (§ 179) in den Indikationsbereich einbezogen, selbstverständlich vorausgesetzt, daß es über deren tatbestandserhebliche sexuelle Handlungen hinaus auch zum Beischlaf oder sonstwie zu einer Schwängerung gekommen ist (vgl. Prot. VII 1594). Ist dies der Fall, wie namentlich bei Verkehr mit einem noch nicht 14-jährigen Mädchen (§§ 176, 176 I Nr. 1), so ist ein Indikationsgrund selbst dann gegeben, wenn dieses eingewilligt hatte (vgl. Lackner 19, R. Schmitt JZ 75, 358); Entsprechendes gilt bei Verkehr mit einer iSv § 179 widerstandsunfähigen Frau. Nicht erfaßt hingegen wird eine durch Inzest (§ 173) begründete oder durch Verführung (§ 182) ermöglichte

48 Schwangerschaft (vgl. RegE 25, Lackner 19, Rudolphi SK 37). – Im übrigen braucht die Tat lediglich *rechtswidrig* zu sein. Daher steht eine etwaige Schuldunfähigkeit des Täters dem Schwangerschaftsabbruch ebensowenig entgegen wie ein Irrtum über das Alter des Opfers (vgl. § 11 RN 42 ff., Jähnke LK 61). Ebensowenig braucht wegen der Tat ein Strafverfahren zu laufen.

49 b) Ferner müssen **dringende Gründe** für die Annahme sprechen, daß die **Schwangerschaft auf der Tat beruht**. Demzufolge muß ein hoher Wahrscheinlichkeitsgrad (Tröndle[46] 21) für die Schwängerung durch einen rechtswidrig handelnden Mann bestehen; dieser braucht jedoch nicht identifiziert zu sein. Auf welche Weise der Nachweis zu erbringen ist, läßt das Gesetz offen. Die gelegentlich erwogene Meldefrist wurde nicht nur, weil unzumutbar, sondern auch weil in vielen Fällen psychologisch verfehlt, bei Erlaß des 15. StÄG zu Recht fallen gelassen (vgl. BT-Drs. VI/3434 S. 25). Auch ist es weder dogmatisch geboten noch im Interesse des Opfers der Tat sinnvoll, dem Arzt nur bei Einverständnis der Frau *Einsichtsrechte* in etwaige Ermittlungsakten zu geben (so aber BVerfGE **88** 213 ÜbergAO Nr. II.9; BT-Drs. 12/6643 S. 8, mit gleicher Tendenz Tröndle[46] 22; krit. Eser JZ 94, 510, Hermes/Walther NJW 93, 2345, vgl. u. 50); denn dabei wird verkannt, daß das Tatopfer nicht immer Strafanzeige stellen wollen oder können wird oder ein hinreichender Tatverdacht iSd StPO fehlen mag und dies der Frau gegenüber negativ ausgelegt werden könnte, während es hier nur um die im ärztlichen Vertrauensverhältnis zu beantwortende Frage der Glaubwürdigkeit ihrer Angaben geht. Da auch keine sonstige Prüfungsinstanz vorgesehen ist, bleibt es somit letztlich dem Beurteilungsvermögen des Arztes überlassen, inwieweit er dem Vorbringen der Schwangeren glaubt vertrauen zu dürfen. Vgl. dazu auch § 218 b RN 10.

50 c) Auch hier ist das Vorliegen der Indikationsvoraussetzungen **nach ärztlicher Erkenntnis** zu beurteilen (vgl. o. 36). Das bedeutet, daß der Arzt zu keinen quasi-polizeilichen Ermittlungen verpflichtet ist (BT-Drs. 13/1850 S. 51; vgl. auch o. 49 zur nicht erforderlichen Akteneinsicht), sondern lediglich die ihm als Arzt verfügbaren Erkenntnismittel einzusetzen hat (zust. aus med. Sicht Hiersche Tröndle-FS 679). Dazu gehört insbes. die Möglichkeit, aufgrund von Verletzungen der Schwangeren oder sonstiger Umstände (Alter, Tatzeit, Mehrverkehr, Periode, Zeugungsfähigkeit) Rückschlüsse auf die Schwängerung durch den angeblichen Täter oder die Willensbeeinträchtigung der Schwangeren zu ziehen (vgl. Wilkitzki/Lauritzen aaO 55). Selbstverständlich ist es darüber hinaus dem Arzt unbenommen, etwaige Zweifel am Vorbringen der Schwangeren durch sonstige Beweismittel (zB Anhörung von Tat- oder Leumundszeugen) ausräumen zu lassen (Jähnke LK 63; enger Koch aaO 129). Vgl. auch o. 49, § 218 b RN 10 sowie (mit Vorbehalt) G. Schmidt in Lau 89 ff.

d) Bei Vorliegen der vorgenannten Voraussetzungen gilt kraft **unwiderleglicher Vermutung** 51
Abs. 2 als erfüllt, ohne daß es dazu noch des Nachweises einer fortbestehenden Konfliktlage der
Schwangeren bzw. der anderweitigen Vermeidbarkeit des Schwangerschaftsabbruchs (etwa aufgrund
eines Adoptionsangebots) bedürfte (vgl. o. 34 f., ferner Prot. VII 2399, 2401 f., Hirsch/Weißauer aaO
37, Lackner NJW 76, 1238).

e) Allerdings müssen darüber hinaus noch die sonstigen **allgemeinen Rechtfertigungsvoraus-** 52
setzungen gegeben sein (näher dazu u. 57 ff.), so insbes. die Einwilligung der Schwangeren. Dies
kann vor allem in den Fällen der §§ 176, 179 problematisch sein; im Zweifelsfall ist die Zustimmung
des gesetzlichen Vertreters einzuholen (vgl. u. 61). Dagegen ist eine vorherige *Beratung keine* Rechtfertigungsvoraussetzung, da man sich – ähnlich wie bei der medizinischen Indikation – mit dem
Beratungsangebot auf freiwilliger Basis glaubte begnügen zu können (vgl. BT-Drs. 13/1850 S. 26,
aber auch § 219 RN 1).

f) Bei dieser Indikation ist die **12-Wochen-Frist** seit Empfängnis zu beachten (Abs. 3). Zur 53
Begründung dieser mit der bei Straflosigkeit des (nur) beratenen Abbruchs gleichlangen Frist (Abs. 1
Nr. 3) vgl. o. 11, aber auch Eser JZ 94, 510. Zu ihrer Berechnung vgl. § 218 RN 15.

4. Im Unterschied zu den vorangehenden Indikationen ist die bisherige **allgemeine Notlagen-** 54
indikation (§ 218a II Nr. 3 aF) weggefallen. Das bedeutet jedoch nicht, daß die früher danach
gerechtfertigten Fälle nunmehr strafbar wären; vielmehr können sie bei vorheriger ordnungsgemäßer
Beratung bereits nach Abs. 1 tatbestandlich ausgeschlossen (vgl. u. 55) oder im Rahmen der *medizinisch-sozialen Indikation* uU sogar gerechtfertigt sein (vgl. u. 56).

Zunächst war die allgemeine Notlagenindikation auf der Grundlage des **SFHG** entbehrlich ge- 55
worden, weil nach dessen § 218a I den von § 218a II Nr. 3 aF erfaßten Notstandsfällen aufgrund der
gleichen Eingriffsfrist bereits bei ordnungsgemäßer Beratung in rechtfertigender Weise Rechnung
getragen werden konnte. Zwar wurde diese rechtfertigende Wirkung mangels einer vom BVerfG für
erforderlich gehaltenen formellen Indikationsfeststellung für verfassungswidrig erklärt (BVerfGE **88**
204 LS 15, 273 ff.). Doch wurde in diesen Fällen sowohl durch einen Tatbestandsausschluß ein
straffreier Weg eröffnet (aaO 204 LS 11, 264 ff.) als auch der bisherigen allgemeinen Notlagenindikation nach § 218a II Nr. 3 aF im nachhinein rechtfertigender Charakter zugebilligt (aaO 208 f., 257,
272, 325 ff., Tenor Nr. I.4, 325 ff., Gropp GA 94, 156; vgl. Lackner 21). Dies hatte bereits aufgrund
der BVerfG-ÜbergAO Nr. II.2 zur Folge, daß sich unter den kraft Tatbestandsausschlusses straffreien
Fällen des beratenen ärztlichen Abbruchs auch solche finden, die mangels einer entsprechenden
Indikationsfeststellung zwar nicht formell, wohl aber materiell gerechtfertigt sein können (so namentl.
Sondervotum Böckenförde BVerfGE **88** 361; iglS Graßhof in Thomas/Kluth aaO 300; vgl. deshalb für
eine Wiedereinführung der Notlagenindikation Eser KritV 1/1993, 133, 139, JZ 94, 510, Gropp GA
94, 163, Hermes/Walther NJW 93, 2346; and. Steiner, Keller u. Günther in Reiter/Keller, Urteil
175, 209 bzw. 225). Nachdem aber nun bereits das BVerfG die Möglichkeit einer *fakultativen* Verbindung von Notlagenindikation und Beratung verkannt hatte – denn warum sollte man einer Schwangeren, die über die Beratung hinaus an der formellen Feststellung ihrer Notlage interessiert und dazu
bereit ist, diese verwehren? Unvereinbar mit einer Beratungsregelung wäre doch allenfalls eine *obligatorische* Indikationsfeststellung (vgl. Eser KritV 1/1993, S. 135 f.) – und somit verfehlterweise nur ein
starres Entweder-Oder zwischen (lediglich) tatbestandsausschließender Beratung und (formell rechtfertigender) Indikation für durchführbar hielt (vgl. auch § 219 RN 1), glaubte der Gesetzgeber, dieser
verfassungsgerichtlichen Vorgabe bei der Neufassung von § 218a I durch das SFHÄndG nur in Form
eines *formell nicht rechtfertigenden Tatbestandsausschlusses* Rechnung tragen zu können. Demzufolge
finden sich aber unter den nach Abs. 1 straffrei gestellten Frauen und Ärzten durchaus solche, die sich
auch ohne eine formelle (weil nicht mögliche) Indikationsfeststellung materiell in Übereinstimmung
mit einem nach der Verfassung möglichen Rechtfertigungsgrund sehen können. Dies ist zwar strafrechtlich, weil bereits tatbestandlich ausgeschlossen, unerheblich (vgl. allerdings auch o. 17), könnte
jedoch außerhalb des Strafrechts bedeutsam sein, soweit dort schon materiell gerechtfertigte Fälle die
für „nicht rechtswidrige" Abbrüche vorgesehenen Folgen auslösen können (vgl. dazu insbes. Sondervotum Böckenförde BVerfGE **88** 361 f.).

Über die vorgenannte materielle Rechtfertigung nach den Kriterien der allgemeinen Notlagen- 56
indikation hinaus ist zudem zu prüfen, ob und inwieweit zuvor nach § 218a II Nr. 3 aF erfaßte Fälle
nunmehr nach **Abs. 2 als medizinisch-soziale Indikation** zu rechtfertigen sind. Damit soll nicht
etwa einer beliebigen Verwässerung dieser Indikation das Wort geredet, wohl aber der Tatsache
Rechnung getragen werden, daß in dem bislang ungemein hohen Anteil der allgemeinen Notlagenindikation an der Gesamtheit legaler Schwangerschaftsabbrüche (vgl. 46 vor § 218) durchaus Fälle
enthalten sein können, die schon bisher den Anforderungen an die medizinisch-soziale Indikation
genügt hätten, praktisch jedoch – weil tatsächlich oder vermeintlich einfacher – nach den allgemeinen
Notlagekriterien indiziert wurden. Ohne Anspruch auf Vollständigkeit können beispielsweise aus dem
Bereich der bisherigen allgemeinen Notlagenindikation folgende Fälle unter Berücksichtigung der
gegenwärtigen und zukünftigen Lebensverhältnisse einen Grad von körperlicher oder seelischer
Gesundheitsgefährdung erreichen, daß damit dem Abs. 2 genügt wird: Schwängerung durch Inzest,
tiefgreifende Depression wegen Gefährdung der Ehe bei Austragen der Schwangerschaft, Verschärfung
einer Unterversorgung bei bereits besonders pflegebedürftigen Kindern, nachhaltige Verstörungen
wegen (tatsächlicher oder scheinbarer) Zerstörung des gesamten Lebensplanes, unerträglicher Zwang

§ **218a** 57–59 Bes. Teil. Straftaten gegen das Leben

zu unabsehbarer Weggabe eines Kindes in fremde Pflege. Zu weiteren möglichen Anwendungsfällen – jeweils die erforderliche Gesundheitsbeeinträchtigung vorausgesetzt – vgl. 24. A. RN 44 ff.

57 **IV. Gemeinsame Voraussetzungen für Tatbestandsausschluß (Abs. 1) oder Rechtfertigung (Abs. 2, 3).** Das Vorliegen einer **Beratung** iSv Abs. 1 bzw. eines **Abbruchsgrundes** iSv Abs. 2 und 3 ist zwar jeweils eine notwendige Voraussetzung, reicht aber für sich allein nicht aus, um im Falle von Abs. 1 den Tatbestand bzw. in Fällen von Abs. 2, 3 die Rechtswidrigkeit auszuschließen. Vielmehr müssen jeweils noch folgende Erfordernisse erfüllt sein, die für beide Fallgruppen – sofern nicht anders angezeigt – im wesentlichen gleichermaßen gelten:

58 1. Der Abbruch muß **durch einen Arzt** erfolgen (Abs. 1 Nr. 2 bzw. Abs. 2 u. 3). Damit soll der Abtreibung durch Kurpfuscher entgegengewirkt und auch im Interesse der Schwangeren gewährleistet werden, daß sowohl die Diagnose richtig gestellt als auch der Eingriff in einer möglichst wenig gefährlichen und schonenden Weise durchgeführt wird (vgl. BVerfGE 88 314, BGH 1 331, 2 245). Allerdings wird diese Schutzabsicht vom Gesetz selbst in Frage gestellt, wenn keine besondere Fachkunde (zB als Gynäkologe oder Chirurg) verlangt, sondern jedem Arzt der Eingriff gestattet wird (krit. dazu auch Rudolphi SK 21; and. Jähnke LK 17, Koch aaO 177), sofern er eine nach deutschem Recht gültige *Approbation* für Humanmedizin besitzt. Dies ist sowohl bei Medizinalassistenten und Heilpraktikern wie auch beim Zahn- und Tierarzt zu verneinen (vgl. Prot. VII 2431), während ein zugleich auch ärztlich approbierter Psychologe zum Abbruch befähigt wäre (Prot. VII 2432); vgl. im einzelnen auch §§ 2 ff. BÄrzteO. Weitergehende Qualifikationserfordernisse an den Arzt durch Landesrecht sind nach BVerfGE 98 265, 305 ff. (zum Bay-SchwHEG: allg. dazu S. Koch aaO) m. abw. Meinung von Kühling u. Jaeger (350 f.) nur durch Einführung eines Facharztvorbehalts (mittels eines präventiven Verbots mit gesetzlich gebundenem Erlaubnisvorbehalt) mit der Bundeskompetenz vereinbar, wobei dies durch eine schonende Übergangsregelung zu geschehen hat (insbes. krit. zur Einräumung eines beruflichen Schutzbereichs für rechtswidrigen Schwangerschaftsabbrüche Beckmann MedR 99, 138, Büchner NJW 99, 833, Hillgruber MedR 98, 201); zu Anforderungen an spezialisierte Einrichtungen vgl. u. 82; vgl. auch 22 vor § 218). – Bei Abbruch im *Ausland* wird eine nach dortigem Recht wirksame ärztliche Zulassung – entgegen dem vorherigen Recht (vgl. 24. A. RN 55, Laufhütte/Wilkitzki JZ 76, 331) – wohl nicht mehr genügen können (and. Rudolphi SK 21), da es für den Eingriff nun nicht mehr nur auf die Kunstgerechtheit der Ausführung anzukommen braucht, sondern – ähnlich wie schon vorher hinsichtlich der Sozialberatung (§ 218b aF) und nach wie vor bei der Indikationsfeststellung (vgl. § 218b RN 8) – an das verfassungskonforme Verantwortungsbewußtsein des Arztes verstärkte Anforderungen gestellt werden (vgl. § 218c iVm BVerfGE 88 204 LS 12, 289 ff.) und die dafür erforderlichen deutschen Rechtskenntnisse von einem ausländischen Arzt nicht ohne weiteres erwartet werden können (Tröndle 5). Daher ist der im Ausland vorgenommene Abbruch im allgemeinen rechtswidrig (und demzufolge auch versicherungsrechtlich nicht erstattungsfähig), wobei freilich der ausländische Arzt idR nicht dem § 5 Nr. 9 nicht dem deutschen Strafrecht unterfällt und die Schwangere idR Straffreiheit nach Abs. 4 S. 1 erlangen kann (Lackner 2). Im übrigen ist, sofern dies kunstgerecht geschieht (dazu u. 59), auch der Abbruch einer *Ärztin an sich selbst* gedeckt (vgl. Laufhütte/Wilkitzki aaO FN 44; so jetzt auch Tröndle 5; and. Jähnke LK 18; krit. zu diesem „Ärztinnen-Privileg" Gössel JR 76, 2). Erfolgt der Eingriff nicht operativ, sondern medikamentös (zB durch sog. Placentationshemmer, vgl. Prot. VII 2371), so muß für die ärztliche Vornahme genügen, daß der Arzt die ordnungsgemäße Einnahme des von ihm verschriebenen Abortivmittels überwacht (vgl. Tröndle aaO, Laufhütte/Wilkitzki aaO), es sei denn, daß durch den Fruchtabgang besondere Risiken für die Schwangere (als mitgeschützt: vgl. 12 vor § 218) zu erwarten sind (vgl. Jähnke LK 19, Rudolphi SK 21). Diese Grundsätze müssen auch für die Handhabung des nunmehr auch in Deutschland unter bestimmten Bedingungen zugelassenen Antigestagens Mifegyne (vgl. § 218 RN 21) gelten, so daß eine Selbsteinnahme ohne ärztliche Verschreibung und Aufsicht nach § 218 strafbar wäre. Zum Schwangerschaftsabbruch durch einen *Nichtarzt* in Notfällen vgl. § 218 RN 37.

59 2. Der Abbruch muß unter Beachtung der **ärztlichen Kunstregeln** erfolgen (Jähnke LK 21, Koch aaO 181, M-Schroeder I 85, Rudolphi SK 22; and. Arzt/Weber I 150, Lackner 2a: gegebenenfalls §§ 223 ff.). Das ergibt sich zwar nicht schon aus dem Wortlaut des § 218a, wohl aber aus der mitgeschützten Gesundheit der Schwangeren (12 vor § 218; igls BVerfGE 88 314) sowie nicht zuletzt aus den allg. Grundsätzen rechtfertigenden Notstands. Wollte der Begründung zu § 218a in BT-Drs. 7/1981 S. 14, wonach § 218 auch dann nicht anzuwenden sei, „wenn der Arzt die Schwangere leichtfertig in Todes- oder schwere Gesundheitsgefahr gebracht hat", anders verstanden sein (so auch RegE 18), könnte ihr nicht gefolgt werden; denn wenn schon bei Notstand das eine Gut zu opfern ist, muß zumindest im Interesse des zu rettenden Gutes der Eingriff so schonend und kunstgerecht wie möglich durchgeführt werden (vgl. § 34 RN 20 sowie Lenckner in Baumann, Abtreibungsverbot 281, 293 FN 6). Auch für die Beratungsfälle nach Abs. 1 kann im Hinblick auf die dem Arzterfordernis eingeräumte Bedeutung insofern nichts Anderes gelten. Die Beachtung der ärztlichen lex artis betrifft sowohl die *Diagnose* der Eingriffsvoraussetzungen als auch die *Durchführung* selbst (vgl. BGH 1 331, 2 115, 14 2). Doch fallen dabei nur solche Kunstfehler ins Gewicht, die ihrerseits eine erhebliche Gefahr für Leben oder Gesundheit der Schwangeren bedeuten. Zur Durchführung lege artis gehört auch, daß die zur Versorgung der Frau *nach* Durchführung des Eingriffs notwendig werdenden ärztlichen Maßnahmen ins Auge gefaßt sind (vgl. § 13 SchKG; and. [vor dem

SFHÄndG] Jähnke LK 20). Dagegen können Fehler in der Nachbehandlung als solcher dem Arzt jedenfalls nicht mehr als Schwangerschaftsabbruch zur Last gelegt werden (ebso. schon Eb. Schmidt NJW 60, 361, Schmidt-Leichner NJW 59, 1998, Lenckner aaO 258 sowie Rudolphi SK 22). Gegebenenfalls zum Zusammentreffen mit §§ 211, 223 ff. vgl. § 218 RN 68. – Demgegenüber **60** wurde in BGH **1** 331, **2** 115 ein Arzt wegen Verletzung der lex artis nach § 218 verurteilt, weil er eine Frau *nach dem Eingriff* nicht kunstgerecht behandelt hatte (vgl. auch BGH NJW **59**, 2028, Schäfer NJW **60**, 87). Diese Argumentation verkennt, daß die Rechtmäßigkeit eines Schwangerschaftsabbruchs nicht in der Schwebe bleiben und so auch letztlich nicht vom späteren Verhalten des Arztes, also nicht davon abhängen kann, ob die Nachbehandlung lege artis erfolgt (vgl. Jähnke LK 20). Im übrigen kann auch gegen eine Pflicht zur Vorsorge nicht eingewandt werden, daß die Durchführung eines Schwangerschaftsabbruchs außerhalb einer die Nachbehandlung gewährleistenden Einrichtung gesondert erfaßt und lediglich als Ordnungswidrigkeit mit Geldbuße bedroht wird (vgl. u. 82). Denn damit würde verkannt, daß durch jenen Ordnungswidrigkeitstatbestand bereits die abstrakte Gefährlichkeit eines diesen Anforderungen nicht entsprechenden Abbruchs erfaßt werden soll, während es für die rechtfertigungserhebliche Beachtung der lex artis allein darauf ankommt, daß der Arzt, wo auch immer er den Eingriff durchführt, für etwaige Komplikationen die erforderlichen Vorsorgemaßnahmen ins Auge faßt, und sei es auch nur durch entsprechende Absprachen mit einem Belegkrankenhaus.

3. Der Schwangerschaftsabbruch muß **mit Einwilligung der Schwangeren** erfolgen (Abs. 2, 3; **61** zu dem über Einwilligung noch hinausgehenden, diese aber durchaus mitvoraussetzenden *Verlangen* in Abs. 1 Nr. 1 vgl. o. 9). Dabei geht es hier nicht um die (für eine Rechtfertigung nicht genügende) Einwilligung der Schwangeren in die Tötung ihrer Leibesfrucht (dazu § 218 RN 34), sondern um die Wahrung ihrer *eigenen Interessen* (12 vor § 218): Sie selbst soll darüber entscheiden dürfen, ob sie das Risiko der Geburt oder des Eingriffs auf sich nehmen oder etwa aus Gewissensgründen dem Kind den Vorrang lassen will (so bereits RG **61** 256; vgl. ferner Lenckner aaO 276 ff., M-Schroeder I 82, Rudolphi SK 18). Für die Wirksamkeit bzw. den Ersatz der Einwilligung sind weiterhin die *allgemeinen Einwilligungsgrundsätze* (dazu 39 ff. vor § 32) maßgebend, nachdem die in verschiedenen Entwürfen zum 15. StAG vorgesehenen Einwilligungsregeln (vgl. insbes. § 219 e RegE 28 ff., Prot. VII 1598 ff.) in der Hoffnung auf eine baldige umfassende Neuregelung zurückgestellt worden waren (1. Ber. 14, Prot. VII 2434 f.). Demgemäß kommt es für die Einwilligungsfähigkeit nicht auf die bürgerlichrechtliche Geschäftsfähigkeit, sondern allein auf die natürliche Einsichts- und Urteilsfähigkeit der Schwangeren an (vgl. AG Schlüchtern NJW **98**, 832, Tröndle 20 vor § 218, Henke NJW 76, 1776, Lackner NJW 76, 1237, Laufhütte/Wilkitzki JZ 76, 231 f., Rudolphi SK 18 f.; and. in zivilr. Hinsicht Hamm NJW **98**, 3424 m. abl. Anm. Schlund JR 99, 334). Dementsprechend kann das höchstpersönliche Einwilligungsrecht iSv § 218 a auch einer *Minderjährigen* allein und selbständig, dh ohne Rücksicht auf Zustimmung oder Widerspruch der gesetzlichen Vertreter, zustehen, wenn sie selbst bereits die erforderliche Einsichts- und Urteilsfähigkeit über die Bedeutung und Risiken eines Schwangerschaftsabbruchs besitzt (vgl. Hirsch/Weißauer aaO 47 ff. sowie LG München NJW **80**, 646 zum Unterschied von der Zustimmungsbedürftigkeit des Behandlungsvertrags). Dies wird bis zum 14. Lebensjahr idR zu verneinen, bei über 16 jährigen dagegen regelmäßig zu bejahen sein (and. AG Celle NJW **87**, 2308: ab 18) und in der Zwischenphase entscheidend vom individuellen Reifegrad abhängen (vgl. auch Tröndle 22 vor § 218). *Fehlt der Schwangeren die eigene Einwilligungsfähigkeit* (mangelnde Reife, Geistesgestörtheit, Bewußtlosigkeit infolge Unfalls), so kann die Einwilligung durch den gesetzlichen Vertreter oder den sonst Sorgeberechtigten ersetzt werden (vgl. Celle MDR **60**, 136, Jähnke LK 10, M-Schroeder I 83). Wird diese verweigert und ist der mutmaßliche Wille der Schwangeren nicht bestimmbar, so ist ein Abbruch nur bei akuter Lebensgefahr statthaft (Jähnke LK 12, Rudolphi SK 20). Dies hat im Hinblick auf den höchstpersönlichen Charakter auch für den Fall zu gelten, daß eine (für sich allein nicht voll entscheidungsfähige) Schwangere einem Abbruch ausdrücklich widerspricht (vgl. Laufhütte/Wilkitzi aaO 332). Wurde die Einwilligung der Schwangeren erzwungen oder durch Täuschung (zB über die Art des Eingriffs: angeblich nur gynäkologische Untersuchung) erschlichen, so ist der Schwangerschaftsabbruch auch für den Arzt objektiv nicht gerechtfertigt und bei entsprechendem Vorsatz sogar nach § 218 II Nr. 1 strafverschärft (vgl. dort RN 58). Eingeh. zur Einwilligungsproblematik Lenckner in Eser-Hirsch aaO 173 ff., Jähnke LK 7 ff. sowie insbes. auch zur Minderjährigenproblematik Koch aaO 144 ff., 149 ff., zur zivilr. Problematik vgl. Scherer FamRZ 97, 589, die im Falle eines Abtreibungswunsches grds. der elterlichen Entscheidung Vorrang vor dem Selbstbestimmungsrecht des Kindes geben will; eine Einwilligung der Eltern zum Schwangerschaftsabbruch wäre somit grds. erforderlich, wobei aber bei Verweigerung in Fällen des § 218 a II, III die §§ 1631 II, 1666 BGB zu beachten wären; and. mit Blick auf § 218 a I Siedhoff FamRZ **98**, 8 m. Repl. Scherer FamRZ 98, 11.

Nicht erforderlich ist hingegen eine Einwilligung des **Ehemannes** (oder Lebenspartners) bzw. **62 Vaters.** Auch haben diese kein Widerspruchsrecht (Laufhütte/Wilkitzki JZ 76, 331 FN 47; vgl. auch § 218 RN 38). Doch kann die Bereitschaft des Partners oder auch eines Angehörigen der Schwangeren, die Sorge für das Kind zu übernehmen, für die Abwendbarkeit einer sozial bedingten medizinischen Indikation bedeutsam sein (vgl. o. 34 f.). Zudem haben die Forderungen nach verstärkter Einbeziehung des Umfeldes und dabei insbes. des Partners (vgl. Eser ZRP 91, 298, Eser/Koch, Neuregelung 184 f., 205) zwar nicht ganz in dem vom BVerfGE **88** 204 LS 9, 296 ff. geforderten

Umfang, aber immerhin ansatzweise in § 2 II 2 SchKG und § 170 II Beachtung gefunden (vgl. aber dazu auch 7 f. vor § 218 sowie § 219 RN 12).

63 4. **Subjektiv** ist erforderlich, daß der Arzt im Falle von Abs. 1 **in Kenntnis** des Verlangens der Schwangeren und einer fristgerechten Beratung bzw. im Falle der Abs. 2 oder 3 der objektiven Indikationsvoraussetzungen den Eingriff vornimmt (vgl. 14 vor § 32, § 34 RN 48, Rudolphi SK 45). Handelt er in dieser Vorstellung, so ist ihm der für eine Rechtfertigung erforderliche **Rettungswille** zugutezuhalten. Dagegen wird dies regelmäßig zu verneinen sein, wenn der Arzt ohne jegliche Untersuchung und damit praktisch auch ohne Rücksicht auf das Vorliegen der erforderlichen Indikationsvoraussetzungen den Eingriff vornimmt. Daher ist lediglich insoweit BGH JZ **77**, 139 (m. krit. Anm. Schroeder) zuzustimmen, als einem Arzt Rechtfertigung schon deshalb versagt wird, weil er die Inanspruchnahme sozialer Hilfe erst gar nicht gesucht und die Patientinnen teils nicht einmal körperlich untersucht hat (Jähnke LK 25). Unerheblich ist hingegen, daß sich der Arzt neben seinem Hilfswillen auch noch von anderen Motiven (etwa materieller Art) hat leiten lassen (vgl. Eser JuS 70, 462).

64 Eine darüber hinausgehende Pflicht zu **gewissenhafter Prüfung**, wie sie schon unter Geltung des § 218 a aF als Rechtfertigungsvoraussetzung nahezu allgemein abgelehnt wurde (vgl. 24. A. RN 61 mwN, ferner BGH **38** 154), kann jedenfalls insoweit, als es um den Tatbestandsausschluß nach Abs. 1 bzw. eine Rechtfertigung nach Abs. 2 oder 3 geht, auch nicht den neuen Darlegungs-, Beratungs- und Untersuchungspflichten des § 218c entnommen werden; im Gegenteil, gerade dadurch, daß diese Pflichten in einem gegenüber den §§ 218, 218a selbständigen Sondertatbestand beim Arzt erfaßt werden und zudem die Schwangere insoweit straffrei gestellt wird (§ 218c II), sind diese Pflichten, so wichtig sie für die Gesamtkonzeption des Schwangerschaftsabbruchs auch sein mögen, jedenfalls nicht Teil der tatbestandsausschließenden bzw. rechtfertigenden Voraussetzungen des §§ 218 Abs. 1–3. Gleichwohl kann die **ärztliche Aufklärung**, wie sie nach allgemeinen Grundsätzen für jeden medizinischen Eingriff erforderlich ist (näher dazu § 223 RN 40 ff.) und im wesentlichen auch den in § 218c I Nr. 2 umschriebenen Bereich der ärztlichen Beratung umfaßt, als Voraussetzung für die nach Abs. 1–3 erforderliche Einwilligung bedeutsam sein.

65 5. Liegen die vorgenannten Voraussetzungen des Abs. 1 (o. 2 ff.) bzw. der Abs. 2 (o. 26 ff.) oder Abs. 3 (o. 45 ff.) und zwar einschließlich der gemeinsamen Voraussetzungen (o. 57 ff.) vor, so daß entweder bereits der Tatbestand entfällt oder der Abbruch sogar gerechtfertigt ist, so ist jedenfalls eine Bestrafung nach **§ 218 für alle Beteiligten ausgeschlossen** (vgl. Bremen VersR **84**, 289). Auch bedarf es für diese Folge keiner formellen Indikationsfeststellung nach § 218b I 1 und ebensowenig der Durchführung des Abbruchs in einer entsprechenden zugelassenen Einrichtung (§§ 12–14 SchKG). Denn obgleich es sich bei den letztgenannten Erfordernissen um ergänzende Schutz- und Kontrollpflichten handelt, die ihrerseits sanktioniert sind (vgl. u. 81 f.), hat deren Beachtung doch weder für den Tatbestandsausschluß nach Abs. 1 noch für eine Rechtfertigung nach Abs. 2 oder 3 wesentliche Bedeutung (ebso. zu § 218a aF Hirsch/Weißauer aaO 21, Tröndle[46] 29, Rudolphi SK 23, 48, iE auch Jähnke LK 78). Demzufolge ist bei Vorliegen der Voraussetzungen von Abs. 2 oder 3 der Abbruch auch im versicherungs- und sozialhilferechtlichen Sinne „nicht rechtswidrig", und zwar ohne Rücksicht auf Vorliegen und/oder Inhalt einer formellen Indikationsfeststellung nach § 218b I. Diese eigenständige Rolle des § 218a im Hinblick auf § 218 hat jedoch andererseits zur Folge, daß mit dessen Tatbestands- oder Rechtswidrigkeitsausschluß nach Abs. 1–3 die an einem Abbruch Beteiligten **nicht ohne weiteres völlig straffrei** sind, sondern nur dann, wenn auch alle *ergänzenden Schutz-* und Kontrollpflichten erfüllt sind (näher dazu u. 78 ff.).

66/67 V. Ist der Abbruch weder nach Abs. 1 straflos noch nach den Abs. 2 oder 3 gerechtfertigt, so kommen noch **besondere Privilegierungen für die Schwangere (Abs. 4)** in Betracht (zum früheren Standort dieser Privilegierungen vgl. 25. A. RN 67).

68 1. Die Schwangere kann **volle Straffreiheit (Abs. 4 S. 1)** erlangen, wenn sie den Abbruch nach
69 vorheriger Beratung innerhalb von 22 Wochen seit Empfängnis von einem Arzt durchführen läßt. Die Einführung dieser Straffreistellung durch das 15. StÄG beruhte auf ähnlichen Erwägungen wie das dem Abs. 1 zugrundeliegende Beratungsschutzkonzept: Es sollte die Bereitschaft der Schwangeren gefördert werden, sich zunächst einmal einer Beratung zu unterziehen, ohne dabei fürchten zu müssen, daß ihr bei negativem Ausgang der Weg zu einem straffreien Abbruch verschlossen wäre (vgl. 24. A. RN 49a mwN). Nachdem nun Abs. 1 unter anderen Bedingungen Straffreiheit einräumt, hat Abs. 4 S. 1 jedenfalls für die ersten 12 Wochen an praktischer Bedeutung verloren, kann jedoch für den Zeitraum bis zur 22. Woche noch eine Rolle spielen, ohne daß diese freilich angesichts des steigenden Gesundheitsrisikos für die Schwangere und des Strafbarkeitsrisikos für den Arzt überschätzt werden sollte. Im Unterschied zu Abs. 1, durch den bereits der Tatbestand des § 218 ausgeschlossen wird, ist nach Abs. 4 S. 1 die Tat der Schwangeren unter den dort genannten Voraussetzungen lediglich „nicht strafbar", woraus zu den für „nicht rechtswidrig" erklärten Fällen des Abs. 2 und 3 zu entnehmen ist, daß hier lediglich ein **persönlicher Strafausschließungsgrund** für die Schwangere eingeräumt wird, während die Rechtswidrigkeit des Abbruchs erhalten und demzufolge auch die Strafbarkeit aller anderen Tatbeteiligten unberührt bleibt (so schon bisher die hM: vgl. Tröndle 20, Lackner 23, Laufhütte/Wilkitzki JZ 76, 330, Müller-Emmert DRiZ 76, 165). Obgleich wegen Ermöglichung eines nicht gerechtfertigten Schwangerschaftsabbruchs bis in den 6. Monat hinein als eine Art „verkappte Fristenlösung" bezeichnet (vgl. DRiB DRiZ 75, 398, Lackner NJW 76, 1236) und nicht zuletzt im Hinblick

auf deren Vereinbarkeit mit BVerfG **39** 1, 55 ff. heftig umstritten (vgl. 24. A. RN 49 mwN), wurde diese Straffreistellung in BVerfGE **88** 203 nicht verworfen. Im einzelnen setzt die Straffreiheit der Schwangeren folgendes voraus:

a) Der Schwangerschaftsabbruch muß **vom Arzt durchgeführt** werden. Insofern gilt Gleiches wie 70 bei einem nach Abs. 1 straflosen oder nach Abs. 2, 3 indizierten Abbruch (vgl. o. 58). Anders als dort, wo wegen der besonderen rechtlichen Verantwortung des Arztes eine inländische Approbation vorauszusetzen ist (vgl. o. 58), dürfte dies hier wegen der ohnehin unberührt bleibenden Rechtswidrigkeit des Abbruchs ebenso unerheblich sein wie auch die Durchführung im In- oder Ausland (ebso. Tröndle 21, Lackner 23); entscheidend ist daher allein, daß der Operateur die nach Tatortrecht erforderliche Qualifikation eines Arztes besitzt (vgl. auch 42 vor § 218).

b) Vor Durchführung des Abbruchs muß sich die Schwangere einer **Beratung** nach § 219 unter- 71 zogen haben (vgl. dort RN 3 ff.). Als Berater kommen nur die nach § 219 anerkannten Beratungsstellen bzw. Ärzte in Betracht (vgl. dort RN 18 f.), wobei letzterenfalls zu beachten ist, daß beratender Arzt und Operateur nicht identisch sein dürfen (§ 219 II 3), ohne daß aber hier bei Wahrnehmung beider Rollen der Arzt nach § 218 c I Nr. 4 strafbar wäre. Auch ist anders als bei Abs. 1 die dort vorgeschriebene 3-Tages-Karenz hier nicht vorgesehen.

c) Der Abbruch muß **vor Ablauf der 22. Woche** seit Empfängnis erfolgen, also praktisch bis Ende 72 der 24. Woche seit der letzten Menstruation (zur Berechnung vgl. § 218 RN 15). Ein Irrtum darüber ist ebenso wie bei jenen persönlichen Strafausschließungsgründen, die auf ähnlichen (zumindest auch) schuldbezogenen Erwägungen beruhen, analog nach § 16 II zu behandeln (vgl. § 16 RN 34; and. Jähnke LK 58).

d) *Nicht* erforderlich ist hingegen, daß eine bestimmte *Indikation* vorliegt oder von der Schwangeren 73 auch nur geltend gemacht wird. Demzufolge braucht sie sich auch nicht um eine Indikationsfeststellung nach § 218 b zu bemühen. Liegt dagegen eine Indikation nach Abs. 2 oder 3 tatsächlich vor, so kommt sogar Rechtfertigung in Betracht. Auch wird die Straffreiheit nicht dadurch ausgeschlossen, daß der Abbruch ordnungswidrig nicht in einer die Nachbehandlung gewährleistenden Einrichtung durchgeführt wird (vgl. u. 82).

e) Abs. 4 S. 1 hat zur **Folge**, daß die Schwangere hinsichtlich des *Schwangerschaftsabbruchs straffrei* 74 wird, und zwar **zwingend** (Laufhütte/Wilkitzki JZ **76**, 330). Dagegen läßt dies eine Strafbarkeit wegen *anderer* damit zusammenhängender Delikte (Nötigung des Arztes zum Abbruch) ebenso unberührt (Tröndle 20, Müller-Emmert DRiZ **76**, 165) wie die Strafbarkeit von *Tatbeteiligten* (o. 69).

2. Letztendlich ist für die Schwangere noch ein **Absehen von Strafe (Abs. 4 S. 2)** möglich, wenn 75 sie sich zur Zeit des Eingriffs in „**besonderer Bedrängnis**" befunden hat. Dies ist bedeutsam für die 76 Fälle, in denen der Abbruch weder nach Beratung innerhalb der 12-Wochen-Frist straflos (Abs. 1) oder nach Abs. 2 oder 3 rechtfertigend indiziert sind noch die Strafausschließungsvoraussetzungen von Abs. 4 S. 1 erfüllt sind, insbes. also dort, wo keine ordnungsgemäße Beratung vorausgegangen ist, wie meist bei Abbruch im Ausland (vgl. 43 vor § 218), oder eine Selbstabtreibung bzw. ein sonstiger Laienabort vorliegt (2. Ber. 6). Da hier alle Gründe, derentwegen sich die teilweise Zurückdrängung des Abtreibungsverbots rechtfertigen läßt (unzumutbare Notlage, Beratungsgedanke, Verminderung des Gesundheitsrisikos bei ärztlichem Abbruch; vgl. 3 vor § 218), nicht durchzuschlagen vermögen, ist dieser Strafverzicht nicht unproblematisch (vgl. auch Gössel JR **76**, 6, Lackner NJW **76**, 1236). Sollen daher Mißachtungen der Beratungspflicht bzw. Laienabtreibungen für Schwangere nicht völlig sanktionslos bleiben, kann eine **besondere Bedrängnis** nicht schon aufgrund der Schwangerschaft als solcher oder der mit dem Aufsuchen einer Beratungsstelle bzw. eines Arztes verbundenen Unbequemlichkeiten angenommen werden (vgl. Rudolphi SK 53), sondern erst dort, wo die Bedrängnis entweder einem der in § 218 a umschriebenen Interessenkonflikten nahekommt (vgl. RegE 14), die Schwangere unter Zwang stand (zB bei Bedrohung durch den Erzeuger, vgl. Blei JA **76**, 534) oder die Beratung (etwa wegen längerem Auslandsaufenthalt oder gesteigerter Offenbarungsangst, vgl. Laufhütte Prot. VII 2393) bzw. die Zuziehung eines Arztes (mangelnde Gelegenheit oder Mittel) in besonderem Grade erschwert war; vgl. auch Müller-Emmert DRiZ **76**, 165 f., wonach offenbar sowohl die Beratung als auch die Zuziehung eines Arztes erschwert sein müsse, sowie Rudolphi SK 53; teils ab. Jähnke LK 65.

Anders als die zwingende Straffreiheit im Falle von Abs. 4 S. 1 (o. 74) steht hier das Absehen von 77 Strafe im **Ermessen** des Gerichts (allg. dazu 54 vor § 38). Auch kann diese Privilegierung nur der Schwangeren selbst, nicht dagegen anderen Tatbeteiligten zugute kommen.

VI. Über die vorangehenden Möglichkeiten eines Tatbestandsausschlusses nach Abs. 1, einer 78 Rechtfertigung nach den Abs. 2 und 3 oder einer Privilegierung der Schwangeren nach Abs. 4 hinaus sind **zur Erlangung voller Straffreiheit** noch **ergänzende Schutz- und Kontrollvorschriften** zu beachten (näher zu dieser Verbindung von materiellen und formellen Straffreistellungserfordernissen – auf der grundsätzlich ähnlichen Basis des 15. StÄndG – vgl. Eser/Hirsch aaO 150 ff.).

Dabei ist als wichtige Neuerung zu berücksichtigen, daß die damalige (soziale und ärztliche) 79 **Beratung** nach § 218 b aF nicht mehr durch eine eigene Strafvorschrift sanktioniert (vgl. 24. A. RN 65), sondern aufgrund des SFHG idF des SFHÄndG teils besser, teils schlechter abgesichert ist: Soweit es um die *ärztliche* Beratung geht, findet sich diese im besonderen ärztlichen Pflichtenkatalog des § 218 c I Nr. 2 wieder (vgl. u. 80). Soweit es hingegen um die frühere *soziale* Beratung geht, hat sie in Form des § 219 insofern eine Aufwertung erfahren, als sie für einen Tatbestandsausschluß nach Abs. 1 vorausgesetzt wird (vgl. o. 5 ff.); dagegen ist sie für eine Rechtfertigung nach Abs. 2 oder 3 nicht mehr als Pflicht, sondern nur noch auf freiwilliger Basis vorgesehen (vgl. auch § 219 RN 1).

80   1. Ausnahmslos bei jedem Schwangerschaftsabbruch obliegen dem **Arzt** bestimmte **Darlegungs-, Beratungs- und Untersuchungspflichten** (§ 218 c I Nr. 1–3). Im Unterschied zum früheren Recht, wo der abbrechende Arzt nicht unbedingt auch die ärztliche Beratung vorgenommen haben mußte (24. A. § 218 b RN 15), treffen die vorgenannten Pflichten nunmehr den abbrechenden Arzt. Wird eine dieser Pflichten verletzt, so bleibt zwar davon der Tatbestandsausschluß nach Abs. 1 oder die Rechtfertigung nach Abs. 2, 3 unberührt; jedoch macht sich der abbrechende Arzt nach § 218 c strafbar, während die Schwangere ihrerseits straffrei bleibt (§ 218 c II; Einzelheiten dort RN 1, 12).

81   2. Bei einem nach Abs. 2 oder 3 zu rechtfertigenden Schwangerschaftsabbruch muß sich der abbrechende Arzt eine **förmliche Indikationsfeststellung** (§ 218 b I 1) vorlegen lassen, und zwar von einem anderen Arzt, der freilich seinerseits mit einem nach § 219 beratenden Arzt identisch sein darf (Einzelheiten bei § 218 b RN 3 ff.). Eine mangelnde Indikationsfeststellung läßt zwar eine materiell gegebene Rechtfertigung des Abbruchs unberührt; jedoch macht sich der abbrechende Arzt nach § 218 b I 1 strafbar, ebenso wie der eine unrichtige Indikationsfeststellung treffende Arzt (§ 218 b I 2), während die Schwangere auch insoweit straffrei bleibt (§ 218 b I 3).

82   3. Zudem muß der Abbruch in einer die notwendige **Nachbehandlung gewährleistenden Einrichtung** vorgenommen werden (§ 13 SchKG in Übernahme von Art. 3 I idF 5. StrRG durch das SFHG, wobei das vorherige Zulassungserfordernis aufgehoben wurde, um gegenüber den Ländern einer möglichen Zulassungsverweigerung von Einrichtungen für ambulante Schwangerschaftsabbrüche entgegenzuwirken: vgl. 24. A. RN 67, BT-Drs. 12/2605 [neu] S. 32, 13/1850 S. 43 f.). Ebensowenig dürfen durch Landesrecht der Fortbestand oder das Entstehen von auf Abbruch spezialisierten Einrichtungen durch eine Einnahmequotierung verhindert werden, da das einschlägige Bundesrecht als abschließend zu verstehen ist, ohne die Verhinderung einer Spezialisierung vorgesehen zu haben (vgl. BVerfGE 98 313, 318 zum BaySchwHEG; and. die Abw. Meinung von Papier, Graßhof u. Haas aaO 331, ferner S. Koch aaO 114, hiergegen Seckler NJW 96, 3052 sowie mit Berufung auf Art. 12 I GG Frommel KJ 96, 362 f.). Mit diesem Einrichtungserfordernis soll sichergestellt werden, daß die sachgemäße Durchführung des Eingriffs nach dem jeweiligen Stand der medizinischen Erkenntnis erfolgt, die personelle, apparative und räumliche Ausstattung hohen Anforderungen genügen und insbes. der durchführende Arzt die Qualifikation für Frauenheilkunde und/oder Geburtshilfe besitzt (zu einem landesrechtl. Facharztvorbehalt vgl. aber auch o. 58) oder ihm eine geeignete Person zur Seite steht und für den Fall der Narkose ein hierin erfahrener Arzt hinzugezogen wird; für die medizinische Nachbehandlung sollte die Möglichkeit einer ärztlichen Nachbetreuung sichergestellt sein (BT-Drs. 12/2605 [neu] S. 23). Unter diesen Voraussetzungen kann der Eingriff grundsätzlich auch **ambulant** erfolgen, vorausgesetzt natürlich, daß dies die ärztlichen Kunstregeln zulassen (andernfalls kann sogar die Rechtfertigung entfallen: vgl. o. 59, Rudolphi SK 22). Wird diese Pflicht verletzt, so läßt dies zwar die Rechtfertigung des Eingriffs unberührt (vgl. o. 65); jedoch kann dies gegenüber dem Arzt als **Ordnungswidrigkeit** mit einer Geldbuße geahndet werden (§ 14 SchKG), während die Schwangere als notwendige Teilnehmerin auch insoweit ohne Sanktion bleibt (vgl. Prot. VII 1670; iE ebenso Jähnke LK 80). Allerdings kann diese Pflicht in **Wegfall** kommen, wenn bei Aufschub des Abbruchs die Schwangere in eine *schwere Leibes- oder Lebensgefahr* geraten würde (so zur Krankenhauspflicht nach aF Koch aaO 223). Dies (wie erwogen) durch eine entsprechende Notstandsklausel ausdrücklich klarzustellen, wurde bereits zum 15. StÄG im Hinblick auf § 34 schließlich zu Recht für entbehrlich gehalten (vgl. Prot. VII 1650, 1670). Im übrigen sind die Länder – unter grundsätzlicher Billigung des BVerfGE 88 328 ff. – gehalten, ein **ausreichendes Angebot ambulanter und stationärer Einrichtungen** zur Vornahme von Schwangerschaftsabbrüchen sicherzustellen (§ 13 SchKG); dabei soll es genügen, wenn das Aufsuchen der Einrichtung von der Frau keinen über einen Tag hinausgehende Abwesenheit von ihrem Wohnort erfordert (BT-Drs. 13/1850 S. 22).

83   4. Schließlich gibt es nach Durchführung eines Schwangerschaftsabbruchs eine **Meldepflicht**, die nach § 23 BStatistikG als Ordnungswidrigkeit mit Geldbuße bedroht ist (näher dazu 46 vor § 218).

84   **VII. Weigerungsrecht.** Ist ein Schwangerschaftsabbruch nach Abs. 2, 3 gerechtfertigt (o. 65) und auch ansonsten in jeder Hinsicht straffrei (o. 78 ff.), so erhebt sich die Frage, inwieweit damit nicht nur eine *Berechtigung*, sondern sogar eine *Verpflichtung* zur Durchführung, Mitwirkung oder Zulassung des Abbruchs besteht. Für die **Schwangere** selbst ist dies bereits damit zu verneinen, daß ohne ihre (bzw. notfalls ihres Vertreters) Einwilligung der Schwangerschaftsabbruch schon gar nicht gerechtfertigt oder auch nur straflos wäre (vgl. o. 61 sowie Laufhütte Prot. VII 2436). Für *Dritte* und damit namentlich den **Arzt** ist schon seit der *Weigerungsklausel* des Art. 2 I des 5. StrRG klargestellt, daß „niemand verpflichtet (ist), an einem Schwangerschaftsabbruch mitzuwirken" (jetzt § 12 SchKG) und dies grundsätzlich auch nicht abdingbar ist (BVerfGE 88 294). Schon deshalb kann von einem „Recht" auf Schwangerschaftsabbruch, wie der bloße Verzicht auf strafrechtliche Mißbilligung in der Öffentlichkeit (aber offenbar auch in BGH NJW 83, 1372) immer wieder mißverstanden wird, keine Rede sein, jedenfalls nicht in dem Sinne, daß damit einem bestimmten Arzt oder Krankenhaus gegenüber ein „Anspruch" auf Durchführung eines indizierten Schwangerschaftsabbruchs bestünde (vgl. Grupp NJW 77, 329 ff.; insbes. wird auch durch § 24 b SGB V nur ein Anspruch auf Koste*nerstattung*, nicht

aber auf Durchführung des Abbruchs gewährt; vgl. Gitter in Eser/Hirsch aaO 198 ff., Koch aaO 186; zur Verfassungsmäßigkeit der bisher. Erstattungsregelung nach § 200 f, g RVO vgl. BVerfGE 88 335 f.). Zwar ist das Weigerungsrecht in erster Linie für den *Arzt* bedeutsam. Da jedoch „**niemand**" zur Mitwirkung verpflichtet und *„Mitwirkung"* in weitem Sinne zu verstehen ist (Prot. VII 2436 f.), können auch die Operations- und Anästhesieschwestern ihre Assistenz bzw. die Krankenhausleitung die Zulassung des Abbruchs verweigern (Laufhütte JZ 76, 337; dies soll nach Prot. VII 2437 sogar für den Krankenhausträger gelten; diff. Jähnke LK 86), nicht dagegen etwa das Abrechnungspersonal oder der Klimatechniker des Krankenhauses (vgl. Hirsch/Weißauer aaO 73, Koch aaO 184). Auch bedarf die Verweigerung *keiner Begründung*. Zwar sollte das Weigerungsrecht zunächst auf die Geltendmachung von Gewissensgründen beschränkt bleiben (vgl. § 220 b RegE). Diese Einschränkung wurde jedoch schließlich zu Recht fallengelassen, da jeder – und zwar ohne Zwang zur Offenlegung seiner Motive – über die Mitwirkung an einem Schwangerschaftsabbruch frei soll entscheiden dürfen (vgl. 1. Ber. 19). So wenig daher der sich Weigernde überhaupt Gründe für seine Entscheidung anzugeben braucht, so wenig trifft ihn eine Beweislast für die Ernsthaftigkeit oder Annehmbarkeit einer etwaigen Begründung. Auch muß die Verweigerung sowohl generell wie für den konkreten Fall zulässig sein, es sei denn, daß aufgrund offensichtlicher Willkür eine mißbräuchliche Berufung auf das Weigerungsrecht anzunehmen ist, wie etwa bei Abnötigung eines Sonderentgelts (Jähnke LK 85). Ein solcher 85 *Ermessensmißbrauch* ist jedoch nicht schon darin zu erblicken, daß sich ein Arzt oder Krankenhaus mit Rücksicht auf seine übrige Patientenschaft die Durchführung von Schwangerschaftsabbrüchen für schwerere Fälle oder Fallgruppen (zB medizinische Indikation ieS) vorbehält; denn trotz formeller Gleichstellung aller Indikationen (o. 23) ist nicht zu verkennen, daß die Interessenkollision materiell von unterschiedlichem Gewicht und Dringlichkeitsgrad sein kann, wobei freilich eine familiäre Zwangslage nicht in jedem Falle hinter einer (etwa relativ leichten) Gesundheitsgefährdung zurückzustehen braucht; entscheidend sind vielmehr die Umstände des Einzelfalles. Ebenso wird das Weigerungsrecht nicht etwa dadurch „verwirkt", daß man in früheren Fällen bereits zur Mitwirkung bereit war (vgl. Jähnke LK 85); and. Tröndle 6 für den Fall, daß sich ein Arzt zur Durchführung von Schwangerschaftsabbrüchen verpflichtet hatte; danach soll er die Weigerung nur noch auf Art. 4 I GG stützen dürfen (wohl ebenso Hirsch/Weißauer aaO 79 f., Koch aaO 185; vgl. auch Harrer DRiZ 90, 137 ff. zur Auswirkung des Weigerungsrechts auf zivilrechtl. Schadensersatzansprüche wegen fehlgeschlagener Familienplanung). Dies läßt sich freilich nicht schon aus der Weigerungsklausel, sondern allenfalls dienstrechtlich begründen. Dazu wie auch zu den primär arbeitsrechtlichen bzw. verwaltungsrechtlichen Fragen, inwieweit das Weigerungsrecht des Arztes bereits in der *Stellenausschreibung* oder durch seinen *Anstellungsvertrag* abbedungen bzw. durch sonstige interne Anordnungen überspielt werden kann, vgl. BVerfGE 88 294, wonach trotz grundsätzlicher Unabdingbarkeit Ausnahmen offenbar nicht völlig ausgeschlossen sein sollen, ferner BVerwG NJW 92, 773 (m. abl. Anm. Mayer-Maly JZ 92, 528), Maier NJW 74, 1405 ff., DÄBl. 74, 353 ff., Grupp NJW 77, 329 ff. sowie Prot. VII 1458 ff., 1483 ff., 1507 ff., 1562 f. Eingeh. zum Ganzen Gitter in Eser/Hirsch aaO 198 ff.

Das Weigerungsrecht findet seine **Grenze** dort, wo die Mitwirkung zur Rettung der Schwangeren 86 aus einer anders nicht abwendbaren **Gefahr des Todes** oder einer schweren Gesundheitsbeschädigung notwendig ist (§ 12 II SchKG, während BVerfGE 88 294 offenbar schon bei jeder medizinischen Indikation eine Begrenzung zulassen will). Hier wird dem Leibes- und Lebensschutz der Frau Vorrang vor etwaigen Gewissensbedenken eingeräumt. Weigert sich der Arzt trotzdem, so kann er sich je nach Art der Gefährdung oder Verletzung nach § 323 c bzw. bei bereits übernommener Behandlung nach §§ 211 ff. oder 223 ff. iVm § 13 strafbar machen (vgl. Hirsch/Weißauer aaO 74 ff., Jähnke LK 82, Maier NJW 74, 1405, o. 120 vor § 32, aber auch Lenckner aaO 242 FN 8). Auch bleiben die allgemeinen ärztlichen und pflegerischen Hilfspflichten insoweit unberührt, als es lediglich um die *Nachversorgung* der Schwangeren nach einem bereits abgeschlossenen Schwangerschaftsabbruch geht (Hirsch/Weißauer aaO 73, Jähnke LK 84, Koch aaO 184).

§ 218 b Schwangerschaftsabbruch ohne ärztliche Feststellung; unrichtige ärztliche Feststellung

(1) Wer in den Fällen des § 218 a Abs. 2 oder 3 eine Schwangerschaft abbricht, ohne daß ihm die schriftliche Feststellung eines Arztes, der nicht selbst den Schwangerschaftsabbruch vornimmt, darüber vorgelegen hat, ob die Voraussetzungen des § 218 a Abs. 2 oder 3 gegeben sind, wird mit Freiheitsstrafe bis zu einem Jahr oder mit Geldstrafe bestraft, wenn die Tat nicht in § 218 mit Strafe bedroht ist. Wer als Arzt wider besseres Wissen eine unrichtige Feststellung über die Voraussetzungen des § 218 a Abs. 2 oder 3 zur Vorlage nach Satz 1 trifft, wird mit Freiheitsstrafe bis zu zwei Jahren oder mit Geldstrafe bestraft, wenn die Tat nicht in § 218 mit Strafe bedroht ist. Die Schwangere ist nicht nach Satz 1 oder 2 strafbar.

(2) Ein Arzt darf Feststellungen nach § 218 a Abs. 2 oder 3 nicht treffen, wenn ihm die zuständige Stelle dies untersagt hat, weil er wegen einer rechtswidrigen Tat nach Absatz 1, den §§ 218, 219 a oder 219 b oder wegen einer anderen rechtswidrigen Tat, die er im Zusammenhang mit einem Schwangerschaftsabbruch begangen hat, rechtskräftig verurteilt

worden ist. Die zuständige Stelle kann einem Arzt vorläufig untersagen, Feststellungen nach § 218 a Abs. 2 und 3 zu treffen, wenn gegen ihn wegen des Verdachts einer der in Satz 1 bezeichneten rechtswidrigen Taten das Hauptverfahren eröffnet worden ist.

Vorbem.: Fassung durch SFHG idF des SFHÄndG (anstelle von §§ 219, 219 a idF des 15. StÄG; vgl. 1 vor § 218).

Schrifttum: Vgl. die Angaben vor § 218 sowie zu §§ 218, 218 a.

1   I. Die Vorschrift dient der Sicherung der in den Fällen des § 218 a II und III für eine volle **Rechtfertigung** erforderlichen **Indikationsfeststellung** (vgl. 22 vor § 218 sowie 81 zu § 218 a). Um leichtfertige oder voreingenommene Annahmen von rechtfertigenden Indikationen zu verhindern, darf der Schwangerschaftsabbruch erst nach Vorlage einer schriftlichen Indikationsfeststellung eines mit dem Abbrechenden nicht identischen „neutralen" Arztes erfolgen (vgl. Laufhütte/Wilkitzki JZ 76, 335). Da die Indikationsfeststellung auf die Rechtmäßigkeit des Abbruchs als solchen jedoch keinerlei Einfluß hat (u. 15) und für den abbrechenden Arzt weder positiv noch negativ bindend ist (u. 16), kommt ihr lediglich die Funktion einer **Entscheidungshilfe** zu, durch die der Arzt seiner eigenen Verantwortung für das Vorliegen einer Indikation nicht enthoben wird (Bremen VersR 84, 289, LG Kiel VersR 84, 451, Müller-Emmert DRiZ 76, 168). Dementsprechend kann Täter des § 218 b I 1 grundsätzlich nur der *abbrechende* Arzt sein (vgl. aber auch u. 20), während unrichtige Feststellungen des **indikationsfeststellenden** Arztes primär durch § 218 b I 2 erfaßt werden. Obgleich somit § 218 b nicht gegen den Schwangerschaftsabbruch als solchen, sondern gegen die Verletzung eines formellen Kontrollsystems gerichtet ist (vgl. Lackner NJW 76, 1241), ist **Schutzgut** dieser subsidiären *Gefährdungsdelikte* (Sturm Prot. VII 2428) letztlich doch – ähnlich wie bei der früher gleichermaßen selbständig strafbewehrten Beratungspflicht nach § 218 b aF (vgl. 24. A. § 218 b RN 1) – das *ungeborene Leben* (Lackner 1; and. Jähnke LK 1: bloße Verfahrenssicherung; vgl. auch Rudolphi SK 16 hins. § 218 b I 2).

2   – Wenn das Indikationsmodell als solches auch das entsprechende Feststellungssystem zu den umstrittensten Punkten der Abtreibungsreform von 1975 gehört (eingeh. 24. A. § 219 RN 2 mwN). Durch das SFHG wurde es – neben dem neu eingeführten Tatbestandsausschluß im Falle eines ärztlichen Abbruchs nach Beratung innerhalb von 12 Wochen (vgl. 6 vor § 218 sowie 1 zu § 218 a) – im wesentlichen unverändert beibehalten. Nachdem das BVerfG rechtfertigende Kraft nur bei einer Indikationsfeststellung durch eine dritte Instanz glaubt einräumen zu können (vgl. BVerfGE 88 274 f.; and. Sondervotum Mahrenholz/Sommer aaO 349), bleibt die Bedeutung des Feststellungsverfahrens für die weiterhin gesetzlich geregelte medizinische und kriminologische Indikation bestehen. Wesentlich ist somit nach wie vor die **Neutralität der Indikationsstellung**.

3   II. Der Tatbestand des **Schwangerschaftsabbruchs ohne ärztliche Feststellung (Abs. 1 S. 1)** besteht im *Schwangerschaftsabbruch, ohne daß dem Abbrechenden die schriftliche Indikationsfeststellung eines (anderen) Arztes vorgelegen hat*. Eine solche ist heute nur noch bei der *medizinisch-sozialen* und der *kriminologischen Indikation* iSv § 218 a II, III erforderlich, und selbst davon sind die generell tatbestandslosen Eingriffe in der Nidationsphase nach § 218 I 2 ausgenommen (vgl. dort RN 10 ff.). Im einzelnen gilt folgendes:

4   1. a) Die **Indikationsfeststellung**, deren Nichtvorliegen ein negatives Tatbestandsmerkmal darstellt, muß sich lediglich dazu äußern, *„ob"* die Voraussetzungen einer Indikation nach § 218 a II, III (also einschließlich der Wahrung etwaiger Fristen) gegeben sind. Anders als in allen früheren Indikationsmodellen, wo jeweils zu bestätigen war, *„daß"* bestimmte Indikationsvoraussetzungen vorliegen (vgl. 18. A. 7.), bedarf es einer solchen positiven Feststellung seit dem 15. StÄG nicht mehr. Vielmehr genügt, daß im Sinne einer Entscheidungshilfe für den abbrechenden Arzt (vgl. o. 1) überhaupt eine schriftliche Äußerung zu den Indikationsvoraussetzungen vorliegt, und zwar *gleichgültig*, ob letzlich mit *positivem* oder *negativem* Ergebnis (vgl. Tröndle[46] § 219 RN 4, Jähnke LK § 219 RN 3 f., Hirsch/Weißauer aaO 23, Laufhütte/Wilkitzki JZ 76, 336, Müller-Emmert DRiZ 76, 168, Rudolphi SK § 219 RN 4; krit. M-Schroeder I 88). Vgl. auch u. 14 ff.

5   **Inhaltlich** darf sich die Feststellung nicht auf ein bloßes Ja oder Nein zum Vorliegen einer bestimmten Indikation beschränken. Denn wie aus dem Zweck der Indikationsfeststellung als Entscheidungshilfe zu entnehmen ist, darf sie sich nicht – wie freilich bislang wohl weithin Praxis (vgl. Wuermeling in Jur.-Ver.Nr. 2 S. 68 ff.) – nur in der Feststellung eines Ergebnisses erschöpfen, sondern muß zumindest auch die **wesentlichen Gründe** mit anführen, die für oder gegen die Annahme einer bestimmten Indikation sprechen (vgl. Hollmann AR 81, 207, Koch aaO 172, Rudolphi SK § 219 RN 6). Auch das Vorliegen der *Einwilligung* der Schwangeren, da nunmehr – im Unterschied zur eigenständigen Regelung in § 218 a I Nr. 1 aF (vgl. 24. A. § 219 RN 5) – Teil der in Abs. 1 S. 1 in Bezug genommenen Abs. 2 und 3 von § 218 a nF, wird vom Indikationsarzt festzustellen sein.

6   Der **Form** nach muß die Indikationsfeststellung **schriftlich** sein. Daher genügen weder mündliche Übermittlungen durch die Schwangere (Rudolphi SK § 219 RN 10) noch telefonische Bestätigungen durch den Indikationsarzt (Augstein/Koch aaO 84).

7   b) Die Indikationsfeststellung kann von **jedem Arzt** getroffen werden, mit Ausnahme des Abbrechenden selbst. Im einzelnen gilt folgendes:

α) Einer besonderen Zulassung oder Ermächtigung zur Indikationsfeststellung bedarf es nicht. **8** Solange ihm dies nicht ausdrücklich durch ein Indikationsverbot nach Abs. 2 untersagt ist (dazu u. 32 ff.), ist vielmehr jeder **approbierte Arzt** zur Indikationsfeststellung befugt, wobei der Gesetzgeber von einer Approbation nach **deutschem** Recht ausgeht (vgl. 2. Ber. 1, Jähnke LK § 219 RN 6, Tröndle 3, Lackner 3; and. Rudolphi SK 7). Dieses – wohl nunmehr auch für den abbrechenden Arzt (§ 218 a RN 58) geltende – Erfordernis (zu früheren Widersprüchlichkeiten vgl. 21. A. § 219 RN 8) läßt sich damit begründen, daß es – ähnlich wie bei der eine besondere Anerkennung voraussetzenden Beratung durch einen Arzt nach §§ 218 a I, 219 (vgl. dort RN 19) – auch beim Indikationsfeststellungsverfahren nicht allein auf die medizinische Sachkunde ankommt, sondern auch, wie insbes. dem Indikationsverbot nach Abs. 2 zu entnehmen ist, auf die standes- und verwaltungsrechtliche Einbindung des Arztes in die deutsche Rechtsordnung (vgl. Laufhütte/Wilkitzki JZ 76, 336, Müller-Emmert DRiZ **76**, 167 f.). Fehlt dem Indikationsarzt die deutsche Approbation, so ist seine Indikationsfeststellung unbeachtlich, mit der Folge, daß mit Berufung darauf der abbrechende Arzt keine Straffreiheit von Abs. 1 S. 1 erlangen kann (and. Koch aaO 176). Zum Irrtum über die Indikationsbefugnis vgl. u. 19.

In gleicher Weise unbeachtlich sind Feststellungen eines nach Abs. 2 mit **Indikationsverbot 9** belegten Arztes (vgl. Müller-Emmert DRiZ 76, 168; zu den Voraussetzungen u. 32 ff.). Auch dies ergibt sich zwar nicht aus dem Wortlaut des Abs. 1 S. 1, wohl aber daraus, daß ein in seiner Wirkung allein auf den Indikationsarzt beschränktes Verbot im Rahmen eines gegen den Abbrechenden gerichteten Tatbestandes (vgl. o. 4) nicht nur systematisch falsch plaziert, sondern auch kaum sinnvoll wäre (vgl. Tröndle 3, Jähnke LK § 219 RN 13).

β) Im übrigen jedoch wird eine besondere **Qualifikation** oder spezielle Kompetenz für die **10** infragestehende Indikation *nicht* ausdrücklich vorausgesetzt. Deshalb ist die gelegentlich verlangte Stellungnahme eines Facharztes (vgl. Hanack/Hiersche ArchGyn 79, 341, Stoll/Sievers Fortschr. Med. 76, 1468 ff.) jedenfalls gesetzlich nicht generell geboten (vgl. Tröndle 3, Jähnke LK § 219 RN 6). Wie sich aber mittelbar aus der Strafdrohung für unrichtige Indikationsfeststellungen (Abs. 1 S. 2) ergibt, wird vom Arzt erwartet, daß er sich zu dieser Aufgabe nur dort bereitfindet, wo er entweder aufgrund eigener Kompetenz oder nach Rücksprache mit einem sachverständigen Konsiliarius eine zuverlässige Indikationsfeststellung treffen kann (vgl. Laufhütte/Wilkitzki JZ 76, 335 sowie u. 27, 29). Entspricht er dieser Erwartung jedoch nicht oder trifft er aus sonstigen Gründen eine falsche Indikationsfeststellung, so führt das, da es für diesen Tatbestand lediglich auf das *Vorliegen* einer Indikationsfeststellung und weniger auf deren Ergebnis ankommt (vgl. o. 4), nicht ohne weiteres zur Anwendung von Abs. 1 S. 1, sondern – abgesehen von der eigenen Strafbarkeit des Indikationsarztes nach Abs. 1 S. 2 – lediglich dazu, daß sich der abbrechende Arzt bei seiner eigenen Entscheidung auf eine erkennbar inkompetente Indikationsfeststellung nicht verlassen darf (vgl. u. 14 ff.).

γ) Auf irgendeine **räumlich-örtliche** Zuständigkeit des Indikationsarztes kommt es **nicht** an, und **11** zwar weder im Verhältnis zur Schwangeren noch zum abbrechenden Arzt. Entscheidend ist vielmehr allein seine Approbation nach deutschem Recht (o. 8). Dementsprechend kann sich die Schwangere an jeden Arzt ihrer Wahl und notfalls an beliebig viele wenden. Damit sind auch die früher bei *Ortsfremden* auftauchenden Probleme (vgl. 18. A. 6) erledigt.

δ) Eine Beschränkung besteht lediglich insofern, als in Erwartung größerer Neutralität der *indika-* **12** *tionsfeststellende* Arzt *nicht* zugleich auch der *abbrechende* Arzt sein darf (Abs. 1 S. 1 Hbs. 3), insoweit also **Rollenidentität ausgeschlossen** ist (vgl. Laufhütte/Wilkitzki JZ 76, 335, Müller-Emmert DRiZ 76, 168). Dies dürfte auch für arbeitsteiliges Mitwirken am Eingriff gelten (vgl. Rudolphi SK 8). Demzufolge kann auch eine schwangere Ärztin, da zumindest durch Zulassen selbst am Abbruch beteiligt (vgl. § 218 RN 30 f.), sich nicht selbst die Indikation stellen (Jähnke LK § 219 RN 6). Nähme sie dennoch einen materiell nach § 218 a II, III indizierten Abbruch vor, so bliebe sie freilich aufgrund ihres persönlichen Strafausschließungsgrundes nach Abs. 1 S. 3 straffrei (insoweit unklar Gössel JR **76**, 2). Im übrigen sind die unter der aF bestehenden Rollenprobleme einer nicht möglichen Identität von indikationsfeststellendem, sozialberatendem und abbrechendem Arzt (näher dazu 24. A. § 219 RN 12) dadurch weitgehend entfallen, daß in den Indikationsfällen des § 218 a II, III keine Beratungspflicht mehr besteht (vgl. dort RN 25, 52, 79, § 219 RN 1) und gegen eine eventuelle Identität von indikationsfeststellendem und freiwillig beratendem Arzt nichts einzuwenden ist. Dies dürfte auch für den Fall zu gelten haben, daß eine Schwangere über die Straffreistellung aufgrund Beratung nach § 218 a I hinaus auch noch eine rechtfertigende Indikation nach § 218 a II, III erstrebt (vgl. § 218 a RN 17, 25): Auch in diesem Fall ist lediglich zu beachten, daß der sowohl nach §§ 218 a I, 219 beratende und nach § 218 b I 1 indikationsfeststellende Arzt – unter Mißachtung von Abs. 1 S. 1, Abs. 3 und § 219 II 3 – nicht auch noch den Abbruch vornimmt.

c) Die Indikationsfeststellung muß dem abbrechenden Arzt **vorgelegen** haben. Daher reicht die **13** bloße Zusicherung der Schwangeren oder eines Arztes, daß die ärztliche Indikationsfeststellung mit diesem oder jenem Ergebnis tatsächlich existiere, nicht aus (vgl. Prot. VII 2427 ff.). Ebensowenig genügt eine nachträgliche Vorlage, da das Gesetz fordert, daß die Indikationsfeststellung vorgelegen *hat*. Zwar ist dafür – anders als bei der Beratung nach § 218 a I – **keine Karenz** zwischen Indikationsfeststellung und Abbruch erforderlich. Jedenfalls aber muß der abbrechende Arzt die Feststellung bis spätestens bei Eingriffsbeginn schriftlich in Händen haben. Ob und inwieweit er davon, wie vom Gesetzgeber erhofft (vgl. 2. Ber. 11), tatsächlich auch inhaltlich Kenntnis nimmt, ist angesichts der mangelnden Verbindlichkeit der Feststellung (u. 14) für Abs. 1 S. 1 ohne Bedeutung (Tröndle 4, Jähnke LK § 219 RN 3, 8; and. Lackner 3, Müller-Emmert DRiZ 76, 168, Rudolphi SK 10).

14   d) Tatbestandsrelevant für Abs. 1 S. 1 ist die Indikationsfeststellung somit nur insofern, als eine solche überhaupt vorliegen muß, ungeachtet ihres Ergebnisses. Darüberhinaus hat sie unmittelbar **keine Verbindlichkeit,** und zwar weder in positiver noch in negativer Hinsicht (Tröndle 4, Koch aaO 172, Rudolphi SK 5; näher in Eser/Hirsch aaO 151 ff.). Im Vergleich zur positiv erforderlichen Indikationsbestätigung nach § 219 idF des 5. StrRG wurde damit die Bedeutung der jetzigen Indikationsfeststellung bereits im 15. StÄG abgeschwächt (vgl. Wilkitzki Prot. VII 2426). Das bedeutet im wesentlichen:

15   α) Die formelle Indikationsfeststellung ist für die **materielle** *Rechtfertigung* des Abbruchs als solchen **unerheblich** (vgl. Jähnke LK § 219 RN 8, Horstkotte Prot. VII 1670). Das bedeutet einerseits, daß bei materiellem Vorliegen einer Indikation der Schwangerschaftsabbruch auch dann gerechtfertigt bleibt, wenn er ohne oder gar gegen eine negative Indikationsfeststellung durchgeführt wird (vgl. § 218 a RN 81, Tröndle 4, Lackner 2). Andererseits wird ein nichtindizierter Abbruch nicht dadurch rechtmäßig, daß eine positive Indikationsfeststellung vorliegt; dies kann allenfalls einen strafbefreienden Rechtfertigungsirrtum begründen (vgl. § 218 RN 42). Vgl. auch Roxin JA 81, 543 ff.

16   β) Zudem bleibt die **Letztverantwortung** für das Vorliegen einer rechtfertigenden Indikation in jedem Falle beim **abbrechenden Arzt** (Bremen VersR **84,** 289, Jähnke LK § 219 RN 8, Koch aaO 172, Lackner NJW 76, 2141, Laufhütte/Wilkitzki JZ 76, 336, Müller-Emmert DRiZ 76, 168). Votum und Begründung der Indikationsfeststellung haben für ihn lediglich die Bedeutung einer Entscheidungshilfe. Bricht er ab, obwohl er eine positive Indikationsfeststellung für falsch hält, so macht er sich, je nachdem, ob eine Indikation tatsächlich vorliegt oder nicht, wegen Versuchs bzw. Vollendung von § 218 strafbar (vgl. § 22 RN 81 sowie 15 vor § 32). Hält er umgekehrt eine Indikation fälschlich für verneint, so kann er sich über dieses negative Votum hinwegsetzen und hinsichtlich Abs. 1 S. 1 ohnehin (vgl. o. 14), zudem aber auch nach § 218 straffrei bleiben, falls der Abbruch tatsächlich indiziert war (vgl. o. 15, Tröndle 4). Lag dagegen ein Abbruchsgrund tatsächlich nicht vor, so wird sich der Arzt bei Ignorierung einer negativen Indikationsfeststellung jedenfalls nach der Rspr. auf strafbefreienden Rechtfertigungsirrtum idR nicht mehr berufen können (vgl. § 218 RN 42). Auch für zivilprozessuale Rechtmäßigkeitsvermutungen bei Vorliegen einer Indikationsfeststellung ist im Rahmen des § 218 b I 1 kein Raum, ganz abgesehen davon, daß BGH(Z) die dem abbrechenden Arzt auferlegte Widerlegungspflicht (NJW **85,** 2752) inzwischen aufgegeben hat (NJW **95,** 1609). Vgl. ferner u. 19 sowie allg. zur unterschiedlichen Verantwortlichkeit von Indikationsarzt und abbrechendem Arzt in Eser/Hirsch aaO 168 ff.

17   γ) Im übrigen bleibt aufgrund seines generellen **Weigerungsrechts** der um Abbruch gebetene Arzt selbst dann in seiner Entscheidung frei, wenn er eine positive Indikationsfeststellung tatsächlich für begründet hält, es sei denn, daß bei Verweigerung des Abbruchs die Schwangere einer Todes- oder schweren Gesundheitsgefahr ausgesetzt wäre (vgl. § 218 a RN 84 ff.).

18   2. Eine **Rechtfertigung** des Verzichts auf schriftliche Indikationsfeststellung kommt nach § 34 in Betracht, wenn durch den damit verbundenen Zeitaufwand die Schwangere einer Todes- oder schweren Gesundheitsgefahr ausgesetzt würde (Jähnke LK § 219 RN 10, Rudolphi SK 13, Koch aaO 221).

19   3. Für den **subjektiven Tatbestand** ist **Vorsatz** erforderlich. Dem abbrechenden Arzt muß als Täter bei Beginn des Abbruchs bewußt sein, daß ihm noch keine ordnungsgemäße schriftliche Indikationsfeststellung vorliegt. Eventualvorsatz genügt, so etwa für den Fall, daß er die Unechtheit der Indikationsfeststellung in Kauf nimmt (Jähnke LK § 219 RN 11). Bloße Fahrlässigkeit oder Leichtfertigkeit reichen dagegen nicht. Weiß er etwa nicht, daß die Indikationsfeststellung von einem Arzt stammt, der mangels deutscher Approbation nach Abs. 1 nicht zur Indikationsfeststellung berufen ist (vgl. o. 8 f.), so kommt ihm Tatbestandsirrtum (§ 16 I) zugute. Hält er dagegen trotz Kenntnis dieser Umstände die Indikationsfeststellung für wirksam, so handelt es sich um einen bloßen Subsumtionsirrtum (dazu § 15 RN 45). Verbotsirrtum kommt in Betracht, wenn dem abbrechenden Arzt das Erfordernis vorheriger Indikationsfeststellung nicht bekannt ist. Auch die fälschliche Ansicht, sich blindlings auf die Indikationsfeststellung verlassen zu dürfen (vgl. demgegenüber o. 16), kann Verbotsirrtum begründen, der jedoch regelmäßig vermeidbar sein dürfte (vgl. Blei JA 76, 604).

20   4. Als **Täter** des Abs. 1 S. 1 kommt an sich jeder in Betracht, der ohne gründliche Indikationsfeststellung abbricht, mit *Ausnahme der Schwangeren* (persönlicher Strafausschließungsgrund nach Abs. 1 S. 3); denn anders als bei Abs. 1 S. 2 (u. 30) ist hier der Tatbestand nicht ausdrücklich auf Ärzte beschränkt. Freilich kommt als *unmittelbarer* Täter praktisch immer nur ein Arzt in Betracht, da bei Durchführung des Schwangerschaftsabbruchs durch einen Laien regelmäßig § 218 erfüllt ist (vgl. dort 2, 29, aber auch 37) und damit § 218 b I 1 als subsidiär zurücktritt. Vgl. auch die Nachweise 24. A. § 218 b RN 25.

21   Dagegen ist **Teilnahme** (wiederum mit Ausnahme der Schwangeren selbst, vgl. o. 20) nach allgemeinen Grundsätzen (§§ 26, 27) möglich, so etwa durch die Arztgehilfin, die weiß, daß der Arzt den Eingriff ohne vorherige Indikationsfeststellung durchführt, oder auch durch einen Arzt, der zur Deckung seines operierenden Kollegen eine nicht durchgeführte Indikationsfeststellung bescheinigt. Für § 28 ist dabei kein Raum. Handelt der Operator hingegen in gutem Glauben, so scheidet

mangels Tätervorsatzes zwar Anstiftung aus; stattdessen kommt jedoch *mittelbare Täterschaft* des (eine Indikationsfeststellung vorspiegelnden) Hintermannes in Betracht, da der für § 218 b wesentliche Unrechtsgehalt nicht im Schwangerschaftsabbruch, sondern in der Mißachtung der Indikationsfeststellungspflicht liegt (vgl. o. 1). Zur Verantwortlichkeit des (falsch begutachtenden) *Indikationsarztes* vgl. o. 1 sowie u. 23 ff. Vgl. zu ähnl. Teilnahmefragen bei der früheren Sozialberatung 24. A. § 218 b RN 26 mwN.

5. Gegenüber § 218 tritt Abs. 1 S. 1 als **subsidiär** zurück, und zwar auch bei nur versuchtem Abbruch. Demgemäß kommt sowohl bei Schwangerschaftsabbruch durch einen Nichtarzt als auch bei nicht-indiziertem oder nicht-straflosem (vgl. § 218 a RN 2 ff.) Eingriff durch einen Arzt § 218 b I 1 regelmäßig nicht zum Zug. Bei gleichzeitiger Verletzung der Pflicht zur Vornahme des Abbruchs in einer die Nachversorgung gewährleistenden Einrichtung (bloße Ordnungswidrigkeit, vgl. § 218 a RN 82) geht § 218 b I 1 vor (§ 21 OWiG). Vgl. auch 24. A. § 218 b RN 28 mwN. 22

III. Der Tatbestand der **unrichtigen ärztlichen Feststellung (Abs. 1 S. 2)** bezweckt die Absicherung des Indikationsfeststellungssystems gegen **mißbräuchliche Ausübung der Feststellungsbefugnis** (vgl. o. 1, Laufhütte/Wilkitzki JZ 76, 336). In Ergänzung zu Abs. 1 S. 1, der primär gegen den abbrechenden Arzt gerichtet ist (vgl. o. 1), wendet sich Abs. 1 S. 2 als **Sonderdelikt** (vgl. u. 30) ausschließlich gegen den *indikationsfeststellenden Arzt*. Neben den §§ 278, 279 wurde Abs. 1 S. 2 sowohl wegen des unterschiedlichen Rechtsguts (hier zumindest mittelbar auch das ungeborene Leben; vgl. o. 1, Lackner 1, aber auch Jähnke LK § 219 a RN 1) als auch deshalb für erforderlich gehalten, weil jene Tatbestände lediglich den Mißbrauch von Gesundheitszeugnissen gegenüber Behörden und Versicherungen erfassen (vgl. Laufhütte/Wilkitzki JZ 76, 336). Aufgrund *Subsidiarität* gegenüber § 218 wird die eigene Bedeutung dieser Vorschrift jedoch auch weiterhin gering bleiben (vgl. Lackner NJW 76, 1242 sowie u. 31). 23

1. Die **Tathandlung** besteht darin, daß der Täter *als Arzt* eine *unrichtige Indikationsfeststellung* nach § 218 a II, III *zur Vorlage* beim abbrechenden Arzt nach Abs. 1 S. 1 trifft. 24

a) Der Täter muß in seiner Eigenschaft **als (indikationsfeststellender) Arzt** iSv Abs. 1 S. 1 handeln; dementsprechend muß er nach deutschem Recht *approbiert* sein (vgl. o. 8 sowie Laufhütte/Wilkitzki JZ 76, 336 FN 135). Daran fehlt es aber nicht schon deshalb, weil er etwa unter Mißachtung eines Indikationsverbots nach Abs. 2 tätig wird (vgl. Müller-Emmert DRiZ 76, 169). 25

b) Als **Indikationsfeststellung** iSv Abs. 1 S. 1 gilt an sich sowohl die Bejahung wie auch die Verneinung der Voraussetzungen von § 218 a II, III (vgl. o. 4). Doch kann hier nur die *positive* Ausnahme einer Indikation gemeint sein (and. Tröndle 7, Jähnke LK § 219 a RN 7, Koch aaO 217, M-Schroeder I 89, Rudolphi SK 16, 18), da durch ein negatives Votum das ungeborene Leben als Schutzgut nicht verletzt wird. Daher ist Abs. 1 S. 2 selbst dann zu verneinen, wenn durch fälschliche Ablehnung einer medizinischen Indikation die Gesundheit der Schwangeren gefährdet wird; denn diese ist kein alternatives, sondern lediglich ein kumulatives Schutzgut der §§ 218 ff. (vgl. 12 vor § 218). Jedoch kann dann gegenüber der Frau uU Körperverletzung bzw. gegenüber einer getäuschten Behörde § 278 gegeben sein. 26

c) Die Indikationsfeststellung ist **unrichtig**, wenn einer der für eine Rechtfertigung nach § 218 a II oder III wesentlichen Umstände (dazu o. 4 f.) im Widerspruch zur Wirklichkeit als gegeben hingestellt (zB Suizidgefahr im Falle von § 218 a II, Nötigung im Falle von § 218 a III, kürzere Schwangerschaftsdauer als tatsächlich der Fall) bzw. verneint wird (zB die Abwendbarkeit der Gefahr) oder das Gutachten grob unvollständig ist (Koch aaO 218; zu den Mindestanforderungen vgl. Augstein/Koch aaO 83 ff.). Unrichtig ist die Feststellung jedenfalls immer dann, wenn ihr überhaupt keine oder nur eine völlig unzulängliche Untersuchung vorangegangen ist; denn mit der Indikationsfeststellung wird inzident das Beruhen auf einem ordnungsgemäß erhobenen Befund bestätigt (vgl. BGH **6** 90 sowie § 278 RN 2; vgl. auch u. 29). 27

d) **Zur Vorlage nach § 218 b I 1 bestimmt** ist die Feststellung, wenn sie nicht nur für die interne Patientenkartei oder zur Überweisung an einen anderen Arzt gedacht ist, sondern (zumindest auch) als Grundlage eines nach § 218 a indizierten Schwangerschaftsabbruchs dienen soll. Dazu **getroffen** ist sie dementsprechend erst dann, wenn sie der Arzt nach ihrer schriftlichen Fixierung an die Schwangere, an den abbrechenden Arzt oder einen sonstigen Dritten herausgegeben hat oder herausgeben ließ, und zwar derart, daß ihre Verwendung als förmliche Indikationsfeststellung iSv Abs. 1 S. 1 nicht mehr ausgeschlossen ist (vgl. Jähnke LK § 219 a RN 4, Müller-Emmert DRiZ 76, 169, Rudolphi SK 19). 28

2. Für den **subjektiven Tatbestand** wird Handeln **wider besseres Wissen** verlangt. Damit ist jedoch nur bezüglich der *Unrichtigkeit* des Inhalts bedingter Vorsatz ausgeschlossen, nicht dagegen hinsichtlich der Verwendbarkeit der Feststellung als formelle Abbruchsgrundlage nach Abs. 1 S. 1 (vgl. Tröndle 9, Gössel I 136; and. Jähnke LK § 219 a 9, Rudolphi SK 21). Wider besseres Wissen handelt der Täter nicht nur dann, wenn er um die Unrichtigkeit seiner Feststellung positiv weiß, sondern auch dort, wo er sie ohne jede vorherige Untersuchung (vgl. Jähnke LK § 219 a RN 9, Laufhütte/Wilkitzki JZ 76, 336; and. Arzt/Weber I 156) oder ohne volle Ausschöpfung der ihm verfügbaren Erkenntnisquellen trifft (Tröndle 9; einschr. Augstein/Koch aaO 86). Gleiches gilt für den Fall, daß er etwa als Chirurg um seine unzureichende Sachkompetenz bei psychologischen Belastungen weiß und dennoch auf Zuziehung eines Psychologen oder Psychiaters verzichtet (vgl. o. 10, 27). 29

Dagegen liegt ein Handeln wider besseres Wissen nicht schon allein in der Mißachtung eines Indikationsverbots nach Abs. 2 (vgl. Müller-Emmert DRiZ 76, 169). Tatbestands*irrtum* ist anzunehmen, wenn der Arzt kontraindizielle Tatsachen (zB Vorspiegelungen der Schwangeren, neue Behandlungsmethoden) nicht gekannt hat (§ 16 I).

30   **3. Täter** kann, da Sonderdelikt, nur der *feststellende Arzt* sein (Tröndle 6, Jähnke LK § 219 a RN 5). Daher scheidet auch mittelbare Täterschaft durch Täuschung eines gutgläubigen Arztes aus (vgl. § 25 RN 43, Rudolphi SK 20). Dagegen sind Anstiftung und Beihilfe zu vorsätzlichem Handeln des Arztes möglich, aber nach § 28 I zu mildern (Rudolphi aaO). Die *Schwangere* selbst bleibt jedoch auch hier kraft eines persönlichen Strafausschließungsgrundes (Abs. 1 S. 3) straffrei, soweit es um § 218 b I 2 geht, nicht dagegen hinsichtlich sonstiger konkurrierender Delikte, wie zB § 278 (u. 31; vgl. Jähnke LK § 219 a RN 11). Zusammenfassend zur Strafbarkeit des Indikationsarztes in Eser/Hirsch aaO 168 ff. Vgl. auch 29 vor § 218.

31   **4. Die Strafe** entspricht der von § 278, mit dem wegen der unterschiedlichen Rechtsgüter (vgl. o. 23) Tateinheit möglich ist (Lackner 9). Dagegen besteht gegenüber § 218, gleich ob vollendet oder nur versucht, **Subsidiarität**. Deshalb kommt Abs. 1 S. 2 praktisch nur dort zur Anwendung, wo der Abbruch, zu dessen Durchführung die unrichtige Indikationsfeststellung getroffen wird und damit zumindest Beihilfe zu § 218 gegeben wäre (vgl. dort RN 53), nicht einmal bis zum Versuch gediehen ist (vgl. Lackner NJW 76, 1242) oder der Abbruch aus einem anderen als dem fälschlich festgestellten Grund objektiv indiziert war (vgl. M-Schroeder I 89). Dagegen scheidet bei unrichtiger *Verneinung* einer Indikation Abs. 1 S. 2 schon aus tatbestandlichen Gründen aus (vgl. o. 26).

32   **IV.** Als **ergänzende** Maßnahme kommt die **Untersagung von Indikationsfeststellungen (Abs. 2)** in Betracht (vgl. Prot. VII 2430 ff.). Sie soll der Ausschaltung von Ärzten aus dem Indikationsfeststellungsverfahren dienen, die aufgrund einschlägigen Fehlverhaltens keine hinreichende Gewähr für die verfassungsrechtlich gebotene Achtung des ungeborenen Lebens bieten (vgl. Laufhütte/Wilkitzki JZ 76, 336). Obgleich primär nicht gegen den Abbruch, sondern gegen die Befugnis zur Indikationsfeststellung gerichtet, ist die Untersagung doch auch für den abbrechenden Arzt insofern von *mittelbarer* Bedeutung, als die Indikationsfeststellung eines hiernach gemaßregelten Arztes als unbeachtlich zu betrachten ist (vgl. o. 9) und demzufolge dem trotzdem abbrechenden Arzt keine Straffreiheit von § 218 b I verschaffen kann (Müller-Emmert DRiZ 76, 168). Im einzelnen gilt folgendes:

33   **1. Die Wirkung** der Untersagung beschränkt sich darauf, daß der Betroffene keine Indikationsfeststellungen iSv § 218 b I mehr treffen darf. Im übrigen jedoch bleiben seine ärztlichen Befugnisse unberührt; insbesondere ist ihm weder die Untersuchung von Schwangeren samt interner Dokumentation des Untersuchungsergebnisses noch eine damit begründete Überweisung an einen Spezialarzt oder zwecks Schwangerschaftsabbruchs in ein Krankenhaus untersagt. Denn mit dem „*Treffen*" von Feststellungen ist lediglich die formelle Indikationsfeststellung iSv Abs. 1 gemeint (Müller-Emmert DRiZ 76, 168 sowie Prot. VII 2432). Insofern ist die Untersagung enger als der verwaltungsrechtliche Approbationsentzug (§§ 5 ff. BÄO) und das strafrichterliche Berufsverbot (§ 70), die demgemäß gegebenenfalls vorgehen (vgl. 2. Ber. 12, Laufhütte/Wilkitzki JZ 76, 336, aber auch Tröndle 13, Lackner NJW 76, 1241 f.). Die Untersagung kann eine *endgültige* (Abs. 2 S. 1) oder eine *vorläufige* (Abs. 2 S. 2) sein. In beiden Fällen handelt es sich um eine durch **Verwaltungsakt** anzuordnende Maßnahme, deren Verfahren und gerichtliche Kontrolle sich nach den entsprechenden Vorschriften des Landesrechts bzw. der VwGO zu richten hat (vgl. Müller-Emmert aaO). Dies gilt auch für die landesrechtlich zu bestimmende „*zuständige Stelle*"; dazu Laufhütte/Wilkitzki aaO.

34   **2. a) Die endgültige Untersagung (Abs. 2 S. 1)** hat zur *Voraussetzung*, daß der Betroffene entweder eines der ausdrücklich genannten Abtreibungsdelikte oder eine andere mit einem Schwangerschaftsabbruch zusammenhängende Tat begangen hat, zB eine über den indizierten Abbruch hinausgehende Körperverletzung oder Tötung der Schwangeren oder Betrug durch ein unrichtiges Gesundheitszeugnis (§ 278) zwecks Verdeckung eines illegalen Abbruchs gegenüber dem Arbeitgeber oder der Versicherung (Jähnke LK § 219 RN 14). In jedem Fall muß es sich um eine *Straftat* („rechtswidrige Tat" iSv § 11 I Nr. 5; vgl. dort RN 40 ff.) handeln; daher genügt nicht als Ordnungswidrigkeit sanktionierte Verletzung der Pflicht zur Vornahme des Abbruchs in einer die Nachbehandlung gewährleistenden Einrichtung (dazu § 218 a RN 82). Auch muß es aufgrund dieser Tat zu einer *rechtskräftigen Verurteilung* gekommen sein, wofür jedoch uU auch schon eine nur rechtswidrige Tatbegehung genügt, wie zB nach §§ 63 f., 70. Unerheblich ist dagegen, ob der Betroffene die verbotsbegründende Tat in seiner Funktion als Arzt oder bereits vor Erlangung der Approbation begangen hat.

35   **b)** Die Möglichkeit zu **vorläufiger Untersagung (Abs. 2 S. 2)** wird im Hinblick auf die uU unabsehbare Dauer eines Strafverfahrens bis zu seinem rechtskräftigen Abschluß eingeräumt (2. Ber. 12). Um voreiligen Diffamierungen des Betroffenen vorzubeugen, genügt dafür nicht schon jedwede Anzeige oder Tatverdächtigung; erforderlich ist vielmehr, daß es wegen einer der in Abs. 2 S. 1 genannten Taten (o. 34) zur förmlichen *Eröffnung eines Hauptverfahrens* (§ 207 StPO) gekommen ist (vgl. Prot. VII 2431 f., Laufhütte/Wilkitzki JZ 76, 336). Diesem Beschluß ist der Erlaß eines Strafbefehls (§ 409 StPO) gleichzustellen (vgl. K/Meyer-Goßner StPO 3 vor § 407).

3. Die **Anordnung und Dauer** der Untersagung stehen im **Ermessen** der zuständigen Stelle 36 (Laufhütte/Wilkitzki JZ 76, 336), und zwar sowohl bei der vorläufigen wie bei der endgültigen Verhängung. Dabei ist insbes. auch hinsichtlich der Dauer der Verhältnismäßigkeitsgrundsatz zu beachten (vgl. Jähnke LK § 219 RN 13).

4. Die **Nichtbefolgung der Untersagung** hat – abgesehen von der Unbeachtlichkeit der Indika- 37 tionsfeststellung (o. 9, 32) – allenfalls standesrechtliche Konsequenzen (vgl. Müller-Emmert DRiZ 76, 168). Dagegen fehlt – anders als bei Mißachtung eines strafgerichtlichen Berufsverbots (§ 145 c), des Approbationsentzugs (§ 132 a) oder der Anordnung des Ruhens der Approbation (§ 13 BÄO) – jede Strafbewehrung (Laufhütte/Wilkitzki JZ 76, 336). Demzufolge ist auch ein Verfall der aus einer untersagten Indikationstätigkeit gezogenen Gewinne nach § 73 ausgeschlossen.

§ 218 c Ärztliche Pflichtverletzung bei einem Schwangerschaftsabbruch

(1) Wer eine Schwangerschaft abbricht,
1. ohne der Frau Gelegenheit gegeben zu haben, ihm die Gründe für ihr Verlangen nach Abbruch der Schwangerschaft darzulegen,
2. ohne die Schwangere über die Bedeutung des Eingriffs, insbesondere über Ablauf, Folgen, Risiken, mögliche physische und psychische Auswirkungen ärztlich beraten zu haben,
3. ohne sich zuvor in den Fällen des § 218 a Abs. 1 und 3 auf Grund ärztlicher Untersuchung von der Dauer der Schwangerschaft überzeugt zu haben oder
4. obwohl er die Frau in einem Fall des § 218 a Abs. 1 nach § 219 beraten hat,

wird mit Freiheitsstrafe bis zu einem Jahr oder mit Geldstrafe bestraft, wenn die Tat nicht in § 218 mit Strafe bedroht ist.

(2) Die Schwangere ist nicht nach Absatz 1 strafbar.

Vorbem. Eingefügt durch das SFHÄndG (vgl. 1 vor § 218).

Schrifttum: vgl. Angaben vor § 218 sowie zu §§ 218, 218 a.

I. Die Vorschrift dient der Umsetzung der vom BVerfG vorgegebenen **Verhaltensanforderungen** 1 **an den abbrechenden Arzt** (BVerfGE 88 204 LS 13, 212 ÜbergAO Nr. II. 5, 289 ff., BT-Drs. 13/ 1850 S. 26). Damit soll dem Arzt bewußt gemacht werden, daß er einen verlangten Abbruch nicht lediglich vollziehen darf, sondern *selbst ärztlich zu verantworten* hat, wobei er sowohl der *Gesundheit* der Schwangeren als auch dem *Lebensschutz* des Ungeborenen verpflichtet ist, indem ihm bestimmte Darlegungs-, Beratungs- und Vergewisserungspflichten obliegen (vgl. BVerfGE 88 286; iglS hins. einer Darlegungs- und Erörterungspflicht im „notlagenorientierte Diskursmodell": Eser ZRP 91, 298, Eser/Koch, Neuregelung 166, ferner Süssmuth in Hauner/Reichart 167 ff., ZRP 90, 366; vgl. 6 vor § 218). Statt diese Anforderungen in die Straffreistellungsvoraussetzungen einzubauen (vgl. Eser/ Koch, Neuregelung 202), wurde im SFHÄndG (wie bereits in BT-Drs. 12/6643 S. 8; 13/2850 S. 8 vorgeschlagen) ein selbständiger Tatbestand geschaffen, mit der Folge, daß die Verletzung der in § 218 c vertatbestandlichten Pflichten lediglich *subsidiären Gefährdungscharakter* hat (vgl. Eser JZ 94, 507; zu einzelnen Auswirkungen dieser gesetzlichen Konstruktion vgl. u. 4, 5, 9, 10, 14). Bei den vier hier 2 vertatbestandlichten Pflichten handelt es sich lediglich um einen *Ausschnitt aus den allgemeinen ärztlichen Berufspflichten,* die bereits vom BVerfG selbst nicht alle für strafbewehrungsbedürftig und -fähig angesehen wurden (vgl. BVerfGE 88 289 f.). Zudem ist der Gesetzgeber hinter den strafrechtlichen Vorgaben des BVerfG (aaO 293) noch insofern zurückgeblieben, als von einem strafrechtlichen *Verbot, das Geschlecht des zu erwartenden Kindes mitzuteilen,* mangels derzeitiger praktischer Relevanz für Deutschland abgesehen wurde (BT-Drs. 13/1850 S. 26; vgl. auch BT-Anhörung SA „Schutz d. ungebor. Lebens" v. 14. 4. 94 Prot. Nr. 21/46, 48). Insgesamt bleibt somit neben oder anstelle der in § 218 c straftatbestandlich erfaßten ärztlichen Pflichten auch noch das **ärztliche Berufsrecht** mit seinen möglichen Sanktionen zu beachten (vgl. BVerfGE 88 289 f.).

II. 1. In objektiver Hinsicht muß es bei **allen Tatbestandsalternativen (Abs. 1)** zu einem 3 **vollendeten Schwangerschaftsabbruch** gekommen sein, da der Versuch nicht unter Strafe gestellt ist. Der Abbruch darf jedoch als solcher *nicht strafbar* sein, da sonst wegen der Subsidiarität von § 218 c (Abs. 1 letzter Hbs.; vgl. u. 14) § 218 zum Zuge kommt.

2. Die an erster Stelle genannte Tatbestandsalternative des **Abbruchs ohne Gelegenheit zur** 4 **Darlegung der Abbruchsgründe (Nr. 1)** setzt voraus, daß der Arzt der Schwangeren keine Gelegenheit zur Darlegung der Gründe für ihr Abbruchsverlangen gegeben hat. Diese Formulierung könnte insofern hinter den Vorgaben in BVerfGE 88 293 zurückbleiben, als sich danach der Arzt die Abbruchsgründe „darlegen lassen" muß, woraus seine Pflicht zur tatsächlichen Erhebung dieser Gründe entnommen werden könnte, wie dies das Wahrnehmen seiner eigenen Verantwortung eigentlich auch voraussetzen würde (vgl. Eser ZRP 91, 93 ff., Gutachten 100, Eser/Koch 202); da jedoch das Darlegen „lassen" als bloße *Gelegenheit* zur Darlegung verstanden werden kann (vgl. aber auch Tröndle 3), ist danach einerseits weder die Schwangere zur Darlegung ihrer Gründe verpflichtet noch braucht andererseits der Arzt darauf zu insistieren (vgl. auch Eser JZ 94, 507); auch für landesrechtlich

schärfere Anforderungen, wie im BayHKaK (Art. 18 II 1 Abs. 2) vorgesehen, läßt insoweit das Bundesrecht keinen Raum (BVerfGE **98** 321 m. Abw. M. Papier, Graßhof u. Haas 341; vgl. auch 22 vor § 218). Demzufolge bedeutet Nr. 1 praktisch nur dann in Betracht, wenn der Arzt bei einer um einen Abbruch ersuchenden Schwangeren ohne jede Nachfrage nach ihren Gründen zur Durchführung schreitet oder eine zu Erklärungen bereite Schwangere abschreckt oder nicht ausreden läßt. Zudem ist auch deshalb, weil einerseits der Schwangerschaftsabbruch vollendet sein muß, aber andererseits wegen der Subsidiaritätsklausel nicht bereits nach § 218 strafbar sein darf (vgl. o. 3), diese Tatbestandsalternative nur von praktischer Bedeutung, wenn der Abbruch als solcher entweder nach § 218 a I tatbestandslos oder nach § 218 a II oder III gerechtfertigt ist.

5   3. Die Tatbestandsalternative des **Abbruchs ohne ärztliche Beratung (Nr. 2)** hat bereits ein Vorbild im § 218 b I Nr. 2 aF; auch die von BVerfGE **88** 290 f., 293 geforderte Erweiterung der aufklärungsbedürftigen Punkte war bereits in der aF ähnlich verstanden worden (vgl. 24. A. § 218 b RN 17 f.). Zudem decken sich die beratungsbedürftigen Punkte teilweise mit dem, worüber der Arzt ohnehin nach den allgemeinen Grundsätzen für ärztliche Eingriffe aufzuklären hat, um gegenüber der Frau im Hinblick auf § 223 gerechtfertigt zu sein (vgl. dort RN 40 ff. sowie Rudolphi SK 6): Liegt insoweit bereits ein Aufklärungsmangel vor, so kommt im Hinblick auf die Subsidiarität des § 218 c (u. 14) § 218 zum Zuge, uU in Tateinheit mit § 223 (vgl. § 218 RN 68).

6   a) Daher können für Abs. 1 Nr. 2 im wesentlichen folgende (über die allgemeine Eingriffseinwilligung hinausgehende) *Beratungspunkte* bedeutsam werden: der dem Lebensschutz zuwiderlaufende Charakter des Eingriffs (vgl. BVerfGE **88** 290, 293), das Risiko von Infertilität sowie mögliche psychische Spätfolgen. Da es zudem nicht um bloße Aufklärung, sondern um *Beratung* geht, hat diese alle Gesichtspunkte zu erfassen, die aus ärztlicher Sicht für das Austragen oder Abbrechen der Schwangerschaft von Bedeutung sind (iglS Tröndle 4; wohl and. Lackner 3). Im übrigen gilt zur *Form* der ärztlichen Beratung das zur Abbruchsberatung nach § 219 Ausgeführte entsprechend (vgl. dort 3 ff.).

7   b) Anders als nach § 218 b aF, wo die ärztliche Beratung von jedem Arzt vorgenommen werden konnte (vgl. 24. A. § 218 b RN 21), muß nach Abs. 1 Nr. 2 *der abbrechende Arzt selbst* die Beratung vornehmen. Auch damit soll seine Eigenverantwortung gestärkt werden.

8   c) Im Unterschied zur Überlegungsfrist von 3 Tagen bei der Beratung nach §§ 218 a I, 219 ist bei Nr. 2 *keine Karenzfrist* vorgesehen. Daher kann, was im Hinblick auf die für den Eingriff ohnehin notwendige Untersuchung der Schwangeren im Regelfall sogar zweckmäßig sein kann (vgl. Müller-Emmert DRiZ **76**, 168), die ärztliche Beratung dem Abbruch unmittelbar vorausgehen, sofern sie nur spätestens vor dessen Einleitung vorgenommen wird, wobei freilich im Interesse einer ernstlichen Beratung der Schwangeren hinreichend Gelegenheit zu geben ist, die besprochenen Punkte zu überdenken.

9   4. Die Tatbestandsalternative des **Abbruchs ohne ärztliche Untersuchung (Nr. 3)**, die auf BVerfGE **88** 290, 293 zurückgeht, ist ebenfalls insoweit bereits in den allgemeinen Voraussetzungen für ärztliche Eingriffe enthalten, als es zur Beachtung der ärztlichen Kunstregeln gehört, sich zur Vermeidung unerwünschter Neben- oder Folgewirkungen über Dauer und Zustand der Schwangerschaft Gewißheit zu verschaffen (vgl. § 218 a RN 59). Immerhin kann aber auch insoweit, als es um die Gesundheitsinteressen der Schwangeren (BVerfGE **88** 289; vgl. o. 1) geht, bei Unterlassen der ärztlichen Untersuchung, ohne daß es nun zu einer Schädigung gekommen ist, Nr. 3 zumindest als Gefährdungsdelikt relevant werden. Soweit hingegen die Untersuchungspflicht der Einhaltung von Abbruchsfristen nach § 218 a I oder III (vgl. dort RN 11, 53) dienen soll, kommt Nr. 3 nur dann zum Zuge, wenn trotz mangelnder Untersuchung die zulässige Frist nicht überschritten wurde (so daß es sich auch insoweit um ein Gefährdungstatbestand handelt), weil bei tatsächlicher Fristüberschreitung § 218 verwirklicht ist und damit Nr. 4 als subsidiär zurücktritt (vgl. u. 14). Erfolgt hingegen ein nichtindizierter Abbruch erst nach den in § 218 a I vorgesehenen 12 Wochen ohne vorherige ärztliche Untersuchung, so ist Nr. 3 nicht erst wegen Subsidiarität, sondern schon tatbestandlich ausgeschlossen, weil es sich nach seinem Wortlaut nur auf die Fälle des § 218 a I und III bezieht und somit der Arzt nur nach § 218 strafbar sein kann.

10   5. Die Tatbestandsalternative des **Abbruchs in unzulässiger Doppelrolle (Nr. 4)** als *beratender* (§ 219 II 3) und *abbrechender* Arzt soll möglichen Interessenkollisionen vorbeugen und eine unvoreingenommene Beratung gewährleisten (vgl. § 219 RN 19, BVerfGE **88** 287; BT-Drs. 13/285 S. 19). Obwohl das Gesetz von Beratung der Frau „in einem Fall" spricht, kann damit jeweils nur *dieselbe konkrete Schwangerschaft* gemeint sein, so daß frühere Beratungsfälle bei derselben Schwangeren nicht im Wege stehen, bei einer erneuten Schwangerschaft nunmehr als abbrechender Arzt zu fungieren (Lackner 5). Daß als pflichtverletzend nur eine Doppelrolle im Falle des beratenen straffreien Abbruchs nach § 218 a I erfaßt ist, ist im Verhältnis zu § 218 a II und III damit zu erklären, daß es beim indizierten Abbruch keiner obligatorischen Beratung bedarf (vgl. § 218 a RN 25, 52, 79) und eine mögliche freiwillige Beratung als eine Chance für besseren Lebensschutz schwerlich strafbegründend sein kann (vgl. § 219 RN 1); zum anderen bedarf es im Hinblick auf § 218 a IV 1 deshalb keiner subsidiären Strafdrohung, weil bei einem weder nach § 218 a I straffreigestellten noch nach § 218 a II oder III indizierten Abbruch der Arzt ohnehin, und zwar auch schon vor Ablauf der 22. Woche, nach § 218 strafbar ist (vgl. 33 ff. vor § 218, § 218 a RN 1). Allerdings ist gerade aus der Beschränkung der

Nr. 4 auf den Fall des § 218 a I zu entnehmen, daß der Ausschluß des abbrechenden Arztes als Berater nach § 219 II 3 einer Straffreistellung nach § 218 a I nicht entgegensteht, da sonst bei unzulässiger Doppelrolle von beratendem und abrechendem Arzt immer schon Strafbarkeit nach § 218 begründet wäre und daher der subsidiäre § 218 c I Nr. 4 völlig leerliefe. Da ein solches Ergebnis schwerlich gewollt gewesen sein kann, zumal sich in § 218 a I – im Unterschied zu § 218 a II, III – kein ausdrückliches Rollenverbot findet, und sich auch aus den Gesetzesmaterialien (wie BT-Drs. 13/285 S. 19; 13/1850 S. 26) nichts Gegenteiliges entnehmen läßt, ist davon auszugehen, daß auch bei Abbruch innerhalb von 12 Wochen durch einen Arzt, der zuvor die nach § 219 erforderliche Beratung selbst durchgeführt hat, gemäß § 218 a I die Strafbarkeit entfallen kann und sich der Arzt lediglich nach § 218 c Nr. 4 strafbar macht, während die Schwangere aufgrund des ihr eingeräumten persönlichen Strafausschließungsgrundes nach § 218 c II auch insoweit straffrei bleibt (vgl. u. 12).

III. Für den **subjektiven Tatbestand** ist **Vorsatz** erforderlich, wobei bedingter genügt. Letzterer kommt zB im Falle von Abs. 1 Nr. 1 in Betracht, wenn der Arzt in Kauf nimmt, daß durch seine rasche Vorgehensweise die Bereitschaft einer unsicheren Schwangeren zur Darlegung ihrer Abbruchsgründe blockiert wird. 11

IV. Als **Täter** kommt – mit **Ausnahme der Schwangeren**, die durch einen persönlichen Strafausschließungsgrund freigestellt ist **(Abs. 2)** – mangels sonstiger Einschränkungen an sich jeder Abbruchsbeteiligte in Betracht; als *unmittelbarer* Täter kommt freilich praktisch immer nur ein *Arzt* in Frage, da bei Schwangerschaftsabbruch durch einen Laien regelmäßig § 218 erfüllt ist (vgl. aber auch § 218 RN 37) und damit § 218 c als subsidiär zurücktritt (u. 14). Dagegen ist **Teilnahme** (wiederum mit Ausnahme der Schwangeren selbst) nach allgemeinen Grundsätzen (§§ 26, 27) möglich: so etwa durch die Arztgehilfin, die weiß, daß der abrechende Arzt der Schwangeren keinerlei Gelegenheit zur Darlegung ihrer Gründe gegeben (Abs. 1 Nr. 1), die erforderlichen Aufklärungen oder Untersuchungen unterlassen (Abs. 1 Nr. 2, 3) oder unzulässigerweise bereits selbst die Beratung nach § 219 vorgenommen hatte (Abs. 1 Nr. 4). 12 13

V. Gegenüber § 218 tritt § 218 c als **subsidiär** zurück (Abs. 1 letzter Hbs.). Damit wird, weil die meisten der hier vertatbestandlichten Pflichten bereits für § 218 bedeutsam sind (vgl. o. 4, 5, 9, 10), die praktische Bedeutung der Vorschrift eher gering bleiben (vgl. auch die Kritik von Schlink/Bernsmann KritV 1/1993 S. 184 f.). 14

VI. Die **Strafe** ist Freiheitsstrafe bis zu einem Jahr (im Vergleich zu 3 Jahren bei § 218) oder Geldstrafe. 15

§ 219 Beratung der Schwangeren in einer Not- und Konfliktlage

(1) **Die Beratung dient dem Schutz des ungeborenen Lebens. Sie hat sich von dem Bemühen leiten zu lassen, die Frau zur Fortsetzung der Schwangerschaft zu ermutigen und ihr Perspektiven für ein Leben mit dem Kind zu eröffnen; sie soll ihr helfen, eine verantwortliche und gewissenhafte Entscheidung zu treffen. Dabei muß der Frau bewußt sein, daß das Ungeborene in jedem Stadium der Schwangerschaft auch ihr gegenüber ein eigenes Recht auf Leben hat und daß deshalb nach der Rechtsordnung ein Schwangerschaftsabbruch nur in Ausnahmesituationen in Betracht kommen kann, wenn der Frau durch das Austragen des Kindes eine Belastung erwächst, die so schwer und außergewöhnlich ist, daß sie die zumutbare Opfergrenze übersteigt. Die Beratung soll durch Rat und Hilfe dazu beitragen, die in Zusammenhang mit der Schwangerschaft bestehende Konfliktlage zu bewältigen und einer Notlage abzuhelfen. Das Nähere regelt das Schwangerschaftskonfliktgesetz.**

(2) **Die Beratung hat nach dem Schwangerschaftskonfliktgesetz durch eine anerkannte Schwangerschaftskonfliktberatungsstelle zu erfolgen. Die Beratungsstelle hat der Schwangeren nach Abschluß der Beratung hierüber eine mit dem Datum des letzten Beratungsgesprächs und dem Namen der Schwangeren versehene Bescheinigung nach Maßgabe des Schwangerschaftskonfliktgesetzes auszustellen. Der Arzt, der den Abbruch der Schwangerschaft vornimmt, ist als Berater ausgeschlossen.**

Vorbem. Anstelle von § 218 b idF des 15. StÄG eingefügt durch das SFHG idF des SFHÄndG (vgl. 6 ff. vor § 218).

Die zur Ausführung des § 219 ergangenen Vorschriften des **Schwangerschaftskonfliktgesetzes (SchKG)** idF des Art. 1 Nr. 7 SFHÄndG haben folgenden Wortlaut:
Abschn. 2: Schwangerschaftskonfliktberatung

§ 5 Inhalt der Schwangerschaftskonfliktberatung

(1) **Die nach § 219 des Strafgesetzbuches notwendige Beratung ist ergebnisoffen zu führen. Sie geht von der Verantwortung der Frau aus. Die Beratung soll ermutigen und Verständnis wecken, nicht belehren oder bevormunden. Die Schwangerschaftskonfliktberatung dient dem Schutz des ungeborenen Lebens.**

§ 219

(2) Die Beratung umfaßt:
1. das Eintreten in eine Konfliktberatung; dazu wird erwartet, daß die schwangere Frau der sie beratenden Person die Gründe mitteilt, derentwegen sie einen Abbruch der Schwangerschaft erwägt; der Beratungscharakter schließt aus, daß die Gesprächs- und Mitwirkungsbereitschaft der schwangeren Frau erzwungen wird;
2. jede nach Sachlage erforderliche medizinische, soziale und juristische Information, die Darlegung der Rechtsansprüche von Mutter und Kind und der möglichen praktischen Hilfen, insbesondere solcher, die die Fortsetzung der Schwangerschaft und die Lage von Mutter und Kind erleichtern;
3. das Angebot, die schwangere Frau bei der Geltendmachung von Ansprüchen, bei der Wohnungssuche, bei der Suche nach einer Betreuungsmöglichkeit für das Kind und bei der Fortsetzung ihrer Ausbildung zu unterstützen, sowie das Angebot einer Nachbetreuung.

Die Beratung unterrichtet auf Wunsch der Schwangeren auch über Möglichkeiten, ungewollte Schwangerschaften zu vermeiden.

§ 6 Durchführung der Schwangerschaftskonfliktberatung

(1) Eine ratsuchende Schwangere ist unverzüglich zu beraten.

(2) Die Schwangere kann auf ihren Wunsch gegenüber der sie beratenden Person anonym bleiben.

(3) Soweit erforderlich, sind zur Beratung im Einvernehmen mit der Schwangeren
1. andere, insbesondere ärztlich, fachärztlich, psychologisch, sozialpädagogisch, sozialarbeiterisch oder juristisch ausgebildete Fachkräfte,
2. Fachkräfte mit besonderer Erfahrung in der Frühförderung behinderter Kinder und
3. andere Personen, insbesondere der Erzeuger sowie nahe Angehörige,

hinzuzuziehen.

(4) Die Beratung ist für die Schwangere und die nach Absatz 3 Nr. 3 hinzugezogenen Personen unentgeltlich.

§ 7 Beratungsbescheinigung

(1) Die Beratungsstelle hat nach Abschluß der Beratung der Schwangeren eine mit Namen und Datum versehene Bescheinigung darüber auszustellen, daß eine Beratung nach den §§ 5 und 6 stattgefunden hat.

(2) Hält die beratende Person nach dem Beratungsgespräch eine Fortsetzung dieses Gesprächs für notwendig, soll diese unverzüglich erfolgen.

(3) Die Ausstellung einer Beratungsbescheinigung darf nicht verweigert werden, wenn durch eine Fortsetzung des Beratungsgesprächs die Beachtung der in § 218a Abs. 1 des Strafgesetzbuches vorgesehenen Fristen unmöglich werden könnte.

§ 8 Schwangerschaftskonfliktberatungsstellen

Für die Beratung nach den §§ 5 und 6 haben die Länder ein ausreichendes plurales Angebot wohnortnaher Beratungsstellen sicherzustellen. Diese Beratungsstellen bedürfen besonderer staatlicher Anerkennung nach § 9. Als Beratungsstellen können auch Einrichtungen freier Träger und Ärzte anerkannt werden.

§ 9 Anerkennung von Schwangerschaftskonfliktberatungsstellen

Eine Beratungsstelle darf nur anerkannt werden, wenn sie die Gewähr für eine fachgerechte Schwangerschaftskonfliktberatung nach § 5 bietet und zur Durchführung der Schwangerschaftskonfliktberatung nach § 6 in der Lage ist, insbesondere
1. über hinreichend persönlich und fachlich qualifiziertes und der Zahl nach ausreichendes Personal verfügt,
2. sicherstellt, daß zur Durchführung der Beratung erforderlichenfalls kurzfristig eine ärztlich, fachärztlich, psychologisch, sozialpädagogisch, sozialarbeiterisch oder juristisch ausgebildete Fachkraft hinzugezogen werden kann,
3. mit allen Stellen zusammenarbeitet, die öffentliche und private Hilfen für Mutter und Kind gewähren, und
4. mit keiner Einrichtung, in der Schwangerschaftsabbrüche vorgenommen werden, derart organisatorisch oder durch wirtschaftliche Interessen verbunden ist, daß hiernach ein materielles Interesse der Beratungseinrichtung an der Durchführung von Schwangerschaftsabbrüchen nicht auszuschließen ist.

§ 10 Berichtspflicht und Überprüfung der Schwangerschaftskonfliktberatungsstellen

(1) Die Beratungsstellen sind verpflichtet, die ihrer Beratungstätigkeit zugrundeliegenden Maßstäbe und die dabei gesammelten Erfahrungen jährlich in einem schriftlichen Bericht niederzulegen.

(2) Als Grundlage für den schriftlichen Bericht nach Absatz 1 hat die beratende Person über jedes Beratungsgespräch eine Aufzeichnung zu fertigen. Diese darf keine Rückschlüsse auf die Identität der Schwangeren und der zum Beratungsgespräch hinzugezogenen weiteren Personen ermöglichen. Sie hält den wesentlichen Inhalt der Beratung und angebotene Hilfsmaßnahmen fest.

(3) Die zuständige Behörde hat mindestens im Abstand von drei Jahren zu überprüfen, ob die Voraussetzungen für die Anerkennung nach § 9 noch vorliegen. Sie kann sich zu diesem Zweck die Berichte nach Absatz 1 vorlegen lassen und Einsicht in die nach Absatz 2 anzufertigenden Aufzeichnungen nehmen. Liegt eine der Voraussetzungen des § 9 nicht mehr vor, ist die Anerkennung zu widerrufen.

§ 11 Übergangsregelung

Die Anerkennung einer Beratungsstelle auf Grund II.4 der Entscheidungsformel des Urteils des Bundesverfassungsgerichts vom 28. Mai 1993 (BGBl. I S. 820) steht einer Anerkennung auf Grund der §§ 8 und 9 dieses Gesetzes gleich.

Landesrechtliche Vorschriften über die staatliche Anerkennung von Beratungsstellen und die Durchführung der Beratung sowie zum Gesetz zur Hilfe für Frauen bei Schwangerschaftsabbruch in besonderen Fällen und über die Zulassung von Einrichtungen zum Schwangerschaftsabbruch (Stand: November 1999): *Baden-Württemberg:* Richtlinien d. Min. f. Arbeit usw. v. 9. 12. 1985 (GemAmtsBl. 1986, 126), Richtlinien d. Min. f. Arbeit usw. v. 29. 10. 1992 (GemAmtsBl. 1993, 21) u. ZustVO v. 23. 1. 1996 (GBl. 192); *Bayern:* BaySchwBerG v. 9. 8. 1996 (GVBl. 320), BaySchwHEG v. 9. 8. 1996 (GVBl. 328), BaySchwBerV v. 15. 12. 1997 (GVBl. 20) u. Bek. d. StMin. f. Arbeit usw. v. 15. 12. 1997 (ABl. 96); *Berlin:* SchwG v. 22. 12. 1978 (GVBl. 2514); *Brandenburg:* VO v. 14. 6. 1996 (GVBl. II 506) u. Richtlinien d. Min. f. Arbeit usw. v. 4. 8. 1997 (ABl. 706); *Bremen:* Richtlinien d. Sen. f. Gesundh. usw. v. 29. 11. 1994 (ABl. 1995, 370), Richtlinien d. Sen. f. Gesundh. usw. v. 4. 6. 1996 (ABl. 273) u. Richtlinien d. Sen. f. Gesundh. usw. v. 4. 6. 1996 (ABl. 275); *Hessen:* Gesetz v. 2. 5. 1978 (GVBl. I 273), Gesetz v. 21. 7. 1994 (GVBl. I 298), Vorl. Richtlinien d. Min. f. Jugend usw. v. 21. 8. 1995 (StaatsAnz. 278) u. VO v. 20. 12. 1995 (GVBl. 568); *Mecklenburg-Vorpommern:* ZustVOSB v. 18. 12. 1995 (GVBl. 666), Richtlinien d. SozMin. v. 27. 11. 1996 (ABl. 1170) u. ZustVO v. 25. 1. 1996 (GVBl. 133); *Niedersachsen:* Richtlinien v. 19. 12. 1985 (MBl. 1986, 72), Gesetz v. 3. 3. 1992 (GVBl. 61), Richtlinien v. 10. 8. 1992 (MBl. 1274) u. Richtlinien d. Nds. FrauenMin. v. 22. 11. 1997 (MBl. 1998, 113); *Nordrhein-Westfalen:* Richtlinien d. Min. f. Arb. usw. v. 11. 2. 1991 (MBl. 422), VO v. 6. 12. 1994 (GVBl. 1008), VO v. 25. 6. 1996 (GVBl. 220), Richtlinien d. Min. f. Arb. usw. v. 19. 3. 1998 (MBl. 468) u. Gesetz v. 16. 12. 1998 (GVBl. 696); *Rheinland-Pfalz:* SBG v. 23. 12. 1977 (GVBl. 455) u. VO v. 29. 12. 1994 (GVBl. 1995, 2); *Saarland:* Richtlinien v. 10. 12. 1976 (ABl. 1977, 41) iVm. Bek. v. 19. 1., 10. 7., 28. 8., 10. 10., 19. 11. 1978 (ABl. 106, 698, 786, 888, 1048); *Sachsen:* Richtlinien d. StMin. f. Soziales usw. v. 11. 9. 1996 (ABl. 990) u. Richtlinien d. StMin. f. Soziales usw. v. 10. 6. 1997 (ABl. 333); *Sachsen-Anhalt:* Richtlinien v. 20. 12. 1994 (MBl. 1995, 309) u. Richtlinien v. 26. 5. 1995 (MBl. 1224); *Schleswig-Holstein:* Vorl. Richtlinien v. 18. 10. 1994 (ABl. 536), VO v. 6. 8. 1996 (GVBl. 584) u. Richtlinien v. 12. 11. 1998 (ABl. 960); *Thüringen:* Grds. d. Min. f. Soziales usw. v. 21. 8. 1995, VwVereinb. d. Min. f. Soziales usw. v. 21. 8. 1995 (BGBl. 1054), Richtlinien d. Min. f. Soziales usw. v. 9. 5. 1996 (StAnz. 1264) u. Anord. d. Min. f. Soziales usw. v. 22. 5. 1996 (StAnz. 1199).

Schrifttum: Siehe die Angaben vor § 218 sowie zu § 218, § 218a. Ferner: *Baumann,* Tendenzberatung bei § 218b StGB, R. Schmitt-FS 161. – *Dalheimer,* Die Leistungen der gesetzl. Krankenversicherung bei Schwangerschaft u. Mutterschaft, 1990. – *Ellwanger,* SchwangerschaftskonfliktG, 1997. – E eines Ges. über die Beratung von Schwangeren *(SchwangBeratGesE),* Frauenarzt 88, 523. – *Goebel,* Abbruch der ungewollten Schwangerschaft – Ein Konfliktlösungsversuch?, 1984. – *Henke,* Ergänzende Maßnahmen zur Neuregelung des Schwangerschaftsabbruchs, NJW 76, 1773. – *Kausch,* Soziale Beratung Schwangerer, 1990. – *Ders.,* Legalität u. Moralität in jüngsten Abtreibungsurteilen des BVerfG, ARSP 95, 496. – *Knöferl/Voigt/Kolvenbach,* Modellprogramm „Beratungsstellen" – § 218, 1982. – *Köhler,* Zum Entwurf eines Schwangerenberatungsgesetzes, JZ 88, 904. – *Koschorke-Sandberger,* Schwangerschaftskonfliktberatung, 1978. – *Petersen,* Ges. Regelung u. seelische Folgen des Schwangerschaftsabbruchs, MMW 82, 183. – *Ders.,* Schwangerschaftsabbruch – unser Bewußtsein vom Tod im Leben, 1986. – *Ders.,* Meine Verantwortung als Arzt u. Berater angesichts des Schwangerschaftskonflikts, MedR 90, 1. – *Reiter,* Der Schein des Anstoßes, 1999. – *Rudolphi,* Der straf- u. strafprozeßrechtl. Schutz der Geheimsphäre der anerkannten Schwangerschaftskonfliktberatungsstellen (usw.), Bemmann-FS 412. – *Schuth/Siebers,* Ärztl. Schwangerschaftskonflikt-Beratung, DMW 85, 1175. – *Szydzik,* Handreichung zur Beratung von werdenden Müttern in Konfliktsituationen, 1978. – *Tröndle,* Schwangerschaftskonfliktberatung im Richtungsstreit, Geiger-FS 190.

§ 219 1–4 Bes. Teil. Straftaten gegen das Leben

1   I. Die Vorschrift dient der **Ausgestaltung der Beratung**, die für das neue *Schutzkonzept durch Beratung* für die Straffreistellung des Schwangerschaftsabbruchs in den ersten 12 Wochen von zentraler Bedeutung ist (vgl. 1, 7 f. vor § 218 sowie 1 ff. zu § 218 a; zur Funktion der Beratung im bisherigen Recht vgl. 24. A. § 218 b RN 1 a). Die in Abs. 1 S. 5 in Bezug genommenen (vorangehend ebenfalls abgedruckten) *Ergänzungsvorschriften des Schwangerenkonfliktgesetzes (§ 5 bis 11 SchKG)* sind als integraler Teil des § 219 zu verstehen (vgl. BT-Drs. 13/1850 S. 20), sodaß das Gesamtkonzept der Beratungsregelung aus der Verbindung von § 219 mit den §§ 5–11 SchKG zu entnehmen ist (zu sich daraus ergebenden Folgen zB für Ziel und Art der Beratung vgl. u. 4). Im Vergleich zu ihrer vorherigen Rolle in § 218 b aF (vgl. dort in 24. A. RN 1 a) hat der Beratung durch das SFHÄndG teils eine Aufwertung, teils aber auch eine Zurückdrängung erfahren: Während einerseits in § 218 b I Nr. 1 aF die Pflicht zu einer „sozialen Beratung" lediglich in einem ergänzenden und zudem die Schwangere von der Strafbarkeit ausnehmenden und daher praktisch nur gegenüber dem Arzt strafbewehrten Sondertatbestand erfaßt war (vgl. 24. A. § 218 b RN 1, 25 f.), ist jetzt die Beratungspflicht nicht erst durch einen ergänzenden Tatbestand erfaßt, sondern bereits ein konstitutives Element der Straffreistellung nach § 218 a I (vgl. dort RN 4 ff.).: Demzufolge ist für alle an einem Schwangerschaftsabbruch Beteiligten (einschließlich der Schwangeren) in nichtindizierten Fällen Straffreiheit nur bei schriftlichem Nachweis einer vorangehenden Beratung zu erlangen und bei deren Fehlen nicht nur ein subsidiärer Kontrolltatbestand erfüllt, sondern ein Schwangerschaftsabbruch nach § 218 begangen (vgl. dazu auch Eser, Gutachten 33 f.). Während der andererseits nach § 218 b eine „soziale Beratung" allgemein und somit – mit Ausnahme der medizinisch-somatischen (§ 218 b III aF) – bei allen Indikationen vorgeschrieben und dieser auch Indikationsfälle erfassende Anwendungsbereich im Grundsatz auch noch im SFHG (§ 218 a III 2) aufrechterhalten worden war, ist durch das SFHÄndG die Beratungspflicht für alle Fälle eines indizierten Schwangerschaftsabbruchs nach § 218 a II, III gänzlich entfallen (vgl. dort RN 25, 52, 79). Eine – wenngleich schwerlich überzeugende – Erklärung dürfte darin zu erblicken sein, daß das BVerfG sich eine auf eine notlagenorientierte Beratung gestützte Regelung mit rechtfertigender Wirkung nur in einem alternativen „entweder-oder" von ergebnisoffener, aber nicht rechtfertigungsbegründender Beratung einerseits (wie nun in § 218 a I umgesetzt) oder einer rechtfertigungsfähigen, dafür aber einer mit einer ergebnisoffenen Beratung angeblich unvereinbaren Indikationsfeststellung andererseits (wie nunmehr in § 218 a II, III iVm § 218 b verwirklicht) vorstellen konnte (vgl. BVerfGE 88 270 ff.). Selbst bei dieser Fehleinschätzung einer möglichen Kombination von obligatorischer Beratung und fakultativer Indikationsfeststellung zugunsten daran interessierter Schwangerer (vgl. § 218 a RN 55) hat der Gesetzgeber durch Verzicht auf Beratung in den indizierbaren Fällen des § 218 a II, III die Chancen zu besserer Ermunterung und Hilfe vergeben, die von einer – im Vergleich zu der von oben herab urteilenden Indikationsfeststellung – gleichrangigen Beratung zu erhoffen wären. Denn selbst bei einem medizinisch indizierten (einschließlich eines embryopathisch begründeten) Schwangerschaftsabbruch kann es erwünscht sein, zumindest für die Zukunft durch Aufklärung über entsprechende Empfängnisverhütungsmethoden (vgl. u. 10) einer Schwangerschaft von vornherein vorzubeugen (vgl. Prot. VII 1643 f.). Immerhin soll aber mit dem Verzicht auf eine Beratungspflicht im Falle einer Indikation zumindest die Möglichkeit zur Wahrnehmung des der Schwangeren eingeräumten Anspruchs auf *freiwillige* Beratung (vgl. §§ 2–4 SchKG) nicht ausgeschlossen sein (vgl. BT-Drs. 13/1850 S. 26); denn sonst würden namentlich in den nunmehr nach § 218 a II indizierbaren und demzufolge keiner Beratung bedürftigen Fällen der bisherigen embryopathischen Indikation die auf diese Fallgruppe zugeschnittenen Beratungsregeln der § 2 II Nr. 5 und § 6 III Nr. 2 SchKG praktisch leerlaufen. Macht daher in einem indizierbaren Fall nach § 218 a II, III die Schwangere von der Möglichkeit einer Beratung Gebrauch, so wird ihr die Rechtfertigung nicht schon deshalb vorzuenthalten sein, weil sie bereits aufgrund von § 218 a I

2   straffrei ist (näher dazu § 218 a RN 17, 25). – Was Zielsetzung und Art der Beratung betrifft (vgl. u. 4 ff.), so war die zunächst in § 218 idF des SFHG vorgesehene Regelung vom **BVerfG** als dem verfassungsrechtlichen Schutz des ungeborenen Lebens nicht genügend erachtet und daher diese Vorschrift insgesamt für nichtig erklärt worden (BVerfGE 88 208 Tenor N. I.2, 302 ff.). Die an dessen Stelle gesetzte **ÜbergAO Nr. II. 3, 4** (BVerfGE 88 210 ff.), die teils inhaltlich, teils wegen ihrer kaum noch mit dem gesetzgeberischen Gestaltungsspielraum vereinbaren Detailliertheit auf vielfache Kritik gestoßen war (vgl. ua die Beiträge in KritV 1/1993 von v. Baross 119 f., Eser 138, Hassemer 158, Wettig-Danielmeier 194, ferner Petersen Frauenarzt **93**, 1039 f.; and. Steiner in Reiter/Keller, Urteil 176 ff.), hat gleichwohl – zT bis in wörtliche Übernahmen hinein – als **Vorbild für § 219** iVm den Ergänzungsbestimmungen des SchKG gedient.

3   II. **Im einzelnen** sind für die Ausgestaltung der Beratung – vorbehaltlich der Frage, was davon letztlich auch strafrechtlich relevant ist (dazu u. 22 ff.) – im wesentlichen folgende Erfordernisse zu beachten:

4   1. Die **Zielsetzung** ist auf den *Schutz des ungeborenen Lebens* ausgerichtet (§ 218 I 1, § 5 I 3 SchKG, BT-Drs. 13/1850 S. 26). Dies soll mit Hilfe einer *verantwortlichen* und *gewissenhaften* Entscheidung der Schwangeren geschehen (§ 219 I 1 Hbs. 2, § 5 I 2 SchKG). Durch dieses Verhältnis von Ziel und Mittel ist die – in § 219 I 1 idF des SFHG unter dem allgemeinen „Lebensschutz" eingeräumte – Gleichstellung der „Eigenverantwortung der Frau" mit dem „hohen Wert des vorgeburtlichen Lebens" zurecht dahingehend korrigiert, daß Verantwortung und Gewissen der Schwangeren weniger als dem Lebensschutz material gleichwertige Schutzgüter, sondern mehr instrumentell

zur bestmöglichen Gewährleistung einer verantwortungsbewußten Entscheidung fungieren (vgl. Eser, Gutachten 47 ff., 51 f.; iglS wohl auch BVerfGE 88 308). Um die anzustrebende Ermutigung der Frau zur Fortsetzung der Schwangerschaft gerade dadurch zu erreichen, daß sich die Schwangere ohne Bevormundung ihrer Verantwortung bewußt wird (§ 5 I 3 SchKG) und ohne Zwang für eine umfassende Erörterung ihrer Konfliktlage öffnet (§ 5 II SchKG), ist die Beratung zwar **zielorientiert, aber ergebnisoffen** zu führen (§ 5 I 1 SchKG; iglS BVerfGE 88 270, 282, 306; vgl. auch Eser JZ 94, 508; ähnl. schon zum bisherigen Recht 24. A. § 218b RN 6, krit. Kausch ARSP 95, 501 ff., 508 ff., wonach die Zielorientierung der Beratung die Trennung von Legalität und Moralität aufhebe und im übrigen den anerkannten Beratungsmethoden widerspreche. Die Einhaltung dieser beiden Vorgaben, die trotz der gesetzestechnisch wenig glücklichen Regelung in zwei verschiedenen Gesetzen sich auf gleicher Stufe als gegenseitig ergänzend (vgl. o. 1) und damit teils auch relativierend zu verstehen sind, kann freilich von den Beratungsstellen uU einen nicht einfachen Balanceakt fordern (vgl. krit. – je in KritV 1/1993 – v. Baross 119, Hassemer 158, Wettig-Danielmeier 194, ferner Petersen Frauenarzt 93, 1039, aber auch Ullrich Frauenarzt 93, 1049 f.). Dies gilt vor allem für die Art und Weise, wie der Frau „bewußt sein [und dazu erforderlichenfalls bewußtgemacht werden] muß, daß das Ungeborene in jedem Stadium der Schwangerschaft auch ihr gegenüber ein eigenes Recht auf Leben hat" und deshalb ein Schwangerschaftsabbruch nur in außergewöhnlichen Ausnahmesituationen in Betracht kommen kann (§ 219 I 2).

2. Für die **Durchführung der Beratung** sind aus dem Gesetz folgende Leitlinien zu entnehmen: 5

a) Die Beratung darf sich nicht in einem bloßen Informationsgespräch über Schwangerschafts- 6 abbruch im allgemeinen erschöpfen, sondern ist als Entscheidungshilfe für die Frau im Hinblick auf Fortsetzung oder Abbruch ihrer *konkreten* Schwangerschaft in Form einer umfassenden **Konfliktberatung** zu gestalten (§ 5 II Nr. 1 SchKG; vgl. BVerfGE 88 307 f.). Dafür kann nicht schon die bloße Übergabe von Prospektmaterial, ohne daß dieses auf die spezifische Situation der Schwangeren hin durchbesprochen würde, genügen. Vielmehr ist die Schwangere insbesondere über solche Hilfen aufzuklären, welche die *Fortsetzung* der Schwangerschaft und die Lage von Mutter und Kind erleichtern. Trotz dieser Zielorientierung hat dies jedoch *ergebnisoffen* zu geschehen (vgl. o. 4). Deshalb darf der ausdrückliche Hinweis auf die Fortsetzung der Schwangerschaft nicht iSe manipulativen Beeinflussung verstanden werden; Beratungsziel muß vielmehr in jedem Falle sein, die Schwangeren zu einer eigenen verantwortlichen Entscheidung zu verhelfen, ohne ihr diese einfach abzunehmen (vgl. Frick-Bruder in Eser/Hirsch aaO 145 f.). Für eine derartige *umfassende* Konfliktberatung kann bei offensichtlich tieferliegenden Schwierigkeiten oder längerfristigen Notlagen nicht schon die Verdeckung des Konflikts durch kurzfristige Überbrückungshilfen genügen; vielmehr muß über das Austragen der Schwangerschaft hinaus auch die *nachgeburtliche* Situation von Mutter und Kind, einschließlich der ganzen Familie (vgl. Prot. VII 2404), in die Abwägung miteinbezogen werden (vgl. Laufhütte/Wilkitzki JZ 76, 333). **Im einzelnen** muß nach § 5 SchKG die Beratung folgende Punkte umfassen:

α) Zum einen die **Mitteilung der Gründe**, derentwegen die Schwangere einen Schwangerschafts- 7 abbruch erwägt (§ 5 II Nr. 1 SchKG). Da dies jedoch lediglich „erwartet" wird und die Gesprächs- und Mitwirkungsbereitschaft der Frau nicht erzwungen werden darf (§ 5 II Nr. 1 Hbs. 2, 3 SchwKG), besteht *keine Mitteilungspflicht* der Schwangeren (vgl. bereits BVerfGE 88 284 f., Eser JZ 94, 508 f., Frommel KJ 93, 328 f., Geiger/v. Lampe Jura 94, 27, Schulz StV 94, 41; für Ableitung einer Offenlegungspflicht der Schwangeren aus den verfassungsgerichtl. Vorgaben in BVerfGE 88 284 ff. vgl. S. Koch aaO 95 ff.).

β) Ferner gehört zur Beratung die **Information über alle medizinischen, sozialen und recht-** 8 **lichen Aspekte** des Schwangerschaftskonflikts einschließlich der Darlegung der Rechtsansprüche von Mutter und Kind und der möglichen praktischen Hilfen (§ 5 II Nr. 2 SchKG). Durch diese Einbeziehung *medizinischer* Aspekte scheint die bisherige Zweiteilung in eine ärztliche und eine Sozialberatung (§ 218b I Nr. 1 bzw. 2 aF) aufgehoben zu sein; da jedoch nach § 218c I Nr. 2 der abbrechende Arzt zu einer ärztlichen Beratung verpflichtet und insoweit eine Doppelberatung entbehrlich erscheint, dürfte es bei der hier infragestehenden Beratung nach § 219 iVm § 5 II Nr. 2 SchKG wohl nur um solche medizinischen Aspekte gehen, die für die Bewältigung des Schwangerschaftskonflikts von Bedeutung sind. Hinsichtlich der *juristischen* Beratung kann zur Vermeidung von Scheinlösungen nicht schon der Hinweis auf zwar rechtlich zustehende, aber möglicherweise nur zeitraubend durchzusetzende Ansprüche (zB gegen einen arbeitsunwilligen Erzeuger) genügen; entscheidend ist vielmehr das faktisch in angemessener Zeit Erlangbare.

γ) Über bloße Informierung hinaus gehört zur Beratung ferner das **Angebot zur Unterstützung** 9 der Schwangeren bei der Verwirklichung von Ansprüchen, bei der Suche nach Betreuungsmöglichkeiten sowie bei der Nachbetreuung (§ 5 II Nr. 3 SchKG; vgl. BVerfGE 88 285, 308). Trotz der Wichtigkeit solcher Hilfen ist freilich nicht zu verkennen, daß es sich um bloße Unterstützungsmaßnahmen handelt, während die unmittelbare Vergabe von materiellen Hilfen, wie etwa schon vom AE vorgeschlagen (vgl. AE-BT 26 sowie Rolinski in Baumann, Abtreibungsverbot 259 ff.), durch die Beratungsstellen selbst nach wie vor nicht vorgesehen ist. Zu vorherigen weitergehenden Vorschlägen vgl. 24. A. § 218b RN 6.

§ 219 10–15   Bes. Teil. Straftaten gegen das Leben

10 δ) Wie nunmehr gesetzlich klargestellt (§ 5 II 2 SchKG), ist – über den konkreten Schwangerschaftskonflikt hinaus – zur künftigen Vermeidung ungewollter Schwangerschaften auch über **Möglichkeiten der Empfängnisverhütung** zu beraten, so jedenfalls auf *Wunsch* der Schwangeren. Selbst wenn ein solcher Wunsch nicht ausdrücklich geäußert, von seiten der Schwangeren dem aber auch nicht widersprochen wird, kann es im Sinne einer umfassenden Konfliktberatung liegen, in diese auch Hinweise auf künftige Empfängnisverhütung einzubeziehen.

11 ε) Hingegen weiterhin nicht ausdrücklich geregelt ist die Frage, inwieweit der Berater auch über **Mittel und Wege zum Abbruch** der Schwangerschaft aufklären darf (vgl. 24. A. § 218b RN 6a). Dies wird weder prinzipiell zu verneinen noch vorbehaltlos zu bejahen sein. Unzulässig ist die Vermittlung von Abtreibungsadressen jedenfalls dann, wenn im Falle einer Durchführung des Abbruch weder nach § 218a I straffrei noch nach § 218a II oder III gerechtfertigt wäre (vgl. § 218 RN 53). Bestehen dagegen hinreichende Anhaltspunkte für die Einhaltung der Straffreistellungs- bzw. Rechtfertigungsvoraussetzungen nach § 218a I bis III, so kann dem Berater nicht verwehrt sein, die Schwangere über die weiteren Schritte eines legalen Abbruchs (wie bspw. auf einen abbruchsbereiten Arzt oder eine dafür in Betracht kommende Einrichtung, Versicherungsschutz u. dgl.) zu beraten (vgl. Jähnke LK § 218b RN 7). Denn wenn in § 5 II Nr. 2 SchKG – ähnlich wie bereits in § 218b I Nr. 1 aF – die Fortsetzungsberatung zwar als „insbesondere" hervorgehoben wird, so ist sie damit auch gleichzeitig auch nur als eine unter anderen praktischen Hilfen deklariert. Auch müßte die Zielsetzung der „flankierenden Maßnahmen" (vgl. 1 vor § 218) leerlaufen, wenn zB nicht über den Versicherungsschutz bei legalem Schwangerschaftsabbruch beraten werden dürfte (zu der insoweit ähnl. früheren Rechtslage vgl. Eser/Hirsch aaO 128 f.).

12 b) In **personeller** Hinsicht ist die Beratung so anzulegen, daß erforderlichenfalls auch **Dritte** einbezogen werden: und zwar zum einen zur Erweiterung des *Sachverstandes* (§ 6 III Nr. 1 SchKG), und dabei insbesondere zur Frühförderung behinderter Kinder (§ 6 III Nr. 2 SchKG), sowie zum anderen zur vollen Erfassung der Konfliktsituation und möglicher Abwendungsmaßnahmen durch Hinzuziehung anderer Personen aus dem *sozialen Umfeld*, wie insbes. des Erzeugers oder naher Angehöriger (§ 6 III Nr. 3 SchKG; zur Inpflichtnahme von Unterhaltspflichtigen vgl. auch § 170 II mit RN 1 a, 2, 35 a ff., sowie insbes. zum Vater des Kindes bereits Eser ZRP **91**, 298, BT-Anhörung Unterausschuß „SFHÄndG" v. 11. 5. 1995 Prot. Nr. 3 S. 3/16, 44 f., 74, 107, ferner § 218 RN 38, § 218a RN 62). Eine solche Hinzuziehung von anderen Personen darf jedoch nur im **Einvernehmen mit der Schwangeren** geschehen (§ 6 III SchKG). Andererseits kann es aber in dem Fall, daß die Schwangere von sich aus mit einer nahestehenden Person erschienen ist, von der ein für das Beratungsziel schädlicher Einfluß ausgeht, geboten erscheinen, ein nochmaliges Beratungsgespräch ohne jene Begleitung zu führen (BVerfGE **88** 285 f.; BT-Drs. 13/1850 S. 20).

13 c) In **zeitlicher** Hinsicht ist die Beratung *unverzüglich* durchzuführen (§ 6 I SchKG), damit möglichst ohne Zeitdruck und rechtzeitig Perspektiven für eine Fortführung der Schwangerschaft eröffnet und Hilfen vermittelt werden können (BT-Drs. 13/1850 S. 20). Auch ein etwa erforderliches *Fortsetzungsgespräch* soll *unverzüglich* erfolgen (§ 7 II SchKG). Zum Zeitpunkt der Ausstellung einer Beratungsbescheinigung vgl. u. 16. Entschließt sich die Schwangere zu einem Abbruch, so ist für eine Straffreistellung nach § 218a I die **Überlegungsfrist von 3 Tagen** zu beachten (vgl. § 218a RN 8).

14 d) Die bereits in § 219 III 1 idF des SFHG eingeräumte und auch durch ÜbergAO Nr. II. 3 IV (BVerfGE **88** 211, 288) gebilligte **Anonymität** der Beratung auf Wunsch der Schwangeren wurde – entgegen mancher Kritik (vgl. ua Tröndle[47] 3) – aufrecht erhalten (§ 6 II SchKG). Soweit es jedoch um die mit einem Namen zu versehende Beratungsbescheinigung (§ 7 I SchKG) geht, ist jedenfalls dem ausstellenden Mitarbeiter der Beratungsstelle gegenüber die Identifizierung erforderlich (BT-Drs. 13/1850 S. 21). Vgl. zur Vertraulichkeitssicherung auch Rudolphi aaO.

15 e) Im übrigen sind **Form und Ort der Beratung** vom Gesetz offengelassen, und zwar noch mehr, als dies in § 218b aF der Fall war. Denn während nach dessen Abs. 1 Nr. 1 die Frau sich an einen Berater gewandt und „dort" beraten haben lassen mußte und dafür nicht eine nur briefliche oder telefonische Unterrichtung ausreichen konnte (vgl. 24. A. § 218b RN 7), fehlt es in der jetzigen Regelung an einem solchen örtlichen Anhaltspunkt. Gleichwohl wird aus dem erforderlichen „Eintreten in eine Konfliktberatung" (§ 5 II Nr. 1 SchKG) und den durch das BVerfG verschärften Anforderungen in Richtung auf Fortsetzung der Schwangerschaft (vgl. BVerfGE **88** 282, 306) zu entnehmen sein, daß nicht schon die Aushändigung und Übersendung von allgemeinem Informationsmaterial genügen kann, sondern die konkrete Konfliktlage in einem unmittelbaren räumlichen Kontakt der Schwangeren mit dem Berater zu besprechen ist (idS bereits 1. Ber. 16, Prot. VII 2368, 2405 f., M-Schroeder I 85, Rudolphi SK 7). Dazu wird die Schwangere idR die Beratungsstelle bzw. den beratenden Arzt (vgl. u. 12) aufzusuchen haben, ohne daß damit ein Beratungsgespräch im Krankenhaus oder in der Wohnung der Schwangeren (zB zwecks Einbeziehung der Familie: vgl. o. 12) ausgeschlossen wäre (vgl. Jähnke LK § 218b RN 8, Müller-Emmert DRiZ 76, 167). Auch für die Beratung von *Minderjährigen* gibt es keine besonderen Formvorschriften; deshalb muß ihnen auch ohne Nachweis der Zustimmung des gesetzlichen Vertreters die Beratung zugänglich sein (vgl. BayAbl. 11/1978, A 94, Koch aaO 165 f., Schmitt BayVBl. 77, 718). Auch dürfen der Vater des Kindes oder die Eltern der Schwangeren, so sinnvoll deren Hinzuziehung nach § 6 III Nr. 3 SchKG gerade in einem solchen Fall sein mag, selbst bei einer Minderjährigen nur in deren Einvernehmen beigezogen werden (vgl. o. 12). Sofern sich freilich eine Minderjährige zum Abbruch entschließt, kann es für ihr dazu erforderliches *Verlangen* (im Falle von § 218 a I) bzw. ihre *Einwilligung* (in den Fällen von § 218 II, II) uU der Zustimmung des gesetzlichen Vertreters bedürfen (näher dazu § 218 a RN 9, 61).

3. Nach Abschluß der Beratung ist eine **Beratungsbescheinigung (Abs. 2 S. 2)** auszustellen, aus 16
der sich der *Name der Schwangeren*, das tatsächliche *Stattfinden einer Beratung* nach den §§ 5 und 6 SchKG sowie das *Datum* der Beratung ergeben muß (§ 7 I SchKG); sofern im Falle mehrerer Beratungsgespräche (§ 7 II SchKG; vgl. o. 13) nicht alle Daten aufgeführt werden (was wohl nicht erforderlich sein dürfte), ist zur Wahrung der für § 218 a I erforderlichen Karenz von 3 Tagen jeweils das Datum des abschließenden Beratungsgesprächs anzugeben (§ 219 II 2). Um die nach § 6 II SchKG mögliche Anonymität der Beratung zu wahren (vgl. o. 14), braucht die Bescheinigung nicht unbedingt von der beratenden Person selbst ausgestellt zu werden; vielmehr hat dies durch die Beratungsstelle (vgl. u. 19) zu geschehen (§ 7 I SchKG). Hinsichtlich des umstrittenen *Zeitpunkts* der Ausstellung, die nach § 219 III 2 idF des SFHG „sofort" erfolgen sollte, während nach BVerfGE 88 307 abzuwarten war, bis dem Berater alle Möglichkeiten einer Konfliktlösung ausgeschöpft erschienen (vgl. aaO 211 ÜbergAO Nr. II.3 V), geht das SFHÄndG einen mittleren Weg, indem die Beratungs-bescheinigung so rechtzeitig auszustellen ist, daß auch unter Einhaltung der Überlegungsfrist von 3 Tagen ein Schwangerschaftsabbruch noch innerhalb der 12-Wochen-Frist von § 218 a I möglich bleibt (§ 7 III SchKG), und zwar selbst dann, wenn dem Berater noch eine Fortsetzung der Beratung erforderlich erschiene (vgl. BT-Drs. 13/1850 S. 21, BVerfGE 88 286). Da aus der Beratungsbescheinigung lediglich hervorzugehen braucht, daß eine Beratung in dem nach § 219 iVm SchKG erforderlichen Sinne stattgefunden hat, sind weitergehende Zusätze oder gar gegenteilige Verwendungsvorbehalte auf der Bescheinigung strafrechtlich unschädlich. Deshalb verliert eine tatsächlich stattgefundene ordnungsgemäße Beratung ihre Eignung zum Ausschluß der Strafbarkeit nach § 218 a I insbes. auch nicht durch den – möglicherweise innerkirchlich relevanten – Zusatz: „Diese Bescheinigung kann nicht zur Durchführung straffreier Abtreibungen verwendet werden", wie er auf päpstlich-bischöfliche Anweisung von katholischen Beratungsstellen auf dem Beratungsschein zeitweilig zur Diskussion stand (zur Vorgeschichte vgl. Reiter aaO). Selbst wenn damit die geforderte Ergebnisoffenheit der Beratung (o. 4) fraglich erschiene, könnte dies allenfalls für die öffentlich-rechtliche Förderungswürdigkeit solcher Beratungsstellen, nicht aber für die strafrechtliche Verwendbarkeit der ausgestellten Bescheinigungen von Belang sein, läge doch eine etwaige verstärkte Ermunterung zur Fortsetzung der Schwangerschaft in der primär auf Schutz des ungeborenen Lebens gerichteten Zielsetzung der Beratung nach § 219 I (vgl. auch u. 23, 26 sowie Kluth NJW 99, 2720).

Eine – über die vorangehende Beratungsbescheinigung hinausgehende – Pflicht zur Führung eines 17
umfassenden **Beratungsprotokolls** wurde, wie dies – entgegen § 219 III 1 idF des SFHG – in der ÜbergAO Nr. II. 3 VI gefordert worden war (BVerfGE 88 211; krit. v. Baross KritV 1/1993 S. 120, Petersen Frauenarzt 93, 1040), durch das SFHÄndG nur insoweit übernommen, als die über jedes Beratungsgespräch anzufertigende *Aufzeichnung* (ohne mögliche Rückschlüsse auf die Identität der Schwangeren und der zum Beratungsgespräch hinzugezogenen weiteren Person) nach § 10 SchKG lediglich als Grundlage für die jährliche Berichtspflicht dienen soll; dies soll jedoch keinesfalls die Nachprüfung einzelner Abbrüche, sondern lediglich die vom BVerfG geforderte staatliche Überwachung der Beratungsstellen ermöglichen (vgl. BVerfGE 88 288, BT-Drs. 13/1850 S. 21 sowie u. 20).

4. Um eine qualifizierte Beratung zu gewährleisten, ist sie bestimmten **anerkannten Schwanger-** 18
schaftskonfliktberatungsstellen (Abs. 2) vorbehalten.

a) Als eine solche Stelle kommen neben – nicht ausdrücklich genannten, weil offenbar selbst- 19
verständlichen – *staatlichen und kommunalen* Behörden auch Einrichtungen *freier Träger* wie auch einzelne *Ärzte* in Betracht (§ 8 S. 3 SchKG). Im Unterschied zu § 218 b aF, wo eine förmliche Anerkennung nicht unbedingt vorausgesetzt wurde (vgl. 24. A. § 218 b RN 10 ff., insbes. 14), ist – den Vorgaben der ÜbergAO Nr. II.4 (BVerfGE 88 211 ff.) entsprechend – eine **staatliche Anerkennung** erforderlich (Abs. 2 S. 1, zu den einzelnen Anerkennungsvoraussetzungen vgl. § 9 SchKG). Um möglichen Interessenkonflikten vorzubeugen, ist in *organisatorischer* Hinsicht Einrichtungen, in denen Schwangerschaftsabbrüche vorgenommen werden, die Anerkennung zu versagen (§ 9 Nr. 4 SchKG; vgl. BVerfGE 88 212 ÜbergAO Nr. II.4 III, 287, BT-Drs. 13/1850 S. 21). Und selbst wenn ein *Arzt als Berater* anerkannt ist, darf er bei derselben Schwangerschaft nicht auch noch als abbrechender Arzt fungieren (Abs. 2 S. 2; vgl. BVerfGE 88 287; ebenso bereits § 218 b II RN 2 aF; vgl. dazu RN 15 in 24. A.); dagegen ist eine Identität zwischen dem – auf freiwilliger Basis – beratenden und dem indikationsfeststellenden Arzt nicht ausgeschlossen (vgl. 27 vor § 218, § 218 a RN 10, § 218 b RN 12).

Wegen der verschärften Anforderungen an die Anerkennung ist auch für *bereits bestehende Beratungs-* 20
stellen das neue Anerkennungsverfahren durchzuführen, wobei bis längstens 31. 12. 1994 auch ohne besondere Anerkennung die Beachtung der vom BVerfG angeordneten Beratungsleitlinien genügte (ÜbergAO Nr. II.6, BVerfGE 88 212). Soweit auf der Basis dieser ÜbergAO eine Anerkennung erfolgte, gilt diese fort (§ 11 SchKG). Anders als nach § 218 b aF, wo eine einmal ausgesprochene Anerkennung Bestand hatte, sofern nicht ausnahmsweise eine Rücknahme oder ein Widerruf erfolgte (vgl. zB Art. 17 Bay-SchwBerG, BayGVBl. 1977, 401 ff.), ist nunmehr eine *periodische Überprüfung der Anerkennung vorgeschrieben* (§ 10 III SchKG; vgl. BVerfGE 88 212 ÜbergAO Nr. II.4 IV, 287 f.). Um

dies zu ermöglichen, haben die Beratungsstellen eine entsprechende **Aufzeichnungs-** und jährliche **Berichtspflicht** (§ 10 I, II SchKG; vgl. o. 17, BVerfGE **88** 288 f.).

21   b) Um Schwangeren die tatsächliche Inanspruchnahme der Beratung zu ermöglichen, sind die *Länder* zur **Sicherstellung eines ausreichenden Angebots** wohnortnaher Beratungsstellen verpflichtet (§ 8 S. 1 iVm § 4 SchKG idF SFHÄndG, ÜbergAO Nr. II.4 V BVerfGE **88** 212), wobei im Interesse größtmöglicher Aufgeschlossenheit für die Ratsuchenden ein **plurales** Angebot gewährleistet sein muß (vgl. § 3 I SchKG, BT-Drs. 13/1850 S. 21).

22   III. Was die spezifisch **strafrechtlichen Folgen** der Beratungspflicht betrifft, vermag nicht schon jede Mißachtung eines der vorgenannten Erfordernisse Strafbarkeit nach § 218 zu begründen. Denn nicht nur, weil die Kontrolle eines individuell zu gestaltenden und dabei sowohl zielorientierten wie gleichermaßen ergebnisoffenen Beratungsgesprächs (vgl. o. 4) schwerlich justiziabel ist, sondern weil zudem auch dessen Vertraulichkeit geschützt sein sollte und es daher einer gerichtlichen Überprüfung nicht zugänglich sein sollte (so bereits CDU/CSU/FDP-Entwurf BT-Drs. 12/6643 S. 18; 13/285 S. 11 ff.; vgl. auch Eser JZ 94, 508 f.), kam eine umfassende Strafbewehrung der Beratung und der dafür verantwortlichen Personen nicht in Betracht. Das besagt jedoch nicht, daß damit jede Mißachtung von Beratungsvorschriften straflos wäre; vielmehr ist folgendermaßen zu differenzieren:

23   1. Die **Schwangere** kann sich nach § 218 strafbar machen, wenn es an den tatbestandsausschließenden Voraussetzungen des § 218 a I fehlt: so vor allem, wenn überhaupt keine Beratung stattgefunden hat (vgl. BT-Drs. 13/1850 S. 21), der beratenden Person die staatliche Anerkennung fehlt (vgl. o. 19) oder wegen falscher Datierung die Karenz von 3 Tagen nicht eingehalten ist. Dagegen sind sonstige Beratungsmängel wie etwa Unausgewogenheit oder Unvollständigkeit der Beratung, gleich ob in mangelnder Mitteilungsbereitschaft der Schwangeren oder in Voreingenommenheit der beratenden Person begründet, jedenfalls nicht über § 218 strafrechtlich erfaßbar (vgl. § 218 a RN 6, Eser JZ 94, 508).

24   2. Ähnlich der Schwangeren macht sich der **abbrechende Arzt** nach § 218 strafbar, wenn er die zuvor genannten Mängel der Beratung erkennt. Zu etwaigen Irrtümern vgl. § 218 a RN 6. Sofern der abbrechende Arzt bei derselben Schwangerschaft zuvor als *Berater* fungiert hat, ist er wegen Unvereinbarkeit beider Funktionen (Abs. 2 S. 3; vgl. o. 19) im Falle von § 218 a I nach § 218 c I Nr. 4 strafbar, während im Falle von § 218 a IV 1 die Strafbarkeit nach § 218 vorgeht (vgl. – auch zum Fall einer *freiwilligen* Beratung bei indiziertem Abbruch – § 218 c RN 10).

25   3. Auch die **beratende Person** kann sich nach § 218 (wenngleich idR wohl nur wegen Beihilfe) strafbar machen, wenn sie eine in Wirklichkeit nicht stattgefundene Beratung bescheinigt (bzw. ggf. durch die in der Beratungsstelle für die Ausstellung zuständige Person bescheinigen läßt) oder das letzte Beratungsgespräch vordatiert, um der Schwangeren einen Abbruch unter Mißachtung der in § 218 a I Nr. 1 vorgeschriebenen Karenz von 3 Tagen zu ermöglichen. Gleichermaßen kommt Beihilfe zu § 218 in Betracht, wenn die beratende Person trotz mangelnder staatlicher Anerkennung (vgl. o. 18 f.) eine Beratungsbescheinigung ausstellt und die Schwangere und/oder der Arzt (als Haupttäter) um diesen Mangel wissen (vgl. o. 23 f.). Wird dabei von dem nichtanerkannten Aussteller der Beratungsbescheinigung fälschlicherweise der Eindruck erweckt, daß diese von einer anerkannten Beratungsstelle stamme, und damit über den Aussteller der Urkunde getäuscht, kommt neben Beihilfe zu § 218 (und nicht nur stattdessen, wie offenbar in BT-Drs. 13/1850 S. 21 angenommen) tateinheitlich § 267 in Betracht.

26   Dagegen sind sonstige Beratungsfehler – wie insbes. eine unvollständige oder den vorgegebenen Leitlinien (o. 4 ff.) zuwiderlaufende Beratung oder auch die Mißachtung von Aufzeichnungs- und Berichtspflichten nach § 10 SchKG (vgl. o. 17, 20) – grundsätzlich nur als **berufsrechtliche** Verstöße erfaßbar. Immerhin läuft aber damit die Beratungsstelle Gefahr, daß wegen Nichterfüllung der Anerkennungsvoraussetzungen von § 9 SchKG die Anerkennung nach § 10 III SchKG widerrufen wird (vgl. BT-Drs. 13/1850 S. 21). Zur Geheimhaltungspflicht vgl. Rudolphi aaO.

§ 219 a Werbung für den Abbruch der Schwangerschaft

(1) Wer öffentlich, in einer Versammlung oder durch Verbreiten von Schriften (§ 11 Absatz 3) seines Vermögensvorteils wegen oder in grob anstößiger Weise
1. eigene oder fremde Dienste zur Vornahme oder Förderung eines Schwangerschaftsabbruchs oder
2. Mittel, Gegenstände oder Verfahren, die zum Abbruch der Schwangerschaft geeignet sind, unter Hinweis auf diese Eignung

anbietet, ankündigt, anpreist oder Erklärungen solchen Inhalts bekanntgibt, wird mit Freiheitsstrafe bis zu zwei Jahren oder mit Geldstrafe bestraft.

(2) Absatz 1 Nr. 1 gilt nicht, wenn Ärzte oder auf Grund Gesetzes anerkannte Beratungsstellen darüber unterrichtet werden, welche Ärzte, Krankenhäuser oder Einrichtungen bereit sind, einen Schwangerschaftsabbruch unter den Voraussetzungen des § 218 a Abs. 1 bis 3 vorzunehmen.

Werbung für den Abbruch der Schwangerschaft 1–6 § 219 a

(3) **Absatz 1 Nr. 2 gilt nicht, wenn die Tat gegenüber Ärzten oder Personen, die zum Handel mit den in Absatz 1 Nr. 2 erwähnten Mitteln oder Gegenständen befugt sind, oder durch eine Veröffentlichung in ärztlichen oder pharmazeutischen Fachblättern begangen wird.**

Vorbem. Fassung und Umstellung durch das SFHG anstelle von § 219 b idF des 5. StrRG.

Schrifttum: Siehe die Angaben zu den Vorbem. vor § 218.

I. Die Vorschrift enthält Tatbestände des öffentlichen **Anerbietens zum Schwangerschaftsab- 1 bruch** (Nr. 1) und der öffentlichen **Werbung für Schwangerschaftsabbruchmittel** (Nr. 2). Da derartige Vorstufen der Teilnahme wegen des Vergehenscharakters des § 218 nicht durch § 30 erfaßt werden, kommt diesen Tatbeständen eigene Bedeutung zu. Anders als beim Inverkehrbringen von Mitteln zum Schwangerschaftsabbruch nach § 219 b, wo der Täter auf *illegalen* Abbruch abzielen muß (vgl. dort 1), richtet sich § 219 a gegen die bedenkenlose Propagierung und Kommerzialisierung des Schwangerschaftsabbruchs, und zwar gleichgültig, ob dessen Durchführung im Einzelfall *legal* oder illegal wäre (1. Ber. 17 f., Prot. VII 1645 ff., Jähnke LK § 218 b RN 1; krit. Arzt/Weber I 146). Ihrer Struktur nach handelt es sich um **abstrakte Gefährdungstatbestände** (vgl. Lackner 11, Rudolphi SK 1, Tröndle 4), die bereits in einem dem § 30 noch vorgelagerten Vorfeld des § 218 das ungeborene Leben gegen die Verharmlosung und Ausbeutung des Schwangerschaftsabbruchs abschirmen wollen. Vgl. auch Prot. VII 1468 f. Zur Werbung für Mittel gegen Geschlechtskrankheiten vgl. § 27 I GeschlKrG.

II. **Gegenstand der Werbung (Abs. 1)** können Dienste oder Mittel zum Schwangerschafts- 2 abbruch sein.

1. Als **Dienste** (Nr. 1) kommen eigene wie auch fremde in Betracht. Auch können sie sowohl in 3 der Vornahme (eigenhändige Durchführung oder Mitwirkung) als auch in der Förderung eines Abbruchs bestehen. Für letzteres genügt bereits die Vermittlungshilfe oder der Hinweis auf Personen oder Stellen, bei denen Geräte zur Selbstabtreibung beschafft werden können. Da der angebotene *Schwangerschaftsabbruch nicht illegal* zu sein braucht (vgl. o. 1), kommen als Täter grundsätzlich auch *Ärzte* in Betracht, soweit sie unter den u. 5 ff. genannten Voraussetzungen ihre Bereitschaft zu einem indizierten Abbruch kundtun (Tröndle 4, Rudolphi SK 2). Entscheidend ist jedoch, daß es sich um (zumindest auch) *abortiv* wirkende und nicht nur um nidationshemmende Dienste handelt (vgl. Tröndle 4 sowie § 218 RN 11 ff.).

2. Die in Nr. 2 genannten **Mittel** (zB Pharmaka wie Prostaglandine), **Gegenstände** (Kürette oder 4 Absauginstrumente) oder **Verfahren** (zB Hysterotomie; vgl. ferner § 218 RN 20) müssen zwar nicht ausschließlich bzw. ihrer spezifischen Zweckbestimmung nach, zumindest aber *auch* zum Schwangerschaftsabbruch geeignet sein. Daher scheiden einerseits sowohl reine Empfängnisverhütungsmittel bzw. -methoden, deren Anbietung nur noch gewerbe- oder gesundheitsrechtlich erfaßt wird (vgl. § 27 GeschlKrG), ebenso aus wie rein nidationshemmende Handlungen (vgl. § 218 RN 12 ff.); andererseits bleiben aber etwa noch solche Präparate erfaßt, die bei entsprechender Überdosis abortiv verwendbar sind (vgl. Tröndle 5, Jähnke LK § 219 b RN 3, Lackner 2, ferner § 219 b RN 2). Auch ist heute gesetzlich klargestellt, daß die fraglichen *Gegenstände* in der ihnen zugeschriebenen Weise *objektiv* zum Schwangerschaftsabbruch *geeignet* sein müssen (Tröndle 5, Jähnke LK § 219 b RN 4). Entsprechendes gilt für die *Verfahren,* zu denen nicht nur kunstgerechte medizinische Eingriffstechniken (Absaugen, Ausschaben), sondern jedwede zur Abtötung des Embryos geeignete Methoden zählen.

III. Als **Tathandlung** kommt sowohl bei Diensten (o. 3) wie auch bei Mitteln zum Schwanger- 5 schaftsabbruch (o. 4) das *öffentliche Anbieten, Ankündigen, Anpreisen* oder *Bekanntgeben* solchen Inhalts in Betracht, wenn es eines *Vermögensvorteils wegen* oder in *grob anstößiger* Weise erfolgt. Dagegen ist das Ausstellen an allgemein zugänglichen Orten (§ 219 idF vor dem 5. StrRG) nicht mehr genannt, da idR mittelbar als Anbieten oder Anpreisen erfaßbar (vgl. RegE 16). Entsprechendes gilt für das schon früher fehlende Feilhalten (vgl. Tröndle 3).

1. Zum **Anbieten, Ankündigen** und **Anpreisen** vgl. § 184 RN 30 ff. Für das **Bekanntgeben** 6 **von Erklärungen** über Dienste oder Mittel zum Schwangerschaftsabbruch, zB durch Veröffentlichung von Berichten oder Inseraten in Zeitungen, genügt nicht schon der Hinweis, daß es solche Wege zum Schwangerschaftsabbruch überhaupt bzw. in bestimmten Städten gibt; erforderlich ist vielmehr, daß sie dem Adressaten auf diese oder jene Weise zugänglich dargestellt werden (vgl. BT-Drs. VI/3434 S. 16, Lackner 3; weitergeh. Jähnke LK § 219 b RN 4). Soweit damit die Aufforderung zu illegalem Abbruch verbunden ist, ist auch § 111 in Tateinheit verwirklicht. Das Anbieten von *Mitteln* usw. Nr. 2 setzt voraus, daß auf deren Eignung zum Schwangerschaftsabbruch hingewiesen worden ist, und sei es auch nur in versteckter Form. Dazu zählt jedoch nicht schon die Warnung des Herstellers von Pharmaka vor unerwünschten abortiven Nebenwirkungen (vgl. 1. Ber. 18, Tröndle 5); ebensowenig wird die allgemeine Aufklärung über die Existenz oder Wirkungsweise von derartigen Mitteln erfaßt (Rudolphi SK 5). Aus dem Erfordernis objektiver Geeignetheit des Mittels (o. 4) wird zu schließen sein, daß nur ein *ernstgemeintes* Anbieten genügt. Dementsprechend sind auch im Falle von Nr. 1 Schwindelangebote nicht zu erfassen (Jähnke LK § 219 b RN 4; and. Lackner 3).

Eser 1787

7   2. Ferner muß das Anbieten usw. **öffentlich** (dazu § 184 RN 32), in einer **Versammlung** (dazu § 111 RN 7) oder durch **Verbreiten von Schriften** (dazu § 11 RN 78 ff., § 184 RN 34) erfolgen. Dafür genügt etwa der Abdruck von Listen abbruchswilliger Ärzte in einer Zeitschrift (Tröndle 2 f.) oder die Auslage entsprechender Listen in allgemein zugänglichen Räumen, *nicht* dagegen die Mitteilung von Adressen im Rahmen von *individuellen Beratungen* (Jähnke LK § 219 b RN 6; wohl zT and. Tröndle 4). Ebensowenig wird das Erbieten gegenüber einer bestimmten Person zu einem bestimmten Schwangerschaftsabbruch erfaßt. Da dafür auch § 30 nicht in Betracht kommt (§ 218 nur Vergehen; vgl. auch o. 1), werden solche konkreten Anerbieten oder Vermittlungsdienste erst dann strafbar, wenn es zumindest zum Versuch eines nach § 218 strafbaren Abbruchs kommt.

8   3. Zudem muß das Anbieten usw. eines **Vermögensvorteils wegen** oder **grob anstößig** erfolgen. Zum Begriff des *Vermögensvorteils* vgl. § 11 RN 68 ff., § 73 RN 4 ff. Ein solcher ist sowohl in der erstrebten Auflagensteigerung durch Veröffentlichung von Adressen als auch in der Provision für Vermittlerdienste oder in ärztlichen Honoraren zu erblicken (Tröndle 2, Lackner 4), und zwar selbst insoweit, als darin kein besonderer „Risikozuschlag" enthalten ist; denn dem Arzt soll zwar nicht der entgeltliche Schwangerschaftsabbruch, wohl aber die öffentliche Bereitschaftserklärung dazu untersagt sein (vgl. 1. Ber. 18). Nicht erfaßt wird dagegen die unentgeltliche Überlassung von Aufklärungsschriften. Gleiches hat für die Weitergabe von Informationen durch frei zugängliche und auch nicht mittelbar durch interessierte Dritte finanzierte Aufklärungsaktionen zu gelten. Doch kann dies *grob anstößig* werden, wenn es in anreißerischer oder den Schwangerschaftsabbruch verherrlichender Weise geschieht (vgl. Prot. VII 1656 f.); Vermittlungsbereitschaft für strafbare Abtreibung wird schon als solche regelmäßig grob anstößig sein (so jedenfalls bei nicht-indiziertem Abbruch Jähnke LK § 219 b RN 7, Laufhütte/Wilkitzki JZ **76**, 337).

9   **IV. Ausgenommen** von der durch Abs. 1 recht weitgezogenen Tatbestandsmäßigkeit werden durch Abs. 2 und 3 im Interesse einer funktionsgerechten Unterrichtung **berufsmäßig** mit Schwangerschaftsabbruch befaßter Personen **bestimmte Formen der Information und Werbung**; und zwar nicht ie iSe Rechtfertigungsgrundes (so aber Tröndle 6), sondern bereits durch **tatbestandlichen** Ausschluß (Jähnke LK § 219 b RN 8 mwN).

10   1. Für Fälle von Abs. 1 Nr. 1 wird durch **Abs. 2** sowohl **Ärzten** und **Kliniken** die Mitteilung ihrer eigenen Bereitschaft zu honoriertem Schwangerschaftsabbruch an anerkannte **Beratungsstellen** wie auch der entgeltliche Austausch von Adressenlisten zwischen Ärzten, Krankenhäusern und Beratungsstellen ermöglicht. Auch gewerbsmäßige Vermittlerdienste zwischen solchen Personen und Institutionen durch Dritte sind danach zulässig (vgl. Tröndle 7). Entscheidend ist jedoch, daß es sich jeweils nur um die Bereitschaft zu Eingriffen handelt, die nach § 218 a I–III straffrei durchgeführt werden dürfen. Dazu sind neben *medizinisch* und *kriminologisch* indizierten Abbrüchen nach § 218 a II und III kraft gesetzlicher Klarstellung durch Abs. 2 auch (nur) beratene Abbrüche nach § 218 a I zu rechnen, nicht aber solche nach § 218 a IV.

11   2. Für Fälle von Abs. 1 Nr. 2 werden durch **Abs. 3** zweierlei Arten von **Werbung** freigestellt: einmal solche, die sich an Ärzte oder Personen richtet, die zum *Handeln mit einschlägigen Mitteln* befugt sind; zum anderen Werbung durch Veröffentlichung in *ärztlichen oder pharmazeutischen Zeitschriften*, und zwar auch in Form dort beigelegter Reklameschriften (Tröndle 8, Jähnke LK § 219 b RN 8).

12   V. Für den **subjektiven Tatbestand** ist **Vorsatz** erforderlich; bedingter genügt (Jähnke LK § 219 b RN 9). In Fällen von Abs. 1 Nr. 2 muß der Täter die Tauglichkeit der Mittel usw. kennen. Hält er sie irrtümlich für tauglich, liegt nur (strafloser) Versuch vor.

13   VI. Als **Strafe** wird Freiheitsstrafe bis zu 2 Jahren oder Geldstrafe angedroht. Dem **Tatbeteiligten**, der ohne Vorteilsabsicht handelt, kommt § 28 I zugute. Werbematerialien, *mit* denen die Mittel usw. angeboten werden, können als Tatwerkzeuge nach § 74 eingezogen werden. Vermögensvorteile, die aus der Tat erlangt werden, sind nach § 73 obligatorisch für **verfallen** zu erklären.

14   VII. Wegen des abstrakten Gefährdungscharakters des § 219 a ist mit § 218 **Realkonkurrenz** möglich, wenn es zu dem nach Abs. 1 Nr. 1 angebotenen Abbruch kommt oder der Täter das nach Abs. 1 Nr. 2 angebotene Mittel zu einem konkreten Abbruch einsetzt (vgl. 129 vor § 52, Rudolphi SK 12), ebenso mit § 219 b (vgl. Tröndle 10). Bei Werbung für illegale Eingriffe kommt Tateinheit mit § 111 in Betracht (Jähnke LK § 219 b RN 10).

§ 219 b Inverkehrbringen von Mitteln zum Abbruch der Schwangerschaft

(1) **Wer in der Absicht, rechtswidrige Taten nach § 218 zu fördern, Mittel oder Gegenstände, die zum Schwangerschaftsabbruch geeignet sind, in den Verkehr bringt, wird mit Freiheitsstrafe bis zu zwei Jahren oder mit Geldstrafe bestraft.**

(2) **Die Teilnahme der Frau, die den Abbruch ihrer Schwangerschaft vorbereitet, ist nicht nach Absatz 1 strafbar.**

(3) **Mittel oder Gegenstände, auf die sich die Tat bezieht, können eingezogen werden.**

Vorbem. Fassung und Umstellung durch SFHG anstelle von § 219 c idF des 5. StrRG.

Schrifttum: Siehe die Angaben zu den Vorbem. vor § 218.

I. Die Vorschrift will bereits im Vorfeld des § 218 das **Inverkehrbringen von Mitteln zum illegalen Schwangerschaftsabbruch** unterbinden. Hierfür genügt jedwedes Inverkehrbringen von Mitteln oder Gegenständen, die zum illegalen Abbruch geeignet sind (vgl. Jähnke LK § 219c RN 1). Insofern handelt es sich hier um ein **abstraktes Gefährdungsdelikt** (Lackner 8, Rudolphi SK 1). Doch anders als § 219a, der sich gegen Förderung durch Werbung hinsichtlich jeder Art von Schwangerschaftsabbruch richtet (vgl. dort RN 1), will § 219b lediglich dem Handel mit Mitteln zum *illegalen* Schwangerschaftsabbruch entgegenwirken. Insofern richtet sich § 219b primär gegen die Zulieferer von Laienabtreibern (vgl. 1. Ber. 18). 1

II. Tatobjekt können hier nur **abortive Mittel** oder **Gegenstände** sein, nicht dagegen (so bei § 219a) die Vermittlung von bloßen *Verfahren* (Lackner 2). Daß sie zum Schwangerschaftsabbruch *objektiv geeignet* sein müssen, ist ausdrücklich klargestellt (Tröndle 2, Koch aaO 217). Daher ist der Vertrieb eines vermeintlich abortiven, in Wirklichkeit jedoch nur antikonzeptionell wirkenden Mittels nicht mehr erfaßt (vgl. Jähnke LK § 219c RN 3). Entsprechendes gilt für rein nidationshemmende Mittel oder Gegenstände (zB Intra-Uterin-Pessare, „Pille danach"), nachdem diesbezügliche Handlungen nach § 218 I 2 schon tatbestandlich nicht als Schwangerschaftsabbruch gelten (vgl. dort RN 12ff. sowie 34 vor § 218). Jedoch ist ebenso wie bei § 219a I Nr. 2 nicht erforderlich, daß das Mittel (wie zB ein Absauggerät) seiner spezifischen Zielsetzung nach oder gar ausschließlich zum Schwangerschaftsabbruch geeignet wäre; vielmehr reicht es auch aus, wenn die abortive Tauglichkeit durch bestimmungswidrigen Einsatz, zB durch Überdosierung von Prostaglandinen oder sonstigen Hormonpräparaten, aus (vgl. § 219a RN 4, Koch aaO 227, Rudolphi SK 3); daher werden grundsätzlich auch Mifepristone wie RU 486 erfaßt (Tröndle 2; näher dazu § 218 RN 21). Ist eine solche *relative Tauglichkeit* anzunehmen, kommt es im übrigen auf konkrete Wirksamkeit im Verwendungsfall nicht an (vgl. Hamm NJW **56**, 482 zu Chinin, Lackner 2). 2

III. Die **Tathandlung** besteht im **Inverkehrbringen** des Mittels oder Gegenstandes. Inverkehrgebracht ist ein Gegenstand dann, wenn er vom Täter derart aus seinem Gewahrsam entlassen wird, daß er von irgendwem anderen (also nicht notwendig von einer bereits zum Abbruch entschlossenen Person) an sich genommen und nach eigenem Belieben verwendet oder weitervermittelt werden kann (vgl. Tröndle 2, Lackner 3, Rudolphi SK 4). Damit ist einerseits jede Art von Veräußerung, gleich ob entgeltlich oder geschenkweise, gewerbsmäßig oder nur gelegentlich, erfaßt (vgl. auch § 146 RN 21), andererseits jedoch nicht genügend, daß lediglich die Möglichkeit zum Zugriff auf das Abtreibungsmittel eröffnet ist (vgl. Tröndle 2, Jähnke LK § 219c RN 4 gegen die insoweit weitergeh. Auslegung des Inverkehrbringens bei §§ 6, 7 AMG) oder nur leihweise Überlassung zu einem bestimmten Eingriff erfolgt (Gössel I 137, Lackner 3). Vgl. auch Horn NJW 77, 2329, 2333f. – Da die Tat auf die Förderung *illegaler* Schwangerschaftsabbrüche gerichtet sein muß (vgl. o. 1, u. 7), bedurfte es (zu Recht) **keiner Ausnahmeklausel** zugunsten des Handels mit Ärzten usw. iSv § 219a III (vgl. RegE 17). 3

4

IV. Für den **subjektiven Tatbestand** ist *Vorsatz* sowie die *Absicht* der Förderung illegaler Eingriffe erforderlich. 5

1. Der **Vorsatz** muß sich auch auf die Tauglichkeit des Mittels (o. 2) erstrecken; bedingter Vorsatz genügt (Jähnke LK § 218c RN 5, Rudolphi SK 5). Weiß der Täter um die Untauglichkeit, kann er nach § 263 strafbar sein (vgl. § 218 RN 52). Schreibt er einem reinen Antikonzeptionsmittel bzw. Nidationshemmer (vgl. o. 2) hingegen irrtümlich abortive Kraft zu, so liegt nur (strafloser) Versuch vor. Nicht erforderlich ist dagegen die Vorstellung, daß es mit dem fraglichen Mittel tatsächlich zu einem Schwangerschaftsabbruch (bzw. einem Versuch dazu) kommt; der Vorsatz muß lediglich auf das Inverkehrbringen gerichtet sein (vgl. Lackner 4). 6

2. Für die **Förderungsabsicht** ist erforderlich, daß der Täter die Verwendung des Mittels zu einem nach § 218 *rechtswidrigen* Abbruch ermöglichen will. Daran hat es schon bisher nicht nur dort gefehlt, wo der Abbruch aufgrund einer Indikation (wie jetzt nach § 218a II, III) *gerechtfertigt* ist; vielmehr werden jetzt auch *beratene* Abbrüche nach § 218a I von § 219b nicht erfaßt, da selbst unter der (von BVerfGE **88** 210 ÜbergAO Nr. II.2, 273 geforderten) Ablehnung von Rechtfertigung in diesen Fällen der beratene Abbruch infolge des Tatbestandsausschlusses nach § 218a I jedenfalls nicht, wie von § 219b I vorausgesetzt, eine „rechtswidrige Tat nach § 218" darstellt (and. Tröndle 3) und demzufolge auch der Streit um eine etwaige „sonstige Rechtswidrigkeit" des (nur) beratenen Abbruchs (näher dazu § 218a RN 12 ff.) hier ohne Belang ist. Rechtswidrig iSv § 218 und damit auch iSv § 219b I ist der geförderte Abbruch aber dann, wenn der Schwangeren lediglich ein persönlicher Strafausschließungsgrund (§ 218a IV 1) bzw. ein Absehen von Strafe (§ 218a IV 2) eingeräumt ist (Jähnke LK § 219c RN 5). Das *Fördern* entspricht dem Hilfeleisten iSv § 27 I (vgl. dort RN 6ff.); dieses (nicht aber nur die Entgelterlangung, wie Lackner 5 meint) muß zielgerichtet erfolgen, während hinsichtlich der Rechtswidrigkeit des geförderten Abbruchs auch bedingter Vorsatz genügt (vgl. Tröndle 3). Unerheblich ist, inwieweit der geförderte Abbruch bereits konkretisiert ist (vgl. Herzberg JR 77, 470, Koch aaO 227). Bei Handel mit Laienabtreibern wird eine *illegale* Förderungsabsicht regelmäßig anzunehmen sein (Tröndle 3, Jähnke LK § 219c RN 5), ebenso bei Überlassung von Geräten, die zur Selbstanwendung durch die Schwangere geeignet sind; nicht dagegen im Geschäftsverkehr mit Ärzten und Krankenhäusern (Rudolphi SK § 219c RN 4). 7

§ 220 a

Bes. Teil. Straftaten gegen das Leben

8   V. **Täter** kann jedermann sein, auch ein Arzt, der einem Laien ein Gerät zur Anwendung überläßt. Auch **Teilnahme** ist nach allgemeinen Grundsätzen (§§ 26, 27) möglich. § 28 findet keine Anwendung. Dagegen ist auch hier die **Schwangere** durch einen persönlichen Strafausschließungsgrund (Abs. 2) insoweit **freigestellt**, als sie zur Vorbereitung des an ihr vorgenommenen Eingriffs am Inverkehrbringen beteiligt war. Demzufolge bleibt die Schwangere straflos, wenn sie einen anderen
9   zur Überlassung eines Abbruchsgerätes anstiftet (Rudolphi SK 6). Ihre etwaige Strafbarkeit nach § 218 III bei Durchführung des Schwangerschaftsabbruchs bleibt davon selbstverständlich unberührt.

10 VI. Der **Versuch** ist hier **nicht strafbar**. Ist das Inverkehrbringen **vollendet**, so kommt im Hinblick auf den abstrakten Gefährdungscharakter des § 219 b (vgl. o. 1) ein strafbefreiender **Rücktritt** in analoger Anwendung des § 31 **nicht** mehr in Betracht, und zwar selbst dann nicht, wenn der Abbruch, zu dem das überlassene Gerät Verwendung finden sollte, auf Betreiben des Lieferanten unterbleibt (vgl. § 24 RN 109). Etwas anderes könnte allenfalls dann gelten, wenn das Abortivum gerade zu einem bestimmten Abbruchsversuch hingegeben worden war, es sich daher materiell (nur) um eine *konkrete* Gefährdung gehandelt hat; in diesem Falle wäre an die Heranziehung der bei § 24 RN 116 erörterten Grundsätze zu denken (teils and. Jähnke LK § 219 c RN 7).

11 VII. Als **Strafe** ist Freiheitsstrafe bis zu 2 Jahren oder Geldstrafe angedroht. Die in Verkehr gebrachten Mittel und Gegenstände unterliegen nach Abs. 3 der **Einziehung**. Dies ausdrücklich vorzusehen, war erforderlich, weil nach § 74 grundsätzlich nur Tatwerkzeuge und Tatprodukte, nicht dagegen bloße Tatobjekte, auf die sich eine Tat (wie hier das Inverkehrbringen) bezieht, eingezogen werden können (vgl. dort RN 5 ff.). Eine „strafähnliche" Dritteinziehung nach § 74 a ist, da hier nicht ausdrücklich vorgesehen, ausgeschlossen.

12 VIII. Für das **Verhältnis zu § 218** ist davon auszugehen, daß bei Schwangerschaftsabbruch mittels des inverkehrgebrachten Gegenstandes § 219 b als abstraktes Gefährdungsdelikt nicht als subsidiär zurücktritt (so aber Gössel I 137), sondern grundsätzlich in *Tatmehrheit* zu § 218 steht (vgl. 129 vor § 52, Tröndle 6, Rudolphi SK 8; nach Lackner 8 auch Tateinheit möglich). Dies wird im wesentlichen in drei Fallgruppen praktisch: Einmal da, wo der Täter zB ein Absauggerät zu einem schon hinreichend konkretisierten Abbruch überläßt, im Hinblick darauf also bereits mit Teilnehmervorsatz handelt (abw. für Subsidiarität von § 219 c Tröndle 6 sowie Jähnke LK § 219 c RN 8, bzw. Subsidiarität von § 219 b Rudolphi SK 7); zum anderen dort, wo er das Gerät einer Dritten zu einem noch nicht bestimmten Abbruch überlassen hat, dann aber an dessen Durchführung mitwirkt; sowie schließlich da, wo der Täter oder Teilnehmer des Abbruchs nach § 218 I zur Erlangung des dafür erforderlichen Geräts einen anderen zur Überlassung angestiftet oder dabei mitgewirkt hat (zur Straflosigkeit der Teilnahme der Schwangeren vgl. o. 9). Solange ein Laienabtreiber dagegen seine Geräte nur selbst benutzt bzw. lediglich zur Durchführung eines konkreten Abbruchs überläßt, ohne sie dabei freiverfüglich in Verkehr zu bringen (vgl. o. 3), ist § 219 b schon tatbestandlich nicht erfüllt, so daß lediglich Täterschaft bzw. Teilnahme nach § 218 I in Betracht kommt. Mit § 219 a (öffentliche Form der Werbung) kommt bei nachfolgender Verschaffung nach § 219 b Tatmehrheit in Betracht (Tröndle § 219 a RN 10). Mit §§ 222, 229 ist Tateinheit denkbar (Lackner 7, Rudolphi SK 7).

§ 219 c *aufgrund des SFHG jetzt § 219 b.*

§ 219 d Begriffsbestimmung *aufgrund des SFHG jetzt § 218 I 2.*

§ 220 [Erbieten zur Abtreibung] *sachlich aufgegangen in § 219 a (vgl. dort RN 1).*

§ 220 a Völkermord

(1) **Wer in der Absicht, eine nationale, rassische, religiöse oder durch ihr Volkstum bestimmte Gruppe als solche ganz oder teilweise zu zerstören,**
1. Mitglieder der Gruppe tötet,
2. Mitgliedern der Gruppe schwere körperliche oder seelische Schäden, insbesondere der in § 226 bezeichneten Art, zufügt,
3. die Gruppe unter Lebensbedingungen stellt, die geeignet sind, deren körperliche Zerstörung ganz oder teilweise herbeizuführen,
4. Maßregeln verhängt, die Geburten innerhalb der Gruppe verhindern sollen,
5. Kinder der Gruppe in eine andere Gruppe gewaltsam überführt,
   wird mit lebenslanger Freiheitsstrafe bestraft.

(2) **In minder schweren Fällen des Absatzes 1 Nr. 2 bis 5 ist die Strafe Freiheitsstrafe nicht unter fünf Jahren.**

Vorbem. Abs. 1 Nr. 2 angepaßt durch das 6. StrRG v. 26. 1. 98 (BGBl. I 164).

Völkermord 1–8 § 220 a

Schrifttum: Bassionni, Intern. Criminal Law, 1986, 269 ff. – *Berber,* Völkerrecht II, 1969. – *Campbell,* § 220 a – Der richtige Weg zur Verhütung u. Bestrafung von Genozid?, 1986. – *Coing,* Grundrechte der Menschenwürde (usw.), SJZ 47, 641. – *Dahm,* Völkerrecht III, 1971. – *Drost,* Genocide, The crime of state Bd. II, 1959. – *Hankel/Stuby,* Strafgerichte gegen Menschheitsverbrechen, 1995. – *Hoffmann,* Strafr. Verantwortung im Völkerrecht, 1962. – *Jescheck,* Die internat. Genocidium – Konv. (usw.), ZStW 66 (1954) 193. – *Ders.,* Entwicklung, gegenwärtiger Stand u. Zukunftsaussichten des intern. Strafrechts, GA 81, 58. – *Kimminich,* Völkerrecht⁴ 1990, 489 ff. – *Robinson,* The Convention, 1949. – *Stillschweig,* Das Abk. zur Bekämpfung von Genocide, Friedenswarte 1949, 93. – *Wegner,* Der strafr. Schutz des Völkerrechts, Mat. I 357.

I. Die strafrechtliche Sanktionierung des Völkermords (**Genocidium**), eingefügt durch Ges. v. 1
9. 8. 54 (BGBl. II 729), beruht auf Art. II der Intern. Konv. über die Verhütung und Bestrafung des Völkermordes v. 9. 12. 48 (dt. in Europa-Arch. 1949, 2310); dazu Jescheck ZStW 66, 197 ff., GA 81, 58 f., Stillschweig aaO 94 ff. Die systematische Einordnung dieses Tatbestandes ist nicht glücklich, da es sich in den Fällen von Abs. 1 Nr. 1 nicht in erster Linie wider die Menschen schlechthin handelt, sondern eher um solche gegen die **Menschlichkeit** handelt (Gössel I 12, Jähnke LK 4, M-Schroeder I 11).

Zur Entstehungsgeschichte Campbell aaO, der – ausgehend von Genozid als staatlich koordiniertem, 2 unterstütztem bzw. geduldetem Verbrechen, angesichts neuester „ethnischer Säuberungen" in verschiedenen Weltregionen (vgl. ua BGH **45** 79 ff., NStZ **94**, 232, NStZ/S **98**, 611, BGHR § 220 a Tatverdacht **1, 2** zum ehem. Jugoslawien) allerdings wenig überzeugend – für Streichung des § 220 a eintritt. Ebensowenig wird § 220 a durch komplementäre supranationale Ahndung von Völkermord obsolet (vgl. 23 vor § 1).

II. **Schutzobjekte** sind *nationale, rassische, religiöse* und *völkische* (ethnische) **Gruppen**, wobei deren 3 (tatsächliche oder auch nur vermeintliche [letzterenfalls and. Jähnke LK 10]) Mitglieder das physische Angriffsobjekt bilden (vgl. Horn SK 2). Ein räumlicher Zusammenhang innerhalb dieser Gruppen ist nicht erforderlich (vgl. dazu auch BGH **45** 80 ff.). Politische Gruppen zählen nicht hierzu, obwohl gerade für sie die Gefahr besteht, von Ausschreitungen und Verfolgungen betroffen zu werden (zur fragwürdigen Völkerrechtsgemäßheit dieses Ausschlusses in § 220 a vgl. Ambos JZ 99, 16 mwN). Ebensowenig werden nach dieser Vorschrift wirtschaftliche Gruppen geschützt (Jähnke LK 9).

III. Für die **Tathandlung** ist erforderlich, daß die biologisch-physische Integrität der Mitglieder 4 dieser Gruppen durch bestimmte, im einzelnen **abschließend** aufgezählte Handlungen verletzt oder gefährdet wird. Eine lediglich kulturelle Unterdrückung reicht nicht aus (Stillschweig aaO 98), so zB nicht das Verbot einer bestimmten Sprache oder der Ausschluß von bestimmten Berufen, nicht die Zerstörung von Bibliotheken, Gotteshäusern, heiligen Schriften. Da nur die *biologisch-physische Integrität* geschützt ist, kommen als seelische Schäden in Nr. 2 nur solche in Betracht, die sich mittelbar in nicht unerheblichem Maße physisch auswirken (vgl. Jescheck ZStW 66, 213). Solche Schäden können etwa durch medizinische Experimente oder durch Erzeugung von Sucht mittels Verbreitung von Rauschgiften herbeigeführt werden (Jähnke LK 11, Stillschweig aaO 97). *Lebensbedingungen* iSd Nr. 3 werden zB geschaffen, indem einer Gruppe das Lebensnotwendigste entzogen oder ärztliche Pflege versagt wird. Eine *Maßnahme* iSd Nr. 4 kann die Sterilisation sein, aber auch die Trennung der Geschlechter oder ein Heiratsverbot (Stillschweig aaO 97, Robinson aaO 18). Dagegen reicht die bloße Freigabe der Abtreibung nicht aus (Kohlrausch/Lange V). Es genügt die Handlung gegen einen *Einzelnen,* wenn er als Angehöriger einer Gruppe und nicht aus persönlichen Gründen angegriffen wird (Stillschweig aaO 99, Jescheck ZStW 66, 213). Außer einmaligen Handlungen werden auch mehrere natürliche Handlungen oder ganze Handlungskomplexe erfaßt (BGH **45** 82 ff.). Unerheblich ist, ob die Handlung in Kriegs- oder Friedenszeiten begangen wird (Jähnke LK 10).

IV. Der **subjektive Tatbestand** erfordert **Vorsatz** und die **Absicht** (zielgerichtetes Handeln; vgl. 5 § 15 RN 65 ff.), eine der geschützten Gruppen als solche **ganz oder teilweise zu zerstören** (Bay NJW **98**, 392 f. m. Anm. Ambos NStZ **98**, 138 u. Lagodny JR **98**, 475). Diese Absicht muß nicht nur bei Massenaktionen gegeben sein, sondern auch bei Einzeltat, sofern der Wille des Täters über diese hinaus auf die Zerstörung einer Gruppe gerichtet ist. Es braucht nicht beabsichtigt zu sein, die völkische Substanz zu vernichten. Eine Gruppe wird als solche auch dann (teilweise) zerstört, wenn die Führungsschicht ausgemerzt wird (Jescheck ZStW 66, 213, Horn SK 3). An der Absicht kann es fehlen, wenn jemand die Tat auf Befehl ausführt (vgl. Robinson aaO 15).

V. **Täter** kann ein Einzelner sein. Eine Verbindung zu einer größeren, schlagkräftigen Gruppe 6 braucht nicht zu bestehen. Fehlt einem Tatbeteiligten die Zerstörungsabsicht, so ist er nur als Teilnehmer strafbar, jedoch ohne Anwendbarkeit von § 28 (Jähnke LK 12).

VI. Als **Strafe** ist wie bei § 211 lebenslange Freiheitsstrafe angedroht. In *minderschweren* Fällen 7 (Abs. 2) kommt Freiheitsstrafe von 5 bis 15 Jahren in Betracht, wobei jedoch der Fall von Abs. 1 Nr. 1 (Tötung eines Gruppenmitgliedes) von der Strafmilderung ausgenommen ist.

VII. Die Tat des § 220 a gilt in *keinem* Fall als *politische.* § 6 II IRG ist nicht anwendbar. Nach dem 8 *Weltrechtsprinzip* (§ 6 Nr. 1) ist § 220 a unabhängig vom Tatortrecht verfolgbar (vgl. BGH **45** 64, 66 ff. NStZ **94**, 232 m. Anm. Oehler 485, NStZ/S **98**, 611). Die Verfolgungs- und Vollstreckungs*verjährung ist ausgeschlossen* (§§ 78 II, 79 II). Zur Errichtung des Internationalen Strafgerichtshofs vgl. 23 vor § 1.

§ 221 Aussetzung

(1) Wer einen Menschen
1. in eine hilflose Lage versetzt oder
2. in einer hilflosen Lage im Stich läßt, obwohl er ihn in seiner Obhut hat oder ihm sonst beizustehen verpflichtet ist,

und ihn dadurch der Gefahr des Todes oder einer schweren Gesundheitsbeschädigung aussetzt, wird mit Freiheitsstrafe von drei Monaten bis zu fünf Jahren bestraft.

(2) Auf Freiheitsstrafe von einem Jahr bis zu zehn Jahren ist zu erkennen, wenn der Täter
1. die Tat gegen sein Kind oder eine Person begeht, die ihm zur Erziehung oder zur Betreuung in der Lebensführung anvertraut ist, oder
2. durch die Tat eine schwere Gesundheitsbeschädigung des Opfers verursacht.

(3) Verursacht der Täter durch die Tat den Tod des Opfers, so ist die Strafe Freiheitsstrafe nicht unter drei Jahren.

(4) In minder schweren Fällen des Absatzes 2 ist auf Freiheitsstrafe von sechs Monaten bis zu fünf Jahren, in minder schweren Fällen des Absatzes 3 auf Freiheitsstrafe von einem Jahr bis zu zehn Jahren zu erkennen.

Vorbem. § 221 neugefaßt durch Art. 1 Nr. 37 des 6. StrRG v. 26. 1. 98 (BGBl. I 164).

Schrifttum: v. Els, Zur Auslegung des § 221 StGB, NJW 67, 966. – *Feloutzis,* Das Delikt der Aussetzung nach dt. u. griech. Recht, 1984. – *Küper,* Die Aussetzung als konkretes Gefährdungsdelikt, Jura 94, 513. – *ders.,* Die Aussetzung, JZ 95, 168. – *ders.,* Grundfragen des neuen Aussetzungstatbestandes, ZStW 111 (1999) 30. – *Mitsch,* Unvollendete Hilfeleistung als Straftat, JuS 94, 555. – *Schroth,* Zentrale Integrationsprobleme des 6. StrRG, NJW 98, 2861. – *Sternberg-Lieben/Fisch,* Der neue Tatbestand der (Gefahr-)Aussetzung, Jura 99, 45.

1 I. Die an § 139 E 1962 angelehnte Neuregelung von 1998 erfaßt mit ihren beiden Alternativen des *Versetzens in eine hilflose Lage* bzw. des *Imstichlassens in einer solchen* Lage besondere Fälle **konkreter Lebens- oder qualifizierter Leibesgefährdung;** damit hat der Gesetzgeber die früher hM, die unter der Geltung der alten Fassung eine bloße Leibesgefährdung für ausreichend erachtete (vgl. 25. A. RN 1 mwN sowie Küper ZStW 111, 35 ff.), mit der Einschränkung übernommen, daß die Gefahr einer schweren Gesundheitsbeschädigung gegeben sein muß. Weitere wesentliche Änderungen liegen in der Erweiterung des im Falle des Versetzens nicht mehr eingeschränkten Opferkreises (u. 2), sowie im klaren Verzicht auf eine räumliche Veränderung (u. 3, 6). Diese Reform als „schlimmen Mißgriff" zu bezeichnen (so bes. krit. DSNS-Struensee 29 ff., 45), dürfte aber zu weit gehen (vgl. auch Küper ZStW 111, 30 ff., Sternberg-Lieben/Fischer Jura 99, 50 f.).

2 II. Der Kreis der möglichen **Tatopfer** hat sich durch die Neufassung der Vorschrift (zur aF vgl. 25. A. RN 2) erweitert: Im Falle des Versetzens ist nunmehr jedermann geschützt, in dem des Imstichlassens hingegen sind dies nur solche Personen, gegenüber denen der Täter eine Beistands- oder Obhutspflicht hat (vgl. u. 10). In einer **hilflosen Lage** ist das Opfer, wenn es sich selbst gegen eine Lebens- oder qualifizierte Leibesgefahr nicht (mehr) zu schützen oder zu helfen vermag (Feloutzis aaO 120 ff., Schroth NJW 98, 2863, Sternberg-Lieben/Fisch Jura 99, 46; vgl. aber dazu auch DSNS-Struensee 35 ff.). Unerheblich ist, ob die Hilflosigkeit verschuldet oder unverschuldet bzw. dauernd oder nur vorübergehend ist. Im Gegensatz zur aF ist der Schutz nicht auf bestimmte Ursachen der Hilflosigkeit beschränkt. Zur Abgrenzung der hilflosen Lage von der Gefährdung vgl. u. 8.

3 III. Als **Tathandlung** kommt *Versetzen in eine hilflose Lage* oder *Imstichlassen in hilfloser Lage* in Betracht.

4 1. Durch das **Versetzen (Abs. 1 Nr. 1)** muß der Täter eine für das sich bisher in relativ sicherer Lage befindliche Opfer (weitergeh. Lackner/Kühl 3) neue hilflose Lage herbeiführen (vgl. RG **7** 111, **31** 167, **54** 274), wobei es nach der Neufassung auf eine *Veränderung des Aufenthaltsortes des Opfers nicht mehr* ankommt (Hörnle Jura 98, 177, Küper ZStW 111, 42, Rengier II 52, Schroth NJW 98, 2863; and. Krey I 134 f., wohl auch Nolte in Schlüchter 30). Zwar ist der typische Fall des Versetzens durch ein solches räumliches Aussetzen des Opfers an einen anderen Ort gekennzeichnet (zB Verbringen eines Volltrunkenen auf die Straße bei kalter Nacht [vgl. KG JR **73**, 73] oder bei Gefährdung durch den Straßenverkehr [BGH **26** 35]), es genügt jedoch auch jede andere Verursachung einer konkreten Lebens- oder qualifizierten Leibesgefahr (zB wenn der Täter das Opfer erst im Freien alkoholisiert und dann in strenger Kälte seinem Schicksal überläßt; ebso. Tröndle mwN). Erforderlich ist jedoch immer, daß die hilflose Lage auf ein Verhalten des Täters zurückzuführen ist (Horn SK 4), sei es daß dieser durch Gewalt oder Drohung oder durch Täuschung auf das Opfer eingewirkt hat (vgl. RG GA Bd. **45** 357); das bloße Abschneiden von Hilfsmitteln oder der Zwang, in hilfloser Lage zu verharren, genügt dagegen nicht (RG GA Bd. **54** 297, DSNS-Struensee 34). Ebenfalls nicht erfaßt sind die Fälle, in denen sich das Opfer eigenverantwortlich selbst gefährdet (Tröndle 4). Versetzen in eine hilflose Lage scheidet auch aus, wenn die sichere Lage des Opfers zuvor keine legale war; so kann die Notwehr gegen einen Einbrecher nicht etwa deshalb eingeschränkt werden, weil dieser durch Verweisung aus dem Haus in eine hilflose Lage gerät (M-Schroeder I 62; and. Jähnke LK 9; vgl. auch KG JR **73**, 73 m. Anm. Schroeder).

Die Tat kann auch **durch Unterlassen** begangen werden (Horn SK 5, M-Schroeder I 63, Sternberg-Lieben/Fisch Jura 99, 46, Tröndle 4; vgl. aber auch RG **7** 112, **31** 167). Sobald die Lage des Opfers zu einer hilflosen wird, kommt es nicht mehr darauf an, ob dies durch positives Tun oder dadurch geschieht, daß der Garant pflichtwidrig (§ 13) ein „Sich-selbst-Versetzen" des Opfers geschehen läßt: So kann das Kindermädchen sowohl dadurch „versetzen", daß es den Babywagen in einen Abgrund stößt, als auch dadurch, daß es ihn die abschüssige Böschung hinunterrollen läßt (vgl. Jähnke LK 10; and. Schroth NJW 98, 2863).

2. Durch das **Imstichlassen (Abs. 1 Nr. 2)** unterläßt der Täter die notwendige Beistandshandlung für das sich in hilfloser Lage befindliche Opfer, wobei durch die Neufassung klargestellt wurde, daß es auf eine *räumliche Trennung nicht* ankommt (so schon die 25. A. zur aF, vgl. dort § 221 RN 7 mwN zum Streitstand, ferner Küper ZStW 111, 51, Lesch JA 98, 474 f.). Zwar ist der typische Fall des Imstichlassens das räumliche Zurücklassen (Küper ZStW 111, 59), es genügt jedoch auch die bloße Untätigkeit bei Anwesenheit des Täters, so daß es zB nicht darauf ankommt, ob die Krankenschwester den Hilfsbedürftigen dadurch gefährdet, daß sie das Zimmer verläßt oder – im Zimmer bleibend – keine Hilfe leistet (vgl. auch RG DR **41**, l93 m. Anm. Mezger). Anders als das Jedermannsdelikt des Versetzens setzt das Imstichlassen eine entsprechende **Obhutspflicht** voraus (vgl. u. 10).

Ähnlich dem Versetzen (o. 5) kann das Imstichlassen **durch Unterlassen** verwirklicht werden (vgl. BGH **25** 218, **38** 81 m. Anm. Walther NStZ 92, 231, NStZ **83**, 454, Küper ZStW 111, 63), insbes. dadurch, daß der Täter entgegen einer bestehenden Pflicht an den Aufenthaltsort des Schutzbedürftigen *nicht zurückkehrt* (BGH **21** 47 f., van Els NJW 67, 966, W-Hettinger 202; and. noch zur aF Dreher JZ 66, 581, während für Horn SK 6 diese Alt. insgesamt ein echtes Unterlassungsdelikt darstellt). Auch hier kommt es auf eine räumliche Trennung nicht an, sondern es genügt, daß der Täter in einer Situation der Hilflosigkeit des zu Betreuenden nichts unternimmt (so schon Eser III 122 zur aF).

3. **Folge** des Versetzens oder Imstichlassens muß **eine konkrete Gefahr** *des Todes* oder einer *schweren Gesundheitsschädigung* für das Opfer sein, wobei es ausreicht, wenn eine bereits latente Gefahr gesteigert wird (Zweibrücken NJW **98**, 841). Dieses Gefährdungserfordernis ergibt sich nun eindeutig aus dem geänderten Wortlaut, in dem sowohl der Charakter des § 221 als konkretes Gefährdungsdelikt herausgestellt (Hörnle Jura 98, 177, ausf. DSNS-Struensee 31 ff.; zur aF vgl. 25. A. RN 8) als auch schon eine (bloße wenngleich) schwere Gesundheitsgefährdung (näher dazu § 225 RN 21) für ausreichend erklärt ist (vgl. o. 1). Der Begriff der Gefahr setzt voraus, daß weiterhin die Möglichkeit günstiger Beeinflussung besteht (vgl. BGH NJW **93**, 2629). Daher ist kein Raum für § 221, wenn dem Opfer keine (weitere) Verschlechterung seiner Lage droht (BGH MDR/H **82**, 448), ebenso wie im umgekehrten Fall § 221 ausscheidet, wenn zB das Opfer durch den Verkehrsunfall bereits den Tod gefunden bzw. so schwere Verletzungen erlitten hat, daß keine Hilfsmöglichkeit, auch nicht in Form von Schmerzlinderung, mehr besteht. Dies schließt nicht aus, daß der Täter bei entsprechender Vorstellung wegen Versuchs nach Abs. 2 oder 3 strafbar sein kann (vgl. u. 16), so insbes. auch bei bedingter Inkaufnahme einer Lebensverkürzung bei zweifelhafter Lage. Dies gilt auch für den Fall, daß ein Mensch auf einer belebten Verkehrsstraße ausgesetzt wird, solange es vom Zufall abhängt, ob einer der Passanten Hilfe leisten will oder rechtzeitig leisten kann (RG **7** 113, JW **38**, 2334).

Fraglich ist das *Verhältnis* des *Gefahrelements* zum Merkmal der *hilflosen Lage*. Richtigerweise ist bei der Hilflosigkeit trotz des Wortlautes nicht auf die Lage, sondern auf die Person des Opfers abzustellen (vgl. o. 2, so wohl auch Sternberg-Lieben/Fisch Jura 99, 46; and. DSNS-Struensee 36, Tröndle 6, diff. Küper ZStW 111, 47 ff.), da letztlich nur Personen, nicht aber Situationen hilflos sein können: Die hilflose Lage ist also Ausgangssituation der sich aus ihr entwickelnden Gefahr (Sternberg-Lieben/ Fisch Jura 99, 46). Beide Tatbestandsmerkmale haben daher eine eigene Bedeutung. So sind durchaus Fälle vorstellbar, in denen einerseits der Täter zwar eine konkrete Gefahr für das Opfer herbeiführt, dieses sich aber gegen diese Gefahr selbst helfen kann, und andererseits zwar das Opfer sich nicht mehr gegen potentielle Gefahren schützen könnte, Aussetzung gleichwohl ausscheidet, weil eine solche Gefahr nicht vorliegt. So ist ein in der Wohnung eingeschlossener 4-jähriger Junge in hilfloser Lage verlassen (vgl. RG HRR **41** Nr. 366, 367 zur aF), nicht aber unbedingt in konkreter Gefahr. Dagegen ist schon Hilflosigkeit solange zu verneinen, als sich der Täter selbst hilfsbereit in der Nähe aufhält (RG **2** 15, **7** 113).

IV. Als **Täter** eines *Versetzens* (Abs. 1 Nr. 1) kommt *jedermann* in Betracht. Beim *Imstichlassen* (Abs. 1 Nr. 2) hingegen ist erforderlich, daß die in hilfloser Lage zurückgelassene Person unter der *Obhut* des Täters steht oder dieser dem Opfer gegenüber sonst eine *Beistandspflicht* innehat. Mit dem Verzicht auf eine Aufzählung von nur zufälligen Pflichtenstellungen des § 221 aF (Sorge für Unterbringung, Fortschaffung oder Aufnahme) wird durch die nF bestätigt, daß ein Imstichlassen immer schon dann eingreift, wenn der Täter **Garant** dafür ist, daß das Opfer nicht in die (o. 8) beschriebene Gefahr gerät. Dafür genügen zwar nicht schon die Voraussetzungen des § 323 c, wohl aber kommen alle Garantietatbestände unechter Unterlassungsdelikte in Frage (vgl. BGH **26** 37, ferner § 13 RN 7 ff., DSNS – Struensee 37, Tröndle 3), insbes. also auch Ingerenz (RG **66** 73, Küper ZStW 111, 49), zB durch pflichtwidrige Verletzung eines anderen bei einem Verkehrsunfall (vgl. BGH **25** 220, **26** 37; mißverst. BGH NStZ **83**, 454 durch Vermengung der Garantenstellungs- mit der Gleichwertigkeitsfrage; zur Hilfspflicht aus gemeinsamem Zechen (zu weitgeh.) Bay NJW **53**, 556. Allein daraus, daß jemand einem Hilfsbedürftigen beisteht, ergibt sich noch keine Garantenpflicht zur Vollendung der begonnenen Hilfeleistung, es sei denn, daß der Helfer die Situation des Hilfsbedürftigen wesentlich – und zwar in risikosteigernder Weise – verändert hat (iglS – allerdings ohne das vorgenannte Gefahrerhöhungserfordernis – BGH NJW **93**, 2628 m. krit. Anm. Hoyer NStZ 94, 85, Mitsch JuS 94, 555, Schroth NJW 98, 2863; vgl. aber § 13 RN 27). Auch den Täter, der mit Tötungsvorsatz auf das Opfer eingewirkt hat, trifft damit keine Garantenpflicht aus Ingerenz (BGH StV **96**, 131; dagg. Stein JR 99, 265, der Aussetzung erst auf Konkurrenzebene zurücktreten läßt). Das **Imstichlassen** wird teilweise als echtes Unterlassungsdelikt behandelt (Horn SK 6; vgl. auch DSNS-Struensee 37 ff.), da der Täter, wenn er nicht den Beistand gewährt, zu dem er verpflichtet ist, mit diesem Unterlassen unmittelbar tatbestandsmäßig handele. Richtigerweise ist jedoch das Imstichlassen als positives Tun zu sehen, so daß ein *Begehungsdelikt* mit (durch die Obhutspflicht) *begrenztem Täterkreis* vorliegt (so auch BGH **38** 81 zur aF; krit. Feloutzis aaO 175 ff.). Das schließt nicht aus, daß der Tatbestand, wie auch bei sonstigen Begehungsdelikten, durch Unterlassen erfüllt sein kann (vgl. o. 7).

11   **Teilnahme** ist nach allgemeinen Grundsätzen möglich, aber ohne Anwendung von § 28 I, da die Obhutspflicht kein täterbezogenes Merkmal ist (vgl. § 28 RN 19; and. Jähnke LK 20, Sternberg-Lieben/Fisch Jura 99, 47; wohl auch Horn SK 12).

12   **V.** Für den **subjektiven Tatbestand** ist – mindestens bedingter – **Vorsatz** erforderlich. Als Gefährdungsvorsatz muß er neben dem Bewußtsein für die hilflose Lage des Opfers auch die konkrete Gefährdung umfassen (vgl. RG DR **41**, 193 m. Anm. Mezger, BGH **22** 73 f.; inkonsequent verneint von BGH NStZ **85**, 501 m. krit. Anm. Ulsenheimer StV 86, 201 f.; vgl. auch Horn SK 10, DSNS-Struensee 40 ff.). Handelt der Täter mit Verletzungsvorsatz, wird § 221 verdrängt. Handelt der Täter zB hinsichtlich des Todeseintritts mit Vorsatz, kommt eine Strafbarkeit wegen Mordes oder Totschlags in Betracht (BGH StV **96**, 131; vgl. auch u. 18).

13   **VI. 1.** Als **Regelstrafe** ist Freiheitsstrafe von 3 Monaten bis zu 5 Jahren angedroht (Abs. 1). Da somit nur ein Vergehen (§ 12 II 9), ist der Versuch der einfachen Aussetzung nach Abs. 1 nicht strafbar. Zum Versuch im Falle einer Qualifizierung vgl. u. 16.

14   **2. Strafverschärft** ist die Aussetzung in zwei Stufen. Zuerst durch Abhebung des Strafrahmens auf 1 bis 10 Jahre – und damit zum Verbrechen (§ 12 I) – in zwei Fallgruppen: Zum einen wenn von Eltern das **Kind (Abs. 2 Nr. 1 1. Alt.)**, worunter auch adoptierte Kinder (vgl. 25. A. RN 12) und Kinder über 14 Jahre (Sternberg-Lieben/Fisch Jura 99, 49, Horn SK 14) zählen, oder vom Täter eine ihm zur Erziehung oder Betreuung, wie insbes. als Stief- oder Pflegeeltern (Nolte in Schlüchter 31) **anvertraute Person (Abs. 2 Nr. 1 2. Alt.)** ausgesetzt wird (vgl. Hörnle Jura 98, 177), zum anderen wenn durch die Aussetzung eine **schwere Gesundheitsbeschädigung** des Opfer verursacht wird **(Abs. 2 Nr. 2)**.

15   Eine weitere Verschärfung durch die Anhebung der Mindeststrafe auf 3 Jahre ist bei Verursachung des **Todes (Abs. 3)** vorgesehen. Bei dieser Erfolgsqualifizierung ist hinsichtlich der Kausalität erforderlich, daß sich im tödlichen Erfolg gerade die dem Aussetzungstatbestand eigentümliche Gefahr niederschlägt (BGH NStZ **83**, 424; vgl. auch RG JW **31**, 1482 zur Verursachung eines früheren Todeseintritts, ferner östOGH JBl **96**, 191 m. Anm. Burgstaller, Feloutzis aaO 208 ff.), während in subjektiver Hinsicht die schwere Folge zumindest fahrlässig herbeigeführt sein muß (§ 18).

16   Zur Strafbarkeit des Versuchs im Falle der Abs. 2 und 3 gelten die allgemeinen Grundsätze zum erfolgsqualifizierten Delikt (vgl. § 18 RN 8 ff.; offengelassen von BGH NStZ **85**, 501 m. abl. Anm. Ulsenheimer StV 86, 201; vgl. auch Horn SK 16, Jähnke LK 25, Rengier, Erfolgsqualif. Delikte [1986] 245).

17   **3.** Andererseits wird **Strafmilderung** für (unbenannte) minder schwere Fälle eingeräumt **(Abs. 4)**, und zwar in Fällen des Abs. 2 Freiheitsstrafe von 6 Monaten bis 5 Jahren bzw. in den Fällen des Abs. 3 Freiheitsstrafe von 1 bis 10 Jahren. Insgesamt krit. zu Ungereimtheiten der Strafordnung des § 221 DSNS-Struensee 42 ff.

18   **VII. Konkurrenzen:** Tateinheit ist möglich mit § 142 sowie mit einfacher und gefährlicher Körperverletzung nach §§ 223, 224 (vgl. zur aF BGH **4** 117, Jähnke LK 26). Gegenüber Tötungstatbeständen tritt § 221 zurück (RG **68** 407 m. Anm. Oetker JW 35, 1415, BGH **4** 116, Tröndle 14). Dem § 222 geht § 221 III vor (BGH NStZ **83**, 424; u. 18 RN 6). Das speziellere Delikt ist § 221 auch gegenüber § 323 c, da dort eine bestimmte Gefährdung nicht gefordert wird. Ebenso wird § 171 durch § 221 verdrängt. Vgl. zum Ganzen auch Feloutzis aaO 236 ff.; zu speziellen Problemen nach der Neufassung DSNS-Struensee 37 ff.

§ 222 Fahrlässige Tötung

Wer durch Fahrlässigkeit den Tod eines Menschen verursacht, wird mit Freiheitsstrafe bis zu fünf Jahren oder mit Geldstrafe bestraft.

Schrifttum: Dölling, Fahrlässige Tötung bei Selbstgefährdung des Opfers, GA 84, 71. – *Geerds,* Fahrlässige Tötungen, Middendorff-FS 81. – *Koch,* Die Entkriminalisierung im Bereich d. fahrl. Körperverletzung u. Tötung, 1998. – *v. Liszt,* Fahrlässige Tötung u. Lebensgefährdung, VDB V 144. – *Sowada,* Zur strafr. Zurechenbarkeit von durch einen Primärtäter ausgelösten Retterunfällen, JZ 94, 663. – *Tröndle,* Abschaffung der Strafbarkeit der fahrlässigen Tötung (usw.)?, DRiZ 76, 129.

Fahrlässige Tötung 1–5 **§ 222**

I. Im Hinblick auf den hohen Rang des Rechtsguts Leben wird mit diesem Tatbestand auch seine **1** **fahrlässige** Vernichtung erfaßt. Im Gegensatz zur (relativ) seltenen vorsätzlichen Tötung ist die fahrlässige ein massenhaft vorkommendes Delikt (vgl. Arzt/Weber I 99, Geerds aaO). Rechtspolitisch dazu Tröndle aaO.

II. Tatobjekt ist ebenso wie bei vorsätzlicher Tötung ein **anderer Mensch** (dazu 12 ff. vor § 211). **2** Dabei kommt hier dem *Beginn* des Menschseins noch größere Bedeutung zu, da zwar die fahrlässige Tötung, nicht aber der fahrlässige Schwangerschaftsabbruch strafbar ist (vgl. BVerfG NJW **88**, 2945, Bamberg NJW **88**, 2963). Auch ein Kind in oder gleich nach der Geburt kann Objekt einer fahrlässigen Tötung sein, ohne daß es auf die Lebensfähigkeit ankäme (vgl. RG **1** 446, **2** 404, DR **39**, 365 sowie 14 vor § 211, § 213 Rn 17). Zu fahrlässiger Tötung durch Verursachung eines Selbstmordes vgl. BGH **7** 268 sowie 37 vor § 211.

III. Als **Tathandlung** kommt jedwedes für den Tod ursächliche *Tun* oder pflichtwidrige *Unterlassen* **2 a** in Betracht. Insofern gelten die allgemeinen Zurechnungsregeln (vgl. 71 ff. vor § 13).

IV. Der **Einwilligung** kommt auch hier keine rechtfertigende Kraft zu (vgl. BGH **4** 93, Celle **3** MDR **80**, 74 sowie 36 vor § 32, § 216 RN 13). Soweit es jedoch bei einer tödlichen Folge lediglich um die Realisierung einer einverständlichen Fremdgefährdung oder einer vom Täter (mit)veranlaßten Selbstgefährdung des freiverantwortlich handelnden Betroffenen geht, scheidet letzterenfalls Strafbarkeit schon mangels Tatbestandsmäßigkeit der Selbstgefährdung aus (vgl. BGH **32** 262, Bay NZV **89**, 80 m. Anm. Molketin sowie mwN dazu § 216 RN 11 a; zurückhalt. aber BGH **37** 181), während ersterenfalls Rechtfertigung nach den Regeln für Einwilligung in riskante Handlungen in Betracht kommt (vgl. im einzelnen Dölling GA 84, 71, ferner § 15 RN 144f. bzw. 102ff. vor § 32, 35 vor § 211, § 216 RN 11a sowie allg. Hobbing, Strafwürdigkeit der Selbstverletzung, 1982; vgl. auch Zweibrücken JR **94**, 518 m. Anm. Dölling, Amelung NJW 96, 2393 ff.). Die Grundsätze der Straffreiheit wegen bewußter Selbstgefährdung sind nach zutr. Ansicht der Rspr. allerdings nicht schematisch auf Fälle zu übertragen, in denen demjenigen, der zu der bewußten Selbstgefährdung bzw. -schädigung eines anderen beiträgt, die rechtl. Verpflichtung trifft, den anderen vor bewußter Selbstgefährdung zu bewahren (Naumburg NStZ-RR **96**, 231, Stuttgart NJW **97**, 3104) oder ein Dritter zu einer sich selbst gefährdenden Handlung durch ein deliktisches Verhalten des Täters veranlaßt worden ist; insbes. erscheint dann eine Einschränkung erforderlich, wenn der Täter durch seine deliktische Handlung die naheliegende Möglichkeit einer bewußten Selbstgefährdung dadurch schafft, daß er ohne Mitwirkung und ohne Einverständnis des Opfers eine erhebliche Gefahr für ein Rechtsgut des Opfers oder ihm nahestehender Personen begründet und damit für dieses ein einsichtiges Motiv für gefährliche Rettungsmaßnahmen schafft (BGH **39** 322 m. Anm. Alwart NStZ 94, 84, Amelung NStZ 94, 338, Derksen NJW 95, 240 und K. Günther StV 95, 78; vgl. dazu auch Sowada JZ 94, 663 sowie o. 101 e vor § 13). Im übrigen kommt nach Eintritt der Gefahrenlage eine nachträgliche Rettungspflicht nur insoweit in Betracht, als der Betroffene (wie im Fall von BGH NStZ **84**, 452 m. Anm. Schmidt MDR 85, 1) seinen Tod nicht wollte oder ein Sinneswandel nicht auszuschließen ist: Insofern hat Gleiches wie bei einem zunächst beabsichtigten Suizid zu gelten (vgl. 44 vor § 211 sowie u. 5). Speziell zu Schmerzlinderungsmaßnahmen mit tödlichem Risiko vgl. 26 vor § 211.

V. Hinsichtlich des Todeseintritts muß das Verhalten **fahrlässig** gewesen sein. Insofern gelten die **4** allgemeinen Fahrlässigkeitsgrundsätze (vgl. § 15 RN 102ff., Mitsch JuS **96**, 410). Speziell zu Sorgfaltswidrigkeiten im *ärztlichen* Bereich vgl. § 223 RN 35f. Zu *irrtümlicher* Annahme von *Rechtfertigungs*voraussetzungen vgl. § 16 RN 18 sowie 22 vor § 32. Zu irrtümlicher Annahme eines *Entschuldigungs*grundes vgl. § 16 RN 30.

VI. Täter kann nicht nur sein, wer **unmittelbar** handelt, sondern auch der **mittelbar** Dahinter- **5** stehende, wie etwa der Auftraggeber oder Unternehmer (vgl. Stuttgart NJW **84**, 2897). Demgemäß soll nach § 222 strafbar sein, wer einem Süchtigen eine Droge zur Selbstinjektion überläßt (BGH MDR/H **80**, 986, NJW **81**, 2015 m. Anm. Loos JR 82, 342; Schünemann NStZ 82, 60; Bay StV **82**, 73; vgl. auch § 223 RN 10, 50 b), wer einem Angestellten ohne Führerschein einen Fahrauftrag mit führerscheinpflichtigem Fahrzeug erteilt (vgl. Oldenburg NJW **50**, 555, ferner Bay MDR **55**, 627). Auch ein Arzt kann grds. für rechtswidrige Taten verantwortlich sein, die von untergebrachten Patienten begangen werden, denen sie unbegleitete Vollzugslockerungen gewährt haben, wenn eine im Ergebnis günstige Prognose auf fehler- oder mangelhafte Weise zustandegekommen ist (StA Paderborn NStZ **99**, 51 f. m. Anm. Pollähne). Ähnlich haftet der Gastwirt, der einem bereits angetrunkenen Kraftfahrer weiterhin Alkohol ausschenkt, uU für einen tödlichen Unfall des Bewirteten (vgl. RG JW **38**, 1241, BGH **19** 152, **26** 35), ebenso wer einen angetrunkenen Fahrer zum Fahren überredet (BGH VRS **5** 42). Auch soll nach BGH **7** 112 der fahrlässigen Tötung schuldig sein, wer mit einem Angetrunkenen ein Wettrennen auf Motorrädern vereinbart, bei dem der andere, wie es auch durch eigenes Verschulden, ums Leben kommt (vgl. auch BGH VRS **13** 470, KG JR **56**, 150 sowie § 15 RN 41, aber auch § 15 RN 146ff.) oder wer mit einem Angetrunkenen ein „spielerisches Gefecht" mit scharfen Waffen führt (BGH NStZ-RR **96**, 100). Dieser Rspr. ist jedoch auf der Basis von BGH **32** 262 (vgl. o. 3) nur insoweit zu folgen, als dem Betroffenen – wie etwa im Falle von BGH NStZ **83**, 72 – von vornherein die erforderliche Freiverantwortlichkeit fehlte oder – wie im Falle von BGH NStZ **85**, 26 wohl vorschnell verneint – im Hinblick auf das jugendliche Alter des Betroffenen das erforderliche Risikobewußtsein abgeht (vgl. Bay NStZ-RR **97**, 52, Stuttgart VRS **67** 430) oder der

§§ 223-231 Vorbem 1-4   Bes. Teil. Körperverletzung

Dritte kraft überlegenen Sachwissens das Risiko besser erfaßt als der sich selbst Gefährdende (BGH NStZ **85**, 25, Bay NStZ **97**, 342, NStZ-RR **97**, 52; vgl. auch 37 vor § 211, § 216 RN 11 a). Eine *Delegierung von Sorgfaltspflichten* ist zwar nicht grundsätzlich ausgeschlossen; auch besteht keine Pflicht zu unausgesetzter Kontrolle und Nachprüfung der Tätigkeit des Beauftragten; jedoch ist der Auftraggeber insoweit wegen Fahrlässigkeit strafbar, als ihm ein Auswahlverschulden bzw. das völlige oder unzureichende Unterlassen von Stichproben vorzuwerfen ist (vgl. RG **26** 22, **57** 151, Celle NdsRpfl. **86**, 133, Kassel NJW **48**, 350; mit wohl zu weitgeh. Entlastung Stuttgart NJW **84**, 2897 m. krit. Anm. Henke NStZ **85**, 124). Das gleiche gilt für einen Geschäftsführer, dem konkrete Anhaltspunkte vorliegen, daß der von ihm Beauftragte zur ordnungsgemäßen Erfüllung der Sicherheitsanforderungen möglicherweise nicht in der Lage ist (BGH **37** 190).

6 VII. Werden durch dasselbe fahrlässige Verhalten mehrere Personen getötet, so liegt **Idealkonkurrenz** vor. Zur Tötung der Frau bei Schwangerschaftsabbruch vgl. § 218 RN 68. *Realkonkurrenz* ist mit § 142 möglich (vgl. dort RN 93). *Gesetzeskonkurrenz* besteht gegenüber echten Erfolgsqualifizierungen, wie insbes. § 227 (BGH **8** 54), gegenüber erfolgsqualifizierten Lebensgefährdungstatbeständen, wie § 221 III (vgl. dort RN 15), sowie gegenüber „unechten" Erfolgsqualifizierungen, soweit diese Leichtfertigkeit voraussetzen: so §§ 176 b (RN 25), 178, 239 a III (RN 47), 239 b II, 251 (RN 9), 306 c. Dagegen ist bei sonstigen „unechten" Erfolgsqualifizierungen Idealkonkurrenz mit § 222 anzunehmen, damit die (nur) fahrlässige Todesverursachung zum Ausdruck kommt: so etwa bei § 239 IV (RN 17); Entsprechendes gilt im Verhältnis zu § 176 I (RN 16). Vgl. zum Ganzen auch § 18 RN 6. Ausnahmsweise kommt auch Ideal- oder Realkonkurrenz mit versuchter vorsätzlicher Tötung in Frage (BGH **7** 287, **20** 270). Auch mit § 223 ist Tateinheit möglich (vgl. BGH NJW **95**, 3195). § 230 ist subsidiär. Zur Konkurrenz mit § 248 b vgl. dort RN 14.

Siebzehnter Abschnitt. Straftaten gegen die körperliche Unversehrtheit

Vorbemerkungen zu den §§ 223 bis 231

1 I. 1. **Grundtatbestand** der traditionell so bezeichneten „Körperverletzungsdelikte" ist **§ 223**. Mit der Umbenennung in „Straftaten gegen die körperliche Unversehrtheit" durch das 6. StrRG v. 26. 1. 98 (BGBl. I 164) ist keine sachliche Änderung, sondern lediglich eine terminologische Anpassung an die Überschriften der vorangehenden Abschnitte 15 und 16 sowie eine präzisere Beschreibung des geschützten Rechtsguts bezweckt (vgl. BT-Drs. 13/8587 S. 35; entwicklungsgeschichtl. zum Ganzen Schroeder Hirsch-FS 725 ff.). Zugleich wurden aber diese Tatbestände zT neu gefaßt und umbeziffert, indem die §§ 223 a, 229 aF nun in § 224 bzw. die §§ 224, 225 aF in § 226 zusammengefaßt sind und § 223 b aF in § 225, § 226 aF in § 227, § 226 a in § 228, § 227 aF in § 231 und § 230 aF in § 229 umbenannt wurden, wobei durchwegs auch die Strafrahmen erhöht wurden sowie nunmehr auch der Versuch der einfachen Körperverletzung nach § 223 II strafbar ist (krit. zu dieser Reform Bussmann GA **99**, 21, Rengier ZStW **111**, 1). Ansonsten hat sich in struktureller Hinsicht nichts Wesentliches geändert: So werden durch § 224 besonders *gefährliche Tatmittel* qualifiziert, während die §§ 226, 227 besonders *schwere Tatfolgen* erfassen. Auch § 225 enthält einen Sonderfall der Körperverletzung, obwohl sich seine Voraussetzungen (seelische Einwirkung, Obhutsverhältnis) nicht voll mit denen des § 223 decken (vgl. Eser III 74 f. mwN). Als *unechtes Amtsdelikt* ist ferner § 340 qualifiziert, demgegenüber § 223 nach Spezialitätsgrundsätzen zurücktritt (BGH MDR/D **73**, 18).

2 2. Zur Möglichkeit von Tateinheit bei **mehreren Verletzungen** derselben bzw. verschiedener Personen vgl. 43 ff. vor u. 22 ff. zu § 52. **Zwischen den verschiedenen Qualifikationen** der §§ 223 ff. ist **Idealkonkurrenz** möglich, soweit sie einen selbständigen Unrechtsgehalt verkörpern, was im Einzelfall festzustellen ist: so wenn zB bei Zusammentreffen des § 224, 226 ihre Umfang des Gefährdungsmittels (§ 224) durch den eingetretenen Erfolg (§ 226) nicht voll ausgeschöpft wäre (and. Hirsch LK 10 mwN; bei nur versuchter schwerer Körperverletzung wie hier BGH **21** 195 m. Anm. Schröder JZ 67, 370). Gleiches gilt für das Verhältnis zwischen §§ 224, 225, zwischen §§ 227, 225 sowie zwischen §§ 224, 340 (vgl. RG **75** 359, ferner 111 vor § 52, Vogler Bockelmann-FS 722 f.). Zum Verhältnis des § 223 ff. zu § 229 aF vgl. 25. A. § 229 RN 15. Zwischen den verschiedenen Qualifikationen ist – soweit nicht aufgrund von BGH **40** 138 obsolet (vgl. 31 ff. vor § 52) – *Fortsetzungszusammenhang* möglich (RG **31** 150, **70** 360), wobei nach hM die schwerste Begehungsform das fortgesetzte Delikt bestimmen soll (Hirsch LK 13). Richtigerweise wird jedoch Idealkonkurrenz zwischen den verschiedenen Qualifikationen anzunehmen sein.

3 3. Soweit die Körperverletzung einen **Bestandteil anderer Tatbestände** bildet, wie insbes. bei Gewaltdelikten (zB §§ 113, 249, 252), besteht mit diesen Idealkonkurrenz. Über das Verhältnis zur Tötung vgl. § 212 RN 17 ff.

4 II. **Ergänzend** kommen zB die §§ 6, 7 GeschlKrG, die §§ 17, 25, 30 WStG sowie § 8 TPG (allg. zum TransplantationsG vgl. Deutsch NJW **98**, 777, Dippel Hanack-FS 665 ff., Dufková MedR **98**, 304, Kühn MedR **98**, 455, spez. zu dessen Strafvorschriften Schroth JZ **97**, 1149) in Betracht. Zudem finden sich auch sonst über das StGB verstreut zahlreiche Vorschriften, die dem Schutz der körper-

Körperverletzung **1, 1a § 223**

lichen Integrität gegenüber bestimmten Gefährdungen dienen, wie insbes. die Verkehrsdelikte (§§ 315ff.). Vgl. auch 11 vor § 211.

III. Zur **historischen Entwicklung** und zu **Reformfragen**, insbes. zum Sonderstraftatbestand 5 einer eigenmächtigen Heilbehandlung, vgl. krit. Cramer Lenckner-FS 761, Eser Hirsch-FS 445, Freund ZStW 109, 455, Hirsch ZStW 83, 140, Zipf-GedS 353, Katzenmeier ZRP 97, 156, Koch LdR 453 f., Lampe ZStW 83, 177, Meyer GA 98, 415, Müller DRiZ 98, 155, Schroeder (u. 27) aaO.

§ 223 Körperverletzung

(1) **Wer eine andere Person körperlich mißhandelt oder an der Gesundheit schädigt, wird mit Freiheitsstrafe bis zu fünf Jahren oder mit Geldstrafe bestraft.**

(2) **Der Versuch ist strafbar.**

Vorbem. Geändert durch VerbrechensbekämpfungsG v. 28. 10. 94 (BGBl. I 3186), Abs. 2 eingefügt durch das 6. StrRG v. 26. 1. 1998 (BGBl. I 164).

Schrifttum: Blei, Körperverletzung durch Schädigung der Leibesfrucht? MMW 70, 741. *Bottke,* Sinn oder Unsinn kriminalrechtl. AIDS-Prävention?, in Szwarc (s. u.), 277. – *Eser,* Zur strafrechtl. Verantwortlichkeit des Sportlers, JZ 78, 368. – *Frisch,* Gegenwartsprobleme des Vorsatzbegriffs u. der Vorsatzfeststellung am Bsp. der AIDS-Diskussion, Meyer-GedS 533. – *Heldrich,* Der Deliktsschutz des Ungeborenen, JZ 65, 593. – *Herzberg,* Die strafrechtl. Haftung für die Infizierung o. Gefährdung durch HIV, in Szwarc (s. u.), 61. – *Hobbing,* Strafwürdigkeit der Selbstverletzung, 1982. – *Hoffmann-Riem,* Straflosigkeit des Betreibens von Drogenberatungs- u. Drogenhilfestellen mit Konsummöglichkeit, NStZ 98, 7. – *Armin Kaufmann,* Tatbestandsmäßigkeit u. Verursachung im Contergan-Verfahren, JZ 71, 569. – *Koch,* Körperverletzung, LdR 449. – *Lüttger,* Der Beginn der Geburt u. das Strafrecht, JR 71, 133. – *Müller,* Doping im Sport als strafbare Gesundheitsbeschädigung, 1992. – *Rengier,* Die Reform u. Nicht-Reform der Körperverletzungsdelikte durch das 6. StrRG, ZStW 111 (1999), 1. – *Scherf,* AIDS u. Strafrecht, 1992. – *Scheuerl,* AIDS u. Strafrecht, 1992. – *Schild,* Rechtl. Fragen des Dopings, 1986. – *Schneider-Grohe,* Doping, 1979. – *Schroeder,* Begriff u. Rechtsgut der „Körperverletzung", Hirsch-FS 725. – *Szwarc,* AIDS u. Strafrecht, 1996. – *Teppenvien,* Praenatale Einwirkungen als Tötung oder Körperverletzung? 1973. – *Walther,* Eigenverantwortlichkeit u. strafrechtl. Zurechnung, 1991. – *Voß,* Vernichtung tiefgefrorenen Spermas als Körperverletzung, 1997. – *Weiß,* Zur Strafbark. der Körperverletzung u. Tötung Ungeborener vor u. nach der Nidation, GA 95, 373. – *Wisuschil,* Ungeschützter Sexualverkehr eines HIV-Infizierten, ZRP 98, 61. Vgl. ferner die Nachw. u. zu 16, 27, 53 sowie zu den §§ 224–231.

I. Schutzgut ist das **körperliche Wohl** des Menschen, und zwar durch Schutz seiner *körperlichen* **1** *Integrität* und *Gesundheit* (vgl. Eser ZStW **97**, 3 ff.). Dieses Wohl ist sowohl durch körperliche als auch durch seelische Einwirkungen verletzbar. Insoweit ist das Rechtsgut der §§ 223 ff. zwar im Ansatz physiologisch, hinsichtlich seines Verletzungsumfangs aber auch psychologisch zu verstehen, zumal zwischen Leib und Seele mannigfache, im Einzelfall nur schwer abgrenzbare Wechselwirkungen bestehen. Demgegenüber beharrt die hM – jedenfalls verbal – auf einem einseitig somatologischen Rechtsgutsverständnis (vgl. insbes. Hirsch LK 1 f. vor § 223, ferner Arzt/Weber I 110, M-Schroeder I 94 f., Wessels-Hettinger 245, aber auch Gössel I 141), während andererseits Wolfslast, Psychotherapie (u. 27), aaO 3 ff. auch in der Psyche als solcher ein Schutzgut des § 223 erblickt (vgl. auch u. 6). Da Tatobjekt ein **anderer** sein muß, ist die *Selbstverletzung* grundsätzlich straflos (vgl. aber auch u. 9 f.). Da seit dem VerbrechensbekämpfungsG – allerdings ohne erkennbaren Sachzusammenhang mit dessen sonstiger Regelungsmaterie – statt von einem „anderen" in der nF mehr geschlechtsneutral von einer anderen **Person** gesprochen wird (vgl. BT-Drs. 12/6853 S. 26), ist damit wohl noch unstreitiger als nach der aF der **geborene Mensch** gemeint (ebso. schon zur aF Hirsch LK 2 sowie nun explizit Otto II 66 bzw. implizit Lackner/Kühl 2, Rengier II 66, Tröndle 2); and. Weiß GA 95, 373, der aus Art. 2 II GG und dem Fehlen eines den Schutz des Ungeborenen vor Integritätsverletzungen einschränkenden Gesetzesvorbehalts die Strafbarkeit pränataler Einwirkungen ableitet. Zum *Beginn* und *Ende* der Menschqualität vgl. 13 f. bzw. 16 ff. vor § 211.

Zweifelhaft ist, inwieweit durch § 223 auch **pränatale** Handlungen erfaßt werden, dh solche, die **1a** schon während der Schwangerschaft und damit vor Erlangung der Menschqualität iSd StGB begangen wurden, deren körperliche Schädigungen aber erst nach Geburtsbeginn eintreten oder fortwirken (vgl. dazu Blei MMW 70, 741). Die hM glaubte dies bejahen zu müssen, weil jedenfalls die *Folgen* einen Menschen treffen (so namentl. Schröder[17] 1, LG Aachen JZ **71**, 507, Arzt/Weber I 160, Gössel I 149 ff. sowie für das Zivilrecht BGHZ **8** 243, Hamm VersR **83**, 883, Heldrich JZ 65, 593; vgl. ferner Hofmann ÖJZ 63, 288); jedoch komme im Hinblick auf die ausdrückliche Straflosigkeit fahrlässiger Abtreibung nur Haftung für *vorsätzliche* Körperverletzung in Betracht (insofern and. LG Aachen JZ **71**, 507), da andernfalls die fahrlässige Tötung im Mutterleib straflos, die fahrlässige Herbeiführung der Geburt eines noch nicht lebensfähigen Kindes hingegen nach § 222 zu bestrafen wäre. Demgegenüber will eine vordringende Auffassung auf die Objektqualität zum Zeitpunkt der *Einwirkung* abstellen (vgl. Blei II 46, Hirsch LK 7 vor § 223, Horn SK 2, Lüttger JR 71, 133, NStZ 83, 485, M-Schroeder I 95, W-Hettinger 245 f.). Indes kann die Grenzlinie hier keine andere sein als im Verhältnis von § 218 zu § 212: Ebenso wie dort kann es weder auf den Zeitpunkt der Handlungsvornahme noch der letztendlich eintretenden Körperschädigung ankommen; allein entscheidend ist vielmehr der

§ 223 2–4a   Bes. Teil. Körperverletzung

Zeitpunkt, in dem sich die Handlung *auszuwirken beginnt* (vgl. 15 vor § 211). Tritt etwa die Verkrüppelung noch vor Geburtsbeginn ein, so bleibt sie, weil durch § 218 nicht erfaßbar, jedenfalls strafrechtlich sanktionslos (zu abw. Abgrenzungen bei zivilr. Haftung vgl. BGH NJW 85, 1390, ferner Heldrich aaO, Fuchs NJW 81, 610 ff., zum Sozialrecht BSG MDR 85, 876). Kommt eine pränatale Handlung dagegen erst beim geborenen Kind zur Auswirkung (zB indem eine vor Geburtsbeginn der Mutter beigebrachte Infektion durch nachgeburtliche Kontakte auf das Kind übertragen wird und dadurch zu einer Schädigung führt), so ist § 223 anwendbar (iE ebenso Roxin JA 81, 549, ferner Arzt/Weber I 160, Otto II 6). Im übrigen kommt uU eine Körperverletzung gegenüber der *Mutter* in Betracht, wenn zB durch ein Medikament ihre Gebärfähigkeit (vgl. nun § 226 I Nr. 1) beeinträchtigt wird (and. LG Aachen aaO, wohl auch Hirsch LK 7 vor § 223; zivilr. zur Frage, ob in der Schädigung der Leibesfrucht zugleich eine Körperverletzung der Schwangeren liegt, mit unterschiedlicher Auffassung Düsseldorf NJW 88, 777, OLG Koblenz NJW 88, 2959; vgl. auch § 218 RN 68). Zum Ganzen Tepperwien aaO, Kapp aaO.

2   **II.** Das Gesetz unterscheidet **zwei Tatmodalitäten:** die *körperliche Mißhandlung* und die *Gesundheitsschädigung,* die im Verhältnis zwei sich schneidender Kreise selbständig nebeneinanderstehen (Hirsch LK 4); deshalb braucht die körperliche Mißhandlung nicht unbedingt zu einer Gesundheitsbeeinträchtigung zu führen (Horn SK 3). Ob im Einzelfall Mißhandlung und/oder Gesundheitsschädigung vorliegt, ist für die Tatbestandsverwirklichung gleichgültig. Daher kommt Wahlfeststellung zwischen beiden Modalitäten in Betracht (vgl. § 1 RN 87, näher dazu Altenhain ZStW 107, 382).

3   **1. Körperliche Mißhandlung** ist eine üble, unangemessene Behandlung, durch die das Opfer in seinem körperlichen Wohlbefinden, wenn auch nicht unbedingt durch Zufügung von Schmerzen (BGH NJW 95, 2643), so doch in mehr als nur unerheblichem Grade beeinträchtigt wird (BGH 25 277, Hamm VRS 8 133). Das ist insbes. bei *substanzverletzenden* Einwirkungen auf den Körper der Fall: so bei Substanz*schäden* (wie Beulen, Wunden) oder Substanz*verlusten* (wie Einbuße von Gliedern, Organen oder Zähnen). Auch *Verunstaltungen* des Körpers, zB durch Abschneiden des Haares (vgl. BGH NJW 53, 1440, Arzt/Weber I 110; and. RG 29 58) oder durch Beschmieren mit schwer entfernbaren Materialien (zB Teer), können Mißhandlung sein, ebenso das Hervorrufen körperlicher *Funktionsstörungen,* zB durch gehörschädigende Lärmbelästigung (vgl. Wessels-Hettinger 256). Dagegen ist in bloßer zeitlicher Verschiebung des Geburtsvorgangs nicht ohne weiteres ein Mißhandlung zu erblicken (BGH 31 357 m. Anm. Hirsch JR 85, 336), ebensowenig in der Deformierung abgetrennter Körperteile oder in der Vernichtung von extrakorporal deponiertem Sperma (Tröndle 4; and. iSe Persönlichkeitsverletzung nach § 823 BGB BGH NJW 94, 127 m. Anm. Taupitz NJW 95, 745 sowie umfass. aus zivilrechtl. Sicht Voß aaO).

4   Der erforderliche *Körperlichkeitsbezug* kann vor allem in zweierlei Hinsicht problematisch werden. So einerseits bei Erregung von Ekel oder Angst: Da seelische Beeinträchtigungen als solche für § 223 grundsätzlich nicht genügen sollen (BGH NStZ 86, 166, 97, 123, Hirsch LK 2 vor § 223, M-Schroeder I 94, aber auch Eser III 78 f.), verlangt die hM eine körperliche Auswirkung jedenfalls insoweit, als neben der Erschütterung des seelischen Gleichgewichts „zugleich eine Reizung der die sinnlichen Eindrücke vermittelnden Empfindungsnerven des Zentralnervensystems eintritt" (Hirsch LK 8). Das kann etwa bei Bespritzen mit Tripperwasser (RG GA Bd. 49 274) oder bei Anspeien der Fall sein (RG GA Bd. 58 184; vgl. aber auch Zweibrücken NJW 91, 240), ebenso bei einer sich in der körperlichen Verfassung des Bedrohten auswirkenden Einschüchterung mit einer Schußwaffe (BGH NStZ 86, 166, NStZ 00, 106). Andererseits setzt der Körperlichkeitsbezug nicht unbedingt eine unmittelbare körperliche *Ein*wirkung voraus (wie etwa durch Berührung oder Stoß), ebensowenig wie eine solche schon ohne weiteres genügt (vgl. Düsseldorf NJW 91, 2919, Köln StV 85, 17); entscheidend ist vielmehr die körperliche *Aus*wirkung; eine solche kann auch durch *mittelbare* Einwirkungen ausgelöst werden (Gössel I 145), wie zB durch Vorenthalten der Nahrung und/oder Versorgung (vgl. StA Oldenburg NStZ 99, 461 m. krit. Anm. Tröndle) oder durch magenschmerzenverursachende Angst, Schrecken oder Ekel (vgl. RG 32 113, BGH MDR/D 75, 22, KG GA Bd. 52 421, München VersR 74, 666, Hamm JMBlNRW 63, 274, Frankfurt VRS 39 49). Auch bei lang andauernder heftiger Lärm (Koblenz ZMR 65, 223; zu Open-air-Konzert vgl. StA Hannover NStZ 87, 175 f.) oder „Telefonterror" (vgl. Bay JZ 74, 393, Brauner-Göhner NJW 78, 1472) können dafür ausreichen, wenn nicht sogar eine Gesundheitsschädigung (u. 5) bewirken (vgl. Tröndle 6 mwN). Bloßes Erschrecken allein genügt jedoch nicht (Hamm MDR 58, 939), wohl aber ein schwerer Schock durch Verkehrsunfall (Stuttgart NJW 59, 831, KG VRS 35 353, Koblenz VRS 42 29, Hamm DAR 72, 190), durch Mitteilung einer nicht hinreichend fundierten Diagnose (vgl. Köln NJW 87, 2936) oder durch Bedrohung mit einer Waffe (BGH MDR/H 86, 272).

4a Ob die Beeinträchtigung des körperlichen Wohlbefindens **mehr als nur unerheblich** und damit als **unangemessen** anzusehen ist, kann nicht nach der (möglicherweise höchst willkürlichen) subjektiven Empfinden, sondern nur aus der Sicht eines *objektiven* Betrachters bestimmt werden (vgl. Düsseldorf NJW 91, 2919, Oldenburg NJW 66, 2133); dies schließt selbstverständlich die Berücksichtigung individueller Faktoren nicht aus, sofern diese hinreichend objektivierbar sind, zB aufgrund neuropathologischer Überempfindlichkeit oder auch Abgestumpftheit (vgl. RG 19 136). Auch kann sich die Erheblichkeit sowohl aus der *Dauer* (zB bei Liegestützen bis zur Erschöpfung) wie auch aus der *Intensität* der Einwirkung (zB bei Brandwunden) ergeben (vgl. Gössel I 148). Deshalb kann auch in den möglicherweise nur kurz anhaltenden Schmerzen einer Ohrfeige aufgrund ihrer Intensität eine

Körperverletzung

Mißhandlung liegen (vgl. BGH NJW **90**, 3157, Hirsch LK 9), während andererseits 2 Benzinspritzer in Gesicht und Haar noch keine erhebliche Beeinträchtigung des Wohlbefindens zu bedeuten brauchen (BGH NJW **95**, 2643). Auch psychovegetative Vorgänge, wie Schweißausbruch, Herzklopfen oder Durchfall (vgl. Köln NJW **97**, 2191), auch wenn sie als lästig wahrgenommen werden, überschreiten die Erheblichkeitsschwelle nicht, wenn sie nur vorübergehender Art sind (vgl. aber auch BGH NJW **96**, 1069 m. Bspr. Schmidt JuS **96**, 654). Gleiches gilt für die Beeinträchtigung durch Stromstöße, wenn diese lediglich ein Kribbeln in den Beinen hervorrufen (vgl. BGH NStZ **97**, 123). Zur (zweifelhaften) Verneinung der Sozialwidrigkeit von strapaziösen „Sonderübungen", da „noch im Zuge eines normalen militärischen Betriebes" liegend (BGH **14** 269), vgl. Gössel I 144 f.

2. Als **Gesundheitsschädigung** ist jedes Hervorrufen oder Steigern eines krankhaften Zustandes **5** zu verstehen (Düsseldorf MedR **84**, 29); dies kann auch schon durch eine Infektion, wie etwa Ansteckung mit einer Geschlechtskrankheit, geschehen (Hirsch LK 11; speziell zu AIDS vgl. u. 7). Auch die Dauer des Krankheitszustandes ist unerheblich (RG DR **39**, 365). Deshalb kann schon die Verschlimmerung oder Aufrechterhaltung einer bereits vorhandenen Krankheit genügen (RG **19** 226, BGH NJW **60**, 2253). Auch die Herbeiführung oder Aufrechterhaltung von *Schmerzzuständen* (Düsseldorf NStZ **89**, 269) kann Gesundheitsschädigung sein (insofern mißverst. BGH NJW **84**, 1396); dies ist insbes. für pflichtwidriges Unterlassen adäquater Schmerzlinderung bei Moribunden bedeutsam (vgl. 23 vor § 211). Die Art der Schädigungshandlung ist grundsätzlich gleichgültig. Daher kann auch durch Beleidigung (vgl. BGH NJW **76**, 1143) oder Mitteilung einer (fingierten) Schreckensnachricht (vgl. LG Aachen NJW **50**, 759) eine Gesundheitsschädigung bewirkt werden. Gleiches gilt für das nicht ärztlich begründete Verschreiben oder Beibringen von Arzneien mit Betäubungsmitteln (vgl. RG **77** 18, BGH NJW **70**, 519, JR **79**, 429 m. Anm. Hirsch, Bay StV **93**, 642 [m. insow. zust. Anm. Dannecker/Stoffers], **95**, 589, Frankfurt NStZ **91**, 235; vgl. aber auch u. 9 f., 28), für die Aufrechterhaltung einer Tablettensucht durch nicht medizinisch indizierte Verschreibung (Frankfurt NJW **88**, 2965) oder für die Freisetzung radioaktiver (vgl. LG München NStZ **82**, 470) oder die exzessive Anwendung von Röntgenstrahlung (vgl. zu Gammastrahlen BGH **43** 306 m. Bspr. JuS 99, 746), auch wenn die Zellmutationen sich im mikrobiologischen Bereich bewegen und nicht oder nicht sogleich wahrnehmbar sind (vgl. BGH **43** 346, 354 m. Bspr. Martin JuS 98, 563, Detter JA 98, 535, Rigizahn JR 98, 523, m. krit. Anm. insbes. hinsichtl. der tatbestandl. Voraussetzungen auch Wolflast NStZ 99, 133 u. Jung/Wigge MedR 98, 329).

Anders als das ausdrücklich auf „körperlich" abhebende Mißhandeln (o. 4) ist die Gesundheits- **6** schädigung nicht auf die Beeinträchtigung des körperlichen Zustandes beschränkt; vielmehr kann auch die Erregung oder Steigerung einer **psychischen** pathologischen Störung Gesundheitsschädigung sein (vgl. BGH NStZ **97**, 123, Blei II 47, Horn SK 23, Welzel 288, Wessels-Hettinger 258; noch weitergeh. durch grds. Erfassung von Psychotherapie als Körperverletzung Wolflast aaO 19 ff.; demgegenüber somatisch einschr. Hirsch LK 14; vgl. auch RG **64** 119, M-Schroeder I 112 sowie o. 1), wobei eine massive depressive Verstimmung nicht aus Teilakten (wie Nachstellungen, Bedrohungen und Belästigungen) über einen längeren Zeitraum hinaus resultieren kann (BGH NStZ **00**, 25). Dagegen wird man im heimlichen Beibringen eines Schlafmittels allenfalls aufgrund dadurch ausgelöster Wirkungen, wie etwa Schwindel oder Bewußtlosigkeit, eine Körperverletzung erblicken können (vgl. BGH NStZ **92**, 490, NStZ-RR **96**, 100).

Besondere Probleme, die bislang weder medizinisch beherrschbar noch juristisch voll gelöst sind, **7** stellen sich bei **HIV-Infizierung und AIDS**, wie dies vor allem durch ungeschützten Sexualverkehr (vgl. Bottke in Szwarc aaO, AIFO **89**, 468 ff., Frisch JuS 90, 362 ff., Herzberg aaO 61 ff., Knauer GA 98, 428 ff., Meier GA **89**, 207 ff., Scherf aaO, Schlehofer NJW **89**, 2017 ff., Schünemann JR **89**, 89 ff., Wisuschil ZRP 98, 61; zum geschützten Sexualverkehr Knauer AIFO **94**, 463 ff.), aber auch durch Mitbenutzen infizierter Drogengeräte oder durch Blutspenden und -transfusionen (vgl. Deutsch NJW **85**, 2746, Teichner NJW **86**, 761, MedR **86**, 110 ff., Prittwitz JA **88**, 427 ff., 486 ff., Spickhoff JZ **91**, 756) erfolgen kann. Hierzu ist zunächst einmal davon auszugehen, daß eine *tatbestandsmäßige* Körperverletzung auch schon durch die *Infizierung* mit einer erst nach längerer Inkubationszeit ausbrechenden Krankheit vorliegen kann. Dies ist zwar nicht schon mit dem ansteckenden Kontakt gegeben (so aber Herzberg aaO 81 f., der bereits eine *vollendete* Körperverletzung bei HIV-gefährlichem, täuschungsbedingten Sexualkontakt bejahen will; krit. Knauer GA 98, 428, Bottke aaO 290), spätestens aber dann, wenn eine pathologische Veränderung eintritt. Demzufolge ist in diesem Infektionsbereich Körperverletzung nicht erst und nicht nur dann anzunehmen, wenn das „acquired immune deficiency syndrom" *(AIDS)* – idR nach bis zu sechs Jahren – voll zum Ausbruch kommt (aber dies nicht einmal zwangsläufig der Fall zu sein braucht), sondern bereits dann, wenn idR 4 bis 6 Wochen nach dem infizierenden Kontakt der „human immune deficiency virus *(HIV)*" auftritt; denn bereits infolge dieser HIV-Infektion weicht der körperliche Zustand des Infizierten in pathologisch signifikanter uU auch für andere Krankheitssymptome anfälliger Weise vom Normalbild eines Gesunden ab (vgl. Maass in Schünemann/Pfeiffer aaO 16 ff. sowie o. 6 zu psychischen Belastungen). Läßt sich diese Infektion auf einen bestimmten Übertragungskontakt zurückführen, ist mit insoweit nahezu einhelliger Meinung von einer tatbestandsmäßigen Körperverletzung auszugehen (vgl. BGH **36** 6, , 264 mwN, NJW **91**, 1948, ebenso LG Kempten NJW **89**, 2068, LG Nürnberg-Fürth NJW **88**, 2311, AG Hamburg NJW **89**, 2071, Tröndle 6 b; and. wohl nur AG Kempten NJW **88**, 2313 [dagegen Bottke AIFO **88**, 628], Walther aaO 244; zw. auch Prittwitz StV 89, 126, Prittwitz/Scholderer NStZ

90, 387). Fraglich kann jedoch der *Vorsatz*nachweis sein (eingeh. Frisch aaO), und zwar nicht nur dort, wo zB der infizierende Sexualpartner von seiner bereits bestehenden HIV-Infektion nicht wußte, sondern auch da, wo er nur mit einem geringen Ansteckungsrisiko rechnete und zudem aufgrund entsprechender Vorsichtsmaßnahmen beim Verkehr davon ausging, daß es nicht zu einer Ansteckung seines Partners kommen werde (vgl. Knauer AIFO 94, 470 f., Lackner/Kühl § 224 RN 10). Allein aus dem Wissen um ein dennoch verbleibendes Risiko auf bedingten Vorsatz zu schließen (so BGH **36** 9 ff.), würde voraussetzen, daß der Täter nicht vom statistischen Regelfall (nämlich der Folgenlosigkeit), sondern umgekehrt von dem (eher unwahrscheinlichen) Fall einer Infizierung ausgegangen ist (vgl. Frisch JuS 90, 368). Soweit dies nicht nachweisbar ist, kommt nur *Fahrlässigkeits*strafbarkeit nach § 229 in Betracht (dazu Wokalek/Köster MedR 89, 286 ff.). Weitaus häufiger und auch schwieriger ist jedoch der Fall, daß eine HIV-*Infektion* (oder jedenfalls deren Rückführbarkeit auf einen bestimmten Übertragungsakt) *nicht nachweisbar* ist. Geht man in solchen Fällen – wie insbes. auch dort, wo nicht aufklärbar ist, wann der Täter von seiner HIV-Infizierung Kenntnis erlangte – zu seinen Gunsten davon aus, daß er beim fraglichen Verkehr noch nicht um seine eigene Infizierung wußte (vgl. LG Hamburg AIFO **92**, 201), so stellt sich die Frage, ob nicht bereits der Sexualverkehr eines zu einer sog. Risikogruppe Gehörenden (dazu Scherf aaO 150 ff., 157, der jedoch allein die Zugehörigkeit zu einer Risikogruppe für nicht strafbegründend hält), jedenfalls als *Versuch* einer Körperverletzung nach § 223 I, II strafbar sein kann, wobei nach Einführung der versuchten (einfachen) Körperverletzung (vgl. 1 vor § 223) der frühere Weg über die *versuchte* gefährliche Körperverletzung „mittels einer das Leben gefährdenden Behandlung" (§ 223 a aF bzw. jetzt § 224 I Nr. 5) nun nicht mehr nötig ist. Gleichwohl stellt sich Anwendbarkeit dieser Qualifizierung, ebenso wie die nach § 224 I Nr. 1 oder gar wegen versuchter Tötung (vgl. dazu 212 RN 3) nach wie vor. Während der BGH zwar letzteres mangels Tötungsvorsatzes – vor allem wegen der höheren „Hemmschwelle" gegenüber Tötung – verneint, dagegen § 224 I Nr. 5 bejahen würde (vgl. BGH **36** 8 f., 15 f., 265 ff., ebso. AG München NJW **87**, 2314 m. Anm. Herzberg JuS 87, 777), wird in der Lehre die Differenzierung zwischen tötungs- und lebensgefährdendem Körperverletzungsvorsatz idR wohl zu Recht für kaum durchführbar gehalten (Bottke AIFO 89, 474 f., Bruns MDR 89, 199, Frisch JuS 90, 365 f., Schünemann JR 89, 93 f.; vgl. auch Kreuzer ZStW 100, 796 ff.). Läßt sich hingegen ein solcher Vorsatz nachweisen, so braucht die Versuchsstrafbarkeit jedenfalls nicht an mangelnder objektiver *Zurechenbarkeit* zu scheitern, da diese weder durch den möglicherweise geringen Verwirklichungsgrad des Risikos noch durch den möglicherweise langen Zeitfaktor ausgeschlossen wird (Frisch JuS 90, 365 f.; vgl. auch Meier GA 89, 215 ff.). Auch kann dann, sofern es sich nicht um bloße Veranlassung oder Förderung fremder Selbstgefährdung handelt (vgl. u. 9 f. sowie 52 a, 107 vor § 32), auf *Rechtfertigungs*ebene die Strafbarkeit allenfalls nach den Grundsätzen einverständlicher Fremdgefährdung (dazu 101 ff. vor § 13) ausgeschlossen sein, was bei Sexualverkehr eines HIV-Infizierten insbes. vorausssetzt, daß dem Partner das Infektionsrisiko bekannt ist (vgl. BGH **36** 17 f. mwN sowie BayObLG NJW **90**, 131, LG Kempten NJW **89**, 2068, LG München AIFO **95**, 379, Christiani aaO 88 ff., Eberbach JR 86, 231, Geppert Jura 87, 671 f., Herzberg NJW 87, 2283, JZ 89, 473 ff., Herzog/Nestler-Tremel StV 87, 366, Prittwitz NJW **88**, 2942, Scheuerl aaO 188 ff.). Im übrigen hat nach der Reform der Körperverletzungsdelikte durch das 6. StrRG und der Einfügung der Nr. 1 in § 224 (gefährliche Körperverletzung „durch Beibringung von Gift oder anderen gesundheitsschädlichen Stoffen") der Streit, ob statt der Körperverletzungstatbestände eine Strafbarkeit wegen *Vergiftung* nach § 229 aF in Betracht kommt (vgl. Herzberg JZ 89, 480 f., Schünemann in Schünemann/Pfeiffer aaO 485 ff., JR 89, 91 ff.), teilweise erledigt. Die Qualifizierung von Körpersubstanzen wie Blut und Sperma als gesundheitsschädlichen Stoffe ist jedoch auch nach der Reform problematisch (vgl. Bottke in Szwarc 303, AIFO **89**, 474, Walther aaO 243 f.; zum ganzen auch Knauer GA 98, 428 ff. u. die Lit.-Nachw. bei Tröndle 6 a sowie § 224 RN 2 a ff. Vgl. auch den Vorschlag von Wisuschil ZRP 98, 61, der bei ungeschütztem Sexualverkehr eines HIV-Infizierten § 330 a anwenden will, wobei aber wohl verkannt wird, daß es in Fällen einer HIV-Infizierung hinsichtlich der Verbreitung an der Unkontrollierbarkeit des Giftes mangeln dürfte (vgl. dazu § 330 a RN 4).

8 3. Auch **durch Unterlassen** kann Körperverletzung begangen werden (Horn SK 25), so etwa dadurch, daß ein garantenpflichtiger Angehöriger durch Nichtherbeirufen eines Arztes eine Gesundheitsverschlechterung zuläßt (Düsseldorf NStZ **89**, 269), der Unfallverursacher nichts zur Versorgung seines durch Blutung noch weiter geschwächten Opfers unternimmt oder der Hersteller ein die Gesundheit gefährdendes Produkt nicht zurückruft (BGH **37** 114 m. krit. Anm. Puppe JR 92, 30). Zu Grundlagen und Grenzen der Hilfspflicht im einzelnen vgl. § 13. Danach kann sich auch ein Bereitschaftsarzt, dessen Untätigkeit bei einem Kranken die Aufrechterhaltung erheblicher Schmerzen zur Folge hat, nach §§ 223, 229 strafbar machen (Hamm NJW **75**, 604). Speziell zur Schmerzlinderungspflicht bei Sterbehilfe Eser in Auer/Menzel/Eser (u. 27) 84 ff.

9 III. Da die Tat gegen einen *anderen* gerichtet sein muß, ist die **Selbstverletzung straflos** (nicht dagegen bei § 109 wegen anderer Schutzrichtung: vgl. dort RN 1, 15). Doch stellen sich auch hier, wenn zur Herbeiführung der Körperverletzung ein Zusammenwirken zwischen Täter und Opfer erforderlich ist (wie zB bei ärztlicher Behandlung), *Abgrenzungsprobleme,* die denen zwischen Beihilfe zum Selbstmord und Tötung auf Verlangen entsprechen. Auch diese Entscheidung hat nach den in § 216 RN 11 dargelegten Grundsätzen zu erfolgen: Liegt die Entscheidung über die Tat beim Verletzten, so ist der Mitwirkende nur Gehilfe und deshalb straflos (vgl. Mitsch Jura 89, 195). Gibt zB ein Apotheker oder Arzt einem Patienten ein Medikament, das körperliche Schäden bewirkt (Rauschgift), so ist die freiverantwortliche und wirkungsbewußte Selbstanwendung durch den Empfänger keine Körperverletzung iSv § 223, die Aushändigung des Mittels daher mangels Haupttat nicht strafbar (vgl. Bay NJW **95**, 797, Zweibrücken NStZ **95**, 89 m. krit. Anm. Horn JR 95, 304; diesbzgl. auch insoweit zu Recht krit. Dannecker/Stolleis gegenüber Bay StV **93**, 642).

Wie bei der Beihilfe zum Selbstmord sind aber auch hier Fälle denkbar, in denen die Grundsätze **10** der **mittelbaren Täterschaft** zur Strafbarkeit führen. Dies dann, wenn die Selbstanwendung nicht auf einem freiverantwortlichen Willen beruht (vgl. 37 vor § 211, § 216 RN 8 [„ernstliches" Verlangen]; vgl. auch Hirsch LK 3 sowie spez. zur Freiverantwortlichkeit Drogenabhängiger Amelung NJW **96**, 2393). Vor allem bei Jugendlichen ist zu prüfen, ob ihre Entscheidung als verantwortlich anzuerkennen ist. Zur Herbeiführung eines Rauschzustandes vgl. BGH MDR/H **81**, 631, NJW **83**, 462, NStZ **86**, 266, ferner § 222 RN 5 mwN, zu Drogenverschreibung und „Doping" vgl. Hobbing aaO, Mestwerdt aaO 68 ff., Rain aaO sowie u. 50 b, zur Straflosigkeit des Betreibens von Drogenberatungsstellen mit Konsummögl. vgl. Hoffmann-Riem NStZ 98, 7, Körner StV 94, 683. Diese Abgrenzungen und Grundsätze haben im wesentlichen auch für die Veranlassung einer **Selbstgefährdung** bzw. für **einverständliche Fremdgefährdung** zu gelten, wenn sich das dabei eingegangene Risiko schließlich realisiert (vgl. BGH **32** 262, Bay NStZ **97**, 341 m. Anm. Otto JZ 97, 522 sowie mwN dazu § 216 RN 11 a, § 222 RN 5, ferner 102 ff. vor § 32).

IV. Die **Rechtswidrigkeit** der Körperverletzung kann vor allem durch folgende Rechtfertigungsgründe ausgeschlossen sein: **11**

1. Die größte praktische Bedeutung kommt der **Einwilligung** zu. Zu deren Grundlagen und **12** Grenzen näher 29 ff. vor § 32 sowie die Anm. zu § 228. Speziell zur Einwilligung bei *Heilbehandlung* u. 37 ff. Zu Tatbestands- oder Rechtswidrigkeitsausschluß im *sportlichen* Bereich vgl. Eser JZ **78**, 368 ff. mwN sowie (m. weitgeh. ähnl. Ergebnissen) Dölling ZStW 96, 36 ff., Müller aaO 87 ff., Schild Jura 82, 464, 520, 585, aber auch Karlsruhe NJW **82**, 394, Gössel I 167 ff.; zur Einwilligung in „Mutproben" bei Aufnahmeritualen in eine Jugend-Gang vgl. Bay NJW **99**, 372 m. Anm. Amelung NStZ 99, 459, zur Einwilligung in sado-masochist. Verletzungen vgl. May, Strafrecht u. Sadomasochismus, 1997.

2. Auch durch **Notwehr** (§ 32) kann die Körperverletzung gerechtfertigt sein, wobei die sich aus **13** der EMRK gegen tödliche Notwehr ergebenden Probleme (vgl. § 32 RN 62) bei Körperverletzung nicht durchgreifen. Zur Rechtfertigungsproblematik von Gesundheitsbeeinträchtigungen durch Umweltverschmutzung unter Berufung auf § 34 vgl. Stuttgart DVBl. **76**, 798, StA Mannheim NJW **76**, 586.

3. Aufgrund **staatlicher Zwangsbefugnisse** kommt Rechtfertigung insbes. in Betracht bei **14/15** Verletzungen infolge von strafprozessualen *Festnahmen* (§ 127 StPO; vgl. 81 f. vor § 32), polizeilichem *Waffengebrauch* (vgl. 83 vor § 32) sowie bei Blutproben und anderen körperlichen Eingriffen nach § 81 a StPO (vgl. § 113 RN 34 sowie BVerfG NJW **78**, 1149: zwangsweise Änderung der Haartracht); speziell zur Zulässigkeit strafprozessualer Eingriffe im Hirnbereich vgl. Hamm NJW **75**, 2256, Kuhlmann NJW 76, 350. Zu spezialpräventiver *Kastration* vgl. u. 55 ff. Ferner können aus *sozialhygienischen* Gründen Zwangsbehandlungen zulässig sein, so insbes. nach §§ 3, 14 GeschlKrG und § 34 BSeuchenG (vgl. Gallwas NJW 76, 1134). Zu zwangsweiser psychischer Behandlung bei Selbstgefährdung vgl. Hamm NJW **76**, 378, Rüping JR 82, 744 ff.

4. Ob Körperverletzung durch ein **Züchtigungsrecht** gerechtfertigt sein kann, ist strittig. **16**

Schrifttum: Beulke, Züchtigungsrecht – Erziehungsrecht (usw.), Hanack-FS 539. – *Frehsee,* Einige Daten zur endlosen Geschichte des Züchtigungsrechts, H. J. Schneider-FS 277. – *Günther,* Die Auswirkungen familienr. Verbote auf das Strafrecht, Herm. Lange-FS (1992) 877. – *Jung,* Das Züchtigungsrecht des Lehrers, 1977. – *Kienapfel,* Körperl. Züchtigung u. soziale Adäquanz, 1961. – *Petri,* Abschaffung des elterl. Züchtigungsrechts, ZRP 76, 64. – *Rüping/Hüsch,* Abschied vom Züchtigungsrecht des Lehrers, GA 79, 1. – *Stettner,* Die strafr. Problematik der körperl. Züchtigung, 1958. – *Thomas,* Die gerechtfertigte Züchtigung?, ZRP 77, 181. – *Vormbaum,* Zur Züchtigungsbefugnis von Lehrern u. Erziehern, JR 77, 492. – *Zenz,* Kindesmißhandlung aus jur. Sicht, MMW 86, 49. – Zur älteren Lit. vgl. 19. A.

a) Die (überkommene) hM hält eine Körperverletzung durch Ohrfeigen, Stockschläge oder ähnli- **17** che körperliche Züchtigungen für gerechtfertigt, wenn dies auf **angemessene** Weise durch einen **Erziehungsberechtigten** zu einem bestimmten **Erziehungszweck** erfolgt (vgl. BGH **6** 263, **11** 241, **12** 62, Saarbrücken NJW **63**, 2379, Bay NJW **79**, 1371 m. krit. Anm. Vormbaum JR 79, 477, Blei II 56 f., Hirsch LK 21, 29 ff., M-Schroeder I 98 f.; weitergeh. soll ua nach Kienapfel aaO 101 ff., Eb. Schmidt JZ 59, 519, Würtenberger DRZ 48, 241 sogar die Tatbestandsmäßigkeit entfallen; krit. dazu Hirsch ZStW 74, 111 ff.).

aa) Im **familienrechtlichen** Bereich wird ein solches Züchtigungsrecht aus der *elterlichen Sorge* von **18** Vater und Mutter (§§ 1626, 1631 BGB) hergeleitet (vgl. BGH NJW **53**, 1440, aber auch Jescheck/ Weigend 397 FN 25). Gleiche Rechte werden der *nichtehelichen Mutter* (§ 1705 BGB), den *Adoptiveltern* (§ 1754 BGB) sowie dem *Vormund* (§ 1800 BGB) zugebilligt, *nicht* dagegen den *Stiefeltern,* da sie mit den Stiefkindern nur verschwägert sind (§ 1590 BGB); jedoch kann ihnen das Züchtigungsrecht als Ausfluß des Erziehungsrechts übertragen sein (vgl. RG **49** 389, GA **48** 134, BGH **12** 68 sowie u. 26).

§ 223 19–23

19   bb) Auch dem **Lehrer** wurde aufgrund *Gewohnheitsrecht* ein Züchtigungsrecht eingeräumt (vgl. RG 31 267, BGH **11** 241, **14** 53, Hamm NJW **56**, 1690, Zweibrücken NJW **74**, 1772). Auch soll der Umstand, daß die schulrechtliche Befugnis zu körperlicher Züchtigung inzwischen fast allgemein durch landesrechtliche Vorschriften aufgehoben wurde (vgl. Jung aaO 36 ff., aber auch Bay NJW **79**, 1372 m. Anm. Kienapfel JR 78, 296), der strafrechtlichen Fortgeltung des Züchtigungsrechts nicht entgegenstehen (BGH **11** 242, Zweibrücken NJW **74**, 1772; and. aber neuerdings BGH NStZ **93**, 591). Da auf dem dienstlichen Erziehungsauftrag und damit aus Amtsrecht begründet, bedürfe das Züchtigungsrecht des Lehrers keiner Übertragung elterlicher Rechte, ebenso wie es umgekehrt in seinem Umfang nicht durch die Eltern eingeschränkt werden könne (BGH **12** 69). Auch beschränke sich das Züchtigungsrecht des Lehrers nicht auf die Schüler der ihm zugewiesenen Klasse, sondern gelte gegenüber allen Schülern der Schule, an der er tätig ist (noch weitergehend RG **42** 142, wonach der Lehrer uU auch gegenüber Schülern fremder Schulen wegen eines außerschulischen Fehlverhaltens ein Züchtigungsrecht haben sollte). Dagegen ist dem **Lehrherrn** gegenüber dem Lehrling das Züchtigungsrecht bereits ausdrücklich aberkannt (vgl. § 31 JArbSchG, ferner § 108 SeemannsG für Vorgesetzte von jugendlichen Besatzungsmitgliedern). Entsprechendes gilt für **Berufsschullehrer** gegenüber Berufsschülern (Stuttgart Justiz **63**, 325, M-Schroeder[6] I 93).

20   b) Gegen das Züchtigungsrecht sprechen jedoch **grundsätzliche Bedenken**. Nicht nur, daß schon die pädagogische Zweckmäßigkeit von körperlichen Mißhandlungen höchst fragwürdig geworden ist (vgl. ua Hartmann RdJ 65, 263, Rüping/Hüsch GA 79, 6 f. mwN sowie m. rechtsvergleich. Hinw. Frehsee Schneider-FS 277); vielmehr wird auch die grundrechtliche Unvereinbarkeit von körperlichen Eingriffen mit der Würde und Unversehrtheit (auch) des noch heranwachsenden Menschen allenfalls innerhalb der familiären Intimsphäre noch einen gewissen Raum für erzieherische Einwirkungen körperlicher Art lassen (vgl. Jescheck/Weigend 397; ebso. entschieden abl. bereits Maunz-Dürig Art. 2 II RN 48, ferner Frehsee aaO, Gössel I 170 ff., Horn SK 12, Thomas ZRP **77**, 182, Vormbaum JR **77**, 493 ff., JZ **77**, 654; zw. auch Lackner/Kühl 11 sowie BGH NJW **76**, 1949 m. Anm. Schall NJW **77**, 113). Angesichts der schulrechtlichen Abschaffung der im allgemeinen Bewußtsein ohnehin längst verpönten Prügelstrafe ist jedenfalls das gewohnheitsrechtliche Züchtigungsrecht des **Lehrers** heute als **derogiert** zu betrachten (iE heute ebso. BGH NStZ **93**, 591, ferner Tröndle 13, Koch LdR 452, Kühl 311, M-Schroeder I 99, Rüping/Hüsch GA 79, 9, Vormbaum JR 77, 492, W-Beulke 390 sowie Hirsch LK 24 mwN; mit widersprüchl. Begr. auch Jung aaO 40 ff., 65; vgl. auch Murswiek JuS 83, 384 zur abw. Rspr. des EuGMR). Daher kommen körperliche Maßnahmen von Lehrern gegenüber Schülern allenfalls unter Notwehr- oder Notstandsvoraussetzungen in Betracht (ebenso Tröndle 14, Jescheck/Weigend 396), wie insbes. zur Abwehr von Angriffen eines Schülers gegen den Lehrer, gegen andere Schüler oder gegen die Zertrümmerung von Einrichtungsgegenständen, während sonstigen Unterrichtsstörungen idR angemessener durch Ausschluß zu begegnen ist (zust. Hirsch LK 24). Doch auch für ein **familienrechtliches** Züchtigungsrecht bleibt kaum noch Raum, nachdem durch § 1631 II BGB idF des KindschaftsreformG v. 16. 12. 1997 „entwürdigende Erziehungsmaßnahmen, insbesondere körperliche und seelische Mißhandlungen, (für) unzulässig" erklärt sind. Ob dies freilich zwingend zur Strafbarkeit jeglicher körperlicher Erziehungsmaßnahmen führen sollte, erscheint zweifelhaft: So wenig einerseits das Züchtigungsrecht als Deckmantel für Kindesmißhandlungen mißbraucht werden darf, so wenig wäre andererseits die Strafjustiz ein adäquates Instrument, um im „familiären Kleinkrieg" pädagogisch verunsicherte Eltern schon bei jedem körperlichen Übergriff durch kriminalisierende Sanktionen in die Schranken zu weisen (vgl. Hirsch LK 22, Thomas ZRP 77, 184 f.; näher zu den strafr. Konsequenzen der familienrechtl. Neuregelung Beulke aaO).

21   c) Sofern nach dem Vorangehenden ein körperliches Erziehungsrecht nicht völlig auszuschließen ist, bleiben auf jeden Fall folgende **Voraussetzungen und Grenzen** zu beachten:

aa) Von vornherein **unzulässig** sind quälerische, gesundheitsschädliche, das Anstandsgefühl verletzende, entwürdigende oder sonstige **grobe** Mißhandlungen (vgl. RG **73** 258, BGH **3** 106, **6** 273, **11** 260, NStZ **87**, 173, Kühl 306). Deshalb darf die Züchtigung nicht über eine *Mißhandlung* iSd 1. Tatbestandsalternative (o. 3) hinausgehen (vgl. Horn SK 13).

22   bb) Die Züchtigung muß durch ein bestimmtes *Fehlverhalten* veranlaßt und nach Art und Umfang zur Erreichung des **Erziehungszwecks** *erforderlich* sind *angemessen* sein (vgl. RG HRR **30** Nr. 2118, BGH **6** 263, **11** 257, Hirsch LK 29 mwN). Bloß „generalpräventive" Züchtigung ist unzulässig. Auch sind Art und Gewicht des Anlasses, das sonstige Verhalten sowie Alter und Konstitution des Betroffenen zu berücksichtigen, wobei dem Berechtigten ein gewisser Beurteilungsspielraum zugestanden wird (vgl. Hirsch aaO), dessen Einhaltung jedoch in vollem Umfang richterlicher Überprüfung unterliegt (vgl. zu entgegen früheren Einschränkungen in RG **5** 193, **20** 98 – BGH **11** 258, ferner RG

23   **65** 263, **67** 327). Soweit dem **Lehrer** ein Züchtigungsrecht zugestanden wird (o. 19), soll dieses jedenfalls gegenüber einem bereits 19jährigen Schüler entfallen (OGH **3** 154), ebenso bei Anwesenheit eines Elternteils, da deren elterliches Recht dem Züchtigungsrecht des Lehrers vorgeht (Koblenz NJW **55**, 602). Etwaige Verwaltungs- oder Schulordnungen sind keine letztverbindliche Richtschnur für die Rechtmäßigkeit oder Rechtswidrigkeit einer Züchtigung (BGH **11** 242, GA **63**, 82, Köln NJW **52**, 479; vgl. aber auch RG **43** 277). Noch weniger kann der Umfang des Züchtigungsrechts durch mündliche Anweisungen einer Aufsichtsinstanz in strafr. beachtlicher Weise bestimmt werden.

cc) Für den **subjektiv** geforderten **Erziehungswillen** (Hirsch LK 30, Horn SK 14) wird idR 24 genügen, daß der Täter um das objektive Vorliegen der eine Züchtigung rechtfertigenden Umstände weiß. Eine darüber hinausgehende Absicht, wie etwa die richtig verstandene Erziehung (so zB BGH 11 257), wird hier ebensowenig wie bei sonstigen Rechtfertigungsgründen zu fordern sein (vgl. 13 ff. vor § 32). Auch auf die letzten Motive kann es nicht ankommen (in dem häufig als Gegenbeispiel angeführten Fall von BGH 13 138 – Auspeitschen eines nackten Mädchens aus sexuellem Antrieb – scheitert die Rechtfertigung bereits an objektiver Nichtangemessenheit). Auch wird eine objektiv zulässige Züchtigung nicht schon deshalb rechtswidrig, weil der Täter auch aus Ärger oder Zorn handelt (vgl. BGH GA 63, 82, Hamm NJW 56, 1690, Horn SK 14).

dd) Gegenüber **fremden Kindern** ist (vorbehaltlich u. 26) eine Züchtigung grds. ausgeschlossen 25 (vgl. RG 61 193, 76 6, Saarbrücken NJW 63, 2379, Hirsch LK 28, Lackner/Kühl 11, inzw. auch Tröndle 15 a, M-Schroeder I 99; and. noch KG GA Bd. 69 116, Frankfurt GA Bd. 63 466, Welzel 93). Dies gilt auch für leichtere Züchtigungen in Abwesenheit des Erziehungsberechtigten, da idR weder von dessen mutmaßlicher Einwilligung ausgegangen werden kann, noch die Geschäftsführung ohne Auftrag als solche einen Rechtfertigungsgrund darstellt.

ee) Die grundsätzliche Nichtübertragbarkeit des Züchtigungsrechts als eines rein persönlichen 26 Rechts schließt nicht aus, seine **Ausübung zu übertragen** (vgl. RG 61 193, BGH 12 68), so etwa an das Kindermädchen oder den Privatlehrer. Allerdings kann dies nicht ohne weiteres aus der Betrauung mit einer Erziehungsaufgabe geschlossen werden (RG 76 5), ebensowenig aus dem Auftrag an einen Arzt, ein Kind zu operieren; deshalb können Schläge zwecks Duldung der Operation rechtswidrig sein (RG 61 393). Auch ist die Übertragung des Ausübungsrechts nicht beliebig, sondern nur im Rahmen der elterlichen Pflichten möglich (vgl. RG 33 32) und daher idR nur insoweit gerechtfertigt, als besondere Umstände dafür sprechen (vgl. RG 76 5, Hirsch LK 23). Die *nachträgliche* Ermächtigung vermag eine bereits erfolgte Züchtigung nicht mehr zu rechtfertigen (RG 61 394).

V. Ärztliche Heilbehandlung

Aus dem (vornehmlich neueren) *Schrifttum* (zum älteren vgl. 19. A.): *Adler-Saupe,* Psychochirurgie, 1979. 27 – *Ankermann/Kullmann,* Arzthaftpflicht-Rechtsprechung, 1993. – *Arzt,* Die Aufklärungspflicht des Arztes, in: *Wiegand,* Arzt u. Recht, 1985, 49. – *Ders.,* Heileingriffe aufgrund einer Blanko-Einwilligung bzgl. der Person des Arztes, Baumann-FS 201. – *Auer/Menzel/Eser,* Zwischen Heilauftrag u. Sterbehilfe, 1977. – *Baden,* „Wirtschaftliche" Aufklärungspflichten in der Medizin, NJW 88 746. – *Belling/Eberl/Michlik,* Das Selbstbestimmungsrecht Minderjähriger bei med. Eingriffen, 1994. – *Bockelmann,* Strafrecht des Arztes, 1968. – *Bockelmann/Koffka,* Empfiehlt es sich, daß der Gesetzgeber die Fragen der ärztlichen Aufklärungspflicht regelt? Ref. z. 44. DJT 1962, II. – *Bodenburg,* Entzerrung der ärztl. Aufklärungspflicht, NJW 81, 601. – *Bonvie,* Rechtl. Risiken des ambulanten Operierens, MedR 93, 43. – *Bork,* Klin. Versuche in der Psychiatrie, NJW 85, 654. – *Brandes,* Aids: Test u. Einwilligung, VersR 87, 747. – *Breddin/Deutsch/Ellermann/Jedinsky,* Rechtl. u. ethische Probleme bei klin. Untersuchungen am Menschen, 1987. – *Brügmann,* Widerrechtlichkeit des ärztl. Eingriffs u. Aufklärungspflicht des Arztes, NJW 77, 1473. – *Buchborn,* Ärztl. Erfahrungen u. rechtl. Fragen bei AIDS, MedR 87, 260. – *Carstens,* Das Recht der Organtransplantation, 1978. – *Cramer,* Genom- u. Genanalyse, 1991. – *Cramer,* Ein Sonderstraftatbestand für die eigenmächtige Heilbehandlung, Lenckner-FS 761. – *Deutsch,* Das Recht der klin. Forschung am Menschen, 1979. – *Ders.,* Arzneimittelrecht[2], 1991. – *Ders.,* Theorie der Aufklärungspflicht des Arztes, VersR 81, 293. – *Ders.,* Neue Aufklärungsprobleme, NJW 82, 2585. – *Ders.,* Rechtsprobleme von AIDS: HIV-Test, 1988. – *Ders.,* Sicherheit bei Blut u. Blutprodukten, NJW 98, 3377. – *Deutsch/Hartl/Carstens,* Aufklärung u. Einwilligung im Arztrecht, 1989. – *Deutsch/Kleinsorge/Scheler,* Verbindlichkeit der med., diagnost. u. therap. Aussage, 1983. – *Deutsch/Matthies,* Arzthaftungsrecht[3], 1988. – *Eberbach,* Rechtsprobleme der HTLV-III-Infektion (AIDS), 1986. – *Ders.,* Grundsätze zur Aufklärung nicht voll Geschäftsfähiger, MedR 86, 14. – *Ders.,* Die ärztl. Aufklärung unheilbar Kranker, MedR 86, 180. – *Ders.,* Heiml. Aids-Tests, NJW 87, 1470. – *Dippel,* Zur Entwicklulng des TPG (usw.), Hanack-FS 665. – *Eberbach,* AIDS u. Strafrecht, MedR 87, 267. – *Ders.,* Rechtfertigungs- u. Entschuldigungsprobleme bei med. Tätigkeit, in: Eser/Fletcher, Rechtfertigung u. Entschuldigung II (1988), 1443. – *Ders.,* Forschung an menschlichen Embryonen, ZRP 90, 217. – *Eberbach/Schuler,* Aufklärungspflicht bei psychol. Experimenten, JZ 82, 356. – *Ehlers,* Die ärztl. Aufklärung vor med. Eingriffen, 1987. – *Ehlers/Broglie,* Praxis des Arzthaftungsrechts, 1994. – *Eisenbart,* Patiententestament u. Stellvertretung in Gesundheitsangelegenheiten, 1998. – *Engisch,* Die rechtl. Bedeutung der ärztlichen Operation, 1958. – *Ders. u. Hallermann,* Die ärztliche Aufklärungspflicht aus rechtl. u. ärztl. Sicht, 1970. – *Eser,* Das Humanexperiment, Schröder-GedS 191. – *Ders.,* Aufklärung u. Einwilligung, bes. in der Intensivtherapie, in: Becker/Eid, Begleitung von Schwerkranken (1984), 188. – *Ders.,* Recht u. Humangenetik, in: Koslowski u. a., Die Verführung durch das Machbare (1983), 49. – *Ders.,* Medizin u. Strafrecht, ZStW 97 (1985), 1. – *Ders.,* Kontrollierte Arzneimittelprüfung, Internist 82, 218. – *Ders.,* Strafr. Aspekte der Humangenetik, in: Braun/Mieth/Steigleder, Eth. u. rechtl. Fragen der Gentechnologie u. der Reproduktionsmedizin, 1987, 120. – *Ders.,* Neuartige Bedrohungen ungeborenen Lebens, 1990. – *Ders.,* Recht u. Medizin, 1990. – *Ders.,* Humangenetik: Rechtl. u. sozialpol. Aspekte, in: Bierich, Arzt u. Kranker (1992), 152. – *Ders.,* Zur Regelung der Heilbehandlung in rechtsvergleich. Perspektive, Hirsch-FS 445. – *Eser/Koch/Wiesenbart,* Regelungen der Fortpflanzungsmedizin u. Humangenetik, 2 Bde., 1990. – *Eser/v. Lutterotti/Sporken,* Lexikon Medizin-Ethik-Recht, 1989. – *Fincke,* Arzneimittelprüfung, 1977. – *Fischer,* Die mutmaßl. Einwilligung bei ärztl. Eingriffen, Deutsch-FS 545. – *Francke/Hart,* Ärztl. Verantwortung u. Patienteninformation, 1987. – *Franzki,* Zur zivil- u. strafr. Verantwortung der Krankenhausärzte u. des Pflegepersonals, Arzt u. Krankenhaus 85, 168. – *Geilen,* Einwilligung u. ärztl. Aufklärungspflicht, 1963. – *Geiß,* Arzthaftpflichtrecht[2], 1993. – *Giese,* Medizinschaden u. Arzthaftungspflicht, 1988 ff. – *Giesen,* Die zivilr. Haftung des Arztes bei neuen Behandlungsmethoden u. Experimenten, 1976. – *Ders.,* Zwischen Patientenwohl u. Patientenwille, JZ 87, 282. – *Ders.,* Arzthaftungsrecht[4], 1995. – *Göppinger,* Arzt u. Recht, 1966. – *Goetze,* Arzthaftungsrecht u. kassenärztl. Wirtschaftlichkeitsgebot, 1988. – *Grahlmann,* Heilbehandlung u. Heilversuch, 1977. – *Großfuß-Bürk,* Die Verantwortung des Arztes für Fehlverhalten des Patienten am Bsp. der Mißachtung ärztl. Hinweise, 1992. – *Grünwald,* Die Aufklärungspflicht des Arztes, ZStW 73 (1961), 5. – *Günther,* Strafrecht u. Humangenetik, ZStW 102 (1990), 269. – *Günther/Keller,* Fortpflanzungsmedizin u. Humangenetik[2], 1991. – *Hart,* Arzneimitteltherapie u. ärztl. Verantwortung, 1990. – *Ders.,* Heilversuch, Entwicklung therap. Strategien (usw.) MedR 94, 94. – *Heidner,* Die Bedeutung der mutmaßl. Einwilligung als Rechtfertigungsgrund, insbes. im Rahmen des ärztl. Heileingriffs, 1987. – *Held,* Strafr. Beurteilung von Humanexperimenten u. Heilversuchen in der med. Diagnostik, 1990. – *Helmchen/Lauter,* Dürfen Ärzte mit Demenzkranken forschen? 1995. – *Herrmann,* Soll ein Krebspatient über seine Diagnose aufgeklärt werden?, MedR 88, 1. – *Herzog/Nestler-Tremel,* AIDS u. Strafrecht, StV 87, 360. – *Heusinger/Röhl,* Rechtsfragen der ärztl. Aufklärung, NJ 89, 139. – *Hirsch,* AIDS-Test bei Krankenhauspatienten, AIFO 88, 157. – *Ders.,* Zur Frage eines Straftatbestandes der eigenmächtigen Heilbehandlung, Zipf-GedS 353. – *Hiersche/Hirsch/Graf-Baumann,* Rechtl. Fragen der Organtransplantation, 1990. – *Höfling/Rixen,* Verfassungsfragen der Transplantationsmedizin, 1996. – *Hollmann,* Das ärztl. Gespräch mit dem Patienten, NJW 87, 1393. – *Honecker,* Aspekte u. Probleme der Organverpflanzung, 1973. – *Hülsmann,* Produktion u. Reduktion von Mehrlingen, 1992. – *Hymmen/Ritter,* Behandlungsfehler, 1981. – *Jacob,* Standardisierte Patientenaufklärung, Jura 82, 529. – *Janker,* Heiml. HIV-Antikörpertests, NJW 87, 2897. – *Jordan,* Zur strafr. Zulässigkeit placebokontrollierter Therapiestudien, 1987. – *Jung,* Das Recht auf Gesundheit, 1982. – *Ders.,* Außenseitermethoden u. strafr. Haftung, ZStW 97, 47. – *Jung,* Biomedizin u. Strafrecht, ZStW 100 (1988) 3. – *Jung/Meiser/Müller,* Aktuelle Probleme u. Perspektiven des Arztrechts, 1989. – *Jung/Schreiber,* Arzt u. Patient zwischen Therapie und Recht, 1981. – *A. Kaufmann,* Die eigenmächtige Heilbehandlung, ZStW 73 (1961), 341. – *Ders.,* Mod. Medizin u. Strafrecht, 1989. – *Kapp,* Der Fötus als Patient?, MedR 86, 275. – *Katzenmeier,* Ein Sonderstraftatbestand der eigenmächt. Heilbehandlung, ZRP 1997, 156. – *F.-X. Kaufmann,* Ärztl. Handeln zw. Paragraphen u. Vertrauen, 1984. – *Kern,* Aufklärungspflicht u. wissender Patient, MedR 86, 176. – *Ders.,* Die Selbstbestimmungsaufklärung unter Einbeziehung des nichtärztlichen Pflegepersonals, Weißauer-FS 71. – *Ders.,* Fremdbestimmung bei der Einwilligung in ärztl. Eingriffe, NJW 94, 753. – *Ders.,* Die Bedeutung des BetreuungsG für das Arztrecht, MedR 91, 66. – *Ders.,* Arzt u. Betreuungsrecht, MedR 93, 245. – *Kern/Laufs,* Die ärztl. Aufklärungspflicht, 1983. – *Koch,* Transsexualismus u. Intersexualität, MedR 86, 500. – *Ders.,* Rechtsfragen med. Forschung am Menschen, in: Bubner, Grenzen der Medizin (1993), 224. – *Ders.,* Medizinrecht: Ersatz o. Pendant medizinischer Ethik?, Ethik Med 94, 2. – *Ders.,* Rechtfertigung u. Entschuldigung bei med. Tätigkeit, in: Eser/Nishihara, Rechtfertigung und Entschuldigung IV (1995), 213. – *Kohlhaas,* Medizin u. Recht, 1969. – *Komo,* Die verordnete Intoxikation, 1978. – *Krauß,* Zur strafr. Problematik der eigenmächtigen Heilbehandlung, Bockelmann-FS 557. – *Kreuzer,* AIDS u. Strafrecht, ZStW 100 (1988) 786. – *Kuhlmann,* Zur ärztl. Aufklärungspflicht, NJW 73, 2239. – *J.-M. Kuhlmann,* Einwilligung in die Heilbehandl. alter Menschen, 1996. – *Künschner,* Wirtschaftl. Behandlungsverzicht u. Patientenauswahl, 1992. – *Kuntz,* Arzthaftungsrecht[5], 1994. – *Laufs,* Arztrecht[5], 1993. – *Ders.,* Die Entwicklung des Arztrechts, NJW 80, 1315; 81, 1289; 82, 1319; 83, 1345; 84, 1383; 85, 1361; 86, 1518; 87, 1454; 88, 1499; 89, 1521; 90, 1505; 91, 1516; 92, 1529; 93, 1497; 94, 1562; 95, 1590; 96, 1571; 98, 1750; 99, 1758;. – *Ders.,* Die klin. Forschung am Menschen, VersR 78, 385. – *Laufs/Dierk,* u. a., Die Entwicklung der Arzthaftung, 1997. – *Laufs/Laufs,* AIDS u. Arztrecht, NJW 87, 2257. – *Laufs/Narr,* AIDS, MedR 87, 282. – *Laufs/Uhlenbruck,* Handb. des Arztrechts[2], 1999. – *Leckner,* Arzt u. Strafrecht, in: *Forster,* Praxis der Rechtsmedizin, 1986, 570. – *Lesch,* Die strafr. Einwilligung beim HIV-Antikörpertest an Minderjährigen, NJW 89, 2309. – *Majunke,* Anästhesie u. Strafrecht, 1988. – *Meier,* Strafr. Aspekte der AIDS-Übertragung, GA 89, 207. – *Mergen,* Die jur. Problematik in der Medizin, 3 Bde., 1971. – *Merz,* Die med., ethische u. jur. Problematik artifizieller menschl. Fortpflanzung, 1991. – *Mestwerdt,* Doping, 1997. – *Meyer,* Reform der Heilbehandl. ohne Ende, GA 98, 415. – *Moll,* Strafr. Aspekte der Behandlung Opiatabhängiger, 1990. – *Müller-Emmert/Hiersche,* Med.-jur. Aspekte der Geschlechtsumwandlung, Gynäkologe 76, 95. – *Narr,* Ärztl. Berufsrecht[2], 1987. – *Peter,* Arbeitsteilung im Krankenhaus aus strafr. Sicht, 1992. – *Pfeiffer,* Durchführung von HIV-Tests ohne den Willen des Betroffenen, 1989. – *Rain,* Die Einwilligung des Sportlers beim Doping, 1998. – *Roemer,* Die ärztl. Aufklärungspflicht vom Standpunkt d. aus der Erfahrung des Arztes, 1961. – *Roßner,* Verzicht des Patienten auf eine Aufklärung durch den Arzt, NJW 90, 2291. – *Ders.,* Begrenzung der Aufklärungspflicht des Arztes bei Kollision mit and. ärztl. Pflichten, 1998. – *Samson,* Zur Strafbarkeit der klin. Arzneimittelprüfung, NJW 78, 1182. – *Sass,* Genomanalyse u. Gentherapie, 1991. – *Schaffer,* Die Aufklärungspflicht des Arztes bei invasiven med. Maßnahmen, VersR 93, 1458. – *Schlenker,* Das „berufsunwürdige Handeln" des Arztes, 1973. – *Schlosshauer-Selbach,* Typologie der ärztl. Aufklärungspflicht, DRiZ 82, 361. – *Schmid,* Die Grundl. der ärztl. Aufklärungspflicht, NJW 84, 2601. – *A. Schmidt,* Rechtl. Aspekte der Genomanalyse, 1991. – *Eb. Schmidt,* Der Arzt im Strafrecht, 1939. – *Ders.,* Empfiehlt es sich, daß der Gesetzgeber die Frage der ärztl. Aufklärungspflicht regelt?, Gutachten z. 44. DJT 1962, I/4. – *Schmidt-Elsäßer,* Med. Forschung an Kindern u. Geisteskranken, 1987. – *Schneider,* Rechtsprobleme der Transsexualität, 1977. – *Schreiber,* Zur Reform des Arztstrafrechts, Hirsch-FS 713. – *Schröder,* Eigenmächtige Heilbehandlung im geltenden Recht u. im E 1960, NJW 61, 951. – *Schroeder,* Bes. Strafvorschr. gegen Eigenmächtige u. Fehlerhafte Heilbehandlung?, 1998. – *Schröder/Taupitz,* Menschl. Blut: verwendbar nach Belieben des Arztes?, 1991. – *Schroth,* Die Strafrechtl. Tatbestände des TPG, JZ 97, 1149. – *Schünemann,* Einwilligung u. Aufklärung von psychisch Kranken, VersR 81, 306. – *Schünemann/Pfeiffer,* Die Rechtsprobleme um AIDS, 1988. – *Schwalm,* Zum Begriff u. Beweis des ärztl. Kunstfehlers, Bockelmann-FS 539. – *Siebert,* Strafr. Grenzen ärztl. Therapiefreiheit, 1983. – *Sobota,* Patientenrecht u. Forschungsfreiheit, Kriele-FS 367. – *Solbach,* „Aufklärung" des Patienten über wirtschaftl. Aspekte der Behandlung, JA 86, 419. – *Solbach/Solbach,* Zur Frage der Aufklärung der Patienten bei Blutentnahmen (AIDS), MedR 88, 241. –

Körperverletzung - Ärztliche Heilbehandlung   28-30   § 223

Spann/Liebhardt/Denning, Übermaßaufklärung, Weißauer-FS 143. − *Staak-Weiser,* Klin. Prüfung von Arzneimitteln, 1978. − *Steffen,* Neue Entwicklungslinien der BGH-Rspr. zum Arzthaftungsrecht⁶, 1995. − *Sternberg-Lieben,* Strafbarkeit des Arztes bei Verstoß gegen ein Patienten-Testament, NJW 85, 2734. − *Ders.,* Fortpflanzungsmed. u. Strafrecht, NStZ 88, 1. − *Ders.,* Strafbarkeit eigenmächtiger Genomanalyse, GA 90, 289. − *Ders.,* Selbstbestimmtes Sterben, Lenckner-FS 347. − *Tempel,* Inhalt, Grenzen u. Durchführung der ärztl. Aufklärungspflicht, NJW 80, 609. − *K. u. J. Tiedemann,* Zur strafr. Bedeutung des sog. kontrollierten Versuches bei der klin. Arzneimittelprüfung, R. Schmitt-FS 139. − *Tolmein,* Die drohende Zunahme von Demenz, KritV 98, 52. − *Trockel,* Das Recht des Arztes zur Heilbehandlung unter Erprobung neuer Heilmethoden, NJW 79, 2329. − *Tröndle,* Selbstbestimmungsrecht des Patienten, MDR 83, 881. − *Ders.,* Verordnung von Kontrazeptiva an Minderjährige, R. Schmitt-FS 231. − *v. Troschke/Schmidt,* Ärztl. Entscheidungskonflikte, 1983. − *Uhlenbruck,* Die Rechtspflicht des Krankenhausarztes zur Schmerzbekämpfung, Narr-FS 159. − *Ulsenheimer,* Arztstrafrecht in der Praxis², 1998. − *Ders.,* Zur zivil- u. strafr. Verantwortlichkeit des Arztes (usw.), MedR 92, 127. − *Ulsenheimer,* u. a., Rechtl. Probleme in Geburtshilfe u. Gynäkologie, 1990. − *Umbreit,* Die Verantwortlichkeit des Arztes für fahrlässiges Verhalten anderer Medizinalpersonen, 1992. − *Wachsmuth,* Die chirurg. Indikation, Bockelmann-FS 473. − *Ders./Schreiber,* Grenzen der ärztl. Aufklärungspflicht im westeurop. Vergleich, DÄBl. 84, 153. − *Wagner,* Arzneimittel u. Verantwortung, 1993. − *Weber-Steinhaus,* Ärztl. Berufshaftung als Sonderdeliktsrecht, 1990. − *Weißauer,* Bluttransfusion u. AIDS, MedR 87, 272. − *Ders.,* Grenzen der Eingriffsaufklärung, in Laufs/Dierks (s. o.), 17. − *Wilhelm,* Verantwortung u. Vertrauen bei Arbeitsteilung in der Medizin, 1984. − *Wilts,* Die ärztl. Heilbehandlung in der Strafrechtsreform, MDR 70, 971 u. 71, 4. − *Wolfslast,* Psychotherapie in den Grenzen des Rechts, 1985. − *Dies.,* Aufklärungspflicht zwischen Informationsrecht und begrenzter Belastbark. des Patienten, JRE 96, 301. − *Zipf,* Probleme eines Straftatbestandes der eigenmächtigen Heilbehandlung, Bockelmann-FS 577. − Speziell zu *Sterilisation* und *Kastration* vgl. die Nachw. u. 53.

Strittig ist, ob und inwieweit **ärztliche Maßnahmen,** zu denen neben operativen Eingriffen und   28
medikamentösen Behandlungen und Verschreibungen auch sonstige somatisch-psychische Einwirkungen (Betäubung, Bestrahlung, Elektroschock, Psychotherapie u. dgl.) zählen (vgl. § 161 E 62 Begr. 297 ff., aber auch u. 34), als Körperverletzung zu behandeln sind. Der Meinungsstand ist im wesentlichen folgender (zur Entwicklung vgl. Bockelmann ZStW 93, 105 ff. sowie aus schutzgutorientierter Sicht Eser ZStW **97**, 1 ff.; ferner auch rechtspol. Koch in Eser/Nishihara 220 ff.):

a) Nach **st. Rspr.** ist jede ärztliche, die Integrität des Körpers berührende Maßnahme **tatbestand-**   29
lich Körperverletzung (so seit RG **25** 375), und zwar gleichgültig, ob erfolgreich oder mißglückt, kunstgerecht oder fehlerhaft; daher bedarf sie jeweils einer besonderen *Rechtfertigung,* idR durch *Einwilligung* des Patienten (vgl. insbes. BGH **11** 111, **12** 379, **16** 303, **43** 306, **45** 221, NJW **56**, 1106, NStZ **96**, 34 m. Anm. Ulsenheimer NStZ 96, 132, Hamm MDR **63**, 520, Hamburg NJW **75**, 603; so iE auch die zivilrechtl. hM: vgl. BGHZ **29** 49, 176, NJW **71**, 1887, Köln NJW **78**, 1690; grds. ebso. Arzt/Weber I 125, Baumann NJW **58**, 2092, Rengier II 70 sowie iE Horn SK 33 ff., Krey I 95, Eisenbart aaO 53; grds. and. aufgrund verfehlter Prämissen Brügmann NJW **77**, 1473 ff.). Kann die Einwilligung nicht eingeholt werden (etwa wegen Bewußtlosigkeit), läßt man auch eine mutmaßliche Einwilligung genügen (RG **25** 381, **61** 256; dazu u. 38, 42, 44). Im übrigen gilt zu den Einwilligungsvoraussetzungen das u. 37 ff. zum Einverständnis Ausgeführte entsprechend. Dagegen kommt das ärztliche Berufsrecht, wie gelegentlich angenommen (zB Hafter, Schweiz. Strafr. I (1926) 158; vgl. auch Gallwas NJW 76, 1134), für sich allein als Rechtfertigungsgrund nicht in Betracht (RG **25** 379, **61** 252); zur Rechtfertigung nach Notstandsgrundsätzen vgl. u. 42, 44, 52. − Dieser Standpunkt kommt zwar dem Selbstbestimmungsrecht des Patienten über seinen Körper, in dem Horn SK 35 neben dem Gesundheitsinteresse sogar ein eigenständiges Rechtsgut des § 223 sehen will (vgl. aber u. 31), sehr entgegen; indes vermag diese pauschale Tatbestandskonstruktion durch die vielgescholtene tatbestandliche „Gleichstellung mit dem Messerstecher" (vgl. Bockelmann aaO 62 mwN, aber auch Lenckner aaO 594) der tendenziell auf Heilung und nicht auf Körperverletzung ausgerichteten und als Gesamtakt zu begreifenden Tätigkeit des Arztes nicht hinreichend gerecht zu werden (vgl. Hirsch LK 5 vor § 223; krit. Eisenbart aaO 53). Auch müßte sie konsequenterweise dazu führen, daß selbst eine schmerzlindernde Injektion, falls ohne wirksame Einwilligung verabreicht, als Körperverletzung zu behandeln und bei Handhabung der Spritze als „gefährliches Werkzeug" nach § 224 I Nr. 2 sogar als qualifiziert zu betrachten wäre (vgl. BGH NStZ **87**, 174 m. Anm. Wolski GA 87, 527). Dazu wie auch zu weiteren Konsequenzen krit. Auffassung wird. Bockelmann aaO 51 ff.

b) Dagegen ist für die **hL** der Heileingriff schon **tatbestandlich keine Körperverletzung,** da die   30
Behandlung des kranken Patienten zur Wiederherstellung seiner Gesundheit keine Körper(interessen)verletzung sei. Über die dabei im einzelnen an den Heileingriff zu stellenden Forderungen besteht freilich noch weithin Streit, wobei im wesentlichen zwei Abgrenzungsversuche vorherrschen. (α) Nach der „Erfolgstheorie" ist zwischen **gelungenem** und **mißlungenem** Eingriff zu unterscheiden (so namentl. Bockelmann aaO 67 ff., Baldus und Koffka Niederschr. VII 189 ff., Gössel I 159 ff., Hardwig GA 65, 163, M-Schroeder I 102, H. Mayer 170): Da es für den Heileingriff nicht auf die einzelnen Teilakte (Injektion, Schnitt, Amputation usw.), sondern auf den Gesamterfolg ankomme, sei § 223 schon tatbestandlich zu verneinen, wenn im Ergebnis das körperliche Wohl im ganzen erhöht oder jedenfalls bewahrt worden ist. Ist der Eingriff hingegen mißlungen, indem sich der Patient in einem schlechteren Zustand wiederfindet, als er ihn ohne den Eingriff erleiden müßte, so liege tatbestandsmäßig eine Körperverletzung vor, die jedoch uU durch eine das Erfolgsrisiko deckende Einwilligung gerechtfertigt sei (vgl. Frank II 3 vor § 223). Freilich steht damit der Arzt unter einem

erheblichen Erfolgsrisiko. Dieses sucht (β) eine andere Auffassung dadurch zu mindern, daß sie auf die **Kunstgerechtheit** abstellt: Ist der Eingriff von Heilungstendenz getragen und kunstgerecht durchgeführt, so sei er selbst bei Mißlingen tatbestandsmäßig keine Körperverletzung (so insbes. Engisch aaO 20, ZStW **58**, 5, Gallas Niederschr. VII 197, Eb. Schmidt, Arzt 69 ff., Welzel 289 sowie Tröndle 9 c; iglS wohl Hirsch LK 4 f. vor § 223, Zipf-GedS 355, wenn er bei gelungenem Heileingriff bereits den objektiven, bei kunstgerecht durchgeführten aber mißlungenem Eingriff zumindest den subjektiven Tatbestand verneint). – Allerdings entsteht dadurch, daß es mangels Tatbestandsmäßigkeit auf eine rechtfertigende Einwilligung des Patienten schon gar nicht mehr ankommt, bei zwar kunstgerechten bzw. gelungenen, aber *eigenmächtigen* Heileingriffen eine nicht unbeträchtliche Schutzlücke. Diese ist auch durch Rückgriff auf die §§ 185, 239, 240 (so M-Schroeder I 104, Welzel aaO) nur unvollkommen zu schließen (vgl. Schröder NJW 61, 953 ff.).

31 c) Für das damit sichtbar gewordene **Ausgleichsbedürfnis** zwischen den Interessen des **Patienten** an Wahrung seiner *Gesundheit* und Achtung seiner *Selbstbestimmung* einerseits und dem Interesse des **Arztes** an einer von *Diskriminierung* und *strafrechtlichem Risiko* freien Tätigkeit andererseits wird eine befriedigende Lösung nur zu erreichen sein, solange nicht im Falle grundsätzlicher Enttatbestandlichung des Heileingriffs zumindest die **eigenmächtige** Heilbehandlung tatbestandlich erfaßt wird. Solange dahingehende Reformpläne (vgl. insbes. §§ 161, 162 E 62, § 123 AE-BT, sowie die §§ 229, 230 des RefE zum 6. StrRG [m. krit. Bem. dazu Cramer Lenckner-FS 761, Eser Hirsch-FS 445 ff., Freund ZStW 109, 455, Hirsch Zipf-GedS 353, Katzenmeier ZRP 97, 156, Müller DRiZ 98, 155, Meyer GA 98, 415, Schroeder, Eigenm. Heilbeh. aaO 49], ferner Schreiber Hirsch-FS 713, Wilts u. Zipf aaO, sowie auch Koch in Eser/Nishihara 220 ff., Krauß aaO 575 f., sowie Tröndle ZStW **99**, 33 ff. zwecks Miterledigung der Sterbehilfeprobleme) nicht Wirklichkeit sind, kann auf § 223 als *umfassenden* (wenngleich nicht unbegrenzten) *Schutztatbestand* nicht verzichtet werden, zumal da auch mit der durch das 6. StrRG veränderten Überschrift des 17. Abschnittes (vgl. 1 vor § 223) der ärztliche Heileingriff in seinem sozialen Sinngehalt nunmehr besser als durch den bisherigen Begriff der „Körperverletzung" erfaßt wird (vgl. Schumacher in Schlüchter 33). Für die Herausbildung von § 223 zur Erfassung des ärztlichen Heileingriffs bedeutet dies einerseits, daß alle ausschließlich auf körperliche Gesamtbilanz oder Kunstgerechtheit abhebenden Lösungen (o. 30) – weil schutzverkürzend – nicht genügen können, da sie den Patienten letztlich zum Objekt „ärztlicher Vernunfthoheit" werden lassen bzw. die Behandlung im Grunde schon aus ärztlichem Berufsrecht legitimieren, ohne daß es dafür wesentlich auf den Patientenwillen ankäme. Dies darf jedoch andererseits nicht bedeuten, daß die Selbstbestimmung als eigenständiges Schutzgut des § 223 zu betrachten wäre (so aber Tolmein KritV 98, 62; vgl. auch o. 29); denn ähnlich wie bei § 242 Selbstbestimmung nicht generell, sondern lediglich als eigentumsbezogenes Dispositionsrecht (mit)geschützt ist, geht es auch bei § 223 um Selbstbestimmungsschutz (bzw. Wahrung der körperlichen Integrität) nur insoweit, als der Betroffene keine materialen Einbußen seines gesundheitlichen Wohles oder seiner körperlichen Verfassung ohne sein Einverständnis soll hinnehmen müssen (zust. Sternberg-Lieben GA 90, 294; abl. Eisenbart aaO 51 gegen jeglichen durch § 223 gewährten Schutz der freien Willensbildung). Dies sollte für Gesundheits*verschlechterungen*, mögen sie auch noch so kunstgerecht beigebracht sein, kaum noch der Begründung bedürfen. Gleiches muß darüber hinaus aber auch für wesentliche *Substanzeingriffe* gelten, und zwar ungeachtet ihres Erfolgs; denn mögen auch durch medikamentöse Substanzveränderungen die Grenzen zwischen konservativer und operativer Medizin fließend geworden sein, so bleibt doch an dem Grundsatz festzuhalten, daß Eingriffe, die zu wesentlichen Substanz- oder Funktionsverlusten oder ähnlich gravierenden Persönlichkeitsveränderungen führen können, nicht ohne Einverständnis des Betroffenen vorgenommen werden dürfen, wenn der Mensch Herr seiner inneren und äußeren Person und Gestalt bleiben soll (verkannt von Hirsch LK 4 vor § 223, auch nicht überzeugend widerlegt in Zipf-GedS 358 f.). Auch insoweit findet sich in der Veränderung der Abschnittsüberschrift eine gesetzliche Stütze. Soweit es dagegen lediglich um Heilmaßnahmen geht, die ohne wesentliche Substanzveränderung den gesundheitlichen Gesamtzustand erhalten oder gar verbessern, kann von einer materialen Körper(interessen)verletzung keine Rede sein. Dem kann auch nicht entgegen gehalten werden, daß ja selbst die schmerzbefreiende Injektion, wenn aus Mitleid aber ohne Einverständnis beigebracht, die körperliche Integrität verletzt, dies könnte nur dann durchschlagen, wenn es in § 223 um Gewährleistung der Selbstbestimmung als solcher ginge und damit selbst ein „Recht auf Schmerzen" geschützt wäre: Das aber kann nicht die Aufgabe eines gegen Mißhandlung und Gesundheitsbeschädigung gerichteten Tatbestandes sein (insofern besteht gegenüber dem Zivilrecht, dem es bei § 823 BGB gerade auch um allgemeinen Persönlichkeitsschutz geht, schon von Grund auf ein wesentlicher Unterschied; vgl. BVerfG NJW **79**, 1930, Geilen aaO 18 f., Laufs NJW 74, 2028; vgl. zum Ganzen auch Eser ZStW 97, 1 ff. sowie Müller-Dietz u. Jung in Jung/Schreiber aaO 7 ff. bzw. 189 ff., Tröndle MDR **83**, 881 ff.). Demgemäß bleibt nach dem bereits von Schröder vorgezeichneten Grundansatz (vgl. 17. A. 8 f.) folgendermaßen zu **differenzieren**:

32 1. Die **gelungene Heilmaßnahme**, die **ohne wesentlichen Substanzverlust** (dazu u. 33) zu einer Wiederherstellung, Verbesserung oder gegenüber dem sonst zu befürchtenden Krankheitsverlauf jedenfalls zu keiner Gesundheitsverschlechterung führt, kann schon tatbestandlich weder als eine „das körperliche Wohlbefinden beeinträchtigende üble, unangemessene Behandlung" (vgl. o. 3) noch als „Gesundheitsschädigung" iSv § 223 betrachtet werden; dafür fehlt es bereits am Erfolgsunwert (iE ähnl. Krauß Bockelmann-FS 573 ff.). Deshalb hängt bei einer geglückten (und nicht mit Substanzverlust erkauften) Heilbehandlung das Entfallen von § 223 weder vom Einverständnis des Patienten noch von der Kunstgerechtheit der Durchführung ab (vgl. Hirsch LK 3 vor § 223), es sei denn, die lex artis (u. 35) wird in so grober Weise verletzt, daß darin eine „Mißhandlung" iSd 1. Alt. von § 223 zu erblicken ist (zB eine völlig unzureichender Anästhesie). Ist insoweit lediglich Fahrlässigkeit zur Last zu legen, kommt § 229 in Betracht. Dagegen sind sonstige geglückte *eigenmächtige* Behandlungen, und zwar auch durch einen Nichtarzt (zB durch Einflößen eines Schmerzlinderungsmittels), strafrechtlich allenfalls bei Anwendung von Zwang (§§ 239, 240) oder unter ehrverletzenden Umständen (§ 185) erfaßbar (vgl. Bockelmann aaO 71, Schröder NJW 61, 953).

2. Bei **wesentlichen Substanzveränderungen** hingegen (wie zB durch Amputation von Gliedmaßen, Abtötung oder Änderung von Funktionen, Persönlichkeitsveränderungen durch Stereotaxie oder Psychopharmaka) kann der Erfolgsunwert allenfalls dann verneint werden, wenn der Eingriff insgesamt betrachtet zu einer Gesundheitsverbesserung führt und dem Selbstbestimmungsrecht durch (insoweit tatbestandsausschließendes) Einverständnis des Betroffenen Rechnung getragen ist (vgl. o. 31). Dagegen läßt sich bei **gesundheitsverschlechternden** Eingriffen jeder Art zwar nicht der Erfolgsunwert bestreiten; wohl aber kann bei kunstlicher und kunstgerechter Durchführung und entsprechendem Heilwillen des Arztes der Handlungsunwert entfallen. Daher ist für den Tatbestandsausschluß der hier infragestehenden Substanzeingriffe und Gesundheitsverschlechterungen **im einzelnen** folgendes **vorauszusetzen:** 33

a) Die Behandlung muß **zu Heilzwecken indiziert** sein, was häufig eine Abwägung zwischen verschiedenen Methoden und Risiken voraussetzt (vgl. BGH NJW **81**, 633, Düsseldorf VersR **85**, 456). Der *Heilzweck* kann sowohl in der Erhaltung des Lebens als auch in der Beseitigung oder Linderung von Leiden (vgl. Uhlenbruck Narr-FS 165 ff.) Mißbildungen oder sonstigen Störzuständen liegen. Ob es sich dabei um körperliche oder seelische Krankheiten, Beschwerden oder Störungen handelt, ist gleichgültig. Dagegen kann die Herstellung oder Hebung des „sozialen Wohlbefindens" iSd WHO-Gesundheitsformel für sich allein nicht genügen, wenn der Begriff der Heilbehandlung nicht jede Konturen verlieren und nicht etwa auch rein sozialpflegerische Maßnahmen erfassen soll. *Indiziert* sind nicht nur die *unmittelbar* auf die Behebung des Leidens gerichteten Maßnahmen, sondern auch solche *vorbereitender* oder *nachbehandelnder* Art. Daher werden neben den eigentlich therapeutischen Eingriffen (Operation samt Anästhesie, Intensivtherapie, medikamentöse oder Strahlenbehandlung) auch diagnostische (Blutentnahme, Röntgenaufnahme, Leberfunktionstest: vgl. BGH NJW **74**, 604; Angiographie: LG Bremen MedR **83**, 73; spez. zu AIDS vgl. StA/KG NJW **87**, 1496 sowie u. 41) und prophylaktische Maßnahmen (wie zB Impfungen) erfaßt (vgl. § 161 E 62 Begr. 296 ff.; zu Psychotherapie vgl. Wegener JZ 80, 592, Wolfslast, Psychotherapie aaO; zur Verschreibung von Ersatzdrogen BGH **37** 385 [m. Anm. Helgerth JR 92, 168, Hellebrand NStZ 92, 13, Moll NJW 91, 2334], wonach trotz Verstoßes gegen die Schulmedizin kein unerlaubtes Verschreiben vorliegt, solange der Arzt im Rahmen seines verantworteten Risikobereichs bleibt, ferner AG Landau MedR **90**, 97, Böllinger MedR **89**, 290 ff., Köhler NJW **93**, 762, Moll aaO 256 ff. sowie zur Indikation der Methadon-Substitutionsbehandlung AIFO 92, 86). Dagegen stellt die Organentnahme vom lebenden Spender (vgl. § 7 TPG) keinen ärztlichen Heileingriff dar (zu den strafrechtl. Tatbeständen des neuen TPG vgl. Dippel aaO, Schroth aaO), ebenso wie es bei Transfusionen jedenfalls auf Spenderseite gleichermaßen an der erforderlichen Heiltendenz fehlt wie bei überwiegend experimentellen Eingriffen; Entsprechendes gilt für kosmetische Operationen, sofern sie nicht gleichzeitig einen Heilzweck verfolgen. Zu diesen und ähnlichen Grenzfällen mangelnder Indikation vgl. u. 50 ff. 34

b) Die Behandlung muß **lege artis,** dh unter Beachtung der anerkannten ärztlichen Kunstregeln durchgeführt werden (allg. dazu Krauß in Jung/Schreiber aaO 141 ff., Giesen MedR **97**, 21, Schwalm Bockelmann-FS 541 ff.; zur Unschärfe dieses Begriffes vgl. Lenckner aaO 599 ff.; im Zivilrecht wird dabei vor allem mit Rücksicht auf Beweislastunterschiede noch weiter untergliedert zwischen „Kunstfehlern" iSd Verletzung elementarer Grundsätze, „Behandlungsfehlern" iSv Überschreitung der Ermessensgrenzen sowie „Gerätefehlern"; vgl. Deutsch JZ 1658, JZ 78, 278). Die lex artis ist zwar weder mit einer bestimmten „Schulmedizin" gleichzusetzen (vgl. RG **67** 23 f., **74** 91, 95, BGH **37** 385, Geilen aao 71 ff., Laufs NJW 84, 1384; vgl. aber Siebert aaO 30 ff., der zwar bei der Methodenwahl einen Beurteilungsspielraum einräumt, im übrigen aber der Schulmedizin die unwiderlegl. Vermutung der Richtigkeit zuerkennt; allg. Deutsch/Kleinsorge/Scheler aaO insbes. 35 ff.; zu Außenseitermethoden Backes AR 82, 148 ff., Jung ZStW **97**, 47 ff., zu Sorgfaltsanforderungen an Heilpraktiker vgl. BGH NJW **91**, 1535, Taupitz NJW 91, 1505 ff., zu med.-techn. Behandlungsalternativen vgl. Damm NJW 89, 737, zu Substitutionsbehandlung Heroinabhängiger Amelung NJW 96, 2393, Böllinger MedR 89, 290, Moll aaO 256 ff.), da dies dem Grundsatz der Methodenfreiheit widerspräche (vgl. Bockelmann aaO 86 f.), noch lassen sich die zu beachtenden Regeln auf einen einmal erreichten Standard festschreiben, da dies zu einer Blockierung jeder Fortentwicklung führen müßte (vgl. Eser ZStW **97**, 11 ff.; allg. zu „wissenschaftlich anerkannten" Methoden und Mitteln Kriele NJW 76, 355 ff., Kienle NJW 76, 1126 ff.; vgl. auch Stuttgart VersR **89**, 295, Buchborn MedR 87, 221). Zumindest aber muß sich der Arzt zunächst jeweils an die Regeln halten, die bereits als hinreichend erprobt gelten. Daher wird er erst dort, wo ihm die „Standardbehandlung" im Einzelfall als weniger erfolgversprechend oder gar schädlich erscheint, zu weniger erprobten Verfahren greifen bzw. umgekehrt nicht ohne entsprechendes Einverständnis des Patienten an bereits ernsthaft angefochtenen Verfahren festhalten dürfen (vgl. BGH NJW **78**, 587: Schließmuskeldurchtrennung). 35

§ 223   35 a   Bes. Teil. Körperverletzung

Zudem hängen die jeweiligen Anforderungen nicht zuletzt von den im Einzelfall verfügbaren Mitteln (gut ausgestattetes Krankenhaus oder Notfall auf dem Lande), von der Dringlichkeit des Eingriffs (Unfall oder bloße Vorsorgemaßnahme) sowie nicht zuletzt von der Höhe des Risikos ab (vgl. BGH 12 379). So kann insbes. bei sog. **Risikooperationen** ein Regelverstoß nicht schon darin erblickt werden, daß in Wahrnehmung einer letzten Rettungschance ein für den Normalfall unzulässiger Weg beschritten wird (vgl. auch Hirsch LK 5 vor § 223 zur ergänzenden Heranziehung von Notstandsgesichtspunkten sowie Deutsch NJW 76, 2291 f. u. Grahlmann aaO, insbes. 14 f., 18 f., 44 f., 50 f. zu den Anforderungen bei einem sog. „Heilversuch"; vgl. dazu auch u. 50 a.). Ähnlich ist bei *medizinisch umstrittenen Gebieten* (wie insbes. bei Verschreibungen von Ersatzdrogen) dem Arzt ein von ihm zu verantwortender Risikobereich belassen (BGH 37 385 m. krit. Anm. Helgerth JR 92, 171 f., Hellebrand NStZ 92, 17). Zur lex artis ist auch die sog. **„therapeutische Aufklärung"** zu zählen, bei der es weniger um Gewährleistung des Selbstbestimmungsrechts (dazu u. 37) als vielmehr schon darum geht, die für den Heilerfolg erforderliche *Kooperationsbereitschaft* des Patienten herzustellen (vgl. Geilen in Mergen II 11 ff.) oder ihn – iSe *„Sicherungsaufklärung"* – vor Selbstgefährdung zu bewahren, wie etwa bei Versäumung eines fristgebundenen Eingriffs (Stuttgart MedR **85**, 175; vgl. auch BGH AR **88**, 233, Celle MedR **87**, 108, Frankfurt MedR **87**, 187, Hamm VersR **87**, 106) oder einer Nachuntersuchung (zu einer entsprechenden Einbestellungspflicht des Arztes vgl. BGH NJW **91**, 748 m. Anm. Giesen JZ 91, 783, ferner Köln VersR **93**, 361 m. Anm. Gaisbauer 1234) bzw. hinsichtlich der (unsicheren) Wirkungen eines Medikaments (vgl. BGH NJW **70**, 511, Oldenburg VersR **86**, 69 m. Anm. Uhlenbruck AR 86, 294, Hart, Arzneimitteltherapie 116 ff., Laufs NJW 74, 2028; zur Mitverantwortung des Arztes bei Mißachtung ärztl. Hinweise durch den Patienten vgl. Großfuß-Bürk aaO). Dazu gehört insbes. auch die Aufklärung über die verkehrstauglichkeitsmindernde Wirkung von Medikamenten (Schlenker aaO 35 oder das nach einer Sterilisation nicht fortbestehende Risiko einer unerwünschten Schwangerschaft (Düsseldorf VersR **95**, 542). Im übrigen gehört zur ärztlichen Sorgfalt selbstverständlich auch die Kontrolle der **Einsatzfähigkeit von Geräten** (vgl. BGH NJW **78**, 584). Zur Einzelverantwortlichkeit bei **ärztlicher Zusammenarbeit** und *Arbeitsteilung* unter Anwendung des Vertrauensgrundsatzes vgl. BGH NJW **80**, 649, 650, **91**, 1539, **92**, 2962, MedR **83**, 77, 78, StV **88**, 251, Düsseldorf NJW **84**, 2636, AR **85**, 34, Hamm MedR **83**, 187, LG München MedR **84**, 234 m. Anm. Opderbecke, Ulsenheimer MedR **84**, 165 f., **92**, 131 ff., Wilhelm aaO sowie in MedR **83**, 45 ff. u. Jura **85**, 183 ff. mwN; zur Arbeitsteilung im Krankenhaus vgl. Peter aaO; zur Haftung des Belegarztes vgl. Düsseldorf MedR **93**, 233; zur Zusammenarbeit mit nichtärztl. Personal vgl. LG Dortmund MedR **85**, 219, LG Heidelberg VersR **86**, 148, Franzki Arzt u. Krhs. 85, 168, Umbreit aaO sowie zu dessen eigener Verantwortlichkeit Heinze/Jung MedR 85, 62; speziell bei Dialyse vgl. Rieger NJW 78, 582 ff., bei intraoperativen Lagerungsschäden Eberhardt MedR 86, 117 bzw. im Rettungsdienst Lippert MedR 84, 41 ff.; zu Wirtschaftlichkeitsfaktoren vgl. Goetze aaO, Künschner aaO.

35 a   **Beispiele** aus der neueren **Behandlungsfehlerkasuistik** (wobei jedoch bei den meist *zivil* rechtlichen Entscheidungen zu beachten ist, daß sich die Verletzung der lex artis regelmäßig stillschweigend aus der Annahme von Fahrlässigkeit iS objektiver Sorgfaltswidrigkeit ergibt, somit also im Falle *straf* rechtlicher Verfolgung entweder für § 223 sogar Vorsatz oder für § 229 zumindest auch noch subjektive Sorgfaltswidrigkeit nachzuweisen wäre): *verspätete Einweisung* (Celle VersR **81**, 684, **85**, 346, Stuttgart VersR **88**, 1156), *verspäteter Einsatz* eines hinreichend erprobten, wenngleich erst für eine andere Indikation zugelassenen Medikaments (Köln JR **91**, 461 m. Anm. Giesen; krit. Deutsch VersR **91**, 189), *geburtshilfliche Versäumnisse* (BGH VersR **93**, 781, Hamm VersR **89**, 255, **90**, 52, Karlsruhe NStZ **85**, 314, Köln VersR **91**, 669, Oldenburg VersR **88**, 64, **92**, 453, **93**, 753, 1235, Schleswig VersR **94**, 310, Stuttgart VersR **87**, 1252, **99**, 582, Zweibrücken NJW-RR **99**, 611, LG Weiden VersR **88**, 196), wie insbes. verspätete Vornahme eines Kaiserschnitts (LG Darmstadt MedR **84**, 72; vgl. ferner BGH VersR **85**, 343, NJW **89**, 1538, aber auch Braunschweig VersR **86**, 1214, Hamm VersR **86**, 660; dagegen ist im Fehlschlagen einer Sterilisation nicht ohne weiteres ein Behandlungsfehler zu erblicken: vgl. Hamm VersR **87**, 1146, **93**, 484, Köln VersR **88**, 43, Dannemann VersR 89, 676, Engelhardt VersR 88, 540), *Diagnosefehler* (BGH NJW **73**, 454, **87**, 1482, 2925, **88**, 1513, 2303, **89**, 1541, 2332, **98**, 1780, MedR **86**, D36, Braunschweig VersR **87**, 76, Celle VersR **87**, 941, **93**, 483, Düsseldorf VersR **84**, 446, **86**, 64, 893, **87**, 994, **89**, 190, 478, NJW **86**, 700, 2375, Hamm AR **80**, 17, VersR **83**, 884, **88**, 601, **89**, 292, Karlsruhe NJW **87**, 718, Köln NJW **88**, 2306, m. Anm. Deutsch, VersR 88, 1299, **89**, 631, **93**, 190, KG VersR **88**, 1214, Nürnberg VersR **93**, 104, Saarbrücken NJW-RR **99**, 176, Stuttgart VersR **87**, 421, **88**, 605, LG Augsburg MedR **98**, 471, LG Braunschweig VersR **87**, 518, LG Dortmund MedR **86**, 205, LG Koblenz VersR **85**, 672; vgl. ferner BGH NStZ **86**, 217, aber auch Düsseldorf MedR **86**, 197, Oldenburg NJW **90**, 1538, Schleswig VersR **87**, 391, Stuttgart VersR **88**, 832; vgl. auch Oldenburg NJW **96**, 2432 zu verkannter Zwillingsschwangerschaft; allg. zu den Sorgfaltsmaßstäben bei *präoperativer Diagnostik* Ratzel, Die deliktsrechtl. Haftung für ärztl. Fehlverhalten im Diagnosebereich, 1986, Schreiber AR 83, 8 ff.), *Kontraindikation* (Hamm VersR **88**, 807, Köln VersR **87**, 418, München VersR **95**, 1193, Stuttgart VersR **89**, 198), uU auch wegen psychischer Folgebeschwerden (Düsseldorf NJW **85**, 684), *Hilfskraftfehler* (BGH NJW **79**, 1935, **81**, 628, StV **88**, 251, Stuttgart VersR **88**, 856), *mangelnde Desinfizierung* (BGH NJW **82**, 699, MedR **83**, 107, Hamm NJW-RR **92**, 1504, Zweibrücken MedR **84**, 24) oder hygienische Defizite (vgl. Saarbrücken VersR **92**, 52), *Infusionsfehler* (Hamm VersR **86**, 603), *Injektionsfehler* (BGH NJW **89**, 771, Düsseldorf VersR **84**, 241, Frankfurt VersR **83**, 349, **87**, 1118, Hamm VersR **87**, 1043, Karlsruhe

VersR **89**, 195, Köln MedR **87**, 192), *Narkosefehler* (BGH NJW **74**, 1424, **83**, 1374, **85**, 1392, 2189, MDR **85**, 834, Bamberg VersR **88**, 407, Köln NJW **90**, 776, Oldenburg MDR **90**, 1011, LG Saarbrücken MedR **88**, 193; allg. zur Anästhesie Majunke aaO 106 ff.), *Bestrahlungsfehler* (BGH **43** 306, NJW **72**, 336, Koblenz VersR **81**, 689), *fehlerhafte Planung* und/oder *Durchführung* einer Operation (BGH NJW **80**, 2751, **89**, 1541, VersR **85**, 1187, MedR **86**, 77, **88**, 149 m. Anm. Krümmelmann JA 89, 353, AR 86, 143, Braunschweig VersR **88**, 915, Düsseldorf VersR **84**, 1045, **85**, 744, **86**, 1244, **87**, 287, **88**, 569, 968, **88**, 970, 1296, Frankfurt VersR **82**, 502, Hamm VersR **83**, 883, **89**, 293, Karlsruhe VersR **90**, 53, Köln VersR **83**, 277, **88**, 1155, München NJW-RR **97**, 600, Oldenburg NJW-RR **88**, 38, Stuttgart VersR **89**, 1280, LG Aurich VersR **83**, 46, LG Bielefeld NJW **76**, 1156; vgl. aber auch BGH NJW **87**, 2291 spez. zu zahnärztl. Nervenschädigungen vgl. Gaisbauer VersR 95, 12), unzulänglich qualifizierte und/oder mangelhaft überwachte *Anfängeroperation* (BGH NJW **84**, 655 m. Anm. Deutsch 650, Franzki MedR 84, 186, Giesen JZ 84, 331, Müller-Graf JuS 85, 352, BGH NJW **85**, 2193, **87**, 1479 m. Anm. Deutsch, BGH NJW **88**, 2298 m. Anm. Bundschuh AR 89, 241, **93**, 2989, **94**, 3008 m. Anm. Baur MedR **95**, 192 f., Düsseldorf MedR **85**, 85, VersR **85**, 1049, Koblenz NJW **91**, 2967, Köln MedR **87**, 192, Zweibrücken MedR **89**, 96, VersR **97**, 833), unzureichende Fortbildung eines Urlaubsvertreters (BGH **43** 306), *mangelnder Verweis auf Spezialklinik* oder *Facharzt* (Celle VersR **88**, 159, Düsseldorf AR **86**, 174; vgl. aber auch Celle VersR **87**, 591), *postoperative* Behandlungs- und Überwachungsmängel (BGH NJW **83**, 2080, **84**, 1400, **86**, 1540, **87**, 2291, **83**, 2922, 2927, 2940, **89**, 767 m. Anm. Deutsch, 2330, **90**, 759, NStZ **85**, 27, VersR **89**, 189, Celle VersR **85**, 994, 1047, Düsseldorf VersR **85**, 291, **87**, 489, **88**, 1297, **89**, 806, NJW **86**, 1548, Frankfurt MedR **87**, 187, Hamm VersR **83**, 564, **88**, 743, Koblenz MedR **90**, 40, Oldenburg VersR **89**, 481, Stuttgart NJW **83**, 2644, Zweibrücken MedR **83**, 68, LG Heidelberg VersR **86**, 148; vgl. aber auch BGH MedR **84**, 78, Karlsruhe VersR **86**, 44), *Unterlassen gebotener Maßnahmen* (Absterben der Leibesfrucht: Koblenz VersR **88**, 2959, Appendektomie: Düsseldorf VersR **88**, 807, Atemstillstand: Oldenburg AR **90**, 165, Biopsie: München NJW **95**, 2422, differentialdiagnostische Maßnahmen bei alarmierendem Befund: Stuttgart VersR **91**, 821, Handdesinfektion: Düsseldorf NJW **88**, 2307, Schleswig NJW **90**, 773, innere Blutungen: Koblenz VersR **88**, 41, Kontrolluntersuchung: Frankfurt VersR **90**, 659), therapeutischer Beratung: BGH NJW **91**, 748), wie vor allem auch Nichteinsatz vorhandener medizinischer Geräte (BGH NJW **89**, 2321; vgl. aber auch Hamburg VersR **90**, 660 bei Nichtverordnung einer sog. Thomasschiene), Weiterbehandlung trotz *gefährlicher Nebenwirkungen* (Zweibrücken MedR **83**, 194), *Zurücklassen von Fremdkörpern* im Operationsbereich (BGH VersR **81**, 462, Celle VersR **90**, 50, Köln MedR **84**, 67, VersR **88**, 140, Stuttgart VersR **89**, 632, LG München NJW **84**, 671), *verfrühte Abnahme* eines Verbandes (Nürnberg VersR **82**, 1153; vgl. aber auch Hamm VersR **88**, 189), *verfrühte Entlassung* (BGH MedR **82**, 132, Hamm MedR **83**, 189, vgl. aber auch Köln VersR **87**, 1250), mangelnde Überwachung bei *suizidalem* Patienten (BGH VersR **98**, 814, MDR **94**, 38, Köln VersR **84**, 1078; vgl. aber auch Hamm MedR **86**, 154, Möx Arzt u. Krhs. 93, 385 ff.). Speziell zu den Sorgfaltsanforderungen beim *Delegieren* von Pflichten vgl. BGH **43** 306, Köln MedR **87**, 192 sowie Hahn NJW 81, 1977 ff. Weitere *Grundsatzfragen* und Fallbeispiele bei Bodenburg, Der ärztl. Kunstfehler (usw.), 1983, Carstensen Chirurg 86, 288 ff., Carstensen/Schreiber in Jung/Schreiber aaO 167 ff., Deutsch Weißauer-FS 14 ff., Giesen, Arzthaftungsrecht 57, Hart aaO 86 ff., Hymmen/Ritter aaO, Jung, Recht auf Gesundheit, aaO 149 ff., Laufs, Arztrecht 263 ff., Narr RN 883 ff., Ulsenheimer aaO 27 ff., Weber-Steinhaus aaO 30 ff. sowie die Entscheidungssammlungen von Ankermann/Kullmann aaO, Giese aaO, Kern in Laufs/Uhlenbruck aaO 1278 ff. u. Kuntz aaO; spez. zur Geburtshilfe und Gynäkologie vgl. Ulsenheimer u. a. aaO, zu psychotherap. Behandlungsfehlern Stuttgart MedR **89**, 251, Wolfslast, Psychotherapie aaO 461 f.

c) Ob der Eingriff medizinisch indiziert (o. 34) und lege artis durchgeführt wurde (o. 35), ist nicht – entgegen einem weitverbreiteten Mißverständnis unter Medizinern (vgl. etwa Wachsmuth Bokkelmann-FS 474 ff.) – rückschauend von den eingetretenen Folgen aus, sondern **vorausschauend ex ante** zu beurteilen, dh so, wie sich die Sachlage im Augenblick des Eingriffs und auf Grund der medizinischen Erfahrung darstellt (Engisch 7, Laufs NJW 74, 2028, Schwalm Bockelmann-FS 544). Liegen in diesem Zeitpunkt die Voraussetzungen für einen medizinisch gebotenen Eingriff vor, so wird er zur Körperverletzung auch dann nicht, wenn er mißlingt und der Zustand des Patienten nicht nur nicht verbessert, sondern vielleicht sogar verschlechtert wird. Diese ex ante-Betrachtung ist nicht zuletzt auch deshalb geboten, weil die Frage der Zulässigkeit nicht in der Schwebe bleiben darf, sondern im Zeitpunkt des ärztlichen Handelns feststehen muß, wenn sich der Arzt nicht einem unzumutbaren Strafbarkeitsrisiko ausgesetzt sehen soll (vgl. auch Grünwald in Göppinger aaO 138 f.). 36

d) Voraussetzung ist ferner, daß der Eingriff mit **Einverständnis** bzw. mit **Einwilligung des Patienten erfolgt.** *Terminologisch* muß hier die Rspr. von „Einwilligung" sprechen, da sie darin erst einen Rechtfertigungsgrund sieht (vgl. o. 29), während nach der hier vertretenen Auffassung dem „Einverständnis" bereits tatbestandsausschließende Bedeutung zukommt (vgl. o. 31 sowie allg. zu dieser Differenzierung 29 ff. vor § 32). Da die Wirksamkeitsvoraussetzungen jedoch im wesentlichen die gleichen sind, können hier Einwilligung und Einverständnis als gleichbedeutend behandelt werden. Seine *Ratio* hat das Einwilligungserfordernis darin, daß der Arzt kein eigenes berufsbegründetes Recht zur Heilbehandlung besitzt, sondern erst durch das Heilungsverlangen des Patienten zur Berufsausübung an diesem legitimiert wird (vgl. BGHZ **29** 49 f., 180, aber auch Gallwas NJW 76, 1135). Sofern daher, wie bei den hier infragestehenden gesundheitsverschlechternden bzw. substanz- 37

§ 223 38, 39

verletzenden Eingriffen, nicht bereits der Erfolgsunwert entfällt (vgl. o. 30 f.), kann der Eingriff nur dann als sozialadäquat betrachtet werden, wenn im übrigen die Interessen des Patienten voll gewahrt sind. Und dazu gehört neben der kunstgerechten Durchführung insbes. auch die Achtung des Selbstbestimmungsrechts über seinen Körper (zu ausnahmsweiser *Zwangs*behandlung vgl. 45 vor § 211 sowie o. 14). Von den Einwilligungs*voraussetzungen* (allg. dazu 35 ff. vor § 32) seien hier lediglich die für Heilbehandlung besonders bedeutsamen Punkte hervorgehoben:

38   aa) **Einwilligungsberechtigt** ist grundsätzlich der *Patient* selbst. Da es dabei um die Disposition über ein höchstpersönliches Rechtsgut geht, hängt die Einwilligungsbefugnis weder von der zivilrechtlichen Geschäftsfähigkeit noch von der strafrechtlichen Schuldfähigkeit, sondern entscheidend von der natürlichen Einsichts- und Urteilsfähigkeit ab (RG **41** 396 f., BVerfGE **10** 309, BGH **4** 90, **12** 382, BGHZ **29** 36, NJW **56**, 1106, Hirsch LK § 226 a RN 16 mwN; allg. zu Voraussetzungen und Mängeln der Einwilligungsfähigkeit Amelung ZStW 104, 525 ff., 821 ff., Koch in Eser/Nishihara 232 ff.). Diese kann seinerseits selbst einem volljährigen, an sich verständigen Patienten fehlen, wenn er derart auf seine Schmerzen fixiert ist, daß er in seiner Aufnahmefähigkeit erheblich eingeschränkt erscheint (Frankfurt MedR **84**, 194), ebenso wie andererseits auch ein noch *minderjähriger* oder *psychisch Kranker* allein und selbständig eine voll wirksame Einwilligungserklärung abgeben kann, wenn er die Bedeutung und Tragweite des vorzunehmenden Eingriffs in seinem Für und Wider hinreichend zu beurteilen vermag (vgl. 40 f. vor § 32, ferner Eberbach MedR 86, 14 ff., Kleinewefers VersR **81**, 103 f., Schünemann VersR 81, 306 ff.; spez. zur Einwilligungsberechtigung Minderjähriger vgl. Belling/Eberl/Michlik aaO, zu Einwilligungsproblemen bei Demenzkranken Helmchen/Lauter aaO 27 ff., bei alten Menschen vgl. J.-H. Kuhlmann aaO, zu Drogenabhängigkeit vgl. BGH MDR/H **78**, 987, AG Landau StV **89**, 536). Dies wird bei „alltäglichen" Eingriffen, wie zB Blutentnahmen (spez. zu HIV-Test vgl. Lesch NJW 89, 2309) oder Behandlung von Erkältungskrankheiten, idR ab dem 16. Lebensjahr angenommen werden können; zur Verschreibung von Empfängnisverhütungsmitteln vgl. Grömig NJW 71, 233 f., Matzke/Schirmer BetrKrkasse 75, 296, Tröndle Schmitt-FS aaO. Dagegen wird das Risiko einer größeren Operation wie auch die Dauerfolgen einer Sterilisation von einem Minderjährigen noch nicht voll zu überschauen sein (vgl. u. 62). Zur Einwilligungsfähigkeit bei Schwangerschaftsabbruch vgl. § 218 a RN 61 ff. Soweit danach ein Minderjähriger selbst als entscheidungsfähig zu betrachten ist, ist die Zustimmung des gesetzlichen **Vertreters** weder erforderlich noch rechtlich überhaupt erheblich (vgl. 42 vor § 32, ferner Belling/Eberl/Michlik aaO 127, Kern NJW 94, 755). Fehlt dem Patienten dagegen (aus Alters- oder Krankheitsgründen) die eigene Entscheidungsfähigkeit (worauf jedoch nicht schon aus der objektiven „Unvernünftigkeit" des Operationswunsches geschlossen werden kann: insoweit verfehlt BGH NJW **78**, 1206 im Zahnextraktions-Fall, u. 50; vgl. auch OLG Karlsruhe VersR **87**, 1147), so ist das Einverständnis des gesetzlichen Vertreters einzuholen (BGH NJW **72**, 337; vgl. aber auch Stuttgart NJW **81**, 638 gegen zwangsweise med. Behandlung von Untergebrachten; allg. dazu Baumann NJW 80, 1873 ff., MMW 92, 33), mithin ist bei einem Minderjährigen in aller Regel die Einwilligung beider Elternteile erforderlich (BGH NJW **88**, 2946; zur Einschaltung des Vormundschaftsgerichts bei Weigerung der Eltern vgl. Celle MDR **94**, 487). Bei unter *Betreuung* stehenden Personen ist seit deren Einführung v. 1. 1. 92 zu berücksichtigen, daß für Maßnahmen, durch die die Gefahr des Todes oder schwerer und länger dauernder Schäden entsteht, nicht nur die Einwilligung des Betreuers, sondern auch die Genehmigung des Vormundschaftsgerichts erforderlich ist (§ 1904 BGB; zu Einzelheiten vgl. Kern MedR 91, 67 ff.; 93, 245 ff. Kann die tatsächliche Einwilligung des Patienten (bzw. bei eigener Entscheidungsunfähigkeit die seines Vertreters) nicht eingeholt werden (Bewußtlosigkeit, Unerreichbarkeit), so ist für Fischer aaO eine **mutmaßliche Einwilligung** (allg. dazu 54 ff. vor § 32 sowie Fischer aaO, 885; Heidner aaO) nur insoweit Raum, als sich der Einwilligungsberechtigte bereits unmißverständlich gegen die Behandlung ausgesprochen hat (RG **25** 375, BGH **45** 221, 223, NJW **91**, 2342; vgl. auch LG Göttingen VersR **90**, 1401). Die mutmaßliche Einwilligung ist jedoch im übrigen nicht auf die Fälle einer vitalen Indikation beschränkt (BGH **35** 249, **45**, 222). Der Meinung von *Angehörigen* kommt allenfalls für die Ermittlung des mutmaßlichen Willens des Betroffenen, nicht dagegen stellvertretende Bedeutung zu (vgl. BGHZ **29** 51 f., 185, NJW **89**, 2318 m. Anm. Laufs JZ 89, 903, Eser in Auer/Menzel/Eser 116 f., Grünwald ZStW 73, 27 f.); ähnlich stellen auch „Patiententestamente" lediglich eine Hilfe für die Ermittlung des im Eingriffszeitpunkt maßgeblichen Willens dar (vgl. Eser aaO 112 ff., Eisenbart aaO, aber auch Sternberg-Lieben NJW 85, 2794, der neuerdings in Lenckner-FS 360 f. wohl noch weiter für die strikte Beachtung des vorab geäußerten Patientenwillens eintritt; vgl. ferner 28 vor § 211 mwN). Auch objektiven Kriterien, wie etwa einer Beurteilung des geplanten Eingriffs als gemeinhin vernünftig und normal oder den Interessen eines verständigen Patienten entsprechend, kommt keine eigenständige Bedeutung zu. Sie stellen ebenfalls lediglich Hilfen bei der Ermittlung des hypothetischen Patientenwillens dar (BGH **35** 249). Mangels entgegenstehender Anhaltspunkte wird man allerdings den hypothetischen Willen mit dem gleichsetzen dürfen, was gemeinhin als vernünftig und normal betrachtet wird (BGH **35** 250). Praktische Bedeutsamkeit erlangt die mutmaßliche Einwilligung vor allem bei Aufklärungsbeschränkung (u. 42) und nachträglicher Operationserweiterung (u. 44).

39   bb) Die Einwilligung muß **frei von Willensmängeln** sein. Daher ist sie unwirksam, wenn sie durch Zwang oder Drohung (vgl. BGH NJW **74**, 604), durch arglistige Täuschung, wie etwa über den Zweck einer Punktion (vgl. Karlsruhe NJW **83**, 352) oder eines bloßen Placebos (vgl. aber auch

Hamm NStZ **88**, 556) erlangt wurde. Ebenfalls unwirksam ist eine Einwilligungserklärung, die nach Verabreichen einer Beruhigungsspritze und auf Drängen des Arztes auf dem Weg in den Operationssaal erteilt wurde (vgl. BGHZ NJW **98**, 1784); gleiches gilt für eine Einwilligung, die auf einem Irrtum beruht, vorausgesetzt jedoch, daß es sich dabei um einen rechtsgutsbezogenen Irrtum handelt (vgl. 46 vor § 32), wie etwa hinsichtlich eines Indikationsmangels (es sei denn, daß der Arzt darüber aufgeklärt hat: daher Bichlmeier JZ 80, 53 zu BGH NJW **78**, 1206 zwar i. Grds., nicht aber iE zutr.). Dagegen ist eine Einwilligung nicht schon wegen eines bloßen Motivirrtums unwirksam, wie etwa hinsichtlich der voraussichtlichen Operations- oder Verweildauer im Krankenhaus (vgl. Bremen NJW **91**, 2969) bzw. der Behandlungskosten oder deren Erstattungsfähigkeit (vgl. Bockelmann aaO 57 FN 38, Solbach JA 86, 419 ff. sowie allg. zu einer Blanko-Einwilligung Arzt Baumann-FS 201 ff.). Demzufolge kann in mangelnder *Kostenaufklärung* bzw. hinsichtlich sonstiger wirtschaftlicher Aspekte einer Behandlung allenfalls eine zivilrechtliche Vertragsverletzung liegen (vgl. BGH NJW **83**, 2630 m. Anm. Andreas AR 83, 180, MedR **83**, 109, LG Bremen NJW **91**, 2553 [bei kosm. Operation], LG Köln VersR **83**, 960 m. Anm. Bach, Füllgraf NJW **84**, 2619 f., AG Düsseldorf MDR **86**, 494, OLG Köln NJW **87**, 2304 m. Anm. Baden NJW **88**, 746), nicht aber ein körperverletzungsrelevanter Rechtfertigungsmangel, es sei denn, daß es sich um eine einwilligungsbeseitigende arglistige Täuschung handelt (vgl. Schmid NJW **84**, 2603; allg. zu Wirtschaftlichkeitsaspekten vgl. Goetze aaO, Hart, Arzneimitteltherapie 75 ff.). Entsprechendes gilt hinsichtlich der *Person oder Qualifikation des Behandelnden* : So ist die irrige Vorstellung, von einem Arzt behandelt zu werden, während es sich in Wirklichkeit um eine andere Medizinalperson (Famulus, Pfleger) handelt, idR unbeachtlich (vgl. BGH **16** 309, Bockelmann JZ 62, 525, Busch SchwZStr 78, 405), vorausgesetzt freilich, daß es sich um Maßnahmen handelt, die üblicher- und berechtigterweise auch von ärztlichem Hilfspersonal vorgenommen werden (wie Anlegen eines Wund- oder Gipsverbandes, intramuskuläre Spritzen), nicht dagegen dort, wo es um eine grundsätzlich dem Arzt vorbehaltene Maßnahme geht (wie etwa bei intravenöser Injektion durch eine MTA: BGH NJW **74**, 604, oder bei Entfernen und Einsetzen von Zahnprovisorien durch eine Sprechstundenhilfe: LG Frankfurt NJW **82**, 2601; vgl. auch Hirsch LK § 226a RN 18). Ebensowenig wird durch Fehlvorstellungen über die Erfahrung des Operateurs bzw. durch Nichtaufklärung über eine Anfängeroperation die Wirksamkeit der Einwilligung berührt (vgl. BGH NJW **84**, 655 m. Anm. Deutsch 650, Franzki MedR 84, 186, Giesen JZ 84, 327, Müller-Graf JuS 85, 352, Koblenz NJW **91**, 2968), es sei denn, daß es sich dabei um risikoerhöhende Faktoren handelt (vgl. Giesen JZ 84, 331). Sofern jedoch der Patient seine Einwilligung ausdrücklich auf die Behandlung durch einen (bestimmten) Arzt beschränkt, würde durch Mißachtung dieser Bedingung der Einwilligung der Boden entzogen; denn so wie der Patient über das „Ob" des Eingriffs entscheidet, muß ihm im Rahmen seiner Vertragsfreiheit auch die Wahl der Behandlungsperson überlassen bleiben (vgl. München NJW **84**, 1412 zur Auswechslung des Anästhesisten, ferner Kern/Laufs aaO 14 f.; zivilr. diff. Celle NJW **82**, 706 [krit. dazu Deutsch NJW 82, 2586]; grds. and. Arzt Baumann-FS 207 f.; vgl. auch Franzki aaO).

cc) Die Einwilligung des Patienten setzt grundsätzlich eine **ärztliche Aufklärung** voraus (st. Rspr. **40** seit RG **66** 181, RGZ **168** 206; zur Entwicklung u. Begründung vgl. ua Deutsch VersR 81, 293 ff., Geilen aaO 50 ff., Giesen, Arzthaftungsrecht 165 ff., Kern/Laufs aaO, Koch in Eser/Nishihara 225 ff., Niebler in Kaufmann aaO 23 ff.; Ulsenheimer aaO 42 ff.; grdl. Francke/Hart aaO; interdiszipl. v. Troschke/Schmidt aaO 15 ff.; zur Vorab-Einwilligung vgl. Wolfslast, Aufklärungspflicht aaO sowie Uhlenbruck MedR 92, 134 f. mwN). Soweit eine solche nicht bereits als „**therapeutische Aufklärung**" durch die lex artis geboten ist (vgl. o. 35 sowie Roßner aaO 113 ff., der nach den einz. Arten der Aufklärung differenziert), ergibt sie sich aus dem Erfordernis einer inhaltlich irrtumsfreien und dementsprechend vorausinformierten Einwilligung (BGH **11** 113 f., Bockelmann aaO 57); deshalb ist gegenüber zivilgerichtlichen Aufklärungserfordernissen (trotz genereller Bedeutsamkeit auch für das Strafrecht) immerhin Vorsicht geboten, als die Aufklärungshaftung lediglich als Ersatz für nicht durchsetzbare Behandlungsfehlerhaftung herangezogen wird (vgl. BGH NJW **78**, 587, Celle VersR **82**, 500, Frankfurt NJW **83**, 1382, Hirsch LK § 226a RN 19, Tröndle MDR **83**, 882). Das *Ziel* einer solchen „**Selbstbestimmungsaufklärung**" (Geilen aaO insbes. 80 ff.) muß sein, dem Patienten Art, Bedeutung und Tragweite des Eingriffs jedenfalls in seinen Grundzügen erkennbar zu machen, um ihm eine Abschätzung von Für und Wider des Eingriffs zu ermöglichen (BVerfG NJW **79**, 1929 ff., BGHZ **29** 51, 180, BGH NJW **56**, 1106, Hamm MDR **63**, 520). Soweit er dabei nicht ohnehin bestimmten Umständen erkennbar oder gar ausdrücklich Bedeutung beimißt (vgl. § 3 I KastrG, Stuttgart NJW **73**, 560, Geilen in Mergen II 33), ist er jedenfalls über solche Umstände aufzuklären, die für die Entscheidung eines „verständigen Patienten" (dazu Steffen MedR 83, 88 ff.) ins Gewicht fallen können (vgl. § 123 IV AE-BT Begr. 79 f., BVerfG NJW **79**, 1929 [krit. Mind.-Vot. 1931 f.], BGH NJW **63**, 394, **72**, 337, **77**, 338). **Umfang und Intensität** der Aufklärung lassen sich nicht abstrakt festlegen, sondern sind an der konkreten Sachlage auszurichten (BGHZ **29** 53, BGH NStZ **96**, 34, Oldenburg MDR **92**, 236, Bockelmann aaO 60, Hirsch LK § 226a RN 20, Kern/Laufs aaO 53 ff.), wobei der Genauigkeitsgrad der Aufklärung in dem Maße zunimmt, in dem der Dringlichkeitsgrad des Eingriffs abnimmt: Je leichter aufschiebbar bzw. je weniger geboten die Heilmaßnahme aus der Sicht eines verständigen Patienten erscheint, desto weitergehender ist die Aufklärungspflicht (BGH **12** 382 f., NJW **72**, 335, **80**, 1905, **84**, 1396, Oldenburg VersR **98**, 1421 [Augmentation], Stuttgart NJW **73**, 560, Hamm NJW **76**, 1157, Schlenker aaO 33, Tempel NJW **80**, 612): so insbes. bei rein prophylaktischen, diagnostischen (vgl. BGH NJW **71**, 1887, **79**, 1934, Düsseldorf VersR **84**, 644, Hamm VersR **81**, 686, **89**, 807, Karlsruhe MedR **85**, 79, Stuttgart NJW **79**, 2356, VersR **83**, 278, **88**, 832, MedR **86**, 41, LG Landau [Frischzellenbehandlung] VersR **87**, 1102, LG Memmingen VersR **85**, 349, Deutsch MedR **87**, 73 ff., Uhlenbruck AR 80, 177, NJW 81, 1294 f.) oder kosmetischen Maßnahmen (Düsseldorf VersR **85**, 552, München MedR **88**, 187, VersR **93**, 1529, Oldenburg MedR **97**, 508, vgl. auch u. 50 b). Umgekehrt kann sich auch der Arzt um so eher mit einer mehr pauschalen Aufklärung begnügen, wenn es um eine unaufschiebbare oder gar lebensrettende Maßnahme geht (BGH **12** 382, VersR **60**, 478, Hirsch aaO); doch selbst bei vitaler Indikation und/oder fehlender Behandlungsalternative wird nicht schon allein deshalb eine Aufklärung völlig entbehrlich, sondern kann allenfalls deren Eindringlichkeit und Genauigkeit beeinflußt werden (vgl. Celle VersR **84**, 89, Düsseldorf VersR **85**, 480, **87**, 163, Hamm VersR **88**, 1133, Saarbrücken VersR **88**, 95). Auch wird ein verständiger Patient um so mehr mit gewissen Gefahren rechnen müssen, je schwerwiegender der Eingriff seiner Natur nach ist (BGH NJW **76**, 364, Bremen VersR **83**, 496). Der Genauigkeitsgrad der Aufklärungspflicht bestimmt sich dabei allerdings weniger nach einer solchen subjektiven Einschätzung des Kranken oder etwa einer Einschätzung des Arztes, sondern in erster Linie nach dem gegenwärtigen Stand der medizinischen Wissenschaft, wie er in der einschlägigen medizinischen Fachliteratur beschrieben wird (vgl. LG Bremen NJW-RR **88**, 607), sowie je nach Verbreitungsgrad einer Methode im In- oder ggf. im Ausland (vgl. BGH NStZ **96**, 34). Ihre **Grenze** findet die Aufklärung jedenfalls dort, wo sie für den Patienten riskanter sein könnte als der Eingriff; dazu wie auch zu weiteren Einschränkungen der Aufklärung (u. 42, sowie Roßner aaO 77 ff.). **Aufklärungsberechtigt** und *-bedürftig* ist – als Einwilligungsberechtigter (o. 38) – grundsätzlich der Patient selbst; deshalb ist seine Aufklärung nicht ohne weiteres durch die seines Ehegatten ersetzbar (Köln VersR **87**, 572; vgl. aber auch LG Göttingen VersR **90**, 1401 m. Anm. Deutsch zu einer entspr. Vereinbarung; spez. zu Aufklärungsproblemen bei nicht voll Geschäftsfähigen Eberbach MedR **86**, 14 ff., bei alten Menschen Kloppenborg MedR **86**, 18 ff. u. J.-H. Kuhlmann aaO). **Aufklärungspflichtig** ist grundsätzlich der den Eingriff eigenverantwortlich durchführende Arzt (Hamburg NJW **75**, 604, Hamm VersR **94**, 815; vgl. auch BGH VersR **61**, 1038, nach Düsseldorf VersR **84**, 644 der überweisende Facharzt), der aber zu gewissen Fragen auch nichtärztliches Personal beiziehen kann (näher Kern Weißauer-FS 71 ff.). Doch trifft den Klinikchef bzw. den aufsichtsführenden Arzt eine entsprechende Überwachungspflicht (BGH NJW **63**, 395, Bamberg MedR **88**, 99). Bei ärztlicher Arbeitsteilung wird sich der Operateur wohl nur dann ohne weiteres auf volle Aufklärung durch den Anästhesisten (allg. dazu Majunke aaO 35 ff.) oder Stationsarzt verlassen dürfen, wenn es sich um ein aufeinander eingespieltes Team handelt (vgl. Rudolphi JR 75, 513), während sich der letztlich eingreifende Spezialarzt über die Aufklärung wird vergewissern müssen (BGH MDR **90**, 808); sehr weitgehend aber BGH hinsichtlich (Mit-)Aufklärungspflicht des einweisenden (NJW **80**, 633) bzw. anweisenden (Chef-)Arztes (NJW **80**, 1905 m. abl. Anm. Schünemann 2753, Wachsmuth JR 80, 21), bzw. umgekehrt zur Vergewisserungspflicht des eingreifenden gegenüber dem einweisenden Arzt (NStZ **81**, 351; vgl. auch Hamm VersR **94**, 815 zur primären Aufklärungspflicht des behandelnden Radiologen als Spezialist im Verhältnis zum einweisenden Gynäkologen; weitere Einzelheiten bei Kern/Laufs aaO 11 ff.). Doch selbst ein nachweislicher Aufklärungsmangel kann allenfalls dann zur Strafbarkeit wegen Körperverletzung führen, wenn bei ordnungsgemäßer Aufklärung die Einwilligung unterblieben wäre: Auch diese **Kausalität des Aufklärungsmangels** für die (sonst verweigerte) Einwilligung ist – abweichend von den teils andersartigen zivilprozessualen Beweislastregeln und der daher insoweit nur mit Vorbehalt verwendbaren Zivilrechtsprechung (wie etwa BGH NJW **80**, 1333, 2753, **81**, 632, **86**, 1541, **89**, 1533 [Anm. Deutsch ebda. 2313. Hauß VersR 89, 514], **91**, 1543, 2346, **94**, 2414, VersR **82**, 168, 1142, Düsseldorf VersR **85**, 478, **86**, 474, Hamm VersR **90**, 663, Jena VersR **98**, 586 [m. Anm. Terbille VersR 99, 235], Karlsruhe NJW **83**, 2643 [m. krit. Anm. Dunz MedR 84, 184], VersR **89**, 808, Köln VersR **89**, 632, Saarbrücken VersR **92**, 758, Schleswig NJW **87**, 712, Zweibrücken VersR **87**, 108 sowie allg. Hirsch/Weißauer MedR 83, 41 ff., Jungnickel/Meinel MDR **88**, 456) – dem Arzt nachzuweisen (vgl. BGH JZ **64**, 232, NStZ **96**, 35, aber auch Arzt aaO 57). Eine solche Kausalität ist nicht schon etwa damit zu verneinen, daß ein „vernünftiger Patient" auch bei hinreichender Aufklärung eingewilligt hätte (vgl. BGH NJW **84**, 1399, **91**, 2345, München NJW **83**, 2642) oder daß er sich ohnehin hätte operieren lassen (müssen), falls er dazu bei Kenntnis der besonderen Risiken nur in einer renommierteren Klinik bereit gewesen wäre (vgl. BGH NJW **84**, 1809). Bei der Kausalitätsprüfung ist nämlich weniger auf solch generelle Überlegungen als vielmehr auf das konkrete Entscheidungsergebnis des jeweiligen Patienten abzuheben (vgl. Koblenz VersR **88**, 1135). Spez. zur Kausalitätsproblematik bei Verkennung von noch im Rahmen des Vertretbaren liegenden Behandlungsalternativen und demzufolge unterbliebener Aufklärung vgl. BGH JR **94**, 514 m. krit. Anm. Puppe.

41 Ungeachtet dieser im wesentlichen anerkannten Grundsätze bestehen hinsichtlich der **im einzelnen aufklärungsbedürftigen** Punkte noch gewisse Meinungsverschiedenheiten: α) Daß jedenfalls über die Vornahme eines **Eingriffs überhaupt** aufzuklären ist, steht außer Frage (vgl. BGH NJW **78**, 2337); denn andernfalls würde es bereits an der grundlegenden „Behandlungseinwilligung" fehlen (vgl. Geilen in Mergen II 23 f.). Auf diese Aufklärung kann allenfalls bei einem Basedow-Symptom verzichtet werden, bei dem schon die geringste psychische Erregung tödlich wirken könnte und daher auch die entfernteste Operationsvorbereitung zu verheimlichen ist (vgl. Tröndle 9 p, Eb. Schmidt DJT-Gutachten 136). β) Ferner ist über **Art, Ziel und Alternativen der Behandlung** (vgl. BGHZ

29 180, BGH NStZ **96**, 34, wonach jedoch nicht jeder Unterschied hins. bestehender Behandlungsalternativen ausreicht, um eine Aufklärungspflicht zu begründen), uU auch über ihren **Dringlichkeitsgrad** (BGH MDR **90**, 996, Hamm MedR **86**, 152) aufzuklären: So insbes. darüber, ob es sich etwa um eine Injektion oder Blutabnahme bzw. um Amputation oder Bestrahlung handelt (vgl. BGH NJW **72**, 336, Hamm NJW **76**, 1157) oder der Eingriff lediglich diagnostischen (vgl. BGH NJW **71**, 1887 O), wissenschaftlich-statistischen (Stuttgart VersR **81**, 343), experimentellen (vgl. Trockel NJW **79**, 2330) oder aber therapeutischen Charakter hat (Hirsch LK § 226 a RN 26). Dementsprechend sind auch HIV- und AIDS-Tests nur insoweit von einer allgemeinen Untersuchungs- oder Behandlungseinwilligung erfaßt und daher nicht eigens aufklärungsbedürftig, als sie zur kunstgerechten Erfassung der Diagnose oder Therapie, derentwegen die ärztliche Hilfe in Anspruch genommen wird, zumindest mitindiziert sind (iglS ua StA Aachen DRiZ **89**, 20, Tröndle 9 w, Eberbach MedR **87**, 271, Janker NJW **87**, 2897, Laufs/Narr MedR **87**, 282, Lesch NJW **89**, 2309, Michel JuS 88, 8 ff., Rieger DMW **87**, 113, 736, Solbach/Solbach MedR **88**, 241, Sternberg-Lieben GA **90**, 295; abw. insbes. auch eine ausdrückliche Einwilligung in die AIDS-Austestung fordernd StA Mainz NJW **87**, 2946, Buchborn MedR **87**, 263, Perels/Teyssen MMW **87**, 376; vgl. zum Meinungsstand sowie nach Gründen für die Blutentnahme diff. Hirsch AIFO 88, 157, Schröder/Taupitz aaO 27 ff.). Dies wird bei Blutentnahmen und -untersuchungen ausschließlich zum Selbstschutz des Arztes oder seines Personals ebenso wie bei gesundheitspolizeilichen Erfassungsmaßnahmen idR zu verneinen sein; deshalb würden heimlich oder zwangsweise durchgeführte AIDS-Tests einer besonderen gesetzlichen Grundlage bedürfen (wie etwa nach §§ 31 II, 32 II, 34 I BSeuchG; vgl. Tröndle 9 w mwN) oder allenfalls in besonderen Gefahrenlagen nach § 34 zu rechtfertigen sein (vgl. Brandes VersR **87**, 747 ff., Bruns MDR **87**, 355, Eberbach NJW **87**, 1470 ff., Laufs/Laufs NJW **87**, 2263, aber auch StA/KG NJW **87**, 1485 sowie u. 42). Hinsichtlich möglicher *Behandlungsalternativen* ist die Wahl solange Sache des Arztes, als es mehrere gleich erfolgversprechende und übliche Behandlungsmöglichkeiten gibt (BGH NJW **82**, 2121 [m. Anm. Andreas AR 83, 18], NJW **86**, 780, **92**, 2354); deshalb ist über mögliche (und zB nicht etwa wegen anderweitiger Verletzungsgefahr ausscheidende [BGH NJW **92**, 2353]) Behandlungsalternativen nur (aber immerhin) insoweit aufzuklären, als sie mit unterschiedlichen Folgen oder Risiken behaftet sind (BGH JR **94**, 514, NStZ **96**, 34 [Surgibone-Dübel] m. Anm. Ulsenheimer 9 u. Rigizahn JR 96, 72, Bremen NJW **85**, 1404, Düsseldorf VersR **86**, 1193, Hamburg VersR **86**, 1195, Hamm VersR **84**, 1076, **87**, 106; vgl. aber auch Düsseldorf VersR **87**, 412, Schleswig VersR **87**, 419): wie etwa bei oraler oder intramuskulärer Verabreichung von Medikamenten (Frankfurt NJW **83**, 1382), bei Vollnarkose oder Periduralanästhesie (vgl. BGH NJW **74**, 1422, aber auch Karlsruhe VersR **78**, 549, Eser in Becker/Eid aaO 195 ff.), bei möglicher Eigenblut- anstelle von infektionsriskanter Fremdbluttransfusion (BGH NJW **92**, 742; krit. Laufs NJW **92**, 1502), bei unterschiedlich hohen Versagerquoten von Sterilisationsalternativen (BGH NJW **81**, 631, VersR **81**, 730; vgl. ferner Celle MedR **84**, 233, Frankfurt VersR **83**, 879, Hamburg VersR **89**, 147, Koblenz MedR **84**, 108, Eser/Koch MedR 84, 9 f., 86, 478), bei verschiedenen Entbindungsmethoden (BGH NJW **92**, 741, **93**, 2372 [m. krit. Anm. Laufs/Hiersche MedR 93, 388], Braunschweig VersR **88**, 382, MedR **89**, 147, Düsseldorf NJW **90**, 771 [spez. Anforderungen bei ausl. Patientin], Köln VersR **88**, 1185, München VersR **94**, 1345), sowie bei Zahnbehandlungen (LG Hannover NJW **81**, 1320) bzw. Dialysealternativen (vgl. Rieger NJW **79**, 586) – und zudem der Patient eine echte Wahlmöglichkeit hat (vgl. BGH NJW **82**, 2122 sowie Bonvie aaO spez. zu Anforderungen beim ambulanten Operieren), was beispielsweise zu verneinen ist, wenn sich das Verfahren noch in der Erprobung befindet und erst vereinzelt anderswo vorhanden ist (vgl. BGH NJW **84**, 1810, **88**, 763 [m. Anm. Giesen, Damm NJW **89**, 737], NStZ **96**, 34) bzw. wenn die medizinische Indizierheit oder kunstgerechte Durchführbarkeit der Alternativen zweifelhaft erscheint (Hamm VersR **83**, 565, AG Köln VersR **83**, 473). Vgl. auch BGH VersR **82**, 169 zur Aufklärung über die Erforderlichkeit eines recht umfangreichen und schweren Eingriffs, ferner BGH JR **94**, 514 m. Anm. Puppe zu Aufklärungsfehler bei Nichterkennung einer im Vergleich zur gewählten noch „machbaren" Operation schonenderen Alternative, ferner Stuttgart MedR **85**, 175 hins. der Fristgebundenheit einer Folgeoperation (vgl. aber auch o. 35). γ) Hinsichtlich der **Folgen des Eingriffs** ist unstreitig aufzuklären über damit verbundene erhebliche *Schmerzen* (BGH NJW **84**, 1395 m. Anm. Giesen JR 84, 372, Laufs/Kern JZ 84, 631), ferner über den *postoperativen Zustand* (zB Verlust eines Gliedes, Funktionsbeeinträchtigung eines Organs; vgl. BGH NJW **76**, 363), insbes. bei kosmetischen Operationen (Köln VersR **88**, 1049, München MedR **88**, 187), sowie über sonstige *sicher* (oder jedenfalls typischerweise) *eintretende Auswirkungen* (sichtbare Narben: Hamburg MDR **82**, 580; Erektionsbeeinträchtigung nach Circumcision: Hamburg NJW **75**, 603; Armplexuslähmung nach Bestrahlung: Zweibrücken VersR **87**, 108; psychische Folgen bei Ausfall der Hormonproduktion: vgl. aber BGH NJW **92**, 1559), bzw. umgekehrt auch über das etwaige *hohe Mißerfolgsrisiko* der gewünschten Behandlung (vgl. BGH NJW **81**, 633, **87**, 1481, **92**, 1560, Köln VersR **78**, 551, aber auch BGH MDR **90**, 808), bzw. über die mit einer einzukalkulierenden *Nachoperation* verbundenen Risiken (vgl. BGH NJW **96**, 3073). Beruhen solche Risiken zudem auf *mangelnder Indikation,* entfällt ohnedies bereits der Heilcharakter: vgl. o. 34, u. 50 ff. δ) Fraglich ist dagegen, inwieweit auch auf *mögliche Risiken oder sonstige unerwünschte Nebenfolgen* hinzuweisen ist (sog. **Risikoaufklärung**): Während die Ärzteschaft traditionell davon auszugehen wünscht, daß ein Patient, der sich seinem Arzt anvertraut, in aller Regel mit dessen Entscheidungen, soweit sie medizinisch indiziert sind, einverstanden sein wird und sich somit den sachdienlichen Maßnahmen des Arztes unterwirft (vgl. Roemer JZ 60, 137, Schröder 17. A. RN 16), gingen die weitaus strengeren Anforderungen der Rspr. zunächst dahin, daß über alle „typischen Folgen" aufzuklären sei, die mit einer Behandlung verbunden zu sein pflegen und mit deren Eintritt nach dem Stande ärztlicher Erfahrung und Wissenschaft gerechnet werden muß (BGHZ **29** 57f., 181 f.; in diesem Sinne später auch wieder Karlsruhe NJW **83**, 2643 m. krit. Anm. Kern MedR **83**, 190, Dunz MedR **84**, 184, Köln VersR **82**, 453; **83**, 277, NJW-RR **92**, 986 [wonach insbes. bei einer Behandlungsmethode „über alle denkbaren Risiken weitestgehend" aufzuklären ist]). Als „typisch" waren dabei sowohl statistisch häufig eintretende (vgl. BGH NJW **56**, 1106, **71**, 1887, VersR **56**, 449; von Schleswig VersR **82**, 378 verneint bei Sudeckschem Syndrom) wie auch für diese Behandlung „eigentümliche" Risiken anzusehen (BGH VersR **59**, 391, 1045, MDR **62**, 45; vgl. auch Grünwald ZStW **73**, 12 ff.). Unter dem Eindruck nahezu einhelliger Kritik (vgl. ua Bockelmann aaO 60, Engisch, Aufklärungspflicht 29 ff., Grünwald in Göppinger aaO 143 ff.) ist die Rspr. davon jedoch zu Recht teilweise abgerückt: Danach kann weder die statistische Komplikationsdichte (daher mißverst. BGH NJW **80**, 2753) noch ein bestimmter Wahrscheinlichkeitsgrad für sich allein genügen (Bremen MedR **83**, 75, 111); entscheidend muß vielmehr sein, ob und inwieweit unter Berücksichtigung der Dringlichkeit des Eingriffs und der bei seinem Unterbleiben drohenden Gefahren das fragliche *Eingriffsrisiko nach seiner Art, Schwere und Kalkulierbarkeit für einen verständigen Menschen ernsthaft ins Gewicht fallen kann* (vgl. insbes. BGH NJW **63**, 394, **72**, 337, **77**, 338, **80**, 1905 [mit bes. Betonung des nichtvitalen Charakters des Eingriffs: dies verkannt von Wachsmuth JR 81, 22], **94**, 793 [Erblindungsrisiko], ferner Celle VersR **84**, 89, Düsseldorf NJW **89**, 2334 [Komplikationsdichte unter 1‰ bei Ziehen des Weisheitszahnes], Frankfurt NJW **73**, 1416, Saarbrücken VersR **92**, 758, Stuttgart VersR **81**, 691), wobei es hinsichtlich des Risikogrades nicht zuletzt auf die Verhältnisse an der betreffenden Klinik und die Fähigkeiten und Erfahrungen des jeweiligen Arztes ankommt (Bremen MedR **83**, 75). Demzufolge können auch seltene Komplikationen aufklärungspflichtig sein, wenn sie im Falle ihres Eintritts die körperliche Befindlichkeit des Patienten. seine weitere Lebensführung belasten können und der Arzt nicht annehmen kann, daß der Patient mit solchen Folgen rechnet (vgl. BGH NJW **85**, 2192, **91**, 2345, **94**, 2414, Celle VersR **87**, 567, Hamm VersR **93**, 1399, Köln VersR **90**, 489, Stuttgart VersR **87**, 516), wie etwa mit einer möglicherweise post-operativ erforderlichen Blutspende und einem damit verbundenen HIV- oder Hepatitisinfektionsrisiko (BGH NJW **92**, 743 [krit. dazu Laufs NJW 93, 1502, Weißauer/Opderbecke MedR 92, 307]) mit dem Risiko des Verlustes einer Niere durch eine Nachoperation (vgl. BGH NJW **96**, 3073). Nicht aufklärungsbedürftig sind hingegen solche Folgen oder Risiken, die nach allgemeiner Erfahrung mit jedem Eingriff verbunden, wie zB die Gefahr einer Embolie (BGH NJW **86**, 780) oder Wundinfektion (BGH NJW **91**, 1542), bzw. Gefahren, die gegebenenfalls jederzeit (wie zB bei einer Blutung während der Operation) mit medizinischen Gegenmaßnahmen beherrschbar sind (BGHZ **29** 54., Düsseldorf VersR **87**, 487, Köln NJW **78**, 1690). Entsprechendes gilt bei Kompensierung hygienischer Defizite durch anderweitige Vorkehrungen (Saarbrücken VersR **92**, 52). Ebensowenig braucht über die sich etwa erst aus einem Behandlungsfehler ergebenden Risiken aufgeklärt zu werden (BGH NJW **85**, 2193, Düsseldorf VersR **88**, 968), zumal sich darauf ohnehin die Einwilligung nicht erstreckt (Düsseldorf VersR **85**, 1051). Im übrigen brauchen Risiken nicht in allen Details beschrieben, sondern lediglich „*in groben Zügen*" erkennbar gemacht zu werden (BGHZ **29** 54, 181, NJW **83**, 395, **73**, 557, **84**, 1398, Geilen in Mergen II 30 f.), wobei bei Eingriffen, die sowohl hinsichtlich ihres Verlaufs wie auch Schweregrades wegen ihrer Häufigkeit der Allgemeinheit in besonderem Maße vertraut sind (wie zB Blinddarmoperation), der Arzt sich kurz fassen (BGH NJW **80**, 635) und uU auch der Vergleich mit den Risiken einer derart vertrauten Operation genügen kann (BGH NJW **76**, 365). Doch gilt auch dabei der Grundsatz, daß die Aufklärung umso dringlich sein muß, je weniger dringlich der Eingriff ist (vgl. o. 40), bzw. wenn zwischen unterschiedlich riskanten Untersuchungsmethoden eine Wahlmöglichkeit besteht (Frankfurt NJW **73**, 1417) oder von einer erprobten Methode abgewichen werden soll (Düsseldorf MedR **84**, 28). Auch wenn ein Arzneimittel nicht oder nur für einen beschränkten Indikationsbereich zugelassen ist, muß dieser Umstand dem Patienten mitgeteilt werden (vgl. BGH NStZ **96**, 35: Surgibone-Dübel m. Anm. Ulsenheimer 133). Zu Besonderheiten in Unfallsituationen vgl. Ludolph MedR 88, 120 ff. Hinweispflichtig sind Risiken selbstverständlich auch dann, wenn sie wegen *besonderer persönlicher Bedürfnisse* (wie etwa die Sprachfähigkeit oder Stimmöglichkeit eines Schauspielers, Gesangslehrers oder Vertreters) erkennbar sehr schwerwiegend erscheinen (BGH VersR **68**, 558, Karlsruhe NJW **66**, 399, Koblenz VersR **88**, 1135; vgl. auch Celle NJW **79**, 1252: Hodenatrophie, Stuttgart VersR **83**, 278: angiographiebedingte Lähmung bei Leistungssportler, Oldenburg MDR **92**, 236: Wundheilstörungen bei Vorhautbeschneidung), wegen der Neuartigkeit der Behandlungsmethode schwer kalkulierbar sind (vgl. Engisch, Aufklärungspflicht 35, Hirsch LK § 226 a RN 27) bzw. umgekehrt ein hergebrachtes Verfahren bereits ernsthaft angefochten ist (BGH NJW **78**, 587 zur sog. Fadenmethode bei Analfisteln), dem Operationsteam die erforderliche Erfahrung fehlt (vgl. BGH NJW **80**, 1907, 2753, Celle NJW **78**, 593; spez. zur „Anfängeroperation" vgl. o. 39), örtlich bedingt erhöhte Infektionsgefahr besteht (Köln NJW **78**, 1690) oder sich aus der Gesamtmedikation besondere Risiken ergeben können (BGH NJW **82**, 697). Entsprechendes gilt hinsichtlich der möglicherweise größeren Reparaturanfälligkeit bzw. kürzeren Lebensdauer eines „aufbereiteten" Herzschrittmachers (vgl. Bringewat NStZ 81, 210, MDR **84**, 93 ff.). Spez. zur Aufklärung bei gynäkol. Eingriffen vgl. Börner DÄBl. 81, 829 ff. sowie hins. der Risiken für das Kind Celle VersR **95**, 462, Düsseldorf NJW **86**, 2373, Hamm VersR **85**, 598. ε) Auch zu einer **Diagnoseaufklärung** soll der Arzt nach hM grundsätzlich verpflichtet (RG **66** 182, RGZ **163** 137, BGHZ

29 184, Stuttgart NJW **58**, 262, Tröndle 9 k, Hirsch LK § 226 a RN 24, Horn SK § 228 RN 14, A. Kaufmann, ZStW 73, 384, Wolfslast, Aufklärungspflicht 310) und davon nur dort ausnahmsweise entbunden sein, wo der von der Mitteilung eines schlimmen Befundes ausgehende Schock eine ernste und nicht behebbare Schädigung bewirken könnte (vgl. u. 42). Diese Pflicht erscheint jedoch – sofern es sich nicht gerade um einen „Diagnosevertrag" handelt (dazu Deutsch NJW 80, 1305) – schon im Ansatz verfehlt, da verkannt wird, daß es bei der hier infragestehenden Einwilligungsaufklärung nicht um das (primär standesethisch durchzusetzende) Postulat von mehr „Wahrheit am Krankenbett" – und somit nicht um eine Art von „Selbstverwirklichungsaufklärung" (dazu Eser in Becker/Eid aaO 202) –, sondern allein darum geht, dem Patienten eine eigenverantwortliche Entscheidung zu ermöglichen (vgl. o. 40 sowie Eser ZStW 97, 17 ff.). Das schließt die Mitteilung des Befundes zwar nicht aus; als Wirksamkeitsvoraussetzung für die Einwilligung kann dies jedoch überhaupt nur dann und lediglich insoweit geboten sein, als die Diagnose für die Abwägung des Für und Wider eines Eingriffes für den Patienten aufgrund ausdrücklicher Nachfrage oder sonstwie erkennbar von entscheidungserheblicher Bedeutung ist (i. Grds. ebso. Grünwald ZStW 73, 18 ff., Koffka 44. DJT II/F 29 f., M-Schroeder I 103 f., Roemer aaO 6, Schlenker aaO 36 ff., Wilts MDR 71, 7; spez. zur *Krebs*aufklärung sowie bei sonst unheilbar Kranken vgl. Bauer u. Engisch, Bockelmann-FS 500 ff. bzw. 521 ff., Eberbach MedR 86, 180 ff., Franzki u. Diehl VersR 82, 716 ff., Heberer Weißauer-FS 39 ff., Uhlenbruck AR 87, 67 ff.). In jedem Fall wird man den Arzt bei schwerwiegenden Erkrankungen für verpflichtet halten müssen, den Patienten in schonender Art und Weise zu informieren (vgl. zu Krebskranken Herrmann MedR 88, 1 sowie spez. zu HIV-Infektion Köln AR **89**, 176 m. Anm. Simon-Weidner, Deutsch NJW 88, 2306 sowie die Entscheidung der AG f. Arztrecht Karlsruhe AR 88, 154). Entscheidungserhebliche Bedeutung kann die Mitteilung des Befundes auch bei *Unsicherheit* der Diagnose haben (vgl. Stuttgart NJW **58**, 262, Hirsch LK § 226 a RN 24); daher hat der Arzt in diesen Fällen sowohl über das Für als auch über die Grundlagen der Diagnose aufzuklären. Sein mit dieser Verpflichtung korrespondierendes Aufklärungsrecht wird aber dabei jedenfalls dort eine Grenze finden, wo die Mitteilung der (angeblich) fatalen Folgen bei bloßer Verdachtsdiagnose und wegen der Art der Darstellung den Patienten zu schädigen vermag (vgl. Köln NJW **87**, 2936, aber auch VersR **88**, 384). ζ) Dagegen ist die **Kostenaufklärung nicht** ohne weiteres einwilligungserheblich (vgl. o. 39).

42 Ausnahmsweise **Einschränkungen** oder gar im **Wegfall der Aufklärungspflicht** können sich unter folgenden Umständen ergeben: α) Nach dem **„Fürsorgeprinzip"** bedarf es insoweit keiner Aufklärung, als eine dadurch zu befürchtende *Gefährdung des Patienten* gravierender sein könnte als die Beeinträchtigung seines Selbstbestimmungsrechts (vgl. Bockelmann aaO 62, Grünwald in Göppinger aaO 142; zu weiteren Anwendungsfällen dieses – gelegentlich mißverständlich als „therapeutisches Privileg" bezeichneten – Schonungsgrundsatzes vgl. Deutsch NJW 80, 1306 f., aber auch Bodenburg NJW 81, 603, Eberbach MedR **86**, 181 sowie Roßner aaO 113 ff.; allg. zu den Gefahren einer „Übermaßaufklärung" Spann/Liebhardt/Denning aaO). Strittig ist jedoch der hierbei anzulegende Maßstab: Während die Rspr. teilweise nur dann von der Aufklärung glaubt absehen zu dürfen, wo diese zu einer „ernsten und nicht behebbaren Gesundheitsschädigung" des Patienten führen würde (BGHZ **29** 185) und dafür nicht schon das bloße „Herabdrücken der Stimmung oder des Allgemeinbefindens" genügen könne (BGH NJW **86**, 1106; krit. Tröndle MDR 83, 883), will die hM bereits bei ernster und nicht nur vorübergehender seelischer Beeinträchtigung oder bei einer mehr als unerheblichen Gesundheitsschädigung (so Hirsch LK § 226 a RN 25 f., 28, ferner Bockelmann aaO 62, Engisch, Aufklärungspflicht 37 f., Grünwald ZStW 73, 37 f., Eb. Schmidt, DJT-Gutachten 110 f., 171 f.) bzw. bei einer ernstlichen Gefährdung des Heilerfolgs (so BGHZ **29** 57, Tröndle 9 p) die Aufklärungspflicht einschränken. Dem ist unter dem Vorbehalt zuzustimmen, daß für die Annahme einer aufklärungsbeschränkenden Gefährdung nicht nur vage oder generelle Vermutungen, sondern konkrete Anhaltspunkte bestehen müssen (vgl. BGH **11** 115, BGHZ **29** 56; and. Geilen in Mergen II 39, Grünwald ZStW 73, 29 ff.), wenn nicht die Aufklärungspflicht praktisch unterlaufen werden soll. Soweit danach nur eine *Teilaufklärung* möglich oder diese (wie in den Basedow-Fällen, o. bei 41 zu α) gänzlich ausgeschlossen ist, kommt ersatzweise *mutmaßliche Einwilligung* in Betracht (vgl. o. 38 sowie Hirsch LK § 226 a RN 35 sowie spez. zu AIDS-Test StA/KG NJW **87**, 1496 mwN). Stattdessen unmittelbar auf rechtfertigenden Notstand (§ 34) zurückzugreifen (so Bockelmann aaO 64 f., Engisch, Aufklärungspflicht 37, Eb. Schmidt, DJT-Gutachten 87 ff., 134 ff.; vgl. auch Geilen aaO 140 ff.), erscheint nur dort veranlaßt, wo nicht einmal hinreichende Anhaltspunkte für eine dem Willen des nicht voll entscheidungsfähigen Patienten gerecht werdende Mutmaßung erkennbar sind (zB bei Bluttransfusion für Zeugen Jehovas), der Eingriff aber jedenfalls vorsorglich zur Rettung aus einer sonst unabwendbaren Leibes- oder schweren Gesundheitsgefahr erforderlich erscheint. Das ist insbes. auch für das „Zurückholen" von Suizidenten bedeutsam (vgl. Hirsch LK § 226 a RN 37, Horn SK § 228 RN 16, aber auch hier 41 vor § 211 sowie Eser in Auer/Menzel/Eser 110 f.). Zur Weiterbehandlung nach Widerruf u. 46. Zu Sonderproblemen im Strafvollzug vgl. Sigel NJW 84, 1390. β) Ferner ist weitere Aufklärung insoweit entbehrlich, als der Patient bereits *anderweitig hinreichend* **vorausinformiert** erscheint, so etwa aufgrund eigener Sachkunde (vgl. Hamm VersR **89**, 480, Karlsruhe VersR **79**, 58), vorangegangener Konsultierung anderer Ärzte (vgl. aber BGH NJW **84**, 1807) oder sonstiger Erfahrungen aus der Krankenvorgeschichte (BGH NJW **73**, 558, **76**, 364, Hamm MedR **86**, 105, Bockelmann aaO 59, Geilen in Mergen II 31; vgl. aber auch Celle NJW **79**, 1252 m. abl. Anm. Wachsmuth), nicht aber schon aufgrund beiläufiger Hinweise von Mitpatienten (München NJW **83**, 2642 m. Anm. Schlosshauer-Selbach JuS 83, 913) und auch nicht ohne weiteres

als Medizinstudent (LG Duisburg MedR **84**, 196). Auch kann aufgrund einer **Nachfragepflicht** bei bereits vorhandenen Teilinformationen von einem Patienten je nach Intelligenz und Bildungsgrad erwartet werden, daß er durch entsprechende Nachfragen selbst auf die Vervollständigung der ihm unzureichend oder zu knapp erscheinenden Belehrung hinwirkt (BGH NJW **76**, 364, **80**, 635, **84**, 1811, Celle VersR **82**, 500, Frankfurt VersR **83**, 879, Hamburg MedR **86**, 105, München VersR **93**, 752 [m. Anm. Schlund], Saarbrücken VersR **94**, 1428, Laufs NJW 74, 2028); vgl. zum Ganzen Kern MedR **86**, 176 ff. γ) Schließlich bedarf es einer Aufklärung auch insoweit nicht, als der Patient erkennbar darauf **verzichten** will (BGHZ **29** 54, Bockelmann aaO 59, Tröndle 91, Hirsch LK § 226 a RN 20, Horn SK § 228 RN 15, Schmid NJW **84**, 2604, Wolfslast, Aufklärungspflicht 311). Doch wäre es falsch, einen solchen Verzicht ohne weiteres schon aus scheuem oder vertrauensseligem Verhalten des Patienten herleiten zu wollen (vgl. Bremen MedR **83**, 76, 112), da dieser damit vielleicht nur Unsicherheit verbergen oder Angst unterdrücken, nicht aber schlechthin sein Entscheidungsrecht aufgeben will. Das gilt auch für „einfachere" Menschen, denen gegenüber sich der Arzt leicht in der Rolle des Vormunds fühlen könnte. Daher sind an die Annahme eines Aufklärungsverzichts zu Recht strenge Anforderungen zu stellen (BGH NJW **73**, 558; vgl. auch Geilen in Mergen II 32 f., Roßner NJW **90**, 2291, Schmid NJW **84**, 2605). Zum Aufklärungsumfang bei nur relativ indizierter Operation vgl. Hamm NJW-RR **91**, 1309.

43 dd) Die **Form der Einwilligung** ist unerheblich (vgl. Köln NJW **78**, 1691), sofern nur die innere Zustimmung des Patienten auch nach außen manifestiert ist. Das kommt zwar am deutlichsten (und idR auch beweismäßig am sichersten) durch eine *schriftliche* Einwilligungserklärung zum Ausdruck. Doch ist eine solche weder unbedingt erforderlich noch in jedem Fall hinreichend: Denn einerseits entbehrlich ist sie deshalb, weil das Einverständnis auch mündlich erklärt (z. B. BGH NJW **76**, 1791, Düsseldorf VersR **87**, 162) und notfalls durch Zeugenbeweis belegt werden oder sich aus den Umständen oder dem Gesamtverhalten des Patienten (Einfinden zur Operation) ergeben kann (vgl. BGH NJW **56**, 1106, JZ **64**, 232, Köln VersR **84**, 1094), wobei freilich bloße Passivität nicht genügt (vgl. Bockelmann aaO 54 f., Hirsch LK § 226 a RN 15). Andererseits kann selbst eine schriftliche Erklärung nicht genügen, wenn sie zu global gehalten (so etwa bei Einwilligung in „alle erforderlich erscheinenden Maßnahmen") oder gar einer totalen Freizeichnung gleichkommt (wie zB bei Einverständnis „mit allen in diesem Haus üblichen Maßnahmen"); denn dabei wird verkannt, daß die Einwilligung sich nicht nur auf die Behandlung im allgemeinen, sondern auch auf die einzelnen Eingriffe im besonderen beziehen muß (vgl. BGH NJW **73**, 558, Bockelmann aaO 55, Hirsch aaO). Das erfordert zwar keine jeweilige Einzeleinwilligung für jeden Behandlungsakt; wohl aber müssen zumindest die Haupteingriffe umschrieben und besonders gefährliche Vorsorge-, Begleit- oder Nachbehandlungsmaßnahmen erfaßt sein (vgl. Frankfurt NJW **73**, 1416). Entsprechendes gilt auch für die **Form der Aufklärung,** die in einer auch für Laien nachvollziehbaren Weise zu erfolgen hat (vgl. Hamburg MedR **83**, 25 zu „Insulinkoma"; ferner Düsseldorf VersR **84**, 644, Weißauer in Laufs/Dierks aaO 21). Dafür kann auch eine *formularmäßige* Vermittlung oder Bestätigung genügen (grds. krit. aber Tempel NJW **80**, 615 f., Tröndle MDR **83**, 887; vgl. auch Laufs, Gynäkologe **89**, 364), vorausgesetzt jedoch, daß sie sich nicht nur in der pauschalen Versicherung „allseitiger Aufklärung" erschöpft, sondern die Informierung über Eingriffsart und Behandlungsverlauf samt etwaiger aufklärungsbedürftiger Risiken (vgl. o. 41 zu γ) erkennen läßt (vgl. BGH NJW **84**, 1398 [m. Anm. Deutsch], **85**, 1399, **92**, 2352, München VersR **88**, 525, 1136, **93**, 752 [m. Anm. Schlund], LG Bremen MedR **83**, 75, Jacob Jura **82**, 529 ff., Kern/Laufs aaO 47 f., Rudolphi JR 75, 513). Dies kann selbstverständlich auch durch Bezugnahme auf (notfalls beweisbare) ergänzende mündliche Erklärungen (vgl. Bockelmann aaO 78 Anm. 60; allg. zum Arztgespräch Hollmann NJW 73, 1396 ff., Schmidt u. Wawersik in Jung/Schreiber aaO 103 ff. bzw. 90 ff., aber auch Eberbach MedR **84**, 201 ff.) oder entsprechende behandlungsspezifische Merkblätter geschehen, sofern diese in einer auch für Laien verständlichen Weise abgefaßt sind (vgl. BGH NJW **71**, 1887, Saarbrücken VersR **94**, 1427 sowie zu ausländ. Patientin München VersR **93**, 1488; ferner Kuhlmann NJW 73, 2239, Laufs NJW 83, 1349 sowie Bodenburg NJW **81**, 604 f.). Genügt ein Aufklärungsmerkblatt diesen Anforderungen nicht, so kann dieser Mangel auch nicht ohne weiteres durch die Möglichkeit von Nachfragen ausgeglichen werden (BGH NJW **94**, 793). Zudem muß die Aufklärung so **rechtzeitig** erfolgen, daß dem Patienten hinreichend Gelegenheit zur Abwägung der Für und Wider bleibt (vgl. BGH NJW **93**, 2372, Celle NJW **79**, 1253 m. abl. Anm. Wachsmuth, Stuttgart NJW **79**, 2355, München NJW **84**, 1412, VersR **94**, 1345, Deutsch NJW 79, 1906 ff., Tempel NJW **80**, 615; eingeh. zum Aufklärungszeitpunkt Hoppe NJW **98**, 782 ff.), also nicht erst unmittelbar vor dem Eingriff (wie in BGH VersR **83**, 957, Köln MedR **97**, 116), sondern – soweit möglich – spätestens am Vortag (BGH NJW **92**, 2351, Bremen MedR **83**, 76, 112). Maßgebliches Differenzierungskriterium für die Rechtzeitigkeit der Aufklärung ist dabei Art und Schwierigkeit des Eingriffs. So kann bei einem normalen ambulanten Eingriff die Aufklärung auch noch unmittelbar vor der Operation rechtzeitig sein (BGH NJW **94**, 3009 m. krit. Anm. Wertenbruch MedR **95**, 306 ff.), was ebenso für diagnostische Eingriffe gilt (BGH NJW **95**, 2410 m. Anm. Rieger DMW 95, 1411). Bei schwierigen und risikoreichen Eingriffen muß die Aufklärung möglichst frühzeitig, uU schon bei Festlegung des Operationstermins, erfolgen (BGH NJW **92**, 2352; krit. dazu Hoppe NJW 98, 785). Zu einer voraus eilenden Eingriffsaufklärung noch vor Abschluß präoperativer Untersuchungen ist der Arzt idR nicht verpflichtet (Oldenburg VersR **94**, 221).

ee) Die **Reichweite der Einwilligung** erstreckt sich α) **personell** grundsätzlich nur auf den Arzt, **44** dem sie erteilt wird (Bockelmann aaO 61). Doch ist sie bei Behandlung im Krankenhaus oder einer Teampraxis idR stillschweigend als allen Ärzten erteilt anzusehen, die aufgrund interner Arbeitsteilung für die fragliche Maßnahme zuständig sind (vgl. Düsseldorf VersR **85**, 1049, Eb. Schmidt DJT-Gutachten 106 f.; vgl. auch o. 35 zur ärztlichen Arbeitsteilung), es sei denn, daß die Einwilligung ausdrücklich oder erkennbar auf einen bestimmten Arzt (zB wegen seiner besonderen Spezialkenntnisse) beschränkt sein soll (vgl. BGH VersR **57**, 408 f., Hirsch LK § 226 a RN 30 sowie o. 39). β) In **sachlicher** Hinsicht sind alle Eingriffe abgedeckt, in die aufgrund entsprechender Aufklärung eingewilligt wurde (vgl. o. 40, 43). Dazu gehören idR auch die funktionsentsprechenden Maßnahmen des zugezogenen Hilfspersonals (Anästhesisten, Assistenzärzte, Operationsschwester; vgl. Hirsch aaO). Erweist sich nach Operationsbeginn eine zuvor nicht angesprochene **Operationserweiterung** als indiziert, so kann deren Durchführung nach den Grundsätzen mutmaßlicher Einwilligung zulässig sein, falls der Patient der Operation auch bei Kenntnis ihres vollen Ausmaßes zugestimmt hätte (vgl. BGH VersR **87**, 770, Frankfurt Deutsch-FS 551 ff., Hirsch LK § 226 a RN 35). Dies kann zwar nicht generell (vgl. BGH **11** 113), wohl aber dann angenommen werden, wenn dem Patienten ohnehin keine andere Wahl geblieben wäre (vgl. BGH JZ **64**, 231 m. Anm. Eb. Schmidt). Andernfalls läßt sich die Fortführung der Operation nur aus dem Notstandsgrund (§ 34) rechtfertigen, daß die Unterbrechung der Operation zwecks Nachholung des Einverständnisses zu einer schwerwiegenden Gefährdung des Patienten führen könnte (Frankfurt NJW **81**, 1322, LG Mannheim VersR **81**, 761). Hatte jedoch der Arzt die Notwendigkeit einer Operationserweiterung fahrlässigerweise nicht vorbedacht, so kommt Haftung nach § 230 in Betracht, vorausgesetzt freilich, daß er zudem hätte erkennen müssen, daß bei voller Aufklärung der Patient einen Eingriff dieses Umfanges verweigert hätte (vgl. BGH **11** 115 mit der in JZ **64**, 232 verdeutlich. Einschränkung; ferner BGH **35** 250 [m. Anm. Weitzel, Giesen JZ **88**, 1022, Fuchs StV **88**, 524], **45**, 224, OLG Karlsruhe VersR **78**, 549 zur Art der Narkose). Gleichermaßen zu beurteilen sind auch die Fälle nachträglich *erweiterten Risikos* (vgl. BGH NJW **77**, 337 m. Anm. Dunz DMW **78**, 1226, Deutsch NJW **79**, 1908; krit. Wachsmuth Bokkelmann-FS 476 ff.; vgl. auch BVerfG NJW **79**, 1932, Zweibrücken MedR **83**, 194) bzw. einer zunächst nicht vorausgesehenen *Operations*- oder *Verweildauer* im Krankenhaus (vgl. Bremen NJW **91**, 969). Wird hingegen mit wirksamer Einwilligung gewonnene *Blutprobe* nachträglich einer weiteren, nicht ausdrücklich konsentierten Untersuchung unterzogen, so stellt dies die Rechtmäßigkeit der Blutentnahme nicht rückwirkend in Zweifel und beinhaltet auch keinen selbständigen Eingriff in den von § 223 geschützten Bereich, da der Umgang mit der Sache Blut hiervon nicht mehr erfaßt wird (so hins. nachträgl. AIDS-Testung Hirsch AIFO **88**, 161, Janker NJW **87**, 2903, Schröder/Taupitz aaO 32, Sternberg-Lieben GA **90**, 295; vgl. auch Lesch NJW **89**, 2309). Soweit die Einwilligung reicht, ist grds. auch das Mißlingen des Eingriffs mit abgedeckt (vgl. **5** 228 RN 4, Bokkelmann aaO 61), es sei denn, daß er nicht kunstgerecht durchgeführt wurde (dazu u. 51).

ff) Die ansonsten bei Einwilligung besonders zu prüfende **Sittenwidrigkeit** nach § 228 scheidet **45** bei einer Heilbehandlung in dem hier infragestehenden Sinne schon begrifflich aus (Schmitt Schröder-GedS 267). Dem steht auch RG **74** 91 nicht entgegen, da den „Scheidenmassagen" mit masturbatorischer Wirkung bei Beachtung der lex artis bereits die medizinische Indiziertheit abzusprechen gewesen wäre. Zu sonstigen Grenzfällen vgl. u. 50 ff. Auch bei lebensgefährlichem Risiko wird die Einwilligung nicht weiteres unbeachtlich (vgl. 103 f. vor § 32); speziell zur Schmerzlinderung mit Tötungsrisiko vgl. 26 vor § 211.

gg) Ein **Widerruf der Einwilligung** ist jederzeit möglich (RG **25** 382, BGH VersR **54**, 98, Hirsch **46** LK § 226 a RN 33 mwN; vgl. auch 44 vor § 32), jedoch nur insoweit beachtlich, als er nicht einem momentanen Schock oder vorübergehenden Angstgefühlen entspringt, sondern als ernstlich und endgültig anzusehen ist (vgl. BGH NJW **80**, 1903). Ein dennoch weitergeführter Eingriff wäre tatbestandsmäßig isV § 223 (vgl. RG **25** 382), könnte jedoch nach gleichen Grundsätzen wie eine Operationserweiterung (o. 44) gerechtfertigt sein, wenn der Abbruch bereits getroffener ärztlicher Maßnahmen zu einer akuten Lebensgefährdung des Patienten führen würde (vgl. Hirsch LK § 226 a RN 33, 37; für weitergeh. Zulässigkeit Koffka DJT-Ref. II/F 17 ff., Eb. Schmidt DJT-Gutachten 142).

hh) **Rspr-Kasuistik zu Einwilligungsfragen: Strafgerichte:** *BGH* **4** 118 (Einwilligung eines **47** KZ-Häftlings in Entmannung; vgl. dazu jetzt KastrG u. 55 f.), **11** 111 (1. Myom-Fall: nachträgl. Operationserweiterung), JZ **64**, 232 (2. Myom-Urteil), BGH **12** 379 (prophylaktischer Eingriff bei 17jähriger), **16** 309 (Behandlung durch Famulus), **35** 246 (mutmaßl. Einwilligung in Eileiterunterbrechung) m. Anm. Weitzel u. Giesen JZ **88**, 1022, Fuchs StV **88**, 524, Hoyer StV **89**, 245, Müller-Dietz JuS **89**, 280, **43** 306 (Therapiefortsetzung durch Urlaubsvertreter), JZ **64**, 231 (Operationserweiterung bei Hoden), NStZ **81**, 351 (Sterilisation), JR **94**, 515 (Behandlungsalternative zu Tumoroperation), NJW **95**, 204 (tödl. Behandlungsabbruch u. mutmaßl. Einwillg., m. Bspr. Merkel ZStW 107, 545), NStZ **96**, 34 (Surgibone-Dübel u. alternat. Materialien, m. Anm. Ulsenheimer NStZ **96**, 132, Rigizahn JR **96**, 72; zu diesem Jordan JR **97**, 32), *Hamburg* NJW **75**, 603 (Nebenfolgen bei Circumcision), *Karlsruhe* NJW **83**, 352 (Täuschung über Zielsetzung des Eingriffs), *Düsseldorf* MedR **84**, 28 (Abweichung von Standardbehandlung), *Frankfurt* NJW **91**, 763 (Suchtgefahr). – **Zivilgerichte** (beachte dazu den Vorbehalt o. 40): *BVerfG* NJW **79**, 1925/9 (nervus accessorius), *BGH* VersR **54**, 98 (Widerruf der Einwilligung), NJW **56**, 1106 (1. Elektroschock-Urteil), VersR **56**, 449 (lebensnotwendige Operation), *BGHZ* **29** 33 (Schilddrüsenoperation bei Minderjährigem), **29** 46 (2. Elektroschockurteil), **29** 176 (Strahlenurteil), BGH VersR **57**, 408 (Gehirnoperation), **59**, 391 (Punktion des Ohres), **60**, 475 (gleichwertige Behandlungsmethoden), **61**, 810 (Thorostrastinjektion), NJW **63**, 393 (Neomycinbehandlung), **71**, 1887 (diagnostische Hirnarteriographie bei 16jähriger), **72**, 335 (Narben nach Warzenbestrahlung bei 16jähriger), **73**, 556 (Beinlähmung durch Unterbauchoperation), **74**, 604 (Bromthaleintest durch MTA bei erhöhter Thrombosebereitschaft), **74**, 1422 (Wahl zwischen unterschiedlich riskanten Anästhesieverfahren), **76**, 363 (Krankenvorgeschichte bei Otosklerose), **76**, 365 (Querschnittslähmung), **77**, 337 (nachträglich erkanntes Operationsrisiko), **78**, 587 (Fadenmethode), **79**, 1933 (Nierenbiopsie), **80**, 633 (Blinddarm), 1333 (Ursächlichkeit des Aufklärungsmangels), 1903 (Widerruf), 1905 (Tympanoplastik), 2751 (Hodenatrophie), **81**, 630 (Sterilisation), 633 (Hautschiebeplastik), VersR **81**, 677 (Nervdurchtrennung), **82**, 168 (Nervenschädigung), 1142 (Mammaablation), NJW **82**, 697 (Myambutol), 2121 (Behandlungsalternativen), **83**, 2630 (Kostenalternativen), VersR **83**, 957 (verspätete Aufklärung), NJW **84**, 655 (Anfängeroperation), 1395 (Rektoskopie), 1397 (Strahlenbehandlung), 1807 (Exstirpation), 1810 (PEG), **85**, 2192 (Lagerungsrisiko), 2193 (Ischiasnerv), **86**, 780 (Embolie), MDR **86**, 77 (Abduktionsosteotomie), NJW **87**, 1481 (Hüftluxation), **87**, 2921 (Verlauf- und Risikoaufklärung), **88**, 763 (solange Standard gewahrt, keine Hinweispflicht auf bessere apparative und personelle Ausstattung andernorts) m. Anm. Bundschuh AR **89**, 42, Damm NJW **89**, 737, Giesen JZ **88**, 414, Rieger DMW **88**, 526, NJW **88**, 765 (Behandlungsalternativen), 1514 (talonavikulare Arthrodese), 1516 (Magenoperation), 2946 (Elternaufklärung), **89**, 1533 (intraartikuläre Injektion in das Schultergelenk) m. Anm. Simon-Weidner MedR **89**, 188, Hauß VersR **89**, 514, NJW **89**, 1538 (Schnittentbindung), 1541 (Anastomose), 2320 (Schwangerschaftsrisiken) m. Anm. Matthies JR **90**, 25, NJW **90**, 1528 (Strahlentherapie), **91**, 2342, 2344 (hypothet. Einwilligung), 2349 (kosm. Operation), **92**, 741 (Vaginalentbindung), 743 (Infektionsgefahr bei Bluttransfusion), 1558 (Mißerfolgsrisiko bei Hysterektomie), 2353 (mangelnde Behandlungsalternative), 2354 (Mastektomie), **93**, 2372 (Entbindungsmethoden), **94**, 793 (Aufklärungsmerkblatt), 2414 (Kniegelenkpunktion), **95**, 2410 (Myelographie) m. Anm. Rieger DMW 95, 1411, VersR **94**, 682 (Zahnextraktion), JZ **97**, 451 (Uterusentfernung), NJW **98**, 1784 (unwirksame Einwilligung), *Braunschweig* VersR **88**, 382, MedR **89**, 147 (Entbindung), *Bremen* MDR **83**, 73, 111 (Carotisangiographie), VersR **83**, 496 (Stimmbandlähmung), NJW **91**, 2969 (Operationsdauer), *Celle* NJW **78**, 593 (Strumektomie), **79**, 1251 (Hodenatrophie), **82**, 706 (keine Aufklärung über Operateur), VersR **82**, 500, MedR **84**, 106 (Gebärmutterexstirpation), VersR **84**, 89 (Hepatitis), NdsRpfl. **85**, 234 (Bauchdeckenstraffung), MedR **87**, 108 (Hodentorsion), VersR **87**, 567 (Scheidenplastik), NJW **87**, 2304 m. Anm. Barnikel VersR **89**, 236 (kosm. Operation), *Düsseldorf* NJW **63**, 1679 (kosm. Operation), VersR **85**, 478 (Telekobaltbestrahlung), 552 (Mammahypertrophie), **86**, 472 (Estracyt), 1193 (Bestrahlung), MedR **86**, 162 (Leistenbruchoperation), NJW **86**, 2373 (Vakuumextraktion), **87**, 161 (Siebbein), 412 (Tubenligatur), 487 (axilläre Plexusblockade), MedR **87**, 189 (Telekobalt-Bestrahlung), AR **88**, 147 (Laparoskopie), VersR **88**, 1132 (vitale Indikation), **89**, 191 (Mastektomie), 703 (Stimmbandlähmung), NJW **89**, 2334 (Weisheitszahnextraktion), **90**, 771 (Sterilisation), VersR **94**, 218 (Wallenberg-Syndrom), **95**, 542 (Schwangerschaftsrisiko nach Sterilisationseingriff), *Frankfurt* NJW **73**, 1415 (Querschnittslähmung durch Renovasographie), NJW **81**, 1322 (Operationserweiterung), VersR **84**, 643 (Vertebralis-Angiographie), MedR **84**, 28 (Insulinabsetzung), NJW **83**, 1382 (Behandlungsalternativen), VersR **83**, 879 (Sterilisation), MedR **84**, 194 (Einwilligung unter Schmerzen), VersR **89**, 254 (Strahlentherapie, vitale Indikation), *Hamburg* MDR **82**, 580 (verbleibende Narben), MedR **83**, 25 (Minderjährige), VersR **86**, 1195 (Beckenendlage), **89**, 147 (Sterilisation), *Hamm* NJW **76**, 1157 (Zystoperation), VersR **81**, 686 (Carotis-Angiographie), NJW **83**, 2095 (Sterilisation bei Entmündigter), VersR **83**, 565 (Schnittentbindung), **85**, 598 (PCB), **86**, 477 (Tubenkoagulation), MedR **86**, 150 (Osteotomie), 153 (intramedullärer Tumor), VersR **87**, 106 (Osteosynthese), 994 (Arzneimittelgefahren), 1019 (Heilpraktiker), **88**, 1133 (zervikale Myelographie bei vitaler Indikation), **89**, 807 (Karotisangiographie), **90**, 663 (Rektumkarzinom), NJW-RR **91**, 1309 (nur relativ indizierte Operation), VersR **92**, 610 (Infektionsrisiko), 833 (Angiographie), 1473 (Bandscheibenoperation), **93**, 1399 (Abduzenspareserisiko), **94**, 815 (primäre Aufklärungspflicht des Spezialisten), 1304 (Zahnextraktion) m. Anm. Gaisbauer, 95, 47 (Osteosynthese), 173 (Hämorrhoidenverödung), *KG* VersR **82**, 74 (Urosepsis), *Jena* VersR **98**, 586 (fehlerhafte Aufklärung), *Karlsruhe* VersR **78**, 549 (Allgemeinnarkose), VersR **79**, 58 (Mastektomie), NJW **83**, 2643 (Angiographie), MedR **85**, 79 (Narkoserisiko), **88**, 93 (Appendektomie), *Koblenz* MedR **84**, 108 (Sterilisation), **88**, 297 (Schilddrüsenoperation), **89**, 629 (Verlängerungsosteotomie), NJW **90**, 1540 (Strahlenbehandlung), **91**, 2967 (Anfängeroperation), **96**, 1600 (fehlende Aufklärung über Außenseitermethode), VersR **92**, 963 (Kausalität des Aufklärungsmangels), NJW **99**, 3419 (Amalgamfüllung), *Köln* VersR **78**, 551 (mangelnde Routine), NJW **78**, 1690 (erhöhte Infektionsgefahr), VersR **82**, 453 (Erstoperation), **83**, 277 (Darmverletzung bei Totaloperation), MedR **83**, 112 (Konsiliarius), VersR **85**, 844 (Kurzzeitlyse), **87**, 572 (Schädeloperation), NJW **87**, 2302 (Carotisangiographie mit nachfolgender Operation bei eröffnetem Schädel), NJW-RR **99**, 674 (unzureichende Risikoaufklärung), VersR **87**, 1250 (vorzeitige Entlassung), **88**, 603 (Zahnwurzelbehandlung), 744 (Cervikal-Syndrom), 1049 (kosm. Operation), 1185 (Geburtsalternativen), **89**, 707 (Zahnstift), **90**, 489 (Rektumscheidenfistel), **93**, 361 m. Anm. Gaisbauer 1234 (Sicherungsaufklärung), *München* NJW **83**, 2642 (Hinweise durch Mitpatient), **84**, 1412 (Anästhesistenwechsel), VersR **88**, 525 (Harninkontinenz), 746 (Andbereich), 1136 (Eileiterschwangerschaft), **89**, 198 (Schmerzbekämpfung), MedR **88**, 187 (Brustreduktionsplastik), **91**, 34

Körperverletzung - Ärztliche Heilbehandlung 48–50 a § 223

(Perforation durch Spirale), VersR 93, 752 (Aufklärungsbogen), 1488 (ausländ. Patientin), 1529 (kosm. Operation), 94, 1345 (Entbindungsmethoden), *Nürnberg* MedR 86, 162 (Darmvorfall), VersR 88, 299 (Penisprothese), *Oldenburg* VersR 85, 274 (Stellatumblockade), 86, 69 (Tuberkulostatica), 88, 408 (Schilddrüsenoperation, Stimmbandlähmung), 603 (Sudecksche Dystrophie nach Meniskusoperation), 695 (Operation im Halswirbelbereich), 98, 1421 (Brustoperation) MDR 92, 236 (Vorhautbeschneidung), VersR 93, 581 (Spinalanästhesie), 94, 221 (Aufklärungszeitpunkt), MedR 95, 326 (Fremdkörper im Operationsbereich), 97, 508 (kosmetische Operation), *Saarbrücken* VersR 88, 95 (Einwilligung bei akutem Notfall u. unter Schmerzen), 92, 53 (hygienische Defizite), 759 (vitale Indikation), 94, 1427 (Verständlichkeit der Aufklärung), *Schleswig* VersR 87, 419 (Tubenligatur), NJW 87, 712 (Bandscheibe), *Stuttgart* NJW 79, 2355 (Rechtzeitigkeit bei Angiographie), VersR 81, 342 (Gastroskopie), 691 (eingeengtes Halsmark), VersR 83, 278 (Hirnangiographie), MedR 85, 175 (Osteosynthese), 86, 41 (Coloskopie), VersR 86, 1198 (DPT-Impfung), 87, 515 (Isthmusplastik), 1099 (Zahnersatz), 88, 695 (fehlender Hinweis auf Unsicherheit des Befundes), 89, 519 (Schnittentbindung), 95, 661 (Schilddrüsenoperation), NJW-RR 88, 608 (Angiographie), *Zweibrücken* VersR 87, 108 (Kobaltbestrahlung), NJW-RR 95, 1305 (endoskopische retrograde Cholangio- u. Pankreatographie), *LG Bonn* VersR 89, 811 (Zahnextraktion), *LG Bremen* NJW-RR 88, 606 (Lymphknotenoperation im Halsbereich), *LG Duisburg* MDR 84, 285 (Medizinstudent), *LG Frankenthal* MedR 98, 569 (unvermeidbare Schädigung d. Nervus lingualis), *LG Frankfurt* NJW 82, 2610 (Behandlung durch Hilfskraft), *LG Gießen* AR 89, 261 (Mumpsschutzimpfung), *LG Koblenz* VersR 87, 1101 (Leistenbruch), *LG Göttingen* VersR 90, 1401 (Einwilligungsvorbehalte des Ehegatten), *LG Hannover* NJW 81, 1320 (Zahnbehandlungsalternativen), *LG Kiel* NJW 99, 3418 (Goldlegierung), *LG Köln* VersR 83, 960 (Kostenvergleich), *LG Landau* VersR 87, 1102 (Frischzellenbehandlung), *LG Mannheim* VersR 81, 761 (Operationserweiterung), *LG Memmingen* VersR 85, 349 (Katheter-Angiographie), *LG Wiesbaden* VersR 93, 54 (Verlust der Zeugungsfähigkeit), *AG Köln* VersR 83, 473 (Zahnbehandlungsalternativen). Vgl. ferner die Entscheidungssammlungen von Deutsch/Hartl/Carstens aaO, Giese aaO, Kern in Laufs/Uhlenbruck aaO 1335 ff. zur Rspr. bei mangelhafter Einwillig. u. Aufklärung, ferner die von den BÄK u. der Dt. Krankenhauses. empfohlenen „Richtlinien zur Aufklärung der Krankenhauspatienten über vorgesehene Maßnahmen", MedR 87, H. 3 VII–XI, sowie die Entscheidungssammlung von Ulsenheimer ua aaO; spez. zu invasiven Maßnahmen vgl. Schaffer aaO, zur zahnärztl. Aufklärungspflicht Gaisbauer VersR 95, 12, 17; rechtsvergleich. Giesen JZ 87, 282 ff.

e) In **subjektiver** Hinsicht ist **Heilungswille** erforderlich. Dieses Handeln des Arztes zum Wohle 48 des Patienten (vgl. Maurach BT[5] 79) ist nicht schon dadurch ausgeschlossen, daß er sich dabei eines möglichen Risikos bewußt ist (vgl. Bockelmann aaO 69 f.); vgl. aber auch u. 50 a zur Abgrenzung von Heilversuch und Humanexperiment.

3. Fehlt auch nur eine der vorgenannten Voraussetzungen, so ist der Eingriff grundsätzlich als 49 **tatbestandsmäßige Körperverletzung** zu betrachten: Das gilt für *gesundheitsverschlechternde* oder *substanzverletzende* Behandlungen (o. 33) im Falle (objektiv oder subjektiv) *mangelnder Indikation* (u. 50 ff.), bei *nichtkunstgerechter* Durchführung (u. 51) oder bei *mangelndem Einverständnis* des Patienten (u. 52). Das bedeutet im einzelnen:

a) **Mangelnde medizinische Indikation** nimmt dem Eingriff trotz ärztlicher Durchführung zwar 50 den Charakter eines Heileingriffs (insofern zutr. BGH NJW 78, 1206 zu nichtindizierter Zahnextraktion aufgrund unsinniger Selbstdiagnose des Patienten; vgl. auch Karlsruhe VersR 87, 1147, ferner Düsseldorf NJW 85, 684 zu Schönheitsoperation). Doch schließt dies weder eine Rechtfertigung durch Einwilligung aus noch hat der Indikationsmangel ohne weiteres die Unwirksamkeit der Einwilligung zur Folge (vgl. o. 39; insofern verfehlt BGH aaO, wenn er zudem in Widerspruch zur st. Rspr. o. 29, 37 f. den Patientenwillen durch ärztliche Vernunfthoheit ersetzt; krit. auch Hruschka JR 78, 519, Rogall NJW 78, 2344; vgl. auch Koch in Eser/Nishihara 236 ff. zur Ergänzung des Indikationserfordernisses mit einer Nutzen-Risiko-Abwägung). Problematisch ist die Indikation vor allem in folgenden Fallgruppen:

α) So zunächst bei Maßnahmen mit (zumindest auch) **experimentellem** Charakter, wozu sowohl 50 a das eigentliche *„Humanexperiment"*, bei dem es weniger um individuelle Heilung als primär um generelle Forschungszwecke (diagnostische Erkenntnisse, Erprobung neuer Heilverfahren oder Medikamente) geht, als auch der *„Heilversuch"* zu zählen sind, bei dem zwar subjektiv die therapeutische Zielsetzung im Vordergrund steht, jedoch objektiv (wie etwa bei Erstoperation) wegen noch ungesicherter Verfahren der experimentelle Charakter dominiert (vgl. Deutsch NJW 76, 2293, Hart MedR 94, 94 ff.; näher zur Abgrenzung Grahlmann aaO insbes. 6 ff., 22 ff.; vgl. auch BGHZ 20 61): Daß beide Eingriffsarten jedenfalls durch eine entsprechend intensiv aufgeklärte Einwilligung gerechtfertigt sein können (dazu insbes. Eberbach/Schuler JZ 82, 356 ff., Giesen, Neue Behandlungsmethoden 15, 21 ff., spez. zu mutmaßl. Einwilligung Fischer Deutsch-FS 556 ff.), bei wissenschaftlicher Zielsetzung insbes. also auch § 228 idR nicht entgegensteht, ist grds. anerkannt (vgl. Hirsch LK § 226 a RN 47), erweist sich aber dort als problematisch, wo es um Experimente mit (einwilligungsunfähigen und insoweit auch kaum vertretungsfähigen) Kleinkindern, Geisteskranken (dazu Schmidt-Elsäßer aaO) oder um tödliches oder ein unangemessen hohes Gesundheitsrisiko geht (vgl. auch Trokkel NJW 79, 2329 ff.). Zu diesen noch weithin ungeklärten Fragen vgl. ua Breddin aaO, Deutsch aaO, VersR 83, 1 ff., Eberbach MedR 88, 7 ff., Eser Schröder-GedS 191 ff., Fischer aaO, Grahlmann aaO, Held aaO, Helmchen/Winau, Versuche mit Menschen (1986), Helmchen/Lauter aaO, insbes. 29 ff.,

§ 223 50 b   Bes. Teil. Körperverletzung

51 ff., A. Jung, Zulässigkeit biomed. Versuche am Menschen (1996): vorwieg. zum franz. Recht, Kleinsorge/Hirsch/Weissauer, Forschung am Menschen (1985), Laufs VersR 78, 385, Schimikowski, Experiment am Menschen (1980) mwN sowie insbes. zur Diskussion um Art. 17 der Europ. Biomedizinkonvention Eser, Biomedizin u. Menschenrechte (1999), 9, 16, 95 ff. Speziell zur *Arzneimittelerprobung* vgl. §§ 21 ff., 40 ff. ArzneimittelG, ferner Eser Internist 82, 218 ff., Fincke aaO (dagegen Deutsch JZ 80, 291, Hart, Arzneimitteltherapie 124 ff., Wartensleben Bruns-FS 339 ff.), Fischer AuR 89, 32, Jordan aaO, Kleinsorge MMW 90, 215, Koch in Wagner aaO 187 ff., Plagemann JZ 79, 257 ff., Samson NJW 78, 1182, Scholz/Stoll MedR 90, 58, Sobota Kriele-FS 367 ff., Staak-Weiser aaO, Staak/Uhlenbruck MedR 84, 177, I./K. Tiedemann aaO, Winkel, Randomisation u. Aufklärung bei klin. Studien (1984), ua Witte, Ordnungsgemäße klin. Prüfung (1990), zu *psychiatr.* Humanexperimenten vgl. Bork NJW 85, 654, zur Forschung mit *Embryonen* vgl. §§ 1, 2 ESchG (dazu 11 vor § 218); ferner Eberbach ZRP 90, 217, Eser, Bedrohungen aaO sowie die Beiträge in Günther/Keller, Kapp aaO. Allg. zur Einschaltung von *Ethikkommissionen* vgl. Classen MedR 95, 148 ff., v. d. Daele, Die Kontrolle der Forschung am Menschen durch Ethik-Komm. (1990), Dengler/Schwilden, Ethik-Komm. bei klin. Prüfungen (1989), Jung, Entscheidungsprozesse bei med.-eth. Grenzfragen, in: Jung/Müller-Dietz/Neumann, Recht u. Moral (1991), 401, Kreß, Die Ethik-Komm. im System der Haftung usw. (1990), Pfeiffer Salger-FS 699, Toellner, Die Ethik-Komm. in der Medizin (1990). Rechtsvergleich Eser, Legal experimentation on the Living, in Noble/Vincent, The ethics of life (1997)125 ff.

50 b β) In der variantenreichen Fallgruppe **gestalt- oder funktionsverändernder** Eingriffe kommt es entscheidend auf die individuelle Zielsetzung an. Daher kann bei **kosmetischen** Operationen der Heilcharakter weder generell bejaht (mit dieser Tendenz Engisch aaO 6, Kohlhaas, Medizin 113 ff., Maurach BT[5] 80 und wohl auch Horn SK § 228 RN 20) noch grundsätzlich verneint werden (so aber wohl Bockelmann aaO 69, Schröder 17. A. RN 11, Welzel 289). Denn sofern durch „medizinische Plastik" oder „wiederherstellende Chirurgie" angeborene Mißbildungen und Unebenheiten (Klumpfuß, abstehende Ohren, Schielaugen) oder spätere Verletzungen (verstümmelte Nase, entstellende Narben) beseitigt werden sollen, deren Nichtbehebung zumindest eine seelische Belastung bedeutet, ist die medizinische Indizierung zu bejahen (iglS M-Schroeder I 106). Geht es dagegen allein um Änderung oder Verschönerung des äußeren Erscheinungsbildes („lifting", Beseitigung von Identitätsmerkmalen), so kann von Heilungszweck keine Rede sein (Hirsch LK § 226 a RN 44); deshalb bedürfen derartige tatbestandsmäßige Eingriffe einer rechtfertigenden Einwilligung, wobei vor allem an die Risikoaufklärung strenge Anforderungen zu stellen sind (vgl. o. 41 sowie BGH NJW 72, 335, 91, 2349 m. krit. Anm. Ulsenheimer MedR 92, 133, Düsseldorf NJW 63, 1679, Köln VersR 88, 1049, München MedR 88, 187, VersR 93, 1529, Geilen in Mergen II 42 FN 49, Hirsch aaO). Nach § 228 steht solchen Eingriffen nichts entgegen, solange sie nicht deliktischen Zwecken dienen (zB Gesichtskorrektur zur Identitätstäuschung; vgl. Horn SK § 228 RN 20). Zur *Psychochirurgie* vgl. Adler-Saupe aaO, insbes. 208 ff. Auch bei Kastration, Sterilisation und sonstigen **Empfängnisverhütungsmaßnahmen** hängt der Heilcharakter vom individuellen Indikationsgrund ab (vgl. u. 56, 61 sowie speziell zu Ovulationshemmern Grömig NJW 71, 233). Entsprechendes gilt für *Schwangerschaftsabbruch,* der jedenfalls bei rein medizinischer Indikation (§ 218 a RN 26 ff.) hinsichtlich der Schwangeren Heilcharakter haben kann. Zu **humangenetischen** Verfahren diagnostischer Art (wie pränatale Diagnostik und Genomanalyse) und reproduktiver Zielsetzung (wie Insemination, in-vitro-Fertilisation und Embryotransfer) vgl. insbes. den Bericht der gemeins. Arbeitsgruppe des BMFT u. des BMJ „In-vitro-Fertilisation, Genomanalyse u. Gentherapie" (1985) sowie die in derselben Reihe „Gentechnologie – Chancen u. Risiken" des Schweitzer Verlages erschienenen Publikationen, ferner den Kabinettsber. der BReg. zur künstlichen Befruchtung beim Menschen (BT-Drs. 11/1856), den Arbeitsbericht der Bund-Länder-Arbeitsgruppe „Fortpflanzungsmedizin" (1988), die Beiträge in Günther/Keller aaO, ferner Cramer aaO sowie spez. mit strafr. Einschlag Eser in W. Schloot, Möglichkeiten u. Grenzen der Humangenetik (1984) 185 ff., in Reiter/Theile, Genetik u. Moral (1985) 134 ff., in Braun/Mieth/Steigleder aaO 120 ff., in Bierich aaO 152, Günther ZStW 102, 269, Hirsch MedR 86, 237 ff., Hülsmann aaO (unter bes. Berücksichtigung des ESchG), Jung ZStW 100, 3, Kaufmann Oehler-FS 549 ff., Keller Tröndle-FS 705, Koch MedR 86, 259 ff., Lauff/Arnold ZRP 84, 279 ff., Lüttger aaO, Mersson, Fortpflanzungstechnologien u. Strafrecht (1984), Merz aaO, Ostendorf in Jüdes, In-Vitro-Fertilisation u. Embryotransfer (1983) 177 ff., JZ 84, 595 ff., Sass aaO, A. Schmidt aaO, Sternberg-Lieben JuS 86, 673 ff., NStZ 88, 1, GA 90, 289 sowie rechtsvergleich. die Sammlungen Eser/Koch/Wiesenbart aaO. Auch die **Geschlechtsumwandlung** kann Heilmaßnahme sein, wo sie eine persönlichkeitskonformere Identitätsfindung ermöglichen soll (vgl. BVerfG NJW 79, 595, Walter JZ 72, 263 ff., Koch MedR 86, 172 ff., Müller-Emmert aaO 97, ferner BVerfG JZ 82, 503, Sigusch NJW 80, 2740 zum TranssexuellenG v. 10. 9. 80, BGBl. I 1654); in anderen Fällen hingegen wird auch nach heutigen Maßstäben ihre Sittengemäßheit zu verneinen sein (vgl. BGH JZ 72, 282 f.); zum Ganzen Eicker, Transsexualismus (1984), Schneider aaO. **„Doping"** wird nicht schon dadurch zur Heilmaßnahme, daß es zur Kraftsteigerung bzw. aufgrund ärztlicher Verordnung verabreicht wird (vgl. auch § 228 RN 18 sowie BGH aaO 13 ff., Turner MDR 91, 571 ff. sowie insbes. zur Verantwortung des Sportarztes Derleder/Deppe JZ 92, 116 ff.; zu sog. „therapeut. Doping" Mestwerdt aaO 75 mwN). Zur Verschreibung von **Drogen** vgl. BGH MDR/H 78, 987 sowie § 222 RN 5 (zu Ersatzdrogen vgl. o. 34), zu *Psychopharmaka* Komo aaO, zu „Scheidenmassagen" vgl. o. 45.

γ) Auch bei **fremdnützigen Eingriffen,** die einem Dritten zugute kommen sollen (Blutspende, **50 c** Transplantatentnahme) oder Allgemeinzwecken dienen (sozialhygienische Impfung, strafprozessuale Maßnahmen), fehlt es hinsichtlich des Spenders bzw. des Duldungspflichtigen am Heilzweck. Deshalb bedürfen solche Eingriffe der Rechtfertigung durch Einwilligung (vgl. § 7 TPG, § 34 RN 41 e sowie 40 vor § 32) bzw. eines besonderen gesetzlichen Eingriffsrechts (vgl. o. 14). Zudem kommt eine Organentnahme vom lebenden Spender grds. nur bei nachwachsenden oder paarigen Organen (wie zB Nieren, vgl. BGH NJW **87**, 2925) in Betracht (vgl. auch § 7 f. TPG), wobei im Rahmen von § 228 zu berücksichtigen ist, inwieweit sich der Spender dadurch über das Operationsrisiko hinaus einer schweren Eigengefährdung aussetzen darf (vgl. Bockelmann aaO 104, Gössel I 166, Hirsch ZStW **83**, 168 f.). Allg. zur **Organtransplantation** Carstens aaO, Dietrich, Organspende, Organtransplantation (1985), Dippel Hanack-FS 665 ff., Grahlmann aaO 59 ff., Hiersche/Hirsch/Graf-Baumann aaO, Hirsch/Schmidt/Didczuhn, Transplantation u. Sektion (1992), S. 8 ff., Höfling/Rixen aaO, Kern MedR 93, 389 ff., Koch in Eser/Nishihara 261 ff., Kramer, Rechtsfragen der Organtransplantation (1987), Kunert Jura 79, 350 ff., Lenckner aaO 611 f., Rüping GA 78, 129 ff., MMG 82, 77 ff., Wolfslast MMW 82, 105 ff., Ulsenheimer in Laufs/Uhlenbruck aaO 1164 ff. mwN sowie die Erl. u. Nachw. zu § 168.

b) Bei **nichtkunstgerechter Durchführung** (vgl. o. 35 f.) ist ein gesundheitsverschlechternder **51** bzw. substanzverletzender Eingriff grds. tatbestandsmäßig iSv § 223 (vgl. o. 33) und idR auch rechtswidrig, da kunstwidrige Maßnahmen von der Behandlungseinwilligung als solcher normalerweise nicht mitgedeckt sind (vgl. BGHZ 29 180, BGH VersR **60**, 20, 61, 450, Bockelmann aaO 61, Hirsch LK § 226 a RN 32). Die Strafbarkeit nach § 223 ff. bzw. § 229 hängt davon ab, ob die Kunstregeln vorsätzlich (wofür auch dolus eventualis genügt) oder fahrlässig mißachtet wurden. Zur *Ursächlichkeit* vgl. BGH NJW **79**, 1258. Bei Fehlbehandlungen von *Nichtärzten* dürfte idR sowohl der Sorgfaltsverstoß (vgl. Hirsch LK 5 vor § 223) als auch die Vorhersehbarkeit des Mißlingens anzunehmen sein; zu fahrlässigem Fehlverhalten vgl. auch § 15 RN 219; zur *Delegierung* an nichtärztliches Hilfspersonal vgl. Hahn NJW 81, 1977 ff. Soweit *vorsätzliche* Kunstwidrigkeit vorliegt, kommt gegebenenfalls auch Strafschärfung für schwere Folgen nach § 226 in Betracht. War jedoch der Patient mit der unsachgemäßen Behandlungsmethode einverstanden, kann der Eingriff unter Beachtung der Schranken des § 228 gerechtfertigt sein (Hirsch LK § 226 a RN 32). Vgl. auch o. 50 a zum „Heilversuch". Auch in der Verletzung einer Hausbesuchspflicht bei entsprechender Garantenstellung kraft Übernahme uU ein Behandlungsfehler liegen (vgl. BGH NJW **79**, 1248 m. Anm. Weißauer BayÄBl. 80, 219, StV 87, 21 m. Anm. Frelessen, ferner Karlsruhe NJW **79**, 2360 m. Anm. Bruns JR 80, 297). Vgl. auch die Behandlungsfehlerkasuistik o. 35 a sowie allg. zur ärztl. Hilfeleistungspflicht Lenckner aaO 570 ff.

c) Die **eigenmächtige,** weil nicht von einer wirksamen Einwilligung gedeckte Substanzverletzung **52** oder Gesundheitsverschlechterung ist grds. sowohl tatbestandsmäßig iSv §§ 223 ff., 229 (vgl. o. 33, 37 ff.) als auch rechtswidrig, sofern nicht ersatzweise mutmaßliche Einwilligung angenommen werden kann (zu solchen Fällen vgl. o. 42, 44). Handelt es sich freilich nur um eine *Gesundheitsverschlechterung*, die trotz Beachtung der lex artis eingetreten ist, wird mangels Sorgfaltsverstoßes selbst fahrlässige Haftung regelmäßig ausscheiden (vgl. Hirsch LK 5 vor § 223). Bei einem eigenmächtigen *Substanzeingriff* hingegen, dessen Tatbestandsmäßigkeit ja nicht dadurch aufgehoben wird, daß er kunstgerecht durchgeführt wird, bedarf es sonstiger Straffreistellungsgründe. Dafür kommt bei fürsorgebedingter Aufklärungsbeschränkung oder Suizidfällen (o. 42) sowie bei nachträglicher Operationserweiterung (o. 44) und Einwilligungswiderruf (o. 46) uU *rechtfertigender Notstand* (§ 34) in Betracht. Entsprechendes gilt für den Fall mißbräuchlicher Behandlungsverweigerung durch den gesetzlichen Vertreter bei Gefahr im Verzug (Bockelmann aaO 61, 79, FN 65, Horn SK § 228 RN 16; vgl. auch Hamm NJW **68**, 212 m. Anm. Ulsenheimer FamRZ 68, 568). Sofern sich jedoch der voll einwilligungsfähige Patient reflektiert und unmißverständlich gegen seine Behandlung erklärt hat, ist dieser Wille zu respektieren (Hirsch LK § 226 a RN 37, Horn aaO), und zwar selbst dann, wenn das (zB bei Verweigerung einer Bluttransfusion aus religiösen Gründen) zum Tode führen könnte (vgl. 27 f. vor § 211). Wird er dennoch zwangsweise einer Behandlung unterzogen, so kommt § 223 in Tateinheit mit §§ 239, 240 in Betracht (vgl. o. 32). Zu ausnahmsweise zulässigen *Zwangseingriffen* vgl. o. 14. Hat der Arzt den Einwilligungsmangel *irrtümlich* verkannt, so scheidet nach allgemeinen Grundsätzen (§ 16) zwar Strafbarkeit nach den § 223 ff. aus (vgl. Hirsch LK § 226 a RN 50), jedoch kommt § 229 in Betracht, falls er den Mangel hätte erkennen können (vgl. o. 44, ferner Bockelmann aaO 61, Tröndle 9 v). Das gilt insbes. auch für den Fall, daß der Arzt die Aufklärungsbedürftigkeit postoperativer Folgen fahrlässigerweise verkannt hat (vgl. Hamburg NJW **75**, 604 m. Anm. Rudolphi JR 75, 513).

4. Besondere Probleme stellen sich bei Kastration und Sterilisation. **53**

Schrifttum: Neben den allg. Nachw. zum Heileingriff o. 27 vgl. speziell: *Bundesvereigg. Lebenshilfe,* Regelungen zur Sterilisation einwilligungsunfähiger Personen im BetreuungsG, 1990. – *Engisch,* Die Strafwürdigkeit der Unfruchtbarmachung mit Einwilligung, H. Mayer-FS 399. – *Eser,* Freiwillige Sterilisation u. Strafrechtsreform, Med. Welt 70, 1751. – *Ders.,* Sterilisation geistig Behinderter, Tröndle-FS 625. – *Eser/Hirsch,* Sterilisation u. Schwangerschaftsabbruch, 1980. – *Eser/Koch,* Aktuelle Rechtsprobleme der Sterilisation,

MedR 84, 6. – *Finger,* Schwangerschaftsabbruch u. Sterilisation in der Ehe, Krit. 86, 326. – *Fischer,* Zwangssterilisation geistig Behinderter?, 1989. – *Hanack,* Die strafr. Zulässigkeit künstlicher Unfruchtbarmachung, 1959. – *Ders.,* Künstl. Eingriffe in die Fruchtbarkeit, in Göppinger, Arzt u. Recht (1966) 11. – *Ders.,* Die Sterilisation aus soz. Indikation, JZ 64, 393. – *Hardwig,* Sterilisation u. Sittlichkeit, GA 64, 289. – *Harmsen,* Familienplanung, in Mergen III 104. – *Heidenreich/Otto,* Sterilisation bei geistiger Behinderung, 1991. – *Heiss,* Die Sterilisation der Frau, 1969. – *Hirsch/Hiersche,* Sterilisation geistig Behinderter, MedR 87, 135. – *Hiersche/Hirsch/Graf-Baumann,* Die Sterilisation geistig Behinderter, 1988. – *Hoerster,* Grundsätzl. zur Strafwürdigkeit der Gefälligkeitssterilisation, JZ 71, 123. – *Hoffmann,* Sterilisation geistig behinderter Erwachsener, 1996. – *Horn,* Jur. Aspekte der Sterilisation, MMG 82, 70. – *Ders.,* Strafbarkeit der Zwangssterilisation, ZRP 83, 265. – *Jung,* Stereotaktik u. KastrationsG, NJW 73, 2241. – *Kaiser,* Eugenik u. Kriminalwissenschaft heute, NJW 69, 538. – *Kern/Hiersche,* Zur Sterilisation geistig Behinderter, MedR 95, 463. – *Koffka,* Wie soll die freiwillige Sterilisierung künftig gesetzl. geregelt werden?, Heusinger-FS 355. – *Krause,* Freiwilligkeit u. Strafmilderung als umstrittene Probleme bei der Kastration von Sittlichkeitsverbrechern, MSchr. Krim. 67, 240. – *Neuer-Miebach/Krebs,* Schwangerschaftsverhütung bei Menschen mit geistiger Behinderung, 1987. – *Petersen,* Sterilisation, 1981. – *Reinhardt,* Einverständl. Sterilisation bei soz. Indikation, JuS 67, 399. – *Schwalm,* Kastration u. Sterilisation in strafr. Sicht, in Mergen III 200. – *Spann,* Rechtsgrundlagen der operativen Sterilisation beim Mann u. bei der Frau, Geburtsh. u. Frauenheilk. 75, 501. – *Ders.,* Zur bes. Problematik der Sterilisation aus sozialer Indikation u. der Gefälligkeitssterilisation, ebda. 76, 197. – *Urbanczyk,* Sind freiwillige Sterilisierungen strafbar? NJW 64, 425. – *Wille,* Nachuntersuchungen an sterilisierten Frauen, 1978. – *Wulfhorst,* Wäre eine Strafbarkeit der freiwilligen Sterilisierung verfassungswidrig? NJW 67, 649. Vgl. ferner Sondernr. 28 der MMW 118 (1976) über „Probleme der Sterilisation bei Mann u. Frau."

54 a) Die gegenwärtige **Rechtsunsicherheit** in diesem Bereich hat ihren wesentlichen Grund in einer wechselvollen Gesetzgebungsgeschichte: Ursprünglich waren Kastration und Sterilisation in gleicher Weise wie jeder andere Eingriff in die körperliche Integrität durch die §§ 223 ff. erfaßt, bis sie durch § 14 ErbGesG idF v. 26. 6. 35 (RGBl. I 773) sowie durch den 1943 in das StGB eingefügten § 226 b eine tatbestandliche Sonderregelung erfuhren. Danach war die Sterilisation ua zulässig, wenn sie „zur Abwendung einer ernsten Gefahr für das Leben oder die Gesundheit" erforderlich war; die Kastration war zu dem Zweck gestattet, „von einem entarteten Geschlechtstrieb zu befreien, der die Begehung weiterer Verfehlungen iSd §§ 175–178, 183, 223–226 (aF) des StGB befürchten läßt." Nachdem die Sonderstrafdrohung des § 226 b durch KRG Nr. 11 von 1946 wieder beseitigt war, wurde in einigen Bundesländern § 14 ErbGesG weiterhin als partielles Bundesrecht für anwendbar gehalten, während andere Länder §§ 223, 225 iVm § 226 a für verbindlich hielten (vgl. die Nachw. bei Hirsch LK § 226 a RN 29, Schwalm in Mergen III 203 f.). Demgegenüber zog BGH **20** 81 (Dohrn-Urteil) aus der Sondervertatbestandlichung in § 226 b und dessen späterer Aufhebung den Schluß, daß freiwillige Sterilisationen vom Strafrecht schon tatbestandlich nicht mehr erfaßt würden und es daher auch auf ihre Sittengemäßheit im Einzelfall nicht ankäme (vgl. u. 62 sowie zur Entwicklung im einzelnen Hanack aaO 55 ff., Eser Med. Welt 70, 1751 ff.). Da diese Konstruktion jedoch normtheoretisch nicht haltbar ist (vgl. ua Bockelmann aaO 52 f., Hanack JZ 65, 221 ff., Hirsch LK § 226 a RN 38 mwN), wird von der hL der vor Einführung des § 226 b herrschende Rechtszustand wiederum für maßgeblich gehalten (vgl. u. 60 f.). Dabei ist jedoch zu beachten, daß die Kastration durch das KastrG v. 15. 8. 69 (BGBl. I 1143) eine teilweise Sonderregelung erfahren hat. Bei dieser Gelegenheit wurde übrigens für nicht mehr anwendbar erklärte ErbGesG wurde schließlich durch Art. 8 Nr. 1 des 5. StRG (vgl. 1 vor § 218) gänzlich aufgehoben. Somit ist die Rechtslage derzeit im wesentlichen folgende:

55 b) Bei der **Kastration** sind aufgrund des **KastrG** (o. 54) drei Fallgruppen zu unterscheiden: die Entmannung (§ 1), *andere Behandlungsmethoden* (§ 4) sowie *sonstige* vom KastrG nicht erfaßte triebbeinflussende Maßnahmen.

56 aa) Die eigentliche **„Entmannung",** durch welche die Keimdrüsen eines Mannes (durch operativen Eingriff) absichtlich entfernt oder (zB durch Bestrahlung) dauernd funktionsunfähig gemacht werden (§ 1), ist nicht als Körperverletzung strafbar, wenn der mindestens 25 Jahre alte Betroffene eingewilligt hat, die durch die Entmannung zu erwartenden Nachteile nicht unverhältnismäßig sind, der Eingriff durch einen Arzt lege artis vorgenommen wird (§ 2 I Nr. 1, 3, 4, 5) und der Eingriff entweder *medizinisch* indiziert (zur Verhütung, Heilung oder Linderung einer mit seinem abnormen Geschlechtstrieb zusammenhängenden schwerwiegenden Krankheit, seelischen Störung oder Leiden: § 2 I Nr. 2; vgl. LG Trier NJW **80**, 1908) oder *kriminologisch* angezeigt ist (zur Verhinderung triebbedingter rechtswidriger Taten nach §§ 175–179, 183, 211, 223 ff.: § 2 II). Während im Falle einer medizinischen Indikation bereits die Tatbestandsmäßigkeit von § 223 zu verneinen ist (vgl. o. 34; and. Schwalm in Mergen III 215), ist in der kriminologischen Indikation iVm der Einwilligung ein Rechtfertigungsgrund zu erblicken (vgl. o. 50 b). Ist der Betroffene trotz entsprechender Aufklärung (dazu richtungsweisend § 3 I) nicht voll einwilligungsfähig, so ist der Eingriff zulässig, wenn entweder der Betroffene wenigstens die unmittelbare Kastrationswirkung akzeptiert und ein Vormund oder Pfleger ergänzend zugestimmt hat (§ 3 III) oder wenn die Kastration durch eine lebensbedrohende Krankheit des Betroffenen indiziert ist (§ 3 IV); letzterenfalls ist die Entmannung auch schon vor Erreichen des 25. Lebensjahres zulässig. In formaler Hinsicht ist eine (landesrechtlich) zu regelnde Gutachterstelle (§ 5) einzuschalten bzw. bei Einwilligungsersatz (§ 3 III, IV) die vormundschaftsrichterliche Genehmigung erforderlich (§ 6). Jedoch wird die Verletzung dieser Schutzvorschriften ledig-

lich nach § 7 bestraft, läßt also die Straflosigkeit nach §§ 223 ff. StGB unberührt. Weitere Einzelheiten zum Ganzen bei Schwalm aaO 213 ff.

bb) Als **„andere Behandlungsmethoden"**, die gegen die Auswirkungen eines abnormen Geschlechtstriebs bei einem **Mann** oder einer **Frau** gerichtet sind, *ohne* daß aber damit eine (möglicherweise eintretende) dauernde *Funktionsunfähigkeit der Keimdrüsen beabsichtigt* wäre (§ 4), kommen derzeit insbes. *medikamentöse* Behandlungen durch Östrogene oder Antiandrogene in Betracht, während die (umstrittene) stereotaktische Hypothalamotomie, die durch psychochirurgische Eingriffe im Zwischenhirn zur Ausschaltung des Sexualtriebs führt, ohne die Keimdrüsen als solche funktionsunfähig zu machen, durch § 4 nicht erfaßt wird (vgl. Hamm NJW **76**, 2311, Lackner/Kühl § 228 RN 21, Jung NJW 73, 2241 ff. mwN.; vgl. aber dazu u. 58). Im Vergleich zur Entmannung sind in Fällen von § 4 die Zulässigkeitsvoraussetzungen insofern gelockert, als die Triebbehandlung auch schon vor dem 25. Lebensjahr zulässig ist (Abs. 1 S. 2), bei Einwilligungsunfähigkeit nicht erst bei lebensbedrohender, sondern bereits bei schwerwiegender Krankheit behandelt werden darf (Abs. 2; zur Vertretereinwilligung bei Minderjährigen vgl. Abs. 3) sowie die Gutachterstelle nur in Ausnahmefällen einzuschalten ist (§ 5 II). 57

cc) Bei allen **sonstigen Eingriffen mit triebbeeinflussender Wirkung**, die nicht durch §§ 1 bzw. 4 KastrG erfaßt werden, verbleibt es bei den allgemeinen Regeln (Hirsch LK § 226 a RN 42, Lackner/Kühl § 228 RN 21). Das bedeutet zum einen, daß Eingriffe, die bereits aus anderen Gründen medizinisch indiziert sind und lediglich als (zwangsläufige oder auch nur mögliche) Nebenfolge zum Verlust der Keimdrüsen bei Mann oder Frau führen können (Krebsoperationen im Genitalbereich), bei Vorliegen aller sonstigen Heileingriffsvoraussetzungen schon tatbestandlich keine Körperverletzung darstellen (vgl. o. 33 ff., 50 b) bzw. nach der Rspr. durch Einwilligung gerechtfertigt sind, ohne daß dem § 228 entgegenstünde (vgl. o. 29, 45; zT and. Tröndle § 228 RN 12). Fehlt es dagegen an einer medizinischen Indikation, so ist der triebdämmende Eingriff zwar einerseits als rechtfertigungsbedürftige Körperverletzung iSd §§ 223 ff. zu betrachten und demzufolge ist insbes. bei stereotaktischen Gehirnoperationen im Hinblick auf ihre (teils noch unkontrollierbare) persönlichkeitsverändernde Wirkung (vgl. Rieber ua MSchrKrim. 76, 246 ff.) die Zulässigkeit nach § 228 zu prüfen (vgl. Lackner/Kühl aaO; insofern weitergeh. für Strafbarkeit Schmitt Schröder-GedS 268); doch bedarf es andererseits keiner Einschaltung der Gutachterstelle (Hamm NJW **76**, 2311). Diese unterschiedliche Behandlung erscheint rechtspolitisch nicht gerechtfertigt (vgl. Jung aaO, Hauptmann ZRP 74, 231 ff., je mwN). Zum Ganzen Adler-Saupe aaO insbes. 208 ff., Schwalm aaO 231 ff. 58

c) Im Unterschied zu triebunterdrückenden Kastration beschränkt sich die **Sterilisation** auf die Ausschließung der Zeugungs- oder Empfängnisfähigkeit durch Unterbrechung des Samenstranges bzw. der Eileiter; zu den verschiedenen medizinischen Methoden der mittlerweile auch sog. „chirurgischen Kontrazeption" bzw. „endgültigen Fruchtbarkeitsverhütung" (Petersen aaO 1) vgl. Eser/Hirsch aaO 21 ff. Mangels besonderer gesetzlicher Regelung ist hier der Meinungsstand uneinheitlich: 59

aa) Nach **hL** ist die Sterilisation, sofern sie nicht als Nebenfolge eines bereits anderweitig medizinisch indizierten Eingriffs (Gebärmutterkrebs, Eierstockoperation) eine normale Heilbehandlung darstellt (vgl. o. 34), **tatbestandsmäßige schwere Körperverletzung** iSv §§ 223, 226, die der Rechtfertigung durch *Einwilligung* bedarf und nur bei Vorliegen einer bestimmten *Indikation* als nicht sittenwidrig iSv § 228 zu betrachten ist (so i. Grds. ua Bockelmann aaO 43, Tröndle § 228 RN 13 ff., Engisch H. Mayer-FS 414, Hanack JZ 65, 223 ff., Hirsch LK § 226 a RN 39 f., Lackner/Kühl § 228 RN 18, M-Schroeder I 107 f.; vgl. aber auch zu der Indikationsabhängigkeit lösenden Versuche von Roxin JuS 64, 380 ff., Urbanczyk NJW 64, 425, Wulfhorst NJW 67, 649; unklar Gössel I 165, der zwar einerseits eine Beachtung der Grenzen des § 228 fordert, aber andererseits das Abheben auf bestimmte Indikationen ablehnt). 60

Im einzelnen werden folgende **rechtfertigende Indikationen** in Betracht gezogen: α) Als **medizinische** allgemein anerkannt ist die Sterilisation, wenn durch Verhinderung von Schwangerschaft Lebens- oder Gesundheitsgefahren von der Frau abgewendet werden sollen (vgl. BGH **19** 203 m. Anm. Eb. Schmidt JZ 64, 298, Hanack aaO 110 ff., Hirsch LK § 226 a RN 39 mwN). In solchen Fällen wird die Sterilisation regelmäßig Heilcharakter haben (vgl. o. 34). β) Auch die **medizinisch-soziale** Indikation, für die sich die gesundheitliche Gefährdung nicht unbedingt aus somatischen oder psychischen, sondern auch aus dem Zusammenwirken mit sozialen Faktoren ergeben kann, ist heute allgemein anerkannt (vgl. bereits Hanack aaO 258 ff., JZ 64, 401, Schwalm in Mergen III 240 f.; zu medizinisch-sozialen Faktoren vgl. § 218 a RN 26 ff.). γ) Dagegen ist streitig, ob auch rein **soziale** Gründe (hohe Kinderzahl, wirtschaftliche Enge, Beruf) genügen können. Während dies teils noch mit der vorrangigen Inanspruchnahme staatlicher oder karitativer Hilfen abgelehnt wurde (vgl. Schröder 17. A. § 226 a RN 17, ferner Celle NJW **63**, 407, Brühl JR 51, 498, Hanack JZ 64, 393 f., Spann aaO; zurückhalt. auch Schwalm aaO 241), ist der überwiegend bejahenden Auffassung (D-Tröndle[42] § 226 a RN 13, Hardwig GA 64, 300 f., Hirsch LK § 226 a RN 40, Kohlhaas NJW 63, 2352, Noll ZStW 77, 25, Reinhardt JuS 67, 399) heute nicht zuletzt deshalb zuzustimmen, weil bereits durch das 5. StrRG durch soziale Indikation sogar der weitaus gravierendere Fall von Schwangerschaftsabbruch gerechtfertigt wird (§ 218 a II Nr. 3 aF, dessen materialer Rechtfertigungscharakter auch durch BVerfGE **88** 325 nicht grundsätzlich in Frage gestellt wurde) und eine präventive Sterilisation demgegenüber das zweifellos kleinere Übel darstellt. δ) Aus 61

§ 223

ähnlichen Gründen kann auch die **eugenisch** indizierte Verhinderung von möglicherweise erbgeschädigtem Nachwuchs nicht als sittenwidrig bezeichnet werden (vgl. Hanack aaO 208 ff., Hardwig GA 64, 300, Kaiser NJW 69, 538, Eb. Schmidt JZ 51, 68; abw. Kienzle GA 57, 72, Maunz-Dürig Art. 2 II RN 33). ε) Problematisch bleibt danach lediglich die sog. **Gefälligkeits**sterilisation, die außer dem Ziel, jegliches Schwangerschaftsrisiko auszuschalten, keinen der vorgenannten Gründe für sich in Anspruch nehmen kann (abl. die frühere hL sowie aus neuerer Zeit insbes. Becker Med. Klinik 72, 553, D-Tröndle[42] § 226 a RN 13, Engisch H. Mayer-FS 416, Koffka Heusinger-EhRG 358 ff., Schwalm aaO 236 f., Schröder 17. A. § 226 a RN 18, Spann aaO; vgl. demgegenüber ua Bockelmann aaO 74, Klug E. v. Hippel-FS 148 ff., Roxin JuS 64, 380 ff., Urbanczyk NJW 64, 425, Wille aaO 121 ff.; vgl. auch Hoerster JZ 71, 123 ff., Röhmel JA 77, 185 ff.). Obgleich dies rechtspolitisch schwerlich akzeptabel ist (vgl. u. 64), kann angesichts dieser Meinungsvielfalt gegenwärtig kaum ein so eindeutiges Sittenwidrigkeitsverdikt gefällt werden, wie es für die Unbeachtlichkeit der Einwilligung nach § 228 erforderlich wäre (vgl. dort RN 6, ferner Blei II 61 f., Hirsch LK § 226 a RN 41, Horn MMG 82, 72, Lenckner aaO 608; iglS BGHZ NJW **76**, 1790 f.). Dem steht auch nicht entgegen, daß § 6 BerufsO f. Ärzte lediglich die medizinische, eugenische und schwerwiegende soziale Indikation zuläßt (DÄBl. 76, 1543; vgl. auch Stellungsnahme der BÄK DÄBl. 87, 1769; krit. dazu Finger MedR 88, 231); denn für § 228 ist Standesethik ein zwar wichtiger, aber – da nicht unbedingt für das gesamtgesellschaftliche Rechtsbewußtsein repräsentativ – kein letztverbindlicher Maßstab (vgl. in Eser/Hirsch aaO 60 f., Horn aaO, Wille aaO 151 ff., aber auch Petersen aaO 42 ff.). ζ) Soweit bei einer Frau eine Sterilisation zulässig wäre, muß Gleiches iSe **vikariierenden** *Indikation* auch beim Ehemann erlaubt sein (vgl. § 226 b II Nr. 4 in BT-Drs. 7/1981, Narr RN 823, Schwalm aaO 242).

62 bb) Demgegenüber ist nach **BGH** die *freiwillige* Sterilisation mangels besonderer Strafdrohung schon gar **nicht tatbestandsmäßig** und daher auch *nicht indikationsbedürftig* (BGH **20** 81; vgl. aber auch BGHZ NJW **76**, 1790). Trotz ihrer konstruktiven Anfechtbarkeit (vgl. o. 54) hat sich diese Auffassung in der Praxis inzwischen so allgemein durchgesetzt, daß ein Strafverfolgungsrisiko praktisch auszuschließen ist (vgl. Hirsch LK § 226 a RN 41, Schmitt Schröder-GedS 269; daher entbehren auch die Befürchtungen von Narr RN 825 und Spann aaO, die nach Wille aaO 142 ff. zu einer Verunsicherung der Gynäkologenschaft geführt haben, jeder realen Grundlage). Entscheidend ist danach allein, daß die Sterilisation durch eine wirksame **Einwilligung** gedeckt ist (vgl. BGH **45**, 221, Köln JMBlNRW **86**, 273). Da es nach allgemeinen Grundsätzen bislang weder auf Volljährigkeit noch auf zivilrechtliche Geschäftsfähigkeit, sondern entscheidend auf die konkrete Einsichts- und Urteilsfähigkeit ankam (o. 38), war jeweils für den Einzelfall zu prüfen, inwieweit die betroffene Person aufgrund entsprechender Risiko- und Folgenaufklärung (o. 41), einschließlich der möglichen Versagerquote (vgl. Schleswig VersR **87**, 419, aber auch Düsseldorf VersR **87**, 412), Bedeutung und Tragweite der Sterilisation hinreichend abzuschätzen vermag (näher Eser/Koch MedR 84, 7 f.). Dies war vor allem hinsichtlich der Irreversibilität der Unfruchtbarkeit und deren möglicher psychischer Auswirkungen (vgl. Mende, Wille u. Petersen MMW 76, Nr. 28 S. 909 ff.) einem noch in der Reifung stehenden Menschen kaum zuzutrauen (vgl. auch Hirsch LK § 226 a RN 41, wonach diese Einsichtsfähigkeit analog zu § 21 Nr. 3 KastrG erst mit 25 Jahren anzunehmen sei). Die sich demzufolge bei ganz oder beschränkt einwilligungs(un)fähigen Personen stellenden Probleme (vgl. 24. A. mwN) haben inzwischen durch das BetreuungsG v. 12. 9. 1990 (BGBl. I 2002) insofern eine gesetzliche Klärung erfahren, als bei *Minderjährigen* eine Sterilisation gänzlich ausgeschlossen ist (§ 1631 c BGB) bzw. bei *unter Betreuung stehenden einwilligungsunfähigen Erwachsenen* eine Sterilisation nur unter bestimmten Voraussetzungen (nämlich: kein entgegenstehender Wille des Betreuten, dessen dauernde Einwilligungsunfähigkeit, Schwängerungsgefahr und daraus folgende, nicht auf andere zumutbare Weise abwendbare Lebens- oder schwere Gesundheitsgefahr sowie keine anderweitig zumutbare Verhinderbarkeit der Schwangerschaft) zulässig ist und die Einwilligung des Betreuers zudem der vormundschaftsgerichtlichen Genehmigung bedarf (§ 1905 BGB; vgl. Kern MedR 91, 69 f.; 93, 250 f. sowie Hoffmann aaO). Nachdem diese Regelungen hinter teils weitergehenden Vorschlägen, mit denen möglichst auch den Interessen der Eltern und etwaiger, im Falle einer unterbliebenen Sterilisation versorgungsbedürftiger Kinder Rechnung zu tragen wäre (vgl. ua die „Einbecker Empfehlungen" in Hiersche/Hirsch/Graf-Baumann aaO mit revid. Fassung in MedR 92, 206), zurückbleiben, wird damit die rechtspolitische Diskussion kaum beendet sein (vgl. auch v. d. Daele, Mensch nach Maß? (1985) 169 ff., Fischer aaO, Heidenreich/Otto aaO 14 ff., Kern/Hiersche MedR 95, 463). Klärungsbedürftig ist insbes. auch die Frage, ob eine bei einer minderjährigen oder geistig behinderten Person durchgeführte Sterilisation schon allein bei Mißachtung einer der in den §§ 1631 c, 1905 BGB vorgesehenen Beschränkungen Strafbarkeit nach §§ 223, 226 StGB begründen soll (insofern abl. Hoffmann aaO 190 unter Verneinung des Körperverletzungsvorsatzes wegen Erlaubnistatbestandsirrtums) oder die Strafbarkeit auch weiterhin nach den allgemeinen Einwilligungsgrundsätzen bei Körperverletzung entfallen kann, wobei freilich die zivilrechtlichen Sterilisationsbeschränkungen zumindest im Rahmen des § 228 zu beachten wären. Weitere Einzelheiten zur Sterilisationseinwilligung bei Lenckner in Eser/Hirsch aaO 187 ff. Fehlt es an einer wirksamen Einwilligung, so ist die Sterilisation als Körperverletzung nach § 223 strafbar und nach § 226 strafverschärft. Dies hat auch für den Fall zu gelten, daß der Eingriff *nicht kunstgerecht* durchgeführt wird (Hirsch aaO).

cc) Zu **„flankierenden" Maßnahmen** bei rechtmäßiger Sterilisation (Versicherungsschutz, Sozial- **63** hilfe u. dgl.) vgl. das StREG (1 vor § 218, 218 b RN 6) sowie Eser/Koch MedR 84, 13, Gitter in Eser/Hirsch aaO 214 ff., Henke NJW 76, 1773 ff.

d) Angesichts der Unzulänglichkeit des gegenwärtigen Rechtszustandes ist eine **Reform** des **64** gesamten Sterilisations- und Kastrationsbereiches nach wie vor erwünscht, wobei das KastrG vor allem hinsichtlich der Einwilligung und der den Selbstschutz vor übereilter Entscheidung bezweckenden Altersgrenze als Modell dienen könnte. Einschlägige Gesetzesvorschläge finden sich bereits in §§ 226 b– 226 d BT-Drs. VI/3434 m. Begr. 38 ff., BT-Drs. 7/1981, § 112 II AE-BT, Straftaten gegen die Person. Eine Spezialregelung für die Sterilisation bei Einwilligungsunfähigkeit Erwachsener in Form eines strengen Indikationsmodells mit Verfahrensabsicherungen findet sich – mit Wirkung ab 1. 1. 1992 – in § 1905 BGB und §§ 67, 69 a IV, 69 d III FGG jew. idF des BetreuungsG v. 12. 9. 90 (BGBl. I 2002), zugleich unter Ausschließung jeder Sterilisation bei Minderjährigen in § 1631 c BGB (vgl. auch Wolf u. Reis ZRP 88, 313 bzw. 318). Zu rechtspolitischen Grundsatzfragen vgl. ferner in Eser/Hirsch aaO 62 ff.; Horn MMG 82, 73 ff., ZRP 83, 265 (m. krit. Erwid. Mahnkopf ZRP 83, 255, Hirsch/Hiersche aaO), Koffka aaO, Reis ZRP 88, 318, Wille aaO 121 ff., Wolf ZRP 88, 313 sowie rechtsvergleich. Eser Tröndle-FS 625.

VI. Für den **subjektiven Tatbestand** ist bei § 223 **Vorsatz** erforderlich (zu Fahrlässigkeit vgl. **65** § 229); bedingter Vorsatz genügt (zu den Anforderungen dafür vgl. BGH NStZ **87**, 362 m. Anm. Puppe, Freund JR **88**, 116). Der Irrtum über Art und Umfang des Züchtigungsrechts ist Verbotsirrtum; dagegen ist analog § 16 der Vorsatz ausgeschlossen, wenn der Täter eine Verfehlung des Zöglings als gegeben annimmt, die die Ausübung des Züchtigungsrechtes rechtfertigen würde (BGH **3** 105, BayObLG NJW **55**, 1848; vgl. § 16 RN 14 ff.). Noch als unwesentliche Abweichung soll es nach BGH MDR/D **75**, 22 zu werten sein, wenn das Opfer, das zusammengeschlagen werden soll, vor Angst erhebliche Magenschmerzen bekommt. Der *Beweggrund*, aus dem der Täter handelt, ist *unerheblich*. Auch eine aus Scherz vorgenommene Handlung kann eine Körperverletzung sein (vgl. aber Bay HRR **29** Nr. 671). Über das Verhältnis zum *Tötungsvorsatz* vgl. § 212 RN 17.

VII. Vollendet ist die Körperverletzung mit dem Eintritt des Verletzungserfolges. Der **Versuch 66** **(Abs. 2)** ist aufgrund des 6. StRG seit 1. 4. 1998 strafbar; insoweit gelten die allgemeinen Versuchsgrundsätze (vgl. § 22). Demzufolge ist nunmehr auch die bisher straflose, objektiv gerechtfertigte und ohne Rechtfertigungswillen begangene Körperverletzung strafbar (vgl. 13 ff. vor § 32). Zur Frage einer versuchten Körperverletzung durch Inverkehrbringen HIV-kontaminierter Blutprodukte vgl. o.7 sowie Bottke in Szwarc aaO 310 ff. Die Versuchsstrafbarkeit, eingeführt um die Wertungswidersprüche im Hinblick auf die §§ 242 II, 246 III, 263 II, 303 II StGB zu beseitigen (vgl. BT-Drucks 13/8587 S. 36), hat die Strafbarkeit merklich vorverlagert. Ist nicht ein strafbefreiender Rücktritt anzunehmen, so führt schon das Ausholen zum Faustschlag zur Strafbarkeit des Täters gem. § 223. Erledigt hat sich damit auch der für §§ 226, 227 relevante Streit um die Abhängigkeit der „versuchten Erfolgsqualifizierung" von der Versuchsstrafbarkeit des Grunddelikts (vgl. § 18 RN 8 ff.). Allg. zum theoretischen und praktischen Anwendungsbereich der neuen Versuchsstrafbarkeit vgl. Rengier ZStW 111, 4.

VIII. 1. Die **Strafe** für Körperverletzung wurde durch das VerbrechensbekämpfungsG von 3 auf 5 **67** Jahre Freiheitsstrafe angehoben, um angesichts zunehmender Gewalttätigkeiten gegen Menschen das Rechtsgut der körperlichen Unversehrtheit im Verhältnis zu den Eigentums- und Vermögensdelikten aufzuwerten (BT-Drs. 12/6853 S. 19, 25). Die stattdessen mögliche Geldstrafe dürfte jedoch auch weiterhin in der Praxis überwiegen. Der früher mögliche Strafschärfung bei Taten *gegen Verwandte* **68** *aufsteigender Linie* (Abs. 2 aF; vgl. 24. A. RN 68) kann heute durch entsprechende Anhebung der allgemeinen Strafdrohung auf 5 Jahre Rechnung getragen werden. Die früher mögliche *Kompensation* bei wechselseitigen Körperverletzungen (§ 233 aF) wurde durch das 6. StRG als entbehrlich gestrichen (BT/Drs. 13/8587 S. 35).

2. Zur Erforderlichkeit eines **Strafantrags** vgl. § 230. **69**

3. Bei einem Körperverletzungsdelikt infolge *abnormen Geschlechtstriebs* besteht nach § 2 II KastrG **70** die Möglichkeit freiwilliger **Kastration** (vgl. o. 55 f.).

IX. Idealkonkurrenz ist möglich mit allen Tatbeständen, die eine Gewaltanwendung erfordern, **71** zB mit § 113 (RG **41** 84), §§ 177, 178 (BGH **13** 138), ferner mit § 303 (RG GA Bd. **60** 66) und tätlicher Beleidigung (RG JW **38**, 1389; and. Hirsch LK RN 38) sowie mit § 218 (vgl. dort RN 68) und dem BetMG (vgl. RG **77** 17: Verschreiben von Morphium). § 25 WStG geht § 223 vor (Frankfurt NJW **70**, 1333; für Tateinheit Tröndle 19). Über das Verhältnis zu §§ 211 ff. vgl. § 212 RN 17 ff., zu § 240 dort RN 40. Werden mehrere Personen durch eine Handlung verletzt, so liegt (gleichartige) Idealkonkurrenz vor. Eine einheitliche Schlägerei begründet dagegen bei Verletzung mehrerer Personen keine Tateinheit. Wird dieselbe Person mehrmals verletzt, ist – sofern nicht durch BGH **40** 138 obsolet geworden – Fortsetzungszusammenhang möglich (RG **31** 50), nicht dagegen bei Verletzung verschiedener Personen (vgl. 43 vor § 52, RG **27** 20). Zur Klammerwirkung einer sich über einen bestimmten Zeitraum erstreckenden Körperverletzung durch Teilakte vgl. BGH NStZ **00**, 25.

§ 224 Gefährliche Körperverletzung

(1) Wer die Körperverletzung
1. durch Beibringung von Gift oder anderen gesundheitsschädlichen Stoffen,
2. mittels einer Waffe oder eines anderen gefährlichen Werkzeugs,
3. mittels eines hinterlistigen Überfalls,
4. mit einem anderen Beteiligten gemeinschaftlich oder
5. mittels einer das Leben gefährdenden Behandlung

begeht, wird mit Freiheitsstrafe von sechs Monaten bis zu zehn Jahren, in minder schweren Fällen mit Freiheitsstrafe von drei Monaten bis zu fünf Jahren bestraft.

(2) Der Versuch ist strafbar.

Vorbem. Umbenennung des § 223 a aF in § 224 u. Änderung des Abs. 1 durch 6. StrRG v. 26. 1. 1998, BGBl I 164.

Schrifttum: Heinrich, Die gefährliche Körperverletzung, 1993. – *Lampe,* Gefährliche Körperverletzung und körperliche Gefährdung, ZStW 83, 117. – *Stree,* Gefährliche Körperverletzung, Jura 80, 281. – *Triantafyllou,* Das Delikt der gefährlichen Körperverletzung (§ 223 a StGB) als Gefährdungsdelikt, Frankfurter kriminalwissenschaftl. Studien Bd. 52, 1196 (Diss. Frankfurt).

1   I. Die **gefährliche Körperverletzung** wird als erschwerter Fall des § 223 mit höherer Strafe bedroht, weil Art und Weise der Handlung die Gefahr erheblicher Verletzungen begründet oder die Aussichten des Opfers verringert, sich erfolgreich zu wehren. Qualifikationsmerkmal ist allein die besondere Tatausführung. Als Verletzungserfolg genügt auch eine leichte Körperverletzung (RG HRR **35** Nr. 979). Eingehende Übersicht über den Meinungsstand in der Auslegung des Tatbestands bei Heinrich aaO. Beachtenswert ist, obwohl einige Ergebnisse anfechtbar sind, sein Ansatz, als gemeinsamen Nenner aller Tatmodalitäten den bewußten Einsatz eines in besonderem Maß die Wirkungsmacht des Angriffs erhöhenden Faktors zum Zweck der Körperverletzung herauszustellen. Zur Auslegung des § 223 a aF vgl. auch Heinrich JA 95, 601, 718.

2   Zweifelhaft kann sein, ob es sich um ein *abstraktes* oder ein *konkretes Gefährdungsdelikt* (vgl. 2 ff. vor § 306) handelt. Obwohl das Gesetz mit der Kennzeichnung bestimmter Tatmittel und bestimmter Angriffsweisen offenbar davon ausgegangen ist, daß die Modalitäten des § 224 generell zu einer erhöhten Gefährdung des Verletzten führen, sind zu § 223 a aF die Regelungen in jetzt Nr. 2 u. 5 als solche eines konkreten Gefährdungsdelikts ausgelegt worden (vgl. Vorauß. § 223 a RN 4, 12). Diese Interpretation ist auch für § 224 maßgebend. Gleichzustellen ist die Tatbegehung nach Nr. 1 (vgl. u. 6). Als Voraussetzung für alle Tathandlungen fordert Hirsch LK 3 die konkrete Gefährdung des Angegriffenen, erhebliche Verletzungen davonzutragen. Vgl. aber auch Horn SK 3.

II. Eine gefährliche Körperverletzung liegt in **fünf Fällen** vor:

2 a   1. Der in **Nr. 1** zunächst genannte Fall der Körperverletzung durch **Beibringung von Gift** oder anderen gesundheitsschädlichen Stoffen ist an die Stelle des durch das 6. StrRG aufgehobenen Tatbestandes der Vergiftung (§ 229 aF) getreten. Er weist jedoch gegenüber dem früheren Vergiftungstatbestand bedeutsame Abweichungen auf. Für die Tatvollendung wird nunmehr ein Körperverletzungserfolg vorausgesetzt; bloßes Giftbeibringen ist nur noch als Versuch zu erfassen. Andererseits wird bei dem verwendeten Gift (Stoff) nicht mehr eine Eignung zur Gesundheitszerstörung gefordert. Das Gift (Stoff) muß nach dem Gesetzeswortlaut lediglich gesundheitsschädlich sein (vgl. aber u. 2 d), was bei einer Körperverletzung mittels Gift (Stoff) ohnehin der Fall ist, sieht man von einer bloßen Mißhandlung ab. Ferner braucht die Giftbeibringung nicht mehr mit der Absicht verbunden zu sein, die Gesundheit des Opfers zu schädigen. Ausreichend ist der bloße Verletzungsvorsatz; bedingter Vorsatz genügt. Schließlich hat sich die Mindeststrafe von früher 1 Jahr auf 6 Monate Freiheitsstrafe verringert, so daß aus einem Verbrechen ein Vergehen geworden ist. Die in § 229 II aF enthaltenen Strafschärfungen werden mit geringeren Strafdrohungen von den §§ 226, 227 nF erfaßt.

2 b   a) Unter **Gift** ist jeder anorganische oder organische Stoff zu verstehen, der unter bestimmten Bedingungen durch chemische oder chemisch-physikalische Wirkung die Gesundheit zu beeinträchtigen vermag. Darunter fallen zB Arsen, Strychnin, Zyankali, Blausäure, Salzsäure (BGH **15** 113), Leuchtgas (LG Berlin MDR **69**, 1023), Rauschgifte (vgl. § 64 RN 4), Stechapfelsamen (BGH NJW **79**, 556), das im Fliegenpilz enthaltene Gift (RG JW **36**, 513) sowie übertragbare, physiologisch wirkende Ansteckungsstoffe (sog. Krankheitsgifte, zB bei Pocken oder Syphilis). Strahlen sind keine Stoffe und sind daher weder als Gift noch als sonstige gesundheitsschädliche Stoffe anzusehen (Hirsch LK 6, Tröndle 4). Sie können aber gefährliche Werkzeuge iSv Nr. 2 sein (vgl. u. 6) oder eine lebensgefährdende Behandlung iSv Nr. 5 begründen (BGH NJW **98**, 833). Unter Nr. 1 fallen jedoch strahlenverseuchte Stoffe.

2 c   b) Zu den anderen **gesundheitsschädlichen Stoffen** zählen namentlich alle, die mechanisch oder thermisch wirken. In Betracht kommen insb. gehacktes Blei, zerhacktes Glas, kochendes Wasser oder heißer Kaffee. Die Grenze gegenüber einem gefährlichen Werkzeug ist flüssig; es bedarf aber auch keiner genauen Grenzziehung. Die früher dem § 223 a aF als gefährliche Werkzeuge zugeordneten chemisch wirkenden Stoffe wie Äther, Brennspiritus, Vitriol, hautangreifende Spülmittel, Schlaftabletten, sog. KO-Tropfen oder Arzneimittel in zu hoher Dosis (vgl. Vorauß. 6) lassen sich bereits mit

Nr. 1 erfassen, sei es als Gift oder als sonstiger Stoff. Gleiches gilt für das Verabreichen verdorbener Lebensmittel oder die Gaseinwirkung mit Gaspistole oder Tränengasspray. Auch Bakterien oder sonstige Krankheitserreger sind entweder als Gift oder als andere gesundheitsschädliche Stoffe anzusehen, ebenso strahlenverseuchte Stoffe.

c) Das Gift oder der gesundheitsschädliche Stoff muß dem Körper eines anderen **beigebracht** 2 d worden sein und die Körperverletzung **ursächlich** bewirkt haben. Beigebracht hat der Täter das Gift (Stoff), wenn er dessen Verbindung mit dem Körper derart herstellt, daß dieses dort seine gesundheitsschädliche Wirkung auslöst. Unerheblich ist, ob das Gift (Stoff) äußerlich auf den Körper (zB giftige Salbe auf Haut) oder in das Körperinnere (zB Vermengung des Giftes mit Speisen) gebracht wird. Ebenfalls unerheblich ist, ob das Gift (Stoff) sich innerlich oder nur äußerlich auf den Körper auswirkt (and. Jäger JuS 00, 35: nur innerliche Auswirkungen). Der insoweit früher bestandene Streit bei § 229 aF, bei dem namentlich dessen besonders hohe Strafandrohung für eine Einschränkung auf innerliche Wirkungen herangezogen wurde (vgl. Voraufl. § 229 RN 6), spielt bei § 224 nF keine Rolle. Fraglich kann dagegen sein, ob die bloße Ursächlichkeit bereits genügt oder entsprechend der Einschränkung bei Waffen oder anderen gefährlichen Werkzeugen (vgl. u. 4) ein konkretes Gefährdungsdelikt vorliegen, dh eine **besondere Gefährlichkeit** für den Körper des Opfers bestehen muß. Hätte der Gesetzestext, wie es sachgerechter gewesen wäre, auf gefährliche Stoffe abgestellt, anstatt das an sich überflüssige Wort „gesundheitsschädlich" zu verwenden, hätte eine Gleichstellung auf der Hand gelegen. Aber auch ohne dies sprechen die Gesetzesüberschrift, die gleiche Strafandrohung und das verhältnismäßig hohe Strafmaß dafür, Nr. 1 ebenfalls einschränkend auszulegen (Lackner/Kühl 1 a, Rengier ZStW 111, 8; and. Struensee in Dencker u. a., Einf. in das 6. StrRG, 1998, S. 48). Danach genügt nicht bereits jede geringfügige Verletzung ohne die Gefahr erheblicher Schädigungen. Es muß vielmehr eine erhebliche Verletzung eingetreten oder jedenfalls zu befürchten sein. Das Spritzen eines Stoffes in die Augen, der nur eine leichte Bindehautreizung bewirken kann, fällt weder unter Nr. 1 noch unter Nr. 2 (vgl. dazu Düsseldorf JMBlNW 88, 68). Stets kommt es auf die konkrete Anwendung des Giftes (Stoffes) an, etwa hinsichtlich Quantität und Qualität, ebenso auf den Körperteil, der betroffen ist. Ein Stoff etwa, der sich auf Grund der Tat nur auf die Haut in verhältnismäßig glimpflicher Weise schädlich auswirkt, ist kein hinreichendes Tatbestandsmerkmal des § 224, wohl aber der gleiche Stoff, der ins Körperinnere gebracht wird und dort zu erheblichen Schädigungen führen kann. Ist ein Stoff erst in einer etwas größeren Menge geeignet, eine erhebliche Verletzung zu verursachen, reicht die körperliche Beeinträchtigung mittels einer kleinen Menge für Nr. 1 nicht aus, zB bei Schlaftabletten. Bedeutsam kann ferner die körperliche Beschaffenheit des Opfers sein. Dementsprechend kann es für die Anwendung von Nr. 1 wesentlich sein, ob ein Kind oder ein Erwachsener das Opfer ist und ob der Stoff einem Gesunden, einem Kranken oder einem Altersschwachen beigebracht wird. Selbst an sich unschädliche Stoffe können danach Tatmittel iSv Nr. 1 sein, so zB Zucker bei Zuckerkranken oder Heilmittel in falscher Dosierung.

2. Als weitere Tatmodalität erfaßt **Nr. 2** die Körperverletzung mittels einer **Waffe** oder eines 3 anderen **gefährlichen Werkzeugs.** Für die Strafschärfung ist die Verwendung eines Tatwerkzeugs mit der Gefahr erheblicher Verletzungen maßgebend. An diesem Gefährlichkeitskriterium hat sich die Auslegung der Tatmodalität auszurichten. Dieser ist daher zB nicht die Körperverletzung auf Grund des durch Drohung mit einer Waffe ausgelösten Schrecks (Schocks) zuzurechnen, da sich hierin nicht die spezifische Gefahr der Waffe äußert (aber lebensgefährdende Behandlung möglich; vgl. u. 12).

a) Das Merkmal „gefährlich" weist diese Alternative als **konkretes Gefährdungsdelikt** aus. Der zu 4 § 223 aF bestandene Streit, ob Waffe oder gefährliches Werkzeug der Oberbegriff ist (vgl. Voraufl. § 223 a RN 4), hat sich mit der Neufassung erledigt. Nach ihr muß die Waffe, zB Schuß-, Hieb- oder Stichwaffe, ein gefährliches Werkzeug sein. Sie muß zudem als solches verwendet, dh in konkret gefährlicher Weise benutzt werden. Der leichte Schlag mit einer Pistole auf den Rücken genügt zB ebensowenig wie der Stoß mit einem Gewehrkolben gegen das Gesäß (Blei II 48). Gefährliches Werkzeug ist jeder Gegenstand, der bei der konkreten Art der Benutzung und des Körperteils, auf den er angewendet wird (vgl. Neustadt JR 58, 228), geeignet ist, *erhebliche Verletzungen* hervorzurufen (RG 4 397, BGH 3 109, MDR/D 52, 273, Neustadt JR 58, 228, Hirsch LK 7, Lackner/Kühl 5, Schröder JZ 67, 523; vgl. dagegen Heinrich aaO 494 ff.). U. U. kann auch die Körperbeschaffenheit des Opfers bedeutsam sein, so bei Verabreichen falsch dosierter Arzneimittel. Was ein Erwachsener ohne Gefahr ernster Gesundheitsschäden noch verträgt, kann einem Kind erheblich schaden; Gebrechliche oder Kranke können eher als Kerngesunde erhebliche Verletzungen zu befürchten haben. Zum Merkmal „erhebliche Verletzungen" vgl. Stree Jura 80, 286; zu eng Horn SK 4. Auf irgendeine generelle Eignung des Werkzeugs ist nicht abzustellen (vgl. Dencker JR 99, 34, aber auch RG 4 397, BGH MDR/D 52, 273); deshalb können auch generell an sich ungefährliche Gegenstände bei entsprechender Anwendungsart „gefährliche Werkzeuge" sein, zB ein zum Würgen benutzter Damenstrumpf (Hirsch LK 10, Schröder JZ 67, 524; and. Braunschweig NdsRpfl 57, 17) oder Schal (vgl. BGHR § 223 a Abs. 1 Werkzeug 4), das zur Fesselung verwandte Klebeband (BGH NStE 17) oder der spitze Bleistift beim Stich ins Auge sowie der Federhalter bei Einstechen mit der an ihm befestigten Feder auf das Gesicht (BGE 101 IV 287). Umgekehrt ist die zum Haarabschneiden verwendete Schere kein gefährliches Werkzeug (and. beim Zufügen von Stichverletzungen; vgl. BGH NJW 66, 1763). Der Kleiderbügel oder der Fackelstock, mit dem auf das Gesäß geschlagen wird, ist im allgemeinen kein gefährliches Werkzeug, wohl aber bei Schlägen ins Gesicht (BGH MDR/D 75, 367). Ähnliches gilt

§ 224 5–8

für einen Weinschlauch (BGH **3** 109) oder Wasserschlauch (BGH GA **87**, 179; krit. dazu Rolinski StV 88, 63). An der Eignung zu erheblichen Verletzungen fehlt es auch bei einer brennenden Zigarette, die auf einer Wade ausgedrückt wird (Köln StV **94**, 246). Körperteile des Täters sind niemals Werkzeuge (Faust- oder Handkantenschlag; BGH GA **84**, 124: Knie), auch nicht das künstliche Gebiß (Stree Jura 80, 283).

5   **Beispiele** für gefährliche Werkzeuge: Dolch (RG HRR **35** Nr. 979), Knüppel (BGH MDR/H **85**, 446), Eishockeyschläger (OG Zürich SchwJZ **90**, 425), Flasche, Bierkrug, Bierglas (vgl. BGE 101 IV 285), kochende Flüssigkeit (RG GA Bd. **62**, 321), Eisenstange, Rohrzange (BGH GA **89**, 132), Mistgabel (RG **59** 390), Splitterminen (BGH NJW **99**, 589), Katapult mit Stahlkugeln (vgl. BGH NJW **75**, 985), Stuhlbein, Teppichklopfer (RG DR **43**, 754), Peitsche, die gegen nackten Körper angewendet wird, Fahrradkette, Schlagring, Rasierklinge (BGHR § 223 a Abs. 1 Strafzumessung **3**), Kraftfahrzeug (BGH VRS **14** 286, **56** 189, Düsseldorf VRS **5** 293), Gipsarm (Schleswig SchlHA/E-J **78**, 185), Armprothese (RG Recht **07**, 264), uU auch der „beschuhte" Fuß (BGH MDR/D **52**, 273, **71**, 16, MDR/H **79**, 987, NStZ **84**, 329, NStE **3**, Braunschweig NdsRpfl **57**, 16, **60**, 233, Neustadt JR **58**, 228), es kommt auf die konkreten Umstände an, wie Art des Schuhs (schwerer Stiefel, Fußballstiefel), Anwendungsart (besondere Wucht beim Zutreten), Opfer (kleines Kind, Gebrechlicher usw.) und betroffenen Körperteil (Tritt in den Unterleib oder ins Gesicht; BGH **30** 377; vgl. auch Schleswig SchlHA/E-J **78**, 185); Tritt mit Halbschuh gegen Arm genügt nicht (Schleswig SchlHA/E-L **80**, 172), ebensowenig uU Tritt mit leichtem Turnschuh ins Gesicht (Schleswig SchlHA/L **87**, 105), wohl aber, wenn ein solcher Tritt geeignet ist, erhebliche Verletzungen zu verursachen (vgl. BGH NStZ **99**, 616), oder ein heftiger Tritt mit einem am Schuh befindlichen Schlittschuh gegen Bein (vgl. BGE 111 IV 123). Zum Turnschuh als Werkzeug vgl. auch Düsseldorf NJW **89**, 920.

6   b) Mit der Einfügung der Tatmodalität des Beibringens von Gift oder anderer gesundheitsschädlicher Stoffe (Nr. 1) hat die Frage, ob neben Einwirkungen mechanischer Art auch andere Einwirkungen unter Nr. 2 fallen, weitgehend ihre Bedeutung verloren. Die Fälle einer Einwirkung auf chemischem Weg, die bisher als Körperverletzung mittels eines gefährlichen Werkzeugs beurteilt wurden (vgl. Vorauft. § 223 a RN 6), lassen sich zumindest ebensogut Nr. 1 zuordnen. Das gilt etwa für die Betäubung mit Äther (vgl. dazu BGH MDR/H **68**, 373), das Verabreichen von Schlaftabletten oder Arzneimitteln in zu hoher Dosis (vgl. dazu BGH MDR/H **86**, 272) oder die Einwirkung mit Gas (vgl. BGH **4**, 125, KG VRS **19**, 115: Gaspistole; BGE 113 IV 61: Tränengasspray). Bedeutung für Nr. 2 behalten nach wie vor jedoch **Einwirkungen** auf den Körper, die **thermischer Art** sind. Wer einen anderen einem offenen Feuer oder sonst großer Hitze aussetzt und dadurch körperlich verletzt, begeht eine Tat nach Nr. 2. Ebenso ist Nr. 2 anwendbar, wenn das Opfer mit elektrischem Strom oder mit Strahlen in gefährlicher Weise verletzt wird.

7   c) Auch **Tiere** (bissiger Hund, Kampfhund) sind uU gefährliche Werkzeuge (BGH **14** 152, Hirsch LK 12; and. RG **8** 315); daneben kann eine lebensgefährdende Behandlung in Betracht kommen (Köln JMBlNW **52**, 81, Hamm JMBlNW **58**, 154). Das Tier muß jedoch dem Täter als *Mittel* der Körperverletzung dienen (Hamm NJW **65**, 164; vgl. auch u. 9 a).

8   d) Mittels eines gefährlichen Werkzeugs wird eine Körperverletzung nicht nur begangen, wenn die Waffe gegen den Körper geführt wird, sondern auch dann, wenn das Opfer durch Stoßen u. dgl. gegen das Werkzeug in Bewegung gesetzt, zB gegen eine Herdplatte oder in eine laufende Maschine gestoßen wird (Blei II 49, Hirsch LK 13, M-Schroeder I 114, Schmidhäuser II 7, ebenso RG **24** 373 bei bewegbaren Gegenständen). Demgegenüber wird zT unter Berufung auf den Sinn des Wortes „Werkzeug" angenommen, daß der Stoß usw. gegen einen **unbewegbaren Gegenstand** nicht erfaßt wird (so RG **24** 374, BGH **22** 235 m. abl. Anm. Schmitt JZ 69, 304, MDR/H **79**, 987, NStZ **88**, 361, Tröndle/Fischer 8, Lackner/Kühl 4). Indes hat der Täter beim Stoß usw. gegen einen unbewegbaren Gegenstand ebenfalls ein gefährliches Tatmittel eingesetzt (vgl. Stree Jura 80, 285); dieser ist damit ein Tatwerkzeug. Ob jemand einen Stein auf den Kopf oder den Kopf auf einen Stein oder gegen eine Hauswand schlägt, kann keinen Unterschied machen, ebensowenig, ob jemand einen anderen mit einem spitzen Gegenstand sticht oder ihn auf ein mit eisernen Spitzen versehenes Staket schleudert. Hiergegen spricht keinesfalls der Hinweis, in gravierenden Fällen werde meist eine lebensgefährdende Behandlung vorliegen (so Wessels/Hettinger RN 274). Er wird den Fällen nicht gerecht, in denen das Leben ungefährdet bleibt, wohl aber die Gefahr erheblicher Verletzungen gegeben ist, wie etwa, wenn nur Knochenbrüche drohen. Es leuchtet schlechterdings nicht ein, daß der Täter, der mit einer Eisenstange einen Knochenbruch bewirkt, einer strengeren Strafe ausgesetzt sein soll als der Täter, der mit einem Stoß gegen eine Wand einen Knochenbruch verursacht. Ähnliches gilt für Einwirkungen thermischer Art. Ob der Täter dem Opfer eine brennende Fackel ins Gesicht hält oder das Opfer an ein offenes Feuer schiebt bzw. auf eine glühende Platte setzt, kann nicht unterschiedlich bewertet werden. Zu beachten ist jedoch, daß der Täter den gefährlichen Gegenstand als Mittel zur Tat eingesetzt haben muß; bloße Verursachung der Körperverletzung durch einen gefährlichen Gegenstand genügt nicht (and. anscheinend Köln VRS **70** 273: umherfliegende Glassplitter bei Einschlagen einer Scheibe). Wer einen anderen auf steinigem Boden niederschlägt und dabei in Kauf nimmt, daß der andere sich den Kopf auf einem Stein aufschlägt, benutzt den Stein nicht als Mittel zur Körperverletzung (vgl. Horn SK 18, auch Hamm NJW **65**, 165).

e) Nicht mehr genannt ist die Körperverletzung mittels eines **Messers**. Eine besondere Erwähnung erübrigt sich, da ein Messer ohne weiteres als ein gefährliches Werkzeug angesehen werden kann. Unerheblich ist, ob es als schneidendes oder stechendes Instrument (auch Wurfmesser) verwendet wird. Auch als Schlaggegenstand kann es ein gefährliches Werkzeug sein (vgl. RG **30** 178: zugeklapptes Taschenmesser). 9

f) Fraglich ist, ob und wann ein Garant die Qualifikation durch **Unterlassen** erfüllen kann. Da das erhöhte Unrecht sich aus dem Einsetzen eines gefährlichen Mittels ergibt, entspricht das bloße Untätigbleiben nicht ohne weiteres einem solchen Tun. Das gilt unzweifelhaft, wenn der Garant den nach einem Messerstich usw. drohenden weiteren Schäden nicht entgegentritt, aber auch dann, wenn er bereits die Verletzung durch einen gefährlichen Gegenstand nicht unterbindet. Wer eine solche Körperverletzung lediglich nicht verhindert, bedient sich nicht des Gegenstandes als eines Mittels zur Tat (vgl. Horn SK 21), so nicht der Lieferant verdorbener Lebensmittel, der nach später erlangter Kenntnis von deren Zustand lediglich aus geschäftlichen Gründen den bereits Belieferten nicht warnt, so daß dieser nach Genuß der Lebensmittel erkrankt (vgl. BGH NStE **5** zu § 223; der BGH hat insoweit § 223 a aF nicht erörtert; möglich aber uU lebensgefährdende Behandlung durch Unterlassen; vgl. u. 12), oder der Tierhalter, der es geschehen läßt, daß sein Hund von sich aus jemanden beißt (vgl. Hamm NJW **65**, 165). Anders ist es allerdings, wenn der Hundebesitzer sein Tier nicht hereinholt, damit es einen „Besucher" verscheuchen kann, und zwar notfalls durch einen Biß. Für erhöhtes Unrecht nach § 224 hat ferner derjenige einzustehen, dessen Unterlassen als Teilnahme an einer fremden Tat, die eine gefährliche Körperverletzung darstellt, zu beurteilen ist (Aufsichtspflichtiger verhindert nicht, daß der zu Beaufsichtigende einen anderen niedersticht). 9 a

g) Erforderlich ist nach der BGH-Rspr., daß der Täter das gefährliche Werkzeug bei einem Angriff oder Kampf zu **Angriffs-** oder **Verteidigungszwecken** einsetzt (BGH NJW **78**, 1206). Hieran fehlt es bei ärztlichen Behandlungen (BGH aaO: zahnärztliche Zange bei Zahnextraktion, Skalpell bei chirurgischem Eingriff). Entsprechendes gilt für Spritze bei ärztlicher Blutentnahme zwecks Feststellung des Alkoholgehalts (Geppert Jura 86, 536). Den Arztfällen sind jedoch nach BGH NStZ **87**, 174 die Fälle nicht gleichzustellen, in denen jemand ohne die erforderliche Prüfung der Heilkunde ausübt und Spritzen verabreicht; wegen der größeren Gefährlichkeit ist hier nach dem BGH § 224 anwendbar (krit. dazu Wolski GA 87, 534, Sowada JR 88, 124). 9 b

2. Gefährlich ist auch die mittels eines **hinterlistigen Überfalls** ausgeführte Körperverletzung. *Überfall* ist ein unvorhergesehener Angriff, auf den sich der Angegriffene nicht rechtzeitig einstellen kann. Hierunter fällt auch das Anbringen einer Falle (zB Stolperdraht), in die der Täter das Opfer lockt. Nach der Gesetzesnorm besteht kein Unterschied gegenüber dem „Beinstellen", dem Stoßen in eine Fensterscheibe usw. Auch der Gesetzeswortlaut steht der Gleichstellung nicht entgegen. Überfall ist auch das heimliche Beibringen eines Schlafmittels (BGH NStZ **92**, 490) oder sonstigen Betäubungsmittels (BGH NStZ-RR **96**, 100: KO-Tropfen). *Hinterlistig* ist ein Überfall dann, wenn der Täter planmäßig, in einer auf Verdeckung seiner wahren Absicht berechneten Weise vorgeht, um gerade hierdurch dem Angegriffenen die Abwehr des nicht erwarteten Angriffs zu erschweren (RG **65** 66, BGH GA **68**, 370, **69**, 61, NStE 8). Das in der Heimtücke des § 211 enthaltene Merkmal der „Tücke" braucht nicht vorzuliegen. Nicht wesentlich ist, ob der Angriff von hinten ausgeführt wird (RG **65** 66, BGH MDR/D **56**, 526). Entgegentreten mit vorgetäuschter Friedfertigkeit reicht aus (freundlicher Gruß, Erkundigung nach Weg usw.). Bloße Ausnutzung der Überraschung genügt allein noch nicht (BGH GA **61**, 241, MDR/H **81**, 267), wie beim unerwarteten Angriff von hinten (BGH NStE **8**, Schleswig SchlHA/L-G **88**, 107). Nicht erforderlich ist, daß der Täter mit dem hinterlistigen Vorgehen die konkrete Gefahr erheblicher Verletzungen begründet (Lackner/Kühl 6; and. Hirsch LK 16) oder erhebliche Verletzungen ermöglichen wollte (and. Horn SK 23). 10

3. Bei der mit einem anderen Beteiligten **gemeinschaftlich** verübten Körperverletzung liegt die größere Gefährlichkeit darin, daß sich der Verletzte mehreren Feinden gegenübersieht und deshalb eingeschüchtert und in seiner Verteidigung gehemmt sein kann. Daher kann in diesem Zusammenhang Mittäterschaft nicht ausreichen, sofern nur einer der Mittäter die Tat ausführt, während die anderen sich auf Vorbereitungshandlungen beschränken (vgl. dazu BGH StV **94**, 542). Ebensowenig reicht aus, daß einer die Tat ausführt und der andere entgegen einer Rechtspflicht den Angriff nicht verhindert (and. Krumme zu LM Nr. 2) oder daß 2 Garanten einverständlich eine Körperverletzung ihres Schützlings zulassen (and. Horn SK 29 bei Verabredung zum Nichtstun). Aber auch der Garant, der eine gemeinschaftliche Körperverletzung durch andere nicht unterbindet, erfüllt nicht den Tatbestand des § 224, da er selbst nicht gemeinschaftlich mit anderen die Tat begeht (and. Horn SK 29), es sei denn, seine Untätigkeit beruht auf einem gemeinsamen Tatplan; sonst kommt nur Beihilfe in Betracht. Umgekehrt kann es bei gemeinsamer Anwesenheit am Tatort nicht darauf ankommen, ob einer der Beteiligten nur Gehilfe war (and. noch zu § 223 a BGH LM **Nr. 2** m. Anm. Krumme, VRS **14** 287, Düsseldorf NJW **89**, 2003 m. krit. Anm. Deutscher NStZ 90, 125, Hirsch LK 17; wie hier Baumann JuS 63, 51, Otto NStZ 89, 531 sowie Küper GA 97, 311 ff. mit ausführlicher Stellungnahme; zweifelnd BGH **23** 122). Der für die Strafschärfung maßgebliche Gefährlichkeitsfaktor ändert sich nicht, wenn eine zweite Person nur als Gehilfe mitwirkt, etwa das Opfer festhält. Zudem spricht die neue Gesetzesfassung für Einbeziehung des Gehilfen, da auch er Beteiligter (vgl. § 28 II) ist (Küper BT 53, Rengier ZStW 111, 10, Struensee in Dencker u. a., Einf. in das 6. StrRG, 1998, 47, Tröndle/Fischer 11, Wessels/Hettinger RN 281; and. Krey I RN 252 b, Schroth NJW 98, 2861). 11

Stree

Daher ist eine gemeinschaftlich begangene Körperverletzung immer dann gegeben, wenn mindestens 2 Personen, die im Verhältnis der Mittäterschaft oder Teilnahme zueinander stehen können, am Tatort zusammenwirken. Es genügt, wenn einer von ihnen die Körperverletzung ausführt (vgl. BGH MDR/D **68**, 201, GA **86**, 229, NJW **98**, 466) und der andere nur seine jederzeitige Eingriffsbereitschaft erkennen läßt oder die Täter einverständlich nacheinander tätlich werden (Schleswig SchlHA/E-J **79**, 202). Sind 2 Beteiligte am Tatort anwesend, so kann auch ein Nichtanwesender Mittäter nach § 224 sein (Düsseldorf MDR **63**, 521, Baumann JuS **63**, 51). Im übrigen kommt es nicht darauf an, daß sämtliche Beteiligten strafrechtlich verantwortlich sind (BGH **23** 122, Baumann aaO). Wohl aber ist ein Zusammenwirken erforderlich (vgl. BGHR § 223 a Abs. 1 gemeinschaftlich **1**), so daß die zufällig gleichzeitige Tatausführung (zB Steinwurf auf Redner) nicht ausreicht. Zum Ganzen vgl. Stree Jura **80**, 289. Zum Problem, ob bei Überzahl und eindeutiger Überlegenheit der Opfer mangels größerer Gefährlichkeit für sie der Strafschärfungsgrund des gemeinschaftlichen Handelns entfallen kann, vgl. Küper GA **97**, 306.

12 4. Eine gefährliche Körperverletzung liegt zudem vor, wenn sie **mittels einer das Leben gefährdenden Behandlung** erfolgt. Hier kann zweifelhaft sein, ob eine abstrakte oder eine konkrete Gefahr vorauszusetzen ist. Die hM (vgl. RG **10** 1, HRR **29** Nr. 1799, JW **32**, 3350, BGH **2** 163, StV **88**, 65, NStZ-RR **97**, 67, Köln NJW **83**, 2274, Düsseldorf NJW **89**, 509, NStE **16**, Tröndle/Fischer 12, Frisch JuS **90**, 365, Gallas Heinitz-FS 183) geht dahin, daß bei der Beurteilung der Lebensgefahr zwar die konkreten Umstände des Falles zu berücksichtigen seien, eine Lebensgefährdung aber nicht tatsächlich eingetreten zu sein brauche. Dem kann nicht gefolgt werden. Da die Qualifikationen des § 224 unmittelbar dem Schutz des Opfers dienen, kommt es darauf an, daß dessen Leben in Gefahr gerät. Das ist erst bei einer konkreten Gefährdung der Fall (vgl. Hirsch LK 21, Schröder JZ 67, 522, Stree Jura **80**, 291 f., auch Küper Hirsch-FS 614). Der Einwand, ein Vergleich mit den anderen Tatmodalitäten lege es nahe, keine allzu hohen Anforderungen an das Merkmal der lebensgefährdenden Behandlung zu stellen, überzeugt wenig angesichts eines Vergleichs mit § 250 (konkrete Lebensgefährdung – Beisichführen einer Waffe als Qualifikation). Lebensgefährdend braucht nur die Handlung zu sein, nicht auch der Verletzungserfolg. Hierbei genügt es, daß die Lebensgefahr nur kurze Zeit besteht. Zum Problem vgl. auch Zieschang, Die Gefährdungsdelikte, 1998, 293 ff. Eine lebensgefährdende Behandlung kann zB im Stoß in ein tiefes Wasser liegen (R **6** 282), im Stoß von einem hohen Wall in einen Graben (RG HRR **29** Nr. 1799), im Stoß vom fahrenden Moped (BGH MDR/D **57**, 652), im Abschütteln einer Person von einem fahrenden PKW (BGH VRS **27** 31, **56** 144, **57** 280), im Anfahren eines Fußgängers mit einem Kfz. (vgl. BGH VRS **14** 286), im Hetzen eines Hundes auf einen Menschen (vgl. o. 7), im Würgegriff um den Hals (BGH GA **61**, 241), jedoch nicht schlechthin (BGH StV **93**, 27), im Zuziehen eines um den Hals gelegten Schals (vgl. BGHR § 223 a Abs. 1 Werkzeug **4**), im Ansetzen eines spitzen Dolches an den Kehlkopf (vgl. BGE 114 IV 8), in einem kräftigen Schlag gegen den Kopf (vgl. BGH NJW **90**, 3156, Köln NJW **83**, 2274, aber auch Köln StV **94**, 287: kräftiger Faustschlag auf Nase mit der Folge eines Nasenbeinbruchs genügt nicht), im Werfen eines Gullydeckels gegen den Kopf (LG Rostock NStZ **97**, 392 m. Anm. Fahl), in heftigen Schlägen, die zu wiederholten Stürzen auf Straßenpflaster führen (BGH **19** 352), im Einspritzen einer nicht sterilen Seifenlauge beim Schwangerschaftsabbruch (BGH **28** 17), in der Bedrohung mit Waffen, die einen Herzinfarkt auslöst (BGH NStZ **86**, 166), im Verhindern der Flüssigkeitsaufnahme über eine längere Zeit (BGH NStE **17**), in einer übermäßigen Röntgenbestrahlung (BGH NJW **98**, 833), in der Verleitung eines Schwerkranken durch einen Heilbehandler, eine sachgemäße und wirksame Hilfe (zB Aufsuchen eines Krankenhauses) nicht in Anspruch zu nehmen (RG JW **35**, 2735); vgl. weiter RG DR **43**, 754. Die Qualifikation kann auch durch Unterlassen verwirklicht werden (BGH JR **56**, 347 m. Anm. Maurach), so zB, wenn der Lieferant einer Ware, deren Gebrauch oder Verbrauch lebensgefährdend sein kann, nach erlangter Kenntnis von der Gefahr die Ware nicht zurückruft oder den Belieferten nicht warnt, so daß dieser nach Gebrauch (Verbrauch) der Ware erkrankt (vgl. BGH **37** 107). Hat die Tat nur eine abstrakte Gefahr für das Leben auf Grund weiterer Umstände hervorgerufen, so ist § 224 auch nach dem BGH nicht anwendbar (BGH NStE **10**: Faustschlag gegen Kraftfahrer, dessen Reaktion Unfallgefahr begründet).

12 a Eine lebensgefährdende Behandlung stellt auch die Ansteckung mit einer lebensgefährlichen Krankheit dar. Die hiermit verbundene Problematik ist in jüngster Zeit bei der **AIDS-Infizierung** deutlich mit kontroversen Stellungnahmen hervorgetreten. Da ein Verletzungserfolg insoweit selten nachweisbar ist, kommt hier idR nur Versuch in Betracht, wobei dann insb. das Vorsatzmerkmal, namentlich bei bedingtem Vorsatz, besondere Fragen aufwirft. Zur Ansteckung mit AIDS und zum Vorsatzproblem vgl. BGH **36** 1 m. Anm. Bruns MDR 89, 199, Helgerth NStZ 89, 117, Herzberg JZ 89, 470, Prittwitz StV 89, 123, ferner BGH **36** 262, NJW **92**, 2645, AG München NJW **87**, 2314, LG Nürnberg-Fürth NJW **88**, 2311, AG Hamburg NJW **89**, 2071, Eberbach JR 86, 232, Bruns NJW 87, 693, MDR **87**, 356, Herzog/Nestler-Tremel StV 87, 363, Helgerth NStZ 88, 261, Prittwitz JA 88, 427, 486, Bottke in Schünemann/Pfeiffer, Die Rechtsprobleme von AIDS, 1988, 178, Rengier Jura 89, 225, Meier GA 89, 210, Schlehofer NJW 89, 2017 jeweils mwN, aber auch Herzberg NJW 87, 1465, Kreuzer ZStW 100, 796, Schünemann JR 89, 89. Zur Tatsachenalternativität von versuchter und vollendeter Tat vgl. BGH **36** 262 m. Anm. Prittwitz/Scholderer NStZ 90, 385 u. Otto JR 90, 205. Näher zu den AIDS-Problemen § 212 RN 3, § 223 RN 7.

III. Für den **subjektiven Tatbestand** ist Vorsatz erforderlich; bedingter Vorsatz genügt, soweit **13** nicht ein zweckgerichtetes Handeln wie beim Einsatz eines gefährlichen Werkzeugs als Mittel zur Tat vorausgesetzt wird. Bei der Körperverletzung mittels eines Giftes, eines gefährlichen Werkzeugs oder einer das Leben gefährdenden Behandlung muß sich der Vorsatz entsprechend dem o. 2 d, 4, 12 Ausgeführten auf den Eintritt einer konkreten Gefahr für das Opfer erstrecken (abw. zT die Rspr. auf Grund ihres anderen Ausgangspunkts im objektiven Tatbestand: vgl. RG JW **32**, 3350 m. Anm. Coenders, BGH **2** 163, **19** 352, MDR/H **86**, 272, **90**, 677, StV **89**, 64, NStE **15**, Köln VRS **70** 275; ebenso Tröndle/Fischer 13; vgl. auch BGH MDR/D **56**, 526, **68**, 373). Nach der abw. Meinung genügt bei der lebensgefährdenden Behandlung Kenntnis der Umstände, aus denen sich die Lebensgefährlichkeit ergibt (vgl. BGH **19** 352, NJW **90**, 3156, Düsseldorf NStE **16** zu § 223 a aF), beim Einsatz eines gefährlichen Werkzeugs Kenntnis der für die Gefährlichkeit maßgebenden Umstände (vgl. Tröndle/Fischer 13). Wie hier Hirsch LK 23; vgl. noch Schlüchter, Irrtum über normative Tatbestandsmerkmale, 1983, 118.

IV. Der **Versuch** ist seit 1. 1. 1975 strafbar (Abs. 2). Zu den gesetzgeberischen Gründen vgl. BT- **14** Drs. V/4095 S. 49. Versuch kann auch bei Eintritt einer Körperverletzung vorliegen, so zB, wenn jemand einen vermeintlichen Nichtschwimmer ins tiefe Wasser stößt (Horn SK 32) oder mit einem vermeintlich gefährlichen Werkzeug einen anderen verletzt, objektiv die Eignung zu erheblichen Verletzungen jedoch fehlt. In einem solchen Fall stehen die §§ 224, 22 in Idealkonkurrenz mit § 223. Beispiel für Versuch bei BGH NStZ **00**, 422.

V. **Mindeststrafe** ist seit 1. 4. 1998 Freiheitsstrafe von 6 Monaten, in minder schweren Fällen 3 **15** Monate . Kommt keine Freiheitsstrafe ab 6 Monaten in Betracht, so ist § 47 zu beachten. Eine danach zu verhängende Geldstrafe muß mindestens 90 Tagessätze betragen. Die **Höchststrafe** beträgt seit 1. 4. 1998 10 Jahre Freiheitsstrafe, in minder schweren Fällen 5 Jahre. Bei der **Strafzumessung** kann straferschwerend ins Gewicht fallen, daß mehrere Tatmodalitäten vorliegen (vgl. aber BGH MDR/H **92**, 17: weitere Alternative für sich wenig bedeutsam) oder ganz erhebliche (etwa an die Fälle des § 224 heranreichende) Verletzungen eingetreten sind oder einzutreten drohten. Unzulässig ist, die Gefühlsroheit als solche straferschwerend zu bewerten; sie gehört bereits zum Tatbestand. Wohl aber darf ihr überaus hohes Maß, das einen besonderen Roheitsakt bewirkt hat, strafschärfend herangezogen werden (RG DR **43**, 754; vgl. auch BGH NStZ/D **91**, 275), ebenso die besondere Nachhaltigkeit einer lebensgefährdenden Behandlung (BGH NStZ **88**, 310) oder die Verwendung eines besonders gefährlichen Werkzeugs in besonders gefährlicher Weise, weiter etwa, daß sich die Tat gegen die Schwester gerichtet hat (RG JW **28**, 2233). Strafschärfend zu berücksichtigen sind auch Tatfolgen, die zwar vom Vorsatz nicht umfaßt, für den Täter aber voraussehbar gewesen sind (vgl. § 46 RN 26). Die Strafe ist zu mildern, wenn der Täter unter Voraussetzungen, die denen des § 213 entsprechen, zur Tat hingerissen worden ist (BGH NStZ **88**, 498). Es liegt dann idR ein minder schwerer Fall vor. Strafmildernd kann sich auch eine nach § 228 nicht rechtfertigende Einwilligung auswirken, ferner der Umstand, daß der Täter sofort nach Zufügen der Verletzung (ärztliche) Hilfe holt und dadurch schwerwiegende Tatfolgen verhindert. Ebenfalls ist ein minder schwerer Fall anzunehmen, wenn der Versuch einer Tötung auf Verlangen, der fehlgeschlagen oder von dem der Täter zurückgetreten ist, bereits eine Körperverletzung verursacht hat (vgl. Jäger JuS 00, 37).

VI. **Idealkonkurrenz** ist möglich mit § 225, mit § 231 (RG **59** 110 zu § 227 aF), mit §§ 226, 227 **16** (vgl. zur versuchten schweren Körperverletzung BGH **21** 195 m. Anm. Schröder JZ 67, 370; and. RG **63** 424, **74** 311, BGH JR **67**, 146 m. abl. Anm. Schröder, OGH 1 113, Hirsch LK 26, Geerds, Zur Lehre von der Konkurrenz im Strafrecht [1961] 218, Wegner NJW 67, 671); vgl. dazu 2 vor § 223. Auch mit § 229 kommt Idealkonkurrenz in Betracht, so zB, wenn der Täter bei Nichtbefolgung eines Handlungsgebots die (lebensgefährdende) Körperverletzung eines Opfers bewußt hingenommen und die Körperverletzung eines anderen Opfers übersehen hat, jedoch hätte erkennen können (vgl. BGH NJW **90**, 2567). Ferner ist Idealkonkurrenz ua mit §§ 177, 240 (BGH NStZ **90**, 490), 249, 315 b sowie mit unbefugtem Führen einer Schußwaffe möglich (vgl. Bay **75**, 89). Keine Idealkonkurrenz besteht zwischen mehreren Tatmodalitäten des § 224; sie stellen nur eine Tat dar (vgl. § 52 RN 28). Bei einer gefährlichen Körperverletzung im Amt ist § 340 III maßgebend. Zum Verhältnis zu §§ 211 ff. vgl. § 212 RN 17 ff.

VII. Die Strafverfolgung setzt **keinen Strafantrag** voraus (vgl. § 230). Die gefährliche Körper- **17** verletzung zählt auf Grund des 6. StrRG nicht mehr zu den Privatklagedelikten. Zur **Nebenklage** und zum Übergang der Nebenklagebefugnis auf nahe Angehörige gem. § 77 II vgl. § 395 StPO, BGH **33** 114.

§ 225 Mißhandlung von Schutzbefohlenen

(1) **Wer eine Person unter achtzehn Jahren oder eine wegen Gebrechlichkeit oder Krankheit wehrlose Person, die**

1. **seiner Fürsorge oder Obhut untersteht,**
2. **seinem Hausstand angehört,**
3. **von dem Fürsorgepflichtigen seiner Gewalt überlassen worden oder**
4. **ihm im Rahmen eines Dienst- oder Arbeitsverhältnisses untergeordnet ist,**

quält oder roh mißhandelt, oder wer durch böswillige Vernachlässigung seiner Pflicht, für sie zu sorgen, sie an der Gesundheit schädigt, wird mit Freiheitsstrafe von sechs Monaten bis zu zehn Jahren bestraft.

(2) Der Versuch ist strafbar.

(3) Auf Freiheitsstrafe nicht unter einem Jahr ist zu erkennen, wenn der Täter die schutzbefohlene Person durch die Tat in die Gefahr
1. des Todes oder einer schweren Gesundheitsschädigung oder
2. einer erheblichen Schädigung der körperlichen oder seelischen Entwicklung

bringt.

(4) In minder schweren Fällen des Absatzes 1 ist auf Freiheitsstrafe von drei Monaten bis zu fünf Jahren, in minder schweren Fällen des Absatzes 3 auf Freiheitsstrafe von sechs Monaten bis zu fünf Jahren zu erkennen.

Vorbem. Geändert durch 6. StrRG v. 26. 1. 1998, BGBl I 164.

Schrifttum: Bauer, Die Kindesmißhandlung, 1969. – *Meurer,* Probleme des Tatbestandes der Mißhandlung Schutzbefohlener (§ 223 b StGB), Diss. Köln 1997. – *Schaible-Fink,* Das Delikt der körperlichen Kindesmißhandlung, 1968 (Kriminol. Schriftenreihe Bd. 34). – *Schleich,* Der neue strafrechtliche Schutz der Pflegebefohlenen und der Arbeitskraft, JW 34, 15. – *Schreiber,* Mißhandlung von Kindern und alten Menschen, 1971 (Kriminol. Schriftenreihe Bd. 48). – *Trube-Becker,* Gewalt gegen das Kind, 2. A. 1987. – *Ullrich,* Die Kindesmißhandlung in strafrechtlicher, kriminologischer und gerichtsmedizinischer Sicht, 1964. – Über weiteres Schrifttum vgl. das Sammelreferat von *Kruse,* MonKrimBiol. 40, 30. – Vgl. auch *Schneider,* Körperliche Gewaltanwendung in der Familie, 1987.

1 I. Bei der **Mißhandlung von Schutzbefohlenen** handelt es sich nicht um einen qualifizierten Fall der Körperverletzung, sondern um einen selbständigen Tatbestand (Hirsch LK 1, M-Schroeder I 114; and. RG **70** 359, DR **44**, 724, Bay **60**, 286, Tröndle 1, Lackner/Kühl 1).

2 Von *ergänzenden* Vorschriften sei hingewiesen auf § 58 V, VI JugendarbeitsschutzG vom 12. 4. 1976 (BGBl. I 965), letztes ÄndG v. 26. 1. 1998, BGBl I 164, 188. Zu vergleichbaren Regelungen im Ausland vgl. Meurer aaO 117 ff.

3 II. Geschützt werden nur bestimmte Personengruppen, die besonders schutzbedürftig sind und denen der Täter zu besonderem Schutz verpflichtet ist oder die in einem Abhängigkeitsverhältnis zum Täter stehen.

4 1. Die **geschützten Personengruppen** sind: a) **Menschen unter 18 Jahren,** nämlich Kinder (vgl. § 19) und Jugendliche (vgl. § 1 II JGG).

5 b) Wegen **Gebrechlichkeit** oder **Krankheit wehrlose Menschen.** Wehrlos ist, wer sich gegen eine der Tathandlungen (Mißhandlung usw.) überhaupt nicht oder nicht in entsprechender Weise wehren kann. Die Wehrlosigkeit muß nur zZ der Tat bestanden haben; sie kann also vorübergehender Art sein. Unverschuldet braucht sie nicht zu sein. Wehrlos ist nicht gleichbedeutend mit hilflos. Wer fliehen kann, ist nicht hilflos, kann aber wehrlos sein. Die Wehrlosigkeit muß auf Gebrechlichkeit oder Krankheit beruhen; sie kann physischer oder psychischer Art sein. Über den Begriff der Krankheit vgl. § 221 RN 4. *Gebrechlichkeit* bedeutet eine Störung der körperlichen Gesundheit, die ihren Ausdruck in einer erheblichen Körperbehinderung findet. Schwangerschaft ist keine Gebrechlichkeit (RG **77** 70). Wehrlosigkeit, die nicht auf Gebrechlichkeit oder Krankheit beruht, kommt auch dann nicht in Betracht, wenn der Täter sie selbst verursacht, zB den Verletzten gefesselt hat (Tröndle/Fischer 3).

6 2. Der Täter muß gegenüber den genannten Personen eine besondere **Sorgepflicht** haben. Das Gesetz zählt vier derartige Fälle auf.

7 a) Der Verletzte untersteht der **Fürsorge oder Obhut des Täters** (Abs. 1 Nr. 1). Der *Fürsorge* untersteht, wer vom Täter derart abhängt, daß dieser rechtlich verpflichtet ist, für das geistige oder leibliche Wohl zu sorgen. Es handelt sich um Verhältnisse von längerer Dauer wie bei Eltern, Pflegeeltern, Vormündern, Pflegern, Betreuern im Rahmen der Heimerziehung, Beamten des Straf- und Maßregelvollzugs, Personal in Altersheimen und ähnlichen Personen. Ein Verhältnis der Fürsorge kann auch aus schlüssigem Verhalten entstehen, zB für den Ehemann gegenüber dem vorehelichen Kind der Ehefrau, das er zu sich genommen hat. Ein bloßes Gefälligkeitsverhältnis genügt jedoch nicht (BGH NJW **82**, 2390). Unter der *Obhut* eines anderen steht er, wenn der andere die Pflicht zur unmittelbaren körperlichen Beaufsichtigung hat. Die Obhut setzt immer ein enges räumliches Verhältnis voraus. So steht zB das Kind unter der Obhut des Kindermädchens, das es spazierenführt, oder unter der Obhut eines Nachbarn, der die Aufsicht über es übernommen hat. Ebenfalls fällt dem Babysitter ein Obhutsverhältnis zu. Das Verhältnis der Obhut ist idR auf kürzere Zeit berechnet. Es kann auch durch pflichtwidriges Vorverhalten begründet werden. Zwischen Stiefeltern und Stiefkindern kann ein Verhältnis der Fürsorge oder Obhut bestehen; allein die Eigenschaft als Stiefmutter oder Stiefvater begründet jedoch keine derartige Beziehung.

8 b) Der Verletzte **gehört dem Hausstand des Täters an** (Abs. 1 Nr. 2). Als Verletzte kommen hier alle Personen in Betracht, die zur Hausgemeinschaft gehören; auch die zur Erziehungshilfe in

einer Familie Aufgenommenen gehören hierher. Täter kann nicht nur der Ehemann sein, sondern jeder, der tatsächlich den Hausstand leitet, zB die Ehefrau (RG 73 391 m. Anm. Nagler ZAkDR 40, 100) oder die Lebensgefährtin, weiter etwa die an Stelle der Hausfrau stehende Hausdame (Olshausen 2 d; and. Hirsch LK 8).

c) Der Verletzte ist **vom Fürsorgepflichtigen** (ausdrücklich oder konkludent) **der Gewalt des** 9 **Täters überlassen worden** (Abs. 1 Nr. 3). Es handelt sich hierbei um ein rein tatsächliches Verhältnis, das auf dem Willen eines Fürsorgepflichtigen beruht; dieses Verhältnis begründet an sich nicht Pflichten der Fürsorge oder der Obhut. Das Überlassen der Gewalt muß vom Fürsorgepflichtigen erfolgen; handelt ein anderer, so reicht es nur aus, wenn es im Einvernehmen mit dem Fürsorgepflichtigen geschieht.

d) Schließlich werden die genannten Personen dann geschützt, wenn sie dem Täter im Rahmen 10 eines **Dienst- oder Arbeitsverhältnisses** untergeordnet sind (Abs. 1 Nr. 4). Es braucht kein Dienst- oder Arbeitsvertrag im technischen Sinn vorzuliegen; auch sog. arbeitnehmerähnliche Verhältnisse werden erfaßt. Erforderlich ist stets, daß es sich um unselbständige, einem anderen untergeordnete Arbeitnehmer handelt. Die Unselbständigkeit ist regelmäßig dann gegeben, wenn jemand hinsichtlich der Ausführung der Arbeit Weisungen nachzukommen hat. Andererseits liegt aber nicht bei jeder Gebundenheit an Weisungen eine Unterordnung in hier gemeinten Sinn vor, zB nicht bei Maklern. Ist jemand als unselbständiger Arbeitnehmer tätig, so ist er im Rahmen des Dienst- oder Arbeitsverhältnisses jedem untergeordnet, der ihm gegenüber weisungsbefugt ist, also nicht nur dem Arbeitgeber selbst, sondern auch Zwischenpersonen wie Abteilungsleitern, Werkmeistern usw. Vgl. näher Schleich aaO entspr. zum Abhängigkeitsverhältnis iSd § 223b aF. Die Tat muß im Rahmen des Dienst- oder Arbeitsverhältnisses erfolgen (Hirsch LK 10); Verletzungen, die der Arbeitgeber einem Arbeitnehmer bei sonstiger Gelegenheit zufügt, fallen nicht unter § 225.

III. Als **Handlungen** nennt das Gesetz Quälen, rohe Mißhandlung oder Gesundheitsschädigung 11 durch böswillige Vernachlässigung der Sorgepflicht. Zweifelhaft ist, ob alle 3 Tatmodalitäten auch durch *Unterlassen* verwirklicht werden können (so BGH NStZ **91**, 234, Düsseldorf NStZ **89**, 270) oder das Unterlassen ausschließlich der dritten Tatmodalität zuzuordnen ist (so Hirsch LK 11, 17). Für eine Beschränkung auf diese Begehungsform wird angeführt, daß sonst das limitierende Erfordernis der Böswilligkeit umgangen wird. Dagegen spricht jedoch, daß die anderen Tatmodalitäten mehr als eine bloße Gesundheitsschädigung voraussetzen. Es besteht kein sachlicher Grund, bei Vorliegen dieser weiteren Erfordernisse die Fälle des Unterlassens nur bei einem böswilligen Verhalten und einer Gesundheitsschädigung zu erfassen. So muß zB für ein Quälen genügen, daß der Fürsorgepflichtige ein Kind, das versehentlich im dunklen Keller eingesperrt worden ist, erst nach längerer Zeit befreit oder das Quälen durch einen anderen geschehen läßt. Zum Quälen durch Unterlassen vgl. auch BGH **41** 117 sowie BGH NStZ-RR **96**, 197 (Nichtholen eines Arztes). Zu beachten ist die Entsprechensklausel des § 13 I. Soweit eine Gesundheitsschädigung durch böswillige Vernachlässigung der Sorgepflicht vorliegt, ist eine Strafmilderung nach § 13 II ausgeschlossen (vgl. § 13 RN 1 a).

1. **Quälen** bedeutet das Verursachen länger dauernder oder sich wiederholender erheblicher 12 Schmerzen oder Leiden (RG JW **38**, 1879, BGH NJW **95**, 2045). Diese müssen mit dem Täterhandeln als solchem verknüpft sein. Es genügt nicht, daß sie sich als bloße Tatfolge einstellen, auf die der Täter keinen weiteren Einfluß mehr hat, wie die Leiden als Folge eines längeren Krankenlagers oder einer notwendig gewordenen Operation. Nicht nötig ist, daß körperliche Schmerzen zugefügt werden; auch seelische Mißhandlung ist ein Quälen (RG DR **45**, 22, Bay **60**, 286, Hirsch LK 12). Verursachung häufiger oder länger dauernder Erregungs- und Angstzustände bei einem Kind durch Einsperren in einen dämmrigen Keller kann ein Quälen sein (vgl. Kiel DJ **34**, 582). Weitergehend (Erregung von Todesangst für einige Minuten) BGH LM **Nr. 3**. Soweit das Opfer lediglich kurze Zeit leidet, läßt sich schwerlich von einem Quälen sprechen. Es ist erst, wenn die Leiden länger andauern, mag auch die Handlung selbst nur von kurzer Dauer gewesen sein. Es ist nicht erforderlich, daß die seelische Mißhandlung eine Gesundheitsschädigung zur Folge hat (Hirsch LK 12). Eine gefühllose Gesinnung setzt das Quälen nicht voraus (and. Horn SK 10), ebensowenig Böswilligkeit (BGH NStZ-RR **96**, 197). Das der Dauer angelegte Quälen stellt als Handlungskomplex eine Handlungseinheit dar (vgl. 17 vor § 52, BGH **41** 113 m. Anm. Hirsch NStZ 96, 37, Wolfslast/Schmeissner JR 96, 338). Zum Quälen als Bewertungseinheit und zur Abgrenzung zum Quälen in Handlungsmehrheit vgl. Warda Hirsch-FS 391.

2. Eine **Mißhandlung** ist **roh**, wenn sie aus einer gefühllosen, gegen die Leiden des Opfers 13 gleichgültigen Gesinnung heraus erfolgt (RG JW **38**, 1879, DR **40**, 26). Das Merkmal „roh" ist jedoch kein reines Gesinnungsmerkmal, sondern betrifft auch das „Wie" der Mißhandlung und ist somit ein unechtes Gesinnungsmerkmal (vgl. dazu 122 vor § 13; and. Jescheck/Weigand 473). Auf eine rein objektive Seite läßt sich dagegen nicht abstellen. Die Verwendung gefährlicher Werkzeuge ist daher nicht stets eine rohe Mißhandlung (RG DR **44**, 724). Eine gefühllose Gesinnung liegt vor, wenn der Täter bei der Mißhandlung das – notwendig als Hemmung wirkende – Gefühl für das Leiden des Mißhandelten verloren hat, das sich bei jedem menschlich und verständig Denkenden eingestellt haben würde. Da die Gesinnung sich in der Tat niedergeschlagen haben muß, ist regelmäßig die Zufügung erheblicher Schmerzen oder Leiden erforderlich (RG DR **40**, 26, **44**, 330). Es kann jedoch ein Eingriff von erheblichem Gewicht ohne Schmerzzufügung genügen, wenn der Verletzte

Stree

schmerzunempfindlich oder vermindert schmerzempfindlich ist (BGH **25** 277 m. krit. Anm. Jakobs NJW **74**, 1829). Die gefühllose Gesinnung braucht keine dauernde Charaktereigenschaft des Täters zu sein; sie kann auch als vorübergehender Zustand auftreten (RG JW **38**, 2808, DR **40**, 26). Beruht aber das Handeln des Täters auf einer augenblicklichen Aufwallung über eine ihm zugefügte Kränkung, so wird nur ausnahmsweise eine gefühllose Gesinnung anzunehmen sein (vgl. RG DR **44**, 330). Entsprechendes gilt bei einer Mißhandlung in großer Erregung (BGH **3** 109). Über Mißhandeln vgl. im übrigen § 223 RN 3 f. Zwar fehlt gegenüber § 223 im § 225 der körperliche Bezug; daraus folgt aber nicht, daß über § 223 hinaus auch ein rein seelisches Mißhandeln erfaßt wird (and. Lackner/Kühl 5). Eine solche Ausweitung würde den Tatbestand zu sehr vom Abschnitt über Körperverletzung entfernen und ihn zudem trotz des Merkmals „roh" reichlich unbestimmt werden lassen.

14   3. Als weitere Begehungsform nennt das Gesetz **Gesundheitsschädigung durch böswillige Vernachlässigung der Sorgepflichten.** *Böswillig* ist diese Vernachlässigung, wenn sich jemand gegen die Pflicht aus schlechter Gesinnung, aus einem verwerflichen Beweggrund, zB Haß, Geiz, Eigennutz, Sadismus, auflehnt (RG JW **36**, 882, RG **72** 119 m. Anm. Klee JW **38**, 1517, 73 391 m. Anm. Nagler ZAkDR **40**, 100, BGH NStZ **91**, 234). Ein Handeln aus reiner Lust am fremdem Schmerz wird vom Gesetz nicht gefordert. Getroffen wird hier zB die Gesundheitsbeeinträchtigung bei Kindern durch Verwahrlosenlassen, etwa durch Beeinträchtigung der gesunden Entwicklung (vgl. RG **76** 373, aber auch Horn SK 18). Der verwerfliche Beweggrund braucht sich als solcher nicht gegen den Schutzbefohlenen zu richten; es genügt, daß der Sorgepflichtige sein „Ich" in den Vordergrund stellt (RG **72** 119). Böswilligkeit kann somit darin liegen, daß eine Mutter ihre Kinder vernachlässigt, um ihrem Vergnügen nachzugehen (RG DR **43**, 1179; and. Horn SK 19). Dagegen kann dieses Merkmal entfallen, wenn der Täter aus Schwäche lediglich Handlungen Dritter duldet (RG DJ **36**, 257). Über das Merkmal böswillig in den verschiedenen Gesetzen vgl. RG **75** 27 m. Anm. Mittelbach DR 41, 490, BGH **3** 22.

15   IV. Der **subjektive Tatbestand** verlangt Vorsatz. Erforderlich ist Kenntnis des Täters davon, daß der andere unter 18 Jahre alt oder wegen Gebrechlichkeit oder Krankheit wehrlos ist. Der Täter muß ferner wissen, daß der andere in einem der genannten Verhältnisse zu ihm steht. Bei der letzten Begehungsform muß sich der Vorsatz auch auf die Gesundheitsschädigung erstrecken; es genügt nicht, daß diese nur als objektive Folge der böswilligen Vernachlässigung der Sorgepflicht eingetreten ist (RG **72** 119, JW **35**, 527). Soweit eine rohe Mißhandlung vorliegt, muß der Täter die Umstände kennen, die das Mißhandeln als roh kennzeichnen. Eine Bewertung als roh ist nicht erforderlich; eine Fehlbeurteilung ist ein Subsumtionsirrtum. *Bedingter Vorsatz* genügt nicht für das Merkmal „böswillige Vernachlässigung", wohl aber für das Merkmal der Gesundheitsschädigung (RG **72** 119). Soweit Eltern usw. die Kindesmißhandlung aus erzieherischen Gründen für erlaubt halten, liegt ein Verbotsirrtum vor, der idR vermeidbar sein dürfte.

15 a   V. Eine **Rechtfertigung** der Tat auf Grund der Einwilligung des Opfers ist an sich möglich (and. Hirsch LK 21, Lackner/Kühl 8). Sie kommt jedoch allenfalls ausnahmsweise in Betracht. Soweit es bei der von einer Einwilligung gedeckten Körperverletzung nicht bereits an den Tatbestandsmerkmalen des § 225 fehlt, wird zumeist ein Verstoß gegen die guten Sitten iSv § 228 vorliegen.

15 b   VI. Der **Versuch** ist seit dem 1. 4. 1998 auf Grund des 6. StrRG strafbar (Abs. 2). Er kann auch bei einer vollendeten Körperverletzung vorliegen, nämlich dann, wenn der Täter irrtümlich von Umständen ausgeht, die Tatbestandsmerkmale des § 225 sind. Zu denken ist etwa an die irrtümliche Annahme, das Opfer sei noch keine 18 Jahre alt oder es sei wegen Gebrechlichkeit wehrlos. In einem solchen Fall stehen die §§ 225, 22 in Idealkonkurrenz mit § 223.

16   VII. **Täter** des Delikts kann nur sein, wer in einem der bezeichneten Pflichtenverhältnisse steht; **Teilnehmer,** bei denen diese Voraussetzungen fehlen, sind nach den allgemeinen Tatbeständen der Körperverletzung zu bestrafen (§ 28 II). Soweit diese nicht erfüllt sind (seelisches Quälen), ist § 28 I anzuwenden. Wie hier Lackner/Kühl 3; and. Hirsch LK 22 (nur § 28 I).

17   VIII. **Idealkonkurrenz** ist möglich mit § 224, mit §§ 226, 227 (vgl. 2 vor § 223, BGH **41** 113, NJW **99**, 72; and. RG **70** 359, JW **39**, 337, BGH **4** 117, MDR/D **74**, 724, BGHR § 223 b Konkurrenzen 1, Lackner/Kühl 10, die Gesetzeseinheit annehmen); zum Verhältnis zu den Tötungsdelikten und deren Versuch vgl. § 212 RN 20, 23 f., auch BGH NJW **99**, 69, BGHR § 223 b Konkurrenzen 2. Idealkonkurrenz ist ferner mit § 171 (vgl. dort RN 12) sowie mit § 239 möglich. Für die Tat im Amt ist § 340 III maßgebend.

18   IX. Das **Mindestmaß** der angedrohten Freiheitsstrafe beträgt seit 1. 12. 1994 sechs Monate, das **Höchstmaß** seit 1. 4. 1998 zehn Jahre (Abs. 4). In minder schweren Fällen ermäßigt sich der Strafrahmen auf Freiheitsstrafe von 3 Monaten bis zu 5 Jahren. Allgemein zum minder schweren Fall 48 vor § 38. Ein minder schwerer Fall kann zB uU vorliegen, wenn der Täter unter den Voraussetzungen des § 213 zur Tat hingerissen worden ist, so etwa, wenn ein fast achtzehnjähriger Arbeitnehmer seinen Arbeitgeber mit einer äußerst schweren Beleidigung zum Zorn gereizt hat und der Arbeitgeber sich daraufhin dazu hat hinreißen lassen, den Arbeitnehmer zu quälen.

19   X. Ein **qualifizierter Fall** liegt nach Abs. 3 Nr. 1 vor, wenn die Tat den Schutzbefohlenen in Todesgefahr oder in die Gefahr einer schweren Gesundheitsschädigung bringt, und nach Nr. 2, wenn die Tat die Gefahr einer erheblichen Schädigung der körperlichen oder seelischen Entwicklung des Schutzbefohlenen verursacht. Die seit dem 1. 4. 1998 geltende Regelung ist an die Stelle der zuvor als besonders schwere Fälle behandelten Strafschärfungsmerkmale getreten. Seitdem ist das Herbeiführen der genannten Gefahren ein Verbrechen, das mit einer Freiheitsstrafe von 1 Jahr bis zu 15 Jahren geahndet werden kann. In minder schweren Fällen (vgl. dazu o. 18) beträgt der Strafrahmen 6 Monate bis zu 5 Jahren Freiheitsstrafe.

1. Todesgefahr setzt die konkrete Gefahr voraus, das Leben zu verlieren. In Todesgefahr gerät das 20 Opfer, wenn es nach den konkreten Umständen bei ungestörter Weiterentwicklung der Situation unmittelbar der Möglichkeit ausgesetzt ist, ums Leben zu kommen. Diese Möglichkeit muß vom Täter nicht mehr steuerbar sein, so daß mehr oder weniger der Zufall darüber entscheidet, ob der Tod eintritt oder ausbleibt (vgl. § 250 RN 21). Auch in einer Selbstmordgefahr beim Schutzbefohlenen, die durch die Tat, etwa bei brutalem Quälen, ausgelöst wird, kann eine hinreichende Todesgefahr zu erblicken sein. Eine solche Gefahr ist augenscheinlich, wenn die Tat zu einem ernsthaften Selbstmordversuch geführt hat.

2. Mit dem Qualifikationsmerkmal der **Gefahr einer schweren Gesundheitsschädigung** hat 21 sich das Gesetz in Anlehnung an § 218 II u. §§ 330, 330 a von dem bisher verwandten Strafschärfungsmerkmal der Gefahr einer schweren Körperverletzung gelöst. Es hat damit die Reichweite des strengeren Strafrahmens erweitert und eine flexiblere Erfassung von gravierenden Gesundheitsschäden ermöglicht. Abgestellt hat es hiermit aber auch auf ein weniger bestimmtes Qualifikationsmerkmal, so daß Zweifel auftreten können, ob das Bestimmtheitsgebot des Art. 103 II GG eingehalten worden ist. Was für besonders schwere Fälle wie in § 218 II u. § 330 aF vertretbar ist, muß nicht auch für Qualifikationen zutreffen, zumal wenn mit ihr eine Aufstockung zu einem Verbrechen verbunden ist. Rspr. und Schrifttum bleibt es nunmehr überlassen, genauere Konturen des Qualifikationsmerkmals herauszuarbeiten. Äußerungen in der Gesetzesvorlage zum 6. StrRG sowie bisherige Erläuterungen zu den §§ 218, 330 ergeben noch keine festen Umrisse. Wenn in der Gesetzesvorlage (BT-Drs 13/8587 S. 28) es für ausreichend erklärt wird, daß das Opfer in eine ernste langwierige Krankheit verfällt oder seine Arbeitskraft erheblich beeinträchtigt wird, so ist damit keine genaue Abgrenzung geschaffen. Zunächst lassen sich die Modalitäten der schweren Körperverletzung (§ 226) als schwere Gesundheitsschädigung werten. Allenfalls könnte fraglich sein, ob eine dauernde Entstellung in erheblicher Weise dazu zählt. Aber auch sie stellt eine schwere Gesundheitsschädigung dar, da der Betroffene einer dauernden psychischen Belastung ausgesetzt ist, die sich auf den Gesamtorganismus auswirken kann. Den Merkmalen des § 226 sind solche gleichzustellen, die in gleich starker Weise die körperlichen Funktionen beeinträchtigen, wie der Verlust eines inneren Organs (zB Niere), das nach hM nicht von § 226 erfaßt wird (vgl. § 226 RN 2). Ferner lassen sich Gesundheitsschädigungen als schwer beurteilen, die in den Fällen des § 226 nahe kommen. Das gilt etwa für den Verlust des Gehörs auf einem Ohr, ebenso für eine nahe an den Verlust der Sehfähigkeit heranreichende Sehbeeinträchtigung oder für eine die Gebrauchsunfähigkeit fast erreichende Gebrauchsbeeinträchtigung eines wichtigen Gliedes. Des weiteren lassen sich qualvolle, langwierige Krankheiten als schwere Gesundheitsschädigung werten (vgl. auch Schroth NJW 98, 2865: Notwendigkeit umfangreicher, langwieriger Rehabilitationsmaßnahmen). Soweit die Gesundheitsschädigung die Arbeitskraft beeinträchtigt, läßt sie sich als schwer ansehen, wenn der Betroffene für lange Zeit seiner Arbeit nicht nachgehen kann. Bloße Beeinträchtigungen der Arbeitsfähigkeit, selbst solche erheblicher Art, reichen nicht aus. Im übrigen sind zu den schweren Gesundheitsschädigungen über die bereits angeführten Fälle hinaus alle körperlichen Beeinträchtigungen gesundheitszerstörerischer Art zu rechnen, dh alle Fälle, in denen wesentliche körperliche Fähigkeiten völlig oder mindestens in erheblichem Umfang aufgehoben werden. Wesentliche körperliche Funktionen sind solche, die der leiblich-geistige Organismus normalerweise hervorbringt und die zu dessen Gesunderhaltung notwendig sind (zB Bewegungs-, Atmungs-, Verdauungstätigkeit). Fraglich kann sein, ob bei der Schwere einer Gesundheitsschädigung die Individualität des Verletzten zu berücksichtigen ist. Da diese für den Umfang der Leiden uU bedeutsam ist, muß man wie etwa beim Gliederverlust (vgl. § 226 RN 2) durchaus auch auf die Individualität des Betroffenen abstellen (vgl. auch Schroth NJW 98, 2865). Die Gefahr einer schweren Gesundheitsschädigung muß wie die Todesgefahr konkreter Art sein; eine bloß abstrakte Gefahr genügt nicht.

3. Ein weiteres Qualifikationsmerkmal ist die tatbedingte Gefahr einer **erheblichen Schädigung** 22 **der körperlichen oder seelischen Entwicklung.** Zu diesen Merkmalen vgl. näher § 171 RN 6 ff. Wie bei der Tat nach § 171 muß eine konkrete Schädigungsgefahr hervorgerufen worden sein. Das kann auch dann der Fall sein, wenn bereits Entwicklungsschäden oder Gefahren solcher Schäden bestanden haben und die Tat die Gefahr verursacht, daß sich die schon vorhandenen oder zu befürchtenden Schäden in erheblichem Maß vergrößern. Handelt es sich um eine Unterlassungstat, so ist die Verursachung der erforderlichen Gefahr anzunehmen, wenn deren Entstehen vom Täter hätte abgewendet werden können.

4. Die Verursachung der Gefahr des Todes usw. muß vom **Tätervorsatz** umfaßt sein; bedingter 23 Vorsatz genügt. Wie im Fall von § 250 I Nr. 1 c u. II Nr. 3 b handelt es sich nicht um eine Erfolgsqualifikation iSv § 18, so daß Fahrlässigkeit hinsichtlich der Gefahren nicht ausreicht. Zur Begründung vgl. § 250 RN 24. Der erforderliche Vorsatz liegt auch dann vor, wenn der Täter nur die Umstände für die vorausgesetzte Gefahr erkennt. Er braucht weder die in ihrem Ausmaß zu befürchtende Gesundheitsschädigung als schwer noch die Entwicklungsschädigung als erheblich einzustufen. Ein insoweit bestehender Irrtum ist ein unerheblicher Subsumtionsirrtum.

Stree

§ 226 Schwere Körperverletzung

(1) Hat die Körperverletzung zur Folge, daß die verletzte Person
1. das Sehvermögen auf einem Auge oder beiden Augen, das Gehör, das Sprechvermögen oder die Fortpflanzungsfähigkeit verliert,
2. ein wichtiges Glied des Körpers verliert oder dauernd nicht mehr gebrauchen kann oder
3. in erheblicher Weise dauernd entstellt wird oder in Siechtum, Lähmung oder geistige Krankheit oder Behinderung verfällt,

so ist die Strafe Freiheitsstrafe von einem Jahr bis zu zehn Jahren.

(2) Verursacht der Täter eine der in Absatz 1 bezeichneten Folgen absichtlich oder wissentlich, so ist die Strafe Freiheitsstrafe nicht unter drei Jahren.

(3) In minder schweren Fällen des Absatzes 1 ist auf Freiheitsstrafe von sechs Monaten bis zu fünf Jahren, in minder schweren Fällen des Absatzes 2 auf Freiheitsstrafe von einem Jahr bis zu zehn Jahren zu erkennen.

Vorbem. Neufassung mit Änderungen durch das 6. StrRG v. 26. 1. 1998, BGBl I 164.

1 I. Die Neuregelung des Tatbestandes der **schweren Körperverletzung** faßt die in § 224 aF u. § 225 aF enthaltenen schweren Fälle einer Körperverletzung in einer Vorschrift zusammen. Abs. 1 entspricht § 224 aF u. § 225 I aF. Entfallen ist die Aufgliederung zwischen einer fahrlässig und einer leichtfertig oder bedingt vorsätzlich verursachten schweren Folge. Daraus folgt jedoch nicht die Bedeutungslosigkeit dieser Unterscheidungsmerkmale. Bei der Strafzumessung sind sie nach wie vor zu berücksichtigen (vgl. u. 12). Abs. 2 entspricht § 225 II aF.

1 a II. Der **Tatbestand** der schweren Körperverletzung nach **Abs. 1** umfaßt ein erfolgsqualifiziertes Delikt. Das Grunddelikt (Körperverletzung) muß vorsätzlich begangen werden; bedingter Vorsatz genügt. Die schwere Folge muß dagegen fahrlässig oder bedingt vorsätzlich verursacht worden sein (bei Absicht oder direktem Vorsatz greift Abs. 2 ein). Eine Körperverletzung durch vorsätzliches Unterlassen reicht aus (zu schützende Person wird bewußt zu spät zum Arzt gebracht oder Angriff eines Tieres wird nicht verhindert). Auch das seelische Quälen iSd § 225 ist ausreichendes Grunddelikt (and. Horn SK 16); das ergibt seine Zugehörigkeit zur Tat nach § 225, der insg. auf Grund seiner Stellung innerhalb des Abschnitts einzubeziehen ist. Daß § 226 nicht wie § 227 ausdrücklich auf die §§ 223 ff. verweist, bedeutet nicht, § 226 sei anders als § 227 (vgl. dort RN 1) hinsichtlich des Grunddelikts auszulegen. Wird das Opfer seelisch so gequält, daß dies zu einer schweren Folge führt, so ist § 226 anwendbar. Grund für die Strafschärfung ist die Verursachung schwerer Folgen, die den Verletzten in seiner Lebensqualität dauernd empfindlich beeinträchtigen. Wie im Fall des § 227 genügt es, wenn die schwere Folge aus der Körperverletzungshandlung hervorgegangen ist (zum Problem vgl. § 227 RN 4). Über den Kausalzusammenhang vgl. § 227 RN 2 ff.; über das Erfordernis einer spezifischen Gefahr für den Eintritt der schweren Folge vgl. § 227 RN 3 (zB keine Zurechnung des Verlustes der Sehfähigkeit, wenn der Verletzte eine zumutbare, das Augenlicht erhaltende Operation ablehnt; vgl. Burgstaller WK, § 85 RN 29 gegen ÖstOGH **51**, 108; vgl. auch § 227 RN 5); über Tatbeteiligung vgl. § 227 RN 10. Über das Verhältnis zu §§ 211 ff. vgl. § 212 RN 17 ff. Zur Möglichkeit der Nebenklage vgl. § 395 StPO.

Eine schwere Körperverletzung liegt vor:

1 b 1. Bei **Verlust** des **Sehvermögens** auf einem Auge oder beiden Augen, bei Verlust des **Gehörs** oder des **Sprechvermögens** sowie bei Verlust der **Fortpflanzungsfähigkeit**. Ein Verlust ist nur anzunehmen, wenn der Verletzte eine der genannten Fähigkeiten für längere Zeit verliert und eine Heilung sich der Zeit nach nicht bestimmen läßt (RG **72** 322). Zum Beurteilungszeitpunkt vgl. u. 6. Auch eine Heilung durch einen zumutbaren operativen Eingriff ist zu berücksichtigen (vgl. dazu van Els NJW 74, 1074, auch Hamm GA **76**, 306). Die der Anwendbarkeit des § 226 entgegenstehende Heilung in absehbarer Zeit braucht nicht mit Gewißheit festzustehen; ihre große Wahrscheinlichkeit genügt, nicht jedoch eine bloße Möglichkeit, da die Heilungschancen dann zu vage sind (vgl. auch Blei JA 76, 803; weitergehend van Els NJW 74, 1076). *Sehvermögen* ist die Fähigkeit, mittels des Auges Gegenstände wahrzunehmen; über den Verlust dieser Fähigkeit vgl. RG **71** 119, **72** 321, JW **38**, 2949, DR **41**, 1403. Nach RG **72** 321, Oldenburg NStE **5** ist Sehvermögen iSv § 226 bei Herabsetzung der Sehkraft auf $^1/_{50}$ nicht mehr vorhanden, dagegen noch bei einer Sehkraft von $^1/_5$. Vgl. auch Hamm GA **76**, 304, wonach der Verlust der Sehfähigkeit vorliegt, wenn sie nur bis zu 10% des Normalzustands bei 30% Erfolgschancen wiederhergestellt werden kann. Bei bereits bestehender Sehunfähigkeit, die sich operativ beheben läßt, ist § 226 anwendbar, wenn die Körperverletzung die endgültige Sehunfähigkeit herbeiführt, es sei denn, das Opfer habe sich ohne verständigen Grund zuvor gegen eine Operation gestellt (Oldenburg NStE **5**). *Gehör* bedeutet die Fähigkeit, artikulierte Laute zu verstehen. Verlust des Gehörs auf einem Ohr genügt nur, wenn der Verletzte bereits auf dem anderen Ohr taub war. *Sprechvermögen* ist die Fähigkeit zu artikuliertem Reden. Sein Verlust setzt keine völlige Stimmlosigkeit voraus; bloßes Stottern genügt jedoch nicht. *Fortpflanzungsfähigkeit* umfaßt die Zeugungsfähigkeit sowie die Gebär- u. Empfängnisfähigkeit, ebenso die Fähigkeit, ein Kind voll auszutragen. Die Fortpflanzungsfähigkeit braucht noch nicht zZ der Tat zu bestehen; es reicht aus, daß sie sich im Laufe des Lebens einstellt. Bei Greisen kann daher insoweit § 226 entfallen, nicht dagegen bei noch nicht fortpflanzungsfähigen Kindern. Fortpflanzungsfähigkeit ist nicht gleichbedeutend mit der Fähigkeit zum Beischlaf (Hirsch LK 17). Sie kann trotz weiterer Beischlaffähigkeit verloren gehen, etwa bei Sterilisation. Umgekehrt führt die Unfähigkeit zum Beischlaf nicht unbedingt zur Fortpflanzungsunfähigkeit, so nicht bei noch möglicher künstlicher Befruchtung (Paeffgen NK 22; and. Horn SK 6).

2. Eine weitere Erfolgsqualifikation ist der **Verlust eines wichtigen Körpergliedes** (Abs. 1 Nr. 2). Ihm gleich steht die dauernde Gebrauchsunfähigkeit eines solchen Gliedes. Unter einem *Glied* ist jeder nach außen hin in Erscheinung tretende Körperteil zu verstehen, der eine in sich abgeschlossene Existenz mit besonderer Funktion im Gesamtorganismus hat (RG **3** 392; and. Hirsch LK 8, Horn SK 8, Paeffgen NK 14: nur Körperteile mit Verbindung durch Gelenke). Hierzu zählt nicht jedes Organ, insb. nicht ein inneres Organ (BGH **28** 100 m. Anm. Hirsch JZ 79, 109, Lackner /Kühl 2; and. Neustadt NJW 61, 2076 für eine Niere). Das ergibt sich daraus, daß in § 226 die Fälle der Funktionszerstörung einzelner Organe abschließend aufgezählt sind. In Anbetracht der großen Bedeutung innerer Organe ist diese Regelung unbefriedigend. Maßgebend dafür, ob es sich um ein *wichtiges* Glied handelt, ist die Individualität des Verletzten, namentlich sein Beruf (Henkel, Recht und Individualität, 1958, 54, Hirsch LK 9, Lackner/Kühl 3, M-Schroeder 1 116). So fällt zB bei einem (Berufs-)Geiger der Verlust der beiden vorderen Glieder eines Fingers unter § 226. Demgegenüber wird zT angenommen, die Wichtigkeit sei ohne Rücksicht auf die gerade beim Verletzten eingetretenen Folgen zu beurteilen (RG **64** 201, Paeffgen NK 15, Tröndle/Fischer 7). Differenzierend will Horn SK 10 individuelle Körpereigenschaften (zB Linkshänder) berücksichtigen, nicht jedoch „außerkörperliche" Gesichtspunkte wie Beruf. Sein Argument, die Vorschriften über Körperverletzungen hätten nicht die Aufgabe, spezifische „soziale Funktionen" zu erhalten, läßt jedoch außer acht, daß berufsbeeinträchtigende Gliederverluste das Opfer ebenso schwer treffen können wie besondere Beeinträchtigungen auf Grund individueller Körpereigenschaften. Allgemein ist eine Hand als wichtiges Glied zu beurteilen. Bei einzelnen Fingern kommt es dagegen auf zusätzliche Umstände an (BGH NJW **91**, 990). Als wichtiges Glied ist zB der Daumen, uU auch dessen oberes Glied (RG **64** 201) angesehen worden, nicht dagegen der Ringfinger der rechten Hand (RG **62** 162), wohl aber der Zeigefinger (BGH MDR/D **53**, 597). Zum Verlust des Mittelfingers der linken Hand vgl. RG GA Bd. **52** 91, zum Verlust von 2 Fingergliedern vgl. RG **6** 348. Ein Glied ist *verloren,* wenn es seiner Körperfunktion auf Dauer nicht mehr dienen kann. Unerheblich ist insoweit, wie die Neufassung des § 226 klarstellt, ob das Glied vom Körper getrennt wird oder seine Gebrauchsfähigkeit auf Dauer einbüßt. Es genügt also dauernde Steifheit der Finger oder der Kniegelenke. Die frühere Gegenmeinung (vgl. Vorauf. § 224 RN 2), die eine Trennung vom Körper voraussetzte, wurde dem Sinngehalt der Vorschrift (vgl. o. 1 a) nicht hinreichend gerecht. Bei dauernder Gebrauchsunfähigkeit eines wichtigen Gliedes leidet der Betroffene kaum geringer als bei einem physischen Verlust, insb. bei Berufsbeeinträchtigungen. Bloße Gebrauchsbeeinträchtigung genügt nicht (BGH StV **92**, 115). Kein Gliedverlust ist eingetreten, wenn ein abgetrenntes Glied dem Körper wieder erfolgreich angefügt worden ist. Dagegen schließt ein künstlicher Gliedersatz (Prothese) den Tatbestand nicht aus.

3. Die Körperverletzung ist weiter eine schwere, wenn sie eine **dauernde erhebliche Entstellung** zur Folge hat. Das setzt voraus, daß die äußere Gesamterscheinung des Verletzten in ihrer ästhetischen Wirkung derart verändert wird, daß er für Dauer starke psychische Nachteile im Verkehr mit seiner Umwelt zu erleiden hat. Eine solche Veränderung kann auch bei bereits vorhandener Unansehnlichkeit eintreten (vgl. RG **39** 419, BGH MDR/D **68**, 16). Die Relation zu den übrigen Folgen des § 226 ergibt, daß die Entstellung ihnen an Gewicht etwa gleichkommen muß (BGH StV **92**, 115). Es genügt die Beeinträchtigung einzelner Körperteile, jedoch ist Voraussetzung, daß diese nach den „natürlichen und sozialen Lebensverhältnissen des Verletzten" (RG **14** 345) sichtbar zu sein pflegen. Insoweit reicht aus, daß der betroffene Körperteil nur zeitweilig, zB beim Baden (vgl. BGH **17** 163), sichtbar wird (vgl. LG Saarbrücken NStZ **82**, 204: Brustverstümmelung bei einer Frau) oder die Entstellung nur beim Gehen in Erscheinung tritt (vgl. RG **39** 419: Verkürzung des Oberschenkels um 3 1/2 cm; vgl. auch BGH StV **91**, 262).

Die Entstellung muß **dauernd** sein. Das erfordert nicht unbedingt, daß der Verletzte zeit seines Lebens entstellt bleibt. Eine schwere Beeinträchtigung, die dem Strafschärfungsgrund des § 226 entspricht, erleidet bereits, wer damit rechnen muß, für eine unabsehbare Zeit erheblich entstellt zu sein. Dauernd ist die Entstellung daher, wenn sich ihr Ende nicht vorherbestimmen läßt (RG JW **32**, 1744), vielmehr eine unbestimmt langwierige Beeinträchtigung des Aussehens zu befürchten ist (vgl. BGH **24** 317). Wie beim Verlust eines wichtigen Gliedes, des Sehvermögens usw. (vgl. o. 3) steht der Anwendbarkeit des § 226 allerdings nicht nur die Gewißheit entgegen, daß die Verletzung (oder deren Erheblichkeit) in absehbarer Zeit beseitigt ist, sondern auch die große Wahrscheinlichkeit; denn eine sichere Prognose läßt sich oftmals gar nicht stellen. Dagegen reicht die bloße Möglichkeit nicht aus (RG JW **32**, 1744; and. van Els NJW 74, 1076). Abzustellen ist grundsätzlich auf den Zeitpunkt des Urteils, so daß eine inzwischen behobene Entstellung idR den Tatbestand nicht erfüllt. Etwas anderes kann sich jedoch bei einer erheblich verzögerten Aburteilung ergeben. Hat der Verletzte bis dahin lange in der Ungewißheit leben müssen, ob sich die Entstellung beseitigen läßt, so kann hierin bereits ein Dauerschaden iSv § 226 erblickt werden (vgl. Hirsch LK 13).

Bestritten ist die Bedeutung der Tatsache, daß die entstellende Wirkung der Verletzung durch medizinische oder technische Möglichkeiten behoben werden kann. Steht diese Möglichkeit fest, und ist ihre Realisierung dem Verletzten zumutbar und möglich (auch finanziell; vgl. LG Berlin NStZ 93, 286), so kann von einer *dauernden* Entstellung nicht gesprochen werden. So wenig ein „Verlust" eines Körperglieds vorliegt, wenn es nach völliger Abtrennung chirurgisch wieder angefügt wird, so wenig ist eine dauernde Entstellung anzunehmen, wenn die ästhetische Beeinträchtigung und damit der Dauerschaden beseitigt werden kann. Eine gleichwohl bleibende Entstellung wegen der Weigerung des Verletzten, die ihm zumutbare Beseitigung der Entstellung vornehmen zu lassen, ist unbeachtlich; den bleibenden Nachteil hat der Verletzte dann sich selbst zuzuschreiben. Aus diesem Grund kann zB der Verlust mehrerer Vorderzähne nicht als dauernde Entstellung angesehen werden, da beim heutigen Stand der zahnmedizinischen Prothetik niemand dauernd ohne diese Zähne zu leben braucht (BGH **24** 315 m. Anm. Hanack JR 72, 472 u. Ulsenheimer JZ 73, 63, NJW **78**, 1206, Bay **54**, 111, Stuttgart NJW **60**, 1399, LG Hamburg NJW **66**, 1178, 1876; and. BGH **17** 161, GA **68**, 120). Gleiches muß für die Wiederherstellung des Äußeren durch kosmetische Operationen gelten (and. BGH MDR/D **57**, 267, JR **67**, 146 m. Anm. Schröder). Weitgehend wie hier Hirsch LK 20, Paeffgen NK 23, Remmele NJW **63**, 22, Wegner NJW **66**, 1849. Ganz sicher ist die Wiederherstellung dann von Bedeutung, wenn die Entstellung noch im Wege der „Heilung" (abgerissenes Ohr wird wieder angenäht) beseitigt wird.

6 **Beispiele** für Entstellung: Verletzung des Unterkiefers (RG JW **28**, 2232), auffallende Narben im Gesicht (BGH JR **67**, 146, BGE 115 IV 17) oder am Hals (RG HRR **33** Nr. 1057, Bremen MDR **59**, 777), Verletzung der Nase (BGH MDR/D **57**, 267), Verlust des oberen Ohrdrittels (RG LZ **33**, 1339), schlaff herunterhängendes und geschlossen bleibendes Augenlid (RG JW **32**, 1744), talergroße trichterförmige Vertiefung in Stirnmitte (RG **3** 392), deutlich sichtbare und auffallende Narbe am Bauch (vgl. BGH NJW **88**, 2748). Noch keine hinreichende Entstellung ist bei einer vernarbten, rot-blau gefärbten Hand anzunehmen (BGH StV **92**, 115).

7 4. Erfolgsqualifikation ist zudem das Verfallen in **Siechtum, Lähmung oder geistige Krankheit oder Behinderung.** *Siechtum* bedeutet einen chronischen Krankheitszustand, der, den Gesamtorganismus ergreifend, ein Schwinden der Körper- oder Geisteskräfte und Hinfälligkeit zur Folge hat und dessen Heilung sich überhaupt nicht oder doch der Zeit nach nicht bestimmen läßt (RG **72** 322, 346, BGH MDR/D **68**, 17, OGH JR **50**, 565). Völliger Verlust der Arbeitsfähigkeit kann Siechtum sein (RG **72** 346; zu eng RG JW **29**, 2270 m. Anm. Coenders), ebenfalls eine allgemeine Hinfälligkeit mit Minderung der Erwerbsfähigkeit um 40% auf Grund einer Hirnsubstanzschädigung (BGH MDR/D **68**, 17; vgl. auch BGHR § 224 Abs. 1 Siechtum 1). *Lähmung* ist die erhebliche Beeinträchtigung der Bewegungsfähigkeit eines Körperteils (vgl. RG **21** 224), die den ganzen Körper in Mitleidenschaft zieht. Völlige Bewegungslosigkeit des rechten Armes kann eine Lähmung sein (RG JW **30**, 1596), ferner Versteifung eines Kniegelenks (BGH NJW **88**, 2622) oder Versteifung des Hüftgelenks, wenn der Verletzte Krücken zum Gehen benutzen muß (RG HöchstRR **2** 260), nach RG **6** 6 dagegen nicht ohne weiteres die Lähmung einiger Finger oder die Steifheit des Handgelenks, ebensowenig nach RG **6** 66 die Steifheit des Mittelfingers. Als *geistige Krankheit* sind krankhaft – seelische Störungen zu verstehen (vgl. dazu § 20 RN 6 f.). Die daneben genannte Behinderung muß, wie dem Gesetzessinn und auch dem Gesetzeswortlaut zu entnehmen ist, geistiger Art sein. Eine klare Abgrenzung zur geistigen Krankheit besteht nicht; sie erübrigt sich auch, da beides gleichwertig für die Reichweite des § 226 ist. Als geistige Behinderung ist jede nicht nur unerhebliche und nicht nur vorübergehende Störung der Gehirntätigkeit anzufassen, sofern sie sich nicht bereits als geistige Krankheit kennzeichnen lässt. Zu denken ist etwa an einen Schlaganfall. Zum Merkmal „Behinderung" vgl. Schroth NJW 98, 2862 sowie Rengier ZStW 111, 18 (auch seelische Behinderung). Ein **Verfallen** liegt vor, wenn der Körper im ganzen in erheblicher Weise chronisch beeinträchtigt wird und die Beseitigung dieses Zustands sich für eine absehbare Zeit nicht bestimmen läßt (RG **21** 223). Vorübergehende Beeinträchtigungen erfüllen nicht den Tatbestand (RG **75** 61). Ein vorübergehender Krankheitszustand ist indes nicht schon dann nicht deswegen anzunehmen, weil er im Zeitpunkt des Urteils nicht mehr besteht. Hat sich die Aburteilung erheblich verzögert und war lange ungewiß, ob und wann Heilung möglich sei, so war bereits ein Zustand chronischer Art eingetreten (RG **44** 60 f.). Eingehend zum Ganzen Hirsch LK 22 ff.

8 III. Die schweren Folgen müssen **fahrlässig** oder bedingt vorsätzlich verursacht worden sein (§ 18; vgl. dazu § 227 RN 7). Sind sie absichtlich oder wissentlich herbeigeführt worden, so erfolgt die Bestrafung nach Abs. 2. Soweit das Vorliegen einer schweren Folge von individuellen Eigenschaften des Opfers abhängt, muß sich die Fahrlässigkeit oder der bedingte Vorsatz auch auf diese beziehen. Bei einer BAK von 3‰ beim Täter kann Vorhersehbarkeit schwerer Folgen entfallen (BGH NStE **3**).

9 IV. Fraglich ist, ob ein **Versuch** der schweren Körperverletzung nach Abs. 1 (Verbrechen) in Betracht kommen kann. Nach dem in RN 6 zu § 227 Gesagten, das für § 226 entsprechend gilt, ist ein solcher Versuch anzunehmen, wenn die auf eine Körperverletzung gerichtete Handlung nicht den vorgestellten Erfolg hat, jedoch auf einem anderen Weg zum Eintritt der schweren Folge führt. Vgl. dazu Sowada JuS 95, 652.

10 V. **Teilnahme** an einer schweren Körperverletzung nach Abs. 1 kommt in Betracht, wenn der Teilnehmer sich vorsätzlich an der Körperverletzung beteiligt und ihm hinsichtlich der schweren Folge Fahrlässigkeit oder bedingter Vorsatz zur Last fällt (§ 18).

VI. Als **Strafe** droht Abs. 1 primär Freiheitsstrafe von 1 Jahr bis zu 10 Jahren an (Verbrechen). Bei **11** der Strafzumessung ist ua das Ausmaß einer Folge zu berücksichtigen. Ein erhebliches Ausmaß fällt strafschärfend ins Gewicht, ebenso die Verursachung mehrerer schwerer Folgen. Für die Strafzumessung bedeutsam ist auch die Verschuldensform hinsichtlich der schweren Folge. Wer leichtfertig, also in besonders hohem Maß sorgfaltswidrig, oder bedingt vorsätzlich die schwere Folge verursacht, verdient idR eine strengere Strafe als der Täter, der leicht fahrlässig nicht bedenkt, daß sein Handeln eine schwere Folge herbeiführt. In **minder schweren Fällen** beträgt die Mindeststrafe 6 Monate Freiheitsstrafe, die Höchststrafe 5 Jahre (Abs. 3) Ein minder schwerer Fall ist ua anzunehmen, wenn dem § 213 entsprechende Voraussetzungen vorliegen, der Täter also ohne eigene Schuld durch eine ihm oder einem Angehörigen zugefügte Mißhandlung oder schwere Beleidigung vom Verletzten zum Zorn gereizt und hierdurch auf der Stelle zur Tat hingerissen worden ist (vgl. BGH **25** 224, Hirsch LK 33, Lackner/Kühl 6). Ferner kommt ein minder schwerer Fall in Betracht, wenn eine fehlgeschlagene Tötung auf Verlangen zu einer schweren Folge des § 226 geführt hat. Gleiches gilt beim Rücktritt von einem bereits eine schwere Körperverletzung verursachten Versuch einer Tötung auf Verlangen. Vgl. auch 48 vor § 38.

VII. Hat eine Handlung mehrere schwere Folgen verursacht, so liegt dennoch nur eine Tat vor, **12** nicht etwa gleichartige Idealkonkurrenz (vgl. § 52 RN 28). Das Vorliegen mehrerer schwerer Folgen kann jedoch ebenso wie das große Ausmaß einer Folge bei der Strafzumessung straferschwerend berücksichtigt werden. Die Annahme eines minder schweren Falles (vgl. o. 11) ist deswegen aber noch nicht ausgeschlossen. Zur Idealkonkurrenz mit Tötungsversuch vgl. BGH MDR/H **95**, 880, § 212 RN 23. Bei einer schweren Körperverletzung im Amt ist § 340 III maßgebend.

VIII. Ein **qualifizierter Fall** der schweren Körperverletzung liegt nach **Abs. 2** vor, wenn der **13** Täter eine in Abs. 1 genannte Folge absichtlich oder wissentlich verursacht. *Absicht* ist iSv zielgerichtetem Handeln (vgl. § 15 RN 66) zu verstehen. Die schwere Folge muß danach ein mit der Körperverletzung erstrebtes Ziel sein. Unerheblich ist, ob der Täter das Erreichen seines Zieles als sicher oder als nicht sicher ansieht. Bedingter Tötungsvorsatz schließt die Absicht einer schweren Körperverletzung nicht aus (BGHR § 225 Konkurrenzen 1). Die erforderliche Absicht kann aber auch bei direktem Tötungsvorsatz vorliegen, wenn die schwere Folge Durchgangsziel zur Tötung sein soll (and. BGH NStZ **97**, 233). Der Täter ist somit bei Eintritt der schweren Folge nach Abs. 2 zu bestrafen, wenn er vom Tötungsversuch zurücktritt. *Wissentlich* verursacht der Täter die schwere Folge, wenn er sie als sichere Auswirkung der Körperverletzung vorausgesehen hat.

1. Bei Eintritt einer schweren Folge in anderer Weise als der gewollten kann zweifelhaft sein, wie **14** sich der Irrtum rechtlich auswirkt. Da die von § 226 erfaßten Folgen qualitativ erhebliche Unterschiede aufweisen, kann der Irrtum nicht schlechthin unbeachtlich sein. Er ist unwesentlich, wenn die Abweichung dasselbe Qualifikationsmerkmal betrifft (vgl. Bremen MDR **59**, 777, LG Berlin NStZ **93**, 286: Entstellung des Halses statt des Gesichts). Hier kann er allenfalls die Strafzumessung beeinflussen, so etwa, wenn der angerichtete Schaden größer ist als der erstrebte (zB Handverlust statt Verlustes eines Daumens). Gleiches gilt, wenn Qualifikationsmerkmale berührt sind, von denen das eine in aller Regel im anderen enthalten ist, wie bei Glied- oder Sehverlust und dauernder Entstellung. Strafbar nach § 226 ist daher, wer einem anderen das Auge ausstechen will und statt dessen das Gesicht dauernd entstellt oder umgekehrt. Dagegen liegt eine erhebliche Abweichung vor, wenn die eingetretene Folge sich von der gewollten qualitativ wesentlich unterscheidet, wie ua beim Verlust des Sehvermögens gegenüber dem Verlust des Sprechvermögens oder der Fortpflanzungsfähigkeit. Wer insoweit von der Absicht abweichende schwere Folge herbeiführt (Verlust des Sprechvermögens statt Erblindung usw.), ist wegen versuchter Tat nach den §§ 226 II, 23 zu bestrafen, evtl. in Idealkonkurrenz mit vollendeter Tat nach § 226 I. Zum Problem vgl. auch Hirsch LK 3, Horn SK 25, Paeffgen NK 21.

2. Die **Einwilligung** des Verletzten kommt als Rechtfertigungsgrund in Betracht, wenn man **15** ärztliche Heileingriffe, die zu einem Substanzverlust führen (zB Amputation), als tatbestandsmäßige Körperverletzung wertet (vgl. § 223 RN 29, auch Köln NStE 1). In sonstigen Fällen rechtfertigt die Einwilligung regelmäßig nicht die Tat (vgl. § 228). Zur Strafmilderung bei Vorliegen einer nicht rechtfertigenden Einwilligung vgl. u. 18.

3. Ein **Versuch** der schweren Körperverletzung nach Abs. 2 setzt voraus, daß der Täter mit der **16** Körperverletzung begonnen hat; Vollendung des Grunddelikts ist nicht erforderlich. Ist das Grunddelikt vollendet und nur die schwere Folge ausgeblieben, so besteht Tateinheit zwischen § 223 oder § 224 und § 226 II, 22. Versuch liegt auch vor, wenn die eingetretene schwere Folge von der beabsichtigten wesentlich abweicht (vgl. 14). Ist dem Täter hinsichtlich der Abweichung Fahrlässigkeit vorzuwerfen, so steht § 226 II, 22 in Tateinheit mit § 226, sonst mit § 223 oder § 224.

4. Die **Teilnahme** unterliegt Akzessorietätsregeln. Es genügt, daß der Teilnehmer die Absicht des **17** Täters kennt; direkten Vorsatz hinsichtlich der schweren Tatfolge braucht er nicht zu haben (Horn SK 26, Paeffgen NK § 225 RN 24; and. Hirsch LK 6). Beteiligt sich jemand mit direktem Vorsatz an der Tat eines anderen, der nur mit bedingtem Vorsatz handelt, so scheidet Teilnahme an einer Tat nach § 226 II aus; es kommt entweder mittelbare Täterschaft nach § 226 II oder Teilnahme an einer Tat nach § 226 I in Betracht. Teilnahme an einer Tat nach § 226 I kommt ebenfalls in Betracht, wenn der Beteiligte den direkten Vorsatz des anderen nicht kennt, ihm aber wenigstens Fahrlässigkeit hinsicht-

Stree

lich der schweren Folge zur Last fällt (vgl. o. 10). Bestimmt jemand einen anderen zu einer mit bedingtem Vorsatz begangenen schweren Körperverletzung in der irrigen Annahme, der andere führe die schwere Tatfolge mit direktem Vorsatz herbei, so besteht Idealkonkurrenz zwischen den §§ 226 I, 26 und den §§ 226 II, 30 I. Idealkonkurrenz zwischen §§ 226, 22, 26 oder §§ 226, 30 I und §§ 223 (224), 26 kommt in Betracht, wenn die Anstiftung zu einer vollendeten Tat nach § 223 (224) geführt hat (vgl. BGH JA **87**, 395).

18   5. Für die **Strafzumessung** ist ua das Ausmaß der schweren Folge wesentlich. So kann strafschärfend berücksichtigt werden, daß das Opfer das Sehvermögen auf beiden Augen verloren hat, daß es besonders erheblich entstellt worden ist (zB völlige Verunstaltung des gesamten Gesichts) oder daß es mehrere schwere Folgen erlitten hat (zB Verlust des Sehvermögens und des Gehörs). Bei mehreren schweren Folgen kann die Strafe nach Abs. 2 auch erhöht werden, wenn zu der beabsichtigten Folge eine weitere hinzukommt, bei der nur die subjektiven Voraussetzungen des Abs. 1 vorliegen (vgl. BGH NStE § 52 Nr. 40). Der Strafrahmen ermäßigt sich für **minder schwere Fälle** auf Freiheitsstrafe von 1–10 Jahren. Ein minder schwerer Fall kann insb. vorliegen, wenn die Verletzung auf Verlangen des Opfers oder mit dessen Einwilligung erfolgt, ferner, wenn der Täter unter Voraussetzungen, die denen des § 213 entsprechen, zur Tat hingerissen worden ist (vgl. o. 11). Vgl. auch 48 vor § 38. Kommt ein besonderer gesetzlicher Milderungsgrund hinzu, liegt etwa nur der Versuch einer entsprechenden § 213 provozierten Tat vor, so kann sich der Strafrahmen für minder schwere Fälle nach § 49 I ermäßigen (vgl. § 50 RN 6).

19   6. Trotz Verursachung mehrerer schwerer Folgen liegt nur eine Tat vor, nicht gleichartige Idealkonkurrenz (vgl. § 52 RN 28), auch dann, wenn eine Folge unter Abs. 2 und eine andere unter Abs. 1 fällt. Über das **Verhältnis zu den Tötungsdelikten** vgl. § 212 RN 17 ff., auch BGH NStZ **95**, 589 (Tateinheit zwischen Totschlagsversuch und beabsichtigter schwerer Körperverletzung). Idealkonkurrenz ist mit § 231 möglich. Bei der Tat im Amt ist § 340 III maßgebend.

§ 227 Körperverletzung mit Todesfolge

(1) **Verursacht der Täter durch die Körperverletzung (§§ 223 bis 226) den Tod der verletzten Person, so ist die Strafe Freiheitsstrafe nicht unter drei Jahren.**

(2) **In minder schweren Fällen ist auf Freiheitsstrafe von einem Jahr bis zu zehn Jahren zu erkennen.**

Vorbem. Neufassung des § 226 aF durch 6. StrRG v. 26. 1. 1998, BGBl I 164.

Schrifttum: Rengier, Erfolgsqualifizierte Delikte und verwandte Erscheinungsformen, 1986.

1   I. Der Tatbestand der **Körperverletzung mit tödlichem Ausgang** erfaßt Körperverletzungen nach §§ 223 ff. Körperverletzung iSv § 227 ist – unabhängig von der systematischen Zugehörigkeit – auch die Tat nach § 225 einschließlich des seelischen Quälens; das ergibt seine Stellung innerhalb der im Gesetz genannten §§ 223–226 (Rengier ZStW 111, 20; and. Horn SK 3 iVm RN 16 zu § 226 für seelisches Quälen). Begeht zB der seelisch Gequälte Selbstmord, so ist § 227 anwendbar (RG DR **45**, 22, Bay **60**, 286). Auch eine Körperverletzung durch Unterlassen genügt (BGH MDR/H **82**, 624), etwa bewußtes Verzögern des Herbeiholens ärztlicher Hilfe für einen (zu schützenden) Erkrankten, es sei denn, das Unterbleiben der gebotenen Handlung bewirkt, wie bei bloßer unterbliebener Schmerzlinderung, keine spezifische Gefahr für den tödlichen Ausgang (vgl. BGH NJW **95**, 3194, dessen Beurteilung der objektiven Tatseite jedoch Bedenken auslöst; vgl. dazu Wolters JR 96, 471, Ingelfinger GA **97**, 573 ff.). Voraussetzung ist, daß auch der Vorsatz des Unterlassungstäters die Körperverletzung umfaßt, die für die Todesfolge spezifische Gefahr (vgl. u. 3) der Todesfolge anhaftet (BGH **41** 113). Dagegen reicht fahrlässiges Verhalten nicht aus, auch wenn es zwischen einzelnen Akten einer vorsätzlichen Körperverletzung liegt (BGH NJW **85**, 2958 m. Anm. Jakobs JR 86, 380). Zur entsprechenden Anwendbarkeit des § 227 auf Körperverletzungen im Amt vgl. § 340 III.

2   1. Erforderlich ist zunächst, daß zwischen der Körperverletzung und dem Tod **Kausalzusammenhang** besteht. Hierfür gelten die allgemeinen Grundsätze der Äquivalenztheorie (vgl. BGH GA **69**, 90); vorsätzliches Handeln eines Dritten unterbricht daher nicht den Kausalzusammenhang (OGH **3** 100).

3   a) Der bloße Kausalzusammenhang reicht jedoch nicht aus. Hinzu kommen muß, daß sich im tödlichen Ausgang die **spezifische Gefahr** niedergeschlagen hat, die der Körperverletzung im Hinblick auf den Eintritt des Todes anhaftet (BGH **31** 98 m. Anm. Stree JZ 83, 75, Hirsch JR 83, 78, Maiwald JuS 84, 439, Puppe NStZ 83, 22 u. Schlapp StV 83, 60, NStE **1**, NJW **92**, 1709, **95**, 3194, StV **93**, 75, **98**, 203); denn nur dann liegt der besondere Unrechtsgehalt vor, der die wesentlich erhöhte Strafe für erfolgsqualifizierte Delikte rechtfertigt. Das setzt kein besonders hohes Todesrisiko (so aber Wolter JuS 81, 176) oder die Evidenz der Gefahr voraus (Stree JZ 83, 76). Erforderlich ist nur, daß die der Körperverletzung eigentümliche, dh die gerade von ihr ausgehende tödliche Gefahr zum Tod geführt hat (vgl. auch östOGH ÖJZ **91**, 857). Zum Merkmal der spezifischen Gefahr, insb. zur Frage, ob insoweit auf den Körperverletzungserfolg oder auch auf die Körperverletzungshandlung abzustellen ist, vgl. noch u. 4 f. Beruht der Tod nicht auf der hierfür spezifischen Gefährlichkeit der Körperverletzung, so ist § 227 nicht anwendbar. Das ist zB grundsätzlich der Fall, wenn der Verletzte

Körperverletzung mit Todesfolge 4, 5 § 227

aus Furcht vor weiteren Körperverletzungen flieht und bei der Flucht ums Leben kommt (vgl. BGH MDR/D **54**, 150), etwa auf Grund eines Sturzes, oder wenn der Täter das bewußtlose und vermeintlich tote Opfer zwecks Spurenbeseitigung ins Wasser wirft und es dadurch umkommt (BGH StV **98**, 203). Ebenso verhält es sich beim Verbrennen eines vermeintlich Toten (vgl. den Fall in BGH **10** 208) oder beim Erhängen des für tot gehaltenen Opfers (BGH StV **93**, 75). Um eine Auswirkung der spezifischen Gefahr handelt es sich dagegen, wenn der Verletzte infolge der Körperverletzung oder bei deren Abwehr taumelt und daraufhin tödlich stürzt (vgl. u. 5) oder wenn die Körperverletzung beim Verletzten einen tödlichen Herzinfarkt auslöst (BGH NStZ **97**, 341).

b) Umstritten ist, ob die tödliche Folge aus dem gewollten **Körperverletzungserfolg** hervorgegangen sein muß und ob zwischen der Körperverletzung und der tödlichen Folge noch weitere Ursachen für den Todeseintritt liegen können. Z. T. wird angenommen, daß § 227 unanwendbar ist, wenn nicht die zur Körperverletzung bestimmte Handlung, sondern der gewollte Körperverletzungserfolg den Tod bewirkt (so RG **44** 137 beim Schlag mit Schußwaffe, der ohne Willen des Täters den tödlichen Schuß auslöst; and. BGH **14** 110 m. abl. Anm. Deubner NJW 60, 1068, MDR/D **75**, 196). Der BGH läßt demgegenüber die spezifische Gefahr der vorsätzlichen **Körperverletzungshandlung** genügen (BGH NStE **1** mwN, NStZ **97**, 341). Sie soll sich im tödlichen Ausgang aber nur niedergeschlagen haben, wenn die Handlung die Todesfolge unmittelbar bewirkt hat. An dieser Unmittelbarkeit soll es fehlen, wenn erst das Verhalten des Opfers oder eines Dritten den Tod herbeiführt. Vgl. BGH **31** 99, NJW **71**, 152 m. Anm. Schröder JR 71, 205, MDR/D **76**, 16, MDR/H **82**, 103. Zu weiteren Fällen aus der Rspr. vgl. Geilen Welzel-FS 655 ff. Das eigene Verhalten des Opfers ist nach BGH NJW **92**, 1708 m. Anm. Graul JR 92, 344 aber noch eine unmittelbare Folge der Körperverletzungshandlung, wenn es eine Panikreaktion ist, die auf eine durch die Verletzung verursachte Benommenheit zurückgeht. Dem entspricht der Selbstmord eines seelisch Gequälten. Mit dem Unmittelbarkeitskriterium nicht vereinbar ist BGH NStZ **92**, 333 (Strangulierung des Opfers durch Dritten nach Hammerschlägen) m. krit. Anm. Dencker NStZ 92, 311. Andererseits hat Schröder in der 17. A. darauf abgestellt, ob der tödliche Erfolg, wäre er nur als Körperverletzung eingetreten, dem Täter als vollendete vorsätzliche Körperverletzung zuzurechnen wäre, also keine wesentliche Abweichung vom vorgestellten Kausalverlauf vorgelegen hätte. Eine unwesentliche Abweichung hat er angenommen, wenn das Opfer einem Schlag ausweicht, dabei zu Boden stürzt und sich eine Verletzung zuzieht. Dementsprechend soll § 227 anwendbar sein, wenn diese Verletzung tödlich ist. Dagegen hat Schröder eine auf Körperverletzung abzielende Handlung nicht genügen lassen, wenn der hierdurch bewirkte Erfolg eine wesentliche Abweichung vom Kausalverlauf darstellt.

Die Ansicht Schröders ist folgerichtig, wenn man unter Körperverletzung iSv § 227 den Verletzungserfolg versteht, da bei unwesentlichen Abweichungen stets eine vorsätzliche Körperverletzung Durchgangsstadium für den Tod ist. Einen Körperverletzungserfolg als Ursache für die tödliche Folge verlangen ua Deubner NJW 60, 1068, Hirsch LK 3, Oehler-FS 129, Küpper Hirsch-FS 619, Lackner/Kühl 2, Ulsenheimer GA 66, 272, Bussmann GA 99, 30. Dieser Ausgangspunkt ist indes nicht zu teilen. Die den besonderen Unrechtsgehalt der erfolgsqualifizierten Delikte prägende Gefahr (vgl. o. 3) haftet nicht allein dem Grunddeliktserfolg an, sondern kann bereits aus der hierauf gerichteten Handlung hervorgehen. Bei § 227 kann nichts anderes gelten; es fehlt hier an einem zwingenden Grund für eine Einschränkung auf den Erfolg. Ähnlich wie eine Raubhandlung (§ 251) oder eine Vergewaltigungshandlung (§ 178) kann auch die Körperverletzungshandlung die für eine tödliche Folge eigentümliche Gefahr enthalten (vgl. BGH **31** 99, NStZ **97**, 341, Rengier aaO 217, Stree GA 60, 292, JZ **83**, 75, Wessels/Hettinger RN 299, Wolter JuS 81, 170, GA **84**, 444), insb., wenn der Täter das Opfer mit einer Waffe oder an gefährlicher Stelle angreift (vgl. dazu Horn SK 10, der aber Kenntnis des Täters vom Gefahrmoment fordert). Zudem spricht der Wortlaut des § 227 nicht gegen ein Abstellen auf die Körperverletzungshandlung (Rengier aaO 216). Die Gegensätzlichkeit der Standpunkte verringert sich allerdings, wenn man mit Schröder den Kreis der unwesentlichen Abweichungen vom Vorgestellten weit zieht. Bei wesentlicher Abweichung wird dann die Todesfolge zumeist nicht voraussehbar sein, so daß die für § 227 erforderliche Fahrlässigkeit hinsichtlich des Todeserfolges entfällt. Entgegen der Ansicht Schröders ist jedoch wegen des beträchtlich veränderten Unrechtsgehalts bereits dann eine wesentliche Abweichung anzunehmen, wenn der eingetretene Körperverletzungserfolg einen erheblich höheren Gefährlichkeitsgrad aufweist als der vorgestellte (Geilen Welzel-FS 680, Hirsch LK § 224 RN 5, Stree GA 60, 291; vgl. auch Rengier aaO 202). Da hier eine andere Tatbewertung die Wesentlichkeit der Abweichung begründet, die Todesfolge aber durchaus voraussehbar sein kann, muß in diesem Fall zumindest die fahrlässig verursachte Todesfolge ausreichen, die iS der BGH-Rspr. unmittelbar aus dem Handlungsvorgang hervorgeht. § 227 ist indes hierauf nicht zu beschränken. Auch eine sonstige Todesfolge muß genügen, sofern für sie die spezifische Gefahr des Handlungsvorgangs maßgebend war (vgl. auch BGH NJW **92**, 1708), wie zB der tödliche Sturz bei Abwehr der Körperverletzung. Ob beim Angriff am Rand eines Abgrunds ein Schlag den Sturz in den Abgrund bewirkt oder das getroffene Opfer auf Grund einer Abwehrmaßnahme in die Tiefe stürzt, kann keinen entscheidenden Unterschied begründen. Ebensowenig läßt sich in dem Fall, in dem das auf einem hohen Dach befindliche Opfer mit Steinen beworfen wird, danach unterscheiden, ob ein Treffer den tödlichen Sturz vom Dach verursacht oder das Ausweichen vor weiteren Treffern. Ferner kann das Verhalten eines Dritten durchaus noch der spezifischen Gefahr des Körperverletzungsvorgangs zugerechnet werden (vgl. Wessels/Hettinger

RN 303, Wolter JuS 81, 175, GA **84**, 444). Das kann etwa beim Unterbleiben wirksamer Gegenmaßnahmen der Fall sein (vgl. den BGH **31** 96 zugrundeliegenden Fall und dazu Stree JZ 83, 76, aber auch Puppe NStZ 83, 24; wie hier für das österr. Recht ÖstOGH 51, 110: Ablehnung risikobehafteter Operation als Gegenmaßnahme, sowie Burgstaller Jescheck-FS 367, WK § 86 RN 6: nicht rechtzeitige Operation auf Grund fahrlässiger Fehldiagnose des behandelnden Arztes). Ebenso kann eine falsche Gegenmaßnahme als Bestandteil der spezifischen Gefahr der Körperverletzung zu werten sein, so zB, wenn die Gegenmaßnahme unter widrigen Umständen vorgenommen, der Verletzte etwa bei schlechtem Wetter von einem Berg zu einem Krankenhaus ins Tal gebracht werden muß und hierbei dem Dritten ein folgenschwerer Fehler versehentlich unterläuft. Auch ärztliche Behandlungsfehler leichter oder mittlerer Art lassen die spezifische Gefahr noch nicht entfallen. Die spezifische Gefahr des Handlungsvorgangs verliert jedoch ihre Bedeutung, wenn bewußt (oder grobfahrlässig; and. östOGH ÖJZ **91**, 857) falsche Gegenmaßnahmen zum Eintritt des Todes beigetragen haben (ebenso Burgstaller Jescheck-FS 365 für das österr. Recht), etwa ein schwerer ärztlicher Kunstfehler. Ebenso verhält es sich, wenn das Opfer bewußt eine zumutbar wirksame Gegenmaßnahme unterläßt, zB Wunden nicht pflegt oder ärztliche Hilfe nicht oder viel zu spät in Anspruch nimmt, etwa stationäre Behandlung im Krankenhaus (and. BGH NStZ **94**, 394 bei Alkoholkranken, die Krankenhausbehandlung ablehnen, um weiteren Alkohol zu sich nehmen zu können) oder eine lebenserhaltende Operation ablehnt (vgl. dazu Burgstaller Pallin-FS, 1989, 43, ferner östOGH JBl **92**, 465, wonach nur schlechthin unbegreifliches Verhalten die Zurechnung ausschließt). Wie beim Verhalten Dritter genügt bereits grobfahrlässiges Verhalten des Verletzten, den daraufhin eintretenden Tod nicht dem Körperverletzungsvorgang zuzurechnen. Ferner ist das Eingreifen eines Dritten, der eine auf der Körperverletzung beruhende Lage (zB Bewußtlosigkeit) zu einer todbringenden Handlung gegen den Verletzten ausnutzt, nicht Ausfluß der spezifischen Gefahr der Körperverletzung (iE daher richtig BGH **32** 28).

6 c) Geht man vom Handlungsvorgang aus, so stellt sich die Frage nach der Möglichkeit eines **Versuchs** der Körperverletzung mit Todesfolge (vgl. dazu Stree GA 60, 289 ff., Wolter JuS 81, 179). In Betracht käme er, wenn die gewollte Körperverletzung nicht, auch nicht als unwesentliche Abweichung vom Vorgestellten, erreicht wird, wohl aber die qualifizierende Folge eintritt. Freilich wird es insoweit, wenn man den Kreis einer unwesentlichen Abweichung weit zieht, regelmäßig an der erforderlichen Fahrlässigkeit fehlen (vgl. o. 5), so daß sich damit das Problem eines strafbaren Versuchs erledigt. Sieht man dagegen Abweichungen vom Vorgestellten weitgehend als wesentlich an, so ist, da sie durchaus voraussehbar sein können, ein strafbarer Versuch ohne weiteres denkbar, zB wenn der Schlag mit einer Schußwaffe das Opfer nicht trifft und bei diesem Schlag der tödliche Schuß ausgelöst wird. Die Streitfrage, ob der für den Tod ursächliche und für ihn spezifisch gefährliche Versuch einer Körperverletzung strafbar sein muß, ist überholt, da auch der Versuch einer Körperverletzung nach § 223 durch das 6. StrRG für strafbar erklärt worden ist. Für Strafbarkeit eines erfolgsqualifizierten Versuchs zu Recht Laubenthal JZ 87, 1068, Paeffgen NK 19, Rengier aaO 246, Sowada Jura 95, 652, Wolter JuS 81, 179; and. Horn SK 12. Ebenso für das österr. Recht Kienapfel Grundriß des österr. Strafrechts BT I, 3. A. 1990, 159 (Steinwurf, wobei das Opfer beim Ausweichen tödlich abstürzt).

7 2. Ferner muß der Täter bezüglich der Todesfolge **fahrlässig** gehandelt haben (§ 18); vgl. zB BGH MDR/D **72**, 386, **73**, 18, **76**, 16. Objektive Fahrlässigkeit genügt noch nicht (BGH StV **93**, 74). Da der Tod aus einer spezifischen Gefahr hervorgegangen sein muß, ist erforderlich, daß die Fahrlässigkeit die spezifische Gefahr umfaßt. Die insoweit maßgebliche Sorgfaltswidrigkeit liegt zwar regelmäßig, aber nicht notwendigerweise in der Verwirklichung des Grunddelikts, so daß die Fahrlässigkeitsprüfung entgegen BGH **24** 213, NStZ **82**, 27 nicht auf die Vorhersehbarkeit der tödlichen Folge beschränkt bleiben kann (vgl. Horn SK 4, Wessels/Beulke RN 693, Wolter JuS 81, 171, GA 84, 445). Vielmehr ist eine am Moment der spezifischen Gefahr ausgerichtete Fahrlässigkeitsprüfung unumgänglich (vgl. auch ÖstOGH JBl **88**, 395 u. dazu Burgstaller Pallin-FS, 1989, 55, ferner ÖstOGH JBl **89**, 395 m. Anm. Kienapfel). Nicht erforderlich ist beim Täter die Vorhersehbarkeit, der bewirkte Körperverletzungserfolg könne den Tod herbeiführen. Es genügt, wenn der Täter seiner Körperverletzungshandlung eine solche Wirkung hätte beimessen können (vgl. BGH **31** 101 m. Anm. Stree JZ 83, 75). Insoweit reicht aus, wenn der Täter das der Körperverletzung anhaftende Risiko eines tödlichen Ausgangs erkennen konnte. Bei einer älteren Person als Opfer ist für den Täter im allgemeinen voraussehbar, daß die Körperverletzungshandlung verbunden mit der verursachten Aufregung und Angst einen tödlichen Herzinfarkt auslösen kann (BGH NStZ **97**, 341). Die tödliche Folge ist bei einem wuchtigen Faustschlag ins Gesicht idR auch für einen alkoholisierten Täter voraussehbar (BGH NStZ-RR **97**, 296, LG Gera NStZ-RR **96**, 37). Auf die einzelnen physischen Vorgänge, die als Folge der Körperverletzung zum Tode führen, im konkreten Fall den Tod herbeiführen, braucht sich die Vorhersehbarkeit nicht zu erstrecken (BGH NStZ **95**, 287, **97**, 341, NStZ-RR **97**, 296, ÖstOGH JBl **99**, 399). An den Grad der Fahrlässigkeit sind keine besonderen Anforderungen zu stellen (and. Wolter JuS 81, 177). Sie muß aber bereits bei der Körperverletzungshandlung vorgelegen haben und kann nicht einem späteren Verhalten des Täters entnommen werden (vgl. BGH **33** 66 entspr. zu § 30 I Nr. 3 BtMG), zB nicht unsachgemäßem Transport ins Krankenhaus oder dem Unterlassen einer erforderlichen Hilfeleistung wegen grobfahrlässiger Fehleinschätzung der Gefährlichkeit der zugefügten Verletzung (vgl. ÖstOGH JBl **89**, 395). Bleibt offen, ob der Täter bezüglich der Todesfolge

Einwilligung **§ 228**

vorsätzlich oder fahrlässig gehandelt hat, so ist er ebenfalls nach § 227 zu verurteilen (keine Wahlfeststellung; vgl. § 1 RN 93).

3. In **minder schweren Fällen** tritt Strafermäßigung nach Abs. 2 ein. Ein minder schwerer Fall ist ua anzunehmen, wenn der Täter auf Grund von Voraussetzungen, die denen des § 213 entsprechen, auf der Stelle zur Tat hingerissen worden ist (BGH **25** 222, MDR/D **74**, 723, StV **81**, 524, **92**, 115, **94**, 315, NStZ **83**, 555, NStZ-RR **97**, 99, **00**, 80), nach dem BGH uU auch bei verminderter Schuldfähigkeit (vgl. BGH NJW **86**, 1557, NStE 4 zu § 226 und dagegen § 50 RN 3). Er kann zudem vorliegen, wenn bei einer einverständlichen tätlichen Auseinandersetzung ein geringfügiger Exzeß zur schweren Folge führt (BGH StV **94**, 16) oder wenn das Opfer die Körperverletzung in Kenntnis einer etwaigen tödlichen Gefahr verlangt hat, die Tat jedoch trotz der im Verlangen enthaltenen Einwilligung nach § 228 rechtswidrig ist. Ferner kommt ein minder schwerer Fall bei einer an den Ausschluß der spezifischen Gefahr der Körperverletzung heranreichenden Mitverursachung des Todes durch das Opfer der Dritten in Betracht. Vgl. auch 48 vor § 38, BGH NStZ-RR **00**, 329. Im Fall des Abs. 2 kann zusätzlich ein besonderer Strafmilderungsgrund zur Strafherabsetzung führen (vgl. BGH StV **94**, 315). 8

4. Bei der **Strafzumessung** darf die Vernichtung eines Menschenlebens als solche nicht straferschwerend herangezogen werden (vgl. § 46 III, auch RG JW **26**, 818, Bay NJW **51**, 245). Dagegen kann die Gefährlichkeit der Tatwaffe zur Strafschärfung führen (RG JW **28**, 913), ferner der Umstand, daß die rohe und brutale Handlungsweise nahe an einen mit bedingtem Tötungsvorsatz ausgeführten Totschlag heranreicht (BGH MDR/D **73**, 18), nicht jedoch der bloße Verdacht bedingten Tötungsvorsatzes, wohl aber das Vorliegen grober Fahrlässigkeit. Strafmildernd kann sich, auch wenn noch kein minder schwerer Fall vorliegt, die Mitverursachung des tödlichen Ausgangs durch Dritte (oder Opfer selbst) auswirken (BGH VRS **98** 434). Vgl. im übrigen zur Strafzumessung Dreher NJW **51**, 492 zu Nr. 19. 9

II. Ein **Mittäter** haftet nach § 227 nur, wenn die tödliche Handlung auch von seinem Vorsatz umfaßt ist (RG **67** 369) und ihm hinsichtlich der Todesfolge Fahrlässigkeit zur Last fällt, wobei unerheblich ist, daß er selbst die zum Tod führende Handlung nicht eigenhändig vorgenommen hat (BGH MDR/H **86**, 795, NStZ **94**, 339, MDR/H **95**, 444). Der Mittäterschaft steht nicht entgegen, daß der andere Mittäter mit Tötungsvorsatz gehandelt und damit nach § 211 oder § 212 zu belangen ist (BGH MDR/H **90**, 294). Bei **Exzeß** des Täters, der statt einer Körperverletzung eine vorsätzliche Tötung begeht, ist der Tatbeteiligte aus § 227 strafbar, wenn er bezüglich des Erfolges fahrlässig gehandelt hat, mit dem Exzeß also hätte rechnen müssen (§ 18; vgl. BGH MDR/H **86**, 794). Sukzessive Mittäterschaft nach der todbringenden Handlung begründet keine Haftung nach § 227, wenn sie ohne Einfluß auf den tödlichen Ausgang geblieben ist (BGH NStZ **84**, 548). Zur Haftung bei **Teilnahme** vgl. § 18 RN 7. 10

III. Nach OGH **1** 363 soll **Realkonkurrenz** mit § 212 möglich sein. Jedoch schließt die Haftung für vorsätzliche Verursachung des Todes die für die Herbeiführung im Rahmen dieses erfolgsqualifizierten Delikts aus. Anders ist es beim Tötungsversuch (zB anschließende Unterlassungstat). Nach BGH NStZ **00**, 29 besteht zwischen der Tat nach § 227 und Totschlag durch Unterlassen Tateinheit. U. U. kommt auch Idealkonkurrenz zwischen § 227 und §§ 212, 22 oder §§ 211, 22 in Betracht (BGH MDR/H **77**, 282, NJW **89**, 597). Mit den qualifizierten Tatbeständen der Körperverletzung kann **Idealkonkurrenz** vorliegen (vgl. 2 vor § 223; and. OGH **1** 113, **2** 328 [Gesetzeseinheit], ebenso mit § 30 WStG (BGH NJW **70**, 1332), § 218 (BGH **28** 17) und § 231 (BGH NJW **61**, 840). **Gesetzeseinheit** besteht mit § 222, der zurücktritt (BGH **8** 54). Andererseits tritt § 227 hinter § 251 zurück (vgl. (BGH NJW **00**, 1879, § 251 RN 9); versuchter Raub mit Todesfolge und Körperverletzung mit Todesfolge stehen dagegen im Tateinheit (BGH NJW **00**, 1878), ebenfalls versuchte Vergewaltigung mit Todesfolge und Körperverletzung mit Todesfolge (BGH NStZ **00**, 420). Für die Tat im Amt ist § 340 III maßgebend. 11

§ 228 Einwilligung

Wer eine Körperverletzung mit Einwilligung der verletzten Person vornimmt, handelt nur dann rechtswidrig, wenn die Tat trotz der Einwilligung gegen die guten Sitten verstößt.

Vorbem. § 226 a umbenannt in § 228 durch 6. StrRG v. 26. 1. 1998, BGBl I 164.

Schrifttum: Becker, Sportverletzung und Strafrecht, DJ 38, 1720. – *Berz,* Die Bedeutung der Sittenwidrigkeit, GA 69, 145. – *Eser,* Zur strafrechtlichen Verantwortlichkeit des Sportlers, insb. des Fußballspielers, JZ 78, 368. – *Frisch,* Zum Unrecht der sittenwidrigen Körperverletzung, Hirsch-FS 485. – *Gerland,* Selbstverletzung und Einwilligung des Verletzten, VDA II, 487. – *Niedermair,* Körperverletzung mit Einwilligung und die Guten Sitten, 1999 (Diss. München). – *Roxin,* Verwerflichkeit und Sittenwidrigkeit als unrechtsbegründende Merkmale im Strafrecht, JuS 64, 373. – *Sternberg-Lieben,* Die objektiven Schranken der Einwilligung, 1997. – *Zipf,* Einwilligung und Risikoübernahme im Strafrecht, 1970.
Schrifttum zur Einwilligung im allgemeinen vgl. bei 29 vor § 32; Schrifttum zur Einwilligung in ärztliche Eingriffe einschließlich Kastration und Sterilisation vgl. bei § 223 RN 27, 53.

§ 228 1–6   Bes. Teil. Körperverletzung

1   **I.** Die Vorschrift betrifft die **Einwilligung bei Körperverletzungen** in der Bedeutung als Rechtfertigungsgrund (vgl. 32 f. vor § 32, Dreher Heinitz-FS 220, Hirsch LK 1, Lackner/Kühl 1; and. Horn SK 2). Sie bezieht sich auf alle Körperverletzungen einschließlich der Tat im Amt (§ 340 III), auch auf Fälle des § 225 (vgl. dort 15 a) und auf fahrlässige (BGH **6** 234, **17** 359 m. abl. Anm. Rutkowsky NJW 63, 165, MDR **59**, 856, Bay JR **63**, 27 m. Anm. Martin, Celle MDR 69, 69, Frankfurt DAR **65**, 217, Zweibrücken VRS **30** 284, Köln NJW **66**, 896, Oldenburg NJW **66**, 2133, Hamm DAR **72**, 77, Düsseldorf MDR **97**, 934, Tröndle/Fischer 5, Weber Baumann-FS 47; and. Haefliger SchwZStR 67, 94). Die rechtfertigende Wirkung ergreift aber nur die Körperverletzung; für konkurrierende Tatbestände ist die Frage, ob die Einwilligung rechtfertigt, besonders zu entscheiden (vgl. Frankfurt DAR **65**, 217, Hamm VRS **40** 26). Auf die Tötung ist § 228 jedenfalls nicht anwendbar (Bay **57**, 76). Jedoch gelten dessen Grundsätze für die Einwilligung in lebensgefährliche Handlungen (vgl. 104 vor § 32). Unberührt von § 228 bleibt die Möglichkeit einer Strafmilderung auf Grund einer nichtrechtfertigenden Einwilligung (vgl. § 46 RN 25).

2   Zur Einwilligung im allgemeinen vgl. 29 ff. vor § 32. § 228, den Schmitt Schröder-GedS 263 als überflüssig und Niedermair aaO 257 als funktionslos ansieht, enthält keine allgemeine gesetzliche Regelung der Einwilligung, ist also auf andere Bestimmungen nicht zu übertragen (vgl. Berz GA 69, 149, Geppert ZStW 83, 956; näher dazu 37 vor § 32).

3   **II.** Über die **Voraussetzungen der (widerruflichen) Einwilligung** vgl. im einzelnen 33 ff. vor § 32 sowie § 3 KastrG. Die Einwilligung kann auch konkludent erklärt werden; sie ergibt sich insoweit aber nicht allein aus einem nahen Verwandtschaftsverhältnis (Celle VRS **33** 433). Ferner kann sie uU durch Dritte erteilt werden, zB durch die Eltern für ihr Kind bei einer Schönheitsoperation (vgl. 41 f. vor § 32). Um eine solche Einwilligung handelt es sich indes nicht, wenn die Eltern die Ausübung ihres Züchtigungsrechts auf einen Dritten übertragen. Gerechtfertigt ist die Tat nur, wenn sich der Täter nach Art und Maß im Rahmen der Einwilligung hält (BGH **4** 92, Bay HRR 29 Nr. 671, Haefliger SchwZStr. 67, 95, Hirsch LK 4). Das ist nicht der Fall, wenn der Täter mit seinem Eingriff einen anderen als der Einwilligung zugrundeliegenden Zweck verfolgt (vgl. RG **77** 356, BGH **4** 92), zB ein Arzt einen therapeutisch unnötigen Eingriff bei einer auf Heilung bezogenen Einwilligung vornimmt (vgl. BGH NJW **78**, 1206 m. Anm. Rogall NJW **78**, 2344 u. Hruschka JR **78**, 519).

4   Die Einwilligung rechtfertigt nicht nur sicher eintretende, sondern auch als *möglich* angesehene *Verletzungen* (Celle MDR **69**, 69; vgl. näher 102 ff. vor § 32 mwN). Wer in eine Gefahr der Körperverletzung einwilligt, kann sich nicht darauf berufen, er habe gehofft, den für ihn ungünstigen Ausgang zu vermeiden; er überläßt sich bewußt allen Möglichkeiten des Ausgangs und nimmt sie in Kauf (BGH VRS **17** 277, Bay NJW **68**, 665, Schleswig SchlHA **59**, 154, Celle VRS **26** 294, Zweibrücken VRS **30** 285; and. BGH DAR/M **61**, 66). Nur so wird verständlich, daß fahrlässige Körperverletzungen beim Sport usw. durch Einwilligung gerechtfertigt sein können. And. E. Schmidt JZ 54, 369.

5   **III.** Verstößt die **Tat** trotz der Einwilligung **gegen die guten Sitten,** so ist sie **nicht gerechtfertigt.** Ähnlich dem Ausschluß einer rechtfertigenden Einwilligung in die Tötung (vgl. § 216 RN 13) liegt der Einschränkung der Gedanke zugrunde, daß trotz des mit der Einwilligung zum Ausdruck gebrachten Verzichts auf Rechtsschutz das geschützte Rechtsgut dem Zugriff Dritter nicht preisgegeben werden soll, wenn dieser sozialethischen Wertvorstellungen zuwiderläuft. Dem körperlichen Eingriff Dritter wird dort eine Schranke gesetzt, wo das sozialethische Unwerturteil einsetzt (vgl. E 62 Begr. 186, Bay NJW **99**, 373). Demgegenüber wird der Grund für die Einschränkung zT in der Wahrung der Menschenwürde erblickt und als maßgebend angesehen, daß die Einwilligung nicht einer Selbstaufgabe gleichkommen dürfe, so daß das Handeln des Täters den Einwilligenden zum bloßen Objekt, zu einer austauschbaren Größe herabwürdige (so Schmidhäuser 272 f.). Andere wiederum stellen die Abwehr gemeinschaftsschädlicher Eingriffe in den Vordergrund und heben darauf ab, daß die Gesundheit die Grundvoraussetzung für die Erfüllung der meisten Aufgaben des Menschen in der Gemeinschaft ist (so zB Jescheck/Weigend 379; ähnlich für das österr. Strafrecht Burgstaller WK § 90 RN 66). Nach Frisch aaO 494 soll den Einwilligungen die rechtfertigende Kraft versagt sein, wenn sie sich nicht mehr als Ausdruck der Entscheidung einer vernünftige Person begreifen lassen.

6   **1.** Der Begriff der **guten Sitten** ist dem bürgerlichen Recht entnommen. Ein Verstoß gegen die guten Sitten liegt nach st. Rspr. vor, wenn eine Handlung dem Anstandsgefühl aller billig und gerecht Denkenden zuwiderläuft (RG JW **38**, 30, BGH **4** 32, 91, Bay NJW **99**, 373). Diese Formel ist, wie ohnehin der Begriff der Sittenwidrigkeit, jedoch wenig geeignet, präzise Grenzlinien zu liefern. Es werden daher Zweifel an der Verfassungsmäßigkeit des § 228 im Hinblick auf Art. 103 II GG geäußert (vgl. ua Berz GA 69, 145, Lenckner JuS 68, 251 f., 307, Paeffgen NK 30, Roxin NK 379, Sternberg-Lieben aaO 136 ff., 162; weit. Nachw. bei Hirsch LK 2). Der Gesetzgeber hat sich diese Zweifel jedoch nicht zu eigen gemacht und mit dem 6. StrRG an der Sittenwidrigkeit der Tat als Einschränkung für eine rechtfertigende Einwilligung festgehalten. Voraussetzung für die Verfassungswidrigkeit des § 228 wäre allerdings, daß Rechtfertigungsgründe und deren Eingrenzungen uneingeschränkt dem Bestimmtheitsgebot des Art. 103 II GG unterliegen (verneinend Dreher Heinitz-FS 222, Günther Grünwald-FS 213, Hirsch LK 2, Tröndle/Fischer 1 a; vgl. auch § 1 RN 14, Lenckner JuS 68, 252). Um des Bestimmtheitspostulats willen sollen nach Horn SK 9 nur solche Körper-

Einwilligung 7, 8 § 228

verletzungen als sittenwidrig anzusehen sein, die zum Zweck der Vorbereitung, Vornahme, Verdekkung oder Vortäuschung einer Straftat erfolgen. Aus § 228 läßt sich diese Eingrenzung indes nicht herleiten. Andererseits führt sie uU zu einer nicht sachgerechten Ausweitung der Sittenwidrigkeit (vgl. die u. 8 genannten Fälle einer Körperverletzung im Zusammenhang mit einer Straftat; vgl. auch Paeffgen NK 31, 32). Wer einen Sportler mit dessen Einwilligung dopt, begeht noch nicht wegen eines hiermit verbundenen Betrugszwecks eine sittenwidrige Körperverletzung (vgl. u. 18). Wohl aber ist die Annahme eines Verstoßes gegen die guten Sitten auf die Fälle zu beschränken, in denen allgemein gültige Wertmaßstäbe, die vernünftigerweise nicht anzweifelbar sind, zu einem eindeutigen Sittenwidrigkeitsurteil führen. Die Wertvorstellung einer bestimmten Gruppe oder gar die subjektive richterliche Wertung reicht nicht aus (vgl. § 1 RN 22). Läßt sich ein sicheres Werturteil über die Tat nicht abgeben, so ist der Angekl. freizusprechen (vgl. dazu Engisch H. Mayer-FS 401, Hirsch LK 2, Lenckner JuS 68, 308, Roxin JuS 64, 379 ff.). Zum Begriff der guten Sitten insb. aus gesetzestechnischer Sicht vgl. auch Roth-Stielow JR 65, 210.

2. Nach dem Wortlaut des § 228 ist entscheidend, ob die **Tat** gegen die guten Sitten verstößt, ihr also das Anstößige anhaftet (vgl. RG **74** 95, DR **43**, 234, BGH **4** 91, NStZ **00**, 88). Fraglich ist, ob insoweit die Tat isoliert von dem mit ihr verfolgten Zweck, dh allein nach Art und Umfang des tatbestandsmäßigen Rechtsgutsangriffs, zu betrachten ist (so Hirsch LK 9, Weigend ZStW 98, 64; vgl. auch Arzt, Willensmängel bei der Einwilligung, 1970, 37 ff.) oder ob auch dem Tatzweck Bedeutung zukommt (so hM; vgl. RG **74** 94, DR **43**, 579, Tröndle/Fischer 9). Zuzustimmen ist der hM. Ohne Einbeziehung des Tatzwecks läßt sich vielfach gar nicht sachgerecht beurteilen, ob der körperliche Eingriff sittenwidrig ist. Soweit der Täter positive Zwecke verfolgt (zB Organentnahme zwecks Transplantation), soll dem auch nach der Gegenmeinung Gewicht beizumessen sein (Kompensierung der negativen Bewertung durch den positiven Zweck; so Hirsch aaO; vgl. auch Arzt aaO 39; einschränkend Otto Tröndle-FS 168 auf Interessenabwägung iSv § 34, wobei die Einwilligung ein mitzuberücksichtigendes Interesse sein soll). Es läßt sich dann aber umgekehrt dem sittenwidrigen Tatzweck nicht jegliche Bedeutung für die Zulässigkeit des körperlichen Eingriffs absprechen. Ein solcher Zweck kann vielfach erst ergeben, daß dieser Eingriff trotz der Einwilligung sozialethischen Wertvorstellungen widerspricht und daher von der Rechtsordnung nicht gebilligt werden kann. Der hiergegen erhobene Einwand, damit werde entgegen dem Gesetzeswortlaut die Sittenwidrigkeit der Einwilligung in die Beurteilung einbezogen (so Hirsch aaO), greift nicht durch. Es wird nicht die Sittenwidrigkeit der Einwilligung als ausschlaggebender Faktor herangezogen, sondern der vom Täter mit der Tat verfolgte Zweck. Ist nur die Einwilligung betroffen, nicht jedoch der Tatzweck, so bleibt sie als Rechtfertigungsgrund beachtlich (vgl. u. 9). 7

a) Die Heranziehung des Tatzwecks darf indes nicht dazu führen, daß er ohne Rücksicht auf Art und Umfang des Eingriffs zum alleinigen Beurteilungsmaßstab wird. Da die Tat *trotz der Einwilligung* gegen die guten Sitten verstoßen muß, ist der Verzicht auf Rechtsgutsschutz stets mitzuberücksichtigen. Bei geringfügigen Eingriffen wirkt sich der sittenwidrige Zweck nicht so stark aus, daß der Körper entgegen dem Willen des Rechtsgutsträgers schützenswert bleibt. Eine andere Ansicht läuft Gefahr, sich des Körperschutzes lediglich als Mittel zum Schutz anderer Interessen zu bedienen. Die Einwilligung in geringfügige Eingriffe ist daher nicht deshalb bedeutungslos, weil der Täter sadistische Zwecke verfolgt (and. RG DR **43**, 234). Schläge auf das nackte Gesäß ohne ernste Gefahren für den körperlichen Zustand sind dementsprechend bei Einwilligung keine rechtswidrige Körperverletzung (and. RG JW **38**, 30 f.), ebensowenig gentechnische Eingriffe (vgl. Sternberg-Lieben JuS 86, 675). Auch der Zusammenhang mit einer geplanten Straftat schließt die Rechtfertigung durch Einwilligung nicht stets aus. So ist zB die schmerzhafte Voruntersuchung einer Schwangeren zwecks eines illegalen Schwangerschaftsabbruchs keine rechtswidrige Körperverletzung, wenn die Schwangere hierin eingewilligt hat. Sogar wenn der Körpereingriff eine Straftat darstellt, kann die Körperverletzung auf Grund der Einwilligung gerechtfertigt sein, nämlich dann, wenn der Sittenverstoß nicht in der körperlichen Beeinträchtigung als solcher zu erblicken ist. Das ist zB der Fall, wenn ein Verbrecher sein Gesicht operativ verändern läßt, um unerkannt zu bleiben. Hier kann die Operation zwar als Strafvereitelung, nicht aber ohne weiteres als Körperverletzung geahndet werden. Verstößt allerdings die Körperverletzung als solche gegen ein strafbewehrtes Verbot zur Sicherung körperlicher Fähigkeiten, wie bei Herbeiführen der Wehrdienstuntauglichkeit gem. § 109, so steht § 228 einer rechtfertigenden Einwilligung entgegen. Im übrigen bedarf es, je schwerwiegender der Eingriff ist, um so mehr eines rechtfertigenden Zwecks, soll die Sittenwidrigkeit der Tat entfallen (vgl. dazu auch Zweibrücken JR **94**, 518 m. Anm. Dölling). Das gilt insb. bei irreparablen Körperschäden. Nach öst. OGH **49**, 31 ist eine Tat ua sittenwidrig, wenn die Verletzung nicht unbeträchtlich und ohne einen allgemein verständlichen Grund mutwillig zugefügt worden ist. Es kommt jedoch nicht ausschließlich auf den eingetretenen Körperschaden an. Vielmehr kann sich die Sittenwidrigkeit bereits daraus ergeben, daß erhebliche Verletzungen zu befürchten sind. Mag der Verletzte auch glimpflich davongekommen sein, so kann die Tat dennoch gegen die guten Sitten verstoßen, weil die Gefahr ernsthafter Schäden bestanden hat (vgl. dazu den u. 19 aE angeführten Fall des BayObLG). Für Frisch aaO 494 ff. ist entscheidend, ob sich die Einwilligung nicht mehr als Ausdruck der Entscheidung einer vernünftigen Person begreifen läßt. Zu sadistischen und masochistischen Taten vgl. May, Die Anwendbarkeit des § 226a bei einverständlichen sadistischen und masochistischen Körperverletzungen, Diss. Kiel 1996, Niedermair aaO 184 ff. 8

Stree 1845

9 b) Auf die **Sittenwidrigkeit der Einwilligung** kommt es dagegen nach hM nicht an (Nachweise 38 vor § 32; vgl. auch BGH NStZ **00**, 88). Dieser Gesichtspunkt hat indes für § 228 ohnehin keine eigenständige Bedeutung. Wird nämlich ein körperlicher Eingriff gestattet, der nicht gegen die guten Sitten verstößt, so kann auch der Gestattung als solcher in Gestalt der Einwilligung nicht der Makel der Sittenwidrigkeit anhaften (vgl. 38 vor § 32). Daß mit der Einwilligung sittenwidrige Zwecke verfolgt werden, ändert daran nichts. Wer etwa als einzig erreichbarer Blutspender einen Wucherpreis für die Blutabnahme zwecks einer lebensnotwendigen Bluttransfusion verlangt, knüpft seine Einwilligung zwar an sittenwidrige Bedingungen an, so daß ein sittenwidriger Vertrag vorliegt; die Einwilligung selbst bleibt aber von der Sittenwidrigkeit unberührt. Entsprechendes gilt für den Verkauf eines Körperorgans zur Transplantation (v. Bubnoff GA 68, 70, Horn SK 8 a; and. Tröndle/Fischer 10 sowie anscheinend Kohlhaas NJW 71, 1872). Ebenso unerheblich ist, welchen Zwecken das Entgelt für die Körperverletzung zugeführt werden soll. Die rechtfertigende Wirkung der Einwilligung entfällt nicht etwa deswegen, weil der Blutspender mit dem Entgelt Diebeswerkzeug oder Drogen erwerben will.

10 c) **Beispiele für Sittenwidrigkeit** bei Vorsatztaten: Verstümmelung (vgl. RG DRiZ **32** Nr. 444); dauernde erhebliche Entstellung oder lebensgefährdende Behandlung ohne berechtigten Grund; schwerwiegende Körpereingriffe zu sittenwidrigen Zwecken, etwa zur Begehung eines Versicherungsbetrugs oder zur Verdeckung einer Straftat; erhebliche sadistische Verletzungen, zB durch Auspeitschungen; Körperverletzungen im Rahmen einer tätlichen Auseinandersetzung, die auf Feindseligkeit beruht und mit erheblichen Gefahren für Leib oder Leben verbunden ist (Hamm JMBlNW **64**, 129; vgl. auch u. 19); körperliche Beeinträchtigungen erheblicher Art bei unzulässigen Experimenten oder Versuchen ohne anerkennenswerten Zweck; körperliche Eingriffe, die geeignet sind, Suchtgefahren herbeizuführen oder zu verstärken, etwa die medizinisch nicht indizierte Verabreichung von Opiaten (vgl. RG **77** 20); Einspritzen einer nicht sterilen Seifenlauge beim Schwangerschaftsabbruch.

11 d) Zurückhaltung ist bei der Annahme eines Sittenverstoßes im Fall einer **Fahrlässigkeitstat** geboten (weitergehend Horn SK 9, der hier bei Einwilligung Sittenwidrigkeit völlig ausschließen will). So macht die bloße Tatsache, daß eine fahrlässige Verletzung unter Alkoholeinfluß verursacht wurde, die Tat nicht sittenwidrig (Bay JR **63**, 27 m. Anm. Martin, Celle NJW 64, 736), auch nicht ohne weiteres bei Eintritt eines schweren Schadens (vgl. aber Hamm MDR **71**, 67, DAR **72**, 77). Eine sittenwidrige Tat läßt sich auch noch nicht deswegen annehmen, weil das zur Körperverletzung führende Verhalten verbotswidrig ist (vgl. Bay **77**, 107) oder für sich gesehen, dh die Außerachtlassung der Einwilligung, ein besonderes öffentliches Interesse an der Verfolgung der Körperverletzung gem. § 230 zu bejahen gewesen wäre (vgl. Bay JR **63**, 27 m. Anm. Martin, Frankfurt DAR 65, 217). Entscheidend sind vielmehr der Grad der eingegangenen Gefahr für einen erheblichen Körperverletzungserfolg und sein Verhältnis zum Tatzweck. Je größer die Gefahr und je geringer der Wert ist, der dem Tatzweck zukommt, desto eher ist ein Verstoß gegen die guten Sitten gegeben (Düsseldorf NStZ-RR **97**, 327). Danach käme er trotz Einwilligung etwa in Betracht, wenn jemand beim Experimentieren, das verwerflich und besonders gefährlich ist, einen anderen verletzt, auch dann, wenn das Opfer mit einer geringen Verletzung glimpflich davon gekommen ist. Entsprechendes ist beim „Auto-Surfen" anzunehmen. Der Fahrer haftet trotz Einwilligung des „Surfers" in die gefahrvolle Fahrt für dessen Verletzung infolge eines Sturzes wegen der besonderen Gefahren (Düsseldorf NStZ-RR **97**, 325; vgl. dazu Saal NZV **98**, 49). Den von Hammer JuS 98, 785 hiergegen vorgebrachte Einwand, es handle sich um eine eigenverantwortliche Selbstverletzung des „Surfers", wird dem Umstand nicht gerecht, daß letzten Endes der Autofahrer den Sturz herbeigeführt hat, wie es auch bei einem tödlichen Sturz des „Surfers" der Fall wäre. Zur gesamten Problematik vgl. näher 103 f. vor § 25.

12 3. Bestritten ist, wie die **irrige Annahme**, die **Tat verstoße nicht gegen die guten Sitten**, zu werten ist. Sie wird zT als Irrtum über ein normatives Tatbestandsmerkmal eines Rechtfertigungsgrundes angesehen und damit dem Tatbestandsirrtum zugeordnet (so Engisch ZStW 70, 585), zT als Verbotsirrtum behandelt (so Hamm JMBlNW **64**, 129, Tröndle/Fischer 14, Hirsch LK 50, Schaffstein OLG Celle-FS 194 ff.). Da es sich bei der Beurteilung einer Tat als sittenwidrig um eine Bewertung der Gesamttat und nicht um die Bewertung einzelner tatbestandlicher Voraussetzungen handelt, können nur die Regeln des Verbotsirrtums anwendbar sein (vgl. § 16 RN 20 sowie 66 vor § 13, ferner Düsseldorf NStZ-RR **97**, 327). Anders verhält es sich, wenn der Täter irrig Umstände annimmt, bei deren Vorliegen die Tat nicht sittenwidrig ist oder ein sicheres Werturteil über die Sittenwidrigkeit der Tat (vgl. o. 6) nicht abgegeben werden kann; in diesem Fall ist die Fehlvorstellung als Tatbestandsirrtum zu beurteilen. Ebenso Jescheck-Weigend 466.

13 4. Das Opfer, das den Täter zu einer sittenwidrigen Verletzung auffordert (Einwilligung), ist nicht selbst wegen Anstiftung zur Körperverletzung der eigenen Person strafbar (Tröndle 9, Horn SK 10; and. Otto Lange-FS 213).

14 **IV. Praktische Bedeutung** hat die Vorschrift insb. für ärztliche Eingriffe, für Körperverletzungen im Rahmen des Sports, für körperliche Auseinandersetzungen und für Verletzungen eines Mitfahrers im Straßenverkehr.

15 1. Zur Einwilligung bei **ärztlichen Eingriffen** und zur Sittenwidrigkeit solcher Eingriffe vgl. § 223 RN 37 ff. Zur **Kastration** und zur **Sterilisation** vgl. § 223 RN 53 ff.

2. Im Rahmen des **Sports** kommt eine durch Einwilligung gerechtfertigte Körperverletzung vor **16** allem bei gegeneinander ausgetragenen Wettkämpfen in Betracht (Boxen, Ringen, Fußball, Eishockey, Fechten usw.). Der Beteiligte an einem solchen Wettkampf nimmt mit seiner Teilnahme mögliche Verletzungen in Kauf und willigt damit konkludent in diese ein. Das gilt zumindest, auch bei erheblichen Körperschäden, soweit die Wettkampfregeln eingehalten worden sind (zB erlaubte Boxschläge). Darüber hinaus umfaßt die mit der Teilnahme (konkludent) bekundete Einwilligung aber auch mögliche Verletzungen durch leichte fahrlässige Regelverstöße, die auf Übereifer, Erregung, Unüberlegtheit, Benommenheit, unvollkommene Spieltechnik, mangelnde Körperbeherrschung oder auf ähnliche Gründe zurückzuführen sind und mit denen jeder Teilnehmer rechnet (vgl. Bay **60**, 209, NJW **61**, 2073, Tröndle 7, Hirsch LK 12). Auch hier kommt es auf die Schwere der zugefügten Verletzung nicht an (Bay NJW **61**, 2073). Dagegen erstreckt sich die Einwilligung idR nicht auf vorsätzliche oder grobe fahrlässige Regelverstöße (Bay **60**, 209, NJW **61**, 2073, Braunschweig NdsRpfl **60**, 233, BGE 109 IV 103 u. 121 IV 249; vgl. auch Hamm JR **98**, 465: Überschreiten der Grenze zur Unfairneß), zB auf den bewußten Einsatz eines Eishockeyschlägers gegen den Körper eines Mitspielers (vgl. OG Zürich SchwJZ **90**, 425). Gegen Heranziehung der Einwilligung bei Sportverletzungen jedoch Haefliger SchwZStr. 67, 100; zur Problematik vgl. ferner Zipf aaO 91 ff., Dölling ZStW 96, 36 (Sozialadäquanz), Eser JZ 78, 372 ff. (erlaubtes Risiko), Rössner Hirsch-FS 313 (wettkampfadäquater Sorgfaltsmaßstab), Niedermair aaO 130 ff., Schild Jura 82, 521 ff.

Auch **Zuschauer** können in mögliche Verletzungen durch das Sportgeschehen (konkludent) einwilligen, etwa beim Fußballspiel auf einem Platz ohne besonderen Schutz. Eine solche Einwilligung umfaßt jedoch nicht Verletzungen, die ein Spieler Zuschauern während einer Spielpause zufügt (Karlsruhe NJW **82**, 394). **16 a**

Soweit die Verletzung bei Einhaltung der allgemein anerkannten Wettkampfregeln oder bei einem **17** leichten Verstoß hiergegen herbeigeführt worden ist, widerspricht die Tat nicht sozialethischen Wertvorstellungen und verstößt mithin nicht gegen die guten Sitten. Anders kann es sein, wenn ein Wettkampf nach eigenen Regeln der Teilnehmer ausgetragen wird. Bleiben hierbei angemessene Sicherheitsvorkehrungen unbeachtet und sind die Wettkämpfer infolgedessen der Gefahr erheblicher Verletzungen ausgesetzt, so liegt ein körperlicher Eingriff trotz Einwilligung außerhalb des sozialethisch Tragbaren; seine Sittenwidrigkeit nimmt der Einwilligung die Wirksamkeit (vgl. BGH **4** 92). Zu diesen Fällen gehört etwa der Boxkampf ohne Boxhandschuhe. Ferner kann die Frage der Sittenwidrigkeit bedeutsam werden, wenn grobe Verstöße gegen allgemein anerkannte Wettkampfregeln ausnahmsweise von einer Einwilligung gedeckt sind. Sittenwidrig ist die Tat dann, wenn eine erhebliche Verletzung vorsätzlich zugefügt wird oder bei fahrlässigem Verhalten die Gefahr erheblicher Schäden bestanden hat.

Die Rechtswidrigkeit einer Körperverletzung steht ferner beim Beibringen aufputschender Mittel **18** (**Doping**) mit schädlichen Nebenwirkungen in Frage. Eine wirksame Einwilligung setzt voraus, daß der Betroffene sich der schädlichen Nebenwirkungen bewußt ist. Die Wirksamkeit der Einwilligung entfällt wegen Sittenwidrigkeit der Tat, wenn ernste körperliche Schäden zu befürchten sind (and. Paeffgen NK § 226 a RN 84). Dagegen reicht für ihren Ausschluß noch nicht aus, daß die Tat gegen Sportregeln und das Sportethos verstößt (and. Linck NJW 87, 2550), auch dann nicht, wenn sie betrügerischen Zwecken dient. § 228 dient dem Körperschutz, nicht Sportbelangen. Zur Problematik vgl. Jung JuS 92, 132, Kohlhaas NJW 70, 1958, Schild, Rechtliche Fragen des Dopings, 1986, 24, Schneider-Grohe, Doping, 1979, 138 ff., Turner NJW 91, 2943, MDR **91**, 569, Weber Baumann-FS 54, Hagn ÖJZ 93, 402, Ahlers, Doping und strafrechtliche Verantwortlichkeit, 1994 (Diss. Kiel), 164 ff., Müller, Doping im Sport als strafbare Gesundheitsbeschädigung, 1993 (Diss. Tübingen), Rain, Die Einwilligung des Sportlers beim Doping, 1998 (Diss. Heidelberg). Zum strafbewehrten Dopingverbot vgl. ferner §§ 6 a, 95 I Nr. 2 a ArzneimittelG.

3. Bei körperlichen Auseinandersetzungen außerhalb des Sportbereichs, namentlich bei einer **19** **Prügelei,** kann die Rechtswidrigkeit einer Körperverletzung ebenfalls durch Einwilligung ausgeschlossen sein. Dies hängt entscheidend von den Umständen ab, insb. von dem Maß der Gefährdung und der Möglichkeit der Kontrolle über den Umfang der Verletzung (vgl. BGH **4** 89, NStZ **00**, 87, Bremen NJW **53**, 1364, Hamm JMBlNW **64**, 129, Stuttgart MDR **72**, 623, LG Köln MDR **90**, 1033). Auf den Ort der Auseinandersetzung kommt es grundsätzlich nicht an (and. Bremen NJW **53**, 1365), da der Körper nicht mehr und nicht weniger schützenswert ist, je nachdem, ob die Auseinandersetzung vor einer Kirche, vor einem Tanzlokal oder an einem Platz fern der Öffentlichkeit stattfindet. Anders ist es nur, wenn der Ort besonders gefährlich ist (zB Prügelei am Rand eines Abgrunds). Zur lebensgefährlichen Behandlung im Rahmen einer tätlichen Auseinandersetzung als Voraussetzung für die Aufnahme in eine Jugendgang vgl. Bay NJW **99**, 372 m. Anm. Otto JR 99, 124.

4. Die für Sportverletzungen maßgebenden Grundsätze gelten entsprechend für studentische **20** **Schlägermensuren.** Körperliche Eingriffe sind, soweit kein grober Regelverstoß vorliegt, auf Grund der Einwilligung in die mögliche Verletzung gerechtfertigt. Ein Verstoß gegen die guten Sitten ist zu verneinen, da zumindest eine zweifelhafte Beurteilung als sittenwidrig nicht möglich ist (BGH **4** 32). Vgl. auch Hartung NJW 54, 1225 ff. und abw. E. Schmidt JZ 54, 369.

5. Unter dem Gesichtspunkt der Einwilligung kann des weiteren die **Verletzung eines Mitfahrers** **21** bei einem Verkehrsunfall gerechtfertigt sein. Maßgebend ist insoweit die Einwilligung in riskante

§ 229 1–8

Handlungen mit der Möglichkeit einer Verletzung (vgl. BGH MDR **95**, 340 u. näher 102 ff. vor § 32). Der Verletzte muß in Kenntnis der Gefahrenumstände das Risiko einer Verletzung durch sorgfaltswidriges Handeln bewußt auf sich genommen haben. Die Einwilligung kann sich auch aus einem konkludenten Verhalten ergeben (BGH MDR **59**, 856, Bay NJW **68**, 665; vgl. aber BGHZ **34** 355), so, wenn jemand sich unter gefahrträchtigen Umständen mitnehmen läßt, etwa von einem ersichtlich Fahruntüchtigen (zB bei erkannter Trunkenheit des Fahrers; vgl. Schleswig DAR **61**, 312, Celle NJW **64**, 736, Hamm VRS **40** 25), in einem Fahrzeug, dessen Verkehrsuntauglichkeit ihm bekannt ist (abgefahrene Reifen, defekte Bremsen, fehlende Beleuchtung bei Nachtfahrt usw.), oder auf eine der Verkehrssicherheit widersprechende Weise (vgl. BGH MDR **59**, 856: Fahrt zu viert auf Motorroller, Oldenburg DAR **59**, 128: Beförderung auf Ladefläche eines LKW mit unbefestigten Bänken, Zweibrücken NZV **94**, 35). Aus dem bloßen Mitfahren läßt sich jedoch nicht ohne weiteres eine Einwilligung in mögliche Körperverletzungen herleiten, auch nicht bei nahen Angehörigen des Fahrers (Oldenburg NJW **66**, 2132, Celle VRS **33** 433), ebensowenig aus dem unterlassenen Widerspruch gegen riskantes Fahren. Zur Sittenwidrigkeit bei Fahrlässigkeitstaten vgl. o. 11.

§ 229 Fahrlässige Körperverletzung

Wer durch Fahrlässigkeit die Körperverletzung einer anderen Person verursacht, wird mit Freiheitsstrafe bis zu drei Jahren oder mit Geldstrafe bestraft.

1   I. Die Vorschrift über die **fahrlässige Körperverletzung**, die sachlich dem § 230 aF gleicht, entspricht in ihrem Aufbau dem § 222 (fahrlässige Tötung). Zur Einschränkung des Strafbereichs de lege ferenda vgl. Zipf Krause-FS, 1990, 437. Über Reformüberlegungen zur Strafbarkeit der fahrlässigen Körperverletzung im Straßenverkehr vgl. Volk GA 76, 161, Hoffmann NZV **93**, 209.

2   II. Unter **Körperverletzung** sind alle im § 223 genannten Begehungsformen zu verstehen; auch die Mißhandlung setzt nicht begriffsnotwendig vorsätzliches Handeln voraus (RG **11** 26, **32** 114, GA Bd. **52** 421). Ob die Körperverletzung in ihren Folgen eine leichte iSv § 223 oder eine schwere iSv § 226 ist, ist für den Tatbestand des § 229 ohne Bedeutung, wohl aber für die Strafzumessung (vgl. u. 5). § 229 ist auch anwendbar, wenn das fahrlässige Verhalten eine Körperverletzung herbeiführt, die erheblicher ist als die Verletzung, die sonst bei pflichtgemäßem Verhalten eingetreten wäre (Blei II 53, Hirsch LK 7; and. Oldenburg NJW **71**, 631 m. abl. Anm. Schröder NJW 71, 1143). Ist eine Körperverletzung an sich wegen Notwehr gerechtfertigt, so kann dennoch eine nicht erforderliche Verletzung erheblicherer Art auf Grund fahrlässiger Notwehrüberschreitung nach § 229 strafbar sein (vgl. dazu BGH **27** 314). Über fahrlässige Körperverletzung durch Unterlassen vgl. Bremen NJW **57**, 72, Düsseldorf NJW **87**, 201, **92**, 2583 (Hund), Bay VRS **74** 360; vgl. auch BGH **6** 282, **37** 107, Hamm NJW **75**, 604, **96**, 1295. Für eine fahrlässige Körperverletzung im Amt ist § 340 III maßgebend; der dortige Bezug auf § 229 bedeutet jedoch, daß auf dessen Strafrahmen und nicht etwa auf den des § 340 I zurückzugreifen ist (KG NJW **00**, 1352).

3   III. Über die Frage der **Verursachung** vgl. 71 ff. vor § 13, über **Fahrlässigkeit** § 15 RN 105 ff., insb. über Fahrlässigkeit auf dem Gebiete der Krankenbehandlung und im Straßenverkehr § 15 RN 207 ff., 219. Zum fahrlässigen Verhalten im Sport vgl. Rössner Hirsch-FS 229. Zur Fahrlässigkeit des Hundehalters bei Verletzungen durch seinen Hund vgl. Bay NJW **87**, 1094, **93**, 1609 m. Anm. Brammsen JR 94, 372, NJW **93**, 2001, Hamm NJW **96**, 1295, aber auch Bay NJW **91**, 1695. Zur Körperverletzung bei einem Reitunfall infolge eines von einem Hund verursachten Scheuens eines Pferdes vgl. AG Neuwied NStZ **97**, 239 m. abl. Anm. Quedtnau. Zum Hinwegsetzen über Unfallverhütungsvorschriften vgl. Karlsruhe NStZ-RR **00**, 141 (zu § 222). Nach § 229 ist auch zu bestrafen, wer durch sorgfaltswidriges Verhalten den Tod eines anderen verursacht hat, aber nur eine Körperverletzung voraussehen konnte (vgl. Köln NJW **56**, 1848), ebenfalls, wenn offen bleibt, ob der Täter vorsätzlich oder fahrlässig gehandelt hat (vgl. § 1 RN 91). Bei vorsätzlichem Handeln kann § 229 anwendbar sein, wenn der Täter sich in vermeidbarer Weise über das Vorliegen der Voraussetzungen eines Rechtfertigungsgrundes irrt.

4   IV. Zur Frage, ob **Mittäterschaft** möglich ist, vgl. § 25 RN 101 f.

5   V. Für die **Strafzumessung** sind außer der Intensität der Fahrlässigkeit, etwa Leichtfertigkeit, vor allem die *Folgen der Tat* von Bedeutung, soweit sie vom Täter voraussehbar waren. Strafmildernd fällt ins Gewicht, wenn der Täter durch die Handlung selbst erheblich verletzt worden oder in die Gefahr erheblicher Verletzungen gekommen ist. Strafmildernd ist auch eine Mitschuld des Verletzten oder eines Dritten zu bewerten (vgl. § 46 RN 24). Im übrigen steigt und fällt die *Schuldschwere der Fahrlässigkeit* „mit der Fähigkeit des Täters, den widerrechtlichen Erfolg in seinen vorauszusehen und auszuschließen" (Jagusch LK, 7. A., B IV 7 b vor § 13; vgl. auch BGH VRS **18** 201).

6   Zur Strafzumessung bei Verkehrsdelikten vgl. § 315 c RN 39. Als Tatfolgen sind auch die von der Fahrlässigkeit umfaßten (konkreten) Gefährdungen anderer zu berücksichtigen.

7   Von besonderer Bedeutung für die Strafzumessung sind hier auch die Strafempfindlichkeit und die Strafempfänglichkeit des Täters; vgl. hierzu § 46 RN 54.

8   VI. **Realkonkurrenz** ist möglich mit § 142 und § 323 c. Gesetzeseinheit besteht mit § 221 III; § 229 tritt zurück. Mit §§ 315 ff. ist **Idealkonkurrenz** möglich; ferner mit den Raubvorschriften, auch mit § 250 I Nr. 3 (and. LG Köln MDR **90**, 1134: Konsumtion), sowie mit § 323 a, wenn eine

fahrlässige actio libera in causa vorliegt. Im Verhältnis zu § 22 II StVG besteht trotz dessen Subsidiaritätsklausel keine Gesetzeseinheit (Bay NJW **56**, 1768). Mit vorsätzlicher Körperverletzung kommt Idealkonkurrenz nur in Betracht, wenn Opfer der Fahrlässigkeit ein Dritter ist oder mehrere, in Tateinheit mit einem schweren Delikt stehende Handlungen vorliegen (BGH NStZ **97**, 493). Dagegen ist § 229 nicht anwendbar, wenn dasselbe Opfer von einer Handlung betroffen ist (RG **16** 129), zB der vorsätzlich Niedergeschlagene sich beim Sturz zusätzlich verletzt. In einem solchen Fall ist nur wegen der Vorsatztat zu verurteilen; die fahrlässig herbeigeführte Folge ist, falls § 226 nicht eingreift, allein bei der Strafzumessung zu berücksichtigen (vgl. § 46 RN 26).

VII. Die Tat ist **Antragsdelikt** (§ 230) und Privatklagedelikt (§ 374 I Nr. 4 StPO). Zur beschränkten Möglichkeit der Nebenklage vgl. § 395 III StPO. 9

§ 230 Strafantrag

(1) **Die vorsätzliche Körperverletzung nach § 223 und die fahrlässige Körperverletzung nach § 229 werden nur auf Antrag verfolgt, es sei denn, daß die Strafverfolgungsbehörde wegen des besonderen öffentlichen Interesses an der Strafverfolgung ein Einschreiten von Amts wegen für geboten hält. Stirbt die verletzte Person, so geht bei vorsätzlicher Körperverletzung das Antragsrecht nach § 77 Abs. 2 auf die Angehörigen über.**

(2) **Ist die Tat gegen einen Amtsträger, einen für den öffentlichen Dienst besonders Verpflichteten oder einen Soldaten der Bundeswehr während der Ausübung seines Dienstes oder in Beziehung auf seinen Dienst begangen, so wird sie auch auf Antrag des Dienstvorgesetzten verfolgt. Dasselbe gilt für Träger von Ämtern der Kirchen und anderen Religionsgesellschaften des öffentlichen Rechts.**

Vorbem. § 232 umbenannt in § 230 durch 6. StrRG v. 26. 1. 1998, BGBl I 164.

Schrifttum: Oehler, Die amtliche Verfolgung der leichten vorsätzlichen und fahrlässigen Körperverletzung, JZ 1956, 630.

I. Bei der Körperverletzung nach § 223 und § 229 ist grundsätzlich zur Verfolgung ein **Strafantrag** 1 erforderlich (vgl. u. 9 ff.). Die StA kann aber in diesen Fällen die Körperverletzung von Amts wegen verfolgen, wenn sie wegen des besonderen öffentlichen Interesses an der Strafverfolgung ein Einschreiten von Amts wegen für geboten hält (Abs. 1 S. 1), selbst dann, wenn der Verletzte auf einen Strafantrag verzichtet hat (BGH MDR/D **56**, 270) oder die Antragsfrist verstrichen ist (Hamm JMBlNW **52**, 13, Karlsruhe NJW **74**, 1006). Ein solches Einschreiten kommt aber nur in Betracht, soweit ein wirksamer Strafantrag fehlt oder zurückgenommen worden ist. Liegt ein Antrag vor, so hat die StA nach § 376 StPO zu entscheiden, ob Anklage zu erheben ist (Hirsch LK 6, Lackner/Kühl 3; and. Bay DAR **60**, 143).

II. Die **Rechtsnatur** der Bejahung des öffentl. Interesses an der Strafverfolgung seitens der StA ist 2 umstritten.

1. Die hM sieht in der Bejahung des öffentl. Interesses an der Strafverfolgung eine **Ermessensent-** 3 **scheidung** der StA, die einer gerichtlichen Überprüfung entzogen ist (RG **77** 20, BGH **16** 225, Hamm JMBlNW **51**, 196, Bay NJW **91**, 1765, Kauffmann Kleinknecht-FS 210, Tröndle/Fischer 4, Lackner/Kühl 5); sie stützt sich jedoch auf Wortlaut und Entstehungsgeschichte von § 230 (vgl. Rietzsch DJ 40, 532). Daraus ergeben sich jedoch unliebsame Konsequenzen. So ist nicht die StA, sondern das Gericht Herr des Verfahrens, weil sie jederzeit, dh auch noch in der Revisionsinstanz, das öffentliche Interesse bejahen (BGH **6** 282, **16** 225, KG VRS **11** 208, Oldenburg NJW **52**, 989, Köln NJW **52**, 1307, Celle GA **61**, 215; vgl. auch BGH **19** 381) oder wieder verneinen kann (Stuttgart JR **53**, 348, Bremen JZ **56**, 663, Celle GA **61**, 215, Düsseldorf NJW **70**, 1054); das widerspricht dem Sinn des § 156 StPO mindestens dann, wenn man mit der hM den Widerruf der Bejahung des öffentl. Interesses als Verfahrenshindernis iSv § 260 III StPO ansieht (so BGH **19** 380, KG NJW **61**, 569, Stuttgart NJW **61**, 1126, Tröndle/Fischer 6, Mühlhaus JZ 52, 170; and. [Einstellung nach § 153 II StPO] RG **77** 73, Karlsruhe VRS **15** 356, Bremen JZ **56**, 663, Oehler aaO). Im übrigen ergeben sich aus dem Standpunkt der hM zahlreiche Streitfragen (vgl. u. 7), die vermieden werden, wenn man mit Vogel NJW **61**, 761 davon ausgeht, daß das **Vorliegen** eines **öffentlichen Interesses** an der Strafverfolgung eine **Verfahrensvoraussetzung** bildet, die vom Gericht selbständig beurteilt werden muß und entgegen der Auffassung der StA verneint werden kann (§ 155 II StPO; ebenso LG München I StV **90**, 400, Hirsch LK 16, Horn SK 4; vgl. auch Havekost DAR 77, 289, Husmann MDR 88, 727, Keller GA 83, 516, Kröpil DRiZ 86, 19, NJW 92, 654, M.-K. Meyer, Zur Rechtsnatur und Funktion des Strafantrags, 1984, 43 ff., Paeffgen NK 15 zu § 232 aF). Der Wortlaut des § 232 sollte diesem sachgerechten Ergebnis nicht entgegenstehen (Vogel aaO 763), obwohl hier − entsprechend den bei der Einführung dieser Regelung bestehenden politischen Verhältnissen − nicht das Bestehen eines öffentlichen Interesses, sondern die Entscheidung der weisungsgebundenen StA hierüber als Verfahrensvoraussetzung genannt ist; trotz gleichartigen Wortlauts hat die Rspr. aber bei §§ 24 I Nr. 3, 74 GVG stets angenommen, daß die Strafkammer die besondere Bedeutung der Strafsache nachprüfen kann (vgl. Schäfer LR § 24 GVG RN 17). Ein sachgerechter Grund, das richterliche Kontrollrecht bei der Aburteilbarkeit einer Tat und bei der Zuständigkeit für die Aburteilung unterschiedlich

§ 230   4–8   Bes. Teil. Körperverletzung

auszugestalten, besteht nicht. Für den Täter ist der Umstand, ob seine Tat abgeurteilt werden kann, nicht weniger bedeutsam als der Umstand, wer die Tat abzuurteilen hat. In der von der hM angenommenen Nichtüberprüfbarkeit der Entscheidung der StA ist aber nach BVerfGE **51** 177 ff. kein Verfassungsverstoß zu erblicken.

4   2. Demgegenüber ist teilweise angenommen worden, die Bejahung des öffentlichen Interesses durch die StA sei nach **§§ 23 ff. EGGVG anfechtbar** (Bremen NJW **61**, 144, Thierfelder NJW **62**, 116; and. BGH **16** 225); nach Celle NdsRpfl **60**, 259 beschränkt sich die gerichtliche Nachprüfung gem. §§ 23 ff. EGGVG auf Ermessensfehler der StA.

5   III. Ein **besonderes öffentliches Interesse** an der Strafverfolgung wird zB zu bejahen sein, wenn der Täter einschlägig vorbestraft ist, besonders leichtfertig gehandelt hat, die Verletzung besonderer Berufspflichten in Frage steht (zB Verstoß gegen Arbeitsschutzvorschriften), erhebliche Tatfolgen eingetreten sind oder wenn die Verurteilung Grundlage für die Entscheidung einer Behörde ist (zB Entziehung einer Konzession; vgl. Rietzsch DJ 40, 543; and. Hirsch LK 8, Paeffgen NK 30 zu § 232 aF). Es kann ferner vorliegen, wenn ein Belastungszeuge (oder Angehöriger) zwecks Einschüchterung oder aus Rache mißhandelt wird. Bei Körperverletzungen im Zusammenhang mit Zuwiderhandlungen gegen Verkehrsvorschriften ist in der Annahme eines besonderen öffentl. Interesses Zurückhaltung geboten (zu Recht für Einschränkungen in diesem Bereich ua Janiszewski DAR 94, 6: bedeutsam nur Schwere des Handlungsunrechts; auszuscheiden sind geringfügige Verletzungen). Ein besonderes öffentl. Interesse an der Strafverfolgung ist etwa bei grobverkehrswidrigem Verhalten zu bejahen, zB bei Taten im angetrunkenen Zustand. Ist der Verletzte ein Angehöriger des Täters oder ist der Täter selbst schwer verletzt, so wird idR kein öffentliches Interesse an der Strafverfolgung bestehen. Vgl. dazu Nrn. 234, 243 III RiStBV. Zum besonderen öffentl. Interesse an der Strafverfolgung bei ärztlichen Kunstfehlern vgl. Günter DRiZ 92, 96 sowie von sportinternen Körperverletzungen vgl. Kauffmann Kleinknecht-FS 211 ff., Reinhart SpuRt 97, 1.

6   Das besondere öffentl. Interesse muß für **jeden einzelnen Fall** bejaht werden. Dabei ist zu berücksichtigen, daß nach dem Gesetzeswortlaut die Strafverfolgung von Amts wegen bei §§ 223, 229 die Ausnahme bleiben soll (and. Preisendanz DRiZ 89, 367), zumindest noch nicht im Regelfall zu erfolgen hat (Rebmann DAR 78, 304). Eine Anweisung der vorgesetzten Behörde, bei bestimmten Straftatengruppen das öffentl. Interesse zu bejahen, ist unstatthaft (Köln NJW **52**, 1307, Oehler aaO). Die Einhaltung dieser Grundsätze kann nur über die unabhängige richterliche Kontrolle gewährleistet werden (vgl. o. 3). Die Erklärung des besonderen öffentl. Interesses erfaßt die gesamte Tat iSv § 264 I StPO, so daß auch der StA bei Abgabe der Erklärung unbekannte Verletzungen eines weiteren Opfers durch dieselbe Tat in die Aburteilung einzubeziehen sind (Braunschweig MDR **75**, 862). Eine Beschränkung der Erklärung auf einzelne Verletzungen ist bei Beachtung des Art. 3 GG jedoch zulässig (Hirsch LK 21, Lackner/Kühl 3; and. Braunschweig aaO).

7   IV. Einer besonderen **Form** bedarf die Erklärung der StA nicht (BGH **16** 227 mwN); insb. ist Schriftform nicht vorgeschrieben (and. Bremen NJW **61**, 144; vgl. auch Paeffgen NK 34 zu § 232 aF). Umstritten ist, ob die Erklärung auch konkludent abgegeben werden kann oder ausdrücklich ausgesprochen sein muß. Nach überwiegender Rspr. (RG **75** 341, **76** 8, BGH **6** 284, **16** 227, NJW **64**, 1630, Bay **51**, 577, Karlsruhe NJW **74**, 1006; vgl. auch Tröndle/Fischer 5) genügt die Anklageerhebung oder der Antrag auf Erlaß eines Strafbefehls; auch der Antrag des Generalbundesanwalts in der Revisionsinstanz, den Strafausspruch aufzuheben und die Sache zurückzuverweisen, soll konkludent das öffentl. Interesse an der Strafverfolgung bejahen (BGH MDR/D **74**, 546). Dagegen ist nach Stuttgart JR **53**, 349, Bremen MDR **61**, 167 eine ausdrückliche Erklärung erforderlich; dem stimmt BGH **19** 379 für den Fall zu, daß die Anklageerhebung zunächst unter anderen rechtlichen Gesichtspunkten (zB Raub, Vergewaltigung) erfolgt ist (and. Bay NJW **90**, 461, wenn StA im Schlußvortrag vom Offizialdelikt abrückt und Bestrafung wegen eines § 230 entsprechenden Antragsdelikts beantragt). Dieser Streit hat nur auf dem Boden der hM Bedeutung, die im Rahmen des § 230 jede gerichtliche Nachprüfung ablehnt (vgl. o. 3); bei diesem Ausgangspunkt verdient die letztere Ansicht den Vorzug. Möglich ist zB, daß die StA irrtümlich von einem wirksamen Strafantrag und damit von den Voraussetzungen des § 376 StPO, nicht des § 230 ausgegangen ist; in einem solchen Fall ist auch nach dem BGH (BGHR § 303 c Einschreiten 1) die Anklage nicht als Erklärung des besonderen öffentl. Interesses zu verstehen. Ist Anklage wegen eines Offizialdelikts erhoben worden, sieht das Gericht aber nur den Tatbestand des § 223 oder des § 229 als erfüllt an, so bedarf es einer ausdrücklichen Erklärung der StA, daß sie ein besonderes öffentl. Interesse an der Verfolgung der übrigbleibenden Körperverletzung bejahe (Hirsch LK 20, Oehler aaO, Kohlhaas NJW 56, 118; and. RG **75** 341, **76** 8). Nur wenn die StA nach § 223 angeklagt und das besondere öffentl. Interesse bejaht hat, kann dieses auch für eine übrigbleibende Bestrafung wegen fahrlässiger Körperverletzung angenommen werden, wenn die StA nichts Gegenteiliges erklärt. Nach BGHR § 232 Öffentl. Interesse **1** reicht bei Anklage wegen Mißhandlung von Schutzbefohlenen für das Bejahen des besonderen öffentl. Interesses aus, wenn der Antrag der Anklage nach rechtlichem Hinweis auf die Möglichkeit einer Verurteilung wegen Körperverletzung wiederholt wird.

8   V. Die Erklärung der StA unterliegt keiner Frist (BGH **6** 285) und kann noch in der Revisionsinstanz nachgeholt werden (BGH NStE **1** zu § 303 c, Bay **91**, 41). **Verneint** die StA im gerichtlichen Verfahren ein **besonderes öffentliches Interesse** an der Strafverfolgung, so ist sie hieran nach Erlaß des Urteils gebunden (BGH **19** 377, Düsseldorf NJW **70**, 1054, KG VRS **70** 9). Eine Verneinung soll nach BGH 19 377 anzunehmen sein, wenn das Gericht darauf hinweist, daß abweichend vom Eröffnungsbeschluß möglicherweise nur eine Verurteilung wegen Körperverletzung nach § 223 in Betracht kommt, und die StA sich weigert, eine verbindliche Erklärung nach § 230 abzugeben. Dagegen soll im bloßen Schweigen zu einem solchen Hinweis noch keine Verneinung des besonderen öffentl. Interesses zu erblicken sein (BGH MDR/D 75, 367). Die Einstellung der Ermittlungen durch die StA mangels eines besonderen öffentl. Interesses an der Strafverfolgung steht dessen nachträglicher Bejahung nicht entgegen (Hamburg NStZ 86, 81). Die **Rücknahme der Erklärung,** an der Strafverfolgung bestehe ein besonderes öffentl. Interesse, ist während des gesamten Verfahrens zulässig (BGH 19 380, Düsseldorf NJW 53, 237, 70, 1054, KG NJW 61, 569, Stuttgart NJW 61, 1126). Sie kann darin zum Ausdruck kommen, daß der Anklagevertreter im Schlußvortrag erklärt, „die Anklage hinsichtlich der Körperverletzung fallenzulassen" (Düsseldorf NJW 70, 1054), dagegen noch nicht in der Anregung, das Verfahren nach § 153 II StPO einzustellen (Düsseldorf DAR 71, 160; and. Tröndle/Fischer 6). Umstritten ist, welche Rechtsfolgen im Rücknahmefall eintreten (vgl. dazu o. 3). Räumt man dem Gericht die Überprüfung des besonderen öffentl. Interesses an der Strafverfolgung ein (vgl. o. 3), so ist die Rücknahmeerklärung für das Gericht nicht bindend; es hat vielmehr das Verfahren nur einzustellen, wenn es selbst zu der Überzeugung gelangt, daß kein besonderes öffentl. Interesse an der Strafverfolgung besteht (vgl. Hirsch LK 22, Paeffgen NK 36 zu § 232 aF, Vogel NJW 61, 763).

VI. Hat die StA das besondere öffentl. Interesse an der Strafverfolgung nicht erklärt, so setzt die Verfolgung einen **Strafantrag** des Verletzten voraus (vgl. §§ 77, 77b und die Anm.). Bei vorsätzlicher Körperverletzung (nicht bei fahrlässiger) geht das Antragsrecht nach § 77 II auf die Angehörigen des Verletzten über, wenn dieser stirbt (vgl. § 77 RN 12). 9

Zum Antragsrecht des Dienstvorgesetzten bei **Taten gegen einen Amtsträger** usw. (Abs. 2) vgl. die entsprechend geltenden Anm. zu § 194 RN 10ff. sowie Anm. zu § 77a. 10

Zur Möglichkeit, den Antrag zurückzunehmen, vgl. Anm. zu § 77d. Die Zurücknahme des Antrags hindert die StA nicht, unter Berufung auf ein besonderes öffentl. Interesse die Verfolgung zu übernehmen (vgl. o. 1). 11

Hat der Antragsberechtigte nicht fristgerecht Strafantrag gestellt, so kann fraglich sein, ob er als Nebenkläger zugelassen werden kann, wenn die StA Anklage erhoben oder ein Dienstvorgesetzter Strafantrag gestellt hat. Zur Bejahung dieser Frage vgl. § 77 RN 50 sowie KG NStZ 91, 148 m. Anm. Wendisch, Nürnberg NJW 91, 712. 12

VII. In allen übrigen Fällen einer Körperverletzung, zB § 224 oder § 340, ist ein Strafantrag nicht erforderlich. Die Tat nach § 224 zählt nach dem 6. StrRG auch nicht mehr zu den Privatklagedelikten (vgl. § 374 I Nr. 4 StPO). 13

§ 231 Beteiligung an einer Schlägerei

(1) Wer sich an einer Schlägerei oder an einem von mehreren verübten Angriff beteiligt, wird schon wegen dieser Beteiligung mit Freiheitsstrafe bis zu drei Jahren oder mit Geldstrafe bestraft, wenn durch die Schlägerei oder den Angriff der Tod eines Menschen oder eine schwere Körperverletzung (§ 226) verursacht worden ist.

(2) Nach Absatz 1 ist nicht strafbar, wer an der Schlägerei oder dem Angriff beteiligt war, ohne daß ihm dies vorzuwerfen ist.

Vorbem. § 227 in § 231 geändert u. neugefaßt durch 6. StrRG v. 26. 1. 1998, BGBl I 164.

Schrifttum: Geisler, Zur Vereinbarkeit objektiver Bedingungen der Strafbarkeit mit dem Schuldprinzip, Diss. Berlin, 1998, StrAbh. NF 109, 262 ff. – *Stree,* Probleme des Schlägereitatbestandes, Schmitt-FS 215. – *Zopfs,* Die „schwere Folge" bei der Schlägerei (§ 231 StGB), Jura 99, 172.

I. Der Tatbestand der Beteiligung an einer Schlägerei **(Raufhandel)** ist durch das 6. StrRG umformuliert worden. Der neue Gesetzeswortlaut hebt klarer als die alte Fassung hervor, daß die Beteiligung an einer Schlägerei die maßgebliche Unrechtshandlung ist. In der Reichweite des Schlägereitatbestandes hat sich jedoch nichts geändert. Er betrifft ein (abstraktes) **Gefährdungsdelikt.** Die Unübersichtlichkeit der Tatbeiträge bei einer Schlägerei bereitet nicht nur erhebliche *Beweisschwierigkeiten* bei strafrechtlichen Ermittlungen (RG 9 380, BGH 15 370, Stree JuS 62, 94), sondern verursacht auch die Gefahr, daß es zu erheblichen Verletzungen der Beteiligten kommt. Aus diesem Grund wird jeder an einer folgenschweren Schlägerei Beteiligte schon *wegen dieser Beteiligung* bestraft. Das Gesetz geht davon aus, daß sowohl die Schlägerei als solche als auch der Tatbeitrag des einzelnen Beteiligten potentiell gefährlich sind (vgl. BGH 14 132, 15 370, Stree aaO, Welzel 297). Indiz für diese Gefährlichkeit ist die schwere Folge (Tod, schwere Körperverletzung), die als objektive Bedingung der Strafbarkeit (BGH 33 103, Tröndle/Fischer 5, Lackner/Kühl 5, Montenbruck JR 86, 138, Stree JuS 65, 472; and. Bemmann, Zur Frage der obj. Bed. der Strafbarkeit [1957] 42, Hirsch LK 1) den Raufhandel des § 231 von sonstigen Schlägereien abhebt. Da das Gesetz an die mögliche Gefährlichkeit des einzelnen Tatbeitrags im Hinblick auf einen folgenschweren Verlauf der Schlägerei anknüpft, genügt nur eine Beteiligung, die potentiell zur Gefährlichkeit der Schlägerei beigesteuert haben kann. Nimmt jemand am Raufhandel erst teil, wenn bereits die schwere Folge eingetreten oder 1

§ 231 2–6 Bes. Teil. Körperverletzung

die hierfür ursächliche Handlung erfolgt ist, so ist ausgeschlossen, daß sein Tatbeitrag zur Gefährlichkeit des Raufhandels beigetragen hat (vgl. näher u. 15). Bedenken verfassungsrechtlicher Art bei Rönnau/Bröckers GA **95**, 549 (gegen sie Geisler aaO 300 ff.). Für Streichung des Schlägereitatbestandes Hund, Beteiligung an einer Schlägerei – Ein entbehrlicher Straftatbestand? Diss. Mainz 1987. Zur geschichtlichen Entwicklung eines Schlägereitatbestandes vgl. Zopfs aaO 173 ff.

2 II. Für den **objektiven Tatbestand** ist erforderlich, daß eine Schlägerei oder ein Angriff mehrerer stattgefunden hat. Für einen Angriff ist insoweit Voraussetzung, daß die erforderliche Anzahl von Angreifern rechtswidrig gehandelt hat (and. Paeffgen § 227 aF RN 6). Verfolgen zB mehrere Polizisten einen Verbrecher und machen sie hierbei im Rahmen ihrer Befugnisse von der Schußwaffe Gebrauch, so liegt kein Angriff iSv § 231 vor. Für das Merkmal der Schlägerei kommt es hingegen nur darauf an, daß die erforderliche Anzahl von Beteiligten gegenseitig tätlich geworden ist, mag auch einer von ihnen rechtmäßig gehandelt haben. Um eine Schlägerei handelt es sich daher auch, wenn jemand, der von zwei Personen angegriffen wird, in Trutzwehr gegen die Angreifer vorgeht; anders verhält es sich, wenn der Angegriffene sich auf reine Schutzwehr beschränkt (BGH **15** 371, Horn SK 3).

3 1. Eine **Schlägerei** ist der in *gegenseitige Tätlichkeiten* ausartende Streit zwischen mehr als 2 Personen (RG JW **34**, 763, Hirsch LK 4). Erforderlich ist, daß mindestens 3 Personen aktiv beteiligt sind (RG JW **38**, 3157, BGH **15** 371, **31** 125, Köln NJW **62**, 1688). § 231 ist nicht anwendbar, wenn von 3 Beteiligten sich einer vor der Handlung mit der schweren Folge entfernt hat (RG JW **38**, 3157, Köln NJW **62**, 1688; vgl. jedoch RG GA Bd. **59** 333). Bestehen Zweifel, ob die folgenschwere Handlung während der Beteiligung von 2 oder 3 Personen verübt wurde, so ist § 231 nach dem Grundsatz in dubio pro reo nicht anwendbar (Köln NJW **62**, 1688). Eine Auseinandersetzung zwischen 2 Personen wird zur Schlägerei, wenn ein Dritter tätlich eingreift (BGH GA **60**, 213). Dagegen genügt noch nicht das bloße Anfeuern durch einen Dritten. Erforderlich ist, daß von beiden Seiten Tätlichkeiten begangen werden; dies erfordert nicht, daß jeder Beteiligte Körperverletzungen zufügen und erhalten muß (Frank I mwN); es genügt, wenn die Beteiligten solche beabsichtigen. Nicht erforderlich ist, daß gleichzeitig mehr als zwei geschlagen haben (vgl. RG HRR **41** Nr. 369). Eine Schlägerei ist nicht nur ein Streit, bei dem „geschlagen" wird; es genügt jede tätliche Auseinandersetzung, wie Messerstecherei, Schießerei oder Werfen mit Steinen (vgl. den Sachverhalt in RG **32** 33). Nach BGH **15** 369, BGHR § 227 Beteiligung **3** soll eine Schlägerei auch vorliegen, wenn der Dritte einen anderen daran hindert, die tätliche Auseinandersetzung zwischen 2 Personen zu schlichten oder dem Angegriffenen zur Hilfe zu kommen; das ist abzulehnen, da keine aktive Beteiligung vorliegt (vgl. Hirsch LK 4, Horn SK 5).

4 2. Unter einem **Angriff mehrerer** ist die in feindseliger Absicht gegen den Körper des Opfers gerichtete Einwirkung von mindestens 2 Personen zu verstehen (RG **59** 264, BGH **31** 126). Jeder der Angreifer muß das Ziel verfolgen, den Angegriffenen körperlich zu mißhandeln; bloße Drohungen oder Einschüchterungen (Schießen in die Luft) genügen nicht (RG **10** 505). Die Angreifer müssen zusammenwirken; bloßes Zusammentreffen verschiedener Angriffe gegen eine Person genügt nicht (BGH **31** 127). Für das Zusammenwirken genügt, daß der Angreifer Einheitlichkeit des Angriffs, des Angriffsobjekts und des Angriffswillens besteht (BGH **31** 126, **33** 102); nicht erforderlich ist, daß die Angreifer als Mittäter handeln (BGH **31** 127), ebensowenig, daß jeder der Angreifer den Gegner körperlich berührt oder verletzt hat (RG **59** 109, BGH **2** 160) oder daß es von beiden Seiten zu Tätlichkeiten gekommen ist; letzteres unterscheidet den Angriff von der Schlägerei. Für das Vorliegen eines Angriffs reicht bereits das unmittelbar auf eine körperliche Einwirkung abzielende Vorgehen aus (BGH **33** 102); zu einem körperlichen Eingriff muß es nicht gekommen sein.

5 III. Als **Täter** ist strafbar, wer sich an der Schlägerei oder am Angriff beteiligt hat, es sei denn, die Beteiligung ist ihm nicht vorzuwerfen. Voraussetzung ist ein aktives Eingreifen. Wer entgegen einer Rechtspflicht, die Schlägerei, den Angriff oder die Beteiligung einer bestimmten Person hieran zu verhindern, untätig bleibt, erfüllt idR nicht die Voraussetzungen einer täterschaftlichen Beteiligung (zu Ausnahmen vgl. Stree Schmitt-FS 218). Es kommt aber Beihilfe in Betracht.

6 1. **Beteiligt** ist jeder, der am **Tatort anwesend** ist und in **feindseliger Weise** an den **Tätlichkeiten teilnimmt** (Horn SK 5, Tröndle/Fischer 8; vgl. aber Hirsch LK 6). Nicht erforderlich ist, daß der Beteiligte mitgeschlagen hat; es genügt jede physische Mitwirkung an den Tätlichkeiten, zB Zureichen von Wurfgeschossen oder, soweit damit der Fortgang des Streites gefördert wird, das Abhalten von Hilfe (BGH **15** 369, NJW **97**, 2123; weitergehend hM, die psychische Unterstützung durch Zurufe usw. genügen läßt; vgl. Hirsch LK 7). Erforderlich ist aber, daß derjenige, der sich nicht unmittelbar an den Tätlichkeiten beteiligt, Partei ergreift. Daher genügt eine allen Kämpfenden zugute kommende Hilfe (BGH GA **60**, 213). Auch der Verletzte ist beteiligt und selbst strafbar, wenn außer ihm niemand zu Schaden kam (RG **32** 37, Hirsch LK 19, Stree Schmitt-FS 224; and. Günther JZ 85, 586); zu beachten ist dann aber § 60. Wer nur aus Neugier am Tatort anwesend ist, ist nicht beteiligt, ebensowenig, wer ohne ein tätliches Eingreifen nur den Streit schlichten will, wer Verletzte fortschafft oder ausschließlich Gegenstand des Angriffs ist. Soweit ein Streitschlichter oder ein Hilfeleistender gegen einen Schlägereibeteiligten tätlich wird, hängt eine strafbare Beteiligung davon ab, ob das Tätlichwerden ihm vorzuwerfen ist (vgl. u. 7). Über die Möglichkeit, einen Einzelvorgang vom Gesamtgeschehen des Raufhandels abzutrennen, vgl. BGH MDR **67**, 683.

2. Jeder Beteiligte wird schon wegen dieser Beteiligung am Raufhandel bestraft, es sei denn, die **Beteiligung** ist ihm **nicht vorzuwerfen** (Abs. 2). Der Begriff der Vorwerfbarkeit ist nicht allein iSv einem Verschulden zu verstehen; er umfaßt auch die Frage, ob die Beteiligung an der Schlägerei rechtswidrig ist. Eine straflose Beteiligung liegt nur für den Zeitraum vor, in dem die Vorwerfbarkeit entfällt. Beteiligt sich jemand, der zunächst unverschuldet in die Auseinandersetzung hineingezogen wurde, an einer weiteren Schlägereiphase, aus der er sich hätte heraushalten können, so kann er wegen dieser Beteiligung verantwortlich gemacht werden (vgl. RG **30** 283, Celle MDR **70**, 608). Sie wird von § 231 jedoch nur dann erfaßt, wenn während dieser Schlägereiphase oder nach ihr die schwere Folge verursacht worden ist. Liegt deren Verursachung bereits vorher, so bleibt es bei der Nichtanwendbarkeit des § 231 (vgl. dazu u. 15). Die zu § 227 aF vertretene Gegenmeinung, nach der ua unter Berufung auf den Gesetzeswortlaut die Straflosigkeit die gesamte Schlägereibeteiligung umfaßt (Frank § 227 Anm. III, Eisele ZStW 110, 77), entspricht weder dem Sinn des Gesetzes noch dem jetzigen Wortlaut. Allerdings lassen sich vielfach für die weitere Beteiligung strafmildernde Gesichtspunkte heranziehen, etwa der Umstand, daß der Entschluß, sich von der Schlägerei zu lösen, oftmals schwerer fällt als der Entschluß, in diese einzugreifen. Einem Streitschlichter oder einem Hilfeleistenden ist ein Tätlichwerden nicht als Schlägereibeteiligung vorzuwerfen, soweit es für den Schlichtungserfolg oder den Erfolg der Hilfe erforderlich war.

a) Keine Rechtfertigung kann sich aus einer Einwilligung ergeben, etwa bei einer einverständlichen 8 Schlägerei, da kein disponibles Rechtsgut betroffen ist. Umstritten ist, wieweit die Beteiligung an der Schlägerei durch **Notwehr** gerechtfertigt sein kann. Hier ist zu unterscheiden:

α) Gegenüber der Beschuldigung **einzelner** während des Raufhandels begangener **Verletzungen** 9 (§§ 211 ff., 223 ff.) ist die Berufung auf § 32 möglich (RG **3** 238, **32** 35, **59** 266, **73** 341, BGH **39** 305, Bay **54**, 115). Wer jedoch bei Beteiligung an einer einverständlichen Schlägerei den Kürzeren zieht, handelt nicht in Notwehr, wenn er nunmehr entgegen den Abmachungen zum Messer greift und auf den Gegner einsticht (vgl. BGH NJW **90**, 2263). Im übrigen hat die Notwehrbefugnis bei einer einzelnen Verletzung jedoch grundsätzlich keinen Einfluß auf die Strafbarkeit wegen Beteiligung an der Schlägerei als solcher, auch nicht, wenn der Beteiligte mit der Notwehrhandlung selbst die schwere Folge herbeiführt (BGH **39** 305 m. Anm. Stree JR **94**, 370, Wagner JuS **95**, 296, Seitz NStZ **94**, 185).

β) Die **Beteiligung** iSv § 231 soll nach der o. a. Rspr. nur in begrenztem Rahmen durch Notwehr 10 oder Nothilfe gedeckt sein können, nämlich dann, wenn der Beteiligte nicht aus anderen Gründen, zB Provozieren des Gegners, schuldhaft in die Auseinandersetzung hineingezogen wurde (so grundlegend schon RG **3** 238). Dieser Standpunkt ist jedoch auf der Grundlage der früheren Rspr. zu § 53 aF (jetzt § 32) zu sehen. Nachdem inzwischen die Erforderlichkeit der Verteidigungshandlung bei einem verschuldeten Angriff modifiziert wurde (vgl. § 32 RN 23, 54 ff.), ist, sofern sich der Täter im Rahmen der durch diese Grundsätze abgesteckten Grenzen hält, seine Beteiligung an der Schlägerei insoweit gerechtfertigt; auch Nothilfe ist in diesem Rahmen zulässig (vgl. RG **65** 163). Im praktischen Ergebnis bedeutet dies, daß die Beteiligung an der Schlägerei nur rechtswidrig ist, wenn dem Täter ein Ausweichen vor dem provozierten Angriff zumutbar ist. I. E. ebenso RG HRR **33** Nr. 441, Hirsch LK 17; zweifelnd BGH GA **60**, 214.

b) Die Beteiligung muß außerdem vorsätzlich **verschuldet** sein; das ist sie dann, wenn der Täter 11 sich in vorwerfbarer Weise, dh im Bewußtsein der tätlichen Auseinandersetzung, in sie hat hineinziehen lassen. Daran kann es bei einem Eingreifen in vermeintlicher Notwehr fehlen (vgl. RG JW **34**, 763).

3. Neben der täterschaftlichen Beteiligung an der Schlägerei oder am Angriff mehrerer ist auch 12 **Teilnahme** iSv §§ 26, 27 möglich. Die Schwierigkeiten liegen hier bei der Abgrenzung zwischen Beihilfe iSv § 27 und Beteiligung am Raufhandel. Während jedes tätliche Eingreifen in die Auseinandersetzung als Täterschaft nach § 231 zu bestrafen ist, sofern der Täter Partei ergreift (vgl. o. 6), sind die den Streitenden insgesamt zugute kommende Hilfe (zB Ablenken der Polizei) sowie die nur intellektuelle Teilnahme am Streit (wie Aufreizen der Kämpfenden) nur als Beihilfe iSv § 27 zu bestrafen (Stree Schmitt-FS 220, Küper GA **97**, 328). Die von der hM. (vgl. Hirsch LK 7) vorgenommene Gleichstellung der psychischen Mitwirkung mit der physischen wird dem idR geringeren Unrechtsgehalt des psychischen Verhaltens gegenüber dem Tätlichwerden einschließlich der geringeren Gefährlichkeit nicht gerecht. Ferner kann Beihilfe bei rechtspflichtwidrigem Nichtverhindern einer Schlägerei oder einer Beteiligung daran vorliegen (Stree aaO 217). Nur ausnahmsweise kann ein Unterlassen täterschaftliche Beteiligung sein (vgl. dazu Stree aaO 218). Für die Anstiftung gelten die allgemeinen Regeln. Insgesamt ähnlich Hirsch LK 20, der aber die psychische Unterstützung einer Partei als täterschaftliche Beteiligung wertet. Teilnahme ist nur bis Beendigung der Kampfhandlungen möglich; der Eintritt der schweren Folge ist hierfür ein unmaßgeblicher Zeitpunkt. Keine Teilnahme, sondern (versuchte oder vollendete) Strafvereitelung liegt zB vor, wenn jemand einen Schlägereibeteiligten, wenn auch vor Eintritt der schweren Folge, vor strafrechtlichen Ermittlungen bewahrt (vgl.

Stree

§ 258 RN 8). Ebenso scheidet Teilnahme an der Schlägerei bei einem Handeln aus, das nicht zum Kampfgeschehen, sondern allein zum Eintritt der schweren Folge beiträgt.

13 IV. Die Beteiligung an der Schlägerei ist nur strafbar, wenn bei der Schlägerei oder dem Angriff mehrerer der **Tod** eines Menschen oder eine **schwere Körperverletzung** (§ 226) verursacht wurde. Es handelt sich hierbei um eine objektive Strafbarkeitsbedingung (vgl. o. 1), durch die die besondere Gefährlichkeit des Raufhandels indiziert wird, die aber für das tatbestandliche Unrecht als solches nicht relevant ist (vgl. Geisler GA 00, 166). Diese Voraussetzung ist auch gegeben, wenn feststeht, daß die schwere Folge auf einen einzelnen Beteiligten zurückzuführen ist und dieser nach §§ 211 ff., 226 f. haftet oder auf Grund von Notwehr gerechtfertigt ist (BGH 39 305 m. Anm. Stree JR 94, 370). Auch wenn mehrere schwere Folgen eintreten, handelt es sich nur um *einen* Raufhandel. Der Bedeutung einer objektiven Strafbarkeitsbedingung entsprechend ist an sich das Ausmaß der schweren Folgen für die Strafzumessung unerheblich. Bedeutsam kann es insoweit nur als Indiz für den Gefährlichkeitsgrad der Schlägerei werden (vgl. u. 16 a). Für die Tatortfrage ist die objektive Strafbarkeitsbedingung bedeutungslos. Hat etwa die Schlägerei im Ausland stattgefunden und ist ein Verletzter in ein deutsches Krankenhaus gebracht worden, wo er dann seiner Verletzung erliegt, so bleibt die Schlägerei eine Auslandstat. Vgl. Geisler aaO 356, Jakobs 340, Satzger NStZ 98, 116 f., Stree JuS 65, 473, Schmitt-FS 230; vgl. aber auch § 9 RN 7. Zur Bedeutung für den Verjährungsbeginn vgl. § 78 a RN 13.

14 1. Der Tod oder die schwere Körperverletzung muß durch die Schlägerei oder den Angriff **verursacht** sein. Daran fehlt es, wenn die tödliche oder verletzende Handlung vor oder erst nach der tätlichen Auseinandersetzung erfolgt ist (vgl. RG 61 272, JW 38, 3157, Köln NJW 62, 1688). Das Opfer braucht nicht an der Schlägerei beteiligt gewesen zu sein. So genügt zB die Tötung eines einschreitenden Polizeibeamten, eines Zuschauers oder eines Vorbeigehenden. Selbst der Tod eines Angreifers auf Grund einer Notwehrhandlung des Angegriffenen (BGH 33 100) oder eigener Unvorsichtigkeit reicht aus (RG 9 149); vgl. auch RG 11 237 (versehentliche Selbsttötung des Angegriffenen bei der Verteidigung) sowie näher Stree Schmitt-FS 225, Geisler aaO 324 ff.; and. Günther JZ 85, 587; vgl. dazu noch Henke Jura 85, 589, Schulz StV 86, 250. Zur Ursächlichkeit muß hinzukommen, daß gerade die spezifische Gefährlichkeit der Schlägerei sich in der schweren Folge niedergeschlagen hat (Stree JR 94, 371). Das ist zB auch der Fall, wenn der Angegriffene beim Zurückweichen vor den Angreifern stürzt und sich eine schwere Körperverletzung zuzieht. Fraglich kann dagegen sein, ob eine schwere Körperverletzung oder der Tod auch dann noch als Folge der Schlägerei zu werten ist, wenn das spätere Verhalten des Verletzten oder eines Dritten, etwa eines Arztes, nach Zufügen der gefährlichen Verletzung für den Eintritt der schweren Folge mitursächlich war, diese also ohne ein solches Verhalten (möglicherweise) ausgeblieben wäre. Insoweit gilt das in RN 5 zu § 227 Ausgeführte entsprechend. Versehentliches, leichtfahrlässiges Verhalten schließt die Zurechnung der schweren Folge zum Schlägereigeschehen nicht aus. Anders ist es bei einem vorsätzlichen oder grobfahrlässigen Verhalten, etwa beim leichtfertig unterbliebenen Aufsuchen eines Arztes, der die schwere Folge abgewendet hätte. Die Zurechnung einer schweren Folge entfällt ferner bei einem Handeln ohne unmittelbare Ausweitung der aus der Schlägerei stammenden Verletzung, wie im Fall eines für den Verletzten tödlich verlaufenden Verkehrsunfalls beim Transport ins Krankenhaus. Vgl. näher zu den Zurechnungsproblemen Stree Schmitt-FS 221 ff., Geisler aaO 305 ff.

15 2. Nach der Rspr. ist unerheblich, in welchem **Zeitpunkt** der Täter sich an der Schlägerei **beteiligt** hat (RG 72 75, JW 39, 91, BGH 14 132, 16 130). Auch eine Beteiligung nach Verursachung der schweren Folge soll unter § 231 fallen (BGH 16 130, Tröndle/Fischer 8, Lackner/Kühl 5, Wessels/Hettinger RN 360). Diese Ansicht entspricht indes nicht dem für § 231 maßgebenden Gefährlichkeitsaspekt. Wer sich erst nach der für die schwere Folge ursächlichen Schlägereiphase an der tätlichen Auseinandersetzung vorwerfbar beteiligt (Schwerverletzter ist zB schon vom Kampfplatz fortgetragen worden), hat keinen potentiellen Beitrag zu der durch die schwere Folge indizierten Gefährlichkeit der Schlägerei beigesteuert (vgl. o. 1 sowie Stree JuS 62, 94 mwN, Birkhahn MDR 62, 625, Hirsch LK 8, Horn SK 8, Paeffgen NK 8). Die vorhergegangene Gefährlichkeitsphase kann ihm nicht angelastet werden. Läßt sich nicht feststellen, ob der später Hinzugekommene vor oder nach der maßgeblichen Verletzungshandlung beteiligt war, muß sich das non liquet zu seinen Gunsten auswirken (Stree aaO 97). Demgegenüber hält Eser III 113 im Anschluß an Schröder in der 17. A. Straflosigkeit nur dann für vereinbar mit § 231, wenn der Beteiligte nachweislich zur schweren Folge und damit zur Gefährlichkeit der Schlägerei nichts beigetragen hat. Das Erfordernis des gelungenen Entlastungsbeweises ist jedoch ein strafprozessualer Fremdkörper (Hirsch LK 1), der sich mit dem Grundsatz in dubio pro reo nicht vereinbaren läßt. Der nachträglichen Beteiligung ist das Ausscheiden vor Verursachung der schweren Folge nicht gleichzustellen (Stree aaO). In einem solchen Fall bleibt ein potentieller Beitrag zur Gefährlichkeit der Schlägerei erhalten, da die Auswirkungen auf deren Fortgang durch das Ausscheiden nicht ohne weiteres beseitigt werden (vgl. BGH 14 132, Horn SK 8, BGE 106 IV 252). § 231 ist allerdings nicht anwendbar, wenn nach dem Ausscheiden nur 2 Personen die Tätlichkeiten fortsetzen und nunmehr die folgenschwere Handlung erfolgt (vgl. o. 3; and. BGE 106 IV 253, soweit Tätlichkeit der durch die Schlägerei bewirkten Gemütserregung entspringt). Zum Problem vgl. noch Zopfs aaO 178 ff.

16 V. Für den **subjektiven Tatbestand** ist *Vorsatz* erforderlich. Der Täter muß das Bewußtsein haben, sich an einer Schlägerei oder an einem Angriff mehrerer zu beteiligen (vgl. RG HRR 41 Nr. 369).

Der schwere Erfolg braucht nicht vom Vorsatz umfaßt zu sein (BGH 33 103). Da es sich um eine Bedingung der Strafbarkeit handelt, ist auch § 18 nicht anwendbar (BGH MDR 54, 371). Vgl. jedoch Hirsch LK 1, 15, der Voraussehbarkeit einer schweren Folge fordert. Eine strafzumessungserhebliche besondere Gefährlichkeit der Schlägerei (vgl. u. 16 a) kann nur bei den Beteiligten strafschärfend herangezogen werden, denen diese Gefährlichkeit bewußt war; bedingter Vorsatz genügt.

VI. Für die **Strafzumessung** ist ua der Gefährlichkeitsgrad der Schlägerei oder des Angriffs, soweit **16 a** der Beteiligte ihn kennt, von maßgeblicher Bedeutung (vgl. BGHR Strafzumessung 1). Die Beteiligung an einem hochgradig gefährlichen Kampfgeschehen (Schußwaffengebrauch, brutaler Einsatz von Eisenstangen, Messern usw) ist wesentlich strenger zu ahnden als die Beteiligung an einer Prügelei, deren verhängnisvoller Ausgang mehr oder minder ein Art Unglücksfall ist. Zudem ist die Art der Beteiligung strafzumessungserheblich. Wer die Gefährlichkeit der Schlägerei in hohem Maße steigert, etwa durch Waffeneinsatz oder grundlegendes Verschärfen des Kampfes, verdient eine weit höhere Strafe als jemand, der nur am Rande ohne einen besonderen Beitrag zum Schlagabtausch mitwirkt. Bedeutungslos für die Strafhöhe ist an sich das Ausmaß der schweren Folgen (vgl. o. 13). Es kann aber als Indiz für den Gefährlichkeitsgrad der Schlägerei bedeutsam sein für die Strafzumessung (Stree Schmitt-FS 228; vgl. auch BGHR Strafzumessung 1). Eine Strafmilderung ist bei einem Beteiligten angebracht, der sich auf Grund einer Provokation entsprechend § 213 zu einer Schlägerei mit den Provokateuren hat hinreißen lassen. Strafmilderung kann auch in Betracht kommen, wenn ein Beteiligter nach einer nicht vorwerfbaren Beteiligung sich weiter am Kampfgeschehen beteiligt (vgl. o. 7). Zur Strafzumessung vgl. auch Geisler aaO 348 ff.

VII. **Idealkonkurrenz** ist möglich mit §§ 211 ff., 223 ff., sofern gegenüber einem Beteiligten der **17** Nachweis der Ursächlichkeit und Schuld geführt werden kann. Vgl. RG 59 110, 67 370, BGH 33 104, NStZ 84, 329. § 231 tritt jedoch zurück, wenn sein Tatunrecht voll von den §§ 211 ff., 226 f. erfaßt wird, wie bei der mittäterschaftlichen Tötung des Angegriffenen durch sämtliche Angreifer. Idealkonkurrenz kann ferner zwischen § 231 und § 125 I bestehen (BGH 14 132). Ob bei einer aus mehreren Einzelakten bestehenden Schlägerei eine Tat oder mehrere selbständige Schlägereien vorliegen, ist im wesentlichen Tatfrage (RG GA Bd. 59 332, JW 32, 948 m. Anm. Wegner). Nur eine Tat liegt vor, wenn ein Beteiligter (nur) vorübergehend aus dem Kampfgeschehen ausscheidet (zB zwecks Versorgung einer Wunde) und alsbald wieder eingreift (vgl. 17 vor § 52). Anstiftung oder Beihilfe zur Beteiligung an einer Schlägerei soll nach RG 59 86 (ebenso Tröndle 11) hinter Täterschaft gem. § 340 (Begehenlassen) zurücktreten. Die Ansicht wird jedoch dem besonderen Unrechtsgehalt der Schlägerei und der Teilnahme hieran nicht gerecht, es ist daher Idealkonkurrenz anzunehmen.

VIII. Die **Verjährung** beginnt mit Eintritt der schweren Folge der Schlägerei (vgl. § 78 a RN 13). **18** Sind mehrere solcher Folgen nacheinander eingetreten, ist zB ein Schlägeropfer geraume Zeit nach einem anderen Opfer gestorben, so ist Verjährungsbeginn der Eintritt der ersten schweren Folge. Denn von diesem Zeitpunkt an ist die Strafverfolgung möglich. Das Unrechtgeschehen als solches bleibt von den objektiven Strafbarkeitsbedingungen unberührt.

§ 232 jetzt § 230

§ 233 [wechselseitig begangene Straftaten] *aufgehoben durch 6. StrRG v. 26. 1. 1998 (BGBl. I 164).*

Fälle wechselseitig begangener Körperverletzungen lassen sich nach allgemeinen Vorschriften angemessen erledigen, namentlich durch Verfahrenseinstellung nach §§ 153, 153 a StPO oder durch Verwarnung nach § 59.

Achtzehnter Abschnitt. Straftaten gegen die persönliche Freiheit

Vorbemerkungen zu den §§ 234 bis 241 a

Schrifttum: allg. zu den *Freiheitsdelikten* sowie insbes. zum *Gewaltbegriff:* Amelung, Sitzblockaden, Gewalt u. Kraftentfaltung, NJW 95, 2584. – *Baumann*, Ergebnisse der (Anti-) Gewaltkommission der Bundesregierung, ZRP 90, 103. – *BKA* (Bundeskriminalamt), Was ist Gewalt?, 3 Bde.: I (1986), II (1988), III (1989). – *Blei*, Zum strafrechtl. Gewaltbegriff, NJW 54, 583. – *ders.*, Die Auflösung des strafrechtl. Gewaltbegriffs, JA 70, 19, 77, 141. – *Boeckmann*, Was ist Gewalt?, JZ 86, 1050. – *Bohnert*, Das Tatbestandsmerkmal der „List" im StGB, GA 78, 353. – *Brink/Keller*, Polit. Freiheit u. strafrechtl. Gewaltbegriff, KJ 83, 107. – *Calliess*, Der Begriff der Gewalt im Systemzusammenhang der Straftatbestände, 1974. – *Fezer*, Die persönl. Freiheit im System des Rechtsgüterschutzes, JZ 74, 599. – *Geilen*, Neue Entwicklungen beim strafrechtl. Gewaltbegriff, H. Mayer-FS 445. – *ders.*, Lebensgefährdende Drohung als Gewalt in § 251 StGB?, JZ 70, 521. – *ders.*, Zur Problematik der gewaltsamen Entführung (§ 237 StGB), JZ 74, 540. – *Haffke*, Gewaltbegriff u. Verwerflichkeitsklausel, ZStW 84 (1972) 37. – *v. Heintschel-Heinegg*, Die Gewalt als Nötigungsmittel im Strafrecht, Diss. Regensburg, 1975. – *Jakobs*, Nötigung durch Gewalt, H. Kaufmann-GedS 791. – *Kaiser*, Gewalt im Straßenverkehr, Solper-FS 55. – *Keller*, Strafrechtl. Gewaltbegriff u. Staatsgewalt, 1982. – *ders.*, Die neue Entwicklung des strafrechtl. Gewaltbegriffs in der Rspr., JuS 84, 109. – *Knodel*, Der Begriff der Gewalt im Strafrecht, 1962. – *Krauß*, Die Beurteilung „passiver Resistenz", NJW 84, 905. – *Krey*, Probleme der Nötigung u. Gewalt, JuS 74, 418. – *ders.*, Die strafrechtl. u. strafprozess. Reformvorschläge der Gewaltkommission, 1991.

Vorbem §§ 234 ff. 1–6   Bes. Teil. Straftaten gegen die persönliche Freiheit

– *ders.*, Das BVerfG in Karlsruhe, JR 95, 221 ff., 265 ff. – *Müller-Dietz*, Zur Entwicklung des strafrechtl. Gewaltbegriffes, GA 74, 33. – *Paeffgen*, Unzeitgemäße (?) Überlegungen zum Gewalt- und Nötigungsbegriff, Grünwald-FS 433. – *Pelke*, Die strafrechtl. Bedeutung der Merkmale „Übel" u. „Vorteil", 1990. – *Rössner*, Gewaltbegriff u. Opferperspektive bei der Vergewaltigung, Leferenz-FS 527. – *Rolinski/Eibl-Eibesfeldt*, Gewalt in unserer Gesellschaft, 1990. – *Schmitt Glaeser*, Private Gewalt im pol. Meinungskampf, 2. A. 1992. – *H. Schneider*, Was ist Gewalt?, MSchrKrim. 90, 399. – *H.-J. Schneider*, Umfang, Entwicklung u. Erscheinungsformen der Gewalt, JZ 92, 385. – *ders.*, Ursachen der Gewalt, JZ 92, 499. – *ders.*, Verhütung u. Kontrolle der Gewalt, JZ 92, 769. – *Schuh*, Gewalt im Alltag, 1990. – *Schultz*, Der strafrechtl. Begriff der Gewalt, SchwZStr. 52, 340. – *ders.*, Gewaltdelikte als Schutz der Menschenwürde, Maihofer-FS 517. – *Schünemann*, Die Freiheitsdelikte im künftigen Strafrecht, MSchrKrim. 70, 250. – *Schwind*, Gewalt in Familie u. Schule, GA 91, 435. – *ders.*, Die Gewalteindämmung als kriminalpol. Zukunftsaufgabe (usw.); Stree/Wessels-FS 793. – *Schwind/Baumann*, Ursachen, Prävention u. Kontrolle von Gewalt (Gewaltkommission), Bd. I–IV, 1990. – *Schwind/Winter*, Die (Anti-)"Gewaltkommission" der Bundesregierung, NStZ 90, 105. – *Sick*, Sexuelles Selbstbestimmungsrecht u. Vergewaltigungsbegriff, 1991. – *Timpe*, Nötigende Gewalt durch Unterlassen, JuS 92, 748. – *Wolter*, Gewaltanwendung u. Gewalttätigkeit, NStZ 85, 193, 245. – Vgl. ferner (insbes. zu Demonstrationsdelikten) die Angaben zu § 240.

1   **I.** Dieser Abschnitt erfaßt nicht alle Angriffe auf die persönliche Freiheit, sondern nur jene Tatbestände, bei denen die **Freiheit allein oder ganz überwiegend** geschützt werden soll, während andere Tatbestände, in denen die Freiheit nur immanent (vgl. Eser III 143) oder neben anderen Rechtsgütern nur zusätzlich mitgeschützt ist, sich in anderen systematischen Zusammenhängen finden (zB in §§ 174 ff., 249, 253); eingeh. Heimann-Trosien LK⁹ 1 f. vor § 234, Fezer JZ 74, 599 f. Grds. gegen die Möglichkeit eines allgemeinen Rechtsguts „Freiheit" Keller aaO 34 ff. Vgl. auch § 240 RN 1 f.

2   **II.** Bei der **Freiheit** handelt es sich um ein *„intrasoziales"* Rechtsgut, das – im Unterschied zu den „transsozialen", weil nicht erst gesellschaftlich konstituierten Gütern wie Leib oder Leben – überhaupt erst in sozialem Kontext und im Spannungsfeld einander widerstreitender Interessen Bedeutung erlangt (vgl. Eser, Wahrnehmung berechtigter Interessen als allg. Rechtfertigungsgrund (1969) 45 ff., Kostaras aaO 118 f.; insoweit ebenso Lenckner Noll-GedS 244 f.). Schon deshalb kann die Freiheit nicht absolut, sondern nur *relativ* gegenüber bestimmten illegitimen Angriffen geschützt werden (vgl. Eser III 143 f., M-Schroeder I 134, W-Hettinger 380; noch weiter von der grds. Ungeschütztheit der Freiheit ausgehend Timpe aaO 20). Von den dadurch erforderlichen normativen Einschränkungen abgesehen (dazu § 240 RN 1 f., 15 ff.), lassen sich *zwei Erscheinungsformen* des Schutzguts der Freiheitsdelikte mit jeweils korrespondierenden Beeinträchtigungsformen unterscheiden (vgl. auch mit etwas anderer Akzentuierung M-Schroeder I 132 f. sowie Gössel I 206 f.):

3   **1.** Die Freiheit der **Willensentschließung** (Dispositionsfreiheit), die sowohl dadurch beeinträchtigt werden kann, daß jemand seiner Fähigkeit zur Willensentschließung *überhaupt* (wie zB durch Betäuben oder Hypnose) beraubt wird, als auch dadurch, daß jemand durch deliktischen Zwang oder durch List zu einem *bestimmten Entschluß* gebracht wird.

4   **2.** Die Freiheit der **Willensausübung** (Handlungsfreiheit ieS), die insbes. dadurch beeinträchtigt werden kann, daß jemand gegen seinen Willen zu einem *bestimmten Verhalten* gezwungen wird (zB durch Einsperren, Festhalten, Beiseitestoßen, gewaltsames Führen der Hand o. dgl.).

5   **III.** Mögliche **Mittel der Freiheitsbeeinträchtigung** sind – neben der durch Betrug erfaßten Täuschung – *Gewalt, Drohung* und *List*. Dabei können manche Freiheitstatbestände durch jedes dieser Mittel verwirklicht werden (so zB §§ 234, 235), während für andere nur Gewalt oder Drohung genügt (so zB bei §§ 240, 253), und wieder andere diese beiden Mittel noch weiter einschränken auf Gewalt gegen eine *Person* oder Drohung mit *Leibes-* oder *Lebens*gefahr (§§ 249, 255) bzw. auf *Drohung mit dem Tod* oder einer *schweren Körperverletzung* des Opfers oder mit dessen *Freiheitsentziehung von über einer Woche Dauer* (§ 239b), *Drohung* mit *Gewalt* (§§ 81, 113) oder *Gewalttätigkeit* (§ 125). Vgl. u. 26 ff., 30.

6   **IV. Gewalt i. allg. S.** der Freiheitsdelikte – also vorbehaltlich *besonderer* Erfordernisse bestimmter Tatbestände (u. 26 ff.) – ist jedes Mittel, mit dem auf den Willen oder das Verhalten eines anderen durch ein gegenwärtiges empfindliches Übel eine Zwangswirkung ausgeübt wird (im wesentl. ebenso Tröndle § 240 RN 5 ff., Horn SK § 240 RN 9 ff., Knodel aaO, insbes. 33 ff., Schäfer LK § 240 RN 5 ff.; weitergeh. unter Verzicht auf die Übelszufügung Herzberg GA 97, 251, 263, 277; grds. and. Jakobs H. Kaufmann-GedS 796 ff.: Gewalt als „Verletzung garantierter Rechte" [ähnl. Timpe aaO 70 ff.: Gewalt als „Kränkung absoluter Rechte"], womit freilich schon wegen des seinerseits konkretisierungsbedürftigen Garantierahmens kaum größere Bestimmbarkeit des Gewaltbegriffs erreicht wird und zudem wegen ausschließlicher Herleitung aus dem Nötigungstatbestand seine Verallgemeinerungsfähigkeit für andere Gewaltdelikte verloren geht; vgl. § 240 RN 1 a sowie Kühl StV 87, 129). Ebenso wie Drohung und List ist somit auch die Gewalt ein Mittel zur Einflußnahme auf Fremdverhalten. Doch während sich Gewalt und Drohung von der (mittels gewisser Fehlvorstellungen wirkenden) *List* durch die **Zwangswirkung** unterscheiden, hebt sich die Gewalt von der *Drohung* dadurch ab, daß der Zwangseffekt nicht nur durch Ankündigung einer sonst erst zu befürchtenden, sondern bereits **durch gegenwärtige Zufügung eines empfindlichen Übels** bewirkt wird (zust. BVerfGE 73 237, 243; vgl. u. 8 mwN). Keine Gewalt ist somit die bloße Erzeugung „moralischen Drucks", wie etwa durch übermäßige Vorteilszuwendung (vgl. Horn SK § 240 RN 9), ebensowenig die rational

Gewaltbegriff 7 **Vorbem §§ 234 ff.**

wirkende (suggestive) Überredung, wohl aber die Hypnose (vgl. Tröndle 8). Im übrigen hingegen ist strittig, ob und inwieweit die durch ein gegenwärtiges Übel erzeugte Zwangswirkung *eine besondere Kraftentfaltung des Täters* voraussetzt und/oder durch *unmittelbare körperliche Einwirkung auf das Opfer* erfolgt sein muß oder stattdessen auch psychisch oder durch Einwirkung auf Sachen vermittelte Zwangswirkungen ausreichen können. Nachdem die neuere Entwicklung, um mit immer raffinierteren Formen moderner Zwangsausübungen Schritt zu halten (vgl. BVerfGE **73** 239 ff. m. Anm. Kühl StV 87, 127 ff., Starck JZ 87, 145, Schäfer LK § 240 RN 30 ff.), zu einem immer weitergehenden Verzicht auf die vorgenannten Körperlichkeitsmomente führte (radikal Herzberg aaO 278: Gewalt als „durch und durch" normative Frage; vgl. auch 24. A.), wurde diesem Trend zu kontinuierlicher *„Vergeistigung"* des allg. Gewaltbegriffes (vgl. u. 7–8) – nicht zuletzt in teilweisem Gefolge einer kritischen Gegenströmung (u. 9) – durch die im 2. Sitzdemonstrationsfall vom BVerfGE **92** 1 ff. geforderten *verfassungsrechtlichen Eingrenzungen* ein gewisser Riegel vorgeschoben (vgl. u. 10).

Für den **ursprünglichen Gewaltbegriff** wurde *eine unter Anwendung von Körperkraft erfolgende* 7 *Einwirkung auf den Körper des Opfers zur Überwindung eines Widerstandes* vorausgesetzt (vgl. statt vieler RG **56** 88, **64** 115, Schäfer LK § 240 RN 5; näher zur Entwicklg. Arnold JuS 97, 290 ff., Paeffgen aaO). Doch trotz verbaler Beibehaltung dieser Definition (vgl. BGH **16** 341, Neustadt MDR **57**, 309, Bay NJW **59**, 495, Celle NJW **59**, 1597, Koblenz VRS **20** 436; and. Karlsruhe MDR **59**, 233) ist von ihrem Inhalt kaum noch etwas übriggeblieben (näher zu dieser Entwicklung Arzt/Weber I 222 ff., Krey in BKA I 28 ff. sowie JuS 74, 418 ff., Keller aaO 87 ff., JuS 84, 109 ff., Müller-Dietz GA 74, 33 ff., Otto NStZ 92, 569). Dies wurde dadurch erleichtert, daß die vorgenannte Gewaltdefinition ursprünglich ohnehin nur die Grenzen der *vis absoluta* (u. 13) betraf, während für *vis compulsiva* (u. 15) schon das RG nicht die Kraftentfaltung des Täters, sondern die körperliche Zwangswirkung beim Opfer als entscheidend ansah und damit zB Schreckschüsse als Gewalt qualifizierte (RG **60** 157, **66** 355; zu dieser meist nicht gesehenen Diff. des RG vgl. Müller-Dietz aaO 44, ferner Otto NStZ 87, 212 f., Starck JZ 87, 146). Aber auch bei vis absoluta wurde das Merkmal der **Kraftentfaltung** – mit deren Bejahung zB beim Einsperren durch bloßes Abschließen einer Tür (RG **13** 50, **27** 406, **73** 343, iE zust. BGH GA **65**, 57; vgl. aber auch BGH NJW **81**, 2204) – zunächst aufgelöst und schließlich von BGH **1** 145 (m. Anm. Jagusch LM Nr. 1 zu § 249) ausdrücklich aufgegeben, wobei anerkannt wurde, daß wegen der gleichartigen *Wirkung* auch das „gewaltlose" Beibringen narkotischer Mittel als Gewalt anzusehen ist (ebenso BGH NJW **53**, 351, Blei II 71, M-Schroeder I 140; vgl. aber demgegenüber wieder die Betonung der physischen Kraftentfaltung in BGH NStZ **81**, 218, ohne daß jedoch dargetan wäre, worin etwa bei Ausschaltung des Opfers mit chemischen Sprays eigentlich jene Kraftentfaltung liegen bzw. wieviel für die nach BGH NStZ **85**, 71 genügende „gewisse – nicht erhebliche – körperliche Kraftentfaltung" erforderlich sein soll). Als Begrenzungsfaktor spielt danach das Kraftelement keine wirklich entscheidende Rolle, wird aber gelegentlich unter Vernachlässigung des – entscheidenden – Kriteriums der Zwangswirkung (u. 8) als hinreichendes Gewaltkriterium verwendet (vgl. BGH **16** 314, **25** 238). Statt dessen hat sich der Schwerpunkt mehr auf das Erfordernis einer **körperlichen Einwirkung auf das Opfer** verlagert (vgl. BGH **37** 353, NJW **81**, 2204 m. Anm. Otto JR 82, 116, Blei NJW **54**, 583, Geilen JZ 70, 527, Schmidhäuser II 44; so im Grunde auch Arzt/Weber I 226, wenn sie mangelnden Kraftaufwand durch entsprechende technische Verstärkung – und damit praktisch durch den Zwangseffekt beim Opfer – ersetzt sehen wollen; vgl. auch Otto NStZ 92, 570, der zwar eine körperliche Zwangswirkung fordert, bei der näheren Definition der Körperlichkeit aber auch solche Fälle mitumfassen will, in denen ein Widerstand des Opfers lediglich unzumutbar ist, was in der Sache einer Anerkennung jeglichen gegenwärtigen, damit also auch psychischen Zwangs als Gewalt hinausläuft). Doch auch dieses Kriterium wurde weitgehend seines Sinnes beraubt, wenn etwa Gewalt durch Schreckschüsse mit der „Nervenerregung" (RG **60** 158) bzw. Nötigung durch dichtes Auffahren im Straßenverkehr ua damit begründet wurde, daß dies „den Vorausfahrenden erheblich aus dem inneren Gleichgewicht bringen" könne (BGH **19** 266). Sachlich liegt hier lediglich eine psychische Zwangswirkung vor (vgl. LG Bonn StV **85**, 192, bezeichn. auch Bay JuR **86**, 405), die aber nach dem u. 15, 17 Ausgeführten durchaus generell ausreichen kann. Demgegenüber führt die Anwendung jenes Kriteriums insbes. in Fällen von *Sachgewalt* zu wenig plausiblen Distinktionen (vgl. u. 18) und darüber hinaus zu Widersprüchen in der Rspr.: so wenn etwa bei Unterbrechung der Strom- oder Wasserzufuhr durch den Vermieter einmal eine Körperwirkung und daher Gewalt verneint (Neustadt MDR **57**, 309; vgl. auch Bay NJW **59**, 495), das andere Mal dagegen beides bejaht wird (Karlsruhe MDR **59**, 233, Danzig LZ **28**, 922; vgl. auch Hamm NJW **83**, 1506). Schließlich wäre auch die Qualifizierung des Generalstreiks oder eines Sitzstreiks als Gewalt (BGH **8** 102, **23** 54, **37** 353) mit dem Erfordernis physischer Einwirkung nicht zu halten (vgl. auch Schumann/Wolter u. Zechlin zu Beschränkungen aus dem Streikrecht u. 19). Gleiches gilt für den Versuch, körperlichen Zwang (wie als Minimum von Köln StV **90**, 267 gefordert) mit der Körperlichkeit des Hindernisses (AG Schwäb. Gmünd NJW **86**, 2445, AG Schwandorf NStZ **86**, 462, Offenloch JZ 88, 13) bzw. damit zu begründen, daß der Genötigte, wollte er seinen Willen durchsetzen, den Täter körperlich verletzen oder gar töten müßte (BGH **23** 54, Düsseldorf NJW **86**, 943, Köln NJW **85**, 2435, Zweibrücken NJW **86**, 1055, Bick in BKA III 49 f.); denn auch insoweit handelt es sich gerade nicht um eine unmittelbare körperliche Einwirkung durch den Täter, sondern um einen (nur) psychisch vermittelten, mit der Angst des Opfers vor seinerseitiger körperlicher Abwehr kalkulierenden Zwang (iglS LG Heilbronn MDR **87**, 430, Bergmann Jura 85, 459 f.; insoweit zutr. auch Wolter NStZ 85, 246 f.; vgl. auch u. 16). Im übrigen braucht das Abheben auf eine körperliche Auswirkung durchaus nicht nur eine – an sich billigenswerte – Restriktion, sondern kann umgekehrt sogar eine Expansion des Gewaltbegriffs zur Folge haben, so wenn etwa das einen tödlichen Schock auslösende Vorhalten einer Pistole zur Annahme von Gewalt führt (BGH **23** 126, **39** 136, BayObLG NJW **93**, 211), obwohl hier zumindest subjektiv ein (körperliches) Übel nicht gesetzt, sondern nur angedroht werden sollte (vgl. Geilen JZ 70, 528, Hruschka JZ 95, 744, u. 16).

8   Solche Verdrängungen und Friktionen des ursprünglichen Gewaltbegriffes erscheinen schließlich zur Erfassung aller strafwürdig erscheinenden Fälle nur dadurch als vermeidbar, daß unter Verzicht auf die o. 6 aE genannten Körperlichkeitselemente Gewalt als physische oder psychische **Zwangseinwirkung aufgrund einer** (über Drohung und List hinausgehenden) **gegenwärtigen Übelszufügung** verstanden wird (so im 1. Sitzdemonstrationsfall die tragende Meinung in BVerfGE **73** 242 ff. m. Anm. Kühl StV 87, 125 ff., ferner Otto NStZ 87, 212, Starck JZ 87, 146 [abl. Calliess NStZ 87, 209 f., Prittwitz JA 87, 27 f.]; iglS bereits LG Frankfurt NStZ **83**, 25, Brohm JZ 85, 503 ff., Tröndle § 240 RN 5, Horn SK § 240 RN 9, Rössner aaO 529; weitgeh. ähnl. Kostaras aaO 62 ff.), wobei das zugefügte Übel freilich einen Grad erreichen muß, wie er auch im Falle einer Drohung erforderlich wäre (vgl. LG Bonn StV **85**, 192 sowie u. 17 aE; zu weitgeh., da kaum noch Abgrenzung zur Drohung erlaubend, Gössel I 214 ff., wonach Gewalt als Unterwerfung und Ersetzung fremder Willensbildung oder -betätigung unter und durch den eigenen Willen des Täters zu verstehen sei).

9   Gegen diese sog. „Vergeistigung" bzw. „Entmaterialisierung" des Gewaltbegriffs ist freilich in neuerer Zeit eine beachtliche **Gegenströmung** zu beobachten, die eine volle oder teilweise Rückkehr zum „klassischen" Gewaltbegriff (o. 7) fordert (vgl. etwa Arzt/Weber I 225, Blei II 71 f., Dierlamm NStZ 92, 576, Geilen H. Mayer-FS 495 ff., JZ 70, 528, Hirsch Tröndle-FS 24, Krauß NJW 84, 905, Krey JuS 74, 418 ff., Küpper/Bode Jura 93, 193, Müller-Dietz GA 74, 33 ff., Schmidhäuser II 37 f., W-Hettinger 383 ff., Wolter AK § 105 RN 7, NStZ 85, 194 ff.; vgl. auch Arth. Kaufmann NJW 88, 2583 sowie rechtsvergl. Dearing StV 86, 125 ff., Seiler Pallin-FS 399, ferner spez. zu Beschränkungen des Gewaltbegriffs bei Streiks im Hinblick auf Art. 9 III GG Schumann/Wolter, in Däubler, Arbeitskampfrecht[2] (1987) 213 ff., 264 ff., Zechlin AuR 86, 295 f.), oder auch Neuformulierungen vorschlägt: So etwa begreift Calliess aaO 31 Gewalt wie Gewalttätigkeit als „primär physisch vermittelte soziale Interaktion" (vgl. auch NJW 85, 1513); ähnlich schlägt die von der BReg eingesetzte Gewaltkommission zwar eine Beschränkung auf physische Gewalt vor, möchte aber Strafbarkeitslücken dadurch schließen, daß dem § 240 ein drittes Nötigungsmittel in Form vergleichbar schweren psychischen Zwanges hinzuzufügen sei (Baumann ZRP 90, 108, Schwind/Baumann aaO I 430 f., II 810 ff.), während die vom Nds JM eingesetzte Strafrechtskomm. Gewalt als Zwang definieren will, der mittels Einwirkung auf den Körper eines anderen Menschen oder mittels einer Freiheitsberaubung ausgeübt wird (DRiZ 93, 252). Demgegenüber will Haffke ZStW 84, 37 ff. die vis compulsiva nur als Sonderfall der Drohung und als Gewalt nur die vis absoluta in Form eines „Angriffs" verstehen, an dem es bei der Verfolgung „sozial üblicher substanziell-eigener Interessen" regelmäßig fehle (58 ff.; ähnl. Dingeldey NStZ 82, 160), während Keller (aaO 215 ff.) Gewalt – in Loslösung vom Rechtsgut der Freiheit und vom Zwangserfolg – auf generell untragbare Verhaltensweisen und aus Bestimmtheitsgründen auf tötende, körperverletzende, freiheitsberaubende oder gegenwärtig leib- oder lebensgefährdende Tätigkeiten beschränken will, damit aber – gesetzwidrig – nur die *Person*gewalt zu erfassen vermag. Eher umgekehrt versucht Köhler durch Betonung des Willens*beugungs*moments die vis absoluta auszuschließen (dazu § 240 RN 1 a). Wiederum and. Paeffgen Grünwald-FS 463: Gewalt als „körperl. Kraftentfaltung, die mit aggressiver Dynamik mechanisch auf einen Menschen oder deren Sache trifft".

10   Diesen verschiedenartigen Einschränkungsbemühungen hat das BVerfG durch **verfassungsrechtlich gebotene Eingrenzung** des Gewaltbegriffs teilweise Rechnung getragen. Nachdem die erstmals in BGH **23** 46 im Falle einer Straßenblockade angenommene Gewalt in einer Demonstrationsentscheidung von der BVerfG-Mehrheit noch für verfassungsgemäß angesehen worden war (BVerfGE **73** 206) und dies auch durch BVerfGE **92** 1, 13 jedenfalls für den Gewaltbegriff als solchen bestätigt wurde, wird darin aber nunmehr die Gewalt*auslegung* durch die Strafgerichte als unvereinbar mit dem verfassungsrechtlichen Tatbestandsbestimmtheitsgebot befunden (BVerfGE **92** 1, 14 ff. m. abl. Anm. Scholz NStZ 95, 417; krit. auch Altvater NStZ 95, 278, Amelung NJW 95, 2586 ff., Krey JR 95, 221 ff., 265 ff., Lesch JA 95, 889, Roellecke NJW 95, 1525) und eine Eingrenzung des Gewaltbegriffs gefordert, wobei diese freilich zuvörderst den Strafgerichten obliege (aaO 19). Ohne somit bereits selbst einen verfassungsmäßen Gewaltbegriff positiv zu definieren, hat das BVerfG lediglich negativ eine untere Schwelle markiert, die bei den Anforderungen an Gewalt nicht unterschritten werden darf. Dazu lassen sich dem Beschluß im wesentlichen zwei Markierungspunkte entnehmen: Zum einen darf Gewalt nicht mit dem (dadurch bewirkten) Zwang zusammenfallen, sondern muß über diesen hinausgehen (aaO 17), zum anderen darf die Gewalt nicht lediglich in körperlicher Anwesenheit bestehen und die Zwangswirkung auf den Genötigten nicht psychischer Natur sein (aaO 18, Düsseldorf NJW **99**, 2912 m. krit. Anm. Erb NStZ 00, 200; das kumulative Vorliegen beider Voraussetzungen beton. BGH **41** 183 f. m. Anm. Amelung NStZ 96, 230, Hoyer JuS 96, 200, Krey NStZ 95, 542, Lesch StV 96, 152); demzufolge konnte im Entscheidungsfall im bloßen Sitzen und Stehen mehrerer Demonstranten auf der Fahrbahn und am Straßenrand wie auch im Wegtragenlassen durch Polizeibeamte keine Gewalt iSv § 240 gesehen werden (and. nach Krey JR 95, 271 f. Sitzblockaden auch weiterhin als Gewalt, weil physische Hindernisse schaffend und damit *körperlich* Zwang vermittelnd). Versucht man daraus – in der freilich keineswegs zweifelsfreien Annahme, daß das BVerfG

über den infragestehenden Demonstrationsbereich hinaus verbindliche Vorgaben machen wollte (dies etwa hins. Fahrbahnwechseln im fließenden Verkehr vernein. Stuttgart NJW **95**, 2647; vgl. auch Buchwald DRiZ 97, 519 f., Rheinländer Bemmann-FS 390 ff.) – allgemeine Konsequenzen für einen noch verfassungsgemäßen Gewaltbegriff zu ziehen und dabei auch dem Verlangen nach größerer Tatbestandsbestimmtheit Rechnung zu tragen, so ist einerseits Gewalt dort zu verneinen, wo der eine lediglich dadurch auf den Willen eines anderen einwirkt, daß er durch eigene Anwesenheit an einem bestimmten Ort – unabhängig von der Anzahl der Mitdemonstranten (and. Bay NStZ-RR **96**, 102) – dem anderen das Erreichen oder Passieren dieses Ortes faktisch unmöglich macht oder jedenfalls durch die Notwendigkeit einer vorherigen Räumung erschwert, daß aber andererseits der Weg zu Gewalt eröffnet ist, wenn entweder über die bloße körperliche Anwesenheit hinaus aktiver Widerstand geleistet wird (wie etwa durch gruppenweises Einhaken [vgl. Bay MDR **96**, 409 u. – allerdings ohne hinreichende Klarstellung – BGH NStZ **95**, 593], nachhaltiges Dagegenstemmen [Naumburg NStZ **98**, 623] oder gar Herumschlagen, um das Wegtragen zu verhindern), oder daß über die mit der Anwesenheit als solcher verbundene Verdrängung oder Behinderung von anderen hinaus auf diese in einer Weise (wie etwa durch Niederschreien oder bedrohliches Auftreten) eingewirkt wird, daß sich das bei den Betroffenen auch physisch (wie etwa durch spürbare Erregung oder Angst [KG NStZ-RR **98**, 12]) auswirkt (iglS BGH NJW **95**, 3133 bei Ausbremsen im Straßenverkehr). Gleichermaßen kann da, wo sich der Täter mit Waffen versehen hat und deren möglichen Einsatz erkennen läßt, ebenso die Grenze von Drohung zu Gewalt überschritten sein, wie dort, wo er außer seiner eigenen Person auch noch durch Vorrichtungen oder sperrige Gegenstände wie Autos (oder Schienenblockaden, vgl. BGH **44** 39 f., NJW **95**, 2643, 2862, Hamm VRS **92** 208, Karlsruhe NJW **96**, 1551) das Opfer am Betreten, Verlassen oder Passieren hindert. Wenn man die vom BVerfG ebenfalls vorgegebenen Ausschlußkriterien mit der bisherigen Anforderungen (o. 8) verbindet, so ist Gewalt die **durch eine gegenwärtige Beeinträchtigung erzeugte und sich beim Betroffenen auch körperlich auswirkende Auslösung eines Zwanges** (m. ähnl. Tendenz Altvater NStZ 95, 280 ff.).

Die Schwierigkeit der vom BVerfG vorgenommenen Eingrenzung verdeutlicht jedoch die Sitzblockadeentscheidung des 1. StS (BGH **41** 182), wonach das BVerfG nicht entschieden habe, „Sitzblockaden dürften nicht mehr als Nötigung durch Gewalt behandelt werden" (aaO 183). Die Eingrenzung des Gewaltbegriffs treffe bindend nur diejenigen Fälle, die von zwei Merkmalen gekennzeichnet sind: der nur körperlichen Anwesenheit und kumulativ der nur psychischen Zwangswirkung. Eine solche Konstellation liege aber dann nicht vor, wenn durch die Blockierer eine Mehrzahl von Fahrzeugen an der Weiterfahrt gehindert werde. Nur bezüglich der Fahrzeuge, die als erste die blockierenden Personen erreichen, könne eine bloß psychische Zwangswirkung angenommen werden, nicht aber hinsichtlich der nachfolgenden Fahrzeuge, da diese aufgrund der bereits vor ihnen angehaltenen Fahrzeuge auf ein nicht zu beseitigendes physisches Hindernis (aaO 184) stießen. Die physische Sperrwirkung sei den Demonstranten auch zuzurechnen, da die Nötigung weder ein eigenhändiges Delikt sei noch die unmittelbare Begegnung von Täter und Opfer verlange (aaO 185). Daher genüge geringer körperlicher Aufwand dem Gewaltbegriff, wenn sich seine Wirkung (zumindest auch) als körperlicher Zwang darstellt. Demgegenüber ist jedoch zu bedenken, daß sich das BVerfG schwerlich so verstanden wissen wollte, weil dann die praktische Relevanz der verfassungsrechtlichen Einschränkung des Gewaltbegriffes auf die wenigen Fälle reduziert würde, in denen lediglich ein einzelnes Fahrzeug auf eine Sitzblockade trifft; daher werden die in Frage stehenden Blockadefälle von den Strafgerichten kontrovers beurteilt: Während der BGH zB Gefolgschaft findet bei München NStZ-RR **97**, 174, Zweibrücken NJW **96**, 866 und LG Trier NJW **97**, 472, wird seine Differenzierung abgelehnt und dementsprechend Gewalt verneint von Koblenz NJW **96**, 3351, NStZ-RR **98**, 44 und LG Trier NStZ-RR **97**, 241. In der Lit. ist BGH **41** 182 neben vereinzelter Zustimmung (wie von Krey/Jaeger NStZ 95, 542, Krey, Werteordnung 77, Tröndle § 240 RN 29), wobei ua auch ein Verstoß gegen die Bindungswirkung des § 31 I BVerfGG verneint wird (Rheinländer Bemmann-FS 387 ff.), überwiegend auf Kritik gestoßen (so ua bei Amelung NStZ 96, 230, Arnold JuS 97, 289, Lesch StV 96, 152, ferner Herzberg GA 96, 562; 97, 251 [physische Wirkung nur hypothetisch, jedoch Drohungsvariante erfüllt, hiergg. Rheinländer aaO u. Hoyer GA 97, 452 m. Erwid. Herzberg GA 98, 211, wobei Hoyer JuS 96, 199 seinerseits den Rechtswidrigkeitszusammenhang verneint], Hruschka NJW 96, 160, Knissel NJW 96, 2610 [„Taschenspielertrick" des BGH], Lackner/Kühl 8, Priester Bemmann-FS 362). All dies zeigt, daß mit der vom BVerfG verfolgten Unterscheidung zwischen rein psychischer und zumindest auch physischer Zwangswirkung kein taugliches Abgrenzungskriterium zu gewinnen ist, da im Grunde genommen jeder Zwang, der die Verhaltensfreiheit des Opfers beeinträchtigt, im Ergebnis auch körperliche Auswirkungen hat. Ob das Erfordernis einer gewissen körperlichen Kraftentfaltung – wenn auch vom BVerfG für die in Frage stehenden Sitzblockadefälle nur negativ bestimmt – zur Bestimmtheit des Tatbestandes beitragen kann, erscheint angesichts der Auffassung des BGH, daß bereits das Sich-Hinsetzen den Anforderungen des Gewaltbegriffes genüge, mehr als fraglich.

Trotz der aufgezeigten Schwächen des Eingrenzungsversuchs des BVerfG (o. 10) ist dieser – ebenso wie teils noch weitergehende Einschränkungsbemühungen (o. 9) – insoweit ernstzunehmen, als es nicht bloß um terminologische Grenzverschiebungen zwischen Gewalt und Drohung, sondern um sachliche Eingrenzungen des gesamten Tatbestandbereiches geht; denn daß sonst der Schutz der Freiheit der einen leicht in Unterdrückung der politischen (Willensäußerungs- und Gestaltungs-) Freiheit anderer umschlagen kann, ist vor allem im Demonstrationsbereich nicht von der Hand zu weisen (vgl. ua Brink/Keller KJ 83, 107 ff., Arzt/Weber I 230 ff., Krauß aaO). Auch bleibt sicherlich darauf zu achten, daß der Gewaltbegriff nicht durch stete Absenkung der Schwelle zur Gewalt „verharmlost" wird und damit seine tabuisierende Wirkung in der Gesellschaft verliert (vgl. Kube RuP 89, 14). Statt dies jedoch durch bewußte Hinnahme zufälliger Lücken zwischen Gewalt und Drohung erreichen zu wollen, ist der **Ausschluß nichtstrafwürdiger Freiheitsbeeinträchtigungen** methodengerechter letztlich mit jenem Kriterium zu suchen, das gerade der Umgrenzung sozialinadäquater Zwänge dient: mit der *Verwerflichkeitsklausel* der §§ 240 II, 253 II (vgl. Roxin JuS 64, 374 f.; Lenckner JuS 68, 254 sowie § 240 RN 15 ff.; trotz grds. Bedenken gegen die Verwerflichkeitsklausel de lege lata ebso. Amelung NJW 95, 2589). Danach kann gerade bei einem weiten Begriff von Gewalt diese schon von Verfassungs wegen nicht schon per se als verwerflich gelten (insoweit einmütig auch BVerfGE 73 247 ff.; näher § 240 RN 16). Dieses Korrektiv wird übrigens selbst dann nicht entbehrlich sein, wenn man den Gewaltbegriff in dem neuerdings im BVerfG geforderten Sinne enger faßt (vgl. u. 13 f.); denn selbst wenn dadurch manche Fälle, in denen andere – etwa durch Straßen- oder Hausbesetzungen, Parklückenblockierungen oder akustische Belästigungen – zu etwas veranlaßt werden, was sie ohne solche Zwänge nicht tun oder unterlassen würden, erfaßt werden, bleiben immer noch hinreichend Fälle von körperlichen Kraftentfaltungen oder physischen Einwirkungen, in denen ohne den Filter mangelnder Verwerflichkeit nicht auszukommen sein wird – ganz abgesehen davon, daß bei der kaum begriffsschärferen und zudem betont psychisch geprägten Drohungsalternative die Verwerflichkeitsprüfung eher noch größere Probleme aufwirft, aber darauf nun einmal nicht verzichtet werden kann, wenn man weder einerseits den Schutz der Willensfreiheit gegenüber Drohungen aufgeben noch andererseits jeder Androhung eines Übels mit dem Strafrecht begegnen will. Immerhin aber der letztgenannten Expansionsgefahr dadurch entgegenzuwirken sein, daß man den Verwerflichkeitsfilter wirklich ernst nimmt und insbes. gerade bei einem weiten Begriff von Gewalt diese nicht schon per se als verwerflich ansieht (so schon von Verfassungs wegen einmütig auch BVerfG 73 247 ff.; näher § 240 RN 16). Im übrigen wäre möglichen Ausuferungen beim Gewaltbegriff auch dadurch zu begegnen, daß *speziellen* Gewaltkriterien (wie etwa der *Personengewalt* bei § 249: u. 27) mehr Beachtung geschenkt wird als bisher. Die politischen Anzeichen sprachen freilich jedenfalls zeitweilig dafür, daß der Gesetzgeber in Reaktion auf das Urteil des BVerfG eine Gesetzeslage schaffen wollte, nach der auch bloße Sitzdemonstrationen wieder strafrechtlich erfaßt würden (vgl. Eylmann ZRP 95, 162 für die CDU/CSU; dagegen Beck ZRP 95, 284 für Bündnis 90/Die Grünen), und zwar iSe weiten Legaldefinition der Gewalt in § 240 oder § 11 (so Bayern BR-Drs. 247/95; s. auch den rechtspolit. Überblick zu Neudefinierungsversuchen vor BVerfGE 92 1 ff. bei König in BKA III 61 ff.; ferner Amelung NJW 95, 2589 ff.; Buchwald DRiZ 97, 519 ff., Schroeder NJW 96, 2627 ff.).

12   **Im einzelnen** ist auf der Grundlage des hier vertretenen (o. 6) und im wesentlichen auch von der Rspr. praktizierten Gewaltbegriffes (o. 7 ff.) sowie unter Berücksichtigung der vom BVerfG vorgegebenen Eingrenzungen (o. 10) folgendes zu beachten:

   1. Hinsichtlich der **Formen der Gewalt** ist zunächst zwischen vis absoluta und vis compulsiva zu unterscheiden (and. Gössel I 218):

13   a) Gewalt in Form von **vis absoluta** ist das *unmittelbare Erzwingen eines Verhaltens,* indem entweder die Willensbildung (zB durch Betäubung) oder die Verwirklichung des vorhandenen Willens durch Beseitigung ihrer äußeren Voraussetzungen absolut unmöglich gemacht wird (insoweit ebenso W-Hettinger 396): wie etwa durch Festhalten (BGH NStZ **93**, 182; vgl. aber BGH NJW **81**, 2204), Einsperren (insoweit and. Schmidhäuser II 47), Zurückstoßen (vgl. Schleswig SchlHA/L **87**, 105), Ausderhandschlagen (Karlsruhe Justiz **82**, 26) oder gezieltes Niederschreien eines Redners durch „Verbalterror" (vgl. BGH NJW **82**, 189 m. Anm. Dingeldey NStZ 82, 161, Schroeder JuS 82, 491, KG JR **79**, 162, Koblenz MDR **87**, 162; abl. Bergmann aaO 126, Keller aaO 158 ff., Köhler NJW 83, 10 [dagegen Brendle NJW 83, 727], Schmidhäuser II 47; vgl. auch u. 16, aber auch § 240 RN 29 aE); näher zum Ganzen Knodel aaO 59, 72 ff. Praktisch wird hier das äußere Verhalten des Opfers unmittelbar durch den Täter gesteuert, so daß von einer „Handlung, Duldung oder Unterlassung" des Opfers nur noch in einem uneigentlichen – gleichwohl für § 240 ausreichenden – Sinne gesprochen werden kann (vgl. § 240 RN 12, Horn SK § 240 RN 23). Auch unmittelbar erzwungene Quasi-Handlungen sind denkbar, so zB gewaltsames Führen der Hand eines anderen. Gewalt in Form von vis absoluta ist auch die ohne besonderen Kraftaufwand erfolgte und insofern „gewaltlose" Beibringung von Betäubungsmitteln (BGH **1** 145 m. Anm. Jagusch LM Nr. 1 zu § 249, BGH NJW **53**, 351, vgl. o. 7) oder Rauschmitteln (zB Alkohol, vgl. BGH **14** 82) sowie die Hypnose (vgl. M-Schroeder I 137 f.; and. noch RG **64** 116), sofern nicht das Opfer mit der Anwendung des Mittels einverstanden ist (vgl. u. 21). Inwieweit auch mittels **Einwirkung auf Sachen** absoluter Zwang ausgeübt werden kann, ist durch die von BVerfGE **92** 16 ff. vorgegebene Einschränkung des Gewaltbegriffs fraglich geworden; denn wenn für Gewalt mehr vorauszusetzen ist als der dadurch ausgelöste Zwang, so kann Gewalt nicht mehr schon in der bloßen Entziehung oder Unbrauchbarmachung eines Betätigungsmittels liegen (wie etwa eines Autos zwecks Verhinderung einer Fahrt oder Behinderung eines Pferdes: vgl. Köln MDR **79**, 777), sondern dies wird sich dem Betroffenen auch körperlich niederschlagen müssen (vgl. o. 10 aE), wie etwa dort, wo einem Gehunfähigen der Rollstuhl weggenommen oder eine die wesentliche Existenzgrundlage bildende Mietwohnung ausgeräumt wird (Köln NJW **96**, 472). Ähnlich wird das Abdrehen von Elektrizität oder Heizkraft konsequenterweise erst dann Gewalt

sein können, wenn der Betroffene zu frieren beginnt oder nicht mehr lesen kann. Dagegen wird im Verschließen einer Tür zwecks Einsperrens (RG **13** 49, **27** 406, **73** 345, BGH GA **65**, 57; vgl. aber auch LG Saarbrücken NStZ **81**, 222) oder Aussperrens eines anderen (RG **69** 330, JW **27**, 1757 m. Anm. Grünhut, vgl. auch BGH **18** 135; einschr. RG GA Bd. **49**, 281; and. noch RG R **3** 12, RG **20** 354, GA Bd. **62** 131) infolge der körperlichen Behinderung nach wie vor Gewalt erblickt werden können, während dies bei bloßer Entziehung von Geschäftsunterlagen (BGH JR **88**, 75) zu verneinen sein dürfte. Im übrigen ist in Entziehungsfällen (insbes. hins. § 240) ohnehin jeweils zu beachten, daß darin liegende Gewalt als Mittel zu einem über die Entziehungswirkung als solche hinausgehenden Zweck (wie bei § 240 ein abzunötigendes Verhalten des Opfers) dienen soll (woran es zB bei eigenmächtiger Inpfandnahme einer Sache fehlen kann: (nur) insoweit iE § 240 zutr. vernein. Köln StV **90**, 266; vgl. auch u. 25). Weitere **Beispiele**, in denen die Annahme von Gewalt davon abhängt, 14 daß sich die Beeinträchtigung des Betroffenen im Einzelfall auch körperlich auswirkt, sind das absichtliche (vgl. u. 25) Versperren der Ausfahrt aus einem Hof (vgl. Bay NJW **63**, 1261) oder Parkplatz (vgl. Koblenz VRS **20** 436, MDR **75**, 243, aber auch Düsseldorf JMBlNW **93**, 129), das Versperren der Fahrbahn durch ein langsam bzw. links fahrendes Fahrzeug (BGH **18** 389, NJW **63**, 1629, Celle NJW **59**, 1597, Saarbrücken VRS **17** 26, Hamm VRS **22** 50, **57** 348), das Verhindern des Wegfahrens durch „Parkkrallen" (vgl. Metz DAR 99, 392 mwN), während das Verstellen des Weges – oder auch die „Reservierung" einer Parklücke (vgl. Bay NJW **53**, 1723, **63**, 824) – allein durch die Anwesenheit einer Person jedenfalls keine absolute Gewalt mehr sein kann (vgl. demgegenüber RG **45** 153, DJZ **23**, 371, HRR **42** Nr. 193, Bay NJW **70**, 1803, Hamm VRS **59** 427), wobei dieser Fall ohnehin schon bisher auf der Grenze zu bloßer vis compulsiva lag (vgl. Köln NJW **79**, 2056 bei mangelnder Gefährdung). Vgl. dazu auch u. 16 f. sowie § 240 RN 16, 24. Zu Sitzblockaden vgl. u. 22 aE.

b) Bei **vis compulsiva** wird Zwang (im Unterschied zur vis absoluta) nicht durch die äußere 15 Ausschaltung von alternativen Verhaltensmöglichkeiten, sondern dadurch ausgeübt, daß das Opfer *mittels* (meist psychischen) *Drucks durch gegenwärtige Übelszufügung* zu einem bestimmten Verhalten veranlaßt wird (vgl. RG **64** 116, Tröndle § 240 RN 13, Horn SK § 240 RN 9, aber auch Boeckmann JZ **86**, 1051). Eine solche Gewalt kann – auch unter Berücksichtigung der BVerfG-Vorgaben (vgl. Berz 34. VGT 67ff., Rheinländer Bemmann-FS 402, Suhren DAR 96, 310) – in der Herbeiführung einer **Gefahr** liegen, wie zB durch dichtes Auffahren auf der Autobahn zur Erzwingung eines Überholvorgangs (BGH **19** 263, Düsseldorf NJW **96**, 2245, KG VRS **35** 437, Karlsruhe NStZ-RR **98**, 58, Köln VRS **61** 425, Stuttgart DAR **89**, 153; ebso. Köln NVZ **92**, 371 unter ausdrückl. Ablehnung von Drohung; für Drohung hingegen Karlsruhe Justiz **64**, 124; einschr. auch Frankfurt VRS **56** 286, KG VRS **63** 120), durch Schneiden nach einem Überholvorgang (Celle NdsRpfl. **62**, 68), durch Zufahren auf Menschen, um diese zum Ausweichen zu zwingen (BGH MDR/D **55**, 145, DAR/S **87**, 195, Bay NJW **61**, 2074, **63**, 824, KG VRS **11** 198, Hamm NJW **73**, 240, VRS **49** 100) oder umgekehrt durch starkes Abbremsen, um einen Nachfahrenden zu scharfem Abbremsen zu zwingen (BGH NJW **95**, 3133, Celle VRS **68** 43, Düsseldorf JZ **85**, 544, NStZ **87**, 401; vgl. auch Bay JZ **86**, 407), nicht aber durch bloßes Aufleuchtenlassen des Bremslichtes (Köln NJW **97**, 2396) oder langsames Fahren auf der Überholspur (Berz aaO) und auch nicht ohne weiteres durch Einscheren in eine Fahrzeugkolonne in stockendem Verkehr (Köln VRS **98**, 124). Vgl. zum Ganzen auch die Nachw. bei § 240 RN 24. Zwar wird Zwang in solchen Fällen genau genommen 16 schon nicht mehr durch ein gegenwärtiges, sondern durch die Aussicht auf ein „drohendes" Übel erzeugt. Dennoch wird darin herkömmlicherweise zu Recht keine bloße Drohung (im Rechtssinne) erblickt, da hier der Täter *nicht* erst eine (noch) von seinem Willen abhängige Übelszufügung *nur angekündigt* (dann bloße „Drohung"), sondern bereits alle von seiner Seite aus erforderlichen *Bedingungen für den Übelseintritt* gesetzt hat, so dessen Vermeidung das Opfer zu einem bestimmten Verhalten gezwungen ist (Geilen H. Mayer-FS 464, JZ **70**, 526 f.; insoweit iglS Ostendorf NJW 80, 2593; zur Begr. der Rspr. vgl. o. 7; dagg. für bloße Drohung Jakobs Peters-FS 84). Dies gilt erst recht für Fälle, wo jemand an der Durchsetzung seines Willens dadurch gehindert wird, daß er sonst sich selbst (zB durch vom Täter gelegte Bomben oder Selbstschüsse) körperlich verletzen oder gar töten würde, während das bloße Zurückschrecken davor, im Falle seiner Weiterfahrt den ihn Behindernden verletzen zu müssen (wie etwa in der Situation eines LKW- oder Straßenbahnführers gegenüber einem Sitzstreik) als eine nur psychische Willensbeeinflussung nach BVerfGE **92** 17 f. nicht mehr für eine Annahme von Gewalt genügen soll. Zudem ist es in den hier infragestehenden Fällen eine sekundäre Frage, ob man sie unter einen (entsprechend berichtigten) Begriff der Drohung (so Jakobs aaO; vgl. auch Bergmann Jura **85**, 460 f., Horn SK § 240 RN 22) oder aber (wie hier) unter den Gewaltbegriff subsumiert und dafür schon die Setzung eines potentiellen Übelsachverhalts ausreichen läßt (nicht aber dessen bloße Vorspiegelung). Im übrigen ist heute allgemein anerkannt, daß auch die vis compulsiva Gewalt ist, obwohl sie meist **Drohungselemente** mitenthält (Maurach Heinitz-FS 411, vgl. Tröndle § 240 RN 13, Knodel aaO 29 ff., Lackner/Kühl § 240 RN 5, M-Schroeder I 140, Schäfer LK § 240 RN 5; and. H. Binding I 83 sowie Haffke, vgl. o. 9). So hat auch die Rspr. die Abgabe von Schreckschüssen (RG **60** 157, **66** 355, BGH **1** 146, GA **62**, 145) und (zu weitgeh.) BGH **23** 126 (ebso. neuerdings BGH **39** 133, Bay NJW **93**, 211) schon das Vorhalten einer entsicherten Pistole als Gewalt angesehen (zust. Maurach aaO; vgl. dagegen o. 7, u. 25, sowie § 251 RN 4, Geilen JZ **70**, 528). Gewalt iS gegenwärtiger Übelszufügung können auch Streik und Aussperrung sein (vgl. BGH **8** 102), mag auch deren Zwangswirkung primär durch die Aussicht auf Fortsetzung eintreten (vgl. auch u. 22, 31). Näher dazu Knodel aaO 50 ff., 119 ff.; vgl. auch § 81 RN 4. Praktisch wird damit die Gewalt als Zwangsmittel nur noch *negativ* von der Drohung abgrenzbar: nämlich durch *Ausscheidung von Zwang mittels bloßer Übelsankündigung*. Deshalb ist die Ankündigung, mit einer Hausbesetzung fortzufahren, nicht erst Drohung (so aber Hamm NJW **82**, 2676; vgl. auch Wolter NStZ **85**, 252), sondern uU bereits Kompulsivgewalt (auch insoweit abl. Schön NJW **82**, 2650). Entsprechendes gilt für lautstarke Forderungen gegenüber einem Dozenten nach Diskussion (nach BGH NJW **82**, 189, Wolter aaO nur Drohung; vgl. o. 13, aber auch § 240 RN 29 aE) und für Lärmterror eines Vermieters, um einen Mieter zum Auszug zu bewegen (offengelassen von BGH NJW **93**, 1808).

17 Freilich wird aufgrund der einengenden Vorgaben des BVerfG (o. 10) auch bei den vorliegenden Fällen von vis compulsiva zu beachten sein, daß sich die Beeinträchtigung des Opfers **auch physisch auswirkt** (iglS allerdings auch schon bisher ein Teil der Rspr.: vgl. o. 7). Deshalb wird man etwa bei einer Sachentwendung die Erzwingung eines Rückgabeentgeltes wegen mangelnden Körper- bzw. Personenbezugs nur eine Drohung (mit Nichtherausgabe) annehmen können (vgl. RG **3** 81, GA Bd. **56** 222, Hamburg MDR **74**, 330; noch weitergeh. Köln JMBlNW **90**, 165, das bei eigenmächtiger Inpfandnahme einer Sache uU zumindest die Verwerflichkeit einer Drohung verneinen will), ähnlich wie im Zerkratzen eines Autos, um den Fahrer zu anderweitigem Parken zu veranlassen, nur ein Drohen mit Fortsetzung der Beschädigung zu erblicken wäre.

17 a Von praktischer Bedeutung wird die (auch) für kompulsive Gewalt vorausgesetzte körperliche Einwirkung bei **Einwirkung auf Sachen** vor allem dort, wo Zwang allein durch die *Wirkung vollendeter Tatsachen* ausgeübt wird und deshalb der Ausweg über die Drohung versagt: so wenn etwa ein Mieter durch Abstellen des Wassers oder Entfernen des Mobiliars zum Auszug bzw. ein mißliebiger Dorfbewohner durch Vergiftung seines Brunnens zum Wegzug gezwungen wird. Ist in diesen Fällen (wie schon nach RG **20** 356, GA Bd. **35** 64, Neustadt MDR **57**, 309, vgl. auch Bay NJW **59**, 495; aber auch o. 7, 13) Gewalt abzulehnen, so ergibt sich die Friktion, daß zwar die Drohung mit derartigen Maßnahmen unter § 240 fällt, nicht dagegen deren unmittelbare Ausführung. Auch deshalb wäre es – unter Verzicht auf die vom BVerfG vorgegebene körperliche Auswirkung – kriminalpolitisch wünschenswert, als Gewalt einerseits jede, aber andersseits auch nur jene Übelszufügung anzusehen, mit der auch gedroht werden könnte (vgl. o. 8, u. 24 sowie BGH JR **88**, 75, AG Schwäb. Gmünd NJW **86**, 2445, ferner Dreher NJW 70, 1157, Tröndle § 240 RN 13, Horn SK § 240 RN 11 b, Müller-Dietz in Böhme aaO 24; iE wohl auch Schäfer LK § 240 RN 56; and. Schmidhäuser II 47, Sommer NJW 85, 769 ff., wo jedoch der hier vertretenen Auffassung fälschlich eine Gleichsetzung von gewaltkonstitutiver Zwangswirkung und der für § 240 zusätzlich erforderlichen Abnötigung eines bestimmten Opferverhaltens unterstellt wird; ähnl. Mißinterpretation bei Calliess NJW **85**, 1509). Jedenfalls könnte bei vis compulsiva der Verzicht auf das Körperlichkeitselement auch deshalb leichter fallen als bei der vis absoluta, weil für Kompulsivgewalt – ähnlich wie bei der Drohung – ohnehin die psychisch-motivatorische Zwangswirkung charakteristisch ist und die Steigerung gegenüber der Drohung lediglich – aber immerhin – darin besteht, daß ein Übel nicht nur angekündigt, sondern bereits aktuell zugefügt wird (vgl. auch o. 6, 15 f., u. 19). Daß im übrigen der Körper- bzw. Personbezug kein *generelles* Gewaltkriterium darstellen kann, ergibt sich zudem e contrario auch aus den Tat-

18 beständen, die (wie §§ 249, 255) ausdrücklich Gewalt gegen eine *Person* verlangen (u. 27). Immerhin hat selbst die schon bisher auf das Körperlichkeitsmoment abhebende Rspr. zumindest bei Einwirkung auf Sachen *in Anwesenheit* des Betroffenen Gewalt bejaht (so insbes. in Vermieterfällen: RG **7** 271, **9** 58, **20** 355, **61** 157), wobei einerseits nur ein ganz rudimentärer Körperbezug vorliegt und andererseits die betreffende Zwangswirkung von der Anwesenheit des Opfers bei der Tat nicht abhängt (zutr. dagegen Karlsruhe MDR **59**, 233). Doch ganz ungeachtet der gegen diese Differenzierung zwischen An- und Abwesenheit des Opfers erhobenen Bedenken (Horn SK § 240 RN 11 b, Schäfer LK § 240 RN 43 ff.) wird auf der Basis von BVerfGE **92** 18 die bloße Anwesenheit des Betroffenen idR nicht genügen können.

19 c) Auch durch **Einwirkung auf Dritte** kann Zwang mittels Gewalt – und zwar auch iSv *Personengewalt* (u. 27) – ausgeübt werden (and. Schmidhäuser II 48; diff. Schroeder NJW **85**, 2392 f.): so etwa (mit vis absoluta-Wirkung), wenn der Blinde durch Niederschlagen seines Führers bzw. die Insassen eines Verkehrsmittels durch Betäubung des Fahrers festgehalten werden (vgl. RG **17** 82, Schäfer LK § 240 RN 39). Ebenso genügt vis compulsiva in der Form, daß durch die Gewalt gegen die eine Person (zB Verprügeln, Einsperren) ein rein psychischer Zwang auf einen anderen ausgeübt wird, wobei es sich nicht notwendig um einander irgendwie „nahestehende" Personen handeln muß. Einschränkend verlangt BGH **23** 50 hier wenigstens eine räumliche Nähe zwischen Nötigungs- und Gewaltopfer, womit die schon o. 18 erwähnte Distinktion der Rspr. in Sacheinwirkungsfällen wieder anklingt. Dagegen wird das Näheerfordernis in BGH **8** 102 (zum Generalstreik) nicht aufgestellt.

20 d) Ferner ist auch Anwendung von **Gewalt durch Unterlassen** möglich, gemäß § 13 aber nur insoweit, als der Täter Garant für die Abwendung einer Zwangslage ist: so wenn etwa er eine Einsperrung zunächst ohne entsprechenden Vorsatz herbeigeführt hat (vgl. RG **13** 50, Bay NJW **63**, 1261, Koblenz VRS **20** 436, Eser NJW 65, 379, Schäfer LK § 240 RN 48, Knodel aaO 114 ff.; so auch Timpe JuS 92, 751 f., der allerdings darauf abstellt, ob der durch die Pflicht Begünstigte als Person diminuiert wird; vgl. auch BGH NStZ **81**, 344). Zweifelhaft ist dagegen der Fall, daß eine Pflegeperson einen Kranken nicht versorgt, bis er ohnmächtig wird, um ihn dann unbehindert zu bestehlen (§ 249?); denn hier besteht eine *freiheits*bezogene Garantenstellung allenfalls mittelbar für die Gesundheit (vgl. § 13 RN 14).

2. Im übrigen ist für den allgemeinen Gewaltbegriff noch folgendes zu beachten:

a) Gewalt setzt eine Einwirkung **ohne Einverständnis** des Betroffenen voraus (vgl. 32 vor § 32, **21** Knodel aaO 90 f.). Ob dieses etwa durch List erschlichen ist, ist dabei gleichgültig. Daher ist Gewalt zu verneinen, wenn das Opfer infolge Täuschung über die wahren Absichten des Täters zB in eine Hypnose, Narkose oder sonstige Intoxikation einwilligt (vgl. BGH **14** 82, NJW **59**, 1092, Celle NJW **61**, 1079, § 177 RN 5; and. Maurach NJW 61, 1051); denn dabei bedient sich der Täter lediglich des Mittels der List, nicht aber des Zwangs. Andererseits kann von einer „Einwilligung" keine Rede mehr sein, wenn das Opfer nicht nur über die Absichten des Täters, sondern über die Beibringung eines widerstandsausschließenden Mittels überhaupt getäuscht wird (zB durch heimliches Beibringen einer Droge). Auch kann bei pflichtwidriger Aufrechterhaltung zB einer Narkose oder Hypnose über den vom Einverständnis gedeckten Zeitraum hinaus Gewalt durch Unterlassen vorliegen (vgl. o. 20; and. noch RG **64** 116 zu Hypnose).

b) Die Gewalt braucht sich aber **nicht** unbedingt gegen einen **aktuellen Widerstand** zu richten; **22** denn entgegen einer weitverbreiteten, aber mißverständlichen Formel (vgl. o. 7) kann die Gewalt sowohl zur Überwindung eines *tatsächlichen* wie auch eines *erwarteten* Widerstandes dienen (vgl. Eser IV 80, Lenckner JR 83, 161, Tröndle § 240 RN 5). Daher ist nicht nur die Überwindung eines speziell den Täterabsichten entgegengesetzten Widerstandes ausreichend, sondern bereits die eines generellen Abwehrwillens (BGH **20** 32). Ebenso genügt schon die Unterdrückung von „unbewußten Abwehrmaßnahmen" eines fast bewußtlosen Opfers (BGH **16** 341; krit. Geilen JZ 74, 542) oder die „vorsorgliche" Ausschaltung des erwarteten Widerstandes eines Schlafenden, indem er eingesperrt (vgl. § 249 RN 4, aber auch § 239 RN 3) oder durch einen Schlag betäubt wird (RG **67** 186). Nach BGH **4** 210, **25** 237 soll Gleiches sogar für den Fall gelten, daß ein Bewußtloser zu deliktischen Zwecken an einen abgelegenen Ort geschafft wird, um ua Hilferufe bzw. Gegenwehr von vornherein aussichtslos zu machen, obwohl damit in jener Fallkonstellation gar nicht zu rechnen war und deshalb allenfalls ein (der Ortsveränderung) *mutmaßlich* entgegenstehender Wille des Opfers „überwunden" wurde (vgl. Eser IV 80; krit. auch Baldus LK[9] § 249 RN 5, Geilen JZ 74, 542, Horn SK § 240 RN 31); auch eine mögliche *Hilfe Dritter* wird hier diesen gegenüber jedenfalls nicht durch Zwang bzw. Gewalt verhindert. Im übrigen kann durch Gewalt nicht etwa nur die Unterlassung von Widerstand ieS, sondern auch sonstiges Verhalten erzwungen werden: so zB das Anhalten von Verkehrsteilnehmern durch einen **Sitzstreik**, wobei jedoch neuerdings nach BVerfGE **92** 18 vorauszusetzen ist, daß die Verhinderung des Weiterfahrens nicht schon durch die bloße körperliche Anwesenheit der Demonstranten und den davon ausgehenden rein psychischen Zwang bewirkt wird, sondern noch ein zusätzliches Gewaltmoment der o. 10 genannten Art vorliegt (iglS in der Rspr. schon bisher Zweibrücken NJW **86**, 1055, wonach es zu einer „konkreten, eine körperliche Zwangswirkung entfaltenden Konfrontation" gekommen sein mußte; vgl. ferner AG Frankfurt StV **83**, 374, **85**, 61, 373, 462, AG Reutlingen NStZ **84**, 508, Ott NJW **85**, 2386; wieder an. nach Bergmann Jura 85, 460, Wolter NStZ 85, 248, 252; 86, 249 zwar nicht Gewalt, uU aber Drohung; ersatzweise ebso. Nürnberg StV **84**, 29, AG Schwäb. Gmünd NJW **86**, 2445, Schroeder NJW **85**, 2392). Demgegenüber wurde von der bisherigen hM auch ohne die zuletzt genannten Voraussetzungen Gewalt schon in der verkehrsbehindernden Demonstration gesehen (vgl. ua BVerfGE **73** 242 ff. [m. zust. Anm. Kühl StV **87**, 122 ff., Starck JZ 87, 145 f.; krit. Otto NStZ 87, 212, Prittwitz JA 87, 27, abl. Calliess NStZ 87, 209 f.], BGH **23** 54, **37** 353, Bay NJW **92**, 521, **93**, 214, JZ **86**, 404, Düsseldorf NJW **86**, 943, Koblenz NJW **85**, 2433, Köln NJW **83**, 2206, **85**, 2434, Stuttgart NJW **69**, 1543, NJW **84**, 1909, LG Koblenz StV **85**, 151, AG Erlangen StV **84**, 28, AG Schwäb. Gmünd NJW **86**, 2445, Tröndle § 240 RN 12, Ermer aaO 40 ff., Gössel I 220, Kostaras aaO 171, Müller-Dietz in Böhme aaO 24). Diese Kasuistik ist freilich nur insoweit obsolet geworden, als im Einzelfall tatsächlich schon allein aufgrund der bloßen Anwesenheit der Demonstranten das Passieren anderer Verkehrsteilnehmer verhindert wird, nicht aber dort, wo zusätzlich eine der o. 10 genannten erschwerenden Umstände hinzukommt. Im übrigen braucht selbst in der Annahme von Gewalt nicht zwingend eine strafbare Nötigung zu liegen, weil es zudem nicht an dem erforderlichen Nötigungseffekt oder an der Verwerflichkeit fehlen kann (vgl. u. 29, § 240 RN 14 a bzw. 26).

Keine Gewalt ist die bloße Ausnutzung eines **Überraschungsmoments:** so etwa das über- **23** raschende Wegreißen der Handtasche (vgl. § 249 RN 4 a mN) oder die überraschende Vornahme sexueller Handlungen an anderen (RG **77** 82, BGH **31** 76 m. Anm. Lenckner JR 83, 159, Hamburg JR **50**, 409; vgl. auch Schäfer LK § 240 RN 38). Tut der Täter jedoch mehr, als zur überraschenden Wegnahme erforderlich wäre, etwa weil er effektiven Widerstand erwartet, so kann Gewaltanwendung vorliegen (vgl. BGH NJW **55**, 1404, Baldus LK[9] § 249 RN 8). Eingeh. dazu Knodel JZ **63**, 702.

c) Die Gewalt braucht auch **nicht unwiderstehlich** zu sein; insbes. kommt es nicht darauf an, ob **24** sich der Genötigte dem Zwang durch Widerstand, Flucht oder Anrufung fremder Hilfe entziehen konnte bzw. hätte entziehen können (vgl. KG VRS **35** 437). Immerhin ist aber einschränkend und in Parallele zur Drohung iSv § 240 zu fordern, daß sich das angewandte Zwangsmittel als ein objektiv **empfindliches Übel** darstellen, nämlich einen Grad an *Zwangsintensität* erreicht, der geeignet ist, einen normal empfindenden Menschen in der gewollten Richtung zu beeinflussen (vgl. o. 8, 17; iSe solchen *wirkungs*geeigneten Intensität auch schon BGH **23** 54, **31** 201, **32** 174 m. Anm. Arzt JZ 84,

429, Düsseldorf JMBlNW **93**, 129, während W-Hettinger 383 primär auf die *Angriffs*intensität abheben will; vgl. auch Müller-Dietz GA 74, 48). Daran fehlt es etwa bei Besetzung eines leerstehenden Hauses, wenn seiner Räumung kein – und zwar nicht einmal passiver – Widerstand entgegengesetzt werden soll (LG Münster NStZ **82**, 202), nicht aber auch dann noch, wenn die Besetzer ankündigen, das Haus unter keinen Umständen freigeben zu wollen (Hamm NJW **82**, 2676). Auch bei einer nur vorübergehenden kurzfristigen Behinderung, durch welche eine Handlung zwar verzögert oder erschwert, aber letztlich nicht verhindert wird, kann es an der erforderlichen Zwangsintensität fehlen (so etwa beim Ausderhandschlagen von Flugblättern [vgl. Karlsruhe Justiz **82**, 26] oder beim Ablegen von leicht beseitigbarem Baumaterial um ein parkendes Auto [Düsseldorf JMBlNW **93**, 129]). Da der Grad der Zwangsintensität an einem objektiven Maßstab zu messen ist (Horn SK § 240 RN 10), kann die bloße Ausnutzung von Überängstlichkeit oder Aberglauben (zB durch den als Gespenst verkleideten Täter, vgl. Geilen JZ 70, 527) nicht genügen (vgl. auch § 240 RN 9, § 241 RN 5, Eser III 146).

25   d) **Subjektiv** setzt Gewalt voraus, daß der Täter beabsichtigt, durch Einwirkung auf Personen oder Sachen einen aktuellen oder erwarteten Widerstand des Opfers auszuschalten (vgl. W-Hettinger 400) oder dieses zu einem sonstigen Verhalten zu zwingen (vgl. o. 22). Auch die Übelszufügung als solche muß vom Täter (insbes. bei vis compulsiva) absichtlich als Zwangsmittel eingesetzt werden und darf nicht nur unbeabsichtigte Nebenfolge zB einer Drohung sein (dies zu BGH **23** 126; vgl. o. 7). Vgl. auch § 240 RN 34. Zu beachten ist weiter, daß Gewalt durch Übelszufügung stets nur *Mittel* für einen weiteren Zweck, nicht aber Selbstzweck sein kann; so ist zB die bloße Wegnahme (vgl. o. 13 zu Köln StV **90**, 266) und Herausgabeverweigerung einer streitigen Sache nicht schon gewaltsame Nötigung zu einem Verzicht (W-Hettinger 394). Vgl. auch § 240 RN 40.

26   3. *Abweichend* von diesem *allgemeinen* Gewaltbegriff können in einzelnen Tatbeständen **besondere Gewaltelemente** gefordert sein und dadurch zu einer Einengung führen (näher Knodel aaO 162 ff., Krey in BKA II 22 ff., teils and. Wolter AK § 105 RN 6 ff., NStZ **85**, 250 f.):

27   a) Das gilt insbes. für die §§ 249, 255, wo **Gewalt gegen eine Person** vorausgesetzt wird (vgl. auch § 113 RN 42, § 177 RN 5). Anders als bei § 240, für den jede Form von Gewalt, also sowohl Person- wie auch Sachgewalt genügt (vgl. dort RN 7), reicht letztere für § 249 nicht aus (vgl. dort RN 4 f. sowie Eser IV 81 f.). Wer daher ein Auto beschädigt, um bei dessen Eigentümer andernorts ungestört stehlen zu können, begeht zwar § 303 in Tatmehrheit mit § 242 (und uU § 240), nicht aber § 249. Ähnlich erfüllt Sachentziehung zu Erpressungszwecken nur § 253, nicht aber § 255. Auch gegenüber der Drohung ergeben sich dabei keine der o. 17 f. genannten Friktionen, weil bei §§ 249, 255 auch die Drohung auf körperliche Einwirkungen (mit Leibes- oder Lebensgefahr) beschränkt ist. Vgl. auch o. 19.

28   b) Dagegen kennzeichnet der gelegentlich verwendete Begriff der „**Gewalttätigkeit**" (zB § 125; vgl. dort RN 5) nicht ein Zwangsmittel ieS, sondern schlechthin den Angriff auf Personen oder Sachen in ihrer körperlichen Existenz durch physische Kraftentfaltung (vgl. auch RG **45** 157, Knodel aaO 172 ff., Wolter NStZ 85, 251). Calliess aaO 33 ff. versteht freilich Gewalt durchweg in diesem Sinne (vgl. o. 9).

28 a   c) Über solche ausdrücklichen Sonderformen von Gewalt hinaus können sich auch **tatbestandsspezifische Einschränkungen** des Gewaltbegriffs ergeben, wie vor allem im Bereich der Staatsschutzdelikte (vgl. BGH **32** 169 ff. sowie § 81 RN 4, § 105 RN 6). Ähnliche Einschränkungsbemühungen sind bei den Sexualdelikten zu beobachten (vgl. BGH **31** 76 m. Anm. Lenckner JR 83, 159, BGH NJW **81**, 2204 m. Anm. Otto JR 82, 116, NStZ 86, 409, ferner Keller NStZ **84**, 113 ff.; eingeh. u. krit. Sick aaO 100 ff.), wobei jedoch die Betonung des Körperlichkeitsmoments dem gebotenen Opferschutz geradezu diametral zuwiderläuft (vgl. Rössner aaO, insbes. 532 ff., aber auch § 177 RN 5).

29   4. **Vollendet** ist die **Gewaltanwendung als solche** mit Setzung der Umstände bzw. der Übelszufügung, die zur Auslösung der Zwangswirkung geeignet und bestimmt ist. Unwesentliche Abweichungen vom Täterplan sind dabei unerheblich, so wenn zB der gezielte, aber fehlgehende Schuß seine Wirkung als Schreckschuß tut. Dagegen ist es eine Frage des jeweiligen Tatbestandes, was ansonsten noch zur *Vollendung der Tat insgesamt* erforderlich ist. So verlangt etwa § 240 (dort RN 13 ff.) Kausalität zwischen der Einwirkung und einem Verhalten des Opfers, so daß insoweit die vorsorgliche Ausschaltung einer Verhaltensmöglichkeit (vgl. o. 22), die das zB schlafende oder ohnmächtige Opfer ohnehin nicht realisiert hätte, jedenfalls nicht genügt (vgl. auch § 239 RN 3). Anders ist dies etwa bei § 249 (dort RN 6), wo die Einwirkung auf das Opfer vom Täter nur *subjektiv als Mittel* (zur Wegnahme) eingesetzt, nicht aber objektiv kausal geworden sein muß (vgl. Eser NJW 65, 378 ff., Horn SK § 240 RN 27). Insoweit ist daher die o. bei 22 referierte Rspr. primär für § 249, nicht so sehr für § 240 relevant.

30   V. Die **Drohung** bezeichnet das Inaussichtstellen eines Übels, dessen Verwirklichung davon abhängen soll, daß der Bedrohte nicht nach dem Willen des Täters reagiert. Das angedrohte Übel wird in den verschiedenen Tatbeständen zT nicht näher gekennzeichnet (zB § 234 a), teils verlangt das Gesetz die Drohung mit einem empfindlichen Übel (zB §§ 108, 234, 235, 240, 253), mit Gewalt (zB §§ 81, 107, 113), mit der Begehung eines Verbrechens (zB § 241), mit dem Tod oder einer schweren Körperverletzung des Opfers oder mit dessen Freiheitsentziehung von über einer Woche Dauer

(§ 239 b) oder mit einer gegenwärtigen Gefahr für Leib oder Leben (zB §§ 177, 249, 252, 255). Zu parallelen Differenzierungen bei Gewalt vgl. o. 26 ff. Dabei gelten für den **allgemeinen** Drohungsbegriff folgende Grundsätze:

1. Eine Drohung liegt nur vor, wenn der Drohende den Eintritt des Übels als von seinem *Willen* **31** *abhängig* darstellt, dieser also tatsächlich oder scheinbar „Herr des Geschehens" ist (BGH **31** 201). Dies ist nicht nur der Fall, wenn er ein von ihm selbst zu bewirkendes Übel in Aussicht stellt, sondern auch dann, wenn er mit der Übelszufügung durch einen Dritten droht, auf dessen Willen er Einfluß zu haben vorgibt (RG **24** 152, **27** 308, BGH **7** 197, **16** 387, Bay **51** 213, NJW **60**, 1965, Hamburg HESt **2** 316). Damit unterscheidet sich die Drohung von der bloßen **Warnung,** durch die lediglich auf eine unabhängig vom Willen des Warnenden eintretende Folge eines bestimmten Verhaltens hingewiesen werden soll (RG **34** 19, **54** 237, JW **23**, 398, HRR **42** Nr. 675, BGH NJW **57**, 588, Bay **55** 12, Frankfurt HESt **2** 234). Dagegen ist die Warnung vor einer von dem Warnenden selbst herbeizuführenden Folge rechtlich eine Drohung (vgl. Schäfer LK § 240 RN 51). Dies gilt auch dann, wenn der Täter vorspiegelt, bereits sämtliche Bedingungen für einen Übelseintritt gesetzt, zB eine Bombe gelegt zu haben (insoweit zutr. Jakobs Peters-FS 84 f.; vgl. auch u. 33), während die tatsächliche Setzung Gewalt darstellt (vgl. o. 16 sowie spez. zu Sitzblockaden o. 22). Zu „fortwirkender" Drohung vgl. BGH NStZ **98**, 105.

2. Die Drohung muß nach dem Willen des Täters unmittelbar oder mittelbar **zur Kenntnis des** **32** **Bedrohten** gelangt sein. Ob der Bedrohte sich der Drohung erst nach einer Überlegung fügt, ist ohne Bedeutung (RG **64** 16).

3. Unerheblich ist, ob der Drohende die Drohung verwirklichen will; es genügt, wenn sie objektiv **33** den **Eindruck der Ernstlichkeit** erweckt und dem Bedrohten auch als ernsthaft erscheint (RG **2** 286, **4** 10, **12** 198, DRiZ **33** Nr. 692, BGH **26** 310, Bay NJW **63**, 824; vgl. auch RG **75** 246), oder wenn der Täter weiß, sein Verhalten werde vom anderen als Drohung aufgefaßt, und er dies ausnutzt. Unter denselben Voraussetzungen kommt es auch auf die Ausführbarkeit der Drohung nicht an (RG **3** 262; vgl. auch Bay **55** 12). Daher kann eine Drohung sich mit den Elementen der List vereinen oder die Wirkung der Drohung durch List verstärkt werden (vgl. BGH **38** 86, ferner § 253 RN 37). Auch die Ausnutzung von Dummheit, nicht aber von Aberglauben kann zu einer Drohung führen (vgl. o. 24). Im übrigen ist unerheblich, ob der Täter an die Ausführbarkeit glaubt; er muß nur davon ausgehen, sein Opfer werde daran glauben (vgl. § 241 RN 7). Dieser Drohungseindruck kann auch durch schlüssiges Verhalten erzeugt werden, wofür freilich nicht genügt, daß lediglich das Opfer eine Gefährdung erwartet; vielmehr muß der Täter auch seinerseits billigend damit rechnen, daß sein Verhalten als dazu bestimmt und geeignet angesehen wird, den Widerstand des Opfers zu brechen (vgl. BGH MDR/H **87**, 281). Dementsprechend kann auch in früheren bzw. im Vorbereitungsstadium einer Tat vorgenommenen Gewalttätigkeiten eine konkludente Drohung liegen, wie etwa, wenn der Täter erkennt und billigt, daß das Opfer offenbar mit einer Wiederholung der Gewalttätigkeit rechnet und daher das jetzige Verhalten des Täters als Drohung mit gegenwärtiger Gefahr für Leib oder Leben empfindet (vgl. BGH NStZ **86**, 409); iglS zu wiederholtem Lärmterror Koblenz **93**, 1808.

Die Drohung kann auch **bedingt** sein in dem Sinn, daß die Zufügung des angekündigten Übels **34** von dem Eintritt oder Nichteintritt eines bestimmten Umstandes abhängen soll (BGH **16** 386). Je ungewisser allerdings der Eintritt der Bedingung ist, um so mehr kann die Ernstlichkeit der Drohung zweifelhaft werden (BGH **16** 386). Dies gilt auch dort, wo die Drohung iSd § 241, nicht als Nötigungsmittel wirken soll, sondern sich in dem schlichten Ankündigen des Übels erschöpft (vgl. RG **20** 180). Wird zu Nötigungszwecken gedroht, so ist die Verwirklichung des angedrohten Übels ohnehin schon durch das Verhalten des Opfers bedingt; jedoch kann die Drohung auch hier weitere, davon unabhängige Bedingungen enthalten.

4. Gedroht werden kann sowohl **durch Unterlassen** als auch **mit Unterlassen.** Ersterenfalls ist **35** eine Garantenstellung erforderlich, so zB wenn der Täter zunächst ungewollt den Eindruck einer Drohung erweckt und dies ausnutzt (vgl. Horn SK § 240 RN 21, aber auch o. 20; grds. abl. Bergmann aaO 148). Dagegen ist bei Drohung *mit* einem Unterlassen zu differenzieren: Kann Gegenstand einer Drohung zB nur eine „strafbare Handlung" sein (vgl. § 241), so gelten dafür die Grundsätze über Unterlassungsdelikte (§ 13). Dagegen ist für die Frage, ob ein Unterlassen ein empfindliches Übel iSd § 240 darstellt, das Bestehen einer Rechtspflicht ohne Bedeutung (vgl. § 240 RN 9 f., Eser III 146, 151, Gössel I 224; and. Jakobs Peters-FS 67, ihm folg. Horn SK § 240 RN 16; einschr. will Schroeder JR 77, 358 darauf abstellen, ob hinsichtlich der Handlung, deren Unterlassen angedroht wird, zunächst gewisse „Erwartungen geweckt" wurden; diff. Zopfs JA 98, 817 ff., wonach dem Täter aus tatsächl. oder normativen Gründen die „Setzungsmacht" für eine bedrohliche Opfersituation zukommen muß).

5. Das angedrohte Übel kann sich gegen den **Bedrohten oder einen Dritten** richten. Im letzteren **36** Fall muß sich aber die Verwirklichung der Drohung auch für deren Adressaten als ein Übel darstellen, was nicht nur dann zutrifft, wenn zwischen dem Dritten und dem Bedrohten nähere persönliche Beziehungen bestehen (vgl. Schäfer LK § 240 RN 54, aber auch RG **17** 82; grdl. Bohnert JR 82, 397 ff.). Lediglich in § 241 muß es sich (wie in § 35) um einander „nahestehende" Personen handeln, weil dort nur besonders gravierende Bedrohungen erfaßt werden (vgl. § 241 RN 1, 6), während für die übrigen Drohungstatbestände eine Zwangserzeugung durch jegliche (empfindliche) Übelsankündigung ausreicht. Vgl. im übrigen auch die zu § 239a RN 14 f. entwickelten Grundsätze.

37 **6.** Somit ist für die **Abgrenzung von Gewalt und Drohung** nach dem hier vertretenen Gewaltbegriff (o. 6 ff.) entscheidend, daß zwar sowohl bei Gewalt als auch bei Drohung die Zwangs*wirkung* eine gegenwärtige ist, das angedrohte *Übel* jedoch bei Drohung lediglich in Aussicht gestellt, bei Gewalt hingegen bereits gegenwärtig ist (vgl. o. insbes. 16 f., ferner Knodel aaO 61 ff., Eser IV 81, Horn SK § 240 RN 22, Rössner aaO 535, W-Hettinger 405; iglS BGH **23** 126; vgl. aber auch Boeckmann JZ 86, 1051, Schwind/Baumann aaO II 885 f.; and. Sommer NJW 85, 769 ff.).

38 **VI.** Unter **List** ist ein Verhalten zu verstehen, das darauf abzielt, unter geflissentlichem und geschicktem Verbergen der wahren Absichten oder Umstände die Ziele des Täters durchzusetzen (BGH **1** 201, **16** 62, **32** 269, NStZ **96**, 276, MDR **62**, 751 [sehr weitgeh.], Bremen JR **61**, 108, Celle NJW **96**, 2666, Gribbohm LK § 234 RN 28). Dies wird zwar idR durch Täuschung, dh Irrtumserregung, geschehen; notwendig ist dies jedoch nicht (Gribbohm aaO; and. Bohnert GA 78, 361 ff.). Andererseits kann auch eine einfache, leicht durchschaubare Lüge noch eine weiteres List sein (Bremen JR **61**, 107). Denkbar ist zB auch, daß der Täter vorhandene Irrtümer ausnutzt (RG **17** 93, HRR **42** Nr. 131, BGH **1** 201, 366, **10** 377, **16** 62, Hamburg HESt **2** 300, Tröndle § 234 RN 3). Keine List ist aber das bloße „hartnäckige" Verschweigen zB des Aufenthaltsorts eines Kindes, und zwar auch bei Bestehen der Offenbarungspflicht (vgl. Bohnert aaO 362; and. RG **17** 93; vgl. auch BGH NJW **57**, 1642). Bei Bewußtlosigkeit des Opfers kommt List allenfalls gegenüber (schutzbereiten) Dritten, nicht aber gegenüber dem Opfer selbst in Betracht (vgl. BGH **25** 238, Geilen JZ 74, 540).

§ 234 Menschenraub

(1) Wer sich eines Menschen mit Gewalt, durch Drohung mit einem empfindlichen Übel oder durch List bemächtigt, um ihn in hilfloser Lage auszusetzen, in Sklaverei oder Leibeigenschaft zu bringen oder dem Dienst in einer militärischen oder militärähnlichen Einrichtung im Ausland zuzuführen, wird mit Freiheitsstrafe nicht unter einem Jahr bestraft.

(2) In minder schweren Fällen ist die Strafe Freiheitsstrafe von sechs Monaten bis zu fünf Jahren.

Vorbem. Abs. 1 geänd. u. Abs. 2 neu eingefügt durch 6. StRG v. 26. 1. 1998 (BGBl. I 164).

1 **I.** Beim **Menschenraub** handelt es sich um einen Spezialfall der Freiheitsberaubung nach § 239, bei dem der Täter bestimmte Absichten mit dem Geraubten verfolgen muß (für Eigenständigkeit des § 234 Gössel I 253). **Ergänzend** kommt in Betracht das Ges. v. 28. 7. 1895 betr. die Bestrafung des Sklavenraubs und des Sklavenhandels (näher Binding Lehrb. I 110). Zur Entstehungsgeschichte vgl. Vogler LK vor 1.

2 **II.** Für den **objektiven Tatbestand** ist erforderlich, daß sich jemand eines Menschen mit Gewalt, durch Drohung mit einem empfindlichen Übel oder durch List bemächtigt.

3 **1.** Gegenstand des Verbrechens kann jeder **Mensch** sein ohne Rücksicht auf Alter, Herkunft, Geschlecht oder Willensfähigkeit.

4 **2.** Eines anderen hat sich **bemächtigt,** wer die physische Herrschaft über dessen Person gewonnen hat (vgl. § 239a RN 7). Es ist nicht erforderlich, daß der andere fortgeschafft oder von seinem gewöhnlichen Aufenthaltsorte ferngehalten wird.

5 **3.** Die Bemächtigung muß mit **Gewalt,** durch **Drohung mit einem empfindlichen Übel** (die diesbezgl. Klarstellung durch das 6. StRG bestätigt lediglich, daß Drohungen ohne eine ins Gewicht fallende Nötigungswirkung den Tatbestand nicht erfüllen; vgl. BT-Drs. 13/8587 S. 37), oder durch **List** erfolgen; vgl. näher zu diesen Zwangsmitteln 5 ff. vor § 234. Die durch das Tatmittel erlangte Einwilligung ist unbeachtlich (Vogler LK 15). Diese Tatmittel sind auch gegenüber Dritten, unter deren Obhut das Opfer steht, anwendbar (Vogler LK 5).

6 **III.** Für den **subjektiven Tatbestand** ist zunächst **Vorsatz** erforderlich. Zusätzlich muß der Täter die **Absicht** verfolgen, das Opfer in eine seine Rechtsstellung besonders schwer beeinträchtigende Lage zu bringen. Absicht verlangt dabei zielgerichtetes Handeln (vgl. § 15 RN 65 ff.; and. Tröndle 4, Vogler LK 7, die jede Form direkten Vorsatzes genügen lassen). Zum *Inhalt* der Absicht unterscheidet das Gesetz zwischen zwei Alternativen: Für die **1. Alt.** (Aussetzen in hilfloser Lage), die merkwürdigerweise noch dem § 221 aF nachgebildet ist statt dem § 221 I Nr. 1 nF angeglichen zu sein, ist einerseits nicht erforderlich, aber andererseits genügend, daß sich das Opfer bereits in einer hilflosen Lage befindet, mit der Folge, daß die Absicht des Täters sowohl auf eine Verschlimmerung einer bereits bestehenden als auch auf die Herbeiführung künftiger Hilflosigkeit gerichtet sein kann (zu weiteren Einzelheiten des Aussetzens vgl. § 221 RN 3 ff.) Die **2. Alt.** soll den Geraubten vor einer Unterwerfung unter auf Dauer angelegte formalisierte Strukturen schützen, in denen er mit allenfalls sehr geringen eigenen Freiheitsrechten ausgestattet wäre (vgl. BGH **39** 214). Im einzelnen nennt das Gesetz *Sklaverei* (dazu Art. 1 Nr. 1 des Sklavereiübereink. v. 7. 12. 53, BGBl. 1972 II 1474), *Leibeigenschaft* (vgl. Art. 1 lit. b des Sklavereizusatzübereink. v. 7. 9. 56, dazu BGBl. 1958 II 207) sowie (den früheren Begriff der „auswärtigen Kriegsdienste" in Angleichung an § 109 h ersetzende) *militärische* oder *militärähnliche Einrichtungen* (dazu § 109 h RN 6), wobei das früher ebenfalls genannte

Verbringen in „auswärtige Schiffsdienste" als bereits durch die militärähnlichen Einrichtungen erfaßt durch das 6. StrRG gestrichen wurde (vgl. BT-Drs. 13/8587 S. 38). Nicht ausreichend ist allein die Tatsache, daß jemand Sklaverei oder Leibeigenschaft erdulden soll; hinzukommen muß, daß eine derartige Stellung von der Rechtsordnung des jeweiligen Staats vorgesehen oder zumindest faktisch geduldet wird (BGH **39** 214 f.). Damit scheidet § 234 aus, wenn der Geraubte sich nach dem Tatplan in der BRD aufhalten soll (vgl. BGH **39** 215). Da es sich bei der Absicht um ein *tat*bezogenes Merkmal handelt, ist § 28 nicht anwendbar.

IV. Der **Versuch** ist strafbar (Verbrechen) und zB dann gegeben, wenn das Opfer die List durchschaut und gleichwohl den Anweisungen des Täters folgt (Vogler LK 15). 7

V. Für **minderschwere Fälle** (allg. dazu 48 f. vor § 38) wird Strafmilderung eingeräumt **(Abs. 2).** 8

VI. **Idealkonkurrenz** kommt zB in Betracht mit §§ 109 h, 169 sowie mit § 235. § 239 I wird durch § 234 verdrängt (Tröndle 7). Die Tat ist (ebenso wie § 239, RN 14) **Dauerdelikt** (RG DR **42**, 438). 9

§ 234 a Verschleppung

(1) **Wer einen anderen durch List, Drohung oder Gewalt in ein Gebiet außerhalb des räumlichen Geltungsbereichs dieses Gesetzes verbringt oder veranlaßt, sich dorthin zu begeben, oder davon abhält, von dort zurückzukehren, und dadurch der Gefahr aussetzt, aus politischen Gründen verfolgt zu werden und hierbei im Widerspruch zu rechtsstaatlichen Grundsätzen durch Gewalt- oder Willkürmaßnahmen Schaden an Leib oder Leben zu erleiden, der Freiheit beraubt oder in seiner beruflichen oder wirtschaftlichen Stellung empfindlich beeinträchtigt zu werden, wird mit Freiheitsstrafe nicht unter einem Jahr bestraft.**

(2) **In minder schweren Fällen ist die Strafe Freiheitsstrafe von drei Monaten bis zu fünf Jahren.**

(3) **Wer eine solche Tat vorbereitet, wird mit Freiheitsstrafe bis zu fünf Jahren oder mit Geldstrafe bestraft.**

Schrifttum: Maurach, Das Ges. zum Schutze der persönl. Freiheit, NJW 52, 163. – *Neuhaus,* Die strafbare Deliktsvorbereitung (usw.), 1993.

I. Die Vorschrift richtet sich gegen die **konkrete Individualgefährdung** von *Leib* oder *Leben,* 1 *persönlicher Freiheit* und *freier wirtschaftlicher Betätigung* (vgl. BGH NJW **60**, 1211) gegenüber bestimmten Formen der Verschleppung (zur Entstehungsgeschichte vgl. Gribbohm LK vor 1; zur Einstufung in die polit. Kriminalität vgl. Laubenthal MSchr Krim 89, 326). Schutzgut ist somit weder allein die Menschenwürde (so Maurach BT[5] 401) noch ausschließlich die Freiheit (so Blei II 87), sondern die Gesamtheit dieser Rechtsgüter (vgl. Horn SK 2, Gribbohm LK 1; vgl. auch Neuhaus aaO 10 ff., wonach über den Individualschutz in § 234 a hinaus auch ein Angriff gegen die staatl. Souveränität liege). Soweit es sich um eine *Inlandstat* handelt, sind In- und Ausländer gleichermaßen geschützt (Horn SK 2), während sich der Schutz gegen *Auslandstaten* nach § 5 Nr. 6 auf „Inlandsdeutsche" beschränkt (vgl. dort RN 12 f., iglS Tröndle 3; nur insoweit sind die teleologischen Schutzeinschränkungen von Gribbohm LK 4 begründet).

II. Als **Tathandlung** kommt das Verbringen eines Menschen in ein Gebiet außerhalb des räumlichen Geltungsbereichs des § 234 a oder das Hindern an einer Rückkehr von dort in Betracht. 2

1. Das **Verbringen** setzt die Begründung eines tatsächlichen Herrschaftsverhältnisses über das Opfer voraus. Eine psychische Beeinflussung reicht hierfür ebensowenig aus wie bei der Entführung; vgl. § 236 RN 4 ff. Dem Verbringen gleichgestellt ist das **Veranlassen,** sich in ein solches Gebiet zu begeben. Ausreichend ist ferner das **Abhalten von der Rückkehr** aus dem fremden Gebiet, in das sich das Opfer vorher freiwillig begeben hatte. 3–5

2. Die Verbringung muß geschehen in ein Gebiet **außerhalb des räumlichen Geltungsbereichs** des § 234 a, also außerhalb der BRD (vgl. 32 vor § 3). 6

3. Als **Tatmittel** kommt neben **Gewalt** oder **Drohung** auch **List**, etwa wenn der Täter durch Vorspiegeln eigener Fluchtabsichten einen Fluchthelfer zur Einreise in die damalige DDR veranlaßte, um dort seine Festnahme zu ermöglichen (LG Berlin NJ **93**, 518), in Betracht (vgl. 5 ff. vor § 234). 7

III. Als **Folge** der Tat muß das Opfer durch die *Gefahr politischer Verfolgung* (u. 9) bestimmten *Individualgefährdungen* (u. 10) ausgesetzt sein. 8

1. Die Gefahr einer **Verfolgung aus politischen Gründen** (zur eigenständigen Bedeutung dieses Merkmals vgl. Gribbohm LK 28, 40 ff.) ist hier anzunehmen, wenn sie aus Gründen der Machtausübung oder der Machtkämpfe eines fremden Regimes erfolgt (Arndt SJZ 50, 112), wobei auch rassische, religiöse oder sonstige weltanschauliche Motive mitbestimmend sein können (Tröndle 8). Erfaßt wird also auch die Verschleppung zur Zwangsarbeit etwa als Ingenieur, Wissenschaftler, Forscher. Hierher gehört weiter auch eine Verfolgung, die unter dem Anschein der Bekämpfung von Wirtschaftsstraftaten oder angeblich verwerflicher Bestrebungen auf kulturellem oder weltanschaulichem Gebiet in Wirklichkeit politischen Zwecken dient. Der politische Grund braucht nicht der 9

§ 234a   9a–19   Bes. Teil. Straftaten gegen die persönliche Freiheit

einzige zu sein, sofern er nur wesentlich mitbestimmend ist. Das kann auch bei Verdächtigung wegen einer an sich nicht-politischen kriminellen Tat (wie etwa Drogendelikte oder unerlaubter Waffenbesitz) der Fall sein (BGH **6** 166, LG Dortmund NJW **54**, 1539; vgl. auch Horn SK 6), vorausgesetzt jedoch, daß aus politischen Hintergründen eine rechtsstaatswidrige Verfolgung zu befürchten ist (vgl. LG Koblenz NStZ **83**, 508; zu pauschal OLG Koblenz NStZ **82**, 525); ebenso bei der Verfolgung wegen „Republikflucht" (BGH **14** 104) oder „staatsfeindlichen Menschenhandels" (LG Berlin NJ **93**, 519).

9a   2. Die **Gefahr** der politischen Verfolgung muß eine *konkrete* sein (Horn SK 5). Das ist zwar nicht schon dadurch ausgeschlossen, daß sich das Opfer noch im Inland befindet, während der zu befürchtende Verletzungserfolg als solcher nur im Ausland eintreten kann; wohl aber müssen hinreichende Anhaltspunkte dafür bestehen, daß das im Inland befindliche Opfer in die Hand der ausländischen Macht geraten könnte (vgl. LG Koblenz NStZ **83**, 509).

10   3. Infolge der Gefahr politischer Verfolgung muß ferner das Opfer Gefahr laufen, durch rechtsstaatswidrige Maßnahmen bestimmte **Schädigungen** zu erleiden:

11   a) Im **Widerspruch zu rechtsstaatlichen Grundsätzen** stehen sowohl menschenrechtswidrige Verfolgungsmethoden, gerichtliche Scheinverfahren bzw. Verfahren, die den in UN-Konventionen konkretisierten völkerrechtlichen Mindeststandards (wie etwa den in den Fluchtverhinderungs- und Rechtsbeugungsfällen relevanten Maßstäben; dazu 99 ff., 106 ff. vor § 3 mwN) sonstwie unabdingbaren Prozeßgrundsätzen widersprechen (vgl. Schroeder JR 86, 164), als auch die Verhängung von unmenschlichen oder grob ungerechten oder im Gesetz nicht vorgesehenen Strafen oder Maßnahmen (vgl. auch BGH **1** 392, OGH **1** 93, Maurach NJW 52, 165). Zu Untersuchungs- und Strafhaft wegen Republikflucht vgl. KG ROW **89**, 311.

12   b) Für **Gewalt- und Willkürmaßnahmen** ist kennzeichnend, daß mit dem Opfer nach den Zwecken und den Vorstellungen des fremden Regimes verfahren wird, ohne daß sich dieses an die Grundsätze der Gerechtigkeit und Menschlichkeit hält (vgl. BGH **1** 392, OGH **1** 50, 51, 58). *Maßnahme* ist weiter als Verfahren und erfaßt auch Handlungen von Parteien, Organisationen und einzelnen Personen. Allerdings werden nicht alle Maßnahmen eines den rechtsstaatlichen Maßstäben des Grundgesetzes nicht entsprechenden Staates schon allein deshalb, weil sie überhaupt der Förderung staatlicher Ziele dienen und zu hier einschlägigen Nachteilen führen, zu Gewalt- und Willkürmaßnahmen zu zählen sein, sondern nur dann, wenn sie selbst infolge ihres rechtsstaatswidrigen Grades jene Kennzeichnung verdienen, was zB bei Verfolgung von Devisenverstößen oder auch bei sonstigen nicht rechtshilfefähigen Verfahren nicht ohne weiteres der Fall ist (BGH **33** 238 m. krit. Anm. Schroeder JR 86, 162).

13   c) Durch diese Verfolgung und durch diese Maßnahmen muß das Opfer der Gefahr ausgesetzt werden, **Schaden an Leib oder Leben** zu erleiden, der **Freiheit** beraubt oder in seiner beruflichen oder **wirtschaftlichen Stellung** empfindlich beeinträchtigt zu werden; das letztere kann zB geschehen durch Einziehung des Vermögens oder Ausschluß der Möglichkeit zur beruflichen Betätigung. Über Leib oder Leben vgl. § 34 RN 9, über Beraubung der Freiheit vgl. BGH **1** 392 sowie § 239 RN 4 ff.

14   IV. Für den **subjektiven Tatbestand** ist (mindestens bedingter) **Vorsatz** erforderlich, der sich sowohl auf das Verbringen, Veranlassen oder Abhalten wie auf die besondere Art der Gefährdung beziehen muß. Eine Gefährdungs*absicht* ist dafür nicht erforderlich (Gribbohm LK 49).

15   V. Um den Schutz gegen Verschleppung wirksamer zu gestalten, hat das Gesetz auch **Vorbereitungshandlungen (Abs. 3)** mit Strafe bedroht (eingeh. dazu Neuhaus aaO), und zwar zu eigenen Taten, während bei Unterstützung von Verschleppungsvorbereitungen eines Dritten allenfalls Beihilfe dazu in Frage kommt (vgl. Neuhaus aaO 171 ff.). Als Vorbereitungshandlungen kommen zB in Betracht das Aufstellen einer Liste mit Namen von Personen, die entfernt werden sollen, das Beobachten oder Beobachtenlassen derartiger Personen. Soweit § 30 eingreift, geht dieser vor (BGH **6** 85, Maurach NJW **52**, 165), insbes., wenn die Vorbereitung von mehreren Personen geschieht. Auch *Teilnahme* ist daran möglich (Gribbohm LK 58). In den Fällen des Abs. 3 finden § 23 III (Neuhaus aaO 158 ff.) und § 31 entsprechende Anwendung (BGH **6** 85; näher Neuhaus aaO 231 ff.) entsprechende Anwendung (BGH **6** 85).

16   VI. Als **Strafe** ist Freiheitsstrafe nicht unter 1 Jahr angedroht, in minder schweren Fällen (vgl. § 46 RN 6 ff.) Freiheitsstrafe von 3 Monaten bis zu 5 Jahren (Abs. 2). *Vorbereitungshandlungen* (Abs. 3) sind mit Freiheitsstrafe bis zu 5 Jahren bedroht.

17   VII. **Idealkonkurrenz** besteht mit §§ 211, 212, wenn festgestellt wird, daß der Tod des Opfers vorsätzlich herbeigeführt worden ist; ebenso mit § 94 (BGH GA/W **62**, 197). Gegenüber § 239 ist § 234a regelmäßig das speziellere Delikt; vgl. jedoch BGH ROW **59**, 202.

18   VIII. Zur Tatbegehung im **Ausland** vgl. § 5 Nr. 6, zur Anwendbarkeit des **Opportunitätsprinzips** vgl. § 74 a I Nr. 5 GVG iVm §§ 153 c, d StPO.

19   IX. Zur **Verjährung** s. § 78 II Nr. 2 (20 Jahre) bzw. im Fall des Abs. 3 § 78 II Nr. 4 (5 Jahre). Obwohl in vielen Fällen erst nach der *Wiedervereinigung* an eine Strafverfolgung zu denken war, bleibt die Verjährung von den mit den DDR-Alttaten verbundenen Problemen und Regelungen (vgl. 80 ff. vor § 3 und § 78 b RN 9 a zum Ruhen der Verjährung) grds. unberührt, da sich die Strafbarkeit und

Entziehung Minderjähriger **1 § 235**

damit die Verjährung ausschließlich nach BRD-Strafrecht richtet (vgl. BGH **42** 336 m. Anm. Schlüchter/Duttge NStZ **97**, 595). Bei § 234a III kann sich allerdings eine Verjährungsverlängerung aus Art. 315a II EGStGB ergeben, wenn die Tat zum Zeitpunkt des Inkrafttretens des 2. VerjährG (30. 9. 93) noch nicht verjährt war, also in den seltenen Fällen der Tatbegehung zwischen dem 1. 10. 88 und dem Zusammenbruch der DDR.

Vorbemerkung zu §§ 235, 236

Die sog. Entführungstatbestände, die bereits durch das 1. StrRG von 1969 in unzulänglicher Weise reformiert worden waren (vgl. 25. A.), haben durch das 6. StrRG von 1998 eine durchgreifende Neuregelung erfahren. Die frühere „Kindesentziehung" wurde in § 235 nunmehr als „Entziehung Minderjähriger" erheblich erweitert, um Strafbarkeitslücken (wie vor allem beim „Diebstahl" von Säuglingen) zu schließen, während die bisherige „Entführung mit Willen der Entführten" (§ 236 aF), weil durch andere Tatbestände ausreichend erfaßt, gestrichen wurde; stattdessen enthält nun § 236 nF eine neue Strafvorschrift gegen „Kinderhandel". Der die frühere „Entführung gegen den Willen der Entführten" enthaltende § 237 war bereits im Zuge der Neuregelung der Sexualdelikte durch das 33. StÄG v. 1. 7. 1997 entfallen (vgl. 25. A. 3a f. vor § 174). Das Antragserfordernis wurde unter Aufhebung des § 238 aF in § 235 VII nF integriert. Zu weiteren Einzelheiten vgl. BT-Drs. 13/8587 S. 23 ff., DSNS-Nelles 61 ff.

§ 235 Entziehung Minderjähriger

(1) **Mit Freiheitsstrafe bis zu fünf Jahren oder mit Geldstrafe wird bestraft, wer**
1. **eine Person unter achtzehn Jahren mit Gewalt, durch Drohung mit einem empfindlichem Übel oder durch List oder**
2. **ein Kind, ohne dessen Angehöriger zu sein,**

den Eltern, einem Elternteil, dem Vormund oder dem Pfleger entzieht oder vorenthält.

(2) **Ebenso wird bestraft, wer ein Kind den Eltern, einem Elternteil, dem Vormund oder dem Pfleger**
1. **entzieht, um es in das Ausland zu verbringen, oder**
2. **im Ausland vorenthält, nachdem es dorthin verbracht worden ist oder es sich dorthin begeben hat.**

(3) **In den Fällen des Absatzes 1 Nr. 2 und des Absatzes 2 Nr. 1 ist der Versuch strafbar.**

(4) **Auf Freiheitsstrafe von einem Jahr bis zu zehn Jahren ist zu erkennen, wenn der Täter**
1. **das Opfer durch die Tat in die Gefahr des Todes oder einer schweren Gesundheitsschädigung oder einer erheblichen Schädigung der körperlichen oder seelischen Entwicklung bringt oder**
2. **die Tat gegen Entgelt oder in der Absicht begeht, sich oder einen Dritten zu bereichern.**

(5) **Verursacht der Täter durch die Tat den Tod des Opfers, so ist die Strafe Freiheitsstrafe nicht unter drei Jahren.**

(6) **In minder schweren Fällen des Absatzes 4 ist auf Freiheitsstrafe von sechs Monaten bis zu fünf Jahren, in minder schweren Fällen des Absatzes 5 auf Freiheitsstrafe von einem Jahr bis zu zehn Jahren zu erkennen.**

(7) **Die Entziehung Minderjähriger wird in den Fällen der Absätze 1 bis 3 nur auf Antrag verfolgt, es sei denn, daß die Strafverfolgungsbehörde wegen des besonderen öffentlichen Interesses an der Strafverfolgung ein Einschreiten von Amts wegen für geboten hält.**

Vorbem. Abs. 1 geändert, Abs. 2 bis 7 neu eingefügt durch das 6. StrRG v. 26. 1. 1998 (BGBl. I 164).

Schrifttum: Fahl, Freiheitsberaubende Kindesentziehung ohne Strafantrag?, GA 96, 476. – *Geppert*, Zur strafbaren Kindesentziehung beim „Kampf um das gemeinsame Kind", H. Kaufmann-GedS 759. – Vgl. auch die Angaben zu § 236.

I. Der Tatbestand des früher sog. *Muntbruchs* diente zwar mittelbar (auch) dem Interesse des **1** Minderjährigen (Vogler LK[10] 1), bezweckte aber in erster Linie den Schutz der **elterlichen** oder sonstigen **familienrechtlichen Gewalt** (RG **48** 326, **66** 255, BGH **1** 364, **10** 376, **16** 61), wobei mit dieser jedoch heute iS „elterlicher Sorge" (§ 1626 BGB) lediglich die zur Ausübung der Personensorge erforderliche tatsächliche Einwirkungsmöglichkeit geschützt sein soll (M-Schroeder[7] II 124; näher, auch zur praktischen Bedeutung, Geppert aaO 760 ff., 771 ff.); nicht geschützt ist hingegen das Gewaltverhältnis eines Heimes, in dem uU der Minderjährige untergebracht ist (BGH NJW **63**, 1412); vgl. auch Düsseldorf NStZ **81**, 103 m. Anm. Bottke JR 81, 387. Hingegen soll durch die nF nun auch die entzogene Person unmittelbar geschützt sein (arg. Abs. 4 Nr. 1: „körperliche oder seelische Entwicklung", BT-Drs. 13/8587 S. 38, Kreß NJW 98, 641, Lackner/Kühl 1; vgl. aber auch DSNS-Nelles 62). Da dieses Schutzgut aber neben der (auf rechtlicher Grundlage beruhenden) familienrechtlichen Gewalt steht, vermag eine Einwilligung des Minderjährigen die Tat nicht zu rechtfertigen. Das Schutzalter liegt grundsätzlich bei 18 Jahren (Abs. 1 Nr. 1), wobei jedoch Kindern

§ 235 2–6

(u. 3) zT besonderer Schutz zukommt (Abs. 1 Nr. 2, Abs. 2). Bei Qualifizierung nach Abs. 4 und 5 wird die Tat zum Verbrechen. **Ergänzend** kommt § 86 JWG in Betracht; vgl. ferner den Schutztatbestand gegen Kinderhandel (§ 236). **Im einzelnen** ist strukturell bei § 235 nF zu beachten, daß zT nur die Entziehung durch (mit dem Kind nicht verwandte) *Dritte* (Abs. 1 Nr. 2) einschließlich des Versuchs (Abs. 3) unter Strafe gestellt ist, während im übrigen *Angehörige und Dritte* gleichermaßen erfaßt werden, wobei jedoch dann der Versuch nur bei Entziehung zur Verbringung ins Ausland (Abs. 2 Nr. 1) strafbar ist (Abs. 3). Die Erschwerungs- und Milderungsgründe (Abs. 4–6) gelten für beide Tätergruppen gleichermaßen. Des weiteren ist zwischen Tathandlungen mit Auslandsbezug (Abs. 2; u. 14 ff.) und hinsichtlich des Entziehungsorts neutralen Tathandlungen (Abs. 1; u. 5 ff.) zu unterscheiden. Im übrigen ist allen Tatbestandsalternativen gemeinsam der durch eine Entziehung betroffene Kreis der Schutzpersonen (u. 2 ff).

2   II. Bei den **geschützten Personen** ist zwischen dem Objekt der Entziehung (u. 3) und den davon betroffenen Schutzpersonen (u. 4) zu unterscheiden.

3   1. Tatobjekt der Entziehung kann in dem auf jedes Zwangsmittel verzichtenden Abs. 1 Nr. 2 nur ein **Kind** (nach §§ 19, 176 I Personen bis zu 14 Jahren) durch einen (mit diesem nicht verwandten) *Dritten* sein, während im übrigen jeder **Minderjährige bis zu 18 Jahren** als Erziehungsopfer, gleich ob von Angehörigen oder Dritten, in Betracht kommt. Zur Tätereigenschaft vgl. auch u. 11.

4   2. Als durch die Entziehung betroffene Schutzpersonen kommen die **Eltern**, ein **Elternteil**, der **Vormund** oder der **Pfleger** des Entzogenen in Betracht. Zu den *Eltern* sind sowohl die leiblichen wie auch Adoptiveltern zu rechnen, und zwar letztere nicht nur deshalb, weil sie Inhaber der elterlichen Gewalt sind, sondern weil sie bereits durch Volladoption aufgrund von § 1754 BGB den Status ehelicher Eltern erlangen; umgekehrt erlischt für die Abgebenden das rechtliche Verwandtschaftsverhältnis (§ 1755 BGB; vgl. auch BR-Drs. 691/74 S. 62). Pflege- und Stiefeltern genießen nur dann den Schutz von § 235, wenn ihnen nach § 1666 BGB das Erziehungsrecht übertragen wurde (RG **37** 1, **48** 198, Düsseldorf NStZ **81**, 103 m. Anm. Bottke JR **81**, 387 [vgl. aber auch ZBl JugR **81**, 431]; Gribbohm LK 13). Wie nunmehr gesetzlich klargestellt, sind die Eltern nicht nur gemeinschaftlich, sondern jeweils als **Elternteil** geschützt, so daß die Tat auch zwischen Eltern begangen werden kann (vgl. u. 11). Rein tatsächliche Erziehungs- und Fürsorgeverhältnisse, wie sie zwischen alten und jungen Anverwandten häufig bestehen, werden von der Vorschrift nicht erfaßt (RG JW **38**, 1389). *Vormund* oder *Pfleger* sind die Personen, die nach den Vorschriften des BGB (§§ 1773 ff., 1909 ff.) dazu bestellt sind; Mängel bei der Bestellung schließen die Anwendung der Vorschrift nur dann aus, wenn die Anordnung nichtig und der Bestellte überhaupt nicht als Vormund oder Pfleger anzusehen ist (Gribbohm LK 23). Über den Schutz des Jugendamts als **Amtsvormund** für nichteheliche Kinder vgl. BGH **1** 364, Bremen JR **61**, 107, Düsseldorf aaO. Ist das Kind bei **anderen Personen** als bei den Eltern, dem Vormund usw. untergebracht und deren Aufsicht und Obhut unterstellt, so fällt die Beeinträchtigung der Gewalt dieser Personen als solche nicht unter § 235 (BGH NJW **63**, 1412). Vielfach wird aber in der Entziehung aus der Gewalt dieser Personen zugleich ein Eingriff in die Rechte der Eltern usw. liegen (vgl. zB RG GA Bd. **53** 287), was für § 235 genügt (vgl. BGH NJW **63**, 1413, Düsseldorf aaO, Gribbohm LK 27). Bei Heimunterbringung des Kindes ist das einwilligungsrelevante Sorgerecht der Eltern nicht ohne weiteres aufgehoben (vgl. BGH NJW **81**, 2015). Vgl. aber auch u. 27 zum Antragsrecht.

5   III. Die **Tathandlungen des Abs. 1** bestehen im *Entziehen* (u. 6) oder *Vorenthalten* (u. 7), wobei zT im Falle von Minderjährigen über 14 Jahren ein bestimmtes *Zwangsmittel* einzusetzen ist (Nr. 1 u. 9) bzw. „schlichtes" Entziehen oder Vorenthalten nur bei (nichtangehörigen) Kindern strafbar ist (Nr. 2, u. 12).

6   1. a) Ein **Entziehen** liegt vor, wenn die Ausübung des Elternrechts in seinem wesentlichen Inhalt beeinträchtigt wird. Da dies auch bei Vereitelung einzelner Erziehungsmaßnahmen der Fall sein kann, ist zur Tatbestandseinschränkung zu fordern, daß die Beeinträchtigung durch **räumliche Trennung** des Minderjährigen vom Berechtigten erfolgt (vgl. Horn SK 4, Lackner/Kühl 3, W-Hettinger 439; jetzt wohl auch Tröndle 6 a). Dabei ist es gleichgültig, ob der Minderjährige an einen Ort verbracht wird, an dem er dem Einfluß der Eltern entzogen ist, oder ob der Erziehungsberechtigte (zB durch Einsperren) von einem Zutritt zum Kind ausgeschlossen wird. Die bloße Aufnahme eines entlaufenen Kindes ist kein Entziehen, es sei denn, der Täter würde zusätzliche Maßnahmen treffen, um die Rückführung des Kindes zu verhindern oder die Eltern von einem Verkehr mit dem Kind auszuschließen. Die Entziehung setzt nicht voraus, daß ein neues Abhängigkeitsverhältnis begründet wird (RG **18** 275 und hM). Zumindest aber ist eine **gewisse Dauer** der Entziehung (BGH **1** 200, Bremen JR **61**, 107, Hamm JMBlNRW **66**, 237, Tröndle 6 a) und zudem auch eine familienrechtswidrige Inanspruchnahme der personensorgerechtlichen Stellung als ganzer zu verlangen (Geppert aaO 781 ff.; offengelassen von BGH NStZ **96**, 333), was etwa bei einer nur vorübergehenden Lösung des Gewalt- und Obhutsverhältnisses (zB für einen Kinobesuch) zu verneinen ist (RG JW **35**, 3108, **38**, 1388); dies gilt auch bei Kleinkindern (vgl. Horn SK 5; and. BGH **16** 61). Im übrigen kann für die Annahme von Entziehung auch der Grad der Fürsorgebedürftigkeit des Kindes (geringes Alter, Krankheit usw.) von Bedeutung sein (vgl. BGH **16** 61); ein Vorenthalten von nur 10 Minuten dürfte aber auch dafür kaum ausreichen (Tröndle 6 a). Ohne Bedeutung ist, ob die Initiative zur Tat vom Täter oder vom Kind ausgegangen ist. Auch braucht das Kind zur Zeit der Tat nicht tatsächlich beaufsichtigt worden zu sein (BGH **16** 62). Keine Entziehung ist die durch List bewirkte gerichtliche Entziehung der elterlichen Gewalt, da hierdurch die Substanz (nicht nur die Ausübung) beseitigt wird (Stuttgart NJW **68**, 1341, Tröndle 7; and. Gribbohm LK 44, Otto II 336). Das Vereiteln einzelner Erziehungsmaßnahmen kann nur ausreichen, wenn dadurch das Sorgerecht in seinem wesentlichen Bestand beeinträchtigt wird (RG JW **35**, 3108, **38**, 1388). Falls eine räumliche **Trennung bereits vorliegt** (minderjähriger Schüler am entfernten Schulort), so erfüllt auch eine etwa durch Gewalt herbeigeführte weitere Ortsveränderung des Minderjährigen nicht § 235, wenn durch die Tat das Sorgerecht der Eltern nicht noch weiter wesentlich beeinträchtigt wird (Gribbohm LK 60).

b) Mit der neu eingefügten Tatalternative des **Vorenthaltens** war keine Ausdehnung der Strafbarkeit, sondern lediglich eine Anpassung an den neuen Abs. 2 Nr. 2 beabsichtigt (BT-Drs. 13/8587 S. 38). Wenn das Vorenthalten nach dem Willen des Gesetzes und bei Orientierung an § 1632 I BGB mehr sein soll, als daß sich der Täter völlig passiv verhält und dem Kind lediglich Unterkunft und Verpflegung gewährt (vgl. Palandt-Diederichsen, BGB⁵⁹ § 1632 RN 5), so ist zumindest erforderlich, daß der Täter die Herausgabe des Kindes erschwert, zB durch Verheimlichung des Aufenthaltsortes, anderweitige Unterbringung oder Beeinflussung des Kindes, dem Herausgabebegehren des Sorgeberechtigten nicht zu folgen (DSNS-Nelles 63, Tröndle 6 b). Damit können sich die Anwendungsbereiche „aktiven" Entziehens und „passiven" Vorenthaltens überschneiden, wobei aber immerhin das bisherige „Entziehen durch Unterlassen", soweit zB eine Auskunft über den Aufenthalt des Kindes verweigert wurde (vgl. BGH MDR/D **68**, 728, 25. A. RN 5 mwN), nunmehr unschwer als Vorenthalten zu erfassen ist (vgl. Horn SK 6, aber auch Tröndle 6 c, wonach beide Tatformen durch Unterlassen verwirklichbar seien). 7

c) Nicht erforderlich ist die Feststellung, daß das Entziehen oder Vorenthalten gegen den Willen des Sorgeberechtigten erfolgt; deshalb stellen die sich die mit § 236 aF verbundenen Fragen, wenn weder eine positive noch eine negative Willensäußerung der Eltern vorliegt (vgl. 25. A. § 236 RN 8), hier nicht. Liegt jedoch ein **Einverständnis** des Sorgeberechtigten mit dem Vorgehen des Täters vor, so fehlt es bereits tatbestandlich an einem „Entziehen" oder „Vorenthalten", und zwar auch dann, wenn Gewalt usw. gegen den Minderjährigen angewandt wird (vgl. Horn SK 7). Das Einverständnis (vgl. 30 ff. vor § 32) braucht sich lediglich auf die Herbeiführung der räumlichen Trennung zu beziehen, so daß § 235 auch dann entfällt, wenn der Täter sonstigen Anweisungen der Eltern zuwiderhandelt (zB statt einer Filmvorführung eine Tanzveranstaltung besucht wird). Zu beachten ist jedoch, daß das durch Täuschung (List) erschlichene Einverständnis diese tatbestandsausschließende Wirkung für § 235 I Nr. 1 nicht haben kann (BGH **1** 366), da nach dem Wortlaut der Vorschrift auch listiges Handeln den Tatbestand erfüllt (Horn SK 7); dies gilt auch dann, wenn der Gewalthaber über die Zwecke, die der Täter verfolgt (vgl. Abs. 2 Nr. 1), getäuscht wird (vgl. RG DR **42**, 438, BGH **1** 200). Das Einverständnis *eines* Elternteils reicht nur bei berechtigter Vertretung des anderen aus (vgl. u. 11). Über Irrtumsfälle vgl. u. 19. 8

2. a) Die Tatbestandsalternative des **Abs. 1 Nr. 1**, die im wesentlichen dem § 235 aF entspricht, setzt als Tatmittel **Gewalt, Drohung mit einem empfindlichen Übel** oder **List** voraus (allg. dazu 5 ff. vor § 234). Diese Mittel können sowohl gegenüber dem Entziehungsopfer wie auch gegenüber dem Sorgeberechtigten oder einem hilfsbereiten Dritten angewandt werden (RG **15** 342, DR **41**, 1840, HRR **42** Nr. 131, BGH **16** 62, MDR **62**, 57, NJW **63**, 1412), sofern der Täter wenigstens davon ausgeht, daß diese Personen für den Fortbestand des Obhutsverhältnisses einzutreten bereit sind (vgl. § 249 RN 6a). Bei heimlichem „Diebstahl" eines Säuglings ist dies nicht ohne weiteres der Fall (vgl. aber dazu u. 12). Ebensowenig kann List darin gefunden werden, daß der Täter den Minderjährigen auffordert, den Eltern nichts zu erzählen, und ihm Geschenke zuwendet (and. Hamm JMBlNRW **56**, 236; vgl. auch RG **18** 273). Wohl aber genügen wahrheitswidrige Vorspiegelungen bei gerichtlichen Anhörungen oder Kontrollbesuchen des Jugendamtes (BGH **44** 360, vgl. auch Stuttgart NJW **68**, 1341 und o. 6). 9

b) Als Entziehungsopfer kommt hier jeder **Minderjährige (bis zu 18 Jahren)** in Betracht. 10

c) **Täter** kann hier (im Unterschied zu Abs. 1 Nr. 2, u. 12) jedermann sein; deshalb kommen sowohl **Dritte** als auch die **Eltern** selbst in Betracht (für die Gegenauffassung von Horn SK 4, 11, wonach bei Abs. 1 Nr. 1 nur Angehörige, nicht aber Dritte Täter sein könnten, gibt sein Umkehrschluß aus Abs. 1 Nr. 2 nichts her, da die dort ausgeschlossenen Angehörigen nicht ein Ausschluß von Dritten im Falle von Abs. 1 Nr. 1 zu entsprechen braucht, ganz abgesehen davon, daß ein solcher Ausschluß Dritter, wie im Falle von § 236 I 1, im Gesetz hätte klar zum Ausdruck kommen können). Bei Eltern kann die Tat auch von dem einen gegenüber dem anderen Partner begangen werden, und zwar nicht nur gegenüber einem (mit)sorgeberechtigten Elternteil, sondern angesichts der gestiegenen Bedeutung des Umgangsrechts auch gegenüber einem nur Besuchs- oder Verkehrsberechtigten (BT-Drs. 13/8587 S. 38, BGH **44** 357 ff. [bzgl. pakist. Vater gegen dt. Mutter], ebso. Lackner/Kühl 2, Tröndle 3; and. Voraufl. RN 14, Geppert aaO 775 ff., Otto II 335). Auch der beauftragte Berufsvormund kann Täter sein, wenn er das Mündel dem Aufsichtsrecht des Jugendamts entzieht. Hingegen kann der Minderjährige als Mitgeschützter (o. 1) das in § 235 erfaßte Unrecht nicht verwirklichen und daher auch nicht strafbarer Teilnehmer sein (RG **18** 281, Tröndle 2, Gribbohm LK 112; iE auch Gropp, Deliktsfolgen mit Sonderbeteiligung, 1992, 250 ff.), ebensowenig ein lediglich an einer Selbstentziehung des Minderjährigen Beteiligter (Geppert aaO 773). 11

§ 235 12–18   Bes. Teil. Straftaten gegen die persönliche Freiheit

12 3. Die durch das 6. StrRG hinzugekommene Tatbestandsalternative des **Abs. 1 Nr. 2** bringt im Vergleich zur Nr. 1 einerseits hinsichtlich der Tatmodalität eine beträchtliche Erweiterung, indem für das Entziehen oder Vorenthalten *kein bestimmtes Tatmittel* vorausgesetzt wird. Dadurch wird das „**schlichte**" **Wegnehmen** eines Kindes, wie durch heimliches Verbringen eines Säuglings aus einem unbewachten Zimmer oder durch Wegschieben im Kinderwagen, weil weder Gewalt angewandt wird noch ein solches kleines Kind bereits „überlistet" werden kann und daher weder § 235 aF zur Anwendung kommen konnte (vgl. 25. A. RN 12) noch § 239 eingreift (vgl. dort RN 3), nunmehr eine nicht hinzunehmende Strafbarkeitslücke geschlossen (BT-Drs. 13/8587 S. 24). Andererseits galt es dem Umstand Rechnung zu tragen, daß die meisten der zur Anzeige gebrachten Fälle auf Streitigkeiten geschiedener und getrennt lebender Eltern um das gemeinsame Kind zurückzuführen sind. Um diese familienrechtlichen Streitfragen nicht vermehrt zum Gegenstand von Strafverfahren machen zu können (BT-Drs. 13/8587 S. 25), war der Tatbestand in zweifacher Weise einzuschränken: zum einen durch Begrenzung des Schutzes auf **Kinder** (bis zu 14 Jahren; vgl. o. 3 sowie DSNS-Nelles 64); diese Herabsetzung des Schutzalters läßt sich daraus erklären, daß bei Jugendlichen zwischen 14 und 18 Jahren gegen ein nicht mit Zwangs- oder Täuschungsmitteln bewerkstelligtes Entziehen kein besonderes Strafbedürfnis zu erkennen ist. Zum zweiten ergibt sich in täterschaftlicher Hinsicht eine Eingrenzung daraus, daß sich hier nur mit dem Kind nicht verwandte **Dritte** strafbar machen können. Die insoweit von Strafbarkeit ausschließende Angehörigeneigenschaft bestimmt sich nach § 11 I Nr. 1 (vgl. dort RN 3 ff.).

13 IV. Mit den ebenfalls neu eingefügten **Tathandlungen des Abs. 2** versucht das 6. StrRG der wachsenden, allein mit familienrechtlichen Mitteln schwer zu bewältigenden Fallgruppe grenzüberschreitender Kindesentziehung zu begegnen (vgl. BT-Drs. 13/8587 S. 23 f., 38 f.). Erfaßt werden zwei Alternativen:

14 1. a) Im Falle der „aktiven Entführung" (**Abs. 2 Nr. 1**) muß in objektiver Hinsicht das Kind **entzogen** (dazu o. 6) werden, und zwar gleichgültig, ob im In- oder Ausland, wobei in subjektiver Hinsicht die **Verbringung ins Ausland beabsichtigt** sein muß. Dabei dürfte das Gesetz davon ausgehen, daß die Entziehungshandlung im Inland (dazu 27 ff. vor § 3) geschieht; denn obgleich der Wortlaut nicht zwingend ausschließen würde, mit Nr. 1 auch den Fall zu erfassen, daß ein bereits im Ausland befindliches Kind von seinem dortigen Aufenthaltsort entführt wird, um es über eine weitere ausländische Grenze zu bringen, ist einer solchen Schutzlücke wohl besser dadurch zu begegnen, daß in der Entziehung eines bereits im Ausland befindlichen Kindes zwecks Verbringung in ein weiteres fremdes Land eine intensivere Form des „Vorenthaltens" iSv Nr. 2 (u. 15) erblickt wird. Dafür spricht auch die auf Nr. 2 beschränkte Auslandserstreckung in § 5 Nr. 6 a (vgl. u. 18), weil völlig unverständlich wäre, wenn der Gesetzgeber die Entführung im Ausland zwecks Verbringung in ein weiteres fremdes Land, falls nur durch Nr. 1 erfaßbar und demzufolge durch § 5 Nr. 6 a nicht abgedeckt, hätte straflos lassen wollen. Deshalb ist dafür Nr. 1 davon auszugehen, daß die Entziehung im Inland zu erfolgen hat, während Entführungen im Ausland über Nr. 2 zu erfassen sind.

15 b) Mit der „passiven Entführung" nach **Abs. 2 Nr. 2** werden die Fälle erfaßt, in denen sich das Entziehungsopfer bereits im Ausland (dh jedem Gebiet außerhalb des Inlands: 33 vor § 3) befindet, und zwar gleich, ob es auf strafbare oder bereits dem Willen des Sorgeberechtigten widersprechende Weise dorthin verbracht worden ist oder sich freiwillig bzw. im Einverständnis mit dem Sorgeberechtigten (Hörnle Jura 99, 180) dorthin begeben hat. Die Tathandlung besteht im **Vorenthalten** (o. 7), wobei dies auch in der Form einer noch weitergehenden Form aktiven Entziehens liegen kann (vgl. o. 14). Strafbar ist damit nunmehr auch der bisher straflose Fall, daß ein umgangsberechtigter Elternteil im Einvernehmen mit dem Sorgeberechtigten das Kind zu einem Auslandsaufenthalt mitgenommen hat, es dann aber nicht mehr in die Heimat zurückbringt, sondern ua sogar von seinem ausländischen Aufenthaltsort zu einem weiteren dem Sorgeberechtigten nicht bekannten Ort entführt, um das Kind von dort aus über eine weitere Grenze zu bringen.

16 c) Ein besonderes *Tatmittel* (wie Gewalt, Drohung oder List) ist in den beiden Fallgruppen des Abs. 2 ebensowenig erforderlich wie im Fall von Abs. 1 Nr. 2. Deshalb genügt auch hier das „*schlichte*" Vorenthalten (vgl. o. 7).

17 2. Entziehungsopfer können bei Abs. 2 wiederum nur **Kinder** (bis zu 14 Jahren) sein (vgl. o. 3). Anders als im Falle von Abs. 1 Nr. 2 hingegen kommen auf Täterseite neben außenstehenden **Dritten** auch **Angehörige** (o. 11) in Betracht, und zwar auch ein sorgeberechtigter Elternteil gegenüber einem nur Umgangsberechtigten (BGH **44** 355 ff., o. 11). Sofern der Gesetzgeber im Falle des Vorenthaltens im Ausland (Abs. 2 Nr. 2) durch das Transfermoment des „dorthin (verbracht bzw. begeben)" sichergestellt sehen wollte, daß das Kind „vom Inland aus" ins Ausland gelangt ist (so BT-Drs. 13/9064 S. 17), so ist zwar das dahinterstehende Anliegen verständlich, Fälle wie den auszuschließen, daß ein Asylbewerber ein Strafverfahren mit dem Vorwurf betreibt, der Ehegatte halte die Kinder widerrechtlich im Heimatland zurück. Doch läßt sich diese Ausgrenzung auch dadurch erreichen, daß die betroffene Schutzperson bereits vor Übertritt des Kindes ins Ausland sorge- bzw. umgangsberechtigt war (iE ebso. Lackner/Kühl 5).

18 3. Bei **Tatbegehung im Ausland** ergibt sich die Strafbarkeit nach Abs. 2 Nr. 2 eigentlich schon aus dessen Wortlaut. Falls man nicht bereits darin eine Strafbegründungsnorm erblicken will, wird die Anwendbarkeit des deutschen Strafrechts jedenfalls durch die in § 5 neu eingefügte Nr. 6 a (vgl. dort

1872   Eser

RN 12 b) sichergestellt. Allerdings ergibt sich daraus im Hinblick auf die betroffenen Personen, daß entweder das Entziehungsopfer selbst oder die sorgeberechtigte Person ihren Wohnsitz oder gewöhnlichen Aufenthalt im Inland haben muß (vgl. BT-Drs. 13/8587 S. 27). Hingegen kommt es auf eine Strafbarkeit nach Tatortrecht bei § 5 Nr. 6 a nicht an.

V. Für den **subjektiven Tatbestand** ist (zumindest bedingter) **Vorsatz** erforderlich. Dafür muß der Täter insbes. hins. des Entziehungsopfers davon ausgehen oder jedenfalls in Kauf nehmen, daß dieses die maßgebliche Altersgrenze noch nicht überschritten hat. Nimmt der Täter irrig das Einverständnis der Eltern an, handelt er im Tatbestandsirrtum (Horn SK 12). Dasselbe gilt, wenn er glaubt, auch das Einverständnis nur eines Elternteiles reiche aus, da er dann ebenfalls von einem wirksamen Einverständnis ausgeht (Vogler LK[10] 19), oder wenn er fälschlich ein eigenes Sorgerecht unterstellt (Tröndle 12). Zu der in Abs. 2 Nr. 1 zusätzlich erforderlichen **Verbringungsabsicht** vgl. o. 14. 19

VI. Die **Rechtswidrigkeit** kann durch Notwehr (Nothilfe), behördliche Maßnahmen, evtl. auch durch erlaubte Selbsthilfe ausgeschlossen sein (Gibbohm LK 106), was freilich idR nur für kurzfristige Eilmaßnahmen, nicht aber für eine eigenmächtige „Korrektur" einer vom Täter für verfehlt gehaltenen Sorgerechtsentscheidung des Familiengerichts in Betracht kommt (Geppert aaO 786 f.). 20

VII.1. Die **Regelstrafe** ist Freiheitsstrafe bis zu 5 Jahren oder Geldstrafe (**Abs. 1**). **2. Strafschärfung** ist nicht mehr nur in Form eines bloßen Regelbeispiels (wie nach § 235 II aF hins. Gewinnsucht), sondern in zweifach gestufter Wiese vorgesehen: a) In **Abs. 4** wird – unter Anhebung aller Tatbestandsalternativen des § 235 zum Verbrechen – Freiheitsstrafe von 1-10 Jahren zum einen angedroht für den Fall, daß das Opfer in die **Gefahr des Todes** oder einer schweren Gesundheitsschädigung oder einer **erheblichen Schädigung** der körperlichen oder seelischen Entwicklung gebracht wird (**Nr. 1**). Diese auch bei anderen Tatbeständen (wie ua bei § 225 III; vgl. dort RN 21) vorgesehene Qualifizierung soll zB dann gegeben sein, wenn der Täter das Kind für längere Zeit in ein asoziales Milieu bringt, auf unabsehbare Zeit einen Zustand erhöhter Schutzlosigkeit herbeiführt oder sich aus egoistischen Motiven hemmungslos über die berechtigten Interessen des Kindes und der Mutter hinwegsetzt (BT-Drs. 13/8587 S. 39 mwN auf BGH NJW **90**, 1489, LG Koblenz NStZ **88**, 312), wobei freilich bei dem zuletzt genannten Abheben auf die Tätermotivation der vom Gesetz offenbar vorausgesetzte Opferbezug nicht ersichtlich ist (krit. auch BE-Schumacher 54). Als weitere Qualifikation nennt Abs. 4 **Nr. 2** das Handeln **gegen Entgelt** (§ 11 I Nr. 9 m. RN 68 ff.) oder in **Bereicherungsabsicht**, und zwar gleich ob zu eigenen oder fremden Gunsten. Dafür ist – im Unterschied zu dem zuvor erwähnten Regelbeispiel der Gewinnsucht nach § 235 II aF – nicht mehr unbedingt eine Steigerung des Erwerbssinnes auf ein ungewöhnliches, sittlich anstößiges Maß erforderlich, hat der Anwendungsbereich eine deutliche Erweiterung erfahren, um vor allem auch Fälle kommerziellen und organisierten Kinderhandels besser erfassen zu können (BT-Drs. aaO). Die erstrebte Bereicherung braucht nicht rechtswidrig zu sein (Lackner/Kühl 7, W-Hettinger 443); die gewiß bedenkenswerte Restriktion auf rechtswidrige Vermögensvorteile (so DSNS-Nelles 66) findet im Gesetz keine Stütze. Da es sich in den Fällen von Abs. 4 jeweils um Qualifikationen handelt, ist Vorsatz erforderlich. Handelt ein *Teilnehmer* ohne Bereicherungsabsicht, so liegt für diesen nach § 28 II kein schwerer Fall vor (vgl. Gribbohm LK 123). b) Eine weitere Strafschärfung mit einer Mindeststrafe von 3 Jahren ist in **Abs. 5** für den Fall vorgesehen, daß der Täter durch die Tat den **Tod des Opfers** verursacht (krit. zur Strafrahmenhöhe Bussmann GA 99, 28). Ähnlich wie bei der Auslandserstreckung nach § 5 Nr. 6 a kommt als Opfer auch hier sowohl die entführte Person als auch die der Gewalt ausgesetzte Schutzperson in Betracht (vgl. o. 18). Da es sich hier – im Unterschied zu Abs. 4 (o. 22) – um eine bloße Erfolgsqualifikation iSv § 18 handelt und die noch im Entwurf vorgesehene Leichtfertigkeitsschwelle schließlich ohne ersichtlichen Sachgrund entfallen ist (vgl. BT-Drs. 13/9064 S. 15), genügt hinsichtlich der Todesherbeiführung Fahrlässigkeit, wobei freilich diese gerade in der Entziehung oder dem Vorenthalten bzw. in der Gewaltanwendung liegen muß. Zur Möglichkeit eines erfolgsqualifizierten Versuchs vgl. § 18 RN 9. **3.** Da dem Gesetzgeber die vorangehenden Qualifizierungen der Abs. 4 und 5 offenbar selbst als möglicherweise zu weitgehend erschienen, ist für **minderschwere Fälle (Abs. 6)** eine Herabsetzung des Strafrahmens auf 6 Monate bis 5 Jahre (bei Abs. 4) bzw. auf 1 bis 10 Jahre (bei Abs. 5) eingeräumt (vgl. Horn SK 23). 21 22 23 24

VIII.1. Vollendet ist die Tat im Falle des *Entziehens*, sobald zwischen dem Minderjährigen und seiner Schutzperson für eine nach den o. 6 genannten Kriterien erhebliche Dauer eine räumliche Trennung herbeigeführt wurde. Im Falle des *Vorenthaltens* kommt es auf die dafür erforderliche Erschwerung der Rückkehr der entzogenen Person an (vgl. o. 7). **2.** Der **Versuch** ist, sofern nicht eine Qualifizierung als Verbrechen nach Abs. 4 oder 5 vorliegt (vgl. o. 23 f.), nunmehr jedenfalls auch in den nicht qualifizierten Fällen von Abs. 1 Nr. 2 und Abs. 2 Nr. 1 strafbar (**Abs. 3**). Durch diese (in § 235 aF noch nicht vorgesehene) Vorverlagerung der Strafbarkeit soll erreicht werden, bereits vor Tatvollendung Ermittlungen aufnehmen zu können, um die Ausreise des Kindes und damit seine endgültige Entziehung zu verhindern (BT-Drs. 13/8587 S. 39). Ein erfolgsqualifizierter Versuch von Abs. 5 ist nach allgemeinen Grundsätzen möglich, bei nur fahrlässig herbeigeführtem Tod jedoch nur in den in Abs. 3 genannten Fällen, weil nur dann die erforderliche Versuchstrafbarkeit des Grunddelikts gegeben ist (vgl. § 18 RN 9). 25

Eser

26 **IX. Idealkonkurrenz** ist möglich mit §§ 120 IV, 169, 234 (vgl. BGH NJW **63**, 1412), ebenso mit § 239 a, b (Horn SK 21; and. Tröndle 17). Dies gilt auch im Verhältnis von § 235 zu § 239 (BGH **39** 242 m. Anm. Bottke NStZ 94, 82, krit. Fahl GA 96, 476), da sie unterschiedliche Schutzgüter (das elterliche Sorgerecht bzw. die Freiheit der entführten Person) zum Gegenstand haben. Über das Verhältnis zu § 185 vgl. BGH **16** 58. Kommt es während der Entziehung zu strafbaren sexuellen Handlungen mit dem Entführten, so besteht Idealkonkurrenz (vgl. BGH **18** 29, NStZ **96**, 333). Als Dauerdelikt endet die Tat erst mit der Wiederherstellung der elterlichen Einflußmöglichkeit (RG DR **42**, 438).

27 **X.** Früher ein *absolutes* **Antragsdelikt** (§ 238 I aF), wurde es nun durch **Abs. 7** in ein *relatives* umgestaltet, indem in den nicht qualifizierten Fällen der Abs. 1–3 die Strafverfolgung zwar grundsätzlich einen Antrag voraussetzt, im Falle eines *besonderen öffentlichen Interesses* jedoch auch von Amts wegen geboten sein kann, wie etwa bei einschlägigen Vorstrafen des Täters oder bei besonders rücksichtslosem Verhalten gegenüber den Minderjährigen und/oder seinen Eltern (BT-Drs. 13/8587 S. 39). Fraglich geworden ist die *Antragsberechtigung*: Während diese nach § 235 aF, weil dort unmittelbar nur die Muntgewalt geschützt war, lediglich dem Inhaber des Sorgerechts zukam (vgl. BGH **39** 242, 25 A. § 238 RN 3), könnte diese nunmehr auch dem Minderjährigen selbst als unmittelbar geschützter Person (o. 1) zustehen, was jedoch vom Gesetzgeber offenbar nicht gewollt war, weil die nunmehr mögliche antragsunabhängige Verfolgbarkeit „namentlich im Interesse des Kindes" eingeräumt wurde (BT-Drs. aaO). Dieser Weg erscheint in der Tat vorzugswürdig, weil das minderjährige Opfer seine Antragsberechtigung ohnehin nicht selbst wahrnehmen könnte (vgl. § 77 III) und bei Tatbeteiligung eines Elternteils ein Pfleger zu bestellen wäre (§ 77 RN 21 f.; iE ebso. Horn SK 24; vgl. auch DSNS-Nelles 39). Bei Eltern ist antragsberechtigt jeder Elternteil, da hier lediglich eigene Rechte der Eltern, nicht aber solche des Kindes wahrgenommen werden, und somit die Grundsätze über die elterliche Gesamtvertretung (vgl. § 77 RN 16) nicht zur Anwendung kommen (Bay NJW **61**, 1033). Daß dem Antragsteller das Personensorgerecht über den Entführten zusteht, ist nach Stuttgart NJW **56**, 1011 nicht erforderlich; doch kann jedenfalls nicht gegen den Willen des Sorgerechtsinhabers Strafantrag gestellt werden (vgl. Düsseldorf NStZ **81**, 103 zum Verhältnis von Amtsvormund zu Pflegeeltern); and. Bottke ZBlJugR 81, 431, wenn Pflegeeltern nach § 1632 IV BGB der

28 Aufenthalt des Kindes zugebilligt wurde. Das frühere **Verfolgshindernis bei** Eheschließung des Täters mit der entführten Person (§ 238 aF, 25. A. RN 6) wurde als entbehrlich angesehen, da andere angemessene Reaktionsmöglichkeiten bestehen (§§ 153, 153 a StPO, Verwarnung mit Strafvorbehalt; vgl. BT-Drs. 13/8587 S. 41).

§ 236 Kinderhandel

(1) Wer sein noch nicht vierzehn Jahre altes Kind unter grober Vernachlässigung der Fürsorge- und Erziehungspflicht einem anderen auf Dauer überläßt und dabei gegen Entgelt oder in der Absicht handelt, sich oder einen Dritten zu bereichern, wird mit Freiheitsstrafe bis zu fünf Jahren oder mit Geldstrafe bestraft. Ebenso wird bestraft, wer in den Fällen des Satzes 1 das Kind auf Dauer bei sich aufnimmt und dafür ein Entgelt gewährt.

(2) Wer unbefugt
1. die Adoption einer Person unter achtzehn Jahren vermittelt oder
2. eine Vermittlungstätigkeit ausübt, die zum Ziel hat, daß ein Dritter eine Person unter achtzehn Jahren auf Dauer bei sich aufnimmt,

und dabei gegen Entgelt oder in der Absicht handelt, sich oder einen Dritten zu bereichern, wird mit Freiheitsstrafe bis zu drei Jahren oder mit Geldstrafe bestraft. Bewirkt der Täter in den Fällen des Satzes 1, daß die vermittelte Person in das Inland oder das Ausland verbracht wird, so ist die Strafe Freiheitsstrafe bis zu fünf Jahren oder Geldstrafe.

(3) Der Versuch ist strafbar.

(4) Auf Freiheitsstrafe von sechs Monaten bis zu zehn Jahren ist zu erkennen, wenn der Täter
1. aus Gewinnsucht, gewerbsmäßig oder als Mitglied einer Bande handelt, die sich zur fortgesetzten Begehung eines Kinderhandels verbunden hat, oder
2. das Kind oder die vermittelte Person durch die Tat in die Gefahr einer erheblichen Schädigung der körperlichen oder seelischen Entwicklung bringt.

(5) In den Fällen des Absatzes 1 kann das Gericht bei Beteiligten und in den Fällen des Absatzes 2 bei Teilnehmern, deren Schuld unter Berücksichtigung des körperlichen oder seelischen Wohls des Kindes oder der vermittelten Person gering ist, die Strafe nach seinem Ermessen mildern (§ 49 Abs. 2) oder von Strafe nach den Absätzen 1 bis 3 absehen.

Vorbem. Fassung durch das 6. StrRG v. 26. 1. 1998 (BGBl. I 164); zu § 236 aF vgl. Vorbem. vor §§ 235, 236.

Kinderhandel 1–8 **§ 236**

Schrifttum: vgl. die Angaben zu § 235, ferner *Albrecht,* Kinderhandel, 1994. – *Bach,* Neue Regelungen gg. Kinderhandel (usw.), FamRZ 90, 574. – *Lüderitz,* Verbot von Kinderhandel (usw.), NJW 90, 1633.

I. Die durch das 6. StrRG neu eingefügte Vorschrift will den Strafschutz von Minderjährigen 1 gegenüber einer deutlichen Zunahme von Fällen verbessern, in denen Kinder von ihren leiblichen Eltern wie Handelsware zum Kauf angeboten werden (BT-Drs. 13/6038 S. 10 ff., 13/8587 S. 39 f., Kreß NJW **98**, 641 f.). Dazu wurde der schon bisher in § 14 a AdVermiG vorhandene „Vermittlertatbestand"(u. 6) hier als Abs. 2 in das StGB eingestellt und zudem um einen „Verkäufertatbestand" (Abs. 1 S. 1, u. 2) und einen diesem gegenüberstehenden „Käufertatbestand" (Abs. 1 S. 2, u. 5) ergänzt, so daß Kinder und Jugendliche nicht nur gegen unbefugte, meist gewerbliche Adoptionsvermittlungen, sondern auch gegenüber ihren weggebenden und aufnehmenden Eltern geschützt sind. Schutzgut ist die **ungestörte körperliche und seelische Entwicklung des Kindes** (BT-Drs. 13/8587 S. 40, Gribbohm LK 4, Lackner/Kühl 1 mwN). Da eine tatsächliche Schädigung oder Gefährdung des Kindes nicht eingetreten sein braucht, handelt es sich um ein *abstraktes Gefährdungsdelikt* (Horn SK 2, W-Hettinger 445; vgl. aber auch Abs. 4 Nr. 2, u. 11 aE).

II.1. Der **„Verkäufertatbestand" (Abs. 1 S. 1)** setzt folgendes voraus: 2

a) Tatobjekt sind **Kinder** bis zu 14 Jahren. Geschlecht, Gesundheitszustand oder sonstige Eigenschaften sind gleichgültig.

b) Als **Täter** kommen, da es sich um „sein" Kind handeln muß, nur die **Eltern** oder ein Elternteil 3 in Betracht, wobei dazu neben den leiblichen auch Adoptiveltern und „Scheinväter", denen nach § 1592 BGB das Kind lediglich rechtlich zugeordnet wird, zählen (Gribbohm LK 7 f.). Da die Elternschaft strafbegründend wirkt, handelt es sich bei dieser Tatbestandsalternative um ein echtes Sonderdelikt; daher können sich andere Verwandte ebenso wie sonstige Außenstehende nach § 28 I nur als Teilnehmer oder aber nach Abs. 2 (u. 6 ff.) strafbar machen (vgl. DSNS-Nelles 67; eingeh. zu Teilnahmeproblematik Gribbohm LK 90 ff.).

c) Tathandlung ist das **Überlassen an einen anderen auf Dauer**. Als ein *anderer* kommt nament- 4 lich der nach Abs. 1 S. 2 seinerseits strafbare „Abnehmer" des Kindes in Betracht; doch muß für die hier infragestehende „Verkaufsalternative" auch schon die Überlassung an einen Vermittler genügen, sofern die übrigen Voraussetzungen, wie Handeln gegen Entgelt oder in Bereicherungsabsicht, gegeben sind. Für das *Überlassen* genügt, wenn dem anderen – ähnlich wie bei § 225 I Nr. 3 (RN 9) – die tatsächliche Gewalt über das Kind zB durch Übergabe verschafft oder die Übernahme durch den anderen geduldet wird (vgl. BE-Schumacher 57, Tröndle 4). *Auf Dauer* ist das Kind nicht nur bei unabsehbarer Zeit oder Endgültigkeit überlassen, sondern – anders als im Falle von § 226 I Nr. 2, 3 (RN 4) – dem hiesigen Schutzzweck entsprechend bereits dann, wenn eine nachhaltige Entfremdung des Kindes aus einer gewohnten Umgebung eingetreten ist. Dies ist zwar nicht schon bei jedem vorübergehenden längeren Auslandsaufenthalt gegeben, kann aber bereits bei mehreren Monaten der Fall sein (Lackner/Kühl 2; strenger Gribbohm LK 25, wonach die Aufnahme auf „endgültig" angelegt sein muß). Auch kann dieser Zeitraum dadurch zustandekommen, daß der zunächst nur befristete Aufenthalt des Kindes bei einem Dritten nachträglich in einen Dauerzustand umgewandelt wird (Horn SK 6). Im übrigen kann als Maßstab das weitere Erfordernis einer **groben Vernachlässigung der Fürsorge- oder Erziehungspflicht** dienen, zumal diese Einschränkung nicht zuletzt deshalb eingefügt wurde, um sozial akzeptierte Vorgänge – wie die vorübergehende Überlassung an Fremde bei längerer Abwesenheit der Eltern – aus dem Tatbestand auszuklammern (vgl. BT-Drs. 13/8587 S. 40, 62, 84). Eine Vernachlässigung dieser Pflichten (zu deren entsprechendem Begriff in § 171 vgl. dort RN 2 ff.) kann auch schon in der einmaligen Überlassung eines Kindes liegen (Lackner/Kühl 2). Zum weiterhin erforderlichen Handeln **gegen Entgelt** (§ 11 I Nr. 9) oder in **Bereicherungsabsicht** vgl. § 235 RN 22.

2. Als Gegenstück zu dem auf Eltern (usw.) beschränkten „Verkauf" (o. 2 ff.) kommt für den 5 **„Käufertatbestand" (Abs. 1 S. 2)** als Täter jedwede Person in Betracht, die das fremde Kind (o. 2) **auf Dauer bei sich aufnimmt,** dh in ihre eigene tatsächliche Gewalt, zB durch Unterbringung in der eigenen Wohnung, übernimmt (Lackner/Kühl 3) und dafür ein **Entgelt gewährt**, gleich ob durch Geldzahlungen oder auch Sachleistungen (BT-Drs. 13/6038 S. 9). Soweit Leistungen dem Kind selbst zufließen, sollen diese auch dann nicht erfaßt sein, wenn sie zu einer finanziellen Entlastung zB durch Freistellung von Unterhaltsleistungen führen (BT-Drs. aaO). Wegen der akzessorischen Bezugnahme auf „Fälle des S. 1" setzt die Strafbarkeit des „Käufers" die entsprechende Strafbarkeit des „Verkäufers" und den darauf bezogenen Vorsatz voraus (vgl. u. 9). Zur Problematik des Zwischenhändlers vgl. Gribbohm LK 27 f.

3. Der **„Vermittlertatbestand" (Abs. 2)** bezweckt die Erfassung der zwischen dem „Verkäufer" 6 und dem „Käufer" illegal agierenden Vermittler (BT-Drs. 13/8587 S. 40).

a) Im Unterschied zu dem auf Kinder beschränkten Abs. 1 sind durch Erhöhung des Schutzalters 7 auf **18 Jahre** hier auch Jugendliche gegen unbefugte Vermittlung geschützt.

b) Als **Tathandlung** kommen sowohl das **unbefugte Vermitteln einer Adoption (S. 1 Nr. 1)** 8 als auch das **unbefugte Ausüben einer Vermittlungstätigkeit (S. 1 Nr. 2)** in Betracht, wobei letztere zum Ziel haben muß, daß ein *Dritter* die vermittelte Person *auf Dauer bei sich aufnimmt* (dazu o. 5). *Unbefugt* sind derartige Vermittlungen, wenn sie gegen zivilrechtliche oder verwaltungsrechtliche

Eser 1875

§ 236 9–13 Bes. Teil. Straftaten gegen die persönliche Freiheit

Vorschriften über die Adoption verstoßen (BT-Drs. 30/6038 S. 10). Im Falle von Nr. 1 ist dies gegeben, wenn andere als in § 2 AdVermiG genannte Vermittlungsstellen (wie namentlich Jugendämter und Landesjugendämter oder sonstige anerkannte Stellen der freien Wohlfahrtspflege) die Vermittlung durchführen (vgl. § 5 AdVermiG), wobei zu beachten ist, daß nach dem auch für hier maßgeblichen Verständnis des § 1 AdVermiG (Gribbohm LK 46, wohl and. Horn LK 8) bereits das Zusammenführen von Kind und Adoptionsbewerber erfaßt wird. Nr. 2 will adoptionsumgehende Vermittlungen iSv § 5 IV AdVermiG verhindern, wie zB das Zusammenbringen Schwangerer mit kindersuchenden Männern, die nach der Geburt wahrheitswidrig die Vaterschaft anzuerkennen beabsichtigen (vgl. Bach FamRZ 90, 574, Lackner/Kühl 4, BE-Schumacher 59). Da die Vermittlungstätigkeit iSv Nr. 2 nicht erfolgreich zu sein braucht, handelt es sich insoweit um ein unechtes Unternehmensdelikt (Horn SK 9; vgl. dazu § 11 RN 52). In beiden Alternativen muß der Vermittler **gegen Entgelt** oder in **Bereicherungsabsicht** handeln (vgl. § 235 RN 22). Fehlt es an diesem subjektiven Element, so kommt eine Ordnungswidrigkeit nach § 14 I AdVermiG in Betracht (Tröndle 8).

9   **III.** Für den **subjektiven Tatbestand** ist (mindestens bedingter) **Vorsatz** erforderlich, wobei sich dieser insbes. auf das Alter der geschützten Person beziehen muß. Im Falle von Abs. 1 S. 1 reicht die Kenntnis der Tatsachen aus, aus denen sich die grobe Vernachlässigung der Fürsorge- und Erziehungspflicht und die entgeltliche Überlassung ergibt (Tröndle 6). Diese Pflichtverletzung der Eltern muß wegen der Abhängigkeit des „Kaufens" von der Strafbarkeit des „Verkaufens" (o. 5) der das Kind im Falle von iSv Abs. 1 S. 2 aufnehmende wenigstens billigend in Kauf genommen haben. Das kann zweifelhaft sein, wenn wie zB bei einem aus einem Entwicklungsland stammenden Kind die Aufnehmenden gutgläubig davon ausgehen, daß die leiblichen Eltern nichts besseres tun konnten (vgl. BE-Schumacher 58, Tröndle 7). Gleichwohl hat der Gesetzgeber solchen Bedenken, denen der BR durch Streichung der Fürsorgepflichtverletzung auf seiten der Eltern begegnen wollte, nicht entsprochen (vgl. BT-Drs. 13/8587 S. 62, 84).

10   **IV.1.** Die **Regelstrafe** ist für „Verkäufer" und „Käufer" Freiheitsstrafe bis zu 5 Jahren oder Geldstrafe (Abs. 1), während der „Vermittler" nur mit Freiheitsstrafe bis zu 3 Jahren oder Geldstrafe bedroht ist (Abs. 2), wobei diese Abstufung aus der unterschiedlichen Schutzrichtung von Abs. 1 (ungestörte körperliche und seelische Entwicklung des Kindes) und Abs. 2 (Absicherung des Vermitt-
11 lungssystems) zu erklären ist (vgl. BT-Drs. 13/8587 S. 40). **2. Strafschärfungen** sind ebenfalls in abgestufter Weise vorgesehen (eingeh. Gribbohm LK 58ff.): a) So droht dem „Vermittler" gleichermaßen Freiheitsstrafe bis zu 5 Jahren bei **grenzüberschreitender Verbringung** der vermittelten Person in das In- oder Ausland **(Abs. 2 S. 2;** zu diesen Begriffen vgl. 25ff. vor § 3 bzw. § 235 RN 14f.). b) Unterschiedslos für „Verkäufer", „Käufer" und „Vermittler" ist Freiheitsstrafe von 6 Monaten bis zu 10 Jahren in zwei Fall angedroht **(Abs. 4):** nach dessen **Nr. 1** – mit Stoßrichtung gegen den kommerziellen und organisierten Kinderhandel – bei Handeln aus **Gewinnsucht, gewerbsmäßig** oder als Mitglied einer zu fortgesetzter Begehung des Kinderhandels verbundenen **Bande**. Für *Gewinnsucht* genügt nicht schon die (nach Abs. 1 bzw. 2 überhaupt erst strafbegründende) Absicht, sich oder einem Dritten einen Vermögensvorteil oder irgendeinen anderen Vorteil zu verschaffen (wie früher von RG **43** 176, Bremen HESt **2** 237, Oldenburg NdsRpfl. **49**, 96 angenommen); vielmehr wird im Hinblick auf die erhöhte Strafdrohung eine Steigerung des berechtigten Erwerbssinns auf ein ungewöhnlich überzogenes und sittlich anstößiges Maß zu verlangen sein (vgl. BGH **1** 389, **3** 31, GA **53**, 154, **61**, 171, Hamm NJW **49**, 191), wobei dies freilich auch bei einer nur vorübergehenden Genuß oder alsbaldigen Verbrauch gerichteten Absicht der Fall sein kann (vgl. RG **55** 256). Letztlich wird es entscheidend darauf ankommen, inwieweit der Täter bereit ist, elementarste Entwicklungsinteressen des Kindes seinen Gewinnaussichten unterzuordnen (vgl. BE-Schumacher 60, Tröndle 11). Zur *Gewerbsmäßigkeit* vgl. 95 f. vor § 52, zur *Mitgliedschaft in einer Bande* § 244 RN 23 ff., wobei hier die Verbindung auf die fortgesetzte Begehung des Kinderhandels gerichtet sein muß. Für die Qualifizierung nach **Nr. 2** ist erforderlich, daß durch den „Handel" das Opfer in die **Gefahr einer erheblichen Schädigung der körperlichen oder seelischen Entwicklung** gebracht wird; inso-
12 weit gilt Entsprechendes wie bei § 235 IV Nr. 1 (vgl. dort RN 22). **3.** Fakultative **Strafmilderung** bis hin zum Absehen von Strafe ist in **Abs. 5** in einer nicht leicht zu durchschauenden Differenzierung (vgl. Tröndle 12) eingeräumt. In dem verständlichen Bestreben, einerseits der unverschuldeten Notlage von Eltern, die mit der Abgabe dem Kind etwas Gutes zu tun hoffen, bzw. aufnahmewilligen Personen, die sich von einem anders nicht erfüllbaren Kinderwunsch leiten lassen, entgegenzukommen, andererseits aber solches Verständnis nicht für gewerbsmäßige Vermittler aufbringen zu können (vgl. BT-Drs. 13/8587 S. 140), wird den „Handelspartnern" sowohl im Falle von Abs. 1 als auch als bloßen Teilnehmern (Anstifter oder Gehilfen) an einer Vermittlung nach Abs. 2 eine Strafmilderung eröffnet, nicht hingegen dem „Vermittler" im Falle von Abs. 2. Voraussetzung ist in jedem Falle **geringe Schuld,** die an den Folgen für das seelische oder körperliche Wohl des Opfers zu messen ist (Gribbohm LK 124, Lackner/Kühl 7). Während bei Tatvollendung das richterliche Ermessen von Strafmilderung nach § 49 II bis zum Absehen von Strafe (mit der Möglichkeit der Verfahrenseinstellung nach § 153 b StPO) reicht, bleibt bei bloßem Versuch weniger flexibel nur die Wahl zwischen der normalen Versuchsstrafe (§ 23 II iVm § 49 I) oder das völlige Absehen von Strafe (krit. DSNS-Nelles 68).

13   **V.** Der **Versuch (Abs. 3)** ist nunmehr strafbar; dadurch wurde über den § 14 a II 1 AdVermiG aF hinweg die Strafbarkeit deutlich vorverlagert, um Kinderhandel bereits im Ansatz effizient bekämpfen

Freiheitsberaubung 1–3 **§ 239**

bzw. selbst im Falle eines späteren Scheiterns wirksam verfolgen zu können (BT-Drs. 13/8587 S. 40). Für das unmittelbare Ansetzen beim „Überlassen" wird man über das bloße Anbieten des Kindes hinaus bereits konkrete Verhandlungen über dessen Überlassung voraussetzen müssen (BE-Schumacher 59, Tröndle 9; vgl. auch Gribbohm LK 83 ff.). Gegen den Versuch von Abs. 2 Nr. 2 stellen sich die mit einem unechten Unternehmensdelikt (o. 8) allgemein verbundenen Bedenken (vgl. § 11 RN 52 ff.).

VI. Tateinheit ist vor allem mit §§ 171, 235 und 239 möglich (Lackner/Kühl 8), ferner mit 14 §§ 169, 240. Zu Konkurrenzen innerhalb des § 236 vgl. Gribbohm LK 106 ff.

VII. Internationalstrafrechtlich fehlt eine dem § 5 Nr. 6 a zu § 235 entsprechende Auslandserst- 15 reckung; jedoch kommt uU § 6 Nr. 9 in Betracht (vgl. dort RN 5, 11).

§ 237 Entführung gegen den Willen der Entführten *aufgehoben durch das 33. StÄG v. 1. 7. 1997 (BGBl. I 1607); vgl. Vorbem. zu §§ 235, 236.*

§ 238 Voraussetzungen der Verfolgung *aufgehoben durch das 6. StRG v. 26. 1. 1998 (BGBl. I 164)*

§ 239 Freiheitsberaubung

(1) **Wer einen Menschen einsperrt oder auf andere Weise der Freiheit beraubt, wird mit Freiheitsstrafe bis zu fünf Jahren oder mit Geldstrafe bestraft.**

(2) **Der Versuch ist strafbar.**

(3) **Auf Freiheitsstrafe von einem Jahr bis zu zehn Jahren ist zu erkennen, wenn der Täter**
1. **das Opfer länger als eine Woche der Freiheit beraubt oder**
2. **durch die Tat oder eine während der Tat begangene Handlung eine schwere Gesundheitsschädigung des Opfers verursacht.**

(4) **Verursacht der Täter durch die Tat oder eine während der Tat begangene Handlung den Tod des Opfers, so ist die Strafe Freiheitsstrafe nicht unter drei Jahren.**

(5) **In minder schweren Fällen des Absatzes 3 ist auf Freiheitsstrafe von sechs Monaten bis zu fünf Jahren, in minder schweren Fällen des Absatzes 4 auf Freiheitsstrafe von einem Jahr bis zu zehn Jahren zu erkennen.**

Vorbem. Durch das 6. StRG v. 26. 1. 1998 (BGBl. I 164) wurden Abs. 1 geändert u. Abs. 2 neu eingefügt; die bisherigen Abs. 2 und 3 wurden in geänderter Form zu Abs. 3 bis 5.

Schrifttum: Bloy, Freiheitsberaubung ohne Verletzung fremder Autonomie?, ZStW 96 (1984), 703. – Gastiger, Freiheitsschutz u. Haftungsrecht in der stationären u. ambulanten Altenhilfe, 1993. – Kargl, Die Freiheitsberaubung nach dem 6. StRG, JZ 99, 72. – Park/Schwarze, Die Freiheitsberaubung, Jura 95, 294. – Schumacher, Freiheitsberaubung u. „Fürsorgl. Zwang" in Einrichtungen der stationären Altenhilfe, Stree/Wessels-FS 431. – Widmann, Die Freiheitsberaubung mit Todesfolge (usw.), MDR 67, 972. – Vgl. ferner die Angaben zu § 234 sowie zu § 237.

I. Schutzgut ist die **potentielle persönliche Fortbewegungsfreiheit,** dh die Freiheit der 1 Willensbetätigung in bezug auf die Veränderung des Aufenthaltsortes (vgl. BGH **14** 314, **32** 188 m. Anm. Geerds JR 84, 428, Köln NJW 86, 334, Tröndle 1, Meyer-Gerhards JuS 74, 569, W-Hettinger 368; abw. Arzt/Weber I 209, Bloy aaO 718). Freiheitsberaubung durch einen *Amtsträger* ist nach 2 Aufhebung von § 341 (krit. dazu Wagner ZRP 75, 273) allenfalls noch im Rahmen von § 345 strafverschärft (vgl. aber LG Mainz MDR **83**, 1004).

II. Tatobjekt kann **jeder Mensch** sein; auch gegenüber einem Zurechnungsunfähigen ist eine 3 Freiheitsberaubung möglich. Erforderlich ist nur, daß der Betreffende in natürlichem Sinne die Fähigkeit hat, willkürlich seinen Aufenthalt zu verändern (BGH **32** 187). Ein Mensch, der seinen Aufenthaltsort nur mit Hilfe anderer verlassen kann oder dazu technischer Hilfsmittel (Rollstuhl, Brille usw.) bedarf, kann der Freiheit durch Entfernen dieser Hilfsmittel beraubt werden (ebenso M-Schroeder I 149). Wer den Willen, seinen Aufenthalt zu verändern, nicht haben kann (1-jähriges Kind: Bay JZ **52**, 237; Schlafende, sinnlos Betrunkene), kann für die Dauer dieses Zustands seiner Bewegungsfreiheit nicht beraubt werden (Krey I 315; and. Gössel I 248, Schmidhäuser II 52; diff. Bloy aaO 721 ff.). Dagegen entfällt § 239 nicht deshalb, weil während der Dauer der Einsperrung das Opfer den Willen, sich fortzubegeben, tatsächlich nicht gehabt oder von der Einsperrung nichts gewußt hat; es genügt die Beeinträchtigung der potentiellen Fortbewegungsmöglichkeit (BGH **14** 314, Köln NJW **86**, 333, M-Schroeder I 149, Schmidhäuser II 52, W-Hettinger 370; and. RG **33** 236, Horn SK 2, Arzt/Weber I 209 f., Bloy aaO 720; vgl. aber auch Fahl Jura 98, 460, Meyer-Gerhards JuS 74, 570), wie nun auch durch das 6. StRG mittels Streichung der Worte „des Gebrauchs" (der Freiheit) als entbehrlich bestätigt (BT-Drs. 13/8587 S. 41; and. Kargl JZ 99, 79). Ist das Opfer jedoch mit der Freiheitsentziehung einverstanden, so entfällt bereits der Tatbestand (vgl. aber Herzberg/Schlehofer JZ 84, 482 zu BGH **32** 183; abw. Kargl aaO 75 ff., Otto II 103). Zur bes. strafr. Problematik bei freiheitsentziehenden Maßnahmen im Heimbereich vgl. Gastiger aaO, 91 ff., Schumacher Stree/Wessels-FS 431 ff. Zur Freiheitsberaubung gegenüber Kriegsgefangenen vgl. BGH LM Nr. 2 zu § 3.

4 III. Die **Tathandlung** besteht darin, daß ein Mensch ohne seinen Willen der Freiheit beraubt wird (krit. zu der o. 3 erwähnten sprachl. Änderung Freund ZStW 109, 481). Dazu ist erforderlich, daß ihm, wenn auch nur vorübergehend, *unmöglich* gemacht wird, nach seinem freien Willen seinen *Aufenthalt zu verändern,* wobei jedoch unerhebliche Beeinträchtigungen nicht ausreichen (Schröder JZ 64, 31; vgl. aber Schmidhäuser II 52). Durch gleichzeitig erzwungene Ortsveränderung (Wegtransportieren) wird der Tatbestand nicht ausgeschlossen (vgl. LG Mainz MDR **83**, 1044). Dagegen liegt keine Freiheitsberaubung vor, wenn jemand daran gehindert wird, einen bestimmten Ort aufzusuchen (BGH **32** 183), zB durch Autobahnblockade (Hamm VRS **92** 208), durch Hinderung von Arbeitswilligen am Betreten des Arbeitsplatzes durch Streikposten, oder durch Erzwingung einen bestimmten Ort zu verlassen; im allg. auch nicht, wenn der Betroffene durch Zwang veranlaßt wird, einen bestimmten Ort aufzusuchen (vgl. Schäfer LK 3). In diesen Fällen liegt idR nur Nötigung vor. Vgl. auch § 240 RN 41.

5 1. Als wichtigstes **Mittel** der Freiheitsberaubung ist *beispielhaft* das **Einsperren** hervorgehoben: die Verhinderung am Verlassen eines Raumes durch äußere Vorrichtungen. Ein Mensch ist eingesperrt, sobald er objektiv gehindert ist, von seiner Fortbewegungsfreiheit Gebrauch zu machen (RG **7** 259, **61** 239). Ob dies durch Verschließen der Ausgänge oder auf andere Weise geschieht, ist unerheblich. Die Unmöglichkeit, sich zu entfernen, braucht keine unüberwindliche zu sein (vgl. östOGH ÖJZ **63**, 158). Es genügt, daß der Zurückgehaltene etwaige Ausgänge nicht benutzen kann, zB weil er einen vorhandenen Ausgang nicht kennt (RG JW **29**, 2729 m. Anm. Dohna) oder den Mechanismus einer Tür nicht zu bedienen weiß (RG **27** 360). Eine räumliche Trennung zwischen Täter und Opfer ist nicht erforderlich; der Täter kann sich selbst mit einsperren. Zur Vollstreckung einer rechtsbeugerisch überhöhten Freiheitsstrafe s. BGHR StGB § 336 Konkurr. **1**.

6 2. Neben der Einsperrung kann jemand auch **auf andere Weise** der Freiheit beraubt werden. Dafür kommt jedes Mittel in Betracht, das tauglich ist, einem anderen die Möglichkeit der Fortbewegung zu nehmen; es braucht, wie etwa das Festbinden auf einem Stuhl oder Bett (vgl. Koblenz NJW **85**, 1409), der Einsperrung nicht ähnlich zu sein (RG **6** 232). Daher reicht neben Gewalt (vgl. Hamm JMBlNRW **64**, 31) und Drohung (wenngleich – mit Rücksicht auf die Eigenbedeutung des § 239 – nicht bloße Drohung mit einem empfindlichen Übel nach § 240: vgl. BGH NJHW **93**, 1807) auch List aus (Tröndle 4), und zwar nicht nur, wenn sie dazu dient, eine Ortsveränderung in der Vorstellung des Opfers unmöglich zu machen (wenn zB vorgespiegelt wird, eine Tür sei verschlossen), sondern auch dann, wenn lediglich eine psychische Schranke errichtet wird (angeblicher Hausarrest), nicht dagegen bei einem erschlichenen Einverständnis (vgl. 32 vor § 32; ebd. Bloy aaO 713 ff.); uU aber dann, wenn einer offensichtlich hörigen Person durch entsprechende Anweisungen die Möglichkeit der Ortsveränderung abgeschnitten wird (insoweit problem. BGH **32** 189 m. krit. Anm. Herzberg/Schlehofer JZ 84, 482). Ferner soll, wenn nicht sogar eingesperrt, so jedenfalls seiner Freiheit beraubt sein, wer zwar mehrere Ausgänge sieht oder faktisch weggehen könnte, die Benutzung dieses Weges jedoch allgemein oder nach den Umständen des Falles als ungewöhnlich, beschwerlich oder als anstößig anzusehen wäre (vgl. RG **8** 210, Tröndle 3, Gössel I 249, M-Schroeder I 149),wie etwa in dem Fall, daß einem Nacktbadenden die Kleider weggenommen werden (vgl. Krey I 314, Schmidhäuser II 52); dem kann jedoch nur im Falle unzumutbarer Gefährlichkeit der verbleibenden Entfernungsmöglichkeit zugestimmt werden (einschr. auch RG **6** 231, Arzt/Weber I 212, Horn SK 5), wie etwa, wenn der Lenker eines Wagens durch rasches Fahren das Aussteigen unmöglich macht (RG **25** 147, BGH NStZ **92**, 34, Koblenz VRS **49** 350) oder der Zugführer entgegen dem berechtigten Verlangen eines Reisenden die Tür des Abteils nicht öffnet (RG DJZ **08**, 746). Gleiches gilt für den Fall, daß einem Flugzeug die Landeerlaubnis verweigert bzw. die Landung auf andere Weise unmöglich gemacht wird (zB durch Fluglotsenstreik, vgl. Blei JA 73, 386), oder daß eine Leiter weggenommen wird, die zum Herabsteigen benutzt werden sollte. Da es nur auf den Erfolg der Freiheitsberaubung ankommt, muß auch ausreichen, daß dem Eingesperrten die Selbstbefreiung unmöglich gemacht wird. In der zwangsweisen Unterbringung in einer psychiatrischen Anstalt wird nicht schon per se, sondern idR erst dann eine Freiheitsberaubung zu erblicken sein, wenn die Heiminsassen auf einem bestimmten. beschränkten Raum festgehalten werden, ständiger Überwachung unterliegen und von Kontakten mit Personen außerhalb des Raumes abgeschnitten sind (näher Sack/Denger MDR 82, 973).

7 3. Die Freiheitsberaubung kann auch durch **Unterlassen** begangen werden (BGH GA **63**, 16, Tröndle 5, Eser NJW **65**, 379 f., M-Schroeder I 150; vgl. aber auch Horn SK 11), so etwa dadurch, daß der Täter einen versehentlich Eingesperrten nicht herausläßt, nachdem er sein Versehen erkannt hat (RG **24** 339); weiter kommt das Unterlassen des Widerrufs einer falschen Anschuldigung bei der Polizei in Betracht (RG HRR **35** Nr. 471).

8 IV. Die **Rechtswidrigkeit** kann durch Ausübung amtlicher Befugnisse, zB bei Verhaftung oder vorläufiger Festnahme (vgl. RG HRR **38** Nr. 1568), staatsanwaltschaftlicher Vorführung (vgl. Moritz NJW **77**, 796), polizeilicher Verbringung zur Blutentnahme (Köln NJW **86**, 234) oder Anstaltsbehandlung aufgrund von Sondergesetzen ausgeschlossen sein, wobei Förmlichkeitsmängel unerheblich sein können, solange der Freiheitsentzug zumindest sachlich begründet ist (vgl. BGH MDR/H **78**,

624, Schleswig NStZ **85**, 74 m. krit. Anm. Otto u. Amelung/Brauer JR 85, 474, aber auch LG Mainz MDR **83**, 1044 zu unzulässiger Verbringung von Stadtstreichern „aufs Land"; zu Sonderproblemen bei jugendpsychiatrischer Unterbringung vgl. Sack/Denger MDR **82**, 972 ff., zur „Ruhigstellung" eines Patienten vgl. Koblenz NJW **85**, 1409). Ebenso kann die Rechtswidrigkeit durch erlaubte Selbsthilfe (§§ 229, 861 BGB), Notwehr oder Erziehungsbefugnisse ausgeschlossen sein (zur Rechtfertigung „familiärer Selbsthilfe" gegenüber kranken Verwandten vgl. BGH **13** 197 m. krit. Anm. Sax JZ 59, 776, aber auch Arzt/Weber I 213). Eine Überschreitung der erlaubten Selbsthilfe liegt dann vor, wenn die Einsperrung auf eine dritte unbeteiligte Person ausgedehnt wird, um sie gegen denjenigen wirksam zu erhalten, gegen den sie gerechtfertigt war. Eine an sich berechtigte Freiheitsentziehung wird nicht dadurch unrechtmäßig, daß sie von entwürdigenden Umständen begleitet wird, sofern dabei nicht die Grenzen der Erforderlichkeit und Verhältnismäßigkeit überschritten werden (zB wenn statt des ausreichenden Einsperrens in einem Raum eine Person mit einer kurzen Kette an die Wand gefesselt wird). Diese Gesichtspunkte hat die Rspr. nicht immer deutlich genug unterschieden (vgl. RG **17** 127, JW **25**, 973, OGH **3** 125, NJW **50**, 436). Eine **Einwilligung** beseitigt nicht erst die Rechtswidrigkeit, sondern bereits die Tatbestandsmäßigkeit (Tröndle 8, Lackner/Kühl 5, W-Hettinger 374).

V. Für den **subjektiven Tatbestand** ist **Vorsatz** erforderlich, bedingter genügt. Für fahrlässige **9** Freiheitsberaubung ist der privatrechtliche Schutz der §§ 823, 847 BGB ausreichend. Der Vorsatz muß auf die völlige Aufhebung der Bewegungsfreiheit gerichtet sein. Irrtum über die Widerrechtlichkeit ist nach den für Rechtfertigungsirrtum geltenden Grundsätzen zu behandeln (vgl. § 16 RN 14 ff.). Demgemäß liegt Verbotsirrtum vor, wenn es sich um die Annahme nicht vorhandener Rechtfertigungsgründe handelt (BGH **3** 364), wie etwa bei Zurückholung der Ehefrau durch einen Ausländer (AG Grevenbroich NJW **83**, 528).

VI. Die Freiheitsberaubung kann auch in **mittelbarer Täterschaft** begangen werden, indem **10** staatliche Organe (zB Polizeibeamte, Richter usw.; vgl. RG HRR **39** Nr. 464, BGH **3** 5, 110, **32** 294, Schleswig o. 8) durch Täuschung zu amtlichem Eingreifen veranlaßt werden. Dies fällt nicht nur dann unter § 239, wenn ein ungerechtfertigter Verdacht erzeugt wird, sondern auch da, wo unrichtige Beweismittel beigebracht werden, ohne die das Opfer seiner Freiheit nicht hätte beraubt werden können (and. RG HRR **38** Nr. 1568). Dagegen kommen wahrheitsgemäße Anzeigen oder Zeugenaussagen, zumal es dabei idR schon an einer Tatbeherrschung durch den Denunzianten fehlt (vgl. Eser II 156), als Freiheitsberaubung nicht in Betracht (BGH NJW **58**, 874), es sei denn, daß zB eine rechtsstaatswidrige Verhaftung (vgl. KG ROW **89**, 311) oder rechtswidrige Behandlung zu befürchten ist (vgl. Düsseldorf NJW **79**, 60), insbes. wenn der Täter bewußt einen rechtswidrig handelnden Staatsapparat für die Verfolgung eigener Ziele ausnützt (BGH **42** 278 m. Bspr. König JR 97, 317, Martin JuS 97, 660). Vgl. auch § 25 RN 26.

VII. Vollendet ist die Freiheitsberaubung, sobald es dem Opfer, und sei es auch nur vorüber- **11** gehend, unmöglich gemacht wird, seinen Aufenthalt nach eigenem Belieben zu verändern (vgl. BGH MDR/H **79**, 281). Eine bestimmte Dauer ist dafür nicht vorausgesetzt (vgl. BGH **14** 315, Hamm JMBlNRW **64**, 31); für Bagatellfälle vgl. jedoch o. 4. Wird die Bewegungsfreiheit nicht aufgehoben, sondern tritt nur eine Erschwerung der freien Bewegung ein, so kommt lediglich ein (nunmehr strafbarer) Versuch der Freiheitsberaubung in Betracht (s. u. 11 a). Es ist zur Vollendung nicht erforderlich, daß sich der Eingesperrte der Tatsache der Freiheitsberaubung bewußt geworden ist (vgl. o. 1). Die Freiheitsberaubung ist Dauerdelikt (vgl. 81 ff. vor § 52), das erst mit Aufhebung der Freiheitsentziehung beendet ist (vgl. M-Schroeder I 151, Eser NJW 65, 380). **Versuch** der einfachen Frei- **11a** heitsberaubung ist nunmehr nach **Abs. 2** strafbar, wobei allerdings die ursprüngliche Motivation des Gesetzgebers, Strafbarkeitslücken infolge der beabsichtigten Ersetzung der Erfolgsqualifikation des Abs. 2 aF durch einen unbenannten Strafschärfungsgrund zu schließen (BT-Drs. 13/8587 S. 41), durch Beibehaltung der bisherigen Gesetzestechnik weggefallen ist. Die praktische Bedeutung der Versuchsstrafbarkeit dürfte sich auf Fälle des untauglichen Versuchs beschränken, da die Zeitspanne zwischen dem unmittelbaren Ansetzen und der Tatbestandsvollendung idR gering ist (Tröndle 11, BE-Schumacher 62).

VIII.1. Die **Regelstrafe (Abs. 1)** ist Freiheitsstrafe bis zu 5 Jahren oder Geldstrafe. **2. Straf-** **12** **verschärfte** Fälle enthalten nach Wegfall der früheren Freiheitsberaubung im Amt (vgl. aber o. 2) – die Abs. 3 und 4. Während Abs. 2 aF als Erfolgsqualifikation bereits Fahrlässigkeit bzgl. der schweren Folge ausreichen ließ (§ 18), ist bei Abs. 3 Nr. 1 nF fraglich, ob er aufgrund seiner aktivischen Formulierung nunmehr als echte tatbestandsmäßige *Qualifikation* zu verstehen ist, die vom Vorsatz des Täters umfaßt sein muß. Auch wenn vom Gesetzgeber eine solche Umwandlung der Erfolgsqualifikation nicht beabsichtigt war (BT-Drs. 13/8587 S. 84, Rengier II 103), ist doch letztlich entscheidend, daß dem Wortlaut des Abs. 3 Nr. 1 eine Erfolgsqualifikation nicht entnommen werden kann, da freiheitsberaubende Umstände, bzgl. derer dem Täter nur Fahrlässigkeit zur Last gelegt wird, von der Formulierung der Nr. 1 nicht mehr erfaßt werden können (Horn SK 16, DSNS-Nelles 56, BE-Schumacher 63, Tröndle 12). Dagegen sind Abs. 3 Nr. 2 und Abs. 4 (krit. zu dessen Strafrahmenhöhe Bussmann GA 99, 28) trotz sprachlicher Neufassung *Erfolgsqualifikationen* geblieben. Im Gegensatz zu Abs. 2 aF ist in Abs. 3 Nr. 2 nF der Verweis auf die schwere Körperverletzung (§ 226) nicht mehr enthalten. Da jedoch die Qualifikationsmerkmale des Abs. 2 aF übernommen werden sollen (BT-Drs. 13/8587 S. 41), läßt sich die schwere Gesundheitsbeschädigung hinsichtlich Schweregrad und Intensität durch

§ 239 a

einen Vergleich mit dem Katalog des § 226 näher konkretisieren (krit. Tröndle 12, weitergeh. BE-Schumacher aaO). In Abs. 4 genügt neben dem Tod als Folge der Freiheitsentziehung (zB durch Verhungern oder Erfrieren, vgl. Hirsch Oehler-FS 131) auch, daß der Tod durch eine während der Tat begangene Handlung verursacht wird, wie zB durch Würgen nach Vergewaltigung (BGH **28** 18); allerdings muß nach BGHR StGB § 239 III Behdlg. **1** zwischen Freiheitsberaubung und Tötung ein unmittelbarer, innerer Zusammenhang bestehen. Die Neuformulierung des Abs. 4 scheint zwar sprachlich weiter gefaßt zu sein als Abs. 2 aF („widerfahrene Behandlung"), dürfte aber in der Praxis insoweit zu keinen abweichenden Ergebnissen führen (vgl. DSNS-Nelles 63). Enger ist Abs. 4 allerdings insofern, als der Tod vom *Täter* verursacht sein muß, so daß ihm tödliche Tatexzesse eines Gehilfen nicht strafschärfend angelastet werden können (Hörnle Jura 98, 179). *Selbstmord* des Eingesperrten konnte nach BGH LM **Nr. 3** zu § 346 dem Täter jedenfalls dann zugerechnet werden, wenn Freiheitsberaubung im Amt (§ 341 aF) vorlag; für die sonstigen Fälle kann aber nichts anderes gelten (vgl. Schäfer LK 40, Schmidhäuser II 54). Der Tod ist durch die Freiheitsberaubung auch dann verursacht, wenn ihn das Opfer infolge eines unmittelbaren *Fluchtversuchs* erleidet (BGH **19** 382, M-Schroeder I 152, Schäfer LK 41; vgl. auch § 18 RN 4; and. Horn SK 17, Widmann MDR 67, 972).

13 3. Die bisherige **Strafmilderung** von § 239 II 2, III 2 aF ist nun in **Abs. 5** zusammengefaßt, wobei die Mindeststrafe jeweils erhöht wurde, und zwar im Falle von Abs. 3 auf 6 Monate, im Falle von Abs. 4 auf 1 Jahr.

14 IX. **Idealkonkurrenz** ist insbes. möglich mit §§ 113, 132 (RG **59** 298), 164, ferner (Abs. 4) mit §§ 211 ff., 222 (vgl. § 18 RN 6, 81 ff. vor § 52). § 234 a geht dem § 239 vor. Über das Verhältnis zu § 240 vgl. dort RN 41. Soweit die Freiheitsberaubung nur Mittel oder Bestandteil anderer strafbarer Handlungen ist, mit denen eine Freiheitsberaubung regelmäßig verbunden ist, wie zB §§ 177, 249 ff., besteht **Gesetzeskonkurrenz** (vgl. BGHR StGB 177 I Konkurr. **11**); Entsprechendes gilt für §§ 239 a, b. Soweit § 239 zurücktritt, kommt Strafverfolgung selbst dann in Betracht, wenn es für das vorgehende Delikt am erforderlichen Strafantrag fehlt (BGH MDR/H **80**, 455). Ferner entfällt § 239 als Begleittat, wo die Beeinträchtigung nur Nebenfolge eines anderen Delikts (zB Körperverletzung, Vergiftung) ist. Kommt jedoch der Freiheitsberaubung eine Eigenbedeutung zu, ist Tateinheit auch mit diesen Delikten denkbar (BGH MDR/H **88**, 627, NStZ **99**, 83, NStZ/Mie **94**, 226; vgl. auch § 177 RN 29, § 249 RN 13); ferner dort, wo eine Körperverletzung gerade zwecks Freiheitsberaubung oder wo jemand zu dem Zweck eingesperrt wird, ihm eine Körperverletzung zuzufügen. Als **Dauerdelikt** kann § 239 währenddessen verwirklichte Delikte zur Handlungseinheit zusammenfassen, sofern nicht beide einen schwereren Unrechtsgehalt haben (daher Verklammerung von 2 Vergewaltigungen durch § 239 im BGH NStE Nr. **12** zu § 177 abgelehnt, während dies zwischen §§ 177, 178 u. § 315 c nach BGH NStZ **88**, 70, NJW **89**, 1227 möglich sein soll; nach BGH NStZ-RR **98**, 234 verdrängt Abs. 3 Nr. 1 nF entsprechende Abs. 2 aF die §§ 178 aF, 253, 255 zur Tateinheit, auch wenn das Höchstmaß der Strafdrohung bei § 253, 255 über dem des § 239 liegt). Zur Problematik einer in der DDR begangenen politischen Verdächtigung von **DDR**-Bürgern und den dabei in Frage kommenden §§ 239, 241 a vgl. BGH **40** 125 ff. (m. Anm. Reimer NStZ 95, 83, Seebode JZ 95, 413), **42** 275 ff. (m. Bspr. König JR 97, 317, Martin JuS 97, 660) sowie § 5 RN 12 a, § 241 a RN 3 f.

§ 239 a Erpresserischer Menschenraub

(1) **Wer einen Menschen entführt oder sich eines Menschen bemächtigt, um die Sorge des Opfers um sein Wohl oder die Sorge eines Dritten um das Wohl des Opfers zu einer Erpressung (§ 253) auszunutzen, oder wer die von ihm durch eine solche Handlung geschaffene Lage eines Menschen zu einer solchen Erpressung ausnutzt, wird mit Freiheitsstrafe nicht unter fünf Jahren bestraft.**

(2) **In minder schweren Fällen ist die Strafe Freiheitsstrafe nicht unter einem Jahr.**

(3) **Verursacht der Täter durch die Tat wenigstens leichtfertig den Tod des Opfers, so ist die Strafe lebenslange Freiheitsstrafe oder Freiheitsstrafe nicht unter zehn Jahren.**

(4) **Das Gericht kann die Strafe nach § 49 Abs. 1 mildern, wenn der Täter das Opfer unter Verzicht auf die erstrebte Leistung in dessen Lebenskreis zurückgelangen läßt. Tritt dieser Erfolg ohne Zutun des Täters ein, so genügt sein ernsthaftes Bemühen, den Erfolg zu erreichen.**

Vorbem. Abs. 1 und 3 geändert durch 6. StRG v. 26. 1. 1998 (BGBl. I 164).

Schrifttum: Backmann, Geiselnahme bei nicht ernst gemeinter Drohung, JuS 77, 444. – *Blei,* Erpresserischer Menschenraub u. Geiselnahme (§§ 239 a, 239 b), JA 75, 91, 163. – *Bohlinger,* Bem. zum 12. StÄG, JZ 72, 230. – *Fahl,* Zur Problematik der §§ 239 a, 239 b StGB bei der Anwendung auf „Zwei-Personen-Verhältnisse", Jura 96, 456. – *Graul,* Vom Zustand der Zeit im Umgang mit Gesetzen, dargestellt am Beispiel der §§ 239 a, 239 b StGB, Frankfurter kriminalwiss. Studien 50 (1995), 345. – *Hansen,* Tatbild, Tatbestandsfassung u. Tatbestandsauslegung beim erpresserischen Menschenraub, GA 74, 352. – *Heinrich,* Zur Notwendigkeit der Einschränkung des Tatbestandes der Geiselnahme, NStZ 97, 365. – *Maurach,* Probleme des erfolgsqualifizierten Delikts bei Menschenraub, Geiselnahme u. Luftpiraterie, Heinitz-FS 403. – *Müller-Emmert,* Erpresserischer Menschenraub u. Geiselnahme, MDR 72, 97. – *Rengier,* Genügt die „bloße"

Bedrohung mit (Schuß-)Waffen (usw.), GA **85**, 314. – *Renzikowski*, Erpresserischer Menschenraub u. Geiselnahme im System des BT des StGB, JZ **94**, 492. – *Tenckhoff/Baumann*, Zur Reduktion der Tatbestände (der) §§ 239 a, 239 b, JuS **94**, 836.

I. Die Neufassung aufgrund des 12. StÄG von 1971 – mit weiteren Änderungen durch das „Artikelgesetz" v. 9. 6. 1989 (dazu Hassemer StV 89, 78, Jung JuS 89, 1025, Kunert NStZ 89, 449) u. das 6. StRG von 1998 – ersetzt den früheren erpresserischen Kindesraub durch den **erpresserischen Menschenraub**. Während bis dahin Opfer der Entführung nur ein Kind unter 18 Jahren sein konnte, kann seitdem *jede Person* ohne Rücksicht auf Alter und Geschlecht die entführte sein. Dies leuchtet ein, da die Sorge um Angehörige an das Alter nicht gebunden ist und § 239 a seine frühere Gestalt wohl nur der Tatsache zu verdanken hatte, daß Fälle der Entführung von Kindern häufiger waren (vgl. Hansen GA 74, 358 ff.). Gleichzeitig wurde dem erpresserischen Menschenraub die sog. **Geiselnahme** zur Seite gestellt (§ 239 b), die sich von § 239 a nur darin unterscheidet, daß als Ziel der Entführung einerseits eine Nötigung statt einer Erpressung genügt, andererseits aber als Drohmittel die Tötung oder Zufügung einer schweren Körperverletzung gegenüber dem Entführten erforderlich ist (vgl. Blei JA 75, 19), aufgrund einer Tatbestandserweiterung durch Ges. v. 9. 6. 89 freilich auch schon eine Freiheitsentziehung von über einer Woche ausreicht. Durch diese Novelle wurde zudem in Reaktion auf die zunehmende Bereitschaft radikaler Gruppen, ihre Ziele notfalls mit Gewalt – insbes. gegen Personen – durchzusetzen, die Mindeststrafe der §§ 239 a, 239 b von 3 auf 5 Jahre erhöht, gleichzeitig aber auch in einem neuen Abs. 2 des § 239 a eine Strafmilderungsmöglichkeit eingeräumt, auf die seinerseits § 239 b II verweist. Mit dieser in sich wohl wenig ausgewogenen Strafrahmenänderung (vgl. u. 28) soll dem besonderen Unrechtsgehalt dieser für den Terrorismus typischen Gewaltkriminalität Rechnung getragen und die präventive Wirkung der Vorschriften verstärkt werden (BR-Drs. 238/88 S. 11, 18; zw. Hassemer StV 89, 78). Da sich die Strafen für beide Delikte auch weiterhin vollkommen entsprechen, leuchtet das Nebeneinander dieser Tatbestände nicht recht ein, zumal die Grenzen zwischen ihnen fließend sind (zur abw. Ansicht des Gesetzgebers vgl. BT-Drs. VI/2722 S. 2). Weiter wurde durch die Novelle von 1989 – wie schon von verschiedenen Stimmen in der Literatur für § 239 b gefordert (vgl. Backmann JuS 77, 444 ff., Tröndle⁴⁴ § 239 b RN 4 mwN) – die vorherige Dreiecksstruktur des erpresserischen Menschenraubs und der Geiselnahme (Täter-Entführter-Genötigter) aufgehoben, indem nun auch das Entführungsopfer selbst Genötigter sein kann; dies deshalb, weil die persönliche Freiheit und Unversehrtheit des Opfers in besonders hohem Maße gefährdet sind (BR-Drs. 238/88 S. 19; krit. Kunert NStZ 89, 450). Zu daraus folgenden Konsequenzen für das Verhältnis zu den mittels des Menschenraubes auszunutzenden Tatbeständen vgl. u. 13 a, 45. Aufgrund der in Abs. 2 eingeräumten Strafmilderungsmöglichkeit ist die Fassung von 1989 gegenüber der von 1971 als milder iSv § 2 III anzusehen (BGH StV **90**, 111).

II. Den §§ 239 a, 239 b ist gemeinsam die Entführung von Menschen, um auf das Entführungsopfer selbst oder auch andere einen Zwang durch Drohung ausüben zu können, ohne daß freilich wegen der unterschiedlichen Nötigungsmittel (o. 2) Spezialität zwischen ihnen bestünde. § 239 a hat daher eine **doppelte Angriffsrichtung:** Vermögen und Freiheit des zu *Erpressenden* sowie Freiheit und psycho-physische Integrität des *Entführten* (vgl. Backmann JuS 77, 445, Tröndle 4, ferner BGH GA **75**, 53), wobei jedoch das Schwergewicht nach wie vor auf der Erpressungskomponente liegen dürfte (vgl. Arzt/Weber I 234; and. Renzikowski JZ 94, 496, Schäfer LK 2; zum früheren Streitstand vgl. 19. A.). Der **Tatbestand** enthält **zwei Alternativen:** zum einen den *eigentlichen Entführungstatbestand:* durch Entführen oder Sichbemächtigen eines anderen zum Zwecke der Erpressung, zum anderen den als Auffangtatbestand zu verstehenden *Ausnutzungstatbestand:* für alle Fälle, in denen der Täter die in der 1. Alt. genannten Handlungen ohne Erpressungsabsicht ausgeführt hat, die von ihm geschaffene Lage jedoch später tatsächlich zu einer Erpressung ausnützt.

III. Der **Entführungstatbestand** (**1. Alt.** von Abs. 1) setzt voraus, daß der Täter einen anderen mit Erpressungsabsicht entführt oder sich seiner bemächtigt.

1. a) Das **Entführen** erfordert, da § 239 a auch die Freiheit der Entführten mitschützt, eine **Ortsveränderung** des Opfers. Hinsichtlich der dafür maßgeblichen Schwelle ist zu beachten, daß § 239 a das *Entführen* und *Sichbemächtigen* (u. 7) gleichstellt und sich damit die Notwendigkeit einer *Koordinierung* dieser beiden Begriffe ergibt. Für das Entführen ist daher die Herbeiführung einer Ortsveränderung mit der Absicht erforderlich, ein Sichbemächtigen zu erreichen (vgl. Horn SK 4), so daß die Entführung eine Vorstufe des Sichbemächtigens darstellt. Die Fälle, in denen bei einer „Entführung" von einem Beginn des Sichbemächtigens noch nicht gesprochen werden kann, bleiben daher außerhalb des Tatbestandes. Wann dies der Fall ist, ist ebenso wie im Rahmen des § 22 nur für den Einzelfall zu entscheiden. Das Besteigen eines öffentlichen Verkehrsmittels kann je nach Alter und Einsichtsfähigkeit des Opfers bereits Beginn des Sichbemächtigens und damit Entführung sein oder auch nicht. Jedenfalls kann nicht davon gesprochen werden, daß jede mit List bewirkte Ortsveränderung den Tatbestand des § 239 a erfüllt (aber offenbar weiter M-Schroeder I 157; vgl. auch BGH NStZ **96**, 276).

b) Das **Sichbemächtigen** eines anderen setzt voraus, daß man **physische Gewalt** über ihn erlangt (vgl. BGH MDR/H 78, 987, NStZ-RR **96**, 141). Dieses Herrschaftsverhältnis kann in etwa mit dem Gewahrsam an Sachen verglichen werden. Eine Ortsveränderung ist hier nicht erforderlich. Es genügt, daß der Zustand von „Geborgenheit" des Opfers (aufgrund eigener Kräfte oder unter dem Schutz

§ 239 a 8–13 a   Bes. Teil. Straftaten gegen die persönliche Freiheit

anderer) zugunsten des Täters vermindert wird (Lampe JR 75, 425). Das ist zB der Fall, wenn der Täter sein Opfer durch Einschließen oder durch die Vernichtung von Befreiungs- oder Bewegungsmöglichkeiten an seinem Aufenthaltsort festhält, indem er es an sich drückt und ein Messer gegen es richtet (BGH **26** 72). Ob das Opfer seine Lage erkennt oder nicht (zB ein Kind), ist unerheblich (BGH GA **75**, 53, NStZ **85**, 455 zu § 239 b). Der Begriff ist jedoch mit dem der Freiheitsberaubung nicht identisch, da diese keine physische Herrschaft über das Opfer verlangt. Umgekehrt ist das Sichbemächtigen **nicht notwendig** mit einer **Freiheitsberaubung** verbunden (Tröndle 5), wie das Beispiel des Kleinstkindes zeigt (vgl. BT-Drs. VI/2722 S. 2, aber auch Blei JA 75, 37 f.). Vgl. zum Verhältnis beider Modalitäten auch Maurach Heinitz-FS 407. Ein Sichbemächtigen ist auch derart möglich, daß der Täter sein Opfer mit Schußwaffen in Schach hält und über eine größere Distanz hinweg an der freien Bestimmung über sich selbst hindert (BGH NStZ **86**, 166, Rengier GA 85, 314 ff. mwN), so daß es sich nicht mehr der Bedrohung durch Flucht zu entziehen vermag (BGH NStE Nr. **4**).

8   2. **Tatobjekt** kann jeder **Mensch** sein (vgl. o. 1). Daher ist § 239 a selbst bei Entführung des *eigenen* Kindes denkbar, was zB bei Sorgerechts- und Unterhaltsstreitigkeiten vorkommt (BGH **26** 71, GA **75**,
9   53). Ebensowenig ist § 239 a dadurch ausgeschlossen, daß sich das Opfer – zB als **Ersatzgeisel** – „freiwillig" in die Gewalt des Täters begibt (M-Schroeder I 157). Der dadurch herbeigeführte illegale Zustand der Beherrschung eines Menschen kann durch die Freiwilligkeit der Geisel nicht legalisiert werden. Auch scheidet § 239 a (bzw. § 239 b) nicht dadurch aus, daß ein Sorgeberechtigter mit der Geiselnahme eines willensunfähigen Kleinkindes einverstanden ist (vgl. BGH **26** 70, 72 m. Anm. Lampe JR 75, 424, Lackner/Kühl 3).

10   3. **Subjektiv** muß der Täter die **Absicht** haben, die Entführung oder das Sichbemächtigen zu einer **Erpressung** auszunützen.

11   a) Durch die Verweisung auf § 253 sind dessen sämtliche Voraussetzungen in Bezug genommen, wenn auch nur in der Vorstellung des Täters. Der Täter muß sich zu *Unrecht bereichern* wollen (Tröndle 6). Falls also der Täter die Entführung usw. zur Erlangung eines rechtmäßigen Vorteils ausnutzen will, kommt nur Freiheitsberaubung iVm Nötigung in Betracht. Für die Rspr., die den Raub als Spezialfall der Erpressung ansieht (vgl. § 253 RN 31), würde auch die Absicht ausreichen, mit den Mitteln des § 239 a einen Raub zu ermöglichen (Duldung der Wegnahme, weil das Leben der Geisel bedroht wird). Ferner kommt es hier nicht auf § 253 II an, da die in § 239 a beschriebene Mittel-Zweck-Relation stets **verwerflich** ist (Krey II 327).

12   b) Zu beachten ist jedoch, daß § 239 a die **Nötigungsmittel** gegenüber § 253 **begrenzt:** Da der Täter die Sorge um das Wohl des Entführten ausnützen wollen muß, **scheidet Gewalt** (als gegenwärtige Übelszufügung) hier **aus.** Aber auch im Bereich der **Drohung** genügt nicht jede mit einem empfindlichen Übel, sondern nur eine solche, die das „Wohl" des Entführten betrifft (vgl. u. 14 f.).

13   α) **Genötigter** können nach der Fassung von 1989 (vgl. o. 1) sowohl das **Bemächtigungsopfer** (sog. *Zweier-Konstellation*) selbst als auch ein **Dritter** (sog. *Dreiecks-Konstellation*) sein (Horn SK 7). Damit werden nunmehr insbes. auch solche Fälle erfaßt, die bisher nur als Freiheitsberaubung und Nötigung bestraft werden konnten, wie zB die Geiselnahme eines Politikers, um diesen zu einem bestimmten Verhalten zu zwingen (BR-Drs. 238/88; daher wäre heute in BGH MDR/H **89**, 305 § 239 a anwendbar); vgl. zu etwaigen Einschränkungen aber auch u. 13 a. Als **Dritter** kommt jede Person in Betracht, von welcher der Täter annimmt, sie werde aus Sorge um das Wohl des Entführten leisten. Es kommen also nicht nur Angehörige des Opfers in Betracht; auch der Staat kann Dritter iSd § 239 a sein (vgl. Blei JA 75, 20 f.). Unerheblich ist, ob das Lösegeld von Angehörigen aus dem Vermögen des Entführten bezahlt wird. Bei der nunmehr möglichen **Zweierkonstellation** (vgl. o. 2,
13 a   13), wo der Entführte zugleich auch der Erpreßte ist, meinte die neuere BGH-Rspr., um nicht in jeder Erpressung mittels Entführung oder Bemächtigung des Opfers bereits einen Fall von § 239 a annehmen und dadurch die eigentlichen „Kernstrafrechtsnormen" der §§ 253, 255 verdrängen zu müssen, eine teleologische Reduktion des § 239 a vornehmen zu sollen, wobei jedoch die BGH-Senate teils unterschiedliche Wege gingen: Der 1. StS wollte den § 239 a, selbst wenn an sich dem Wortlaut nach erfüllt, schon tatbestandlich ausschließen, wenn das abgepreßte Verhalten für den Täter keine *„Außenwirkung"* außerhalb des unmittelbar tatbezogenen Gewaltverhältnisses der Entführung bzw. Bemächtigung haben soll (so zunächst zur Bemächtigungsalternative BGH **39** 40 m. zust. Anm. Geerds JR 93, 425, Jung JuS 93, 778, Tenckhoff/Baumann JuS 94, 839 [abl. hingegen Bohlander NStZ 93, 439], zum Verhältnis § 239 a zu §§ 253, 255 wie auch zum Verhältnis § 239 b zu § 177, sodann ebso. zum Verhältnis § 239 a zu § 255 BGH NStZ **93**, 539, **94**, 284 sowie schließl. auch hinsichtl. der *Entführungs*alternative im Verhältnis von § 239 b zu § 177 BGH **39** 330 [m. zust. Anm. Keller JR 94, 429]; und 2. StS NStZ **94**, 283, 430, 3. StS NStZ **94**, 481; vgl. zum Streitstand auch Tröndle 6 a). Danach sollte nur der Tatbestand der §§ 253, 255 (und nicht der des § 239 a) einschlägig sein, wenn sich der Täter des Opfers allein zu dem Zweck bemächtigt, um es anschließend zu erpressen, und dabei das Bemächtigen und die Erpressung zeitlich zusammenfallen; denn sonst würden die zum Kernbereich des Strafrechts zählenden §§ 253, 255 durch die allgemeine Norm des § 239 a in die „zweite Reihe" gerückt und ihrer eigenständigen Rolle fast gänzlich beraubt; auch müßte dadurch der hohe Strafrahmen des § 239 immer dann eingreifen, wenn der Täter eine räuberische Erpressung begeht. Dies aber entspräche nicht dem Willen des Gesetzgebers, der durch die Erweiterung der

früheren Dreiecksstruktur auf Zweierkonstellationen vor allem die typischen Erscheinungsformen der terroristischen Gewaltkriminalität bekämpfen und nicht die Strafbarkeit bei § 255 habe ausdehnen wollen. Demgegenüber wollte der 5. StS für die Abgrenzung der §§ 239 a, b zu anderen Tatbeständen auf die *Zwangslage des Opfers* abheben, wobei diese so konkret sein müsse, daß die Folgen für das Opfer als unmittelbar bevorstehend zu empfinden sind (BGH **40** 90, NStZ **94**, 128; and. 1. StS NStZ **94**, 284). Beiden Einschränkungsversuchen hat jedoch inzwischen auf Vorlage des 2. StS (NStZ **94**, 430) der GSSt zu Recht eine Absage erteilt (BGH **40** 350 m. zust. Anm. Hauf NStZ 95, 184, Renzikowski JR 95, 350; eher krit. Fahl NJ 96, 70, Jung JuS 95, 556), da sie weder im Gesetz eine Stütze fänden noch hinreichend bestimmt bzw. nicht praktikabel seien. Für das somit grundsätzlich mögliche Eingreifen des § 239 a (der dem in der GSSt-Entscheidung infragestehenden § 239 b vergleichbar ist) ist jedoch im Hinblick auf seine zweiaktige Struktur erforderlich, daß die durch den (ersten) Entführungs- bzw. Bemächtigungsakt geschaffene Zwangslage für einen (zweiten) Nötigungsakt ausgenutzt werden soll. Dies sieht der GSSt in der Entführungsalternative idR zu Recht als gegeben an, weil bereits aufgrund der Ortsveränderung das Opfer regelmäßig dem ungehemmten Einfluß des Täters ausgesetzt ist, während dies bei der Bemächtigungsalternative idR nicht ohne weiteres der Fall sein soll (BGH **40** 359, ferner NStZ **96**, 277, StV **96**, 266, 577 f., DAR **96**, 322). Demzufolge sei letzterenfalls bei zeitlichem Zusammentreffen des Sichbemächtigens mit der abnötigenden Handlung (wie etwa bei Bedrohung mit einer Waffe zwecks Herausgabe einer Sache) § 239 a schon tatbestandlich zu verneinen, es sei denn, daß der Bemächtigungssituation eigenständige Bedeutung zukommt wobei dies idR eine gewisse Stabilisierung der dann auszunutzenden Lage voraussetzt (BGH NStZ **99**, 509). Dafür in Betracht kommende Fälle, wie etwa ein längeres Einsperren des Opfers, um ihm die Aussichtslosigkeit seiner Lage bewußt werden zu lassen, sind jedoch ihrerseits derart schwer abzugrenzen, daß man diese moderatere Tatbestandsreduktion der GSSt ihrerseits kaum für praktikabel halten kann (daher für eine Konkurrenzlösung Fahl NJ 96, 70, Jura 96, 458 ff.; dagg. Müller-Dietz aaO; s. auch die Einschränkung von Heinrich NStZ 97, 367 ff. auf Fälle erzwungener aktiver Opfermitwirkung). Wem daher der Anwendungsbereich der §§ 239 a, 239 b auf Kosten der „klassischen" Kerntatbestände als zu weit erscheint und wer damit verbundene Wertungswidersprüche beseitigt sehen möchte, wird an den Gesetzgeber zu appellieren haben (so auch Hauf NStZ 95, 185, Müller-Dietz JuS 96, 116, Renzikowski JZ 94, 499, W-Hettinger 458; explizit sogar eine richterrechtl. Reduktion des Anwendungsbereiches Graul aaO 351 ff., 365). Zu Konsequenzen für die Konkurrenzen vgl. u. 45.

β) Nach der Vorstellung des Täters muß die von ihm bezweckte Vermögensverfügung des Genötig- **14** ten auf dessen **Sorge um sein eigenes oder um das Wohl eines anderen** Bemächtigungsopfers beruhen, wobei es gleichgültig ist, ob die Sorge für ein Drittopfer auf einer Rechtspflicht beruht oder einem tatsächlichen Verantwortlichkeitsgefühl für den Dritten entspringt. Unter *Wohl* ist nur ein leibliches, nicht aber ein bloßes Vermögensinteresse zu verstehen. Dieses muß der Genötigte dadurch gefährdet sehen, daß er bzw. das Drittopfer sich in der Gewalt des Täters befindet; soll die Leistung, die der Täter erpressen will, erst nach Beendigung der Bemächtigungslage erfolgen, fehlt es an der Absicht, die Sorge des Opfers um sein Wohl auszunutzen (BGH NStZ **96**, 277, StV **97**, 302; für § 239 b BGH StV **97**, 303). Nicht erforderlich ist, daß der Genötigte eine unmittelbare Gefährdung fürchtet oder eine solche vom Täter angedroht wird (vgl. BT-Drs. VI/2722 S. 2; enger Hansen GA 74, 368; vgl. auch Backmann JuS 77, 445 ff.). Es muß vielmehr ausreichen, daß dem Opfer eine Fortsetzung der Freiheitsberaubung mit allen damit verbundenen Risiken angedroht wird (zumindest in der Formulierung enger BGH **25** 35).

Druckmittel muß gerade die Sorge um das **persönliche Wohl** des Entführten sein. Das wird nicht **15** dadurch ausgeschlossen, daß neben dieser Sorge noch andere Motive für die Entschließung des Erpreßten mitbestimmend sind (bei Entführung ausländischer Botschafter zB die Rücksicht auf diplomatische Beziehungen). § 239 a ist jedoch nicht anwendbar, wenn die Motivation des Erpreßten dadurch beeinflußt werden soll, daß ihm die Arbeitskraft eines besonders qualifizierten Angestellten vorenthalten wird. Die hohe Strafdrohung des § 239 a beruht (ua) auf der Verwerflichkeit, die in der Ausnützung persönlicher Gefühle des Erpreßten für das Opfer liegt. Dies ist nicht der Fall, wenn der Erpreßte die Vermögensverfügung trifft, weil er auf diese Weise einen größeren Vermögensschaden abwenden will. Der Begriff der **Sorge** ist aber nicht zu eng zu verstehen. Er bezeichnet *nicht nur* die Fälle, in denen *gefühlsmäßige* Bindungen die Sorge verursachen, sondern er erfaßt auch die Fälle, in denen sich der Erpreßte für das Wohl des Entführten aus anderen Gründen verantwortlich fühlt (wie der Bankangestellte für das Wohl des bedrohten Kunden: BGH NStE Nr. 3). Geht es dagegen um rein egoistische Beweggründe (Rückgewinnung einer wertvollen Arbeitskraft), so dürfte der Druck nicht auf der Sorge um das Wohl des Entführten beruhen.

γ) Bei § 253 genügt nur die Drohung mit einem **empfindlichen Übel,** ein Merkmal, das dazu **16** dient, abnorme Reaktionen Überängstlicher auszuschließen (vgl. § 240 RN 9). Eine entsprechende Eingrenzung ist wegen der Verweisung auf § 253 auch im Rahmen des § 239 a notwendig (vgl. auch Tröndle[39] 8); doch spielt dies keine große praktische Rolle, weil die von § 239 a vorausgesetzte Situation bereits Fälle ausschließt, wie sie bei § 253 durch das Merkmal des „empfindlichen Übels" ausgeschlossen werden sollen.

4. Vollendet ist diese Tatbestandsalternative, sobald der Täter das Opfer in Erpressungsabsicht **17** entführt oder sich seiner bemächtigt hat, und zwar ohne daß es darüberhinaus zu einer vollendeten oder auch nur versuchten Erpressung kommen müßte (BGH StV **96**, 578; vgl. auch Horn SK 7).

18   IV. Der **Ausnutzungstatbestand (2. Alt.** von Abs. 1) setzt voraus, daß der Täter die von ihm durch eine in der 1. Alt. beschriebene Handlung geschaffene Lage zur Erpressung ausnutzt. Anstelle der für die vorangehende Entführungsalternative genügenden Nötigungs*absicht* muß also hier zu der zunächst absichtslosen Schaffung der Gewaltlage eine diese ausnutzende Nötigungshandlung hinzukommen; insofern handelt es sich um ein zweiaktiges Delikt (vgl. M-Schroeder I 154).

19   1. Mit der durch eine „**solche Handlung**" geschaffenen Lage wird auf die Tatmodalitäten der 1. Alt. (o. 5 ff.) Bezug genommen: Der Täter muß das Opfer entführt oder sich seiner bemächtigt haben, ohne daß dies bereits mit der in der 1. Alt. geforderten erpresserischen Absicht (o. 10) geschehen ist.

20   Die Entführung usw. muß **rechtswidrig** sein, und zwar gegenüber dem Entführten. Ein Verstoß gegen Rechtsgüter Dritter (zB nach § 235) ist unbeachtlich. Erfaßt werden sollen die Fälle, in denen der Täter das Opfer widerrechtlich entführt oder sich seiner bemächtigt hat, damit aber zunächst andere Zwecke als Erpressung verfolgte (zB Sexualabsicht; vgl. BT-Drs. VI/2722 S. 2). In Betracht kommen auch Fälle, in denen der Täter ohne Vorsatz gehandelt, zB das Opfer versehentlich eingesperrt hat (vgl. Tröndle 7). Hier ergibt sich eine Garantenstellung aus vorangegangenem Tun, so daß sich eine Unterlassung der Freilassung als eine dem Täter zurechenbare Beeinträchtigung der Freiheit seines Opfers darstellt.

21   2. Strafbar ist nur, wer die **von ihm geschaffene Lage** ausnutzt. Hat dies ein *Dritter* getan oder haben vom Täter *unabhängige* Umstände das Opfer in seine Hand gegeben (Sturz in eine Felsspalte), so genügt es nicht, wenn der Täter diese Situation zu einer Erpressung ausnutzt. Die Entführung oder das Sichbemächtigen brauchen jedoch nicht eigenhändig erfolgt zu sein. Eine dem Erpresser zurechenbare Lage ist auch dann gegeben, wenn die Entführung von einem anderen begangen wurde, dies dem Täter jedoch nach den Regeln der Mittäterschaft oder mittelbaren Täterschaft zuzurechnen ist. Vgl. dazu Maurach Heinitz-FS 407.

22   3. Der Begriff „**solche Erpressung**" stellt ebenfalls eine Beziehung zur 1. Alt. her. Gemeint ist eine Erpressung, die auf der Ausnutzung der Sorge des Nötigungsopfers um sein oder eines Dritten Wohl beruht (vgl. o. 14 ff.).

23   4. Der Täter muß die Lage zu einer Erpressung **ausnutzen**. Dies ist nicht bereits dann der Fall, wenn er einen entsprechenden Entschluß faßt, sondern erst dann, wenn er *mit der Erpressungshandlung beginnt*. Lebt zu diesem Zeitpunkt der Entführte im Falle der Erpressung eines Dritten nicht mehr, so können zwar die §§ 253, 255 Anwendung finden, weil hier die Realisierbarkeit der Drohung nicht vorausgesetzt wird; § 239 a hingegen ist nicht anwendbar (Blei JA 72, 180, Tröndle 8; and. M-Schroeder I 158), ebensowenig wie wenn der Täter nur vorspiegelt, der Entführer zu sein, um auf diese Weise zu Geld zu kommen.

24   5. Im Unterschied zur 1. Alt. ist der Tatbestand hier nur dann **vollendet**, wenn der Täter die von ihm geschaffene Lage *tatsächlich* zur Erpressung ausnutzt. Die bloße Absicht genügt hier nicht. Aber auch hier kann wegen der Parallelität zur 1. Alt. nicht verlangt werden, daß es zu einer vollendeten Erpressung gekommen ist (Tröndle 10; and. M-Schroeder I 158). Es muß genügen, daß der Täter die Erpressung „unternommen", dh zumindest den Versuch einer Erpressung vorgenommen (zB den Erpresserbrief abgeschickt) hat (BGH StV **87**, 483 m. Anm. Horn sowie SK 15). Wollte man hier mehr verlangen, so wäre das Gefälle zwischen den beiden Alternativen nicht erklärbar (zust. Maurach Heinitz-FS 408).

25   V. Für den **subjektiven Tatbestand** ist bei beiden Tatbestandsalternativen **Vorsatz** erforderlich. Der Täter muß wissen, daß er gegen den Willen des Opfers handelt. Glaubt er, dieses sei mit der Entführung einverstanden, so entfällt der Vorsatz. Außerdem ist in der 1. Alt. die Absicht erforderlich, eine Erpressung zu begehen, während bei der zweiten der allgemeine Vorsatz der Erpressung ausreicht.

26   VI. Für die **Teilnahme** gelten die allgemeinen Grundsätze. § 28 II findet auf Teilnehmer, die selbst keine Erpressungsabsicht haben, keine Anwendung (vgl. § 28 RN 20, Horn SK 11).

27   VII. Der **Versuch** ist strafbar (Verbrechen).

28   VIII. 1. Die **Strafe** ist (seit Ges. v. 9. 6. 89: vgl. o. 1) Freiheitsstrafe nicht unter 5 Jahren (statt bis dahin nur 3 Jahre; krit. Kunert NStZ 89, 450 f., Renzikowski JZ 94, 499; and. Keller JR 94, 429). Für **minder schwere** Fälle ist zwar die Mindestfreiheitsstrafe auf 1 Jahr herabgesetzt **(Abs. 2)**, aber keine Höchststrafe vorgesehen (krit. dazu Jung JuS 89, 1025).

29   2. Die leichtfertige Tötung ist **erfolgsqualifiziert (Abs. 3).**
a) Erforderlich dafür ist, daß der Tod des Opfers durch die Tat verursacht worden ist. Die Tat ist iSd 1. Alt. die Entführung oder das Sichbemächtigen des Opfers, iSd 2. Alt. nicht die Ausnutzung der vom Täter geschaffenen Lage zur Erpressung, sondern die Aufrechterhaltung der Freiheitsbeeinträchtigung, die zum Zwecke der Erpressung ausgenutzt wird (Maurach Heinitz-FS 408). Wann während dieser Zeit die zum Tode führende Ursache gesetzt wird, ist gleichgültig (Dauerdelikt). Abs. 3 ist ferner auch dann anwendbar, wenn im Zeitpunkt der Erpressung der Tod des Opfers schon eingetreten war.

30   b) Der Tod muß **durch die Tat** verursacht worden sein. Dafür ist einerseits nicht schon jedweder Bedingungszusammenhang zwischen Tat und Tod genügend (so aber nach BGH **19** 387, M-Schroeder I 159) noch anderseits unmittelbare Todesherbeiführung durch des Täters Hand erforderlich,

sondern die Rückführbarkeit auf eine tatbestandsspezifische Gefahr zu fordern (heute grds. hM: vgl. BGH 33 322 m. Anm. Küpper NStZ 86, 117, Fischer ebda. 314, Krehl StV 86, 432, Löffeler JA 86, 288, Sowada Jura 94, 650, Wolter JR 86, 465, Horn SK 28, Schäfer LK 19). Das ist fraglos der Fall, wo das Opfer infolge der Einwirkungen bei der Freiheitsberaubung oder bei deren Aufrechterhaltung stirbt, aber auch da, wo das Opfer bei Realisierung eines für diesen Tatbestand typischen Befreiungsrisikos durch die Polizei den Tod findet (insoweit ebso. BGH **33** 324 sowie die Vorgenannten; and. aber Krehl aaO), dagegen nicht mehr dort, wo es sich schon nicht mehr in der Gewalt des Täters befindet (und zwar – entgegen BGH **33** 325 u. Schäfer aaO – objektiv und nicht nur nach den subjektiven Vorstellungen des dazwischentretenden Dritten: vgl. Fischer, Löffeler, Wolter aaO) und daher zB erst durch einen fehlgehenden Fluchtverhinderungsschuß den Tod findet. Ähnlich scheitert diese Erfolgsqualifizierung dort, wo ein nur leicht Verletzter erst bei Verbringung zu einem Arzt einem tödlichen Verkehrsunfall zum Opfer fällt (vgl. auch Schäfer LK 18) oder bei einem Fluchtverhinderungsversuch ein Passant tödlich getroffen wird (Tröndle 9; vgl. auch § 18 RN 5). Im übrigen genügt für die Anwendbarkeit des Abs. 3, daß schon der *Versuch* einer jeden Modalität des § 239 a den Erfolg herbeigeführt hat (Tröndle 9, Horn SK 27; zT abw. Maurach Heinitz-FS 413, M-Schroeder I 159).

c) Für den **subjektiven Tatbestand** ist, wie durch das 6. StrRG klargestellt, wenigstens **Leichtfertigkeit** erforderlich (näher dazu § 15 RN 106). Vorausgesetzt ist also ein gesteigerter Grad der Fahrlässigkeit dergestalt, daß sich der Täter in besonders leichtsinniger oder gleichgültiger Weise über die Möglichkeit der Todesfolge hinweggesetzt hat (vgl. Tenckhoff ZStW 88, 911 f.). Bei vorsätzlicher Erfolgsqualifizierung gilt entsprechendes wie bei § 251 (vgl. dort RN 9 sowie M-Schroeder I 159). 31

d) Die **Strafe** ist im Falle von Abs. 3 wahlweise *lebenslange* oder mindestens *10jährige Freiheitsstrafe*. Erstere kommt etwa bei hohem Grad von Leichtfertigkeit oder Grausamkeit in Betracht, nach Tröndle 9 auch bei Tötung einer exponierten Persönlichkeit (krit. dazu Horn SK 31). 32

IX. Rücktritt von vollendetem Delikt wird durch **Abs. 4** eröffnet (wobei diese Sonderregelung wiederum von den sonst üblichen Rücktrittsprinzipien abweicht, indem nämlich dem Wortlaut nach auf das Merkmal der Freiwilligkeit verzichtet wird: vgl. § 24 RN 117). Für die dafür eingeräumte *Strafmilderungsmöglichkeit* nach § 49 I ist lediglich vorausgesetzt, daß der Täter sein Opfer unter Verzicht auf die erstrebte Leistung in dessen Lebenskreis zurückgelangen läßt (S. 1) oder, falls dies ohne sein Zutun geschieht, sich ernsthaft darum bemüht (S. 2). 33

1. Für die **erste Rücktrittsalternative (S. 1)** ist zunächst erforderlich, daß der Täter das Opfer in seinen Lebenskreis zurückgelangen läßt. 34

a) Das **Zurückgelangenlassen** erfordert vom Täter nichts weiter als die *Freigabe des Opfers*. Dies kann schon dann der Fall sein, wenn zwar die Tür der Wohnung, in der das Opfer festgehalten wird, verschlossen ist, aber anwesende Polizeibeamte dem Opfer volle Bewegungsfreiheit in der Wohnung sichern (BGH NStE Nr. 2). Es genügt auch, wenn der Täter dem Opfer bedeutet, es sei frei, oder wenn er dessen Fluchtversuch nicht entgegentritt. Dabei muß allerdings die Freilassung unter Umständen geschehen, die den Entführten in den Stand setzen, ihr Gebrauch zu machen, er also zB die nächstgelegene Ortschaft zu Fuß erreichen kann oder Geld zur Benutzung von Verkehrsmitteln besitzt. Da mit der Herbeiführung dieses Zustandes der Täter alles getan hat, was Abs. 4 von ihm verlangt, ist es unerheblich, welche Nachteile den Entführten auf dem Heimweg treffen (zB ein langer Fußmarsch durch eine entlegene Gegend ohne angemessenen Proviant). 35

b) Der **Lebenskreis des Opfers** kann nicht mit seinem Wohnsitz oder gewöhnlichen Aufenthaltsort gleichgesetzt werden. Eine Festlegung des Ortes, an den das Opfer zurückgelangen müßte, ist überhaupt unmöglich. Entscheidend ist vielmehr die Wiedererlangung der Freiheit des Opfers, über sich selbst zu bestimmen (vgl. Lackner/Kühl 10, aber auch Horn SK 21). Lebenskreis kann daher überhaupt nicht als eine örtliche Fixierung verstanden werden, sondern als die Wiederherstellung der Möglichkeit, seinen Aufenthaltsort frei zu bestimmen und den ausgewählten frei zu erreichen. Diese Freiheit setzt voraus, daß die Umstände der Freilassung so beschaffen sind, daß die **Freiheit auch realisiert** werden kann. So genügt es bei Kindern und bei älteren Leuten nicht, daß sie die Freiheit zurückerhalten, wenn sie nicht imstande sind, den am Ort bestehenden Gefahren zu begegnen und aus eigenen Kräften ihren Lebenskreis zu erreichen. Hier ist zu verlangen, daß sie in die Obhut der Aufsichtspersonen zurückgelangen (Lackner/Kühl 10) oder sonst sichergestellt ist, daß ein Dritter sich ihrer annimmt (Ablieferung des Kindes bei der Polizei). Ein Erwachsener ist demgegenüber bereits dann in seinen Lebenskreis zurückgelangt, wenn er seinen Aufenthaltsort frei bestimmen kann und dies unter Umständen geschieht, die keine erhöhte Gefahr für ihn bedeuten. 36 37

c) Da der Täter einen bestimmten Erfolg herbeiführen muß, liegt in entsprechender Anwendung des § 24 I 1 Alt. 2 das **Erfolgsrisiko beim Täter,** so zB wenn das Auto, mit dem die Rückführung bewirkt werden soll, verunglückt oder der Freigelassene auf dem Heimweg bei einem Verkehrsunfall verletzt wird oder die Freiheitsentziehung eine Entkräftung bewirkt hat, an der das Opfer stirbt, bevor es seinen Lebenskreis erreicht. Das ernsthafte Bemühen hilft dem Täter hier nicht, da der zu bewirkende Erfolg (Zurückgelangenlassen in den Lebenskreis) nicht eingetreten ist. Nicht erforderlich ist jedoch, daß das Opfer *unversehrt* in seinen Lebenskreis zurückgelangt (vgl. BT-Drs. VI/2722 S. 3, Horn SK 21). 38

39 d) Ferner muß das Zurückgelangenlassen unter **Verzicht auf die erstrebte Leistung** erfolgen. Erforderlich ist hierfür die erkennbare Abkehr des Täters von seiner Erpressungsabsicht. Dafür kann nicht verlangt werden, daß der Täter dem Erpreßten oder anderen Personen die Aufgabe seiner Erpressungsabsicht mitteilt. Es genügt, wenn er die bisherigen Aufforderungen an den Erpreßten nicht fortsetzt (wofür LG Mainz MDR **84**, 687 bereits ausreichen läßt, daß der Täter davon Abstand nimmt, seine Forderung unter den qualifizierten Voraussetzungen des § 239 b weiterzuverfolgen). Hat der Täter die Leistung bereits erhalten, so genügt es, wenn er sich ihrer mit dem Ziel entledigt, sie an den Erpreßten und nur an ihn zurückgelangen zu lassen (iglS Horn SK 23; and. Tröndle 12). Dies gilt auch dann, wenn er lediglich einen gewissen Teil des Lösegeldes verbraucht hat (vgl. BT-Drs. VI/2722 S. 3). Daß er die Leistung einem Dritten zuwendet, genügt nicht (Horn SK 23). Das Risiko der erfolgreichen Rückgabe liegt hier jedoch nicht beim Täter (vgl. u. 41).

40 e) Fraglich ist, ob der Rücktritt *freiwillig* zu erfolgen hat. Da dieses Merkmal in sonstigen neueren Regelungen ausdrücklich erwähnt ist (vgl. zB § 320), ist aus dem Schweigen des Gesetzes im vorliegenden Fall zu schließen, daß Strafmilderung auch dann eintreten soll, wenn der Täter **nicht aus autonomen Motiven** zurücktritt (Tröndle 12, Schmidhäuser II 54 f.). Dies ergibt sich auch aus dem kriminalpolitischen Ziel, selbst in der ausweglosesten Situation einen Anreiz für den Rücktritt zu schaffen (vgl. Bohlinger JZ 72, 232). Daher greift Abs. 4 sogar dann ein, wenn der Täter, von der Polizei umstellt, das Opfer unter Verzicht auf die erstrebte Leistung freigibt. Allerdings ist solche „Unfreiwilligkeit" dann bei der Milderungsfrage in Rechnung zu stellen (Horn SK 22).

41 2. Als **zweiter Rücktrittsweg (S. 2)** kommt **ernsthaftes Bemühen** in Betracht, falls **ohne Zutun des Täters** das Opfer in seinen Lebenskreis zurückgelangt. Doch auch nach dieser dem § 24 I 2 entsprechenden Regelung (vgl. dort RN 68 ff.) sind Rücktrittsvoraussetzungen sowohl das tatsächliche Zurückgelangen des Opfers in seinen Lebenskreis (ohne daß freilich das Bemühen des Täters **42** dafür ursächlich wäre) wie auch der Verzicht auf die erstrebte Leistung (M-Schroeder I 160). Dagegen ist nicht erforderlich, daß der Erpreßte die von ihm bereits erbrachte Leistung tatsächlich zurückerhält. Insoweit trifft den Täter, da es sich jedenfalls um eine ansatzweise Ausprägung des Freiwilligkeitsgrundsatzes handelt, kein Erfolgsrisiko. Geht das Lösegeld auf dem Rücktransport verloren, so genügt das ernsthafte Bemühen des Täters um die Rückgabe des Geldes.

43 3. Für **Teilnehmer** gilt Abs. 4 trotz seines abweichenden Wortlautes entsprechend (Horn SK 25). Vgl. § 24 RN 85. Auch hier wirkt aber der Rücktritt rein *persönlich*. Beteiligte, die ihrerseits nicht dazu beigetragen haben, daß das Opfer in seinen Lebenskreis zurückgelangt, bleiben strafbar.

44 4. Die **Wirkung des Rücktritts** nach Abs. 4 beschränkt sich darauf, daß die (durch Ges. v. 9. 6. 89 erhöhte) Mindeststrafe gem. § 49 I Nr. 3 auf 2 Jahre (statt vormals 6 Monate) Freiheitsstrafe herabgesetzt wird (krit. dazu Kunert NStZ 89, 451). An sich gilt dies nur für § 239 a, nicht aber für solche Taten, die im Zusammenhang mit der erpresserischen Entführung begangen und vollendet sind, wie etwa Freiheitsberaubung oder räuberische Erpressung, wenn der Täter den Vorteil bereits in Händen hat. Wollte man in solchen Fällen die Milderung auf die Strafbarkeit aus § 239 a beschränken, so würde Abs. 4 weitgehend leerlaufen. Deshalb wird man die Milderungsmöglichkeit nach Abs. 4 – und das rechtfertigt auch die von sonstigen Rücktrittsregelungen abweichende Rücktrittsfolge – auch auf Delikte erstrecken müssen, die normalerweise im Rahmen der Entführung usw. mitbegangen werden.

45 X. Konkurrenzen: 1. Im Verhältnis zu §§ 253, 255 ist jedenfalls in der Dreieckskonstellation (Personenverschiedenheit zwischen dem Entführten und dem Erpreßten) aus Klarstellungsgründen Tateinheit anzunehmen, falls es zu einer versuchten oder vollendeten Erpressung gekommen ist (BGH **16** 316, NStZ **86**, 166, **87**, 222; Maurach JZ 62, 562), und zwar schon wegen der damit ermöglichten Anwendung der §§ 250, 251. Gleiches gilt in der Zweierkonstellation (Entführter zugleich Erpreßter) anzunehmen, sofern § 239 a nicht bereits tatbestandlich ausgeschlossen ist (näher dazu o. 13 a). 2. Gegenüber §§ 239, 240 ist § 239 a 1. **Alt.** das speziellere Delikt, während mit § 239 II Tateinheit möglich ist. Zum Verhältnis zu §§ 223 ff. vgl. § 239 b RN 20. 3. Auch gegenüber § 239 a 2. **Alt.** treten die §§ 239, 240 zurück, da der Täter auch hier für die hilflose Lage des Opfers verantwortlich sein muß (vgl. o. RN 20). 4. Tateinheit ist möglich mit § 235 (Lackner/Kühl 11; and. Tröndle 13). 5. Zwischen § 239 a III und den §§ 211 ff. besteht Idealkonkurrenz, um die Vorsätzlichkeit der Nötigung klarzustellen (vgl. § 251 RN 9), während § 222 im Hinblick auf das Leichtfertigkeitserfordernis des § 239 a III zurücktreten kann (vgl. § 222 RN 6). § 239 IV tritt gegenüber § 239 a III zurück (Spezialität). 6. Zum Verhältnis zwischen § 239 a und § 239 b vgl. dort RN 20, zu § 249 dort RN 15. 7. Zum Verhältnis § 239 a zu § 52 a WaffG vgl. BGH MDR/H **95**, 443.

§ 239 b Geiselnahme

(1) **Wer einen Menschen entführt oder sich eines Menschen bemächtigt, um ihn oder einen Dritten durch die Drohung mit dem Tod oder einer schweren Körperverletzung (§ 226) des Opfers oder mit dessen Freiheitsentziehung von über einer Woche Dauer zu einer Handlung, Duldung oder Unterlassung zu nötigen, oder wer die von ihm durch eine solche Handlung geschaffene Lage eines Menschen zu einer solchen Nötigung ausnutzt, wird mit Freiheitsstrafe nicht unter fünf Jahren bestraft.**

(2) § 239 a Abs. 2 bis 4 gilt entsprechend.

Geiselnahme 1–8 **§ 239 b**

Vorbem. Fassung durch 6. StRG v. 26. 1. 1998 (BGBl. I 164).

Schrifttum: Vgl. die Angaben vor § 234 und zu § 239 a, ferner *Krey/Meyer*, Zum Verhalten von Staatsanwaltschaft u. Polizei bei Delikten mit Geiselnahme, ZRP 73, 1.

I. Auch nach seiner Neufassung von 1989 entspricht § 239 b in seinem **Schutzgut** wie auch nach 1 seinem **Tatbestandsaufbau** im wesentlichen dem § 239 a (vgl. dort 1 ff.). Gewisse Unterschiede bestehen aber zum einen darin, daß an die Stelle der erpresserischen Absicht die *Nötigungs*absicht tritt. Zum anderen muß der Täter die Absicht haben, die Nötigung mit bestimmten *qualifizierten Drohmitteln* zu begehen, nämlich der Drohung mit dem Tod, einer schweren Körperverletzung (§ 226) des Opfers oder (seit 1989) auch mit Freiheitsentziehung von über 1 Woche (dazu krit. Hassemer StV 89, 78, Kunert NStZ 89, 451; vgl. zum Ganzen auch Blei JA 75, 19 f. sowie § 239 a RN 2 f.). Insofern tritt hier im Vergleich zu § 239 a an die Stelle der Vermögenskomponente die Leibes- oder Lebensgefährdung (vgl. Backmann JuS 77, 445, aber auch Gössel I 255).

II. Für den **Entführungstatbestand** (**1. Alt.** von Abs. 1) ist erforderlich, daß der Täter zwecks 2 Nötigung eines anderen diesen selbst oder einen Dritten entführt oder sich seiner bemächtigt.
 1. Zum **Entführen** und **Sichbemächtigen** vgl. § 239 a RN 6 ff.

 2. **Subjektiv** muß der Täter in der **Absicht** handeln, das Entführungsopfer selbst oder einen 3 Dritten durch Drohung mit dem Tod, mit einer schweren Körperverletzung (§ 226, nicht aber nur mit § 224, vgl. BGH NJW **90**, 57) oder mit Freiheitsentziehung von über 1 Woche zu einer Handlung (zB Freilassung von Gefangenen), Duldung oder Unterlassung (zB die Flucht des Täters zu verhindern: BGH NJW **90**, 1055) zu nötigen, allerdings nur während der Dauer der Zwangslage (BGH StV **97**, 302). Die Absicht muß daher alle Merkmale des § 240 umfassen, wobei Gewalt als Nötigungsmittel ebenso wie in § 239 a ausscheidet (vgl. dort RN 12). § 240 II ist auch hier unanwendbar (vgl. § 239 a RN 11). Zu den Nötigungselementen im übrigen vgl. § 240. Ebenso wie dort genügt auch hier, daß der Täter damit rechnet, seine (subjektiv nicht ernstgemeinte) Drohung könnte für ernst gehalten werden (BGH **26** 310, NStZ **85**, 455, LG Mainz MDR **84**, 687). Vgl. aber auch Backmann JuS 77, 447 f., der mit beachtlichen Gründen zumindest eine abstrakte Gefährdung des Entführten fordert. Für den ohne diese Absicht handelnden *Teilnehmer* gilt das zu § 239 a RN 26 Gesagte.

a) Als **Nötigungsmittel** ist die **Drohung mit dem Tod,** einer **schweren Körperverletzung** 4 oder einer **mehr als einwöchigen Freiheitsentziehung** des Opfers erforderlich. Dabei ist vor allem die Beschränkung auf § 226 unbefriedigend, da dessen Katalog unter völlig anderen Aspekten zustande gekommen ist und andere Schäden, die dem Opfer angedroht werden, mindestens ebenso verwerflich sein können (wie Marterung, Vergewaltigung usw.; vgl. Freund ZStW 109, 481). Trotz 5 der von § 239 a abweichenden Formulierung ist § 239 b auf die Fälle zu beschränken, in denen die Sorge um das Leben oder den Körper des Entführten die Nötigung bewirken soll (vgl. auch § 239 a RN 14). Daher werden auch hier jene Fälle nicht erfaßt, in denen der angedrohte Tod für den Genötigten nur deshalb motivierende Kraft besitzt, weil er an dessen Arbeitsleistung oder an dessen Kenntnis von Geheimnissen interessiert ist.

b) **Opfer** der beabsichtigten Nötigung kann – ähnlich wie seit der Novelle von 1989 bei § 239 a 6 (vgl. dort RN 2) – sowohl der **Entführte** selbst (sog. *Zweierkonstellation*) als auch ein **Dritter** (sog. *Dreieckskonstellation*) sein. Im Hinblick auf den zweiaktigen Charakter des Delikts ist nach den gleichen Grundsätzen wie bei § 239 a insbes. bei der Zweierkonstellation erforderlich, daß die Entführung bzw. Bemächtigung des Opfers zu einer – über den ersten Zwangsakt hinausgehenden – Nötigung ausgenutzt wird (vgl. BGH **40** 350 sowie § 239 a RN 13 a). Im übrigen ist trotz unterschiedlicher Umschreibung des bedrohten Personenkreises bei § 239 a (Sorge eines Dritten um das Wohl des Opfers) und § 239 b (Drohung mit schweren Folgen für das Opfer) zunächst einmal in allen Fällen der Drohung erforderlich, daß sich die Ausführung der Tat für den Bedrohten als ein **Übel** darstellt (vgl. RG **17** 82, BGH **16** 318), wobei dieses nicht ausdrücklich benannt zu sein braucht, sondern sich aus dem konkludenten Verhalten des Täters ergeben kann (vgl. BGH NJW **90**, 1055). Wenn das Gesetz hier trotzdem anders formuliert ist, dürfte dies eher auf der Überlegung beruhen, daß sich für die schweren angedrohten Folgen ein größerer Personenkreis für verantwortlich hält als derjenige, den persönliche Sorge um das Wohl des Opfers zur Zahlung (§ 239 a) veranlaßt (vgl. Blei JA **75**, 20, Horn SK 5). Sachliche Unterschiede bestehen aber zwischen beiden Tatbeständen nicht. Denn entscheidend ist bei beiden, daß das angedrohte Übel **nach Tätervorstellung geeignet** ist, die zu nötigende Person in ihrer Entscheidung **zu beeinflussen,** so wie es für die Vollendung der Tat unerheblich ist, ob sich die Androhung des Übels für den zu Nötigenden tatsächlich als Zwang auswirkt oder nicht (BGH NStZ **85**, 455; vgl. auch § 239 a RN 10 f.). Im übrigen ist jedenfalls ohne Bedeutung, ob sich 7 die Nötigung gegen eine staatliche Stelle oder einen Privatmann richtet (BT-Drs. VI/2722 S. 3).

c) Im Rahmen des § 239 b genügt als Nötigungsziel jede **Handlung, Duldung oder Unter-** 8 **lassung** (vgl. § 240 RN 12 ff.), also zB auch die Abnötigung bestimmter politischer Bedingungen (vgl. BR-Drs. 238/88 S. 19). Dabei kommt es hier nicht darauf an, ob der Täter auf die erstrebte Handlung einen **Anspruch** hat oder nicht und wie bedeutsam diese Handlung für den Bedrohten oder für die Allgemeinheit sein würde. Diese Gesichtspunkte würden zwar bei der Entscheidung über die Mittel-Zweck-Relation im Rahmen des § 240 II eine Rolle spielen, sollten aber für § 239 b dadurch ausgeschlossen werden, daß der Täter die besonderen Drohmittel (Tod, schwere Körperverletzung oder andauernden Freiheitsentzug) verwendet hat (vgl. BT-Drs. VI/2722 S. 3, Horn SK 6).

9 3. § 239 b erfaßt nur die Fälle, in denen der Täter tatsächlich eine Entführung usw. vorgenommen hat, nicht dagegen solche, in denen er unter der **Vorspiegelung**, eine Geisel in seinen Händen zu haben, eine Nötigung versucht (vgl. Gössel I 256, W-Hettinger 455), so zB wenn sich die Geisel nur zum Schein in die Gewalt des Täters begeben hat (zum anders zu beurteilenden Fall bei einer „Ersatzgeisel" vgl. § 239 a RN 9). Hier können jedoch die §§ 240, 253, 255 eingreifen (vgl. 33 vor § 234); außerdem kommt § 145 d in Betracht. Liegt entweder echte Geiselnahme oder nur einverständlich mit dem „Opfer" vorgetäuschte Geiselnahme vor, so ist aufgrund wahldeutiger Tatsachengrundlage (vgl. § 1 RN 88, 91, 94 f., 99) aus §§ 239 b, 30 zu verurteilen (BGH **38** 83 m. Anm. Schmoller JR 93, 247).

10 4. **Vollendet** ist die Tat mit der Entführung usw. (BGH **26** 310). Die Nötigung braucht nicht einmal versucht zu sein (vgl. § 239 a RN 17).

11/12 III. Der Ausnutzungstatbestand (2. Alt. von Abs. 1) erfordert ebenso wie in § 239 a, daß der Täter die von ihm durch eine solche Handlung geschaffene Lage eines anderen zu einer Nötigung ausnutzt. Insofern handelt es sich auch hier um ein zweiaktiges Delikt (vgl. § 239 a RN 18). Abgesehen vom unterschiedlichen Nötigungsziel – bei § 239 a Erpressung, hier Abnötigung jedweder Art von Verhalten – entsprechen die Voraussetzungen dieser Alternative denen des Ausnutzungstatbestandes des § 239 a (vgl. dort RN 19 ff.), nämlich:

13 1. Der Täter muß die **von ihm geschaffene Lage** eines Menschen, die zB zunächst nur der Ausschaltung von Widerstand gedient hat (der Kassierer der Bank wird eingesperrt, um Störungen zu verhindern), zu einer anderen Nötigung, nämlich der Drohung mit dem Tod, einer schweren Körperverletzung oder andauerndem Freiheitsentzug, **ausnutzen**, wobei insbes. zwischen Bemächtigungslage und beabsichtigter Nötigung ein funktionaler und zeitlicher Zusammenhang dergestalt bestehen muß, daß der Nötigungsadressat nach der Vorstellung des Täters gerade wegen dieser Lage die Handlung, Duldung oder Unterlassung vornimmt (BGH NStZ-RR **97**, 100). Vgl. o. 4 f.

14 2. Wie bei § 239 a ist für die Vollendung nicht erforderlich, daß auch die Nötigung vollendet wird. Es genügen Handlungen des Täters, die sich als **versuchte Nötigung** darstellen, so zB die telephonische Drohung, ohne daß der Dritte darauf reagiert (vgl. BGH **26** 310, Tröndle 5, Müller-Emmert/Maier MDR 72, 98; and. M-Schroeder I 158).

15 3. Da die 2. Alt. nur die Aufgabe hat, die Fälle zu erfassen, die von der ersten nicht gedeckt sind, kommt sie neben der 1. Alt. nicht in Betracht.

16 IV. Für den **subjektiven Tatbestand** ist hinsichtlich des abgenötigten Verhaltens **Absicht** iS zielgerichteten Handelns erforderlich, und zwar auch die Absicht, gerade mit den Mitteln des § 239 b vorzugehen. Im übrigen genügt bedingter **Vorsatz**. Der Täter muß sich insbes. vorstellen, der Bedrohte werde – bei Auseinanderfallen von Entführtem und Genötigtem – die dem Opfer angedrohten Schäden seinerseits als Übel empfinden. Vgl. ferner § 240 RN 34 ff. und § 239 a RN 13 ff.

17 V. Der **Versuch** ist, da die Tat Verbrechen, bei beiden Tatbestandsalternativen strafbar.

18 VI. Für **Auslandstaten von Deutschen** bzw. **gegen Deutsche** gelten die allg. Grundsätze der §§ 3 ff. ebenso wie für Taten von Ausländern (zB bei der Entführung deutscher Diplomaten im Ausland), da § 239 b (anders als § 316 c) nicht in die Auslandskataloge der §§ 5, 6 aufgenommen ist.

19 VII. Die **Strafe** ist auch hier (seit Ges. v. 9. 6. 89) Freiheitsstrafe nicht unter 5 Jahren. „Bagatellfälle", wie zB im familiären oder nachbarlichen Bereich, können nunmehr – im Unterschied zu § 239 b aF (vgl. LG Mainz MDR **84**, 687) – als **minder schwere Fälle** iSd Abs. 2 anwendbar werden. Da **Abs. 2** ferner die §§ 239 a II bis IV für anwendbar erklärt, gelten auch im Rahmen des § 239 b die **erhöhten** Strafen bei mindestens *leichtfertiger* Verursachung des *Todes* (vgl. 239 a RN 29 f.) sowie die **Rücktrittsregelung** von § 239 a IV (vgl. dort RN 33 ff.). „*Leistung*" iS jener Vorschrift ist bei § 239 b der Nötigungseffekt beim Genötigten. Der Täter verzichtet daher auf die erstrebte Leistung, wenn er davon Abstand nimmt, sein Opfer zu einem bestimmten Verhalten zu veranlassen bzw. dieses Verhalten nicht ausnutzt (vgl. dazu 239 a RN 39: „Rückgabe", ferner BGH NStZ **87**, 497).

20 VIII. Konkurrenzen: 1. Gegenüber § 239 a ist § 239 b grds. subsidiär (BGH **25** 386, **26** 28, StV **96**, 578). Dies ergibt sich einmal daraus, daß die Erpressungsabsicht des § 239 a den Vorsatz der Nötigung enthält, zum anderen daraus, daß die Nötigungsmittel des § 239 b auch in den meisten Fällen des § 239 a angewendet werden. Dies gilt auch dann, wenn eine zu Erpressungszwecken vorgenommene Entführung tatsächlich nur zu einer Nötigung ausgenutzt wird. Soweit jedoch die Entführung sowohl zu Erpressungs- als auch zu Nötigungszwecken vorgenommen wird, besteht Tateinheit (BGH **26** 24). Das gleiche gilt, wenn sich der Täter nach erfolgreicher Erpressung als Fluchtbegleiter eine Ersatzgeisel stellen läßt. 2. Für das Verhältnis zu **§ 239** gilt das zu § 239 a RN 45 Ausgeführte entsprechend. Gleiches gilt für das Verhältnis zu **§ 240** bei Personenverschiedenheit von Entführtem und Genötigtem, während in der Zweierkonstellation, da der Genötigte zugleich Opfer der Geiselnahme ist, § 239 b schon tatbestandlich nur dann in Betracht kommt, wenn der Täter beabsichtigt, die geschaffene Zwangslage des Opfers für eine Nötigung auszunutzen, und dabei einen

Nötigung **§§ 239 c, 240**

über das Entführen bzw. Bemächtigen hinausgehenden Zwang anwendet (BGH **40** 350 m. zust. Anm. Hauf NStZ 95, 184; vgl. auch § 239a RN 13a, 45). **3.** § **241** ist gegenüber § 239b subsidiär. Zu § **249** vgl. dort RN 13. **4.** Kommt es während oder infolge der Tat zur Tötung des Opfers, so greift Abs. 2 ein. Über das dann geltende Verhältnis zu §§ **211 ff.**, **222** vgl. § 239a RN 45. Tateinheit besteht auch im Verhältnis des Abs. 1 zu §§ **223 ff.**, **229**, wenn das Opfer durch die Handlungen des Täters verletzt wird, die der Aufrechterhaltung der Freiheitsberaubung dienen. Im übrigen besteht Tatmehrheit, und zwar auch für den Fall, daß der Täter die angedrohte schwere Körperverletzung begeht. **5.** Das Verhältnis zu §§ **177 ff.** ist ebenso zu behandeln wie das Verhältnis zu § 240 (s. o.); gerade in Bezug auf die Entführungsalternative des § 239b ist jedoch zu beachten, daß die Entführung ein selbständiges Handlungsunrecht enthält, so daß eine Bestrafung nach §§ 177, 237 nicht ausreichen würde und daher der Täter auch nach § 239b zu bestrafen ist (2. StS BGH NStZ **94**, 283, 481; ebso., wenngleich m. and. Begr. BGH **40** 350; and. 1. StS BGH **39** 330). **6.** Zu den sonstigen Konkurrenzen vgl. § 239a RN 45.

§ 239 c Führungsaufsicht

In den Fällen der §§ 239 a und 239 b kann das Gericht Führungsaufsicht anordnen (§ 68 Abs. 1).

Bei den genannten Tatbeständen ist auch bei Versuch und Teilnahme Führungsaufsicht zulässig. **1** Über die sonstigen Voraussetzungen und Grenzen der Führungsaufsicht vgl. §§ 68 ff.

§ 240 Nötigung

(1) **Wer einen Menschen rechtswidrig mit Gewalt oder durch Drohung mit einem empfindlichen Übel zu einer Handlung, Duldung oder Unterlassung nötigt, wird mit Freiheitsstrafe bis zu 3 Jahren oder mit Geldstrafe bestraft.**

(2) **Rechtswidrig ist die Tat, wenn die Anwendung der Gewalt oder die Androhung des Übels zu dem angestrebten Zweck als verwerflich anzusehen ist.**

(3) **Der Versuch ist strafbar.**

(4) **In besonders schweren Fällen ist die Strafe Freiheitsstrafe von sechs Monaten bis zu fünf Jahren. Ein besonders schwerer Fall liegt in der Regel vor, wenn der Täter**
1. **eine andere Person zu einer sexuellen Handlung nötigt,**
2. **eine Schwangere zum Schwangerschaftsabbruch nötigt oder**
3. **seine Befugnisse oder seine Stellung als Amtsträger mißbraucht.**

Vorbem. Abs. 1 geändert und Abs. 4 eingefügt durch 6. StrRG v. 26. 1. 1998 (BGBl. I 164), wobei Abs. 4 Nr. 2 aus dem durch SFHÄndG v. 21. 8. 95 (BGBl. I 1050) eingefügten Abs. 1 S. 2 aF übernommen wurde.

Schrifttum: Vgl. zunächst die Angaben vor § 234; ferner: *Arnold*, Die „neue" Auslegung des Gewaltbegriffs in § 240, JuS 97, 289. – *Arzt*, Zum Zweck u. Mittel der Nötigung, Welzel-FS 823. – *ders.*, Zwischen Nötigung u. Wucher, Lackner-FS 641. – *Baumann*, Demonstrationsziel als Bewertungsposten, NJW 87, 36. – *ders.*, Bei § 240 StGB ist der Gesetzgeber gefordert, ZRP 87, 265. – *Bergerhoff*, Nötigung durch Boykott, 1998. – *Bergmann*, Das Unrecht der Nötigung, 1983. – *ders.*, Zur strafr. Beurteilung von Straßenblockaden als Nötigung, Jura 85, 457. – *Bertuleit*, Verwerflichkeit von Sitzblockaden, JA 89, 16. – *ders.*, Der Fernzielbeschluß des 1. StS des BGH vor dem BVerfG, ZRP 92, 46. – *ders.*, Sitzdemonstrationen (usw.), 1994. – *Bertuleit/Herkströter*, Nötigung durch Versammlung?, KritJ 87, 331. – *Berz*, Die Grenzen der Nötigung, JuS 69, 367. – *ders.*, Gewalt und Nötigung im Straßenverkehr, 34. VGT 1996, 67. – *Böhme*, Ziviler Ungehorsam?, 1984. – *Brohm*, Demonstrationsfreiheit u. Sitzblockaden, JZ 85, 501. – *Busse*, Nötigung im Straßenverkehr, 1968. – *v. Calliess*, Der strafr. Nötigungstatbestand u. das verfassungsr. Gebot der Tatbestandsbestimmtheit, NJW 85, 1506. – *Dearing*, Sitzblockade u. Gewaltbegriff, StV 86, 125. – *Dierlamm*, Sitzblockaden u. Gefahrabwehr, NStZ 92, 573. – *Ehrlich*, Der „sozialwidrige Zwang" als tatbestandsmäßige Nötigung gem. Art 181 [schweiz.] StGB, 1984. – *Ermer*, Politisch motivierte Sitzblockaden als Problem der strafbaren Nötigung, 1987. – *Eschenbach*, Der spez. Zusammenhang zw. Nötigungsmittel u. Erfolg, Jura 95, 14. – *Eser*, Wahrnehmung berechtigter Interessen als allg. Rechtfertigungsgrund, 1969. – *ders.*, Irritationen um das „Fernziel", Jauch-FS 35. – *Fabricius*, Die Formulierungsgeschichte des § 240 StGB, 1991. – *Fezer*, Zur jüngsten Auseinandersetzung um das Rechtsgut der Nötigung, GA 75, 353. – *ders.*, Zur Rechtsgutsverletzung bei Drohungen, JR 76, 95. – *Giehring*, Verkehrsblockierende Demonstration u. Strafrecht, in *Lüderssen/Sack*, Vom Nutzen u. Nachteil der Sozialwiss. für das Strafrecht, 2 (1980) 513. – *Graul*, Nötigung durch Sitzblockade, JR 94, 51. – *Günther*, Verwerflichkeit von Nötigungen trotz Rechtfertigungsnähe, Baumann-FS 213. – *Hagen*, Widerstand u. ziviler Ungehorsam, 1990. – *Hanisch*, Vergewaltigung in der Ehe, 1988. – *Hansen*, Die tatbestandl. Erfassung von Nötigungsunrecht, 1972. – *Helmken*, Vergewaltigung in der Ehe, 1979. – *ders.*, Wider Schulmeisterei u. Faustrecht auf dt. Straßen, NZV 91, 372. – *Herzberg*, Die nötigende Gewalt (§ 240), GA 97, 251. – *ders.*, Die Sitzblockade als Drohung mit einem empfindl. Übel, GA 98, 211. – *Hoyer*, Straßenblockade als Gewalt in mittelbarer Täterschaft, JuS 96, 200. – *ders.*, Der Sitzblockadenbeschluß des BVerfG (usw.), GA 97, 451. – *Horn*, Nötigung des Ehegatten zum Beischlaf – strafbar?, ZRP 85, 265. – *Hruschka*, Die Nötigung im System des Strafrechts, JZ 95, 737. – *ders.*, Die Blok-

§ **240** 1, 1 a

kade einer Autobahn durch Demonstranten, NJW 96, 160. – *Jakobs*, Nötigung durch Drohung als Freiheitsdelikt, Peters-FS 69. – *Kaufmann*, Gerechtigkeit, 1986. – *ders.*, Der BGH u. die Sitzblockade, NJW 88, 2581. – *Klein*, Zum Nötigungstatbestand, 1988. – *Knemeyer/Deubert*, Krit. Überlegungen zum Verhältnis Staatsanwaltschaft – Polizei, NJW 92, 3131. – *Kostaras*, Zur strafr. Problematik der Demonstrationsdelikte, 1982. – *Köhler*, Nötigung als Freiheitsdelikt, Leferenz-FS 511. – *ders.*, Vorlesungsstörung als Gewaltnötigung?, NJW 83, 10. – *Krause*, Gedanken zur Nötigung u. Erpressung durch Rufgefährdung (Chantage), Spendel-FS 547. – *Krey*, Probleme der Nötigung mit Gewalt, JuS 74, 418. – *ders.*, Rechtl. und rechtspol. Folgerungen aus dem Sitzblockade-Beschluß des BVerfG, in: Werteordnung im Wandel, 1996, 64. – *Kühl*, Sitzblockaden vor dem BVerfG, StV 87, 122. – *Küpper/Bode*, Neuere Entwicklungen zur Nötigung durch Sitzblockaden, Jura 93, 187. – *Laker*, Ziviler Ungehorsam, 1986. – *Lampe*, Die strafrechtliche Bewertung des „Anzapfens" nach § 240 StGB u. § 12 UWG, Stree/Wessels-FS 449. – *Lüderssen*, Mißbräuchl. aktienrechtl. Anfechtungsklagen u. Strafrecht, Heinsius-FS 457. – *Lüttger*, Der Mißbrauch öffentlicher Macht u. das Strafrecht, Dreher-FS 587 = JR 77, 223. – *Martin*, Zur strafr. Beurteilung „passiver Gewalt" bei Demonstrationen, BGH-FS 211. – *Meurer/Bergmann*, Gewaltbegriff u. Verwerflichkeitsklausel, JR 88, 49. – *Neumann*, Zur Systemrelativität strafrechtsrelevanter sozialer Deutungsmuster – am Bsp. Der Strafbarkeit von Streiks u. Blockadeaktionen, ZStW 109 (1997), 1. – *Offenloch*, Geforderter Rechtsstaat, JZ 86, 11. – *ders.*, Zur rechtl. Bewertung der Blockade von Militäreinrichtungen, JZ 88, 12. – *ders.*, Der Streit um die Blockaden, JZ 92, 438. – *Ostendorf*, Kriminalisierung des Streikrechts, 1987. – *Otto*, Strafbare Nötigung durch Sitzblockaden in der höchstrichterl. Rspr. u. die Thesen der Gewaltkommission zu § 240 StGB, NStZ 92, 568. – *Paetow*, Vergewaltigung in der Ehe, 1987. – *Pelke*, Die strafr. Bedeutung der Merkmale „Übel" u. „Vorteil", 1990. – *Preuß*, Nötigung durch Demonstration?, R. Schmid-FS 419. – *Priester*, Der Verfassungsgerichtsbeschluß zur Nötigung durch Sitzblockaden, Bemmann-FS 362. – *Prittwitz*, Sitzblockaden – ziviler Ungehorsam u. strafbare Nötigung?, JA 87, 17. – *Reichert-Hammer*, Politische Fernziele u. Unrecht, 1991. – *Rheinländer*, Sitzblockaden u./oder Gewaltbegriffsentscheidung?, Bemmann-FS 387. – *Roxin*, Verwerflichkeit u. Sittenwidrigkeit als unrechtsbegründende Merkmale im Strafrecht, JuS 64, 373. – *ders.*, Strafrechtl. Bem. zum zivilen Ungehorsam, Schüler-Springorum-FS 441. – *Schmitt Glaeser*, Polit. motivierte Gewalt u. ihre „Fernziele", BayVBl. 88, 454. – *Schroeder*, Widerstand gegen Willensmittler als Nötigung?, NJW 85, 2392. – *ders.*, Die Grundstruktur der Nötigung (usw.), NJW 85, 2627. – *Sommer*, Lücken im Strafrechtsschutz des § 240 StGB?, NJW 85, 769. – *Stoffers*, Drohung mit dem Unterlassen einer rechtl. gebotenen Handlung, JR 88, 492. – *Suhren*, Gewalt u. Nötigung im Straßenverkehr, DAR 96, 310. – *Timpe*, Die Nötigung, 1989. – *Tröndle*, Ein Plädoyer für die Verfassungsmäßigkeit des § 240 StGB, Lackner-FS 627. – *ders.*, Sitzblockaden u. ihre Fernziele, Rebmann-FS 481. – *Volk*, Nötigung durch Drohung mit Unterlassen, JR 81, 274. – *Voß-Broemme*, Nötigung im Straßenverkehr, NZV 88, 2. – *Weingärtner*, Demonstration u. Strafrecht, 1986. – *Wohlers*, Die polizeilich vereitelte Sitzblockade als vollendete Nötigung?, NJW 92, 1432. – *Wolter*, Verfassungskonforme Restriktion u. Reform des Nötigungstatbestandes, NStZ 86, 241. – *Zechlin*, Streikposten u. Nötigung, AuR 86, 289. – *Zopfs*, Drohung mit einem Unterlassen, JA 98, 813.

1   **I. 1. Schutzgut** des Nötigungstatbestandes ist die durch Art. 2 I GG gewährleistete (BGH **37** 353, Bay NJW **93**, 212) **Willensbildungs-** und **Willensbetätigungsfreiheit** (vgl. 1 ff., 13 vor § 234, RG **48** 346, **64** 115, BVerfGE **73** 237, Blei II 67, Tröndle 2, Lackner/Kühl 1, M-Schroeder I 37, W-Hettinger 380; i. Grds. ebso. Arzt/Weber I 219 f.) und zwar des **Einzelnen**, nicht des Staates (vgl. Bertuleit, Sitzdemonstrationen 61 ff.; and. Krey BKA III 35 f., wonach § 240 auch dem Schutz des staatlichen Gewaltmonopols dienen soll; ähnl. Sitzblockaden als einen Verstoß gegen das ethische Minimum demokratischer Streikkultur bezeichnend Eylmann ZRP 95, 162). Zu ein rechtshistor. Wurzeln vgl. Jakobs H. Kaufmann-GedS 791 ff.; zur Entstehungsgeschichte Amelung NJW 95,
1 a 2584 f., zur Formulierungsgeschichte Fabricius aaO). Während demgegenüber v. Liszt/Schmidt 521 den § 240 nur gegen die Freiheit der Willens*betätigung* gerichtet sahen, will umgekehrt Köhler die Nötigung als reines Willens*beugungs*delikt auf den Schutz der Willens*entschließung* beschränken und demzufolge vis absoluta als Nötigungsmittel ausschließen (Leferenz-FS 512 ff., NJW 83, 11 f.; ebso. Hruschka NJW 96, 162 f. bzw. JZ 95, 738 ff. mit englisch. rechtshistor. Bspr.; im Ansatz ähnl. spricht Marxen KritJ 84, 57 vom Schutz der „inneren Freiheit gegen Angriffe auf ihr Zentrum"; vgl. auch Eschenbach Jura 95, 15). Doch selbst wenn zuzugeben ist, daß die Nötigung nicht zum universellen crimen vis auswachsen darf, geht es bei § 240 gerade nicht um die Erfassung der Gewaltanwendung als solcher, sondern nur insoweit, als damit dem Opfer ein bestimmtes Verhalten abgezwungen werden soll, was aber gerade auch dann – wenn nicht erst recht – der Fall ist, wenn ihm ein bestimmtes Verhalten durch vis absoluta unmöglich gemacht wird und was dies für das (gesetzlich erfaßte) aufgenötigte „Dulden" sogar typisch ist. Deshalb wäre eine derartige Einschränkung allenfalls durch entsprechende gesetzliche Korrekturen möglich, wogegen freilich als wenig einsichtig zu bedenken wäre, weshalb die Nötigung zu einer Handlung durch *Androhung* eines Übels, nicht aber auch das Erzwingen dieser Handlung durch die *Zufügung* dieses Übels Nötigung sein soll, nachdem in beiden Fällen das Opfer gezwungen wird, sich entgegen seinem unbeeinflußten Willen zu verhalten (zust. Horn SK 11 a, vgl. auch Kühl StV 87, 129, Herzberg GA 97, 257 ff.). – Auf andere Weise einschr. auch Jakobs Peters-FS 69 ff., der die Nötigung (jedenfalls de lege ferenda: aaO 85) als „Beschneidung und Usurpierung der rechtlich garantierten Freiheit eines anderen" begreift („Freiheitsverschiebungsdelikt": aaO 78) und demzufolge jedwede zwangsweise Durchsetzung eines dem Täter an sich zustehenden Anspruchs (aaO 77 f., dazu u. 22) aus dem Bereich des § 240 ausklammert (grds. ebenso Horn SK 3, Timpe aaO 27 ff.). Doch nicht nur, daß bereits dem legitimen Ziel, andere zur Einhaltung von Rechtspflichten oder zur Unterlassung rechtswidrigen Verhaltens mittels privaten Zwanges zu nöti-

gen, durch § 240 II Verhältnismäßigkeitsgrenzen gesetzt sind, kann es erst recht niemandem freistehen, Anforderungen der Rechtsordnung an andere zweckentfremdet zu eigenen Gunsten auszunützen (vgl. u. 23; and. zur Chantage Jakobs aaO 81). – Wiederum anders Arzt Welzel-FS 830 ff. (ferner Lackner-FS 643 ff.), der in § 240 die Willensfreiheit in einer Verbindung von materiellen und formellen Elementen gewährleistet sehen will, aber dadurch zu einer Ausweitung des Schutzbereichs gelangt. – Krit. sowohl zu Arzt wie zu Jakobs Fezer GA 75, 352 ff. (vgl. auch JZ 74, 599 ff., JR 76, 95 ff.), der seinerseits für eine Ersetzung des allgemeinen Nötigungstatbestandes durch spezielle Freiheitsschutzdelikte eintritt.

2. Wegen der gegen die **Verfassungsmäßigkeit des § 240** vor allem im Hinblick auf Sitzdemonstrationen erhobenen Bedenken (vgl. namentl. AG Hagen MDR **85**, 601 sowie Calliess NJW **85**, 1506 ff. mwN), mit denen insbes. mangelnde Bestimmtheit der Verwerflichkeitsklausel des Abs. 2, teils aber auch schon die des erweiterten Gewaltbegriffs und teils auch die beider Merkmale gerügt wurde (vgl. im einzelnen die Analyse von Wolter NStZ 86, 241 ff.), hatte sich das BVerfG vor allem in zwei Grundsatzentscheidungen mit diesem Tatbestand zu befassen. Nachdem von BVerfGE 73 206 (= NJW **87**, 43) zunächst noch alle vorgenannten Einwände zurückgewiesen worden waren (zu Einzelheiten vgl. 24. A.; iE ebso. schon Bay JZ **86**, 404, Düsseldorf NJW **86**, 942, Köln NStZ **86**, 31; krit. Bertuleit/Herkströter KritJ **87**, 331, Kaufmann NJW 88, 2582), wurde zwar auch durch BVerfGE **92** 1, 13 (= NJW **95**, 1141) die Verfassungsmäßigkeit des § 240 bestätigt, jedoch die erweiternde Auslegung des Gewaltbegriffs in § 240 I im Zusammenhang mit Sitzdemonstrationen als unvereinbar mit dem Bestimmtheitsgebot des Art. 103 II GG erklärt (aaO 14 ff.). Aus diesen BVerfG-Entscheidungen ergeben sich im wesentlichen folgende Konsequenzen: a) Was den *Gewalt*begriff betrifft, werden aufgrund von BVerfGE **92** 17 ff. schon tatbestandlich alle Sitzdemonstrationen, die nur durch passive Anwesenheit und ohne körperliche Auswirkung auf die Betroffenen zu einer Verkehrsbehinderung führen, nicht mehr erfaßt (näher dazu 10 f., 22 vor § 234 sowie u. 26). b) Was dagegen die *Verwerflichkeit* nach § 240 II betrifft, ergeben sich aus BVerfGE **92** 1 ff. keine weiteren Einschränkungen, so daß es insoweit bei den in BVerfGE 73 206 vorgegebenen Anforderungen bleibt. Demzufolge ist in allen Fällen, in denen auch unter den einschränkenden Vorgaben von BVerfGE **92** 16 ff. Gewaltanwendung anzunehmen ist (wie bei Leistung von aktivem Widerstand oder körperlicher Einwirkung auf die Genötigten) oder ein Blockadeaktionsplan als Drohung mit einem empfindlichen Übel anzusehen ist, nach den bisherigen Maßstäben eine Verwerflichkeitsprüfung vorzunehmen (vgl. Amelung NJW 95, 2589). Dabei ist einerseits aufgrund der einmütigen und klaren Vorgabe durch BVerfGE **73** 247, 252 ff. mittels verfassungskonformer Auslegung davon auszugehen, daß die Annahme von Gewalt nicht schon zugleich die Rechtswidrigkeit der Tat indiziert, sondern die Verwerflichkeitsfeststellung iSv § 240 II eine Abwägung unter Berücksichtigung aller Umstände voraussetzt (so auch BVerfG NJW **88**, 693, **91**, 971, **92**, 2688, NStZ **91**, 279; vgl. u. 16 ff.). Andererseits ist dabei aber weiterhin offen geblieben, inwieweit der Tatrichter bei der Gesamtwürdigung auch die Fernziele von Demonstranten zu berücksichtigen hat: Während dies die damalige Senatsminderheit als verfassungsrechtlich geboten ansah (BVerfGE **73** 257 ff.), hat die Senatsmehrheit dies zwar nicht für notwendig erklärt (aaO 260 f.), die Berücksichtigung von Fernzielen aber auch nicht ausdrücklich ausgeschlossen (vgl. u. 17). Während bereits BVerfGE **73** 206 verständlicherweise sowohl einerseits die **Kritik** derer gefunden hat, die entweder eine Verfassungswidrigerklärung des § 240 oder jedenfalls eine grundsätzliche Entkriminalisierung von Sitzdemonstrationen erwartet haben (so namentl. Calliess NStZ 87, 209 ff., vgl. ferner ua Bertuleit/Herkströter KritJ 87, 331, Kaufmann NJW 88, 2582), als andererseits auch jener, die absichtliche Verkehrsbehinderungen – aus welchen Gründen auch immer – grundsätzlich als Nötigung bestraft sehen wollen (so ua Schmitt Glaeser BayVBl. 88, 454, Starck JZ 87, 145 ff., Tröndle Lackner-FS 626 ff., Rebmann NJW FS 481), konnte ihr – vielleicht abgesehen von der eher der Senatsminderheit nahekommenden Mitberücksichtigung von Fernzielen – weitgehende Übereinstimmung mit der hier schon bisher vertretenen mittleren Linie bescheinigt werden (vgl. u. 15 ff., 26 ff. sowie 6 ff. vor § 234; im wesentl. zust. auch Kühl StV 87, 122 ff.; vgl. auch Prittwitz JA 87, 28). Auch BVerfGE **92** 1 ff. hat in der Öffentlichkeit verständlicherweise unterschiedliche Reaktionen – wie Zustimmung bei Vertretern „gewaltfreier" Demonstrationen bzw. Ablehnung bei Befürwortern der Strafbarkeit von absichtlichen Verkehrsbehinderungen als Nötigung – ausgelöst. Vielleicht wird dieser letztlich politische Meinungskampf (Amelung NJW 95, 2589) – entgegen der bisherigen Hoffnung, durch eine weitere Konkretisierung der vom BVerfG gezogenen Leitlinien mittels eines höchstrichterlich untermauerten Faktorenkatalogs eine möglicherweise übereilte Reform überflüssig zu machen (vgl. 24. A. 1 b) – letztlich doch nicht zu umgehen sein. Aus der Reformliteratur – mit durchaus unterschiedlicher Tendenz – vgl. ua Baumann ZRP 87, 265 ff., Bertuleit JA 89, 17 f., Calliess NJW 85, 1513, Kaufmann NJW 88, 2581, Miebach NStZ 88, 132, Schwind/Baumann aaO I 430 f., II 810 ff., 898 ff., Wolter NStZ 86, 248 f.

II. Tatobjekt der Nötigung muß ein **anderer Mensch** sein; doch braucht dieser nicht ausdrücklich genannt zu werden. Richtet sich die Nötigung gegen eine Mehrheit von Personen, so genügt es, daß sich innerhalb eines bestimmten Kreises verschiedene Personen durch die Drohung getroffen fühlen können (vgl. RG JW **31**, 942).

III. Mittel der Nötigung sind *Gewalt* oder *Drohung mit einem empfindlichen Übel*. Dagegen kommt *List nicht* als Nötigungsmittel in Betracht.

§ 240   4–10   Bes. Teil. Straftaten gegen die persönliche Freiheit

4   1. Über **Gewalt** vgl. 6 ff. vor § 234. Es genügen hier vis absoluta (grds. abl. Köhler: o. 1 a) und vis compulsiva (Frank II 1, Schäfer LK 5, M-Schroeder I 140; einschr. Arzt/Weber I 208). Gewaltanwendung liegt zB vor, wenn ein Autofahrer auf Menschen zufährt, um diese zu veranlassen, ihm Platz zu machen (BGH MDR/D **55**, 145, VRS **51** 210, DAR/S **87**, 195, Bay NJW **61**, 2074, **63**, 824, KG VRS **11** 198, Hamm VRS **27** 30) oder ein Verhindern des Überholens durch Linksausbiegen (BGH
5   **18** 389 m. Anm. Schröder JZ 64, 30). Auch die Abgabe von Schreckschüssen kann Anwendung von Gewalt sein (vgl. 16 vor § 234). Dagegen ist im Versperren eines Weges – entgegen der früheren Rspr. (RG HRR Nr. 193, Bay NJW **70**, 1803, Köln MDR **79**, 777) – nach den Einschränkungskriterien von BVerfGE 92 18 nicht mehr ohne weiteres Gewalt zu erblicken (vgl. 10 f., 13 f. vor § 234), ebensowenig in rein passivem Sitzstreik (vgl. 22 vor § 234) oder rein psychischem, wohl aber sich körperlich auswirkenden „Verbalterror" (vgl. 13, 16 vor § 234, aber auch u. 29 aE). Auch durch telefonische Störanrufe wird noch kein Zwang (zum Abheben) mittels Gewalt erzeugt (vgl. Herzog GA 75, 263, Brauner/Göhner NJW 78, 1472). Weitere Bsp. u. Nachw. 11 ff. vor § 234 sowie u. 24.

6   a) Gewalt **gegen dritte Personen** kann eine mittelbare Gewaltanwendung gegen den Genötigten sein (Schäfer LK 39; and. Schmidhäuser II 48, wonach Gewalt gegen Dritte allenfalls eine an das Opfer gerichtete konkludente Drohung mit Fortsetzung des Übels sei). Das gilt nicht nur dann, wenn der Dritte (wie bei den typischen Angehörigenfällen) eine Person der *Sympathie* des Genötigten ist, so daß dieser die gegen jene Person gerichtete Gewalt selbst mitempfindet, sondern immer dann, wenn das von dem Dritten erzwungene Verhalten sich als ein die Entschließung des Genötigten beeinflussender Nachteil darstellt (grdl. dazu Bohnert JR 82, 397 ff.; vgl. auch § 253 RN 6), zB Nötigung des A zur Unterlassung wichtiger Lieferungen an B, um diesen zu einer Preiserhöhung zu zwingen, oder Nötigung des Arbeitgebers dadurch, daß seine Arbeitnehmer zur Niederlegung der Arbeit gezwungen werden (vgl. Niese, Streik u. Strafrecht [1954] 72, 153, Schröder BB 53, 1018, zu Streikposten Zechlin ArbuR 86, 289 sowie zu sonstigen Nötigungen im Rahmen von Streiks Seiter, Streikrecht u. Aussperrungsrecht [1975], insbes. 522, 535, 548, ferner u. 25). Vgl. auch 6 ff., 19 vor § 234.

7   b) Auch eine **gegen Sachen** gerichtete Gewalt kommt uU als Nötigungsmittel in Betracht (vgl. 13 vor § 234).

8   c) Die gewaltsame Einwirkung kann auch in einem **Unterlassen** bestehen (and. Schmidhäuser II 49, Bergmann aaO 63), so zB im Nichtgewähren von Nahrung (vgl. 20 vor § 234 sowie u. 14 a) oder im Nichtaufheben einer Blockade (Bay VRS **60** 189). Jedoch werden bei Nötigen durch Unterlassen besonders strenge Anforderungen an die Verwerflichkeit (u. 15 ff.) zu stellen sein (vgl. § 13 II).

9   2. Weiteres Nötigungsmittel ist die **Drohung mit einem empfindlichen Übel** (allg. zur *Drohung* vgl. 30 ff. vor § 234). Zu Reformtendenzen vgl. die Strafrechtskomm. des NdsJM, die eine Einschränkung auf Drohung mit Gewalt (restriktiv verstanden, vgl. 9 vor § 234) oder mit einer Straftat fordern (DRiZ 90, 252; restriktiv auch Amelung GA 99, 192: Drohung mit rechtswidrigem Übel). Unter *Übel* ist jede – über bloße Unannehmlichkeiten hinausgehende – Einbuße an Werten oder Zufügung von Nachteilen zu verstehen (eingeh. Pelke aaO 87 ff.), was dann als *empfindlich* zu betrachten ist, wenn der drohende Verlust oder der zu befürchtende Nachteil geeignet ist, einen besonnenen Menschen zu dem mit der Drohung erstrebten Verhalten zu bestimmen (vgl. BGH **31** 201 [Anzeigeerstattung], **32** 174 [Flughafenblockierung], NStZ **92**, 278 [Information der Medien über Verwaltungsmißstände kein empfindliches Übel für Bürgermeister], **97**, 494 [Androhung des Scheiterns der Promotion], Koblenz VRS **68** 209 [Scheumachen von Pferden], Düsseldorf VRS **88** 188 [Wegfahren von Tankstelle, ohne zu zahlen], Schleswig SchlHA **88**, 185 [wirtschaftliche Konkurrenz; iglS Bay **55** 12, Karlsruhe NStZ-RR **96**, 296; Köln JMBlNW **62**, 34, Schleswig SchlHA **97**, 185, Schäfer LK 52, W-Hettinger 404; i. Grds. auch BGH NStZ **82**, 287 [in casu freilich die Empfindlichkeitsanforderungen überspannend]). Auch wenn durch den normativen Begriff der Empfindlichkeit ein gewisses Standhalten „in besonnener Selbstbehauptung" soll zugemutet werden können, brauchen dabei besondere persönliche Verhältnisse des Betroffenen nicht außer Betracht zu bleiben (zu einseitig darauf abheb. aber Bergmann aaO 139, Blei II 72 f., Kohlrausch/Lange IV 2, wohl auch BGH wistra **84**, 23), weil es insoweit allein darum geht, etwaige ungewöhnliche Reaktionen eines Überängstlichen auszuschließen (vgl. Schleswig SchlHA **88**, 107, Arzt JZ 84, 429). Eine Drohung kann auch dann vorliegen, wenn nur Dummheit, nicht aber, wenn nur Aberglaube (vgl. 24 vor § 234) das Angedrohte als Übel erscheinen läßt (vgl. Schall JuS 79, 105). Es kommen nicht nur Drohungen mit einer strafbaren Handlung in Betracht; andererseits ist auch nicht jede Drohung mit einer strafbaren Handlung eine Nötigung; die Drohung ist vielmehr mit dem im Einzelfall verfolgten Zweck in Beziehung zu setzen (vgl. u. 15 ff.). Bedrohung mit Entziehung der Dienst- oder Arbeitsstelle (BGH NJW **93**, 1807) kann Drohung mit einem empfindlichen Übel sein, ferner die Bedrohung mit erheblichem Lärmterror (Koblenz NJW **93**, 1808), mit Aufnahme in schwarze Listen (vgl. Hamburg HESt **2** 294), mit der Information des Ehemannes über ein intimes Drittverhältnis seiner Ehefrau (Zweibrücken GA **92**, 469), die Androhung der öffentlichen Bekanntgabe privater Meinungsverschiedenheiten (München NJW **50**, 714), ferner die Drohung, einen anderen mit Aids zu infizieren (Eberbach MedR 87, 270 f.) bzw. einem entsprechenden Risiko durch Verletzung auszusetzen, nicht dagegen schon die Ankündigung einer Dienstaufsichtsbeschwerde (Koblenz VRS **51** 208) oder die Ankündigung von Schwierigkeiten oder sonstigen Weiterungen
10   (BGH NJW **76**, 760). Im übrigen aber muß das angedrohte Übel nicht unbedingt in einem Tun, sondern kann auch in einem **Unterlassen** bestehen (vgl. BGH NStZ **00**, 86), sofern es den o. g. Grad

an Empfindlichkeit erreicht (Schleswig SchlHA **88**, 107, Klein aaO 136 ff.). Dabei ist gleichgültig, ob eine Rechtspflicht zum Handeln besteht (vgl. 35 vor § 234, Bergmann aaO 132, Stoffers JR **88**, 496 f., Volk JR 81, 274, Bergmann aaO 132; vgl. aber auch Frankfurt NStZ **00**, 146 sowie u. 20 zur Frage der Rechtswidrigkeit bei angedrohtem Unterlassen). Ebenso genügt es, wenn die **Fortsetzung** eines schon begonnenen Übels angedroht wird. Vgl. zum Ganzen auch (teils enger) Jakobs Peters-FS 77 ff. Zur Beschränkung der Meinungs- oder Vereinigungsfreiheit durch „Mißbrauch öffentlicher Macht" bzw. durch die Drohung mit Entzug von Berufs- oder Verdienstchancen vgl. Lüttger JR 77, 223; zum „Anzapfen" (Aufforderung zu kostenlosen Sonderleistungen ohne Vertragsbezug) in der Wirtschaft vgl. Lampe Stree/Wessels-FS 449 ff.; zu wirtschaftl. Boykottaufrufen Bergenhoff aaO; zu nötigenden Formen der Schuldeneintreibung vgl. Edenfeld JZ 98, 648 f., Lausen wistra **91**, 287 f., Scheffler NJ 95, 573 ff.; zu mißbräuchl. aktienrechtl. Anfechtungsklagen vgl. Lüderssen Heinsius-FS 457 ff.

3. Das angedrohte Übel kann sich gegen den Bedrohten oder **gegen einen Dritten** richten. Die **11** Ausführung der angedrohten Tat muß sich aber stets für den Bedrohten als ein Übel darstellen (RG **17** 82, BGH **16** 318, BGH **86**, Bohnert JR 82, 397 ff., M-Schroeder I 141).

IV. Die Nötigungshandlung muß auf Opferseite zu einem **Nötigungserfolg** führen, der in einer **12** **Handlung, Duldung** oder **Unterlassung** bestehen kann. Es genügt also jedes Verhalten des Genötigten. Seine Reaktion braucht sich nicht als Handlung im Rechtssinne darzustellen (vgl. 13 vor § 234, M-Schroeder I 137 f.; zur abw. Auffassung von Köhler und Hruschka, die eine Nötigung zu willentl. Verhalten verlangen und demzufolge vis absoluta ausschließen, vgl. o. 1 a). Das Dulden ist eine Unterart des Unterlassens, nämlich das Unterlassen der Gegenwehr gegen eine Handlung des Täters oder eines Dritten. Der Zwang kann sich auch auf einen demnächst zu fassenden Entschluß beziehen, zumal die Nötigung nicht nur die Freiheit der Willensbetätigung, sondern auch die der Willensentschließung schützt (3, 13 vor § 234, o. 1).

Bei abgenötigtem *Handeln* ist die Tat **vollendet**, sobald das Opfer unter der Einwirkung des **13** Nötigungsmittels mit der vom Täter geforderten Handlung begonnen hat (BGH MDR/H **79**, 280, NStZ **87**, 70; and. Otto II 100: erst mit Erreichen des vom Täter erstrebten Ziels). Im Falle von erzwungenem *Dulden* oder *Unterlassen* ist die Nötigung vollendet, wenn das Opfer entweder an einer Entschlußfassung überhaupt (zB durch Betäubung, aber auch durch „vorsorgliche" Drohung) oder aber an der Realisierung des dann gefaßten Entschlusses effektiv gehindert wird (zB das Opfer will jetzt die vorher versperrte Tür öffnen). Nach Horn SK 25 (ähnl. Schaffstein Dreher-FS 160 f.) soll es dagegen im ersten Fall auf den hypothetischen Zeitpunkt einer Reaktion des Opfers ankommen. Dies erscheint jedoch zum einen wenig praktikabel (was Schaffstein aaO selbst einräumt) und zum anderen auch mit dem Schutz der *Entschließungsfreiheit* nicht recht vereinbar.

Zwischen Nötigungsmittel und Nötigungserfolg muß **Kausalzusammenhang** bestehen (W-Hettinger 417), und zwar in dem Sinne, daß das abgenötigte Verhalten die spezifische und unmittelbare Folge des angewandten Zwangsmittels sein muß (BGH **37** 353 ff. m. zust. Anm. Dierlamm NStZ 92, 576, Bay NStZ **90**, 281, Stuttgart NJW **89**, 1620; vgl. u. 14 a). So fehlt es an der Kausalität jedenfalls dann, wenn jemand aus Furcht vor Folgen, die nicht angedroht sind, aber auf der Hand liegen, spontan reagiert. Geht hingegen der Bedrohte auf Rat der Polizei an den Ort, an den er sich nach dem Willen des Täters begeben sollte, um auf diese Weise den Täter zu überführen, so fehlt zwar nicht der Kausalzusammenhang, wohl aber die objektive Zurechenbarkeit des Erfolgs, da das Opferverhalten nicht das vom Täter geschaffene rechtlich mißbilligte Risiko, nämlich den vom Täter ausgeübten Zwang, realisiert (vgl. 91 ff. vor § 13); daher kommt nur Versuch in Frage (vgl. BGH MDR/H **53**, 722).

Bei der **Nötigung zu einer Unterlassung** ist die Feststellung erforderlich, daß das Opfer entweder **14 a** willens oder wenigstens in der Lage gewesen wäre, die betreffende Handlung vorzunehmen. Deren wirklichen Zweck braucht der Täter aber nicht zu kennen. Wer eine Telefonleitung durchschneidet, um einen anderen an einem Telefongespräch mit A zu hindern, begeht vollendete Nötigung auch dann, wenn dieser stattdessen mit B telefonieren wollte. Steht jedoch fest, daß der andere überhaupt nicht handeln wollte oder konnte (der Telefonanschluß ist zB abgemeldet), so liegt nur versuchte Nötigung vor. Ähnlich kann es sein (mit Nötigungsmitteln bewirkten) Sitzblockade an den für Vollendung erforderlichen Nötigungseffekt fehlen, wenn der Verkehr ohnehin bereits polizeilich umgeleitet ist (Düsseldorf NStZ **87**, 368, Köln NJW **83**, 2206, AG Erlangen StV **84**, 28, AG Frankfurt StV **85**, 61; vgl. auch Zweibrücken NJW **86**, 1055, LG Münster StV **85**, 417, Schroeder NJW 85, 2392 f.; and. Stuttgart MDR **86**, 602) oder nicht festgestellt werden kann, ob die blockierte Ausfahrt überhaupt benutzt werden sollte (Schleswig SchlHA **87**, 101). Auch dort, wo Kraftfahrer ohne Sichtkontakt zu einer Blockade schon weiträumiger durch polizeilich für zweckmäßig erachtete Maßnahmen angehalten werden, kommt – entsprechende Erfolgsvorstellungen der Blockierer vorausgesetzt – wohl nicht nur Versuch (wie wegen Fehlens eines spezifischen und unmittelbaren Zusammenhangs mit der Gewaltanwendung der Blockierer von Bay NJW **90**, 59, NStZ **90**, 281 angenommen; vgl. auch Stuttgart NJW **89**, 1620), sondern uU auch Vollendung in Betracht (vgl. BGH **37** 350 m. Anm. Dierlamm NStZ 92, 576, Küpper/Bode Jura 93, 193, abl. Altvater NStZ 95, 281 f., Eschenbach Jura 95, 16, Wohlers NJW 92, 1432).

V. Die **Rechtswidrigkeit der Nötigungshandlung (Abs. 2)** stellt das Kernproblem des § 240 **15** dar. Während früher neben der Gewalt nur die Drohung mit einem Verbrechen oder Vergehen

§ 240 16, 17   Bes. Teil. Straftaten gegen die persönliche Freiheit

ausreichte und damit eine größere Begrenzung des Tatbestandes schon durch die Nötigungsmittel erreicht war, genügt heute außer der Gewalt die Drohung mit jedem empfindlichen Übel. Damit und zumal durch Ausweitung des Gewaltbegriffes (vgl. 6ff., 9, 11 vor § 234) hat der Tatbestand eine Ausweitung erfahren, die der – verfassungsrechtlich gebotenen (vgl. BVerfG NJW **93**, 1519 sowie o. 1 b mwN) – Korrektur bedarf, um angemessene Ergebnisse zu erzielen (vgl. Arzt/Weber I 218 f., 226, Eser III 144, 147 f., Schwind/Baumann aaO II 890, 898 ff., auch zur Diskussion einer Neufassung des Abs. 2). Diese Korrektur soll durch Abs. 2 herbeigeführt werden, dem damit eine **grundrechtssichernde Funktion** (BVerfG NJW **91**, 971, **92**, 2689) zukommt. Danach ist die Tat dann rechtswidrig, wenn die Anwendung der Gewalt oder die Androhung des Übels zu dem angestrebten Zweck als verwerflich anzusehen ist. Die Widerrechtlichkeit ergibt sich damit aus dem **Verhältnis von Nötigungsmittel und Nötigungszweck;** beide sind zueinander in Beziehung zu setzen (BGH **17** 331), wobei der Nötigungszweck allein vom Willen des Täters bestimmt wird, so daß bei der Nötigung zu Unterlassen maßgebend ist, welche Handlung des Opfers der Täter verhindern wollte, und nicht, welche Handlung das Opfer tatsächlich vornehmen wollte (vgl. u. 21, ferner den Versuch von Timpe aaO 70 ff., die Prüfung nach § 240 II durch Reduzierung des Gewaltbegriffs auf den Schutz absoluter Rechte überflüssig zu machen).

16   1. In **systematischer** Hinsicht ist im Verwerflichkeitserfordernis des Abs. 2 nicht erst ein allgemeines Rechtswidrigkeitsmerkmal (so aber BGH **2** 196, Bay NJW **63**, 824, Braunschweig NJW **76**, 62, Bergmann aaO 175 ff., Günther, Strafrechtswidrigkeit u. Strafrechtsausschluß (1983) 323, Müller-Dietz LdR 8/1100 f., Offenloch JZ 88, 15, Schäfer LK 66, Schmidhäuser II 46), sondern eine **Ergänzung des Tatbestandes** zu erblicken (vgl. 66 vor § 13, ferner Lenckner Noll-GedS 244 ff., W-Hettinger 407 sowie Hirsch LK 19 ff. vor § 32 mwN), und zwar iSe „tatbestandsregulierenden Korrektivs" (BVerfGE **73** 238, 253, NJW **91**, 972, **93**, 1519, Bay NJW **92**, 521); denn das Gesetz kann nicht beabsichtigt haben, zunächst in Abs. 1 jeden Zwang als tatbestandliche Nötigung zu bezeichnen und die Korrektur erst durch eine Art „negativ gefaßten Rechtfertigungsgrund" des Abs. 2 (so Gössel I 229) vorzunehmen; vielmehr ist dessen Klausel bereits als Tatbestandsteil anzusehen, mit der Folge, daß Freiheitsbeeinträchtigungen, die außerhalb der „Verwerflichkeitszone" des Abs. 2 liegen, schon tatbestandlich keine Nötigung sind (M-Schroeder I 143 ff., Schröder ZStW 65, 201 f.; i. Sacherg. auch Sax JZ 76, 82 f.; vgl. ferner Hansen aaO 67, 103, 116 f.; Hirsch ZStW 74, 118 ff., Köln-FS 413 sowie Zipf ZStW 82, 653, der von einem Fall „rechtlich vorgezeichneter Sozialadäquanz" spricht, die er – wie jede Sozialadäquanz – als Tatbestandsproblem ansieht). Umgekehrt ist aber mit der Einordnung einer Tat als „nicht verwerflich" noch kein Urteil über ihre Rechtmäßigkeit gefällt, da mit § 240 II nicht ohne weiteres Recht von Unrecht, sondern die Straftat von nichtstrafwürdigen Gesetzesverstößen abgegrenzt wird (vgl. Günther Baumann-FS 216, der seinerseits den § 240 II als „Strafunrechtsausschließungsgrund" begreift, Spendel-FS 198). Über die Konsequenzen bei Irrtum vgl. u. 35 f. Im übrigen gilt das Erfordernis einer besonderen Verwerflichkeitsprüfung iSd Abs. 2 nicht nur bei **Drohung**, sondern ist durch verfassungskonforme Auslegung auch bei **Gewalt** geboten (BVerfGE **73** 206, 247 ff., 256; vgl. o. 1 b); deshalb ist für eine „Indizwirkung der Gewaltanwendung für die Verwerflichkeit", wie sie zeitweilig vom BGH angenommen worden war (BGH **23** 55, NJW **82**, 189, ua auch noch KG NJW **85**, 211), allenfalls Raum für den „harten Kern" der Gewalt, nicht jedoch für deren – auch durch BVerfG **92** 14 ff. ja nicht völlig ausgeschlossenen (vgl. 10 f. vor § 234) – „vergeistigten" Formen (idS einer jeweils erforderl. Gesamtabwägung inzw. auch BGH **34** 71, 77 m. Anm. Jakobs JZ 86, 1064, Janknecht NJW 86, 2411, BGH wistra **87**, 213 sowie zuvor bereits Hamm VRS **59** 427, Köln NJW **79**, 2057, ferner spez. bei Verkehrsblockaden Bay JZ **86**, 405, Düsseldorf NJW **86**, 943, Koblenz NJW **85**, 2433, Köln NJW **85**, 2435, NStZ **86**, 31, LG Bonn StV **85**, 193, LG Frankfurt NStZ **83**, 26, LG Koblenz StV **85**, 152, LG Münster NStZ **82**, 202, NJW **85**, 815, AG Münster NJW **86**, 213, ferner Tröndle 24 b, Eser III 147, 149, Kostaras aaO 171, Krey JuS 74, 423, Schäfer LK 59, 67, Wolter NStZ **86**, 249; vgl. auch u. 26, 28).

17   2. Inhaltlich ist mit **Verwerflichkeit** iSv Abs. 2 ein erhöhter Grad *sozialethischer Mißbilligung* der für den erstrebten **Zweck** angewandten **Mittel** gemeint (BGH **17** 332, Koblenz NJW **85**, 2433, Köln NJW **86**, 2443; allein auf die „Verhältnismäßigkeit der Mittel" abheb. Gössel I 232). Da dafür Zweck und Mittel zueinander in Beziehung zu setzen sind, kann zwar das eine wie das andere für die Verwerflichkeit indiziell sein (vgl. Bay NJW **60**, 1966; ferner Ehrlich aaO insbes. 47 ff.); doch wird sich die Verwerflichkeit letztlich nur aufgrund einer **umfassenden Abwägung** unter Berücksichtigung sämtlicher Umstände des Einzelfalls (BVerfG NJW **91**, 972, **92**, 2689, NStZ **91**, 279) und einer darauf aufbauenden **Gesamtwürdigung** des Wertverhältnisses und des sachlichen *Zusammenhangs von Zweck und Mittel* abschließend beurteilen lassen (BVerfGE **73** 247, 255, BGH **2** 196, **35** 274, Bay NJW **92**, 521, Bergmann aaO 178 ff., Schmidhäuser II 49 f.), wobei neben dem Gewicht der auf dem Spiele stehenden Rechte und Interessen insbes. auch Umfang und Intensität der Zwangswirkung mitzuberücksichtigen sind (BGH **34** 77) und auch eine Berücksichtigung der vom Täter verfolgten Fernziele – wenngleich verfassungsrechtlich nicht geboten – jedenfalls nicht ausgeschlossen ist (BVerfGE **73** 257 ff., 261 m. Anm. Kühl StV 87, 135, Starck JZ 87, 148; vgl. auch u. 21, 29 sowie Bick BKA III 53 f., der im Eingehen (auch) auf die Fernziele für ein der Verwerflichkeitsprüfung immanentes Gebot ansieht). Kann die Motivation des Täters nicht ermittelt und deshalb Zweck und Mittel nicht in Relation gesetzt werden, scheidet eine Verurteilung aus § 240 StGB aus (Bay NJW **89**, 1621; vgl.

1894   Eser

dazu auch Eser Jauch-FS 51 f.). Im übrigen können sowohl unrechte Mittel zum gebilligten Zweck als auch erlaubte Mittel zu einem unrechten Zweck letztlich zur Verwerflichkeit führen. Je billigenswerter der verfolgte Zweck, umso mehr wird man die Anwendung von Zwang zu seiner Durchsetzung noch tolerieren (zust. Kaufmann NJW 88, 2583; vgl. auch LG Frankfurt NStZ 83, 25), je minderwertiger oder sinnloser der Zweck, umso eher wird man seine Durchsetzung mit Nötigungsmitteln unterbinden wollen (Hamm VRS **57** 348). Auf der anderen Seite dient jedoch diese Formel auch zur Ausschaltung von Freiheitsbeeinträchtigungen mit Bagatellcharakter (zust. Schäfer LK 59): Wer etwa einem anderen aus Schabernack für einige Sekunden die Tür zuhält, handelt allein damit jedenfalls nicht verwerflich iSv § 240 (vgl. Schröder JZ 64, 30); gleiches gilt für den Fall, daß jemand die Tür eines verkehrsbedingt haltenden PKWs öffnet, um den Fahrer zur Rede zu stellen (Düsseldorf NJW **94**, 1232), oder Verkehrsteilnehmer nur für kurze Zeit behindert (BGH **41** 240 f.; and. offenbar Bay MDR **96**, 409 schon bei Behinderung von nur 10 Minuten). – Der im Abheben auf sozialethische **18** Mißbilligung liegende Verweis auf außerrechtlich an der **„Sozialwidrigkeit"** des Täterverhaltens ausgerichtete Wertmaßstäbe (vgl. Celle NJW **59**, 1597, Stuttgart NStZ **88**, 129 f., Horn SK 39) ist zwar nicht unbedenklich, weil damit der Verbotsumfang weitgehend in die Wertung des Richters gestellt bleibt. Dennoch wurde darin im Hinblick auf die Vielgestaltigkeit zwischenmenschlicher Bezüge sowie mangels besserer Konkretisierungsmöglichkeit zu Recht keine Verletzung des Bestimmtheitsgebots (Art. 103 II GG) erblickt (o. 1 b; vgl. auch Bertuleit JA 89, 20, wonach Abs. 2 als Generalklausel den Zweck habe, je nach gesellschaftlichen Wandlungen interpretiert zu werden). Zudem ist die „sozialethische Mißbilligung" der Zweck-Mittel-Relation weder als „amoralische" Disqualifizierung zu verstehen noch an einer bestimmten sittlichen Weltanschauung, geschweige an der Privatmoral des einzelnen Richters auszurichten, sondern nach Kriterien **sozialer Unerträglichkeit** zu bestimmen (so schon Welzel 327, ferner BGH **18** 391, Düsseldorf NJW **86**, 943, Köln NJW **86**, 2443, Dreher MDR **86**, 1774, Ermer aaO 120 f., Kreuzer NJW **70**, 670, Kühl StV **87**, 126, Otto II 97), wobei die moralische Bedenklichkeit eines Verhaltens außer Betracht bleiben muß (BGH **44** 80 f.). Für eine solche Ausrichtung des Sozialwidrigkeitsurteils am „Mindestgemeinsamen" (Schlüchter NStZ **84**, 301 f.) findet sich eine beachtenswerte Systematisierung von „sozialen Ordnungsprinzipien" bei Roxin JuS 64, 376. **Im einzelnen** ist folgendes zu beachten:

a) Die Verwerflichkeit kann bereits dadurch indiziert sein, daß das **Nötigungsmittel** als solches **19** eine (zB nach §§ 223, 303) **strafbare** Handlung darstellt (vgl. BGH **44** 42, Hamm VRS **57** 348), wie nun auch eine Vergewaltigung in der Ehe (vgl. 5 vor § 174; zur früheren Diskussion vgl. 25. A. mwN), oder sonstwie die Rechtsordnung verstößt (vgl. Horn SK 48 ff.; bzgl. Verstößen gegen die milit. Disziplin sehr weitgeh. Bay NJW **60**, 1965; jedenfalls überzogen Karlsruhe Justiz **81**, 212, wonach schon die ungeprüfte Weitergabe einer Mandantenbehauptung über eine tatsächlich nicht begangene Straftat des Genötigten per se rechtswidrig sein soll). Doch selbst in solchen Fällen kann auch hier das Verhältnis zum Nötigungszweck (u. 21) nicht völlig unbeachtet bleiben (Bay JZ **86**, 407, Schleswig SchlHA/L **87**, 105), so zB bei körperverletzender (aber schon mit Rücksicht auf § 34 kaum rechtfertigender) Gewalt zur Verhinderung einer Selbsttötung (vgl. u. 32). Das gilt insbes. auch für ordnungs- oder gar verfassungswidrige Blockaden (vgl. u. 28 f.).

Des weiteren kann sich die Verwerflichkeit des Mittels aus dem **grundsätzlichen Vorrang staat- 19 a licher Zwangsmittel** (Roxin NStZ **93**, 335) ergeben. Wenn staatliche Hilfe rechtzeitig erreichbar ist, der Betroffene grundsätzlich die Polizei herbeizuholen, greift er trotzdem unter Mißachtung oder sogar Ausschaltung des staatlichen Gewaltmonopols zur Selbsthilfe, etwa noch mit besonders gefährlichen und verbotenen Mitteln, um die Gesetzestreue anderer zu erzwingen, so ist sein Verhalten als verwerflich einzustufen (BGH **39**, 137 f. m. zust. Anm. Roxin NStZ 93, 335, abl. Lesch StV 93, 578).

Umgekehrt wird aber die Widerrechtlichkeit der Nötigung nicht schon dadurch ausgeschlossen, **20** daß das Nötigungs**mittel** als solches **erlaubt** ist; denn daß man zur Vornahme einer bestimmten Handlung berechtigt ist, wie zB zu einer Strafanzeige (vgl. BGH AnwBl. **55**, 69) oder zu einer wahrheitsgemäßen Veröffentlichung in der Presse (vgl. Hamm NJW **57**, 1081, aber auch BVerfG NJW **93**, 1519, Bremen NJW **57**, 151), bedeutet nicht, daß man damit zum Zwecke der Nötigung einem anderen ohne weiteres drohen darf (vgl. Schroeder JZ **83**, 285; and. Jakobs aaO 82); dies jedenfalls dann nicht, wenn eine Inadäquanz zwischen der Veröffentlichung und dem erstrebten Zweck besteht (so im Fall des OLG Hamm) oder wenn Beamte oder Soldaten die Möglichkeit haben, Mißstände durch innerbetriebliche Beschwerden zu rügen (Bay NJW **60**, 1965). Das ist auch für das (umstrittene) **Drohen mit einem Unterlassen** von Bedeutung: Während die frühere Rspr. (Überblick bei Klein aaO 177 ff.) und ein Teil der Lehre unter Anwendung von allgemeinen Unterlassungsgrundsätzen eine Nötigung durch Drohung mit Unterlassen (nur) dann als rechtswidrig ansehen, wenn eine Pflicht zum Handeln besteht (RG **14** 265, **63** 425, BGH GA **60**, 278, NStZ **82**, 287, Hamburg NJW 80, 2592 m. Anm. Ostendorf, Schubarth JuS 81, 726, NStZ 83, 312, ferner Arzt/Weber I 213, Frohn StV 83, 365, Haffke ZStW 84, 71, Horn SK 16, NStZ 83, 407 ff., Timpe aaO 149 ff.; diff. W-Hettinger 407 ff.), kann nach der Gegenauffassung zu Recht auch in der Ankündigung, ein rechtlich nicht gebotenes Handeln zu unterlassen, eine Nötigung liegen (so inzw. BGH **31** 195; ebso. bereits Stuttgart NStZ **82**, 161, ferner Tröndle 18, M-Schroeder I 142, Otto II 95, Pelke aaO 15 ff., Schäfer LK 81 ff., Schmidhäuser II 48, Volk JR 81, 274; i. Grds. auch Arzt Lackner-FS 656 f.; einschr. Roxin JR 83, 333 ff.; auf die Merkmale des § 302 a abheb. Klein aaO 144 ff.; vgl. auch

Meyer, Ausschluß der Autonomie durch Irrtum (1984) 122 ff.). Denn nicht, was man tun oder unterlassen darf, sondern womit man drohen darf, ist die für die Nötigung entscheidende Frage (zust. Stoffers JR 88, 496): Diese aber hängt weniger vom Verhaltenscharakter des angedrohten Übels (Tun oder Unterlassen des Bedrohenden) als vielmehr davon ab, ob das Opfer einer Verschlechterung seiner Lage ausgesetzt werden oder bleiben soll (insofern zutr. Roxin aaO 336) und zwischen der angedrohten Situationsverschlechterung bzw. Nichtabwendung einer drohenden Gefahr und dem abgenötigten Verhalten Konnexität besteht (insoweit ebenso Volk aaO; and. darauf abhebend, ob Übel oder Vorteil angekündigt wird, Pelke aaO 82 ff.). Daher ist Nötigung anzunehmen, wenn zur Erzwingung geschlechtlicher Hingabe mit der Fortführung bzw. Nichteinstellung eines Strafverfahrens oder mit Kündigung bzw. Nichtfortführung einer Probezeit gedroht wird, während es bei bloßer Drohung mit Nichtänderung des status quo (wie etwa durch Absehen von einer vom Opfer erhofften Gehaltserhöhung oder Einstellung) am erforderlichen Verschlechterungsmoment fehlen wird (vgl. auch BGH **44** 75 f. [m. Anm. Lagodny/Hesse JZ 99, 313 u. Sinn NStZ 00, 195], Frankfurt NStZ **00**, 146 sowie den Typisierungsversuch von Schroeder JZ 83, 287 f.). Zur Abgrenzung des Drohens mit Unterlassen vom Wucher vgl. Arzt Lackner-FS 650 ff., Klein aaO 138 ff., Pelke aaO 167 ff.

21   b) Ferner kann die Verwerflichkeit durch den erstrebten **Zweck** indiziert sein. Damit ist die *subjektive Zielsetzung* des Täters gemeint (vgl. BGH **17** 332, **18** 392 m. Anm. Schröder JZ 64, 29, ferner Hansen aaO 100, Otto NStZ 87, 213, W-Hettinger 423; vgl. auch u. 29; dagegen enger auf den Nötigungs*erfolg* abstell. BGH **5** 246, **23** 55, Schäfer LK 70 sowie Arzt Welzel-FS 828 ff., 837, der jedoch selbst einräumen muß, daß damit nicht alle Zweck-Mittel-Relationen erfaßbar, sondern, wie hier zB Demonstrationen, nur über besondere Rechtfertigungsgründe zu lösen sind; wie hier iE auch Giehring aaO 557 f.). Danach kann sich eine Verwerflichkeit insbes. daraus ergeben, daß der Täter ein Verhalten des Genötigten bezweckt, auf das er *keinen Anspruch* hat (vgl. W-Hettinger 415), mag auch das Mittel, mit dem dies geschieht, selbst nicht zu beanstanden sein. Dies ist insbes. bei Ladendiebstahl für das Abverlangen einer sogenannten „Fangprämie" bedeutsam, falls ein Anspruch darauf zu verneinen ist (dazu § 253 RN 19; vgl. Braunschweig NJW **76**, 62, Koblenz JR **76**, 69, aber auch Anm. Roxin sowie Blei JA 76, 390). Umgekehrt schließt die Tatsache, daß der Genötigte zu dem abgenötigten Verhalten verpflichtet war, Nötigung nicht aus; denn der Gläubiger darf seine Ansprüche nur mit den vom Recht zur Verfügung gestellten Mitteln und nicht durch eigenmächtigen Zwang durchsetzen (vgl. BGH StV **88**, 385, **90**, 205, Bay DAR/R **82**, 249, Arzt Welzel-FS 835). Wer zB eine Darlehensschuld mit Gewalt oder Drohung einzutreiben sucht, macht sich nach § 240 strafbar; ebenso der Vermieter, der Türen und Fenster aushängt, um den gekündigten Mieter zur Räumung zu zwingen. Gleiches gilt für Erzwingen der Einfahrt in eine Parklücke (Bay NJW **61**, 2074, **95**, 2646, Hamm DAR **69**, 274, NJW **70**, 2074, Schleswig SchlHA **68**, 265, Düsseldorf VM **78**, 59; vgl. auch Bay NJW **63**, 824, Hamm NJW **72**, 1826 sowie mwN u. 24) oder für die Drohung mit einer politischen Anzeige, um persönliche Vorteile durchzusetzen (Hamburg HESt **2** 295). Weitere Bsp. bei M-Schroeder I 145 ff.

22   **Nicht verwerflich** ist der *Zwang zur Unterlassung rechtswidriger Angriffe* oder einer *Selbsttötung*, sofern die durch §§ 32, 34 gezogenen Grenzen der Verhältnismäßigkeit des Mittels gewahrt bleiben (vgl. Bay NJW **65**, 163; wie hier iE auch M-Schroeder I 151, dessen Kritik an Bay verkennt, daß dieses unter einer mißbräuchl. Ausübung des Notwehrrechts gerade die Unverhältnismäßigkeit von Angriff und Abwehr meint; zur Verhinderung des Suizids vgl. u. 32 mwN, zu „rechtfertigungsnahen" Pressionen vgl. u. 33). Auch sonst sind bei der (insbes. gewaltsamen) Unterbindung von Normverletzungen (zB einer Geschwindigkeitsüberschreitung) durch Privatpersonen strenge Anforderungen an die Verhältnismäßigkeit des Mittels zu stellen (vgl. Schleswig VM **77**, 61, Horn SK 46, weniger streng Saarbrücken VRS **17** 25). Sind die Zielvorstellungen des Täters von *Irrtum* geleitet (zB bei Verhinderung einer vermeintlichen Trunkenheitsfahrt; vgl. BGH VRS **40** 107), so schließt dies die Rechtmäßigkeit der Nötigung nicht unbedingt aus, da für die sozialethische Mißbilligung bei Abs. 2 die subjektive Relation Maßstab der Beurteilung ist. Stets *verwerflich* ist dagegen der *Zwang zur Begehung strafbarer Handlungen* (einschr. Horn SK 45), wie zB bei Nötigung zu Mord.

23   c) Schließlich kann sich die Verwerflichkeit auch erst aus dem **Mißverhältnis von Mittel und Zweck** ergeben (BGE 87 IV 14). Das betrifft die Fälle, in denen an sich sowohl das angewandte Mittel erlaubt als auch ein Anspruch auf das abgenötigte Verhalten auf seiten des Täters begründet ist, jedoch die Verbindung beider von der Rechtsordnung mißbilligt wird (nach Timpe aaO 30 f. soll es dann schon an der Verletzung des von § 240 geschützten Rechtsguts fehlen). Dies gilt insbes. in den Fällen, in denen völlig inadäquate Mittel (zB Drohung mit Strafanzeige wegen eines ganz anderen Vorfalls) zur Erzwingung der Rückzahlung einer Darlehensschuld angewandt werden (vgl. RG **64** 380 zur sog. Chantage durch bloßstellende Veröffentlichungen); vgl. auch Düsseldorf JMBlNW **84**, 56 zur Erzwingung der Rücknahme des Einspruchs gegen einen Bußgeldbescheid durch Androhung eines Vergleichswiderrufs bzw. NStZ-RR **96**, 6 zur Drohung mit Hinwirkung auf Abschiebung zwecks Durchsetzung einer Zahlung). In Fällen dieser Art, in denen jeder innere Zusammenhang zwischen Zweck und Mittel fehlt (vgl. Arzt Welzel-FS 834 ff., Roxin JuS 64, 193 f., dazu Fezer GA 75, 357 ff.), ist entscheidend, ob die Anwendung der Nötigungsmittel zur Durchsetzung des Anspruchs noch toleriert werden kann: So begeht einerseits eines idR keine Nötigung, wenn er durch Unterbrechung der Stromzufuhr die Zahlung rückständiger Miete erreichen will (es sei denn, daß davon andere mitbetroffen oder bei Abdrehen der Heizung Gesundheitsschäden zu befürchten sind: vgl. Hamm NJW **83**, 1505), ebensowenig andererseits der Mieter, wenn er den Vermieter mittels körperlichen Einsatzes aus dem ihm zur alleinigen Nutzung mitgemieteten Garten hinausdrängt (Frankfurt NStZ-RR **00**, 107); auch die mit dem Gang an die Öffentlichkeit drohende Vereinsvorsitzende, um Einsicht in bislang verweigerte Unterlagen in einen vermutlichen Behandlungsfehler zu erlangen (vgl. BVerfG NJW **93**, 1519), handelt ebensowenig rechtswidrig wie der Rechtsanwalt eines Beleidigten, wenn er dem Beleidiger, um ihn zur Zahlung der Anwaltskosten zu veranlassen, Privatklage oder Strafanzeige wegen eines mit der Tat zusammenhängenden Offizialdelikts androht (Bay MDR **57**, 309), oder der Anbieter von „Telefonsex", der seine (nichtige) Forderung durch Androhung eines Zivilverfahrens durchzusetzen versucht (Karlsruhe NStZ-RR **96**, 296), so wie sich überhaupt sagen läßt, daß die Nötigung nicht widerrechtlich ist, wenn der durch strafbare Handlung Geschädigte durch Drohung mit Strafanzeige Wiedergutmachung des Schadens verlangt (BGH **5** 254, NJW **57**, 598, BGE 87 IV 14). Vgl. **beispielsweise** auch BGH NJW **57**, 1796 zu § 123 BGB: Drohung mit Strafanzeige gegen den Ehemann, falls die Ehefrau keine Bürgschaft für dessen Schuld übernimmt; öOGH ÖJZ **64**, 497: Bloßstellung des Schuldners wegen seiner Säumigkeit. Andererseits kann widerrechtliche Nötigung vorliegen, wenn in einem Zivilprozeß der Gegner durch Drohung mit Strafanzeige zu einem Rechtsmittelverzicht gezwungen werden soll, selbst wenn die strafbare Handlung auch Sachverhalt des Zivilverfahrens ist (BGH NJW **57**, 596). Droht der Täter mit bestimmten rechtlichen Konsequenzen, deren Eintritt von seinem Willen abhängt, so kann Abs. 2 gegeben sein, wenn diese Konsequenzen als empfindlicher dargestellt werden, als sie in Wirklichkeit sind (zB wenn der Täter mit einer an sich berechtigten Strafanzeige, die zu einem Führerscheinentzug führen werde, droht, ein solcher jedoch nicht vorgesehen ist). Über die Nötigung, Aussagen zu machen, vgl. BGH MDR/He **55**, 528. Vgl. ferner die Fallgruppierungen bei Eser III 159 ff., Roxin JuS 64, 376 ff.

3. Speziell bei *Behinderungen* anderer Verkehrsteilnehmer im **Straßenverkehr** – wie etwa dadurch, daß ein Kraftfahrer durch seine Fahrweise einem anderen das Überholen unmöglich macht oder, um das Überholen zu erzwingen, dicht auf ein anderes Fahrzeug zufährt – ist fraglich, inwieweit darin nur eine Verletzung der einschlägigen Verkehrsvorschriften oder darüber hinaus auch eine strafbare Nötigung zu erblicken ist (Überblick bei Voß-Broemme NZV **88**, 2 ff.). Vorausgesetzt, daß es sich beim Einsatz des Fahrzeugs überhaupt um Drohung oder Gewaltanwendung handelt (dazu 15 vor § 234), sind auch hier Zweck und Mittel zueinander in Beziehung zu setzen. Dabei kann sich die Verwerflichkeit der Nötigung einmal aus dem mißbilligenswerten *Zweck der Willensbeeinträchtigung* ergeben: zB bei schikanösem Abbremsen (vgl. Celle VRS **68** 43, Düsseldorf JZ **85**, 544, NStZ/J **87**, 401, **92**, 271, VRS **77**, 280, so auch nach BVerfGE **92** 1 weiterhin BGH DAR **95**, 298, Stuttgart NJW **95**, 2647) oder Verhindern des Überholens (BGH **18** 389 m. Anm. Schröder JZ 64, 30, Hamm VRS **24** 374, KG VRS **36** 105, Koblenz VRS **55** 355, Schleswig SchlHA/E-L **81**, 90, SchlHA/L–G **90**, 111, Stuttgart MDR **91**, 467; grdl. Hamm VRS **57** 347 ff., Düsseldorf NStZ/J **87**, 401, NJW **89**, 51, Köln NStZ/J **89**, 258; umfass. Überbl. b. Helmken NZV **91**, 373 ff.), wie zB bei Rechtsabbiegen vor einem (gerade überholten) Radfahrer (Düsseldorf NJW **89**, 2409); idR zu verneinen bei hoher Eigengeschwindigkeit des Blockierenden (Frankfurt VRS **51** 436; vgl. auch die Fälle Bay JZ **86**, 407, NStZ/J **86**, 541, **90**, 272, Düsseldorf NJW **61**, 1783, Celle NdsRpfl. **63**, 189) oder wenn Überholen nur durch Einscheren in eine Kolonne unter Mißachtung des Sicherheitsabstandes (Celle Nds-Rpfl. **90**, 315) oder durch Überschreiten der zulässigen Höchstgeschwindigkeit möglich gewesen wäre (BGH **34** 241 f.; and. Helmken NZV **91**, 376 ff. unter Berufung auf das *staatliche* Gewaltmonopol), ferner bei nur kurzfristiger Behinderung (Karlsruhe VRS **55** 352, Bay DAR/R **81**, 245, **82**, 250, **90**, 272, Hamm NJW **91**, 3230); and. Hamm VRS **22** 50, das allein auf den Eintritt einer Gefährdung abstellt, Celle NJW **59**, 1597, das einen „sozial unerträglichen" Zweck voraussetzt (einschr. jedoch Celle NdsRpfl. **62**, 68, vgl. auch Schmidt DAR **62**, 354). Aber auch die *Gefährlichkeit des Mittels* kann Anlaß zur Mißbilligung der Tat sein: so wenn ein Kraftfahrer zur Erzwingung des Überholens bis auf wenige Meter an ein anderes Fahrzeug heranfährt (BGH **19** 263, Hamm DAR **64**, 275, Celle VRS **38** 431, Karlsruhe VRS **42** 277, Köln VRS **67** 224; enger [„konkrete" Gefährdung, gegen diese Bezeichnung zurecht BGH **19** 268] Köln NJW **63**, 2383 m. Anm. Schweichel, NJW **68**, 1892, Hamm VRS **27** 276; dagg. wiederum weiter auch Köln VRS **61** 425; jedenfalls zu eng Karlsruhe VRS **57** 415; vgl. auch KG VRS **63** 120). Ein Auffahren bis auf 15 m bei 80 km/h genügt auch bei zusätzlicher Abgabe von Licht- und Schallzeichen nicht (Düsseldorf VRS **52** 192; vgl. auch Bay NJW **92**, 2882, wonach ein 14 Sek. dauerndes Nachfahren in einem Abstand von 5–10 m bei 130 km/h allein noch keine Nötigung begründen soll; zu eng aber Bay NStZ/J **90**, 272, wenn nicht einmal Auffahren auf unter 5 m reichen soll; ebso. Hamm DAR **90**, 392 für 7 Sek. dauerndes Auffahren bis auf einen halben Meter unter Betätigung der Lichthupe bei 80 km/h); vgl. ferner Saarbrücken VRS **17** 25, Hamm VRS **22** 50, Schleswig VM **65**, 86, Stuttgart NJW **66**, 745 [mit Anm. Bockelmann], VRS **35** 438, Hamburg NJW **68**, 663 [m. Anm. Rasehorn NJW **68**, 1246], Frankfurt NJW **79**, 28; Karlsruhe VRS **57** 21, Köln NZV **92**, 371, Haubrich NJW 89, 1197 f.; Schmidt DAR 62, 354, Brozat DAR 80, 335. Zur Verwerflichkeit des beharrlichen Blockierens einer Ausfahrt vgl. Koblenz MDR **75**, 243, zum Sperren eines Reitweges mit Invalidenstock Köln MDR **79**, 777, zum Freihalten eines Parkplatzes durch Fußgänger je Recht vernein. Köln NJW **79**, 2056 [m. krit. Anm. Schmid DAR **80**, 81], Hamm VRS **59** 426, vgl. auch Schleswig NJW **84**, 1470; zu Streit um Parkplatz vgl. Bay NJW **71**, 768, NJW **95**, 2646, Düsseldorf NZV **92**, 199, Naumburg VRS **94** 338; zum Zufahren auf Fußgänger Köln VRS **95** 375. Jedenfalls ist die Nötigung immer dann verwerflich, wenn die Voraussetzungen der §§ 315 ff. verwirklicht sind (vgl. Celle VRS **68** 44, Busse aaO 186; vgl. aber auch

§ 240 25, 26   Bes. Teil. Straftaten gegen die persönliche Freiheit

Düsseldorf VM **79**, 63: rechtmäßiges Mitnehmen auf Kühlerhaube), als Minimum kann dies jedoch nicht angesehen werden. Vgl. auch Köln VRS **57** 196 (rücksichtslose Vorführfahrt) sowie zum Ganzen Roxin JuS 64, 378, Berz JuS 69, 367.

25   4. Nötigung durch **Streik im Rahmen eines Arbeitskampfes** ist idR rechtmäßig, nachdem die Drohung mit Arbeitsniederlegung oder Fortsetzung der Arbeitsverweigerung heute als legales Kampfmittel der Art nach anerkannt ist (vgl. Zöllner/Loritz, Arbeitsrecht[5] (1998) 448 ff., Seiter, Streikrecht u. Aussperrungsrecht (1975), insbes. 522, 535, 548 mwN, ferner die Landesverfassungen, in denen zT das Streikrecht verfassungsmäßig verankert ist, zB Bremen Art. 51 III, Hessen Art 29 IV, Rheinland-Pfalz Art. 66 II; noch weitergeh. bereits für Verneinung eines tatbestandl. Nötigungsmittels Ostendorf aaO 35 ff.). Erlaubt ist die Nötigung mittels Streik aber nur insoweit, als Mittel und Zweck in einem adäquaten Verhältnis zueinander stehen. Daran fehlt es zB bei Streik als Druckmittel gegenüber dem Arbeitgeber, damit er einen nichtorganisierten Arbeitnehmer entläßt. Ferner können einzelne Streikmaßnahmen strafbare Nötigung sein: so etwa bei gewaltsamer Hinderung Arbeitswilliger am Betreten des Arbeitsplatzes durch Streikposten (vgl. Bay NJW **55**, 1806, o. 6). Grdl. Niese, Streik- u. Strafrecht (1954) 57 ff.; vgl. ferner Däubler, Strafbarkeit von Arbeitskämpfen, in: Studien zum Wirtschaftsstrafrecht (1972) 91 ff., Löwisch/Krauß AR-Blattei, Arbeitskampf X 170.10 RN 1 ff., Neumann ZStW 109, 4 ff., Schumann/Wolter, in: Däubler, Arbeitskampfrecht[2] (1987) 213 ff., 264 ff., Zechlin AuR 86, 294 ff. Vgl. auch BAG NJW **57**, 1047. Spez. zu **Betriebsbesetzungen** vgl. Ostendorf aaO 43 ff., zur Nötigung durch *Fluglotsenstreik* vgl. Krey JuS 74, 423 f., ferner Blei JA 73, 188, 203; 74, 138. Studenten ist mangels eines Arbeitsverhältnisses zur Universität die Berufung auf Streikrecht verwehrt (vgl. BGH NJW **82**, 189).

26   5. Soweit es außerhalb von legalen Arbeitskämpfen um **Sitzstreiks, Verkehrsblockaden** oder sonstige **Demonstrationen** mit allgemein-politischer Zielsetzung (zu einem unpol. Verkehrsblockadefall vgl. Bay NZV **94**, 116) geht, in deren Verlauf es zur Beeinträchtigung der Bewegungs- oder sonstigen Handlungsfreiheit von anderen kommen kann oder gar soll, ist die Erfassung als strafbare Nötigung – nach Scheitern eines auf die grds. Straflosigkeit von Sitzblockaden abzielenden Gesetzentwurfs (BT-Drs. 12/2166) – trotz gewisser grundsätzlicher Klarstellungen durch BVerfGE **73** 206, **92** 1 (vgl. o. 1 b) im einzelnen nach wie vor umstritten (vgl. auch die Problemübersicht bei Küpper/Bode Jura 93, 187 ff.): Bis dahin war in derartigen Fällen einerseits Nötigung *bejaht* worden von: BGH **23** 54, Bay JZ **86**, 404, Düsseldorf NJW **86**, 942, Koblenz MDR **87**, 162, Stuttgart NJW **69**, 1543, **84**, 1909, MDR **86**, 602, AG Schwäb. Gmünd NJW **85**, 211, **86**, 2445, AG Schwandorf NStZ **86**, 461, mit gleicher Tendenz LG Münster NJW **85**, 815, Düsseldorf StV **87**, 393 (m. abl. Anm. Frankenberg), GA **87**, 407, AG Schwandorf NStZ **87**, 230 (im Schrifttum ua tendenziell ebso. Baumann NJW **87**, 36 ff., Bergmann Jura 85, 461 ff., Brohm JZ 85, 510 f., Jakobs JZ 86, 1064, Müller-Dietz in Böhme aaO 26 f., Offenloch JZ 86, 11 ff., Starck JZ 87, 148, Tröndle Lackner-FS 634 ff.), während andererseits jedenfalls iE Nötigung *verneint* wurde von: Koblenz NJW **85**, 2432, Köln NJW **83**, 2206, **86**, 2443, NStZ **86**, 30, Oldenburg StV **87**, 489, Zweibrücken NJW **86**, 1055, LG Bonn StV **85**, 191, LG Bremen StV **86**, 439, LG Frankfurt NStZ **83**, 25, StV **86**, 254, LG Kaiserslautern MDR **91**, 175, LG Koblenz StV **85**, 151, LG Münster StV **85**, 417, LG Stuttgart StV **84**, 28, AG Erlangen StV **84**, 28, AG Frankfurt StV **83**, 374, **85**, 61, 373, 462, AG Nürnberg StV **84**, 29, AG Münster NJW **85**, 213, AG Reutlingen NStZ **84**, 508, ferner LG Heilbronn MDR **87**, 430, LG Zweibrücken StV **87**, 206, mit gleicher Tendenz BayVGH NJW **87**, 2100, Düsseldorf NStZ **87**, 386 (aus dem Schrifttum ua abl. Calliess NJW **85**, 1506, Dearing StV **86**, 125, Kaufmann aaO **86** f., Prittwitz JA **87**, 25 ff., Wolter NStZ **85**, 252; 86, 242 ff., 249 m. Rspr.-Analyse; vgl. auch Kostaras aaO 166 ff. mwN sowie rechtsvergleich. Weingärtner aaO insbes. 293 ff.). Vgl. zum Ganzen auch den bis zu BGH **35** 270 (u. 29) reichenden Rspr.-Rückblick bei Kramer KritJ 88, 201, u. Schmitt Glaeser BayVBl. 88, 454 ff. Während ein Teil der Lehre solche Aktionen generell als Ausdruck legitimen „zivilen Ungehorsams" gerechtfertigt sehen möchte (vgl. ua Cobler/Geulen/Narr, Das Demonstrationsrecht, 1983, Holtfort, Ungehorsam als Bürgerpflicht, 1983, insbes. 36 ff., ferner Brink/Keller KJ 83, 107 ff., Rinken/Brüggemeier/Marxen KJ 84, 44 ff., tendenziell ua auch Dreier u. Huber in Glotz, Ziviler Ungehorsam im Rechtsstaat, 1983, Franke AöR 89, 40 ff.), ist nach vorherrschender Auffassung in Rspr. und Rechtslehre Widerstand gegen politische Entscheidungen oder Maßnahmen nur unter den – gegenwärtig so gut wie nie gegebenen – Voraussetzungen von Art. 20 IV GG zulässig (vgl. Blank, Die strafr. Bedeutung des Art. 20 IV GG, 1982, Dreher MDR 88, 19, Karpen JZ 84, 249 ff., Kröger JuS 84, 172 ff., Kostaras aaO 172 f., auch zu diesbezügl. Irrtumsfragen 132 ff., Roxin Schüler-Springorum-FS 443 ff., der allerdings in engen Grenzen (aaO 456) zivilen Ungehorsam als Entschuldigungsgrund anerkennt; ferner Böhme aaO, Ermer aaO 87 ff., Schüler-Springorum in Glotz aaO 76 ff.; vgl. zum Ganzen auch Hagen aaO, insbes. 156 ff., Laker aaO, insbes. 189 ff. sowie den Überblick von Prittwitz JA 87, 17 ff., RuP 87, 98 f.); demzufolge sind auch verkehrsbehindernde Demonstrationen oder sonstige freiheitsbeeinträchtigende Aktionen nicht schon einfach deshalb vom Nötigungstatbestand ausgenommen, weil sie einer verfehlt erscheinenden Politik entgegenwirken wollen oder die Behebung von sonstigen (tatsächlichen oder vermeintlichen) Mißständen bezwecken (ebenso gegen pauschale Berufung auf Art. 8 GG bzw. Rechtfertigung aus „zivilem Ungehorsam" BVerfGE **73** 248 ff. m. Anm. Kühl StV 87, 13 ff. u. Prittwitz aaO, BVerfG NJW **93**, 2432; vgl. ferner Koblenz NJW **88**, 720, NStE Nr. **20**, aber auch Bertuleit JA 89, 18 f. u. Bertuleit/Herkströter KritJ 87, 337 ff. zur Berufung auf Art. 8 GG). Soweit es daher nicht bereits am Merkmal der *Drohung* oder *Gewaltanwen*-

dung fehlt (wie neuerdings vor allem zu rein passiven, beim Betroffenen sich nicht auch körperlich auswirkenden Sitzdemonstrationen angenommen: vgl. 10 f., 22 vor § 234 mN) oder zumindest der *Nötigungseffekt* zu verneinen ist (wie uU bei vorsorglicher Verkehrsumleitung durch die Polizei: vgl. o. 14 a mN), kommt es letztlich auf die **Verwerflichkeitsprüfung** nach Abs. 2 an (vgl. o. 15 f. mN). Auch wenn diese entscheidend von den Umständen des Einzelfalles abhängt, wird nach folgenden Grundsätzen, wie sie sich im wesentlichen auch in BVerfGE **73** 206 – und insoweit unberührt von BVerfGE **92** 13 f. – bestätigt finden (vgl. o. 1 b), zu differenzieren sein (ähnl. Kostaras aaO 174 ff., Kühl StV 87, 134 ff.):

a) Beeinträchtigungen der Bewegungsfreiheit, die nur **zwangsläufige Folge** der Ausübung des 27 Grundrechtes der Versammlungs- und Meinungsfreiheit sind (etwa Behinderung des Straßenverkehrs durch einen Demonstrationszug), sind, soweit sie nicht ohnehin bereits durch die Versammlungsfreiheit gedeckt sind (vgl. BVerfGE **73** 248, Brohm JZ 85, 505 ff., Lackner/Kühl 22), insoweit keine rechtswidrige Nötigung, als sie nicht unverhältnismäßig sind (LG Bonn StV **85**, 193, LG Koblenz StV **85**, 151; offengelassen in BGH **23** 56 m. Anm. Ott NJW 69, 2023, Eilsberger JuS 70, 164; vgl. Eser, Wahrnehmung 60; i. Grds. zust. Stuttgart NJW **84**, 1910). Zudem fehlt es hier an der für § 240 erforderlichen Nötigungsabsicht (Bergmann Jura 85, 459; vgl. u. 34).

b) Falls dagegen die Demonstration gerade **darauf angelegt** war, die Fortbewegungsfreiheit anderer zeitweilig zu beeinträchtigen, um auf diese Weise etwa die Bevölkerung auf ihre politischen Vorstellungen oder auf bestimmte Mißstände aufmerksam zu machen, so mag das zwar über die Art. 5, 8 GG hinausgehen, weil die Meinungsäußerungs- und Versammlungsfreiheiten nicht das Recht beinhalten, „Gewalt zu üben, um auf diese Weise die Aufmerksamkeit der Öffentlichkeit zu erregen und eigenen Interessen oder Auffassungen Geltung zu verschaffen" (BGH **23** 56, **35** 282 f., **44** 41, Brohm JZ 85, 501 ff., Schwind/Baumann aaO II 879, Tröndle Rebmann-FS 505; and. LG Kreuznach NStE Nr. **15**, Bertuleit JA 89, 18 f., Preuß Schmid-FS 442 ff.). Dennoch braucht eine unbefugte Beeinträchtigung fremder Handlungsfreiheit nicht per se verwerflich iSv § 240 II zu sein (vgl. Eser Jauch-FS 51); denn aus der mangelnden Grundrechtsgemäßheit des Verhaltens folgt nicht zwingend seine Strafbarkeit (verkannt von Bay JZ **86**, 405, Düsseldorf NJW **86**, 944, AG Schwäb.-Gmünd NJW **86**, 2446, Bergmann Jura 85, 463, Schmitt Glaeser BayVBl. 88, 456 f., Tröndle Lackner-FS 638 ff.), ebensowenig aus seiner Ordnungs- oder Polizeiwidrigkeit (iglS Köln NStZ **86**, 31, NJW **86**, 2444, Amelung NJW 95, 2589; demgegenüber kurzschlüssig die Verwerflichkeit schon aus jedem Rechtsnormverstoß herleitend Brohm JZ 85, 505, 510 f., Offenloch JZ 88, 14 ff.; vgl. auch Dietel/Gintzel/Kniesel, Demonstrations- u. Versammlungsfreiheit[12] (2000) § 15 RN 124 ff., Weichert StV 89, 461, Kühl StV 87, 132 f. gegenüber einer streng verwaltungsrechtsakzessorischen Gewalt- und/oder Verwerflichkeitsbegründung, wie namentl. bei Horn SK 48; weitergeh. Bertuleit, Sitzdemonstrationen 186 ff., wonach die Demonstration formell und materiell *verwaltungs*rechtswidrig sein muß, für die *Straf*rechtswidrigkeit aber zusätzlich einen erhöhten Unrechtsgehalt aufzuweisen hat (aaO 199 ff.; vgl. auch Knemeyer/Deubert NJW **92**, 3132 ff., wonach die Auflösungsverfügung nach § 15 VersG eine zwar notwendige, aber nicht hinreichende Bedingung für Verwerflichkeit sei). Im übrigen war selbst in BGH **23** 56 trotz fälschlich angenommener „Indizwirkung der Gewaltanwendung" (vgl. o. 16) eingeräumt worden, daß ausnahmsweise „besondere Umstände das Verwerflichkeitsurteil ausschließen" können (i. Grds. ebso. KG NJW **85**, 211, Stuttgart NJW **84**, 1910); noch klarer iSe Gesamtbewertung war schon nach BGH **18** 392 „nicht jede bloße beabsichtigte Behinderung eines anderen Verkehrsteilnehmers ... ohne Ausnahme auch immer schon sittlich so mißbilligenswert, sozial so unerträglich, daß sie verwerflich ... sein müßte" (so in deutl. Distanzierung von BGH **23** 46 auf Vorlage von Köln NStZ **86**, 30 denn auch BGH **34** 71, 76 f. m. Anm. Jakobs JZ 86, 1064, Janknecht NJW 86, 2411; vgl. auch schon LG Bonn StV **85**, 195 mwN sowie o. 17). Dieses Gesamtwürdigungserfordernis wird – jedenfalls dem Grundsatz nach – selbst in dem die Berücksichtigung von „Fernzielen" ausschließenden Vorlagebeschluß BGH **35** 270 (dazu u. 29) nicht in Zweifel gezogen.

Für diese inzwischen sogar für verfassungsrechtlich geboten erklärte **„Abwägung unter Berück-** 29 **sichtigung aller Umstände"** (BVerfGE **73** 255 f., vgl. o. 1 b, 16 ff. mwN) sind also auch bei gewaltsamer Beeinträchtigung fremder Handlungsfreiheit durch Sitzstreiks u. dgl. Handlungsmittel und Handlungszweck zueinander in Beziehung zu setzen. Auch wenn dies mit einem nicht unerheblichen prozessualen Aufwand verbunden sein mag, der – gerade nach dem Aufbrechen der politischen Blöcke – die Verhältnismäßigkeit von Anlaß und staatlicher Reaktion als problematisch erscheinen läßt (vgl. etwa Ellwangen JR **93**, 257 m. Anm. Otto, ferner Offenloch JZ **92**, 438 ff. zu damit zusammenhängenden rechtstheoret. Fragen), wird dieser Preis für die gebotene Einzelfallgerechtigkeit zu zahlen sein, solange sich der Gesetzgeber nicht zu schematisierenden, damit aber zwangsläufig auch mit Lücken verbundenen Strafbarkeitseinschränkungen verstehen will. Soweit daher weiterhin eine Gesamtabwägung unvermeidlich ist, ist vor allem streitig, inwieweit beim Handlungszweck auch die von Blockierern verfolgten *„Fernziele"* (krit. zu diesem Begriff Reichert-Hammer aaO 67 ff.) zu berücksichtigen sind. Nachdem das BVerfG dies zwar verfassungsrechtlich nicht für geboten, aber auch nicht für ausgeschlossen erklärt hatte (vgl. o. 1 b), war die darauffolgende Rspr. der OLGe, wie mangels einer höchstrichterl. Leitlinie zunächst auch gar nicht anders zu erwarten, hinsichtlich der auf einfachgesetzlicher Ebene im Rahmen einer umfassenden Verwerflichkeitsprüfung vorzunehmenden Auslegung des Zweckbegriffs nicht einheitlich: Während Bay (NJW **88**, 718), Koblenz (MDR **87**, 162,

NStE Nr. 20) und der 1. StS Stuttgart (Justiz 88, 33; and. aber wohl 3. StS Stuttgart StV 87, 538) innerhalb der Verwerflichkeitsprüfung Fernziele nicht berücksichtigen wollten, fanden sie bei Düsseldorf (MDR 87, 692), Oldenburg (StV 87, 489) und Zweibrücken (NJW 88, 717) Beachtung. Aufgrund einer Vorlage des 4. StS Stuttgart (NStZ 88, 129 m. Anm. Miebach) machte sich BGH 35 270 die erstgenannte Auffassung zu eigen, wonach Fernziele *ausschließlich bei der Strafzumessung* zu berücksichtigen seien (dem folg. Bay NJW 92, 521, NJW 93, 212, NJW 95, 270 sowie – unter ausdrückl. Aufgabe seiner vorherigen Rspr. – Düsseldorf MDR 89, 840, Stuttgart NJW 89, 1870, Zweibrücken StV 90, 264, ferner Dreher aaO, Günther Baumann-FS 224, Otto NStZ 92, 571 ff., Schmitt Glaeser aaO, Tröndle Rebmann-FS 481 ff.; ähnl. für Berücksichtigung von Fernzielen allein im Rahmen von § 46 II 2 Gössel Tröndle-FS 366; gegen diese BGH-Rspr. ausdrückl. abl. hingegen LG Kreuznach NJW 88, 2627; ferner krit. bis abl. Bertuleit JA 89, 16 ff., ZRP 92, 46, Sitzdemonstrationen 203 ff., Bick BKA III 53 f., Ermer aaO 103 f., Frommel KritJ 89, 484, Hirsch Tröndle-FS 24, Kaufmann NJW 88, 2581, Küpper BT 62, Ostendorf StV 88, 488, Reichert-Hammer aaO 303, Rengier II 130 ff., Roggemann JZ 88, 1108 ff., Roxin Schüler-Springorum-FS 450; vgl. auch Jahn JuS 88, 948 f. zur begrenzten Bindungswirkung der BGH-Rspr.). Doch selbst wenn das damit verfolgte Streben nach Rechtssicherheit grundsätzlich zu billigen ist, kann es weder rechtsdogmatisch noch rechtspolitisch überzeugen, jede *Fernzielberücksichtigung auf Tatbestandsebene* auszuschließen (zur näheren Begr. vgl. Eser Jauch-FS 35 ff.). So führt namentlich die in BGH 35 276 vorgenommene Gleichsetzung von Nötigungs*zweck* mit dem unmittelbaren Nötigungs*erfolg*, nämlich die Beeinträchtigung der Bewegungsfreiheit anderer, zu einer unberechtigten Blickverengung (wie ua namentl. auch verkannt von Koblenz NJW 85, 2433, LG Münster NJW 85, 815, AG Schwäb.-Gmünd NJW 85, 212, 86, 2446 u. wohl auch von Bay JZ 86, 405, während noch zutr. erkannt in BGH NStE Nr. 1 zu § 178); denn genau besehen ist diese Freiheitsbeeinträchtigung nicht Nötigungs*ziel*, sondern lediglich das *Mittel*, um eine aufklärende oder aufrüttelnde Wirkung zu erzielen. Demzufolge ist aber andererseits der für die Mittel-Zweck-Relation erhebliche Nötigungszweck nicht erst im möglichen Fernziel der Demonstration (wie etwa in der Erreichung eines bestimmten politischen Zustands oder im Abstellen von bestimmten Mißständen) zu erblicken (idS aber zB LG Köln JZ 6, 82, AG Nürnberg StV 84, 30; dagg. insoweit zu Recht Düsseldorf NJW 86, 945), sondern im *unmittelbaren Meinungsäußerungs- und Meinungsbeeinflussungsziel* der Demonstration (Eser Jauch-FS 40 ff., ebso. LG Frankfurt StV 86, 255, AG Schwandorf NStZ 86, 462; iglS Oldenburg StV 87, 490, LG Bremen StV 86, 440, LG Kreuznach NStE Nr. 15, LG Zweibrücken StV 89, 399 [aufgehob. durch Zweibrücken StV 90, 264 m. krit. Anm. Kramer], Bertuleit JA 89, 24, ZRP 92, 47, Reichert-Hammer aaO 300 ff., Roxin Schüler-Springorum-FS 450 f.; iE auch Ermer aaO 108 f.; insoweit wohl ebso. Baumann NJW 87, 37, ZRP 87, 265). Daher ist die Verwerflichkeit einer verkehrsbeeinträchtigenden Demonstration nicht schon deshalb ausgeschlossen, weil die Fernziele der Aktion billigenswert erscheinen (vgl. Koblenz NStE Nr. 20); deshalb können diese allenfalls – dies aber immerhin – im Rahmen der Gesamtwürdigung von mittelbarer Bedeutung sein (vgl. o. 17 sowie Köln NJW 86, 2444, Wolter NStZ 86, 249, aber auch Düsseldorf StV 87, 393 m. krit. Anm. Frankenberg GA 87, 407). Das bedeutet, daß für die Mittel-Zweck-Relation in erster Linie die Art der Gewaltanwendung und deren unmittelbares Ziel – nämlich mittels Beeinträchtigung der Bewegungsfreiheit demonstrativ aufklärend, aufrüttelnd oder auch verunsichernd zu wirken – in Beziehung zu setzen sind, wobei dann freilich bei deren gegenseitiger Gewichtung auch der Grad der Beeinträchtigung einerseits und die Art der letztendlichen Demonstrationsmotive andererseits Mitberücksichtigung finden können; insofern geht es auch bei dieser Gesamtabwägung – wenngleich auf strafrechtlicher Ebene – um die Herstellung einer optimalen „praktischen Konkordanz" (Hesse, Verfassungsrecht[20] [1995] 142 ff.) zwischen gewissen Beeinträchtigungen der Bewegungsfreiheit einerseits und der Ermöglichung von Meinungs- und Demonstrationsfreiheit andererseits (vgl. Eser Jauch-FS 50 f.; iglS Bay NJW 93, 213, Köln NStZ 86, 31, LG Bonn StV 85, 195, AG Münster NJW 85, 214, Wolter NStZ 86, 243 f., 249; weitergeh. auch auf das Fernziel „Frieden" abh. Roggemann JZ 88, 1109 ff.; für zusätzl. Berücksichtigung gesellschaftl. anerkannter Ziele Neumann ZStW 109, 13 ff.; grds. and. Offenloch JZ 88, 15 f.). Auch das dabei auftretende, weil jeder Abwehr immanente Wertungsproblem (vgl. Bertuleit JA 89, 23 ff., Bick BKA III 52 f.) ist – entgegen BGH 35 280 ff. – kein Anlaß, Fernziele völlig unberücksichtigt zu lassen (vgl. LG Kreuznach NJW 88, 2628), sind doch Abwägungserfordernisse auch sonst dem Strafrecht nicht fremd (wie zB beim Mordmerkmal der „niedrigen Beweggründe" oder bei der Interessenabwägung im Rahmen des rechtfertigenden Notstandes; vgl. auch Reichert-Hammer 85 ff.), ganz abgesehen von der – ua auch Schmitt Glaeser BayVBl. 88, 457 f., Schwind/Baumann II 896 f. u. Tröndle Rebmann-FS 494, 502 ff. – unterlaufenden Widersprüchlichkeit, im Rahmen der Verwerflichkeitsprüfung eine Abwägung mangels brauchbarer Maßstäbe abzulehnen, dann aber auf Strafzumessungsebene doch zuzulassen (vgl. Eser Jauch-FS 49 f.). Im übrigen geht es bei der im Rahmen der erforderlichen Gesamtabwägung unausweichlichen Wertung, wie dies auch hinsichtlich der umstrittenen Berücksichtigung von Fernzielen einer Protestaktion nichts grundsätzlich Neues ist, sondern dort bloß praktisch deutlicher zutage tritt, nicht um die inhaltliche Richtigkeit des politischen Zieles (insofern zutr. Koblenz MDR 87, 163, Stuttgart NJW 84, 1910, MDR 86, 602, AG Schwäb. Gmünd NJW 86, 2446), sondern allein um die soziale Gewichtigkeit des verfolgten Anliegens (iglS die auch hier vertr. trag. Meinung in BVerfGE 73 257 ff., Düsseldorf NStZ 87, 369, Köln NJW 86, 2445, Oldenburg StV 87, 490, AG Schwandorf NStZ 87, 231, Kühl StV 87, 135 f.; vgl. auch Zweibrücken NJW 91, 53, wonach die subjektive Situation des Täters und der Demonstrations- und Symbolcharakter als Grundlage für eine objektive Bewertung der Tat ohne Rückgriff auf ideologisierende Wertungen zu berücksichtigen ist, sowie Stuttgart NJW **92**, 2715, 2716, wo auf die Ernsthaftigkeit des Handlungsmotivs abgestellt wird; demgegenüber zu pauschal abl. Baumann NJW **87**, 37, ZRP **87**, 265 f., Starck JZ **87**, 148), wobei existenziellen Fragen der Allgemeinheit grundsätzlich größeres Gewicht zukommt als etwa eigensüchtigen Einzelinteressen (vgl. neben Düsseldorf u. Köln aaO auch LG Frankfurt StV **86**, 256, LG Kreuznach NStE Nr. **15**, LG Zweibrücken StV **87**, 206; and. Günther Baumann-FS 224 f.). Aus diesem Blickwinkel sind etwa Sitzblockaden, die gegen eine allgemein zukunftsbedrohliche Aufrüstung oder den Ausstieg aus der nicht beherrschbar erscheinenden Atomkraft gerichtet sind, eher als gewichtiger einzuschätzen als die auf wirtschaftliche Eigeninteressen ausgerichteten LKW- oder Traktorblockaden von Fernfahrern oder Bauern, wobei im übrigen diese faktische Nichtverfolgung gerade bei Nichtberücksichtigung der Fernziele als schwerlich vereinbar mit Gleichbehandlungsgrundsätzen anmuten muß (iglS BVerfGE **92** 18; vgl. auch Stuttgart NJW **92**, 2713). **Im einzelnen** ist auf der hier vertretenen Grundlage **Verwerflichkeit** nach folgenden **Leitkriterien** anzunehmen: α) wenn die Beeinträchtigung fremder Freiheit ein **generell ungeeignetes Mittel** zur Erreichung des angestrebten Zweckes ist (vgl. Eser, Wahrnehmung 60). Dabei wird vor allem auch von Bedeutung sein, ob die unmittelbar Betroffenen in keinerlei Beziehung zum Gegenstand der Meinungsäußerung stehen oder ob sie für die angegriffenen Mißstände verantwortlich sind oder die Möglichkeit haben, sie abzustellen oder jedenfalls darauf hinzuwirken (vgl. Bay NJW **92**, 521, **93**, 213, Köln NJW **86**, 2444, LG Bremen StV **86**, 440); daher braucht selbst die Nötigung an sich unbeteiligter Bürger nicht stets verwerflich zu sein (zB bei Aufrüttelung der Öffentlichkeit, um auf erhebliches Fehlverhalten staatlicher Organe hinzuweisen; vgl. auch LG Bonn StV **85**, 195; zu pauschal and. LG Ellwangen NStE Nr. **11**; vgl. auch Stuttgart StV **87**, 538). β) Ferner kommt Verwerflichkeit in Betracht, wenn die Beeinträchtigung fremder Handlungsfreiheit **außer Verhältnis** zum unmittelbaren Zweck der Aktion steht (vgl. Eser, Wahrnehmung 60, Kühl StV **87**, 136). Für die dafür erforderliche einzelfallorientierte Gesamtabwägung können als Leitlinien vor allem folgende *Faktoren* bedeutsam sein (vgl. BVerfG NJW **91**, 971, **92**, 2689, NStZ **91**, 279, Bay NJW **92**, 521, Stuttgart NJW **91**, 993, **92**, 2715, Graul JR **94**, 51 ff.): die Vergleichbarkeit mit alltäglichen Behinderungen (vgl. Koblenz NJW **85**, 2433 f.), die Geringfügigkeit oder Vermeidbarkeit von Behinderungen (Schleswig SchlHA/L **87**, 102), die vorherige Ankündigung der Blockade (Zweibrücken NJW **88**, 717), das Vorhandensein anderweitiger Zufahrts- bzw. Ausweichmöglichkeiten (BayVGH NJW **87**, 2100, NJW **93**, 213, Stuttgart NJW **92**, 2716, LG Heilbronn MDR **87**, 430, LG Zweibrücken StV **87**, 207; vgl. auch LG Bremen StV **86**, 440; dagg. nicht berücksichtigt von Bay JZ **86**, 404), die Beendigung der Blockade erst durch Eingreifen der Polizei (BGH **44** 42, Düsseldorf MDR **89**, 840), eine Auflösungsverfügung von seiten der Polizei (Weichert NJW 89, 459), die Bedeutung als Verkehrsknotenpunkt (vgl. BGH **23** 56 gegen LG Köln JZ **69**, 80), die Dringlichkeit blockierter Transporte (BayVGH NJW **87**, 2101), die Zahl der Betroffenen (vgl. Köln NJW **86**, 2444, LG Frankfurt StV **86**, 255), die Kurzfristigkeit der Behinderung (Bay NJW **92**, 521, **93**, 213, Koblenz NJW **85**, 2433, Köln NJW **86**, 2444, LG Frankfurt StV **86**, 255, LG Stuttgart StV **84**, 28; vgl. auch Düsseldorf MDR **89**, 840, aber auch Stuttgart NJW **84**, 1909; umgekehrt läßt sich eine aber eine feste zeitliche Obergrenze, ab der die Verwerflichkeit allein aufgrund der Dauer der Behinderung zu bejahen ist, allenfalls im Stundenbereich ziehen: Stuttgart NJW **92**, 2713) oder aber der längerfristige Stop weiterer Arbeit, sodaß die Aktion weniger eine Meinungsäußerung als vielmehr dauernde Verhinderung zum Ziel hat (BGH **44** 42 [auf unbestimmte Zeit angelegt], AG Schwandorf NStZ **86**, 462, **87**, 231; vgl. auch Koblenz MDR **87**, 163), der Sachbezug der betroffenen Personen zum Protestgegenstand (BVerfG NJW **91**, 971, **92**, 2689, NStZ **91**, 279, Stuttgart NJW **92**, 2716), wobei allgemein Verwerflichkeit um so eher zu verneinen ist, je mehr sich die Nötigung im unteren Grenzbereich der Gewalt bewegt (Koblenz NJW **86**, 2433, Köln NJW **86**, 2444, LG Kreuznach NJW **88**, 2626, LG Zweibrücken StV **87**, 207) und je näher sie einem durch einen Rechtfertigungsgrund gedeckten Verhalten kommt (Stuttgart NJW **91**, 994). Vgl. für den Kriterienkatalog nach Düsseldorf StV **87**, 393, GA **87**, 407, LG Heilbronn MDR **87**, 430 sowie zum Ganzen auch Arzt/Weber I 230 ff., Eser III 152 f., Giehring aaO, insbes. 544 ff., 555 ff., Schäfer LK 61 ff., Tröndle GA **73**, 325. Zu *Vorlesungsstörungen* durch Gewalt oder Drohung (o. 4 mwN), für deren Verwerflichkeit es entscheidend auf Anlaß und Ziel des Diskussionsbegehrens sowie auf Dauer und Intensität der Störung ankommt, vgl. KG JR **69**, 162 sowie BGH NJW **82**, 189 m. Anm. Dingeldey NStZ 82, 160, Schroeder JuS 82, 491 ff., Wolter NStZ 85, 252; abl. Köhler NJW 83, 10; dagg. Brendle NJW 83, 727 f.; allg. zu Beeinträchtigungen des Lehrbetriebs Mertins GA 80, 61 ff.

6. Bei **Hungerstreik** oder sonstigen **Selbstmorddrohungen** (bzw. deren **Abwendung**) können sich Nötigungsprobleme sowohl auf Seiten des Suizid*willigen* (a) wie auch des Suizid*verhindernden* (b) stellen, wobei jeweils die Frage des Nötigungs*mittels* und der *Verwerflichkeit* auseinanderzuhalten ist. Bei dieser im einzelnen recht umstrittenen Problematik (vgl. ua Arndt/Olshausen JuS 75, 143 ff., Böhm JuS 75, 288 ff., Bottke, Suizid u. Strafrecht (1982) 107 ff., Kühne NJW 75, 675 f., Linck NJW 75, 18 ff. sowie mwN 45 vor § 211) ist im wesentlichen von folgenden Grundsätzen auszugehen: 30

a) Was das **Erzwingen(wollen)** bestimmter (privater oder politischer) Ziele durch Androhung aktiver oder passiver Selbsttötung betrifft, ist hinsichtlich des Nötigungs**mittels** (§ 240 I) zwar darin keine Gewalt, wohl aber die Drohung mit einem empfindlichen Übel zu erblicken, wenn dadurch 31

§ 240 32, 33   Bes. Teil. Straftaten gegen die persönliche Freiheit

politische Unruhen oder sonstige Pressionen sozialer oder privater Art ausgelöst werden sollen (Hamm NStZ **95**, 548; vgl. aber auch BGH MDR **78**, 326); und zwar gilt dies (entgg. Rudolphi Bruns-FS 324 f.) selbst für die schlichte Verweigerung der Nahrungsaufnahme, nachdem ein solches Drohen mit Unterlassen nicht unbedingt eine Rechtspflicht zum Handeln (vgl. o. 20) und somit auch nicht eine etwaige Rechtspflicht zur eigenen Lebenserhaltung voraussetzt. Eine ganz andere Frage ist die der *Verwerflichkeit* (§ 240 II) einer solchen Drohung: Diese kann jedenfalls nicht schon in der angedrohten Selbsttötung – da als solche rechtlich nicht verboten (vgl. 33 vor § 211) – erblickt werden (ebenso Tröndle 29, Roxin JuS 64, 377, Schäfer LK 82; vgl. auch BGH **27** 329), sondern allenfalls dort, wo ein illegitimer oder nichtkonnexer Zweck verfolgt wird (vgl. o. 21, 23, Eser III 149 ff. sowie BGH NStZ **82**, 286 zur Erzwingung geschlechtlicher Hingabe). Danach wird ein Hungerstreik, der lediglich auf Herstellung humaner (und damit berechtigter erscheinender) Haftbedingungen gerichtet ist, nicht als verwerflich zu bezeichnen sein, wohl aber dann, wenn eine Zusammenschließung mehrerer Gefangener erzwungen werden soll, um damit die kriminelle Verbindung aufrechtzuerhalten oder die anstaltsinterne Sicherheit zu untergraben.

32 b) Wird andererseits mit Gewalt ein **Suizid verhindert** oder ein Hungerstreik durch **Zwangsernährung** abgebrochen (vgl. 45 vor § 211), so ist zwar meist das Nötigungs*mittel* fraglos gegeben; doch wird das im Rahmen der Verwerflichkeitsprüfung als unmittelbarer Handlungszweck (und nicht nur als Fernziel zu) berücksichtigende Lebenserhaltungsziel (Zweibrücken GA **91**, 323) idR den Ausschlag geben und somit die *Verwerflichkeit* zu verneinen sein (so generell Lackner/Kühl 20; vgl. auch Nöldeke/Weichbrodt NStZ **81**, 284; and. Arth. Kaufmann ZStW **73**, 368). Dies jedenfalls dann, wenn wegen mangelnder Freiverantwortlichkeit des Suizidenten sogar eine Verhinderungspflicht besteht (40 vor § 211) bzw. die Suizidandrohung ihrerseits eine Nötigung darstellt: wie etwa bei Hungerstreik (vgl. o. 31), wo zudem die Anwendung von unmittelbarem Zwang nach Vollzugsregeln gerechtfertigt sein kann (vgl. 45 vor § 211 mwN). Im übrigen dürfte die gewaltsame Verhinderung selbst eines freiverantwortlichen Suizids (41 vor § 211) zumindest nach § 34 gerechtfertigt sein (vgl. dort RN 33 sowie Bottke, Suizid 127 f., GA **82**, 354 ff., Simson aaO 53, Wagner aaO 130 f., aber auch Gallas JZ **60**, 655).

33 VI. Auch aufgrund der **allgemeinen Rechtfertigungsgründe** kann an sich die Rechtswidrigkeit einer Nötigung entfallen. Genaugenommen kommen diese, da es sich bei § 240 II um ein tatbestandseinschränkendes Merkmal handelt (vgl. o. 16), als Ausnahmeregeln erst dann zum Zuge, wenn ohne sie die Nötigung an sich als rechtswidrig iSv Abs. 2 anzusehen wäre (vgl. Sax JZ **76**, 82 f.; für Vorrang der Rechtfertigungsgründe BGH **39** 136 f., Bay NJW **93**, 211, LG Bonn StV **85**, 193, AG Schwäb. Gmünd NJW **86**, 2445, Bergmann Jura **85**, 461 f., Tröndle 20, Günther Baumann-FS 222 ff., Krey in BKA I 27, 88, Lackner/Kühl 17, Rengier II 129, Schäfer LK 68, wohl auch Köln NJW **85**, 2435, VRS **75** 104; vgl. auch Kühl StV **87**, 130 zum Problem von Gegenwehr). In praxi wird freilich durch die in jenen Gründen enthaltenen Wertungen regelmäßig schon das Urteil der Verwerflichkeit in concreto mitbeeinflußt (vgl. Eser I 104, III 148, ferner o. 1 a, 19, 22, Arzt/Weber I 228), auf jeden Fall aber iE in Nötigungsunrecht zwingend ausgeschlossen (vgl. Horn SK 51 sowie M-Schroeder I 147 gg. Bay NJW **65**, 163). In Betracht kommt etwa ein Unrechtsausschluß durch ein Amts- oder Dienstrecht, durch das Erziehungsrecht, durch Notwehr (BGH VRS **30** 281) oder Notstand (vgl. Köln NJW **85**, 2435, NStZ **86**, 31), berechtigte Selbsthilfe (§§ 229, 230 BGB; vgl. aber auch Bay NZV **94**, 116 für den Fall einer rechtswidrigen Sperrung eines tatsächl. öffentl. Wegs durch den Eigentümer), durch das Recht zur vorläufigen Festnahme (§ 127 StPO; vgl. Bay DAR/**68**, 226; so auch Bay NJW **63**, 824. Aber auch bei Wahrnehmung von Amts- und Dienstrechten kann dem anderen eine gewisse Freiheit der Willensentschließung und der Willensbetätigung verbleiben, auf die in unzulässiger Weise eingewirkt werden kann (BGH **1** 87). Das Recht zur Festnahme umfaßt auch die Befugnis, dem Täter eine ihm gehörige Sache wegzunehmen, um die Feststellung der Persönlichkeit zu ermöglichen. So kann zB der Fahrer einer Taxe gegen den fluchtverdächtigen Fahrgast Gewalt anwenden oder Drohungen aussprechen, um sein Fahrgeld zu erlangen (vgl. aber auch Köln VRS **75** 104 zu nicht gerechtfertigtem Blockieren, um die Identität eines der Ruhestörung beschuldigten Fahrers durch die Polizei feststellen zu lassen). Sog. Privatdetektive haben nur die allen zustehenden Befugnisse (RG **59** 296). Zu der (im Entscheidungsfall problematischen) Rechtfertigung einer Festnahme durch Notwehr vgl. Hamburg JR **73**, 69 m. krit. Anm. Schroeder. Für die Selbsthilfe im Verhältnis des Vermieters zum Mieter ist zu beachten, daß der Vermieter bei Ausübung seines gesetzlichen Pfandrechts (§ 561 BGB) nicht an die Voraussetzungen des § 229 BGB gebunden ist; insbes. ist nicht erforderlich, daß obrigkeitliche Hilfe nicht rechtzeitig zu erlangen ist. *Einwilligung* des Verletzten kann bei Vorliegen der allg. Voraussetzungen die Tatbestandsmäßigkeit ausschließen. Zur Wahrnehmung berechtigter Interessen vgl. Hamburg HESt **2** 295, Krey I 191, JuS 74, 423 sowie 79 f. vor § 32, ferner o. 26 ff. zur Wahrnehmung der Versammlungsfreiheit bzw. zu „zivilem Ungehorsam". Aber selbst wenn einzelne Voraussetzungen eines Rechtfertigungsgrunds fehlen, kann doch die **Rechtfertigungsnähe** für die Verwerflichkeitsbeurteilung von Bedeutung sein: Je mehr Elemente eines Rechtfertigungsgrundes verwirklicht, je weniger also die Grenzen dieses Rechtfertigungsgrundes überschritten sind, desto eher kommt eine Verneinung der Verwerflichkeit in Betracht (Stuttgart NJW **91**, 1994, Günther Baumann-FS 220; vgl. auch Reichert-Hammer aaO 256 ff., der bei Handeln in notstandsähnl. Lage bzw. bei grundrechtsnahem Verhalten Verwerflichkeit [nach seiner Terminologie „Strafunrecht"] ablehnt.

VII. Für den **subjektiven Tatbestand** ist **Vorsatz** erforderlich, wobei bedingter genügt; jedoch ist **34** bzgl. des abgenötigten Verhaltens **Absicht** iSv zielgerichtetem Handeln (§ 15 RN 65) zu fordern (vgl. Bergmann aaO 60, Schmidhäuser II 46). Es genügt also nicht, daß der Fahrzeugentwender sich als notwendige Folge vorstellt, der Eigentümer werde zu Fuß nach Hause gehen; dies ergibt sich auch aus Abs. 2 (Zweck!); zust. Bay NJW **63**, 1262 (vgl. auch Bay NJW **89**, 1621, Horn SK 7, M-Schroeder I 147). Der Vorsatz muß auf Vollzug desjenigen Verhaltens gerichtet sein, zu dem der Angegriffene tatsächlich gezwungen wird. Geht etwa der Blockierer davon aus, daß die Blockade noch vor der die Grenze zur Verwerflichkeit überschreitenden Dauer (dazu o. 29) beendet sein wird, so fehlt es bereits am Versuchsvorsatz (vgl. Bay NJW **92**, 521). Bei der Drohung ist aber nicht erforderlich, daß der Täter ernstlich gewillt ist, sie auszuführen; es genügt, daß er den ernstlichen Willen hat, durch die Drohung zu nötigen, und daß er wußte oder es für möglich hielt, daß die Drohung geeignet sei, in dem Bedrohten Furcht vor Verwirklichung hervorzurufen (vgl. BGH **38** 86). Hinsichtlich des Irrtums ist nach der Rspr. des BGH auch hier zwischen Tatbestands- und Verbotsirrtum zu unterscheiden (vgl. BGH **17** 90 m. Anm. Schröder JR 62, 346):

1. Der **Irrtum** darüber, ob die Anwendung der Gewalt oder Drohung zum erstrebten Zweck als **35** „verwerflich" anzusehen ist, ist nach BGH **2** 194 Verbotsirrtum, weil in § 240 II eine Art „Rechtfertigungsgrund" liege (vgl. auch Bay NJW **65**, 164, Hamburg NJW **68**, 663, Braunschweig NJW **76**, 62, Koblenz JR **76**, 69 m. Anm. Roxin). Richtigerweise ist diese Klausel jedoch als Teil des Tatbestandes zu verstehen (o. 16), so daß nicht jede Drohung ohne Rücksicht auf ihre soziale Adäquanz tatbestandsmäßig ist, sondern nur diejenige, die zum erstrebten Erfolg in *keinem angemessenen Verhältnis* steht (o. 15 ff.). Doch selbst bei einer solchen Einordnung der Verwerflichkeitsklausel ist der Irrtum über die soziale Adäquanz eines Druckmittels – entgegen der nach der Vorsatztheorie von Schröder vertretenen Auffassung – nach § 17 als Verbotsirrtum zu behandeln, da auf falscher Wertung beruhend (vgl. Eser I 150 f., III 153 f.; insoweit verkannt von Langer GA 76, 200; vgl. auch Arzt/Weber I 228, Vianden-Grüter GA 54, 359, Tröndle 35, Puppe Lackner-FS 231 f.). Umgekehrt ist mit BGH LM **Nr. 3** Tatbestandsirrtum gegeben, wenn der Täter Umstände annimmt, die ihm gestatten würden, mit einer Anzeige zu drohen, um einen Ersatzanspruch durchzusetzen (vgl. Frankfurt DAR **67**, 223). Vgl. auch Karlsruhe NJW **73**, 378.

2. Glaubt der Täter **irrtümlich** an ein **Recht zur Nötigung**, so liegt ein vorsatzausschließender **36** Irrtum jedenfalls dann vor, wenn er das Vorhandensein von Voraussetzungen eines Rechtfertigungsgrundes annimmt: so wenn A unter irrtümlicher Annahme der Voraussetzungen zB einer Selbsthilfe oder des Notstandes des § 904 BGB eine Sache mit Gewalt wegnimmt. In den übrigen Fällen liegt nach § 17 Verbotsirrtum vor, der den Vorsatz nicht ausschließt. Vgl. dazu § 15 RN 26, § 16 RN 7 ff., Bay NJW **61**, 2074, GA **62**, 80 sowie (teils abw.) Horn SK 53 f.

VIII. Der **Versuch** ist strafbar (Abs. 3) und jedenfalls bereits mit Einsatz des Nötigungsmittels **37** gegeben (Koblenz VRS **68** 207, Schleswig SchlHA/L **87**, 101). Zu Vorsatzerfordernissen vgl. o. 34, zur **Vollendung** vgl. o. 13, 14 a.

IX.1. Die **Regelstrafe** (Abs. 1) ist Freiheitsstrafe bis zu 3 Jahren oder Geldstrafe. **2.** Der **Versuch 38** (Abs. 3) ist strafbar. **3.** Für **besonders schwere Fälle** (Abs. 4) ist Strafschärfung von 6 Monaten bis zu 5 Jahren vorgesehen (zur Strafrahmenwahl vgl. BGH NStZ **83**, 407). Von den genannten **Regelbeispielen** (allg. dazu 44 ff. vor § 38) war die **Nötigung zum Schwangerschaftsabbruch (Nr. 2)** bereits durch das SFHÄndG von 1995 eingeführt worden, um vor allem dem in BVerfGE **88** 204, 296 ff. geforderten Schutz der Schwangeren gegen Zumutungen und Druck aus dem sozialen Umfeld in plakativer Weise Rechnung zu tragen (BT-Drs. 13/1850 S. 26; vgl. dazu wie auch zu weitergeh. Forderungen 7 f. vor § 218). Ein solcher Erschwerungsfall kann auch schon bei einem letztlich nicht zu vollendetem Schwangerschaftsabbruch führenden Nötigungsversuch vorliegen. Durch das 6. StrRG sind zwei weitere Regelungsbeispiele hinzugekommen: So zum einen die **Nötigung zu einer sexuellen Handlung (Nr. 1)**, deren Begriff dem des § 184 c I entspricht (vgl. dort RN 4 ff. sowie DSNS-Nelles 59 f.). Dazu zählt nunmehr zweifelsfrei auch die Nötigung eines Ehegatten zum Geschlechtsverkehr (zuvor vernein. BGH NStZ **83**, 72). Zum anderen ist **Mißbrauch der Befugnisse oder der Stellung als Amtsträger (Nr. 3)**, wo der früher als Sonderdelikt qualifizierten „Nötigung im Amt" (§ 339 aF) entsprechend schon bisher idR ein besonders schwerer Fall angenommen wurde (vgl. 25. A.), nun als Regelbeispiel vorgesehen. Der Begriff des Amtsträgers bestimmt sich nach § 11 I Nr. 2 (vgl. dort RN 14 ff.), wobei neben diesem ein (im Unterschied zu §§ 120 II, 133 III hier nicht ausdrücklich genannten) „für den öffentlichen Dienst besonders Verpflichteten" iSv § 11 I Nr. 4 (vgl. dort RN 34 ff.) ebensowie bei einem Richter (§ 11 I Nr. 3) auf die allgemeine Verschärfungsklausel in § 240 IV 1 zurückgegriffen werden kann. Im Unterschied zu den vorgenannten § 120 II, 133 III reicht hier nicht schon das bloße Nötigen „als" Amtsträger, vielmehr muß dieser seine Befugnisse oder Stellung mißbrauchen (Tröndle 37). Ein Befugnismißbrauch ist anzunehmen, wenn der Täter zwar innerhalb den tatsächlich zustehenden Kompetenzen handelt, aber dabei gesetzes- oder pflichtwidrig von ihnen Gebrauch macht, während ein Mißbrauch seiner Stellung bereits darin liegen kann, daß sich der Täter ihm nicht zustehende Befugnisse anmaßt und als Nötigungsmittel einsetzt (Horn SK 61). Als persönliches strafschärfendes Merkmal ist es § 28 II entsprechend nur auf Amtsträger anzuwenden (DSNS-Nelles 61, Tröndle 37). Als **sonstiger** besonders schwerer Fall soll die Beteiligung eines PKW-Fahrers an einer Autobahnblockade in Betracht kommen (vgl. BGH NStZ-RR **97**, 196).

39 **X. Konkurrenzen: 1.** Gegenüber Tatbeständen, in denen die Freiheit mitgeschützt ist (wie zB in §§ 177, 249, 253, 255), tritt § 240 nach Spezialitätsgrundsätzen zurück, kann aber zum Zuge kommen, wenn zwar die Nötigung, nicht aber das spezielle Delikt voll verwirklicht ist (zu einem Rücktritt von beiden vgl. BGH NStE Nr. **1** zu § 178 aF) oder der Täter ein weiteres, nicht unter den Spezialstraftatbestand fallendes Ziel verfolgt (BGH **37** 259, NStZ-RR **96**, 227). Soweit jedoch in einem spezielleren Tatbestand Nötigung nur unter eingeschränkteren Voraussetzungen, wie vor allem hins. der Zwangsmittel oder den erzwungenen Verhaltens strafbar ist (wie bei §§ 105, 113), bleibt § 240 selbst dann ausgeschlossen, wenn zwar diese Voraussetzungen, nicht aber die des (insoweit privilegierenden) Sondertatbestands erfüllt sind (vgl. RG **24** 188, **31** 4, BGH **32** 176 m. Anm. Arzt JZ 84, 429, § 113 RN 68 mwN; and. Hamm NStZ **95**, 548). Zu § 253 vgl. dort RN 30. Bildet die *Bedrohung* das Mittel der Nötigung, so wird § 241 verdrängt (dort RN 16).

40 **2.** Nicht in jeder *Tötung* oder *Körperverletzung* liegt gleichzeitig eine Nötigung, obwohl diese Tatbestände idR durch Gewalt begangen werden. Tateinheit ist einmal denkbar, wenn die zur Erreichung eines bestimmten Zwecks angewandte Gewalt an sich Körperverletzung ist (BGH NStZ-RR **97**, 34, Hamm VRS **27** 31), ferner dann, wenn der Zweck des Täters dahin geht, den durch Gewalt oder Drohung Genötigten zur Duldung einer Körperverletzung oder Tötung zu zwingen: so wenn zB jemand festgehalten wird, um ihn verprügeln oder ihm die Haare abschneiden zu können (RG **33** 340, Blei II 74).

41 **3.** Ähnliches gilt im Verhältnis zur *Freiheitsberaubung*. Soll der seiner Freiheit Beraubte zu etwas anderem genötigt werden als zur Duldung der Freiheitsberaubung, etwa zum Akzeptieren eines Wechsels, so kann Idealkonkurrenz vorliegen; und zwar auch dann, wenn Ziel des Täters der Zwang zur Unterlassung einer bestimmten Handlung ist, deren Vornahme durch Einsperrung unmöglich gemacht wird. Beschränkt sich aber der Vorsatz auf die Nötigung zur Duldung der Freiheitsberaubung, so wird § 240 verdrängt (vgl. RG **31** 301, **55** 241, Koblenz VRS **49** 350, Blei II 74; and. Schmidhäuser II 51). Gleiches gilt nunmehr auch für den Fall, daß der Versuch von § 240 mit dem von § 239 zusammenfällt, wobei ersterer zurücktritt, wenn sich die Nötigung in der Freiheitsberaubung erschöpft. Problematisch sind nur die Fälle, in denen sich die Nötigung zu einer Handlung derart auswirkt, daß das Opfer die verlangte Handlung nur unter zeitweiligem Verzicht auf freie Betätigung seiner Bewegungsmöglichkeit ausführen kann, so zB wenn es gezwungen wird, einen Garten umzugraben, oder mit vorgehaltener Pistole veranlaßt wird, sich an einen bestimmten Ort zu begeben. Soweit hier die Beeinträchtigung der Bewegungsfreiheit notwendige Begleiterscheinung der Nötigung ist, findet nur § 240 Anwendung. Kommt es dagegen dem Täter zugleich darauf an, den Genötigten an einer Veränderung des Aufenthalts nach freiem Willen zu hindern (zB Festnahme und Zwang zum Mitgehen zur Polizeiwache), so liegt Tateinheit von § 239 und § 240 vor (zust. Krey I 156).

42 **XI.** Bei der Drohung mit Offenbarung einer Straftat braucht der Staatsanwalt die Tat, deren Offenbarung angedroht worden ist, nur dann zu **verfolgen,** wenn eine Sühne wegen der Schwere der Tat unerläßlich ist (§ 154 c StPO).

§ 241 Bedrohung

(1) **Wer einen Menschen mit der Begehung eines gegen ihn oder eine ihm nahestehende Person gerichteten Verbrechens bedroht, wird mit Freiheitsstrafe bis zu einem Jahr oder mit Geldstrafe bestraft.**

(2) **Ebenso wird bestraft, wer wider besseres Wissen einem Menschen vortäuscht, daß die Verwirklichung eines gegen ihn oder eine ihm nahestehende Person gerichteten Verbrechens bevorstehe.**

Vorbem. Fassung durch das 14. StÄG (vgl. 3 vor §§ 110 ff.), sprachlich geändert durch 6. StRG v. 26. 1. 1998 (BGBl. I 164).

Schrifttum: Jakobs, Kriminalisierung im Vorfeld einer Rechtsgutsverletzung, ZStW 97, 751. – *Laufhütte*, Das 14. StÄG, MDR 76, 441. – *Schroeder*, Die Bedrohung mit Verbrechen, Lackner-FS 665. – *Spendel*, Zum Problem der Bedrohung durch einen Gewalttäter, R. Schmitt-FS 205. – *Stree*, Strafrechtsschutz im Vorfeld von Gewalttaten, NJW 76, 1177. – *Sturm*, Zum 14. StÄG (Gewaltbekämpfung), JZ 76, 347.

1 I. 1. Über den eigentlichen **Bedrohungstatbestand (Abs. 1)** ist durch das 14. StÄG der **Vortäuschungstatbestand (Abs. 2)** hinzugekommen; damit wird in Parallele zu § 126 II auch das Vortäuschen eines angeblich bevorstehenden Verbrechens erfaßt, da hierdurch der Betroffene in gleicher Weise beunruhigt werden kann wie durch die eigentliche Bedrohung nach Abs. 1 (Stree NJW 76, 1182). Zu Vorläufern vgl. Schroeder aaO 666 ff.

2 **2.** Als Gegenstück zu § 126, der dem *öffentlichen* Rechtsfrieden dient, ist **Schutzgut** des § 241 der **individuelle Rechtsfrieden,** indem das Vertrauen des Einzelnen auf seine durch das Recht gewährleistete Sicherheit vor besonders gravierenden Bedrohungen geschützt werden soll (vgl. Tröndle 2, Jakobs aaO 774 ff., Lackner/Kühl 1, Laufhütte MDR 76, 443, Stree NJW 76, 1182, Sturm JZ 76, 351; vgl. auch RG **32** 102, Bay **4** 278). Jedoch kommt es dabei nicht darauf an, ob sich das Opfer durch die Bedrohung (Abs. 1) bzw. ihre Vorspiegelung (Abs. 2) im Einzelfall auch tatsächlich beunruhigen läßt; ausreichend, aber auch erforderlich ist vielmehr, daß die Tathandlung nach Art und

Bedrohung 3–5 **§ 241**

Umständen *objektiv geeignet* ist, einen solchen Effekt bei einem „normal" empfindenden Menschen auszulösen (vgl. Tröndle 3, Horn SK 4, Laufhütte u. Stree je aO). Dies durch eine (dem § 126 entsprechende) Eignungsklausel ausdrücklich klarstellen zu sollen, erschien dem Gesetzgeber angesichts der bereits dahingehenden Auslegung des § 241 aF (dazu RG **32** 102, BGH MDR/D **75**, 22) entbehrlich (vgl. BT-Drs. 7/3030 S. 9, Prot. VII 2298 f., Schäfer LK 2). § 241 stellt somit ein **abstraktes Gefährdungsdelikt** gegen den individuellen Rechtsfrieden dar, bei dem allerdings eine besondere Überängstlichkeit, Dummheit oder Aberglaube des Opfers ebenso außer Betracht bleibt, wie eine besondere Unerschrockenheit oder Leichtsinn des Bedrohten (vgl. Schäfer LK 11; and. Stree NJW 76, 1182; vgl. aber auch § 240 RN 9, woraus sich jedoch angesichts des unterschiedlichen Deliktscharakters kein Widerspruch ergibt). Abw. wollen Blei II 85, Gössel I 243, Schroeder aaO 671, Welzel 332 in § 241 ein (abstraktes) Gefährdungsdelikt gegen die Handlungsfreiheit des Einzelnen erblicken (vgl. auch BT-Drs. 7/3030 S. 9); beide Ansätze kombin. Tröndle 2, Spendel Schmitt-FS 207. Da § 241 nur die *Bedrohung* als solche unter Strafe stellt, wird es zum Schutz vor dem *Verbrechen* häufig ergänzender präventiver Maßnahmen der Polizei bedürfen (vgl. Spendel aaO 206 ff.).

II. Der eigentliche **Bedrohungstatbestand (Abs. 1)** erfaßt die Bedrohung eines anderen Menschen mit der Begehung eines gegen ihn oder eine ihm nahestehende Person gerichteten Verbrechens. Als Tatopfer kommen somit zwei Personen in Betracht: der Bedrohte *(Drohungsadressat)* sowie der als Verbrechensopfer in Aussicht Genommene *(Verbrechensadressat)*, wobei aber beide auch identisch sein können (vgl. u. 6). 3

1. Über **Drohung** vgl. zunächst 30 ff. vor § 234, ferner § 240 RN 9. Der Täter muß die von seinem Willen abhängige Begehung eines Verbrechens in Aussicht stellen (Gössel I 244); insoweit unterscheidet sich Abs. 1 von der Vortäuschung einer Bedrohung durch einen anderen nach Abs. 2 (vgl. u. 10). Ob er die Bedrohung tatsächlich zu realisieren beabsichtigt oder der Bedrohte ihm glaubt bzw. die Drohung ernst nimmt, ist unerheblich, solange sie **objektiv den Eindruck der Ernstlichkeit** erweckt (vgl. o. 2) und der Täter will, daß sie vom Bedrohten ernstgenommen wird (vgl. BGH MDR/D **75**, 22, Tröndle 3, Schäfer LK 3). Hat jedoch andererseits der Täter bereits mit der verbrecherischen Handlung begonnen, so liegt darin schon nicht mehr ein bloßes Inaussichtstellen, es sei denn, daß darin zugleich das Androhen weiterer Verbrechen liegt (BGH NStZ **84**, 454). Die Drohung braucht nicht ausdrücklich mit Worten, sondern kann auch *konkludent,* zB durch Schreckschüsse, erfolgen (vgl. RG **12** 198, Tröndle 3). Jedoch sind von der Bedrohung bloße Verwünschungen und Beschimpfungen (zB „Du sollst verrecken": RG **32** 102) zu unterscheiden. Nach BGH NJW **53**,1441 soll ausnahmsweise auch eine in momentaner Erregung ausgesprochene Drohung mit „Totschlagen" als bloße Verwünschung anzusehen sein. Ferner können prahlerische Redensarten, wie zB einen anderen „kaltzumachen" oder ihn so zu schlagen, daß er „seine Glieder einzeln nach Hause tragen" müsse, den Eindruck der Ernstlichkeit vermissen lassen, aber je nach den Umständen auch durchaus ernstzunehmen sein (vgl. Schäfer LK 3, 7). 4

a) *Gegenstand* der Drohung muß die **Begehung eines Verbrechens** iSv § 12 I (vgl. dort RN 5 ff.) sein, und zwar in der Weise, daß dessen *wesentliche* Merkmale aus der Äußerung bzw. der Bedrohungshandlung eventuell in Verbindung mit den Begleitumständen ersichtlich sind (vgl. RG **4** 326, BGH **17** 307, MDR/H **86**, 795, NStZ/M–G **86**, 105, Düsseldorf JMBlNW **90**, 44, Köln StV **94**, 246, Schleswig SchlHA **78**, 185 Nr. 44, Schäfer LK 5). Allgemeine Ankündigungen, wie zB der andere werde „noch etwas erleben" oder „keine ruhige Minute" mehr haben, genügen daher auch dann nicht, wenn dieser sich dadurch mit irgendeinem Verbrechen bedroht fühlt (BGH aaO, Schäfer aaO). Im Gegensatz zu Abs. 2 (u. 12) muß das Verbrechen aber nicht als nahe bevorstehend angedroht sein (vgl. Stree NJW 76, 1180), ebensowenig als zeitlich bestimmt; doch wird bei bloßer Androhung für eine fernere Zukunft uU der Eindruck hinreichender Ernstlichkeit zu bezweifeln sein (Stree aaO). Unerheblich ist ferner, ob mit schuldhafter Begehung gedroht wird; daher reicht auch die Drohung, zB im Zustand der Volltrunkenheit tätig zu werden (vgl. Blei II 85, Lackner/Kühl 2, M-Schroeder I 161, Schäfer LK 4, Stree NJW 76, 1180; and. offenbar Düsseldorf JMBlNW **90**, 44). Im übrigen muß jedoch auch der subjektive Tatbestand des betreffenden Verbrechens zumindest in Form „*natürlichen Vorsatzes*" neben etwaigen Absichten (wie zB in § 226 II) aus der Drohung ersichtlich sein (vgl. Laufhütte MDR **76**, 442, Schäfer LK 4). Ferner muß die angedrohte Tat *rechtswidrig* sein. Sie kann auch von einer Bedingung abhängig gemacht werden (RG **20** 180, BGH **16** 287, Schäfer LK 3), es sei denn, daß ein rechtswidriges Verhalten des Bedrohten oder sonstige Umstände zur Bedingung gesetzt werden, bei deren Eintritt die angedrohte Tat (zB durch Notwehr) gerechtfertigt wäre (vgl. RG **12** 197). Daher genügt nicht die Drohung, jemanden „in rücksichtsloser Ausübung des Notwehrrechts" zu erschießen (RG GA Bd. **49** 265), vorausgesetzt freilich, daß er sich dabei noch in den Grenzen zulässiger Abwehr halten würde (vgl. § 32 RN 48 ff.). Auch kann gegenüber einem gegenwärtigen Angriff die Drohung als solche uU nicht gerechtfertigt sein, wenn ihre Realisierung nicht gerechtfertigt wäre. Nicht ausreichend ist schließlich die Ankündigung, einen an sich verbrecherischen Erfolg mit Hilfe übernatürlicher Kräfte herbeizuführen. Dies folgt zwar nicht schon daraus, daß das Übel hier objektiv nicht vom Täter abhängig ist (so aber KG JW **30**, 3433), weil es insoweit allein auf dessen Darstellung ankommt (vgl. § 240 RN 9); wohl aber daraus, daß dies – den Grundsätzen des abergläubischen Versuchs entsprechend (vgl. § 23 RN 13 f.) – nicht als objektiv ernstzunehmende Bedrohung mit einem Verbrechen angesehen werden kann, mag auch der Bedrohte sich subjektiv davon beindrucken lassen (vgl. o. 2, Schäfer LK 7). Im übrigen ist unerheblich, ob der Täter das 5

§ 241 6–12   Bes. Teil. Straftaten gegen die persönliche Freiheit

Angedrohte zu realisieren in der Lage ist (so bei Drohung mit einer Scheinwaffe, vgl. RG 12 198, Tröndle 3), sofern das Gegenteil nicht (für den Bedrohten) offensichtlich ist.

6   b) *Bedrohungsopfer* muß ein **Mensch**, also eine **bestimmte Person** sein. Von diesem Bedrohungsadressaten zu unterscheiden ist der *Verbrechensadressat*, gegen den die angedrohte Tat gerichtet sein soll: Dies kann sowohl der Bedrohungsadressat selbst wie auch eine ihm **nahestehende Person** sein (zu diesem Begriff vgl. § 35 RN 15). Es muß sich dabei um eine Person handeln, die dem Bedrohten so nahesteht, daß er selbst sich in seiner Rechtssicherheit beeinträchtigt fühlen kann (BT-Drs. 7/3030 S. 9), und die tatsächlich (und nicht nur in der Vorstellung des Drohenden) existiert (BVerfG NJW 95, 2776 m. krit. Bspr. Küper JuS 96, 783). Im übrigen braucht jedoch die Drohung nicht unmittelbar gegenüber dem Bedrohungsadressaten geäußert zu sein, sondern kann auch über Dritte erfolgen, die sie dem eigentlichen Bedrohungsadressaten auftrags- oder erwartungsgemäß übermitteln (vgl. Schäfer LK 8; vgl. auch § 164 RN 24).

7   2. Für den **subjektiven Tatbestand** ist **Vorsatz** erforderlich. Der Täter muß sich der bedrohlichen Bedeutung seiner Äußerung bewußt sein (vgl. RG 12 198, Schäfer LK 11) und den Willen haben, daß die Drohung zur Kenntnis des Bedrohten gelangen und von diesem als ernstgemeint aufgefaßt werden soll (Köln StV 94, 246, Schleswig SchlHA 87, 105). Dieser Wille braucht nur bei Äußerung der Drohung vorzuliegen und nicht auch zur Zeit der Kenntniserlangung (evtl. über Mittelsmänner) durch den Bedrohten. Ob der Täter selbst die Drohung in dem Sinne ernst meint, daß er ihre Realisierung beabsichtigt, ist nicht maßgeblich (RG 32 102, Tröndle 3; vgl. o. 4). Das Bewußtsein, mit einem „Verbrechen" im Rechtssinne zu drohen, ist nicht erforderlich, wohl aber die (zumindest laienhafte) Vorstellung, es handele sich um ein schweres Delikt (vgl. Horn SK 8, Schäfer LK 11, aber auch BGH 17 307, wonach bereits Kenntnis der bewertungsrelevanten Tatsachen genügen soll).

8   3. **Täter** iSv Abs. 1 kann nicht nur sein, wer mit eigenhändiger Begehung des Verbrechens droht, sondern auch, wer zu erkennen gibt, daß er in der Lage sei, den Willen eines Dritten, der das Verbrechen begehen soll, zu beeinflussen (RG 5 214, 24 151, 27 308, Schäfer LK 3), zumal eine etwaige Anstiftung selbst ein Verbrechen wäre. **Teilnehmer** ist nicht schon, wer eine Bedrohung lediglich übermittelt, um den Bedrohten zu warnen, wohl aber, wer sich als Bote des Täters versteht.

9   **III.** Durch den **Vortäuschungstatbestand (Abs. 2)** wird über den Fall tatsächlicher Bedrohung (Abs. 1) hinaus auch derjenige erfaßt, der wider besseres Wissen einem anderen die bevorstehende Verwirklichung eines gegen ihn oder eine ihm nahestehende Person gerichteten Verbrechens vorspiegelt.

10   1. Im Gegensatz zur eigentlichen „Bedrohung" nach Abs. 1 handelt es sich hier um Fälle der **„falschen Warnung"** (vgl. Laufhütte MDR 76, 443), durch die der Täter ein (tatsächlich nicht geplantes) Verbrechen in Aussicht stellt, ohne aber dabei vorzugeben, auf dessen Verwirklichung (noch) Einfluß zu haben (vgl. demgegenüber o. 4). Dies kann sowohl dadurch geschehen, daß das Verbrechen als von dritter Seite drohend dargestellt wird, wie auch dadurch, daß der Täter ein von ihm eingeleitetes Verbrechen als nicht mehr beeinflußbar bevorstehend vorspiegelt (zB durch die Vortäuschung, eine Bombe versteckt zu haben, die jeden Moment explodieren könne). Dagegen fällt eine subjektiv nicht ernst gemeinte, aber mit dem gewollten Anschein der Ernstlichkeit geäußerte Drohung nach Abs. 1 (vgl. o. 4, 7) nicht etwa zusätzlich bzw. idealkonkurrierend auch noch unter Abs. 2 (vgl. Laufhütte MDR 76, 443); ebensowenig ist eine objektiv nicht ernstzunehmende und deshalb nach Abs. 1 nicht tatbestandsmäßige Drohung (o. 2, 4 f.) durch Abs. 2 erfaßbar. Zudem muß auch die Vorspiegelung als solche objektiv den **Anschein der Ernstlichkeit** erwecken bzw. zur Beeinträchtigung des Rechtsfriedens des Bedrohten geeignet sein (vgl. o. 2, 4 f., Laufhütte aaO, Sturm JZ 76, 351). Ebenso wie die Drohung (o. 4) kann auch das Vorspiegeln nicht nur verbal, sondern auch konkludent erfolgen, zB durch Einschmuggeln einer Bombenattrappe beim Betroffenen (vgl. BT-Drs. 7/2772 S. 8).

11   a) Die **Ankündigung** bzw. Warnung muß **objektiv falsch** sein, so daß es nicht genügt, wenn entgegen der Annahme des Täters ein der angekündigten Tat entsprechendes Delikt tatsächlich bevorstand (M-Schroeder I 161): so etwa, wenn der Täter ihm zugegangene Hinweise fälschlich für nicht ernst gemeint hält, aber dennoch dem Betroffenen das Verbrechen ernsthaft in Aussicht stellt. Mit dem Merkmal „wider besseres Wissen" soll nicht etwa die subjektive Bösartigkeit des Täters getroffen, sondern lediglich der Ausschluß von bloßem dolus eventualis erreicht werden, um dem Betroffenen auch möglicherweise berechtigte Warnungen auf zweifelhafter Wissensgrundlage zukommen zu lassen bzw. um mögliche Kollisionen mit Anzeigepflichten nach § 138 zu verhindern (vgl. BT-Drs. 7/3030 S. 7). Wie sich gerade in § 138 ergibt, soll die Wahrung des Rechtsfriedens vor objektiv richtigen Warnungen keinen Vorrang haben, zumal auch in § 138 – trotz des scheinbar anderen Wortlauts – ebenfalls die objektive Sachlage maßgeblich ist (vgl. dort RN 2). Der Gegenauffassung (Blei JA 75, 30, Stree NJW 76, 1180) ist zwar zuzugeben, daß damit uU die Strafbarkeit vom Zufall abhängt; jedoch ist dies ein typisches Charakteristikum für Versuchsstrafbarkeit, die aber in § 241 gerade nicht sanktioniert ist (u. 15; vgl. auch § 263 RN 165).

12   b) Zu dem angekündigten **Verbrechen** und dessen Bestimmtheitserfordernissen vgl. o. 5. Anders als dort muß aber hier das Verbrechen **als bevorstehend** angekündigt werden, womit eine gewisse zeitliche Nähe zum Ausdruck gebracht werden soll: so wenn das Verbrechen als bereits in der Ausführung befindlich oder jedenfalls als in Kürze zu befürchten dargestellt wird (BT-Drs. 7/3030

1906   *Eser*

S. 7, Stree NJW 76, 1180). Zwar können auch Hinweise auf bereits konkretisierte (angebliche) Verbrechensvorbereitungen ausreichen, nicht jedoch solche auf erst in fernerer Zukunft zu verwirklichende Planungen (BT-Drs. aaO).

c) Zum **Adressaten** der Täuschung bzw. des vorgetäuschten Verbrechens gilt entsprechendes wie zu Abs. 1 (o. 6). Auch hier kann eine Äußerung gegenüber außenstehenden Dritten genügen, von denen der Täter weiß oder will, daß sie dem eigentlichen Täuschungsadressaten Mitteilung machen werden: so zB Anruf bei der Polizei, gegen X sei ein Verbrechen geplant. 13

2. Für den **subjektiven Tatbestand** ist **Vorsatz** erforderlich (vgl. o. 7), wobei der Täter hinsichtlich des objektiven Nichtbevorstehens eines Verbrechens **wider besseres Wissen** handeln muß (vgl. auch o. 11); das bedeutet, daß der Täter im Zeitpunkt seiner Äußerung (vgl. Bay 63 218 zu § 164) davon überzeugt sein muß, daß das in Aussicht gestellte Verbrechen tatsächlich nicht bevorsteht. Es genügt daher nicht, daß er diesbezügliche Wissensgrundlagen lediglich aufbauscht, um eine im Ergebnis für zutreffend gehaltene Warnung zu bekräftigen. Vgl. auch § 164 RN 30. 14

IV. Vollendet ist die Tat nach Abs. 1 und 2, wenn die Drohung bzw. Warnung mit Willen des Täters zur Kenntnis des Drohungs- bzw. Täuschungsadressaten gekommen ist und dieser den Sinn der Mitteilung verstanden hat. Nicht erforderlich ist hingegen, daß der Adressat durch die Furcht vor dem angekündigten Verbrechen tatsächlich erregt, er also in seinem subjektiven Rechtsfrieden effektiv gestört wird. Vielmehr genügt bereits eine objektiv dazu geeignete Drohung bzw. Warnung (vgl. o. 4, 2, 10). Der **Versuch** ist **nicht** strafbar (vgl. auch o. 11). 15

V. Idealkonkurrenz ist möglich mit § 125 (Bay NStZ-RR **99**, 269), § 126 (vgl. Blei JA **75**, 35), ebenso mit § 145 d (vgl. o. 13). Dagegen tritt § 241 zurück hinter § 113 (RG **54** 206, BGH NJW **90**, 1055), §§ 240, 253, 255 (RG **36** 133, **41** 276, **54** 289), auch hinter bloßem Nötigungsversuch (BGH MDR/H **79**, 281, Koblenz MDR **84**, 1040; dagg. Maatz NStZ **95**, 212 f.; vgl. auch Meyer-Goßner NStZ **86**, 106 mwN). Das gleiche gilt, wenn eine Bedrohung mit Versuch (Köln StV **94**, 246) oder Vollendung des angedrohten Verbrechens zusammentrifft, zB mit § 177 (BGH GA **77**, 306, NStZ/Mie **94**, 225; vgl. auch Schäfer LK 14). Die gleichzeitige Bedrohung *mehrerer* Personen führt zu Idealkonkurrenz (vgl. § 52 RN 25 f.). 16

§ 241 a Politische Verdächtigung

(1) **Wer einen anderen durch eine Anzeige oder eine Verdächtigung der Gefahr aussetzt, aus politischen Gründen verfolgt zu werden und hierbei im Widerspruch zu rechtsstaatlichen Grundsätzen durch Gewalt- oder Willkürmaßnahmen Schaden an Leib oder Leben zu erleiden, der Freiheit beraubt oder in seiner beruflichen oder wirtschaftlichen Stellung empfindlich beeinträchtigt zu werden, wird mit Freiheitsstrafe bis zu fünf Jahren oder mit Geldstrafe bestraft.**

(2) **Ebenso wird bestraft, wer eine Mitteilung über einen anderen macht oder übermittelt und ihn dadurch der in Absatz 1 bezeichneten Gefahr einer politischen Verfolgung aussetzt.**

(3) **Der Versuch ist strafbar.**

(4) **Wird in der Anzeige, Verdächtigung oder Mitteilung gegen den anderen eine unwahre Behauptung aufgestellt oder ist die Tat in der Absicht begangen, eine der in Absatz 1 bezeichneten Folgen herbeizuführen, oder liegt sonst ein besonders schwerer Fall vor, so kann auf Freiheitsstrafe von einem Jahr bis zu zehn Jahren erkannt werden.**

Schrifttum: vgl. die Angaben zu § 234 a; ferner: *Bath*, Innerdt. Strafrecht u. polit. Verdächtigung, Jura 85, 197. – *Geiger*, Verjährungsprobleme von in der ehem. DDR begangenen Straftaten, JR 92, 397. – *Wassermann*, Die DDR-Denunziationen u. der BGH, NJW 95, 931.

I. Das **Schutzgut** entspricht dem des § 234 a (vgl. dort RN 1, ferner BGH **32** 293 m. Anm. Oehler JZ 84, 946, aber auch Maurach NJW 52, 163, LG Dortmund NJW **54**, 1539). Hingegen unterscheiden sich § 234 a und § 241 a in den Mitteln der Tatausführung: dort durch Verschleppung, hier durch Denunziation. Geschützt sind sowohl In- wie Ausländer (Horn SK 2; vgl. aber auch u. 3). Daher kommt der Schutz des § 241 a auch Agenten ausländischer Nachrichtendienste zugute, sofern ihnen unmenschliche oder grob ungerechte Strafen drohen (vgl. KG NJW **57**, 684). Zur (beschränkten) Erfassung von **Auslandstaten** vgl. § 5 Nr. 6 m. RN 12 sowie u. 9. Zu DDR-Problemen vgl. u. 4 mwN. 1

II. Als **Tathandlung** kommt eine **Anzeige** oder **Verdächtigung** in Betracht (**Abs. 1**; dazu § 164 RN 5 f.). Gleichgestellt ist der Anzeige oder Verdächtigung eine **Mitteilung über einen anderen** (**Abs. 2**); dadurch kann insbes. die Agententätigkeit und die Bespitzelung erfaßt werden. Es genügen Mitteilungen jeder Art, zB über den Aufenthalt, sofern der andere dadurch der Verfolgung ausgesetzt wird, nicht etwa Mitteilungen von Behörde zu Behörde (StA b. KG NStZ **92**, 235, Maurach BT[5] 405), nicht dagegen die wahrheitsgemäße Beantwortung von Fragen eines Polizeibeamten (BGH **11** 91). Auf die Wahrheit oder Unwahrheit der in der Anzeige usw. enthaltenen Behauptungen kommt es nicht an; die Unwahrheit kann strafschärfend wirken (vgl. u. 6). 2

§ 241 a 3–10 Bes. Teil. Diebstahl und Unterschlagung

3   Die Anzeige, Verdächtigung oder Mitteilung kann an *Parteien,* Behörden wie etwa seinerzeit die sowjetische Botschaft (vgl. LG Koblenz NStZ **83**, 508) oder eine Rechtsberatungsstelle der DDR (BGH **32** 293 m. Anm. Bath aaO), das MfS (BGH **40** 125), Organisationen und Einzelpersonen innerhalb wie außerhalb des räumlichen Geltungsbereichs des § 241 a erfolgen (vgl. KG ROW **89**, 311), weiter auch an Behörden außerhalb des Geltungsbereichs; die Mitteilung an eine Behörde der BRD fällt nicht unter § 241 a.

4   III. Die Tathandlung muß die **Gefahr der Verfolgung aus politischen Gründen** usw. zur Folge haben (dazu § 234 a RN 8 ff.). Für in der DDR von DDR-Bürgern gegen DDR-Bürger begangene Taten – nicht aber für Taten von Bundesbürgern gegen DDR-Bürger (BGH **42** 275 m. Bspr. König JR 97, 317) – sah sich der BGH aufgrund seiner verfehlten Rspr. zu § 5 Nr. 6 (vgl. dort RN 12 a) zu einer einschränkenden Auslegung gezwungen, um so eine Schlechterstellung des Verdächtigenden gegenüber den Ausführenden (Polizei, Staatsanwalt und Richter) zu vermeiden (BGH **40** 125 [iE zust. Reimer NStZ 95, 83, Seebode JZ 95, 417], NStZ **95**, 288, **97**, 435, NStZ-RR **97**, 100, LG Berlin NJ **96**, 649). Es müssen dem Opfer danach offensichtlich und schwere Menschenrechtsverletzungen drohen, was bei einer Anzeige einer noch nicht beendeten Republikflucht nicht ohne weiteres zu bejahen ist (BGH **40** 135 ff.). In Wirklichkeit handelt es sich jedoch in diesen Fällen um kein Tatbestandsproblem des § 241 a, sondern um die allgemeine Problematik, wie die BRD das von der DDR staatlich gesteuerte (vgl. die Anzeigepflicht nach § 225 DDR-StGB) Unrecht rechtsstaatlich aufarbeiten kann; vgl. dazu 92 vor § 3.

5   IV. Für den **subjektiven Tatbestand** ist **Vorsatz** erforderlich. Dieser muß sich auf die Gefährdung und ihre Art erstrecken (vgl. LG Dortmund NJW **54**, 1539). Bedingter Vorsatz genügt (BGH ROW **61**, 22).

6   V. 1. Als **Regelstrafe** ist Freiheitsstrafe bis zu 5 Jahren angedroht. **Strafschärfung** kommt nach **Abs. 4** in drei Fällen in Betracht: bei Aufstellen von *unwahren* Behauptungen (dazu § 164 RN 15 ff.), bei *Beabsichtigung* (mit zielgerichtetem Willen) der in Abs. 1 bezeichneten Folgen sowie bei einem *sonstigen besonders schweren Fall.* In allen diesen strafverschärften Fällen bleibt die Tat **Vergehen,** also auch dann, wenn eines der genannten Beispiele gegeben ist (BGH **20** 184, NJW **67**, 1330, Tröndle 11), nachdem es sich nicht um eine abschließende Strafmodifizierung handelt (vgl. Schroeder JR **65**, 308, ferner § 12 RN 9).

7   2. Der **Versuch** ist strafbar (Abs. 3) und zB gegeben, wenn die Anzeige unterwegs abgefangen wird (Tröndle 12).

8   VI. **Idealkonkurrenz** ist möglich mit §§ 186, 187, 187 a, im Fall von Abs. 4 auch mit § 164 (Tröndle 13), ebenso mit § 99 (BGH GA/W **62**, 198, 201). Dem Versuch von § 239 geht § 241 a vor (vgl. BGH NJW **60**, 1211 m. Anm. Baumann JZ 61, 99). Die gleichzeitige Verdächtigung mehrerer Personen führt zu Idealkonkurrenz (BGH GA/W **63**, 305; vgl. § 52 RN 26).

9   VII. Zur Tatbegehung im **Ausland** vgl. § 5 Nr. 6; spez. zu in der DDR von DDR-Bürgern gegen DDR-Bürger begangene Taten o. 4 sowie 92 vor § 3, § 5 RN 12 a. Zur Anwendung des **Opportunitätsprinzips** vgl. §§ 153 c, d StPO iVm § 74 a I Nr. 6 GVG.

10   VIII. Zur **Verjährung** s. § 78 II Nr. 4 (5 Jahre) u. allg. Geiger JR 92, 401; zum Nicht-Ruhen der Verjährung während des Bestehens der DDR vgl. StA b. KG NStZ **92**, 235, Frankfurt NStZ **91**, 585 m. zust. Anm. Lemke/Hettinger StV 91, 421; krit. König NStZ 91, 566; vgl. auch die Erläut. des BMJ DtZ 91, 404, sowie § 234 a RN 19 und § 78 b RN 9 a. Nach der *Wiedervereinigung* kann sich eine Verlängerung der **Verjährungsfrist** aus Art. 315 a II EGStGB ergeben, wenn die Tat zwischen dem 1. 10. 88 und dem Zusammenbruch der DDR begangen wurde (BT-Drs. 12/5701 S. 7; vgl. o. § 234 a RN 19).

Neunzehnter Abschnitt. Diebstahl und Unterschlagung

Schrifttum zu den Vermögensdelikten im *allgemeinen: Baumann,* Über die notwendigen Veränderungen im Bereich des Vermögensschutzes, JZ 72, 1. – *Behrendt,* Der Begriff der Zueignung in den Tatbeständen des Diebstahls u. der Unterschlagung, 1996. – *Bühler,* Die strafr. Erfassung des Mißbrauchs von Geldspielautomaten, 1995. – *Grünhut,* Der strafrechtliche Schutz wirtschaftlicher Interessen, in: Die RG-Praxis im dt. Rechtsleben V (1929) 116. – *Hegler,* Die Systematik der Vermögensdelikte, ARSP IX 153, 278, 369, X 26, 151. – *Hirschberg,* Der Vermögensbegriff im Strafrecht, 1934. – *Hruschka,* Das Opferverhalten als Schlüssel zum System der Sachentziehungsdelikte, Jb. Recht u. Ethik 94, 179. – *Kohlrausch,* Vermögensverbrechen im Wandel der Rechtsprechung u. der Gesetzgebung, Schlegelberger-FS (1936) 203. – *Lampe,* Eigentumsschutz im künftigen Strafrecht, in: Müller-Dietz, Strafrechtsdogmatik u. Kriminalpolitik (1971) 59. – *Mitsch,* Die Vermögensdelikte im StGB nach dem 6. StrRG, ZStW 111 (1999) 65. – *Noak,* Drittzueignung u. 6. StrRG, 1999. – *Otto,* Die Struktur des strafrechtlichen Vermögensschutzes, 1970. – *Peters,* Das Begreifen der Eigentumsordnung als kriminalpol. Problem, Sauer-FS (1949) 9. – *Peters,* Die Erweiterung der Zueignungsmöglichkeiten in den §§ 242, 246 StGB durch das 6. StrRG, Jura 98, 550. – *Sax,* Bemerkungen zum Eigentum als strafrechtl. Schutzgut, Laufke-FS (1971) 321. – *v. Selle,* Absicht u. intentionaler Gehalt der Handlung, JR 99, 309. – *E. Wolf,* Der Sachbegriff im Strafrecht, in: Die RG-Praxis im dt. Rechtsleben V (1929) 44.

§ 242 Diebstahl

(1) Wer eine fremde bewegliche Sache einem anderen in der Absicht wegnimmt, die Sache sich oder einem Dritten rechtswidrig zuzueignen, wird mit Freiheitsstrafe bis zu fünf Jahren oder mit Geldstrafe bestraft.
(2) Der Versuch ist strafbar.

Vorbem. Abs. 1 idF des 6. StrRG v. 26. 1. 98 (BGBl. I 164).

Stichwortverzeichnis

Die Zahlen bedeuten die Randnoten

Ablationstheorie 37
Absicht rechtswidriger Zueignung, s. Zueignungsabsicht
Absichtslos doloses Werkzeug 72
Alleingewahrsam 33
Apprehensionstheorie 37
Aufgabe des Eigentums 17

Behältnis mit Inhalt
 Gewahrsam an – 34
 Zueignung von – 63
Beobachteter Gewahrsamsbruch 40
Bereicherung 46
Besitz – Gewahrsam 31
Betäubungsmittel, Eigentumsfähigkeit 19
Bewegliche Sache 11

Codekartenmißbrauch 36, 75

Dereliktion s. Aufgabe des Eigentums
Dieb, Diebstahl gegenüber dem – 25
Drittzueignungsabsicht 56 ff.

Eigene Sachen, Diebstahl von – 45
Eigentümer als Verletzter 1 f.
Eigentum
 Aufgabe des – 17
 ausschließliches – 13
 Eigentumsvorbehalt 5, 13
 Miteigentum 13
 Sicherungseigentum 5, 13
Einwilligung, – des Eigentümers 59;
– des Gewahrsamsinhabers 36

Fangbrief 41
Felddiebstahl 78
Forderungen, Diebstahl von – 9
Forstdiebstahl 78
Fremdheit der Sache 12
Furtum usus, s. Gebrauchsanmaßung

Gebrauch, Abgrenzung zur Zueignung 51 f.
Gebrauchsanmaßung 51 ff.
Gewahrsam, allgemein 23 ff.
– einer Behörde 29
– und Besitz 31
 fremder – 22, 35
– von Geisteskranken 29
– in generellem Herrschaftsbereich 26
 genereller Gewahrsamswille 30
 Gewahrsamsbruch 35
 gewahrsamslose Sachen 28
 Herrschaftswille für – 23, 29
– einer juristischen Person 29
– von Kindern 29
 Mitgewahrsam 32 f.

räumlicher Machtbereich 39 f.
– als Schutzgut 2
– als tatsächliches Herrschaftsverhältnis 23, 25 ff.
 unrechtmäßiger – 25
– an verschlossenen Behältnissen 34
Gewahrsamsbegründung, allgemein 37 ff.
– durch Dritte 42
Gewahrsamsbruch, allgemein 35
 beobachteter – 40
Gewahrsamsinhaber
– als Verletzter 1
 Dritter als neuer – 42
Gewahrsamswille, genereller – 30
 s. auch Herrschaftswille
Herrenlose Sachen 15 ff.
Herrschaftsbereich, genereller – 26
Herrschaftswille 29
 genereller – 30, natürlicher – 29,
 potentieller – 30

Illationstheorie 37
Implantate 10, 20
Irrtum über die Rechtswidrigkeit 65

Juristische Person, Gewahrsam der – 29

Kinder, Gewahrsam von – 29
Konkurrenzen: Gesetzeskonkurrenz 76, Idealkonkurrenz 75, Straflose Nachtat 76 f.
Kontrektationstheorie 37
Kraftfahrzeug, Gebrauch von – 54

Leichnam 10, 21
Lockspitzel 40
Luft 19

Menschlicher Körper 20
Mitgewahrsam 32 f., gleichrangiger – 32, mehrstufiger – 32
Mittelbare Täterschaft 70

Nebenstrafen 74

Objekt des Diebstahls 8 ff.

Privilegierte Fälle 74

Räumlicher Machtbereich 39 f.
Rechte, Diebstahl von – 9
Rechtswidrigkeit
– der Zueignung 59
 Irrtum über die – 65

Sache, allgemein 9, Aggregatzustand 9, bewegliche – 11, fremde – 12 f., gewahrsamslose – 28, herrenlose – 15 ff., verlorene – 18, 28, wirtschaftlicher Wert 4, 6

§ 242

Sachentziehung 55
Sachwerttheorie 49
SB-Tanken 12, 36
Schutzgut 1 f.
Selbstbedienungsladen, Diebstahl im – 40
Sondergesetze 78
Spielautomaten, Austricksen von – 36
Strafdrohung 74
Straflose Nachtat 76 f.
Strafzumessung 74
Substanztheorie 49

Täterschaft und Teilnahme 71 ff.
Tatsächliches Herrschaftsverhältnis 25 f.
 s. auch Gewahrsam
Tiere als Sachen 9
Trickdiebstahl 36

Verbrauch 53
Verletzter bei Diebstahl 1 f.
Verlorene Sache 18, 28
Versuch 68
Vollendung, allgemein 67
– bei mittelbarer Täterschaft 70
Vorsatz 44 f.

Wahlfeststellung 79
Wasser im Meer 19
Wegnahme, allgemein 22, 37
 Begründung neuen Gewahrsams bei –, s. Gewahrsamsbegründung

Einwilligung in die – 36
– zum Gebrauch 51 ff.
Gewahrsamsbruch, s. dort
– im Selbstbedienungsladen 40
– zwecks Zerstörung 55
 s. auch Ablations-, Apprehensions-, Illations-, Kontrektationstheorie
Wegwerfen, Zueignung durch – 52
Wilde Tiere 16
Wirtschaftlicher Wert 4, 6, 53

Zerstörung
 Wegnahme zwecks – 55
 Zueignung durch – 52
Zueignung, allgemein 47
 Abgrenzung zum Gebrauch 51 ff.
 Absicht rechtswidriger – 46, 60 ff., 65 f.
– bei Behältnis mit Inhalt 63
– an Dritte 56
 Einwilligung in die – 59
– durch Entzug des
 wirtschaftlichen Wertes 53
 Komponenten der – 47
 Rechtswidrigkeit der – 59
 Sachwerttheorie 49
 Substanztheorie 49
– durch Vernichtung oder Wegwerfen 52
Zueignungsabsicht, allgemein 46, 60 ff.
– bei der Wegnahme 66

Schrifttum: Vgl. zunächst die Angaben vor § 242. Ferner *Androulakis,* Objekt u. Grenzen der Zueignung im Strafrecht, JuS 68, 409. – *Backmann,* Die Abgrenzung des Betrugs von Diebstahl u. Unterschlagung, 1974. – *Bittner,* Zur Abgrenzung von Trickdiebstahl, Betrug u. Unterschlagung, JuS 74, 156. – *Bloy,* Die Behandlung der Sachentziehung im dt., österr. u. schweiz. Strafrecht, Oehler-FS 559. – *ders.,* Der Diebstahl als Aneignungsdelikt, JA 87, 187. – *Brandenburg,* Wem gehört der Herzschrittmacher?, JuS 84, 47. – *Bringewat,* Die Wiederverwendung von Herzschrittmachern, JA 84, 61. – *Charalambakis,* Die Nichtbezahlung beim SB-Tanken, MDR 85, 975. – *Cordier,* Diebstahl oder Betrug in Selbstbedienungsläden, NJW 61, 1340. – *Ebel,* Die Zueignung von Geldzeichen, JZ 83, 175. – *Ehrlicher,* Der Bankomatenmißbrauch, 1989. – *Engel,* Die Eigentumsfähigkeit u. Diebstahlstauglichkeit von Betäubungsmitteln, NStZ 91, 520. – *Eser,* Der Bankomatenmißbrauch, 1989. – *ders.,* Zur Zueignungsabsicht beim Diebstahl, JuS 64, 477. – *Gehrig,* Der Absichtsbegriff usw., 1986. – *Geiger,* Zur Abgrenzung von Diebstahl u. Betrug, JuS 92, 834. – *Geilen,* Wegnahmebegriff u. Diebstahlsvollendung, JR 63, 466. – *Geppert,* Die Abgrenzung von Diebstahl u. Betrug, JuS 77, 69. – *Gössel,* Über die Vollendung des Diebstahls, ZStW 85, 591. – *ders.,* Über den Gegenstand der strafbaren Zueignung u. die Beeinträchtigung von Forderungsrechten, GA-FS 39. – *Gribbohm,* Zur Abgrenzung des Diebstahls vom Betrug, JuS 64, 233. – *ders.,* Gewahrsamsbruch u. guter Glaube, NJW 67, 1897. – *ders.,* Schaden, Bezeichnung u. das Erfordernis ihrer Stoffgleichheit bei Diebstahl u. Unterschlagung, NJW 68, 1270. – *Gropp,* Die Codekarte: Der Schlüssel zum Diebstahl, JZ 83, 487. – *ders.,* Wem gehört die Plazenta?, in: Arnold, Grenzüberschreitungen (1995), 299. – *Haffke,* Mitgewahrsam, Gewahrsamsgehilfenschaft u. Unterschlagung, GA 72, 225. – *Harburger,* Diebstahl u. Unterschlagung, VDB VI, 183. – *Herzberg,* Betrug u. Diebstahl durch listige Sachverschaffung, ZStW 89, 367. – *Heubel,* Grundprobleme des Diebstahltatbestandes, JuS 84, 445. – *Hirsch,* Eigenmächtige Zueignung geschuldeter Sachen, JZ 63, 149. – *Hölzenbein,* Das Verhältnis der Unterschlagung zu Aneignungs- u. Vermögensdelikten, 1966. – *Huschka,* Diebstahl oder Betrug in Selbstbedienungsläden, NJW 60, 1189. – *Isenbeck,* Beendigung der Tat bei Raub u. Diebstahl, NJW 65, 2326. – *Jungwirth,* Diebstahlsvarianten im Zusammenhang mit Geldausgabeautomaten, MDR 87, 537. – *Kahlo,* Begriffl. Rechtsbestimmung (usw.) im Diebstahltatbestand, in: Albrecht, Vom unmögl. Zustand des Strafrechts (1995), 123. – *Kindhäuser,* Gegenstand u. Kriterien der Zueignung beim Diebstahl, Geerds-FS 665. – *Kruse,* Die scheinbare Rechtsgutsverletzung bei den auf Enteignung gerichteten Eigentumsdelikten, 1986. – *Küper,* Die „Sache mit den Tieren" oder: Sind Tiere strafrechtlich noch „Sachen"?, JZ 93, 435. – *Lampe,* Objektiver u. subjektiver Tatbestand beim Diebstahl, GA 66, 225. – *Laubenthal,* Einheitl. Wegnahmebegriff im StrafR?, JA 90, 38. – *Lenckner/Winkelbauer,* Strafrechtliche Probleme im modernen Zahlungsverkehr, wistra 84, 84. – *Ling,* Zum Gewahrsamsbruch beim Diebstahl, ZStW 110 (1998) 919. – *Maiwald,* Der Zueignungsbegriff im System der Eigentumsdelikte, 1970. – *Marcelli,* Diebstahl „verbotener" Sachen, NStZ 91, 520 ff.; 92, 220. – *H. Mayer,* Zum Begriff der Wegnahme, JZ 62, 617. – *Meier,* Strafbarkeit des Bankautomatenmißbrauchs, JuS 92, 1017. – *Miehe,* Zueignung u. Sachwert, Heidelberg-FS 481. – *Mohrbotter,* Rechtswidrigkeit von Zueignung u. Bereicherung im Strafrecht, GA 67, 199. – *Otto,* Zur Abgrenzung von Diebstahl, Betrug u. Erpressung bei der deliktischen Verschaffung fremder Sachen, ZStW 79, 59. – *ders.,* Die neuere Rspr. zu den Vermögensdelikten, JZ 85, 21, 69. – *ders.,* Strafr. Aspekte des Eigentumsschutzes, Jura 89, 137, 200. – *ders.,* Der Wegnahmebegriff in §§ 242 usw., Jura 92, 666. – *ders.,* Die neuere Rspr. zu den Vermögensdelikten, JZ 93, 559, 652. – *ders.,* Die

Diebstahl 1–4 § 242

neuere Rspr. zu den Eigentumsdelikten, Jura 97, 464. – *Paulus,* Der strafrechtliche Begriff der Sachzueignung, 1968. – *Ranft,* Grundfälle aus dem Bereich der Vermögensdelikte, JA 84, 1, 277. – *Rheineck,* Zueignungsdelikte u. Eigentümerinteresse, 1979. – *Roxin,* Geld als Objekt von Eigentums- u. Vermögensdelikten, H. Mayer-FS 467. – *Rudolphi,* Der Begriff der Zueignung, GA 65, 33. – *Ruß,* Die Aneignungskomponente bei Wegnahme eines Behältnisses, Pfeiffer-FS 61. – *Schaffstein,* Der Begriff der Zueignung bei Diebstahl u. Unterschlagung, GS 103, 292. – *ders.,* Die Abgrenzung von Diebstahl u. Gebrauchsanmaßung, GA 64, 97. – *Schmidhäuser,* Über die Zueignungsabsicht als Merkmal der Eigentumsdelikte, Bruns-FS 345. – *Schmitt,* Nehmen oder Geben, ist das hier die Frage?, Spendel-FS 575. – *Schröder,* Zur Abgrenzung der Vermögensdelikte, SJZ 50, 94. – *ders.,* Rechtswidrigkeit u. Irrtum bei Zueignungs- u. Bereicherungsabsicht, DRiZ 56, 69. – *Schroth,* Der Diebstahl mittels Codekarte, NJW 81, 729. – *Schünemann,* Die Rechte am menschl. Körper, 1985. – *Seelmann,* Grundfälle zu den Eigentumsdelikten, JuS 85, 201, 288, 454, 699; 86, 201. – *Siebert,* Der strafrechtliche Besitzbegriff, StrafrAbh. H. 235. – *Soltmann,* Der Gewahrsamsbegriff, StrafrAbh. H. 349. – *Sonnen,* Der Diebstahl nach § 242 StGB, JA 84, 569. – *Steininger,* Strafr. Probleme des Selbstbedienungstankens, ÖRZ 88, 233. – *Stimpfig,* Auffangen von Rundfunk- u. Fernmeldewellen – Entziehung elektrischer Energie?, MDR 91, 709. – *Stoffers,* Die entgeltl. Rückveräußerung einer gestohlenen Sache, Jura 95, 113. – *Strätz,* Zivilrechtl. Aspekte der Rechtsstellung des Toten, 1971. – *Tenckhoff,* Der Zueignungsbegriff bei Diebstahl u. Unterschlagung, JuS 80, 723. – *Tiedemann,* Computerkriminalität u. Mißbrauch vom Bankomaten, WM 83, 1326. – *Tschervinka/Schulz,* Probleme des Codekartenmißbrauchs, JA 91, 119. – *Unger,* Die Zueignung von Geld u. der allg. Unrechtsausschließungsgrund des „nicht schutzwürdigen Interesses", 1973. – *Vitt,* Nochmals: Zur Eigentumsfähigkeit u. Diebstahlstauglichkeit von Betäubungsmitteln, NStZ 92, 221. – *Welzel,* Der Gewahrsamsbegriff u. die Diebstähle in Selbstbedienungsläden, GA 60, 257. – *Wessels,* Zueignung, Gebrauchsanmaßung u. Sachentziehung, NJW 65, 1153. – *Widmann,* Die Grenzen der Sachwerttheorie, MDR 69, 529. – *Wiechers,* Strafrecht u. Technisierung im Zahlungsverkehr, JuS 79, 847.

I. 1. Diebstahl ist Eigentumsverletzung durch Wegnahme zwecks Eigentumsanmaßung. **Rechtsgut** 1 ist daher jedenfalls das **Eigentum.** Dies zählt freilich weniger in seiner Eigenschaft als Sachenrecht; denn da einem Eigentumswechsel am Diebesgut regelmäßig § 935 BGB entgegensteht, wird der Eigentümer im Grunde nur in der Ausübung seines Rechts, mit der Sache nach Belieben zu verfahren und andere von jeder Einwirkung auszuschließen (vgl. § 903 BGB), betroffen; Rechtsgut des § 242 ist daher lediglich die Verfügungsmöglichkeit des Rechtsgutsinhabers (vgl. Kindhäuser NK 5, Mitsch 2/1 S. 4, Ruß LK 3 vor § 242, Heubel JuS 84, 445, Otto, Struktur 274). Daneben soll nach hM auch der 2 **Gewahrsam** selbständiges Schutzgut des § 242 sein mit der Folge, daß sowohl der Eigentümer als auch der Gewahrsamsinhaber als „Verletzter" iSv §§ 77, 247 in Betracht kämen (vgl. RG **54** 282, BGH **10** 401, Hamburg MDR **47,** 35, Hamm NJW **64,** 1428, Blei II 188, Ruß LK 3 vor § 242, Lackner/Kühl 1, M-Schroeder I 303, Welzel 347, Wessels II/2²⁰ S. 16). Das ist jedoch weder mit dem Wegnahmemerkmal zu begründen noch sachgerecht. Denn einerseits dient der Gewahrsamsbruch lediglich als Unterscheidungsmerkmal zur Unterschlagung sowie als Anknüpfungspunkt für die aufgrund der besonderen Intensität der Eigentumsverletzung gegenüber § 246 erhöhten Strafe (and. Lampe GA **66,** 228). Andererseits wäre bei *alternativem* Schutz des Gewahrsamsinhabers dem Eigentümer konsequenterweise die Möglichkeit genommen, im Falle von § 247 durch Strafantragsverzicht die Strafverfolgung zu verhindern, wenn die Sache bei einem Dritten weggenommen wird, der seinerseits Strafantrag stellt (vgl. § 247 RN 11). Demgegenüber ist der Gewahrsam lediglich als Ausfluß der dem Eigentümer zustehenden Verfügungsmöglichkeiten über die Sache und somit allenfalls als **kumulativ** mitgeschützt anzusehen (zust. Hoyer SK 1, Kindhäuser NK 7 vor § 242, Otto II 145, W-Hillenkamp 57; iE ebso. Arzt/Weber III 29). Das bedeutet zwar nicht, daß beim Auseinanderfallen von Eigentümer und Gewahrsamsinhaber letzterer ungeschützt wäre; denn Diebstahl ist auch gegenüber dem rechtmäßigen, dem unrechtmäßigen oder gar dem deliktischen Gewahrsamsinhaber (wie etwa dem Dieb) möglich, da dadurch grundsätzlich auch der Eigentümer (erneut) mitverletzt wird; wohl aber verbleibt im Falle von § 247 die Entscheidung über einen Strafantrag vorrangig beim Eigentümer. Da der Gewahrsamsbruch somit selbst Teil der Eigentumsverletzung ist, stellt sich der Diebstahl als Verletzung der Eigentümerbefugnisse in Form eines in Zueignungsabsicht begangenen Gewahrsamsbruchs dar (ähnl. bereits Binding I 294; vgl. auch Tröndle § 247 RN 5, Haffke aaO).

2. Da es somit bei § 242 um den Schutz der sich aus dem Eigentum ergebenden Verfügungsbefugnisse geht (vgl. Schmidhäuser II 84), ist die Beeinträchtigung der **formalen Rechtsposition** über eine bestimmte Sache von entscheidender Bedeutung. Das hat im wesentlichen folgende Konsequenzen: 3

a) Anders als bei den Vermögensdelikten ieS (wie Betrug, Untreue und Erpressung), bei denen es 4 um den Schutz des Vermögens als Ganzem geht (vgl. § 263 RN 2), ist der Diebstahl auf die eigentumsanmaßende Wegnahme einer **bestimmten Sache** gerichtet, und zwar ohne Rücksicht auf deren wirtschaftlichen Wert (vgl. RG **44** 210, **50** 255, **51** 98, BGH MDR **60,** 689, Düsseldorf NJW **89,** 116; and. östOGH ÖJZ **59,** 665; vgl. auch Hegler aaO 159, Samson JA 80, 285, aber auch u. 6). Ähnlich geht es bei der beabsichtigten Zueignung allein um die Anmaßung einer eigentümerähnlichen Herrschaftsmacht über die Sache (vgl. u. 47), und zwar ohne Rücksicht darauf, ob und inwieweit dadurch der Eigentümer einen wirtschaftlichen Vermögensnachteil erleidet bzw. der Täter einen entsprechenden Vermögensvorteil erstrebt. Da es somit weder auf eine Entreicherung des Verletzten noch auf eine Bereicherung des Täters ankommt, wird Diebstahl auch nicht etwa dadurch ausgeschlossen, daß der Täter für die gestohlene Sache einen gleichwertigen Geldbetrag am Tatort hinterläßt.

5 b) Auch bei den im Wirtschaftsleben entwickelten *Sonderformen des Eigentums,* wie Vorbehalts- und Sicherungseigentum, ist an die formale Rechtsposition anzuknüpfen, so daß ungeachtet der meist abweichenden Interessenlage nicht der Vorbehaltskäufer bzw. Sicherungsgeber, sondern der Vorbehaltsverkäufer und der Treuhänder als Eigentümer iSv § 242 anzusehen sind (vgl. RG **61** 65, Ruß LK 14 sowie zu den Konsequenzen u. 13 bzw. § 246 RN 5 f.).

6 c) Durch Anknüpfung an die formale Rechtsposition des Eigentümers kommen Eigentumsdelikte selbst dort in Betracht, wo es an jeglicher **wirtschaftlichen Interessenverletzung fehlt:** wie etwa bei eigenmächtigem Geldwechseln, beim Austausch vertretbarer Sachen (1 Kilo-Packung Zucker gegen 2 Pfund-Packungen gleichen Preises), bei Wegnahme einer geschuldeten Speziessache bzw. bei Auswahl und Wegnahme einer nur gattungsmäßig bestimmten Sache durch den Gläubiger, bei Mitnahme einer Ware (wie etwa Zigaretten) unter Hinterlassung des entsprechenden Kaufpreises sowie bei eigenmächtiger Teilung des Miteigentumsanteils durch einen Miteigentümer. Da in solchen Fällen eine Bestrafung problematisch erscheint, wird – über die mögliche Verneinung einer rechtswidrigen Zueignung hinaus (vgl. u. 59 sowie § 246 RN 22) – immer wieder versucht, den Schutzbereich des § 242 von vornherein auf die Fälle materieller Interessenverletzung des Betroffenen einzuschränken (vgl. Gribbohm NJW 68, 241, Maiwald JA 71, 582, Roxin H. Mayer-FS 469 ff. sowie Welzel-FS 462, Tiedemann JuS 70, 111; eingeh. Kruse aaO). Demgegenüber ist zwar einzuräumen, daß mit dem Eigentum regelmäßig wirtschaftliche Interessen verknüpft sind und die §§ 242 ff. als Vermögensdelikte iwS (vgl. Eser IV 2) zumindest auch dem Schutz dieser Interessen dienen (vgl. Vogt JuS 80, 860 f.). Doch würde mit einer generellen Materialisierung des von den §§ 242 ff. bezweckten Eigentumsschutzes und einer darin liegenden Einschränkung des Schutzbereichs verkannt, daß die Eigentumsdelikte im Gegensatz zu den schadensorientierten Vermögensdelikten ieS gerade nicht nur das Vermögen, sondern darüber hinaus die grundsätzlich freie tatsächliche Verfügungsmacht des Eigentümers schützen wollen. Daher erscheint die materielle Einschränkung des formalen Bestandsschutzes unter dem Vermögensschadensaspekt nur in jenen Fällen möglich, in denen nach allgemeiner Lebenserfahrung Entscheidungsinteressen des Eigentümers von vornherein keine Rolle spielen. Dementsprechend dürfte lediglich das eigenmächtige Geldwechseln aus dem Schutzbereich des § 242 fallen (vgl. Celle NJW **74**, 1833, Schmidhäuser II 92 f.), wobei sich dies damit rechtfertigen läßt, daß die wertmäßige Austauschbarkeit gerade die bestimmungsmäßige Funktion von *Geld* darstellt (vgl. Ebel JZ 83, 184), wie dies auch im Zivilrecht entwickelte (vgl. Larenz, Schuldr. AT[14]168) und von Roxin aaO in das Strafrecht übernommene Wertsummengedanke zum Ausdruck bringt (zust. Maiwald aaO). Einer weitergehenden Übertragung des Gedankens auf *andere vertretbare Sachen,* wenn die Quantität die gleiche bleibt und der individuelle Gegenstand für den Eigentümer nur als Quantitätsfaktor bedeutsam ist (vgl. Schönke/Schröder[17] RN 4 a; iglS Gribbohm aaO, Krey II 24 f.), steht entgegen, daß es sich – im Vergleich zu Geld – nicht um gleichermaßen typische Tauschobjekte handelt. Aber auch in den übrigen der eingangs genannten Fälle kann die individuelle Zuordnungsfunktion des Eigentums nicht völlig ignoriert werden (vgl. Bockelmann II/1 S. 34 f., Ebel aaO): So kann der Schuldner einer Speziessache uU ein Zurückbehaltungsrecht wahrnehmen bzw. der einer Gattungssache ein Interesse an der Auswahl aus einer bestimmten Sachgruppe haben. Diese und ähnliche Fälle können allenfalls mangels Rechtswidrigkeit der Zueignung oder mittels Rechtfertigung durch „mutmaßliche Einwilligung" straflos. Eingeh. zum Ganzen (m. weitgeh. ähnl. Erg.) Rheineck aaO; vgl. ferner Eser IV 6, 40 f., Hoyer SK 99 f., Otto aaO 99, Kruse aaO 219 ff., Ruß LK 2, 69, Sax Laufke-FS 321 ff. sowie § 246 RN 15.

7 d) Die grundsätzliche Maßgeblichkeit formalen Eigentumsschutzes schließt jedoch nicht aus, Diebstahl in solchen Fällen zu verneinen, in denen dem Tatobjekt **weder materieller noch immaterieller Wert** zukommt (vgl. Baumann NJW 64, 705, Schröder JR 64, 266) und somit kein sinnvolles Strafbedürfnis zu erkennen ist. Die abw. hM ist schwerlich mit ihrem Standpunkt zu § 303 vereinbar, wonach die Zerstörung wertloser Gegenstände nicht als Sachbeschädigung zu betrachten sei (vgl. § 303 RN 3); denn es wäre widersprüchlich, wenn der Täter die wertlose Sache zwar wegnehmen und zerstören, nicht aber wegnehmen und behalten dürfte.

8 II. Tatobjekt des Diebstahls ist eine **fremde bewegliche Sache.**

9 1. **Sachen** sind körperliche Gegenstände (vgl. § 90 BGB). Auch *Tiere* sind trotz § 90 a S. 1 BGB nF, der diesen, um ihnen einen besonderen Schutz zu eröffnen, die Sachqualität grundsätzlich abspricht, weiterhin taugliche Diebstahlsobjekte, da nach S. 3 dieser BGB-Vorschrift die für Sachen geltenden Vorschriften, soweit nichts anderes bestimmt ist, auf Tiere *entsprechend* anzuwenden sind. Dem steht auch das strafrechtliche Analogieverbot nicht entgegen (krit. Braun JuS 92, 761), da dessen Anwendungsbereich sich nicht auf Verweisungen ins Zivilrecht erstreckt (vgl. § 1 RN 33) und es sich vorliegend wohl auch gar nicht um eine lückenfüllende Analogie, sondern um eine gesetzliche Verweisung handeln dürfte (vgl. BT-Drs. 11/7369 S. 6 f., Küper JZ 93, 440, Lackner/Kühl 2). Im übrigen gilt für die Körperlichkeit der Gegenstände, daß ihr Aggregatzustand (fest, flüssig oder gasförmig) unerheblich ist. Daher können auch Wasser, Leuchtgas, Dampf u. dgl. Diebstahlsobjekte sein (RG **14** 123, **44** 335), ebenso eine auslaufende Flüssigkeit bis zum Versickern im Erdboden (RG GA Bd. **64** 117, KG GA Bd. **69** 123). Die zivilrechtliche Forderung nach räumlicher Abgrenzbarkeit des

Gegenstandes (vgl. Palandt/Heinrichs[59] § 90 RN 1, Ruß LK 1) ist aus strafrechtlicher Sicht keine Frage der Sachqualität des Gegenstandes sondern seiner Fremdheit. Somit sind auch die freie Luft oder das fließende Wasser Sachen iSv § 242. Dagegen sind Kräfte und Energien in Gasen und Flüssigkeiten (wie Heizungsdampf oder Heißwasser) als solche keine Sachen, wohl aber ihre Trägersubstanzen; deshalb ist insoweit Diebstahl nur durch Wegnahme des Energieträgers und Zueignung der Energie möglich (vgl. Samson JA 80, 286, Stimpfig MDR 91, 709 f.). Die Frage nach der Sachqualität elektrischer Energie erübrigt sich infolge Einführung von § 248 c. Ebenso wie bei Aggregatzuständen ist auch der wirtschaftliche Wert des Gegenstandes für den Sachbegriff unerheblich (vgl. Ruß LK 2, Hoyer SK 7, aber auch o. 7). Dagegen können Forderungen und sonstige Rechte nicht Gegenstand des Diebstahls sein (vgl. München JZ 77, 409 zu Buch- oder Giralgeld), wohl aber die solche Rechte verkörpernden Urkunden, wie zB Wechsel, Lebensmittelkarten, Bezugsscheine oder Sparkassenbücher (vgl. RG **52** 296, **61** 127, **75** 186, GA Bd. **41** 692, **64** 126).

Der *lebende Mensch* als ein mit Menschenwürde ausgestattetes Rechtssubjekt ist keine Sache. **10** Entsprechendes wird für den nichtimplantierten menschlichen Embryo zu gelten haben, weil es sich dabei bereits um artspezifisches menschliches Leben handelt (vgl. Eser, Neuartige Bedrohungen ungeborenen Lebens [1990] 8 f., 39 ff.), während dem menschlichen Samen ebenso wie dem Ei vor deren Vereinigung die Sachqualität wohl nicht abzusprechen ist. Allerdings will BGH(Z) NJW **94**, 127, m. Anm. Rohe JZ 94, 465, Schnorbus JuS 94, 830, Taupitz JR 95, 22 für den Sonderfall einer Spermakonserve, die zur Erhaltung der Fortpflanzungsmöglichkeit ihres Spenders bestimmt ist, diese in einer funktionalen Betrachtungsweise dessen Körpersphäre zurechnen und ihr damit wohl zugleich die Sachqualität absprechen. Umstritten ist auch, inwieweit sonstige *Teile des lebenden Körpers* Sachqualität haben können: Nach hM (vgl. BGH(Z) NJW **94**, 127, Ruß LK 4, Hoyer SK 4 f., je mwN) werden sie mit der Trennung (Unfall, Organspende uww.) Sachen (nach BGH aaO freilich nur, wenn sie nicht von vornherein dazu bestimmt sind, wieder in den Körper des Betroffenen eingefügt zu werden), während sie diese Qualität durch Einfügen in einen menschlichen Organismus wieder verlieren sollen. Dem ist zuzustimmen, soweit es um *natürliche Körperbestandteile* geht. Soweit dagegen *künstliche Implantate* – wohl um Rechte Dritter an dem eingefügten Gegenstand auszuschließen (vgl. Strätz aaO 54 sowie u. 20) – ausnahmslos ihre Sachnatur verlieren sollen, sobald sie im Körper fest eingepflanzt werden (so LG Mainz MedR **84**, 199, Ruß LK 4, Otto Jura 89, 138; vgl. auch die Nachw. bei Hoyer SK 4 f.), ist allenfalls insoweit zuzustimmen, als es sich um therapeutische Hilfsmittel handelt, die als *Ersatz* für defekte Körperteile zur individuellen Verwendung eingefügt werden („Substitutiv-Implantate", wie zB künstliche Hüftgelenke, Rippen oder Zahnplomben). Dagegen dürften therapeutische Hilfsmittel, die defekten Körperteilen als *Zusatz* beigefügt werden („Supportiv-Implantate", wie zB Herzschrittmacher) jedenfalls dann ihre Sachqualität behalten, wenn sie wiederverwendbar sind (vgl. Brandenburg JuS 84, 47 f., Görgens JR 80, 141; zu Ersatz- u. Zusatz-Implantat Gropp JR 85, 181 ff.). Denn nur so ist ein sonst kaum nachvollziehbarer, durch Einfügen und Abtrennen hervorgerufener Wandel von der Sache zur Nicht-Sache und umgekehrt zu vermeiden (vgl. Hoyer SK 5). Auch der Sachcharakter des *Leichnams* wird bestritten (näher zum Streitstand Ruß LK 5 mwN), jedoch zu Unrecht; denn soweit es um zivilrechtlichen Ausschluß von Rechten Dritter am Körper des Verstorbenen und weniger um den strafrechtlichen Schutz des Leichnams geht, ist dies im Grunde erst für die Fremdheitsfrage von Bedeutung (vgl. Hoyer SK 4, 14 sowie u. 21; ähnl. aus zivilr. Sicht Schünemann aaO 212 ff.).

2. Beweglich sind alle Sachen, die *tatsächlich fortbewegt* werden können, also ohne Rücksicht auf die **11** zivilrechtliche Einordnung als beweglich oder unbeweglich (Kindhäuser NK 12): Wer ein vom Grundstückspächter für die Zeitdauer der Pacht auf dem Grundstück errichtetes Wohnhaus besetzt, begeht keinen Diebstahl, obwohl das Gebäude nach § 95 I BGB nicht Bestandteil der unbeweglichen Sache „Grundstück" und daher „beweglich" im BGB-Sinne ist (vgl. Palandt/Heinrichs[59] § 95 RN 1). Umgekehrt werden Bestandteile einer unbeweglichen Sache iSv § 94 BGB (wie der auf dem Grundstück stehende Baum) durch die mit der Wegnahme verbundene Abtrennung beweglich iSv § 242 (vgl. Hoyer SK 9 f. mwN): so zB gestochener Torf (RG **21** 30), abgemähtes Getreide (RG **23** 74) oder abgeweidetes Gras (LG Karlsruhe NStZ **93**, 543, BGE **72** IV 54). Ebenso von einem Grundstück zwecks Wegnahme losgelöste Bodenbestandteile bewegliche Sachen. Dagegen kann die Grundstücksfläche als solche nicht Diebstahlsobjekt sein; insofern kommt aber § 274 I Nr. 2 in Betracht.

3. Fremd ist eine Sache, wenn sie (zumindest auch) *im Eigentum eines Anderen* steht, also weder **12** Alleineigentum des Täters (u. 13 f.) noch herrenlos (u. 15 ff.) noch eigentumsunfähig (u. 19) ist (vgl. Mitsch 2/1 S. 11). In wessen Eigentum die Sache steht, ist nach bürgerlichem Recht zu beurteilen, da es – anders als bei § 74 RN 22 ff. – bei § 242 keinen besonderen strafrechtlichen Eigentumsbegriff gibt (Düsseldorf NJW **83**, 2153, **88**, 1335, Hoyer SK 11 ff. mwN). Auch bei sittenwidrigen Geschäften bestimmt sich der Eigentumserwerb nach bürgerlichem Recht (krit. dazu Baumann JZ 72, 4, Eser IV 7, Lampe in Müller-Dietz aaO 63 ff.). Wegen des dort geltenden Abstraktionsprinzips findet daher ein Eigentumsübergang auch an solchem Geld statt, das für vereinbarte (BGH **6** 377, Köln MDR **54**, 695) oder erhoffte (Düsseldorf MDR **69**, 862) sexuelle Handlungen hingegeben wird, nicht dagegen dort, wo ein gesetzliches Verbot iSv § 134 BGB – wie zB bei Verstößen gegen das BtMG – nicht nur das Verpflichtungsgeschäft, sondern auch die darauf beruhende Übereignung erfaßt (BGH **31** 145). Zur Fremdheit bei bedingter Übereignung vgl. Saarbrücken NJW **76**, 65, speziell bei SB-Tanken ohne Zahlungsbereitschaft u. 36 sowie § 246 RN 7, § 263 RN 28, 63.

13 a) **Ausgeschlossen** als Diebstahlsobjekt sind somit Sachen, die im **ausschließlichen Eigentum des Täters** stehen. Soll der Täter als *offener Stellvertreter* Eigentum für den Vertretenen erwerben, so kommt ein die Fremdheit der Sache ausschließender Eigentumserwerb des *Täters* nur in Betracht, wenn der Geschäftsgegner die Übereignung des Tatobjekts an den Täter erklärt und dieser die Übereignungserklärung zumindest konkludent annimmt (vgl. zum Eigentumserwerb des mit der Einlösung eines Barschecks Beauftragten an dem ausgezahlten Geld RG **54** 185; weiterhin RG LZ **25**, 442, GA Bd. **53** 78). Zu den Eigentumsverhältnissen bei *verdeckter Stellvertretung* eingeh. Ruß LK 15; zum Eigentumserwerb des Kommissionärs an dem vom Kommittenten erzielten Erlös bei Vereinbarung eines Besitzkonstituts RG **62** 31. Fremd ist die Sache für den Täter auch dann, wenn er nur **Miteigentümer** nach Bruchteilen oder **Gesamthandseigentümer** ist (vgl. BGH NJW **92**, 250, Ruß LK 16). Bei im Miteigentum stehenden vertretbaren Sachen wird jedoch regelmäßig die Rechtswidrigkeit der Zueignung, zumindest aber das Bewußtsein hierüber, beim Täter fehlen, soweit er sich mengenmäßig im Rahmen dessen hält, was ihm bei der Teilung zusteht (vgl. § 246 RN 4). Soweit das **Eigentum als Sicherungsrecht** dient, bestimmt sich die Fremdheit ausschließlich nach der formalen Rechtsposition (vgl. o. 5): Daher können weder der Vorbehaltsverkäufer (vor Zahlung der letzten Rate) noch der Sicherungsnehmer einen Diebstahl begehen (vgl. aber zu den Gebrauchsrechten des Sicherungsgebers § 289 RN 7), wohl aber der Sicherungsgeber, der sich die Sache zur anderweitigen wirtschaftlichen Verwertung vom Sicherungsnehmer zurückholt. Durch *Verpfändung* oder *Beschlagnahme* geht das Eigentum nicht verloren (vgl. aber § 289), ebensowenig durch eine Verpflichtung, in bestimmter Weise mit einer Sache zu verfahren.

14 Für den *Gesellschafter einer Ein-Mann-GmbH* ist das Gesellschaftsvermögen rechtlich gesehen fremd (RG **71** 355, Hoyer SK 11, Ruß LK 16, Otto Jura 89, 139 f., 329 f.; and. noch Otto, Strukturen 153). Eine wirtschaftliche Betrachtungsweise kann auch insoweit nicht ausschlaggebend sein. Dennoch wird die Wegnahme von im Eigentum der Gesellschaft stehenden Gegenständen nur selten einen Diebstahl darstellen: Ist der Täter zugleich Alleingeschäftsführer, willigt er konkludent in die Wegnahme ein, so daß ein Gewahrsamsbruch ausscheidet (Labsch wistra **85**, 6). Ist ein anderer Geschäftsführer und willigt dieser auch nicht in die Wegnahme ein, so wird es häufig an der Rechtswidrigkeit der Zueignung fehlen (vgl. näher Otto Jura 89, 139 f.).

15
16 b) Auch **herrenlose Sachen** – und zwar gleichgültig, ob von Natur aus oder durch Eigentumsaufgabe – sind nicht fremd und scheiden daher als Diebstahlsobjekt aus. α) Herrenlos sind zum einen die Sachen, die *von Natur aus in niemandes Eigentum stehen,* wie zB wilde (in Freiheit befindliche oder wiederum dorthin gelangte) sowie solche gezähmten Tiere, die den animus revertendi abgelegt haben (§ 960 BGB; vgl. RG **48** 384); zum Herrenloswerden eines Bienenschwarmes vgl. § 961 BGB. Auch jagdbare wilde Tiere sind herrenlos, unterliegen jedoch den durch die §§ 292 ff. geschützten Aneignungsrecht des Jagdberechtigten (näher Wessels JA 84, 221 ff.). Nicht herrenlos sind dagegen wilde Tiere in Tiergärten (zum Begriff vgl. Ruß LK 12) sowie Fische in Teichen; vgl. auch RG **39** 428, **60**
17 273, JW **34**, 3204, KG DJ **37**, 1363. β) Herrenlos sind ferner Sachen, an denen der Eigentümer in der Absicht des Eigentumsverzichts den Besitz aufgegeben hat (sog. *Dereliktion,* § 959 BGB): wie etwa Speisereste im Mülleimer (RG **48** 123) oder von Kunden absichtlich zurückgelassene Rabattmarken (RG **42** 44), idR auch Hausrat, der zur Sperrmüllabfuhr gegeben wird, nicht dagegen das im Rahmen einer bestimmten Werbeaktion auf dem Gehsteig zur Abholung bereitgelegte Sammelgut (Bay MDR
18 **87**, 75, Düsseldorf JMBlNW **92**, 191). Weit. Beisp. bei Ruß LK 13. γ) *Verlorene,* verlegte und vergessene Sachen dagegen sind nicht herrenlos, können also, soweit sie nicht gewahrsamslos (geworden) sind (vgl. u. 28), Diebstahlsobjekt sein.

19 c) Mangels Fremdheit scheiden ferner als Diebstahlsobjekt solche Sachen aus, die nach zivilrechtlichen Grundsätzen als *nichtverkehrsfähig* **in niemandes Eigentum stehen können** (vgl. Ruß LK 8, Staudinger-Dilcher[13] (1995) 27 ff. vor § 90 BGB): atmosphärische Luft, Wasser im Meer, regelmäßig auffließendes Wasser in Flüssen und Teichen, die einen natürlichen Zufluß und Abfluß haben. Dazu zählen jedoch nicht schon ohne weiteres Gegenstände, deren Besitz oder Erwerb rechtlich verboten (wie bei Falschgeld) oder einem Genehmigungsvorbehalt unterworfen sind (wie bei Betäubungsmitteln); denn aus einem Herstellungs- oder Verkehrsverbot folgt – entgegen Engel NStZ 91, 520 ff. – nicht zwangsläufig auch Eigentumsunfähigkeit (vgl. Marcelli u. Vitt NStZ **92**, 220 f. bzw. 221 f., Mitsch 2/1 S. 16).

20 d) Ob der **menschliche Körper** bzw. natürliche oder künstliche Körperteile Tatobjekt eines Diebstahls sein können, läßt sich nicht einheitlich beantworten. So scheidet der Körper des lebenden Menschen schon von vornherein mangels Sachqualität (o. 10) als Diebstahlsobjekt aus. Dagegen werden *Teile des Körpers eines lebenden Menschen* (wie Zähne oder Haare) mit der Abtrennung selbständige Sachen, an denen derjenige, zu dessen Körper sie bisher gehörten, Eigentum erwirbt (eingeh. Schünemann aaO, der selbst von einer diff. Überlagerung der sachenrechtl. Beziehung durch die persönlichkeitsrechtl. ausgeht). Umstritten war lediglich, ob die abgetrennten Sachen zunächst herrenlos sind und daher der Aneignung bedürften (so Frank III 2 e, Soergel-Baur[10] § 90 BGB RN 4, Staudinger-Coing[11] § 90 BGB RN 4). Nach nunmehr hM erwirbt der frühere Träger analog § 953 BGB mit Abtrennung des Körperteils unmittelbar Eigentum (Ruß LK 9, Soergel-Mühl[12] § 90 BGB RN 4, Staudinger-Dilcher[13] § 90 BGB RN 16 mwN; spez. zur Plazenta vgl. Gropp aaO 299 ff.). Dem ist zuzustimmen, da im Hinblick auf die mögliche Verwendung als Transplantat ein lückenloser Eigentumsschutz des abgetrennten Körperteils angezeigt ist. Bei *künstlichen Körperimplantaten* besteht insofern Einigkeit, als diese jedenfalls *vor* Einpflanzung bzw. *nach* Trennung vom lebenden Körper eigentumsfähige Sachen iSv § 242 sind (vgl. BGH MDR/D **58**, 739). Dagegen soll es, solange sie mit dem Körper fest verbunden sind (wie künstliche Rippen, Adern, eingepflanzte Herzschrittmacher und Zahnplomben), bereits an der Sachqualität fehlen (vgl. LG Mainz MedR **84**, 199, Soergel-Baur[11] § 90 BGB RN 4, Staudinger-Dilcher[13] § 90 BGB RN 18; für Sacheigenschaft des Herzschrittmachers aber Soergel-Mühl[12] § 90 BGB RN 4), mit der Folge, daß mangels Eigentumsfähigkeit auch Fremdheit iSv § 242 ausgeschlossen wäre. Dem kann jedoch zumindest bei künstlichen *Zusatz-Implantaten* nicht gefolgt werden (vgl. o. 10): So erscheint zB die leih- und mietweise Überlassung von Herzschrittmachern (Kindhäuser NK 27 mwN) zur Kostendämpfung im Gesundheitswesen nicht realitätsfern und aus der Sicht des Patienten auch nicht bedenklich, da der gerichtlichen Durchsetzung von Herausgabeansprüchen des Eigentümers das Recht des Trägers auf körperliche Unversehrtheit entgegensteht (vgl. Strätz aaO 53 ff.). Jedoch wird sich die Frage, ob eingepflanzte künstliche Körperteile Tatobjekt iSd Eigentumsdelikte sein können, idR erst nach dem Tod ihres Trägers (u. 21) stellen. Eingeh. zum Ganzen Gropp JR **85**, 181 ff.

Der **menschliche Leichnam** ist, selbst wenn man wie hier seine Sachqualität iSv § 242 **21** (o. 10) bejaht, zunächst herrenlos (Ruß LK 10, Hoyer SK 14) und demzufolge nur nach § 168 schutzfähig. Da nicht Teil des Vermögens des Erblassers, wird er insbes. auch nicht Eigentum des Erben. Nach zivilrechtl. hM (vgl. Soergel-Mühl[12] § 90 BGB RN 6, Staudinger-Dilcher[12] § 90 BGB RN 22, je mwN) soll ein Aneignungsrecht und somit ein Eigentumserwerb am Leichnam ausgeschlossen sein (vgl. aber auch die erbrechtl. Lösung von Schünemann aaO 265 ff.). Davon wird jedoch dann eine Ausnahme zu machen sein, wenn der Verstorbene selbst noch zu Lebzeiten bzw. nach seinem Tode uU die nächsten Angehörigen als Totensorgeberechtigte (dazu Strätz aaO 31) die Überweisung des Leichnams an ein anatomisches Institut verfügt haben: In diesem Fall erwirbt das Institut Eigentum (RG **64** 313, Ruß LK 10, Hoyer SK 14, Roxin JuS 76, 505 f.; ferner Edlbacher ÖJZ 65, 451, 454, Eichholz NJW 68, 2273 f.). Ebenso wie der Leichnam im Ganzen sind *einzelne Leichenteile* (wie Herz, Niere, Hornhaut des Auges, zu Hirnhaut vgl. AG Berlin NStZ **96**, 544), zu denen auch die zu Lebzeiten eingefügten künstlichen *Ersatz-Implantate* zu zählen sind (vgl. o. 10), zunächst herrenlos (zu Zahnplomben vgl. Dotterweich JR 53, 174). Wenn entsprechende Verfügungen des Verstorbenen (zB durch Organspenderausweis) oder uU des Totensorgeberechtigten vorliegen, wird aber auch hier wie beim Leichnam ein Aneignungsrecht Dritter zu bejahen sein (vgl. Ruß LK 10). *Zusatz-Implantate* gehen nach § 1922 BGB in das Eigentum der Erben über, wenn sie der Verstorbene zu Eigentum erworben hatte; ein zu Lebzeiten bestehendes Eigentum Dritter bleibt unberührt (vgl. Hoyer SK 16; spez. zu Herzschrittmachern – allerdings bei Annahme eines Aneignungsrechts – Weimar JR 79, 363, für Eigentum Brandenburg JuS 84, 48, Bringewat JA 84, 63, Görgens JR 80, 141, Sonnen JA 84, 570 f.). Sind die betreffenden Implantate noch fest mit dem Leichnam verbunden, kann der Aneignungsberechtigte bzw. Eigentümer die Trennung jedoch nur mit Erlaubnis des Totensorgeberechtigten vornehmen (vgl. Kindhäuser NK 27). Wird diese nicht erteilt, so wird bei eigenmächtiger Entnahme durch den Aneignungsberechtigten § 242 schon an mangelnder Fremdheit scheitern, während gegenüber § 168 an Rechtfertigung nach § 34 zu denken ist (vgl. dort RN 8).

III. Die **Tathandlung** besteht in der **Wegnahme** der Sache: durch Bruch fremden und Begründung neuen (idR eigenen) Gewahrsams (methodenkrit. dazu Kahlo aaO 125 ff.). Aufgrund der dafür **22** erforderlichen *Gewahrsams*verschiebung vom Opfer zum Täter kommt dem Gewahrsamsbegriff eine Schlüsselfunktion zur Bestimmung der Wegnahme zu (Kindhäuser NK 30).

1. Gewahrsam ist ein *tatsächliches Herrschaftsverhältnis* zwischen einer Person und einer Sache **23** (objektiv-physisches Element: u. 25), das von einem *Herrschaftswillen* (subjektiv-psychisches Element: u. 29) getragen ist. Ob diese Elemente vorliegen, ist nach der *natürlichen Auffassung des täglichen Lebens* zu beurteilen (BGH **16** 273, **22** 182, GA **79**, 391, Bay NJW **97**, 3326, Arzt/Weber III 31 f.), ohne daß jedoch in diesem sozial-normativen Maßstab ein selbständiges Element des Gewahrsamsbegriffs zu erblicken wäre (vgl. M-Schroeder I 307, Schmidhäuser II 90). – Soweit demgegenüber im *sozial-* **24** *normativen Maßstab* eine eigenständige Gewahrsamskomponente erblickt wird (so Welzel GA 60, 264 ff., Gössel ZStW 85, 636 ff., Laubenthal JA 90, 39, Hoyer SK 20 ff., wohl auch Mitsch 2/1 S. 21; umgekehrt grds. abl. Seelmann JuS 85, 201 f.), weil der Gewahrsam als normative Beziehung zwischen Person und Sache in der sozialen Anschauung begründet und daher vor dem Gesetz existent sei, während das tatsächliche Herrschaftsverhältnis nur eines unter mehreren Indizien für jene normative Beziehung bilde (Hoyer aaO), so sind doch trotz dieser prinzipiellen Unterschiede im Ausgangspunkt die Ergebnisse im Einzelfall im wesentlichen dieselben. Das gilt entgegen Hoyer SK 25 f. auch dann, wenn der Täter Sachen des Rauminhabers in generell beherrschten Raum (u. 26) derart versteckt, daß der Rauminhaber sie nicht wiederfinden kann, während sie der Täter leicht selbst abzuholen vermag. So kann das tatsächliche Herrschaftsverhältnis des Täters nicht etwa mit dem Argument verneint werden, daß der Wohnungsinhaber nicht in eine fremde Tabusphäre eindringe, wenn er den versteckten Gegenstand findet; denn in diesem Moment endet auch nach der hier vertretenen Auffassung das tatsächliche Herrschaftsverhältnis des Täters über die nunmehr entdeckte Sache (vgl. u. 26, 28). Bis dahin aber dürfte auch nach sozialer Anschauung mangels Entdeckung eine faktische Tabusphäre des Täters in seiner Beziehung zur Sache anzunehmen sein (vgl. u. 39). Daher erweist sich der Streit um die sozial-normative Komponente als eigenständiges Gewahrsamselement –

da bloßes Regulativ von Herrschaftsmacht und Gewahrsamswille – im wesentlichen als eine Frage der Terminologie (vgl. auch Kindhäuser NK 31 f., Ruß LK 18).

25   a) Ein **tatsächliches Herrschaftsverhältnis** besteht, wenn der unmittelbaren Verwirklichung des Einwirkungswillens auf die Sache keine Hindernisse entgegenstehen (vgl. RG 60 272, Hamburg MDR **47**, 35, M-Schroeder I 307). Da es dabei nicht auf das rechtliche Dürfen, sondern auf das *faktische* Verfügen-Können ankommt, ist gleichgültig, ob diese Herrschaftsmacht dem Gewahrsamsinhaber von Rechts wegen zusteht oder nicht. Daher kann auch der Dieb (wenngleich *unrechtmäßigen*) *Gewahrsam* an der gestohlenen Sache erlangen und somit seinerseits um die Beute bestohlen werden (RG **60** 278, **70** 9, BGH NJW **53**, 1358, Ruß LK 18 mwN; vgl. aber auch Kindhäuser NK 36 f.). Zur Wegnahme durch einen Mittäter vgl. u. 77. Für die Annahme eines solchen Herrschaftsverhältnisses kommt es in erster Linie auf die enge räumliche Beziehung zwischen Mensch und Sache an, dh auf die effektive, jederzeit ausübare Macht (BGH GA **79**, 391). Stattdessen auf die „jedermann offenkundige Zuordnung einer Sache zu einer Person" abzustellen (so Bittner JuS 74, 157 f., Haffke GA 72, 227 f., Samson JA 80, 287), führt iE kaum weiter (vgl. Blei JA 74, 83). Da sich die tatsächliche Herrschaftsmacht jedoch letztlich nach der *natürlichen Auffassung des täglichen Lebens* bestimmt, wird Gewahrsam einerseits teils selbst dann nicht ausgeschlossen, wenn die unmittelbare Einwirkungsmöglichkeit beeinträchtigt ist (u. 26), bzw. andererseits verneint, obwohl sie uneingeschränkt vorliegt (u. 27).

26   Zur erstgenannten Fallgruppe *fortbestehenden* Gewahrsams trotz **Gewahrsamslockerung** gehören zunächst die Fälle, in denen trotz *räumlicher Entfernung* des Inhabers von der Sache seine Einwirkung darauf im Rahmen des Sozialüblichen bestehen bleibt (vgl. auch die „Sphärenformel" von Gössel ZStW 85, 619 ff.): so bei den vom Bauer auf dem Feld zurückgelassenen Gerätschaften (BGH **16** 273), bei der Wohnung des vorübergehend abwesenden Inhabers samt Inventar (RG **30** 89), bei Sachen des Ladeninhabers, die von Dieben vor dem zertrümmerten Schaufenster zurückgelassen werden (BGH GA **62**, 77) bzw. vor einem Ladengeschäft im Freien in aufgestellten Körben zum Kauf angeboten werden (Bay NJW **97**, 3326); bei frei umherlaufenden Haustieren (RG **50** 184, GA Bd. **48** 311, BGH MDR/D **54**, 398), sowie bei einem PKW, den der Eigentümer nach einem Unfall im Graben liegen läßt (Köln VRS **14** 299); ebensowenig geht bei einem geparkten PKW der Gewahrsam dadurch verloren, daß der Halter einen von mehreren Autoschlüsseln verliert und ein Dritter diesen findet (BGH VRS **62** 274). Innerhalb von *Kommunikationsbeziehungen* bleibt einerseits Gewahrsam an kurzfristig weggegebenen Sachen bestehen: so an Kleidungsstücken, die der Kunde zwecks Mitnahme in den Geschäftsräumen bereits angezogen hat (BGH LM **Nr. 11**, GA **66**, 244; vgl. Kindhäuser NK 42, M-Schroeder I 308), sowie bei Geldscheinen, die zum Wechseln auf den Ladentisch gelegt wurden (RG GA Bd. **74** 205; vgl. aber auch RG JW **19**, 321). Andererseits entsteht neuer Gewahrsam trotz Abwesenheit des Empfängers, wenn dieser antizipierten Erlangungswillen hat (vgl. Eser IV 14): so bei Rückgabe des entliehenen Kraftfahrzeugs durch Abstellen an vereinbarten Ort (BGH GA **62**, 78), bei Abstellen von Waren für den Ladeninhaber vor seinem noch geschlossenen Geschäft (BGH NJW **68**, 662 m. Anm. Schmitt JZ 68, 307), bei Zurücklassen von Geldmünzen in öffentlichen Münzfernsprechern (Düsseldorf JMBlNW **83**, 155). Schließlich befinden sich nach der natürlichen Auffassung des täglichen Lebens trotz fehlender tatsächlicher Einwirkungsmöglichkeit auch solche Gegenstände in Gewahrsam, deren Aufenthaltsort dem Inhaber zwar nicht bekannt ist, die sich aber in einem *generell beherrschten Raum* befinden, innerhalb dessen er seinen Herrschaftswillen betätigen kann: so zB bei Sachen, die innerhalb eines Hauses verloren werden (östOGH ÖJZ **65**, 215), es sei denn, daß ein Anderer nach den konkreten Umständen eine den Rauminhaber zurückdrängende Gewalt ausüben kann (RG **30** 89), wie etwa bei Sachen, die von dem Anderen innerhalb fremder Räume derart versteckt werden, daß er ohne weiteres Zugang zu dem Versteck hat (RG **53** 175; vgl. auch RG **12** 355 sowie o. 24).

27   Zur zweiten Fallgruppe des Gewahrsams*ausschlusses* trotz unmittelbarer Einwirkungsmöglichkeit gehören die Fälle, in denen die Sachherrschaft **im Rahmen sozialer Abhängigkeitsverhältnisse** anderen Personen zusteht: So soll an den in der Wohnung befindlichen Sachen nicht die *Hausgehilfin,* sondern der Hausherr, an den Arbeitsgeräten nicht der *Arbeitnehmer,* sondern der Arbeitgeber Alleingewahrsam haben, wobei Hausgehilfin und Arbeitnehmer lediglich Gewahrsamsgehilfen seien (vgl. Ruß LK 25 mwN). Zwar wäre demgegenüber zu bedenken, daß der Gehilfe während seiner Tätigkeit tatsächlich Sachherrschaft ausübt und dies auch will, wobei der Umstand, daß er dies im Interesse eines anderen und für diesen tut, zwar zivilrechtlich, nicht aber strafrechtlich gewahrsamsrelevante Bedeutung hat, so daß zumindest die Annahme von Mitgewahrsam naheliegt (so Ruß LK 25). Letztlich kann jedoch diese Streitfrage auf sich beruhen: Denn soweit es um die Wegnahme durch einen Außenstehenden geht, ist gleichgültig, ob dieser den untergeordneten Mitgewahrsam des Gehilfen oder den Alleingewahrsam des Dienstherrn bricht; und soweit sich der Gehilfe eine Sache rechtswidrig zueignet, kann er entweder den Alleingewahrsam des Dienstherrn oder dessen übergeordneten Mitgewahrsam brechen (vgl. u. 32 f.).

28   Auch bei **verlegten, versteckten** oder **verlorenen** Sachen ist das Fortbestehen des Gewahrsams grds. von der tatsächlichen Einwirkungsmöglichkeit aufgrund Kenntnis des Lageortes abhängig: Jedenfalls werden Sachen, die der Gewahrsamsinhaber außerhalb eines räumlich umgrenzten Herrschaftsbereiches – wie etwa auf der Straße – verliert, gewahrsamslos (vgl. BGH GA **69**, 25, Kindhäuser NK 44); dies ist auch innerhalb des eigenen Herrschaftsbereichs nicht völlig ausgeschlossen (vgl.

Diebstahl   29–32 § **242**

u. 30). An lediglich **vergessenen** Sachen kann dagegen Gewahrsam bestehen, sofern man weiß, wo sie sind und wo man sie ohne äußere Hindernisse zurückerlangen kann (RGM **2** 278). Dagegen kann bei den in einem fremden Herrschaftsbereich vergessenen oder verlorenen Sachen der alte Gewahrsam verloren und neuer begründet sein: So besteht etwa bei den in der Bahn liegengebliebenen Sachen nach Zugabfahrt kein Gewahrsam des früheren Gewahrsamsinhabers mehr, wohl aber „Hilfsgewahrsam" (Ruß LK 20) der Bahn (RGM **13** 236, Frank V; and. RG **38** 444). Ebenso gelangen zB die in Dienstgebäuden von Behörden, in Wartesälen oder auf Bahnsteigen verlorenen oder vergessenen Sachen in den Gewahrsam der Behörde bzw. der Bahnverwaltung (RG **54** 231, JW **30**, 3222 m. Anm. Oetker). Auch an den in Gaststätten oder Läden verlorenen oder zurückgelassenen Sachen steht der Gewahrsam dem Inhaber der Räumlichkeit zu (RG GA Bd. **65** 371). Näher zu diesen Fragen Soltmann aaO 50 ff.; vgl. auch BGH GA **69**, 25.

   b) Subjektiv-psychisch setzt Gewahrsam **Herrschaftswillen** voraus (vgl. Kindhäuser NK 38, 29 Mitsch 2/1 S. 25, Tröndle 11, Ruß LK 21, M-Schroeder I 308; and. Bittner JuS **74**, 159, Hoyer SK 26; mißverst. die Rspr.: vgl. einerseits RG **27** 225, **60** 272, BGH GA **62**, 78, wo eindeutig ein Herrschaftswille gefordert wird, andererseits RG **50** 48, **54** 346, **56** 207, BGH **4** 211, wo hiervon scheinbar abgesehen wird, wobei jedoch wohl nur die Notwendigkeit eines genauen Wissens um die einzelne Sache bei Vorliegen eines generellen Gewahrsamswillens verneint werden soll; vgl. auch Siebert aaO 48, Soltmann aaO 21). Dieser Wille muß darauf gerichtet sein, im Rahmen des tatsächlich Möglichen mit der Sache nach eigenem Willen verfahren zu können; daran fehlt es beispielsweise, solange die Sache noch zur Kasse gebracht werden soll (Köln NJW **86**, 392). Im übrigen bedarf es aber weder eines Eigentums- noch eines Zueignungswillens; vielmehr genügt *natürlicher Beherrschungswille*. Einen solchen können auch – ungeachtet mangelnder rechtlicher Willensfähigkeit – Kinder und Geisteskranke haben (vgl. Hamburg MDR **47**, 35, Kindhäuser NK 38), sofern sie zur Bildung eines natürlichen Willens fähig sind (vgl. RG **2** 334). Juristische Personen oder Behörden können zwar als solche keinen Gewahrsam haben (RG **60** 271), wohl aber durch ihre gesetzlichen Vertreter oder Amtsträger (vgl. RG **52** 144, **54** 232, BGH NStE Nr. **25**, Mitsch 2/1 S. 22 f.). Ebenso wie die 30 tatsächliche Herrschaftsmacht erfährt auch der Herrschaftswille seine genauere Ausprägung durch die *Anschauung des täglichen Lebens*. Das ist vor allem in dreifacher Hinsicht von Bedeutung: α) Zum einen genügt **genereller Gewahrsamswille** in dem Sinne, daß dieser sich auf einen bestimmten Bereich erstreckt, ohne daß er unbedingt auf jede dort befindliche Sache spezifiziert sein müßte. Daher tritt nicht notwendig Gewahrsamsverlust ein, wenn die Sache innerhalb des vom Willen umfaßten Herrschaftsbereichs verlegt oder gar versteckt wird, es sei denn, daß sie dadurch der tatsächlichen Verfügungsmacht des Gewahrsamsinhabers entzogen wird (vgl. o. 28). β) Ferner genügt **potentieller Gewahrsamswille** in dem Sinne, daß er im Falle seiner Antastung bekräftigt würde, ohne daß er also ständig aktualisiert werden müßte: Der Gewahrsamsinhaber braucht daher nicht ständig auf der Lauer zu liegen. Auch der Schlafende oder Bewußtlose behält Gewahrsam an seinen Sachen (BGH **4** 211), und zwar selbst dann, wenn er vor Wiedererlangung des Bewußtseins stirbt (BGH NJW **85**, 1911 [m. zust. Anm. Lampe JR 86, 294 u. abl. Anm. Seelmann/Pfohl JuS 87, 199], M-Schroeder I 308, Mitsch 2/1 S. 25, Ruß LK 22; and. Bay JR **61**, 188 m. krit. Anm. Schröder); als Toter freilich hat er keinen Gewahrsam mehr. Ob die bei ihm befindlichen Sachen gewahrsamslos werden oder in den Gewahrsam anderer Personen (Mitbewohner, Hausangestellte) übergehen, hängt von den Umständen ab; keinesfalls findet ein Übergang auf den Erben nach § 857 BGB *von Gesetzes wegen* statt; denn da sich der Gewahrsam nach tatsächlichen Faktoren bestimmt, müssen die Erben erst noch ihren Beherrschungswillen manifestieren. γ) Ansonsten genügt jedoch auch **antizipierter Erlangungswille** in dem Sinne, daß alle Sachen in den Beherrschungswillen aufgenommen werden, die in den eigenen Herrschaftsbereich gelangen werden: Demgemäß erlangt man Gewahrsam an allen Briefen, die in den eigenen Briefkasten geworfen werden, bzw. an allen Fischen, die sich in ausgelegten Netzen fangen. Ähnlich erhält der Besitzer eines vorübergehend verliehenen Kfz den Gewahrsam zurück, wenn dieses vereinbarungsgemäß vor seiner Wohnung abgestellt wird, auch wenn er davon nichts weiß (BGH GA **62**, 78); entsprechend erlangt der Wohnungs- oder Ladeninhaber Gewahrsam an Waren, die vor die noch geschlossene Tür gestellt werden (vgl. o. 26). Dagegen erlangt etwa der Grundstückseigentümer, in dessen Garten jemand eine Sache geworfen hat, Gewahrsam daran erst dann, wenn er von ihr erfährt und sie zu beherrschen beschließt (vgl. auch Mitsch 2/1 S. 25).

   c) Gewahrsam ist **nicht gleichbedeutend mit Besitz** iSv BGB (RG **50** 184, **52** 145, 31 M-Schroeder I 307, Hoyer SK 20; vgl. auch schon Bruns, Die Befreiung des Strafrechts vom zivilistischen Denken [1938] 199, 202 ff.; im Ansatz and. Schünemann GA **69**, 50), obwohl auch dieser tatsächliche Herrschaft bedeutet, infolge seiner rechtsähnlichen Ausgestaltung jedoch einerseits enger, andererseits weiter als der strafrechtliche Gewahrsam ist. Daher kann auch der zivilrechtliche Nicht-Besitzer strafrechtlichen Gewahrsam haben (wie etwa der Besitzdiener) und umgekehrt (wie zB der Erbe; vgl. RG **58** 229). Auch der mittelbare Besitzer (§ 868 BGB) ist nicht schon aufgrund dieser Stellung Gewahrsamsinhaber (RG **53** 340, **56** 116).

   2. Der Täter muß **fremden** Gewahrsam brechen. Dies ist der Fall, wenn er ihn *nicht ausschließlich* 32 *selbst* hat. Demzufolge ist Gewahrsamsbruch jedenfalls gegenüber einem *gleichrangigen* **Mitgewahrsam**sinhaber möglich. Im Rahmen von Über-Unterordnungsverhältnissen kann der Untergeordnete gegenüber dem Übergeordneten Gewahrsamsbruch begehen, nicht aber umgekehrt (vgl. Hamm JMBlNW **65**, 10, LG Karlsruhe NJW **77**, 1302; näher Eser IV 16 f., Soltmann aaO 76), wobei jedoch umstritten, aber letztlich ohne sonderliche Bedeutung ist, ob im Über-Unterordnungsverhältnis *mehrstufiger* Gewahrsam (dazu BGH **10** 400) – also auch Gewahrsam des Untergeordneten – vorliegt oder ob der *Übergeordnete alleiniger* Gewahrsamsinhaber ist (so Hoyer SK 45, Schünemann GA 69, 52 f., iE auch Mitsch 2/1 S. 23 f.). Denn hinsichtlich der Wegnahme erblicken beide Auffassungen gleichermaßen sowohl in der Sachentziehung durch den Untergeordneten als auch in der eines Dritten beim Untergeordneten einen Gewahrsamsbruch (vgl. aber auch Haffke aaO 227, der die „geistige Zuordnung" entscheiden lassen will). Und auch hinsichtlich der Antragsberechtigung des untergeordneten Sachinhabers nach § 77 kommen beide Auffassungen zur Ablehnung: sei es, daß man dem Gewahrsam selbständigen Rechtsgutscharakter abspricht (vgl. o. 2), sei es, daß man nur den Eigentümer als „Verletzten" iSv §§ 77, 247, 248 a ansieht (vgl. § 247 RN 10, § 248 a RN 19). Daher ist die Figur des „untergeordneten Mitgewahrsams" praktisch entbehrlich (vgl. auch Kindhäuser NK 77 ff.).

33   Ob **Mitgewahrsam oder Alleingewahrsam** vorliegt, kann zweifelhaft sein (vgl. Arzt/Weber III 32 ff., W-Hillenkamp 85). **Beispielsweise** wird bei *vermieteten* Räumen regelmäßig der Mieter alleiniger Gewahrsamsinhaber sein (RG **5** 43); bei Hotelzimmern sollen dagegen Wirt und Gast Mitgewahrsam haben (RG GA Bd. **68** 277). *Angestellte* und *Verkäufer* in einem Ladengeschäft haben nach RG bezüglich der Waren, der Kasse sowie der Gelder, die sie von den Kunden als Bezahlung in Empfang nehmen, keinen Mitgewahrsam; vielmehr wird Alleingewahrsam des Geschäftsherrn angenommen (RG **2** 1, **21** 17, **30** 89, HRR **39** Nr. 351); doch kann uU auch Alleingewahrsam der Angestellten vorliegen, so insbes. bei Kassenverwaltern hins. des Kasseninhalts (BGH **8** 275, NStE Nr. **26**, MDR/H **89**, 111, Rostock HRR **28** Nr. 572, Hamm NJW **73**, 1811; vgl. aber auch RG **77** 38), während von BGH NStZ-RR **96**, 131 Alleingewahrsam der Sekretärin an vom Geschäftsführer zur Verfügung gestellten Blankoschecks verneint wird. Über den Gewahrsam an Sachen, die *Hausangestellten* zur eigenen Benutzung überlassen sind, vgl. RG GA Bd. **68** 276, Kiel GA Bd. **69** 147. Im Verhältnis zwischen einem *LKW-Fahrer* und dem Geschäftsherrn kann je nach den Umständen Mitgewahrsam oder Alleingewahrsam des einen oder des anderen bestehen (vgl. RG **52** 144, **54** 34, **56** 116, JW **22**, 585 mit Anm. Köhler, BGH **2** 318). Bei Fernfahrten ist regelmäßig Alleingewahrsam des Fahrers (bzw. Mitgewahrsam des Beifahrers) anzunehmen (vgl. BGH GA **79**, 390; ebso. Düsseldorf MDR **85**, 427 bzgl. Mineralöltransport, Otto JZ 85, 23), während Transporte innerhalb desselben Ortes, abgesehen von Großstädten, zumeist in der Reichweite des Geschäftsherrn bleiben und daher sein Gewahrsam auf Grund seiner Einwirkungsmöglichkeit fortbesteht (wohl and. Kindhäuser NK 80). Bei *Verwahrungsverträgen* steht der Gewahrsam an der aufbewahrten Sache regelmäßig dem Verwahrer zu (RG HRR **39** Nr. 1281, dagegen M-Schroeder I 310); gleiches wird für den Steuerberater hinsichtlich der ihm vom Mandanten übergebenen Belege zu gelten haben (and. LG Aachen NJW **85**, 338, Tröndle 10). Bei Fahrzeugen, die in einer fremden Garage untergestellt sind, wird regelmäßig Mitgewahrsam anzunehmen sein (BGH **18** 222). An Holz im Wald soll der *Revierförster* keinen Gewahrsam haben (BGH MDR/D **54**, 398), während der *Briefträger* regelmäßig an den von ihm zuzustellenden Sendungen Alleingewahrsam hat. Der Postbeamte hingegen, der Wertpakete am Paketschalter ausgibt, hat an diesen nur Mitgewahrsam (BGH NStE Nr. **25**). Eingeh. Nachw. zur Rspr. bei Olshausen 17, Ruß LK 25 ff.

34   Speziell bei **verschlossenen Behältnissen** kann fraglich sein, ob der Inhaber des Gewahrsams am Behältnis auch Gewahrsam am Inhalt hat, wenn er nicht den Schlüssel dazu besitzt, sondern ein Anderer, der das Behältnis zwar zur Aufbewahrung gegeben hat, aber durch das Verschließen des Sicherung gegen fremde Einwirkung geschaffen hat. Die Rspr. hat in solchen Fällen Gewahrsam des Verwahrers angenommen, wenn der Besitzer des Schlüssels nur mit Zustimmung des Verwahrers an den Inhalt gelangen kann und der Verwahrer in der Lage ist, das ganze Behältnis fortzuschaffen und darüber zu verfügen. Es kommt dann lediglich Unterschlagung (allerdings meist in Form von Veruntreuung) in Betracht. Liegen diese Voraussetzungen nicht vor, so soll der Schlüsselbesitzer jedenfalls Mitgewahrsam am Inhalt behalten (RG **5** 222, **45** 252, Stuttgart Justiz **63**, 211 [Gasautomat], BGH **22** 180 [Fernsehautomat], RG **47** 213, JW **37**, 3302 [Bankschließfach], BGH GA **56**, 318 [Spendenbüchse], RG **35** 117 [der Post bzw. der Bahn übergebene verschlossene Behältnisse]). Gegen diese Differenzierung hat Schröder (vgl. 17. A. RN 26) eingewandt, sie berücksichtige nicht hinreichend die Schranke, die der Schlüsselbesitzer mittels des Verschlusses errichtet habe (vgl. auch Bockelmann II/1 S. 14 f.); denn mit dem Ausschluß der Möglichkeit, ohne weiteres auf den Inhalt einzuwirken, entfalle insoweit der Gewahrsam (vgl. auch RG **67** 231); der Umstand, daß das Behältnis samt Inhalt fortgeschafft und veräußert werden könne, ändere hieran nichts. Dieser Einwand beachtet aber seinerseits zu wenig, daß es beim strafrechtlichen Gewahrsamsbegriff auf das *faktische* Verfügen-*Können* ankommt. Daher dürfte der Rspr. iE zuzustimmen sein (vgl. auch Ruß LK 31, W-Hillenkamp 93 ff.). Umgekehrt kann der **Gewahrsam beendet** werden, indem jemand einen frei zugänglichen Raum (Behältnis) *eigenmächtig derart verschließt*, daß der bisherige Gewahrsamsinhaber keinen Zugang mehr hat (vgl. Celle JR **68**, 431 m. Anm. Schröder).

35   3. Erster Handlungsteil ist der **Bruch fremden Gewahrsams** auf Seiten des Opfers. Durch den Gewahrsamsbruch hebt sich Diebstahl zugleich von der Unterschlagung ab (vgl. § 246 RN 1). Erforderlich dafür ist die Aufhebung der tatsächlichen Herrschaftsmacht (o. 25) ohne Willen des bisherigen Gewahrsamsinhabers oder einer zur Disposition über den Gewahrsam befugten Person. Auf welche Weise dies geschieht, ist unerheblich; daher kann die Aufhebung des Gewahrsams durch

Diebstahl 36 § 242

den Täter selbst wie auch durch Vermittlung Dritter oder eines Tieres bewirkt werden (vgl. RG 53 181, 57 168, 70 213, sowie BGH MDR/D 54, 398: Verkauf von Holz durch einen nichtberechtigten Forstbeamten, der den gutgläubigen Käufer das Holz selbst abfahren läßt). Ebensowenig ist Heimlichkeit der Wegnahme erforderlich (Kindhäuser NK 75). **Ohne Willen des Gewahrsamsinhabers** handelt der Täter bereits dann, wenn er zum Zwecke der Wegnahme den Gewahrsam des Berechtigten lockert, indem er ihn von der Sache weglockt, sich unbehindert Zugang verschafft oder – wie beim sog. Trickdiebstahl – die Sache zu kurzfristiger Benutzung übergeben (vgl. BGH NStE Nr. **11**, Düsseldorf NJW **90**, 923, Stuttgart Justiz **73**, 396) oder zur Ansicht herzeigen läßt (vgl. auch § 263 RN 63). Gleiches gilt, wenn der Gewahrsamsinhaber die Sache deshalb weggibt, weil er infolge Drohung oder Täuschung glaubt, die Wegnahme ohnehin dulden zu müssen, wie bei der bloßen Duldung der Beschlagnahme durch einen falschen Kriminalbeamten (näher dazu § 263 RN 63 f. mwN, ferner Hoyer SK 47 ff., Thiel Jura 89, 454; abw. Schmitt Spendel-FS 575, der ausschließl. nach dem äußeren Bild des Nehmens oder Gebens differenzieren will), sowie dann, wenn der Gewahrsamsinhaber nichts gegen die Wegnahme unternimmt, weil er sie gar nicht bemerkt (BayObLG NStE Nr. **23**).

Mit Willen des Gewahrsamsinhabers (und damit tatbestands*ausschließend*) handelt der Täter 36 dort, wo er sich die Sache nicht nur kurzfristig übergeben läßt bzw. ein Einverständnis des Gewahrsamsinhabers mit der „Wegnahme" vorliegt (vgl. Hoyer SK 47 ff., JA 80, 288 f., aber auch neuerdings grdl. Hruschka Jb. Ethik u. Recht 94, 177 sowie u. 41). Wenn aber der Täter durch Täuschung nicht nur das Herzeigen, sondern das Mitgeben der Ware bewirkt, kommt nicht Diebstahl, sondern Betrug in Betracht (Hamm NJW **74**, 1957). Ein derartiges Einverständnis setzt freilich stets voraus, daß der Gewahrsamswechsel durch den Berechtigten wahrgenommen und geduldet wird, also eine *bewußte* Vermögensverfügung vorliegt (vgl. § 263 RN 60, 63 f.). Daher kommt nur Diebstahl und nicht Betrug in Betracht, wenn der Täter unbezahlte Waren durch den Kassenbereich eines Supermarktes schmuggelt, indem er sie in der Verpackung eines anderen Gegenstandes versteckt (Vitt NStZ 94, 134; and. Düsseldorf NJW **88**, 922) oder so in den Einkaufswagen legt, daß sie vom Kassenpersonal nicht wahrgenommen werden können (BGH **41** 198 [m. Anm. Hillenkamp JuS 97, 217 ff., Scheffler JR 96, 342 ff., Zopfs NStZ 96, 190 f.], Bay NStE § 242 Nr. **23**, Zweibrücken NStZ **95**, 449, Krey II 19 f.; and. Düsseldorf NJW **93**, 1407 m. abl. Anm. Brocker JuS 94, 919 ff., Roßmüller/Rohrer Jura 94, 469 ff., Stoffers JR 94, 207, Vitt NStZ 94, 133 f.). Dagegen liegt bei der Wechselfallenstellerei, wo sich der Täter auf Vorlage eines großen Geldscheins Ware und Wechselgeld herausgeben läßt und unter Mitnahme seines eigenen Geldscheines wieder entfernt, idR nicht Diebstahl, sondern Betrug vor (vgl. Celle NJW **59**, 1981, Eser IV 126 mwN); doch kommt es hierbei entscheidend auf die Umstände des Einzelfalls an (vgl. Bay NJW **92**, 2041). Zur Abgrenzung von Betrug und Trickdiebstahl vgl. auch BGH MDR/D **74**, 15, Köln MDR **73**, 866, Bittner JuS 74, 156, Eser IV 17, 126, Geiger JuS 92, 834. Sowohl beim Gebenlassen durch den Gewahrsamsinhaber als auch für dessen „Einverständnis" mit der Wegnahme reicht der natürliche Wille aus; rechtliche Willensfähigkeit ist nicht erforderlich, so daß es auch bei Veranlassung eines Betrunkenen, sein Geld auszuhändigen, an der Wegnahme fehlen kann (RG JW **39**, 224). Das Einverständnis muß stets **vor** oder spätestens *bei* „*Wegnahme*" erteilt sein; durch nachträglich erteilte Genehmigung bleibt trotz § 184 BGB der Gewahrsamsbruch bestehen (vgl. RG **61** 394). Im Falle von Mitgewahrsam entfällt die Wegnahme nur, wenn alle Gewahrsamsinhaber einverstanden sind (BGH **8** 273). Ist die Zustimmung des Betroffenen nicht rechtzeitig einholbar, lassen aber die Umstände die Annahme zu, daß er sie erteilt haben würde, so kommt ergänzend **mutmaßliche Einwilligung** in Betracht. Gleiches gilt, wenn ohne weiteres davon ausgegangen werden kann, daß der Betroffene auf das Einholen seiner Zustimmung keinen Wert legt (vgl. **54** ff. vor § 32, § 246 RN 22 sowie Köln NJW **68**, 2348 m. Anm. Tiedemann JuS 70, 108). Bei einem (möglicherweise) modifizierten oder **bedingten Einverständnis** entfällt die Wegnahme nur dann, wenn der Täter die betreffenden äußerlich erkennbaren Voraussetzungen erfüllt (Ruß LK 36, Hoyer SK 54 ff.; vgl. auch Köln NJW **86**, 392). Deshalb fehlt es am Einverständnis beim Bedienen eines Warenautomaten mit Falschgeld (Ranft JA 84, 6 mwN; krit. Dreher 52, 563). Ob Entsprechendes für das Bedienen eines Geldautomaten mit einer gefälschten Codekarte zu hat, ist umstritten (für tatbestandsausschließendes Einverständnis: BGH **38** 120 m. zust. Anm. Cramer JZ 92, 1031; dagegen AG Böblingen CR **89**, 308 m. Anm. Richter CR 89, 303, Otto JR 87, 225, Ranft NJW 94, 275), ist aber iE ohne wesentliche Bedeutung, da nach hM (and. aber Ranft aaO) § 242 auch hier von § 263 a auf Konkurrenzebene verdrängt wird; vgl. § 263 a RN 41 b. Um jedoch eine klare Grenze zwischen Wegnahme durch Nichterfüllung der Bedingung einerseits und Täuschung iSv § 263 andererseits ziehen zu können, kann sich die Bedingung beim Einverständnis in die Wegnahme nicht auf rein innere Vorgänge und Entscheidungen, wie etwa das Vorhandensein von Zahlungsbereitschaft des Ansichnehmenden, beziehen. Deshalb wird beim **SB-Tanken** selbst bei fehlender Zahlungsbereitschaft des Täters jedenfalls hinsichtlich der Wegnahme des Treibstoffs idR von unbedingtem Einverständnis des Tankstellenbetreibers auszugehen sein (vgl. Charalambakis MDR **85**, 978 mwN; aus österr. Sicht and. Steininger ÖRZ 88, 233) und daher erst § 246 in Betracht kommen (vgl. dort RN 7 sowie § 263 RN 28, 63). Dagegen wird bei dem ebenfalls umstrittenen **Codekartenmißbrauch** zwar hinsichtlich der *Codekarte*, die der Täter anschließend wieder zurückzugeben gedenkt, mangels Zueignungsabsicht Diebstahl zu verneinen (BGH **35** 156 ff. [gegen Düsseldorf NStE Nr. **14**], Ehrlicher aaO 59 ff., Meier JuS 92, 1018), hinsichtlich des damit erlangten *Geldes* hingegen wegen des nur bedingten Einverständnisses der Bank regelmäßig zu bejahen sein (Bay NJW

87, 663, 665, Koblenz wistra **87**, 261, LG Köln CR **87**, 441, NJW **87**, 667, AG Gießen NJW **85**, 2283, Gropp JZ 83, 487 ff., Jungwirth MDR 87, 538 ff., Lenckner/Winkelbauer wistra **84**, 83, Mitsch JuS 86, 771; and. Kindhäuser NK 57 mwN), wobei jedoch letzterenfalls nach BGH **35** 158 nur § 246 anzunehmen sei (zust. Otto Jura 89, 142, Ranft JR 89, 165, Schmitt/Ehrlicher JZ 88, 364, Schulz/ Tscherwinka JA 91, 121; abl. Huff NJW 88, 981, Spahn Jura 89, 513, Thaeter wistra 88, 339, ferner Stuttgart NJW **87**, 666, Tröndle 18, Ehrlicher aaO 64 ff., Lackner/Kühl 23, Ruß LK 36); selbst soweit § 242 bzw. 246 gegeben ist, geht allerdings nunmehr § 263 a als lex specialis vor (BGH **38** 120 m. Anm. Cramer JZ 92, 1031, Schlüchter JR 93, 493, Bay aaO, Köln NJW **92**, 125, AG Gießen NJW **85**, 2283, Schneider NStZ 87, 123, iE auch Huff NJW 87, 816, Otto JR 87, 225, Weber JZ 87, 215; umgekehrt für Subsidiarität des § 263 a Ranft wistra 87, 84; gegen die Anwendbarkeit von § 263 a überhaupt LG Wiesbaden NJW **89**, 2551). Ebenso stellt die vertragswidrige Barabhebung durch den berechtigten Karteninhaber einen Diebstahl dar (LG Karlsruhe NJW **86**, 948), woran sich auch nach dem 2. WiKG nichts geändert hat, da hier weder § 263 a (dort RN 19) noch § 266 b (dort RN 8) in Betracht kommen. Eingeh. zum Ganzen vorn Streitstand § 263 a RN 14 ff. sowie § 263 RN 29 a, 50, 53. Auch beim **„Austricksen"** von Spielautomaten mittels bedienungswidriger *mechanischer Einwirkungen* auf das Gerät kommt – mit Vorrang vor dem etwaigen § 265 a – Diebstahl oder Unterschlagung in Betracht (vgl. Düsseldorf NJW **99**, 3208, Stuttgart NJW **82**, 1659 [m. Anm. Albrecht JuS 83, 101], Otto JZ 85, 23, Seier JR 82, 509, Koblenz NJW **84**, 2424, Schleswig SchlHA/E–L **86**, 121, Bühler aaO 61 ff.; vgl. aber auch Bay NJW **81**, 2826; allein für § 265 a AG Lichtenfels NJW **80**, 2206 m. Anm. Seier JA 80, 681, Schultz NJW 81, 1351). Dasselbe gilt für den Geldgewinn nach Einwurf *falscher, ausländischer oder präparierter Münzen* (Celle NJW **97**, 1518 m. Anm. Hilgendorf JR 97, 347). Dagegen stellt das systematische **Leerspielen von Spielautomaten** unter Verwendung von *Kenntnissen über den Programmablauf* nach richtiger Auffassung mangels bedienungswidriger Einwirkung auf den Automat kein Eigentumsdelikt dar (Celle NStZ **89**, 367 m. insow. zust. Bespr. Neumann JuS 90, 535, LG Aachen JR **88**, 436 m. Anm. Lampe, LG Freiburg NJW **90**, 2635, LG Ravensburg StV **91**, 214 m. Anm. Herzog, LG Stuttgart NJW **91**, 441, Bühler aaO 159 ff., Füllkrug/Schnell wistra 88, 177, Kindhäuser NK 56, Neumann CR 89, 717, Schlüchter NStZ 88, 58, Westpfahl CR 87, 519; and. AG Neunkirchen CR **88**, 1029, bestät. von LG Saarbrücken NJW **89**, 2272; für Tateinheit von § 242 mit § 263 a Ranft JuS 97, 19 ff.). Umstritten ist, ob die Strafbarkeit nach § 263 a (dafür BGH **40** 331 [m. Anm. Mitsch JR 95, 432 f., krit. Zielinsky NStZ 95, 345], Bay NJW **91**, 438, AG Augsburg CR **89**, 1004 m. Anm. Etter, Lampe, Westpfahl, jeweils aaO, Lackner/ Kühl § 263 a RN 14 a; dagegen Celle aaO, LG Duisburg wistra **88**, 278, LG Freiburg, LG Ravensburg, LG Stuttgart, Neumann, Schlüchter, jeweils aaO) oder § 17 II UWG (dazu Bay, Celle, LG Freiburg, LG Stuttgart, jew. aaO, Schlüchter NStZ 88, 60, Etter CR 88, 1024, CR 89. 1007) in Betracht kommt (vgl. auch § 263 a RN 8 f.). Allg. zu listiger Sachverschaffung vgl. auch Herzberg ZStW 89, 367 ff. Zur Abgrenzung zwischen Diebstahl in mittelbarer Täterschaft und **Dreiecksbetrug** vgl. § 263 RN 65 ff.

37 4. Als zweiter Handlungsteil ist zwecks Vollendung der Wegnahme die **Begründung neuen Gewahrsams** auf *Täterseite* erforderlich. Dafür genügt nach der heute vorherrschenden *Apprehensionstheorie* (vgl. Kindhäuser NK 30, M-Schroeder I 310) die Ergreifung des Gegenstandes. Das bedeutet, daß einerseits weder die bloße Berührung ausreicht (sog. Kontrektationstheorie) noch andererseits ein Wegbringen der Sache (sog. Ablationstheorie; Beispiel in Hamm NJW **68**, 1151) noch deren Bergung (sog. Illationstheorie) erforderlich ist. Näher zu diesen Theorien Binding I 292, Hafter II/1 S. 245 sowie zur Geschichte des Wegnahmebegriffes H. Mayer JZ 62, 617 (gegen ihn Geilen JR 63, 448). Wie sich jedoch in der Einzelanwendung zeigt, wird trotz des allgemeinen Berufens auf bloße Apprehension praktisch immer eine *die Möglichkeit der Ablation begründende Apprehension* verlangt (vgl. Eser IV 18 f. [iglS Kahlo aaO 138] sowie die nachfolgende Kasuistik). Weil mit dieser Formel lediglich ein Beispielfall erfaßt werde, sei nach Ling ZStW 110, 919 ff., 939 ff. in Neubestimmung des erodierten Apprehensionsbegriffs unter Wegnahme der „Bruch einer bestehenden und die Herstellung einer neuen, exklusiven Sachzuordnung mit günstiger Bestandsprognose im Wege eines signifikant abweichenden Verhaltens ohne oder gegen den Willen des bisherigen Gewahrsamsinhabers" (943) zu verstehen – wobei freilich zu fragen bleibt, ob für eine solche Art der Besitzergreifung nicht gerade die hier geforderte „Apprehension plus Möglichkeit der Ablation" als signifikantes Kriterium (und nicht nur als Beispielfall) geeignet wäre.

38 a) Ob **neuer Gewahrsam** begründet ist, beurteilt sich nach den tatsächlichen Umständen unter Berücksichtigung der *Verkehrsanschauung* (BGH **20** 196, **23** 255, NJW **81**, 997, Köln NJW **84**, 810). Entscheidend ist, ob der Täter die Herrschaft über die Sache derart erlangt hat, daß er sie ohne Behinderung durch den alten Gewahrsamsinhaber ausüben und dieser seinerseits ohne Beseitigung der Verfügungsgewalt des Täters nicht mehr über die Sache verfügen kann (vgl. BGH MDR/D **55**, 145, Hamburg MDR **60**, 780, Celle MDR **68**, 777). Regelmäßig ist neuer Gewahrsam in dem Augenblick begründet, in dem die Herrschaftsmacht des bisherigen Gewahrsamsinhabers vollständig aufgehoben ist, wie zB bei Verzehr (Köln NJW **86**, 392). Vgl. aber auch u. 43.

39 α) Befindet sich die Sache (oder der Täter mit ihr) **noch im räumlichen Machtbereich** des bisherigen Gewahrsamsinhabers, so ist neuer Gewahrsam idR dann begründet, wenn der Täter die Sache an sich genommen hat und der Wegschaffung unter normalen Umständen kein Hindernis mehr entgegensteht (BGH NJW **75**, 320, Köln NJW **84**, 810, Ruß LK 41 ff. mwN). Dies ist vor allem der

Diebstahl

Fall, wenn für den Täter nicht mehr die Gefahr besteht, von einem hinzukommenden Dritten an der Wegschaffung der Beute gehindert zu werden (vgl. jedoch Köln MDR **71**, 595). So wird man etwa bei einem (unbeobachteten) Warenhausdiebstahl Gewahrsamsbegründung dann annehmen müssen, wenn der Täter die Sache in seiner Tasche versteckt (RG **52** 76, Ruß LK 43 a, Hoyer SK 33, vgl. auch BGH **20** 196) oder wenn er mit ihr die betreffende Abteilung des Kaufhauses verlassen hat (Hamm MDR **69**, 862; dagegen soll es nach Köln StV **89**, 156 insoweit ganz auf die Umstände des Einzelfalles ankommen). Sofern jedoch die Ware, weil etwa zu groß, um bereits in der Kleidung oder Handtasche versteckt zu werden, lediglich überdeckt im Einkaufswagen liegt, kommt es auf das Verlassen des Kassenbereichs bzw. darauf an, ob das Kassenpersonal die Abfertigung des Täters als abgeschlossen ansieht (Köln NJW **84**, 810). Bei einem nächtlichen Einbruchsdiebstahl wird Gewahrsam idR erst mit Verlassen des Gebäudes begründet, ebenso beim Diebstahl aus einer fremden Wohnung, die vom Täter berechtigterweise nicht betreten werden kann (ebso. BGH JR **63**, 466 m. Anm. Geilen JR **63**, 446, Kühl JuS **82**, 112; vgl. jedoch BGH MDR/D **67**, 896). Hingegen haben etwa eine Hausangestellte oder ein Gast neuen Gewahrsam bereits dann, wenn sie die Sache heimlich einstecken. Neuer Gewahrsam liegt auch vor, wenn der Täter die Sache in den Räumen des Bestohlenen zunächst versteckt, um sie später abzuholen, und er zu diesen Räumen ohne weiteres Zugang hat (vgl. RG **12** 355, GA Bd. **68** 275, BGH LM **Nr. 9** zu § 243 I Nr. 2, KG JR **66**, 308; and. Hoyer SK 36; vgl. aber o. 24). Das bloße Zurechtlegen oder Verpacken der Diebesbeute stellt noch keine vollendete Wegnahme dar (R **7** 539, RG **27** 396, **52** 202, JW **34**, 1358, BGH LM **Nr. 18** zu § 243 I Nr. 2, JR **63**, 466; and. R **2** 660, GA Bd. **69** 104, vgl. auch RG Recht **10** Nr. 2184). Wenn nur noch natürliche Hindernisse (zB Mauern) der Wegschaffung der Beute entgegenstehen, kann neuer Gewahrsam vorliegen oder nicht, je nachdem, ob es sich um kleinere oder größere Sachen handelt (vgl. östOGH ÖJZ **59**, 413, Eser IV 19 f.). Bei letzteren genügt die Gefährdung des alten Gewahrsams dort beginn des Abtransports regelmäßig nicht. vgl. Bamberg HE **2** 80, Celle JR **65**, 68). Entsprechendes gilt für schwer bewegliche Gegenstände zumindest bis zu deren abgeschlossener Verladung (BGH NStZ **81**, 435, BGHR Wegnahme **10**); daher zw. Koblenz VRS **46** 430 (Pkw-Oldtimer).

β) Besondere Probleme entstehen, wenn der Täter beim Gewahrsamsbruch durch den Berechtigten **40** oder durch Dritte, die zu dessen Gunsten einzuschreiten gewillt sind (zB Angestellte eines Warenhauses, Polizeibeamte) **beobachtet** wird. Die Rspr. bejahte in solchen Fällen Wegnahmevollendung zunächst meist nur dann, wenn der Täter an der Herrschaft über die Sache trotz der Beobachtung infolge besonderer Umstände nicht gehindert werden konnte (RG **66** 396, **76** 133, BGH MDR/D **57**, 141, vgl. auch Hamburg NJW **60**, 1920, Tübingen SJZ **47**, 556 m. Anm. Sachs), während Versuch angenommen wurde, wenn der Beobachtende ohne weiteres in der Lage war, sofort mit Erfolg einzugreifen (RG GA Bd. **69** 103, BGH **4** 199, Hamm NJW **54**, 523; and. RG **53** 145, vgl. auch RG **52** 76). Demgemäß verneinten Hamm NJW **61**, 328 (m. abl. Anm. Welzel) und Düsseldorf NJW **61**, 1368 (m. abl. Anm. Welzel GA 61, 350) Wegnahmevollendung, wenn der Täter in **Selbstbedienungsläden** Sachen in die Tasche steckt und dabei vom Personal beobachtet wird. Ebso. Huschka NJW **60**, 1189. Dagegen nimmt BGH **16** 271 im Anschluß an Welzel GA 60, 257 (ebso. BGH **17** 206, **23** 254, GA **63**, 147, **69**, 91, Cordier NJW **61**, 1340, Heubel JuS **84**, 448, M-Schroeder I 311, Otto ZStW **79**, 61 ff., W-Hillenkamp 114, Wimmer NJW **62**, 614, Tröndle 15 f., Ruß LK 43 a, Arzt/Weber III 38; vgl. auch KG JR **61**, 271) vollendeten Diebstahl mit der Begründung an, die natürliche Lebensauffassung bzw. die soziale Anschauung (Hoyer SK 27) weise demjenigen, der eine Sache in seinen Taschen trage, den ausschließlichen Gewahrsam zu (iE ebso. Backmann aaO 89 f., Geilen JR 63, 446, Gössel ZStW 85, 649, Kindhäuser NK 43, Mitsch 2/1 S. 28; ähnl. bzgl. einer polizeil. beobachteten Wegnahme aus einem Pkw BGH NStZ **87**, 71; ebso. bzgl. unter Beobachtung angezogener Kleidungsstücke Frankfurt MDR **93**, 671; gegen Gewahrsamserlangung aber BGH MDR/D **69**, 902, während es nach BGH NStZ **88**, 270 in diesem Zusammenhang ganz auf die Umstände des Einzelfalls ankommen soll; für Gewahrsamserlangung bei unter dem eigenen Mantel verborgenen Kleidungsstücken Düsseldorf NJW **90**, 1492, selbst bei Ware mit elektronischem Sicherungsetikett Bay NJW **95**, 3000; unzweifelh. zu Recht Gewahrsamserlangung vernein. bei umfangreicher Beute BGH StV **84**, 376 [32 Pfundpackungen Kaffee in 4 Plastiktüten und 38 Zigarettenstangen] sowie Bay NStE **Nr. 23**, Düsseldorf NJW **86**, 2266, Köln NJW **86**, 392 bei noch im Einkaufskorb befindlichen Waren bzw. wenn erst noch Verkaufsstände im Freibereich vor dem Ladengeschäft zu durchschreiten sind (Bay NJW **97**, 3326); vgl. auch AG Braunschweig NJW **88**, 2055 sowie Ling ZStW 110, 932 ff.). – Diesem Ausgangsgrundansatz kann jedoch nicht zugestimmt werden. Daß das Tragen einer Sache in der Tasche gerade nach der Lebensauffassung allein nicht genügt, um Gewahrsam zu bejahen, zeigt zB der Fall des Arbeiters, der Werkzeuge seines Arbeitgebers mit sich führt. Daß das mit Willen des Arbeitgebers geschieht, kann nichts ausmachen. Zu berücksichtigen ist ferner die Tatsache, daß der im Selbstbedienungsladen auf frischer Tat ertappte Dieb regelmäßig ohne weiteres zur sofortigen Herausgabe bereit ist. Die Begründung von Gewahrsam setzt aber – bei Verständnis der Wegnahme als „Apprehension plus Möglichkeit der Ablation" (o. 37) – das Herstellen eines tatsächlichen Herrschaftsverhältnisses voraus, kraft dessen der Einwirkung auf die Sache keine Hindernisse (mehr) entgegenstehen. Ein solches Verhältnis liegt beim beobachteten Dieb im Selbstbedienungsladen in keinem Augenblick vor (iE zust. Kahlo aaO 137 ff.). Vielmehr spricht im Hinblick auf das Recht des Ladeninhabers zur vorläufigen Festnahme (§ 127 I StPO) bzw. zur Selbst-

§ 242 41–46 Bes. Teil. Diebstahl und Unterschlagung

hilfe (§ 859 II BGB) sowohl die tatsächliche wie auch die soziale Betrachtung gegen die Annahme von Gewahrsam (vgl. Eser IV 19 f., Kahlo aaO 137, H. Mayer JZ 62, 620). Das Tabu, mit dem die hM die körperliche Sphäre des Täters ausstattet, steht in Widerspruch zu den tatsächlichen Verhältnissen. Dies wird besonders deutlich in dem Parallelfall, daß Kriminalbeamte zum Zwecke der Überführung von Taschendieben eine als Hausfrau getarnte Beamtin begleiten, um dem Täter die ergriffene Sache sofort wieder abzunehmen; auch hier hatte der Täter nur scheinbar Gewahrsam (BGH **4** 199) erlangt. Dringt der Dieb in einen Raum ein, dessen Türen sich auf Grund einer Alarmvorrichtung durch Eisengitter schließen, so kann es für den Gewahrsam nichts ausmachen, ob er das Diebesgut in die Tasche steckt oder nicht. Ebenso hat der BGH selbst ein Fortbestehen des Gewahrsams in LM **Nr. 11** angenommen, obwohl die Täter Kleidungsstücke bereits angezogen hatten und die Verkäuferin mit der Waffe bedrohten, um die Beute in Sicherheit zu bringen; wie hier weitgehend BGH JR **63**, 466, GA **66**, 244; vgl. auch BGH StV **85**, 323 zu polizeilicher Beobachtung (and. Düsseldorf NJW **88**, 1336). Nur auf dem Boden der hier vertretenen Auffassung läßt sich schließlich überzeugend begründen, warum – entgegen Bay NJW **95**, 3000 [m. Anm. Kargl JuS 96, 971] u. Stuttgart NStZ **85**, 76, Kindshäuser NK 73 – Wegnahmevollendung so lange ausscheidet, als die Ware durch ein elektronisches Sicherungsetikett geschützt ist (vgl. Borsdorff JR 89, 4, Seier JA 85, 391; vgl. auch § 243 RN 24). Jedenfalls ist für Versuch und Vollendung nicht entscheidend, ob der Täter schon alles Beabsichtigte getan hat (and. Karlsruhe Justiz **72**, 361).

41 γ) Ähnliche Probleme bestehen bei der sog. **Diebesfalle**, wie vor allem bei präparierten Geldscheinen, oder wenn **Fangbriefe** zur Überführung von Dieben in den Verkehr gegeben werden. Hier wird der Dieb regelmäßig Gewahrsam erlangen, da ein unmittelbarer Zugriff seitens der Kontrollorgane meist nicht mehr möglich sein wird. Wenn jedoch der Gewahrsamsinhaber mit der Ansichnahme durch den Dieb einverstanden ist, kommt schon mangels Gewahrsamsbruchs nur versuchter Diebstahl – uU in Tateinheit mit Unterschlagung (Celle JR **87**, 253 m. Anm. Hillenkamp) – in Frage (Köln NJW **61**, 2360, Bay NJW **79**, 729 m. Anm. Paeffgen JR 79, 297, Mitsch 2/1 S. 31, Otto JZ 85, 22, Düsseldorf NStZ **92**, 237 m. krit. Anm. Janssen u. zust. Anm. Hefermehl NStZ 92, 544; vgl. o. 36). Sind dagegen Gewahrsams- oder Mitgewahrsamsinhaber nicht eingeweiht, liegt vollendeter Diebstahl vor (Hamm JMBlNW **57**, 176). Vgl. zum Ganzen auch Kindhäuser NK 46 ff.

42 b) Der neue Gewahrsam muß jedoch nicht unbedingt beim **Täter** selbst, sondern kann auch bei einem **Dritten** begründet werden. Letzterenfalls ist nicht erforderlich, daß der Täter zwischenzeitlich eigenen Gewahrsam erlangt; es genügt vielmehr, daß der Täter einen anderen als sein Werkzeug veranlaßt, sich die Sache zu holen und unmittelbar in den eigenen Gewahrsam zu überführen (RG **47** 147, **48** 58, **57** 166, **70** 213 m. Anm. Rilk JW 36, 3000, RG HRR **39** Nr. 351, BGH MDR/D **54**, 398, Blei II 184, Tröndle 13, M-Schroeder I 310). Eine Wegnahme kann zB darin liegen, daß der Täter einen anderen veranlaßt, die in einer fremden Gänsebucht befindlichen und Dritten gehörenden Gänse herauszutreiben (RG **48** 58). Zur Kritik der Rspr. vgl. Lampe GA 66, 232 ff.

43 5. Regelmäßig vollzieht sich der **Bruch** des fremden mit der **Begründung** neuen Gewahrsams in einem Akt. Ausnahmsweise können jedoch beide Vorgänge **auseinanderfallen** (vgl. OGH **3** 37, Eser IV 20, Ruß LK 75, Wimmer NJW 62, 610), so etwa, wenn der Täter Sachen von einem fahrenden Güterzug herabwirft, um sie später abzuholen. Solange hier noch kein neuer Gewahrsam begründet ist, liegt lediglich Versuch vor (Frank VI 1, Ruß LK 75; vgl. auch KG GA **69**, 121; and. Tröndle 13).

44 IV. Für den **subjektiven Tatbestand** ist *Vorsatz* und die *Absicht rechtswidriger Zueignung* notwendig (allg. zum Verhältnis dieser subjekt. Elemente Gössel Zipf-GedS 217 ff.).

45 1. Zum **Vorsatz** gehört insbes. das Bewußtsein, daß die Sache in fremdem Eigentum und fremdem Gewahrsam steht. Daran fehlt es, wenn der Täter sich irrigerweise selbst als Gewahrsamsinhaber (RG **53** 303) oder Eigentümer ansieht. Ferner wird der Vorsatz durch die irrige Annahme ausgeschlossen, der Gewahrsamsinhaber sei mit der Wegnahme einverstanden. Bei irrtümlicher Wegnahme einer eigenen Sache liegt ein strafbarer Versuch am untauglichen Objekt vor (vgl. u. 68). Hinsichtlich des **Konkretisierungsgrades** ist gleichgültig, ob der Vorsatz von vorneherein auf *bestimmte* Objekte gerichtet war oder allgemein dahin ging, stehlenswerte Dinge mitzunehmen (vgl. § 22 RN 19); denn § 242 stellt nicht auf die Wegnahme bestimmter Sachen ab (Kindhäuser NK 83). Ändert oder erweitert der Täter seinen Diebstahlsvorsatz *während der Tat* auf andere Objekte als ursprünglich geplant, so liegt dennoch nur *ein* Diebstahl vor (und nicht etwa versuchter in Tateinheit mit vollendetem Diebstahl): vgl. RG **14** 312, BGH **22** 350, MDR/D **53**, 272, GA **69**, 92. Dies erlangt besondere Bedeutung beim schweren Diebstahl und beim Raub (vgl. § 243 RN 59, § 249 RN 8). Anderes gilt jedoch, wenn der Täter erst *nach* endgültigem Scheitern eines Diebstahlsversuches (vgl. BGH StV **83**, 460) beschließt, eine andere Sache mitzunehmen: Dies führt zu Tatmehrheit (vgl. BGH MDR/D **69**, 722). Zur Frage der Vorsatzänderung auf Objekte des § 248a vgl. u. 76, § 243 RN 53 f.

46 2. Die **Absicht rechtswidriger Zueignung** geht als subjektives Unrechtselement über den äußeren Tatbestand der Wegnahme hinaus (vgl. Ruß LK 32 mwN; bei der abw. Diff. von Schmidhäuser Bruns-FS 351, 363 zwischen der *Ent*eignungsabsicht als Unrechtsmerkmal und der *An*eignungsabsicht als bloßem Schuldmoment geht der Charakter des § 242 als Sachverschiebungsdelikt verloren). Weil es nur auf die *Zueignung* ankommt, braucht *keine Bereicherung* erstrebt zu werden (RG **67** 266, BGH NJW **77**, 1460); weil es nur auf die *Absicht* ankommt, braucht eine *Zueignung* nicht

tatsächlich eingetreten zu sein (Diebstahl als „erfolgskupiertes Delikt": vgl. Eser IV 24, 49). Wesentlich sind vier Elemente: die Absicht (d), sich oder einem Dritten (b) rechtswidrig (c) zuzueignen (a).

a) **Zueignung** bedeutet die Anmaßung einer eigentümerähnlichen Herrschaftsmacht über die Sache, indem der Täter entweder die *Sache selbst* oder den in ihr verkörperten *Sachwert* dem eigenen Vermögen einverleibt (zu einer psychoanalytischen Annäherung an den Einverleibungsbegriff vgl. Behrendt aaO 34), sich (oder einen Dritten) also wirtschaftlich an die Stelle des Eigentümers setzt (sog. *Vereinigungstheorie;* vgl. RG **61** 232, **64** 415, **67** 334; ferner BGH **1** 264, **4** 238, **16** 192, Braunschweig NdsRpfl. **50**, 94, Hamm NJW **64**, 1429, Eser JuS **64**, 479, Kohlrausch-Lange III 2 b, Wessels NJW **65**, 1153 ff., Tenckhoff JuS 80, 724 mwN). In **materieller** Hinsicht enthält somit die Zueignung zwei Komponenten: eine negative, die sog. „*Enteignung*", die in der Verdrängung des Eigentümers aus seiner wirtschaftlichen Position besteht, indem ihm die Sachsubstanz als solche oder der in ihr verkörperte Sachwert gänzlich oder in wesentlichem Umfang endgültig entzogen wird (dies ist insbes. für die Abgrenzung zwischen Zueignung und bloßem Gebrauch bedeutsam; vgl. u. 51 ff.), und eine positive, die sog. „*Aneignung*", die in der Einverleibung der Sache in das Vermögen des Täters bzw. in der Ausnutzung des entzogenen Sachwertes besteht (vgl. BGH NStZ **81**, 63; Celle MDR **68**, 777), und insbes. für die Abgrenzung von Zueignung und bloßer Sachentziehung bedeutsam ist (vgl. u. 55). Diese beiden Komponenten müssen in einem *Korrespondenzverhältnis* zueinander stehen; dh, daß der wirtschaftliche Nachteil und der erstrebte Vorteil sich entsprechen müssen (vgl. Schröder JR 67, 391, Deubner Anm. zu Celle NJW **67**, 1922, Eser IV 3, 26, 31: „Verschiebungsdelikt", sowie Samson SK 78 (46. Lief.) arg. a maiore aus der „Stoffgleichheit" bei den Vermögensdelikten iwS). Dagegen muß die Enteignung nicht *durch* Aneignung geschehen (so aber Rudolphi GA 65, 50); vielmehr genügt es, wenn der Täter bei der Wegnahme beabsichtigt, sich die Sache zunächst anzueignen und sie sodann auf Dauer dem Eigentümer zu entziehen. Als weiteres **formales** Moment muß jedoch hinzukommen, daß der Täter über die Sache gerade kraft einer angemaßten *Eigentümer*stellung verfügen will („Pseudo-Eigentümerstellung": Wessels JZ **65**, 634) und nach außen erkennbar als Eigentümer auftritt (vgl. Eser IV 25 f.; and. Herzberg/Brandts JuS 83, 203 ff.; krit. auch Gropp JuS 99, 1043). Daran fehlt es, wenn er die Sache für eigene Zwecke gebraucht, ohne dabei das fremde Eigentum zu leugnen (vgl. Eser JuS **64**, 481, M-Schroeder I 316 f., Rudolphi GA 65, 33 f., Schaffstein GS 103, 305): so etwa wenn er die Sache wegnimmt, um sie dem Eigentümer „gegen Finderlohn" zurückzugeben, oder wenn er bei der Lottoverwaltung eine der auszuwertenden Lottokarten, die versehentlich leer geblieben war, mit seinem Namen und den Gewinnzahlen ausfüllt (unzutr. Stuttgart NJW **70**, 672 m. abl. Anm. Widmaier und Blei JA **70**, 338). Allerdings darf das formale „se ut dominum gerere"-Gedanke auch nicht überschätzt werden, da sich sonst insbes. die Grenzen zur bloßen Gebrauchsanmaßung verwischen; deshalb in Einzelfragen zu weitgehend Wessels NJW **65**, 1154 ff.; vgl. auch Ling ZStW 110, 933 ff. zur Bedeutung dieses Kriteriums für die Wegnahme.

α) Die für den **Gegenstand der Zueignung** maßgebliche „Vereinigungstheorie" ist eine Verbindung der (älteren) „Substanztheorie" und der (jüngeren) „Sachwerttheorie".

Nach der **Substanztheorie** sollte Gegenstand der Zueignung *nur die Sache selbst* sein können (so die frühe Rspr. des RG: vgl. ua RG **4** 415, **5** 220, **10** 371, **24** 22, **35** 356; ferner Binding I 264, v. Hippel 239, v. Liszt-Schmidt 617), nach der **Sachwerttheorie** hingegen der in der Sache verkörperte *wirtschaftliche Wert*, da sich nur so jene Fälle erfassen lassen, in denen es dem Täter weniger auf die Sache selbst als auf ihren wirtschaftlichen Wert (zB die im Legitimationspapier verbriefte Forderung) ankommt (so RG **40** 10, **43** 17, **44** 336, **49** 406, **57** 45, 204; ferner Frank VII 2 a, Sauer GA Bd. 63, 284). Die Verbindung beider Ansätze in der **Vereinigungstheorie** erfolgte erstmals in RG **61** 232 (zur Entwicklung vgl. Eser IV 26 f., Kohlrausch-Lange III 2 b, Schaffstein GS 103, 292 ff., Wessels NJW **65**, 1153 f.). Seit einiger Zeit macht sich wieder eine Zurückdrängung der Sachwerttheorie zugunsten einer (erweiterten) Substanztheorie bemerkbar (M-Schroeder I 316 f., Welzel 340 ff., vgl. auch Blei II 177 f., Gössel GA-FS 39, Kleb-Braun JA 86, 252 ff., Maiwald JA 71, 584, Ranft JA 84, 283 f., Rudolphi GA 65, 33 ff., Seelmann JuS 85, 289, ferner die grds. Kritik von Kindhäuser NK 91 ff.), die aber bei Legitimationspapieren – teils erwiesenermaßen – zu keinen befriedigenden Ergebnissen kommt (vgl. Gössel aaO 51 f., Miehe aaO 497 ff.). Zudem läßt sich die befürchtete Verflachung der Eigentums- zu Bereicherungsdelikten jedenfalls dann aufhalten, wenn durch **Einschränkung der Sachwertkomponente** innerhalb der Vereinigungstheorie als zueignungsfähiger Sachwert nicht jegliche Verwendungsmöglichkeit der Sache in Betracht kommt (nicht also ihr bloßer Gebrauchswert, insbes. ihre Eignung, sich verfälschen zu lassen) und Schröder JR 65, 27, Widmaier NJW **70**, 672), sondern nur ihr *spezifischer,* dh der nach Art und Funktion mit ihr verknüpfte Wert (Bockelmann ZStW 65, 575: „lucrum ex re", und nicht „lucrum ex negotio cum re"; vgl. ferner Eser JuS 64, 481, Stoffers Jura 95, 117; ähnl. Rudolphi GA 65, 38 ff.: Entzug der „objektiv innewohnenden Funktionsmöglichkeiten der Sache"; and. Wessels JZ **65**, 633 f., krit. dazu auch Gössel aaO 42 f.). Eingeh. zum Ganzen Paulus aaO, der selbst von Zueignung des „Zwecknutzens" spricht (163 ff., 218 ff.) sowie Hoyer SK 72 ff., der seinerseits – mit im wesentlichen gleichem Ergebnis – auf die Nutzensverschiebung abhebt (RN 83). Vgl. auch Arzt/Weber III 51 ff., Kindhäuser NK 87 ff. **Im einzelnen** führt die hinsichtlich ihrer Sachwertkomponente eingeschränkte Vereinigungstheorie zu folgenden Ergebnissen:

In der Wegnahme eines **Sparbuchs** zwecks Abhebung von Geld liegt eine Zueignung auch dann, wenn der Täter die Absicht hat, das Buch selbst zurückzugeben (RG **43** 17, **61** 127, Frank VII 2 a,

Ruß LK 47 f., BGE 72 IV 118; iE ebso. M-Schroeder I 317 f., Rudolphi GA **65**, 53 f., Welzel 342, and. Kindhäuser NK 123, Otto aaO 185 f.). Das gleiche gilt, wenn der Täter Gutscheine, Getränkemarken usw. an sich nimmt, um dafür die Leistung in Empfang zu nehmen (RG **40** 11). Dagegen fehlt es an einer Zueignung beim Kopieren der auf einer Diskette gespeicherten Daten, wenn diese danach unverändert zurückgegeben werden soll (Bay NJW **92**, 1777 m. Anm. Julius JR **93**, 255). Ebenso liegt kein Diebstahl (sondern Betrug) vor, wenn der Sparkassenangestellte in ein ihm zugängliches Sparbuch Auszahlungsvermerke einträgt und sich die Beträge auszahlen läßt (RG **61** 128). Die **Verwendbarkeit** einer Sache als Mittel **zur rechtswidrigen Erlangung von Vorteilen** (vgl. für den Fall der Erpressung BGH MDR/H **80**, 106) ist allein nicht Gegenstand der Zueignung. Daher ist Diebstahl zu verneinen, wenn der Täter eine zuvor von ihm gestohlene Sache dem Hehler wieder wegnimmt, um sie dem Eigentümer zurückzugeben (BGH NJW **85**, 1564 m. Anm. Rudolphi JR **85**, 252) oder wenn er eine veräußerte Sache dem Verkäufer wegnimmt, um sie dem Käufer zu überbringen und bei dieser Gelegenheit den Kaufpreis für sich einzuziehen, da von der Eigentumsordnung her gesehen der Eigentümer der Verbringung des Gegenstandes zum Käufer nicht widersprechen kann (vgl. u. 59; and. Bay JR **65**, 27 m. Anm. Schröder; ferner Wessels NJW 65, 1157). Das gleiche gilt, wenn ein Soldat zur Vermeidung von Regreßansprüchen anderen Soldaten Ausrüstungsgegenstände wegnimmt, um sie als die von ihm empfangenen abzuliefern (BGH **19** 387, Celle NdsRpfl. **64**, 230, ferner Stuttgart NJW **79**, 277, Kindhäuser NK 122, Otto aaO 195, Ranft JA 84, 285; and. Frankfurt NJW **62**, 1879 m. Anm. Kohlhaas u. abl. Anm. Westermann NJW 62, 2216, Hamm NJW **64**, 1427); denn hier wird dem Staat sein Eigentum weder der Substanz noch dem Sachwert nach entzogen (überdies fehlt hier bereits das formale Element der Eigentumsanmaßung, vgl. o. 47 sowie Eser JuS 64, 477, Heubel JuS 84, 450, M-Schroeder I 317, Wessels JZ 65, 634). Gleiches gilt, wenn der Täter einen entlaufenen Hund dem Finder wegnimmt, um beim Eigentümer die ausgesetzte Belohnung zu kassieren (RG **55** 59, Kindhäuser NK 121, W-Hillenkamp 172 ff.). Dagegen liegt eine Zueignung vor, wenn der Täter leere Flaschen wegnimmt, um das dem Eigentümer zustehende Flaschenpfand für sich zu bekommen (Bay **60** 187, Eser JuS 64, 481). Findet ein **Rückverkauf** an den Eigentümer statt, nimmt zB der A bei der Ablieferung von Getreide dem Käufer bereits verrechnete Säcke weg, um sie erneut zur Abrechnung vorzulegen, so ist ausnahmsweise auch der allgemeine Verkaufswert (bzw. Wiederbeschaffungswert) der Sache als spezifischer Sachwert anzusehen, wenn für den Täter die Funktion der Sache gerade in ihrem Verkaufswert als Ware besteht oder er sich zur Wiederbeschaffung gezwungen sieht (ebso. für Zueignung in den Rückverkaufsfällen RG **40** 12, **57** 199, Gribbohm NJW 66, 191, Rudolphi GA 65, 43, Tenckhoff JuS 80, 723, Welzel 343, Wessels NJW 65, 1156; and. Schröder JR 65, 27, Ranft JA 84, 282, Seelmann JuS 85, 290 sowie Stoffers Jura 95, 115 für den Fall, daß Rückverkauf ohne Leugnung der Eigentümerstellung unter Ausnutzung eines besonderen Affektionsinteresses erfolgt; diff. Otto aaO 192; vgl. auch Eser IV 32, Mitsch 2/1 S. 59 f.).

51 β) Die **Abgrenzung von Zueignung und Gebrauch** einer Sache ist deshalb besonders wichtig, weil die bloße Gebrauchsanmaßung (furtum usus) – von Ausnahmen abgesehen (§§ 248 b, 290) – straflos ist. Da sie nur eine vorübergehende Nutzung der Sache zum Ziel hat, fehlt ihr das Diebstahlselement der dauernden Enteignung (vgl. o. 47, RG **35** 356; verfehlt Oldenburg NdsRpfl. **50**, 93). Somit bildet die **(dauernde) Enteignung** das maßgebliche Abgrenzungskriterium zwischen Zueignung und Gebrauch, wobei es nach Kindhäuser (NK 110, Geerds-FS 672) auf die zeitliche Begrenzung unter weiterer Anerkennung des Herausgabeanspruchs des Berechtigten ankommen sollte.

52 Danach ist Enteignung und infolgedessen Zueignung zu bejahen, wenn die **Sache nach Gebrauch vernichtet** wird: wie etwa bei Entwendung eines Briefes, um ihn nach der Lektüre zu vernichten, ohne daß es im übrigen darauf ankommt, daß der Täter seinen Inhalt „ausnutzt" (so aber Celle JR **64**, 266 m. krit. Anm. Schröder; vgl. auch Kindhäuser NK 93, Otto aaO 202). Entsprechendes gilt für den Gebrauch fremder polizeilicher Aufforderungszettel (vgl. Hamburg JR **64**, 228 m. Anm. Schröder; and. Baumann NJW **64**, 707). Teils enger Rudolphi GA 65, 49 f.; vgl. nun Ruß LK 54. Selbst bei nur vorübergehender Benutzung kann Enteignung vorliegen, wenn sich der Täter der Sache anschließend in einer Weise entäußert, daß beim Berechtigten die *Wiederherstellung der Besitzerposition ausgeschlossen* erscheint (BGH NStZ **81**, 63), indem er sie zB wegwirft. Dabei ist die Dauer des beabsichtigten Gebrauchs ohne Bedeutung: Wer zB eine Axt wegnimmt, um damit einen Baum zu fällen und sie dann im Wald liegenzulassen, handelt in Zueignungsabsicht. Entsprechendes gilt nach BGH MDR **60**, 689, wenn ein fliehender Gefangener Gefängnisschlüssel mitnimmt, um sie nach Gebrauch wegzuwerfen (Kindhäuser NK 114 mwN; and. Rudolphi GA 65, 49 f.), nicht dagegen, wenn es hinsichtlich des weiteren Verbleibs der weggenommenen Sache noch an einem konkreten Plan fehlt (BGH NStZ **81**, 63; vgl. u. 64) oder zB die Dienstpistole eines Polizeibeamten der Flucht erleichtern soll (LG Zweibrücken NStZ-RR **99**, 327). Zu den Grenzfällen bei Benutzung fremder Sachen als *Kreditbasis* (Verpfändung, Sicherungsübereignung) vgl. § 246 RN 17, aber auch u. 55 zur Wegnahme zwecks Verschaffung eines „Pfandes".

53 Enteignung kommt ferner dort in Betracht, wo zwar die Sache nach Gebrauch ihrer Substanz nach dem Berechtigten wieder zugänglich gemacht wird, doch ihr **Wert** durch den Gebrauch teilweise oder ganz **entzogen**, der Gebrauch also zum **Verbrauch** wird (vgl. Eser IV 30). Jedoch muß dabei die Wertminderung über unwesentliche Einbußen hinausgehen (vgl. Hamm JMBlNW **62**, 110, Arzt/Weber III 46, Wessels NJW 65, 1156, JZ 65, 634 ff.; enger Rudolphi GA 65, 46 ff.; gegen ihn Fricke

Diebstahl 54, 55 § 242

MDR 88, 538, dessen „50%-Grenze" aber auch kein taugl. Abgrenzungskriterium darstellt). Daher handelt nicht in Zueignungsabsicht, wer zB Akten wegnimmt, um sie einzusehen und dann zurückzugeben (RG JW **22**, 293 m. Anm. Wach; bedenkl. Köln NJW **50**, 959), ebensowenig wer Datenspeicher kopiert (vgl. o. 50 zu Bay NJW **92**, 1777, ferner Vogt JuS **80**, 861; allerdings kommt stattdessen uU § 202a in Betracht). Gleiches gilt für die Wegnahme eines Buches, das nach dem Durchlesen wieder an den Eigentümer zurückgegeben werden soll. Daß es sich dabei um ein druckfrisches Buch aus einem Buchladen handelt, kann keinen Unterschied machen, da der Geschäftsverkehr in diesem Handelszweig Bücher, die vorübergehend in der Hand eines Kunden gewesen sind, nicht als minderwertig ansieht und daher der Eigentümer in seinem Eigentum durch die kurzfristige Entwendung nicht beeinträchtigt wird (Eser IV 30f., Schröder JR **67**, 390 ff.; and. Celle NJW **67**, 1921 m. Anm. Deubner u. Androulakis JuS **68**, 409; vgl. auch Gribbohm NJW **68**, 1270, Widmann MDR **69**, 529). Dies kann jedoch anders sein, wenn bereits auf Grund der vorübergehenden Benutzung aus dem fabrikneuen Gegenstand nur noch zu einem reduzierten Preis verkäufliche Gebrauchssache wird, wie dies zB bei Kraftfahrzeugen regelmäßig der Fall ist (vgl. Schröder JR **67**, 391). Eindeutig liegt Enteignung vor, wenn eine elektrische Batterie ausgebrannt zurückgegeben wird oder Autoreifen abgefahren werden (vgl. Hamm JMBlNW **60**, 230: Abnutzung eines Mopeds). Entsprechendes gilt für die Benutzung von Dampf durch unerlaubt angeschlossene Heizkörper (vgl. RG **44** 337). Zur Abhebung von einem fremden Sparbuch vgl. o. 50. Um eine Zueignung kann es sich auch bei einem Gebrauch für lange Zeit handeln, wenn dies praktisch einem Entzug des wirtschaftlichen Werts gleichkommt (vgl. auch M-Schroeder I 315).

Die vorgenannten Grundsätze gelten auch für die Abgrenzung von Zueignung und bloßem **54 Gebrauch fremder Kraftfahrzeuge** und Fahrräder. Im Falle einer Enteignung ist § 242 anzuwenden (RG **68** 218), andernfalls kommt nur § 248b zum Zuge, wie vor allem dort, wo der Täter das Fahrzeug nur für wenige Stunden benutzen will (Stuttgart Justiz **73**, 396). Dagegen wird Zueignungsabsicht – wenngleich nur iSe dahingehenden Beweisanzeichens (BGH NStZ **96**, 38) – dann bejaht, wenn der Täter ein Fahrzeug wegnimmt, um sich seiner nach Beendigung der Benutzung derart zu entäußern, daß es dem Zugriff Dritter preisgegeben ist und es somit dem Zufall überlassen bleibt, ob es der Eigentümer zurückerlangt (RG JW **35**, 3387, BGH **5**, 206, **22** 46, NJW **95**, 1766, VRS **13** 41, **14** 363, **24** 213, GA **60**, 82, NStZ **82**, 420 [m. Anm. Schwab DAR 83, 388; vgl. auch Ranft JA 84, 280], **96**, 38, Celle NdsRpfl. **55**, 18, Bay VRS **19** 365, Neustadt VRS **21** 362, Hamm VRS **59** 39; vgl. auch Blei II 185, Krey II 25 ff., M-Schroeder I 316, Schaffstein GA **64**, 107). Diese sich im wesentlichen schon mit mangelndem Rückführungswillen begnügende Rspr. (vgl. BGH NJW **87**, 266 m. Anm. Keller JR **87**, 343, BGHR Zueignungsabsicht **11**) erweitert aber den Anwendungsbereich des § 242 zu Lasten des § 248b gegenüber den o. 51 f. dargelegten Grundsätzen. Angesichts der Möglichkeiten des § 248b erscheint dies rechtspolitisch nicht erforderlich, so daß für den Gebrauch von Kraftfahrzeugen das gleiche gelten muß wie für den Gebrauch sonstiger Sachen (so iE auch BGE **85** IV 21). Diebstahl liegt daher nur dann vor, wenn eine Entäußerung des Wagens unter Umständen erfolgen soll, die nicht gewährleisten, daß der Wagen an den Berechtigten zurückkommt, oder wenn der Wagen für unbestimmte Zeit fortgesetzt werden soll (Köln VRS **23** 284; vgl. auch Schmidhäuser Bruns-FS 354f.). Beim Abstellen auf Straßen oder Parkplätzen erscheint dies bei den heutigen Verhältnissen gewährleistet (vgl. Schaudwet JR **65**, 414, Eser IV 59, Heimann-Trosien LK^9 53 [and. aber Ruß LK 57]; iE ebso. BGH NJW **87**, 266, NStZ **96**, 38, StV **95**, 640 bei Stehenlassen in Tatortnähe), desgleichen bei auffälligen Fahrzeugen (BGH VRS **51** 210: Hochdruckspülwagen; daher unhaltbar Koblenz VRS **46** 33 bei Feuerwehrfahrzeug; anders aber etwa auf Schrottplätzen, oder bei Bekanntschaft zwischen Täter und Opfer, BGH NStZ-RR **99**, 103). Dabei ist es ohne Bedeutung, ob es sich um eine Kleinstadt, wo auch der BGH zur Ausschließung der Zueignung neigt, oder um eine größere Stadt handelt (BGH VRS **12** 441, **13** 41, **14** 363, **19** 441; vgl. auch BGH **22** 46, KG VRS **37** 438). Gegen Diebstahl in derartigen Fällen überhaupt Rudolphi GA **65**, 50; vgl. auch Jäger MSchrKrim. **78**, 307 zum sog. „Joy-riding" von Jugendlichen. Der Wille zur Preisgabe des Fahrzeugs muß bereits bei der Wegnahme vorhanden sein (BGH VRS **14** 199, GA **60**, 82), so daß es nicht ausreicht, wenn der Täter zunächst die Sache nur gebrauchen will, sie dann aber behält oder wegwirft (vgl. u. 66). Doch kommt dann je nach den Umständen Unterschlagung bzw. bei gewaltsamer Erlangung Erpressung (BGH NStZ-RR **99**, 103) in Betracht (vgl. Eser IV 60).

γ) Die **Abgrenzung von Zueignung und Sachentziehung** ist deshalb erforderlich, weil letz- **55** tere – wenn nicht zugleich Beschädigung iSv § 303 (vgl. dort RN 10) – straflos bleibt (vgl. RG **64** 250, HRR **27** Nr. 193; allg. Bloy Oehler-FS 559 ff.). Für letztere ist charakteristisch, daß sich die Absicht des Täters – unter Fehlen des Aneignungsmoments – darauf beschränkt, den Berechtigten seiner tatsächlichen Verfügungsmacht über die Sache zu entkleiden. Maßgebliches Abgrenzungskriterium zwischen Zueignung und Sachentziehung ist somit die für erstere erforderliche (wenigstens zeitweise) **Aneignung.** Daran fehlt es zB beim Durchsuchen von (danach weggeworfenen) Kleidern nach anderen Wertgegenständen (BGH MDR/D **76**, 16), ebenso wenn der Täter Sachen wegnimmt, um Sicherheiten oder ein Pfand für eine Forderung in die Hand zu bekommen (BGH LM **Nr. 15** zu § 249, NJW **82**, 2265, NStZ-RR **98**, 235, StV **83**, 329, Celle NJW **70**, 1139 [m. Anm. Mohrbotter ebd. 1857], Noll SchwZStr. 56, 154, Bernsmann NJW **82**, 2214 ff.; vgl. auch BGH GA **69**, 306; anders jedoch, wenn der Täter von vornherein Befriedigung aus dem Veräußerungserlös erstrebt: vgl. BGH StV **84**, 422). Ebenso fehlt es an der Aneignung, wenn der Täter die Sache wegnimmt, um den

Eigentümer zu *ärgern* (BGH MDR/H **82**, 810, Bay NJW **92**, 2040, Frankfurt StV **84**, 248) oder um sie *sogleich zu zerstören* (vgl. RG **35** 357, **61** 232, HRR **27** Nr. 193, BGH MDR/D **66**, 727, NJW **77**, 1460 m. Anm. Lieder ebd. 2272 u. Geerds JR **78**, 172) bzw. von einem Dritten zerstören zu lassen (ebso. Lackner/Kühl 26 a), es sei denn, daß der Täter (bzw. der Dritte) durch Zerstörung der Sache ihren wirtschaftlichen Wert erlangt, wie etwa beim Verbrennen von Kohle (Kindhäuser NK 108; vgl. auch RG HRR **27** Nr. 1866).

56 b) Der Täter muß die Sache **sich oder einem Dritten** zueignen. Die Alternative der Drittzueignung, die für die aF noch nicht genügt hatte, geht nach dem Vorbild von § 235 E 62, der sich seinerseits frühere Entwürfe zum Vorbild genommen hatte (Begr. 400), auf das 6. StrRG von 1998 zurück. Damit sind die früheren Erfassungsbemühungen (dazu 25. A. RN 56 f., 72) weitgehend, wenn auch nicht gänzlich, obsolet geworden, ebenso wie eine exakte Abgrenzung des Sichzueignens von bloßer Drittzueignung an Bedeutung verloren hat (allg. zu dieser Tatbestandserweiterung DSNS-Dencker 16 ff., Mitsch ZStW 111, 67 ff., Noak aaO, Rengier Lenckner-FS 801 ff.). Ähnlich wie die Wegnahme als Tathandlung, die schon bisher auch durch Heranziehung Dritter (mit)verwirklicht werden konnte, kommt es nunmehr auch bei der Zueignung nicht mehr unbedingt darauf an, daß der Täter das für die Einverleibung maßgebliche Verhältnis zum Gegenstand nur in eigener Person herstellen will (wie bisher nach BGH NJW **87**, 77, StV **86**, 61, wistra **87**, 253); vielmehr kann eine solche Einverleibung auch in das Vermögen eines Dritten erfolgen (wobei dafür aber keinesfalls der betroffene Eigentümer, uU aber der Gewahrsamsinhaber der weggenommenen Sache in Betracht kommt; vgl. Mitsch ZStW 111, 69). Bei beiden Alternativen ist für die Zueignung wesentlich, daß der Täter sich oder den Dritten an die Stelle des Berechtigten setzen will, indem er die Sache selbst oder den spezifischen Sachwert (o. 49) dem eigenen bzw. dem Vermögen des Dritten einverleibt. Im übrigen bleiben zwischen den beiden Zueignungsadressaten, sofern man nicht sogar ein Exklusivitätsverhältnis (wie Kindhäuser NK 127) annehmen will, folgende Besonderheiten zu beachten:

57 α) Das **Sichzueignen** setzt nicht unbedingt voraus, daß die Sache oder deren wirtschaftlicher Wert endgültig beim Täter verbleiben soll; vielmehr kann auch in der (entgeltlichen oder unentgeltlichen) Übergabe an einen Dritten (weiterhin) ein Sichzueignen liegen, wenn der Täter dadurch gegenüber dem Dritten als Schenker, Veräußerer oder sonst Berechtigter auftritt (Kindhäuser NK 129, Lackner/Kühl 26; vgl. auch M-Schroeder I 315, Ruß LK 65; krit. Seelmann JuS 85, 290 f.). Dementsprechend ist ein Sichzueignen solange anzunehmen, als ein wesentlicher wirtschaftlicher Vorteil beim Täter verbleibt, auch wenn dieser nur im Nutzen einer Sache oder im Ersparen von Aufwendungen liegt, während es sich um Drittzueignung handelt, wenn ein solcher Vorteil nur dem Dritten zukommt (ähnl. DSNS-Dencker 20). Demzufolge schließen sich beide Zueignungsarten nicht völlig aus, da sowohl Täter als auch Dritter wenigstens zeitweise (vgl. o. 55) die Substanz oder den Sachwert ins eigene Vermögen einverleiben können (and. Kindhäuser NK 127). Hingegen werden sonstige wirtschaftliche Vorteile iwS, wie man sie für die aF ausreichen ließ (vgl. 25. A. RN 56), nicht mehr für ein Sichzueignen genügen können (vgl. auch Lackner/Kühl 26).

58 β) Auch bei der **Drittzueignung** ist zwischen der Enteignungs- und der Aneignungskomponente (o. 47) zu unterscheiden. Hinsichtlich der Enteignung kann weder der Wille zu reiner Sachentziehung oder Sachzerstörung noch ein dem Dritten zu ermöglichender Gebrauch genügen (vgl. o. 51 ff. sowie Lackner/Kühl 26 a, Rengier I 27, W-Hillenkamp 153). Für die Aneignung kann nicht schon deren bloße Ermöglichung ausreichen (vgl. Otto Jura 98, 551), vielmehr muß der Täter in der Absicht wegnehmen, dem Dritten eine faktische Eigentümerposition iSv eigentümerähnlicher Sachherrschaftsmacht (Krey II RN 84; vgl. o. 47) durch eigenes Täterhandeln zu verschaffen. Ob dies letztlich gelingt, ist unerheblich, da es lediglich auf die Absicht im Zeitpunkt der Wegnahme (vgl. u. 66) ankommt, dem Dritten die faktische Eigentümerposition zu verschaffen. Ohne daß damit der Diebstahl mit Drittzueignungsabsicht zu einem mehraktigen Delikt würde, ist somit zwischen der Absicht des Täters, das Wegnahmeobjekt dem Dritten zuzuführen, und seinem Wissen um ein entsprechendes Aneignenwollen des Dritten zu unterscheiden (vgl. Kindhäuser NK 133 f.). Ob der Dritte dabei *gut- oder bösgläubig* ist, ist grundsätzlich unerheblich; falls jedoch bei Gutgläubigkeit der Wegnehmende als Schenker auftritt, kommt es (nach dem o. 57 Gesagten) auf eine Drittzueignungsabsicht nicht mehr an. Ist der Dritte bösgläubig, so kommt uU mittelbare Täterschaft in Betracht (vgl. u. 72); eingeh. zu sonstigen Varianten der Gut- bzw. Bösgläubigkeit Kindhäuser NK 135 ff. Eine Drittzueignung ist idR dort anzunehmen, wo der Täter die von ihm weggenommene Sache dem Dritten ohne eigene Zwischenzueignung übergibt oder sonstwie in dessen Herrschaftsbereich verbringt, indem er sie in dessen Briefkasten wirft. Bringt er sie dagegen nur an einen Ort, der dem Dritten zwar zugänglich ist, aber nicht zu seinem Herrschaftsbereich gehört, so ist selbst dann eine Drittzueignungsabsicht zu verneinen, wenn der Wegnehmende will und berechtigterweise davon ausgeht, daß der Dritte die Sache sich aneignen wird; in diesem Fall kommt Unterschlagung durch den Dritten sowie diese ermöglichende Beihilfe durch den Gewahrsamsbrecher in Betracht. Soll sich der Dritte die faktische Eigentümerposition selbst, dh ohne wesentliches Zutun des Wegnehmenden verschaffen, so scheidet für diesen § 242 aus; stattdessen kommt § 246 (uU auch § 242) für den Dritten in Betracht. Die stärkste Form dieses „Zutuns" wäre eine echte, zivilrechtliche Eigentumsverschaffung durch Verbinden oä (§§ 946 ff. BGB). Als begünstigter Dritter kommt jeweils auch eine juristische Person in Betracht, wie zB durch Zuwendungen von Angestellten oder Organen an das Unternehmen (Hörnle Jura 98, 169, 170).

c) **Rechtswidrig** ist die Zueignung dann, wenn ihr **kein Anspruch auf Übereignung** zugrunde 59 liegt. Hat daher im Falle der Selbstzueignungsabsicht der Täter einen fälligen und einredefreien Anspruch auf Übereignung gerade der weggenommenen Sache, so entfällt Diebstahl (RG **64** 210, HRR **37** Nr. 209, BGH **17** 88 m. Anm. Schröder JR 62, 347, BGH GA **62**, 144, **66**, 212, Hamm NJW **69**, 620, Schleswig StV **86**, 64, Tröndle 21, Kruse aaO 258 ff., Krey II 91 ff., M-Schroeder I 319; vgl. im einzelnen Eser IV 39 ff., Hoyer SK 96 ff.). Gleichermaßen genügt bei Drittzueignungsabsicht ein entsprechender Anspruch des Täters oder des Dritten (DSNS-Dencker 20 f., Kindhäuser NK 152, Lackner/Kühl 27). Soweit über den materiellen Anspruch hinaus zusätzlich auch noch die Voraussetzungen der Selbsthilfe vorliegen sollen (so Hirsch JZ 63, 162, Welzel 346; eingeh. Mohrbotter GA 67, 199 ff. sowie krit. Fezer GA 75, 356 ff.), wird verkannt, daß die Eigenmächtigkeit der Wegnahme die Rechtmäßigkeit der Zueignung nicht berührt (vgl. Schmidhäuser Bruns-FS 359 f.) und der zur Übereignung verpflichtete Eigentümer nicht mehr den Schutz seiner formalen Rechtsposition verdient (vgl. Kindhäuser NK 153). Das gleiche gilt, wenn der Täter durch Anfechtung einen Anspruch auf Rückübereignung begründen könnte, auch schon vor Ausübung des Anfechtungsrechts. Regelmäßig wird die Sachlage anders sein, wenn der Inhaber eines Gattungsanspruchs sich eigenmächtig aus der Gattung Gegenstände nimmt, um sich auf diese Weise zu befriedigen (RG **25** 172, BGH **17** 88 m. Anm. Schröder JR 62, 346; and. Binding I 272 f., Kindhäuser NK 155; näher Schröder DRiZ 56, 96 ff.). Jedoch sind auch hier Fälle denkbar, in denen das Eigentum gegenüber einer eigenmächtigen Befriedigung des Täters keinen Schutz verdient, wie insbes. bei *Geldschulden* (vgl. Schleswig StV **86**, 64, Eser IV 40, Hoyer SK 99, je mwN, sowie o. 6). Auch wenn der Eigentümer nur zur Leistung Zug um Zug verpflichtet ist, ist eine eigenmächtige Zueignung rechtswidrig, da der Täter den Verkäufer zur Vorleistung zwingt. Dagegen entfällt die Rechtswidrigkeit der Zueignung (Ruß LK 70), wenn nicht sogar diese selbst (so Hirsch JZ 63, 155), bei **Einwilligung** des Eigentümers (oder der sonstigen Verfügungsberechtigten); zur mutmaßlichen Einwilligung vgl. o. 36.

d) Der Täter muß in der **Absicht** rechtswidriger Zueignung handeln, dh mit einem auf Zueignung 60 gerichteten Willen (RG **49** 142, BGH VRS **22** 206; grdl. zum Absichtsbegriff v. Selle aaO). Ein solcher kann zB nicht schon ohne weiteres daraus geschlossen werden, daß ein Kunde – an einer Kasse vorbei – Waren von dem einen in einen anderen Verkaufsbereich mitführt (BGH NJW **97**, 3326).

α) Demnach muß der Täter die **Aneignung** für sich oder einen Dritten mit (subjektiv) *unbedingtem* 61 *Willen* erstreben (vgl. Hoyer SK 105 ff. sowie o. § 15 RN 66 f.), so daß zB Diebstahl an den Anstaltskleidern, die der flüchtende Gefangene an sich trägt, regelmäßig ausscheidet (M-Schroeder I 320). Unerheblich ist, ob die Erlangung der Sache das Motiv der Tat (RG **49** 142; and. Frank VII 2 c, Kohlrausch-Lange III 2 a) oder ihren Endzweck bildet; dieser kann über die eigene Zueignung hinausgehen, zB auf Zuwendung der Sache an einen Dritten gerichtet sein (RG **44** 209). Vgl. auch Krauß Bruns-FS 20 f. Im übrigen braucht sich die Absicht nur auf die *Zueignung* zu erstrecken, ohne 62 von vornherein unbedingt auf *bestimmte Objekte* **konkretisiert** zu sein (vgl. RG **65** 148, JW **33**, 2706 [zu § 350 aF], BGH NStZ **82**, 380, ferner o. 45). Sofern der Täter hingegen eine Sache zunächst nur an sich nimmt, um sie auf ihre Verwendungsfähigkeit oder ihren Inhalt hin zu überprüfen und dann über das Behalten oder Zurückgeben zu entscheiden (wie bei Öffnung eines Pakets durch einen Postbeamten unter dem Vorbehalt endgültiger Wahl), kann von subjektiver Unbedingtheit der Zueignungsabsicht, wie sie auch für den Entschluß beim Versuch erforderlich ist (vgl. § 22 RN 18), noch keine Rede sein (vgl. RG **52** 148, **54** 229, JW **32**, 3087), es sei denn, der Täter hat das Behaltenwollen nur noch vom objektiven Vorhandensein einer erhofften Eigenschaft der Sache oder ihrem Wert abhängig gemacht (vgl. Gehrig aaO 62). Ist letzteres der Fall, so entfällt die Zueignungsabsicht nicht etwa dadurch, daß der Täter die seinen Erwartungen nicht entsprechende Sache zurückgibt; vielmehr ist Vollendung anzunehmen, da die Verwirklichungsstufe nur von der Tathandlung – bei § 242 der Wegnahme – abhängt und der Diebstahl schon tatbestandlich den Vollzug der Absicht, nicht aber den der Tatsache der Zueignung voraussetzt. Daher ist bei Rückgabe der Sache Strafmilderung allenfalls über die Strafzumessung (§ 46 II: Verhalten nach der Tat) möglich (vgl. Seier/Schlehofer JuS **83**, 54).

Nimmt der Täter ein **Behältnis mit Inhalt** weg, um sich nur letzteren anzueignen und das 63 Behältnis wegzuwerfen oder zu zerstören, so liegt Zueignungsabsicht nur hinsichtlich des Inhalts vor (BGH GA **62**, 145, Kindhäuser NK 100; Ruß Pfeiffer-FS 64 ff., Otto Jura 89, 143); erweist sich jedoch das Behältnis als leer, so bleibt mangels Wegnahme des Inhalts nur Versuch (BGH MDR/D **68**, 372, **75**, 543, StV **87**, 245, **88**, 14, NJW **90**, 2569, Otto JZ 85, 23; vgl. auch Celle NJW **70**, 1140); Entsprechendes gilt für den Fall, daß es nur zur Wegnahme des Behältnisses kommt (BGH MDR/D **75**, 22) oder dieses nicht den Gegenstand enthält, auf den sich der Zueignungswille des Täters konzentriert hatte (BGH StV **90**, 408). Umgekehrt liegt nur Diebstahl am Behältnis (zB Auto) vor, wenn der Täter sich nur dieses, nicht aber den Inhalt zueignen will (BGH **16** 190, JZ **87**, 52, Ruß Pfeiffer-FS 67).

β) Im Unterschied zur Aneignung ist es hinsichtlich der **Enteignung** nicht erforderlich, daß es 64 dem Täter darauf ankommt, dem Eigentümer die Sache unbedingt auf Dauer zu entziehen; vielmehr reicht insoweit auch dolus eventualis aus (iE ebso. Gehrig aaO 59, Kindhäuser NK 160 mwN; and. Seelmann JuS 85, 454). Hieraus sowie aus der Tatsache, daß der Grund für die Privilegierung des Gebrauchsdiebstahls Wille und Vorstellung des Täters sind, dem Berechtigten nur vorübergehend die Gebrauchsmöglichkeit zu entziehen, ergibt sich, daß der „Enteignungs"-Vorsatz grundsätzlich nur dann entfällt bzw. zum bloßen Gebrauchsvorsatz wird, wenn der Täter mit der **Rückführung der**

Sache sicher rechnet (Schröder JR 64, 229, iE ebso. Schaffstein GA 64, 102 ff.; vgl. auch Otto aaO 191 sowie Baumann NJW 64, 705, der aber schon die Absicht des Täters, die Sache zurückzubringen, ausreichen läßt). Andererseits kann aber aus dem Fehlen jeglicher Vorstellungen über das weitere Schicksal der weggenommenen Sache nicht ohne weiteres auf einen (zumindest bedingt) auf dauernde Enteignung gerichteten Vorsatz geschlossen werden (so dürfte wohl auch BGH NStZ **81**, 63 zu verstehen sein). Hält der Täter die Rückführung für zweifelhaft, nämlich eine Enteignung in der Weise für möglich, daß die Herstellung der Besitzerposition beim Berechtigten als ausgeschlossen erscheint (vgl. o. 52, 54) und findet er sich mit diesem Risiko ab, so liegt kein bloßer furtum usus vor (vgl. aber Schleswig SchlHA **53**, 216), sondern vollendeter Diebstahl, selbst wenn sich der Täter später doch noch zur Rückgabe entschließt (vgl. o. 62). Gleiches gilt für den Fall, daß sich der Täter unter bestimmten Bedingungen für später die Rückgabe der entwendeten Sachen vorbehält (BGH NJW **85**, 812 m. Anm. Gropp JR 85, 518, Kindhäuser NK 161).

65 γ) Auch hinsichtlich der **Rechtswidrigkeit der Zueignung** genügt bedingter Vorsatz (RG **49** 142, Ruß LK 52), wie zB bei Fehlen eines mangelnden und nur bedingten Übereignungswillens des Eigentümers (Köln NJW **86**, 392). Für den *Irrtum über die Rechtswidrigkeit* gilt, da normatives Tatbestandsmerkmal (hM; vgl. Hoyer SK 96, Kindhäuser NK 156 je mwN; and. iSv allg. Verbrechensmerkmal Hirsch JZ 63, 154 f., Welzel 346), folgendes: Glaubt der Täter, einen Anspruch auf Übereignung speziell der weggenommenen Sache zu haben, so nimmt er irrig einen Umstand an, der die Rechtswidrigkeit der beabsichtigten Zueignung ausschließen würde (BGH **17** 90 [m. Anm. Schröder JR 62, 346], GA **68**, 121, NStZ **82**, 380, StV **84**, 422; and. Hirsch JZ 63, 153), und handelt somit in Tatbestandsirrtum (iE ebso. der BGH bei Annahme eines Irrtums über tatsächl. Rechtfertigungsvoraussetzungen); Entsprechendes gilt für den Fall, daß mittäterschaftlich insgesamt für berechtigt gehaltene Geldforderungen eingetrieben werden sollen (BGH StV **00**, 78). Glaubt der Täter als Gläubiger eines Gattungsanspruchs dagegen, sich einen Gegenstand aus der Gattung nehmen zu dürfen, so liegt regelmäßig Verbotsirrtum vor, da der Täter an einen Rechtfertigungsgrund glaubt, den die Rechtsordnung nicht anerkennt (BGH **17** 90); dagegen soll nach BGH **17** 91 Tatbestandsirrtum anzunehmen sein, wenn der Täter – wie häufig bei Geldschulden – irrtümlich davon ausgeht, sein Anspruch beziehe sich auf eine bestimmte Sache aus der Gattung (ebso. BGH GA **62**, 144, **66**, 212, wistra **87**, 98, 136, NJW **90**, 2832, Schleswig StV **86**, 64). Vgl. auch Schröder DRiZ 56, 71, JR **62**, 347, Eser IV 43 f., Hoyer SK 99 ff., Kindhäuser NK 156 ff., Mitsch 2/1 S. 76 f.

66 e) Die Zueignungsabsicht muß **bei der Wegnahme** – und zwar bis zu deren Abschluß (vgl. BGH StV **91**, 106) – vorhanden sein (BGH NStZ **96**, 38, Kindhäuser NK 113); wird sie erst später gefaßt, so kommt nur Unterschlagung in Betracht (RG **52** 147, **54** 229, BGH GA **62**, 78; vgl. auch östOGH ÖJZ **65**, 246). Hat der Täter zB einen PKW weggenommen, um ihn später irgendwo stehen zu lassen, und entschließt er sich dann, sich im Wagen liegende Sachen zuzueignen, die er ursprünglich nicht haben wollte, so kommt § 246 zum Zuge (BGH **16** 190). Nimmt jemand ohne Einverständnis mit einem anderen Sachen für diesen weg, so scheidet § 242 auch dann aus, wenn der andere die Aneignung später vollzieht; hier kommt nur Unterschlagung bzw. Beihilfe dazu in Betracht.

67 **V. Vollendet** ist der Diebstahl mit Vollendung der Wegnahme der Sache in Zueignungsabsicht (BGH NStZ **82**, 420). Nach diesem Zeitpunkt ist zB auch die Fremdheit der Sache zu bestimmen (Kindhäuser NK 163). Die Wegnahme ist vollendet, sobald neuer Gewahrsam begründet ist (näher dazu o. 37 ff., 43). Daß sich die Beute bei näherer Prüfung als weniger wertvoll herausstellt als erhofft, steht der Annahme von Vollendung nicht entgegen (BGH NStZ **96**, 599). Ein Zueignungselement verlangt der objektive Tatbestand des Diebstahls nicht (Ruß LK 32, M-Schroeder I 306, eingeh. Gössel ZStW 85, 592 ff.; and. Welzel 346 ff., Hirsch JZ 63, 149, hins. der Enteignung auch Lampe GA **66**, 237 f.). Daß der Zeitpunkt der Wegnahme für die Zueignungsabsicht auch dann maßgeblich ist, wenn die Zueignung über die Sachwerttheorie begründet wird (Eser JuS 64, 478; vgl. aber Frankfurt NJW **62**, 1879 f.), ergibt sich damit schon aus dem allgemeinen Simultaneitätsprinzip.

68 Für **Versuch** ist das unmittelbare Ansetzen zum Gewahrsamsbruch, idR also das Einwirken auf den fremden Gewahrsam, erforderlich (Celle NdsRpfl. **61**, 182). Das wird von der **Rspr.** zB angenommen, wenn sich der Täter in einem fremden Hause auf den Dachboden schleicht und bereits vor einer unversperrten Kammer steht, in die er nur einzutreten braucht, um die dort umherliegenden Sachen wegzunehmen (RG **54** 254, **70** 203; ähnl. RG JW **22**, 1019 zum Eindringen des Täters in den Hof einer Gastwirtschaft, um dort ein Fahrrad wegzunehmen; vgl. auch BGH MDR/D **66**, 892). Wer zwecks Begehung eines Diebstahls unter falschen Vorwänden Einlaß in eine Wohnung begehrt, begeht Versuch, auch wenn ihm der Eintritt verweigert wird (BGH MDR/H **85**, 627, Kindhäuser NK 167; and. RG JW **26**, 2753). Als genügend für den Diebstahlsversuch hat RG **53** 218 ferner das Entfernen des Hofhundes angesehen, um ungestört stehlen zu können. Handlungen, welche die Signalstellung auf der Eisenbahn verhindern sollen, um einen herannahenden Zug zum Halten zu bringen (OGH **2** 160), sind heute wohl nicht mehr als Diebstahlsversuch anzusehen. Bei einem Täter, der Mitgewahrsam an der Sache hat, kann der Beginn der Wegnahme bereits darin gefunden werden, daß er durch sein Verhalten den Entschluß, sich die Sache zuzueignen, offenbart und den Mitgewahrsam ernstlich gefährdet (RG **2** 10). Eine nur vorbereitende Handlung ist dagegen zB das Beschaffen falscher Schlüssel (RG **54** 254, BGH **28** 162, BGH StV **92**, 62) oder das Verfolgen eines zu bestehlenden Lastzuges auf der Autobahn (BGH MDR/D **73**, 900). Auch das Besteigen des Daches eines fremden Hauses, um von dort auf das Dach des zu bestehlenden Hauses zu gelangen, dürfte noch kein Versuch

sein (RG HRR **29** Nr. 1537). Ob im Wegschaffen der Sache innerhalb von Räumen des Gewahrsamsinhabers ein vollendeter Gewahrsamsbruch liegt oder nur ein Versuch, hängt von den Umständen des Falles ab (vgl. RG **30** 89 und o. 39). Der **Entschluß** braucht hier wie stets beim Versuch noch **69** nicht spezialisiert zu sein. Es reicht der Entschluß aus, das zu stehlen, was an Brauchbarem auffindbar sein wird (RG **70** 202, Hamm JMBlNRW **76**, 20; vgl. auch o. 45, 62). Nach dem heute herrschenden Versuchsbegriff (vgl. § 22 RN 60) ist ein Diebstahlsversuch auch an der eigenen Sache möglich (RG **39** 433), ebenso beim Griff in die leere Tasche oder der Wegnahme eines Behältnisses, das der Täter sich zueignen will und das sich wider Erwarten als leer erweist (BGH MDR/D **68**, 372, NStZ/M–G **86**, 106, StV **87**, 245) oder bei (erfolgloser) Durchsuchung der Kleider des Opfers nach Wertgegenständen (BGH MDR/D **76**, 16). Über weitere Fälle des strafbaren untauglichen Versuchs vgl. RG **53** 338, JW **36**, 1974. Über Vollendung bei Autodiebstahl vgl. BGH MDR/D **72**, 925, Hamburg MDR **70**, 1027.

Bei **mittelbarer Täterschaft** ist der Diebstahl vollendet, sobald die Mittelsperson Gewahrsam **70** erlangt hat; auf den Zeitpunkt der Gewahrsamserlangung durch den mittelbaren Täter kommt es nicht an (RG **24** 86, **53** 181).

VI. 1. Die Abgrenzung zwischen **Täterschaft und Teilnahme** am Diebstahl richtet sich nach **71** den allg. Kriterien (vgl. 53 f. vor §§ 25 ff.). Speziell zur Abgrenzung von Diebstahl in mittelbarer Täterschaft zum Dreiecksbetrug vgl. § 263 RN 65 ff.

2. Die nach der aF umstrittene Abgrenzung zwischen Täterschaft und Teilnahme, wenn der un- **72** mittelbar Wegnehmende als **absichtslos-doloses Werkzeug** die Sache nicht sich selbst, sondern dem Hintermann zueignen wollte (vgl. 25. A.), hat auch durch die nunmehr mögliche Drittzueignung (o. 56, 58) nicht jegliche Bedeutung eingebüßt (vgl. DSNS-Dencker 17 f., Mitsch ZStW 111, 68; vgl. auch Noak aaO 65 ff.). Glaubt zB der Vordermann, er würde die weggenommene Sache dem Hintermann lediglich zum reinen Gebrauch überlassen, so kommt für diesen bei entsprechender Selbstzueignungsabsicht mittelbare Täterschaft in Betracht, während der Vordermann solange straflos bleibt (und zwar auch nicht als Gehilfe in Betracht kommt), als er nicht um die Selbstzueignungsabsicht des Hintermannes weiß (Mitsch 2/1 S. 91). Will hingegen der Vordermann dem Hintermann die weggenommene Sache zur Einverleibung in dessen Vermögen zukommen lassen, so kann er nunmehr durch seine Drittzueignungsabsicht zum Täter werden (vgl. auch Mitsch ZStW 111, 68). Doch wird nicht schon jeder Akt der Beihilfe durch Hinzufügung der Drittzueignungsabsicht zur Mittäterschaft, weil dabei auch weiterhin die allgemeinen Abgrenzungsregeln zu beachten sind (vgl. o. 51 f., 77 ff. vor § 25).

3. **Beihilfe** zum Diebstahl ist auch noch nach Vollendung (o. 67) bis zur Beendigung des Diebstahls **73** möglich. Beendet ist der Diebstahl, sobald der an der Sache begründete neue Gewahrsam gegen Angriffe Dritter gesichert ist (vgl. Ruß LK 76). Nach Beendigung kommt Beihilfe zum Diebstahl nicht mehr in Betracht (BGH JZ **89**, 759), uU aber Begünstigung (vgl. BGH NStZ **00**, 31).

VII. Als **Strafe** ist Freiheitsstrafe bis zu 5 Jahren oder Geldstrafe angedroht. Über Privilegierungen **74** durch **Strafantragserfordernis** vgl. §§ 247, 248 a. Über **strafverschärfte** Fälle vgl. §§ 243, 244, 244 a. Zur **Führungsaufsicht** vgl. § 245.

VIII. **Konkurrenzen: Tateinheit** kommt zB in Betracht mit § 132 (RG **54** 256), § 133 (RG **43** **75** 175), §§ 134, 136, § 223 (BGH NStZ **83**, 364), § 145 d (Strafanzeige zur Verdeckung eines Diebstahls, BGH MDR/H **94**, 129), ferner mit § 266 (RG DR **43**, 912), mit § 21 StVG (BGH **18** 66, VRS **13** 350, NJW **81**, 997, NStE Nr. **19** zu § 52, Meyer-Goßner NStZ 86, 52), mit § 316 (Trunkenheitsfahrt zur Sicherung des Diebesguts, Bay NJW **83**, 406), mit Zolldelikten (BGH **19** 217) und Verstößen gegen das BtMG (vgl. BGH NStZ **82**, 169, 250), nicht dagegen mit nachfolgender Inbrandsetzung des Gebäudes, aus dem zuvor gestohlen wurde (BGH NStZ **86**, 314). Mit § 263 ist ebenfalls Tateinheit möglich (Haas GA 90, 206; and. BGH **17** 209, Backmann aaO 159); dies jedenfalls dann, wenn beide Delikte gegen verschiedene Berechtigte gerichtet sind (vgl. RG **70** 212) oder durch § 263 ein weiterer Nachteil zugefügt wird (Koblenz GA **77**, 347); vgl. auch Schröder ZStW 60, 79 ff., SJZ 50, 94 sowie § 263 RN 66 f. u. mwN. Demgegenüber übersieht BGH **17** 209, daß die Täuschung zur Erhaltung der Diebesbeute der Wegnahme nachfolgt und somit die Abwehr der drohenden Entziehung den Tatbestand des § 263 erfüllt, also lediglich unter Konkurrenzgesichtspunkten entfällt. Dagegen kommt Tateinheit mit § 259 (RG **34** 304) und § 253 (vgl. Schröder ZStW 60, 112 f.) nicht in Betracht; zum Verhältnis von Täterschaft und Teilnahme am Diebstahl und nachfolgender Hehlerei vgl. § 259 RN 53 f. Zu Konkurrenzfragen bei Codekartenmißbrauch und Leerspielen von Geldautomaten vgl. o. 36 sowie § 263 a RN 14 ff. Zur (zw.) Annahme von Tateinheit mit § 267 vgl. BGH MDR/H **81**, 452. **Fortsetzungszusammenhang** – soweit dieses Rechtsinstitut nicht durch BGH **40** 138 obsolet geworden ist (vgl. 31 vor § 52) – kommt in Betracht, wenn der Täter einen Gegenstand stiehlt, um damit einen weiteren Diebstahl zu begehen (BGH MDR/H **83**, 621, **90**, 488, Düsseldorf JZ **84**, 1000), und zwar auch dann, wenn davon verschiedene Eigentümer betroffen sind (RG **70** 243, BGH GA **75**, 123; vgl. 25. A. 41 vor § 52). Entwendet dagegen der Täter während der Diebstahlsbegehung noch weitere Gegenstände, mit denen er die Beute abtransportieren will, so liegt bereits tatbestandliche Handlungseinheit vor (vgl. o. 45 mwN). Zu Tateinheit bei mehreren Tatanläufen vgl. BGH NStZ **00**, 30.

Gesetzeskonkurrenz mit Zurücktreten von § 242 besteht gegenüber **Diebstahlsqualifizierun-** **76** **gen,** und zwar gleich, ob unselbständig (§ 244, 244 a) oder verselbständigt (§§ 249 ff., 252). Gegenüber §§ 247, 248 a stellen sich keine Konkurrenzprobleme (mehr), da hier § 242 lediglich zum Antragsdelikt wird. Handlungen, die der Dieb mit der gestohlenen Sache vornimmt, sind **straflose Nachtaten**, wenn der durch die zweite Handlung angerichtete Schaden mit dem durch die erste Handlung herbeigeführten zusammenfällt bzw. nicht weiter vertieft wird (vgl. 114 vor § 52 mN). Daher ist die Beseitigung von Motor- und Fahrgestellnummer an einem gestohlenen Kraftfahrzeug ohne neues Anbringen falscher Nummern straflose Nachtat (BGH NJW **55**, 876, NStZ-RR **98**, 294 zu Sachbeschädigung an der Diebesbeute). Dies gilt auch dann, wenn durch die neue Tat fremder Gewahrsam verletzt wird, zB der Dieb dem Hehler die Sache entwendet. Da der Gewahrsam keinen selbständigen Schutz genießt und die Eigentumsverletzung durch die Vortat abgegolten ist, liegt kein erneuter Diebstahl vor (and. BGH **3** 194). Gleiches gilt grds. für Abhebungen von gestohlenen Sparbüchern (BGH StV **92**, 272). Dagegen bleibt die Nachtat als solche strafbar, wenn durch die Auszahlung ausnahmsweise auch die Bank geschädigt wird (BGH MDR/H **82**, 280) oder der Täter durch Täuschung eine durch den Berechtigten erwirkte Kontosperre überwindet (BGH NStZ **93**, 591); ebenso wenn Scheckvordrucke nach Entwendung gefälscht und eingelöst werden (BGH MDR/H **82**, 280, ähnl. LG Wuppertal MDR **92**, 887, das iE aber – zweifelhaft – natürl. Handlungseinheit annimmt). Gleiches gilt, wenn ein gutgläubiger Dritter durch Verkauf der abhandengekommenen Sache betrogen wird (Tröndle 26). Vgl. weiter RG JW **20**, 559, HRR **33** Nr. 550, DJ **40**, 1115, Kindhäuser NK 171 ff.

77 Nimmt der **Mittäter** eines Diebstahls die gemeinsam gestohlene Sache dem anderen Mittäter weg, um sie sich entgegen der Verabredung allein zuzueignen, so ist dies nur die Verwirklichung der schon früher betätigten Zueignungsabsicht und daher ebenfalls straflose Nachtat (vgl. RG **11** 441). Dies soll nach BGH **3** 194 dann nicht gelten, wenn die Beute bereits aufgeteilt ist (Ruß LK 67). Sieht man jedoch den Gewahrsam nicht als in § 242 alternativ geschütztes Rechtsgut an (o. 2), so führt diese Ansicht selbst dort zu unbefriedigenden Ergebnissen, wo der Dieb die einem gutgläubigen Dritten übergebene Sache erneut wegnimmt. Denn soweit infolge von § 935 BGB der Eigentümer derselbe geblieben ist, stellt die erneute Wegnahme durch den Täter keine erneute Verletzung des Eigentümers dar (jedenfalls für Strafrahmenreduzierung in diesem Fall Kindhäuser NK 173).

78 IX. Für **landesrechtliche** Vorschriften zum Schutz von **Feld** und **Forst** (Einzelnachw. 17. A.) bleibt nach Art. 4 IV und V EGStGB nur noch insoweit Raum, als die Straf- bzw. Verfolgungshoheit bei Geringfügigkeit eingeschränkt oder ausgeschlossen wird (vgl. 46 vor § 1).

79 X. Möglich ist eine **Wahlfeststellung** zwischen Diebstahl und Hehlerei (BGH **1** 304, **11** 26, BGHR § 259 Wahlfeststellung **2**, Freiburg DRZ **47**, 65, Celle DRZ **47**, 64, MDR **87**, 75, Kassel NJW **48**, 696, OGH **2** 90; für eindeutige Verurteilung wegen Hehlerei in Fällen sog. Postpendenz inzwischen BGH NStZ **89**, 574, vgl. § 1 RN 98 a) bzw. dem in einem Raub enthaltenen Diebstahl (BGH MDR/H **86**, 793), ferner zwischen (schwerem) Diebstahl und Begünstigung (BGH **23** 360 m. Anm. Schröder JZ 71, 141 und Hruschka NJW 71, 1392), während zwischen § 242 und § 248 b ein Stufenverhältnis besteht (vgl. § 1 RN 90). Zu Wahlfeststellung zwischen § 242 und gewerbsmäßiger Hehlerei (§ 260) vgl. § 1 RN 110. Ist zweifelhaft, ob Diebstahl oder Unterschlagung vorliegt, so ist zugunsten des Täters Unterschlagung anzunehmen; vgl. § 1 RN 58 ff., insbes. 90. Unzulässig ist eine Wahlfeststellung wegen der fehlenden Gleichwertigkeit der Rechtsgüter zwischen Diebstahlsversuch und § 145 d (Köln NJW **82**, 347 mwN), ebenso zwischen Diebstahl und Beihilfe zum Betrug (BGH NStZ **85**, 123).

§ 243 Besonders schwerer Fall des Diebstahls

(1) **In besonders schweren Fällen wird der Diebstahl mit Freiheitsstrafe von drei Monaten bis zu zehn Jahren bestraft. Ein besonders schwerer Fall liegt in der Regel vor, wenn der Täter**
1. zur Ausführung der Tat in ein Gebäude, einen Dienst- oder Geschäftsraum oder in einen anderen umschlossenen Raum einbricht, einsteigt, mit einem falschen Schlüssel oder einem anderen nicht zur ordnungsmäßigen Öffnung bestimmten Werkzeug eindringt oder sich in dem Raum verborgen hält,
2. eine Sache stiehlt, die durch ein verschlossenes Behältnis oder eine andere Schutzvorrichtung gegen Wegnahme besonders gesichert ist,
3. gewerbsmäßig stiehlt,
4. aus einer Kirche oder einem anderen der Religionsausübung dienenden Gebäude oder Raum eine Sache stiehlt, die dem Gottesdienst gewidmet ist oder der religiösen Verehrung dient,
5. eine Sache von Bedeutung für Wissenschaft, Kunst oder Geschichte oder für die technische Entwicklung stiehlt, die sich in einer allgemein zugänglichen Sammlung befindet oder öffentlich ausgestellt ist,
6. stiehlt, indem er die Hilflosigkeit einer anderen Person, einen Unglücksfall oder eine gemeine Gefahr ausnutzt oder
7. eine Handfeuerwaffe, zu deren Erwerb es nach dem Waffengesetz der Erlaubnis bedarf, ein Maschinengewehr, eine Maschinenpistole, ein voll- oder halbautomatisches Gewehr

Besonders schwerer Fall des Diebstahls 1–4 § 243

oder eine Sprengstoff enthaltende Kriegswaffe im Sinne des Kriegswaffenkontrollgesetzes oder Sprengstoff stiehlt.

(2) **In den Fällen des Absatzes 1 Satz 2 Nr. 1 bis 6 ist ein besonders schwerer Fall ausgeschlossen, wenn sich die Tat auf eine geringwertige Sache bezieht.**

Vorbem. Abs. 1 S. 2 Nr. 7 eingefügt, Abs. 2 geändert durch das Ges. zur Änderung d. StGB, d. StPO usw. v. 9. 6. 1989 (BGBl. I 1059), Abs. 1 S. 2 Nrn. 1, 6 und Abs. 2 idF des 6. StrRG v. 26. 1. 1998 (BGBl. I 164).

Schrifttum: Arzt, Die Neufassung der Diebstahlsbestimmungen, JuS 72, 385, 515, 576. – *Bittner,* Schwerer Diebstahl nach § 243 Ziff. 2, MDR 71, 104. – *Blei,* Die Regelbeispieltechnik der schweren Fälle u. §§ 243, 244 StGB, Heinitz-FS 419. – *Börtzler,* Verurteilung wegen Diebstahls nach der nF der §§ 243, 244, NJW 71, 682. – *Calliess,* Die Rechtsnatur der „bes. schweren Fälle" u. Regelbeispiele im Strafrecht, JZ 75, 112. – *Corves,* Die ab 1. 4. 1970 geltenden Änd. des Bes. Teils des StGB, JZ 70, 156. – *Fabry,* Der bes. schwere Fall der versuchten Tat, NJW 86, 15. – *Gribbohm,* Der Bezug der Tat auf eine geringwertige Sache (usw.), NJW 75, 1153. – *Gropp,* Der Diebstahlstatbestand unter bes. Berücksichtigung der Regelbeispiele, JuS 99, 1041. – *Kastenbauer,* Die Regelbeispiele im Strafzumessungsvorgang, 1986. – *Kindhäuser,* Zur Anwendung der Regeln des AT auf den bes. schweren Fall des Diebstahls, Triffterer-FS 123. – *Küper,* Die Geringwertigkeitsklausel des § 243 II StGB als gesetzestechn. Problem, NJW 94, 349. – *v. Löbbecke,* Strafbarkeit des versuchten Diebstahls in einem schweren Falle, MDR 73, 374. – *Maiwald,* Bestimmtheitsgebot, tatbestandl. Typisierung u. die Technik der Regelbeispiele, Gallas-FS 137. – *Mitsch,* Die Vermögensdelikte im StGB nach dem 6. StrRG, ZStW 111 (1999), 65. – *Schmitt,* Juristische „Aufrichtigkeit" am Beispiel des § 243 StGB, Tröndle-FS 313. – *Steinke,* Kraftfahrzeugdiebstahl, ZRP 92, 232. – *Sternberg-Lieben,* Versuch u. § 243 StGB, Jura 86, 183. – *Wessels,* Zur Problematik der Regelbeispiele für „schwere" u. „bes. schwere Fälle", Maurach-FS 295. – *Zieschang,* Bes. schwere Fälle u. Regelbeispiele (usw.), Jura 99, 561. – *Zipf,* Dogm. u. kriminalpol. Fragen bei § 243 II, Dreher-FS 389.

I. Die Vorschrift hat ihre jetzige Struktur durch das 1. StrRG (Abs. 1) und das EGStGB (Abs. 2) **1** erhalten (vgl. BT-Drs. 7/1261 S. 16 f.). Um die unbefriedigenden Ergebnisse der früheren Tatbestandskasuistik zu vermeiden, wurden zur Strafschärfung **„besonders schwerer Fälle"** die – teilweise an § 243 aF angelehnten (vgl. Nrn. 1, 2, 4) – Erschwerungsgründe nicht mehr als abschließende Qualifikation, sondern nur noch als bloße **Regelbeispiele** ausgestaltet. Diese Gesetzestechnik (dazu 44 ff. vor § 38 sowie Gropp JuS 99, 1047 ff.) hat einerseits zur Folge, daß im Vorliegen eines Regelbeispiels zwar ein *Indiz* für die Annahme eines besonders schweren Falles zu erblicken ist, diese Indizwirkung jedoch aufgrund einer *Gesamtabwägung widerlegt* werden kann, und daß anderseits auch bei *Nichtvorliegen eines Regelbeispiels* die Annahme eines schweren Falles in Betracht kommen kann, wenn dieser sich aufgrund einer Gesamtbewertung deutlich vom Normalfall des einfachen Diebstahls nach § 242 abhebt (BGH **29** 322). Zu Einzelbeisp. vgl. u. 42 f. Verbrechenssystematisch handelt es sich bei den Erschwerungsmerkmalen nicht um solche mit Tatbestandsqualität (so aber Kindhäuser Triffterer-FS 124 ff, 136 sowie zur Wahrung des Analogieverbots Zieschang Jura 99, 563), sondern um **2 Strafzumessungsregeln** (vgl. BGH **23** 254, Hoyer SK 1, Kastenbauer aaO 125 ff., Wessels Maurach-FS 298, Zipf Dreher-FS 391), die allerdings durch ihre Indizfunktion den Tatbestandsmerkmalen zumindest angenähert (vgl. BGH **29** 368, Schleswig NJW **79**, 2057 m. Anm. Grünwald JR 80, 302, Tröndle 3, Fabry NJW 86, 17, M-Schroeder I 324), ja diesen jedenfalls beim bloßem Versuch in BGH **33** 374 praktisch sogar gleichgestellt sind (ähnl. bereits Calliess JZ 75, 117; krit. Gössel u. Schmitt, jew. Tröndle-FS 357 bzw. 313). Dabei fungiert Abs. 2 als *unwiderlegliche Gegenindikation* gegen die **3** besondere Schwere eines an sich durch Abs. 1 gegebenen Erschwerungsgrundes (vgl. E 62 Begr. 402, Calliess JZ **75**, 114; vgl. ferner u. 48 f.). Die Euphorie, mit der diese Regelbeispieltechnik ursprünglich begrüßt wurde, ist jedoch allmählich einer teilweisen Ernüchterung gewichen (vgl. Blei Heinitz-FS 419, Küper NJW **94**, 349, Maiwald Gallas-FS 137). § 243 nF hat nicht weniger Probleme geschaffen, als er beseitigt hat. Dies gilt sowohl für den subjektiven Tatbestand wie insbes. für die Neuregelung des Abs. 2 (dazu u. 49), der mit seiner isolierenden Verabsolutierung eines einzelnen Merkmals (der Geringwertigkeit) ein Novum im System der schweren Fälle bzw. der Regelbeispieltechnik darstellt, für die an sich eine Gesamtabwägung *aller* be- und entlastenden Umstände charakteristisch ist (vgl. BGH NJW **70**, 1197, Tröndle § 46 RN 43). Die rigide Lösung des Abs. 2 erscheint umso erstaunlicher, als die Amtl. Begr. selbst den Wert einer Sache nicht als durchweg geeignetes Kriterium für den Unwertgehalt eines Vermögensdelikts ansieht (vgl. BT-Drs. 7/1261 S. 17), man sich vielmehr umgekehrt fragen könnte, weshalb minder bestraft werden sollte, wer ohne Not (wie nach § 248 a aF) oder sonst verständliche Beweggründe (wie bei § 370 I Nr. 5 aF) um geringfügiger Vorteile willen sogar einen nächtlichen Einbruch begeht (vgl. auch Zipf Dreher-FS 399 ff.). Die Regelung des Abs. 2 wird auch nicht dadurch überzeugender, daß ihre Anwendbarkeit auf das neue Regelbeispiel des Schußwaffen- oder Sprengstoffdiebstahls (Nr. 7) mit an sich zutreffenden Erwägungen generell ausgeschlossen wurde. Daß diese Strafschärfung nicht an den Wert der entwendeten Sache anknüpfe (so BR-Drs. 238/88 S. 20), trifft auch auf andere Regelbeispiele zu, ohne daß die daraus resultierenden Bedenken vom Gesetz berücksichtigt wurden (vgl. u. 41 c). Als reiner Schuldminderungsgrund kann Abs. 2 daher sicher nicht erklärt werden (so aber Gribbohm NJW **75**, 1153).

II. Für eine Strafschärfung nach § 243 wird zunächst der volle **Tatbestand des einfachen Dieb- 4 stahls** (§ 242) vorausgesetzt. Außerdem müssen die in § 243 I genannten besonderen Umstände

§ 243 5–12   Bes. Teil. Diebstahl und Unterschlagung

vorliegen, die jedoch einen besonders schweren Fall und damit die Anwendbarkeit des § 243 I nur „in der Regel" begründen (vgl. o. 1, u. 42). Da jedoch § 243 I (abgesehen von dessen Nr. 7) seinerseits bei Geringwertigkeit des Tatobjekts durch § 243 II zwingend ausgeschlossen wird (u. 48), kann sich vor Prüfung der Erschwerungsgründe des Abs. 1 die des Ausschlußgrundes von Abs. 2 empfehlen (Zipf Dreher-FS 391). Zum Fall bloßen *Versuchs* von Diebstahl oder Regelmerkmal vgl. u. 44 f.

5 III. Der **Einbruchsdiebstahl (Nr. 1)** stellt sich als eine Kombination der Fälle dar, die früher in Nrn. 2, 3 und 7 des § 243 aF geregelt waren. Er setzt im einzelnen voraus:

6 1. Eine **bestimmte Örtlichkeit**, an der der Diebstahl begangen wird. Diese wird als Gebäude, Dienst- oder Geschäftsraum oder nur als umschlossener Raum definiert, wobei unter den *umschlossenen Raum als Oberbegriff* alle übrigen Räume subsumiert werden können. Die Erweiterung der Örtlichkeiten, die gegenüber der aF erfolgt ist, hat daher sachlich keine Bedeutung (Ruß LK 9). Die frühere Interpretation der Begriffe Gebäude und umschlossener Raum ist in vollem Umfang auch für die nF maßgeblich.

7 a) **Gebäude** ist ein mit dem Grund und Boden verbundenes Bauwerk, das den Eintritt von Menschen ermöglicht und geeignet und bestimmt ist, dem Schutze von Menschen oder Sachen zu dienen, und Unbefugte abhalten soll (vgl. RG **70** 361, BGH **1** 163). Eine dauernde Verbindung mit dem Grund und Boden ist nicht erforderlich; daher können zB auch Ausstellungs- und Zirkuszelte Gebäude sein. Stets muß aber zum mindesten eine durch die Schwere des Bauwerks hergestellte natürliche Verbindung mit dem Grund und Boden vorhanden sein (RG **53** 268, BGH **1** 163). Ein Gebäude kann auch eine Bahnhofshalle mit durchgehenden Gleisen sein (RG **55** 154). Ausdrücklich hervorgehoben sind nur noch *Dienst-* und *Geschäftsräume* iSv von Gebäuden oder Gebäudeteilen, die zum Aufenthalt während oder zur Durchführung von beruflichen oder sonstigen geschäftlichen Tätigkeiten bestimmt sind (vgl. Kindhäuser NK 14). Die in der aF ebenfalls genannten Wohnungen sind mit Streichung durch das 6. StrRG nicht etwa ersatzlos weggefallen, sondern genießen durch Aufnahme in § 244 I Nr. 3 nun sogar noch höheren Schutz (vgl. dort RN 30).

8 b) Unter **umschlossenem Raum** ist jedes durch (zumindest teilweise) künstliche Hindernisse gegen das Betreten durch Unbefugte geschützte Raumgebilde zu verstehen, das von Menschen betreten werden kann; gleichgültig ist, ob es mit dem Boden verbunden ist oder nicht (BGH **1** 164, Kiel SchlHA **46**, 271; and. RG **70** 360, **71** 198). „Umschlossen" bedeutet nicht verschlossen (RG **32** 141, BGH NJW **54**, 1897). Daher gehören auch Räume hierher, die zeitweilig unverschlossen sind, es sei denn, daß sie von jedermann frei und ungehindert benutzt werden können (RG **7** 265, **32** 142, **54**
9 20, **56** 97, BGH NJW **54**, 1897). Zu den umschlossenen Räumen gehören **beispielsweise** Eisenbahnwagen (Jena DJ **39**, 1402; and. Hamm JZ **51**, 307), Wohnwagen (BGH **1** 166), Bürowagen eines Baugeschäfts (BGH **2** 215), Schiffe (BGH **1** 116; and. Hamburg SJZ **49**, 425 m. Anm. Busch), ein Untergrundbahnhof (OGH **3** 114), unter Tage liegende Teile eines Bergwerks (BGH LM **Nr. 5**), nach Köln MDR **69**, 237 auch eine mit einem Zaun umgebene Weide, *nicht* aber, wenn der Zaun nicht der Fernhaltung Unbefugter dient (BGH NStZ **83**, 168), sondern zB lediglich zu Verschönerungszwecken (vgl. Bremen JR **51**, 88), auch nicht eine Telephonzelle, da sie jederzeit von jedermann frei benutzt werden kann (Hamburg NJW **62**, 1453). Dagegen ist ein mit Mauern umgebener Fabrikhof oder Lagerplatz (BGH NStZ **00**, 143) ein umschlossener Raum, uU auch dann, wenn eine Seite nur von einem Bach begrenzt wird (BGH MDR/D **55**, 145; vgl. ferner BGH NJW **54**, 1897: umzäunter Friedhof). Zu den umschlossenen Räumen gehören auch abgeschlossene Räume *innerhalb eines Gebäudes*, wie zB Zimmer (BGH **1** 167) oder ein Lagerraum (Hamm MDR **50**, 753), ein Verschlag (Kiel SchlHA **46**, 271) oder ein Boden (BGH **1** 167, Oldenburg HE **1** 104). Vgl. weiter u. 22, 25 ff.

10 2. Weitere Voraussetzung ist eine bestimmte **Modalität des Eindringens** in die geschützten Räume, und zwar kommen dafür das Einbrechen, das Einsteigen sowie der Gebrauch falscher Schlüssel in Betracht, während Diebstahl mittels Erbrechens von Behältnissen heute in Nr. 2 durch eine besondere Regelung erfaßt wird.

11 a) Das **Einbrechen** bezeichnet das gewaltsame Öffnen von Umschließungen, die dem Eintritt in den geschützten Raum entgegenstehen. Eine Substanzverletzung ist nicht erforderlich (RG **4** 354, Kindhäuser NK 15). Jedoch muß es sich um eine nicht ganz unerhebliche Anstrengung handeln (BGH NJW **56**, 389, NStZ **00**, 143; vgl. auch Hamm JR **52**, 287: eine „dem Hindernis angemessene" Kraftanstrengung); daher zu weitgehend BGH NJW **56**, 389 (ferner VRS **35** 416) bei bloßem Aufdrücken der Lüftungsklappen eines Pkw (vgl. Hoyer SK 16). Dagegen kann der Einbruch zB durch Ausheben der Türen erfolgen oder durch Auseinanderbiegen der Flügel eines Scheunentors (RG **4** 354), durch Beiseiteschieben eines die Türöffnung versperrenden Schrankes (RG **60** 378). Der von innen mit der Beute nach außen ausbrechende Dieb wird von der Vorschrift nicht erfaßt (RG **55** 211). Ein *Betreten* des Gebäudes oder umschlossenen Raumes ist *nicht* erforderlich (BGH NStZ **85**, 217 m. krit. Anm. Arzt StV **85**, 104, Düsseldorf MDR **84**, 961); so genügt, daß von außen durch eine Öffnung in den Innenraum (zB in ein Schaufenster) hineingegriffen wird (vgl. BGH MDR/D **54**, 336). Das Einbrechen ist *vollendet*, sobald durch das Vorgehen des Täters der Zugang zu dem umschlossenen Raum eröffnet ist (Düsseldorf JZ **84**, 684).

12 b) **Einsteigen** bedeutet das Betreten des geschützten Raumes auf einem dafür regelmäßig nicht bestimmten Wege unter Entfaltung einer gewissen Geschicklichkeit oder Kraft (vgl. RG HRR **42**

Nr. 194). Dies ist nicht schon deshalb zu verneinen, weil auch der Eigentümer dieselben Schwierigkeiten überwinden müßte, die sich dem eindringenden Dieb entgegengestellt haben (RG LZ **19**, 903), zB der Dieb eine Leiter als Zugang zu einem Raum benutzt, den auch der Berechtigte nur mit einer Leiter erreichen kann (vgl. weiter RG **53** 174, **59** 171). Einsteigen setzt nicht notwendig eine steigende Tätigkeit voraus, wohl aber die Überwindung eines gewissen, sich aus der Bauart usw. ergebenden Hindernisses (RG HRR **39** Nr. 263, BGH **10** 133, MDR/H **82**, 810, NStZ **00**, 143, StV **84**, 204), wie etwa bei Einkriechen (RG **13** 257, HRR **39** Nr. 660, BGH **14** 198, MDR/D **54**, 16, Bremen MDR **50**, 753). Ferner kommt in Betracht, daß jemand durch ein Fenster einsteigt, das der Bestohlene wegen Unbenutzbarkeit der Tür vorübergehend als Notzugang benutzt hat (RG **59** 171), oder daß der Täter vom Dachboden des benachbarten Gebäudes durch ein Fenster in das Haus gelangt, aus dem gestohlen wird (RG **3** 173). Das Einsteigen braucht nicht vom Freien aus zu erfolgen; es kann auch innerhalb desselben Gebäudes eingestiegen werden (BGH **1** 160, Kiel SchlHA **46**, 271, Frank III 2 b; and. RG **8** 103, **30** 122). Zum Einsteigen ist das Eindringen eines großen Teils des Körpers in das Gebäude erforderlich; dagegen genügt nicht schon das Betreten mit nur einem Fuß oder das Hineinlangen in einen Wagen (vgl. BGH **10** 132, NJW **68**, 1887, Bay JZ **73**, 324, Kiel SchlHA **47**, 30); nach Hamm NJW **60**, 1359 genügt es, wenn sich der Täter innerhalb des umfriedeten Raumes einen festen Stützpunkt verschafft.

c) Die **Benutzung falscher Schlüssel** oder anderer nicht zur ordnungsmäßigen Öffnung bestimmter Werkzeuge entspricht dem Nachschlüsseldiebstahl in Nr. 3 aF, mit dem Unterschied jedoch, daß diese Geräte zum Eindringen in die geschützten Räume verwendet sein müssen, während die früher ebenfalls erfaßten Behältnisse nicht mehr erwähnt sind. Ebenso weggefallen ist die Erwähnung der in Innern befindlichen Türen. Dieser Passus erscheint entbehrlich, da auch die Räume im Innern eines Gebäudes umschlossene Räume iSd Nr. 1 sind. **13**

α) Ein **Schlüssel** ist ein Instrument zum Betätigen von Schlössern, das traditionell aus Metall oder Holz geformt ist, aber auch – wie einem neueren Hoteltrend entsprechend – in einer scheibenartigen Codekarte bestehen kann (vgl. Bay NJW **87**, 666, LG Köln NJW **87**, 668 zu Scheckkarten für Bankomaten). Schlüssel sind **falsch,** wenn sie zur Tatzeit vom Berechtigten nicht oder nicht mehr zur Öffnung des fraglichen Verschlusses bestimmt sind (vgl. BGH MDR **60**, 689, Hamburg VRS **31** 362), nicht aber schon allein bei unbefugter Benutzung (BGH StV **87**, 20); daher wird ein Schlüssel auch nicht schon allein wegen Strafbarkeit der Verschaffung falsch (vgl. Huff NStZ **85**, 440). Ein Schlüssel, der hilfsweise und gelegentlich benutzt wird und als Ersatzschlüssel dienen soll, ist idR ein „richtiger" Schlüssel; denn die Bestimmung zur ordnungsmäßigen Öffnung können auch mehrere Schlüssel gleichzeitig haben (Celle HannRpfl. **46**, 121, Karlsruhe Justiz **84**, 211). Werden Räume, Wohnungen usw. an Mieter übergeben oder vom Mieter an den Vermieter zurückgegeben, so werden die nicht mitübergebenen Schlüssel dadurch falsch (RG **11** 436, **53** 101, BGH JR **59**, 306 m. Anm. Schröder; vgl. auch BGH **20** 235: von früherer Hausgehilfin zurückbehaltener Schlüssel, sowie Stuttgart VersR **83**, 745: unbefugt beschaffter Nachschlüssel eines Angestellten; vgl. auch BGH wistra **94**, 57). Kein falscher ist der Schlüssel zum eigenen Vorhängeschloß des Diebes, das er anstatt des bisherigen angebracht hat (RG JW **24**, 306 m. Anm. Köhler). Zu dem Fall, daß der Täter den richtigen Schlüssel für einen falschen hält, vgl. u. 59. **14**

β) Gleichgestellt sind den falschen Schlüsseln **andere zur ordnungsmäßigen Öffnung nicht bestimmte Werkzeuge:** nämlich solche, durch die der Mechanismus des Verschlusses ordnungswidrig in Bewegung gesetzt wird (RG **53** 277), zB Dietriche, Haken, nicht dagegen Brechwerkzeuge, die nicht den Mechanismus in Bewegung setzen, sondern eine gewaltsame Eröffnung herbeiführen sollen. Daher ist das Herausreißen von Türgriffen bei einem PKW kein Fall dieser Alternative, wenn dann das Schloß mit den Fingern geöffnet wird (BGH NJW **56**, 271). Wie die Öffnung des Verschlusses durch das Werkzeug erfolgt, ist unerheblich; das Werkzeug braucht nicht in das Schlüsselloch eingeführt zu werden (RG **27** 285). **15**

γ) Der Täter muß **mittels** des falschen Schlüssels in den umschlossenen Tatort eingedrungen sein, aus dem er stiehlt. Der Begriff des Eindringens entspricht nicht immer dem des § 123 (BGH **22** 127). So ist dieses Regelmerkmal etwa dort zu verneinen, wo der Täter aus dem einen Raum ohne Zueignungsabsicht nur einen (richtigen) Schlüssel holt, um damit den eigentlichen Diebstahlsraum zu öffnen. Vgl. aber auch u. 23. **16**

3. Subjektiv ist erforderlich, daß das Einbrechen usw. **zur Ausführung eines Diebstahls** geschieht, der Täter also bereits bei Vornahme einer der vorgenannten Handlungen Diebstahlsvorsatz hatte. Daher scheiden diese Regelhandlungen aus, wenn die Diebstahlsabsicht erst *nach* erfolgtem Einbrechen usw. gefaßt wird (vgl. aber auch u. 18 ff.). Dagegen ist unerheblich, ob der Diebstahl aus dem umschlossenen Raum erfolgt oder dieser selbst (mit-)gestohlen wird (vgl. u. 27). **17**

18   4. Dem vorgenannten Zutrittverschaffen ist gleichgestellt der Fall, daß sich der Täter zur Ausführung der Tat in einem der geschützten Räume **verborgen hält.** Der Strafschärfungsgrund liegt hier darin, daß das heimliche Verbergen es dem Täter gestattet, sich den Zeitpunkt für die Durchführung der Tat auszusuchen, in dem der geringste Gewahrsamsschutz wirksam ist (Ruß LK 5). Nicht erforderlich ist, daß der Täter sich an dem Ort verborgen hält, an dem er auch den Diebstahl ausführen will.

19   a) *Ohne Bedeutung* ist, auf welche Art und Weise der Täter in die genannten Räume gelangt ist, insbes., ob dies **legal oder illegal** geschehen ist. Auch der Angestellte, der sich nach Geschäftsschluß in den Geschäftsräumen verbirgt, um ungestört stehlen zu können, ist daher nach Nr. 1 strafbar. Erforderlich ist aber, daß der Täter sich zum Zeitpunkt der Tat illegal in den Räumen befindet, also jetzt keine Berechtigung zur Anwesenheit mehr besitzt.

20   b) Das Sichverborgenhalten muß **zur Ausführung** der Tat geschehen. Daher fällt, wer sich zu anderen Zwecken, zB zur Ausführung von Sabotageakten, verbirgt und dann stiehlt, nicht unter Nr. 1. „Zur Ausführung" ist die Handlung nicht vorgenommen, wenn der Täter einbricht, um Diebesgut zu verstecken (Lackner/Kühl, M-Schroeder I 326, Tröndle 14; and. Ruß LK 6) oder bis zum Abtransport zu lagern (Kindhäuser NK 10 mwN). Vgl. auch Mitsch 2/1 S. 107 ff.

21   **IV. Diebstahl von besonders gesicherten Sachen (Nr. 2)** kommt in Betracht, wenn der Täter eine Sache stiehlt, die durch ein *verschlossenes Behältnis* oder eine andere Schutzvorrichtung gegen Wegnahme *besonders gesichert* ist.

22   1. a) **Sicherungsobjekt** kann zunächst ein **Behältnis** sein: nämlich ein umschlossener Raum, der zur Verwahrung und Sicherung von Sachen dient, jedoch nicht dazu bestimmt ist, von Menschen betreten zu werden (BGH **1** 163); in Betracht kommen zB Koffer, Kisten, Säcke (vgl. Kiel SchlHA **46**, 271, Bremen MDR **55**, 628), Münzgaszähler (Stuttgart Justiz **63**, 211; Tröndle 22). Teile eines Gebäudes oder umschlossenen Raumes, wie zB Zimmer, Glasveranden, Bodenkammern, sind ihrerseits umschlossene Räume (BGH **1** 167, Kiel aaO, Oldenburg HE **1** 104, vgl. o. 8), nicht aber bloße Behältnisse. Zu Briefumschlag oder Paket als Behältnis vgl. u. 24. Im übrigen muß das Behältnis **verschlossen,** dh nicht ohne weiteres zugänglich sein. Auf welche Weise dies geschieht (eingebautes Schloß, Vorhängeschloß, Geheimfach oder sonstige Vorrichtungen), ist gleichgültig. Jedoch soll Nr. 2 ausscheiden, wenn der Täter das verschlossene Behältnis mit einem richtigen **Schlüssel,** den er befugtermaßen erhalten hat, unbefugt öffnet (Hamm NJW **82**, 777 m. abl. Anm. Schmid JR 82, 119). Eine unverschlossene Registrierkasse fällt jedenfalls nicht unter Nr. 2 (vgl. BGH NJW **74**, 567, aber auch Frankfurt NJW **88**, 3028 sowie u. 24, 25).

23   b) Als **andere Schutzvorrichtungen** kommen zB die Lenkradschlösser von Autos, das Fahrradschloß oder eine die Sachen umhüllende Zeltplane in Betracht, die durch eine Kette gesichert ist. Nicht darunter fällt die Umzäunung eines Grundstücks (Bay JR **73**, 508 m. Anm. Schröder), da Räumlichkeiten iSd (spezielleren) Nr. 1 nicht als Schutzvorrichtungen der Nr. 2 anzusehen sind (vgl. Schröder JR 73, 508, Hamm NJW **78**, 769). Jedoch kommen auch mittelbare Schutzvorrichtungen in Betracht, so zB eine (verschlossene) Kassette, in der der Schlüssel zum Safe oder zu Räumlichkeiten iSd Nr. 1 (zB dem Saferaum einer Bank) verwahrt wird (vgl. Koblenz VRS **46**, 33, u. 25).

24   c) Ferner muß das Behältnis bzw. die sonstige Schutzvorrichtung gerade der **besonderen Sicherung gegen Wegnahme** dienen. Nicht genügend sind daher Verpackungen oder Verschnürungen, die nur ornamentalen Zweck haben oder lediglich dem Zusammen- oder Sauberhalten dienen oder den Inhalt des Behältnisses vor fremden Augen verbergen sollen, wie dies etwa bei Briefumschlägen der Fall ist (vgl. Stuttgart NJW **64**, 738), aber auch für eine zugeknöpfte Hosentasche zu gelten hat (vgl. Tröndle 24 gegen RG GA Bd. **60** 277). Dementsprechend stellt auch die Halterung eines eingebauten Autoradios idR keine besondere Sicherung gegen Wegnahme dar (Schleswig NJW **84**, 67, Kindhäuser NK 31). Worin bei Zweckbündelung der Hauptzweck liegt, ist (entgegen Heimann-Trosien LK9 25) gleichgültig, sofern dem Sicherungszweck zumindest eine nicht unerhebliche Rolle zukommt (vgl. Hamm NJW **78**, 769; zust. jetzt auch Ruß LK 19), wie wohl (entgegen Zweibrücken NStZ **86**, 411) der mit einem Zählwerk verbundenen Abfüllanlage eines Tanklastzugs. Daher kann uU auch schon der mit Klebestreifen verschlossene Karton (Hamm aaO) oder das Festbinden eines Koffers an der Kleidung während des Schlafes (Ruß LK 19) eine besondere Wegnahmesicherung darstellen (enger Lackner/Kühl 16). Dagegen reichen eingebaute Signale oder sonstige Vorkehrungen dann nicht aus, wenn sie lediglich der nachträglichen Entdeckung des Täters oder der Wiedererlangung dienen sollen (vgl. Frankfurt MDR **93**, 671, Stuttgart NStZ **85**, 76 m. Anm. Dölling JuS 86, 688, Kadel JR 85, 385, Seier JA 85, 387). Sofern jedoch wohl zutreffend davon auszugehen ist, daß *elektronische Sicherungsetiketten* an Waren die Wegnahmevollendung verhindern (vgl. § 242 RN 40), stellen diese durchaus eine besondere Wegnahmesicherung dar (Kindhäuser NK 27, Seier JA 85, 391; and. Bay NJW **95**, 3000, Düsseldorf NJW **98**, 1002, Hoyer SK 30). Ebenso kann eine besondere Sicherung gegen Wegnahme vorliegen, wenn eine Registrierkasse nur durch Eingabe eines Zahlencodes bzw. durch eine versteckte Sondertaste zu öffnen ist (AG Freiburg NJW **94**, 400 m. Anm. Murmann NJW 95, 935, Otto Jura 97, 471) oder – wie etwa in Form einer akustisch-optischen Sicherung – bei ihrer ordnungsgemäßen Öffnung ein Klingelzeichen ertönt und ein Ausdruck auf der Bonrolle ausgelöst wird (vgl. Frankfurt NJW **88**, 3028; krit. Otto Jura 89, 200).

2. Die **Tatmodalität** erfordert, daß der Täter die (unmittelbare oder mittelbare) **Gewahrsams-** 25 **sicherung überwindet** und dadurch seine größere deliktische Energie dartut. Daher ist die Nr. 2 jedenfalls dann nicht erfüllt, wenn der Täter ein zwar verschlossenes, jedoch als Ganzes mühelos entwendbares bzw. transportables **Behältnis** (so zB einen Schmuckkoffer) wegnimmt, um sich dieses **samt Inhalt** (and. Bittner MDR 71, 106, Hoyer SK 31, W-Hillenkamp 224) oder auch *nur* den Inhalt zuzueignen (Hoyer SK 31; and. BGH **24** 248 m. krit. Anm. Krüger NJW 72, 648, Schröder ebd. 778; wie BGH Rengier 42, Tröndle 25). Dies schon deshalb, weil der Verschluß hier gar nicht die Funktion hat, die Gesamtsache (Behältnis mit Inhalt) gegen eine Wegnahme zu sichern, wie dies Nr. 2 voraussetzt, und daher auch nicht als hinreichende Schutzvorrichtung zugunsten des Inhalts als solchen angesehen werden kann (vgl. Eser IV 67 f., Krüger aaO). Anders dagegen wäre die Wegnahme von (oder aus) fest montierten (zB Außenautomaten), relativ schweren oder sperrigen verschlossenen Behältnissen zu beurteilen, da hier dem Verschluß unter Mitberücksichtigung der Eigenschaften des Behältnisses eine besondere Sicherungsfunktion zukommt. Entsprechend würde auch der Diebstahl eines durch Schloß gesicherten Fahrrades, zB mittels Abtransport auf einem LKW, unter Nr. 2 fallen. Gleiches gilt wohl auch für die Öffnung einer Registrierkasse mittels eines versteckt angebrachten Notöffnungshebels unter Umgehung der in dem Klingelzeichen liegenden Gewahrsamssicherung (vgl. Frankfurt NJW **88**, 3028 und o. 24 aE). Dagegen erfüllt die regelwidrige Beeinflussung des Spielautomatismus eines **Glücksspielautomaten** erst dann die Tatmodalität von Nr. 2, wenn dies durch Eingriffe in das Behältnis von außen geschieht und es dabei auf die Natur des laufenden Spielbetriebs nicht ankommt (Düsseldorf NJW **99**, 3208, **00**, 158, Stuttgart NJW **82**, 1659 m. Anm. Albrecht JuS 83, 101, Seier JR 82, 509; ähnl. Ranft JA 84, 7; vgl. aber auch Bay NJW **81**, 2826). Dementsprechend erfüllt der **Bankomatenmißbrauch** (sofern überhaupt unter § 242 fallend, vgl. dort RN 36) die Tatmodalität von Nr. 2 nicht schon dann, wenn der Täter durch Mißbrauch einer überlassenen oder entwendeten Codekarte zwar rechtlich unbefugt, aber technisch ordnungsgemäß vorgeht (Gropp JZ 83, 487, Huff NStZ 85, 438, Lackner/Kühl 37, Otto JR 87, 225; and. Bay NJW **87**, 666, LG Köln CR **87**, 445, NJW **87**, 668, AG Kulmbach NJW **85**, 2282 m. Anm. Kramer CuR 86, 340, Mitsch JuS 86, 771), sondern erst bei Verwendung *manipulierter* Codekarten (AG Böblingen CR **89**, 308 [m. Bespr. Richter CuR 89, 303], Bieber JuS 89, 477, Otto JR 87, 225; zur Konkurrenz mit § 263 a vgl. § 242 RN 36).

3. Besondere Probleme wirft der **Diebstahl von oder aus Kraftfahrzeugen** auf (zu kriminolog. 26 u. rechtspol. Aspekten vgl. Steinke ZRP 92, 81). Während das RG dem Kfz die Eigenschaft eines umschlossenen Raumes abgesprochen hatte (RG **71** 198, HRR **41** Nr. 947, ferner Hamburg SJZ **49**, 425), hat der BGH anerkannt, daß der Personenteil eines Kraftwagens sowie der Laderaum, soweit er dazu bestimmt ist, von Menschen betreten zu werden, umschlossener Raum iSd Nr. 1 ist (BGH **1** 164, **2** 214, **4** 16, ebso. Tröndle 17; and. Bockelmann JZ 51, 298; **59**, 653). Der Kofferraum eines PKW und der Laderaum eines Lieferwagens, der zum Betreten nicht bestimmt ist, wird dagegen (nur) als Behältnis iSd Nr. 2 anerkannt (BGH **4** 16, JZ **59**, 672). Die Konsequenzen, die sich aus der aF gerade für diese Fälle ergaben, haben den Gesetzgeber veranlaßt, § 243 zu ändern. Danach gilt folgendes:

a) Stiehlt der Täter den **Kraftwagen selbst**, so konnte er nach früherem Recht nicht nach § 243 27 bestraft werden, auch wenn er ihn aufgebrochen hatte, da hier nicht *aus* einem umschlossenen Raum, sondern dieser Raum selbst gestohlen wird (BGH **5** 205, NJW **52**, 1148, **56**, 271, VRS **19** 286). Dies galt auch dann, wenn der Inhalt des Kfz mitgestohlen wurde. Stiehlt dagegen der Täter nur den Inhalt des verschlossenen Kfz, so konnte er auch früher nach § 243 bestraft werden, da hier „aus" dem umschlossenen Fahrgastraum gestohlen wurde. Diese ungereimten Ergebnisse sind in der jetzigen Fassung des § 243 beseitigt. Es ist danach nur erforderlich, daß der Einbruch in das verschlossene Kfz das Mittel „zur Ausführung der Tat" ist, unabhängig davon, ob nur der Inhalt des Kfz oder dieses selbst gestohlen werden soll. Für den Nachschlüsseldiebstahl (§ 243 Nr. 3 aF) galt dies schon vorher (BGH **5** 206). Über Vorsatzwechsel in solchen Fällen vgl. u. 30.

b) Werden Sachen **aus einem verschlossenen Kraftwagen** gestohlen, so spielt es heute keine 28 Rolle mehr, wo sich die gestohlene Sache befindet, wenn nur der Einbruch in den umschlossenen Raum dazu dienen soll, an die Sache heranzukommen. Für die Anwendung der Nr. 1 ist aber erforderlich, daß der Täter „zur Ausführung der Tat" in den umschlossenen Fahrgastraum eindringt. Demnach scheidet Nr. 1 aus, wenn nur der von außen zugängliche Koffer- bzw. Laderaum erbrochen wird, da dies nur Behältnisse sind. Hier kommt aber Nr. 2 in Betracht.

c) Eine Vorschrift über den **Transportdiebstahl** ist in § 243 nF nicht mehr enthalten. Diese Fälle 29 werden jedoch zT durch die Nrn. 1, 2 oder 6 erfaßt. Wird zB Reisegepäck oder ein Reserverad mittels Einbruchs aus dem Wageninneren gestohlen, so ist Nr. 1 anzuwenden. Dagegen fällt das Abmontieren von Gegenständen, wie zB einer Radioantenne oder eines außen am Kfz angebrachten Ersatzreifens, nicht mehr unter § 243; denn ihre Befestigung am Kfz ist keine Schutzvorrichtung, die gegen Wegnahme besonders sichern soll, sondern dient lediglich der Verbindung mit dem Kfz. Für die Anwendung der Nr. 2 kommt es also darauf an, ob die Verbindung zwischen Kfz und weggenommenem Gegenstand auch eine besondere Sicherung gegen Diebstahl beinhaltet. Dies ist etwa dann der Fall, wenn Gepäck auf dem Dachgepäckträger eines Pkw mit einer durch Vorhängeschloß gesicherten Kette befestigt wird. Dagegen fällt ein Diebstahl unter Ausnutzung einer Autopanne oder eines Autounfalls unter Nr. 6.

§ 243

30 d) War der Vorsatz des Täters auf Wegnahme des **Fahrzeugs samt Inhalt** gerichtet, nimmt er jedoch nach dem Aufbrechen nur den Inhalt, so entstehen die gleichen Fragen wie dort, wo der Täter einbricht, um eine bestimmte Sache zu stehlen und statt dessen eine andere Sache mitnimmt (vgl. § 242 RN 45). Da der Vorsatz beim Einbruch nicht auf die Wegnahme bestimmter Sachen fixiert zu sein braucht, kann dem **Wechsel des Diebstahlsobjekts** keine Bedeutung beigemessen werden. Es liegt daher ein vollendeter schwerer Diebstahl vor (vgl. BGH 22 350).

31 V. Der **gewerbsmäßige Diebstahl (Nr. 3)** will der Tatsache Rechnung tragen, daß gerade der Diebstahl ein Delikt ist, das sich Gewohnheitsverbrecher zum Gewerbe machen. Unter dieses Regelbeispiel fällt, wer den Diebstahl mit der Absicht begeht, sich aus ihrer wiederholten Begehung eine Einnahmequelle von einer gewissen Dauer und Erheblichkeit zu schaffen. Diese Voraussetzungen können bereits bei der ersten Tat vorliegen (vgl. 95 vor § 52, Hoyer SK 32, M-Schroeder I 349, Ruß LK 21; and. Kindhäuser NK 35, Tröndle 26). Der Weiterverkauf an andere braucht dabei nicht unbedingt beabsichtigt zu sein (BGH MDR/H 76, 633); andererseits genügt aber die Weiterverkaufsabsicht für sich allein noch nicht zur Annahme von Gewerbsmäßigkeit (Köln NStZ 91, 585). In analoger Erweiterung der „Regelbeispiele" kann auch die Gewohnheitsmäßigkeit einen schweren Fall begründen (Tröndle 26, u. 44 c vor § 38).

32 VI. Der sog. **Kirchendiebstahl (Nr. 4)** ist gegenüber früher vor allem räumlich erweitert.

33 1. Der **geschützte Raum** kann eine **Kirche** oder ein anderes der Religionsausübung dienendes Gebäude sein. Mit dieser Formulierung hat der Gesetzgeber – seiner Tendenz zur Anerkennung auch anderer als christlicher Bekenntnisse folgend – klargestellt, daß außer Kirchen auch Gebäude geschützt sind, die der Ausübung irgendeiner Religion dienen. Dabei ist ohne Bedeutung, ob der Diebstahl aus den Räumen erfolgt, die unmittelbar zu religiösen Handlungen bestimmt sind. Auch profane Räume innerhalb einer Kirche werden durch Nr. 4 erfaßt (zB Sakristeien; RG 45 243, BGH NJW 66, 1420). Zur Religionsausübung dient ein Gebäude, wenn es zu diesem Zweck tatsächlich benutzt wird (RG 45 243), ohne Rücksicht darauf, ob es dafür bereits errichtet wurde. Außer selbständigen Gebäuden werden auch abgeschlossene Räume innerhalb von Gebäuden erfaßt, so zB die Kapelle eines Heims.

34 2. Das **Tatobjekt** muß **dem Gottesdienst gewidmet** sein oder der religiösen Verehrung dienen. Ersteres ist bei Gegenständen der Fall, die dazu bestimmt sind, daß an oder mit ihnen religiöse Verrichtungen vorgenommen werden, wie zB der Altar oder ein Weihwasserkessel. Gegenstände der religiösen Verehrung, wie zB Christus- oder Heiligenbilder, wurden schon früher als geeignete Objekte des Kirchendiebstahls angesehen. Das Inventar der Kirche usw., wie etwa das Gestühl oder die Opferstöcke (BGH LM **Nr. 1**), fallen nicht unter Nr. 4, ebensowenig bloße Hilfsmittel für den Gottesdienst wie Gesangbücher. Nicht erforderlich ist, daß die Gegenstände im kirchlichen Sinn geweiht oder gesegnet sind (RG GA Bd. 67 444), wie zB Votivtafeln oder Heiligenbilder (BGH 21 64). Im Unterschied zu §§ 166 ff. sind hier die Sachen von **weltanschaulichen Vereinigungen nicht** einbezogen, was aber wegen des gleichen Unrechtsgehalts der Annahme eines schweren Falles nicht entgegensteht (vgl. o. 1, o. 44 c vor § 38, Kindhäuser NK 39, Tröndle 29, § 46 RN 45, Lackner/Kühl 19; and. Arzt JuS 72, 516). Für die Geringwertigkeit iSd Abs. 2 sind hier nicht allein kommerzielle Gesichtspunkte maßgebend; vgl. u. 51.

35 VII. Der **gemeinschädliche Diebstahl (Nr. 5)** sieht ähnlich dem § 304 Strafschärfung für Diebstahl kulturell bedeutsamer, allgemein zugänglicher Gegenstände vor. Da es dabei nicht nur um Eigentumsschutz, sondern um das Allgemeininteresse an der Erhaltung kultureller Werte geht, handelt es sich hier um mehr als nur um einen qualifizierten Fall von § 242 (Kindhäuser NK 41; vgl. auch § 304 RN 1). Die Strafschärfung soll jedoch nur dann eingreifen, wenn sich die genannten Gegenstände aufgrund ihrer leichten Zugänglichkeit in einem Zustand relativer Schutzlosigkeit befinden. Der durch die leichte Zugänglichkeit erhöhten Diebstahlsgefahr wird mit der erhöhten Strafdrohung entgegengewirkt. Hinsichtlich Abs. 2 kann hier nicht auf den reinen Verkehrswert abgestellt werden (vgl. u. 51).

36 1. **Tatobjekt** sind Sachen von Bedeutung für **Wissenschaft, Kunst oder Geschichte** oder für die **technische Entwicklung.** Insbes. kommen hier Gegenstände in Betracht, die in Museen oder Ausstellungen untergebracht sind und entweder, wie solche der Kunst, der Erbauung oder, wie die der Wissenschaft oder Geschichte, der wissenschaftlichen Erkenntnis dienen. Diese Begriffe sind unpräzise und unklar. Eine gewisse Korrektur kann durch den Begriff der „Sammlung" erfolgen.

37 2. Erforderlich ist weiter, daß sich die Sache in einer allgemein zugänglichen **Sammlung** befindet oder **öffentlich ausgestellt** ist. Privatsammlungen genießen also nicht den Schutz des § 243, ebensowenig wie die in abgeschlossenen Lagern verwahrten Bestände eines Museums oder einer Gerichtsbücherei (BGH 10 285, Tröndle 32). Werden diese Gegenstände jedoch der Öffentlichkeit zugänglich gemacht (Leihgabe Privater an ein Museum, turnusmäßiger Wechsel der Bilder in den Ausstellungsräumen), dann greift Nr. 5 ein (Kindhäuser NK 43).

38 VIII. Der **„Schmarotzerdiebstahl" (Nr. 6)** will die Ausnutzung der *Hilflosigkeit* anderer und damit *verminderte Schutzmöglichkeiten* des Eigentums erfassen.

39 1. Als Fälle der **Hilflosigkeit** kommen zB Krankheit, Blindheit (Bay NJW 73, 1808 m. Anm. Schröder JR 73, 427), Lähmung (Kindhäuser NK 46), Schlaf (and. Ruß LK 32; diff. BGH NJW 90, 2569) usw. in Frage (Hoyer SK 38, Kindhäuser NK 46), uU auch die Sprachunkundigkeit eines

Ausländers (and. Tröndle 34, Ruß aaO). Auch eine vom Opfer selbst planmäßig herbeigeführte Hilflosigkeit, etwa wegen hochgradiger Trunkenheit (Hoyer SK 38) oder infolge eines Suizidversuchs, reicht aus. Beim **Unglücksfall** ist unerheblich, wo er sich ereignet hat. Nicht nur Verkehrsunfälle, sondern Unfälle jeder Art fallen unter Nr. 6, gleichgültig, ob vom Opfer selbst verschuldet oder nicht (Eser IV 68, Ruß LK 32; zw. M-Schroeder I 331). Gemeint ist somit jede Situation, in der ein Gewahrsamsschutz als besonders vordringlich anzusehen ist (Ruß LK 33). Das gleiche gilt für die **Gemeingefahr** (zum Begriff näher 19 vor § 306).

2. Der Täter muß die genannten Situationen für den Diebstahl **ausnutzen,** insbes. also in Kenntnis **40** der Umstände seine Tat gerade durch die Ausnutzung der Situation erleichtern wollen. Dies ist jedoch nicht schon dann gegeben, wenn der Täter lediglich die Abwesenheit des Wohnungsinhabers zum Diebstahl nutzt (BGH NStZ **85**, 215; diff. Kindhäuser NK 49).

IX. Der **Diebstahl von Schußwaffen oder Sprengstoff (Nr. 7)** will dem bei derartigen Taten – **41** auch im Hinblick auf die von den Tatobjekten ausgehende Gefahr – häufig überdurchschnittlichen Unrechts- und Schuldgehalt Rechnung tragen und die genannten Tatobjekte besser vor kriminellem Zugriff schützen (BT-Drs. 11/2834 S. 10). Das von Kunert NStZ 89, 451 gerügte Ungleichgewicht dieser Verschärfung im Vergleich zu dem im Regelfall auf 5 Jahre begrenzten Strafrahmen des § 16 KWKG läßt sich wohl damit erklären, daß es bei § 243 I Nr. 7 um eine Strafschärfung für ein *Eigentumsdelikt* geht, während in § 16 KWKG die unbefugte Verbreitung von Kriegswaffen ohne Rücksicht auf die Eigentumsverhältnisse pönalisiert wird.

1. Als **Tatobjekte** kommen zunächst **Handfeuerwaffen** in Betracht. Deren Begriff bestimmt sich **41 a** nicht nach § 1 IV WaffenG, sondern umfaßt alle tragbaren Schußwaffen (vgl. § 244 RN 3), wobei deren *sofortige* Funktionsfähigkeit (anders als bei § 244 I Nr. 1 aF) nicht erforderlich ist. Allerdings muß der Erwerb der Handfeuerwaffe nach dem WaffenG **erlaubnispflichtig** sein (vgl. § 28 WaffenG sowie zum Anwendungsbereich des WaffenG dessen § 6 IV Nr. 1 a–c iVm §§ 1, 3 der 1. VO z. WaffenG idF v. 10. 3. 1987, BGBl. I 777, ferner dazu Steindorf in Erbs/Kohlhaas W 12 a). Ob freilich dieser Einschränkung im Hinblick auf das hier vertretene Verständnis der Handfeuerwaffe praktische Bedeutung zukommt, erscheint zweifelhaft. Unerheblich für die Annahme eines Regelbeispiels ist die Erlaubnispflicht hingegen beim Diebstahl eines *Maschinengewehrs*, einer *Maschinenpistole* oder eines *voll- oder halbautomatischen Gewehrs*. Weiterhin ist strafverschärft der Diebstahl einer Sprengstoff enthaltenden **Kriegswaffe** iSd KWKG sowie von **Sprengstoff**. Während letzterer unabhängig vom Anwendungsbereich des SprengstoffG als explosionsgefährlicher Stoff zu definieren ist (näher zum Begriff § 311 RN 4), bestimmt sich der Begriff der Kriegswaffe aufgrund der ausdrücklichen Verweisung des Gesetzes nach § 1 I, II KWKG iVm der Kriegswaffenliste idF v. 22. 11. 1990 (BGBl. I 2506) m. Änd. durch VO v. 19. 4. 1991 (BGBl. I 913); zur Zulässigkeit einer derartigen dynamischen Verweisung auf eine Rechtsverordnung vgl. Schenke NJW 80, 747. Als Tatobjekte kommen danach etwa Panzerfäuste, Handgranaten oder Minen in Betracht.

2. Auch bei **Geringwertigkeit** der Tatobjekte wird hier – im Unterschied zu den anderen **41 b** Erschwerungsgründen des § 243 – das Vorliegen eines Regelbeispiels nicht ausgeschlossen (vgl. u. 57 a).

X. 1. Selbst wenn ein Regelbeispiel vorliegt, ist jeweils noch eine **Gesamtwürdigung der Tat 42** erforderlich. Denn da die Nrn. 1 bis 7 jeweils nur *„in der Regel"* einen besonders schweren Diebstahl begründen, ist im Einzelfall eine **Widerlegung der Indizwirkung** möglich, wenn sich aufgrund außergewöhnlicher Umstände bei Gesamtabwägung aller be- und entlastenden Gesichtspunkte der infragestehende Einzelfall nach Unrecht und/oder Schuld deutlich vom Normalfall des Regelbeispiels abhebt (vgl. 44 a vor § 38, ferner BGH **23** 257, **24** 249, Hoyer SK 5 ff., Kindhäuser NK 7, Tröndle 5, § 46 RN 46, Wessels Maurach-FS 301), wie etwa bei Handeln aus akuter Not. Über den Ausschluß der Indizwirkung durch die *Geringwertigkeitsklausel* (Abs. 2) vgl. u. 48 ff.

2. Umgekehrt kann aber dann auch bei **Nichtvorliegen eines Regelmerkmals** eine Strafschär- **42 a** fung nach § 243 in Frage kommen, wenn sich aufgrund ihrer Gesamtbewertung die Tat nach ihrem Gewicht von Unrecht und Schuld deutlich vom Normalfall des einfachen Diebstahls nach § 242 abhebt (BGH **23** 257, **29** 322, Bay NJW **80**, 2207, Karlsruhe Justiz **84**, 212, Stuttgart Justiz **81**, 136, Arzt JuS 72, 516; grds. krit. Otto JZ 85, 24, Jura 89, 200) bzw. dem eines Regelbeispiels quantitativ mindestens entspricht (vgl. Stuttgart NStZ **85**, 76, Maiwald Gallas-FS 158). Dies kommt insbes. in Betracht beim Diebstahl besonders hochwertiger Gegenstände (vgl. E 62 Begr. 405, BGH **29** 322 f. m. Anm. Bruns JR 81, 336 f., Tröndle 37), bei arglistigem (vgl. Düsseldorf NJW **00**, 159) oder brutalem Vorgehen (vgl. Dreher MDR 79, 533), bei gesteigerter Rücksichtslosigkeit (LG Stuttgart NJW **85**, 2489, Dölling JuS 86, 691) oder nach BGH **29** 322 auch bei Amtsträgerschaft des Täters, nicht aber allein wegen des beabsichtigten Weiterverkaufs des Diebesguts (Köln NStZ **91**, 585). Im übrigen dürfte die Annahme eines besonders schweren Falles jedenfalls dann unbedenklich sein, wenn die konkreten Tatumstände einem der den Regelbeispielen zugrundeliegenden Leitbilder vergleichbar sind (vgl. Eser IV 69, Wessels Maurach-FS 303; ähnl. für „Randzonen" eines Regelfalls M-Schroeder I 323), wie etwa bei Entwendung eines Kultgegenstandes von Weltanschauungsvereinigungen (Lackner/Kühl 19). Eingeh. zum Ganzen Hoyer SK 9 ff.

XI. Die straferhöhenden Umstände müssen vom (Quasi-)**Vorsatz** umfaßt sein (vgl. § 15 RN 27, **43** § 46 RN 26; iE ähnl. Kastenbauer aaO 253 ff.); so muß zB bei Nr. 2 dem Täter erkennbar gewesen

§ 243   44–48

sein, daß die Vorrichtung wirklich gegen Wegnahme besonders sichern soll (vgl. R **4** 597, LG Köln NJW **87**, 668). Beim Einbruch, Einsteigen, beim Nachschlüsseldiebstahl usw. muß Diebstahlsvorsatz bereits bei Ausführung der erschwerenden Umstände vorgelegen haben. Wer aus anderen Gründen unter den erschwerenden Umständen in ein Gebäude (umschlossenen Raum) eindringt und erst später den Diebstahlsvorsatz faßt, unterliegt nicht der Qualifikation.

44   XII. 1. Auch der **Versuch**, der bereits nach § 242 II strafbar ist (vgl. Ruß LK 36), kann nach § 243 strafverschärft sein (vgl. § 22 RN 58 f., ferner Köln MDR **73**, 779 m. Anm. Dreher MDR 74, 57, Tröndle 43, § 46 RN 48, Lackner § 46 RN 15, Hoyer SK 54), wobei jedoch folgendermaßen zu differenzieren ist: Soweit nur der Grundtatbestand versucht, dagegen das *Regelbeispiel voll verwirklicht* ist (zB nach geglücktem Einbruch der Täter mangels Beute abziehen muß), bestehen gegen eine Anwendung von § 243 keine grundsätzlichen Bedenken (insoweit hM: vgl. BGH NStZ **85**, 218 m. abl. Anm. Arzt StV 85, 104, Calliess JZ 75, 118). Ist umgekehrt zwar der Diebstahl vollendet, dagegen das *Regelmerkmal nur versucht* (zB weil sich die zu überwindende Tür als offen erweist), kann § 243 nicht schon infolge der Regelwirkung (so jedoch i. Grds. Köln MDR **73**, 779 m. Anm. Dreher MDR 74, 57, Hoyer SK 54, Zipf JR 81, 121), sondern – wenn überhaupt – allenfalls aufgrund ergänzender Gesamtbewertung (o. 42 a) zur Anwendung kommen (Bay NJW **80**, 2207, Stuttgart Justiz **81**, 135, 366, M-Schroeder I 333, Otto Jura 89, 201, W-Hillenkamp 203 ff. mit Falltypik, Zopfs GA 95, 324; vgl. auch Düsseldorf JZ **84**, 1000). Gleiches gilt für den Fall, daß sowohl der Diebstahl wie auch das Erschwerungsmerkmal im Versuch stecken bleiben (Düsseldorf NJW **83**, 2712; Lieben NStZ 84, 538 mwN); dagegen selbst in diesem Fall, weil die Regelbeispiele im Ergebnis wie ein Tatbestandsmerkmal zu behandeln seien, für Indizwirkung BGH **33** 370 m. zust. Anm. Schäfer JR 86, 522; iglS bereits BGH NStZ **84**, 262, Bay NStZ **97**, 442 [m. Anm. Wolters JR 99, 37, Sander/Malkowski NStZ 99, 36], Fabry NJW 86, 18 f., Zipf JR 81, 121; krit. Küper JZ 86, 518 ff., Sternberg-Lieben Jura 86, 187 f., Wessels Lackner-FS 430 ff. Vgl. zum Ganzen auch Kindhäuser Triffterer-FS 130 ff., Laubenthal JZ 87, 1068, v. Löbbecke MDR 73, 374, Wessels Maurach-FS 305, Zipf Dreher-FS 392 f. sowie speziell zur ggf. erforderlichen Strafrahmenwahl § 22 RN 58 a.

45   2. Hinsichtlich des **Versuchsbeginns** ist fraglich, ob dafür nur auf das Ansetzen zur Wegnahme oder auch auf das Vornahme eines Erschwerungsgrundes abgehoben werden kann. Da es nach allg. Grundsätzen auf das Ansetzen zur Verwirklichung des Gesamttatbestandes ankommt (§ 22 RN 58), muß der Täter eine Tätigkeit entfalten, die bereits einen unmittelbaren Angriff auf den Gewahrsam enthält (vgl. Fabry NJW 86, 18, Sternberg-Lieben Jura 86, 185 f.), was jedenfalls bei (Teil-)Verwirklichung einer der Tatmodalitäten der Nrn. 1, 2 regelmäßig der Fall sein wird (vgl. Wessels Maurach-FS 305 f., Lackner/Kühl § 243 RN 427). Dagegen liegt ein versuchter Einbruchsdiebstahl noch nicht darin, daß sich der Täter dem Gebäude nähert (vgl. RG **54** 43). Auch wer Seife kauft, um diese später beim Einbruch zum Beschmieren der Fenster zu verwenden, damit diese beim Eindrücken nicht klirren, befindet sich noch im Vorbereitungsbereich. Beschmiert er aber bereits das Fenster, so ist schon dies (und nicht erst das Eindrücken der Scheibe) Ausführungshandlung (RG **54** 36); ebenso das Übersteigen einer Mauer, um in dem dahinterliegenden Hof nach Stehlenswertem zu suchen (vgl. Hamm MDR **76**, 155, dazu Blei JA 76, 168; vgl. aber auch RG HRR **29** Nr. 1537, ferner § 22 RN 42, § 242 RN 68). Versuch eines Nachschlüsseldiebstahls ist gegeben, wenn der falsche Schlüssel in diebischer Absicht in das Schloß eingeführt und versucht wird, es zu öffnen (RG JW **31**, 2787).

46   3. Gemäß §§ 22, 23 II kann auch bei Annahme eines Versuchs in einem besonders schweren Fall die **Mindeststrafe** des § 243 (in den Grenzen des § 49 I Nr. 3) unterschritten werden (vgl. Köln MDR **73**, 779 m. abl. Anm. Dreher MDR 74, 57, Lackner § 46 RN 15, Wessels Maurach-FS 307, Braunsteffer NJW 76, 736; and. Tröndle § 46 RN 48 f.). Doch wird in Fällen solch geringer Strafbedürftigkeit regelmäßig ein besonders schwerer Fall abzulehnen sein.

47   XIII. Bei **Teilnahme** an einer als besonders schwer verschärften Haupttat besteht an sich **keine Akzessorietät**, nachdem § 243 keine abschließende Vertatbestandlichung, sondern lediglich eine Strafrahmenerweiterung enthält (vgl. o. 2); deshalb sind für den einzelnen Beteiligten die Erschwerungsgründe jeweils gesondert festzustellen (BGH MDR/H **82**, 101, StV **94**, 240, Tröndle § 46 RN 49; and. Kindhäuser Triffterer-FS 128 ff.). Dennoch sind die Grundsätze des **§ 28 analog** anwendbar (vgl. dort RN 9), mit der Folge, daß täterbezogene Erschwerungsgründe, wie zB die Gewerbsmäßigkeit, nur jenem Tatbeteiligten anzulasten ist, der dieses Merkmal selbst aufweist (Ruß LK 39), während für die Anlastung besonders gefährlicher Begehungsweisen bzw. schutzobjektbezogener Erschwerungsgründe bereits ein entsprechender Vorsatz des Teilnehmers genügt (vgl. Arzt/Weber III 73, Hoyer SK 57, Tröndle § 46 RN 49, Wessels Maurach-FS 307). Bei sukzessiver Mittäterschaft oder Beihilfe wirkt ein tatbezogenes Regelmerkmal auch gegen denjenigen, der dessen Verwirklichung durch einen anderen Beteiligten kennt und an der Vollendung mitwirkt (BGH StV **94**, 240; and. Hoyer SK 56). Dem *mittelbaren Täter* fallen grundsätzlich alle Regelmerkmale zur Last, die das Werkzeug in seinem Auftrag verwirklicht (Kindhäuser NK 64).

48   XIV. 1. Bei **Geringwertigkeit der Sache (Abs. 2)**, auf die sich die Tat bezieht, ist bei den Regelbeispielen der Nrn. **1–6 ein bes. schwerer Fall zwingend ausgeschlossen,** und zwar ohne daß dafür eine abschließende Gesamtwürdigung (o. 1, 42) erforderlich bzw. überhaupt noch möglich wäre. Ob die Geringwertigkeitsklausel auch für Fälle gilt, die – über das Nichtvorliegen der Regelbeispiele von Abs. 1 S. 2 hinaus – erst aufgrund einer Gesamtbewertung der Tat (o. 42 a) als bes.

schwer einzustufen sind, erschien nach der aF fraglich (vgl. 25. A.), dürfte aber nunmehr zu verneinen sein, nachdem sich Abs. 2 idF des 6. StrRG explizit nur noch auf die Fälle des Abs. 1 S. 2 Nr. 1–6 bezieht und daher für die Annahme eines berichtigungsbedürftigen Redaktionsversehens, falls sachlich geboten (so namentl. Küper NJW 94, 349 ff.; Ruß LK 40 sowie hier die Voraufl.; verneint von Mitsch 2/1 S. 119 f., ZStW 111, 72 ff.), jedenfalls kein Raum mehr ist. Daher wird sich bei „außerregelmäßigen" bes. schweren Fällen (entgegen Kindhäuser NK 66, Lackner/Kühl 4, W-Hillenkamp 239) die Geringwertigkeit des Tatobjekts nur im Rahmen der allgemeinen Gesamtbewertung nach o. 42 a berücksichtigen lassen. Zur Nichtanwendbarkeit dieser Geringwertigkeitsklausel bei Schußwaffen oder Sprengstoffdiebstahl (Nr. 7) vgl. u. 57 a. – **Rechtsnatur** und systematische Stellung 49 dieser Geringwertigkeitsklausel sind zweifelhaft. Eine Privilegierung ieS scheidet aus, da Abs. 2 nicht wie die §§ 248 a, 370 I Nr. 5 aF einen gesonderten Tatbestand mit eigenem Strafrahmen, sondern nur einen Hinderungsgrund für die Anwendung eines erhöhten Strafrahmens aufstellt. Ebensowenig handelt es sich um eine negativ formulierte Voraussetzung für die Anwendbarkeit des § 243 (so Hoyer SK 41, Kindhäuser NK 67), der demnach – mit entsprechenden Konsequenzen für den Vorsatz – nur für den Diebstahl nicht geringwertiger Sachen gelten würde. Es handelt sich vielmehr um einen (nicht einheitlich zuordnungsfähigen) selbständigen Ausschluß erhöhter Strafbarkeit bzw. um eine unwiderlegliche Gegenindikation gegen die Schwere eines Falles (vgl. o. 2 f.; and. [Schuldminderungsgrund] Karlsruhe MDR **76**, 335, Gribbohm NJW 75, 1153). Zwar kommt es danach auf eine besondere Motivation des Täters – wie früher nach § 370 Nr. 5 aF („zum alsbaldigen Verbrauch") bzw. § 248 a aF (Handeln aus Not) erforderlich – nicht an. Dies kann jedoch nicht bedeuten, daß für die Auslegung des Abs. 2 allein objektive Kriterien maßgeblich seien, und zwar schon deshalb nicht, weil Abs. 2 auch für Versuchsfälle gilt, für die naturgemäß die Absichten bzw. die Vorstellung des Täters von der Tat maßgeblich sind. Dazu u. 54.

1. Als **Objekt,** auf dessen Geringwertigkeit es ankommt, kann immer nur die *gestohlene Sache als* 50 *solche* in Betracht kommen, nicht dagegen etwa mitbeschädigte Gegenstände. Daher scheitert Abs. 2 nicht daran, daß zB bei einem Einbruch zur Entwendung geringwertiger Sachen höherwertige Gegenstände (zB Fenster, Türen usw.) beschädigt werden. Doch hat der Ausschluß von § 243 dann allerdings auch zur Folge, daß neben § 242 noch § 303 anwendbar bleibt und nicht mehr durch Nr. 1 verdrängt wird (KG JR **79**, 250 m. Anm. Geerds, Hoyer SK 58; vgl. auch u. 59).

2. Zur **Geringwertigkeit** vgl. § 248 a RN 7. Anders als dort kann es aber hier auf den gemeinen 51 Verkehrswert nur insoweit ankommen, als sich nicht aus der „Natur der (weggenommenen) Sache" etwas anderes ergibt (iglS Kindhäuser NK 68 mwN; and. Hoyer SK 42). Das kommt insbes. für die Nrn. 4 und 5 in Betracht, da Gegenstände der religiösen Verehrung (wie etwa Reliquien) oder solche von Bedeutung für die Wissenschaft (wie etwa Versuchstiere) häufig gar keinen oder nur einen ganz geringen Verkehrswert haben, in dem ihnen eigenen Funktionsbereich jedoch „unbezahlbar" sind (vgl. auch BGH NJW **77**, 1460 zum Wert von Strafakten, ferner Otto Jura 89, 202 mwN).

3. Ob „sich die Tat auf eine geringwertige Sache **bezieht**", ist nicht nur nach dem Gegenstand des 52 Diebstahls, dh dem Wert des tatsächlich Weggenommenen, sondern auch im Hinblick auf die diesbezüglichen Absichten und Vorstellungen des Täter zu bestimmen (Lackner/Kühl 15, W-Hillenkamp 240). Denn da sich § 243 auf der Strafzumessungsebene bewegt, für die nicht nur Gesichtspunkte des (geminderten) Erfolgsunwerts, sondern auch solche des Handlungsunrechts bzw. der Schuld maßgeblich sind (vgl. § 46 RN 4), darf die Anwendung von Abs. 2 weder einseitig von objektiven Gegebenheiten (so aber Braunsteffer NJW 75, 1571: Geringwertigkeit des tatsächlich Weggenommen) noch einseitig vom subjektiven Tatplan (so Gribbohm NJW 75, 1153: Erstrebung einer geringwertigen Sache; vgl. auch Arzt/Weber III 71 f.) abhängig gemacht werden. Vielmehr ist für den Ausschluß eines besonders schweren Falles nur dann Raum, wenn auch die Absicht des Täters auf eine objektiv geringwertige Sache gerichtet war (vgl. auch BGH **26** 104, NStZ **87**, 71, Karlsruhe MDR **76**, 335, o. 49). Das führt im einzelnen zu folgenden **Konsequenzen** (iE weitgeh. übereinst. Gribbohm NJW 75, 1153):

a) Entwendet der Täter eine objektiv hochwertige Sache, so ist (wegen des erhöhten Erfolgsun- 53 werts) Abs. 2 nicht erfüllt, und zwar gleichgültig, ob der Täter die Sache **irrtümlich** für eine geringwertige (zB wertvollen Schmuck für eine billige Imitation) gehalten oder verwechselt hat, da es, so sich insofern nicht um ein Tatbestandsmerkmal handelt; gleichwohl wird hier idR wegen Minderung von Handlungsunrecht und Schuld aufgrund der *Gesamtbewertung* ein besonders schwerer Fall nach Abs. 1 zu verneinen sein (Tröndle 41). Hält der Täter umgekehrt eine geringwertige Sache fälschlich für hochwertig, so fehlt der subjektive Bezug auf eine geringwertige Sache. Trotz höheren Handlungsunwerts wird jedoch hier wegen des fehlenden Erfolgsunwerts idR ein schwerer Fall abzulehnen sein (and. Kindhäuser NK 73). Zu den Konsequenzen derartiger Irrtumsfälle im Hinblick auf § 248 a vgl. dort RN 16. Dagegen ist als bloßer Subsumtionsirrtum ohne Bedeutung, daß der Täter den richtig erkannten Wert der Sache fälschlich für hoch bzw. für gering einschätzt. Vgl. zum Ganzen auch (teils abw.) Zipf Dreher-FS 396 f.

b) Bei **Versuch** kommt Abs. 2 insoweit und solange in Betracht, als der Täter nur geringwertige 54 Sachen zu entwenden beabsichtigt. Geht er also mit allgemeinem oder unbeschränktem Diebstahlsvorsatz vor, so ist für Abs. 2 kein Raum mehr (Zipf Dreher-FS 393 f.; and. offenbar Tröndle 41). Ist die Absicht in *natürlicher Handlungseinheit* auf die Entwendung mehrerer Sachen gerichtet (zB durch stückweises Wegtragen der Diebesbeute), so ist für Abs. 2 der Gesamtwert des Erstrebten maßgeblich (vgl. Kindhäuser NK 69; and. wohl Tröndle 41). In diesen Fällen ist nach dem o. 44 Gesagten zu prüfen, ob bereits der Versuch als solcher einen schweren Fall darstellt.

55 c) Bei **Vorsatzwechsel** während der Tat gilt folgendes: Bricht der Täter zur Entwendung geringwertiger Sachen ein, nimmt er dann aber wertvolle mit, so ist Abs. 1 Nr. 1 erfüllt (Zipf Dreher-FS 395), da dafür allgemeiner Diebstahlsvorsatz genügt (vgl. § 242 RN 45) und die Ausschlußwirkung des Abs. 2 nicht eingreift (vgl. o. 54). Dies entspricht der Rspr. zu § 370 I Nr. 5 aF (vgl. BGH **9** 253, **16** 186). Bricht umgekehrt der Täter mit allgemeinem Diebstahlsvorsatz ein, entwendet er dann aber nur geringwertige Sachen, so ist für Abs. 2 ebenfalls kein Raum (vgl. BGH **26** 104, NStZ **87**, 71, o. 52; and. Braunsteffer NJW 75, 1571, Kindhäuser NK 76), vielmehr wird nach o. 54 zu prüfen sein, ob bereits der Versuch als solcher einen schweren Fall darstellt; trifft dies zu, so wird damit die gesamte (vollendete) Tat zu einem besonders schweren Fall (vgl. Tröndle 41). Die insoweit abw. Rspr. zu § 370 I Nr. 5 aF (vgl. BGH **21** 244: Versuch von §§ 242, 243 in Tateinheit mit § 370 I Nr. 5) ist obsolet, da Abs. 2 keinen eigenen Tatbestand bildet (vgl. auch § 248a RN 17). Das gilt jedoch – in entsprechender Anwendung der Rücktrittsvorschriften: Teilrücktritt (vgl. § 24 RN 113) – dann nicht, wenn der Täter sich freiwillig mit geringwertigen Sachen begnügt (vgl. auch BGH **26** 104). Teils abw. Hoyer SK 53, Kindhäuser NK 75, Seelmann JuS 85, 456 f.

56 d) Bei **Fortsetzungszusammenhang** – sofern nicht durch BGH **40** 138 obsolet geworden (vgl. 31 vor § 52) – hängt Abs. 2 vom Gesamtwert des tatsächlich Erlangten, nicht von dem des darüberhinaus Erstrebten ab (vgl. BGH **5** 263, D-Tröndle[46] 41); zur natürlichen Handlungseinheit vgl. o. 54. Bei **Mittäterschaft** kommt es auf die Gesamtmenge (W-Hillenkamp 242), nicht auf den Anteil der einzelnen Täters an (vgl. BGH NJW **64**, 117, **69**, 2210, Hamm NJW **71**, 1954 sowie § 248a RN 15), wobei dem einzelnen Tatbeteiligten allerdings immer nur die von ihm mitzuverantwortenden Teilakte zuzurechnen sind (vgl. Zipf Dreher-FS 398 f.).

57 4. Diese Geringwertigkeitsklausel ist **entsprechend anwendbar bei Betrug und Untreue** (§§ 263 IV, 266 II). Dagegen ist für eine Erstreckung dieser Privilegierungsklausel auf Fälle der §§ 244, 249 ff. mit der Folge, daß deren Anwendung bei geringwertiger Beute ebenfalls generell zugunsten von §§ 242, 248a (uU iVm § 240) anzunehmen wäre (vgl. Burkhardt JZ 73, 110, Eser IV 85), kein Raum, da § 243 II weder einen eigenen Tatbestand bildet noch die Anwendung eines anderen ausschließt, sondern als Strafzumessungsregel lediglich die Annahme eines schweren Falles verhindert. Allenfalls könnte mit einer derartigen Analogie die obligatorische Annahme eines minderschweren Falles nach §§ 249 II, 250 II (vgl. dort RN 29), nicht aber eine Änderung des Deliktstyps begründet werden. Vgl. auch § 1 RN 32.

57a 5. Andererseits ist die **Geringwertigkeitsklausel ausgeschlossen** im Regelfall von **Nr. 7** (vgl. Abs. 2), und zwar deshalb, weil Grund der Strafverschärfung beim Diebstahl von *Schußwaffen* und *Sprengstoffen* die von diesen Tatobjekten ausgehende erhöhte Gefahr sei, nicht aber ihr Wert (BT-Drs. 11/2834 S. 10). Doch ganz abgesehen davon, daß dieser Ausschluß der Geringwertigkeitsklausel schon aus tatsächlichen Gründen – weil derartige Objekte meist ohnehin höherwertig – keine große Bedeutung erlangen wird, vermag er auch systematisch nicht zu überzeugen, da auch die Tatmodalitäten der Nrn. 4–6 nicht am Wert der weggenommenen Sache anknüpfen, ohne daß deswegen die Anwendung des Abs. 2 gesetzlich ausgeschlossen wäre (vgl. Hassemer StV 89, 78, Jung JuS 89, 1025, Kunert NStZ 89, 452, aber auch Hoyer SK 42, sowie allg. zu Abs. 2 o. 3).

58 XV. Im Falle von Abs. 1 tritt **Strafschärfung** durch Anhebung der Mindeststrafe auf 3 Monate, der Höchststrafe auf 10 Jahre Freiheitsstrafe ein. Die Deliktsnatur bleibt davon unberührt; anders als früher bleibt daher auch der besonders schwere Fall eines Diebstahls **nur Vergehen**.

59 XVI. Auch die **Konkurrenzprobleme** stellen sich beim jetzigen § 243 anders als früher: **1. Tateinheit** zwischen Versuch von § 243 und Vollendung von § 242 (vgl. RG **15** 284, BGH **10** 230) ist nicht mehr möglich, da es sich um einen einzigen Tatbestand des Diebstahls handelt; vgl. o. 44. Benutzt daher zB der Täter einen echten Schlüssel in der Annahme, es sei ein falscher, so liegt ein vollendeter Diebstahl vor, dessen Strafschärfung nach § 243 I sich nach den allg. Grundsätzen bestimmt, im Beispielsfalle also allenfalls über eine Gesamtbewertung in Betracht kommt (o. 42a, 44). Liegt dem Irrtum eine falsche Wertung (Zweitschlüssel sei immer ein falscher) zugrunde, scheidet § 243 I schon nach Wahngrundsätzen aus (vgl. § 22 RN 78ff.). Dagegen ist Tateinheit von §§ 242, 243 mit anderen Delikten möglich. Über das Verhältnis zu § 244 vgl. dort RN 35. **2.** Zwischen Einbruchsdiebstahl und § 123 bzw. § 303 besteht wie schon nach früherer hM **Gesetzeskonkurrenz** (RG **53** 279, R **3** 252, BGH **22** 127, Geerds aaO 217; and. RG **47** 27, M-Gössel II 390, M-Schroeder I 334); denn verurteilt der Richter aus § 243 und wendet er dessen Strafrahmen an, so hat er damit die Tatsache, daß der Täter in fremde Räume eingedrungen ist und fremde Sachen beschädigt hat, in die Gesamtwürdigung der Tat einbezogen, einer Verurteilung aus §§ 123, 303 bedarf es nicht (KG JR **79**, 25, Ruß LK 43, Tröndle 45). Erfolgt dagegen die Verurteilung nur aus § 242, so ist Tateinheit mit § 123 bzw. § 303 möglich (vgl. o. 50 sowie § 244 RN 35). Das gleiche gilt, wenn der Diebstahl nur versucht, Hausfriedensbruch und Sachbeschädigung aber vollendet sind (vgl. 124 ff. vor § 52). **3.** Ein in **Fortsetzungszusammenhang** begangener Diebstahl – soweit nach BGH **40** 138 noch möglich (vgl. 31 vor § 52) – kann ganz als schwerer Fall nach § 243 gewürdigt werden, wenn auch nur ein einziger Entwendungsakt unter erschwerenden Umständen verübt worden ist (Tröndle 46 RN 50).

4. Treffen **mehrere Schärfungsgründe** bei derselben Straftat zusammen (zB Einsteigen mit Einbrechen oder mit Einschleichen), so liegt nur ein Diebstahl in einem schweren Fall vor. Auch eine (Quasi-)Wahlfeststellung zwischen einzelnen Modalitäten von Abs. 1 ist möglich (vgl. § 1 RN 88).

XVII. Zur Fassung des **Urteilstenors** vgl. 49 vor § 38 mwN, ferner Kindhäuser NK 77.   60

§ 244 Diebstahl mit Waffen; Bandendiebstahl; Wohnungseinbruchdiebstahl

(1) Mit Freiheitsstrafe von sechs Monaten bis zu zehn Jahren wird bestraft, wer
1. einen Diebstahl begeht, bei dem er oder ein anderer Beteiligter
   a) eine Waffe oder ein anderes gefährliches Werkzeug bei sich führt,
   b) sonst ein Werkzeug oder Mittel bei sich führt, um den Widerstand einer anderen Person durch Gewalt oder Drohung mit Gewalt zu verhindern oder zu überwinden,
2. als Mitglied einer Bande, die sich zur fortgesetzten Begehung von Raub oder Diebstahl verbunden hat, unter Mitwirkung eines anderen Bandenmitglieds stiehlt oder
3. einen Diebstahl begeht, bei dem er zur Ausführung der Tat in eine Wohnung einbricht, einsteigt, mit einem falschen Schlüssel oder einem anderen nicht zur ordnungsmäßigen Öffnung bestimmten Werkzeug eindringt oder sich in der Wohnung verborgen hält.

(2) **Der Versuch ist strafbar.**

(3) **In den Fällen des Absatzes 1 Nr. 2 sind die §§ 43 a, 73 d anzuwenden.**

Vorbem.: Abs. 3 eingefügt durch OrgKG v. 15. 7. 1992 (BGBl. I 1302), Abs. 1 neugefaßt durch 6. StrRG v. 26. 1. 1998 (BGBl. I 164).

Schrifttum: Vgl. auch die Angaben zu den §§ 243, 250; ferner: *Braum*, Die Tatbestände des Diebstahls mit Waffen (usw.), in: Irrwege der Strafgesetzgebung (Institut f. Kriminalwiss. Frankfurt, Hrsg.), 1999, 27. – *Eser*, „Scheinwaffe" und „schwerer Raub", JZ 81, 761, 821. – *Geppert*, Zur „Scheinwaffe" (usw.), Jura 92, 496. – *ders.*, Zum „Waffen"-Begriff (usw.), Jura 99, 599. – *Haft*, Grundfälle zu Diebstahl u. Raub mit Waffen, JuS 90, 364. – *Hau*, Die Beendigung der Straftat u. ihre rechtl. Wirkungen, 1974. – *Isenbeck*, Beendigung der Tat bei Raub u. Diebstahl, NJW 65, 2326. – *Kudlich*, Zum Stand der Scheinwaffenproblematik (usw.), JR 98, 357. – *Kühl*, Die Beendigung des vorsätzl. Begehungsdelikts, 1974. – *Küper*, Verwirrungen um das neue „gefährl. Werkzeug", JZ 99, 187. – *ders.*, „Waffen" u. „Werkzeuge" (usw.), Hanack-FS 569. – *Lesch*, Waffen, (gefährliche) Werkzeuge (usw.), JA 99, 30. – *ders.*, Diebstahl mit Waffen nach dem 6. StrRG, GA 99, 365. – *Müther*, Schein allein kann nicht sein, MDR 93, 931. – *Otto*, Die neue Rspr. zu den Vermögensdelikten, JZ 93, 559. – *Rengier*, Erfolgsqualifizierte Delikte, 1986. – *Schlothauer/Sättele*, Zum Begriff des „gefährl. Werkzeugs" (usw.), StV 98, 505. – *Schröder*, Diebstahl und Raub mit Waffen (§§ 244, 250 StGB), NJW 72, 1833.

I. Während § 243 eine Reihe von Umständen aufzählt, die einen Diebstahl lediglich „in der   1
Regel" zu einem schweren machen (vgl. dort RN 1 f.), sind die hier genannten Umstände vom Gesetzgeber selbst **abschließend** in Form von **Qualifizierungen** des Diebstahls bewertet, wobei der Charakter als **Vergehen** unverändert bleibt. Gegenüber der aF wurde die Vorschrift durch das 6. StrRG in zweifacher Hinsicht umstrukturiert und erweitert: Zum einen dadurch, daß der „Diebstahl mit Waffen", der zuvor jeweils eigenständig in das Beisichführen von Schußwaffen (Nr. 1 aF) und das Beisichführen von (sonstigen) Waffen mit Verwendungsabsicht (Nr. 2 aF) aufgeteilt war, nunmehr in Nr. 1 zusammengefaßt ist, dabei jedoch der Schußwaffendiebstahl im Beisichführen von Waffen oder einem anderen gefährlichen Werkzeug aufgeht (Nr. 1 a), während der frühere „einfache" Waffendiebstahl nunmehr als Beisichführen von sonstigen Werkzeugen oder Mitteln mit Verwendungsabsicht (Nr. 1 b) erfaßt ist (u. 11 ff.), was vor allem Auswirkungen für den bislang strittigen Einsatz von „Scheinwaffen" hat (u. 13). Zum anderen ist neben dem unverändert erhalten gebliebenen „Bandendiebstahl" (Nr. 2) der früher nur durch § 243 Abs. 1 Nr. 1 aF als Regelbeispiel faßbare „Wohnungseinbruchdiebstahl" nun zu einem Qualifizierungstatbestand aufgestuft (Nr. 3; u. 30). Die etwaige **Geringwertigkeit des Diebstahlobjekts** kann hier, da § 244 keine dem § 243 II entsprechende Regelung enthält, allenfalls bei der Strafzumessung (nicht aber durch Anwendung des § 248 a) berücksichtigt werden (vgl. § 243 RN 57, § 248 a RN 4, § 250 RN 37, Köln NJW **78**, 652, Kindhäuser NK 2). In den Fällen des § 247 kann die Tat nur auf Antrag verfolgt werden. Zum Vorgänger des jetzigen § 244 vgl. 25. A. RN 1 ff., zu dessen Vorgänger 19. A. RN 2.

II. Die Strafverschärfung für den **Diebstahl mit Waffen oder anderen gefährlichen Werk-**   2
zeugen (Nr. 1 a) hat ihren Grund in der besonderen objektiven Gefährlichkeit dieser Gegenstände für Leib und Leben des (potentiellen) Opfers (vgl. Kindhäuser NK 4); deshalb läßt das Gesetz hier schon das Beisichführen durch den Täter oder einen Tatbeteiligten auch ohne konkrete Verwendungsabsicht genügen (vgl. u. 6 ff.).

1. a) Als Tatwerkzeug wird an erster Stelle die **Waffe (Nr. 1 a 1. Alt.)** – als Unterfall des als   3
Oberbegriff zu verstehenden „gefährlichen Werkzeugs" (u. 4) – genannt. Obgleich deren Begriffsbestimmung in § 1 I, VII WaffG aufgrund von dessen anderem Regelungszweck nicht direkt anzuwenden ist, bietet diese doch immerhin eine gewisse Orientierung (BGH **24** 138, NStZ **89**, 476). Dementsprechend kommt hier als Waffe jedes technische Instrument in Betracht, das dazu bestimmt ist, als Angriffs- oder Verteidigungsmittel zu dienen, und das dabei erhebliche Verletzungen zufügen kann (Hoyer SK 13). Wenn der BGH demgegenüber die Waffe als gefährliches Werkzeug bezeichnet,

§ 244 4, 5

das nach seiner Beschaffenheit und seinem Zustand zur Zeit der Tat bei bestimmungsgemäßer Verwendung dazu geeignet ist, erhebliche Verletzungen zuzufügen (BGH 45 92 [m. Anm. Zopfs JZ 99, 1062], NStZ-RR 00, 43), so bleibt dabei unklar, ob mit dieser Begriffsbestimmung eine volle Identität der „Waffe" mit dem „gefährlichem Werkzeug" iSv Nr. 1a hergestellt werden soll, oder die Merkmale der Beschaffenheit und der Verwendungsgeeignetheit zu einem „gefährlichen Werkzeug" hinzukommen müssen, um eine „Waffe" iSv Nr. 1a 1. Alt. darzustellen. Ohne daß es wegen der formalen Gleichstellung letztlich darauf ankäme (vgl. Dencker JR 99, 33), wird für eine Waffe der bestimmungsmäßige Einsatz als Angriffs- oder Verteidigungsmittel als charakteristisch anzusehen sein. Da der sich an der Verkehrsauffassung ausrichtende bestimmungsgemäße Einsatz nicht unbedingt gegen einen Menschen gerichtet zu sein braucht, wie zB bei Sport-, Spiel- oder Jagdwaffen (zu deren Gefährlichkeit vgl. Erbs/Kohlhaas WaffG § 1 RN 2), gehören insbes. Hieb-, Stoß- und Stichwaffen hierher (vgl. Bay NJW 99, 2535). Ist die bestimmungsmäßige Geeignetheit gegeben, bedarf es nicht auch noch eines zusätzlichen Nachweises objektiver Gefährlichkeit im konkreten Einzelfall (wie zunächst von BGH NJW 98, 3130 [m. krit. Anm. Dencker JR 99, 34], 3131, 99, 1647, NStZ-RR 98, 294, 99, 102, 214, StV 98, 486, NStZ 99, 302 u. ähnl. von Hoyer SK 9 gefordert, inzwischen aber in BGH 45 94 zu Recht aufgegeben; m. ähnl. Tendenz bereits BGH 44 105 sowie hins. § 250 II Nr. 1 BGH NStZ 99, 302; alternativ auf den Einzelfall abhebend BGH StV 99, 209; vgl. auch die Übersicht von Boetticher/Sander NStZ 99, 292 ff.). *Schußwaffen,* obgleich im Unterschied zu § 244 I Nr. 1 aF nicht mehr eigens vertatbestandlicht und daher auch nicht mehr besonders abgrenzungsbedürftig, bilden nur noch einen Unterfall der Waffen, und zwar als Instrumente, mit denen aus einem Lauf mechanisch wirkende Geschosse gegen den Körper eines anderen abgefeuert werden können, mag dies mit Hilfe von Explosivstoffen oder zB durch Luftdruck geschehen (vgl. BGH MDR/D 74, 547, Ruß LK 3). Die bisher in ihrem Charakter als Schußwaffen umstrittenen Luft- und Gaspistolen (vgl. BGH 4 125, GA 62, 145, 67, 315; 25. A. RN 3) sind jedenfalls Waffen iSv Nr. 1a (vgl. BGH NStZ 99, 302, ebso. ein Bolzenschußapparat zum Töten von Tieren Hamm MDR 75, 420). Keine Waffen (uU aber gefährliche Werkzeuge nach Nr. 1a 2. Alt.) sind Holzaxt, Holzknüppel, Küchenmesser oder Schraubenzieher (vgl. BGH StV 99, 91). Um die sich aus dem Oberbegriff des „gefährlichen" Werkzeugs zu folgernde Gefährlichkeit der die Waffen mitumfassenden Qualifizierung zu begründen, ist *eine funktionsfähige* Waffe erforderlich (BGH NStZ 99, 135, 448, NStZ-RR 99, 103), dh eine solche, die zum Einsatz geeignet ist; dafür muß sie nicht schon durchgeladen (BGH NStZ 81, 301), ja nicht einmal unbedingt geladen sein, vorausgesetzt freilich, daß dies jederzeit geschehen könnte, zB durch „griffbereite" Munition (BGH StV 82, 574, NJW 98, 3131, Geppert Jura 99, 601; vgl. auch Schröder NJW 72, 1833, Tröndle 3), wobei dies allerdings die Fähigkeit zum Bedienen der Waffe voraussetzt (vgl. BGH MDR/D 72, 16). Dagegen fällt eine defekte, nicht oder nur mit Platzpatronen geladene Pistole nicht unter Nr. 1a 1. Alt. (vgl. BGH 3 232, NJW 65, 2115, StV 87, 67), ebensowenig eine bloße Spielzeugpistole oder Waffenattrappe (vgl. BGH 20 196, NJW 99, 3131, NStZ 00, 156, StV 98, 487, LG Hamburg NJW 48, 698, Herdegen LK § 250 RN 5); stattdessen kann aber Nr. 1b (u. 11 ff.) in Betracht kommen, wie zB bei Benutzung einer ungeladenen Schußwaffe als Schlagwerkzeug (BGH 44 105). Zum Problem des „Berufswaffenträgers" vgl. u. 6.

4 b) Als Alternative zur Waffe kommt auch ein **(anderes) gefährliches Werkzeug (Nr. 1a 2. Alt.)** in Betracht. Als ein die Waffen umfassender Oberbegriff (BGH 44 105 mwN) muß es sich beim *Werkzeug* um einen körperlichen Gegenstand handeln, weswegen weder der bloße Einsatz von Körperteilen (wie zB der zum Vortäuschen einer Schußwaffe ausgestreckte Zeigefinger in der Jackentasche: vgl. BGH NStZ 85, 547, grds. and. Lesch GA 99, 374, 378ff.) noch hypnotisierende Mittel in Betracht kommen. Unerheblich ist hingegen, welchen Aggregatzustand der Gegenstand aufweist, ob er also fest, flüssig (Gifte oder Säuren; vgl. BGH 1, 2, MDR/D 68, 373) oder gasförmig ist (zu Tränengassprühdosen vgl. BGH 22 230) oder ob er auf mechanische, physikalische oder chemische (wie zB narkotisierende) Weise eingesetzt wird. Immerhin ist aber schon aus der Waffe als dem Orientierungsfall dieser Qualifizierungsalternative zu schließen, daß das Werkzeug geeignet sein muß, als Angriffs- oder Verteidigungsmittel eingesetzt zu werden.

5 Um zudem **gefährlich** zu sein, muß das Werkzeug geeignet sein, dem Betroffenen nicht unerhebliche Verletzungen beizubringen (BGH NJW 98, 3130, 3131, StV 98, 486, NStZ 99, 135, 242, Kindhäuser NK 5), was unter Umständen auch bei einem entsprechend dosierten Schlafmittel der Fall sein kann (vgl. BGH StV 98, 660). Eine bloße Gefährdung von Sachen wird dafür, wie sich aus dem Vergleich mit dem primär auf Objektschutz ausgerichteten § 243 ergibt, nicht genügen können (ebso. Mitsch ZStW 111, 78); vielmehr wird hier Gefährlichkeit für Leib oder Leben des Opfers zu fordern sein (BGH StV 99, 92; vgl. auch Dencker JR 99, 35). Fraglich kann daher nur noch sein, ob und inwieweit *objektive Gefährlichkeit* zu fordern ist oder auch eine bloße „Scheingefährlichkeit" aus der Sicht des Opfers oder sonstigen Betrachters genügen kann. Letzteres wird schon deshalb zu verneinen sein, weil sonst für die Nr. 1b, wo der Verzicht auf objektive Gefährlichkeit durch die erforderliche subjektive Verwendungsabsicht wettgemacht wird (u. 15 ff.), kein eigener Anwendungsbereich mehr bliebe (insoweit hM: vgl. BGH NJW 98, 2914). Was jedoch für den konkreten Fall objektive Gefährlichkeit vorauszusetzen ist, läßt der Wortlaut offen (vgl. Lackner/Kühl 3). Immerhin besteht nahezu Einigkeit insoweit, als nicht schon jede potentielle Einsatzfähigkeit genügen kann (wie aber von Hörnle Jura 98, 172 u. Küper JZ 99, 191 jedenfalls bei Waffen zugestanden u. von ersterer auch

beim sonstigen gefährlichen Werkzeug nicht völlig ausgeschlossen), da fast jeder Gegenstand in gefährlicher Weise verwendbar ist und somit jeder Diebstahl, bei dessen Begehung ein irgendwie verwendungsfähiger Gegenstand mitgeführt wird, zu einem qualifizierten nach Nr. 1 a würde (Günther SK § 250 RN 8, Kindhäuser NK 6, Mitsch ZStW 111, 79, Otto II 171, Schlothauer/Sättele StV 98, 506). Wenn der Gesetzgeber nun meinte, die gebotene Einschränkung durch Rückgriff auf die zu § 224 entwickelten Grundsätze erreichen zu können (BT-Drs. 13/9064 S. 18; iglS BGH **44** 105, StV **99**, 92), wurde offenbar übersehen, daß es dort auf die Gefährlichkeit in der konkreten Anwendung ankommt (vgl. § 224 RN 2), eine solche bei § 244 I Nr. 1 a (ebenso wie bei § 250 I Nr. 1 a) aber gerade nicht gefordert wird und demzufolge auch die zu § 224 entwickelte Rspr. insoweit nicht herangezogen werden kann (iglS Küper JZ 99, 189, Mitsch ZStW 111, 79, Otto II 171; zw. auch BGH NStZ **99**, 302). Deshalb vermag auch das (zeitweilig) zur Einschränkung des Waffenbegriffs bemühte Abheben der Rspr. auf die konkrete Verwendung (vgl. o. 3) hier nicht weiterzuhelfen. Gleichermaßen würde die Grenze zu Nr. 1 b überschritten, wenn man für die Annahme eines (objektiv) gefährlichen Werkzeugs iSv Nr. 1 a nicht eben der Lehre auf die subjektive Verwendungsabsicht abheben wollte (wie Geppert Jura 99, 602, Günther SK § 250 RN 8, 11, Küper JZ 99, 192, Lackner/Kühl 3, Rengier 50, W-Hillenkamp 262 ff.), zumal es dem Gesetzgeber erkennbar darum ging, jeweils mit Nr. 1 a von § 244 und § 250 Taten zu erfassen, deren gesteigertes Gefährdungspotential unabhängig von einer bestimmten Verwendungsabsicht festgestellt werden kann (ebso. DSNS-Dencker 12, JR 99, 35, Schroth NJW 98, 2864 f.). Soweit es daher zur Beurteilung der objektiven Gefährlichkeit eines zum Guten oder Bösen einsetzbaren Werkzeugs einerseits weder auf die subjektive Verwendungsabsicht ankommen noch andererseits dessen konkrete Verwendung abgewartet werden kann, ist darauf abzustellen, ob aus der Sicht eines objektiven Beobachters der Gegenstand in der konkreten Situation zu nichts anderem als zu seinem Einsatz als Angriffs- oder Verteidigungsmittel gegen einen Menschen, welchem dadurch erhebliche Verletzungen drohen, dienen kann (ähnl. Kindhäuser NK 6 f., Schlothauer/Sättele StV 98, 508; als zu restriktiv abl. Hoyer SK 12), wie zB ein Baseballschläger, der außerhalb einer sportlichen Betätigung bei einem Diebstahl mitgeführt wird. Auf diese Weise ist auch den „Berufswerkzeugträgern" gerecht zu werden, die zB nicht schon deshalb in den Bereich von Nr. 1 a geraten, wenn und weil sie als Schreiner oder Schlosser anläßlich von Reparaturarbeiten in einer Wohnung bei Wegnahme von offen herumliegenden Wertgegenständen berufsbedingt einen Schraubenzieher oder Hammer in der Tasche tragen. Auf diesem Wege wird bereits beim Begriff des gefährlichen Werkzeugs eine Eingrenzung erreicht, ohne daß es dazu (wie von Schroth NJW 98, 2865 vorgeschlagen) erst beim „Beisichführen" einer Ausgrenzung wie beim „Berufswaffenträger" bedürfte (vgl. u. 6). In ähnliche Richtung weist das Abheben von Lesch GA 99, 375 ff. auf Werkzeuge, die aufgrund ihres besonderen Risikopotentials nicht für jedermann frei verfügbar sind. Insgesamt gesehen ergeben sich somit für § 244 schlagwortartig folgende Abstufungen: Durch Nr. 1 a 1. Alt. werden objektiv-abstrakt gefährliche Waffen, durch Nr. 1 a 2. Alt. objektiv-konkret gefährliche Werkzeuge und durch Nr. 1 b objektiv ungefährliche, aber aufgrund der Verwendungsabsicht subjektiv gefährliche Gegenstände qualifiziert. Als gefährliche Werkzeuge nach Nr. 1 a 2. Alt anzusehen sind demnach zB Kampfhunde (vgl. BGH NStZ-RR **99**, 174), Betäubungsmittel, Gifte, Säuren, große Schraubenzieher oder Teppichbodenmesser, sofern für das Beisichführen dieser Gegenstände unter den gegebenen Umständen jeweils keine andere Erklärung als die eines gefährlichen Einsatzes möglich erscheint. Vgl. auch die Rspr.-Übers. von Boetticher/Sander NStZ **99**, 292 f.; ideologiekrit. zum Ganzen Braum aaO. Im übrigen gelten hinsichtlich der Funktionsfähigkeit die gleichen Grundsätze wie bei der Waffe (o. 3).

2. Erforderlich, aber auch ausreichend ist ferner das **Beisichführen** des gefährlichen Werkzeugs **6** durch den *Täter* oder einen *Teilnehmer*. Anders als nach Nr. 1 b (u. 15) ist dabei *keine bestimmte Gebrauchsabsicht* erforderlich (iglS bereits die Rspr. zu Waffen i. techn. S. zum damaligen § 250 I Nr. 1 aF ua RG **66** 117, BGH LM **Nr. 2, Nr. 5** zu § 250 aF, BGH GA **62**, 165). Maßgeblicher Gesichtspunkt ist vielmehr auch insoweit (vgl. o. 2 f.) die sich aus der *(bewußten)* Verfügbarkeit eines derartigen Werkzeugs ergebende Gefahr einer effektiven Anwendung (vgl. BGH **20** 194, StV **87**, 67, Lackner/Kühl 3, E 62 Begr. 406). Dazu muß der Täter das gefährliche Werkzeug nicht unbedingt in der Hand haben, ja nicht einmal am eigenen Körper tragen (BGH NStZ **97**, 197), wohl aber sich seiner zu irgendeinem Zeitpunkt während der Tatbegehung (u. 7) ohne besonderen Aufwand bedienen können (BGH NStZ **98**, 354). An einer Gefährlichkeitsvermutung kann es fehlen, wo wegen der Besonderheiten des Einzelfalls die Gefahr eines Gebrauchs erfahrungsgemäß ausgeschlossen werden kann (Lenckner JR 82, 424, 427 zu BGH **30** 44), so namentlich dort, wo eine Waffe nicht aus irgendwelchen deliktischen Hintergründen oder Motiven, sondern – wie etwa von einem Polizeibeamten oder Soldaten oder vergleichbaren „Berufswaffenträgern" – allein aus dienstlichen Gründen und ohne jeglichen Bezug zum Diebstahl mitgeführt wird (iE ebso. Hruschka NJW 78, 1338, Kotz JuS **82**, 97, Solbach NZWehrR 77, 161, Schünemann JA 80, 355; vgl. auch Bay NJW **99**, 2535, ferner Schroth NJW 98, 2865 zur teleolog. Reduktion bei gefährl. Werkzeugen). Die abw. Auffassung (BGH **30** 44, Köln NJW **78**, 652, Katzer NStZ 82, 236, Kindhäuser NK 15, Peterson NZWehrR 78, 134, Ruß LK 5a, Tröndle 9) begegnet ua verfassungsrechtlichen Bedenken, da § 244 anders als § 250 keinen minderschweren Fall vorsieht und daher die Schuldproportionalität der Strafe im Einzelfall fraglich sein kann (vgl. BVerfG NStZ **95**, 76 [zu § 250 I Nr. 1 aF]; vgl. zum Ganzen auch Hettinger GA 82, 525, Haft JuS 88, 368 f.).

7 a) *Zeitlich-räumlich* muß der Täter (oder Teilnehmer) das gefährliche Werkzeug **bei Begehung der Tat,** dh in irgendeinem – vom Versuch bis zur Beendigung möglichen (vgl. § 250 RN 6 ff. mwN) – Stadium des Tathergangs derart bei sich haben, daß er es jederzeit, also ohne nennenswerten Zeitaufwand und ohne besondere Schwierigkeiten, zum Einsatz bringen könnte (BGH **31** 105 m. Anm. Hruschka JZ 83, 217, Kühl JR 83, 474; iglS Hoyer SK 19). Das setzt zwar keine konkrete Gebrauchsabsicht, zumindest aber stillschweigend die Förderlichkeit des Mitführens für die Tatverwirklichung voraus (vgl. o. 5; zu der dadurch offen gehaltenen Möglichkeit eines Rücktritts vgl. § 24 RN 113). Nicht erforderlich ist, daß der Täter das gefährliche Werkzeug längere Zeit mit sich führt. Auch wenn er es erst an Ort und Stelle ergreift, zB dem Opfer oder einem Dritten entreißt, liegt ein Beisichführen iSd Nr. 1 a vor (vgl. BGH **13** 259, **20** 197, **29** 185, ferner BGH StV **88**, 429 m. Anm. Scholderer, BGHR § 250 I Nr. 2 Beisichf. 4), desgleichen wenn er es lediglich aus „Sicherheitsgründen" aus den Sachen des Opfers an sich nimmt (BGH NStZ **85**, 547). Ebensowenig muß das gefährliche Werkzeug unmittelbar am Körper getragen werden. Es genügt, daß der Täter es am Tatort bereitgelegt (vgl. Blei JA 74, 235) oder in der Nähe verborgen und damit zu seiner Disposition hat (vgl. RG **55** 17, Eser IV 71 f., aber auch BGH MDR/H **80**, 106), uU auch, wenn er es im PKW in unmittelbarer Nähe des Tatorts zurückläßt, sofern ihm damit der Zugriff auf das gefährliche Werkzeug bei der Tatausführung jederzeit möglich ist (offen in BGH GA **71**, 82, von BGH **31** 105 zu Recht verneint bei einer etwa 200 m vom Tatort entfernt zurückgelassenen Waffe). Hiervon zu unterscheiden ist die Frage, ob diese Voraussetzungen erst beim Abtransport der Beute noch zurechenbar erfüllt sein können (BGH GA **71**, 82, vgl. § 250 RN 10 ff.). Dies ist jedenfalls dann nicht möglich, wenn das gefährliche Werkzeug erst bei der späteren (der Wegnahme nicht alsbald folgenden) Bergung der Beute mitgeführt wird (vgl. RG HRR **35** Nr. 632, BGH MDR/H **80**, 106). Ebensowenig genügt die bloße Möglichkeit, ein am Tatort zufällig herumliegendes (nicht bereit gelegtes) gefährliches Werkzeug zu ergreifen (vgl. Blei JA 74, 235).

8 b) Auch beim Mitführen eines gefährlichen Werkzeugs durch **Tatbeteiligte** (Mittäter, Anstifter, Gehilfen) ist erforderlich, daß sich diese in unmittelbarer Nähe des Tatorts befinden, so daß es bei Durchführung der Tat zum Einsatz kommen könnte (BGH **3** 232, **13** 260, NJW **65**, 2115). Der bewaffnete Beteiligte, der lediglich mit dem *Fluchtauto* in der Nähe des Tatortes auf den Täter zu warten hat, gibt daher dem Diebstahl noch nicht ohne weiteres den Charakter des § 244, sondern erst dann, wenn er sich tatsächlich auf der Flucht mit der Beute befindet (vgl. o. 6). Zum Mitführen des gefährlichen Werkzeugs kann sich der Täter auch eines gutgläubigen Tatmittlers bedienen (dem die Waffe zB in seinen Werkzeugkoffer gesteckt wurde), soweit und solange sie dem Täter zum Einsatz verfügbar bleibt und ihm dies deshalb als *eigenes* Beisichführen zugerechnet werden kann (vgl. u. 9). Das Mitführen des gefährlichen Werkzeugs durch einen Teilnehmer (zB Gehilfen) am Diebstahl ändert an der *Art seiner Beteiligung* nichts; er wird also dadurch nicht zum Täter eines Diebstahls iSv Nr. 1 a (Kindhäuser NK 11), wohl aber zum Gehilfen, sofern auch der Täter um die Mitführung des gefährlichen Werkzeugs weiß oder damit rechnet (vgl. u. 9).

9 3. Für den **subjektiven Tatbestand** der Nr. 1 a ist **Vorsatz** des jeweiligen Beteiligten erforderlich, daß entweder er selbst oder ein anderer Tatbeteiligter eine (bei der Tat) einsatzfähige Waffe oder ein anderes gefährliches Werkzeug bei sich führt; dolus eventualis genügt (vgl. Herdegen LK § 250 RN 14, Lackner/Kühl 5). Ein **Irrtum** über die rechtliche Qualität der Waffe als solcher oder des Werkzeugs als gefährlich iSd Nr. 1 a 2. Alt. ist bloßer Subsumtionsirrtum, der aber uU als Grundlage eines Verbotsirrtums Bedeutung erlangen kann (so zB bei irriger Einschränkung des Waffenbegriffs auf solche iSd WaffG: vgl. Karlsruhe NJW **70**, 1056). Das Mitführen der Waffe durch einen **Tatbeteiligten** ist echter Tatumstand iSd § 16 I, für den, da tatbezogenes Merkmal, nicht die Regeln des § 28, sondern die allgemeinen Akzessorietätsgrundsätze gelten (vgl. § 28 RN 15 f., Arzt JuS 72, 578). Führt daher lediglich ein Teilnehmer (zB Gehilfe) ein gefährliches Werkzeug mit sich, so muß dies (auch) der Täter in zurechenbarer Weise wissen und wollen (vgl. RG **54** 249, BGH **3** 233, Arzt aaO, Tröndle 2; and. Herdegen LK § 250 RN 14, Lackner/Kühl 5); andernfalls fehlt es (insoweit dann auch für den Gehilfen) an einer vorsätzlich begangenen Haupttat iSd §§ 244 I Nr. 1 a, 27 (vgl. § 27 RN 28 f.). Weiß dagegen der Täter, nicht aber der Gehilfe, daß dieser eine ihm zB heimlich zugesteckte Waffe bei sich führt, so hängt die Strafbarkeit des *Täters* nach Nr. 1 a davon ab, ob für ihn die Waffe bei faktisch verfügbar ist oder er deren Einsatz jederzeit steuern könnte (vgl. o. 8); was hier Arzt aaO insoweit auch Kenntnis des Teilnehmers für erforderlich hält, während Lackner/Kühl 5 bereits die des Täters für sich allein genügen läßt. Jedenfalls zu pauschal die von BGH StV **82**, 575 zu § 250 geforderte gesonderte Prüfung eines bes. schweren Falles im Hinblick auf jeden Tatbeteiligten.

10 4. Hält der Täter oder Beteiligte die Voraussetzungen der Nr. 1 a irrig für gegeben, so kommt **Versuch** in Betracht, beim *Teilnehmer* jedoch nur dann, wenn auch der Täter insoweit irrt; andernfalls fehlt es an einer (versuchten) Haupttat (vgl. o. 10). Dagegen genügt nicht schon die Absicht, am Tatort erwartete Waffen oder gefährliche Werkzeuge zu ergreifen oder zu stehlen.

11 III. Die Strafschärfung für **Diebstahl mit (sonstigen) Werkzeugen oder Mitteln (Nr. 1 b)** hat ihren Strafgrund in der erhöhten Nötigungsgefahr bei dem vom Täter erforderlichenfalls beabsichtigten Einsatz eines einschüchternden Gegenstandes (vgl. Lackner/Kühl 4).

12 1. a) Als **Werkzeug oder Mittel** kommen die gleichen Gegenstände wie bei Nr. 1 a 2. Alt. in Betracht (o. 4), dh daß es sich zwar nicht um den bloßen Einsatz von Körperteilen handeln darf, im übrigen aber weder der Aggregatzustand noch die Wirkungsweise eine Rolle spielen. Auch in der besonderen Hervorhebung des „Mittels" ist lediglich die ausdrückliche Anerkennung von flüssigen oder gasförmigen Werkzeugen zu erblicken (Hoyer SK 5). Da sich allein aus dem Erfordernis von Gegenständlichkeit keinerlei Einschränkungen ergeben, ist ähnlich wie bei Nr. 1a ein Bezug zum Qualifizierungsgrund herzustellen: Demzufolge muß das Werkzeug oder Mittel zumindest geeignet sein, aufgrund seines Erscheinungsbildes den möglichen Widerstand des Betroffenen gegen die Wegnahme zu verhindern oder zu unterbinden.

b) Wesentliches Unterscheidungsmerkmal von den durch das bloße Beisichführen qualifizierten **13** Waffen und gefährlichen Werkzeugen iSv Nr. 1a (o. 3 ff.) ist es, daß hier das Werkzeug oder Mittel **nicht gefährlich** zu sein braucht, stattdessen jedoch Verwendungsabsicht erforderlich ist (o. 1, u. 14 ff.). Auf diese Weise kommt der Nr. 1b eine vom Gesetzgeber gewollte Auffangfunktion zu (BT-Drs. 13/9064 S. 18, iglS BGH **44** 104, NJW **98**, 2914, 3130, StV **99**, 92), die fast nur noch durch die subjektive Gebrauchsabsicht einzuschränken ist. Soweit man freilich durch diesen ausdrücklichen Verzicht auf ein objektives Gefährlichkeitserfordernis durch das 6. StrRG alle bisherigen Streitfragen in dem Sinne erledigt sehen wollte, daß damit das Beisichführen jedweden Gegenstandes, sofern dessen Einsatz der Täter erforderlichenfalls zur Durchführung des Diebstahls beabsichtige, den Diebstahl nach Nr. 1b qualifiziere, es also ausschließlich auf die subjektive Gebrauchsabsicht und in keiner Weise auf irgendwelche Geeignetheit des Gegenstandes ankomme, bedarf es einer gewissen Differenzierung: Einerseits wird man – entgegen dem verständlichen Bemühen namentlich von Kindhäuser (NK 18 ff.), den Werkzeugen bei Nr. 1b eine der Nr. 1a vergleichbare Gefährlichkeit abzuverlangen – in der nF die grundsätzliche Legalisierung der schon bei Nr. 2 aF auf objektive Gefährlichkeit verzichtenden Rspr. (so seit BGH **24** 339; vgl. 25. A. RN 14 mwN) zu erblicken haben, wie dies vom Gesetzgeber gewollt war (vgl. BT-Drs. 13/9064 S. 17 f.) und, soweit nicht ausdrücklich begrüßt, so jedenfalls nahezu allgemein ergeben hat (vgl. ua BGH NJW **98**, 2914 sowie die nachfolg. Nachw. zu Scheinwaffen). Demzufolge kommt – entgegen der bislang hier vertretenen Auffassung (25. A. RN 14 mwN) und durchaus fortbestehenden grundsätzlichen Bedenken (Eser JZ 81, 761 ff.) – auch bei bloßen **Scheinwaffen** (wie Attrappen, Pistolen ohne Munition u. dgl.), die zum Zwecke einer „leeren Drohung" mitgeführt werden, Nr. 1b in Betracht (BGH **44** 105, NJW **98**, 2914 ff., **98**, 3130, StV **99**, 93], 3130, StV **98**, 486, NStZ-RR **98**, 294, NStZ **98**, 136, StV **99**, 646 [m. krit. Anm. Renzikowski], Hörnle Jura 98, 173, Kudlich JR 98, 358, Küper Hanack-FS 583, Mitsch ZStW 111, 102, JuS **99**, 228; abw. Lesch GA 99, 375 f.). Indes sind dabei zwei Einschränkungen zu machen: Auch wenn hier das Werkzeug nicht wie bei Nr. 1a objektiv geeignet zu sein braucht, beim Opfer erhebliche Verletzungen herbeizuführen, so muß es doch zumindest als *Drohungsmittel* geeignet erscheinen, einen möglichen Widerstand des Opfers zu überwinden. Und selbst wenn dies dem in Nr. 1b angelegten subjektiven Ansatz zuwiderläuft (näher dazu 25. A. § 244 RN 14, § 250 RN 15 f., iglS Geppert Jura 99, 604, Küper Hanack-FS 584), wird hier zudem vorauszusetzen sein, daß der Täter den mitgeführten Gegenstand seiner Art nach ohne weiteres, namentlich ohne weitere täuschende Erklärungen, für geeignet hält, aufgrund des *äußeren Erscheinungsbildes* dem Opfer den Eindruck eines zur Gewaltanwendung geeigneten und deshalb gefährlichen Gegenstandes zu vermitteln (so bereits BGH **38** 116 [Plastikrohr] m. Anm. Grasnick JZ 93, 268, Kelker NStZ 92, 539, Mitsch NStZ 92, 443). Demzufolge ist (wie schon zu Nr. 2 aF) die Benutzung eines Lippenstifts (BGH NStZ **97**, 184 [Labello] m. Anm Hohmann) wie auch die eines Holzstücks (BGH NStZ-RR **96**, 356) oder einer Schrotpatrone (BGH NStZ **98**, 38) auch bei Nr. 1b weiterhin abzulehnen (iE. ebso. Kudlich JR 98, 359, Lackner/Kühl 4; vgl. auch Graul JR 92, 297; krit. Hoyer SK 7, Lesch StV **99**, 93, Lackner/Kühl 4; vgl. auch Graul JR 92, 297; krit. Hoyer SK 7, Lesch StV **99**, 93, GA 99, 367 ff.). Dagegen wird ebenso wie einem zum Würgen des Opfers geeignet erscheinenden Strick oder einer Bombenattrappe (BGH NStZ **99**, 188) auch dem „beschuhten Fuß" ein für Nr. 1b ausreichendes Drohpotential nicht abzusprechen sein (vgl. BGH **30** 375 m. Anm. Hettinger JuS 82, 895). Vgl. auch die Rspr.-Übers. von Boetticher/Sander NStZ 99, 293 f.

2. Auch hier muß der Täter oder Teilnehmer das Werkzeug **bei sich führen**. Insofern gilt gleiches **14** wie zu Nr. 1a (o. 6 ff).

3. Zum Beisichführen muß jedoch hier – im Unterschied zu Nr. 1a (o. 6 ff.) noch die **subjektive 15–17 Gebrauchsabsicht** hinzukommen, den Widerstand einer anderen Person durch Gewalt oder Drohung mit Gewalt zu verhindern oder zu überwinden. Durch dieses subjektive Erfordernis soll die im Vergleich zu Nr. 1a hier nicht erforderliche objektive Gefährlichkeit des Werkzeugs zumindest insoweit kompensiert werden, als durch die Einsatzbereitschaft des Täters auf Seiten des Opfers eine Einschüchterungs- und Bedrohungsgefahr entsteht (vgl. Tröndle 6). Ob dies eine Gleichstellung mit den gefährlichen Werkzeugen iSv Nr. 1a zu rechtfertigen vermag, erscheint freilich weiterhin zweifelhaft (vgl. 25. A. RN 16, krit. auch Günther SK § 250 RN 24, Lackner/Kühl 4).

a) Die Absicht braucht im Sinne eines *zielgerichteten Willens* lediglich auf die **Überwindung von 18 Widerstand** gerichtet zu sein, nicht hingegen auf die Beibringung von körperlichen Verletzungen. Im übrigen genügt, daß das mitgeführte Werkzeug im Bedarfsfall (BGH MDR/H **85**, 446, **86**, 623) als Gewalt- oder Drohmittel eingesetzt werden soll, wobei die Realisierung der Absicht von äußeren Bedingungen abhängig gemacht werden kann (BGH NStZ-RR **96**, 3 mwN, vgl. auch § 22 RN 18), so zB vom Auftauchen Dritter oder vom möglichen Widerstand des Opfers (vgl. § 15 RN 67, § 22 RN 18, Gehrig aaO 36 ff., Lackner/Kühl 5). Der beabsichtigte Gebrauch als Einschüchterungsmittel genügt nur, soweit das Angedrohte zur Überwindung eines Widerstandes geeignet erscheint (vgl.

§ **244** 19–25   Bes. Teil. Diebstahl und Unterschlagung

BGH NJW **72**, 731 m. Anm. Schröder zum Fall einer Fleischgabel, ferner Kindhäuser NK 27). Das bloße Bewußtsein, ein auch gegen Personen einsetzbares Instrument bei sich zu haben (zB zum Aufbrechen der Tür mitgeführte Brechstange), genügt demgegenüber nicht (and. wohl Arzt JuS **72**, 578), ebensowenig das für das Opfer nicht sichtbare Tragen einer Waffe ohne konkrete Verwendungsabsicht (BGH MDR/H **76**, 813). An einer Gebrauchsabsicht kann es zB fehlen, wenn der Täter während der Wegnahme ein feststehendes Messer in seinem verschlossenen Rucksack mit sich herumträgt (Bay NJW **99**, 2535). Hält der Täter einen mitgeführten Gegenstand irrig für zweckdienlich (zB ein harmloses Spray für giftiges Gas), so kommt nur *Versuch* in Betracht. Vgl. zum Ganzen auch Herdegen LK § 250 RN 22.

19   b) **Gegen wen** die Waffe eingesetzt werden soll, ist ebenso wie beim Raub ohne Bedeutung. Erforderlich ist nur, daß dies gegenüber einer Person geschehen soll, von der der Täter Widerstand gegen die Durchführung der Tat für möglich hält (vgl. § 249 RN 6 a). Es genügt also *nicht*, wenn der Täter plant, lediglich *bei Gelegenheit* des Diebstahls auch noch einen Mord zu begehen. Vgl. ferner u. 20.

20   c) In **zeitlicher** Hinsicht gelten für die Gebrauchsabsicht die gleichen Kriterien wie für das Beisichführen (vgl. o. 7, § 250 RN 6 ff.). Es genügt also auch eine erst während der Tat (bis zur Beendigung) gefaßte Gebrauchsabsicht. Dagegen reicht das Mitführen (oder etwa auch die Wegnahme) eines Werkzeugs nicht, wenn es der Täter nicht jetzt, sondern erst bei einer anderen noch in derselben Nacht auszuführenden Tat (zB einem Raub) einsetzen will. Ebensowenig genügt das Mitführen eines Gegenstandes, mit welchem lediglich die Flucht im Falle eines fehlgeschlagenen Versuchs gesichert werden soll, da das Mittel hier keinerlei Bezug zum spezifischen Diebstahlscharakter der Tat mehr hat, sondern ausschließlich zur Verhinderung einer Strafverfolgung dienen soll (vgl. § 250 RN 12; and. BGH **22** 230).

21   4. Ebenso wie das *Mitführen* des Werkzeugs ist auch die *Gebrauchsabsicht* kein persönliches Merkmal iSd § 28, sondern ein *tatbezogenes* (Kindhäuser NK 28). Daher genügt für die Zurechnung der Qualifizierung jeweils bereits das **Wissen des Täters bzw. Teilnehmers,** daß einer von ihnen ein Werkzeug mit entsprechender Absicht bei sich führt (vgl. o. 9, BGH GA **85**, 270, NStZ-RR **99**, 214, Hoyer SK 29). Glaubt der *Täter* irrig an eine solche Gebrauchsabsicht des Teilnehmers, so kommt es darauf an, ob *er* den Einsatz des Werkzeugs bei der Tat notfalls selbst steuern kann und will (vgl. o. 8, 9). Andernfalls kommt für den Täter nur Versuch in Betracht, während für den Gehilfen die Grundsätze des agent provocateur gelten, wenn er sich gegen ein entsprechendes Ansinnen des Täters innerlich verwahrt.

22   5. Einer Klärung bedarf das **Verhältnis zum versuchten Raub** nach § 249 ff., da die Nr. 1 b die Absicht voraussetzt, notfalls Raubmittel einzusetzen: Richtigerweise beginnt in diesen Fällen der Raubversuch erst mit dem effektiven Einsatz der Raubmittel (vgl. § 22 RN 38, Arzt JuS **72**, 578), so daß durch Nr. 1 b lediglich das Vorbereitungsstadium eines Raubes erfaßt wird; so wohl auch BGH **24** 339; vgl. ferner § 252 RN 8, Tröndle § 250 RN 4, Schröder NJW **72**, 1834.

23   IV. **Bandendiebstahl (Nr. 2)** liegt vor, wenn mindestens zwei Mitglieder einer Diebesbande, die sich zur fortgesetzten Begehung von Raub oder Diebstahl verbunden haben, den Diebstahl ausführen. Durch diese Bestimmung soll einmal der erhöhten, aus der Existenz der Bande sich ergebende Gefahr für die Allgemeinheit getroffen werden, die von einer Gruppe von Tätern ausgeht, die sich gegenseitig zur Ausübung von Raub oder Diebstahl verpflichtet haben, ohne daß jedoch – über die u. 24 f. genannte Verbindung hinaus – noch besondere Motive oder Gefährlichkeitsmomente vorauszusetzen wären (vgl. BGH StV **95**, 642; Hoyer SK 31). Zum anderen ist aber auch die Erwägung maßgeblich, daß die Ausführung durch Mehrere der Tat eine erhöhte Gefährlichkeit verleiht (RG **66** 242, BGH **8** 209; grdl. Schild GA 82, 55 ff.; vgl. auch Katholnigg/Brüner ZRP 84, 173 f. sowie Erb NStZ 98, 537 f. hins. „Bande" u. Org. Krim.). Daraus ergeben sich insbes. für Täterschaft und Teilnahme Konsequenzen; vgl. u. 27 f. Einer ausdrücklichen Vereinbarung oder festen Organisation bedarf es nicht (BGH MDR/D **73**, 555, GA **74**, 308, NStZ **86**, 408).

24   1. Erforderlich ist zunächst, daß sich **mindestens zwei Personen verbunden** haben (BGH **23** 239 m. Anm. Schröder JR 70, 388, NJW **98**, 2913 mwN, Kindhäuser NK 30, W-Hillenkamp 271; zw. Lackner/Kühl 6; vgl. auch BGH **28** 150 m. Anm. Volk JR 79, 425, BGH StV **84**, 245 sowie in NJW **92**, 58, NStZ-RR **99**, 152 hins. der Bande in § 30 I Nr. 1 BtMG; dagegen für *mehr als zwei* Personen Dreher NJW 70, 1802, Hoyer SK 30 f., Ruß LK 11, Schmidhäuser II 96, Tröndle 11), und zwar mit einem über bloße Mittäterschaft hinausgehenden Gesamtwillen (Düsseldorf NJW **99**, 3208), der zumindest für eine gewisse Dauer (Hamm NJW **81**, 2207) auf die fortgesetzte Begehung von Raub oder Diebstahl gerichtet sein muß. Auch zwei (ehelich oder sonstwie verbundene) Lebenspartner können eine Bande bilden (BGH MDR/D **67**, 369, NStZ **98**, 255 m. Anm. Körner).

25   2. Die Verbindung muß auf die Begehung **mehrerer noch unbestimmter Diebstähle** gerichtet sein (vgl. BGH MDR/H **78**, 624; zu teilweise höheren Anforderungen der Rspr. an den Bandenzweck, insbes. bei Zweierbande, vgl. BGH NJW **98**, 2913 m. Anm. Erb NStZ **99**, 187). Daß deren Durchführung noch von Bedingungen (zB Geldmangel) abhängig gemacht wird, steht der Annahme einer Bande nicht entgegen (BGH GA **74**, 308). Die Planung eines (iSv Handlungseinheit) fortgesetzten Diebstahls – soweit nicht durch BGH **40** 138 obsolet geworden (vgl. 31 vor § 52) – genügt nicht (RG **66** 238, BGH GA **57**, 85, NStZ **86**, 408, Hamm NJW **81**, 2207; vgl. auch BGH StV **91**, 519 zu

§ 30 I Nr. 1 BtMG; and. offenbar Lackner/Kühl 6). Eine bereits bestehende Vereinigung kann zu einer „Bande" im Sinne der Nr. 2 umfunktioniert werden. Im übrigen ist ohne Bedeutung, daß sich alle Einzeltaten gegen denselben Eigentümer richten (Kindhäuser NK 33 mwN). Ist die erforderliche Absicht vorhanden, dann genügt die Begehung *eines* Diebstahls in Ausführung der Absicht. Nr. 2 ist nicht deswegen ausgeschlossen, weil die Bande nur bestimmte Arten von Diebstählen geplant hat (Ruß LK 12). Allein aus „professionellem" oder „nach gleichem Muster" wiederholten Vorgehen kann nicht ohne weiteres auf Bandenmitgliedschaft (unbekannt gebliebener Personen) geschlossen werden (BGH StV **97**, 247).

3. Notwendig ist ferner, daß bei dem Diebstahl **mehrere Bandenmitglieder mitgewirkt** haben, 26 wofür jeder kausale Beitrag und auch schon eine geringe Beteiligung genügt (vgl. auch Küper GA 97, 328 ff.); es muß sich um eine *Tat der Bande* handeln. Voraussetzung dafür ist ein zeitliches und örtliches Zusammenwirken von mindestens *zwei* Bandenmitgliedern bei der Ausführung der Tat (BGH StV **95**, 586, NStZ **99**, 571), was auch noch zwischen Vollendung und Beendigung möglich ist (BGH StV **99**, 151). Die Ausführung *einer* Tat genügt (BGH MDR/D **67**, 269). Die Beteiligung nur *eines* Bandenmitgliedes reicht nicht aus (and. Arzt JuS 72, 579).

a) Hieraus folgerte (bis neuestens zur Wende von BGH NStZ **00**, 255) insbes. die Rspr., daß **Täter** 27 der Nr. 2 nur ein Bandenmitglied sein könne, das sich in der genannten Weise an der Tatausführung beteiligt, während andere Bandenmitglieder, mögen sie auch nach allgemeinen Grundsätzen Mittäter sein, nur wegen Teilnahme strafbar sein sollen (RG **66** 242, **73** 323, BGH **8** 205 [m. Anm. Dünnebier JR 56, 146, Kielwein MDR 56, 307], **33** 50 [m. zust. Anm. Taschke StV 85, 367; krit. Jakobs JR 85, 342, Joerden StV 85, 328, J. Meyer JuS 86, 189], StV **84**, 245, MDR **94**, 763, StV **97**, 247, Maurach BT⁵ 222, Otto JZ 85, 25, Ruß LK 13, Tröndle 15; vgl. auch Corves SA V/122 S. 2474, Küper GA 97, 328 f. und für den entspr. Fall des § 401 b II Nr. 1 RAO RG **39** 54, **47** 379, **60** 346, BGH **3** 40, **4** 32, **6** 261, NJW **52**, 945). Dies ergibt sich jedoch weder aus dem Wortlaut noch aus dem Zweck der Vorschrift. Vielmehr sollte mit dem Erfordernis des Mitwirkens Mehrerer lediglich die Tatausführung selbst gekennzeichnet und damit dem Umstand Rechnung getragen werden, daß die besondere Gefährlichkeit der Tat nur bei räumlicher Anwesenheit von mindestens zwei Bandenmitgliedern gegeben ist (J. Meyer aaO 192). Dagegen sollte die Möglichkeit einer Täterschaft nicht beschränkt werden, da andernfalls zB gerade der Bandenchef, der die Tat, ohne bei ihrer Ausführung selbst Hand anzulegen, aus dem Hintergrund beherrscht, im Widerspruch zur Intensität seines Tatbeitrags nicht als Mittäter nach Nr. 2 erfaßt werden könnte (vgl. Arzt JuS **72**, 580). Maßgebend für die Abgrenzung von Täterschaft und Teilnahme sind daher auch hier die allgemeinen Grundsätze (Eser IV 73 f., Jakobs aaO; vgl. 76 ff. vor § 25), mit der Folge, daß auch ein räumlich nicht anwesendes Bandenmitglied Mittäter sein kann (so i. Grds. jetzt auch BGH NStZ **00**, 255; ebso. schon Arzt/Weber III 82, Kindhäuser NK 35, M-Schroeder I 356 f., Schünemann JA 80, 395; and. Hoyer SK 36), während umgekehrt uU auch ein örtlich mitwirkendes Mitglied nur wegen Beihilfe strafbar sein kann (für den letzten Fall zutr. bei § 401 b II Nr. 1 RAO daher BGH **4** 35, **8** 70, **12** 220, NJW **52**, 945; and. BGH **3** 40). Diese Lösung begegnet auch dem Ungereimtheit, daß ein nicht am Tatort anwesendes Bandenmitglied an der Beute Hehlerei sollte begehen können (so RG **73** 322; vgl. auch BGH StV **97**, 247 m. Anm. Miehe). Trotz Bandenzugehörigkeit ist als Täter straflos, wer zur einzelnen Tat keinerlei kausalen Beitrag geleistet hat (vgl. o. 26).

b) Täter kann nur ein Bandenmitglied sein; *Außenstehende* sind daher ohne Rücksicht auf die Art 28 ihrer Mitwirkung lediglich als **Teilnehmer** zu § 244 Nr. 2 strafbar. § 28 II findet dabei keine Anwendung, da Grund der Strafschärfung nicht eine in der Person des einzelnen Bandenmitglieds liegende erhöhte Gefährlichkeit ist, sondern der Gefahr, die von der Existenz der Bande und der Tatbegehung durch mehrere ausgeht; insoweit handelt es sich um rein *tatbezogene* Merkmale (vgl. BGH **6** 260, **8** 205, Hoyer SK 35, Kindhäuser NK 37, Otto II 173, Roxin LK 73; and. BGH MDR/H **78**, 624, StV **95**, 408, NStZ **96**, 128, Arzt JuS 72, 579, Herzberg ZStW 88, 102, M-Schroeder I 357, Ruß LK 14, Schünemann JA 80, 395 f. sowie betr. Bandenschmuggel BGH **4** 35, **12** 220). Bei bloßer Beihilfe zu § 244 kommt Tateinheit zu Mittäterschaft von § 242 in Betracht (vgl. BGH **25** 18, **33** 53 sowie 52 vor § 25).

4. Durch die bandenmäßige Begehung verlieren die Einzeldiebstähle nicht ihre Selbständigkeit; sie 29 können in Realkonkurrenz stehen (RG JW **39**, 33, BGH NStZ **96**, 493). Zum **Urteilstenor** („Bandendiebstahl") vgl. BGH MDR/H **70**, 560.

V. Der **Wohnungseinbruchdiebstahl (Nr. 3)**, der in § 243 I Nr. 1 aF lediglich als Regelbeispiel 30 eines besonders schweren Diebstahls erfaßt war (vgl. dort RN 7), ist wegen des damit verbundenen gravierenden Eingriffs in die Opfersphäre (BT-Drs. 13/8587 S. 43, Tröndle 16) durch das 6. StrRG zu einem eigenen Qualifizierungstatbestand aufgestuft worden (krit. DSNS-Dencker 6 f.). Mangels Geringwertigkeitsklausel in § 244 ist die damit verbundene Strafrahmenerhöhung zwingend. Im Unterschied zur aF ist nun genau zwischen Wohnung und sonstigen Gebäuden abzugrenzen (vgl. Mitsch ZStW 111, 84 f.). *Wohnung* ist ein umschlossener und überdachter Raum, der einem Menschen vorübergehend, aber doch von gewisser Dauer als Unterkunft dient. Dazu gehören auch Nebenräume, wie zB Treppen, Flure, Keller (Kindhäuser NK 40); zu weit. Einzelheiten des Wohnungsbegriffs vgl. § 123 RN 4, § 306 a RN 3 ff. Hins. der vier Tatmodalitäten der Nr. 3 gilt das in § 243 RN 10 ff. Gesagte.

§ 244 a 1, 2 Bes. Teil. Diebstahl und Unterschlagung

31 **VI.** Der **Versuch** ist strafbar (Abs. 2). Vgl. dazu § 22 RN 58, § 242 RN 68 ff., § 243 RN 44 ff.

32 **VII. Teilnahme** ist in allen Fällen möglich; wegen Nr. 2 vgl. o. 27 f. Die Straferhöhungsgründe sind keine persönlichen iSd § 28, sie brauchen daher nicht bei jedem Teilnehmer vorzuliegen.

33 **VIII.** Zwischen den einzelnen Nummern ist eine **Wahlfeststellung** möglich (§ 1 RN 87). Sind **mehrere Modalitäten** des § 244 verwirklicht, so liegt doch nur *ein* Diebstahl vor (vgl. § 52 RN 28, § 250 RN 35, Ruß LK 18, Lackner/Kühl 12; für Tateinheit zw. Nrn. 1 a oder 1 b und Nr. 2 hingegen BGH **26** 174, MDR/D **71**, 363, Kindhäuser NK 39, Tröndle 21).

34 **IX.** Die **Strafe** ist Freiheitsstrafe von 6 Monaten bis zu 10 Jahren. Die gegenüber § 243 höhere Mindeststrafdrohung verschließt die Möglichkeit, gemäß § 47 auf Geldstrafe zu erkennen. Daneben kann zur verschärften Bekämpfung organisierter Kriminalität aufgrund des durch das OrgKG eingefügten Abs. 3 beim *bandenmäßigen Diebstahl* (I Nr. 2) zusätzlich **Vermögensstrafe** (§ 43 a) und **Erweiterter Verfall** (§ 73 d) angeordnet werden.

35 **X. 1. Idealkonkurrenz** zwischen versuchtem § 244 und vollendetem §§ 242, 243 ist wegen der tatbestandlich abschließenden Regelung des § 244 möglich (Kindhäuser NK 43), so zB wenn der Täter einbricht in der irrtümlichen Annahme, ein Mittäter führe eine Waffe bei sich. Ist § 244 dagegen vollendet, ist auch mit § 243 Idealkonkurrenz ausgeschlossen, da diese Vorschrift keinen selbständigen Diebstahlstatbestand mehr enthält (BGH NJW **70**, 1279 f.); dagegen kommt mit bloßer Teilnahme zu § 244 Tateinheit in Betracht (BGH **25** 19, **33** 53). Gleiches ist möglich zwischen vollendetem § 244 und versuchtem schweren Raub (vgl. BGH **21** 78). Über das Verhältnis von § 244 Nr. 1 zum versuchten Raub vgl. o. 22. Auch mit §§ 123, 303 ist Tateinheit möglich, und zwar insbes. dann, wenn § 243 durch § 244 verdrängt wird (§ 243 RN 59, Hoyer SK 40), ebenso zwischen Nr. 2 mit § 129 bzw. Nr. 1 mit §§ 52 a, 53 I Nr. 3 a, 4, 7, III Nr. 1, 3, 5 bis 7 WaffG (vgl. RG **61** 119, BGH **29** 185), während mit den sonstigen Tatbeständen des § 53 WaffG idR Tatmehrheit anzunehmen ist (Tröndle 21).

36 **2.** Ein **Wechsel des Vorsatzes** auf andere Sachen als ursprünglich geplant, ist für § 244 ohne Bedeutung (vgl. § 242 RN 45); und zwar – anders als nach § 243 (vgl. dort RN 55) – auch im Hinblick auf den Wert des Tatobjekts, da die §§ 243 II, 248 a auf Fälle des § 244 keine Anwendung finden können (vgl. o. 1).

§ 244 a Schwerer Bandendiebstahl

(1) **Mit Freiheitsstrafe von einem Jahr bis zu zehn Jahren wird bestraft, wer den Diebstahl unter den in § 243 Abs. 1 Satz 2 genannten Voraussetzungen oder in den Fällen des § 244 Abs. 1 Nr. 1 oder 3 als Mitglied einer Bande, die sich zur fortgesetzten Begehung von Raub oder Diebstahl verbunden hat, unter Mitwirkung eines anderen Bandenmitglieds begeht.**

(2) **In minder schweren Fällen ist die Strafe Freiheitsstrafe von sechs Monaten bis zu fünf Jahren.**

(3) **Die §§ 43 a, 73 d sind anzuwenden.**

Vorbem. Eingefügt durch das OrgKG v. 15. 7. 1992 (BGBl. I 1302); Abs. 4 (Geringwertigkeitsklausel) aufgehoben durch 6. StrRG v. 26. 1. 1998 (BGBl. I 164).

Schrifttum: Vgl. die Angaben zu den §§ 43 a, 242 und 243, ferner *Zopfs*, Der schwere Bandendiebstahl nach § 244 a StGB, GA 95, 320.

1 **I.** Die Vorschrift wurde durch Art. 1 Nr. 15 OrgKG geschaffen und dient erklärtermaßen allein dem Ziel der **Bekämpfung der OrgK** (krit. insoweit Schoreit StV 91, 539). Der Gesetzgeber erhofft sich durch die gegenüber dem Vergehenstatbestand des allgemeinen Bandendiebstahls (§ 244 I Nr. 2) *gesteigerte Strafdrohung* eine erhöhte Abschreckungswirkung und durch die Ausgestaltung als **Verbrechen** zugleich eine Vorverlagerung der Strafbarkeitsschwelle (§ 30). Insbesondere sollen die ins Ausland reichenden Verbindungen reisender Verbrecherbanden getroffen werden, indem nunmehr auch die Planung und Vorbereitung entsprechender Taten im Ausland der deutschen Strafgewalt unterworfen wird (BT-Drs. 12/989 S. 25; wenn freilich dort zur Auslandserstreckung auf § 7 I verwiesen wird, könnte stattdessen wohl eher § 9 II bedeutsam sein; vgl. hierzu § 244 RN 11). Bereits in dem weitgehend als 2 Grundlage dienenden bad.-württ. E-OrgKG/BW (BR-Drs. 83/90; näher zur Entstehungsgeschichte Zopfs GA 95, 321 f.) war vorgesehen, den allgemeinen Bandendiebstahl (§ 244 I Nr. 2) – überdies ohne Erfordernis zusätzlicher erschwerender Umstände – zu einem Verbrechenstatbestand aufzustufen (Art. 1 Nr. 17 E-OrgKG/BW). Hiervon hat der Gesetzgeber, weil damit – entgegen der sonstigen Gesetzespraxis (einzige Ausnahme: § 30 I Nr. 1 BtMG) – in systemwidriger Weise eine Vergehensqualifizierung (§ 242/244 I Nr. 2) ohne zusätzliche Merkmale zum Verbrechen hochgestuft worden wäre, letztlich abgesehen, um stattdessen in Form des § 244 a einen *eigenständigen Verbrechenstatbestand* zu schaffen, wobei man sich nicht zuletzt davon leiten ließ, den *Vergehens*tatbestand des § 244 I Nr. 2 jenen Straftätern (wie etwa Jugendbanden) vorzubehalten, die nicht dem Bereich der OrgK zuzurechnen sind (BT-Drs. 12/989 S. 25), ohne daß sich aber diese gesetzgeberische Absicht im Wortlaut niedergeschlagen hätte (vgl. LG Koblenz NStZ **98**, 197 m. Anm. Glandien). Auch der Verweis auf die Regelbeispiele des § 243 (vgl. u. 4) erschienen ebenso wie die rechtssystematisch fragwürdige Gering-

wertigkeitsklausel in Abs. 4 aF (näher dazu 25. A. RN 5 f.) wenig durchdacht (Kindhäuser NK 2), weswegen die Streichung der letzteren durch das 6. StrRG zu begrüßen war (vgl. BT-Drs. 13/9064 S. 17, Mitsch ZStW 111, 85).

II. Der **objektive Tatbestand** besteht in einer *Kombination* des erschwerenden Umstandes der 3 Bandenmäßigkeit mit einem der übrigen in §§ 243, 244 vorgesehenen Erschwerungsgründe und ist diesen gegenüber eine *echte Qualifikation* (Kindhäuser NK 3, Tröndle 1).

1. Es müssen zunächst alle Voraussetzungen eines **Bandendiebstahls iSv § 244 I Nr. 2** gegeben 4 sein (vgl. dort RN 23–29). Hinzukommen muß entweder eine Begehung des Diebstahls mit Waffen oder sonstigen (auch objektiv ungefährlichen) **Werkzeugen** nach § 244 I Nr. 1 (vgl. dort RN 2–22) oder die – nicht nur versuchte (vgl. Zopfs GA **95**, 324 f. sowie § 243 RN 44) – Erfüllung eines der **Regelbeispiele** des § 243 I 2 (vgl. dort RN 5–41 a), wobei die weiteren Erschwerungsgründe bei mindestens zwei der beteiligten Bandenmitgliedern vorliegen müssen (Zopfs GA 95, 326 ff.). Das Vorliegen der Regelbeispiele hat freilich – abweichend von § 243 (vgl. dort RN 42 f.) – hier nicht lediglich exemplifizierende Bedeutung, vielmehr verwandeln sich jene durch ihre Inbezugnahme in § 244 a I – systematisch fragwürdig – von bloßen Strafzumessungsregeln (vgl. § 243 RN 2) in *echte Tatbestandsmerkmale* (Lackner/Kühl 2, Rieß NJ 92, 491, W-Hillenkamp RN 273, Zopfs aaO).

2. Eine **Geringwertigkeit der Sache** steht der Anwendung von § 244 a nicht mehr entgegen 5/6 (Hoyer SK 2), nachdem die heftig kritisierte Geringwertigkeitsklausel in Abs. 4 aF (vgl. 25. A.) durch das 6. StrRG ersatzlos gestrichen wurde (vgl. o. 2).

III. Für den **subjektiven Tatbestand** ist **Vorsatz** hinsichtlich aller *objektiven Tatumstände* erforder- 7 lich, wobei der Täter um das Mitwirken eines weiteren Bandenmitglieds an Ort und Stelle wissen muß. Bedingter Vorsatz reicht aus, auch hinsichtlich der Bandenmitgliedschaft und ihrer Zwecksetzung (Kindhäuser NK 9).

IV. Der **Versuch** ist strafbar (§ 23 I). Vgl. dazu §§ 22 RN 58, 242 RN 68 ff., 243 RN 44 ff. 8

V. Zur **Täterschaft und Teilnahme** vgl. § 244 RN 27 f., 32. Auch hier setzt Mittäterschaft an 9 § 244 a nicht unbedingt voraus, daß der zB als Bandenchef fungierende Mittäter, sofern im übrigen alle Voraussetzungen (wie insbes. räumliches Zusammenwirken von mindestens zwei anderen Bandenmitgliedern) gegeben sind, bei der Tatbegehung anwesend ist (Kindhäuser NK 5; and. BGH NStZ **96**, 493, Hoyer SK 2, Ruß LK 3). Da Verbrechen (o. 1), ist auch § 30 anwendbar.

VI. Die **Strafe** ist Freiheitsstrafe von 1 Jahr bis zu 10 Jahren. In **minder schweren Fällen** (vgl. 10 48 f. vor 38) beträgt die Strafe zwischen 6 Monaten und 5 Jahren Freiheitsstrafe. Daneben kann auf **Vermögensstrafe** (§ 43 a) und **Erweiterten Verfall** (§ 73 d) erkannt (Abs. 3) sowie **Führungsaufsicht** angeordnet werden (§§ 68, 245).

VII. **Idealkonkurrenz** zwischen versuchtem § 244 a und § 244 bzw. §§ 242, 243 ist zwar auf- 11 grund der *tatbestandlich abschließenden Regelung* des § 244 a grds. möglich, so zB wenn der Täter den anderen Beteiligten irrig für ein Bandenmitglied hält (Lackner/Kühl 6). Ansonsten aber geht § 244 a den §§ 242–244 als *echte Qualifikation* vor (vgl. 110 f., 137 vor § 52), während er gegenüber den (vollendeten) §§ 250, 252, 255 zurücktritt (Ruß LK 6), nicht aber, wenn diese nur versucht sind (Kindhäuser NK 16). Zu den Konkurrenzen mit sonstigen Tatbeständen vgl. § 244 RN 35.

§ 245 Führungsaufsicht

In den Fällen der §§ 242 bis 244 a kann das Gericht Führungsaufsicht anordnen (§ 68 Abs. 1).

I. Die einer besonderen Zulassung bedürftige Führungsaufsicht wird durch § 245 für **sämtliche** 1 **Diebstahlsfälle** nach §§ 242 bis 244 a zugelassen. Im Grundsatz gilt dies auch für die §§ 247, 248 a, da diese lediglich ein Strafantragserfordernis vorsehen und damit Tatbestand und Strafdrohung des § 242 unberührt lassen. Doch wird schon mit Rücksicht auf die für Führungsaufsicht erforderliche Mindeststrafe von 6 Monaten (§ 68 I) in Fällen von §§ 247, 248 a eine solche Maßnahme regelmäßig ausscheiden. Generell ausgeschlossen ist Führungsaufsicht bei den selbständigen Tatbeständen der §§ 246, 248 b und 248 c, da in § 245 nicht ausdrücklich genannt.

II. Über die **sonstigen Voraussetzungen** und Grenzen der Führungsaufsicht vgl. die §§ 68 ff. 2

§ 246 Unterschlagung

(1) Wer eine fremde bewegliche Sache sich oder einem Dritten rechtswidrig zueignet, wird mit Freiheitsstrafe bis zu drei Jahren oder mit Geldstrafe bestraft, wenn die Tat nicht in anderen Vorschriften mit schwererer Strafe bedroht ist.

(2) Ist in den Fällen des Absatzes 1 die Sache dem Täter anvertraut, so ist die Strafe Freiheitsstrafe bis zu fünf Jahren oder Geldstrafe.

(3) Der Versuch ist strafbar.

Vorbem. Geändert durch das 6. StrRG v. 26. 1. 1998 (BGBl. I 164).

§ 246   1, 2

Schrifttum: vgl. die Angaben zu § 242; ferner: *Basak,* Die Neufassung des Unterschlagungstatbestandes, in: Irrwege der Strafgesetzgebung (Institut f. Kriminalwissenschaften Frankfurt), 1999, 173. – *Baumann,* Der strafrechtl. Schutz bei den Sicherungsrechten des mod. Wirtschaftsverkehrs, 1956. – *ders.,* Pönalisierung von Kaufverträgen durch Eigentumsvorbehalt, ZStW 68 (1956), 622. – *Bernsmann,* Zur strafrechtl. Beurteilung der eigenmächtigen „In-Pfand-Nahme", NJW 82, 2214. – *Charalambakis,* Der Unterschlagungstatbestand de lege lata u. de lege ferenda, 1985. – *Cramer,* Unterschlagung von Daten u. Datenträgern, CR 97, 693. – *Deutscher,* Kein Eigentumsdelikt beim Selbstbedienungstanken ohne zu zahlen?, JA 83, 125. – *Duttke/Fahnenschmidt,* § 246 nach der Reform des Strafrechts, ZStW 110 (1998) 884. – *Friedl,* Die Veruntreuung gem. § 246 II nach dem 6. StrRG, wistra 99, 206. – *Gribbohm,* Zur Problematik des Zueignungsbegriffes, JuS 63, 106. – *Haß,* Gibt es eine Zueignung nach der Zueignung?, SchlHA 72, 176. – *Herzberg,* Verkauf u. Übereignung beim SB-Tanken, NStZ 83, 251. – *ders.,* Zivilrechtl. Verschiebungen zur Schließung von Strafbarkeitslücken?, NJW 84, 896. – *Jahn,* Gesetzgebung im Putativnotwehrexzeß, in: Irrwege (wie o. *Basak),* 195. – *Kargl,* Gesinnung u. Erfolg im Unterschlagungstatbestand, ZStW 103 (1991) 136. – *Küper,* Das Gewahrsamserfordernis bei mittäterschaftl. Unterschlagung, ZStW 105 (1993) 355. – *Kruse,* Die scheinbare Rechtsgutsverletzung bei der Enteignung, 1986. – *H. Mayer,* Eigentum an Geld u. strafr. Konsequenzen, GS 104, 100. – *D. Meyer,* Die Nichtbenachrichtigung des Sicherungs(Vorbehalts)Eigentümers usw., MDR 74, 809. – *Murmann,* Ungelöste Probleme des § 246 nach dem 6. StrRG, NStZ 99, 14. – *Otto,* Unterschlagung: Manifestation des Zueignungswillens oder der Zueignung?, Jura 96, 383. – *Post,* Der Anwendungsbereich des Unterschlagungstatbestandes (§ 246 StGB), 1956. – *Puppe,* Exklusivität von Tatbeständen, JR 84, 229. – *Rengier,* Drittzueignung u. allg. Zueignungstatbestand, Lenckner-FS 801. – *Roth,* Eigentumsschutz nach der Realisierung von Zueignungsunrecht, 1986.– *Samson,* Grundprobleme des Unterschlagungstatbestandes, JA 90, 5. – *Schroeder,* Tanken ohne Bezahlen, JuS 84, 2827. – *Schünemann,* Die Stellung der Unterschlagungstatbestände im System der Vermögensdelikte, JuS 68, 114. – *Tenckhoff,* Die Unterschlagung, JuS 84, 775. – *Wagner,* Zur Subsidiaritätsklausel in § 246 nF, Grünwald-FS 797.

1   I. Unterschlagung ist *Eigentumsverletzung durch Eigentumsanmaßung,* im Unterschied zum Diebstahl (§ 242 RN 1 f.) aber *ohne Gewahrsamsbruch.* **Rechtsgut** ist daher hier unstreitig nur das **Eigentum** (Kindhäuser NK 3). Daher kommt nur der Eigentümer als **Verletzter** in Betracht, und zwar auch da, wo die Sache einem Dritten oder von einem Dritten anvertraut war (was für § 247 bedeutsam ist). Seine jetzige Fassung hat § 246 durch das 6. StrRG erhalten. Dabei wurde er gegenüber der aF in dreifacher Hinsicht verändert: durch Verzicht auf den bis dahin erforderlichen Vorausgewahrsam des Täters, wonach dieser die zugeeignete Sache „in Besitz oder Gewahrsam haben" mußte (vgl. u. 10), durch Erweiterung des Sichzueignens um die Drittzueignung (wie bei § 242; vgl. dort 56) sowie durch Hinzufügung einer Subsidiaritätsklausel (u. 32); außerdem wurde der Fall der zuvor in Abs. 1 mitenthaltenen Anvertrautheit der zugeeigneten Sache in einen eigenen Abs. 2 gebracht (u. 29). Auch wenn die beiden erstgenannten Ausweitungen des Tatbestandsbereichs für die vom Gesetzgeber beabsichtigte Schließung von Strafbarkeitslücken (vgl. BT-Drs. 13/8587 S. 43) nicht unbedingt erforderlich waren (so namentl. Duttge/Fahnenschmidt ZStW 110, 888 ff.), haben sie doch für bislang nur mühsam erfaßbare Fälle strafwürdiger Zueignung wenigstens eine gewahrsamsbruchfreie gesetzliche Grundlage und Klarstellung geschaffen (vgl. Rengier Lenckner-FS 809 f., ferner Lackner/Kühl 3 mwN). Das gilt zum einen, um Fälle wie die der Fundunterschlagung oder Leichenfledderei erfassen zu können, für die Entbehrlichkeit einer „kleinen berichtigenden Auslegung" (wonach Gewahrsamserlangung und Zueignung sollten zusammenfallen können), indem in weitgehender Anerkennung der „großen berichtigenden Auslegung" (vgl. DSNS-Dencker 21, Wolters JZ 98, 399) nunmehr Unterschlagung als *Zueignung ohne Bruch von Gewahrsam* zu verstehen ist (näher mwN zu diesen Theorien 25. A., Hoyer SK 4 f.). Das gilt zum anderen für die Erfaßbarkeit der unmittelbaren Zueignung an Dritte, ohne dafür noch einen mittelbaren wirtschaftlichen Vorteil für den Täter verlangen zu müssen (näher dazu mwN 25. A. RN 21 sowie § 242 RN 56 f.). So verständlich diese beiden Tatbestandserweiterungen je für sich sein mögen, führen sie durch ihre Verbindung doch nicht unerheblich über bloße Lückenschließungen hinaus, indem zB eine Unterschlagung auch darin liegen kann, daß eine fremde Sache einem gutgläubigen Dritten zugeeignet wird, ohne daß der Täter zu irgendeinem Zeitpunkt Gewahrsam daran haben oder irgendein wirtschaftliches Eigeninteresse damit verfolgen müßte (vgl. Lesch JA 98, 476 f., Murmann NStZ 99, 15). Einer solchen verfassungsrechtlich nicht unbedenklichen Weite und Unbestimmtheit (vgl. insbes. Duttge/Fahnenschmidt ZStW 110, 910, Noak aaO 115 ff., Tröndle 1) wird dadurch zu begegnen sein, daß die Tathandlung der Zueignung – nicht zuletzt unter Heranziehung des Gewahrsamsaspekts – restriktiv zu handhaben ist (vgl. u. 10 sowie Jahn aaO 214 f., Mitsch 2/1 S. 174, ZStW 111, 87, 89, Rengier Lenckner-FS 811, Sander/Hohmann NStZ 98, 276, W-Hillenkamp 293, ferner DSNS-Dencker 23 f., Lackner/Kühl 4, Otto Jura 98, 552). Indem die Unterschlagung ein Zueignungsdelikt ohne Gewahrsamsbruch darstellt, kommt sie einem *Grundtatbestand* (so Kindhäuser NK 9 vor § 242, Lesch JR 98, 477, Otto II 146) bzw. *Auffangtatbestand* (so BT-Drs. 13/8587 S. 43, Hoyer SK 7, Lackner/Kühl 1; krit. dazu Duttge/Fahnenschmidt ZStW 111, 888) nahe, ohne jedoch beides voll zu sein, da sich § 246 nicht schon mit der (subjektiven) Absicht der Zueignung begnügt, sondern deren (objektives) Vorliegen erfordert (vgl. auch DSNS-Dencker 25, Murmann NStZ 99, 16). Auf jeden Fall tritt aber § 246 kraft ausdrücklicher Subsidiarität hinter § 242 zurück (vgl. u. 32).

2   Die früher strafverschärfte **Amtsunterschlagung** (§§ 350, 351 aF) ist durch das EGStGB ersatzlos gestrichen worden (vgl. BT-Drs. 7/550 S. 281). Das hindert jedoch nicht, eine im Amt bzw. durch

dessen Ausnutzung begangene Unterschlagung strafschärfend zu behandeln. Über die Unterschlagung von Feldfrüchten, Walderzeugnissen usw. vgl. § 242 RN 78.

II. Tatobjekt ist (wie bei Diebstahl) eine **fremde bewegliche Sache** (vgl. § 242 RN 8 ff.). 3

1. Entgegen einem verbreiteten Alltagsverständnis ist somit eine Unterschlagung von Forderungen 4 nicht möglich (Düsseldorf NJW **87**, 854), ebenso wenig von Buch- und Giralgeldern (Kindhäuser NK 12), wohl aber von Urkunden, in denen Forderungen oder sonstige Rechte verkörpert sind, wie zB ein Grundschuldbrief (RG HRR **35** Nr. 1188). Zudem kann in einer schädigenden Verfügung über Forderungen und andere Vermögensstücke, die nicht Sachen sind, eine Untreue (§ 266) liegen. Unterschlagungsobjekt können nur **einzelne Sachen** sein, nicht dagegen unausgesonderte Teile einer Sachgesamtheit. Daher kommt (vollendete) Unterschlagung erst mit der Aussonderung in Betracht (vgl. BGH NJW **59**, 1377 [Benzin im Tank]; RG **54** 34, JW **34**, 614, Tröndle 13, 15; vgl. auch u. 16). Aus den gleichen Gründen scheidet die Zueignung aus, wenn der Täter den Bestand einer von ihm verwalteten Kasse illegal vermehrt (durch Überfordern der Kunden oder Verkürzung auszuzahlender Leistungen). Eine Zueignung liegt erst dann vor, wenn er den Überbetrag effektiv der Kasse entnimmt.

2. **Fremd** ist eine Sache, wenn sie in fremdem Eigentum steht; dies ist nach bürgerlichem Recht zu 4a beurteilen (vgl. § 242 RN 12 ff.). Hat jemand Eigentum durch ein anfechtbares Rechtsgeschäft erworben, so ist er gleichwohl Eigentümer geworden (vgl. Köln NJW **80**, 2367) und die ihm übergebene Sache bis zur Anfechtung keine fremde (KG JW **30**, 943; zur mißbräuchl. Geldabhebung mittels Codekarte vgl. §§ 242 RN 36, 263 a RN 10 f.). Umgekehrt begeht Unterschlagung, wer eine Sache verkauft, die er in anfechtbarer Weise an einen Dritten sicherungsübereignet hat. Der die Wirkungen der Anfechtung zurückbeziehende § 142 II BGB ist in strafrechtlicher Hinsicht ohne Bedeutung. Auch an fehlerhaft verbuchten Geldern kann bereits Eigentum erlangt sein (BGH MDR/D **75**, 22). An einer im **Miteigentum** stehenden Sache ist Unterschlagung durch den Miteigentümer, der Alleingewahrsam hat, möglich (vgl. BGH NJW **54**, 889). Bei **Eigentum Mehrerer** an vertretbaren Sachen liegt Unterschlagung nur dann vor, wenn der Täter den ihm bei der Teilung zustehenden Anteil überschreitet. Zwar kann nicht bestritten werden, daß wegen des Miteigentums an allen Sachen der Täter sich fremde Sachen zugeeignet hat. Da er jedoch nach §§ 749 ff. BGB einen Anspruch auf reale Teilung hat und den übrigen Beteiligten ein Auswahlrecht nicht zusteht, ist die Zueignung erst dann *rechtswidrig,* wenn das Maß dessen überschritten wird, was dem Täter bei der Teilung zufällt (RG **21** 271). Dies rechtfertigt sich aus den gleichen Gründen, wie sie bei der eigenmächtigen Wegnahme verkaufter, aber noch nicht übereigneter Sachen maßgeblich sind (vgl. § 242 RN 59). Bei **Gesamthandseigentum**, zB Sachen, die den Gesellschaftern einer OHG (RG **7** 18, **27** 11) oder einer Gesellschaft des BGB (RG **29** 252) gehören, gelten diese Grundsätze nicht: Hier ist die eigenmächtige Verfügung zum eigenen Nutzen stets eine Eigentumsverletzung. Dies gilt auch für den Gesellschafter einer Ein-Mann-GmbH dieser gegenüber (vgl. § 242 RN 14, Kindhäuser NK 18 mwN). Vgl. weiter RG HRR **37** Nr. 533. Als „Scheinbestandteil" eines Grundstücks iSv § 95 I BGB kann auch ein Grenzstein Unterschlagungsobjekt sein (Frankfurt NJW **84**, 2303). Im einzelnen ist noch folgendes zu beachten:

a) **Sicherungseigentum** und **Vorbehaltseigentum** sind vollgültige Eigentumsformen (Kindhäu- 5 ser NK 17). Der Veräußerer einer zur Sicherung übereigneten Sache kann diese also unterschlagen (RG **61** 65, BGH **1** 262) oder stehlen. Dagegen ist der Sicherungsnehmer vollgültiger Eigentümer, gleichgültig, ob das Eigentum auflösend bedingt ist oder eine Pflicht zur Rückübereignung besteht (zur fehlenden Rechtswidrigkeit der Zueignung in letzterem Fall vgl. u. 22). Ebenso liegen die Verhältnisse beim uneigennützigen Treuhandeigentum (RG **61** 343). Beim Vorbehaltseigentum bleibt der Vorbehaltsverkäufer so lange vollgültiger Eigentümer, bis die Bedingung für den Eigentumsübergang eingetreten ist; bis dahin kann also der Vorbehaltskäufer die Sache unterschlagen. Auch ist demgemäß nur dem Vorbehaltsverkäufer gegenüber Unterschlagung möglich, nicht dagegen bei Herausgabeverweigerung des Halters gegenüber dem Vorbehaltskäufer (BGH MDR/D **74**, 367). Die Formen der Zueignung können hier – vor allem beim Wiederverkäufer – sehr verschiedenartig sein (vgl. Baumann ZStW **68**, 526 ff.). Beim Wiederverkauf unter Eigentumsvorbehalt gelieferter Waren ist regelmäßig auf Grund der Einwilligung des Vorbehaltsverkäufers die Rechtswidrigkeit ausgeschlossen (Eser IV 52, ebso. Dempewolf MDR **59**, 801 mit zT abw. Begr.: Tatbestandsausschluß); bei einem Verstoß gegen die an die Verkaufserlaubnis geknüpften Bedingungen können aber § 246 und daneben § 266 in Betracht kommen (and. Dempewolf aaO).

b) Für **Geld** gilt nichts Besonderes. Entscheidend ist also der bürgerlich-rechtliche Übereignungs- 6 vorgang, dh die Frage, ob es mit dem Willen, das Eigentum zu übertragen, gezahlt und mit Erwerbswillen in Empfang genommen ist. So erwirbt der Kellner an den von ihm bei den Gästen kassierten Geldbeträgen nicht Eigentum, sondern der Gastwirt, da regelmäßig mit dem Willen gezahlt wird, die Zeche diesem gegenüber zu begleichen (Düsseldorf NJW **92**, 60). An dem aufgrund *Postanweisung* ausgezahlten Geld erwirbt nicht stets Eigentum, wer das Geld entgegennimmt; die Post überträgt vielmehr regelmäßig das Eigentum gemäß dem aus der Anweisung ersichtlichen Willen des Absenders (RG **26** 389, **63** 406). Eigentümer des auf ein *Postscheckkonto* eingezahlten Geldes wird die Postverwaltung; der Kontoinhaber begeht allein durch Verfügung über das Guthaben keine Unterschlagung (RG LZ **27**, 852). Hingabe von Geld als sog. *Kaution* ist nach der Verkehrsauffassung meist so gemeint, daß der Empfänger Eigentümer werden, aber zur Rückerstattung verpflichtet sein soll; nur unter besonderen Umständen kommt hier Unterschlagung in Betracht (RG **64** 88, Schleswig SchlHA **90**, 111). Zum Eigentumserwerb am Erlös der Verkaufskommission vgl. Hamm NJW **57**, 1773 m. Anm. Baumann, Ruß LK 5 sowie bei illegalen Währungsgeschäften LG Regensburg NJW **94**, 2489. Vgl. noch § 242 RN 6. Auch bei *Codekartenmißbrauch* durch einen Nichtberechtigten bleibt das erlangte Geld zunächst fremd, kann aber zudem (entgegen BGH **35** 158 ff., **38** 122 m. Anm. Cramer JZ 92, 1032, Stuttgart NJW **87**, 666, LG Oldenburg NJW **87**, 667) bereits mittels Wegnahme nach § 242 erlangt sein, wenn auch iE sowohl § 242 als auch § 246 auf Konkurrenzebene durch § 263 a verdrängt werden (BGH **38** 124 f.). Näher (auch zum Mißbrauch von Geldspielautomaten) § 242 RN 36, § 263 a RN 14 ff.

7 c) Strittig ist die tatbestandliche Erfassung beim **SB-Tanken ohne zu zahlen:** Hier bleibt die Strafbarkeit nach § 246 zunächst ohne eigenständige Bedeutung, wenn der Täter von vornherein zahlungsunwillig war und beim Tanken vom Tankstelleninhaber beobachtet wurde bzw. von einer Beobachtung ausging; denn in diesen Fällen liegt eine (versuchte) Täuschung und damit unstreitig (zumindest versuchter) Betrug vor (BGH NJW **83**, 2827 m. Anm. Schroeder JuS 84, 846, Düsseldorf NStZ **82**, 249, **85**, 270 m. Anm. Herzberg JR 85, 209; vgl. auch § 263 RN 28 mwN). Tankt der Täter dagegen heimlich oder wird er erst nach dem Einfüllen zahlungsunwillig, kommt es, sofern § 242 mangels Wegnahme ausscheidet (vgl. dort RN 36), für die verbleibende Strafbarkeit nach § 246 darauf an, ob und wann der Täter (Allein-)Eigentum an dem im Tank befindlichen Benzin erwirbt. Dies soll nach Düsseldorf NStZ **82**, 249, **85**, 270 u. Herzberg JR 82, 343, NStZ **83**, 251, NJW **84**, 896 (ähnl. Schroeder JuS 84, 847) mit dem Einfüllen geschehen: Der Tankstelleninhaber nehme das Übereignungsantrag des Kunden durch Gewährenlassen des Tankens an. Diese Ansicht vermag jedoch einerseits die Fälle nicht zu erfassen, in denen das Einfüllen nicht bemerkt wird. Andererseits erfordert es der Schutz des Kunden nicht, Eigentum bereits durch das Einfüllen anzunehmen (näher Deutscher JA 83, 125 f.). Lehnt man somit Eigentumserwerb durch Einfüllen ab, so ist es für die Anwendbarkeit von § 246 unerheblich, ob man mit Hamm NStZ **83**, 266 (m. Anm. Müller-Luckmann) einen Eigentumsvorbehalt bis zur Bezahlung annimmt oder – der überzeugenderen Lösung von Borchert/Hellmann NJW 83, 2799 und Deutscher JA 83, 128 folgend – ähnlich den Eigentumsverhältnissen beim Kauf im SB-Laden Einigung und Übereignung des Kraftstoffs erst bei Bezahlung an der Kasse annimmt (iglS Koblenz NStZ-RR **98**, 364 [m. Anm. Baier JA 99, 385], Hoyer SK 36, Ranft JA 84, 4 f.; vgl. auch Charalambakis MDR 85, 976 f.).

8 III. Die **Tathandlung** besteht in der **Zueignung** der fremden beweglichen Sache.

9 1. **Gegenstand der Zueignung** ist die Sache selbst oder der in ihr verkörperte Sachwert (vgl. RG **61** 233, **67** 335, BGH **1** 264). Insofern gilt hinsichtlich des Zueignungsgegenstandes (Substanz oder Sachwert) wie auch der eigentumsverdrängenden Eigentumsanmaßung das Gleiche wie beim Diebstahl: Der Täter muß sich selbst (oder einen Dritten) an die Stelle des Berechtigten setzen wollen, so daß die „Enteignung" auf Opferseite mit der „Aneignung" auf Täterseite korrespondiert (vgl. § 242 RN 47). Dafür ist einerseits weder ein Eigentumsverlust des Opfers noch andererseits eine echte Eigentumserlangung iSd BGB erforderlich, in jedem Falle aber ausreichend, wie in dem – allerdings wohl seltenen – Fall eines gutgläubigen Eigentumserwerbs eines begünstigten Dritten (vgl. u. 21). Soweit abweichend vom Zueignungsbegriff bei Diebstahl hier eine Sachwertzueignung als unvereinbar mit den Modifizierungen durch das 6. StrRG oder jedenfalls als entbehrlich angesehen wird (vgl. Bussmann StV 99, 615, Duttge/Fahnenschmidt ZStW 111, 896, 917, Otto II 176), geht es weniger um den Gegenstand als um die mögliche Verwirklichungsweise der Zueignung.

10 2. Hinsichtlich der **Handlungsweise der Zueignung** ist zu beachten, daß im Unterschied zum Diebstahl einerseits nicht schon die bloße *Absicht* der Zueignung genügt und es andererseits an einem *Gewahrsams*element fehlt, wie es bei § 242 für die Wegnahme wesentlich und bei § 246 aF in Form eines Vorausgewahrsams des Täters erforderlich war (vgl. o. 1 sowie 25. A. RN 9 f.; für verfassungskonforme Einfügung des Besitz- oder Gewahrsamserfordernisses als ungeschriebenes Tatbestandselement Jahn aaO 214 f.). Diesen Besonderheiten ist auf zweifache Weise Rechnung zu tragen: Zum einen dadurch, daß über das innere Zueignenwollen hinaus ein nach außen **manifestierter Zueignungsakt** erforderlich ist, indem der Wille, die Sache sich zueignen, durch eine nach außen erkennbare Handlung betätigt wird (RG **63** 378, **65** 147, **67** 73, BGH **14** 43 [GrS], **34** 311 f., Braunschweig NJW **50**, 158, Düsseldorf StV **00**, 30, Hamm JMBlNW **52**, 14, **60**, 231, Köln VRS **23** 285, Ruß LK 13), und zwar durch ein Verhalten, das sich seinem Sachgehalt nach als Erlangung einer eigentümerähnlichen Stellung darstellt (vgl. Stoffers Jura 95, 117, Tenckhoff JuS 80, 727; and. Schmidhäuser II 98 f.; vgl. auch u. 26 zum Vollendungszeitpunkt). Zum anderen kann für die Manifestation des Zueignungswillens das bloße Sichberühmen einer Eigentümerstellung genügen (wie tendenziell bei der von Hoyer SK 12 kritisierten „weiten Manifestationstheorie" die Gefahr; wie hier auch Lackner/Kühl 8); vielmehr wird eine *nicht völlig untergeordnete Herrschaftsbeziehung* des Täters zum Tatobjekt zu fordern sein, wie dies in jedenfalls ausreichender, wenn auch nicht unbedingt erforderlicher Weise in der Erlangung von (unmittelbarem oder mittelbarem) Besitz oder Gewahrsam zum Ausdruck kommt (iglS Bussmann StV 99, 616, Mitsch ZStW 111, 89, Rengier Lenckner-FS 811; iE mit gleichem Ziel hohe Anforderungen an die Manifestation der Zueignung stellend Sander/Hohmann NStZ 98, 276). Im Falle einer (nun ebenfalls möglichen) Drittzueignung (u. 21) ist vom Täter eine solche Herrschaftsbeziehung dem Dritten zu verschaffen (ebso. Rengier I 72; and. Krey II RN 165 f.; vgl. auch § 242 RN 58).

Dieses Zueignungsverständnis hat ua folgende Konsequenzen: Einerseits ist nicht – wie neuerdings **11** iSe sog. streng objektiven Zueignungsbegriffs gefordert – vollendete Unterschlagung erst bei Eintritt eines endgültigen Eigentumsverlustes anzunehmen (so Kargl ZStW 103, 136; nicht so weitgeh. will Basak aaO 188 ff. auf die Gefahr des Rechtsverlustes abheben); denn ganz abgesehen davon, daß das Unterschlagungsopfer idR nur im Falle eines gutgläubigen Erwerbs eines (nicht dolosen) Drittempfängers sein Eigentum verlieren wird, müßte das Erfordernis sachenrechtlicher Enteignung von Gesetzeswortlaut und Systematik nicht gebotene und auch sachlich abträgliche Strafbarkeitslücken zur Folge haben. Andererseits kann für die erforderliche Manifestierung nicht schon ein nur objektiv den Anschein von Zueignung erweckendes Verhalten genügen; vielmehr muß dabei auch der subjektive Zueignungswille vorhanden sein (Schleswig SchlHA **53**, 216). Zueignung ist somit hier **Betätigung des Zueignungswillens in objektiv erkennbarer Weise** (vgl. Arzt/Weber III 94 ff.; teils abw. Hoyer SK 11 ff.). Daher genügt zB weder das „Beisichliegenlassen" einer Sache aus Nachlässigkeit (Bay NJW **92**, 1777 m. Anm. Julius JR 93, 255, Hamm JMBlNW **60**, 231; vgl. aber auch Schaffstein Dreher-FS 159) noch die *unterlassene Rückgabe* einer Mietsache (Hamm wistra **99**, 112 m. Anm. Fahl JA 99, 539). Auch die sog. *„Datenunterschlagung"*, das Kopieren und anschließende Verwerten von auf Diskette befindlichen Daten stellt keine Unterschlagung iSd § 246 dar, da keine Manifestation der Zueignung hins. der Diskette, auch nicht ihrem Wert nach, wie beim Sparbuch, besteht (Bay NJW **92**, 1777 f., Cramer CR 97, 694). Auch können Maßnahmen nicht ausreichen, durch die der Täter den ihm erteilten Auftrag des Eigentümers derart ausführt, daß er sich äußerlich im Einklang mit dem Willen des Eigentümers befindet, mag er auch subjektiv die Absicht haben, das Ergebnis seiner Handlungen dem Eigentümer vorzuenthalten (Schröder NJW 63, 1959; vgl. aber auch Bockelmann JZ 60, 622): Wer zB beauftragt ist, Geld einzukassieren, unterschlägt dieses nicht schon dadurch, daß er es mit der Absicht entgegennimmt, es für sich zu behalten; anders jedoch, wenn er dies durch Umgehung vorgeschriebener Kontrollmaßnahmen (zB Nichterteilung einer Quittung) deutlich macht (Schröder NJW 63, 1959) oder trotz Aufforderung nicht abliefert (vgl. Koblenz GA **75**, 122) bzw. nicht weiterleitet (vgl. Düsseldorf NStZ-RR **99**, 41). Wer als Bote Waren in der Absicht aushändigt, den in Empfang genommenen Kaufpreis für sich zu behalten, oder wer mit gleicher Absicht im Auftrag eines anderen dessen Sachen veräußert, unterschlägt nicht die Waren; Unterschlagung liegt vielmehr erst in der Zueignung des kassierten Geldes, es sei denn, daß ein Verkaufsvermittler sich schon zuvor in einer Weise betätigt, daß er bisherigen Fremdbesitz in Eigenbesitz umwandeln wollte (Düsseldorf StV **00**, 31). Dabei ist gleichgültig, ob der Täter dem Empfänger der Waren gegenüber als Bote oder Stellvertreter auftritt oder nicht; entscheidend ist nur, daß er sich im Rahmen seines Auftrags hält. Ebenso liegt es bei der Einlösung eines Schecks für einen anderen in der Absicht, das Geld für sich zu behalten (BGH MDR/D **53**, 21). Wer dagegen für sich Waren einkauft und mit fremdem Geld bezahlt, unterschlägt dieses Geld dann, wenn er vom Eigentümer den Auftrag erhalten hatte, *für diesen* entsprechende Waren zu kaufen. Ebenso kann im auftragswidrigen Zurückbehalten einer auszuliefernden Ware (oder eines Teils davon) eine Unterschlagung liegen (Düsseldorf MDR **85**, 427 bzgl. Öl).

3. Im einzelnen sind noch folgende Fallgruppen hervorzuheben:

a) Die vorgenannten Grundsätze gelten inzwischen auch für Unterschlagung im Rahmen von **12** Amtsverhältnissen, nachdem durch Abschaffung der §§ 350, 351 aF (o. 2) für die gelockerten Zueignungsmaßstäbe der Rspr. bei der früheren **„Amtsunterschlagung"** (vgl. 17. A. § 350 RN 15 f.) kein Raum mehr ist. Daher stellt das bloße *Vermischen* amtlicher und eigener Gelder (vgl. RG 26 437) nicht ohne weiteres eine Zueignung dar, vielmehr muß dies in einer Weise geschehen, welche die Zueignungsabsicht objektiv erkennbar werden läßt (vgl. RG **71** 96, HRR **37** Nr. 533, Köln NJW **63**, 1992, wo jedoch zu einseitig auf die bloße Absicht abgestellt wird). Auch kann in der Verwendung ordnungsmäßig vereinnahmter Gelder zur *Deckung von Fehlbeträgen* eine Zueignung nicht schon darin liegen, daß sie zwar der Kasse zugeführt werden, jedoch durch die Art der Berechnung bzw. Buchung der Anschein erweckt wird, als handele es sich nicht um neu vereinnahmte Beträge (hier bereits für Zueignung aber ua RG LZ **28**, 910, HRR **35** Nr. 79, **40** Nr. 711, BGH LM **Nr. 1**, BGH 24 115 m. Anm. Deubner NJW 71, 1469, Schöneborn MDR 71, 811, Köln NJW **66**, 1373, W-Hillenkamp 283 ff.), und dies noch weniger dann, wenn der Täter den Fehlbetrag nur vorübergehend verdecken will, um Zeit für die Wiederbeschaffung des fehlenden Geldes zu gewinnen (für § 350 aF aber RG **64** 415, JW **32**, 950, BGH **9** 348; vgl. aber auch RG **61** 233, **62** 175, HRR **40** Nr. 711). Vielmehr ist Zueignung erst dann anzunehmen, wenn der Täter die Falschbuchung nach Empfang und vor Einlegen des Geldes in die Kasse vornimmt, da nur dann der auf das vereinnahmte Geld gerichtete Zueignungswille und dessen objektive Manifestation – wie nach dem allgemeinen Simultaneitätsprinzip erforderlich – zeitlich zusammenfallen (zust. Tenckhoff JuS 84, 781; vgl. auch Arzt/Weber III 96 f., Tröndle 18, zw. Lackner/Kühl 6). Ob dem Amtsträger eine Pflicht zum Ersatz von Fehlbeträgen oblag, ist dabei unerheblich, sofern er nur eine solche Ersatzpflicht annahm (vgl. RG DRiZ **27** Nr. 320). Gibt ein Amtsträger *Behördeneigentum* im eigenen Namen *unentgeltlich* weg, so eignet er es sich regelmäßig damit zu; tut er es nicht im eigenen Namen, so liegt eine Zueignung jedenfalls dann vor, wenn er dadurch einen eigenen Vorteil erstrebt (BGH LM **Nr. 6, 9** zu § 350). In der Bildung einer „schwarzen Kasse" kann eine Zueignung des Geldes liegen, wenn dessen Verwendung auch im Interesse des Beamten erfolgen soll (Bay GA **58**, 370).

§ 246 13–18

13   b) Was die Zueignungswirkung betrifft, so ist irgendeine aktuelle Verschlechterung der rechtlichen Position des Eigentümers nicht erforderlich. Auch **rechtlich wirkungslose Maßnahmen** (Veräußerung an Bösgläubige) oder Handlungen, bei denen selbst die Besitzverhältnisse unverändert bleiben (Ableugnen des Besitzes, Verkaufsangebot), reichen aus. Erforderlich ist jedoch, daß die Zueignung auf Beeinträchtigung der Eigentümerstellung in ihrer wirtschaftlichen Funktion ausgerichtet ist: Nimmt etwa der Täter ein Kraftfahrzeug unberechtigt in Gebrauch, um es demnächst wieder stehen zu lassen, so liegt ebensowenig wie im analogen Fall des § 242 Zueignung vor (vgl. § 242 RN 54; and. BGH 13 43, VRS 41 272, Ruß LK 18); dasselbe gilt, wenn der Täter sich erst nach der unbefugten Ingebrauchnahme entschließt, das Fahrzeug stehen zu lassen (Bay NJW 61, 280). Ebensowenig stellt die vertragswidrige Weiterbenutzung eines gemieteten Kraftfahrzeugs über die vertragliche Mietdauer hinaus für sich allein eine Unterschlagung dar (Düsseldorf StV 90, 164; allerdings kommt dann § 248 b in Betracht, vgl. dort RN 7). Gibt jedoch der Täter auf andere Weise seinen Zueignungswillen zu erkennen, so kann darin eine Unterschlagung liegen (vgl. BGH VRS 14 201).

14   c) Als Zueignungshandlung kommen vor allem das **Verbrauchen oder Verzehren** einer Sache in Betracht. *Ver*brauchen im Gegensatz zum bloßen *Ge*brauchen liegt vor, wenn die wirtschaftliche Brauchbarkeit ganz oder wesentlich verändert wird. Die Zerstörung einer Sache enthält für sich allein noch keine Zueignung (Düsseldorf NJW 87, 2526), ebensowenig ihr Wegwerfen (BGH MDR/H 77, 461) oder das Stehenlassen eines unbrauchbar gewordenen Fahrrades (Celle NdsRpfl. 62, 168; vgl. Ruß LK 18). Dagegen kann in der Verarbeitung oder Umbildung der Sache eine Zueignung liegen; dem steht nicht entgegen, daß hier der Täter uU gemäß § 950 BGB Eigentümer wird.

15   d) In der **Vermischung** fremden Geldes oder anderer vertretbarer Sachen mit eigenen kann grds. eine Zueignung nicht erblickt werden (Celle NJW 74, 1833; and. zB RG 71 96, HRR 29 Nr. 1413, 34 Nr. 1170 [Rechtsanwalt vermischt Mandantengelder], 37 Nr. 533, Lackner/Kühl 5; vgl. auch Tröndle 14, Ruß LK 19, Roxin H. Mayer-FS 477 ff. sowie § 242 RN 6), da hier nach § 948 BGB Miteigentum entsteht, eine Rechtsposition, die den Interessen des Eigentümers regelmäßig hinreichend gerecht wird. Nur wenn die Vermischung unter Umständen geschieht, welche die Absicht des Täters erkennen lassen, das Miteigentum nicht zu respektieren (zB das Geld wird von dem normalen Aufbewahrungsort in die weit entfernt liegende Wohnung des Täters verbracht und dort vermischt), kann schon in der Vermischung selbst eine Zueignung gesehen werden. Andernfalls liegt sie erst dann vor, wenn der Täter in unberechtigter Weise über den Gesamtbestand verfügt (vgl. dazu o. 3).

16   e) Eine Zueignung kann weiter im **Abschluß von Verträgen** über die Sache liegen. So kann bereits das bloße Angebot zum Kauf uU die Betätigung der Zueignung enthalten (RG 73 254, BGH MDR/D 54, 398, Braunschweig NJW 47, 109, 49, 477), ebenso die Weiterveräußerung „zu getreuen Händen" angedienter Dokumente hinsichtlich der betroffenen Waren (Timmermann MDR 77, 536 f.). Es genügt jedoch nicht, daß der Täter aus einer Sachgesamtheit (zB Benzin im Tank, vgl. BGH NJW 59, 1377, Stuttgart JZ 60, 289, ferner RG 54 34) noch nicht ausgesonderte Teile zum Kauf anbietet (RG JW 34, 614, Tröndle 15, Ruß LK 14; and. RG 73 253). In einem solchen Fall ist der Zueignungswille nicht auf bestimmte Sachen gerichtet, auch nicht auf die Sachgesamtheit (wie RG 73 253 meint); andernfalls würde für den Wert des Objekts (zB im Rahmen des § 248 a) der Wert der Gesamtheit maßgebend sein müssen. Eine Zueignung liegt daher erst dann vor, wenn der Täter

17   die verkaufte Menge aussondert. – Bei Verträgen, durch die Sachen als Basis einer *Kreditbeschaffung* (Sicherungsübereignung, Verpfändung) benutzt werden, stellt sich die Frage der Abgrenzung zwischen Zueignung und Gebrauchsanmaßung. Die **Verpfändung** einer Sache ist dann eine Zueignung, wenn der Verpfänder davon ausgeht, die Pfandsache nicht wieder einlösen zu können; eine bloße Gebrauchsanmaßung ist dagegen anzunehmen, wenn der Täter die Sache rechtzeitig wieder einlösen will und sich dazu in der Lage glaubt (vgl. RG 66 156, HRR 34 Nr. 1328, JW 37, 2391, BGH 12 299; eingeh. Baumann aaO 51 ff., Eser IV 49, Ruß LK 16; and. Kargl ZStW 103, 183: Vollendung erst bei Eintritt der objektiven Unmöglichkeit der Wiedereinlösung). Ausnahmsweise kann eine Verpfändung aber auch eine Form der Entäußerung des Besitzes sein, die nicht unter § 246 fällt (Hamburg GA 61, 121). Unerheblich ist die Wirksamkeit der Verpfändung (RG JW 24, 1435); es kommt allein darauf an, ob der Täter die Verpfändung für wirksam hält. Ebenso ist das Verleihen einer Sache idR noch keine Zueignung. Die **Sicherungsübereignung** ist stets Zueignung, wenn der Übereignende sie als wirksam ansieht und damit das Eigentum des Berechtigten zum Erlöschen bringen will. Auf den Willen zur Wiedereinlösung kommt es hier nicht an, weil der Entzug des Eigentums durch die Übereignung über einen bloßen Gebrauch der Sache hinausgeht, was sich schon daraus ergibt, daß der Sicherungsnehmer, sofern er Eigentümer wird (§§ 932 ff. BGB), über die Sache verfügen kann, ohne selbst eine Unterschlagung daran zu begehen (and. Kargl aaO, Rudolphi GA 65, 38 f.). Hält der Sicherungsgeber die Sicherungsübereignung nicht für wirksam, so fehlt es an der Betätigung des Zueignungswillens, selbst wenn die Übereignung tatsächlich wirksam ist (vgl. RG HRR 39 Nr. 60, GA Bd. 77 283, BGH 1 264, Baumann aaO 48 ff., ZStW 68, 527, Ruß LK 15). Soll jedoch eine zweite Sicherungsübereignung zur tatsächlichen Ausschaltung des ersten Sicherungseigentümers führen, so liegt eine Zueignung vor (BGH GA 65, 207, MDR/D 67, 173). Veräußert der Täter eine unter Eigentumsvorbehalt gekaufte Sache, so liegt darin keine Zueignung (fehlender Enteignungswille), wenn er den Eigentumsübergang von der restlichen Bezahlung des Kaufpreises durch den Erwerber abhängig macht und das Recht des Verkäufers nicht antasten will (Celle NdsRpfl. 50, 236,

18   Hamm JMBlNW 61, 44). – Dagegen liegt bei **Pfändung** einer Sache eine Zueignung nur vor, wenn

der Täter die fremde Sache dem Gerichtsvollzieher zur Verfügung stellt (Schleswig SchlHA 53, 216), es sei denn, der Täter hat die Absicht, die Sache wieder einzulösen; insoweit gilt Entsprechendes wie bei der Verpfändung (o. 17). Das Geschehenlassen der Pfändung reicht nicht aus, da es an einer Rechtspflicht zum Einschreiten fehlt (vgl. M-Schroeder I 349, Ranft JA 84, 287, Schmid MDR 81, 808 [dazu krit. Schürmann MDR 82, 374]; and. Oldenburg NJW 52, 1267, Meyer MDR 74, 809, Ruß LK 17); jedoch kann in der Nichtbenachrichtigung des Eigentümers über die Pfändung eine Zueignung gesehen werden, weil dem Eigentümer dadurch die Möglichkeit der Drittwiderspruchsklage (§ 771 ZPO) vorenthalten wird (vgl. Eser IV 50, Tenckhoff JuS 84, 779); auch hier bedarf aber das Vorliegen einer Erfolgsabwendungspflicht iSd § 13 sorgfältiger Prüfung (vgl. Schürmann MDR 82, 374, § 13 RN 28). Zur *eigenmächtigen Inpfandnahme* vgl. Bernsmann NJW 82, 2218 sowie § 242 RN 55.

f) Ob sich der Täter die Sache **wiederholt zueignen** kann, ist auch nach Einführung der Subsidiaritätsklausel durch das 6. StrRG strittig geblieben (DSNS-Dencker 25, Lackner/Kühl 7; vgl. aber W-Hillenkamp 301); denn selbst wenn § 246 als „Auffangtatbestand" zu verstehen ist (vgl. aber o. 1), schließt dies nicht aus, die erneute Manifestation einer bereits erfolgten Zueignung schon tatbestandlich auszugrenzen und nicht erst zur Konkurrenzebene die Subsidiaritätsklausel zu bemühen; deshalb ist diese Streitfrage – jedenfalls für den Fall eines wiederholten Sichzueignens durch den Täter selbst – im wesentlichen nach den gleichen Sachkriterien wie bisher zu beurteilen (ebso. Lackner/Kühl 7; i. Grds. auch DSNS-Dencker 25; and. Tröndle 27); zum anders gelagerten Fall einer der Selbstzueignung nachfolgenden Drittzueignung vgl. u. 21. Nach der in der Rspr. vorherrschenden *Tatbestandslösung* ist eine wiederholte Zueignung schon tatbestandlich zu verneinen, wenn der Täter an der Sache bereits auf schuldhafte und strafbare Weise (zB durch Betrug oder Diebstahl) Eigenbesitz begründet hat (grdl. idS BGH 14 38, ferner Haß SchlHA 72, 176, Kindhäuser NK 62, Lackner/Kühl 7, Maiwald aaO 261 ff., Otto aaO 106 ff., iE wohl auch Schünemann JuS 68, 114 ff.; vgl. auch RG 15 246, 49 16, 60 371, 61 38; sachlich der Tatbestandslösung nahekommend mittels „Ausschlußfunktion" der Perpetuierungstatbestände Roth aaO, insb. 91 ff.). Demgegenüber ist nach der hier von Schröder vertretenen *Konkurrenzlösung* in der wiederholten Betätigung des Herrschaftswillens über eine bereits deliktisch erlangte Sache tatbestandlich noch eine erneute Zueignung zu erblicken, die lediglich als *straflose Nachtat* hinter dem ersten deliktischen Zueignungsakt zurücktritt, sofern dadurch keine weitere Vertiefung des Schadens bewirkt wird (vgl. Baumann NJW 61, 1141, Bockelmann JZ 60, 621, Ruß LK § 242 RN 81, M-Schroeder I 347, Mitsch 2/1 S. 194 ff., ZStW 111, 92, Schröder JR 60, 308, Seelmann JuS 85, 702, Welzel 351, W-Hillenkamp 303; vgl. auch BGH 62 62). Für die Konkurrenzlösung spricht, daß eine deliktisch (zB durch Betrug) entzogene Sache auch gegen weitere Eigentumsverletzungen (zB gegen Zueignung durch Verbrauch) zu schützen ist und die Tatbestandslösung etwa bei Straflosigkeit der Erstzueignung oder im Falle der Tatbeteiligung an Verwertungshandlungen zu Lücken führen kann. Freilich sind diese nicht so groß, wie es auf den ersten Blick erscheint. So kann von einer (Erst-)Zueignung überhaupt erst dann die Rede sein, wenn sich der Täter unter Verdrängung des Berechtigten *Eigenbesitz* an der Sache *angemaßt* bzw. *erschlichen* hat (iglS Hoyer SK 32), woran es etwa dort fehlt, wo jemand gutgläubig eine gestohlene Sache erwirbt oder eine vermeintlich derelinquierte Sache an sich nimmt. Demzufolge ist auch nach der Tatbestandslösung Unterschlagung noch in der Weise möglich, daß der Täter, nachdem er bösgläubig geworden ist, seinen Herrschaftswillen über die zunächst gutgläubig erlangte Sache betätigt (vgl. BGH 10 151, ferner BGH MDR/D 54, 398). Entsprechendes gilt für den Fall, daß sich der Täter zunächst ohne Aneignungswillen durch Betrug lediglich *Fremdbesitz* verschafft (BGH 16 280) oder von einem Sparbuch mehrfach Kontoabhebungen tätigt (Hoyer SK 32). Allerdings kann nach der Tatbestandslösung für den tatbestandlichen Ausschluß wiederholter Zueignung nicht entscheidend sein, ob der Täter bereits auf *strafbare* Weise Eigenbesitz erlangt hat (so freilich mißverst. BGH 14 43); denn die Strafbarkeit der (Erst-)Erlangung kann kein Merkmal des Zueignungsbegriffs als solchem sein. Somit beschränkt sich die praktische Bedeutung der Konkurrenzlösung zum einen auf die dolose Verwertung von Sachen, die der Täter in schuldunfähigem Zustand an sich gebracht hat (vgl. aber dazu auch Maiwald aaO 267, Otto aaO 120), zum anderen auf die Beteiligung an Verwertungshandlungen, soweit diese nicht ohnehin durch die §§ 257, 259 erfaßbar sind (vgl. auch Eser IV 50 f.). Zu Konsequenzen der Tatbestandslösung bei Wahlfeststellung vgl. Hamm NJW 74, 1957 sowie § 1 RN 96 ff.

g) Im übrigen kann **beispielsweise** eine Zueignung liegen im Ableugnen des Besitzes (RG 72 382, Bay JR 55, 271; krit. Kargl ZStW 103, 174), in der Verweigerung der Herausgabe der Sache an den Berechtigten mit der ausdrücklichen oder zumindest konkludenten Erklärung, die Sache für sich behalten zu wollen (vgl. RG JW 28, 410, BGH 34 309, aber auch Noll SchwZStr. 56, 164), in der Erklärung gegenüber dem Berechtigten, die Sache sei Eigentum des Erklärenden (RG JW 31, 1037), oder in der Verschleierung des Standorts einer sicherungsübereigneten Sache, um die Verwertung durch den Sicherungsnehmer zu vereiteln (Celle NJW 74, 2326, wo allerdings tatsächlich zweifelhaft erscheint, ob der Sicherungsgeber mehr als nur einen vorübergehenden Verwertungsaufschub erreichen wollte). Es muß aber in jedem Einzelfall geprüft werden, ob unter den *vorliegenden besonderen Umständen* in einer mündlichen Erklärung eine zweifelsfreie Betätigung des Zueignungswillens gesehen werden kann. Bezeichnet ein Beschuldigter in dem gegen ihn wegen Diebstahls eingeleiteten Ermittlungsverfahren die in seinem Besitz befindlichen Sachen als sein Eigentum, so liegt darin keine

§ 246 21–24

Betätigung des Zueignungswillens (Frankfurt SJZ **47** Sp. 676, Hamm JMBlNW **52**, 14). Das Beiseitelegen an einen an sich ordnungsmäßigen Platz kann bereits eine Zueignung sein, sofern die Gesamtumstände eine Zueignungsabsicht dokumentieren (RG **63** 378). Eine Zueignung ist weiter darin gesehen worden, daß ein Straßenbahnschaffner, der einem Fahrgast einen bereits abgefahrenen Fahrschein gibt, das empfangene Fahrgeld in die amtliche Geldtasche in der Absicht legt, später einen entsprechenden Betrag zurückzubehalten (RG JW **35**, 3626; bedenkl., da hierdurch die Zueignung nur vorbereitet wird). Weitere Beispiele in RG HRR **36** Nr. 502, 852. Allg. zu Unterschlagung durch (idR für sich allein nicht genügendem) **Unterlassen** vgl. Koblenz StV **84**, 287, Otto JZ **85**, 25, Ranft JA **84**, 287, Schmid MDR **81**, 806 ff., aber auch Schürmann MDR **82**, 374.

21 4. Wie bei Diebstahl muß der Täter die Sache **sich selbst oder einem Dritten** zueignen; insofern gilt hinsichtlich der durch das 6. StrRG eingeführten Alternative der Drittzueignung grundsätzlich dasselbe wie bei § 242 (vgl. dort RN 56 ff.). Durch diese Einbeziehung selbst rein altruistischer Drittzueignungen werden die bisherigen Begründungskrücken, wie vor allem dadurch, daß man für das Sichzueignen nach § 246 aF schon einen mittelbaren Vorteil wirtschaftlicher Art des Täters genügen ließ (näher dazu 25. A.), überflüssig. Auch könnten damit die Fälle rechtswidriger Entnahme von Wertgegenständen aus in staatlichen Gewahrsam befindlichen Briefsendungen mit dem ausschließlichen Ziel, diese dem Staatshaushalt der ehemaligen DDR zuzuführen, wo bislang Unterschlagung zu verneinen war (vgl. BGH **40** 8 ff. m. Anm. Weiß JR 95, 29, 41 187 m. Anm. Otto JZ 96, 582), nunmehr befriedigend gelöst werden, wenn dem freilich nicht Art. 315 EGStGB iVm § 2 entgegenstünde (vgl. 80 ff. vor § 3). Im übrigen sind über die allgemeinen Zueignungserfordernisse (o. 10 ff.) hinaus bei Drittzueignung folgende Besonderheiten zu beachten: Will der Täter durch eine „Quasi-Dereliktion" die Sache einem Dritten zueignen, so kann dafür nicht schon die bloße Ermöglichung der Zueignung durch den Dritten genügen, vielmehr muß der Täter dem Dritten eine gewisse Herrschaftsgewalt verschaffen (vgl. o. 10; and. BE-Noak 74, Tröndle 14). Nach einer Selbstzueignung durch den Täter ist eine nachfolgende Drittzueignung wegen der damit verbundenen Sachverschiebung und dadurch auch intensiveren Eigentumsverletzung jedenfalls nicht schon tatbestandlich ausgeschlossen (Mitsch 2/1 S. 194, ZStW 111, 92; and. Murmann NStZ 99, 15 mithilfe teleologischer Reduktion). Auch eigenes Zutun des Dritten ist in der Weise denkbar, daß eine Drittzueignung durch den Täter dem eigenen Sichverschaffen des Dritten vorausgeht, wenn zB der Dritte von der Sache Besitz erlangt, indem sie ihm vom Täter der Unterschlagung in den Briefkasten geworfen worden war und er dann seinerseits sich die offensichtlich fremde Sache zueignet (aber abw. Beurteilung, wenn man eine Mitwirkung des Dritten zur Vollendung der Drittzueignung fordert, vgl. u. 26). Denkbar wäre ferner der Fall, daß die Drittzueignung durch den Täter der (Erst-)Unterschlagung und der Verschaffungsakt des Dritten zusammenfallen, was eine Hehlerei wohl tatbestandlich („erlangt hat") ausschließen würde (Mitsch ZStW 111, 88). Zu etwaigen besonderen subjektiven Erfordernissen bei der Drittzueignung vgl. u. 24.

22 5. Zur **Rechtswidrigkeit der Zueignung** gilt das zum Diebstahl Ausgeführte entsprechend (§ 242 RN 59). Darüberhinaus kommt auch **Rechtfertigung** in Betracht, wobei von untergeordneter Bedeutung ist, ob man damit bereits tatbestandsausschließend die Rechtswidrigkeit der Zueignung (so Hoyer SK 33) oder lediglich die allgemeine Rechtswidrigkeit der Tat (so Kindhäuser NK 64) entfallen läßt (vgl. Eser IV 39 ff.). Als ein solcher Ausschlußgrund kommt vor allem die Einwilligung in Betracht; eine nur nachträgliche Genehmigung hingegen macht die Tat nicht straflos. Die Einwilligung ist insbes. bei unter Eigentumsvorbehalt geliefertem, zur Verarbeitung oder Weiterveräußerung bestimmten Waren bedeutsam (vgl. Düsseldorf NJW **84**, 810, Baumann ZStW 68, 522). Ferner ist die Tat gerechtfertigt, wenn eine gesetzliche Befugnis besteht, die Sache zu verwerten (zB § 1228 BGB, § 371 HGB). Auch ein Sicherungsgeber, der seine Schuld getilgt hat, handelt bei Verfügungen über die ihm noch nicht wieder zurückübereigneten Sachen nicht rechtswidrig (bedenkl. RG **61** 66, wonach die Schuldentilgung nicht den Vorsatz berühren soll). Zur Verwertung von Vorbehaltseigentum vgl. o. 5. Nicht rechtswidrig sind auch die Fälle, in denen das Eigentum nach der gesetzlichen Intention in der konkreten Situation keines Schutzes bedarf. Dies gilt vor allem, wenn jemand sich **vertretbare Sachen zueignet** und bereit und fähig ist, sie jederzeit zu ersetzen, oder wenn er die Auswechslung sofort vornimmt, zB Geld wechselt (eingeh. Kruse aaO 28 ff., 237 ff.; and. zu § 350 aF RG JW **30**, 1217, BGH **24** 115 m. Anm. Deubner NJW 71, 1469, Köln NJW **68**, 2348). Der Gedanke der mutmaßlichen Einwilligung bildet hier nicht immer eine tragfähige Grundlage; vgl.

23 im einzelnen § 242 RN 6. Über die Zueignung von Bagatellfunden vgl. Hirsch ZStW 74, 91 ff. – Im Rahmen von *Amtsverhältnissen* wird bei einfachem Umwechseln regelmäßig mutmaßliche Einwilligung anzunehmen sein (vgl. RG **5** 305, Tiedemann JuS 70, 108 f., ferner § 242 RN 6; and. Köln NJW **68**, 2348). Dagegen wird durch eine Einwilligung des Vorgesetzten zur Verfügung über die amtlichen Gelder zu persönlichen Bedürfnissen des Beamten grds. die Rechtswidrigkeit nicht ausgeschlossen, da der Vorgesetzte idR nicht ermächtigt ist, eine derartige Einwilligung zu erteilen (RG HRR **37** Nr. 533). Ebensowenig ist die Zueignung von Geld deshalb rechtmäßig, weil der Beamte seinerseits einen Geldanspruch gegen seine Dienststelle hat (vgl. RG DStR **34**, 255, DR **39**, 994).

24 IV. Für den **subjektiven Tatbestand** ist **Vorsatz** erforderlich, bedingter genügt. Der Täter muß insbes. wissen, daß die Sache fremd ist. Ob für den Fall einer Drittzueignung eine entsprechende Absicht des Täters zu fordern ist (so DSNS-Dencker 19) oder auch insoweit dolus eventualis genügt (so Lackner/Kühl 8, BE-Noak 474), ist ohne größere Bedeutung, da die vom Täter dem Dritten zu verschaffende Herrschaftsgewalt über die Sache (vgl. o. 10, 21) idR ohne Drittzueignungsabsicht nicht zu verwirklichen ist. Geht der Täter irrtümlich davon aus, ein anderer sei Eigentümer, so liegt, je nachdem, ob sich der Irrtum im tatsächlichen (Täter hält eigenen Mantel für fremden) oder normativen Bereich (Täter glaubt, schon durch den Kaufabschluß gehe Eigentum über) bewegt, Versuch oder Wahndelikt vor (vgl. Stuttgart NJW **62**, 65, Bay NJW **63**, 310, aber auch Bindokat NJW 63, 745, Eser II 135 ff., Hoyer SK 41). Glaubt er irrtümlich, fremden Gewahrsam zu brechen, so liegt versuchter Diebstahl vor, welcher der Unterschlagung vorgeht (u. 32). Die irrige Annahme, es bestehe ein fälliger Anspruch oder der Eigentümer willige ein, ist Tatbestandsirrtum (OLG Hamm NJW **69**, 619, Kindhäuser NK 64) bzw. als Irrtum über tatsächliche Rechtfertigungsvoraussetzungen auch nach BGH gleichermaßen zu behandeln (vgl. § 16 RN 16 sowie Eser IV 39 f.). Entsprechendes gilt für die **25** Fälle, in denen der Täter auf Grund seiner jederzeitigen Ersatzbereitschaft bei vertretbaren Sachen, insbes. Geld, mit dem Einverständnis des Eigentümers rechnet (RG **21** 366, HRR **37** Nr. 1562); die bloße Absicht, Ersatz zu leisten, genügt jedoch nicht (RG **60** 312, HRR **37** Nr. 533). Die irrige Annahme des Täters, er dürfe sich die fremde Sache (über die o. 22 genannten Grundsätze hinaus) aus irgendwelchen Gründen, zB wegen ihrer Wertlosigkeit, zueignen oder bei einer Sicherungsübereignung Teile der Sache entfernen, weil der Rest zur Sicherung des Gläubigers ausreiche, stellt einen Verbotsirrtum dar (Bay **60**, 228).

V. Vollendet ist die Unterschlagung mit dem nach außen manifestierten Zueignungsakt (vgl. **26** o. 10 f.); nachträgliche Äußerungen des Herrschaftswillens stellen lediglich die Ausnutzung der bereits vollzogenen Eigentumsanmaßung dar (vgl. Düsseldorf JZ **85**, 592, aber auch o. 19). Eine Bereicherung des Täters ist nicht erforderlich. Zur Vollendung im Fall der Zueignung an einen Dritten muß dieser zwar eine gewisse Herrschaftsgewalt über die Sache erlangen (vgl. o. 1, 10), ohne daß er aber – entgegen Rengier I 72, Lenckner-FS 805, 810 und wohl auch Mitsch ZStW 111, 86 – selbst mitwirken müßte (ebso. W-Hillenkamp 281). Der **Versuch (Abs. 3)** ist strafbar und zB mit dem Öffnen des Briefes, aus dem das Geld entwendet werden soll, gegeben (RG 65 148), noch nicht dagegen, wenn sich der Täter erst über den Inhalt vergewissern will (Tröndle 19; vgl. auch § 242 RN 62). Zur irrigen Zueignung einer vermeintlich fremden Sache als untauglicher Versuch (vgl. RG **39** 433 sowie o. 24).

VI. Mittäterschaft und **Teilnahme** richten sich nach den allgemeinen Grundsätzen (Kindhäuser **27** NK 66). Die frühere Streitfrage, ob Täter einer Unterschlagung nur sein kann, wer selbst Gewahrsam hat (näher dazu 25. A.), ist mit Wegfall dieses Erfordernisses durch das 6. StrRG erledigt (DSNS-Dencker 22). Die Frage, ob der bösgläubige Erwerber einer dem Veräußerer nicht gehörenden Sache *Hehler* oder Teilnehmer an der Unterschlagung des Veräußerers ist, vgl. § 259 RN 15. Über das Verhältnis von Anstiftung zur Unterschlagung und § 259 vgl. dort RN 55.

VII. 1. Als **Regelstrafe** ist Freiheitsstrafe bis zu 3 Jahren oder Geldstrafe angedroht (Abs. 1). **28**

2. Strafschärfung bis zu 5 Jahren ist für den aus dem früheren Abs. 1 herausgelösten und nun als **29** Qualifikation in einem eigenen **Abs. 2** geregelten Fall angedroht, daß die unterschlagene Sache dem Täter *anvertraut* war (sog. **Veruntreuung**). Gleich, ob es sich dabei um einen Fall der Selbst- oder der Drittzueignung handelt, muß die Sache in jedem Fall dem *Täter* (und nicht dem Dritten) anvertraut sein (Mitsch ZStW 111, 94). Dies ist nicht erst bei Vorliegen eines Treueverhältnisses iSd § 266 gegeben (ebso. Kindhäuser NK 71), sondern bereits dann, wenn dem Täter Gewalt über die Sache zugestanden wird im Vertrauen darauf, er werde mit der Sache nur im Sinne des Anvertrauenden verfahren. Ein solches Gewaltverhältnis wird idR einen der Zueignungshandlung vorausgehenden Gewahrsam des Täters voraussetzen (iglS Hoyer SK 43); dadurch hebt sich die Veruntreuung nach Abs. 2 von der „gewahrsamslosen" einfachen Unterschlagung nach Abs. 1 ab (and. Friedl wistra 99, 208, Mitsch ZStW 111, 94). Für das Anvertrautsein kann bereits eine Überlassung mit der Verpflichtung genügen, die Sache zurückzugeben oder zu einem bestimmten Zweck zu verwenden (and. Hoyer SK 45 f.), wobei gleichgültig ist, ob diese Verpflichtung gegenüber dem Eigentümer oder einem Dritten besteht. Ist allerdings im Falle der Drittzueignung der Dritte gleichzeitig der Anvertrauende, so wird es idR am spezifischen Unrecht des Vertrauensbruchs fehlen (Mitsch ZStW 111, 94). Anvertraut sind zB Sachen, die zur Erfüllung eines Auftrags übergeben worden sind, ferner geliehene, vermietete (BGH **9** 90) oder hinterlegte. Auch beim Kauf unter *Eigentumsvorbehalt* vertraut der Verkäufer dem Käufer eine Sache an (BGH **16** 280, Baumann aaO 46; einschränk. Arzt/Weber III 98); nicht anders liegt es nur bei einer *Sicherungsübereignung*, wenn dem Sicherungsgeber die übereignete Sache zum Gebrauch belassen wird: In beiden Fällen besitzt der Täter die Sache auf Grund eines Vertrauensverhältnisses und darf sie nur in einem bestimmten Rahmen verwenden. Anvertraut kann eine Sache auch dann sein, wenn jemand nicht dem Eigentümer, sondern einem Dritten gegenüber eine Verpflichtung im oben genannten Sinne übernommen hat, so zB der Untermieter gegenüber dem Mieter. Im übrigen kommt strafschärfende Veruntreuung nur in Betracht, dem die Sache anvertraut war (Hoyer SK 42); da Qualifikationsgrund die besondere Vertrauensstellung ist, die der Täter gegenüber dem Eigentümer hat und die als gesteigerte Pflicht zur Respektierung des Eigentums wirkt, ist § 28 II anzuwenden (BGH StV **95**, 84, Arzt/Weber III 98, Kindhäuser NK 73, Ruß LK 27, M-Zipf I 396). – Zweifelhaft ist, ob ein Anvertrauen bei **sittenwidrigen Verhältnissen** möglich ist. **30** Das wird i. allg. bejaht, soweit der Eigentümer selbst die Sache einem anderen in sittenwidriger Weise anvertraut hat, zB Geld zum Ankauf von Diebeswerkzeug (RG GA Bd. **48** 445, BGH NJW **54**, 889, Braunschweig NJW **50**, 656, Bruns NJW 54, 860, Mezger-FS 48, M-Schroeder I 351, Ruß LK 26).

§ 247   1, 2   Bes. Teil. Diebstahl und Unterschlagung

Dagegen hat das RG ein Anvertrauen verneint, wenn die Übergabe der Sache durch einen Dritten den Interessen des Eigentümers zuwiderläuft, zB der Dieb seine Beute von einem anderen verwahren läßt (RG **40** 223, **70** 7, Tröndle 26, Ruß LK 26). Da jedoch Grund der erhöhten Strafe hier neben der Eigentumsverletzung der Vertrauensbruch ist und das Vertrauen bei sittenwidrigen Verhältnissen keinen Schutz verdient, kann in beiden Fällen keine Veruntreuung angenommen werden (Hoyer SK 47, Kindhäuser NK 72; vgl. auch Mitsch 2/1 S. 202 f.). Das gleiche gilt, wenn der Täter die Sache durch Betrug „anvertraut" erhalten hat (Kindhäuser NK 72; and. Hoyer SK 47). Nimmt der Dritte, dem eine Sache übergeben worden ist, **irrtümlich** die Voraussetzungen des Anvertrautseins an, etwa weil er nichts vom Diebstahl weiß, so macht er sich bei der Zueignung einer versuchten Veruntreuung in Tateinheit mit vollendeter einfacher Unterschlagung schuldig.

31   **3.** Über **privilegierte Fälle** vgl. §§ 247, 248 a.

32   **VIII. Konkurrenzen. 1.** Wegen der durch das 6. StrRG eingeführten **Subsidiaritätsklausel** ist das Verhältnis zwischen der Begehung der Unterschlagung und anderen Delikten durch dieselbe Tat neu zu bestimmen (allg. dazu Noak aaO 109 ff.). Da § 246 aber nur hinter Vorschriften zurücktreten soll, die ebenfalls Eigentum oder Vermögen schützen (BT-Drs. 13/8587 S. 43 f. nennt die §§ 242, 249, 253, 259, 263, 266; iglS Hoyer SK 48, Kindhäuser NK 67, Mitsch ZStW 111, 95 f., W-Hillenkamp 300; dagg. iSv allg. Subsidiarität Otto Jura 98, 551, Wagner Grünwald-FS 806 ff. und wohl auch Lackner/Kühl 14, Tröndle 27; vgl. auch BGH **43** 237 [zu § 125] m. krit. Anm. Rudolphi JZ 98, 471), sind nicht alle anderen Delikte vorrangig. So ist nach wie vor **Tateinheit** möglich zwischen § 246 und §§ 133, 136, 202 (vgl. dort RN 23) und 258 (W-Hillenkamp aaO). Zum Problem der „schwereren Strafe" und zum Begriff der „Tat" vgl. Mitsch ZStW 111, 96 ff. Die Subsidiaritätsklausel greift allerdings erst, wenn beide Delikte verübt sind; zur Frage der „Gleichzeitigkeitsfälle" Murmann NStZ 99, 16 f. Es entfallen also nicht die Probleme der tatbestandlichen *Abgrenzung* des § 246 von anderen Vorschriften. Über das Verhältnis zur Untreue vgl. § 266 RN 55, zur Hehlerei o. 21, 27 und § 259 RN 63.

33   **2. Verwertungshandlungen,** die der Täter an unterschlagenen Sachen vornimmt, sind – soweit dadurch nicht in andere Rechtsgüter des betroffenen Eigentümers oder einer anderen Person eingegriffen wird – uU bereits als tatbestandslos zu betrachten (vgl. o. 19), jedenfalls aber auf Konkurrenzebene auszuscheiden (vgl. 114 vor § 52, § 263 RN 185). Daher sind die Verwertung eines unterschlagenen Schecks im Wege der Bankgutschrift mit nachfolgender Abhebung (Bay NJW **99**, 1648) oder der Verkauf einer unterschlagenen Sache nicht auch noch als Betrug gegenüber dem früheren Eigentümer strafbar (RG **49** 18; vgl. aber **73** 62), ebensowenig wie bei Unterschlagung durch Verpfändung einer leihweise überlassenen oder unter Eigentumsvorbehalt verkauften Sache in weiteren Verpfändungen eine erneute Unterschlagung zu erblicken ist (RG JW **24**, 1435). Wer sich ausnahmsweise bereits durch Vermischung fremden Geldes mit eigenem dieses zugeeignet hat (o. 15), macht sich dadurch, daß er dann das vermischte Geld verwendet, nicht noch einmal wegen Unterschlagung strafbar. Hat der Täter dagegen beim Betrug lediglich Gebrauchs- und nicht Zueignungsabsicht, so kommt Tatmehrheit von § 263 mit nachfolgendem § 246 in Betracht (BGH **16** 280; vgl. Eser IV 51), ebenso dort, wo der Betrug noch keine Zueignung enthält, sondern dem Täter lediglich eine Position verschafft, durch welche ihm die Zueignung ermöglicht oder erleichtert wird (RG **61** 38) oder wo durch die Verwertungshandlung dem Eigentümer oder einem Dritten ein neuer Schaden entsteht (BGH MDR/He **55**, 17).

§ 247 Haus- und Familiendiebstahl

Ist durch einen Diebstahl oder eine Unterschlagung ein Angehöriger, der Vormund oder der Betreuer verletzt oder lebt der Verletzte mit dem Täter in häuslicher Gemeinschaft, so wird die Tat nur auf Antrag verfolgt.

Vorbem. „Betreuer" eingefügt durch BetreuungsG v. 12. 9. 1990 (BGBl. I 2002).

Schrifttum: Vgl. die Angaben vor und zu §§ 242, 246; zum Schrifttum zu und vor der Reform vgl. 21. A.

1   **I.** Die durch das EGStGB eingefügte Vorschrift ersetzte den § 247 aF, der sowohl hinsichtlich der einseitigen Straffreierklärungen von Entwendungen gegenüber Deszendenten bzw. Ehegatten untereinander (Abs. 2 aF) als auch hinsichtlich des weitgezogenen Kreises von Strafantragsberechtigten (Abs. 1 aF) durch die soziale Entwicklung bereits weitgehend überholt war (vgl. BT-Drs. 7/550 S. 246 f.). Dem bei Entwendungen im *häuslich-familiären* Bereich bestehenden Interesse an einer *internen Erledigung* (vgl. BGH **10** 403, **18** 126) trägt die jetzige Fassung durch ein **einheitliches Strafantragserfordernis** bei den durch § 247 erfaßten Taten, und zwar ohne die frühere Beschränkung auf Sachen von unbedeutendem Wert, ausreichend Rechnung. Zur entsprechenden Anwendung der Vorschrift auf Hehlerei, Betrug oder Untreue innerhalb gleicher familiärer bzw. häuslicher Beziehungen vgl. §§ 259 II, 263 IV, 263 a II, 265 a III, 266 II.

2   **II.** Der **Anwendungsbereich** erfaßt alle Formen von (versuchtem oder vollendetem) **Diebstahl oder Unterschlagung,** also einschließlich der qualifizierten Fälle der §§ 243–244 a (vgl. RG **74** 374, Ruß LK 1) bzw. der Veruntreuung nach § 246 I 2. Alt. (vgl. RG **49** 198, Tröndle 1), *nicht* dagegen für *Raub* oder räuberischen Diebstahl (Kindhäuser NK 3; vgl. auch § 249 RN 1); denn nicht nur, daß

in Fällen der §§ 249 bis 252 zugleich auch § 240 als Offizialdelikt erfüllt und damit die Strafverfolgung ohnehin bereits der familieninternen Erledigung entzogen ist, auch ist damit der auf häuslich-familiäre Eigentumsbeziehungen bezogene Privilegierungsbereich überschritten. Zur entspr. Anwendung bei § 248 c vgl. dort RN 16.

III. Strafantragsprivilegiert sind danach folgende – zur **Tatzeit** bestehende (vgl. u. 14) – Beziehungen zwischen Täter und Verletztem: **3**

1. Das **Angehörigenverhältnis,** und zwar (anders als nach § 247 aF: o. 1) uneingeschränkt. Näher zum *Angehörigen* § 11 I Nr. 1 m. RN 3 ff.; danach läßt insbes. auch eine Scheidung die Angehörigeneigenschaft unberührt (and. BGH **7** 383 zu § 52 II aF). **4**

2. Im **Vormundschaftsverhältnis** ist nur die Tat des Mündels gegenüber dem Vormund, nicht dagegen etwa eine Veruntreuung von Mündelvermögen durch den Vormund, von einem Strafantrag abhängig. Unter *Vormund* iSd §§ 1773 ff. BGB ist auch der gem. § 1792 BGB bestellte Gegenvormund zu verstehen (Tröndle 3), obgleich dessen Verhältnis zum Mündel idR weniger eng sein wird als das des Vormunds ieS, aber auch für diesen, wie etwa bei Vormundschaft über Volljährige nach §§ 1896 ff. BGB, nicht unbedingt eine enge persönliche Beziehung zum Mündel eigentümlich ist (vgl. Ruß LK 5). Zum Betreuungsverhältnis vgl. das seit 1. 1. 92 geltende BetreuungsG v. 12. 9. 90 (BGBl. I 2002). **5**

3. Ferner sind Entwendungen im Rahmen **häuslicher Gemeinschaft** strafantragsbedürftig. Ohne Angehörige ieS (o. 4) sein zu müssen, zählen dazu auch *Familienmitglieder iwS,* sofern sie – wie etwa die unverheiratete Tante auf dem Gut des Hoferben – in der gleichen Hausgemeinschaft tatsächlich zusammenleben; eine Unterbringung im selben Gebäude (wie etwa im Haus des Hofherrn) ist nicht erforderlich (vgl. RG **74** 373). Entsprechend erfaßt sind auch sonstige *tatsächliche Wohn- und Haushaltsgemeinschaften,* soweit sie auf *freiem* Entschluß beruhen (also insbes. nicht nur aufgrund öffentlichen Rechts zwangsweise zusammenleben) und ernstlich auf ein Zusammenleben von gewisser Dauer ausgerichtet sind (BGH **29** 54, NStE Nr. 3, Hoyer SK 11). – Nicht anwendbar ist daher § 247 zB auf Soldaten in einer Kaserne, Insassen einer Strafanstalt oder die in einem Flüchtlingslager Untergebrachten (BT-Drs. 7/550 S. 247, Tröndle 4, Lackner/Kühl 2; and. Seelmann JuS 85, 703). Dagegen bilden die mit einer Familie zusammenlebenden Hausangestellten ebenso eine häusliche Gemeinschaft wie die Insassen eines Internats, Klosters oder Altersheims (BT-Drs. 7/550 S. 247, Tröndle 4, Lackner/Kühl 2). Auch zwischen landwirtschaftlichen Arbeitern und ihrem Arbeitgeber ist bei gemeinsamer Unterbringung und Versorgung eine häusliche Gemeinschaft denkbar (vgl. RG **74** 374); dagegen wird durch bloße Unterbringung und Verpflegung von Krankenpflegerinnen in einer Privatklinik noch keine Hausgemeinschaft begründet (vgl. BGH NJW **68,** 1197 zum „Gesinde" iSv § 247 aF). Ebenso ist häusliche Gemeinschaft zu verneinen, wenn es an einer Übernahme der für eine solche Gemeinschaft typischen Bindungen und gegenseitigen Verpflichtungen fehlt, wie insbes. da, wo es der Täter von vorneherein auf Straftaten gegen Gemeinschaftsmitglieder absieht (vgl. BGH **29** 54 m. Anm. Giemulla JA 80, 64, Kindhäuser NK 10, Otto JZ 85, 26). **6**

7

Soweit eine häusliche Gemeinschaft besteht, bedarf *jede Entwendung zwischen deren Mitgliedern* eines Strafantrags, also nicht nur bei Diebstählen des Hauspersonals gegenüber dem Dienstherrn (so aber einseitig die frühere hM; vgl. 17. A. RN 7), sondern auch in umgekehrtem Verhältnis ebenso wie zwischen Hausangestellten oder Heiminsassen untereinander. **8**

IV. Strafantragsberechtigt ist bei Erfüllung von § 247 nur der *Verletzte.* **9**

1. Als **Verletzter** kommt jeweils nur der **Eigentümer** in Betracht, und zwar nicht nur im (unbestrittenen) Falle einer Unterschlagung, sondern auch bei Diebstahl (Kindhäuser NK 15). Denn gleich, ob man durch § 242 allein das Eigentum oder auch den Gewahrsam mitgeschützt sieht (vgl. § 242 RN 1 f.), ist letzterer doch nicht alternativ neben dem Eigentum, sondern allenfalls kumulativ als Ausfluß des Eigentums geschützt, so daß es für das Antragserfordernis allein darauf ankommen kann, ob der Täter zum Eigentümer der entwendeten Sache in einer privilegierten Beziehung steht (iE ebenso Arzt/Weber 29, Hoyer SK 5, vgl. ferner Tröndle 5, Maiwald, Zueignungsbegriff 208). Ist dies der Fall, so steht der Anwendung des § 247 nicht entgegen, daß durch den Diebstahl ein *außenstehender Dritter* als *Gewahrsamsinhaber* mitbetroffen ist (daher iE richtig, wenn auch über die Konstruktion eines nur „untergeordneten Mitgewahrsams" BGH **10** 400). Umgekehrt *entfällt* danach § 247, wenn die dort genannten Personen lediglich Gewahrsamsinhaber sind (vgl. RG **2** 73, **54** 282), also der Eigentümer oder auch nur einer der Miteigentümer ein Fremder ist (vgl. RG **4** 436, **26** 43, **50** 46); nach Bay NJW **63,** 1464 (zu § 370 Nr. 5 aF) soll dem Eigentümer auch der Käufer bereits nach Gefahrübergang gleichzustellen sein. Ist das Tatobjekt Eigentum einer *personalistisch strukturierten Gesellschaft,* so sind als Verletzte iSd § 247 nur deren Gesellschafter anzusehen. Steht der Täter zu allen (übrigen) Gesellschaftern in einer privilegierten Beziehung, findet § 247 Anwendung (vgl. BGH MDR/H **87,** 624 zu § 266 III). **10**

Die Gegenauffassung, die auch den **Gewahrsamsinhaber** zum Kreis der Verletzten rechnet (RG **4** 436, **50** 46, **73** 153, Lackner/Kühl 2, M-Schroeder I 339, Ruß LK 3), kommt jedenfalls dort zu unbefriedigenden Ergebnissen, wo dieser ein Außenstehender ist und daher schon allein wegen dessen mitbetroffenen Gewahrsams § 247 ausscheiden soll. Doch nicht nur, daß ein Dritter als Gewahrsamsinhaber durch den Diebstahl nicht mehr und nicht weniger „verletzt" wird (nämlich nur iSv § 858 BGB), als wenn ihm die Sache vom Eigentümer selbst oder mit dessen Einwilligung vom Täter **11**

§ 248 a

abgenommen wird; auch muß dem Eigentümer ebenso wie die Disposition über sein Eigentum auch die über die Strafverfolgung wegen Diebstahls jedenfalls dann verbleiben, wenn ihm diese – in den Fällen des § 247 – gerade im Interesse des Hausfriedens übertragen werden sollte. Dies schließt selbstverständlich nicht aus, daß der Täter dem außenstehenden Gewahrsamsinhaber gegenüber je nach Art des „Gewahrsamsbruches" nach §§ 123, 303 verfolgbar bleibt.

12   2. Bei **mehreren Verletzten** (Miteigentum) steht **jedem** das Antragsrecht auch ohne Zustimmung der Mitberechtigten zu (RG **4** 347, **26** 43), sofern alle zum Personenkreis des § 247 gehören; andernfalls entfällt ohnehin bereits das Antragserfordernis des § 247 (vgl. o. 10).

13   3. Das Strafantragserfordernis hängt allein vom **objektiven Vorliegen** einer durch § 247 privilegierten persönlichen Beziehung ab (Stree FamRZ 62, 58). Da sie vom Vorsatz nicht umfaßt zu sein braucht, ist auch ein diesbezüglicher **Irrtum bedeutungslos** (Kindhäuser NK 12). Daher ist § 247 nicht schon dadurch ausgeschlossen, daß der Täter die der Mutter weggenommene Sache irrig für Eigentum eines fremden Dritten hält (BGH **18** 123), ebensowenig wie § 247 dadurch anwendbar wird, daß der Täter die einem Dritten gehörende Sache fälschlich für Eigentum der Ehefrau hält (vgl. BGH **23** 281 zu § 247 II aF). Bedeutungslos ist auch ein Irrtum des Täters über seine Beziehung zum Verletzten (RG **73** 153).

14   4. Bleibt eine der Voraussetzungen des § 247 zweifelhaft, zB weil nicht aufklärbar ist, ob ein Verlöbnis bestanden hat oder eine Sache dem Angehörigen gehörte, so findet insoweit der Grundsatz in dubio pro reo Anwendung (Bay NJW **61**, 1222, Kindhäuser NK 3, Stree, In dubio pro reo 61). Ein **Wegfall** der privilegierenden **Beziehung** nach der Tat läßt das Antragserfordernis unberührt (Celle NJW **86**, 733 m. Anm. Stree JR 86, 386, Hamm NJW **86**, 734, Kindhäuser NK 12, Tröndle 4, Lackner/Kühl 2; and. Koch GA 62, 304; vgl. auch § 77 RN 2): Soweit sich dies nicht bereits aus der Unbeachtlichkeit einer nachträglichen Scheidung (§ 11 I Nr. 1 a) und deren analoger Anwendung auf andere Näheverhältnisse ergibt, läßt sich dafür, weil weniger eine Auflehnung gegen die allgemeine Rechtsordnung als eine Mißachtung der zur Tatzeit (noch) bestehenden Familienordnung bedeutend, insbes. das verminderte öffentliche Verfolgungsinteresse ins Feld führen. Ein Übergang des Strafantragsrechts bei Tod des Verletzten nach § 77 II ist nicht vorgesehen.

15   5. Bei **Tatbeteiligung Mehrerer** bedarf es eines Strafantrags nur gegenüber solchen Beteiligten, die zum Verletzten in einem Beziehungsverhältnis iSv § 247 stehen. Dies folgt zwar nicht unmittelbar aus § 28 II (vgl. dort RN 7), wohl aber aus allgemeinen Grundsätzen (vgl. E 62 Begr. 411, Herzberg ZStW 88, 88, Kindhäuser NK 18).

§ 248 [Polizeiaufsicht] *aufgehoben durch das EGStGB; vgl. jetzt § 245.*

§ 248 a Diebstahl und Unterschlagung geringwertiger Sachen

Der Diebstahl und die Unterschlagung geringwertiger Sachen werden in den Fällen der §§ 242 und 246 nur auf Antrag verfolgt, es sei denn, daß die Strafverfolgungsbehörde wegen des besonderen öffentlichen Interesses an der Strafverfolgung ein Einschreiten von Amts wegen für geboten hält.

Schrifttum (auch allg. zur Bagatellkriminalität): AE-Gesetz gegen Ladendiebstahl, 1974 (dazu *Schoreit u. Arzt* JZ 76, 49 bzw. 54). – AE-Gesetz zur Regelung der Betriebsjustiz, 1975. – *Arzt,* Zur Bekämpfung der Vermögensdelikte (usw.), JuS 74, 693. – *Baumann,* Über die notwendigen Veränderungen im Bereich des Vermögensschutzes, JZ 72, 1. – *ders.,* Bekämpfung oder Verwaltung der Kleinkriminalität?, Schröder-GedS 523. – *Berckhauer,* Soziale Kontrolle der Bagatellkriminalität, DRiZ 76, 229. – *Bertram,* Spatzen u. Kanonen, NJW 95, 238. – *Burkhardt,* Gewaltanwendung bei Vermögensdelikten mit Bagatellcharakter, JZ 73, 110. – *Dencker,* Die Bagatelldelikte im E eines EGStGB, JZ 73, 144. – 51. DJT, 1976: Empfiehlt es sich, in bestimmten Bereichen der kleinen Eigentums- u. Vermögenskriminalität, insbes. des Ladendiebstahls (usw.)? Gutachten von *Naucke u. Deutsch,* Referate von *Arzt u. Stoll.* – *Dreher,* Die Behandlung der Bagatellkriminalität, Welzel-FS 917. – *Droste,* Privatjustiz gegen Ladendiebe, 1972. – *Eckl,* Neue Verfahrensweisen zur Behandlung der Kleinkriminalität, JR 75, 99. – *Eser,* Gesellschaftsgerichte in der Strafrechtspflege, 1970. – *Geerds,* Ladendiebstahl, Dreher-FS 533. – *ders.,* Über mögl. Reaktionen auf Ladendiebstähle, DRiZ 76, 225. – *Hanack,* Das Legalitätsprinzip u. die Strafrechtsreform, Gallas-FS 339. – *Hirsch,* Zur Behandlung der Bagatellkriminalität in der BRD, ZStW 92, 218. – *Hünerfeld,* Kleinkriminalität u. Strafverfahren, ZStW 90, 905. – *Jungwirth,* Bagatelldiebstahl u. Sachen ohne Verkehrswert, NJW 84, 954. – *Kaiser,* Möglichkeiten der Bekämpfung von Bagatellkriminalität, ZStW 90, 877. – *Kaiser/Metzger-Pregizer,* Betriebsjustiz, 1976. – *Kausch,* Der Staatsanwalt – Ein Richter vor dem Richter?, 1980. – *Keunecke/Schinkel,* § 153 a StPO u. Ladendiebstahl, MSchrKrim 84, 157. – *Kramer,* Ladendiebstahl u. Privatjustiz, ZRP 74, 62. – *ders.,* Willkürliche oder kontrollierte Warenhausjustiz?, NJW 76, 1607. – *Krümpelmann,* Die Bagatelldelikte, 1966. – *Kunz,* Das strafrechtl. Bagatellprinzip, 1984. – *Lange,* Privilegierung des Ladendiebstahls?, JR 76, 177. – *H. Mayer,* Strafrechtsreform für heute u. morgen, 1962. – *Meurer,* Die Bekämpfung des Ladendiebstahls, 1976. – *Ostendorf,* Präventionsmodell „Ladendiebstahl", ZRP 95, 18. – *Reformkommission des nds. Justizmin.,* Rückzug des Strafrechts, DRiZ 93, 202. – *Rössner,* Bagatelldiebstahl u. Verbrechenskontrolle, 1976. – *Schlüchter,* Wider die Entwurzelung des Jugendstrafrechts, ZRP 92, 390. – *Schmechtig,* Personaldelikte,

1982. – *Schmidhäuser*, Freikaufverfahren mit Strafcharakter im Strafprozeß, JZ **73, 529**. – *Wagner*, Staatliche Sanktionspraxis beim Ladendiebstahl, 1979.

I. Die durch das EGStGB eingefügte Vorschrift, deren Verfassungsmäßigkeit durch BVerfGE **50** 205 bestätigt wurde, tritt an die Stelle des früheren „*Mundraubs*" (§ 370 I Nr. 5 aF) und der sog. „*Notentwendung*" nach § 248 a aF (BT-Drs. 7/550 S. 247); obwohl außer Kraft gesetzt, kann diesen Vorläufern aber bei der Strafzumessung eine gewisse Bedeutung zukommen (vgl. LG Münster NStZ **94**, 192 u. § 46 RN 53 a). Durch entsprechende Anwendung auf Begünstigung (§ 257 IV 2), Hehlerei (§ 259 II), Betrug (§§ 263 IV, 263 a II, 265 a III) und Untreue (§ 266 II, § 266 b II) soll die schon seit längerem als unbefriedigend gelöst angesehene **Bagatellkriminalität** bei Eigentums- und Vermögensdelikten durch eine neue, insgesamt **prozessuale Lösung** bereinigt werden: Sofern sich diese Straftaten auf geringwertige Gegenstände beziehen, ist deren Verfolgung nur noch aufgrund eines **Strafantrages** bzw. bei Vorliegen eines **besonderen öffentlichen Interesses** zulässig (vgl. Kindhäuser NK 3 mwN). Zur Unzulänglichkeit dieser Reform vgl. 19. A. RN 2 f. sowie die Nachw. o. im Schrifttum; spez. zur neueren Reformdiskussion Ostendorf ZRP 95, 18 mwN.

II. Der **Anwendungsbereich** beschränkt sich auf **Diebstahl und Unterschlagung**, und zwar „in den Fällen der **§§ 242 und 246**". Damit werden einerseits sowohl die Veruntreuung iSv § 246 I 2. Alt. (Tröndle 3), als mittelbar auch die Fälle des § 243 I Nrn. 1–6 erfaßt, da insoweit nach § 243 II bei Geringwertigkeit der Sache ein besonders schwerer Fall ausgeschlossen ist und dadurch wiederum § 242 zum Zuge kommt (vgl. § 243 RN 48; unklar Hoyer SK 6). Im Falle des § 244 a hingegen konnte es selbst bei Geringwertigkeit des Gegenstandes schwerlich zur Anwendung von § 248 a kommen, da wegen der für § 244 a erforderlichen Tatbegehung durch mindestens 2 Bandenmitglieder regelmäßig § 244 I Nr. 2 eingreifen wird, bei dem es aber an einer den Weg zu § 242 und von da zu § 248 a eröffnenden Geringwertigkeitsklausel fehlt (vgl. § 244 RN 1, Lackner/Kühl 5, Ruß LK 5); deshalb wurde die Geringwertigkeitsprivilegierung in § 244 IV aF durch das 6. StrRG zu Recht gestrichen (BT-Drs. 13/9064 S. 17). Zur entsprechenden Anwendung bei § 248 c vgl. dort RN 16. Andererseits werden damit nicht nur die Fälle des § 244 (Köln NJW **78**, 653), sondern umso mehr die der §§ 249 ff. ausgeschlossen, so daß dem kriminalpolitisch wünschenswerten Versuch, auch bei Raub und räuberischem Diebstahl die Geringwertigkeit der Sache privilegierend zu berücksichtigen (vgl. Burkhardt JZ **73**, 110, Eser IV 85), durch die Fassung des § 248 a der Boden entzogen ist (vgl. auch § 244 RN 1, § 250 RN 37, Tröndle 3, § 249 RN 1). Der Diebstahl bzw. die Unterschlagung muß eine **geringwertige Sache** zum Gegenstand haben. Im übrigen aber ist – im Unterschied zu § 370 I Nr. 5 aF – die Art der Sache völlig unerheblich; deshalb kommen nicht mehr nur Nahrungs- und Genußmittel bzw. Gegenstände des hauswirtschaftlichen Verbrauchs, sondern auch Gebrauchsgegenstände jeder Art (zB Bücher, Werkzeuge) in Betracht. Auch die Motivation oder Absicht des Täters ist im Unterschied zum früheren § 248 a (Handeln aus Not) bzw. § 370 I Nr. 5 aF (zum alsbaldigen Verbrauch) allenfalls noch für die Beurteilung des öffentlichen Verfolgungsinteresses, nicht dagegen für die Anwendbarkeit der Vorschrift, von Bedeutung. Vgl. u. 24.

1. Im übrigen deckt sich der Begriff der **Geringwertigkeit** mit dem des „unbedeutenden Wertes" iSv § 370 I Nr. 5 aF, so daß insoweit die von Rspr. und Lehre dazu entwickelten Grundsätze weiterhin verwendbar bleiben (vgl. 17. A. § 370 RN 18 ff., Tröndle 5, Jungwirth aaO, Kunz aaO 215 ff., Lackner/Kühl 5, Wagner aaO 63 ff. mwN).

a) Entscheidend ist nicht der Substanz-, sondern der **Verkehrswert** der Sache **zur Tatzeit** (BGH NStZ **81**, 62; für „Herstellungswert" Jungwirth NJW 84, 956, wobei aber offenbleibt, ob es auf den Ursprungs- oder den Neuherstellungswert ankommen soll). Dafür ist ein objektiv-generalisierender Maßstab anzulegen, wobei besondere Verhältnisse, wie etwa Armut des Täters oder ein spezielles Affektionsinteresse des Opfers, grds. außer Betracht bleiben (vgl. BT-Drs. 7/1261 S. 27 sowie o. § 243 RN 51; ferner zu §§ 370 I Nr. 5 aF RG **48** 53, **52** 296, **76** 66, GA Bd. **65** 545, HRR **37** Nr. 1430, Hamburg NJW **53**, 396, Kindhäuser NK 7; and. BGH GA **57**, 18, 19, Braunschweig NJW **66**, 1527, Schleswig SchlHA **67**, 186, Tröndle 5; einschr. auch Lackner/Kühl 5), aber ein sonstiges Marktinteresse (wie etwa das der Presse an bestimmten Bildern) bedeutsam sein kann (vgl. LG Frankfurt StV **81**, 428). Allerdings würde dieser objektive Maßstab dann relativiert, wenn bei Beurteilung des besonderen öffentlichen Interesses die speziellen Verhältnisse des Opfers schließlich dann doch noch mit zu berücksichtigen wären (so BT-Drs. 7/1261 S. 17, 27; vgl. aber hiergegen u. 27 sowie Tröndle 10). In Krisenzeiten kann die Änderung der wirtschaftlichen Verhältnisse, wie etwa eine Rationierung oder Knappheit von Waren, auf die Bestimmung des Wertes Einfluß haben (vgl. RG **51** 318, 418, JW **19**, 48; aber auch RG **76** 67, HRR **41** Nr. 515). Auch bei Sachen *ohne meßbaren Verkehrswert* stellt dieser das entscheidende Kriterium für die Anwendbarkeit des § 248 a dar (Hoyer SK 7, Jungwirth NJW 84, 954; and. Tröndle 5, Lackner/Kühl 5, Ruß LK 4, die auf den funktionellen Wert für den Täter abstellen wollen, sowie BGH 4 StR 224/87 v. 25. 8. 1987 [b. Ruß LK 4] u. Kindhäuser NK 8, wonach § 248 a insoweit überhaupt nicht anwendbar sein soll). Für eine aus dem Gesetzeswortlaut nicht ableitbare Differenzierung besteht kein Anlaß, da § 248 a keinen Privilegierungstatbestand darstellt (u. 18; vgl. aber auch § 243 RN 51) und der durch die Wegnahme einer derartigen Sache Verletzte sein Strafverlangen durch Stellung eines Strafantrags realisieren kann (vgl. u. 27). In besonderen Fällen kann sich auch ein öffentliches Interesse an der Strafverfolgung ergeben, so bei der Entwendung von Scheckformularen oder Scheckkarten. Deren Verfälschbarkeit

§ 248 a 8–14 Bes. Teil. Diebstahl und Unterschlagung

oder Mißbrauchbarkeit erhöht ihren Verkehrswert jedoch nicht und ändert demnach nichts an der Anwendbarkeit von § 248 a (iE ebso. für *Scheckformulare* BGH NStZ **81**, 62, Jungwirth NJW 84, 957, Otto JZ 85, 24; and. Bay NJW **79**, 2218 m. Anm. Paeffgen JR 80, 299 zu § 259 II; für *Scheckkarten* ebenso LG Köln NJW **87**, 667, AG Kulmbach NJW **85**, 2285, Ehrlicher aaO 58, Jungwirth MDR 87, 538; and. LG Oldenburg NdsRpfl. **87**, 37, AG München wistra **86**, 268, Huff NStZ 85, 439, Ruß LK 4).

8   b) Der Wert der Sache ist **gering,** wenn er nach allgemeiner Verkehrsauffassung als unerheblich sowohl für den Gewinn wie für den Verlust angesehen und behandelt wird (Bay HRR **27** Nr. 2162,
9 Celle NJW **66**, 1931). In der **Rspr.** wird **beispielsweise** als gering ein Wert bezeichnet, der etwa der Arbeitslosenunterstützung für eine Woche entspricht (Schleswig NJW **53**, 234; dagegen BGH **6** 41). Im einzelnen wurde Geringwertigkeit in folgenden Fällen **angenommen:** bei einem Huhn im Werte von 5 DM (BGH MDR/D **54**, 336), 2 Säcke Zement bzw. Kalk im Werte von 8 DM (BGH GA **57**, 18), eine Flasche Weinbrand und drei Flaschen Bier (Hamburg NJW **53**, 396); 2 Flaschen Branntwein im Werte von zusammen 14 DM (Braunschweig NJW **66**, 1527); Zigaretten im Wert von 11 DM (Stuttgart NJW **63**, 1415), Pralinen im Wert von 20 DM (BGH **21** 244), 3 Fleischpakete im Gesamtwert von 37 DM (AG Köln MDR **79**, 777), Kiste Apfelsinen unter 50 DM (AG Köln MDR **81**, 780), Geld bis zu 50 DM (LG Kempten NJW **81**, 933), Geldbörse im Wert von 30 DM (AG Köln MDR **82**, 772), Christbaumschmuck im Wert von 53 DM (AG Köln MDR **84**, 687), 20-Markschein (Celle JR **87**, 253 m. Anm. Hillenkamp). Dagegen wurde Geringwertigkeit **abgelehnt:** bei 3 Würsten im Wert von 23 DM (BGH MDR/D **54**, 336; vgl. auch Karlsruhe Justiz **73**, 26; abw. für Geringwertigkeit) bei 24 DM Hamm MDR **70**, 607); Käse im Wert von 30 DM (Schleswig SchlHA **67**, 186), bei Lebensmitteln im Wert von 27 DM (Hamm NJW **71**, 1954; vgl. auch Karlsruhe Justiz **73**, 55 bei 57 DM).

10   Bei einer Änderung des Preisgefüges können sich diese Wertangaben verschieben (Schleswig SchlHA **67**, 186, Hamm NJW **70**, 1387, LG Kempten NJW **81**, 934). Dies ist jedoch nicht als eine automatische Koppelung an den Lebenshaltungsindex zu verstehen (Hamm NJW **71**, 1594). Auch läßt sich kein starr fixierter Betrag dafür nennen; entscheidend ist vielmehr die *Einschätzung des Tatrichters* (vgl. BGH MDR/D **75**, 543), wobei die ungefähre Grenze derzeit noch bei etwa 50 DM gesehen wird (Düsseldorf NJW **87**, 1958, AG Landstuhl MDR **75**, 509, LG Kempten NJW **81**, 933, Tröndle 5, Lackner/Kühl 5, Ruß LK 6, Wagner aaO 63 ff., 428, W-Hillenkamp 311: „etwas höher als 50 DM"; vgl. ferner Bay MDR **77**, 387). Grundsätzlich ist jedoch weniger auf den DM-Betrag als auf Art und Wert der Tatobjekte abzuheben (vgl. Kindhäuser NK 12). Vgl. zum Ganzen auch Schwind Rpfleger 70, 126.

11   2. **Sonderfragen** werfen die Fälle auf, in denen neben geringwertigen auch höherwertige Sachen weggenommen werden oder die entwendete Gesamtmenge nicht mehr als geringwertig bezeichnet werden kann.

12   a) In solchen Fällen ist § 248 a jedenfalls dann ausgeschlossen, wenn **durch dieselbe Tat sowohl gering- wie höherwertige Gegenstände** entwendet werden. Gleiches gilt für den Fall, daß mehrere, an sich geringwertige Sachen, die jedoch zusammengenommen einen höheren Wert ausmachen, durch *eine* Handlung im rechtlichen Sinne weggenommen werden (Düsseldorf NJW **87**, 1958). Umgekehrt bleibt dagegen § 248 a dort anwendbar, wo aus einer an sich wertvolleren *Sachgesamtheit* ein für sich genommen geringwertiger Einzelgegenstand entwendet wird, da es offenbar nur auf den Wert der entwendeten Sache als solcher ankommt (Hoyer SK 8). Wird allerdings dadurch die Sachgesamtheit in ihrem Wert unverhältnismäßig gemindert (wie zB bei Entwendung eines nicht nachbeschaffbaren Bandes aus einem nur zusammen verkäuflichen Gesamtwerk oder bei Entnahme aus einer infolgedessen unverkäuflichen Originalpackung), so ist dieser Schaden nicht erst beim öffentlichen Verfolgungsinteresse zu berücksichtigen (so aber BT-Drs. 7/1261 S. 27), sondern dann ist im Hinblick auf den objektiven Verlustwert (vgl. o. 8; aber auch u. 27) bereits § 248 a überschritten (and. Hoyer SK 8, Kindhäuser NK 9). War die Zueignungsabsicht lediglich auf den (geringwertigen) Inhalt eines Behältnisses gerichtet, so hat dessen (möglicherweise höherer) Wert bei der Berechnung regelmäßig außer Betracht zu bleiben (BGH MDR/D **75**, 543).

13   b) Bei **Fortsetzungszusammenhang** – soweit nicht durch BGH **40** 138 obsolet geworden ist (vgl. 31 vor § 52) – sind bei entsprechendem **Gesamtvorsatz** die einzelnen Gegenstände ziffern- und wertmäßig **zusammenzurechnen** (so zu § 370 I Nr. 5 aF RG **17** 333, **50** 398, **63** 274, Stuttgart NJW **63**, 1415 m. Anm. Philipp 2087, R. Schmitt JZ 63, 74, Mittelbach JR **63**, 471, Mayer NJW 64, 1060), *nicht* dagegen bei bloßem *Fortsetzungsvorsatz* (25 A. 52 vor § 52); vgl. Schroeder GA 64, 229. War der Gesamtvorsatz des Täters auf eine insgesamt höherwertige Menge gerichtet, so bleibt § 248 a solange anwendbar, als durch die verwirklichten Einzelakte die Grenze der Geringwertigkeit nicht überschritten wird; entscheidend ist daher nicht der Wert des Erstrebten, sondern des *tatsächlich Erlangten* (vgl. u. 17, § 243 RN 56, Tröndle 6; ebso. schon zu § 370 I Nr. 5 aF RG **63** 273, Bremen
14 NJW **59**, 1839; vgl. auch BGH **5** 263 zu § 264 a aF). Für die abw. Lösung von Schröder, der hinsichtlich des *weitergehenden Vorsatzes* des Täters *Versuch* von § 242 und hinsichtlich der tatsächlich entwendeten geringen Menge tateinheitliche Vollendung des § 370 I Nr. 5 aF annahm (17. A. § 370 RN 19, ebso. Stuttgart NJW **63**, 1415), ist heute kein Raum mehr, da § 248 a keinen eigenen Tatbestand gegenüber § 242 bildet. Dies schließt jedoch nicht aus, die weitergehende Absicht des Täters uU bei der Frage nach dem öffentlichen Verfolgungsinteresse zu berücksichtigen; dies freilich –

in entsprechender Anwendung der Rücktrittsvorschriften – dann nicht, wenn der Täter von weiteren Teilakten freiwillig Abstand genommen hat. Vgl. auch u. 17, 28.

c) Sind **Mehrere als Täter** beteiligt, so bestimmt sich die Geringwertigkeit nicht etwa nach dem 15 auf den einzelnen Beteiligten angelegten Anteil, sondern nach der *Gesamtmenge des Erbeuteten* (Hoyer SK 8; ebso. bereits für § 370 I Nr. 5 aF BGH NJW **64**, 117, Schleswig SchlHA **67**, 186, Hamm NJW **71**, 1594, Schroeder GA 64, 229). Bei **Teilnehmern** hingegen kommt es darauf an, ob sich der Tatbeitrag lediglich auf eine geringwertige Sache bezieht; dies kann vor allem bei Mitwirkung an einzelnen Teilakten einer fortgesetzten Handlung von Bedeutung sein (Tröndle 6, vgl. auch o. 13 f.).

3. Ein **Irrtum** des Täters über die Geringwertigkeit der Sache ist für die *Anwendbarkeit* des § 248 a 16 grundsätzlich *unerheblich*, da die Geringwertigkeit weder direkt noch analog als Tatbestandsmerkmal iSv § 16 I bzw. II angesehen werden kann, sondern lediglich für die Strafverfolgung von Bedeutung ist (vgl. § 16 RN 36, § 247 RN 13, Kindhäuser NK 15, Tröndle 7, Lackner/Kühl 7; vgl. aber auch § 243 RN 53). Das schließt jedoch nicht aus, daß bei irrtümlicher Annahme der Geringwertigkeit Handlungsunrecht und Schuld erheblich gemindert sein können; dem ist gegebenenfalls bei der Strafzumessung oder uU bereits durch Einstellung nach §§ 153, 153 a StPO Rechnung zu tragen. Hält umgekehrt der Täter eine objektiv geringwertige Sache fälschlich für höherwertig, so steht dies zwar einer Annahme von § 248 a nicht entgegen, wohl aber wird dann ein besonderes öffentliches Verfolgungsinteresse in Betracht zu ziehen sein (teils abw. Hoyer SK 9 ff.).

4. Auch bei im **Versuchs**stadium steckengebliebenen Taten ist § 248 a – anders als der frühere 17 „Mundraub" (§ 370 I Nr. 5 aF) – anwendbar, da es sich bei § 248 a lediglich um die Antragsprivilegierung des im übrigen durchgreifenden § 242 (einschließl. dessen Abs. 2) handelt (vgl. u. 18, Hamm NJW **79**, 117). Ob der Versuch nach § 248 a zu behandeln ist, hängt grds. von der *objektiven* Geringwertigkeit der vom Täter anvisierten Sache ab (Kindhäuser NK 16): Nimmt er bei der Ausführung stattdessen oder daneben eine höherwertige Sache mit, so scheidet § 248 a insgesamt aus; die Tat ist dann einheitlich und unmittelbar nach § 242 zu beurteilen (vgl. dort RN 45, Tröndle 6). Schlägt dagegen umgekehrt der auf eine hochwertige Sache gerichtete Versuch fehl und begnügt sich der Täter stattdessen mit einer geringwertigen, so ist für die früher angenommene Tateinheit zwischen versuchtem Diebstahl und vollendetem Mundraub (vgl. 17. A. § 242 RN 75) heute kein Raum mehr, da § 248 a keinen eigenen Tatbestand darstellt. Läßt man im Hinblick auf die Geringwertigkeit des tatsächlich Entwendeten § 248 a zur Anwendung kommen (dafür Hoyer SK 12, Tröndle 6), so führt dies zu dem schwerlich akzeptablen Ergebnis, daß sich dieser Täter uU besser stellt als derjenige, der nach erkanntem Fehlschlag seines auf eine höherwertige Sache gerichteten Versuchs überhaupt nichts mitnimmt. Diese Friktion läßt sich nur dann auf befriedigende Weise beseitigen, wenn man den Vorsatzwechsel in Zusammenhang mit § 248 a in gleicher Weise behandelt wie in den Fällen des § 243 (vgl. dort RN 55; and. Kindhäuser NK 17). Wo bereits der Versuch als solcher einen besonders schweren Fall iSv § 243 darstellt, sich also nicht „auf eine geringwertige Sache bezieht", ist für eine Anwendung des § 243 II und damit für § 248 a ohnehin kein Raum mehr (vgl. BGH **26** 104, Tröndle 6 sowie o. 4); in solchen Fällen ist daher die Tat einheitlich nach § 243 zu beurteilen.

III. Die **Wirkung** des § 248 a erschöpft sich darin, daß die Tat zum **Antragsdelikt** wird, freilich 18 selbst dies nur **in der Regel,** nämlich *sofern kein öffentliches Verfolgungsinteresse besteht.* § 248 a bildet also keinesfalls einen eigenen Privilegierungstatbestand (vgl. Hamm NJW **79**, 117 sowie o. 16 f.). Im übrigen ist folgendes zu beachten:

1. Zu dem bei Diebstahl und Unterschlagung **Verletzten** gilt das zu § 247 RN 10 ff. Gesagte 19 entsprechend. Zum Strafantragsrecht vgl. § 77. Ein Übergang des Antragsrechts gem. § 77 II ist nicht vorgesehen.

Wird ein Strafantrag gestellt, so kommen jedoch noch **ergänzend** die (durch das RPflEntlG v. 20 11. 1. 1993 neugefaßten) §§ 153, 153 a StPO zum Zuge; denn erst in Verbindung mit den dort eingeräumten erweiterten Einstellungsmöglichkeiten erhofft sich der Gesetzgeber eine wesentliche Entkriminalisierung der kleineren Eigentums- und Vermögenskriminalität (vgl. BT-Drs. 7/550 S. 247, 297 ff., Wagner aaO insbes. 33 ff., 56 ff.; krit. Kunz aaO 49 ff.) und damit auch – insbes. seit der Novellierung durch das RPflEntlG – eine erhebliche Entlastung der Strafrechtspflege (BR-Drs. 314/91 S. 46 ff., 96 ff.; krit. KK-Schoreit § 153 a RN 4). Dabei ist im wesentlichen folgendes zu beachten:

a) Ist der durch die Tat verursachte **Schaden gering,** was für die Fälle des § 248 a typisch (vgl. 21 o. 12) ist, so kann die StA auch ohne Zustimmung des Gerichts von einer Strafverfolgung absehen, wenn die (nach Lage der Dinge zu unterstellende) Schuld des Täters als gering anzusehen wäre und kein öffentliches Verfolgungsinteresse besteht (§ 153 I StPO). Weitergehend kann die StA, falls die Schwere der Schuld nicht entgegensteht und der Beschuldigte sowie das zuständige Gericht zustimmen, nach § 153 a StPO nF *vorläufig* von einer Anklageerhebung absehen und dem Beschuldigten bestimmte *Auflagen* und *Weisungen* (gleich denen der §§ 56 b II, 56 c II Nr. 5) erteilen, wenn diese geeignet sind, ein (an sich bestehendes) öffentliches Verfolgungsinteresse zu beseitigen. Erfüllt der Beschuldigte das ihm Auferlegte innerhalb der ihm gesetzten Frist, so kann die Tat (im prozessualen Sinne; vgl. dazu K/Meyer-Goßner § 264 RN 1 f.) nicht mehr als *Vergehen* verfolgt werden (*anders,* wenn sich die Tat nachträglich als *Verbrechen* herausstellt). Bei erfolglosem Fristablauf kann

Klage erhoben, uU aber auch Fristverlängerung eingeräumt werden. Zu entspech. Möglichkeiten des Gerichts nach Anklageerhebung vgl. §§ 153 II, 153 a II StPO. Zum Ganzen vgl. Eckl JR **75**, 101.

22 b) Die Einstellung setzt *keine definitive* **Schuldfeststellung** voraus, sondern lediglich die *Prognose*, daß weitere Ermittlungen jedenfalls keine *höhere* Schuld des Täters ergeben würden (vgl. BT-Drs. 7/ 550 S. 298, Dreher Welzel-FS 938). Dies ist nicht unbedenklich, soweit es um eine mit Auflagen oder Weisungen gekoppelte vorläufige Einstellung nach § 153 a I StPO geht (vgl. o. 21); denn da die Zustimmung des Beschuldigten hierzu nicht als Schuldbekenntnis anzusehen ist (vgl. BT-Drs. 7/ 1261 S. 27, Dreher aaO), können dem Beschuldigten damit („freiwillige") Leistungen auferlegt werden für eine Tat, die er möglicherweise gar nicht begangen hat. Der Vorschlag von Tröndle 12, die Auflage der Schadenswiedergutmachung (§ 153 a I Nr. 1 StPO) nur im Falle eines Geständnisses für zulässig zu erklären, müßte konsequenterweise auch auf die Nrn. 2 und 3 ausgedehnt werden, da diesen – nicht anders als den entsprechenden Auflagen nach § 56 b – insgesamt eine gewisse Genugtuungsfunktion zukommt (vgl. § 56 b RN 3 ff.) und andernfalls auch schwerlich das öffentliche Verfolgungsinteresse entfallen könnte. Zudem müßte im Falle der Nr. 4 auch das Bestehen einer zivilrechtlichen Unterhaltspflicht festgestellt werden – doch alles dies in einem nicht gerichtsförmigen

23 Verfahren! Vgl. auch die Kritik von Hanack Gallas-FS 339. Im übrigen können bei der Frage der *geringen Schuld* besondere Umstände sowohl zugunsten des Täters (zB seine Notlage) wie auch zu seinen Lasten (zB eine besonders rücksichtslose Einstellung) Berücksichtigung finden (vgl. BT-Drs. 7/ 1261 S. 17).

24 c) Soweit es für die Einstellung auf die durch die Tat verursachten *Folgen* ankommt (§ 153 I 2 StPO), gilt im Bereich des § 248 a ebenso wie für die Geringwertigkeit der Sache ein objektiver Maßstab (vgl. o. 7). Jedoch können die besonderen Verhältnisse auf Seiten des Geschädigten, wie etwa Armut oder ein spezielles Affektionsinteresse, für die Beurteilung des öffentlichen Verfolgungsinteresses iSd §§ 153, 153 a StPO eine Rolle spielen (vgl. BT-Drs. 7/1261 S. 27).

25 2. Auch ohne den für den Regelfall erforderlichen Strafantrag (vgl. o. 18 ff.) ist ausnahmsweise („es sei denn") die Verfolgung einer dem § 248 a unterfallenden Tat möglich, wenn die Strafverfolgungsbehörde wegen eines **besonderen öffentlichen Strafverfolgungsinteresses** ein Einschreiten von Amts wegen für geboten hält. Dies wird auch nicht durch einen bereits gestellten Strafantrag ausgeschlossen, da dieser vom Verletzten zurückgenommen werden kann (Kindhäuser NK 21). Die Bejahung des öffentlichen Interesses ist eine Ermessensentscheidung der (örtlich zuständigen) Staatsanwaltschaft (vgl. Kindhäuser NK 25 mwN), wie dies idR in einer Klageerhebung bzw. in der Beantragung eines Strafbefehls zu erblicken ist (vgl. aber auch BGHR Öffentl. Interesse **1**, LG Kempten NJW **81**, 934).

26 a) Ein öffentliches Verfolgungsinteresse kann sich einmal aus *spezialpräventiven* Gesichtspunkten, so namentlich aus einer erheblichen kriminellen Intensität des Täters ergeben (vgl. BT-Drs. 7/1261 S. 27, Eckl JR 75, 100), wie etwa bei Rückfall oder bei einem zunächst auf eine höherwertige Sache gerichteten Versuch (vgl. o. 17), uU auch bei Tatmodalitäten des § 243, soweit nach Absatz 2 ein schwerer Fall ausgeschlossen ist. Daneben kommen auch *generalpräventive* Gesichtspunkte in Betracht: so etwa ein erheblich über den reinen Sachentzug hinausgehender Gesamtschaden (vgl. aber auch u. 27) oder das gehäufte Auftreten von Taten der betreffenden Art, durch die – wie etwa bei Ladendiebstählen – über eine entsprechende Preisüberwälzung letztlich auch die Allgemeinheit in Mitleidenschaft gezogen wird (vgl. Tröndle 10). Vgl. auch Dencker JZ 73, 147 zu der bei mangelnder Verfolgung von Ladendiebstählen sonst zu besorgenden Ausweitung von bereits zu beobachtenden Ansätzen zu (erpresserischer) Privatjustiz (grds. krit. zu zivilrechtl. Sanktionslösungen Kunz aaO 166 ff.; zum Bagatelldiebstahl als Privatklagedelikt Reichert ZRP 97, 492 ff.).

27 Dagegen vermögen *besondere Verhältnisse beim Verletzten,* wie etwa sein Affektionsinteresse an der Sache, für sich allein kein *besonderes* öffentliches Verfolgungsinteresse zu begründen, da das Opfer sein etwaiges Strafverlangen durch Strafantrag realisieren kann (vgl. Tröndle 10, Hoyer SK 14; and. BT-Drs. 7/1261 S. 27), es sei denn, daß das Opfer möglicherweise aus Angst vor Repressalien von einem Strafantrag absieht (Kindhäuser NK 23). Auch der Mißbrauch einer besonderen Vertrauensstellung (zB bei Veruntreuung nach § 246 II) vermag für sich allein das Verfolgungsinteresse nicht zu begründen, da sonst die entsprechende Anwendung von § 248 a auf § 266 (vgl. dort Abs. 2) kaum verständlich wäre; ebensowenig genügt allein der Umstand, daß bei der Tat eine höherwertige Sache beschädigt wurde (so zB in einem Fall des § 243 I Nr. 1 iVm II), da sonst das Antragserfordernis bei § 303 (§ 303 c) unterlaufen würde (vgl. Hoyer SK 14).

28 b) Die Bejahung eines öffentlichen Strafverfolgungsinteresses nach § 248 a wird zwar idR eine **Einstellung** nach § 153 StPO ausschließen, nicht jedoch nach § 153 a StPO, wenn dem Verfolgungsinteresse durch entsprechende Auflagen oder Weisungen hinreichend Rechnung getragen werden kann (vgl. o. 21, Hoyer SK 3, Kindhäuser NK 21, Tröndle 12; wohl and. Ruß LK 11). Kommt es dagegen zu einer Anklageerhebung, so gilt für dessen gerichtliche Überprüfung das zu § 230 RN 3 Gesagte entsprechend.

§ 248 b Unbefugter Gebrauch eines Fahrzeugs

(1) **Wer ein Kraftfahrzeug oder ein Fahrrad gegen den Willen des Berechtigten in Gebrauch nimmt, wird mit Freiheitsstrafe bis zu drei Jahren oder mit Geldstrafe bestraft, wenn die Tat nicht in anderen Vorschriften mit schwererer Strafe bedroht ist.**
(2) **Der Versuch ist strafbar.**
(3) **Die Tat wird nur auf Antrag verfolgt.**
(4) **Kraftfahrzeuge im Sinne dieser Vorschrift sind die Fahrzeuge, die durch Maschinenkraft bewegt werden, Landkraftfahrzeuge nur insoweit, als sie nicht an Bahngleise gebunden sind.**

Schrifttum: Ebert, Zur Strafbarkeit ungetreuer Kfz-Mieter, DAR 54, 291. – *Figgener,* Die Akzeptanz neuerer Strafnormen durch die Rspr., 1996. – *Franke,* Zur unberechtigten Ingebrauchnahme eines Fahrzeugs (§ 248 b), NJW 74, 1803. – *Lienen,* Mißbräuchl. Benutzung von Kfz u. Strafrechtsreform, NJW 60, 1438. – *Schaffstein,* Zur Abgrenzung von Diebstahl u. Gebrauchsanmaßung, GA 64, 97. – *Schaudwet,* Die Kraftfahrzeugentwendung in der Rspr., JR 65, 413. – *Seibert,* Zur Frage des unbefugten Gebrauchs von Fahrzeugen, DAR 55, 298. – *ders.,* Unbefugter Fahrzeuggebrauch, NJW 58, 1222. – *Wersdörfer,* Unbefugter Fahrzeuggebrauch u. Strafantrag, NJW 58, 1031.

I. Die (durch das 3. StÄG v. 4. 8. 53 eingefügte) Vorschrift regelt den sog. **Gebrauchsdiebstahl** 1 **an Kraftfahrzeugen und Fahrrädern.** Ihre *systematische Einordnung* ist zweifelhaft. Sieht man (ähnl. wie bei § 289) selbständig und ausschließlich das **Gebrauchsrecht** als geschützt (so die wohl hM; vgl. Kindhäuser NK 2, W-Hillenkamp 394 mwN), so muß konsequenterweise auch der Eigentümer gegenüber dem Gebrauchsberechtigten § 248 b begehen können. Erblickt man dagegen (richtigerweise) in der Gebrauchsberechtigung lediglich einen **Ausfluß des Eigentums,** das jeweils mitverletzt sein muß, so scheidet § 248 b aus, da der Eigentümer nicht gegenüber sich selbst Täter sein kann (iE ebso. M-Schroeder I 377, Hoyer SK 1 ff., Schmidhäuser II 104). Unerheblich sind jedenfalls die jeweiligen Gewahrsamsverhältnisse (vgl. auch u. 5). Ebensowenig geht es bei § 248 b um den Schutz des öffentlichen Verkehrs oder die Sicherheit der anderen Verkehrsteilnehmer (BGH NJW 57, 500, Lackner/Kühl 1).

II. Die **Tathandlung** verlangt die Ingebrauchnahme eines Kraftfahrzeuges oder Fahrrades gegen 2 den Willen des Gebrauchsberechtigten.

1. Beim **Kraftfahrzeug** handelt es sich nach der Legaldefinition von Abs. 4 um Fahrzeuge, die 3 durch Maschinenkraft bewegt werden; auf die Art der Kraftquelle kommt es nicht an (zB Elektrokarren, Gasturbinen). Es fallen somit auch Wasser- und Luftfahrzeuge mit eigener Antriebsquelle unter das Gesetz. Lediglich Landfahrzeuge, die an Bahngleise oder Oberleitungen gebunden sind (wie Seil-, Hänge- und Schwebebahnen oder Oberleitungsbusse), sind ausgenommen (Kindhäuser NK 6). Nicht zu den Kfz iS dieses Gesetzes gehören die Anhänger, da sie keine eigene Antriebskraft haben (RG Recht 38 Nr. 3591). Für das **Fahrrad** fehlt eine Legaldefinition; doch wird dazu nicht nur das Zweirad zu rechnen sein, sondern auch Sondertypen, wie etwa das Dreirad. Sofern ein Fahrrad über einen Hilfsmotor verfügt, rechnet es zu den Kfz iSv Abs. 4.

2. **Ingebrauchnehmen** bedeutet, daß das Fahrzeug als Fortbewegungsmittel benutzt wird (BGH 4 11 50, Hoyer SK 7). Unerheblich ist, ob dies mit oder ohne Motorkraft (Abrollenlassen) geschieht (BGH **11** 44, Kindhäuser NK 8, Lackner/Kühl 3; and. Hamm VRS **6** 210). Voraussetzung ist aber, daß das Fahrzeug in Bewegung gesetzt wird. Die bloße Inbetriebnahme (zB Einschalten der Zündung) reicht dagegen nicht aus (vgl. auch § 315 c RN 6 f.). Zwar ist auch das Laufenlassen von Motoren eine Beeinträchtigung des Eigentums. Diese soll aber nicht schon in dieser Form, sondern nur durch Benutzung des Fahrzeugs als Fortbewegungsmittel erfaßt werden (Hoyer SK 7). Ebensowenig wird eine sonstige Benützung erfaßt, zB eines Autokranes zu Hebezwecken oder zum Schlafen (BGH **11** 49, NJW **60**, 1068) oder das Mitfahren als blinder Passagier; doch kommt dann § 265 a in Betracht (M-Schroeder I 377). Der Gebrauch muß nicht unbedingt einer ortsverändernden Beförderung dienen (zust. Ruß LK 3; and. noch Heimann-Trosien LK9 5); es genügt zB das Üben des Einparkens (Kindhäuser NK 8). Zweifelhaft ist, ob schon die **Unbefugtheit der Art oder Dauer** des Gebrauchs 4 a ausreicht (so i. Grds. BGH **11** 50, GA **63**, 344, Kindhäuser NK 14, Lackner/Kühl 3, Ruß LK 4, Hoyer SK 14). Für diese Auffassung würde sprechen, daß es sich um ein Delikt gegen den Eigentümer handelt und dessen Interessen durch jede Benutzung beeinträchtigt werden, die von seinem Willen nicht gedeckt sind. Angesichts der Tatsache jedoch, daß der unbefugte Gebrauch fremder Sachen grds. vom StGB nicht erfaßt wird, muß versucht werden, den Anwendungsbereich des § 248 b zu begrenzen. Dies kann aus der Formulierung „Ingebrauchnehmen" abgeleitet werden: Erfaßt werden sollen lediglich die Fälle, in denen der Täter ohne Gebrauchserlaubnis in Gebrauch nimmt (was jedoch – entgegen Schmidhäuser NStZ **86**, 461 – jedenfalls de lege lata nicht unbedingt einen Gewahrsamsbruch voraussetzt), nicht dagegen jene Fälle, in denen ein Gebrauchsberechtigter im Einzelfall von den Weisungen des Eigentümers abweicht (Ebert DAR 54, 291), zB der Taxifahrer den Wagen zu privaten Umwegen benutzt oder der Mieter das Steuer unbefugt seiner Frau überläßt. Erfaßt werden soll jedoch eine Tätigkeit, die schon in ihrer äußeren Erscheinung von dem gestatteten Verhalten abweicht (vgl. Hamm VersR **83**, 234), so wenn der Werksfahrer sich den Wagen am Sonntag zu einer Spazierfahrt aus der Werksgarage holt. Mangels Erforderlichkeit eines Gewahrsamsbruchs ist strafbar

§ 248 b 5–13 Bes. Teil. Diebstahl und Unterschlagung

auch die Fortsetzung unbefugten Gebrauchs, wenn der Täter das Fahrzeug gutgläubig in Gebrauch genommen hat und erst später seine mangelnde Berechtigung erfährt (vgl. auch u. 7). Dies ergibt sich aus dem Charakter des § 248 b als Dauerdelikt (vgl. Escr IV 58, Ruß LK 4); iE richtig daher BGH **11** 47, Zweibrücken VRS **34** 444; vgl. auch Hoyer SK 10 ff., Kindhäuser NK 15 f.; and. Franke NJW 74, 1803.

5 Eine **Wegnahme** zwecks unerlaubten Gebrauchs setzt der Tatbestand **nicht** voraus (Kindhäuser NK 9 mwN; and. Ebert DAR **54**, 292); er ist auch dann erfüllt, wenn der Mechaniker den zur Reparatur eingestellten Wagen benutzt (Ruß LK 5) oder jemand sich von dem Dieb einen gestohlenen Wagen ausleiht; ebenso für unbefugten Verleih durch Mieter Neustadt MDR **61**, 708, Celle VRS

6 **41** 271, Lackner/Kühl 3, Welzel 359. Zur **Abgrenzung** zwischen **Gebrauch und Zueignung** vgl. § 242 RN 51 ff.; krit. zur Ungenauigkeit der Tatbestandsfassung u. zur Rspr. Figgener aaO 7 ff., 204. Die Zueignung kann auch der Ingebrauchnahme nachfolgen (vgl. Bay NJW **61**, 280, M-Schroeder I 316 sowie Ranft JA 84, 283 zu KG VRS **37** 438). Keine Zueignung ist das Stehenlassen des Wagens, weil unerwartet das Benzin ausgegangen ist.

7 **3.** Strafbar ist die Ingebrauchnahme, wenn sie **gegen den Willen des Berechtigten** erfolgt. Dies ist nach dem o. 1 Gesagten grds. der **Eigentümer** (Hoyer SK 1 ff., 16, M-Schroeder I 377; and. [jeder Gebrauchsberechtigte] BGH VRS **39** 199, Arzt/Weber III 83, Kindhäuser NK 12, Tröndle 4, W-Hillenkamp 396). Dieser kann jedoch die Disposition über den Gebrauch auch an andere Personen übertragen, deren Erlaubnis dann den § 248 b ausschließt. Andererseits schließt die Gebrauchsberechtigung nicht notwendig die Befugnis ein, anderen Personen den Gebrauch zu gestatten, zB das Mietfahrzeug anderen zu überlassen (Neustadt MDR **61**, 708). Der entgegenstehende Wille muß nicht ausdrücklich erklärt, sondern kann auch aus den Umständen vermutet werden (Eser IV 61). Eine wirksame **Erlaubnis** schließt die Tatbestandsmäßigkeit (nicht erst die Rechtswidrigkeit) aus (29 ff. vor § 32, Kindhäuser NK 17, M-Schroeder I 377). Der Widerruf der Erlaubnis, nachdem das Fahrzeug in Gebrauch genommen ist, schadet nicht; maßgeblich ist der Zeitpunkt der Ingebrauchnahme (Bay NJW **53**, 193, Franke NJW 74, 1803; and. BGH **11** 48), jedoch kann in der unbefugten Weiterbenutzung, wie etwa nach Ablauf der Mietzeit, ein erneutes Ingebrauchnehmen liegen (vgl. o. 4 a, Schleswig MDR **89**, 841, Lackner/Kühl 3; einschr. Ebert DAR 54, 291 f.; and. AG München NStZ 86, 458 m. Anm. Schmidhäuser). Je nach den Umständen kommt aber auch Unterschlagung in Betracht (vgl. KG GA **72**, 277). Die Rechtswidrigkeit kann nach allgemeinen Regeln (zB Notstand nach § 904 BGB) ausgeschlossen sein.

8 **III.** Der **subjektive Tatbestand** verlangt (mindestens bedingten) **Vorsatz**. Dieser muß sich auch darauf erstrecken, daß die Benutzung gegen den Willen des Berechtigten erfolgt. Der entgegenstehende Wille ist Tatbestandsmerkmal, das die gleiche Funktion erfüllt wie das Merkmal „fremd" in §§ 242, 246 oder die Verletzung fremden Jagdrechts in § 292; der Irrtum darüber ist also *Tatbestandsirrtum*.

9 **IV. Vollendet** ist das Delikt mit der Ingebrauchnahme. Es dauert an, solange der unbefugte Gebrauch dauert (Düsseldorf NStZ **85**, 413). Der **Versuch** ist strafbar (Abs. 2). Er beginnt uU schon mit dem Aufbrechen des Schlosses (Hoyer SK 16; enger Kindhäuser NK 20).

10 **V. Teilnahme** ist nach allg. Regeln möglich. Bedient von mehreren Mitfahrern nur einer das Fahrzeug, so kommt Mittäterschaft (RG **76** 176, östOGH ÖJZ **63**, 221, JurBl. **64**, 273), aber auch Beihilfe in Frage. Hat der Fahrgast zur Ingebrauchnahme nichts beigetragen und genießt er nur die Vorteile der Fahrt, so bleibt er straflos (RG **76** 176, BGH VRS **19** 288, Bay **63**, 111 [zu § 25 StVG], Hamm DAR **61**, 92). Auch sukzessive Mittäterschaft ist in der Weise denkbar, daß jemand nach Ingebrauchnahme durch einen anderen das Fahrzeug bedient oder das Ausmaß des weiteren Gebrauchs mitbestimmt (vgl. östOGH JBl. **60**, 79). Dient jedoch der Tatbeitrag ausschließlich der Rückführung des Fahrzeugs zum Berechtigten, wird die Strafbarkeit idR schon aufgrund seiner mutmaßlichen Einwilligung entfallen (vgl. Düsseldorf NStZ **85**, 413, Kindhäuser NK 21). Da § 248 b kein eigenhändiges Delikt enthält, kommt Täterschaft auch in der Weise in Frage, daß einem anderen der Gebrauch unbefugt gestattet wird, so wenn der Garageninhaber das eingestellte Fahrzeug einem anderen, mag dieser bös- oder gutgläubig sein, ausleiht (vgl. Hoyer SK 9).

11 **VI.** Die Verfolgung setzt einen **Strafantrag** voraus (Abs. 3). Antragsberechtigt ist der *Eigentümer* sowie in Übereinstimmung mit ihm Drittätern gegenüber auch der *Gebrauchsberechtigte* (vgl. o. 1, 7; weiter – jeder Gebrauchsberechtigte – Tröndle 8, Kindhäuser NK 23, Lackner/Kühl 7, Ruß LK 12). Zu den allg. Strafantragsvoraussetzungen vgl. §§ 77 ff. Die Frist des § 77 b beginnt, da Dauerdelikt, erst mit Kenntnis von der Beseitigung des rechtswidrigen Zustandes (RG **43** 287).

12 **VII.** Die früher vorgesehene **Straflosigkeit** einer Tat gegen **Verwandte** absteigender Linie oder gegen den **Ehegatten** (Abs. 4 aF) ist ebenso wie beim Familiendiebstahl ersatzlos **gestrichen** (vgl. BT-Drs. 7/550 S. 247).

13 **VIII. Konkurrenzen:** § 248 b ist kraft ausdrücklicher Bestimmung (Abs. 1) **subsidiär** gegenüber Taten, die nach anderen Vorschriften mit schwererer Strafe bedroht sind. Sinnvollerweise kann dies jedoch nur im Verhältnis zu Delikten mit gleicher oder ähnlicher Angriffsrichtung gelten (**relative Subsidiarität**): so insbes. gegenüber §§ 242, 246 (Hoyer SK 18, Kindhäuser NK 25; vgl. jedoch u. 15), und zwar auch gegenüber der Teilnahme an diesen Delikten (zB wenn A ohne eigene Zueignungsabsicht für B ein Kfz entwendet), ebenso wenn der Täter des § 248 b sich das Kfz erst

während des Gebrauchs zueignet (Dauerdelikt) oder wenn er es nur zum Abtransport der Beute eines Diebstahls benützt (insoweit für Tateinheit BGH 3 StR 61/84 b. Ruß LK 13; vgl. zum Ganzen auch 106 vor § 52). Subsidiarität gegenüber den §§ 253, 263 kommt etwa in Betracht, wenn sich der Täter den Besitz des Kfz durch Betrug oder Erpressung verschafft (für Fälle gewaltsamer Wegnahme vgl. u. 16); Entsprechendes gilt im Verhältnis zu § 266.

Zu Delikten mit anderer Schutzrichtung besteht dagegen, je nach den Umständen, **Ideal- oder** 14 **Realkonkurrenz**, und zwar unabhängig von der Höhe der jeweiligen Strafdrohung. Mit Straßenverkehrsdelikten, die der Täter bei der unerlaubten Fahrt begeht (etwa §§ 315 c, 316, 230, 222 bzw. 21 StVG), besteht regelmäßig Idealkonkurrenz, da sich die Ausführungshandlungen decken (vgl. 89 vor § 52, ferner RG **68** 218, BGH MDR/He **55**, 528, Hoyer SK 19).

Soweit durch den Gebrauch des Fahrzeugs **Kraftstoffe** und Schmiermittel **verbraucht** werden, 15 sind die §§ 242, 246 gegenüber § 248 b subsidär; dies ergibt der Zweck dieser Bestimmung, die andernfalls regelmäßig unanwendbar wäre (BGH **14** 388, GA **60**, 182, Celle NJW **53**, 37, Köln JMBlNW **54**, 204, Kindhäuser NK 26 mwN; diff. Ranft JA 84, 282; vgl. weiter RG JW **28**, 238, sowie Hoyer SK 18 u. Vogler Bockelmann-FS 731, die § 242 sogar für tatbestandlich ausgeschlossen halten).

Zur **gewaltsamen Wegnahme** eines Kfz in Gebrauchsabsicht vgl. § 253 RN 8 f., 31, 35. 16

§ 248 c Entziehung elektrischer Energie

(1) Wer einer elektrischen Anlage oder Einrichtung fremde elektrische Energie mittels eines Leiters entzieht, der zur ordnungsmäßigen Entnahme von Energie aus der Anlage oder Einrichtung nicht bestimmt ist, wird, wenn er die Handlung in der Absicht begeht, die elektrische Energie sich oder einem Dritten rechtswidrig zuzueignen, mit Freiheitsstrafe bis zu fünf Jahren oder mit Geldstrafe bestraft.

(2) Der Versuch ist strafbar.

(3) Die §§ 247 und 248 a gelten entsprechend.

(4) Wird die in Absatz 1 bezeichnete Handlung in der Absicht begangen, einem anderen rechtswidrig Schaden zuzufügen, so ist die Strafe Freiheitsstrafe bis zu zwei Jahren oder Geldstrafe. Die Tat wird nur auf Antrag verfolgt.

Vorbem. Drittzueignungsabsicht u. Abs. 3 eingefügt durch 6. StrRG v. 26. 1. 1998 (BGBl. I 164).

Schrifttum: Vgl. die Angaben zu § 242.

I. Die Vorschrift erfaßt den **Entzug fremder elektrischer Energie** aus einer elektrischen Anlage 1 oder Einrichtung mittels eines nicht zur ordnungsgemäßen Entnahme bestimmten Leiters. Sie verdankt ihre Entstehung der Unsicherheit darüber, ob in Elektrizität eine Sache iSv § 242 zu erblicken sei. Nachdem dies in RG **29** 111, **32**, 165 verneint worden war, wurde § 248 c durch Ges. v. 9. 4. 1900 eingefügt (vgl. Kindhäuser NK 1 f.). Die Vorschrift enthält aufgrund von Unterschieden auf subjektiver Ebene (u. 14 ff.) zwei Tatbestände: in **Abs. 1** einen dem § 242 vergleichbaren **Zueignungstatbestand** für elektrische Energie sowie in **Abs. 4** einen dem § 303 vergleichbaren **Schädigungstatbestand** (vgl. Hoyer SK 2).

II. Für beide Alternativen (o. 1) erfordert der **objektive Tatbestand** die Entziehung fremder 2 elektrischer Energie aus einer elektrischen Anlage mittels eines nicht ordnungsgemäßen Leiters.

1. **Tatobjekt** ist **fremde elektrische Energie**. Deren Merkmale sind nach physikalisch-natur- 3–5 wissenschaftlichen Kriterien zu bestimmen (Kindhäuser NK 5). *Fremd* ist sie für jeden, der kein Recht zur Entnahme der Energie hat; insofern ist der dem § 242 entnommene Begriff der Fremdheit hier i. untechn. S. zu verstehen, nachdem Elektrizität in niemandes Eigentum stehen kann (Celle MDR **69**, 597; vgl. auch Hoyer SK 3).

2. Die elektrische Energie muß einer **elektrischen Anlage oder Einrichtung entzogen** werden. 6–8 Ob die *Einrichtung* oder *Anlage* der Energielieferung an Abnehmer zu dienen bestimmt ist oder ob es sich um eine solche handelt, die elektrische Energie nur zum Eigenbetrieb nutzt, wie die Fernsprechanlage, ist dabei gleichgültig. Zu den Anlagen und Einrichtungen gehören auch Energiespeicher, wie zB Akkumulatoren oder Energieerzeuger. Anlage und Einrichtung unterscheiden sich lediglich insoweit, als der Einrichtung auch das Moment des nur Vorübergehenden eigen ist. *Entzogen* ist die elektrische Energie dann, wenn sie nicht berechtigt empfangen ist. Dies setzt auf Seiten des Berechtigten einen *Energieverlust* voraus (Hoyer SK 3 mwN). Die Entziehung muß sich gegen das Kraftwerk, gegen die Stromversorgung wie gegen den Endverbraucher oder Batteriebesitzer richten. Entzogen hat auch derjenige, dem der entzogene Strom **zufließt,** ohne daß er selbst die Zuleitung des Stroms hergestellt hat (Hamburg MDR **68**, 257).

3. Die Energie muß **mittels eines Leiters** entzogen sein. *Leiter* ist nicht nur jeder Stoff, der 9 geeignet ist, Elektrizität weiterzuleiten, sondern erfaßt werden auch Stoffe und technische Mittel, die Elektrizität durch Induktion, Lichtbogen usw. aufzunehmen vermögen (vgl. RG **39** 436, Lackner/ Kühl 2, Tröndle 3; and. Hoyer SK 5, Kindhäuser NK 10, and. Ranft JA 84, 3). Die Entnahme von Energie *ohne* Leiter genügt nicht; daher bleibt zB die unberechtigte Benutzung eines elektrisch

§ 248 c 10–17 Bes. Teil. Diebstahl und Unterschlagung

betriebenen Fahrzeugs oder das Anhängen an ein solches nach dieser Vorschrift straflos, obwohl durch die Mehrbelastung dem Netz oder der Batterie fremde elektrische Energie entzogen wird. Entsprechendes gilt für das unberechtigte Auffangen von Rundfunk- und Fernmeldewellen (Stimpfig MDR 91, 709); zum sog. Schwarzhören vgl. auch § 265 a RN 5.

10 4. Ferner darf der Leiter **nicht zur ordnungsmäßigen Energieentnahme bestimmt** sein. Dies hängt vom Willen des Verfügungsberechtigten ab (RG 39 436, **74**, 244, Kindhäuser NK 11). Nicht erfaßt werden aber damit Fälle, in denen jemand ordnungsmäßige Leiter innerhalb von Anlagen und Einrichtungen lediglich *unbefugt* benutzt, also Anlagen, Einrichtungen oder Teile davon einschaltet und ihnen auf diese Weise Energie entzieht (Kindhäuser NK 11; and Hoyer SK 7; zur unbefugten Telefonbenutzung vgl. Mahnkopf JuS 82, 886). Erfolgt hingegen die unbefugte Stromentnahme aus einer ordnungsgemäßen Anlage mittels eines nicht zur Anlage gehörenden Kabels, so ist dies nach § 248 c strafbar (BGH GA 58, 369, Düsseldorf NStE Nr. 1), ebso. die Verbindung eines gesperrten Netzes mit einem nicht gesperrten, auch wenn der Strom dabei durch einen Zähler läuft (Celle MDR 69, 597). Weiter macht sich ein Untermieter strafbar, der an Stelle seiner über den Unterzähler laufenden Lichtanlage einen Steckkontakt des Hauptmieters benutzt. Ebenso begeht der Büroangestellte einen Stromdiebstahl, der gegen den Willen des Berechtigten zB einen Heizofen oder eine Kochplatte anschließt (zust. Ruß LK 5; and. Kohlrausch-Lange IV, wohl auch Tröndle 4), nicht dagegen, wer einen elektrischen Herd unbefugt benutzt (and. Hoyer SK 7). Wer einen Licht- und Kraftzähler mit zwei verschiedenen Tarifen hat, ist strafbar, wenn er hinter dem Zähler im eigenen Verfügungsbereich seine Lichtleitung an das Kraftnetz anschließt, um in den Genuß des billigeren Tarifs zu kommen (RG **45** 233), ferner wer einen Fernsprechnebenanschluß unangemeldet in Betrieb genommen hat (RG GA Bd. **56** 67) oder wer den Zähler mittels einer Zweigleitung umgeht (RG **42** 19, RG GA Bd. **55** 314, AG Berlin StV **83**, 335). Auch die unberechtigte Benutzung einer Batterie stellt eine Stromentnahme mittels eines Leiters dar, der nicht zum ordnungsmäßigen Gebrauch bestimmt ist. Wer dagegen eine Taschenlampe mit Batterie zum Gebrauch entwendet und die Lampe, nachdem die Batterie leergebrannt ist, wieder zurücklegt, ist nach § 242 zu bestrafen, da er sich die

11 Batterie als Sache zugeeignet hat (Sachwerttheorie; vgl. § 242 RN 53). – Bei Übernahme des Gesetzes von 1900 in das StGB ist versäumt worden, die Schwächen in der Formulierung zu beseitigen. So ist de lege lata strafbar, wer unberechtigt sein elektrisches Gerät (Tauchsieder, Heizsonne) an einen fremden Stromkreis anschließt, während straffrei ausgeht, wer ebenso unberechtigt ein solches, jedoch fest angeschlossenes Gerät benutzt, weil hier die Entnahme der Energie mittels eines ordnungsmäßig dafür bestimmten Leiters erfolgt (vgl. Kindhäuser NK 12, Tröndle 4, Ruß LK 5).

12 5. Maßnahmen, die sich lediglich gegen das ordnungsmäßige Funktionieren des **Zählers** richten, können Betrug oder Automatenmißbrauch sein, fallen aber nicht unter § 248 c (RG **74** 243, Bay JR **61**, 270).

13 III. 1. Der **subjektive Tatbestand** verlangt zunächst **Vorsatz** hinsichtlich aller objektiven Tatbestandsmerkmale, setzt also insbes. das Bewußtsein voraus, daß die fremde Energie mittels eines nicht ordnungsmäßen Leiters entzogen wird. Vgl. im übrigen § 242 RN 46.

14 2. Darüberhinaus ist eine bestimmte **Absicht** erforderlich, und zwar entweder zielgerichtet (§ 15 RN 65 f., Hoyer SK 8) auf *rechtswidrige Zueignung* (Abs. 1) oder *rechtswidrige Schadenszufügung* (Abs. 4), wobei durch **unterschiedliche Strafrahmen** die bloße Schädigungsabsicht im Vergleich zur Zueignungsabsicht als minder strafwürdig abgestuft wird.

15 a) Die dem § 242 entlehnte **Absicht rechtswidriger Zueignung (Abs. 1)** erfordert mit der hier gebotenen Modifizierung des Sach- bzw. Fremdheitsbegriffes (vgl. o. 1, 3) idR eine Umwandlung der entzogenen elektrischen Energie in Licht, Wärme oder Kraft. Ebenso wie bei § 242 setzt dies nicht unbedingt eine Bereicherungsabsicht voraus (RG DJZ **11**, 765, GA Bd. **54** 78; insofern mißverständl. Kindhäuser NK 15). Auf den Gewahrsam – selbst im übertragenen Sinne (zB in wessen Akkumulator sich die Energie befindet) – kommt es nicht an (Kindhäuser NK 9, Lackner/Kühl 1), da § 248 c kein dem § 242 vergleichbares „Wegnehmen" erfordert und somit auch für eine Unterscheidung wie die zwischen Diebstahl und Unterschlagung kein Bedürfnis besteht. Wie bei den §§ 242, 246 kann aufgrund des 6. StrRG der Täter alternativ **sich oder einem Dritten zueignen** wollen; insofern gilt das zu § 242 RN 56 ff., § 246 RN 21 Ausgeführte hier entsprechend; vgl. auch Kindhäuser NK 16 f.

16 Die Strafe reicht hier bis zu 5 Jahren (im Unterschied zu 2 Jahren im Falle von Abs. 4, u. 17) oder besteht in Geldstrafe. Soweit sich jedoch die Tat im *häuslichen* Bereich bewegt oder der Energieentzug nur *geringwertig* ist, ist durch Verweis in Abs. 3 auf die §§ 247, 248 a ein **Strafantrag** erforderlich, ohne daß es dafür noch der früheren analogen Heranziehung (dazu 25. A.) bedürfte.

17 b) Bei **Absicht widerrechtlicher Schadenszufügung (Abs. 4)** ist der Strafrahmen auf 2 Jahre herabgesetzt. Der Anwendungsbereich dieser Tatbestandsalternative ist jedoch gering; denn gerade beim „Kurzschluß" als dem interessant erscheinenden Hauptfall, in dem elektrische Energie nicht zum Zwecke der Nutzung entzogen, sondern vernichtet werden soll (näher Gehrig aaO 138 f.), wird heute aufgrund der strengen Absicherungsvorschriften (VBE) ein meßbarer Stromverlust nicht eintreten, weil die Sicherungen unmittelbar ansprechen und abschalten. Im übrigen wirken sich ebenso wie bei Abs. 1 auch hier die Mängel des Gesetzes aus: so ist zB ein Kurzschluß nur dann strafbar, wenn die Tat mittels eines Leiters, der nicht zur ordnungsgemäßen Energieentnahme bestimmt ist, begangen

wird. Wird dagegen ein Kurzschluß durch Entfernen der Isolierung zweier nebeneinanderliegender Drähte verursacht, so fehlt es de lege lata am Tatbestand (insofern zutr. Hoyer SK 10; vgl. auch Kindhäuser NK 19). Eine Akzessorietätslockerung nach § 28 kommt nicht in Betracht. Die Verfolgung setzt hier in jedem Falle einen **Strafantrag** des Geschädigten voraus (Abs. 4 S. 2). 18

IV. Vollendet ist das Delikt mit der Entziehung elektrischer Energie, dh mit Eintritt eines Energieverlusts. Ob der Täter die entzogene Energie tatsächlich für sich verwendet hat oder beim Berechtigten ein Schaden eingetreten ist, bleibt gleichgültig (Kindhäuser NK 20). Der **Versuch** ist nur im Falle des **Abs. 1** (o. 15) strafbar. 19

V. Ideal- oder Realkonkurrenz ist mit § 263 zwar möglich, jedoch insoweit bedeutungslos, als der Betrug in den meisten Fällen die unerlaubte Stromentnahme sichern soll (Sicherungsbetrug: BGH GA **58**, 369; vgl. noch § 263 RN 184 f.). Als spezielles Delikt geht § 248 c dem § 242 vor (Hoyer SK 13), es sei denn, daß der Energieträger (wie zB eine Batterie) selbst – unter Verdrängung von § 248 c – weggenommen wird (Kindhäuser NK 24). In den Fällen von § 265 a ist für § 248 c praktisch kein Raum (vgl. Tröndle 9). 20

Zwanzigster Abschnitt. Raub und Erpressung

§ 249 Raub

(1) Wer mit Gewalt gegen eine Person oder unter Anwendung von Drohungen mit gegenwärtiger Gefahr für Leib oder Leben eine fremde bewegliche Sache einem anderen in der Absicht wegnimmt, die Sache sich oder einem Dritten rechtswidrig zuzueignen, wird mit Freiheitsstrafe nicht unter einem Jahr bestraft.

(2) In minder schweren Fällen ist die Strafe Freiheitsstrafe von sechs Monaten bis zu fünf Jahren.

Vorbem. Abs. 1 idF des 6. StrRG v. 26. 1. 1998 (BGBl. I 164).

Schrifttum: Biletzki, Der Zusammenhang zwischen Nötigungshandlung u. Wegnahme beim Raub, JA 97, 385. – Blei, Die Neugestaltung der Raubtatbestände, JA 74, 233. – Burkhardt, Gewaltanwendung bei Vermögensdelikten mit Bagatellcharakter, JZ 73, 110. – Dölling, Über die Strafzumessung beim Raub, Zipf-GedS 177. – Eser, Zum Verhältnis von Gewaltanwendung u. Wegnahme beim Raub, NJW 65, 377. – Frank, Raub u. Erpressung, VDB VI, 1. – Geilen, Raub u. Erpressung, Jura 79, 53, 109, 165, 221, 277, 333, 445, 501, 557, 613, 669; 80, 43. – Hagel, Raub u. Erpressung nach engl. u. dt. Recht, 1979. – Mohrbotter, Mitbestrafte Vortat bei Raub u. Erpressung, GA 68, 112. – Schünemann, Raub u. Erpressung, JA 80, 349, 393, 486. – Vgl. ferner die Angaben zu den Nötigungsmitteln vor § 234 sowie zu den Diebstahlselementen bei § 242.

I. Raub ist ein **aus Diebstahl und Nötigung zusammengesetztes** Delikt: Der Täter nimmt fremde Sachen weg, indem er einen anderen dazu nötigt, die Wegnahme zu dulden. Geschütztes **Rechtsgut** ist in erster Linie das **Eigentum,** daneben auch die persönliche **Freiheit** (vgl. auch Arzt/Weber III 107, Kindhäuser NK 2); der Angriff gegen die Freiheit stellt aber nur das Mittel zur Verwirklichung des Eigentumsdelikts dar. Der Raub ist ein **selbständiges** Delikt, nicht nur ein erschwerter Diebstahl (BGH NJW **68**, 1292; heute unbestr.). Daraus ergibt sich, daß die Privilegierungen des Diebstahls durch ein Strafantragserfordernis (§§ 247, 248 a) hier keine Sonderrolle spielen (and. Burkhardt JZ **73**, 112); auch bei gewaltsamer Entwendung geringwertiger Gegenstände ist Raub (vgl. § 248 a RN 4, Herdegen LK 1, Schünemann JA 80, 349 f.; and. Hardwig GA 54, 261). Zum Konkurrenzverhältnis von Raub und Diebstahl vgl. u. 13. 1

II. Erforderlich ist zunächst, daß **alle Tatbestandsmerkmale des Diebstahls** (§ 242) gegeben sind. Insbes. muß eine **Wegnahme** aus fremdem Gewahrsam vorliegen; Bruch des Mitgewahrsams genügt (vgl. RG JW **30**, 3407, Braunschweig NdsRpfl. **47**, 24). Durch dieses Erfordernis ist der Raub von der – ihrem äußeren Erscheinungsbild nach sehr ähnlichen – (räuberischen) *Erpressung* abgegrenzt. Wird durch die Gewalt oder Drohung erreicht, daß der Gewahrsamsinhaber die Sache weggibt, dann liegt keine Wegnahme und damit kein Raub vor; es kommt dann nur räuberische Erpressung (§ 255) in Betracht. In allen diesen Fällen kann aber nicht entscheidend sein, wer die Handlung vornimmt, durch die die Sache in die Gewalt des Täters gelangt, ob also der Täter eigenhändig nimmt oder das Opfer hingibt (and. BGH **7** 252, auf den äußeren Vorgang abstellend: Gibt das Opfer die Sachen heraus, so soll ohne Rücksicht auf die innere Willensrichtung § 255 vorliegen). Vielmehr muß das gleiche gelten wie beim Betrug: Die erzwungene Duldung der Wegnahme kann Raub sein, wenn die Duldung bloßes Gewährenlassen ist, das dem Zwange weicht und der Handlung des Täters nicht die Eigenschaft als Gewahrsamsbruch nimmt (vgl. Braunschweig NdsRpfl. **47**, 24, **48**, 183). In diesem Falle kommt Erpressung nicht in Frage, da dieses Dulden keine Vermögensverfügung ist. Umgekehrt wird die Weggabe regelmäßig willentliche Aufgabe des Gewahrsams sein und damit eine Vermögensverfügung. In diesen Fällen liegt Erpressung vor; Raub entfällt mangels Wegnahme. *Raub* und *Erpressung* stehen daher zueinander im Verhältnis der *Exklusivität*. Sie 2

§ 249 3–6 Bes. Teil: Raub und Erpressung

schließen einander aus, so daß eine Konkurrenz idR nicht möglich ist; über Ausnahmen und abw. Meinungen vgl. § 253 RN 8 f., 31.

3 III. Die Wegnahme muß unter Einsatz **bestimmter Mittel** erfolgen, nämlich entweder durch Gewalt gegen eine Person oder durch Anwendung von Drohungen mit gegenwärtiger Gefahr für Leib oder Leben.

4 1. Allg. zur **Gewalt** vgl. 6 ff. vor § 234. Diese muß sich hier **gegen eine Person** richten (vgl. 27 vor § 234). Dafür ist eine zumindest mittelbar gegen den *Körper* des Opfers gerichtete Einwirkung erforderlich (vgl. Herdegen LK 4 f. sowie u. 4 a). Daher muß diese (zumindest auch) als körperlicher Zwang empfunden werden (BGH **23** 126 m. Anm. Geilen JZ 70, 521). Ganz unwesentliche Beeinträchtigungen der körperlichen Unversehrtheit scheiden aus (RG **72** 230, BGH **7** 254; daher zu weitgeh. BGH GA **74**, 219: Griff an die Gesäßtasche; vgl. Krey in BKA II 46 ff.). Im übrigen kommt sowohl vis absoluta als auch vis compulsiva in Betracht. Ebenso ist gleichgültig, ob die Gewalt erst zum Brechen eines geleisteten Widerstandes oder bereits zur Verhinderung eines erwarteten Widerstandes (insoweit and. Schünemann JA 80, 350) eingesetzt wird (RG **69** 330). Daher liegt auch in einer unversehens durch Schläge auf den Kopf herbeigeführten sofortigen Betäubung oder Tötung, die keinen Widerstand aufkommen läßt, Gewalt (vgl. östOGH ÖJZ **65**, 637); dies kommt auch gegenüber einem Schlafenden in Betracht (RG **67** 186, Tröndle 4). Gleiches gilt für eine Betäubung durch Narkose (BGH NStZ **92**, 490, MDR/H **94**, 434) oder bei Einschließen des zu Beraubenden (RG **69** 330, **73** 344), um etwa Widerstand von vorneherein auszuschließen (BGH **20** 195). In jedem Fall muß jedoch die Gewaltanwendung darauf gerichtet sein, das *Verhalten* des Opfers zu beeinflussen: Daher ist das Umdrehen eines Bewußtlosen, um ihn ausrauben zu können, nicht Personengewalt. Demgegenüber will BGH **4** 211 das Wegtragen eines Bewußtlosen zwecks Ausplünderung genügen lassen (vgl. auch BGH **25** 237; dagegen Herdegen LK 7, Seelmann JuS 86, 202; vgl. auch Eser IV 80). Hingegen ist bedeutungslos, ob der Widerstand des Opfers nur auf einer instinktiven Reaktion beruht (BGH **16** 341). Deshalb kommt es auch nicht darauf an, daß das Opfer bereits das spezifische Angriffsziel des Täters kennt; ein genereller Abwehrwille genügt (Eser NJW 65, 378).

4 a Eine lediglich **gegen eine Sache** gerichtete Gewalt genügt nicht: Wer eine Tür zertrümmert, um Sachen wegzunehmen, begeht einen Einbruchsdiebstahl, aber keinen Raub. Ausreichend ist allerdings auch schon nur *mittelbar* gegen die Person, unmittelbar gegen Sachen gerichtete Einwirkung (RG **45** 156), wie zB beim Wegreißen von Sachen, etwa einer Handtasche. Voraussetzung dafür ist, daß die vom Täter entfaltete Kraft wesentlicher Bestandteil der Wegnahme ist (BGH MDR/D **75**, 22), also erheblich genug ist, um zur Brechung erwarteten Widerstands geeignet zu sein und insbes. vom Opfer auch als körperlicher Zwang empfunden zu werden (BGH NStZ **86**, 218, NStE Nr. **3, 6**, StV **90**, 262; vgl. Herdegen LK 8). Das ist zB der Fall, wenn das Opfer die Sache mit beiden Händen in Erwartung des Angriffs festhält (BGH NJW **55**, 1404, GA **68**, 338; vgl. auch BGH NJW **55**, 1238, ferner Eser IV 82, Schünemann JA 80, 350); ebenso wenn eine Kette vom Hals gerissen wird (Hamm MDR **75**, 772) oder für das Opfer mittels dichten Heranfahrens eine gefährliche Verkehrssituation geschaffen wird, die etwaige Verteidigungsmöglichkeiten von vornherein vereitelt (LG München NStZ **93**, 188). Zur Gewaltanwendung durch Einschließen s. o. 4. Dagegen liegt keine Wegnahme mittels Gewalt (und damit nicht Raub, sondern nur ein „offener" Diebstahl) vor, wenn bei überraschendem Wegreißen kein Widerstand geleistet wird (RG **46** 403, Bl. II 203, Tröndle 4; M-Schroeder I 376; and. BGH **18** 329 m. Anm. Knodel JZ 63, 701, Saarbrücken NJW **69**, 621), das Tatbild also nicht durch die Gewalt gegen eine Person, sondern durch List und Schnelligkeit geprägt ist (BGH NStE Nr. **2, 6**, StV **90**, 262).

5 2. Über **Drohung mit gegenwärtiger Gefahr für Leib oder Leben** vgl. 30 ff. vor § 234 und § 34 RN 17; zur Gegenwärtigkeit vgl. Geilen Jura 79, 110, aber auch Schünemann JA 80, 351. Das angedrohte Übel kann sich auch gegen einen *Dritten* richten, dessen Verletzung dem Bedrohten nahegehen würde, von ihm also als eigenes Übel empfunden wird (Tröndle 5, W-Hillenkamp 326); es braucht sich dabei nicht um einen Angehörigen zu handeln (Herdegen LK 11, Schünemann JA 80, 353; weitergeh. Seelmann JuS 86, 203; nach eigener Konzeption auf Rechtfertigungs- und Entschuldigungsmaßstäbe zurückgreif. Kindhäuser NK 39 ff. vor § 249). Zweifelhaft kann sein, ob die Drohung zu einer **effektiven Gefahr** für Leib oder Leben führen können muß oder ob es ausreicht, daß sich die Situation dem Bedrohten **so darstellt**. Für die Drohung als solche ist anerkannt, daß es weder auf den Willen des Täters zur Realisierung noch auf die Realisierbarkeit der Drohung ankommt. Anders als bei Raub bzw. Diebstahl mit Waffen oder gefährlichen Werkzeugen ist jedoch hier ratio legis nicht die effektive Gefährdung des Opfers, sondern die besondere Wirksamkeit der Drohung, so daß Raub nicht dadurch ausgeschlossen wird, daß die Drohung zB mit einer ungeladenen Pistole erfolgt (vgl. BGH **15** 322, Tröndle 5).

6 3. Gewalt und Drohung müssen das **Mittel** sein, um die Wegnahme zu ermöglichen (vgl. BGH MDR/D **71**, 896, **73**, 555, Herdegen LK 13). Daraus ergibt sich, daß die Nötigung *zum Zweck* der Wegnahme erfolgen (vgl. BGH MDR/H **80**, 455, NStZ **82**, 380, **83**, 365, NStZ-RR **97**, 298, MDR/H **84**, 276, BGHR Gewalt 9) und ihr daher regelmäßig vorausgegangen sein muß (vgl. BGH **32** 92). Unerheblich ist, daß der Täter bei der Nötigungshandlung weitere Ziele mitverfolgt, solange davon der Raubvorsatz nicht dominiert wird (BGH NStZ **93**, 79). Auch wenn die Drohung schon früher als vorgesehen wirkt, kann sie als Mittel der Wegnahme angesehen werden (vgl. BGH MDR/D **73**, 555). Soweit eine dem Täter zurechenbare Freiheitsbeeinträchtigung Dauercharakter hat, genügt die pflichtwidrige Aufrechterhaltung und Ausnutzung der Zwangslage des Opfers (**fortdauernde Gewalt;** zu einzelnen Fallgestaltungen vgl. Eser NJW 65, 378 ff., Schünemann JA 80, 352 f.). Deshalb reicht für § 249 auch eine ohne Raubvorsatz begonnene, aber zum Zwecke der Mitnahme einer Sache fortgesetzte Gewaltanwendung aus (BGH **20** 32, GA **66**, 244, NJW **69**, 619, MDR/D **68**, 17, **73**, 556; vgl. auch BGH NStZ **81**, 344). Anders ist es dagegen, wenn der Täter nur die *Wirkung* der von ihm zuvor ohne Raubvorsatz angewendeten Gewalt zur Wegnahme ausnützt, *ohne* daß die Gewalt*anwendung* selbst noch fortdauern würde (BGH NJW **69**, 619, GA **71**, 22, NStZ **82**, 380, **83**, 365, MDR/D **68**, 17, StV **91**, 516, **95**, 416, W-Hillenkamp 335; offenbar verkannt in BGH MDR/H **81**, 265), oder wenn er lediglich die von einem Dritten geschaffene Wehrlosigkeit des Opfers ausnutzt (BGH StV **90**, 159; vgl. auch BGH GA **77**, 144 zur Parallele bei § 177 aF). Zu beachten ist jedoch, daß fortdauernde Gewaltanwendung auch in einem *Unterlassen* bestehen kann, so etwa, wenn das Opfer gefesselt ist (offen in BGH MDR/D **68**, 17; näher Eser NJW 65, 379; zust. Biletzki, JA 97, 387 f., Lackner/ Kühl 4, Schünemann aaO, Seelmann JuS 86, 203; vgl. auch Jakobs JR 84, 386; and. Günther SK 34, Herdegen LK 16, Krey in BKA II 491 f., Otto JZ 85, 26, W-Hillenkanp 336; diff. enger auch Kindhäuser NK 37 f.). Entsprechendes gilt für die **Drohung,** die aus anderen Motiven begangen wurde und als Mittel der Wegnahme oder Erpressung **weiterwirkt** (wie wohl im Falle BGH NStZ **82**, 380 näherliegend; vgl. ferner BGH StV **83**, 460, MDR/H **88**, 1002, **90**, 294, **93**, 6, Frankfurt NJW **70**, 342). Raub ist auch dann anzunehmen, wenn das Opfer aus anderen Gründen niedergeschlagen wird, und die Täter im anschließend in einer Weise abnehmen, aus der das Opfer – was die Täter erkennen – die Drohung mit erneuter Gewalt entnimmt.

Fraglich ist, ob zwischen Nötigung und Wegnahme objektiv **Kausalzusammenhang** bestehen 7 muß (so etwa Günther SK 36, Kindhäuser NK 29, Schmidhäuser II 100) oder ob es genügt, daß die Gewaltanwendung oder Drohung subjektiv dem *Täter* zur Wegnahme dienen soll. Nach der ersten Auffassung wäre der Feststellung erforderlich, daß die Wegnahme objektiv durch Anwendung des Nötigungsmittels ermöglicht worden ist, mit der Folge, daß sie sich gegen den Gewahrsamsinhaber oder eine schutzbereite Person gerichtet haben müsse. Nach der subjektiven Auffassung hingegen braucht dies alles nur in der **Vorstellung des Täters** der Fall zu sein (vgl. Eser NJW 65, 378, Geilen Jura 79, 165 f., Herdegen LK 14, Lackner/Kühl 4, Otto JZ 93, 568, Schünemann JA 80, 352, W-Hillenkamp 322; vgl. auch BGH StV **90**, 159; zusf. Biletzki JA 97, 385 f.). Denn Grund für die Qualifizierung des Raubes gegenüber dem Diebstahl ist die Tatsache, daß die Nötigungsmittel dem Täter zur Durchführung seiner Tat dienen sollen. Dies läßt sich auch daraus entnehmen, daß – anders als für die Nötigung „durch" Drohung bei § 240 – für § 249 lediglich Wegnahme „unter Anwendung" von Drohung vorausgesetzt wird. Demzufolge kommt es hier weder darauf an, daß mit der Nötigung die Durchführung der Tat objektiv gefördert worden ist (vgl. BGH GA **66**, 244, BGHR Gewalt **9**), noch darauf, daß das Opfer der Gewaltanwendung usw. objektiv ein Berechtigter oder Schutzbereiter war (BGH **4** 211; ebso. iE bereits RG **67** 186, **69** 330; and. M-Schroeder I 378). Die Gewalt muß aber gegen eine existierende Person angewendet werden; andernfalls liegt nur Versuch vor. „Schutzbereite Person" kann auch sein, wer nur Hilfe herbeiholen könnte. Daher kann Gewalt oder Drohung gegenüber einem Kinde ausreichen. Die Nötigung muß *unmittelbar* der Wegnahme dienen, wofür jedoch auch ausreichen kann, daß die Wegnahme durch einen Mittäter gewaltsam abgesichert wird (Stuttgart NJW **66**, 1931) oder zunächst lediglich die Herausgabe eines Tresorschlüssels abgenötigt, aber auch noch während der andernorts ausgeführten Wegnahme die Gewaltanwendung aufrechterhalten wird (BGH MDR/H **84**, 276). Der Zwang, ein Versteck preiszugeben, genügt für sich allein hingegen nicht (BGH MDR **55**, 17, Tröndle 6). Ebensowenig liegt Raub vor, wenn der bei der Tat überraschte Täter den Zeugen tötet, um, unerkannt zu bleiben, oder wenn der Entschluß zur Wegnahme erst nach der Anwendung der Gewalt oder der Bedrohung gefaßt wird (OGH **3** 114; vgl. aber o. 6) oder die Raubmittel erst nach der Wegnahme angewendet werden (RG JW **32**, 2433); letzterenfalls kommt aber § 252 in Betracht. Es ist nicht erforderlich, daß der Beraubte die Wegnahme bemerkt (BGH **4** 210, **20** 32; MDR/D **72**, 16; insoweit mißverst. BGH MDR/H **88**, 1002).

IV. Für den **subjektiven Tatbestand** ist **Zueignungsabsicht** iSv § 242 erforderlich, und zwar 8 aufgrund des 6. StrRG entweder **sich oder einem Dritten;** insoweit gilt das zu § 242 RN 44 ff. Ausgeführte hier entsprechend. Bloße Inpfandnahme genügt danach nicht (BGH NJW **84**, 2265 m. Anm. Bernsmann ebd. 2214, StV 83, 329), es sei denn, daß sich der Täter von vorneherein daraus befriedigen will (BGH StV **84**, 422; vgl. auch § 242 RN 55). Ebensowenig genügt bloße Gebrauchsanmaßung (RG HRR **32** Nr. 580; bedenkl. BGH MDR 60, 689); doch soll dann § 255 eingreifen (BGH **14** 386; vgl. aber dagegen § 253 RN 31, 35). Im übrigen ist (mindestens bedingter) **Vorsatz** 9 erforderlich, der insbes. auf Wegnahme mit Gewalt oder Drohung mit gegenwärtiger Gefahr für Leib oder Leben gerichtet sein muß (RG GA Bd. **47** 284). Nimmt der Täter nach der Gewaltanwendung mehr weg als ursprünglich geplant, so liegt dennoch nur Raub und nicht Raub in Tateinheit mit Diebstahl vor (BGH **22** 350, NStZ **82**, 380; vgl. § 242 RN 45). Lediglich Raubversuch ist gegeben, wenn der Täter versehentlich nur Gegenstände wegnimmt, auf deren Zueignung die Wegnahme nicht gerichtet ist (BGH NStE Nr. **1**; vgl. auch BGH NJW **99**, 70, StV **90**, 206, NStE Nr. **12** zu § 250 sowie § 242 RN 63). Zum **Irrtum** über die Widerrechtlichkeit der Zueignung vgl. RG HRR **37** Nr. 209, BGH **17** 88 m. Anm. Schröder JR 62, 346, BGH GA **62**, 144, **68**, 338, NStZ **82**, 380, **88**, 216, NStE Nr. **4, 5,** NJW **90**, 2832, StV **91**, 515, **94**, 128, Hirsch JZ 63, 149, ferner § 242 RN 65.

10 **V. Vollendet** ist der Raub erst mit der Vollendung der Wegnahme (dazu § 242 RN 37 ff., 67), nicht bereits mit Vollendung der Gewaltanwendung oder Drohung (vgl. BGH **20** 195, **21** 378), spätestens aber mit dem Verbringen der Beute in eigene Räume des Täters (BGH StV **81**, 127). Mit dem Beiseitelegen der Sache kann die Wegnahme vollendet sein, wenn der Gewahrsamsinhaber niedergeschlagen und der Täter körperlich überlegen ist (RG **66** 394). Zur **Beendigung** vgl. 4 vor § 22. Ein **Versuch** liegt vor, sobald eine Handlung vorgenommen wird, die zur unmittelbaren Verwirklichung auch nur eines der Tatbestandsmerkmale gehört (RG **69** 329, Günther SK 45, Tröndle 7; and. Arzt/Weber III 111, Kindhäuser NK 46, Lackner/Kühl 7, Mitsch 2/1 S. 249 f.: Ansetzen zur Nötigung). Ein Versuch ist zB dann angenommen worden, wenn der Täter angriffsbereit am Tatort lauert, wo das Opfer nach seinen Berechnungen zu dieser Zeit eintreffen muß (BGH NJW **52**, 514 m. Anm. Mezger; zu Recht and. aber BGH MDR/D **73**, 728 sowie in StV **94**, 240, wo ein Mittäter, dem eine aktive Beteiligung an der Tat zugedacht war, noch nicht am Tatort eingetroffen war; vgl. auch BGH NJW **54**, 567, NStZ **96**, 38, StV **89**, 526, KG GA **71**, 54); ferner wenn der Täter einen Begleiter des Opfers tätlich angreift (BGH **3** 299) oder mit offener Schußwaffe vor der Postdienststelle auftaucht (BGH MDR/D **73**, 555). Eine Gewaltanwendung stellt aber nur dann einen Raubversuch dar, wenn die Vollendung der Tat unmittelbar anschließend erstrebt wird. Gewalttaten, die nach dem Tatplan nicht in unmittelbarem zeitlichen Zusammenhang mit der Wegnahme stehen sollen, sind nur Vorbereitungshandlungen (Herdegen LK 19); vgl. auch u. 13.

11 **VI. Mittäter** kann sein, wer sich an der Planung des Raubes beteiligt, auch wenn er während der Ausführung nur Schmiere steht (BGH NStZ **88**, 406, Düsseldorf JR **48**, 199). Stets ist Voraussetzung, daß der Mittäter selbst Zueignungsabsicht hat (vgl. BGH **6** 251, **17** 92, MDR/H **85**, 284, StV **86**, 61, **90**, 160, **95**, 302, **96**, 482, NJW **87**, 77, NStZ **94**, 30, **98**, 158, **99**, 510, NStZ-RR **97**, 297 f., NStE Nr. **4** sowie § 25 RN 83, § 242 RN 56 f., 71 f.). Dies kann, nachdem aufgrund des 6. StrRG auch eine Drittzueignung genügt (vgl. o. 8), nun auch dann der Fall sein, wenn der Täter die weggenommene Sache ohne Eigeninteresse einem anderen zueignen will (Günther SK 47, Lackner/Kühl 8, Mitsch 2/1 S. 274 f., W-Hillenkamp 328); demzufolge bedarf es des früher zur Erfassung von Mittäterschaft ausgeweiteten Zueignungsbegriffs (vgl. 25. A. § 242 RN 56) heute nicht mehr.

12 **VII. Als Strafe** ist Freiheitsstrafe nicht unter 1 Jahr angedroht und somit die Tat ein **Verbrechen** (§ 12 I). Ein **minder schwerer Fall** (Abs. 2) kann im Fall von § 21 (BGH StV **81**, 68, 180) wie etwa aufgrund von Heroinsucht (BGH StV **83**, 363) oder dann vorliegen, wenn der Entschluß zur Gewaltanwendung erst bei der Wegnahme aufgrund Überraschtwerdens durch einen anderen gefaßt wird (vgl. Koblenz GA **78**, 251). Über **erschwerte** Fälle vgl. §§ 250, 251. Zum Raub von *geringwertigen* Gegenständen vgl. o. 1. Zur **Führungsaufsicht** vgl. § 256. Empirisch zur Strafzumessung Dölling aaO.

13 **VIII. Konkurrenzen.** Gegenüber § 242 geht § 249 als spezieller vor. Gleiches gilt gegenüber §§ 243, 244, da § 243 keinen eigenen Tatbestand bildet (Tröndle 10; vgl. aber Vogler Bockelmann-FS 723) bzw. alle Voraussetzungen des § 244 in § 250 enthalten sind (zur früheren Rechtslage 14. A. RN 13). Idealkonkurrenz ist aber möglich zwischen versuchtem Raub und vollendeten §§ 242 ff. (RG DJ **38**, 831, BGH **21** 78; vgl. ferner 126 vor § 52). Fortsetzungszusammenhang zwischen § 242 und § 249, sofern nicht ohnehin aufgrund von BGH **40** 138 obsolet (vgl. 31 vor § 52), ist ausgeschlossen (BGH NJW **68**, 1292). Statt Wahlfeststellung ist in dubio pro reo aus § 242 zu verurteilen (vgl. § 1 RN 90, § 242 RN 79). Gesetzeskonkurrenz besteht mit § **240**, und zwar bei Einheitlichkeit des Raubobjekts auch dann, wenn sich die Nötigung gegen mehrere Personen richtet (zB Überfall auf zwei Wächter einer Bank); denn obwohl die Freiheit ein höchstpersönliches Rechtsgut ist, ist in § 249 auch eine evtl. Mehrzahl von Nötigungen eingeschlossen (iE ebso. Herdegen LK 28); and. aber hins. der Körperverletzung oder Tötung mehrerer Personen. Über das Verhältnis zu §§ **253, 255** vgl. dort RN 31 f. bzw. RN 3. Dem § **239** geht § 249 vor, soweit die Freiheitsentziehung als Mittel zur Verwirklichung des Raubes dient; geht sie jedoch über dieses Maß hinaus, zB um einer Verfolgung vorzubeugen, so liegt Idealkonkurrenz vor (RG LZ **21** Sp. 659). Zu §§ **247, 248 a** vgl. o. 1. Richtet sich der Raub als solcher gegen mehrere Personen, so ist ebenso wie bei der Erpressung (vgl. § 253 RN 39) Realkonkurrenz anzunehmen (and. RG DJ **35**, 1460), es sei denn, daß nur *eine* Nötigungshandlung vorliegt: dann Idealkonkurrenz. Eine solche ist auch möglich mit §§ **239 a, 239 b** (BGH **26** 24), § **316 a** (vgl. dort RN 15); ferner mit §§ **223, 224** (Gewaltanwendung besteht nicht immer in einer Körperverletzung; RG JW **37**, 1328, BGH NStZ-RR **99**, 173, M-Schroeder I 379), und zwar nach BGH GA **69**, 347 auch, wenn der Raub bereits vollendet, aber noch nicht beendet ist. Entsprechendes gilt für eine vor Beendigung des Raubes begonnene Erpressung oder Geiselnahme (BGH **26** 27). Über das Verhältnis zu §§ **211 ff.** vgl. § 251 RN 9. Eingeh. zum Ganzen auch Kindhäuser NK 53 ff.

§ 250 Schwerer Raub

(1) Auf Freiheitsstrafe nicht unter drei Jahren ist zu erkennen, wenn
1. der Täter oder ein anderer Beteiligter am Raub
   a) eine Waffe oder ein anderes gefährliches Werkzeug bei sich führt,
   b) sonst ein Werkzeug oder Mittel bei sich führt, um den Widerstand einer anderen Person durch Gewalt oder Drohung mit Gewalt zu verhindern oder zu überwinden,
   c) eine andere Person durch die Tat in die Gefahr einer schweren Gesundheitsschädigung bringt oder
2. der Täter den Raub als Mitglied einer Bande, die sich zur fortgesetzten Begehung von Raub oder Diebstahl verbunden hat, unter Mitwirkung eines anderen Bandenmitglieds begeht.

(2) Auf Freiheitsstrafe nicht unter fünf Jahren ist zu erkennen, wenn der Täter oder ein anderer Beteiligter am Raub
1. bei der Tat eine Waffe oder ein anderes gefährliches Werkzeug verwendet,
2. in den Fällen des Absatzes 1 Nr. 2 eine Waffe bei sich führt oder
3. eine andere Person
   a) bei der Tat körperlich schwer mißhandelt oder
   b) durch die Tat in die Gefahr des Todes bringt.

(3) In minder schweren Fällen der Absätze 1 und 2 ist die Strafe Freiheitsstrafe von einem Jahr bis zu zehn Jahren.

Vorbem. Neugefaßt durch das 6. StrRG v. 26. 1. 1998 (BGBl. I 164).

Schrifttum: Vgl. die Angaben zu den §§ 243, 249; ferner: *Blei,* Die Neugestaltung der Raubtatbestände, JA 74, 233. – *Boetticher/Sander,* Das 1. Jahr des § 250 StGB nF in der Rspr. des BGH, NStZ 99, 292. – *Braunsteffer,* Schwerer Raub gemäß § 250 I Nr. 2 StGB bei (beabsichtigter) Drohung mit einer Scheinwaffe?, NJW 75, 623. – *Eser,* „Scheinwaffe" und „schwerer Raub", JZ 81, 761, 821. – *Hauf,* Zur Scheinwaffenproblematik des § 250 I Nr. 2 StGB, GA 94, 319.

I. 1. Aufgrund Neufassung durch das EGStGB wurden die **Straferschwerungsgründe** bei Raub 1 weitgehend an die bereits durch das 1. StRG neugeregelten Straferschwerungsgründe des § 244 bei Diebstahl angeglichen. Die früheren Nrn. 3 und 4 (Straßenraub bzw. Raub zur Nachtzeit) sind damals ersatzlos weggefallen (vgl. aber auch § 2 RN 25); dafür wurde – insoweit über § 244 hinausgehend – in Nr. 3 aF (jetzt Abs. 1 Nr. 1 c, Abs. 2 Nr. 3 b) nach dem Vorbild der §§ 113 II Nr. 2, 125 a Nr. 3 ein neuer, gefährdungsbezogener Strafschärfungsgrund eingefügt (vgl. Herdegen LK vor 1).

Eine grundlegende Änderung hat § 250 durch das **6. StrRG** erfahren, indem es nunmehr zwei 2 Qualifizierungsgruppen mit abgestuftem Strafrahmen gibt: Auf der ersten Stufe die nur noch mit 3 Jahren (im Unterschied zu 5 Jahren nach § 250 I aF) Mindeststrafe bedrohten Fälle des *Raubes mittels eines Werkzeugs* (Nr. 1a und 1b), des *gefährlichen* Raubes (Nr. 1c) und des *Bandenraubs* (Nr. 2), wobei innerhalb des Raubs mittels eines Werkzeugs noch weiter zwischen dem Beisichführen eines *gefährlichen* (Nr. 1a) und eines mit Verwendungsabsicht mitgeführten *ungefährlichen Werkzeugs* (Nr. 1b) unterschieden wird; insofern sind die Nrn. 1a, b und 2 von § 250 I mit dem im Gesetzgebungsverfahren nachträglich angeglichenen § 244 I Nrn. 1, 2 identisch (vgl. BT-Drs. 13/9064 S. 17). Auf der zweiten Stufe werden unter Beibehaltung der bisherigen Mindeststrafe von 5 Jahren in Abs. 2 die tatsächliche *Verwendung des gefährlichen Werkzeugs* (Nr. 1), der *Bandenraub mit Waffen* (Nr. 2) sowie der *Raub mit schwerer körperlichen Mißhandlung* (Nr. 3a) oder *Lebensgefährdung* (Nr. 3b) verschärft. Diese Differenzierung mit teilweiser Herabstufung ist zT aus dem vom 6. StrRG verfolgten Gesamtkonzept der Strafrahmenharmonisierung zu erklären (vgl. BT-Drs. 13/7161 S. 19 ff., 44 f., 13/8587 S. 19 ff., 44 f.; eingeh. Kreß NJW 98, 642 f., ferner Günther SK 3, Hörnle Jura 98, 173). Zudem wollte der Gesetzgeber speziell beim Raub die „nicht länger hinnehmbare Diskrepanz von Normtext und richterlicher Spruchpraxis" beseitigen (BT-Drs. 13/7164 S. 45; 13/8587 S. 45), die darin bestand, daß die Rspr. bei einer Verurteilung wegen schweren Raubes in den meisten Fällen unter Annahme eines minder schweren Falles auf den Strafrahmen des § 250 II aF zurückgegriffen und so das Verhältnis zwischen Regel- und Ausnahmestrafrahmen verkehrt hatte. Grund für diese Praxis war, daß angesichts der Weite des Qualifikationstatbestandes, unter den die Rspr. in extensiver Auslegung des § 250 I Nr. 2 aF auch objektiv ungefährliche Gegenstände faßte (krit. dazu 25. A. RN 15 f. mwN), der Strafrahmen von 5 Jahren überhöht erschien (vgl. BGH NJW 89, 2549; nach den stat. Angaben der BReg. lag der Anteil von (gemilderten) Verurteilungen zu Freiheitsstrafe *bis* zu 5 Jahren bei schwerem Raub im Zeitraum von 1988–1995 zwischen 75%–80%; vgl. BT-Drs. 13/7164 S. 44; 13/8587 S. 44; krit. zur Deutung dieser Angaben Sander/Hohmann NStZ 98, 277). Die Rückstufung des minder schweren Falles zu einem Ausnahmetatbestand soll daher zum einen durch die Staffelung der Strafandrohungen in § 250 I und II, zum anderen durch die nunmehr eindeutige Einbeziehung der „Scheinwaffe" in § 250 I Nr. 1b erzielt werden (vgl. u. 15, 37). Schließlich sollte durch die Anhebung des Höchststrafmaßes für minder schwere Fälle (Abs. 3) auf 10 Jahre die frühere Systemwidrigkeit, daß das Höchstmaß des Ausnahmestrafrahmens (§ 250 II aF: 5 Jahre) dem Mindestmaß des Regelstrafrahmens in Abs. 1 aF entsprach, beseitigt werden (vgl. BT-Drs. 13/7164 S. 44; 13/8587

S. 44; Tröndle 12; krit. DSNS-Dencker 8). Insofern kann die aF einer Vorschrift bei konkreter Betrachtungsweise auch dann **milderes Gesetz** iSv § 2 III sein, wenn die nF aufgrund ihrer Gesamtkonstruktion die Möglichkeit der bisher in der Praxis üblichen Annahme eines minder schweren Falles deutlich einschränkt (vgl. BGH **44** 106, **45** 93, NJW **98**, 2914, NStZ **98**, 355, NStZ-RR **98**, 268, StV **99**, 91 im Verhältnis von § 250 I aF zu dem insoweit nicht als milder gesehenen § 250 II Nr. 1 nF), während die jeweiligen nF von § 250 I Nr. 1 a (BGH NJW **98**, 3130), § 250 I Nr. 1 b (BGH **44** 107, NJW **98**, 2914, 3131, **99**, 1647, NStZ **99**, 448, **00**, 156, NStZ-RR **98**, 294, **99**, 214, StV **98**, 486, **99**, 92, 646) und § 250 II Nr. 3 a (BGH NStZ **98**, 463) als milder betrachtet werden.

3   2. Wie § 244 im Verhältnis zu § 242, so enthält auch § 250 **abschließende Qualifizierungen** des § 249 bzw. – über die dortige Verweisung („gleich einem Räuber zu bestrafen") – auch zu den §§ 252, 255. Liegen daher die in den Abs. 1 oder 2 genannten Umstände vor, so ist die Tat ein schwerer Raub, ohne daß es dafür noch einer zusätzlichen Gesamtbewertung bedürfte. Auch die Verurteilung erfolgt daher nicht wegen Raubes „in einem schweren Falle" (entsprechend § 243), sondern wegen „*schweren Raubes*" (vgl. BGH MDR/D **73**, 191).

4   **II. Der Raub mit Waffen oder (anderen) gefährlichen Werkzeugen (Abs. 1 Nr. 1 a)** ist aus dem Raub mit Schußwaffen (Abs. 1 Nr. 1 aF) hervorgegangen und verdankt seine jetzige Fassung dem 6. StrRG (vgl. o. 2).

5   1. Hinsichtlich des Begriffs der **Waffe** und des als Oberbegriff zu verstehenden **gefährlichen Werkzeugs** wie auch zum **Beisichführen** gilt das zum insoweit inhaltsgleichen § 244 (BGH NJW **98**, 3130) Ausgeführte entsprechend (vgl. dort RN 3 ff.).

6   2. In zeitlicher Hinsicht ist zum Beisichführen der Waffe oder des gefährlichen Werkzeugs **bei Begehung des Raubes** über das bei § 244 RN 7 Ausgeführte noch folgendes zu beachten. Unstreitig gehört zur Begehung der **Zeitraum vom Versuchsbeginn bis zur Tatvollendung**.

7   a) Noch weiter vorverlagernd wollte zunächst der BGH in gewissem Umfang auch das **Vorbereitungsstadium** (zB Hinfahrt zum Tatort) in den möglichen Zeitraum des Beisichführens einbeziehen (vgl. die Nachw. in BGH **31** 107). Dies wird jedoch inzwischen (auch) vom BGH aaO (m. Anm. Hruschka JZ 83, 217, Kühl JR 83, 424) zu Recht abgelehnt, weil zu diesem Zeitpunkt der Täter die zeitliche Grenze der Strafbarkeit überhaupt noch nicht überschritten hat (Geilen Jura 79, 222, Laubenthal JZ 87, 1066, Schünemann JA 80, 354; vgl. auch § 22 RN 38). Auch wäre damit dem Täter die Möglichkeit verschlossen, etwa dadurch einen „Teilrücktritt" von § 250 vorzunehmen (vgl. § 24 RN 113, Herdegen LK 8, Küper JZ 97, 233 f.), daß er sich noch im Vorbereitungsstadium der Waffe in einer Weise entäußert, die ihm eine weitere Verwendung unmöglich macht (zB durch Wegwerfen).

8   b) Andererseits läßt die hM für das Beisichführen noch genügen, daß sich der Täter zwar nach Vollendung, aber noch **vor Beendigung** der Tat mit dem gefährlichen Werkzeug versieht (so zu § 250 I Nr. 1 aF BGH **20** 194, GA **61**, 82, NStZ **97**, 137 bzw. zum insoweit gleichen § 244 I Nr. 1 aF BGH NStZ **95**, 339; vgl. auch BGH **20** 230, MDR/H **80**, 106, StV **88**, 429 m. Anm. Scholderer, m. Klarstellung Salger StV 89, 66 u. Erwid. 153, Geilen Jura 79, 222, 277; abl. Isenbeck NJW 65, 2326, Hruschka GA 68, 205, JZ 69, 609, Hau aaO 135, Kühl aaO 143 ff., ausführl. Geppert Jura 92, 497). Hierzu ist folgendes auseinanderzuhalten:

9   α) Soweit sich ein Raub aus **mehreren Einzelakten** zusammensetzt, die insgesamt eine *natürliche Handlungseinheit* bilden (so zB bei stückweisem Wegtragen der Raubbeute), fällt die Tat insgesamt unter Abs. 1 Nr. 1 a (oder 1 b), sofern der qualifizierende Umstand auch nur beim letzten Einzelakt verwirklicht wird, mag auch bereits vorher ein (formell) vollendeter Raub gegeben sein (vgl. 9, 11 vor § 22, insoweit ebso. Kühl aaO 147).

10   β) Auch in sonstigen Fällen kommt über den formellen Vollendungszeitpunkt des Raubes hinaus ein Beisichführen solange in Betracht, als dies in **unmittelbarem zeitlichen und räumlichen Zusammenhang** mit der Wegnahme **zur Beutesicherung** erfolgt, so zB beim Verlassen des Tatorts, beim Wegtragen oder Abfahren der Beute (vgl. die sog. Beendigungsdoktrin in BGH **20** 194, 197, GA **71**, 82; and. Herdegen LK 11 mwN; vgl. auch § 244 RN 7). Denn nicht nur, daß unter den genannten Voraussetzungen Vollendung des Grundtatbestands und die qualifizierte Beendigungsphase oft so nahtlos ineinander übergehen, daß eine exakte Abgrenzung weder möglich noch eine solche Differenzierung im Hinblick auf die (gleiche) spezifische Gefährlichkeit des betreffenden Räubers überhaupt gerechtfertigt wäre (augenfällig dafür BGH **20** 194, wo ebensogut auch noch un*vollendete* wie un*beendete* Wegnahme hätte angenommen werden können); auch würde damit die Zurechenbarkeit des qualifizierenden Umstandes (ohne innere Berechtigung) uU von der Größe des Wegnahmeobjekts abhängen (vgl. § 242 RN 39).

11   Auch die Möglichkeit, *nach Raubvollendung* eintretende Qualifikationen dann noch **über § 252** zuzurechnen (so Schröder 17. A. RN 2 d, ebenso Hau aaO 135), zwingt zu keiner gegenteiligen Auffassung. Nicht nur, daß es keineswegs in allen qualifizierten Beendigungsfällen tatsächlich noch zu einer Tat nach § 252 kommen muß (vgl. etwa BGH GA **71**, 82; für Unanwendbarkeit des § 250 in solchen Fällen jedoch Hruschka aaO, hiergegen zutr. Kühl aaO 143); auch kann sich das gleiche Problem in der Beendigungsphase des § 252 stellen. Im Grunde handelt es sich im Hinblick auf die Qualifizierung des § 249 bzw. § 252 lediglich um ein **Konkurrenzproblem** (vgl. BGH **21** 377, 379, GA **68**, 339, **69**, 347, Eser IV 90, 94 f., Jescheck Welzel-FS 698 sowie u. 28), dem wegen der

Schwerer Raub 12–21 § 250

Rückverweisung des § 252 auf die §§ 249 ff. keine entscheidende Bedeutung zukommt. Auch muß der Kette der §§ 244 I Nrn. 1 a, b, 249 ff., 252 der Wille des Gesetzes entnommen werden, den gesamten Komplex einer besonders qualifizierten Wegnahme in jedem Stadium eines einheitlichen Tatgeschehens – vom Versuch bis zur Beendigung – zu erfassen (krit. Scholderer StV 88, 430). Dies gilt allerdings immer unter der *einschränkenden* Voraussetzung, daß der Handlungsausschnitt, welcher unter Mitführen der Waffe begangen wird, wenigstens zu einer Intensivierung der tatbestandstypischen Rechtsgutsverletzung bzw. **zur Sicherung des Erlangten** dient. Daher ist § 250 *nicht* anzuwenden, wenn der Täter die Waffe lediglich auf der Flucht *nach fehlgeschlagenem Versuch* bei sich hat (zust. BGH **31** 108; ebso. Herdegen LK 12, Lackner/Kühl § 244 RN 2). Denn mangels Bezugs zum Schutzgut des § 249 kann hier der Täter nicht anders behandelt werden als jeder andere, der sich auf der Flucht mit einer Waffe versieht; vgl. BGH **20** 197, GA **71**, 82, wonach der Täter die Waffe „bei der weiteren Verwirklichung seiner Zueignungsabsicht" bei sich haben muß; and. wohl RG R **5** 558; vgl. auch BGH **22** 230, dazu § 244 RN 20. 12

3. Für den **subjektiven Tatbestand** ist bei Abs. 1 Nr. 1 a **Vorsatz** des jeweiligen Beteiligten erforderlich, daß entweder er selbst oder ein anderer Beteiligter am Raube ein einsatzfähiges Werkzeug bei sich führt. Wurde *vor* der Wegnahme ein Werkzeug zu Mißhandlungen benutzt, so ist dies den beim Raub hinzutretenden Beteiligten nicht zuzurechnen (BGHR Nr. 2 Mittel **5**). Vgl. im einzelnen § 244 RN 9 ff. 13

III. Der Raub mit (sonstigen) Werkzeugen oder Mitteln (Abs. 1 Nr. 1 b) entspricht in seiner nF durch das 6. StrRG ebenfalls der Diebstahlsparallele in § 244 I Nr. 1 b, indem hier – im Unterschied zu Nr. 1 a – das Werkzeug als solches nicht gefährlich zu sein braucht, aber mit Verwendungsabsicht mitgeführt wird (vgl. o. 2). 14

1. Zum Begriff des **Werkzeugs oder Mittels** vgl. § 244 RN 12 ff. Aufgrund der gesetzgeberischen Entscheidung, bei dieser Alternative durch Legalisierung der bisherigen Rspr. trotz dagegen bestehender Bedenken (näher dazu 25. A. RN 15 f.) auf das Erfordernis objektiver Gefährlichkeit zu verzichten (BT-Drs. 13/9064 S. 18), kommen jetzt auch *Scheinwaffen* in Betracht, wobei jedoch auch hier die gleichen Vorbehalte wie zu § 244 I Nr. 1 b zu beachten sind (vgl. dort RN 13). 15

2. Zum **Beisichführen** des Werkzeugs bei Begehung des Raubes gilt gleiches wie zu Nr. 1 a (vgl. o. 5 ff.). 16

3. Im Unterschied zu Nr. 1 a genügt hier nicht schon das bloße Beisichführen des Werkzeugs oder Mittels; vielmehr muß dies mit **Gebrauchsabsicht** bei Begehung des Raubes geschehen. Vgl. § 244 RN 15 ff. 17

4. Ebenso wie das Mitführen des Werkzeugs oder Mittels ist auch die Gebrauchsabsicht kein persönliches Merkmal iSv § 28, sondern ein **tatbezogenes**. Daher genügt für die Zurechnung der Qualifizierung jeweils bereits das Wissen des Täters bzw. Teilnehmers, daß einer von ihnen ein Werkzeug usw. mit entsprechender Absicht bei sich führt (vgl. o. 13). 18

5. Zum Verhältnis des **Versuchs** von Nr. 1 b zu § 244 I Nr. 1 b vgl. dort RN 22 sowie Arzt JuS 72, 578, Tröndle 4, Laubenthal JZ 87, 1066. 19

IV. Der gefährliche Raub (Abs. 1 Nr. 1 c) setzt voraus, daß durch die Tat eine andere Person in die Gefahr einer schweren Gesundheitsschädigung gebracht wird. Durch Herauslösung dieses Falles aus dem auch die Herbeiführung einer Todesgefahr umfassenden § 250 I Nr. 3 aF durch das 6. StrRG und deren Einbringung in Abs. 2 unterfällt die bloße Gesundheitsgefährdung nunmehr der weniger scharfen Qualifizierung nach Abs. 1 (vgl. o. 2). Bei dieser Qualifizierung handelt es sich um ein *konkretes Gefährdungsdelikt* (BT-Drs. 13/8587 S. 28, Günther SK 27), durch das bereits der dem § 226 vorgelagerte und ihn überschreitende Gefahrenbereich erfaßt wird (vgl. u. 23). 20

1. Gleichgültig auf welche Weise muß durch die Tat ein bestimmtes Opfer in eine **konkrete Gefahr**, dh in eine Situation gebracht werden, in der es bereits unmittelbar der (nicht mehr beherrschbaren) Möglichkeit einer schweren Gesundheitsbeschädigung ausgesetzt ist, so daß es nur noch vom Zufall abhängt, ob diese eintritt oder ausbleibt (vgl. auch § 125 a RN 11, 5 ff. vor § 306). Kommt eine solche Gefahr schon wegen Untauglichkeit des Mittels (zB stark verdünnte Salzsäure) nicht in Betracht, so scheidet Nr. 1 c aus (BGH NJW **94**, 1166 zu § 250 I Nr. 3 aF m. zust. Anm. Hauf JR 95, 172). Auf einen tatsächlichen Erfolgseintritt kommt es nicht an; doch ist Nr. 1 c selbstverständlich auch dann erfüllt, wenn sich die qualifizierende Gefahr in einem entsprechenden Erfolg realisiert (Blei JA 74, 236; zu den Konkurrenzen vgl. u. 25). Erforderlich ist die Gefahr einer **schweren Gesundheitsschädigung**. Mit diesem auch in den §§ 113 II 2 Nr. 2, 121 III 2 Nr. 3, 177 III Nr. 3, 218 II 2 Nr. 2, 221 I, 225 III Nr. 1, 239 III Nr. 2, 315 III Nr. 2, 330 II Nr. 1 und 330 a wiederkehrenden Begriff hat das 6. StrRG die frühere schwere Körperverletzung iSv § 224 aF (jetzt § 226) mit den dort aufgelisteten Körperverletzungsfolgen aufgehoben und so eine erweiterte Bestimmung des Qualifikationsmerkmals ermöglicht (BT-Drs. 13/8587 S. 27 f., Günther SK 28, Mitsch ZStW 111, 102, Tröndle 5). Außer den in § 226 genannten Verletzungsfolgen werden nun auch alle Fälle erfaßt, in denen die Gesundheit des Opfers einschneidend oder nachhaltig beeinträchtigt wird, wie zB bei ernsten, langwierigen Krankheiten oder einer ernsthaften Störung der körperlichen Funktionen oder der Arbeitskraft (BT-Drs. 13/8587 S. 28, Kindhäuser NK 10, Lackner/Kühl 3, vgl. auch Schroth NJW 98, 2865). Hinsichtlich der Frage, ob die Verbindung zu § 226 noch 21

insoweit fortbesteht, als die Gesundheitsschädigung einen der dort aufgezählten Folgen vergleichbaren Schweregrad aufweisen muß, oder ob die Verletzungsfolge auch insofern hinter § 226 zurückbleiben kann (krit. dazu Mitsch 2/1 S. 256 f.), dürfte sowohl aus systematischen als auch entstehungsgeschichtlichen Gründen die erstgenannte, an § 226 orientierte Auslegung vorzuziehen sein (vgl. DSNS-Stein 103).

22   2. Die gefährdete **andere Person** braucht weder der Beraubte selbst noch eine Person zu sein, von der Widerstand geleistet oder erwartet wird; vielmehr genügt auch eine Gefährdung Unbeteiligter (Günther SK 29, Kindhäuser NK 15, Schünemann JA 80, 394, Tröndle 5), zB durch abirrende Schreckschüsse oder den Einsatz von Handgranaten als Gewaltmittel, nicht dagegen von Tatbeteiligten (vgl. § 251 RN 3, Herdegen LK 27).

23   3. Erforderlich ist jedoch, daß die Gefährdung **durch die Tat** eintritt. Dafür reicht jede Handlung im Zusammenhang mit der Tatbegehung, und zwar *vom Versuchsbeginn bis zur Beendigung* des Raubes bzw. räuberischen Diebstahls (vgl. o. 10 f., Tröndle 5, teils enger Günther SK 31, Herdegen LK 26, Kindhäuser NK 14, Rengier aaO 226 f., 281, Schünemann JA 80, 394). Darunter fallen insbes. solche Gefährdungen, die auf die Wegnahme selbst (zB eines lebenswichtigen Medikaments; vgl. Lackner/Kühl 3; and. Kindhäuser NK 12 mwN) oder auf unmittelbar dazu bzw. zur Beutesicherung eingesetzte Gewaltmittel (zB Bauchschuß) bzw. Drohungen (zB gegenüber einem schwer Herzkranken) zurückzuführen sind, einschließlich der sich aus dadurch geschaffener Hilflosigkeit des Opfers ergebenden Gefahren (zB wenn es gefesselt in einsamer Gegend oder Kälte zurückgelassen wird). Auch Gefährdungen bei Verfolgung des Opfers oder der Abwehr Dritter reichen ebenso aus wie die bei Flucht des Täters mit seinem Auto für Passanten entstehenden Gefahren (and. Herdegen LK 26, Mitsch 2/1 S. 258), vorausgesetzt jedoch, daß die Gefahr unmittelbar durch den Täter bzw. einen anderen Tatbeteiligten herbeigeführt wird und nicht durch das Opfer selbst (vgl. BGH **22** 363) bzw. durch gefährliches Verhalten Dritter bei Verfolgung des Täters (Kindhäuser NK 12). Vgl. § 251 RN 4, 5.

24   4. Für den **subjektiven Tatbestand** ist **Vorsatz** auch hins. der Gefährdung erforderlich, ohne daß insoweit § 18 zum Zuge kommt (vgl. BGH **26** 176, 245, MDR/H **77**, 638, StV **91**, 262, Tröndle 5, Geilen Jura 79, 446, Günther SK 33, Herdegen LK 28, Rengier aaO 87, 281; iE zust. Kindhäuser NK 16, Küper NJW 76, 543, Meyer-Gerhards JuS 76, 228; krit. Blei JA 75, 804); denn unabhängig davon, ob man mit BGH aaO einer Gefahr die Erfolgsqualität schlechthin abspricht (dagegen Küper, Meyer-Gerhards, Blei jew. 26 180 f. aaO), kann sie jedenfalls nicht als besondere Folge iSv § 18 aufgefaßt werden. Dies ergibt sich schon daraus, daß das Gesetz für sonstige Fälle nur fahrlässiger Gefahrverursachung stets eine besondere Regelung trifft (vgl. zB §§ 307 II, 308 V, 315 a III Nr. 1, 315 b IV, 315 c III Nr. 1), was bei Anwendbarkeit von § 18 überflüssig wäre. Im übrigen ist (entgegen Küper aaO 545 f.) in der Tat zweifelhaft, ob Nr. 1 c konstruktiv überhaupt einen Gefahr*erfolg* beinhaltet, und ob es nicht ebenso wie bei der lebensgefährdenden Behandlung in § 224 um die *konkrete* Gefährlichkeit einer *Handlung* geht (vgl. § 224 RN 12, Hirsch ZStW 83, 148; vgl. auch E 62 Begr. 284 zu § 249, Rengier aaO 94 f., ferner § 113 RN 67). Zum *Gefährdungsvorsatz* vgl. BGH MDR/H **78**, 111, ferner § 315 c RN 35. Für die Strafbarkeit eines von *mehreren Beteiligten* reicht aus, daß er das gefährdende Vorgehen eines anderen billigt (vgl. o. 13, 18, § 251 RN 8 sowie Herdegen LK 30, Kindhäuser NK 18). Doch wird ein bloßer Raubgehilfe nicht schon durch eigenes gefährdendes Vorgehen zum Täter von Nr. 1c (vgl. § 244 RN 8).

25   5. Zwischen Nr. 1 c und § 226 besteht **Idealkonkurrenz** (BGH NStE Nr. 12). Gegenüber Abs. 2 Nr. 3 b und § 251 tritt Nr. 1 c zurück.

26   **V. Bandenraub (Abs. 1 Nr. 2)** entspricht § 244 I Nr. 2 (vgl. dort RN 23 ff.). Soweit in Abs. 1 Nr. 2 im Unterschied zu den Nrn. 1 a bis 1 c (bzw. § 244 I Nr. 2) lediglich vom „Täter" die Rede ist, hat dies keine sachlichen, sondern nur sprachlichen Gründe; Nr. 2 gilt daher auch für Teilnehmer (vgl. Blei JA 74, 236, Kindhäuser NK 19, Tröndle 6). Auch wenn die Verbindung ursprünglich *nur* auf die Begehung von *Diebstählen* gerichtet war, kann Nr. 2 vorliegen (vgl. BGH NStZ **99**, 454, OGH NJW **49**, 910, Lackner/Kühl 2, Tröndle 6). § 28 findet keine Anwendung (vgl. § 244 RN 28, Kindhäuser NK 20; and. Herdegen LK 32 mwN).

27   **VI. Beim Raub unter Verwendung einer Waffe oder eines (anderen) gefährlichen Werkzeugs (Abs. 2 Nr. 1)** handelt es sich um den ersten Fall einer im Vergleich zu den vorangehenden Fällen des Abs. 1 **erhöhten Qualifizierung** (vgl. o. 2). Der Strafschärfungsgrund liegt hier darin, daß es tatsächlich zum Einsatz des mitgeführten Werkzeugs als Nötigungsmittel kommt (vgl. BT-Drs. 13/8587 S. 45).

28   1. Der Begriff der Waffe bzw. eines anderen **gefährlichen Werkzeugs** kann hier kein anderer sein als in Abs. 1 Nr. 1a der §§ 244, 250 (vgl. o. 5; and. BGH NStZ **99**, 302). Demzufolge muß der verwendete Gegenstand *objektiv gefährlich* sein, so daß hier der Einsatz von bloßen *Scheinwaffen* grundsätzlich ausscheidet (BGH NJW **98**, 2914, StV **99**, 646), es sei denn, daß ein bei bestimmungsgemäßem Gebrauch ungefährliches Werkzeug durch Zweckentfremdung (wie durch Verwendung einer Schußwaffenattrappe als Schlagwerkzeug) zu einem objektiv gefährlichen wird (vgl. BGH NJW **98**, 2916, Sander/Hohmann NStZ 98, 277, Schlothauer/Sättele StV 98, 508, Tröndle 7).

29   2. **Verwendet** werden eine Waffe oder ein gefährliches Werkzeug nicht nur, wenn damit *Gewalt* ausgeübt (vgl. BGH NStZ **99**, 242 zu § 177), sondern auch wenn sie nur als *Drohmittel* eingesetzt

werden (BT-Drs. 13/8587 S. 45, BGH StV **98**, 487, NStZ-RR **99**, 102, NStZ **99**, 301, JR **99**, 33 [m. Anm. Dencker], DSNS-Dencker 14, Günther SK 44, Hörnle Jura 98, 174, Küper JZ 99, 189, Lackner/Kühl 4). Daß der Einsatz des Mittels zudem eine Gefahr erheblicher Verletzung anderer begründet, indem zB die Drohung jederzeit in die Realisierung der angedrohten Gewalteinwirkung umschlagen kann (wie zunächst vom 4. StS gefordert: BGH StV **99**, 151), ist nicht unbedingt erforderlich, zumindest aber muß, um die erhöhte Strafschärfung im Vergleich mit den anderen Fällen des Abs. 2 rechtfertigen zu können, das Opfer mit gegenwärtiger Gefahr für Leib oder Leben *bedroht* werden (so der 3. StS BGH NStZ **99**, 301 sowie jetzt auch der 4. StS BGH **45** 92, 94 f.; iglS Geppert Jura 99, 605).

3. Die Verwendung muß **bei der Tat** erfolgen. Dies entspricht demselben Zeitraum wie beim 30 Beisichführen (dazu o. 6 ff.).

VII. Mit dem ebenfalls strafverschärften **Bandenraub mit Waffen (Abs. 2 Nr. 2)** soll der be- 31 sonderen Gefährlichkeit bewaffneter Räuberbanden Rechnung getragen werden (BT-Drs. 13/9064 S. 18, BGH NJW **98**, 3130 m. Anm. Dencker JR **99**, 33). Im Unterschied zur Nr. 1 kommen hier nicht jedes gefährliche Werkzeug, sondern nur Waffen i. techn. S. in Betracht, dh Gegenstände, die als Angriffs- oder Verteidigungsmittel zur Verletzung von Menschen geeignet sind (vgl. § 244 RN 3, Kindhäuser NK 25). Angesichts der fließenden Grenzen zum „gefährlichen Werkzeug" und dessen möglichem Einschüchterungspotential ist die erhöhte Qualifizierung allein der Waffen schwer nachvollziehbar (krit. auch Mitsch ZStW 111, 105). Zur *Bande* vgl. § 244 RN 23 ff., zum *Beisichführen* § 244 RN 6 ff. sowie o. 6 ff.

VIII. Die Qualifizierung nach Abs. 2 Nr. 3 enthält 2 Alternativen: 32

1. Der **Raub unter schwerer körperlicher Mißhandlung (Nr. 3 a)** hatte in § 250 aF keine 33 Entsprechung und findet sich in den Motiven nur mit einem pauschalen Verweis auf § 176 a IV Nr. 1 begründet (BT-Drs. 13/8587 S. 32, 45; krit. Günther SK 47). Für den bereits in § 176 III Nr. 2 aF (jetzt § 176 a IV Nr. 1) vorzufindenden Begriff der *schweren körperlichen Mißhandlung,* auf dessen Auslegung auch hier zurückgegriffen werden kann (BGH NStZ **98**, 461, Hörnle Jura 98, 174), kann nicht schon jede rohe Mißhandlung iSd § 225 I genügen (BGH/Mie NStZ **94**, 223); um vielmehr die Gleichstellung mit dem lebensgefährlichen Raub (Nr. 3 b) zu rechtfertigen, müssen zwar nicht unbedingt die Folgen einer schweren Körperverletzung iSv § 226 eingetreten sein, wohl aber muß die Mißhandlung mit erheblichen Folgen für die Gesundheit verbunden sein oder in der Zufügung massiver Schmerzen bestehen, wie etwa bei heftigen Schlägen (BGH NStZ **98**, 461, Günther SK 48, Lackner/Kühl 4, Tröndle 9; weniger eng W-Hillenkamp 352). Die Mißhandlung muß *bei der Tat* erfolgen. Dazu gilt gleiches wie zum Beisichführen eines Werkzeuges (vgl. o. 6 ff.).

2. Der **lebensgefährliche Raub (Nr. 3 b)** ist sowohl wegen des durch die Lebensgefahr erhöhten 34 Erfolgsunrechts als auch wegen der bedrohlich intensivierten Nötigungshandlung besonders strafverschärft (vgl. Kindhäuser NK 28). Als konkreter Gefährdungstatbestand, der in § 250 I Nr. 3 aF ein Vorbild hatte (vgl. 25 A. RN 20 f.), muß eine bestimmte Person in konkrete Todesgefahr gebracht werden. Zum *Gefahr*begriff wie auch zum diesbezüglichen *Vorsatz*erfordernis gilt das zu Abs. 1 Nr. 1 c (o. 20 ff.) Gesagte entsprechend.

IX. Liegen bei derselben Straftat **mehrere Strafschärfungsgründe** vor, so ist dennoch nur ein 35 einziger „schwerer Raub" anzunehmen (vgl. § 244 RN 33 sowie 4. StS BGH NJW **94**, 2034; Günther SK 57; ebd. 1. StS BGH NStZ **94**, 285 m. Anm. v. Hippel JR 95, 125, Tröndle 10, Herdegen LK 33, Kindhäuser NK 32), was jedoch nicht ausschließt, auf der Strafzumessungsebene zuungunsten des Täters die Verwirklichung mehrerer Tatbestandsalternativen des § 250 I bzw. II zu berücksichtigen. Zur Verhängung der *Mindest*strafe vgl. BGH NStZ **84**, 359 m. Anm. Zipf. Zu § 316 a vgl. dort RN 15.

Im **Verhältnis** zu § 252 gilt folgendes: Hinter einem vollendeten qualifizierten Raub (§§ 249, 36 250) tritt § 252 (selbst wenn seinerseits nach § 250 qualifiziert) zurück (Kindhäuser NK 33). Wird dagegen der qualifizierende Umstand erst in der Beendigungsphase des § 249 bei der Beutesicherung iSd § 252 verwirklicht (vgl. o. 10 ff.), so wird auch der vollendete § 249 durch §§ 252, 250 konsumiert (vgl. BGH **21** 379, GA **68**, 339, **69**, 347, Eser IV 94 f., Günther SK 58). Anders jedoch dann, wenn es lediglich zu einem Versuch des § 252 kommt, der erst mit dem Beginn einer erneuten Gewaltanwendung einsetzt (vgl. § 252 RN 8); hier muß der Beendigungsgedanke (vgl. o. 10) im Hinblick auf §§ 249, 250 durchgreifen. Soweit § 249 bzw. § 252 zurücktritt, ist die Nötigung gegenüber dem Opfer des verdrängten Tatbestandes durch ideell konkurrierenden § 240 in Ansatz zu bringen.

X. Zu den **minderschweren Fällen (Abs. 3)** vgl. allg. 48 vor § 38 sowie Eser JZ 81, 821 ff. Bis 37 zur Neuregelung durch das 6. StrRG (o. 2) kam dieser Milderungsklausel außergewöhnliche Bedeutung zu, da sich der Rspr. aufgrund extensiver Auslegung des Raubes mit Waffen oder sonstigen Werkzeug (§ 250 I Nr. 2 aF), worunter auch objektiv ungefährliche Gegenstände wie Scheinwaffen verstanden wurden (vgl. ua BGH NJW **76**, 248 bis hin zu NJW **94**, 1176; mwN 25. A. RN 16), gezwungen sah, insbes. bei Mitführen objektiv ungefährlicher Tatmittel einen minderschweren Fall in Erwägung zu ziehen, um auf diese Weise eine angemessene Bestrafung zu ermöglichen (vgl. zuletzt dazu BGH **44** 106 sowie krit. 25. A. RN 29). Nicht zuletzt um die damit fast zur Regel gewordene Milderungsklausel wieder zum Ausnahmestrafrahmen zu machen, wurde durch das 6. StrRG das

Beisichführen einer nicht gefährlichen Waffe (§ 250 I Nr. 1 b) herabgestuft (vgl. o. 2). Angesichts der ungewöhnlichen Kritik, die dieses Harmonisierungsbemühen des Gesetzgebers bereits beim BGH gefunden hat (BGH **45** 96, NStZ **99**, 302; vgl. auch Boetticher/Sander NStZ 99, 297, Dencker JR 99, 36, Günther SK 5), bleibt die weitere Entwicklung abzuwarten. Jedenfalls dürfte das Mitsichführen oder Verwenden einer bloßen Scheinwaffe, da nun eindeutig (nur) nach Abs. 1 Nr. 1 b erfaßt (vgl. o. 15), für sich allein nicht für die Annahme eines minderschweren Falles nach Abs. 3 genügen (vgl. BGH NJW **98**, 3130, Kudlich JR 98, 358, Tröndle 12). Vielmehr sind nur noch raubspezifische Umstände oder allgemeine gesetzliche Strafmilderungsgründe heranzuziehen (Günther SK 56). Dabei kann einerseits weiterhin strafmildernd sein, daß zB im Falle vom Abs. 1 Nr. 1 b das Opfer die objektive Ungefährlichkeit leicht erkennt (vgl. BGH NStE Nr. **14**, Boetticher/Sander NStZ 99, 297), während freilich umgekehrt der Gefährlichkeitseindruck des Opfers nicht ohne weiteres als strafschärfend anzulasten ist (vgl. BGH StV **86**, 342, **89**, 250, **90**, 206, **93**, 241, **95**, 24, MDR/H **90**, 98; vgl. auch BGH StV **99**, 597), es sei denn, daß der Täter zugleich ein anderes Delikt begeht, das zusätzlich ein selbständiges Unrecht verkörpert (BGH MDR/H **91**, 104). Im übrigen dürfte für alle Fälle des Abs. 3 ua bedeutsam sein die Geringwertigkeit der Beute (BGH NStE **7**, **13**, NStZ-RR **98**, 103; vgl. § 243 II, Eser IV 85), wobei freilich je nach Sachlage – insbes. im Falle von Abs. 2 Nr. 3 b – die Geringwertigkeit auch den erhöhten Vorwurf rechtfertigen kann, der Täter habe um eines geringen Vorteils willen sogar den Tod eines Menschen in Kauf genommen (Herdegen LK[10] 34). Auf jeden Fall ist § 248 a auf § 250 ebensowenig anwendbar wie auf § 244 (vgl. dort RN 1 sowie § 248 a RN 4). Ferner kommt als milderungsrelevant in Betracht ein provozierendes Verhalten des Opfers (BGH StV **82**, 575; vgl. aber auch Karlsruhe Justiz **83**, 125 zu [nicht akzeptiertem] Denkzettel-Motiv), ein etwaiges Verhinderungsbemühen (BGH StV **81**, 343), das bewußte Einplanen des Scheiterns (BGH StV **81**, 620; vgl. auch BGH NStZ **86**, 117, 453), das Bestreben, das Opfer unter keinen Umständen zu verletzen (BGH StV **95**, 24), die Unerheblichkeit eines Gehilfenbeitrags (BGH MDR/H **80**, 453, StV **85**, 411; vgl. auch NStE Nr. **5**), die irrtümliche Annahme des Täters, einen nicht nur geringen finanziellen Ausgleichsanspruch gegen das Opfer zu haben (BGH StV **94**, 128), ein Geständnis (BGH NStE Nr. **2**, **5**, NStZ-RR **98**, 103) oder ein sonst um Aufklärung bemühtes Nachtatverhalten (BGH StV **82**, 421). Auch *verminderte Schuldfähigkeit* kommt als Minderungsgrund in Betracht (vgl. BGH MDR/H **76**, 813, StV **82**, 113, **84**, 357, **97**, 520, NStZ **86**, 117, NStE Nr. **1**, 22); ebenso Reiferückstände (BGH StV **83**, 279, NStZ **87**, 72), eine schwere persönliche Krise oder schwierige Lebenssituation (BGH StV **83**, 19, **96**, 33), ungünstige wirtschaftliche Lage (BGH NStE Nr. **6**), eine haftbedingte ungünstige Sozialprognose (BGH StV **93**, 27) oder eine nur noch kurze Lebenserwartung (BGH NStE Nr. **4**, LG Krefeld StV **89**, 439). Generell kann bei *gesetzlich vertypten Milderungsgründen* (zB §§ 27 II 2, 30 I 2) die Milderung auch durch Wahl des Strafrahmens des Abs. 3 erfolgen (BGH NStE Nr. **2**, **3**, NStZ **90**, 96, MDR/H **90**, 486); vgl. zur Strafrahmenwahl auch BGH StV **99**, 209. Umgekehrt kann der Anwendung von Abs. 3 entgegenstehen, daß erhebliche Vorstrafen vorliegen (BGH MDR/H **90**, 97) oder der Täter tateinheitlich weitere (BGH NStZ **89**, 72) oder kurz nacheinander mehrere gleichartige Straftaten begangen hat (BGH NStE Nr. **9**, **16**). Letztentscheidend für die Annahme eines minderschweren Falles ist eine **Gesamtwürdigung** der Tat, wobei es auch einer Abwägung zwischen strafmildernden und straferhöhenden Umständen bedarf (BGH StV **90**, 206, **94**, 17, **96**, 33, **97**, 520, NStZ **91**, 530).

§ 251 Raub mit Todesfolge

Verursacht der Täter durch den Raub (§§ 249 und 250) wenigstens leichtfertig den Tod eines anderen Menschen, so ist die Strafe lebenslange Freiheitsstrafe oder Freiheitsstrafe nicht unter zehn Jahren.

Vorbem. Fassung durch das 6. StrRG v. 26. 1. 1998 (BGBl. I 164).

Schrifttum: Vgl. die Angaben zu den §§ 249, 250; ferner: *Altenhain,* Der Zusammenhang zw. Grunddelikt u. schwerer Folge bei den erfolgsqualif. Delikten, GA 96, 19. – *Geilen,* Unmittelbarkeit u. Erfolgsqualifizierung, Welzel-FS 655. – *Günther,* Der Zusammenhang zw. Raub u. Todesfolge (§ 251 StGB), Hirsch-FS 543. – *Hefendehl,* Der Raub mit Todesfolge an seinen Grenzen, StV 00, 107. – *Hruschka,* Konkurrenzfragen bei den sog. erfolgsqualifizierten Delikten, GA 67, 42. – *Kunath,* Zur Einführung eines einheitl. Straftatbestandes gegen Luftpiraterie (usw.), JZ 72, 201. – *Maurach,* Probleme des erfolgsqualifizierten Delikts usw., Heinitz-FS 403. – *Schröder,* Konkurrenzprobleme bei erfolgsqualifizierten Delikten, NJW 56, 1737.

1   I. Aufgrund Neufassung durch das EGStGB ist § 251 (in Anlehnung an §§ 178, 239 a III) nur noch eine **Erfolgsqualifizierung** des Raubes bei leichtfertiger Todesfolge. Dagegen wird die schwere Gesundheitsschädigung schon im Falle einer dahingehenden *Gefahr* durch den Strafschärfungsgrund des § 250 I Nr. 1 c erfaßt, ebenso wie durch § 250 II Nr. 3 b eine (bloße) Gefahr des Todes (vgl. § 250 RN 20 f., Rengier aaO 86 f.). Durch das *6. StrRG* wurde die Vorschrift um das Wort „wenigstens" ergänzt (vgl. u. 9).

2   II. Im einzelnen ist für § 251 folgendes erforderlich:

3   1. Als qualifizierender **Erfolg** muß der **Tod eines anderen Menschen** tatsächlich eingetreten sein. Wie bei § 250 I Nr. 1 c (RN 22) kann auch hier der *Andere* ein Unbeteiligter sein (vgl. RG **75** 54), der zB durch abirrende Schüsse des Täters auf das Opfer oder auf Verfolger getötet wird (Günther

Hirsch-FS 548; zT enger Rengier aaO 226 f., NStZ **92**, 591), nicht dagegen ein Tatbeteiligter (vgl. § 316 c RN 30, Herdegen LK 1, Kindhäuser NK 3; and. Kunath JZ 72, 201).

2. a) Der Tod muß **durch den Raub** verursacht worden sein, dh durch eine Handlung, die **4** (einschließl. des Versuchs) spezifischer Bestandteil der Raubbegehung iSd §§ 249, 250 ist; so insbes. wenn eine Gefährdung iSv § 250 II Nr. 3 b (vgl. dort RN 21, 34) in den Tod des Betroffenen umschlägt. Nicht erforderlich ist hingegen, daß der Tod gerade auf die der Wegnahme dienende *Gewalt* rückführbar ist (so jedoch zu § 251 aF BGH **16** 316, **22** 363); vielmehr kann jede Nötigungshandlung (BGH NJW **98**, 3361, **99**, 1040), so auch schon eine bloße *Drohung*, die zB durch ihre Schockwirkung den Tod des Opfers verursacht, genügen (Tröndle 2; vgl. auch BGH **23** 126 m. Anm. Geilen JZ 70, 521, ferner Maurach Heinitz-FS 411, wo jedoch die von der Bedrohung mit einer Schußwaffe ausgehende psychische Wirkung bereits als Gewaltanwendung angesehen wird), ebenso die zum Tode führende Gewalt, die während des Raubes zur Verhinderung von Gegenwehr und Flucht des Opfers eingesetzt wird (BGH NJW **98**, 3361). Dagegen ist der lediglich durch die *Wegnahme* verursachte Tod (etwa des eines lebenswichtigen Medikaments oder bei Kälte seiner Kleider beraubten Opfers) – im Unterschied zu der sonstwie tatbestandlich nicht erfaßbaren Gefährdung im Falle von § 250 I Nr. 1 c, II Nr. 3 b (vgl. dort RN 23) – nur durch Tateinheit mit §§ 211 f., 222 erfaßbar (vgl. Altenhain GA 96, 35, Blei JA 74, 236, Günther Hirsch-FS 546, Rengier aaO 230 ff., Seelmann JuS 86, 205, W-Hillenkamp 355), da sonst gegenüber dem Fall, daß der Tod infolge einfachen Diebstahls verursacht ist (§§ 242, 222, 52), die Anwendbarkeit von § 251 iVm § 252 schon bei bloßem Hinzukommen von Gewalt zwecks Beutesicherung gegenüber einem Dritten eine unverhältnismäßige Strafschärfung zur Folge hätte (vgl. Herdegen LK 2). Im übrigen kann auch in der **Beendigungsphase des Raubes** noch eine Todesverursachung in Betracht kommen, so zB wenn sich der Räuber den Fluchtweg freischießt (BGH **38** 295 [m. zust. Anm. Otto JZ 93, 569], NJW **98**, 3362, **99**, 1040 [m. zust. Anm. Schroth NStZ 99, 544; krit. Hefendel StV 00, 107], Tröndle 2; and. Altenhain GA 96, 21, Günther SK 8, Hirsch-FS 544, Herdegen LK 6, Jung JuS 92, 1066, Rengier aaO 220 ff., NStZ 92, 590, JuS 93, 462, Schroeder JZ 93, 52, zust. Sowada Jura 94, 651). Wird dagegen etwa der Tod von Passanten lediglich durch verkehrswidriges Verhalten beim Abtransport der bereits gesicherten Beute verursacht, so scheidet § 251 aus (Tröndle 2, Lackner/Kühl 1), da es an dem spezifischen inneren Zusammenhang zum vorangegangenen Raub fehlt. Vgl. auch § 250 RN 12.

b) Zudem muß auch hier – ähnlich wie bei § 227 (vgl. dort RN 3) – der Tod **unmittelbar** durch **5** den betreffenden Teilakt der Raubbegehung verursacht sein. Das bedeutet zwar nicht, daß der Tod gerade auf eine (vorsätzliche) Körperverletzungshandlung rückführbar sein müßte (aufgrund entsprechender Tatbestandsfassung wie etwa bei § 227); wohl aber muß der Tod in einer entsprechend gefährlichen Teilhandlung des Raubes seine unmittelbare Ursache haben (vgl. Geilen Welzel-FS 657, 681, Jura 79, 502 f., Herdegen LK 3 ff. mwN). Dafür würde schon ausreichen, daß zB das bedrohlich angegangene Opfer beim Zurückweichen fällt und zu Tode kommt (vgl. Blei JA 74, 236), nicht hingegen, wenn das Opfer oder Dritte ohne unmittelbare Einwirkung des Täters bei der Nacheile oder beim Versuch, Hilfe beizuschaffen, tödlich verunglücken (vgl. BGH **22** 363). Ebensowenig genügt Todesverursachung durch die Handlung eines Dritten, zB der Polizei bei Verfolgung des Täters (vgl. Kindhäuser NK 10, Schünemann JA 80, 396; and. Lackner/Kühl 1). Vgl. aber auch § 18 RN 4, § 250 RN 23.

3. Obgleich es sich bei der Todesfolge um eine bloße *Erfolgsqualifizierung* handelt, ist für den **6** **subjektiven Tatbestand** nicht einfache Fahrlässigkeit genügend, sondern – insofern abweichend von § 18 – **wenigstens Leichtfertigkeit** iSe gesteigerten (nicht aber unbedingt bewußten) Fahrlässigkeit erforderlich (vgl. § 15 RN 205, § 18 RN 3; zu vorsätzl. Erfolgsherbeiführung vgl. u. 9). Aus der Raubbegehung als solcher kann diese Leichtfertigkeit nicht schon gefolgert werden, da sonst diesem zusätzlichen subjektiven Erfordernis keinerlei Eigenbedeutung zukäme (vgl. Herdegen LK 8, Lackner/Kühl 2, W-Hillenkamp 356, aber auch Maiwald GA 74, 257, Maurach Heinitz-FS 403, 414). Erforderlich ist vielmehr, daß der Täter gerade im Hinblick auf die Möglichkeit des konkreten Tötungserfolgs in besonderer Weise leichtsinnig gehandelt hat, zB durch Einsatz eines Messers (BGH NJW **98**, 3363) oder ein Übermaß an brutaler Gewalt (vgl. Nürnberg NStZ **86**, 556, Kindhäuser NK 14), nicht dagegen durch nachträglich rücksichtsloses Verhalten, wie etwa Zurücklassen eines offensichtlich schwerverletzten Opfers (Rengier aaO 124 ff., 181).

III. Versuch ist in gleichem Umfang möglich wie bei sonstigen erfolgsqualifizierten Delikten (vgl. **7** § 18 RN 8 ff., Schünemann JA 80, 397), so zwar dadurch, daß der Tod bereits durch die Gewaltanwendung herbeigeführt wird, ohne daß die Wegnahme gelingt (vgl. RG **62** 423, **69** 332, **85** 54, BGH NJW **98**, 3362, Tröndle 4, Herdegen LK 15, Laubenthal JZ 87, 1067 f.). Zu einem möglichen Rücktritt vgl. BGH **42** 158 m. Anm. Küper JZ 97, 229; abl. Jäger NStZ 98, 161; vgl. auch Otto Jura 97, 476, Kudlich JuS 99, 355, Sowada Jura 95, 653.

IV. Hat einer von **mehreren Tatbeteiligten** die unmittelbare Todesursache gesetzt, so haften auch **8** die übrigen nach § 251, soweit ihnen hinsichtlich des Erfolges ebenfalls Leichtfertigkeit zur Last fällt und sie die betreffende Handlung des Teilnehmers als solche zumindest bedingt vorsätzlich hingenommen haben (vgl. BGH MDR/D **51**, 274, MDR/H **93**, 1041, LM **Nr. 2** zu § 250 aF, NJW **73**, 377, NJW **87**, 77, Tröndle 5, Herdegen LK 17 mwN), maW kein Exzeß vorliegt (vgl. RG HRR **32** Nr. 1523, Rengier aaO 252 ff.). Ob der unmittelbare Todesverursacher seinerseits leichtfertig gehan-

§ 252 1   Bes. Teil: Raub und Erpressung

delt hat, ist für die Strafbarkeit der übrigen unerheblich; deshalb haftet bei eigener Leichtfertigkeit der Anstifter auch dann, wenn der Täter ohne Verschulden gehandelt hat (vgl. BGH **19** 339 m. Anm. Cramer JZ 65, 31, Tröndle 5).

9   **V.** Für das **Verhältnis zu anderen Delikten,** die ebenfalls den **Todes**erfolg erfassen, gilt folgendes: §§ 222 und 227 treten, sofern § 251 vollendet ist, aufgrund Gesetzeskonkurrenz zurück (vgl. BGH NJW **65**, 2116 m. abl. Anm. Fuchs NJW 66, 868, Lackner/Kühl 4), da sonst der Erfolg doppelt in Ansatz käme (zu Recht and. für Tateinheit mit nur versuchtem § 251 BGH NJW **00**, 1878). Dagegen ist mit §§ **211 ff.** *Tateinheit* möglich (vgl. RG **63** 105, BGH **9** 135, **39** 100, NStZ **92**, 230, Tröndle 6, Herdegen LK 10 ff., 19, Herzberg JuS 76, 43), da § 251 gegenüber § 211 spezifisches Handlungsunrecht enthält (daher nicht etwa Konsumtion) und zudem die vorsätzliche Tatbegehung klargestellt werden soll (and. Hruschka GA 67, 50). Die am früheren Wortlaut des § 251 orientierte abw. Meinung, die für die *tatbestandliche Exklusivität* des § 251 aF gegenüber den vorsätzlichen §§ 211 ff. plädierte (näher krit. dazu 25. A. mwN), ist durch die Einfügung des Wortes „wenigstens" durch das 6. StrRG (o. 1) gegenstandslos geworden (vgl. DSNS-Dencker 15, Günther SK 17). Im übrigen ist für das Verhältnis zu Tötungsdelikten zu beachten, daß *Tateinheit* (nur) vorliegt, wenn die Tötung der Gewahrsamserlangung dient und der neue Gewahrsam unmittelbar im Anschluß an die Tötung begründet wird (iE ebso. RG **63** 105, **72** 351, OGH **1** 86; enger dagg. RG **56** 24, **59** 274, wonach nur die Gewahrsamsbegründung, die spätestens mit dem Tode des Opfers erfolgt, zur Idealkonkurrenz führt; vgl. auch OGH **1** 138). Die letztgenannte Voraussetzung rechtfertigt sich dadurch, daß nach natürlicher Betrachtung die Gewalt, der die Wegnahme nicht unmittelbar folgt, noch keinen Anfang des Raubes darstellt. Besteht also zwischen Tötung und Wegnahme eine Zeitspanne, die nach natürlicher Betrachtung beides als getrennte Vorgänge erscheinen läßt, so ist vielmehr *Realkonkurrenz* zwischen Tötungsdelikt und Unterschlagung anzunehmen, so zB wenn der Täter sein Opfer vergiftet und erst nach Stunden zurückkommt, um Beute zu machen. Realkonkurrenz ist ebenfalls gegeben, wenn jemand den Aneignungsvorsatz erst nach der Tötung faßt, und zwar auch dann, wenn der
10   Gewahrsam unmittelbar nach dem Tode des Opfers begründet wird (vgl. RG **59** 273, M-Schroeder I 381). Mit § 250 ist – mit Ausnahme von Abs. 1 Nr. 1 c und Abs. 2 Nr. 3 b (Vogler Bockelmann-FS 724 zu § 250 I Nr. 3 aF) – Idealkonkurrenz möglich (vgl. § 250 RN 25), um strafverschärfte Raubmodalitäten (wie den tödlichen Einsatz von Waffen) klarzustellen (vgl. Kindhäuser NK 23, Schröder JZ 65, 729; and. BGH **21** 183, Günther SK 25, Herdegen LK 18, W-Hillenkamp 357). Zwischen § 249 und §§ 211, 212 besteht Tateinheit, wenn die Tötung zwischen Vollendung und Beendigung des Raubes in Verwirklichung der Raubabsicht erfolgt (BGH StV **83**, 104, BGH MDR/H **92**, 632, StV **95**, 298). Über das Verhältnis zu § 316 a vgl. dort RN 15.

11   **VI.** Trotz Voranstellung der **lebenslangen Freiheitsstrafe** ist diese nicht regelmäßig, sondern nur in besonders schweren Fällen auszusprechen (vgl. 40 vor § 38, § 46 RN 62, Tröndle 7).

§ 252 Räuberischer Diebstahl

Wer, bei einem Diebstahl auf frischer Tat betroffen, gegen eine Person Gewalt verübt oder Drohungen mit gegenwärtiger Gefahr für Leib oder Leben anwendet, um sich im Besitz des gestohlenen Gutes zu erhalten, ist gleich einem Räuber zu bestrafen.

Schrifttum: Vgl. die Angaben zu §§ 242, 249; ferner: *Arndt,* Die Teilnahme am räuberischen Diebstahl, GA 54, 269. – *Bach,* Zur Problematik des räuberischen Diebstahls, MDR 57, 402. – *Dreher,* Die Malaise mit § 252 StGB, MDR 76, 529. – *ders.,* Im Gestrüpp des § 252 StGB, MDR 79, 529. – *Kratzsch,* Das „Räuberische" am räuberischen Diebstahl, JR 88, 397. – *Perron,* Schutzgut u. Reichweite des räuberischen Diebstahls (§ 252 StGB), GA 89, 145. – *Schnarr,* Kann ein Dieb von einem Ahnungslosen i. S. von § 252 StGB betroffen werden?, JR 79, 314. – *Seier,* Probleme der Abgrenzung u. der Reichweite von Raub u. räuber. Diebstahl, JuS 79, 336. – *ders.,* Die Abgrenzung des räuber. Diebstahls von der räuber. Erpressung, NJW 81, 2152. – *Zöller,* Der räuberische Diebstahl (§ 252 StGB) beim Raub als Vortat, JuS 97, L 89.

1   **I.** Der **räuberische Diebstahl** ist die *Verteidigung der Diebesbeute mit Raubmitteln.* Er hat daher mit §§ 242 ff. unmittelbar nichts zu tun, außer daß die Vortat ein Diebstahl gewesen sein muß. § 252 hat somit gegenüber allen Diebstahltatbeständen eine Sonderstellung (vgl. Kindhäuser NK 3; and. Burkhardt JZ 73, 112; vgl. auch Seier NJW 81, 2152). Er verhält sich zu §§ 242 ff. und 240, die in ihm enthalten sind, ebenso wie § 249 und vereinigt die Unrechtsgehalte beider Grundtatbestände (RG **66** 354, DJ **38**, 1189, DR **40**, 685, BGH **3** 76, Tröndle 1, M-Schroeder I 374; and. RG **60** 381). Der Grund der Gleichstellung mit dem Raub ist umstritten (vgl. Kindhäuser NK 5 ff., Perron GA 89, 147, 150). Während die Rspr. sich auf eine angebliche kriminalpsychologische Gleichwertigkeit stützt (wer zur Erhaltung des eben Entwendeten gewalttätig ist, hätte dieselbe Gewalt auch zur Vollendung der Wegnahme angewendet: RG **73** 345, BGH **9** 255, **26** 96; abl. aber Herdegen LK 3), wird im Schrifttum zu Recht auf Unrechts- und Schulddefizite des räuberischen Diebstahls gegenüber dem Raub hingewiesen (Geilen Jura 79, 669, Herdegen LK 3, Perron GA 89, 166, Seier JuS 79, 337; vgl. auch Herzog Anm. EzSt JR Nr. 2; and. Kratzsch JR 88, 397, 400): Die Gewaltanwendung des auf frischer Tat betroffenen Diebes kann nämlich regelmäßig als begreifliche, „normal-psychologische" Affektreaktion (Blau Tröndle-FS 112) erklärt werden, welche an anderen Stellen des StGB (§§ 20, 21, 213) schuldmindernd berücksichtigt wird. Problematisch freilich ist auch der Versuch, die hohe

Räuberischer Diebstahl 2–5 **§ 252**

Strafdrohung des räuberischen Diebstahls auf besondere Präventionsbedürfnisse zu stützen (Geilen Jura 79, 669, Herdegen LK 3: bes. Gefährlichkeit des ertappten Diebes; Seier NJW 81, 2154: bes. strafrechtl. Schutz der Notrechte des Bestohlenen); denn dabei bleibt unklar, welche erhöhten Schutzwirkungen von einer nicht auf einen gesteigerten Tatunwert gestützten Strafschärfung ausgehen sollen; außerdem würde die konsequente Umsetzung dieses Präventionsgedankens zu einer zusätzlichen Ausdehnung des Tatbestandsbereichs führen (vgl. Perron GA 89, 152, 168). Daher ist iE der Rspr. darin zuzustimmen, daß der räuberische Diebstahl nur als „zweite Hälfte" des Raubtatbestandes aufgefaßt werden kann, weil die Raubmittel eingesetzt werden, um die gerade errungene, aber noch unsichere Sachherrschaft zu verfestigen (vgl. auch BGH StV **87**, 535, Kratzsch JR 88, 399). Phänomenologisch entspricht der räuberische Diebstahl insoweit denjenigen Raubfällen, in denen der Täter kurz vor Vollendung der Wegnahme betroffen wird und daraufhin Gewalt oder Drohung anwendet; zugleich ermöglicht dieses Verständnis eine (wegen der Unrechts- und Schulddefizite kriminalpolitisch gebotene) enge Begrenzung des Tatbestandsbereichs (Perron GA 89, 169).

II. Für den **objektiven Tatbestand** ist erforderlich, daß jemand, der bei einem Diebstahl auf 2 frischer Tat betroffen wurde, gegen eine Person Gewalt verübt oder mit einer gegenwärtigen Gefahr für Leib oder Leben droht.

1. Als **Vortat** ist ein **vollendeter Diebstahl** iSd §§ 242 ff. erforderlich, wobei unter Diebstahl jede 3 Form der Wegnahme in Zueignungsabsicht zu verstehen ist (Günther SK 8), nicht aber Betrug (BGH **41** 203 f.). Im übrigen ist unerheblich, ob der Diebstahl qualifiziert oder etwa durch ein Strafantragserfordernis (§§ 247, 248 a) privilegiert ist (vgl. BGH **3** 77, NJW **68**, 2386, MDR/D **75**, 543) oder ob es sich um einen Feld- oder Forstdiebstahl handelt (vgl. RG **66** 354, Kindhäuser NK 10). Auch ein Raub kommt (entgegen RG GA Bd. **48** 355) als Vortat in Betracht (BGH **21** 377, **38** 299, Herdegen LK 5, Lackner/Kühl 2, Schünemann JA 80, 399 mwN); sonst wären uU die §§ 250, 251 unanwendbar, wenn die qualifizierenden Merkmale erst nach der (noch nicht als Raub erfaßbaren) Wegnahme verwirklicht werden (hins. der Notwendigkeit eines solchen Umweges über § 252 freilich offengelassen von BGH **38** 299; vgl. auch Arzt/Weber III 115; eingeh. zum Ganzen Zöller aaO m. Anm. Kudlich JuS 98, 966). Zeitlich setzt § 252 ein mit *Vollendung* der Vortat (BGH MDR/D **67**, 896, **72**, 752, **87**, 94, StV **85**, 13, **87**, 534, NJW **87**, 2687, ferner BGH **26** 95, **28** 225 [m. Anm. Seier JuS 79, 336, Schnarr JR 79, 314], Koblenz GA **78**, 251, Eser IV 89, Geilen Jura 79, 670, Herdegen LK 7 ff., Lackner/Kühl 3) und reicht grds. bis zur deren *Beendigung* (BGH **28** 229, StV **86**, 530, R **87**, 196, NJW **87**, 2687, JZ **88**, 471, Hamm MDR **69**, 238, Günther SK 7, Herdegen LK 6, Kindhäuser NK 11, 17, Kratzsch JR **88**, 400; and. Gössel II 242 f., Lackner/Kühl 4), wobei jedoch etwaige Einschränkungen durch das Betroffenheitserfordernis zu beachten sind (vgl. u. 4) und im übrigen der Annahme von Diebstahlsvollendung nicht entgegensteht, daß der Täter mehr wegnehmen wollte, als er bis dahin getan hat (vgl. § 242 RN 45). Die abw. Meinung von Dreher, wonach § 252 überhaupt erst mit Beendigung der Vortat einsetze (MDR **76**, 529; 79, 559 f., zust. Schmidhäuser II 100, 102), ist als überholt anzusehen (näher dazu 24. Aufl. RN 3 a sowie Kindhäuser NK 18).

2. Das Erfordernis des **Betreffens auf frischer Tat** dient – zusätzlich zur fehlenden Beendigung 4 der Vortat (o. 3) – der zeitlichen und örtlichen Tatbestandseingrenzung (BGH **26** 96). „Auf frischer Tat" betroffen ist der Dieb dann, wenn er noch am *Tatort* oder in dessen *unmittelbarer Nähe* nach der Tatausführung wahrgenommen oder bemerkt wird (BGH **9** 255, LG Köln MDR **86**, 340; vgl. auch Herdegen LK 14, Kindhäuser NK 19 f., Schünemann JA 80, 398). Diese Kombination von engem raum-zeitlichem Zusammenhang und noch nicht vollzogener Beutesicherung soll gewährleisten, daß der räuberische Diebstahl nicht wesentlich von der tatbestandlichen Situation des Raubes abweicht (krit. dazu Perron GA 89, 154; vgl. auch Kratzsch JR 88, 400). Daher kann die Tat schon vor Beendigung ihre Frische verlieren (Tröndle 5; and. freilich MDR 79, 531), so etwa wenn der Täter nach der Wegnahme mit dem ahnungslosen Opfer noch eine längere Fahrt unternimmt (vgl. BGH **28** 228 f. m. Anm. Kühl JA 79, 489, Seier JuS 79, 336; krit. Herdegen LK 14, Schnarr JR 79, 316 f.). Wird der Täter dagegen erst *später* betroffen, so ist die Abwehr des Verfolgers nur als selbständige Handlung, zB als Körperverletzung oder Nötigung, erfaßbar (vgl. auch Baldus LK9 8). Im übrigen kann der Täter auch dadurch *betroffen* sein, daß er dem Bemerktwerden durch solches Zuschlagen zuvorzukommen versucht (vgl. BGH **26** 95 mit freilich zu weitgeh. und teils mißverständl. Formulierungen; krit. dazu auch Fezer JZ 75, 609, Kindhäuser NK 14; abl. Krey II RN 211, Mitsch 2/ 1 S. 301, W-Hillenkamp 368; wie hier Günther SK 13, Lackner/Kühl 4, Rengier I 101 f., Tröndle 6 mwN [hM]). Auch ist nicht erforderlich, daß der Beobachter den Diebstahlscharakter der Tat erkannt hat (vgl. BGH **9** 258, Blei II 206 f., aber auch Geilen Jura 80, 43). Vielmehr genügt auch hier, daß der Täter irrtümlich davon ausgeht, der andere werde unmittelbar gegen ihn einschreiten (BGH StV **87**, 196) bzw. er sei entdeckt (vgl. Herdegen LK 12; and. Dreher MDR 79, 529, Seelmann JuS 86, 206). Ein Überraschen ist dafür nicht erforderlich (Hamm HE **2** 24). Auch der Gewahrsamsinhaber kann den Täter auf frischer Tat betreffen (RG **73** 343, BGH NJW **58**, 1547).

3. Der Täter muß **Gewalt gegen eine Person** verüben (dazu 6 ff. vor § 234, § 249 RN 4, 5 München MDR **50**, 627) oder **Drohungen mit gegenwärtiger Gefahr für Leib oder Leben** anwenden (dazu 30 ff. vor § 234, § 34 RN 17, RG **72** 230, Celle NdsRpfl. **48**, 120). Dies braucht nicht am Tatort zu geschehen; vielmehr genügt, daß der am Tatort wahrgenommene Dieb (o. 4) bei der Verfolgung droht oder Gewalt antut (BGH **3** 77, GA **62**, 145, Oldenburg HE **2** 313). Die Nötigungsmittel müssen auch hier der Erhaltung des Gewahrsams dienen (vgl. BGH MDR/D **72**,

Eser 1981

§ 252 6–11

6 17), sie brauchen sich nicht gegen den Eigentümer oder gegen den Gewahrsamsinhaber zu richten, noch weniger gegen den, der den Täter betroffen hat; es genügt, daß sie gegen eine **schutzbereite Person**, dh gegen jemanden verübt wird, der die Sache zugunsten des Berechtigten schützen will, wobei ausreicht, daß der Täter an eine derartige Absicht des Genötigten glaubt (Geilen Jura 80, 44, Herdegen LK 15; vgl. auch Schünemann JA 80, 389 sowie § 249 RN 7). Gewalt gegenüber einem Mittäter, der seinen Beuteanteil verlangt, fällt daher nicht unter § 252.

7 III. Der **subjektive Tatbestand** setzt **Vorsatz** voraus, jedoch braucht der Entschluß zur Gewaltanwendung bei der Entwendung noch nicht vorzuliegen (BGH **3** 78). Ferner muß der Täter in **Besitzerhaltungsabsicht** (zielgerichteter Wille; § 15 RN 65) handeln, was heißt, daß die Gewaltanwendung oder Drohung darauf Ziel haben muß, sich den Besitz des gestohlenen Gutes zu erhalten (vgl. Schünemann JA 80, 399). Dafür reicht nicht aus, daß der Täter sich nur der Ergreifung entziehen oder gegen eine spätere Entziehung der Beute Vorsorge treffen will (Otto JZ 93, 570); hier kommt nur (tatmehrheitlich) Nötigung und/oder Körperverletzung in Betracht (BGH **9** 162, MDR/H **87**, 94). Erforderlich ist daher, daß die Nötigung dazu dient, zwecks Ermöglichung oder Abschluß der Zueignung die Gewahrsamsentziehung zu verhindern (vgl. BGH StV **87**, 196, 535, Geilen Jura 80, 44); der bloße Wille, sich eines verräterischen Beweisstückes zu entledigen, reicht nicht aus (BGH MDR **87**, 154, Herdegen LK 17; and. Köln NJW **67**, 739 m. abl. Anm. Schröder 1335, Gehrig aaO 68 ff.). Die *Absicht*, den Besitz zu *verteidigen*, braucht zwar nicht das einzige Ziel des Täters gewesen zu sein (BGH **13** 64, GA **62**, 145, NStZ **84**, 454, Köln aaO), jedoch kann aus einer Flucht unter Mitnahme der Beute nicht ohne weiteres auf eine Beuteerhaltungsabsicht iSv § 252 geschlossen werden (Zweibrücken JR **91**, 383 m. zust. Anm. Perron StV 94, 545), ebensowenig wenn einem Polizeibeamten die Waffe nur zur Fluchtermöglichung entwendet wird (LG Zweibrücken NStZ-RR **99**, 327). Bei Beteiligung Mehrerer kann schon genügen, daß ein Mittäter den Besitz des anderen schützen will (BGH **6** 251). Hatte jedoch der Täter den Gewahrsam an der Beute zwischenzeitlich verloren und wendet er nunmehr zur Wiedererlangung Gewalt an, so kommt nicht mehr § 252, sondern §§ 253, 255 in Betracht (BGH StV **85**, 13). Eine bloße **Drittbesitzerhaltungsabsicht** reicht auch nach dem 6. StrRG für eine täterschaftliche Erfüllung des § 252 *nicht* aus (Lackner/Kühl 5, Tröndle 9). Darin liegt angesichts der Raubähnlichkeit des § 252 eine Inkonsequenz des Gesetzgebers, da für die Täterschaft der Vortat nunmehr auch die Drittzueignungsabsicht genügt (so schon vor dem 6. StrRG der Hinweis von Freund ZStW 109, 482, krit. auch Günther SK 19, Mitsch ZStW 111, 108 f., W-Hillenkamp 374). Der Wortlaut des § 252 ist jedoch eindeutig, so daß einer teleologisch wünschenswerten Ergänzung um die Drittbesitzerhaltungsabsicht das Analogieverbot entgegensteht (W-Hillenkamp 360).

8 IV. **Vollendet** ist die Tat mit der Anwendung der Nötigungsmittel. Ein Nötigungseffekt wird nicht vorausgesetzt (Herdegen LK 20). Daher ist § 252 zB vollendet, wenn der Täter die Beute trotz Gewaltanwendung verliert (vgl. BGH NJW **68**, 2386; and. Schmidhäuser II 103).

9 V. Bestritten ist, wer (Mit-)**Täter** des räuberischen Diebstahls sein kann: ob nur der Diebstahls*täter* (bzw. Mittäter) oder auch andere Personen, die entweder bloße *Teilnehmer* der Vortat waren (so Frank III, M-Schroeder I 382, sowie unter der Voraussetzung, daß der Teilnehmer in Besitz der Beute gewesen ist, BGH **6** 248, MDR/D **67**, 727) oder an der Vortat überhaupt *nicht beteiligt* waren (so Arndt GA 54, 270). Richtig dürfte folgendes sein:

10 1. Da der räuberische Diebstahl in der gleichen Weise eine Kombination von Diebstahl und Nötigung darstellt wie der Raub, kann wegen Täterschaft des § 252 nur strafbar sein, wer **beide Elemente täterschaftlich** erfüllt. Das bedeutet, daß Täter nur sein kann, wer auch das subjektive Unrechtselement der Zueignungsabsicht verwirklicht und damit die Voraussetzungen der Täterschaft des Diebstahls erfüllt (Geilen Jura 80, 44, Herdegen LK 18, Kindhäuser NK 32, Mitsch 2/1 S. 291, Schünemann JA 80, 399, Seier NJW 81, 2152, Tröndle 11, je mwN). Daher scheidet als Täter von § 252 zunächst aus, wer nur Gehilfe des Diebstahls war (and. aber BGH **6** 248 für den Fall, daß sich der Diebstahlsgehilfe im Besitz der Diebesbeute befindet; ebso. Günther SK 25, M-Schroeder I 382, Otto II 194). Ferner können später hinzukommende Beteiligte Täter nur unter der Voraussetzung sein, daß sie im Wege sukzessiver Mittäterschaft auch in den Diebstahl in vollem Umfang eintreten (Blei II 210). Umgekehrt kann ein Diebstahls*mit*täter auch dann § 252 täterschaftlich verwirklichen, wenn er selbst nicht im Besitz der Beute ist (Stuttgart NJW **66**, 1931, Herdegen LK 18, Kindhäuser NK 34, W-Hillenkamp RN 373 mwN; and. Blei II 210).

11 2. Alle **übrigen Beteiligten** können **nur Teilnehmer** an § 252 sein. Das hat zur Folge, daß dort, wo ein an der Vortat Nichtbeteiligter dem Dieb die Beute mit Nötigungsmitteln sichern will, dieser (mangels einer Haupttat nach § 252) nur aus § 240 strafbar ist, es sei denn, die Unterstützung geschehe im Einvernehmen mit dem Täter und begründe dadurch bei diesem Täterschaft nach § 252 (vgl. BGH **6** 250; Herdegen LK 18). Das soll nach BGH StV **91**, 349 [m. Anm. Ennuschat JR 91, 500] auch dann gelten, wenn man mit dem BGH für die Erpressung keine Vermögensverfügung voraussetzt (so schon Seier NJW 81, 2155). Demzufolge ist ein an der Vortat Unbeteiligter, der dem Vortäter bei der nicht vollendeten und nicht beendeten Tat mit Drohmitteln lediglich Hilfe leistet, nur wegen Beihilfe zu § 252 und nicht wegen räuberischer Erpressung zu bestrafen, wenn er keine Zueignungsabsicht hatte, da ansonsten die tatbestandliche Begrenzung des § 252 sowie die Teilnahmeregeln unterlaufen würden.

VI. Der Täter ist gleich einem Räuber zu bestrafen. Aufgrund dieser Rechtsfolgenverweisung 12
sind die Erschwerungsgründe des Raubes (§§ 250, 251) auch auf § 252 anzuwenden (RG **19** 141,
Celle HE **1** 16, OGH **2** 323, Hamm JMBlNW **50**, 50, Kindhäuser NK 36). Hierfür genügt, daß die
Nötigungshandlung, nicht auch die Wegnahme, unter einem der erschwerenden Merkmale (zB mit
Waffen) begangen ist (RG **71** 66 m. Anm. Mezger JW 37, 1333, BGH **17** 179). Dagegen reicht nicht
aus, daß die Qualifizierungsumstände nur bei der Wegnahme vorliegen; dann kommt gegebenenfalls
Tateinheit zwischen § 252 und § 244 in Betracht.

VII. Aufgrund **Gesetzeskonkurrenz** geht § 252 den **§§ 239, 240** und **§ 242** vor, und zwar auch 13
für den Fall, daß die Gewaltanwendung nur bis zum Versuch gedieh (zB weil die Waffe versagt); denn
auch Versuch von § 252 setzt regelmäßig eine vollendete Vortat voraus (vgl. o. 3; Karlsruhe MDR **78**,
244, Günther SK 28; and. Herdegen LK 21, Kindhäuser NK 37 mwN, Lackner/Kühl 8). Mit § 242
handlungseinheitlich zusammentreffende Delikte werden durch die Klammer des § 252 zur Tateinheit
verbunden. Mit § 243 kommt mangels Vertatbestandlichung Idealkonkurrenz nicht mehr in Betracht.
Da alle Voraussetzungen des § 244 auch in §§ 252, 250 enthalten sind, ist hier ebenfalls Tateinheit
nicht möglich. Mit **§ 249** kommt Tateinheit in Frage, wenn ein Gewaltakt gleichzeitig der Erlangung
und der Sicherung verschiedener Sachen dient (OGH **2** 323). War die Vortat ein Raub, so schließt die
Verurteilung aus § 249 die aus § 252 aus, da das Diebstahlselement bereits erfaßt ist (vgl. BGH **21**
379, GA **69**, 347) und die Gewaltanwendung bei Beutesicherung durch § 240 in Ansatz gebracht
werden kann, und zwar durch Idealkonkurrenz: Klammerwirkung des (subsidiären) § 252 (vgl. 20 vor
§ 52). Über die Behandlung eines Räubers, dessen Beute unter den erschwerenden Voraussetzungen
der §§ 250, 251 durch § 252 verteidigt wird, vgl. § 250 RN 36. Zu Tateinheit mit nachfolgendem
§ 255 vgl. BGH StV **85**, 13. Auch mit **§ 113** (Hamm JMBlNW **50**, 50) und **§§ 223 ff.** kann
Idealkonkurrenz vorliegen (BGH VRS **21** 113, Oldenburg HE **2** 313). Für das Verhältnis zu den
Tatbeständen, die mit den Qualifikationen des Raubes zusammentreffen können (zB §§ 211, 222),
vgl. § 251 RN 9 f. Soweit ein Beteiligter die Voraussetzungen von § 257 erfüllt, tritt dieser hinter
§ 252 zurück (Herdegen LK 24). **Wahlfeststellung** zwischen §§ 252 und 249 ist möglich (vgl. § 1
RN 58 ff., 71).

§ 253 Erpressung

(1) **Wer einen Menschen rechtswidrig mit Gewalt oder durch Drohung mit einem empfindlichen Übel zu einer Handlung, Duldung oder Unterlassung nötigt und dadurch dem Vermögen des Genötigten oder eines anderen Nachteil zufügt, um sich oder einen Dritten zu Unrecht zu bereichern, wird mit Freiheitsstrafe bis zu fünf Jahren oder mit Geldstrafe bestraft.**

(2) **Rechtswidrig ist die Tat, wenn die Anwendung der Gewalt oder die Androhung des Übels zu dem angestrebten Zweck als verwerflich anzusehen ist.**

(3) **Der Versuch ist strafbar.**

(4) **In besonders schweren Fällen ist die Strafe Freiheitsstrafe nicht unter einem Jahr. Ein besonders schwerer Fall liegt in der Regel vor, wenn der Täter gewerbsmäßig oder als Mitglied einer Bande handelt, die sich zur fortgesetzten Begehung einer Erpressung verbunden hat.**

Vorbem. Abs. 1 geändert und Abs. 4 eingefügt durch das VerbrechensbekämpfungsG. v. 28. 10. 1994 (BGBl. I 3186), jetzt idF des 6. StrRG v. 26. 1. 1998 (BGBl. I 164).

Schrifttum: Vgl. die Angaben zu §§ 249, 263; ferner: *Günther*, Zur Kombination von Täuschung u. Drohung bei Betrug u. Erpressung, ZStW 88 (1976) 960. – *Herzberg*, Konkurrenzverhältnisse zw. Betrug u. Erpressung, JuS 72, 570. – *Kindhäuser*, Täuschung u. Wahrheitsanspruch beim Betrug, ZStW 103 (1991) 398. – *König/Seitz*, Die straf- u. strafverfahrensrechtl. Regelungen des VerbrechensbekämpfungsG, NStZ 95, 1. – *Krause*, Gedanken zur Nötigung u. Erpressung durch Rufgefährdung (Chantage), Spendel-FS 547. – *Küper*, Erpressung ohne Verfügung?, Lenckner-FS 495. – *Lausen*, Strafr. Risiken bei der Forderungsbeitreibung, wistra 91, 283. – *Lüderssen*, Kann gewaltsame Wegnahme von Sachen Erpressung sein?, GA 68, 257. – *Otto*, Zur Abgrenzung von Diebstahl, Betrug u. Erpressung, ZStW 79 (1967) 59. – *Rengier*, Die „harmonische" Abgrenzung des Raubes von der räuberischen Erpressung, JuS 81, 654. – *ders.*, „Dreieckserpressung" gleich „Dreiecksbetrug"?, JZ 85, 565. – *Röckrath*, Die Zurechnung von Dritthandlung bei der Dreieckserpressung, 1991. – *Schlehofer*, Einwilligung u. Einverständnis, 1985. – *Schmitt*, Nehmen oder Geben (usw.), Spendel-FS 575. – *Schröder*, Über die Abgrenzung des Diebstahls vom Betrug u. Erpressung, ZStW 60 (1948), 33. – *ders.*, Sicherungsbetrug u. Sicherungserpressung, MDR 50, 398. – *Stoffers*, Die entgelt. Rückveräußerung einer gestohlenen Sache, Jura 95, 113. – *Tausch*, Die Vermögensverfügung des Genötigten, 1995. – *Tenckhoff*, Die Vermögensverfügung des Genötigten als ungeschriebenes Merkmal der §§ 253, 255 StGB, JR 74, 489.

I. Die **Erpressung** ist eine Nötigung, die gegen die Freiheit der *wirtschaftlichen* Dispositionen 1
gerichtet ist (Schröder aaO 95). **Schutzgüter** sind sowohl das **Vermögen** als auch die **Freiheit**
(BGH **1** 20, Kindhäuser NK 3, M-Maiwald I 498). Dies ist dadurch klargestellt, daß der äußere
Tatbestand die Zufügung eines Vermögensnachteils verlangt. In ihrer Tatbestandsstruktur entspricht
die Erpressung damit weitgehend dem Betrug: Der Betrüger veranlaßt die Selbstschädigung seines

Opfers durch Täuschung, der Erpresser durch Nötigung (vgl. BGH MDR/D **72**, 197, M-Maiwald I 497; vgl. aber auch Günther SK 2, Schünemann JA 80, 486 f.).

2 II. Der **objektive Tatbestand** erfordert, daß ein anderer durch Gewalt oder Drohung zu einer Handlung, Duldung oder Unterlassung genötigt und dadurch dem Vermögen des Genötigten oder eines anderen Nachteil zugefügt wird.

3 1. a) Als **Tatmittel** der **Gewalt** (allg. dazu 6 ff. vor § 234) kommt mit Rücksicht darauf, daß sich das abgenötigte Verhalten als Vermögensverfügung darstellen muß (vgl. u. 8), nur **vis compulsiva** in Betracht, *nicht vis absoluta* (Tröndle/Fischer 5, Herdegen LK 3). Wer zB seinen Gläubiger, der sich auf dem Wege zum Gericht befindet, niederschießt, um die Erwirkung eines Vollstreckungsbefehls unmöglich zu machen, begeht zwar Nötigung, jedoch keine Erpressung. Da bei Gewalt *gegen eine Person* § 255 eingreift (vgl. dort RN 2), erfaßt § 253 als Gewalt lediglich die Zufügung eines gegenwärtigen Übels, das nicht unmittelbar (insoweit and. Frank II) gegen den Körper wirkt (vgl. 15 ff. vor § 234).

4 b) Als **Drohung mit einem empfindlichen Übel** (allg. dazu § 240 RN 9) kommt hier zB in Betracht die Drohung mit Entziehung der Arbeitsstelle oder die Mitteilung, jemanden bei Nichtzahlung eines bestimmten Betrages durch Veröffentlichungen in der Presse bloßzustellen (RG **64** 381; östOGH ÖJZ **64**, 497, ausf. zu dieser sog. Chantage Krause Spendel-FS 548), und zwar selbst wenn der Erpreßte vorher von sich aus Geld angeboten hat (BGH NJW **93**, 1485). Es genügt auch ein

5 seelisches Übel, so zB wenn ein Ehegatte sich gegenüber dem anderen weigert, seine Zustimmung zur notwendigen Operation des Kindes zu geben (BGH MDR/He **54**, 530). Das angedrohte Übel kann auch in einer *Unterlassung* bestehen, so zB in der Erklärung des Taxifahrers, nur gegen einen übertariflichen Lohn weiterfahren zu wollen (R **6** 508), in der Erklärung des Hausdieners, die Reisetasche nur gegen ein Trinkgeld herausgeben zu wollen (RG DJZ **08**, 140), oder in der Drohung mit Nichtangabe des Verstecks einer versicherungsrelevanten Sache, falls nicht auf eine anderweitig begründete Forderung verzichtet werde (übersehen in BGH NJW **80**, 602). Die angedrohte Unterlassung kann nicht nur dann ein Übel sein, wenn das Handeln rechtlich geboten war, sondern auch dann, wenn keine Pflicht zum Tätigwerden bestand. Denn es kommt bei Nötigung und Erpressung nicht darauf an, was man tun oder unterlassen darf, sondern womit man drohen darf (and. RG **14** 265, **63** 425, BGH GA **60**, 278; wie hier aber RG **72** 76; diff. M-Maiwald I 501 f.; vgl. auch BGH **44** 68, 74 ff., 252, Bay **60** 296, Herdegen LK 4 sowie o. § 240 RN 20). Ob der Täter tatsächlich Einfluß auf das angedrohte Übel hat, ist hier – wie stets bei Drohung – ohne Bedeutung (vgl. aber auch u. 37). Daher liegt § 255 vor, wenn der Täter wegen angeblicher Entführung des Kindes Lösegeld fordert (BGH **23** 294 m. Anm. Küper NJW **70**, 2253, vgl. auch Günther ZStW **88**, 961 mwN). Zur Abgrenzung von Betrug bei (vorgetäuschter) Realisierbarkeit der „Drohung" vgl. Schleswig SchlHA/L **88**, 107.

6 c) Das angedrohte Übel oder die Gewalt müssen nicht unmittelbar gegen denjenigen gerichtet sein, von dessen Willen die Gewährung des Vorteils abhängt; auch Gewalt **gegen dritte Personen** oder Drohung ihnen gegenüber kann Erpressung sein, vorausgesetzt freilich, daß der zu einer Verfügung Genötigte die Drittbedrohung selbst als Übel empfindet (vgl. § 240 RN 6 und 11, BGH NStZ **85**, 408 [m. krit. Anm. Zaczyk JZ 85, 1059], **87**, 222 [m. Anm. Jakobs JR 87, 340], **96**, 494, NJW **94**, 1166, M-Maiwald I 501, Otto JZ 93, 659; and. Blei II 252); auch brauchen der Genötigte und der durch die Leistung Geschädigte – wie beim Betrug – nicht dieselbe Person zu sein (vgl. § 263 RN 65 f.). Hierzu genügt allerdings nicht jedes irgendeinem Dritten abgenötigte vermögensschädigende Verhalten. Vielmehr kann die Verfügung des genötigten Dritten dem Geschädigten nur dann zugerechnet werden, wenn zwischen dem Genötigten und dem Geschädigten ein spezifisches Näheverhältnis besteht (vgl. BGH **41** 123 [mit zT krit. Anm. Biletzki JA 96, 190, Jung JuS 96, 79, Krack JuS 96, 493, Mitsch NStZ 95, 499, Otto JZ 95, 1020, Wolf JR **97**, 73], 41 371, Herdegen LK 16, Lackner/Kühl 6, Tröndle/Fischer 11, Schünemann JA 80, 489 f.), über dessen Konturen allerdings noch Uneinigkeit herrscht. Bei der Konkretisierung wird man auf die zum *Dreiecksbetrug* entwickelten Grundsätze zurückgreifen können, insbes. wenn man auch bei der Erpressung eine Vermögensverfügung für erforderlich hält und daher von einer Parallelstruktur beider Delikte ausgeht (vgl. u. 8 f., ebso. M-Maiwald I 502, W-Hillenkamp 714, Rengier JZ 85, 368; krit. Günther SK 18, Röckrath aaO 54 ff., Jura 93, 446 m. hierin zust. Bspr. Mitsch GA 93, 190, Otto Jura 92, 448), wobei freilich Einschränkungen zu beachten sind: So wird es zB im Unterschied zum Dreiecksbetrug auf die subjektive Gutgläubigkeit des Genötigten wegen der andersartigen Struktur des Erpressungstatbestandes nicht ankommen können (Otto JZ 95, 1022, Rengier JZ 85, 566). Ein spezifisches Näheverhältnis besteht danach jedenfalls dann, wenn der Dritte rechtlich zur Verfügung befugt war (insoweit ebso. Mitsch 2/1 S. 363). Jedoch kann auch eine *faktische* Sonderbeziehung zum Vermögen des Geschädigten genügen (wie Gewahrsamsinhaber- bzw. -hüterschaft oder eine sonstige Obhutsposition bezüglich des geschädigten Vermögens), soweit diese bereits vor der Verfügung bestand (Küper BT 377, Otto JZ 95, 1021 f., Rengier JZ 85, 565; weiter RG **63** 165, **71** 292, Blei II 252, Welzel 381; and. Kindhäuser NK 17 ff., Wolf JR **97**, 75 f.). Dieses Kriterium des Näheverhältnisses des Genötigten *zum Vermögen* des Geschädigten ist aufgrund größerer Bestimmtheit einem Abheben auf die „Zuständigkeit für die Nötigungssituation" (so Röckrath aaO 67 ff.; krit. mit Blick auf entsteh. Strafbarkeitslücken Mitsch GA 93, 190) oder auf das Bestehen einer „Leidensgenossenschaft" zwischen Genötigtem und Vermögensinhaber (Mitsch 2/1 S. 362, NStZ 95, 499 f.; krit. hierzu auch Biletzki JA 96, 191) vorzuziehen. Vgl. zur Dreieckserpressung auch BGH NStZ-RR **97**, 321 m. Anm. Cramer NStZ 98, 299 u. Krack NStZ 99, 134.

2. Durch Gewalt oder Drohung muß ein anderer zu einer **Handlung, Duldung oder Unterlassung** genötigt werden. Daher ist *objektive Kausalität* zwischen Nötigung und Erfolg erforderlich (vgl. BGH **32** 89, MDR/H **78**, 625, **88**, 1002, VRS **55** 265, StV **84**, 377). Anders als bei § 249 (RN 7) genügt hier also nicht, daß die Nötigung nur nach der Vorstellung des Täters das abgenötigte Verhalten bewirkt. Damit fehlt es an der Kausalität, wenn das Opfer auch ohne die Nötigung schon zur Leistung bereit war (BGHR § 255 Kausal. 1) bzw. wenn das Opfer eine nur erwartete Übelszufügung durch Erbringen einer Leistung abzuwenden hofft (vgl. BGH **7** 253; ebd. BGH MDR/D **52**, 408). Nicht ausgeschlossen wird aber die Kausalität bzgl. der abgenötigten Handlung, wenn das Opfer damit ein weiteres Motiv, wie vor allem die Überführung des Täters, verbindet (BGH **41** 371). Vgl. auch § 240 RN 12 ff.

Strittig ist, ob das abgenötigte Verhalten auf eine **Vermögensverfügung** gerichtet sein muß. Dies ist mit der hL zu bejahen, da die Erpressung den Eintritt eines Vermögensnachteils wie auch Bereicherungsabsicht erfordert, § 253 also ein dem Betruge gleich konstruiertes Vermögensdelikt enthält (vgl. o. 1), wobei für die Verfügung zwar willentliches (nicht aber unbedingt „freiwilliges") Verhalten erforderlich ist, aber auch ausreicht (Rengier JuS 81, 656). Daher muß im abgenötigten Verhalten eine unmittelbare Einwirkung des Genötigten auf sein Vermögen oder das eines anderen, über das zu verfügen er in der Lage ist (vgl. § 263 RN 54 ff.), liegen (Biletzki Jura 95, 636 ff., Tröndle/Fischer 11, Krey II RN 300, 303 ff., Küper NJW 78, 956 [vgl. aber auch Lenckner-FS 505 in FN 36], M-Maiwald I 497, Rengier I 116, Schmidhäuser II 129 f., Schröder SJZ 50, 101, W-Hillenkamp 711 ff.; vgl. auch RG JW **34**, 488, Braunschweig NdsRpfl. **48**, 183, Eser IV 166 f.; abschwäch. will jedoch Tenckhoff JR 74, 489, 493 unter Verzicht auf das Unmittelbarkeitserfordernis bei § 253 bereits eine abgenötigte Gewahrsamslockerung genügen lassen; iglS Lackner/Kühl 3, Otto II 251; vgl. dagegen Rengier JuS 81, 660; spez. zu *drittschädigenden* Verfügungen Rengier JZ 85, 565 ff.). Ebenso wie bei § 263 (vgl. dort RN 59) reicht daher nicht aus, daß der Genötigte die Sache, um sie dem Zugriff des Täters zu entziehen, vernichtet. Hier handelt er gerade zur *Vermeidung* einer Verfügung. Im übrigen kann die Vermögensverfügung auch darin bestehen, daß jemand genötigt wird, von der Durchsetzung seines Selbsthilferechts abzusehen (Braunschweig NdsRpfl. **47**, 24); vgl. weiter über Vermögensverfügung durch Unterlassen § 263 RN 58. Bei der Verfügung des § 253 gelten jedoch nicht die zu § 263 RN 41 dargelegten Grundsätze über die unbewußte Selbstschädigung (Lackner LK[10]14). Über die Erlangung von Gegenständen durch Nötigung des Gewahrsamsinhabers vgl. u. 32.

Anstelle dieses Verfügungserfordernisses will die Rspr. und ein Teil der Lit. schon **jedwede Duldung durch das Opfer** genügen lassen (BGH **14** 387, **41** 125, NStZ-RR **97**, 321 [m. Anm. Cramer NStZ 98, 299 u. Krack NStZ 99, 134], NStZ **99**, 350, Hamburg HE **2** 318, grds. auch Schlehofer aaO 10 ff.), so etwa, daß dessen abgenötigtes Verhalten dem Täter ermöglicht, die schädigende Handlung selbst vorzunehmen (ebso. Arzt/Weber III 123 f., Geilen Jura 80, 51, Günther SK 13 ff. vor § 249, Hecker JA 98, 305, Herdegen LK 9, § 249 RN 24, Kindhäuser NK 67 ff. vor § 249, Mitsch 2/1 S. 358 f., Schünemann JA 80, 486 f., Seelmann JuS 82, 914, Tausch aaO 105 f., 110 f., Wimmer NJW 48, 244). Insbes. soll ausreichen, daß der Genötigte die Wegnahme von Sachen durch den Täter oder dritte Personen duldet, so daß Erpressung vorliegt, wenn zum Zwecke des Gebrauchsdiebstahls (BGH **14** 387, NStZ-RR **99**, 103) oder der Pfandkehr (RG **25** 436, BGH **32** 91 m. krit. Anm. Otto JZ 84, 143 f.) eine Sache gewaltsam weggenommen wird oder es durch Weglaufen dem Opfer unmöglich gemacht wird, seine Forderung (Taxifahrpreis) durchzusetzen (BGH **25** 224). Diese Meinung verkennt, daß dadurch die Privilegierung dessen, der Sachen ohne Zueignungsabsicht wegnimmt, auf dem Weg über § 255, der auf die §§ 249 ff. verweist, unterlaufen wird, wie „ein Räuber" also auch derjenige bestraft wird, der eine Sache nur gebrauchen wollte oder seine eigene Sache dem Pfandgläubiger wegnimmt (krit. zu diesem Arg. auch Küper Lenckner-FS 507 ff.). Ferner hätte nach dieser Meinung § 253 gegenüber § 249 keine eigenständige Bedeutung mehr, da jeder Raub zugleich eine Erpressung darstellte und § 249 dann nur lex specialis zu § 253 wäre. Dies entspräche übrigens auch kaum der Gesetzessystematik, werden doch in der Überschrift des 20. Abschn. Raub und Erpressung als „gleichwertig" dargestellt. Vgl. zu diesen Fällen noch Lüderssen GA 68, 257.

3. Ferner muß dem Vermögen des Genötigten oder eines anderen ein **Nachteil** zugefügt worden sein. Dies ist der Fall, wenn die Vermögenslage des Betroffenen nach der Tat ungünstiger ist als vorher; es gilt insoweit das gleiche wie zum Vermögensschaden beim Betrug (BGH NJW **87**, 3145, Hamburg NJW **66**, 1525 m. Anm. Cramer JuS 66, 472 und Schröder JR 66, 471), insbes. auch zu bloßer Vermögensgefährdung (BGH wistra **87**, 21, NStZ-RR **98**, 233); näher zum Ganzen § 263 RN 99 ff. Demzufolge kann bei sog. „Mieterrücken" der Schaden nicht schon in der gewaltsam durchgesetzten Nichtbezahlung der bereits entstandenen Mietschulden, sondern allenfalls in der Beeinträchtigung des Gastwirtspfandrechts erblickt werden (BGH **32** 88 m. Anm. Jakobs JR 84, 385, Otto JZ 84, 143 f.; vgl. auch BGH NStE Nr. 7). Ähnlich fehlt es bei bloßer Beutesicherung an dem gerade durch Nötigung bewirkten Schaden (BGH NJW **84**, 501 m. Anm. Kienapfel JR 84, 388, StV **84**, 377). Hingegen kann in der erzwungenen Hingabe eines Schuldscheins oder -anerkenntnisses eine schadensgleiche Vermögensgefährdung liegen (BGH NStE Nr. 2, NJW **87**, 3144 m. abl. Anm. Sonnen StV 89, 479; vgl. zur Abnötigung von Beweismitteln auch RG GA Bd. **44** 396, BGH **20** 136, Eser IV 141 f. sowie u. § 263 RN 146 f.). Auch bei Erpressung kann die Vermögensminderung durch einen gleichzeitig zufließenden Vorteil ausgeglichen sein (vgl. BGH **44** 254). Jedoch ist zu beachten, daß der subjektive Einschlag bei der Berechnung des Schadens gerade im Bereich des § 253 besondere und gegenüber § 263 verstärkte Bedeutung besitzt: Nötigt der Täter sein Opfer zum Kauf einer Ware, so ist dieses auch bei angemessenem Preis geschädigt, wenn es für diese Ware keine sinnvolle Verwendung hat, oder sie auch nur nicht verwenden will (zu weit daher die Parallelisierung zu § 263 in BGH StV **96**, 33). Verzichtet der Täter auf einen Anspruch, so kann es an einer Vermögensminderung fehlen (RG **36** 384, Frank IV). Ein Nachteil ist weiter zB in der Räumung einer Wohnung gesehen worden (Hamm JR **50**, 630) sowie in einem vorübergehenden Besitzverlust (zB an einem Mietwagen): so BGH **14** 387, dazu (Gebrauchsbetrug) § 263 RN 157 f. Am Schaden fehlt es, wenn zur Vernichtung bestimmte Lebensmittelkarten weggegeben werden (BGH **4** 260). Die aus dem wirtschaftlichen Vermögensbegriff gezogene Folgerung, auch rein faktische Positionen könnten Vermögenswert haben (vgl. BGH **2** 364, Hamburg NJW **66**, 1525), trifft jedoch für § 253 nur bedingt zu. Weigert sich der zur Herausgabe Aufgeforderte mit Gewalt, eine nichtige Forderung zu erfüllen, so zeigt dies eindeutig, daß die faktische Position des Verlangenden keinerlei Vermögenswert besitzt (vgl. Cramer JuS 66, 472, Lenckner JZ 67, 110, Schröder JR 66, 472 gg. Hamburg NJW **66**, 1525). Dagegen kann darin, daß der Dieb für die Rückgabe der Sache dem Eigentümer eine Gegenleistung abnötigt, ein Vermögensschaden liegen, und zwar selbst dann, wenn dieses Entgelt erheblich unter dem Wert der zurückgegebenen Sache liegt, da der Eigentümer nicht für etwas zu zahlen braucht, das ihm schon gehört (vgl. BGH **26** 346 m. Anm. Blei JA 76, 672, Gössel JR 77, 32 gg. Hamburg MDR **74**, 330 m. abl. Anm. Jakobs JR 74, 474, Mohrbotter JZ 75, 102, Stoffers Jura 95, 118; and. Trunk JuS 85, 944).

10 III. Bei der **Rechtswidrigkeit** sind zwei Elemente der Tat, das der *Nötigung* und das der *Vermögensverschiebung* zu unterscheiden (Herdegen LK 23 ff.).

11 1. Die Rechtswidrigkeit des **Nötigungselements** ist gegeben, wenn die Anwendung der Gewalt oder die Androhung des Übels zu dem angestrebten Zweck als verwerflich anzusehen ist. Mit dieser Formulierung verweist das Gesetz den Richter an die ethischen Grundnormen, wie es etwa auch § 826 BGB tut (vgl. § 240 RN 15 ff.). Auch hier kann zweifelhaft sein, ob Abs. 2 einen Rechtfertigungsgrund enthält (so BGH **2** 196, Tröndle/Fischer 14, M-Maiwald I 498) oder den im Abs. 1 zu weit gefaßten *Tatbestand* einengt (Eser IV 168 f., Hirsch Köln-FS 413, Kindhäuser NK 75 mwN). Ungeachtet des systematischen Standorts kommt jedoch bei falscher Bewertung des Verhältnisses von Mittel und Zweck nach § 17 nur Verbotsirrtum in Betracht (vgl. u. 22 sowie § 240 RN 35). Nicht rechtswidrig ist die Drohung zB dann, wenn jemand seinem Verkäufer droht, die Beziehungen zu ihm abzubrechen, wenn er eine vielleicht unbegründete Mängelrüge nicht anerkennen will, wenn einem Unternehmer Konkurrenz in Aussicht gestellt wird, falls er das mit einer Geldforderung verbundene Angebot zum Abschluß einer wettbewerbsbeschränkenden Abrede nicht annimmt (Schleswig SchlHA/L **88**, 107), weiter auch dann nicht, wenn Arbeitnehmer Lohnerhöhung verlangen unter Hinweis auf Arbeitsniederlegung nach gesetzlicher Kündigung (Nipperdey SJZ 49, 814). Überhaupt wird die Rechtswidrigkeit im Regelfall durch das Streikrecht ausgeschlossen (vgl. Niese, Streik u. Strafrecht [1954] 57 ff., Schröder BB 53, 1015). Die Rechtswidrigkeit fehlt ferner dann, wenn jemand seinen beim Diebstahl ertappten Angestellten durch die Drohung mit einer Strafanzeige bestimmt, die gestohlene Sache wieder zurückzugeben. Auch die Drohung des Gläubigers, bei Nichtzahlung ein Inkassobüro zur Forderungsbeitreibung zu beauftragen bzw. zur Prüfung und Durchsetzung der (etwa im Hinblick auf § 138 I BGB) rechtlich strittigen Forderung den Rechtsweg zu bestreiten, soll nicht ohne weiteres rechtswidrig sein (Karlsruhe NStZ-RR **96**, 296 f.). Andererseits schließt der Umstand, daß ein Verhalten in Aussicht gestellt wird, zu dem der Drohende berechtigt sein würde, noch nicht ohne weiteres die Rechtswidrigkeit aus; auch die Drohung mit einer Anzeige (vgl. Kiel SchlHA **48**, 115) oder mit einer Klage (vgl. RG **49** 356) kann rechtswidrig sein (BGH MDR/D **52**, 408). Anzunehmen ist dies idR bei Durchsetzung nicht bestehender Ansprüche mit den Mitteln des Zwanges, zB durch Inkassoinstitute (Lausen wistra 91, 288). An der Verwerflichkeit der Nötigung fehlt es dagegen regelmäßig dann, wenn der durch eine strafbare Handlung Verletzte unter Drohung mit Anzeige die Zahlung einer Buße an einen Dritten (zB eine Wohlfahrtseinrichtung) verlangt (Herdegen LK 26). Vgl. ferner § 240 RN 15 ff., 23 f. sowie zum Ganzen auch Kindhäuser NK 49 ff.

12 2. Außer dieser Rechtswidrigkeit ist erforderlich, daß die **Vermögensverschiebung** zwischen dem Erpreßten und dem Täter von der Rechtsordnung **mißbilligt** wird (dazu u. 16 ff.). Zwischen beiden Bewertungsvorgängen bestehen insofern gewisse wechselseitige Beziehungen, als derjenige, der etwas verlangt, was er nicht zu beanspruchen hat, idR auch iSd Nötigungstatbestandes widerrechtlich handelt.

13 3. Über **Rechtfertigung** durch *Notwehr* vgl. Haug MDR 64, 548, Baumann MDR 65, 346, Arzt MDR 65, 344.

14 IV. Für den **subjektiven Tatbestand** sind *Vorsatz* und *Bereicherungsabsicht* erforderlich.

15 1. Zum **Vorsatz** gehören das Bewußtsein und der Wille, einen anderen durch Gewalt oder Drohung zu nötigen, dh ihm ein anderes Verhalten, als es seinem freien Willen entspräche, zwangsweise aufzudrängen (RG **64** 381, DR **41**, 1403). Bei Drohung genügt, daß der Täter sich vorstellt, der Genötigte werde an die Ernstlichkeit glauben und dadurch in seinen Entschlüssen bestimmt werden, wobei es unerheblich ist, ob der Bedrohte zu seinem Entschluß sofort oder erst nach reiflicher

Überlegung kommen soll (RG **64** 16). Ferner muß der Täter Schädigungsvorsatz haben (RG **67** 201, **71** 292), und zwar schon im Augenblick der Ankündigung des Übels oder der Anwendung des sonstigen Nötigungsmittels (BGH NJW **53**, 1400).

2. Erforderlich ist ferner die **Absicht, sich oder einen Dritten zu Unrecht zu bereichern.** Dies **16** entspricht der Vorteilsabsicht bei § 263 (BGH MDR/D **72**, 197, NJW **88**, 2623).

a) **Bereicherung** ist jede günstigere Gestaltung der Vermögenslage (vgl. § 263 RN 167). Eine **17** solche ist zB gesehen worden in der Erteilung eines gewinnbringenden Auftrags (RG **33** 409), im Abschluß eines Zwangsvergleichs (RG **8** 137), in der Erlangung von Kredit oder auch in einer nur vorübergehenden Besitzerlangung (BGH **14** 386, MDR/H **92**, 18, NStE Nr. **12**, BGHR Vermögenswert **1**), verneint dagegen bei Abwehr einer Bußgeldvollstreckung (Schleswig SchlHA **78**, 59; vgl. **18** § 263 RN 167). Ebenso wie beim Betrug können Schaden und Bereicherung durch entsprechende korrespondierende Vermögenswerte ausgeglichen werden (*Kompensation*); vgl. RG **64** 382. Beim Verzicht auf einen Anspruch als Gegenwert kann es an einer Bereicherung fehlen (RG **36** 384).

b) Die erstrebte **Vermögensverschiebung** muß **zu Unrecht** erfolgen. Trotz der von § 263 abw. **19** Formulierung finden die gleichen Grundsätze Anwendung (vgl. dort RN 170 ff.). Erforderlich ist daher, daß der Täter einen Vermögensvorteil erstrebt, auf den er materiellrechtlich keinen Anspruch hat (vgl. BGH MDR/H **80**, 106, Bay **55** 14, Welzel NJW 53, 652, Kindhäuser NK 46 mwN; and. Hamm HE **2** 33, Celle HE **2** 315). Ein fälliger Anspruch beseitigt daher, wenn nicht bereits den Vermögens*schaden* (vgl. § 263 RN 170 ff.), so jedenfalls die Rechtswidrigkeit der Vermögensverschiebung (vgl. BGH StV **84**, 422 sowie Eser IV 152, 169). Daß er mit Nötigungsmitteln durchgesetzt werden soll, macht den begehrten Vermögensvorteil nicht rechtswidrig (BGH NStZ **88**, 216, StV **00**, 79, BGHR Bereicherungsabsicht **7**, Köln NJW **96**, 473). Ob ein Anspruch auf Erstattung von Unkosten für die Diebstahlsaufklärung besteht, ist zivilrechtlich höchst umstritten (vgl. Wollschläger NJW **76**, 12 ff. mwN, ferner Braun/Spiess MDR 78, 356 ff. sowie § 263 RN 118) und wurde vom BGH lediglich für *Fangprämien* bis 50 DM, nicht aber für sonstige Personal- oder Bürokosten bejaht (BGH NJW **80**, 119 m. Anm. Mertins JR 80, 357; vgl. auch LG Berlin DB **84**, 1029). Dieser Zustand ist zweifellos unbefriedigend (vgl. Lange JR 76, 177 ff., Meier NJW 76, 584, Meurer JuS 76, 300 ff., Roxin JR 76, 71, aber auch Blei JA 76, 159 ff., 387 ff., 453 f., Meyer MDR 76, 980 ff.; vgl. auch § 240 RN 21); daher ist ebenso wie für informelle „Betriebsbußen" eine gesetzliche Bereinigung dieses Bagatellbereichs dringend geboten (zu Lösungsvorschlägen vgl. 19. A. § 248 a RN 3). Das beim Glücksspiel Verlorene kann nicht zurückgefordert werden (BGH MDR **68**, 938; vgl. auch LG Flensburg MDR **80**, 248). Eine unrechtmäßige Bereicherung kann auch vorliegen, wenn der Täter den Vorteil ohne Nötigung auf andere Weise hätte erlangen können (RG JW **30**, 2548 m. Anm. Bohne). Vgl. ferner Klee DStR 43, 131.

c) Die erstrebte Bereicherung muß dem Schaden entsprechen, den der Täter zufügen will; es muß **20** also **Stoffgleichheit** zwischen Schaden und Nutzen bestehen (RG **67** 201, **71** 291). Daran fehlt es, wenn jemand die Schädigung eines fremden Vermögens erzwingt, um von einem Dritten dafür belohnt zu werden (RG **53** 283, Blei II 253), oder wenn er den durch Nötigung erlangten Besitz an einer Sache lediglich als Faustpfand für den letztlich erstrebten Geldbetrag einsetzt (vgl. BGH MDR/H **80**, 106, BGH NJW **82**, 2266, NStZ-RR **98**, 235; vgl. aber auch Bernsmann NJW **82**, 2216 ff.). Daher liegt (entgegen Hamm MDR **72**, 706) auch dort keine Erpressung vor, wo der Täter mittels der abgepreßten Sache einen ihm (tatsächlich oder vermeintlich) zustehenden Herausgabeanspruch hinsichtlich einer anderen Sache realisieren will. Weitere Einzelheiten bei § 263 RN 168.

d) **Absicht** ist hier iS zielgerichteten Handelns, nicht als Motiv zu verstehen (vgl. § 263 RN 176). **21** Hinsichtlich der Unrechtmäßigkeit des erstrebten Vermögensvorteils genügt bedingter Vorsatz (RG **55** 259, BGH StV **91**, 20). Daß die erstrebte Bereicherung tatsächlich eintritt, ist weder erforderlich noch genügend (vgl. u. 23). So kommt nach den gleichen Grundsätzen wie bei der Zueignungsabsicht (§ 242 RN 52) Vollendung uU auch dann in Betracht, wenn die abgenötigte Sache nicht den erhofften Wert hat und deshalb zurückgegeben wird (teils abw. BGH StV **82**, 223, GA **83**, 411, Herdegen LK 28; vgl. auch BGH GA **89**, 171 zu abgenötigten Behältnissen). Ist umgekehrt dem Täter ein Vermögensvorteil objektiv zugewachsen, um ihn zu erstreben zu können, muß dessen bewußt gewesen sein (BGH NJW **88**, 2623), wofür aber BGH wistra **99**, 378 nicht schon genügen läßt, daß der Täter bei Erstrebung eines ihm zustehenden Vermögensvorteils einen damit verbundenen zusätzlichen Vorteil als notwendige Folge voraussieht. Fehlt einem Tatbeteiligten die Absicht der Eigen- oder Fremdbereicherung, kommt allenfalls Teilnahme in Betracht (BGH NJW **77**, 204). Vgl. auch u. 28.

3. Für die **Irrtumsfälle** ist zu unterscheiden zwischen dem Irrtum über Tatumstände, über das **22** angemessene Verhältnis zwischen Nötigungsmittel und Nötigungszweck und endlich über die Legalität der Vermögensverschiebung. Irrt sich der Täter über einen Tatumstand (glaubt er etwa, daß seine Drohung nicht als ernst gemeint aufgefaßt werde), so fehlt es am Vorsatz. Bewertet der Täter die Mittel-Zweck-Relation nach Abs. 2 falsch, so liegt nach § 17 Verbotsirrtum vor (so schon BGH **2** 196). Glaubt jedoch der Täter irrig, auf die erstrebte Leistung einen Anspruch zu haben, so nimmt er einen Umstand an, der den erstrebten Vorteil zu einem rechtmäßigen machen würde, handelt also im Tatbestandsirrtum (vgl. BGH MDR/H **79**, 107, NJW **86**, 1623, ferner BGH **4** 106, **17** 88 [m. Anm. Schröder JR 62, 346], VRS **42** 110, StV **84**, 422, **90**, 205, **00**, 79, wistra **83**, 29, Meyer-Goßner

NStZ **86**, 106 sowie § 263 RN 175). Dies gilt jedoch nicht, wenn der Täter bloß vage Vorstellungen bezüglich eines möglicherweise bestehenden Anspruchs hat und es insofern für möglich hält und billigend in Kauf nimmt, daß die erstrebte Bereicherung rechtswidrig ist (BGH JR **99**, 336 m. Anm. Graul).

23–27 V. **Vollendet** ist die Erpressung erst, wenn ein Vermögensnachteil bei dem Genötigten oder einem Dritten eingetreten ist (vgl. § 263 RN 178, BGH wistra **87**, 21, Schaffstein Dreher-FS 163 ff.). Daran kann es zB fehlen, wenn aufgrund Überwachung durch Polizei ein erfolgreicher Abschluß der Tatausführung von vornherein ausgeschlossen ist (vgl. BGH StV **89**, 149, **98**, 80, **99**, 94). Im übrigen genügt, daß der Vermögensnachteil durch eine Handlung herbeigeführt wird, die sich als eine Verfügung des Genötigten darstellt; dagegen ist nicht erforderlich, daß sie zu einer Bereicherung des Täters führt (vgl. o. 21). Daher ist § 253 auch dann vollendet, wenn zB das erpreßte Geld auf dem Transport zum Täter verloren geht (vgl. BGH **19** 343). Vollendung liegt auch vor, wenn die erpreßte Leistung hinter den Forderungen des Täters zurückbleibt (RG **33** 78, BGH **41** 371, NJW **97**, 267; vgl. aber auch RG JW **34**, 488 m. Anm. Kalsbach), es sei denn, daß der Täter von vornherein entschlossen ist, einen angebotenen geringeren Betrag sofort zurückzuweisen (BGH StV **90**, 206; vgl. auch o. 21). Für den **Versuch** genügt, daß mit der Ausführung der Nötigung, also der Anwendung von Gewalt oder Drohung, begonnen worden, zB ein Drohbrief abgesendet ist. Ferner liegt Versuch vor, wenn der Nötigende das an sich zur Willensbeeinflussung ungeeignete Mittel für dazu geeignet hält (RG **71** 292). Dagegen liegt im erfolglosen Bemühen, in das Haus des zu Erpressenden zu gelangen, noch kein Versuch, da damit noch nicht auf den Willen des Opfers eingewirkt wird (BGH MDR/D **75**, 21).

28 VI. **Mittäterschaft** ist auch in der Weise möglich, daß der eine Mittäter nur eine Nötigung begeht, wenn ihm die Bereicherungsabsicht fehlt und er von dem Vorhandensein dieser Absicht beim anderen Täter auch nichts weiß, während der andere Mittäter sich der Erpressung schuldig macht (vgl. RG **54** 153). Der **Anstifter** braucht selbst keine Bereicherungsabsicht zu haben (RG **56** 172). **Beihilfe** ist nicht nur bis zur Vollendung, sondern bis zur tatsächlichen Beendigung möglich (RG LZ **21**, 461, HRR **40** Nr. 469). § 28 findet keine Anwendung (vgl. Herzberg ZStW **88**, 93). **Mittelbare Täterschaft** ist auch in der Weise möglich, daß das Einschreiten einer *Amtsstelle* veranlaßt wird (Hamburg JR **50**, 630).

29 VII. 1. Als **Strafe** ist Geldstrafe oder Freiheitsstrafe bis zu 5 Jahren angedroht. **2.** Für **besonders schwere Fälle** mit einer Mindestfreiheitsstrafe von 1 Jahr sind aufgrund des VerbrechensbekämpfG v. 28. 10. 1994 in **Abs. 4** als **Regelbeispiele** *Gewerbsmäßigkeit* (vgl. dazu 94 ff. vor § 52, § 260 RN 2) und *bandenmäßige* Begehung (vgl. dazu § 244 RN 23 ff.) genannt, um damit vor allem die Schutzgelderpressung als typische Erscheinungsform organisierter Kriminalität einzudämmen (vgl. BT-Drs. 12/6853 S. 20, 27). Dem gleichen Ziel dienen der bei Gewerbsmäßigkeit nach § 256 mögliche **Erweiterte Verfall** (§ 73 d) sowie die bei bandenmäßiger Begehung zudem auch noch mögliche **Vermögensstrafe** (§ 43 a). **3.** Einen **qualifizierten** Fall der Erpressung enthält § 255. **4.** Über **Führungsaufsicht** vgl. § 256.

VIII. **Verhältnis zu anderen Tatbeständen** (eingeh. Herdegen LK 32 ff., Kindhäuser NK 86 ff.).

30 1. Aufgrund **Spezialität** geht § 253 den §§ **240, 241** vor (RG **41** 276, BGH NStZ-RR **00**, 106, BGHR Konkurr. 3). Doch kommt mit § 240 Tateinheit in Betracht, wenn die Drohung zwei verschiedene Zwecke verfolgt, von denen der eine dem § 253, der andere nur dem § 240 entspricht (RG GA Bd. **48**, 451; vgl. auch BGH MDR/D **72**, 197). Zum str. Verhältnis zu § 239 a vgl. dort RN 45.

31 2. Zwischen **Raub und Erpressung** besteht für den Regelfall Exklusivität: Nimmt der Täter weg und fehlt es demzufolge am Verfügungswillen des Opfers, so kommt nur Raub in Betracht (vgl. o. 8; and. BGH **7** 254, NStZ **81**, 301, MDR/H **92**, 18, **93**, 1040), der lediglich auf das „äußere Erscheinungsbild" des Nehmens bzw. Gebens abhebt [so auch Schmitt Spendel-FS 581, der dieses Abgrenzungskriterium allerdings auch auf das Verhältnis §§ 242, 263 übertragen will]; dies kann aber immerhin Indiz für die innere Willensrichtung sein: vgl. Rengier JuS **81**, 657; grds. abweich. auf wirksames Einverständnis mit der Gewahrsamsaufhebung Schlehofer aaO 49 ff.; krit. dazu Amelung ZStW **103**, 481). Liegt umgekehrt eine Vermögensverfügung vor, so ist Raub auszuschließen, da angesichts der Verfügung ein Gewahrsamsbruch ausgeschlossen ist (vgl. Eser IV 169 f., aber auch Schmidhäuser II 131 f. bzgl. § 255). Demgegenüber nimmt die auf das Verfügungserfordernis verzichtende Auffassung (o. 8a), wonach konsequenterweise mit § 249 zugleich auch die §§ 253, 255 gegeben sind, Spezialität von § 249 an (RG **4** 432, BGH **14** 387, MDR/H **87**, 281, StV **99**, 369, Kindhäuser NK 87, Schünemann JA 80, 491; vgl. auch Lüderssen GA 68, 257, M-Maiwald I 508). Tateinheit ist denkbar, wenn dasselbe Zwangsmittel zur Wegnahme der einen und zur Herausgabe der anderen Sache führt (vgl. § 255 RN 3). Vgl. auch § 249 RN 2. **Versuchter** Raub tritt hinter eine auf das gleiche Objekt gerichtete vollendete Erpressung nach § 255 zurück; das gleiche gilt für eine versuchte Erpressung gegenüber dem vollendeten Raub (BGH NJW **67**, 60, Mohrbotter GA **68**, 112 ff.). Erreicht jedoch der Täter eines versuchten Raubes sein Ziel durch eine einfache Erpressung, so liegt je nach Sachlage Ideal- oder Realkonkurrenz vor.

32–34 3. Im Verhältnis zum **Diebstahl** gilt, soweit das Dulden der Wegnahme mit anderen Mitteln als denen des Raubes erzwungen wird, das o. 31 Gesagte entsprechend. Die in § 242 geforderte Wegnahme und die für die Erpressung notwendige Vermögensverfügung schließen sich generell aus (M-Maiwald I 504; and. Wimmer NJW 48, 241; vgl. auch § 263 RN 63 f.). Bei der Nötigung *zur Begehung* eines Diebstahls entfällt Erpressung regelmäßig, da die abgenötigte Handlung sich nicht als Vermögensverfügung darstellt. Ausnahmsweise ist jedoch Idealkonkurrenz mit Diebstahl möglich, wenn der Täter eine dem Vermögen des Geschädigten nahestehende Person (zB Gewahrsamsdiener, vgl. o. 6) zur Wegnahme und Herausgabe nötigt (vgl. Schröder ZStW 60, 100, aber auch Otto ZStW 79, 90 ff.; and. Günther SK 18), ferner, wenn dasselbe Zwangsmittel zur Duldung der Wegnahme der einen und zur Herausgabe der anderen Sache führt (Frank VII 2).

4. Zwang zur **Duldung eines anderen Vermögensdelikts** (zB Unterschlagung, Gebrauchsanmaßung, Wilderei) ist idR Nötigung in Tateinheit mit dem betreffenden Delikt, nicht jedoch Erpressung, da in der Duldung nicht ohne weiteres eine Vermögensverfügung gesehen werden kann (Welzel 382; and. Frank VII 2). Über das Verhältnis zur Hehlerei vgl. § 259 RN 42, 62. 35/36

5. Zwischen **Betrug und Erpressung** besteht Idealkonkurrenz, wenn *neben* den durch Drohung hervorgerufenen Vorstellungen Irrtumserregungen über anderweitige, mit dem in Aussicht gestellten Übel nicht zusammenhängende Tatsachen auf die Entschließung eingewirkt haben, so daß die Entschließung teils dem Einfluß der Furcht, teils dem Einfluß der Täuschung zuzuschreiben ist (BGH 9 247, RG 20 330, Lackner LK § 263 RN 330, Schünemann JA 80, 490; vgl. auch Seelmann JuS 82, 915). Ist dagegen die mit der Drohung verbundene Irrtumserregung lediglich darauf gerichtet, die Drohung zu verstärken oder das in Aussicht gestellte Übel in möglichst grellen Licht erscheinen zu lassen, so besteht Einigkeit, daß insoweit jedenfalls keine Idealkonkurrenz vorliegt, der Täter also nicht neben der Erpressung zugleich noch wegen Betrugs bestraft werden darf (RG 20 326, JW 34, 3258, GA Bd. 69 400, BGH 23 294, 11 66, NStZ 85, 408, Schünemann aaO mwN). Strittig ist dabei, ob Betrug schon tatbestandsmäßig ausscheidet (so die freilich nicht immer klare Rspr., vgl. BGH 23 294, RG JW 34, 3258, DR 40, 27 Nr. 9, HRR 41 Nr. 169, ferner mit teils unterschiedl. Begründungen Blei JA 71, 107, Günther ZStW 88, 960, Küper NJW 70, 2253, Otto ZStW 79, 96, W-Hillenkamp 723) oder lediglich infolge Gesetzeskonkurrenz hinter § 253 zurücktritt (so Herzberg JuS 72, 570, Krey II RN 313 ff., Lackner LK § 263 RN 330). Die letztgenannte Auffassung verdient Zustimmung, weil auch in diesen Fällen sämtliche Merkmale des Betrugstatbestandes vorliegen. So fehlt es insbes. nicht bereits an einer Täuschung (and. Otto aaO). Daß sie nur zur Verstärkung der Drohung dient, ändert auch nichts daran, daß die Vermögensverfügung durch den Irrtum *mitbedingt* sein kann (and. Günther aaO, ferner Küper aaO, wonach es an einer in § 263 vorausgesetzten *freiwilligen* Vermögensverfügung fehle). Im übrigen läßt sich nur auf der Basis dieser „Konkurrenzlösung" die kriminalpolitisch vernünftige Annahme von BGH 11 66 begründen, daß ein Gehilfe, der nur von der Täuschung weiß, zwar nicht wegen § 253, wohl aber – wenn die übrigen Voraussetzungen gegeben sind – aus §§ 263, 27 bestraft werden kann. Wer sich durch die falsche Angabe, er werde erpreßt, Geld beschafft, um den angeblichen Erpresser bezahlen zu können, begeht, da er nicht angibt, Einfluß auf das Übel zu haben, nur Betrug (BGH 7 197), auch wenn der Getäuschte das angeblich in Aussicht gestellte Übel selbst zu fürchten hat (vgl. BGH NStZ 96, 435). Wird der Getäuschte mit Gewalt lediglich davon abgehalten, seine Sache zurückzuholen, fehlt es für § 253 an einem weiteren Vermögensschaden; doch ist dann Realkonkurrenz von § 263 und § 240 anzunehmen (BGH MDR/D 75, 23). 37

6. Mit **Vorteilsannahme** kann Idealkonkurrenz vorliegen (vgl. § 331 RN 18, 56). Die abw. Ansicht (Vorrang von § 253: vgl. Bohne SJZ 48, 697) führt zu einer keineswegs berechtigten Privilegierung des Beamten, der seine Forderung auf Entlohnung eines pflichtwidrigen Verhaltens durch zusätzlichen Druck realisiert. 38

7. Bei **Erpressung verschiedener Personen** ist Fortsetzungszusammenhang, sofern aufgrund von BGH 40 138 nicht ohnehin obsolet, auszuschließen (vgl. 31 vor § 52; RG HRR 37 Nr. 981, BGH 5 261, Herdegen LK 32). Auch bei der gleichzeitigen Erpressung mehrerer Personen ist § 253 mehrmals erfüllt (BGH MDR/H 92, 932). Zur Erpressung als strafloser Nachtat (Diebsbeute wird durch Nötigung verteidigt: **Sicherungserpressung**) vgl. 114 vor § 52; BGH StV 86, 530 (dazu aber auch § 252 RN 4), Schünemann JA 80, 490. Nur *eine* – sukzessiv ausgeführte – Tat im Rechtssinne liegt vor, wenn der Täter zwar mehrere Einzelakte vornimmt, um auf die Willensentschließung des Opfers einzuwirken, damit letztlich aber nur die ursprüngliche Drohung durchgehalten wird. Die tatbestandliche Einheit einer solchen Erpressung endet dort, wo der Täter nicht mehr straffbefreiend zurücktreten kann, wie entweder bei vollständiger Zielerreichung oder beim fehlgeschlagenen Versuch (BGH 41 368 [m. Anm. Beulke/Satzger NStZ 96, 432, Puppe JR 96, 513], NJW 98, 620 [m. Anm. Satzger JR 98, 518, Wilhelm NStZ 99, 80]; zum Ganzen vgl. Momsen NJW 99, 982). 39

IX. Zum Schutze von Opfern einer Erpressung ist der **Verfolgungszwang** gelockert (vgl. § 154 c StPO, Nr. 102 RiStBV), was jedoch für das Opfer der Erpressung keinen „Freibrief" für zuvor begangene eigene Straftaten bedeutet (Krause Spendel-FS 557). 40

§ 254 [Schwere Erpressung] *gestrichen 1943*

§ 255 Räuberische Erpressung

Wird die Erpressung durch Gewalt gegen eine Person oder unter Anwendung von Drohungen mit gegenwärtiger Gefahr für Leib oder Leben begangen, so ist der Täter gleich einem Räuber zu bestrafen.

1 I. Die Vorschrift enthält eine **Qualifizierung der Erpressung** (Kindhäuser NK 1), indem sie bei Einsatz der Nötigungsmittel des Raubes den Erpresser einem Räuber gleichstellt.

2 II. Die Erpressung muß durch **Gewalt gegen eine Person** (dazu allg. § 249 RN 4 sowie BGH 18 75) oder unter Anwendung von (uU auch nur konkludenten: vgl. BGH wistra **94**, 225) **Drohungen mit gegenwärtiger Gefahr für Leib oder Leben** (dazu allg. 30 ff. vor § 234, § 34 RN 12 ff., § 249 RN 5) begangen werden. Für Gewalt muß es sich also um eine unmittelbar oder mittelbar gegen den Körper gerichtete Gewalt handeln, die nicht völlig unerheblich ist (BGH **16** 318; vgl. auch BGH 18 75, Herdegen LK 2; ähnl. M-Maiwald I 508; and. Frank II 2, nach dem nur die unmittelbare Gewalt gegen eine Person unter § 255 fällt). Jedoch kommt hier, anders als in § 249, nur vis compulsiva in Betracht (vgl. § 253 RN 3). Zur Gegenwärtigkeit der Gefahr bei Drohung vgl. BGH LM **Nr. 5**, StV **82**, 517, **99**, 377 [m. krit. Anm. Kindhäuser/Wallau u. Zaczyk JR 99, 343], NJW **89**, 176, 1289, **94**, 1166 [m. krit. Anm. Schmidt JuS 94, 892], **97**, 265 [m. Anm. Joerden JR 99, 120], NStZ **96**, 494, NStZ-RR **98**, 135. Hinsichtlich des Nötigungsadressaten gilt Gleiches wie bei § 253 (vgl. dort RN 6, BGH NStZ **85**, 408); insofern kann sich die Gewalt oder die angedrohte Gefahr auch gegen *Dritte* richten (vgl. 19, 27 vor § 234, ferner BGH NStZ **86**, 166, **87**, 222). Bei einem Banküberfall ist die Drohung auch dann für die Herausgabe des Geldes ursächlich, wenn der Kassierer es lediglich aufgrund einer bankinternen Anweisung herausgibt (BGH NStE Nr. 2). Ein Irrtum des Täters darüber ist unbeachtlich (BGH NStZ **90**, 176; vgl. § 15 RN 56). An der Kausalität fehlt es auch dann nicht, wenn das Opfer zwar auf den Rat der Polizei hin zahlt, dabei aber die Furcht vor der Verwirklichung der Drohung mitbestimmend bleibt (BGH NJW **97**, 266 f.). Vgl. auch § 253 RN 7.

3 III. **Idealkonkurrenz** ist möglich mit §§ 211 f. (RG **44** 344), mit §§ 223 ff. (BGH MDR/H **83**, 793) und mit § 181 (BGH NStE Nr. 2 zu § 181), während die Plünderung oder Beschädigung von Sachen nach § 125 a Nr. 4 zurücktritt (vgl. dort RN 24). Dagegen schließen sich Raub und Erpressung bereits tatbestandlich aus, da die Erpressung eine Vermögensverfügung verlangt, die ihrerseits das Vorliegen einer Wegnahme ausschließt (vgl. § 249 RN 2, § 253 RN 8 f., 31; zu versuchtem § 255 als mitbestrafte Vortat von vollendetem Raub vgl. BGH StV **82**, 114; zum Verhältnis von vollendetem § 255 zu versuchtem § 250 vgl. BGH NStZ **99**, 406). Ausnahmsweise kommt aber Idealkonkurrenz in Betracht, so wenn der Täter zur Duldung der Wegnahme und außerdem zu einer Handlung, namentlich zur Herausgabe noch anderer Sachen nötigt (RG **55** 240, BGH LM **Nr. 17** zu § 73) oder sich die Taten sonst auf unterschiedliche Gegenstände beziehen (BGH **32** 92 m. krit. Anm. Jakobs JR 84, 387). Zum Verhältnis zu § 252 vgl. BGH StV **82**, 114, Seier NJW 81, 2152 ff. sowie zu Ausschlußtaten vor Beendigung der räuberischen Erpressung BGH NStZ **84**, 409, NStE Nr. 1 bzw. MDR/H **84**, 981. **Wahlfeststellung** zwischen §§ 255, 249 ist möglich (BGH **5** 280, NStZ **84**, 506, womit aber BGH **14** 387 kaum vereinbar ist): vgl. § 1 RN 71.

4 IV. Der Täter ist **gleich einem Räuber zu bestrafen**. Das bedeutet, daß die §§ 249, 250, 251 entsprechend anzuwenden sind (RG **55** 242), einschließlich der *Milderungs*möglichkeit nach § 249 II bzw. § 250 III (vgl. BGH StV **81**, 547, **82**, 575, Kindhäuser NK 8), nicht aber § 252. Auch hier kann nach § 256 auf *Führungsaufsicht* erkannt werden.

§ 256 Führungsaufsicht, Vermögensstrafe und Erweiterter Verfall

(1) In den Fällen der §§ 249 bis 255 kann das Gericht Führungsaufsicht anordnen (§ 68 Abs. 1).

(2) In den Fällen der §§ 253 und 255 sind die §§ 43 a, 73 d anzuwenden, wenn der Täter als Mitglied einer Bande handelt, die sich zur fortgesetzten Begehung solcher Taten verbunden hat. § 73 d ist auch dann anzuwenden, wenn der Täter gewerbsmäßig handelt.

Vorbem. Abs. 2 eingefügt durch das VerbrechensbekämpfungsG v. 28. 10. 1994 (BGBl. I 3186).

1 I. Über die Voraussetzungen und Grenzen der hier für alle Tatbestände des Raubes und der Erpressung zugelassenen **Führungsaufsicht (Abs. 1)** vgl. im einzelnen die §§ 68 ff.

2 II. Der durch das VerbrechensbekämpfungsG eingefügte **Abs. 2** ermöglicht bei *gewerbsmäßiger* Begehung von § 253 oder § 255 den **Erweiterten Verfall** (§ 73 d) sowie bei *bandenmäßiger* Begehung auch die **Vermögensstrafe** (§ 43 a), um auf diese Weise der organisierten Kriminalität, wie gerade für Schutzgelderpressung typisch (König/Seitz NStZ 95, 3), die finanziellen Ressourcen zu entziehen (vgl. BT-Drs. 12/6853, S. 20, 27). Zu Einzelheiten vgl. die §§ 43 a, 73 d.1

Einundzwanzigster Abschnitt. Begünstigung und Hehlerei

Vorbemerkungen zu den §§ 257 ff.

Schrifttum: Beling, Hehlerei und Begünstigung, VDB VII, 1. – *Furtner,* Verhältnis von Beihilfe und Begünstigung, MDR 65, 431. – *Geerds,* Begünstigung und Hehlerei, GA 88, 243. – *Hruschka,* Hehlerei und sachliche Begünstigung, JR 80, 221. – *Köhler,* Begünstigung und Hehlerei, GS 61, 44. – *Miehe,* Die Schutzfunktion der Strafdrohungen gegen Begünstigung und Hehlerei, Honig-FS 91. – *Rehberg,* Hehlerei und Begünstigung, Handwörterbuch der Kriminologie, 1. Band (1966) 373. – *Schröder,* Begünstigung und Hehlerei, Rosenfeld-FS 161. – *ders.,* Die Rechtsnatur der Begünstigung und Hehlerei, MDR 52, 68. – *Seel,* Begünstigung und Strafvereitelung durch Vortäter und Vortatteilnehmer, StrAbh. NF 115 (Diss. Heidelberg 1998). – *Stree,* Begünstigung, Strafvereitelung und Hehlerei, JuS 76, 137.

I. Die **Tatbestände** des 21. Abschnitts sind durch das EGStGB erheblich **umgestaltet** worden. Vgl. im einzelnen 19. A. Ferner sind durch Art. 1 Nr. 17, 18 OrgKG neue Hehlereiqualifikationen u. durch Art. 1 Nr. 19 OrgKG die Vorschrift über Geldwäsche (§ 261) eingefügt worden. Die Vorschrift über Geldwäsche ist dann durch das VerbrechensbekämpfungsG v. 28. 10. 1994, BGBl. I 3186, und Ges. v. 4. 5. 1998, BGBl I 845, erheblich verändert worden. 1

II. Die jetzige Gesetzesfassung der §§ 257, 258, 259 läßt zT klarer als früher erkennen, welche **Rechtsgüter** in den einzelnen Vorschriften geschützt werden. Unergiebig für die Erkenntnis, welchen Rechtsgütern Schutz zuteil wird, ist allerdings die Zusammenfassung der Vorschriften in einem Abschnitt. Diese Zusammenfassung, die sich nur aus der geschichtlichen Entwicklung erklären läßt, ist aus gesetzestechnischen Gründen beibehalten worden. Als Gemeinsamkeit läßt sich allenfalls der Umstand werten, daß Anschlußtaten eine rechtswidrigen Tat erfaßt werden und, da solche Taten dem Vortäter nützlich sind, ihre Strafbarkeit mittelbar dazu dient, die Vortaten einzudämmen (vgl. § 257 RN 1, § 258 RN 1, § 259 RN 3, § 261 RN 1). Trotz etlicher Verbesserungen der Tatbestände läßt sich bezweifeln, ob alle Änderungen sachgemäß sind. Erhebliche Bedenken bestehen zB gegen die Ausgestaltung der Strafvereitelung als Erfolgsdelikt (vgl. Lenckner Schröder-GedS 342 ff.). Überaus fragwürdig ist zudem die unterschiedliche Behandlung der Sicherung der durch die Vortat erlangten Vermögensvorteile. Unterliegen diese dem Verfall, so greift § 258 ein; andernfalls ist § 257 maßgebend. Die hiermit verbundenen Abweichungen bei der strafrechtlichen Ahndung entsprechen schwerlich sachgemäßen Erfordernissen (vgl. § 258 RN 15). Unbefriedigend ist ferner die Regelung des § 257 III 2 (vgl. § 257 RN 33). Der Vortäter, der einen an der Vortat Nichtbeteiligten zur Absatzhilfe anstiftet, macht sich nicht zusätzlich wegen Anstiftung zur Hehlerei strafbar (vgl. § 259 RN 58), wohl aber nach § 257 III 2 wegen Anstiftung zur Begünstigung, weil die Absatzhilfe dazu dient, ihm den Vorteil seiner Tat zu sichern. Daß für die Anstiftung zur Begünstigung etwas anderes zu gelten hat als für die Anstiftung zur Hehlerei, läßt sich weder kriminalpolitisch noch dogmatisch überzeugend begründen. Zu bemängeln ist außerdem noch das Fehlen einer besonderen Rücktrittsvorschrift für die Begünstigung (vgl. Stree JuS 76, 139). Im übrigen ist zu bedauern, daß die einzelnen Vorschriften zu wenig miteinander harmonieren. So fragt man sich zB, weshalb die gewerbsmäßige Bandenhehlerei (§ 260 a) ein Verbrechen ist, dagegen nicht die gewerbs- u. bandenmäßige Geldwäsche. 2

III. Die Tatbestände des 21. Abschnitts setzen eine rechtswidrige **Vortat** iSv § 11 I Nr. 5 voraus, die mit Ausnahme der Geldwäsche (seit 1998) von einem anderen, dem Vortäter, begangen worden ist. Die Abhängigkeit von einer Vortat hat man vielfach als „**Akzessorietät**" bezeichnet und daraus Folgerungen abgeleitet, die zu Angleichungen an die Teilnahmevorschriften geführt haben (vgl. BGH 1 49). Solche Schlüsse sind indes verfehlt. Akzessorietät bedeutet das Abhängigsein von einer anderen Tat in dem Sinn, daß der Täter für die Verursachung der anderen Tat haftet, deren Unwert also auch ihm zugerechnet wird. Davon kann weder bei der Begünstigung und der Strafvereitelung noch bei der Hehlerei die Rede sein, ebensowenig bei der Geldwäsche. Diese Delikte weisen ein eigenständiges Unrecht auf; auch wenn die zu erwartende nachfolgende Hilfe einen Anreiz zur Verübung der Vortat bieten kann (vgl. etwa für die Hehlerei § 259 RN 3, § 260 RN 1), haben Begünstiger, Hehler usw. nicht für das Unrecht der Vortat einzustehen. Dementsprechend berechtigt die gemeinschädliche Zunahme der jeweiligen Vortat nicht dazu, die Strafe für Begünstigung usw. aus generalpräventiven Gründen zu schärfen (Bay StV **88**, 530). 3

IV. Enge **Berührungspunkte** bestehen **zwischen Begünstigung** und **Hehlerei.** Bei der Begünstigung liegt das Entscheidende darin, daß der Begünstiger auf die Sicherung der aus der Vortat erlangten Vorteile gegen Entziehung hinwirkt; für die Hehlerei ist maßgebend die Aufrechterhaltung der rechtswidrigen Besitzlage durch Verschiebung der aus der Vortat erlangten Beute in die zweite Hand. Überschneidungen sind ohne weiteres möglich, etwa bei der Absatzhilfe. Diese kann aber auch nur Begünstigung oder nur Hehlerei sein. Sie stellt allein eine Begünstigung dar, wenn es dem Täter nur auf die Vorteilssicherung ankommt, er also nicht bezweckt, sich oder einen anderen mittels der Tat zu bereichern. Dagegen erfüllt sie ausschließlich den Hehlereitatbestand, wenn der Täter in Bereicherungsabsicht handelt, nicht jedoch eine Vorteilssicherung ins Auge gefaßt hat. Sind sowohl die Voraussetzungen des § 257 als auch die des § 259 gegeben, so ist Idealkonkurrenz zwischen beiden Vorschriften anzunehmen. 4

5   Aber auch sonst ist zwischen den im 21. Abschnitt erfaßten Delikten **Tateinheit** möglich. So kann Begünstigung außer mit Hehlerei noch mit Strafvereitelung und Geldwäsche in Tateinheit stehen. Die Geldwäsche kann zudem mit Strafvereitelung und Hehlerei eine Tateinheit bilden.

§ 257 Begünstigung

(1) **Wer einem anderen, der eine rechtswidrige Tat begangen hat, in der Absicht Hilfe leistet, ihm die Vorteile der Tat zu sichern, wird mit Freiheitsstrafe bis zu fünf Jahren oder mit Geldstrafe bestraft.**

(2) **Die Strafe darf nicht schwerer sein als die für die Vortat angedrohte Strafe.**

(3) **Wegen Begünstigung wird nicht bestraft, wer wegen Beteiligung an der Vortat strafbar ist. Dies gilt nicht für denjenigen, der einen an der Vortat Unbeteiligten zur Begünstigung anstiftet.**

(4) **Die Begünstigung wird nur auf Antrag, mit Ermächtigung oder auf Strafverlangen verfolgt, wenn der Begünstiger als Täter oder Teilnehmer der Vortat nur auf Antrag, mit Ermächtigung oder auf Strafverlangen verfolgt werden könnte. § 248 a gilt sinngemäß.**

Schrifttum: Bockelmann, Über das Verhältnis der Begünstigung zur Vortat, NJW 51, 620. – *Furtner,* Verhältnis von Beihilfe und Begünstigung, MDR 65, 431. – *Hergt,* Zur Theorie der Begünstigung, GS 76, 298. – *Lenckner,* Das Zusammentreffen von strafbarer und strafloser Begünstigung, JuS 62, 302. – *Müller,* Straflose Teilnahme des Vortäters an der Begünstigung, GA 58, 334. – *Schröder,* Die Koordinierung der drei Begünstigungstatbestände, NJW 62, 1037. – *Vogler,* Die Begünstigungshandlung, Dreher-FS 405. – *Weisert,* Der Hilfeleistungsbegriff bei der Begünstigung, StrAbh. NF 119 (Diss. Heidelberg 1998).

1   I. Die Vorschrift erfaßt die **sachliche Begünstigung** iSv § 257 aF. Ihr Zweck besteht darin, der auf Sicherung der Tatvorteile gerichteten Unterstützung eines Täters nach der Tat entgegenzutreten, diesen dadurch zu isolieren und somit die Rentabilität einer Straftat zu erschweren (vgl. Amelung JR 78, 231, Miehe Honig-FS 104 f., Vogler aaO 413). Mit der nachträglichen Unterstützung will der Begünstiger verhindern, daß der dem Gesetz entsprechende Zustand wiederhergestellt wird (vgl. RG 54 134, **55** 19, **58** 292, BGH **2** 363, **24** 167 m. Anm. Maurach JR 72, 70, NStZ 87, 22, NStZ-RR 99, 185). Die Begünstigung ist hiernach Restitutionsvereitelung (Schröder Rosenfeld-FS 165). Ihr Wesen ist dementsprechend als Hemmung der Rechtspflege gekennzeichnet worden (vgl. RG **76** 32, BGH **24** 167, **36** 280). Da jedoch die Rechtspflege allein in ihrer Aufgabe, die Wirkungen der Vortat zu beseitigen oder wenigstens zu mildern (vgl. BGH **36** 280), betroffen ist und ihr bei Wiederherstellung des gesetzmäßigen Zustands nur eine ausführende Rolle zukommt, trifft die Beurteilung der Begünstigung als Angriff auf die Rechtspflege, die ihrerseits dann geschütztes Rechtsgut sein soll, nicht genau den Kern der Sache. § 257 soll vielmehr die Rechtsordnung als Ganzes und ihre auf Restitution gerichtete Forderung schützen (Schröder Rosenfeld-FS 165, MDR **52**, 70; and. Samson SK 4). Zugleich dient sie, soweit die Restitutionsvereitelung Individualinteressen berührt, nämlich Ansprüche die durch die Vortat Verletzten auf Wiederherstellung des früheren Zustands, dem Schutz des Einzelnen (vgl. Lackner/Kühl 1, Tröndle/Fischer 2 vor § 257, Ruß LK 2).

2   Demgegenüber soll sich nach Binding Lehrb. 2 S. 642, Bockelmann NJW 51, 621, Welzel 393 die Begünstigung gegen das Vermögen richten. Zu dieser Ansicht neigt auch BGH **23** 361 (and. jedoch derselbe Senat in BGH **24** 167). Die Auffassung ist jedoch zu eng und entspricht nicht dem gesetzgeberischen Willen. Der Gesetzgeber hat bewußt die Begünstigung als Hilfe zur Sicherung einer rechtswidrige Tat abgehoben, wie in § 259 – auf eine gegen fremdes Vermögen gerichtete Tat abgehoben. Er hat auch Vortaten, die keinen Angriff auf das Vermögen enthalten, für ausreichend erachtet und die Vorteile, deren Sicherung der Begünstiger erstrebt, nicht auf Vermögensvorteile beschränkt wissen wollen (vgl. BT-Drs. 7/ 550 S. 248, E 62 Begr. 460). Nach Frank I verletzt die Begünstigung dasselbe Rechtsgut wie die Vortat. Eine solche Ansicht erfaßt jedoch den Sinngehalt der Vorschrift nur unvollkommen, wie das in der Begr. 460 zum E 62 gebrachte Beispiel der Sicherung einer mittels Urkundenfälschung erschlichenen Approbation als Arzt zeigt. Zu einer modifizierten Teilnahmekonstruktion kehrt Miehe Honig-FS 105 zurück. Nach seiner Ansicht soll die Strafbestimmung gegen Begünstigung bewirken, daß der Vortäter nicht auf die häufig nötige Hilfe nach Tatbegehung rechnen kann. Diese auf mittelbaren Rechtsgüterschutz abstellende Auffassung wird indes der Eigenständigkeit der Begünstigung erstrebten Eingriffs in die Rechtsordnung nicht gerecht (ebenso Vogler aaO 414). Wohl aber trägt sie dazu bei, den Zweck, der hinter dem Rechtsgüterschutz des § 257 steht, zu erhellen.

3   II. Begünstigung ist Unterstützung eines Täters nach der Tat. Sie muß sich auf eine bereits begangene rechtswidrige Tat **(Vortat)** beziehen. Diese ist Tatbestandsmerkmal, nicht bloße Strafbarkeitsbedingung (and. Bockelmann NJW 51, 623; gegen ihn Schröder Kern-FS 466 Anm. 26, 29).

4   1. Bei der Vortat muß es sich um eine **rechtswidrige Tat** iSv § 11 I Nr. 5 handeln. Sie muß wider das Recht den objektiven Tatbestand eines Strafgesetzes verwirklicht haben und sich damit objektiv als kriminelles Geschehen erweisen; eine Ordnungswidrigkeit genügt nicht. Soweit eine Strafvorschrift subjektive Tatbestandsmerkmale aufweist, müssen auch sie erfüllt sein. Ferner ist bei Taten, die nur bei vorsätzlichem Handeln unter ein Strafgesetz fallen, Vorsatz erforderlich; Fahrlässigkeit reicht allein bei Taten aus, bei denen auch fahrlässiges Verhalten mit Strafe bedroht ist. Diese Anforderungen

an die Vortat sind unabhängig davon, wo Vorsatz und Fahrlässigkeit im Verbrechensaufbau systematisch einzuordnen sind. Sie ergeben sich bereits daraus, daß das Gesetz die beiden Formen der Herbeiführung eines widerrechtlichen Zustands verschieden bewertet und fahrlässiges Verhalten nur in bestimmten Fällen als kriminelles Geschehen beurteilt. Andererseits kommt es auf die Schuldfähigkeit des Vortäters nicht an. Auch ein Kind oder ein Geisteskranker kann begünstigt werden. Unerheblich ist ebenfalls, ob der Vortäter in einem unvermeidbaren Verbotsirrtum gehandelt hat, seine Tat entschuldigt ist, ein persönlicher Strafausschließungsgrund vorgelegen hat oder ob die Tat im Vollrausch begangen worden ist. Ebensowenig entfällt die Voraussetzung einer rechtswidrigen Tat deswegen, weil diese als straflose Nachtat beurteilt wird, zB der gesicherte Vorteil aus einer Unterschlagung im Gefolge einer Untreue stammt.

2. Ohne Bedeutung ist die **Art der Vortat.** Einschränkungen, nach denen die Vortat eine rechtswidrige Vermögenslage geschaffen haben muß (vgl. etwa Welzel 393), entsprechen nicht dem Sinn des § 257. Entscheidend ist allein, daß es sich um eine vom Strafgesetz erfaßte Tat handelt, die dem Vortäter (irgend) einen Vorteil eingebracht hat, der ihm nach der Rechtsordnung nicht zusteht (vgl. BT-Drs. 7/550 S. 248, Stree JuS 76, 137 f.). In Betracht kommen neben Vermögensdelikten ua Verwahrungsbruch (vgl. RG **55** 19), Münzdelikte, Kindesentziehung, Entführungsdelikte, Urkundenfälschung (vgl. E 62 Begr. 460), Bestechung. Unerheblich ist, ob der Begünstiger selbst die Tat (als Täter) begehen kann (Sonderdelikte) oder ob der Begünstigte Täter oder Teilnehmer der Vortat gewesen ist.

3. Vortat kann nur eine bereits **begangene Tat** sein. Das schließt an sich nicht aus, daß die Begünstigung an einen Tatversuch anknüpft (vgl. RG **50** 220, **53** 284). Er muß aber dem Täter bereits einen Vorteil eingebracht haben, dessen Sicherung nunmehr erstrebt wird. Hieran wird es in den meisten Fällen einer Hilfe vor Tatvollendung fehlen. Soweit sich die Hilfe noch auf die Tatbegehung auswirkt, kommt Teilnahme, nicht Begünstigung in Betracht. Das ist nicht nur bei Hilfeleistungen der Fall, die der Tatvollendung dienen, sondern auch, wenn die Wirkung einer auf die spätere Vorteilssicherung gerichteten Unterstützung schon bei der Tat eintritt. Wer einem Täter hilft, das Entstehen von Tatspuren zu verhindern, die auf den Verbleib der Beute deuten, ist Gehilfe, ebenso, wer ihm vor der Tat eine detaillierte Skizze für ein Beuteversteck aushändigt (vgl. u. 7). Beihilfe leistet zumeist auch, wer vor der Tat die spätere Vorteilssicherung zusagt (vgl. BGH wistra **94**, 94).

Das Erfordernis der Vortat bedeutet jedoch nicht, daß die auf Vorteilssicherung zielende Hilfeleistung erst nach einer begangenen Tat vorgenommen sein muß. Es kommt nicht auf den Zeitpunkt der Begünstigungshandlung an, sondern darauf, daß sie keinerlei Auswirkungen auf die Tat als solche hat, ihr vielmehr allein Bedeutung für eine Restitutionsvereitelung zufällt (and. Class Stock-FS 117; vgl. auch Schaffstein Honig-FS 183 f.). Erforderlich ist also nur, daß sich die Hilfe erst nach der Tat auswirkt. Begünstigung liegt daher vor, wenn jemand dem Täter vor oder während der Tat einen Brief mit genauen Angaben über ein Versteck für die Beute zusendet, wenn der Täter erst nach der Tat hiervon Kenntnis erlangt und nunmehr das Versteck benutzt. Bei vorheriger Kenntniserlangung wird sich die Hilfe idR ähnlich wie die Zusage späterer Unterstützung als psychische Beihilfe darstellen. Ist das jedoch nicht der Fall, so ist die Hilfeleistung als Begünstigung zu beurteilen, weil ihre Auswirkungen ausschließlich in die Zeit nach der Tat fallen.

Überschneidungen sind denkbar, wenn ein Delikt vollendet, aber noch nicht beendet ist (vgl. RG **58** 14, **73** 333), vorausgesetzt, Beihilfe bis zur Tatbeendigung ist rechtlich möglich (vgl. § 27 RN 17); wer dies verneint, kann eine Hilfeleistung nach Tatvollendung nur als Begünstigung beurteilen (vgl. Ruß LK 5, Wessels/Hillenkamp RN 804, auch Isenbeck NJW 65, 2326). Die hM läßt die Willensrichtung des Hilfeleistenden entscheiden. Will er die Vortat beenden helfen, so soll Teilnahme vorliegen; will er den Effekt des § 257 herbeiführen, so soll Begünstigung anzunehmen sein (vgl. BGH **4** 133, VRS **16** 267, Köln NJW **90**, 588, Baumann JuS 63, 54). Diese Abgrenzung überzeugt jedoch nicht. Soweit sich die Unterstützung noch bis zur Tatbeendigung auswirkt, kann der Hilfeleistende, der sich dieser Auswirkung bewußt ist oder sie jedenfalls in Kauf nimmt, nicht deswegen von der gegenüber der Beihilfe wegen Begünstigung strengeren Haftung wegen Beihilfe verschont bleiben, weil er eine Vorteilssicherung anstrebt (vgl. auch Furtner MDR 65, 431, Laubenthal Jura 85, 633, M-Maiwald II 437, Vogler aaO 417). Ob er etwa beim Spurenverwischen (vgl. o. 6) noch vor Tatvollendung oder zwischen Vollendung und Beendigung der Tat hilft, kann keinen Unterschied in der strafrechtlichen Haftung begründen. Dahinstehen mag, ob neben der Beihilfe tatbestandlich auch eine Begünstigung vorliegt; zumindest ist eine Bestrafung wegen Begünstigung ausgeschlossen (vgl. u. 31). Entsprechendes gilt bei Dauerdelikten (and. hM, die auch hier auf die Willensrichtung des Hilfeleistenden abstellt; vgl. RG **58** 14, Ruß LK 6, Welzel 394). Die zT vertretene Ansicht, zwischen Beihilfe und Begünstigung könne auch Idealkonkurrenz bestehen (vgl. RG **58** 14, Furtner MDR 65, 431), ist auf Grund des § 257 III überholt.

4. Setzt ein Strafgesetz eine **objektive Strafbarkeitsbedingung** voraus, so ist der Zeitpunkt ihres Eintritts ohne Bedeutung für die Frage, ob die Hilfe nach der Tatbegehung geleistet worden ist und somit Begünstigung vorliegt (vgl. Stree JuS 65, 474, Jakobs 340, Jescheck/Weigend 560). Der Täter eines Konkursdelikts kann zB bereits begünstigt werden, ehe er seine Zahlungen eingestellt hat oder über sein Vermögen das Konkursverfahren eröffnet worden ist (vgl. § 283 RN 65). Die Ahndung der Begünstigungstat ist jedoch erst mit Eintritt der objektiven Strafbarkeitsbedingung zulässig.

10 5. **Unerheblich** für das Vorliegen einer Begünstigung ist die **Verfolgbarkeit des Vortäters**. Ist die Vortat nur auf Antrag verfolgbar, so ist für die Begünstigung bedeutungslos, ob Strafantrag gestellt worden ist. Eine Begünstigung ist auch noch möglich, wenn der Antragsberechtigte bereits auf den Antrag verzichtet hat oder die Antragsfrist hat verstreichen lassen. Nur für die Verfolgung der Begünstigung bedarf es uU eines hierauf gerichteten Strafantrags (vgl. u. 37 f.). Ferner kommt es nicht darauf an, ob die Vortat wegen Verjährung oder auf Grund eines StFG nicht (mehr) verfolgt werden kann. Der Vortäter kann auch nach Verbüßung seiner Strafe noch begünstigt werden, so zB, wenn die versteckte Beute zuvor nicht gefunden worden ist und jemand nach der Strafverbüßung dabei hilft, eine drohende Entdeckung zu verhindern. Ebensowenig steht die Einstellung des Verfahrens gegen den Vortäter (zB nach § 153 StPO) einer nachfolgenden Begünstigung entgegen.

11 6. Fraglich kann sein, ob die **Vortat der deutschen Strafverfolgung unterliegen muß**. Die Frage ist zu verneinen, soweit die Vortat Individualrechtsgüter beeinträchtigt (and. Samson SK 14). Da die Begünstigung in einem solchen Fall ebenfalls Individualinteressen berührt (vgl. o. 1), scheidet eine Einschränkung nach allgemeinen Grundsätzen aus (vgl. 15, 22 vor § 3). Erforderlich ist aber immer, daß die Vortat den o. 4 genannten Voraussetzungen entspricht. Eine Auslandsstraftat, die nach inländischem Recht eine Ordnungswidrigkeit darstellt, ist keine hinreichende Vortat. Eine Einschränkung ist dagegen geboten, soweit die Begünstigung Vorteile sichert, deren Entziehung ausschließlich aus staatlichen Interessen erfolgt. Insoweit gehört der Schutz ausländischer Interessen nicht zur Aufgabe der deutschen Strafrechtspflege (vgl. 16 ff. vor § 3), so daß in diesem Rahmen bei einer Vortat, die der deutschen Strafverfolgung nicht unterliegt, die Voraussetzungen des § 257 nicht erfüllt (and. Tröndle/Fischer 3, Ruß LK 9: unbeachtlich, ob die Vortat der inländischen Strafgewalt eine rechtliche Verfolgungsgrundlage bietet).

12 7. Die **Vortat** muß **tatsächlich begangen** worden sein. Obwohl die Begünstigung mit dem Erfordernis der Begünstigungsabsicht ins Subjektive verlagert ist, genügt nicht die irrtümliche Annahme einer rechtswidrigen Vortat (vgl. RG 50 218, Bay JZ 73, 385 sowie u. 15). Es bedarf allerdings nicht der Feststellung einer bestimmten Vortat; es reicht die Feststellung aus, daß von mehreren möglichen rechtswidrigen Taten, die dem § 257 entsprechen, vorgelegen hat (RG 58 291, BGH MDR/D 69, 194). Nicht erforderlich ist, daß die Voraussetzungen einer die Bestrafung des Begünstigten zulassenden Wahlfeststellung gegeben sind (Ruß LK 7).

13 8. Das die Begünstigung beurteilende Gericht hat das Vorliegen einer rechtswidrigen **Vortat selbständig zu prüfen** (vgl. RG 58 290, BGH MDR/D 69, 194). So ist es zB trotz Freispruchs des Vortäters nicht gehindert, eine rechtswidrige Vortat festzustellen und eine Strafe wegen Begünstigung zu verhängen. Das gilt auch, wenn die Begünstigung erst nach Freispruch des Vortäters vorgenommen worden ist. Umgekehrt kann das Gericht trotz rechtskräftiger Verurteilung des Vortäters zu dem Ergebnis gelangen, daß eine rechtswidrige Vortat nicht feststellbar ist. Entsprechendes gilt für den Fall der Aburteilung des Begünstigers vor dem Vortäter; das gegen den Begünstiger ergangene Urteil bindet nicht das den Vortäter aburteilende Gericht.

14 9. Als rechtswidrige Tat iSv § 11 I Nr. 5 muß die Vortat nicht nur zZ der Begünstigungshandlung, sondern auch noch bei deren Aburteilung zu beurteilen sein. Zwar kommt der Begünstigung als Restitutionsvereitelung ein eigenständiger Unrechtsgehalt gegenüber der Vortat zu; dieser bleibt aber mit dem auf die Vortat fallenden Makel eng verbunden. Das Erfordernis einer rechtswidrigen Tat als Vortat läßt erkennen, daß nur die Sicherung solcher Vorteile, deren Erlangung mit einem besonderen Makel behaftet ist, als kriminelles Fehlverhalten einzustufen ist. Wird aber der Vortat der besondere Makel durch eine Gesetzesänderung genommen, so muß sich das auch auf die Sicherung der mittels dieser Vortat erlangten Vorteile auswirken. Vgl. dazu auch BGH 14 156 m. Anm. Dreher NJW 60, 1163 zur persönlichen Begünstigung iSv § 257 aF. Ist die Strafandrohung für die Vortat vor Aburteilung der Begünstigungshandlung gemildert worden, so ist das entspr. § 2 III im Rahmen der Straflimitierung nach Abs. 2 zu berücksichtigen.

15 III. Die Tathandlung besteht darin, daß dem Vortäter **Hilfe geleistet** wird. Welcher Art die Hilfe sein muß, ergibt sich aus dem weiteren Erfordernis, daß die Hilfe in der Absicht geleistet sein muß, dem Vortäter die Vorteile der Tat zu sichern. Dementsprechend muß es sich um eine der Vorteilssicherung angepaßte Hilfe handeln. Bestritten ist, ob die subjektive Tendenz des Täters, die Vorteile zu sichern, ausreicht (vgl. zum Beistandleisten iSv § 257 aF RG 50 366, Welzel 394, 519, ferner RG 66 324) oder ob eine objektive Qualität der Handlung zu fordern ist, sei es eine tatsächliche Verbesserung der Lage des Vortäters (so für § 257 aF zB RG 63 241, 76 34, BGH 2 376, Frank V), sei es die objektive Eignung der Handlung, den Vortäter günstiger zu stellen (so Tröndle/Fischer 6, Lackner/Kühl 3, Ruß LK 13 und für § 257 aF RG 36 77, 58 15, 76 123, BGH 4 224, NJW 71, 526, Geerds v. Hentig-FS 137). Die Ansicht, es genüge ein Verhalten mit bloßer Hilfstendenz, dehnt den Tatbestand unangemessen aus, weil sie auch völlig ungefährliche Handlungen erfaßt. Allein das mit einer Handlung verbundene Streben nach Vorteilssicherung verdient noch keine Strafe. Das zeigt sich schon darin, daß eine Vortat, die dem Vortäter einen Vorteil eingebracht hat, tatsächlich vorgelegen haben muß. Da der Begünstigungsversuch nicht unter Strafe gestellt ist, bleibt auch nach der Ansicht, die bloße Hilfstendenz genüge für die Hilfeleistung, der Hilfeleistende straflos, der in der irrtümlichen Meinung, eine solche Vortat sei gegeben, eine auf Vorteilssicherung angelegte Hilfe erbringt. Ein kriminalpolitisches Bedürfnis, jedenfalls die demgegenüber keineswegs gefährlichere untaugliche Hilfeleistung als Begünstigung zu bestrafen, besteht nicht. Denn für das Strafbedürfnis kann es keinen entscheidenden Unterschied begründen, ob die Ungefährlichkeit der Hilfeleistung aus dem Fehlen einer Vortat oder eines erlangten Vorteils hervorgeht oder daraus, daß der erlangte Vorteil zZ der Hilfeleistung nicht mehr vorhanden oder die Hilfeleistung sonst zur Vorteilssicherung ungeeignet ist. Andererseits läßt sich das Merkmal der Hilfeleistung aber auch nicht auf eine tatsächliche Verbesserung der Lage des Vortäters beschränken. Die Begünstigung ist nicht zu einem Erfolgsdelikt ausgestaltet worden. Hilfe erhält der Vortäter bereits mit einer Handlung, die objektiv geeignet ist, ihm die Vorteile seiner Tat zu sichern. Wegen der objektiven Gefährlichkeit einer solchen Unterstützung für die geschützten Rechtsgüter (vgl. o. 1) ist eine strafrechtliche Ahndung zudem kriminalpolitisch geboten. Demgemäß ist der Ansicht zuzustimmen, die eine objektive Eignung der Hilfeleistung fordert, vom Erfordernis einer tatsächlichen Besserstellung des Vortäters jedoch absieht. Vgl. zum Ganzen auch Vogler aaO.

1. Beispiele für Hilfeleistung: Mitwirken beim Verbergen geraubter Sachen, Aufbewahren des 16 Diebesgutes, Unkenntlichmachen gestohlener Sachen wie Umlackieren eines Kraftfahrzeugs, Verarbeiten gestohlener Stoffe (vgl. RG 26 120), falsche Angaben über den Aufenthaltsort erbeuteter Sachen (vgl. RG 54 41), deren Verheimlichen oder sonstige Irreführungen bei Ermittlungen, Hilfeleistung bei Zulassung eines gestohlenen Kraftfahrzeugs (BGHR § 260 gewerbsmäßig 2), Abheben eines Geldbetrags vom gestohlenen Sparbuch (RG 39 236; vgl. dazu u. 24), Mitwirken beim Absatz der Beute (BGH 2 362, 23 361), Übergabe gestohlener Sachen als Geschenk an einen Dritten (BGH 4 124), Transport von erbeutetem Geld ins Ausland (vgl. BGH MDR/H 85, 447), Geldwäsche, Warnung vor bevorstehendem Zugriff der Behörden. Die Handlungen müssen der Restitutionsvereitelung dienen. Hilfeleistungen, mit denen eine Sache lediglich nutzbar gemacht (zB Reparatur einer defekten Sache) oder erhalten wird (zB Bergen der Beute bei einem Brand), scheiden als Tathandlung aus (vgl. RG 26 119, 60 278 sowie u. 24).

2. Hilfe kann auch durch Unterlassen geleistet werden, soweit eine Rechtspflicht zum Handeln 17 iSv § 13 besteht. Hiernach können zB Eltern dadurch Hilfe leisten, daß sie ihr minderjähriges Kind nicht zur Herausgabe eines Verbrechensvorteils anhalten. Ein Ehegatte kann als Wohnungsinhaber den anderen Ehegatten begünstigen, indem er duldet, daß gehehlte Waren in der ehelichen Wohnung versteckt werden (weitergehend RG DR 43, 234). In beiden Fällen besteht jedoch keine Pflicht, staatliche Zwangsmaßnahmen zu erwirken (vgl. 156 vor § 13). Ein Arbeitsverhältnis kann dazu verpflichten, das Entkommen eines Diebes mit Beute von der Arbeitsstätte zu verhindern (BGH NStZ 92, 541). Der Eigentümer eines Hauses hat dagegen einzuschreiten, daß Diebe ihre Beute dort vor den Nachforschungen der Polizei verbergen. Keine Rechtspflicht zum Einschreiten trifft allerdings den Vermieter, wenn ein Mieter Diebesbeute in die Mietwohnung bringt (vgl. RG 57 242, JW 31, 1576 m. Anm. H. Mayer, Celle HannRpfl 46, 138), wohl aber einen Gastwirt, wenn seine Goasträume als Beuteversteck benutzt werden (vgl. RG 58 300). Eine Rechtspflicht zum Eingreifen kann sich ferner aus amtlicher Stellung ergeben, etwa für einen Polizeibeamten, der bei Nachforschungen auf ein Diebeslager stößt, oder für einen Zugführer, der entdeckt, daß ein Bahnbediensteter aus einem Güterwagen eine Kiste Wein gestohlen hat (RG 53 108).

Fraglich ist, ob sich im Rahmen der Begünstigung eine Rechtspflicht auch aus *vorangegangenem Tun* 18 herleiten läßt. Dies ist jedenfalls dann ausgeschlossen, wenn die Unterlassung den gutgläubig geschaffenen Zustand nicht intensiviert, da eine Rechtspflicht aus vorangegangenem Tun eine Situation voraussetzt, in der ohne Eingreifen des Täters ein weiterer Erfolg zu erwarten ist, der über den unvorsätzlich bereits herbeigeführten hinausgeht (vgl. § 13 RN 42). Daher kann eine Pflicht zum Handeln für jemanden, der gutgläubig Diebesgut in Verwahrung nimmt und dann dessen Herkunft erfährt, nicht aus vorangegangenem Tun hergeleitet werden; die weitere Verwahrung ist kein Begünstigen durch Unterlassen (and. BGH MDR/D 56, 271; vgl. auch BGH NJW 79, 2622).

3. Zweifelhaft kann sein, ob **mittelbare Förderungshandlungen** Täterschaft iSv § 257 begründen 19 können, so zB, wenn dadurch Hilfe geleistet wird, daß ein anderer zur Begünstigung bestimmt wird. Die Rspr. hat zT täterschaftliches Beistandleisten iSv § 257 aF im Rahmen der persönlichen Begünstigung angenommen, wenn jemand auf andere einwirkt, im Strafverfahren keine Angaben zu machen (RG DR 39, 1067), oder Zeugen vereinbaren, zugunsten des Beschuldigten falsch auszusagen (RG JW 29, 2730, 36, 2806, BGH 19 114). Wäre dieser Rspr. zu folgen, so müßte für die auf Vorteilssicherung gerichtete Hilfeleistung Entsprechendes gelten, also Begünstigung zu bejahen sein, wenn jemand einen anderen zur Vorteilssicherung überredet oder mit einem anderen eine gemeinsame Hilfeleistung vereinbart. Eine solche Ansicht ist jedoch verfehlt. Eine tatbestandsmäßige Begünstigungshandlung kann erst bei unmittelbarer Gefährdung des geschützen Rechtsguts vorliegen. Es muß eine Handlung vorgenommen werden, die objektiv geeignet ist, zur Restitutionsvereitelung unmittelbar beizutragen (vgl. Lackner/Kühl 3, Lenckner JR 77, 75, NStZ 82, 403, Ruß LK 13). Das ist ebensowenig bei bloßen Vereinbarungen wie beim Einwirken auf andere der Fall. Wer andere zu einer Hilfeleistung bestimmt, ist daher nicht Täter einer Begünstigung, sondern stiftet zu ihr an, auch dann, wenn er ein Organ der Rechtspflege zu einer Begünstigungshandlung überredet (vgl. aber RG 9 242). Anders ist es indes, wenn auf die Mittelsperson in einer Weise eingewirkt wird, die ihre freie Entscheidung derart beeinträchtigt, daß dem Hintermann das weitere Geschehen als seine Tat (mittelbare Täterschaft) zuzurechnen ist. In solchen Fällen liegt eine vollendete Begünstigung vor, wenn die Mittelsperson die zur Vorteilssicherung objektiv geeignete Handlung vornimmt. Wer einen anderen mit der Drohung, ihn sonst zu töten, dazu nötigt, einem Dieb, der die Beute in ein Versteck bringen will, das hierfür benötigte Kfz. zur Verfügung zu stellen, ist Täter. Ebenfalls ist Täter, wer einen Polizeibeamten gewaltsam zwingt, die an sich erfolgversprechende Suche nach der Beute einzustellen.

20 4. Fraglich kann ferner sein, ob eine Hilfeleistung gem. § 257 vorliegt, wenn jemand den Vortäter bei einer **Selbstbegünstigung unterstützt** oder ihn hierzu veranlaßt. Beschränkt sich jemand auf die bloße Stärkung des Selbstschutzwillens oder auf die bloße Veranlassung einer Schutzmaßnahme, so ist hierin kein eigenständiger Beitrag zur Vorteilssicherung zu erblicken, der nach § 257 zu ahnden ist. Anders verhält es sich bei einer darüber hinausgehenden Unterstützung der Selbstbegünstigung. Sie wird als Begünstigung von § 257 erfaßt. Nach dieser Vorschrift ist daher strafbar, wer dem Vortäter ein Kfz. für das Fortschaffen der Beute zur Verfügung stellt, ihm ein Beuteversteck zeigt oder ihn vor einer drohenden Entziehung der Tatvorteile warnt. Dagegen reicht noch nicht aus, daß jemand dem Vortäter, der auf Herausgabe der erlangten Vorteile verklagt worden ist, zusagt, zu dessen Gunsten vor Gericht falsch auszusagen, auch dann nicht, wenn die Zusage für das Verhalten des Vortäters im Prozeß von wesentlicher Bedeutung ist (vgl. aber BGH **27** 74 m. abl. Anm. Lenckner JR 77, 74, NJW 71, 526). Eine solche Zusage bestärkt lediglich den Willen zur Selbstbegünstigung. Geht jemand jedoch über die Zusage hinaus und unterbreitet er dem Vortäter bestimmte Vorschläge für ein gemeinsames Vorgehen im Prozeß, so ist Begünstigung zu bejahen (Ruß LK 23 a). Ein solches Verhalten entspricht dem Fall, in dem ein Beuteversteck gezeigt oder sonst Rat erteilt wird, wie sich die Beute am besten vor Entziehung sichern läßt.

21 IV. Die Hilfe muß **vorsätzlich** und in der **Absicht** geleistet werden, dem Vortäter die **Vorteile** der Tat zu **sichern**.

22 1. Unter der **Absicht,** die Vorteile der Tat zu sichern, ist nach hM der zielgerichtete Wille zu verstehen, neben dem auch andere Zwecke maßgeblich sein können (BGH **4** 107, Amelung JR 78, 232, Tröndle/Fischer 9, Lackner/Kühl 5, Ruß LK 18, Gehrig, Der Absichtsbegriff in den Straftatbeständen des Bes. Teils des StGB, 1986, 111). Dem Täter muß es danach ua auf die Vorteilssicherung ankommen; sie braucht aber nicht Beweggrund des Täters zu sein (BGH MDR/H **85**, 447) und kann auch bloßes Zwischenziel zu einem weiteren Ziel sein (BGH NStZ **92**, 541). Entgegen der hM ist jedoch davon auszugehen, daß Wissentlichkeit in bezug auf den Begünstigungseffekt ausreicht, dh die Vorstellung des Täters, die notwendige und sicher eintretende Folge seiner Hilfeleistung werde die Vorteilssicherung sein. Dem Absichtsmerkmal, mit dem das Gesetz die Vorteilssicherung als Beeinträchtigung des geschützten Rechtsguts ins Subjektive verlagert, kommt die Bedeutung einer Vorverlegung des Rechtsgüterschutzes zu. Für die Tatvollendung ist nicht die tatsächliche Beeinträchtigung des geschützten Rechtsguts erforderlich; es genügt eine in diese Richtung gehende Handlung. Kennzeichnet aber das Absichtsmerkmal nur die Richtung einer tatbestandsmäßigen Handlung, so kann es für die Strafbarkeit keinen Unterschied begründen, ob der Täter die Richtung anstrebt oder sich als sicher vorstellt, daß sein Handeln in diese Richtung führt (vgl. Lenckner NJW 67, 1894, Oehler NJW 66, 1637 f., Schröder NJW 62, 1400, Samson SK 31). Auch besteht kein kriminalpolitisch sinnvoller Grund, bei Vereitelung des Restitutionsanspruchs andere Maßstäbe an die subjektive Tatseite anzulegen als bei Vereitelung des Strafanspruchs, für die nach § 258 Wissentlichkeit ausreicht. Ob jemand einen Vorteil iSd § 257 oder etwa einen Verfallgegenstand iSd § 258 sichert, kann hinsichtlich der Anforderungen an die subjektive Tatseite keine unterschiedliche Behandlung erfahren. Bedingter Vorsatz genügt dagegen nicht.

23 2. Als **Vorteile,** die gesichert werden sollen, kommen Vorteile aller Art, nicht nur Vermögensvorteile in Betracht (BT-Drs. 7/550 S. 248, RG **54** 134, Tröndle/Fischer 9, Lackner/Kühl 5). Zu den Vorteilen einer Steuerhinterziehung vgl. BGH wistra **99**, 103. Die Vorteile müssen beim Vortäter zZ der Begünstigungshandlung noch vorhanden sein (BGH **24** 166, NJW **85**, 814, NStZ **94**, 187); mittelbarer Besitz genügt (vgl. Düsseldorf NJW **79**, 2320). Außerdem muß ein Rechtsanspruch auf Entziehung dieser Vorteile bestehen. Daher kommen nur Vorteile in Betracht, die **unmittelbar** durch die Vortat erlangt sind (RG **55** 19, BGH **24** 168 m. Anm. Maurach JR 72, 70, NJW **86**, 1185, NStZ **87**, 22, **90**, 124, Tröndle/Fischer 9, Lackner/Kühl 5, Samson SK 17). Nicht als Vorteil iSv § 257 ist somit anzusehen, was durch Veräußerung einer erbeuteten Sache erlangt worden ist (RG **58** 118, 155), es sei denn, der Umtausch selbst stellt eine Straftat dar (zB Betrug). Unmittelbar durch die Vortat sind auch die Sachen nicht erlangt, die der Vortäter veräußert hat und die ihm später zurückgegeben worden sind (BGH **24** 168). Ebensowenig genügt der Ertrag aus steuerunehrlichen Geschäften, durch welche die Steuerpflicht erst entsteht (BGH MDR/D **53**, 147; weiteres Bsp. in RG HRR **27** Nr. 328). RG **70** 384 u. RG JW **38**, 793 lassen es dahingestellt, ob noch an der früheren Rspr. festzuhalten ist; vgl. auch RG **76** 32 m. Anm. Dahm DR 42, 570, ferner Schaffstein ZAkDR 42, 174, Miehe Honig-FS 120. Die Unmittelbarkeit ist nach dem Gesetzeszweck jedoch nicht zu eng aufzufassen, auch nicht nach dem Gesetzeswortlaut. Weder ist bei Sachen nach der sonstigen Vorteilen auf Substanzidentität abzustellen. So ist ein unmittelbarer Vorteil bei dem Geldbetrag anzunehmen, der von einem gestohlenen Sparbuch abgehoben worden ist (vgl. RG **39** 237). Ebensowenig geht die Unmittelbarkeit verloren, wenn jemand sich betrügerisch Geld auf sein Bankkonto überweisen oder aus betrügerisch erlangten Verrechnungsschecks von der Bank einziehen läßt oder gestohlenes Geld auf sein Bankkonto einzahlt und das Geld anschließend wieder abhebt (vgl. BGH **36** 277 m. Anm. Keller JR 90, 480, Hamm HESt **2** 35, Ruß LK 11). Es handelt sich hierbei um rein finanztechnische Vorgänge, die an der Unmittelbarkeit des deliktisch Erlangten nichts Wesentliches ändern (vgl. BGH **36** 277, wonach auch das Anlegen deliktisch erworbener Guthaben in börsengehandelte, frei verkäufliche Wertpapiere die Unmittelbarkeit noch nicht ausschließt). Auch Umbuchungen von einem Konto auf ein anderes des Vortäters beenden nicht die Unmittelbarkeit (BGH **36** 277; offen gelassen in BGH NStZ **87**, 22). Dementsprechend bleibt die Unmittelbarkeit ebenfalls beim Geldwechsel erhalten (Tröndle/Fischer 9, Ruß LK 11), wobei unerheblich ist, ob das eingewechselte Geld zum selben Währungsgebiet gehört wie das umgewechselte. Bei einer Steuerhinterziehung ist das Unmittelbarkeitserfordernis gegeben, wenn zZ der Begünstigungshandlung bei konkret wirtschaftlicher Betrachtung die erlangten Steuerersparnisse als geldwerte Vorteile im Vermögen des Vortäters noch vorhanden sind, ohne daß es auf die Sachidentität ankommt (BGH wistra **99**, 103). Weitergehend haben Hegler JW 23, 931, Sauer BT 500 einen mittelbaren Vorteil genügen lassen. Keine Vorteilssicherung iSv § 257 ist die Abwehr von Ersatzansprüchen des Verletzten (BGH wistra **93**, 17). Nicht unter § 257 fällt die Sicherung von Vermögensvorteilen vor Anordnung des Verfalls; insoweit greift § 258 ein (vgl. aber BGH MDR/H **85**, 447, der die Verhinderung einer möglichen Verfallerklärung zur Begründung der Vorteilssicherung heranzieht).

3. Die Absicht muß darauf gerichtet sein, dem Vortäter die **Vorteile gegen ein Entziehen** 24 zugunsten des Verletzten oder sonst Berechtigten zu **sichern** (vgl. BGH NJW **58**, 1244, LG Würzburg NStZ **2000**, 375, M-Maiwald II 437). Eine Handlung, die allein dazu dient, die durch die Vortat erlangte Sache gegenüber Naturgewalten, rechtswidrigen Angriffen usw. zu erhalten, genügt ebensowenig wie eine Handlung, die allein die Verwertung fördern soll (RG **26** 119, **60** 278, **76** 33, JW **38**, 793, Celle HannRpfl **46**, 138). Begünstigung liegt daher nicht vor, wenn jemand gestohlenen Stoff nur zum Zweck des Gebrauchs verarbeitet (RG **26** 119), einen gestohlenen Pfandschein einlöst, weil er zu verfallen droht (and. RG LZ **15**, 1383), ein gestohlenes Tier pflegt, einen entwendeten PKW repariert oder den Diebstahl der Beute verhindert (RG **60** 278). Abheben von Geld mittels eines gestohlenen Sparbuchs dient daher nur dann der Vorteilssicherung, wenn es einem Entziehen des Sparbuchs zugunsten des Berechtigten oder einer drohenden Kontosperrung zuvorkommen soll (vgl. RG **39** 236). Entsprechendes gilt für das Einlösen eines gestohlenen Schecks. Auch der zugunsten des Eigentümers erfolgte Rückkauf der Beute vom Dieb fällt nicht unter § 257 (RG **40** 17; vgl. auch Erdsiek NJW 63, 1049), grundsätzlich ebensowenig der für den Vortäter vorgenommene Rückverkauf an den Eigentümer, da er nicht darauf gerichtet ist, das unmittelbar Erlangte gegen ein Entziehen zu sichern (and. Düsseldorf NJW **79**, 2320 m. Anm. Zipf JuS 80, 24, Geppert Jura 80, 329; iE wie hier Hruschka JR 80, 225, Samson SK 33). Das Mitwirken an der Verwertung der erlangten Vorteile (zB Verkauf, Verzehr) reicht nur aus, wenn es die drohende Entziehung zugunsten des Berechtigten vereiteln soll (BGH **2** 364, **4** 122; zu weitgehend Braunschweig GA **63**, 211 [Mitverzehren gestohlener Sachen]). Wer dagegen dem Vortäter allein helfen will, die Beute günstig abzusetzen, will ihm einen weiteren Vorteil verschaffen, nicht aber das Erlangte sichern. Die erforderliche Absicht ist indes bereits gegeben, wenn die Hilfeleistung neben anderen Zwecken dem Begünstigungseffekt dienen, dh die Wiederherstellung des rechtmäßigen Zustands verhindern soll. Es reicht die Absicht aus, den Zugriff zu erschweren (RG HRR **37** Nr. 1422). Begünstigung ist demnach zu bejahen, wenn der entwendete PKW ua repariert wird, damit der Dieb ihn in Sicherheit bringen kann. Ebenso handelt mit Begünstigungsabsicht, wer den gestohlenen Stoff ua deswegen verarbeitet, weil er dem Eigentümer die Wiedererlangung erschweren will (RG **26** 120).

Die Absicht der Vorteilssicherung setzt nicht voraus, daß dem Vortäter der Besitz der Beute erhalten 25 bleiben soll. Es genügt der Wille, ihm mit der Restitutionsvereitelung die Möglichkeit, über den Vorteil zu verfügen, zu bewahren. Das Mitwirken beim Absatz, der einem Zugriff auf die Beute zuvorkommen soll, reicht daher aus (BGH **2** 362; and. RG **58** 129, Hruschka JR 80, 225). Der Begünstigung macht sich sogar schuldig, wer im Dieb die gestohlene Sache einem anderen schenkungsweise überbringt, um dadurch ihre Entziehung zugunsten des Bestohlenen zu verhindern (BGH **4** 122). Eine Vorteilssicherung beabsichtigt des weiteren, wer erpreßtes Geld wechselt, damit die numerierten Geldscheine beim Erpresser nicht gefunden werden (vgl. Roxin H. Mayer-FS 476).

4. Im übrigen ist **Vorsatz** erforderlich. Der Täter muß wissen, daß der Begünstigte eine rechts- 26 widrige Tat iSv § 11 I Nr. 5 begangen und dadurch den Vorteil erlangt hat, der gesichert werden soll. Bedingter Vorsatz genügt (vgl. RG **53** 342, **55** 126, **76** 34). Genaue Vorstellungen über die Art der Vortat sind allerdings nicht erforderlich; der Begünstiger muß nur davon ausgehen, daß der Begünstigte sich den Vorteil unmittelbar durch eine rechtswidrige Tat iSv § 11 I Nr. 5 verschafft hat (vgl. BGH **4** 222). Wer in diesem Bewußtsein einen Kasten mit Schmuck verbirgt, kann daher aus § 257 auch dann bestraft werden, wenn er keine konkreten Vorstellungen darüber besitzt, ob der Vortäter durch Diebstahl, Unterschlagung, Raub oder Erpressung den Kasten erlangt hat. Es bedarf außerdem keiner genauen Kenntnisse über die Person des Vortäters oder über die Art der Vorteile (vgl. RG **76** 34). Ein Irrtum über die Art der Vortat oder der Vorteile ist unerheblich, sofern sich der Begünstiger nur eine taugliche Vortat und einen dem § 257 entsprechenden Vorteil vorgestellt hat. So entfällt zB die Strafbarkeit wegen Begünstigung nicht deswegen, weil der Begünstiger Diebstahl als Vortat annimmt, während in Wirklichkeit Hehlerei vorgelegen hat. Ein Irrtum ist jedoch erheblich, wenn sich der Begünstiger eine Vortat als Delikt vorgestellt hat, bei dessen Vorliegen seine Handlungsweise ungeeignet war, den Vorteil zu sichern (BGH **4** 222).

V. Die Begünstigung ist bereits mit einer zur Vorteilssicherung objektiv geeigneten Handlung 27 **vollendet**; auf irgendeinen Erfolg kommt es nicht an (vgl. o. 15). Infolgedessen ist die freiwillige

Verhinderung des Erfolgseintritts nicht als **Rücktritt** iSv § 24 zu beurteilen. Wohl aber sind die für Unternehmensdelikte geltenden besonderen Rücktrittsregeln (zB §§ 83 a I, 316 a II) analog anzuwenden (Samson SK 34; and. Lackner/Kühl 7, Ruß LK 19); auch läßt sich an eine analoge Heranziehung des § 261 IX denken (so Schittenhelm Lenckner-FS 535). Es würde sonst eine unsachgemäße Diskrepanz gegenüber der Strafvereitelung bestehen (vgl. Stree JuS 76, 139). Wer zB Spuren verwischt, um dem Vortäter die erlangten Vorteile zu sichern und ihn zugleich der Bestrafung zu entziehen, dann aber vor Eintritt eines Erfolges freiwillig die Aufklärung der Vortat ermöglicht, hat nicht nur Straffreiheit wegen des Versuchs der Strafvereitelung verdient. Ein sinnvoller, kriminalpolitisch berechtigter Grund, in einem solchen Fall die Begünstigung von der Straffreiheit auszuschließen, liegt nicht vor. Die Berufung auf die Tatvollendung wäre ein rein formales Argument, das der Sache nicht gerecht wird. Zur Anwendbarkeit des § 158 auf Begünstigung durch Aussagen vor Gericht vgl. § 158 RN 11. Wer die Heranziehung von Rücktrittsregeln für unzulässig hält, muß die freiwillige Verhinderung des Erfolgseintritts jedenfalls strafmildernd berücksichtigen (vgl. § 46 RN 40); besser noch ist eine Verfahrenseinstellung nach § 153 StPO.

28   **VI.** Für **Täterschaft** und **Teilnahme** gelten grundsätzlich die allgemeinen Regeln (vgl. dazu o. 19). Nur Teilnehmer ist hiernach, wer einen anderen zur Begünstigung bestimmt oder ihn bei seiner Tat lediglich unterstützt. Täterschaft liegt allerdings vor, wenn jemand sich an der Selbstbegünstigung des Vortäters in einer Weise beteiligt, die über die bloße Stärkung des Selbstbegünstigungswillens oder die bloße Veranlassung der Selbstbegünstigung hinausgeht (vgl. o. 20). Zu beachten sind jedoch einige Besonderheiten.

29   1. Straflos ist die **Selbstbegünstigung,** dh ein Verhalten, mit dem der Vortäter die erlangten Vorteile gegen Entziehung sichert oder zu sichern sucht (vgl. aber u. 33). Es entfällt hier bereits die Tatbestandsmäßigkeit, da keinem anderen Hilfe geleistet wird (vgl. BGH **5** 81, **9** 73, E 62 Begr. 461). Die Einschränkung rechtfertigt sich aus dem Gedanken der mitbestraften Nachtat (Schröder MDR 50, 398, SJZ **50,** 98). Zur Beteiligung an der Selbstbegünstigung vgl. o. 20. Bleibt offen, ob der Begünstiger die Vortat begangen und sich deshalb nur selbst begünstigt hat, so kann uU Wahlfeststellung zulässig sein, etwa dann, wenn er möglicherweise Täter des als Vortat festgestellten Diebstahls gewesen ist (BGH **23** 360 m. Anm. Schröder JZ 71, 141). Wahlfeststellung ist jedoch ausgeschlossen, wenn Strafverfolgung wegen der Vortat nicht (mehr) zulässig ist; Bestrafung wegen Begünstigung entfällt dann nach dem Grundsatz in dubio pro reo, weil die Tatbestandsmäßigkeit nicht sicher feststellbar ist.

30   Die Straflosigkeit beschränkt sich auf die Selbstbegünstigung als solche. Ist zugleich ein **anderer Straftatbestand** erfüllt (zB Strafvereitelung zugunsten eines anderen, falsche Verdächtigung, Urkundenfälschung), so ist der Täter nach diesem strafbar (vgl. RG **63** 237, 375, **71** 281, **76** 191, BGH **2** 375, **15** 54). Für Fremdbegünstigung trifft dies allerdings nur zu, wenn keine strafbare Beteiligung an der Vortat vorgelegen hat. IdR wird die mit der Selbstbegünstigung verknüpfte Fremdbegünstigung eine gemeinsame Vortat betreffen, so daß Abs. 3 eingreift.

31   2. Wegen Begünstigung wird ferner der **Beteiligte an der Vortat** nicht bestraft, sofern er wegen dieser Beteiligung strafbar ist **(Abs. 3).** Es ist hier nur die Strafe ausgeschlossen; die Tatbestandserfüllung und die Rechtswidrigkeit der Hilfeleistung bleiben unberührt, so daß sich jemand, der an der Vortat nicht oder jedenfalls nicht in strafbarer Weise beteiligt war, wegen Beteiligung an der Begünstigung strafbar machen kann. Der Strafausschluß beruht auf dem Gedanken der mitbestraften Nachtat (BT-Drs. 7/550 S. 248, Lackner/Kühl 8). Er setzt eine strafbare Beteiligung an der Vortat voraus. Soweit diese nicht verhindert wird, liegt eine Beteiligung nur im Fall einer Garantenstellung vor; Nichtanzeige der Vortat gem. § 138 (zB bei Raub) oder unterlassene Hilfeleistung gem. § 323 c reicht nicht aus. Unerheblich ist die Art der Beteiligung. Der Begünstiger kann Mittäter, Anstifter oder Gehilfe gewesen sein; auch Alleintäterschaft kommt in Betracht, nämlich dann, wenn ein Teilnehmer der Vortat strafbar geworden ist. Maßgebend ist allein, daß sich der Begünstiger wegen Beteiligung an der Vortat strafbar gemacht hat. Nicht erforderlich ist, daß er deswegen (noch) zZ der Aburteilung der Begünstigung strafrechtlich belangt werden kann (vgl. 116 vor § 52, Lackner/Kühl 8, Ruß LK 21, Samson SK 39; and. Blei II 432, JA 74, 28). Ist zB die Beteiligung an der Vortat mangels Strafantrags oder wegen Verjährung nicht (mehr) verfolgbar, so ändert sich an der Straflosigkeit der Begünstigung nichts. Die Straflosigkeit einer Begünstigung, die dem Vortäter vor Begehung seiner Tat zugesagt worden ist, hängt davon ab, ob die Zusage als psychische Beihilfe zu werten ist. Scheidet Beihilfe aus, so ist der Begünstiger im Unterschied zum früheren Recht (§ 257 III aF) nach § 257 zu bestrafen. Dagegen läßt sich auf § 257 nicht schon zurückgreifen, wenn die Zusage als Beihilfe mangels Strafantrags nicht verfolgt werden kann (and. Tröndle/Fischer 11). Ohne Bedeutung für die Straflosigkeit ist, ob der Beteiligte an der Vortat die Begünstigung als Täter begeht oder an ihr teilnimmt. Nur Anstiftung zur Begünstigung ist von der Straflosigkeit ausgenommen, soweit ein an der Vortat Unbeteiligter zu dieser Tat bestimmt wird (vgl. u. 33).

32   Trotz Beteiligung an der Vortat kann der Begünstiger wegen seiner nachträglichen Hilfe mit Strafe belegt werden, wenn er wegen der vorherigen Beteiligung nicht strafbar ist, zB in diesem Zeitpunkt schuldunfähig gewesen ist oder zu seinen Gunsten ein Entschuldigungsgrund eingreift. Strafbar ist die Begünstigung auch, wenn sich eine strafbare Beteiligung an der Vortat nicht zweifelsfrei feststellen läßt (vgl. 117 vor § 52, Ruß LK 21), sei es, daß sich der Begünstiger möglicherweise überhaupt nicht an der Vortat beteiligt hat oder daß möglicherweise Schuldunfähigkeit oder ein Entschuldigungsgrund in

Betracht kommt. Steht allerdings fest, daß er wegen der etwaigen Beteiligung an der Vortat strafrechtlich nicht mehr verfolgt werden kann, so ist entsprechend dem o. 31 Gesagten nach dem Grundsatz in dubio pro reo Straflosigkeit der Begünstigung anzunehmen.

Abs. 3 S. 1 ist ferner nicht anwendbar, wenn die Tat, an der sich der Begünstiger zuvor in strafbarer **32 a** Weise beteiligt hat, nicht (vollständig) identisch mit der Tat ist, auf die sich die Begünstigung bezieht. Das ist ua der Fall, wenn dem Begünstiger bei der Vortatbeteiligung qualifizierende oder deliktsändernde Umstände (zB Diebstahl mit Waffen oder Raub statt des angenommenen einfachen Diebstahls) unbekannt waren und er hiervon zZ der Begünstigung Kenntnis hat. In solchen Fällen ist der Begünstiger nach § 257 zu bestrafen, weil er nicht schon wegen des Unrechts der Tat, deren Vorteile er nachträglich zu sichern hilft, (voll) einzustehen hat und somit der Gedanke der mitbestraften Nachtat, der dem Abs. 3 S. 1 zugrunde liegt, nicht durchgreifen kann (BGH MDR/H **81**, 454, Tröndle/Fischer 10, Ruß LK 21).

3. Der Strafausschluß nach Abs. 3 erstreckt sich nicht auf die **Anstiftung eines** an der Vortat **33 Unbeteiligten zur Begünstigung** (Abs. 3 S. 2). Der Gesetzgeber hat ein kriminalpolitisches Bedürfnis für die Ausnahme darin erblickt, daß der Anstifter, ohne sich in einer notstandsähnlichen Lage zu befinden, einen bisher Unbeteiligten in das strafbare Geschehen hineinzieht (BT-Drs. 7/550 S. 249). Die Ausnahmeregelung läuft indes auf eine Bestrafung des Anstifters wegen Korrumpierung eines Dritten hinaus und ist als Abweichung von den allgemeinen Teilnahmegrundsätzen weder dogmatisch sachgemäß noch kriminalpolitisch geboten (vgl. auch Lackner/Kühl 8, M-Maiwald II 439). Sie ist daher eng auszulegen. Wer sich bereits wegen Beteiligung an der Vortat strafbar gemacht hat, ist wegen Anstiftung zur Begünstigung nur zu bestrafen, wenn feststeht, daß der Angestiftete an der Vortat unbeteiligt war. Ist eine Beteiligung nicht zweifelsfrei auszuschließen, so entfällt die Möglichkeit der Bestrafung wegen Anstiftung ebenso wie bei festgestellter Beteiligung. Für diese ist im übrigen unerheblich, ob sie strafbar oder straflos ist. Auch wenn der Angestiftete sich schuldlos an der Vortat beteiligt hat und somit wegen der Begünstigung strafrechtlich zur Verantwortung gezogen werden kann, greift der Strafausschluß für die Anstiftung ein. Straflos ist ferner der Vortatbeteiligte, der einen Unbeteiligten anstiftet, Beihilfe zur Begünstigung zu leisten. Vgl. zum Ganzen Stree JuS 76, 138 sowie Gropp, Deliktstypen mit Sonderbeteiligung, 1992, 275.

Von Abs. 3 S. 2 nicht betroffen sind sonstige Mitwirkungen an der Begünstigung, wie Mittäter- **34** schaft und Beihilfe. Gleiches gilt im Fall einer mittelbaren Täterschaft. Wer sich selbst begünstigt, indem er einen Schuldunfähigen oder einen Gutgläubigen zur Vorteilssicherung einsetzt, handelt ebensowenig wie bei einer unmittelbaren Selbstbegünstigung tatbestandsmäßig. Fremdbegünstigung in mittelbarer Täterschaft ist nach Abs. 3 S. 1 nicht strafbar, wenn der mittelbare Täter sich bereits wegen Beteiligung an der Vortat strafbar gemacht hat.

4. Die **Teilnahme** an der Begünstigung richtet sich im übrigen nach den allgemeinen Regeln. Wer **35** nicht in strafbarer Weise an der Vortat beteiligt war, kann sich wegen Anstiftung oder Beihilfe zur Begünstigung strafbar machen, auch dann, wenn der Begünstiger selbst nach Abs. 3 nicht bestraft wird (vgl. o. 31). Besonderheiten gelten jedoch für die Beteiligung an einer Selbstbegünstigung (vgl. o. 20).

VII. Die **Strafe** für Begünstigung steht in gewisser Abhängigkeit von der Strafe für die Vortat. **36** Zwar enthält § 257 einen selbständigen Strafrahmen; dieser ändert sich aber, wenn für die Vortat ein niedrigeres Höchstmaß angedroht ist, und damit uU auch die Verjährungsfrist gem. § 78 (vgl. BGH wistra **99**, 104). Nach Abs. 2 darf die Strafe nicht schwerer sein als die für die Vortat angedrohte Strafe. Eine zwischen Begünstigungshandlung und ihrer Aburteilung erfolgte Milderung der Strafandrohung für die Vortat ist entsprechend § 2 III zu berücksichtigen. Aus der Straflimitierung folgt nicht nur, daß die Höchstgrenze der für die Vortat angedrohten Strafe nicht überschritten werden darf, sondern auch, daß die Strafzumessung sich am modifizierten Strafrahmen auszurichten hat. Es muß der Strafrahmen des § 257 mit dem verglichen werden, der für die Aburteilung der Vortat vorgesehen ist. Dabei ist die Vortat als solche, losgelöst von der Person des Begünstigten, zu betrachten. Belanglos ist, welche Strafe der Begünstigte innerhalb des Strafrahmens verwirkt hat (vgl. RG **54** 96 zur persönl. Begünstigung nach § 257 aF). Es ist durchaus zulässig, den Begünstiger härter zu bestrafen als den Begünstigten. Strafschärfungen oder Strafmilderungen, die auf Grund besonderer persönlicher Merkmale beim Vortäter zu berücksichtigen wären, bleiben entsprechend § 28 II außer Betracht (Ruß LK 25; and. Samson SK 46). Hat der Vortäter zB eine Veruntreuung begangen, so ist für den Begünstiger der Strafrahmen für einfache Unterschlagung maßgebend. Eine andere Ansicht (so Weisert aaO 216) führt zu dem wenig sachgerechten Ergebnis, daß der Strafrahmen für eine zugesagte Begünstigung, die nicht als psychische Beihilfe zur Vortat zu werten ist (vgl. o. 31), höher ist als bei der als Beihilfe zur Vortat zu wertenden Zusage. War der zugesagte Gehilfe der Vortat, so ist nur der Strafrahmen für die Vortat, nicht der nach § 27 II gemilderte Strafrahmen für die Strafe nach § 257 bedeutsam (and. Weisert aaO 217: Beihilfe ist Vortat). Andererseits ändert sich der Strafrahmen für den Begünstiger nicht deswegen, weil bei ihm besondere persönliche Merkmale vorliegen, die im Fall einer Beteiligung an der Vortat deren Strafrahmen modifiziert hätten. Entsprechendes gilt für das Fehlen besonderer persönlicher Merkmale. Das kann sich etwa auswirken, wenn die Vortat ein Sonderdelikt ist, an dem der Begünstiger nur als Teilnehmer hätte mitwirken können. Der nach § 28 I gemilderte Strafrahmen ist insoweit für § 257 bedeutungslos. Das Ergebnis ist allerdings unbefriedigend, da der Begünstiger sich uU schlechter steht als bei einer Vortatbeteiligung. Bedauerlicherweise hat der Gesetzgeber auf eine dem § 290 I E 62 entsprechende Vorschrift verzichtet (vgl. BT-Drs. 7/ 550 S. 249). Es steht jedoch nichts im Wege, das Manko bei der Strafzumessung strafmildernd auszugleichen. Nimmt der Begünstiger irrtümlich eine andere als die tatsächlich begangene Vortat an, so soll der Strafrahmen der vorgestellten Tat maßgebend sein (Tröndle/Fischer 13). Das kann jedoch nur gelten, wenn sich der Begünstiger eine milder zu beurteilende Vortat vorstellt (Ruß LK 25, Samson SK 46). Geht er dagegen etwa von einem Diebstahl aus, während in Wirklichkeit eine einfache Unterschlagung vorgelegen hat, so muß der Strafrahmen des § 246 herangezogen werden. Auf den vorgestellten Diebstahl ließe sich nur nach Versuchsgrundsätzen abstellen; das ist jedoch mangels Strafbarkeit des Versuchs einer Begünstigung nicht zulässig. Kann nicht sicher festgestellt werden, welche Vortat begangen worden ist, so bestimmt sich die Straflimitierung nach dem Grundsatz in dubio pro reo. Zur Unzulässigkeit, die Strafe wegen gemeinschaftsschädlicher Zunahme entsprechender Vortaten aus generalpräventiven Gründen zu schärfen, vgl. 3 vor § 257.

37   VIII. Die Strafverfolgung wegen Begünstigung setzt einen **Strafantrag**, eine Ermächtigung oder ein Strafverlangen voraus, wenn der Begünstiger als Beteiligter an der Vortat nur auf Antrag usw. verfolgt werden könnte (Abs. 4 S. 1). Entscheidend ist die objektive Lage, nicht die Vorstellung des Begünstigers. Stellt die Vortat ein absolutes Antragsdelikt dar, so ist auch für die Ahndung der Begünstigung ein Strafantrag erforderlich. Ist die Vortat ein relatives Antragsdelikt (vgl. § 77 RN 2), zB ein Diebstahl, so kommt es nicht darauf an, ob die Vortat nur auf Antrag verfolgbar ist; vielmehr ist maßgebend, ob zwischen dem Begünstiger und dem Verletzten der Vortat die nähere Beziehung besteht, welche die Verfolgung der Vortat oder des Teilnahme an der Vortat von einem Strafantrag abhängig gemacht hätte. Bei einem Diebstahl als Vortat ist die Begünstigung somit gem. § 247 nur auf Antrag verfolgbar, wenn der Bestohlene Angehöriger des Begünstigers ist. Wird gegen den Begünstiger Strafantrag gestellt, so ist gegen ihn auch dann einzuschreiten, wenn der Vortäter mangels Strafantrags nicht belangt werden kann (vgl. E 62 Begr. 461).

38   Nach Abs. 4 S. 2 gilt **§ 248a sinngemäß**. Mit der Regelung ist keine Erweiterung des Antragserfordernisses auf alle Begünstigungen gemeint, die der Sicherung geringwertiger Vorteile jeglicher Art dienen (and. Lackner/Kühl 10, M-Maiwald II 439, Ruß LK 27, Samson SK 48). Sonst würde sich der Begünstiger besser stehen als bei einer Beteiligung an der Vortat (vgl. Stree JuS 76, 139), wofür in der Sache kein sinnvoller Grund vorliegt. Das Tatobjekt muß daher entsprechend § 248a und den auf ihn verweisenden Vorschriften (zB § 263 IV) ein geringfügiger Vermögensvorteil sein (Wessels/Hillenkamp RN 821). Voraussetzung ist also ein geringfügiges Vermögensdelikt als Vortat (Tröndle/Fischer 14) oder die Beschränkung der Hilfe auf Sicherung geringwertiger Vermögensvorteile bei Vermögensdelikten von erheblichem Umfang (Stree JuS 76, 139; and. Tröndle/Fischer 14). Die Bedeutung der sinngemäßen Geltung des § 248a liegt hiernach darin, daß die Strafverfolgung gegen den Begünstiger auch in diesen Fällen einen Strafantrag bedingt oder zulässig ist, wenn die Strafverfolgungsbehörde wegen des besonderen öffentlichen Interesses an der Strafverfolgung ein Einschreiten von Amts wegen für geboten hält (vgl. BT-Drs. 7/1261 S. 18).

39   IX. Konkurrenzen: Idealkonkurrenz ist möglich mit den §§ 153 ff., 240, 253, 258, 258a, 261, 263, ferner mit § 259 (vgl. § 259 RN 62). Mehrfache Unterstützung derselben Person in bezug auf dieselbe Vortat ist, abgesehen von den Fällen eines Handlungskomplexes (vgl. 17 vor § 52), nicht eine Straftat. Wahlfeststellung ist möglich zwischen Begünstigung und Diebstahl (vgl. o. 29), Hehlerei (vgl. § 259 RN 65) oder Strafvereitelung (vgl. § 258 RN 43).

§ 258 Strafvereitelung

(1) **Wer absichtlich oder wissentlich ganz oder zum Teil vereitelt, daß ein anderer dem Strafgesetz gemäß wegen einer rechtswidrigen Tat bestraft oder einer Maßnahme (§ 11 Abs. 1 Nr. 8) unterworfen wird, wird mit Freiheitsstrafe bis zu fünf Jahren oder mit Geldstrafe bestraft.**

(2) **Ebenso wird bestraft, wer absichtlich oder wissentlich die Vollstreckung einer gegen einen anderen verhängten Strafe oder Maßnahme ganz oder zum Teil vereitelt.**

(3) **Die Strafe darf nicht schwerer sein als die für die Vortat angedrohte Strafe.**

(4) **Der Versuch ist strafbar.**

(5) **Wegen Strafvereitelung wird nicht bestraft, wer durch die Tat zugleich ganz oder zum Teil vereiteln will, daß er selbst bestraft oder einer Maßnahme unterworfen wird oder daß eine gegen ihn verhängte Strafe oder Maßnahme vollstreckt wird.**

(6) **Wer die Tat zugunsten eines Angehörigen begeht, ist straffrei.**

Schrifttum: Ackermann, Darf der Verteidiger auf Freispruch hinwirken usw.?, Gedenkschrift für Cüppers (1955) 92. – *ders.,* Die Verteidigung des schuldigen Angeklagten, NJW 54, 1385. – *Ebert,* Die Strafvereitelung, Zeitschrift der Savigny-Stiftung für Rechtsgeschichte, 1993, 1. – *Geerds,* Über die Erscheinungsformen der Strafvereitelung, v. Hentig-FS 133. – *Jerouschek/Schröder,* Die Strafvereitelung: Ein Tatbestand im Meinungsstreit, GA 2000, 51. – *Lange,* Ist die Bezahlung fremder Prozeßstrafen gem. § 888 oder § 890 ZPO Begünstigung?, Engisch-FS 621. – *Lenckner,* Das Zusammentreffen von strafbarer und strafloser Begünstigung, JuS 62, 302. – *ders.,* Zum Tatbestand der Strafvereitelung, Schröder-GedS 339. – *Schröder,* Die

Strafvereitelung 1–5 **§ 258**

Koordinierung der drei Begünstigungstatbestände, NJW 62, 1037. – *Schröder, A.*, Vortat und Tatobjekt der Strafvereitelung, 1999 (Diss. Jena). – *Ulsenheimer*, Zumutbarkeit normgemäßen Verhaltens bei Gefahr eigener Strafverfolgung, GA 72, 1. – *Vormbaum*, Der strafrechtliche Schutz des Strafurteils, 1987.

I. § 258 faßt die aus § 257 ausgegliederte persönliche Begünstigung mit der Vereitelung von 1 Maßnahmen, die früher nur zT in § 257 a aF unter Strafe gestellt war, als **Strafvereitelung** zusammen. Die Vorschrift regelt diese abweichend vom früheren Recht als Erfolgsdelikt, erklärt anderenfalls aber den Versuch für strafbar. Geschützt ist die staatliche Rechtspflege (BGH **43** 84, **45** 101). Sie soll ihre Aufgabe, um einer wirkungsvollen Verbrechensbekämpfung willen den staatlichen Strafanspruch und die Maßnahmen iSv § 11 I Nr. 8 so bald wie möglich zu verwirklichen, ungehindert erfüllen können. Ihr Schutz dient zugleich der Isolierung des Vortäters nach der Tat durch Eindämmung späterer Hilfe. Damit verbindet sich der Zweck, das Risiko einer Straftat zu erhöhen und die generalpräventive Wirkung des Strafrechts zu stärken (vgl. Lenckner Schröder-GedS 353 mwN, Rudolphi Kleinknecht-FS 384). Tatbestandlich wird zwischen Verfolgungsvereitelung (Abs. 1) und Vollstreckungsvereitelung (Abs. 2) unterschieden. Da es in Abs. 1 um Vereitelung der Strafverhängung oder Maßnahmenanordnung geht, wird statt Verfolgungsvereitelung der Ausdruck „Verhängungsvereitelung" befürwortet (Samson SK 7).

II. Eine **Verfolgungsvereitelung** liegt nach Abs. 1 vor, wenn jemand absichtlich oder wissentlich 2 ganz oder zum Teil vereitelt, daß ein anderer dem Strafgesetz gemäß wegen einer rechtswidrigen Tat bestraft oder einer Maßnahme iSv § 11 I Nr. 8 unterworfen wird.

1. Die Verfolgungsvereitelung ist wie die Begünstigung (§ 257) Unterstützung eines Täters oder 3 Teilnehmers nach der Tat. Es muß mithin eine **Vortat** gegeben sein. Welche Merkmale sie aufweisen muß, hängt davon ab, auf welche Deliktsfolge sich die Verfolgungsvereitelung erstreckt. Da diese ein Erfolgsdelikt darstellt und Tatvollendung erst eintritt, wenn eine Strafe oder eine Maßnahme wenigstens zT vereitelt worden ist, müssen bei der Vortat alle Voraussetzungen erfüllt sein, die für die Verhängung der betroffenen Deliktssanktion notwendig sind. Im Fall einer Strafe muß die Vortat tatbestandsmäßig, rechtswidrig und schuldhaft begangen worden sein, und es darf kein Strafausschließungs- oder Strafaufhebungsgrund eingreifen. Dagegen braucht der Vortäter bei einigen Maßnahmen, wie bei der Unterbringung in einem psychiatrischen Krankenhaus oder der Anordnung des Verfalls, nicht schuldhaft gehandelt zu haben. Steht der Ahndung der Vortat im Augenblick der auf Verfolgungsvereitelung gerichteten Handlung ein endgültiges Verfolgungshindernis entgegen (zB Verjährung, Verzicht auf Strafantrag), so scheidet eine vollendete Verfolgungsvereitelung aus (vgl. dazu Düsseldorf NStE **1**). Möglich ist jedoch ein Versuch (vgl. u. 31).

Ist die Vortat ein **Antragsdelikt,** so kann eine Verfolgungsvereitelung schon vor Stellung des 4 Strafantrags begangen werden. Sie soll jedoch erst nach Antragstellung verfolgt werden können (so Tröndle/Fischer 3, Ruß LK 4, ebenso zum früheren Recht RG **75** 234). Dem kann nicht zugestimmt werden. Besteht die Verfolgungsvereitelung darin, daß die Antragstellung zwangsweise oder mittels Täuschung unterbunden wird und deshalb die Bestrafung unterbleibt, so wird gerade hierdurch der Erfolg erzielt, auf den Abs. 1 abhebt; für ihre Verfolgbarkeit bedarf es daher keines Strafantrags gegen den Vortäter. Entsprechend verhält es sich, wenn jemand den Antragsteller zwingt, den Strafantrag zurückzunehmen (vgl. dazu u. 18), und auf Grund der Zurücknahme des Antrags das Verfahren eingestellt wird. In anderen Fällen kann allerdings angezeigt sein, abzuwarten, ob Strafantrag gestellt wird, da hiervon abhängen kann, ob vollendete oder versuchte Verfolgungsvereitelung vorliegt. Das gilt auch für die Maßnahmevereitelung; ohne Strafantrag ist eine Maßnahme auf Grund eines Antragsdelikts unzulässig. Ist die Antragsfrist ungenutzt verstrichen, so ist die auf Verfolgungsvereitelung gerichtete Handlung als versuchte Tat zu ahnden. Steht schon vorher fest, daß ohnehin nur Versuch in Betracht kommt, so erübrigt sich das Abwarten, ob Strafantrag gestellt wird. Für Antragsdelikte, die bei Vorliegen eines besonderen öffentlichen Interesses an der Strafverfolgung von Amts wegen verfolgt werden (vgl. § 77 RN 6), gilt grundsätzlich nichts anderes. Ist jedoch von Amts wegen gegen den Vortäter eingeschritten worden und eine Verurteilung ohne geraume Zeitverzögerung (vgl. u. 16) erfolgt, so entfällt trotz Verhinderung des Strafantrags eine vollendete Strafvereitelung; es liegt dann nur deren Versuch vor. Ebenfalls ist das auf Strafvereitelung gerichtete Handeln nur als Versuch zu ahnden, wenn offen bleibt, ob ein Strafantrag gestellt oder ein besonderes öffentliches Interesse an der Strafverfolgung der Vortat bejaht worden wäre.

a) Vortat kann nur eine bereits **begangene Tat** sein. Als eine solche Tat sind auch die Teilnahme- 5 handlung, der strafbare Versuch und die strafbare Vorbereitungshandlung anzusehen. Erforderlich ist, daß sich die auf Verfolgungsvereitelung gerichtete Handlung nicht mehr auf die Tat ausgewirkt hat. Andernfalls liegt eine Tatbeteiligung vor. Wer dem Vortäter hilft, das Entstehen von Tatspuren zu verhindern, indem er etwa Handschuhe zwecks Vermeidung von Fingerabdrücken zur Verfügung stellt, leistet Beihilfe. Die Abgrenzung zwischen Beteiligung an der Vortat und Verfolgungsvereitelung bestimmt sich wie bei der Begünstigung (vgl. § 257 RN 6 ff.) danach, ob sich die Hilfe bereits in der Vortat niederschlägt oder sich erst nachher auswirkt. Dagegen spielt es keine Rolle, zu welcher Zeit – ob vor, während oder nach der Vortat – die Handlung vorgenommen wird, welche die Strafe oder die Maßnahme vereiteln soll. Wirkt sie sich erst nach der Vortat aus, findet zB der Vortäter das ihm heimlich zugesteckte Geld für die Flucht erst nach Abschluß seiner Tat, so ist eine (versuchte oder vollendete) Verfolgungsvereitelung gegeben. Ebenso Ruß LK 6.

Stree

6 b) Soweit **Hilfe zwischen Vollendung und Beendigung einer Tat** geleistet wird, hat die hM zum früheren Recht die Willensrichtung des Helfenden darüber entscheiden lassen, ob Beihilfe oder persönliche Begünstigung anzunehmen ist (vgl. 17. A. § 257 RN 2 b). Wäre dieser Meinung zu folgen, so wäre entsprechend zwischen Beihilfe und Verfolgungsvereitelung abzugrenzen. Indes kann hier nichts anderes gelten als bei der Begünstigung (vgl. § 257 RN 8). Hat sich die Unterstützung bis zur Beendigung der Vortat auf diese ausgewirkt, so kann der Hilfeleistende, der sich dieser Auswirkung bewußt war oder sie in Kauf genommen hat, der gegenüber § 258 uU strengeren Haftung wegen Beihilfe nicht deswegen entgehen, weil er die Bestrafung oder die Anordnung einer Maßnahme verhindern will. Wer einem Angehörigen vor Beendigung der Tat hilft, Tatspuren zu verwischen, kann nicht anders behandelt werden, als wenn er vor Tatvollendung beim Spurenverwischen mitwirkt. Straffreiheit nach Abs. 6 ist ihm nur zuzubilligen, soweit sich seine Hilfe nur nach Tatbeendigung auswirkt. Fraglich ist, ob die als Beihilfe zu wertende Unterstützung zwischen Vollendung und Beendigung der Tat zugleich auch als Strafvereitelung beurteilt werden kann. Bejaht man die Frage, so ist jedenfalls vom Zurücktreten der Strafvereitelung hinter die Beihilfe auszugehen.

7 Entsprechendes gilt bei Dauerdelikten. Wirkt sich zB eine Handlung, die auf Verdeckung eines bereits vorgenommenen Teilakts gerichtet ist, noch auf das weitere Tatgeschehen aus, so liegt bei Kenntnis des Helfenden hiervon Beihilfe vor; andernfalls ist eine (versuchte oder vollendete) Strafvereitelung gegeben.

8 c) Setzt ein Strafgesetz eine **objektive Strafbarkeitsbedingung** voraus, so ist der Zeitpunkt ihres Eintritts ohne Bedeutung für die Frage, ob die Verfolgungsvereitelung nach der Vortat begangen worden ist (vgl. § 257 RN 9, Jakobs 340, Jescheck/Weigend 560; and. Ruß LK 3). Wer nach einer Schlägerei einen Beteiligten vor Ermittlungen der Strafverfolgungsbehörde bewahrt, macht sich auch dann nach § 258 strafbar, wenn die von § 231 vorausgesetzte schwere Folge erst nach der Vereitelungshandlung eintritt. Solange die Strafbarkeitsbedingung nicht vorliegt, kommt aber nur ein Versuch in Betracht. Auch wenn er sich mit ihrem Eintritt nicht mehr zur Tatvollendung auswirken kann (zB fehlgeschlagener Versuch), ist seine Ahndung erst zulässig, wenn die Strafbarkeitsbedingung eingetreten ist, ausgenommen die Fälle, in denen der Täter irrig das Vorliegen der Strafbarkeitsbedingung angenommen hat.

9 d) Die **Vortat muß der deutschen Strafverfolgung unterliegen.** Es ist nicht Aufgabe der deutschen Strafrechtspflege, Verfolgungsinteressen ausländischer Staaten zu schützen. Vgl. Schröder JZ 68, 244 sowie 16 ff. vor § 3. Entsprechend zum schweiz. Recht BGE 104 IV 238.

10 e) **Nicht erforderlich** ist die **Feststellung einer bestimmten Vortat.** Die Merkmale der Vortat müssen nur so weit feststehen, daß sich beurteilen läßt, ob der Vortäter der Bestrafung oder einer Maßnahme entzogen worden ist. Es reicht daher aus, wenn die Voraussetzungen für eine Wahlfeststellung ermittelt worden sind. Ausnahmsweise kann sogar hierauf verzichtet werden, nämlich dann, wenn die Aufklärung hintertrieben worden ist und feststeht, daß sonst eine hinreichende Aufklärung erfolgt wäre. Hier genügt die Feststellung, daß eine von mehreren möglichen Taten, die zu einer Bestrafung bzw. einer Maßnahme geführt hätten, vorgelegen hat. Für die Straflimitierung nach Abs. 3 (vgl. u. 40) ist in einem solchen Fall das Delikt maßgebend, für das die geringste Strafe angedroht ist.

10 a f) Wie bei der Begünstigung (vgl. § 257 RN 13) hat das Gericht, das einen Angekl. wegen Strafvereitelung abzuurteilen hat, das Vorliegen einer **Vortat selbständig zu prüfen** (einschränkend Zaczyk GA 88, 356). Es kann den Angekl. mangels Vorliegens einer Vortat freisprechen, obwohl der Vortäter rechtskräftig verurteilt worden ist. Die frühere Entscheidung bindet das später entscheidende Gericht ebensowenig wie in dem umgekehrten Fall, in dem der Vortäter nach dem Strafvereiteler vor Gericht steht. Ein Freispruch für den Vortäter ist trotz Verurteilung des Strafvereitelers ebenso möglich wie eine Verurteilung nach Freisprechung des Strafvereitelers mangels Vorliegens einer Vortat. Einer Verurteilung wegen vollendeter Strafvereitelung steht jedoch ein vorhergehender Freispruch für den Vortäter entgegen, wenn die Entscheidung auf Erwägungen zurückgeht, die nicht auf dem Verhalten des Strafvereitelers beruhen. In einem solchen Fall ist das Verhalten des Strafvereitelers nicht ursächlich für einen Taterfolg geworden.

11 g) Die **Vortat** braucht zZ der Aburteilung der Verfolgungsvereitelung nicht mehr unter **Strafandrohung** zu stehen (Ruß LK 4; and. M-Maiwald II 429, Samson SK 17 u. zu § 257 aF BGH **14** 156 m. Anm. Dreher NJW 60, 1163) oder Voraussetzung für die vereitelte Maßnahme zu sein. Die bei der Begünstigung vertretene Einschränkung (vgl. § 257 RN 14) läßt sich nicht entsprechend auf die Strafvereitelung übertragen. Ist jemand der Bestrafung entzogen worden, so verliert die Beeinträchtigung der Rechtspflege ihren spezifischen Unrechtsgehalt nicht dadurch, daß die Strafbarkeit der Vortat nachträglich entfällt. Die Strafwürdigkeit eines solchen Verhaltens ist unabhängig von einem Wandel in der Beurteilung der Vortat. Entsprechendes gilt für die Maßnahmevereitelung. Daß ein späterer Wandel in der Beurteilung der Vortat ohne Einfluß auf das Vereitelungsdelikt sein muß, zeigt auch die Strafbarkeit des Versuchs. Für diesen genügt die irrige Annahme der Strafbarkeit eines Vorverhaltens, etwa die Wertung einer Ordnungswidrigkeit als Straftat (vgl. u. 31). Gegenüber dem Täter eines solchen Versuchs kann aber der Täter, der bei Vornahme seiner auf Strafvereitelung gerichteten Handlung die Vortat zutreffend als Straftat einstuft, nicht besser gestellt sein. Er wäre es jedoch, würde sich die spätere Herausnahme der Vortat aus dem Strafbereich, etwa deren Umwandlung in eine Ordnungswidrigkeit, auch zugunsten des Strafvereitelers auswirken.

2. Die **Tathandlung** besteht darin, daß die Bestrafung des Vortäters oder eine gegen ihn bzw. einen 12
Dritten zu treffende Maßnahme ganz oder zum Teil vereitelt wird. Es muß also einen Vereitelungserfolg erzielen; es genügt nicht die bloße Behinderung der Strafverfolgung (vgl. u. 16). Das Vorliegen eines Verletzungserfolgs muß im Urteil wegen Strafvereitelung nachprüfbar begründet werden (vgl. BGHR § 258 Abs. 1 Bestrafung 1 zur Begründungspflicht im Fall eines Heranwachsenden als Vortäter: Jugendstrafe oder nur Zuchtmittel vereitelt?). Der Taterfolg muß im Inland eingetreten sein; die Tathandlung kann dagegen auch im Ausland erfolgen (BGH 44 56).

a) Da die vereitelte Rechtsfolge „dem Strafgesetz gemäß" sein muß, ist unter **Bestrafung** nur die 13
Verhängung einer Kriminalstrafe zu verstehen. Es reicht nicht aus, daß jemand einer Disziplinarstrafe, einer Geldbuße, einem Ordnungsgeld oder einer Ordnungshaft entzogen wird. Zu den Strafen zählt neben Freiheits- und Geldstrafe auch Jugendstrafe sowie eine Nebenstrafe, so daß sich nach § 258 strafbar macht, wer ein Fahrverbot vereitelt. Fraglich ist, ob als Bestrafung iSv § 258 ebenfalls die Anordnung einer Nebenfolge anzusehen ist. Da das StGB die Nebenfolge klar von der Strafe scheidet (vgl. Überschrift vor § 45), ist ihre Einbeziehung in § 258 mit dessen Wortlaut unvereinbar (and. Tröndle/Fischer 3). Ebensowenig wird die Vereitelung eines Zuchtmittels gem. § 15 JGG oder Vereitelung einer Verwarnung mit Strafvorbehalt, wohl aber das Vereiteln der Verurteilung gem. § 59 b erfaßt. Ferner fällt die Vereitelung einer Bestrafung im Ausland nicht unter § 258, da Verfolgungsinteressen ausländischer Staaten nicht geschützt werden (vgl. o. 9). § 258 ist daher nicht anwendbar, wenn Auslieferungshaft verhindert wird (and. Ruß LK 1). Daß Auslieferungshaft Teil der inländischen Strafrechtspflege ist, ändert nichts daran, daß die Bestrafung selbst nur zum Bereich der ausländischen Strafrechtspflege gehört.

b) Zu den **Maßnahmen** rechnen nach § 11 I Nr. 8 alle Maßregeln der Besserung und Sicherung, 14
der Verfall, die Einziehung und die Unbrauchbarmachung. Unerheblich ist, ob sich die Maßnahme gegen den Vortäter oder einen Dritten richtet. Auch wer eine Einziehung nach § 74a verhindert, erfüllt den Tatbestand des § 258. Keine Maßnahmen sind die Erziehungsmaßregeln und Zuchtmittel des JGG (§ 447 VII E 62, wonach Jugendarrest einer Maßnahme gleichstehen sollte, ist nicht Gesetz geworden), ebensowenig Auflagen und Weisungen, auch nicht solche nach § 153 a StPO, oder vorbeugende Maßnahmen gemäß der StPO, wie vorläufige Fahrerlaubnisentziehung (Koblenz VRS 63 130) oder vorläufiges Berufsverbot.

Kriminalpolitisch bedenklich ist die Einbeziehung des **Verfalls.** Seine Vereitelung steht der Begün- 15
stigung nach § 257 näher als der Bestrafungs- oder Maßregelvereitelung. Ungereimtheiten aus der Zuordnung zu § 258 ergeben sich vor allem bei der nachträglichen Hilfe für Angehörigen. Wer einem Angehörigen die Vermögensvorteile sichert, die dem Verfall unterliegen, ist nicht weniger strafwürdig als der Begünstiger, der einen Angehörigen davor bewahrt, daß diesem sonstige Tatvorteile entzogen werden. Die Verfallvereitelung hätte entweder dem § 257 zugewiesen oder jedenfalls von der Straffreiheit nach Abs. 6 ausgenommen werden müssen. Vgl. näher Stree JuS 76, 140.

c) Die Bestrafung des Vortäters oder die Anordnung einer Maßnahme, und zwar durch ein 16
deutsches Gericht, muß **ganz oder zum Teil vereitelt** worden sein. Es muß also verhindert werden, daß der Vortäter eine Bestrafung oder eine Maßnahme erleidet. Das ist nicht der Fall, wenn jemand mit Tötung des Vortäters diesem die „Schande" der Bestrafung erspart oder ihn durch Vernichtung der Verfall- oder Einziehungsgegenstände von einer Maßnahme verschont. Das Merkmal der Vereitelung ist nicht erst dann erfüllt, wenn eine Strafe oder eine Maßnahme endgültig nicht mehr verhängt werden kann, etwa wegen Eintritts der Verjährung, sondern schon dann, wenn der Strafanspruch oder die Anordnung einer Maßnahme für geraume Zeit unverwirklicht bleibt (vgl. BT-Drs. 7/550 S. 249, BGH MDR/H 81, 631, NJW 84, 135, wistra 95, 143, KG JR 85, 25, Karlsruhe NStZ 88, 504, M-Maiwald II 430, Ruß LK 10, Tröndle/Fischer 5; vgl. auch RG 70 254, BGH 15 21 zu § 346 aF; and. Samson SK 31, JA 82, 181, Schittenhelm Lenckner-FS 532, Vormbaum aaO 394 ff., Wappler, Der Erfolg der Strafvereitelung, Diss. Münster 1998). Die Einbeziehung des Verzögerungsmoments läßt sich mit dem Gesetzeswortlaut vereinbaren und erweist sich zum Schutz der Strafrechtspflege als notwendig. Je später ein Strafverfahren abgeschlossen werden kann, desto mehr und desto leichter kann es an Qualität und an einer den Straf- oder Maßregelzwecken entsprechenden Wirkung einbüßen. Zudem sprechen die unterschiedlichen Verjährungsfristen gegen das endgültige Vereiteln der Strafe als Vollendungskriterium. Wer die Verfolgung schwerwiegender Straftaten verhindert, würde – am Verjährungszeitpunkt gemessen – sonst viel später die Tat vollendet haben als jemand, der bei einer geringfügigen Tat die Strafverfolgung vereitelt. Bei einem Mord würde gar der Verjährungszeitpunkt als Vollendungskriterium entfallen. Wann allerdings eine geraume Zeit bereits verstrichen ist, kann zweifelhaft sein. Nach BGH NJW 59, 495 (zu § 346 aF) soll eine Verzögerung der Ermittlungen um 6 Tage noch nicht genügen, nach KG NStZ 88, 178 eine einwöchige Verzögerung nicht. Andererseits reicht es nach Stuttgart NJW 76, 2084 aus, wenn einem aus der U-Haft entwichenen Täter die Flucht ins Ausland ermöglicht wird und dieser etwa 10 Tage später freiwillig zurückkehrt. Stets ist geraume Zeit vergangen, wenn eine Falschaussage zu einem erstinstanzlichen Freispruch führt und in der Berufungsinstanz sodann die Strafe verhängt wird. Die Verzögerung für geraume Zeit muß sich auf die Bestrafung oder die Anordnung einer Maßnahme auswirken; Verfolgungsverzögerung allein genügt nicht (vgl. BGH wistra 95, 143, KG JR 85, 25, Bay wistra 91, 159; and. Beulke, Die Strafbarkeit des Verteidigers, 1989, 118, der Behinderung der Strafverfolgung ausreichen läßt; vgl. dagegen u. 16 a). Bei Verzögerung der Ermittlungen kommt es darauf an, ob mit ihr eine Verzögerung

der Aburteilung um geraume Zeit verknüpft ist. Auf eine solche Folge läßt sich bei Verzögerung der Ermittlungen für 14 Tage nicht ohne weiteres schließen (BGH wistra **95**, 143). Unterbleibt die Verurteilung des Vortäters, etwa wegen Eintritts seines Todes oder auf Grund eines StFG, so ist daher der Tatbestand trotz vorheriger Verfolgungsverzögerung nicht erfüllt, wenn es auch bei ungestörter Verfolgung nicht (mehr) zur Verurteilung gekommen wäre (vgl. aber BGH LM **Nr. 1** zu § 346 aF). Eine Bestrafung wird **zum Teil** vereitelt, wenn der Täter bewirkt, daß die Strafe milder als den wahren Umständen entsprechend ausfällt. Das ist etwa der Fall, wenn eine Verurteilung wegen eines Vergehens statt eines Verbrechens erfolgt, ein strafschärfender Umstand, ein Strafmilderungsgrund zu Unrecht herangezogen oder die Tagessatzhöhe bei der Geldstrafe niedriger festgesetzt wird, als sie nach den tatsächlichen Einkünften des Verurteilten hätte betragen müssen. Eine Maßnahme wird zT vereitelt, wenn sie in ihrem Ausmaß hinter dem zurückbleibt, was sachgemäß gewesen wäre. Eine Teilvereitelung liegt ua vor, wenn der Täter erreicht, daß entgegen sachlichen Erfordernissen die Höchstdauer der Führungsaufsicht abgekürzt wird, das Gericht eine zu kurze Sperrfrist für die Wiedererteilung der entzogenen Fahrerlaubnis bestimmt oder die Anordnung der Einziehung bzw. des Verfalls nur einen Teil der Einziehungs- bzw. Verfallgegenstände erfaßt.

16 a Für Vorverlegung des Vollendungszeitpunkts gegenüber der hM tritt Lenckner ein (Schröder-GedS 344 ff.; vgl. auch Koblenz NJW **82**, 2786 u. dagegen Frisch NJW 83, 2473). Ohne Rücksicht auf die zeitliche Wirkung soll der Tatcrfolg immer dann vorliegen, wenn die Tathandlung zur Einstellung des Verfahrens gegen den Vortäter oder zu dessen Freispruch geführt hat. Außerdem soll jede zeitliche Verzögerung der Bestrafung usw. genügen, ausgenommen eine kurzzeitige Verschiebung (quantité négligeable). Zur Begründung hebt Lenckner auf den Gesetzeszweck ab. Dieser Zweck ergibt indes nicht zwingend die Notwendigkeit, den Vollendungszeitpunkt vorzuverlegen. Eine Verzögerung der Verurteilung um einen Tag untergräbt den Gesetzeszweck nicht nachhaltiger als eine Verzögerung um wenige Stunden. Ähnliches gilt für den Verzicht auf das Zeitmoment bei Einstellung der Ermittlungen. Nimmt etwa die StA die Ermittlungen noch am selben Tag wieder auf, so macht es keinen erheblichen Unterschied, ob sie zuvor die Ermittlungen eingestellt hat oder sie nur hat ruhen lassen. Gegen Vorverlegung des Vollendungszeitpunkts spricht zudem, daß mit ihr dem Täter vorzeitig die Rücktrittsmöglichkeit abgeschnitten wird, ein Ergebnis, das kriminalpolitisch wenig sachgemäß ist. Dagegen ähnlich wie Lenckner, aber noch weitergehend Beulke, Die Strafbarkeit des Verteidigers, 1989, 117 ff., der schon Tatvollendung annimmt, wenn die Tätigkeit der Strafverfolgungsorgane beeinträchtigt worden ist. Der Ansicht steht bereits der Gesetzeswortlaut entgegen; bloßes Behindern der Strafverfolgung ist noch kein Vereiteln der Bestrafung.

17 d) **Beispiele für Vereitelungshandlung:** falsche Angaben gegenüber Strafverfolgungsbehörden, Behinderung eines Polizeibeamten bei der Verfolgung, Verbergen des verfolgten Vortäters, Gewähren einer Unterkunft als Unterschlupf (vgl. Stuttgart NJW **81**, 1569, Koblenz NJW **82**, 2785 u. dazu krit. Frisch NJW 83, 2471, LG Hannover NJW **76**, 979 m. Anm. Schroeder, BGE **103** IV 98 u. 104 IV 186 u. 106 IV 189 u. 114 IV 36, aber auch die Einschränkung bei Schubarth Schultz-FG 162 sowie BGE 117 IV 467: kein Beherbergen bei Unterlassen, Straftäter aus Wohnung zu werfen), Fluchthilfe jeder Art (zB Aushändigung gefälschter Ausweispapiere oder von Geld; vgl. BGH **33** 347 u. dazu Beulke Jura 86, 648), Trübung einer Beweisquelle (vgl. RG **50** 365, **66** 324) wie Verwischen von Tatspuren, Legen falscher Spuren (zB vorgetäuschter Raubüberfall) oder Beseitigung der Tatwaffe, Beiseiteschaffen der Ermittlungsakten, Verwahrung von Bargeld zur Verdeckung von Veruntreuungen (vgl. RG HRR **30** Nr. 1559; and. wohl, wenn dies der Wiedergutmachung des Schadens dient). Auch die wahrheitswidrige Angabe vor der Polizei, nichts zu wissen, kann genügen (Tröndle/Fischer 6; vgl. auch RG **54** 41, Bay NJW **66**, 2177, Ruß LK 16); eine solche Angabe kann die Polizei durchaus irreführen und sie davon abhalten, eine Vernehmung durch die StA (§ 161a StPO) oder einen Richter zu veranlassen. Eine Auskunftsverweigerung reicht dagegen nur aus, soweit eine Auskunftspflicht besteht (vgl. u. 19).

18 Handlungen, die nicht unmittelbar die Verfolgungsvereitelung herbeiführen, erfüllen den Tatbestand nur, wenn die Voraussetzungen der mittelbaren Täterschaft vorliegen. Die von der Rspr. zu § 257 aF vertretene abweichende Ansicht, nach der eine persönliche Begünstigung bereits anzunehmen war, wenn jemand auf einen anderen einwirkte, im Strafverfahren keine oder unrichtige Angaben zu machen (RG **20** 233, DR **39**, 1067), oder Zeugen vereinbaren, zugunsten des Beschuldigten falsch auszusagen (RG JW **29**, 2730, **36**, 2806), läßt sich nicht übernehmen. Führt eine solche Einwirkung oder Vereinbarung zur Verfolgungsvereitelung durch einen anderen, so ist sie als Anstiftung oder Beihilfe, nicht als Täterschaft zu beurteilen (vgl. u. 32, auch Lenckner JR 77, 75). Eine Tatbeteiligung entfällt indes mangels einer Haupttat, wenn jemand auf einen anderen dazu übereredet wird, von seinen Rechten Gebrauch zu machen oder auf ein Recht zu verzichten, zB vom Strafantrag abzusehen (vgl. RG **40** 394), einen Strafantrag zurückzunehmen (vgl. RG DStR **36**, 368), sich auf sein Zeugnisverweigerungsrecht zu berufen (vgl. BGH **10** 393) oder eine Strafanzeige zu unterlassen (BGH NJW **97**, 2061; vgl. aber RG **14** 88). Ebensowenig wird von § 258 erfaßt, wer den Vortäter dazu bestimmt, eine geplante Selbstanzeige zu unterlassen (vgl. BGH **2** 375). Hat jemand aber bei der Einwirkung auf einen anderen dessen Entschließungsfreiheit aufgehoben (Zwang, Täuschung), so kommt Täterschaft in Betracht (BGH NJW **97**, 2061). Bei Nötigung ist zu unterscheiden, ob jemand zu einer mit Strafe bedrohten Strafvereitelung oder zu einem erlaubten Verhalten gezwungen wird. Im erstgenannten Fall ist entsprechend den allgemeinen Grundsätzen für die Abgrenzung zwischen

Täterschaft und Anstiftung die Stärke des Nötigungsmittels maßgebend, ob Täterschaft oder Anstiftung vorliegt. Bei der Nötigung zu einem erlaubten Verhalten, etwa zur Rücknahme eines Strafantrags, ist stets Täterschaft zu bejahen, da das Geschehen für den Nötigenden eine rechtswidrige Vereitelung der Strafverfolgung darstellt. Es gilt insoweit Entsprechendes wie bei einer Tat, in die der Rechtsgutträger nur auf Grund einer Drohung eingewilligt hat. Dagegen entspricht die Bestechung dem bloßen Überreden (vgl. aber BGH **10** 393, Krekeler NStZ 89, 150). Da sie die Entschließungsfreiheit nicht aufhebt oder einschränkt, kann sie trotz Einsetzen eines uU unlauteren Mittels ebensowenig wie bei sonstigen Straftaten täterschaftliches Handeln sein (vgl. dazu Beulke, Die Strafbarkeit des Verteidigers, 1989, 47, 50, Siepmann, Abgrenzung zwischen Täterschaft und Teilnahme im Rahmen der Strafvereitelung, Diss. Münster 1988, 22 ff.). Täterschaftliche Strafvereitelung ist ferner nicht darin zu erblicken, daß jemand den Vortäter nur zu Selbstschutzmaßnahmen veranlaßt (vgl. u. 33). Demgemäß greift § 258 nicht ein, wenn jemand einem Angekl. zusagt, zu dessen Gunsten als Zeuge falsch auszusagen, ihn dadurch in seinem Willen, die Tat zu leugnen, bestärkt und ihm somit die Verteidigung erleichtert (vgl. dagegen aber BGH **27** 74 m. abl. Anm. Lenckner JR **77**, 74, MDR/D **69**, 723 f., NJW **71**, 526, Hamm GA **73**, 211). Macht der Zusagende zusätzlich bestimmte Vorschläge für ein gemeinsames Vorgehen im Prozeß, so ließe sich zwar an den Versuch einer Strafvereitelung denken; es fehlt aber noch am unmittelbaren Ansetzen zur Tatbestandsverwirklichung (vgl. u. 31). Zur Information von Bankkunden über strafprozessuale Ermittlungsmaßnahmen bei Kreditinstitutionen durch Bankmitarbeiter vgl. Ransiek wistra 99, 401 (keine Strafvereitelung bei bloßen Mitteilungen über Durchsuchungen u. Beschlagnahmen).

e) Auch ein **Unterlassen** kann den Tatbestand der Verfolgungsvereitelung erfüllen. Maßgebend **19** hierfür sind die allgemeinen Grundsätze. Soweit vorangegangenes Tun eine Erfolgsabwendungspflicht begründet (§ 13 RN 32 ff.), hängt die Art der gebotenen Handlung von den Auswirkungen des Vorverhaltens ab. Ist dadurch die Rechtspflege bereits beeinträchtigt worden, so trifft den Täter eine Anzeigepflicht gegenüber der Strafverfolgungsbehörde. Wer zB Spuren endgültig beseitigt hat, muß dies durch Aufklären der Strafverfolgungsbehörde wieder ausgleichen. Hat sich dagegen das Verhalten, das Rechtspflege gefährdet, noch nicht ausgewirkt oder läßt es sich rückgängig machen, so genügt eine solche Tätigkeit. Wer etwa Gegenstände, die auf einen Täter hinweisen, vom Tatort entfernt hat, braucht sie nur, solange Auswirkungen auf die Rechtspflege noch ausstehen, an den Tatort zurückzubringen. Besondere Rechtspflichten zum Handeln können sich ferner aus einer amtlichen Stellung und aus einer Aussagepflicht nach der StPO (vgl. § 13 RN 31 aE) ergeben. Soweit Amtsträger nicht zum Personenkreis iSv § 258 gehören, sind sie nur unter besonderen Umständen verpflichtet, auf die Strafverfolgung eines Täters hinzuwirken. Solche besonderen Umstände liegen nicht schon dann vor, wenn ein Amtsträger für den Schutz des vom Vortäter verletzten Rechtsguts verantwortlich ist, zB für den Gewässerschutz (vgl. dazu Papier NJW 88, 1115), wohl aber, wenn ein Gesetz eine Mitteilung an die Strafverfolgungsbehörden bei Verdacht einer Straftat vorschreibt, wie zB § 6 SubvG, §§ 11, 13 GWG oder § 116 AO (Bock NJW 92, 102). Sie sollen ferner für einen Dienstvorgesetzten bestehen, der von der Straftat eines Untergebenen Kenntnis erlangt. Eine Anzeige soll dann im pflichtgemäßen Ermessen des Vorgesetzten liegen, so daß im allgemeinen das Unterlassen einer Anzeige nur bei Ermessensmißbrauch gegen § 258 verstößt (vgl. RG **73** 266, **74** 180, BGH **4** 170). Indes ergibt sich aus der Verantwortlichkeit eines Dienstvorgesetzten für einen ordnungsgemäßen Dienstbetrieb und für die Wahrung der Behördenbelange noch keine Rechtspflicht, für die Strafrechtspflege tätig zu werden und deren Organe im Interesse der Verbrechensbekämpfung über Straftaten zu unterrichten (wie hier Samson SK 47). Das Gebot, zur Wahrung der Behördenbelange eine Strafanzeige zu erstatten, dient allein dem Schutz der jeweiligen Behördeninteressen. Ebensowenig geht eine Rechtspflicht gegenüber der Strafrechtspflege daraus hervor, daß der Dienstvorgesetzte gem. § 357 verpflichtet ist, Untergebene an rechtswidrigen Taten im Amt zu hindern. Die Rechtspflicht, Straftaten zu unterbinden, ist nicht zugleich eine Rechtspflicht, Straftaten anzuzeigen. Nur wenn zum Funktionsbereich des Vorgesetzten (auch) Aufgaben der Strafrechtspflege gehören, läßt sich eine solche Anzeigepflicht annehmen. Auf ein Ermessen läßt sich dann aber nur bei Aufgaben der Strafrechtspflege abstellen, die neben anderen Haupttätigkeiten anfallen. Treten derartige Tätigkeiten dagegen hinter die Aufgabe der Strafrechtspflege zurück, wie bei der Polizeiverwaltung, so entfällt ein Ermessensspielraum (vgl. BGH **4** 170). Entsprechend einem Dienstvorgesetzten haben Strafvollzugsbeamte keine Aufgaben der Strafverfolgung wahrzunehmen. Sie haben zwar Strafgefangene von Straftaten abzuhalten, sind aber nicht Garant für deren Ahndung und machen sich somit bei unterlassener Strafanzeige nicht nach § 258 strafbar (BGH **43** 82 m. Anm. Rudolphi NStZ 97, 599, Seebode JR 98, 338 u. Kleszcewski JZ 98, 313, ferner Wagner StA-Schleswig-FS 511, Lackner/Kühl 7 a; and. unter Rückgriff auf § 2 StVollzG Hamburg NStZ **96**, 102 m. Anm. Kleszcewski u. abl. Anm. Volckart StV 96, 608 bei JVA-Leiter, der schwere, von Gefangenen während der Haft begangene Straftaten nicht anzeigt). Keine Anzeigepflicht kann eine Stellung in einem Privatbetrieb begründen (BGH NStZ **92**, 541). So läßt sich etwa aus der Verletzung einer vertraglichen Pflicht, Straftaten aufzudecken und anzuzeigen (Warenhausdetektiv), kein Verstoß gegen § 258 herleiten. Aussagepflichten nach der StPO bestehen für Zeugen und Sachverständige im Fall einer richterlichen oder staatsanwaltschaftlichen Vernehmung (vgl. Frankfurt StraFo **98**, 237), nicht gegenüber der Polizei. Kein strafbares Unterlassen ist, sofern keine Pflicht nach § 75 StPO begründet worden ist (and. insoweit Blank BA 92, 81), die Weigerung eines Arztes, einem Trunkenheitstäter eine Blutprobe zu entnehmen (vgl. Händel BA 77, 195 ff.).

19 a f) Die Täterhandlung muß für den Taterfolg (vgl. o. 16) **ursächlich** gewesen sein. Hierfür genügt noch nicht jede Besserstellung des Vortäters (mißverständlich Tröndle/Fischer 5). Es muß vielmehr mit an Sicherheit grenzender Wahrscheinlichkeit feststehen, daß die Bestrafung usw. ohne die Täterhandlung geraume Zeit früher erfolgt wäre (vgl. BGH NJW **84**, 135, Lenckner Schröder-GedS 347, Schroeder NJW 76, 980). Eine solche Feststellung ist häufig gar nicht möglich, so daß dann nur die Annahme eines Strafvereitelungsversuchs in Betracht kommt. So läßt sich etwa bei einer Ermittlungsverzögerung um 8 Tagen zumeist nicht feststellen, daß die Bestrafung des Vortäters geraume Zeit früher erfolgt wäre (KG JR **85**, 25). Wird ein Polizeibeamter bei der Verfolgung behindert, so ist vielfach kaum nachweisbar, daß er ohne die Behinderung den Verfolgten gefaßt und damit dessen frühere Verurteilung bewirkt hätte. Ebensowenig ist oftmals feststellbar, ob der Vortäter ohne Unterschlupfgewährung oder Hilfe beim Absetzen ins Ausland früher entdeckt und verurteilt worden wäre. Zweifel an der Kausalität gehen zugunsten des Täters (in dubio pro reo). Zur Kausalitätsproblematik eingehend Ferber, Strafvereitelung, Diss. Osnabrück 1997, 34 ff.

20 g) Besondere Probleme können sich für einen **Strafverteidiger** ergeben, wobei im einzelnen fraglich sein kann, ob der Tatbestand (so BGH NJW **2000**, 2434, KG NStZ **88**, 178, Düsseldorf NJW **91**, 996, StV **98**, 552, Krekeler NStZ **89**, 146 mwN) oder der Rechtswidrigkeit berührt ist und ob Täterschaft oder Teilnahme (vgl. u. 32) vorliegt. Soweit er sich auf verfahrensrechtlich erlaubte Mittel beschränkt, kann er sich für die Freisprechung seines Mandanten auch dann einsetzen, wenn er von dessen Schuld, etwa auf Grund eines ihm gegenüber abgelegten Geständnisses, überzeugt ist (RG **66** 325, BGH **2** 377, **29** 107, MDR/D **57**, 267). Er kann zB unter Hinweis darauf, daß die Beweisaufnahme keinen Schuldbeweis erbracht hat, auf Freispruch plädieren, mag auch eine unwahre Zeugenaussage zum non liquet geführt haben, oder sich zugunsten des Mandanten auf Rechtsansichten im Schrifttum berufen, die er selbst an sich nicht teilt. Mit prozeßadäquaten Mitteln kann er eine rechtskräftige Verurteilung verzögern, so durch Stellen eines Beweisantrags, auch wenn deswegen die Hauptverhandlung unterbrochen oder ausgesetzt werden muß (Düsseldorf StV **86**, 288), oder durch Einlegen eines Rechtsmittels trotz völliger Aussichtslosigkeit. Mit inadäquaten Mitteln darf er den Prozeß jedoch nicht verschleppen, zB nicht durch sachwidriges Zurückhalten überlassener Prozeßakten in reiner Verschleppungsabsicht. Für Nichtanwendbarkeit des § 258 bei reinem Bewirken von Verzögerungen im Strafverfahren (Strafjustizvereitelung) jedoch Jahn ZRP 98, 103. Ferner darf der Strafverteidiger dem Mandanten von einer Selbstanzeige (BGH **2** 375) oder einem Geständnis abraten (and. Oldenburg GA **56**, 189), ihm zuraten, sich nicht zur Sache einzulassen (BGH MDR/H **82**, 970), sowie aussageverweigerungsberechtigten Zeugen die Aussageverweigerung nahelegen (BGH **10** 393, Düsseldorf NJW **91**, 996) oder die Zurücknahme eines Strafantrags veranlassen (auch mit Geld zum Ausgleich für die entfallende Genugtuung, jedoch nicht mittels Einschüchterungen; vgl. Düsseldorf StV **99**, 531 für derart erwirkte Rücknahme einer Strafanzeige). Zulässig sind außerdem Auskünfte über die Rechtslage, mögen sie auch einen Tatentschluß zur Strafvereitelung fördern (Hinweis auf § 258 VI; vgl. RG **37** 322, Düsseldorf StV **98**, 552, Bottke ZStW 96, 756, Krekeler NStZ 89, 148, Friebertshäuser-Festg. 54). Dagegen muß sich der Verteidiger jeder Verdunkelung oder Verzerrung der wahren Sachlage und der sachwidrigen Erschwerung der Strafverfolgung enthalten (BGH **2** 377, NJW **2000**, 2434, Düsseldorf StV **94**, 472, **98**, 66). Er darf weder falsche Aussagen herbeiführen, etwa durch lügenfördernde Angaben (BGH NStZ **99**, 188 m. Anm. Lüderssen StV 99, 537), auch nicht durch Ladung eines zum Meineid entschlossenen Zeugen (RG **66** 324; vgl. auch BGH NStZ **83**, 503 m. Anm. Beulke; and. Krekeler NStZ 89, 150, Mehle Koch-FS, 1989, 187, Vormbaum aaO 421) oder durch Suggestivfragen (RG **70** 391), noch Zeugen im Willen zur Falschaussage bestärken (BGH **29** 107, NJW **2000**, 2435, Düsseldorf StV **94**, 472, **98**, 552) oder auf sie einwirken, sich auf ein in Wahrheit nicht bestehendes Verlöbnis mit dem Angekl. zur Begründung eines Zeugnisverweigerungsrechts zu berufen (Düsseldorf StV **98**, 64). Ebensowenig darf er Zeugen mittels Täuschung oder Nötigung zur Aussageverweigerung bestimmen (vgl. BGH **10** 393), einen Mitangeklagten mittels Täuschung vom Erscheinen in der Hauptverhandlung abhalten (Düsseldorf NJW **91**, 996) oder den Mandanten so beeinflussen, daß dieser nicht zur Hauptverhandlung kommt (Koblenz NStZ **92**, 146). Strafrechtlich nicht verwehrt ist ihm jedoch, dem Angekl. zum wahrheitswidrigen Widerruf eines Geständnisses zu raten (and. BGH **2** 378, Ruß LK 20 a), da er ihm hiermit nur zum Selbstschutz veranlaßt (vgl. u. 33). Wohl aber ist ihm versagt, Lügen für den Angekl. zu erfinden (Krekeler NStZ 89, 148; vgl. auch Krekeler in Friebertshäuser-Festg. 59 ff. zum Rat zur Lüge, ferner BGH StV **99**, 153), unwahre Angaben des Angekl. sich zu eigen zu machen und sie als wahr hinzustellen (Beulke Jura 86, 648; and. Ostendorf NJW 78, 1349) oder die Verdunklung einer Strafsache durch Hinausschmuggeln von Briefen aus der U-Haftanstalt oder durch Weiterleiten mündlicher Mitteilungen zu fördern (vgl. LG Hamburg JW **38**, 448), zB durch Übermitteln von Einlassungen eines Untersuchungshäftlings an einen Mitangekl. mit dem Ziel, übereinstimmende unwahre Einlassungen herbeizuführen (Frankfurt NStZ **81**, 144, dazu Seier JuS 81, 806), dagegen nicht ohne weiteres die Mitteilung solcher Einlassungen an den Verteidiger des Mitangekl., wenn die Einlassungen mit diesem nur erörtert werden sollen (Frankfurt aaO). Ferner darf er nicht Beweisquellen trüben, etwa Beweisstücke beseitigen (vgl. Frankfurt aaO: Veranlassung von Kontenbewegungen bei einem den Strafverfolgungsbehörden noch unbekannten Bankguthaben des Angekl.), die Entnahme einer Blutprobe bei einem angetrunkenen Kraftfahrer vereiteln (vgl. Hamm DAR **60**, 19) oder die Glaubwürdigkeit eines Zeugen mittels unwahrer Behauptungen von Tatsachen erschüttern (BGH **29** 107). Zur Trü-

Strafvereitelung   21–22 § 258

bung einer Beweisquelle durch Geldzahlungen an Zeugen in Gestalt eines Erfolgshonorars vgl. BGH NJW **2000**, 2435. Des weiteren darf er den Beschuldigten nicht vor einer Verhaftung oder einer Durchsuchung warnen, von deren Bevorstehen er Kenntnis erlangt hat (vgl. KG NStZ **83**, 557 m. krit. Anm. Mehle, Liemersdorf MDR 89, 208, Ostendorf NJW 78, 1349, Ruß LK 20 a, Tröndle/ Fischer 7; and. Krekeler NStZ 89, 149, Tondorf StV 83, 257), auch nicht vor einer angeordneten Telefonüberwachung. Wohl aber darf er ihn allgemein über erfahrungsgemäß zu erwartende Ermittlungshandlungen unterrichten (AG Köln StV **88**, 256). Nicht als Strafvereitelung ist zu werten, wenn er einem schuldigen Mandanten Gift zum Selbstmord verschafft (and. Ruß LK 20 a), da für die Strafvereitelung ein Weiterleben des Vortäters ohne die diesem gebührende Strafe oder Maßnahme vorauszusetzen ist. Mangels Garantenstellung gegenüber der Strafrechtspflege entfällt ferner eine Strafvereitelung, wenn ein Strafverteidiger nicht zur Hauptverhandlung erscheint und dadurch eine Terminverschiebung mit der Folge einer verzögerten Bestrafung bewirkt (Schneider Jura 89, 343). Das gilt auch für den Fall der notwendigen Verteidigung (Schneider aaO 347).

Vgl. zum Ganzen noch Ackermann NJW 54, 1385, Arzt/Weber IV 135, Beulke, Der Verteidiger im Strafverfahren (1980) 149 ff., ders., Die Strafbarkeit des Verteidigers (1989), Bottke ZStW 96, 726, Dahs, Hdb. des Strafverteidigers (5. A. 1983) 33 ff., Ebermayer DJZ 27, 134, Krekeler NStZ 89, 146, Friebertshäuser-Festg. (1997) 53, Liemersdorf MDR 89, 204, Müller-Dietz Jura 79, 242, Ostendorf NJW 78, 1345, v. Scanzoni JW 32, 3587, Seibert JR 51, 678, Strzyz, Die Abgrenzung von Strafverteidigung und Strafvereitelung, 1983, Vormbaum aaO 414 ff., Welp ZStW 90, 804.

h) **Nicht** in den Strafbereich des § 258 fällt eine Hilfe, die dem Schutzweck dieser Norm nicht **21** zuwiderläuft, mag sie auch die Bestrafung des Vortäters hinauszögern (vgl. Lenckner Schröder-GedS 355 ff., auch Arzt/Weber IV 134, wonach hierin ein Rechtfertigungsproblem liegen soll). So ist ein **Arzt** nicht wegen Strafvereitelung strafbar, weil er einen geflohenen verwundeten oder erkrankten Täter behandelt und ihm dadurch die weitere Flucht ermöglicht. Er kommt nur seiner ärztlichen Aufgabe nach, fällt aber nicht der Rechtsordnung in den Arm. Anders ist es, wenn er über die erforderliche Heilbehandlung hinaus tätig wird, etwa dem Flüchtigen Stärkungs- oder schmerzstillende Mittel gibt, damit dieser sich in Sicherheit bringen und sich dann in einem Schlupfwinkel der notwendigen Heilbehandlung unterziehen kann. Entsprechendes gilt für einen Nichtarzt. Wenn er dem Flüchtigen nur „erste Hilfe" gewährt, ihn etwa verbindet oder zum Arzt bringt, macht er sich nicht nach § 258 strafbar. Ebensowenig ist § 258 anwendbar, wenn im Rahmen der üblichen Tätigkeit Ladeninhaber einem steckbrieflich Gesuchten Lebensmittel verkaufen (and. Ruß LK 10) oder Bankangestellte diesem Geld von dessen Konto aushändigen. Auch die bloße Vermietung eines Hotelzimmers an den Flüchtigen reicht nicht aus, ebensowenig bloßes Beköstigen und Verweilenlassen in einer Wohnung für kurze Zeit ohne Verbergungswillen (vgl. BGE 117 IV 467). Weitere Beispiele bei Lenckner aaO. Nicht mehr im Rahmen des Üblichen liegt jedoch die (mehr oder minder heimliche) Versorgung eines flüchtigen Täters mit Nahrungsmitteln in dessen Versteck durch einen Lebensmittelhändler. Mag auch das Ausliefern von Waren zur üblichen Tätigkeit gehören, so fällt hierunter aber nicht das in Kenntnis der Versteckeigenschaft erfolgte Bringen solcher Sachen. Zur Problematik vgl. auch Beulke, Die Strafbarkeit des Verteidigers, 1989, 69, Küpper GA 87, 385 (keine Tatbestandsmäßigkeit mangels Vereitelungswillens), Schumann, Strafrechtliches Handlungsunrecht und das Prinzip der Selbstverantwortung des Anderen, 1986, 58.

Ähnliche Ergebnisse will Frisch JuS 83, 922 (vgl. auch Frisch NJW 83, 2473) mit der Begründung **21 a** erreichen, allgemeine oder spezielle Freiheiten, die im Umgang mit Nichtstraftätern bestünden, seien beim Umgang mit Straftätern nicht eingeschränkt, so daß ein Handeln innerhalb dieses Freiraums nicht tatbestandsmäßig iSv § 258 sei. Ein solcher Ansatzpunkt führt jedoch zu unvertretbaren Ausweitungen tatbestandsloser Beeinträchtigung der Strafrechtspflege. Eine Handlung, mit der jemand zweckgerichtet der Strafverfolgungsbehörde in den Arm fällt und damit die Strafrechtspflege sabotiert, kann nicht deswegen vom Strafbereich des § 258 ausgeschlossen sein, weil der Täter ein entsprechendes Handeln auch gegenüber Nichtstraftätern vornehmen kann. Man denke etwa an ein Darlehen, das für die Flucht ins Ausland gewährt wird, oder an das Ausleihen eines Kraftfahrzeugs, mit dem dann der Flüchtige von seiner Ehefrau ins Ausland gebracht wird. Eine Bestrafung wegen Strafvereitelung stellt in solchen Fällen entgegen der Annahme von Frisch keineswegs einen Rückgriff auf ein verpöntes Gesinnungsstrafrecht dar.

3. Der **subjektive Tatbestand** setzt hinsichtlich der Verfolgungsvereitelung Absicht oder Wissent- **22** lichkeit voraus. Dem Täter muß es entweder auf die Verfolgungsvereitelung ankommen (zielgerichtetes Handeln; vgl. KG JR **85**, 25), oder er muß sie als sichere Folge seines Verhaltens vorausgesehen haben. Bedingter Vorsatz genügt insoweit nicht. Nur bedingter Vorsatz wird, soweit Absicht entfällt, zumeist in den Fällen vorliegen, in denen der Kausalitätsnachweis (vgl. o. 19 a) Schwierigkeiten bereitet, da der Hilfeleistende hier die Strafvereitelung kaum als sichere Folge seines Handelns ansieht (vgl. Lenckner Schröder-GedS 355). Ebensowenig handelt ein Strafverteidiger mit direktem Vorsatz, wenn er ihm selbst zweifelhafte Behauptungen seines Mandanten übernimmt (BGH NJW **93**, 274). Nach KG JR **85**, 26 soll sichere Kenntnis von der erheblichen Dauer der Verzögerung bei der Bestrafung nicht erforderlich sein; es soll genügen, wenn der Täter sicher weiß, daß die Ermittlungen sich auf Grund seines Verhaltens verzögern. Diese kriminalpolitisch durchaus sinnvolle Ansicht läßt sich jedoch mit der Gesetzesfassung schwerlich vereinbaren. Da die Wissentlichkeit sich auf den tatbestandlichen Erfolg erstrecken muß und dieser zumindest ein Hinausschieben der Bestrafung um geraume Zeit voraussetzt, kann das entsprechende Zeitmoment nicht aus dem Erfordernis der Wissentlichkeit herausgenommen werden. Hat der Täter allerdings die Verfolgungsvereitelung erstrebt, so reicht aus, wenn er nur mit der Möglichkeit des Erfolgseintritts rechnet. Hier genügt also die Vorstellung des Täters, sein Verhalten werde nur möglicherweise bewirken, daß sich die Bestrafung des Vortäters erheblich verzögert. Die Absicht (Wissentlichkeit) muß sich auf die Vereitelung einer o. 13 f. genannten Sanktion erstrecken. Ist etwa ein Jugendlicher Vortäter, so muß der Strafvereiteler gewußt oder beabsichtigt haben, daß die Verhängung einer Jugendstrafe auf Grund seiner Tat unterbleibt. Es genügt, sofern keine Absicht vorliegt, also nicht, daß er nur mit der Möglichkeit einer Jugendstrafe anstatt einer sonstigen Ahndung der Vortat gerechnet hat. Dagegen liegt der subjektive Tatbestand vor, wenn der Strafvereiteler von einer anderen als der in Betracht kommenden Strafe ausgegangen ist. Wer eine Freiheitsstrafe vereiteln wollte, erfüllt den subjektiven Tatbestand auch dann, wenn der Vortäter nur einer Geldstrafe entzogen worden ist. An einer wesentlichen Abweichung vom Vorgestellten fehlt es ferner, wenn statt der erstrebten Vereitelung einer Bestrafung die Anordnung einer Maßnahme verhindert worden ist oder umgekehrt. Wer den Vortäter vor der Fahrerlaubnisentziehung bewahren wollte, ist nach § 258 auch dann strafbar, wenn er nur ein Fahrverbot vereitelt hat. Unerheblich ist, ob der Täter neben der Vereitelungsabsicht auch oder sogar in erster Linie andere Zwecke verfolgt (vgl. BGH **4** 107). Nach § 258 strafbar ist daher der Taxifahrer, der den flüchtigen Vortäter um des Fahrlohns willen zu einem unüberwachten Grenzübergang fährt, um ihm das Absetzen ins Ausland zu ermöglichen.

23   Hinsichtlich der Vortat genügt bedingter Vorsatz (vgl. BGH **45** 100 sowie RG **55** 126, Düsseldorf NJW **64**, 2123 zu § 257 aF, BGH **15** 21 zu § 346 aF), auch bei wissentlicher Strafvereitelung. Es reicht also aus, wenn sich der Täter, der eine Vortat für möglich hält, die Verfolgungsvereitelung im Fall der tatsächlich gegebenen Vortat als sicher eintretende Folge seines Verhaltens vorstellt. Vom Charakter der Vortat braucht der Täter keine konkreten Vorstellungen zu haben (vgl. aber Hamburg NJW **53**, 1155, Düsseldorf NJW **64**, 2123, Hartung JZ 54, 694). Er muß nur davon ausgehen, daß (möglicherweise) eine rechtswidrige Tat unter den Voraussetzungen begangen worden ist, die eine Strafe oder eine Maßnahme zur Folge haben. Wer Vortäter ist, braucht er nicht zu wissen. Wegen Strafvereitelung macht sich daher strafbar, wer einen Polizeibeamten bewußt daran hindert, einen flüchtigen Verbrecher zu stellen, auch wenn er weder die Flüchtenden kennt noch weiß, welche Straftat vorliegt. Ein Irrtum über die Art der Vortat ist unbeachtlich, sofern sich der Täter nur eine taugliche Vortat vorstellt. So entfällt zB die Strafbarkeit wegen Verfolgungsvereitelung nicht deswegen, weil dieser einen Diebstahl als Vortat annimmt, während in Wirklichkeit ein Mord vorgelegen hat.

24   Der Täter ist auch dann wegen Verfolgungsvereitelung verantwortlich, wenn er irrtümlich an eine Vollstreckungsvereitelung glaubt, so zB bei der irrigen Annahme, der Flüchtende, dem er den Grenzübertritt ermöglicht und der gerade erst ein Verbrechen verübt hat, sei aus der Vollzugsanstalt entwichen. Ein solcher Irrtum ist unbeachtlich, da zwischen Verfolgungs- und Vollstreckungsvereitelung kein qualitativer Unterschied besteht. Ebenso Ruß LK 26; vgl. dazu aber auch A. Schröder aaO 162 ff.

25   **III. Eine Vollstreckungsvereitelung** liegt nach Abs. 2 vor, wenn jemand absichtlich oder wissentlich die Vollstreckung einer gegen einen anderen verhängten Strafe oder Maßnahme ganz oder zum Teil vereitelt. Die Tat muß sich gegen inländische Vollstreckungen richten; das o. 9 Gesagte gilt entsprechend, auch das o. 13 zur Verhinderung von Auslieferungshaft Gesagte.

26   1. Zu den Merkmalen **Strafe** und **Maßnahme** vgl. o. 13 f. Die auf eine Strafe oder eine Maßnahme lautende Entscheidung muß rechtskräftig sein. Nicht erforderlich ist allerdings, daß die Tathandlung erst nach Rechtskraft der Entscheidung vorgenommen wird. Sie muß sich nur erst danach auswirken; bei vorherigen Auswirkungen zugunsten des Vortäters fällt sie unter Abs. 1. Anders als bei der Verfolgungsvereitelung kommt es nicht darauf an, ob die Vortat begangen worden ist. Maßgebend ist allein die rechtskräftige Verhängung einer Strafe oder Maßnahme; die Entscheidung ist bei der Aburteilung der Vollstreckungsvereitelung nicht nachzuprüfen (vgl. RG **73** 331, BT-Drs. 7/550 S. 250). Wird sie in einem Wiederaufnahmeverfahren aufgehoben, so bleiben davon zuvor begangene Vollstreckungsvereitelungen unberührt.

27   2. Die Vollstreckung der Strafe oder Maßnahme muß **ganz oder zum Teil vereitelt** worden sein. Entsprechend der Verfolgungsvereitelung ist der Tatbestand bereits erfüllt, wenn sich die Vollstreckung für geraume Zeit verzögert hat, wie beim Bewirken eines Strafaufschubs mittels Täuschung (vgl. RG **16** 204). Die Einbeziehung der Vollstreckungsverzögerung erweist sich ähnlich wie bei der Vollstreckungsvereitelung für einen hinreichenden Rechtsgüterschutz als notwendig. Verzögerungen bei der Vollstreckung gefährden deren Wirksamkeit. Zudem sprechen die unterschiedlichen Verjährungsfristen gegen eine endgültige Vollstreckungsvereitelung als Ansatzpunkt; das o. 16 zur Verfolgungsvereitelung Gesagte gilt entsprechend. Auch bei der Aussetzung einer Strafe oder einer Maßnahme zur Bewährung ist Vollstreckungsvereitelung möglich, nämlich dann, wenn jemand den gebotenen Widerruf (auch Widerruf des Straferlasses gem. § 56 g II) abwendet. Zum Teil wird die Vollstreckung einer Strafe vereitelt, wenn der Verurteilte der Verbüßung eines Strafrestes entzogen wird (zB Fluchthilfe nach Teilverbüßung). Die Vollstreckung einer Maßnahme vereitelt jemand zum Teil, wenn er erreicht, daß deren Rest unvollstreckt bleibt oder nur Teile der Verfall- oder Einziehungsgegenstände dem Zugriff offenstehen. Voraussetzung für eine vollendete Tat ist, daß die Vollstreckung zZ der Auswirkungen der Tathandlung noch zulässig ist. Hieran fehlt es, wenn etwa ein Straferlaß nicht mehr

widerrufen werden kann, eine Maßnahme bereits erledigt oder Vollstreckungsverjährung eingetreten ist. Zum Kausalitätserfordernis gilt das o. 19 a Ausgeführte entsprechend.

3. Beispiele für Vollstreckungsvereitelung: Verbergen eines Verurteilten vor der Polizei (vgl. RG **73** 331), Gewähren eines Obdachs als Versteck (Koblenz NJW **82**, 2785), Gefangenenbefreiung, Fluchthilfe, unrichtige Angaben in einem für einen anderen eingereichten Gesuch um Gnade (vgl. RG **35** 128) oder um Vollstreckungsaufschub (vgl. RG **16** 204), Vernichten von Vollstreckungsakten, Beiseiteschaffen von Verfall- oder Einziehungsgegenständen oder von Vermögensbestandteilen des Verurteilten bei Vollstreckung einer Geldstrafe, falsche Angaben, die bei einer Geldstrafe zu nachträglichen Zahlungserleichterungen oder zum Absehen von der Vollstreckung der Ersatzfreiheitsstrafe führen, Verbüßen einer Freiheitsstrafe für einen anderen (vgl. RG **8** 367).   28

Bestritten ist, ob die **Zahlung einer Geldstrafe für einen anderen** als Strafvereitelung anzusehen ist. Da sich Abs. 2 ohne weiteres umgehen läßt (nachträgliche Erstattung der Geldstrafe, Darlehen mit späterem Verzicht auf Rückzahlung; vgl. BGHZ **23** 224, **41** 223), wird schlechthin Straflosigkeit bei Schadloshaltung des Verurteilten angenommen (so BGH **37** 222 m. krit. Anm. Wodicka NStZ 91, 487 u. Hillenkamp JR 92, 74, Samson SK 35). Der BGH begründet die Straflosigkeit zudem damit, daß es an einer Störung des äußeren Ablaufs der Vollstreckung fehlt. Danach wäre, worauf Hillenkamp aaO mit seiner Kritik an der BGH-Ansicht zutreffend hinweist, auch nicht wegen Strafvereitelung strafbar, wer mittels Täuschung der Vollstreckungsorgane für den Verurteilten dessen Freiheitsstrafe verbüßt. Weitere Bedenken gegen die Tatbestandseinschränkung ergeben sich daraus, daß die Grenze zwischen Störung und Nichtstörung des äußeren Vollstreckungsvorgangs völlig unscharf ist. Inwiefern stört etwa das Bewirken eines Vollstreckungsaufschubs den äußeren Vollstreckungsvorgang mehr als die gänzliche Verhinderung einer Vollstreckung durch Zahlung der Geldstrafe? Im übrigen fordern weder der Wortlaut des Gesetzes noch dessen Sinn die Einschränkung des Tatbestands auf Störungen des äußeren Vollstreckungsvorgangs (vgl. Hillenkamp aaO). Wer für den Verurteilten das Strafübel auf sich nimmt, vereitelt durchaus die Durchsetzung der Vollstreckung gegen den Verurteilten. Eine andere Ansicht entwertet die Strafe, die als solche den Verurteilten persönlich treffen soll. Daß sich ähnliche Wirkungen auf straflose Weise erzielen lassen, berechtigt nicht dazu, die Zahlung einer Geldstrafe für einen anderen aus dem Bereich des § 258 herauszunehmen. Vgl. hierzu Frankfurt StV **90**, 112 m. krit. Anm. Noack, Stree JZ 64, 588, ferner RG 30 332, Brüggemann GA 68, 161, Tröndle/Fischer 9, Hillenkamp Lackner-FS 466, Mitsch JA 93, 304, Ruß LK 24 a, Scholl NStZ 99, 599, aber auch Engels Jura 81, 581, Müller-Christmann JuS 92, 379. Wie sehr eine Entwertung der Strafe denkbar ist, zeigt eine Ansicht, die Unternehmen verpflichten will, Geldstrafen ihrer Arbeitnehmer zu tragen (vgl. Kapp NJW 92, 2796). Keine Strafvereitelung begeht dagegen, wer nur Nachteile aus der Vollstreckung ausgleicht (vgl. Horn VersR 74, 1141).   28 a

Werden in einem **Wiederaufnahmeverfahren** falsche Angaben zugunsten des Verurteilten gemacht (vgl. BGH **17** 303), so liegt Vollstreckungsvereitelung vor, wenn sie einen Aufschub oder eine Unterbrechung der Vollstreckung (§ 360 II StPO) bewirken. Führen sie zur Aufhebung des rechtskräftigen Urteils, so ist die Tat als Verfolgungsvereitelung zu beurteilen, gleichgültig, ob die Aufhebung nach oder während der Strafvollstreckung erfolgt (vgl. aber Tröndle/Fischer 9, wonach Abs. 1 nur im Fall eines Wiederaufnahmeantrags nach Vollstreckungsende anwendbar sein soll).   29

4. Vollstreckungsvereitelung kann gemäß den allgemeinen Grundsätzen auch durch ein **Unterlassen** begangen werden. So kommt Vollstreckungsvereitelung durch Unterlassen in Betracht, wenn im Rahmen einer Behandlung, die nach § 35 BtMG zur Zurückstellung der Strafvollstreckung oder der Vollstreckung der Unterbringung in einer Entziehungsanstalt geführt hat, die behandelnden Personen oder die Verantwortlichen der Therapieeinrichtung entgegen § 35 III BtMG der Vollstreckungsbehörde nicht den Abbruch einer Behandlung mitteilen (Bay NStZ **90**, 85 m. abl. Anm. Kreuzer). Eine Garantenpflicht, den Nichtantritt zur Behandlung zu melden, besteht dagegen für die genannten Personen nicht, es sei denn, es liegt ein Fall der Übernahme einer alsbaldigen Meldung vor (Bay aaO).   29 a

5. Wie bei der Verfolgungsvereitelung sind bei der Vollstreckungsvereitelung **von der Anwendbarkeit des § 258** solche Hilfen **ausgenommen,** die dem Schutzzweck dieser Norm nicht zuwiderlaufen. Das o. 21 Ausgeführte gilt hier entsprechend. Danach greift § 258 II zB nicht ein, wenn ein Arbeitgeber einen flüchtigen Strafgefangenen weiterbeschäftigt, nachdem er von dessen Flucht Kenntnis erhalten hat (Koblenz NJW **82**, 2785). § 258 ist auch dann nicht anwendbar, wenn ein Arbeitgeber die Beitreibung einer Geldstrafe gegen einen Arbeitnehmer dadurch vereitelt, daß er auf vereinbarte Überstunden des Arbeitnehmers verzichtet. Ebensowenig macht er sich nach § 258 strafbar, wenn er bei Lohnpfändungen auf Grund einer Geldstrafe die ihm obliegenden Geldleistungen an den Justizfiskus nicht erbringt, da Pfändungs- und Überweisungsbeschluß keine Garantenstellung gegenüber der Strafrechtspflege begründet. Das gilt auch, wenn er den gepfändeten Lohn an den Arbeitnehmer auszahlt. Anders ist es, wenn er die Vollstreckung der Geldstrafe durch falsche Angaben über den Arbeitslohn hintertreibt.   29 b

6. Für den **subjektiven Tatbestand** ist Absicht oder Wissentlichkeit hinsichtlich der Vollstreckungsvereitelung erforderlich. Das o. 22 Ausgeführte gilt hier sinngemäß. Hinsichtlich der rechtskräftigen Verurteilung genügt bedingter Vorsatz. Da bei der Tat nach Abs. 2 nur auf die rechtskräftige Verhängung einer Strafe oder Maßnahme ankommt, läßt die Annahme, der Verurteilte habe die seiner Verurteilung zugrunde liegende Tat nicht begangen und sei daher zu Unrecht verurteilt   30 worden, den Vorsatz unberührt; sie kann allenfalls einen Verbotsirrtum begründen. Der Irrtum, es werde statt der Strafvollstreckung die Strafverfolgung vereitelt, ist unbeachtlich (vgl. o. 24), ebenso die irrige Annahme, bei der vereitelten Strafvollstreckung habe es sich um die Vereitelung einer Maßregelvollstreckung gehandelt oder umgekehrt.

31 **IV.** Der **Versuch** ist sowohl im Fall der Verfolgungsvereitelung als auch im Fall der Vollstreckungsvereitelung strafbar (Abs. 4). Er liegt erst vor, wenn der Täter zur Herbeiführung des Vereitelungserfolges unmittelbar ansetzt. An dieser Unmittelbarkeit fehlt es noch, wenn sich jemand erbietet, als Zeuge falsch auszusagen (Hamburg NJW **81**, 771 m. Anm. Rudolphi JR 81, 160; vgl. aber BGH NJW **71**, 526 zu § 257 aF), oder jemand mit anderen Zeugen eine Falschaussage vereinbart (vgl. aber BGH **19** 114 zu § 257 aF). Erst mit Beginn der Aussage geht der Zeuge unmittelbar dazu über, den Tatbestandserfolg zu verwirklichen (BGH **31** 13 m. Anm. Beulke NStZ 82, 330, NJW 82, 1601 m. Anm. Lenckner NStZ 82, 401, NJW 92, 1636, Bremen JR 81, 474 m. Anm. Müller-Dietz, Bay NJW 86, 202, Düsseldorf NJW 88, 84). Andererseits setzt ein Anwalt zur Tatbestandsverwirklichung bereits unmittelbar an, wenn er die Vernehmung eines Zeugen beantragt, von dem er eine entlastende Falschaussage erwartet (BGH NStZ **83**, 503 m. Anm. Beulke, StV 87, 196). Dem stellt Karlsruhe MDR **93**, 368 einen zur Falschaussage entschlossenen Zeugen gleich, der durch Manipulation seine Zeugenbenennung durch einen Anwalt erreicht. Als unmittelbarer Eingriff in die Beweislage ist die Vernichtung der Akten als Versuch zu werten (BGHR § 258 Abs. 4 Versuchsbeginn **3**). Soweit jemand den Vortäter berät, wie sich dieser am besten der Strafe entziehen kann, liegt Versuch erst vor, wenn der Vortäter unmittelbar dazu ansetzt, den Vereitelungserfolg herbeizuführen (Ruß LK 28). Demgemäß ist noch kein Versuch gegeben, wenn ein Zeuge, der dem Angekl. eine Falschaussage zugesagt hat, diesem bestimmte Vorschläge für ein gemeinsames Vorgehen unterbreitet, ihm etwa eine inhaltlich falsche schriftliche Erklärung aushändigt (vgl. BGHR § 258 Abs. 4 Versuchsbeginn **2**). Im Fall mittelbarer Täterschaft beginnt der Versuch mit der Einwirkung auf das Tatwerkzeug. Erfaßt wird als untauglicher Versuch auch eine Hilfeleistung in der irrigen Annahme, eine taugliche Vortat liege vor. Es reicht insoweit aus, daß der Täter das fragliche Geschehen irrig für strafbar gehalten, zB eine bestimmte Ordnungswidrigkeit als Straftat gewertet (vgl. BGH **15** 210 m. abl. Anm. Weber MDR 61, 426, Lackner/Kühl 11, Puppe GA 90, 159, Rudolphi SK § 22 RN 32 a, Ruß LK 29, Schlüchter, Irrtum über normative Tatbestandsmerkmale, 1983, 160 sowie JuS **85**, 529; and. Bay NJW **81**, 772 m. abl. Anm. Stree JR 81, 297, Burkhardt JZ 81, 681; zum Problem vgl. noch A. Schröder aaO 132 ff.) oder eine bereits verjährte Tat als noch nicht verjährt angesehen hat. Denn ob jemand die Voraussetzungen für die Möglichkeit einer Bestrafung des (vermeintlichen) Vortäters in tatsächlicher oder in rechtlicher Hinsicht verkennt, macht keinen Unterschied in dem Streben, die Durchsetzung des staatlichen Strafanspruchs zu vereiteln. Der Versuch einer Strafvereitelung liegt ebenfalls vor, wenn jemand vermeintliche strafschärfende Umstände unterdrückt (vgl. Bay JZ **73**, 385), vermeintliche Einziehungsgegenstände beiseiteschafft oder einen Jugendlichen oder Heranwachsenden, dessen Tat mit einem Zuchtmittel geahndet wird, vor einer vermeintlich zu erwartenden Jugendstrafe bewahren wollte. Dagegen handelt es sich um ein Wahndelikt, wenn jemand die Ahndung einer Ordnungswidrigkeit in der Annahme vereitelt, Ordnungswidrigkeiten seien ebenfalls rechtswidrige Vortaten iSv § 258 und Geldbußen stünden den Geldstrafen gleich (Herzberg JuS 80, 473).

32 **V.** Ob **Täterschaft** oder **Teilnahme** vorliegt, richtet sich grundsätzlich nach allgemeinen Regeln. Danach ist Teilnehmer, wer bei der Strafvereitelung durch einen anderen nur mitwirkt (vgl. o. 18, Rudolphi JR 84, 338, Kleinknecht-FS 386). Wer einen anderen zur Strafvereitelung bestimmt, ist Anstifter; wer den anderen berät oder dessen Tatwillen bestärkt, ist Gehilfe. Das gilt auch für einen Strafverteidiger (Samson SK 43; and. KG JR **84**, 250). Aus seiner Stellung im Strafverfahren läßt sich nichts anderes herleiten und mit ihr nicht Täterschaft begründen (and. Beulke NStZ 82, 330 u. 83, 504; für Täterschaft anscheinend auch BGH **31** 13; unklar BGH **29** 107). Anders ist es nur bei einer eigenständigen Verfahrenstätigkeit des Anwalts, wie beim Antrag, einen (zur Falschaussage überredeten) Zeugen zu vernehmen (vgl. BGH NJW **83**, 2712, **89**, 1814, StV **87**, 195; and. Rudolphi Kleinknecht-FS 387). Ferner kommt allein Täterschaft in Betracht, wenn jemand sich an Selbstschutzmaßnahmen des Vortäters beteiligt (vgl. u. 33). Täter kann auch ein im Ausland handelnder Ausländer sein, soweit der Vereitelungserfolg im Inland eintritt (BGH **45** 100 m. Anm. Neumann StV **2000**, 425). Im übrigen sind wie bei der Begünstigung einige Besonderheiten zu beachten.

33 **1.** Wer nur **sich selbst** der strafrechtlichen **Verfolgung** oder der **Vollstreckung** einer Strafe oder Maßnahme **entzieht,** handelt nicht tatbestandsmäßig, da er nicht zugunsten eines anderen tätig geworden ist (vgl. ua RG **63** 235, BGH **5** 81, **9** 73). Die Herausnahme aus dem Strafbereich hat ihren Grund in der Anerkennung der notstandsähnlichen Lage des Täters (vgl. RG **63** 236). Zweifelhaft kann sein, ob sich die Herauslösung des Selbstschutzes aus § 258 auch auf hieran Beteiligte auswirkt. Insoweit ist zu unterscheiden: Beschränkt sich jemand darauf, den Vortäter zum Selbstschutz, etwa zur Flucht, zu veranlassen oder den Selbstschutzwillen zu bestärken, so erhält der Vortäter noch nicht die nachträgliche Hilfe, deren Ausschaltung mit § 258 bezweckt wird (vgl. o. 1); eine Strafe nach § 258 ist daher nicht gerechtfertigt (vgl. BGH NJW **84**, 135 m. Anm. Rudolphi JR 84, 338, Krekeler NStZ 89, 148, Lenckner Schröder-GedS 352 ff., Ruß LK 35). Wer jedoch über das bloße Veranlassen (Stärken) des Selbstschutzes hinausgeht, zB dem Vortäter bei Verdunkelungsmaßnahmen behilflich ist (vgl. Schleswig SchlHA/E-L **84**, 87), ihn auf die drohende Entdeckung oder eine bevorstehende Verhaftung oder Durchsuchung (vgl. o. 20) hinweist, ihm Geld oder gefälschte Ausweispapiere für die

Flucht ausgehändigt oder durch sonstige Handlungen die Flucht ermöglicht (vgl. Bay BA **84**, 452: Freimachen des Fluchtwegs durch Öffnen einer Tür), ist wegen Strafvereitelung strafbar, wobei die Frage, ob eine versuchte oder vollendete Tat vorliegt, davon abhängt, ob sich der Vortäter daraufhin erfolgreich der Bestrafung usw. hat entziehen können. Zur Bewertung solcher Hilfe als Täterschaft vgl. Frisch NJW 83, 2472, JuS **83**, 919, Küpper GA 87, 394 f., Lackner/Kühl 6, Siepmann, Abgrenzung zwischen Täterschaft und Teilnahme im Rahmen der Strafvereitelung, Diss. Münster 1988, 77 ff., Wessels/Hettinger II 1 RN 725 sowie krit. Lenckner Schröder-GedS 351 f. Gegen die Bewertung als Täterschaft und für Straflosigkeit Ebert aaO 63, Rudolphi JR 84, 339, Kleinknecht-FS 394, Samson SK 45; die unerwünschte Strafbarkeitslücke soll aber vom Gesetzgeber dringend alsbald zu schließen sein. Die Einschränkung ist jedoch weder sachlich geboten noch sachdienlich. Ob jemand die Flucht eines Vortäters durch Festhalten eines Verfolgers oder durch Überlassen eines Fahrzeugs ermöglicht, kann hinsichtlich der Täterschaft keinen Unterschied ausmachen. Die Grenze zwischen strafloser Selbstschutzbeteiligung und Strafvereitelung ist flüssig. Fraglich ist, ob das Äußere zu verändern, etwa die Haare ganz kurz zu schneiden oder den Bart abzunehmen, um eine Identifizierung zu verhindern, unter § 258 fällt (offen gelassen von Karlsruhe StV **91**, 519). Der Rat dürfte noch dem Rat zur Flucht entsprechen, also eine bloße Beteiligung am Selbstschutz sein. Wer jedoch zum gleichen Zweck beim Täter das Äußere verändert, begeht eine (versuchte) Strafvereitelung. Dagegen fällt das Verändern des äußeren Erscheinungsbildes nicht unter § 258, wenn es nur dazu dienen soll, daß der Täter vor Gericht einen besseren Eindruck macht (vgl. Karlsruhe aaO zum Haareschneiden). Ferner kann fraglich sein, ob die zur Flucht ins Ausland führende Zusage, den Täter dort aufzunehmen, als straflose Selbstschutzbeteiligung oder als Strafvereitelung zu werten ist (offen gelassen von BGH **44** 59). Die Frage ist nicht anders zu beantworten als bei einer die Flucht hervorrufenden Zusage, den flüchtigen Täter zu verbergen; dh sie ist zu bejahen.

Die Straflosigkeit bezieht sich nur auf die Strafvereitelung als solche. Werden mit der Tat **andere** 34 **Straftatbestände** verwirklicht (zB falsche Verdächtigung), so bleibt die Strafbarkeit nach den für diese maßgebenden Vorschriften unberührt (vgl. RG **63** 375, **76** 191, BGH **2** 375, **15** 54). Die Zerstörung fremder Sachen zwecks Verschleierung der Tat durch Vernichten eines Beweismittels ist daher nach § 303 strafbar. Wer sich seiner Festnahme durch Niederschlagen eines Polizeibeamten entzieht, ist nach den §§ 113, 223 zu belangen. Die Absicht, sich mittels solcher Taten der Strafverfolgung zu entziehen, kann indes uU zur Strafmilderung oder zum Absehen von Strafe führen (§ 157); sie kann aber auch straferschwerend wirken (§ 211). Vgl. hierzu Ulsenheimer GA 72, 1. Zur Frage, ob der Strafvereitelung die Fremdbegünstigung gleichzustellen ist, vgl. u. 37.

2. Wegen Strafvereitelung ist ferner nicht strafbar, wer die **Tat zugunsten eines anderen und für** 35 **sich selbst** ausführt, dh mit der Hilfe für einen anderen zugleich erreichen will, daß er selbst der strafrechtlichen Verfolgung oder der Vollstreckung einer gegen ihn verhängten Strafe oder Maßnahme entgeht (Abs. 5), wobei genügt, daß die Gefahr der eigenen Bestrafung verringert werden soll (vgl. BGHR § 258 Abs. 5 Vorsatz **2**). Der Regelung liegt ebenfalls der Gesichtspunkt der notstandsähnlichen Lage zugrunde. Allerdings ist hier nicht der Tatbestand, sondern nur die Strafbarkeit ausgeschlossen. Es handelt sich um einen Strafausschluß, der im Schuldbereich wurzelt. Unwesentlich ist, ob die Strafvereitelung zugunsten der eigenen Person und die zugunsten eines anderen identische oder verschiedene Vortaten betreffen (vgl. RG **63** 242, BT-Drs. 7/550 S. 250). Nach Abs. 5 ist auch straffrei, wer einen anderen deshalb hilft, weil dieser ihn sonst anzeigen will (BGH NJW **95**, 3264). Erforderlich ist aber stets, daß die Strafvereitelung zugunsten eines anderen dem Täter zugleich dazu dient, sich selbst vor strafrechtlichen Folgen zu schützen. Das ist im allgemeinen nicht der Fall, wenn ein Zeuge dem Angekl. mit der Aussage eines falschen Alibis hilft, die er diesem vor dessen Tat zugesagt hat (BGH **43** 356 m. Anm. Geerds NStZ 99, 31 u. krit. dazu Seebode JZ 98, 781, Gubitz/ Wolters NJW **99**, 764); denn mit dem Einhalten der Zusage soll zumeist nicht die mit ihr begangene Vortat, dh die Beihilfe zur abzuurteilenden Tat, verschleiert werden. Anders verhält es sich in dem u. 42 genannten Fall. Nach § 258 ist auch strafbar, wer nur anläßlich einer Handlung, die ihn der Strafverfolgung oder der Strafvollstreckung entziehen soll, die Bestrafung eines anderen vereitelt, so zB, wer bei seiner Flucht unterwegs einen anderen, ebenfalls verfolgten Verbrecher in seinem Kfz. mitnimmt. Ebensowenig entfällt die Strafbarkeit nach § 258, wenn ein Vortäter ausschließlich zugunsten eines anderen Vortatbeteiligten tätig wird (vgl. RG **21** 376, **60** 348, **63** 375, Tröndle/Fischer 13, Lackner/Kühl 16). Von einer dem § 257 III entsprechenden Regelung hat der Gesetzgeber bewußt abgesehen (vgl. BT-Drs. 7/550 S. 250). Es muß also, damit der Strafausschluß nach Abs. 5 eintritt, nach der Tätervorstellung ein innerer Zusammenhang zwischen der Strafvereitelung zugunsten eines anderen und der Strafvereitelung zugunsten der eigenen Person derart bestehen, daß sich beides notwendigerweise miteinander verknüpft. Ist das der Fall, so ist gleichgültig, ob die Hilfe für einen anderen nur Mittel zum Selbstschutz oder dessen notwendige Folge ist. Abs. 5 greift sowohl ein, wenn der Vortäter einem Komplizen zur Flucht verhilft, weil er bei dessen Festnahme die Aufdeckung seiner eigenen Tatbeteiligung befürchtet, als auch dann, wenn er auf sich weisende Spuren beseitigt, die zugleich einen anderen belasten würden. Das Bestreben der Selbsthilfe braucht gegenüber dem der Fremdhilfe nicht zu überwiegen; es ist allein erforderlich, daß die Handlung auch darauf gerichtet ist, sich selbst vor strafrechtlichen Folgen zu schützen (vgl. RG **60** 102, 347, **63** 234, 375, **73** 268, HRR **39** Nr. 1068, **40** Nr. 1213, BGH **2** 378, **9** 73, NJW **52**, 754, MDR/D **74**, 367, BGE 102 IV 32; vgl. auch BT-Drs. 7/550 S. 250). Ebensowenig kommt es darauf an, ob dem Täter andere Möglichkeiten,

§ 258 36–39   Bes. Teil. Begünstigung und Hehlerei

sich selbst zu schützen, zur Verfügung gestanden haben (Samson SK 53). Ferner ist unerheblich, ob der Täter das maßgebliche Verhalten provoziert hat, etwa einen Meineid auf Grund einer uneidlichen Falschaussage in der Vorinstanz (vgl. BGHR § 258 Abs. 5 Vorsatz 1). Da die Straflosigkeit im Schuldbereich wurzelt, ist der Täter auch straffrei, wenn er irrtümlich annimmt, selbst gefährdet zu sein, und die vermeintliche Gefahr abwenden will (vgl. RG **70** 392, **73** 268, JW **36**, 2806, BGH **2** 375, Hamm NJW **58**, 1246). Unerheblich ist, ob der Irrtum vermeidbar ist (and. M-Maiwald II 433, der zuungunsten des Täters sich über den Gesetzeswortlaut hinwegsetzt und § 35 II entsprechend anwenden will). Am Willen zur Selbsthilfe, auf den Abs. 5 abhebt, ändert sich nichts, wenn der Täter seinen Irrtum hätte vermeiden können. Auch wenn er die eigene Strafbarkeit wegen eines früheren Verhaltens nur für möglich hält und mögliche Sanktionen mit der Tat verhindern will, bleibt er straffrei. Wer dagegen nur den Unannehmlichkeiten etwaiger Strafverfolgungsakte entgehen will, ohne eine Bestrafung usw. zu befürchten, kann sich nicht auf Abs. 5 berufen. Bleibt offen, ob der Täter an der Vortat beteiligt war und daher zugleich sich selbst der Bestrafung entziehen wollte, so ist Abs. 5 anzuwenden (in dubio pro reo) und nicht auf Wahlfeststellung zwischen Strafvereitelung und Vortatbeteiligung abzustellen (BGH MDR/H **81**, 99, NJW **84**, 136). Abs. 5 greift nicht mehr ein, wenn der Strafvereiteler bereits vor der Strafvereitelung rechtskräftig verurteilt war; die theoretische Möglichkeit, mit der Tat ein Wiederaufnahmeverfahren offen zu halten, begründet nicht die Abs. 5 zugrunde liegende notstandsähnliche Lage (Bay NStZ **96**, 497).

36   Bestrafung wegen Strafvereitelung ist auch dann nicht zulässig, wenn der Täter sein Bestreben, mit der Fremdhilfe sich selbst vor strafrechtlichen Folgen zu schützen, mit der Absicht verbindet, die von ihm erlangten Vorteile zu sichern. Die zum früheren Recht vertretene gegenteilige Meinung (BGH NJW **61**, 1827) ist mit Abs. 5 nicht vereinbar. Nach Abs. 5 kommt es allein darauf an, daß die Strafvereitelung zugunsten eines anderen zugleich dem eigenen Schutz vor Bestrafung oder Maßnahmen dient. Eine Ausnahme für die Fälle, in denen der Täter daneben noch andere Zwecke verfolgt, ist nicht vorgesehen und ist im übrigen auch sachwidrig. Die notstandsähnliche Lage verliert nicht deshalb ihre Bedeutung, weil der Täter außer dem hierauf beruhenden Selbstschutz zugleich eine Vorteilssicherung bezweckt. Welcher Zweck im Vordergrund steht, ist hier ebenso bedeutungslos wie beim Verhältnis zwischen Fremd- und Selbsthilfe (vgl. o. 35).

37   Abs. 5 schließt nur die Bestrafung wegen Strafvereitelung aus, nicht die Bestrafung wegen sonstiger zugleich begangener Straftaten, zB nach § 145 d (Bay JR **79**, 252 m. Anm. Stree; vgl. auch o. 34) oder nach den §§ 153, 154. Es fragt sich daher, ob die zum früheren Recht vertretene Ansicht, die zwecks Verhinderung der eigenen Bestrafung begangene (sachliche) **Fremdbegünstigung** sei ebenfalls straflos (vgl. 17. A. § 257 RN 41), hinfällig geworden ist. Die Frage stellt sich freilich nur, soweit nicht bereits § 257 III eingreift, also nur, soweit der Begünstiger nicht in strafbarer Weise an der Vortat des Begünstigten beteiligt gewesen ist. Trotz der Beschränkung des Abs. 5 auf die Strafvereitelung ist weiterhin davon auszugehen, daß auch die Fremdbegünstigung, mit der jemand sich selbst vor strafrechtlichen Folgen schützen will oder die notwendige Folge des Selbstschutzes ist, straffrei bleibt (Amelung JR 78, 227; and. Lackner/Kühl 16, M-Maiwald II 439, Ruß LK 32). Dem Abs. 5 ist eine gesetzgeberische Absage an die frühere Meinung nicht zu entnehmen. Er sollte der früheren Rspr. zur persönlichen Begünstigung Anerkennung verschaffen (vgl. BT-Drs. 7/550 S. 250) und ist somit nur als Regelung eines Teilbereichs zu verstehen. Überdies hat sich an der notstandsähnlichen Lage des Täters gegenüber dem früheren Recht nichts geändert. Zudem ist die Fremdbegünstigung keineswegs strafwürdiger als die Strafvereitelung zugunsten eines anderen. Straflosigkeit der Fremdbegünstigung ist auch dann anzunehmen, wenn man die Begünstigungsabsicht als zielgerichteten Willen versteht (and. St. Cramer NStZ 2000, 246). Ob jemand einen anderen der Bestrafung entzieht, weil dieser ihn sonst anzeigen will (vgl. o. 35), oder ob er den anderen zielgerichtet begünstigt, damit die Anzeige gegen ihn unterbleibt, kann in der Frage der Straflosigkeit keinen Unterschied begründen. Vgl. näher Stree JuS **236**, 140 f.

38   3. Aus Abs. 5 folgt ferner, daß die vom Vortäter vorgenommene **Anstiftung zur Strafvereitelung**, die zu seinen Gunsten begangen wird, nicht strafbar ist (Bay JR **79**, 252). Die abweichende Rspr. zum früheren Recht (vgl. BGH **17** 236), die in der Rechtslehre überwiegend auf Ablehnung gestoßen war, ist angesichts des klaren Wortlauts des Abs. 5 überholt. Eine vom Vortäter gleichzeitig vorgenommene Anstiftung zu seiner (sachlichen) Begünstigung ist entgegen § 257 III 2 ebenfalls straflos, wenn diese das erforderliche Mittel für die Strafvereitelung oder deren notwendige Folge ist (Tröndle/Fischer 13, Ruß LK 37).

39   4. Nicht strafbar ist außerdem die **Strafvereitelung**, die jemand **zugunsten eines Angehörigen** (§ 11 I Nr. 1) begeht (Abs. 6). Straflos bleibt hiernach auch, wer sich an einer Strafvereitelung zugunsten eines Angehörigen beteiligt, sei es als Anstifter (vgl. RG **14** 102, BGH **14** 172 m. Anm. Schröder JR 60, 348) oder als Gehilfe. Es handelt sich hierbei um einen persönlichen Strafausschließungsgrund, der im Schuldbereich wurzelt, da er der notstandsähnlichen Lage desjenigen, der einen Angehörigen vor Strafe schützt, Rechnung trägt (vgl. Geerds v. Hentig-FS 138). Der Schuldbezogenheit gemäß ist Straflosigkeit auch anzunehmen, wenn jemand irrtümlich glaubt, zugunsten eines Angehörigen tätig zu werden, nicht dagegen, wenn er einen Angehörigen der Bestrafung oder einer Maßnahme entzieht (Lackner/Kühl 17, Samson SK 55, Wessels/Beulke R 501; and. Baumann/Weber/Mitsch 526, Tröndle/Fischer 16, Ruß LK 37, die auf die objektive Lage abstellen). Straffreiheit ist dem Täter zumindest bei einem unvermeidbaren Irrtum zu gewähren. Bei einem vermeidbaren Irrtum fragt sich, ob § 35 II entsprechend anzuwenden ist (so M-Maiwald II 433, Roxin 651, Schünemann GA 86, 303) und die Strafe lediglich nach § 49 I zu mildern ist. Indes wird man die Fehlvorstellung ebenso berücksichtigen müssen wie bei einem Täter im Fall des Abs. 5 (vgl. o. 35, Stree JuS 76, 141, Wessels/Beulke RN 501). Das entspricht der Regelung in § 157, wonach die Absicht, von einem Angehörigen die Gefahr einer Bestrafung abzuwenden, der Absicht, sich selbst einer solchen Gefahr zu entziehen, gleichgestellt ist. Es kommt demnach allein auf den Willen an, die Strafvereitelung zugunsten eines Angehörigen zu begehen. Dieser Wille bleibt davon unberührt, wie die Fehlvorstellung entstanden ist, ob also der Täter sie hätte vermeiden können oder nicht. Straffreiheit ist dem Täter sogar zuzubilligen, wenn er sich nicht sicher ist, ob die Strafvereitelung einen Angehörigen betrifft, sondern dies nur für möglich hält, jedenfalls dann, wenn nach seiner Vorstellung eine wirksame Hilfe für einen etwaigen Angehörigen sofortiges Handeln bedingt und keine Zeit zur Aufklärung besteht (vgl. Warda Lange-FS 139 ff.); denn auch hier geht es dem Täter darum, einem Angehörigen zu helfen. In die Straffreiheit eingeschlossen ist die Strafvereitelung zugunsten eines Nichtangehörigen, sofern sie in einem inneren Zusammenhang mit der Strafvereitelung zugunsten eines Angehörigen steht, dh nach der Vorstellung des Täters dazu dient, den Angehörigen zu schützen, oder notwendige Folge dieses Schutzes ist (vgl. Celle NJW 73, 1937, Tröndle/Fischer 16, Lackner/Kühl 17, Lenckner JuS 62, 302, Ruß JR 74, 164; zT abw. RG JW 36, 1606, Kratzsch JR 74, 186). Für jemanden, der einen Angehörigen der Bestrafung usw. entziehen will, kann wie bei der Fehlvorstellung nichts anderes gelten als für den Täter, der sich selbst gem. Abs. 5 schützen will. Infolgedessen kommt es hier ebensowenig darauf an, welcher Zweck überwiegt. Entsprechend dem o. 37 Ausgeführten bleibt auch die (sachliche) Begünstigung eines Angehörigen oder eine sonstige Fremdbegünstigung straffrei, wenn sie als Mittel für die Strafvereitelung zugunsten des Angehörigen eingesetzt wird oder deren notwendige Folge ist (vgl. Tröndle/Fischer 16, Lenckner JuS 62, 302, Stree JuS 76, 141; zT abw. BGH 11 343; and. Lackner/Kühl 17, Ruß LK 38). Entsprechendes gilt für die Geldwäsche nach § 261 (vgl. dort RN 12). Andere Straftaten, die jemand bei der Strafvereitelung zugunsten eines Angehörigen begeht (zB falsche Verdächtigung, Urkundenfälschung), sind in die Straffreiheit nach Abs. 6 nicht einbezogen. Strafbar bleibt im übrigen auch die Teilnahme Außenstehender an einer von Abs. 6 erfaßten Tat. Eine Beteiligung durch bloße Rechtsauskunft über die Straflosigkeit nach Abs. 6 ist jedoch nicht rechtswidrig (vgl. Mallison, Rechtsauskunft als strafbare Teilnahme, 1979, 136).

Den Angehörigen sind **sonstige nahestehende Personen** nicht gleichzustellen (vgl. BGH NJW **39 a** 84, 136, Bay NJW 83, 832, Lackner/Kühl 17, Ruß LK 39; and. M-Maiwald II 433, Samson SK 55). Eine Angleichung an § 35 mittels Analogie verbietet sich schon deshalb, weil der Gesetzgeber die Strafvereitelung nach dem entschuldigenden Notstand nur geregelt und in Abs. 6 an der früheren Beschränkung des Strafausschlusses auf Taten zugunsten eines Angehörigen festgehalten hat. Zudem hat Abs. 6 eine andere Reichweite als § 35 (vgl. § 35 RN 28). De lege ferenda mag allerdings seine Erweiterung auf sonstige nahestehende Personen angebracht sein. De lege lata läßt sich dieser Faktor nur strafmildernd berücksichtigen.

VI. Wie bei der Begünstigung steht die **Strafe** für die Strafvereitelung in gewisser Abhängigkeit **40** von der Strafe für die Vortat. Sie darf nach Abs. 3 nicht schwerer sein als die für die Vortat angedrohte Strafe. Die Limitierung betrifft den Strafrahmen des § 258; er ändert sich, wenn für die Vortat ein niedrigeres Höchstmaß angedroht ist. Vgl. näher § 257 RN 36. Abweichend von dem dort Ausgeführten ist in den Fällen, in denen der Täter irrtümlich eine andere als die tatsächlich begangene Vortat annimmt, der Strafrahmen für die vorgestellte Tat auch dann innerhalb des in § 258 festgesetzten Strafrahmens maßgebend, wenn sich der Täter eine Vortat vorstellt, die strenger als die wirklich begangene zu beurteilen ist (and. Samson SK 58). Die Abweichung beruht darauf, daß auch der Strafvereitelungsversuch strafbar ist. Geht etwa der Täter von einem Diebstahl aus, während in Wirklichkeit eine einfache Unterschlagung vorgelegen hat, so verbleibt es beim Strafrahmen des § 258. Aber auch soweit dieser Strafrahmen unberührt bleibt, hat die Vortat für die Strafe maßgebliches Gewicht; ihre Schwere ist ein wesentlicher Strafzumessungsfaktor (vgl. LG Hannover NJW 76, 979 m. Anm. Schroeder). Ebenfalls das Gewicht einer vereitelten Maßnahme strafzumessungserheblich (Tröndle/Fischer 15). Bei der Beurteilung der Vortat ist das Gericht im Fall der Verfolgungsvereitelung nicht an die Auffassung des Gerichts gebunden, das den Vortäter verurteilt hat. Es kann zB die als Unterschlagung abgeurteilte Vortat als Diebstahl werten. Zur Strafzumessung bei Strafverteidiger als Täter vgl. Oldenburg StV 87, 523.

VII. Die Strafvereitelung ist **kein Antragsdelikt,** auch dann nicht, wenn die Vortat nur auf Antrag **41** verfolgbar ist. Das ergibt sich aus der Eigenschaft der Strafvereitelung als einer selbständigen Tat (vgl. RG 57 81, Tröndle/Fischer 1) sowie daraus, daß eine dem § 257 IV entsprechende Regelung in § 258 fehlt. Zur Frage, ob die Strafvereitelung verfolgt werden kann, wenn kein Antrag bezüglich der Vortat gestellt ist, vgl. o. 4.

VIII. **Konkurrenzen:** Idealkonkurrenz ist ua möglich mit §§ 113, 120, 153 ff., 164, 240, 257, **42** 261, 271, 305 a. Eine einzige Tat nach § 258 (nicht Tateinheit) liegt vor, wenn eine Handlung den Vortäter sowohl der Bestrafung als auch einer Maßnahme entzieht oder die Ahndung mehrerer Taten des Vortäters vereitelt. Gleiches gilt, wenn eine Handlung zugleich Verfolgungs- und Vollstreckungsvereitelung ist (Verurteilter, der weitere Taten begeht, wird vor seinem Ergreifen bewahrt). Dagegen ist eine mehrfache Strafvereitelung zugunsten eines Vortäters, wie zB zunächst Verfolgungsvereitelung und später Vollstreckungsvereitelung, nicht als eine einzige Straftat zu werten. Ist die Strafvereitelung vor Begehung der Vortat zugesagt worden und die Zusage als Beihilfe zu beurteilen, so kann das Verhältnis zwischen Beihilfe zur Vortat und Strafvereitelung zweifelhaft sein. Entgegen dem früheren Recht ist jedoch ein Zurücktreten der Strafvereitelung hinter die Beihilfe zu verneinen. Das folgt einerseits daraus, daß § 258 weder eine dem § 257 II aF noch eine dem § 257 III nF entsprechende Regelung enthält, und zum anderen aus der Eigenschaft der Strafvereitelung als einer selbständigen Tat. Zum Nichteingreifen des Abs. 5 vgl. o. 35. Hält jemand seine Zusage allerdings nur ein, weil er sonst eine Strafverfolgung wegen seiner vorherigen Beteiligung befürchtet (Vortäter droht zB mit Anzeige, wenn ihm nicht die zugesagte Hilfe zuteil wird), so greift Abs. 5 ein. Werden mehrere Vortäter durch eine Handlung der Bestrafung entzogen, so ist gleichartige Idealkonkurrenz gegeben (vgl. § 52 RN 27).

43   IX. **Wahlfeststellung** ist möglich zwischen Strafvereitelung und Begünstigung (Tröndle/Fischer § 257 RN 15, Ruß LK § 257 RN 29), da in beiden Fällen die Rechtspflege beeinträchtigt wird. Daß dies in unterschiedlicher Art geschieht, schließt die Wahlfeststellung noch nicht aus. Sie ist dagegen unzulässig zwischen Strafvereitelung und Delikt nach dem BtMG (BGH **30** 77 m. abl. Anm. Günther JR 82, 81) oder Hehlerei (vgl. § 259 RN 65), ebenso grundsätzlich zwischen Strafvereitelung und Beteiligung an der Vortat, etwa Beihilfe zum Raub (BGH wistra **89**, 19).

§ 258 a Strafvereitelung im Amt

(1) **Ist in den Fällen des § 258 Abs. 1 der Täter als Amtsträger zur Mitwirkung bei dem Strafverfahren oder dem Verfahren zur Anordnung der Maßnahme (§ 11 Abs. 1 Nr. 8) oder ist er in den Fällen des § 258 Abs. 2 als Amtsträger zur Mitwirkung bei der Vollstreckung der Strafe oder Maßnahme berufen, so ist die Strafe Freiheitsstrafe von sechs Monaten bis zu fünf Jahren, in minder schweren Fällen Freiheitsstrafe bis zu drei Jahren oder Geldstrafe.**

(2) **Der Versuch ist strafbar.**

(3) § 258 Abs. 3 und 6 ist nicht anzuwenden.

Schrifttum: H. *Goldschmidt,* Zur Interpretation des § 346 StGB, ZStW 46, 416. – *Krause,* Erfüllt die Nichtverfolgung durch den Staatsanwalt bei privat erlangter Kenntnis einer strafbaren Handlung den Tatbestand des § 346 StGB?, GA 64, 110. – *Vormbaum,* Der strafrechtliche Schutz des Strafurteils, 1987. – *Weber,* Zur Auslegung des § 346 StGB, ZStW 51, 199.

1   I. Die § 346 aF ersetzende Vorschrift regelt die **Strafvereitelung im Amt** als qualifizierten Fall der von § 258 erfaßten Tat und damit als **unechtes Amtsdelikt.** Der besondere Täterkreis, der die Tat von sonstigen Strafvereitelungen abhebt, unterscheidet sich, je nachdem, ob eine Verfolgungs- oder eine Vollstreckungsvereitelung vorliegt. In beiden Fällen beruht die Strafmodifizierung auf einem besonderen persönlichen Merkmal (Amtsträger). Beteiligte, die dieses Merkmal nicht aufweisen, sind daher gem. § 28 II nach § 258 abzuurteilen, so daß für sie insb. auch die in § 258 a III ausgeschlossene Straflimitierung nach § 258 III gilt und bei einer Tat zugunsten eines Angehörigen Straffreiheit nach § 258 VI besteht.

2   II. **Qualifikationsmerkmal** ist allein die besondere Tätereigenschaft. Tathandlung und Taterfolg entsprechen dem Grunddelikt des § 258.

3   1. Im Fall der Verfolgungsvereitelung muß die Tat von jemandem begangen worden sein, der als **Amtsträger zur Mitwirkung bei dem Strafverfahren** oder dem Verfahren zur Anordnung der Maßnahme berufen ist. Soweit die Bestrafung vereitelt wird, muß der Amtsträger (§ 11 I Nr. 2) zur Mitwirkung bei dem Strafverfahren berufen sein, das ohne sein Eingreifen zur Bestrafung des Vortäters geführt hätte. Zum Strafverfahren rechnen alle auf Strafverfolgung gerichteten Handlungen, auch das von der StA oder der Polizei geführte Ermittlungsverfahren. Dieses braucht noch nicht eingeleitet zu sein (BGH MDR/H **80**, 630). Auch der Amtsträger, der die Einleitung eines Ermittlungsverfahrens, an dem er mitzuwirken hat, verhindert oder entgegen seiner Amtspflicht von Ermittlungen absieht, macht sich nach § 258 a strafbar. Entsprechendes gilt hinsichtlich des Verfahrens zur Anordnung der vereitelten Maßnahme. Zu einem solchen Verfahren gehören auch das Sicherungsverfahren nach den §§ 413 ff. StPO und das objektive Verfahren nach den §§ 440 ff. StPO. Andererseits reicht nicht aus, daß der Täter zur Mitwirkung bei einem Disziplinarverfahren oder einem Verfahren wegen Ordnungswidrigkeiten berufen ist, ausgenommen die Fälle, in denen gem. § 41 I OWiG eine Sache an die StA abzugeben ist.

4   Zweifelhaft kann sein, welche **Beziehungen des Amtsträgers zum Verfahren** bestehen müssen, damit er als „zur Mitwirkung bei dem Verfahren berufen" anzusehen ist. Dem Wortlaut und dem Sinn des § 258 a ist nur zu entnehmen, daß allein die Eigenschaft als ein in der Strafverfolgung tätiger Amtsträger noch nicht ausreicht. Wer in keinerlei Beziehungen zum konkreten Fall steht, hat amtlich mit dem Verfahren, in das er eingreift, nichts zu tun. Andererseits wollte der Gesetzgeber keine zu enge Beziehung als Tatbestandsvoraussetzung aufstellen. Nicht unbedingt erforderlich soll sein, daß der Amtsträger gerade mit der Bearbeitung der beeinträchtigten Strafsache zuständig ist (BT-Drs. 7/550 S. 251; vgl. aber Geerds JZ 61, 455, Samson SK 6, Vormbaum aaO 436, auch BGHR § 258 a Abs. 1 Mitwirkung **1**). Noch weniger ist zu verlangen, daß dem Amtsträger die betreffende Sache durch den

Geschäftsverteilungsplan der Behörde zur Bearbeitung zugewiesen ist (vgl. BGH **4** 168, Ruß LK 3). Es muß vielmehr genügen, daß die konkrete Amtsstellung des Täters ihm die Möglichkeit gibt, in das Verfahren einzugreifen, sei es auch unter Verletzung innerdienstlicher Zuständigkeiten oder sogar in einer strafbaren Weise, so zB, wenn ein Polizeibeamter einem Kollegen die von diesem bearbeitete Akte wegnimmt (vgl. Bay **60**, 257). Welche Stellung der Amtsträger bekleidet, ist unerheblich. Eine leitende Funktion braucht er nicht innezuhaben (vgl. RG **73** 297); es genügt eine untergeordnete Mitwirkung beim Verfahren, zB die Durchführung eines Haftbefehls. Die Rspr. hat jedoch für § 346 aF verlangt, daß der Amtsträger unter eigener Verantwortung mitwirken hat; wer in dienstlicher Tätigkeit eine Handlung oder Entscheidung zur Durchführung eines Strafverfahrens nur vorzubereiten hat, soll nicht unter den besonderen Täterkreis fallen (vgl. RG **73** 297, **76** 395). Indes erscheint eine solche Einschränkung fragwürdig. Die Rspr. hat denn auch den Bereich der eigenen Verantwortlichkeit weit gezogen und diese zB angenommen, wenn der zur Vorbereitung einer Sache herangezogene Amtsträger den an sich Verantwortlichen irreführt (vgl. RG **76** 395 f.). Eine eigene Verantwortung ist auch dem Amtsträger zugesprochen worden, der lediglich Akten an das Revisionsgericht zu übersenden (RG **73** 297) oder Akten fristgemäß vorzulegen hat (RG HRR **40** Nr. 650).

Als Täter iSv § 258 a kommen hiernach in Betracht: Strafrichter, Staatsanwälte, Hilfsbeamte der 5 StA (vgl. dazu VO der einzelnen Länder zu § 152 GVG), Polizeibeamte nach den §§ 161, 163 StPO, auch Bahnpolizeibeamte (vgl. RG **57** 19) oder Bürgermeister als Ortspolizeibehörde (BGH **12** 277), Beamte der Finanzverwaltung in Steuer- und Zollsachen (BT-Drs. 7/550 S. 251; vgl. auch RG **58** 79, **76** 394), Geschäftsstellenbeamte der Strafverfolgungsbehörden (vgl. RG **73** 297), uU der Innenminister eines Landes (vgl. BGH LM **Nr. 3** zu § 346 aF) oder ein Justizminister. Dagegen fehlt einem Sachverständigen die besondere Tätereigenschaft, mag er auch im übrigen Amtsträger sein.

2. Im Fall der Vollstreckungsvereitelung ist § 258 a anwendbar, wenn der Täter als **Amtsträger zur** 6 **Mitwirkung bei der Vollstreckung der Strafe** oder Maßnahme berufen ist, deren Vollstreckung er vereitelt. Als Täter kommen hierbei in erster Linie die Beamten der Vollstreckungsbehörde und das Vollzugspersonal einer Vollzugsanstalt in Betracht, ferner Richter und Polizeibeamte, denen Vollstreckungsaufgaben obliegen. Zwischen dem Täter und der beeinträchtigten Vollstreckung müssen konkrete Beziehungen bestehen. Für diese Beziehungen gilt Entsprechendes wie für die Verfolgungsvereitelung (vgl. o. 4). Es genügt demzufolge, daß die konkrete Amtsstellung dem Täter ermöglicht, die Vollstreckung zu vereiteln. Von § 258 wird daher auch der Strafrichter oder der Geschäftsstellenbeamte erfaßt, der nach Rechtskraft des Urteils die für die Vollstreckung benötigten Akten beiseite schafft (Tröndle/Fischer 2). Gehört der Täter zum Vollzugspersonal, so genügt es, wenn er in der Anstalt tätig ist, aus der mit seiner Hilfe ein Verurteilter entweicht. Er braucht weder für dessen Bewachung noch überhaupt für Aufgaben, die diesen unmittelbar betreffen, zuständig zu sein.

III. Zur **Tathandlung,** die in ihren Voraussetzungen der Tathandlung des § 258 entspricht, vgl. 7 § 258 RN 12 ff., 26 ff. Folgendes sei hervorgehoben:

1. Eine **Verfolgungsvereitelung** kann etwa dadurch begangen werden, daß der Täter überflüssige 8 oder unzweckmäßige Ermittlungen vornimmt und auf diese Weise die Verfahrensdauer mit der Folge einer späteren Verurteilung unnötig verlängert (vgl. BGH **19** 79). Eine Verfahrensverzögerung kann indes sachgemäß sein, wenn eine Rechtsänderung zugunsten des Vortäters unmittelbar bevorsteht (Aufhebung einer Strafvorschrift, Erlaß eines StfG; vgl. dazu Kaiser ZRP **70**, 51 mwN, auch Tröndle/Fischer 4). Allerdings ist § 258 a beim Vereiteln einer Bestrafung für geraume Zeit nicht stets unanwendbar, wenn das spätere Verfahren auf Grund eines StfG eingestellt wird (vgl. BGH LM **Nr. 1** zu § 346 aF). Den Tatbestand erfüllt ferner, wer Akten aus dem Geschäftsgang entfernt, auch dann, wenn ein Kollege die Akten bearbeitet (vgl. Bay **60**, 257). Ein Dienstvorgesetzter darf eine Anzeige auch dann nicht entfernen, wenn er deren Richtigkeit bezweifelt (BGH MDR/D **56**, 563). Des weiteren handelt tatbestandsmäßig, wer das Ergebnis seiner Ermittlungen unrichtig wiedergibt, etwa Wesentliches unterdrückt, und dadurch eine Verfahrenseinstellung oder das Absehen von einer Maßnahme bewirkt. Gleiches gilt für einen Amtsträger, wenn der Täter kennt und trotzdem die Anzeige gegen Unbekannt erstattet (RG **63** 276, BGH MDR/D **54**, 17). Dagegen scheidet eine Strafvereitelung aus, wenn der Amtsträger im Fall eines Antragsdelikts den Antragsberechtigten veranlaßt, keinen Strafantrag zu stellen oder einen Antrag zurückzunehmen; er darf hierbei jedoch keinen Druck ausüben (vgl. RG DStR **36**, 368).

2. Besondere Bedeutung kann im Rahmen des § 258 a das **Unterlassen** einer Verfolgungshandlung 9 erlangen. Da eine Rechtspflicht zum Einschreiten bestehen muß (§ 13), kommt es entscheidend auf die Zuständigkeit an. Namentlich ist auch die Geschäftsverteilung der jeweiligen Verfolgungsbehörde zu berücksichtigen (vgl. Braunschweig NdsRpfl **63**, 137). Ob eine Rechtspflicht zum Einschreiten besteht, richtet sich nach den Voraussetzungen einer Garantenstellung und ist nach den Umständen des einzelnen Falles zu entscheiden. Sie kann bis zur Verjährung der Vortat reichen, so daß erst dann die Strafvereitelung beendet ist und deren Verjährung beginnt (BGH MDR/H **90**, 887). Bei vorherigem Ausscheiden aus der Pflichtenstellung ist sein Zeitpunkt für den Verjährungsbeginn maßgebend (vgl. § 78 a RN 6).

a) Hat ein Amtsträger, dessen spezifische Aufgabe die Strafverfolgung ist, **dienstlich** von einer 10 Straftat **Kenntnis** erhalten, so ist er grundsätzlich verpflichtet, die erforderlichen Maßnahmen zu treffen, sofern ihm nicht ein Absehen von der Strafverfolgung gesetzlich gestattet ist (vgl. §§ 153 ff.

Stree

StPO). Nach § 258 a ist daher strafbar, wer als Polizeibeamter im Rahmen seiner dienstlichen Tätigkeit von einer Straftat erfährt und diese nicht anzeigt (vgl. RG HRR **41** Nr. 457, 839, Hamm HESt **2** 355; vgl. auch Hamburg SJZ **48**, 692). Zum Einschreiten ist der Polizeibeamte bereits verpflichtet, wenn ihm ein allgemeines Gerücht bekannt wird (RG **70** 252) oder wenn er Zweifel an der Richtigkeit einer ihm erstatteten Anzeige hat (BGH LM **Nr. 10** zu § 346 aF). Ausnahmen können sich allenfalls bei Amtsträgern mit einer amtlichen Doppelstellung ergeben (zB Bürgermeister als Ortspolizeibehörde), da diese nicht jede Kenntnis, die sie aus der nicht polizeilichen Tätigkeit erlangen, unter polizeilichen Gesichtspunkten zu verwerten brauchen (RG **73** 267, BGH **4** 170, Ruß LK 7). Verfolgungsvereitelung durch Unterlassen begeht auch, wer eine ihm zur Bearbeitung angewiesene Strafsache längere Zeit unbearbeitet läßt und dadurch den Vortäter für geraume Zeit der Bestrafung oder einer Maßnahme entzieht (BGH **15** 22). An einer pflichtwidrigen Unterlassung fehlt es jedoch, wenn der Amtsträger Strafanzeigen wegen unverschuldeter Arbeitsüberlastung nicht bearbeitet und seine vorgesetzte Dienststelle rechtzeitig über die Unmöglichkeit sachgemäßer Erledigung unterrichtet (BGH **15** 18). Dienstlich erlangt ein Beamter Kenntnis von einer Straftat noch nicht deswegen, weil er von dieser bei schlichter Anwesenheit am Dienstort erfährt, etwa bei Aufsuchen eines diensttuenden Kollegen anläßlich dessen Geburtstags.

11 b) Erlangt der Amtsträger **außerdienstlich Kenntnis** von einer Straftat, so ist er zum Einschreiten nur verpflichtet, wenn es sich um eine schwere, die Öffentlichkeit berührende Straftat handelt (RG **70** 252, BGH **5** 225, **12** 280, Freiburg HESt **2** 59, Karlsruhe NStZ **88**, 503 m. Anm. Geerds JR 89, 212, Lackner/Kühl 4, M-Maiwald II 434, Ruß LK 7, Tröndle/Fischer 4, vgl. auch BGH NJW **89**, 916, Böhme SJZ 48, 699, Geerds JZ 61, 454, Jescheck GA 55, 107; weitergehend Stuttgart NJW **50**, 198; and. [keine Verfolgungspflicht schlechthin] Geerds Schröder-GedS 309, Krause GA 64, 110, JZ **84**, 548, Laubenthal JuS 93, 911, K/Meyer-Goßner § 160 RN 10, Rieß LR § 160 RN 29, Samson SK 14, Vormbaum aaO 438, Wagner Amtsverbrechen, 1975, 296). Die Einschränkung folgt daraus, daß auch bei Amtsträgern ein Bereich rein menschlicher Beziehungen anzuerkennen ist. Zwischen diesem und dem öffentlichen Interesse an einer Strafverfolgung muß daher im Einzelfall abgewogen werden. Handelt es sich um eines der in § 138 genannten Delikte, so geht das öffentliche Interesse im allgemeinen vor. Eine Ausnahme kommt etwa bei Unzumutbarkeit des Einschreitens gegen Angehörige in Betracht (vgl. auch u. 18 aE). Bei Rauschgiftdelikten besteht idR eine Pflicht zum Einschreiten, wenn ein besonders schwerer Fall iSv § 29 III BtMG vorliegt (vgl. Köln NJW **81**, 1794). Förderung der Prostitution nach § 180 a I ist dagegen kein Delikt, das auch bei privatem Wissen zum Einschreiten verpflichtet (BGH NJW **89**, 914, **93**, 544). Ebensowenig verpflichtet das bloße Bestehen eines Haftbefehls einen Amtsträger außerhalb seiner Dienstausübung zur Festnahme (Koblenz NStZ-RR **98**, 332); ist der Haftbefehl jedoch wegen eines schweren Verbrechens, etwa wegen Mordes, ergangen, so hat der Amtsträger gegen den gesuchten Verbrecher vorzugehen. Um bloß privates Wissen handelt es sich nicht allein deswegen, weil die Kenntnis des Amtsträgers auf einem allgemeinen Gerücht beruht (vgl. RG **70** 252, o. 10).

12 c) Entsprechende Grundsätze gelten für die Nichtanzeige der Straftat eines Untergebenen durch den **Dienstvorgesetzten,** der zugleich Amtsträger iSv § 258 a ist (vgl. RG **73** 266 m. Anm. Klee ZAkDR 39, 651, 74 180 m. Anm. Klee ZAkDR 40, 272 u. Mezger DR 40, 1238, BGH **4** 170). Erfährt der Vorgesetzte von dienstlichen Verfehlungen des Untergebenen, so ist auch die Kenntnis davon immer in dienstlicher Eigenschaft erlangt.

13 d) Zur Anzeigepflicht des *Richters* vgl. Graumann DRiZ 64, 405, Nierwetberg NJW 96, 432.

14 3. **Vollstreckungsvereitelung** liegt ua vor, wenn der Amtsträger einem Strafgefangenen oder einem Untergebrachten das Entweichen aus der Anstalt ermöglicht oder ihn aus sachwidrigen Gründen vorzeitig entläßt, etwa den Entlassungszeitpunkt ohne zwingende Gründe iSv § 16 III StVollzG vorverlegt. Desgleichen genügen Vergünstigungen hinsichtlich der Vollstreckung als solcher (and. bei Vollzugsvergünstigungen; vgl. u. 14 a), zB sachwidriger Vollstreckungsaufschub, unzulässige Vollstreckungsunterbrechung oder Gewährung von Urlaub aus der Haft (and. Ruß LK 5) oder sachwidrige nachträgliche Bewilligung von Zahlungserleichterungen bei Geldstrafen. Auch ein Unterlassen kann im Rahmen der Vollstreckungsvereitelung Bedeutung erlangen, wie das Nichteinschreiten gegen einen Flüchtigen, das Nichtbetreiben der Strafvollstreckung oder der Vollstreckung einer Maßnahme sowie das Absehen vom Widerruf der Aussetzung einer Vollstreckung trotz Vorliegens der Widerrufsgründe.

14 a 4. **Keine Vollstreckungsvereitelung** ist die bloße Vergünstigung bei der Ausgestaltung des Vollzuges durch Nichtbeachten von Vollzugsvorschriften, etwa unberechtigtes Überführen in den offenen Vollzug (Ruß LK 5). Solche Vergünstigungen betreffen nur den Vollzug, nicht die Vollstreckung als solche. Trotz der Zuordnung zu den Vollzugslockerungen ist aber eine unzulässige Gewährung von Freigang (§ 11 I Nr. 1 StVollzG; vgl. LG Berlin NStZ **88**, 132 und dagegen Ostendorf JZ 89, 579) oder Ausgang (§ 11 I Nr. 2 StVollzG) als Vollstreckungsvereitelung anzusehen (and. Ruß LK 5), da der Strafgefangene hier zeitweise von jeglicher Vollstreckung freigestellt wird. Wie wenig sachgerecht die Nichtbewertung eines unberechtigt gewährten Freigangs als Vollstreckungsvereitelung ist, zeigt sich etwa bei einem Scheinarbeitsverhältnis (vgl. dazu LG Berlin aaO). Daß die Zeit des Freigangs und des Ausgangs als Vollstreckungszeit zählt, ist insoweit ebenso bedeutungslos wie beim Urlaub (vgl. o. 14) die Anrechnung auf die Vollstreckungszeit.

IV. Für den **subjektiven Tatbestand** gilt zunächst das zu § 258 Ausgeführte (vgl. dort RN 22 ff., 30). Wie nach § 258 ist nur für die auf Vereitelung der Strafe (Maßnahme) gerichtete Handlung Wissentlichkeit oder Absicht erforderlich. Hinsichtlich der Vortat oder der Verurteilung genügt bedingter Vorsatz. Außerdem muß sich der Amtsträger seiner besonderen Beziehungen zu der Sache, in die er eingegriffen hat, bewußt gewesen sein. Wer eine Verfolgungs- oder eine Vollstreckungshandlung unterläßt, muß seine Zuständigkeit zur Bearbeitung der Sache kennen. Die lange Zeitdauer, in der ein Verfahren nicht betrieben wurde, oder das unzweckmäßige und verfahrensverzögernde Vorgehen beweist noch nicht ohne weiteres, daß der Amtsträger den Willen zur Strafvereitelung gehabt hat (BGH **19** 79), wenn auch ein Verdacht naheliegt.

V. Die **Qualifizierung** der Tat kommt in der Strafdrohung einschließlich des Entfallens der Straflimitierung gem. § 258 III zum Ausdruck sowie in dem Ausschluß des in § 258 VI verankerten Angehörigenprivilegs.

1. Die **Strafe** ist gegenüber § 258 in ihrem Mindestmaß auf 6 Monate Freiheitsstrafe angehoben worden. Das Höchstmaß hat sich hingegen nicht geändert, abgesehen von den Fällen, in denen beim Grunddelikt eine Straflimitierung gem. § 258 III eingreift. Eine solche Straflimitierung entfällt bei der Strafvereitelung im Amt (Abs. 3). Sie ist hier nicht vorgesehen, weil neben dem Gewicht der Vortat auch die Schwere der Dienstpflichtverletzung den Unrechtsgehalt der Tat maßgebend bestimmt (vgl. BT-Drs. 7/550 S. 251). Nicht zu verkennen ist allerdings, daß die Schwere der Pflichtverletzung ihrerseits vom Gewicht der Vortat abhängen kann. Dem trägt das Gesetz dadurch Rechnung, daß es für minder schwere Fälle das Höchstmaß der Strafe herabgesetzt und von einem besonderen Mindestmaß abgesehen hat. Das bedeutet zwar nicht, daß bei einer Vortat, die im Falle des Grunddelikts zu einer Straflimitierung geführt hätte, stets ein minder schweres Delikt der Strafvereitelung im Amt anzunehmen ist. Das geringe Gewicht der Vortat kann aber ein wesentlicher Faktor für die Annahme eines minder schweren Falles sein. Die Reduzierung des Strafrahmens für minder schwere Fälle schafft im übrigen einen gewissen Ausgleich dafür, daß auch die Tat zugunsten eines Angehörigen unter Strafe steht. Zum minder schweren Fall vgl. noch 48 vor § 38. Bei Unterlassungstaten (vgl. o. 9 ff.) ist zwar § 13 II anwendbar; soweit der Amtsträger bei dienstlich erlangter Kenntnis untätig bleibt, steht aber die Pflichtwidrigkeit zumeist der Strafmilderung entgegen.

2. Die **Strafvereitelung zugunsten eines Angehörigen** ist entgegen § 258 VI **strafbar** (Abs. 3). Die Belange der Allgemeinheit, die der zur Mitwirkung am Strafverfahren oder an der Strafvollstreckung berufene Amtsträger wahrzunehmen hat, gehen seiner Rücksichtnahme auf Angehörige vor (vgl. BGH NJW **55**, 1488). Der Umstand, daß der Amtsträger einen Angehörigen der strafrechtlichen Verfolgung oder der Vollstreckung einer Strafe bzw. Maßnahme entzogen hat, kann die Tat jedoch in ein milderes Licht rücken und sie als einen minder schweren Fall erscheinen lassen (Tröndle/Fischer 9). Unberührt von Abs. 3 bleibt jedoch die Straflosigkeit der Strafvereitelung durch Unterlassen, wenn dem Amtsträger nicht zuzumuten ist, gegen einen Angehörigen einzuschreiten (vgl. Stree JuS 76, 142). Maßgebliche Bedeutung kommt insoweit dem hierbei abzuwägenden Interessenwiderstreit zu (vgl. dazu 156 vor § 13).

VI. Unberührt von Abs. 3 bleibt die **Strafvereitelung zugunsten der eigenen Person.** Soweit der Amtsträger nur sich selbst schützt, handelt er nicht tatbestandsmäßig, da die Voraussetzungen für die Tathandlung dem Grunddelikt entsprechen und somit ein Handeln zugunsten eines anderen erforderlich ist. Er ist aber auch dann nicht strafbar, wenn er mit der Hilfe für einen anderen zugleich erreichen will, daß er selbst strafrechtlichen Folgen entgeht. Abs. 3 schließt die Anwendbarkeit des § 258 V nicht aus. Zur Reichweite dieser Vorschrift vgl. § 258 RN 35 ff. Danach ist unerheblich, worauf sich die dem Amtsträger drohenden strafrechtlichen Folgen gründen, ob auf Beteiligung an der Vortat des anderen (vgl. RG **31** 196, **73** 267, BGH **6** 21), auf nachträgliche Hilfe durch Begünstigung (vgl. RG JW **25**, 258, GA Bd. **55** 224, BGH **6** 21) oder Hehlerei (vgl. RG Recht **13** Nr. 1237, BGH **6** 21) oder auf eine mit der Vortat des anderen nicht zusammenhängende Tat (vgl. BT-Drs. 7/550 S. 252, Karlsruhe NStZ **88**, 504, Lackner/Kühl 5; and. Tröndle/Fischer 8, Geerds JR 89, 214, Ruß LK 12 sowie RG **70** 253 zu § 346 aF). Auf Identität der Vortat kann es hier ebensowenig wie bei § 258 ankommen, weil allein die Gefahr strafrechtlicher Folgen maßgeblich ist, der sich der Amtsträger auf Grund seiner Vortat ausgesetzt sieht. Es besteht kein sachlicher Grund, der Motivation zum Selbstschutz beim Bezug zur Vortat eine weitergehende entlastende Bedeutung zuzumessen als beim Selbstschutz wegen einer anderen Tat. Voraussetzung für den Strafausschluß ist jedoch, daß sich der Amtsträger strafrechtlichen Folgen zu entziehen sucht; es genügt nicht, daß er einem Disziplinarverfahren entgehen will (vgl. RG **70** 253, Hamm HESt **2** 355).

Eine Einschränkung dieser Grundsätze kommt auch dort nicht in Betracht, wo der Täter die *Strafvereitelung vorher zugesagt* hat. Abgesehen davon, daß § 258 V keinerlei Einschränkungen vorsieht, ist der Amtsträger, der sich mittels der Zusage späterer Strafvereitelung an der Vortat beteiligt, nicht anders zu stellen als der Amtsträger, der sich bei einer sonstigen Tatbeteiligung bereits bewußt ist, daß er später amtlich an der Tataufklärung mitzuwirken hat und dann zu Verdunkelungsmaßnahmen greifen muß, um nicht bestraft zu werden. Eine generelle Herausnahme der Strafvereitelungsfälle aus § 258 V, in denen sich die spätere Notstandslage schon bei der Beteiligung an der Vortat abgezeichnet hat, ist aber schwerlich zu vertreten, zumal eine Strafvereitelung nur zugunsten der eigenen Person mangels Tatbestandserfüllung stets straflos ist. Die vorher zugesagte Strafvereitelung bleibt allerdings nur straflos, wenn der Amtsträger die Zusage deswegen einhält, weil sonst seine mit der Zusage begangene Beihilfe zur fremden Tat aufgedeckt würde.

21 Straffreiheit nach § 258 V tritt nicht ein, wenn sich der Amtsträger strafbar macht, nachdem er bereits die Pflicht und Gelegenheit hatte, gegen den Vortäter einzuschreiten, so zB, wenn ihn die dienstlich erlangte Kenntnis von einer Straftat auf den Gedanken bringt, sie durch eine eigene Straftat auszuwerten (vgl. BGH **4** 169, **5** 156, MDR/He **55**, 529, Karlsruhe NStZ **88**, 504). Wer einen Diebstahl nicht verfolgt, sondern sich statt dessen einen Teil der Beute als Schweigegeld geben läßt, ist wegen Strafvereitelung im Amt strafbar (vgl. BT-Drs. 7/550 S. 252). Ebensowenig erlangt ein Amtsträger Straffreiheit für eine unwahre dienstliche Erklärung als strafvereitelnde Handlung, nachdem er bis dahin gegen den Vortäter pflichtwidrig nicht ermittelt hat (BGH MDR/H **90**, 887; vgl. zur ähnlichen Lage beim Aussagenotstand § 157 RN 11).

22 **VII.** Die **Teilnahme** an der Strafvereitelung im Amt beurteilt sich nach allgemeinen Grundsätzen. Gem. § 28 II erfolgt ihre Ahndung nach § 258, soweit der Beteiligte nicht die besonderen Voraussetzungen des § 258 a erfüllt (vgl. o. 1). Anwendbar sind insb. auch die Abs. 3 und 6 des § 258. Straflos bleibt aber nicht nur, wer sich zugunsten eines Angehörigen beteiligt, sondern auch, wer sich der eigenen Bestrafung dadurch entzieht, daß er einen Amtsträger zur Strafvereitelung anstiftet (vgl. § 258 RN 38; BGH **5** 81 ist überholt).

23 **VIII.** Zu den **Konkurrenzen** vgl. § 258 RN 42. Möglich ist insb. noch Idealkonkurrenz mit § 133 (vgl. BGH MDR/He **55**, 529), § 336 oder § 345. Nach Köln JMBlNW **50**, 254, Lackner/Kühl 6 soll auch mit § 332 Idealkonkurrenz in Betracht kommen; die Strafvereitelung beginnt indes noch nicht mit der Zusage, gegen Entgelt die Strafverfolgung oder -vollstreckung zu verhindern, so daß Realkonkurrenz vorliegt (vgl. BGH **4** 169, § 332 RN 30).

§ 259 Hehlerei

(1) **Wer eine Sache, die ein anderer gestohlen oder sonst durch eine gegen fremdes Vermögen gerichtete rechtswidrige Tat erlangt hat, ankauft oder sonst sich oder einem Dritten verschafft, sie absetzt oder absetzen hilft, um sich oder einen Dritten zu bereichern, wird mit Freiheitsstrafe bis zu fünf Jahren oder mit Geldstrafe bestraft.**

(2) **Die §§ 247 und 248 a gelten sinngemäß.**

(3) **Der Versuch ist strafbar.**

Schrifttum: Bockelmann, Über das Verhältnis der Hehlerei zur Vortat, NJW 50, 850. – *Geerds,* Zum Tatbestand der Hehlerei aus der Sicht des Kriminologen, GA 58, 129. – *Goltz,* Metalldiebstahl und Metallhehlerei, JR 55, 86. – *Kohlrausch,* Hehler und Nutznießer, DStR 39, 113.– *Maurach,* Bemerkungen zur neuesten Hehlereirspr. des BGH, JZ 52, 714. – *Meister,* Beteiligung an der Vortat und Hehlerei, MDR 55, 715. – *Meyer,* Zum Problem der Ersatzhehlerei an Geld, MDR 70, 379. – *Mezger,* Zur Entwicklung der sog. Ersatzhehlerei, ZStW 59, 549. – *Oellers,* Der Hehler ist schlimmer als der Stehler, GA 67, 6. – *Otto,* Die Struktur des strafrechtlichen Vermögensschutzes, 1970. – *Roth,* Eigentumsschutz nach der Realisierung von Zueignungsunrecht, 1986. – *Roxin,* Geld als Objekt von Eigentums- und Vermögensdelikten, H. Mayer-FS 467. – *Stree,* Mitwirken zum Absatz strafbar erworbener Güter, GA 61, 33. – *ders.,* Die Ersatzhehlerei als Auslegungsproblem, JuS 61, 50. – *ders.,* Abgrenzung der Ersatzhehlerei von der Hehlerei, JuS 61, 83. – *ders.,* Probleme der Hehlerei und Vernachlässigung der Aufsichtspflicht, JuS 63, 427. – *Waider,* Zum sog. „derivativ-kollusiven" Erwerb des Hehlers, GA 63, 321. – *Vgl. auch die Angaben vor § 257. – Rechtsvergleichend:* Ens Mat. II BT 329. – *Zum schweiz. Recht vgl. Trechsel,* Zum Tatbestand der Hehlerei, SchwZStr 91, 385. – *Walder,* Die Hehlerei gemäß StrGB Art. 144, SchwZStr 103, 233.

1 **I.** Die durch das EGStGB neugefaßte Vorschrift bezieht sich wie zuvor auf ein Verhalten, das eine Verbringung der Deliktsbeute in fremde Hand zum Gegenstand hat. Sie stellt in Übereinstimmung mit der hM zum früheren Recht klar, daß **geschütztes Rechtsgut** das Vermögen ist und die Hehlerei demgemäß ein Vermögensdelikt darstellt. Das **Wesen der Hehlerei** ist danach in der Aufrechterhaltung und Vertiefung der durch die Vortat geschaffenen rechtswidrigen Vermögenslage zu erblicken, die durch Weiterschieben der Vortat stammenden Sache im Einverständnis mit dem Vorbesitzer erreicht wird (vgl. BT-Drs. 7/550 S. 252, RG **70** 385, **72** 146 m. Anm. Mezger ZAkDR 38, 384, 75 29, BGH **7** 137, NJW 59, 1377, 78, 710, KG JR 66, 207, Tröndle/Fischer 1, Lackner/Kühl 1, Ruß LK 1). Als rechtswidrige Vermögenslage kommt indes, da die Hehlerei sich nicht schlechthin auf Vermögenswerte, sondern ausschließlich auf Sachen erstrecken kann, nur der unrechtmäßige Sachbesitz in Betracht (vgl. Stree JuS 61, 52 ff. u. 76, 142, GA **61**, 36 ff., ferner Bay NJW **79**, 2219, Krey II RN 572, Küper JuS 75, 635, NJW **77**, 58, Otto aaO 95, Rudolphi JA 83, 1, Ruß LK 1, Samson SK 1; entsprechend die schweiz. Rspr., vgl. BGE 114 IV 110). Die Perpetuierung muß sich mithin auf eine rechtswidrige Besitzlage beziehen, die fremden Vermögensinteressen entgegensteht. Zu einer konkreten Schlechterstellung des Betroffenen in seinem Vermögen braucht sie nicht geführt zu haben (vgl. Arzt NStZ 81, 10: abstraktes Gefährdungsdelikt). Krit. zum Ganzen Hruschka JR 80, 221. An der Perpetuierung einer rechtswidrigen Besitzlage fehlt es, wenn der Erwerber einer gestohlenen Sache einen fälligen Anspruch gegen den Bestohlenen auf Übereignung gerade dieser Sache hat (vgl. Roth JR 88, 259, der die Rechtswidrigkeit des Verschaffens verneint).

Überholt ist die Auffassung, nach der das Wesen der Hehlerei in der Ausbeutung deliktischen Erwerbs durch Aufrechterhaltung einer rechtswidrigen oder nach der Verkehrsauffassung mißbilligten Vermögenslage besteht (Nutznießungstheorie; vgl. Kantorowicz, Tat und Schuld [1933] 187, 190 Anm. 43, Geerds GA 58, 131, Düsseldorf SJZ **49**, 207, Koblenz DRZ **50**, 69, ähnl. Gallas Gleispach-FS 59, K. Schäfer JW 37, 3300). Für Nutznießungstheorie beschränkt auf unredlichen Gelderwerb jedoch Knauth NJW 84, 2669; gegen ihn zutr. Roth NJW 85, 2242, Sippel NStZ 85, 348. **2**

Fraglich ist, ob die Charakterisierung der Hehlerei als Aufrechterhaltung einer rechtswidrigen, fremden Vermögensinteressen widerstreitenden Besitzlage den Unrechtsgehalt der Tat hinreichend erfaßt. Als weiterer Faktor für die Strafwürdigkeit der Hehlerei wird deren **Gefährlichkeit** für die allgemeine Sicherheit hervorgehoben. Diese soll durch einen Hehler bedroht sein, weil er mit seiner Bereitschaft zur Abnahme oder zum Absatz der Deliktsbeute einen ständigen Anreiz zur Begehung von Vermögensdelikten bilde (BGH **7** 142; vgl. auch Lenckner JZ 73, 797, Oellers aaO, Rudolphi JA 81, 4, Stree JuS 75, 431 sowie Miehe Honig-FS 105, der sogar als maßgeblichen Gesichtspunkt für § 259 den Zweck ansieht, dem Vortäter die häufig nötige Hilfe nach Tatbegehung abzuschneiden). Diesen Gefährlichkeitsaspekt veranschaulichen Wendungen wie „der Hehler ist der Zuhälter der Diebe" oder „der Hehler ist schlimmer als der Stehler". Ihm läßt sich in der Tat die Bedeutung für manche Hehlereitaten nicht absprechen, so daß der höhere Strafrahmen gegenüber einigen Vermögensdelikten (zB Unterschlagung), die Strafschärfung für gewerbsmäßige Hehlerei sowie die Möglichkeit, gegen Hehler Führungsaufsicht anzuordnen (§ 262), berechtigt sind (vgl. Stree JuS 76, 142 f.). Anderseits ist nicht zu verkennen, daß eine Hehlereihandlung keineswegs generell die hervorgehobene Gefährlichkeit aufweist. Das gilt namentlich für die Gelegenheitshehlerei. Wer sich etwa aus der Deliktsbeute eine Sache schenken läßt, bietet im allgemeinen keinen Anreiz für weitere Vermögensdelikte. Dem entspricht die sinngemäße Anwendbarkeit der §§ 247, 248 a (Abs. 2). Ebenfalls fehlt es am Gefährlichkeitsmoment, wenn eine gestohlene Sache nicht vom Dieb selbst, sondern von einem gutgläubigen Zwischenerwerber (vgl. u. 3) erworben wird. Man wird daher die Auslegung der Tatmodalitäten nicht von der o. 1 gekennzeichneten Aufrechterhaltung der rechtswidrigen Besitzlage lösen und sie statt dessen am Gefährlichkeitsmoment ausrichten können (vgl. aber [zu einseitig] BGH **42** 196, auch Lenckner JZ 73, 797). Dennoch ist dieses Moment für die Auslegung nicht völlig belanglos. Soweit Abgrenzungsschwierigkeiten gegenüber Vermögensdelikten auftreten, wie vor allem gegenüber der Unterschlagung, ist die Grenze so zu ziehen, daß unter die strengere Hehlereivorschrift nur Handlungen fallen, die im allgemeinen mehr als die bloße Vermögensbeeinträchtigung bedeuten, nämlich zusätzlich das besondere Gefährlichkeitsmoment aufweisen (weitergehend Rudolphi JA 81, 5). **3**

Gegenüber der Vortat stellt die Hehlerei eine **selbständige Straftat** dar, die aus den Teilnahmevorschriften herausgelöst ist (Hamm JZ **52**, 37, Ruß LK 3 vor § 257). Sie begründet ebenso wie die Begünstigung eigenes und neues Unrecht. Dies ist zu beachten, wenn man von einem Akzessorietätsverhältnis der Hehlerei zur Vortat spricht. Vgl. u. 10 f. **3 a**

Über **Steuerhehlerei** vgl. § 374 AO sowie BGH **29** 230, NJW **75**, 2109, MDR **79**, 773, Stuttgart NJW **77**, 770, Volk Stree/Wessels-FS 493, Rönnau NStZ 2000, 513. **4**

II. Gegenstand der Hehlerei können nur **Sachen** sein, auch unbewegliche (RG **56** 336), nicht dagegen sonstige Werte (vgl. Düsseldorf NJW **90**, 1492), wie etwa ein betrügerisch erlangtes Bankguthaben (vgl. Ruß LK 2), wohl aber ein Recht verkörpernde Papiere (BGH NJW **78**, 710: Grundschuldbrief; BGE 100 IV 31: Wertpapiere), auch solche, die ohne das verbriefte Recht nicht übertragen werden können (BGH aaO). Mangels einer Sache entfällt Hehlerei, wenn sich jemand von einem anderen Daten verschafft, die dieser zuvor nach § 202 a ausgespäht hat; der Datenträger dagegen kann Hehlereigegenstand sein. Bei den Sachen muß es sich nicht um fremde handeln. Hehlerei kann auch an herrenlosen (Wild) oder an eigenen Sachen des Hehlers begangen werden, so in dem Fall, in dem jemand eine ihm gehörende Sache sich verschafft und ein anderer ihm gegenüber als Pfandgläubiger (vgl. § 289) zum Besitz berechtigt ist (RG **18** 303, BGH NStE **2**). Kauft allerdings der Eigentümer lediglich seine gestohlene Sache an, so scheidet vollendete Hehlerei aus (BGH wistra **88**, 25); es liegt aber Hehlereiversuch vor, wenn der Rückerwerber sein Eigentum nicht erkennt. Hehlerei ist ferner an Sachen möglich, die im Eigentum des Vortäters stehen, so, wenn dieser durch die Vortat nur anfechtbares Eigentum erlangt hat (vgl. u. 8) oder durch die Veräußerung fremde Rechte an der Sache beeinträchtigt (RG **20** 223). Hat dagegen der Vorbesitzer unanfechtbar Eigentum ohne Belastung mit fremden Rechten erworben (zB gutgläubig oder durch nachträgliche Übereignung seitens des Bestohlenen), so scheidet die Möglichkeit einer Hehlerei aus (BGH **15** 57); es fehlt hier an der Beeinträchtigung fremden Vermögens durch Aufrechterhalten einer rechtswidrigen Besitzlage. **5**

III. Die Sache muß aus der **Vortat eines anderen** stammen, und zwar aus einem Diebstahl oder einer sonst gegen fremdes Vermögen gerichteten rechtswidrigen Tat. **6**

1. Als Vortat reicht nur eine **rechtswidrige Tat** aus, die den Tatbestand eines Strafgesetzes verwirklicht (§ 11 I Nr. 5) und sich **gegen fremdes Vermögen** richtet. Ein Versuch genügt, wenn er zur Erlangung der Sache geführt hat (RG GA Bd. **61** 126, Braunschweig HESt **2** 320). Unter das Erfordernis einer gegen fremdes Vermögen gerichteten Tat fallen nicht nur Vermögensdelikte im eigentlichen Sinn, sondern alle Delikte, die fremdes Vermögen verletzt oder eine rechtswidrige, fremden Vermögensinteressen entgegenstehende Besitzlage begründet haben. Neben dem ausdrücklich genannten Diebstahl können geeignete Vortat sein: Raub, Unterschlagung (RG **58** 230), Untreue, **7**

§ 259 8–11

sofern aus ihr dem Vortäter ein Vermögensvorteil zugeflossen ist, Betrug (RG **59** 128, BGH NJW **69**, 1261), Subventionsbetrug, Erpressung, Jagdwilderei (RG **63** 38), Pfandkehr (RG **18** 303), Hehlerei (BGH **33** 48, LM **Nr. 2**, GA **57**, 177, MDR/H **77**, 283, NJW **79**, 2621, ÖstOGH **54**, 83), Begünstigung (RG **39** 237), Urkundenfälschung (RG **52** 96, **55** 281, BGH NJW **69**, 1261; and. Sippel NStZ 85, 349), Nötigung (BGH MDR/D **72**, 571; and. Roth JR 88, 198), Insolvenzstraftaten (BGH GA **77**, 145).

8 Die Beeinträchtigung fremden Vermögens genügt allein nicht. Zum tauglichen Hehlereigegenstand wird ein Sache, die durch eine gegen fremdes Vermögen gerichtete Tat erlangt worden ist, nur dann, wenn insoweit eine **rechtswidrige Besitzlage** entstanden ist. Hieran fehlt es, wenn jemand unanfechtbar Eigentum erlangt hat. Ebenso verhält es sich bei der Unterschlagung eines Gegenstandes durch Verarbeitung (§ 950 BGB), die Eigentum beim Hersteller der neuen Sache begründet hat (vgl. RG **53** 167, **57** 159; vgl. auch RG JW **21**, 1084 m. Anm. Köhler). Hat der Vortäter dagegen anfechtbar Eigentum erworben, wie bei einer betrügerisch bewirkten Übereignung, so schließt das Eigentum die Rechtswidrigkeit der Besitzlage nicht aus. Ebenfalls besteht eine rechtswidrige Besitzlage, wenn der Vortäter gestohlenes Geld mit eigenem vermischt hat; Hehlerei läßt sich hier idR aber nur feststellen, wenn jemand von dem vermischten Geld mehr an sich bringt, als dem eigenen Anteil des Vortäters entspricht (BGH NJW **58**, 1244 m. krit. Anm. Mittelbach JR 58, 466, Stree JuS 61, 85; vgl. auch ÖstOGH **52**, 240). Erforderlich ist des weiteren, daß die Besitzlage noch zZ der Hehlereihandlung rechtswidrig ist. Hat der Vortäter durch Betrug Eigentum an einer Sache erworben, so scheidet diese mit Ablauf der Anfechtungsmöglichkeit aus dem Kreis der Hehlereigegenstände aus. Gestohlenes kann nicht mehr gehehlt werden, wenn der Dieb den Bestohlenen beerbt oder durch Verarbeitung nach § 950 BGB Eigentum erlangt hat (vgl. Bay NJW **79**, 2219). Im übrigen müssen der rechtswidrigen Besitzlage schutzenswerte Vermögensinteressen entgegenstehen. Das ist bei gestohlenem Falschgeld nicht der Fall (vgl. auch Walder SchwZStr 103, 249), so daß der bösgläubige Erwerber keine Hehlerei begeht oder, wenn er die Falschheit des Geldes nicht kennt, nur einen Hehlereiversuch. Auch die gefälschte Urkunde ist als solche kein tauglicher Hehlereigegenstand (vgl. Weber Locher-FS, 1990, 438), ebensowenig der Gewinn aus verbotenem Glücksspiel (Ruß LK 5) oder aus Drogenhandel.

9 **Keine** iSv § 259 **geeignete Vortat** sind Delikte, die nur öffentlichen Interessen zuwiderlaufen, mögen sie auch einen Sachbesitz begründet haben, der nach der Rechtsordnung wieder zu entziehen ist. Keine Hehlerei begeht daher, wer Einziehungs- oder Verfallgegenstände an sich bringt, wie jemand, der Falschgeld oder von einem bestochenen Amtsträger den Bestechungslohn entgegennimmt. Gleiches gilt für den Erwerb von Gegenständen, die der Vortäter durch strafbare Umarbeitung eigener Sachen hervorgebracht hat (RG **70** 385, Mezger ZAkDR 38, 164). Ebensowenig reicht als Vortat ein Verstrickungs- oder ein Verwahrungsbruch aus, soweit nur öffentliche Interessen beeinträchtigt worden sind (vgl. RG **52** 318, **75** 29, Schleswig SchlHA **48**, 105), ein Verstoß gegen steuer- und waffenrechtliche Vorschriften (BGH MDR/D **75**, 543) oder die Verletzung eines Urheberrechts, wie Herstellen einer Video-Raubkopie (KG NStZ **83**, 562 m. Anm. Flechsig; vgl. näher Friedrich MDR **85**, 366, Rupp wistra 85, 138, Wulff BB 85, 428, Weber Locher-FS, 1990, 431, Heinrich JZ 94, 938; and. Ganter NJW 86, 1480) sowie das Herstellen von Telefonkartensimulatoren (LG Würzburg NStZ 2000, 375, Hefendehl NStZ 2000, 350).

10 2. Mit der Umschreibung der Vortat als rechtswidriger Tat soll das Gesetz nur zum Ausdruck bringen, daß die Vortat **zumindest tatbestandsmäßig und rechtswidrig** sein muß (vgl. BT-Drs. 7/550 S. 252). Ob noch weitere Anforderungen an die Vortat – von der Beeinträchtigung fremden Vermögens abgesehen – zu stellen sind, bleibt offen (vgl. E 62 Begr. 457). Die Frage ist nicht anders als bei der Begünstigung (vgl. § 257 RN 4) zu beantworten. Auch bei der Hehlerei handelt es sich nicht um eine Form echter Akzessorietät; die Tat des Hehlers begründet ebenso wie die Begünstigung eigenes und neues Unrecht. Für dieses Unrecht ist ohne Bedeutung, ob den Vortäter ein persönlicher Schuldvorwurf trifft. Auf dessen Schuldfähigkeit kommt es ebensowenig an wie auf das Fehlen von Entschuldigungsgründen (BGH **1** 49, **4** 78, Oldenburg NJW **53**, 1237, Neustadt NJW **62**, 2313, Tröndle/Fischer 4, Lackner/Kühl 4, Stree JuS 63, 429). Kindheit des Vortäters oder dessen Schuldunfähigkeit nach § 20 steht einer Hehlerei nicht entgegen, es sei denn, es fehlt bei ihnen an den Geisteskräften, die das erforderliche Einvernehmen mit dem Hehler voraussetzt (vgl. u. 42). Auch ein unvermeidbarer Verbotsirrtum des Vortäters schließt Hehlerei nicht aus (Tröndle/Fischer 4, Lackner/Kühl 4, Ruß LK 4, M-Maiwald I 412; and. Hamburg NJW **66**, 2228, Otto Jura 85, 150). Hingegen ist bei Taten, die nur bei vorsätzlichem Handeln unter ein Strafgesetz fallen, Vorsatz beim Vortäter erforderlich. Allein bei Vortaten, die auch bei Fahrlässigkeit mit Strafe bedroht sind, genügt fahrlässiges Verhalten (vgl. BGH **4** 76); es reicht dann bereits die objektive Sorgfaltswidrigkeit aus (Lackner/Kühl 4). Diese Anforderungen ergeben sich daraus, daß das Gesetz die beiden Formen der Herbeiführung eines widerrechtlichen Zustands verschieden bewertet und fahrlässiges Verhalten nur in bestimmten Fällen als kriminelles Geschehen beurteilt. Eine andere Ansicht verwischt jede Grenzlinie zur nur unerlaubten Handlung iS des Zivilrechts.

11 Die **Vortat** braucht **nicht verfolgbar** zu sein. Hehlerei ist auch möglich, wenn der Vortäter mangels des erforderlichen Strafantrags oder wegen Verjährung seiner Tat strafrechtlich nicht (mehr) belangt werden kann. Ebensowenig hindert die Zurücknahme des Strafantrags gegen den Vortäter die Bestrafung des Hehlers (BGE 73 IV 97). Gleiches gilt, wenn zugunsten des Vortäters ein persönlicher

Strafausschließungsgrund eingreift oder seine Tat als mitbestrafte Nachtat zu werten ist (BGH NJW **59**, 1378, **69**, 1261). Unerheblich ist ferner, ob die Vortat im Ausland begangen worden ist und im Inland deswegen nicht geahndet werden kann, vorausgesetzt, daß die Tat nach deutschem Recht strafbar wäre (RG **55** 234, Ruß LK 4).

3. Die **Feststellung einer bestimmten Vortat** ist **nicht erforderlich.** Es muß nur feststehen, daß 12 eine von mehreren möglichen Taten, die als geeignete Vortat dem § 259 entsprechen, vorgelegen hat (ungenau RG **50** 201, wonach nur „irgendeine Straftat" festgestellt zu werden braucht). Offen kann zB bleiben, ob die Vortat Diebstahl oder Unterschlagung war oder aus welcher konkreten Tat bei mehreren Diebstählen die Beute stammt (BGHR § 259 Abs. 1 Vortat 3). Bei den in Frage stehenden Vortaten kommt es nicht darauf an, daß die Voraussetzungen einer die Bestrafung des Vortäters zulassenden Wahlfeststellung gegeben sind. Unerheblich ist zudem die Feststellbarkeit, wer Verletzter oder wer Vortäter war (RG **44** 250, **50** 200). Im übrigen ist das Gericht, das den Hehler aburteilt, ebensowenig wie bei der Begünstigung (vgl. § 257 RN 13) an die Entscheidung zur Vortat gebunden, sondern hat selbständig das Vorliegen einer hinreichenden Vortat zu beurteilen.

4. Die Sache muß der Vortäter **durch die Vortat erlangt** haben. Das setzt nicht stets voraus, daß 13 er erst mit seiner Tat die Sachherrschaft begründet. Er erfüllt das Merkmal des Erlangens auch dann, wenn er schon vorher Besitz an der Sache gehabt hat, mit seiner Tat aber eine veränderte Besitzposition manifestiert, wie zB bei der Unterschlagung (RG **55** 145, **58** 230). Tauglicher Hehlereigegenstand sind jedoch allein die Sachen, die der Vortäter **unmittelbar** durch die Vortat erlangt hat, wobei mittelbarer Besitz genügen kann (Martens JA 96, 248); nur insoweit besteht die widerrechtliche Besitzposition, deren Aufrechterhaltung das entscheidende Moment für den Wesensgehalt der Hehlerei bildet. Nicht erforderlich ist andererseits, daß der Hehler die Sache unmittelbar vom Vortäter bezogen hat (ungenau daher BT-Drs. 7/550 S. 252; dort wird nur auf das Einvernehmen mit dem Vortäter und damit auf unmittelbaren Erwerb von diesem abgehoben). Auch an Sachen, die jemand gutgläubig vom Vortäter erworben hat, ohne Eigentümer geworden zu sein (zB gestohlene Sache), ist Hehlerei möglich (RG **44** 250, BGH **15** 57, Düsseldorf NJW **78**, 713 m. krit. Anm. Paeffgen JR 78, 466, Celle NJW **88**, 1225, Ruß LK 10, 17; and. Rudolphi JA 81, 6). Ausgeschlossen ist Hehlerei allerdings, wenn der Zwischenerwerber unanfechtbar Eigentum erlangt hat (§ 932 BGB), da hier keine widerrechtliche Besitzposition mehr vorliegt.

Aus dem Erfordernis, daß die Sache unmittelbar durch die Vortat erlangt sein muß, ergibt sich, daß 14 die sog. **Ersatzhehlerei** nicht unter § 259 fällt (RG **26** 318, BGH **9** 139, NJW **69**, 1261, Braunschweig NJW **52**, 236, Tröndle/Fischer 8, Ruß LK 14, Stree JuS 61, 51 ff., ebenso östOGH ÖJZ **62**, 107; and. Hegler JW 23, 931, Kantorowicz, Tat und Schuld [1933] 190 Anm. 43, Sauer BT 152). An Ersatzsachen, zB an der für das gestohlene Geld gekauften Sache, kann eine Hehlerei nicht begangen werden, weil sich die widerrechtliche Besitzlage nicht an ihnen fortsetzt. Das gilt auch für eingewechseltes Geld. Wechselt zB der Dieb eine gestohlene Banknote von 100 DM in 10-DM-Scheine um und gibt er einen solchen Schein einem Dritten, so macht sich dieser nicht wegen Hehlerei strafbar (Tröndle/Fischer 8, Lackner/Kühl 8, M-Maiwald I 410, Ruß LK 14, Wessels/Hillenkamp RN 838, Walder SchwZStr 103, 246; and. Blei II 283, Roxin H. Mayer-FS 472 f., Rudolphi JA 81, 4, die jedoch die Strafbarkeit der Ersatzhehlerei auf diesen Fall beschränken; vgl. auch Meyer MDR 70, 377). Die Bedenken gegen die Gegenmeinung zeigen sich besonders deutlich, wenn gestohlenes Geld gegen ausländisches Geld eingewechselt und dieses weitergegeben wird. Ebenso keine Hehlerei ist, wenn jemand erst über das mit gestohlenem Geld aufgefüllte Bankkonto des Diebes mittelbar etwas von der Diebesbeute erlangt, indem er einen vom Dieb ausgestellten Scheck einlöst (vgl. Ruß LK 14) oder ihm Geld auf das eigene Konto überwiesen wird (Bay **88**, 21). In der Mehrzahl der Fälle hat freilich der Vortäter, der sich eine Ersatzsache verschafft, hierbei eine weitere Straftat begangen. Verkauft oder vertauscht der Dieb das gestohlene Gut, so liegt vielfach Betrug vor; der Erwerber der Ersatzsachen kann somit Hehler sein, weil diese unmittelbar durch eine rechtswidrige Tat erlangt sind. Zur Abgrenzung zwischen Hehlerei und Ersatzhehlerei vgl. Stree JuS 61, 83 ff.

5. Bestritten ist das **zeitliche Verhältnis** der Hehlerei **zur Vortat.** Nach hM muß die Vortat 15 rechtlich abgeschlossen sein, bevor die Hehlerei begangen wird. Sei das nicht der Fall, falle also die Erlangung der Sache durch den Vortäter mit dem Verschaffen zeitlich zusammen, so komme keine Hehlerei, sondern Beteiligung an der Vortat in Betracht (RG **67** 72, HRR **39** Nr. 351, 595, Köln JMBlNW **53**, 9, Düsseldorf NJW **90**, 1493, Stuttgart NStZ **91**, 285 m. abl. Anm. Stree, BGE 90 IV 14, Tröndle/Fischer 10, Roesen NJW 50, 715, Ruß LK 11; vgl. auch BGH NStE **6**, Braunschweig NJW **49**, 477). Diese Auffassung findet sich auch in der amtl. Begründung zur Neufassung des § 259 (BT-Drs. 7/550 S. 252). Sie hat sich jedoch im neugefaßten Gesetzeswortlaut nicht ausdrücklich niedergeschlagen und ist zu eng. Es muß ausreichen, daß die Übertragung der Sache sich für den Vortäter als eine rechtswidrige Tat darstellt, daß also die Vortat durch die Verfügung zugunsten des Hehlers begangen wird (Stuttgart JZ **60**, 289, Blei II 288, Eser IV 193, Geerds GA 88, 255, Lackner/Kühl 6, Rudolphi JA 81, 7 u. näher Küper Stree/Wessels-FS 467; vgl. auch Karlsruhe Justiz **72**, 319). Denn beim kollusiven Verhalten des Vortäters anläßlich seiner Verfügung zugunsten des Hehlers stehen sich Vortäter und Hehler als Angehörige „zweier Lager" gegenüber, die normalerweise durch einen Interessengegensatz getrennt sind, so daß sich durchaus davon sprechen läßt, der Vortäter habe die Sache durch eine rechtswidrige Tat erlangt, wenn er in verbotener Weise zugunsten des Hehlers darüber verfügt (zB Treuhänder veräußert Treugut an Hehler; § 266). Diese Frage spielt vor allem bei

einer Unterschlagung als Vortat eine Rolle. Hier hat die Rspr. zT angenommen, der Käufer, der vom Vortäter erwerbe, könne nur wegen Beteiligung an der Unterschlagung, nicht aber wegen Hehlerei bestraft werden (zB RG HRR **39** Nr. 595; vgl. aber auch BGH NJW **59**, 1377). Soweit hier bloße Beihilfe zur Unterschlagung bejaht wird (so zB Stuttgart NStZ **91**, 285), bleibt unverständlicherweise die vom Erwerber vorgenommene eigene Zueignung als täterschaftlicher Akt unberücksichtigt (Stree NStZ **91**, 285). In anderen Entscheidungen wird dagegen der Zeitpunkt der Unterschlagung vorverlegt und diese als bereits durch das Kaufangebot an den Hehler begangen und damit als abgeschlossene Vortat bezeichnet (RG **58** 230; vgl. auch RG **55** 146, § 246 RN 16). Das führt zu befriedigenden Ergebnissen, wenn die Unterschlagung an bestimmten Sachen begangen wird. Diese Lösung versagt dagegen bei Teilmengen aus einer Sachgesamtheit, die erst nach Aussonderung, die häufig durch den Käufer erfolgt, unterschlagen werden können (das verkennt Maurach JZ **60**, 290). Da unterschiedliche Ergebnisse je nachdem, ob der Verkäufer aus der Sachgesamtheit ausgesonderte Sachen zum Kauf anbietet oder den Käufer die Sachen aussondern läßt, sachlich unberechtigt sind, lassen sich befriedigende Ergebnisse nur mit der gekennzeichneten Ansicht erzielen (Stuttgart JZ **60**, 289). BGH NJW **59**, 1377 kommt zum gleichen Ergebnis, wenn er im Fall einer unbefugten Entnahme von Treibstoff aus einem Tanklager die Vortat bereits dann als abgeschlossen ansieht, wenn der Treibstoff in die Flüssigkeitsleitung gelangt ist, durch die er dem Hehler zugeführt ist (ebenso M-Maiwald I 413). Ferner läßt sich die Entscheidung OLG Braunschweig NJW **49**, 477 nur mit dem hier eingenommenen Standpunkt rechtfertigen. Auch vom Standpunkt der hM erscheint es aber unrichtig, wenn Hamburg NJW **66**, 2227, dem Tröndle/Fischer 10 zustimmt, nicht nur Vollendung, sondern Beendigung der Vortat verlangt (Ruß LK 11). Vgl. aber auch BGH **22** 208, MDR/Schn **90**, 98.

16 Ob daneben eine Beteiligung des Hehlers an der Vortat in Frage kommt, ist eine andere Frage; vgl. darüber u. 54 ff. Nicht vergleichbar mit den o. 15 angeführten Unterschlagungsfällen ist das Verschleudern von auf Kredit beschafften Waren gem. § 283 I Nr. 3. Hier erlangt der Verschleuderer mit der Veräußerung nicht die verschleuderten Waren, so daß seitens des Käufers keine Hehlerei vorliegt (BGH GA/He **56**, 348, GA **77**, 146). Soweit ein Tatbeitrag vor Vollendung der Vortat dieser sowie einem späteren Beuteabsatz zugute kommt, soll nach BGH NStZ **94**, 486 die Willensrichtung des Handelnden maßgebend dafür sein, ob Teilnahme an der Vortat oder an der Hehlerei vorliegt.

17 IV. Die **Tathandlung** des Hehlers kann darin bestehen, daß er den Hehlereigegenstand ankauft oder sonst sich oder einem anderen verschafft, ihn absetzt oder absetzen hilft. Zu den Abweichungen gegenüber dem früheren Recht vgl. 19. A. Alle Tathandlungen setzen das Einvernehmen mit dem Vorbesitzer voraus (vgl. u. 42 f.).

18 1. Eine Hehlereihandlung nimmt hiernach vor, wer den Hehlereigegenstand (vgl. o. 5 ff.) **sich oder einem anderen verschafft.** Diese Tatmodalität entspricht sachlich dem Ansichbringen iSv § 259 aF in der Auslegung durch den BGH, nach der ein Ansichbringen nicht nur bei Erlangung eigener Verfügungsgewalt, sondern auch bei Begründung fremder Verfügungsgewalt vorliegen konnte (vgl. BGH **2** 262, 355, **6** 59). Diese Rspr. sollte mit der Wendung „sich oder einem Dritten verschafft" auf eine sichere gesetzliche Grundlage gestellt werden (BT-Drs. 7/550 S. 252). Auch nach der Neufassung ergeben sich, soweit die Vortat nicht zur Begründung von Eigentum beim Vortäter geführt hat, Abgrenzungsschwierigkeiten zu den Eigentumsdelikten. Um eine sachgerechte Grenze zwischen Unterschlagung und Hehlerei zu finden, ist das Merkmal des „Einvernehmens mit dem Vorbesitzer" (vgl. u. 42 f.) eng zu interpretieren, da der strengere Strafrahmen der §§ 259, 260 nur dort angemessen erscheint, wo eine über die bloße Eigentumsverletzung hinausgehende Gefährlichkeit bestehen kann (vgl. o. 3).

19 a) Der Täter verschafft sich oder einem Dritten den Hehlereigegenstand, wenn er oder der Dritte über diesen Gegenstand die **tatsächliche Verfügungsgewalt** durch deren Übertragung erlangt. Zum Erfordernis selbständiger Verfügungsgewalt vgl. RG **18** 304, **51** 181, **55** 58, BGH **5** 49, **7** 274, **15** 56, **27** 46, 163, **33** 46, **43** 112. Die übertragene Verfügungsgewalt muß darauf angelegt sein, mit der Sache zu eigenen Zwecken zu verfahren, und zwar in dem Sinn, daß die Sache ihrem wirtschaftlichen Wert nach vom Hehler übernommen oder dem Dritten zugeleitet wird (vgl. BGH **15** 56). Kein Verschaffen iSv § 259 liegt daher vor, wenn jemand eine Sache übernimmt, um sie zu vernichten (BGH **15** 56, NStZ **95**, 544) oder dem Berechtigten zurückzugeben (BGH NStE **2**, Bay **59**, 79, BGE 117 IV 445), ebensowenig, wenn eine Urkunde nur zwecks Kenntnisnahme von ihrem Inhalt erworben wird (BGH MDR/D **58**, 13). Verfügungsgewalt zu eigenen Zwecken erlangt gewöhnlich auch nicht der Verkaufskommissionär, so daß sich sein Handeln nur der Tatmodalität des Absetzens zuordnen läßt (RG **55** 58). Dagegen ist das Merkmal des Verschaffens erfüllt, wenn jemand gestohlenes Geld als Darlehen entgegennimmt (BGH NJW **58**, 1244). Im allgemeinen erfolgt die Einräumung der Verfügungsgewalt durch Besitzübertragung unter gleichzeitiger Besitzaufgabe seitens des Vorbesitzers. § 259 beschränkt sich jedoch nicht hierauf; es genügt jede sonstige Erlangung der Verfügungsgewalt im Einvernehmen mit dem Vorbesitzer (vgl. u. 21). Der Erlangung der Verfügungsgewalt steht idR beim Vorbesitzer der Verlust der Verfügungsgewalt gegenüber. Er ist jedoch kein unerläßliches Kriterium (and. wohl Stuttgart NJW **73**, 1385). Es kommt allein darauf an, daß der Hehler oder der Dritte selbständig, also unabhängig vom Vorbesitzer, über die Sache verfügen kann, mag daneben auch noch der Vorbesitzer Verfügungsgewalt behalten (vgl. BGH **35** 176, wistra **98**, 264, Kraemer/Ringwald NJW **73**, 1386, Lenckner JZ 73, 797, auch RG **39** 308, **52** 203, Schleswig SchlHA/E-J **78**, 186). Unerheblich ist dagegen, ob der Vorbesitzer seine Verfügungsgewalt selbständig oder nur zusammen mit dem Erwerber ausüben kann (mißverständlich BGH wistra **98**, 264). Das Kriterium der selbständigen Verfügungsgewalt ist auch maßgebend dafür, ob Gesellschafter dadurch Hehlerei begehen, daß ein Mitgesellschafter als Vortäter seine Beute in die Gesellschaft einbringt. Können sie ohne die Mitgesellschafter keine Verfügung über diese eingebrachte Sache treffen, so fehlt es an der Erlangung selbständiger Verfügungsgewalt. Mit der Erlangung der Verfügungsgewalt muß eine rechtswidrige Besitzlage aufrechterhalten werden; der Rückerwerb durch oder für den bestohlenen Eigentümer ist keine Hehlerei (vgl. auch o. 5).

b) Die Verfügungsgewalt braucht nicht in die Hand eines Einzelnen zu gelangen. Es reicht aus, **20** wenn sie einer **Mehrheit von Personen** übertragen wird, die nur zusammen über den Hehlereigegenstand verfügen können (BGH **35** 175). Tatbestandsmäßig handeln daher Gesellschafter, die gestohlene Sachen für ihre Gesellschaft erwerben. Die nicht am Erwerbsakt selbst beteiligten Gesellschafter können aber nur Hehler sein, wenn sie die Mitverfügungsgewalt übernehmen; eine Gesellschafterstellung allein genügt nicht. Zu dem Fall, daß ein Mitgesellschafter als Vortäter seine Deliktsbeute in die Gesellschaft einbringt, vgl. o. 19 aE.

c) Die Erlangung der Verfügungsgewalt braucht nicht mit der Begründung des unmittelbaren **21** Besitzes an der Hehlereisache verbunden zu sein. **Mittelbarer Besitz** kann genügen (BGH **27** 160 m. zust. Anm. D. Meyer JR **78**, 253 u. abl. Anm. Schall NJW **77**, 2221), so zB, wenn der Erwerber die Sache im Besitz des Vortäters beläßt, sofern ihm die endgültige Verfügungsgewalt darüber eingeräumt wird. Obwohl hier äußerlich kein Weiterschieben der Sache (vgl. o. 1), dh kein tatsächliches Verbringen in die zweite Hand, vorliegt, ist § 259 anwendbar, weil mit der Übernahme der Verfügungsgewalt bereits die weitere Beeinträchtigung des Vermögens des Berechtigten erfolgt, die § 259 erfassen soll. Dementsprechend ist der Hehlereitatbestand erfüllt, wenn jemand eine gestohlene Sache erwirbt und sie dem Veräußerer noch für einige Zeit miet- oder leihweise beläßt (and. Ruß LK 19). Es kann nicht darauf ankommen, ob er für kurze Zeit unmittelbaren Besitz begründet oder sich sofort einstweilen mit dem mittelbaren Besitz begnügt. Ebenso verschafft sich jemand eine Sache bereits dann, wenn er mit dem Vorbesitzer vereinbart, daß er sich das Diebesgut von einem frei zugänglichen Platz abholt. Es reicht ferner die Erlangung der Verfügungsgewalt in der Weise aus, daß der Hehler vom selbst nicht unmittelbar besitzenden Vortäter die Erlaubnis und Möglichkeit erhält, sich vom unmittelbaren Besitzer die Sache übergeben zu lassen. Läßt zB der Dieb seine Beute von einem Dritten verwahren, so genügt zum Verschaffen der Erwerb der Legitimationsmöglichkeit gegenüber dem Dritten (Gepäckschein, Pfandschein usw.; RG **70** 37, BGH **27** 160 m. abl. Anm. Schall NJW 77, 2221, Tröndle/Fischer 15, Lackner/Kühl 11, M-Maiwald I 415, Rudolphi JA 81, 91, Ruß LK 19; and. bei Pfandschein Schleswig NJW **75**, 2217, Samson SK 20). Nach Schleswig aaO m. abl. Anm. Blei JA 76, 35 kann Hehlerei am Pfandschein vorliegen, wenn dieser zuvor durch Betrug gegenüber dem Pfandhaus erworben ist.

d) Die **Erlangung der tatsächlichen Verfügungsgewalt** kann auch **mittelbar** erfolgen, indem **22** ein Beauftragter des Täters den Gewahrsam für diesen begründet (RG **59** 205, BGH **7** 274). Gleichgültig ist, ob der Beauftragte gut- oder bösgläubig ist. Bereits mit Gewahrsamserlangung seitens des Beauftragten hat sich der Auftraggeber den Besitz der Sache verschafft, mag er sich auch in diesem Augenblick seiner Verfügungsgewalt nicht bewußt sein. Der bösgläubige Beauftragte kann Mittäter oder Gehilfe sein (vgl. u. 28). Eine generelle Beauftragung, Diebesbeute usw. entgegenzunehmen, genügt; konkrete Kenntnis vom Geschehensablauf und vom Tatobjekt ist nicht erforderlich (LG Hanau NStZ-RR **96**, 362). Hat jedoch der Geschäftsherr bestimmte Sachen vom Erwerb ausgeschlossen, so fehlt es an seinem Erwerbswillen; er verschafft sich daher nicht die Sachen, die der Beauftragte auftragswidrig erwirbt.

e) Knüpft die tatsächliche Verfügungsgewalt am unmittelbaren Besitz an, so werden **Besitzerlangung** **23** und **Verschaffen** regelmäßig **zusammenfallen**. Möglich ist aber auch, daß zunächst nur Besitz begründet (zB Verwahrung, Lieferung zur Ansicht) und die Verfügungsgewalt später durch bloße Einigung mit dem Vorbesitzer erlangt wird (BGH **15** 58; vgl. auch BGH **10** 252, Celle MDR **65**, 761). In diesem Fall hat sich der neue Besitzer die Sache erst mit Einigung über den Übergang der Verfügungsgewalt verschafft. Entsprechendes gilt, wenn Angestellte im Vertrauen auf die Zustimmung des Geschäftsherrn Hehlereigegenstände erwerben; erst mit dem Einverständnis des Geschäftsherrn liegt bei diesem Hehlerei vor.

f) Streitig ist, ob im bloßen **Mitverzehren** von Genuß- oder Nahrungsmitteln ein Sichverschaffen **24** liegt. Nach der Begründung zu § 259 nF (BT-Drs. 7/550 S. 252) soll Hehlerei in solchen Fällen „wie bisher" ausscheiden. Diese Stellungnahme geht auf die hM zum Merkmal des Ansichbringens zurück, nach der ein „äußeres Verhältnis" erforderlich sei, das „eine selbständige Verfügung" ermögliche (vgl. RG **55** 281, **63** 38, BGH NJW **52**, 754, OGH **1** 177, Braunschweig GA **63**, 211, Frank IV 2. Entsprechend wird nunmehr das Merkmal des Verschaffens verstanden (so Tröndle/Fischer 15, Ruß LK 21, Samson SK 21). Dem Ausschluß des Mitgenusses erbeuteter Sachen aus dem Hehlereitatbestand ist jedoch mit Recht widersprochen worden (vgl. M-Maiwald I 415, Roth JA 88, 203, Sauer BT 153 f., Welzel 397, Düsseldorf SJZ **49**, 204, Koblenz DRZ **50**, 69). Wer eine Sache mitverzehrt, erlangt ebenso eigene Verfügungsgewalt (so auch BGE 114 IV 11) wie der Gast, der sich in einem Gasthaus einen gewilderten Hasen vorsetzen läßt, oder der Käufer einer gestohlenen Sache, der diese sofort verzehrt. Ebenso wie im Verzehr ein Sichzueignen iSv § 246 oder § 292 liegt, muß Verzehren als Sichverschaffen ausreichen. Auf die Dauer der Verfügungsmöglichkeit kommt es nicht an. Auch Familienmitglieder, zB Ehefrau, können durch Mitverzehren die Deliktsbeute sich verschafft haben. Vielfach wird es beim Mitgenuß aber an der Bereicherungsabsicht (u. 46) fehlen. Soweit jemand Diebesgut entgegennimmt und bei sich stapelt, um es im Laufe der Zeit gemeinsam mit dem Dieb zu verbrauchen, ist auch nach BGH MDR/D **75**, 368 das Merkmal des Sichverschaffens erfüllt. Ähnlich Schleswig SchlHA/E-J **78**, 186, wonach ein Sichverschaffen vorliegt, wenn das Mitglied einer Wohngemeinschaft sich die Möglichkeit des jederzeitigen Verbrauchs von gestohlenen, in die gemeinsame Unterkunft eingebrachten Nahrungsmitteln einräumen läßt. Es kann dann aber nicht anders sein, wenn das Kommunemitglied beim gemeinsamen Essen die gestohlenen Nahrungsmittel mitverzehrt. Vgl. auch BGH GA **57**, 176, BGE 114 IV 110. An der Erlangung eigener Verfügungsgewalt fehlt es jedoch beim gemeinsamen Konsum von Betäubungsmitteln, wenn jemand sich das Rauschgift einspritzen läßt (vgl. BGE 114 IV 111). Dagegen ist beim gemeinsamen Rauschgiftkonsum durch Einnehmen von Tabletten eigene Verfügungsgewalt zu bejahen (and. BGH NStZ **92**, 36).

25 g) Tatsächliche Verfügungsmöglichkeit erlangt regelmäßig auch die **Ehefrau**, die von ihrem Mann gestohlenes Geld als **Haushaltsgeld** erhält. Ist ihr ausnahmsweise keine eigene Verfügungsgewalt eingeräumt worden, so kommt bei der Ausgabe des Geldes Absetzen oder Absatzhilfe in Betracht (vgl. BGH GA **65**, 374).

26 h) Kein Verschaffen stellt die bloße **Besitzerlangung ohne Verfügungsgewalt** dar. Die Übernahme einer Sache allein zur Benutzung (RG **51** 181, BGH MDR/D **69**, 723, StV **87**, 197, Oldenburg MDR **48**, 30 m. Anm. Arndt), zB leih- oder mietweise, oder zur Verwahrung für den Vortäter (vgl. BGH **2** 137, StV **92**, 65) genügt nicht, auch dann nicht, wenn der neue Besitzer eigene Verfügungsgewalt erlangen, der Vortäter sie jedoch nicht übertragen will (BGH **15** 57, OGH **1** 175, 178, Gallas Eb. Schmidt-FS 427 Anm. 73, Waider GA 63, 330). Täuscht zB der Entleiher den Vortäter über seinen Rückgabewillen, so liegt uU Betrug, aber nicht Hehlerei vor; denn es kann nicht darauf ankommen, ob er den Willen zur Rückgabe erst später aufgibt, indem er die Sache unterschlägt, oder ihm der Rückgabewille bereits bei Gewahrsamserlangung fehlt (vgl. auch Waider GA 63, 330 f.). Dagegen entfällt das Merkmal der Verfügungsgewalt nicht deswegen, weil Vortäter und neuer Besitzer die Deliktsbeute später gemeinsam verbrauchen wollen (vgl. BGH MDR/D **75**, 368). Bei unentgeltlicher Nutzungsüberlassung liegt ein Sichverschaffen vor, wenn die Sache nach dem Willen der Beteiligten wirtschaftlich für immer übernommen werden soll, nicht dagegen bei vorübergehender Sachnutzung (BGH wistra **93**, 146).

27 i) Der Täter muß die Sache **sich oder einem Dritten** verschaffen. Mit der Einbeziehung des Dritten sind die Fälle problemlos geworden, in denen jemand aus eigenen Interessen die Deliktsbeute, ohne selbst Besitz zu erlangen, unmittelbar einem Dritten zukommen läßt. Wer gestohlenes Geld auf sein Bankkonto einzahlen oder zur Begleichung einer Verbindlichkeit unmittelbar seinem Gläubiger überbringen läßt, handelt tatbestandsmäßig. Ebenso verhält es sich, wenn jemand als Zwischenhändler das von ihm schon weiterveräußerte Diebesgut vom Vortäter gleich an den Dritterwerber liefern läßt. Unerheblich ist, ob der Dritte gut- oder bösgläubig ist.

28 Es genügt aber auch, daß jemand den Hehlereigegenstand einem Dritten in dessen Interesse verschafft. Als Hehlerei erfaßt wird hiernach insb. der nach früherem Recht umstrittene Fall des Gewerbegehilfen, der für seinen Geschäftsherrn Diebesgut oder sonstige Deliktsbeute erwirbt (vgl. BGH **2** 262, 355, **6** 59, KG NJW **53**, 558). Ihm gleicht etwa der Erwerb einer Sache für den Ehegatten (Tröndle/Fischer 17) oder den Lebensgefährten. Die Abgrenzung zwischen Täterschaft und Teilnahme in der Tat des Erwerbers richtet sich nach allgemeinen Grundsätzen. Wer etwa nur nach genauen Weisungen des Erwerbers diesem eine Deliktsbeute verschafft, ist selbst nicht Täter, sondern leistet Beihilfe zur Hehlerei des Erwerbers. Zu den Problemen der fremdnützigen Hehlerei vgl. Arzt JA **79**, 574.

29 j) Das Sichverschaffen kann auch durch **Unterlassen** erfolgen, so zB, wenn ein Stellvertreter die Sache erwirbt und der Geschäftsherr nach Kenntniserlangung die weitere Verwendung in seinem Betrieb duldet (vgl. RG **55** 220) oder ein Ehegatte der Verwendung gestohlener Sachen im Rahmen des ehelichen Haushalts nicht entgegenwirkt (vgl. RG **52** 204, Celle HESt **1** 110). Hat jemand jedoch nur die Pflicht, gegen Hehlerei anderer deswegen einzuschreiten, weil er ihnen gegenüber aufsichtspflichtig ist, so kommt regelmäßig nur Beihilfe zur Hehlerei in Betracht (vgl. 85 ff. vor § 25).

30 2. Als die häufigste Form des Verschaffens nennt das Gesetz ausdrücklich das **Ankaufen**. Es handelt sich hierbei, wie die Gesetzesformulierung eindeutig erkennen läßt, um einen Unterfall des Verschaffens. Die Handlung muß daher der Voraussetzungen des Verschaffens entsprechen. Es genügt somit der Abschluß des Kaufvertrags allein nicht; erforderlich ist auch die Erlangung der tatsächlichen Verfügungsgewalt über die gekaufte Sache (RG **73** 105, BGH GA/H **54**, 58, Tröndle/Fischer 13). Der Abschluß des Kaufvertrags, auf dessen Gültigkeit es nicht ankommt (RG **4** 184), kann aber Hehlereiversuch sein (vgl. u. 51). Dem Verschaffen entsprechend braucht der Täter die Sache nicht für sich selbst anzukaufen; der Tatbestand ist auch erfüllt, wenn der Ankauf für einen anderen vornimmt, etwa in dessen Gewerbebetrieb (vgl. BGH **2** 262, 355, **6** 59 und o. 28). Für die Abgrenzung zwischen Täterschaft und Teilnahme gilt Entsprechendes wie beim Verschaffen (vgl. o. 28).

31 3. Hehlerei begeht ferner, wer den Hehlereigegenstand **absetzt** oder **absetzen hilft**. Diese Tatmodalitäten entspricht sachlich dem Mitwirken zum Absatz iSv § 259 aF. Die sprachlichenÄnde-

rungen sollen nur klarstellen, daß Hehlerei auch dann vorliegt, wenn jemand zwar im Einverständnis mit dem Vortäter, aber sonst völlig selbständig auf dessen Rechnung absetzt (BT-Drs. 7/550 S. 253).

a) **Absetzen** bedeutet die Übertragung der tatsächlichen Verfügungsgewalt über die Sache an 32 einen Dritten. Der Begriff kennzeichnet die Gegenseite des Verschaffens beim Weiterschieben des Hehlereigegenstandes. Er umfaßt den gesamten Vorgang der Übertragung, nicht nur die hierauf gerichtete Tätigkeit (Köln NJW **75**, 988; vgl. auch BGH NJW **75**, 2110). Das Absetzen ist daher erst mit gelungenem Absatz vollendet (BGH NJW **76**, 1698, Franke NJW 77, 857, Krey II RN 591, Küper JuS 75, 635, NJW **77**, 58, Lackner/Kühl 13, Rudolphi JA 81, 93, Ruß LK 26, Samson SK 26, M-Maiwald I 416, Stree JuS 76, 143; and. BGH **27** 45, NStZ **83**, 455, Wessels/Hillenkamp RN 867), dh dann, wenn der Dritte die Verfügungsgewalt erlangt hat, wobei es nicht darauf ankommt, ob er gut- oder bösgläubig ist. Die abw. Ansicht des BGH seit BGH **27** 45, wonach es auf den Absatzerfolg nicht ankommt, nicht einmal auf Absatzbemühungen (vgl. BGH NJW **89**, 1490 m. abl. Anm. Stree JR **89**, 384: Übernahme der Deliktsbeute durch Verkaufskommissionär genügt), sondern nur auf die Eignung, die rechtswidrige Besitzlage aufrechtzuerhalten (BGH **43** 111), wird wed dem Wortsinn des Merkmals „absetzen" (and. Rosenau NStZ 99, 352) noch dem Sinngehalt des § 259 gerecht und führt überdies zu unnötigen Diskrepanzen gegenüber dem Merkmal des Verschaffens (vgl. Stree JuS **76**, 143). Für den BGH ist der gesetzgeberische Wille maßgebend. Indes hat dieser im Gesetzestext keinen hinreichenden Niederschlag gefunden. Zudem ist fraglich, ob der Gesetzgeber die Gesetzesanwendung bindend festlegen wollte oder seine Absicht nur dahin ging, mit dem neuen Wortlaut keine Änderung gegenüber der früheren Auslegung durch die Rspr. vorzuschreiben. Im allgemeinen erfolgt der Absatz durch Übertragung des unmittelbaren Besitzes. Sie ist jedoch nicht unbedingt notwendig; es genügt wie beim Verschaffen (vgl. o. 21), daß der Dritte ohne Begründung des unmittelbaren Besitzes die tatsächliche Verfügungsgewalt erlangt. Eine bei einem anderen in Verwahrung befindliche Sache ist schon dann abgesetzt, wenn der Dritte die Legitimationsmöglichkeit (Gepäckschein, Pfandschein usw.) erhalten hat. Da es dem Wesensgehalt der Hehlerei entsprechend (vgl. o. 1) allein darauf ankommt, daß die tatsächliche Verfügungsgewalt in die zweite Hand übergeht, beschränkt sich das Merkmal des Absetzens nicht auf eine wirtschaftliche Verwertung gegen Entgelt. Neben Verkauf, Tausch, Verpfändung (RG **17** 392), uU auch Versteigerung (RG **67** 431), reicht ebenfalls das Verschenken aus (Schröder Rosenfeld-FS 179 f., Stree GA 61, 38, Roth JA 88, 204; and. RG **32** 214, BGH NJW **76**, 1950, Tröndle/Fischer 18, Lackner/Kühl 14, Ruß LK 27, wohl auch Hamm NJW **72**, 835). Es besteht kein sachlicher Grund dafür, beim Verschenken nur den Erwerbsvorgang unter Hehlereigesichtspunkten (Verschaffen) zu erfassen, nicht jedoch den Übertragungsakt selbst, obwohl er ebenso zur Verschiebung der Deliktsbeute beiträgt. Dagegen liegt kein Absetzen vor, wenn jemand die Beute dem Vortäter nur nutzbar macht oder sie ihm erschließt. Wer eine Sache für den Vortäter vermietet, setzt sie ebensowenig ab wie jemand, der für ihn einen gestohlenen Gepäckschein oder einen gestohlenen Scheck einlöst (Ruß LK 27) oder Geld vom gestohlenen Sparkassenbuch abhebt. Vgl. auch BGH NJW **76**, 1950: kein Absetzen beim Einlösen von Schecks, die durch Fälschungen auf gestohlenen Formularen hergestellt worden sind. Wohl aber ist das Merkmal des Absetzens erfüllt, wenn gestohlenes Geld einem anderen als Darlehen zur Verfügung gestellt wird.

b) Mit dem Absetzen muß die rechtswidrige Besitzlage aufrechterhalten werden. Die **Veräußerung** 33 an den durch die Vortat **Verletzten** (oder einen für diesen Erwerbenden) stellt ebensowenig eine Hehlerei dar wie der Rückerwerb durch den Verletzten (vgl. o. 19). Sie ist es auch dann nicht, wenn dieser die ihm zustehende Sache nicht wiedererkennt (Frank IV 3, Lackner/Kühl 14, M-Maiwald I 416, Otto Jura 85, 153, Rudolphi JA 81, 3, Ruß LK 27, Stree GA 61, 39, BGE 117 IV 445; and. RG **30** 401, **54** 124, Tröndle/Fischer 19 a). Daß eine solche Veräußerung nicht zwecks Wiederherstellung der ursprünglichen Besitzposition geschieht und mit ihr eine wirtschaftliche Verwertung des Hehlereigegenstandes verknüpft ist, führt hinsichtlich des Sachbesitzes nicht zur Aufrechterhaltung der rechtswidrigen Lage. Vermögensbeeinträchtigungen beim Verletzten sind in derartigen Fällen unter Betrugsgesichtspunkten, nicht nach § 259 zu erfassen. An der Aufrechterhaltung der rechtswidrigen Besitzlage fehlt es auch beim Absetzen der Beute an einen V-Mann der Polizei. Wer die Beute einem als solchen nicht erkannten V-Mann ausliefert, begeht nur einen Hehlereiversuch (BGH **43** 110 m. Anm. Seelmann JR 98, 342, wistra **2000**, 260, Krack NStZ 98, 462, Endriß NStZ 98, 463, Rosenau NStZ 99, 352).

c) Der Absetzende muß **im Interesse des Vortäters** (Vorbesitzers) tätig werden (vgl. BGH **9** 138, 34 **23** 38, Hamm NJW **72**, 835), wie etwa der Verkaufskommissionär. Ob er daneben eigene Interessen verfolgt, ist unerheblich. Nimmt er jedoch ausschließlich eigene Interessen wahr, so handelt er entweder nicht im Einvernehmen mit dem Vortäter oder hat sich die Sache bereits verschafft. Zur Abgrenzung zwischen Absetzen und Absatzhilfe vgl. BGH **23** 36, NJW **76**, 1699.

d) **Absatzhilfe** bedeutet die Unterstützung des Vorgangs, durch den die Deliktsbeute aus der Hand 35 des Vortäters oder Vorbesitzers in die des Erwerbers gelangt. Da der Absatz für den Vortäter selbst keine nach § 259 strafbare Handlung darstellt, hat das Gesetz mit der Einbeziehung der Absatzhilfe in den Hehlereitatbestand klargestellt, daß eine solche Unterstützung strafbar ist, obwohl der geförderte Vorgang selbst nicht bestraft wird. Da diese Hilfe als täterschaftliche Hehlerei gewertet wird, entfällt eine Strafmilderung nach den §§ 27 II, 49 I (and. Freund GA 99, 527).

Ob eine Hilfe beim Weiterverschieben der Deliktsbeute als Unterstützung des Absatzvorgangs zu 36 beurteilen ist, richtet sich danach, in wessen Lager sich der Helfer befindet. Nur wenn er für die Seite des Absetzenden tätig wird, kommt Absatzhilfe in Betracht. Eine dem Erwerber gewährte Unterstützung ist, obwohl auch sie an sich den Absatz fördert, als Beteiligung am Erwerbsvorgang zu werten (vgl. RG **58** 263, BGH **33** 48, StV **84**, 285, NStE **8**, Düsseldorf NJW **48**, 491 m. Anm. Mezger, Ruß LK 29). Die Abgrenzung ergibt sich daraus, daß § 259 eindeutig zwischen Absatzvorgang und Erwerbsvorgang unterscheidet.

37 **Täterschaftliche Absatzhilfe** ist nur die Unterstützung, die nach abgeschlossener Vortat (BGH NStZ **94**, 486) unmittelbar dem Vortäter (Vorbesitzer) gewährt oder die in mittelbarer Täterschaft erbracht wird. Die Hilfe beim Absetzen, das ein anderer für den Vortäter vornimmt, ist Beihilfe zur Hehlerei (BGH **26** 362, **33** 49, MDR/H **82**, 970, NStE **7**). Gleiches gilt für die Hilfe, die einem täterschaftlich handelnden Absatzhelfer geleistet wird (BGH NStZ **99**, 351). Zu unterscheiden ist also zwischen einem Absatzhelfer und einem Absatzgehilfen.

38 e) Wie das Absetzen selbst (vgl. o. 32), so setzt auch die Absatzhilfe einen **Absatzerfolg** voraus, dh den Übergang der tatsächlichen Verfügungsgewalt auf einen Dritten; es genügt nicht die bloße auf Absatz hinzielende Hilfe (Köln NJW **75**, 987, Krey II RN 591, Küper JuS **75**, 635, NJW **77**, 58, Lackner/Kühl 13, M-Maiwald I 416, Rudolphi JA 81, 93, Ruß LK 30, Samson SK 31, Schall JuS 77, 181, Stree GA 61, 43, JuS **76**, 143, Tröndle/Fischer 19; and. BGH **22** 207, **26** 358, **27** 45, NJW **76**, 1699, Meyer MDR **75**, 509, Wessels/Hillenkamp RN 867). Die Gegenmeinung, nach der sogar konkrete Verkaufsbemühungen nicht erforderlich sind und geeignete (sonst nach BGH MDR **90**, 936 nur Versuch) Absatzvorbereitungen genügen (BGH NJW **78**, 2042, MDR **90**, 936), wenn auch nicht schlechthin (vgl. u. aE), wird weder dem Wesensgehalt der Hehlerei gerecht, noch vermag sie den von ihr gemachten Unterschied zum Erwerb, der abgeschlossen sein muß, überzeugend zu begründen, etwa den nach ihr bestehenden Unterschied zwischen dem Überbringen der Beute und deren Abholen. Zu welchen Ungereimtheiten sie führt, machen die nach ihr unterschiedlichen Möglichkeiten des strafbefreienden Rücktritts deutlich. Wer als Erwerber auftritt, kann bis zur Erlangung der Verfügungsgewalt strafbefreiend zurücktreten; dem Absatzhelfer ist diese Möglichkeit dagegen nach der BGH-Rspr. weit vor Übergang der Verfügungsgewalt verschlossen. Hinzu kommt die besondere Erwähnung des Absetzens, das nicht als bloßer Tätigkeitsakt verstanden werden kann (vgl. o. 32). Der Vollendungszeitpunkt für die Absatzhilfe kann aber nicht vor dem des Absetzens liegen (Köln NJW **75**, 987 m. Anm. Fezer NJW 75, 1892). Der von BGH **26** 362 herangezogene Hinweis auf die besondere Gefährlichkeit eines Unterstützungsbeitrags stellt keinen hinreichenden Grund dar. Die dafür angeführten Tatbeiträge kann auch der selbständig Absetzende leisten wie übrigens auch jemand, der beim Verschaffen hilft. Ebensowenig rechtfertigt die Gefährlichkeit organisierter Hehlerbanden als Absatzhelfer die Annahme, bei der Absatzhilfe sei die Tatvollendung gegenüber dem Verschaffen vorzuverlegen (and. Wessels/Hillenkamp RN 867). Organisierte Hehlerbanden als Absatzhelfer sind nicht gefährlicher als organisierte Hehlerbanden, die die Beute verschaffen, wie es zumeist der Fall ist. Im übrigen schneidet die Annahme einer vorzeitigen Tatvollendung dem Täter sachwidrig die Möglichkeit eines strafbefreienden Rücktritts ab. Bis zum Abschluß des Absatzvorgangs kommt daher nur Versuch in Betracht (vgl. dazu u. 51 f.). Sämtliche Handlungen im Vorfeld von unmittelbaren Absatzbemühungen sind reine Vorbereitungshandlungen. Demgegenüber ist nach BGH NJW **89**, 1490 m. abl. Anm. Stree JR 89, 384, NStZ **94**, 395 der Hehlereitatbestand bereits bei einer Tätigkeit erfüllt, die für den Vortäter einen Beginn des Absetzens bedeutet, wobei es auf ein unmittelbares Ansetzen zur Weitergabe der Beute an einen Dritten nicht ankommt, wie beim Transport der Deliktsbeute zum Absatzort (BGH NJW **90**, 2897). Hat die Tätigkeit keine solche Bedeutung für den Vortäter, wie das bloße Verwahren der Beute zwecks späteren Absatzes, so ist sie auch nach BGH NJW **89**, 1490 nur als Vorbereitungshandlung anzusehen (vgl. auch BGH NStZ **93**, 282). Nicht anders als das Verwahren läßt sich die Reparatur (and. BGH NStZ **94**, 395: Absatzversuch) oder das Verändern der Deliktsbeute durch Handlanger zwecks Verbesserung der Absatzchancen werten. Es ist für den Vortäter noch nicht der Beginn des Absetzens; es bereitet den Absatz nur vor und ist somit noch (straflose) Vorbereitungshandlung (and. BGH NJW **78**, 2042, Wessels/Hillenkamp RN 867). Gleiches trifft auf das Umsehen nach einem geeigneten Transportmittel für die Beute zu.

39 f) Absatzhilfe setzt die **Förderung der Übertragung der** tatsächlichen **Verfügungsgewalt** auf einen Dritten voraus. Es scheiden daher alle Fälle aus, die nicht diesen Vorgang, sondern die Gegenleistung des Erwerbers betreffen. Wer zB den Kaufpreis einzieht, trägt nicht zur Aufrechterhaltung der rechtswidrigen Besitzlage bei (Stree GA 61, 40; and. RG **58** 155, JW **39**, 224; vgl. auch RG HRR **36** Nr. 773). Ebensowenig liegt eine Hilfe zum Absetzen der Beute vor, wenn jemand nur die Gegenleistung bestimmt, auswählt usw. oder dazu mitwirkt (Stree aaO). Dies wird besonders deutlich, wenn der Vortäter seine Leistung (Geld oder sonstige Deliktsbeute) dem Erwerber bereits erbracht hat und jemand nunmehr bei der Auswahl der Gegenleistung hilft. Nicht anders ist es aber auch, wenn Leistung und Gegenleistung Zug um Zug vorgenommen werden. Absatzhilfe ist daher nicht gegeben, wenn der Täter bei der Auswahl von Kleidungsstücken mitwirkt, die mit gestohlenem Geld erworben werden sollen (and. BGH **10** 1; vgl. aber BGH **9** 137). Auch im Mitzechen und Sichfreihaltenlassen aus gestohlenem Geld liegt keine Absatzhilfe (BGH **9** 137; and. RG **72** 88, Hamm NJW **54**, 1380, BGE 69 IV 71), auch wenn der Mitzecher die Speisen und Getränke aussucht.

40 g) **Beispiele für Absatzhilfe:** Hinweise auf Absatzquellen, etwa Benennung von Kaufinteressenten, Unterstützung bei Verkaufsverhandlungen, Übermittlung von Verkaufsangeboten, Bereitstellen von Räumen zum Verkauf, Transport des Diebesgutes zum Abnehmer. Es genügt bereits jede unter-

geordnete Absatzförderung (BGH **23** 38). Unter die Absatzhilfe fällt auch, wenn jemand gestohlenes Geld für den Dieb auf dessen Bankkonto einzahlt oder als Beauftragter mit diesem Geld Schulden des Diebes bezahlt (BGE 68 IV 137).

h) Absatzhilfe ist auch durch **Unterlassen** möglich, sofern eine Rechtspflicht besteht, gegen den **41** Absatzvorgang einzuschreiten, wie bei einem Gastwirt, der Gästen ein separates Hinterzimmer für Geschäfte zur Verfügung stellt und dann nach Bemerken des Absatzes von Diebesgut untätig bleibt (vgl. § 13 RN 54), oder einem Polizeibeamten, der bei Dienstausübung auf einen Beuteabsatz stößt und dagegen nicht einschreitet.

4. In allen genannten Fällen ist erforderlich, daß der Hehler im **Einvernehmen mit dem Vorbe- 42 sitzer,** der nicht der Vortäter zu sein braucht (RG **44** 250, BGH **15** 57), gehandelt hat (BGH **7** 137, **9** 138, **10** 152; krit. Hruschka JR 80, 222; and. Roth aaO 115 ff., JA **88**, 207, Samson SK 33). Diese Voraussetzung dient dazu, den Erwerb durch eigenmächtiges Handeln (zB Diebstahl, Raub usw.) aus § 259 auszuschließen und die Vorschrift auf die Fälle zu beschränken, in denen der Hehler mit dem Vorbesitzer quasi rechtsgeschäftlich zusammenarbeitet. Sie stellt den inneren Zusammenhang mit der Vortat her (vgl. BGH **10** 152) und gibt der Hehlerei ihr eigentümliches Gepräge als Vertiefung der rechtswidrigen Besitzlage und Weiterführung des deliktischen Werkes des Vortäters (vgl. Stree GA 61, 36 f., aber auch Hruschka JR 80, 222). Das Zusammenwirken mit dem Vorbesitzer entfällt noch nicht, wenn der Hehler den Willen des Vorbesitzers in deliktischer Weise beeinflußt, zB durch Täuschung (vgl. aber auch o. 26) oder Nötigung (RG **35** 279, Ruß LK 17; and. BGH **42** 196 m. Anm. Hruschka JZ 96, 1135, Otto Jura 88, 606, Rudolphi JA 81, 6). Die abw. Meinung, die sich eng an den Gefährlichkeitsaspekt der Hehlerei hält (vgl. dagegen o. 3), reißt unnötig eine Strafbarkeitslücke auf. Ist zB nicht sicher festzustellen, ob der Beuteempfänger den Vortäter genötigt hat, könnte nach dem Grundsatz in dubio pro reo weder wegen Nötigung noch wegen Hehlerei eine Bestrafung erfolgen. Zudem leuchtet es wenig ein, daß jemand, der sich mittels Nötigung einen Hehlereigegenstand verschafft, einem geringeren Strafmaß ausgesetzt ist als jemand, der den Hehlereigegenstand gegen ein niedriges Entgelt erwirbt oder sich schenken läßt. Wie wenig begreiflich dies ist, zeigt auch das als Begründung für eine Einschränkung des Merkmals „Zusammenwirken" gebrachte Argument (vgl. Wessels/Hillenkamp RN 858), eine abgenötigte Weitergabe sei nicht von der Bereitschaft geprägt, dem Vortäter beim Verwerten oder Weiterschieben der Deliktsbeute zu helfen. Eine solche Bereitschaft ergibt ein größeres Unrecht gegenüber einem abgenötigten Verwerten. Im übrigen bleibt auch bei einem abgenötigten Verwerten ein Zusammenwirken erhalten, das durchaus noch einer Hehlerei das ihr eigentümliche Gepräge als Weiterführung des deliktischen Werkes des Vortäters verleiht. „Kollusives" Zusammenwirken zwischen den beiden Partnern der Hehlerei ist nicht erforderlich (and. Hamburg NJW **66**, 2228, Bockelmann NJW 50, 852, Geerds GA 58, 135). Auch ein Zusammenwirken mit einem gutgläubigen Vorbesitzer genügt (vgl. o. 13). Beim Verschaffen muß der Wille des Vorbesitzers dahin gehen, dem Erwerber die tatsächliche Verfügungsgewalt zu übertragen. Daher liegt Hehlerei zB nicht vor, wenn der Täter eine vom Dieb „derelinquierte" Sache an sich nimmt oder der (schuldunfähige) Vortäter die für das Einvernehmen erforderlichen Geisteskräfte nicht aufbringt (vgl. Ruß LK 4, Stree JuS 63, 429 u. 76, 143). Hat dagegen der Vortäter dem Erwerber die Sache zur beliebigen Verwendung übergeben, so ist der Tatbestand des § 259 auch dann erfüllt, wenn sich der Abnehmer erst nachträglich dazu entschließt, die Sache zu behalten (Celle MDR **65**, 761).

Das Einverständnis des Vorbesitzers braucht nicht ausdrücklich erklärt zu sein; konkludentes **43** Verhalten genügt. Bei mehreren Vortätern reicht das Einvernehmen mit einem von ihnen aus (Tröndle/Fischer 16, Ruß LK 17). Fraglich ist, ob das Einverständnis stets effektiv hergestellt sein muß (so BGH NJW **55**, 351, Tröndle/Fischer aaO, Ruß aaO) oder ob auch das **mutmaßliche Einverständnis** den Voraussetzungen entspricht (so M-Maiwald I 414). Da in diesem Fall die Verbindungslinie zum rechtswidrigen Vorbesitz nicht völlig unterbrochen ist, bestehen vom Wesensgehalt der Hehlerei her keine Bedenken dagegen, das mutmaßliche Einverständnis dem effektiven gleichzustellen. Es werden zudem Lücken im Rechtsgüterschutz vermieden. Wer für den Vortäter und Eigentümer dessen betrügerisch erlangte Sachen verwahrt, könnte sich diese sonst bei mutmaßlicher Einwilligung straflos zueignen, nicht dagegen bei tatsächlicher Einwilligung des Vortäters, solange noch eine Anfechtungsmöglichkeit wegen des Betruges besteht. Es ist somit davon auszugehen, daß dem Erfordernis des Zusammenwirkens mit dem Vorbesitzer dessen mutmaßliches Einverständnis genügt. Hehlerei ist daher zB anzunehmen, wenn ein Angehöriger des Diebes in dessen Abwesenheit das Diebesgut veräußert (Absetzen) oder wenn ein Mieter das vom Mitmieter gestohlene Holz verbraucht (Verschaffen), soweit er mit dem Einverständnis des Vortäters rechnen konnte.

V. Der **subjektive Tatbestand** erfordert Vorsatz und die Absicht, sich oder einen Dritten zu **44** bereichern. Zu den Änderungen gegenüber dem früheren Recht vgl. 19. A.

1. Erforderlich ist zunächst **Vorsatz** (vgl. aber § 148 b GewO, nach dem auch fahrlässige Hehlerei **45** strafbar ist); bedingter Vorsatz genügt (RG **55** 205, HRR **42** Nr. 290). Der Täter muß wissen, daß die Sache durch eine rechtswidrige Tat erlangt ist. Daß er mit der bloßen Möglichkeit, die Sache stamme aus einer rechtswidrigen Tat, gerechnet hat, genügt für einen bedingten Vorsatz noch nicht; er muß vielmehr derartiges billigend in Kauf genommen oder sich damit abgefunden haben (BGH NStZ-RR 2000, 106). Genaue Kenntnisse von der Vortat und vom Vortäter sind nicht erforderlich. Weder bedarf es des Wissens, mittels welcher bestimmten Tat die Sache erlangt wurde, noch der Kenntnis der näheren Einzelheiten und Umstände der Vortat (RG **55** 234, KG JR **66**, 307). Auch von der Person

des Vortäters braucht der Hehler keine bestimmten Vorstellungen zu haben. Er muß sich nur bewußt sein, daß die gehehlte Sache aus einem gegen fremdes Vermögen gerichteten Delikt stammt (BGH GA **77**, 146). Wer ein gestohlener Ware irrtümlich annimmt, sie sei geschmuggelt, kann daher nicht nach § 259 bestraft werden (Schleswig SchlHA/E-J **75**, 187). Zudem muß der Täter das Bewußtsein haben, daß er im Einvernehmen mit dem Vorbesitzer sich oder einem Dritten die Sache verschafft oder sich an ihrem Absatz beteiligt (RG **57** 75) und mit seiner Tat eine mißbilligte Besitzlage aufrechterhält. Geht er etwa vom unanfechtbaren, nicht mit dem Recht eines Dritten belasteten Eigentum des Vorbesitzers aus, so fehlt es an erforderlichen Vorsatz. Dieser muß zZ der Hehlereihandlung vorhanden sein (BGH GA **67**, 315, MDR/H **80**, 629). Erfährt der Täter nachträglich die Herkunft der Sachen, so liegt Hehlerei nur vor, wenn er nunmehr Handlungen vornimmt, die den Tatbestand des § 259 erfüllen, so zB, wenn er jetzt bei einem weiteren Absatz hilft. Da als eine solche Hilfe nicht die Einziehung des Kaufpreises anzusehen ist (vgl. o. 39), begründet Kenntnis von der Vortat erst bei dieser Tätigkeit keine Strafbarkeit wegen Hehlerei (and. Zweibrücken MDR **78**, 952). Ebensowenig ist der gutgläubige Erwerber einer gestohlenen Sache wegen Hehlerei strafbar, wenn er die Sache nach erlangter Kenntnis veräußert. Gleiches gilt für den gutgläubigen Verwahrer einer gestohlenen Sache, der sich diese nach erlangter Kenntnis ohne Einverständnis des Vortäters zueignet (BGH **10** 151); hier greift nur § 246 ein.

46   2. Ferner muß **Bereicherungsabsicht** vorliegen; der Hehler muß das Ziel verfolgen, sich oder einen Dritten zu bereichern. Triebfeder oder Endzweck seines Tuns braucht die Bereicherung nicht zu sein (and. zu § 259 aF RG **54** 342, **58** 122, BGH **15** 55); erforderlich ist nur zielgerichtetes Handeln (Lackner/Kühl 17). Dagegen genügt nicht, daß der Täter die Bereicherung als notwendige Folge seines Handelns hinnimmt. Andererseits setzt § 259 nicht voraus, daß die Bereicherung wirklich erlangt wurde (vgl. BGH GA **69**, 62, MDR/H **81**, 267) oder noch erreichbar war (vgl. RG **56** 98). Ihr Eintritt ist nicht Bestandteil des Hehlereiunrechts, so daß sie für die Tatbeendigung unmaßgeblich ist.

47   a) Bereicherungsabsicht bedeutet Streben nach **Vermögensvorteilen**; andere Vorteile bleiben außer Betracht, so das Bestreben, immaterielle Bedürfnisse zu befriedigen (vgl. BGH GA **80**, 70, NStZ **81**, 147). Der Hehler muß es auf eine günstigere Gestaltung der Vermögenslage abgesehen haben. Das ist nicht der Fall, wenn nach seiner Vorstellung gleichwertige Güter ausgetauscht werden oder eine entsprechende Sache anderswo auf legalem Weg zum gleichen Preis erhältlich ist (BGH MDR/D **67**, 369, GA **69**, 62). Auch der Erwerb von Sachen, die im legalen Handel nicht erhältlich sind, ist nicht stets eine Bereicherung, zB nicht ohne weiteres der Erwerb gefälschter Ausweispapiere (BGH MDR/H **83**, 92, GA **86**, 559, Bay NJW **79**, 2219 m. Anm. Paeffgen JR **80**, 300; vgl. dazu aber auch BGH MDR/H **96**, 118) oder von Sachen zum Eigenbedarf, für die der Erwerber einen erhöhten Preis bezahlt (vgl. Stuttgart NJW **77**, 770, Düsseldorf NJW **78**, 600), wohl aber, wenn Hamsterkäufe erwartete Preissteigerungen auffangen sollen (BGH MDR **79**, 773). Vermögensvorteil ist bereits der übliche Geschäftsverdienst durch Weiterverkauf des Erlangten (RG **58** 122, JW **35**, 126, BGH GA **78**, 372, MDR/H **81**, 267), die Erfüllung einer ungesicherten Forderung des Täters durch einen Dritten (BGH GA **78**, 372) oder die nachträgliche Annahme einer gestohlenen Sache als Pfand für eine ungesicherte und gefährdete Forderung (RG HRR **36** Nr. 444, BGH MDR/D **54**, 16; vgl. auch BGH NJW **2000**, 2036), nicht jedoch das Pfand, von dem ein Darlehen abhängig gemacht wird (BGH aaO; vgl. auch RG **54** 342, 66 63). Ferner erstrebt jemand, der sich für eine Arbeitsleistung mit Beutegut entlohnen läßt, einen Vermögensvorteil. Er kann sich nicht auf einen äquivalenten Leistungsaustausch berufen; denn es geht ihm gerade darum, mit seiner Arbeit zu verdienen.

48   b) Der Hehler braucht es nicht darauf abgesehen zu haben, den Vermögensvorteil aus der gehehlten Sache zu erzielen (BGH MDR/H **77**, 283, Bay NJW **79**, 2219); **Stoffgleichheit** zwischen Hehlereigegenstand und Vermögensvorteil ist **nicht erforderlich** (Lackner/Kühl 17, Ruß LK 37, Samson SK 39, Wessels/Hillenkamp RN 877). Das entspricht der hM zum früheren Recht (vgl. BGH **15** 55). Die Umwandlung des Merkmals der Vorteilsabsicht in Bereicherungsabsicht zwingt nicht zur Aufgabe dieser Meinung (Blei II 286, JA 74, 528, Stree JuS 76, 144; and. NStZ 81, 14, Tröndle/Fischer 23). Das zeigt sich deutlich bei der Absatzhilfe. Für deren Unrechtsgehalt macht es keinen Unterschied, ob der Absatzgehilfe seine Belohnung aus der Deliktsbeute oder aus sonstigen Mitteln erstrebt. Für das Verschaffen kann nichts anderes gelten. Daher begeht zB Hehlerei, wer Waren, für die er keine Verwendung hat, dem Vortäter abnimmt, um mit ihm ins Geschäft zu kommen und später günstigere Angebote zu erhalten. Vgl. auch RG JW **19**, 384 (Erhaltung der Kundschaft), HRR **38** Nr. 995 (künftiger Erwerb von Schmuggelware).

49   c) Der erstrebte Vermögensvorteil braucht **nicht rechtswidrig** zu sein (Ruß LK 37, Samson SK 38, Wessels/Hillenkamp RN 877; and. Arzt NStZ 81, 12). Das geht bereits aus dem von den §§ 253, 263 abweichenden Gesetzeswortlaut hervor. Aber auch der Zweck des § 259 gebietet keine Beschränkung auf rechtswidrige Vermögensvorteile. Wer die Tat begeht, um die Erfüllung vermögensrechtlicher Ansprüche zu erreichen, beeinträchtigt das geschützte Rechtsgut in gleichem Maß wie jemand, der einen rechtswidrigen Vermögensvorteil erstrebt. Ebensowenig ändert sich etwas am Gefährlichkeitsmoment (vgl. o. 3), je nachdem, ob die beabsichtigte Bereicherung mit der Rechtsordnung im Einklang steht oder gegen sie verstößt. Dementsprechend ist die Erlangung des Erstrebten unmaßgeblich für die Verjährung (vgl. § 78 a RN 1).

d) Der Täter muß die Absicht haben, **sich oder einen Dritten** zu bereichern. Dritter kann auch 50 der Vortäter sein (BGH NJW **79**, 2621, Arzt/Weber IV 167). Die Gegenmeinung (Lackner/Kühl 17, Lackner/Werle JR 80, 215 ff., Tröndle/Fischer 22, Ruß LK 38) beruft sich demgegenüber auf Wortlaut, Entstehungsgeschichte und Sinn des § 259 sowie auf die Abgrenzung zur Begünstigung. Keines dieser Argumente überzeugt. Der Wortlaut steht der Einbeziehung des Vortäters nicht zwingend entgegen. Die Entstehungsgeschichte ist für das Problem unergiebig. Der Gesetzeszweck spricht mehr für die Einbeziehung des Vortäters als gegen sie. Wer dem Vortäter hilft, die Beute vorteilhaft abzusetzen, etwa gestohlenes Geld gewinnbringend anzulegen oder sonstige Beute günstig zu veräußern, trägt ebenso zur Aufrechterhaltung der rechtswidrigen Besitzlage durch Weiterschieben der Beute (vgl. o. 1) bei wie der Hehler, der eine andere Person bereichern will. Für den Anreiz zur Begehung der Vortat (vgl. o. 3) gilt Entsprechendes. Strafwürdigkeit und Strafbedürftigkeit sind daher in beiden Fällen gleich zu beurteilen. Weder im Unrechtsgehalt noch im kriminalpolitischen Ahndungsinteresse besteht ein wesentlicher Unterschied. Das geschichtliche Deliktsbild des Hehlers als eines eigennützig Handelnden (vgl. Lackner/Werle aaO 216) liefert kein entscheidendes Gegenargument. Es ist zu sehr an der überholten Ausbeutungs- oder Nutznießungstheorie ausgerichtet. Verfehlt ist schließlich das weitere Gegenargument, die auf Bereicherung des Vortäters zielende Handlung werde in ihrem Unwert durch den zugleich verwirklichten Tatbestand des § 257 vollauf erfaßt. Eine solche Handlung soll dem Vortäter einen zusätzlichen Vorteil verschaffen, nicht aber das Erlangte (gegen Entziehung) sichern (vgl. § 257 RN 24), so daß § 257 ihren Unwert gar nicht umschließt. Sie ist zudem wie eine sonstige Absatzhilfe keineswegs immer mit einem Sicherungszweck verbunden und fällt somit vielfach überhaupt nicht unter § 257. Die Notwendigkeit einer klaren Abgrenzung zur Begünstigung zwingt mithin nur dazu, die bloße Sicherung der erlangten Vorteile nicht als Bereicherung anzuerkennen. In diesem Rahmen verneint auch BGH NStZ **95**, 595 m. Anm. Paeffgen JR **96**, 346 die erforderliche Bereicherungsabsicht.

VI. Der **Versuch** ist strafbar (Abs. 3). Er liegt vor, wenn der Täter nach seiner Vorstellung von der 51 Tat zur Tatbestandsverwirklichung unmittelbar ansetzt. Das setzt voraus, daß der Vortäter (Vorbesitzer) zumindest nach der Tätervorstellung bereits die Hehlereisache erlangt hat (BGH MDR/H **95**, 881). Da zur Tatbestandsverwirklichung beim Verschaffen die Übertragung der tatsächlichen Verfügungsgewalt gehört, ist ein unmittelbares Ansetzen zur Übernahme oder zur Übertragung der Verfügungsgewalt erforderlich. Kaufverhandlungen stellen demgemäß nur dann einen Versuch dar, wenn sich die Übergabe der Sache sofort anschließen soll (Rudolphi JA 81, 90, Ruß LK 40; vgl. auch BGH MDR/D **71**, 546, Celle MDR **86**, 421). Mit dem Aushandeln der Bedingungen wird der Übertragungsakt hier unmittelbar eingeleitet. Entsprechendes gilt für die Äußerung des Wunsches, an der Deliktsbeute beteiligt zu werden (vgl. BGH **21** 267). Bei einer für später vereinbarten Übergabe liegt ein versuchtes Verschaffen vor, wenn der Käufer zur abgemachten Zeit am Übergabeort eintrifft (vgl. Koblenz VRS **64** 22). Versuch liegt ferner vor, wenn der Täter irrtümlich eine rechtswidrige Vortat gegen fremdes Vermögen annimmt (RG **64** 131, BGH NStZ **92**, 84, wistra **93**, 264), wobei bedingter Vorsatz genügt (BGH NStZ **83**, 264), oder von einer rechtswidrigen Besitzlage ausgeht, zB nicht weiß, daß er selbst bereits Eigentümer der Sache ist (Schultz ZBernJV 66, 61; and. BGE 90 IV 14, 19, Girsberger SchwJZ **66**, 73). Zudem kommt ein Versuch in Betracht beim Absetzen der Beute an den Verletzten oder an einen als solchen nicht erkannten V-Mann der Polizei (vgl. o. 33).

Besondere Fragen stellen sich beim *Versuch der Absatzhilfe*. Hier kann fraglich sein, ob über den 52 Versuchsbeginn die auf Absatz gerichtete Tätigkeit oder das Anbieten der Hilfe entscheidet. Dem Wesensgehalt der Hehlerei entspricht indes nur die Ansicht, die auf den Absatzbeginn abstellt (Stree GA 61, 44). Handlungen im Vorfeld von Absatzbemühungen sind bloße Vorbereitungshandlungen (vgl. o. 38 aE). Die bloße Inverwahrungnahme zwecks künftigen Absatzes ist daher noch kein Versuch der Absatzhilfe (vgl. RG **67** 70, GA Bd. **49** 474, JW **34**, 560, BGH NJW **89**, 1490 m. Anm. Stree JR 89, 384), auch dann nicht, wenn der Verwahrer verspricht, sich nach einem Abnehmer umzusehen, oder die Sache in Kommission nimmt (and. RG **55** 58, **67** 70, BGH NJW **78**, 2042, **89**, 1490 m. abl. Anm. Stree JR 89, 384). Hinzu kommen muß vielmehr, daß die Verwahrung bereits als Beginn der Verwertung erscheint, so zB, wenn der Verwahrer sie zur unmittelbar bevorstehenden Abholung durch einen bestimmten Erwerber bereithält oder wenn er (zB durch Anbieten, Ausstellen usw.) auf einen konkreten Absatz unmittelbar hinwirkt. Um einen Versuch der Absatzhilfe handelt es sich auch dann, wenn der Absatzgehilfe nicht weiß, daß er die Sache dem Berechtigten aushändigt. Der Transport der Deliktsbeute zum Absatzort ist als „Gang zum Tatort" entsprechend der Fahrt des Abnehmers zum Übergabeort beim Sichverschaffen noch Vorbereitung der Absatzhilfe (and. BGH NJW **90**, 2897, wonach bereits Tatvollendung vorliegt). Allenfalls bei der unmittelbar bevorstehenden Ankunft am Übergabeort läßt sich von einem unmittelbaren Ansetzen zum Absatz und damit von einem Absatzbeginn sprechen. Versuchte Absatzhilfe setzt im übrigen voraus, daß die Hilfeleistung den Absatzversuch gefördert hat (Küper JuS 75, 637). Bietet jemand seine Hilfe zum Absatz vergebens an, so ist hierin auch kein Versuch iSv Abs. 3 zu erblicken, wenn der Absatzvorgang bereits stattfindet. Eine andere Ansicht würde zu einem sachwidrigen Unterschied gegenüber dem abgewiesenen Angebot der Hilfe beim Absetzen für den Vortäter führen; ein solches Angebot ist als Beihilfeversuch straflos.

VII. Täter kann jeder sein, der nicht an der Vortat beteiligt war und nicht der von der Vortat 53 betroffene Berechtigte ist. Zweifelhaft ist nur, ob und inwieweit ein Beteiligter an der Vortat als Täter einer Hehlerei in Betracht kommt.

Stree

§ 259 54–57   Bes. Teil. Begünstigung und Hehlerei

54   1. Hehlerei kann zunächst nicht der **Täter** oder Mittäter **der Vortat** begehen (RG **73** 324, BGH **7** 137, **33** 52; vgl. auch Bay **62**, 316, NJW **58**, 1597). Das ergibt eindeutig der Gesetzeswortlaut (vgl. BT-Drs. 7/550 S. 252). Ausnahmen wurden nach früherem Recht zT beim Rückerwerb der Beute vom Hehler gemacht (Meister MDR **55**, 715) sowie beim Erwerb des Anteils eines Mittäters nach Teilung der Beute (BGH **3** 194 m. Anm. H. Mayer JZ **53**, 86; and. RG **34** 304). Danach wäre auch nachträgliches Austauschen von Beuteteilen Hehlerei. Diese Ansicht ist nach der Neufassung des § 259 nicht mehr vertretbar (Tröndle/Fischer 26, Lackner/Kühl 18, M-Maiwald I 419, Ruß LK 41). Gegen sie sprach aber schon früher, daß der Mittäter – ebenso wie der Alleintäter – für die Vortat in ihrem vollen Umfang, nicht nur für den erstrebten Beuteteil, haftet und ihm daher mangels Verletzung eines neuen Rechtsguts der Erwerb eines Anteils von einem Mittäter oder der Rückerwerb nicht als selbständiges Unrecht zur Last gelegt werden kann (vgl. Oellers GA **67**, 15). Das gilt auch, wenn es sich um Absatzhilfe für andere Mittäter handelt. Annahme einer Hehlerei ist nach BGH auch zulässig, wenn sich die täterschaftliche Beteiligung an der Vortat nicht nachweisen läßt (and. Hamm JMBlNW **67**, 138); in einem solchen Fall kommt eine Bestrafung nur nach den Grundsätzen der Wahlfeststellung in Betracht (vgl. u. 65). Demgegenüber ist nach BGH **35** 86 m. Anm. Wolter NStZ **88**, 456, NJW **89**, 1867, NStZ **89**, 574 wegen Hehlerei zu verurteilen (Postpendenzfeststellung), wenn die Übernahme der Deliktsbeute von einem anderen feststeht und lediglich zweifelhaft ist, ob eine mittäterschaftliche Beteiligung an der Vortat des anderen vorgelegen hat (vgl. auch Küper Lange-FS 85 ff., Probleme der Hehlerei bei ungewisser Vortatbeteiligung, 1989, Joerden JZ 88, 847, Bauer wistra 90, 218 sowie o. § 1 RN 98). Diese Lösung darf jedoch nicht dazu führen, daß der Täter sich schlechter steht als bei Feststellung einer mittäterschaftlichen Vortatbeteiligung, wie es bei der Verurteilung nach § 260 oder mit der Anordnung der Führungsaufsicht nach § 262 der Fall sein könnte; die Strafzumessung muß sich daher uU (in dubio pro reo) am Strafrahmen für die Vortat ausrichten, Führungsaufsicht darf nicht angeordnet werden, wenn ihre Anordnung auf Grund der Vortat unzulässig ist. Bleibt zweifelhaft, ob jemand sich Diebesgut durch Diebstahl als Alleintäter oder durch Hehlerei verschafft hat, so kommt auch nach dem BGH (NJW **90**, 2476) nur eine Wahlfeststellung, nicht eine Postpendenzfeststellung in Betracht. Dagegen schließt Mittäterschaft an der Vortat Hehlerei an einer Sache nicht aus, die aus einem Exzeß eines anderen Mittäters stammt. Der Beteiligte an einem Landfriedensbruch begeht daher Hehlerei, wenn er nachher von einem Mitbeteiligten Sachen aus einer Plünderung erwirbt, an der er selbst nicht mitgewirkt hat (RG **58** 207). Zur Abgrenzung zwischen sukzessiver Mittäterschaft bei der Vortat (Raub) und Hehlerei vgl. BGH JZ **81**, 596 m. abl. Anm. Küper JZ **81**, 569.

55   2. Bestritten ist, ob **Teilnehmer an der Vortat** durch Erwerb von Beuteteilen oder durch Absatzhilfe wegen Hehlerei strafbar werden können. Die Neufassung des § 259 läßt diesen Streit unberührt (vgl. BT-Drs. 7/550 S. 252). Die Rspr. bejaht uneingeschränkt die Strafbarkeit wegen Hehlerei (RG **51** 100, **72** 328, BGH **5** 378 m. Anm. Mittelbach MDR 54, 347, [GrS] **7** 134, **8** 392, **13** 403, **22** 207 m. Anm. Schröder JZ **69**, 32, **33** 52, MDR/H **86**, 793, Hamburg NJW **53**, 1604, Düsseldorf JMBlNW **55**, 43; ebenso Tröndle/Fischer 26, M-Maiwald I 419, Ruß LK 42; zT abw. BGE 70 IV 70). Die vorübergehend vertretene Auffassung, der Anstifter, der es von vornherein auf einen Beuteteil abgesehen habe, sei nur wegen Anstiftung zur Vortat zu bestrafen (BGH **2** 315, **4** 42; zust. Meister MDR **55**, 715), ist aufgegeben. Dies führt beim Bandendiebstahl zu dem Ergebnis, daß das Bandenmitglied, das sich an einer einzelnen Bandentat nur als Gehilfe beteiligt hat, Hehlerei begeht, wenn es sich von der Beute der anderen etwas geben läßt (RG **73** 322). Ist das Bandenmitglied allerdings mangels unmittelbaren Mitwirkens nur hinsichtlich des Bandendiebstahls (§ 244 I Nr. 3) Teilnehmer, sonst aber Mittäter des Diebstahls, so entfällt Hehlerei (BGH **33** 50). Gegen jede Bestrafung des Teilnehmers an der Vortat wegen Hehlerei Oellers GA **67**, 15. Es ist indes, will man nicht in Anlehnung an § 261 IX 2 bei strafbarer Beteiligung an der Vortat auf Nichtbestrafung des Hehlers abstellen, zu unterscheiden:

56   a) Ist der Teilnehmer an der Vortat in der Weise beteiligt, daß der **gemeinsame Wille auf Erlangung** bestimmter **Beute** gerichtet war, und ist die Beteiligung an der Vortat das Mittel, einen Teil dieser Beute zu erlangen, so ist die spätere Verteilung kein hehlerischer Erwerb, wie ihn § 259 voraussetzt, sondern nur die Teilung unter Tatbeteiligten, mag auch deren Rolle bei der Vortat verschieden gewesen sein. Die Teilung geschieht hier sozusagen zur Erfüllung einer „Verbindlichkeit" gegenüber Anstifter oder Gehilfen; diese haben die Beute mit dem Täter zusammen „erlangt". In diesen Fällen fehlt es schon am Tatbestand des § 259, der die Disposition des Vortäters über die Beute zugunsten eines anderen voraussetzt, der an ihr erst durch die Verfügung des Vortäters „Rechte" erwirbt. Auch besteht kein kriminalpolitisches Bedürfnis, den Gehilfen, der für seine Hilfe 10% der Beute erhält, auch wegen Hehlerei zu bestrafen. Gleiches gilt, wenn der Zusage späterer Absatzhilfe (psychische Beihilfe) die Absatzhilfe nachfolgt; sie läßt sich hier nicht anders werten als im Rahmen der Begünstigung (§ 257 III). Im übrigen läßt sich in derartigen Fällen kein größeres Erfordernis einer zusätzlichen Bestrafung wegen Hehlerei ausmachen als bei der Geldwäsche seitens eines Vortatbeteiligten, die vom Gesetzgeber in § 261 IX 2 ausdrücklich für nicht strafbar erklärt worden ist.

57   b) Anders verhält es sich, wenn der Hehler den Vortäter angestiftet oder unterstützt hat, um sich die **Gelegenheit** zu einem **hehlerischen Erwerb** zu verschaffen (vgl. BGH **13** 403). Voraussetzung ist, daß durch die Teilnahme an der Vortat kein „Anrecht" auf die Beute erworben wird, sondern deren Übertragung auf den Hehler durch eine „freie" Verfügung des Vortäters geschieht (vgl. BGH NJW

2030   Stree

Hehlerei 58–62 § 259

87, 77), so zB, wenn der Hehler den Vortäter zu einem Einbruchsdiebstahl anstiftet oder ihm die Werkzeuge dazu liefert, weil er dadurch Gelegenheit zum Ankauf der Beute erhält, oder wenn er durch die Zusage des späteren Erwerbs den Vortäter zu der Tat bestimmt. Hier ist die Möglichkeit einer Realkonkurrenz (BGH **22** 206, MDR/H **86**, 793, StV **97**, 250) grundsätzlich anzuerkennen. Jedoch ergibt die Konstruktion der Hehlerei als Sonderfall der Zueignung fremder Sachen (§ 246), daß bei einer Beteiligung an einer Unterschlagung die Teilnahme hinter die Hehlerei zurücktritt (vgl. u. 63). Vgl. auch Gera NJ **47**, 135, Nürnberg NJW **49**, 875, Roesen NJW **50**, 716.

3. Für die **Teilnahme** an der Hehlerei gelten die allgemeinen Regeln. Vortäter können sich nicht **58** wegen Anstiftung zur Hehlerei strafbar machen (straflose Nachtat; Bay NJW **58**, 1597, Oellers GA 67, 15, Ruß LK 43). Entsprechendes gilt für Absatzhelfer. Ihre Bestrafung wegen Hehlerei schließt eine Bestrafung wegen Anstiftung zur Hehlerei des Erwerbers aus. Beihilfe zur Absatzhilfe soll nach BGH MDR **90**, 937 bereits in der dem Absatzhelfer gemachten Zusage liegen, für ihn die Deliktsbeute zum Absatzort zu transportieren. Nach dem o. 38, 52 vertretenen Standpunkt setzt Beihilfe zur Absatzhilfe das Mitwirken am erfolgreichen Absatz voraus und Beihilfe zum Tatversuch das Mitwirken am unmittelbaren Ansetzen zur Übergabe der Hehlereisache. Ist der Teilnehmer Angehöriger des Verletzten oder beschränkt sich die Teilnahme auf einen geringwertigen Teil der Beute, so ist Abs. 2 anwendbar. Keine Beteiligung an einer Hehlerei liegt vor, wenn jemand einem Hehler erst nach dessen Hehlereihandlung hilft, den erstrebten Vorteil zu erlangen.

4. Soweit die vom Haupttäter angestrebte Bereicherung nicht auch Ziel der Teilnehmerhandlung **59** ist, fragt sich, ob die Strafe für den Teilnehmer nach den §§ 28 I, 49 I zu mildern ist. Als besonderes persönliches Merkmal wurde die Vorteilsabsicht iSv § 259 aF angesehen (17. A. RN 61 a). Im Unterschied zu ihr kommt es bei der Bereicherungsabsicht jedoch nicht mehr auf Eigennutz an. Da die beabsichtigte Bereicherung eines Dritten genügt, läßt sich das Absichtsmerkmal schwerlich noch als personales Moment werten, das einem Tatbeteiligten ohne eine solche Absicht nicht voll anzurechnen ist. Die Bereicherungsabsicht prägt das Tatgeschehen, nicht das Täterbild. Für den Teilnehmer bleibt mithin der Strafrahmen des § 259 maßgebend, auch wenn es ihm auf die vom Haupttäter erstrebte Bereicherung nicht ankam, er insoweit vielmehr nur mit bedingtem Vorsatz gehandelt hat. Vgl. BGH JR **78**, 345, Herzberg ZStW 88, 92, Lackner/Kühl 17, Ruß LK 39, Stree JuS 76, 144.

VIII. Nach Abs. 2 gelten die §§ 247, 248 a sinngemäß. Hehlerei ist danach nur auf **Antrag** **60** verfolgbar, wenn der Verletzte Angehöriger oder Vormund (oder Betreuer) des Hehlers ist oder mit ihm in häuslicher Gemeinschaft lebt, außerdem, wenn die gehehlte Sache geringwertig ist, es sei denn, daß die Strafverfolgungsbehörde wegen des besonderen öffentlichen Interesses an der Strafverfolgung ein Einschreiten von Amts wegen für geboten hält. Vgl. näher zu diesen Voraussetzungen die Anm. zu den §§ 247, 248 a. Für die sinngemäße Anwendbarkeit des § 248 a kommt es allein auf die gehehlte Sache an, nicht auf die angestrebte Bereicherung (Ruß LK 44, Samson SK 45, Stree JuS 76, 144 f., Wessels/Hillenkamp RN 888; and. Tröndle/Fischer 24, Lackner/Kühl 22). Denn an der Beeinträchtigung des geschützten Rechtsguts gemessen bleibt die Hehlerei bei Geringwertigkeit der Hehlereisache auch dann eine Bagatelle, wenn der Hehler einen größeren Gewinn erstrebt. Im übrigen bedarf es für die Verfolgung der Hehlerei keines Strafantrags, auch dann nicht, wenn die Vortat ein Antragsdelikt ist.

IX. Die **Strafe** für Hehlerei ist unabhängig von der für die Vortat angedrohten Strafe. Anders als **61** bei der Begünstigung besteht keine an der Vortat ausgerichtete Straflimitierung. Die Strafe ist daher ausschließlich nach dem in § 259 enthaltenen Strafrahmen zu bemessen (vgl. RG **73** 400). Für die Strafzumessung gelten die allgemeinen Grundsätze. Fehlerhaft ist danach, straferschwerend zu bewerten, daß der Hehler dem Dieb Vorschub geleistet hat (RG JW **25**, 1403, BGH NStZ/M **83**, 164), oder die Strafe wegen gemeinschaftsschädlicher Zunahme entsprechender Vortaten aus generalpräventiven Gründen zu schärfen (vgl. 3 vor § 257). Zulässig ist dagegen, die Gewohnheitsmäßigkeit beim Hehler strafschärfend heranzuziehen. Handelt es sich um eine Gelegenheitshehlerei, so kann strafmildernd ins Gewicht fallen, daß es an der besonderen Gefährlichkeit fehlt, auf die der Strafrahmen zugeschnitten ist (zum Gefährlichkeitsaspekt vgl. o. 3, Stree JuS 76, 142 f.). Insoweit kann dann auch berücksichtigt werden, daß die Vortat mit geringerer Strafe bedroht ist als die Hehlerei, da hier kein Grund vorliegt, die Festigung einer rechtswidrigen Besitzlage strenger zu ahnden als das Herstellen dieser Position. Zur Strafschärfung bei Gewerbsmäßigkeit und Bandenhehlerei vgl. §§ 260, 260 a, zur Möglichkeit, Führungsaufsicht anzuordnen, vgl. § 262. Läßt man mit BGH JZ **2000**, 628 für eine Bande nur noch mindestens 3 Bandenmitglieder genügen, so kann das Zusammenwirken von 2 Hehlern unter den sonstigen Voraussetzungen für eine Bandentätigkeit im Rahmen des § 259 strafschärfend ins Gewicht fallen.

X. **Konkurrenzen:** Idealkonkurrenz ist möglich mit Begünstigung (RG **47** 220, Schröder Rosen- **62** feld-FS 181), Erpressung (RG **35** 279), Geldwäsche, Betrug (RG **59** 131, KG JR **66**, 307), Urkundenfälschung (RG **69** 203); Tatmehrheit zwischen Hehlerei und Urkundenfälschung, Betrug liegt jedoch vor, wenn jemand gestohlene Euroschecks und Scheckkarten erwirbt und anschließend nach Fälschung der Unterschriften der Berechtigten die Schecks einlöst (BGH MDR/H **88**, 278; vgl. dazu auch BGH NJW **2000**, 2598). Über das Verhältnis zwischen Beteiligung an der Vortat und Hehlerei vgl. o. 55 ff.

Stree

63 Mit § 246 besteht Gesetzeseinheit; § 259 geht vor (RG **56** 336, **64** 327; vgl. aber noch Köln JMBlNW **50**, 235). Entsprechendes gilt für das Verhältnis zu § 292. Hat der Hehler jedoch bei der Absatzhilfe einen Teil der abzusetzenden Beute ohne Einverständnis des Vorbesitzers für sich abgezweigt und sich zugeeignet, so steht die Unterschlagung in Tatmehrheit zur Hehlerei (vgl. RG **70** 8), uU auch in Tateinheit. Andererseits tritt eine Beteiligung des Hehlers an der Unterschlagung des Vortäters hinter die Hehlerei zurück, da die mit ihr verbundene Beeinträchtigung fremden Eigentums durch die Hehlereihandlung verfestigt wird und somit in deren Unrechtsgehalt aufgeht (vgl. o. 57; and. RG **72** 328).

64 Bei mehrfacher Hehlerei derselben Person hinsichtlich einer oder mehrerer durch dieselbe Vortat erlangten Sachen kann Tatmehrheit bestehen (vgl. RG **50** 195; and. Frank III), so zB, wenn jemand zunächst Absatzhilfe leistet und später auf Grund eines neuen Entschlusses die abgesetzte Beute vom Abnehmer erwirbt. Wer sich eine Hehlereisache verschafft hat, kann jedoch hinsichtlich dieser Sache keine weitere Hehlerei mehr begehen, weder durch Absetzen (BGH **23** 38, Lackner/Werle JR 80, 214, Ruß LK 46; and. [mitbestrafte Nachtat] Tröndle/Fischer 25 a; vgl. auch BGH NJW **75**, 2110 m. abl. Anm. Hübner) noch durch Rückerwerb der weiterveräußerten Sache. Hat sich jemand Deliktsbeute als Pfand verschafft und erwirbt er sie später endgültig, so liegt nur eine einzige Hehlerei vor. Entsprechendes gilt, wenn der Absatzhelfer die Beute mehreren potentiellen Käufern nacheinander anbietet (vgl. RG **67** 80 [Fortsetzungszusammenhang]); die mehrfachen Absatzbemühungen sind als Bewertungseinheit einzustufen (zur Bewertungseinheit vgl. 17 vor § 52). Nur eine Tat (nicht Tateinheit) liegt ferner vor, wenn der Hehler durch eine Handlung Sachen erwirbt oder absetzt, die verschiedenen Eigentümern gehören und aus mehreren Vortaten stammen (vgl. § 52 RN 29).

65 **XI.** Möglich ist **Wahlfeststellung** zwischen Hehlerei und Diebstahl (BGH **1** 304, **12** 386, **15** 63, 266, **21** 154), Unterschlagung (BGH **16** 184; and. Hruschka MDR 67, 269), Untreue oder Betrug (BGH NJW **74**, 804). Es ist jedoch folgendes zu beachten: Hat der Täter nach den Ergebnissen der Beweisaufnahme bei dem Fall des Diebstahls zwar die gesamte Beute, für den Fall der Hehlerei aber nur einen Beuteteil erlangt, so ist für den Schuldumfang allein dieser Teil maßgebend (BGH **15** 266). Steht der etwaige Diebstahl in Idealkonkurrenz mit einer anderen Tat, so ist diese, falls auf der Seite der Hehlerei nichts Vergleichbares gegenübersteht, aus der Wahlfeststellung auszuscheiden (BGH aaO). Entsprechendes gilt bei Strafschärfungsgründen, die nur eine der Alternativen betreffen. Andererseits ist eine unterschiedliche Zahl der zur Wahlfeststellung herangezogenen Delikte unschädlich; Wahlfeststellung zwischen mehreren Diebstahlsfällen und einer Hehlereitat ist zulässig (BGH MDR/D **75**, 368). Bei der Alternative zwischen Raub und Hehlerei hat eine Wahlfeststellung zwischen Diebstahl und Hehlerei zu erfolgen, da der Diebstahl als die der Hehlerei rechtsethisch vergleichbare Tat im Raub enthalten ist (vgl. BGH **25** 182 m. Anm. Hruschka NJW 73, 1804, MDR/H **86**, 793). Vgl. dazu § 1 RN 108. Ist die mögliche Vortat eine Erpressung, so kommt Wahlfeststellung zwischen Unterschlagung, die in der Erpressung enthalten ist, und Hehlerei in Betracht (Küper, Probleme der Hehlerei bei ungewisser Vortatbeteiligung, 1989, 85). Wahlfeststellung ist ferner zwischen Hehlerei und Begünstigung zulässig, auch bei etwaiger Tateinheit der Begünstigung mit einer Strafvereitelung. Die Strafvereitelung bleibt dann unberücksichtigt, da die erforderliche Vergleichbarkeit mit der Hehlerei fehlt. Bleibt offen, ob eine Tat nach § 257, nach § 258 oder nach § 259 vorgelegen hat, so ist Wahlfeststellung ausgeschlossen. Sie entfällt auch, wenn der Erwerber einer gestohlenen Sache möglicherweise zur Vortat angestiftet hat, um nachher die Beute erwerben zu können. Hier steht eine Hehlerei fest; die etwaige Anstiftung zum Diebstahl bleibt nach dem Grundsatz in dubio pro reo außer Betracht (BGH **15** 66). Zu den Problemen der Wahlfeststellung vgl. auch Küper Lange-FS 71 ff.

66 Zulässig ist die wahlweise Feststellung zwischen verschiedenen Hehlereihandlungen (RG **56** 61). Hat der Täter, der Diebesgut veräußert hat, entweder zuvor die Sachen erworben (Verschaffen) oder für den Vortäter gehandelt (Absetzen), so steht einer Bestrafung wegen Hehlerei nichts im Wege.

67 **XII.** Zur Frage, ob die Verurteilung wegen Hehlerei die **Strafklage** wegen des vorangegangenen strafbaren Verschaffens der Hehlereisache **verbraucht** hat, vgl. BGH **35** 60 (konkrete Umstände maßgebend) und dazu Gillmeister NStZ 89, 1, ferner BGH NJW **89**, 1868, Roxin JZ 88, 260.

§ 260 Gewerbsmäßige Hehlerei, Bandenhehlerei

(1) **Mit Freiheitsstrafe von sechs Monaten bis zu zehn Jahren wird bestraft, wer die Hehlerei**
1. **gewerbsmäßig oder**
2. **als Mitglied einer Bande, die sich zur fortgesetzten Begehung von Raub, Diebstahl oder Hehlerei verbunden hat,**
begeht.

(2) **Der Versuch ist strafbar.**

(3) **In den Fällen des Absatzes 1 Nr. 2 sind die §§ 43 a, 73 d anzuwenden. § 73 d ist auch in den Fällen des Absatzes 1 Nr. 1 anzuwenden.**

Vorbem.: Geändert durch Art. 1 Nr. 17 OrgKG.

I. Gewerbsmäßige Hehlerei und Bandenhehlerei stellen einen **qualifizierten Fall** der von § 259 erfaßten Tat dar (vgl. BGH NStZ **82**, 29). Die Strafschärfung trägt dem erhöhten Unrechts- und Schuldgehalt sowie der besonderen Gefährlichkeit (vgl. § 259 RN 3) Rechnung. Gerade der gewerbsmäßige Hehler bildet mit seiner Bereitschaft, fortlaufend Deliktsbeute abzunehmen, den Nährboden für Vermögensdelikte, insb. für die Diebstahlskriminalität („Zuhälter" der Diebe). Ohne sein Dasein würde sich manche Vortat nicht lohnen, so daß er den Vortätern, vor allem Dieben, maßgeblichen Rückhalt und Anreiz zur Tat bietet (vgl. BGH NJW **67**, 2416). Erhöhter Unrechts- u. Schuldgehalt sowie besondere Gefährlichkeit kennzeichnen ebenfalls die Bandenhehlerei. Das ergibt sich insb. bei international operierenden Banden, aber auch bei kleineren Banden auf Grund der gegenseitigen Verbundenheit zur Begehung der genannten Straftaten. Entfallen ist die Gewohnheitsmäßigkeit als Qualifikation (zur Begründung vgl. BT-Drs. 7/550 S. 253). Sie kann jedoch innerhalb des Strafrahmens des § 259 strafschärfend berücksichtigt werden.

II. Gewerbsmäßig handelt, wer die Hehlerei mit der Absicht begeht, sich durch wiederholte Hehlereihandlungen eine fortlaufende Einnahmequelle von einiger Dauer und einigem Umfang zu verschaffen (BGH NStZ **95**, 85; vgl. 95 f. vor § 52). Es braucht sich hierbei weder um eine ständige (RG DR **42**, 171, BGH **1** 383) noch um eine hauptsächliche (vgl. BGH **1** 383, GA **55**, 212) Einnahmequelle oder um ein „kriminelles Gewerbe" (BGH **1** 383, NJW **53**, 955) zu handeln. Geringfügige Nebeneinkommen genügen jedoch nicht (BGH MDR/D **75**, 725). Hat der Hehler die erforderliche Absicht gefaßt, so ist bereits die erste Einzelhandlung als gewerbsmäßige Hehlerei zu beurteilen (BGH NStZ **95**, 85, Ruß LK 2; and. Samson SK 3). Die Tatsache allein, daß jemand in seinem Gewerbebetrieb Hehlereigegenstände erwirbt, bedeutet aber noch nicht das Vorliegen eines qualifizierten Falles iSv § 260 (vgl. RG **53** 155, BGH GA **55**, 212). Anderseits braucht der Hehler nicht die Absicht zu verfolgen, die erworbenen Sachen gewerbsmäßig zu veräußern. Die Voraussetzungen des § 260 können auch dann erfüllt sein, wenn die Sachen im eigenen Haushalt oder Betrieb des Täters Verwendung finden sollen (RG **54** 185). Ferner ist nicht notwendig, daß sich der Täter die Sachen von verschiedenen Vortätern verschaffen will; es reicht aus, wenn er einem Vortäter fortlaufend Deliktsbeute abnehmen will. Bei der Absatzhilfe genügt dementsprechend, daß der Absatzgehilfe fortlaufend für denselben Dieb tätig wird oder denselben Abnehmer mit Diebesgut versorgt. Bei einer einmaligen Notlage (Arztrechnungen) kann allerdings die Gewerbsmäßigkeit fehlen (Köln JMBlNW **51**, 179).

III. Bandenhehlerei liegt vor, wenn der Hehler als Mitglied einer Räuber-, Diebes- oder Hehlereibande die Hehlerei begeht. Das setzt voraus, daß er und mindestens ein anderer sich mit dem ernsthaften Willen zusammengetan haben, für eine gewisse Dauer selbständige Straftaten der genannten Art zu begehen (BGH NStZ **95**, 85). Zur Beschränkung des Bandenbegriffs auf mindestens 3 Bandenmitglieder vgl. BGH JZ **2000**, 628 m. Anm. Engländer. Die Bildung einer festgefügten Organisation ist nicht erforderlich (BGH NJW **2000**, 2035). Es genügt die Bandenabrede mit einem Bandenmitglied; von weiteren Bandenmitgliedern braucht der Täter keine Kenntnisse zu haben (BGH wistra **2000**, 135). Die Bande muß zZ des Hehlereigeschehens bestehen. Ist das nicht mehr der Fall, weil die sonstigen Bandenmitglieder ausgeschieden sind, etwa infolge eines tödlichen Verkehrsunfalls, so entfällt eine Bandenhehlerei des übriggebliebenen Bandenmitglieds auch dann, wenn er bei Tatbegehung noch nichts vom Ausscheiden der anderen Bandenmitglieder weiß. Es kommt jedoch ein Versuch nach Abs. 2 in Betracht, der in Tateinheit mit einer vollendeten Tat nach § 259 steht. Die Bande braucht sich nicht zur fortgesetzten Begehung von Hehlerei verbunden zu haben. Es genügt, daß ein Mitglied einer Diebes- oder Räuberbande die Hehlerei im Rahmen seiner Bandentätigkeit vornimmt, etwa statt der üblichen Kfz-Diebstähle ein von anderen gestohlenes Kfz für die Bande erwirbt. Ferner reicht es aus, daß die Bande sowohl auf Diebstahl (Raub) wie auf Hehlerei ausgerichtet und jeweils ein Bandenmitglied für eine dieser Taten zuständig ist (vgl. BGH NJW **2000**, 2035, Ruß LK 3). Fortgesetzte Begehung von Raub usw ist nicht iSv Fortsetzungszusammenhang zu verstehen, sondern bedeutet, daß die Bandenmitglieder es auf wiederholte Taten der genannten Art abgesehen haben, ohne daß insoweit schon alles genau festgelegt ist. Abweichend von § 244 I Nr. 3 braucht der Hehler nicht unter Mitwirkung eines anderen Bandenmitglieds tätig zu werden (BGH NStZ **96**, 495). Unterschiedliche Hehlereihandlungen durch mehrere Täter steht der Bandenhehlerei nicht entgegen (BGH aaO). Die Tat muß sich aber in die Bandentätigkeit einfügen; eine unabhängig hiervon für eigene Zwecke begangene Hehlerei des Bandenmitglieds genügt nicht. Zur Bandentätigkeit einer Zweiergruppe vgl. BGH NJW **98**, 2913 m. Anm. Erb NStZ 99, 187, auch BGH NStZ-RR **99**, 208. Vgl. im übrigen zur Bandentätigkeit § 244 RN 23 ff. Krit. zu Abs. 1 Nr. 2 Erb NStZ **98**, 537.

IV. Ein nach Absatz 2 strafbarer **Versuch** kommt in Betracht, wenn bereits die erste Einzelhandlung erfolglos bleibt. Er ist ferner möglich, wenn der Täter irrtümlich davon ausgeht, daß die erworbenen Sachen aus einer rechtswidrigen Tat gegen fremdes Vermögen stammen (vgl. RG **64** 131, KG JR **66**, 307). Der Versuch kann auch mit bedingtem Vorsatz begangen werden, so, wenn der Täter über die Art und Weise im Zweifel ist, in der die Sache in die Hand des Vorbesitzers gelangt ist (KG aaO; vgl. auch BGH NStZ **83**, 264). Zum Versuch im Fall einer Bandenauflösung vgl. o. 2 a.

V. Die Gewerbsmäßigkeit, nicht die Bandenmitgliedschaft (vgl. § 244 RN 28), stellt ein **besonderes persönliches Merkmal** iSv § 28 II dar (BGH StV **94**, 17, **96**, 87). Ein Teilnehmer ist daher aus

§ 260 I Nr. 1 nur dann strafbar, wenn er selbst gewerbsmäßig handelt (RG DR **41**, 1285, Tröndle/Fischer 2, M-Maiwald I 421, Ruß LK 2). Andernfalls ist für ihn die Strafe dem § 259 zu entnehmen. Für das gewerbsmäßige Verhalten des Teilnehmers genügt es, daß er eine fortlaufende Einnahmequelle in Gestalt eines mittelbaren Nutzens aus der Haupttat erstrebt (vgl. RG **61** 268).

5 **VI.** Die **Einzeltaten** der qualifizierten Hehlerei bilden **keine Handlungseinheit**; es liegt kein sog. Sammelverbrechen vor (RG **72** 285, JW **38**, 2271, BGH **1** 41, NJW **53**, 955, KG JR **51**, 213; vgl. 100 vor § 52).

6 **VII.** Da die erhöhte **Strafe** für den gewerbsmäßigen Hehler ua darauf beruht, daß er mit seiner Bereitschaft zur Verwertung einer Deliktsbeute einen ständigen Anreiz zur Verübung von Vermögensdelikten bietet (vgl. o. 1), darf innerhalb des Strafrahmens des § 260 nicht strafschärfend berücksichtigt werden, daß der Hehler durch sein Verhalten den Vortäter zur Begehung immer weiterer Straftaten ermuntert hat (BGH NJW **67**, 2416, StV **82**, 567). Eine solche Strafschärfung würde dem Verbot zuwiderlaufen, die gesetzgeberischen Gründe für eine Qualifizierung bei der Strafzumessung zu verwerten (vgl. § 46 RN 46). Ebensowenig läßt sich eine höhere Strafe mit einem Handeln aus reinem Gewinnstreben begründen, da dieses zum regelmäßigen Erscheinungsbild der gewerbsmäßigen Hehlerei gehört (BGH NStZ/T **87**, 495). Für die Strafzumessung kann hingegen der Umfang der gewerbsmäßigen Hehlereigeschäfte ins Gewicht fallen. Entsprechendes gilt für die Bandenhehlerei. Liegt ein minder schwerer Fall vor, so ist vom Strafrahmen des § 260 II auszugehen. Das ergibt sich zwar nicht aus § 260, wohl aber aus § 260a II, da der nach § 260 zu bestrafende Täter nicht schlechter gestellt sein darf als bei gewerbsmäßiger Bandenhehlerei. Zum minder schweren Fall vgl. allg. 48 vor § 38. Über Führungsaufsicht vgl. § 262. Im Fall der Bandenhehlerei kann neben Freiheitsstrafe von mehr als 2 Jahren auf Vermögensstrafe erkannt werden (Abs. 3). Erweiterter Verfall (§ 73 d) kommt nach Abs. 3 in beiden Qualifikationsfällen in Betracht.

7 **VIII. Wahlfeststellung** zwischen gewerbsmäßiger Hehlerei und Diebstahl ist zulässig, wenn der Täter auch beim möglicherweise verübten Diebstahl gewerbsmäßig gehandelt hat (vgl. BGH **11** 26, JR **59**, 305, wistra **2000**, 260; vgl. aber auch BGH MDR/D **70**, 13 zur gewohnheitsmäßigen Hehlerei iSv § 260 aF). Andernfalls hat sich die Wahlfeststellung auf Diebstahl und einfache Hehlerei zu beschränken. Entsprechendes gilt für die Wahlfeststellung zwischen Hehlerei und Betrug. Auf gewerbsmäßige Hehlerei darf hierbei nur abgestellt werden, wenn auch der mögliche Betrug gewerbsmäßig begangen wäre; unerheblich ist insoweit, daß die Gewerbsmäßigkeit kein straferhöhendes Tatbestandsmerkmal beim Betrug ist, sondern nur im Rahmen der Strafzumessung strafschärfend berücksichtigt werden kann (BGH NJW **74**, 805). Wahlfeststellung ist ferner zwischen Bandenhehlerei und Bandendiebstahl möglich.

§ 260 a Gewerbsmäßige Bandenhehlerei

(1) **Mit Freiheitsstrafe von einem Jahr bis zu zehn Jahren wird bestraft, wer die Hehlerei als Mitglied einer Bande, die sich zur fortgesetzten Begehung von Raub, Diebstahl oder Hehlerei verbunden hat, gewerbsmäßig begeht.**

(2) **In minder schweren Fällen ist die Strafe Freiheitsstrafe von sechs Monaten bis zu fünf Jahren.**

(3) **Die §§ 43 a, 73 d sind anzuwenden.**

Vorbem.: Eingefügt durch Art. 1 Nr. 18 OrgKG.

1 **I.** Die Vorschrift stuft die Hehlerei als **Verbrechen** (§ 12 I) ein, wenn die qualifizierten Fälle des § 260 zusammenfallen, der Hehler also sowohl bandenmäßig als auch gewerbsmäßig tätig wird. Sie berücksichtigt die wesentlich erhöhte Gefährlichkeit bei Zusammentreffen von Bandentätigkeit und Gewerbsmäßigkeit, wie sie namentlich im Bereich der organisierten Kriminalität anzutreffen ist. Die Einstufung als Verbrechen begründet zugleich über § 30 die Strafbarkeit der dort erfaßten Vorbereitungshandlungen, soweit sie sich auf eine gewerbsmäßige Bandenhehlerei erstrecken.

2 **II.** Der **Tatbestand** entspricht in seinen Merkmalen § 260. Nur ist erforderlich, daß der Täter die Tat sowohl bandenmäßig als auch gewerbsmäßig begeht, was bei einer Bandenhehlerei zumeist gegeben sein dürfte. Tatbeteiligte, die nicht gewerbsmäßig handeln, sind gem. § 28 II nur nach § 260 strafbar. Dagegen ist für sie § 260a maßgebend, wenn sie, ohne Bandenmitglied zu sein (vgl. § 260 RN 4), selbst gewerbsmäßig vorgehen. Zum Erfordernis des Bestehens der Bande zZ des Hehlereigeschehens vgl. § 260 RN 2a; das dort Ausgeführte gilt entsprechend.

3 **III.** Die **Strafandrohung** unterscheidet sich von der des § 260 allein durch ein erhöhtes Mindestmaß. Es entfällt in minder schweren Fällen; zugleich ist das Höchstmaß um die Hälfte gesenkt (Abs. 2). Zu diesen Fällen vgl. allg. 48 vor § 38. Ein minder schwerer Fall ist ua idR bei geringwertigen Tatobjekten anzunehmen. Bei einer Freiheitsstrafe von mehr als 2 Jahren kann neben ihr die Vermögensstrafe (§ 43 a) verhängt werden (Abs. 3). Nach Abs. 3 ist ferner der erweiterte Verfall (§ 73 d) anzuordnen.

IV. Wahlfeststellung zwischen gewerbsmäßiger Bandenhehlerei und schwererem Bandendiebstahl 4 gem. § 244a, soweit der Täter gewerbsmäßig gehandelt hat, ist zulässig. Vgl. dazu noch BGH wistra 2000, 258.

§ 261 Geldwäsche, Verschleierung unrechtmäßig erlangter Vermögenswerte

(1) Wer einen Gegenstand, der aus einer in Satz 2 genannten rechtswidrigen Tat herrührt, verbirgt, dessen Herkunft verschleiert oder die Ermittlung der Herkunft, das Auffinden, den Verfall, die Einziehung oder die Sicherstellung eines solchen Gegenstandes vereitelt oder gefährdet, wird mit Freiheitsstrafe von drei Monaten bis zu fünf Jahren bestraft. Rechtswidrige Taten im Sinne des Satzes 1 sind

1. Verbrechen,
2. Vergehen nach
   a) § 332 Abs. 1, auch in Verbindung mit Abs. 3, und § 334,
   b) § 29 Abs. 1 Satz 1 Nr. 1 des Betäubungsmittelgesetzes und § 29 Abs. 1 Nr. 1 des Grundstoffüberwachungsgesetzes,
3. Vergehen nach § 373 und, wenn der Täter gewerbsmäßig handelt, nach § 374 der Abgabenordnung, jeweils auch in Verbindung mit § 12 Abs. 1 des Gesetzes zur Durchführung der Gemeinsamen Marktorganisationen,
4. Vergehen
   a) nach den §§ 180b, 181a, 242, 246, 253, 259, 263 bis 264, 266, 267, 269, 284, 326 Abs. 1, 2 und 4 sowie § 328 Abs. 1, 2 und 4,
   b) nach § 92a des Ausländergesetzes und § 84 des Asylverfahrensgesetzes,
   die gewerbsmäßig oder von einem Mitglied einer Bande, die sich zur fortgesetzten Begehung solcher Taten verbunden hat, begangen worden sind, und
5. von einem Mitglied einer kriminellen Vereinigung (§ 129) begangene Vergehen.

In den Fällen des Satzes 2 Nr. 3 gilt Satz 1 auch für einen Gegenstand, hinsichtlich dessen Abgaben hinterzogen worden sind.

(2) Ebenso wird bestraft, wer einen in Absatz 1 bezeichneten Gegenstand

1. sich oder einem Dritten verschafft oder
2. verwahrt oder für sich oder einen Dritten verwendet, wenn er die Herkunft des Gegenstandes zu dem Zeitpunkt gekannt hat, zu dem er ihn erlangt hat.

(3) Der Versuch ist strafbar.

(4) In besonders schweren Fällen ist die Strafe Freiheitsstrafe von sechs Monaten bis zu zehn Jahren. Ein besonders schwerer Fall liegt in der Regel vor, wenn der Täter gewerbsmäßig oder als Mitglied einer Bande handelt, die sich zur fortgesetzten Begehung einer Geldwäsche verbunden hat.

(5) Wer in den Fällen des Absatzes 1 oder 2 leichtfertig nicht erkennt, daß der Gegenstand aus einer in Absatz 1 genannten rechtswidrigen Tat herrührt, wird mit Freiheitsstrafe bis zu zwei Jahren oder mit Geldstrafe bestraft.

(6) Die Tat ist nicht nach Absatz 2 strafbar, wenn zuvor ein Dritter den Gegenstand erlangt hat, ohne hierdurch eine Straftat zu begehen.

(7) Gegenstände, auf die sich die Straftat bezieht, können eingezogen werden. § 74a ist anzuwenden. Die §§ 43a, 73d sind anzuwenden, wenn der Täter als Mitglied einer Bande handelt, die sich zur fortgesetzten Begehung einer Geldwäsche verbunden hat. § 73d ist auch dann anzuwenden, wenn der Täter gewerbsmäßig handelt.

(8) Den in den Absätzen 1, 2 und 5 bezeichneten Gegenständen stehen solche gleich, die aus einer im Ausland begangenen Tat der in Absatz bezeichneten Art herrühren, wenn die Tat auch am Tatort mit Strafe bedroht ist.

(9) Nach den Absätzen 1 bis 5 wird nicht bestraft, wer

1. die Tat freiwillig bei der zuständigen Behörde anzeigt oder freiwillig eine solche Anzeige veranlaßt, wenn nicht die Tat in diesem Zeitpunkt ganz oder zum Teil bereits entdeckt war und der Täter dies wußte oder bei verständiger Würdigung der Sachlage damit rechnen mußte, und
2. in den Fällen des Absatzes 1 oder 2 unter den in Nummer 1 genannten Voraussetzungen die Sicherstellung des Gegenstandes bewirkt, auf den sich die Straftat bezieht.

Nach den Absätzen 1 bis 5 wird außerdem nicht bestraft, wer wegen Beteiligung an der Vortat strafbar ist.

(10) Das Gericht kann in den Fällen der Absätze 1 bis 5 die Strafe nach seinem Ermessen mildern (§ 49 Abs. 2) oder von Strafe nach diesen Vorschriften absehen, wenn der Täter durch die freiwillige Offenbarung seines Wissens wesentlich dazu beigetragen hat, daß die Tat über seinen eigenen Tatbeitrag hinaus oder eine in Absatz 1 genannte rechtswidrige Tat eines anderen aufgedeckt werden konnte.

Stree

§ 261 1–4   Bes. Teil. Begünstigung und Hehlerei

Vorbem. Eingefügt durch Art. 1 Nr. 19 OrgKG, geändert durch VerbrechensbekämpfungsG v. 28. 10. 1994, BGBl. I 3186. Abs. 1 S. 2 Nr. 2 geändert durch § 35 GrundstoffüberwachungsG v. 7. 10. 1994, BGBl. I 2835. Abs. 1, 8, 9 geändert durch Ges. v. 4. 5. 1998, BGBl I 845.

1   I. § 261 dient in erster Linie der Bekämpfung der organisierten Kriminalität, namentlich des als Geldwaschen bezeichneten Einschleusens von Vermögenswerten aus solcher Kriminalität in den legalen Finanz- u. Wirtschaftskreislauf zum Zweck der Tarnung (BT-Drs. 12/9879 S. 26, Findeisen wistra 97, 121); zu Erscheinungsformen der Geldwäsche vgl. Körner/Dach, Geldwäsche, 1994, 28 (Placement, Layering, Integration), Guggenbühl Kriminalistik 95, 218 f., Hoyer/Klos, Regelungen zur Bekämpfung der Geldwäsche, 2. A. 1998, 9 ff. Die Vorschrift umfaßt jedoch nicht nur diesen Bereich, sondern geht ein ganzes Stück darüber hinaus. Namentlich die Erweiterung des Vortatenkatalogs hat den Bezug zur organisierten Kriminalität erheblich gelockert. Neben dem in erster Linie verfolgten Zweck, den legalen Finanz- und Wirtschaftskreislauf vor Durchmischung mit illegalen Vermögenswerten zu bewahren (Lampe JZ 94, 125), liegen § 261 zwei wesentliche **Schutzrichtungen** zugrunde. Abs. 1 soll vor allem die Aufgabe der Rechtspflege, die Wirkungen von Straftaten zu beseitigen, schützen (BT-Drs. 12/989 S. 27). Seine Funktion ist aber auch wie die der anderen Vorschriften des Abschnitts, den Nutzen aus Delikten durch Einschreiten gegen Anschlußtaten zu beschneiden und damit Vortäter zu isolieren und Vortaten einzudämmen (vgl. 2 vor § 257). Entsprechendes gilt für Abs. 2, der dazu beitragen soll, inkriminierte Gegenstände praktisch verkehrsunfähig zu machen (BT-Drs. aaO) und dadurch Vortäter zu isolieren. Zudem sollen, ähnlich wie mit § 257, das durch die Vortat verletzte Rechtsgut und die Rechtspflege geschützt sein (BT-Drs aaO; and. Barton StV 93, 160: vorverlagerter Rechtsgüterschutz). Zum geschützten Rechtsgut vgl. auch Leip, Der Straftatbestand der Geldwäsche, 1995 (Diss. Greifswald) 44 ff., Schittenhelm Lenckner-FS 526, Spiske, Pecunia olet?, 1998, 95. Ergänzt wird § 261 durch das GwG. Es verpflichtet die Kreditinstitute und sonstige Wirtschaftsunternehmen bei Finanztransaktionen von Werten ab 30 000 DM zu Identifizierungen, Aufzeichnungen und Anzeigen sowie zu internen Schutzvorkehrungen gegen Mißbrauch durch Geldwäsche. Den Strafverfolgungsbehörden sollen mittels des GwG Anhaltspunkte für Geldwäschefälle vermittelt werden. Zum GwG vgl. Fülbier/Aepfelbach, Das Geldwäschegesetz, 4. A., 1999, Hoyer/Klos aaO 223 ff., Ungnade WM 93, 2074 ff., 2105 ff., Findeisen wistra 97, 121, auch Hetzer wistra 93, 290 ff., **NJW 93**, 3308 f., Krüger Kriminalistik 94, 37, Löwe-Krahl wistra 94, 121, Carl/Klos wistra 94, 161, Körner/Dach aaO 52 ff., Bottke wistra 95, 125 ff. Zum strafrechtlichen Risiko der gesetzlichen Vertreter und Geldwäschebeauftragten der Kreditinstitute nach dem GwG vgl. Otto wistra 95, 323. Zu Erfahrungen mit dem GwG Froschauer Odersky-FS 351. Überblick über Maßnahmen gegen Geldwäsche in USA, Frankreich, Luxemburg, Schweiz, Liechtenstein, Österreich bei Hoyer/Klos aaO 95 ff. Zu Problemen der Geldwäsche in der Schweiz vgl. Berti/Graber, Das Schweizerische Geldwäschegesetz, 1999, Egger, Die strafrechtliche Erfassung der Geldwäscherei, 1998, Pieth, Bekämpfung der Geldwäscherei. Modellfall Schweiz? 1992, auch Schubarth Bemmann-FS 430; zum österr. Recht vgl. Klippl, Geldwäscherei, 1994, Siska Kriminalistik 97, 169; zur Bekämpfung der Geldwäsche in Luxemburg vgl. Fülbier wistra 96, 49. Zu Gemeinsamkeiten und Unterschieden bei den Geldwäschevorschriften in den europäischen Staaten vgl. Vogel ZStW 109, 335. Zu internationalen Tendenzen in der Geldwäschebekämpfung vgl. Scharp wistra 98, 81. Rspr.-Übersicht zu Geldwäschedelikten in Deutschland u. in der Schweiz bei Körner NStZ 96, 64. Krit. zur Geldwäscheregelung Arzt in Diederichsen/Dreier „Das mißglückte Gesetz", 1997, 24 ff. Vgl. ferner Oswald, Die Implementation gesetzlicher Maßnahmen zur Bekämpfung der Geldwäsche in der Bundesrepublik Deutschland, Diss. Freiburg, 1997. Zur Geldwäschebekämpfung im Zeitalter der Electronic Banking vgl. Findeisen Kriminalistik 98, 107; zur Geldwäsche mit „Cibermoney" vgl. Rederer Kriminalistik 2000, 261.

2   II. § 261 enthält zwei verschiedenartige Tatbestände, den **Verschleierungstatbestand** (Abs. 1) und den **Erwerbs-, Besitz- und Verwendungstatbestand** (Abs. 2; vgl. dazu Barton StV 93, 259: Isolierungstatbestand). Die Tatobjekte entsprechen sich jedoch. Das gilt auch für Gegenstände, die in Abs. 8 den in Abs. 1 genannten Gegenständen gleichgestellt worden sind (vgl. u. 6).

3   1. **Tatobjekt** kann jeder Gegenstand mit Vermögenswert sein, der aus einer der in Abs. 1 genannten Straftaten einschließlich eines Tatversuchs herrührt. Neben beweglichen und unbeweglichen Sachen zählen zu den Gegenständen auch Rechte einschließlich der Forderungen. In Betracht kommen insb. Bar- u. Buchgeld (in inländischer oder ausländischer Währung), Wertpapiere, Patente, Edelmetalle, Edelsteine, Drogen, Kunst- u. Sammelobjekte, Grundstücke und Rechte an ihnen, Unternehmensanteile sowie Forderungen jeglicher Art. Unerheblich ist, ob es sich um rechtlich anerkannte Werte handelt. Auch Gegenstände, denen ein nicht rechtlich anerkannter Vermögenswert zukommt, wie uU nichtigen Forderungen (Lackner/Kühl 53), fallen unter § 261, auch dann, wenn sie verbotener Art sind, wie Falschgeld. Für einen funktionalen Gegenstandsbegriff Cebulla wistra 99, 281, der dazu auch das Know-how u. Computerprogramme zählt.

4   2. Die Gegenstände müssen **aus einem Verbrechen** oder einem **bestimmten Vergehen herrühren** (gegen Vortatenkatalog Hund ZRP 96, 165). Bei Verbrechen, die iSv § 12 I zu verstehen sind, ist unwesentlich, welches Rechtsgut hierdurch verletzt worden ist; nur muß der aus ihr herrührende Gegenstand Vermögenswert haben, mag sich wie bei der Geldfälschung auch um illegale Werte handeln. § 12 III bleibt beachtlich, so daß die dort genannten Milderungsgründe ebenfalls für § 261 bedeutungslos sind. Als Vergehen kommen ohne Einschränkung in Betracht: Bestechungsdelikte (§ 332 I, auch iVm III, § 334, auch iVm § 1 IntBestG gem. § 4 IntBestG), Delikte mit Betäubungsmitteln (§ 29 I Nr. 1 BtMG, § 29 I Nr. 1 GrundstoffüberwachungsG), Taten eines Mitglieds einer kriminellen Vereinigung (§ 129) sowie Schmuggel (§ 373 AO). Steuerhehlerei (§ 374 AO) zählt nur zu den Katalogtaten, soweit sie gewerbsmäßig begangen wird. Schmuggel und Steuerhehlerei werden jeweils auch iVm § 12 I Ges. zur Durchführung der Gemeinsamen Marktorganisationen erfaßt. Beim Schmuggel und bei der Steuerhehlerei gehören gem. Abs. 1 S. 3 zu den inkriminierten Gegenständen auch ein solcher, hinsichtlich dessen Abgaben hinterzogen worden sind. Weitere Vergehen gehören zu den Katalogtaten, wenn sie gewerbsmäßig oder von einem Mitglied einer Bande, die sich zur fortgesetzten Begehung solcher Vergehen verbunden hat, begangen worden sind. Vergehen dieser Art sind der Menschenhandel (§ 180 b), die Zuhälterei (§ 181 a), der Diebstahl (§ 242), die Unterschlagung (§ 246), die Erpressung (§ 253), die Hehlerei (§ 259), der Betrug nach den §§ 263, 263 a, 264, die Untreue (§ 266), die Urkundenfälschung (§ 267), die Fälschung beweiserheblicher Daten (§ 269), das Glücksspiel (§ 284), die Abfallbeseitigung (§ 326 I, II, IV), der unerlaubte Umgang mit radioaktiven Stoffen (§ 328 I, II, IV) sowie Verstöße nach § 92 a AusländerG u. § 84 AsylverfahrensG.

Bei Vergehen eines Mitglieds einer kriminellen Vereinigung iSv § 129 ist jeder Kriminalitätsbereich **4 a** erfaßt. Es kommt nicht auf eine Organisationstätigkeit an (and. Lampe JZ 94, 127), da der Täter nicht als Mitglied einer kriminellen Vereinigung gehandelt haben, sondern nur Mitglied sein muß. Eine Unterscheidung zwischen organisationsbezogenen und selbständigen Taten wäre zudem unangebracht; denn beides läßt sich vielfach nicht scharf voneinander trennen, und die sonst mögliche Ausrede, das Mitglied sei nur für sich tätig geworden, wird abgeschnitten. Inkriminiert iSv § 261 sind somit alle Gegenstände, die aus irgendeiner Straftat eines Mitglieds einer kriminellen Vereinigung herrühren. Soweit es darauf ankommt, daß die Vortat von einem Mitglied einer Bande begangen worden ist, muß sie nicht unbedingt im Rahmen der Bandentätigkeit erfolgt sein. Das Gesetz stellt nämlich nicht wie ua nach Abs. 4 S. 2 und nach § 260 auf ein Handeln als Bandenmitglied ab, sondern setzt nur die Tatbegehung durch ein Bandenmitglied voraus. Handeln für eigenen Zweck reicht daher aus. Es wird also auch hier die Ausrede abgeschnitten, das Mitglied sei nur für sich tätig geworden, so daß sich der Geldwäscher nicht auf einen gegenteiligen Irrtum berufen kann. Zur Bandentätigkeit vgl. allg. § 244 RN 23 ff. Zu beachten ist, daß bereits 2 Personen eine Bande bilden können. Zur Gewerbsmäßigkeit als Voraussetzung für eine Vortat vgl. 95 vor § 52. Zur Feststellung einer konkreten Vortat vgl. Bernsmann StV 98, 46. Ebensowenig wie bei der Hehlerei (vgl. § 259 RN 12) ist jedoch die Feststellung einer genau bestimmten Vortat erforderlich; es muß nur feststehen, daß der Tatgegenstand aus einer Katalogtat herrührt. Ob etwa der Tatgegenstand aus einem Diebstahl oder einer Unterschlagung stammt, bleibt sich gleich, sofern nur eine dieser Vortaten vorgelegen hat. Ferner hat das eine Geldwäsche aburteilende Gericht wie bei der Begünstigung (vgl. § 257 RN 13) und bei der Hehlerei (vgl. § 259 RN 12) selbständig das Vorliegen einer hinreichenden Vortat zu beurteilen; es ist weder an eine Entscheidung zur Vortat gebunden, noch braucht überhaupt eine solche Entscheidung ergangen zu sein. Des weiteren braucht nicht bekannt zu sein, wer die Vortat begangen hat. Die Verjährung der Vortat ist grundsätzlich unbeachtlich (vgl. u. 9 aE).

Nicht mehr **erforderlich** ist nach der neuen Fassung des § 261, daß der **Vortäter ein anderer** **5** gewesen ist. Seitdem kann auch er die Geldwäsche als Täter vorgenommen haben. Er wird hierfür jedoch nicht bestraft, wenn er wegen seiner Vortat strafbar ist (Abs. 9 S. 2). Gleiches gilt für seine Teilnahme an der Geldwäsche. Dieser Regelung liegt der Gedanke der mitbestraften Nachtat zugrunde. Die Strafbarkeit wegen der Vortat muß dementsprechend feststehen (vgl. 117 vor § 52). Ist ungewiß, ob der Geldwäscher auch Vortäter war, so ist er wegen der Geldwäsche zu bestrafen. Ebenso liegt es, wenn ein Verschulden bei der Vortat nicht feststellbar ist. Dem Vortäter gleichgestellt ist der Teilnehmer an der Vortat. Auch auf ihn erstreckt sich, wie die Fassung „Beteiligung an der Vortat" ergibt, – abweichend von der Rspr. zu § 259 (vgl. § 259 RN 55) – die Regelung nach Abs. 9 S. 2, wobei unerheblich ist, ob er an der Geldwäsche als Täter oder als Teilnehmer beteiligt ist. Für die Nichtbestrafung bedeutungslos ist, daß für eine Vortat, zB für eine Unterschlagung, eine geringere Strafe als nach § 261 angedroht ist. Unberührt bleibt eine etwaige Strafbarkeit nach anderen Vorschriften, etwa nach § 259.

Nach Abs. 8 reichen **Auslandstaten** als Vortat aus, soweit sie auch am Tatort mit Strafe bedroht **6** sind. Sie müssen den Vortaten iSv Abs. 1 entsprechen, dh Delikte sein, die als Inlandstat die Voraussetzung des Abs. 1 erfüllt hätten. Das stellt nunmehr der neue Wortlaut des Abs. 8 ausdrücklich klar. Der frühere Streit über die Reichweite des Abs. 8 (vgl. Voraufl.) hat sich erledigt. Andererseits braucht die Strafnorm des Tatorts nicht Abs. 1 zu entsprechen, weder in der Qualifizierung der Tat als Verbrechen oder Vergehen sowie in der Strafdrohung, wie Mindestmaß bei Verbrechen, noch in der tatbestandlichen Qualifizierung, wie Mitgliedschaft in einer kriminellen Vereinigung. Insoweit kommt es nur darauf an, daß die nach inländischem Recht den Voraussetzungen des Abs. 1 genügende Vortat am Tatort unter Strafe steht. Nicht erforderlich ist, daß der Auslandstäter nach deutschem Recht bestraft werden kann. Auch die Tat eines Ausländers, auf die nicht nach den §§ 5 ff. deutsches Strafrecht anwendbar ist, genügt als Vortat. Zu einem Untreuefall im Ausland vgl. AG Essen wistra **95**, 31.

3. Das Tatobjekt muß aus einer Katalogtat des Abs. 1 (o. 4 ff.) **herrühren** (zur Auslegung dieses **7** Merkmals Grundsätzliches bei Leip, Der Straftatbestand der Geldwäsche, Diss. Greifswald 1995, 70 ff.,

Leip/Hardtke wistra 97, 281). Mit dem relativ unbestimmten Begriff „herrühren" wollte der Gesetzgeber klarstellen, daß nicht nur das unmittelbar aus einer (oder für eine) Katalogtat Erlangte Tatobjekt sein kann, sondern auch ein Gegenstand, der durch (uU eine Kette von) Verwertungshandlungen das ursprünglich Erlangte ersetzt hat (vgl. BT-Drs. 12/989 S. 27). Dabei kommt es nicht darauf an, daß der Ersatzgegenstand wertgleich mit dem ursprünglich Erlangten ist (and. BT-Drs. aaO: Beibehaltung des Wertes), auch nicht annähernd (and. Lackner/Kühl 5: ohne wesentliche Wertveränderung). Auch Ersatzwerte, die bei Geschäften mit Verlust das unmittelbar Erlangte nur teilweise ausgleichen, können durchaus noch aus einer Katalogtat herrühren. Eine Einschränkung auf Ersatzgegenstände unverminderten Wertes ergibt sich weder aus dem Begriff „herrühren" noch aus dem Gesetzessinn. Kriminalpolitisch ist es vielmehr geboten, auch solche Gegenstände, die gegenüber dem Ersetzten einen geringeren Wert aufweisen, in den Bereich des § 261 einzubeziehen. Erst recht gilt Gleiches für Geschäftsgewinne bei Verwertungshandlungen. Nicht erforderlich ist, daß die Vermögenswerte weiteren Straftaten dienen sollen (vgl. BGE 119 IV 242).

8 Soweit etwas unmittelbar aus einer Katalogtat stammt, bestehen idR keine rechtlichen **Abgrenzungsschwierigkeiten**, abgesehen vom u. 9 aE erörterten Verjährungsproblem. Anders sieht es dagegen bei Gegenständen aus, die das unmittelbar Erlangte ersetzt haben. Insoweit steht nur fest, daß zumindest eine ursächliche Verknüpfung mit dem unmittelbar Erlangten und dadurch mit einer Katalogtat bestehen muß, andererseits aber auch, daß allein diese Ursächlichkeit noch nicht genügen kann. Sonst würde dem § 261 eine uferlose Reichweite zukommen, die nach dem Gesetzeszweck nicht geboten ist und die zudem den Allgemeininteressen mehr schaden als nützen würde. Eine Einschränkung wird in Beziehung zum Verfall oder zur Einziehung vorgenommen; Tatobjekt sollen nur Gegenstände sein, die in einem den Verfall oder die Einziehung rechtfertigenden Zusammenhang stehen (Arzt JZ 93, 914; dagegen Leip aaO 76). Andere Ansätze zu einer Eingrenzung gründen sich auf den Gesichtspunkt der Adäquanz und der rechtlichen Signifikanz der Vortat für den Gegenstand (vgl. Barton NStZ 93, 159; krit. dazu Leip aaO 81 ff.). Danach soll ein Gegenstand aus einer Katalogtat herrühren, wenn die Vortat kausal und adäquat für den Vermögensgegenstand in seiner konkreten Gestalt oder dessen wirtschaftlicher Zuordnung ist und der ursächliche Zusammenhang nicht aus normativen Erwägungen (fehlende rechtliche Signifikanz) unterbrochen wird (Barton aaO 165). Sachgerechter ist es jedoch, an das Phänomen des Geldwaschens, dem ja § 261 in erster Linie entgegenwirken soll, anzuknüpfen und als Tatobjekt nur vermögenswerte Gegenstände ausreichen zu lassen, die mit dem Einschleusen „schmutziger" Werte in den Wirtschaftskreislauf und deren Umwandlung in „saubere" Werte einschließlich weiterer Umwandlungen nach wirtschaftlicher Betrachtungsweise die Stelle des Gewaschenen eingenommen haben, also wirtschaftlich gesehen mittels eines Umwandlungsprozesses die gewaschenen Werte ersetzen. Das ist beim wiederholt gebrachten Beispiel des Lotteriegewinns für fehlende Tatobjekteigenschaft nicht der Fall. Wer mit schmutzigem Geld ein Los kauft und das große Los zielt, hat nicht gezielt auf Umwandeln illegaler Werte in legale gehandelt, so daß der Lotteriegewinn nicht als Ersatz an die Stelle des ursprünglichen Wertes getreten ist. Anders verhält es sich, wenn größere Mengen schmutzigen Geldes bei Glücksspielen eingesetzt werden und damit erhöhte Gewinnchancen bestehen. Hier geht es um das Umwandeln in legale Werte. Ein Umwandeln hinreichender Art entfällt nicht bereits, weil zT auch legale Mittel eingesetzt werden. Nur wenn ihnen gegenüber die inkriminierten Mittel nicht ins Gewicht fallen, läßt sich das Erworbene nicht als Ersatz für das illegal Erlangte werten (vgl. dazu Barton NStZ 93, 163, aber auch Tröndle/Fischer 5 aE). Zu den Abgrenzungsproblemen, auch den u. 9 aE behandelten, vgl. auch Burr, Geldwäsche (Diss. Bonn 1995), 68 ff. mwN., Leip aaO 92 ff., Leip/Hardtke wistra 97, 283 (teilinkriminierte Gegenstände Tatobjekt, wenn bemakelter Anteil mehr als $^1/_4$ des Gesamtwertes beträgt; Vergleich mit § 74 I AO).

9 Mit der am Phänomen des Geldwaschens ausgerichteten Einschränkung sind die Abgrenzungsschwierigkeiten noch nicht völlig behoben. In manchen Fällen läßt sich sicherlich darüber streiten, ob ein Gegenstand (noch) zu den Tatobjekten zu rechnen ist. Zweifellos gehört in den bei den Gesetzesberatungen erörterten Beispiel, in dem mit illegalem Geld Unternehmensanteile erworben werden (vgl. Barton NStZ 93, 162), das vom Unternehmen Erzeugte oder Erwirtschaftete nicht zu den Tatobjekten. Entsprechend ist aber auch für das Erwirtschaftete in einem Betrieb anzunehmen, dessen Erwerb der Inhaber mit illegalen Werten finanziert hat. Deren Surrogat ist nicht das Erwirtschaftete, sondern der Betrieb als solcher. Fraglich ist jedoch die Eigenschaft als Tatobjekt, wenn das Erzeugte aus illegalen Gütern hervorgeht. Nach BT-Drs. 12/989 S. 27 soll sie entfallen, wenn von § 261 an sich erfaßte Gegenstände durch Weiterverarbeitung im wesentlichen auf eine selbständige spätere Leistung Dritter zurückzuführen ist. Dem ist durchaus zuzustimmen, da solche Produkte nicht mehr als Ersatz für Illegales zu werten sind. Die Frage ist aber, ob ebenso zu urteilen ist, wenn der Besitzer illegaler Stoffe diese selbst verarbeitet oder von anderen für sich verarbeiten läßt. Insoweit ließe sich daran denken, bei Verarbeitungen, die wesentlich mehr wert sind als das Verarbeitete, entsprechend § 950 BGB ein aliud anzunehmen, das von der Illegalität der verarbeiteten Stoffe gelöst ist (so Barton NStZ 93, 164). Dem steht jedoch entgegen, daß dem Vortäter hiermit zugestanden wird, Illegales in Legales umzuwandeln, in diesem Rahmen seine Isolierung zu beseitigen und sich Startkapital für erneute kriminelle Aktivitäten zu erarbeiten. Weitere Abgrenzungsprobleme ergeben sich infolge Vermischung von schmutzigen Werten mit sauberen, zB bei Einzahlung inkriminierter Gelder auf ein Bankkonto mit redlich erworbenem Geld. Übersteigen Überweisungen von diesem Konto, so läßt sich hierzu grundsätzlich sagen, den Anteil des redlichen Kontostandes, so rührt das hierfür Erlangte

aus der Vortat her. Eine anteilmäßige Aufteilung würde dem Sinn des § 261 zuwiderlaufen und wäre deswegen verfehlt. Bleibt die Überweisung dagegen unterhalb des Zuwachses an schmutzigem Geld, so läßt sich das Erworbene nicht den Tatobjekten des § 261 zuordnen (Salditt, Der Tatbestand der Geldwäsche, Strafverteidiger-Forum, Sonderdruck, 1992, 4; vgl. dagegen Leip/Hardtke wistra 97, 284). Daß hierdurch § 261 unterwandert werden kann, ist hinzunehmen, da ein sauberes Geschäft nicht auszuschließen ist. Ferner fragt sich, ob die Verjährung der Vortat sich auf § 261 auswirkt. Da mit ihrem Eintritt auch Verfall und (nicht sicherungsbedingte) Einziehung nicht mehr angeordnet werden dürfen, entfällt die Möglichkeit, deren Anordnung iSv Abs. 1 zu vereiteln. Daraus folgt jedoch nicht, daß die Tatobjekte ebenfalls für andere Tathandlungen nicht mehr in Betracht kommen, dh die Verjährung praktisch die Tatobjekteigenschaft aufhebt (and. Barton NStZ 93, 165). Das Ausscheiden als Verfallgegenstand kann nicht ohne weiteres auch Ausscheiden als geeignetes Objekt einer Geldwäsche bedeuten. Wie bei der Begünstigung oder der Hehlerei kann es nicht darauf ankommen, ob die Vortat noch verfolgt werden kann (vgl. § 257 RN 10, § 259 RN 11). Der Tabuisierungs- und Isolierungszweck des § 261 läßt es angebracht erscheinen, dessen Reichweite unabhängig von der Verjährung der Vortat zu bestimmen. Es wäre überdies kaum verständlich, inwiefern verjährungsunterbrechende Handlungen nach § 78 c für die Tatobjekteigenschaft maßgebend sein sollen, ganz zu schweigen von mißlichen Folgen für die subjektive Tatseite.

III. Als **Tathandlung** zählt **Abs. 1** eine Reihe von Begehungsweisen auf, die auf Verschleiern der **10** Identität inkriminierter Gegenstände und Vereiteln des staatlichen Zugriffs auf diese angelegt sind. Einvernehmen mit dem Vortäter braucht hierbei nicht vorzuliegen. Ein Unterlassen reicht aus, soweit eine Rechtspflicht zum Eingreifen iSv § 13 besteht, so beim Nichteingreifen eines zuständigen Ermittlungsbeamten oder bei einem Verstoß gegen die §§ 11, 14 GwG (vgl. dazu Burr, Geldwäsche, 86 ff.). Für die Tatvollendung genügt als Erfolg die konkrete Gefährdung des Zugriffs auf die Tatobjekte. Die angeführten Handlungen überschneiden sich vielfach und lassen sich nicht genau voneinander abgrenzen. Im einzelnen gilt folgendes:

Verbergen ist jede Tätigkeit, die mittels einer nicht üblichen örtlichen Unterbringung oder einer **11** den Gegenstand verdeckenden Handlung den Zugang zu einem Tatobjekt erschwert. In Betracht kommen ua Verstecken, Vergraben (BGE 119 IV 59), Ablegen einer Sache an ungewöhnlicher Stelle, Unkenntlichmachen und ähnliche Vorkehrungen, die dem Entdecktwerden vorbeugen. Einer Ortsveränderung bedarf es nicht; sie wird aber oftmals erfolgen. Unter **Verschleierung der Herkunft** fallen irreführende Machenschaften, die darauf abzielen, einem Tatobjekt den Anschein einer anderen (legalen) Herkunft zu verleihen oder zumindest die wahre Herkunft zu verbergen. Beispiele für Verschleiern sind Falschbuchungen, Kontoführung unter falschem Namen, Falschdeklarierungen, Falschbeschriftungen, „Anreichern" der Tageseinnahmen von Geschäften (Hund ZRP 96, 165), sonstige unrichtige Angaben, Vermischen schmutziger Gelder mit sauberen. Das Verschleiern der Herkunft muß nicht gelungen sein, dh deren Feststellung unmöglich gemacht haben. Es genügt, wenn es deren Ermittlung erschwert. Tatsächliche Ermittlungen brauchen noch nicht vorzuliegen. Erforderlich ist allein die konkrete Eignung, die wahre Herkunft vor etwaigen Ermittlungen zu vertuschen. Werden tatsächliche Ermittlungen beeinträchtigt, so greift die Alternative „Vereiteln oder Gefährden der Herkunftsermittlung" oder „des Auffindens" ein. Daneben wird noch das **Vereiteln** oder **Gefährden des Verfalls,** der Einziehung oder der Sicherstellung eines Tatobjekts erfaßt. Ob ein Vereiteln wie bei § 258 schon mit Verzögern der Verfallanordnung usw. beginnt, mag dahinstehen. Mit einem solchen Verzögern wird der Verfall usw jedenfalls gefährdet. Gefährden bedeutet Herbeiführen der konkreten Gefahr, daß die Herkunftsermittlung, das Auffinden, der Verfall usw unterbleibt (vgl. BGH NJW 99, 436 m. Anm. Krack JR 99, 472). Bewirken einer abstrakten Gefahr erfüllt noch nicht den Tatbestand. Konkret gefährdet wird zB das Auffinden eines Tatobjekts bereits mit dessen Verbringen ins Ausland (BGH aaO). Zu Vereitelungshandlungen vgl. § 258 RN 17 ff. Die dort gebrachten Beispiele lassen sich zT für § 261 entsprechend heranziehen, etwa falsche Angaben gegenüber Ermittlungsbehörden oder Beiseiteschaffen belastender Dokumente. Vernichten eines Tatobjekts ist wie bei § 258 (vgl. dort RN 16) nicht tatbestandsmäßig, da § 261 nicht dem Staat zur Einnahme von Vermögenswerten verhelfen soll, es vielmehr um das Entziehen inkriminierter Werte geht.

Nach Abs. 1 können sich auch **Angehörige** des Vortäters strafbar machen. Eine § 258 VI ent- **12** sprechende Regelung weist § 261 nicht auf. Da die Straflosigkeit einer unter § 258 fallenden Verfallvereitelung durch Angehörige ohnehin wenig sachgerecht ist (vgl. § 258 RN 15), läßt sich nicht befürworten, § 258 VI analog heranzuziehen. Nur soweit die Tat nach Abs. 1, insb. die Verfallvereitelung, notwendig für die Vereitelung einer Bestrafung ist, erscheint es angebracht, § 258 VI auf § 261 auszudehnen. Es gilt insoweit Entsprechendes wie für die Begünstigung als Mittel für die Strafvereitelung (vgl. § 258 RN 39).

IV. Einen weiteren Bereich von **Tathandlungen** deckt **Abs. 2** ab. Von dessen Nr. 1 wird erfaßt, **13** wer sich oder einem Dritten ein in Abs. 1 genanntes Tatobjekt **verschafft.** Das Gesetz lehnt sich insoweit an § 259 an, so daß auf die für die Hehlerei entwickelte Auslegung dieses Tatbestandsmerkmals zurückgegriffen werden kann (BT-Drs. 12/989 S. 27). Vgl. hierzu § 259 RN 18 ff. Auch ein Sichverschaffen durch Unterlassen ist entsprechend möglich (vgl. § 259 RN 29). Das zu § 259 Gesagte gilt sinngemäß auch, wenn es um den Erwerb von Forderungen und sonstigen Rechten geht. Wie bei § 259 ist nach Abs. 2 ein abgeleiteter Erwerb erforderlich (and. Spiske aaO [vgl. o. 1] 113).

Sonstiges Verschaffen, etwa durch Diebstahl, ist keine dem Zweck des Abs. 2 widersprechende Anschlußtat. Der Räuber, der einem anderen Räuber dessen Beute gewaltsam abnimmt, ist kein Geldwäscher. Es fehlt am inneren Zusammenhang mit der Ächtung des Tatobjekts und dem Isolierungszweck. Wie bei der Hehlerei (vgl. § 259 RN 42) entfällt ein abgeleiteter Erwerb nicht deshalb, weil er mittels Täuschung oder Nötigung erreicht worden ist. Hier steht der Gesetzessinn noch weniger als bei der Hehlerei der Einbeziehung eines solchen Erwerbs entgegen. Der abgeleitete Erwerb muß darauf angelegt sein, das Tatobjekt in seinem wirtschaftlichen Wert zu übernehmen oder dem Dritten zuzuleiten. Wer die Verfügungsgewalt nur übernimmt, um den inkriminierten Gegenstand der Ermittlungsbehörde zuzuführen, handelt nicht tatbestandsmäßig, wohl aber, wer beschädigte Banknoten, die Tatobjekt iSv Abs. 1 sind, bei der Bundesbank umtauscht. Ebensowenig wie den Erwerb zwecks Abgabe an die Ermittlungsbehörde erfaßt § 261 den Rückerwerb durch den Verletzten der Vortat oder für diesen, etwa den Rückerwerb einer geraubten Sache. Da hier die Sache dorthin zurückgelangt, wo sie hingehört, greift die Schutzrichtung des Abs. 2 (vgl. o. 1) nicht durch, mag auch der Vortäter Nutzen aus dem Rückerwerb ziehen. Nach Nr. 2 liegt ferner ein tatbestandsmäßiges Handeln vor, wenn jemand ein Tatobjekt verwahrt oder für sich oder einen Dritten verwendet. Unter **Verwahren** ist die bewußte Gewahrsamsausübung zu verstehen, sei es für Dritte oder, falls keine eigene Verfügungsgewalt (dann Nr. 1) begründet worden ist, für eigene Zwecke. Der Verwahrer muß allerdings bei Gewahrsamsbegründung die Herkunft der verwahrten Sache gekannt haben. Später erlangte Kenntnis ist unschädlich; sie führt auch nicht zu einer Garantenpflicht iSv § 13. Kenntnis ist nicht nur sicheres Wissen; bedingter Vorsatz genügt, wie der Vergleich mit dem leichtfertigen Nichterkennen iSv Abs. 5 ergibt (Tröndle/Fischer 14, Lackner/Kühl 8; and. Bottke wistra 95, 123). Soweit das Verwahren nur dazu dient, das Tatobjekt bei einer zuständigen Behörde abzuliefern, ist es ebensowenig wie das Verschaffen eine hinreichende Tathandlung. Unter das Merkmal **verwenden** fällt das Gebrauchmachen von Tatobjekten. Betroffen sind hiernach insb. die vielfältigen Geldgeschäfte (BT-Drs. 12/989 S. 27). Bei sonstigem Verwenden ist eine restriktive Auslegung angezeigt. Ein Gebrauch, der den Gesetzeszweck des Abs. 2 unberührt läßt, muß aus dem Tatbestandsbereich herausfallen. Ebensowenig wie eigenmächtiges Verschaffen genügt zB ein eigenmächtiger Gebrauch wie die unbefugte Ingebrauchnahme eines mit Drogengeldern erworbenen PKWs, auch nicht kurzes Ausleihen, wohl aber Dauerleihgabe. Im übrigen ist beim Verwahren wie beim Verwenden Kenntnis von der Herkunft des verwendeten Gegenstandes im Augenblick des Erlangens Voraussetzung.

14   Abs. 2 ist bedenklich weit gefaßt, so daß Einschränkungen nahe liegen. Das hat der Gesetzgeber selbst gespürt (vgl. BT-Drs. 12/989 S. 27). Er hat aber in objektiver Hinsicht den **Anwendungsbereich des Abs. 2** nur bei Handlungen **eingeschränkt,** die sich auf Gegenstände erstrecken, die zuvor ein Dritter erlangt hat, ohne hierdurch eine Straftat zu begehen (**Abs. 6**). Mit der Einschränkung soll zum Schutz des allgemeinen Rechtsverkehrs die Ausuferung strafbarer Anschlußtaten vermieden werden. Der Erwerb durch den Dritten braucht zivilrechtlich nicht wirksam zu sein (Lackner/Kühl 6). Abs. 6 greift zB auch ein, wenn der Dritte trotz Gutgläubigkeit beim Erwerb geraubter Sachen kein Eigentum erlangt hat. Maßgeblich ist allein, daß er mit der Erlangung des Gegenstandes keine Straftat begangen hat. Mit Straftat kann nur eine Tat nach § 261 gemeint sein. Bei anderen Straftaten, etwa Betrug, besteht kein vernünftiger Sinn, die Kette strafbarer Anschlußtaten zu unterbrechen. Diese Kette bleibt unterbrochen, wenn nach einem Gutgläubigen ein Bösgläubiger dessen Stelle eingenommen hat. Dritter kann nicht der Vortäter selbst sein. Erwirbt er zB mit geraubtem Geld von einem Gutgläubigen eine Sache, so ist dieser Erwerb zwar nicht strafbar, das Erlangte ist aber Tatobjekt iSv § 261. Soweit inkriminiertes Geld auf ein Konto bei einer Bank eingezahlt ist, kommt es bei Geldauszahlungen von diesem Konto, etwa beim Einlösen eines vom Vortäter ausgestellten Schecks, nicht auf das ausgezahlte Geld an (and. Maiwald Hirsch-FS 640), sondern auf die Übertragung einer Forderung gegen die Bank, so daß Abs. 6 nicht eingreift. Abs. 6 läßt Abs. 1 unberührt, so daß die Möglichkeit einer Tat nach Abs. 1 bestehen bleibt (BT-Drs. 12/989 S. 28), eine gesetzgeberische Lösung, die nicht vollauf überzeugt (vgl. dazu Maiwald Hirsch-FS 645).

15   Über Abs. 6 hinaus ist der Anwendungsbereich des Abs. 2 bei einem Erwerb einzuschränken, der ohnehin gerade wegen dieses Erwerbs strafrechtlich geahndet wird und bei dem ein an § 261 gemessener Grund fehlt, zusätzlich § 261 heranzuziehen. Es gilt insoweit Ähnliches wie bei der Einschränkung des § 239 b durch BGH NJW **94,** 333. Ein Fall dieser Art ist zB der Erwerb von Betäubungsmitteln für den Eigenverbrauch (§ 29 I Nr. 1 BtMG). Das trifft zumindest zu, wenn das Erworbene ein Geschenk ist. Aber auch eine Bezahlung erfordert nicht zwingend, zusätzlich § 261 anzuwenden. Mit § 29 BtMG ist das Unrechtsgeschehen hinlänglich erfaßt (vgl. auch Maiwald Hirsch-FS 636, der insoweit § 29 BtMG als abschließende Spezialregelung ansieht). Der Drogenerwerb ist jedoch nicht schlechthin dem § 261 zu entziehen. Wer Drogen zum Weitervertrieb ankauft, ist nicht anders zu behandeln als jemand, der für sonstige illegale Werte legale hergibt.

16   Eine weitere Einschränkung soll bei Entgegennahme eines Tatobjekts als Begleichung einer redlich erworbenen Forderung anzunehmen sein (Salditt Strafverteidiger-Forum, Sonderdruck, 1992, 2). Hier soll der Gesetzeszweck nicht verletzt sein, weil dem Vortäter nur Inkriminiertes entzogen, ihm aber nichts gewährt wird. Dem ist entgegenzuhalten, daß der Vortäter mit der Schuldtilgung durchaus etwas erlangt, nämlich den Wegfall einer Belastung, und daß er daher weiteren Nutzen aus der Vortat zieht. Zudem ließe sich § 261 leicht mit einer Vorleistung umgehen.

17   Ein anderer Vorschlag für Einschränkungen betrifft die Entgegennahme eines Tatobjekts für (bagatellhafte) alltägliche, übliche Leistungen zur **Deckung des Lebensbedarfs** sowie für Rechts- und

Finanzberatung (Barton StV 93, 156; ebenso Hartung AnwBl 94, 440, Kulisch StraFO 99, 337 für Entgegennahme schmutzigen Geldes durch Rechtsanwälte als Erfüllung von Honorarforderungen). Soweit es sich um das Entgelt für alltägliche Leistungen handelt, wird § 261 idR schon deswegen nicht eingreifen, weil der subjektive Tatbestand ohnehin nicht erfüllt oder jedenfalls Vorsatz (Leichtfertigkeit) nicht nachweisbar ist. Oftmals wird der Vortäter auch mit vermischtem Geld zahlen, bei dem der Anteil sauberen Geldes nicht überschritten wird, so daß es deshalb an einem Tatobjekt fehlt (vgl. o. 9). Die gänzliche Herausnahme aller Fälle des Alltagslebens ist andererseits kein zwingendes Gebot. Der Gesetzeszweck bleibt nicht derart unberührt, daß ein Hinwegsetzen über den Gesetzeswortlaut angezeigt ist. Das wäre nur der Fall, wenn es allein um die allgemeine Zielsetzung des OrgKG (vgl. BT-Drs. 12/989 S. 1) ginge, Vortätern die finanziellen Mittel für weitere Straftaten zu entziehen, da bei den Alltagsgeschäften solche Mittel nicht erworben werden. Die Zielsetzung des § 261 geht jedoch weiter. Der Zweck, die Tatobjekte verkehrsunfähig zu machen und dem Vortäter damit den Nutzen aus den Katalogtaten zu beschneiden, erstreckt sich auch auf Mittel, mit denen der Lebensbedarf gedeckt wird. Auch die Herausnahme des Entgelts für Rechts- und Finanzberatung aus dem Anwendungsbereich des Abs. 2 ist kein zwingendes Gebot. Mit der Annahme schmutzigen Geldes für solche Dienstleistungen werden die Schutzzwecke des § 261 nicht weniger verletzt als bei der Annahme derartiger Gelder für sonstige Leistungen (vgl. dazu auch Bottke wistra 95, 122, Tröndle/Fischer 15 a). Dem Vortäter wird im übrigen ohne eine Sonderstellung für Rechts- und Steuerberater nicht etwas genommen, worauf jedermann Anspruch hat. Auch die Notwendigkeit einer Strafverteidigung begründet nicht eine Ausnahme für Strafverteidiger, inkriminierte Vermögenswerte für ihre Leistungen entgegennehmen zu dürfen. Demgegenüber hat Hamburg NJW 2000, 673 eine Ausnahme für Strafverteidiger auf eine verfassungskonforme Auslegung des § 261 gestützt. Danach sollen das Recht eines Beschuldigten auf Auswahl eines Verteidigers und dessen Recht auf freie Berufsausübung es gebieten, die Befriedigung einer Honorarforderung mit inkriminierten Vermögenswerten aus § 261 herauszunehmen (vgl. dazu R. Hamm NJW 2000, 636, der auf Rechtfertigung abstellt, Lüderssen StV 2000, 205 sowie Bernsmann StV 2000, 40). Dieser Ansicht ist entgegenzuhalten, daß sie zu einer vom Gesetzgeber nicht gewollten Einschränkung des § 261 führt und sich obendrein leicht auf andere Berufe mit der Folge einer weiteren Aushöhlung des § 261 ausweiten läßt. So ließe sich dem Strafverteidiger etwa ein Arzt gleichstellen, der für notwendige Behandlungen inkriminierte Werte entgegennimmt. Auch insoweit ließe sich das Recht auf freie Arztwahl und auf die freie Berufsausübung des Arztes heranziehen. Gegen Hamburg daher zu Recht Schaefer/Wittig NJW 2000, 1387, Burger/Peglau wistra 2000, 161, Reichert NStZ 2000, 316, Hetzer wistra 2000, 281. Gegen Bartons weitergehenden Ansatz auch Burr, Geldwäsche, 51 ff. Burr aaO 45 will seinerseits von § 261 Handlungen ausnehmen, die für kriminelle Vereinigungen oder Banden nach den Umständen der Tat ohne jeglichen Nutzen sind. Die hierfür angeführten Beispiele überzeugen nicht allesamt. Zudem wird die Einschränkung nicht dem Umstand gerecht, daß bei Verbrechen als Vortat eine Bandenzugehörigkeit nicht erforderlich ist. Hund ZRP 96, 166 befürwortet die Herausnahme von Bagatellen aus dem Tatbestand schlechthin.

V. Der **subjektive Tatbestand** setzt grundsätzlich **Vorsatz** voraus; bedingter Vorsatz reicht bei allen Tatbestandsmerkmalen aus. Nur hinsichtlich der Tatobjekteigenschaft genügt nach Abs. 5 leichtfertiges Verkennen, daß der Gegenstand aus einer Katalogtat herrührt (vgl. u. 19). Der Vorsatz muß die Tatobjekteigenschaft, die Tathandlung und den Tatererfolg umfassen; den Vortäter braucht der Geldwäscher nicht zu kennen. Beim Tatobjekt muß der Täter es zumindest billigend in Kauf nehmen, daß es aus irgendeiner der Katalogtaten herrührt. Wie bei der Hehlerei (vgl. § 259 RN 45) genügt noch nicht, daß er mit einer solchen Möglichkeit lediglich rechnet. Beim Strafverteidiger, der als Honorar inkriminiertes Geld erhält, wird es deswegen vielfach am erforderlichen Vorsatz fehlen. Einzelheiten über die Vortat braucht er nicht zu wissen. Vorsätzlich handelt auch, wer die tatsächliche Herkunft des Tatobjekts als eine von verschiedenen Möglichkeiten einkalkuliert. Hierbei kommt es nur darauf an, daß er hinsichtlich der Vortat sich der Umstände bewußt ist, aus denen sich die Eigenschaft als Katalogtat ergibt. Er muß die Vortat nicht als Verbrechen usw. eingeordnet haben (vgl. BGE 119 IV 242), so daß zB die Falschbewertung eines Raubes als Vergehen nicht vorsatzausschließend wirkt. Geht der Täter dagegen von nicht maßgeblichen Umständen aus, zB von der Diebesbeute eines nicht gewerbsmäßig oder bandenmäßig handelnden Einzeltäters, so liegt ein vorsatzausschließender Tatbestandsirrtum vor. Andererseits entfällt der Vorsatz nicht, wenn der Täter 2 Personen nicht als Bande ansieht (Subsumtionsirrtum). Soweit eine Tat nach Abs. 2 Nr. 1 vorliegt, ist das Bewußtsein eines vom Vorgänger abgeleiteten Erwerbs erforderlich. Ferner muß der Täter bei der Tathandlung die insoweit maßgeblichen Umstände kennen, zB sich bei Ablegen eines Tatobjekts an ungewöhnlicher Stelle bewußt sein, daß es sich um einen unüblichen Aufbewahrungsort handelt, an dem der Gegenstand nicht ohne weiteres entdeckt wird. Außerdem muß der Täter bei einem Handeln nach Abs. 1 davon ausgehen, daß er zumindest eine konkrete Gefahr für die Herkunftsermittlung usw herbeiführt. Bloße Annahme einer abstrakten Gefahr begründet noch keinen Vorsatz. Ein vorsatzausschließender Tatbestandsirrtum liegt ua vor, wenn der Erwerber eines inkriminierten Gegenstandes irrig annimmt, ein Dritter habe diesen zuvor straffrei erlangt. Dagegen läßt die irrige Annahme einer anderen Katalogtat, zB Raub statt Unterschlagung iSv Abs. 1 S. 2 Nr. 4, den erforderlichen Vorsatz unberührt.

Der subjektive Tatbestand ist nach **Abs. 5** erfüllt, wenn der sonst vorsätzlich Handelnde **leichtfertig** die wahre Herkunft des Tatobjekts nicht erkennt, auf den sich sein Handeln erstreckt. Abs. 5 ist mit dem Schuldprinzip sowie mit dem Bestimmtheitsgrundsatz vereinbar (BGH **43** 158 m. Anm. Arzt

JR 99, 79). Leichtfertig handelt, wer grob fahrlässig nicht bedenkt, daß der Gegenstand aus einer Katalogtat herrührt, etwa in grober Achtlosigkeit sich keine oder unzutreffende Gedanken über die Herkunft des Gegenstandes macht, obwohl sich die wahre Herkunft nach der Sachlage geradezu aufdrängt (BGH **43** 168). Leichtfertige Unkenntnis kann zB vorliegen, wenn sich die bemakelte Herkunft offensichtlich abzeichnet und der Täter hiervor die Augen verschließt und von einer redlichen Herkunft ausgeht. Ein wesentlicher Faktor für den Grad der Nachlässigkeit ist ua der Wert des Tatobjekts. Bei hohen Werten sind nähere Gedanken über die Herkunft eher zu erwarten als bei geringen. Bei nicht allzu umfangreichen Alltagsgeschäften zur Deckung des Lebensbedarfs kann zB idR darauf vertraut werden, daß der Bedarf mit redlichen Gegenständen gedeckt wird. Wer sich hierbei überhaupt keine Gedanken über die Herkunft macht, handelt daher noch nicht leichtfertig. Für Ausschluß des Abs. 5 bei Handlungen nach Abs. 2 Nr. 2 Bottke wistra 95, 123.

20   **VI.** Sowohl bei der Tat nach Abs. 1 als auch nach Abs. 2 ist der **Versuch** strafbar (Abs. 3). Es gelten insoweit die allgemeinen Versuchsregeln gem. §§ 22 ff. Ein strafbarer Versuch ist auch gegeben, wenn jemand beim Erwerb eines Gegenstandes irrig meint, dieser rühre aus einem Verbrechen her (and. OG Zürich SJZ **2000**, 94; vgl. dagegen SchwBG SJZ **2000**, 332), etwa bei einem günstigen Kauf einer von einem Einzeltäter gestohlenen Ware glaubt, sie stamme aus einem Raubüberfall. Ebenfalls liegt ein Versuch vor, wenn der bösgläubige Erwerber bei einem zwischenzeitlich straffreien Erwerb einer bemakelten Sache durch einen Dritten von dessen nach § 261 strafbarem Erwerb ausgeht. Ferner handelt es sich um einen bloßen Versuch, wenn jemand einem nicht als solchen erkannten V-Mann inkriminierte Sachen verschafft (BGH NStZ **99**, 84).

21   **VII.** Für **Täterschaft** und **Teilnahme** sind die allgemeinen Regeln maßgebend. Zur Täterschaft oder Teilnahme eines Vortäters (Vortatbeteiligter) und zu einer möglichen Nichtbestrafung wegen Geldwäsche vgl. o. 5 sowie u. 27.

22   **VIII.** Die **Strafe** erhöht sich bei Vorsatztaten **in besonders schweren Fällen** auf Freiheitsstrafe von 6 Monaten bis zu 10 Jahren (Abs. 4). Ein solcher Fall ist idR gewerbsmäßiges Handeln oder Handeln als Mitglied einer Bande, die sich zur fortgesetzten Begehung einer Geldwäsche verbunden hat, also wiederholt Geldwäschehandlungen vornimmt bzw. vornehmen will. Trotz Parallelen zur Hehlerei sind diese Fälle nicht abschließend zu qualifizierten Tatbeständen ausgestaltet und auch nicht abweichend von der gewerbsmäßigen Bandenhehlerei bei Zusammentreffen von Gewerbsmäßigkeit und Bandentätigkeit als Verbrechen eingestuft worden. Im Einzelfall kann daher ein Regelbeispiel durch andere Strafzumessungsfaktoren so kompensiert werden, daß auf den normalen Strafrahmen zurückzugreifen ist (vgl. 44 a vor § 52). Der Vergleich mit der Hehlerei legt es jedoch nahe, ein Zurückgehen auf den normalen Strafrahmen möglichst weit zu beschränken. Zur Gewerbsmäßigkeit vgl. 95 vor § 52; zur Bandentätigkeit vgl. § 244 RN 23 ff. (Handeln unter Mitwirkung eines anderen Bandenmitglieds aber nicht erforderlich). Gewerbsmäßig kann auch handeln, wer sich mittelbar geldwerte Vorteile über Dritte aus den Tathandlungen verspricht (BGH NStZ **98**, 622). Die Annahme einer Bande setzt keine gleichen Tatbeiträge der Bandenmitglieder voraus. So kann es zB innerhalb eines Drogenkartells genügen, daß seine Mitglieder unterschiedliche Tatleistungen erbringen und das einzelne Bandenmitglied keine konkreten Kenntnisse von den Aktivitäten der anderen Mitglieder hat (BGH StV **97**, 590). Zu sonstigen besonders schweren Fällen vgl. allg. 44 c, 47 vor § 52. Ein solcher Fall, der keineswegs auf organisierte Kriminalität beschränkt ist (BGH NStZ **98**, 622), läßt sich etwa bei der Geldwäsche von sehr hohen Werten bejahen. Zur Beurteilung einer Teilnahme vgl. 44 d vor § 52. Hat der Täter als Mitglied einer Geldwäscherbande gehandelt, so kann gegen ihn nach § 43 a auf eine Vermögensstrafe erkannt werden (Abs. 7 S. 3). Neben jeder Freiheitsstrafe von 6 Monaten oder mehr kann das Gericht gem. § 68 I Führungsaufsicht anordnen (§ 262). Zur Höchststrafe des Regelstrafrahmens (Abs. 1) vgl. BGH NStZ **95**, 500.

23   **IX.** Abs. 7 ermöglicht über § 74 I hinaus die **Einziehung** der Gegenstände, auf die sich die Straftat bezieht (Beziehungsgegenstände; vgl. § 74 RN 12 a). Die Beschränkungen des § 74 II, III sind zu beachten. Abweichend von § 74 II Nr. 1 ist die Einziehung aber unter den Voraussetzungen des § 74 a zulässig. Bei gewerbsmäßigem Handeln oder dem Handeln als Mitglied einer Geldwäscherbande ist der **erweiterte Verfall** (§ 73 d) anzuordnen.

24   **X.** Zwecks wirksamer Bekämpfung der Geldwäsche und deren Vortaten hat der Gesetzgeber für **tätige Reue** in Abs. 9 einen Strafaufhebungsgrund verankert und in Abs. 10 Strafmilderung oder Absehen von Strafe zugelassen. Die Vergünstigungen sollen einen Anreiz für die Anzeige und die Offenbarung strafbarer Geldwaschvorgänge schaffen (BT-Drs. 12/989 S. 28).

25   **1.** Nach **Abs. 9** wird nach den Abs. 1–5 (oder wegen Teilnahme an der Geldwäsche) nicht bestraft, wer freiwillig die **Tat** bei der zuständigen Behörde **anzeigt** oder freiwillig eine solche Anzeige veranlaßt (persönlicher – § 28 II – Strafaufhebungsgrund). Bei Vorsatztaten muß zusätzlich die Sicherstellung aller Gegenstände bewirkt werden, auf die sich die Tat bezieht. Zur Sicherstellung vgl. § 111 b StPO. Zur Freiwilligkeit vgl. § 24 RN 42 ff. Zuständige Behörde für die Anzeige ist entsprechend § 158 I StPO die Polizei, die StA oder das AG. Das Anzeigeerfordernis erfüllt, wer die Tat der Geldwäsche in ihrem gesamten Umfang mitteilt. Das Verschweigen konkurrierender Taten schadet nichts. Ihre Anzeige ist nicht zumutbar, da Abs. 9 allein für die Geldwäsche Straffreiheit gewährt. Persönliche Anzeige ist nicht erforderlich. Es genügt, wenn ein anderer zur (tatsächlich erstatteten) Anzeige veranlaßt worden ist, zB die Geschäftsleitung eines Kreditinstituts durch einen Angestellten.

War die Tat zZ der Anzeige (ganz oder zT) bereits entdeckt, so entfällt bei Kenntnis des Täters (Teilnehmers) hiervon die Straffreiheit. Der Kenntnis steht es gleich, wenn der Tatbeteiligte bei verständiger Würdigung der Sachlage mit der Entdeckung rechnen mußte, er also etwa von konkreten polizeilichen Ermittlungen in der Sache erfährt. Der Tatbeteiligte kann dann aber noch über Abs. 10 eine Vergünstigung erlangen. Tatentdeckung setzt mehr als einen bloßen Tatverdacht voraus. Es muß bereits so viel an Erkenntnissen vorliegen, daß ein Erfolg der strafrechtlichen Ermittlungen wahrscheinlich ist (vgl. BGH NStZ 83, 415 zu § 371 II Nr. 2 AO). Die Entdeckung durch eine Privatperson reicht aus, wenn damit zu rechnen ist, daß diese ihre Kenntnis an die zuständige Behörde weiterreicht (vgl. BGH 35 38 zu § 371 II Nr. 2 AO). Ebenfalls genügt die Entdeckung im Ausland, wenn ihre Mitteilung an die zuständige Behörde zu erwarten ist. Zu Problemen des Abs. 9 bei Angestellten eines Kreditinstituts vgl. Carl/Klos wistra 94, 161.

2. Nach **Abs. 10** kann das Gericht die Strafe für die Geldwäsche gem. § 49 II nach seinem Ermessen mildern oder von Strafe für diese Tat absehen, wenn der Täter (Teilnehmer) durch freiwillige **Offenbarung seines Wissens** (nicht bloßer Vermutungen) wesentlich dazu beigetragen hat, daß die Tat über seinen eigenen Tatbeitrag hinaus oder eine Katalogtat iSv Abs. 1 aufgedeckt werden konnte („kleine" Kronzeugenregelung; BT-Drs. 12/989 S. 28). Dem Tatbeteiligten soll damit, auch wenn er keinen Anspruch auf Straffreiheit mehr erlangen kann, ein weiterer Anreiz für das Aufdecken von Geldwaschvorgängen oder von Vortaten gegeben werden. Abs. 2 verlangt mehr als das Geständnis der eigenen Tat. Die freiwilligen Angaben müssen über den eigenen Tatbeitrag hinaus Wesentliches zur Aufklärung der Geldwäsche oder zur Aufdeckung einer Katalogtat des Abs. 1 beigesteuert haben. Nicht erforderlich ist, daß die volle Aufklärung auf den Angaben beruht. Die Vergünstigung kann bereits gewährt werden, wenn das Offenbaren die Aufklärung in entscheidenden oder doch zumindest in wichtigen Punkten gefördert, etwa zur Festnahme eines Tatbeteiligten (vgl. BGH NJW 99, 1726 zu § 31 BtMG) oder zur Ermittlung weiterer Tatbeteiligter geführt oder eine bessere Grundlage für Tatnachweise geliefert hat (vgl. BGH StV 98, 601 zu § 31 BtMG). Ein wesentlicher Beitrag zur Tataufklärung entfällt dann nicht deswegen, weil der auf Grund des Offenbarten ermittelte Tatbeteiligte an sich vorhatte, sich selbst zu stellen. Nebensächliche Angaben wie unbedeutende Aussagen zum Randgeschehen reichen nicht aus. Andererseits setzt Abs. 10 aber auch nicht voraus, daß der Täter sein gesamtes Wissen offenbart (vgl. BGH NStZ 2000, 413 zu § 31 BtMG). Betrifft das Offenbarte eine Vortat, so genügt es, wenn daraufhin (nur) eine von mehreren Katalogtaten geklärt werden konnte. Wie die Vergünstigung für den Aufklärungsbeitrag ausfällt, liegt im richterlichen Ermessen und dürfte weitgehend von der Art und dem Umfang des Offenbarten abhängen. Bei mehreren selbständigen Taten ist Abs. 10 für jede Tat gesondert zu prüfen. Zur Strafmilderung vgl. § 49 RN 8 ff., zum Absehen von Strafe vgl. 54 vor § 38.

3. Außerdem wird nach **Abs. 9 S. 2** wegen Geldwäsche nicht bestraft, wer wegen Beteiligung an der Vortat strafbar ist. Vgl. hierzu Näheres o. 5. Unberührt von Abs. 9 S. 2 bleibt die Beteiligung (Mittäterschaft, Teilnahme) eines an der Vortat Nichtbeteiligten an einer nach dieser Vorschrift straflosen Geldwäsche. Diese bleibt für Dritte eine Straftat mit der Folge der Strafbarkeit einer Tatbeteiligung (vgl. 118 vor § 52).

XI. Konkurrenzen: Nur eine Tat, nicht Tateinheit liegt vor, wenn im Rahmen einer Handlungseinheit mehrere Tatmodalitäten erfüllt werden (vgl. § 52 RN 28). Gleiches gilt, wenn die Tat Gegenstände aus verschiedenen Vortaten zugleich erfaßt, etwa eine Handlung das Auffinden solcher Gegenstände gefährdet. Andererseits liegt idR Tatmehrheit vor, wenn sich der Täter bei verschiedenen Gelegenheiten inkriminierte Gegenstände verschafft, mögen diese auch aus einer Vortat herrühren und mögen die Handlungen auch einem einheitlichen Ziel dienen (BGH 43 149 m. Anm. Arzt JR 99, 79). Tateinheit ist ua mit den §§ 257 (BGH NStZ-RR 97, 359), 258, 259, 263, 266, 267 möglich. Bei Identität der Geldwäschehandlung und der Beihilfe zur Vortat tritt § 261 zurück (BGH 43 164, NStZ-RR 98, 26). Nur die §§ 257–259 sind anzuwenden, wenn die Schutzrichtung des § 261 unberührt bleibt, etwa jemand sich einen Gegenstand aus einem gewöhnlichen Raubüberfall, zB einem Kofferraub, schenken läßt (vgl. Schittenhelm Lenckner-FS 592). Entsprechendes gilt für § 29 BtMG beim Drogenerwerb zum Eigenverbrauch (vgl. o. 15).

§ 262 Führungsaufsicht

In den Fällen der §§ 259 bis 261 kann das Gericht Führungsaufsicht anordnen (§ 68 Abs. 1).

Vorbem.: Fassung des 23. StÄndG v. 13. 4. 1986, BGBl. I 393 u. Art. 1 Nr. 20 OrgKG.

Neben der Verurteilung wegen Hehlerei oder wegen Geldwäsche kann **Führungsaufsicht** gem. § 68 I angeordnet werden. Unerheblich ist, auf welcher Hehlereivorschrift die Verurteilung beruht oder ob sie aus § 261 erfolgt, ob ihr eine vollendete oder eine versuchte Tat zugrunde liegt und ob der Verurteilte an der Hehlerei oder der Geldwäsche als Täter oder als Teilnehmer beteiligt war. Voraussetzung ist jedoch stets, daß wegen der Tat eine Freiheitsstrafe von mindestens 6 Monaten verhängt wird und die Gefahr weiterer Straftaten des Verurteilten besteht (vgl. dazu die Anm. zu § 68). Die Anordnung der Führungsaufsicht ist fakultativ (vgl. dazu § 68 RN 9).

Zweiundzwanzigster Abschnitt. Betrug und Untreue

Vorbemerkungen zu den §§ 263 ff.

Schrifttum: Vgl. die Angaben zu § 263.

1 Der 22. Abschnitt des StGB wurde in neuerer Zeit, insb. durch das Erste und Zweite Gesetz zur Bekämpfung der Wirtschaftskriminalität (1. WiKG v. 29. 7. 1976, BGBl. I 2034; 2. WiKG v. 15. 5. 1986, BGBl. I 721) weitgehenden Änderungen unterworfen. Er greift damit über die Zentraldelikte Betrug und Untreue, denen der Abschnitt seine Überschrift verdankt und die das Vermögen als Individualrechtsgut schützen, weit hinaus. Durch das 6. StrRG v. 26. 1. 1998 (BGBl. I 1998 164) wurde mit Ausnahme der Änderung des § 265 (vgl. u. 4) insb. die Technik der Regelbeispiele für besonders schwere Fälle eingeführt, die aber insgesamt als mißglückt angesehen werden muß (vgl. u. 17 ff.).

2 I. Die Wurzeln der Straftatbestände Betrug und Untreue reichen fragmentarisch bis ins römische Recht zurück (zur geschichtlichen Entwicklung vgl. Cramer, Vermögensbegriff 23 ff.; Lackner LK § 263 RN 2 mwN, Naucke, Strafbarer Betrug 62 ff.). Allerdings kann von einem eigenständigen Betrugstatbestand moderner Prägung, der einerseits von den Fälschungsdelikten unabhängig ist und andererseits den Vermögensschutz in den Vordergrund stellt, im Bereich der Gesetzgebung erst in den Vorarbeiten zum preußischen StGB v. 1851 gesprochen werden, die dann in § 241 PrStGB ihren Niederschlag fanden. Die heutige Fassung des § 263 entspricht weitgehend dieser Vorschrift.

2 a Auch für die heutige Fassung des Untreuetatbestandes war erst die Arbeit des Gesetzgebers von 1851 grundlegend. Nach jahrzehntelangen wechselvollen Vorarbeiten gelang ihm mit § 246 PrStGB die Zusammenfassung der bestehenden vielfältigen partikulargesetzlichen Untreuevorschriften (Hübner LK[10] § 266 Entstehungsgeschichte, H. Mayer, Untreue 33 ff., 338 ff., Mat. I 333 ff.). Nachdem der Anwendungsbereich des Tatbestands durch das StGB des Norddeutschen Bundes v. 31. 5. 1870 erweitert worden war, erfolgte seine Übernahme in das StGB v. 1871 (vgl. Hübner LK[10] § 266 Entstehungsgeschichte). Der Nachteil der damals gültigen Norm bestand in ihrer Kasuistik. Die Vereinfachung des Tatbestands durch eine zusammenfassende Umschreibung der Untreuehandlung gelang erst im Gesetz v. 26. 5. 1933 (RGBl. I 295). Diese Fassung gilt in ihrem Kern heute noch. Der Untreue ist mit dem Betrug gemein, daß sie ein reines Vermögensdelikt ist (ganz h. M. vgl. § 266 RN 1; zum diesbezüglichen Streitstand vgl. Hübner LK[10] § 266 RN 19).

3 Vermögensdelikt ist auch der in dieser Hinsicht durch das 1. WiKG nicht geänderte Straftatbestand der Erschleichung von Leistungen (§ 265 a, erstmals eingefügt durch Ges. v. 28. 6. 1935, RGBl. I 839), der lediglich das durch die Leistungserschleichung betroffene Vermögen schützen will (Lackner LK[10] § 265 a RN 1).

4 Auch der durch Art. 1 Nr. 61 6. StrRG v. 26. 1. 1998 (BGBl. I 1998 179) neugefaßte Tatbestand des Versicherungsmißbrauchs (§ 265), der bis zu dieser Änderung als Versicherungsbetrug bezeichnet wurde, schützt jedenfalls auch das Vermögen des Versicherungsgebers (§ 265 RN 1 mwN Lackner LK[10] § 265 RN 1; and. BGH 25 261 m. Anm. F.-C. Schroeder JR 75, 71). Daneben soll nach h. M. (vgl. § 265 RN 2 mwN, Tröndle/Fischer § 265 RN 2, Lackner LK[10] § 265 RN 1) § 265 als einzige vor dem 1. WiKG erlassene Norm des 22. Abschnitts ein überindividuelles Rechtsgut, nämlich die soziale Leistungsfähigkeit des den Interessen der Allgemeinheit dienenden Versicherungswesens schützen (vgl. § 265 RN 1, Lackner LK[10] § 265 RN 1).

5 II. Durch das **1. WiKG** wurden im 22. Abschnitt die Straftatbestände des Subventionsbetrugs (§ 264) und des Kreditbetrugs (§ 265 b) eingefügt.

6 1. Die Vorschrift des § 264 verdankt ihre Existenz einer gegenüber dem 19. Jahrhundert gewandelten Wirtschaftsverfassung. Erst die Abkehr von rein liberalem Denken und die Hinwendung zu einem sozialen Verständnis des Verhältnisses von Staat und Wirtschaft ließen, begünstigt durch die teilweise Beibehaltung zentralverwaltungswirtschaftlicher Formen nach dem Ersten Weltkrieg, die Subvention in der Weimarer Zeit zu einem selbstverständlichen Instrument der Wirtschaftslenkung werden, das sich nach dem 2. Weltkrieg im Hinblick auf die erforderliche finanzielle Förderung des Wiederaufbaus als unerläßliche und richtige Voraussetzung für die Funktionsfähigkeit der wiedererstehenden Volkswirtschaft erwies (vgl. Tiedemann LK[10] § 264 RN 2). Mit der enormen Steigerung der Bedeutung der Subvention ergab sich die Notwendigkeit eines effektiven Schutzes gegen die daraus erwachsende spezifische Delinquenz. So wurde die Schaffung einer Spezialnorm erforderlich, zumal sich der Betrugstatbestand insb. im Hinblick auf die weitgehende Unmöglichkeit des Nachweises von Täuschungsvorsatz und Absicht, sich rechtswidrig zu bereichern, als unzulängliches Instrument erwies (näher Tiedemann LK[10] § 264 RN 4). Unbestritten ist, daß das Institut der Subvention als Instrument staatlicher Wirtschaftslenkung und die mit ihr verfolgte wirtschaftliche Zielsetzung als Schutzgut der Vorschrift fungiert (§ 264 RN 4, Tiedemann LK[10] § 264 RN 8, jeweils zum Schutz der Dispositionsfreiheit). Damit wird durch § 264 – nach § 265 – durch einen weiteren Tatbestand des 22. Abschnitts ein überindividuelles Rechtsgut geschützt.

2. Seit Ende der 60er Jahre wurde die Forderung nach Einführung eines Straftatbestandes zum Schutz gegen Kreditschleichung laut. Angesichts der wachsenden Unternehmensverflechtung und der seit dem Wiederaufbau schwach mit Eigenkapital ausgestatteten deutschen Volkswirtschaft war das Bedürfnis nach erhöhtem Schutz des gesamtwirtschaftlich bedeutenden Kreditwesens klar zu Tage getreten (Tiedemann LK[10] § 265 b RN 3). Der Ursprung der Vorschrift liegt aber, schon wegen der langen Tradition des Bankgewerbes, vor dem des Subventionsbetrugs, wobei die einschlägigen Regelungen im Nebenstrafrecht zu finden waren. Bereits das KWG v. 5. 12. 1934 (RGBl. I 1203), das aufgrund der Erfahrungen mit der großen Banken- und Wirtschaftskrise von 1931 ergangen war, enthielt in § 50 einen (subsidiären) Straftatbestand der Kreditschleichung. Dem lagen die Bemühungen der späten 20er und frühen 30er Jahre um einen effektiven Kreditschutz sowie die Ausbreitung neuartiger Kreditierungsformen, wie zB der Beteiligung der Banken an der Teilzahlungsfinanzierung beim Autokauf, zugrunde (vgl. Tiedemann LK[10] § 265 b RN 2). Die Gefährdung der Volkswirtschaft durch Kreditschleichung war dabei ein Aspekt, der über die einzelnen Gläubigerinteressen hinausreichte (Tiedemann LK[10] § 265 b RN 2). Daß der Straftatbestand dann anläßlich der Schaffung des KWG v. 10. 7. 1961 (BGBl. I 881) ohne erkennbaren Grund nicht übernommen wurde, mußte als Rückschritt betrachtet werden, der durch die Einführung des § 265 b nun als ausgeglichen angesehen werden kann.

Wie sich schon aus der volkswirtschaftlichen Bedeutung des Tatbestandes ergibt, soll auch § 265 b nicht nur das Vermögen des Kreditgebers oder Gläubigers schützen, sondern darüber hinaus das Funktionieren der Kreditwirtschaft als solcher und den Kredit an sich als Instrument des Wirtschaftsverkehrs (§ 265 b RN 3).

3. Insgesamt läßt sich somit feststellen, daß schon mit Inkrafttreten des 1. WiKG der Individualgüterschutz als dominierendes Ziel der Straftatbestände des 22. Abschnitts nicht mehr ohne weiteres festgestellt werden kann.

Materialien zum 1. WiKG: Tagungsberichte der durch das BMJ berufenen Sachverständigenkommission zur Bekämpfung der Wirtschaftskriminalität Bd. I bis IV; Prot. 7 S. 2467; Prot. 7 S. 2605; BT-Drs. 7/3441; BT StenBer. 7 S. 17 719; BT-Drs. 7/5291.

III. Sind die durch das 1. WiKG eingefügten Vorschriften vor dem Hintergrund eines gewandelten Staatsverständnisses sowie dem einschneidenden Ereignis des 2. Weltkriegs zu sehen, so versucht das 2. WiKG dem rapiden Fortschritt im Bereich der technischen Entwicklung Rechnung zu tragen. Ein Schwerpunkt des Gesetzes ist dabei der Versuch der mit dem zunehmenden Einsatz von Datenverarbeitungsanlagen einhergehenden Computerkriminalität entgegenzuwirken (vgl. Tiedemann WM 83, 1326, Sieber, Informationstechnologie 14 ff., Steinke NStZ 84, 295, Sieg Jura 86, 352). Diese Bestrebung schlug sich auch außerhalb des 22. Abschnitts nieder, so bei der Fälschung beweiserheblicher Daten (§ 269), der Erweiterung der Anwendbarkeit der §§ 271 und 348 auf alle öffentlichen Dateien sowie des § 273 auf den Fall der Datenspeicherung und des § 274 auf den Fall des unbefugten Löschens gespeicherter Daten. Weiter erfolgte durch § 270 die Gleichstellung der fälschlichen Beeinflussung einer Datenverarbeitung mit der Täuschung im Rechtsverkehr. Durch § 152 wurde die Fälschung von Euroschecks und Scheckkarten strafbewehrt und § 303 durch die Vorschriften über die rechtswidrige Datenveränderung (§ 303 a) und der Computersabotage (§ 303 b) ergänzt sowie zur Bekämpfung der Computerspionage der Tatbestand des Ausspähens von Daten (§ 202 a) aufgenommen. Zur Frage, ob ein weiterer Regelungsbedarf zur Bekämpfung der Wirtschaftskriminalität besteht, vgl. Weinmann [Lit. zu § 263 a] Pfeiffer-FS 87.

1. Im 22. Abschnitt wurden durch das 2. WiKG die Straftatbestände Computerbetrug (§ 263 a), Kapitalanlagebetrug (§ 264 a), Vorenthalten und Veruntreuen von Arbeitsentgelt (§ 266 a) und Mißbrauch von Scheck- und Kreditkarten (§ 266 b) eingefügt, und damit die in diesem Abschnitt mit dem 1. WiKG eingeleitete Entwicklung hin zum Schutz überindividueller Rechtsgüter fortgesetzt. Zwar will § 263 a mit seinem Schutzgegenstand „Ergebnis eines vermögensrelevanten Datenverarbeitungsvorgangs" in erster Linie das Individualvermögen schützen, mittelbar werden – in Anbetracht des Ausmaßes, das der Computereinsatz angenommen hat – wichtige Allgemeininteressen im Bereich von Wirtschaft und Verwaltung geschützt (Tröndle/Fischer § 263 a RN 2; and. Hass [vgl. Lit. zu § 263 a] 301: nur Schutz des Vermögens).

2. Bei § 264 a kann ein Überwiegen des Schutzes individueller Vermögensinteressen von Kapitalanlegern schon nicht mehr festgestellt werden, vielmehr ist der Schutz des Vertrauens der Allgemeinheit in den Kapitalmarkt zumindest als gleichwertiges Anliegen des Straftatbestandes zu sehen (vgl. zum ganzen § 264 a RN 1).

3. Auch die Tatbestände der §§ 266 a und 266 b haben zwei Schutzrichtungen. § 266 a (vgl. Abs. 2) dient zwar auch dem Schutzinteresse der Arbeitnehmer an der treuhänderischen Verwaltung von Teilen ihres Arbeitseinkommens, indem der Tatbestand, wie seit längerer Zeit angestrebt (BT-Drs. VI/3250 S. 416; 7/550 S. 432), die Vorschriften des Sozialversicherungsrechts (§§ 529, 1428 RVO; § 225 AFG, § 150 AVG, § 234 RKnappschaftsG) zusammenfaßt (vgl. Tröndle/Fischer § 266 a RN 1). Zumindest gleichrangig geschützt ist aber das Interesse der Solidargemeinschaft der Versicherten an der Sicherstellung des Aufkommens der Mittel für die Sozialversicherung.

4. Der im Hinblick auf die weltweite Bedeutung der Scheck- und Kreditkarten und die Entscheidung BGH 33 251 eingeführte § 266 b stellt dagegen wiederum den Schutz des Individualvermögens

Vorbem. §§ 263 ff. 16–23

in den Vordergrund (Tröndle/Fischer § 266 b RN 2, Otto wistra 86, 152), schützt daneben aber auch die Funktionsfähigkeit des bargeldlosen Zahlungsverkehrs in seiner volkswirtschaftlichen Bedeutung (dazu U. Weber, Dreher-FS 563).

16 **Materialien zum 2. WiKG:** Schlußbericht der Sachverständigenkommission zur Bekämpfung der Wirtschaftskriminalität, BMJ 1980; BR-Drs. 219/82; BT-Drs. 9/2008; GesAntrag des Landes Hessen BR-Drs. 215/83, 215/1 bis 4/83; BR StenBer. 522. Sitz. S. 143, 524. Sitz. S. 189 ff.; BR-Drs. 215/83; GesE der SPD-Fraktion BT-Drs. 10/119; BT-Drs. 10/5100 (Ausschreibungsbetrug; § 10 AÜG); BR-Drs. 150/83; BT-Drs. 10/318; BT-Drs. 10/5058; BT StenBer. 10 S. 15 433 ff., S. 15 444 (Schlußabstimmung); BR-Drs. 155/1/86; BR-Drs. 155/2/86 (Antrag He, NW, Saarl: Ausschreibungsbetrug); BR-Drs. 155/86 (GesBeschl.).

17 IV. Die **Regelbeispieltechnik für besonders schwere Fälle,** die den Schwerpunkt des 6. **StrRG** bildet, ist wenig durchdacht und muß insgesamt als mißglückt bezeichnet werden (vgl. auch Mitsch ZStW 111, 112 ff., Mitsch II 486). Dies liegt daran, daß die in § 263 III genannten Beispiele für besonders schwere Fälle in erster Linie auf den Betrug nach § 263 zugeschnitten sind und nur teilweise auf die Vorschriften passen, in denen § 263 III für entsprechend anwendbar erklärt wird. Deshalb erhebt sich die Frage, wie die für § 263 genannten Regelungen in Vorschriften zu beachten sind, in denen auf § 263 III verwiesen wird. Dabei wird man von folgenden Überlegungen auszugehen haben:

18 Als erstes ist zu fragen, ob aus der Anordnung, § 263 III gelte entsprechend, die Befugnis folgt, in § 263 a statt Betrug „Computerbetrug", in § 266 statt Betrug „Untreue" zu lesen (§ 263 III Nr. 1, 2). Dies dürfte unzulässig sein, weil eine derartige Umdeutung normativer Begriffe, in denen eine Bewertung eines Sachverhalts zum Ausdruck kommt, gegen das Analogieverbot (Art. 103 GG) verstoßen könnte. Bei den Merkmalen Betrug, Computerbetrug usw. handelt es sich nämlich um jeweils vertypte Unrechtssituationen, die einer Umdeutung nicht zugänglich sein dürften. Anders als bei der tatsächlichen Gleichstellung analoger Sachverhalte, wie zB des dem „Hindernisbereiten" in § 315 b I Nr. 2 gleichzustellenden „ähnlichen, ebenso gefährlichen Eingriff", knüpfen die Verweisungen in § 263 a II, 266 II nicht an tatsächlich gleich gelagerte Fälle, sondern an deren rechtliche Bewertung, bei der für eine entsprechende Anwendung kein Raum bleibt. Die Frage kann allerdings aus anderen Gründen offen bleiben. Vgl. zum ganzen Schünemann LK § 266 RN 177.

19 Zunächst ist nämlich zu fragen, ob das in § 263 III jeweils genannte Regelbeispiel auf die Vorschrift paßt, die auf § 263 III verweist. Dies ist zB nicht der Fall bei der Vortäuschung eines Versicherungsfalls (§ 263 III 1 Nr. 5) im Rahmen des § 263 a oder des § 266. Auch die Bandenmitgliedschaft spielt beispielsweise bei § 266, bei dem es auf das höchstpersönliche Rechtsverhältnis zwischen Geschäftsherren und Treupflichtigen ankommt, praktisch kaum eine Rolle. Der Mißbrauch der Befugnisse eines Amtsträgers wird bei § 266 regelmäßig die Vermögensbetreuungspflicht begründen, so daß § 263 III 1 Nr. 4 praktisch auf eine Verletzung des Doppelverwertungsverbots nach § 46 III hinausläuft (ebenso Schünemann LK § 266 RN 177).

20 Wo ausnahmsweise die in § 263 genannten besonders schweren Fälle passen, wie beispielsweise bei der gewerbsmäßigen Begehung oder der Herbeiführung eines Vermögensverlustes großen Ausmaßes, kann ein besonders schwerer Fall auch ohne Hinweis auf die Parallelregelung in § 263 angenommen werden. Hier handelt es sich nämlich um Faktoren, bei denen sich – wie vor der Gesetzesänderung – die Frage stellt, ob ein besonders schwerer Fall deshalb anzunehmen ist, weil die objektiven und subjektiven Tatumstände die erfahrungsgemäß gewöhnlich vorkommenden und deshalb für den ordentlichen Strafrahmen bereits berücksichtigten Fälle derart an Strafwürdigkeit übertreffen, daß dieser zur Ahnung der Tat nicht ausreicht. Mit anderen Worten: Die Frage, ob nach dem erhöhten Strafrahmen die Strafe zu bemessen ist, stellt sich nach wie vor bei § 263 a und § 266 nach dem für unbenannte Erschwerungsgründe genannten Grundsätzen (vgl. auch Schünemann § 266 RN 177).

21 Abzulehnen ist die von Tröndle/Fischer (§ 263 RN 48) vertretene Auffassung, wonach die Verbindung zu einer Bande nicht nur den Betrug im Sinne von § 263 und die Urkundenfälschung im Sinne von § 267 umfaßt, sondern als Urkundenfälschung auch die Taten nach §§ 268–281 und als Betrug auch die Taten nach § 263 a, § 264, § 264 a, § 265 b und § 266 b erfaßt, weil diese Tatbestände ein Täuschungselement enthielten, was aber zB bei § 263 a nicht zutrifft. Diese Auffassung ist schon deshalb abzulehnen, weil beispielsweise in §§ 275 II, 276 II von der Begehung der Tat durch ein Mitglied einer Bande die Rede ist, „die sich zur fortgesetzten Begehung von Straftaten nach Abs. 1 verbunden hat." Daraus ergibt sich, daß bei § 263 III nur auf den Betrug im Sinne von § 263 und die Urkundenfälschung im Sinne von § 267 abzustellen ist. Beachtung verdient weiterhin, daß § 264 II anders geartete besonders schwere Fälle formuliert, als sie in § 263 III geregelt worden sind.

22 Dagegen bildet die **Qualifikation,** die in § 263 V geregelt ist, keine Auslegungsschwierigkeiten, da hier vom Mitglied einer Bande die Rede ist, die sich zur fortgesetzten Begehung von Straftaten nach den §§ 263–264 oder §§ 267–269 verbunden hat.

23 **Materialien zum 6. StrRG:** Fraktionsentwurf CDU/CSU und FDP (BT-Drs. 13/7164), RegE (BT-Drs. 164/97, BT-Drs. 13/8587); BT-Prot. 13/162, 13/163, Stellungnahme BRat (BR-Drs. 164/97 [Beschluß], BT-Drs. 13/8587), Beschl.-Empf. RA-BTag (BT-Drs. 13/8591), RA-BTag-Prot.-Nr. 88; Bericht RA-BTag (BT-Drs. 13/9064), BTag-Prot. 13/204, Gesetzesbeschluß BTag (BR-Drs. 931/97), BRat Prot. 720; BRats-Beschluß (BR-Drs. 931/97 [Beschluß]).

§ 263 Betrug

(1) Wer in der Absicht, sich oder einem Dritten einen rechtswidrigen Vermögensvorteil zu verschaffen, das Vermögen eines anderen dadurch beschädigt, daß er durch Vorspiegelung falscher oder durch Entstellung oder Unterdrückung wahrer Tatsachen einen Irrtum erregt oder unterhält, wird mit Freiheitsstrafe bis zu fünf Jahren oder mit Geldstrafe bestraft.

(2) Der Versuch ist strafbar.

(3) In besonders schweren Fällen ist die Strafe Freiheitsstrafe von sechs Monaten bis zu zehn Jahren. Ein besonders schwerer Fall liegt in der Regel vor, wenn der Täter
1. gewerbsmäßig oder als Mitglied einer Bande handelt, die sich zur fortgesetzten Begehung von Urkundenfälschung oder Betrug verbunden hat,
2. einen Vermögensverlust großen Ausmaßes herbeiführt oder in der Absicht handelt, durch die fortgesetzte Begehung von Betrug eine große Zahl von Menschen in die Gefahr des Verlustes von Vermögenswerten zu bringen,
3. eine andere Person in wirtschaftliche Not bringt,
4. seine Befugnisse oder seine Stellung als Amtsträger mißbraucht oder
5. einen Versicherungsfall vortäuscht, nachdem er oder ein anderer zu diesem Zweck eine Sache von bedeutendem Wert in Brand gesetzt oder durch eine Brandlegung ganz oder teilweise zerstört oder ein Schiff zum Sinken oder Stranden gebracht hat.

(4) § 243 Abs. 2 sowie die §§ 247 und 248 a gelten entsprechend.

(5) Mit Freiheitsstrafe von einem Jahr bis zu zehn Jahren, in minder schweren Fällen mit Freiheitsstrafe von sechs Monaten bis zu fünf Jahren wird bestraft, wer den Betrug als Mitglied einer Bande, die sich zur fortgesetzten Begehung von Straftaten nach den §§ 263 bis 264 oder 267 bis 269 verbunden hat, gewerbsmäßig begeht.

(6) Das Gericht kann Führungsaufsicht anordnen (§ 68 Abs. 1).

(7) Die §§ 43 a und 73 d sind anzuwenden, wenn der Täter als Mitglied einer Bande handelt, die sich zur fortgesetzten Begehung von Straftaten nach den §§ 263 bis 264 oder 267 bis 269 verbunden hat. § 73 d ist auch dann anzuwenden, wenn der Täter gewerbsmäßig handelt.

Vorbem. § 263 geändert durch Art. 1 Nr. 58 6. StrRG vom 26. 1. 1998 (BGBl. I 1998 178).

Übersicht

I. Allgemeines	1–4
II. Tatbestandsaufbau	5
III. Täuschung	6–31 c
IV. Irrtum	32–53
V. Vermögensverfügung	54–77
VI. Vermögensbegriff	78–98
VII. Vermögensschaden	99–163
VIII. Subjektiver Tatbestand	164–177
IX. Versuch und Vollendung	178, 179
X. Täterschaft und Teilnahme	180
XI. Konkurrenzen	181–186 a
XII. Strafe	187–189
XIII. Haus- und Familienbetrug. Erlangung geringwertiger Sachen	190–192
XIV. Verjährung	193

Stichwortverzeichnis
Die Zahlen bedeuten die Randnoten

Abgrenzung z. Diebstahl 63 f.
Absicht rechtswidriger Bereicherung 176, s. auch Bereicherungsabsicht
Abzahlungsgeschäft 131, s. auch Kreditbetrug
Anfechtbare Verträge 131 f.
Angehörigenbetrug 191 f.
Angemessenheit des Preises 16 d, 17 c
Anstellungsbetrug 153 ff.
Anwartschaften 86 ff.
Arbeitnehmer-Überlassung 21
Arbeitskraft 96 f., 155
Aufklärungspflicht 20 ff., s. auch Unterlassen
Ausgleich der Vermögensminderung durch Vermögenszuwachs 106 ff., 120
Ausnützen eines Irrtums 46
Ausschreibung 16 f, 67, 88

Bargeschäfte 28
Beamtenstellung, Erschleichung 156
Beendigung 178
Berechnungsgrundlagen bei Eingehungs- und Erfüllungsbetrug 126
Bereicherungsabsicht 166 ff.
Besitzbetrug 94 f., 157 f., s. auch deliktischer Besitz
Besonders schwere Fälle 188 ff.
Bettelbetrug 41, 77, 101 ff.
Beweismittelbetrug 51, 70, 75, 146 f.
Blankounterschrift 61
Blinder Passagier 33, 37

Codekartenmißbrauch 29 a, 50
Computerkriminalität 53

Darlehensbetrug 25 ff., 162 f., s. auch Kreditbetrug
Deliktischer Besitz 95
Diebstahl, Abgrenzung zum Betrug 63 f.
Dirnenlohn 97
Dispositionsfreiheit 3, 81, 121

§ 263

Dreiecksbetrug 65 ff.
Duldung der Wegnahme einer Sache 63 f.

Eigenbedarf bei Wohnraum 22, 31 c
Einfordern einer Leistung 16 c
Eingehungsbetrug 125 ff.
  Vollendung 130 ff.
  – bei wirtschaftlich unausgewogenen Verträgen 131
  – bei wirtschaftlich ausgeglichenen Verträgen 132
Entgangener Gewinn 141
Entgelt, gleichwertiges – 112 f.
Entreichungsschaden 139
Entsprechensklausel 19
Entstellung wahrer Tatsachen 6
Erfolgsdelikt, kupiertes 5
Erfüllungsbetrug 125 ff., 135 ff.
  Täuschung vor und nach Vertragsabschluß 137
  – uneigentlicher 138
Erfüllungsfähigkeit 16 a
Erfüllungswille 16 a
Erklärungswert 12, 14
Erschleichung einer Beamtenstellung 56
Exspektanzen 87 ff.

Faktische Position als Vermögenswert 87 f., 94 f., 149
Fangprämie bei Ladendiebstahl 118
Finderlohn 94, 157
Forderungen
  nichtige – 92 f.
  unklagbare – 91
Fortgesetzte Handlung 186

Geldautomat 53
Geldstrafe 78 a
Geringwertige Sachen 192
Geschäftsgrundlage 16 e
Gleichwertigkeit von Leistung und Gegenleistung 106 ff., 120
Großhandels- und Einzelhandelspreis 113
Gutglaubenserwerb 111

Haus- und Familienbetrug 190 f.
Haustürgeschäft 131
Heiratsschwindel 159 f.
Herzklappenskandal 16 c

Identität
  – von Getäuschtem und Geschädigtem 65 ff.
  – von Getäuschtem und Verfügendem 65 ff.
Ignorantia facti s. Irrtum
Immaterieller Wert 98
Individuelle Verhältnisse des Betroffenen 121 ff.
Ingerenz 20
Irrtum 33 ff.
  Ausnützen eines – 46
  Bezugsgegenstand 34 f.
  Erregung eines – 43 f.
  ignorantia facti 36 f., 44, 60
  Intensitätsgrad der Fehlvorstellung 38 ff.
  Unterhaltung eines – 45

Kaskoversicherung 161
Kausalzusammenhang 77
Kaution 120
Kompensation 106 ff., 120
Konkludentes Tun 14 ff.
Konkurrenzen 181 ff.
Kreditbetrug 25 ff., 162 f.

Täuschung über Verwendungszweck des Darlehns 31
vollwertige Sicherungen 162 a
Zahlungswille beim – 22, 27
Kreditkarte 29

Lastschriftverfahren 30
Legitimationspapier 16 b, 48
Leiharbeiterverhältnis 21
Leistungsentgegennahme 17 a
Liebhaberwert 124
Listenpreis, Vorspiegelung von – 16 d

Mahnverfahren 52, 74
Makeltheorie 111
Mehraktige Verfügungen 62
Meinungsäußerungen 9
Minderwertige Ware 110
Ministerium der Staatssicherheit 21 a
Mißverhältnis
  – von Anspruch und Leistung, s. Erfüllungsbetrug
  – von Leistung und Gegenleistung, s. Eingehungsbetrug
Mittelbare Täterschaft 180
Mittäterschaft 180
Motive, Mehrzahl – 77

Nachträgliche Zahlungsunfähigkeit 17 a, 22
Naturalobligation 91
Nichtgeltendmachen einer Forderung 60

Objektiv-individueller Schadensbegriff 108 ff.
Öffentliche Leistungen, Bauwesen 104 a
Offenbarungspflicht 20 ff., s. Unterlassen
Optionsgeschäft 31 b, 114 a

Parteibehauptungen, unwahre – 51, 69 ff.
Persönlicher Schadenseinschlag 121 ff.
Plagiat 110
Prognosen 9
Provisionsvertreter 16 f., 169
Prozeßbetrug 51 f., 69 ff.
  – durch unwahre Parteibehauptungen 71
  – Irrtum 51 ff.
  – Verfügung 69 ff.
  – Versäumnis- und Mahnverfahren 74
Prozeßkostenhilfe 73
Prozeßrisiko 111, 144

Rechtsgut beim Betrug 1
Rechtswidrigkeit des Vermögensvorteils 170 ff.
  Irrtum über – 175
  – der Vermögensverschiebung 172 ff.
Reklameanpreisung 9
Risikogeschäft 16 e

Scheck 16 c, 29, 49
Scheckkarte 29 a, 50, 145
Schenkungsbetrug 31, 115
Schutzrichtung 2, 78 a
Schwarzmarktgeschäfte 150
Selbstbedienungsladen 16 f, 58, 63 a, 118, 184
Selbsthilfebetrug 147
Selbstschädigung
  bewußte 105
  bei gemischten Verträgen 105
  unbewußte 41, 101 f.
Sicherungsbetrug 184 f.
Sittenwidrige Geschäfte 93, 148 ff.
Soziale Zweckverfehlung 102, s. auch Bettel- und Spendenbetrug

Betrug

Spätwette 16 e, 39, 114
Sparkassenbuch 16 b, 48
Spekulationsgeschäft 16 e, 114
Spendenbetrug 41, 101 ff.
Spielvertrag 16 e
Stoffgleichheit 168 f.
Stasi-Vergangenheit 21 a, 156
Stundung 115
Subj. Einschlag bei Schadensberechnung 121 ff.
Submissionsbetrug 137 a
Subventionsbetrug 31 a, 104

Tankstellenfälle 63 b
Täuschung 11 ff.
  – ausdrückliche 13
  – durch Unterlassen 18 ff.
  – schlüssige (konkludente) 14 ff.
  – über innere Tatsachen 10
  – über Tatsachen 8
  – über Zahlungswillen 10
Täuschungshandlung 6 ff., 11 ff.
  – Erklärungswert 12
  – gesetzliche Aufgliederung 7
Tarifmäßige Vergütung 16 d, 138
Tatsachen 8
  – innere 10
  – und Prognosen 9, 34
  – und Werturteile 9
  – zukünftige 8
Teilnahme 180
Treu und Glauben
Offenbarungspflicht aus – 23
  – als Rechtsgut des Betruges 1

Überhöhte Vergütung, Täuschung über – 16 d, 17 c
Unmöglichkeit, anfängliche 151
Unrichtige Angaben 8
Unterdrückung wahrer Tatsachen 7
Unterlassen
  Aufklärungspflicht 20 ff.
  aus besonderem Vertrauensverhältnis 19, 21
  aus Gesetz 21
  aus Ingerenz 20
  aus Treu und Glauben 23
  aus Vertrag 22
  Irrtumsproblematik 45 f.
  Täuschung durch – 18 ff.
  Vermögensverfügung durch – 58
Urteile 9

Verbotene Geschäfte 93, 150
Verfügungsbefugnis 16 b
Verjährung 196
Verletzter 4
Vermittlungslehre 82 ff.
Vermögen 84 ff.
  Ansprüche
    unwirksame 92
    aus sittenwidrigem oder verbotenem Rechtsgeschäft 93
  Anwartschaften 86
  Arbeitskraft 96 f.
  Besitz 94 f.
  Erschleichen öffentlicher Leistungen 104, 104 a
  Gewinnchancen 90
  immaterielle Werte 98
  Naturalobligationen 91
  subjektive Vermögensrechte 85
  tatsächliche Anwartschaften (Exspektanzen) 87 ff.
Vermögensbegriff 78 a ff.
  dynamischer – 81

individualisierender – 81
juristischer – 79
juristisch-ökonomischer 82
materialer – 82
personaler – 81
wirtschaftlicher 80
Vermögensbeschädigung, s. Vermögensschaden
Vermögensgefährdung 143 ff.
Vermögensschaden 78 ff., 99 ff.
  – bei anfänglicher Unmöglichkeit 151
  – bei anfechtbaren Verträgen 131 f.
Anstellungsbetrug 153 ff.
  – bei Ausgleich durch gesetzliche Ansprüche 120
  Ausgleich durch Vermögenszuwachs 106 ff.
  Bearbeitungskosten bei Ladendiebstahl 118
  – bei Befreiung von einer Verbindlichkeit 116 f.
  Besitzverlust, endgültiger 157
  – vorübergehender 158
  – bei Beweismittelbetrug 146 f.
  Fangprämie bei Ladendiebstahl 118
  – bei gutgläubigem Erwerb 111
  individuelle Verhältnisse 121 ff.
  – bei Mißverhältnis von Anspruch und Leistung 128 ff.
  – bei Mißverhältnis von Leistung und Gegenleistung 110
  – bei nicht durchsetzbaren Rechtspositionen 119
  – bei nichtigen Verträgen 149 f.
  objektiv-individueller Schadensbegriff 108 ff.
  staatliche Sanktionen 78 a
  Stufen der Schadensverwirklichung 127 ff.
  subjektive Wertschätzung 124
  – durch unentgeltliche Hingabe von Vermögenswerten 138
  – unmittelbarer 61, 140 ff.
  – bei unsittlichen Rechtsgeschäften 148 ff.
  – bei verbotenen Rechtsgeschäften 150
  – durch Vermögensgefährdung 143 ff.
  – bei wirtschaftlich ausgeglichenen Verträgen 132 f.
  – bei wirtschaftlich unausgewogenen Verträgen 131
Vermögensverfügung 54 ff.
  bewußte oder unbewußte – 60
  mehraktige 62
  – durch Dulden 57
  – durch positives Tun 56
  – durch hoheitliche Anordnung 56, 68
  – durch Unterlassen 58
Vermögensvorteil 166 ff.
  rechtswidriger – 170 ff.
  – zugunsten eines Dritten 177
Versäumnisverfahren 52, 74
Verschweigen als Täuschung 18
Versuch 179
Vertreter ohne Vertretungsmacht 120
Verwendungszweck 16 e, 31
  – Täuschung über 16 f., 31
Vollendung 178
Vorbereitungshandlung 179
Vorsatz 164 f.
Vorspiegelung falscher Tatsachen 6 ff., 13 ff.
  – gegenüber Dritten 180
  – durch schlüssiges Verhalten 14 ff.
  – zugesicherter Eigenschaften 13
VW-Aktien 88, 105, 114

Warentermingeschäft 31 b, 114 a
Wechselgeldbetrug 64
Wechselgeschäfte 29, 163
Werbegeschenke, Bestellen von 105 a

§ 263

Cramer 2049

§ 263 Bes. Teil. Betrug und Untreue

Wirtschaftliche Bewegungsfreiheit 98, s. auch Dispositionsfreiheit

Zahlungsfähigkeit, Täuschung über – 16 a, 25, 28

Zahlungswilligkeit, Täuschung über – 16 a, 25, 27, 162

Zechprellerei 16 a, 28, 39, 186

Zug um Zug 132

Zweckverfehlung, soziale 102 ff.

Schrifttum: Achenbach, Aus der 1987/1988 veröffentlichten Rechtsprechung zum Wirtschaftsrecht, NStZ 89, 497. – *ders.*, Aus der 1989/1990 veröffentlichten Rechtsprechung zum Wirtschaftsstrafrecht. *Altenhain*, Der strafbare Mißbrauch kartengestützter elektronischer Zahlungssysteme, JZ 97, 752. – *Amelung*, Unternehmerpfandrecht und Schadensberechnung beim Betrug NJW 75, 624. – *ders.*, Irrtum und Zweifel des Getäuschten beim Betrug, GA 77, 1. – *Backmann*, Die Abgrenzung des Betruges von Diebstahl und Unterschlagung, 1974. – *Baumann*, Amtsunterschlagung und Betrug, NJW 61, 1141. – *Betschart*, Grundfragen der strafrechtlichen Erfassung betrügerischen Verhaltens gegenüber dem Staat, 1991. – *Birnbaum*, Stichwort „Churning", wistra 91, 253. – *Bittner*, Der Gewahrsamsbegriff und seine Bedeutung für die Vermögensdelikte, Diss. Göttingen 1972. – *ders.*, Zur Abgrenzung von Trickdiebstahl, Betrug und Unterschlagung, JuS 74, 156. – *Bockelmann*, Der Unrechtsgehalt des Betruges, in: Probleme der Strafrechtserneuerung (Kohlrausch-FS) 226. – *ders.*, Zum Begriff des Vermögensschadens beim Betrug, JZ 52, 461. – *ders.*, Betrug verübt durch Schweigen, Eb. Schmidt-FS 437. – *ders.*, Betrug trotz ausreichender Gläubigersicherung, NJW 61, 145. – *ders.*, Kriminelle Gefährdung und strafrechtlicher Schutz des Kreditgewerbes, ZStW 79, 28. – *Bohnenberger*, Betrug durch Vertragserschleichung, 1990. – *Bringewat*, Der Mißbrauch von Kreditkarten, JA 84, 347. – *Broß/Thode*, Untreue und Betrug am Bau – und deren Bewältigung durch Teile der Justiz?, NStZ 93, 369. – *Bruns*, Gilt die Strafrechtsordnung auch für und gegen Verbrecher untereinander?, Mezger-FS 335. – *ders.*, Können ordnungswidrige Preisabsprachen bei öffentlichen Ausschreibungen nach geltendem Recht auch als Betrug mit Kriminalstrafe geahndet werden?, NStZ 83, 385. – *Burchardt*, Täuschung und Rechtswidrigkeit beim Kreditbetrug, 1937 (Abh. des Berl. Kriminal. Instituts). – *Busch*, Erpressung und Betrug, 1922. – *ders.*, Betrug durch Verschweigen, 1934 (Sonderausgabe aus der FS der Leipziger Juristenfakultät für R. Schmidt). – *Charalambakis*, Die Nichtbezahlung beim Selbstbedienungstanken – Eine kritische Diskussionsübersicht, MDR 85, 975. – *v. Cleric*, Betrug verübt durch Schweigen, 1918. – *Cramer*, Vermögensbegriff und Vermögensschaden im Strafrecht, 1968. – *ders.*, Die Grenzen des Vermögensschutzes im Strafrecht, JuS 66, 472. – *ders.*, Kausalität und Funktionalität der Täuschungshandlung im Rahmen des Betrugstatbestandes, JZ 71, 415. – *ders.*, Zur Strafbarkeit von Preisabsprachen in der Bauwirtschaft – Der Submissionsbetrug, 1995. – *ders.*, Zur Strafbarkeit von Preisabsprachen bei der Vergabe von Bauleistungen (usw.), Schlenke – FS 269. – *ders.*, Strafbare Kartelle? Zur strafrechtlichen Beurteilung der sog. Submissionsbetruges, in: Kriminelle Kartelle? Zur Entstehungsgeschichte des neuen § 298 StGB, 1998. – *Damman/ Kutscha*, Das Verschweigen einer früheren MfS-Tätigkeit von Beschäftigten im öffentlichen Dienst (usw.), NJ 99, 281. – *Dästner*, Straffreiheit bei der Prozeßbetrug im automatisierten Mahnverfahren?, ZRP 72, 36. – *Detter*, Zum Strafzumessungs- und Maßregelrecht, NStZ 89, 465. – *Ehlers*, Ärztliche Abrechnungsmanipulation gegenüber der gesetzlichen Krankenversicherung, Schüler-Springorium-FS 163. – *Eisenberg*, Wahrheitspflicht und Prozeßbetrug im Zivilrechtsstreit, Salger-FS 15. – *Ellmer*, Betrug und Opfermitverantwortung, 1986. – *Ellscheid*, Das Problem der bewußten Selbstbeschädigung beim Betrug GA 71, 161. – *Engisch*, Das Problem der psychischen Kausalität beim Betrug, v. Weber-FS 247. – *Eser*, Die Beeinträchtigung der wirtschaftlichen Bewegungsfreiheit als Betrugsschaden GA 62, 289. – *Fabricius*, Betrug, Betrugsbegriffe und gesellschaftliche Entwicklung, 1985. – *Fichtner*, Die Börsen- und Depotrechtlichen Strafvorschriften und ihr Verhältnis zu den Eigentums- und Vermögensdelikten des StGB, 1993. – *Fleischer*, Die strafrechtliche Bewertung provozierter Auffahrunfälle, NJW 76, 878. – *Foth*, Betrug und illegales Rechtsgeschäft, GA 66, 33. – *Franke/Ristau*, Zur ökonomischen Beurteilung der Aufschlagsproblematik bei der Vermittlung von Optionsgeschäften, wistra 90, 252. – *Franzheim*, Zur Strafbarkeit des Komplizen- und Dirnenlohnbetrugs, GA 60, 269. – *ders.*, Probleme des Beitragsbetruges im Bereich der illegalen Arbeitnehmerüberlassung, wistra 87, 313. – *Franzheim-Krug*, Betrug durch Erschleichen von Unterschriften, GA 75, 97. – *Freund/Bergmann*, Betrügerische Schädigung des Auftraggebers eines Mordes, JR 91, 357. – *Frisch*, Funktion und Inhalt der „Irrtums" im Betrugstatbestand, Bockelmann-FS 647. – *Gading*, Zur strafrechtlichen Beurteilung des Verschweigens früherer MfS-Tätigkeit bei Einstellung in den öffentlichen Dienst, NJ 96, 297. – *Gaidzik*, Abrechnung unter Verstoß gegen die Pflicht zur persönlichen Leistungserbringung, wistra 98, 329. – *Gallandi*, Straftaten beim Immobilienvertrieb, wistra 92, 289, 333. – *ders.*, Schadensberechnung beim Immobilienbetrug, wistra 94, 243. – *ders.*, Innenprovision als Betrug, wistra 96, 323. – *Gallas*, Der Betrug als Vermögensdelikt, Eb. Schmidt-FS 401. – *Geerds*, Baubetrug, NStZ 91, 57. – *D. Geerds*, Schadensprobleme beim Betrug, Jura 94, 309. – *ders.*, Wirtschaftsstrafrecht und Vermögensschutz, 1990. – *Geiger*, Zur Abgrenzung von Diebstahl und Betrug, JuS 92, 834. – *Geppert*, Die Abgrenzung von Betrug und Diebstahl, insbesondere in den Fällen des sogenannten „Dreiecks-Betruges", JuS 77, 69. – *Gerhold*, Zweckverfehlung und Vermögensschaden, 1988. – *Giehring*, Prozeßbetrug im Versäumnis- und Mahnverfahren, GA 73, 1. – *Goldschmidt*, Beiträge zur Lehre vom Kreditbetrug, ZStW 48, 149. – *Gössel*, Vom Scheckbetrug zum Scheckkartenbetrug, MDR 73, 177. – *ders.*, Probleme notwendiger Teilnahme beim Betrug, Steuerhinterziehung und Subventionsbetrug, wistra 85, 125. – *Graul*, Können auch Erfahrungssätze und Rechtssätze Tatsachen iSd § 263 StGB sein?, JZ 95, 595. – *Groß*, Betrug ohne Irrtum?, NJW 73, 600. – *Grünhut*, Der strafrechtliche Schutz wirtschaftlicher Interessen, RG-FG Bd. V, 116. – *ders.*, Der strafrechtliche Schutz loyaler Prozeßführung, SchwZStr. 51, 43 (67). – *Günther*, Wahlfeststellung zwischen Betrug und Unterschlagung?, JZ 76, 665. – *ders.*, Zur Kombination von Täuschung und Drohung bei Betrug und Erpressung, ZStW 88, 960. – *Gutmann*, Der Vermögensschaden beim Betrug im Licht der neueren höchstrichterlichen Rechtsprechung, MDR 63, 3, 91. – *Haft*, Die Lehre vom bedingten Vorsatz, ZStW 88, 365. – *Hansen*, Die subjektive Seite der Vermögensverfügung beim Betrug, MDR 75, 533. – *R. Hassemer*, Schutzbedürftigkeit

Betrug § 263

des Opfers und Strafrechtsdogmatik, 1981. – *Hardwig,* Beiträge zur Lehre vom Betruge, GA 56, 6. – *Hartmann,* Das Problem der Zweckverfehlung beim Betrug, 1988. – *Hefendehl,* Die Submissionsabsprache als Betrug: ein Irrweg!, JuS 93, 805. – *ders.,* Vermögensgefährdung u. Expektanzen, 1994. – *Hegler,* Betrug, VDB VII, 405. – *Herzberg,* Bewußte Selbstschädigung beim Betrug, MDR 72, 93. – *ders.,* Betrug und Diebstahl durch listige Sachverschaffung, ZStW 89, 367. – *Hilgendorf,* Tatsachenaussagen u. Werturteile im Strafrecht, 1998. – *Hirsch,* Zum Spannungsverhältnis von Theorie und Praxis im Strafrecht, Tröndle-FS 19. – *Hillenkamp,* Vorsatztat und Opferverhalten, 1981. – *Hirschberg,* Der Vermögensbegriff im Strafrecht, 1934. – *Jecht,* „Überhöhte" Preisforderung und Betrugstatbestand, GA 63, 41. – *Joecks,* Zur Vermögensverfügung beim Betrug, 1982. – *ders.,* Zur Schadensfeststellung beim Submissionsbetrug, wistra 92, 247. – *Jünemann,* Erbschleichung als Betrug?, NStZ 98, 393. – *Kaiser,* Betrug durch bewußtes Ausnutzen von Fehlern beim Geldwechseln, NJW 71, 601. – *Keunecke,* Prozeßbetrug, 1940 (StrAbh. Heft 417). – *Kindhäuser,* Täuschung und Wahrheitsanspruch beim Betrug, ZStW 103, 398. – *ders.,* Betrug als vertypte mittelbare Täterschaft, Bemmann-FS 339. – *Klawitter,* Die Grenzen des Betruges durch Unterlassen, 1993. – *Krack,* List als Tatbestandsmerkmal, 1994. – *Krehl,* Mißbräuchlich gestellter Asylantrag als Ansatzpunkt strafrechtlicher Verfolgung?, NJW 91, 1397. – *Kühl,* Umfang und Grenzen des strafrechtlichen Vermögensschutzes, JuS 89, 505. – *Kühne,* Geschäftstüchtigkeit oder Betrug?, 1978. – *Kurth,* Das Mitverschulden des Opfers beim Betrug, 1984. – *Lackner/Imo,* Zum Vermögensschaden bei betrügerischen Manipulationen mit Warenterminoptionen, MDR 83, 969. – *Lampe,* Strafrechtliche Aspekte der „Unterschriftserschleichung" durch Provisionsvertreter, NJW 78, 679. – *ders.,* Der Kreditbetrug (§§ 263, 265b StGB), 1980. – *ders.,* Falsches Glück, Bespr. von BayObLG NJW 93, 2820, JuS 94, 737. – *Lange,* Privilegierung des Ladendiebes?, JR 76, 177. – *Lausen,* Strafrechtliche Risiken bei der Forderungsbeitreibung, wistra 91, 279. – *Lenckner,* Vertragswert und Vermögensschaden beim Betrug des Verkäufers, MDR 61, 652. – *ders.,* Zum Problem des Vermögensschadens (§§ 253, 263 StGB) beim Verlust nichtiger Forderungen, JZ 67, 105. – *ders.,* Kausalzusammenhang zwischen Täuschung und Vermögensschaden, NJW 71, 599. – *ders.,* Vermögensschaden und -gefährdung beim Eingehungsbetrug, JZ 71, 320. – *ders.,* Computerkriminalität und Vermögensdelikte, 1981. – *Lenckner/Winkelbauer,* Strafrechtliche Probleme im modernen Zahlungsverkehr, wistra 84, 83. – *Löffler,* Künstlersignatur und Kunstfälschung NJW 93, 1421. – *Lücke,* Aktuelle Rechtsprechungsübersicht zur Betrugsproblematik in der Sachversicherung, VersR 94, 128. – *Luipold,* Die Bedeutung von Anfechtungs-, Widerrufs-, Rücktritts- u. Gewährleistungsrechten (usw.), 1998. – *Maaß,* Betrug verübt durch Schweigen, 1982. – *ders.,* Betrug gegenüber einem Makler, JuS 84, 25. – *ders.,* Die Abgrenzung von Tun und Unterlassen beim Betrug, GA 84, 264. – *Maiwald,* Strafrecht Besonderer Teil – Vermögensdelikte (Teil II), ZStW 103, 681. – *Martin,* Criminal Securities and Commodities Fraud, 1993. – *Maurach,* Die strafrechtliche Beurteilung des unberechtigten Erwerbes von Volkswagen-Aktien, NJW 61, 625. – *H. Mayer,* Die Untreue im Zusammenhang der Vermögensverbrechen, 1926. – *Merkel,* Kriminalistische Abhandlungen II., Die Lehre vom strafbaren Betruge, 1867. – *Meurer,* Betrug als Kehrseite des Ladendiebstahls?, JuS 76, 300. – *ders.,* Die Bekämpfung des Ladendiebstahls, 1976. – *Merz,* „Bewußte Selbstschädigung" u. die Betrugsstrafbarkeit in § 263 StGB, 1999. – *Meyer,* Die mißbräuchliche Benutzung der Scheckkarte – Betrug oder Untreue?, JuS 73, 214. – *ders.,* Schließt das Werkunternehmerpfandrecht beim Betrug einen Vermögensschaden aus?, MDR 75, 357. – *Mezger,* Vermögensberechnung bei Sachwucher und Betrug, DR 37, 1289. – *Miehe,* Unbewußte Verfügungen, 1987. – *Mitsch,* Rechtsprechung zum Wirtschaftsstrafrecht nach dem 2. WiKG, JZ 94, 877. – *ders.,* Die Vermögensdelikte im Strafgesetzbuch nach dem 6. StRG, ZStW 111, 65. – *Mohrbotter,* Rechtswidrigkeit von Zueignung und Bereicherung im Strafrecht, GA 67, 199. – *ders.,* Der Bettel-, Spenden- und Subventionserschleichungsbetrug, GA 69, 225. – *ders.,* Die Anwartschaften im System des Betrugstatbestandes, GA 71, 321. – *ders.,* Grenzen des Vermögensschutzes beim Betrug, GA 75, 41. – *Moosecker,* Die Beurteilung von Submissionsabsprachen im Strafrecht, Lieberknecht-FS 407. – *Müller/Wabnitz,* Wirtschaftskriminalität, 2. A., 1986. – *Naucke,* Zur Lehre vom strafbaren Betrug, 1964. – *ders.,* Der Kausalzusammenhang zwischen Täuschung und Irrtum beim Betrug, Peters-FS 109. – *ders.,* Der Kleinbetrug, Lackner-FS 695. – *Oehler,* Liegt beim gutgläubigen Erwerb von Nichtberechtigten ein Vermögensschaden im Rahmen des Betruges vor?, GA 56, 161. – *Offermann-Burckart,* Vermögensverfügungen Dritter im Betrugstatbestand, 1994. – *Oldigs,* Möglichkeiten u. Grenzen der strafr. Bekämpfung von Submissionsabsprachen, 1998. – *ders.,* Submissionsbetrug u. Vermögensschaden, ZRP 96, 300. – *Otto,* Zur Abgrenzung von Diebstahl, Betrug und Erpressung bei der deliktischen Verschaffung fremder Sachen, ZStW 79, 59. – *ders.,* Die Struktur des strafrechtlichen Vermögensschutzes, 1970. – *ders.,* Bargeldloser Zahlungsverkehr und Strafrecht, 1978. – *ders.,* Die neuere Rechtsprechung zu den Vermögensdelikten, JZ 85, 21 ff. u. 69 ff. – *ders.,* Mißbrauch von Scheck- und Kreditkarten sowie Fälschung von Vordrucken für Euroschecks und Euroscheckkarten, wistra 86, 150. – *ders.,* Die neuere Rechtsprechung zu den Vermögensdelikten – Teil 2, JZ 93, 652. – *Pawlik,* Das unerlaubte Verhalten beim Betrug, 1999. – *Piech,* Der Prozeßbetrug im Zivilprozeß, 1998. – *Protzen,* Vermögensschaden durch Verschweigen ehem. Tätigkeit f. das MfS (usw.), NStZ 97, 525. – *E. Putzo,* Betrug durch Angabe fingierter Forderungen im Lastschrift-Einzugsverkehr, NJW 78, 689. – *Ranft,* Grundfälle aus dem Bereich der Vermögensdelikte, JA 84, 723. – *Rengier,* „Dreieckserpressung" gleich „Dreiecksbetrug"?, JZ 85, 625. – *ders.,* Kündigungs-Betrug des Vermieters durch Tun und Unterlassen bei vorgetäuschtem Eigenbedarf – BayObLG NJW 87, 1654. – *Riemann,* Vermögensgefährdung und Vermögensschaden, 1989. – *Rietzsch,* Prozeßbetrug und Wahrheitspflicht, DStR 34, 9. – *Rönnau,* Die Verkürzung von Kirchensteuern – ein Betrug ohne Folgen?, wistra 95, 47. – *Rutkowsky,* Der Schadensnachweis bei unzulässigen Submissionsabsprachen, NJW 95, 705. – *Sack,* „Das Hütchenspiel" – ein eindeutiger Betrug, NJW 92, 2540. – *Samson,* Grundprinzipien des strafrechtlichen Vermögensbegriffes, JA 89, 510. – *Sarstedt,* Betrug durch Amtserschleichung, JR 52, 308. – *Sauckel,* Betrug beim Handel mit Warenterminoptionen, 1991. – *Schauer,* Grenzen der Preisgestaltungsfreiheit im Strafrecht, 1989. – *Schaupensteiner,* Submissionsabsprachen und Korruption im öffentlichen Bauwesen, ZRP 93, 250. – *Scheffler,* Prozeßgesinnung und Prozeßbetrug, DStR 39, 204. – *Schmidhäuser,* Der Zusammenhang von Vermögensverfügung und Vermögensschaden beim Betrug (§ 263 StGB), Tröndle-FS 305. – *Schmitt,* Nehmen oder Geben, ist das hier die Frage?, Spendel-FS 575. – *Schmoller,*

Ermittlung des Betrugsschadens bei Bezahlung eines marktüblichen Preises, ZStW 103, 92. – *ders.*, Betrug bei bewußt unentgeltlichen Leistungen, JZ 91, 117. – *Schönfeld*, Interessenverletzung und Betrugsschaden, JZ 64, 206. – *Schroeder*, Erbserschleichung als Betrug, NStZ 97, 585. – *Schröder*, Über die Abgrenzung des Diebstahls von Betrug und Erpressung, ZStW 60, 33. – *ders.*, Grenzen des Vermögensschadens beim Betrug, NJW 62, 721. – *ders.*, Zum Vermögensbegriff bei Betrug und Erpressung, JZ 65, 513. – *ders.*, Betrug durch Behauptung wahrer Tatsachen?, Peters-FS 153. – *Schumann*, Betrug und Betrugsbeihilfe durch wahre Behauptungen?, JZ 79, 588. – *Schünemann*, Methodenprobleme bei der Abgrenzung von Betrug und Diebstahl in mittelbarer Täterschaft, GA 69, 46. – *ders.*, Einige vorläufige Bemerkungen zur Bedeutung des viktimologischen Ansatzes in der Strafrechtsdogmatik, in: H.J. Schneider, Das Verbrechensopfer in der Strafrechtspflege, 1982, 407. – *ders.*, Zukunft der Viktimodogmatik: die viktomologische Maxime als umfassendes regulatives Prinzip zur Tatbestandseingrenzung, Faller-FS, 357. – *Seier*, Kündigungsbetrug durch Verschweigen des Wegfalls von Eigenbedarf, NJW 88, 1617. – *ders.*, Der Kündigungsbetrug, 1989. – *ders.*, Prozeßbetrug durch Rechts- und ungenügende Tatsachenbehauptungen, ZStW 102, 563. – *Sennekamp*, Zur Strafbarkeit der Begebung ungedeckter Schecks unter Verwendung der Scheckkarte, BB 73, 1005. – *Sieber*, Computerkriminalität und Strafrecht, 2. A., 1980. – *ders.*, Informationstechnologie und Strafrechtsreform, 1985. – *Sieg*, Strafrechtlicher Schutz gegen Computerkriminalität, Jura 86, 352. – *Siegle*, Probleme bei der Bekämpfung der illegalen Beschäftigung (usw.), 1998. – *Sonnen*, Strafrechtliche Grenzen des Handels mit Optionen auf Warentermin-Kontrakte, wistra 82, 123. – *ders.*, Der Vermögensschaden beim betrügerischen Handel mit Warenterminoptionen, StV 84, 175. – *Staab*, Betrug in der Kfz-Haftpflichtversicherung, 1991. – *Stahlschmidt*, Beitragsvorenthaltung und Betrug im Zusammenhang mit illegaler Beschäftigung, wistra 84, 209. – *Steinhilper*, Zur Betrugsstrafbarkeit des Kreditkartenmißbrauchs, NJW 85, 300. – *ders.*, Ist die Bedienung von Bargeldautomaten unter mißbräuchlicher Verwendung fremder Codekarten strafbar?, GA 85, 114. – *Steinke*, Kriminalität durch Beeinflussung von Rechnerabläufen, NStZ 84, 295. – *Sternberg-Lieben*, Internationaler Musikdiebstahl und deutsches Strafanwendungsrecht, NJW 85, 2121. – *ders.*, Die obj. Schranken der Einwilligung im Strafrecht, 1997. – *Stöckel*, Der strafrechtliche Schutz der Arbeitskraft, 1993. – *Tenckhoff*, Eingehungs- und Erfüllungsbetrug, Lackner-FS 677. – *Tiedemann*, Der Vergleichsbetrug, Klug-FS 405. – *ders.*, Gründungs- und Sanierungsschwindel durch verschleierte Sacheinlagen, Lackner-FS 737. – *ders.*, Computerkriminalität und Mißbrauch von Bankomaten, WM 83, 1326. – *ders.*, Submissionskartell als Betrug?, ZRP 92, 149. – *ders.*, Computerkriminalität u. Strafrecht, Kaiser-FS II 1373. – *Traub*, Betrug bei Veräußerung unterschlagener Sachen an einen gutgläubigen Erwerber, NJW 56, 450. – *Triffterer*, Abgrenzungsprobleme beim Betrug durch Schweigen, JuS 71, 181. – *ders.*, Vermögensdelikte im Bundesligaskandal, NJW 75, 612. – *Turner*, Rechtsprobleme beim Doping im Sport, MDR 91, 569. – *von Ungern-Sternberg*, Wirtschaftskriminalität beim Handel mit ausländischen Aktien, ZStW 88, 653. – *Wachinger*, Vorbemerkung über Kreditbetrug, GS 102, 376. – *Weidemann*, Die funktionale Beziehung zwischen Irrtum und Schaden beim Betrug, GA 67, 238. – *ders.*, Zur Frage des Betrugsschadens bei Gleichwertigkeit von Leistung und Gegenleistung, MDR 73, 992. – *ders.*, Veräußerung von Sicherungsgut als Betrug zum Nachteil des Treunehmers?, MDR 61, 24. – *Welzel*, Die Wahrheitspflicht im Zivilprozeß, 1935. – *ders.*, Zum Schadensbegriff bei Erpressung und Betrug, NJW 53, 652. – *ders.*, Vorteilsabsicht beim Betrug, NJW 62, 20. – *Werle*, Der strafrechtliche Schutz des Mietbesitzes an Wohnungen, NJW 85, 2913. – *Wiechers*, Strafrecht und Technisierung im Zahlungsverkehr, JuS 79, 847. – *Winkler*, Der Vermögensbegriff beim Betrug (usw.), 1995. – *Wismer*, Das Tatbestandselement der Arglist beim Betrug, 1988. – *E. Wolf*, Zum gegenwärtigen Stand der Lehre vom Prozeßbetrug, JW 38, 1921. – *Worms*, Warenterminoptionen: Strafbarer Betrug oder nur enttäuschte Erwartungen?, wistra 84, 123. – *Würtenberger*, Betrug durch Schweigen im Kunsthandel, NJW 51, 176. – *Zahrnt*, Die Scheckkarte unter strafrechtlichen Gesichtspunkten, NJW 72, 277. – *Zieschang*, Das Übereinkommen z. Schutz der finanz. Interessen der EG, EuZW 97, 78.

1 **I. Betrug** ist die durch Täuschung verursachte Vermögensschädigung eines anderen in Bereicherungsabsicht. **Geschütztes Rechtsgut** ist ausschließlich das **Vermögen** (BGH **3** 99, **16** 220, **16** 325, 372, StV **95**, 254, Bockelmann Kohlrausch-FS 240, M-Maiwald II/1 408 f., Naucke, Strafbarer Betrug 103, Blei II 215 f., Lackner LK[10] 4, Tröndle/Fischer 1, Lackner/Kühl 2, Mitsch II 393, RG **74** 168 m. Anm. Gallas ZAkDR 40, 246, Pawlik aO 114), nicht „Treu und Glauben" im Geschäftsverkehr (so aber Metzger II 167) oder das „Recht auf Wahrheit", das nach Frank I und Gutmann (MDR **63**, 3) neben dem Vermögen geschützt sein soll. Ferner ist auch nicht die Dispositionsfreiheit allein (Kohlrausch Schlegelberger-FS 222) oder neben dem Vermögen geschützt (Kindhäuser, ZStW 103, 398, Sternberg-Lieben aO 514 f.); zur Entwicklung vgl. Hirschberg aaO 256, Cramer, Vermögensbegriff 23 ff. Zur Einschränkung der Betrugsstrafbarkeit unter dem Gesichtspunkt des mangelnden Opferschutzes vgl. Ellmer aaO; vgl. hierzu die Buchbesprechung von Maiwald ZStW 103, 695, krit. hierzu
2 Krack aaO 68. Zur Entwicklung der Betrugsstrafbarkeit aus sozialwissenschaftlicher Sicht vgl. Fabricius aaO. m. Besprechung Maiwald ZStW 103, 686. Zu den philosophischen Grundlagen des unerlaubten Verhaltens beim Betrug vgl. Pawlik aaO 38 ff. Geschützt ist sowohl das private wie auch das Vermögen der öffentlichen Hand, und zwar inländisches wie ausländisches Staatsvermögen oder das Vermögen der EU (Stoffers EuZW 94, 304, 308, Zieschang EuZW 97, 78 ff.); richtet sich die Tat allerdings gegen eine durch einseitigen Hoheitsakt des ausländischen Staates auferlegte Zahlungspflicht, so scheidet § 263 aus (Bay NJW **80**, 1057), weshalb zB die Hinterziehung ausländischer Steuern nicht als Betrug bestraft werden kann (Schröder JR 64, 353).

3 1. Geschützt wird hier das **Vermögen** als **Ganzes** im Gegensatz zu den Eigentumsdelikten und solchen Tatbeständen, die nur einzelne Vermögensbestandteile oder -rechte erfassen, wie zB das Pfandrecht oder den Nießbrauch in § 289 oder das Aneignungsrecht des Jagdberechtigten in § 292, wenn auch die Absicht des Täters auf einen bestimmten Gegenstand gerichtet sein kann (vgl. Eser IV

99). Aber das Vermögen als Ganzes ist hier **nur gegen** eine **bestimmte Angriffsmethode** geschützt, nämlich „gegen die zur Selbstschädigung veranlassende Täuschung" (Wimmer DRZ 48, 118 Anm. 6): Der Täter veranlaßt einen anderen, für ihn eine Handlung vorzunehmen, die dessen – oder das Vermögen eines Dritten – beeinträchtigt und das Vermögen des Täters oder eines Dritten vermehren soll; eine Situation, die der mittelbaren Täterschaft insofern ähnlich ist, als § 263 voraussetzt, daß dem Getäuschten der vermögensschädigende Charakter seiner Verfügung verborgen bleiben muß (vgl. Zimmerl ZStW 49, 54, Schröder ZStW 60, 70, Cramer, Vermögensbegriff 206 f.); näher dazu u. 41, 101.

2. Aus der Eigenschaft des Betruges als Vermögensdelikt ergibt sich, daß **Verletzter** beim Betrug 4 ausschließlich der Träger des geschädigten Vermögens ist; nicht dagegen der Getäuschte und damit der über fremdes Vermögen Verfügende.

II. Der **objektive Tatbestand** erfordert folgende Tatbestandsmerkmale: Täuschung (u. 6 ff.), 5 Irrtum (u. 32 ff.), Vermögensverfügung (u. 54 ff.), Vermögensschaden (u. 99 ff.). Die Täuschung des Täters muß den Irrtum des Getäuschten hervorrufen, der Irrtum zu einer Vermögensverfügung und diese dann zu einem Vermögensschaden führen. Alle Merkmale des objektiven Tatbestandes müssen in einem kausalen und funktionalen Zusammenhang zueinander stehen. Der Betrug stellt wie die Erpressung ein **kupiertes Erfolgsdelikt** dar (Lackner LK[10] 6, M-Maiwald II/1 407); and. Schmidhäuser II 115, der jedoch übersieht, daß sich die unrechtstypisierenden Merkmale des Betruges nicht in der täuschungsbedingten fremden Vermögensschädigung erschöpfen. Hat der Täter die auf Vorteilserlangung gerichtete Absicht (vgl. u. 166 ff.), so ist der Tatbestand schon mit dem Eintritt des Nachteils beim Geschädigten erfüllt. Eine Bereicherung des Täters oder eines anderen braucht nicht eingetreten zu sein.

III. Die **Täuschungshandlung** besteht nach dem Wortlaut des Gesetzes in der Vorspiegelung 6 falscher oder in der Entstellung oder Unterdrückung wahrer Tatsachen. Vorspiegeln einer Tatsache bedeutet, daß der Täter einem anderen eine nicht bestehende Tatsache als bestehend zur Kenntnis bringt. Entstellen ist das Verfälschen des tatsächlichen Gesamtbildes durch Hinzufügen oder Fortlassen einzelner Elemente. Unterdrücken einer wahren Tatsache bedeutet schließlich ein Handeln, durch das eine Tatsache der Kenntnis einer anderen Person entzogen wird. Es genügt also jedes Verhalten, durch das im Wege einer Einwirkung auf das intellektuelle Vorstellungsbild eines anderen eine Fehlvorstellung über die Realitäten erregt werden kann. Abweichend hiervon nimmt Kindhäuser ZStW 103, 398 (aufgegeben in Bemmann-FS 360) eine Täuschung nur an, wenn der Anspruch des Opfers auf Wahrheit beeinträchtigt ist. Gegen die viktimologisch-teleologische Eingrenzung des Betrugstatbestandes vgl. Pawlik aaO 50. Zu den Nachweisschwierigkeiten bei der Täuschungshandlung vgl. D. Geerds aaO 78 ff.

Die **gesetzliche Aufgliederung der Täuschungshandlung** in die drei genannten Modalitäten 7 ist **irreführend**, da sie letztlich keine verschiedenartigen Formen darstellen (so schon Binding Lehrb. 1, 348), sondern weitgehend ineinander übergehen. Auf der Grundlage der geläufigen Definitionen wird deutlich, daß das Vorspiegeln einer nichtbestehenden Tatsache zugleich die Unterdrückung der in Wahrheit bestehenden Tatsache ist. Weiter beinhaltet jede Entstellung von Tatsachen ein Vorspiegeln nichtbestehender oder ein Unterdrücken bestehender Tatsachen, wohingegen die Unterdrückung einer Tatsache gleichzeitig das Vorspiegeln eines Tatsachenbildes ohne die unterdrückte Tatsache enthält (vgl. auch Mitsch II 399). Dies ist bei der Bewertung älterer Rspr. zu berücksichtigen, die häufig an den gesetzlichen Formulierungen klebt, ohne die entscheidenden Kriterien herauszuarbeiten. So soll zB das Unterdrücken einer wahren Tatsache vorliegen bei Veränderungen des Elektrizitätszählers zur Verwischung von Spuren unerlaubter Stromentnahme (RG **35** 311) oder beim Verpacken vertragswidriger, unter einer besseren Oberschicht verdeckter Waren (RG GA Bd. **50** 392) oder bei Überstreichen mit Schwamm befallener Stellen eines Hauses (RG **20** 144). Ebenso darin, daß jemand ein Testament, in dem er sich eigenmächtig eine Zuwendung eingefügt hat, dem Erblasser nur unvollständig vorliest (RG **42** 171) oder daß ein Provisionsreisender einen Bestellschein, den er abweichend von den mündlichen Vereinbarungen ausgefüllt hat, dem Kunden zur Unterschrift vorlegt und dabei das Durchlesen des Bestellscheins verhindert (RG JW **13**, 950). In Wahrheit kann der Täter in dreifacher Weise täuschen: Durch ausdrückliches Vorspiegeln, durch schlüssiges Verhalten und durch Unterlassen bei bestehender Aufklärungspflicht. Der entscheidende Unterschied zwischen den verschiedenen Modalitäten einer Täuschungshandlung besteht in Folgendem: Während beim Vorspiegeln der Täter die Unwahrheit expressis verbis zum Ausdruck bringt, verschleiert er sie beim schlüssigen Verhalten, sagt also etwas an sich nicht Unwahres, dies aber in einer Form, die aufgrund ihres Erklärungswertes dem Adressaten den Schluß auf die Unwahrheit aufdrängt. In beiden Fällen handelt es sich um einen Betrug durch positives Tun. Beim Betrug durch Unterlassen hingegen wird ein bestehender Irrtum nicht aufgeklärt, weshalb § 263 nur in Betracht kommt, wenn dem Täter die Pflicht obliegt, das von der Realität abweichende Vorstellungsbild des Partners zu korrigieren. Zu den verschiedenen Täuschungsmodalitäten vgl. u. 11 ff.

1. Die Täuschungshandlung kann sich nur auf **Tatsachen** beziehen. Dieser Begriff ist enger als das 8 Merkmal „unrichtige Angaben" in § 264 a (vgl. dort RN 24) und § 265 b (vgl. dort RN 38) oder § 88 BörsG (vgl. dazu Fichtner aaO 62 ff.); zur abw. Auslegung des Tatsachenbegriffs bei § 14 WpHG vgl. Cramer Triffterer-FS 332. Unter Tatsachen sind alle konkreten vergangenen oder gegenwärtigen Geschehnisse oder Zustände der Außenwelt und des menschlichen Innenlebens zu verstehen. Als

Tatsache ist nicht nur das tatsächlich, sondern auch das angeblich Geschehene oder Bestehende anzusehen, sofern ihm das Merkmal der objektiven Bestimmtheit und Gewißheit eigen ist (RG **56** 231). Zu den hier bedeutsamen Tatsachen gehören zB die Beschaffenheit (RG **28** 189), Vertragsmäßigkeit (RG GA Bd. **50** 392), Verkehrsfähigkeit (Koblenz NJW **72**, 1907) und Herkunft (BGH **8** 48) einer Sache, das Alter, die Identität oder die gegenwärtigen familiären, sozialen, körperlichen (RG **4** 352) und finanziellen (BGH **6** 198, Zweibrücken wistra **89**, 72 m. Anm. Keller JR **89**, 391; vgl. auch Seier ZStW **102**, 583) Verhältnisse einer Person; zu den verschiedenen Formen des Baubetruges vgl. Geerds NStZ **91**, 57; zu Kunstfälschung und Betrug vgl. Löffler NJW **93**, 1421, 1426. Etwas Zukünftiges wird noch keine Tatsache, es wird zur Tatsache erst mit seinem Eintritt (RG **52** 232, M-Maiwald II/1 411, Mitsch II 401; and. Binding Lehrb. 1, 346); dagegen sind wissenschaftliche Erkenntnisse oder Konventionen, die auf künftige Ereignisse (Sonnenfinsternis, Frühlingsanfang, Ostern) sichere Schlüsse zulassen, als gegenwärtige Tatsachen anzusehen (vgl. Welzel 368, Lackner LK[10] 11), weshalb zB Betrug begeht, wer gefärbte Gläser zur Beobachtung einer angeblich bevorstehenden Sonnenfinsternis verkauft; ebenso wenn ein Angestellter einen Dieb zur Zahlung einer sog. Fangprämie mit dem Hinweis veranlaßt, die Angelegenheit werde dann lediglich der Polizei vorgelegt, die dann den Vorgang nur in ihren Akten vermerke, ansonsten sei die Angelegenheit erledigt (Koblenz MDR **76**, 421; krit. Meyer MDR **76**, 980). Ist dagegen das künftige Ereignis nicht vorausberechenbar, so liegt in der Behauptung, es werde eintreten, keine Täuschungshandlung; Betrug scheidet daher aus, wenn jemand durch die Behauptung, es werde im Sommer in einem bestimmten Gebiet zu Hagelschlägen kommen, einen anderen zum Abschluß einer entsprechenden Versicherung veranlaßt. Ein Betrug kommt insoweit nur in Betracht, wenn über das Bestehen naturgesetzlicher Gegebenheiten getäuscht, also zB die Behauptung aufgestellt wird, aufgrund wissenschaftlicher Erkenntnisse sei mit dem sicheren Eintritt eines Erdbebens zu einem bestimmten Zeitpunkt zu rechnen. Zur Frage der Täuschung über Tatsachen, wenn der Aberglaube der Opfer ausgenützt wird, vgl. BGH wistra **87**, 255.

9 Den Gegensatz zu Tatsachenbehauptungen bilden bloße Annahmen, Schlußfolgerungen, Vermutungen, **Urteile** oder **Meinungsäußerungen,** bei denen durch die Mitteilung von subjektiven persönlichen Wertungen Tatsachen zu Normen in Beziehung gesetzt werden (vgl. § 186 RN 4; krit. Hilgendorf aaO 128, 188, dieser so definiert Meinungsäußerungen als Äußerungen mit vermindertem Geltungsanspruch, hierunter fallen laut Hilgendorf sämtl. Werturteile, jedoch auch bestimmte Tatsachenaussagen); demgegenüber vertritt Graul JZ **95**, 595 die Auffassung, daß auch Erfahrungs- und Rechtssätze Gegenstand der Täuschungshandlung sein können. Gegenstand eines Urteils können zunächst vergangene oder gegenwärtige Sachverhalte sein; zu dieser Problematik vgl. Pawlik aaO 94 f. Ein bloßes Werturteil ist noch in der Regel die Erklärung eines Rechtsbestandes, es könne als Verteidiger die gleichen Dienste wie ein Rechtsanwalt leisten (RG **56** 321). Urteile sind ferner zB die Rechtsausführungen der Partei im Zivilprozeß (vgl. BGH JR **58**, 106 m. Anm. Schröder), es sei denn, sie betreffen ausländisches Recht, das dem Beweis zugänglich ist, oder enthalten einen Tatsachenkern, über den ggf. noch Beweis zu erheben ist (Zweibrücken wistra **89**, 72 m. Anm. Keller JR **89**, 391; vgl. auch Seier ZStW **102**, 568 f.). Ebenfalls keine Tatsachen sind reine Rechtsbehauptungen (zur Geltendmachung einer unvollkommenen Verbindlichkeit [Ehemaklerlohn iSv § 656 BGB] vgl. Stuttgart NJW **79**, 2573 m. Anm. Loos NJW **80**, 847, U. Frank NJW **80**, 848, Müller JuS **81**, 255, **82**, 25 u. Heid JuS **82**, 22, vgl. auch Kindhäuser JR **97**, 301, Fahl JA **98**, 361). Die Grenzen zwischen Werturteil und Tatsache sind allerdings fließend. Bei der Unterscheidung ist weniger auf die Form der Äußerung oder die sinnliche Wahrnehmbarkeit des Äußerungsgegenstandes als vielmehr darauf abzustellen, ob sich aus dem Erklärungsinhalt der Äußerung ein objektivierbarer Tatsachenkern ergibt, über dessen Vorhandensein oder Fehlen beim Getäuschten unrichtige Vorstellungen erweckt werden sollen (vgl. Lackner LK[10] 12, der allerdings darauf abstellt, ob die Behauptung dem gerichtlichen Beweise zugänglich ist; ebenso Düsseldorf JR **65**, 303). So werden gewisse Urteile, sofern sie zu einem konkreten Ereignis in Beziehung stehen, im Rechtsverkehr als Tatsachen behandelt, da sie als solche auch dem Nichtjuristen geläufig sind (zB Kauf, Darlehen, Miete). Erklärungen über Qualität oder Wert einer Sache können bloße Urteile (zB Wert eines Bildes), aber auch Tatsachenbehauptungen sein, wenn damit zugleich gewisse Eigenschaften des Gegenstandes gekennzeichnet werden; zB Verkehrswert einer Sache, Sicherheit einer Hypothek (RG **20** 3), u. U. auch die Ausnutzungsmöglichkeiten eines Patents (vgl. RG **70** 152), eine Ware sei gut und gangbar (RG HRR **26** Nr. 2306), ein Gasthof gehe gut (RG **13** Nr. 3207), ein Schlankheits-, Haarwuchsmittel sei in seiner Wirksamkeit wissenschaftlich überprüft (BGH **34** 199 m. Anm. Bottke JR **87**, 428). Keine Tatsachenbehauptungen stellen dagegen regelmäßig Prognosen über eine zukünftige Entwicklung dar, wie zB ein „todsicherer Wettipp". Wird hingegen die Prognose auf der Grundlage unzutreffender gegenwärtiger Verhältnisse gestellt, so liegt in deren Bekundung eine Tatsachenbehauptung (vgl. BGH MDR/D **73**, 18; and. Naucke, Strafbarer Betrug 214). Der Unterschied zwischen Tatsachenbehauptung und Werturteil wird vor allem bei der Reklame und ähnlichen Anpreisungen bedeutsam, die Betrug nur sein können, wenn konkrete Tatsachen ernsthaft behauptet werden. Dabei ist zu berücksichtigen, daß die Verkehrsanschauung übertriebene Anpreisungen und marktschreierische Reklame im Bereich der Werbung häufig nicht als ernsthafte Tatsachenbehauptung auffaßt (BGH wistra **92**, 256 im Hinblick auf die Werbung für ein Franchise-System; vgl. Lackner LK[10] 15, Mitsch II 400). Demgegenüber müssen die Angaben in Prospekten stets den Tatsachen entsprechen (RG LZ **28** 1090).

Wird für die Erklärung eine sprachliche Form gewählt, die ein Urteil oder die Voraussage eines 10 künftigen Ereignisses enthält, so kann dennoch eine Tatsachenbehauptung vorliegen, wobei hier insbes. eine **innere Tatsache** (Überzeugung, Absicht usw.) in Betracht kommt. ZB kann das Versprechen, in Zukunft bezahlen zu wollen, die Behauptung der gegenwärtigen Absicht des Täters einschließen, entsprechend zu handeln (BGH **15** 24, Blei II 222; and. Naucke, Strafbarer Betrug 111, 215; krit. Hilgendorf aaO 128, vgl. u. 27 f.); in der Erklärung eines Kaufmanns, die Einführung einer Rationierung stehe bevor, liegt die Tatsachenbehauptung, eine solche Maßnahme sei von der Behörde beabsichtigt. Außerdem kann ein Urteil zugleich die Tatsachenbehauptung enthalten, der Urteilende sei von der Richtigkeit seines Urteils überzeugt oder er sei zu der Abgabe des Urteils aufgrund besonderer Sachkunde befähigt (zB der Arzt über die Entwicklung einer Krankheit). Schließlich kann auch die Behauptung der Richtigkeit eines Urteils als Tatsache wirken, wenn der Täuschende mangels Nachprüfbarkeit des Gesagten durch den Getäuschten Anspruch auf Verbindlichkeit seiner Äußerung erhebt, so etwa bei Rechtsauskünften des Anwalts oder der Behauptung, ein Urteil entspreche der Judikatur der obersten Gerichte (Schröder JR 58, 106, Pawlik aaO 189; vgl. auch Stuttgart NJW **79**, 2574).

2. Eine **Täuschungshandlung** liegt vor, wenn der Täter durch sein Verhalten auf das intellektuelle 11 Vorstellungsbild eines anderen einzuwirken sucht oder bei bestehender Rechtspflicht einen schon vorhandenen Irrtum oder eine sich bildende Fehlvorstellung nicht beseitigt. Dabei kommt nicht bloß ein Vorspiegeln in dem Sinne, daß der Täter sich der Sprache, der Gestik oder sonstiger kommunikativer Mittel bedient, um etwas Unwahres zu behaupten, sondern jedes Verhalten in Betracht, dem ein Erklärungswert zukommt, der den Schluß auf die Unwahrheit zuläßt, so zB wenn der Täter einen Fahrausweis für eine Straßenbahnfahrt vorzeigt, bei dem der Stempelaufdruck des Entwertergerätes unkenntlich gemacht ist (Düsseldorf NJW **92**, 924). Als Adressat einer Täuschung kommt nur (ein zum Irrtum fähiger) Mensch in Betracht. Neben diesen Formen positiven Tuns besteht auch die Möglichkeit eines Betruges durch Verschweigen, bei dem die „Täuschung" darin liegt, daß der Täter einen schon bestehenden oder sich bildenden Irrtum nicht aufklärt (vgl. dazu eingehend u. 18 ff.). Wie diese verschiedenen Täuschungsformen voneinander abzugrenzen sind, ist im einzelnen allerdings umstritten. Einigkeit besteht nur darin, daß die entscheidende Grenze zwischen positivem Tun und Unterlassen gezogen werden muß, weil letztenfalls von einer Täuschung, soweit ein Betrug durch Unterlassen anerkannt wird (vgl. u. 18), nur bei bestehender Aufklärungspflicht gesprochen werden kann. Streitig ist zunächst die Abgrenzung zwischen ausdrücklichem und konkludentem Verhalten. Teilweise wird hier jede Differenzierungsbedürftigkeit abgelehnt und allein von konkludentem positives Tun gesprochen (Kühne aaO 15 ff., Lampe Kreditbetrug 9 ff.; ebenso wohl Samson/Günther SK 25 ff., 37 f., W-Hillenkamp II/2 498, 503); dem ließe sich zwar iE zustimmen, indessen ist der Begriff des Täuschens durch positives Tun zu farblos, um die unterschiedlichen Täuschungsmodalitäten zu beschreiben. Teilweise wird das ausdrückliche Vorspiegeln auf Fälle ausgedehnt, in denen nur den Umständen der Schluß auf eine unwahre Tatsachenbehauptung entnommen werden kann (vgl. u. 13). Dies geschieht vor allem dann, wenn für das konkludente Vorspiegeln eine Aufklärungspflicht verlangt wird (vgl. u. 14). Schließlich ist streitig, ob und in welchem Umfang ein Betrug durch Unterlassen möglich ist (vgl. u. 18). Unter viktimologischen Gesichtspunkten wird die Täuschungshandlung eingeschränkt (Graul Brandner-FS 801) oder gesagt, daß nur Täuschungen genügen, die dem Wahrheitsanspruch des Opfers widersprechen (Kindhäuser ZStW 103, 398, Bemmann-FS 339, 354).

3. Die Fälle einer Täuschung durch positives Tun (ausdrückliches und konkludentes Vorspiegeln) 12 setzen voraus, daß dem Verhalten des Täters ein **Erklärungswert** zukommt, aus dem sich die unwahre Behauptung erschließt. Der Erklärungswert des Verhaltens ist ebenso wie der in ihm enthaltene Erklärungsinhalt nach allgemeinen Interpretationsregeln zu ermitteln. Dies bedeutet, daß zunächst der objektive Inhalt einer Äußerung festzustellen ist, daß aber darüber hinaus auch berücksichtigt werden muß, was der andere nach den Umständen des Falles und den Beziehungen zum Täter als Inhalt der Erklärung verstehen durfte. Es kommt dann darauf an, wie der rechtsgeschäftliche Verkehr die Handlung oder Erklärung des Täters versteht oder verstehen darf, so daß die am Rechtsverkehr orientierte Auslegung seines gesamten Verhaltens zu dem Schluß führt, der Täter wolle eine bestimmte Tatsache erklären (vgl. dazu eingehend u. 14 ff.). Dabei ist in allen Fällen zunächst zu fragen, ob aus dem Gesamtverhalten des Täters eine unwahre Erklärung abzuleiten ist. Von hieraus ist es von zweitrangiger Bedeutung, ob der Täter die Unwahrheit in Worte faßt oder in anderer Weise zum Ausdruck bringt. Besonders sorgfältiger Prüfung bedarf es aber, wenn die Erklärung nur den Umständen entnommen werden kann. Auch die bloße Schaffung oder Veränderung einer äußeren Situation kann einen Erklärungswert besitzen, wenn dadurch auf das Vorstellungsbild eines anderen irreführend eingewirkt wird, zB wenn der Täter in die Räume seiner Bank eindringt und durch Verfälschung seines Kontoblattes ein Guthaben „verbessert", wenn er in einem Kaufhaus Preisschilder an Waren austauscht, um günstiger einzukaufen (vgl. Hamm NJW **68**, 1895 m. Anm. Peters, Düsseldorf NJW 82, 2268) oder in den Ablauf von Meßzählwerken eingreift (Bay MDR **62**, 70, Hamm NJW **68**, 903, LG Marburg MDR **73**, 67); hier erklärt der Täter, das Guthaben sei vorhanden, das Schild entspreche der Preisauszeichnung durch den Verkäufer oder das Zählwerk funktioniere einwandfrei. Zur betrügerischen Konvertierung von Transferrubeln durch Erschleichen einer Teilnahme am XTR-Abrechnungsverfahren vgl. BGH wistra **98**, 179. Selbst die verbale Behauptung der Wahrheit kann u. U. eine

Täuschungshandlung sein (Schröder Peters-FS 153; dagegen Schumann JZ 79, 589 f., diff. M-Maiwald II/1 411). Der Täter kann sich dann auf den objektiv wahren Inhalt seiner Äußerung nicht zurückziehen, wenn er erkennt oder beabsichtigt, daß der Empfänger sie unrichtig verstehen wird, zB wenn die Behauptung unter Umständen geschieht, die den Eindruck einer Scherzerklärung entstehen lassen sollen (der Bankangestellte gibt einen falschen Geldschein aus mit dem „Bemerken", er sei falsch; vgl. Lackner LK[10] 23, dagegen Schumann JZ 79, 589); vgl. BGH **32** 256.

13 a) Ein **ausdrückliches Vorspiegeln** setzt voraus, daß der Täter die Unwahrheit expressis verbis zum Ausdruck bringt, d. h. die unwahre Tatsache zum Gegenstand der Aussage macht. Eine solche liegt etwa in der Zusicherung nicht vorhandener Eigenschaften der Kaufsache, wobei gleichgültig ist, ob sie Bestandteil eines schriftlichen Vertrages geworden ist oder nur mündlich abgegeben wurde (Hamm NJW **60**, 643); ein Betrug kommt also auch dann in Betracht, wenn der schriftliche Vertrag die Klausel enthält, mündliche Nebenanreden seien unbeachtlich (vgl. München NJW **78**, 435). Weiterhin ist ein ausdrückliches Vorspiegeln gesehen worden im Erheben nicht entstandener Schreibgebühren für Abschriften (RG **65** 52), im Einfordern von Polizeigebühren durch Unbefugte (BGH GA **64**, 151), in der Beantragung von Beihilfe für Umzugskosten, die nicht entstanden sind (vgl. RG **60** 294, Celle NdsRpfl. **63**, 239). Darüber hinaus werden teilweise auch das Unterschieben falscher Beweismittel (vgl. BGH **8** 46, NJW **69**, 1260), die Verwendung falscher Maße, Gewichte oder Meßinstrumente (vgl. Bay MDR **62**, 70, Hamm NJW **68**, 903) oder sonstige irreführende Veränderungen als ausdrückliches Vorspiegeln angesehen (Lackner/Kühl 8, LK[10] 21, 25 ff.); die Notwendigkeit zu dieser den Wortsinn verfälschenden Auslegung besteht nicht, da auch ein hierin liegendes schlüssiges Verhalten als Täuschen durch positives Tun zu bewerten ist (vgl. u. 14). Kommt dagegen einem Schweigen ein spezifischer Erklärungsgehalt zu, so kann auch durch Untätigwerden eine Tatsache ausdrückl. vorgespiegelt werden, zB soll A den B anrufen, wenn der Kurs eines Börsenpapiers zu einem best. Zeitpunkt unter 100 gefallen sein sollte, so kommt dem Ausbleiben des Anrufs der Erklärungswert zu, daß diese Tatsache nicht eingetreten ist (Bsp. v. Pawlik aaO 164).

14 b) Ein Vorspiegeln durch **schlüssiges (konkludentes) Verhalten** und damit ein aktives Tun ist gegeben, wenn der Täter die Unwahrheit zwar nicht expressis verbis zum Ausdruck bringt, wohl aber durch sein Verhalten miterklärt (vgl. auch Mitsch II 404 f.). Die Möglichkeit einer Täuschungshandlung durch schlüssiges Verhalten ist allgemein anerkannt (vgl. die zahlreichen Nachweise u. 16 ff.), wobei die Rspr. allerdings auf die unterschiedlichsten Begehungsformen der in § 263 genannten Täuschungsmodalitäten abstellt (Entstellen, Unterdrücken usw., vgl. o. 7). Beim schlüssigen Verhalten ist also entscheidend, welcher **Erklärungswert** dem Gesamtverhalten des Täters nach der Verkehrsanschauung zukommt (BGH NJW **95**, 539). Diese ist nach den objektiven Maßstäben der Verkehrsweise in bezug auf den konkret in Frage stehenden Geschäftstyp (Kauf, Darlehen, Wertpapier-, Risikogeschäfte usw.) zu bestimmen. Bei dieser faktischen Betrachtungsweise ist die Risikoverteilung unter den Partnern bei den verschiedenen Geschäftssituationen ein wesentlicher Gesichtspunkt (zur abw. Auffassung Lackners LK[10] 28 ff., der allein auf die Risikoverteilung abstellt [„normative Betrachtungsweise"], vgl. u. 15). Dem Partner, der das Risiko trägt, dürfen allerdings expressis verbis keine unwahren Angaben gemacht werden (Lackner LK[10] 29; and. RG **23** 244). Außerdem muß das Minimum an Redlichkeit im Geschäftsverkehr verbürgt bleiben. Unter Heranziehung dieser Umstände ergibt sich eine Anzahl von Leitlinien, welche eine sachgerechte Beurteilung der vielfältigen Fallgestaltungen aus den verschiedensten Lebensbereichen ermöglichen. Zugleich spiegeln diese im wesentlichen die kasuistischen Ergebnisse der h. M. wider. Eine weitergehende Präzisierung der Abgrenzung von (konkludentem) Tun und Unterlassen, welche zugleich zur Entscheidung verschiedenartigster Sachverhalte in der Lage ist, erscheint wegen der Natur des Sachverhalts unmöglich (vgl. dazu eingehend Maaß GA 84, 284; vgl. auch Pawlik aaO 99 f.). Dies ist auch bei der Erläuterung der wichtigsten Geschäftstypen, wie etwa bei Kreditbetrug oder Optionsgeschäft, zu berücksichtigen; vgl. dazu u. 24 ff. Vgl. Tiedemann Lackner-FS 737, 745 zum Gründungs- und Sanierungsschwindel durch verschleierte Sacheinlagen nach § 399 AktG.

15 Abweichend von der h. M. ist nach Lackner (LK[10] 28 ff.; ähnlich Samson/Günther SK 36 ff., Seelmann NJW **80**, 2546 f., Tiedemann Klug-FS 407, Lackner-FS 743, Volk JuS **81**, 881 f.) nicht der Erklärungswert eines bestimmten Verhaltens maßgeblich, sondern es sei (normativ) festzustellen, was „über den konkreten Sinngehalt hinaus als mitgegebener Inhalt" unterstellt werden dürfe; konkludentes Täuschen setze also wie strafbares Unterlassen die Verletzung einer Aufklärungspflicht voraus, wobei die Grenze zum Unterlassen danach zu bestimmen sei, „ob der Getäuschte aus dem Verhalten des Täters im Vertrauen auf dessen Pflichtmäßigkeit falsche Schlüsse zieht oder ob er die falsche Vorstellung bereits hat oder aus anderen Hinweisen entnimmt" (Lackner LK[10] 53). Dem kann nicht zugestimmt werden, weil die jeweilige Verhaltensform bei § 263 nicht von der psychischen Situation des Opfers abhängig sein kann und zudem ein als Täuschen durch positives Tun festgestelltes Verhalten zu seiner Strafbarkeit keiner Garantenpflicht bedarf (Maaß GA 84, 266 f.). Einen anderen Ausgangspunkt wählt Kühne aaO 35 ff., indem er untersucht, ob der Täter die „schadenstiftende Ausgangssituation" geschaffen und damit ein aktives Tun an den Tag gelegt oder nur eine bereits bestehende derartige Situation ausgenutzt hat. Dieser Abgrenzungsversuch vermag nicht in jedem Einzelfall überzeugend und eindeutig nachvollziehbar die „schadenstiftende Ausgangssituation" zu bestimmen. Trotz weitgehend übereinstimmender Ergebnisse kann ihm daher nicht gefolgt werden (Maaß GA 84, 267 f.).

α) Als **konkludente Täuschung** ist beispielsweise zu **bejahen**: 16

Das Eingehen einer Vertragsverpflichtung enthält konkludent die Erklärung des **Erfüllungswillens** 16 a
(st. Rspr., BGH **15** 26, **27** 294 f., NJW **54**, 1415, GA **72**, 209, **74**, 284, wistra **88**, 25, **98**, 177, Bay **57**, 147, m. Anm. Mittelbach JR **58**, 67, Köln NJW **67**, 741, Schleswig SchlHA **53**, 156, **59**, 155, Stuttgart NJW **58**, 1833). Zur Täuschung über innere Tatsachen vgl. o. 10; zum Zahlungswillen bei Kreditgeschäften vgl. u. 27. Darüber hinaus wird zumindest bei Geschäften, die auf sofortigen Leistungsaustausch gerichtet sind (Bargeschäfte), die **Erfüllungsfähigkeit** schlüssig miterklärt (BGH GA **72**, 209, **74**, 284, Bay **57**, 147, Hamburg NJW **69**, 335). So täuscht der Zechpreller über seine Zahlungswilligkeit und ggf. Zahlungsfähigkeit; gleiches gilt für das Tanken ohne Bezahlung (u. 28). Wer einen Einkaufswagen an der Kasse des Kaufhauses präsentiert, erklärt schlüssig, daß er die den Regalen entnommenen Waren vollständig deklariere und bereit sei, sie zu bezahlen (Düsseldorf NStZ **93**, 286 m. Anm. Vitt NStZ 94, 133). Zur Problematik des Betruges im Selbstbedienungsladen vgl. u. 58, 63 a. Ein Rechtsanwalt täuscht, wenn er eine von ihm nicht erfüllbare Verpflichtung (Übertragung eines Grundstückes) übernimmt (BGH NStZ **82**, 70). Abweichungen können sich bei besonderen zivilrechtlichen Vertragsgestaltungen ergeben. Zum Kauf auf Besicht vgl. Köln NJW **68**, 1294; zum Maklervertrag vgl. BGH **31** 178 m. Bespr. Maaß JuS 84, 26. Weitere Bsp. aus der Rspr. bei Otto JZ 93, 653. Zur Problematik bei Kreditgeschäften vgl. u. 26 f.; zur Verwendung von Schecks vgl. u. 29.

Mit Abgabe einer rechtsgeschäftlichen Erklärung wird schlüssig die **Verfügungsbefugnis** behauptet. 16 b
So gibt der Verkäufer einer Ware konkludent zu verstehen, zur Übertragung des Eigentums imstande zu sein (Eser IV 113, Lackner LK[10] 40, übersehen von Düsseldorf OLGSt. § 263 S. 41 [Unterlassen], dazu Maaß aaO 147). Ebenso erklärt der Zedent einer Forderung schlüssig, daß er als deren Inhaber zur Verfügung berechtigt sei (RG **41** 31; vgl. auch RG **21** 68 f.). Im Einziehen einer Forderung (RG **39** 82, R **3** 478; vgl. auch RG **19** 161) liegt wie in der Benutzung eines Legitimationspapiers (zB Sparkassenbuch) die konkludente Behauptung, der Berechtigte oder dessen Bevollmächtigter zu sein (zum Irrtum im letzteren Fall vgl. u. 48). Durch selbstsicheres Auftreten kann schlüssig die Berechtigung zur Abholung eines Autos aus einer bewachten Sammelgarage vorgespiegelt werden (BGH **18** 221). Mit der Vornahme eines Rechtsgeschäfts wird darüber hinaus die Geschäftsfähigkeit miterklärt (BGH v. 21. 1. 67 b. Pfeiffer-Maul-Schulte 8).

Beim **Einfordern einer Leistung** wird schlüssig erklärt, daß ein entsprechender Anspruch gegen- 16 c
über dem Schuldner bestehe (RG **26** 29, BGH NStZ **94**, 188, Karlsruhe Justiz **78**, 174, Köln NJW **61**, 1736 m. Anm. Schröder JR 61, 434, Hamm NStZ **97**, 130). Daher bringt ein Arzt in der Abrechnung schlüssig zum Ausdruck, daß er nur die ihm nach Kassenarztrecht zustehenden Sachkosten (BGH NStZ **94**, 188, 585, **95**, 85 m. Anm. Hellmann NStZ 95, 232) oder die Kosten für eine auf seine Anordnung hin erfolgte Leistung (BGH NStZ **95**, 85 m. Anm. Hellmann NStZ **95**, 232; vgl. auch BVerfG NStZ **98**, 29) geltend macht, oder daß seine Leistung zu den kassenärztlichen Versorgungsleistungen gehört und nach dem allgemeinen Bewertungsmaßstab abgerechnet werden kann (BGH NStZ **93**, 388); vgl. auch BGH wistra **92**, 95, NStZ **94**, 585: zum sog. Herzklappenskandal vgl. Tondorf/Waider MedR 97, 102. Besteht kein Anspruch auf eine Versicherungssumme, so ist im Einfordern der Versicherungsleistung eine Täuschung zu erblicken. In Betracht zu ziehen ist als Ausschlußgrund auch die praeter legem zu § 265 aF entwickelte Repräsentantenhaftung (vgl. hierzu BGHZ **107** 229, **122** 250, BGH NJW **76**, 2271 m. Bspr. Gössel JR 77, 391 und Wagner JuS 78, 161, BGH NJW **92**, 1635, Kaufmann JuS 87, 306, zusammenf. Ranft Jura 85, 393); geht der Versicherungsnehmer irrtümlich von einem Ausschluß aus, so ist ein untauglicher Versuch gegeben, da der Anwendungsbereich des außerhalb von § 263 liegenden versicherungsrechtlichen Repräsentantenbegriffs überdehnt wird (zu § 265 aF ebenso Küper NStZ 93, 313, and. jedoch BGH NStZ **87**, 505 m. krit. Anm. Ranft StV **89**, 301, BGH NJW **92**, 1635). Auch bringt etwa ein Bankkunde, der von seinem laufenden Konto Geld abhebt, gegenüber der Bank schlüssig zum Ausdruck, daß diese den Betrag aus dem ihm zustehenden Guthaben auszahlen solle, d. h. daß er über eine entsprechende Forderung (oder Kreditrahmen) gegenüber der Bank verfüge (Karlsruhe Justiz **78**, 174, Köln NJW **61**, 1735, Stuttgart NJW **79**, 2321 m. Anm. B. Müller JR 79, 472). Daher stellt das Abheben (bankintern) fehlgebuchter Beträge einen Betrug dar, da insoweit kein Anspruch gegenüber der Bank begründet und damit schlüssig die Unwahrheit erklärt wird (BGH MDR/D **75**, 22, Köln NJW **61**, 1736, **80**, 2366 m. Bespr. Volk JuS 81, 880, Stuttgart NJW **79**, 2321; and. Pawlik aaO 160). Fehlt es allerdings an der Verpflichtung des auszahlenden Bankangestellten, den Kontostand zu überprüfen, so liegt in der Erwirkung einer nicht gedeckten Auszahlung nicht die schlüssige Behauptung, der Auszahlungsbetrag sei gedeckt (Frankfurt NStZ-RR **87**, 33). Auch liegt bei der Fehlbuchung (irrtümliche Überweisung durch Dritten), wie auch beim Abheben von unberechtigt überwiesenen Rentenleistungen keine Täuschung vor (BGH **39**, 392 m. Anm. Naucke NJW 94, 2809, Joerden JZ 94, 422, Hamm MDR **79**, 692, Köln NJW **79**, 278 m. Anm. Kühl JA 79, 682), da hier keine Gutschrift erfolgt ist. Zur bloßen Entgegennahme von Leistungen vgl. u. 17 a. Zu strafrechtlichen Risiken bei der Forderungsbeitreibung vgl. Lausen wistra 91, 279, 285. Wird eine Anzeigenofferte als Rechnung gestaltet, so liegt kein Vorspiegeln eines Inseratsauftrages vor, wenn aus dem Text der Anzeigenofferte der Angebotscharakter zweifelsfrei hervorgeht und sie sich an im Geschäftsleben erfahrene Personen richtet (BGH NStZ **97**, 186 und Frankfurt NStZ **97**, 187 m. krit. Bspr. Mahnkopf/Sonnberg).

Eine schlüssige Erklärung hinsichtlich der Angemessenheit des **Preises** ist grundsätzlich nicht als 16 d
Tatsachenbehauptung anzuerkennen (BGH MDR/H **89**, 1053, OLG Stuttgart NStZ **85**, 503 m. Anm. Lackner/Werle). Auch der Umstand, daß eine zulässige Preisbindung nach § 16 GWB vorliegt

(zB bei Büchern), ändert nichts daran, daß keine Zusicherung hinsichtlich der Angemessenheit des Preises erfolgt (BGH MDR/H **89**, 1053). Eine derartige Zusicherung kommt nur in Ausnahmefällen in Betracht (vgl. u. 17 c); so etwa, wenn für eine Leistung Tax- oder Listenpreise vorhanden sind (RG **42** 150 [Arzneimitteltaxe], BGH LM **Nr. 5** m. Anm. Krumme [Rollgeld des bahnamtlichen Spediteurs], Stuttgart NJW **66**, 990); and. bei aus gesamtwirtschaftlichen Interessen staatlich vorgeschriebenen Höchstpreisen (RG **53** 330 f., DR **41**, 1658, BGH LM **Nr. 5**; vgl. auch RG **66** 284 ff., OGH **2** 261). Ebenso läßt sich nur ausnahmsweise aus dem Verhalten des Verkäufers eine schlüssige Erklärung über die **Qualität** des Kaufobjektes ableiten (vgl. u. 17 b), etwa wenn er täuschende Manipulationen an der Ware vorgenommen hat, um dem Käufer die Mängelfeststellung zu erschweren oder der Ware den Schein der Vertragsmäßigkeit zu geben, zB Übertünchen von Schwammstellen (RG **20** 145; vgl. aber RG GA Bd. **41,** 144; and. Pawlik aaO 186), Überdecken schlechter Ware durch gute (RG **59** 305 f.) oder persönliches Verfälschen der Ware durch den Verkäufer (RG **29** 370, **59** 312). U. U. kann auch das Fordern eines bestimmten Preises eine schlüssige Qualitätszusicherung enthalten, zB beim Verkauf von Wein zum für verkehrsfähigen Wein üblichen Preis (Koblenz NJW **72**, 1907). Zum Verkauf von Milch zum Vollmilchpreis vgl. RG **59** 311; vgl. auch RG **50** 340. Bei Wertsachen (Schmuck, Antiquitäten usw.) läßt sich regelmäßig nicht bereits aus der Preishöhe die Echtheit schließen, wohl aber wird diese konkludent erklärt, wenn es sich um ein Geschäft handelt, in dem nach dessen Image und Renommee nur echte Stücke geführt werden (Maaß aaO 130, 133; ähnlich Jecht GA 63, 43, Kühne aaO 66 f.; zu weit Lackner LK[10] 46). Bringt der Kaufinteressent eine für ihn besonders wichtige Eigenschaft zum Ausdruck und wird ihm daraufhin ein bestimmtes Objekt angeboten, erklärt der Verkäufer schlüssig das Vorliegen dieser Eigenschaft (vgl. Hamm VRS **43** 188).

16 e Der Abschluß eines Rechtsgeschäfts enthält schlüssig die Erklärung jener Umstände, die den Geschäftstyp ausmachen, d. h. die **Geschäftsgrundlage** bilden (Lackner LK[10] 43). Dies gilt etwa für das Vorhandensein der Risikosituation bei Risikogeschäften. Daher liegt ein konkludentes Täuschen vor beim Abschluß eines **Spielvertrages** unter Ausschaltung des Zufalls (Karlsruhe Justiz **70**, 265) oder Beeinflussung des Ausgangs (RG **21** 108, **61** 16); so erklärt zB, wer eine sog. Spätwette über ein auswärtiges Rennen eingeht, stillschweigend, den Ausgang des bereits stattgefundenen Rennens nicht zu kennen (RG **62** 416; and. BGH **16** 120 m. abl. Anm. Bockelmann NJW 61, 1934, Wersdörfer JZ **62**, 451, Mittelbach JR **61**, 506; vgl. aber auch Ordemann MDR 62, 623). Beim Roulettspiel wird zugesichert, daß der Zufall nicht durch Manipulation ausgeschaltet ist (Bay **93** 8). In Betracht kommt ferner das Beimischen des Gewinnloses für den Haupttreffer erst gegen Ende des Losverkaufs (RG **62** 394, BGH **8** 289; vgl. auch Hamburg NJW **62**, 1407 m. Anm. Schröder JR 62, 431), das Aufstellen von Spielautomaten, bei welchem die Gewinnchancen durch den Eingriff in die Apparatur vermindert sind (Hamm NJW **57**, 1162), die Absprache über den Ausgang eines sportlichen Wettkampfes (vgl. Triffterer NJW **75**, 615) oder der Abschluß einer Rennwette nach vorheriger Beeinflussung des Reiter zur Erhöhung der Gewinnchance (BGH **29** 167 m. Anm. Schmidt, LM **Nr. 5** [StGB **75**], Klimke JZ 80, 581). Nach Frankfurt NJW **93**, 945 kommt auch ein Betrug in Betracht, wenn dem Mitspieler vorgegaukelt wird, er nehme an einem langsam gespielten „Hütchenspiel" (also einem Geschicklichkeitsspiel) teil, während der Veranstalter beabsichtigt, nach Bezahlung des Einsatzes so schnell zu spielen, daß das Spiel als Glücksspiel einzuordnen ist; vgl. hierzu auch Sack NJW 92, 2540. Zum Options- und Warentermingeschäft vgl. u. 31 b.

16 f Geschäftsgrundlage eines Rechtsgeschäfts kann auch ein bestimmter **Verwendungszweck** sein; so erklärt ein Bergmann schlüssig, die nur für den eigenen Bedarf zustehenden Deputatkohlen entsprechend zu verwenden und nicht zu veräußern (BGH **2** 326 m. Anm. Bockelmann NJW **52**, 896, Celle GA **55**, 155). Zur Verwendungsabsicht bei Kreditgeschäften vgl. u. 31. Mit Vorlage eines ausländischen Geldscheines wird schlüssig zum Ausdruck gebracht, daß dieser den seiner Beschreibung entsprechenden Wert habe und die Währung nicht abgewertet sei (Hamm MDR **78**, 778; and. Frankfurt NJW **71**, 527 m. Anm. Böhm NJW **71**, 1143). Ebenso erklärt ein Bankangestellter, der Sorten verkauft, daß der Umtausch zum Tageskurs erfolgt, auch wenn über diesen nicht ausdrücklich gesprochen wird. Der Teilnehmer an einer öffentlichen **Ausschreibung** behauptet konkludent, daß sein Angebot selbstverantwortlich und zum Zwecke des Wettbewerbs kalkuliert sei, so daß bei Preisabsprache eine Täuschung vorliegt (BGH **16** 371, Hamm NJW **58**, 1152; zum Schaden vgl. u. 110). Eine Täuschung ist auch dann zu bejahen, wenn die Angebotsunterlagen geändert werden und die Vergabekommission aufgrund dessen den Auftrag an die begünstigte Firma erteilt (BGH wistra **89**, 101). Zur Beurteilung von Scheingeboten bei Versteigerungen vgl. Baumann NJW 71, 24, Locher/Blind NJW 71, 2291, Otto NJW 79, 684 f. mwN. Konkludentes Täuschen wurde weiterhin darin gesehen, daß ein Kunsthändler einseitig auf das von einem – was ihm bekannt war – unzuverlässigen Sachverständigen erstellte Gutachten Bezug nahm, ohne auf eine entgegenstehende Expertise hinzuweisen (RG **68** 213). Beim Abschluß eines **Vergleichs** wird schlüssig erklärt, daß der nach den Vorverhandlungen als feststehend zugrunde gelegte Sachverhalt sich im Zeitpunkt des Vertragsschlusses nicht geändert hat; daher ist ein Betrug gegeben, wenn ein Unterhaltsberechtigter im Prozeß vorträgt, er sei ohne Einkommen, zwischenzeitlich vor Vergleichsschluß jedoch eine Arbeitsstelle gefunden hat (zur Aufklärungspflicht nach Abschluß des Vergleichs vgl. BGH NJW **97**, 1439).

16 g Ein Provisionsvertreter erklärt bei Vertragsabschluß konkludent, daß er beabsichtigt, den Auftrag unverändert weiterzugeben, insb. nicht die Bestellmenge nachträglich zu erhöhen (Celle NJW **59**, 400, **75**, 2219; vgl. auch u. **61**, 146). Ebenso liegt in der schriftlichen Aufnahme einer Bestellung und anschließenden Vorlage zur Unterschrift die schlüssige Erklärung, daß der Bestellschein den vorausgegangenen mündlichen Vereinbarungen entspreche (RG JW **13**, 950); zur Täuschung bei bewußt kompliziert oder mißverständlich gehaltenen Vertragsformulierungen vgl. Baumann JZ **57**, 368. In der Vorlage einer Ware an der Kasse ist eine Täuschung zu sehen, wenn vorher vom Käufer das Preisschild am Kaufobjekt ausgewechselt (Hamm NJW **68**, 1895 m. Anm. Peters, Düsseldorf NJW **82**, 2268) oder der Inhalt des Warenpakets ausgetauscht wurde (Hamm NJW **78**, 2209). Zum Betrug im Selbstbedienungsladen vgl. u. 58, 63 a.

β) Eine **konkludente Täuschung** ist in den folgenden Fällen zu **verneinen**. Hier kommt nur Betrug durch Unterlassen in Betracht, wofür eine Aufklärungspflicht erforderlich ist (vgl. dazu u. 19). 17

Mit der **Entgegennahme einer Leistung** bringt der Empfänger nicht zum Ausdruck, daß ihm diese geschuldet sei (RG **25** 96, **46** 416, HRR **28** Nr. 389, Düsseldorf NJW **69**, 624 m. Anm. Deubner, Köln NJW **61**, 1736 m. Anm. Schröder JR **61**, 434, 80, 2366 m. Anm. Bespr. Volk JuS 81, 880, LG Bremen JZ **67**, 371 m. Anm. Naucke; vgl. auch Kaiser NJW 71, 601). Als Beispiele seien genannt die Fehlüberweisung (vgl. o. 16 c), die Doppel- und die Überzahlung, aber auch die Annahme von zuviel Wechselgeld (and. insoweit BGH MDR/D **53**, 21). Auch bei der Entgegennahme von Sozialleistungen wird nicht erklärt, daß die Bewilligungsvoraussetzungen noch vorliegen (RG **46** 416, **65**, 213; and. RG **62** 420; vgl. auch Köln NJW **84**, 1979). Der bloßen Inempfangnahme von vereinbarten (Vor-)Leistung läßt sich nicht entnehmen, daß der Empfänger seinerseits noch leistungsfähig ist (BGH GA **74**, 284, Bay OLGSt. § 263 S. 60, Hamburg NJW **69**, 335 m. zust. Anm. Schröder JR 63, 110, Triftterer JuS 71, 181; abl. Anm. G. E. Hirsch NJW 69, 853; zur Stromlieferung vgl. Stuttgart OLGSt. § 263 S. 173); vgl. auch u. 22. Auch über die Verwendungsabsicht wird regelmäßig bei Leistungsentgegennahme nichts erklärt; zur Inempfangnahme von Nachnahmezahlungen vgl. BGH NJW **54**, 1296; zur Achtung eines Eigentumsvorbehaltes vgl. RG **20** 142, **24** 406 f.; vgl. auch RG **42** 182, BGH v. 30. 11. 56 b. Pfeiffer-Maul-Schulte 5. Zur Beurteilung mißbräuchlich gestellter Asylanträge vgl. Köln StV **91**, 209, Krehl NJW 91, 1397. 17a

Dem Angebot oder der Lieferung einer Sache kann grundsätzlich nicht die Erklärung entnommen werden, daß diese keine **Mängel** aufweise bzw. die möglicherweise vorausgesetzten Eigenschaften besitze (zu Ausnahmen vgl. o. 16 d). Der Verkäufer darf sich gegenüber den irrigen Qualitätsvorstellungen des Käufers passiv verhalten, da das Mängelrisiko in den Bereich des Erwerbers fällt (RG **14** 311, **29** 37, Lackner LK¹⁰ 47). So wird beim Verkauf nicht schlüssig erklärt, daß ein Pferd kein „Krippensetzer" (RG **2** 430), ein Haus nicht von Schwamm befallen (RG GA Bd. **41**, 144; vgl. aber RG **20** 145 und o. 16 d), das ausgeschenkte Bier kein „Mischbier" (RG **29** 37; vgl. auch RG **29** 370, **59** 312) und ein Eiercognac von einer bestimmten Qualität sei (RG GA Bd. **47**, 283). 17b

Das Verlangen eines bestimmten Preises oder einer Vergütung enthält grundsätzlich nicht die Behauptung der **Angemessenheit** oder Üblichkeit (BGH MDR/H **89**, 1053, zu Ausnahme vgl. o. 16 d); auch im Fordern eines unstatthaften Erfolgshonorars eines Anwalts ist keine Täuschung über dessen Zulässigkeit zu sehen (KG JR **84**, 292). Angesichts der Vertragsfreiheit liegt etwa im Fordern eines überhöhten Preises keine Täuschung (BGH LM **Nr. 5**, MDR/H **89**, 1053, Jecht GA 63, 42 f., Kühne aaO 66, Lackner LK¹⁰ 46, Maaß aaO 128 ff.); das gilt trotz § 632 II BGB auch für Werklohnforderungen (Lackner LK¹⁰ 46; and. 21. A. RN 16; vgl. auch Celle OLGSt. § 263 S. 22). Gleiches gilt für den Tausch ungleichwertiger Sachen (Stuttgart NJW **66**, 990 [Pferdetausch]). Prinzipiell darf jeder Teilnehmer am Geschäftsverkehr seine bessere Information oder überlegene Sachkenntnis zu eigenem Vorteil ausnutzen (vgl. Bockelmann Eb. Schmidt-FS 445, ZStW **79**, 33, Lackner LK¹⁰ 29, Kühne aaO 8 ff.); daher bringt etwa auch ein Verkäufer von Aktien nicht schlüssig zum Ausdruck, daß diese nach seiner Überzeugung im Wert steigen würden, dies selbst dann nicht, wenn er vom Gegenteil überzeugt ist. Zum Options- und Warenterminhandel vgl. u. 31 b. Wer eine Entschädigung nach dem StrEG beantragt, behauptet nicht konkludent, er sei unschuldig (AG Springe MDR **80**, 79). 17c

4. Ein Betrug kann schließlich durch **Unterlassen** begangen werden, sei es, daß die Entstehung oder Verfestigung eines Irrtums nicht verhindert wird, sei es, daß ein bereits bestehender Irrtum nicht aufgeklärt wird; so die st. Rspr. und die h. M. im Schrifttum (vgl. etwa Blei II 224 f., Tröndle/Fischer 12 ff., M-Maiwald II/1 417 ff., W-Hillenkamp II/2 503, Mitsch II 405). Nach Bockelmann (Eb. Schmidt-FS 441 ff.; II/1 67 f.) kommt Betrug durch Unterlassen nur bei Nichthinderung einer Irrtumsentstehung oder -verfestigung, nicht aber bei Nichtbeseitigung eines bereits bestehenden Irrtums in Betracht; Herzberg (Die Unterlassung im Strafrecht und das Garantenprinzip [1972] 82) fordert zur Strafbarkeit des Unterlassens einen Erklärungswert, womit der Betrug praktisch auf Begehen beschränkt wird (o. 12; gegen die Auffassung von Bockelmann u. Herzberg auch Pawlik aaO 106 ff.); gänzlich wird Betrug durch Unterlassen abgelehnt von H. Mayer AT 152, Naucke, Strafbarer Betrug 106 ff., 214; iE ebenso Grünewald (H. Mayer-FS 291), da Vorteilsabsicht beim Unterlassungsdelikt unmöglich sei (vgl. § 15 RN 98). Zum Ganzen vgl. ausführlich Maaß aaO 6 ff., vgl. hierzu die Buchbesprechung von Maiwald ZStW 103, 681; Klawitter aaO. Zur abweichenden Auffassung Lackners (LK¹⁰ 28 ff.), wonach das Nichthindern der Entstehung eines Irrtums trotz Vorliegen einer Aufklärungspflicht bereits konkludentes Täuschen sei, vgl. o. 15. Vielfach wird die Grenze zwischen Tun und Unterlassen nicht hinreichend präzise gezogen (o. 7), weshalb zu beachten ist, daß in vielen Fällen einer angeblichen Unterlassenskonstellation in Wahrheit eine Täuschung durch konkludentes Tun vorliegt und sich die Feststellung einer Rechtspflicht zum Tätigwerden damit erübrigt (Schröder JR **61**, 434; vgl. auch Bockelmann NJW 61, 1934, Otto JZ 93, 653). Insb. ist das Verschweigen 18

§ **263** 19–21   Bes. Teil. Betrug und Untreue

einzelner Tatsachen im Rahmen einer mit dem Anspruch auf Vollständigkeit auftretenden Erklärung Täuschung durch positives, konkludentes Verhalten (Bockelmann Eb. Schmidt-FS 437). Im Einzelfall kann freilich die Grenze zwischen Täuschung durch Unterlassen und konkludentem Tun fließend sein (vgl. RG **65**, 106, Baumann JZ 57, 368, Lackner LK[10] 54). Soweit für den Täter zugleich eine Rechtspflicht besteht, ist eine Alternativfeststellung zulässig.

19   Ein Betrug durch Unterlassen setzt nach § 13 eine **Rechtspflicht** zum Tätigwerden voraus und zugleich, daß das Unterlassen dem Tun wertmäßig entspricht (zur **Entsprechungsklausel** vgl. auch § 13 RN 4). Da der Betrug nicht die Irrtumsbeiführung oder -unterhaltung, sondern die hierdurch bewirkte Vermögensschädigung sanktioniert (o. 1 f.), setzt die Unterlassensstrafbarkeit nicht die Verletzung einer bloßen Aufklärungspflicht um der Wahrheit willen sondern zugleich voraus, daß der Täter dafür einzustehen hat, daß das Opfer sich nicht selbst schädigt (Maaß aaO 23 ff.). Dabei lassen sich deren Anforderungen allerdings nicht anhand des § 266 oder der dort zum Erfordernis einer besonderen Treuepflicht entwickelten Grundsätze näher bestimmen (so aber Samson/Horn NJW 70, 596, Samson/Günther SK 43, Seelmann NJW 81, 2132), da sich Betrug und Untreue von Schutzbereich und Typik her wesentlich unterscheiden und unabhängig nebeneinander ihre Aufgabe im fragmentarisch konzipierten Vermögensstrafrecht zu erfüllen haben (Maaß aaO 29 ff., Worms wistra **84**, 127). Eine andere Frage im Zusammenhang mit § 266 ist es freilich, ob und inwieweit überhaupt ein Betrug durch Unterlassen innerhalb eines (untreuetypischen) Vermögensbetreuungsverhältnisses möglich ist (vgl. Kühne aaO 86 ff., Samson/Günther SK 43, Samson JA 78, 473, Samson/Horn NJW 70, 596, Seelmann NJW 80, 2547; 81, 2132; dazu Maaß aaO 26 ff.). Eine betrugsspezifische Garantenstellung setzt demnach eine besondere Pflichtenstellung des Täters zum Schutz des Opfers vor vermögensschädigenden Fehlvorstellungen voraus. Dabei ist wegen des Entsprechenserfordernisses dem verhaltensgebundenen Merkmal der Täuschung für den Unterlassensfall dadurch Rechnung zu tragen, daß an das pflichtbegründende Vertrauensverhältnis erhöhte Anforderungen gestellt werden (vgl. BGH **39** 392, 397 m. Anm. Naucke NJW 94, 2809, Joerden JZ 94, 422, Maaß aaO 32 ff.). Zum System der betrugsrelevanten Garantenstellung vgl. weiter Pawlik aaO 127 ff. Ohne daß damit auf den Entstehungsgrund der Rechtspflicht maßgeblich abgehoben wird (vgl. § 13 RN 8), lassen sich im wesentlichen folgende Fallgruppen bilden:

20   a) Eine Rechtspflicht kann zunächst aus **Ingerenz** begründet sein (vgl. § 13 RN 32 ff.). Wer unvorsätzlich in einem anderen einen Irrtum erregt und ihn dann zu seinem Vorteil ausnutzt, betrügt durch Unterlassen (BGH GA **77**, 18, Stuttgart NJW **69**, 1975, Lackner LK[10] 67, Mitsch II 409); gleiches gilt, wenn der Täter zwar vorsätzlich täuscht, aber zunächst keinen Schädigungsvorsatz hat, auch hier ist er aufklärungspflichtig (and. RG **31** 210; dazu Lackner LK[10] 67, Maaß aaO 51). Dabei ist in allen Fällen als pflichtwidriges Vorverhalten eine Täuschungshandlung erforderlich, womit zugleich der Entsprechensklausel genügt wird (Maaß aaO 38 ff.; and. Lackner LK[10] 70). Weiterhin ist erforderlich, daß das pflichtwidrige Unterlassen gerade dem Schutz des betroffenen Rechtsguts dient (Jescheck LK § 13 RN 33, Rudolphi SK § 13 RN 39 a, Irene Sternberg-Lieben Jura 96, 549). Wird eine ursprünglich wahre Tatsachenbehauptung infolge einer Veränderung der tatsächlichen Verhältnisse nachträglich falsch, so kann dieser Umstand allein eine Offenbarungspflicht nicht begründen (and. Hillenkamp JR 88, 303, Rengier JuS 89, 807, Seier aaO 414 für den Wegfall des Eigenbedarfs beim Räumungsverlangen des Vermieters). Dies ergibt sich daraus, daß die ursprünglich wahre Behauptung keine typische Gefahr für das Vermögen des Vertragspartners darstellt und folglich auch kein Grund für eine spätere Offenbarungspflicht abgeben kann; zu den Fällen der Eigenbedarfsklage vgl. u. 22.

21   b) Inwieweit sich eine Garantenpflicht unmittelbar aus einem außerstrafrechtlichen **Gesetz,** welches eine Anzeige-, Mitteilungs- oder Offenbarungspflicht zum Inhalt hat, ergeben kann, ist im Einzelfall festzustellen. Dabei kommt es maßgeblich darauf an, ob ein besonderes Vertrauensverhältnis vorliegt (o. 19). Aus diesem Grunde kommen die prozessualen Wahrheitspflichten von Partei (§ 138 I ZPO) und Zeuge (§§ 392 ZPO, 57, 66 c StPO) als Betrugsgarantenstellung nicht in Betracht, da diese allein eine prozessuale Verpflichtung gegenüber dem Rechtspflegeorgan begründen (Maaß aaO 81 ff.; and. Bay NJW **87**, 1654 m. krit. Anm. Otto JZ 87, 628, Zweibrücken NJW **83**, 694, dazu auch Werle NJW **85**, 2913, Tröndle/Fischer 22, Lackner/Kühl 14, LK[10] 60, M-Maiwald II/1 418 f., W-Hillenkamp II/2 505 ff., Mitsch II 408; vgl. zum Ganzen Eisenberg). Anders hingegen verhält es sich mit der Anzeigeverpflichtung des Leistungsempfängers hinsichtlich der Änderung leistungsbeeinflussender Umstände nach § 60 I SGB I (Köln NJW **84**, 1979, Maaß aaO 61 ff.; ebenso zum früheren Recht RG **53** 272, **64** 209, **73** 394 ff., Braunschweig NJW **62**, 314; vgl. auch RG **46** 416, **65** 213, KG JW **29**, 1497; zum Ganzen Pawlik aaO 202 f.). Zur Frage der Garantenstellung bei Entgegennahme von Sozialleistungen, die für einen Dritten bestimmt sind, nach dessen Tod, vgl. Hamm NJW **87**, 2245. Auch im Unterlassen des Arbeitgebers, einen versicherungspflichtigen Arbeitnehmer bei einer Kasse anzumelden und die fälligen Arbeitgeberanteile abzuführen (§§ 317, 317 a RVO, 122 I AVG, 178 I AFG, 61 KVLG), liegt ein Betrug (BGH **32** 236, wistra **87**, 290, Tröndle/Fischer 13 a, Lackner LK[10] 60, Maaß aaO 70 ff.), wobei ein vollendeter Betrug auch dann vorliegt, wenn die nicht zuständige Einzugsstelle getäuscht wird (BGH wistra **87**, 291; vgl. jedoch BGH wistra **92**, 141: kein Irrtum auf Seiten des Versicherungsträgers). Gleiches gilt beim Leiharbeitsverhältnis auch hinsichtlich der Arbeitnehmeranteile (BGH **32** 236 m. Anm. Martens NStZ 84, 317); vgl. auch BGH NStZ **87**, 223 m. Anm. Weidemann, BGH NStZ **87**, 224 m. Anm. Franzheim wistra 87, 105. Im übrigen ist hier

§ 266 a einschlägig (vgl. die dort. Erl.). Zur illegalen Arbeitnehmerüberlassung vgl. BGH NStZ **87**, 223 m. Anm. Weidemann, NStZ **87**, 224 m. Anm. Franzheim wistra 87, 105; BGH NStZ **88**, 30 m. Anm. Seibert; NStZ **87**, 454 m. Anm. Franzheim wistra 87, 313 unter Aufgabe des früher eingenommenen Standpunkts, wonach ein vollendeter Betrug durch den Verleiher nur dann in Betracht kommt, wenn er die Einzugsstelle täuscht, die auch für den Entleiher der Arbeitskräfte zuständig ist; vgl. hierzu Stahlschmidt wistra 84, 209; Weidemann NStZ 85, 208. Speziell zur ausschließlichen Beschäftigung von nicht angemeldeten 630 DM-Verdienern vgl. Siegle aaO 136 m. Hinw. auf § 111 I Nr. 2 SGB IV. Zur Erschleichung von Sozialhilfe bei Bestehen einer eheähnlichen Gemeinschaft vgl. BGH MDR/H **86**, 443, Köln StV **85**, 17, von Mutterschaftsgeld vgl. Karlsruhe NJW **86**, 2519. Auch die Geltendmachung einer Versicherungsleistung unter Verschweigen von leistungsbeeinflussenden Risikoerhöhung entgegen §§ 16 I, 23 II, 27 II VVG stellt eine Täuschung dar (Lackner LK[10] 60, Maaß aaO 74 ff.). Nach h. M. (BGH v. 4. 4. 51 b. Pfeiffer-Maul-Schulte 10, Tröndle/Fischer 14, Lackner LK[10] 60, M-Maiwald II/1 419, W-Hillenkamp II/2 505; and. RG **37** 62 f., Maaß aaO 54 ff.) sollen auch die zivilrechtlichen Auskunfts- und Rechenschaftspflichten, wie § 666 BGB (auch iVm §§ 675, 713, 2218 BGB), § 384 II HGB eine Garantenpflicht begründen.

Zweifelhaft sind die Fälle, in denen jemand seine Tätigkeit für das frühere **Ministerium der** 21 a **Staatssicherheit** der DDR verschweigt. Sofern hier gesetzliche Offenbarungspflichten auf landesrechtlicher Basis bestehen, kommt eine Rechtspflicht zur Offenbarung in Betracht; am Betrug wird es regelmäßig jedoch fehlen, wenn die Arbeitsleistung den Anforderungen entspricht (vgl. u. 154). Ohne dahingehende gesetzliche Verpflichtung besteht keine Offenbarungspflicht, da eine solche gegen das rechtsstaatliche Prinzip „nemo tenetur se ipsum prodere" verstoßen würde (AG Tiergarten NStZ **94**, 243; krit. hierzu Gading NJ 96, 297).

c) Auch aus **Vertrag** kann sich eine Garantenpflicht ergeben, wenn ein besonderes Vertrauens- 22 verhältnis (o. 19) vorliegt. Dieses hängt nicht von der Wirksamkeit des Vertrages ab (vgl. auch § 13 RN 28) und kann auch vorvertraglich bereits begründet sein. Der Umstand, daß eine Aufklärungspflicht vertraglich festgelegt wurde, reicht für sich gesehen allerdings noch nicht aus, selbst wenn die Vereinbarung den Zweck hat, den Partner vor Schaden zu bewahren (so aber Eser IV 116, Lackner LK[10] 62), da es ansonsten zu einer Kriminalisierung bloßer Vertragsverstöße käme und auch der wirtschaftlich Mächtigere (etwa durch AGB) seine typischen Vertragsrisiken auf die Gegenseite verlagern könnte (Maaß aaO 94). Ein besonderes Vertrauensverhältnis (vgl. etwa BGH **39** 392, 399, Bay StV **99**, 30) besteht etwa, wenn von vornherein ein gemeinsames Zusammenwirken zur Erreichung eines gemeinsamen Zweckes vorliegt, zB bei einem Gesellschaftsverhältnis oder einer stillen Beteiligung (RG **65** 106 f., Lackner LK[10] 63 f.). Auch Geschäfte, bei deren Abschluß sich eine Vertragsteil besonders von dem anderen leiten läßt, sich gewissermaßen dessen Sachverstand anvertraut, begründen Aufklärungspflichten (Maaß aaO 107, 131 ff.), so hat zB beim Gebrauchtwagenkauf der Gebrauchtwagenhändler als Verkäufer auch ungefragt zu offenbaren, daß es sich um ein Unfallfahrzeug handelt (Bay NJW **94**, 1078 m. Anm. Hauf MDR **95**, 21). Zum Verhältnis der Bank zum Kunden bei Wertpapiergeschäften vgl. RG **70** 46; zur Aufklärungspflicht des Pflichtverteidigers gegenüber seinem Mandanten über den Empfang einer Pflichtverteidigergebühr aus der Staatskasse vgl. BGH LM **Nr. 40**. Demgegenüber bestehen bei gewöhnlichen **Kreditgeschäften** regelmäßig keine Aufklärungspflichten (vgl. BGH wistra **92**, 143, u. 26); bei einem Gefälligkeitsdarlehen soll dies anders sein (Lackner LK[10] 64; krit. Maaß aaO 117 ff.), ebenso bei enger (verwandtschaftlicher oder freundschaftlicher) Verbundenheit zwischen den Vertragspartnern (krit. Lackner LK[10] 65), langjähriger Geschäftsbeziehung (BGH MDR/H **80**, 107, Stuttgart JR **78**, 389 m. Anm. Beulke, Lackner LK[10] 64; krit. Baumann JZ 57, 369, Maaß aaO 122 ff.) oder nach Abschluß eines Unterhaltsvergleichs (BGH NJW **97**, 1439). Wie bei Kreditgeschäften wird auch durch die bloße Leistungsentgegennahme regelmäßig keine Aufklärungspflicht begründet, weder hinsichtlich des Bestehens oder der Höhe eines Anspruchs (BGH **39** 392, 399 m. Anm. Naucke NJW **94**, 2809, Joerden JZ 94, 422, Düsseldorf NJW **69**, 624 m. Anm. Deubner, Hamm MDR **79**, 692, Köln NJW **61**, 1735 m. Anm. Schröder JR **61**, 434 f., **79**, 278 m. Anm. Kühl JA **79**, 683, 80, 2367 m. Bespr. Volk JuS 81, 880, Stuttgart NJW **79**, 2322 m. Anm. B. Müller JR 79, 472 u. Joecks JA 79, 390, LG Bremen JZ **67**, 371 m. Anm. Naucke; vgl. auch o. 16 c, 17 a) noch hinsichtlich des Fortbestehens der eigenen Leistungsfähigkeit gegenüber dem Vorleistenden. So begründet die Unterhaltung eines Girokontos regelmäßig noch keine über das bloße Vertragsverhältnis hinausgehende Beziehung gegenüber der Bank, die den Kunden zur Aufklärung darüber verpflichtet, daß das Guthaben auf eine Fehlüberweisung zurückgeht (BGH **39** 392, 399 m. Anm. Naucke NJW **94**, 2809, Joerden JZ 94, 422). Auch ist ein Hotelgast nicht verpflichtet, seine während der Beherbergung eingetretene Vermögenslosigkeit zu offenbaren (Hamburg NJW **69**, 335 m. zust. Anm. Schröder JR **69**, 110, Trifftterer JuS 71, 181 u. abl. Anm. G. E. Hirsch NJW 69, 853, BGH GA **74**, 284, wistra **87**, 213, Bay OLGSt. § 263 S. 59); zur weitergehend BGH **6** 198 (m. Anm. Jagusch LM Nr. 33 a); zum Ganzen vgl. Maaß aaO 119 ff. Andererseits ist ein Vermieter von Wohnraum gehalten, den Wegfall des ursprünglich gegebenen **Eigenbedarfs** zu offenbaren (vgl. Bay JZ **87**, 626 m. Anm. Otto, Seier NJW 88, 1617, Hillenkamp JR 88, 301, Rengier JuS 89, 802); vgl. Seier aaO, u. 31 c. Dies beruht auf der besonderen Bindung der Mietvertragsparteien durch die engen gesetzlichen Regelungen über Wohnraumkündigungen, die den Mieter in seinem existentiellen Lebensbedürfnis auf Wohnraum schützen wollen. Dagegen lassen sich beim **Kauf** und ähnlichen Vertragsgestaltungen nur in sehr engen Grenzen Aufklärungspflichten ableiten, etwa wenn der Ver-

§ 263   23–26   Bes. Teil. Betrug und Untreue

käufer sich auf ein deutliches Informationsbedürfnis des Kaufinteressenten hin zu einer Beratung über Eigenschaften oder auch Bewertungsgesichtspunkte (nicht aber zur Angemessenheit des Preises, vgl. auch o. 17 c) bereit zeigt (Maaß aaO 128 ff., Worms wistra **84**, 128, ähnlich Kühne aaO 67; vgl. auch Jecht GA 63, 48, Lackner LK[10] 46); die Tatsache der Unerfahrenheit des Käufers begründet für sich aber noch keine Aufklärungspflicht des Verkäufers (Maaß aaO 129, 149 f.; and. Eser IV 117), erst recht nicht, wenn dem Unerfahrenen eine Überlegungsfrist eingeräumt wird, die er zur Beiziehung eines Sachverständigen nutzen könnte (Stuttgart NJW **65**, 990 [Pferdetausch]). Zur Offenbarungspflicht beim Kauf gebrauchter Sachen vgl. RG DR **43**, 900, beim Kauf eines Gebrauchtwagens vgl. Bay NJW **94**, 1078 m. Anm. Hauf MDR 95, 21; zur Aufklärungspflicht bei bevorstehendem Erscheinen eines verbesserten Modells vgl. München NJW **67**, 158; über Betrug durch Unterlassen im Kunsthandel vgl. Würtenberger NJW **51**, 176; zum Options- und Warenterminhandel vgl. u. 31 b. Auch aus öffentlich-rechtlichen Dienstverhältnissen können für den Beamten Aufklärungspflichten entstehen; so muß der Beihilfeberechtigte der Behörde Umstände mitteilen, die nachträglich zur Verkürzung seines Anspruchs führen (Düsseldorf JMBlNRW **78**, 241); vgl. auch RG **67** 292; andererseits müssen Zusatzleistungen eines Spediteurs beim Antrag auf Umzugskostenbeihilfe nicht offenbart werden, sofern sie in keinem unmittelbaren Zusammenhang mit dem Umzug stehen (Köln JMBlNRW **79**, 224).

23   d) Über die hier genannten Grundsätze hinaus will die Rspr. **Treu und Glauben** nicht bloß im Rahmen bestehender Vertrauensverhältnisse, sondern gelegentlich als ausschließliche Grundlage für die Anerkennung einer Aufklärungspflicht akzeptieren (RG **70** 156, BGH **6** 199, Nürnberg MDR **64**, 693 f.); ebenso Tröndle/Fischer 13, Lackner/Kühl 14, LK[10] 65, M-Maiwald II/1 418 f.; krit. Baumann JZ 57, 369, Maaß aaO 145 ff., Trifferer JuS 71, 183, Welzel 369. Neuerdings werden aber auch besondere Umstände, nämlich ein besonderes Vertrauensverhältnis oder eine auf gegenseitigem Vertrauen beruhende Verbindung gefordert, um aus Treu und Glauben eine Offenbarungspflicht abzuleiten (BGH wistra **88**, 262); die bloße Anstößigkeit eines Schweigens genüge nicht (BGH aaO). Ebensowenig wird ein Vertrauensverhältnis dadurch begründet, daß ein Besteller mit dem gleichen Lieferanten wiederholt Verträge abgeschlossen hat (BGH wistra **92**, 298). Nach der Rspr. hat ein Gebrauchtwagenhändler auch ungefragt zu offenbaren, wenn Kaufobjekt ein Unfallwagen sei (Nürnberg MDR **64**, 693 f.); ebenso betrüge, wer bei der Entgegennahme von Mietvorauszahlungen verschweige, daß zwischenzeitlich die Baugenehmigung versagt wurde (Schleswig SchlHA **70**, 195; vgl. auch BGH GA **67**, 94); ein Versicherungsnehmer haben gegenüber dem Versicherer aufzuklären, wenn er Gegenstände, für deren Verlust er entschädigt wurde, später wiedererlangt (RG **70**, 225), ein Absender von Frachtgut gegenüber der Bahn, wenn er nachträglich die Unrichtigkeit seiner Angaben im Frachtbrief entdecke (RG HRR **39** Nr. 473); vgl. auch Bay JR **69**, 308 m. Anm. Schröder, Düsseldorf OLGSt. § 263 S. 43 (dazu o. 16 b). Häufig wurde jedoch trotz grundsätzlicher Anerkennung einer Garantiepflicht aus Treu und Glauben eine Aufklärungspflicht im konkreten Fall abgelehnt (vgl. nur Düsseldorf NJW **69**, 624, Frankfurt NJW **71**, 527, Hamburg NJW **69**, 336, Köln NJW **61**, 1736, **79**, 278, **80**, 2367, Stuttgart NJW **66**, 990, LG Bremen JZ **67**, 371); so soll auch nicht allein deshalb eine Aufklärungspflicht bestehen, weil der Vertragspartner der deutschen Sprache nicht mächtig ist (BGH wistra **83**, 190).

24   5. Auf der Grundlage der oben 8 ff. genannten Grundsätze ist die Täuschungshandlung bei den nachfolgenden **Fallgruppen,** welche die Rspr. besonders häufig beschäftigt haben oder besondere Aktualität besitzen, wie folgt zu beurteilen:

25   a) Handelt es sich um das Versprechen einer künftigen Leistung, insb. um **Kreditgeschäfte** (Darlehnsaufnahme, Warenankauf auf Kredit), so wird die Täuschungshandlung vielfach mit der Formulierung „Vorspiegelung von Zahlungsfähigkeit und Zahlungswilligkeit" gekennzeichnet (so zB RG DStR **39**, 170). Dies ist jedoch insofern mißverständlich, als die Zahlungsfähigkeit bei Kreditgeschäften kein geeigneter Gegenstand der Täuschung ist: Auf die gegenwärtige kommt es nicht an – Kreditgeschäfte beruhen häufig auf einer augenblicklichen Illiquidität (vgl. Schleswig SchlHA **59**, 155, Stuttgart NJW **58**, 1833, Köln NJW **67**, 741) –, während die zukünftige keine Tatsache iS des § 263 ist (Braunschweig NJW **59**, 2176, NdsRpfl. **62**, 24); zu den notwendigen Feststellungen vgl. BGH wistra **91**, 218.

26   Gegenstand der Täuschung können zunächst äußere Tatsachen (vgl. o. 8) sein, welche die **Kreditwürdigkeit** des Täters und damit die Sicherheit der Forderung betreffen, so zB wenn der Täter über sein Einkommen, sonst bestehende Schulden oder angeblich bestehende Sicherheiten täuscht. Auch Angaben, die nur mittelbar die Vermögensverhältnisse betreffen, indem sie über eine bereits vorhandene Anwartschaft auf eine günstige Vermögensentwicklung täuschen, gehören hierher, so zB wenn der Täter vorspiegelt, ihm falle aufgrund eines Erbvertrags eine größere Erbschaft zu; dagegen reicht die Behauptung, vor einer reichen Heirat zu stehen, als bloße zukünftige Erwartung nicht aus. Eine Täuschung (konkludentes Tun) liegt ferner vor, wenn der zur Schilderung seiner Vermögenslage aufgeforderte Vertragsgegner nur die günstigen Umstände anführt, die ungünstigen aber verschweigt (RG **70** 152, vgl. auch Karlsruhe wistra **92**, 233, 234). Wer den Kreditgeber zwecks Krediterlangung durch seine Fabrikräume führt und ihm Warenvorräte zeigt, dabei aber eventuelle Belastungen oder Sicherungsübereignungen nicht erwähnt, spiegelt vor, daß die Gegenstände unbelastet seien (RG Recht **29** Nr. 652). Eine Verpflichtung zur Offenbarung aller für die Kreditwürdigkeit maßgeblichen Umstände besteht regelmäßig nicht (RG **70** 151, BGH GA **65**, 208, MDR/D **68**, 202, MDR/H **80**,

106, wistra **84**, 223). Bei langjährigen Geschäftsbeziehungen, die Kreditgeschäfte zum Inhalt haben (zB Sukzessivlieferungsvertrag), soll es nach BGH MDR/H **80**, 106 und Stuttgart JR **78**, 389 m. Anm. Beulke eine Verpflichtung zur Offenbarung von Vermögensverschlechterungen geben, es sei denn, es handele sich um nur vorübergehende Krisensituationen. Eine Offenbarungspflicht für Tatsachen, die Zweifel an der künftigen Zahlungsfähigkeit des Schuldners begründen, solle allerdings bestehen bei der Anbahnung besonderer Verbindungen, die auf einem gegenseitigen Vertrauensverhältnis beruhen (BGH wistra **84**, 223). Eine Aufklärungspflicht hinsichtlich einer nach der Darlehnsaufnahme eingetretenen Vermögensverschlechterung besteht nicht (o. 22).

Gegenstand der Täuschung kann ferner eine innere Tatsache sein (vgl. o. 10). Als solche kommt der **Zahlungswille** in Betracht (vgl. BGH **15** 26, Celle GA **57**, 220, Schleswig SchlHA **59**, 155), wobei zu beachten ist, daß mangelnder Zahlungswille auch vorliegt, wenn dem Täter die spätere Leistung unmöglich erscheint, da man Unmögliches nicht wollen kann (BGH GA **65**, 208, Köln NJW **67**, 741, JZ **68**, 340 m. Anm. Schweichel, Stuttgart NJW **58**, 1833). Der Verkehr darf das Zahlungsversprechen eines Darlehnsnehmers oder Kreditkäufers so verstehen, daß der Täter versichert, aufgrund der Beurteilung seiner gegenwärtigen Vermögenslage zu dem Schluß gekommen zu sein, die versprochene Leistung erbringen zu können (vgl. BGH NJW **54**, 1415, GA **65**, 208, StV **85**, 188, Braunschweig NJW **59**, 2176, NdsRpfl. **62**, 24, Köln **67**, 741, M-Maiwald II/1 415 f.). Betrug kommt daher in Betracht, wenn der Täter trotz begründeter Zweifel an seiner künftigen Leistungsfähigkeit ohne Einschränkung die spätere Leistung verspricht (vgl. auch Bockelmann NJW **61**, 146, ZStW **79**, 28, Stuttgart NJW **58**, 1833 m. Anm. Kohlhaas NJW **59**, 397; and. Schleswig SchlHA **53**, 156, **59**, 155); dabei ist jedoch zu beachten, daß nicht schon jede Unsicherheit in der Beurteilung der künftigen Entwicklung einen solchen Zweifel begründet, zB nicht der Umstand, der Kreditnehmer könne erwerbslos werden (vgl. Hamm BB **58**, 934; insoweit bedarf es jedoch sorgfältiger Feststellungen, Karlsruhe StV **92**, 470). Die bloße Hoffnung, leisten zu können, reicht hingegen nicht aus (BGH JZ **52**, 282, GA **65**, 208). Eine Täuschungshandlung kann auch vorliegen, wenn der Täter damit rechnet, er werde ein Darlehen nicht gerade am Fälligkeitstag zurückbezahlen können (and. BGH MDR/H **55**, 528); jedoch kann es hier am Schädigungsvorsatz fehlen, wenn der Darlehnsnehmer davon ausgeht, daß in seiner Zinszahlung ein Äquivalent für die Weitergewährung des Darlehens liegt.

Anderes gilt bei sog. **Bargeschäften,** bei denen nach dem ausdrücklichen oder aus den Umständen zu entnehmenden Willen der Beteiligten sofortige Erfüllung zugesagt wird. Hier kann die Täuschung außer in der Vorspiegelung der Zahlungswilligkeit auch im Vortäuschen der Zahlungsfähigkeit liegen. Dies ist regelmäßig bei der sog. Zechprellerei der Fall, bei der der Gast als zahlungsfähig und zahlungswillig auftritt (Bay **57** 147 m. Anm. Mittelbach JR 58, 67, o. 16 a). Wer an einer Tankstelle mit oder ohne Bedienung Benzin tankt, erklärt schlüssig Zahlungswillen und Zahlungsfähigkeit (BGH NJW **83**, 2827 m. Anm. Gauf NStZ **83**, 505, Deutscher NStZ **83**, 507, Schroeder JuS **84**, 846; Düsseldorf JR **83**, 343 m. Anm. Herzberg); wird der Kunde vom Tankwart nicht bemerkt, kommt Versuch in Betracht (BGH aaO); zur Verfügung vgl. u. 63 f. Zur Frage der Strafbarkeit, wenn die Absicht, nicht zu zahlen, erst nach dem Tankvorgang gefaßt wird, vgl. Hamm NStZ **83**, 266, Düsseldorf NStZ **82**, 249, **85**, 270 m. Anm. Herzberg JR **85**, 209, Gauf NStZ 83, 505 sowie § 242 RN 36, § 246 RN 7; zum ganzen Borchert/Hellmann NJW **83**, 2799, Charalambakis MDR **85**, 975.

b) In der Hingabe eines **Schecks** liegt seitens des Scheckgebers die konkludente Erklärung der Überzeugung, daß bei Einlösung eine entsprechende Deckung vorhanden sein wird (M-Maiwald II/1 415, Welzel 369, BGH NJW **69**, 1260, Karlsruhe NStE **Nr. 9**, Frankfurt NStZ-RR **98**, 333, 334); ob auch die gegenwärtige Deckung zugesichert wird, ist umstritten (vgl. BGH **3** 70 m. Anm. Rieß u. Niese NJW 52, 1186, Oldenburg JZ **51**, 339 m. Anm. Mezger, A. Mayer JZ 53, 25 u. Niese NJW **52**, 691 f.). Richtigerweise wird man in der Scheckhingabe die stillschweigende Zusicherung sehen müssen, daß der Scheck entweder gedeckt ist und diese Deckung auch fortbestehen bleibt, oder daß er durch sichere zu erwartende Eingänge im Zeitpunkt der Einlösung gedeckt sein wird (so Lackner LK[10] 44, Bockelmann ZStW **79**, 49); nach Köln NJW **91**, 1122 kommt es bei Postbarschecks darauf an, daß der Postgiroteilnehmer nicht willens oder instande ist, eine Überziehung des Kontos unverzüglich auszugleichen. Keinesfalls reicht ein bloßes Hoffen auf Deckung aus (BGH JZ **52**, 282; vgl. auch BGH MDR/D **55**, 528). In der Einreichung eines von einem anderen ausgestellten Schecks liegt die konkludente Erklärung, es handele sich um einen Scheck im bargeldlosen Zahlungsverkehr (Köln NJW **81**, 1851). In der Hingabe eines **Wechsels** zur Diskontierung bei einer Bank liegt angesichts der grundsätzl. fehlenden Rediskontierfähigkeit eines Finanzwechsels in aller Regel die schlüssige Erklärung des Täters, es handele sich dabei um einen Handelswechsel und nicht um einen Finanzwechsel (BGH NJW **76**, 2028, Lackner LK[10] 45, Lampe, Kreditbetrug 57 ff., Obermüller NJW 58, 655).

Wird ein durch **Scheckkarte** garantierter Scheck angeboten, so gelten wegen der Einlösungsgarantie des bezogenen Kreditinstituts die obigen Grundsätze nicht (vgl. u. 50, Lackner LK[10] 44, 320, Lenckner/Winkelbauer wistra **84**, 83, Schroth NJW **83**, 716, Vormbaum JuS 81, 22 f., Zahrnt NJW **72**, 277; a. M. BGH **24** 386, Köln NJW **78**, 714, Hamburg NJW **83**, 768, Gössel MDR 73, 177, Gross NJW **73**, 600, Sennekamp BB **73**, 1007), weil der Schecknehmer sich keine Vorstellung über die Deckung macht (u. 50) und mangels einer dahingehenden Erwartung der Begebung des Schecks auch nicht konkludent die Zusicherung zukommt, dieser sei gedeckt. Bei der parallelen Problematik des **Kreditkartenmißbrauchs** lehnt die Rspr. mit den hier zum garantierten Scheck genannten

Gründen allerdings Betrug ab (BGH **33** 244; vgl. auch LG Bielefeld NJW **83**, 1336, aufgehoben durch Hamm NJW **84**, 1633 m. Anm. Schlüchter JuS 84, 675 u. Bringewat wistra 84, 194, NStZ **85**, 535, Knauth NJW 83, 1287, Lackner LK[10] 301; differenzierend Bringewat JA 84, 347). Die mißbräuchliche Verpflichtung des Scheck- oder Kreditkartenausstellers (Bank, Dinersclub usw.) wird jetzt durch die lex specialis des § 266 b erfaßt (BGH wistra **87**, 64, 136, Hamm MDR **87**, 514, KG JR **87**, 257; vgl. die Erl. zu § 266 b). Etwas anderes kann sich bei den sog. Goldenen Kundenkarten ergeben. Hierbei handelt es sich um eine Kreditkarte im sog. Zwei-Partner-System, namentlich von Kaufhäusern, Autovermietern und Tankstellen ausgegeben (vgl. § 266 b RN 5). Verschweigt der Berechtigte bei Vorlage der Karte, daß er nicht zahlungswillig ist, so kann darin ein Betrug gesehen werden. Hat er bereits die Ausstellung der Kundenkarte erschlichen, so liegt darin noch kein Betrug, jedoch kann dieses Verhalten schon ein Indiz für betrügerisches Verhalten beim Gebrauchmachen sein (BGH MDR/H **89**, 112; vgl. jedoch auch BGH NStZ **93**, 283). Werden Scheck- oder Kreditkarten durch einen **Nichtberechtigten** mißbraucht, liegt eine Täuschung vor, weil bei Vorlage der Karte und Unterzeichnung der Belastungsbelege mit falschem Namen die Berechtigung zur Vorlage der Scheck- oder Kreditkarte vorgespiegelt wird (LG Berlin wistra **85**, 241, LG Hamburg wistra **86**, 227); vgl. dazu o. 13. Zum **Codekartenmißbrauch** vgl. § 263 a. Zum Ganzen eingehend Otto, Zahlungsverkehr 9 ff. (Mißbrauch von Wechseln), 41 ff. (Mißbrauch von Schecks), Altenhain JZ 97, 752, 753 (Teilnahme am electronic-cash-Verfahren).

30 In der Erteilung eines **Lastschrift-Einziehungsauftrages** ist – soweit nicht der Lastschriftvordruck bereits den (ausdrücklichen) Aufdruck „Einzugsermächtigung des Zahlungspflichtigen liegt dem Zahlungsempfänger vor" (was nur für „sofort fällige Geldforderungen" gilt) trägt – die konkludente Erklärung des Zahlungsempfängers gegenüber der Inkassobank enthalten, daß er Inhaber einer sofort fälligen Geldforderung gegenüber dem Zahlungspflichtigen in der eingetragenen Höhe sei (vgl. Hamm NJW **77**, 1836, LG Oldenburg NJW **80**, 1177, Lackner LK[10] 44 a. E.; vgl. auch E. Putzo NJW 78, 689, Müller/Wabnitz aaO 20 ff.). Für das POZ-System (elektronisches Lastschriftverfahren) hat unter Benutzung einer Scheckkarte dasselbe zu gelten (Altenhain JZ 97, 752, 759, Rossa CR 97, 223).

31 c) Bei einer Täuschung über den **Verwendungszweck** eines Darlehns kommt Betrug in Betracht, wenn durch den angeblichen Verwendungszweck die Qualität der Forderung berührt wird, zB ein zur Warenbeschaffung gegebener Wechsel zur Bezahlung von Schulden (RG **66** 58) oder ein Betriebsmittelkredit zur Bestreitung des Lebensunterhalts verwendet wird (RG JW **26**, 2934); vgl. näher Goldschmidt aaO 156. Vgl. auch BGH JZ **79**, 75 zur zweckwidrigen Verwendung eines Investitions- oder Starthilfedarlehens. Betrug kann aber auch vorliegen, wenn durch die Täuschung über den Verwendungszweck die Sicherheit des Gläubigers nicht beeinträchtigt wird, der Vertrag jedoch zugleich die Elemente einer Schenkung enthält (zB zinsloses Darlehn). Wollte der Kreditgeber mit dieser Schenkung bestimmte Zwecke fördern, so gelten die Regeln über den Schenkungsbetrug; vgl. u. 101.

31 a d) Streitig ist die Frage, worin eine Täuschungshandlung beim Erschleichen von **Subventionen** oder Steuererleichterungen liegen kann, die nur für einen bestimmten Zeitraum oder von einem bestimmten Zeitpunkt ab bzw. bis zu einem solchen gewährt werden. Erörtert wird diese Frage in Rspr. und Schrifttum am Bsp. des § 4 b InvestitionszulageG 75, das nur für Inlandsinvestitionen einen Zuschuß vorsah, wenn die begünstigten Wirtschaftsgüter innerhalb eines gesetzlich bestimmten Zeitraums bestellt wurden bzw. mit deren Herstellung begonnen worden war. Dabei kommt § 263 vornehmlich für die Fälle in Betracht, in denen der Antrag auf die Investitionszulage vor dem 1. 9. 1976 gestellt wurde, da vor diesem Zeitpunkt das 1. WiKG und damit insbes. § 264 (Subventionsbetrug) noch nicht in Kraft getreten waren (zum Konkurrenzverhältnis von § 263 zu § 264 vgl. § 264 RN 87 ff.). Hatte jemand vor oder nach dem maßgeblichen Stichtag ein begünstigtes Rechtsgeschäft abgeschlossen, das dann aber rück- bzw. vordatiert wurde, so stellt sich die Frage, ob in der Behauptung, das Geschäft sei in dem maßgeblichen Zeitraum abgeschlossen worden, eine Täuschungshandlung liegt. In den Fällen einer Rückdatierung, in denen die Bestellung tatsächlich erst nach dem maßgeblichen Zeitpunkt aufgegeben wurde, ist eine Täuschungshandlung zu sehen, da hier über den Zeitpunkt der Bestellung unwahre Angaben gemacht werden (BGH **31** 93 m. Anm. Tiedemann JR 83, 212, Baumann/Boorberg BB 80, 569 f.); ist das Geschäft während dieses Zeitraumes zB nur mündlich getätigt worden oder ist ein Beleg verlorengegangen, so dient eine spätere schriftliche Fixierung der Bestellung nur dem Nachweis einer wahren Behauptung, weshalb es an einer Täuschungshandlung fehlt (Findeisen JZ 80, 713 = JR **81**, 229; vgl. auch Celle NJW **82**, 1407). Im letztgenannten Fall könnte eine Täuschung nur darin gesehen werden, die Urkunde über die Bestellung sei im Zeitpunkt des Geschäftsabschlusses ausgestellt worden. Eine Täuschung über diese Tatsache ist jedoch unerheblich, da durch sie nicht über die Anspruchsvoraussetzungen für den Investitionszuschuß getäuscht wird. Schwieriger ist die Frage zu beantworten, wenn ein Geschäftsabschluß vordatiert wird, um in den begünstigten Zeitraum zu fallen. Erfolgt der vordatierte Geschäftsabschluß nur zum Schein, soll also das vorher abgeschlossene Geschäft unberührt bleiben, so liegt eine Täuschungshandlung vor, weil das Scheingeschäft nichtig und die Behörde daher über das tatsächliche Bestelldatum getäuscht wurde (Koblenz JZ 80, 737). Ist dagegen der ursprüngliche Vertrag aufgehoben und im Begünstigungszeitraum ein neuer Vertrag abgeschlossen worden, so fehlt es an einer Täuschungshandlung, auch wenn es sich um das gleiche Wirtschaftsgut handelt (vgl. Hamm NJW **82**, 1405, AG Alsfeld NJW **81**, 2588, Baumann/Boorberg BB 80, 569, Kohlmann/Brauns FR 79, 281 f., Tiedemann NJW 80, 1558 f., Strobl-Albeg DSteuerR 80, 374 f.; and. BGH **32** 256, Koblenz JZ **80**,

737, Frankfurt JZ **82**, 477, Schmidt-Hieber/Küster FR 79, 426 f.). Da das angegebene 2. Bestelldatum den Tatsachen entspricht, könnte die Behauptung nur unwahr sein, wenn mit dem Subventionsantrag zugleich schlüssig dargetan würde, daß die Subvention für eine Erstbestellung in Anspruch genommen wird, d. h. für eine Ware, die nicht zu einem früheren Zeitpunkt schon einmal bestellt war. Dies ist jedoch nicht der Fall, da der Antragsteller nur – wie es § 4 b II InvestitionszulagenG und das auszufüllende Formular verlangen – eine wirksame Bestellung behauptet. Auch der Auffassung von Findeisen (JZ **80**, 711), wonach die Zweitbestellung nicht auf einer Investitionsentscheidung beruhe und damit nicht eine zulagebegünstigte Bestellung vorliege, kann nicht gefolgt werden, da auch für die Zweitbestellung die Investitionsentscheidung ursächlich ist, weil ansonsten nicht vorgenommen worden und es bei der Stornierung der Erstbestellung geblieben wäre (ebenso Baumann/Boorberg BB 80, 567). Ebenso kann § 6 StAnpG a. F. (vgl. heute § 42 AO 77) nicht weiterhelfen. Diese Vorschrift ermöglicht zwar den Finanzbehörden, bei einem Mißbrauch von bürgerlich-rechtlichen Gestaltungsmöglichkeiten von einer Rechtsgestaltung auszugehen, die den wirtschaftlichen Vorgängen angemessen ist. Daraus läßt sich aber nicht herleiten, daß derartige (zivilrechtlich wirksame) Umgehungsgeschäfte mit den (zivilrechtlich unwirksamen) Scheingeschäften gleichzubehandeln sind (so aber Koblenz JZ **80**, 736, Findeisen JZ **80**, 712; dagegen Strobl-Albeg DSteuerR **80**, 374 f.). Schließlich obliegt dem Steuerpflichtigen auch keine Offenbarungspflicht (zu § 264 vgl. jedoch dort RN 46), schon gar nicht hinsichtlich der Motive, die ihn zu einer bestimmten Rechtsgestaltung veranlaßt haben. Im übrigen ist es Sache des Gesetzgebers, die Vorschriften so auszugestalten, daß Umgehungen, die die zivilrechtliche Vertragsfreiheit eröffnet, unterbunden werden (ebenso Kohlmann/Brauns FR 79, 480).

e) Umstritten ist die Beurteilung des Handels mit **Rohstoffoptionen,** der auf dem Warenterminge- **31 b** schäft basiert und bei dem der Käufer gegen Bezahlung einer „Prämie" ein Anrecht auf den Abschluß eines Warentermingeschäfts erwirbt (vgl. dazu Koch JZ **80**, 704, Sauckel aaO 74 ff.). Eine Täuschungshandlung liegt dabei unzweifelhaft vor, wenn der Verkäufer die Verschaffung einer an den einschlägigen Börsen gehandelten Option verspricht, dann aber selbst die Option ausgibt, ohne für Deckung an einem geeigneten Börsenplatz zu sorgen (Koch JZ **80**, 709, vgl. auch BGH wistra **86**, 108); als Schaden kommt dabei eine Vermögensgefährdung in Betracht (vgl. u. 114 a, 143 ff.). Streitig hingegen sind die Fälle, in denen eine Option verschafft, die am Börsenplatz gebildete Prämie jedoch durch den Optionsvermittler verdoppelt oder verdreifacht wird, ohne diesen Zuschlag dem Kunden zu deklarieren; wird die Kalkulation der Prämie offengelegt, so liegt keine Täuschungshandlung vor (BGH wistra **91**, 25). Streitig ist ferner, welche Bedeutung es hat, wenn sich in den AGB des Optionshändler ein Hinweis darauf findet, daß Kosten und Provision in der zu zahlenden Prämie enthalten seien. Eine Täuschungshandlung liegt in Fällen dieser Art vor, wenn dem Käufer ausdrücklich vorgespiegelt wird, die von ihm zu zahlende Prämie entspreche der Höhe nach der am Börsenplatz für die Warenoption zu zahlenden Prämie. Erfolgt dieser Hinweis nicht, so fragt es sich, ob über die Prämienhöhe am Börsenplatz oder die Differenz zu der dem Kunden in Rechnung gestellten Prämie schlüssig getäuscht wird. Dies ist jedoch zu verneinen, wenn sich – wie bei den Optionsgeschäften üblich – aus den AGB ergibt, daß die vom Optionsvermittler in Anspruch genommene Provision und seine Kosten in der vom Käufer zu zahlenden Prämie enthalten sind. Daraus folgt für jedermann, daß notwendigerweise eine Differenz zwischen der Prämie am Börsenplatz und dem Kaufpreis der Option bestehen muß. Gegenstand einer konkludenten Täuschung könnte also höchstens die Höhe des Unterschiedsbetrages oder die Angemessenheit der beanspruchten Provision sein. Aber auch darüber wird schlüssig nichts erklärt, weil dies voraussetzen würde, daß die Kalkulationsgrundlage des Vermittlers in irgendeiner Form in seine Erklärung eingeflossen ist (vgl. auch o. 17 c; and. BGH NJW **81**, 2131, wonach über die Gewinnerwartung getäuscht wird, and. wohl auch München NJW **80**, 795 m. abl. Anm. Hohenlohe-Oehringen BB **80**, 231). Da eine Täuschung durch schlüssiges Verhalten nicht vorliegt, bleibt zu fragen, ob der Vermittler verpflichtet ist, dem Kunden seine Kalkulation zu offenbaren. Eine Rechtspflicht hierzu kann bei Spekulationsgeschäften dieser Art grundsätzlich weder aus vorvertraglichen Pflichten noch aus dem Grundsatz von Treu und Glauben abgeleitet werden (KG NJW **80**, 1472, Seelmann NJW 80, 2548 f., Sonnen NStZ 81, 24, Worms wistra **84**, 127 f.). Die entgegengesetzte Auffassung (BGH NJW **81**, 1266, München NJW **80**, 786, 795 m. abl. Anm. Hohenlohe-Oehringen BB **80**, 231), wonach bei einem 100%igen Preisaufschlag auf die Prämie für Kosten und Provisionen wegen der dadurch erheblich verringerten Gewinnchance eine Aufklärungspflicht bestehe, kann nicht überzeugen (insoweit zutreffend Hamburg NJW **80**, 2593 m. Anm. Sonnen NStZ 81, 24 u. Scheu MDR 81, 467), da – wie bei Spekulationsgeschäften anerkannt – jeder Vertragspartner sein Risiko und damit auch sein Aufklärungsrisiko über die Höhe der Chance selbst zu tragen hat. Dies gilt erst recht in Fällen der hier genannten Art, in denen der Vertragsteil sich über die Optionspreise bei den Vermittlern – eine dann unrichtige Auskunft wäre Täuschen durch Begehen (vgl. o. 14) –, in den Börsenblättern, bei Banken usw. orientieren kann, zumal eine unzureichende Information des Vermittlers beim Käufer die notwendige Skepsis hervorrufen muß. Eine Täuschung käme allenfalls dann in Betracht, wenn mit der verkauften Option überhaupt keine Gewinnchance verbunden wäre, weil dann möglicherweise schlüssig über diese Eigenschaft des Kaufgegenstandes getäuscht wäre (and. BGH **16** 120 für den Fall der sog. Spätwette; vgl. **16**, 114). Zur Problematik der sog. **Innenprovision** bei prospektmäßig vertriebenen Immobilien zur Steuerersparnis vgl. Gallandi wistra 96, 323. Zum Vermögensschaden vgl. u. 114 a.

§ 263   31c–35

31c   f) Schwierigkeiten bereiten die Fälle, in denen über nicht vorliegenden **Eigenbedarf** ein **Mietverhältnis** unberechtigterweise gekündigt wird (Bay NJW **87**, 1654 m. Anm. Hillenkamp JR 88, 301, Zweibrücken NJW **83**, 694, Seier aaO, ders. JA **83**, 337, AG Hamburg WuM **85**, 117, AG Kaiserslautern ZMR **83**, 96 f. Vgl. ferner Werle NJW 85, 2913 ff., der sich ausführlich mit der betrugsspezifischen Schadensproblematik auseinandersetzt; dazu auch Hellmann JA 88, 73 ff., Rengier JuS 89, 802 ff.). Hier ist wie folgt zu differenzieren: Werden Umstände vorgespiegelt aus denen sich der Eigenbedarf ergibt, so liegt ein Betrug durch positives Tun vor (zu den einzelnen Fallgestaltungen eingehend Seier aaO 242 ff.). Ist hingegen ein nicht bestehende Eigenbedarf gutgläubig vorgebracht worden, weil zB die Tochter des Vermieters in Wahrheit nicht bestehende Heiratsabsichten äußerst, so folgt eine Aufklärungspflicht aus Ingerenz sobald der die Kündigung verlangende Vermieter die Wahrheit erfährt (vgl. o. 20). Kommt ein ursprünglich vorliegender Eigenbedarf später in Wegfall, zB weil das Verlöbnis der Tochter gelöst wird, so kommt zunächst ein konkludentes Verhalten in Betracht, wenn der Vermieter sein Räumungsbegehren aufrechterhält (Seier aaO 404). Fehlt es an einem schlüssigen Verhalten, so kann zweifelhaft sein, ob Betrug durch Unterlassen begangen wird, wenn der Vermieter dem Mieter gegenüber den Wegfall der Kündigungsberechtigung verschweigt (iE ebenso Seier aaO 404 ff.). Hier ist eine Offenbarungspflicht nach den o. RN 22 genannten Grundsätzen anzunehmen. Allerdings besteht diese nur, wenn das Vertragsverhältnis noch nicht einverständlich gelöst oder keine rechtskräftige Entscheidung vorliegt, weil in diesen Fällen der Schaden in Gestalt der Aufhebung des Vertragsverhältnisses schon eingetreten ist. Abzulehnen ist daher Bay NJW **87**, 1654, wonach auch nach Abschluß eines unwiderruflichen Vergleichs eine Offenbarungspflicht besteht.

32   **IV.** Durch die Täuschungshandlung muß im Getäuschten ein **Irrtum erregt oder unterhalten** werden. Es ist also Kausalität zwischen der Täuschungshandlung und dem Irrtum erforderlich. Auch Leichtgläubigkeit oder Naivität beseitigen nicht den Schutz des § 263 (vgl. Otto JZ 93, 654, Krack aaO 64, Tröndle JR 74, 221, 224, Blei JA 74, 681, 684, Hillenkamp aaO 85 f., Amelung GA 77, 1, 9, Lackner LK[10] 91, Samson/Günther SK 62, Blei II 227, Herzberg GA 77, 289, Tiedemann Klug-FS, 405, Achenbach Jura 84, 602, Hilgendorf JuS 94, 466, 467, Kindhäuser Bemmann-FS, 339, 357; and. Naucke Peters-FS 109, 115 f., Seelmann JuS 82, 268, 270, Kurth aaO 160 ff., Ellmer aaO 158). Zur Frage der Berücksichtigung eines Opfermitverschuldens vgl. Ellmer aaO 144 ff.; kritisch hierzu Krack aaO 68. Gegen die viktimologisch-teleologische Eingrenzung des Betrugstatbestandes vgl. Pawlik aaO 50. Zur Frage des Irrtums im Rahmen der Wirtschaftskriminalität vgl. D. Geerds aaO 88 ff.

33   **1. Irrtum** ist jeder Widerspruch zwischen Vorstellung und Wirklichkeit (Lackner LK[10] 73, Blei II 229, Tröndle/Fischer 18, Samson/Günther SK 49, Mitsch II 429). Das Vorliegen eines Irrtums ist Tatfrage. Dementsprechend muß der Tatrichter unter Ausschöpfung aller Beweismittel sich die Überzeugung davon verschaffen, daß bei dem Verfügenden ein Irrtum erregt oder unterhalten worden ist. Dabei kann zwar auf den Irrtum auch aus Indizien geschlossen werden. In diesem Zusammenhang kann eine Rolle spielen, ob der Verfügende ein eigenes Interesse daran hatte oder im Interesse eines anderen verpflichtet war, sich von der Wahrheit der Behauptungen des Täters zu überzeugen. In keinem Fall kann sich der Tatrichter aber damit begnügen, den Irrtum des Verfügenden ungeprüft zu unterstellen (BGHR § 263 Irrtum **9**).

34   a) Dabei ist unstreitig, daß der **Irrtum** sich **auf eine Tatsache beziehen** muß, weil sich sonst eine Beziehung zwischen Täuschungshandlung und Irrtumserregung nicht herstellen ließe (vgl. u. 77); zum Tatsachenbegriff vgl. o. 8 ff.. Dies ist der Fall, wenn der Getäuschte bestimmte Vorgänge als geschehen annimmt, die in Wahrheit nicht geschehen sind (zB zwischen A und B sei ein Vertrag mit bestimmtem Inhalt abgeschlossen worden), aber auch, wenn er sich nur Einzelheiten innerhalb eines Gesamtgeschehens unrichtig vorstellt (zB der Vertrag zwischen A und B sei zwar abgeschlossen, jedoch zu einem anderen Preis) oder wenn in seinem Vorstellungsbild Einzelheiten fehlen, er jedoch seine Kenntnis als vollständig annimmt (zB an dem Vertrag sind nicht nur A und B, sondern auch C beteiligt). Dies schließt allerdings nicht aus, daß die Fehlvorstellung beim Getäuschten zB zu einer unzutreffenden Prognose führt, die dann ihrerseits erst für die Verfügung motivierend wirkt; wird zB über die Finanzkraft eines Unternehmens getäuscht (vgl. o. 8 f.) und schließt der Getäuschte von hier aus auf eine günstige Entwicklung dieses Unternehmens, die ihn zu der schädigenden Verfügung veranlaßt, so reicht dies für § 263 aus, da die unzutreffende Prognose in einer Fehlvorstellung über tatsächliche Verhältnisse fußt, diese also ihrerseits in das Vorstellungsbild des Getäuschten gerückt sind.

35   b) Streitig ist, ob der Irrtum sich gerade auf die **Tatsachen** beziehen muß, die dem Getäuschten (ausdrücklich oder schlüssig) **vorgespiegelt wurden** oder über die er bei entsprechender Rechtspflicht nicht aufgeklärt wurde. Dies ist zu bejahen, da es sonst an der nach h. L. erforderlichen Kausalität (vgl. u. 77) zwischen den einzelnen Tatbestandsmerkmalen fehlen würde. Wird zB vorgespiegelt, bei einem Kaufgegenstand handle es sich um eine antike Statue, so liegt nur ein versuchter Betrug vor, wenn der Erwerber dies nicht glaubt, sich aber dennoch zum Kauf entschließt, weil er aufgrund ihres Gewichts irrig annimmt, es handele sich um einen Gegenstand aus Edelmetall. Nicht erforderlich ist, daß der Getäuschte insgesamt von falschen Voraussetzungen ausgehen muß, es genügt, daß er sich über einen Teilaspekt irrt, wie ja auch die „Entstellung wahrer Tatsachen", d. h. das Behaupten einer Teilwahrheit als Täuschungshandlung ausreicht (ebenso Celle NJW **94** 142, Lackner LK[10] 78; and. nur Naucke, Strafbarer Betrug 113). Aber ein Irrtum muß der Täuschungshandlung entsprechen, weil er sich sonst nicht auf sie zurückführen läßt, und er muß für die Verfügung motivierend sein, da es sonst insoweit an der Kausalität fehlt; vgl. u. 77. Werden zB trotz offener

Rechnungen weitere Warenlieferungen ausgeführt, so bedarf es im Hinblick auf die Frage, ob auch die späteren Lieferungen noch auf der Vorspiegelung von Zahlungsfähigkeit und -willigkeit beruhen, Feststellungen dazu, ob der Lieferant Kenntnis von der Zahlungssäumigkeit erlangte und weshalb er sich gleichwohl zu weiteren Lieferungen bereitfand (BGH wistra **98**, 179).

c) Streitig ist weiter, wie sich der **Irrtum als psychologischer Sachverhalt** definitorisch erfassen 36 läßt. Teilweise wird eine positive Vorstellung einer der Wirklichkeit widersprechenden Tatsache vorausgesetzt, während das bloße Fehlen der Vorstellung einer wahren Tatsache nicht ausreichen soll (so mit Abweichungen im einzelnen RG **42** 40, BGH **2** 325, Bockelmann Eb. Schmidt-FS 438, Gössel MDR 73, 177, Lackner LK[10] 75, M-Maiwald II/1 420); zur Funktion des Irrtums im Betrugstatbestand vgl. Frisch Bockelmann-FS 647 ff., Sieber aaO 2/3, Mitsch II 429. Diese Definition, die in ihrem zweiten Teil das Problem der ignorantia facti (dazu u. 37, 44) mitzulösen versucht, kann nicht befriedigen. Irrtum ist vielmehr jede Fehlvorstellung, die positive ebenso wie das Nichtkennen der Wahrheit. In beiden Fällen besteht ein Widerspruch zwischen Vorstellungsbild und Wirklichkeit (ebenso Kühne aaO 50; vgl. auch Celle MDR **57**, 436, Frisch Bockelmann-FS 666). Beim Betrug durch Unterlassen kann auf die Beschreibung des Irrtums als „Nichtkennen der Wahrheit" auch nicht verzichtet werden, wenn es um jene Fälle geht, in denen ein Irrtum nicht beseitigt, dem Partner also die Wahrheit nicht zur Kenntnis gebracht wird (vgl. o. 18). Im übrigen sind „positive Fehlvorstellung" und „Unkenntnis" weitgehend austauschbare Begriffe; wer die Wahrheit nicht kennt, hat eine positive Fehlvorstellung über die Wirklichkeit, wie umgekehrt diese zur Unkenntnis der Wahrheit führt. Denkbar ist weiterhin, daß der Getäuschte Wahrheit oder Unwahrheit in gleicher Weise für möglich hält, zB bei einem non liquet im Prozeß (vgl. Lackner LK[10] 75). In diesen Fällen kann ein Irrtum in der Fehlvorstellung liegen, ein bestimmter Sachverhalt sei nicht weiter aufklärbar; wird diese Vorstellung durch eine Täuschung erreicht, kommt ebenfalls ein Betrug in Betracht (vgl. u. 51).

Da die einzelnen Arten eines Widerspruchs zwischen Vorstellungsbild und Wirklichkeit (positive 37 Fehlvorstellung, bloße Unkenntnis der Wahrheit) nicht klar gegeneinander abgegrenzt werden können, kommt es entscheidend darauf an, welcher Irrtum für § 263 relevant ist. Dies ergibt sich aus dem Wesen des Betrugs als „Ablisten eines Vorteils" (Maaß aaO 34). Daraus folgt, daß nicht jede Fehlvorstellung ausreicht, sondern nur eine solche, die – beim positiven Tun (vgl. o. 13) – durch eine **intellektuelle Einwirkung auf das Vorstellungsbild** des Getäuschten entstanden ist oder – beim Unterlassen (vgl. o. 18) – entgegen einer bestehenden Rechtspflicht nicht beseitigt wurde. Dies zeigen gerade die Fälle der sog. ignorantia facti, bei denen ohne das Element der intellektuellen Beeinflussung nur der Bezugsgegenstand der Vorstellung eine Änderung erfährt (vgl. Ellmer aaO 118 ff.). Der Dieb, der 10 Sack Mehl aus dem Lager stiehlt, verursacht zwar bei dem Kaufmann den Irrtum, das Lager sei vollständig, jedoch nicht mittels einer Täuschungshandlung; ein derartiger Irrtum ist daher für § 263 irrelevant. Im Fall des blinden Passagiers gilt folgendes: Betrug kommt nur in Betracht, wenn durch eine Täuschungshandlung (zB Vorzeigen eines gefälschten Fahrausweises) in der Kontrollperson die Vorstellung erweckt wird, der Täter sei zur Mitfahrt berechtigt; über die Vollendung vgl. RG **77** 33. Dagegen entfällt Betrug, wenn sich der Täter heimlich in das Verkehrsmittel geschlichen hat. Hier fehlt es an einem Irrtum, wenn sich der Schaffner überhaupt keine Vorstellungen macht; nimmt er dagegen an, „alles sei in Ordnung", so befindet er sich insoweit in einem Irrtum, jedoch ist dieser nicht durch eine Täuschung verursacht. In diesen Fällen kommt nur § 265 a in Betracht. Entsprechendes gilt, wenn der Zutritt zu einer Veranstaltung erschlichen wird (bei anderem Ausgangspunkt iE ebenso Lackner LK[10] 76). Zur Nichtanmeldung eines Gewerbebetriebes nach der RVO vgl. KG JR **86**, 469 m. Anm. Martens JR 87, 211, o. 21. Zur Nichterfüllung gesetzlicher Meldepflichten gegenüber einem Versicherungsträger vgl. BGH wistra **92**, 141.

d) Streitig ist ferner, welchen **Intensitätsgrad** die **Fehlvorstellung** erreicht haben muß und 38 welche Bewußtseinsformen für den Irrtum nach § 263 ausreichend sind, ob sich also die Fehlvorstellung zB zu einer subjektiven Gewißheit verdichtet haben muß oder ob auch ein „Fürwahrscheinlich-Halten", ein „Für-möglich-Halten" oder die ganz allgemeine Vorstellung, alles habe seine Richtigkeit, sei „in Ordnung" usw. ausreicht; vgl. hierzu M. K. Meyer, Ausschluß 195 ff. Hier gelten, da es sich beim Irrtum um ein psychologisches Phänomen handelt, die zu Arten und Bewußtseinsformen des Vorsatzes entwickelten Grundsätze (vgl. § 15 RN 48 f., 69 ff.) entsprechend.

α) Ausreichend ist nicht bloß das **aktuelle Bewußtsein** des Vorstellungsinhalts, bei dem der 39 Getäuschte in jedem Augenblick der Verfügung über alle Tatsachen, die ihn motivieren, nachdenkt, ihnen also die volle Aufmerksamkeit seines Bewußtseins schenkt; zum Vorstellungsinhalt gehört auch das **„sachgedankliche Mitbewußtsein"** und das **„ständige Begleitwissen"** (vgl. Lackner LK[10] 77, Sieber aaO 2/7, Mitsch II 431), das dem Getäuschten ein Vorstellungsbild vermittelt, welches nach seiner Auffassung eine Verfügung rechtfertigt. So geht bei der Zechprellerei der Kellner davon aus, daß der Gast zahlungsfähig und zahlungswillig ist, ohne daß er diesen Umständen die Aufmerksamkeit seines Bewußtseins zuwendet (Bockelmann NJW 61, 1934), wie umgekehrt der Gast davon ausgeht, daß das bestellte Steak vom Rind und nicht vom Pferd stammt; im Falle der Spätwette (vgl. o. 16 e) geht der Buchmacher davon aus, daß sein Partner das Wettrisiko eingeht (Lackner LK[10] 77); wer Bargeld annimmt, geht davon aus, daß ihm kein Falschgeld angeboten wird. Ein Irrtum liegt daher auch vor, wenn der Getäuschte, ohne bewußt zu reflektieren, als selbstverständlich davon ausgeht, daß der Empfänger einer Leistung zu deren Bezug berechtigt sei, so wenn sich der Täter bei einer

Verteilung von Spenden in die Reihe der Wartenden stellt; einschränkend BGH **2** 326 (Empfang von Deputatkohle). Zu Einzelfällen des Betruges (Scheckbetrug, Prozeßbetrug usw.) vgl. o. 29 und u. 48 ff.

40   β) Bei der Frage, welchen **Intensitätsgrad** die Fehlvorstellung erreicht haben muß, ist zunächst festzustellen, daß das Problem der Bewußtseinsform des Vorstellungsinhalts in den Hintergrund rückt, wenn der Getäuschte bewußt über den Wahrheitsgehalt der vorgespiegelten Tatsache reflektiert; er sagt sich: dies ist wahr, wahrscheinlich, möglich, zweifelhaft usw., wobei die Skala des Intensitätsgrades auf der einen Seite an Sicherheit grenzen, auf der anderen bis „nahezu unmöglich" absinken kann (Lackner LK[10] 79 f., Giehring GA 73, 10, R. Hassemer 131 ff.; krit. Tiedemann Klug-FS 411). Entscheidend ist hier, daß der Getäuschte sich trotz eines bestehenden Zweifels, auf dessen Intensitätsgrad es wie beim bedingten Vorsatz (vgl. § 15 RN 72 ff.) nicht entscheidend ankommt, zu der Verfügung motivieren läßt. Ein Irrtum iS des § 263 liegt nicht nur dann vor, wenn der Getäuschte von der Gewißheit der behaupteten Tatsache ausgeht, sondern auch dann, wenn er daran zweifelt, trotz seines Zweifels aber die Vermögensverfügung vornimmt (BGH wistra **90**, 305; vgl. auch Amelung GA 77, 1 ff.). Der Verfügende handelt hier, weil er die Möglichkeit der Unwahrheit für geringer hält und nach Abwägung des Risikos auf die Wahrheit der behaupteten Tatsache vertraut; so zB, wenn der Käufer eines Bildes durch die Vorspiegelung, es handele sich möglicherweise um einen Rembrandt, zum Kauf veranlaßt wird, auch wenn er Zweifel hat, ob das Bild echt ist. Eine Einschränkung des Tatbestandes unter viktimodogmatischen Gesichtspunkten (vgl. Amelung GA 77, 6 ff., Schünemann Faller-FS 363, zum Ganzen R. Hassemer 134 ff.) kommt nicht in Betracht, weil das Opfer nicht weniger schutzwürdig ist, wenn es sich mit den Angaben des Täters kritisch auseinandersetzt (vgl. 70 b vor § 13, Pawlik aaO 55). Ein Irrtum iS einer Fehlvorstellung liegt erst dann nicht mehr vor, wenn es dem Verfügenden gleichgültig ist, ob die behauptete Tatsache wahr ist oder nicht (AG Tiergarten NJW **89**, 846: Täter veranlaßt eine unerlaubte Überziehung eines Postgirokontos, wobei sich der Schalterbeamte keinerlei Gedanken über die Deckung des Schecks macht). Erst wenn der Verfügende ohne Erwartung der Wahrheit der behaupteten Tatsache trifft, handelt er nicht mehr im Irrtum, denn in diesem Falle bezieht er innerlich überhaupt nicht Stellung (vgl. Lackner LK[10] 80 f.). So etwa, wenn der Verkäufer einer Sache bei Ungewißheit über die Solvenz des Käufers jedes Risiko durch Vereinbarung der Vorleistung des Käufers ausschließt und deshalb dessen Angaben für ihn uninteressant sind (vgl. Schröder JZ 67, 576). Zur Frage des Irrtums des Rechtspflegeorgans beim Prozeßbetrug in den Fällen, in denen die Entscheidung aufgrund von Beweislastregeln getroffen wird, vgl. u. 51. Kein Irrtum liegt selbstverständlich auch nicht vor, wenn der Verfügende sich überhaupt keine Vorstellung macht, zB bei der kassenmäßigen Abwicklung einer Auszahlungsanordnung (BGH StV **94**, 82, NStZ **97**, 281; vgl. auch Frankfurt NStZ-RR **98**, 333; vgl. auch BGH NStZ-RR **97**, 358).

41   e) Da Betrug seinem Wesen nach nur bei einer **unbewußten Selbstschädigung** des Opfers in Frage kommt (Lackner LK[10] 98, Schröder NJW 62, 722, Cramer, Vermögensbegriff 202, 209 ff., Ellmer aaO 133, Lenckner NJW 71, 559 f., Rudolphi NStZ 95, 289, Samson/Günther SK 155 ff., 173 ff., Mitsch II 415; dagegen Herzberg MDR 72, 93, krit. auch Kindhäuser ZStW 103, 398, 410); muß der Irrtum dem Getäuschten entweder verbergen, daß er überhaupt eine Vermögensverfügung trifft (zB ein angebliches Autogramm ist in Wirklichkeit die Unterzeichnung eines Wechsels), oder daß die Verfügung zu einem Vermögensschaden führt; es muß dem Opfer daher der vermögensschädigende Charakter seines Verhaltens verborgen bleiben (M-Maiwald II/1 410, 438, Samson/Günther SK 51, Eb. Schmidt JZ 52, 572, Jecht GA 63, 44, Eser IV 124 f.; and. RG **70** 256, BGH **19** 45, Bay NJW **52**, 798, W-Hillenkamp II/2 525 ff., Schmoller JZ 91, 117 ff., Sternberg-Lieben aaO 515). Dies ist einmal der Fall, wenn der Getäuschte nicht weiß, daß seine eigene Leistung zu hoch bzw. die Gegenleistung zu gering ist, aber auch dann, wenn der Schaden in einseitiger Weggabe von Vermögenswerten ohne Schaden darin liegt, daß die Leistung des Betrogenen den von ihm verfolgten sozialen Zweck nicht erreicht. Letzteres ist insb. von Bedeutung beim Spenden- und Bettelbetrug und ähnlichen Fällen, wo der Getäuschte zwar die rein rechnerische Verminderung seines Vermögens, nicht aber den in der Zweckverfehlung seiner Leistung liegenden Schaden kennt (vgl. dazu u. 101 ff.; Gallas Eb. Schmidt-FS 435, Ellscheid aaO 161; and. jedoch insoweit Gutmann MDR 63, 3).

42   2. Der Täter muß den **Irrtum erregt oder unterhalten** haben. Wie bei der Täuschungshandlung (vgl. o. 7) ist die sprachliche Umschreibung dieses Tatbestandsmerkmals verunglückt, weil das „Unterhalten" des Irrtums auch die Fälle erfassen muß, in denen der Täter nicht durch positive Maßnahmen verhindert, daß eine bestehende Fehlvorstellung beseitigt wird, sondern dies dadurch geschieht, daß trotz dahingehender Rechtspflicht keine Aufklärung erfolgt.

43   a) Der Täter **erregt** einen Irrtum, wenn die falsche Vorstellung durch ausdrückliches oder konkludentes Verhalten durch ihn selbst oder – im Fall der mittelbaren Täterschaft (vgl. u. 180) – durch einen anderen hervorgerufen wird; dies kann auch dadurch geschehen, daß er einen bereits vorhandenen Zweifel zu einer positiven Fehlvorstellung verdichtet (so wenn dem Gläubiger, der Zweifel hat, ob der Schuldner schon gezahlt hat, gefälschte Quittungen vorgelegt werden). Die Täuschungshandlung muß nicht alleinige Ursache des Irrtums sein. Auch wenn der Getäuschte bei Anwendung der üblichen Sorgfalt die Täuschung hätte erkennen können, ist der Irrtum durch diese erregt worden (BGH MDR/D **72**, 387; Hamburg NJW **56**, 392, Lackner LK[10] 91; zu eng Köln JZ **68**, 340 m. Anm. Schröder). Da jedoch der Irrtum gerade durch die unrichtigen Angaben des Täters verursacht sein muß, liegt § 263 nicht vor, wenn beim Opfer Zweifel bleiben und diese erst durch dessen eigene Information bei einem Dritten beseitigt werden (RG **3** 395). Dagegen handelt es sich um eine auf Täuschung beruhende Irrtumserregung durch den Täter, wenn dieser selbst auf unrichtige Beweismittel Bezug nimmt, so zB auf eine unrichtige Grundbucheintragung oder auf ein unrichtig geführtes Kontoblatt (vgl. Schröder JR 61, 434).

Entscheidend ist, daß der Irrtum durch eine Einflußnahme auf das Vorstellungsbild des Getäuschten **44** hervorgegangen sein muß, da es sonst an einem für § 263 relevanten Irrtum fehlt (vgl. o. 37). Bloße „Kausalität" in dem Sinne, daß lediglich der Gegenstand verändert wird, auf den sich die Vorstellung bezieht, ist keine intellektuelle Beeinflussung in der hier vertretenen Bedeutung, weshalb Betrug in den Fällen der sog. ignorantia facti in dem o. 36 f. genannten Umfang ausscheidet.

b) Ein Irrtum wird **unterhalten,** wenn der Täter verhindert, daß eine bereits vorhandene Fehlvor- **45** stellung, die von ihm selbst nicht verursacht zu sein braucht, beseitigt wird. Dies kann durch positive Maßnahmen erfolgen, ohne die das Opfer seine Fehlvorstellung erkannt hätte, zB durch Beseitigung eines den Irrtum aufklärenden Briefs (ebenso Klawitter aaO 89). Auf diese Fälle darf das Unterhalten eines Irrtums aber trotz des irreführenden Wortlauts nicht beschränkt werden (vgl. o. 18). Es genügt nämlich auch ein Unterlassen, wenn ein bereits vorhandener Irrtum pflichtwidrig nicht aufgeklärt wird (Lackner LK[10] 92 a. E.). Demgegenüber will Bockelmann (Eb. Schmidt-FS 441 ff.) einen Betrug durch Unterlassen nur anerkennen, wenn der Aufklärungspflichtige der Bildung eines Irrtums nicht entgegentritt. Damit wird jedoch der Bereich des Unterlassens auf das Erregen eines Irrtums beschränkt, während das Gesetz auch das Unterhalten eines solchen genügen läßt, was begrifflich nur schon bestehende Fehlvorstellung voraussetzt. Die hier vertretene Meinung führt auch nicht dazu, daß der Täter in diesen Fällen, anders als sonst bei den unechten Unterlassungsdelikten, nicht nur zur Erfolgsabwendung, sondern zur Erfolgsbeseitigung verpflichtet wäre, denn nicht der Irrtum ist der den Unrechtsgehalt des § 263 bestimmende Erfolg, sondern die auf dem Irrtum beruhende schädigende Vermögensverfügung. Erfolgsabwendung iS des unechten Unterlassungsdelikts ist bei § 263 daher nicht das Verhindern des Irrtums, sondern der auf einem Irrtum beruhenden, schädigenden Verfügung (Maaß aaO 10 ff.).

Kein Unterhalten eines Irrtums ist dagegen das bloße **Ausnützen** einer bereits vorhandenen **46** Fehlvorstellung. Dies ist etwa bei der Annahme einer Leistung, von der der Leistende irrtümlich glaubt, sie sei geschuldet (BGH MDR/H **89**, 683: Inempfangnehmen von Wechselgeld, das einem anderen zusteht; bedenklich BGH MDR **53**, 21). Hier kommt ein Betrug nur in Betracht, wenn eine Aufklärung des Irrtums pflichtwidrig unterlassen wird (vgl. RG **46** 414, Köln JR **61**, 433 m. Anm. Schröder, Lackner LK[10] 93, M-Maiwald II/1 423). Ungenau ist es ferner, wenn das „Verstärken" eines Irrtums als Unterhalten eines solchen bezeichnet wird (so jedoch Lackner LK[10] 92, M-Maiwald II/1 423, Blei II 226, Tröndle/Fischer 18 b). Hier ist vielmehr zu unterscheiden (ebenso Samson/Günther SK 39): Werden in dem Opfer noch (letzte) Zweifel über seinem bereits falschen Vorstellungsbild noch weitere unrichtige Einzelheiten hinzugefügt, so handelt es sich um die Erregung eines neuen Irrtums; dies gilt für alle Fälle, in denen der Intensitätsgrad der Fehlvorstellung (vgl. o. 40) gesteigert wird. Hingegen kann ein endgültig vorhandener Irrtum nicht mehr gesteigert werden. Wird dieser lediglich noch einmal bestätigt, so scheidet § 263 aus, wenn nicht zugleich ein pflichtwidriges Unterlassen in Betracht kommt.

3. Aus den genannten Grundsätzen stellt sich die Irrtumsproblematik in den besonders **streitigen** **47** **Einzelfällen** wie folgt dar:

a) Streitig ist, ob die Benützung eines **Legitimationspapieres** durch einen Nichtberechtigten (zB **48** Barabhebung von einem fremden Sparbuch) Betrug darstellt. Unzweifelhaft ist dies zunächst, wenn sich der Schuldner über die Berechtigung des Inhabers durch Befragen usw. vergewissert und nun aufgrund einer positiv falschen Vorstellung die Leistung bewirkt. Dagegen wird Betrug von der hM verneint, wenn der Schuldner auf die bloße Vorlage der Legitimation hin leistet, da er sich über die Empfangsberechtigung keinerlei Vorstellungen mache (RG **26** 154, **39** 242, Düsseldorf NJW **89**, 2003 [Postsparbuch], Lackner LK[10] 88, o. 40; and. Blei II 226). Dies kann jedoch nur unterstellt werden, wenn der Schuldner durch eine Leistung an den Inhaber in jedem Fall befreit wird und dessen Legitimation deshalb nicht zu prüfen braucht. Während die zivilistische Lehre ursprünglich ganz überwiegend auf diesem Standpunkt stand, wird heute teilweise angenommen, daß der Schuldner auch bei grobfahrlässiger Unkenntnis der fehlenden Empfangsberechtigung von seiner Verbindlichkeit nicht befreit wird (Erman-Hantl-Unthan BGB[9] § 808 RN 2, Palandt-Thomas BGB[58] § 808 RN 7; Soergel-Siebert, BGB[12] § 808 RN 9 mwN; vgl. BGHZ **28** 368). Dies würde bedeuten, daß sich der Schuldner regelmäßig Gedanken über die Berechtigung des Inhabers machen wird, ein Irrtum also durchaus möglich ist. Auch an der Kausalität zwischen Irrtum und Verfügung wäre dann nicht mehr zu zweifeln (M-Maiwald II/1 422, and. Samson/Günther SK 65); iE wie hier Maiwald, Der Zueignungsbegriff (1970) 169.

b) Beim **Scheckbetrug** sind verschiedene Fallgestaltungen zu unterscheiden. Wird ein nicht garan- **49** tierter Scheck begeben, so geht der Schecknehmer regelmäßig von dessen Deckung aus (Lackner LK[10] 321). Bei Postbarschecks besteht für Postbeamte eine Prüfungspflicht, weshalb ein Irrtum vorliegen kann (BGH NJW **69**, 1260). Dies gilt allerdings nicht für garantierte Schecks (Scheck mit Scheckkarte), wie sie auch bei der Post eingeführt sind; hier gilt im Verhältnis zwischen Schecknehmer und Scheckgeber das u. 50 Gesagte entsprechend.

50 Dagegen scheitert ein Betrug beim **garantierten Scheck** (mit Scheckkarte) regelmäßig am Nichtvorliegen eines Irrtums (zur Täuschung vgl. o. 29). Da die Garantieerklärung von den Banken im Interesse eines reibungslosen, von Mißtrauen ungetrübten bargeldlosen Verkehrs abgegeben wird, macht der Schecknehmer sich regelmäßig keine Vorstellung über die Deckung des Schecks; dahingehende Überlegungen will ihm die Garantieerklärung gerade ersparen (and. BGH **24** 386 m. Anm. Schröder JZ 72, 707, Zahrnt NJW 73, 63, Seebode JR 73, 117 und Meyer JuS 73, 214; wie hier Gössel MDR 73, 177, Sennekamp BB 73, 1005, Groß NJW 73, 600). Diese Grundsätze gelten ebenso bei der Verwendung von **Kreditkarten**. Auch der BGH (**33** 244 m. Anm. Otto JZ 85, 1008, BGH wistra **86**, 171) geht in diesen Fällen – im Gegensatz zur Scheckkarte, vgl. BGH **24** 386 – wegen der unterschiedlich ausgestalteten Vertragsbeziehungen zwischen Kreditkartenausgeber, Vertragsunternehmer und Kreditkarteninhaber davon aus, daß der Vertragsunternehmer keinen Anlaß habe, sich Vorstellungen über die Bonität des Kreditkarteninhabers zu machen und es deshalb idR an dem erforderlichen Irrtum fehle (vgl. zu den strafrechtlichen Problemen des Scheck- und Kreditkartenmißbrauchs auch Labsch NJW **86**, 104, Offermann wistra 86, 50). Zur Strafbarkeit dieser Fälle nach § 266 b vgl. dort. Zur Strafbarkeit des **Codekartenmißbrauchs** siehe § 263 a.

51 c) Beim **Prozeßbetrug**, dessen Problematik u. 69 ff. zusammengefaßt ist, sind hinsichtlich des Irrtums folgende Situationen zu unterscheiden. Wird beim Richter durch die Täuschungshandlung (unwahre Parteibehauptung, falsche Beweismittel usw.) eine Fehlvorstellung über die dem Klageanspruch, Einreden usw. zugrundeliegenden Tatsachen (vgl. u. 71) erregt, so kommt ein Betrug in Betracht, wenn er eine Entscheidung zum Nachteil des Betroffenen erläßt; so ist § 263 zB gegeben, wenn der Kläger mittels eines gefälschten Schuldscheins, den der Richter für echt hält, einen nicht existierenden Anspruch durchsetzt. Führt die Täuschung nicht zur irrigen Vorstellung über das Bestehen eines entscheidungserheblichen Sachverhalts, entscheidet der Richter vielmehr aufgrund von Beweisregeln, so kommt ebenfalls ein Betrug in Betracht (Lackner LK[10] 314, Keunecke aaO 133, Koffka ZStW 54, 49). Zwar hat sich der Richter bei einem non liquet nicht zu einer endgültigen Überzeugung durchringen können; da jedoch das Gesetz für diesen Fall die Interessen der beweisbelasteten Partei hinter die des Gegners zurückstellt, die richterliche Entscheidung also in eine bestimmte Richtung festgelegt wird, reicht es für die täuschende Partei aus, ein Vorstellungsbild zu erzeugen, bei dem der Richter davon ausgeht, eine weitere Aufklärung sei nicht mehr möglich. Sofern dieses irrige Vorstellungsbild durch die Täuschungshandlung veranlaßt ist, kommt ein Betrug in Betracht. Denn wie beim Irrtum über entscheidungserhebliche Tatsachen läßt der Richter sich hier durch die vom Täter veranlaßte irrige Vorstellung zu seiner Entscheidung motivieren, daß eine weitere Aufklärung des Sachverhalts nicht möglich ist. Daß die Entscheidung aufgrund einer Beweisregel erfolgt, ist unerheblich, da Beweisregeln ebenso Normen des Rechts sind wie Rechtsfolgeregeln, die auf einen (wahren oder irrig angenommenen) Sachverhalt zur Anwendung kommen.

52 Dagegen fehlt es an einem Irrtum oder an dessen Kausalität bei einer Entscheidung im **Versäumnis-** oder **Mahnverfahren,** weil die Entscheidung hier nicht auf einem irgendwie gearteten Vorstellungsbild über Wahrheit oder Unwahrheit der entscheidungserheblichen Tatsachen beruht, sondern durch das Verhalten des Prozeßbeteiligten motiviert ist (iE ebenso Koffka ZStW 54, 46, Lackner LK[10] 314, Blei II 230, Giehring GA 73, 7). Demgegenüber will BGH **24** 260 einen Betrug in diesen Fällen mit der Erwägung begründen, daß der Erlaß eines Mahnbescheides unzulässig sei, wenn der Rechtspfleger das Nichtbestehen des Anspruchs gekannt hätte. Daraus kann jedoch entgegen BGH aaO nicht der Schluß gezogen werden, daß der Rechtspfleger sich über das Bestehen des Anspruchs irgendwelche Vorstellungen gemacht hätte. Selbst ein positiv bestehender Irrtum über das Bestehen des Anspruchs zB bei einem Gläubiger, der bisher stets obsiegt hat, wäre irrelevant, weil er nicht kausal für den Erlaß des Mahnbescheides würde (vgl. auch Stuttgart NJW **79**, 2573 m. Anm. U. Frank NJW 80, 848).

53 d) Zur Bekämpfung der **Computerkriminalität** sind durch das 2. WiKG die §§ 202a, 263a, 269, 270, 303a, 303b, 303c, eingeführt worden (vgl. die dortigen Erläuterungen). Ein Betrug scheitert bei einer Computermanipulation regelmäßig daran, daß allein auf die automatische Operation des Computers und nicht auf die Willensbildung einer Person Einfluß genommen wird; das gilt auch, wenn Unberechtigte den Rechen- und Datenablauf in der vorgesehenen Weise in Gang setzen (Wiechers JuS 79, 847) sowie für „Fälschungen" in der Fertigungs- oder Outputphase. Daran scheitert ein Betrug bei der mißbräuchlichen Benutzung von ec-Geldautomaten (Lenckner/Winkelbauer wistra 84, 84). Ein Betrug kommt nur in Betracht, wenn zwischen Endprodukt des Computers und Verfügung (zB Barauszahlung, Überweisung) noch eine Kontrollperson eingeschaltet ist, in der ein Irrtum erregt wird (vgl. Lenckner aaO 26f.), zB darüber, daß die Eingabedaten richtig sind (München JZ **77**, 409 m. Anm. Sieber). Zu Strafbarkeitslücken im bargeldlosen Zahlungsverkehr beim Bildschirmverfahren vgl. Lenckner/Winkelbauer wistra 84, 87. Zur Frage, inwieweit eine Vermögensbeschädigung iSv § 266 in Betracht kommt, vgl. die dortigen Erl.

54 V. Durch den Irrtum muß der Getäuschte zu einer **Vermögensverfügung** veranlaßt werden. Es handelt sich hierbei um ein ungeschriebenes Tatbestandsmerkmal, das den ursächlichen Zusammenhang zwischen Irrtum und Vermögensschaden herstellt (RG **47** 152, **64** 228, BGH **14** 170, Lackner/Kühl 21, Mitsch II 433); krit. zum Merkmal der Verfügung Schmidhäuser Tröndle-FS 309f., der nur 3 Stationen des Betruges anerkennt, nämlich neben Täuschung und Irrtumserregung das „als Vermögensminderung zu bewertende Verhalten des Irrenden" (aaO 311). Zum Meinungsstreit vgl. Joecks aaO 6 ff. Nach Pawlik aaO 221 ff., 241 ff. ist ein Zurechnungszusammenhang zwischen Wahrheitspflichtverletzung und Vermögenspreisgabe erforderlich, wobei der Vermögensverlust dem Täter zuzurechnen ist, wenn das Opfer ein bloßes Werkzeug in seinen Händen ist (Pawlik aaO 228).

1. Vermögensverfügung ist jedes **Handeln, Dulden** oder **Unterlassen,** das eine Vermögensminderung (Schaden) unmittelbar (vgl. jedoch u. 62) herbeiführt (hM vgl. BGH **14** 170; krit. M-Maiwald II/1 446). Es reicht jede tatsächliche Einwirkung auf das Vermögen aus, eine Verfügung iSd bürgerlichen Rechts oder auch nur eine Willenserklärung ist nicht erforderlich (vgl. BGH **14** 171, Bay GA **64,** 82, Schleswig SchlHA **71,** 214, Celle NJW **74,** 2327, Bruns, Die Befreiung des Strafrechts vom zivilistischen Denken [1938] 233, Lackner LK[10] 95, Mitsch II 437). Daher reicht auch die Aufgabe des Besitzes an einer Mietwohnung aus, die durch vorgetäuschten Eigenbedarf des Vermieters erreicht wurde (AG Kenzingen NStZ **92,** 440). Auch ein Geschäftsunfähiger kann eine solche Vermögensverfügung vornehmen (RG ZAkDR **39,** 132 m. Anm. Henkel).

55

a) Als Vermögensverfügung durch **positives Tun** kommen zB in Betracht Buchungen in Handelsbüchern (RG JW **26,** 586 m. Anm. Grünhut JW 26, 1197; vgl. aber u. 144 f.), die Räumung einer Wohnung (Hamburg JR **50,** 630), die Herausgabe einer Fundsache an den angeblichen Eigentümer (Bay GA **64,** 82). Auch wer durch Täuschung veranlaßt wird, einen anfechtbaren und damit im Falle der Anfechtung nichtigen Vertrag abzuschließen, trifft eine Vermögensverfügung, weil der Schein einer vertraglichen Bindung geschaffen wird (BGH **22** 88). Entsprechendes gilt für den Abschluß eines schwebend unwirksamen Vertrages (Bay NJW **73,** 633 m. Anm. Berz NJW 73, 1337) sowie dann, wenn der Vertrag bereits wegen Fehlens einer im Rechtsverkehr beachtlichen Willenserklärung von vornherein nicht zustande kommt, zB weil der Getäuschte sich nicht bewußt war, überhaupt eine Erklärung rechtsgeschäftlichen Inhalts abzugeben, so wenn der Getäuschte einen Bestellschein in dem Glauben unterschreibt, er bestätige nur, daß der Täuschende bei ihm vorgesprochen habe (vgl. Köln MDR **74,** 157). Auf die rechtliche Zulässigkeit der Verfügung kommt es nicht an (RG **44** 249, Düsseldorf MDR **47,** 267, Bay GA **64,** 82, Lackner LK[10] 96, M-Maiwald II/1 425). Auch hoheitliche Akte können eine Vermögensverfügung darstellen, zB Urteile (s. u. 68 ff.); nach BGH **14** 170 m. abl. Anm. Mittelbach JR 60, 384 auch die Anordnung der Untersuchungshaft aufgrund einer vorgetäuschten Straftat im Hinblick auf die damit verbundene Gewährung von Unterkunft und Verpflegung.

56

b) Ein **Dulden** kommt als Vermögensverfügung dann in Betracht, wenn das Opfer aufgrund des vom Täuschenden erregten Irrtums damit einverstanden ist, daß der Täter die Sache selbst an sich nimmt, wenn der Getäuschte der Vermögensverschiebung also aus zwar durch den Irrtum beeinflußten, im übrigen aber freiem Willen zustimmt. Dies ist etwa der Fall, wenn der Wärter einer Sammelgarage durch Täuschung über die Berechtigung des Täters veranlaßt wird, diesen mit einem eingestellten Fahrzeug wegfahren zu lassen (vgl. BGH **18** 221). Über die Abgrenzung zur Wegnahme iSv § 242 vgl. u. 63 f. An der freiwilligen Zustimmung fehlt es dagegen, wenn ein Kind zur „Duldung" der Wegnahme von Sachen seiner Eltern veranlaßt wird (vgl. BGH MDR/D **74,** 15).

57

c) Eine Vermögensverfügung kann auch in einem **Unterlassen** bestehen. Folglich nimmt eine Vermögensverfügung vor, wer es unterläßt, in Unkenntnis eines ihm zustehenden Anspruchs die Forderung geltend zu machen (RG **76** 173, BGH BB **61,** 1456, wistra **94,** 24, NStZ **94,** 189, Stuttgart MDR **69,** 949; and. Naucke, Strafbarer Betrug 215). Auch im Nichtausnutzen prozessualer Befriedigungsmöglichkeiten liegt eine Vermögensverfügung (Stuttgart NJW **63,** 825 [Unterlassung, Offenbarungseid zu verlangen], Düsseldorf NJW **94,** 3366), sofern nachgewiesen ist, daß die rechtzeitige Geltendmachung zu einem besseren Ergebnis geführt hätte (vgl. Hamm GA **58,** 250, Köln NJW **67,** 836). In den Fällen des Selbstbedienungsladens gilt folgendes: gelangt der Kunde erst durch eine Verfügung der Kassiererin in den Besitz der Ware, so liegt nur ein Betrug vor (vgl. u. 63 a); hat der Kunde jedoch die Waren gestohlen oder zu stehlen versucht, so liegt eine Täuschung durch konkludentes Verhalten an der Kasse vor, da der Kunde zugleich erklärt, andere Waren als die zur Abrechnung vorgezeigten nicht entnommen zu haben (and. BGH **17** 206, Bay NStE Nr. **23** zu § 242, KG JR **61,** 271, Welzel GA 60, 258 FN 1, GA **61,** 350, Cordier NJW 61, 1340, Lackner LK[10] 106, Miehe 87). Die schädigende Verfügung liegt dann in der unterlassenen Geltendmachung der dem Verkäufer zustehenden Rechte. In allen diesen Fällen ist der vollendete oder versuchte Betrug jedoch nur mitbestrafte Sicherungstat gegenüber dem Diebstahl, und zwar auch da, wo der letztere nur versucht ist (insoweit zust. Lackner LK 106; and. Düsseldorf NJ **61,** 1368 [Tateinheit], Hruschka NJW 60, 1189); vgl. dazu u. 184.

58

d) Da § 263 ein Vermögensverschiebungsdelikt darstellt (vgl. u. 168 f.), bei dem **Vermögensnachteil** und **Vermögensvorteil korrespondieren** müssen, reicht jedoch nicht jedes vermögensbeeinträchtigende Verhalten, sondern nur ein solches, das geeignet ist, den erstrebten Vorteil herbeizuführen. Daher ist Betrug zwar gegeben, wenn die abgeschwindelte Sache auf dem Transport zum Täter verlorengeht (vgl. BGH **19** 343), nicht dagegen, wenn die Täuschung zur Vernichtung der Sache führt.

59

2. Gleichgültig ist, ob der Getäuschte weiß, daß er eine Vermögensverschiebung veranlaßt, die **Verfügung** also **bewußt** oder **unbewußt** erfolgt (RG **70** 227, BGH **14** 172, **19** 45, Köln JMBlNRW **66,** 210; and. Hansen MDR **75,** 533, Otto ZStW **79,** 66 ff., in dessen Beispielsfällen es jedoch regelmäßig schon an einer Irrtumserregung fehlt [ignorantia facti] vgl. o. 36 f., 44; krit. Joecks aaO 136 ff.). Unbewußte Verfügungen sind vor allem in Fällen des Unterlassens denkbar (zB Nichtgeltend-

60

§ 263 61–63   Bes. Teil. Betrug und Untreue

machen einer Forderung), jedoch auch bei positivem Tun, so wenn dem anderen ein Bestellschein mit dem Bemerken zur Unterschrift vorgelegt wird, es handele sich um die Anforderung von Prospekten oder die Bescheinigung eines erfolgten Vertreterbesuchs (BGH **22** 88, vgl. Hamm NJW **65**, 702 m. abl. Anm. Knappmann, Lackner LK[10] 98, M-Maiwald II/1 424 ff.; zT and. Hardwig GA 56, 6, Miehe 95; vgl. im übrigen o. 13). Im Falle des Duldens ist dagegen in den Fällen, in denen sich die Verfügung auf den Gewahrsam bezieht, nur eine bewußte Verfügung denkbar, weil mit der Duldung die Erklärung des Einverständnisses mit der Vermögensverschiebung notwendigerweise verbunden ist. Anderenfalls würde das „Dulden" des Getäuschten nicht als Gebeakt, sondern auf seiten des Täters als Wegnahme iSv § 242 erscheinen; zur Abgrenzung zwischen Betrug und Diebstahl vgl. u. 63. Zur Frage der bewußten Selbstschädigung und ihrem Verhältnis zum Bettelbetrug vgl. u. 100 ff. sowie Ellscheid GA 71, 167.

61 3. Erforderlich ist nach ganz überwiegender Auffassung weiter, daß die Verfügung den Vermögensschaden **unmittelbar** herbeiführt (BGH **14** 171, GA **66**, 212, Lackner LK[10] 99, Blei II 229, Tröndle/Fischer 26, Mitsch II 437; krit. dazu Backmann 68 f., Kindhäuser Bemmann-FS 339, 352). Es genügt daher nicht, wenn der Getäuschte dem Täter lediglich die tatsächliche Möglichkeit gibt, den Schaden durch eine weitere, insb. deliktische eigene, gegen das Vermögen gerichtete Handlung herbeizuführen (Saarbrücken NJW **68**, 262, Hamm JMBlNRW **69**, 100, M-Maiwald II/1 425, 311 ff.); diese Frage spielt insbesondere bei der Abgrenzung zwischen Betrug und Diebstahl eine Rolle, vgl. u. 63 f. Dagegen liegt eine Verfügung zB vor beim Ablisten einer Blankounterschrift (and. Düsseldorf NJW **74**, 1833 m. abl. Anm. Oexmann NJW 74, 2296; vgl. auch Lampe NJW 78, 679, Miehe 91) oder wenn der Täter den Getäuschten zur Abgabe einer schriftlichen Erklärung veranlaßt, um diese dann zu seinem Nachteil zu verfälschen (Celle NJW **59**, 399; and. 18. A. RN 44, Eser IV 126, Celle NJW **75**, 2218; vgl. auch Saarbrücken aaO), da in diesen Fällen bereits eine konkrete Vermögensgefährdung (vgl. u. 146) durch die Unterschriftsleistung unmittelbar herbeigeführt wird.

62 Die Verfügung wird in der Regel aus nur einer Handlung bestehen, die unmittelbar zum Schaden führt (zB Zahlung des Kaufpreises). Denkbar sind jedoch auch **mehraktige Verfügungen**, an denen verschiedene Personen beteiligt sind und wobei erst der letzte Akt zum effektiven Verlust des fraglichen Vermögenswertes führt. Dies ist zB der Fall, wenn der getäuschte Geschäftsinhaber seinen Angestellten anweist, dem Täter eine Ware zu übergeben (vgl. Köln JMBlNRW **62**, 176), oder wenn das Opfer dem Täter eine Anweisung an seine Bank aushändigt, diesem eine bestimmte Summe auszuzahlen. Ob die Verfügung hier aus der Gesamtheit von Anweisung und deren Ausführung durch den Dritten besteht oder ob sie schon mit der bloßen Anweisung vorliegt, ist für die Frage der Vollendung von Bedeutung und hängt davon ab, ob die Anweisung bereits zu einer dem Schaden gleichkommenden Vermögensgefährdung führt. Hierfür ist entscheidend, ob die Ausführung der Anweisung in der eigenen Einfluß- und Herrschaftssphäre des Getäuschten erfolgt, dieser also die Weggabe der fraglichen Vermögenswertes ohne weiteres verhindern kann. Danach stellt eine den Schaden herbeiführende Vermögensverfügung zwar die Aushändigung einer Bankanweisung dar, noch nicht dagegen die Anweisung an den Angestellten, dem Täter eine Ware zu übergeben. Vielmehr muß hier, damit eine zum Schaden führende Verfügung vorliegt, die Ausführung der Anweisung hinzukommen.

63 4. Im Rahmen der Vermögensverfügung ist insbesondere die **Abgrenzung** zwischen **Betrug** und **Diebstahl** problematisch. In diesem Zusammenhang sind zwei Fragen auseinanderzuhalten: Einmal geht es darum, ob der Getäuschte eine Verfügung in der Form der Duldung (o. 60) vornimmt oder ob er infolge der Täuschung die Wegnahme bloß geschehen läßt. Diese Frage spielt insbesondere bei Taten im Selbstbedienungsladen eine Rolle, wenn der Täter nicht alle Waren an der Kasse deklariert (u. 63 a); zum anderen stellt sich die Frage, ob ein Betrug vorliegt, wenn die Täuschung lediglich zu einer Gewahrsamslockerung führt, die dem Täter die Möglichkeit gibt, in deliktischer Weise auf Vermögensstücke Zugriff zu nehmen (vgl. u. 64). Zunächst ist festzustellen, daß bei der Entscheidung, ob der Getäuschte eine Verfügung vornimmt oder ob er infolge der Täuschung nur die Wegnahme geschehen läßt, rein subjektiv auf die innere Willensrichtung des Getäuschten abzustellen ist (BGH **7** 255, **18** 221, NJW **52**, 796, **53**, 73, MDR/D **74**, 15, MDR/H **87**, 446, Bay GA **64**, 82, Bay NStE § 242 Nr. **23**, Bay NJW **92**, 2041, Hamm NJW **69**, 620 m. Anm. Wedekind NJW 69, 1128 u. Bittner MDR 70, 291, NJW **74**, 1957, **78**, 2209, Geppert JuS 77, 69, Stoffers JR 94, 207, Lackner LK[10] 101, vgl. Backmann aaO, iE ebenso Pawlik aaO 191; and. Schmitt aaO 575). Daher kann auch bei Unterlassen des Widerstandes eine Wegnahme nach § 242 vorliegen, wenn das Opfer sich unter dem Eindruck einer Zwangslage mit der Handlung des Täters abfindet. Deshalb liegt Diebstahl vor, wenn der Täter unter dem Schein einer Amtsausübung eine Beschlagnahme vortäuscht (BGH **18** 223, NJW **52**, 796, Braunschweig NdsRpfl. **48**, 183, **49**, 147, Hamburg HESt. **2** 20, Köln MDR **66**, 254; vgl. aber auch BGH GA **60**, 278, **65**, 107; and. Nürnberg NJW **49**, 877). Näher zu diesen Fällen Herzberg ZStW **89**, 367 ff., Schröder ZStW 60, 43, SJZ 50 Sp. 95, Otto ZStW 79, 85 ff., Wimmer NJW 48, 242, Backmann aaO 81, Rengier JuS 81, 654; auch Meister MDR 47, 251, Mitsch II **39**, 397. Miehe 77 läßt ausreichen, daß der Getäuschte den äußeren Vorgang der Sachbewegung erkennt, daß er das seine oder das seiner Verfügung unterliegende fremde Vermögen betroffen weiß und daß er für diese Sachbewegung gewonnen wird, sei es auch nur in dem Sinne, daß er sich aus der „Zuständigkeit" für die Sache zugunsten des Täters zurückzieht. Nach ihm kommt daher Idealkonkurrenz zwischen §§ 242, 263 in Betracht.

Ob hinsichtlich der in einem **Selbstbedienungsladen** entnommenen Waren ein Diebstahl oder **63 a** ein Betrug vorliegt, entscheidet sich nach folgenden Gesichtspunkten: Da nicht nur der Kunde verpflichtet ist, alle dem Regal entnommenen Waren an der Kasse zu deklarieren, sondern auch das Kassenpersonal die Pflicht hat, die vom Kunden eingepackten Gegenstände vollständig zu erfassen, muß davon ausgegangen werden, daß sich das Einverständnis mit dem Gewahrsamsübergang nur auf solche Artikel bezieht, die bei der Kassenabfertigung ordnungsgemäß registriert wurden. Folglich liegt auch nur in bezug auf die so erfaßten Artikel eine Verfügung in Gestalt einer bewußten Duldung seitens des an der Kasse sitzenden Angestellten vor. Da es auf die innere Willensrichtung ankommt, ist davon auszugehen, daß der Verfügungswille sich nur auf die bei der Vorlage identifizierte Ware und das Eintippen zum zugehörigen Preise bezieht (Vitt NStZ 94, 134, Schmitz JA 93, 350, 351, Roßmüller/Rohrer Jura 94, 469, 471, Brocker JuS 94, 919, 921). Hinsichtlich aller anderen Gegenstände kommt ein versuchter bzw. vollendeter Diebstahl in Betracht. Mit Selbstverständlichkeit gilt dies für solche Gegenstände, die der Täter nicht in den Einkaufswagen gelegt hat, sondern in seiner Tasche versteckt mit sich führt (BGH **17** 206, Düsseldorf NJW **93**, 1407). Ebenso liegt Diebstahl vor, wenn der Täter Waren in der Verpackung eines anderen Gegenstandes versteckt (Vitt NStZ 94, 134, and. Düsseldorf NJW **88**, 922). Auch ist ein Diebstahl anzunehmen, wenn die Ware so in den Einkaufskorb gelegt wird, daß sie von dem an der Kasse sitzenden Angestellten nicht wahrgenommen werden kann (BGH **41** 198, Bay NStE § 242 Nr. **23**, Stoffers JR 94, 207, Brocker JuS 94, 921, Geiger JuS 92, 837, Otto Jura 97, 466; and. Düsseldorf NJW **93**, 1407). Im Ergebnis läßt sich also sagen, daß die Verfügung sich gegenständlich nur auf die Waren bezieht, die der Kunde auf das Förderband legt oder auf die er in sonstiger Weise als Kaufgegenstand, zB einen Kasten Bier, hinweist (Roßmüller/Rohrer Jura 94, 473). Hingegen kommt Betrug in Betracht, sofern der Täter das Preisschild auswechselt und durch die Täuschung dafür sorgt, daß nur der niedrigere Preis berechnet wird. Zwar liegt der konkludente Erklärung, andere als die an der Kasse zur Abrechnung vorgezeigten Waren nicht entnommen zu haben, dazu, daß die Kassiererin es unterläßt, den Preis für die Ware geltend zu machen; der darin liegende Betrug ist jedoch als mitbestrafte Nachtat (Sicherungsbetrug) subsidiär gegenüber dem Diebstahl (vgl. u. 184). Zu dieser Problematik vgl. Pawlik aaO 87 f.

Besondere Probleme werfen die **Tankstellenfälle** auf. IdR ist hier das Tanken durch das Einverständnis gedeckt, weshalb ein Diebstahl mangels Wegnahme ausscheidet (vgl. § 242 RN 36). **63 b** Betrug setzt voraus, daß das Tankstellenpersonal (konkludent) getäuscht wird. Dies ist regelmäßig der Fall, wenn der Täter vor der Entnahme von Benzin aus der Zapfsäule durch sein Verhalten zum Ausdruck bringt, er werde später die Rechnung begleichen (vgl. BGH NJW **83**, 2827 m. krit. Anm. Gauf NStZ 85, 505 u. m. Anm. Deutscher NStZ 83, 507, BGH NJW **84**, 501, Düsseldorf JR **82**, 343 m. Anm. Herzberg, Düsseldorf JR 85, 207 m. Anm. Herzberg). Die Verfügung liegt darin, daß das Tankstellenpersonal sein Einverständnis mit dem Tanken zm Ausdruck bringt. Zur Strafbarkeit wegen Unterschlagung vgl. § 246 RN 7.

Andere Fälle der Abgrenzung des Betruges vom Diebstahl vollziehen sich auf der Ebene der **64** Unmittelbarkeit, durch die die Verfügung und der Vermögensschaden miteinander verknüpft sind (o. 61). Hierher zählen insb. die Fälle, in denen die Täuschung lediglich zu einer **Gewahrsamslockerung** durch das Opfer führt, da hierin noch **kein Vermögensschaden** gesehen werden kann, der durch die Verfügung unmittelbar herbeigeführt worden ist. Danach liegt Diebstahl vor, wenn ein angeblicher Gasmann in die Wohnung eingelassen und ihm dadurch die Gelegenheit zum Stehlen gegeben wird (Frank IV); weitere Beispiele bei Schröder ZStW 60, 38. Das gleiche gilt, wenn der Täter den Gewahrsamsinhaber durch falsche Angaben von der Sache weglockt, wie sie dann an sich nimmt (RG LZ **20** Sp. 614, **24** Sp. 299), oder wenn er eine Gewahrsamslockerung durch Aushändigung der Sache bewirkt (BGH MDR **68**, 272, Köln MDR **73**, 866; dagegen zu Unrecht Bittner JuS 74, 156). Auch wer einen Kaufmann durch die Vorspiegelung, eine Sache kaufen zu wollen, veranlaßt, diese auf den Ladentisch zu legen, sie dann an sich nimmt und sich ohne Bezahlung entfernt, begeht regelmäßig einen Diebstahl (vgl. § 242 RN 30 ff., BGH LM Nr. **11** zu § 242). Zwar führt die Handlung des Getäuschten bereits zu einer Vermögensgefährdung (KG DStR **37**, 57; and. Hamm JMBlNRW **50**, 49), jedoch ist die Gefahr der Vergrößerung der Diebstahlschancen für § 263 nicht ausreichend (Lackner LK[10] 102, vgl. BGH GA **66**, 212 und u. 66 a. E.). Näher zu diesem Fragenkreis Schröder ZStW 60, 40. Entgegen der Rspr. liegt keine Vermögensgefährdung vor, wenn von Seiten des Täters zur Herbeiführung eines Schadens noch ein deliktischer Angriff notwendig ist (zB wenn lediglich Vertragsbeziehungen zu einem zahlungswilligen Partner aufgewurden oder durch das Ausgeben einer Kreditkarte lediglich die Möglichkeit zum nachfolgenden Kartenmißbrauch nach § 266 b geschaffen wurde (BGH **33** 244 m. krit. Anm. Bringewat NStZ 85, 536, Otto JZ 85, 1008, Labsch NJW 86, 105, Ranft Jura 92, 66, 69); zur entspr. Problematik beim electroniccash-Zahlungsverfahren vgl. Altenhain JZ 97, 752, 755. Anders ist es regelmäßig beim **Wechselgeldbetrug**. Entfernt sich der Kunde nach Aushändigung von Ware und Wechselgeld mit dem von ihm zuvor auf den Ladentisch gelegten großen Geldschein, so liegt in der Regel Betrug vor, nicht Diebstahl am Geldschein (kein Gewahrsamsübergang) oder am Wechselgeld (kein Gewahrsamsbruch); ebenso Lackner LK[10] 102, vgl. Celle NJW **59**, 1981, vgl. aber auch Roxin-Schünemann JuS 69, 376 und weiter § 242 RN 29. Ist jedoch der große Geldschein schon übereignet und in den Gewahrsam des anderen übergegangen, so liegt Diebstahl vor, sofern der Täter diesen unbemerkt wieder an sich nimmt (Bay NJW **92**, 2041).

65 **5. Getäuschter** und **Verfügender** müssen **identisch** sein, nicht dagegen Getäuschter und Geschädigter (RG **73** 384, BGH **18** 223, Hamburg HESt. **2** 317), was die Möglichkeit des sog. Dreiecksbetruges eröffnet (vgl. dazu auch Backmann 125 ff.). Betrug ist daher auch möglich, wenn der Getäuschte über fremdes Vermögen verfügt. Dabei ist nicht erforderlich, daß der Verfügende rechtlich wirksam disponieren kann, es genügt vielmehr, daß er tatsächlich imstande ist, über fremdes Vermögen zu verfügen (BGH **18** 221, Bay GA **64**, 82, Lackner LK[10] 110, M-Maiwald II/1 426 f., Blei II 229 ff., Schmidhäuser II 118 f., Schröder ZStW **60**, 49, 62, Geppert JuS **77**, 72, Rengier JZ **85**, 565; and. Binding Lehrb. I 345 aufgrund des juristischen Vermögensbegriffs; Kindhäuser ZStW **103**, 398, 415, Bemmann-FS 329, 359). Vgl. zum ganzen Pawlik aaO 206 ff. Krit. zu dieser Abgrenzung Mitsch II 438.

66 Dabei ist unbestritten, daß die rein **tatsächliche Einwirkungsmöglichkeit** nicht ausreichen kann, um diesem Erfordernis zu genügen, da anderenfalls eine Abgrenzung zu den Fällen, in denen lediglich Diebstahl in mittelbarer Täterschaft vorliegt, nicht möglich wäre. Dies zeigt sich zB an dem Fall, daß jemand einen anderen dazu auffordert, ihm aus angeblich seinem, in Wirklichkeit aber einem Dritten gehörenden Haus einen Gegenstand herauszuholen. Hier kann nur Diebstahl durch ein undoloses Werkzeug in Betracht kommen. Deshalb ist zur Abgrenzung erforderlich, daß der Verfügende in einer (rechtlichen oder wenigstens) tatsächlichen Beziehung zu dem fremden Vermögen gestanden hat, wobei freilich Umfang und Grenzen dieser Beziehung im einzelnen problematisch sind. Die Rspr. geht davon aus, daß ein gewisses Näheverhältnis zwischen dem Verfügenden und dem Gewahrsamsinhaber bestehen muß (BGH **18** 221), das eine unmittelbare räumliche Einwirkungsmöglichkeit unabhängig von dem Willen des Gewahrsamsinhabers gewährt (vgl. Bay GA **64**, 82, wistra **98**, 157, Stuttgart NJW **65**, 1930). Die Rspr. muß allerdings bei diesem Ausgangspunkt auf Einzelfallentscheidungen ausweichen. Daher ist mit Lenckner (JZ **66**, 320 f.) davon auszugehen, daß die faktische Einwirkungsmöglichkeit auf das fremde Vermögen für sich allein nicht ausreichen kann, sondern daß der Verfügende schon vor der Täuschung in einer besonderen Beziehung zu der Sache gestanden haben muß (krit. dazu Lackner LK[10] 110 ff., der diese Beschränkung für zu eng hält). Diese Beziehung ist dann anzunehmen, wenn der getäuschte Dritte, der dem Täter die Sache verschafft, bildlich gesprochen „im Lager" des Geschädigten steht, d. h. demselben Machtkreis angehört, dem die weggenommene Sache entstammt (vgl. auch schon Schröder ZStW **60**, 33 ff., 67 ff.). Das ist nicht nur dann der Fall, wenn der Verfügende an dem Gegenstand der Verfügung bereits Gewahrsam oder Mitgewahrsam hatte, zB als Konkursverwalter, Testamentsvollstrecker (vgl. Schroeder NStZ **97**, 585), sondern jedenfalls auch wenn er nur Besitz- oder Gewahrsamsdiener war. Dagegen will Tröndle/Fischer 24 a (vgl. auch Blei II 231) hauptsächlich darauf abstellen, ob der Dritte Werkzeug für den Täter ist (dann Diebstahl), oder ob er anstelle des Eigentümers die Sache herausgibt (dann Betrug); allerdings kommt auch diese Auffassung bei der Frage, ob der Dritte als Werkzeug oder anstelle des Eigentümers handelt, nicht daran vorbei zu entscheiden, auf wessen Seite der Verfügende steht. Noch anders will Otto (ZStW **79**, 76 ff., 84) für den Betrug entscheidend sein lassen, daß der Verfügende sich subjektiv innerhalb des ihm vom Berechtigten objektiv eingeräumten Rahmens bewegt haben muß (vgl. auch Lackner LK[10] 113). Zur Entwicklung des Streitstandes vgl. Schröder ZStW **60**, 33, Gribbohm JuS **64**, 233, NJW **67**, 1897, Dreher GA **69**, 56, Schünemann GA **69**, 46, Otto ZStW **79**, 76 ff., Geppert JuS **77**, 69.

67 Nach dem hier vertretenen Standpunkt ist daher BGH **18** 221 darin zuzustimmen, daß – jedenfalls auch – Betrug begeht, wer den Wächter einer Sammelgarage durch Vortäuschung einer Berechtigung dazu veranlaßt, ihm ein fremdes Fahrzeug herauszugeben. Daneben kommt aber auch ein Diebstahl in Betracht, da der Täter durch den Wärter als Werkzeug den Gewahrsam des Fahrzeugeigentümers bricht (Gribbohm JuS **64**, 237; and. BGH **18** 221, Rengier JZ **85**, 565). Dies ergibt sich daraus, daß der Wächter über den Gewahrsam des Eigentümers nicht verfügen kann. Diebstahl scheidet hier daher nur bei Annahme des Alleingewahrsams des Wächters aus. Ebenfalls eine Verfügung nimmt der Schuldner vor, der mit befreiender Wirkung gegenüber dem Gläubiger an einen Dritten leistet; and. wenn der Schuldner nicht befreit wird (abw. BGH NJW **68**, 1147). Muß dagegen der Getäuschte die tatsächliche Beziehung zu dem Verfügungsgegenstand erst durch Wegnahme schaffen, so kann Betrug nicht angenommen werden, so zB wenn der Vermieter durch Täuschung veranlaßt wird, Sachen, die im ausschließlichen Gewahrsam des Mieters stehen, für den Täter aus dessen Wohnung herauszuholen (Stuttgart NJW **65**, 1930 m. Anm. Dreher JR **66**, 29 und Lenckner JZ **66**, 320, BGH GA **66**, 212; vgl. auch Gribbohm NJW **67**, 1897, Schünemann GA **69**, 46 [vgl. hierzu Dreher GA **69**, 56]). Eine tatsächliche Möglichkeit, über fremdes Vermögen zu verfügen, fehlt auch, wenn eine Behörde bei einer Ausschreibung dem Täter zum Nachteil anderer Bewerber den Zuschlag erteilt (and. RG **73** 384, BGH **17** 147, Hamm JMBlNRW **54**, 132, Oldenburg NdsRpfl. **48**, 95). Ebensowenig verfügt der Käufer zum Nachteil des Eigentümers einer unterschlagenen Sache, wenn er diese gutgläubig erwirbt (RG **49** 19, Pawlik aaO 211, Mitsch II 443, 466 f.; and. RG **64** 228 [gutgläubiger Erwerb eines abredewidrig ausgefüllten Blankowechsels als Verfügung über das Vermögen des Akzeptanten], Celle NJW **94**, 142 m. Anm. Linnemann wistra **94**, 167, Weimar MDR **61**, 24), oder der Stammkunde zum Nachteil seines alten Lieferanten, wenn er die Ware infolge einer Täuschung bei einem anderen Kaufmann bezieht (and. RG **26** 227). Auch der Schecknehmer, der gutgläubig einen nicht gedeckten Scheck gegen Vorlage einer Scheckkarte annimmt, verfügt damit nicht über das Vermögen der bezogenen Bank (vgl. Schröder JZ **72**, 707, Zahrnt NJW **72**, 279, **73**, 63; aA BGH **24** 386 m. Anm. Seebode JR **73**, 117, Gössel MDR **73**, 177). Zum Problem des Scheckkartenmißbrauchs vgl. eingehend o. 50 u. § 266 RN 12.

68 Die für eine Verfügung erforderliche Beziehung zu dem geschädigten Vermögen kann auch darin bestehen, daß der Getäuschte **kraft** seiner **hoheitlichen Stellung** unmittelbar zum Nachteil des fremden Vermögens Anordnungen treffen kann. Dies gilt zB für den Prozeßrichter (hierzu u. 69 ff.), Grundbuchrichter (RG **66** 373), Vormundschaftsrichter (RG Recht **13**, 62), Nachlaßrichter (RG GA Bd. **63**, 429), Versteigerungsrichter (RG **69** 103), Konkursverwalter (RG **26** 28, **36** 86), Gerichtsvollzieher (RG **39** 143) und nach BGH **14** 170 auch für den Haftrichter.

69 6. Daraus, daß Getäuschter und Geschädigter nicht identisch zu sein brauchen, ergibt sich bei vermögensrechtlichen Streitigkeiten die Möglichkeit eines **Prozeßbetrugs.** Dieser wird dadurch begangen, daß ein Richter oder ein anderes Rechtspflegeorgan, zB der Gerichtsvollzieher (Düsseldorf NJW **94**, 3366), durch falsche Behauptungen zu einer das Vermögen des Prozeßgegners schädigenden Entscheidung veranlaßt wird (vgl. Seier ZStW 102, 563). Zwar liegt der Unrechtsgehalt derartigen Verhaltens auch in dem vom geltenden Recht nicht pönalisierten Mißbrauch der Rechtspflege; daneben handelt es sich aber auch um einen Angriff auf fremdes Vermögen, und es ist daher zutreffend, diese Fälle unter § 263 einzuordnen (Lackner LK[10] 98, 300 ff.). Grundsätzliche Bedenken gegen die Möglichkeit eines Prozeßbetrugs ergeben sich auch nicht daraus, daß hier ein hoheitlich handelnder Richter als Werkzeug mißbraucht wird; eine analoge Situation ist bei der mittelbaren Täterschaft allgemein anerkannt. Zum Ganzen vgl. Piech aaO.

70 a) Ein Prozeßbetrug kann einmal dadurch begangen werden, daß eine Partei **falsche Beweismittel** benennt oder vorführt und der Richter auf diese Beweise seine Entscheidung stützt (BGH MDR/D **56**, 10). So zB wenn eine Partei einen Zeugen benennt, der falsch aussagt (RG **40** 9) oder sein Zeugnis in einer Weise verweigert, daß das Gericht zu falschen Schlüssen veranlaßt wird (RG **36** 115), oder wenn sie falsche Urkunden vorlegt (RG **58** 88). Außerdem gehören hierher falsche Aussagen der Partei im Rahmen ihrer Vernehmung nach §§ 445 ff. ZPO (RG **69** 192, Schleswig SchlHA **52**, 67). Auch der Zeuge selbst kann Prozeßbetrug begehen, indem er den Vermögensvorteil einem Dritten zuwenden will, so zB die Kindesmutter im Unterhaltsprozeß (vgl. RG **58** 295). Neben dem Prozeßbetrug im engeren Sinne, der Betrugshandlungen im Prozeßverkehr durch Täuschung des Gerichts betrifft, kann ein Betrug auch durch unmittelbare Täuschung des Prozeßgegners oder der für ihn handelnden Personen begangen werden, etwa indem der Gegner infolge der Täuschung zu einer Klagerücknahme, einem Anerkenntnis (§ 307 ZPO) oder zum Abschluß eines für ihn nachteiligen Prozeßvergleichs (BayJR **69**, 307 m. Anm. Schröder) veranlaßt wird. In diesen Fällen liegt allerdings nicht die für den eigentlichen Prozeßbetrug typische Situation vor, daß Getäuschter und Geschädigter personenverschieden sind und die Verfügungsbefugnis des Getäuschten sich aus dessen hoheitlicher Stellung ergibt.

71 b) Im kontradiktorischen Verfahren kann Prozeßbetrug aber auch durch unwahre **Parteibehauptungen** begangen werden, die nicht auf falsche Beweismittel gestützt werden (vgl. zu diesem Problemkreis Seier ZStW 102, 563 ff., Pawlik aaO 199 ff.). Dabei kann die Täuschung auch durch Unterlassen erfolgen (zB eine zunächst gutgläubig aufgestellte unwahre Behauptung wird nach erlangter Kenntnis nicht richtiggestellt); die Aufklärungspflicht allerdings wird § 138 ZPO entnommen werden (and. Zweibrücken NJW **83**, 694; o. 21); jedoch ist ein Anwalt nicht verpflichtet, frühere Behauptungen seines Mandanten zu berichten und diesen dadurch eines versuchten Prozeßbetruges zu bezichtigen (BGH NJW **52**, 1148). Voraussetzung ist aber stets, daß die Vorstellung des Richters durch das unwahre Vorbringen beeinflußt worden ist und seine Entscheidung darauf beruht; vgl. dazu o. 51. Ist dies der Fall, so ist es unerheblich, ob das Gericht einem Parteivorbringen unter Verletzung von Verfahrensvorschriften geglaubt hat (RG **72** 115 m. Anm. Boldt ZAkDR 38, 441 u. Schaffstein JW **38**, 1386, **72** 150, JW **37**, 2391). Zum mögl. Prozeßbetrug im Verfahren vor dem BVerfG vgl. Karlsruhe NStZ **96**, 282 m. Anm. Kindhäuser JR 97, 301, Fahl JA 98, 361.

72 Entsprechendes gilt für die **Prozeßkostenhilfe** (§§ 114 ff. ZPO) (vgl. für das frühere Armenrechtsverfahren RG DR **39**, 921), das Kostenfestsetzungsverfahren (and. noch RG **1** 227), das Zwangsvollstreckungsverfahren (zB Erwirken einer Einstellung nach § 719 ZPO; and. noch RG **15** 132) und das Konkursverfahren (zB Anmeldung fingierter Forderungen; RG **36** 86).

73 c) Bestritten ist dagegen die Möglichkeit eines Prozeßbetrugs im **Versäumnis-** und **Mahnverfahren.** Während sie von älteren Entscheidungen, abgesehen von den Fällen einer Täuschung über Prozeßvoraussetzungen (vgl. RG **2** 436, **59** 104), mit dem Hinweis auf die richterliche Gebundenheit an das Parteivorbringen verneint wurde (RG **20** 391, **42** 410), hat sich die Rspr. unter der Geltung des in § 138 ZPO statuierten Wahrheitsgebots teilweise auf den entgegengesetzten Standpunkt gestellt (RG **72** 115 m. Anm. Boldt ZAkDR 34, 442 u. Schaffstein JW **38**, 1386; BGH **24** 257). Es ist jedoch nicht anzunehmen, daß die mit dem System der ZPO (vgl. zB § 290 ZPO) ohnehin nicht ohne weiteres zu vereinbarende Wahrheitspflicht zu so weitreichenden Konsequenzen führen sollte. Vielmehr beruhen Versäumnisurteil und Vollstreckungsbescheid nach wie vor auf einem bestimmten Parteiverhalten (Säumnis, §§ 330, 331 ZPO; Nichterheben eines Widerspruchs, § 699 ZPO) und nicht auf der richterlichen Überzeugung von der Wahrheit des vorgetragenen Sachverhalts. Daher wird es in diesen Fällen häufig schon an einem Irrtum fehlen (vgl. o. 52); jedenfalls aber wäre dieser nicht ursächlich für die den Schaden auslösende Entscheidung (wie hier Lackner LK[10] 314, Giehring GA 73, 3).

74 Hinsichtlich des Schadens unterscheidet BGH **24** 261 zwischen Mahn- und Vollstreckungsbescheid; da nur der Vollstreckungsbescheid einem vorläufig vollstreckbaren Endurteil gleichgestellt werden könne (vgl. § 700 I ZPO), führe der auf unwahren Angaben des Gläubigers beruhende Mahnbescheid noch nicht zu einer Vermögensgefährdung; hier komme allerdings Versuch in Betracht, da die falsche Angabe im Antrag auf Erlaß des Mahnbescheides als Beginn der Ausführungshandlung anzusehen sei (Düsseldorf NStZ **91**, 586). Zur Frage des Versuchsbeginns u. zur Vollendung vgl. Seier ZStW 102, 563, Hilgendorf aaO 221.

75 d) Die Partei, die einen unwahren Sachverhalt vorträgt oder ein falsches Beweismittel vorlegt, um einen nach ihrer Überzeugung **begründeten Anspruch** durchzusetzen, der aber durch Beweisschwierigkeiten gefährdet ist, begeht mangels Vorsatzes keinen Prozeßbetrug (vgl. u. 165 f.; BGH **3** 160 m. Anm. Hartung NJW **53**, 552 [mangelnde Bereicherungsabsicht]; and. RG **72** 137, HRR **40** Nr. 473, wo im Widerspruch zur sonstigen Rspr. Betrug angenommen wird).

76 e) **Vollendet** ist der Prozeßbetrug durch jede Entscheidung des Richters, durch die eine Prozeßpartei geschädigt wird. Eine solche Schädigung liegt mangels Stoffgleichheit (u. 168 f.) nicht vor bei Erlaß eines Beweisbeschlusses, aufgrund dessen der Gegner des Täters einen Vorschuß für Zeugengebühren zahlt (and. RG JW **38**, 1316). Rechtskräftig braucht die Entscheidung nicht zu sein (RG **75** 399); es genügt auch ein vorläufig vollstreckbares Urteil (vgl. u. 144). Zur Unterscheidung zwischen Mahn- und Vollstreckungsbescheid im Mahnverfahren vgl. o. 74.

77 7. Der **Kausalzusammenhang** zwischen Irrtum und Verfügung liegt dann nicht vor, wenn der Getäuschte dieselbe Verfügung auch ohne den Irrtum vorgenommen hätte, dieser also für die Verfügung überhaupt nicht mitbestimmend war. Dies ist zB beim Gebrauch eines falschen Namens durch den Darlehnsschuldner, dessen Identität feststeht (RG **48** 238) der Fall, oder dann, wenn ein Lieferant Verträge in Kenntnis der schlechten Vermögenslage des Täters abgeschlossen hätte (BGH wistra **89**, 25, **93**, 224) oder bei der Täuschung über das Bestehen einer Krankenversicherung, wenn der Täter in jedem Fall ins Krankenhaus aufgenommen worden wäre (Düsseldorf NJW **87**, 3145). Ebenso unproblematisch sind die Fälle, in denen alleiniges Motiv der Verfügung die Täuschung war, jedoch hypothetisch denkbar wäre, daß der Verfügende auch bei Kenntnis der wahren Sachlage, aber dann aus anderen Motiven die gleiche Verfügung getroffen hätte, zB der Schuldner, der über seine Kreditwürdigkeit getäuscht hat, das Darlehen bei Offenbarung seiner Verhältnisse aus Mitleid erhalten hätte. Daß hier Kausalität vorliegt, ist unbestreitbar (BGH MDR/D **58**, 139, Heinitz JR **59**, 387). Schwieriger liegen die Dinge bei einer Mehrzahl von Motiven, von denen nur eines durch Täuschung geschaffen worden ist, die übrigen aber für die Verfügung ausgereicht hätten. Da nicht gefordert wird, daß der Getäuschte zu der Verfügung allein durch die Erregung des Irrtums veranlaßt wurde (RG **76** 86, Hamburg HESt. **2** 317), ist entscheidend, ob das durch Täuschung geschaffene Motiv für den Verfügenden mitbestimmend gewesen ist (KG JR **64**, 350). Ist dies der Fall, so liegt Betrug vor (BGH **13** 13, wo zu Unrecht ein Gegensatz zu RG **76** 86 angenommen wird, m. zust. Anm. Heinitz JR 59, 386; gegen diese Urteile Klauser NJW 59, 2245). Eingehende Analyse des Problems bei Engisch v. Weber-FS 274 ff. Da es sich insoweit um die Feststellung persönlicher Motive handelt, kann hier in der Tat mit naturwissenschaftlichen Kausalvorstellungen nicht operiert werden (BGH **13** 13); krit. auch Pawlik aaO 250. Ähnlich liegen die Dinge, wenn jemand, durch Vorspiegelungen eines Bettlers getäuscht, ihm ein Almosen gibt. Geschieht dies zB nur, um ihn loszuwerden, dann fehlt es am Kausalzusammenhang zwischen Täuschung und Geschenk. Näher über den Bettelbetrug RG **53** 225, Lackner LK[10] 117, 164, Blei II 228, Cramer, Vermögensbegriff 202 ff.; verneint wird die Möglichkeit eines Betruges in diesen Fällen überhaupt von Frank VI 1 a; vgl. auch u. 102.

78 VI. Die Verfügung muß zu einem **Vermögensschaden** geführt haben. Was darunter zu verstehen ist, kann nur gesagt werden, wenn zuvor der **Begriff des Vermögens** geklärt ist, da der Vermögensschaden sich als „Vermögensumkehrung" darstellt. Vgl. hierzu die Übersicht von Samson JA 89, 510.

78 a 1. Dieser Grundsatz setzt zunächst voraus, daß der **Schutzbereich** des Betrugstatbestandes im Hinblick auf das geschützte Vermögen näher bestimmt wird. Insbesondere stellt sich dabei die Frage, ob als Schaden nur Nachteile im Bereich des wirtschaftlichen Verkehrs in Betracht zu ziehen sind, oder etwa auch die Abwendung der Verhängung staatlicher Sanktionen, wie etwa die Geldstrafe oder Geldbuße. Da § 263 nur das Vermögen als wirtschaftliche Potenz im Auge hat, betrifft die Vorschrift nur für den Wirtschaftsverkehr relevante Gegenstände, nicht hingegen staatliche Sanktionen, die keine Beziehung zum wirtschaftlichen Verkehr aufweisen und denen eine wirtschaftliche Zweckbestimmung abgeht (BGH **38** 345). Folglich ist der staatliche Sektor in Gestalt repressiver Maßnahmen nicht geschützt (RG **71** 281, **76** 279, BGH JR **94**, 114, Stuttgart MDR **81**, 422, Schröder JR 64, 230, Lackner LK[10] 252). Daher ist anerkannt, daß die durch Täuschung unternommene Abwendung der Verhängung oder Vollstreckung strafrechtlicher Sanktionen, welche eine Vermögenseinbuße zur Folge haben, zB Geldstrafe, Geldbuße (Bay wistra **91**, 230), Einziehung, Verfall, Verwarnungsgeld, vom Tatbestand des § 263 nicht erfaßt wird. Dies gilt auch für eine als Sicherheitsleistung gestellte Kaution (BGH **38** 345 m. Bespr. Hamm NJW **93**, 289, 292; vgl. jedoch auch BGH **43** 381, 404 zu § 370 AO). Bei staatlichen Gebühren kann dagegen eine Schädigung vorliegen, da die Gegenleistung für ein staatliches Handeln anzusehen sind (vgl. Bay NJW **55**, 1567 [unrichtiger Kaufpreis zwecks Kostenersparnis], Gutmann MDR 63, 6). Entsprechendes gilt für das Erschleichen von Unterkunft und Beköstigung im Rahmen einer behördlichen Freiheitsentziehung (BGH **14** 170). Mangels Schadens entfällt Betrug auch bei der Erschleichung der behördlichen Zulassung zu bestimmten Berufen, zB als Arzt, Rechtsanwalt (vgl. aber Celle NdsRpfl. **47**, 65) oder der Zulassung zum Studium bei Schulgeldfreiheit, sofern nicht gerade für diesen Täter besondere Kosten entstehen (BGH NJW

55, 1526). Dagegen ist das staatliche Vermögen geschützt, soweit wirtschaftspolitische (planifikatorische) Zwecke damit verfolgt werden; dies spielt insbesondere bei der Vergabe von öffentlichen Subventionen eine Rolle (vgl. u. 104). Erst recht ist staatliches Vermögen geschützt, soweit sich der Fiskus am Wirtschaftsverkehr beteiligt; insoweit besteht keinerlei Unterschied zwischen privatem und staatlichem Vermögen.

2. Der Vermögensbegriff ist bis heute umstritten; vgl. hierzu Cramer, Vermögensbegriff 33 ff., Lackner LK¹⁰ 120. Einigkeit besteht jedoch darin, daß unter Vermögen iSv §§ 253, 263, 266 begrifflich das Gleiche zu verstehen ist (Cramer, Vermögensbegriff 22, 115 ff., Kühl JuS 89, 505, Otto, Vermögensschutz 306; and. nur Naucke aaO 116). Zum Vermögensbegriff werden – bei Abweichungen im einzelnen – folgende Vermögenslehren vertreten: **78 b**

a) Die älteste Vermögenslehre ist der insb. von Merkel (KrimAbh II 101), Binding (Lehrb. II 1, 238, 341) und Gerland (560, 637) vertretene sog. juristische Vermögensbegriff; im einzelnen vgl. 19. A. RN 79. Gegen den juristischen Vermögensbegriff eingehend Cramer, Vermögensbegriff 71 ff. Pawlik aaO 259 ff. versucht den juristischen Vermögensbegriff neu zu beleben, kommt aber im wesentlichen zu den gleichen Ergebnissen wie die hier vertretenen (aaO 262); vgl. u. 83. **79**

b) Den Gegensatz hierzu bildet der **extrem wirtschaftliche Vermögensbegriff,** nach dem ohne Rücksicht auf ihre Rechtsnatur alle Positionen dem Vermögen zuzurechnen sind, denen ein wirtschaftlicher Wert beigemessen werden kann. Über die Zugehörigkeit zum Vermögen und über den effektiven Wert der einzelnen Vermögensstücke entscheiden damit objektive wirtschaftliche Maßstäbe. Dieser Vermögensbegriff wird mit kleineren Einschränkungen seit RG 44 230 in ständiger Rspr. (vgl. RG 66 285, BGH 1 264, 3 99, 16 220, 325, 26 347) sowie von einem Teil des Schrifttums vertreten, wobei die Definitionen des Vermögens in Nuancen voneinander abweichen. Während die Rspr. das Vermögen als die „Summe der geldwerten Güter einer Person nach Abzug der Verbindlichkeiten" (vgl. etwa BGH 3 102) bezeichnet, spricht M-Schroeder I 416 von der „Gesamtheit der Güter, die der Verfügungsgewalt einer Person unterliegen" und Blei II 231 von der „Gesamtheit der einer Person zustehenden wirtschaftlichen Werte" (ähnlich Bruns, Die Befreiung des Strafrechts vom zivilistischen Denken [1938] 227 und Mezger-FS 355, Tröndle/Fischer 7, Jagusch LK⁸ II 1 b vor § 249, Wimmer DRZ 48, 116, hier die 18. A., die insoweit noch auf Schröder zurückgeht). Dieser Vermögensbegriff entstand aus der – nachträglich so bezeichneten – juristisch-ökonomischen Vermittlungslehre (vgl. u. 82). Er übernahm von dieser die Abkehr von der zivilrechtstechnischen Form in Gestalt des subjektiven (öffentlichen oder privaten) Vermögensrechts und die Hinwendung zum materiellen Kern der Beziehungen des Vermögenssubjekts zu den Wirtschaftsgütern, dh die Loslösung von der außerstrafrechtlichen Begriffsapparatur insb. des Zivilrechts (Cramer, Vermögensbegriff 90), die heute allgemein akzeptiert ist (and. nur noch Naucke, Strafbarer Betrug 215; gegen ihn Cramer, Vermögensbegriff 28 ff.). Dagegen verfällt der extrem wirtschaftliche Vermögensbegriff, da er die Berücksichtigung jeglicher rechtlicher Zuordnungskriterien ablehnt, in einem Tatsachenpositivismus, der nur die faktischen Verhältnisse berücksichtigt und so in Widersprüche gerät, die um der Einheit der Rechtsordnung willen nicht hingenommen werden können. So erkennt BGH 2 364 die nichtige Forderung als Vermögensbestandteil an (and. noch RG 66 285) und in BGH 2 365, 8 256, OGH 2 201 wird der Grundsatz aufgestellt, daß es „kein rechtlich ungeschütztes Vermögen" gebe. In neueren Entscheidungen ist ein gelegentliches Abrücken von diesem extremen Standpunkt erkennbar, so – wenn auch mit abweichender Begründung – beim Dirnenbetrug (BGH 4 373, vgl. u. 97) und in der Anerkennung des extrem wirtschaftlichen Betrachtung widersprechenden Ergebnisses, daß keinen Schaden erleide, wer eine schwer beweisbare, aber existente Forderung erfülle (BGH 20 136); Entsprechendes gilt für seine Argumentation zur Frage, wann ein Makler einen strafrechtlich geschützten Anspruch auf Maklerlohn erlangt (BGH 31 178 m. krit. Anm. Lenckner NStZ 83, 409, Maaß JuS 84, 27 u. Bloy JR 84, 123; krit. zur Rspr. Hirsch Tröndle-FS 32 f.). **80**

c) Im Vordringen begriffen sind seit einiger Zeit die sog. **personalen Vermögenslehren,** die versuchen, zwischen der formalen Schadensberechnung der juristischen Vermögenslehre und der abstrakten Schadensberechnung nach objektiven Wertmaßstäben einen Ausgleich zu schaffen. Trotz unterschiedlicher Ansätze sehen diese Lehren den Vermögensschaden weniger im Wertverlust als in der durch die Vermögensverschiebung bewirkten Beeinträchtigung der wirtschaftlichen Potenz des Vermögensträgers (vgl. Bockelmann Kohlrausch-FS 247, Mezger-FS 378, JZ 52, 461, Hardwig GA 56, 17, Heinitz JR 68, 387, Otto, Vermögensschutz 34, JZ 93, 652, 655, Jura 93, 424, 425, Labsch Jura 87, 411, 416, Geerds aaO 130, 178, Jura 94, 309, 311, Schmidhäuser II 112 f.). Der Versuch einer stärkeren Individualisierung des Wertmaßstabes ist sicherlich anzuerkennen. Anliegen dieser Lehren ist es, der individuellen Dispositionsfreiheit des Menschen im Bereiche wirtschaftlicher Betätigung stärkeren Schutz zu verleihen. Da jedoch jeder Vermögensbegriff, dessen Ausgangspunkt wirtschaftliche Überlegungen bilden, gerade dieses Umstandes wegen anerkennen muß, daß ein Vermögensgegenstand nicht überall und für jeden den gleichen Wert hat, bedarf es keiner Umstrukturierung des Vermögensbegriffs, um zu brauchbaren Ergebnissen zu kommen (vgl. auch die Kritik bei Weidemann MDR 73, 992). Wirtschaftliche Betrachtungsweise mißt nämlich nicht nur in den verschiedenen Wirtschaftszweigen und Wirtschaftsstufen einer Sache einen verschiedenen Wert bei (zB Großhandels- und Kleinhandelspreise, Erzeuger- und Verbraucherpreise), sondern vermag auch anzuerkennen, daß im einzelwirtschaftlichen Mikrokosmos eine Rangordnung der wirtschaftlichen Güter und Bedürfnisse besteht, die eine Benachteiligung auch dann eintreten läßt, wenn Güter höherer Rangordnung **81** gegen solche geringerer Rangordnung ausgetauscht werden. So kann zB ein Nachteil darin liegen, daß an die Stelle überall einsetzbarer Barmittel ein Gegenstand tritt, der zwar in seinem Gebrauchswert durchaus nützlich, jedoch in der Rangordnung der Einzelwirtschaft erst an späterer Stelle zu berücksichtigen ist. Diese Betrachtungsweise dürfte nicht nur dem auf einen stärkeren Schutz der wirtschaftlichen Bewegungsfreiheit hinauslaufenden dynamischen Vermögensbegriff von Eser (GA **62**, 289), der als Spielart der wirtschaftlichen Vermögenslehre anzusehen ist, sondern auch den „personalen" oder „individualisierenden" Vermögensbegriffen von Bockelmann, Hardwig und Otto jedenfalls iE weitgehend angenähert sein. Weiter geht jedoch der funktionale Vermögensbegriff von Weidemann (MDR **73**, 992), der über den Rahmen einer objektiv-individuellen Schadensberechnung auf die konkrete Zwecksetzung des Vermögensträgers abstellt, damit aber die Dispositionsfreiheit als Schutzobjekt anerkennt (krit. Blei JA 74, 101, Lackner LK[10] 124). Selbst wenn man davon ausgeht, daß wirtschaftliche Bedürfnisse und Zwecke des einzelnen grundsätzlich nur von ihm selbst gesetzt werden können, so muß sich doch jeder gefallen lassen, daß seine Zwecke nach den Maßstäben wirtschaftlicher Vernunft beurteilt werden. Andernfalls würde die Grenze, die der strafrechtlichen Schutzwürdigkeit der wirtschaftlichen Autonomie im Bereich des § 263 gesetzt ist, überschritten und der Betrug in ein bloßes Delikt gegen die personale Dispositionsfreiheit verflüchtigt. Zu deren Abgrenzung von der wirtschaftlichen Bewegungsfreiheit vgl. Eser GA 62, 294 ff.

82 d) Zwischen den juristischen und den extrem wirtschaftlichen Vermögenslehren stehen die von Nagler (ZAkDR **41**, 294) sogenannten **„juristisch-ökonomischen" Vermittlungslehren,** zu denen der Standpunkt eines Teils der Rspr. des preußischen Obertribunals und des RG (vgl. RG **16** 1; verkannt von Naucke, Strafbarer Betrug 119, krit. hierzu Cramer, Vermögensbegriff 41, insb. FN 102) bis zur Plenarentscheidung RG **44** 230 gehörte und die im heutigen Schrifttum wohl als h. M. aufzufassen sind. Bei grundsätzlicher Anerkennung einer den materialen Kern des Rechtsguts berücksichtigenden wirtschaftlichen Betrachtungsweise richtet sie sich vor allem dagegen, daß ein Wirtschaftsgut schon dann zusteht, dem es – ohne Rücksicht auf rechtliche Zuordnungskriterien – nur rein faktisch unterworfen ist. Die Abweichungen von der heute in der Rspr. herrschenden Auffassung (vgl. o. 80) betreffen daher in erster Linie die Anerkennung der „Ansprüche" aus verbotenen oder unsittlichen Rechtsgeschäften als Vermögensbestandteile sowie den unrechtmäßigen Besitz. Im einzelnen weichen die Definitionen der Vermittlungslehren geringfügig voneinander ab. So sollen wirtschaftlich wertvolle, aber nicht als subjektive Rechte ausgestattete Positionen dann zum Vermögen gehören, wenn sie „unter dem Schutz der Rechtsordnung" (Franzheim GA 60, 277, Gutmann MDR 63, 5, Foth GA 66, 42, Sauer BT 85) stehen oder mit deren Billigung bzw. ohne deren Mißbilligung realisiert werden können (Lange ZStW 65, 78 u. 68, 645, Lenckner JZ 67, 107, Cramer JuS 66, 475, Vermögensbegriff 100, Samson/Günther SK 112 ff., M-Maiwald II/1 432, W-Hillenkamp II/2 532, Mitsch II 448). Zu den Vermittlungslehren gehört auch der von Cramer (Vermögensbegriff 100 ff.) entwickelte **materiale** Vermögensbegriff. Zum Vermögen gehören danach „alle wirtschaftlich wertvollen Güter, die eine Person unter Billigung der rechtlichen Güterzuordnung innehat". Cramer (Vermögensbegriff 91 f., 106 ff.) begründet diese Einschränkung des extrem wirtschaftlichen Vermögensbegriffs insb. mit dem Prinzip der Einheit der Rechtsordnung (ebenso auch Lenckner JZ **67**, 107).

83 Den für die Vermittlungslehren ausschlaggebenden Gesichtspunkt bildet das Argument, daß es unter dem Gesichtspunkt der **Einheit der Rechtsordnung** zu unauflösbaren Wertungswidersprüchen im System der Gesamtrechtsordnung kommen muß, wenn das Strafrecht eine wirtschaftlich nutzbare Position als Vermögensbestandteil anerkennt, während andere Teile der Rechtsordnung deren Realisierung in jeglicher Beziehung verbieten und mißbilligen (insoweit zustimmend Hirsch ZStW 81, 945, Tiedemann JurA 70, 263). Wenn die Rechtsordnung die Verfügung über ein Gut untersagt oder dem Inhaber dieses Guts keinen Schutz gewährt, kann es auch vom Strafrecht nicht als schützenswerter Vermögensbestandteil anerkannt werden. Auf der gemeinsamen Basis aller Vermittlungslehren sind weitere rechtliche Zuordnungskriterien aus Gründen der Einheit der Rechtsordnung zu berücksichtigen (einschränkend Lackner LK[10] 123). Diesen Erwägungen hat auch schon Schröder (vgl. 17. A. RN 63 b) bei grundsätzlicher Anerkennung der extrem wirtschaftlichen Position Rechnung getragen, wobei er allerdings konstruktiv die Lösung über das Merkmal der „Rechtswidrigkeit der Vermögensverschiebung" herbeiführen wollte; sein Lösungsvorschlag verbietet sich allerdings im Hinblick auf das Parallelproblem bei § 266, da diese Vorschrift nicht als Vermögensverschiebungsdelikt konstruiert ist.

84 3. Die nachfolgenden Ausführungen gehen von der „juristisch-ökonomischen" Vermittlungslehre aus, die bei grundsätzlicher Anerkennung wirtschaftlicher Bewertungsmaßstäbe rechtliche Zuordnungskriterien einbezieht. Danach sind **Bestandteile des Vermögens:**

85 a) Alle **subjektiven Vermögensrechte** mit wirtschaftlichem Wert. Hierher gehören zB das Eigentum, dingliche oder obligatorische Ansprüche oder (BGH NStZ **94**, 189) Immaterialgüterrechte. Auch aus Nichtvermögensrechten (zB Familienrechten) können Vermögensrechte resultieren, wie zB Unterhaltsansprüche oder die durch Ehe begründeten sonstigen vermögensrechtlichen Beziehungen (vgl. RG **33** 258) oder das Nutzungsrecht am Kindesvermögen. Auch Gestaltungsrechte (Anfechtung, Kündigung, Wandlung, Minderung) gehören zum Vermögen, soweit ihre Ausübung wirtschaftliche Konsequenzen hat.

86 b) Ein wirtschaftlich erst zu erwartender Vermögenszuwachs, auf den ein Rechtsanspruch besteht (RG **64** 182), oder dessen Erwartung sich zu einem **Anwartschaftsrecht** iS des bürgerlichen oder öffentlichen Rechts konkretisiert hat. In Betracht kommen zB die Anwartschaft aus Eigentumsvorbehalt oder Sicherungsübereignung (RGZ **140** 225), ferner die aufgrund eines Vorkaufsrechts (BGH NJW **77**, 155 m. Anm. Schudt und Lackner/Werle JR 78, 299), einer bindenden Offerte (RGZ **132** 7) oder der Einigung gem. §§ 933, 956 BGB. Auch die mit dem Besitz von Bezugsscheinen usw. verbundene Anwartschaft auf Erwerb einer Sache (RG **75** 62) zählt hierzu. Zum Anwartschaftsrecht des Maklers vgl. BGH **31** 178 m. Anm. Lenckner NStZ **83**, 409, Maaß JuS 84, 25 u. Bloy JR 84, 123. Zu dem Begriff der Anwartschaften im Strafrecht vgl. Mohrbotter GA 71, 321; vgl. auch Lackner LK[10] 129.

c) **Tatsächliche Anwartschaften (Exspektanzen),** sofern es sich nicht nur um allgemeine und unbestimmte Aussichten und Hoffnungen handelt, sondern schon vor der Verfügung (Irene Sternberg-Lieben JA 97, 128) eine Sachlage vorliegt, die mit Wahrscheinlichkeit einen Vermögenszuwachs erwarten läßt (RG **75** 92, BGH **2** 367, **17** 147, Hamburg NJW **62**, 1408, Lackner LK[10] 129, 134, M-Maiwald II/1 433 f.; and. zB Frank V 3 b, krit. auch Gutmann MDR 63, 5; zust. Mohrbotter GA 71, 321); grundlegend Hefendehl aaO. Für die Anerkennung der berechtigten tatsächlichen Erwartungen bei Anstellung, Vergabe von Aufträgen usw. als Vermögensbestandteil kommt es daher darauf an, ob die Erwerbsaussicht so weit konkretisiert ist, daß ihr der Geschäftsverkehr schon für die Gegenwart wirtschaftlichen Wert beimißt, d. h. ob der Vermögenszuwachs bei normalem Verlauf der Dinge mit Wahrscheinlichkeit eintritt (eingehend Lackner LK[10] 134 ff.; ferner Gutmann MDR 63, 5, Mohrbotter GA 71, 321).

87

Soweit die Gewinnmöglichkeit sich noch nicht so verdichtet hat, daß nach dem gewöhnlichen Lauf der Dinge eine Erwerbschance besteht, kommt noch kein Vermögenswert in Betracht (vgl. Bay NJW **94**, 208). Deswegen sind unlautere Verhaltensweisen im Wettbewerb, die mit einer Täuschungshandlung verbunden sind (§ 1 UWG) kein Betrug, sondern Verhaltensweisen, die nach § 6 c UWG strafbar sein können. Wird beispielsweise der Wahrheit zuwider behauptet, eine chemische Substanz sei lebensgefährlich, so liegt § 263 auch dann nicht vor, wenn dadurch beabsichtigt und erreicht wird, daß der Umsatz des einen Pharmaherstellers gesteigert, der eines anderen vermindert wird. Auch die Beziehungen zur Laufkundschaft eines Geschäfts gehören noch nicht zum Vermögen des Geschäftsinhabers. Folglich kann auch kein Betrug gegeben sein, wenn über diesen falsche Gerüchte in Umlauf gebracht und damit Umsatzrückgänge zugunsten anderer erreicht werden. Erst recht scheidet eine wirtschaftlich nicht faßbare Hoffnung auf Vermögensmehrung als Vermögensbestandteil aus (BGH GA **78**, 332). Dies gilt beispielsweise bei der progressiven Kundenwerbung (Schneeballsystem, vgl. dazu § 286 RN 13), bei der nur die unrealistische Hoffnung erweckt wird, der „Mitspieler" könne durch eigene Anstrengung hohe Gewinne erzielen. Dies übersieht Frankfurt in wistra **86**, 31, wenn es trotz Chancenlosigkeit bei der Kundenwerbung einen Betrug damit begründet, daß wegen der Konkurrenzlosigkeit des zu vertreibenden Produkts Aussicht auf eine Existenzgründung besteht (wie hier LG Fulda wistra **84**, 188 m. Anm. Möhrenschlager).

87 a

Einzelfälle: In diesem Sinne als Vermögensbestandteil angesehen wird zB die auf einem unechten Vertrag zugunsten Dritter beruhende tatsächliche Anwartschaft (Stuttgart NJW **62**, 502; krit. Gutmann MDR **63**, 6), ferner der feste Kunden- oder Lieferantenkreis eines Gewerbetreibenden (RG **74** 316, M-Maiwald II/1 433; vgl. auch LG Mannheim NJW **77**, 160 m. abl. Anm. Beulke NJW **77**, 1073: Vermietbarkeit eines Hauses). Ebenso stellt sich bei öffentlichen Ausschreibungen die Aussicht, aufgrund eines günstigeren Angebots den Zuschlag zu erhalten, als vermögenswerte Exspektanz dar (RG **73** 384, BGH **17** 147, **19** 37, **34** 379, NStZ **97**, 542); dasselbe kann u. U. bei Bewerbungen um eine Stelle gelten (Hamm JMBlNRW **54**, 132, Oldenburg NdsRpfl. **48**, 95); jedoch kommt hier Betrug nur in Betracht, wenn der Bewerber durch Täuschung veranlaßt wird, sein Angebot zurückzuziehen, mangels einer Verfügung dagegen nicht, wenn der Täter durch Täuschung gegenüber der ausschreibenden Stelle die Nichtberücksichtigung eines Konkurrenten erreicht (vgl. o. 67; and RG **73** 384, BGH **17** 147, Hamm JMBlNRW **54**, 132, M-Maiwald II/1 433 f.). Kann die Aussicht, durch Verkauf einer Sache Gewinn zu erzielen, eine tatsächliche Anwartschaft sein; jedoch kann hier die Verkäuflichkeit zu einem bestimmten Preis (zB zu einem höheren Auslandspreis, vgl. RG **64** 181) auch schon als eine den gegenwärtigen Wert der Sache erhöhende Eigenschaft angesehen werden. Ebenso kann für den Eigentümer einer Sache die Möglichkeit, ihrem Verkauf entgegenzutreten oder sich den Kaufpreis zu sichern, einen wirtschaftlichen Wert darstellen (RG HRR **39** Nr. 1318). Der Möglichkeit, der Zuteilung von VW-Aktien aufgrund einer Auslosung eine weitere Aktie zu bekommen, ist ebenfalls Vermögenswert beigemessen worden (Schröder JR 62, 431 u. 63, 348; and. Hamburg NJW **62**, 1407, Celle NJW **63**, 263). Zur Frage, ob Betrug daran scheitert, daß der Eigentümer in diesen Fällen nicht geschädigt, der Inhaber der Anwartschaft zwar geschädigt ist, dem aber kein stoffgleicher Vorteil gegenübersteht, vgl. Mohrbotter GA **71**, 321. Zur Frage, ob die Aussicht auf eine Erbschaft als Anwartschaft geschützt ist, vgl. Stuttgart NJW **99**, 1565, Schroeder NStZ **97**, 585, Jünemann NStZ 98, 393.

88

Noch **keine** vermögenswerte **Anwartschaft** ist dagegen die Aussicht, aufgrund öffentlich-rechtlicher Vorschriften eine freie Wohnung zugeteilt zu erhalten (RG **58** 289), die Möglichkeit, bei einem numerus clausus als Student zugelassen zu werden (BGH NJW **55**, 1526), oder eine der wahren Rechtslage nicht entsprechende Beweissituation, zB der Besitz einer Schuldurkunde über eine schon getilgte Forderung.

89

Zwar ebenfalls keine Anwartschaft iS des BGB, jedoch einen Vermögenswert stellt auch die mit einem Lotterielos o. ä. verbundene Aussicht – **Gewinnchance** – dar, an dem Gewinn teilzuhaben

90

(vgl. BGH **8** 289, Schröder JR 62, 431). Hierbei kann die Vermögensbeeinträchtigung nicht nur durch Abschwindeln des Loses, sondern auch dadurch erfolgen, daß zB das Hauptgewinnlos vertragswidrig für den Verkauf zurückgehalten wird (BGH **8** 289, Hamm NJW **57**, 1162).

91 d) **Rechtspositionen, die nicht durchgesetzt** werden können (insb. Naturalobligationen) oder die, zB nach § 812 BGB, wieder preisgegeben werden müssen, sofern sie dennoch einen wirtschaftlichen Wert haben. Dies ist etwa der Fall bei unklagbaren (etwa verjährten oder auf den §§ 762–764 BGB beruhenden) Forderungen (RG **68** 380; vgl. aber auch RG **65** 106, Bockelmann Mezger-FS 363) oder bei der Möglichkeit, aus einem vorläufig vollstreckbaren Urteil zu vollstrecken, auch wenn die Klage später abgewiesen wird. Geschädigt ist daher zB auch, wer gepfändete Sachen freigibt, obwohl der Pfändung nach § 771 ZPO erfolgreich widersprochen werden kann (and. Hamm NJW **56**, 194). Klaglose Forderungen sind allerdings dann wirtschaftlich wertlos, wenn die mangelnde Erfüllungsbereitschaft des Schuldners feststeht (RG **36** 208, **40** 29). Die Belastung mit einer solchen Forderung ist dann ein Vermögensschaden, wenn sich der Schuldner mit Rücksicht zB auf seine gesellschaftliche Stellung oder seine Geschäftsverbindungen der Leistung nicht entziehen kann (RG **65** 109, Lackner LK[10] 131).

92 e) **Unwirksame Ansprüche,** sofern ihnen wegen der Erfüllungsbereitschaft des Schuldners ein wirtschaftlicher Wert beigemessen werden kann und die Herbeiführung des mit dem unwirksamen Anspruch erstrebten Zustandes vom Recht an sich nicht mißbilligt wird (vgl. Cramer, Vermögensbegriff 108, Lackner LK[10] 132, Lenckner JZ 67, 108, Mitsch II 452). Die Nichtigkeit oder Unwirksamkeit kann sich zB aus der Nichtbeachtung zwingender Formvorschriften oder der beschränkten Geschäftsfähigkeit eines Beteiligten ergeben. Hierher gehören auch Ansprüche aus einer faktischen Gesellschaft, die zB wegen Formnichtigkeit oder Geschäftsunfähigkeit nicht wirksam entstanden sind; das gleiche gilt für Ansprüche aus einem faktischen Arbeitsverhältnis. Demgegenüber verneinen RG **65** 100 (m. abl. Anm. Grünhut JW 32, 2434), Welzel 373 vom rechtlich-wirtschaftlichen Vermögensbegriff aus in diesen Fällen generell die Möglichkeit eines Betruges. Dies befriedigt hingegen nicht: Ist zB bei einem Grundstücksverkauf aus Kostengründen ein geringerer Kaufpreis als vereinbart beurkundet worden, der Käufer aber ohne weiteres bereit, den höheren Preis zu zahlen, so muß § 263 anwendbar sein, wenn der Verkäufer durch Täuschung veranlaßt wird, die an sich nichtige Forderung gegen Bezahlung von Falschgeld „abzutreten".

93 Resultieren die nichtigen Ansprüche allerdings aus einem **sittenwidrigen** oder **verbotenen** Rechtsgeschäft (§§ 134, 138 BGB), so können sie nach der juristisch-ökonomischen Vermittlungslehre wegen ihres Widerspruchs zu außerstrafrechtlichen Vorschriften auch im Rahmen des § 263 keinen Schutz genießen (wie hier zB RG **65** 99, Lackner LK[10] 132; and. 17. A.). Entsprechendes gilt für beiderseits unsittliche Rechtsgeschäfte, so daß die Dirne nicht betrogen ist, wenn ihr „Anspruch" auf Bezahlung beeinträchtigt wird, und daß sie selbst sich nicht eines Betruges schuldig macht, wenn sie den gegen sie gerichteten „Anspruch" auf Rückforderung durch Täuschung vereitelt (BGH NStZ **87**, 407, Cramer JuS 66, 472; and. zB Hamburg NJW **66**, 1525, Tröndle/Fischer 29 mwN; eingehend zu diesem Problemkreis Kühl JuS 89, 505). Das gilt auch für die sog. telefonischen Sexgespräche gegen Entgelt (ausdrücklich für eine Wirksamkeit derartiger Verträge AG Offenbach NJW **88**, 1097), sowie deren kommerzielle Förderung durch die Vermarktung und den Vertrieb von Telefonkarten (BGH NJW **98**, 2895, Hamm NStZ **90**, 342 m. Anm. Wöhrmann); auch ein Versuch kommt nicht in Betracht (and. LG Mannheim NJW **95**, 3398 m. abl. Anm. Scheffler JuS 96, 1070, Kraus NJW 96, 2850, Behm NStZ 96, 317). Anderes gilt für Inserate zur Vermittlung von Telefonsex (Stuttgart NJW **89**, 2899, 1097; and. LG Bonn NJW **89**, 2544). Demgegenüber soll es nach der wirtschaftlichen Vermögenslehre nur darauf ankommen, ob dem Anspruch nach den konkreten Umständen ein wirtschaftlicher Wert zukommt (vgl. BGH **2** 364, OGH **2** 200, Hamburg NJW **66**, 1525 m. Anm. Schröder JR 66, 471).

94 f) Der **unmittelbare** oder **mittelbare Besitz,** sofern der Besitzer **redlich** ist (Cramer, Vermögensbegriff 225 f.); mißverständl. Mitsch II 454. Nach anderer Auffassung auf der Grundlage der juristisch-ökonomischen Vermittlungslehre soll nur der rechtmäßige Besitz geschützt sein (Frank V 3 c, Gutmann MDR 63, 6, Hirschberg aaO 327, Lenckner JZ 67, 105, Welzel 373); dies ist deshalb abzulehnen, weil der redliche, dem Berechtigten gegenüber aber dennoch unrechtmäßige Besitz, zB beim gutgläubigen Erwerb einer gestohlenen Sache, dem Schutz des § 823 I BGB unterfällt und daher auch von § 263 erfaßt werden muß (Cramer, Vermögensbegriff 225 f.). Demgegenüber soll nach der wirtschaftlichen Vermögenslehre schon dem Besitz als solchem Vermögenswert zukommen, weil die tatsächliche Sachherrschaft das entscheidende Moment bei der Bewertung des Besitzes sei (RG **41** 268, ZAkDR **38**, 279 m. Anm. Schaffstein, BGH 14 388, Hamm HESt. **1** 114, Düsseldorf NJW **88**, 923 m. Anm. Hassemer JuS 88, 575, W-Hillenkamp II/2 535, Welzel 372; ebenso vom Standpunkt der Vermittlungslehre aus Lackner LK[10] 133). Nach allen Auffassungen ist erforderlich, daß dem Besitz wirtschaftlicher Wert zukommt. Dem Besitz des Finders kommt ein solcher Wert zB deshalb zu, weil der Besitzverlust bei ihm dazu führt, daß er seinen Anspruch auf Finderlohn nicht realisieren kann (vgl. Bay GA **64**, 82, Cramer, Vermögensbegriff 225 FN 12, and. 17. A. RN 67). Vgl. zum Ganzen Kühl JuS 89, 505 ff.

95 Nach der hier vertretenen Auffassung wird daher **nur** der **deliktisch erlangte Besitz** durch § 263 **nicht geschützt.** Betrug zum Nachteil des Diebes, Hehlers usw. ist daher nicht möglich (and. RG **44** 258, BGH **2** 365, OGH **2** 201, Bruns Mezger-FS 356, Grünhut aaO 119, M-Maiwald II/1 432,

g) Zweifelhaft ist, ob auch die **Arbeitskraft** als Vermögensbestandteil und damit als Schutzobjekt 96
des § 263 anzuerkennen ist (bejahend BGH NStZ **98**, 85, Cramer, Vermögensbegriff 237 ff., ebenso Mitsch II 449; vgl. auch Schmidhäuser II 122; vgl. auch Lackner LK[10] 140, M-Maiwald II/1 434, sowie zum Schutz der Arbeitskraft überhaupt Lampe Maurach-FS 375). Die Problematik reicht jedoch weniger weit, als gemeinhin angenommen wird. Kommt es zum Abschluß eines Arbeitsvertrages mit den Wirkungen des § 611 BGB, so gelten, da sich nunmehr zwei Ansprüche gegenüberstehen, die allgemeinen Grundsätze über Eingehungs- und Erfüllungsbetrug. Durch den Arbeitsvertrag wird die persönliche Arbeitsleistung Gegenstand einer vermögensrechtlichen Beziehung, so daß dann an der Anwendbarkeit des § 263 nicht gezweifelt werden kann. Problematisch sind jedoch die Fälle, in denen durch Täuschung eine Arbeitsleistung veranlaßt wird, der eine vertragliche Verpflichtung nicht zugrunde liegt. So zB, wenn X sich für den Vertragspartner des Arbeiters A ausgibt und die von diesem geschuldete Arbeitsleistung für sich in Empfang nimmt. Auch hier ist entscheidend, daß die Arbeitskraft u. U. zur Verfügung gestellt wird, die im Geschäftsleben üblicherweise eine Gegenleistung bedingen. Daß damit die wirtschaftliche Position des Arbeiters berührt wird, zeigt die Tatsache, daß er zivilrechtlich nach § 812 BGB ein Entgelt verlangen könnte. Dabei ist unerheblich, ob das Opfer die Möglichkeit gehabt hätte, seine Arbeitskraft anderweitig gewinnbringend zu verwerten (RG **68** 380 m. Anm. Mezger JW 35, 288, Cramer, Vermögensbegriff 246; and. Kohlrausch-Lange V 2 d).

Keine vermögenswerte Ausnützung der Arbeitskraft liegt vor, wenn diese zu **verbotenen** oder 97
unsittlichen Zwecken eingesetzt wird (vgl. Lackner LK[10] 140, Schmidhäuser II 122). Aus diesem Grund fehlt es schon an einer Vermögensverfügung und einem auf eine solche zurückzuführenden Schaden, wenn durch Vorspiegelung der Zahlungsabsicht oder Entlohnung mit Falschgeld die Dirne zum Geschlechtsverkehr (BGH **4** 373, NStZ **87**, 407 m. Anm. Bespr. Kühl JuS 89, 505, wistra **89**, 142, Gutmann MDR 63, 7, M-Maiwald II/1 433, Cramer, Vermögensbegriff 241), eine Person zu sexuellen Gesprächen (Hamm NStZ **90**, 342) oder der gedungene Attentäter zur Begehung eines Mordes veranlaßt wird. Vgl. auch Hamburg NJW **66**, 1525 m. Anm. Schröder JR 66, 471 u. Cramer JuS 66, 472.

h) Nicht zum Vermögen gehören dagegen **immaterielle Werte,** so daß kein Betrug vorliegt, 98
wenn jemand durch Täuschung zur Aufgabe eines unbezahlten Ehrenamts veranlaßt wird. Ebensowenig erfaßt werden Gegenstände ohne faßbaren wirtschaftlichen Wert wie zB Reisepässe (BGH MDR/D **72**, 17 m. abl. Anm. Bittner MDR **72**, 1000, Blei JA 73, 174), Personalausweise oder Kfz-Scheine (BGH VRS **42** 110); daß dem Inhaber bei der Wiederbeschaffung ein finanzieller Nachteil entsteht, ändert nichts an der Nichtanwendbarkeit von § 263, da der Vorteil dann nicht aus diesem Nachteil erstrebt wird (zur Stoffgleichheit vgl. u. 168 f.). Kein Vermögensbestandteil ist auch die wirtschaftliche Bewegungsfreiheit als solche (BGH **16** 321, Hamm NJW **61**, 704, Schröder NJW **62**, 721; einschränkend Eser GA 62, 295, Mohrbotter GA 69, 233); vgl. o. **79**, 81.

VII. Der Begriff der **Vermögensbeschädigung** wird überwiegend so definiert, daß der „Gesamt- 99
geldwert" verringert sein müsse, Vermögensschaden also der Unterschied zwischen dem Wert des Gesamtvermögens vor und nach der Verfügung sei (vgl. zB RG **16** 3, **74** 129, BGH **3** 102, **16** 321, M-Maiwald II/1 435, Samson/Günther SK 133, Welzel 374; vgl. aber auch Lackner LK[10] 143 f.). Wird der wirtschaftl. Gesamtwert des Vermögens durch die Verfügung des Getäuschten verringert, so liegt ein Schaden vor (BGH **16** 220, NStZ **97**, 32), eine Mehrung des Vermögens darf also nicht ledigl. ausbleiben (BGH NJW **85**, 2428, NStZ **91**, 2573), vielmehr muß der Wert der Aktiven verringert werden oder es müssen neue Verbindlichkeiten entstehen, ohne daß die Minderung durch einen unmittelbaren Zuwachs gänzlich kompensiert wird (sog. Gesamtsaldierung). Das erkennende Gericht muß lediglich davon überzeugt sein, daß eine Verringerung eingetreten ist, hinsichtlich deren Höhe ist eine Schätzung unter Beachtung des Zweifelsatzes statthaft (BGH **36** 320, 328, **38** 186, 193). Zur Schadensberechnung beim Abrechnungsbetrug durch einen Arzt vgl. BGH NStZ **95**, 85 m. zust. Anm. Hellmann NStZ 95, 232, vgl. auch BVerfG NStZ **98**, 29.

Die bisherige Beschreibung des Schadens ist jedoch insofern zu weit, als nach ihr auch solche 99 a
nachteiligen Vermögenswirkungen als Betrugsschaden ausreichen würden, die nur mittelbar aus der Leistung des Getäuschten und einer eventuellen Gegenleistung des Täters resultieren (vgl. näher Schröder NJW 62, 721 und u. 121 ff.). Zu eng ist diese Definition insoweit, als sie nicht berücksichtigt, daß der Vermögensinhaber nicht als ein nur von materiellen Erwägungen bestimmter „homo oeconomicus", sondern zugleich im Gesamtzusammenhang seiner sozialen Funktion zu sehen ist (Gallas Eb. Schmidt-FS 434 f.) und der Schaden daher nicht rein rechnerisch zu bestimmen ist, sondern darüber hinaus eine soziale Komponente besitzt. Geschädigt ist deshalb auch der, dessen Leistung ihren sozialen Zweck verfehlt und damit zu einer sinnlosen Ausgabe wird. Im einzelnen gilt folgendes:

1. Handelt es sich um die **einseitige,** unentgeltliche **Hingabe von Vermögenswerten,** so kann 100
der Schaden zunächst in dem Verlust des fraglichen Vermögenswertes als solchem liegen. Da Betrug jedoch eine unbewußte Selbstschädigung voraussetzt (vgl. o. 41), spielen solche Fälle nur eine geringe Rolle (zB ein angebliches Autogramm bedeutet in Wahrheit eine Verzichtserklärung); auch die Fälle, in denen der Getäuschte einseitig eine Verbindlichkeit eingeht und die Fälle des Beweismittelbetruges

§ 263   101–105   Bes. Teil. Betrug und Untreue

(vgl. u. 146 f.), bei denen der Gesichtspunkt der Vermögensgefährdung allerdings die entscheidende Problematik darstellt, gehören in diesen Zusammenhang. Vgl. hierzu Kindhäuser Bemmann-FS 339, 356.

101   a) Problematisch ist insb. der **Spenden-** und **Bettelbetrug;** eingehend hierzu Cramer, Vermögensbegriff 202 ff., Gerhold 36 ff., Hartmann 105 ff.. Mitsch II 411 ff., der das Problem allerdings bei der Täuschungshandlung ansiedelt (aaO 415). Bei ihm kann die Strafbarkeit nicht schon mit der Hingabe des Vermögenswertes als solchem begründet werden (BGH NJW **95**, 539 m. Anm. Rudolphi NStZ 95, 289; and. RG **53** 225, Bay NJW **52**, 798, LG Aachen NJW **50**, 759, Schmoller JZ 91, 117 ff.), da das Opfer insoweit bewußt, wenn auch aufgrund eines irrigen Motivs ein Vermögensopfer bringt, die bewußte Selbstschädigung aber für § 263 nicht ausreicht (vgl. o. 41). Für die Begründung des Schadens stehen zwei Wege offen:

102   α) Einmal ist eine die Strafbarkeit begründende unbewußte Selbstschädigung darin zu finden, daß die Vermögensverschiebung mit der Verfehlung ihres Zwecks in ihrem **sozialen Sinn entwertet** wird (BGH NJW **95**, 539 m. Anm. Rudolphi NStZ 95, 289, LG Osnabrück MDR **91**, 468, Gallas Eb. Schmidt-FS 435, Schröder NJW 62, 722, JR **62**, 432, Cramer, Vermögensbegriff 202 ff., 210 ff.; vgl. auch Tiedemann ZStW 86, 910 ff., Subventionskriminalität [1974] 312 ff. zur Frage der Zweckgebundenheit des Vermögens der öffentlichen Hand; and. Frank VI 1 a, Gutmann MDR 63, 3, Pawlik aaO 275, die Betrug hier überhaupt ablehnen); krit. zur Zweckverfehlungslehre auch Kindhäuser Bemmann-FS 339, 355. Vgl. zur Zweckverfehlungslehre auch Merz aaO. Dies trifft zB zu, wenn der Täter für angeblich wohltätige Zwecke Spenden sammelt, die er in Wirklichkeit für sich behalten will, nicht dagegen, wenn der Geber durch die Vorspiegelung, andere hätten bereits namhafte Beträge gestiftet, zu der Spende veranlaßt wird, die ihre bestimmungsgemäße Verwendung findet (vgl. Gallas aaO 436, Cramer, Vermögensbegriff 206 f.). Fraglich kann allerdings sein, was unter „sozialer Zweckverfehlung" zu verstehen ist. Hier kommt nicht bloß die Wohltätigkeit als ein Aspekt der sich aus der menschlichen Solidarität ergebenden sittlichen Pflichterfüllung, sondern jede Art von Anstandspflicht (vgl. etwa §§ 534, 814 BGB) sowie sonstige Pflichten in Betracht, die einer Leistung einen sozialen Sinn geben (vgl. Cramer, Vermögensbegriff 213). Betrug liegt daher zB vor, wenn sich der Täter als angeblicher Lebensretter eines Kindes vorstellt, um eine Belohnung zu kassieren.

103   β) Betrug kann auch vorliegen, wenn jemand durch Täuschung zu einer Spende veranlaßt wird, die bei individueller Betrachtung (vgl. u. 121 ff.) eine für ihn **untragbare Belastung** darstellt; freilich muß der Irrtum sich gerade darauf beziehen, daß die Spende zu wirtschaftlicher Bedrängnis führt; so zB wenn jemandem, um an seine Freigiebigkeit zu appellieren, vorgespiegelt wird, er habe im Lotto gewonnen. Mohrbotter (GA **69**, 225) behandelt diese Fälle als Delikte gegen die „wirtschaftliche Verfügungsmacht", gerät damit jedoch in die Nähe eines Deliktes gegen die Dispositionsfreiheit (vgl. o. 79, 81).

104   b) Die o. 101 f. genannten Grundsätze sind auch bei der Vergabe von öffentlichen **Subventionen** von Bedeutung, soweit solche Fälle nicht durch § 264 erfaßt werden, der § 263 vorgeht (vgl. § 264 RN 87 f.). Die Zweckverfehlung ergibt sich hier aus der jeweiligen Zweckgebundenheit des Vermögens der öffentlichen Hand; maßgeblich ist dabei der Anwendungsbereich der Subventionsnorm (BGH **31** 95 m. Anm. Tiedemann JR **83**, 212). Ist allerdings das Wertverhältnis ausgeglichen (zB Hermes-Bürgschaft), so führt die Enttäuschung einer zusätzlichen ideellen oder wirtschaftspolitischen Erwartung nicht zu einem Schaden (Lackner LK 177, Sternberg-Lieben aaO 515; and. Düsseldorf NJW **90**, 2397 m. abl. Anm. Küper/Bode JuS 92, 642). Zur Täuschungshandlung bei zeitlich befristeten Subventionen vgl. o. 31 a; zu sog. „Transferrubelgeschäften" vgl. BGH wistra **93**, 339, NStZ-RR **98**, 268 mit Anm. Jordan NJ **98**, 381, LG Berlin DtZ **94**, 40. Zur Schädigung des Staatsvermögens aus schweizerischer Sicht vgl. Betschart aaO.

104 a   c) Bei der Erschleichung von **öffentlichen Leistungen** (zB Arbeitslosenhilfe, Sozialhilfe), auf die nur unter bestimmten Voraussetzungen ein Anspruch besteht, liegt ein Schaden vor, wenn die Leistung erbracht wird, ohne daß die Anspruchsvoraussetzungen gegeben sind. So ist zB nach § 6 Arbeitslosenhilfe VO das Vermögen des Arbeitslosen zu berücksichtigen, soweit es verwertbar, die Verwertung zumutbar ist und sein Wert 8000 DM übersteigt. Erschleicht sich jemand, der in diesem Sinne vermögend ist, Arbeitslosenhilfe, so liegt ein Schaden vor. Unverwertbar ist allerdings ein Vermögen, das zur Tilgung fälliger Schulden gebunden ist (Düsseldorf StV **92**, 77), sofern der Arbeitslose bereit ist, dieses Geld auch dem Gläubiger zuzuführen (Düsseldorf aaO). Auch einmalige Geldzuwendungen stellen ein Einkommen iSd sozialrechtlichen Vorschrift dar; nimmt der Antragsteller irrig an, solche Geldzuwendungen seien nicht anrechenbar, so soll er nach BGH StV **92**, 106 einem vorsatzausschließenden Tatbestandsirrtum erliegen.

105   d) Die zum Spendenbetrug entwickelten Grundsätze sind auch bei den sog. **gemischten Verträgen** von Bedeutung, bei denen mit einem wirtschaftlichen Austauschgeschäft die Erreichung eines sozialen, insb. wohltätigen Zwecks gekoppelt ist (zB Kauf angeblicher Blindenware oder Zeitschriftenbestellung bei angeblichen Studenten). Voraussetzung für einen Schaden ist hier zunächst, daß die Leistung, die der Getäuschte erhält, kein volles Äquivalent für die von dem anderen empfangene Gegenleistung darstellt (Köln NJW **79**, 1419 m. Bespr. Sonnen JA 82, 593; vgl. dazu u. 106 ff.), weil er als Käufer eine Sache zu teuer kauft oder keine Verwendung für sie hat oder weil er als Verkäufer eine Sache unter ihrem Preis abgibt. Da es sich bei Geschäften dieser Art insoweit jedoch immer um eine bewußte Selbstschädigung handeln wird, ist weiter erforderlich, daß der Abschluß des Geschäfts entscheidend durch den sozialen Zweck bestimmt war, dieser soziale Sinn jedoch verfehlt wird (vgl. RG **73** 384 [Kauf von Ware aus angeblichem Notstandsgebiet], Düsseldorf JMBlNRW **58**, 249 [Kauf von Eintrittskarten zu einer angeblichen Veranstaltung der Verkehrswacht], Hamm GA **62**, 219 [Erschleichen von Mitteln des sozialen Wohnungsbaus], RG JW **36**, 262, KG JR **62**, 26 [Erschleichen eines zinsverbilligten Kredits], AG Mannheim MDR **60**, 945, Just-Dahlmann MDR 60, 270; zu weitgehend jedoch RG **70** 33; Bedenken gegen diese Rspr. bei Maurach NJW 61, 629, Gutmann MDR 63, 3). Zum Betrug bei der Zuteilung von VW-Aktien vgl. BGH (GrS) **19** 206 m. Anm. Schröder JZ 64, 467, BGH **19** 37, Hamburg NJW **62**, 1407 m. Anm. Schröder JR **62**, 432, Celle NJW **63**, 263; ferner Gutmann MDR 63, 5, Bode NJW 63, 238, Maurach NJW 61, 625, Müller DRiZ 63, 55, Schäfer-Seyler GA 63, 338, Cramer, Vermögensbegriff 217 ff., Lackner LK[10] 164 ff.

e) Diese Grundsätze gelten auch für **Werbegeschenke,** bei denen der Getäuschte bewußt einen Vermögenswert aufgibt in der Erwartung, dadurch einen neuen Kunden gewinnen zu können. Daher kommt Betrug in Betracht, wenn eine zum festen Kundenstamm gehörende Person sich als Erstbesteller ausgibt, um das für diesen Fall vorgesehene Werbegeschenk zu erhalten (vgl. Bay NJW **94**, 208 m. Anm. Hilgendorf JuS 94, 467). Allerdings soll nach Bay aaO ein Schaden auch unter dem Gesichtspunkt der Zweckverfehlung ausscheiden, wenn der Versender des Werbegeschenks nur eine höchst ungewisse Chance wahrnimmt, den Erstbesteller mittels einer Zugabe zu weiteren Käufen veranlassen zu können. 105 a

2. Stehen sich **Leistung** und **Gegenleistung** gegenüber, so ist nicht ausschließlich danach zu fragen, was der Verfügende weggeben hat (vgl. o. 79), sondern festzustellen, ob eine Wertdifferenz zwischen den Leistungen vorliegt. Gibt der Getäuschte wesentliche Bestandteile seines Vermögens weg und erhält er dafür vom Täter einen Gegenwert (Waren, Ansprüche usw.), so liegt nur dann kein Schaden vor, wenn Leistung und Gegenleistung sich entsprechen **(Kompensation),** d. h. wenn die in der eigenen Leistung liegende Vermögensminderung durch den erlangten Gegenwert ausgeglichen wird. 106

a) Für die Frage, ob eine Vermögensminderung durch einen gleichzeitigen **Vermögenszuwachs ausgeglichen** wird, kommen u. a. folgende Situationen in Betracht: Entweder stehen sich Ware und Ware oder Ware und Geld gegenüber, so daß zB geschädigt ist, wer mit minderwertige Ware zu teuer bezahlt oder wer für eine Ware Falschgeld erhält (vgl. u. 136). Hierher gehört ferner, daß der Getäuschte für seine Leistung einen Anspruch erhält, so bei Darlehen und Leihe; in diesem Fall ist daher der Wert des Anspruchs mit dem der eigenen Leistung zu vergleichen. Entsprechendes gilt für die umgekehrte Situation, in der der Getäuschte eine Leistung des Täters als Erfüllung annimmt und dafür seinen Anspruch aufgibt (zB der Täter liefert eine schlechtere Ware als geschuldet); vgl. u. 136 f. Von Bedeutung ist endlich der Fall, daß der Getäuschte eine Leistung erbringt und dafür von einer Verbindlichkeit frei wird. Ein Schaden liegt hier zB vor, wenn der Getäuschte zur Bezahlung einer Nichtschuld veranlaßt wird (RG **60** 294; vgl. jedoch Bremen NJW **62**, 2315), oder wenn der Wert des Geleisteten die Höhe der Verbindlichkeit übersteigt oder bei Erfüllung vor Fälligkeit; vgl. u. 162. Zu den Schadenssituationen in den verschiedenen Wirtschafts- und Geschäftsbereichen vgl. u. 152 ff. 107

b) Maßgeblich ist der **objektiv-individuelle Schadensbegriff.** Er beruht auf dem hier vertretenen Vermögensbegriff (vgl. o. 82), der von einer wirtschaftlichen Betrachtungsweise ausgeht, die aber nicht am reinen Geldwert einer Leistung orientiert ist, sondern auch die wirtschaftlichen Bedürfnisse des einzelnen berücksichtigt und damit der Rangordnung der Güter im einzelwirtschaftlichen Mikrokosmos Rechnung trägt. Leistung und Gegenleistung sind also zunächst am objektiven Verkehrswert zu messen. Erst wenn sich hier keine Wertdifferenz zum Nachteil des durch die irrtumsbedingte Verfügung Betroffenen ergibt, ist zu fragen, ob trotz der Gleichwertigkeit unter individuellen Gesichtspunkten sich eine Benachteiligung feststellen läßt; der umgekehrte Fall, daß eine objektiv feststellbare Wertdifferenz durch die besonderen Bedürfnisse ausgeglichen wird (Verkauf einer Maschine veralteten Typs, die aber allein in den Maschinenpark des Betroffenen paßt, zum Preis des neuen Typs) ist zwar theoretisch denkbar, wird aber kaum praktisch werden. Vgl. hierzu auch Küpper/Bode JuS 92, 642. 108

α) Demnach sind Leistung und Gegenleistung zunächst nach ihrem **Verkehrswert** zu vergleichen. Ergibt sich hierbei ein Wertgefälle zum Nachteil des durch die Täuschung Betroffenen, so ist ein Schaden zu bejahen. 109

αα) Ein Schaden liegt daher zB vor, wenn gegen Bezahlung des vollen Kaufpreises eine **minderwertige Ware** geliefert wird. Die Minderwertigkeit kann sich auch aus der mangelnden rechtlichen Qualität der erlangten Position ergeben, so wenn der Käufer eine abhanden gekommene Sache zum Besitz erhält; vgl. jedoch für einen Sonderfall Bay MDR **64**, 776. Da entscheidend jedoch die Maßstäbe des Verkehrs sind (krit. hierzu Jecht GA 63, 45), kann in Fällen, in denen der Geschäftsverkehr einer Ware bestimmter Herkunft oder aus Rohstoffen einen höheren Wert zuerkennt, ein Schaden bei Lieferung anderer Ware selbst dann vorliegen, wenn diese qualitätsgleich ist (BGH **8** 49, NJW **80**, 1760, Köln NJW **59**, 1980, Gutmann MDR 63, 92; zu weitgehend jedoch BGH **12** 347, wo ein Schaden auch dann angenommen wird, wenn die gelieferte Auslandsbutter besser und an sich teurer ist als die verkaufte Inlandsbutter; vgl. auch BGH MDR **69**, 497). Verkaufte Raubkopien (Cassetten, Tonbänder, Schallplatten) sind in der Qualität regelmäßig schlechter als die Originale (vgl. Sternberg-Lieben NJW 85, 2121, Wulff NJW 86, 1236). Die Darlehensaufnahme zu 110 normalen Bedingungen ist kein Schaden (BGH GA **66**, 51). Täuscht der Täter über den Verwendungszweck eines Darlehens, so ist zu fragen, ob bei Verwendung für den angeblichen Zweck der Schaden auch eingetreten wäre oder nicht; nur im letzten Falle liegt Betrug vor (and. Stuttgart NJW **71**, 632 m. Anm. Lenckner NJW 71, 599, Cramer JZ 71, 415, Blei JA 71, 509). Zur Frage des Vermögensschadens mittels Bestellungserschleichung bei gleichwertiger Gegenleistung vgl. auch Bay NJW 73, 633 m. Anm. Berz NJW 73, 1337 u. Blei JA 73, 398; Köln NJW **76**, 1222 m. Anm. Jakob JuS 77, 228. Bei einem Verlagsvertrag über ein Werk, das in Wahrheit ein Plagiat ist, kommt Betrug zum Nachteil des Verlegers in Betracht (weitergehend Deumeland AfP 73, 491: Betrug auch gegenüber Käufern). Zur Frage des Submissionsbetruges vgl. u. 137 a.

111 ββ) Beim **gutgläubigen Erwerb** von Sachen soll nach der Rspr. von Bedeutung sein, wie der „redliche Verkehr" eine Leistung bewerte. Beim Erwerb unterschlagener Sachen ergebe sich dabei, daß das Eigentum mit einem Makel belastet sei, und die Gefahr, dieses gegen den ursprünglich Berechtigten verteidigen zu müssen, sowie die Beeinträchtigung der freien Dispositionsmöglichkeit sich als merkantiler Minderwert der Sache selbst niederschlage, weshalb ein Schaden auch dann gegeben sei, wenn der Käufer Eigentum erwirbt (vgl. RG **73** 63 m. Anm. Mezger ZAkDR 39, 202, BGH **15** 83, Hamburg NJW **56**, 392 unter Aufgabe von JZ **52**, 494, Köln MDR **66**, 253; ebenso BGH **1** 93 für den Erwerb einer durch Betrug erlangten Sache, BGH **3** 372 m. abl. Anm. Maurer NJW 53, 1480, BGH GA **56**, 181 für den Erwerb eines Pfandrechts; vgl. zu diesem Fragenkreis ferner Lackner LK[10] 201, Weigelin ZStW 61, 291, Bockelmann JZ 52, 461, Traub NJW 56, 450). Hat in solchen Fällen der Käufer bereits vorgeleistet, so soll ein Vermögensnachteil auch schon darin liegen, daß als Gegenwert einen Übereignungsanspruch erhält, der in seiner Realisierbarkeit gefährdet ist und daher keinen vollen Ausgleich darstellt (vgl. RG HRR **38** Nr. 997, Traub NJW **56**, 451). Diese sog. **„Makeltheorie"** der Rspr. ist jedoch in der Lit. weitgehend auf Kritik gestoßen (Cramer, Vermögensbegriff 127 ff., Oehler GA 56, 161, Gutmann MDR 63, 94, Naucke, Strafbarer Betrug 179 ff.); sie ist abzulehnen, weil der „sittliche Makel", der einer so erworbenen Sache anhaften soll, bei wirtschaftlicher Betrachtung keinen Nachteil darstellt und das zur Begründung ebenfalls herangezogene Prozeßrisiko für den gutgläubigen Erwerber nicht größer ist als das eines jeden anderen Eigentümers, dessen Eigentum unberechtigterweise bestritten wird (vgl. näher Cramer aaO).

112 β) Nach objektiven Wertmaßstäben ist auch zu beurteilen, ob das für die Hingabe einer Sache usw. empfangene Entgelt ein **ausreichendes Äquivalent** darstellt. So liegt ein Schaden zB vor, wenn der Lieferung einer Ware eine in ihrer Einbringlichkeit gefährdete Kaufpreisforderung gegenübersteht, da diese vom Verkehr nicht voll bewertet wird (vgl. RG **9** 170), oder wenn ein Vertreter Provisionen für das Beschaffen von Aufträgen erschwindelt, deren Realisierbarkeit wegen der finanziellen Notlage des Bestellers von Anfang an aussichtslos erscheint (BGH GA **61**, 114). Dies kann auch der Fall sein, wenn der Schuldner bei vorhandener Zahlungsfähigkeit zur freiwilligen Leistung nicht bereit ist (BGH MDR **60**, 941; enger jedoch Bay **57**, 146), sofern der Getäuschte nicht das Recht hat, auf einer Leistung Zug um Zug zu bestehen (Cramer, Vermögensbegriff 178). Ob die zahlungshalber erfolgte Hingabe eines zZ ungedeckten Schecks eine vollwertige Gegenleistung ist, hängt davon ab, ob mit hinreichender Sicherheit zu erwarten ist, daß im Zeitpunkt der Vorlage Deckung vorhanden ist (vgl. BGH **3** 69, Niese NJW **52**, 691, Gutmann MDR 63, 8; and. Oldenburg JZ **51**, 339 m. Anm. Mezger), regelmäßig also zB nicht, wenn der Täter lediglich hofft, durch Vorlage des Schecks einen Bankangestellten zur pflichtwidrigen Gewährung eines Kredits veranlassen zu können (BGH MDR/He **55**, 528); vgl. dazu auch Goldschmidt aaO 160. Über Bestellung von Waren gegen Nachnahme vgl. RG **53** 162, JW 27, 2429 m. Anm. Grünhut. Wird eine Ware unter Vorbehalt der Qualitätsprüfung gekauft, so liegt noch kein Vermögensschaden vor (BGH StV **85**, 186 m. Anm. Naucke: Münzverkauf mit Vorbehalt der Echtheitsprüfung).

113 Auch was die **Höhe des Entgelts** betrifft, ist nach objektiv-wirtschaftlichen Gesichtspunkten zu prüfen, ob dieses eine vollwertige Ausgleich darstellt. So deckt zB bei der Autovermietung an Selbstfahrer der übliche Mietzins nur das normale Risiko des Vermieters bei Überlassung an den Inhaber einer Fahrerlaubnis, nicht dagegen das zusätzliche Risiko bei Benutzung durch einen Fahrunkundigen oder Nichtinhaber eines Führerscheins (vgl. BGH **21** 112, Hamm JMBlNRW **59**, 158). Zu berücksichtigen ist, daß der zugrunde zu legende objektive Maßstab je nach Handelsstufe sowie Art, Inhalt und Gegenstand des fraglichen Geschäfts verschieden sein kann, so daß sich objektive Wertunterschiede hinsichtlich desselben Gegenstandes ergeben können, so zB im Groß- und Einzelhandel bei Waren aufgrund verschiedener Kalkulationsfaktoren (vgl. BGH NStZ **91**, 488). Allerdings setzt ein Schaden voraus, daß die zum Großhandelspreis abgesetzte Ware vom Verkäufer auch zum Einzelhandelspreis hätte abgesetzt werden können (vgl. BGH aaO). In der Abgabe einzelner Waren zu Großhandelspreisen an einen Endverbraucher kann daher, da dem Geschäft die Chance weiterer, umfangreicherer Lieferungen fehlt, ein Schaden liegen, auch wenn der Getäuschte nach Art seines Geschäfts den Kleinhandelspreis nie erzielt hätte (RG **66** 337); dies gilt jedoch nicht, wenn nicht Kalkulationsfaktoren, sondern Kartellabreden der Abgabe an den Endverbraucher entgegenstehen. Entsprechendes gilt für die Gewährung eines Preisnachlasses, wenn der Täter vorspiegelt, bestimmte Mengen abzunehmen (vgl. RG HRR **41** Nr. 99). Hierher gehört ferner der Fall, daß Waren zu Vorzugspreisen, die die Gestehungskosten jedoch decken, nur für bestimmte Verwendungszwecke geliefert werden (Eigenverbrauch der Angestellten eines Warenhauses, Deputatkohle des Bergmanns;

Betrug 114–115 § 263

vgl. BGH **2** 325, Celle GA **55**, 155, Hamm JMBlNRW **57**, 82; dagegen Bockelmann NJW 52, 896) und der Empfänger einen anderen Zweck verfolgt (vgl. jedoch BGH StV **91**, 516). Der Schaden besteht bei anderer Verwendung in der Differenz des Vorzugspreises zum handelsüblichen Preis, der als der wirtschaftliche Wert der Ware zu gelten hat; unerheblich ist dabei, ob der Lieferant an sich zur Lieferung verpflichtet wäre. Vgl. auch RG **58** 171.

αα) Übernimmt der Getäuschte bei einem **Spekulationsgeschäft** ein Risiko, so ist er nur **114** geschädigt, wenn die von ihm gegebenen Vermögenswerte höher waren als die ihm dafür gewährte Gegenleistung bei Berücksichtigung aller mit ihr etwa verbundenen, zZ der Vermögensverfügung gegebenen Gewinnmöglichkeiten (RG HRR **40** Nr. 579). Beim Kauf eines Loses ist der Erwerber wegen der geringeren Gewinnchance geschädigt, wenn der Täter das Gewinnlos für den Hauptgewinn vorerst noch zurückhält (BGH **8** 289; vgl. auch Schröder JR **62**, 431 u. 63, 349 [Schädigung der Mitbewerber um VW-Aktien]). Ebenso ist geschädigt, wer zB einen Wettvertrag eingeht, ohne jedoch eine Gewinnchance zu erhalten, weil das Ergebnis des Rennens bereits feststeht (sog. Spätwette; vgl. jedoch BGH **16** 120, wo Betrug mangels einer Täuschung verneint wird; vgl. dazu o. 16 e).

Zur Frage, ob durch den Verkauf übertreuerter **Optionen** ein Schaden herbeigeführt wird, hat sich **114 a** eine unklare Rspr. herausgebildet, die von verschiedenen Ansätzen ausgeht (krit. hierzu Lackner/Imo MDR **83**, 969 ff., Worms wistra **84**, 130; vgl. auch Sonnen StV **84**, 175, Birnbaum wistra 91, 253, Sauckel aaO 198 ff.). Einmal wird darauf abgestellt, daß der Wert einer Option durch die Erhöhung des Optionspreises gegenüber dem der ausländischen Börse sich u. U. bis auf Null reduziere, wobei allerdings keine Angaben dazu erfolgen, von welcher Aufschlagshöhe an ein Vermögensschaden vorliegt, vgl. hierzu jedoch Franke/Ristau wistra **90**, 252; Hinweise finden sich allenfalls dazu, daß im jeweils entschiedenen Fall am Verlust der Werthaltigkeit kein Zweifel bestehe (BGH **30** 177 m. Anm. Scheu JR 82, 121; 31 115 m. Anm. Rochus JR 83, 338; krit. hierzu Hamburg NJW **80**, 2593 m. zust. Anm. Sonnen NStZ 81, 24 u. Scheu MDR 81, 467). Bei dieser Schadensberechnung kommt es auf einen Vergleich des objektiven Wertes von Leistung und Gegenleistung im Zeitpunkt des Vertragsschlusses an (BGH **30** 388 m. Anm. Sonnen NStZ 83, 73, München NStZ **86**, 168: Beteiligung an amerikanischem OTC-Handel), wobei die spätere Entwicklung unerheblich ist (Worms wistra **84**, 130). Zum anderen wird gesagt, daß ein Schaden dann vorliege, wenn der Aufschlag höher sei als die Provision eines seriösen inländischen Maklers (BGH **32** 25; NJW **83**, 292; vgl. auch Worms wistra **84**, 130), wobei allerdings die Unbilligkeit des Aufschlags schwer festzustellen ist, da seriöse inländische Makler mit Optionen dieser Art nicht zu handeln pflegen. Ferner wird der Schaden nicht im Optionspreis als solchem, sondern im überhöhten Aufschlag gesehen; so wohl BGH MDR **83**, 145, 591, 946, wistra **91**, 25, Lackner/Imo MDR 83, 976 ff., Worms wistra **84**, 130. Schließlich wird der Schaden nach dem Prinzip des persönlichen Schadenseinschlages (vgl. u. 121 ff.) begründet, wenn das Optionsgeschäft als „wertbeständiges Anlagegeschäft" angepriesen worden sei und der Kunde deshalb eine zum vertraglich vorausgesetzten Zweck unbrauchbare Gegenleistung erhalten habe (BGH NJW **83**, 1917; zur Berechnung der Vermögensschadens vgl. BGH wistra **91**, 25; krit. Worms wistra **84**, 130). Damit werden durch die Rspr. verschiedene, miteinander nicht vereinbare Berechnungsmethoden zur Anwendung gebracht, ohne daß sich bisher ein Senat zu einer Vorlegung nach § 121 GVG entschlossen hätte. Gegen diese Rspr. bestehen Bedenken. Eine Berücksichtigung des subjektiven Schadenseinschlages ist in Fällen dieser Art realitätsfremd, weil es einem Käufer regelmäßig auf schnellen Gewinn und nicht auf eine wertbeständige Anlage ankommt (so wohl auch BGH **32** 23, wistra **89**, 22, 224). Folglich kann davon ausgegangen werden, daß der Optionskäufer den spekulativen Einschlag des Geschäftes kennt (vgl. o. 105, vgl. auch BGH wistra **89**, 224, hier konnte nicht ausgeschlossen werden, daß einzelne Käufer trotz vorangegangener Verluste weitere Optionen erwarben). Unter diesem Gesichtspunkt kommt ein Schaden in Betracht, wenn die erworbene Option infolge des Prämienaufschlages zur Spekulation völlig untauglich geworden ist. Bei einem noch bestehenden Restwert kommt es darauf an, ob unter Berücksichtigung der bisherigen Höchst- bzw. Tiefstwerte eine Gewinnchance gegeben war. Dies kann nur konkret in bezug auf das jeweilige Spekulationsobjekt (Kaffee, Blei, Kupfer) beurteilt werden. Auf die Realisierung der Chance oder den (endgültigen) Verlust kommt es nicht an. Im übrigen liegt die Problematik der Optionsgeschäfte bei der Frage der Täuschung; vgl. dazu u. 31 b. Für die Beteiligung am amerikanischen OTC-Handel lehnt München (NStZ **86**, 168) auf der Grundlage der hier referierten Grundsätze eine Vermögensschädigung ab.

ββ) Nach objektiv-wirtschaftlichen Gesichtspunkten wird regelmäßig auch der **Besitz einer Sache 115** wertvoller sein als nur ein Anspruch auf diese Sache (ebenso Lackner LK[10] 202), es sei denn, daß der Anspruch mit einem zusätzlichen Äquivalent (zB Darlehns- oder Mietzins) verbunden ist (vgl. Hamm GA **62**, 220 und ausführlich Lackner LK[10] 202). Wer daher ein unverzinsliches Darlehen stundet, ist an sich geschädigt; da insoweit jedoch eine bewußte Selbstschädigung vorliegt (vgl. o. 101), kommt § 263 hier praktisch nur in Betracht, wenn die Voraussetzungen eines Schenkungsbetrugs erfüllt sind (vgl. o. 102) oder die Aussichten auf die Realisierbarkeit der Forderung, wie sie sich im Zeitpunkt der Stundung darstellen (vgl. u. 144), infolge der Stundung verschlechtert werden (zum letzteren Fall vgl. BGH **1** 264); nimmt der Getäuschte eine Gefährdung seiner Forderung bewußt in Kauf, so kann ein Betrugsschaden aber darin liegen, daß eine ihm als Ausgleich dafür gebotene Sicherheit wertlos ist. Entsprechendes gilt, wenn der Getäuschte es unterläßt, die Zwangsvollstreckung weiter zu betreiben (vgl. Stuttgart NJW **63**, 825).

§ 263 116–120

116 γγ) Ebenso soll nach dem extrem wirtschaftlichen Vermögensbegriff (vgl. o. 80) der Besitz einer Sache regelmäßig auch gegenüber der **Befreiung von einer Verbindlichkeit** als höherwertig anzusehen sein, so daß eine Vermögensminderung durch Weggabe einer Sache nicht deshalb ausgeschlossen sei, weil der Getäuschte dadurch von einer Herausgabepflicht befreit wird (vgl. Schröder DRiZ 56, 71, JZ **65**, 513; vgl. auch RG **75** 227 zu § 266, BGH NJW **53**, 1479); wer seine Schulden begleicht, soll also in der Befreiung von der entsprechenden Verbindlichkeit kein ausreichendes Äquivalent erhalten (and. jedoch BGH **20** 136). Entsprechendes soll gelten beim Erschleichen einer Aufrechnungsmöglichkeit durch Begründung einer neuen Verbindlichkeit; zB der Täter läßt sich ein Darlehen geben, um dann mit einer späteren Kaufpreisforderung aufzurechnen (RG **77** 185; and. BGH LM **Nr. 26**). Jedoch soll ein Betrug in diesen Fällen an der fehlenden Absicht rechtswidriger Bereicherung (vgl. dazu u. 170 ff.) scheitern. Die Lösung über das Merkmal der Bereicherungsabsicht versagt jedoch in vielen Beziehungen. Einerseits taucht dieser Begriff in § 266 nicht auf, weshalb zB ein Prokurist strafbar wäre, wenn er eine schwer beweisbare, aber existierende Forderung des Unternehmens erfüllen würde; nach extrem wirtschaftlicher Betrachtung wäre nämlich die Aussicht, eine nicht oder nur schwer beweisbare Schuld nicht begleichen zu müssen, als „Vermögenswert" zu betrachten. Aber auch bei § 263 versagt diese Lösung; ein Anwalt, der zur Abwendung eines nach seiner irrigen Vorstellung nicht mehr existierenden Anspruchs eine gefälschte Quittung im Prozeß vorlegen würde, wäre wegen vollendeten Betruges strafbar, auch wenn der Anspruch noch besteht, weil er in der Absicht handelt, seinen Mandanten rechtswidrig zu bereichern; zur Bedeutung der Bereicherungsabsicht vgl. u. 166 ff.

117 Auf der Grundlage des hier vertretenen Vermögensbegriffs (vgl. o. 82 ff.) kann in diesen Fällen bereits **kein Schaden** angenommen werden, da jemand, der zur Erbringung einer Leistung verpflichtet ist, durch die Erfüllung der ihm obliegenden Verbindlichkeit im Rechtssinne nicht geschädigt werden kann (Cramer, Vermögensbegriff 160, Lackner LK[10] 155, Bockelmann, Mezger-FS 368 f., Welzel 375 u. NJW 53, 652, ebenso BGH **20** 136, NJW **83**, 2648). Eine Schädigung liegt auch dann nicht vor, wenn der Täter einen Scheck oder Wechsel zwecks Erfüllung seines Anspruchs erschwindelt, da er hier nicht anders handelt, als wenn er den Schuldner durch Täuschung zur Zahlung veranlaßt (vgl. Bay **55**, 3); ebensowenig dann, wenn jemand eine Leistung unter Begründung einer neuen Verbindlichkeit in der Absicht zu erlangen sucht, gegen diese Verbindlichkeit mit einer alten Forderung aufzurechnen (vgl. BGH NJW **53**, 1479, Noll SchwZStr 56, 150; and. RG **77** 184). Ein Betrug liegt hier nur vor, wenn, wie im Falle RG 57 370, die Aufrechnung ausgeschlossen wird, zB bei vereinbarter Barzahlung, der Täter aber dennoch nur durch Aufrechnung erfüllen will, oder wenn eine Leistung für einen bestimmten, jedoch nicht erreichbaren Zweck erschwindelt wird, um gegen den Rückzahlungsanspruch aufrechnen zu können (RG HRR **42**, Nr. 246). Einen Schaden erleidet auch, wer eine ihm gestohlene Sache, sei es auch unter dem Verkehrswert vom Dieb zurückkauft (Lackner LK[10] 155, BGH **26** 346 m. iE zust. Anm. Gössel JR 77, 32; and. Hamburg JR **74**, 473 m. abl. Anm. Jakobs u. abl. Anm. Mohrbotter JZ 75, 102). Veranlaßt der Täter einen anderen zur Zahlung einer Nichtschuld, so schädigt er ihn auch dann, wenn ihm aus anderen Rechtsgründen Ansprüche gegen den Leistenden zustehen, da dieser durch die erschwindelte Leistung von seiner Verbindlichkeit nicht frei wird (vgl. RG **60** 294, Celle NdsRpfl. **63**, 339).

118 Zweifelhaft ist, ob einem **Ladendieb** ein Schaden entsteht, wenn er zur Zahlung einer **Fangprämie** oder eines pauschalierten Schadensersatzes veranlaßt wird. Entscheidend ist hier allein, ob und in welcher Höhe Ansprüche des Ladeninhabers gegen den Dieb bestehen. BGH NJW **80**, 119 (m. zust. Anm. Deutsch JZ 80, 102) hat dem Bestohlenen den Ersatz von (anteiligen) Bearbeitungskosten versagt, selbst wenn dieser eine gesonderte Abteilung zur Wahrnehmung dieser Aufgabe unterhält, da diese Aufwand in den Zuständigkeitsbereich des Geschädigten falle. Hingegen sei eine vor dem Diebstahl ausgesetzte Fangprämie in angemessenem Umfang zu zahlen, da insoweit ein konkreter Bezug zur Einzeltat gegeben sei. Als angemessen wurde für den Lebensmittelbereich eine pauschalierte Prämie von bis zu 50 DM angesehen, wobei diese allerdings in Bagatellfällen entfallen könne; andererseits sei nach Art des Warenangebots (Uhren, Schmuck) ausnahmsweise auch eine höhere Pauschalprämie möglich. Die Entscheidung hat hinsichtlich der Versagung von Bearbeitungskosten nahezu ungeteilte Zustimmung gefunden (vgl. Staudinger-Schiemann BGB[13] § 249 RN 120, Palandt-Heinrichs BGB[58] § 249 RN 29, Mertins JR 80, 358), während bezüglich der Erstattung der Fangprämie – wie schon vorher – Streit besteht (wie BGH aaO bejahen einen Anspruch: Hamburg NJW **77**, 1347, Staudinger-Medicus aaO § 249 RN 124 mwN; dagegen ablehnend: Braunschweig NJW **76**, 61 f., Koblenz NJW **76**, 63 f. m. abl. Anm. Meier NJW **76**, 584 u. Meurer JuS 76, 300, Wollschläger NJW 76, 12; grundsätzlich nach Palandt-Heinrichs aaO § 249 RN 44, der allenfalls eine auf den Wert der gestohlenen Sache begrenzte Fangprämie für erwägenswert hält).

119 δδ) Bei **nicht durchsetzbaren Rechtspositionen** ist ein Schaden nur anzunehmen, wenn der Täter die Erfüllung des nicht einklagbaren Anspruchs erstrebt, obwohl sein Schuldner nicht erfüllungsbereit ist (vgl. o. 91; vgl. auch RG **44** 203 und weiter Bockelmann Mezger-FS 377 ff., Welzel 375). Da es sich bei solchen Ansprüchen um unvollkommene handelt, deren Erfüllung nach bürgerlichem Recht im Belieben des Schuldners stehen soll, verstößt der Täter gegen die Rechtsordnung, wenn er die Erfüllung durch Täuschung zu erreichen sucht und damit dem Schuldner die Möglichkeit freier Entscheidung nimmt.

120 εε) **Nicht** als **Ausgleich** zu berücksichtigen sind dagegen **gesetzliche Ansprüche,** die dem Betroffenen gegenüber dem Täter gerade aufgrund der Täuschung erwachsen (BGH MDR/D **70**,

13); eingehend hierzu Luipold aaO 143. Außer Betracht bleiben daher Schadensersatz- und Bereicherungsansprüche, die dem Geschädigten gegen den Täter wegen des Betrugs zustehen (RG **41** 29, Bay JR **73**, 338 m. Anm. Schröder), Gewährleistungsansprüche, das bürgerlich-rechtliche Anfechtungsrecht oder der Anfechtungsanspruch nach dem AnfechtungsG (vgl. Lackner LK[10] 187 f.). Auch die spätere Wiedergutmachung des Schadens muß außer Betracht bleiben; ein Schaden besteht auch dann, wenn Haushaltsmittel entgegen einer Zweckbindung verwendet werden, selbst wenn der Titel durch freiwillige Leistungen des Schädigers wertmäßig wieder ausgeglichen wird (BGH MDR/H **81**, 267). In Ansatz zu bringen ist dagegen der Wert einer Kaution, die als Sicherheit gegen einen Schaden zur Verfügung gestellt wird (vgl. BGH GA **72**, 209, Bay JR **73**, 338 m. Anm. Schröder); ist sie der Höhe nach ausreichend, so kommt Betrug nur in Betracht, wenn durch die Täuschung auch der Zugriff auf die Kaution vereitelt werden soll (iE daher richtig RG HRR **39** Nr. 1383); für das Unternehmerpfandrecht (§ 647 BGB) vgl. Hamm JMBlNRW **69**, 100 und Bay JR **74**, 336 f. m. Anm. Lenckner; vgl. auch Amelung NJW 75, 624 ff. Dasselbe gilt, wenn von Anfang an vereinbart ist, daß der Getäuschte, falls er von einem Dritten in Anspruch genommen wird, von dem Täter schadlos gehalten werden soll; ist dieser zahlungsfähig und zahlungswillig, so fehlt es an einem Schaden (RG HRR **39** Nr. 396). Kontrahiert der Getäuschte mit einem Vertreter ohne Vertretungsmacht, so kommt ein Schaden nur in Betracht, wenn der Anspruch aus § 179 BGB gegenüber dem erstrebten Vertragsanspruch minderwertig ist (vgl. Hamm JMBlNRW **65**, 142). In der rechtsgrundlosen Leistung an einen Vermittlungsvertreter kann ein Schaden liegen, wenn der Empfänger weder anrechnungsnoch rückerstattungsfähig und -bereit ist (Hamm GA **74**, 26). Zur Frage, wieweit eine medizinisch indizierte und durch qualifiziertes Personal sachgerecht vorgenommene Maßnahme als Äquivalent für die persönl. Leistung des gegenüber der Kasse abrechnenden Arztes angesehen werden kann, vgl. Gaidzik wistra 98, 329.

γ) Der objektiv-wirtschaftliche Maßstab bei der Schadensberechnung schließt nicht aus, auch die **individuellen Verhältnisse** des Betroffenen zu berücksichtigen. Ein Schaden liegt folglich vor, wenn einer Leistung zwar abstrakt gesehen eine gleichwertige Gegenleistung gegenübersteht, diese aber für den Betroffenen nicht oder nicht in vollem Umfang brauchbar ist und er sie auch nicht in anderer zumutbarer Weise verwenden oder ohne Schwierigkeiten wieder veräußern kann (hM vgl. BGH **16** 220, wistra **86**, 169). Dies folgt daraus, daß derselbe Gegenstand nicht für jedermann denselben Wert zu haben braucht (vgl. o. 108). Zu fragen ist daher, ob die Leistung, die der Getäuschte als Gegenwert erhält, gerade im Hinblick auf seine speziellen Bedürfnisse und Zwecke ein ausreichendes Äquivalent darstellt („persönlicher Schadenseinschlag"). Freilich darf trotz der Respektierung des autonomen Willens des Betroffenen, durch den seine Ziele und Bedürfnisse mitbestimmt werden, die wirtschaftliche Vernunft nicht außer acht gelassen werden, da sonst § 263 zu einem Delikt gegen die Dispositionsfreiheit (vgl. o. 79, 81) umgestaltet würde (vgl. Cramer, Vermögensbegriff 103). Dagegen will Schmoller (ZStW 103, 92 ff.) einen Betrug nur unter der Voraussetzung annehmen, daß der Täter erkannt hat, daß es dem Erwerber auf den vorgetäuschten Umstand subjektiver Nützlichkeit entscheidend angekommen ist und der Erwerber beim Wiederverkauf dieses Gegenstandes im Vergleich zu dem Preis, den er dafür bezahlt hat, eine Vermögenseinbuße erleidet.

αα) Dieser Standpunkt wird von der **Rspr.** und der h. M. im **Schrifttum** vertreten (vgl. zB RG **16** 7, BGH **16** 222, 325 f., **22** 88 m. Anm. Heinitz JR 68, 386, BGH NJW **53**, 836, GA **63**, 208, **66**, 52, MDR/D **52**, 409, Bay MDR **52**, 70, NJW **73**, 633 m. iE zust. Anm. Berz NJW 73, 1337, Weidemann MDR 73, 992 u. Blei JA 73, 398, Düsseldorf JMBlNRW **64**, 283, **67**, 247, **95**, 128, KG JR **66**, 391 m. Anm. Schröder, Köln NJW 76, 1222, dazu Jakobs JuS 77, 228, Stuttgart NJW **71**, 633, **80**, 1177, Hamm NJW **69**, 1778, Karlsruhe NJW **80**, 1762, Gutmann MDR 63, 92, Lackner LK[10] 156 ff., M-Maiwald II/1 436 f., Blei II 233 f., Welzel 353, Grünhut aaO 121); abl. Pawlik aaO 271 f. Jedoch ist zu beachten, daß bei einer bewußten Selbstschädigung § 263 ausscheidet; wer durch die Täuschung, sein Nachbar fahre einen Wagen eines bestimmten Typs, zum Kauf eines seine wirtschaftlichen Verhältnisse übersteigenden Fahrzeugs veranlaßt wird, schädigt sich bewußt selbst (vgl. o. 41, 101).

ββ) **Einzelfälle:** Nach BGH **16** 325 (Verkauf einer Melkmaschine) liegt ein Schaden bei unerwünschten Verträgen dann vor, wenn die angebotene Leistung nicht oder nicht in vollem Umfange zu dem vertraglichen Zweck oder in anderer zumutbarer Weise verwendet werden kann, ferner, wenn der Erwerber durch die eingegangene Verpflichtung zu Maßnahmen genötigt wird, die sein Vermögen beeinträchtigen und endlich, wenn er infolge der Verpflichtung die Mittel zur Verfügung hat, derer er nach seinen wirtschaftlichen und persönlichen Verhältnissen bedarf (Bay NJW **73**, 633 m. Anm. Berz NJW 73, 1337 u. Weidemann MDR 73, 992, KG JR **72**, 28, Köln MDR **74**, 157, Heinitz JR 68, 387). Der Käufer eines objektiv preiswerten Buches ist geschädigt, wenn er dieses nur deshalb erwirbt, weil es angeblich in seiner Schule benutzt wird (Köln JR **57**, 351; vgl. auch Stuttgart NJW **80**, 1177). Gleiches gilt für den Fall der Bestellung von Zeitschriften, für die der Besteller keine Verwendung hat (BGH **23** 300 m. Anm. Schröder JR 71, 74 u. Graba NJW 70, 2221; vgl. auch Köln MDR **74**, 157, GA **77**, 188, KG JR **72**, 28 zur Unterschriftenschleichung für Buchclubs). Bei gänzlich Ungebildeten soll auch die aufgeschwindelte Bezugsverpflichtung für eine an sich bildungsfördernde Lexikonbibliothek einen Vermögensschaden bedeuten (Köln NJW **76**, 1222 m. Anm. Jakobs JuS 77, 228). Eine Schädigung ist auch zu bejahen, wenn ein Unfallwagen als unfallfrei, jedoch zu einem angemessenen Preis verkauft wird (Düsseldorf VRS **39** 269, NJW **91**, 1841, Stuttgart Justiz **67**, 56,

§ 263 124–128

Karlsruhe NJW **80**, 1762, Hamm NStZ **92**, 593), dasselbe gilt, wenn über den Kilometerstand getäuscht wird (BGH MDR/D **72**, 571, Bay MDR **62**, 70, Hamm NJW **68**, 903, Düsseldorf NJW **71**, 158; vgl. auch KG JR **64**, 350); dagegen soll es bei anderen vorgetäuschten Umständen, die den Verkehrswert des Fahrzeuges maßgeblich mitbestimmen, zu einem Schaden regelmäßig nur dann kommen, wenn das Fahrzeug objektiv den vereinbarten Preis nicht wert ist (Hamm NStZ **92**, 593). Geschädigt ist auch, wer ein unverbaubares Grundstück erwerben will, in Wahrheit aber ein solches erhält, in dessen Nachbarschaft Hochhäuser gebaut werden sollen (München NJW **78**, 436). Ein Schaden liegt auch vor, wenn der Getäuschte einen angeblichen Sparvertrag abschließt, der in Wahrheit eine ungewollte Lebensversicherung ist (RG **76** 52 m. Anm. Bockelmann DR **42**, 1113). In solchen Fällen kann dem Getäuschten nicht entgegengehalten werden, er brauche nur andere wirtschaftliche Zwecke zu verfolgen, damit die Sache für ihn brauchbar werde (RG **23** 435, **49** 23). Jedoch kann ein Schaden entfallen, wenn die gelieferte Sache ohne besonderen Aufwand sofort wieder in Geld umzuwandeln und dies zumutbar ist (vgl. RG **16** 9). Kein Schaden liegt ferner beim Erwerb gesetzlich vorgeschriebener Sachen (zB Feuerlöscher) vor, mögen sie auch dem Getäuschten selbst überflüssig erscheinen (Bay **55**, 8; vgl. jedoch Düsseldorf JMBlNRW **70**, 145 [zusätzliche Unfallversicherung]). Umgekehrt kann ein Schaden nicht allein damit begründet werden, daß dem Empfänger einer gleichwertigen und für ihn sinnvollen Leistung vorgespiegelt wird, sie sei gesetzlich vorgeschrieben (Stuttgart NJW **71**, 633).

124 δ) Dagegen ist die rein **subjektive Wertschätzung** des Getäuschten **ohne Bedeutung**. Was er als Schaden ansieht und ob er sich geschädigt fühlt, kann keine Rolle spielen (RG **16** 10, BGH **16** 325, wistra **86**, 169, Hamm JMBlNRW **64**, 32, Koblenz VRS **46** 286; näher Grünhut aaO 120, Mezger JW **37**, 1292).

125 3. Im Rahmen von Vertragsverhältnissen, bei denen sich Leistung und Gegenleistung gegenüberstehen, ist zwischen **Eingehungsbetrug** und **Erfüllungsbetrug** zu unterscheiden. Diese beiden Begriffe resultieren aus dem Umstand, daß die Fluktuation des Vermögens, soweit sie sich auf der rechtsgeschäftlichen Ebene vollzieht, auf rechtlich verschiedenen und oft auch zeitlich getrennten Ereignissen beruht, nämlich der Verpflichtung zur Leistung und dem Vollzug der Leistungen (ebenso Tenckhoff Lackner-FS 678). So folgt dem Arbeitsvertrag die Arbeitsleistung und die Bezahlung des Lohnes, dem Kaufvertrag der Austausch von Ware und Geld, dem Mietvertrag die Überlassung der Mietsache und die Bezahlung des Zinses. Aus der Tatsache, daß die Abwicklung eines Schuldverhältnisses sich in mehreren Stufen vollzieht, resultiert in strafrechtlicher Beziehung die Frage, auf welchen Zeitpunkt die Schadensberechnung zu fixieren ist, ob auf die Begründung der gegenseitigen Vertragspflichten oder auf den Austausch der Leistungen. In dieser Frage verbergen sich zwei verschiedene Aspekte:

126 Der eine betrifft die **Berechnungsgrundlagen** und damit das Problem, welche Vermögensposten in die Schadensberechnung einzubeziehen sind. Hierfür bieten sich zwei grundsätzlich verschiedene Möglichkeiten an. Es kann einmal danach gefragt werden, in welcher Weise die Vermögensverhältnisse der Vertragspartner durch den Abschluß des Vertrages beeinflußt werden (Eingehungsbetrug). Hier gilt es, den Wert der durch ihn begründeten gegenseitigen Leistungspflichten zu vergleichen. Danach würde zB einen Vermögensverlust erleiden, wer minderwertige Ware zu teuer einkauft oder hochwertige Ware zu billig verkauft. Möglich ist aber auch eine Schadensberechnung auf der Grundlage des schon abgeschlossenen Vertrages (Erfüllungsbetrug). Bei dieser Berechnungsgrundlage kommt es nicht darauf an, ob und in welche Weise die Vermögensverhältnisse sich durch den Vertrag verändert haben. Hier muß auf den Vertragswert für den einzelnen Vertragspartner abgestellt und ein etwaiger Schaden aus dem Vergleich des wirtschaftlichen Wertes des Leistungsanspruchs und dem zum Zwecke der Erfüllung Geleisteten berechnet werden. Hiernach liegt ein Schaden vor, wenn der Käufer Waren einer minderen Güteklasse als Erfüllung erhält, obwohl ihm ein Anspruch auf Lieferung einer besseren Qualität zusteht; dies ohne Rücksicht darauf, ob der Wert des Geleisteten hinter dem Wert der Gegenleistung zurückbleibt oder nicht.

127 Der zweite Aspekt betrifft die **Stufen der Schadensverwirklichung** und damit die Frage, in welchem Stadium der Abwicklung eines Vertragsverhältnisses im strafrechtlichen Sinn von einem vollendeten Vermögensdelikt gesprochen werden kann. Dieses Problem ist insb. beim Eingehungsbetrug von Bedeutung, weil der bloße Abschluß des Vertrages ohne gleichzeitigen Leistungsaustausch noch nicht zur endgültigen Vermögensminderung, sondern höchstens zu einer Vermögensgefährdung führen kann.

128 a) Beim **Eingehungsbetrug** (vgl. Mitsch II 458) ist der Berechnungsmodus für den Schaden weitgehend unproblematisch. Zu vergleichen sind die durch den, wenn auch anfechtbaren, Vertragsabschluß begründeten gegenseitigen Verpflichtungen. Nach der Rspr. führt der Abschluß eines Vertrages dann zu einem Vermögensschaden, wenn ein Vergleich der Vermögenslage vor und nach dem Eingehen der schuldrechtlichen Verbindlichkeit ergibt, daß der Betroffene durch den Vertrag wirtschaftlich schlechter gestellt ist, sei es, weil das Versprochene gegenüber der Leistung des Getäuschten minderwertig, sei es, weil der Versprechende leistungsunfähig oder leistungsunwillig ist (vgl. RG **16** 10, 95 ff., **48** 188 f., **74** 130, BGH **1** 13, **16** 221, NJW **53**, 836, wistra **89**, 347, **92**, 25, Bay StV **99**, 30) oder dem Täter die Ausnutzung eines späteren Irrtums ermöglicht (BGH JR **86**, 345 m. Anm. Seelmann). Dabei ist auch zu berücksichtigen, ob sich nach den Grundsätzen der individuellen Schadensberechnung für den Getäuschten ein Vermögensnachteil ergibt; vgl. o. 121 ff. Dies spielt vor

Betrug

allem bei der durch Täuschung herbeigeführten Unterzeichnung von Vertragsformularen eine entscheidende Rolle, die zum Abschluß eines nach dem objektiven Verkehrswert an sich ausgewogenen Vertrages führt (vgl. dazu BGH **22** 88, **23** 300 m. Anm. Schröder JR 71, 74, Graba NJW 70, 2221 u. Lenckner JZ 71, 320, Hamm NJW **69**, 624, 1778; vgl. auch Celle MDR **69**, 158, Köln NJW **68**, 1893). Zur Frage des Vermögensschadens bei der Ausübung des „Bezugsrechts" bei der Erhöhung des Gesellschaftsvermögens vgl. BGH wistra **87**, 24.

Bei der Frage, ob schon der Abschluß des Vertrages zu einem vollendeten Betrug führt, ist zwischen **129** Verträgen zu unterscheiden, die – unter Berücksichtigung individueller Faktoren – wirtschaftlich nicht ausgewogen sind und solchen, bei denen der Gegenanspruch wegen mangelnder Leistungsfähigkeit oder Erfüllungsbereitschaft des Täters in seiner Realisierbarkeit beeinträchtigt ist; vgl. hierzu Ellmer aaO 130 ff., Tenckhoff Lackner-FS 183 f., Bohnenberger 35 ff.

Da der Vertragsabschluß die Vorstufe der späteren Erfüllung und damit der erste Akt eines **130** kontinuierlichen Vorgangs ist, kann hier zweifelhaft sein, wann der Schaden endgültig eingetreten und der **Betrug vollendet** ist. Rspr. und h. M. neigen dazu, die schädigende Verfügung schon in dem Vertragsabschluß als solchem zu sehen, wobei der Schaden darin bestehen soll, daß der schuldrechtlichen Verpflichtung des Getäuschten ein wirtschaftlich nicht gleichwertiger Anspruch gegenübertritt, sei es daß der Vertragspartner zur Leistung nicht imstande oder nicht willens ist, sei es daß die vom Täter versprochene Leistung nicht gleichwertig ist (vgl. zB RG **16** 10, BGH **16** 221, **21** 384, **22** 88, **23** 300, NJW **53**, 836, Hamm GA **57**, 121, JMBlNRW **59**, 150, Köln NJW **65**, 702 m. abl. Anm. Knappmann NJW **65**, 1931, KG JR **66**, 391 m. Anm. Schröder; krit. hierzu Hirsch Tröndle-FS 32 f.). Nach BGH wistra **92**, 24 wird trotz Leistungsunfähigkeit ein Schaden mit Recht abgelehnt, wenn dem Vertragspartner Sicherheiten eingeräumt werden; solche Sicherheiten seien bei der Berechnung des Schadens zu berücksichtigen. Im Einzelnen gilt folgendes:

α) Bei **wirtschaftlich unausgewogenen Verträgen**, bei denen sich Leistung und Gegenleistung **131** unter Berücksichtigung individueller Faktoren nicht entsprechen, liegt ein endgültiger Schaden vor, wenn der Vertrag nicht anfechtbar ist, zB im Falle des § 123 II BGB. Dies ergibt sich daraus, daß der Betroffene mit einer Schuld belastet wird, zu deren Erfüllung er gezwungen werden kann, ohne daß seinem Vermögen eine seine Leistung ausgleichender Gegenwert zufließen würde. Ist der Vertrag hingegen anfechtbar, so kommt eine Vermögensgefährdung in Betracht, sofern das Anfechtungsrecht nicht ohne Schwierigkeiten realisiert werden kann (Cramer, Vermögensbegriff 175 ff.; and. BGH JR **86**, 345 m. Anm. Seelmann, Lackner LK[10] 223); entsprechendes gilt bei einem vertraglich vereinbarten oder gesetzlichen Rücktrittsrecht (Bay **86** 62, Köln MDR **75**, 244). Ein Vermögensschaden kann aber darin liegen, daß der Getäuschte seine Leistung erbringt (insoweit aber Erfüllungsbetrug; u. 135 f.) und die Ausübung des Rücktrittsrechts in ihrer Realisierung gefährdet ist (BGH **34** 199 m. Anm. Bottke JR 87, 428); vgl. zum Ganzen Luipold aaO. Eine Vermögensgefährdung kann sich aber auch aus dem Umstand ergeben, daß der Getäuschte den rechtlichen Mangel des Vertrages zu spät entdeckt, daß ihm nicht zuzumuten ist, das Prozeßrisiko auf sich zu nehmen, oder daß er aufgrund mangelnder geschäftlicher Gewandtheit seine Rechte nicht hinreichend ausüben kann (vgl. BGH GA **62**, 213, BGH **23** 300 m. Anm. Graba NJW 70, 2221, Lenckner JZ 71, 320, Schröder JR 71, 74). Das gleiche gilt beim Abschluß von schwebend unwirksamen Verträgen (Bay NJW **73**, 633 m. Anm. Berz NJW 73, 1337). Daher schließt das Widerrufsrecht nach § 1 b AbzG die Vollendung des Betruges ebensowenig aus wie ein entsprechendes Recht bei Haustürgeschäften. Zu beachten ist allerdings, daß die Vermögensgefährdung nur dann einen Schaden darstellt, wenn für den Zeitpunkt des Vertragsabschlusses die konkrete Prognose möglich ist, der Getäuschte werde nicht imstande sein, seine Rechte wahrzunehmen. Bei einem anfechtbaren oder schwebend unwirksamen Rechtsgeschäft ist eine einem Vermögensschaden entsprechende Gefährdung im Regelfall deswegen anzunehmen, weil der Getäuschte die Voraussetzungen der für ihn günstigen Rechtslage beweisen muß (Cramer, Vermögensbegriff 176); etwas anderes kann bei eindeutiger Beweissituation gelten. Auf keinen Fall kann beim Eingehungsbetrug die nachträgliche Entwicklung entscheidend sein, da ja die Feststellung des vollendeten Betruges auf den Zeitpunkt des Vertragsabschlusses fixiert wird (and. 17. A. RN 90 f.: versuchter Betrug). Auch wenn die Geltendmachung der Ansprüche dem Getäuschten unzumutbar wäre (Bezug unmoralischer Schriften durch Geistlichen), kann in dem Vertragsabschluß ein Vermögensschaden iSv § 263 gesehen werden.

β) Bei **wirtschaftlich** an sich **ausgeglichenen Verträgen** bei denen ein Minderwert der Gegen- **132** leistung nur mit der mangelnden Erfüllungsbereitschaft oder Leistungsfähigkeit des Täters begründet werden kann, liegt keine Vermögensgefährdung vor, die einem Schaden gleichgestellt werden könnte, wenn der Betroffene den Vertrag ohne Beweisschwierigkeiten anfechten kann, der Täter vorleistungspflichtig ist (vgl. BGH MDR/D **75**, 196, MDR/H **83**, 90, BGH 2 StR 620/93, Köln JZ **67**, 576 m. Anm. Schröder) oder wenn der Getäuschte auf seine Leistung Zug um Zug (§§ 320 ff. BGB) bestehen kann (BGH MDR/D **73**, 370, StV **83**, 330, **99**, 24 BGHR Vermögensschaden **1**, NStZ **98**, 85, Düsseldorf NJW **93**, 2694; and. BGH NJW **53**, 836), weil insoweit sein Leistungsverweigerungsrecht den in seiner Bonität beeinträchtigten Gegenanspruch wirtschaftlich sichert (Cramer, Vermögensbegriff 178 f., Tenckhoff aaO 684). In diesen Fällen liegt ein vollendetes Vermögensdelikt erst vor, wenn der Betroffene unter Verzicht auf sein Leistungsverweigerungsrecht vorleistet und damit die Sicherung für seinen eigenen wirtschaftlich gefährdeten Anspruch aufgibt (vgl. BGH **34** 199 m. Anm. Bottke JR 87, 428). Eine dem Schaden gleichzuachtende Vermögensgefährdung liegt aber zB dann vor, wenn eine Vorleistungspflicht des durch die Verfügung Betroffenen besteht (vgl. Bay StV **99**, 30; and. wohl BGH NJW **85**, 2428). Bei Grundstücksgeschäften, bei denen die Eintragung im Grundbuch von der vorherigen Zahlung des Kaufpreises abhängt, liegt im Abschluß des obligatorischen Vertrages noch keine Schädigung des Verkäufers, wenn der Käufer seiner Kaufpreisverpflichtung nicht nachkommen kann oder will; ein Vermögensschaden kann aber dadurch eintreten, daß dem Erwerber vor Erfüllung seiner Verbindlichkeit der Besitz eingeräumt wird (BGH StV **92**, 117, BGH MDR/H **73**, 370, **75**, 196).

133 Diese Grundsätze sind auch dann von Bedeutung, wenn der Täter preiswerte oder mit bestimmten Eigenschaften versehene Ware zu leisten verspricht, aber mangels Kompensationsbereitschaft von vornherein vorhat, Ramsch zu liefern; denn in diesen Fällen hat der Käufer die Einrede des nicht oder nicht gehörig erfüllten Vertrages und kann, sofern sein Anspruch sich auf eine der Gattung nach bestimmte Sache richtet, Nachlieferung einer mangelfreien Sache verlangen (§ 480 BGB), beim Kauf einer Speziessache wandeln oder mindern, ohne vorher den vereinbarten Kaufpreis voll bezahlen zu müssen.

134 γ) Hat der Getäuschte schon vor der Leistung vermögensmindernde Maßnahmen zur **Durchführung des Vertrages** getroffen, zB ein Kaufangebot eines Dritten abgelehnt oder Material zur Herstellung des bestellten Werkes angeschafft, so kann er zwar geschädigt sein, jedoch fehlt es in diesen Fällen regelmäßig an der Stoffgleichheit; vgl. u. 168 f.

135 b) Ein Schaden ergibt sich beim **Erfüllungsbetrug** (vgl. Mitsch II 460) daraus, daß der Getäuschte weniger erhält, als sein Anspruch wert ist (s. u. 137) oder daß er umgekehrt mehr leistet, als er letztlich zu leisten verpflichtet wäre (s. u. 138).

136 Durch den Vertragsabschluß erhalten die Beteiligten zunächst Ansprüche, die Bestandteile ihres Vermögens werden und deren Wert sich nach dem bestimmt, was sie als Erfüllung verlangen können. Ausgehend von dieser durch den Vertragsabschluß erworbenen Vermögensposition ergibt sich ein Schaden daher auch dann, wenn der eine Teil zur Annahme einer Leistung als Erfüllung veranlaßt wird, die wegen geringerer Quantität oder Qualität hinter der ihm vertraglich geschuldeten Leistung zurückbleibt und im Vergleich zu dem erworbenen Vertragsrecht minderwertig ist (sog. Erfüllungsbetrug, vgl. zB RG **16** 10, GA Bd. **47**, 283, **50**, 393, Stuttgart MDR **82**, 71, Lackner LK[10] 227, Tröndle/Fischer 33, Tenckhoff aaO 684 f.). Dies ist bei Speziesschulden der Fall, wenn eine andere als die geschuldete Leistung erbracht wird und diese minderwertig ist (zB statt des verkauften Rennpferds wird ein Ackerpferd geliefert), bei Gattungsschulden, auch dann, wenn die tatsächlich erbrachte von der vertraglich vereinbarten Leistung in sonstiger Weise zum Nachteil des Getäuschten abweicht (zB Sachmängel oder Fehlen der zugesicherten Eigenschaften); vgl. näher dazu Lenckner MDR 61, 653, Cramer, Vermögensbegriff 181 ff., 190 ff. Zu vergleichen sind hier demnach nicht Leistung und Gegenleistung, sondern der Wert des Erfüllungsanspruchs und der Wert der tatsächlichen Erfüllung, so daß bei einer Differenz der Käufer zB auch dann geschädigt ist, wenn die gelieferte Ware den Preis noch wert ist: hier bekommt der Getäuschte zwar für sein Geld einen Gegenwert, nicht aber für seinen Anspruch. Unter diesem Gesichtspunkt ist der Getäuschte daher auch davor geschützt, daß ihm die Vorteile, die er durch einen günstigen Vertrag erlangt hat, durch eine mangelhafte Erfüllungshandlung wieder entzogen werden. Dabei ist freilich zu beachten, daß nicht jede vertragswidrige Lieferung einen Erfüllungsschaden bedeutet, sondern nur, wenn die tatsächlich erbrachte gegenüber der geschuldeten Leistung minderwertig ist. An einem Erfüllungsschaden fehlt es daher zB, wenn Erzeugnisse der Firma A statt solcher der Firma B geliefert werden, diese jedoch gleichwertig und für den Getäuschten gleich brauchbar sind (vgl. RG **73** 383 m. Anm. Mezger DR 40, 287) oder wenn die erbrachte Leistung zwar Mängel enthält, die tatsächlich geschuldete Leistung jedoch genauso mangelhaft gewesen wäre. Dabei sind folgende Situationen zu unterscheiden:

137 α) Nach obigen Grundsätzen kann ein Erfüllungsbetrug einmal dann vorliegen, wenn sich der Täter **nach Vertragsabschluß** entschließt, dem Käufer statt Waren der Güteklasse A solche der Klasse B zu liefern und ihn durch Täuschung veranlaßt, die schlechtere Ware als Erfüllung anzunehmen. Dabei ist eine Täuschung durch konkludentes Tun schon in der Lieferung der vertragswidrigen Ware zu sehen, da hierin zugleich die stillschweigende Erklärung liegt, es handele sich um die vertraglich geschuldete Leistung (vgl. Stuttgart MDR **82**, 71; and. RG GA Bd. **47**, 283; vgl. auch die Bedenken bei Lackner LK[10] 230). Für den Eintritt des Schadens und damit für die Frage der Vollendung ist allein entscheidend der mangelhafte Erfüllungsakt des Täters; gleichgültig ist hier deshalb, ob der Käufer seinerseits schon geleistet hat. Ein Erfüllungsbetrug liegt aber auch vor, wenn der Täter den Käufer durch das unwahre Versprechen, Waren der Güteklasse A zu liefern, schon zum **Abschluß** des Kaufvertrags **veranlaßt** hat und nun seiner ursprünglichen Absicht entsprechend und unter planmäßiger Ausnützung des bereits früher erzeugten Irrtums den Käufer zur Annahme von Waren der Güteklasse B veranlaßt (vgl. RG GA Bd. **50**, 393). Auch in diesem Fall ist der Betrug zwar erst mit der Annahme als Erfüllung vollendet, versucht jedoch schon mit dem zum Vertragabschluß führenden Angebot, da bereits in diesem Augenblick mit der bis zur Erfüllung fortwirkenden Täuschung begonnen wird. Dies übersieht BGH **16** 220 m. abl. Anm. Lenckner NJW 62, 59, wo eine entsprechende Situation ausschließlich unter dem Gesichtspunkt des Eingehungsbetrugs gewürdigt und ein Schaden daher verneint wird, wenn die ohne die zugesicherte Eigenschaft gelieferte Ware ihren Preis noch wert ist (ebenso Gutmann MDR 63, 93, Schönfeld JZ 64, 206; and. jedoch BGH **32** 211 m. Anm. Puppe JZ 84, 531; vgl. dazu auch Düsseldorf NJW **93**, 2694, Otto JZ 93, 657, Ranft JR 94, 523, Pawlik aaO

Betrug 137 a, 138 § 263

280 ff.). Da hier jedoch unbestreitbar ein Erfüllungsbetrug vorgelegen hätte, wenn der Täter sich erst nach Vertragsabschluß entschlossen hätte, an Stelle der geschuldeten eine andere Sache ohne die zugesicherten Eigenschaften zu liefern, um so den Käufer um die Vorteile des Vertrags zu bringen, kann § 263 nicht deshalb wieder entfallen, weil der Täter den Käufer in derselben Absicht zuvor auch schon zum Abschluß des Vertrags veranlaßt hat (Pawlik aaO 288). Demgegenüber kommt nach Lackner LK[10] 232 f., Samson/Günther SK 175 und Tenckhoff aaO 689 ein Betrug nur in Betracht, wenn Abschluß und Abwicklung des Vertrages zeitlich auseinanderfallen und eine neue, selbständige Täuschung mitursächlich die korrekte Erfüllung vereitelt; mit der zivilrechtlichen Rechtslage ist diese Auffassung nicht in Einklang zu bringen. Zum Ganzen Cramer, Vermögensbegriff 181 ff., Puppe JZ 84, 531.

Nach diesen Grundsätzen ist auch der sog. **Submissionsbetrug** zu beurteilen; vgl. jetzt jedoch § 298. Ein solcher liegt vor, wenn mehrere Bewerber bei einer Ausschreibung eine Wettbewerbssituation dadurch ausschließen, daß sie vereinbaren, einer von ihnen solle das günstigste Angebot abgeben, während die anderen im Preis darüber liegen sollen (BGH **38** 186 m. Anm. Kramm JZ 93, 422, Ranft wistra 94, 41, Tiedemann, Immenga/Mestmäcker GWB vor § 38 RN 58 f., Baumann/Arzt ZHR 70, 50 ff., Schmid wistra 84, 1 ff., Beulke JuS 77, 35, 38 ff., Eichler BB 72, 1347, 1349 ff., Broß/Thode NStZ 93, 369, Diehl BauR 93, 1, Schaupensteiner ZRP 93, 250, Moosecker Lieberknecht-FS 407). In diesen Fällen liegt die Täuschung, daß ein echter Wettbewerb stattgefunden habe, vor dem Zuschlag und damit vor Vertragsschluß; dies ist ein Verhalten, das durch das **KorrBG** in § 298 (krit. zur Notwendigkeit dieser Bestimmung Otto ZRP 96, 300, wistra 99, 41) unter Strafe gestellt ist (vgl. die dortigen Erläuterungen). § 263 scheidet demgegenüber aus: Gibt es, wie typischerweise in den Fällen dieser Art, keinen Marktpreis für die Leistung, die Gegenstand des Vertrages ist, so verbietet sich ein Vergleich zwischen Leistung und Gegenleistung nach den für den Eingehungsbetrug maßgeblichen Grundsätzen (vgl. LG Frankfurt NStZ **91**, 86, Cramer, Submissionsbetrug 8 f., Lackner LK[10] 195, Samson/Günther SK 146 a ff., Tenckhoff aaO 689, Jaath Schäfer-FS 100, Bruns NStZ 83, 388). Dies gilt vor allem deswegen, weil im Gegensatz zu sonstigen Wirtschaftsgütern eine Ausschreibung von Bauleistungen immer einen kombinierten Leistungs-, Qualitäts- und Preiswettbewerb darstellt, der eine Verengung der Sicht auf den Preis als einzigen Parameter der Ausschreibung verbietet. Demgegenüber will BGH **38** 186 einen Schaden nicht durch einen Vergleich der vereinbarten Vergütung mit dem geschätzten angemessenen Preis ermitteln, sondern setzt den Preis ab, der bei ungestörtem Wettbewerb hätte erzielt werden können. Die Feststellung dieses „hypothetischen Wettbewerbspreises" soll im Einzelfall durch eine Schadensschätzung aufgrund von Indiztatsachen erfolgen, so vor allem, wenn Ausgleichszahlungen an Mitbewerber von demjenigen bezahlt werden, der durch den manipulierten Wettbewerb den Zuschlag erhalten hat (vgl. auch BGH NJW **95**, 737, Baumann, NJW 92, 1661, 1665, Broß/Thode NStZ 93, 369, Kramm, JZ 93, 422, Tiedemann ZRP 92, 142). Damit wird jedoch auf eine hypothetisch günstigere Kontrahierungsmöglichkeit, also auf die Erwerbsaussicht abgestellt, die sich regelmäßig noch nicht zu einer vermögenswerten Expektanz verdichtet hat (zu einem Ausnahmefall vgl. Beulke JuS 77, 38); der Entzug dieser Chance kann daher nicht zur Begründung eines Eingehungsschadens herangezogen werden (vgl. Cramer, Submissionsbetrug 11 ff., Hefendehl JuS 93, 805, ZfBR **93**, 166, Joecks wistra 92, 247, Misch JZ 94, 888; vgl. auch D. Geerds Jura 94, 309, Otto JZ 93, 655, Ranft wistra 94, 41, die aber einen Schaden nach den Grundsätzen des personalen Vermögensbegriffs annehmen; zum „Indizienkatalog" des BGH vgl. eingehend Cramer, Submissionsbetrug 31 ff.; krit. auch Lüderssen wistra 95, 243, Ranft aaO, Joecks aaO, Diehl BauR 93, 1, Rutkowsky NJW **95**, 705). In Betracht kommt somit allenfalls ein Erfüllungsbetrug, da der Auftraggeber bei öffentlichen Aufträgen für eine Bauleistung mit dem auf die Täuschung über die Einhaltung der Wettbewerbsregeln beruhenden Vertragsschluß die Möglichkeit hat, den Preis am Selbstkostenfestpreis zu orientieren, zu dem ein Zuschlag von 6% für Wagnis und Gewinn hinzukommt (§§ 5 III, 7, 9 VO PR 1/72 v. 6. 3. 1972 [BGBl. I 293]; vgl. BGHZ **41** 181, BGH **8** 226, Achenbach NStZ **93**, 428, Mitsch JZ 94, 877, 889, Ranft wistra 94, 45, Tiedemann ZRP 92, 150, und. Hefendehl JuS 93, 805, 813, Joecks wistra 92, 252; zum ganzen Cramer, Submissionsbetrug, 19 ff., 23 ff., Satzger, Der Submissionsbetrug, 1994, ZStW 109, 357, Oldiges, Möglichkeiten u. Grenzen der strafr. Bekämpfung von Submissionsabsprachen, 1998, 60 u. wistra **98**, 292). Bei der Berechnung eines etwaigen Schadens kann es dabei weder auf die Vereinbarung eines pauschalierten Schadensersatzes noch auf die einer Vertragsstrafe ankommen; ohne Sachverständigengutachten ist die Schadensberechnung idR unmöglich. Bei privaten Auftraggebern besteht die Möglichkeit, den Vertrag nach § 123 BGB anzufechten, mit der Konsequenz, daß seitens des Werkunternehmers nur noch Bereicherungsansprüche bestehen (vgl. Cramer NStZ 93, 42).

β) Trotz Gleichwertigkeit von Leistung und Gegenleistung kann ein Schaden nämlich auch darin liegen, daß der Getäuschte seinerseits **mehr leistet, als** er zu leisten letztlich **verpflichtet** wäre **(uneigentlicher Erfüllungsbetrug).** Um einen Schaden handelt es sich daher, wenn der Täter unter der Vorspiegelung, es handele sich dabei um die vertraglich vereinbarte tax- bzw. tarifmäßige Vergütung, einen höheren Preis berechnet und dieser von dem Getäuschten bezahlt wird, selbst wenn der höhere Preis dem wahren Wert der Gegenleistung noch durchaus entsprechen sollte (zB in Zeiten der Warenverknappung; vgl. BGH LM **Nr. 5**). Dasselbe gilt, wenn der Getäuschte den vertraglich vereinbarten Preis entrichtet, obwohl er dessen Bezahlung teilweise verweigern könnte (Cramer, Vermögensbegriff 189 f.). Dies ist zB der Fall, wenn der Käufer wegen Mängel der gekauften Sache oder wegen Fehlens einer zugesicherten, werterhöhenden Eigenschaft nach §§ 459 ff. BGB hätte mindern können, mag auch die Sache ihren Preis noch wert sein (Lenckner MDR 61, 654; and. jedoch BGH **16** 220 m. Anm. Lenckner NJW **62**, 59, wo die Möglichkeit eines Schadens unter diesem Gesichtspunkt übersehen wird, Bay NJW **87**, 2452, StV **99**, 30, NJW **99**, 663, Kreft DRiZ 70, 58, Schönfeld JZ 64, 206; and. wohl auch Gutmann MDR 63, 93). Dies gilt sowohl bei Gattungs- wie bei Spezieskäufen und ist bei letzteren vor allem dann von Bedeutung, wenn ein Erfüllungsschaden iSv o. 137 ausscheidet, weil der Käufer beim Kauf einer individuell bestimmten Sache einen Erfüllungsanspruch nur auf die Sache hat, wie sie tatsächlich ist und insoweit daher auch nicht geschädigt sein kann, wenn er diese als Erfüllung erhält. Geschädigt ist er in diesem Fall bei Bezahlung des vollen Kaufpreises jedoch um den Betrag, um den sich der Preis bei Ausübung des Minderungsrechts entsprechend dem Verhältnis von Ist- und Sollwert der Sache verringern würde. Soweit es sich dabei um das betrügerische Zusichern werterhöhender Eigenschaften handelt, ist es wegen § 463 BGB gleichgültig, ob die Zusicherung selbst Vertragsbestandteil geworden ist (Lenckner MDR 61, 65; vgl. aber auch Hamm NJW **60**, 64 m. abl. Anm. Parsch NJW 60, 977). Auch hier liegt Versuch schon mit der zum Abschluß des Vertrags führenden Täuschung vor (vgl. Puppe JZ 84, 531). Über Betrug durch Zusicherung werterhöhender Eigenschaften bei Gleichwertigkeit von Ware und Preis vgl. noch Köln NJW **59**, 1980, Hamm BB **60**, 503, Koblenz VRS **46** 281, Lackner LK[10] 230, Eser GA 62, 293, 297, M-Maiwald II/1 437 f.; über Betrug bei Kauf auf Probe vgl. RG GA Bd. **50**, 392, Bay JW **26**, 2925 m. Anm. Traeger.

139 c) Ein Vermögensschaden kann auch in der Gewährung von **Leistungen** liegen, die üblicherweise **nur** gegen **Entgelt** erfolgen, auch wenn für den Einzelfall eine effektive Vermögensminderung deswegen nicht eintritt, weil die Aufwendungen der Getäuschten gleich bleiben (**Entreicherungsschaden**). Dies gilt zB bei der Beförderung durch Verkehrsunternehmen oder bei dem Besuch von Theatern oder Konzerten (vgl. auch Lackner LK[10] 181). Erschleicht sich der Täter freien Zutritt, so kann zwar das Merkmal der Irrtumserregung fehlen (vgl. o. 43 ff.), nicht dagegen der Vermögensschaden. Erschleicht der Mieter die Verlängerung eines schon abgeschlossenen Mietvertrages, so liegt in der weiteren Überlassung des Fahrzeugs ein Vermögensschaden (and. BGH NJW **85**, 2428).

140 **4.** Als Vermögensschaden kommen nur die **unmittelbar** durch die Verfügung **verursachten Nachteile** in Betracht. Hierin liegen eine zeitliche und eine gegenständliche Beschränkung:

141 a) Betrugsschaden ist nur, was schon nach **Abschluß der Verfügung** als Vermögensnachteil erscheint. Dies bedeutet, daß spätere Werterhöhungen (RG **22** 22, Bockelmann, ZStW 79, 40), nachträgliche Wertminderungen (BGH MDR/D **73**, 370, Bay **55** 10, Hamm GA **57**, 122, Celle MDR **58**, 361) sowie eine nachfolgende Schadensbeseitigung (RG **39** 83, vgl. auch Schleswig SchlHA **71**, 214) außer Betracht zu bleiben haben (vgl. RG **74** 120, BGH GA **61**, 114 , Celle NJW **75**, 2218). So ist zB beim Darlehnsbetrug zu fragen, ob im Zeitpunkt der Darlehnshingabe der Rückzahlungsanspruch unter Berücksichtigung aller Umstände gesichert erscheint. Ist dies der Fall, so fehlt es an einem Vermögensschaden auch dann, wenn der Schuldner vor Fälligkeit unerwartet zahlungsunfähig wird, ebenso wie im umgekehrten Fall Betrug nicht deshalb entfällt, weil der Täter nur infolge eines besonderen Zufalls (zB Lottogewinn) doch zur Rückzahlung in der Lage ist (Bockelmann ZStW 79, 35, 40, Lackner LK[10] 144 ff.). Ein nur mittelbarer Schaden ist an sich auch der entgangene Gewinn für den Käufer einer Ware, wenn er diese entgegen seiner Absicht nicht gewinnbringend weiterveräußern kann; doch kann hier auch u. U. von einem gegenwärtigen, unmittelbaren Schaden gesprochen werden, wenn die Sache ohne die entsprechende Wiederverkaufsmöglichkeit für den Getäuschten unbrauchbar und daher minderwertig ist. Entsprechendes gilt, wenn der Getäuschte veranlaßt wird, eine Sache, für die ein teurer Auslandspreis besteht, an einen Ausländer zum Inlandspreis zu verkaufen (RG **64** 312). Ebenso ist die durch Täuschungshandlung erschlichene Zulassung als Kassenarzt noch kein Schaden, obwohl sie die notwendige Voraussetzung für die spätere Abrechnung ärztlicher Leistungen darstellt; ein Betrug liegt erst vor, wenn der zu Unrecht zugelassene „Arzt" eine Bezahlung für ärztliche Leistungen geltend macht (vgl. BGH NJW **94**, 808).

142 b) Zum Schaden iS des § 263 gehören ferner nur solche Nachteile, die sich aus dem betrügerischen **Geschäft als solchem** ergeben, die also bei gegenseitigen Geschäften ihre Grundlage im Austausch der beiden Leistungen haben (Schröder NJW **62**, 721). Dies ist zB der Fall, wenn der Getäuschte Barmittel investiert, die er an anderer Stelle dringender brauchen würde, so daß eine Gefahr für seine wirtschaftliche Gesamtposition eintritt, zB dadurch, daß andere Verbindlichkeiten voraussichtlich nicht erfüllt werden können (BGH **16** 231 m. Anm. Lang-Hinrichsen LM Nr. 56, **21** 384, Köln JMBlNRW **66**, 210, Schröder aaO; vgl. auch RG **76** 51 m. Anm. Bockelmann DR 42, 1113, RG HRR **35** Nr. 1351, **38** Nr. 352, **41** Nr. 1691, DR **39**, 1509, BGH MDR/D **52**, 409, KG JR **66**, 391 m. Anm. Schröder, Bay NJW **73**, 633 m. Anm. Berz NJW **73**, 1337, Lackner LK[10] 154, Weidemann GA 67, 238). Eine Beeinträchtigung der wirtschaftlichen Bewegungsfreiheit als solcher genügt freilich nicht (BGH **3** 103; zu eng KG JR **66**, 391 m. Anm. Schröder). Schließlich ist zu beachten, daß bei bewußter Selbstschädigung § 263 überhaupt ausscheidet, so wenn der Getäuschte für den Kauf einer Sache zu einem angeblichen Vorzugspreis, der in Wahrheit der Listenpreis ist, seine letzten liquiden Mittel ausgibt und dadurch in Zahlungsschwierigkeiten gerät (Schröder NJW **62**, 722; and. BGH **16** 321 m. Anm. Lang-Hinrichsen LM Nr. 56; vgl. auch KG JR **66**, 391, Gutmann MDR 63, 95). Bei der Schädigung durch Liquiditätsverlust kann es jedenfalls entgegen Köln JMBlNRW **66**, 210 nicht darauf ankommen, ob das Opfer über den Vertrag als solchen getäuscht worden ist.

5. Ein Vermögensschaden ist nicht nur die effektive, rechnerisch nachweisbare Vermögensminderung, sondern u. U. auch schon die bloße **konkrete Gefährdung** (BGH **21** 112, **23** 300 m. Anm. Lenckner JZ 71, 320, BGH GA **62**, 214, MDR/H **79**, 636, StV **87**, 535, BB **91**, 713, NStZ **95**, 232, **98**, 570, Bay NJW 88, 2550, Schröder JR 71, 74, Graba NJW 70, 2221) von Vermögenswerten, wenn sie nach wirtschaftlicher Betrachtungsweise bereits eine Verschlechterung der gegenwärtigen Vermögenslage bedeutet (h. M., vgl. zB RG **16** 11, **59** 104, BGH **6** 117, M-Maiwald II/1 439 f.; and. Binding Lehrb. 1, 306); eingehend hierzu Riemann 75 ff. Zwischen einer schadensgleichen Vermögensgefährdung und einem effektiven Schaden besteht folglich kein qualitativer, sondern lediglich ein quantitativer Unterschied (BGH wistra **91**, 307). Eine schadensgleiche Vermögensgefährdung kann nur dann bejaht werden, wenn die sie begründenden Tatsachen feststehen, nicht aber schon dann, wenn sie nur wahrscheinlich oder gar möglicherweise vorliegen (BGH StV **95**, 24). Dies gilt im Grundsatz sowohl für den wirtschaftlichen als auch für den juristisch-ökonomischen Vermögensbegriff, da zweifelhafte Vermögenspositionen in ihrem Wert geringer veranschlagt werden. Freilich hat die rein wirtschaftliche Betrachtungsweise die Rspr. verleitet, den Versuch der Vollendung gleichzustellen. Es ist daher eine Grenze zu ziehen zwischen der Gefährdung, die noch die typische Situation des Versuchs darstellt, und der Gefährdung, die einer Vermögensbeschädigung gleichkommt. Dabei ist auf der Grundlage der Vermittlungslehre von dem Grundsatz auszugehen, daß als Schaden iSv § 263 nur solche Gefährdungen in Betracht kommen, für die auch nach dem Zivilrecht ein Ausgleich, und zwar nicht unbedingt in Form des Schadensersatzes, sondern auch in Form des Beseitigungsanspruch gewährt wird (Cramer, Vermögensbegriff 131 f.); vgl. insoweit BGH NStZ-RR **98**, 43, Karlsruhe wistra **97**, 109: Vermögensgefährdung auch bei bestehender Möglichkeit, im Wege der Pfändung Anspruch gegen solventen Auftraggeber zu erlangen. Werden zB Münzen unter Vorbehalt der Echtheitsprüfung an eine Bank verkauft und der Kaufpreis bezahlt, so liegt keine Vermögensgefährdung vor, sofern die Bank im Falle der Unechtheit doch Rückbuchung des Kaufpreises jederzeit wieder glattstellen kann (BGH StV **85**, 186 m. Anm. Naucke). Demgegenüber hatte Schröder (hier 17. A. RN 100) einen Schaden nur dann bejaht, wenn der Getäuschte durch die Verfügung eine Situation geschaffen hatte, in der der endgültige Verlust des fraglichen Vermögenswerts nicht mehr wesentlich von seinem Zutun abhing; dagegen sollte ein Schaden nicht vorliegen, wenn es hierzu noch einer weiteren Handlung im Herrschaftsbereich des Getäuschten bedurfte, dieser also das Geschehen noch nicht endgültig aus der Hand gegeben hatte (dagegen Cramer, Vermögensbegriff 148 FN 168, vgl. auch Lackner LK[10] 153). Zum Ganzen vgl. Hefendehl aaO.

a) Eine dem **Vermögensschaden gleichstehende Gefährdung** ist zB anzunehmen beim Erlaß eines (auch vorläufig) vollstreckbaren Urteils (BGH NStZ **92**, 233; vgl. o. 76) oder eines Vollstreckungsbescheides (RG **59** 106); zur Unterscheidung zwischen Mahn- und Vollstreckungsbescheid vgl. BGH **24** 261, o. 74. Auch bei unrichtigen Buchungen in Geschäftsbüchern (vgl. RG JW **26**, 586 m. Anm. Grünhut JW 26, 1197), so zB bei einer ungerechtfertigten Gutschrift, wenn der dadurch Begünstigte jederzeit zum Nachteil des Geschäftsherrn über den Betrag verfügen kann (RG GA Bd. **54**, 414, BGH **6** 117), kommt eine Vermögensgefährdung in Betracht; nicht aber, wenn der schädigenden Verfügung Hindernisse entgegenstehen (vgl. RG LZ **14**, 1051). Eine Vermögensgefährdung kommt weiterhin bei der Eröffnung eines unwiderruflichen Akkreditivs in Betracht (BGH StV **85**, 189). Eine Vermögensgefährdung kann wegen des Verlusts aller Einreden aus dem Grundverhältnis im Falle der Weiterbegebung eines Wechsels auch bei Eingehen einer Wechselverbindlichkeit sein (RG **66** 411; vgl. auch RG JW **36**, 3002: auch bei Hingabe eines Blankoakzepts). Dies ist jedoch nicht der Fall, wenn der Wechsel für eine fällige Verbindlichkeit erschlichen wird (vgl. auch Bay **55**, 3). Eine Vermögensgefährdung kommt ferner in Betracht, wenn der Gläubiger eine Forderung nicht geltend macht, weil er infolge Täuschung nichts von ihr weiß (vgl. RG **65** 100, **70** 227, HRR **39** Nr. 1281, Stuttgart NJW **69**, 1975) oder einen Bankkredit nicht fällig stellt, weil ihm das Bestehen von Sicherheiten vorgetäuscht wird (BGH StV **94**, 186). Dabei ist jedoch erforderlich, daß bei sofortiger Geltendmachung die Forderung realisierbar gewesen wäre (Hamm GA **58**, 250, Köln NJW **67**, 836, Celle NJW **74**, 615). Entsprechendes gilt für das Risiko einer Verschlechterung der Aussichten auf Befriedigung bei einer durch Täuschung veranlaßten Unterlassung von Zwangsvollstreckungsmaßnahmen (Stuttgart NJW **63**, 963, Düsseldorf NJW **94**, 3366). Zur Schädigung durch Prozeßrisiko vgl. BGH **21** 112. Keine Vermögensgefährdung liegt vor, wenn der einem Zahlungsunfähigen gewährte Kredit nicht ausbezahlt, sondern auf das Konto eines anderen Zahlungsunfähigen bei der gleichen Bank umgebucht wird, um dort einen Schuldsaldo auszugleichen (BGH NStZ **95**, 232).

b) **Keine** dem Schaden gleichstehende **Gefährdung** liegt grundsätzlich dagegen in dem **bloßen Abschluß eines Vertrags**, der die Möglichkeit schafft, daß der Getäuschte demnächst in Erfüllung der übernommenen Verbindlichkeit eine ihn schädigende Leistung erbringen wird (vgl. o. 131). Dasselbe gilt beim Eingehen einseitiger Verbindlichkeiten. Anders ist es, wenn die Gefährdung nicht nur darin besteht, daß der Getäuschte aufgrund des fortwirkenden Irrtums leistet, der Betroffene vielmehr, auch wenn er den Irrtum nachträglich erkennt, zu der Leistung gezwungen werden könnte, etwa weil ihm kein Anfechtungsrecht zusteht (so zB bei Übernahme einer Bürgschaft gegenüber dem Gläubiger aufgrund einer arglistigen Täuschung des Schuldners; vgl. hierzu Cramer, Vermögensbegriff 144 f., Puppe MDR 73, 12, JZ **84**, 531). Keine Gefährdung ist ferner die bloße Aushändigung eines Scheckbuchs durch eine Bank an den zum Mißbrauch entschlossenen Täter (and. BGH MDR/D **53**, 21), die Übergabe einer Anweisung, die den Täter zum Empfang einer Leistung des Getäuschten

§ 263 146–150

berechtigt (vgl. auch o. 50) oder der Vertragsabschluß durch einen Vertreter ohne Vertretungsmacht (and. BGH GA 62, 213). Auch die durch Täuschung erreichte Kenntnis der Pin-Zahl führt noch zu keiner Vermögensgefährdung des Kontoinhabers (Hecker JA 98, 300).

146 c) In den Fällen des sog. **Beweismittelbetrugs** hingegen ist keine einheitliche Antwort möglich. Soweit sich der Täter eine **Beweisurkunde** erschleicht, die mit der **materiellen** Rechtslage **nicht** übereinstimmt, ist eine dem Vermögensschaden gleichstehende Vermögensgefährdung nur dann anzunehmen, wenn der Täter durch die Urkunde in die Lage versetzt wird, unmittelbar auf das betroffene Vermögen zuzugreifen. Dies ist zB beim Erschleichen eines Erbscheins (RG 53 261) oder einer unrichtigen Grundbucheintragung (RG 66 371, Stuttgart NStZ 85, 365) der Fall, nicht ohne weiteres dagegen bei der durch Täuschung erwirkten Ausstellung eines Warenbestellscheins (Hamm NJW 58, 513; and. BGH GA 62, 213, Celle NJW 59, 399, M-Maiwald II/1 439) oder eines Schuldscheins über eine nicht bestehende Forderung (and. RG JW 27, 2139, 28, 411, BGH wistra 87, 21, NJW 87, 3144 m. Bespr. Hassemer JuS 88, 161); denn mit derartigen Beweismitteln hat der Täter noch keine unmittelbare Zugriffsmöglichkeit auf das fremde Vermögen erlangt und dem getäuschten Aussteller bleiben noch sämtliche Einredemöglichkeiten offen; hier kommt versuchter Betrug in Betracht; vollendet ist § 263, wenn der Getäuschte in Beweisnot gerät, ihm also letztlich nichts anderes übrig bleibt, als die Leistung zu erbringen, selbst wenn er den Irrtum nachträglich erkennt (Cramer, Vermögensbegriff 161; and. 17. A. RN 102a; vgl. Schröder JZ 65, 515). Bei Eingehung einer (abstrakten) Wechselverbindlichkeit kann vollender Betrug in Frage kommen, wenn das Grundgeschäft mit Mängeln behaftet war (Cramer, Vermögensbegriff 154). Nach and. Meinung (vgl. RG 66 411, M-Maiwald II/1 439) soll dies schon bei intaktem Grundgeschäft gelten, weil bei Weitergabe des Wechsels Einreden des getäuschten Schuldners weitgehend ausgeschlossen sind.

147 Andere Grundsätze greifen demgegenüber in jenen Fällen Platz, in denen der Täter **Beweismittel** zu erlangen sucht, die der **wahren Rechtslage entsprechen,** jedoch die schlechte prozessuale Position des Täters verbessern sollen, sei es, um dadurch eine tatsächlich begründete, aber nur schwer beweisbare Forderung durchzusetzen, oder sei es, um einen unbegründeten Anspruch besser abwehren zu können. In beiden Fällen liegt eine Vermögensgefährdung nicht vor, da die der wahren Rechtslage nicht entsprechende bessere Beweisposition keinen Vermögenswert iS der hier vertretenen Ansicht darstellt (vgl. o. 88, Cramer, Vermögensbegriff 155ff., BGH 20 136, NJW 98, 692, Bay 55 7, vgl. auch BGH 3 160, MDR/D 56, 10, GA 66, 52, Bay JR 69, 307 m. Anm. Schröder; Düsseldorf wistra 92, 74); bei der irrtümlichen Annahme des Bestehens eines Anspruches fehlt es am Vorsatz (BGH 31 181, Düsseldorf wistra 92, 74). Demgegenüber hat Schröder unter rein wirtschaftlichen Kriterien einen Schaden in diesen Fällen bejaht, sie dann aber über die mangelnde Rechtswidrigkeit der Vermögensverfügung gelöst (17. A. RN 102b, JZ 65, 513ff.). Zum Selbsthilfebetrug vgl. ferner Hegler JW 25, 1499.

148 6. Im Rahmen **unsittlicher Rechtsgeschäfte** gilt folgendes. Nach dem hier vertretenen Vermögensbegriff gehören zum Vermögen alle wirtschaftlichen Werte, die einer Person unter Billigung der rechtlichen Güterzuordnung zustehen (vgl. o. 82ff.). Nach wirtschaftlicher Auffassung hingegen soll ein Schaden auch dann vorliegen können, wenn der Getäuschte außerstrafrechtlich hinsichtlich der wegegebenen Vermögenswerte keinen Rechtsschutz genießt; es soll also kein gegen Betrug ungeschütztes Vermögen geben (krit. bes. Cramer, Vermögensbegriff 89ff., 106ff.).

149 a) **Keinen Schaden** erleidet daher, wer wirtschaftliche Werte, die er **widerrechtlich innehat,** ohne entsprechendes Äquivalent weggibt, so bei der Preisgabe des unredlich erlangten Besitzes (vgl. o. 94, Cramer, Vermögensbegriff 90ff.; and. Lackner LK[10] 133, 240, hier 17. A. RN 104). Bei nichtigen und sonst unwirksamen Ansprüchen setzt die Annahme eines Vermögensschadens voraus, daß sie wegen der Erfüllungsbereitschaft des anderen Teils Vermögenswert haben und die Herbeiführung des mit den unwirksamen Anspruchs erstrebten Zustandes vom Recht nicht mißbilligt wird (vgl. o. 93ff.).

150 b) Ein Schaden ist ferner ausgeschlossen, wenn der Getäuschte Vermögenswerte zur Erfüllung eines **verbotenen** oder **sittenwidrigen Geschäfts** einsetzt, weil der Getäuschte sich wegen seiner Kenntnis von der rechtlichen Unwirksamkeit des Geschäfts bewußt selbst schädigt, wegen der Nichtigkeit des Vertrages also „auf eigene Gefahr" leistet (Cramer, Vermögensbegriff 97, Mitsch II 417; vgl. dazu auch Pawlik aaO 146f.). Dagegen soll nach wirtschaftlicher Vermögenslehre eine Vermögensminderung vorliegen, wenn das Opfer eigene Vermögensbestandteile hingibt, ohne ein entsprechendes Äquivalent zu erhalten. Eine Vermögensschädigung sei daher auch die Entrichtung des Bestecherlohns für eine angeblich begangene oder bevorstehende Amtshandlung (Lackner LK[10] 242) oder die Bezahlung des Kaufpreises für angeblich taugliche, in Wirklichkeit unbrauchbare Abtreibungsmittel (RG 44 230, Blei II 235 f., Bockelmann JZ 52, 464, Bruns Mezger-FS 351, Freund/Bergmann JR 91, 357; and. Kohlrausch Schlegelberger-FS 222, Foth GA 66, 3). Dasselbe soll für das sog. „Spritzen" auf dem Schwarzen Markt gelten, bei dem der Täter dem Verkäufer unter der Vorspiegelung, den Schwarzmarktpreis zu bezahlen, eine Mangelware ablistet, ihn dann aber auf den behördlich zugelassenen Preis verweist (OGH 2 261, Celle NdsRpfl. 47, 26, Oldenburg NdsRpfl. 47, 42, Düsseldorf MDR 47, 267, KG JR 49, 511, Lackner LK[10] 242, Bruns Mezger-FS 353 ff.; and. Bockelmann JZ 52, 464, Fischer, Der Betrug auf dem schwarzen Markt (1948); vgl. näher dazu Wimmer DRZ 48, 116), sowie für die Entrichtung von Entgelt an den Zuhälter zwecks Zuführung einer Dirne (BGH MDR/

D 75, 23, Köln NJW 72, 1823). Zum Schaden bei der Eingehung unwirksamer Verträge vgl. Puppe MDR 73, 12.

7. Dagegen schließt die **Nichtigkeit** nach dem Grundsatz „impossibilium nulla obligatio", wie er im § 306 BGB **(anfängliche Unmöglichkeit)** zum Ausdruck kommt, einen Vermögensschaden nicht aus, wenn dem Opfer vorgespiegelt wird, die versprochene Leistung sei möglich. Wird zB unter bewußter Ausnutzung des Aberglaubens eine Teufelsaustreibung als möglich dargestellt und versprochen, so liegt ein Betrug vor, wenn der andere zu einer Leistung veranlaßt wird (LG Mannheim NJW 93, 1488 m. Bespr. Loos/Krack JuS 95, 204). Glaubt allerdings der Täter selbst an diesen „Hokuspokus", verpflichtet er sich zB zur Teufelsaustreibung nach dem sog. Rituale Romanum der Katholischen Kirche, so fehlt es am Vorsatz.

8. Sonderfragen zum Vermögensschaden ergeben sich in folgenden Fällen:

a) Beim **Anstellungsbetrug** ist zu unterscheiden zwischen der auf Täuschung beruhenden Begründung eines privatrechtlichen Arbeitsverhältnisses und der Erschleichung einer Beamtenstellung.

α) Im Rahmen eines **privatrechtlichen Arbeitsverhältnisses** entsteht dem Arbeitgeber ein Schaden, wenn die Leistungen, die der Täter tatsächlich erbringt, den bezahlten Lohn nicht wert sind (RG **73** 269, 440, BGH **1** 14, **17** 254, NJW **61**, 2028, **78**, 2042, Celle MDR **60**, 697, Gutmann MDR **63**, 96, Mitsch II 468; vgl. Celle NdsRpfl. **72**, 28 [Angabe eines älteren Geburtsdatums]). Bei fachlich einwandfreien Leistungen kommt ein Schaden dagegen nur ausnahmsweise in Betracht. Dies einmal dann, wenn es sich um eine besondere Vertrauensstellung handelt und die Bezahlung gerade mit Rücksicht darauf besonders hoch festgesetzt ist, der Täter jedoch die für diese Stellung erforderlichen Eigenschaften nicht besitzt, so wenn er aus seiner früheren Stellung wegen Unzuverlässigkeit entlassen worden ist und nun eine Anstellung als Prokurist erschleicht (vgl. RG **73** 269 m. Anm. Mezger ZAkDR 39, 649, Celle MDR **60**, 697, BVerfG NJW **98**, 2589, Bockelmann JZ 52, 465, M-Maiwald II/1 440). Dasselbe gilt, wenn der Verkehr den Wert einer Arbeitsleistung nicht nur nach ihrem sachlichen Effekt, sondern auch im Hinblick auf eine bestimmte Ausbildung besonders bemißt; nach § 263 strafbar ist daher, wer eine Stellung erschleicht, die ihm ohne die fälschlich vorgespiegelte Ausbildung üblicherweise überhaupt nicht oder nur gegen eine geringere Bezahlung übertragen worden wäre (vgl. RG **64** 33, **65** 275, BGH **17** 254, NJW **61**, 2027; **78**, 2042 m. Anm. Miehe JuS 80, 261; enger Gutmann MDR 63, 96). Für eine Anstellung im öffentlichen Dienst nach dem BAT ist eine bestimmte Ausbildung jedoch regelmäßig nicht entschieden (BGH aaO). Von diesen Fällen abgesehen liegt ein Anstellungsbetrug dagegen nicht schon deshalb vor, weil der Getäuschte den Täter ohne die Täuschung nicht eingestellt hätte, zB weil dieser vorbestraft, sonst charakterlich unzuverlässig ist oder als Mitarbeiter des früheren Ministeriums für Staatssicherheit tätig war (AG Tiergarten NJW **94**, 243). Vom einfachen Arbeiter oder Angestellten kann nach der Verkehrsanschauung nicht mehr erwartet werden, als daß er leistet, was er verspricht (Bockelmann aaO; zu weitgehend daher RG **75** 8). Ebensowenig liegt Betrug schon deshalb vor, weil der wegen Vermögensdelikten vorbestrafte Täter in seiner Stellung eine Gefahr für das seinem Zugriff unterliegende Vermögen des Arbeitgebers darstellt, da die bloße Eröffnung der Möglichkeit, den Schaden durch ein weiteres deliktisches Handeln herbeiführen, noch keine Verfügung iS des § 263 ist (and. BGH **17** 259; vgl. o. 61 f.). Vgl. zu diesem Fragenkreis auch Haupt NJW **58**, 938, Oppe NJW 58, 1909, Dickhoff DB 61, 1487; über Täuschung durch falsche Angaben im Einstellungsfragebogen vgl. BAG NJW **58**, 516, Maaß aaO 109 ff. Zur Frage, ob durch die erschlichene Zulassung als Kassenarzt ein Schaden entsteht vgl. BGH NJW **94**, 808 u. o. RN 141.

Umgekehrt ist, da auch die Arbeitskraft ein Vermögenswert ist (vgl. o. 96 f.), der **Arbeitnehmer geschädigt,** wenn er die versprochene Arbeitsleistung erbringt, ohne das versprochene Entgelt zu erhalten (RG **68** 379, M-Maiwald II/1 434). Bei Erschleichung von Dienstleistungen, die üblicherweise nur gegen Entgelt erbracht werden, kommt § 263 nach den Grundsätzen über den Spendenbetrug (vgl. o. 101 f.) auch bei unentgeltlicher Leistung in Betracht, wenn der Getäuschte damit einen besonderen sozialen Zweck verfolgte (Bsp.: ein Bauarbeiter wird veranlaßt, seine Arbeitskraft für den Bau eines angeblichen Altersheims ohne Bezahlung zur Verfügung zu stellen).

β) Handelt es sich um die Erschleichung einer **Beamtenstellung,** so nimmt die Rspr. – freilich mit zT wechselnder Begründung – Betrug trotz sachlich ausreichender Leistungen auch dann an, wenn der Täter persönlich für eine derartige Stellung unwürdig erscheint (zB Stasi-Mitgliedschaft BGH NStZ **99**, 302 m. abl. Anm. Geppert, Otto JZ 99, 738; and. KG JR **98**, 434, Gading NJ 96, 297, Dammann/Kutscha NJ 99, 281, Protzen NStZ 97, 525) oder die erforderliche Vorbildung nicht besitzt (vgl. RG **65** 281, OGH **2** 85, BGH **5** 358, GA **56**, 122, KG JR **48**, 141, Freiburg DRZ **48**, 66, Oldenburg NdsRpfl. **48**, 95, Köln JMBlNRW **63**, 206; vgl. auch Sarstedt JR **52**, 308, Gutmann MDR 63, 96, Mitsch II 469); krit. dazu Lackner LK[10] 239, M-Maiwald II/1 440. Diese Rspr. ist zu billigen, soweit dem Täter solche Eigenschaften fehlen, die nach Beamtenrecht Voraussetzung für seine Anstellung sind, wozu zB bei sog. Laufbahnbewerbern auch die Absolvierung der für die fragliche Laufbahn vorgeschriebenen oder – mangels solcher Vorschriften – üblichen Vorbildung gehört (vgl. § 4 I Nr. 3 BRRG, § 7 I Nr. 3 BBG). Die Annahme eines Vermögensschadens rechtfertigt sich hier aus der Erwägung, daß der Staat hinsichtlich der Anstellungsbedingungen eine Monopolstellung hat und insoweit den „Preis" für die Dienstleistungen des Beamten einseitig festsetzt, und zwar nicht nur im Hinblick auf deren sachlichen Effekt, sondern auch unter Berücksichtigung der für die Anstellung erforderlichen persönlichen und sonstigen Voraussetzungen (Lackner LK[10] 239, Sarstedt aaO). Entsprechendes gilt, wenn der Täter nach §§ 31, 32, 35 ff. BBG amtsunfähig ist oder wenn ein Umstand in seiner Person vorliegt, der – nach Begründung des Beamtenverhältnisses eingetreten – seine Entfernung aus dem Amt notwendig gemacht hätte. Dagegen fehlt es an einem Schaden, wenn der Täter über Umstände täuscht, die nach Beamtenrecht für seine Einstellung ohne Bedeutung sind. Betrug liegt daher zB nicht vor, wenn der Bewerber solche politischen Daten seiner Vergangenheit verschweigt, die unter dem Gesichtspunkt von § 4 I Nr. 2 BRRG gleichgültig sind. Dagegen ist § 263 gegeben, wenn der Beamte über seine persönlichen Verhältnisse täuscht, zB ein älteres Geburtsdatum angibt und deswegen höhere Dienstbezüge erhält (Celle NdsRpfl. **72**, 281). Für den Fall, daß eine ehemalige Tätigkeit für das MfS bei der Überprüfung für eine Weiterbeschäftigung im Staatsdienst verschwiegen wird vgl. BGH NStZ **99**, 302, LG Berlin NStZ **98**, 302, LG Dresden NJ **98**, 154, KG JR **98**, 434 [Vorlagebeschluß], Protzen NStZ 97, 525; siehe auch BVerfG NJW **98**, 2589.

157 b) Da auch der **Besitz** als solcher ein Vermögenswert sein kann (vgl. o. 94), ergibt sich daraus die Möglichkeit eines Besitzbetrugs. Ein solcher kommt zunächst bei einem **endgültigen Besitzverlust** für den Getäuschten in Betracht. Hier entfällt ein Schaden jedenfalls, wenn der Besitz für den Getäuschten keinen wirtschaftlichen Wert darstellt (vgl. o. 98), so wenn dem Finder die gefundene Sache abgeschwindelt wird, die er ohnedies wieder wegwerfen wollte. Dasselbe gilt, wenn ein Handwerker durch Täuschung zur Herausgabe der ihm zur Reparatur übergebenen Sache veranlaßt wird, es sei denn, daß ihm an dieser ein Unternehmerpfandrecht zustand; gehörte die Sache allerdings einem Dritten, so kommt ein Betrug zu dessen Nachteil in Betracht (vgl. o. 94 f.); vgl. näher zu diesen Fällen Gallas Eb. Schmidt-FS 423 ff.

158 Ein Schaden kann aber auch in dem bloß **vorübergehenden Besitzverlust** liegen. Dies ist zunächst immer der Fall, wenn der Gebrauch zu einem teilweisen Verbrauch und damit zu einer Wertminderung führt (vgl. dazu § 242 RN 53, Cramer, Vermögensbegriff 233). Im übrigen ist zu unterscheiden: Würde die Überlassung nur gegen Entgelt erfolgen, so ist dies eine Art der wirtschaftlichen Nutzung eines Gegenstandes, die Vermögenswert hat; wird der Besitzer daher um diesen Wert gebracht, so ist er geschädigt, wenn er kein entsprechendes Äquivalent erhält (zB der Täter mietet eine Wohnung in der Absicht, den Mietzins nicht zu bezahlen; vgl. auch BGH **16** 281: Verkauf unter Eigentumsvorbehalt und Besitzübertragung an kreditunwürdigen Käufer). Dabei ist ohne Bedeutung, ob der Getäuschte eine andere Nutzungsmöglichkeit gehabt und wegen der Täuschung versäumt hat (Cramer, Vermögensbegriff 234). Handelt es sich dagegen um eine unentgeltliche Überlassung (so zB Stuttgart NJW **65**, 1930), so gelten die Grundsätze des Spendenbetrugs (vgl. o. 101 ff.): Hier liegt ein Schaden vor, wenn der mit der Überlassung verfolgte soziale Zweck nicht erreicht wird, und wenn außerdem der Verlust der eigenen Gebrauchs- oder Nutzungsmöglichkeit für den Getäuschten einen wirtschaftlichen Nachteil bedeutet. Dies ist zB der Fall, wenn ein Fuhrunternehmer veranlaßt wird, seinen LKW unentgeltlich für einen angeblichen Katastropheneinsatz zur Verfügung zu stellen, nicht dagegen, wenn der Neffe von seinem Onkel die leihweise Überlassung eines Buches erschwindelt. Vgl. dazu auch Gallas Eb. Schmidt-FS 425, 428, Cramer, Vermögensbegriff 235 und Lackner LK[10] 182 ff. Möglich ist Betrug auch dann, wenn der Getäuschte nur über seinen Mitgewahrsam verfügt (BGH **18** 221, Bay GA **64**, 82).

159 c) Beim sog. **Heiratsschwindel** spiegelt der Täter die Absicht einer Eheschließung vor, um von dem anderen Teil Geschenke, Darlehen oder sonstige vermögenswerte Leistungen zu erhalten, die mit Rücksicht auf die bevorstehende Eheschließung gegeben werden. Die Regeln, nach denen diese Fälle zu beurteilen sind, sind die des Spenden- und Bettelbetrugs (vgl. o. 101 f.). Dies gilt auch dann, wenn der Täter zwar die Absicht der Eheschließung hat, die Ehe aber nach den Bestimmungen des EheG anfechtbar sein würde. Auch hier verfehlt die Zuwendung ihren sozialen Sinn, da der Getäuschte mit der Eheschließung nur eine anfechtbare Rechtsposition erlangen würde.

160 Das **Verleiten zur Eheschließung** selbst wurde von der Rspr. bei entsprechender Absicht als Betrug nur angesehen, wenn die Ehe eingegangen wird, um das Vermögen des anderen Teils entgegen Gesetz oder Vertrag für eigennützige Zwecke zu verwenden oder wenn er (ehemännliche Nutznießung) auf diese Weise das Frauengut in die Hand bekommen wollte (vgl. RG **8** 12, **14** 137, **34** 86). Angesichts der veränderten güterrechtlichen Lage ist diese Rspr. weitgehend gegenstandslos geworden. Ein Betrug ist hier nur in der Weise denkbar, daß der andere Teil zum Abschluß eines Ehevertrages bestimmt wird, der dem Täter unberechtigte Vorteile gewährt. Dagegen kann allein in der Begründung von Unterhaltspflichten ein Schaden iS des § 263 nicht gesehen werden, da diese die gesetzliche Folge der Eheschließung ist.

161 d) Über Schäden zum Nachteil einer **Kaskoversicherung,** wenn der Schädiger den Schaden beglichen hat, vgl. Stuttgart MDR **67**, 23. Über Betrug bei **Versteigerung im Kunsthandel** vgl. Baumann NJW 71, 23.

162 e) Beim **Kreditbetrug** (vgl. dazu auch § 265 b) im Rahmen eines Darlehensgeschäfts, Kreditkaufs usw. stellt regelmäßig die Kredit**gewährung,** nicht schon die Kreditzusage (vgl. Cramer, Vermögensbegriff 134 ff., o. 25 ff., aber auch BGH **15** 26, Lackner LK[10] 224) eine Vermögensbeschädigung dar, wenn die dafür erlangte Gegenforderung kein gleichwertiges Äquivalent darstellt, so vor allem, wenn sie in ihrer Realisierbarkeit wegen Vermögenslosigkeit oder Zahlungsunwilligkeit des Schuldners unsicher ist (RG **43** 171, BGH **15** 27; krit. Samson/Günther SK 181). Sicherheiten bieten einen vollständigen Ausgleich für den Minderwert des Rückzahlungsanspruchs freilich nur dann, wenn sie –

gemessen an ihrem Wert zur Zeit des Geschäftsabschlusses – nach dem Urteil eines unbeteiligten, sachkundigen und unterrichteten Beobachters im Hinblick auf die Gesamtumstände zur Deckung des vollen Kreditrisikos ausreichen und ohne nennenswerte Schwierigkeiten, namentlich ohne Mitwirkung des Schuldners (vgl. BGH NStZ **99**, 353), verwertbar sind (BGH NStZ **81**, 351). In den Vermögensvergleich muß auch eine Vermögensmehrung bei dem Verfügenden einbezogen werden, wenn der Vermögenszuwachs unmittelbar auf der Verfügung beruht (vgl. BGH NStZ **99**, 353). Andererseits führt eine Täuschung über das Bestehen von Sicherheiten dann nicht zum Schaden, wenn der Rückzahlungsanspruch auch ohne die Sicherheit aufgrund der Vermögenslage des Darlehensnehmers oder sonstiger Umstände, die den Gläubiger vor dem Verlust seines Geldes schützen, wirtschaftlich sicher ist (BGH wistra **93**, 265).

Trotz Wertlosigkeit der Gegenforderung kann aber ein Schaden entfallen, wenn wertmäßig ausreichende, dem Gläubiger unmittelbar zugängliche, **vollwertige Sicherungen** bestellt werden (BGH StV **95**, 254), zB ein Faustpfand (vgl. Hamm JMBlNRW **69**, 100), eine Sicherungshypothek (vgl. BGHR Vermögensschaden **44**), eine Sicherungsübereignung (vgl. RG **74** 129) ein saldierungsfähiger Aufrechnungsanspruch (vgl. BGH wistra **85**, 186) oder eine Bürgschaft (vgl. BGH GA **66**, 51), vorausgesetzt, daß die Verwertung nicht von der Mitwirkung des zahlungsunwilligen Schuldners abhängt (BGH **15** 24, wistra **92**, 142); vgl. näher dazu Bockelmann NJW 61, 145, Gutmann MDR 63, 8. Bei nur persönlicher Sicherheit (Bürgschaft) ist dagegen zu berücksichtigen, daß ein langfristiger Kredit durch die Entwicklung der Vermögensverhältnisse der Bürgen gefährdet werden kann. Daher kommt eine Vermögensgefährdung in Betracht, bei einer Täuschung über die ausbedungene dingliche Sicherheit (vgl. hierzu BGH wistra **88**, 188), auch wenn ein Dritter die Mithaftung für das Darlehen übernimmt (BGH NJW **86**, 1183). Aus dem gleichen Grunde wird bei Wertlosigkeit der Sicherheit ein Schaden idR auch dann anzunehmen sein, wenn die gesicherte Forderung selbst wegen der sonstigen Vermögenslage des Schuldners wirtschaftlich sicher erscheint, da im Kreditverkehr eine gesicherte Forderung im allgemeinen höher bewertet wird als eine ungesicherte, was regelmäßig schon in den unterschiedlichen Kreditbedingungen, insb. was die Höhe der Zinsen betrifft, seinen Niederschlag findet (vgl. hierzu Stuttgart Justiz **64**, 269). Bei einer Sicherung durch Grundpfandrechte ist für den Wert § 74 a ZVG (7/10-Grenze) nicht maßgebend (BGH MDR/D **69**, 533). Entscheidend sind freilich auch hier die Maßstäbe des Verkehrs, nicht die subjektive Willkür des Getäuschten: Ein Schaden fehlt, wo der Verkehr das Vorhandensein bzw. Nichtvorhandensein einer (weiteren) Sicherheit in keiner Weise bewertet (BGH NJW **64**, 874, Cramer, Vermögensbegriff 138, Lackner LK[10] 217; and. RG **74** 130, JW **34**, 40 m. Anm. Mezger). Schließlich kann eine Krediterschleichung trotz Sicherheit der Forderung auch nach den Grundsätzen des Schenkungsbetrugs (vgl. o. 101 f.) strafbar sein, wenn die wirtschaftlichen Bedingungen des Darlehnsvertrages kein volles Äquivalent für die Hingabe des Geldes darstellen (zB zinsloses Darlehen) und der Getäuschte damit bestimmte Zwecke verfolgt, aber nicht erreicht (zB Wiederaufbaudarlehen an angeblichen Flüchtling; vgl. auch Hamm GA **62**, 219, KG JR **62**, 26); ferner, wenn durch die zweckwidrige Verwendung der Anspruch des Darlehnsgebers wesentlich beeinträchtigt wird (BGH JZ **79**, 75). Entsprechende Grundsätze gelten bei der Stundung als einer Form der Kreditverlängerung oder dem Unterlassen, eine Zwangsvollstreckung (weiter) zu betreiben (vgl. o. 105).

Handelt es sich um **Wechselgeschäfte**, so kommt ein Schaden auch in Betracht, wenn sich der Täter durch Hingabe eines angeblichen Warenwechsels, der in Wirklichkeit ein Finanz- oder Austauschwechsel ist, Kredit beschafft, da dem letzteren im Diskontverkehr regelmäßig ein geringerer Wert beigemessen wird (vgl. RG **25** 14, BGH NJW **76**, 2028, NStE Nr. 20, Maaß GA **84**, 279 mwN). Das gleiche gilt für gefälschte Wechsel, auch wenn der Bezogene als zahlungsfähig gilt (BGH GA **87**, 149). Über Betrug durch Wechselreiterei vgl. auch Müller NJW 57, 1266 u. 59, 2192, Obermüller NJW 58, 655; über Diskontierung eines Gefälligkeitswechsels vgl. Winter NJW 60, 1848.

VIII. Der **subjektive Tatbestand** erfordert Vorsatz und die Absicht, sich oder einem anderen einen rechtswidrigen Vermögensvorteil zu verschaffen.

1. Für den **Vorsatz** ist einmal das Bewußtsein des Täters notwendig, durch Täuschung einen Irrtum zu erregen; dolus eventualis reicht aus (Lackner/Kühl 57, Mitsch II 472). Sind die vorgespiegelten Tatsachen objektiv wahr, während der Täter sie für unwahr hält, so liegt strafbarer untauglicher Versuch vor (RG **50** 35; zur Frage des Vorsatzes bei Transferrubelgeschäften vgl. BGH wistra **93**, 339). Weiter muß der Täter das Bewußtsein haben, durch die Irrtumserregung eine Vermögensverfügung des Getäuschten herbeizuführen und dadurch jemanden unmittelbar in seinem Vermögen zu schädigen. Im Rahmen der Vermittlungslehre muß sich der Vorsatz auch auf die rechtliche Zuordnung der Vermögenswerte erstrecken (vgl. o. 82). Ein Schädigungswille setzt voraus, daß die Handlungsweise des Angeklagten im Tatzeitpunkt von der Vorstellung getragen war, den Wert des Vermögens der Interessenten zu vermindern. Wollte er hingegen Vermögen verschaffen, was ihnen nach den getroffenen Vereinbarungen als vollwertiger Ausgleich für die hingegebenen Summen zustand, fehlt es an einem derartigen Vorsatz (BGH wistra **87**, 84). Zu den Voraussetzungen des Schädigungsvorsatzes bei der Hingabe eines nicht gedeckten Schecks vgl. BGH wistra **89**, 62. Der Schädigungsvorsatz bedarf im Einzelfall sorgfältiger Untersuchung (Seibert NJW 56, 1466; vgl. auch Stuttgart JR **78**, 388 m. Anm. Beulke, Düsseldorf StV 91, 520, wistra **98**, 159); dies gilt vor allem im Falle der Vermögensgefährdung (BGHR Vorsatz **2**, Karlsruhe wistra **97**, 109). Es ist unerheblich, wenn sich der Täter unter dem Geschädigten eine andere Person als die tatsächlich geschädigte vorstellt (RG GA Bd. 67, 437; BGH MDR/D 72, 571). Nach allen Richtungen genügt bedingter Vorsatz (RG 49 29, BGH MDR/D 75, 22), sofern es sich nicht um die Vorspiegelung einer gegenwärtigen inneren Tatsache handelt (RG 30 336, Celle GA 57, 220). Die irrtümliche Annahme, es komme wegen des Bestehens eines Anspruchs zu keinem Schaden auf Seiten des Verfügenden, schließt den Vorsatz aus (BGH 31 181, Düsseldorf wistra 92, 74); vgl. o. 147.

166 2. Daneben muß der Täter die **Absicht** haben, sich oder einem anderen einen **rechtswidrigen Vermögensvorteil** zu verschaffen.

167 a) Der **Vermögensvorteil** ist das Gegenstück zum Vermögensschaden des Geschädigten. Daher stellt jede günstigere Gestaltung der Vermögenslage, jede Erhöhung des Vermögenswertes einen Vermögensvorteil dar (vgl. RG 50 279, BGH VRS 42 110, Blei II 238). Als Vermögensvorteil ist zB angesehen worden die Abwendung von Nachteilen (RG 73 296), die Unterlassung oder Verzögerung der Erhebung begründeter Ansprüche, insb. die Nichterhebung einer unstreitig begründeten Zivilklage (vgl. RG GA Bd. 57, 403, Stuttgart NJW 62, 503) oder die Erlangung eines Vollstreckungstitels (vgl. RG 52 92). Ein Vermögensvorteil kann auch darin gesehen werden, daß der drohende Verlust einer bereits erworbenen, aber durch die Gefahr des Verlustes im Wert geminderten Sache abgewendet wird (vgl. RG 10 76, 59 41, 73 286). Auch das Behalten einer Leistung, zu der man verpflichtet ist, ist ein rechtswidriger Vorteil, und zwar selbst dann, wenn die Verpflichtung gegenüber einem Dritten besteht (Vertrag zugunsten Dritter; Stuttgart NJW 62, 502). Durch die Möglichkeit, daß der Täter vielleicht später Ersatz leistet, wird die Erlangung eines Vermögensvorteils nicht ausgeschlossen (RG 12 396). Kein Vermögensvorteil ist die Abwehr einer Strafe (RG 71 281, 76 279 m. Anm. Mittelbach DR 43, 398; zum Parallelproblem beim Schaden vgl. o. 78 a). Ebenfalls kein Vermögensvorteil liegt in der Verbesserung der Durchsetzbarkeit eines vermögensrechtlichen Anspruchs (and. R 2 599, hier 17. A. RN 122) sowie in der Inanspruchnahme bloßer Annehmlichkeiten und nichtwirtschaftlicher Vorteile, selbst wenn diese mit wirtschaftlichen Reflexwirkungen einhergehen, wie zB bei Erlangung des Geschlechtsverkehrs (BGH 4 373). Veranlaßt der Partner eines gegenseitigen Vertrages den anderen Teil zur Leistung, indem er die eigene Vorleistung vorspiegelt, so kann es an der erforderlichen Absicht fehlen, wenn er die Absicht hat, seine eigene Leistung später zu erbringen (Stuttgart NJW 69, 1975).

168 b) Zwischen Vermögensschaden und -vorteil muß **Stoffgleichheit** (gegen diesen Begriff Bay MDR 64, 777, Eser GA 62, 299 f.) bestehen; vgl. näher Pröll GA 67, 107, Mitsch II 476. Der Täter muß den Vorteil unmittelbar aus dem Vermögen des Geschädigten in der Weise anstreben, daß der Vorteil die Kehrseite des Schadens ist (RG 67 201, BGH 6 115, NJW 61, 685, NStZ 98, 85, Hamm JMBlNRW 64, 32, Lackner LK[10] 265 ff., Welzel 355; vgl. auch Eser GA 62, 299). Mit der Rspr. (BGH 34 391) ist davon auszugehen, daß es für die Stoffgleichheit ausreicht, wenn Vorteil und Schaden auf derselben Verfügung beruhen und daß der Vorteil zu Lasten des geschädigten Vermögens geht. Deshalb besteht auch Stoffgleichheit im Falle der Verdrängung des sonst aussichtsreichsten Mitbewerbers; vgl. o. 88. Daran fehlt es zB, wenn der Täter in der Absicht handelt, von einem Dritten für die Täuschung belohnt zu werden (Frank VII 3, M-Maiwald II/1 444, Blei II 238) oder wenn jemand durch die Vorspiegelung der Güte einer zum Kauf angebotenen Hypothek veranlaßt wird, kostspielige Reisen zu unternehmen; vgl. auch Bay 55 10 (Aufwendung von Prozeßkosten, um von unerwünschtem Vertrag loszukommen), 86 62 (Kosten für Ausübung eines Rücktrittsrechts). Keine Stoffgleichheit liegt ferner vor, wenn der Schaden des Käufers allein darin liegt, daß er Barmittel investiert, die er an anderer Stelle dringender benötigen würde, während sich der vom Täter erstrebte Vorteil (Kaufpreis) aus dem Kaufvertrag als solchem ergibt (Schröder NJW 62, 722; and. Samson/Günther SK 190). Es genügt auch nicht, wenn Schaden und Vorteil zwar auf demselben Entstehungstatbestand beruhen, der Vorteil dem Täter jedoch aus dem Vermögen eines Dritten zufließt (vgl. Celle NJW 59, 400, Hamm NJW 58, 513, GA 59, 352; and. Karlsruhe NJW 59, 398, Köln NJW 60, 209; vgl. auch BGH MDR/D 73, 370). Aus den gleichen Gründen liegt § 263 nicht vor, wenn der Täter Waren zur Lieferung an Dritte bestellt, um diese zu ärgern (and. Bay JZ 72, 25 m. Anm. Schröder, Herzberg, JuS 72, 87, Maurach JR 72, 345, Puppe MDR 73, 12, Blei JA 72, 173, 435). An der Stoffgleichheit fehlt es auch, wenn ein Versicherungsnehmer, der einen Unfall verschuldet hat, seiner Versicherung eine unrichtige Unfallschilderung in der Absicht mitteilt, sich den Anspruch auf Schadensfreiheitsrabatt zu erhalten und dabei in Kauf nimmt, daß der Unfallgegner dadurch geschädigt wird (Bay NStZ 94, 491).

169 Die Stoffgleichheit ist insb. von Bedeutung, wenn ein **Provisionsvertreter** Aufträge erschwindelt, um von einem Unternehmer Provision zu erhalten. Hier können der Schaden des Bestellers (Bezahlung des Kaufpreises, Annahme der Ware als Erfüllung; vgl. o. 136 ff.) und der Vorteil des Vertreters (Provisionsanspruch gegen den Auftraggeber) denselben Entstehungsgrund haben (vgl. § 87 HGB). Gleichwohl kommt ein eigennütziger Betrug insoweit nicht in Betracht, da der Vorteil, Provision zu erhalten, nicht unmittelbar aus dem Schaden des Kunden rührt, sondern aus dem Vermögen des Geschäftsherrn erlangt wird (BGH NJW 61, 684, Braunschweig NdsRpfl. 60, 280, Celle NJW 59, 399, Hamm NJW 58, 513, GA 59, 352, Oldenburg NJW 60, 2205, KG JR 66, 391 m. Anm. Schröder, Köln JMBlNRW 66, 210; and. Karlsruhe NJW 59, 398, Köln NJW 60, 209). Jedoch liegt in diesen Fällen ein **Betrug zugunsten** des **Unternehmers** vor, da der Täter die erstrebte Provision endgültig nur dadurch erlangt, daß gleichzeitig seinem Auftraggeber ein stoffgleicher, aus dem Vermögen des Kunden stammender Vorteil zufließt. Eine Betrugsabsicht iS zielgerichteten Handelns ist im Hinblick auf diesen Vorteil auch dann gegeben, wenn dieser nur notwendiges Mittel zur Erlangung der vom Täter erstrebten Provision ist (BGH **21** 384, NJW **61**, 684, Bay NJW **73**, 633 m. Anm. Berz NJW 73, 1337, Hamm JMBlNRW **64**, 32, Braunschweig NJW **61**, 1272, Düsseldorf JMBlNRW **64**, 284, NJW **74**, 1833; vgl. u. 176 f.). Nimmt der Täter freilich an, der Besteller werde den Vertrag vor der Erfüllung anfechten, so scheidet ein Betrug zu dessen Nachteil aus, weil es insoweit sowohl am Schädigungsvorsatz als auch an der Bereicherungsabsicht fehlt (vgl. auch Karlsruhe NJW **59**, 398, Köln NJW **60**, 209; and. Braunschweig NdsRpfl. **60**, 280). In all diesen Fällen kommt jedoch außerdem ein **Betrug** zum **Nachteil** des **Unternehmers** in Betracht, wenn der Täter unter Verschweigen des wahren Sachverhalts die Auszahlung der Provision erwirkt (vgl. Celle, NJW **59**, 399; vgl. auch BGH GA **61**, 114, Bay NJW **73**, 634 m. Anm. Berz NJW **73**, 1337). Voraussetzung hierfür ist allerdings, daß das Geschäft vom Kunden in diesem Zeitpunkt noch angefochten werden konnte, da sonst der Unternehmer nicht berechtigt ist, die Zahlung der Provision zurückzuhalten. Zwischen beiden Fällen des Betrugs besteht Fortsetzungszusammenhang; die Gleichartigkeit der Einzelakte ist durch den unterschiedlichen Inhalt der Betrugsabsicht nicht ausgeschlossen. Ähnliche Probleme können sich im Rahmen eines Erfüllungsbetruges ergeben, wenn ein Zustellungsbote den Abnehmer veranlaßt, eine höhere Menge zu quittieren, als er tatsächlich erhalten hat. So liegt ein fremdnütziger Betrug zugunsten des Heizöllieferanten vor, wenn der Fahrer den Abnehmer über die tatsächlich abgelieferte Heizölmenge täuscht (Düsseldorf wistra **85**, 110).

c) Der erstrebte **Vorteil** muß **rechtswidrig** sein. Dieses Merkmal hat je nach dem Standpunkt zum **170** Vermögens- und Schadensbegriff unterschiedlich weitreichende Bedeutung.

α) Nach der hier vertretenen Auffassung zum Vermögensbegriff (o. 82 f.) ist damit lediglich **171** gemeint, daß eine auf der Irrtumserregung beruhende Vermögensverschiebung der **materiellen Rechtslage widersprechen** und der Täter eine solche Vermögensverschiebung erstreben muß. Darüber hinaus kommt dem Merkmal auf der Grundlage der juristisch-ökonomischen Vermittlungslehre keine selbständige Bedeutung zu.

β) Nach dem extrem wirtschaftlichen Vermögensbegriff (vgl. o. 80) ist dagegen mit dem Merkmal **172** des rechtswidrigen Vermögensvorteils die **Rechtwidrigkeit der Vermögensverschiebung** gemeint, so daß der Tatbestand des § 263 nur dann erfüllt ist, wenn dem Getäuschten ein Nachteil im Widerspruch zur Privatrechtsordnung zugefügt werden soll. Danach muß also das Opfer den Nachteil zu Unrecht erleiden sollen und der Täter den Vorteil erlangen wollen, ohne darauf einen Anspruch zu haben (vgl. RG **26** 354, **44** 203, BGH [GrS] **19** 206, ferner v. Hippel Lehrb. 260, Blei II 239, Tröndle/Fischer 43, Otto aaO 218, Mitsch II 478 ff., eingehend Mohrbotter GA 67, 199 ff., 213 f.). Folglich ist der erstrebte Vermögensvorteil rechtswidrig, wenn die von einem Arzt erbrachte Leistung nach GOÄ nicht abrechenbar ist, d. h. kein Anspruch auf Bezahlung besteht (BGH NStZ **93**, 388, BVerfG NJW **98**, 810). Weitergehend wollte Schröder (JZ **65**, 513 ff., JR **66**, 471, hier die 17. A. RN 118 d) das Merkmal der Rechtswidrigkeit der Vermögensverschiebung aus dem subjektiven in den objektiven Tatbestand verlagern mit dem Ergebnis, daß nicht jeder Schaden im wirtschaftlichen Sinne für § 263 ausreiche.

Daraus folgt, daß auch nach dem wirtschaftlichen Vermögensbegriff Betrug stets ausscheidet, wenn **173** der Täter lediglich die Erfüllung eines fälligen Anspruchs erstrebt, wobei freilich der aus dem betrügerischen Geschäft selbst erwachsene Anspruch außer Betracht zu bleiben hat (hier 17. A. RN 125 a). Unerheblich ist, ob die Erfüllung mit Mitteln erreicht werden soll, die als solche nicht zu billigen sind (BGH wistra **82**, 68). Daher entfällt § 263 zB bei falschen Angaben in einem Zivilprozeß (RG **64** 344, BGH **3** 162, MDR/D **56**, 10, GA **66**, 52; vgl. aber auch RG **72** 136, **77** 185, DR **42**, 1786), sofern jedenfalls der Anspruch zu Recht besteht; näher zum Beweismittel- und Selbsthilfebetrug o. 146 f. Durch dieses Abstellen auf die rechtliche Mißbilligung der Vermögensverfügung erfahren die Auswirkungen des rein wirtschaftlichen Vermögensbegriffs eine Korrektur und damit der Betrugstatbestand eine Begrenzung (vgl. im einzelnen dazu Schröder JZ 65, 513 ff., ferner JR **66**, 471), die allerdings nicht ausreicht, um in allen Fällen zu brauchbaren Ergebnissen zu kommen. Will der Täter zB einen Dritten bereichern und geht er dabei irrig davon aus, daß diesem ein Anspruch nicht zustehe (Anwalt legt gefälschtes Beweismittel vor, um in Wahrheit bestehenden Anspruch durchzusetzen), so müßte nach h. M. wegen vollendeten Betruges bestraft werden.

Folgt man dieser Auffassung, so ist die Rechtswidrigkeit der Vermögensverschiebung zu bejahen, **174** wenn die vom Täter erstrebte Verschiebung des fremden Vermögenswertes in sein eigenes Vermögen oder in das eines Dritten durch die Rechtsordnung nicht gebilligt wird (vgl. Schröder JZ 65, 515 f., JR **66**, 471). Dafür sind idR die Bestimmungen der Privatrechtsordnung entscheidend. In Betracht kommen aber auch andere Teile der Gesamtrechtsordnung wie zB das Verwaltungs- oder Steuerrecht, soweit sie die Übertragung von Vermögenswerten auf andere Rechtsträger betreffen und damit der Legalisierung von Vermögensverschiebungen dienen (vgl. etwa BGH **19** 206 zur bevorzugten Zuteilung von VW-Aktien). Bei der Leistung zur Erfüllung nichtiger Verträge ergibt sich die Rechtswidrigkeit aus der fehlenden Anerkennung durch das Privatrecht. Daß die Leistung nach § 817 BGB nicht zurückgefordert werden kann, soll dagegen unerheblich sein, da diese Vorschrift nur privatrechtliche Funktion habe (vgl. BGH NJW **53**, 744, hier 17. A. RN 118 f.). Über die Rechtswidrigkeit des Vermögensvorteils bei Zahlung eines niedrigeren als des unzulässigerweise vereinbarten Preises vgl. BGH **8** 221, Gutmann MDR 63, 7, Schröder DRiZ 56, 70 f. Zur Rechtswidrigkeit des Vorteils bei Vergleichsverhandlungen vgl. Bay JR **69**, 308 m. Anm. Schröder.

§ 263   Bes. Teil. Betrug und Untreue

175   d) Für den Irrtum über die Rechtswidrigkeit des Vermögensvorteils gilt nach der wirtschaftlichen Vermögenslehre Entsprechendes wie beim Irrtum über die Rechtswidrigkeit der Zueignung beim Diebstahl (BGH **3** 99, StV **92**, 106, wistra **92**, 95, NStZ-RR **97**, 257, Bay StV **90**, 165, Bamberg NJW **82**, 778; vgl. § 242 RN 61, ferner Schröder DRiZ 56, 72, Noll SchwZStr. 56, 150). Dabei spielt es keine Rolle, ob dieser Irrtum verschuldet ist (widersprüchlich insoweit Müller/Wabnitz NJW **84**, 1788, die eine fehlerhafte Aufklärung offenbar für unerheblich halten). Nach der hier vertretenen Ansicht fehlt es allerdings bereits am Schädigungsvorsatz. Im umgekehrten Fall, dh bei der irrigen Annahme, keinen Anspruch zu haben, kommt ein untauglicher Versuch in Betracht (BGH **42** 268 m. Anm. Arzt JR **97**, 469, Kudlich NStZ **97**, 432).

176   e) **Absicht** bedeutet den auf Erlangung des Vorteils zielgerichteten Willen (vgl. § 15 RN 66). Nicht erforderlich ist also, daß der Vorteil Triebfeder (Motiv) des Täters ist (BGH **16** 1, Welzel NJW **62**, 21; and. RG **55** 260, KG NJW **57**, 882, Braunschweig NJW **57**, 601). Die Vorteilserlangung braucht weder der einzige (RG **27** 220, BGH **16** 1) noch der in erster Linie verfolgte Zweck gewesen zu sein (RG **27** 220; and. KG NJW **57**, 882); es reicht vielmehr aus, wenn der Vorteil vom Täter als notwendiges Mittel für einen dahinter liegenden weiteren Zweck erstrebt wird (BGH **16** 1, Welzel NJW **62**, 21). So handelt zB der Provisionsvertreter, der einen Kunden zum Abschluß eines nachteiligen Vertrages veranlaßt, auch dann in der Absicht, seinem Unternehmer einen rechtswidrigen Vermögensvorteil zu verschaffen, wenn dieser nur notwendiges Mittel zur Erlangung der vom Täter letztlich erstrebten Provision ist (BGH **21** 384, NJW **61**, 684, Braunschweig NdsRpfl. **60**, 279, Celle NJW **59**, 400, Hamm GA **59**, 352, Oldenburg NJW **60**, 2205, Saarbrücken NJW **68**, 262, Düsseldorf NJW **74**, 1833; and. Karlsruhe NJW **59**, 398; vgl. auch o. 169). Dagegen liegt eine Absicht nicht vor, wenn die Vorteilserlangung nur eine notwendige, dem Täter vielleicht höchst unerwünschte Nebenfolge eines von ihm erstrebten anderen Erfolgs ist (BGH **16** 6, Köln JR **70**, 468 m. Anm. Schröder, Welzel NJW **62**, 21). Kein Betrug liegt daher vor, wenn der Täter nicht um des Gewinns willen, sondern lediglich aus Sportleidenschaft seine Zulassung zu einem Pferderennen erschleicht (and. RG **44** 9) oder wenn er zwecks Werkspionage eine Stellung als bezahlter Arbeiter annimmt. Erstrebt der Täter andererseits den Vorteil, so liegt eine Absicht auch vor, wenn er die tatsächliche Erlangung des Vorteils nur für möglich hält (Welzel NJW **62**, 21; mindestens mißverständlich hier jedoch BGH **16** 5). Die Absicht, die Dispositionsmöglichkeit über die geschuldete Leistung zu erhalten, ist nur dann auf Erlangung eines Vermögensvorteils gerichtet, wenn der Täter die Leistung selbst für sich oder einen Dritten erstrebt. Die Absicht braucht sich nur auf den Vermögensvorteil zu beziehen; hinsichtlich dessen Rechtswidrigkeit genügt auch bedingter Vorsatz (RG **55** 259, HRR **40** Nr. 1270, BGH MDR/D **75**, 22).

177   f) Der Vermögensvorteil kann auch zugunsten eines **Dritten** erstrebt werden. Betrug liegt daher auch vor, wenn der Täter den Vorteil zunächst einem Dritten verschaffen will, um ihn dann von diesem durch ein weiteres deliktisches Handeln zu erlangen (zB ein Bahnbeamter verkauft Fahrkarten zu einem höheren Preis – Betrug zugunsten der Bahn –, um sich den Mehrerlös später durch Unterschlagung zuzueignen); vgl. RG **75** 379. Eine analoge Situation ergibt sich, wenn A durch Täuschung den B dazu veranlaßt, des A Schulden in der Meinung, es seien die seinigen, zu begleichen. Auch der Betrug durch Provisionsvertreter gehört hierher; vgl. o. 169. Die Möglichkeit des Betruges zugunsten Dritter schließt nicht aus, daß bei altruistischem Handeln auch Beihilfe zu § 263 begangen werden kann, wenn der Teilnehmer nur unterstützend tätig wird (vgl. BGH MDR/D **73**, 17).

178   IX. Der Betrug ist **vollendet,** wenn der Vermögensschaden eingetreten ist; nicht erforderlich ist, daß auch der angestrebte Vermögensvorteil eingetreten ist (BGH MDR **84**, 509). Notwendig ist daher, daß eine auf Verfügung gerichtete Handlung die Vermögensschädigung herbeigeführt hat, nicht dagegen, daß diese ihr Ziel tatsächlich erreicht hat (vgl. BGH **19** 343, § 253 RN 23). Geht zB die abgeschwindelte Sendung auf der Post verloren, so ist der Betrug vollendet, nicht nur versucht. Vollendet ist der Betrug auch, wenn der Getäuschte den Irrtum vor Auszahlung des erschwindelten Geldes an den Täter entdeckt, diese jedoch in der irrtümlichen Annahme nicht hindert, sie sei bereits erfolgt (Köln JMBlNRW **62**, 176). Eingehungs- und Erfüllungsbetrug bilden eine einheitliche Tat; jener ist nur ein Durchgangsstadium zur Erfüllungsphase, mit deren Abwicklung der Eingehungsschaden – sei es auch durch mehrere Einzelhandlungen – vertieft und die endgültige Schädigung erreicht wird (BGH NStZ **97**, 542; Jescheck Welzel-FS 683, 688, Lackner LK 292 ff.; and. Otto Lackner-FS 715, 723). **Beendet** ist das Delikt jedoch erst mit der Erlangung des Vorteils (vgl. Stuttgart NJW **74**, 914, Lackner LK[10] 291).

179   Ein strafbarer **Versuch** (Abs. 2) liegt vor, sobald mit einer auf Täuschung abzielenden Handlung begonnen worden ist (RG **70** 157, **72** 66). Hierfür kommen freilich nur solche in Betracht, die auf eine irrtumsbedingte Vermögensverfügung gerichtet sind (BGH **37** 294); soll durch unwahre Angaben nur das allgemeine Vertrauen des Opfers erworben werden, liegt keine Täuschungshandlung iSv § 263 vor (Karlsruhe NJW **82**, 59, Vogler LK[10] § 22 RN 35 a; verkannt von Burkhardt JuS 83, 426). Gleiches gilt für die Beurteilung des Versuchsbeginns beim Maklergeschäft; vgl. BGH **31** 181 m. Bespr. Maaß JuS 84, 28, Vogler aaO). Bloße Vorbereitungshandlung ist gegeben, wenn der Täter einen Brief an einen Dritten schreibt, um ihn als Werkzeug für die beabsichtigte Täuschung zu gewinnen (and. RG **77** 173), eine Urkunde fälscht, um sie später einem anderen gegenüber zu gebrauchen (RG **70** 157), versicherte Sachen beiseiteschafft, um demnächst bei der Versicherungsgesellschaft einen Schaden anzumelden (BGH NJW **52**, 430) oder ein Postsparbuch eröffnet, um später die Eintragungen zu fälschen (BGH wistra **84**, 142). Vgl. weiter BGH BB **57**, 689 (Anmeldung zum Handelsregister), Köln NJW **52**, 1066 m. Anm. Mezger (Verladung von mindergewichtigen Säcken) und Koblenz VRS **53** 27 (Beschädigung eines kaskoversicherten Kfz). Zum Fall eines untauglichen Versuchs bei nur vermeintlicher Mittäterschaft vgl. BGH NJW **95**, 142.

X. Mittelbare Täterschaft ist nach allgemeinen Regeln möglich (RG **64** 425, **72** 116; einschränkend Gundlach MDR **81**, 194); vgl. § 25 RN 6 ff. Ein Fall der mittelbaren Täterschaft ist auch darin zu sehen, daß der Täter die falschen Tatsachen einem unbeteiligten Dritten vorspiegelt, jedoch weiß, daß sich der letztlich zu Täuschende bei dem Dritten Kenntnis von jenen Tatsachen durch Einholung einer Information verschafft (vgl. BGH NStZ **94**, 35). Dies ist zB der Fall, wenn der Täter, um der Inspruchnahme durch den Geschädigten zu entgehen, gegenüber einer amtlichen Stelle falsche Angaben macht und diese, wie der Täter weiß, von dem Geschädigten um Auskunft angegangen wird (Stuttgart NJW **62**, 502 m. abl. Anm. Merkert NJW 62, 1023; zust. M-Maiwald II/1 413). Täuscht das gutgläubige Werkzeug mehrere Personen aufgrund einer einmaligen Einwirkung des Hintermannes, so kommen für diesen mehrere Betrüge, begangen in gleichartiger Tateinheit, in Betracht (vgl. BGH NStZ **94**, 35). **Mittäterschaft** setzt keine Mitwirkung im Ausführungsstadium voraus; Mittäter kann auch sein, wer bei der Vorbereitung eine bestimmende oder entscheidende Rolle spielt (BGH wistra **92**, 181, Celle NJW **94**, 142). Zu den verschiedenen Formen der Mittäterschaft beim Baubetrug vgl. Geerds NStZ **92**, 57. Strafbare **Teilnahme** ist bis zur tatsächlichen Beendigung, nicht nur bis zur rechtlichen Vollendung möglich (BGH wistra **99**, 21). Obwohl § 263 die Absicht ausreichen läßt, einem anderen einen Vermögensvorteil zu verschaffen, ist **Beihilfe nicht ausgeschlossen,** so zB wenn dem Täter zum Zwecke der Täuschung eine falsche Urkunde geliefert wird; wer in seiner Person alle Merkmale des § 263 verwirklicht, ist allerdings stets Täter, auch wenn er aus altruistischen Motiven handelt (vgl. 75 vor § 25). Zur Abgrenzung von Beihilfe und Begünstigung vgl. BGH wistra **93**, 17.

XI. Verhältnis zu anderen strafbaren Handlungen

1. Für die Frage des Vorliegens einer oder mehrerer Taten iSd §§ 52, 53 ist auf den jew. Tatbeitrag der einzelnen Beteiligten abzustellen (BGH wistra **99**, 23). So ist beim Betrug in mittelbarer Täterschaft nur eine Tat anzunehmen, wenn der mittelbare Täter mehrere Personen veranlaßt, andere gutgläubig durch Täuschung zu schädigen (BGH wistra **99**, 23, 179). Dies gilt auch bei einer Täuschung durch schlüssiges Verhalten, etwa dann wenn der Geschäftsführer einer GmbH zur Eröffnung des Gesamtvollstreckungsverfahrens verpflichtet ist, gleichwohl aber Vertragsabschlüsse durch die Mitarbeiter der GmbH geschehen läßt, die diese zur Zahlung verpflichten.

2. Idealkonkurrenz ist möglich mit § 145 d (BGH wistra **85**, 19), § 146 (dort RN 29), § 147 (dort RN 14) und § 148 (dort RN 26). Bei den Eidesdelikten kommt Idealkonkurrenz mit §§ 153 ff. in Betracht; zwischen Prozeßbetrug und Anstiftung zu § 153 liegt allerdings regelmäßig Realkonkurrenz vor (and. BGH **43** 317, m. abl. Anm. Momsen NStZ **99**, 306). Weiterhin ist Idealkonkurrenz zB möglich mit § 164 (RG **53** 208), § 266 (dort RN 54), § 332 (BGH MDR/H **85**, 627), mit § 353 (dort RN 14) jedoch nur dann, wenn zu der Täuschung, die notwendig zur Abgabenüberhebung gehört, eine zusätzliche Täuschung hinzukommt (vgl. auch § 352 RN 14). Idealkonkurrenz ist auch möglich mit § 4 UWG (vgl. BGH **27** 295), § 24 WZG (RG **43** 87), §§ 399, 400, 403 AktG, § 88 BörsenG, Verstößen gegen das WiStG (BGH LM **Nr. 5**), §§ 52, 53 Lebensmittel- und BedarfsgegenständeG (RG **73** 86, BGH **12** 347, LM **Nr. 2** zu § 11 LebensmittelG a. F.) und §§ 1, 5 HeilpraktikerG (BGH **8** 237). Über das Verhältnis zu § 242 vgl. o. 63 f., zu § 264 dort RN 87, zu § 267 dort RN 100, zu § 253 dort RN 37, zu § 283 dort RN 67. Über das Verhältnis zum Wucher vgl. Schauer 227 ff., zum unerlaubten Glücksspiel. Lampe JuS 94, 737, 741.

3. Gesetzeskonkurrenz besteht regelmäßig mit § 352, sofern nicht neben die begriffsnotwendig zu der Gebührenüberhebung gehörende Täuschung eine weitere Täuschung hinzutritt (BGH **2** 35, Karlsruhe NStZ **91**, 239). Dasselbe gilt für § 353. Zum Verhältnis zu § 266 b vgl. dort RN 14. Gesetzeskonkurrenz kommt ferner in Betracht mit Steuerbetrug gemäß §§ 370, 373 AO (BGH GA/He **58**, 49, BGH MDR **40** 109 [Anmeldung fingierter vorsteuerabzugsfähiger Umsätze], MDR **75**, 947, **36** 100) und mit Monopolhinterziehung gemäß §§ 119 ff. BranntweinmonopolG (RG **63** 144) in Betracht; diese Bestimmungen gehen vor. Will der Täter aber nicht nur einen Steuervorteil, sondern noch einen sonstigen Vorteil, zB eine Lohnzulage, erschleichen, dann kommt Idealkonkurrenz in Betracht (RG **60** 163). Bei der Erschleichung von Steuervorteilen kommt § 263 nur in Betracht, wenn der gesamte Steuervorgang zum Zwecke der Täuschung erfunden worden ist (BGH wistra **87**, 177). Über Schwarzhören vgl. § 265 a RN 5, 11. Gesetzeskonkurrenz ist ferner mit § 21 HopfenherkunftsG (BGH **8**, 46) anzunehmen; § 263 geht vor (BGH **8** 46). Auch gegenüber § 35 DepotG geht § 263 vor; zur Frage, ob Kirchensteuerverkürzungen wegen des ausdrücklichen Verzichts der Landesgesetzgeber auf die Anwendung der AO als Betrug zu bestrafen ist, vgl. Rönnau wistra 95, 47. Sind in Landesgesetzen Tatbestände betrugsähnlichen Charakters enthalten, so gehen diese gemäß Art. 4 III EGStGB vor, soweit sie Steuern oder Abgaben betreffen. § 265 a ist subsidiär gegenüber § 263 (vgl. dort RN 1).

4. Das Konkurrenzverhältnis zu den **Vorfeldtatbeständen** des § 263 ist uneinheitlich. Der Subventionsbetrug nach § 264 geht § 263 vor (vgl. dort RN 4, 87 f.), dagegen kommt Idealkonkurrenz

§ 263 184–188 a

mit Kreditbetrug (vgl. § 265 b RN 51; and. BGH NJW **89**, 1868) in Betracht, während § 263 dem § 265 vorgeht (BGH NStZ **99**, 244).

184   5. Eine **straflose Nachtat** und kein strafbarer Betrug (**Sicherungsbetrug;** dazu Schröder SJZ 50 Sp. 99, MDR **50**, 398) liegt vor, wenn Vorspiegelungen zur Verdeckung einer Vortat (zB eines Diebstahls, einer Unterschlagung oder einer Untreue) gemacht werden und die Nachtat nicht zu einer neuen selbständigen Vermögensschädigung führt (RG **24** 410, **59** 130, **63** 192, BGH GA **57**, 410, Bay StV **99**, 255, Hamm JMBlNRW **57**, 177, M-Maiwald II/1 426, Tröndle/Fischer 63; and. BGH **17** 205). Dies gilt auch bei Diebstahl im Selbstbedienungsladen und Betrug an der Kasse (vgl. o. 58, 63 a); wird der Täter gestellt, ist der versuchte Betrug subsidiär zum Diebstahlsversuch (vgl. § 242 RN 35). Holt der Dieb eines Sparkassenbuches später das Geld ab, so liegt, soweit man darin die Merkmale des Betruges als gegeben ansieht, nur eine straflose Nachtat vor (BGH MDR/D **57**, 652, MDR/H **82**, 280, StV **92**, 272, NStZ **93**, 591); dies gilt jedoch nicht, sofern eine Täuschung notwendig ist, um eine bestehende Kontosperre aufzuheben (BGH NStZ **93**, 591). Auch Untreue kann eine straflose Nachtat gegenüber § 263 sein (BGH **6** 67, Hamm MDR **68**, 779). Keine straflose Nachtat ist es, wenn die später vorgenommene Handlung nicht lediglich den Sachwert des gestohlenen Gegenstandes betrifft (RG **43** 65, **59** 65). Nimmt jemand einem Schalterbeamten eine quittierte Postanweisung weg und täuscht er dann einen anderen Beamten durch Vorweisung der Postanweisung, dann kommt Realkonkurrenz zwischen Diebstahl und Betrug in Betracht (RG **49** 407; weiteres Beispiel in RG HRR **38** Nr. 351). Vgl. im übrigen noch 114 vor § 52.

185   Hat sich der Täter dagegen eine Sache durch Betrug beschafft, so ist hinsichtlich der Nachtat zu unterscheiden: Hatte der Täter durch den Betrug Eigentum erlangt, so ist die Zueignung nicht mehr tatbestandsmäßig iS des § 246; vgl. auch Otto aaO 118. Auch ein erneuter Betrug gegenüber dem eventuellen Käufer der Sache entfällt. War jedoch nur Besitz an der Sache übertragen, so ist die Zueignung straflose Nachtat (RG **62**, 62, BGH **3** 372; vgl. 114 f. vor § 52). And. BGH **14** 38 m. Anm. Baumann NJW 61, 1141, Bockelmann JZ 60, 422, Schröder JR 60, 308, wo bereits die Tatbestandsmäßigkeit verneint wird, da der Täter durch den Betrug bereits die Zueignung vollzogen habe und eine erneute „Zueignung" nicht erfolgen könne (and. wohl Bay GA 64, 83: Eigentumsdelikte werden „konsumiert"). Es handelt sich jedoch hier um kein Tatbestands-, sondern um ein Konkurrenzproblem, da das fortbestehende fremde Eigentum weiterhin zu respektieren ist. Hat der Betrüger allerdings den Besitzbetrug nur den Besitz ausüben wollen, so verletzt eine weitere Unterschlagung ein weiteres Rechtsgut; Betrug und Unterschlagung stehen dann in Realkonkurrenz (BGH **16** 280, GA **57**, 147, Braunschweig GA **54**, 315). Wer sich einen durch Betrug erlangten Vorteil dadurch sichert, daß er aufgrund eines neu gefaßten Entschlusses den Geschädigten mit Gewalt an der Durchsetzung seiner Forderung hindert, macht sich der Nötigung schuldig (BGH JR **84**, 387).

186   6. Eine **fortgesetzte Handlung** kommt nach der Rspr. des großen Senats des BGH (**40** 138) nicht mehr in Betracht. Vgl. zu dieser Problematik RN 31 ff. vor § 52. Dies hat zur Folge, daß die früher als Einzelakte eines fortgesetzten Betruges gewerteten Taten nunmehr rechtlich selbständig zu beurteilen sind, also auch selbständig verjähren (BGH **40** 153). In den Fällen der sog. Serienstraftaten sollte die Aufgabe der Rechtsfigur der fortgesetzten Handlung nicht zur Erhöhung der Strafe führen (BGH wistra **99**, 99). Zur revisionsrechtlichen Behandlung eines im angefochtenen Urteil angenommenen Fortsetzungszusammenhangs vgl. BGH wistra **95**, 102.

186 a   7. Zur **Wahlfeststellung** zwischen Diebstahl und Betrug vgl. BGH NStZ **85**, 123; zwischen Hehlerei und Betrug ist Wahlfeststellung regelmäßig ausgeschlossen BGH NStZ **85**, 123; hingegen kommt hier eine eindeutige Verurteilung wegen Hehlerei in Betracht BGH NJW **89**, 1867 u. § 242 RN 79. Zur Frage der Postpendenz statt Wahlfeststellung bei Betrug und Untreue vgl. Hamburg MDR **94**, 712.

187   XII. Als **Regelstrafe** ist Freiheitsstrafe bis zu fünf Jahren oder Geldstrafe angedroht. Unter den Voraussetzungen des § 41 (vgl. dort RN 1 ff.) kommt neben Freiheitsstrafe (vgl. hierzu BGH wistra **92**, 296) auch Geldstrafe in Betracht.

188   1. Die Strafe ist für **besonders schwere Fälle** durch das 6. StrRG auf sechs Monate bis 10 Jahre heraufgesetzt worden, zugleich sind in Abs. 3 in Nr. 1–5 Regelbeispiele gebildet worden (zur Regelbeispieltechnik Freund ZStW 109, 455, Hettinger NJW **96**, 2263, Callies NJW **98**, 929). Danach liegt ein besonders schwerer Fall regelmäßig vor:

188 a   a) Bei **gewerbsmäßiger** (95 f. vor § 52) oder – alternativ – **bandenmäßiger** (§ 244 RN 23 ff.) Begehung eines Betruges, wenn sich die Bande zur fortgesetzten Begehung von Urkundenfälschung oder Betrug verbunden hat; treffen beide Erschwerungsgründe – kumulativ – zusammen, so liegt ein Verbrechen nach Abs. 5 vor. Da bandenmäßige Begehung regelmäßig Gewerbsmäßigkeit einschließt, bleibt für die zweite Alt. in Abs. 3 Nr. 1 kaum Anwendungsspielraum. Wie bei § 244 (vgl. dort RN 25) genügt die Verbindung von 2 Personen für die Bildung einer Bande. Auch ein Ehepaar oder in nichtehelicher Gemeinschaft lebende Personen können eine Bande bilden. Vorausgesetzt wird allerdings, daß die Täter mit dem ernsthaften Willen sich zusammengeschlossen haben, künftig für eine gewisse Dauer selbständige, im einzelnen noch ungewisse Straftaten der gesetzlich umschriebenen Art zu begehen. Die Verbindung zu wiederholter Tatbegehung muß auf einer ausdrücklichen oder stillschweigenden Abrede beruhen, wenn es auch nicht erforderlich ist, daß eine feste Organisation vereinbart wurde, nach der den einzelnen Mitgliedern ganz bestimmte Rollen zukommen sollen

(BGH **42** 255, 259, BGHR BtMG § 30 a Bande 8, BGH NJW **98**, 2913). Zweifelhaft kann sein, ob die Merkmale Urkundenfälschung und Betrug, die als Ziel der Bandenbildung genannt sind, weit gefaßt werden müßten, oder aber nur den Strafbarkeitsbereich der §§ 263, 267 erfassen; entgegen Tröndle/Fischer sprechen für eine enge Auslegung die Formulierungen in §§ 275, 276, deren Abs. 2 jeweils darauf abstellt, daß sich die Bande zur Begehung von Taten nach Abs. 1 verbunden haben muß (vgl. auch 21 vor § 263). Die Bildung einer Bande zur fortgesetzten Begehung von Untreuedelikten reicht nicht aus (krit. hierzu Mitsch II 483).

b) Abs. 3 Nr. 2 umfaßt **zwei Alternativen,** von denen die erste auf einen **Erfolgsunwert** in Gestalt eines Vermögensverlustes großen Ausmaßes abstellt und die zweite durch die **Absicht** gekennzeichnet ist, durch **fortgesetzte Begehung** von Betrug eine große Zahl von Menschen in die **Gefahr** des **Verlustes von Vermögenswerten** zu bringen. 188 b

Ein **Vermögensverlust großen Ausmaßes** liegt vor, wenn die Schadenhöhe außergewöhnlich hoch ist. Das Merkmal des „großes Ausmaßes" wird durch das 6. StrRG in § 264 Abs. 2 Nr. 1 und § 335 Abs. 2 Nr. 1 in bezug auf den erlangten Vorteil verwendet. Im Gegensatz zu diesen Bestimmungen ist der Vermögensverlust jedoch opferbezogen, wobei sich aus Nr. 3 ergibt, die Grenze objektiv und nicht aus der Sicht des Opfers bestimmt. In Anlehnung an den RegE dürfte die Grenze bei 100 000 DM liegen. Nicht ausreichend ist eine schadensgleiche Vermögensgefährdung; der Verlust muß tatsächlich eingetreten sein. Offen bleibt nach dem Wortlaut, ob unter „Person" nur natürliche oder auch juristische Personen fallen; entgegen Mitsch II 484 reicht die Schädigung jur. Personen aus. 188 c

Die zweite Alternative setzt die **Absicht** voraus, durch **fortgesetzte Begehung** von Betrug eine **große Zahl von Menschen** in die Gefahr eines **Verlustes von Vermögenswerten** zu bringen. Besteht diese Absicht, so kann schon die erste Tat als besonders schwerer Fall eingestuft werden. Die Absicht muß allerdings auf die Begehung mehrerer rechtlich selbständiger Betrugstaten gerichtet sein, die allerdings noch keine Gesamtvorstellung des Täters dahingehend voraussetzt, welche Personen betroffen werden sollen. Nicht ausreichend ist jedoch eine Vielzahl von Taten gegen jeweils ein Opfer (and. Tröndle/Fischer 50). Wann eine große Zahl von Menschen vorliegt, ist tatbestandsspezifisch zu klären (BGH NJW **99**, 299). Es kommt also auf den jeweiligen Schutzzweck der Norm an. Eine große Zahl von Menschen setzt einerseits mehr als drei voraus, andererseits ist nicht erforderlich, daß eine unübersehbare Zahl von Menschen durch die Tat betroffen ist (so aber das Erfordernis in § 309 II). Im übrigen taucht das Merkmal auf in §§ 308 II, 312 III, 315 III Nr. 2, 318 III, 330 II Nr. 1, 330 a I. Für § 306 b I hat der BGH aaO die Gesundheitsbeschädigung von 14 Personen ausreichen lassen. Mit Rücksicht darauf, daß bei § 263 nicht persönliche Rechtsgüter, sondern Vermögenswerte geschützt sind, wird eine große Zahl von Menschen anzunehmen sein, wenn 20 Personen oder mehr betroffen sind. Im übrigen paßt dieses Regelbeispiel nicht zu § 263, weil der Tatbestand des Betruges keine Gefährdungsabsicht voraussetzt. 188 d

c) Nr. 3 setzt voraus, daß eine **andere Person** in **wirtschaftliche Not** gebracht worden ist. Zum Begriff der wirtschaftlichen Not vgl. § 291 RN 44 f. Der Vorschrift läßt sich nicht ohne weiteres entnehmen, ob mit der anderen Person das Betrugsopfer oder ein Dritter, zB der Gläubiger eines durch den Betrug zahlungsunfähig gewordenen Schuldners gemeint ist. Die weitergehende Auslegung verdient den Vorrang, wobei allerdings die Not des Dritten vom Vorsatz des Täters umfaßt sein muß (§ 291 RN 45). 188 e

d) Der Täter als **Amtsträger** (§ 11 I Nr. 2) nach Nr. 4 muß seine Befugnisse oder seine Stellung mißbraucht haben. Das Regelbeispiel ist durch das 6. StrRG auch in § 240 IV S. 2 Nr. 3 und § 267 III S. 2 Nr. 4 aufgenommen worden und war bisher schon in § 264 Abs. 2 S. 2 Nr. 2 aufgeführt. Vgl. § 264 RN 76. 188 f

e) Nach Nr. 5 wird vorausgesetzt, daß der Täter einen **Versicherungsfall vortäuscht,** nachdem er oder ein anderer zu diesem Zweck eine Sache von bedeutendem Wert in Brand gesetzt oder durch eine Brandlegung ganz oder teilweise zerstört oder ein Schiff zum Sinken oder Stranden gebracht hat. Durch dieses Regelbeispiel wird die Herabstufung von § 265 zum Vergehen ausgeglichen (BGH NStZ **99**, 243). Voraussetzung für die Nr. 5 ist damit die Vortäuschung eines Versicherungsfalls, d. h. die Geltendmachung eines in Wahrheit nicht bestehenden Anspruchs auf Versicherungsleistungen gegenüber dem Versicherer. Der besonders schwere Fall setzt also eine bewußt wahrheitswidrige Darstellung der tatsächlichen Voraussetzungen eines Versicherungsfalles voraus, wobei das Nichtbestehen eines Anspruchs zumindest vom dolus eventualis umfaßt sein muß. Erforderlich ist dabei, daß der geltend gemachte Leistungsanspruch sich angeblich aus einer Vortat ergibt, die § 265 entsprechen muß. Weiterhin ist erforderlich, daß die Brandstiftung (vgl. § 306) an einer Sache von bedeutendem Wert (vgl. dazu §§ 305 a RN 6, 307, 315) begangen wurde oder ein Schiff zum Sinken oder Stranden gebracht wurde. Zu den eigentlichen Konsequenzen die sich aus der Konkurrenz mit den Brandstiftungsdelikten ergeben, vgl. Staechelin StV **98**, 100, Mitsch ZStW 111, 114. 188 g

Durch das Erfordernis, daß die Vortat zum Zweck der Vortäuschung des Versicherungsfalles begangen sein muß, knüpft das Gesetz an das Merkmal der „betrügerischen Absicht" des § 265 aF an. Damit ist auf die Vorstellung des Vortäters vom Bestehen oder Nichtbestehen des Versicherungsanspruchs abzustellen (BGH MDR/H **88**, 1002 m. Anm. Ranft StV 89, 303). Der Vortäter des § 265 muß zudem bei der Tat Vorsatz auch im Hinblick auf den späteren Versicherungsbetrug haben (Tröndle/Fischer 53). Aus dem Umstand, daß als Vortat § 265 vorausgesetzt wird, ergibt sich auch, 188 h daß die Geltendmachung von Personen- und Vermögensfolgeschäden, die als Folge einer Vortat eingetreten sind, nicht umfaßt werden (Tröndle/Fischer 54).

188 i 2. Auch wenn bei Vorliegen der Voraussetzungen der Nummer 1–5 in der Regel ein besonders schwerer Fall anzunehmen ist, wird eine Gesamtabwägung nicht überflüssig (BGH NStZ **84**, 413; wistra **88**, 304, StV **99**, 251). Ob ein besonders schwerer Fall vorliegt, bestimmt sich nach dem Gesamtbild der Tat einschließlich aller subjektiven Momente sowie der Täterpersönlichkeit (BGH wistra **89**, 306, **94**, 100, **95**, 188). Wurde zB dem Täter mangels Kontrollen oder durch besondere Sorglosigkeit des Geschädigten (LG Gera NStZ-RR **96**, 167) die Tatbegehung besonders erleichtert, so kann dies gegen die Annahme eines besonders schweren Falles sprechen, auch wenn die Voraussetzungen des Abs. 3 gegeben sind. Umgekehrt können auch in Abs. 3 nicht genannte Faktoren die Annahme eines besonders schweren Falles nahelegen, wenn die Tat vom Durchschnitt der gewöhnlich vorkommenden Fälle so abweicht, daß die Anwendung des höheren Strafrahmens geboten ist. In Betracht kommen insb. eine auch die Interessen der Allgemeinheit oder eines größeren Personenkreises beeinträchtigende Tat oder eine besonders niederträchtige Handlung (vgl. BGH NStZ **84**, 413). Die Tat muß so schwer sein, daß unter Berücksichtigung der Umstände der allgemeine Strafrahmen keine ausreichende Reaktionsmöglichkeit mehr bietet (BGH MDR/D **76**, 816).

188 j 3. Nach Abs. 4 ist die Geringwertigkeitsklausel des § 243 II entspr. anwendbar; krit. zur gesetzestechnischen Konstruktion Mitsch II 486. Daraus folgt, daß ein besonders schwerer Fall ausgeschlossen ist, wenn sich die Tat auf einem Vermögensschaden von geringem Ausmaß bezieht, mögen auch die Voraussetzungen von Abs. 3 S. 2 Nr. 1–5 gegeben sein, zB der Täter als Amtsträger seine Befugnis oder Stellung mißbraucht hat (vgl. § 243 RN 48 ff. Naucke Lackner-FS 700 ff.). Nicht anwendbar ist die Geringwertigkeitsklausel, wenn der besonders schwere Fall in der Herbeiführung eines Vermögensverlustes großen Ausmaßes liegt.

188 k 4. **Vermögensstrafe** (§ 43 a) und die Anordnung des **Erweiterten Verfalls** (§ 73 d) sind in den Fällen bandenmäßiger Begehung zulässig nach Abs. 7, Gewerbsmäßigkeit ist nicht erforderlich. Liegt nur sie vor, so ist bloß § 73 d anwendbar.

189 5. Die Anordnung von **Führungsaufsicht** ist möglich neben einer Freiheitsstrafe von mindestens sechs Monaten nach Abs. 6 iVm § 68 I.

189 a XIII. Nach Abs. 5 wird die Tat zum **Verbrechen, wenn – kumulativ – gewerbsmäßige** und **bandenmäßige Begehung** vorliegt. Notwendig ist das Handeln als Mitglied der Bande, wobei sich diese zur fortgesetzten Begehung von Straftaten nach §§ 263 bis 264 oder – alternativ – §§ 267 bis 269 verbunden haben muß. Für minder schwere Fälle kommt Freiheitsstrafe von sechs Monaten bis zu fünf Jahren in Betracht. Ein minder schwerer Fall liegt vor allem dann vor, wenn die Tat sich auf geringe Vermögenswerte (§ 248 a) bezieht, obwohl Abs. 4 für den Qualifikationstatbestand des Abs. 5 nicht gilt (Tröndle/Fischer 57). Dagegen schließt die Geringfügigkeit des durch die Tat verursachten und angestrebten Vermögensschadens die Tatbestandsmäßigkeit der Qualifikation nicht aus, da Abs. 5 sich nur auf die besonders schweren Fälle nach Abs. 3 bezieht (vgl. Mitsch ZStW 111, 115). Der qualifizierte Betrug ist nicht in den Katalog des § 100 a S. 1 Nr. 2 StPO einbezogen.

190 XIV. Besonderheiten gelten für den **Haus- und Familienbetrug** und die betrügerische **Erlangung geringwertiger Sachen** (Abs. 4). Entscheidend ist dabei die Person des Geschädigten, nicht die des Getäuschten (RG **74** 168 m. Anm. Gallas ZAkDR 40, 246 u. Mezger DR 40, 1098).

191 1. **Antragsdelikt** ist eine Tat, die sich gegen **Angehörige, Vormünder** oder gegen Personen richtet, mit denen der Täter in häuslicher Gemeinschaft lebt (Abs. 4 iVm § 247). Über Angehörige vgl. § 11 RN 5 f. Über Vormünder und in häuslicher Gemeinschaft lebende Personen vgl. § 247 RN 3 ff. Ein Strafantrag ist nicht erforderlich, wenn der Täter eine „Verlobte" betrogen hat, das Verlöbnis aber nichtig, zB weil er verheiratet ist (RG JW **37**, 3302); vgl. weiter RG HRR **39** Nr. 1070 („Heiratsschwindler"), RG **75** 291. Ein Strafantrag ist auch dann erforderlich, wenn die Vermögensbeschädigung gerade dadurch herbeigeführt wird, daß der Täter seine verwandtschaftliche Eigenschaft (uneheliche Vaterschaft) bestreitet (BGH **7** 245, NStZ **85**, 407). Beim Betrug des Vaters gegenüber dem nichtehelichen Kind kommt es strafrechtlich allein auf die blutsmäßige Abstammung an (RG **72** 325). Der Betrug gegen einen Angehörigen ist auch dann nur auf Antrag verfolgbar, wenn ein besonders schwerer Fall (Abs. 3) vorliegt. Bei einem gegen einen Angehörigen begangenen Prozeßbetrug beginnt die Strafantragsfrist mit der Kenntnis des Geschädigten von der letzten Zwangsvollstreckung (Karlsruhe wistra **95**, 154).

192 2. **Relatives Antragsdelikt** ist die Tat, deren Gegenstand **geringwertige Sachen** sind (Abs. 4 iVm § 248 a); Einzelheiten hierzu bei § 77 RN 2 und § 248 a, Naucke Lackner-FS 702 ff. Da § 248 a auf § 263 entsprechend anzuwenden ist, kommen als „Sachen" nicht nur körperliche Gegenstände, sondern alle Vermögensbestandteile in Betracht (vgl. BGH **5** 263, Bay NJW **53**, 837, KG JW **30**, 137, Tröndle/Fischer 56). Über Geringwertigkeit vgl. § 248 a RN 5 ff., BGH **6** 41. Ein **Handeln aus Not** ist entgegen § 264 a a. F. nicht erforderlich. Zum Irrtum über die Geringwertigkeit vgl. § 248 a RN 16.

193 XV. Die **Verjährung** beginnt erst mit Eintritt des Vermögensschadens, nicht bereits mit der Täuschungshandlung (RG **42** 173, Blei II 240; vgl. zum Ganzen Otto Lackner-FS 723 ff.); über den Beginn der Verjährung bei Vollendung und Versuch vgl. Stuttgart MDR **70**, 64, NJW **69**, 1975 (näher hierzu § 78 a RN 7). Verwirklicht sich der schädigende Erfolg erst nach und nach (zB Rentenbetrug, Anstellungsbetrug), dann hat der Betrug erst mit dem letzten Teilerfolg sein Ende erreicht (RG **62** 419, BGH **27** 342 m. zust. Anm. Brause NJW 78, 2104, Köln MDR **57**, 371, Stuttgart MDR **70**, 64, § 78 a RN 4; and. [für Anstellungsbetrug] RG **64** 37, BGH **22** 38 m. Anm. Schröder JR 68, 346, Oppe NJW 58, 1909). Die zum Rentenbetrug entwickelten Grundsätze gelten auch für den Vermieterbetrug, bei dem die Verfolgungsverjährung mit der letzten Mietzahlung beginnt (Koblenz MDR **93**, 70).

§ 263 a Computerbetrug

(1) **Wer in der Absicht, sich oder einem Dritten einen rechtswidrigen Vermögensvorteil zu verschaffen, das Vermögen eines anderen dadurch beschädigt, daß er das Ergebnis eines Datenverarbeitungsvorgangs durch unrichtige Gestaltung des Programms, durch Verwendung unrichtiger oder unvollständiger Daten, durch unbefugte Verwendung von Daten oder sonst durch unbefugte Einwirkung auf den Ablauf beeinflußt, wird mit Freiheitsstrafe bis zu fünf Jahren oder mit Geldstrafe bestraft.**

(2) **§ 263 Abs. 2 bis 7 gilt entsprechend.**

Schrifttum: Achenbach, Das Zweite Gesetz zur Bekämpfung der Wirtschaftskriminalität, NJW 86, 1835. – *ders.,* Die „kleine Münze" des sog. Computer-Strafrechts, Jura 91, 225. – *Baumann,* Strafrecht und Wirtschaftskriminalität, JZ 83, 935. – *Bühler,* Ein Versuch, Computerkriminellen das Handwerk zu legen; Das Zweite Gesetz zur Bekämpfung der Wirtschaftskriminalität, MDR 87, 448. – *ders.,* Geldspielautomatenmißbrauch und Computerstrafrecht, MDR 91, 14. – *ders.,* Die strafrechtliche Erfassung des Mißbrauchs von Geldspielautomaten, 1993. – *Deider,* Mißbrauch von Scheckkarte und Kreditkarte durch den berechtigten Karteninhaber, 1989. – *Egli,* Grundformen der Wirtschaftskriminalität, 1985. – *Ehrlicher,* Der Bankomatenmißbrauch – seine Erscheinungsformen und seine Bekämpfung, 1988. – *Engelhard,* Computerkriminalität und deren Bekämpfung durch strafrechtliche Reformen, DVR 85, 165. – *Etter,* Noch einmal: Systematisches Leerspielen von Glücksspielautomaten, CR 88, 1021. – *ders.,* Neuere Rechtsprechung zu § 263 a StGB, CR 91, 484. – *Gogger,* Die Erfassung des Scheck-, Kredit- und Codekartenmißbrauchs nach Einführung der §§ 263 a, 266 b StGB durch das Zweite Gesetz zur Bekämpfung der Wirtschaftskriminalität, 1991. – *Granderath,* Das Zweite Gesetz zur Bekämpfung der Wirtschaftskriminalität, DB 86 Beil. 18, 1. – *Haft,* Das Zweite Gesetz zur Bekämpfung der Wirtschaftskriminalität (2. WiKG), NStZ 87, 6. – *Haß,* Rechtsschutz und Verwertung von Computerprogrammen, 467. – *Heinz,* Konzeption und Grundsätze des Wirtschaftsstrafrechts (einschließlich Verbraucherschutz), ZStW 96, 417. – *Hilgendorf,* Scheckkartenmißbrauch und Computerbetrug – OLG Düsseldorf, NStZ-RR 1998, 137, JuS 99, 542. – *Huff,* Die Strafbarkeit im Zusammenhang mit Geldautomaten, NStZ 85, 438. – *ders.,* Strafbarkeit der mißbräuchlichen Geldautomatenbenutzung durch Kontoinhaber, NJW 86, 902. – *ders.,* Die mißbräuchliche Benutzung von Geldautomaten, NJW 87, 815. – *Kilian/Heussen,* Computerrechtshandbuch – Computertechnologie in der Rechts- und Wirtschaftspraxis. – *Kleb-Braun,* Codekartenmißbrauch und Sparbuchfälle aus „Volljuristischer" Sicht, JA 86, 249. – *Kolz,* Zur Aktualität der Bekämpfung der Wirtschaftskriminalität für die Wirtschaft, wistra 82, 167. – *Lackner,* Zum Stellenwert der Gesetzestechnik, Tröndle-FS 41. – *Lampe,* Die strafrechtliche Behandlung der sog. Computer-Kriminalität, GA 75, 1. – *Lenckner,* Computerkriminalität und Vermögensdelikte, 1981. – *Lenckner/Winkelbauer,* Strafrechtliche Probleme im modernen Zahlungsverkehr, wistra 84, 83. – *dies.,* Computerkriminalität – Möglichkeiten und Grenzen des 2. WiKG, CR 86, 483, 654, 824. – *Martens,* Zur Reform des Beitragsstrafrechts in der Sozialversicherung, wistra 85, 51. – *ders.,* Das neue Beitragsstrafrecht in der Sozialversicherung, wistra 86, 154. – *ders.,* Strafbarkeit des Bankautomatenmißbrauchs, JuS 92, 1017. – *Meier,* Computerbetrug durch Geldautomaten, NStZ 93, 11. – *Möhrenschlager,* Der Regierungsentwurf eines Zweiten Gesetzes zur Bekämpfung der Wirtschaftskriminalität, wistra 82, 201; 83, 17, 49. – *ders.,* Neue gesetzliche Regelungen zur Computerkriminalität in den USA, wistra 85, 63. – *ders.,* Neue bundesstrafrechtliche Regelungen gegen die Fälschung und den Mißbrauch von Kreditkarten u. ä. in den USA, wistra 85, 216. – *ders.,* Das Zweite Gesetz zur Bekämpfung der Wirtschaftskriminalität (2. WiKG), wistra 86, 123. – *ders.,* Das neue Computerstrafrecht, wistra 86, 128. – *ders.,* Computerkriminalität und andere Delikte im Bereich der Informationstechnik, ZStW 93, 916. – *ders.,* Computerstraftaten und ihre Bekämpfung in der Bundesrepublik Deutschland, wistra 91, 321. – *v. zur Mühlen,* Computerkriminalität, 1973. – *Müller/Wabnitz,* Wirtschaftskriminalität, 3. A. 1993. – *Neumann,* Leerspielen von Geldspielautomaten, CR 89, 717. – *Otto,* Mißbrauch von Scheck- und Kreditkarten sowie Fälschung von Vordrucken für Eurochecks und Euroscheckkarten, wistra 86, 150. – *ders.,* Konzeption und Grundsätze des Wirtschaftsstrafrechts (einschließlich Verbraucherschutz), ZStW 96, 339. – *ders.,* Zum Bankautomatenmißbrauch nach Inkrafttreten des 2. WiKG, JR 87, 221. – *ders.,* Probleme des Computerbetrugs, Jura 93, 612. – *Poerting/Pott,* Computerkriminalität, Berichte des kriminalistischen Instituts, 1986. – *Ranft,* Der Bankautomatenmißbrauch, wistra 87, 79. – *Richter,* Strafbarer Mißbrauch des Btx-Systems, CR 91, 361. – *Rohner,* Computerkriminalität, 1976. – *Schäfer,* Die Strafbarkeit des Arbeitgebers bei Nichtzahlung von Sozialversicherungsbeiträgen für versicherungspflichtige Arbeitnehmer, wistra 82, 96. – *Scheffler,* Das 2. Gesetz zur Bekämpfung der Wirtschaftskriminalität unter besonderer Berücksichtigung des Tatbestandes des Computerbetruges (§ 263 a StGB) und des Tatbestandes des Mißbrauchs von Scheck- und Kreditkarten (§ 266 b StGB), 1998. – *Schlüchter,* Zweites Gesetz zur Bekämpfung der Wirtschaftskriminalität, 1987. – *dies.,* Zweckentfremdung von Geldspielgeräten durch Computermanipulation, NStZ 88, 53. – *dies.,* Entschlüsselte Spielprogramme, CR 91, 105. – *Schmölzer,* Computer-Kriminalität – kriminologische und kriminalpolitische Überlegungen, FestG-Göppinger, 2. Aufl. 1990, 237. – *Schroth,* Der Regelungsgehalt des 2. Gesetzes zur Bekämpfung der Wirtschaftskriminalität im Bereich des Ordnungswidrigkeitenrechts, wistra 86, 158. –

§ 263 a 1, 2

Sieber, Computerkriminalität und Strafrecht, 2. A. 1980. – *ders.*, Informationstechnologie und Strafrechtsreform, 1985. – *ders.*, Der strafrechtliche Schutz der Information, ZStW 91, 779. – *ders.*, Computerkriminalität und andere Delikte im Bereich der Informationstechnik, ZStW 92, 697. – *ders.*, Computerkriminalität und Informationsstrafrecht, CR 95, 100. – *Sieg*, Strafrechtlicher Schutz gegen Computerkriminalität, Jura 86, 352. – *Spahn*, Wegnahme und Mißbrauch codierter Scheckkarten, Jura 89, 513. – *Stahlschmidt*, Steuerhinterziehung, Beitragsvorenthaltung und Betrug im Zusammenhang mit illegaler Beschäftigung, wistra 84, 209. – *Steinhilper*, Ist die Bedienung von Bargeldautomaten unter mißbräuchlicher Verwendung fremder Codekarten strafbar?, GA 85, 114. – *Steinke*, Kriminalität durch Beeinflussung von Rechnerabläufen, NStZ 84, 295. – *ders.*, Computerkriminalität 1991, CR 92, 698. – *Stratenwerth*, Computerbetrug, SchwZStr. 81, 229. – *Thaeter*, Zur Struktur des Codekartenmißbrauchs, wistra 88, 339. – *Tiedemann*, Handhabung und Kritik des neuen Wirtschaftsstrafrechts – Versuch einer Zwischenbilanz, Dünnebier-FS 519. – *ders.*, Computerkriminalität und Mißbrauch von Bankomaten, WM 83, 1326. – *ders.*, Die Bekämpfung der Wirtschaftskriminalität durch den Gesetzgeber, JZ 86, 865. – *ders.*, Die strafrechtliche Vertreter- und Unternehmenshaftung, NJW 86, 1842. – *Volk*, Strafrecht und Wirtschaftskriminalität, JZ 82, 85. – *Weber, U.*, Konzeption und Grundsätze des Wirtschaftsstrafrechts (einschließlich Verbraucherschutz), ZStW 96, 376. – *ders.*, Wirtschaftsrecht – Einführung und Übersicht, JuS 89, 689. – *ders.*, Probleme der strafrechtlichen Erfassung des Euroscheck- und Euroscheckkartenmißbrauchs nach Inkrafttreten des 2. WiKG, JZ 87, 215. – *ders.*, Konkurrenzprobleme bei der strafrechtlichen Erfassung der Euroscheck- und Euroscheckkartenkriminalität durch das 2. WiKG, GedS-Küchenhoff 485. – *Westphal*, Strafbarkeit des systematischen Entleerens von Glücksspielautomaten, CR 87, 515. – *Winkelbauer*, Computerkriminalität und Strafrecht, CR 85, 40. – *Zimmerli/Liebl*, Computermißbrauch, Computersicherheit, 1984.

1 I. Die Vorschrift ist durch Art. 1 Nr. 9 des 2. WiKG v. 15. 5. 1986 (BGBl. I 722) eingefügt worden. Bei der **Bekämpfung der Computerkriminalität** (vgl. §§ 152 a III, 202 a, 269, 270, 303 a, 303 b, 348) kommt ihr nach Auffassung des Gesetzgebers neben § 269 die **zentrale Bedeutung** zu. Zur praktischen Bedeutung dieses häufigsten Computerdelikts vgl. Dannecker BB **96**, 1285, 1288, Tiedemann LK 7. Während § 269 systematisch den Fälschungsdelikten zugeordnet ist, sollen durch § 263 a die Fälle erfaßt werden, in denen der Täter das Ergebnis eines vermögenserheblichen Datenverarbeitungsvorganges durch unlautere Mittel beeinflußt, um dadurch für sich oder einen anderen einen rechtswidrigen Vermögensvorteil zu erlangen (Lenckner/Winkelbauer CR 86, 654, Günther SK 1 ff.). Für die Einführung einer Parallelvorschrift zum Betrugstatbestand bestand ein unabweisbares kriminalpolitisches Bedürfnis, weil der steigende Einsatz von Datenverarbeitsanlagen, insbesondere zwecks Abwicklung des Zahlungsverkehrs im Bankbereich, die in Zukunft noch größere Bedeutung erlangen wird, die Gefahren ihrer mißbräuchlichen Verwendung vermehrt hat und die bisherigen Straftatbestände Verhaltensweisen nicht zu erfassen vermochte, in denen eine Vermögensschädigung, die in Bereicherungsabsicht herbeigeführt wurde, nicht durch die irrtumsbedingte Verfügung einer (natürlichen) Person vermittelt wird, es also nicht zur Täuschung einer Kontrollperson kommt, der Vermögensschaden vielmehr durch einen Eingriff in das System der Datenverarbeitungsanlage erfolgt (eingehend hierzu Tiedemann LK 2, Kaiser-FS 1374 ff.). § 263 a soll also Strafbarkeitslücken ausfüllen, die dadurch aufgetreten sind, daß vermögensschädigende Computermanipulationen vom Betrugstatbestand regelmäßig nicht erfaßt werden können (Tiedemann WM 83, 1329, Kaiser-FS 1373, 1382, Lenckner/Winkelbauer CR 86, 654, Möhrenschlager wistra 82, 202, Mitsch II 396, Scheffler aaO 157). Daneben will § 263 a aber auch die Unklarheiten beseitigen, die durch den mißbräuchlichen Gebrauch von ec-Karten entstanden waren (vgl. u. 10 ff.); ob dies in brauchbarer Weise gelungen ist, ist allerdings höchst problematisch. Zur Gesetzgebungsgeschichte vgl. Lenckner/Winkelbauer CR 86, 654 f., Tiedemann JuS 89, 689 f., LK 1 ff., Kaiser-FS 1374 ff. u. insb. Lackner Tröndle-FS 43 ff. Zu den kriminologischen Grundlagen der Vorschrift vgl. Sieber, Computerkriminalität 126 ff., ders. CR **95**, 100, Sieg Jura 86, 352, Tiedemann LK 3; zur Entwicklung der Computerkriminalität vgl. Steinke CR 92, 698; zur Entwicklung im Ausland vgl. Tiedemann LK 8 ff., Kaiser-FS 1374.

2 Die ursprünglich vom RegE vorgeschlagene Fassung (BT-Drs. 10/318 S. 4) lehnte sich eng an § 263 an. Mit ihr sollten nur die Unzulänglichkeiten des geltenden Rechts beseitigt werden, die sich daraus ergaben, daß der Tatbestand des Betruges menschliche Entscheidungsprozesse voraussetzt, die bei den Einsatz eines Computers fehlen (BT-Drs. aaO S. 19). Die von der Regierung vorgesehene Fassung ist jedoch durch den Rechtsausschuß auf Anraten von Sachverständigen auch auf die Fälle der unbefugten Verwendung von Daten ausgedehnt worden, was die Vorschrift über die Strukturelemente des Betrugs hinausführt und auch solche der Eigentumsdelikte iS des Trickdiebstahls, der Unterschlagung sowie des Untreuetatbestandes einbezieht (Tiedemann WM 83, 1331, Otto, Bankentätigkeit 127, Sieber, Informationstechnologie 38 f., Lenckner/Winkelbauer wistra 84, 88, Möhrenschlager wistra 86, 129). Hier wird, wie häufig in der heutigen Gesetzgebung, spürbar, daß die Tatbestandsfassung einer Norm vorwiegend, gelegentlich sogar ausschließlich, an einer einzigen Fallkonstellation orientiert und dabei übersehen wird, daß die auf den Fall konzipierte, aber abstrakt formulierte Regelung auch eindeutig nicht strafwürdige Fälle erfaßt (vgl. Lackner Tröndle-FS 51 ff.). Durch die Erweiterung auf die unbefugte Verwendung von Daten hat die Vorschrift ihre **Symmetrie zu § 263 verloren** (Tröndle/Fischer 1; vgl. jedoch Lenckner/Winkelbauer CR 86, 655). Der „unbefugte Gebrauch" erfaßt bei wörtlicher Auslegung nämlich nicht bloß die wegen ihrer Parallelität zu § 263 strafwürdigen Fälle einer Computermanipulation, sondern auch etwa den Gebrauch der eigenen Codenummer, soweit hier im Verhältnis zur Bank – etwa beim Überziehen des Kreditrahmens, d. h. vertragswidrig von der Karte „unbefugt" (vgl. die Erl. zu § 266 b) – Gebrauch gemacht wird. Außerdem werden Fälle erfaßt, in denen Codekarten einem Dritten überlassen und dieser abspracheidrig höhere Beträge vom Konto des Codekarteninhabers abhebt als vorgesehen. Dies aber sind Verhaltensweisen, die nicht im entferntesten dem Bild des Betruges entsprechen (krit. auch Günther SK 18, Tiedemann LK 50). Ebenso verhält es sich mit falschen Angaben in Anträgen auf Erlaß von Mahnbescheiden, die im automatisierten Mahnverfahren ergehen (Haß aaO 472). Teilweise wird hier die Anwendbarkeit von § 263 a bejaht (Möhrenschlager wistra 86, 132). Obwohl hier falsche Angaben gemacht werden, wenn der Anspruch nicht besteht (and. Lenckner/Winkelbauer CR 86, 656; vgl. zum ganzen Tiedemann LK 39, 68, Scheffler 179 ff.), weil die prozessuale Wahrheitspflicht auch im Mahnverfahren gilt, wird die Anwendbarkeit von § 263 a gleichwohl abzulehnen sein, weil bei einer herkömmlichen Bearbeitung des Antrages ein Rechtspfleger sich keine Vorstellungen über das Bestehen des geltend gemachten Anspruchs machen würde (ebenso Lenckner/Winkelbauer CR 86, 656); vgl. zum ganzen Tiedemann LK 39, 68, Scheffler aaO 179 ff. Um Unzulänglichkeiten und eine uferlose Ausdehnung der Vorschrift zu vermeiden, hat daher als Auslegungsregel zu gelten, daß § 263 a ausscheidet, wenn ein entsprechendes Täuschungsverhalten gegenüber Personen nicht zum Betrug führen würde (vgl. hierzu BGH **38** 120 m. Anm. Cramer JZ 92, 1031, Zielinski CR 92, 223, Schlüchter JR 93, 493, Zweibrücken StV **93**, 196, Lackner Tröndle-FS 54 ff.). Dies ergibt sich daraus, daß § 263 a nur die Fälle erfassen will, die mangels einer intellektuellen Beeinflussung einer Person und deren irrtumsbedingten Reaktion nicht durch § 263 erfaßt werden können (Lackner aaO 54 ff.). Hier ergibt sich also ein ähnliches hypothetisches Subsumtionserfordernis, wie es in § 269 ausdrücklich vorgeschrieben ist (vgl. § 269 RN 18). Eine Wiedergabe der Rspr. findet sich bei Scheffler aaO 241 ff.

II. Der **objektive Tatbestand** setzt voraus, daß der Täter durch unrichtige Gestaltung des Programms, durch Verwendung unrichtiger oder unvollständiger Daten, durch unbefugte Verwendung von Daten oder sonst durch unbefugte Einwirkung auf den Ablauf des Datenverarbeitungsvorgangs dessen Ergebnis beeinflußt und dadurch das Vermögen eines anderen beschädigt. Zwischen der Tathandlung, der durch die Computermanipulation erzielten Ergebnisverfälschung und der Vermögensbeschädigung muß Kausalität bestehen. 3

1. Die **Tathandlungen** (zu deren Verhältnis vgl. Tiedemann LK 24), die in ihrer Beschreibung teilweise denen des § 263 nachempfunden sind (zB Verwendung unrichtiger Daten = Behaupten falscher Tatsachen) sollen alle Arten einer Manipulation erfassen, durch die auf das Ergebnis des Datenverarbeitungsvorgangs eingewirkt werden kann. Dieser läßt sich (vereinfacht) wie folgt beschreiben: Die in den Computer eingegebenen Eingangsdaten (Input) werden auf der Grundlage des im Computer gespeicherten Programms, d. h. einer Folge von dort festgelegten Arbeitsbefehlen an die Datenverarbeitungsanlage, und zusätzlichen Kontrollbefehlen über die Konsole auf die vorgegebene Weise verarbeitet. Das Ergebnis dieses Datenverarbeitungsprogramms besteht dann in den Ausgangsdaten (Output). Aus dieser Arbeitsweise der EDV-Anlage ergibt sich auf verschiedenen Ebenen die Möglichkeit, das Ergebnis der Datenverarbeitung zu beeinflussen: Auf der Ebene der Dateneingabe durch **Inputmanipulation**, auf der Ebene der Datenverarbeitung durch eine **Programm-** oder **Konsolmanipulation**, auf der Ebene der Datenausgabe durch eine **Outputmanipulation**. Daneben besteht noch die Möglichkeit, auf die maschinentechnische Ausstattung des Computers, d. h. die Hardware einzuwirken. Zu dieser gehören die Zentraleinheit mit Rechenwerk, Steuerwerk und Hauptspeicher sowie Eingabe-, Ausgabe-, Speicher- und Dialoggeräte. Einwirkungen auf die Ausstattung der EDV-Anlage werden **Hardwaremanipulation** genannt. Mit Ausnahme der Outputmanipulation werden durch § 263 a alle Manipulationsmöglichkeiten erfaßt, wobei die Tathandlungen sich teilweise überschneiden können (Tröndle/Fischer 5). 4

Die Vorschrift zählt die Tatformen, die „sich an empirische Erscheinungsformen und an der Eigenart vermögensschädigender Computermanipulationen orientieren" (so BT-Drs. 10/5058 S. 30), beispielhaft auf. Zu den verschiedenen Möglichkeiten einer Computermanipulation vgl. Sieber, Computerkriminalität 40 ff., Tiedemann JZ 86, 869, Bühler MDR 87, 449. Sie können auch durch Unterlassen begangen werden (Tiedemann LK 64 mwN). Im Verhältnis zu § 263 treten sie an die Stelle der Täuschung. 5

a) **Unrichtige Gestaltung des Programms.** Unter Programm ist die Arbeitsanweisung an einen Computer zu verstehen, die aus einer Folge von Einzelbefehlen (sog. Programmablaufschritten) besteht. „Unrichtig" ist ein Programm dann, wenn es dem Willen und den Gestaltungsvorstellungen des hierüber Verfügungsberechtigten nicht entspricht (BT-Drs. 10/318 S. 20); krit. zu dieser Alt. Haft NStZ **87**, 7. Die Programmanipulation kann entweder systemkonform oder systemkonträr sein. Im ersten Fall wird der vom Verfügungsberechtigten erstellte Programmablauf zB dadurch beeinflußt, daß einzelne Programmablaufschritte verändert, zusätzliche Programmablaufschritte eingebaut, gelöscht oder durch elektronische Verzweigungen umgangen werden; dadurch kann beispielsweise erreicht werden, daß eingegebene Daten nicht oder in anderer Weise verarbeitet werden als vom Verfügungsberechtigten vorgesehen. Nach and. Auffassung kommt es nicht auf den Willen des Verfügungsberechtigten an, sondern darauf, daß das Programm in der Lage ist, ein richtiges Ergebnis der zu bewältigenden Aufgabenstellung zu erarbeiten (Tiedemann LK 30; mwN). Bei der systemkonträren Programmanipulation werden nicht die dem Programm immanenten Programmablaufschritte geändert, sondern die vorhandenen durch nicht vorgesehene überlagert; so können zB die zur Verhin- 6 derung von Computermanipulationen eingebauten Kontrollen umgangen werden (ebenso Tiedemann LK 28). Im übrigen schließt die „unrichtige Programmgestaltung" auch Fälle der Ablauf-Manipulation iS der „Einwirkung auf den Ablauf" (vgl. auch Möhrenschlager wistra 82, 202) ein, ebenso die Inputmanipulationen, die sich auch als Beeinflussung durch Verwendung unrichtiger und unvollständiger Daten erfassen lassen. Zu den Daten iS dieser Umschreibung können nämlich auch Programme gezählt werden, die eine besondere Art von Daten sind (BT-Drs. 10/5058 S. 30, Möhrenschlager wistra 86, 132; vgl. § 202a RN 3). Vgl. weiter Hilgendorf JuS 97, 130, 131, Günther SK 14, Tiedemann LK 31.

7 b) **Verwendung unrichtiger oder unvollständiger Daten.** Zum Begriff der Daten vgl. § 202a RN 3. **Unrichtig** sind Daten, wenn sie den darzustellenden Lebenssachverhalt unzutreffend wiedergeben; **unvollständig** sind sie, wenn sie ihn nicht ausreichend erkennen lassen (Tröndle/Fischer 7, Tiedemann LK 32 ff.). Unter dieser Tatmodalität, die am ehesten mit § 263 zu vergleichen ist, fallen die wichtigsten Fälle der Inputmanipulation. Nicht erfaßt wird allerdings die bloße Herstellung der sog. Urbelege in nicht maschinenlesbarer Form (zB Rechnungen); erforderlich ist vielmehr, daß die Daten in die EDV-Anlage eingegeben oder in maschinenlesbare Form, zB durch einen Kartenlocher oder elektronisch, gebracht werden (Sekundärdaten). Verwendet sind die Daten, wenn sie in den Computer eingebaut werden. Wer Urbelege herstellt in Kenntnis, daß sie durch einen Gutgläubigen verwendet werden, begeht die Tat in mittelbarer Täterschaft; wird die Zwischenperson mit der sachlichen Nachprüfung des Dateninhalts betraut, so scheidet mittelbare Täterschaft aus (vgl. Tiedemann LK 36, 38; Günther SK 12). Ferner gehören Fälle unter diese Tatmodalität, in denen eingegebene Daten in einen anderen Zusammenhang gebracht oder unterdrückt werden (BT-Drs. 10/318 S. 20). Anders als § 202a (dort RN 4) ist der Anwendungsbereich dieses Merkmals nicht auf „nicht unmittelbar wahrnehmbare Daten" begrenzt, um vor allem auch die Eingabe noch nicht gespeicherter Daten erfassen zu können (Tröndle/Fischer 7, Scheffler aaO 169 ff.).

8 c) **Unbefugte Verwendung von Daten.** Bei dieser Tatmodalität geht es nicht um eine programmwidrige oder sachlich unrichtige Beeinflussung eines Datenverarbeitungsvorgangs, sondern um die unerlaubte Einflußnahme auf einen autorisierten Computerablauf mittels „richtiger" Daten durch Personen, die hierzu nicht berechtigt sind oder ihre Zugangsmöglichkeit zum Computer zu unerlaubten Zwecken nutzen (eingehend hierzu, aber mit abw. Ergebnis Ranft NJW 94, 2574). Diese Alternative wurde vom Rechtsausschuß des Bundestags mit der Begründung vorgeschlagen, daß ansonsten die mißbräuchliche Verwendung von Codekarten an Bankomaten strafrechtlich nicht zu erfassen sei (BT-Drs. 10/5058 S. 29 f.). Die Ahndung dieser Tatform wurde im Schrifttum mehrfach und in der öffentlichen Anhörung von Sachverständigen (Haft, Möhrenschlager) gefordert (vgl. auch Tiedemann WM 83, 1331, Otto, Bankentätigkeit 127; Sieber, Informationstechnologie 38, Lenckner/Winkelbauer wistra 84, 88 und CR **85**, 43, Möhrenschlager wistra 86, 129). Diese Vorschläge zielten darauf ab, zwei Fallgruppen strafrechtlich zu erfassen. Einmal sollte die Beschaffung von Bargeld durch einen Nichtberechtigten mit Hilfe mißbräuchlicher Verwendung einer fremden Codekarte und der dazugehörigen Geheimnummer in den Tatbestand des § 263a aufgenommen werden. Insoweit ist die Strafwürdigkeit zweifelsfrei zu bejahen. Daneben sollten aber – unabhängig von der tatbestandlichen Einordnung – auch die Fälle erfaßt werden, in denen der Berechtigte am Bankomaten unter Überziehung seines Kreditrahmens Bargeld abhebt. Die Strafwürdigkeit dieses Falles ist aber höchst zweifelhaft. Unabhängig von der Strafwürdigkeit beider Fallgruppen steht aber schon heute fest, daß durch technische Änderungen des Bankomatsystems ein Mißbrauch verhindert werden kann. Eine technische Lösung des Problems ist jeder Strafnorm vorzuziehen. Um die Gefahr des Codekartenmißbrauchs auszuschließen, soll das System künftig technisch dadurch gesichert werden, daß der heute übliche Magnetstreifen auf der ec-Karte durch einen integrierten Chip ersetzt wird, dessen Daten nicht mehr geknackt werden können und der überdies eine erheblich höhere Datenkapazität und damit weitere Sicherungsmöglichkeiten enthält. Sollte technisch erreicht werden, was heute geplant ist, so würde das Merkmal „unbefugte Datenverwendung" überflüssig oder durch ein betrugsnäheres Merkmal ersetzt werden können. Im übrigen sollte der Gesetzgeber darauf achten, daß den Banken das Risiko technisch nicht ausgereifter Anlagen nicht durch das Strafrecht abgenommen werden darf. Entsprechende technische Verbesserungen sind auch für das Telebanking im Rahmen des Btx-Systems vorgesehen. Der Btx-Teilnehmer kann dabei derzeit über sein Telefon und ein kompatibles Fernsehgerät ein Girokonto führen und Überweisungen tätigen sowie Daueraufträge einrichten, ändern oder löschen. Alle Formen des Telebanking werden dabei zusätzlich zu Hardware-Kennung und persönlichem Kennwort, geschützt durch eine persönliche Identifikationsnummer (PIN), die der Teilnehmer ebenso wie das persönliche Kennwort jederzeit selbst ändern kann, sowie durch nur einmal verwendbare Transaktionsnummern (TAN), die dem Kontoinhaber von dem kontoführenden Institut mitgeteilt werden und eine Art „elektronische Unterschrift" darstellen. Aber auch hier sind weitere Sicherungsmöglichkeiten in der Planung.

9 Aus den genannten Gründen ist die Formulierung in § 263a höchst problematisch, weil eine „unbefugte Verwendung" von Daten bei weiter Auslegung dieses Merkmals, auch den **vertragswidrigen Gebrauch** durch den Karteninhaber erfassen könnte, woran im Gesetzgebungsverfahren nicht gedacht war. Die einzige Vertragswidrigkeit, die als strafwürdig angesehen wurde, ist die Überziehung des Kreditrahmens; für sie kommt § 266b in Betracht (vgl. dort RN 8). Im übrigen könnte sich

Ob die für § 263 a gewählte Konstruktion den **ec-Karten-Mißbrauch**, so wie er sich heute 10 technisch darstellt, erfaßt und überdies auf die Fälle strafwürdigen Verhaltens beschränkt bleibt, ist umstritten; eingehend hierzu Tiedemann LK 47 ff. Einerseits wird behauptet, daß die Vorschrift ungenügend sei, um die Fälle des Codekartenmißbrauchs zu erfassen, weil die nach § 263 a erforderliche „Beeinflussung des Ergebnisses eines Datenverarbeitungsvorgangs" (vgl. u. 21 ff.) voraussetze, daß der Täter auf einen bereits im Gang befindlichen oder von anderer Seite initiierten Datenverarbeitungsvorgang hineinwirkt, während der Tatbestand nicht erfüllt sei, wenn der Täter den Datenverarbeitungsvorgang erst selbst in Gang setzt (Kleb-Braun JA 86, 259, Ranft wistra 87, 79); diese Auffassung ist abzulehnen (Möhrenschlager wistra 86, 113, Tröndle/Fischer 8 a; so jetzt auch BGH **38** 120), weil der betriebsbereite Bankomat durch die Bank schon in Gang gesetzt ist, bevor er durch das Einführen der ec-Karte zu einem einzelnen Datenverarbeitungsvorgang veranlaßt wird. Andererseits ist die Fassung viel zu weit, weil der „unbefugte" Gebrauch richtiger Daten nach dem Wortlaut auch solche Fälle erfassen könnte, in denen der Gebrauch nur deshalb unbefugt ist, weil er im Widerspruch zu vertraglichen Abmachungen, insbesondere Allgemeinen Geschäftsbedingungen (AGB) steht. So handelt zB der Inhaber einer Codekarte zivilrechtlich „unbefugt", wenn er entgegen den AGB seines Kreditinstituts am Bankomat Geld abhebt, ohne ein Guthaben oder einen ausreichenden Kreditrahmen zu besitzen. Würden diese Fälle durch § 263 a erfaßt (vgl. hierzu Möhrenschlager wistra 86, 133, Otto wistra 86, 153, Granderath DB 86 Beil. 18, 4, Haß 306 f.), so hieße dies im Ergebnis, daß die Banken durch eine willkürliche Ausgestaltung der AGB das Risiko einer mangelhaften Technik ihrer Bankomaten mit strafrechtlichen Konsequenzen auf ihre Kunden abwälzen könnten. Dann müßte nicht durch technische Vorkehrungen sichergestellt sein, daß täglich erlaubte Geldmengen eingehalten oder das Konto nicht unzulässigerweise überzogen wird; es würde ausreichen, die Pflichten des Kunden vertraglich so auszugestalten, daß jede der Bank nicht genehme Auszahlung als Vertragsbruch und damit als „unbefugter Gebrauch" der Codekarte erscheint, zB auch das Verbot, Codekarte und Geheimnummer einem Dritten zum Zwecke der Geldauszahlung zu überlassen (vgl. u. 19). In so weitgehendem Umfang können aber der Privatautonomie die Grenzen der Strafbarkeit nicht überlassen bleiben.

Aus den genannten Gründen ist eine **einschränkende Interpretation** dieser Tatmodalität dahin 11 geboten, daß eine unbefugte Verwendung nur dann tatbestandsmäßig ist, soweit dabei nicht lediglich eine das Innenverhältnis zwischen Bank und Codekarteninhaber betreffende Befugnis überschritten wird (vgl. Lenckner/Winkelbauer wistra 84, 88, CR 86, 657, Berghaus JuS 90, 982; vgl. Tiedemann LK 4, 42–45); der Nichtberechtigte muß also durch verbotene Eigenmacht in den Besitz der Daten gelangt sein (ebenso Köln NStZ **91**, 586, Düsseldorf NStZ-RR **98**, 137), die er gebraucht, ähnlich der Situation bei der Vorlage eines Sparbuchs, das der Täter zuvor in seinen Besitz gebracht hat. Entsprechendes gilt, wenn eine gefälschte Codekarte Verwendung findet (BGH **38** 120 m. Anm. Cramer JZ 92, 1031, Schlüchter NStZ 88, 53, 59). Dies ergibt sich daraus, daß die für § 263 a gebotene Symmetrie zu § 263 aus der Auslegung nahelegt, die jeweils einen Vergleich mit der entsprechenden Täuschungssituation beim Betrug erfordert (vgl. hierzu BGH **38** 120 m. Anm. Cramer JZ 92, 1031, Köln NStZ **91**, 586 m. Anm. Otto JR 92, 249, Düsseldorf NStZ-RR **98**, 137; and. Hilgendorf JuS **99**, 542, Lackner Tröndle-FS 53, Schlüchter NStZ 88, 53, 59; and. Ranft NJW 94, 2574, Günther SK 18). Daher ist § 263 a gegeben, wenn der Nichtberechtigte ohne Einwilligung des Inhabers eine fremde Codekarte gebraucht, nicht dagegen, wenn der Berechtigte den Bankomat zu einer Auszahlung veranlaßt, die sich im Verhältnis zur Bank als Vertragswidrigkeit darstellt (and. Tröndle/Fischer 8 a). Für die hier vertretene Lösung spricht vor allem auch die Existenz des § 266 b. Die Vorschrift enthält ein auf den Inhaber der Scheck- oder Kreditkarte beschränktes Sonderdelikt (Weber NStZ 86, 484, JZ **87**, 217, Tröndle/Fischer § 266 b RN 3; vgl. auch BGH wistra **87**, 64, 136). Man muß daher mit der h. M. davon ausgehen, daß der Gesetzgeber aus der Vielzahl möglicher interner Vertragsverletzungen ausschließlich die Überziehung des Kreditrahmens strafrechtlich erfassen und dessen Ahndung allein durch § 266 b ermöglichen wollte, weil er offenbar davon ausging, daß die Karte ihre Eigenschaft als Scheckkarte nicht deshalb verliert, weil sie gleichzeitig Codekarte ist (so auch Weber JZ 87, 217, Huff NJW 87, 817; and. Tröndle/Fischer § 266 b RN 1, Lackner/Kühl § 266 b RN 3, Haß aaO 477). Ob die gesetzgeberische Intention in § 266 b ihren Niederschlag gefunden hat, ist allerdings zweifelhaft (vgl. § 266 b RN 8). Jedenfalls aber steht fest, daß andere Vertragswidrigkeiten, die nicht zur Kreditrahmenüberziehung führen, durch § 263 a nicht erfaßt werden. Wird eine fremde Codekarte im Einverständnis mit deren Inhaber gebraucht, so liegt jedenfalls § 263 a nicht vor (vgl. u. 19); und zwar auch dann nicht, wenn absprachewidrig ein höherer Betrag am Bankomaten abgehoben wird, denn auch hier ergibt sich die mangelnde Befugnis zusätzlich zum Verstoß gegen die AGB der Bank aus einer Vertragswidrigkeit zwischen Karteninhaber und Beauftragtem. Erlangt allerdings der Täter die Karte durch Täuschung, so kommt Betrug gegenüber dem Inhaber in Betracht. Entgegen Kleb-Braun (aaO) wird, der sog. **„Zeitdiebstahl"** (Lenckner, Computerkriminalität, 20; Tiedemann WM 83, 1329; Sieber, Informationstechnologie, 59; Jaburek/Schmölzer 35; vgl. § 242 RN 2) nicht durch § 263 a erfaßt (Tröndle/Fischer 8 c, Tiedemann LK 60, 66). Zeitdiebstahl ist nämlich kein Fall des Manipulierens von Datenverarbeitungsergebnissen, sondern stellt – vergleichbar mit der Tathandlung des § 248 b – nur den unberechtigten Gebrauch des Computers (Hard- und/oder Software) dar (Möhrenschlager wistra 86, 133). Sollte gleichwohl ein

§ 263 a   12–17   Bes. Teil. Betrug und Untreue

Schaden entstehen, so ist dieser nicht auf eine Computer-Manipulation zurückzuführen (vgl. o. 5; ebenso Tröndle/Fischer 8 c).

12   d) **Unbefugte Einwirkung auf den Ablauf.** Schließlich kann die Computermanipulation „sonst durch unbefugte Einwirkung auf den Ablauf" geschehen. Dieser Tatmodaltiät kommt Auffangcharakter zu, wie sich aus der Verwendung des Wortes „sonst" ergibt (ebenso Lenckner/Winkelbauer CR 86, 658, Tröndle/Fischer 9). Nach der Begründung (BT-Drs. 10/318 S. 20) sollten die Worte „Einwirkung auf den Ablauf" sicherstellen, daß zB die besonders gefährlichen Konsolmanipulationen (vgl. o. 4), die nicht stets unrichtige Daten voraussetzen, bei denen vielmehr sonstwie auf die Anweisung für den Verarbeitungsvorgang eingewirkt oder der maschinelle Ablauf des Programms verändert wird, erfaßt werden. Von den „störenden Einwirkungen auf den Aufzeichnungsvorgang" iSv § 268 III unterscheidet sich die hier in Betracht kommende Tathandlung des § 263 a dadurch, daß es sich nicht um „gerätefremde" Eingriffe handeln muß; dies folgt daraus, daß es bei § 268 um die Authentizität des automatisierten, gerätetypischen Aufzeichnungsvorgangs geht, bei § 263 a hingegen um Eingriffe, die zu einem beeinflußten Datenverarbeitungsvorgang führen (Lenckner/Winkelbauer CR 86, 658), der eine Vermögensschädigung zur Konsequenz hat. Zu den faktischen Möglichkeiten einer Computer-Manipulation Müller/Wabnitz 209 ff., Sieber, Computerkriminalität 39 ff. Das später eingefügte Merkmal „unbefugt" soll außerdem gewährleisten, daß auch neue Manipulationstechniken (zB bestimmte Hardware-Manipulationen) erfaßt werden (Möhrenschlager wistra 82, 202). Zu Recht weist jedoch Tröndle/Fischer 8 darauf hin, daß durch diese Tatbestandsalternative der Bestimmtheitsgrundsatz (Art. 103 GG) tangiert wird; s. dazu auch Ranft wistra 87, 83.

13   e) **Besondere Probleme** werfen folgende Fälle der unbefugten Verwendung von Daten auf:

14   α) **Unbefugte Benutzung der ec-Codekarte mit persönlicher Geheimnummer.** Der praktisch häufigste Anwendungsfall ist gegenwärtig die Beurteilung des Mißbrauchs einer ec-Codekarte am Bankomat (zur technischen Abwicklung Müller/Wabnitz 161). Diese Fälle haben schon vor Inkrafttreten des § 263 a eine Rolle gespielt und in der Rspr. zu einer heillosen Verwirrung geführt (vgl. Huff NStZ 85, 438, NJW **86**, 902, **87**, 815, Steinhilper GA 85, 114, Müller/Wabnitz 17 ff., Ranft wistra **87**, 79, Zielinski CR 92, 223, Hilgendorf JuS 97, 130, 133, Tiedemann LK 48 f.). Zusammenfassend läßt sich diese **Rspr.** wie folgt darstellen:

15   αα) **Vor Inkrafttreten** des § 263 a wurde danach unterschieden, ob die Codekarte (Geheimnummer) in der Absicht weggenommen wurde, sie nach Gebrauch wieder zurückzubringen. Teilweise wurde hier ein Diebstahl zum Nachteil des Codekarteninhabers in Parallele zur Wegnahme eines Sparbuchs (vgl. § 242 RN 50) angenommen (vgl. die Hinweise bei LG Köln NJW **87**, 667), teilweise wurde hierin ein strafloses furtum usus gesehen mit der Begründung, daß die Codekarte im Gegensatz zum Sparbuch die Forderung gegenüber der Bank nicht verkörpere (BGH **35** 152 m. Anm. Huff NJW **88**, 981, Bay NJW **87**, 663, Hamburg NJW **87**, 336; AG Stuttgart NJW **87**, 2653; vgl. auch AG Berlin-Tiergarten NStZ **87**, 122 m. Anm. Schneider); Einzelheiten hierzu bei Otto JR 87, 221. Teilweise wird die Wegnahme der Karte nach § 248 a beurteilt (AG Kulmbach NJW **85**, 2282 m. Anm. Mitsch JuS 86, 767, LG Köln NJW **87**, 667), was selbstverständlich impliziert, daß die Voraussetzungen eines Zueignungsdelikts gegeben sind. Überwiegend wird ein Eigentumsdelikt an der Karte aber dann angenommen, wenn der Täter sie wegnimmt, ohne sie nach Gebrauch zurückbringen zu wollen (AG Kulmbach aaO, LG Köln aaO); problematisch könnte auch bei dieser Fallgestaltung sein, ob § 242 oder § 248 a (vgl. § 248 a RN 7) zur Anwendung kommt.

16   Ebenso uneinheitlich wird die Frage beantwortet, welcher Straftatbestand im **unbefugten Abheben** des Geldes am Bankomat zu sehen ist. Hier ist zu unterscheiden, ob der Karteninhaber selbst Bargeld abhebt, obwohl sein Konto nicht gedeckt ist, oder ob Geld von einem nichtberechtigten Dritten abgehoben wird, wobei gleichgültig ist, ob das Konto Deckung aufweist oder nicht. Das vertragswidrige Abheben von Bargeld (Konto ist nicht gedeckt) durch den Karteninhaber wird teilweise als Diebstahl am Geld (LG Karlsruhe NJW **86**, 948), teilweise als Unterschlagung (AG Hamburg NJW **86**, 945) bewertet. Erfolgt die Bargeldabhebung durch einen Nichtberechtigten, so ist auch hier umstritten, ob der durch die mißbräuchliche Verwendung der Karte ausgelöste Zahlungsvorgang als einfacher Diebstahl nach § 242 (so AG Gießen NJW **85**, 2283 m. Anm. Kramer CR 86, 340, Bay NJW **87**, 663; vgl. auch Koblenz wistra **87**, 261), als Diebstahl in einem schweren Fall nach § 243 (AG Kulmbach NJW **85**, 2282 m. Anm. Mitsch JuS 86, 767, LG Köln NJW **87**, 667), als Unterschlagung (BGH **35** 152 m. Anm. Huff NJW **88**, 981, Stuttgart NJW **87**, 666, LG Oldenburg NJW **87**, 667, Thaeter wistra **88**, 339, Spahn Jura 89, 513) anzusehen oder überhaupt straflos ist (AG München wistra **86**, 268). Treffen die Wegnahme der Karte und deren späterer Mißbrauch zusammen, so werden Diebstahl und Unterschlagung der Karte als straflose Vortat behandelt (vgl. LG Köln NJW **87**, 667; teilweise wird Realkonkurrenz angenommen, AG Kulmbach NJW **85**, 2282 m. Anm. Mitsch JuS 86, 767). Weitgehende Einigkeit besteht allerdings darin, daß hier weder § 263 noch §§ 266, 265 a oder 281 in Betracht kommt (vgl. etwa Bay NJW 87, 663).

17   Entsprechend kontrovers waren die in der **Lit.** vertretenen Auffassungen. So wurde etwa Diebstahl (vgl. Gropp JZ 83, 487, Herzberg Jura 85, 50, Lenckner/Winkelbauer wistra 84, 83, Seelmann JuS 85, 289; and. Schroth NJW 81, 729, der im Ansichbringen und Benutzen der Codekarte unselbständige Teilakte einer einheitlichen Tathandlung sieht – alle mwN) bzw. Unterschlagung (vgl. Kleb-Braun JA 86, 260, Ranft JA 84, 1 ff.; siehe auch Ranft wistra 87, 79 -7N) d%s Geldes, aber auch Straflosigkeit (vgl. Dencker NStZ 82, 155, Huff NStZ 85, 438, NJW **86**, 902, Steinhilper

Jura **83**, 408, GA **85**, 114, Wiechers JuS 79, 847 – jeweils mwN) angenommen (siehe auch § 242 RN 36).

ββ) **Nach Inkrafttreten** des 2. WiKG ist von folgenden Grundsätzen auszugehen: Da § 263 a, zu **18** dem in der Rspr. bisher nur obiter dicens Stellung genommen wurde (Bay NJW **87**, 663, 665, LG Köln aaO), die Strafbarkeitslücken ausfüllen will, die mangels Täuschung, Irrtum oder Verfügung dem klassischen Betrugstatbestand nicht unterfallen und der Bundestag auf Vorschlag des Rechtsausschusses die ursprünglich vorgesehenen Alternativen des § 263 a in der erklärten Absicht auf das „unbefugte Benutzen" von Daten erweitert hat, die Bankomat-Problematik zu klären, kann das Abheben von Bargeld durch den Nichtberechtigten über technische Einrichtungen dieser Art nur durch § 263 a als lex specialis (BGH **38** 120 m. Anm. Cramer JZ 92, 1032, Bay NJW **87**, 663, 665 m. krit. Anm. Otto JR 87, 221, 225, LG Frankfurt NJW **98**, 3785) erfaßt werden (ebenso Huff NJW 87, 817, Weber JZ 87, 216); §§ 242, 246 gegenüber dem Eigentümer des Geldes sind subsidiär (iE auch Lackner/Kühl 28). Demgegenüber vertreten Ranft wistra 87, 83 u. Kleb-Braun JA 86, 258 (so auch LG Wiesbaden NJW **89**, 2551), wenn auch mit teilweise abweichenden Gründen, die Auffassung, § 263 a sei auf diese Fälle nicht anwendbar, der Gesetzgeber habe sein Ziel also verfehlt; nach Ranft aaO wird durch § 263 a nur der Gebrauch einer manipulierten, d. h. hinsichtlich ihres Datengehalts veränderten Code-Karte erfaßt (so auch LG Wiesbaden NJW **89**, 2551, AG Böblingen CR **89**, 308 m. Anm. Richter CR 89, 303). Geht man von dem hier vertretenen Standpunkt aus, so ist die Wegnahme oder Unterschlagung der Code-Karte straflose Vor- oder Begleittat (vgl. RN 119 ff. vor § 52); dies ergibt sich daraus, daß der durch den Bankomatenmißbrauch entstehende Schaden den ec-Karteninhaber trifft, dessen Konto belastet wird, um über den Bankomat an Bargeld zu gelangen (and. Weber JZ 87, 217).

Strafbar ist aber **nur** der Mißbrauch der Codekarte durch einen **Nichtberechtigten.** Eine **19** vertragswidrige Überziehung des Kontos durch den Karteninhaber, bei der nach h.M. § 266 b in Betracht kommt (vgl. jedoch RN 8), wird nach § 263 a ebensowenig erfaßt wie andere Verstöße gegen die AGB der Banken (vgl. o. 10, Stuttgart NJW **88**, 981, Huff NJW 87, 817, Achenbach NJW 86, 1838, Weber JZ 87, 216, NStZ **86**, 484). Danach ist zB die Überlassung der Karte und die Mitteilung der persönlichen Geheimzahl an Dritte vertraglich verboten (Nr. 2 der Sonderbedingungen für die Benutzung von ec-Geldautomaten, Stand April 1987); ein Verstoß hiergegen macht die Benutzung oder ebensowenig zu einer strafbaren „unbefugten" wie andere Vertragswidrigkeiten, die das Innenverhältnis zwischen der Bank und ihrem Kunden betreffen (Düsseldorf NStZ-RR **98**, 137); nichtberechtigt ist aber, wer eine gefälschte Codekarte benutzt (BGH **38** 120) vgl. o. 11. Daher macht sich auch nicht strafbar, wer im Auftrag des Karteninhabers Geld am Bankomaten abhebt; die in der Beauftragung liegende Vertragswidrigkeit stellt keinen Sachverhalt dar, der beim Dritten, der nicht in einem strafrechtlichen Sinne zu einem Vertragsbeziehungen steht, den Vorgang im strafrechtlichen Sinne zu einem „unbefugten Datengebrauch" machen würde (ebenso Köln NStZ **91**, 586; vgl. auch Düsseldorf NStZ-RR **98**, 137 m. Anm. Martin JuS 98, 763, Günther SK 19, Tiedemann LK 50; vgl. auch Hilgendorf JuS 99, 542; Zweibrücken StV **93**, 196). Wird mit dem Willen des Inhabers eine Codekarte benutzt, aber absprachewidrig ein höherer Betrag abgehoben als vereinbart, so liegt § 263 a ebenfalls nicht vor, weil der Betriebsvorgang am Bankomat als solcher vom Willen des Inhabers der Codekarte getragen ist (ebenso Köln NStZ **91**, 586). Hier allerdings ist § 266 in der Form des Treubruchtatbestandes (vgl. dort RN 23 ff.) in Betracht, sofern den Bankomatenbenutzer eine Vermögensfürsorgepflicht gegenüber dem Codekarteninhaber trifft; der Mißbrauchstatbestand scheitert an der mangelnden rechtsgeschäftlichen Verfügungsmacht, weil Auszahlung und Buchungsvorgänge, die der Bankomat bewirkt, ihre Vertragsgrundlage in den Benutzungsbedingungen für Geldautomaten haben und der Betriebsvorgang nur der Auslöser für die in der Anerkennung der AGB getroffenen Verfügungen darstellt. Wird die Übergabe der ec-Karte durch Täuschung erreicht, zB durch die wahrheitswidrige Zusicherung, sie nur einmal oder nur für einen bestimmten Betrag zu benutzen, so kommt Betrug zum Nachteil des Karteninhabers in Betracht, der aber erst vollendet ist, wenn von der Codekarte absprachewidrig Gebrauch gemacht wird, weil erst in diesem Augenblick die im Abschluß der AGB angelegte Verfügung zu einem Schaden führt; der bloße Besitzbetrug an der Karte selbst ist subsidiär. Erfaßt ist auch der Mißbrauch einer Karte im electronic-cash-Zahlungsverfahren durch einen Nichtberechtigten (Altenhain JZ 97, 752, 755, Rossa CR 97, 219, 222, Tiedemann LK 52).

β) **Telebanking im Btx-System.** Ähnliche Probleme wie beim Codekartenmißbrauch ergeben **20** sich, wenn der Täter im Btx-System unter Verwendung der persönlichen Identifikations- und Transaktionsnummern „unbefugt" Überweisungen tätigt. Zu den in der Praxis auftauchenden Mißbrauchsfällen vgl. Richter CR 91, 361. Auch hier wird entsprechend zwischen Mibrauch im Innen- und Außenverhältnis zu differenzieren sein (vgl. auch Lenckner/Winkelbauer CR 86, 657). § 263 a kommt demnach in Betracht, wenn eine Überweisung ohne Einwilligung des Btx-Teilnehmers erfolgt, nicht dagegen bei bloß absprachewidriger Benutzung (Zweibrücken StV **93**, 196). Entscheidend ist auch hier, daß sich der Täter durch eine Art „verbotene Eigenmacht" – entsprechend der Aneignung der Codekarte (vgl. dazu o. 11) – die PIN und TAN verschafft haben muß. Werden die Nummern dagegen mit Willen des Berechtigten benutzt, aber etwa absprachewidrige Überweisungen auf das eigene Konto ausgeführt, so greift § 263 a nicht. Andernfalls würde der Strafrechtsschutz auf den „Besitz" der Identifikations- und Transaktionsnummern ausgedehnt. Vgl. zum Ganzen Tiedemann LK 56 f.

20 a γ) Das gezielte **Leerspielen** von Glückspielautomaten wirft vergleichbare Probleme auf. Es geht hierbei um Täter, die mittels Computerunterstützung Kenntnis der Programmabläufe in Geldspielautomaten erlangen und insbesondere wissen, wann die sog. „Risiko"-Taste, mit welcher das Spiel von außen beeinflußt werden kann, zu drücken ist, um einen Gewinn zu erzielen. Dadurch, daß die Täter aufgrund der Kenntnis der Programmabläufe das Drücken der Risikotaste bewußt einsetzen können, läßt sich innerhalb kurzer Zeit das im Gerät enthaltene Geld vollständig erlangen. Die zu diesem Problemkreis bislang ergangenen Entscheidungen sind kontrovers: Bejaht wurde die Strafbarkeit nach § 263a von BGH **40** 331 m. Anm. Zielinski NStZ 95, 345 und Schmidt JuS 95, 557, Bay wistra **94**, 149 (Vorlegungsbeschluß) m. Anm. Bühler wistra 94, 256, Achenbach JR **94**, 293, Vassilaki CR 94, 552, AG Ansbach CR **89**, 415, AG Augsburg CR **89**, 1004 m. abl. Anm. Etter (vgl. dazu BGH NStZ **95**, 135, Bay CR **90**, 725, NJW **91**, 438). Verneint wurde hingegen eine Strafbarkeit nach § 263 a vom LG Aachen JR **88**, 436 m. Anm. Lampe, LG Duisburg wistra **88**, 278, LG Stuttgart NJW **91**, 441, Celle NStZ **89**, 367, Hamm RDV **91**, 268, LG Ravensburg StV **91**, 214 m. Anm. Herzog; zum Ganzen Hilgendorf JR **97**, 347, 349. Ausgangspunkt der Diskussion ist dabei die Auslegung des Tatbestandsmerkmals unbefugt. Die Betätigung der Risikotaste selbst wird übereinstimmend nicht als unbefugt angesehen. Die mangelnde Befugnis soll vielmehr daraus folgen, daß auf das Programm entgegen dem Willen des Verfügungsberechtigten eingewirkt wird. Diese Auffassung ist jedoch abzulehnen, weil eine bloße Vertragswidrigkeit die Strafbarkeit des § 263 a nicht zu begründen vermag (vgl. o. 11 ff.). Vgl. zu dieser Problematik auch Haß aaO 478, Westphal CR 87, 515, Schlüchter NStZ 88, 53, CR **91**, 105, Etter CR 88, 1021, 91 484, Neumann CR 89, 717, Granderath DB 86, Beil. 18, 4, Achenbach Jura **91**, 225, Bühler MDR 91, 14, Tiedemann LK 61. Zur Strafbarkeit nach § 17 UWG vgl. Bühler aaO 16, Hamm CR **91**, 233, LG Freiburg CR **90**, 794, LG Stuttgart NJW **91**, 441, Schlüchter CR 91, 105, 106, Etter CR 91, 484, 488 f, Zielinski NStZ 95, 345.

20 b δ) Die Benutzung von unbefugt hergestellten Zugangsberechtigungen zu **Pay-TV-Programmen** (sog. „Piratenkarten") stellt eine unbefugte Verwendung von Daten dar, allerdings ist hier regelmäßig eine unmittelbare Vermögensschädigung zu verneinen (Beucher/Engels CR 98, 101).

20 c ε) Im Zuge der Globalisierung hat in den letzten Jahren das **Internet** als Vertriebsweg für Waren und Dienstleistungen (zB Teleshopping, Homebanking, kostenpflichtige Informationsprodukte) enorm an Stellenwert hinzu gewonnen. Gelangt hierbei der Täter in den Besitz eines „Schlüssels" des Absenders, der es ihm ermöglicht, Handlungen im oben genannten Sinne innerhalb des Internets vorzunehmen, so ist die Tatbestandsalternative der „unbefugten Verwendung von Daten" als verwirklicht anzusehen (vgl. Tiedemann LK 58).

21 **2. Beeinflussung des Datenverarbeitungsvorgangs.** Durch die Tathandlung muß der Datenverarbeitungsvorgang (vgl. Lenckner/Winkelbauer CR 86, 568) des Computers beeinflußt werden (vgl. dazu Scheffler aaO 215 ff.). Dies bedeutet, daß der Täter in einer Weise auf den Computer Einfluß nimmt, daß das Resultat der dort gespeicherten und im Arbeitsprogramm verwerteten Daten geändert wird; in welcher Weise dies geschehen kann ist o. 4 beschrieben. Zu diesem Merkmal ist in der Begründung ausgeführt (BT-Drs. 10/318 S. 19): „Die dabei vorgesehene Umschreibung ‚Ergebnis eines Datenverarbeitungsvorgangs' würde, übertragen auf die Fälle, in denen der Täter sich nicht eines Computers bedient, sondern auf einen Menschen einwirkt, etwa lauten: ‚Ergebnis eines Denk- und Entscheidungsvorganges', und diese Umschreibung würde, bezogen auf den Betrug, sowohl das Tatbestandsmerkmal des Irrtums als auch das – wenn auch ungeschriebene – Tatbestandsmerkmal der Vermögensverfügung abdecken. Dem irrigen Denk- und Entscheidungsvorgang entspricht der determinierte Datenverarbeitungsvorgang, der beim Einsatz der im Tatbestand genannten Mittel technisch zwangsläufig zu einem ‚falschen' Ergebnis führt, das der beim Betrugstatbestand allerdings nicht besonders genannten ‚Vermögensverfügung' entspricht". In diesem Merkmal kommt daher in Verbindung mit der im subjektiven Tatbestand geforderten Bereicherungsabsicht zum Ausdruck, daß es sich bei § 263 a um ein Vermögensverschiebungsdelikt handelt. An die Stelle der für § 263 geforderten irrtumsbedingten Vermögensverfügung (vgl. § 263 RN 54 ff.) tritt die vom Täter verfälschte Computerleistung, die beim Betroffenen zu einem Nachteil führt. Zur Frage, ob ein pflichtwidriges Nichtingangsetzen eines Datenverarbeitungsvorganges ausreicht (vgl. Lenckner/Winkelbauer CR 86, 656). Aus dieser Symmetrie zum Betrugstatbestand ergeben sich folgende Konsequenzen:

22 a) Das **Ergebnis** eines **Datenverarbeitungsvorganges** ist dann durch die Tathandlung **beeinflußt**, wenn es von dem Ergebnis abweicht, das bei einem programmgemäßen Ablauf des Computers erzielt worden wäre (Lenckner/Winkelbauer CR 86, 659). Daran fehlt es, wenn über ein Btx-kompatibles Fernsehgerät zu Lasten eines fremden Anschlusses unberechtigt Informationen abgerufen werden, die die Post nur für eine zusätzliche Gebühr zur Verfügung stellt, die zu Lasten des Btx-Teilnehmers für den Anbieter eingezogen wird. Diese Gebühren sind ebenso programmgemäß wie die postalische Grundgebühr oder die bei der Benutzung des Systems anfallenden Telefoneinheiten. Hier gilt nichts anderes als bei der (rechtswidrigen) Benutzung eines fremden Anschlusses für Telefongespäche (vgl. § 265 a RN 10).

23 b) Es kommen nur solche Datenverarbeitungsvorgänge in Betracht, die **vermögensrelevant** sind. Daher reicht die Manipulation personenbezogener Daten nur dann, wenn die EDV-Anlage auf vermögensrelevante Ergebnisse programmiert ist. Wer zB in den Computer zur Berechnung der Dienstbezüge ein falsches Geburtsdatum eingibt, kann nach § 263a strafbar sein; dient die EDV-

Anlage nur der Berechnung des Dienstalters oder werden in ihr nur Prüfungsergebnisse festgehalten, so scheidet § 263a aus. Allerdings kann auch der Output einer nicht vermögensrelevanten EDV-Anlage als unrichtiges Datum iSv § 263a oder als Mittel zur Täuschung iSv § 263 in Betracht kommen.

c) Das durch den Täter beeinflußte Datenverarbeitungsergebnis muß den Vermögensschaden **unmittelbar** durch eine Vermögensdisposition herbeiführen (vgl. § 263 RN 140 ff.). Wie bei § 263 reicht es aber aus, daß der Datenverarbeitungsvorgang nur ein Teilstück einer mehraktigen Verfügung (§ 263 RN 42) darstellt, zB durch eine Person ohne Inhaltskontrolle umgesetzt oder in eine weitere EDV-Anlage eingespeichert wird, die ihrerseits die Vermögensverfügung abschließt; vollendet ist der Betrug mit der unmittelbar zum Schaden führenden Verfügung (Lenckner/Winkelbauer CR 86, 659). Wird eine Kontrollperson eingeschaltet, so liegt § 263 vor. Dagegen reicht es nicht, daß der Täter durch die Manipulation einen Schaden am Computer herbeiführt (Lenckner/Winkelbauer CR 86, 659, Tiedemann LK 65 f.); hier können §§ 303 a f. in Betracht kommen (vgl. § 303a RN 2 ff., § 303b RN 2 ff.). Auch Folgeschäden, wie der Sach- und Arbeitsaufwand, der erforderlich wird, um Schäden zu beheben, die durch die Manipulation am Computer, an der Hardware oder Software entstanden sind, sowie sonstige Kosten zur Wiederherstellung der Anlage gehören nicht hierher, weil der vom Täter erstrebte Vorteil nicht unmittelbar aus ihnen resultiert (so auch Tröndle/Fischer 11). Daher kann nicht aus § 263a bestraft werden, wer durch Eingabe falscher Programme die Software des Computers durcheinanderbringt und sich dann dem Eigentümer gegenüber hilfreich erbietet, gegen Entgelt das Programm wieder herzustellen; zur Stoffgleichheit vgl. u. 36. 24

d) Nicht erforderlich ist, daß Systembetreiber und Geschädigter identisch sind. Dem **Dreiecksbetrug** (§ 263 RN 65 ff.) entspricht der Dreieckscomputerbetrug (Lenckner/Winkelbauer CR 86, 659). Nach Haft NStZ **87**, 8 ist § 263a strukturell ein Dreiecksbetrug, weil Geschädigter und EDV-Betreiber nur ausnahmsweise identisch sind (vgl. Günter SK 24, Tiedemann LK 71). 25

e) Für die **Abgrenzung zum Diebstahl** gelten grundsätzlich die zu § 263 entwickelten Grundsätze entsprechend (vgl. § 263 RN 63 f.), d. h. es besteht auch hier ein Exklusivitätsverhältnis zwischen der computerspezifischen Vermögensdisposition und der Wegnahme einer Sache (Lenckner/Winkelbauer CR 86, 660), was insbesondere dann praktisch werden könnte, wenn der Computer die Möglichkeit einer Wegnahme eröffnet. Allerdings kann dieser Grundsatz nicht ohne Ausnahme bleiben, weil § 263a – anders als § 263 – beim unbefugten Datengebrauch Elemente des (Trick-) Diebstahls enthält (vgl. o. 2). Aus der insoweit eindeutigen Intention des Gesetzgebers ist daher zu schließen, daß jedenfalls der Mißbrauch der ec-Karte, sonstigen Code-Karten und vergleichbaren technischen Zahlungsvorgängen nunmehr ausschließlich nach § 263a zu beurteilen sind (vgl. o. 2). Dies ergibt sich daraus, daß die Verwässerung des Betrugsbegriffs bei § 263a (vgl. o. 2) gerade im Hinblick auf diese Fallkonstellationen erfolgt und der Wille des Gesetzgebers insoweit eindeutig ist (vgl. Günther SK 24, Tiedemann LK 71). 26

3. Vermögensschaden. Durch die Beeinflussung des Ergebnisses eines Datenverarbeitungsvorgangs muß das Vermögen eines anderen geschädigt werden. Vermögensschaden bedeutet hier das gleiche wie bei § 263 (Lackner/Kühl 23); vgl. dort 78 ff., 99 ff. Zum Begriff des Vermögens vgl. § 263 RN 78 ff.; zum Vermögensschaden vgl. § 263 RN 99 ff. Anders als beim Betrug, bei dem typischerweise eine Situation vorherrscht, in der Leistung und Gegenleistung miteinander verglichen werden (Cramer, Vermögensbegriff 169 ff.), führt der Computerbetrug regelmäßig zu einer einseitigen Vermögensverminderung auf seiten des Opfers. Wie bei § 263 reicht auch für § 263a eine konkrete Vermögensgefährdung (vgl. § 263 RN 143 ff.) aus. Eine solche Vermögensgefährdung kann insbesondere bei Falschbuchungen vorliegen, wenn der durch sie Betroffene Gefahr läuft, bei einer Realisierung der Buchung effektiv geschädigt zu werden (vgl. § 263 RN 144, 146). 27

a) Unerheblich ist, ob der Betreiber des Computers oder ein **Dritter geschädigt** wird (Tiedemann LK 71). Führt die Manipulation einer Banken-EDV-Anlage dazu, daß dem Täter oder Dritten Buchgeld gutgeschrieben wird, so tritt der Schaden regelmäßig beim Kreditinstitut ein. Beim Mißbrauch einer ec-Karte ist hingegen der Kunde geschädigt, zu dessen Lasten die Abbuchung erfolgt. 28

b) **Schäden am Computer,** die nicht unmittelbar im Rahmen der beabsichtigten Vermögensverschiebung auftreten (vgl. o. 24) sind keine Schäden iSv § 263a. 29

4. Zwischen der Tathandlung (vgl. o. 4 ff.), der Beeinflussung des Datenverarbeitungsvorgangs (vgl. o. 23) und dem Vermögensschaden (vgl. o. 27 ff.) muß **Kausalität** bestehen. Aus diesem Kausalitätserfordernis folgt, daß nur die Manipulation vermögensrelevanter Datenverarbeitungsvorgänge (vgl. o. 21 ff.) erfaßt wird. 30

III. Subjektiver Tatbestand. Die Konstruktion des Computerbetruges stimmt hinsichtlich des subjektiven Tatbestandes mit § 263 überein (vgl. § 263 RN 164 ff.). Danach ist Vorsatz und die Absicht erforderlich, sich oder einem anderen einen rechtswidrigen Vermögensvorteil zu verschaffen. 31

1. Für den Vorsatz ist das Bewußtsein erforderlich, daß durch die unrichtige Programmgestaltung, die Verwendung unrichtiger Daten usw. der Datenverarbeitungsvorgang in einer Weise beeinflußt wird, daß er bei einem anderen zu einem Schaden führt. Nach allen Richtungen genügt, ebenso wie bei § 263, bedingter Vorsatz (§ 263 RN 165). 32

33 Zweifelhaft kann sein, ob das Merkmal **„unbefugt"** hier bei der Verwendung von Daten oder der sonstigen Einwirkung auf den Computerablauf als Tatbestandsmerkmal fungiert (so Tröndle/Fischer 12) oder wie ein allgemeines Verbrechensmerkmal zu behandeln ist (vgl. hierzu § 15 RN 21). Die bisherigen Deutungsversuche des Merkmals „unbefugt" (vgl. RN 65 vor § 13) versagen bei der neuen Vorschrift des § 263 a. Während dieses Merkmal, wenn es nicht als allgemeines Verbrechenselement auftritt, ansonsten dazu dient, den Anwendungsbereich eines Tatbestandes insgesamt auf ein vernünftiges Maß zu reduzieren (so zB bei § 132 a), betrifft es bei § 263 a nur einzelne Tatmodalitäten, die ohne die Qualifizierung als „unbefugt" nicht unrechtspezifisch wären. So kann etwa die typische Unrecht einer Computermanipulation nicht durch die „Verwendung von Daten" beschrieben werden. Das Merkmal „unbefugt" ist hier in einer dreifachen Funktion zu sehen. Es beschreibt zunächst den Sachverhalt, aus dem sich die mangelnde Befugnis zur Computerbeeinflussung ergibt. Nimmt der Täter irrig einen Sachverhalt an, der ihm die Befugnis geben würde, so befindet er sich in einem vorsatzausschließenden Tatbestandsirrtum (§ 16). Glaubt er, in Kenntnis der tatsächlichen Umstände zur Verwendung von Daten rechtlich befugt zu sein, so liegt ein Verbotsirrtum (§ 17) vor. Dies ist etwa der Fall, wenn ein Vater glaubt, über das Konto seines nicht voll geschäftsfähigen Kindes (vgl. §§ 112, 113 BGB) verfügen zu dürfen. Eine dritte Funktion kommt dem Merkmal „unbefugt" im Rahmen der Einwilligung zu. Gestattet der ec-Codekarteninhaber einem Dritten die Geldabhebung am Bankomat, so liegt eine rechtfertigende Einwilligung vor. Geht der Dritte irrtümlich von den Voraussetzungen einer solchen Einwilligung aus, liegt ein § 16 zu behandelnder Irrtum über einen rechtfertigenden Sachverhalt vor (vgl. § 16 RN 14 ff.); and. Tiedemann LK 72.

34 Bei diesen **Irrtumsfragen** ist weiterhin zu beachten, daß bloße Vertragswidrigkeiten den Gebrauch von Daten noch nicht im strafrechtlichen Sinne zu einem „unbefugten" machen. Wer daher aus einer Vertragsverletzung, etwa bei der Übergabe einer ec-Karte an einen Dritten, auf die strafrechtliche Unzulässigkeit schließt, begeht einen Wahndelikt (vgl. § 22 RN 77).

35 Handelt der Täter mit Betrugsvorsatz, d. h. will er einen Menschen täuschen und zur Verfügung veranlassen, veranlaßt er tatsächlich jedoch einen Datenverarbeitungsvorgang, so ist diese Abweichung unerheblich, weil beide Arten der Vermögensdisposition gleichwertig sind (Lackner/Kühl 24). Dies ergibt sich daraus, daß die computerspezifische Disposition letztlich auch auf den Willen des EDV-Betreibers zurückgeht, der sich der Anlage bedient, um in einer Vielzahl von Fällen der Notwendigkeit einer (menschlichen) Verfügung enthoben zu sein. Bei einem **dolus alternativus** vgl. § 15 RN 90, Lenckner/Winkelbauer CR 86, 660: Idealkonkurrenz.

36 2. Ferner muß der Täter in der **Absicht** handeln, sich oder einem anderen einen rechtswidrigen Vermögensvorteil zu verschaffen (vgl. hierzu § 263 RN 166 ff.). Der Wille des Täters muß also dahin gehen, durch das Ergebnis des manipulierten Datenverarbeitungsvorgangs sich oder einem Dritten einen Vermögensvorteil zu verschaffen. Wie beim Betrug ist erforderlich, daß zwischen Vermögensschaden und erstrebtem Vorteil **Stoffgleichheit** besteht (vgl. o. 24 u. § 263 RN 168 f.); Haß aaO 479.

37 IV. Die **Rechtswidrigkeit** kann durch Einwilligung ausgeschlossen sein. Anders als beim Betrug, der dadurch gekennzeichnet ist, daß dem Opfer der vermögensschädigende Charakter der Verfügung verborgen bleibt (vgl. § 263 RN 41, 100, Cramer, Vermögensbegriff 202, 209 ff.), kann bei technischen Manipulationen, die nicht auf täuschungsbedingten Denk- und Entscheidungsvorgängen beruhen, der Geschädigte in die Beeinflussung des Datenverarbeitungsvorgangs einwilligen. Ob man dann noch von einem „Schaden" sprechen kann, steht auf einem anderen Blatt. Die Einwilligung muß jedenfalls beim Schadensbegriff oder auf der Ebene der Rechtswidrigkeit Berücksichtigung finden. Maßgeblich ist die Einwilligung des Vermögensinhabers, nicht des Betreibers der EDV-Anlage. Auch eine mutmaßliche Einwilligung kommt in Betracht, zB für den Gebrauch der ec-Karte durch eine Person, die in einer nahen persönlichen Beziehung zum Karteninhaber steht.

38 V. **Vollendet** ist die Tat mit Eintritt des Schadens oder der ihr gleichzustellenden Vermögensgefährdung; zu den Fällen einer mehraktigen Verfügung vgl. o. 21 ff. **Beendet** ist das Delikt erst mit der Erlangung des Vorteils (vgl. § 263 RN 178). Der **Versuch** ist strafbar, wie sich aus der Verweisung auf § 263 II ergibt. Ein Versuch liegt vor, wenn der Täter erfolglos eine von ihm manipulierte ec-Karte in einen Geldautomaten einführt, um Bargeld abzuheben (Bay JR **94**, 476).

39 VI. **Täter** kann jeder sein, nicht bloß der Betriebsangehörige, sondern auch Außenstehende. Für die **Teilnahme** gelten die allgemeinen Regeln.

40 VII. Für das Verhältnis der verschiedenen Begehungsformen des § 263 a und die **Konkurrenzen** zu anderen Tatbeständen gilt folgendes:

41 1. Wird der gleiche Schaden durch verschiedene Handlungsmodalitäten des § 263 a herbeigeführt (zB durch unrichtige Gestaltung des Programms und durch Verwendung unvollständiger Daten), so liegt nur eine Tat vor.

41 a 2. Im Verhältnis zu § 263 gilt, da § 263 a wegen seiner Auffangfunktion als subsidiär zurücktritt, folgendes:

41 b Treffen §§ 263, 263 a in einer natürlichen oder rechtlichen Handlungseinheit zusammen, so kommt nur § 263 zur Anwendung (ebenso Lackner/Kühl 27). Treffen eine vollendete Tat nach § 263 und eine noch versuchte Tat nach § 263 a in einer Handlung oder Handlungseinheit zusammen, so geht der Versuch in der vollendeten Tat auf; ebenso geht der Versuch nach § 263 in der vollendeten Tat

nach § 263 a auf (ebenso Tiedemann LK 81). Wird nach der Begehung von § 263 a der Schaden in Folge einer Täuschung intensiviert (zB Realisierung des Anspruchs durch Betrug nach Erschleichung einer günstigen Kontoposition durch § 263 a), so geht § 263 vor; vgl. zum Ganzen Lenckner/Winkelbauer CR 86, 661. Gesetzeskonkurrenz mit Vorrang von § 263 besteht, wenn durch den Beeinflussungsakt auch kontrollierende Personen getäuscht werden (so jetzt auch Tröndle/Fischer 15; vgl. Winkelbauer CR **85**, 42). Kann nicht festgestellt werden, ob der Vermögensschaden schon durch die Kontrollperson erfolgte (zur mehraktigen Verfügung vgl. o. 21 ff.), so bleibt es bei der Anwendung von § 263 a; zur Wahlfeststellung vgl. BGH **38** 120, 124, Lenckner/Winkelbauer CR 86, 660. Ferner besteht **Gesetzeskonkurrenz** zu § 370 AO, der dem § 263 a (ebenso wie dem § 263, vgl. dort RN 128) als lex specialis dann vorgeht (Tröndle/Fischer 15 b), wenn der erstrebte Vermögensvorteil sich in der Verkürzung von Steuereinnahmen erschöpft; dagegen ist Tateinheit mit § 370 AO gegeben, wenn neben der Steuerverkürzung auch Vermögensvorteile zu Lasten anderer erstrebt werden (Tröndle/Fischer 15 b). Gesetzeskonkurrenz mit Vorrang des § 263 a besteht in den Fällen der unbefugten Bargeldbeschaffung durch **Bankomaten** auch mit den Eigentumsdelikten (§§ 242, 246, 248 a) und zwar sowohl hinsichtlich der Codekarte wie des abgehobenen Bargeldes (ebenso Winkelbauer CR 85, 42, Granderath DB 86, Beil. 18, 4; ähnl. Tröndle/Fischer 18; and. Weber JZ 87, 217, Otto JZ 93, 559, 567); dies gilt auch dann, wenn sich durch die Annahme eines Gewahrsamsbruchs § 242 begründen läßt (BGH aaO 122, Lackner/Kühl 28). Gesetzeskonkurrenz mit Vorrang des § 265 a besteht trotz der Subsidiaritätsklausel auch dann, wenn die Waren- bzw. Leistungsautomaten Geldprüfgeräte, uU mit eingebauter Geldrückgabe enthalten, die das eingeworfene Geld erst aufgrund eines Datenverarbeitungsvorgangs prüfen und bei Echtheit zulassen (Celle NJW **97** 1518 m. Anm. Hilgendorf JR 97, 347 u. Mitsch JuS 98, 307, 313, Düsseldorf NStZ **99**, 248); vgl. zum Ganzen Lenckner/Winkelbauer aaO 654, 658 und zum Parallelproblem bei 248 b im Verhältnis zu § 242 (Verbrauch von Kraftstoff) vgl. dort RN 15.

3. Tateinheit kommt in Betracht mit §§ 267, 269, 274 I Nr. 1, 2, sowie mit §§ 303, 303 a und 42 u. U. mit § 303 b, ist schließlich gegeben mit § 268, insbesondere im Hinblick auf § 268 III, weil der gesamte Bereich der Datenverarbeitung unter das „ganz oder zum Teil selbsttätig Bewirken" iS des § 268 II (Sieber, Computerkriminalität 313) fällt, soweit solche Anlagen nicht für schlichte Programme eingesetzt sind (Tröndle/Fischer 17). Dabei ist allerdings zu beachten, daß Inputmanipulationen von vornherein nicht von § 268 erfaßt sind (§ 268 RN 39), während Ablauf- und Outputmanipulationen nicht nur „Einwirkungen auf den Ablauf" eines Datenverarbeitungsvorgangs (§ 263 a), sondern auch „störende Einwirkungen auf den Aufzeichnungsvorgang" (§ 268 III) sein können (Tröndle LK¹⁰ § 268 RN 50, Tröndle/Fischer 17), so daß der Praxis die mühsame Überprüfung des tateinheitlichen Zusammentreffens dieser Tatbestände nicht erspart bleibt, obwohl beide Vorschriften unbeschadet ihrer sachlich abweichenden Umschreibung und der Unterschiede im Schutzgut – jedenfalls soweit Computermißbrauch in Frage steht – im wesentlichen übereinstimmen, dieselbe Strafdrohung aufweisen und mit einem etwaigen tateinheitlichen Zusammentreffen irgendein zusätzliches Unwerturteil nicht korrespondiert; zu Recht rügt Tröndle/Fischer RN 17, daß die gesetzliche Ausgestaltung des § 263 a auch im Hinblick auf die auftretenden Konkurrenzen wenig durchdacht ist. Der Praxis kann daher nur empfohlen werden, falls neben § 263 a auch § 268 in Betracht kommt, nach § 154 f. StPO zu verfahren.

VIII. Die **Strafe** entspricht der des § 263. 43

1. Der **Regelstrafrahmen** ist Freiheitsstrafe bis zu fünf Jahren oder Geldstrafe; unter den Voraussetzungen des § 41 können beide Strafarten miteinander kombiniert werden. 44

2. Die unbenannten **besonders schweren Fälle** sind durch das 6. StrRG in benannte schwere 45 Fälle umgewandelt worden und ergeben sich aus dem Verweis auf § 263 Abs. 3, der allerdings höchst problematisch ist (vgl. 17 ff. vor § 263), weil die dort genannten Merkmale, die den Richter veranlassen sollen, einen besonders schweren Fall eines Betruges zu prüfen, nicht alle auf die Situation des § 263 a passen. Mit Sicherheit gilt dies für § 263 III 2 Nr. 5, weil § 263 a nicht dadurch begangen werden kann, daß ein Versicherungsfall vorgetäuscht wird. Wohl aber kann in der „gewerbsmäßigen Begehung" (§ 263 III 2 Nr. 1), in der Herbeiführung eines Vermögensverlustes großen Ausmaßes (§ 263 III 2 Nr. 2) ein besonders schwerer Fall gesehen werden. Zur Einzelfallbetrachtung vgl. § 263 RN 188 i; sie spielt vor allem dort eine Rolle, wo ein besonders schwerer Fall angenommen wird, ohne auf die Regelbeispiele abzustellen.

IX. Dagegen kommt § 263 V uneingeschränkt durch die Verweisung in § 263 a II als **Qualifikation** 46 in Betracht, weil hier vom Mitglied einer Bande die Rede ist, die sich zur fortgesetzten Begehung von Straftaten nach den §§ 263 bis 264 oder §§ 267 bis 269 verbunden hat.

X. **Antragsdelikt** ist die Tat, sofern sie gegenüber einem Angehörigen (§ 11 I Nr. 1), dem 47 Vormund oder einem Hausgenossen begangen wird, auch im Falle des „Bagatell-Computerbetrugs" hängt die Strafverfolgung von einem Antrag ab, es sei denn, daß die StA die Strafverfolgung für geboten erachtet.

XI. **Führungsaufsicht** ist nach Abs. 2 möglich iVm §§ 263 VI, 68 I. 48

§ 264 Subventionsbetrug

(1) Mit einer Freiheitsstrafe bis zu fünf Jahren oder mit Geldstrafe wird bestraft, wer
1. einer für die Bewilligung einer Subvention zuständigen Behörde oder einer anderen in das Subventionsverfahren eingeschalteten Stelle oder Person (Subventionsgeber) über subventionserhebliche Tatsachen für sich oder einen anderen unrichtige oder unvollständige Angaben macht, die für ihn oder den anderen vorteilhaft sind,
2. einen Gegenstand oder eine Geldleistung, deren Verwendung durch Rechtsvorschriften oder durch den Subventionsgeber im Hinblick auf eine Subvention beschränkt ist, entgegen der Verwendungsbeschränkung verwendet,
3. den Subventionsgeber entgegen den Rechtsvorschriften über die Subventionsvergabe über subventionserhebliche Tatsachen in Unkenntnis läßt oder
4. in einem Subventionsverfahren eine durch unrichtige oder unvollständige Angaben erlangte Bescheinigung über eine Subventionsberechtigung oder über subventionserhebliche Tatsachen gebraucht.

(2) In besonders schweren Fällen ist die Strafe Freiheitsstrafe von sechs Monaten bis zu zehn Jahren. Ein besonders schwerer Fall liegt in der Regel vor, wenn der Täter
1. aus grobem Eigennutz oder unter Verwendung nachgemachter oder verfälschter Belege für sich oder einen anderen eine nicht gerechtfertigte Subvention großen Ausmaßes erlangt,
2. seine Befugnisse oder seine Stellung als Amtsträger mißbraucht oder
3. die Mithilfe eines Amtsträgers ausnutzt, der seine Befugnisse oder seine Stellung mißbraucht.

(3) § 263 Abs. 5 gilt entsprechend.

(4) Wer in den Fällen des Absatzes 1 Nr. 1 bis 3 leichtfertig handelt, wird mit Freiheitsstrafe bis zu drei Jahren oder mit Geldstrafe bestraft.

(5) Nach den Absätzen 1 und 4 wird nicht bestraft, wer freiwillig verhindert, daß auf Grund der Tat die Subvention gewährt wird. Wird die Subvention ohne Zutun des Täters nicht gewährt, so wird er straflos, wenn er sich freiwillig und ernsthaft bemüht, das Gewähren der Subvention zu verhindern.

(6) Neben einer Freiheitsstrafe von mindestens einem Jahr wegen einer Straftat nach den Absätzen 1 bis 3 kann das Gericht die Fähigkeit, öffentliche Ämter zu bekleiden, und die Fähigkeit, Rechte aus öffentlichen Wahlen zu erlangen, aberkennen (§ 45 Abs. 2). Gegenstände, auf die sich die Tat bezieht, können eingezogen werden; § 74 a ist anzuwenden.

(7) Subvention im Sinne dieser Vorschrift ist
1. eine Leistung aus öffentlichen Mitteln nach Bundes- oder Landesrecht an Betriebe oder Unternehmen, die wenigstens zum Teil
   a) ohne marktmäßige Gegenleistung gewährt wird und
   b) der Förderung der Wirtschaft dienen soll;
2. eine Leistung aus öffentlichen Mitteln nach dem Recht der Europäischen Gemeinschaften, die wenigstens zum Teil ohne marktmäßige Gegenleistung gewährt wird.

Betrieb oder Unternehmen im Sinne des Satzes 1 Nr. 1 ist auch das öffentliche Unternehmen.

(8) Subventionserheblich im Sinne des Absatzes 1 sind Tatsachen,
1. die durch Gesetz oder auf Grund eines Gesetzes von dem Subventionsgeber als subventionserheblich bezeichnet sind oder
2. von denen die Bewilligung, Gewährung, Rückforderung, Weitergewährung oder das Belassen einer Subvention oder eines Subventionsvorteils gesetzlich abhängig ist.

Vorbem. Eingefügt durch das 1. WiKG v. 29. 7. 1976, BGBl. I 2034; Abs. 3 eingefügt durch das 6. StrRG v. 26. 1. 1998, BGBl. I 164; Abs. 1 u. 7 geändert durch das EGFinSchG v. 10. 9. 1998, BGBl. II 2322. Ergänzend vgl. das Subventionsgesetz (SubvG) in Art. 2 1. WiKG.

Übersicht

I. Allgemeines 1	VIII. Täterschaft und Teilnahme 70
II. Rechtsgut 4	IX. Strafbemessung u. besonders schwere Fälle 71
III. Subventionsbegriff i. S. des § 264 6	
IV. Subventionserhebliche Tatsachen 27	X. Gewerbsmäßige Tatbegehung durch Bandenmitglieder 78a
V. Tathandlung nach Abs. 1 38	
VI. Subjektiver Tatbestand, Leichtfertigkeit 62	XI. Verlust der Amtsfähigkeit, Einziehung . 79
	XII. Konkurrenzen 86
VII. Vollendung u. tätige Reue 66	XIII. Auslandstaten, Anzeigepflichten u. a. . 88

Stichwortverzeichnis

Amtsfähigkeit, Verlust der – 79 f.
Amtsträger
  Ausnutzen der Mithilfe eines – 78
  Mißbrauch der Befugnisse als – 76 f.
Angaben 43
  Machen von – für sich oder einen anderen 48 f.
  unrichtige oder unvollständige – 44 ff., 60
  vorteilhafte – 47

Belege, Verwendung nachgemachter oder verfälschter 75
Betrieb 22
  öffentlicher – 23 f.

Eigennutz, grober 75
Einziehung 81 ff.

Gefährdungsdelikt, abstraktes 5
Gegenleistung, marktmäßige 11

Irrtum 62

Konkurrenzverhältnisse 86 f.
  – mit Betrug 87
  – mit Steuerhinterziehung 10, 86

Leichtfertigkeit 63 ff.

Mittel, öffentliche 8
Mißbrauch von Gestaltungsmöglichkeiten 45 f.

Rechtsgut 4
Rechtsvorschriften über die Subventionsvergabe 52 ff.
Reue, tätige 66 ff.

Schein- und Umgehungshandlungen 45 f.
Strafzumessung 71 ff.

Subvention
  Begriff der – 6 ff.
  Bürgschaften als – 12
  Darlehen als – 12
  Garantieerklärungen als – 12
  indirekte – 10
  Realförderungen als – 12
  Steuervorteil und – 10
  – großen Ausmaßes 74
  verlorene Zuschüsse als – 12
  wirtschaftsfördernde – 6, 13 ff.
  Zinszuschüsse als – 12
Subventionsberechtigung, Bescheinigung über 49
Subventionserhebliche Tatsache, s. Tatsache
Subventionsgeber 40 f.
Subventionsnehmer 56
Subventionsvorteil 36 f.

Täterschaft und Teilnahme 70
Tatsache
  Angaben über – 43
  Bescheinigung über – 59
  Bezeichnen von – 29 ff.
  In-Unkenntnis-Lassen über – 51
  subventionserhebliche – 27 ff., 55

Unternehmen 22
  öffentliches – 23 f.

Verfassungsmäßigkeit der Vorschrift 3
Verhinderung der Subventionsgewährung 67
Verwendungsbeschränkung, Verwendung entgegen – 49 a ff.
Vollendung 66
Vorsatz 62

Wählbarkeit, Verlust der – 79 f.
Wirtschaft, Förderung der – 13 ff.

Schrifttum: Alewell, Subventionen als betriebswirtschaftliche Frage, 1965. – *Baumann,* Die Subventionskriminalität, NJW 74, 1364. – *Berz,* Das 1. Gesetz zur Bekämpfung der Wirtschaftskriminalität, BB 76, 1435. – *Bleckmann,* Subventionsrecht, 1978. – *Bruns,* Zur strafrechtlichen Relevanz des gesetzesumgehenden Täterverhaltens, GA 86, 1. – *Carlsen,* Subventionsbetrug und Subventionsgesetze, Agrarrecht 78, 267, 297. – *Dannecker* (Hrsg.), Die Bekämpfung des Subventionsbetrugs im EG-Bereich, Schriftenreihe der Europäischen Rechtsakademie Bd. 3, 1993. – *ders.,* Erfahrungen im Bereich der Subventionskriminalität und rechtspolitische Bestrebungen zur Verbesserung des Schutzes der EG-Finanzinteressen, in: Dannecker (s. o.), 23 (zit.: aaO). – *Detzner,* Rückkehr zum „klassischen Strafrecht" und die Einführung einer Beweislastumkehr, 1998. – *Diemer-Nicolaus,* Der Subventionsbetrug, Schmidt-Leichner-FS 31. – *Dörn,* Verfolgung von Subventionsbetrug (§ 264) durch die Finanzbehörden, DStZ A 95, 164. – *Eberle,* Der Subventionsbetrug nach § 264 StGB, 1983. – Ausgewählte Probleme einer verfehlten Reform, 1983. – *Findeisen,* Betrug u. Subventionsbetrug durch unberechtigte Inspruchnahme von Investitionszulagen nach § 4 b InvzulG 1975, JZ 80, 710 u. JR 81, 225. – *Fuhr,* Subventionsbetrug und Subventionsgesetz, in: Wirtschaftskriminalität, BKA-Schriftenreihe Bd. 52, 1983. – *Fuhrhop,* Die Abgrenzung der Steuervorteilserschleichung von Betrug und Subventionsbetrug, NJW 80, 1261. – *Garz-Holzmann,* Die strafrechtliche Erfassung des Mißbrauchs der Berlinförderung durch Abschreibungsgesellschaften, 1984. – *Göhler/Wilts,* Das 1. Gesetz zur Bekämpfung der Wirtschaftskriminalität, DB 76, 1609. – *Götz,* Recht der Wirtschaftssubventionen, 1966. – *ders.,* Bekämpfung der Subventionserschleichung, 1974. – *Gurski,* Außenhandelskriminalität, insbesondere Subventionserschleichung, in: Tiedemann, Die Verbrechen in der Wirtschaft (1970) 41. – *Gusy,* Subventionsrecht, JA 91, 286, 327. – *Hack,* Probleme des Tatbestands Subventionsbetrug, § 264 StGB, 1982. – *Heinz,* Die Bekämpfung der Wirtschaftskriminalität mit strafrechtlichen Mitteln – unter bes. Berücksichtigung des 1. WiKG, GA 77, 193, 225. – *Hillenkamp,* Beweisprobleme im Wirtschaftsstrafrecht, Osnabrücker Rechtswiss. Abh. Bd. 1 (1985), 221. – *Ipsen,* Öffentliche Subventionierung Privater, 1956. – *ders.,* Verwaltung durch Subventionen, VVDStRL, Heft 25 (1967), 257. – *Jarass,* Das Recht der Wirtschaftssubventionen, JuS 80, 115. – *Jerouschek,* Strafrechtliche Aspekte des Wissenschaftsbetrugs, GA 99, 416. – *Jung,* Die Bekämpfung der Wirtschaftskriminalität als Prüfstein des Strafrechtssystems, 1979. – *Kindhäuser,* Zur Auslegung des Merkmals „vorteilhaft" in § 264 I Nr. 1, JZ 91, 492. – *Kohlmann/Brauns,* Investitionszulage 1982 – wiederum kriminogen?, wistra 82, 61. – *Löwer,* Rechtspolitische und verfassungsrechtliche Bedenken gegenüber dem Ersten Wirtschaftskriminalitätsgesetz, JZ 79, 621. – *Lüderssen,* Das Merkmal „vorteilhaft" in § 264 Abs. 1 S. 1 StGB, wistra 88, 43. – *Lührs,* Subventionen, Subventionsvergabepraxis und Strafverfolgung, wistra 99, 89. –

§ 264 1, 2

Meine, Der Vorteilsausgleich beim Subventionsbetrug, wistra 88, 13. – *Meinhold,* Subventionen, in: Handwörterbuch der Sozialwissenschaften, Bd. 10 (1959), 236. – *Möhrenschlager,* Einbeziehung ausländischer Rechtsgüter in den Schutzbereich nationaler Straftatbestände, in: Dannecker (s. o.), 162 (zit.: aaO). – *Müller/ Wabnitz/Janovski,* Wirtschaftskriminalität, 4. A. 1997. – *Müller-Emmert/Maier,* Das 1. Gesetz zur Bekämpfung der Wirtschaftskriminalität, NJW 76, 1657. – *Nippoldt,* Die Strafbarkeit von Umgehungshandlungen, dargestellt am Beispiel der Erschleichung von Agrarsubventionen, Diss. Gießen, 1974. – *Ranft,* Täterschaft beim Subventionsbetrug i. S. des § 264 I Nr. 1 StGB, JuS 86, 445. – *ders.,* Die Rechtsprechung zum sog. Subventionsbetrug, NJW 86, 3163. – *Reisner,* Die Strafbarkeit von Schein- und Umgehungshandlungen in der EG, 1995. – *Rieger,* Erfahrungsbericht aus der Bundesrepublik Deutschland unter Berücksichtigung der organisierten Kriminalität, in: Dannecker (s. o.), 52. – *Sannwald,* Rechtsgut und Subventionsbegriff, § 264 StGB, 1983. – *Schetting,* Rechtspraxis der Subventionierung, 1973. – *Schmid,* Die Vergabe von Wirtschaftssubventionen und strafrechtliche Verantwortlichkeit gem. § 264 StGB, 1994. – *G. Schmidt,* Zum neuen Subventionsvergabegesetz, DVBl. 78, 200. – *ders.,* Zum neuen strafrechtlichen Begriff der „Subvention" in § 264 StGB, GA 79, 121. – *W. Schmidt-Hieber,* Verfolgung von Subventionserschleichung nach Einführung des § 264 StGB, NJW 80, 322. – *Schmitz,* Rechtsprobleme bei Subventionen, BB 84, 1586. – *Schubarth,* Das Verhältnis von Strafrechtswissenschaft und Gesetzgebung im Wirtschaftsstrafrecht, ZStW 92, 80. – *Sieber,* Subventionsbetrug und Steuerhinterziehung zum Nachteil der Europäischen Gemeinschaft, SchwZStr. 114, 357. – *Stöckel,* Bekämpfung der Gesetzesumgehung mit Mitteln des Strafrechts, ZRP 77, 134. – *Stoffers,* Der Schutz der EU-Finanzinteressen durch das deutsche Straf- und Ordnungswidrigkeitenrecht, EuZW 94, 304. – *Streck/Spatscheck,* Investitionszulage und Subventionsbetrug, DStR Beihefter zu Heft 34/1997. – *Tenckhoff,* Das Merkmal der Vorteilhaftigkeit in § 264 StGB, Bemmann-FS 465. – *Tiedemann,* Subventionskriminalität in der Bundesrepublik, 1974. – *ders.,* Der Subventionsbetrug, ZStW 86, 897. – *ders.,* Der Entwurf eines 1. Gesetzes zur Bekämpfung der Wirtschaftskriminalität, ZStW 87, 253. – *ders.,* Wirtschaftskriminalität und ihre strafrechtliche Bekämpfung, ZStW 88, 231. – *ders.,* Kriminologische und kriminalistische Aspekte der Subventionserschleichung, in: H. Schäfer, Wirtschaftskriminalität/Weiße-Kragen-Kriminalität (1974) 19. – *ders.,* Strafbare Erschleichung von Investitionszulagen durch Aufhebung und Neuabschluß von Lieferverträgen?, NJW 80, 1557. – *ders.,* Handhabung und Kritik des neuen Wirtschaftsstrafrechts, Dünnebier-FS 519. – *ders.,* in: HWiStR, Art. Subventionsbetrug u. Art. Umgehung. – *ders.,* Der Strafrechtsschutz der Finanzinteressen der EG, NJW 90, 2226. – *ders.,* Wirtschaftsbetrug, 1999. – *Vogel,* Schein- und Umgehungshandlungen im Strafrecht, insbesondere im europäischen Recht, in: Schünemann/Suarez Gonzalez (Hrsg.), Bausteine des europäischen Wirtschaftsstrafrechts (1994) 159. – *Volk,* Der Subventionsbetrug, in: Belke-Oehmichen, Wirtschaftskriminalität (1983) 76. – *Wassmann,* Strafrechtliche Risiken bei Subventionen, 1995. – *Zacher,* Verwaltung durch Subvention, VVDStRL, Heft 25 (1967), 308. – *Zuleeg,* Die Rechtsformen der Subventionierung, 1965.

Materialien: Tagungsberichte der Sachverständigenkommission zur Bekämpfung der Wirtschaftskriminalität – Reform des Wirtschaftsstrafrechts, Bd. 4. – Entwurf eines 1. Gesetzes zur Bekämpfung der Wirtschaftskriminalität (RegE), BR-Drs. 5/75. – Bericht und Antrag des Sonderausschusses für die Strafrechtsreform, BT-Drs. 7/5291. – Prot. 7 S. 2467 ff. – Entwurf eines Gesetzes zu dem Übereinkommen vom 26. Juli 1995 über den Schutz der finanziellen Interessen der Europäischen Gemeinschaften (RegE), BT-Drs. 13/10 425.

1   I. In Anlehnung an den auf „indirekte" Subventionen sich beziehenden Tatbestand der Steuerhinterziehung (§ 370 AO) wurde durch das **1. WiKG** der Tatbestand des **Subventionsbetrugs** geschaffen, der die Erschleichung bestimmter „direkter" Subventionen erfassen soll (zur Entstehungsgeschichte vgl. Detzner aaO 5 ff., Hack aaO 32 ff., Tiedemann LK 1 ff., Tröndle/Fischer 1). Soweit das Bedürfnis nach einer Sondervorschrift mit dem *theoretischen Ungenügen des § 263* begründet wurde (vgl. BT-Drs. 7/5291 S. 3 u. hierzu Detzner aaO 10 ff., Eberle aaO 3 ff.), trifft dies freilich nur mit Einschränkungen zu. Auch die Subventionserschleichung ist zunächst ein Vermögensdelikt, wobei das hier betroffene Vermögen des Staates in gleicher Weise durch § 263 geschützt wird wie das Vermögen des einzelnen (unrichtig daher z. B. BT-Drs. 7/5291 S. 3: § 263 schütze primär das individuelle Vermögen). Ebenso ist es schon nach allgemeinen Grundsätzen möglich, das mit den Mitteln des § 263 bewirkte Erlangen einer Subvention als Vermögensschaden anzusehen, der nach h. M. auch in der Verfehlung des sozialen Zwecks einer Leistung liegen kann (vgl. § 263 RN 101 ff.), ein Gesichtspunkt, der gerade bei dem durch die öffentliche Haushaltswirtschaft zweckgebundenen Vermögen des Staates von besonderer Bedeutung ist (vgl. BGH **31** 93, Tiedemann LK 13, ZStW 86, 910 ff., Subventionskriminalität 312 ff.). Die Einwände, die in BT-Drs. 7/5291 S. 3 gegen die zum Begriff des Schadens in § 263 entwickelte sog. Zweckverfehlungstheorie erhoben werden, sind unbegründet und i. E. schon deshalb nicht haltbar, weil die Erschleichung anderer als der in § 264 genannten Subventionen ohne Zuhilfenahme dieser Theorie straflos bleiben müßte (vgl. auch Lackner/Kühl 1, Ranft JuS 86, 448, NJW 86, 3164 f., Volk aaO 84 ff.). Richtig ist nur, daß § 263 den Unrechtsgehalt der Subventionserschleichung nicht voll erfaßt (u. 4).

2   Von größerem Gewicht sind deshalb die **kriminalpolitischen Gründe,** die dafür sprachen, unter Verzicht auf die häufig schwer feststellbaren objektiven und subjektiven Merkmale des § 263 einen Sondertatbestand zu schaffen, der den Besonderheiten bei der Vergabe von Subventionen ausreichend Rechnung trägt (vgl. dazu die 20. A. RN 2, ferner Hillenkamp aaO 237 ff., Ranft JuS 86, 449; krit. Detzner aaO 14 ff., 21 ff.). Dazu gehört auch die dem klassischen Vermögensstrafrecht bisher fremde Pönalisierung der Leichtfertigkeit in Abs. 4, die den „Kernstück" (Tiedemann LK 122) des § 264 darstellt und die entgegen vielfach geübter Kritik (vgl. z. B. Diemer-Nicolaus aaO 52 ff., Eberle aaO 164 ff., Hack aaO 125 ff., 143 ff., Herzog, Gesellschaftliche Unsicherheit und strafrechtliche Daseinsvorsorge [1991] 132 ff., Hillenkamp aaO 247, Wassermann-FS 873, Maiwald ZStW 96, 84, Samson/

Günther SK 16 ff., Schubarth ZStW 92, 100, Tröndle[48] 24, Volk aaO 81 ff., Wassmann aaO 22) mit der erhöhten Verantwortung dessen zu rechtfertigen ist, der öffentliche Mittel (zumindest teilweise) unentgeltlich in Anspruch nimmt, wobei noch hinzukommt, daß bei Subventionen nach Bundes- oder Landesrecht als Empfänger gem. Abs. 7 Nr. 1 nur Betriebe und Unternehmen erfaßt sind, von denen hier ein Mindestmaß an Sorgfalt verlangt werden kann (vgl. BR-Drs. 5/75 S. 27, BT-Drs. 7/5291 S. 8, Ranft JuS 86, 449, Tiedemann I 81 ff.). Eine nicht unproblematische Ausweitung hat der Tatbestand freilich durch das **EGFinSchG** (vgl. Vorbem.) erfahren, weil bei Subventionen nach EG-Recht gem. Abs. 7 Nr. 2 n. F. jetzt auch Leistungen an Einzelpersonen sowie solche mit wirtschaftsfördernder Zielsetzung erfaßt sind (vgl. u. 26) und gem. Abs. 4 n. F. auch in diesen Fällen eine leichtfertige Tatbegehung genügt. Der Gesetzgeber wollte damit völkerrechtlichen Verpflichtungen nachkommen (vgl. BT-Drs. 13/10 425 S. 6 f. sowie zum Umfang dieser Verpflichtungen zB Dannecker ZStW 108, 594 ff., Zieschang EuZW 97, 78); diese hätten jedoch keine so ausgedehnte Pönalisierung der Leichtfertigkeit erfordert und sind im übrigen durch das EGFinSchG auch sonst nicht vollständig erfüllt worden (vgl. näher Tiedemann, Wirtschaftsbetrug Nachtrag § 264 RN 1 ff.). Um den insoweit berechtigten Bedenken gegen Abs. 4 Rechnung zu tragen, müssen daher bei bloßen Auskunftspersonen, privaten Antragstellern oder nicht wirtschaftlich ausgerichteten Personenvereinigungen an die Leichtfertigkeit besonders strenge Anforderungen gestellt werden (vgl. BT-Drs. 13/10 425 S. 7 sowie u. 65). Eingehend zur Notwendigkeit einer Sonderregelung für die Subventionserschleichung insbes. Tiedemann, Subventionskriminalität 299 ff., ferner z. B. Diemer-Nicolaus aaO 31 ff., Arzt/Weber IV 15 ff.; krit. Herzog aaO 122 ff.; zur Strafverfolgungspraxis vgl. Detzner aaO 50 ff., Dörn DStZ 95, 164 ff., Kaiser Krim 868 f., sowie zu den neuen Bundesländern Lührs wistra 99, 89 ff., 95 ff.; zur Kriminologie des EG-Subventionsbetrugs vgl. u. a. Dannecker aaO 24 ff., Kaiser Krim. 869 ff., Sieber SchwZStr. 114, 357 ff.

Gelegentlich erhobene Bedenken gegen die **Verfassungsmäßigkeit** des § 264 (vgl. Detzner aaO 57 ff., u. zusf. 142, Heinz GA 77, 210 f., Löwer JZ 79, 621) sind nicht begründet. Dies gilt zunächst im Hinblick auf *Abs. 7*, da die Unbestimmtheit des materiellen Subventionsbegriffs (u. 7) sowohl durch die Beschränkung auf Leistungen an Betriebe usw. als auch dadurch wesentlich abgemildert ist, daß es ausreicht, wenn die Leistung nur „zum Teil" unentgeltlich ist und nur „zum Teil" der Wirtschaftsförderung dient. Soweit hier Abgrenzungsschwierigkeiten bleiben, ist diesen in anderer Weise Rechnung zu tragen (u. 19); insgesamt aber dürfte die Unschärfe des in Abs. 7 umschriebenen Subventionsbegriffs nicht wesentlich größer sein als bei zahlreichen anderen Tatbestandsmerkmalen und deshalb auch noch in dem Toleranzbereich liegen, der dem Gesetzgeber vernünftigerweise zugestanden werden muß (für Verfassungsmäßigkeit daher z. B. Hack aaO 152, Sannwald aaO 81, 144, Tiedemann LK 6, 25 mit FN 25 und i. E. auch Schmidt GA 79, 121). Ebenso ist es verfassungsrechtlich unbedenklich, daß die Subventionserheblichkeit von Tatsachen nach *Abs. 8 Nr. 1 2. Alt.* i. V. mit § 2 SubvG bei gesetzesfreien Subventionen durch den Subventionsgeber bestimmt werden kann (and. Löwer JZ 79, 630 f.; wie hier Hack aaO 152 ff.). Bedenken könnten sich hier nur ergeben, wenn durch den Subventionsgeber die Grenzen eines strafrechtlichen Verbots aus verwaltungsfremden Gründen mit konstitutiver Wirkung bestimmt werden könnten (vgl. Löwer aaO). Dies ist jedoch nicht der Fall: Die Kennzeichnung gem. § 2 SubvG dient allein dazu, die gesetzlich subventionserheblichen Tatsachen besser erkennbar zu machen und dadurch vor allem im Interesse des Subventionsnehmers (daneben auch in dem des Subventionsgebers, der auf diese Weise eine eindeutige Entscheidungsgrundlage erhalten soll) klare Verhältnisse zu schaffen (vgl. Hack aaO 152 ff., Samson/Günther SK 44). Da es hier nur um die Bezeichnung, nicht aber um die Konstituierung der Vergabevoraussetzungen geht (Tiedemann LK 58) – materiell nicht subventionserhebliche Tatsachen werden nicht dadurch, daß sie vom Subventionsgeber zu Unrecht als solche benannt werden (u. 34) –, ist § 264 auch nicht mit den verwaltungsakzessorischen Tatbeständen vergleichbar, bei denen erst der Verstoß gegen einen Verwaltungsakt die Strafbarkeit begründet. Die Frage der Vereinbarkeit mit Art. 103 II GG stellt sich hier deshalb nicht. Schließlich verstößt die Regelung des § 264 auch nicht gegen das Schuldprinzip (vgl. Hack aaO 87 ff., Hillenkamp aaO 247); der Einwand, Abs. 4 ermögliche eine Verdachtsstrafe bei Nichtbeweisbarkeit des Vorsatzes, wäre nur dann berechtigt, wenn die Leichtfertigkeit nicht schon per se strafwürdig wäre (o. 2).

II. Rechtsgut des § 264 ist zunächst das öffentliche *Vermögen*, das hier schon im Vorfeld der in der zweckwidrigen Subventionsgewährung liegenden Schädigung (vgl. § 263 RN 101 ff.) geschützt wird. Insofern deckt sich die Angriffsrichtung des § 264 mit der des § 263 (vgl. dazu schon o. 1; ebenso BGHZ **106** 204 m. Anm. Peters JR 89, 241 [§ 264 als Schutzgesetz i. S. des § 823 II BGB], ferner z. B. Hack aaO 19 ff., 62, Maiwald ZStW 96, 78, Ranft JuS 86, 447 ff., NJW 86, 3166, Sannwald aaO 59; and. wohl BT-Drs. 7/5291 S. 3, ferner Hamburg NStZ **84**, 218, Karlsruhe NJW **81**, 1383, D. Geerds, Wirtschaftsstrafrecht und Vermögensschutz [1990] 244 ff., Schmidt-Hieber NJW 80, 323 f., Tiedemann LK 11 ff. [vgl. aber auch Dünnebier-FS 534]). Dafür spricht schon, daß sonstige, nicht unter § 264 fallende Subventionsbetrügereien nach wie vor von § 263 erfaßt sind, die Tat nach § 264 diesen gegenüber aber kein völliges aliud sein kann (vgl. auch BGH aaO, Lackner/Kühl 1, Volk aaO 78); so müßte anderenfalls – entgegen der h. M. (u. 87) – zwischen § 263 und § 264 Idealkonkurrenz bestehen (insoweit folgerichtig daher Schmidt-Hieber NJW 80, 323). Geschützt werden durch § 264 darüber hinaus aber auch die *Institution* der Subvention als wichtiges *Instrument staatlicher Lenkung* und die mit ihr verfolgten – bei Subventionen nach Bundes- und Landesrecht ausschließlich wirtschaftspolitischen, bei Subventionen nach EG-Recht auch sonstigen – *Zielsetzungen als solche,* wobei erst dieses weitere Rechtsgut die Tat zum eigentlichen Wirtschaftsdelikt macht (ebenso Bottke wistra 91, 7, Lüttger, Jescheck-FS 176, Sannwald aaO 65, i. E. auch Lackner/Kühl; and. Gössel II 460, Hack aaO 73 f., M-Maiwald I 475: nur das Vermögen); soweit es sich um Subventionen nach EG-Recht handelt, schützt § 264 damit auch ein nichtdeutsches öffentliches Rechtsgut (Lüttger aaO, Möhrenschlager aaO 164). Wenig gewonnen ist, wenn demgegenüber vielfach auch die staatliche Planungs- u. Dispositionsfreiheit als Rechtsgut des § 264 bezeichnet wird (z. B. BT-Drs. 7/5291 S. 3, Hamburg NStZ **84**, 218, Karlsruhe MDR **81**, 159, Schmidt-Hieber NJW 80, 323 f. u. näher dazu Kindhäuser JZ 91, 494 f., Tiedemann II 106, ZStW 86, 908 ff., ZRP 76, 49, LK 14 [s, aber auch LK 11], Tröndle/Fischer 3), denn diese ist kein Selbstzweck und als solche strafrechtlich ebensowenig schutzwürdig wie in § 263 die private Dispositionsfreiheit (vgl. dagegen auch Meine wistra 88, 14, Ranft JuS 86, 448, NJW 86, 3166). Ebensowenig schützt § 264 das Subventionsverfahren als solches, während es auf den o. genannten zusätzlichen Rechtsgutsaspekt hinausläuft, wenn dabei noch das Verfahrensziel – Erreichen bestimmter wirtschaftspolitischer (bei EG-Subventionen auch sonstiger) Zwecke – mit einbezogen wird (vgl. Achenbach JR 88, 253).

5   Da § 264 lediglich die Voraussetzungen einer generellen Gefährlichkeit für die geschützten Rechtsgüter umschreibt und weder einen Erfolg noch auch nur eine konkrete Gefährdung im Einzelfall verlangt – der Tatbestand ist vielmehr auch erfüllt, wenn der Subventionsgeber den wahren Sachverhalt bereits kennt oder die Täuschung sofort als solche durchschaubar ist –, stellt der Subventionsbetrug ein **abstraktes Gefährdungsdelikt** dar (vgl. z. B. Berz BB 76, 1436, Eberle aaO 164, Hack aaO 82 ff., Heinz GA 77, 210, Lackner/Kühl 2, M-Maiwald I 474, Tröndle/Fischer 4, aber auch Tiedemann I 81 ff., LK 15 f., ZStW 87, 269 ff.; and. BT-Drs. 7/5291 S. 5 [konkretes Gefährdungsdelikt], Göhler/Wilts DB 76, 1613 [abstrakt-konkretes Gefährdungsdelikt], Ranft JuS 86, 449 f. [Abs. 1 Nr. 2 als konkretes Gefährdungsdelikt]; krit. zur Ausgestaltung als abstraktes Gefährdungsdelikt Hassemer ZRP 92, 381, Herzog aaO 126 ff.). Freilich sind damit nur die strafbegründenden Mindestvoraussetzungen gekennzeichnet, da das Gesetz zu erkennen gibt, daß mit der Bestrafung nach § 264 auch eine im Einzelfall bewirkte Vermögensschädigung mitabgegolten sein soll: So in Abs. 1 Nr. 3, wo mit der Tatbestandserfüllung idR auch ein Vermögensschaden gegeben ist, ferner in Abs. 2 Nr. 1, denn wenn dort das Vorliegen eines Regelbeispiels u. a. vom Erlangen einer nichtgerechtfertigten Subvention großen Ausmaßes abhängig gemacht wird, so kann davon ausgegangen werden, daß geringere Schäden schon von der Regelstrafdrohung des Abs. 1 miterfaßt sind; in dieselbe Richtung weisen schließlich Abs. 5 und 6 (vgl. BT-Drs. 7/5291 S. 6, Göhler/Wilts DB 76, 1615, Lackner/Kühl 1, 30, Müller-Emmert/Maier NJW 76, 1661, Tröndle/Fischer 4 f.; krit. jedoch Hack aaO 112 ff., Lampe Prot. 7 S. 2511, Gössel ebd. S. 2616 ff.). Insgesamt ist § 264 daher eine dem § 263 vorgehende Spezialvorschrift (vgl. auch u. 87).

6   **III.** Der **sachliche Anwendungsbereich** des § 264 ist seit dem EGFinSchG (vgl. Vorbem.) für Subventionen nach deutschem Recht und Subventionen nach EG-Recht unterschiedlich geregelt.

7   1. Bei Leistungen nach **Bundes- oder Landesrecht** erfaßt **Abs. 7 S. 1 Nr. 1** nur an **Betriebe oder Unternehmen** gerichtete **wirtschaftsfördernde Subventionen** (u. 8 ff.; über Einzelfälle vgl. die Zusammenstellung von Lackner/Kühl 3, Sannwald aaO 21 ff., 31 ff., Tiedemann LK 52, Wassmann aaO 31 f.). Außerhalb des Tatbestands bleiben damit *sonstige Subventionen,* insbesondere Sozialsubventionen (z. B. Sozialhilfe, Wohnungs- und Kindergeld, Ausbildungsbeihilfen) und Subventionen, die der Forschung, Technologie, kulturellen Zwecken usw. dienen, für deren Einbeziehung ein praktisches Bedürfnis verneint wurde (BT-Drs. 7/5291 S. 11, Prot. 7 S. 2653 ff.; vgl. aber auch Art. 2 § 2 II RegE, § 201 AE, BT, Wirtschaftsdelikte). Für die Erschleichung solcher Subventionen gilt daher nach wie vor § 263 (vgl. § 263 RN 104, o. 1 und u. 87, ferner Tiedemann LK 13 mwN). Der Subventionsbegriff des § 264 VII 1 Nr. 1 ist somit schon deshalb wesentlich enger als der – freilich noch weitgehend umstrittene – allgemeine Subventionsbegriff, wie er im öffentlichen Recht gebraucht wird. Nach der VerwRspr. sind Subventionen „öffentlich-rechtliche Leistungen des Staates, die zur Erreichung eines bestimmten, im öffentlichen Interesse liegenden Zwecks gewährt werden" (BVerwG NJW **59**, 1098; vgl. auch BVerwGE **17** 216, OVG des Saarlandes DÖV **59**, 708, ferner BVerfGE **17** 210). Dagegen sind nach BGH[Z] NJW **59**, 1429 Subventionen nur die „staatlichen Stützungs- und Hilfsmaßnahmen für die Wirtschaft". Auch im Schrifttum ist der Subventionsbegriff umstritten; zu den zahlreichen Definitionsversuchen vgl. z. B. Alewell aaO 92 ff., Friauf DVBl. 66, 731, Götz, Wirtschaftssubventionen 13 ff., Gusy JA 91, 287 f., Jarass JuS 80, 116, Meinhold, Handwörterbuch der Sozialwissenschaften Bd. 10, 238, Rüfner, Formen öffentlicher Verwaltung im Bereich der Wirtschaft (1967) 194 ff., Stern JZ 60, 521, Tiedemann, Subventionskriminalität 21 ff., Zacher aaO 317, Zuleeg aaO 14 ff. u. zusammenfassend Eberle aaO 22 ff. Zum Teil wird die Möglichkeit eines allgemeingültigen Subventionsbegriffs überhaupt in Abrede gestellt (vgl. z. B. Ipsen, Öffentliche Subventionierung Privater 6 ff., Götz, Wirtschaftssubventionen 3). Der RegE hatte wegen dieser Schwierigkeiten dem Tatbestand des § 264 einen **formellen Subventionsbegriff** zugrundegelegt, nach dem nur solche aus öffentlichen Mitteln erbrachte Leistungen als Subvention i. S. des § 264 gelten sollten, die durch Gesetz bzw. Verordnung als solche bezeichnet sind. Die dagegen erhobenen Bedenken, die vor allem mit der Gefahr einer ungleichen Handhabung durch Gesetz- und Verordnungsgeber und dem blankettähnlichen Charakter der Vorschrift begründet wurden (BT-Drs. 7/5291 S. 9 f., Prot. 7 S. 2657, 2663 ff.; vgl. auch Diemer-Nicolaus aaO 42 ff., Eberle aaO 42 ff.,

Göhler/Wilts DB 76, 1610, Tiedemann ZStW 87, 294), führten dann jedoch zur Übernahme des in Abs. 7 S. 1 Nr. 1 definierten **materiellen Subventionsbegriffs,** der trotz der zweifellos vorhandenen Abgrenzungsschwierigkeiten insgesamt noch dem Bestimmtheitsgebot des Art. 103 II GG entsprechen dürfte (o. 3).

a) Voraussetzung ist zunächst, daß die Leistung **nach Bundes- oder Landesrecht aus öffentlichen Mitteln** erbracht wird. Dabei sind *öffentliche Mittel* alle aus einem öffentlichen Haushalt (Bund, Länder, Gemeinden usw. einschließlich deren Sondervermögen, z. B. ERP-Sondervermögen) gedeckten Mittel. Zweifelhaft ist dagegen, ob vom Wortlaut der Vorschrift auch die Sonderfonds der zum Zweck staatlicher Wirtschaftslenkung gebildeten Ausgleichseinrichtungen erfaßt sind, deren Mittel aus besonderen, den Unternehmen eines bestimmten Wirtschaftszweiges nach Bundes- oder Landesrecht in Form einer besonderen öffentlich-rechtlichen Geldzahlungspflicht auferlegten Ausgleichsabgaben stammen (vgl. einerseits Prot. 7 S. 2917, Göhler/Wilts DB 76, 1612, Lackner/Kühl 4, Tiedemann LK 29, Tröndle/Fischer 7, andererseits BGH MDR/H **81**, 268 [betr. Wintergeldumlage gem. § 80 a. F. AFG, vgl. jetzt § 354 SGB III, Eberle aaO 51 ff., Heinz GA 77, 211, diff. Sannwald aaO 89 f.; näher zu diesen Ausgleichseinrichtungen vgl. Götz, Wirtschaftssubventionen 63 ff.). Die Rechtsgrundlage für die Vergabe öffentlicher Mittel als Subvention, die sich aus dem *Bundes- oder Landesrecht* ergeben muß, kann ein Spezialgesetz sein, doch genügt auch ein entsprechender Ansatz in den durch Haushaltsgesetz festgesetzten Haushaltsplänen. Dies gilt auch für die durch Haushaltsansatz der Gemeinden und Gemeindeverbände ausgewiesenen Subventionen, da Grundlage hierfür die Gemeindeordnungen usw. sind, die zum Landesrecht gehören (vgl. BT-Drs. 7/5291 S. 10, i. E. auch Sannwald aaO 106 f.; zu den Subventionen der Gemeinden vgl. näher Götz aaO 315 ff.). Gleichgültig ist, ob die Subvention unmittelbar durch die staatliche oder kommunale Stelle gewährt wird oder ob die fraglichen Mittel über eine – die Subvention u. U. auch bewilligende – private Stelle (z. B. Kreditinstitut) verteilt werden (Tiedemann LK 30; diff. Sannwald aaO 102 ff.; zu den verschiedenen Formen der vermittelten Subvention vgl. Zacher aaO 370 ff., Schetting aaO 366 ff.).

b) Erforderlich ist weiter eine **Leistung, die wenigstens zum Teil ohne marktmäßige Gegenleistung gewährt wird** (Abs. 7 S. 1 Nr. 1 a).

α) Obwohl in Abs. 7 nicht ausdrücklich genannt, muß die **Leistung** den Charakter einer Sonderunterstützung haben (vgl. auch Carlsen AgrarR 78, 268, Sannwald aaO 91 f., Stern JZ 69, 519 ff.), da sonst z. B. auch die normalen Haushaltszuweisungen an ein öffentliches Wirtschaftsunternehmen eine Subvention sein könnten. Dagegen sind die Finanzzuweisungen an Länder und Kommunen schon ex definitione keine Subventionen (keine öffentlichen Unternehmen; vgl. LG Mühlhausen NJW **98**, 2069; s. auch u. 23). Im übrigen sind Leistungen i. S. des § 264 nur die *direkt* gewährten vermögenswerten Leistungen. Nicht hierher gehören die indirekten Subventionen, die in Form einer Verrechnung mit der Steuer im Besteuerungsverfahren gewährt werden. Ausgenommen sind aber auch solche nach *steuerrechtlichen Vorschriften* gewährten Leistungen, die der Empfänger normalerweise als echte Geldzahlungen erhält und die deshalb an sich die Voraussetzungen des Abs. 7 erfüllen (von erheblicher praktischer Bedeutung wegen der Möglichkeit einer strafbefreienden Selbstanzeige gem. § 371 AO und der von Abs. 4 abweichenden Behandlung der Leichtfertigkeit als bloße Ordnungswidrigkeit in § 378 AO). Auch ohne ausdrückliche gesetzliche Klarstellung ergibt sich dies daraus, daß hier schon immer der besondere Tatbestand der Steuerhinterziehung zur Verfügung stand, für eine Einbeziehung dieser Fälle in § 264 also kein Bedürfnis gegeben war (vgl. BT-Drs. 7/5291 S. 11, Prot. 7 S. 2718, 2845). Zwischen § 264 und § 370 AO besteht deshalb das Verhältnis tatbestandlicher Exklusivität, jedenfalls aber ist § 370 AO das speziellere Gesetz (vgl. Fuhrhop NJW 80, 1261, Lackner/Kühl 5, Samson/Günther SK 30, Tiedemann LK 27 f., Tröndle/Fischer 10). Die Abgrenzung von Steuervorteilen und Subventionen und damit die Zuordnung zu § 370 AO bzw. § 264 kann, soweit das Gesetz nicht selbst eine ausdrückliche Regelung getroffen hat (vgl. u. Nachw. b. Kohlmann, Steuerstrafrecht, 7. A., § 370 AO RN 179), mitunter außerordentlich schwierig sein (vgl. näher dazu z. B. Franzen/Gast/Joecks, Steuerstrafrecht, 4. A., § 370 AO RN 88 ff., Fuhrhop aaO, Sannwald aaO 93 ff., Volk aaO 83 f.; krit. zur Dualität von Steuerstrafrecht und Subventionsbetrug Tiedemann NJW 90, 2228, Dannecker aaO 32, Detzner aaO 88 ff.; vgl. allgemein zum Schutz der Einnahmen und Ausgaben der EG durch die §§ 370 AO, 263, 264 StGB, Müller/Wabnitz/Janovsky aaO 18 ff., Tiedemann aaO 2227 f., Stoffers EuZW 94, 304). Eine steuerrechtliche Leistung ist z. B. der Aufwertungsausgleich und die erhöhte Abschreibungsmöglichkeit nach § 14 BerlinförderungsG idF v. 2. 2. 1990 (BGBl. I 174; letztes ÄndG v. 21. 12. 1993, BGBl. I 2310), während die Investitionszulagen nach § 19 BerlinförderungsG, § 1 InvZulG 1999 (BGBl. 1997 I, 2070, letztes ÄndG v. 22. 12. 1999 BGBl. I 2601) eine Subvention darstellen, auch wenn sie vom Finanzamt aus den Einnahmen der Körperschafts- und Einkommensteuer gewährt werden und für die Strafverfolgung die Vorschriften der AO entsprechend gelten (§ 20 bzw. § 8 ebd.; vgl. Eberle aaO 59 ff., Garz-Holzmann aaO 130 ff., Lackner/Kühl 9, Müller/Wabnitz/Janovsky aaO 114 ff., Samson/Günther SK 30, Streck/Spatscheck aaO 1 ff., Tiedemann LK 28).

β) Die Leistung wird **wenigstens zum Teil ohne marktmäßige Gegenleistung** gewährt, wenn für sie kein wirtschaftlich gleichwertiges Entgelt – gleichgültig in welcher Form – zu entrichten ist. Den im Bereich öffentlicher Finanzhilfe häufig auftretenden „Gemengelagen" zwischen Subvention und entgeltlicher Leistung bzw. öffentlich-rechtlicher Entschädigung (vgl. dazu Götz, Subventionserschleichung 53 ff.) versucht Abs. 7 dadurch Rechnung zu tragen, daß er die *teilweise* Unentgeltlichkeit genügen läßt. Dabei entscheiden die Maßstäbe des Marktes sowohl darüber, ob eine Leistung des Empfängers als „Gegenleistung" anzusehen ist – was nur bei echten Austauschverhältnissen anzunehmen ist (vgl. Schmidt GA 79, 129 f.; zu den sog. Schadenssubventionen vgl. auch Sannwald aaO 114 ff., Tiedemann LK 36), – als auch darüber, ob diese wirtschaftlich gleichwertig ist. Außer Betracht zu bleiben hat daher, weil keine marktmäßige Gegenleistung in diesem Sinn, die „Gegenleistung", die nach öffentlichem Recht in der Erfüllung des im öffentlichen Interesse liegenden Subventionszwecks durch den Empfänger zu sehen ist (vgl. BGH NStZ **90**, 35, Sannwald aaO 113 ff., Wolff/Bachof, Verwaltungsrecht III, 4. A., 303 f.), woraus z. B. folgt, daß die finanzielle Entlastung des EG-Haushalts durch den subventionierten Export landwirtschaftlicher Produkte (vgl. BGH aaO) oder das Überlassen des Forschungsergebnisses bei Subventionierung eines Forschungsprojekts das Vorliegen einer Subvention i. S. des Abs. 7 nicht ausschließt. Die Annahme einer teilweisen Unentgeltlichkeit setzt unter Berücksichtigung der noch marktüblichen Schwankungsbreite eine eindeutige Differenz von Leistung und Gegenleistung voraus (noch enger Schmidt GA 79, 140: auffälliges Mißverhältnis). Sofern es für bestimmte staatliche Leistungen keinen realen Markt gibt, soll auf die Kosten oder einen „hypothetischen Markt" abzustellen sein (vgl. BT-Drs. 7/5291 S. 10, Eberle aaO 83 ff., Göhler/Wilts DB 76, 1612, Tröndle/Fischer 9 u. näher Tiedemann LK 34; krit. Detzner aaO 101 ff., Sannwald aaO 117 f.; and. Schmidt GA 79, 139, ferner Samson/Günther SK 31 f., nach dem § 264 hier überhaupt ausscheidet).

12   Je nach Art des gewährten Vorteils kommen daher unabhängig von der Bezeichnung (Beihilfe, Zuschuß usw., vgl. Tiedemann LK 26) als Subvention i. S. des Abs. 7 insbesondere in Betracht (vgl. auch Wassmann aaO 26 ff.): *verlorene Zuschüsse,* die der Empfänger nicht zurückzuzahlen braucht, *Zinszuschüsse,* bei denen die Zinsen für das von einem Dritten gewährte Darlehen ganz oder zum Teil aus öffentlichen Mitteln bezahlt werden; *Darlehen,* die aus öffentlichen Mitteln zu günstigeren Bedingungen als auf dem freien Geldmarkt vergeben werden; *Bürgschaften* und *Garantieerklärungen,* sofern der Empfänger nicht eine Gegenleistung zu erbringen hat, welche die Verwaltungskosten und das mit der Bürgschaft usw. eingegangene Risiko abdeckt (vgl. BT-Drs. 7/5291 S. 10; zu den sog. Hermes-Garantien vgl. Eberle aaO 83, Sannwald aaO 121 ff., Tiedemann LK 33); sog. *Realförderungen* durch verbilligte Veräußerung, Vermietung usw. von Gegenständen oder durch Bezahlung eines Überpreises für Güter oder Leistungen (vgl. näher Eberle aaO 29 ff., Schetting aaO 109 ff.; zur Kriminologie vgl. Tiedemann II 78 ff., Müller/Wabnitz/Janovsky aaO 113 f.).

13   c) Subventionen i. S. des § 264 sind nur solche Leistungen, die **wenigstens zum Teil der Förderung der Wirtschaft dienen sollen** (Abs. 7 S. 1 Nr. 1 b). Außerhalb des Tatbestandes bleiben damit sonstigen Zwecken dienende Subventionen (vgl. dazu o. 6 ff.); über die zusätzliche Einschränkung, die sich bei Mehrzwecksubventionen daraus ergibt, daß die Leistung Betrieben oder Unternehmen gewährt werden muß, vgl. u. 21.

14   α) Nach der Delinquenzphänomenologie, für die der Gesetzgeber das Bedürfnis nach einem Sondertatbestand bejaht hat (vgl. BT-Drs. 7/5291 S. 10 f., Prot. 7 S. 2653 ff. und das umfangreiche Fallmaterial von Tiedemann, Subventionskriminalität 47–284), ist der Terminus **„Wirtschaft"** hier nicht nur i. S. der in Art. 74 Nr. 11 GG genannten Wirtschaftszweige und auch nicht i. S. einer wirtschafts- oder sozialwissenschaftlichen Begriffsbestimmung, sondern als eine vorwiegend durch die Verkehrsanschauung geprägte Bezeichnung zu verstehen (ebenso Tiedemann LK 46). Danach dürfte als „Wirtschaft" die Gesamtheit der in unternehmerischer Form betriebenen Einrichtungen und Maßnahmen anzusehen sein, die auf die Erzeugung, Herstellung oder Verteilung von Gütern oder auf das Erbringen sonstiger der Erfüllung menschlicher Bedürfnisse dienenden Leistungen gerichtet sind, soweit es sich dabei wegen ihrer besonderen Individualität nicht um Leistungen höherer Art handelt (vgl. auch Sannwald aaO 135, Tiedemann LK 46; z.T. and. Eberle aaO 90; krit. zur Möglichkeit einer dem Bestimmtheitsgrundsatz genügenden Umschreibung des Begriffs Wirtschaft jedoch z. B. Detzner aaO 117 ff., Hamann, Deutsches Wirtschaftsverfassungsrecht [1958] 11 f.).

15   Zur Wirtschaft gehören daher insbesondere: Land- und Forstwirtschaft, Fischerei, Bergbau, Industrie, Handwerk, Gewerbe, Handel, Verlagswesen, Energiewirtschaft, Verkehrswirtschaft, Bank- und Versicherungswesen, Filmwirtschaft (Produktion, Verleih, Filmtheater; vgl. dazu BT-Drs. 7/5291 S. 11, BGH **34** 111 [Filmförderung nach dem FilmförderungsG idF v. 18. 11. 1986, BGBl. I 2047, vgl. auch die n. F. v. 25. 1. 1993, BGBl. I 66] u. näher zur Filmförderung Keßler, Die Filmwirtschaft im gemeinsamen Markt [1976] 164 ff., 198 ff.). Nicht Teil der Wirtschaft sind dagegen Wissenschaft und Forschung einschließlich Technologie, Kunst, Literatur, auch soweit diese innerhalb der technisch-organisatorischen Einheit eines „Betriebs" (vgl. dazu § 14 RN 28/29) „produziert" werden. Nicht unter § 264 fällt daher z. B. die Subventionierung von Theatern oder Forschungsinstituten (and. wenn das Forschungsvorhaben dem Endzweck der Wirtschaftsförderung dient, vgl. u. 18). Außerhalb des Tatbestandes bleiben ferner, weil nicht zur Wirtschaft gehörend, das gesamte Bildungswesen (von Bedeutung z. B. bei Subventionen an Privatschulen, vgl. dazu Tiedemann, Subventionskriminalität 286 f.) und sonstige kulturelle oder der Volksgesundheit dienende Einrichtungen (z. B. Jugendwerke, Einrichtungen zur internationalen Verständigung [vgl. Tiedemann aaO 285 ff.], Krankenhäuser [vgl. BGH NJW **83**, 2649]) einschließlich des Sports, auch wenn dieser heute z. T. in Organisationen betrieben wird, die wie Wirtschaftsunternehmen geführt werden (krit. hierzu Eberle aaO 90, 106 f.). Zu den Sozialsubventionen vgl. auch u. 21.

β) **Förderung** der Wirtschaft ist jede Stärkung der Leistungsfähigkeit von Wirtschaftsbetrieben 16
oder Wirtschaftszweigen. Der Begriff „Förderung" ist hier nicht in dem engeren subventionsrechtlichen Sinn der „Förderungssubvention" (i. U. zu den „Erhaltungssubventionen", vgl. Götz, Recht der Wirtschaftssubventionen 46) zu verstehen, sondern umfaßt den gesamten Bereich der Erhaltungs-, Anpassungs- und Produktivitäts-(Wachstums-)hilfen (so die Unterteilung der Finanzhilfen in § 12 II StabilitätsG v. 8. 6. 1967, BGBl. I 582; letztes ÄndG v. 14. 9. 1994 [Art. 12], BGBl. I 2335), nicht jedoch reine Maßnahmen der Währungsumstellung usw., weshalb z. B. auch die Fortführung des Transferrubel-Verkehrs mit den früheren RGW-Ländern nicht als Subvention zu qualifizieren war (Budde/Flüh ZIP 92, 375; and. Haußner DtZ 93, 80; jedoch kommt hier § 263 in Betracht, vgl. BGH wistra **93**, 339). Auch die sog. Schadenssubventionen (Carlsen AgrarR 78, 268, Friauf DVBl. 66, 732), die als Hilfe bei Naturkatastrophen u. ä. Notfällen gewährt werden (z. B. Dürreschäden der Landwirtschaft), gehören hierher (i. U. zu den öffentlich-rechtlichen Entschädigungen nach Art. 14 GG usw., die keine Subventionen sind). Über Forschungssubventionen, die zugleich der Förderung der Wirtschaft dienen, vgl. u. 18.

γ) Die Leistung **soll wenigstens zum Teil** der Wirtschaftsförderung **dienen,** was der Fall ist, 17
wenn diese jedenfalls ein mit der Subvention verfolgter Zweck ist. Nicht erforderlich ist, daß bei mehreren Subventionszwecken die Wirtschaftsförderung der Hauptzweck ist, vielmehr genügt es, wenn es dem Subventionsgeber auch – gegenüber anderen Subventionszwecken vielleicht nur sekundär – auf die Wirtschaftsförderung ankommt (BT-Drs. 7/5291 S. 11, Gössel II 462, Lackner/Kühl 7, Tiedemann LK 45, 48 ff.). Nicht ausreichend ist es dagegen, wenn diese, was auch bei Kultur- und Sozialsubventionen der Fall sein kann, lediglich eine (unbeabsichtigte) Nebenfolge der auf einen anderen Zweck gerichteten Subvention ist (vgl. auch Tiedemann LK 51).

Dabei ist *„Zweck"* hier nicht der in der Erreichung eines bestimmten Verhaltens des Subventions- 18
empfängers liegende „Primärzweck" i. S. des Subventionsrechts (z. B. Produktion bestimmter Güter, Übernahme eines Exportauftrages), sondern der aus der Summe aller (realisierten) Primärzweckelemente sich ergebende „Endzweck", der z. B. in der Förderung eines bestimmten Industriezweiges oder des Außenhandels bestehen kann (ebenso Eberle aaO 96, Sannwald aaO 136, Tiedemann LK 48; vgl. aber auch Hack aaO 55, 108; näher zu den Subventionszwecken Schetting aaO 8 ff.). Subventionen i. S. des § 264 sind daher z. B. auch Stillegungsprämien im Bergbau, Abwrackhilfen für die Schiffahrt oder Abschlachtungsprämien in der Landwirtschaft, deren Endzweck die Förderung des betreffenden Wirtschaftszweiges ist. Dagegen ist z. B. eine nach den Richtlinien des Deutsch-Französischen Jugendwerks gewährte Förderung nicht deshalb eine Subvention i. S. des § 264, weil der Primärzweck hier in der einen wirtschaftlichen Vorgang darstellenden Beschaffung von Zelten und Ausrüstungsgegenständen besteht, denn der maßgebliche Endzweck ist allein die außerhalb des Bereichs der Wirtschaft liegende „Förderung der Beziehungen und das gegenseitige Verständnis der Jugend beider Länder" (vgl. Schetting aaO 18). Da es nicht auf den Primärzweck ankommt, kann eine Subvention i. S. des § 264 auch dann vorliegen, wenn dieser von einem selbst nicht zur Wirtschaft gehörenden Betrieb erfüllt wird, sofern nur dessen Leistung dem Endzweck der Wirtschaftsförderung dient. Unter Abs. 7 S. 1 Nr. 1 kann daher nicht nur die Förderung eines von der Wirtschaft selbst durchgeführten Forschungsvorhabens fallen, sondern auch die Subventionierung eines selbständigen, jedoch für die Wirtschaft arbeitenden Forschungsinstituts. Voraussetzung ist in beiden Fällen allerdings, daß es sich dabei um unmittelbar verwertbare, „marktnahe" Forschung handelt; die Förderung von Grundlagenforschung, für welche die Wirtschaftsförderung allenfalls ein Fernziel ist, genügt nicht (BT-Drs. 7/5291 S. 11, Prot. 7 S. 2664, Diemer-Nicolaus aaO 46, Jerouschek GA 99, 427, Lackner/Kühl 7, Tiedemann LK 45, Tröndle/Fischer 10; krit. Samson/Günther SK 36 f.), da die Subvention nur dann der Förderung der Wirtschaft dient, wenn die Erreichung des Primärzwecks unmittelbar für den erstrebten Endzweck nutzbar gemacht werden kann.

Den häufig auftretenden **„Gemengelagen"** zwischen verschiedenen Subventionszwecken (vgl. 19
Götz, Bekämpfung der Subventionserschleichung 55 f.) versucht das Gesetz auch hier dadurch Rechnung zu tragen, daß die Leistung wenigstens *zum Teil* der Wirtschaftsförderung dienen muß. Ausreichend ist es deshalb z. B., wenn eine Subvention neben der sozialen Zielsetzung, der Arbeitslosigkeit in einem bestimmten Bereich entgegenzuwirken, auch die Stützung des fraglichen Wirtschaftszweiges bezweckt (BT-Drs. 7/5291 S. 11; vgl. aber auch u. 21) oder wenn mit der Förderung der Herstellung eines Kulturfilmes zugleich die Filmwirtschaft unterstützt werden soll (Müller-Emmert/Maier NJW 76, 1659). Dennoch bleibt das Problem, daß die Subventionszwecke i. S. des Endzwecks, soweit sie nicht ausdrücklich benannt sind, vielfach nur mit Schwierigkeiten ermittelt werden können (vgl. dazu Eberle aaO 97 ff., Schetting aaO 19 ff.), obwohl für § 264 feststehen muß, daß jedenfalls *ein* Zweck in der Wirtschaftsförderung besteht. Nur soweit der Empfänger kein Betrieb oder Unternehmen ist, kann diese Frage dahinstehen, weil sich dann aus der in Abs. 7 S. 1 Nr. 1 erfolgten Beschränkung auf der Empfängerseite ergibt, daß keine Subvention i. S. des § 264 vorliegt (u. 20). Dagegen hängt z. B. bei den der Wirtschaft gewährten Umweltschutzsubventionen (z. B. Ges. zur Sicherung der Altölbeseitigung v. 23. 12. 1968, BGBl. I 1419) die Anwendbarkeit des § 264 davon ab, ob man den Endzweck nur in der Reinhaltung der Umwelt oder auch – wenn auch nur sekundär – in der Wirtschaftsförderung sieht (Förderung der Altölverbrennungsfirmen; vgl. Carlsen AgrarR 78, 268, Götz Prot. 7 S. 2500). Soweit hier eindeutige Aussagen nicht möglich sind, ist die Vorschrift mit

Rücksicht auf Art. 103 II GG nicht anwendbar (ebenso Eberle aaO 99; vgl. auch Samson/Günther SK 36 f.) bzw. bei gesetzesfreien Subventionen nach dem Grundsatz „in dubio pro reo" zu verfahren.

20 d) Subventionen i. S. des § 264 VII 1 Nr. 1 sind nur Leistungen **an Betriebe oder Unternehmen,** zu denen nach Abs. 7 S. 2 auch die **öffentlichen Unternehmen** gehören.

21 α) Gemeint ist damit, daß die Subvention **ihrer Art nach** dazu **bestimmt** sein muß, ausschließlich und unmittelbar an Betriebe und Unternehmen vergeben zu werden (vgl. auch BT-Drs. 7/5291 S. 12, Samson/Günther SK 39, Tiedemann LK 38). Daher bleiben die unterstützungsbedürftigen Einzelpersonen (z. B. Arbeitnehmer, Sparer usw.) gewährten Sozialsubventionen auch dann außerhalb des Tatbestandes, wenn sie im Einzelfall zugleich der Wirtschaftsförderung dienen sollen (z. B. Kurzarbeitergeld, Förderung der ganzjährigen Beschäftigung in der Bauwirtschaft durch Winter- u. Winterausfallgeld gem. §§ 209 ff. SGB III, die über die Unterstützung der Arbeitnehmer hinaus zugleich Stützungsmaßnahmen zugunsten der Wirtschaft sind [vgl. Siegers NJW 72, 845 und zum Wintergeld BGH MDR/H **81**, 268]; weit. Bsp. bei Götz, Bekämpfung der Subventionserschleichung 55). Ausgenommen sind damit ferner Subventionen, deren Empfänger nicht nur Betriebe, sondern auch Private sein können (and. Eberle aaO 69). Andererseits ist § 264 VII 1 Nr. 1 auch dann anwendbar, wenn eine an sich nur für Betriebe und Unternehmen bestimmte Subvention im Einzelfall für ein fingiertes Unternehmen erschlichen wird (vgl. BT-Drs. 7/5291 S. 12, BGH **32** 203, Sannwald aaO 125, Tiedemann LK 45; and. Eberle aaO 71); Voraussetzung dafür ist allerdings, daß das wirkliche Bestehen des Unternehmens eine subventionserhebliche Tatsache i. S. des Abs. 8 ist (was entgegen Tröndle/Fischer 19 nicht schon aus Abs. 7 S. 1 Nr. 1 folgt).

22 β) Über **Betriebe** und **Unternehmen** vgl. § 14 RN 28/29. Danach ist jedenfalls der Begriff „Betrieb" nicht auf den Bereich der Wirtschaft beschränkt, vielmehr sind Betriebe z. B. auch Arzt- und Anwaltspraxen, Forschungseinrichtungen, Krankenhäuser usw. (vgl. § 14 RN 28/29; ebenso Jerouschek GA 99, 426, Sannwald aaO 125 ff., Tiedemann LK 39; einschr. Samson/Günther SK 38). Daß die Subvention auch für außerhalb der Wirtschaft stehende Betriebe bestimmt ist (so z. B. bei den Investitionszulagen nach § 4 b InvestitionszulagenG 1982), schließt daher die Anwendbarkeit des § 264 nicht aus.

23 γ) Betriebe und Unternehmen sind nach Abs. 7 S. 2 auch die **öffentlichen Unternehmen**. Obwohl nicht ausdrücklich genannt, müssen diesen die *öffentlichen Betriebe* gleichgestellt werden, da es auf die begrifflich umstrittene Unterscheidung von Betrieb und Unternehmen (vgl. § 14 RN 28/29) hier so wenig ankommen kann wie bei den privaten Betrieben und Unternehmen (ebenso Eberle aaO 67 f., Sannwald aaO 129, Tiedemann LK 40). Zu den öffentlichen Unternehmen (bzw. Betrieben) gehören alle von der öffentlichen Verwaltung getragenen Einrichtungen, durch die diese am Wirtschaftsleben als Erzeuger oder Verteiler von Gütern oder sonstigen Leistungen des menschlichen Bedarfs teilnehmen (z. B. kommunale Gas- und Elektrizitätswerke, Verkehrsbetriebe, Wohnungsbaugesellschaften usw.). Ohne Bedeutung ist, in welcher Rechtsform das öffentliche Unternehmen geführt wird (Eigenbetrieb, Anstalt des öffentlichen Rechts, rechtsfähige Gesellschaft des Privatrechts, hinter der ein Verwaltungsträger steht), und gleichgültig ist auch, ob es sich dabei um ein erwerbswirtschaftliches oder lediglich „gewinnmitnehmendes" Unternehmen (Wolff/Bachof, Verwaltungsrecht III, 4. A., 302 f.) oder um einen Zuschußbetrieb handelt. Zur Frage, ob auch Gemeinden, Gemeindeverbände usw. als Unternehmen begriffen werden können, vgl. Lührs wistra 99, 93, Sannwald aaO 129, Tiedemann LK 4; s. auch LG Mühlhausen NJW **98**, 2069.

24 Abs. 7 S. 2 hat nur klarstellende Bedeutung, da auch öffentliche Unternehmen und Betriebe „Unternehmen" usw. sind (vgl. auch § 265 b RN 8). Zu der im Gesetzgebungsverfahren zunächst umstrittenen Einbeziehung öffentlicher Unternehmen vgl. BT-Drs. 7/5291 S. 12, Prot. 7 S. 2665 ff., 2718 f., Müller-Emmert u. Maier NJW 76, 1659, Sannwald aaO 127 f. Zwingend war diese aus einem vom Sonderausschuß freilich nicht gesehenen Grund: Erfaßt Abs. 7 S. 1 Nr. 1 nur solche Subventionen, die *ausschließlich* für Betriebe und Unternehmen bestimmt sind (so auch BT-Drs. 7/5291 S. 12; vgl. o. 21), und würden dazu nicht auch die öffentlichen Unternehmen gehören, so blieben damit – entgegen den gesetzgeberischen Absichten – zugleich alle privaten Betrieben gewährte Subventionen außerhalb des Tatbestandes, wenn Empfänger dieser Subventionen auch ein öffentliches Unternehmen sein kann.

25 δ) Leistungen „**an**" Betriebe und Unternehmen sind nur solche, die dem **Betrieb** usw. **zum Zweck eigener Verwendung** zugute kommen sollen. Subventionen, die teils der Wirtschaftsförderung, teils sozialen Zwecken dienen, fallen daher auch dann nicht unter § 264 VII 1 Nr. 1, wenn sie zwar an Betriebe ausgezahlt werden, dies aber, wie z. B. beim Kurzarbeits-, Winter- u. Winterausfallgeld nach §§ 169, 209, 320 SGB III, nur zum Zweck der Weiterleitung an die eigentlichen Empfänger (z. B. Arbeitnehmer) geschieht (ebenso Sannwald aaO 130; and. Eberle aaO 70). Dagegen ist bei Preissubventionen eine Leistung „an" einen Betrieb usw. nicht deshalb zu verneinen, weil sie diesem in der Erwartung gewährt wird, daß er die sich aus der Einkommensmehrung ergebenden Vorteile an andere (z. B. Erzeuger, Konsumenten) weitergibt (vgl. näher Tiedemann LK 42).

26 2. **Subventionen nach dem Recht der Europäischen Gemeinschaften** werden gem. **Abs. 7 S. 1 Nr. 2** umfassend geschützt, d. h. auch dann, wenn sie keine wirtschaftsfördernde Zielsetzung haben oder nicht an Betriebe oder Unternehmen geleistet werden (s. auch MB-Bender 1361). Aus *öffentlichen Mitteln nach dem Recht der Europäischen Gemeinschaften* erbracht ist eine Leistung, wenn sie aus dem Gesamthaushaltsplan der EG, den Haushaltsplänen einzelner Gemeinschaften oder aus Haushaltsplänen, deren Verwaltung im Auftrag der EG erfolgt, gewährt wird (vgl. BT-Drs. 13/10 425 S. 7, 11, 16). Dabei spielt es keine Rolle, ob die Leistung unmittelbar von Stellen der EG oder nach deren Vorschriften von deutschen Stellen vergeben werden (vgl. BT-Drs. 13/10 425 S. 10). Zu den weiteren Erfordernis der *wenigstens teilweisen Gewährung der Leistung ohne marktmäßige Gegenleistung* vgl. o. 10 ff.

IV. Den Begehungsmodalitäten des § 264 I Nr. 1, 3 und 4 gemeinsam ist, daß sie sich auf **subventionserhebliche Tatsachen** beziehen. Über Tatsachen vgl. § 263 RN 8 ff., wobei auch hier innere Tatsachen von Bedeutung sein können (vgl. BGH **34** 111: Absicht des Verantwortlichen als Voraussetzung der sog. Referenzfilmförderung, den neuen Film so herzustellen, daß ein Negativurteil der zuständigen Stelle i. S. des § 19 FilmförderungsG idF v. 18. 11. 1986 [BGBl. I 2047, jetzt idF v. 6. 8. 1998, BGBl. I 2053] vermieden werden kann). Subventionserheblich sind diese nur, wenn sie in der in **Abs. 8** umschriebenen Form besonders ausgewiesen sind. Ist dies nicht der Fall, so kommt § 264 auch dann nicht in Betracht, wenn die fragliche Tatsache materiell für die Bewilligung, Gewährung usw. der Subvention erheblich war (vgl. Bay NJW **82**, 2203); zur Anwendbarkeit des § 263 in diesen Fällen vgl. u. 87.

Mit der in Abs. 8 erfolgten Formalisierung der Subventionserheblichkeit versucht das Gesetz i. V. mit § 2 SubvG den Mängeln der früheren Vergabepraxis Rechnung zu tragen, bei der die unklare Formulierung der Vergabevoraussetzungen vielfach zu Subventionsfehlleitungen und Beweisschwierigkeiten im Strafverfahren führte (vgl. BR-Drs. 5/75 S. 28). Verzichtet wurde auf die in § 264 VII Nr. 3 RegE vorgesehene Einbeziehung auch solcher Tatsachen, die „nach dem Subventionszweck sonst für die Entscheidung" über die Bewilligung, Gewährung usw. einer Subvention „erheblich sind", weil damit die bisherige Unsicherheit und die daraus folgenden Beweisschwierigkeiten für die Zukunft festgeschrieben worden wären und eine solche Erweiterung auch im Hinblick auf den Leichtfertigkeitstatbestand des Abs. 4 nicht angemessen erschien (vgl. BT-Drs. 7/5291 S. 13). Nicht von § 264 erfaßt werden damit die vor allem in der EG-Praxis verbreiteten Vertragssubventionen, deren Vergabevoraussetzungen nur durch vertragliche Vereinbarungen festgelegt werden (vgl. Tiedemann, Wirtschaftsbetrug Nachtrag § 264 RN 5, der Abs. 8 Nr. 2 deshalb für völkerrechtswidrig hält). Krit. zur Regelung des Abs. 8 insgesamt die Begr. zu § 201 AE (BT, Wirtschaftsdelikte), Eberle aaO 126 ff., Tiedemann Prot. 7 S. 2471.

1. Subventionserheblich sind nach **Abs. 8 Nr. 1** zunächst die Tatsachen, die **durch Gesetz** oder **auf Grund eines Gesetzes von dem Subventionsgeber** als subventionserheblich **bezeichnet** worden sind. Die Bezeichnung muß vor der Tat erfolgt sein (Samson/Günther SK 45); wird sie erst nach der Gewährung der Subvention vorgenommen (vgl. § 2 II SubvG), so kommt eine Strafbarkeit – insbes. auch nach Abs. 1 Nr. 3 – erst ab diesem Zeitpunkt an in Betracht, sofern nicht schon vorher die Voraussetzungen des Abs. 8 Nr. 2 gegeben waren.

a) Erforderlich ist eine **ausdrückliche** Bezeichnung; daß sich die Subventionserheblichkeit aus dem Zusammenhang ergibt, mag dieser auch noch so deutlich sein, genügt ebensowenig wie eine ganz pauschale oder formelhafte Bezeichnung (vgl. BGH **44** 233, 237 ff., LG Düsseldorf NStZ **81**, 223 m. Anm. Ranft NJW 86, 3164, Carlsen AgrarR 78, 271, Samson/Günther SK 44 a, Tiedemann LK 55; aber auch BGH wistra **92**, 257 [„wirtschaftliche Verhältnisse des Antragstellers" als ausreichend bestimmte Bezeichnung]; dazu, daß hier dann aber § 263 anwendbar bleibt, vgl. Ranft aaO sowie u. 87). Nicht erforderlich ist dagegen die Verwendung gerade des Ausdrucks „subventionserheblich" (ebenso Bay NJW **82**, 2203, München NJW **82**, 457, Carlsen aaO, MB-Bender 1365, Tiedemann aaO); da die Regelung lediglich klare Verhältnisse schaffen und angebliche oder wirkliche Mißverständnisse ausschließen will, muß es vielmehr auch genügen, wenn dieser Zweck durch eine andere, in der Sache übereinstimmende und sprachlich nicht minder eindeutige Bezeichnung erreicht wird (z. B. „für die Bewilligung der Subvention ist von Bedeutung").

Der Gesetzeswortlaut – auch der des § 2 SubvG – schließt dies nicht aus, zumal der Terminus „subventionserheblich" nicht in Anführungszeichen gesetzt ist (unklar BR-Drs. 5/75 S. 28). Soweit sich die Subventionserheblichkeit unmittelbar aus dem Gesetz ergibt, ist die praktische Bedeutung der Frage wegen Nr. 2 gering. Anders ist dies jedoch, wenn die Bezeichnung der Subventionserheblichkeit erst durch den Subventionsgeber erfolgt. Hier wäre es unsinnig, würde man die Anwendbarkeit des § 264 daran scheitern lassen, daß die Verwaltungsbehörde statt des Ausdrucks „subventionserheblich" eine andere, sprachlich u. U. nur geringfügig abweichende Wendung gebraucht, die dem Empfänger in gleicher Weise deutlich macht, daß es sich bei den fraglichen Tatsachen um solche handelt, die für die Bewilligung, Gewährung usw. der Subvention von Bedeutung sind. Unschädlich ist es auch, wenn entgegen § 2 SubvG der in Abs. 8 Nr. 1 nicht vorgesehene Zusatz fehlt, daß die fragliche Tatsache subventionserheblich „i. S. des § 264 des Strafgesetzbuches" sei.

b) Die Bezeichnung muß **durch Gesetz** oder **auf Grund eines Gesetzes durch den Subventionsgeber** erfolgen. Nicht ausreichend ist damit die Bezeichnung in Verwaltungsvorschriften, Richtlinien usw. (vgl. BGH **44** 237).

α) Das die Subventionserheblichkeit bezeichnende *Gesetz* kann ein Gesetz sowohl im formellen als auch im materiellen Sinn sein (Tiedemann LK 56; zu eng BT-Drs. 7/5291 S. 13: formelles Gesetz oder Verordnung; doch müssen bei kommunalen Subventionen die subventionserheblichen Tatsachen auch durch Satzung festgelegt werden können).

34 β) Eine Bezeichnung durch den *Subventionsgeber* liegt vor, wenn sie durch die für die Bewilligung der Subvention zuständige Behörde oder eine andere in das Subventionsverfahren eingeschaltete Stelle oder Person (Abs. 1 Nr. 1; u. 40 f.) vorgenommen wird. Nach dem Zweck der Vorschrift muß dies aus Anlaß des fraglichen Subventionsverfahrens durch eine zugangsbedürftige Erklärung gegenüber dem Subventionsnehmer – bei mehreren Subventionsnehmern im selben Verfahren wenigstens gegenüber einem (Carlsen AgrarR 78, 270, Samson/Günther SK 42, Tiedemann LK 55) – geschehen (vgl. auch § 2 SubvG), wobei dieser freilich nicht der Täter zu sein braucht (u. 48 f.); eine allgemeine Bekanntmachung (z. B. durch Aushang) genügt daher nicht, ebensowenig, daß dem Antragsteller die subventionserheblichen Tatsachen in einem früheren Verfahren bezeichnet worden sind. Daß die Bezeichnung *auf Grund eines Gesetzes* erfolgen muß, ist nicht als Problem des Gesetzesvorbehalts i. S. einer Eingriffsermächtigung anzusehen (vgl. aber Löwer JZ 79, 630 f. u. dazu o. 3). „Auf Grund eines Gesetzes" kann auch heißen „in den Grenzen des gesetzlich Zulässigen" (vgl. auch LG Hamburg wistra **88**, 362) oder „auf Grund einer gesetzlichen Verpflichtung". Darum geht es hier: Gemeint ist damit, daß sich der Subventionsgeber – was an sich selbstverständlich ist – bei der Bezeichnung im Rahmen dessen hält, was nach dem Gesetz als (materiell) subventionserheblich benannt werden kann, wobei sich der gesetzliche Bezeichnungsrahmen für den Anwendungsbereich des SubvG (u. 35) aus dessen § 2 ergibt, indem dort der Subventionszweck, die einschlägigen Rechts- und Verwaltungsvorschriften usw. für maßgebend erklärt werden. Bei einer Überschreitung dieser Grenzen wird deshalb der fragliche Umstand trotz der entsprechenden Bezeichnung nicht zu einer subventionserheblichen Tatsache i. S. des Abs. 8 (ebenso Eberle aaO 125 f., M-Maiwald I 477, MB-Bender 1364, Tiedemann LK 59, Tröndle/Fischer 18; vgl. auch Sannwald aaO 73; and. Detzner aaO 137 f.), so daß eine Täuschung darüber nicht nach § 264 strafbar ist. Schöpft umgekehrt der Subventionsgeber diesen Rahmen nicht aus, indem er es unterläßt, eine für die Bewilligung usw. relevante Tatsache als subventionserheblich zu bezeichnen, so liegt der objektive Tatbestand des § 264 gleichfalls nicht vor (ebenso Eberle aaO 123 f.), es sei denn, daß zugleich die Voraussetzungen der 1. Alt. (Bezeichnung durch ein Gesetz) oder der Nr. 2 (u. 36) erfüllt sind. Zum Irrtum vgl. u. 62, zur Strafbarkeit nach § 263 in diesen Fällen u. 87.

35 Eine umfassende **Bezeichnungspflicht** enthält **§ 2 SubvG** bezüglich der subventionserheblichen Tatsachen. Zwar gilt die Vorschrift unmittelbar nur für Subventionen nach Bundesrecht und für die von Stellen der Bundesrepublik vergebenen Subventionen nach EG-Recht, nicht dagegen für solche Subventionen der EG, die von deren Stellen unmittelbar verwaltet werden, weil das SubvG für diese keine Verfahrensregelung treffen konnte (vgl. BT-Drs. 7/5291 S. 13, 21). Aus den gleichen Gründen gilt § 2 SubvG nicht unmittelbar für Subventionen nach Landesrecht. Weil in den alten Bundesländern inzwischen aber die Landessubventionsgesetze die Anwendbarkeit der §§ 2–6 SubvG global bestimmt haben (vgl. z. B. für Bad.-Württ. Ges. v. 1. 3. 1977, GBl. S. 42, Bayern Ges. v. 23. 12. 1976, GVBl. **77**, 568, Hessen Ges. v. 18. 5. 1977, GVBl. S. 199, Niedersachsen Ges. v. 22. 6. 1977, GVBl. S. 189, Nordrhein-Westf. Ges. v. 24. 3. 1977, GVBl. S. 136, Rheinland-Pfalz Ges. v. 7. 6. 1977, GVBl. S. 168), hat § 2 SubvG hier praktisch weitgehend – von den genannten EG-Subventionen abgesehen – die Bedeutung einer allgemeinen „gesetzlichen Grundlage" (BGH wistra **86**, 68) in dem o. 34 genannten Sinn erlangt; dasselbe gilt für diejenigen Länder des Beitrittsgebietes, die inzwischen vergleichbare Regelungen getroffen haben (vgl. z. B. für Sachsen-Anhalt Ges. v. 9. 10. 1992, GVBl. 724). § 2 SubvG verpflichtet den Subventionsgeber (o. 34, u. 40 f.), dem Subventionsnehmer (vgl. § 2 I SubvG) vor Bewilligung oder Gewährung einer Subvention die Tatsachen als subventionserheblich i. S. des § 264 StGB zu bezeichnen, die 1. nach dem Subventionszweck, 2. nach den Rechtsvorschriften, Verwaltungsvorschriften und Richtlinien über die Subventionsvergabe, 3. nach sonstigen Vergabevoraussetzungen für die Bewilligung, Gewährung, Rückforderung, Weitergewährung oder das Belassen einer Subvention oder eines Subventionsvorteils erheblich sind. Abs. 2 erweitert diese Pflicht auf die nachträgliche Bezeichnung, wenn sich aus den im Subventionsverfahren gemachten Angaben oder aus sonstigen Umständen Zweifel ergeben, ob bestimmte Vergabevoraussetzungen erfüllt sind. Die Bezeichnungspflicht nach § 2 SubvG besteht auch dann, wenn sich die Subventionserheblichkeit nach § 264 VIII Nr. 1 1. Alt., Nr. 2 bereits unmittelbar aus dem Gesetz ergibt. Die Bezeichnung ist hier zwar nicht für den objektiven Tatbestand des § 264 von Bedeutung, wohl aber für die subjektive Tatseite, weil sich der Täter dann kaum noch darauf berufen kann, er habe nicht gewußt, daß die fragliche Tatsache nach dem Gesetz subventionserheblich sei. Ergibt sich dagegen die Subventionserheblichkeit einer Tatsache nicht aus dem Gesetz selbst – so bei lediglich im Haushaltsansatz für bestimmte Zwecke ausgewiesenen Subventionen oder bei Lückenhaftigkeit des Gesetzes –, so hängt schon die Erfüllung des objektiven Tatbestandes des § 264 davon ab, daß der Subventionsgeber die ihm durch § 2 SubvG auferlegte Pflicht erfüllt.

36 2. Subventionserheblich i. S. des § 264 sind nach **Abs. 8 Nr. 2** ferner Tatsachen, von denen die **Bewilligung, Gewährung, Rückforderung usw.** einer Subvention oder eines Subventionsvorteils **gesetzlich abhängig** ist, wobei es ohne Bedeutung ist, ob die behauptete Tatsache für sich allein oder erst zusammen mit anderen – im Antrag nicht oder noch nicht vorgetragenen – Umständen eine Subventionsbewilligung zur Folge haben kann (vgl. Bay **89** 29). Gemeint sind damit die Fälle, in denen – gleichgültig aus welchen Gründen (vgl. München NJW **82**, 457 [zu § 4 b InvZulG 1975], Berz BB 76, 1437, Gössel II 463, Ranft NJW 86, 3165, Tiedemann LK 64; and. M-Maiwald I 477, Samson/Günther SK 47: nur soweit § 2 SubvG nicht gilt) – eine ausdrückliche Bezeichnung i. S. von

Nr. 1 1. Alt. fehlt oder unwirksam ist (and. insoweit Ranft aaO), dem Gesetz aber sonst – wenn auch erst mit Hilfe der üblichen Interpretationsmethoden (vgl. BGH **34** 111 [zu § 19 FilmförderungsG; vgl. o. 27], **44** 241, NStZ **90**, 35, Bay **89** 29, Tiedemann LK 63, aber auch Samson/Günther SK 49) – entnommen werden kann, unter welchen Voraussetzungen die Subvention gewährt wird usw. (wegen § 2 SubvG praktisch bedeutsam vor allem bei unmittelbaren Subventionsvergaben durch die EG-Behörden). Eine solche Abhängigkeit besteht jedoch nicht, wenn die betreffende Tatsache nach dem Gesetzeswortlaut lediglich vorliegen „soll" und der Verwaltung dadurch ein Ermessensspielraum eingeräumt wird (BGH **44** 241 f.) oder wenn die Notwendigkeit des Vorliegens der Tatsache lediglich dem Zweck einer Subvention, für die nur ein Haushaltsansatz besteht, entnommen werden kann. Auch hier kann das *Gesetz* ein solches im formellen oder im materiellen Sinn sein (o. 33; s. auch BGH **44** 240), wobei auch Rechtsvorschriften der EG in Betracht kommen (zur Maßgeblichkeit des deutschen Textes, wenn die Festsetzungsverordnungen der EG-Kommission für die einzelnen Mitgliedsstaaten unterschiedliche Regelungen enthalten, vgl. BGH NStZ **90**, 35). Mit den Begriffen *„Bewilligung", „Gewährung", „Rückforderung"* usw. (vgl. auch § 2 I SubvG) sollen alle im Lauf eines Subventionsverfahrens möglichen Entscheidungen und Vorgänge erfaßt werden, die dazu führen, daß der Subventionsnehmer eine Subvention erhält, behält oder wieder zurückgeben muß. Im Unterschied zu der zunächst lediglich eine verbindliche Zusage enthaltenden Bewilligung bedeutet die Gewährung das tatsächliche Zurverfügungstellen der Subvention auf Grund der Bewilligung, während sich das Belassen und die Rückforderung auf eine bereits gewährte Subvention beziehen; daß sich die genannten Merkmale z. T. überschneiden oder sogar deckungsgleich sind (z. B. Erfüllung bzw. Nichterfüllung einer Verwendungsbeschränkung als Voraussetzung für das „Belassen" bzw. die „Rückforderung"), hat der Gesetzgeber als unschädlich hingenommen (vgl. BR-Drs. 5/75 S. 29). Mit den neben der Subvention besonders aufgeführten *Subventionsvorteilen* sind die Fälle miteinbezogen, in denen über die unmittelbare Subventionsgewährung an den Erstempfänger die Vorteile aus der Subvention mittelbar auch Dritten zugute kommen, die dann, ohne selbst in einer Beziehung zum Subventionsgeber zu stehen, gleichfalls Subventionsnehmer i. S. des SubvG (§ 2 I) sind (so beim Erwerb einer durch eine Subvention verbilligten Ware, vgl. BR-Drs. 5/75 S. 29). Von Bedeutung ist dies, wenn nach dem Gesetz auf diese Weise nur ein bestimmter Personenkreis begünstigt wird oder hinsichtlich des subventionierten Gegenstandes eine Verwendungsbeschränkung besteht, bei deren Nichtbeachtung der in Anspruch genommene Vorteil zurückzugewähren ist, weil es sich dann insoweit um subventionserhebliche Tatsachen i. S. der Nr. 2 handelt.

Der Begriff des **„Subventionsvorteils"** ist schon als solcher wenig klar (vgl. auch die Kritik in BR-Drs. 5/75 S. 5), wobei seine richtige Interpretation noch zusätzlich dadurch erschwert wird, daß er vom SubvG in unterschiedlicher Weise gebraucht wird. Nach Göhler Prot. 7 S. 2792 soll seine Bedeutung aus § 5 SubvG ergeben, wo in der Überschrift zwar der Ausdruck „Subventionsvorteil" erscheint, im Text jedoch nur von solchen „Vorteilen" die Rede ist, die jemand durch (!) den Verstoß gegen eine im Hinblick auf eine Subvention bestehende Verwendungsbeschränkung erlangt. Offensichtlich eine andere Bedeutung hat der Begriff „Subventionsvorteil" dagegen in § 2 SubvG, wo der Subventionsgeber verpflichtet wird, vor Bewilligung oder Gewährung einer Subvention u. a. demjenigen die subventionserheblichen Tatsachen zu bezeichnen, der „einen Subventionsvorteil in Anspruch nimmt". Hier kann „Subventionsvorteil" nicht erst der später durch eine bestimmungswidrige Verwendung erlangte weitere „Vorteil" i. S. des § 5 SubvG sein, gemeint ist damit vielmehr der Subventionsvorteil i. S. des o. 36 Gesagten, den der Subventionsnehmer z. B. durch den Erwerb der verbilligten Ware in Anspruch nimmt (vgl. auch Tiedemann LK 66). Dasselbe muß auch für den Begriff des Subventionsvorteils in § 264 VIII Nr. 2 gelten, da, der Kreis der subventionserheblichen Tatsachen hier nicht anders bestimmt werden kann, als er nach § 2 SubvG vom Subventionsgeber zu bezeichnen ist. Die Vorteile des § 5 SubvG gehören ohnehin nicht in den Zusammenhang des § 264, da dieser den Staat lediglich vor der Fehlleitung öffentlicher Mittel bewahren soll, § 5 SubvG aber nicht die Rückgewähr fehlgeleiteter Mittel, sondern die Herausgabe der durch eine bestimmungswidrige Verwendung erlangten Vorteile betrifft.

V. Als Tathandlung erfaßt **Abs. 1** die Abgabe unrichtiger oder unvollständiger Erklärungen gegenüber dem Subventionsgeber (Nr. 1), die zweckwidrige Verwendung von Subventionsleistungen oder -gegenständen (Nr. 2), das Unterlassen von Mitteilungen (Nr. 3) und den Gebrauch bestimmter Bescheinigungen (Nr. 4). Nicht erforderlich ist der Eintritt eines Erfolgs (zB Hervorrufen eines Irrtums, Gewährung der nicht gerechtfertigten Subvention).

1. Die Tathandlung nach **Nr. 1** besteht darin, daß der Täter gegenüber dem Subventionsgeber über subventionserhebliche Tatsachen für sich oder einen anderen **unrichtige oder unvollständige Angaben macht,** die für ihn oder den anderen vorteilhaft sind.

a) Mit der in Nr. 1 enthaltenen Definition des Begriffes **„Subventionsgeber"** als „einer für die Bewilligung einer Subvention zuständigen Behörde oder einer anderen in das Subventionsverfahren eingeschalteten Stelle oder Person" werden alle Einrichtungen und Personen zusammengefaßt, die im Lauf eines Subventionsverfahrens mit der verwaltungsmäßigen Vergabe von Subventionen i. S. des Abs. 7 einschließlich der die Vergabe vorbereitenden Maßnahmen, der ordnungsgemäßen Verwendung der Subvention und notfalls ihrer Rückforderung befaßt sind (also z. B. nicht der vom Subventionsnehmer eingeschaltete Anwalt). Dabei ist *Subventionsverfahren* das gesamte, die verwaltungsmäßige Erledigung einer Subventionsangelegenheit betreffende Verfahren, das mit dem Bewilligungsantrag beginnt und grundsätzlich mit der Gewährung (bei einem Weitergewähren: Erbringen der letzten Leistung) oder der endgültigen Ablehnung der Subvention endet. Finden auf Grund einer Verwendungsbeschränkung Kontrollen statt, so sind auch diese ebenso wie eine dadurch ausgelöste Rückforderung noch Teil des Subventionsverfahrens, während das Rückforderungsverfahren im übrigen ein eigenes Subventionsverfahren darstellt (vgl. näher Tiedemann LK 73 ff.). Nicht hierher gehört dagegen ein gerichtliches Verfahren, in dem z. B. die Rechtmäßigkeit der Entscheidung einer Subventionsbehörde überprüft wird. Nicht erforderlich ist, daß die Stelle selbst zur Entscheidung befugt ist, vielmehr genügt es, wenn sie z. B. lediglich eine Vorprüfung vorzunehmen hat (so bei über deutsche Stellen beantragten EG-Subventionen, über deren Gewährung von EG-Stellen entschieden wird; vgl. Prot. 7 S. 2678, Tiedemann LK 68); zu falschen Angaben gegenüber einer lediglich im Vorstadium der Entscheidung eingeschalteten Stelle vgl. aber auch u. 48.

41   Soweit es sich um *Behörden* (vgl. § 11 RN 57 ff.) handelt, kommen nicht nur die vom Gesetz besonders genannten Bewilligungsbehörden, sondern als „andere in das Subventionsverfahren eingeschaltete Stellen" auch sonstige Behörden in Betracht. *Stellen* sind darüber hinaus auch sonstige öffentliche Einrichtungen und Funktionsträger, denen mangels des für eine Behörde erforderlichen Organisationsgrades die Behördeneigenschaft fehlt (z. B. ein bei einer Behörde unter Zuziehung von Vertretern der Wirtschaft gebildeter Ausschuß oder Beirat, nach Prot. 7 S. 2674 auch der an der Grenze eingeschaltete Zollbeamte, der die Einhaltung einer Verwendungsbeschränkung überwacht; vgl. auch § 11 RN 25). Die anderen in Abs. 1 genannten *Personen* können natürliche oder juristische Personen des öffentlichen oder privaten Rechts sein; Subventionsgeber sind daher insbesondere auch die auf der Geberseite in das Verfahren eingeschalteten privaten Banken. Gleichgültig ist, ob die Einschaltung dieser Stellen oder Personen in das Subventionsverfahren auf Gesetz, einer behördlichen Anordnung oder auf einem zivilrechtlichen Vertrag beruht (vgl. BT-Drs. 7/5291 S. 6). Die Zuständigkeit, die Tatbestandsmerkmal ist, muß auch bei den anderen Stellen oder Personen gegeben sein; zu falschen Angaben gegenüber der unzuständigen Stelle in einem mehrstufigen Vergabeverfahren vgl. u. 48.

42   b) Nr. 1 setzt **unrichtige** oder **unvollständige Angaben über subventionserhebliche Tatsachen** voraus, die für den Erklärenden oder den, für den die Angaben gemacht werden, **vorteilhaft** sind.

43   α) **Angaben** sind alle – schriftlichen oder mündlichen – Erklärungen über das Vorliegen oder Nichtvorliegen eines bestimmten Sachverhalts, wobei dieser **in subventionserheblichen Tatsachen** (vgl. dazu o. 27 ff.) bestehen muß. Nr. 1 enthält – ebenso als § 263 (vgl. dort RN 11) – nach dem eindeutigen Gesetzeswortlaut ein Äußerungsdelikt (and. Gössel II 465). Erforderlich ist deshalb zumindest eine konkludente Gedankenerklärung, die z. B. auch in der Vorlage verfälschter Augenscheinsobjekte gesehen werden kann (Tiedemann LK 77), nicht dagegen in dem bloßen Dulden einer Probeentnahme bezüglich der Qualität der fraglichen Ware (BGH NJW **81**, 1744 m. Anm. Tiedemann JR **81**, 470; vgl. aber auch Ranft NJW **86**, 3173). Nicht unter Nr. 1 fallen ferner Veränderungen der äußeren Wirklichkeit als solche, auch wenn dadurch auf die Vorstellung des Subventionsgebers eingewirkt wird (ebenso Carlsen AgrarR 78, 297, Eberle aaO 130 f., Samson/Günther SK 54, Tiedemann LK 77). In Betracht kommt hier jedoch u. U. Nr. 2; zu § 263 vgl. u. 87.

44   β) **Unrichtig** sind die Angaben, wenn in ihnen objektiv nicht gegebene subventionserhebliche Tatsachen als gegeben bzw. objektiv gegebene Tatsachen als nicht gegeben bezeichnet werden. **Unvollständig** sind sie, wenn die im Rahmen einer den Anschein der Vollständigkeit erweckenden Erklärung enthaltenen Angaben als solche zwar richtig sind, durch Weglassung wesentlicher Tatsachen aber ein falsches Gesamtbild vermittelt wird (vgl. auch Lackner/Kühl 17, Tiedemann LK 79). Dies ist z. B. der Fall, wenn Wirtschaftsgüter entgegen dem InvZulG (o. 10) nicht in neuem, sondern in gebrauchtem Zustand erworben wurden, wenn der Kaufpreis für den zu subventionierenden Gegenstand als solcher zwar richtig angegeben, dabei aber die Gewährung einer „Provision" bzw. eines Preisnachlasses verschwiegen wird (vgl. BGH wistra **86**, 67) oder wenn zum Nachweis einer tatsächlich erfolgten Zahlung die Hingabe eines Schecks unter Verschweigen einer Stundungsabrede aufgeführt wird (vgl. LG Hamburg wistra **88**, 326; zu zahlreichen weit. Bsp. bei Investitionszulageanträgen vgl. Dörn DStZ 95, 166 ff.). Da es sich in den beiden zuletzt genannten Fällen um eine durch konkludentes Tun begangene Täuschungshandlung handelt, bedarf es der Nr. 3 hier nicht. Ob mit dem Verschweigen subventionserheblicher Tatsachen (z. B. einer Umgehungshandlung, vgl. u. 46) zugleich ihr Nichtvorhandensein konkludent i. S. einer „unvollständigen" Angabe vorgespiegelt wird, ist Frage des Einzelfalls. Nicht unter den Tatbestand fallen dagegen Angaben, die erkennbar unvollständig sind oder die vorbehaltlich der Überprüfung der Richtigkeit erfolgen.

45   Bei der Frage der Unrichtigkeit bzw. Unvollständigkeit ist ergänzend die Regelung des **§ 4 SubvG** über **Schein- und Umgehungshandlungen** (für Subventionen nach Landesrecht vgl. o. 35; krit. zur Regelung dieser Materie im SubvG Tiedemann Prot. 7 S. 2471, für eine solche „verwaltungsrechtliche Lösung" dagegen Stöckel ZRP 77, 135; zum Ganzen vgl. ferner Bruns GA 86, 1) sowie für EG-Subventionen seit 1995 die entsprechende Regelung des **Art. 4 III EG-VO Nr. 2988/95** (ABl. EG 23. 12. 1995 Nr. L 312 S. 1 ff.; vgl. dazu Lührs wistra 99, 94, Sieber SchwZStr 96, 381, Tiedemann LK 110; zur früheren Rechtslage vgl. Reisner aaO, Tiedemann NJW 90, 2230, Vogel aaO 173 ff., Dannecker aaO 29 ff.) zu beachten. Danach sind für die Subventionsbewilligung usw. *Scheingeschäfte* und *Scheinhandlungen* tatsächlicher Art unerheblich und der durch sie verdeckte Sachverhalt maßge-

bend (Abs. 1). Ebenso ist nach Abs. 2 S. 1 – wobei die Grenzen zu Abs. 1 freilich fließend sind – die Bewilligung einer Subvention usw. ausgeschlossen, wenn im Zusammenhang mit einer beantragten Subvention in Rechtsgeschäft oder eine Handlung unter *Mißbrauch von Gestaltungsmöglichkeiten* vorgenommen wird. Ein solcher liegt nach Abs. 2 S. 2 in der Benutzung einer nach den gegebenen Verhältnissen unangemessenen Gestaltungsmöglichkeit mit dem Ziel der dem Subventionszweck (i. S. des Endzwecks, vgl. o. 18, Tiedemann LK 113) widersprechenden Inanspruchnahme oder Nutzung einer Subvention, was nach Abs. 2 S. 3 namentlich dann anzunehmen ist, wenn die förmlichen Voraussetzungen der Subvention in einer dem Subventionszweck widersprechenden Weise künstlich geschaffen werden. Einschlägig sind hier vor allem Fälle, in denen die Durchführung des subventionierten Geschäfts oder der subventionierten Handlung wirtschaftlich völlig unvernünftig ist und allein zum Zweck der Subventionserlangung erfolgt (vgl. § 201 III 2 AE, [BT, Wirtschaftsdelikte], Tiedemann LK 115), z. B. Beantragung der Ausfuhrerstattung für Exporte in ein sog. Drittland, wohin die Ware jedoch nur zum Zweck des sofortigen Weitertransports in ein anderes Land gebracht wird, ferner die Fälle des „Kreisverkehrs", in denen eine Ware nur dazu verwendet wird, nach Zufügung und Wiederausscheidung von Substanzen und dadurch bewirkter Veränderung ihrer Beschaffenheit unter Inanspruchnahme von Exportsubventionen exportiert, reimportiert und wieder exportiert zu werden (vgl. näher Tiedemann, Subventionskriminalität 105 ff., 151 ff.). In subjektiver Hinsicht setzt der Mißbrauch sicheres Wissen darüber voraus, daß die Subventionierung dem Subventionszweck widerspricht; auch für den subjektiven Tatbestand des § 264 ist insoweit daher dolus directus erforderlich (Tiedemann LK 117 f.). Wegen der Einzelheiten vgl. Rspr. und Schrifttum zu § 6 Steueranpassungsg (bis 31. 12. 1976) bzw. §§ 41 II, 42 AO, denen § 4 SubvG im wesentlichen nachgebildet ist, ferner Tiedemann LK 102 ff. u. in HWiStR, Art. Umgehung.

Bei der Regelung des § 4 I SubvG über *Scheingeschäfte* und *Scheinhandlungen* handelt es sich lediglich um die Klarstellung eines allgemeinen Rechtsgrundsatzes (Schmidt-Hieber NJW 80, 326, Tiedemann LK 103, Vogel aaO 161, 165). Für § 264 ist sie ohne zusätzliche Bedeutung, denn daß Angaben, in denen ein nur scheinbar gegebener subventionserheblicher Sachverhalt als tatsächlich vorhanden dargestellt wird, unrichtig sind, versteht sich von selbst. So bedarf es z. B. nicht des Rückgriffs auf § 4 I SubvG, wenn der Täter zur Erlangung einer Investitionszulage nach § 1 InvZulG 1999 (o. 10) behauptet, er habe in dem Fördergebiet einen Gewerbebetrieb „errichtet" – was eindeutig nur die tatsächliche Einrichtung eines solchen bedeuten kann –, während er dort in Wahrheit nur zum Schein eine „Briefkastenfirma" unterhält (vgl. auch Koblenz OLGSt **Nr. 1** [Investitionszulage nach dem Berlinförderungsg für Scheinbetriebsstätte], MG-Bender 1362, Schmidt-Hieber NJW 80, 326). Auch bei *Umgehungshandlungen* durch den Mißbrauch von Gestaltungsmöglichkeiten hat § 4 II SubvG erst Bedeutung, wenn sich nicht schon durch Auslegung ergibt, daß die Subventionsvoraussetzungen nicht gegeben und die gemachten Angaben deshalb unrichtig bzw. unvollständig i. S. der Nr. 1 sind (vgl. auch MG-Bender 1362). Dies ist z. B. der Fall, wenn die Subventionierung an reine Realakte, etwa das tatsächliche Verbringen von Waren über die Grenze geknüpft ist, da der Täter hier nach allgemeinen Regeln an sich nichts Unrichtiges erklärt, wenn er behauptet, eine solche Handlung vorgenommen zu haben, selbst wenn dies nur zum Zweck der Subventionserlangung geschieht, weil die Ware in dem fraglichen Land überhaupt keine Verwendung finden soll (vgl. die Bsp. o. 45, ferner Tiedemann LK 115). Hier würde § 4 II SubvG, der nicht nur klarstellende Funktion hat, sondern die Unbeachtlichkeit von Umgehungshandlungen begründet (vgl. Schmidt-Hieber NJW 80, 326), i. V. mit § 3 SubvG zu einer entsprechenden Offenbarungspflicht und damit zur Anwendbarkeit des § 264 I Nr. 1 führen, wenn der die Umgehung begründende Sachverhalt verschwiegen wird (zust. Bruns GA 86, 23 f.; vgl. auch Lackner/Kühl 21, Stöckel ZRP 77, 136, Tröndle/Fischer 20 sowie u. 53). Jedenfalls nach diesen Regeln wäre auch die mißbräuchliche Inanspruchnahme von Investitionszulagen nach dem InvZulG 1999 (o. 10) durch „Stornierung" vor dem gesetzlichen Begünstigungszeitraum abgeschlossener Verträge und deren Ersetzung durch einen inhaltsgleichen Neuabschluß nach Abs. 1 Nr. 3 i. V. mit §§ 3, 4 II SubvG strafbar (zum InvZulG 1975 vgl. die 23. A. mwN). Kein Fall des § 264 liegt jedoch vor, wenn zwar Umgehungshandlungen vorgenommen werden, jedoch der gesamte Sachverhalt und damit der Mißbrauch von Gestaltungsmöglichkeiten mitgeteilt wird (vgl. BFH NJW **84**, 1255, Tiedemann LK 118).

γ) Mit dem zusätzlichen Erfordernis, daß die unrichtigen usw. Angaben für den Erklärenden oder, wenn Subventionsempfänger ein anderer ist, für diesen **vorteilhaft** sein müssen, wird – obwohl sich dies schon bei sinngemäßer Auslegung der Vorschrift ergeben würde (vgl. Tiedemann Prot. 7 S. 2471) – klargestellt, daß nur solche Angaben unter Nr. 1 fallen, die gegenüber der Rechtslage nach dem tatsächlichen Sachverhalt eine nicht nur ganz unwesentliche Verbesserung der Chancen auf Erlangung der beantragten Subvention ergeben (vgl. BGH wistra **85**, 150 m. Anm. Ranft NJW 86, 3167: nicht ausreichend auch, wenn nach der tatsächlichen Verwaltungspraxis die falschen Angaben letztlich zu keiner Besserstellung des Subventionsnehmers führen). Nicht tatbestandsmäßig sind deshalb falsche Angaben, die für den Subventionsnehmer ungünstig oder indifferent sind oder durch die lediglich die Anspruchsvoraussetzungen eines anderen Mitbewerbers in Abrede gestellt werden (vgl. Prot. 7 S. 2678, Müller-Emmert/Maier NJW 76, 1660, Volk aaO 80, aber auch Eberle aaO 133 f., Sannwald aaO 69, Tiedemann LK 78, 82, Tröndle/Fischer 20). Auszuscheiden haben nach dem Sinn der Vorschrift aber auch solche falschen Angaben, die im Ergebnis die Lage des Subventionsempfängers nicht verbessern, weil die Voraussetzungen für eine Subventionsgewährung aus einem anderen Grund gegeben sind (vgl. Karlsruhe MDR **81**, 159 u. die h. M. im Schrifttum, z. B. Bockelmann II/1 S. 108, Eberle aaO 144 f., Hack aaO 106 f., Lackner/Kühl 18, Lüderssen wistra 88, 43, M-Maiwald I 479, Ranft JuS 86, 449, NJW 86, 3166, Rengier I⁴ 230, Samson/Günther SK 57 f., Sannwald aaO 68, Schmidt-Hieber NJW 80, 325, Tenckhoff, Bemmann-FS 478, Volk aaO 80, W-Hillenkamp 267; and. Achenbach JR 88, 251, Gössel II 466, MB-Bender 1366, Meine wistra 88, 13, Otto II 289, Tiedemann LK 84). Demgegenüber ist nach BGH **36** 373 m. Bspr. Kindhäuser JZ 91, 492 die Strafbarkeit nach Abs. 1 Nr. 1 nicht deshalb zu verneinen, weil ein anderer als der im Subventionsantrag wahrheitswidrig behauptete Sachverhalt einen Anspruch auf die Subvention begründet (vgl. auch schon BGH **34** 265 m. Anm. bzw. Bspr. Achenbach, Lüderssen u. Meine aaO; zum Diskussionsstand vgl. auch Tenckhoff, Bemmann-FS 466 ff.). Doch ergibt sich dies weder aus der insoweit nicht eindeutigen Entstehungsgeschichte noch aus dem Gesetzeszweck: Zwar sollte mit § 264 wegen des oft schwierigen Nachweises der Betrugsmerkmale bereits die folgenlose Täuschungshandlung unter Strafe gestellt werden; damit aber auch Handlungen zu erfassen, die, wie hier, aus Rechtsgründen kein Betrug sein können – Fehlen eines Schadens oder jedenfalls der Rechtswidrigkeit des erstrebten Vorteils (vgl. § 263 RN 117, 172) –, bestand kein Anlaß. Eine völlige „Abkoppelung" von § 263 ist schon deshalb nicht möglich, weil Rechtsgut des § 264 auch das (öffentliche) Vermögen ist (o. 4), dieses aber nicht geschützt zu werden braucht, wenn die Subventionsvoraussetzungen unabhängig von den falschen Angaben tatsächlich gegeben sind (vgl. auch Ranft NJW 86, 3166 f., JuS 86, 449, Tenckhoff, Bemmann-FS 472 ff.). Auch die Gefahr einer Fehlleitung von Subventionen, der mit § 264 bereits im Vorfeld entgegengewirkt werden soll (vgl. BGH **36** 375), ist hier von Anfang an nicht gegeben. Hinzu kommt, daß auch Abs. 2 Nr. 1 von einer „nicht gerechtfertigten Subvention" spricht, was systemwidrig wäre, wenn nach Abs. 1 Nr. 1 die auf eine i. E. gerechtfertigte Subvention bezogene, aber folgenlose Täuschungshandlung strafbar wäre (vgl. Kindhäuser JZ 91, 494 f., aber auch BGH **34** 270, Tenckhoff, Bemmann-FS 471), ferner daß für Nr. 1 nichts anderes gelten kann als für Nr. 3 i. V. mit § 3 SubvG, weil dort eine Mitteilungspflicht nur bezüglich solcher Tatsachen besteht, die der Bewilligung usw. der Subvention entgegenstehen oder für deren Rückforderung erheblich sind (vgl. näher dazu Samson/Günther SK 58, 71, Tenckhoff, Bemmann-FS 475 ff.). Voraussetzung ist allerdings, daß es sich um ein und denselben Subventionsfall handelt, was zu verneinen ist, wenn die Subvention für ein anderes Förderungsobjekt, auf anderer rechtlicher Grundlage, durch einen anderen Subventionsgeber, an einen anderen Subventionsnehmer oder für einen anderen Subventionszeitraum zu leisten wäre (vgl. Meine wistra 88, 16, Tenckhoff, Bemmann-FS 478). Daß der Subventionsnehmer hier die Möglichkeit gehabt hätte, durch einen anderen Antrag im Ergebnis die gleiche oder eine noch höhere Leistung zu erlangen, schließt mithin den Tatbestand nicht aus (vgl. insoweit auch BGH **34** 270 f., ferner wistra **86**, 68).

48 c) **Gemacht** sind die Angaben, wenn sie im Rahmen eines Subventionsverfahrens – also nicht anläßlich nur vorbereitender Erkundigungen – der zuständigen Behörde usw. zugegangen sind (Müller-Emmert/Maier NJW 76, 1660, Tiedemann LK 85); das bloße Absenden kann lediglich ein Versuch nach § 263 sein (u. 87). Sind bei einem mehrstufigen Verfahren die Angaben gegenüber einer Stelle gemacht, die nach ihrer Funktion mit dem unrichtigen Teil nicht befaßt ist, so ist die Tat erst mit der Weiterleitung an die zuständige Stelle vollendet (ebenso Tiedemann LK 70; vgl. auch Samson/Günther SK 50). Bei unrichtigen Angaben gegenüber einer lediglich im Vorstadium der Entscheidung eingeschalteten Stelle ist als ungeschriebenes Tatbestandsmerkmal zu verlangen, daß der Täter damit das Geschehen aus der Hand gegeben hat; soll die Stelle z. B. nur eine Bescheinigung ausstellen, deren Vorlage bei der Bewilligungsbehörde jedoch von ihm abhängt, so ist dies in der Sache noch eine bloße Vorbereitungshandlung, die nicht nach § 264 strafbar sein kann. Nicht erforderlich ist bei schriftlichen Angaben die Kenntnisnahme durch den Subventionsgeber, erst recht nicht die Erregung eines Irrtums. Durch Unterlassen können falsche Angaben in der Weise gemacht werden, daß z. B. der Betriebsinhaber die unrichtigen Erklärungen seines Angestellten geschehen läßt (vgl. § 13 RN 31, ferner Tiedemann LK 76); sind die Angaben dem Subventionsgeber bereits zugegangen, so kommt ein Unterlassen nur noch unter dem Gesichtspunkt der Nr. 3 in Betracht.

49 „**Für sich**" macht der Täter die Angaben, wenn er selbst Empfänger der Subvention ist, „**für einen anderen**", wenn dieser Subventionsempfänger ist und der Erklärende als dessen Vertreter oder jedenfalls zu dessen Gunsten handelt. Unzweifelhaft ist dies, wenn der die falschen Angaben Machende „*im Lager*" *des Empfängers* steht und deshalb „für" diesen handelt, wobei im Fall mehrerer Beteiligter die allgemeinen Regeln darüber entscheiden, ob der Betreffende Täter oder Teilnehmer ist: Ist Subventionsempfänger ein Betrieb, so kann Mittäter danach z. B. auch derjenige sein, der nach außen hin gegenüber dem Subventionsgeber nicht selbst als ein im Auftrag und Namen des Betriebsinhabers Handelnder in Erscheinung tritt, die fragliche Erklärung jedoch aufgrund seiner Stellung im Betrieb – Voraussetzung ist eine gewisse Selbständigkeit und eine damit verbundene (Mit)Entscheidungskompetenz (ebenso Eberle aaO 136; and. Tiedemann LK 21, 136) – mitzuverantworten hat, während der den Subventionsantrag nach detaillierten Weisungen anfertigende Angestellte oder der zur Vorbereitung eines Investitionszulageantrags intern zugezogene und im Einvernehmen mit dem Inhaber handelnde Steuerberater nur Gehilfe sein kann (zum Steuerberater vgl. aber auch Dörn wistra 94, 219, DStZ 93, 480 ff. u. 95, 171); zur Möglichkeit einer mittelbaren Täterschaft in diesen Fällen vgl. u. 70. Keineswegs selbstverständlich ist es dagegen, daß darüber hinaus auch *außenstehende Dritte*, die nicht anstelle des Subventionsempfängers tätig werden, „für" diesen handeln können (so z. B. der

Geschäftspartner des Empfängers, der auf Befragen der Behörde falsche Auskünfte erteilt). Dagegen könnte immerhin sprechen, daß dann auch Abs. 4 auf den Dritten anwendbar ist, obwohl sich die Bestrafung der Leichtfertigkeit nur mit der erhöhten Verantwortung gerade des Subventionsnehmers (bzw. desjenigen, der Aufgaben für ihn wahrnimmt) rechtfertigen läßt (vgl. auch o. 1), ferner daß der Subventionsgeber nach Abs. 8 Nr. 1 2. Alt. i. V. mit § SubvG nur gegenüber dem Subventionsnehmer bestimmte Tatsachen als subventionserheblich bezeichnen kann, der mit dieser Regelung verfolgte Zweck – Schaffung klarer Verhältnisse – gegenüber Dritten also ohnehin nicht erreichbar ist. Da aber das Gesetz mit dem Regelbeispiel in Abs. 2 Nr. 2 offensichtlich nicht nur den für ein öffentliches Unternehmen als Subventionsnehmer tätigen Amtsträger erfassen will, sondern z. B. auch den einen falschen Prüfungsvermerk erteilenden Sachbearbeiter der Bewilligungsbehörde (vgl. BGH 32 205, u. 77), muß schon in Abs. 1 Nr. 1 das Handeln „für" einen anderen in dem o. genannten weiteren Sinn verstanden werden, wonach es genügt, daß die Angaben zugunsten des Subventionsempfängers gemacht werden (ebenso Hamburg NStZ 84, 218; vgl. auch Ranft NJW 86, 3172, Tiedemann LK 87). Strafbar nach Nr. 1 können daher nicht nur am Subventionsverfahren mitwirkende Amtsträger sein (vgl. BGH 32 205 m. Anm. Otto JR 84, 475 u. Schünemann NStZ 85, 73 u. näher Schmid aaO 42 ff., 69 ff.; teilw. and. Gössel II 467), sondern auch sonstige Dritte, die von sich aus oder auf Befragen des Subventionsgebers diesem gegenüber falsche Erklärungen abgeben (vgl. auch Carlsen AgrarR 78, 297, Müller-Emmert/Maier NJW 76, 1660, Tröndle/Fischer 20). Ergibt sich die Subventionserheblichkeit der fraglichen Tatsache nicht schon aus dem Gesetz (Abs. 8 Nr. 1 1. Alt., Nr. 2), so ist Voraussetzung für eine Strafbarkeit nach Abs. 1 freilich, daß der Erklärende weiß, daß gegenüber dem Subventionsnehmer eine Bezeichnung nach Abs. 8 Nr. 1 2. Alt. erfolgt ist (ebenso Eberle aaO 136); ist eine solche unterblieben, so kann daher auch der Amtsträger nicht nach § 264 bestraft werden, der die materielle Subventionserheblichkeit genau kennt.

2. Die Tathandlung der **Nr. 2** besteht in der **zweckwidrigen Verwendung** von Suventionen. Mit dieser durch das EGFinSchG (vgl. Vorbem.) eingefügten, untreueähnlichen Tatbestandsvariante werden Zweckentfremdungen nunmehr unmittelbar erfaßt und nicht erst über den Umweg des Verstoßes gegen Mitteilungspflichten nach Nr. 3, welche insbesondere bei EG-Subventionen nur lückenhaft bestehen (vgl. BT-Drs. 13/10 425 S. 6, Tiedemann, Wirtschaftsbetrug Nachtrag § 264 RN 1; zum Verhältnis von Nr. 2 und Nr. 3 s. u. 86). 49 a

a) Die **Verwendung von Gegenständen oder Geldleistungen** muß **durch Rechtsvorschriften oder durch den Subventionsgeber im Hinblick auf eine Subvention beschränkt** sein. *Grundlage der Verwendungsbeschränkung* kann eine Rechtsvorschrift (Gesetz, Verordnung, Satzung, wegen § 6 Nr. 8 auch solche der EG oder ihrer Mitgliedstaaten; vgl. BT-Drs. 13/10 425 S. 6 f., Tiedemann, Wirtschaftsbetrug Nachtrag § 264 RN 8), eine vertragliche Vereinbarung mit dem Subventionsgeber oder ein Verwaltungsakt des Subventionsgebers sein (vgl. BT-Drs. aaO). Nicht erforderlich ist eine ausdrückliche Kennzeichnung der Verwendungsbeschränkung als solcher; es genügt, wenn sie sich in der Sache eindeutig aus dem Vergabeakt oder der Vergabenorm ergibt (vgl. Tiedemann aaO; zur Parallelproblematik bei Abs. 8 Nr. 2 vgl. o. 36). Die Verwendungsbeschränkung muß *im Hinblick auf eine Subvention* erfolgt sein und kann sich sowohl auf die Subventionsleistung selbst beziehen, die zumeist in einer *Geldleistung* besteht, als auch auf sonstige *Gegenstände* (Sachen oder Rechte), die in einem spezifischen Zusammenhang zur Subventionsleistung oder den damit verbundenen Zwecken stehen. Erfaßt sind daher nicht nur Gegenstände, die mit Subventionsmitteln erworben werden (vgl. Tröndle/Fischer 20 a), sondern auch solche, die bereits vor der Subventionsvergabe im Besitz oder Gebrauch des Subventionsnehmers standen und deren Einsatz zu einem bestimmten Zweck durch die Subvention gefördert werden soll (zB bei Stillegungsprämien für landwirtschaftlich genutzte Flächen). 49 b

b) Die Tathandlung besteht in der **Verwendung** des Gegenstands oder der Geldleistung **entgegen der Verwendungsbeschränkung.** Werden Geldzahlungen vom Subventionsgeber mit konkreten Maßgaben wie zB der Anschaffung bestimmter Gegenstände geleistet, so kann ein solcher Verstoß bereits dann vorliegen, wenn der Betrag zunächst auf einem Konto stehen gelassen wird, um Zinsen zu ziehen oder Liquidität zu erhalten, oder wenn er ohne Zweckbindung und ohne Wertsicherung in ein zentrales Cash-Management eingebracht wird (vgl. BT-Drs. 13/10 425 S. 6; s. aber auch Samson/Günther SK 74 zu den praktischen Schwierigkeiten der Feststellung zweckwidriger Verwendung von Geldleistungen). Die Tat ist bereits mit der ersten Handlung vollendet, die mit der Verwendungsbeschränkung nicht vereinbar ist; beendet ist sie hingegen erst mit Abschluß des zweckwidrigen Verwendungsvorgangs. Je nach Inhalt und Reichweite der Verwendungsbeschränkung können neben dem Subventionsnehmer auch Dritte den Tatbestand verwirklichen, zB wenn sie einen von der Beschränkung betroffenen Gegenstand erworben haben und die Beschränkung aufgrund des Inhalts des Vergabeaktes oder der Vergabenorm ihnen gegenüber fortwirkt (zu weitgehend jedoch MB-Bender 1362, der Erwerb oder Diebstahl in Kenntnis der Verwendungsbeschränkung genügen läßt). Ein und derselbe Gegenstand kann mehrfach durch verschiedene Taten nach Nr. 2 zweckwidrig verwendet werden, so wenn im Rahmen einer insgesamt subventionsgemäßen Verwendung gelegentliche Zweckentfremdungen stattfinden; ist ein Gegenstand durch die Tat nach Nr. 2 hingegen dem Bereich subventionsgemäßer Verwendung vollständig entzogen worden, so erfüllen weitere beschränkungswidrige Handlungen des Täters oder Dritter nicht mehr den Tatbestand (s. auch Tröndle/Fischer 20 a sowie zur Parallelproblematik bei der Unterschlagung hier § 246 RN 19, 33). 49 c

50 3. Nach **Nr. 3** ist strafbar, wer den Subventionsgeber entgegen den Rechtsvorschriften über die Subventionsvergabe **über subventionserhebliche Tatsachen in Unkenntnis läßt**. Entgegen der insoweit mißverständlichen Legaldefinition des Begriffs des Subventionsgebers in Nr. 1 ist hier nicht erforderlich, daß dies während eines Subventionsverfahrens (o. 40) geschieht (vgl. Tiedemann LK 92, Tröndle/Fischer 13).

51 a) Das **In-Unkenntnis-Lassen des Subventionsgebers** (o. 40) ist das pflichtwidrige Unterlassen (echtes Unterlassungsdelikt) einer entsprechenden Mitteilung an den Subventionsgeber, wobei dieser z. Z. der Verletzung der Mitteilungspflicht von der fraglichen Tatsache noch keine Kenntnis gehabt haben darf (Stuttgart MDR 92, 788, Lackner/Kühl 21, Samson/Günther SK 65, Tiedemann LK 89 f.). Hatte er diese bereits auf andere Weise erlangt, so kommt § 264 nicht mehr in Betracht; zur Frage des Versuchs nach § 263, wenn der Mitteilungspflichtige dies nicht weiß, vgl. u. 87. Sind mehrere Stellen in das Subventionsverfahren eingeschaltet, so entfällt der Tatbestand schon bei Mitteilung an eine von ihnen (and. offenbar Prot. 7 S. 2725), wobei es genügen muß, daß sie überhaupt zur Entgegennahme solcher Erklärungen befugt ist (ebenso Carlsen AgrarR 78, 297, Tiedemann LK 91).

52 b) Grundlage für eine Pflicht zum Handeln können hier nur besondere **Rechtsvorschriften** (Gesetz, Verordnung usw. einschließlich der Rechtsvorschriften der EG) sein; allgemeine Grundsätze (z. B. Treu und Glauben; zu § 263 vgl. dort RN 21) oder bloße Verwaltungsvorschriften genügen nicht.

53 α) Eine umfassende, allgemeine Rechtsvorschrift dieser Art enthält **§ 3 SubvG** (vgl. Bay NJW **82**, 2202, Tiedemann LK 93, aber auch Ranft NJW 86, 3170), der ebenso wie die anderen Bestimmungen dieses Gesetzes freilich nicht für Subventionen nach EG-Recht gilt (vgl. aber auch Sannwald aaO 48 f.; für solche nach Landesrecht vgl. o. 35). Sinngemäß hat danach der Subventionsnehmer i. S. des § 2 I SubvG dem Subventionsgeber unverzüglich alle Tatsachen mitzuteilen, die zu einer Versagung oder Rückgewährung der Subvention oder des Subventionsvorteils führen können (Abs. 1 S. 1; differenzierend aaO krit. Sannwald aaO 72 f., ähnl. Samson/Günther SK 68, 71), wozu z. B. auch der eine Umgehung nach § 4 II SubvG begründende Sachverhalt gehört (vgl. dazu auch o. 46). Nach Abs. 2 hat außerdem derjenige, der einen Gegenstand usw. entgegen einer ihm im Hinblick auf eine Subvention auferlegten Verwendungsbeschränkung verwenden will, dies rechtzeitig vorher dem Subventionsgeber anzuzeigen (wird der Gegenstand jedoch tatsächlich zweckwidrig verwendet, so tritt Nr. 3 hinter Nr. 2 zurück [ebso. Tröndle/Fischer 20 b; s. auch u. 86]). Mitteilungspflichten können demnach in jedem Stadium des Verfahrens (vor Bewilligung, zwischen Bewilligung und Genehmigung, nach Genehmigung der Subvention), aber auch erst nach der Subventionsgewährung (von Bedeutung wegen des Widerrufs, vgl. Tiedemann LK 92, 95) entstehen, und gleichgültig ist auch, ob der mitteilungspflichtige Sachverhalt von Anfang an bestanden hat (z. B. Vorliegen einer Umgehungshandlung nach § 4 II SubvG) oder erst nachträglich entstanden ist (z. B. späterer Wegfall der Subventionsvoraussetzungen). Mitteilungspflichten können sich deshalb z. B. auch daraus ergeben, daß der Subventionsnehmer nachträglich erkennt, daß die von ihm selbst oder einem anderen (z. B. Angestellten) gemachten Angaben falsch sind (Tiedemann LK 92); auf diesem Wege erfaßt Nr. 2 daher auch die Fälle der Ingerenz. Hängt die Bewilligung der Subvention noch von weiteren Handlungen des Subventionsnehmers ab (z. B. Beibringen weiterer Unterlagen), so mag es dem Zweck des § 3 SubvG jedoch genügen, wenn er, statt die früheren Angaben zu berichten, die Vornahme der noch erforderlichen Handlung unterläßt und dadurch die Bewilligung unmöglich macht (ebenso Carlsen AgrarR 78, 298; vgl. auch Stuttgart MDR **92**, 788). Hier ist das Unterlassen der Mitteilung daher auch nicht nach Nr. 3 strafbar. Entsprechendes muß gelten, wenn die Subvention zwar bereits bewilligt ist, ihre Gewährung aber noch von weiteren Handlungen des Subventionsnehmers abhängt (z. B. Vorlage des Bewilligungsbescheids).

54 β) Daneben kommen als Grundlage für eine Mitteilungspflicht auch **andere gesetzliche Regelungen** in Betracht, aus denen sich besondere und meist detailliertere Offenbarungspflichten ergeben (z. B. § 5 III Gasöl-VerwendungsG-Landwirtschaft v. 2. 12. 1967, BGBl. I 1339; letzt. ÄndG 22. 12. 99, BGBl. I 2671). Daß solche besonderen Offenbarungspflichten neben der allgemeinen Pflicht des § 3 I SubvG ihre Bedeutung behalten, wird durch dessen S. 2 ausdrücklich klargestellt. Ist die Offenbarungspflicht bezüglich näher bestimmter Tatsachen dagegen nur in vertraglichen Vereinbarungen, Richtlinien, Bedingungen oder Auflagen im Rahmen des Bewilligungsverfahrens festgelegt, so ist Nr. 3 nur insoweit anwendbar, als die fraglichen Umstände zugleich entscheidungserheblich i. S. des § 3 SubvG sind (vgl. BR-Drs. 5/75 S. 26, Bay NJW **82**, 2202).

55 c) Der Tatbestand ist nur erfüllt, wenn der Täter den Subventionsgeber über **subventionserhebliche Tatsachen** (o. 27 ff.) in Unkenntnis läßt. Sind die Tatsachen entscheidungserheblich i. S. des § 3 SubvG, jedoch nicht als subventionserheblich i. S. des Abs. 8 ausgewiesen, so ist das Unterlassen der Mitteilung zwar eine Verletzung der Offenbarungspflicht nach § 3 SubvG, aber nicht nach § 264 I Nr. 3 strafbar (insoweit daher unzutreffend BR-Drs. 5/75 S. 43: Nr. 3 als strafrechtliche Sanktion des § 3 SubvG); zu Abs. 1 Nr. 2 n. F. in diesen Fällen vgl. o. 49 a ff., zu § 263 vgl. u. 87. Dies gilt z. B. auch für § 3 II SubvG, wo eine Anzeigepflicht schon daran geknüpft wird, daß der Subventionsnehmer einen Gegenstand entgegen einer Verwendungsbeschränkung verwenden „will": Hier kann der Täter schon in diesem Zeitpunkt nach Nr. 3 nur strafbar sein, wenn nicht erst die bestimmungswidrige Verwendung, sondern bereits die entsprechende Absicht eine subventionserhebliche Tatsache i. S. des Abs. 8 ist.

d) Nach § 3 SubvG hat eine Mitteilungspflicht nur der **Subventionsnehmer** i. S. des § 2 I SubvG, 56
d. h. derjenige, der für sich oder – auch ohne Vertretungsmacht (Tiedemann LK 71) – einen anderen
eine Subvention beantragt oder eine Subvention oder einen Subventionsvorteil in Anspruch nimmt.
Soweit nicht in anderen Gesetzen besondere Offenbarungspflichten auch für Dritte bestehen, kann
daher **Täter** i. S. der Nr. 3 nur der Subventionsnehmer bzw. nach § 14 dessen Vertreter sein (Bay
NJW **82**, 2202, Gössel II 468, Tiedemann LK 22, 94, Schmid aaO 77 ff.; vgl. auch BGH NJW **81**,
1744), i. U. zu Nr. 1 (o. 49) aber z. B. nicht der Amtsträger, der zunächst gutgläubig einen falschen
Bestätigungsvermerk erteilt, dessen Unrichtigkeit er später erkennt; zu § 263 in diesen Fällen vgl. u.
87. Bei Personen, die nur deshalb Subventionsnehmer sind, weil sie für einen anderen den Antrag
gestellt haben (z. B. Anwalt), endet mit dem entsprechenden Mandat auch die Eigenschaft als Subventionsnehmer und damit die Offenbarungspflicht (ebenso Samson/Günther SK 72, Tiedemann LK
94).

4. Nr. 4 betrifft das **Gebrauchen einer durch unrichtige oder unvollständige Angaben** 57
erlangten Bescheinigung über eine Subventionsberechtigung oder über subventionserhebliche Tatsachen in einem Subventionsverfahren. Die Vorschrift erfüllt jedoch nur beschränkt einen vernünftigen Sinn, da die Fälle, für die sie gedacht ist, z. T. bereits nach Nr. 1 strafbar sind (wichtig wegen
Abs. 4); andererseits ist der Tatbestand so gefaßt, daß er seinem Wortlaut nach auch auf Fälle zutrifft,
die richtigerweise überhaupt nicht nach § 264 strafbar sind.

Nr. 4 soll zunächst die angebliche Lücke in den Fällen schließen, in denen neben der Bewilligungs- 58
stelle eine andere Stelle in das Subventionsverfahren eingeschaltet ist und diese infolge unrichtiger
Angaben eine Bescheinigung über *subventionserhebliche Tatsachen* ausstellt, auf Grund derer nach
dann nach Vorlage bei der Bewilligungsbehörde die Subvention gewährt wird (BR-Drs. 5/75 S. 26, Prot. 7
S. 2681). Doch sind hier idR schon die Voraussetzungen der Nr. 1 erfüllt, dies zwar nicht durch die
falschen Angaben gegenüber der Stelle, welche die Bescheinigung zum Zweck der Vorlage bei der
Bewilligungsstelle ausstellte (o. 48; and. Lackner/Kühl 22, Tröndle/Fischer 22), wohl aber durch die
in Kenntnis der Unrichtigkeit erfolgende spätere Vorlage selbst, weil sich der Täter das, was
bescheinigt ist, zumindest konkludent zu eigen und damit zum Inhalt einer unrichtigen Angabe i. S.
der Nr. 1 macht (so mit Recht auch von Schoeler Prot. 7 S. 2681; vgl. auch Carlsen AgrarR 78, 298,
Tiedemann LK 97). Das gleiche gilt für das Gebrauchen einer von einem Dritten (z. B. Angestellten)
erschlichenen Bescheinigung, da auch hier in deren Vorlage eine eigene konkludente Erklärung des
Täters über die fragliche Tatsache zu sehen ist. Daß die Stelle, der die Bescheinigung vorgelegt wird,
sich auf diese verläßt und nicht mehr nachprüft, wie sie zustandegekommen ist (so der Einwand
Göhler Prot. 7 S. 2681), ändert daran nichts, weil die Frage, ob unrichtige Angaben i. S. der Nr. 1
vorliegen, völlig unabhängig davon ist, ob die Behörde die Erklärungen des Antragstellers erst nach
eigener Nachprüfung zur Grundlage ihrer Entscheidung macht und machen darf. Selbständige Bedeutung hat Nr. 4 bei Bescheinigungen über subventionserhebliche Tatsachen deshalb nur in den Fällen,
in denen der Täter eine bestimmte Bescheinigung nicht von sich aus, sondern auf Grund eines
entsprechenden Verlangens der Behörde vorlegt, weil hier die Vorlage nicht notwendig als eine
entsprechende eigene Erklärung zu deuten ist; nur für diesen Fall erscheint auch die Nichteinbeziehung der Nr. 4 in die Regelung des Abs. 4 sinnvoll. – Nr. 4 soll ferner die Fälle erfassen, in denen der
Täter einen von einer anderen Person, z. B. einem Angestellten, mit falschen Angaben erschlichenen
Bewilligungsbescheid erst nach Erhalt als ungerechtfertigt erkennt und sich dennoch die Subvention
verschafft (BT-Drs. 7/5291 S. 6, Prot. 7 S. 2681 ff., 2691). Hier kommt zwar nicht Nr. 1 in Betracht,
weil die Vorlage des Bewilligungsbescheids nicht zugleich die (konkludente) Behauptung der dem
Bescheid zugrunde liegenden subventionserheblichen Tatsachen ist. Die Frage ist in diesem Fall aber,
ob der Täter nicht nach Nr. 3 i. V. mit § 3 SubvG strafbar ist, weil er es nach erkannter Unrichtigkeit
der von dem Angestellten gemachten Angaben unterlassen hat, diese Tatsache der Subventionsstelle
mitzuteilen, die der Gewährung der Subvention entgegensteht (vgl. Prot. 7 S. 2682, Lackner/Kühl
22). Entgegen Prot. 7 S. 2691 kann dies, weil mit Wortlaut und Sinn des § 3 SubvG unvereinbar, nicht
damit verneint werden, daß es der Stelle, der die Bewilligung vorgelegt wird, nur auf diese selbst, nicht
aber auf die zugrundeliegenden Tatsachen ankomme, weshalb sie darüber auch keine Angaben erwarte. Einen vernünftigen Zweck erfüllt Nr. 4 in diesem Fall vielmehr erst, wenn man davon ausgeht,
daß der Subventionsnehmer bis zur Vorlage des Bewilligungsbescheids als Voraussetzung der Subventionsgewährung zunächst noch keine Offenbarungspflicht nach § 3 SubvG hat (o. 53 a. E.), dann
aber, wenn die Vorlage erfolgt, sinnvollerweise nicht auf das Unterlassen nach Nr. 3, sondern auf das
Gebrauchen der Bewilligung nach Nr. 4 abzustellen ist. – Ungenau ist Nr. 4 schließlich insofern, als
nach dem Gesetzeswortlaut auch solche Bescheinigungen über eine Subventionsberechtigung unter
Nr. 4 fallen, bei denen die zugrundeliegenden unrichtigen Angaben Tatsachen betreffen, die zwar
materiell subventionserheblich, aber nicht als solche i. S. des Abs. 8 ausgewiesen sind. Dies widerspricht jedoch Sinn und Zweck der mit Abs. 8 bewirkten Formalisierung subventionserheblicher
Tatsachen, ganz abgesehen davon, daß es völlig ungereimt wäre, wäre das Gebrauchen eines Bewilligungsbescheides strafbar, der, weil die Voraussetzungen der Nr. 1 nicht gegeben sind, nach § 264
straflos erschlichen werden kann. Hier bedarf das Gesetz daher einer einschränkenden Interpretation
(u. 60).

a) **Eine Bescheinigung** ist jede schriftliche, einen Aussteller erkennen lassende, amtliche oder 59
private Bestätigung von Tatsachen, rechtlichen Eigenschaften oder eines Rechtsverhältnisses, die den

Anspruch besonderer Glaubwürdigkeit erhebt. Sie muß sich entweder auf **subventionserhebliche Tatsachen** (o. 27 ff.) beziehen, und zwar nach dem Sinn der Vorschrift in einer für den Subventionsempfänger vorteilhaften Weise (Carlsen AgrarR 78, 298) – dazu, daß Nr. 4 insoweit wegen Nr. 1 weitgehend gegenstandslos ist, vgl. o. 58 – oder auf eine **Subventionsberechtigung**, wobei die Bescheinigung hier von einer Stelle stammen muß, die über die Berechtigung verbindlich entscheiden kann (Samson/Günther SK 363). Gemeint ist damit nach der Entstehungsgeschichte insbes. der Bewilligungsbescheid (BT-Drs. 7/5291 S. 6, Prot. 7 S. 2681 ff., 2691). Nach dem üblichen Sprachgebrauch ist der einen Verwaltungsakt darstellende Bewilligungsbescheid jedoch keine „Bescheinigung" (vgl. auch die wiederholt geäußerten Zweifel in Prot. 7 S. 2681 ff.). Nur wenn man berücksichtigt, daß der Bescheid im Einzelfall auch als Nachweis für die erlangte Subventionsberechtigung benutzt werden kann (z. B. gegenüber der Auszahlungsstelle), ist es vertretbar, mit Rücksicht auf diese Nebenwirkung von einer „Bescheinigung" zu sprechen, wobei der mögliche Wortsinn allerdings bis zum Äußersten strapaziert werden muß (vgl. auch Tiedemann LK 99).

60 b) Die Bescheinigung muß **durch** – vorsätzlich oder unvorsätzlich gemachte – **unrichtige oder unvollständige Angaben** (o. 43 ff.) des Täters selbst oder eines Dritten (z. B. Angestellter) **erlangt** sein, was voraussetzt, daß der Aussteller tatsächlich getäuscht worden ist; hat er die Unrichtigkeit der Angaben erkannt und die Bescheinigung trotzdem erteilt, so genügt dies nicht, erst recht nicht ein kollusives Zusammenwirken (ebenso Tiedemann LK 97). Obwohl nach dem Gesetzeswortlaut nicht erforderlich, müssen sich auch die falschen Angaben, durch welche eine Bescheinigung über eine Subventionsberechtigung erlangt wird, auf subventionserhebliche Tatsachen i. S. des Abs. 8 beziehen (o. 58 a. E.; and. Tiedemann LK 100). Bei den Bescheinigungen über subventionserhebliche Tatsachen kann Aussteller sowohl eine in das Subventionsverfahren eingeschaltete als auch eine andere (amtliche oder private) Stelle usw. sein (and. Lackner/Kühl 22). Dazu, daß auch im ersten Fall das Erschleichen der Bescheinigung noch nicht unter Nr. 1 fällt, vgl. o. 48.

61 c) **Gebraucht** ist die Bescheinigung **in einem Subventionsverfahren,** wenn sie einer innerhalb des Subventionsverfahrens (o. 40) als Subventionsgeber tätig werdenden Stelle (vgl. Berz BB 76, 1437, Tiedemann LK 101) derart zugänglich gemacht wird, daß sie in dem Verfahren berücksichtigt werden kann (vgl. Tröndle/Fischer 22); nicht erforderlich ist die tatsächliche Kenntnisnahme; vgl. im übrigen § 267 RN 76. Dazu, daß hier vielfach schon Nr. 1 erfüllt ist, vgl. o. 58.

62 **VI. 1.** Für den **subjektiven Tatbestand** ist nach **Abs. 1 Vorsatz** erforderlich; bedingter Vorsatz genügt. Ein *Tatbestandsirrtum* (§ 16) kommt insbes. in Betracht, wenn der Täter seine Angaben für wahr hält (Abs. 1 Nr. 1), wenn er eine Verwendungsbeschränkung iSd Abs. 1 Nr. 2 nicht kennt oder ihre Reichweite falsch einschätzt (vgl. Tiedemann, Wirtschaftsbetrug Nachtrag § 264 RN 8) oder wenn er die Umstände nicht kennt, die zu einer Mitteilungspflicht nach Abs. 1 Nr. 3 führen (wozu auch, soweit es sich nicht um einen bloßen Subsumtionsirrtum handelt, die Kenntnis und richtige Bewertung nach § 4 II SubvG [o. 45 f.] gehören kann; vgl. dazu auch Schmidt-Hieber NJW 80, 326, Tiedemann LK 120), während der Unkenntnis der Pflicht selbst ein Verbots-(Gebots-)Irrtum nach § 17 ist (Samson/Günther SK 90; and. Tröndle/Fischer 23; vgl. auch Tiedemann aaO). Ein Tatbestandsirrtum liegt ferner vor, wenn der Täter infolge Unkenntnis der tatsächlichen Umstände oder auf Grund mangelnder Bedeutungskenntnis (vgl. § 15 RN 40 ff.) nicht weiß, daß es sich um eine Subvention i. S. des Abs. 7 (zu § 263 vgl. u. 87.) oder um eine subventionserhebliche Tatsache i. S. des Abs. 8 Nr. 2 verkennt (and. MG-Bender 1368: Verbotsirrtum), aber auch dann, wenn er eine Bezeichnung durch den Subventionsgeber nach Abs. 8 Nr. 1 2. Alt. falsch versteht oder annimmt, daß dieser die fragliche Tatsache zu Unrecht als subventionserheblich bezeichnet hat (vgl. auch o. 34, ferner Tiedemann LK 55, 60); insoweit kann daher auch Abs. 8 Nr. 1 2. Alt. i. V. mit § 2 SubvG die Berufung auf einen Tatbestandsirrtum nicht verhindern, während ein solcher hier im übrigen nur dann möglich ist, wenn der Täter die ihm zugegangene Bezeichnung nicht zur Kenntnis genommen hat. Lediglich ein Subsumtionsirrtum (vgl. § 15 RN 44) ist dagegen z. B. anzunehmen, wenn der Täter meint, eine Bürgschaft sei keine Subvention i. S. des Abs. 8 (ebenso Tiedemann LK 121) oder es fehle an einer subventionserheblichen Tatsache i. S. des Abs. 8 Nr. 1 2. Alt., weil in der Bezeichnung durch den Subventionsgeber nicht gerade das Wort „subventionserheblich" verwendet wird (o. 30 f.).

63 **2.** Nach **Abs. 4** ist auch die **Leichtfertigkeit** strafbar (über die Gründe vgl. BT-Drs. 7/5291 S. 8, 13/10 425 S. 7, Göhler/Wilts DB 76, 1615, Müller-Emmert/Maier NJW 76, 1661; vgl. auch o. 2), dies freilich nur in den Fällen des Abs. 1 Nr. 1 bis 3. Die Einbeziehung von Abs. 1 Nr. 2 n. F. durch das EGFinSchG (vgl. Vorbem.) bedeutet dabei eine nicht unerhebliche Verschärfung, weil über Abs. 1 Nr. 3 n. F. iVm § 3 II SubvG hinaus jetzt alle Fälle einer zweckwidrigen Verwendung erfaßt sind (s. auch Tiedemann, Wirtschaftsbetrug Nachtrag § 264 RN 7 [zust.] u. Tröndle/Fischer 24 [krit.]). Dagegen wurde von der Einbeziehung des Abs. 1 Nr. 4 mit der Begründung abgesehen, daß andernfalls aus Abs. 4 eine Prüfungspflicht bezüglich der inhaltlichen Richtigkeit der von einer anderen – u. U. amtlichen – Stelle erteilten Bescheinigung herausgelesen werden könnte (vgl. Prot. 7 S. 2702, Müller-Emmert/Maier NJW 76, 1661).

64 Dabei ist jedoch zu beachten, daß die Vorlage einer Bescheinigung über *subventionserhebliche Tatsachen*, durch die der Täter zumindest stillschweigend auf den Inhalt der Bescheinigung Bezug nimmt,

zugleich eine wenigstens konkludente eigene Erklärung über diese Tatsachen enthält, so daß bei Unrichtigkeit der Bescheinigung deren Vorlage immer auch den objektiven Tatbestand des Abs. 1 Nr. 1 erfüllt (o. 58). Damit gilt auch Abs. 4 für diese Fälle (ebenso Tiedemann LK 125), nicht etwa wird umgekehrt die Anwendbarkeit des Abs. 4 in bezug auf Abs. 1 Nr. 1 dadurch beschränkt, daß in Abs. 4 die Fälle des Abs. 1 Nr. 4 nicht aufgenommen sind. Dabei folgt freilich schon aus allgemeinen Grundsätzen, daß hier eine Bestrafung nach Abs. 4 nur beschränkt möglich ist. Jedenfalls beim Gebrauch amtlicher Bescheinigungen über subventionserhebliche Tatsachen hat der Täter im allgemeinen ohnehin keine Prüfungspflicht; Leichtfertigkeit (vgl. dazu Hamburg NStZ **84**, 219 sowie § 15 RN 205) kommt hier vielmehr nur in Betracht, wenn sich ihm Zweifel bezüglich der Richtigkeit auch ohne besondere Nachprüfung aufdrängen mußten, so z. B. wenn er auf Anhieb hätte erkennen müssen, daß die Bescheinigung auf Grund falscher Angaben eines Angestellten erteilt worden ist. In diesem Fall ist aber auch nicht ersichtlich, was gegen eine Strafbarkeit nach Abs. 4 i. V. mit Abs. 1 Nr. 1 sprechen könnte, wenn er die Bescheinigung trotzdem gebraucht. Nicht einsichtig ist daher auch, weshalb beim Gebrauch einer Bescheinigung über eine *Subventionsberechtigung* (Bewilligungsbescheid) der entsprechende Fall vom Gesetz straflos gelassen wird.

Im übrigen gelten für die Leichtfertigkeit die **allgemeinen Grundsätze** (vgl. § 15 RN 106, 205). **65** Unzulässig wäre danach die Anwendung des Abs. 4 wegen der Nichtbeweisbarkeit des Vorsatzes (vgl. aber auch BT-Drs. 7/5291 S. 8); andererseits kann es hier aber auch nicht um Fälle „auf der Grenze zum Vorsatz" gehen (so aber Tiedemann LK 123). Verneint man die Möglichkeit einer fahrlässigen mittelbaren Täterschaft (vgl. 114 vor § 25), so kann, weil Abs. 4, wie noch § 404 RAO bei der leichtfertigen Steuerverkürzung, nicht an das „Bewirken", sondern an das „Machen" von unrichtigen usw. Angaben anknüpft, Täter des Abs. 4 im Hinblick auf Abs. 1 Nr. 1 ferner nur sein, wer selbst gegenüber dem Subventionsgeber solche Angaben macht (vgl. entsprechend zu § 378 AO Bay wistra **94**, 34 m. Bspr. Dörn S. 215, wobei sich die Verantwortlichkeit eines für das Erstellen eines Investitionszulageantrags nur intern zugezogenen Steuerberaters entgegen Dörn S. 219 u. DStZ 95, 172 f. auch nicht mit § 14 II Nr. 2 begründen läßt). Im übrigen ist wegen der hier z. T. gebotenen Einschränkungen zu unterscheiden, ob Täter der Antragsteller oder ein außenstehender Dritter ist und ob im ersten Fall die Subvention von einem wirtschaftlich ausgerichteten Betrieb oder Unternehmen oder – bei EG-Subventionen – von einer Privatperson oder einer nicht wirtschaftlich ausgerichteten Personenvereinigung beantragt wird: 1. Der für ein *Wirtschaftsunternehmen* oder einen *wirtschaftlich ausgerichteten Betrieb* tätig werdende *Antragsteller* handelt leichtfertig, wenn er ihm obliegende Prüfungs-, Erkundigungs-, Informations- oder Aufsichtspflichten gröblich verletzt. Anzunehmen ist dies z. B., wenn er sich eine von einem Angestellten vorbereitete Erklärung zu eigen macht, deren Unrichtigkeit auf den ersten Blick zu erkennen ist oder wenn er ohne eigene Nachprüfung die Angaben eines Angestellten übernimmt, dem, mag er auch sonst sorgfältig sein, wegen der für ihn neuen Materie die erforderlichen Kenntnisse und Erfahrungen noch fehlen (vgl. BGHZ **106** 204), nicht aber, wenn es sich um einen einschlägig qualifizierten und zuverlässigen Mitarbeiter oder um einen mangels eigener Sachkunde mit der Ausarbeitung der fraglichen Erklärung beauftragten Fachmann handelt, wobei hier allerdings Voraussetzung ist, daß der Betreffende über den Sachverhalt hinreichend informiert wurde (zur Zuziehung eines Steuerberaters für einen Investitionshilfeantrag vgl. Dörn DStZ 95, 170 ff.). Hat der Täter die Subventionserheblichkeit einer bestimmten Tatsache nicht gekannt (bzw. kann ihm dies nicht widerlegt werden), so ist Leichtfertigkeit jedenfalls dann ausgeschlossen, wenn er sich dabei auf eine unvollständige Bezeichnung durch den Subventionsgeber nach Abs. 8 Nr. 1 2. Alt. i. V. mit § 2 SubvG verlassen hat, bei der die fragliche Tatsache vergessen worden ist; dies gilt auch dann, wenn er dem Gesetz ohne weiteres die Subventionserheblichkeit i. S. des Abs. 8 Nr. 1 1. Alt., Nr. 2 hätte entnehmen können. Nur wenn eine Bezeichnung durch den Subventionsgeber nach Abs. 8 Nr. 1 2. Alt. überhaupt unterblieben ist, der Täter sich darüber aber im Klaren war, daß es sich um eine Subvention i. S. des Abs. 7 handelt, kann das Unterlassen jeglicher eigenen Prüfung und Nachforschung nach ihm den Vorwurf der Leichtfertigkeit begründen (Tiedemann LK 124). Hat er dagegen das Gesetz mißverstanden – denkbar im Fall des Abs. 8 Nr. 2 –, so hängt es von den Umständen des Einzelfalls ab, ob Leichtfertigkeit vorliegt; dasselbe gilt bei der irrtümlichen Annahme, daß der Subventionsgeber eine Tatsache zu Unrecht als subventionserheblich bezeichnet habe. – 2. Auch der *nicht* für einen *Betrieb* oder ein *Unternehmen* handelnde *Antragsteller* und der *Antragsteller* einer *Kultur-* oder *Sozialsubvention* muß entsprechende Prüfungspflichten v. beachten. Gleichwohl kann hier im allgemeinen nicht dasselbe Maß an Sorgfalt verlangt werden wie bei einem Wirtschaftsbetrieb oder -unternehmen, so daß an die Annahme von Leichtfertigkeit höhere Anforderungen zu stellen sind (vgl. auch BT-Drs. 13/10 425 S. 7 unter Verweis auf Tiedemann LK 123). Dies gilt insbesondere für die Auswahl und Überwachung externer Berater, deren Seriosität und Kompetenz von Personen, die nicht am Wirtschaftsleben teilnehmen, idR schwerer eingeschätzt werden kann. – 3. Nur von begrenzter Bedeutung ist Abs. 4 schließlich für *außenstehende Dritte*. Da die Poenalisierung der Leichtfertigkeit allein mit der erhöhten Verantwortung des Subventionsunternehmers zu rechtfertigen ist (o. 2), können sonstigen Auskunftspersonen (o. 48 f.) auch keine besonderen Sorgfaltspflichten auferlegt werden. Nach Abs. 4 i. V. m. Abs. 1 Nr. 1 können sie daher allenfalls dann bestraft werden, wenn sich ihnen die Unrichtigkeit ihrer Angaben auch ohne besondere Nachprüfung ohne weiteres aufdrängen mußte (ebenso Tiedemann LK 125). – Nicht hinreichend bedacht sein dürfte auch die Einbeziehung von *Amtsträgern* (o. 49, u. 70) in die Regelung des Abs. 4. Daß z. B. der einen falschen Prüfungsvermerk erteilende Amtsträger gegen seine

§ 264 66–70   Bes. Teil. Betrug und Untreue

Sorgfaltspflichten im Hinblick auf eine sachgerechte Verwendung öffentlicher Mittel verstoßen kann, ist keine Frage; wenig Sinn macht es jedoch, den leichtfertigen Umgang mit dem öffentlichen Vermögen nur im Bereich des Subventionswesens unter Strafe zu stellen, während es sonst eine leichtfertige Amtsuntreue nicht gibt (für weitgehende Einschränkungen des Abs. 4 Schmid aaO 145 ff.).

66   **VII. Vollendet** ist die Tat nach Abs. 1 Nr. 1, 4 mit dem Zugang der unrichtigen Angaben beim Subventionsgeber (o. 48) bzw. mit dem Zugänglichmachen der Bescheinigung (o. 61). Das Dauerdelikt nach Abs. 1 Nr. 2 ist vollendet mit dem Beginn der beschränkungswidrigen Verwendung (o. 49 c). Das Unterlassungsdelikt nach Abs. 1 Nr. 3 ist vollendet mit dem Untätigbleiben nach Entstehen der Mitteilungspflicht, wobei zu beachten ist, daß § 3 I SubvG nicht die sofortige, sondern nur die „unverzügliche" – d. h. ohne schuldhaftes Zögern erfolgende – Offenbarung verlangt, womit dem Täter nach Eintritt der Veränderung eine angemessene Zeit verbleibt, innerhalb der er den Tatbestand noch nicht erfüllt (vgl. BT-Drs. 7/5291 S. 9; zur Vollendung, wenn der Zweck der Offenbarung auf andere Weise erreicht wird, vgl. o. 53, u. 67); ebenso besteht nach § 3 II SubvG lediglich eine Pflicht zur „rechtzeitigen" Anzeige. **Beendet** ist die Tat mit dem Gewähren bzw. Belassen der Subvention (Heinz GA 77, 213, Tröndle/Fischer 4, 25) bzw. mit dem Abschluß der beschränkungswidrigen Verwendung. Der *Versuch* ist nach § 264 nicht strafbar (zu § 263 vgl. u. 87). Da § 264 im wesentlichen als Gefährdungsdelikt ausgestaltet ist und damit auch den Bereich erfaßt, der bei einem Verletzungsdelikt noch Versuch wäre (Ausnahmen in Abs. 1 Nr. 2; vgl. o. 5), enthält **Abs. 5** eine im wesentlichen § 24 nachgebildete Regelung der **tätigen Reue** bei vollendeter Tat, die sowohl für die Vorsatztat nach Abs. 1 (auch bei Vorliegen eines besonders schweren Falles nach Abs. 2, vgl. Tiedemann LK 129) als auch für die leichtfertige Begehung nach Abs. 4 gilt.

67   **1.** Straflos ist nach **S. 1** zunächst, wer **freiwillig verhindert,** daß auf Grund der Tat i. S. des Abs. 1 Nr. 1, 3 u. 4, Abs. 4 die **Subvention gewährt** wird. Die Vorschrift entspricht § 24 I 1 2. Alt. (vgl. daher im einzelnen dort RN 58 ff.), wobei an die Stelle der Verhinderung der Vollendung hier die der Subventionsgewährung tritt. Die *Gewährung* ist das tatsächliche Zurverfügungstellen der Subvention, bei Darlehen z. B. deren Auszahlung (nicht schon der Abschluß des Darlehensvertrages), bei der Übernahme einer Bürgschaft dagegen bereits der Abschluß eines entsprechenden Vertrages. Erst recht genügt es, wenn der Täter bereits die der Gewährung vorausgehende Bewilligung verhindert. Hat er dagegen die Subvention bereits erlangt, so kommt Abs. 5 nicht mehr in Betracht (z. B. durch freiwillige Rückgabe der Subvention), auch nicht bei einem Weitergewähren nach Abschluß des ersten Gewährungsakts (Tröndle/Fischer 26; and. Streck/Spatscheck aaO 11). Versteht man die *Verhinderung* i. S. von § 24, so fällt darunter nur eine auf die Erfolgsabwendung gerichtete Tätigkeit (vgl. dort RN 59); gleichzustellen ist dem jedoch, soweit man hier nicht schon die Vollendung verneint (o. 48, 53), entsprechend dem Rücktritt gem. § 24 I 1. Alt. die „Verhinderung" der Subventionsgewährung dadurch, daß der Täter freiwillig und endgültig von der Vornahme der dafür noch erforderlichen eigenen Handlungen Abstand nimmt (z. B. dadurch, daß er die für die Bewilligung oder Gewährung der Subvention noch notwendigen weiteren Angaben nicht macht; ebenso Stuttgart MDR **92**, 788, Tiedemann LK 133).

68   **2.** Der erfolgreichen Verhinderung steht nach **S. 2** auch hier – entsprechend § 24 I 2 – das **freiwillige und ernsthafte Bemühen** um die Verhinderung der Subventionsgewährung gleich, wenn die Subvention ohne Zutun des Täters nicht gewährt wird; vgl. dazu § 24 RN 68 ff. Dasselbe muß gelten, wenn der Täter von weiteren für die Subventionsgewährung an sich erforderlichen Handlungen freiwillig und endgültig in einem Zeitpunkt Abstand nimmt, in dem er noch nicht weiß, daß die Subvention ohnehin nicht gewährt werden wird (z. B. weil der Subventionsgeber die Unrichtigkeit seiner Angaben bereits erkannt hat).

69   **3.** Bei **Beteiligung mehrerer** gelten für den Rücktritt auch ohne ausdrückliche Regelung in Abs. 5 die Grundsätze des § 24 II entsprechend (BT-Drs. 7/5291 S. 7, Tiedemann LK 127, Tröndle/Fischer 28, W-Hillenkamp 267); vgl. daher dort RN 74 ff.

70   **VIII. Täter** kann nach *Abs. 1 Nr. 1, 4* jeder sein (zu Nr. 1 vgl. o. 48 f.). Dies gilt auch für Amtsträger, und zwar nicht nur, wenn sie für ein als Subventionsnehmer auftretendes öffentliches Unternehmen handeln oder bei einer anderen als der für die Bewilligung zuständigen Behörde tätig sind. Täter kann vielmehr nach h. M. auch der selbst in das Subventionsverfahren bei der fraglichen Behörde eingeschaltete Amtsträger sein, der z. B. durch Erteilung eines falschen Prüfungsvermerks, durch Fälschung und Vorlage von Rechnungsbelegen usw. gegenüber dem Entscheidungsbefugten Handlungen i. S. der Nr. 1, 4 begeht (zu den dabei in Betracht kommenden Fallkonstellationen eingehend Schmid aaO 69 ff.). Neben der Entstehungsgeschichte (vgl. Prot. 7 S. 2700 f., BT-Drs. 7/5291 S. 7) spricht dafür insbes. die insoweit mit § 263 übereinstimmende Struktur des 264 und der Vergleich mit § 370 AO, nicht zuletzt aber die Regelung des Abs. 2 Nr. 2, die nicht auf den externen Amtsträger beschränkt sein kann (vgl. BGH **32** 203 m. Anm. Otto JR 84, 475 u. Schünemann NStZ 85, 73, Hamburg NStZ **84**, 218, M-Maiwald I 478, Ranft JuS 86, 445, NJW 86, 1371, Rengier I[4] 230, Tiedemann LK 87, Tröndle/Fischer 32, W-Hillenkamp 266; and. Gössel II 467, Otto II 290: nur Gehilfe; zur Mitwirkung von Amtsträgern vgl. u. 77). Mittelbare Täterschaft nach Abs. 1 Nr. 1 liegt z. B. vor, wenn der „faktische" GmbH-Geschäftsführer den eingetragenen Geschäftsführer durch Täuschung veranlaßt, einen unrichtige usw. Angaben enthaltenden Subventionsantrag zu stellen. Dasselbe gilt, wenn Betriebsangehörige – gleichgültig in welcher Stellung – den Betriebsinhaber und Antragsteller über subventionsrelevante Sachverhalte täuschen oder der nur intern zugezogene Steuerberater usw. für den gutgläubigen Antragsteller einen wissentlich unrichtigen Subventionsantrag erstellt oder die Grundlagen dafür vorbereitet (vgl. Dörn DStZ 95, 172), aber auch, wenn der gutgläubige Subventionsnehmer von seinem Lieferanten durch Täuschung über den Zustand der gelieferten Waren zu falschen Angaben veranlaßt wird (vgl. BGH NJW **81**, 1744 m. Anm. Tiedemann JR 81, 470 u. dazu aber auch Ranft NJW 86, 3173). Dabei steht es in den zuletzt genannten Fällen einer mittelbaren Täterschaft nicht entgegen, daß der Subventionsnehmer die fraglichen Angaben unvorsätzlich „für sich" macht, während der Hintermann diese hier nur „für einen anderen" (Subventionsnehmer) und durch den anderen machen kann (vgl. auch Tiedemann JR 81, 471). Nicht gedacht sein kann § 264 jedoch für solche Fälle einer an sich gleichfalls begründbaren mittelbaren Täterschaft, in denen durch eine Veränderung der äußeren Wirklichkeit falsche Angaben des gutgläubigen Subventionsnehmers bewirkt werden, dies bei dem Hintermann aber nicht im Hinblick auf die Subventionsvergabe geschieht, so z. B. wenn ein Betriebsangehöriger oder ein außenstehender Dritter ein für den Betrieb angeschafftes neues Wirtschaftsgut, für das, wie er weiß, eine Investitionszulage beantragt werden soll, stiehlt und zur Verdeckung des Diebstahls durch ein gebrauchtes Gut dieser Art ersetzt. – Täter nach *Abs. 1 Nr. 2* kann jeder sein, gegenüber dem die Verwendungsbeschränkung wirksam ist (vgl. o. 49 c). – Täter nach *Abs. 1 Nr. 3* i. V. mit § 3 SubvG kann nur der Subventionsnehmer bzw. dessen Vertreter nach § 14 sein (Sonderdelikt, vgl. o. 56). – Für die **Teilnahme** gelten die allgemeinen Regeln. Die Eigenschaft als Subventionsnehmer (Abs. 1 Nr. 3 i. V. mit § 3 SubvG) ist kein besonderes persönliches Merkmal i. S. des § 28 I (ebenso Tiedemann LK 137); zu Abs. 2 Nr. 2 vgl. u. 76.

IX. Bei der **Strafzumessung** ist z. B. zu berücksichtigen, ob es bei der bloßen Gefährdung **71** geblieben ist und welches Stadium die Tat hier erreicht hat (bloßer Täuschungsversuch, Bewilligung) oder ob darüber hinaus auch der schädigende Erfolg eingetreten ist (vgl. BGH StV **92**, 462). Von Bedeutung sind ferner z. B. Höhe und Bedeutung der beantragten Subvention, die Art des Vorgehens (vgl. dazu auch § 4 SubvG) und ob der Täter im eigenen Interesse oder in einer untergeordneten Funktion für einen Dritten gehandelt hat. Dagegen wird der Unrechts- und Schuldgehalt der Tat nicht dadurch gemindert, daß die Güter, für die unberechtigt Subventionen erlangt wurden, später subventionsfähig werden (vgl. Koblenz StV **91**, 428 [zu § 57 II]). Im Fall des Abs. 1 Nr. 3 kann nach dem Grundgedanken des § 13 II – freilich nur innerhalb des Regelstrafrahmens – eine mildere Beurteilung angemessen sein (ebenso Tiedemann LK 139).

Für **besonders schwere Fälle** (vgl. 47 vor §§ 38 ff.) sieht **Abs. 2** entsprechend § 263 III, **72** § 370 III AO Freiheitsstrafen von 6 Monaten bis zu 10 Jahren vor, wobei das Gesetz drei, mit dem Vorbild des § 370 II AO freilich nur z. T. übereinstimmende **Regelbeispiele** nennt (allgemein zu diesen vgl. 44 f. vor § 38). Das Fehlen einer § 263 IV i. V. mit § 243 II entsprechenden Bestimmung – für das Regelbeispiel der Nr. 1 ohnehin bedeutungslos – ist damit zu rechtfertigen, daß Wirtschaftssubventionen von nur geringem Wert im allgemeinen nicht vorkommen. Über die in Abs. 2 genannten Regelbeispiele hinaus kommt ein besonders schwerer Fall z. B. in Betracht bei der Erschleichung extrem hoher Subventionen, ohne daß hier die zusätzlichen Voraussetzungen der Nr. 1 gegeben sein müßten, bei einer besonders raffinierten Begehungsweise (vgl. dazu auch § 4 SubvG), ferner wenn der Täter durch eine bestimmungswidrige Verwendung der Subvention den lebenswichtigen Bedarf in einem bestimmten örtlichen Bereich gefährdet oder wenn er sich durch eine solche Verwendung erhebliche Wettbewerbsvorteile verschafft und dadurch andere schwer schädigt (vgl. auch Tiedemann LK 141 f.).

1. Nach **Nr. 1** liegt ein besonders schwerer Fall idR vor, wenn der Täter für sich oder einen **73** anderen eine nicht gerechtfertigte **Subvention großen Ausmaßes erlangt,** und zwar entweder aus **grobem Eigennutz** oder **unter Verwendung nachgemachter oder verfälschter Belege.** Daß damit einem abstrakten Gefährdungsdelikt der erschwerte Fall einer Verletzung „aufgestockt" ist (vgl. die Kritik von Tiedemann, Lampe und Gössel, Prot. 7 S. 2476, 2512, 2615), ist zwar ein Novum, liegt aber noch im Rahmen gesetzgeberischer Gestaltungsmöglichkeiten.

a) Wann eine Subvention eine solche von **großem Ausmaß** ist, läßt sich mangels anderer Anhalts- **74** punkte (auch nicht aus der Entstehungsgeschichte, vgl. Prot. 7 S. 2691 ff.) nur unter Zugrundelegung von Durchschnittswerten ermitteln, die erheblich überschritten sein müssen (Lackner/Kühl 25, nach BGH wistra **91**, 106, Tiedemann LK 147, Tröndle/Fischer 31 etwa ab 100 000 DM). Bei Kreditsubventionen ist nur auf den Teil abzustellen, der die eigentliche Subvention darstellt (Tiedemann LK 147). *Nicht gerechtfertigt* ist die Subvention, wenn sie nach den Vergabevoraussetzungen nicht gewährt werden durfte. Das *Erlangen* für sich oder einen anderen setzt voraus, daß die tatsächliche Gewährung der Subvention (o. 67) gerade durch eine der in Abs. 1 genannten Handlungen bewirkt wird. Besteht die Tat in einem Unterlassen nach Abs. 1 Nr. 3, so kann trotz Vorliegens des Regelbeispiels ein besonders schwerer Fall nach dem Grundgedanken des § 13 II zu verneinen sein. Andererseits kann, obwohl von Nr. 1 nicht erfaßt, ein besonders schwerer Fall unter den weiteren Voraussetzungen der Nr. 1 auch dann anzunehmen sein, wenn der Täter durch eine Handlung nach Abs. 1 Nr. 1 erreicht, daß ihm eine bereits erlangte Subvention belassen wird.

b) Hinzukommen muß, daß der Täter die Subvention entweder aus **grobem Eigennutz** oder **75** **unter Verwendung nachgemachter oder verfälschter Belege** erlangt. Aus *grobem Eigennutz* handelt, wer sich bei seinem Verhalten von dem Streben nach eigenem Vorteil in einem besonders anstößigen Maße leiten läßt (BGH wistra **91**, 106, ferner z. B. RG **75** 240 [zu § 170 a. F.], BGH NStZ **85**, 558 [zu § 370 III AO], Tiedemann LK 144; vgl. aber auch Tröndle/Fischer 31). Dies ist z. B. der Fall, wenn der Täter skrupellos nur auf seinen Gewinn bedacht ist, nicht dagegen, wenn er in einer finanziellen Notlage handelt, um seinen Betrieb und damit auch die dort vorhandenen Arbeitsplätze zu retten oder wenn trotz der zu Unrecht erlangten persönlichen Vorteile die erschlichene Subvention i. S. des Förderzweckes verwendet wurde (BGH wistra **91**, 106; gegen das Erfordernis der Skrupellosigkeit Wassmann aaO 49). Grob eigennützig kann auch handeln, wer die Subvention für einen anderen erlangt, z. B. bei Beteiligung an dessen Gewinn (vgl. BGH wistra **95**, 223, Samson/Günther SK 82, Tiedemann LK 144). – Ob der unbesehen dem § 370 II AO entnommene Begriff des *Belegs* eine engere Bedeutung hat als z. B. der Terminus „Bescheinigung" in Abs. 1 Nr. 4 oder ob damit jede Urkunde gemeint ist, durch die subventionserhebliche Tatsachen „belegt" werden können, kann letztlich dahingestellt bleiben. Denn die Verwendung einer nachgemachten oder verfälschten Urkunde zum Beweis subventionserheblicher Tatsachen stellt idR auch dann einen besonders schweren Fall dar, wenn es sich dabei nicht um einen Beleg im technischen Sinn handelt; das gleiche gilt für Aufzeichnungen nach § 268. Um einen unbenannten besonders schweren Fall handelt es sich idR auch, wenn der Täter sonstige körperliche Gegenstände, an denen er zu Täuschungszwecken Manipulationen vorgenommen hat, vorlegt (vgl. Lackner/Kühl 25, Tiedemann LK 145). Das *Nachmachen* und *Verfälschen* ist i. S. des § 267 zu verstehen (vgl. dort RN 48 ff., 64 ff.; enger für das Nachmachen Tröndle/Fischer 31) – eine „schriftliche Lüge" genügt demnach nicht (BGH wistra **91**, 106) –, wobei sich aus Abs. 1 ergibt, daß der nachgemachte usw. Beleg zugleich ein unrichtiges oder unvollständiges Bild über subventionserhebliche Tatsachen ergeben muß (vgl. auch Samson/Günther SK 83, Tiedemann LK 146); nicht nur kein besonders schwerer Fall, sondern überhaupt nicht nach § 264 strafbar ist daher z. B. das Verwenden einer nachgemachten Ersatzunterlage, weil das – inhaltlich richtige – Original verloren gegangen ist (vgl. aber auch Prot. 7 S. 2696). Ebensowenig gehört hierher das Verwenden eines nachgemachten oder verfälschten Bewilligungsbescheids, da hier schon der Tatbestand des Abs. 1 Nr. 4 nicht gegeben ist. Nicht erforderlich ist, daß der Täter den Beleg, den er verwendet, selbst nachgemacht hat usw.

76 2. Nach **Nr. 2** liegt ein besonders schwerer Fall idR ferner vor, wenn der Täter **seine Befugnisse** oder **seine Stellung als Amtsträger** (vgl. § 11 I Nr. 2 und dort RN 14 ff.) **mißbraucht** (zur Täterschaft des Amtsträgers vgl. o. 70). Ein *Mißbrauch von Befugnissen* liegt vor, wenn der Amtsträger im Rahmen seiner an sich gegebenen Zuständigkeit Handlungen nach Abs. 1 vornimmt, so bei Erteilung eines falschen Prüfungsvermerkes durch den zuständigen Beamten der Bewilligungsbehörde oder wenn ein nicht in das Subventionsverfahren eingeschalteter Amtsträger in Kenntnis des Verwendungszwecks eine unrichtige Bescheinigung über subventionserhebliche Tatsachen ausstellt und diese sodann der Bewilligungsbehörde vorgelegt wird (vgl. BT-Drs. 7/5291 S. 7, Prot. 7 S. 2000, BGH **32** 205 m. Anm. Otto JR 84, 475 u. Schünemann NStZ 85, 73). Ob ein Mißbrauch von Befugnissen auch vorliegt, wenn ein für ein öffentliches Unternehmen tätiger Amtsträger für dieses einen Subventionsbetrug begeht, ist zweifelhaft; jedenfalls liegt hier nicht ohne weiteres ein besonders schwerer Fall vor (vgl. Tiedemann LK 151, Tröndle/Fischer 32). Um einen *Mißbrauch seiner Stellung* handelt es sich, wenn der Amtsträger außerhalb seines eigenen Zuständigkeitsbereichs, aber unter Ausnutzung der ihm durch sein Amt gegebenen Möglichkeiten eine Handlung i. S. des Abs. 1 begeht (vgl. auch § 253 E 62 Begr. 426, Tiedemann LK 150). Entsprechend § 28 II gilt Nr. 2 auch bei Beteiligung eines Amtsträgers an Handlungen nach Abs. 1 (Lackner/Kühl 26, Tiedemann LK 148), während umgekehrt mit dem Amtsträger zusammenwirkende Dritte nur das Regelbeispiel der Nr. 3 verwirklichen können (u. 78). Nicht erforderlich ist, daß der Amtsträger zu seinem Vorteil handelt (vgl. BT-Drs. 7/5291 S. 7, aber auch Tiedemann LK 149, Tröndle/Fischer 32).

77 Nicht unter Abs. 2 Nr. 2 fällt der Amtsträger, der in Kenntnis der Unwahrheit der gemachten Angaben den Bewilligungsbescheid erläßt, da dies nicht den Tatbestand des Abs. 1 erfüllt; hier kommt deshalb nur § 266 in Betracht (vgl. BT-Drs. 7/5291 S. 7, BGH **32** 203 m. Anm. Otto JR 84, 475 u. Schünemann NStZ 85, 73, Bockelmann II/1 S. 110 f., Tiedemann LK 23; krit. Lührs wistra 99, 92). Nach den Grundgedanken der Vorschrift gilt dies auch, wenn er im Zusammenwirken mit dem Antragsteller zugleich an den Handlungen nach Abs. 1 beteiligt ist (Schünemann NStZ 85, 73, Tiedemann LK 24; offengelassen in BGH **32** 209). Ebenso gilt Nr. 2 nicht für den Amtsträger, der die unrichtigen Angaben des Antragstellers lediglich auf dem Dienstweg weiterleitet, da hier weder eine Beihilfe durch aktives Tun noch ein i. S. des Abs. 1 relevantes Unterlassen vorliegt (and. z. T. Prot. 7 S. 2700 ff.): Abs. 1 Nr. 1 scheidet schon deshalb aus, weil der Amtsträger keine Garantenpflicht dahingehend hat, den Antragsteller an falschen Angaben zu hindern (and. als etwa der Betriebsinhaber gegenüber seinem Angestellten, vgl. o. 48); aber auch Abs. 1 Nr. 3 kommt nicht in Betracht, solange als Rechtsvorschrift i. S. dieser Bestimmung nur § 3 SubvG zur Verfügung steht, wo lediglich dem Subventionsnehmer eine Offenbarungspflicht auferlegt wird.

78 3. Nach **Nr. 3** ist ein besonders schwerer Fall regelmäßig anzunehmen, wenn der Täter **die Mithilfe eines Amtsträgers ausnutzt,** der seine Befugnisse oder Stellung mißbraucht. Da dies im Zusammenhang mit einer täterschaftlichen Handlung nach Abs. 1 geschehen und der Amtsträger seine Befugnis usw. (o. 76) mißbrauchen muß, gehören hierher insbes. die Fälle des kollusiven Zusammenwirkens, so z. B. wenn sich der Antragsteller von dem Amtsträger beraten läßt, wie er seine

Angaben möglichst glaubhaft formuliert. Gleichgültig ist, ob der Amtsträger Mittäter oder Gehilfe ist, doch muß er jedenfalls Beteiligter sein (and. Tiedemann LK 153). Das Ausnutzen setzt keine besonders geartete Beeinflussung des anderen voraus (z. B. durch Bestechung, Zwang usw.).

X. Abs. 3, der durch das 6. StRÄG (vgl. Vorbem.) eingefügt wurde, enthält eine Qualifikation für die **gewerbsmäßige** (95 f. vor § 52) Tatbegehung durch **Bandenmitglieder** (vgl. näher § 263 RN 189 a). **78 a**

XI. Neben der Strafe sieht **Abs. 6** entsprechend § 375 AO als zusätzliche, fakultative Deliktsfolgen bei vorsätzlicher Begehung den **Verlust der Amtsfähigkeit** und der Wählbarkeit und – insoweit auch im Fall des Abs. 4 – die **Einziehung** vor. **79**

1. Neben einer Freiheitsstrafe von mindestens einem Jahr kann als Nebenfolge nach **S. 1** für die Dauer von 2 bis zu 5 Jahren auf **Verlust der Amtsfähigkeit** und der **Wählbarkeit** erkannt werden; wegen der Einzelheiten vgl. § 45 und die Anm. dort. Die Vorschrift beruht auf der Erwägung, daß derjenige, der sich in hohem Maß staatliche Mittel zu Unrecht verschafft, für eine gewisse Zeit von der Ausübung öffentlicher Ämter und von Rechten aus öffentlichen Wahlen ausgeschlossen werden sollte (Prot. 7 S. 2709), ein Grundsatz, der vom Gesetz freilich nicht konsequent durchgehalten wird, da sich auch Taten nach §§ 263, 266 gegen den Staat richten können (z. B. keine Aberkennung der Amtsfähigkeit, wenn sich der Amtsträger lediglich nach § 266 strafbar macht, indem er zu Unrecht die Subvention bewilligt). **80**

2. In Erweiterung der in § 74 I genannten Einziehungsvoraussetzungen ermöglicht **S. 2** auch die **Einziehung** von sog. **Beziehungsgegenständen.** Im Unterschied zu S. 1 kommt eine Einziehung hier auch bei leichtfertiger Begehung in Betracht (nicht dagegen bei der Einziehung von Tatwerkzeugen nach § 74 I, was zu einer wenig sinnvollen Differenzierung führt). **81**

a) Zu den **Gegenständen, auf die sich die Tat bezieht,** vgl. zunächst § 74 RN 12 a f. Der ohnehin schillernde Begriff des Beziehungsgegenstandes (vgl. Eser, Sanktionen gegen das Eigentum 329) führt bei § 264 zu zusätzlichen Abgrenzungsschwierigkeiten (vgl. auch die Kontroversen im Sonderausschuß, Prot. 7 S. 2710 ff.). Offensichtlich sollten damit nicht nur die sonst hierher gerechneten Gegenstände erfaßt werden, deren Gebrauch als solcher schon den Tatbestand erfüllt, wofür in § 264 nur die in Abs. 1 Nr. 4 genannten Bescheinigungen in Betracht kommen. Vielmehr sind nach der Entstehungsgeschichte vor allem Gegenstände gemeint, die im Hinblick auf eine Verwendungsbeschränkung verbilligt abgegeben, anschließend jedoch bestimmungswidrig verwendet wurden, ferner aber auch diejenigen Gegenstände, die bereits durch die falschen Angaben erlangt sind (vgl. BT-Drs. 7/5291 S. 9, Prot. 7 S. 2710 ff.). Obwohl der Begriff des Beziehungsgegenstandes es nicht ausschließen würde, ihn auch auf Objekte zu erstrecken, um deren Erwerb oder Besitz willen die Tat begangen worden ist (vgl. Eser aaO), ist hier jedoch eine Einschränkung oder zumindest eine Klarstellung geboten. Gegenstände, die aus der Tat selbst erlangt worden sind, unterliegen nach § 73 dem Verfall, soweit nicht dem Verletzten aus der Tat ein Anspruch erwachsen ist, dessen Erfüllung den aus der Tat erlangten Vermögensvorteil beseitigen oder mindern würde. Dies aber trifft für die durch unrichtige Angaben usw. nach Abs. 1 erlangte Subvention zu, die deshalb auch nicht – eine ohnehin absonderliche Vorstellung – als Einziehungsgegenstand i. S. des Abs. 6 S. 2 behandelt werden kann. Dabei ist zu beachten, daß eine strafprozessuale Sicherstellung nach § 111 b III StPO auch möglich ist, wenn der durch die Tat erlangte Vorteil aus dem genannten Grund nicht dem Verfall unterliegt, so daß für eine Anwendung der Einziehungsregeln auch unter diesem Gesichtspunkt kein Bedürfnis besteht. **82, 83**

Eine Einziehung nach Abs. 6 S. 2 kann daher – abgesehen von den Bescheinigungen nach Abs. 1 Nr. 4 – nur insoweit in Betracht kommen, als es sich um Gegenstände handelt, die zwar als Bezugsobjekt der Tat erscheinen, aber nicht schon aus dieser selbst erlangt sind. Dies ist z. B. der Fall, wenn sich der Täter nach Abs. 1 Nr. 1 die Abgabe einer im Hinblick auf eine Verwendungsbeschränkung verbilligten Ware erschleicht oder wenn er nach Abs. 1 Nr. 2, die Ware später entgegen der Beschränkung verwendet (vgl. auch Lackner/Kühl 29, Tiedemann LK 159). Da die erlangte Subvention hier nicht in der Ware selbst, sondern in dem Betrag besteht, um den der Preis verbilligt ist, ist der kriminalpolitisch u. U. sinnvolle Entzug der Ware insgesamt nur durch eine Einziehung nach Abs. 6 S. 2 möglich (vgl. auch die nach Prot. 7 S. 2710 ursprünglich vorgesehene Fassung. Nicht der Einziehung unterliegt dagegen das auf dem Konto des Täters liegende Geld, das er als Subvention empfangen hat (ebenso Tiedemann LK 159; and. offenbar Göhler Prot. 7 S. 2710, 2711). Wird eine Ware in den Fällen des sog. Kreisverkehrs nach Zufügung und Wiederausscheidung von Substanzen als Täuschungsmittel zur Erschleichung einer Exportsubvention benutzt (o. 45), so sind bereits die Voraussetzungen des § 74 I erfüllt; des Abs. 6 S. 2 bedarf es hier mithin nicht. **84**

b) Da S. 2 die Vorschrift des § 74 a für anwendbar erklärt, kann sich die Einziehung auch auf **Dritteigentum** erstrecken, wenn gegen den Dritten ein Vorwurf i. S. des § 74 a erhoben werden kann; vgl. näher dazu § 74 a RN 4 ff. Eine unterschiedslose Einziehung nach § 74 II Nr. 2 dürfte dagegen bei § 264 praktisch nicht in Betracht kommen, da nicht ersichtlich ist, wie Beziehungsgegenstände hier der Begehung rechtswidriger Taten dienen könnten (der Verstoß gegen eine Verwendungsbeschränkung ist als solcher nicht strafbar). **85**

XII. Konkurrenzen. Innerhalb des Abs. 1 geht Nr. 1 der Nr. 3 vor, ebenso der Nr. 4 (vgl. Tiedemann LK 164, Tröndle/Fischer 39); soweit sich die unrichtigen Angaben nach Nr. 1 auf die geplante Verwendung beziehen, tritt Nr. 2 hinter Nr. 1 zurück (mitbestrafte Nachtat; vgl. Lührs **86**

wistra 99, 95); Nr. 2 geht Nr. 3 vor und zwar auch dann, wenn die Verwirklichung von Nr. 3 zeitlich vorher (Nichtanzeige der geplanten beschränkungswidrigen Verwendung gem. § 3 II SubvG) oder nachher (Nichtanzeige der geschehenen Verwendung gem. § 3 I SubvG) erfolgt (ebso. Tröndle/Fischer 20 b; and. MB-Bender 1362: Nr. 2 tritt gegenüber der zuvor verwirklichten Nr. 3 zurück). Zu den Voraussetzungen für das Bestehen einer Handlungseinheit vgl. BGH NStZ **95**, 46 sowie RN 25 vor § 52. Idealkonkurrenz ist möglich z. B. mit §§ 267, 268, 273, ferner mit § 265 b (unrichtige Angaben gegenüber einer Bank im Rahmen eines Kreditantrags, wobei die Bank im Hinblick auf einen staatlichen Zinszuschuß zugleich Subventionsgeber i. S. des § 264 ist). Für Subventionen, die über das Steuerrecht abgewickelt werden, gilt ausschließlich § 370 AO (Lackner/Kühl 30, Samson/Günther SK 100, Sannwald aaO 98, Tiedemann LK 161, Tröndle/Fischer 39; vgl. auch o. 10); Tateinheit ist dagegen möglich, wenn sich dieselbe Tat sowohl auf Steuer- als auch auf Subventionsvorteile bezieht. Neben Sanktionstatbeständen des EG-Rechts bleibt § 264 anwendbar (vgl. näher Tiedemann LK 165).

87 Für das **Verhältnis zu § 263** gilt folgendes: Soweit die Voraussetzungen des § 264 I erfüllt sind, stellt diese Bestimmung eine abschließende Sonderregelung dar, hinter die § 263 zurücktritt, und zwar auch dann, wenn es im Einzelfall zu einer Vermögensschädigung kommt (Erlangen der Subvention), da diese durch die Bestrafung nach § 264 mit abgegolten wird (h. M., vgl. BT-Drs. 7/5291 S. 6, BGH **32** 206, 208, **44** 243, Bay NJW **82**, 2202, Göhler/Wilts DB 76, 1609, 1611, Lackner/Kühl 30, Ranft JuS 86, 450, Tiedemann LK 161, Tröndle/Fischer 5; vgl. ferner o. 5; and. Berz BB 76, 1438, Diemer-Nicolaus aaO 65, Eberle aaO 185, Gössel II 471, M-Maiwald I 479: Idealkonkurrenz); Tateinheit ist hier nur möglich, wenn Gegenstand der Tat neben der Subvention auch andere Vermögensvorteile sind (Lackner/Kühl 30). Ist § 264 I dagegen nicht anwendbar, liegen jedoch die Voraussetzungen eines versuchten oder vollendeten Betrugs vor, so ist der Täter nach § 263 zu bestrafen (BGH **44** 243, wistra **87**, 23, Arzt/Weber IV 21, Heinz GA 77, 213, Lackner/Kühl 30, Samson/Günther SK 103, Tiedemann LK 162, Tröndle/Fischer 39). Davon, daß hier ein „straffreier Raum" entstehe (vgl. Göhler Prot. 7 S. 2671, Göhler/Wilts DB 76, 1614, vgl. aber auch S. 1615 FN 37), kann keine Rede sein. § 264 soll der wirksameren Bekämpfung der Subventionskriminalität dienen, nachdem sich § 263 dafür vielfach als nicht ausreichend erwiesen hat; nicht aber kann § 264 umgekehrt zu einer Privilegierung des Täters in solchen Fällen führen, in denen zwar die Voraussetzungen des § 263, nicht aber die des § 264 gegeben sind (vgl. auch BGH **44** 243, wistra **87**, 23). Auch wäre es völlig ungereimt, würden in bezug auf die als besonders schutzwürdig angesehenen Wirtschaftssubventionen – nach Bundes- oder Landesrecht – Handlungen straflos gelassen, die bei Sozial-, Kultursubventionen usw. nach § 263 strafbar sind. § 263 bleibt daher insbes. in folgenden Fällen anwendbar und zwar wegen vollendeter oder versuchter Tat, je nachdem, ob es zur Auszahlung der Subvention gekommen ist: Bei Erschleichung von Subventionen, die keine Subventionen i. S. des Abs. 7 sind (o. 1, 6; bei einem auf Leichtfertigkeit beruhenden Irrtum über das Vorliegen einer Subvention i. S. des Abs. 7 [o. 62] kommt wegen des zusätzlichen Rechtsguts in § 264 Idealkonkurrenz zwischen § 263 und § 264 IV in Betracht); bei falschen Angaben über Tatsachen, die zwar materiell entscheidungserheblich, aber nicht formell subventionserheblich i. S. des Abs. 8 sind (so wenn die fragliche Tatsache vom Subventionsgeber nicht als subventionserheblich bezeichnet worden ist und die Subventionserheblichkeit auch nicht unmittelbar aus dem Gesetz folgt [Bay NJW **82**, 2203; and. Eberle aaO 185]); bei Täuschungshandlungen, die nicht in unrichtigen bzw. unvollständigen Erklärungen bestehen (o. 43); bei Erschleichen der Subvention durch einen gefälschten und damit nicht unter Abs. 1 Nr. 4 fallenden Bewilligungsbescheid; bei Täuschungen durch Unterlassung, soweit eine Mitteilungspflicht nicht auf besonderen Rechtsvorschriften beruht (Abs. 1 Nr. 3), was wegen der Beschränkung der Offenbarungspflicht in § 3 SubvG auf Subventionsnehmer z. B. von Bedeutung ist, wenn ein Dritter nachträglich erkennt, daß die von ihm zunächst gutgläubig gemachten Angaben falsch sind. In den Bereich des strafbaren Betrugsversuchs fallen darüber hinaus alle Handlungen, die in der Sache einen – straflosen – Versuch nach § 264 darstellen. Auch hier kann die Tatsache, daß § 264 den Versuch nicht pönalisiert hat, nicht zu einer Besserstellung des Täters führen. In Betracht kommen z. B.: Absendung der falschen Angaben, die den Subventionsgeber infolge einer Fehlleitung jedoch nicht erreichen; objektiv zutreffende, nach der Vorstellung des Täters jedoch unrichtige Angaben über subventionserhebliche Tatsachen (vgl. BGH wistra **87**, 23); falsche Angaben in der irrigen Meinung, die fraglichen Tatsachen seien subventionserheblich; vermeintliches In-Unkenntnis-Lassen des Subventionsgebers (Abs. 1 Nr. 3), der die Kenntnis bereits auf andere Weise erlangt hat.

88 XIII. Zu **Auslandstaten** vgl. § 6 Nr. 8 sowie Art. 7 des Übereinkommens aufgrund Artikel K. 3 des Vertrags über die Europäische Union über den Schutz der finanziellen Interessen der Europäischen Gemeinschaften (Anwendung von „ne bis in idem" zwischen den Mitgliedstaaten), in Kraft gesetzt durch Art. 1 EGFinSchG (vgl. Vorbem.); zur **Verjährung** von Abs. 1 Nr. 3 iVm dem InvZulG (o. 10) vgl. Hentschel wistra 00, 81; zur Anwendung des **Steuerstrafverfahrensrechts** bei bestimmten Subventionen vgl. Art. 6 Nr. 5, 6 des 1. WiKG, ferner z. B. Dörn DStZ 95, 164; zur **Zuständigkeit** der Wirtschaftsstrafkammer vgl. § 74 c I Nr. 5 GVG; zur **Anzeigepflicht** von Gerichten und Behörden beim Verdacht eines Subventionsbetrugs vgl. § 6 SubvG und dazu Tiedemann LK 168 f. (dazu, daß das Steuergeheimnis nach § 30 AO einer Mitteilung durch das Finanzamt nicht notwendig entgegensteht, vgl. FG Niedersachsen NVwZ **92**, 607).

§ 264 a Kapitalanlagebetrug

(1) Wer im Zusammenhang mit
1. dem Vertrieb von Wertpapieren, Bezugsrechten oder von Anteilen, die eine Beteiligung an dem Ergebnis eines Unternehmens gewähren sollen, oder
2. dem Angebot, die Einlage auf solche Anteile zu erhöhen,

in Prospekten oder in Darstellungen oder Übersichten über den Vermögensstand hinsichtlich der für die Entscheidung über den Erwerb oder die Erhöhung erheblichen Umstände gegenüber einem größeren Kreis von Personen unrichtige vorteilhafte Angaben macht oder nachteilige Tatsachen verschweigt, wird mit Freiheitsstrafe bis zu drei Jahren oder mit Geldstrafe bestraft.

(2) Absatz 1 gilt entsprechend, wenn sich die Tat auf Anteile an einem Vermögen bezieht, das ein Unternehmen im eigenen Namen, jedoch für fremde Rechnung verwaltet.

(3) Nach den Absätzen 1 und 2 wird nicht bestraft, wer freiwillig verhindert, daß auf Grund der Tat die durch den Erwerb oder die Erhöhung bedingte Leistung erbracht wird. Wird die Leistung ohne Zutun des Täters nicht erbracht, so wird er straflos, wenn er sich freiwillig und ernsthaft bemüht, das Erbringen der Leistung zu verhindern.

Vorbem. Eingefügt durch Art. 1 Nr. 10 des 2. WiKG v. 15. 5. 1986, BGBl. I 722.

Schrifttum: Achenbach, Das Zweite Gesetz zur Bekämpfung der Wirtschaftskriminalität, NJW 86, 1835. – *Assmann,* Prospekthaftung als Haftung für die Verletzung kapitalmarktbezogener Informationsverkehrspflichten nach deutschem und US-amerikanischem Recht, 1985. – *Cerny,* § 264 a StGB – Kapitalanlagebetrug Gesetzlicher Anlegerschutz mit Lücken, MDR 87, 271. – *Fichtner,* Die Börsen- und Depotrechtlichen Strafvorschriften und ihr Verhältnis zu den Eigentums- und Vermögensdelikten des StGB, 1993. – *Flanderka/Heydel,* Strafbarkeit des Vertriebs von Bauherren-, Bauträger- und Erwerbermodellen gem. § 264 a StGB, wistra 90, 256. – *Gallandi,* § 264 a StGB – Der Wirkung nach ein Mißgriff?, wistra 87, 316. – *Granderath,* Das Zweite Gesetz zur Bekämpfung der Wirtschaftskriminalität, DB 86, Beil. 18, 1. – *Grotherr,* Der neue Straftatbestand des Kapitalanlagebetrugs (§ 264 a StGB) als Problem des Prospektinhalts und der Prospektgestaltung, DB 86, 2584. – *Hillenkamp,* Beweisprobleme im Wirtschaftsstrafrecht, in Recht und Wirtschaft, Osnabrücker rechtswissenschaftliche Abhandlungen, Bd. 1, 1985, 221. – *v. Hippel,* Kein Schutz vor Anlagebetrug?, ZRP 97, 305. – *Jaath,* Zur Strafbarkeit der Verbreitung unvollständiger Prospekte über Vermögensanlagen, Dünnebier-FS 583. – *Joecks,* Anleger- u. Verbraucherschutz durch das 2. WiKG, wistra 86, 142. – *Kaligin,* Strafrechtliche Risiken bei der Konzipierung und beim Vertrieb von steuerbegünstigten Kapitalanlagen, WPg 85, 194. – *Knauth,* Kapitalanlagebetrug und Börsendelikte im zweiten Gesetz zur Bekämpfung der Wirtschaftskriminalität, NJW 87, 28. – *Martin,* Aktuelle Probleme bei der Bekämpfung des Kapitalanlageschwindels, wistra 94, 127. – *ders.,* criminal Securities and commodities Fraud, 1993. – *Möhrenschlager,* Der Regierungsentwurf eines Zweiten Gesetzes zur Bekämpfung der Wirtschaftskriminalität, wistra 82, 201, 83, 17, 49. – *Mutter,* § 264 a StGB: ausgewählte Probleme rund um ein verkanntes Delikt, NStZ 91, 421. – *Otto,* Bankentätigkeit und Strafrecht, 1983. – *ders.,* Neue und aktuelle Formen betrügerischen Anlageberatung und ihre strafrechtliche Ahndung, Pfeiffer-FS 69. – *Peltzer,* Anlegerschutz als Aufgabe für den Gesetzgeber, NJW 76, 1615. – *Pleyer/Hegel,* Die Bedeutung des neuen § 264 a StGB für die zivilrechtliche Prospekthaftung bei der Publikums-KG, ZIP 87, 79. – *Richter,* Strafbare Werbung beim Vertrieb von Kapitalanlagen, wistra 87, 117. – *Schlüchter,* Zweites Gesetz zur Bekämpfung der Wirtschaftskriminalität, 1987. – *Schmidt-Lademann,* Zum neuen Straftatbestand „Kapitalanlagebetrug" (§ 264a StGB), WM 86, 1241. – *Tiedemann,* Wirtschaftsstrafrecht und Wirtschaftskriminalität, 1976. – *ders.,* Die Bekämpfung der Wirtschaftskriminalität durch den Gesetzgeber, JZ 86, 865. – *v. Ungern-Sternberg,* Wirtschaftskriminalität beim Handel mit ausländischen Aktien, ZStW 87, 653. – *Weber, U.,* Das Zweite Gesetz zur Bekämpfung der Wirtschaftskriminalität (2. WiKG), NStZ 86, 481. – *Worms,* Anlegerschutz durch Strafrecht, 1987. – *ders.,* § 264 a StGB – ein wirksames Remedium gegen den Anlageschwindel, wistra 87, 242, 271. – *ders.,* Der Straftatbestand des Kapitalanlagebetrugs (§ 264 a StGB) als Grundlage der zivilrechtlichen Produkthaftung, Handbuch des Kapitalanlagerechts, 2. A. 1996, 317.

I. Die Vorschrift geht zurück auf Empfehlungen der Sachverständigenkommission, des AE (§ 188) und des Sonderausschusses (BT-Drs. 7/5291 S. 16) und entspricht in unveränderter Fassung dem Regierungsentwurf (BT-Drs. 10/318 S. 4). Sie enthält ein **abstraktes Vermögensgefährdungsdelikt** im Vorfeld des Betruges (Achenbach NJW 86, 1839, Knauth NJW 87, 28, Cerny MDR 87, 272, Samson/Günther SK 5), das nicht mehr an die Verursachung eines Vermögensschadens anknüpft (Mitsch II 396). Tatbestandstechnisch ist sie § 265 b nachgebildet; im Gegensatz zu § 265 b, der nur einen einzigen Geschäftstyp (Kreditierung) betrifft, wird bei § 264 a rechtsformunabhängig eine Vielzahl von Anlageformen erfaßt (Grotherr DB 86, 2584), was die Auslegung der Vorschrift nicht erleichtert; krit. zu § 264 a Worms wistra **87**, 242. Geschützt ist aber nicht in erster Linie das Vermögen als Individualinteresse. Vielmehr geht es primär um das Funktionieren des Kapitalmarktes als überindividuelles Rechtsgut (BT-Drs. 10/318 S. 22, Lackner/Kühl 1, Tröndle/Fischer 4, Jaath Dünnebier-FS 606, Möhrenschlager wistra 82, 204 f., Tiedemann LK 13, JZ 86, 872, Cerny MDR 87, 272, Mutter NStZ 91, 421, der jedoch beide Rechtsgüter als gleichermaßen geschützt ansieht). Deshalb erfordert der Tatbestand einerseits, daß die Tathandlung gegenüber einem größeren Personenkreis vorgenommen wird, andererseits wird auf seiten des potentiellen Anlageopfers auch kein Irrtum verlangt (krit. hierzu Gallandi wistra 87, 316, der der Vorschrift nahezu jede kriminalpolitische

Bedeutung abspricht). Demgegenüber wird erwogen, das Rechtsgut in der Dispositionsfreiheit des potentiellen Anlegers (Lampe Lange-FS 466, vgl. auch Franzheim GA 72, 361 ff.) oder allein in dessen Vermögen zu sehen (Samson/Günther SK 7, Worms 314, Joecks wistra 86, 144; vgl. auch Maiwald ZStW 96, 86, Schubarth ZStW 92, 91 f. zur Parallelvorschrift des § 265 b). Ergänzend kommen die §§ 88, 89 BörsenG, §§ 399 I Nr. 3, 400 I Nr. 1 AktG sowie die Vorschriften des Ges. über Kapitalanlagegesellschaften (KAGG) vom 14. 1. 1970 (BGBl. I 127) und das Gesetz über den Vertrieb ausländischer Investitionsanteile (AuslInvestmG) vom 28. 7. 1969 (BGBl. I 986), daneben § 34 c I Nr. 1 b GewO und die hierzu ergangenen VOen in Betracht. Zur Verfassungsmäßigkeit der Vorschrift unter dem Gesichtspunkt des Bestimmtheitsgebots nach Art. 103 II GG vgl. Cerny MDR 87, 275. § 264 a ist Schutzgesetz iSv § 823 II BGB (BGH NJW **92**, 241).

2   Die Vorschrift beruht auf der Erfahrung, daß seit Mitte der sechziger Jahre in der Bundesrepublik in zunehmendem Maße privates Kapital in **neue Formen** der Geld- und **Vermögensanlage** investiert wird; zu Entstehungsgeschichte und kriminalpolitischem Hintergrund vgl. Tiedemann LK 1 ff. Bei der Geldanlage stehen dem Anleger in weit größerem Umfang als früher ausländische Aktien und Obligationen, DM-Auslandsanleihen und Euro-Gelder zur Verfügung; auch die Vermögensanlage, die früher insbesondere Anlagen in Immobilien erfaßte, erstreckt sich heute auf Investitionen in Flugzeuge, Schiffe, Container, Kunstwerke usw. (vgl. hierzu Jaath aaO 585). Diese Umstrukturierung auf dem Kapitalmarkt erfordert nach Auffassung des Gesetzgebers einen besseren Schutz des meist unerfahrenen Anlegers (BT-Drs. 10/318 S. 21; vgl. auch Jaath aaO 587 f.). Nach seiner Auffassung reichen die spezialgesetzlichen Vorschriften dazu nicht aus (and. Weber NStZ 86, 486) und waren – entsprechend dem Geltungsbereich des jeweiligen Gesetzes – nur beschränkt wirksam (Möhrenschlager wistra 82, 205). Beim Kauf ausländischer Aktien bietet das AktG keinen Schutz; dies gilt insbesondere dann, wenn die hier gehandelten Papiere im Herkunftsland nicht zur Börse zugelassen sind, weil sie dann auch dort keiner Kontrolle unterliegen (zB nur für das Ausland emitierte US-penny-stocks). Der deutsche Anleger kann seine ihm nach fremdem Recht zustehenden Aufsichts- und Kontrollrechte meist nicht wahrnehmen. Die sondergesetzlichen Vorschriften des KAGG und des AuslInvestmG sowie des § 34 c I Nr. 1 b GewO decken nur Teilbereiche ab. Anderseits darf nicht übersehen werden, daß es höchst problematisch ist, im Bereich der Spekulationsgeschäfte den Anlegerschutz zu übertreiben (vgl. § 263 RN 16 e, 114). Völlig zu Recht sind daher die Warenterminoptionsgeschäfte (vgl. § 263 RN 31 b, 114 a) ausgespart geblieben (vgl. u. 11); der Tatbestand, der den Begriff Kapitalanlage nicht nennt, ist jedoch – insbesondere bei ausländischen Werten – dazu geeignet, reine Spekulationsgeschäfte in den Schutzbereich einzubeziehen. Wenig einleuchtend ist weiter, daß die Vorschrift Bauherrenmodelle nicht erfaßt (vgl. u. 12), die an Risikoträchtigkeit den klassischen Abschreibungsgesellschaften nicht nachstehen (Cerny MDR 87, 273). Man wird im übrigen aber abwarten müssen, ob § 264 a brauchbare Verfolgungsmöglichkeiten eröffnet, wenn die ausländischen Anbieter vom Ausland aus ihre Werbung betreiben, und wie häufig Strafanzeigen aus dem Kreis der Anleger kommen. Sollte sich zeigen, daß die Vorschrift vorwiegend dazu dient, den Konkurrenten auf der Anbieterseite in strafrechtliche Schwierigkeiten zu bringen, so hätte § 264 a sein Ziel verfehlt. Zu neueren Entwicklungen des Anlegerschutzes, insbes. unter Berücksichtigung des zweiten FinanzmarktförderungsG v. 26. 7. 94, BGBl. I 1749, vgl. Martin wistra 94, 127. v. Hippel (ZRP 97, 305) hält die Vorschrift für reformbedürftig.

3   II. Der objektive Tatbestand erfordert, daß in bezug auf bestimmte **Anlagewerte** (Wertpapiere, Bezugsrechte etc.) aus Anlaß von **Anlagegeschäften** (Vertrieb, Kapitalerhöhung) in **Werbeträgern** (Prospekte, Darstellungen usw.), die das Informationsinteresse des **Anlegerkreises** (größerer Personenkreis) betreffen, eine **Täuschungshandlung** (vorteilhafte Angaben, Verschweigen nachteiliger Tatsachen) begangen wird (Abs. 1). Der Tatbestand erfaßt auch Handlungen dieser Art, die sich auf Anteile in **Vermögenstreuhand** beziehen (Abs. 2).

4   1. Die Tathandlung muß sich beziehen auf **Anlagewerte** der genannten Art. Geschützt ist also nicht jede Form der Vermögensanlage (vgl. hierzu Peltzer NJW 76, 1619), sondern nur die ausdrücklich genannten Anlagewerte. Hierzu gehören Wertpapiere, Bezugsrechte sowie Anteile, die eine Beteiligung am Ergebnis eines Unternehmens gewähren sollen. Für die Anwendbarkeit des § 264 a StGB ist es gleichgültig, ob es sich um den Vertrieb ausländischer oder inländischer Anlagewerte (Wertpapiere, Bezugsrechte oder Anteile) handelt, auch kommt es nicht darauf an, ob es Anlagewerte sind, die an einer deutschen Börse zugelassen sind oder nicht, bedeutungslos ist auch, ob eine ausländische Anlagefirma den Vertrieb der Anlagewerte vom Ausland aus betreibt oder dies durch eigene oder fremde Vertriebsagenturen in der Bundesrepublik betreiben läßt. Ferner ist gleichgültig, ob der Kapitalanteil in Treuhandvermögen gehalten wird (Abs. 2); vgl. u. 34.

5   a) Das Merkmal **Wertpapiere** ist iSd klassischen Definition dieses Begriffs zu verstehen (Möhrenschlager wistra 82, 206, Joecks wistra 86, 144, Worms 319) allerdings – wie sich aus dem Schutzgut ergibt – unter Ausschluß der Traditionspapiere des Güterverkehrs (zB Lager- und Lieferschein) sowie Papiere des kurzfristigen Kreditverkehrs (Scheck; Wechsel; vgl. Tiedemann LK 19, 22 ff. Gemeint sind also Urkunden, die ein Recht in der Weise verbriefen, daß es ohne sie nicht geltend gemacht werden kann (Zöllner, Wertpapierrecht, 13. A. 1982, 14 ff., 18). Zu den Wertpapieren gehören insbesondere die mitgliedschaftlichen Papiere wie Aktien und Zwischenscheine, ferner die Nebenpapiere wie Zins-, Gewinnanteil- und Erneuerungsscheine, weiterhin die Schuldverschreibungen (= bonds obligations), wozu auch öffentliche Anleihen, Pfandbriefe und Kommunalobligationen,

Industrieobligationen, ferner die Geldmarktpapiere wie Kassenobligationen, sodann die Investmentzertifikate (face-amount certificates, securities, shares, actions). Es kann sich dabei um Inhaber- oder Orderpapiere handeln. Aber auch Rektapapiere, d. h. Papiere, die auf den Namen einer bestimmten Person lauten, deren Rechte jedoch nicht durch Übergabe des Papiers, sondern durch die Abtretung der Forderung bzw. des Rechts übertragen werden, wie zB Hypotheken-, Grundschuld-, und Rentenschuldbriefe deutschen Rechts, falls letztere nicht auf den Inhaber ausgestellt sind, gehören hierher (zw. Knauth NJW 87, 29; krit. Tiedemann LK 26). Ein Teil dieser Wertpapiere werden als **Effekten** bezeichnet. Effekten sind vertretbare Wertpapiere mit Ertrag. Der Wertpapierbegriff des § 264 a StGB ist zwar nicht identisch mit der gesetzlichen Umschreibung des Begriffs Wertpapier in § 1 I 1 DepotG. Wohl aber sind die dort genannten Papiere die wichtigsten Wertpapiere; zu ihnen gehören: Aktien, Kuxe, Zwischenscheine, Reichsbankanteilscheine, Zins-, Gewinnanteil- und Erneuerungsscheine, auf den Inhaber lautende oder durch Indossament übertragbare Schuldverschreibungen, ferner andere Wertpapiere, wenn diese vertretbar sind, mit Ausnahme von Banknoten und Papiergeld.

Zu den Wertpapieren gehören auch die Anleihen **ausländischer Emittenten,** die Kapital am **6** deutschen Rentenmarkt aufnehmen. Als Emittenten kommen ausländische Staaten, Städte und vor allem ausländische Unternehmen in Betracht (Dexheimer-Lang-Ungnade, Leitfaden durch das Wertpapiergeschäft, 1985, S. 38). Auch internationale oder supranationale Emittenten können tätig sein, wie zB die europäische Investitionsbank oder die Weltbank. Der Wertpapierbegriff des § 264 a ist weit auszulegen (Knauth NJW 87, 29), weil mit der Vorschrift erschöpfender strafrechtlicher Anlegerschutz erreicht werden soll. Er erfaßt daher auch jegliche Art von Schuldverschreibungen, gleichgültig, ob sie inländische oder ausländische Emittenten haben. Zu den ausländischen Schuldverschreibungen gehören etwa US-Regierungsobligationen wie zB Treasury Bills, Notes und Bonds mit jeweiligen Zinsgarantien; zu nennen sind u. a. die sog. Ginnie Mae certificates (= Government National Mortgage Association), Freddi Mac certificates (= Federal Home Loan Mortgage Corporation), Fannie Mae certificates (= Federal National Mortgage Association) und neuerdings auch die sog. Zero-Bonds und Junk-Bonds. Bei solchen Papieren, deren Bedingungen in den USA für den deutschen Anleger schwer überschaubar sind, werden nicht selten Fehlinformationen beobachtet (Knauth NJW 87, 30). Zum Handel mit sog. OTC-Aktien, die außerhalb der Börse vorwiegend von Mitgliedern der NASD (= National Association of Securities Dealers) gehandelt werden, vgl. Otto Pfeiffer-FS 70.

Nicht zu den Wertpapieren gehören die Beteiligungen an geschlossenen Immobilienfonds, auch **7** wenn sie verbrieft sind, weil die Beteiligung hier nicht an die Innehabung der Urkunde geknüpft ist (Worms 319 f., Tiedemann LK 26).

b) Zu den **Bezugsrechten** (vgl. Tiedemann LK 27) sagt die Begründung (BT-Drs. 10/318 S. 22) **8** nur, daß sie weder Anteile noch Wertpapiere darstellen, diesen aber gleichgestellt werden müssen. Unter diesen Bezugsrechten sind unter anderem die bei der Finanzierung durch Fremdkapital ausgegebenen Teilschuldverschreibungen gegen Gewährung von Darlehen durch Gläubiger der Aktiengesellschaft zu verstehen. Solche Obligationen können zur Börse zugelassen werden, wodurch es dem Kapitalanleger ermöglicht wird, seine Anlage auch vor Ende der Laufzeit der Anleihe durch Verkauf zu Geld zu machen. Hierzu gehören auch die Gewinnschuldverschreibungen und Wandelschuldverschreibungen iSd § 221 AktG. Die strafrechtlichen Anwendungsfälle bei Aktiengesellschaften deutschen Rechts sind sicher gering. Bei ausländischen Aktienunternehmen, die einem anderen Aktienrecht unterliegen, dürfte der strafrechtliche Anwendungsbereich größer werden, sofern diese Unternehmen auf den deutschen Anlegermarkt drängen (Knauth NJW 87, 29).

c) Unter **Anleihen** (BT-Drs. 10/318 S. 22) sind vor allem Kapitalanlageformen zu verstehen, bei **9** denen der Anleger entweder selber einen Geschäftsanteil an dem Unternehmen, insbesondere einen Kommanditanteil, erwirbt oder in eine sonstige – unmittelbare – Rechtsbeziehung zum Unternehmen tritt, die ihm eine Beteiligung am Ergebnis des Unternehmens verschafft, etwa aufgrund eines partiarischen Darlehens (vgl. Samson/Günther SK 13 f.). Hauptanwendungsfall sind Kommanditanteile an sog. Abschreibungsgesellschaften, weil Steuervergünstigungen in der Form von Sonderabschreibungen nur durch eine Beteiligung an einer Personalgesellschaft in Anspruch genommen werden können. Besonderer Beliebtheit erfreut sich die GmbH & Co KG als Publikums-KG; sie ist zur typischen Organisationsform der Abschreibungsgesellschaften geworden, wird neuerdings aber auch durch andere Gesellschaftsformen, insb. die Gesellschaft bürgerlichen Rechts (GbR), ersetzt (Joecks wistra **86,** 142).

Zweifelhaft kann sein, ob Abs. 1 auch die Fälle erfaßt, in denen der Anleger sich auf Grund eines **10** **partiarischen Darlehens** als sog. „atypischer" stiller Gesellschafter beteiligen soll; dies ist zu bejahen, da ein Anteil am Gewinn oder Verlust des Unternehmens nicht zwingend von einer Mitgliedschaftsstellung des Anlegers vorausgesetzt, wie sich aus §§ 335 ff. HGB ergibt (and. Cerny MDR 87, 274). Ebenso geschützt ist der typische stille Gesellschafter, der am Unternehmensergebnis, nicht aber am Anlagevermögen der Gesellschaft partizipiert. Unter Abs. 1 fallen auch die Fälle der unechten Treuhandbeteiligung, bei denen der Anleger unmittelbar an der Gesellschaft beteiligt ist und nur die Verwaltung seines Anteils auf den Treuhänder übergeht (Worms 318); zur „mißglückten" Mitunternehmerschaft (vgl. Worms **73,** 318). Nicht erforderlich ist, daß der Anleger selbst den Kapitalanteil hält. Nach Abs. 2 wird nur die echte Treuhandbeteiligung, d. h. der Fall erfaßt, daß die Tat sich auf „Anteile an einem Vermögen bezieht, das ein Unternehmen in eigenem Namen, jedoch für fremde Rechnung verwaltet"; im Falle der unechten Treuhandbeteiligung kommt Abs. 1 zur Anwendung. Zu Einzelheiten vgl. u. 34.

11   d) **Nicht anwendbar** ist die Vorschrift auf **Warenterminoptionen,** weil es sich bei Optionsgeschäften nicht um den Vertrieb von Wertpapieren oder Bezugsrechten oder Anteilen handelt, die eine Beteiligung an dem Ergebnis eines Unternehmens gewähren sollen (Knauth NJW 87, 30, Richter wistra 87, 117; and. Tiedemann LK 32). Durch ein Optionsgeschäft erhält der Beteiligte lediglich das Recht, jederzeit während der Laufzeit der Option zum Basispreis entweder vom Kontrahenten (Stillhalter) zu kaufen oder an ihn zu verkaufen. Auch das börsenmäßige Wertpapier-Termingeschäft, das in der Bundesrepublik zugelassen ist, aber strengen Regeln und Kontrollen der Börsenverwaltung unterliegt, wird durch § 264 a nicht erfaßt. Ebensowenig der Vertrieb von Vermögensanlagen in physischer Ware wie zB in Gold oder in unverzinslichen Goldkonten bzw. Zertifikaten, d. h. Goldanlagen im Ausland auf der Basis von Barren und/oder Münzen.

12   e) **Nicht erfaßt** wird ferner der Immobilienerwerb im Rahmen von Bauherren-, Bauträger- und Erwerbermodellen, da insoweit keine Beteiligung am Ergebnis eines Unternehmens vorliegt (Mutter NStZ 91, 421, and. Richter, wistra 87, 118, Schmidt-Lademann WM 86, 1241 ff.); hier können die anderen Alt. in Betracht kommen, wenn zugleich mit dem eigentlichen Bauherren-, Bauträger- und Erwerbermodell eine Beteiligung an einem Mietpool angeboten wird, der als Außengesellschaft selbständig als Vermieter auftritt (Flanderka/Heydel wistra 90, 256; and. Tiedemann LK 29, Worms, Handbuch des Kapitalanlagerechts, § 8 RN 65).

13   2. Die Tathandlung muß im Zusammenhang mit dem **Vertrieb** von Anlagewerten oder dem **Angebot zu Kapitalerhöhungen** stehen.

14   a) Unter **Vertrieb** ist jede auf die Veräußerung von Anlagewerten (vgl. o. 3 ff.) gerichtete Tätigkeit zu verstehen, gleichviel ob sie im eigenen oder fremden Namen geschieht. Auch die Werbung ist schon Vertrieb (Knauth NJW 87, 31). Der Vertrieb muß wie in §§ 1, 2, 7 AuslInvestmG (vgl. o. 1) den Absatz einer Vielzahl von Stücken betreffen, weshalb nur das einem größeren Personenkreis zugängliche Angebot, nicht aber ein individuelles Angebot einer der genannten Kapitalanlagen erfaßt wird (BT-Drs. 10/318 S. 24, Tröndle/Fischer 7). Dies ergibt sich im übrigen auch daraus, daß die irreführenden Werbemaßnahmen im Rahmen des Vertriebs einem größeren Personenkreis gegenüber erfolgen müssen sowie aus dem in § 264 a geschützten Rechtsgut. Vgl. u. 23.

15   b) Unter **Kapitalerhöhungsangeboten** (Abs. 1 Nr. 2) sind Fälle zu verstehen, in denen eine finanzielle Beteiligung an den Abs. 1 Nr. 1 genannten Anteilen erhöht wird. Die Vorschrift beschränkt sich auf Kapitalanteile. Sie dient folglich dem Schutz von Personen, die bereits Anteile erworben haben (so BT-Drs. 10/318, S. 24). Nach den Vorstellungen des Gesetzgebers ist dieser Personenkreis in erhöhtem Maße schutzbedürftig, da er zumindest wirtschaftlich auf Grund der vorangegangenen Anlageentscheidung gezwungen sieht, seine Einlage zu erhöhen. Da § 264 a die Belange des Kapitalmarkts wahrt, muß es sich um eine Kapitalsammelmaßnahme handeln. Darin liegt ein Schwachpunkt der Regelung, weil Schwindelunternehmen sich kaum jemals zu einer solchen Kapitalsammelmaßnahme entschließen. Regelmäßig wird hier als „Werbemittel" das Einzelangebot eingesetzt werden, weil der Einzelanleger nur auf diese Weise erfolgreich „bearbeitet" werden kann (krit. auch Knauth NJW 87, 30). Dagegen wird eine Kapitalsammelmaßnahme durch den Vertrieb junger Wertpapiere (Aktien etc.) über Abs. 1 Nr. 1 erfaßt, auch wenn der Vertrieb auf den Kreis der bisherigen Anleger beschränkt ist.

16   c) Der erforderliche **Zusammenhang** mit dem **Vertrieb** oder einer **Kapitalsammelmaßnahme** bei der Anlagenerhöhung setzt voraus, daß die Tathandlung sich zeitlich und sachlich auf die genannten Investitionen bezieht. Dieser Zusammenhang ist aber auch dann gegeben, wenn die werbenden Personen mit den Emittenten der Anlagewerte nicht identisch sind (Tröndle/Fischer 8, Möhrenschlager wistra 82, 206). Dies ist vor allem beim Vertrieb ausländischer Werte von Bedeutung, deren Konditionen im Inland wenig überschaubar sind (vgl. o. 6). Erfaßt werden daher auch irreführende Vertriebspraktiken unseriöser Vertriebsgesellschaften.

17   3. Die Tathandlung muß durch **Werbeträger** erfolgen. Hierher gehören Prospekte, Darstellungen oder Vermögensübersichten (Status, Bilanz), die für den Entscheidungsvorgang in bezug auf die Kapitalanlage von Bedeutung sind.

18   a) Der Begriff **Prospekt** ist weiter als der in § 38 II BörsG, § 1 ff. VerkProspektG und erfaßt jedes Schriftstück, das die für die Beurteilung der Anlage erheblichen Angaben enthält oder den Eindruck eines solchen Inhalts erweckt (Tiedemann LK 36, BT-Drs. 10/318 S. 23). Diese erhebliche Erweiterung gegenüber dem gleichlautenden Begriff im Börsenrecht ist nicht unbedenklich. Börseneinführungs- und Börsenzulassungsprospekte bedürfen der Zulassung durch die Börse auf der Grundlage der Zulassungsbekanntmachung von 1910, die in ihrem Kern heute nicht gilt. Die Zulassungsstelle hat dafür Sorge zu tragen, daß bei den Börsenprospekten eine gewisse Standardisierung erfolgt; der Börsenprospekt muß u. a. das Grundkapital, die Beteiligungsverhältnisse am Unternehmen, einen Status und eine Gewinn- und Verlustrechnung der letzten drei Jahre enthalten; für deren sachliche Richtigkeit trägt die Zulassungsstelle aber keine Verantwortung, sie liegt bei dem die Papiere emittierenden Unternehmen. Durch die Standardisierung werden aber für die Anleger Vergleichsmöglichkeiten geschaffen, die ihm bei der Anlageentscheidung eine wertvolle Hilfe sein können. Da § 264 a auf jede Beschreibung des Prospektinhalts verzichtet, also weder in positiver noch negativer Weise die

Prospektanforderungen beschrieben, wird der Anlegerschutz geschmälert. Dem Anleger fehlt die Vergleichbarkeit ähnlicher Anlagewerte. Außerdem besteht die Gefahr, daß Prospekte so mit Informationen überladen werden, daß das Wesentliche nicht mehr erkennbar wird. Da die Informationspflicht (zu deren Umfang vgl. u. 27 ff.) insgesamt auch in verschiedenen Werbeträgern erfüllt werden kann, wäre dem Interesse der Anleger mit einem „Standardprogramm", das dem jeweiligen Anlagetyp angepaßt ist, in den Prospekten eher gedient. Insbesondere könnte dadurch festgelegt werden, welche Umstände als „erheblich" anzusehen sind (vgl. u. 30), wobei dies allerdings bei den verschiedenen Anlagewerten unterschiedlich zu beurteilen ist.

19 Von einem Prospekt kann nur gesprochen werden, wenn der Werbeträger sich den Anstrich einer gewissen Vollständigkeit gibt, sei es auch zusammen mit sonstigen Darstellungen. Ist dies nicht der Fall, liegt ein bloßes **Werbeschreiben** vor, das § 264a nicht unterfällt (and. Tiedemann LK 35). Überdies müssen die Angaben sich auf bestimmte Anlagewerte beziehen; folglich fallen zB „Börseninformationsschreiben", in denen neben seriösen auch unseriöse Wertpapiere genannt werden, nicht unter den Prospektbegriff des § 264a (Otto Pfeiffer-FS 82 f.).

20 b) **Übersichten** über den **Vermögensstand** sind iSd Vermögensübersichten von § 265 b I Nr. 1 a zu verstehen; vgl. dort RN 35. Eine Vermögensübersicht ist ein Status oder eine Bilanz, wobei sowohl eine Handels-, Steuer- oder Vermögensbilanz in Betracht kommen kann. Vgl. hierzu auch § 400 I Nr. 1 AktG.

21 c) Die **Darstellungen** ergänzen die (schriftlichen) Vermögensübersichten hinsichtlich der Verbreitungsart. Der Begriff ist untechnisch zu verstehen (Tiedemann LK 37) und erfaßt – i. U. zu § 11 III, auf den nicht verwiesen wird – auch mündliche Darstellungen, erst recht solche auf Ton- und Bildträgern.

22 d) Der Tatbestand erfaßt auch Prospekte usw., die ein Vertriebsunternehmen ausgibt, es ist – entgegen § 188 AE – nicht erforderlich, daß die Prospekte für Beteiligungen am eigenen Unternehmen werben (Tröndle/Fischer 9).

23 **4.** Die Tathandlung besteht darin, daß in den genannten Werbeträgern gegenüber einem größeren Personenkreis **unrichtige vorteilhafte Angaben** gemacht oder **nachteilige Tatsachen** verschwiegen werden, die für die Kapitalanlageentscheidung erheblich sind; zur unwahren Werbung vgl. Richter wistra 87, 118. Die individuelle Werbung ist damit ausgeschlossen (Tiedemann LK 40)

24 a) Die Vorschrift verwendet, wie § 265 b und § 88 BörsG (vgl. Fichtner aaO 81 f.), den Begriff **Angaben** (vgl. dort RN 38), der weiter ist als der Tatsachenbegriff des § 263 (vgl. dort RN 8 ff.), diesen aber selbstverständlich mitumfaßt. Erfaßt werden damit auch Liquiditätsberechnungen, Prognosen usw. (Tröndle/Fischer 10). Diese Ablösung des Merkmals vom Tatsachenbegriff ist unter dem Gesichtspunkt des Bestimmtheitsgebots (Art. 103 II GG) bedenklich. Man wird daher fordern müssen, daß die Angaben, soweit sie zukünftige Entwicklungen enthalten, so dargestellt werden, als seien sie auf der Grundlage der angeführten Fakten die schlüssige Prognose eines Fachmanns (krit. Tiedemann LK 55). Diese Einschränkung gegenüber Urteilen, Bewertungen, Meinungsäußerungen, Prognosen (vgl. hierzu § 263 RN 9), die nicht mit dem Anspruch besonderer Sachkunde vertreten werden oder auch für den Nichtfachmann durchschaubar sind, beruht auf der Erwägung, daß § 264a dem Anleger nicht schlechthin das Denken abnehmen und daher jede Art Schönfärberei oder unberechtigte Anpreisung zum Strafbarkeitsrisiko des Anbieters werden lassen kann. Sind zB bei einer Liquiditätsberechnung die Ausgangsdaten richtig, so wird die Angabe nicht iSv § 264a unrichtig, weil in dem Zahlenwerk falsch addiert oder multipliziert oder die Verzinsung falsch ausgerechnet wird. Zur **Unrichtigkeit** der Angaben vgl. weiter § 265 b RN 38 f. Zum Verschweigen von Tatsachen vgl. u. 27. Die Aufstellung unvollständiger Angaben unterfällt dem Verschweigen von Tatsachen und wird vom Tatbestand erfaßt, wenn der verschwiegene tatsächliche Umstand nachteilig ist.

25 Die Angaben müssen **vorteilhaft** sein. Ob sie so zu bewerten sind, muß aus der Sicht des Anlegers beurteilt werden. Was ihn zu der Investition veranlassen könnte, ist vorteilhaft iSd Vorschrift und wird vom Tatbestand erfaßt, wenn es unrichtig ist. Eine für die Beurteilung des Anlageangebotes wesentliche oder erhebliche Angabe ist auch eine solche, die sich abwertend zu der angebotenen Kapitalanlage äußert. Fälle dieser Art können aber um so mehr aus dem Anwendungsbereich des § 264a StGB herausgehalten werden, als dieser eine unmittelbare oder auch mittelbare Einschränkung des in Betracht kommenden Täterkreises nicht vorsieht. Anderenfalls würde unter Umständen ein Boykottaufruf mit nachteiligen Angaben vom Tatbestand erfaßt werden, der bei einer solchen Anwendungsbreite seine Konturen verlieren würde (BT-Drs. 10/318 S. 24).

26 Die vorteilhaften Angaben müssen **unrichtig** sein. Soweit die ihnen zugrundeliegenden Tatsachen unrichtig sind, tauchen keine Probleme auf. Bei Wertungen und zukunftsbezogenen Angaben ist von ihrer Unrichtigkeit unter den in § 265 b RN 39 genannten Voraussetzungen auszugehen.

27 b) Das **Verschweigen nachteiliger Tatsachen** wird den unrichtigen Angaben gleichgestellt. Hier gilt der Tatsachenbegriff des § 263 (vgl. dort RN 8) uneingeschränkt; wie dort kann sich eine Rechtspflicht nur auf Tatsachen erstrecken (vgl. § 263 RN 18 f.). Das Verschweigen allgemein ungünstiger Wirtschaftsfaktoren wird daher ebensowenig erfaßt wie der fehlende Hinweis auf negative Gutachten zur wirtschaftlichen Entwicklung des angepriesenen Anlagewerts. Wer etwa ausländische Wertpapiere verkauft, braucht nicht auf das Währungsrisiko hinzuweisen, wer Anteile an einem Baumaschinenkonzern vertreibt, braucht nicht auf einen derzeitigen Liquiditätsengpaß hinzuweisen,

der in einer konjunkturellen Schwäche des Baumarktes begründet ist (mit and. Begründung ebenso Tiedemann LK 63).

28 Zweifelhaft kann sein, ob eine Rechtspflicht zur Offenbarung bestimmter Tatsachen aus § 264 a selbst folgt (so Jaath aaO 607, Worms 329, Samson/Günther SK 6) oder nur dann zu bejahen ist, wenn sie sich aus allgemeinen Grundsätzen ergeben würde (vgl. § 263 RN 18 ff.). Da die Vorschrift sicherstellen will, daß dem Anleger ein **ausgewogenes Bild** über die Kapitalanlage vermittelt wird, ist zunächst zu folgern, daß zu allen vorteilhaften Angaben die korrespondierenden nachteiligen Tatsachen offenbart werden müssen. Wird zB in der Bilanz aus Anlaß einer Kapitalerhöhung ein unkündbares Darlehen ausgewiesen, so darf nicht verschwiegen werden, daß dieses Darlehen im Wege der Kapitalerhöhung in Gesellschaftsanteile umgewandelt wird, dem Unternehmen insoweit also kein neues Kapital zufließt. Werden Gewinne ausgewiesen, darf ein gleichzeitig bestehender Wertberichtigungsbedarf nicht unterdrückt werden. Soweit also über investitionserhebliche Umstände berichtet wird, müssen diese vollständig sein. Was in den Sachzusammenhang erheblicher Umstände fällt, darf also nicht einseitig vorteilhaft geschildert werden.

29 Dagegen kann § 264 a **nicht sicherstellen, daß alle investitionserheblichen Tatsachen** mitgeteilt werden. Dies ergibt zunächst ein Vergleich mit entsprechenden Vorschriften. Nach § 12 II AuslInvestmG müssen neben dem Namen der Firma, ihrem Sitz und der Anschrift ihres Repräsentanten und der Zahlstelle auch Angaben darüber gemacht werden, welche Gegenstände für das Vermögen erworben werden dürfen, nach welchen Grundsätzen sie ausgewählt werden, ob nur zum Börsenhandel zugelassene Wertpapiere erworben werden, wie die Erträge des Vermögens verwendet werden und ob und gegebenenfalls innerhalb welcher Grenzen ein Teil des Vermögens in Bankguthaben gehalten wird. Daneben gibt es bei den durch diese Vorschrift betroffenen Anlagewerten mit Sicherheit noch eine Reihe weiterer tatsächlicher Umstände, die für die Entscheidung des Anlegers von ausschlaggebender Bedeutung sein können. Hierzu gehören etwa Angaben über Rentabilität, Auslandsrisiken, Berechnung der Verkaufs- und Rückkaufswerte, Absicherungen durch Garantien und der Zeitpunkt zu welchem man frühestens über die Anlagegelder verfügen kann. Eine vergleichbare Situation besteht bei § 264 a. Würde über alle Faktoren dieser Art eine Offenbarungspflicht bestehen, so würde dies darauf hinauslaufen, den Anbieter in die Rolle des Anlageberaters zu drängen. Eine so weitgehende Vermögensfürsorgepflicht besteht aber nirgendwo und kann daher erst recht nicht bei Tatbeständen angenommen werden, die im Vorfeld des Betrugstatbestandes angesiedelt sind. Folglich ergibt sich auch für § 264 a keine über den § 263 hinausgehende Verpflichtung, alle erheblichen nachteiligen Tatsachen einer Vermögensanlage zu offenbaren. Die Offenbarungspflicht ist also nur im Zusammenhang mit den erheblichen Umständen zu sehen, über die in dem Werbeträger berichtet wird (vgl. o. 17, u. 30 ff.).

30 c) Die unrichtigen Angaben oder verschwiegenen Tatsachen müssen sich auf **Umstände** beziehen, die für die Entscheidung über die Kapitalinvestition **erheblich** sind (Kriterienkatalog bei Tiedemann LK 52). Daraus ergibt sich zunächst, daß Irreführungen hinsichtlich belangloser Umstände die Strafbarkeit nicht begründen können (Cerny MDR 87, 277). Unerheblich sind Umstände, die den Wert der Anlage nicht berühren. Dazu gehören zB die Namen von Persönlichkeiten des öffentlichen Lebens, die angeblich Werte der angepriesenen Art gezeichnet haben. Auch die angebliche gesamtwirtschaftliche Bedeutung des emittierenden Unternehmens oder des Industriezweiges, auf dem es sich betätigt, ist für die Bewertung regelmäßig unmaßgeblich. Wer etwa auf die wirtschaftliche Bedeutung der Stahlindustrie hinweist, sagt noch nichts Erhebliches über die angebotenen Stahlwerte aus.

31 Da § 264 a nicht die Pflicht begründet, über alle erheblichen Umstände zu informieren, sondern sich darin erschöpft, ein **ausgewogenes Bild** über die Umstände zu bringen, über die tatsächlich berichtet wird (vgl. o. 29), stellt sich das Problem der Erheblichkeit nur im Hinblick auf die im Prospekt usw. erwähnten oder unter dem Gesichtspunkt der Ausgewogenheit zu berücksichtigenden Faktoren. Zu ihnen gehören regelmäßig die Eckdaten des Anlagegeschäfts, etwa die Zusammensetzung der Gesamtaufwendungen, der Finanzierungsplan, das steuerliche und rechtliche Konzept, die Angaben über Vertragspartner usw., ohne die der Werbeträger noch nicht als Prospekt usw. erkennbar ist. Die in der Praxis kursierenden Checklisten der Wirtschaftsprüfer sind allerdings keine ausreichende Beurteilungsgrundlage (Cerny MDR 87, 277, Samson/Günther SK 31, Gallandi wistra 87, 317; and. Tiedemann LK 52, der einen Kriterienkatalog abdruckt). Das Merkmal der „Erheblichkeit" darf im übrigen schon deswegen nicht zu weit ausgelegt werden, weil sonst die Gefahr verstärkt wird, daß in einer Flut von Informationen, die auch rein akademische Gefahren abdecken (Grotherr DB 86, 2584), die spezifischen Risiken des konkreten Anlagegeschäfts untergehen.

32 Diese Angaben sollen nach der zu § 265 b ergangenen Entscheidung, BGH **30** 292, erheblich sein, wenn sie nach dem Urteil des „verständigen, durchschnittlich vorsichtigen" Anlegers für die wertmäßige Einschätzung maßgeblich sind (vgl. § 265 b RN 42). Mit Rücksicht auf die zum Kreditbetrug ergangene Entscheidung soll § 264 a auch unter dem Gesichtspunkt des Art. 103 II GG hinreichend bestimmt sein (Tröndle/Fischer 12, Jaath aaO 608, Joecks wistra 86, 145). Das Problem ist hier aber wesentlich differenzierter als bei § 265 b. Dort geht es nämlich trotz aller Unbestimmtheit in der Begrifflichkeit der Tatbestandsmerkmale (vgl. dort RN 2) um die Beurteilung eines einzigen Geschäftstyps, nämlich dem Kreditgeschäft, bei dem die Erheblichkeit von Umständen nach Bonitätsgesichtspunkten zu beurteilen ist. Bei der Kapitalanlage hingegen können von der kurzfristigen Investi-

tion mit spekulativem Einschlag bis hin zur langfristigen Wertsicherungsanlage die verschiedensten Zwecke verfolgt werden. Welche Zwecke der Anleger verfolgt, braucht dem Anbieter überdies nicht bekannt zu sein. Geld kann kurzfristig in Obligationen mit einer langen Laufzeit investiert werden oder langfristig in eine bestimmte Aktie, wobei es dem Anleger, der zB eine Abrundung seines Aktienpakets im Auge hat, völlig gleichgültig ist, wie deren Kurs derzeit steht; es kann also nicht davon gesprochen werden, daß wie beim Kreditgeschäft ein einheitlicher Zweck verfolgt wird, aus dem die Erheblichkeit der Angaben resultiert. Überdies erfaßt § 264a auch Anlagen mit spekulativem Einschlag, deren Risikoträchtigkeit selbst beim „überdurchschnittlich Risikofreudigen" eine Gänsehaut erzeugt (vgl. o. 2). Niemandem ist es verwehrt, sein Geld in riskanter Weise zu investieren. Dann kann es aber auch nicht verboten sein, riskante Anlagen anzubieten. Tatbestandsmäßig ist folglich nur ein Verhalten, durch das ein bestehendes Risiko verschleiert wird. Ob dies der Fall ist, hängt von der Art des Anlagewertes ab. Man wird also, um die Vorschrift mit dem Bestimmtheitsgebot in Einklang zu bringen, nicht auf den „durchschnittlich vorsichtigen" Anleger, sondern auf die Erwartungen des Kapitalmarkts im Hinblick auf den **jeweils angebotenen Anlagewert** abzustellen haben (Cerny MDR 87, 277). Dies können aber ganz unterschiedliche Faktoren sein (Joecks wistra 86, 142 ff.). Maßgeblich sind also die objektiv anlagebezogenen, entscheidungsrelevanten Umstände (Worms 334). Bei Abschreibungsgesellschaften sind etwa die Umstände maßgeblich, die für die zu erwartende Steuerersparnis ausschlaggebend sind, bei Aktien die Umstände, die im Einführungs- oder Zulassungsprospekt publiziert zu werden pflegen. In diesem Zusammenhang kann auch die zivilrechtliche Rspr. zur Prospekthaftung in Betracht kommen (Lackner/Kühl 13, Joecks wistra 86, 146 f.).

d) Die Fehlinformation muß **gegenüber** einem **größeren Kreis von Personen** erfolgen. Dieses Merkmal ist § 4 I UWG entnommen, das es neben der „öffentlichen Bekanntmachung" gebraucht (vgl. Erbs-Kohlhaas § 4 UWG II 5 b). Darunter ist „eine solch große Zahl potentieller Anleger zu verstehen, daß deren Individualität gegenüber dem sie zu einem Kreis verbindenden potentiell gleichen Interesse an der Kapitalanlage zurücktritt" (so BT-Drs. 10/318 S. 23; Joecks wistra 86, 144, Tröndle/Fischer 13). Diesen Personenkreis brauchen keine Gruppenmerkmale zu verbinden, vor allem ist gleichgültig, ob die Angesprochenen anlageinteressiert sind oder nicht. Erfaßt ist auch der „Tür-zu-Tür-Verkauf", das Auslegen von Werbematerial in öffentlich zugänglichen Räumen, die Tätigkeit von „Telefonverkäufern", die aus Adreß- und Fernsprechbüchern mutmaßliche Interessenten heraussuchen, um sie gezielt anzusprechen (BT-Drs. 10/318 S. 23 f., Tiedemann LK 44 ff.). Bei der Kapitalsammelmaßnahme nach Abs. 1 Nr. 2 (vgl. o. 15 f.) führt diese Tatbestandseinschränkung dazu, daß der Tatbestand nur bei Publikumsgesellschaften praktisch wird, weil Ansprechpartner auf der Anlegerseite nur die bisherigen Anteilseigner sein können (Möhrenschlager wistra 82, 206, Tröndle/Fischer 13); für Treuhandanteile nach Abs. 2 (vgl. u. 34) kommt es darauf an, daß der Anleger zu einer Erweiterung der Treuhandbeteiligung veranlaßt werden soll. 33

5. Nach Abs. 2 gilt Entsprechendes. Danach bezieht sich die Tat auf solche Anteile (vgl. o. 4) an einem Vermögen, das ein Unternehmen im eigenen Namen, jedoch für fremde Rechnung verwaltet. Gemeint sind mit dieser wenig verständlichen Formulierung die Fälle der **echten Treuhandbeteiligung,** die dadurch gekennzeichnet sind, daß nicht der Anleger, sondern an seiner Stelle der Treuhänder den Anteil erwirbt und damit in die Gesellschaft eintritt, dem Kapitalgeber also, für den er den Anteil treuhänderisch hält, gewissermaßen „vorgeschaltet" wird (Worms 320, Tiedemann LK 30). Für diese Form der Kapitalanlage wird häufig geworben, weil unter steuerrechtlichen Aspekten der Anleger wie ein Gesellschafter behandelt wird, auch wenn ihm das Zivilrecht diese Stellung versagt (Cerny MDR **87,** 274). Dagegen ist bei unechten Treuhandverhältnissen, der sog. Verwaltungstreuhand, Abs. 1 unmittelbar anwendbar, weil hier der Kapitalgeber Gesellschafter bleibt und nur seine Rechte durch den Treuhänder wahrnehmen läßt (vgl. o. 10). Abs. 2 stellt daher eine Ergänzung dar, die deshalb erforderlich ist, weil Abs. 1 nur die mittelbare Beteiligung betrifft. Der Unternehmensbegriff in Abs. 2 stellt daher – anders als in Abs. 1 – auf das Unternehmen des Treuhänders ab, und zwar auch dann, wenn dieser seinerseits Vermögensanteile verwaltet, die aus Beteiligungen an anderen Unternehmen bestehen (BT-Drs. 10/318 S. 23, Möhrenschlager wistra 82, 205 f.). 34

Das vom **Unternehmen** gehaltene und verwaltete Treuhandgut kann entweder in Vermögenswerten bestehen, zu deren direktem Erwerb die Mittel der Anleger bestimmt sind, oder auch in einem Recht, kraft dessen sich das treuhänderisch tätige Unternehmen für die Anleger eine Beteiligung am Ergebnis eines anderen Vermögens (zB des Erwerbs von Geschäftsanteilen) verschafft (Tröndle/Fischer 14). In Betracht kommen zB die sog. Treuhandkommanditisten bei geschlossenen Immobilienfonds; hierzu gehören auch die Bauträger von Wohnbesitzwohnungen (§ 12 a II des II. WobauG), aber auch andere Gesellschaften (zB Reedereien, Fluggesellschaften), bei denen es darauf ankommt, daß die Anleger als Mitunternehmer steuerlich anerkannt werden (BT-Drs. 10/318 S. 22 f.). 35

III. Der **subjektive Tatbestand** erfordert Vorsatz. Dieser muß sich insbesondere darauf erstrecken, daß die Angaben in den Werbeträgern erheblich (zur Irrtumsproblematik vgl. § 265 b RN 48) und unwahr oder die verschwiegenen Tatsachen nachteilig sind. Dolus eventualis genügt (Tröndle/Fischer 15). Ferner muß der Täter wissen, daß die Werbemittel im Zusammenhang mit dem Vertrieb von Wertpapieren oder einer Kapitalsammelmaßnahme (Abs. 1 Nr. 2) einem größeren Personenkreis zugänglich gemacht werden. Ein Irrtum über die Existenz nachteiliger Tatsachen, über die im Zusammenhang mit dem Prospektinhalt hätte informiert werden müssen, ist Tatbestandsirrtum (§ 16); der Irrtum darüber, ob eine dem Täter bekannte Tatsache der Informationspflicht unterfällt, ist 36

§ 264 a 37–41   Bes. Teil. Betrug und Untreue

ein Gebotsirrtum iSv § 17 (Tröndle/Fischer 15). Wegen der Häufung normativer Tatbestandsmerkmale dürften auch bei § 264 a nicht selten Beweisschwierigkeiten auftauchen (vgl. hierzu § 265 b RN 48).

37   **IV. Vollendet** ist die Tat, wenn die Prospekte einem größeren Personenkreis zugänglich gemacht sind. Dem Wortlaut kann dies nicht ohne weiteres entnommen werden. Die Vorschrift besagt, daß strafbar ist, wer „unrichtige Angaben" in Prospekten macht. Daraus könnte geschlossen werden, daß es ausreicht, die Fehlinformation in die Werbeträger aufzunehmen. Dagegen spricht allerdings, daß die falschen Angaben gegenüber einem größeren Personenkreis gemacht sein müssen. Daraus ist zwingend zu schließen, daß es nicht ausreicht, die Falschangaben in das Prospekt usw. aufzunehmen, um sie den Anlegern zuzuleiten. Erforderlich ist vielmehr, daß die Werbemittel einem größeren Personenkreis tatsächlich zugänglich gemacht wurden. Ob die so angesprochenen Personen die Angaben zur Kenntnis genommen oder gar geglaubt haben, ist dagegen unerheblich. Hinsichtlich des Vollendungszeitpunkts besteht daher eine Parallele zum Gebrauchmachen bei § 267 (vgl. dort RN 73 f.), allerdings mit dem Unterschied, daß der Kapitalanlagebetrug erst vollendet ist, wenn das Werbematerial einem größeren Personenkreis (vgl. o. 23) zugänglich gemacht ist; dafür reicht aus, wenn es in Geschäftsräumen, die dem Anlegerkreis zugänglich sind, ausgelegt oder durch die Post versandt wird. Der **Versuch** ist nicht strafbar.

38   **V. Täter** kann jeder sein (LK Tiedemann 17), nicht nur Initiatoren, Anlageberater, Anlagevermittler, sondern auch Anwälte, Steuerberater, Wirtschaftsprüfer, Bankenmitarbeiter, wenn die von ihnen in Prospekten wiedergegebenen Angaben falsch oder unvollständig sind. Mittelbare Täterschaft kommt dann in Betracht, wenn im Zusammenhang mit dem Vertrieb usw. gutgläubige Werber eingesetzt werden. **Teilnahme** ist bis zur Erbringung der Leistung möglich (Tröndle/Fischer 17). Beihilfe liegt etwa vor bei der Förderung des Vertriebs in Kenntnis der unrichtigen Prospektangaben, zB in der Zurverfügungstellung des Raumes, in dem das Werbematerial ausgelegt wird.

39   **VI. Straflos** wegen **tätiger Reue** ist, wer nach vollendeter Tat freiwillig verhindert, daß die durch den Erwerb bedingte Leistung erbracht wird. Diese Rücktrittsvorschrift ist an die Regelungen der §§ 264 IV, 265 b II angelehnt. Ähnlich wie beim Kreditbetrug (vgl. § 265 b RN 49) stellt sich auch hier die Frage, wann die Leistung iS dieser Vorschrift erbracht ist. Hier werden folgende Gesichtspunkte maßgeblich sein. Durch die unlautere Werbemaßnahme, d. h. die Tathandlung, wird es regelmäßig zunächst zur Zeichnung eines Anlagewertes kommen, der erst in Vollzug dieses obligatorischen Geschäfts durch den Anleger bezahlt wird. Diese beiden Situationen entsprechen dem Eingehungs- und Erfüllungsbetrug iSv § 263 (vgl. dort RN 125 f.). Da die Vorschrift davon spricht, daß nur die „durch den Erwerb bedingte Leistung" verhindert werden muß, ist davon auszugehen, daß eine strafbefreiende tätige Reue auch nach dem (obligatorischen) Zeichnungsakt noch möglich ist. Da der Tatbestand nur eine täuschende Werbemaßnahme im Zusammenhang mit dem „Vertrieb" oder dem „Erhöhungsangebot" voraussetzt, also noch nicht einmal eine Zeichnung des Anlagewertes verlangt, kommt es bei Friktionen mit § 263. Aus der Terminologie des Abs. 3 ist nämlich zu schließen, daß ein Rücktritt auch dann noch möglich ist, wenn iSd § 263 nach der Rspr. ein Eingehungsbetrug schon vorläge (vgl. § 263 RN 128 ff.), weil der Anleger infolge der Täuschung sich vertraglich gebunden hat; Straffreiheit würde eintreten, wenn der Täter ihn daran hindert, auf die eingegangene Verbindlichkeit hin seine Leistung zu erbringen (and. Richter wistra 87, 120, der Strafbarkeit nach § 263 bejaht). Dies führt nun allerdings auf dem Boden der der Rspr. vertretenen Auffassung, wonach der Eingehungsbetrug mit Abschluß des Vertrages schon vollendet ist (krit. hierzu § 263 RN 128 ff.), zu schwer erträglichen Normwidersprüchen, weil dies bedeuten würde, daß ein Täter, der nach Zeichnung des Anlagewertes dafür sorgt, daß der Getäuschte vom Vertrag zurücktritt und nicht erfüllt, sich nach § 264 a Straffreiheit verschaffen würde, nach § 263 gleichwohl aber strafbar bliebe.

40   Der erfolgreichen Verhinderung der Leistung wird – entsprechend § 24 I 2 – das **freiwillige und ernsthafte Bemühen** um die **Leistungsverhinderung** gleichgestellt; vgl. hierzu § 24 RN 68 ff. Entsprechendes muß gelten, wenn der Täter dafür sorgt, daß der Anleger daran gehindert wird, die Anlagewerte zu zeichnen, d. h. einen obligatorischen Vertrag zu deren Erwerb einzugehen (Tiedemann LK 72). Werden falsche Angaben nach der Zeichnung richtig gestellt oder nachteilige Angaben offenbart, so liegt auch dann ein strafbefreiender Rücktritt vor, wenn ein Anleger in Kenntnis des berichtigten Prospekts etc. seine Leistung erbringt (Joecks wistra 86, 148). Ein vollendeter Betrug scheidet hier aus, weil es an der Kausalität zwischen der (ursprünglichen) Täuschung und der Verfügung fehlt; ein versuchter Betrug deshalb, weil hier § 24 anwendbar ist.

41   **VII. Konkurrenzen.** Gegenüber § 263 ist das abstrakte Vermögensgefährdungsdelikt des § 264 a wegen seiner weitergehenden Schutzrichtung einerseits nicht subsidiär (and. Tröndle/Fischer 3, Samson/Günther SK 57, Richter wistra 87, 120), stellt andererseits aber auch keine lex specialis dar, so daß mit § 263 Idealkonkurrenz möglich ist (ebenso Mutter NStZ 91, 421, vgl. auch § 265 b RN 51). § 4 UWG tritt insoweit zurück, als § 264 a die dort geregelten Tatformen miterfaßt, er behält aber seine Bedeutung – dann ist auch Tateinheit mit § 264 a möglich – soweit zB unwahre Mitteilungen in der Form eines Prospekts, einer Darstellung oder einer Übersicht über den Vermögensstand gemacht werden (Tröndle/Fischer 18). § 88 BörsG (Kursbetrug) tritt gegenüber § 264 a zurück, hingegen ist mit § 89 BörsG (Verleiten zur Börsenspekulation) Tateinheit möglich (Tröndle/Fischer 18).

VIII. Verjährung. Auch wenn die Tat mit Hilfe von gedruckten Prospekten begangen wird, 42
unterliegt sie nicht der kurzen Verjährung nach den Landespressegesetzen (BGH NJW **95**, 892 [für
Hessen] m. Anm. S. *Cramer* WiB 95, 304).

§ 265 Versicherungsmißbrauch

(1) **Wer eine gegen Untergang, Beschädigung, Beeinträchtigung der Brauchbarkeit, Verlust oder Diebstahl versicherte Sache beschädigt, zerstört, in ihrer Brauchbarkeit beeinträchtigt, beiseite schafft oder einem anderen überläßt, um sich oder einem Dritten Leistungen aus der Versicherung zu verschaffen, wird mit Freiheitsstrafe bis zu drei Jahren oder mit Geldstrafe bestraft, wenn die Tat nicht in § 263 mit Strafe bedroht ist.**

(2) **Der Versuch ist strafbar.**

Vorbem. Neu gefaßt durch das 6. StRG v. 26. 1. 1998 BGBl. I 164. Zu § 265 a. F. vgl. jetzt § 263 III Nr. 5.

Schrifttum: Bröckers, Versicherungsmißbrauch (§ 265 StGB), 1999. – *Bussmann,* Konservative Anmerkungen zur Ausweitung des Strafrechts nach dem Sechsten Strafrechtsreformgesetz, StV 99, 613. – *Ebel,* Zur Geschichte des Versicherungsbetruges (§ 265 StGB): „Die versenkte Schute", Jura 97, 187. – *Fetchenhauer,* Versicherungsbetrug, 1998. – *Geppert,* Versicherungsmißbrauch (§ 265 StGB neue Fassung), Jura 98, 382. – *Hörnle,* Die wichtigsten Änderungen des Besonderen Teils des StGB durch das 6. Gesetz zur Reform des Strafrechts, Jura 98, 169. – *Institut für Kriminalwissenschaften und Rechtsphilosophie Frankfurt a. M. (Hrsg.),* Irrwege der Strafgesetzgebung, 1999. – *Mitsch,* Die Vermögensdelikte im Strafgesetzbuch nach dem 6. Strafrechtsreformgesetz, ZStW 111, 65. – *Papamoschou/Bung,* § 265 StGB: Eine legislative Entgleisung, in: Institut für Kriminalwissenschaften (s. o.) 142. – *Ranft,* Grundprobleme beim sog. Versicherungsbetrug (§ 265 StGB), Jura 85, 393. – *Rönnau,* Der neue Straftatbestand des Versicherungsmißbrauchs – eine wenig geglückte Gesetzesregelung, JR 98, 441. – *Rzepka,* Der neue Straftatbestand des Versicherungsmißbrauchs (§ 265 StGB) – Auf dem Weg zum lückenlosen Strafrecht? in: Institut für Kriminalwissenschaften (s. o.) 271. – *Suchan,* Versicherungsmißbrauch – Erscheinungsformen und Strafrechtsreform, in: Tiedemann, Das Verbrechen in der Wirtschaft (1970) 67. – *Tiedemann,* Wirtschaftsbetrug, 1999. – *Zopfs,* Erfordert der Schutz des Versicherers den strafrechtlichen Tatbestand des Versicherungsmißbrauchs (§ 265 StGB)?, VersR 99, 265. Zu § 265 a. F. vgl. die Nachweise in der 25. A.

Materialien: Zum 6. StRG: BT-Drs. 13/8587 S. 65 (Stellungnahme des BR zum RegE), 85 (Stellungnahme der BReg.), 13/8991 S. 21 (Formulierungsvorschlag der BReg.), 13/9064 S. 19 f. (Bericht des Rechtsausschusses); zu 256 E 62: BT-Drs. IV/650 S. 53, 427 f.

I. Die Vorschrift wurde durch das **6. StRG** (vgl. Vorbem.) erheblich verändert. An die Stelle der 1
früheren Überschrift „Versicherungsbetrug" ist die Bezeichnung „Versicherungsmißbrauch" getreten
(vgl. dazu Tiedemann LK 2 u. Wirtschaftsbetrug, Nachtrag § 265 RN 1 sowie krit. Papamoschou/
Bung aaO 242 f.), der Anwendungsbereich wurde sowohl hinsichtlich der Tatobjekte als auch hinsichtlich der Tathandlungen wesentlich erweitert und die Strafdrohung wurde im Gegenzug deutlich
abgesenkt, so daß der Tatbestand nur noch ein gegenüber § 263 subsidiäres Vergehen beinhaltet. Die
Tathandlungen des § 265 a. F. (vgl. zu diesem die 25. A. sowie Samson/Günther SK 1 ff., Tiedemann
LK 1 ff.) wurden in leicht veränderter Form in § 263 III 2 Nr. 5 n. F. als Regelbeispiele eines
besonders schweren Falls des Betruges aufgenommen. Hintergrund der Reform war die vielfach
geäußerte Kritik an § 265 a. F. (vgl. dazu die 25. A. RN 2 mwN u. Tiedemann LK 4), die im
Gesetzgebungsverfahren von der Bundesregierung freilich nicht aus eigener Initiative, sondern erst
nach einer Anregung des Bundesrats, der auf ein aktuelles Strafbedürfnis gegenüber internationalen
KFZ-Schiebern hinwies (vgl. dazu BT-Drs. 13/8587 S. 65), aufgegriffen wurde und zu einer in quasi
letzter Minute eingefügten, an § 256 II E 62 angelehnten Neufassung führte (vgl. BT-Drs. 13/8587
S. 85, 13/8991 S. 21, 13/9064 S. 19 f. sowie zum E 62 BT-Drs. IV/650, S. 53, 427 f.; krit. zum
übereilten Gesetzgebungsverfahren Rönnau JR 98, 442, Zopfs VersR 99, 265). Die neue Formulierung löst zwar einige der mit § 265 a. F. verbundenen Probleme (vgl. zB Geppert Jura 98, 383 ff.).
Auch sie kann aber – nicht zuletzt wegen der Beschränkung auf Sachversicherungen – die tatsächlichen Phänomene des Versicherungsmißbrauchs nur unzureichend erfassen (vgl. näher Zopfs VersR
99, 268 ff.) und führt in weiten Bereichen zu einer Kriminalisierung objektiv unauffälliger, wenig
strafwürdiger Verhaltensweisen (vgl. u. a. die Kritik von Bussmann StV 99, 617, Geppert Jura 98, 386,
Hörnle Jura 98, 176, Papamoschou/Bung aaO 241 ff., Rönnau JR 98, 441 ff., Rzepka aaO 278 ff.; s.
aber auch Böckers aaO 59 ff., Tiedemann, Wirtschaftsbetrug, Nachtrag § 265 RN 11), ohne daß ein
entsprechend weitgehendes Schutzbedürfnis der Versicherer plausibel gemacht worden wäre (vgl.
näher Zopfs VersR 99, 270 ff., der die Vorschrift insgesamt für entbehrlich hält; zur Kriminologie vgl.
im übrigen Fetchenhauer aaO sowie Böckers aaO 19 ff.).

II. Der **Schutzzweck** der Vorschrift ist auch nach der Neufassung (zu § 265 a. F. vgl. die 25. A. 2
RN 1) nur schwer zu bestimmen. Wie sich aus der systematischen Einordnung der Vorschrift und
insbesondere ihrer Subsidiarität gegenüber § 263 ergibt, steht für den Gesetzgeber – trotz der Umbenennung in Versicherungs*miß*brauch – der sachliche Zusammenhang mit dem Betrug im Vordergrund.
Dies spricht dafür, daß es auch bei § 265 – ebenso wie bei den §§ 264, 264a, 265b – um einen
Vorfeldtatbestand zu § 263 geht, wobei hier jedoch schon bloße Vorbereitungshandlungen erfaßt sind.

Rechtsgut ist daher jedenfalls auch das Vermögen der Versicherungsgesellschaft (s. auch vor § 263 RN 4). Eine andere Frage ist es dagegen, ob darüber hinaus auch die soziale Leistungsfähigkeit des Allgemeininteressen dienenden Versicherungswesens mitgeschützt oder sogar in erster Linie geschützt ist (so Klipstein BE 85, Lackner/Kühl 1, Mitsch ZStW 111, 116 RN 148, Otto II 287, Rönnau JR 98, 442, Tiedemann, Wirtschaftsbetrug, Nachtrag § 265 RN 11, Tröndle/Fischer 2, W-Hillenkamp 254, Zopfs VersR 99, 268 u. mit unterschiedlichen Akzentsetzungen die h. M. zu § 265 a. F. [vgl. zB BGH **11** 398, **25** 262, **35** 262, Tiedemann LK 8; weitere Nachw. in der 25. A.]; and. Böckers aaO 94 f., Bussmann StV 99, 617, Geppert Jura 98, 383, Rengier I[4] 220 u. wohl auch Krey II 261). In der Tat muß angenommen werden, daß in § 265 zum Vermögen als weiteres Rechtsgut die wirtschaftlich besonders wichtige Funktionsfähigkeit der Versicherungswirtschaft hinzutritt. Dafür spricht schon die Parallele zu den §§ 264, 264a, 265b, wo gleichfalls über das Vermögen hinaus noch besonders wichtige Instrumente und Institutionen der Volkswirtschaft geschützt werden. Vor allem aber sind die Vorverlegung der Strafbarkeit in das Vorbereitungsstadium des Betrugs und die Ausdehnung des Tatbestandes auf Fälle, in denen der Versicherer zur Leistung verpflichtet bleibt (vgl. u. 14), nur damit zu erklären, daß das Gesetz speziell in der sozialen Leistungsfähigkeit der Versicherer ein im besonderen Maße schutzwürdiges Rechtsgut gesehen hat. Einzuräumen ist allerdings, daß wegen der Beschränkung des Schutzes auf Sachversicherungen und der Subsidiarität gegenüber § 263 auch eine solche Deutung des § 265 nicht ohne Widersprüche aufgeht.

3 **III. Tatobjekte** sind alle gegen Untergang, Beschädigung, Beeinträchtigung der Brauchbarkeit, Verlust oder Diebstahl versicherten Sachen.

4 1. Als **Sachen** kommen solche jeder Art, bewegliche wie unbewegliche, in Betracht. Auch die Eigentumsverhältnisse sind ohne Bedeutung.

5 2. Die Sache muß gegen **Untergang, Beschädigung, Beeinträchtigung der Brauchbarkeit, Verlust oder Diebstahl** versichert sein. Die Wortwahl ist unglücklich, weil sie mit der im Versicherungsrecht verwendeten Terminologie nicht übereinstimmt, trifft im Ergebnis aber die wesentlichen Sachverhalte (vgl. näher Bröckers aaO 116 ff.; krit. auch Zopfs VersR 99, 270). So kann der *Verlust* als Oberbegriff für alle Fälle des versicherungsrechtlichen „Abhandenkommens" einschließlich des Diebstahls verstanden werden (sog. Entziehungsschäden; vgl. Bröckers aaO 117 f.), und der Begriff des *Untergangs* erfaßt insbesondere die Zerstörung, die in der versicherungsrechtlichen Terminologie zusammen mit der *Beschädigung* die sog. Substanzschäden ausmacht (vgl. Bröckers aaO 118 f.). Die *Beeinträchtigung der Brauchbarkeit* und der *Diebstahl* haben demgegenüber versicherungsrechtlich keine eigenständige Bedeutung (s. auch u. 8).

6 3. **Versichert** ist die Sache, wenn formell überhaupt ein Versicherungsvertrag abgeschlossen und rechtsgeschäftlich nicht wieder aufgehoben worden ist (vgl. Tiedemann, Wirtschaftsbetrug, Nachtrag § 265 RN 3 sowie zu § 265 a. F. BGH **8** 344, **35** 261, StV **85**, 59). Gleichgültig ist, ob dieser anfechtbar oder nichtig ist, da auch hier die Gefahr besteht, daß die Versicherung, für die die fraglichen Umstände vielfach nicht ohne weiteres überschaubar sind, leistet (Lackner/Kühl 2, Tiedemann aaO, Tröndle/Fischer 3, W-Hillenkamp 254 sowie die h. M. zu § 265 a. F. [vgl. zB RG **59** 247, **67** 108, BGH **8** 343, u. näher Ranft Jura 85, 393 f.]; and. Bröckers aaO 114 ff.). Von praktischer Bedeutung ist dies vor allem bei einer betrügerisch übersicherten Sache, die trotz der hier in § 51 III VVG angeordneten Nichtigkeit des Versicherungsvertrags ein taugliches Tatobjekt des § 265 ist (vgl. zB RG **59** 247, BGH **8** 343, Tiedemann LK 12, aber auch Ranft aaO 394, alle zu § 265 a. F.). Darüber hinaus soll es nach der h. M. aber auch unerheblich sein, daß der Versicherer nach § 39 II VVG wegen Verzugs des Versicherungsnehmers oder nach § 38 II VVG wegen Nichtzahlung der 1. Prämie von seiner Leistungspflicht freigeworden ist (Geppert Jura 98, 384, Lackner/Kühl 2, Tröndle/Fischer 4, W-Hillenkamp 254; zu § 265 a. F. vgl. zB RG **67** 109, BGH **35** 261 m. Anm. Ranft StV 89, 301 [offengelassen in BGH **8** 345], Lackner LK[10] 2, M-Maiwald I 485; and. Otto II 287, Ranft Jura 85, 395, StV 89, 301, Tiedemann LK 12 u. Wirtschaftsbetrug, Nachtrag § 265 RN 3). Nach der ratio legis ist dies jedoch zumindest zweifelhaft, da die Sache hier zwar formell noch versichert ist, für den Versicherer in diesem Fall aber in aller Regel von vornherein offensichtlich ist, daß er nicht zu leisten braucht (der Hinweis in BGH **35** 262, daß die Nichtzahlung der 1. Prämie vor Eintritt des Versicherungsfalls nicht ausnahmslos zur Befreiung des Versicherers von seiner Leistungspflicht führe, kann nur Fälle eines vertraglichen Ausschlusses der Leistungsfreiheit in allgemeinen Versicherungsbedingungen, einer Stundung, einer vorläufigen Deckungszusage usw. betreffen [vgl. Knappmann in Prölss/Martin VVG, 26. A., § 38 RN 19 ff.], und es erscheint wenig wahrscheinlich ist, daß der Versicherungsgeber darüber getäuscht werden kann; vgl. Ranft StV 89, 301); diese Zweifel werden entgegen Geppert Jura 98, 384, auch nicht durch den Wegfall der „betrügerischen Absicht" in § 265 n. F. beseitigt (s. auch Bröckers aaO 113, Tiedemann, Wirtschaftsbetrug, Nachtrag § 265 RN 3).

7 IV. Die **Tathandlung** besteht im Beschädigen, Zerstören, Beeinträchtigen der Brauchbarkeit, Beiseiteschaffen oder Überlassen an einen anderen.

8 1. **Beschädigen** und **Zerstören** sollen nach der h. M. dieselbe Bedeutung wie in § 303 haben (Geppert Jura 98, 384, Klipstein BE 85, Tiedemann, Wirtschaftsbetrug Nachtrag § 265 RN 5, Tröndle/Fischer 5, W-Hillenkamp 254; s. auch BT-Drs. 13/9064 S. 19 iVm BT-Drs. IV/650 S. 428). Angesichts der unterschiedlichen Schutzgüter – dort Eigentum, hier Vermögen und Leistungsfähigkeit der Versicherer – können die zur Sachbeschädigung entwickelten Grundsätze (dort RN 7 ff.) aber nicht in vollem Umfang auf den Versicherungsmißbrauch übertragen werden (vgl. näher Bröckers aaO 120 ff.). Erfaßt sind vielmehr nur solche Beeinträchtigungen, die ihrer Art nach objektiv geeignet sind, einen Versicherungsfall auszulösen (ähnl. Bröckers aaO 123, Tiedemann aaO RN 6), wofür nach der gegenwärtigen Praxis der Sachversicherungen bloße Einschränkungen der Brauchbarkeit ohne Beeinträchtigung der Sachsubstanz (vgl. Martin, Sachversicherungsrecht, 3. A. 1992, B III RN 4) oder Bagatellschäden (vgl. Tiedemann aaO RN 5) nicht genügen. Die Einfügung der **Beeinträchtigung der Brauchbarkeit** als eigenständige Tatalternative stellt sich vor diesem Hintergrund als gesetzgeberischer Fehlgriff dar, weil entweder die betroffenen Fälle bereits von den Begriffen des Beschädigens und Zerstörens hinreichend erfaßt werden (s. auch Bröckers aaO 126 f., Tröndle/Fischer 5; and. W-Hillenkamp 254) oder es an der versicherungsrechtlichen Relevanz fehlt und deshalb keine Deckungsgleichheit mit der angestrebten Versicherungsleistung (u. 14) bestehen kann. Selbständige Bedeutung kann diese Tatvariante daher allenfalls in Ausnahmefällen erlangen, wenn eine Sache aufgrund der individuell ausgehandelten Bedingungen des Versicherungsvertrags auch gegen solche Einschränkungen der Brauchbarkeit versichert sein sollte, die keine Einwirkung auf die Sachsubstanz voraussetzen.

2. **Beiseite geschafft** ist eine Sache, wenn sie entweder dem Versicherten gegen seinen Willen 9 entzogen oder ihre räumliche Position – von dem Versicherten selbst oder einem Dritten mit dessen Einverständnis – auf eine solche Weise verändert wurde, daß ein nicht eingeweihter Beobachter den Eindruck gewinnen kann, sie sei abhanden gekommen (vgl. Bröckers aaO 134 u. die h. M. zu der insoweit gleichlautenden Vorschrift des § 151 ÖstStGB [zB Foregger-Kodeck, StGB, 6. A. § 151 Anm. II]; ähnl. Rengier I⁴ 220, W-Hillenkamp 255). Von einer verbreiteten Ansicht wird demgegenüber unter Hinweis auf die Begründung zu § 256 E 62 (BT-Drs. IV/650 S. 428) sowie in teilweiser Anlehnung an § 283 (dort RN 4) verlangt, daß die Sache der Verfügungsmöglichkeit des Berechtigten – d. h. des Versicherungsnehmers oder der Versicherung (insoweit zw. Rönnau JR 98, 443 f.) – räumlich entzogen werde (Geppert Jura 98, 384, Klipstein BE 85, Tiedemann, Wirtschaftsbetrug, Nachtrag § 265 RN 7; s. auch Tröndle/Fischer 5; enger Lackner Kühl 3), wofür teilweise auch das bloße Verbergen als ausreichend angesehen wird (Geppert aaO FN 22, Klipstein aaO 85 f.; offen gelassen von Tiedemann aaO). Der Verlust der Verfügungsmöglichkeit ist für § 265 jedoch ohne Bedeutung, weil der Versicherer keine Verfügungsbefugnisse hinsichtlich der versicherten Sache hat und deshalb nicht „Berechtigter" im Sinne dieser Definition sein kann (vgl. Bröckers aaO 130) und Schutzzweck der Vorschrift auch nicht die Sicherung der Verfügungsgewalt des Versicherten über seine eigenen Sachen ist (s. auch Tröndle/Fischer 5). Entscheidend ist vielmehr, daß durch die räumliche Veränderung entweder ein Versicherungsfall tatsächlich herbeigeführt wird (wenn ein Dritter, der nicht Repräsentant des Versicherten ist, ohne dessen Einverständnis handelt) oder zumindest eine Sachlage entsteht, die dem Versicherten die Vortäuschung eines Versicherungsfalles ermöglicht oder erleichtert, wofür bereits ein Verbergen genügen kann (vgl. näher Bröckers aaO 131 ff.).

3. **Einem anderen überlassen** wird die Sache durch Verschaffung des Besitzes zu eigener Verfü- 10 gung oder zu eigenem Gebrauch (vgl. § 184 RN 8; s. auch Lackner/Kühl 3, Otto II 287, Tröndle/ Fischer 5, W-Hillenkamp 255). Eine räumliche Veränderung ist dafür – im Gegensatz zum Beiseite-Schaffen – nicht notwendig (vgl. Bröckers aaO 136); auch besteht angesichts der Tatsache, daß der Versicherte die Sachherrschaft – wenn auch nur vorübergehend – aufgibt oder verliert, kein Bedarf für ein zusätzliches Erfordernis der Eignung, „den Eindruck des Abhandenkommens zu erwecken" (so aber Bröckers aaO). Diese Tatvariante erfaßt insbesondere die Übergabe eines KFZ an einen professionellen KFZ-Schieber (vgl. BT-Drs. 13/9064 S. 19). Soweit die Initiative hierzu jedoch vom Versicherten selbst ausgeht, ist der KFZ-Schieber regelmäßig notwendiger Teilnehmer und kann daher nicht wegen Anstiftung oder Beihilfe zum Überlassen bestraft werden (vgl. näher Gropp 228 f. [zur parallelen Situation bei § 283]; ebso. Rönnau JR 98, 444; dazu, daß dem KFZ-Schieber für eine täterschaftliche Haftung wegen Beiseite-Schaffens der versicherten Sache idR die erforderliche Absicht fehlt, s. u. 13); der Einwand von Tiedemann (Wirtschaftsbetrug, Nachtrag § 265 RN 8), daß der KFZ-Schieber durch die Zusage, das Fahrzeug über die Grenze zu schaffen und damit für die Versicherung unauffindbar zu machen, den Tatentschluß des Versicherten zum „Überlassen" wecke oder festige und sein Beitrag daher über die Rolle des notwendigen Teilnehmers hinausginge, trifft jedenfalls dann nicht zu, wenn sich der Versicherte aus eigenem Antrieb an eine Person wendet, von der er ein Verbringen des Fahrzeugs über die Grenze erwartet.

V. 1. Der **subjektive Tatbestand** verlangt zunächst **Vorsatz**, für den das Bewußtsein erforderlich 11 ist, daß die Sache versichert ist, sowie daß durch die Handlung eine Sache beschädigt, zerstört usw wird.

2. Erforderlich ist weiter, daß die Tat in der **Absicht** begangen wird, **sich oder einem Dritten** 12 **Leistungen aus der Versicherung zu verschaffen** (ob diese Absicht schon bei Abschluß der Versicherung bestanden hat, ist dagegen unerheblich).

a) Wie sich schon aus der Gesetzesformulierung („um ... zu") ergibt, ist **Absicht** iSv zielge- 13 richtetem Handeln (vgl. § 15 RN 66 ff.) erforderlich (BT-Drs. IV/650 S. 428, Geppert Jura 98, 386, Klipstein BE 86, Lackner/Kühl 4, Rengier I⁴ 221, Rönnau JR 98, 444, Tiedemann, Wirtschaftsbetrug, Nachtrag § 265 RN 9, Tröndle/Fischer 6; and. Bröckers aaO 155). Dolus eventualis oder dolus directus 2. Grades genügen nicht, weil die Tathandlungen – soweit der Versicherte selbst oder ein Dritter mit dessen Einverständnis handelt – objektiv an sich erlaubtes oder – soweit ein Dritter gegen den Willen des Versicherten handelt – nur gegen andere Rechtsgüter gerichtetes Verhalten betreffen und ihr spezifischer Unrechtscharakter sich daher erst aus der subjektiven Zielsetzung der Herbeiführung oder Vortäuschung eines Versicherungsfalles ergibt; auch erschöpft sich diese Zielsetzung nicht in der Antizipation der angestrebten Rechtsgutsverletzung (Vermögensschaden des Versicherers) – wofür dolus directus 2. Grades genügen würde –, sondern sie ist – ähnlich § 263 – darüber hinausgehend auf die Erlangung oder Verschaffung einer Versicherungsleistung gerichtet. Dem professionellen KFZ-Schieber fehlt regelmäßig diese Absicht (vgl. Bröckers aaO 154, Rönnau JR 98, 445, Tiedemann aaO; and. Rengier I⁴ 220); da er jedenfalls dann, wenn die Initiative allein vom Versicherten ausgeht, als notwendiger Teilnehmer auch nicht wegen Anstiftung oder Beihilfe zum Versicherungsmißbrauch des Versicherten durch Überlassen der versicherten Sache verantwortlich ist (vgl. o. 10), kommt für ihn in solchen Fällen nur eine Strafbarkeit wegen Beihilfe zum späteren Betrug des Versicherungsnehmers gegenüber der Versicherung in Betracht.

14 b) Die Absicht muß auf die **Verschaffung von Versicherungsleistungen für sich oder einen Dritten** gerichtet sein. Im Gegensatz zu § 265 a. F. (vgl. dazu die 25. A. RN 11 ff.) ist *keine Rechtswidrigkeit* der angestrebten Versicherungsleistung erforderlich. Erfaßt sind daher auch Fälle, in denen ein Dritter die Tat begeht, der nicht Repräsentant des Versicherten ist, so daß dieser einen wirksamen Anspruch auf die Versicherungsleistung erhält (vgl. BT-Drs. 13/9064 S. 19, IV/650 S. 427 f., Böckers aaO 156, Geppert Jura 98, 385, Hörnle Jura 98, 176, Klipstein BE 86, Lackner/Kühl 4, Tiedemann, Wirtschaftsbetrug, Nachtrag § 265 RN 9, Tröndle/Fischer 6). Geblieben, wenn auch durch die Ausdehnung des Tatbestands auf alle Sachversicherungen wesentlich entschärft, ist hingegen das Erfordernis einer *„Deckungsgleichheit"* zwischen der erstrebten Versicherungsleistung und dem durch § 265 erfaßten Versicherungsrisiko (Geppert aaO 383 f., Klipstein aaO 12, Tiedemann aaO 12, Tröndle/Fischer 3, 8). Der durch die Tathandlungen ausgelöste Schadensfall muß daher nicht nur objektiv, sondern auch nach der gegenüber dem Versicherer geplanten Sachdarstellung im Bereich des durch die tatbestandlich geschützten Versicherungsarten abgedeckten Schadensrisikos liegen, so daß sich die erstrebte Versicherungsleistung als Ersatz für den Verlust oder die Beschädigung der gerade gegen dieses Risiko versicherten Sache darstellen soll (so die h. M. zu § 265 a. F., zB RG 69 2, BGH **25** 261, **32** 137, **35** 326 u. hier die 25. A. mwN). Es genügt daher nicht, wenn der Täter eine außerhalb dieses Bezugsverhältnisses liegende Absicht verfolgt, so wenn er wegen der durch den Schaden notwendigen Betriebsunterbrechung Entschädigungsleistungen aus einer Betriebsunterbrechungsversicherung erlangen will (so zu § 265 a. F. BGH **32** 137) oder wenn er eine fremde Sache beschädigt, um dem Eigentümer Leistungen aus seiner eigenen Haftpflichtversicherung zu verschaffen (Tröndle/Fischer 8).

15 VI. **Vollendet** ist die Tat mit dem Beschädigen usw. Nicht erforderlich ist, daß die Absicht in einer weiteren Handlung zur Ausführung kommt, erst recht nicht eine Schädigung der Versicherung. Der **Versuch** ist nach Abs. 2 strafbar; obwohl der Tatbestand bereits durch Handlungen vollendet wird, die der eigentlichen Rechtsgutsverletzung weit vorgelagert sind, wollte der Gesetzgeber nicht auf diese zusätzliche Kriminalisierung verzichten (vgl. BT-Drs. 13/9064 S. 20 unter Hinweis auf BT-Drs. IV/650 S. 428; zu Recht krit. Bussmann, StV 99, 617, Rönnau JR 98, 445 f., Stächelin StV 98, 100, Tröndle/Fischer 9, W-Hillenkamp 256; s. auch Bröckers aaO 161 f.). Um einen untauglichen Versuch handelt es sich zB bei der irrigen Annahme, die Sache sei versichert. Während die modernen Regelungen der §§ 264 V, 264a III, 265b II **die Möglichkeit tätiger Reue** auch nach Tatvollendung eröffnen, sieht § 265 eine solche nicht vor, obwohl hier – noch weitergehend als bei den §§ 264, 264a, 265b – in der Sache bloße Vorbereitungshandlungen erfaßt sind. Besonders bedauerlich ist dabei, daß der Gesetzgeber auch die Neufassung des Tatbestands durch das 6. StRG (vgl. Vorbem.) nicht zum Anlaß für eine entsprechende Regelung genommen hat (krit. auch Bussmann StV 99, 617, Rengier I⁴ 221, Rönnau JR 98, 446, Tiedemann, Wirtschaftsbetrug, Nachtrag § 265 RN 13, Tröndle/Fischer 9, W-Hillenkamp 256; s. auch Bröckers aaO 159). Entgegen einer verbreiteten Auffassung kann dies aber nicht als bewußte Entscheidung ausgelegt werden, die eine entsprechende Anwendung der §§ 264 V, 264a III, 265b II verbieten würde (so aber Bröckers aaO 160, Rengier I⁴ 221, Rönnau aaO, Tiedemann, W-Hillenkamp 256; s. auch Lackner/Kühl 5); vielmehr erscheint es angesichts der Eile des Gesetzgebungsverfahrens (o. 1) keineswegs als ausgeschlossen, daß die Frage schlicht übersehen wurde (im Bericht des Rechtsausschusses fehlt jeder Hinweis; vgl. BT-Drs. 13/9064 S. 19 f.). Auch wenn aufgrund der geänderten Tathandlungen eine Analogie zur tätigen Reue bei der Brandstiftung, wie sie § 265 a. F. weithin vertreten wurde (vgl. die 25. A. RN 15), nicht mehr sachgerecht erscheint (and. Geppert Jura 98, 385), sollten jedenfalls die §§ 264 V, 264a III, 265b II analog angewendet werden, wenn der Täter freiwillig verhindert, daß die Versicherung eine Leistung erbringt, oder sich bei Unterbleiben der Leistung aus anderen Gründen freiwillig und ernsthaft um die Verhinderung der Leistung bemüht (i. E. ähnl. Geppert aaO; s. auch Tiedemann aaO: zwingende Anwendung von § 153 StPO). Das bloße freiwillige Aufgeben der „betrügerischen" Absicht nach dem Beschädigen usw. würde dafür allerdings noch nicht genügen (ebso. Geppert aaO), wohl aber, wenn der Dritte, der die Sache im Auftrag des Versicherungsnehmers beschädigt oder beseitigt hat, diesen an der Geltendmachung seiner „Ansprüche" hindert; dasselbe dürfte für den Versicherungsnehmer als Täter gelten, wenn er die Anzeigefrist (vgl. zur Feuerversicherung § 92 VVG: 3 Tage) bewußt verstreichen läßt und damit seinen Versicherungsanspruch verliert oder wenn er seine Schadensmeldung zurücknimmt, berichtigt oder von ihm zusätzlich verlangte und mit einer Ausschlußfrist verbundene Erklärungen nicht abgibt (vgl. auch § 264 RN 67). Dabei ist in den zuletzt genannten Fällen zu berücksichtigen, daß ein Rücktritt von dem hier bereits begangenen Versuch nach § 263 keinen Sinn mehr macht, wenn der Täter gleichwohl nach § 265 strafbar bleibt, obwohl im Hinblick auf das geschützte Rechtsgut im Grunde „noch nichts passiert ist" (and. Klipstein BE 85, Mitsch ZStW 111, 119, Rengier I⁴ 222, Tröndle/Fischer 11, W-Hillenkamp 256).

VII. Idealkonkurrenz ist möglich zB mit §§ 242, 303 ff., 306 ff., 315, 315 b. Kommt es zum **nachfolgenden Betrug**, so tritt § 265 aufgrund gesetzlich angeordneter **Subsidiarität** zurück: Entgegen der mißglückten Gesetzesformulierung ist als „Tat" nicht nur die des § 265 anzusehen – die höchst selten tateinheitlich mit § 263 verbunden sein wird –, sondern auch die des späteren Betruges gegenüber der Versicherung (ebso. Bröckers aaO 164 f., Klipstein BE 85, Lackner/Kühl 6, Mitsch ZStW 111, 118, Rengier I⁴ 221 f., Tiedemann, Wirtschaftsbetrug, Nachtrag § 265 RN 14, Tröndle/Fischer 11, W-Hillenkamp 254; s. auch BT-Drs. 13/9064 S. 20). Diese Subsidiarität gilt auch gegenüber dem versuchten Betrug (bei Rücktritt lebt § 265 nur dann wieder auf, wenn nicht zugleich eine tätige Reue entspr. §§ 264 V, 264 a III, 265 b II vorliegt; vgl. o. 15) und der Teilnahme an § 263 (Bröckers aaO, Tiedemann aaO, Tröndle/Fischer 11). 16

VIII. Strafe. Die Strafdrohung ist seit dem 6. StrRG (vgl. Vorbem.) geringer als die des § 263, weil nur Vorbereitungshandlungen oder Taten eigener Art erfaßt sind, die den Unrechtsgehalt des Betruges nicht erreichen (vgl. BT-Drs. 13/9064 S. 20). Damit wurde auch der Kritik an der Einstufung des § 265 a. F. als Verbrechen (vgl. die 25. Aufl. sowie Tiedemann LK 41) Rechnung getragen. 17

IX. Für **Taten**, die **vor dem 1. 4. 1998** begangen wurden, gilt im Hinblick auf § 2 III folgendes: 1. Soweit die Tat nur nach § 265 n. F., nicht aber nach § 265 a. F. strafbar ist, ist § 265 a. F. das mildere Gesetz (vgl. BGH NStZ **99**, 243). – 2. Ist die Tat nach beiden Vorschriften strafbar und liegt außerdem ein Betrug zum Nachteil der Versicherung vor, so wird die Herabstufung des § 265 a. F. zum Vergehen regelmäßig durch die Aufwertung des Betruges gem. § 263 III 2 Nr. 5 n. F. ausgeglichen; § 265 a. F. bleibt in solchen Fällen daher anwendbar, sofern nicht ausnahmsweise ein besonders schwerer Fall des Betruges zu verneinen ist (BGH NStZ **99**, 32, 243, **00**, 93, NStZ-RR **98**, 235 [3 StR 98/98], wistra **99**, 380; s. auch BGH NStZ **00**, 136, Bay StV **99**, 653; and. Tiedemann, Wirtschaftsbetrug, Nachtrag § 265 RN 1). – 3. Ist die Tat sowohl nach § 265 a. F. als auch nach § 265 n. F. strafbar, ohne daß eine Verurteilung nach § 263 in Betracht kommt, so ist § 265 n. F. das mildere Gesetz (BGH NStZ-RR **98**, 235 [1 StR 127/98]). 18

§ 265 a Erschleichen von Leistungen

(1) **Wer die Leistung eines Automaten oder eines öffentlichen Zwecken dienenden Telekommunikationsnetzes, die Beförderung durch ein Verkehrsmittel oder den Zutritt zu einer Veranstaltung oder einer Einrichtung in der Absicht erschleicht, das Entgelt nicht zu entrichten, wird mit Freiheitsstrafe bis zu einem Jahr oder mit Geldstrafe bestraft, wenn die Tat nicht in anderen Vorschriften mit schwererer Strafe bedroht ist.**

(2) **Der Versuch ist strafbar.**

(3) **Die §§ 247 und 248 a gelten entsprechend.**

Vorbem. Fassung des Begleitgesetzes zum TKG vom 17. 12. 1997, BGBl. I 3108.

Schrifttum: Ahrens, Automatenmißbrauch und Rechtsschutz moderner Automatensysteme, Diss. Kiel, 1984. – *Albrecht,* Bedienungswidrig herbeigeführter Geldauswurf bei einem Glücksspielautomaten, JuS 83, 101. – *Alwart,* Über die Hypertrophie eines Unikums (§ 265 a StGB), JZ 86, 563. – *Beucher/Engels,* Harmonisierung des Rechtsschutzes verschlüsselter Pay-TV-Dienste gegen Piraterieakte, CR 98, 101. – *Bilda,* Zur Strafbarkeit des „Schwarzfahrens", MDR 69, 434. – *Brauner-Göhner,* Die Strafbarkeit „kostenloser Störanrufe", NJW 78, 1469. – *Bühler,* Die strafrechtliche Erfassung des Mißbrauchs von Geldspielautomaten, Diss. Tübingen 1995. – *Etter,* Noch einmal: Systematisches Entleeren von Glücksspielautomaten, CR 88, 1021. – *Falkenbach,* Die Leistungserschleichung (§ 265 a), 1983. – *Figgener,* Die Akzeptanz neuerer Strafnormen durch die Rechtsprechung, 1996. – *Fischer,* „Erschleichen" der Beförderung bei freiem Zugang?, NJW 88, 1828. – *Füllkrug/Schnell,* Die Strafbarkeit des Spielens an Geldspielautomaten bei Verwendung von Kenntnissen über den Programmablauf, wistra 88, 177. – *Gern/Schneider,* Die Bedienung von Parkuhren mit ausländischem Geld, NZV 88, 129. – *Hauf,* Schwarzfahren im modernen Massenverkehr – strafbar nach § 265 a StGB?, DRiZ 95, 15. – *Herzberg/Seier,* Zueignungsdelikte, Jura 85, 49. – *Krause/Wuermeling,* Mißbrauch von Kabelfernsehanschlüssen, NStZ 90, 526. – *Lenckner/Winkelbauer,* Strafrechtliche Probleme im modernen Zahlungsverkehr, wistra 84, 83. – *Mahnkopf,* Probleme der unbefugten Telefonbenutzung, JuS 82, 885. – *Mitsch,* Strafbare Überlistung eines Geldspielautomaten – OLG Celle NJW 1997, 1518, JuS 98, 307. – *Rinio,* Das „Überlisten" der Ausfahrtschranke eines Parkhauses – strafbares Unrecht?, DAR 98, 297. – *Schall,* Der Schwarzfahrer auf dem Prüfstand des § 265 a StGB, JR 92, 1. – *Schienle,* Die Leistungserschleichung, 1938 (StrAbh. 384). – *Schlüchter,* Zweckentfremdung von Geldspielgeräten durch Computermanipulationen, NStZ 88, 53. – *Schroth,* Diebstahl mittels Codekarte, NJW 81, 729. – *Schulz,* „Leistungserschleichung" bei Spielautomaten, NJW 81, 1351. – *Yoo,* Codekartenmißbrauch am POS-Kassen-System, 1997. – *Wiechers,* Strafrecht und Technisierung im Zahlungsverkehr, JuS 79, 847.

1 I. Die Vorschrift enthält einen **Auffangtatbestand** zum Betrug; geschütztes **Rechtsgut** ist daher gleichfalls das Vermögen (h. M., z. B. Bay 85 94, Hamburg NJW 87, 2688, Stuttgart NJW 90, 924, AG Lübeck NJW 89, 467, Günther SK 2, Lackner/Kühl 1, Tiedemann LK 12 f.). Sie wurde eingefügt, um Lücken bei § 263 zu schließen (z. B. Automatenmißbrauch: keine Täuschung); auch sollten damit Streitfragen erledigt werden, die sich bei der Anwendung des § 263 insbes. auf das Erschleichen von Massenleistungen ergeben hatten (vgl. näher Tiedemann LK 1 ff.). § 265 a gilt daher auch nur subsidiär: Liegen die Voraussetzungen des § 263 im Einzelfall vor, so tritt § 265 a zurück. Der ursprünglich (Ges. v. 28. 6. 1935, RGBl. I 839; vgl. dazu Falkenbach aaO 74 ff.) auf das Erschleichen der Leistung eines Automaten (Automatenmißbrauch), der Beförderung durch ein Verkehrsmittel und des Zutritts zu einer Veranstaltung beschränkte Tatbestand wurde – bedingt durch die mit der fortschreitenden Automatisierung des Fernmeldewesens eröffneten Möglichkeiten, die Gebührenerfassungseinrichtung durch technische Manipulationen zu umgehen – durch das 1. WiKG auf die Erschleichung der Leistung eines öffentlichen Zwecken dienenden Fernmeldenetzes erweitert (vgl. BR-Drs. 5/75 S. 29, Prot. 7 S. 2735); durch das Begleitgesetz zum TKG (vgl. Vorbem.) wurde der Begriff des „Fernmeldenetzes" durch den moderneren des „Telekommunikationsnetzes" ersetzt, ohne daß damit sachliche Änderungen bezweckt waren (vgl. BR-Drs. 369/97 S. 49). Unbefriedigend ist die Regelung, soweit sie den Automatenmißbrauch betrifft, weil sie hier zu einer unterschiedlichen Behandlung von sog. Waren- und Leistungsautomaten, seit Einfügung des § 263 a aber auch zu zwei Klassen von Leistungsautomaten führt (u. 4). Nicht mehr gerecht wird § 265 a auch dem „Schwarzfahren" unter den Bedingungen des modernen Verkehrswesens, bei denen die Rspr. in einem zu weitgehenden, weil durch den Wortlaut nicht mehr gedeckten Umfang eine Strafbarkeit bejaht (u. 11). Eine Entkriminalisierung der sog. „Einmalfälle" war in einem Gesetzesentwurf des Bundesrats in der Weise vorgesehen, daß für diese ein Bußgeldtatbestand geschaffen und die Strafbarkeit wegen Beförderungserschleichung nach einem neuen Abs. 2 auf wiederholte oder unter Umgehung von Kontrollmaßnahmen begangene Verstöße beschränkt werden sollte, doch wurde dieser Entwurf nicht Gesetz (vgl. BT-Drs. 13/374 sowie die Stellungnahme der Bundesregierung aaO S. 7; s. auch Tröndle/Fischer 1; zur Reformdiskussion vgl. ferner Albrecht u. a. [Hrsg.], Rechtsgüterschutz durch Entkriminalisierung [1992] 49, 59 f., Günther SK 5 f., Loos ZRP 93, 310, Tiedemann LK 7 u. 8 ff. zu ausländischen Regelungen). Die im Vergleich zu § 263 wesentlich mildere Strafdrohung ist in den Fällen des § 265 a vor allem mit der idR nur geringen Schadenshöhe zu rechtfertigen; umso deutlicher werden damit allerdings auch die Diskrepanzen zur Behandlung des Bagatellbetrugs in § 263.

2 II. Der **objektive Tatbestand** setzt voraus, daß sich der Täter die Leistung eines Automaten oder eines öffentlichen Zwecken dienenden Telekommunikationsnetzes, die Beförderung durch ein Verkehrsmittel oder den Zutritt zu einer Veranstaltung oder Einrichtung erschleicht. Gemeinsames ungeschriebenes Merkmal des objektiven Tatbestands ist die *Entgeltlichkeit der erschlichenen Leistung* (vgl. Tiedemann LK 17). Nicht nach § 265 a strafbar ist daher z. B. das Einschleichen in eine unentgeltliche geschlossene Veranstaltung (zum Versuch bei irriger Annahme der Entgeltlichkeit des Zutritts, vgl. u. 13). Dasselbe gilt für die unberechtigte Betätigung von Bargeldauszahlungsautomaten, weil die Leistung nicht gegen Entgelt erfolgt (vgl. Arzt/Weber III 63, Günther SK 3, Lenckner/Winkelbauer wistra 84, 84, Sieber JZ 77, 412, Schroth NJW 81, 730, Wiechers JuS 79, 849; vgl. aber auch Herzberg/Seier Jura 85, 52; and. Tiedemann LK 18; zu vollautomatischen POS-Kassen-Geräten vgl. Yoo aaO 98 f.). Entsprechend seiner Ergänzungsfunktion zu § 263 ist § 265 a ferner nicht anwendbar, wenn das „Entgelt" nicht unter (erwerbs-)wirtschaftlichen Gesichtspunkten, sondern deshalb verlangt wird, um auf diese Weise die Inanspruchnahme der Leistung, Einrichtung usw. zu begrenzen, so z. B. beim Zutritt zum Bahnsteig gegen Bahnsteigkarten (vgl. Hamburg JR 81, 390 m. Anm. Schmid) und früher auch bei öffentlichen Parkplätzen mit Parkuhren, wo seit der Neufassung des § 6 a VI, VII StVG und der Umwandlung der Parkgebühr von einer bloßen Verwaltungs- in eine Benutzungsgebühr für die Inanspruchnahme des Parkraums inzwischen zwar etwas anderes gilt (vgl. Bay 91 62, Gern/Schneider NZV 88, 130 unter Hinweis auf die amtl. Begr.), § 265 a aber aus anderen Gründen ausscheidet (u. 4, 7). Daraus, daß § 265 a gleichfalls ein Vermögensdelikt ist (o. 1), folgt schließlich, daß es beim objektiven Tatbestand fehlt, wenn die fragliche Leistung tatsächlich bezahlt wurde (vgl. Bay 85 95, Koblenz NJW 00, 86, AG Lübeck NJW 89, 467), und zwar auch dann, wenn der Täter sie sich, weil er z. B. seinen Berechtigungsnachweis verloren hat, unter Umgehung der gegen eine unbefugte Inanspruchnahme getroffenen Sicherungsvorkehrungen verschafft (vgl. auch Alwart JZ 86, 568). Schon der objektive Tatbestand ist danach auch zu verneinen, wenn ein Fahrgast, der seinen Fahrschein ordnungsgemäß gelöst hat, diesen lediglich bei der Fahrt nicht bei sich führt und sie vertragswidrig unterläßt, erneut eine Fahrkarte zu kaufen (Bay 85 94, Koblenz NJW 00, 86, AG Lübeck NJW 89, 467; zur Frage, ob gegen minderjährige Schwarzfahrer Ansprüche auf Beförderungsentgelt bestehen vgl. Harder NJW 90, 857, Stacke NJW 91, 875).

3 1. **Gegenstand** des Erschleichens ist die Leistung eines Automaten oder eines öffentlichen Zwecken dienenden Telekommunikationsnetzes, die Beförderung durch ein Verkehrsmittel oder der Zutritt zu einer Veranstaltung oder Einrichtung.

a) Ein **Automat** ist an sich jedes technische Gerät, das dadurch, daß mit der Entrichtung des vorgesehenen Entgelts ein Mechanismus oder ein elektronisches Steuerungssystem in Funktion gesetzt wird, selbsttätig bestimmte Gegenstände abgibt (Waren, Berechtigungs- und Gutscheine aller Art; *Warenautomaten,* z. B. Zigaretten-, Fahrkartenautomaten, auch Geldwechselautomaten [Düsseldorf NJW **00**, 158]) oder sonstige, nicht in der Hergabe von Sachen bestehende Leistungen erbringt *(Leistungsautomaten);* Geräte, die nicht vom Kunden selbständig, sondern nur unter Beteiligung des Personals des Betreibers genutzt werden (zB nicht vollautomatisierte „POS-Kassen"; vgl. Yoo aaO 90), fallen daher nicht unter § 265 a. Trotz des weitergehenden Gesetzeswortlauts gilt § 265 a nach h. M. jedoch nur für **Leistungsautomaten,** nicht dagegen für Warenautomaten (vgl. z. B. RG **34** 45, BGH MDR **52**, 563 m. Anm. Dreher, Bay **55** 121, NJW **87**, 664, Celle NJW **97**, 1518, Düsseldorf NJW **99**, 3209, **00**, 158, Koblenz NJW **84**, 2425, Köln OLGSt § 242 S. 51, Stuttgart JR **82**, 508, Zweibrücken OLGSt. § 265 a S. 1, Ahrens aaO 52 ff., Gössel II 436 f., Blei II 244 f., Lackner/Kühl 2, M-Maiwald I 487, Otto JZ **85**, 23 u. 93, 570, Tiedemann LK 21 f., Welzel 379; s. auch Küper 36 ff.; and. Bockelmann II/1 S. 117, Dreher MDR **52**, 563, Figgener aaO 173 f., Günther SK 11, Hilgendorf JR **97**, 348, Mitsch JuS 98, 313, Tröndle/Fischer 1 a). Dies folgt nicht erst aus der Subsidiaritätsklausel des § 265 a (Vorrang des § 242; so aber z. B. W-Hillenkamp 262), vielmehr sind Warenautomaten schon keine „Automaten" i. S. des § 265 a, weil Leistungsgegenstand, für den das Entgelt entrichtet wird, hier allein die Sache, nicht aber eine von ihnen selbst willen produzierte „Leistung" des Automaten ist (vgl. näher Ahrens aaO 53 ff. mwN; krit. insoweit Tiedemann LK 21). Hinzu kommt, daß die mißbräuchliche Benutzung von Warenautomaten nach h. M. schon immer als Diebstahl strafbar war (vgl. die Nachw. o., ferner § 242 RN 36), hier also eine Lücke, die durch § 265 a zu schließen gewesen wäre, nie bestanden hat (and. Mitsch JuS 98, 313: Mißbrauch von Warenautomaten ohne Zueignungsabsicht möglich). Da die Vorschrift bei Einbeziehung der Warenautomaten gegenüber § 242 ff. ohnehin subsidiär wäre (vgl. BGH MDR **52**, 563), hat die Frage heute freilich nur noch Bedeutung, wenn man beim Mißbrauch von Warenautomaten § 242 überhaupt verneint (so Bockelmann II/1 S. 117, Dreher MDR **52**, 563; in diese Richtung auch BGH **38** 122 ff. u. zust. Otto II 243, ders. Jura 97, 476 sowie krit. Ranft NJW 94, 2575 ff.); dagegen sind die Friktionen, die sich früher wegen §§ 248 a, 370 Nr. 5 a. F. ergeben hatten (vgl. Gössel II 436), durch das EGStGB behoben worden (Streichung des § 370, Einfügung des Abs. 3 in § 265 a). Um die Leistung von Automaten i. S. des § 265 a handelt es sich daher z. B. bei Fernsehgeräten mit Münzzähler bei Abzahlungskauf (Stuttgart MDR **63**, 236), Stromanlagen mit Münzkassiergeräten (BGH MDR/H **85**, 795, Bay JR **61**, 270), Decodern für verschlüsselte Pay-TV-Sendungen (auch wenn im Eigentum des Täters stehend, da der „Mißbrauch" durch Verwendung nicht autorisierter „Piratenkarten" erfolgt; vgl. Beucher/Engels CR **97**, 104 f., Dressel MMR 99, 394), Musik-, Wiege-, Film- und (Geld-) Spielautomaten, dies freilich nur hinsichtlich des eigentlichen – d. h. des nicht versachlichten – Leistungsbereichs (z. B. Ertönen von Musik, Spielvergnügen mit Gewinnchance), während der Geldrückgabe- bzw. Geldausgabeteil eines Automaten ebenso wie Warenautomaten nicht durch § 265 a, sondern durch § 242 geschützt ist (zu Geldspielautomaten vgl. Bay **55** 120, Celle NJW **97**, 1518 m. Anm. Hilgendorf JR **97**, 347 u. Bspr. Mitsch, JuS 98, 307, Düsseldorf NJW **99**, 3209, Koblenz NJW **84**, 2425, Köln OLGSt § 242 S. 51, Stuttgart NJW **82**, 1659 m. Bspr. Albrecht JuS 83, 101 u. Anm. Seier JR 82, 509, Zweibrücken OLGSt. § 265 a S. 1, LG Freiburg NJW **90**, 2635, LG Ravensburg StV **91**, 214 m. Anm. Herzog, LG Stuttgart MDR **91**, 82; and. AG Lichtenfels NJW **80**, 2206, Günther SK 12; zu Wechselgeldautomaten vgl. Düsseldorf NJW **00**, 158; vgl. auch u. 9 u. zum Ganzen näher Bühler aaO). Gleichfalls Leistungsautomaten sind Automaten, in denen zwar auch Sachen abgegeben werden, diese aber nur dienende Funktion haben, indem sie lediglich das Mittel sind, mit deren Hilfe der Automat seine eigentliche Leistung in Gestalt eines unkörperlichen Erfolgs erbringt (z. B. Wasser und Waschmittel bei einem Waschautomaten, Fotopapier bei einem Fotoautomaten; ebso. Tiedemann LK 22; and. Ahrens aaO 75 ff.: § 242 und § 265 a in Tateinheit). Nicht hierher gehören dagegen Automaten, die nicht die Leistung selbst, sondern nur das *Recht* auf diese vermitteln. Keine Leistungs-, sondern Warenautomaten sind daher z. B. Fahrkartenautomaten (vgl. o.), während Parkuhren strafrechtlich nicht geschützt sind, weil deren „Leistung" – i. U. zur Schranke, die einen Parkraum öffnet und diesen damit für die Benutzung realiter zur Verfügung stellt – lediglich in der befristeten Aufhebung eines Parkverbots, nicht aber in der *tatsächlichen* Möglichkeit des Parkens besteht (vgl. Bay **91** 61 m. Anm. Graul JR 91, 435, Koblenz NStE **Nr. 4;** and. Gern/Schneider NZV 88, 130; auch ein Versuch nach § 263 wäre das Bedienen einer Parkuhr mit Falschgeld usw., obwohl auf eine Täuschung möglicher Kontrollen angelegt, nur, wenn es dem Täter darum ginge, die Nacherhebung der Benutzungsgebühr zu vereiteln). Die an sich bereits zu den (Leistungs-)Automaten i. S. der 1. Alt. gehörenden Telefonautomaten sind jetzt von der den spezielleren Tatbestand darstellenden 2. Alt. (u. 5) miterfaßt (vgl. BR-Drs. 5/75 S. 30). Gesetzgeberisch nicht gelöst ist das Problem, daß Automaten i. S. des § 265 a zugleich mit einer Datenverarbeitung i. S. des § 263 a verbunden sein können, so bei Automaten mit elektronisch arbeitenden Geldprüfgeräten (u. U. mit Geldrückgabe; s. auch Celle NJW **97**, 1518 m. Anm. Hilgendorf JR **97**, 347 u. Bspr. Mitsch JuS 98, 307) oder wenn von dem Automaten eine Wertkarte abgelesen werden muß (so bei den modernen Telefonautomaten). Wegen der Subsidiaritätsklausel des § 265 a hängt es hier deshalb von technischen Zufälligkeiten ab, ob der strengere § 263 a Anwendung findet, wodurch die schon bisher vorhandenen Friktionen – unterschiedliche Behandlung des Mißbrauchs von Leistungs- und Warenautomaten – weiter verschärft werden, weil es nunmehr seit Einfügung des § 263 a auch zwei Klassen von Leistungsautomaten gibt:

§ 265 a 5–9

solche, bei denen eine Leistungserschleichung nach § 263 a strafbar ist, und solche, für die, wie bisher, nur § 265 a gilt (vgl. Lackner/Kühl § 263 a RN 4, Lenckner/Winkelbauer CR 86, 658 f.).

5   b) Die **Leistung eines öffentlichen Zwecken dienenden Telekommunikationsnetzes** besteht in der Eröffnung der Möglichkeit, durch technische Kommunikationssysteme Nachrichten auszusenden, zu übermitteln oder zu empfangen (vgl. § 3 Nr. 12, 16, 19, 21 TKG). Wie auch die Ersetzung des früheren Begriffs des „Fernmeldewesens" durch den moderneren der „Telekommunikation" (o. 1) zeigt, wollte der Gesetzgeber alle Datenübertragungssysteme erfassen und auch für die künftige Entwicklung offenbleiben (vgl. BT-Drs. 7/3441 S. 29 f.). Gleichgültig ist deshalb, ob die Nachrichtenübermittlung über Kabel oder drahtlos erfolgt (ebso. Tiedemann LK 26; and. Stimpfig MDR 91, 710 und hier 24. A.), und ohne Bedeutung ist auch, ob das fragliche System der gegenseitigen Nachrichtenübermittlung dient oder ob diese nur einseitig erfolgt (vgl. § 3 Nr. 16 TKG sowie Tiedemann, Wirtschaftsbetrug, 1999, Nachtrag § 265 a RN 2; zum Fernseh-Breitbandkabelnetz vgl. Krause/Wuermeling NStZ 90, 527; zum „Schwarzhören" als Erschleichen s. jedoch u. 8, 10). Der Begriff des öffentlichen Zwecken dienenden Telekommunikationsnetzes ist nicht gleichbedeutend mit dem der öffentlichen Zwecken dienenden Telekommunikationsanlage in § 317 (mißverständlich daher BR-Drs. 5/75 S. 30; s. jetzt § 3 Nr. 12, 21 TKG einerseits u. § 3 Nr. 17 TKG andererseits), denn entscheidend ist hier nicht die Zweckbestimmung der konkreten Anlage (z. B. eines einzelnen Telefonanschlusses), sondern die des Telekommunikationsnetzes insgesamt. Dieses dient dem öffentlichen Interesse, wenn es zur Benutzung für die Allgemeinheit eingerichtet worden ist (vgl. auch RG 29 244); ist es nur für die Kommunikation zwischen öffentlichen Behörden bestimmt, so dient es zwar gleichfalls öffentlichen Interessen, wird aber von § 265 a deshalb nicht erfaßt, weil hier keine entgeltlichen Leistungen erbracht werden (o. 2).

6   c) **Beförderung durch ein Verkehrsmittel** ist jeder Transport von Personen oder Sachen (and. Falkenbach aaO 88: nur Personen) durch ein öffentliches oder privates Verkehrsmittel, gleichgültig, ob es sich dabei um eine Massenleistung (z. B. Eisenbahn) oder um eine Einzelleistung (z. B. Taxi) handelt (vgl. Tiedemann LK 30; and. Falkenbach aaO 88).

7   d) Der **Zutritt zu Veranstaltungen** bzw. **Einrichtungen** erfordert die körperliche Anwesenheit in diesen. *Veranstaltungen* sind z. B. Theater, Konzerte, Vorträge, Sportveranstaltungen, *Einrichtungen* – d. h. Sacheinheiten oder -gesamtheiten – z. B. Badeanstalten, Bibliotheken, Museen, Kuranlagen, Parkhäuser, wobei entsprechend dem Schutzzweck der Vorschrift aber nur solche Veranstaltungen und Einrichtungen gemeint sind, für deren Besuch oder Inanspruchnahme als wirtschaftliche Gegenleistung ein Entgelt verlangt wird (o. 2). Nicht hierher gehören daher Bahnsteige, die nur mit einer Bahnsteigkarte betreten werden dürfen (o. 2), während öffentliche Parkflächen mit Parkuhren – insoweit ebenso wie gebührenpflichtige Parkhäuser oder nur gegen Bezahlung zugängliche Parkplätze – zwar „Einrichtungen" sein mögen, für deren Benutzung ein echtes Entgelt zu entrichten ist (o. 2), hier aber durch Einwerfen von Falschgeld usw. nicht der „Zutritt" erschlichen wird (vgl. i. E. auch Bay 91 62 m. Anm. Graul JR 91, 435, Rengier I⁴ 227, Tröndle/Fischer 3; and. für Parkhäuser Rinio DAR 98, 297 f.; dazu, daß Parkuhren auch keine Leistungsautomaten sind, vgl. o. 4).

8   2. **Erschleichen** der Leistung usw. ist nicht schon die unbefugte unentgeltliche Inanspruchnahme (vgl. Stuttgart NJW **90**, 924 m. Anm. Fischer NStZ 91, 41; and. noch MDR **63**, 236), da dies vor allem bei der 4. Alt. (o. 5), aber auch sonst zu Ergebnissen führen würde, die offensichtlich nicht gewollt sind: Nach § 265 strafbar wäre dann z. B. jede unbefugte Benutzung fremder Telefonapparate (vgl. Mahnkopf JuS 82, 887), die mißbräuchliche Benutzung eines Dienstapparates zu Privatgesprächen, das demonstrative Mitfahren in einer Straßenbahn zum „Nulltarif" (mit Recht verneinend Bay NJW **69**, 1042, Falkenbach aaO 88, Günther SK 17, Krey II 264; and. Hauf DRiZ 95, 20), das gewaltsame Eindringen in eine Veranstaltung in der Absicht, das Entgelt nicht zu bezahlen. Damit von einem „Erschleichen" gesprochen werden kann, muß vielmehr hinzukommen, daß die unbefugte Inanspruchnahme ohne Wissen des Berechtigten und unter Umgehung der von diesem gegen eine unerlaubte Benutzung geschaffenen Sicherungsvorkehrungen erfolgt (ähnl. Bay NJW **69**, 1042, Bockelmann II/1 S. 118 f., Gössel II 434, Günther SK 17 f., Schall aaO, Tiedemann LK 34 ff.; and. Hauf aaO 19; vgl. auch M-Maiwald I 487, Tröndle/Fischer 3). Im einzelnen bedeutet dies für die einzelnen Tatbestandsalternativen folgendes:

9   a) Beim *Automatenmißbrauch* (1. Alt., o. 4) setzt das Erschleichen der Leistung des Automaten voraus, daß dessen Mechanismus in ordnungswidriger Weise durch „täuschungsähnliche Manipulationen" (BGH MDR/H **85**, 795), d. h. durch ein „Überlisten" („Austricksen") der technischen Sicherungen gegen eine unentgeltliche Inanspruchnahme betätigt wird. Dies ist z. B. der Fall beim Einwerfen von Falschgeld oder Metallstücken (vgl. BGH aaO, Stuttgart MDR **63**, 236; dazu, daß hier nur § 265 a, nicht dagegen § 248 c in Betracht kommt, wenn auf diese Weise einem Münzzähler Strom entnommen wird, vgl. Bay JR **61**, 270) oder der Verwendung nicht autorisierter „Piratenkarten" zur Entschlüsselung von Pay-TV-Sendungen (vgl. Beucher/Engels CR 98, 105). Kein Erschleichen ist es dagegen, wenn ein bereits vorhandener Gerätedefekt, der eine unentgeltliche Benutzung ermöglicht, lediglich ausgenutzt wird (vgl. auch Blei II 245, Falkenbach aaO 84, Figgener aaO 156, Schmidhäuser II 129, Schulz NJW 81, 1351, Tiedemann LK 38; and. AG Lichtenfels NJW **80**, 2206). Dasselbe gilt z. B. für das Erbrechen des Geldbehälters eines Automaten und dessen Bedienen mit dem entnommenen Geld und für das Aufbrechen eines zur Stromnahme angebrachten Münzzählers und damit im

Zusammenhang stehende Manipulationen (BGH MDR/H **85**, 795). An einem Erschleichen fehlt es ferner, wenn die Benutzung des Automaten zwar gegen ein Verbot (z. B. § 8 JÖSchG) verstößt oder den Intentionen des Aufstellers zuwiderläuft, das Gerät selbst aber ordnungsgemäß bedient und die Leistung deshalb unter den vorgegebenen technischen Bedingungen erlangt wird. Nicht nach § 265 a strafbar ist daher das Leerspielen eines Glückspielautomaten in Kenntnis des Spielablaufprogramms (vgl. LG Freiburg NJW **90**, 2635, LG Stuttgart MDR **91**, 82, Achenbach NStZ **91**, 413, Jura **91**, 226, Arloth CR **96**, 362, Bühler aaO 60 ff., 83 ff., Etter CR **88**, 1022, Füllhorn/Schnell wistra **88**, 180, Schlüchter NStZ **88**, 58, Tiedemann LK 39; s. auch Ranft NJW **94**, 2579; and. Lampe JR **88**, 438; zu § 202 a vgl. dort RN 6, zu § 242 dort RN 36, zu § 263 a dort RN 20 a; zur Strafbarkeit nach § 202 a und § 17 II Nr. 2 UWG vgl. die Nachw. in § 202 a RN 10). Kein Fall des § 265 a ist es auch, wenn sich das „Erschleichen" nicht auf den eigentlichen Leistungsbereich des Automaten (o. 4), sondern auf dessen Geldrückgabe- bzw. Geldauslösungsmechanismus bezieht. Nicht nach § 265 a, sondern nach § 242 strafbar ist es daher, wenn mittels eines Tricks oder sonstiger Manipulationen unabhängig vom Spielergebnis der Geldbehälter eines Spielautomaten geleert wird (vgl. die Nachw. in § 242 RN 36, ferner Köln OLGSt § 242 S. 51). Abgesehen davon, daß es sich hier nicht um einen Automaten i. S. des § 265 a handelt (o. 2), ist kein Erschleichen schließlich auch die Betätigung eines Barauszahlungsautomaten mittels der dafür vorgesehenen Codekarte durch einen Nichtberechtigten oder ihre vertragswidrige Benutzung durch den Berechtigten selbst (vgl. Hamburg NJW **87**, 336, Schleswig NJW **86**, 2652, LG München wistra **86**, 268, Lenckner/Winkelbauer wistra 84, 84, Schroth NJW 81, 730, Schulz/Tscherwinka JA 91, 122, Wiechers JuS 79, 849 f., aber auch Herzberg/Seier Jura 85, 52; zu § 263 a vgl. dort RN 18 f., zu § 266 b vgl. dort RN 8, zu §§ 242, 246 vgl. § 242 RN 36, § 263 a RN 14 ff.).

b) Das Erschleichen von *Leistungen des Telekommunikationsnetzes* (2. Alt., o. 5) setzt gleichfalls die **10** Umgehung einer gegen die unerlaubte Benutzung geschaffenen Sicherungseinrichtung voraus. Nach der Entstehungsgeschichte der Vorschrift (vgl. BR-Drs. 5/75 S. 29 f., Prot. 7 S. 2735) sollten mit der 2. Alt. im wesentlichen *drei Fallgruppen* erfaßt werden: 1. der bereits früher durch die 1. Alt. pönalisierte Mißbrauch eines Telefonautomaten (o. 4, 9), wobei die Leistung hier jedoch erst mit dem Herstellen der Sprechverbindung und nicht schon mit dem Anruf durch Klingelzeichen erschlichen ist, da dieses zwar eine Voraussetzung für die von dem Telekommunikationsunternehmen angebotene Leistung (Herstellen einer Sprechverbindung), aber nicht selbst eine entgeltliche (Teil-)Leistung ist (Ahrens aaO 58, Bockelmann II/1 S. 118, Falkenbach aaO 86, Figgener aaO 157 f., Gössel II 440, Günther SK 13, Tiedemann LK 18, 42, W-Hillenkamp 261; and. LG Hamburg MDR **54**, 630, Brauner/Göhner NJW 78, 1470, Herzog GA 75, 261, Tröndle/Fischer 1 a; das Problem sog. Störanrufe ist durch § 265 a ohnehin nicht lösbar, da das Bewirken des Klingelzeichens durch eine an sich ordnungsgemäße Inbetriebnahme jedenfalls noch kein „Erschleichen" ist [o. 8]); – 2. Eingriffe in den Ablauf von Vermittlungs-, Steuerungs- und Übertragungsvorgängen unter Umgehung der Gebührenerfassungseinrichtungen durch bestimmte technische Manipulationen (vgl. dazu auch den Fall von AG Mannheim CR **86**, 341: Manipulationen am Arbeitsprogramm des Kennungsspeichers eines Autotelefons); – 3. der gebührenmäßig nicht erfaßte Anschluß eines Fernsprechapparates an Schaltpunkten des öffentlichen Telekommunikationsnetzes, um dann zu Lasten eines anderen Fernsprechteilnehmers unentgeltlich zu telefonieren. Daß im letzteren Fall die Leistung zum Nachteil eines Privaten erschlichen werden kann, während diese selbst von einem öffentlichen Telekommunikationsunternehmen erbracht wird, kann jedoch nicht bedeuten, daß auch beliebige andere Formen des „Erschleichens", durch die lediglich Private geschädigt werden, jetzt nach § 265 a strafbar sind (z. B. Erschleichen des Zugangs zu einem Zimmer, um den dort stehenden Telefonapparat auf Kosten des Inhabers zu benutzen; Erbrechen des Fernsprechapparat unter Ausnutzung fehlender Sicherheitsschlosses). Die Erweiterung des § 265 a durch das 1. WiKG hatte vielmehr nur den Sinn, über den Telefonautomatenmißbrauch hinaus solche Fälle zu erfassen, in denen infolge der fortschreitenden Automatisierung Leistungen des Telekommunikationsnetzes durch technische Eingriffe in dieses selbst erschlichen werden können. Nur unter dieser Voraussetzung könnte daher auch der Mißbrauch von Kabelfernsehanschlüssen nach § 265 a strafbar sein (vgl. hierzu näher Krause/Wuermeling NStZ 90, 527 f., Tiedemann LK 29, 44), während das Entschlüsseln von Pay-TV-Sendungen mittels nicht autorisierter „Piratenkarten" die vom öffentlichen Telekommunikationsnetz erbrachte Übermittlungsleistung nicht betrifft (vgl. Beucher/Engels CR 98, 104; and. Gössel II 441 f., Ory ZUM 88, 229, Tiedemann LK 44) und auch das einfache „Schwarzhören" bei Rundfunk und Fernsehen noch kein Erschleichen iS des § 265 a ist.

c) Ein Erschleichen einer *Beförderungsleistung* (3. Alt., o. 6) oder des *Zutritts* zu einer *Veranstaltung* **11** oder *Einrichtung* (4. Alt., o. 7) ist nicht schon das unbefugte unentgeltliche Sichverschaffen der Leistung usw. (o. 8); andererseits ist bei individueller Täuschung einer Kontrollperson (z. B. Vorzeigen eines ungültigen Fahrausweises) regelmäßig bereits § 263 anwendbar. Vielmehr gilt § 265 a im wesentlichen für Fälle, in denen der Täter durch Umgehen oder Ausschalten von Kontrollmaßnahmen in den Genuß des fraglichen Vorteils gelangt (z. B. Einschleichen, unbemerktes Betreten, Benutzung eines ungewöhnlichen Zugangs, Sichverbergen, Weglocken von Kontrollpersonen usw.). Unter dieser Voraussetzung kann auch ein Verhalten, durch das sich der Täter mit dem Anschein der Ordnungsmäßigkeit umgibt, ein Erschleichen sein (z. B. der Täter entwertet eine präparierte Fahrkarte zum Schein [vgl. dazu Ranft Jura 93, 84] oder er mischt sich unter eine größere Personengruppe, die unentgeltlich Zutritt hat und in der er nicht mehr auffällt). Umstritten ist dagegen, ob ein solches Verhalten, das schon in einem unauffälligen oder unbefangenen Auftreten liegen kann, unabhängig davon genügt, ob auf diese Weise Kontrollmaßnahmen tatsächlich umgangen werden (in diesem Sinn z. B. Bay NJW **69**, 1042, Düsseldorf NStZ **92**, 84, Hamburg NJW **87**, 2688 m. Anm. Albrecht NStZ 88, 222, NStZ **91**, 587 m. Anm. Alwart u. Bspr. Schall JR 92, 1, Stuttgart NJW **90**, 924 m. Anm. Fischer NStZ 91, 41, Gössel II 444 f., Hauf DRiZ 95, 19, Otto II 244, Rengier I⁴ 227; s. auch BVerfG NJW **98**, 1135: keine verfassungsrechtlichen Einwände; zur Gegenmeinung vgl. u.). Von praktischer Bedeutung ist dies insbes. beim „Schwarzfahren" unter den Bedingungen des modernen Massenverkehrs, bei dem in weiten Bereichen bei faktisch freiem Zugang nur noch gelegentliche Kontrollen möglich sind. Die Frage ist hier nicht, ob das „Schwarzfahren" sozialschädlich und strafwürdig ist (vgl. dazu mit Recht Stuttgart aaO), sondern ob es der Gesetzeswortlaut und die Nähe der Vorschrift zum Betrug zulassen, ein Verhalten als „Erschleichen" zu bezeichnen, das i. U. zum „blinden Passagier" im traditionellen Sinn darauf angelegt ist, die Beförderungsleistung *ohne* eine Kontrolle und nicht an einer solchen *„vorbei"* zu erlangen. Dagegen aber bestehen erhebliche – wenn auch gem. BVerfG NJW **98**, 1135 keine verfassungsrechtlichen – Bedenken, weil das Umgehen einer tatsächlich vorhandenen Kontrolle durch Erwecken eines ordnungsgemäßen Anscheins und das Ausnützen des Fehlens einer Kontrolle – und nur darauf „spekuliert" der „Schwarzfahrer" – zweierlei sind, ebenso wie das Manipulieren eines Automaten und das bloße Ausnützen eines Gerätedefekts (o. 9; gegen Strafbarkeit nach § 265 a daher die im Schrifttum inzwischen überwiegende Meinung, zB Albrecht NStZ 88, 222, Alwart JZ 86, 567 ff., NStZ **91**, 588, Figgener aaO 189 ff., 196, Fischer NJW 88, 1828, NStZ 91, 41, Günther SK 18, Ranft Jura 93, 87 f., Schall JR 92, 1, Tiedemann LK 47, Tröndle/Fischer 3, W-Hillenkamp 262 sowie AG Hamburg NStZ **88**, 221; and. ist dies erst, wenn der Täter bei einer stattfindenden Kontrolle Maßnahmen trifft, um diese auszumanövrieren, was auch für eine Ausgangskontrolle gilt, wo zwar nicht mehr die Leistung, wohl aber ihre Unentgeltlichkeit erschlichen werden kann). Es ist deshalb Aufgabe des Gesetzgebers, hier Abhilfe zu schaffen (ebso. Tiedemann aaO; s. auch Figgener aaO 226 f. sowie o. 1). Aus denselben Gründen (keine Umgehung von Kontrollmaßnahmen) nicht nach § 265 a strafbar ist auch die nach außen hin offen gezeigte unentgeltliche Beanspruchung der Leistung (Bay NJW **69**, 1042; and. Hauf DRiZ 95, 20) oder die Bestimmung einer Aufsichtsperson zur pflichtwidrigen Gestattung des Zutritts, selbst wenn dies insbesondere durch eine Bestechung geschieht (ebenso Falkenbach aaO 88, Figgener aaO 159 f., Rengier I⁴ 227; and. Tiedemann LK 46). Weil die Beförderungsleistung hier tatsächlich bezahlt wurde, fällt ferner nicht unter § 265 a das Benutzen eines Verkehrsmittels ohne Beisichführen des ordnungsgemäß gelösten Dauerfahrscheins, und zwar selbst dann, wenn nach den Beförderungsbedingungen erneut ein Fahrschein hätte gekauft werden müssen (vgl. Bay **85** 94, Koblenz NJW **00**, 86, AG Lübeck NJW **89**, 467, Gössel II 443 f., Rengier I⁴ 225, o. 2). Strafbar ist dagegen das Erschleichen eines besseren anstatt des bezahlten billigeren Platzes, weil insoweit mehr in Anspruch genommen wird, als dem Täter zusteht (and. Falkenbach aaO 89, 91).

12 **III. Für den subjektiven Tatbestand** ist zunächst **Vorsatz** erforderlich; bedingter Vorsatz genügt. Tatbestandsirrtum (§ 16) kommt insbes. in Betracht, wenn der Täter die Veranstaltung usw. irrig für unentgeltlich hält. Notwendig ist weiter die **Absicht** i. S. des zielgerichteten Willens (Bay NJW **89**, 1042, Falkenbach aaO 94 ff.; vgl. § 15 RN 66 ff.), das Entgelt nicht zu entrichten. Auf diesen Erfolg muß es dem Täter mithin – wenn auch nicht ausschließlich oder um seiner selbst willen – ankommen (vgl. Bay aaO, Tiedemann LK 50).

13 **IV. Vollendet** ist die Tat mit dem Erschleichen der Leistung usw., d. h. bei der 1. Alt. mit dem Beginn der Leistung des Automaten (z. B. mit der aufklingenden Musik; and. Tiedemann LK 51), bei der 2. Alt. mit dem Herstellen der Telekommunikationsverbindung (vgl. auch o. 10), bei der 3. Alt. mit dem Beginn der Beförderungsleistung (nicht schon mit dem bloßen Einsteigen, das nur Versuch ist; vgl. auch Gössel II 443, 448, Tiedemann LK 51), bei der 4. Alt. mit dem Betreten der Einrichtung bzw. der Veranstaltung, sofern diese schon begonnen hat, andernfalls mit ihrem Beginn (and. Tiedemann LK 51; vgl. zum Ganzen Falkenbach aaO 100 ff.). Beendet ist die Tat mit der Beendigung der Leistung (Dauerdelikt; vgl. Bilda MDR 69, 435). Der **Versuch** (z. B. Einwerfen von Metallstücken in den Automaten, Einschleichen in eine Veranstaltung in der irrigen Meinung, sie habe schon begonnen usw.), ist nach Abs. 2 strafbar. Nur ein Wahndelikt liegt dagegen z. B. vor, wenn ein Fahrgast das Benutzen eines Verkehrsmittels nach ordnungsgemäßem Lösen eines Dauerfahrscheins fälschlich für strafbar hält, weil er diesen nicht bei sich führt und es vertragswidrig unterlassen hat, erneut eine Fahrkarte zu kaufen (Bay **85** 96).

14 **V. Konkurrenzen.** Obwohl die **Subsidiaritätsklausel** des Abs. 1 keine ausdrückliche Einschränkung enthält, kann sie nach dem Sinn der Vorschrift (o. 1) nur gegenüber Delikten mit gleicher oder ähnlicher Angriffsrichtung von Bedeutung sein (vgl. z. B. Falkenbach aaO 106 ff., Gössel II 449, Günther SK 24, M-Maiwald I 489, Tiedemann LK 56, W-Hillenkamp 260). Subsidiär ist § 265 a daher insbes. gegenüber § 263 (Düsseldorf JZ **83**, 465: Benutzung präparierter Fahrausweise) und § 263 a (o. 4), ferner, soweit Warenautomaten überhaupt als Automaten i. S. des § 265 a angesehen werden können (o. 4), gegenüber §§ 242 ff. (Stuttgart NJW **82**, 1659 m. Anm. Seier JR 82, 509 u. Albrecht JuS 83, 101; s. auch Celle NJW **97**, 1519). Dagegen kommt wegen des völlig anderen Deliktscharakters Idealkonkurrenz in Betracht z. B. mit §§ 123, 146, 147, 267 (Fälschung der Eintrittskarte), 303 (Falkenbach aaO 108 f.).

VI. In den Fällen des **Abs. 3** ist die Tat **Antragsdelikt;** die Regelung entspricht, was die entsprechende Anwendbarkeit der §§ 247, 248 a betrifft, dem § 263 IV; vgl. daher die Anm. dort.

§ 265 b Kreditbetrug

(1) Wer einem Betrieb oder Unternehmen im Zusammenhang mit einem Antrag auf Gewährung, Belassung oder Veränderung der Bedingungen eines Kredits für einen Betrieb oder ein Unternehmen oder einen vorgetäuschten Betrieb oder ein vorgetäuschtes Unternehmen
1. über wirtschaftliche Verhältnisse
   a) unrichtige oder unvollständige Unterlagen, namentlich Bilanzen, Gewinn- und Verlustrechnungen, Vermögensübersichten oder Gutachten vorlegt oder,
   b) schriftlich unrichtige oder unvollständige Angaben macht,
   die für den Kreditnehmer vorteilhaft und für die Entscheidung über einen solchen Antrag erheblich sind, oder
2. solche Verschlechterungen der in den Unterlagen oder Angaben dargestellten wirtschaftlichen Verhältnisse bei der Vorlage nicht mitteilt, die für die Entscheidung über einen solchen Antrag erheblich sind,

wird mit Freiheitsstrafe bis zu drei Jahren oder mit Geldstrafe bestraft.

(2) Nach Absatz 1 wird nicht bestraft, wer freiwillig verhindert, daß der Kreditgeber auf Grund der Tat die beantragte Leistung erbringt. Wird die Leistung ohne Zutun des Täters nicht erbracht, so wird er straflos, wenn er sich freiwillig und ernsthaft bemüht, das Erbringen der Leistung zu verhindern.

(3) Im Sinne des Absatzes 1 sind
1. Betriebe und Unternehmen unabhängig von ihrem Gegenstand solche, die nach Art und Umfang einen in kaufmännischer Weise eingerichteten Geschäftsbetrieb erfordern;
2. Kredite Gelddarlehen aller Art, Akzeptkredite, der entgeltliche Erwerb und die Stundung von Geldforderungen, die Diskontierung von Wechseln und Schecks und die Übernahme von Bürgschaften, Garantien und sonstigen Gewährleistungen.

Vorbem. Eingefügt durch das 1. WiKG v. 29. 7. 1976, BGBl. I 2034.

Schrifttum: Berz, Das 1. Gesetz zur Bekämpfung der Wirtschaftskriminalität, BB 76, 1435. – *Bockelmann,* Kriminelle Gefährdung und strafrechtlicher Schutz des Kreditgewerbes, ZStW 79, 28. – *Franzheim,* Gedanken zur Neugestaltung des Betrugstatbestandes einschließlich seines Vorfeldes unter besonderer Berücksichtigung der Wirtschaftskriminalität, GA 72, 353. – *D. Geerds,* Wirtschaftsstrafrecht und Vermögensschutz, 1990. – *Göhler/Wilts,* Das Erste Gesetz zur Bekämpfung der Wirtschaftskriminalität, DB 76, 1609, 1657. – *Heinz,* Die Bekämpfung der Wirtschaftskriminalität mit strafrechtlichen Mitteln – unter bes. Berücksichtigung des 1. WiKG, GA 77, 193, 225. – *Hillenkamp,* Beweisprobleme im Wirtschaftsstrafrecht, Osnabrücker Rechtswissenschaftl. Abhandlungen, Bd. 1 (1985), 221. – *Kießner,* Kreditbetrug – § 265 b (Kriminolog. Forschungsberichte aus dem Max-Planck-Institut f. ausländ. u. internat. Strafrecht, Freiburg, Bd. 22), 1985. – *Lampe,* Der Kreditbetrug (§§ 263, 265 b StGB), 1980. – *Müller-Emmert/Maier,* Das 1. Gesetz zur Bekämpfung der Wirtschaftskriminalität, NJW 76, 1657. – *Otto,* Bankentätigkeit und Strafrecht, 1983 (zit.: aaO). – *ders.,* Probleme des Kreditbetrugs, des Scheck- und Wechselmißbrauchs, Jura 83, 16. – *ders.,* Die strafrechtliche Bekämpfung unseriöser Geschäftstätigkeit, 1990 (zit.: Bekämpfung). – *Prost,* „Kreditrschleichung", ein Vorfeldtatbestand des Betrugs, sowie verstärkte Prophylaxe im Gesetz über das Kreditwesen als Mittel zur Bekämpfung der Wirtschaftskriminalität, JZ 75, 18. – *v. Rintelen,* Überindividuelle Rechtsgüter im Vorfeld des Betruges?, Diss. Bonn, 1993. – *Schlüchter,* Zum „Minimum" bei der Auslegung normativer Merkmale im Strafrecht, NStZ 84, 300. – *Tiedemann,* Der Entwurf eines 1. Gesetzes zur Bekämpfung der Wirtschaftskriminalität, ZStW 87, 252. – *ders.,* Zur Reform der Vermögens- und Wirtschaftsstraftatbestände, ZRP 70, 256. – *ders. u. Cosson,* Straftaten und Strafrecht im deutschen und französischen Bank- und Kreditwesen, 1973.

Materialien: Tagungsberichte der Sachverständigenkommission zur Bekämpfung der Wirtschaftskriminalität – Reform des Wirtschaftsstrafrechts, Bd. V. – Entwurf eines 1. Gesetzes zur Bekämpfung der Wirtschaftskriminalität (RegE), BR-Drs. 5/75. – Bericht und Antrag des Sonderausschusses für die Strafrechtsreform, BT-Drs. 7/5291. – Prot. 7 S. 2567 ff., 2748 ff.

I. Mit der durch das **1. WiKG** eingefügten Vorschrift soll eine wirksamere Bekämpfung des für die Allgemeinheit besonders gefährlichen **Kreditbetrugs** ermöglicht werden. Maßgebend für die Einführung der Vorschrift war einmal die besondere Schutzbedürftigkeit des Kreditwesens wegen der hier besonders gravierenden Breiten- und Fernwirkung von Kreditbetrügereien großen Ausmaßes, zum andern die aus Beweisschwierigkeiten sich ergebende praktische Unzulänglichkeit des § 263 bei der Ahndung von Kreditbetrügereien (vgl. näher die 20. A., ferner BR-Drs. 5/75 S. 17 ff., BT-Drs. 7/5291 S. 14, Prot. 7 S. 2472 ff., 2748 ff., Berz BB 76, 1438, Göhler/Wilts DB 76, 1697, Lampe aaO 1 ff., Müller-Emmert/Maier NJW 76, 1661, v. Rintelen aaO 95 ff., Tiedemann II 52, LK 1 ff. u. zur Entstehungsgeschichte eingehend Kießner aaO 25 ff.; vgl. auch § 187 AE, BT, Wirtschaftsdelikte). Gegenüber dem ähnlich konzipierten, 1961 aufgehobenen § 48 a. F. KreditwesenG (vgl. Lampe aaO 33 ff.) ist § 265 b insofern weiter, als auf der Kreditgeberseite nicht nur Kreditinstitute, sondern alle

§ 265 b 2–4   Bes. Teil. Betrug und Untreue

Betriebe und Unternehmen i. S. des Abs. 3 Nr. 1 in Betracht kommen (über die Gründe vgl. BR-Drs. 5/75 S. 30, BT-Drs. 7/5291 S. 15), enger dagegen insofern, als es sich auch auf der Kreditnehmerseite um solche Betriebe und Unternehmen handeln muß. Grund dieser Beschränkung auf der Kreditnehmerseite ist, daß nur bei Betrieben i. S. des Abs. 3 Nr. 1 die Vermögensverhältnisse nicht ohne weiteres überschaubar sind (vgl. auch u. 5, 9); mittelbar soll damit außerdem eine Begrenzung auf Kredite in einer bestimmten Größenordnung erreicht werden (vgl. BT-Drs. 7/5291 S. 15, Prot. 7 S. 2762, Göhler/Wilts DB 76, 1658; krit. dazu aber Lampe aaO 51 ff., M-Maiwald I 482, Tiedemann LK 6, 23, Tröndle/Fischer 4; vgl. auch u. 5, 9, 20). Außerhalb des Tatbestandes bleiben damit einerseits die Geldhingabe zu Anlagezwecken durch Private (keine Gefährdung der Kreditwirtschaft; vgl. BR-Drs. 5/75 S. 30), andererseits aber auch Kredite an Private bzw. an die Voraussetzungen des Abs. 3 Nr. 1 nicht erfüllende (Klein-)Betriebe, weil die Prüfung der Kreditwürdigkeit hier in aller Regel geringere Schwierigkeiten bereitet. Ebenso wie der frühere § 48 KreditwesenG hat jedoch auch § 265 b in der Gerichtspraxis bisher noch keine sonderliche Bedeutung erlangt (vgl. näher dazu u. zur Kriminologie des Kreditbetrugs Kießner aaO 83 ff.; s. auch MB-Nack 1324 f.; krit. zu der Vorschrift, deren Effizienz schon während des Gesetzgebungsverfahrens bezweifelt wurde, z. B. D. Geerds aaO 334 ff., Haft ZStW 88, 365 ff., Hillenkamp aaO 233 ff., Lampe aaO 37 ff., MB-Nack 1325, Otto Bekämpfung 87, 90).

2   Der Tatbestand des § 265 b ist durch eine bedenkliche **Häufung** verhältnismäßig **unbestimmter Begriffe** gekennzeichnet (krit. auch Haft ZStW 88, 869, Lampe aaO 55). Dies gilt z. B. schon für den Begriff des Betriebs usw., der nach Art und Umfang einen in kaufmännischer Weise eingerichteten Geschäftsbetrieb erfordert (Abs. 1, 3 Nr. 1), wobei es ein Unterschied ist, ob eine solche Wendung im Handelsrecht (§ 1 II HGB) oder im Strafrecht gebraucht wird (vgl. auch die Bedenken in Prot. 7 S. 2529, 2624). Ebenso ist z. B. das Merkmal „für die Entscheidung erheblich", bei dem als Maßstab auf einen „verständigen, durchschnittlich vorsichtigen Dritten" abgestellt werden soll (BT-Drs. 7/5291 S. 16), ein in hohem Maß ausfüllungsbedürftiger Begriff. Darüber, wann eine Bilanz „unrichtig" ist (Abs. 1 Nr. 1 a), wird bekanntlich auch unter Fachleuten gestritten (vgl. daher die Kritik in Prot. 7 S. 2528, 2624). Nicht anders ist es auch bei den in Abs. 1 Nr. 1 a genannten Gutachten. Trotzdem dürfte die Vorschrift mit Art. 103 II GG noch zu vereinbaren sein (vgl. auch § 1 RN 18 ff.). Doch ist dem Bestimmtheitsgebot hier in der Weise Rechnung zu tragen, daß eine Bejahung dieser Merkmale so lange ausgeschlossen ist, als auch Sachkundige über die Vorliegen unterschiedlicher Meinung sein können, so dem Täter günstige Auffassung m. a. W. also noch „vertretbar" erscheint (vgl. auch Schlüchter NStZ 84, 301, Tiedemann LK 35, 68, Dünnebier-FS 536 f. und zu der ähnlichen Problematik bei § 400 Nr. 4 i. V. mit § 160 III Nr. 2 AktG a. F. Schaffstein-FS 206 ff.; nicht zutr. erkannt in BGH **30** 288 m. Anm. Lampe JR 82, 430, wo in diesen Anforderungen lediglich ein allgemeines Problem der richterlichen Überzeugungsbildung gesehen wird [vgl. dazu auch Schlüchter aaO]).

3   **II. Rechtsgut** des § 265 b ist zunächst das *Vermögen* des Kreditgebers, das hier schon im Vorfeld des Betrugs geschützt wird. Darüber hinaus soll § 265 b aber auch das Funktionieren des für die Volkswirtschaft besonders wichtigen *Kreditwesens* insgesamt gewährleisten (vgl. Celle wistra **91**, 359, Arzt/Weber IV 12, 28, Bottke wistra 91, 7, Kießner aaO 55 f., Lackner/Kühl 1, Otto, Bekämpfung 84, Tiedemann LK 9 ff., W-Hillenkamp 268 u. näher D. Geerds aaO 232 ff., Lampe aaO 37 ff.; and. Gössel II 479, Heinz GA 77, 226, Hellmann A/W § 24 V RN 4, M-Maiwald I 475, v. Rintelen aaO 128 ff., 152, Samson/Günther SK 2, Schubarth ZStW 92, 91 f., wohl auch Tröndle/Fischer 5: nur das Vermögen, wozu auch BGH **36** 131 „neigt", dies dann aber offenläßt). Davon war eindeutig der Gesetzgeber ausgegangen (vgl. BT-Drs. 7/5291 S. 14), und dafür spricht ferner, daß es auch hier erst das Hinzukommen eines weiteren überindividuellen Rechtsguts ist, das die Schaffung eines im Vorfeld individueller Vermögensschädigung liegenden abstrakten Gefährdungstatbestands rechtfertigt und die Tat überhaupt erst zur Wirtschaftsstraftat macht (vgl. Bottke aaO). Daß Schutzgut des § 265 b nur das Vermögen des Kreditgebers sein könne, weil andernfalls auch der unverantwortlich handelnde Kreditgeber in die Strafvorschrift hätte einbezogen werden müssen (so BGH aaO; vgl. auch Krey II 279, M-Maiwald 476), ist schon angesichts des „fragmentarischen Charakters des Strafrechts" nicht überzeugend, da es ja wohl immer noch der unredliche Kreditnehmer ist, von dem der Kreditwirtschaft die wesentlich größeren Gefahren drohen. Dabei ist die vielfache Abhängigkeit von Gläubigern und Gläubiger-Gläubigern sowohl des Kreditgebers als auch des Kreditnehmers allerdings nur ein Teilaspekt. Vielmehr wurde schon bei früheren Reformforderungen mit Recht darauf hingewiesen, daß es beim Kreditbetrug auch um andere Schuldner und potentielle Kreditnehmer geht, denen die Existenzmöglichkeit genommen wird, wenn zunehmendes Mißtrauen zu einer Lahmlegung des Kreditverkehrs führt (vgl. die Nachw. in BR-Drs. 5/75 S. 18). Insofern schützt § 265 b daher den Kredit als besonders wichtiges *Instrument des Wirtschaftsverkehrs* (vgl. Tiedemann LK 10, 16 sowie 17 ff. zur Kritik). Ob der Schutzbereich des § 265 b auch das ausländische Kreditwesen umfaßt, ist zweifelhaft (verneinend Stuttgart NStZ **93**, 545), kann aber nicht anders entschieden werden als die entsprechende Frage beim Versicherungswesen in § 265 (bejahend BGH wistra **93**, 225) und umgekehrt dort nicht anders als hier.

4   Ebenso wie die §§ 264, 264 a enthält § 265 b ein **abstraktes Gefährdungsdelikt** (vgl. Prot. 7 S. 2751, Bay **90** 16, Arzt/Weber IV 13, Berz BB 76, 1438, Göhler/Wilts DB 76, 1657, Gössel II 479, Heinz GA 77, 214, Lackner/Kühl 1, MB-Nack 1325, Otto aaO 110, Bekämpfung 84, Samson/

Günther 1, Tröndle/Fischer 4 u. näher Lampe aaO 41 ff.; vgl. aber auch Tiedemann LK 12), was auch hier nur mit dem besonders qualifizierten Schutzgut zu rechtfertigen ist. Daß der einzelne Kreditbetrug, selbst wenn er zu einer Vermögensschädigung führt, für die Kreditwirtschaft insgesamt noch völlig ungefährlich ist (vgl. aber auch BGH **36** 131 f.) – Entsprechendes gilt für § 264 –, ändert daran nichts, weil hier die massenhafte Begehung verhindert werden soll, durch welche die Funktionsfähigkeit des Kreditwesens als Institution tatsächlich in Mitleidenschaft gezogen würde (vgl. 4 a vor § 306). Anders als § 264 ist § 265 b jedoch keine dem § 263 vorgehende Sonderregelung, was sich schon aus der milderen Strafdrohung des § 265 b ergibt (vgl. auch u. 51). Der auch im Vergleich zu § 264 geringere Unrechtsgehalt des § 265 b ergibt sich daraus, daß hier – i. U. zu § 264 – auch Fälle erfaßt werden, in denen dem Täter das Bewußtsein der Schädigung fehlt (falsche Angaben, in der Hoffnung, durch den Kredit wirtschaftlich zu gesunden und ihn dann wieder zurückzahlen zu können; vgl. Prot. 7 S. 2772).

III. Der **sachliche Anwendungsbereich** der Vorschrift ist nach Abs. 1 beschränkt auf Kredite i. S. **5** des Abs. 3 Nr. 2, bei denen sowohl Kreditgeber als auch Kreditnehmer Betriebe oder Unternehmen i. S. des Abs. 3 Nr. 1 sind (zur ratio legis insoweit o. 1, u. 9, 20). Dabei muß der Betrieb usw., für den der Kredit beantragt wird, mit den in Abs. 3 Nr. 1 genannten Eigenschaften trotz des insoweit nicht eindeutigen Wortlauts bereits im Zeitpunkt der Antragstellung bestehen; daß ein die Voraussetzungen des Abs. 3 Nr. 1 erfüllender Betrieb erst geschaffen werden soll und der Kredit für diesen gedacht ist, genügt mithin nicht, weil der Grund für die Beschränkung auf Betriebe i. S. des Abs. 3 Nr. 1 u. a. gerade darin liegt, daß bei diesen die Prüfung der Kreditwürdigkeit mit wesentlich größeren Schwierigkeiten verbunden ist als bei einem Privaten oder einem Kleinbetrieb (vgl. Bay **90** 17 f., ferner o. 1). Erweitert ist der Anwendungsbereich des § 265 b lediglich insofern, als auf der Kreditnehmerseite zur Erfassung von Schein- und Schwindelunternehmen auch ein nur vorgetäuschter Betrieb usw. genügt (vgl. dazu BR-Drs. 5/75 S. 32, BT-Drs. 7/2591 S. 15, Prot. 7 S. 2784 f.); folgerichtig muß hier dann aber gleichfalls darüber getäuscht werden, daß der Betrieb usw. mit den besonderen Merkmalen des Abs. 3 Nr. 1 bereits im Zeitpunkt der Beantragung des Kredits besteht. Von dieser Erweiterung abgesehen bleiben damit außerhalb des Tatbestands: 1. Kredite, bei denen Kreditgeber oder Kreditnehmer ein Privater ist; – 2. solche Betriebskredite, bei denen auf Kreditgeber- oder Kreditnehmerseite ein Betrieb usw. beteiligt ist, der nicht die besonderen Voraussetzungen des Abs. 3 Nr. 1 erfüllt; – 3. Kredite für einen Betrieb, der zwar den Anforderungen des Abs. 3 Nr. 1 entsprechen würde, der aber (tatsächlich oder angeblich) erst gegründet werden soll. Maßgebend dafür, ob es sich um einen Kredit „für" einen Betrieb usw. handelt, ist die wirtschaftliche Betrachtungsweise (vgl. auch Lackner/Kühl 2, Tiedemann LK 26 ff.): Unanwendbar ist § 265 b daher bei Krediten, die einem Unternehmer nicht zu betrieblichen, sondern zu privaten Zwecken gewährt werden (z. B. für den Bau eines Einfamilienhauses, vgl. Prot. 7 S. 2768; aber auch S. 2528, 2624); umgekehrt gilt § 265 b auch für Kredite, die zwar von einem Privaten im eigenen Namen, aber für Rechnung eines Betriebs aufgenommen werden (vgl. das Bsp. in Prot. 7 S. 2768). Entsprechendes muß nach dem Sinn der Vorschrift auch für den Kreditgeber gelten, weshalb z. B. sog. durchlaufende Kredite aus öffentlichen Mitteln, bei denen ein Kreditinstitut lediglich für die treuhänderische Verwaltung haftet, nicht unter § 265 b fallen (ebso. Hellmann A/W § 24 V RN 12; eingehend auch hier Tiedemann LK 29).

1. Betriebe und Unternehmen i. S. des § 265 b sind nach **Abs. 3 Nr. 1** unabhängig von ihrem **6** Gegenstand solche, die einen in kaufmännischer Weise eingerichteten Geschäftsbetrieb erfordern.

a) Der Begriff des **Betriebs** bzw. **Unternehmens** ist, obwohl er dort eine andere Funktion hat, in **7** derselben umfassenden Weise zu verstehen wie in § 14 (vgl. dort RN 28 ff.; vgl. auch § 264 RN 23). Auch hier kommt es auf die Art der von dem Betrieb hervorgebrachten oder zur Verfügung gestellten Leistung nicht an, was Nr. 1 durch den zusätzlichen Hinweis, daß es auf den Gegenstand des Betriebs usw. nicht ankommt, noch einmal ausdrücklich klarstellt. Erfaßt sind daher nicht nur Kredite an Gewerbe-, Handels-, Landwirtschafts-, Verkehrsbetriebe usw., sondern auch an freiberuflich Tätige (Ärzte, Anwälte usw.; krit. Tiedemann ZStW 87, 263), Theater, Krankenhäuser usw., sofern sie die weiteren Voraussetzungen der Nr. 1 erfüllen (u. 9). Andererseits kommen als Kreditgeber nicht nur Kreditinstitute, sondern auch andere Betriebe usw. in Betracht (wichtig z. B. bei Warenkrediten).

Obwohl in Abs. 3 Nr. 1 eine dem § 264 VII 2 entsprechende Gleichstellung fehlt, kann nicht **8** zweifelhaft sein, daß auch **öffentliche Betriebe und Unternehmen** (vgl. dazu § 264 RN 23) Betriebe i. S. des § 265 b sein können (ebenso Lackner/Kühl 2, Tiedemann LK 31, Tröndle/Fischer 7). Andernfalls wäre – ein völlig unsinniges Ergebnis – der Kreditbetrug z. B. gegenüber kommunalen Sparkassen nicht nach § 265 b strafbar. Daß hier aus § 264 VII 2 kein Umkehrschluß gezogen werden kann, folgt schon daraus, daß hier bei § 264 dessen Abs. 7 S. 2 nur klarstellende, aber keine konstitutive Bedeutung hat. Im übrigen ist anerkannt, daß der Inhalt des Unternehmensbegriffs, der den Geltungsbereich spezifischer Vorschriften bestimmen soll, von Gesetz zu Gesetz verschieden sein kann (vgl. Gierke/Sandrock, Handels- und Wirtschaftsrecht I, 9. A., 176 f.); auch aus diesem Grund würde daher § 264 VII 2 der Einbeziehung von öffentlichen Unternehmen in § 265 b, entsprechend dem Zweck dieser Bestimmung, nicht entgegenstehen.

b) Im Unterschied zu § 264 bezieht sich § 265 b jedoch nur auf Betriebe, die, unabhängig von **9** ihrem Gegenstand, **nach Art und Umfang einen in kaufmännischer Weise eingerichteten Geschäftsbetrieb erfordern**. Damit soll der Tatbestand auf Kreditnehmer beschränkt werden, deren Vermögensverhältnisse nicht ohne weiteres überschaubar sind; mittelbar soll dadurch außerdem zugleich eine Begrenzung auf Kredite einer bestimmten Größenordnung erreicht werden (vgl. dazu die Nachw. o. 1). Die fragliche Wendung ist § 1 II HGB entnommen, wenn auch mit dem Unterschied, daß § 265 b nicht den Betrieb eines Gewerbes voraussetzt („Betriebe und Unternehmen unabhängig von ihrem Gegenstand"), weshalb z. B. auch landwirtschaftliche Betriebe, Anwaltskanzleien, Arztpraxen usw. hierher gehören (Tiedemann LK 31, Tröndle/Fischer 7).

10 Für den *„in kaufmännischer Weise eingerichteten Geschäftsbetrieb"* sind Einrichtungen wesentlich, wie sie ein Kaufmann zum Zweck ordentlicher und zuverlässiger Geschäftsführung schaffen muß. Hierher gehören vor allem die geordnete Kassen- und Buchführung (einschließlich Inventar- und Bilanzrichtung (vgl. §§ 238 ff. HGB), das Aufbewahren der Korrespondenz usw. (vgl. § 257 HGB), die Verwendung kaufmännisch geschulter Hilfskräfte, das Bestehen einer Bankverbindung usw.; arbeitet das Unternehmen mit Kredit, so ist dem Kaufmannsgewerbe der Wechsel-, Scheck- und Kontokorrentverkehr eigentümlich. Entscheidend ist die *Erforderlichkeit* solcher Einrichtungen, nicht ihr tatsächliches Vorhandensein; jedoch kann vielfach aus dem Bestehen der kaufmännischen Einrichtung auf ihre Notwendigkeit geschlossen werden, nicht dagegen umgekehrt aus dem Fehlen auf ihre Entbehrlichkeit. Die Erforderlichkeit muß sich sowohl aus der *Art* als auch aus dem *Umfang* des Unternehmens ergeben. Mit ersterer ist die Beschaffenheit – nicht dagegen der Gegenstand (o. 9) – des Unternehmens gemeint, wobei es sowohl auf die Natur der in dem Betrieb vorgenommenen Geschäfte als auch auf die Art ihrer Abwicklung ankommt; von Bedeutung sind in diesem Zusammenhang z. B. das Geben und Nehmen von Kredit, die Vielfalt der in dem Betrieb erbrachten Leistungen und der Geschäftsbeziehungen einerseits, die Einfachheit und Gleichförmigkeit der getätigten Geschäfte andererseits. Der Umfang eines Unternehmens bestimmt sich vor allem nach der Höhe seines Umsatzes, ferner nach der Höhe des investierten Kapitals, seinem Ertrag, der Zahl der Arbeitnehmer, der Größe und Zahl der Betriebsstätten usw. Da Art und Umfang eines Betriebs nur durch eine offene Zahl jeweils typischer Merkmale beschrieben werden können, bedeutet die Aufzählung der genannten Kriterien jedoch nicht, daß im Einzelfall jedes von ihnen die Notwendigkeit einer kaufmännischen Einrichtung ergeben müßte; maßgebend ist vielmehr das Gesamtbild sowohl bezüglich der Art als auch des Umfangs (vgl. auch Tiedemann LK 33). Dabei kann die Kumulierung beider Erfordernisse dazu führen, daß ein in der Art einfacher Geschäftsbetrieb trotz hohen Umsatzes nicht unter § 265 b fällt, ebenso wie umgekehrt ein niedriger Umsatz trotz komplizierter Geschäftsführung die Anwendung des § 265 b ausschließen kann. Wegen der Einzelheiten vgl. Rspr. und Schrifttum zu § 1 II HGB; zu den aus dem Bestimmtheitsgebot sich ergebenden Folgerungen o. 2.

11 2. Der Begriff des **Kredits** wird – teilweise in Anlehnung an den früheren § 19 KreditwesenG idF v. 3. 5. 1976 (BGBl. I 1121) – ab3chli%ßend in **Abs. 3 Nr. 2** definiert. Er umfaßt nicht nur Kredite im rechtlichen Sinn (Darlehen), sondern auch andere Rechtsgeschäfte, durch die dem Kreditnehmer Geld oder geldwerte Mittel i. w. S. zeitweise zur Verfügung gestellt werden.

12 a) Zu den **Gelddarlehen aller Art** gehören alle auf die Hingabe, zeitweise Belassung und Rückzahlung von Geld gerichteten Verträge, gleichgültig, ob es sich dabei um kurz-, mittel- oder langfristige, verzinsliche oder unverzinsliche Kredite handelt und ob der Kredit als Personal- oder Realkredit, als Kontokorrentkredit, mit vereinbarter Fälligkeit oder als Tilgungsdarlehen gewährt wird (näher Tiedemann LK 38 ff.). Maßgeblich ist, ob es sich rechtlich um ein Darlehen handelt; unter dieser Voraussetzung gehört auch die Geldhingabe zu Anlagezwecken hierher, nicht dagegen eine gesellschaftsrechtliche Beteiligung, da es sich dabei rechtlich nicht um ein Darlehen hand%lt (v'l. MB-Nack 1327, Tiedemann LK 37).

13 b) Ein **Akzeptkredit** liegt vor, wenn der Kreditgeber dem Kreditnehmer durch die Akzeptunterschrift auf einem Wechsel (Art. 25 WG) die Möglichkeit gibt, den Wechsel bei einer Bank diskontieren zu lassen und sich dadurch Geld zu beschaffen oder ihn seinem Lieferanten in Zahlung zu geben. Die besondere Nennung des Akzeptkredits ist notwendig, weil dabei dem Kreditnehmer (Akzeptant) hier idR kein Gelddarlehen gewährt, sondern einen Geschäftsbesorgungsvertrag abschließt (bestr., vgl. BGHZ **19** 288 mwN; and. wenn die akzeptierende Bank selbst den Wechsel diskontiert, vgl. Beck/Samm, KreditwesenG § 1 RN 107, Fülbier in: Boos u. a., KWG § 1 RN 53). Über den Wortsinn hinaus wird es als Akzeptkredit i. S. des § 1 I Nr. 2 u. des § 19 I Nr. 1 a. F. KreditwesenG z. T. auch angesehen, wenn dem Kreditnehmer statt des Akzepts des Kreditgebers dessen Ausstellerunterschrift zur Verfügung gestellt wird (vgl. Bähre/Schneider, KWG-Kommentar, 3. A., § 1 Anm. 8, § 19 Anm. 3). In § 265 b dagegen dürfte einer solchen Erweiterung, obwohl sie bei wirtschaftlicher Betrachtung zwingend erscheint, das Analogieverbot entgegenstehen (ebenso Tiedemann LK 42). Dies führt zwar zu keiner Lücke bei der Ausstellerunterschrift auf einer Tratte (Art. 1, 9 WG), weil hier zugleich von der Übernahme einer Gewährleistung gesprochen werden kann (u. 19), wohl aber beim eigenen Wechsel („Solawechsel", vgl. Art. 75, 78 WG), wo diese Möglichkeit nicht besteht.

14 c) Der **entgeltliche Erwerb von Geldforderungen** ist zwar rechtlich ein Forderungskauf nach § 437 BGB, wirtschaftlich aber ein Kredit, da der Zedent die Forderung dem Zessionar im eigenen Interesse anbietet, um Finanzierungsmittel zu erlangen (vgl. auch die Diskontierung von Wechseln und Schecks). Notwendig ist daher auch, daß der Zedent die Voraussetzungen des Abs. 3 Nr. 1 erfüllt, während es darauf beim Schuldner der Forderung nicht ankommt. In Betracht kommt jede auf Geld gerichtete – auch künftige – Forderung, unabhängig von der Art ihres Entstehungsgrundes. Erfaßt ist damit auch das sog. Factoringgeschäft, und zwar auch das sog. echte Factoring, bei dem der Erwerber das Risiko der Einbringlichkeit der Forderung übernimmt (Gössel II 481, Tiedemann LK 43,

Tröndle/Fischer 11). Der entgeltliche Erwerb setzt die rechtliche und wirtschaftliche Vollabtretung der Forderung voraus. Nicht hierher gehört daher die bloße Einziehungsermächtigung; doch kommt hier ein Gelddarlehen (o. 12) in Betracht, wenn der Forderungsbetrag schon vor Einzug der Forderung zur Verfügung gestellt wird. Kein entgeltlicher Erwerb ist auch die Sicherungsabtretung; ein Kredit i. S. der Nr. 2 kann hier jedoch im Hinblick auf ein Gelddarlehen (o. 12) oder die Stundung einer Geldforderung (u. 15), zu deren Sicherung die Forderung abgetreten ist, vorliegen (ebenso Tiedemann LK 44).

d) **Stundung einer Geldforderung** ist das auf einer entsprechenden Abrede beruhende Hinausschieben der Fälligkeit einer Forderung bei bestehenbleibender Erfüllbarkeit, gleichgültig, ob sie schon bei Vertragsabschluß oder später vereinbart worden ist und ob sie auf bestimmte oder unbestimmte Zeit lautet (vgl. Palandt-Heinrichs, BGB, 59. A., § 271 RN 12). Abweichend von § 19 I Nr. 3 KreditwesenG a. F. (o. 11) ist es auch unerheblich, ob die Stundung über die handelsübliche Frist hinausgeht. Da die Stundung jeder beliebigen Geldforderung genügt, gilt § 265 b z. B. auch für die Einräumung eines Warenkredits. Zweifelhaft ist, ob auch das pactum de non petendo (Versprechen des Gläubigers, die schon fällige Forderung zeitweise nicht geltend zu machen) als Stundung i. S. der Nr. 2 anzusehen ist (zur Bedeutung dieser Frage vgl. u. 25). Dafür könnte immerhin sprechen, daß pactum de non petendo und Stundung in der Rechtswirklichkeit vielfach kaum zu unterscheiden sind. 15

e) Die **Diskontierung von Wechseln und Schecks** ist der Ankauf von noch nicht fälligen Wechseln und Schecks, wobei der Verkäufer den aus dem Wechsel oder Scheck sich ergebenden Betrag abzüglich des Zwischenzinses (Diskont) für die Zeit bis zum Fälligkeitstag sowie der Unkosten und der Provision erhält (vgl. auch § 1 Nr. 3 KreditwesenG, ferner Beck/Samm, KreditwesenG § 1 RN 144, Fülbier in: Boos u. a., KWG § 1 RN 54). Auch hier handelt es sich demnach um den entgeltlichen Erwerb einer Geldforderung, weshalb die besondere Nennung der Diskontgeschäfte in Nr. 2 letztlich überflüssig ist. Entsprechend dem o. 14 Gesagten muß es sich bei dem Verkäufer des Wechsels usw. um einen Betrieb i. S. des Abs. 3 Nr. 1 handeln, wobei es nicht erforderlich ist, daß diese Voraussetzungen auch beim Aussteller und Bezogenen vorliegen. Kein Diskontgeschäft ist der bloße Wechsel- bzw. Scheckinkasso (vgl. Fülbier aaO RN 56); wird der Betrag dem Einreicher von der Bank schon vorher zu seiner Verfügung gutgeschrieben, so kommt insoweit jedoch ein Gelddarlehen in Betracht (Otto aaO 117, Tiedemann LK 49). 16

f) Mit der **Übernahme einer Bürgschaft** verpflichtet sich der Bürge gegenüber dem Gläubiger eines Dritten, für die Erfüllung der Verbindlichkeit des Dritten einzustehen (§ 765 BGB). Zu den Bürgschaften i. S. der Nr. 2 gehören auch die zahlreichen Sonderformen der Bürgschaft (z. B. Nachbürgschaft, Rückbürgschaft, Ausfallbürgschaft, selbstschuldnerische Bürgschaft [§ 773 BGB], Mitbürgschaft [§ 769 BGB], Höchstbetragsbürgschaft, Zeitbürgschaft [§ 777 BGB]); zu den im Bankgeschäft häufigen Formen vgl. Beck/Samm, KreditwesenG § 1 RN 199, Fülbier in: Boos u. a., KWG § 1 RN 80. 17

g) Bei der **Übernahme einer Garantie** verpflichtet sich der Garant (Kreditgeber) im Auftrag eines Dritten (Kreditnehmer) gegenüber dem Garantieempfänger für das Eintreten eines bestimmten Erfolgs (z. B. fristgerechter Eingang einer Zahlung) oder die Fortdauer eines bestimmten Zustandes in der Weise einzustehen, daß er ihm für den entgegengesetzten Fall Ersatz zu leisten verspricht (vgl. Larenz/Canaris, Schuldrecht II/2, 13. A., 66, Palandt-Thomas, BGB, 59. A., RN 16 vor § 765 mwN). Im Unterschied zur Bürgschaft ist die Garantieverpflichtung vom Fortbestand, u. U. auch vom Entstehen der gesicherten Schuld unabhängig, wobei sich die im Einzelfall oft schwierige Abgrenzungsfrage für § 265 b jedoch nicht stellt. Über den Unterschied zwischen Garantie- und Versicherungsvertrag vgl. Horn in: Staudinger, BGB, 13. Bearb., vor § 765 RN 220; zu den häufigsten Formen einer Bankgarantie vgl. Beck/Samm, KreditwesenG § 1 RN 201, Fülbier in: Boos u. a., KWG § 1 RN 81. 18

h) Die **sonstigen Gewährleistungen** dürften sich, was ihren Inhalt betrifft, von der Garantie nicht wesentlich unterscheiden. In § 19 I Nr. 4 KreditwesenG a. F. (o. 11) waren sie offenbar nur zur Vermeidung von Abgrenzungsschwierigkeiten genannt, die sich hinsichtlich des Begriffs der Garantie ergeben können (vgl. Reischauer/Kleinhans KWG § 1 RN 65). Hierher werden z. B. die wechsel- und scheckmäßigen Indossamentsverpflichtungen gerechnet, ferner der Schuldbeitritt, die Akkreditiveröffnung und -bestätigung (and. wenn der Gegenwert dem Kreditinstitut bereits angeschafft worden ist, vgl. Bähre/Schneider, KWG-Komm., 2. A., § 19 RN 6), der Kreditauftrag i. S. des § 778 BGB, die Wechsel- und Scheckbürgschaften nach Art. 32 WG, 27 ScheckG (vgl. Fülbier in: Boos u. a., KWG § 1 RN 85 ff.), nicht dagegen die mit einer Scheckkartenhingabe verbundene Verpflichtung (Bähre/Schneider aaO, Tiedemann LK 50). 19

3. Nicht erforderlich ist für den Tatbestand des § 265 b eine **bestimmte Kredithöhe** (über die Gründe vgl. BT-Drs. 7/5291 S. 15, Prot. 7 S. 2762 ff.; and. § 187 AE [BT, Wirtschaftsdelikte]: Mindestkreditbetrag von 20 000 DM). Zwar glaubte der Gesetzgeber, die Vorschrift praktisch dadurch von Kleinkrediten weitgehend freigehalten zu haben, daß der Tatbestand auf Betriebsmittelkredite (die idR erst ab einer bestimmten Größenordnung in Anspruch genommen werden) beschränkt ist und bei der Gewährung von Kleinkrediten regelmäßig auch keine schriftlichen Unterlagen (vgl. Abs. 1 Nr. 1) verlangt werden. Diese Überlegungen treffen zwar für Bankkredite zu, übersehen wurde 20/21 dabei aber, daß mit der Einbeziehung von Stundungen (o. 15) z. B. auch der gesamte Warenkredit erfaßt ist und hier keineswegs davon ausgegangen werden kann, daß Kleinkredite praktisch nicht vorkommen (z. B. Stundung einer Restkaufpreisforderung; mit Recht krit. daher Lampe aaO 45, Tröndle/Fischer 12). Obwohl bei der Erschleichung von Kleinkrediten das Bestehen eines Strafbedürfnisses über § 263 hinaus durchaus zweifelhaft ist, besteht nach Entstehungsgeschichte und Wortlaut der Vorschrift keine Möglichkeit, die Strafbarkeit entsprechend zu beschränken (vgl. näher hier die 20. A., RN 20 f.; zur Kritik eingehend Lampe aaO 44 ff.).

22 **IV.** Der **objektive Tatbestand** besteht nach **Abs. 1** in einer besonders qualifizierten Täuschungshandlung (Nr. 1, 2) gegenüber einem Betrieb oder Unternehmen (Abs. 3 Nr. 1) im Zusammenhang mit einem Antrag auf Gewährung, Belassung oder Veränderung der Bedingungen eines Kredits (Abs. 3 Nr. 2) für einen – auch nur vorgetäuschten – Betrieb usw. (Abs. 3 Nr. 1). Nicht erforderlich ist, daß dies tatsächlich zu einem entsprechenden Irrtum geführt hat; erst recht nicht braucht es zu der Kreditgewährung usw. gekommen zu sein.

23 **1.** Die in Nr. 1, 2 umschriebene Täuschungshandlung muß **gegenüber einem Betrieb oder Unternehmen** i. S. des Abs. 1 Nr. 3 (o. 5 ff.) erfolgen, wobei dieser Betrieb usw. der Kreditgeber (o. 5) sein muß (ebenso Samson/Günther SK 10, Tröndle/Fischer 18). Letzteres ergibt sich zwar nicht zwingend aus dem Gesetzeswortlaut, wohl aber daraus, daß es nicht Sinn des § 265 b sein kann, z. B. auch falsche Angaben gegenüber einem die Voraussetzungen des Abs. 3 Nr. 1 erfüllenden Auskunftsbüro zu erfassen, das für eine Bank „im Zusammenhang" mit einem Kreditantrag Ermittlungen über die Kreditwürdigkeit des Kreditnehmers anstellt (and. Tiedemann LK 62). Nicht ausgeschlossen ist damit eine mittelbare Täterschaft oder Teilnahme, wenn das Auskunftsbüro die falschen Angaben an den Kreditgeber weitergibt; zur Täterschaft anderer Personen als des Kreditnehmers vgl. u. 26, 28, 50.

24 **2.** Die Täuschungshandlung muß **im Zusammenhang mit** einem **Kreditantrag** (Antrag auf Gewährung, Belassung oder Veränderung der Bedingungen eines Kredits i. S. des Abs. 3 Nr. 2; zu diesem vgl. o. 11 ff.) **für einen** – auch nur vorgetäuschten – **Betrieb usw.** i. S. des Abs. 3 Nr. 1 stehen.

25 a) Ein **Kreditantrag** in dem o. 24 genannten Sinn ist nicht nur der Antrag i. S. des § 145 BGB, sondern nach der ratio legis jede auf die Erlangung usw. eines Kredits gerichtete Erklärung, durch die der Kreditgeber seinerseits zu einer für ihn bereits bindenden Erklärung veranlaßt werden soll. Hierher gehört daher z. B. auch die Aufforderung an den Kreditgeber, ein für ihn verbindliches Angebot zu machen, welches dann von dem Kreditnehmer lediglich noch angenommen zu werden braucht (vgl. auch MB-Nack 1328, Samson/Günther SK 13; and. Tiedemann LK 56). Nicht ausreichend sind dagegen bloße Erkundigungen oder noch unverbindliche Vorverhandlungen (Tiedemann LK 55 mwN). Im Unterschied zu den in Nr. 1, 2 umschriebenen Täuschungshandlungen ist für den Kreditantrag selbst keine Schriftform erforderlich. Seinem Inhalt nach muß dieser auf die Gewährung, Belassung oder Veränderung der Bedingungen eines Kredits i. S. des Abs. 3 Nr. 1 gerichtet sein. *Gewährung* eines Kredits ist der Abschluß eines unter Abs. 3 Nr. 2 fallenden Kreditgeschäfts, das *Belassen* eines Kredits die Weitergewährung eines solchen trotz der rechtlichen Möglichkeit der Rückforderung (vgl. Frankfurt StV **90**, 213, MB-Nack 1329, Tiedemann LK 58, Tröndle/Fischer 15). Nicht gemeint ist damit jedoch die Stundung, da diese i. S. des Abs. 3 Nr. 2 selbst ein „Kredit" ist und damit bereits das „Gewähren" eines solchen darstellt. Das „Belassen" kann sich daher nur auf sonstige rechtsgeschäftliche Vereinbarungen beziehen, durch die der Kredit faktisch weitergewährt wird (zum pactum de non petendo o. 15), wobei der Unterschied insofern von Bedeutung ist, als es sich zwar bei der Stundung, nicht aber beim Belassen eines Kredits um Geldforderungen beliebiger Art handeln kann. Kein Antrag auf Belassen eines Kredits ist es, wenn der Antragsteller nur das Einhalten der gültigen Vereinbarung erreichen will; die Vorlage unrichtiger Unterlagen usw. ist deshalb nicht tatbestandsmäßig i. S. des § 265 b, wenn damit lediglich das Rückgängigmachen einer nicht berechtigten Kündigung oder Kürzung des Kredits bezweckt wird (Frankfurt aaO). Die *Veränderung der Bedingungen eines Kredits* – d. h. jede sonstige inhaltliche Änderung des ursprünglichen Kreditgeschäfts – kann sich z. B. auf den Zinssatz, Kündigungsfristen, Art und Weise der Tilgung, eine andere Verwendung des Kredits bei einer bestehenden Zweckbindung beziehen, aber auch auf Sicherheiten und Nebenabreden, die mit dem Kredit in unmittelbarem Zusammenhang stehen. Erfaßt werden sollte damit auch der Fall, daß mit einer Verbesserung (z. B. längere Laufzeit) eine gewisse Verschlechterung (z. B. höherer Zinssatz) verbunden ist (BT-Drs. 7/3441 S. 31, Müller-Emmert/Maier NJW 1976, 1662).

26 b) Der Antrag muß auf die Gewährung usw. eines Kredits **für einen – auch nur vorgetäuschten – Betrieb usw.** i. S. des Abs. 3 Nr. 1 (o. 5 ff.) gerichtet sein, wobei dieser im Zeitpunkt der Antragstellung jedoch tatsächlich oder – beim vorgetäuschten Betrieb – angeblich bestehen muß (o. 5). Nicht erforderlich ist, daß der Antragsteller selbst der Kreditnehmer ist, wenn er sein Privater zwar im eigenen Namen, aber wirtschaftlich für ein Unternehmen ein Darlehen aufnehmen will (o. 5) oder wenn der Gläubiger eine Bank auffordert, für seinen Schuldner eine Bürgschaft zu übernehmen. Bei dem nur vorgetäuschten Betrieb usw. ist es ohne Bedeutung, ob er überhaupt nicht existiert oder ob er lediglich die zusätzlichen Voraussetzungen des Abs. 3 Nr. 1 (Notwendigkeit eines kaufmännisch eingerichteten Geschäftsbetriebs) nicht erfüllt. Im Unterschied zu den in Nr. 1, 2 umschriebenen Täuschungshandlungen kann das Vortäuschen eines Betriebs auch mündlich geschehen (vgl. Prot. 7 S. 2785); unerheblich ist aber auch hier, ob sich der Kreditgeber tatsächlich täuschen läßt.

c) Daraus, daß die Täuschungshandlung nach Nr. 1, 2 **im Zusammenhang mit** einem Kredit- 27
antrag erfolgen muß, ergibt sich zunächst, daß der Tatbestand des § 265 b überhaupt einen solchen
Antrag voraussetzt, was schon deshalb zwingend ist, weil andernfalls die Gefahr einer Kreditgewährung nicht besteht. Nicht strafbar nach § 265 b ist daher z. B. das Vorlegen unrichtiger Unterlagen,
wenn der Täter den zunächst beabsichtigten Kreditantrag später nicht stellt. Ein *Zusammenhang* mit
dem Antrag setzt einen sachlichen Konnex in der Weise voraus, daß die falschen Unterlagen usw.
erkennbar als Grundlage für die Entscheidung über den Kreditantrag dienen sollen (vgl. auch Lack-
ner/Kühl 4, MB-Nack 1329, Tiedemann LK 59 f.). Nicht erforderlich ist dafür, daß die unrichtigen
Angaben in dem Antrag selbst enthalten oder mit diesem äußerlich verbunden sind oder auch nur
gleichzeitig mit ihm eingereicht werden. Der erforderliche sachliche Zusammenhang besteht vielmehr
auch dann, wenn die Handlung nach Nr. 1, 2 u. U. erst geraume Zeit nach dem Antrag, aber im
Hinblick auf diesen begangen wird (nichtssagend daher das in BT-Drs. 7/5291 S. 15 und von
Lackner/Kühl 4, Samson/Günther SK 13, Tröndle/Fischer 16 bejahte weitere Erfordernis eines
zeitlichen Zusammenhangs). Ist die Täuschungshandlung nach Nr. 1, 2 dagegen dem Antrag vorausgegangen, so ist – entgegen Prot. 7 S. 2767 f. – zu differenzieren: Hatte der Täter z. B. schon bei
Vorlage der unrichtigen Unterlagen (Nr. 1 b) die Absicht, später den Antrag zu stellen, so muß es
genügen, wenn er die Unterlagen im Hinblick auf diesen Antrag vorgelegt hat (wobei für die
Vollendung dann freilich der spätere Antrag hinzukommen muß, vgl. o.); Entsprechendes muß gelten,
wenn er davon ausging, daß ein anderer den Antrag stellen wird. War dagegen seine Entscheidung
über eine Beantragung des Kredits bei der Vorlage der Unterlagen noch völlig offen (z. B. weil er
zunächst nur Erkundigungen einziehen wollte), so kann von einem Zusammenhang mit einem
Kreditantrag in diesem Zeitpunkt noch nicht gesprochen werden. Hier dürfte es dann jedoch
genügen, wenn er in dem späteren Antrag auf die bereits eingereichten Unterlagen Bezug nimmt, da
es der „Vorlage" (Nr. 1 a) gleichstehen muß, wenn der Täter auf eine bereits im Besitz des Kreditgebers befindliche Unterlage zu dem Zweck verweist, diese zur Grundlage für die Entscheidung des
Kreditgebers zu machen (ebenso Tiedemann LK 60; vgl. auch u. 43). Fehlt dagegen eine solche –
ausdrückliche oder stillschweigende – Bezugnahme, so könnte die Täuschungshandlung im Zusammenhang mit einem Kreditantrag nur noch in einem Unterlassen (Ingerenz) gesehen werden, was
jedoch zumindest zweifelhaft ist.

Nicht erforderlich ist dagegen ein *persönlicher* Zusammenhang in der Weise, daß der Täuschende 28
anstelle des Antragstellers handeln oder mit diesem gar personengleich sein müßte. Dies wird schon
daran deutlich, daß der Antragsteller seinerseits mit dem Kreditnehmer keineswegs identisch zu sein
braucht (o. 26). Täter kann vielmehr ohne Rücksicht auf seine Beziehungen zum Antragsteller bzw.
Kreditnehmer jeder sein, sofern sich nur seine Täuschungshandlung auf einen Kreditantrag für einen
Betrieb i. S. des Abs. 3 Nr. 1 bezieht. Eine Täuschungshandlung „im Zusammenhang" mit einem
Kreditantrag kann daher nicht nur von dem Kreditnehmer, einem dritten Antragsteller (z. B. Antrag
auf Übernahme einer Bürgschaft für den Schuldner) und deren Angestellten begangen werden (vgl.
Tiedemann ZStW 87, 263), sondern z. B. auch von dem Inhaber einer Auskunftei, der auf Anfrage
einer Kreditbank anläßlich eines Kreditantrags über den Kreditnehmer falsche Angaben macht (ebenso MB-
Nack 1329, Tiedemann LK 24, 59; vgl. auch u. 50).

3. Die **Täuschungshandlung** nach **Abs. 1 Nr. 1** besteht darin, daß der Täter über wirtschaftliche 29
Verhältnisse unrichtige oder unvollständige Unterlagen vorlegt (Nr. 1 a) oder schriftlich unrichtige
oder unvollständige Angaben macht (Nr. 1 b), wobei diese Unterlagen bzw. Angaben für den Kreditnehmer vorteilhaft und für die Entscheidung über den Kreditantrag erheblich sein müssen.

a) Gegenstand der Täuschungshandlung sind **„wirtschaftliche Verhältnisse"**. Dieser Begriff, der 30
vom Gesetz keiner bestimmten Person zugeordnet wird (and. § 48 KreditwesenG a. F., § 187 AE, BT,
Wirtschaftsdelikte: wirtschaftliche Verhältnisse des Kreditnehmers), ist für sich genommen ebenso umfassend wie unbegrenzt (krit. Haft ZStW 88, 369). Infolge des Fehlens jeder Subjektbeziehung würde
er nicht nur die Einbeziehung der Vermögensverhältnisse des Kreditnehmers und dessen Schuldner
erlauben (vgl. Prot. 7 S. 2769 f.), sondern z. B. auch der wirtschaftlichen Lage in einer bestimmten
Branche oder in der Wirtschaft überhaupt. Eine gewisse Eingrenzung ergibt sich hier erst in Verbindung damit, daß die Angaben usw. über wirtschaftliche Verhältnisse für die Entscheidung über den
Kreditantrag erheblich sein müssen, was zugleich besagt, daß auch die wirtschaftlichen Verhältnisse
selbst nur solche sein können, die in diesem Sinne entscheidungsrelevant sind. Eine weitere Einschränkung folgt daraus, daß § 265 b vernünftigerweise nur die Aufgabe haben kann, den Kreditgeber
vor solchen Gefahren zu schützen, die für ihn daraus entstehen, daß er mangels hinreichender Überschaubarkeit der für die Kreditgewährung bedeutsamen individuellen Vermögensverhältnisse auf
fremde Informationen angewiesen ist. Dagegen kann es nicht Sinn des § 265 b sein, z. B. auch
Täuschungen über die wirtschaftlichen Verhältnisse eines bestimmten Wirtschaftszweigs (etwa durch
Vorlage eines entsprechenden Gutachtens) zu pönalisieren, obwohl diese für die Entscheidung über
einen Kreditantrag im Einzelfall durchaus erheblich sein können (and. Gössel II 482, Tiedemann LK
80). Praktisch reduziert sich damit die Bedeutung des an sich zunächst unbegrenzten Begriffs der
wirtschaftlichen Verhältnisse auf die Kennzeichnung der Umstände, die für die Kreditwürdigkeit des
Kreditnehmers relevant sind (vgl. dazu auch D. Geerds aaO 239 ff.).

α) Was die *persönliche Zuordnung* betrifft, so bedeutet dies, daß es nicht nur auf die wirtschaftlichen 31
Verhältnisse des Kreditnehmers selbst ankommt, sondern auch auf diejenigen anderer Personen, sofern

§ 265 b 32–37

sie zu dem Kreditnehmer in Beziehungen stehen, die für dessen Kreditwürdigkeit mitbestimmend sind. Zu den wirtschaftlichen Verhältnissen gehören daher z. B. auch die Umstände, aus denen sich die Bonität der Schuldner des Kreditnehmers oder eines Bürgen ergibt (vgl. auch Lackner/Kühl 5, Tiedemann LK 79, Tröndle/Fischer 19).

32 β) In *gegenständlicher* Hinsicht umfaßt der Begriff der wirtschaftlichen Verhältnisse alles, was die wirtschaftliche Leistungsfähigkeit eines Menschen ausmacht. Hierzu gehören zunächst die gesamten Aktiva und Passiva, einschließlich der einzelnen Vermögenstücke (vgl. BT-Drs. 7/3441 S. 31), ferner z. B. Höhe und Entwicklung des bisherigen Umsatzes, Gängigkeit der hergestellten Produkte, Vor- und Nachteile aus der örtlichen Lage, Abhängigkeit von anderen Unternehmen usw. Darüber hinaus aber werden die für die Kreditwürdigkeit maßgeblichen wirtschaftlichen Verhältnisse in erheblichem Umfang auch durch die Möglichkeit künftiger (positiver oder negativer) Entwicklungen und die darauf gestützten Erwartungen bestimmt (ebenso Lackner/Kühl 5; zur Unrichtigkeit entsprechender Angaben vgl. u. 39). Teil der wirtschaftlichen Verhältnisse eines Betriebs ist daher z. B. auch seine Ausbaufähigkeit und die darauf beruhende Möglichkeit, den Absatz wesentlich zu steigern. Nicht zu den wirtschaftlichen Verhältnissen gehört der Verwendungszweck eines Darlehens als solcher (and. Tiedemann LK 81); doch kann er diese mittelbar beeinflussen, z. B. je nachdem, ob Investitions- oder Verbrauchsgüter angeschafft werden, so daß auch Täuschungen hierüber nach § 265 b strafbar sein können (vgl. auch BGH NJW **57**, 1288 zu § 48 KreditwesenG a. F.).

33 b) **Mittel der Täuschung** sind lediglich *Unterlagen*, namentlich Bilanzen, Gewinn- und Verlustrechnungen usw. (Nr. 1 a) und *schriftliche Angaben* (Nr. 1 b). Nur mündliche Falschangaben wurden wegen der hier befürchteten Beweisschwierigkeiten bewußt nicht in den Tatbestand einbezogen (vgl. BR-Drs. 5/75 S. 30, Göhler/Wilts DB 76, 1658), weshalb z. B. die Hingabe eines Finanzwechsels bzw. eines Schecks zur Diskontierung bei einer Bank (vgl. § 263 RN 29: konkludentes Vorspiegeln eines Handelswechsels bzw. seiner Deckung) nur bei Vorliegen einer entsprechenden schriftlichen Erklärung unter § 265 b fällt (vgl. näher Lampe aO 63 f., Otto aaO 117, 121). Die Unterlagen usw. brauchen sich nicht auf die wirtschaftlichen Verhältnisse insgesamt zu beziehen, vielmehr genügen auch solche über einzelne Vermögensbestandteile (vgl. BT-Drs. 7/3441 S. 31).

34 α) Da auch die in Nr. 1 b genannten schriftlichen Angaben streng genommen „Unterlagen" für die Entscheidung über den Kreditantrag sind, wird man den Begriff der **Unterlage** in Nr. 1 a auf solche verkörperten Erklärungen, Darstellungen usw. einschließlich technischer oder im Wege der Datenverarbeitung erstellter Aufzeichnungen und sonstige Beweismittel (z. B. Modelle) zu beschränken haben, die gegenüber den – schriftlichen oder mündlichen – Angaben eine unterstützende Funktion erfüllen, indem sie diese belegen, verdeutlichen oder ergänzen sollen (vgl. auch Lackner/Kühl 5, Tröndle/Fischer 21). Gleichgültig ist, ob die Unterlage vom Täter selbst oder von einem Dritten erstellt worden ist.

35 Lediglich als *Beispiele* werden in Nr. 1 a die Bilanzen, Gewinn- und Verlustrechnungen, Vermögensübersichten und Gutachten besonders hervorgehoben. *Bilanzen* sind das Reinvermögen zeigende Abschlüsse in Gestalt einer die Werte in Gruppen zusammenfassenden, summarischen Gegenüberstellung von Aktiven und Passiven, die im einzelnen als Eröffnungs-, Zwischen-, Jahresabschluß-, Liquidations-, Abfindungsbilanzen usw. erstellt werden müssen bzw. können (vgl. §§ 242 ff., 264 ff., 297 ff., 336 ff. HGB). Bei der *Gewinn- und Verlustrechnung* handelt es sich um eine Ergänzung der Bilanz, die für einen gewissen Zeitraum über die Ertragslage Auskunft gibt (vgl. §§ 242 II, 275 ff., 297 ff., 336 HGB). Die *Vermögensübersicht* ist gegenüber der Bilanz der weitere Begriff, mit dem jede sonstige Aufzeichnung von Vermögenswerten erfaßt wird, soweit diese nicht in der besonderen Form einer Bilanz erfolgt (vgl. auch § 400 Nr. 1 AktG). Den *Gutachten* ist wesentlich, daß es Urteile (Wertungen, Schlußfolgerungen usw.) enthält (z. B. Bewertung von Vermögensbestandteilen, vgl. §§ 252 ff., 279 ff., 308 f. HGB). *Sonstige Unterlagen* sind z. B. der Anhang zum Jahresabschluß und der Lagebericht gem. §§ 264, 284 ff. usw. HGB, ferner Rentabilitätsberechnungen, Betriebsanalysen, eine Ertragsvorschau, Kontoauszüge, Quittungen, schriftliche Lieferverträge mit Kunden des Kreditnehmers, Versicherungsverträge.

36 β) **Schriftliche Angaben** sind alle sonstigen in einem Schriftstück enthaltenen Aussagen über die wirtschaftlichen Verhältnisse, soweit sie keine Unterlagen i. S. der Nr. 1 a sind. Im Unterschied zu diesen, die auch von Dritten stammen können, kommen hier nur eigene Angaben des Täters in Betracht (ebenso Tiedemann LK 65); legt der Täter fremde Erklärungen vor, so handelt es sich dabei immer um Unterlagen. Im übrigen ist eine exakte Abgrenzung von Unterlagen und schriftlichen Angaben vielfach nicht möglich, wegen der Gleichwertigkeit beider Alternativen aber auch nicht erforderlich. Nicht notwendig für die Schriftlichkeit ist die Unterschrift, sofern nur erkennbar ist, wer hinter dem die Angaben enthaltenden Schriftstück steht. Andererseits genügt aber schon die bloße Unterschrift z. B. auf einem Antragsformular, in das der Kreditgeber die mündlich gemachten Angaben des Kreditnehmers aufgenommen hat (Tiedemann LK 65).

37 Die *Schriftlichkeit* ist *echtes Tatbestandsmerkmal* und muß deshalb vom Vorsatz umfaßt sein (ebenso Lackner/Kühl 7, Tiedemann LK 66, Tröndle/Fischer 21), was von Bedeutung ist, wenn z. B. der Betriebsinhaber einen Angestellten anweist, dem Kreditgeber lediglich telefonisch bestimmte Falschangaben durchzugeben, der Angestellte diese dann aber schriftlich macht. Demgegenüber wird in Prot. 7 S. 2769 das Schriftlichkeitserfordernis in die Nähe objektiver Bedingungen der Strafbarkeit gerückt, da es allein der besseren Beweisbarkeit diene (vgl. auch o. 1) und deshalb völlig unrechts-

indifferent sei. Daß im Gesetzgebungsverfahren nur dieser praktische Gesichtspunkt im Vordergrund stand, schließt jedoch nicht aus, das Merkmal der Schriftlichkeit auch unter dem materiellen Aspekt größerer Gefährlichkeit insofern zu sehen, als schriftlichen Angaben vielfach die größere Überzeugungskraft beigemessen wird (krit. Kießner aaO 63, Lampe aaO 48). Hier kann im allgemeinen eher als bei dem oft spontan gesprochenen Wort davon ausgegangen werden, daß der Betreffende sich wohl überlegt hat, was er sagt, dies zumal auch deshalb, weil er bei schriftlichen Angaben Gefahr läuft, daß ihm diese leichter vorgehalten werden können.

c) Zur **Unrichtigkeit** bzw. **Unvollständigkeit** von Unterlagen bzw. Angaben vgl. zunächst § 264 **38** RN 44. *Unrichtig* ist nur die inhaltlich unrichtige Unterlage usw., weshalb das Vorlegen einer für das verlorengegangene Original nachgemachten Ersatzunterlage nicht genügt. Dabei kann sich die Unrichtigkeit schon aus der Bezeichnung als „Status", „vorläufige Bilanz", „Bilanzstatus" ergeben, wenn nicht einmal ein vorläufiger Zusammenhang mit der Buchführung gegeben ist (LG Mannheim wistra **85**, 158). Obwohl das Gesetz bei der *Unvollständigkeit* allein auf die der Unterlage usw. abstellt, sind hier ergänzend auch mündliche Erklärungen zu berücksichtigen, die der Täter bzw. ein in seinem Auftrag handelnder Dritter vor oder bei Vorlage der Unterlage usw. abgegeben hat. Deshalb ist der Tatbestand nicht erfüllt, wenn der Täter bei Übergabe der Unterlage auf deren Unvollständigkeit hinweist oder ihren Inhalt mündlich ergänzt; dasselbe gilt, wenn eine – für sich gesehen – unvollständige Unterlage in Verbindung mit früheren mündlichen Angaben ein erschöpfendes Bild ergibt. Wird dagegen eine unvollständige Unterlage erst nach ihrer Vorlage ergänzt, so kommt nur ein Rücktritt nach Abs. 2 in Betracht.

Im Unterschied zu §§ 263, 264, wo nur über Tatsachen getäuscht werden kann, können die **39** unrichtigen usw. Unterlagen und Angaben über wirtschaftliche Verhältnisse auch in *unrichtigen usw. Urteilen* bestehen (Lackner/Kühl 5, MB-Nack 1331, Tiedemann LK 67, 81, Tröndle/Fischer 21; and. Hellmann A/W § 24 V RN 31 f.). Dies folgt schon daraus, daß in Nr. 1 a ausdrücklich auch Gutachten (o. 35) genannt sind und daß z. B. die „Richtigkeit" einer Bilanz in erheblichem Maß von zutreffenden Bewertungen abhängt. Hinzu kommt, daß wirtschaftliche Verhältnisse vielfach auch durch die Möglichkeit künftiger Entwicklungen bestimmt werden (o. 32). Da eine Täuschung über künftige Ereignisse als solche nicht möglich ist – Aussagen darüber können weder „richtig" noch „unrichtig" sein –, kann die Unrichtigkeit einer Unterlage usw. hier nur darin gesehen werden, daß diese eine unrichtige Erwartung wiedergibt. Dies aber ist nicht nur der Fall, wenn die der Erwartung zugrundeliegenden tatsächlichen Umstände nicht gegeben sind, sondern auch dann, wenn diese nach objektivem Urteil die entsprechende Prognose nicht zulassen. In allen diesen Fällen, in denen es um die Richtigkeit von Urteilen geht, existiert ein verhältnismäßig breiter Grenzbereich, in welchem eine sichere Entscheidung im einen oder anderen Sinn nicht möglich ist. Hier ist daher Art. 103 II GG dadurch Rechnung zu tragen, daß schon der objektive Tatbestand nur dann bejaht werden darf, wenn die Unrichtigkeit nach fachmännischem Urteil eindeutig ist, eine gegenteilige Auffassung also schlechterdings nicht mehr vertretbar erscheint (ebenso Kießner aaO 64, Lackner/Kühl 5, Tiedemann LK 68; vgl. auch Tröndle/Fischer 21, ferner o. 2).

Dies gilt auch für **Bilanzen.** Zwar wurden durch das BilanzrichtlinienG v. 19. 12. 85 (BGBl. I **40** 2355) für alle Kaufleute verbindlich Bilanzierungs- (§§ 242 ff. HGB) und Bewertungsvorschriften (§§ 252 ff. HGB) geschaffen (für das in Art. 3 EV genannte Gebiet vgl. ferner das D-MarkbilanzG EV II, Kap. III D). Aber auch diese können nur zu einer relativ, nicht aber zu einer absolut richtigen Bilanz führen, da vor allem bei Bilanzposten mit Bewertungsanteil eine Objektivierung immer nur beschränkt möglich sein wird. Anders als in §§ 283 I Nr. 7 a, 283 b I Nr. 3 a sowie in § 331 HGB u. § 400 AktG, wo wegen der anderen Schutzrichtung auch Verstöße gegen den Grundsatz der Bilanzklarheit strafrechtlich sanktioniert sind, kommt es für § 265 b nur auf die Bilanzrichtigkeit und -vollständigkeit an; nur soweit Unklarheiten auch zu Unrichtigkeiten führen, fallen sie unter Nr. 1 a (vgl. auch Tiedemann LK 75). Dabei muß es sich immer um sachliche Unrichtigkeiten handeln; Unrichtigkeiten in der Form (vgl. § 265 HGB) genügen nicht, wenn sie den Sachstand nicht beeinflussen. Bei der Frage, ob eine Bilanz unrichtig bzw. unvollständig ist, ist darauf abzustellen, ob sich aus ihr für den bilanzkundigen Leser (vgl. jetzt auch § 238 I 2 HGB und RG **68** 349) ein von den tatsächlichen wirtschaftlichen Verhältnissen in wesentlichen Punkten eindeutig, d. h. nicht nur unerheblich abweichendes Bild ergibt (vgl. auch RG **49** 363, v. Godin/Wilhelmi, Komm. zum AktG, Bd. II 4. A., § 400 Anm. 3 b, Geilen in: Kölner Kommentar zum AktG, Bd. III, 1985, § 400 RN 27 ff., Fuhrmann in: Geßler u. a., Komm. zum AktG, Bd. VI, 1994, § 400 RN 20 ff., Otto in: Hopt/Wiedemann, Großkomm. AktG, 4. A., § 400 RN 13 ff.). Um solche Abweichungen handelt es sich bei den ergebnisverändernden Falschdarstellungen (vgl. dazu die Systematisierung bei Marker, Bilanzfälschung und Bilanzverschleierung [1970] 129 f.), zu denen gehören: 1. das Einstellen falscher Posten (z. B. Aufnahme überhöhter Forderungen [BGH **30** 285] oder eines nicht dem Unternehmen gehörenden Grundstücks in den Posten „Anlagegüter", [RG **43** 416], Voraktivierung künftiger Kaufpreisforderungen vor Übereignung der ebenfalls aktivierten Waren; zur Voraktivierung vgl. auch RG **67** 349); – 2. das Weglassen von Posten (z. B. Nichtaufführen von Verbindlichkeiten, vgl. RG JW **30**, 2709); – 3. bewußt falsche Wertansätze wie groben, in die Augen springenden Fehlbewertungen (vgl. RG **14** 80, **37** 435, BGH **30** 289; Geilen aaO RN 27); – 4. Bilanzierung erfolgswirksamer Umgehungshandlungen. Dagegen führen ergebnisneutrale Falschdarstellungen (näher Marker aaO) nicht ohne weiteres zu einem von den wirtschaftlichen Verhältnissen wesentlich

§ 265 b 41–44   Bes. Teil. Betrug und Untreue

abweichenden Bild; sachliche Unrichtigkeiten dürften sich hier jedoch in der Regel ergeben z. B. beim Aufführen von Forderungen unter dem Posten „Kasse" (Marker aaO 37 f.) oder beim Saldieren von Forderungen und Verbindlichkeiten (vgl. auch RG **68** 346). Zum Ganzen vgl. näher Tiedemann LK 70 ff. mwN.

41   d) **Vorteilhaft** für den Kreditnehmer sind die unrichtigen usw. Unterlagen und Angaben, wenn sie geeignet sind (objektives ex-ante-Urteil, vgl. Gössel II 482, Samson/Günther SK 22, Tiedemann LK 83), den Kreditantrag zu unterstützen. Dies ist zunächst der Fall, wenn die maßgeblichen wirtschaftlichen Verhältnisse günstiger dargestellt werden als sie wirklich sind. Vorteilhaft kann für den Kreditnehmer aber auch eine ungünstigere Darstellung sein, wenn sie dazu dienen soll, günstigere Kreditbedingungen zu erzielen (z. B. Senkung des Zinssatzes oder der Tilgungsquoten; vgl. schon zu § 48 KreditwesenG a. F. Reichardt, Gesetz über das Kreditwesen [1942] § 48 Anm. 5, ferner Kießner aaO 65, Tiedemann LK 83; and. wohl D. Geerds aaO 239). Darauf, ob der Kredit wirtschaftlich vertretbar ist – wenn auch u. U. zu anderen Bedingungen –, kommt es nicht an (so jedoch Lampe aaO 49; vgl. dagegen Kießner aaO); ausreichend ist es daher auch, wenn der Kreditnehmer ein Warenlager mit dem mehrfachen Wert angibt, aber seinen wertvollen Grundbesitz verschweigt (vgl. Prot. 7 S. 2752, 2762).

42   e) Die unrichtigen usw. Unterlagen und Angaben sind **für die Entscheidung über den Kreditantrag erheblich,** wenn sie einen Punkt betreffen, der bei Berücksichtigung von Art und Inhalt des Geschäfts und der konkreten Verhältnisse nach objektivem ex-ante-Urteil für die Entscheidung über einen solchen Antrag von Bedeutung sein kann (vgl. auch BGH **30** 290 m. Anm. Lampe JR 82, 430 [„generelle Eignung", die Entscheidung zugunsten des Antragstellers zu beeinflussen], Kießner aaO 68). In der Sache handelt es sich dabei um Umstände, die sich auf die Kreditwürdigkeit des Kreditnehmers beziehen (vgl. auch o. 30). Gleichgültig ist, ob der unrichtig dargestellte Umstand die Entscheidung des Kreditgebers tatsächlich beeinflußt hat (vgl. BGH **30** 291 m. Anm. Lampe aaO, LG Mannheim wistra 85, 158) oder – weil es zu einer solchen nicht gekommen zu sein braucht – jedenfalls voraussichtlich beeinflußt haben würde, ebenso wie es für die Frage, was entscheidungserheblich ist, nicht auf die Vorstellung des Täters ankommt. Maßgebend ist vielmehr, was von einem „verständigen, durchschnittlich vorsichtigen Dritten" für erheblich gehalten wird (vgl. BT-Drs. 7/5291 S. 16, BGH **30** 291 m. Anm. Lampe JR 82, 430, Gössel II 482, Lackner/Kühl 5, MB-Nack 1331 f., Müller-Emmert/Maier NJW 76, 1662; krit. Lampe aaO 49 f., JR 82, 431, Otto aaO 111 FN 45, Samson/Günther SK 20, Tiedemann LK 84, Tröndle[48] 23); zu den aus der relativen Unsicherheit dieses Maßstabes zu ziehenden Folgerungen vgl. o. 2. Damit ist eine Berücksichtigung von Umständen, auf die es dem Kreditgeber erkennbar ankommt, nicht ausgeschlossen, sofern das Abstellen darauf nach den konkreten Verhältnissen von einem objektiven Standpunkt aus sinnvoll und vernünftig erscheint (vgl. die Parallele beim objektiv-individuellen Schadensbegriff zu § 263 [dort RN 121 ff.]; i. E. daher weitgehend übereinstimmend auch Tröndle aaO, Tiedemann aaO, and. Hellmann A/W § 24 V RN 28). Nicht anwendbar ist § 265 b bei nur unwesentlichen Abweichungen (BGH **30** 292, Göhler/Wilts DB 76, 1658) oder wenn der Kredit durch eine Täuschung über Umstände erschlichen wird, denen der Kreditgeber zu Unrecht Bedeutung beigemessen hat. Andererseits ist der Tatbestand auch erfüllt, wenn der Kreditgeber die Täuschung über einen objektiv erheblichen Umstand durchschaut und den Kredit unter Inkaufnahme des damit verbundenen Risikos dennoch gewährt (vgl. auch MB-Nack 1332, Tröndle/Fischer 25). Nicht strafbar, weil auch keine abstrakte Gefährdung mehr, ist es jedoch, wenn der Kreditnehmer falsche Unterlagen einreicht, nachdem ihm der Kreditgeber zu verstehen gegeben hat, daß es sich dabei lediglich um eine für die Entscheidung völlig unwesentliche Formsache handle (vgl. auch Prot. 7 S. 2754).

43   f) **Vorgelegt** ist die unrichtige usw. Unterlage (Nr. 1 a), wenn sie dem Kreditgeber zugänglich gemacht worden ist; nicht erforderlich ist die Kenntnisnahme von ihrem Inhalt (vgl. dazu Tiedemann LK 87). Befindet sich bereits im Besitz des Kreditgebers (z. B. von einem früheren Kreditantrag her oder weil sie bereits anläßlich noch völlig unverbindlicher Erkundigungen vorgelegt worden ist, o. 27) oder ist sie veröffentlicht, so muß es auch genügen, wenn der Täter auf die Unterlage lediglich verweist, weil für das „Vorlegen" nicht der körperliche Akt der Übergabe, sondern nur das Verwenden ihres geistigen Inhalts entscheidend sein kann. Die unrichtigen usw. schriftlichen Angaben sind **gemacht** (Nr. 1 b), wenn sie dem Kreditgeber mit Willen dessen, der hinter dem Schriftstück steht, zugegangen sind (vgl. auch § 264 RN 48). Durch Unterlassen können beide Begehungsmodalitäten erfüllt werden, wenn der Garant (z. B. Betriebsinhaber) es zuläßt, daß für ihn von einem Angestellten unrichtige Unterlagen vorgelegt werden usw. (Tiedemann LK 113); dagegen kommt, weil der objektive Tatbestand bereits erfüllt ist, ein Unterlassen nicht mehr in Betracht, wenn der Täter eine bereits vorgelegte Unterlage nachträglich als unrichtig usw. erkennt (Strafbarkeit nur nach § 263, vgl. dort RN 18 ff., 45). Zur Täterschaft und Teilnahme vgl. u. 50.

44   4. Die **Täuschungshandlung nach Abs. 1 Nr. 2** besteht darin, daß der Täter bei der Vorlage von Unterlagen oder schriftlichen Angaben solche Verschlechterungen der in diesen dargestellten wirtschaftlichen Verhältnisse nicht mitteilt, die für die Entscheidung über den Kreditantrag erheblich sind (**echtes Unterlassungsdelikt;** D. Geerds aaO 237, Gössel II 484, Lackner/Kühl 6, MB-Nack 1332, Tiedemann LK 96, Tröndle/Fischer 26; and. Samson/Günther SK 25; s. auch Hellmann A/W § 24 V RN 47). Das Gesetz will damit dem Umstand Rechnung tragen, daß im Zusammenhang mit einem Kreditantrag häufig Schriftstücke vorgelegt werden, die nicht erst aus Anlaß des Kreditantrags,

sondern in einem früheren Zeitpunkt angefertigt worden sind und daß sich die wirtschaftlichen Verhältnisse seitdem verschlechtert haben können (vgl. BR-Drs. 5/75 S. 31, Prot. 7 S. 2771, Müller-Emmert/Maier NJW 76, 1662). Doch liegt hier vielfach bereits eine konkludente Täuschungshandlung i. S. der Nr. 1 vor (ebenso Lampe aaO 50, Tiedemann LK 94; vgl. auch D. Geerds aaO 238). Fügt der Täter z. B. seinem Kreditantrag schriftliche Lieferaufträge eines Kunden bei, die inzwischen widerrufen worden sind, so legt er eine unrichtige Unterlage vor (Nr. 1a), weil dies als Nachweis seiner Kreditwürdigkeit nur so verstanden werden kann, daß die Aufträge auch jetzt noch bestehen; dasselbe gilt z. B. für die Vorlage einer zu einem früheren Zeitpunkt erstellten und entsprechend datierten Vermögensübersicht, da ihre Verwendung im Zusammenhang mit dem Kreditantrag die Kreditwürdigkeit des Kreditnehmers dartun soll und deshalb zugleich die konkludente Behauptung enthält, daß die dargestellten Vermögensverhältnisse im wesentlichen unverändert geblieben sind. Nr. 2 hat daher selbständige Bedeutung nur dort, wo das Vorlegen einer Unterlage nicht mit einer solchen konkludenten Erklärung verbunden ist. Dies dürfte im wesentlichen nur dann der Fall sein, wenn die Vorlage der bereits in der Vergangenheit angefertigten Unterlage (z. B. der letzten Jahresbilanz) lediglich auf Verlangen des Kreditgebers erfolgt. Hier wird dem Vorlegenden durch Nr. 2 die Pflicht auferlegt, bei der Vorlage auf die Unrichtigkeit oder Unvollständigkeit der Unterlage hinzuweisen, was auch mündlich geschehen kann. Im einzelnen ist diese Mitteilungspflicht in dreierlei Hinsicht begrenzt:

a) Sie gilt nur für eine **Verschlechterung** speziell der **in den Unterlagen usw.** (o. 33 ff.) **45** dargestellten wirtschaftlichen Verhältnisse (o. 30 ff.). Sind diese selbst unverändert geblieben, so besteht eine Mitteilungspflicht auch dann nicht, wenn sich die wirtschaftliche Lage insgesamt verschlechtert hat. Umgekehrt sind – vorbehaltlich der Entscheidungserheblichkeit – nachteilige Veränderungen der dargestellten Verhältnisse auch dann mitteilungspflichtig, wenn insgesamt eine Verschlechterung infolge eines entsprechenden Ausgleichs nicht eingetreten ist. Verschiebungen lediglich innerhalb der bereits dargestellten Verhältnisse brauchen nicht mitgeteilt zu werden, wenn sie nicht zugleich zu einer Verschlechterung geführt haben. Während in Nr. 1 für den Kreditnehmer vorteilhafte unrichtige Angaben auch darin bestehen können, daß seine wirtschaftlichen Verhältnisse schlechter als in Wirklichkeit dargestellt werden (o. 41), gilt Nr. 2 nicht für den entsprechenden Fall einer nachträglichen Verbesserung.

b) Mitzuteilen sind nur solche Verschlechterungen, die **für die Entscheidung über den Kredit- 46 antrag erheblich** sind (o. 42). Nur unwesentliche Verschlechterungen sind daher nicht mitteilungspflichtig, so z. B. die im Rahmen des Üblichen liegenden Schwankungen des Geschäftsstandes (Tiedemann LK 93). Dagegen dürfen z. B. auch Wertgutachten jüngeren Datums über einzelne Wirtschaftsgüter nicht mehr ohne Hinweis auf die seit der Anfertigung eingetretenen Wertminderungen vorgelegt werden, wenn diese infolge besonderer Ereignisse über den normalen Abnutzungsverlust hinausgehen (vgl. BR-Drs. 5/75 S. 32).

c) Verschlechterungen sind nur insoweit mitzuteilen, als sie **bis zur Vorlage der Unterlagen** bzw. **47** Angaben (o. 43) **eingetreten** sind. Nicht strafbar nach § 265 b ist es daher, wenn eine erst nach der Vorlage eingetretene Verschlechterung der in der Unterlage usw. dargestellten wirtschaftlichen Verhältnisse nicht mitgeteilt wird, und zwar auch dann nicht, wenn dadurch die Kreditgewährung noch verhindert werden könnte (vgl. dazu BR-Drs. 5/75 S. 31, Prot. 7 S. 2771 f.; vgl. auch Otto, Bekämpfung 85); zur Frage der Strafbarkeit nach § 263 vgl. dort RN 18 ff. Das gleiche gilt, da die Tat nur bei der Vorlage begangen werden kann, wenn der Täter von der bereits vorher eingetretenen Verschlechterung erst nachträglich erfährt (vgl. auch Lackner/Kühl 6; and. Tiedemann LK 95). Eine Strafbarkeit kann sich hier nur aus § 263 ergeben.

V. Der **subjektive Tatbestand** verlangt Vorsatz; bedingter Vorsatz genügt. Angesichts der zahl- **48** reichen normativen Tatbestandsmerkmale und der hier erforderlichen Bedeutungskenntnis (vgl. § 15 RN 40 ff.) dürften sich auch bei § 265 b häufig Beweisschwierigkeiten ergeben (vgl. dazu Tiedemann LK 98). Tatbestandsirrtum (§ 16) kommt insbes. bei unzutreffenden Vorstellungen über die Entscheidungserheblichkeit in Betracht (wobei der Vorsatz insoweit nicht schon aus der Kenntnis der Unrichtigkeit der Angaben gefolgert werden kann; vgl. Tiedemann aaO, aber auch Tröndle/Fischer 27) oder wenn der Täter vor allem bei Wertangaben möglich ist, die vorgelegten Unterlagen usw. für richtig hält (vgl. dazu Tiedemann LK 100). Verbotsirrtum (§ 17) liegt z. B. vor, wenn er die Mitteilungspflicht nach Nr. 2 nicht kennt (Tiedemann LK 103, Tröndle/Fischer 27).

VI. **Vollendet** ist die Tat mit dem Zugang der unrichtigen Unterlagen bzw. Angaben (o. 43); zu **49** einer Irrtumserregung braucht es nicht gekommen zu sein, erst recht nicht zur Kreditgewährung. Der **Versuch** (z. B. Absenden der Unterlagen, vermeintliche Falschangaben) ist nach § 265 b straflos, kann aber nach § 263 strafbar sein. Aus ähnlichen Gründen wie bei § 264 (vgl. dort RN 66, Prot. 7 S. 2785 ff.) und bei § 264 a (vgl. dort RN 39) eröffnet **Abs. 2** die Möglichkeit **tätiger Reue** bei (formell) vollendeter Tat. Die Vorschrift entspricht § 264 V (wegen der Einzelheiten vgl. daher dort RN 67 ff.), mit dem Unterschied, daß in § 265 b an die Stelle der Verhinderung der Subventionsgewährung die Verhinderung des Erbringens der beantragten Leistung tritt. Wann im Fall des § 265 b die Leistung als erbracht anzusehen ist, hängt von der Art des beantragten Kredits (vgl. Abs. 3 Nr. 2 und o. 11 ff.) ab. So ist bei Gelddarlehen die Leistung nicht schon mit dem Vertragsabschluß, sondern erst mit der Auszahlung der Darlehenssumme (bzw. Gutschrift auf Konto) erbracht; dagegen genügt

§ 266

bei Akzeptkrediten bereits das Zurverfügungstellen des akzeptierten Wechsels (Tiedemann LK 107) und bei Bürgschaften, Garantien und sonstigen Gewährleistungen schon der Abschluß eines entsprechenden Vertrags. Auch hier gilt, daß die Verhinderung nicht notwendig ein aktives Tun voraussetzt, sondern auch durch ein Nichtweiterhandeln möglich ist, wenn das Erbringen der Leistung noch von weiteren Handlungen des Täters abhängt (vgl. § 264 RN 67 f., Tiedemann LK 106 iVm § 264 RN 133). Bei Beteiligung mehrerer ist § 24 II entsprechend anzuwenden (vgl. BT-Drs. 7/5291 S. 16). Soweit zugleich ein Versuch nach § 263 vorliegt, ergibt sich die Straflosigkeit aus § 24 (Lackner/Kühl 8).

50 **VII. Täter** kann jeder sein, der dem Kreditgeber eine unrichtige usw. Unterlage vorlegt oder diesem unrichtige usw. schriftliche Angaben macht. Außer dem Kreditnehmer und Antragsteller kommen als Täter z. B. auch in Betracht die Inhaber von Auskunfteien, die dem Kreditgeber falsche Informationen geben, ferner z. B. der Wirtschaftsprüfer, der eine für den Kreditnehmer erstellte falsche Bilanz vorlegt. Für die Abgrenzung von Täterschaft und Teilnahme gelten die allgemeinen Regeln. Wird z. B. die Unterlage von dem Dritten, der sie erstellt hat, dem Kreditnehmer zu dessen Verfügung überlassen, so kommt nur Beihilfe in Betracht (vgl. BGH wistra **84**, 25; zur Beihilfe eines Steuerberaters vgl. auch LG Mannheim wistra **85**, 158). Auch die Angestellten des Kreditnehmers, die auf dessen Weisung für diesen unrichtige Unterlagen vorlegen oder unrichtige Angaben machen, sind lediglich Gehilfen (and. Tiedemann LK 111).

51 **VIII. Konkurrenzen.** Beim Zusammentreffen von Abs. 1 Nr. 1 a und b oder von Nr. 1 und 2 liegt nur eine Tat nach § 265 b vor (and. Tröndle/Fischer 30). Für das Verhältnis zu § 263 gilt folgendes: Im Unterschied zu § 264 ist § 265 b keine dem § 263 vorgehende Sonderregelung, was sich schon aus der geringeren Strafdrohung und daraus ergibt, daß § 265 b weder einen Schädigungsvorsatz voraussetzt noch einen tatsächlich eingetretenen Schaden mitabgilt. Andererseits tritt § 265 b aber auch nicht hinter den Betrug und Betrugsversuch zurück (so aber BGH **36** 130 m. Anm. Kindhäuser JR **90**, 520, wistra **90**, 228, Celle wistra **91**, 359, Gössel II 485, Heinz GA 77, 216, 226, Hellmann A/W § 24 V RN 62, MB-Nack 1333, Samson/Günther SK 28, Tröndle/Fischer 6 u. bei Vollendung des § 263 auch Lackner LK[10] § 263 RN 331, Lackner/Kühl 10, M-Maiwald I 483; offengelassen von BGH wistra **84**, 26, Stuttgart NStZ **93**, 545). Dabei kann dahingestellt bleiben, ob bei einer Schädigung des Kreditgebers die Verwirklichung des Tatbestands des § 265 b „denknotwendig eine Gefährdung der Kreditwirtschaft einschließt" (so BGH **36** 132; vgl. dazu o. 4), denn entscheidend ist im vorliegenden Zusammenhang allein, daß eine solche vom Unrechtsgehalt des ausschließlich dem Individualschutz des Vermögens dienenden § 263 nicht miterfaßt wird (weshalb die Rechtsgutsfrage bei § 265 b in BGH aaO auch nicht offengelassen werden konnte). Wegen seines zusätzlichen Schutzzwecks steht § 265 b zu § 263, wenn zugleich dessen Voraussetzungen erfüllt sind (Irrtum, Schaden, Schädigungsvorsatz), im Verhältnis der Tateinheit, und zwar auch im Fall eines Versuchs nach § 263 (ebenso Otto aaO 101, 112, Tiedemann LK 115, W-Hillenkamp 268; vgl. auch Prot. 7 S. 2772, Berz BB 76, 1439, D. Geerds aaO 243, Müller-Emmert/Maier NJW 76, 1662; für Tateinheit bei einem Versuch nach § 263 auch Kindhäuser JR **90**, 523, Lackner/Kühl 10, M-Maiwald I 483). Tateinheit ist z. B. auch möglich mit §§ 264 (vgl. dort RN 86), 267, 268, 273, ferner mit §§ 331 f. HGB, §§ 400, 403 AktG, § 147 GenG; vgl. im übrigen auch § 263 RN 181 ff.

52 **IX.** Vom Gesetz bewußt nicht vorgesehen ist eine entsprechende Anwendbarkeit der §§ 247, 248 a (vgl. BT-Drs. 7/5291 S. 16, Prot. 7 S. 2790).

§ 266 Untreue

(1) **Wer die ihm durch Gesetz, behördlichen Auftrag oder Rechtsgeschäft eingeräumte Befugnis, über fremdes Vermögen zu verfügen oder einen anderen zu verpflichten, mißbraucht oder die ihm kraft Gesetzes, behördlichen Auftrags, Rechtsgeschäfts oder eines Treueverhältnisses obliegende Pflicht, fremde Vermögensinteressen wahrzunehmen, verletzt und dadurch dem, dessen Vermögensinteressen er zu betreuen hat, Nachteil zufügt, wird mit Freiheitsstrafe bis zu fünf Jahren oder mit Geldstrafe bestraft.**

(2) **§ 243 Abs. 2 und die §§ 247, 248 a und 263 Abs. 3 gelten entsprechend.**

Übersicht

I. Rechtsgut	1	VIII. Vollendung und Versuch	51
II. Verhältnis der beiden Tatbestandsalternativen	2	IX. Täterschaft, Teilnahme	52
		X. Strafe	53
III. Mißbrauchstatbestand	3	XI. Konkurrenzen	54
IV. Treubruchstatbestand	22	XII. Absatz 3	56
V. Zufügung eines Nachteils	39	XIII. Früheres DDR-Recht	57
VI. Rechtfertigungsgründe	48	XIV. Verjährung	58
VII. Subjektiver Tatbestand	49	XV. Ergänzende Vorschriften	59

Stichwortverzeichnis

Amtsuntreue 44

Besonders schwerer Fall 53
Betreuung fremder Vermögensinteressen 2, 11 f.

Einverständnis des Geschäftsherrn 21, 38

Innenverhältnis zum Geschäftsherrn 2, 4, 11

    Beendigung 4, 33

    Unwirksamkeit 11, 30 f.

    Sittenwidrigkeit 11, 31

Konkurrenzverhältnisse 54 f.
– mit Zueignungsdelikten 55
Kreditkartenmißbrauch 12

Lastschrifteinzugsverfahren, Mißbrauch des – 12

Mißbrauchstatbestand 3 ff.
    bei Einverständnis des Geschäftsherrn 21
    Mißbrauch 18 ff.
    bei Risikogeschäft 20
    Verfügungs- bzw. Verpflichtungsbefugnis, s. dort
    wirksame Ausübung dieser Befugnis 17
    bei Unterbevollmächtigten 13
Mißbrauch einer Verfügungs- oder Verpflichtungsbefugnis, s. Mißbrauchstatbestand

Nachteil, s. Vermögensschaden

Rechtfertigungsgründe 48
Rechtsgut 1
Risikogeschäft 20, 45

Scheckkartenmißbrauch 12
Strafbemessung 53

Täterschaft und Teilnahme 52
Tatsächliches Treueverhältnis 30 f.

Treubruchstatbestand 22 ff.
    Einverständnis des Geschäftsherrn 38
    Treupflicht, s. dort
    Treupflichtverletzung 35 ff.
    Verhältnis zum Mißbrauchstatbestand 2
Treupflicht 23 ff.
    Anforderungen an – 23 f.
    Anhaltspunkte nach der Rspr. 24
    bei atypischer Vertragsgestaltung 27
    Beendigung 34
    Beispiele 25 f.
    – zugunsten Dritter 33
    Grundlagen der – 29: behördlicher Auftrag, Gesetz oder Rechtsgeschäft 30, tatsächliches Treueverhältnis 30 f.
    – bei Strohmann 33

    Unwirksamkeit des Innenverhältnisses 30 f.

Verfügungs- bzw. Verpflichtungsbefugnis 4 ff.
    Botenstellung 5
    Fremdnützigkeit 11 f.
    Grundlagen der – 7: behördlicher Auftrag 9, Gesetz 8, Rechtsgeschäft 10
    Unwirksamkeit des Innenverhältnisses 11
    Verfügung 15 f.
    Verpflichtung 15 f.
Vermögensfürsorgepflicht, s. Treupflicht
Vermögensgefährdung, s. Vermögensschaden
Vermögensschaden 39 ff.
    Ausbleiben einer Vermögensvermehrung 46
    Ausgleich durch Vermögenszuwachs 41
    Ersatzansprüche 42
    individueller Schadenseinschlag 43 f.
    Vermögensgefährdung 45
    b. Zweckverfehlung 43 f.
Vorsatz 49 f.

Wahrnehmung fremder Vermögensinteressen, Pflicht zur –, s. Treupflicht

Zweckverfehlung, s. Vermögensschaden

Schrifttum: Arloth, Zur Abgrenzung von Untreue und Bankrott, NStZ 90, 570. – *Arzt,* Zur Untreue durch befugtes Handeln, Bruns-FS 365. – *Baumann,* Der strafrechtliche Schutz bei den Sicherungsrechten des modernen Wirtschaftsverkehrs, 1956. – *ders.,* Pönalisierung von Kaufverträgen durch Eigentumsvorbehalt, ZStW 68, 522. – *ders.,* Zur strafrechtlichen Verantwortlichkeit der Wirtschaftsprüfer, BB 66, 1237. – *Baumgartner,* Der Schutz zivilrechtlicher Forderungen durch Veruntreuungen ..., 1996. – *Birkholz,* Untreuestrafbarkeit als strafrechtlicher „Preis" der beschränkten Haftung, 1998. – *Birnbaum,* Stichwort „Churning", wistra 91, 253. – *Brammsen,* Strafbare Untreue des Geschäftsführers bei einverständlicher Schmälerung des GmbH-Vermögens?, DB 89, 1609. – *Bringewat,* Scheckkartenmißbrauch und nullum crimen sine lege, GA 73, 353. – *ders.,* Finanzmanipulation im Ligafußball – ein Risikogeschäft, JZ 77, 667. – *Bruns,* Untreue im Rahmen rechts- oder sittenwidriger Geschäfte, NJW 54, 857. – *ders.,* Gilt die Strafrechtsordnung auch für und gegen Verbrecher untereinander?, Mezger-FS 335. – *ders.,* Die sog. „tatsächliche" Betrachtungsweise im Strafrecht, JR 84, 133. – *Dierlamm,* Untreue – ein Auffangtatbestand?, NStZ 97, 534. – *Dingeldey,* Insider-Handel und Strafrecht, 1983. – *Dunkel,* Erfordernis und Ausgestaltung des Merkmals „Vermögensbetreuungspflicht" im Rahmen des Mißbrauchstatbestandes der Untreue, Diss. Bielefeld 1976. – *ders.,* Nochmals: Der Scheckkartenmißbrauch in strafrechtlicher Sicht, GA 77, 329. – *Fabricius,* Strafbarkeit der Untreue im öffentlichen Dienst, NStZ 93, 414. – *Fichtner,* Die bösen- u. depotrechtlichen Strafvorschriften von 1993 (Diss. Tübingen). – *Firgau,* in: HWiStR, Art. Untreue. – *Fleck,* Mißbrauch der Vertretungsmacht oder Treubruch des mit Einverständnis aller Gesellschafter handelnden GmbH-Geschäftsführers aus zivilrechtlicher Sicht, ZGR 90, 31. – *Flum,* Der strafrechtliche Schutz der GmbH gegen Schädigungen mit Zustimmung der Gesellschafter, 1990. – *Franzheim,* Zur Untreue-Strafbarkeit von Rechtsanwälten wegen falscher Behandlung von fremden Geldern, StV 86, 409. – *ders.,* in: HWiStR, Art. Provisionsannahme durch Steuerberater. – *Frisch,* Vorsatz und Risiko, 1983. – *Gribbohm,* Untreue zum Nachteil der GmbH, ZGR 90, 1. – *ders.,* Strafrechtliche Untreue zum Nachteil der GmbH usw., DStR 91, 248. – *Grub,* Die insolvenzrechtliche Verantwortlichkeit der Gesellschafter von Personenhandelsgesellschaften, 1995. – *Hartung,* Kapitalersetzende Darlehen – eine Chance für Wirtschaftskriminelle?, NJW 96, 229. – *Heimann-Trosien,* Zur strafrechtlichen Beurteilung des Scheckkartenmißbrauchs, JZ 76, 549. – *Heinitz,* Zur neueren Rechtsprechung über den

Untreuetatbestand, H. Mayer-FS 433. – *Hellmann,* Verdeckte Gewinnausschüttungen und Untreue des GmbH-Geschäftsführers, wistra 89, 214. – *Hillenkamp,* Risikogeschäft und Untreue, NStZ 81, 161. – *Holzmann,* Bauträgeruntreue und Strafrecht, 1981. – *Hübner,* Scheckkartenmißbrauch und Untreue, JZ 73, 407. – *Kapp,* Dürfen Unternehmen ihren (geschäftsleitenden) Mitarbeitern Geldstrafen bzw. -bußen erstatten?, NJW 92, 2796. – *J. Kaufmann,* Organuntreue zum Nachteil von Kapitalgesellschaften, 1999. – *Kiefner,* Zur zivilrechtlichen Genealogie des Mißbrauchstatbestands (§ 266 StGB) Stree/Wessels-FS 1205. – *Knauth,* Die Verwendung einer nicht gedeckten Kreditkarte als Straftat, NJW 83, 1287. – *Kohlmann,* Wider die Furcht vor § 266 StGB, JA 80, 228. – *ders.,* Vorbemerkungen zu § 82, in: Hachenburg, GmbHG, 8. A., 1997. – *ders.,* Untreue zum Nachteil des Vermögens einer GmbH trotz Zustimmung sämtlicher Gesellschafter?, Werner-FS 387. – *ders.,* Die strafrechtliche Verantwortlichkeit des GmbH-Geschäftsführers, 1990 (zit.: aaO). – *ders.,* „Vor-GmbH" und Strafrecht, Geerds-FS, 1995, 675. – *Kohlmann/Brauns,* Zur strafrechtlichen Erfassung der Fehlleitung öffentlicher Mittel, 1979. – *Labsch,* Untreue (§ 266 StGB), Grenzen und Möglichkeiten einer neuen Deutung, 1983. – *ders.,* Die Strafbarkeit des GmbH-Geschäftsführers im Konkurs der GmbH, wistra 85, 1. – *ders.,* Einverständliche Schädigung des Gesellschaftsvermögens und die Strafbarkeit des GmbH-Geschäftsführers, JuS 85, 602. – *ders.,* Der Kreditkartenmißbrauch und das Untreuestrafrecht, NJW 86, 104. – *ders.,* Grundprobleme des Mißbrauchstatbestands der Untreue, Jura 87, 343, 411. – *Lampe,* Unternehmensaushöhlung als Straftat, GA 87, 241. – *Langkeit,* Untreue von GmbH-Geschäftsführern ..., WiB 94, 64. – *Lenckner,* Computerkriminalität und Vermögensdelikte, 1981. – *Lenckner/Winkelbauer,* Strafrechtliche Probleme im modernen Zahlungsverkehr, wistra 84, 83. – *Lipps,* Nochmals – Verdeckte Gewinnausschüttung bei der GmbH als strafrechtliche Untreue?, NJW 89, 502. – *Luthmann,* Zur Frage der Untreue im Rahmen rechts- oder sittenwidriger Abmachungen, NJW 60, 419. – *H. Mayer,* Die Untreue im Zusammenhang der Vermögensverbrechen, 1926. – *ders.,* Die Untreue nach der Strafgesetznovelle vom 26. Mai 1933, Zentralbl. f. Handelsrecht 1933, 145. – *Meilicke,* Verdeckte Gewinnausschüttung: Strafrechtliche Untreue bei der GmbH?, BB 88, 1261. – *Meyer,* Nochmals zur Begehung von Untreue bei Begebung ungedeckter Scheckkartenschecks, MDR 72, 668. – *Mertens,* Die Nichtabführung vermögenswirksamer Leistungen durch den Arbeitgeber als Untreue, NJW 77, 562. – *Mohr,* Bankrottdelikte u. übertragene Sanierung usw., 1993. – *Muhler,* Darlehen von GmbH-Gesellschaftern im Strafrecht, wistra 94, 283. – *Müller,* Die gemeinschädliche Aushöhlung der Konkursordnung durch Pseudo-Firmensanierer und die Organisation rechtswidriger Gläubigerpools, in: Belke/Oehmichen, Wirtschaftskriminalität (1983), 48. – *Müller-Christmann/Schnauder,* Durchblick: Zum strafrechtlichen Schutz des Gesellschaftsvermögens, JuS 98, 1080. – *Nack,* Untreue im Bankbereich durch Vergabe von Großkrediten, NJW 80, 1599. – *Nelles,* Untreue zum Nachteil von Gesellschaften, 1991. – *Nettesheim,* Können sich Gemeinderäte der „Untreue" schuldig machen?, BayVBl. 89, 161. – *Neye,* Untreue im öffentlichen Dienst, 1981. – *ders.,* Die „Verschwendung" öffentlicher Mittel als strafbare Untreue, NStZ 81, 369. – *Otto,* Bargeldloser Zahlungsverkehr im Strafrecht, 1978. – *ders.,* Straftaten leitender Personen von Banken, in: Deutsche strafrechtliche Landesreferate zum XI. Int. Kongreß für Rechtsvergleichung, ZStW-Beiheft 82, 29. – *ders.,* Banktätigkeit und Strafrecht, 1983. – *Poseck,* Die strafrechtliche Haftung der Mitglieder des Aufsichtsrats einer Aktiengesellschaft, 1997. – *Radtke,* Einwilligung und Einverständnis der Gesellschafter bei der sog. GmbH-rechtlichen Untreue, GmbHRdSch 98, 311, 361. – *Reck,* Untreue im Rahmen der Veräußerung von Treuhandunternehmen ..., wistra 96, 127. – *Reiß,* Verdeckte Gewinnausschüttungen und verdeckte Entnahmen als strafbare Untreue des Geschäftsführers?, wistra 89, 81. – *Richter,* Zur Strafbarkeit externer „Sanierer" konkursgefährdeter Unternehmen, wistra 84, 97. – *Rienhardt,* in: HWiStR, Art. Risikogeschäft. *Satzger,* Die Untreue des Vermieters im Hinblick auf eine Mietkaution, Jura 98, 570. – *Sax,* Überlegungen zum Treubruchstatbestand des § 266 StGB, JZ 77, 663, 702, 742. – *C. Schäfer,* Zur strafrechtlichen Verantwortlichkeit des GmbH-Geschäftsführers, GmbHRdsch 93, 717 ff., 780 ff. – *H. Schäfer,* Die Strafbarkeit der Untreue zum Nachteil einer KG, NJW 83, 2850. – *Schlosky,* Die Untreue, DStR 38, 177, 228. – *Schlüchter,* Zur unvollkommenen Kongruenz zwischen Kredit- und Scheckkartenmißbrauch, JuS 84, 675. – *N. Schmid,* Banken zwischen Legalität und Kriminalität, 1980. – *ders.,* Mißbräuche im modernen Zahlungs- und Kreditverkehr, 1982. – *Schmidt-Hieber,* Strafbarkeit der Ämterpatronage, NJW 89, 558. – *E. Schramm,* Untreue durch Insolvenzverwalter, NStZ 00, 398. – *Schreiber/Beulke,* Untreue durch Verwendung von Vereinsgeldern zu Bestechungszwecken, JuS 77, 656. – *Schröder,* Konkurrenzprobleme bei Untreue und Unterschlagung, NJW 63, 1958. – *Schulte,* Abgrenzung von Bankrott, Gläubigerbegünstigung und Untreue bei der KG, NJW 83, 1773. – *ders.,* Strafbarkeit der Untreue zum Nachteil einer KG, NJW 84, 1671. – *Schwinge/Siebert,* Das neue Untreuestrafrecht, 1933. – *Seelmann,* Grundfälle zu den Eigentums- und Vermögensdelikten, 1988. – *Sieber,* Computerkriminalität und Strafrecht, 2. A. m. Nachtrag, 1980. – *Steinhilper,* Mißbrauch von Euroscheckkarten in strafrechtlicher Sicht, Jura 83, 401. – *Tiedemann,* Kommentar zum GmbH-Strafrecht. Erläuterungen der §§ 82–85 GmbHG und ergänzender Vorschriften, 3. A. 1995. Sonderausgabe aus Scholz, Kommentar zum GmbHG, 8. A., 1995. – *ders.,* Untreue bei Interessenkonflikten, Tröndle-FS, 319. – *Timmermann,* Weiterverkauf „zu getreuen Händen" angedienter Dokumente vor Kaufpreiszahlung – Untreue oder Unterschlagung?, MDR 77, 533. – *Ulmer,* Schutz der GmbH gegen Schädigung zugunsten ihrer Gesellschafter, Pfeiffer-FS 853. – S. u. *T. Vogt,* „Adreßdatenspionage" in straf- u. zivilrechtlicher Sicht, JuS 80, 860. – *Volk,* Bewirtschaftung öffentlicher Mittel und Strafrecht, 1979. – *Vormbaum,* Die strafrechtliche Beurteilung des Scheckkartenmißbrauchs, JuS 81, 18. – *Waßmer,* Untreue bei Risikogeschäften, 1997. – *Weber,* Können sich Gemeinderatsmitglieder durch ihre Mitwirkung an Abstimmungen der Untreue schuldig machen?, BayVBl. 89, 166. – *Wegenast,* Mißbrauch u. Treubruch, 1994. – *Weise,* Finanzielle Beeinflussung von sportlichen Wettkämpfen durch Vereinsfunktionäre, Diss. Gießen 1982. – *Winkelbauer,* Strafrechtlicher Gläubigerschutz im Konkurs der KG und der GmbH & Co. KG, wistra 86, 17. – *Wittig/Reinhart,* Untreue beim verlängerten Eigentumsvorbehalt, NStZ 96, 467. – *Wodicka,* Die Untreue zum Nachteil der GmbH bei vorheriger Zustimmung aller Gesellschafter, 1993. – *Wolf,* Die Strafbarkeit der rechtswidrigen Verwendung öffentlicher Mittel, 1998. – *Zoller,* Ausdehnung und Einschränkung des Untreuebegriffs in der Rechtsprechung des Reichsgerichts, 1940 (StrAbh. 407).

Zur Reform: *H. Mayer,* Die Untreue, Mat. I 333. – AE, BT, Straftaten gegen die Wirtschaft (1977) 127 ff. – *Haas,* Die Untreue (§ 266 StGB), 1997. – *Kohlmann/Brauns,* Zur strafrechtlichen Erfassung der Fehlleitung öffentlicher Mittel, 1979. – Tagungsberichte der Sachverständigenkommission zur Bekämpfung der Wirtschaftskriminalität – Reform des Wirtschaftsstrafrechts, Bd. XII, 23, Anl. 4 ff. – *Matt/Saliger,* Straflosigkeit der versuchten Untreue, in: Institut für Kriminalwissenschaften und Rechtsphilosophie Frankfurt a. M. (Hrsg.), Irrwege der Strafgesetzgebung, 1999, 217. – *Tiedemann,* Handelsgesellschaften und Strafrecht: Eine vergleichende Bestandsaufnahme, Würtenberger-FS 241, 249. – *Weber,* Überlegungen zur Neugestaltung des Untreuestrafrechts, Dreher-FS 555.

I. **Geschütztes Rechtsgut** des § 266 ist wie beim Betrug allein das Vermögen. Die von beiden in § 266 enthaltenen Tatbeständen (u. 2) geforderte Treuwidrigkeit kennzeichnet die der Untreue eigenen Angriffsmodalitäten auf das Vermögen, nicht eine zusätzliche Rechtsgutverletzung (h. M., vgl. z. B. BGH **43** 297, Arzt/Weber IV 45, Gössel II 489, Labsch aaO 156, Lackner/Kühl 1, M-Maiwald I 522, Mitsch 493 f., Nelles aaO 282 ff., Rengier I[4] 234, Samson/Günther SK 2, Schünemann LK 28, Seier A/W § 2 II Rn 10 f., Wegenast aaO 70 f., 147 ff.; and. z. B. Eser IV 183, W-Hillenkamp 288). Dies schließt nicht aus, daß erst sie die Vermögensschädigung zu strafwürdigem Unrecht macht, wobei sich die besondere Schutzwürdigkeit des fremden Vermögens hier daraus ergibt, daß sich Vermögensinhaber aus rechtlichen oder tatsächlichen Gründen vielfach gezwungen sehen, die Besorgung ihrer Angelegenheiten ganz oder teilweise Dritten zu überlassen (s. auch Schünemann LK 1, 18 ff.). Daraus erklärt sich zugleich, daß § 266 aus der Sicht des Täters ein fremdnütziges („Betreuungs"-) Verhältnis zu dem geschädigten Vermögen voraussetzt. 1

II. Die Vorschrift enthält zwei Tatbestände: den **Mißbrauchstatbestand** (1. Alt.) und den **Treubruchstatbestand** (2. Alt.). Während die 1. Alt. das Vermögen vor den Gefahren schützt, die sich aus der Einräumung von Dispositionsbefugnissen im *Außenverhältnis* ergeben, betrifft die 2. Alt. die Risiken, die aus der Gewährung von Dispositionsbefugnissen im *Innenverhältnis* resultieren (krit. ggü. dieser Kennzeichnung Schünemann LK 20). Für die umstrittene, zugleich das **Verhältnis beider Tatbestände** betreffende Frage, wie die für beide Alternativen geltende Kennzeichnung des Geschädigten als desjenigen, „dessen Vermögensinteressen" der Täter „zu betreuen hat", zu verstehen ist, ergibt sich daraus folgendes: Schon nach dem Gesetzeswortlaut kann die fragliche Wendung für die 1. Alt. nicht völlig bedeutungslos sein und ihr Sinn kann auch nicht darin erschöpfen, daß damit lediglich die Person des Geschädigten bezeichnet werden sollte (so aber – jedenfalls i. E. – z. B. Bokkelmann II/1 S. 138, 140 f., Heimann-Trosien JZ 76, 550 f., Labsch aaO 212, 305 ff., NJW 86, 108, Otto, Zahlungsverkehr 101, JZ 85, 1009, Sax JZ 77, 702, Schröder JZ 72, 707). Andererseits aber ist, obwohl sprachlich kaum ein Unterschied besteht (vgl. Nelles aaO 502 ff., Wegenast aaO 138 ff., auch Sax JZ 77, 665), das hier für beide Tatbestände vorausgesetzte Betreuungsverhältnis auch nicht einfach identisch mit der von der 2. Alt. geforderten „Pflicht, fremde Vermögensinteressen wahrzunehmen", da bei einer solchen Gleichsetzung die spezifischen Anforderungen an die Treupflicht i. S. der 2. Alt. auch zum Merkmal des Mißbrauchstatbestands erhoben würden und dieser somit nur noch die Bedeutung eines – im Grunde überflüssigen – Spezialfalls des (umfassenderen) Treubruchstatbestands hätte (so jedoch seit BGH **24** 387 die h. M., z. B. BGH aaO [vgl. aber auch NJW **84**, 2539 m. Anm. Otto JR 85, 29], Hamm NJW **68**, 1940, **77**, 1834, Karlsruhe NStZ **91**, 239, NStE **Nr. 6,** Köln NJW **78**, 713 m. Anm. Gössel JR 78, 469, 88, 3220, KG NStE **Nr. 34** Arzt/Weber IV 66, Dunkel aaO 236, GA 77, 339, Fabricius NStZ 93, 415, Gössel II 489, Hübner LK[10] 9, 17, 24, Krey II 287, Lackner/Kühl 4, M-Maiwald I 525, Offermann wistra 86, 56, Samson/Günther SK 3, Schmidhäuser II 133, Vormbaum JuS 81, 20, W-Hillenkamp 289; zur Kritik insbes. Labsch aaO 83 ff., 91 ff., 170 ff. u. pass., NJW 86, 104, Jura 87, 345 f., Schünemann LK 11 ff., Wegenast aaO 60 ff.; and. wohl auch Tröndle/Fischer 1 b). Daß die 1. Alt. nicht lediglich ein besonders hervorgehobener Anwendungsfall der 2. Alt. sein kann, sondern selbständige Bedeutung haben muß (vgl. auch BGH NStZ **89,** 72 m. Anm. Otto JR 89, 208, wo nach Verneinung der 2. Alt. wegen fehlender Treupflicht trotzdem noch die 1. Alt. geprüft wird), folgt im übrigen schon daraus, daß die Vorschrift dann anders formuliert sein müßte (z. B. „Wer ... oder *sonst* die ihm kraft Gesetzes ... obliegende Pflicht, fremde Vermögensinteressen wahrzunehmen, verletzt"; vgl. auch Wegenast aaO 76 ff.). Gegen die h. M. spricht ferner, daß eine Übertragung der Vermögensfürsorgepflicht i. S. der 2. Alt. auf die 1. Alt. dort entweder zu Strafbarkeitslücken führt oder dazu zwingt, bei der Treupflicht der 2. Alt. auf wesentliche Merkmale zu verzichten und damit die Bemühungen um eine Einschränkung des viel zu weit geratenen Treubruchstatbestands hinfällig zu machen (so auch Otto JZ 85, 1009, JR 85, 30 f., 89, 210, Wegenast aaO 89 ff.). Dies wird deutlich, wenn der Täter mit einer unbegrenzten Vollmacht ausgestattet ist, ihm aber für das vorzunehmende Geschäft detaillierte Anweisungen gegeben worden sind, so daß ihm keinerlei eigener Entscheidungsspielraum bleibt: In diesem Fall handelt es sich zwar nicht um eine Treupflichtverletzung i. S. der 2. Alt., weil der Täter keinerlei Dispositionsbefugnis im Innenverhältnis hatte (u. 23 a), wohl aber muß hier die 1. Alt. anwendbar sein, wenn er die Vollmacht im Außenverhältnis mißbraucht (ebenso Wegenast aaO 107 f.). Das für beide Tatbestände erforderliche Betreuungsverhältnis kann deshalb nur darin gesehen werden, daß dem Täter *fremdnützige* Dispositionsbefugnisse eingeräumt sein müssen, was für die 1. Alt. bedeutet, daß ihm die Rechtsmacht, über fremdes Vermögen zu verfügen u. w., im Interesse des Vermögensinhabers – also nicht im eigenen Interesse oder auf Grund von Gutglaubensvorschriften (u. 4, 12) – verliehen sein muß (ähnl. Bringewat GA 73, 362 f., NStZ 83, 458, Holzmann aaO 126 f., Mitsch 500, Nelles aaO 218 ff., Seelmann 2 aaO 101 f., Sieber aaO 244 u. Nachtr. 18, Steinhilper Jura 83, 408, Wegenast aaO 134 ff., wohl auch Küper 322; and. Schünemann LK 23, 25, der das Wesen des Betreuungsverhältnisses in dem Geschäftsbesorgungscharakter sieht, während die Fremdnützigkeit nur für den Treubruchtatbestand erforderlich sei, so daß der Mißbrauchstatbestand auch eigennützige Treuhandverhältnisse erfasse; vgl. zur hier vertretenen Auffassung auch u. 4, 11). Nur unter dieser Voraussetzung kann auch bei der 1. Alt. von einer Pflicht zur Vermögens*betreuung* gesprochen werden; die Pflicht, die eingeräumte Befugnis nicht zu mißbrauchen, genügt dafür als solche noch nicht (so aber Labsch NJW 86, 108, Jura 87, 346, Otto, Zahlungsverkehr 101, JZ 85, 1009). Bei der 2. Alt. dagegen läuft jedoch das Tatbestandsmerkmal der Vermögensbetreuungspflicht praktisch leer, da dieses i. S. einer fremdnützigen Dispositionsbefugnis bereits im Merkmal der „Wahrnehmung" fremder Vermögensinteressen notwendigerweise mitenthalten ist (vgl. Wegenast aaO 142 ff.; ähnl. Nelles aaO 508); dies hat zur Konsequenz, daß – entgegen der h. M. (vgl. o.) – die erforderlichen Einschränkungen bei der 2. Alt. nicht über das für beide Alternativen inhaltsgleiche Merkmal der Vermögensbetreuungspflicht auf die 1. Alt. übertragbar sind (vgl. Wegenast aaO 136 sowie u. 11). – Auf der Grundlage der hier vertretenen Auffassung stehen sich die Alternativen des § 266 als verschiedene Strafgesetze i. S. des § 265 StPO gegenüber (so i. E. auch BGH **26** 174, NJW **54**, 1616, Oldenburg HESt. **2** 45, Schünemann LK 27, Wegenast aaO 137, während nach BGH NJW **84**, 2539 m. Anm. Otto JR 85, 29 ein Hinweis gem. § 265 StPO regelmäßig zwar erforderlich ist, aber nicht zu einer Verurteilung nach § 266 statt nach der 1. Alt., nicht dagegen im umgekehrten Fall, sofern die Vermögensbetreuungspflicht bei der 1. Alt. in vollem Umfang der Vermögensfürsorgepflicht i. S. der 2. Alt. entspricht; generell gegen eine Hinweispflicht z. B. Hübner LK[10] 18).

3   **III. Der Mißbrauchstatbestand (1. Alt.).** Dieser setzt zunächst voraus, daß der Täter die ihm durch Gesetz, behördlichen Auftrag oder Rechtsgeschäft eingeräumte Befugnis, über fremdes Vermögen zu verfügen oder einen anderen zu verpflichten, mißbraucht; zu der weiter erforderlichen Nachteilszufügung vgl. u. 39 ff.; zur zivilrechtlichen Genealogie des Mißbrauchstatbestands vgl. Kiefner, Stree/Wessels-FS 1205.

4   1. Unter der **Befugnis, über fremdes Vermögen zu verfügen** oder einen anderen **zu verpflichten**, ist eine Rechtsstellung zu verstehen, die den Täter nach außen in den Stand setzt, Vermögensrechte eines anderen wirksam zu ändern, zu übertragen oder aufzuheben oder ihn mit Verbindlichkeiten zu belasten. Diese Fähigkeit muß dem Täter wirksam und gerade mit Rücksicht auf ein Verhältnis verliehen sein, das der Betreuung der Vermögensinteressen des Geschäftsherrn dient (o. 2, u. 11). Nicht ausreichend ist es also, wenn sich seine Rechtsmacht lediglich aus Vorschriften ergibt, die dem Schutz des Rechtsverkehrs dienen, wie z. B. §§ 932 BGB, 366 II HGB, aber auch § 56 HGB (RG JW **35**, 2637, BGH **5** 63 f., Arzt/Weber IV 68, Küper 325, M-Maiwald I 526, Mitsch 498 f., Rengier I[4] 236, Samson/Günther SK 13, Schünemann LK 42, Schwinge/Siebert aaO 23, Wegenast aaO 152, W-Hillenkamp 289; in Betracht kommt hier jedoch die 2. Alt.; vgl. auch Hamm JMBlNW **63**, 95). Ebensowenig genügt eine Duldungs- oder Anscheinsvollmacht (BGH wistra **92**, 66; teilw. and. Schünemann LK 45), da es sich auch bei diesen nur um Rechtsscheinstatbestände handelt, die zum Zweck des Vertrauensschutzes eine Vollmacht ersetzen (vgl. dazu z. B. K.-H. Schramm, Münchn. Komm. zum BGB, Bd. 1, 3. A., § 167 Rn. 36 ff., 61 f.). Ist dagegen eine Vollmacht im Zusammenhang mit einem Auftrag oder Geschäftsbesorgungsvertrag wirksam erteilt worden, so genügt auch ihr fingiertes Fortbestehen nach §§ 168, 674 BGB oder auch das Fortwirken der Vertretungsmacht gem. §§ 170 ff. BGB (ebenso Stuttgart NStZ **85**, 366, Labsch aaO 101, 306 f., MB-Schmid 747, Schünemann LK 41; and. Arzt/Weber IV 69, M-Maiwald I 526, Seier A/W § 21 RN 38, Wegenast aaO 152 ff.; vgl. zu diesen Fällen auch Sax JZ 77, 744 ff., der hier ein Treueverhältnis i. S. der 2. Alt. annimmt [dagegen Stuttgart aaO sowie u. 30]).

5   *Keine Befugnis* i. S. des § 266 begründet die Stellung als *Bote,* da bei ihr ein dem Geschäftsherrn gegenüber rechtlich wirksamer vorsätzlicher Mißbrauch nicht möglich ist (i. E. ebenso Hamm NJW **72**, 299, Arzt/Weber IV 68, Labsch aaO 308, Jura 87, 350, Mitsch 498, Samson/Günther SK 11, Schünemann LK 45, Sennekamp MDR 71, 638, BGH BB **73**, 1005, Vonnahme NJW 71, 443, Zahrnt NJW 72, 278; and. Blei JA 71, 305 u. 72, 790, Meyer JuS 73, 216, Schröder JZ 72, 708). Dieser Frage wurde früher – allerdings zu Unrecht (vgl. dazu die 22. A.) – vor allem beim sog. Scheckkartenmißbrauch Bedeutung zugemessen; mit der Einfügung des § 266 b durch das 2. WiKG hat sie sich dort praktisch jedoch erledigt (vgl. die Anm. zu § 266 b sowie u. 12).

6   a) Ob sich die Befugnis auf **fremdes Vermögen** bezieht, ist nach materiellem Recht zu beurteilen (vgl. BGH **1** 187, Celle NJW **59**, 496, J. Kaufmann aaO 14, Labsch Jura 87, 347, Lackner/Kühl 3, grds. auch Schünemann LK 47 sowie u. 39); unerheblich sind dabei wirtschaftliche Gesichtspunkte (and. Blei II 258) oder der Aspekt, inwiefern einer anderen Person als dem Täter die Zwecksetzungsbefugnis über das Vermögen zusteht (so aber Nelles aaO 479 ff., 513 ff., Schünemann aaO; zur Bedeutung dieser Kriterien im Rahmen der Einwilligung vgl. jedoch u. 21). Verwaltungsrechte wie z. B. das des Insolvenzverwalters lassen die Vermögenszugehörigkeit unberührt. Die Befugnis des Insolvenzschuldners, vom Insolvenzverwalter mit der Weiterführung der Geschäfte betraut ist, betrifft eigenes, die des Insolvenzverwalters fremdes Vermögen (and. RG **39** 416, Schünemann LK 47, 70). Das Vermögen einer Einmann-GmbH ist für den geschäftsführenden Gesellschafter zwar fremdes Vermögen; die Möglichkeit einer Untreue durch diesen entfällt jedoch aus anderen Gründen (u. 21).

b) Die Verfügungs- bzw. Verpflichtungsbefugnis kann auf **Gesetz, behördlichem Auftrag oder** **7** **Rechtsgeschäft** beruhen. Vielfach treffen zwei (u. 8), zuweilen auch alle drei Entstehungsgründe (z. B. bei freiwilliger Versteigerung durch einen Gerichtsvollzieher, § 383 III BGB) zusammen.

α) Als durch *Gesetz* eingeräumt sind solche Befugnisse anzusehen, die dem Täter nicht aufgrund **8** eines gerade auf ihre Begründung gerichteten Verleihungsakts, sondern aufgrund gesetzlicher Regelung als Inhaber einer bestimmten Stellung zukommen. Gleichgültig ist, ob es sich dabei um eine natürliche Position, wie z. B. die Elternschaft, handelt und die Befugnis folglich unmittelbar auf Gesetz beruht (§ 1626 I 2 BGB) oder ob diese Stellung, wie z. B. die als Vormund (§ 1793 BGB), Betreuer (§ 1902 BGB), Pfleger (§§ 1909 ff., 1915 BGB; zum früheren Gebrechlichkeitspfleger – seit dem 1. 1. 1992 Betreuer – vgl. Bremen NStZ **89**, 228, Celle NJW **94**, 142), Gerichtsvollzieher (§ 753 ZPO [and. Heinitz aaO 435 f., Labsch aaO 107 f.]), Insolvenzverwalter (§ 80 I InsO), Vorstand einer Aktiengesellschaft (§ 78 AktG; zu den Befugnissen des Aufsichtsrats vgl. Poseck aaO 66) oder eines Vereins (§ 26 II BGB), Geschäftsführer einer GmbH (§ 35 I GmbHG), Prokurist (§ 49 HGB) usw., durch behördlichen Auftrag erlangt ist oder aber so sie schließlich, wie z. B. die Stellung als Bürgermeister (vgl. z. B. § 42 I bad-württ. GemeindeO) oder Prozeßbevollmächtigter (§ 81 ZPO), eine in § 266 nicht genannte Grundlage (Wahl, Prozeßhandlung) hat.

β) Durch *behördlichen Auftrag* eingeräumt sind nicht nur die für einen Einzelfall zur Erledigung eines **9** Sonderauftrags erteilten Befugnisse, sondern auch diejenigen, deren Ausübung die gewöhnlich dem Täter zugewiesenen Dienstgeschäfte mit sich bringen (RG **69** 336).

γ) *Rechtsgeschäftlich* begründete Befugnisse sind die Vollmacht und die Ermächtigung (vgl. RG **56** **10** 123).

2. Hinzu kommen muß, wie sich aus dem auch für den Mißbrauchstatbestand geltenden Nachsatz **11** ergibt, daß der Inhaber der Befugnis die **Vermögensinteressen** desjenigen, den er verpflichten bzw. über dessen Vermögen er verfügen kann (Geschäftsherr), **zu betreuen hat.** Eine Sonderbeziehung zu dem fremden Vermögen, die sich in der Befugnis erschöpft, über dieses zu verfügen usw., genügt mithin nicht (and. z. B. noch BGH **13** 276: ausreichend die Befugnis des Gerichtsvollziehers, durch Pfändung usw. über das Vermögen des Schuldners zu verfügen und Kosten zu berechnen; vgl. dazu jetzt Köln NJW **88**, 504 m. Anm. Keller JR **89**, 77). Andererseits kann entgegen der h. M. für den Mißbrauchstatbestand zwar keine Vermögensfürsorgepflicht i. S. der 2. Alt. verlangt werden (o. 2), weshalb bei „nicht eindeutig auszugrenzenden Mißbrauchsformen" auch nicht ohne weiteres auf den Treubruchstatbestand zurückgegriffen werden kann (so jedoch BGH NJW **83**, 461 m. Anm. Keller JR **83**, 516). Wohl aber muß dem Täter – was dann allerdings auch genügt – die im *Außenverhältnis wirksame Befugnis* zur Erfüllung einer *im Interesse des Geschäftsherrn* liegenden Aufgabe eingeräumt worden sein. Ist dies jedoch der Fall, so kann es darauf, ob der Täter den Interessen des Geschäftsherrn aufgrund einer *rechtlich* wirksamen Betreuungspflicht zu dienen hat, prinzipiell nicht mehr ankommen; insoweit muß vielmehr Entsprechendes gelten wie beim Treubruchstatbestand (u. 30 f.). Gleichgültig ist hier daher, ob das entsprechende Innenverhältnis zum Geschäftsherrn (Auftrag, Geschäftsbesorgungsvertrag usw.) z. Z. der Tat noch besteht oder es überhaupt wirksam entstanden ist (i. E. auch Arzt aaO 379 u. weitgehend Schünemann LK 37 ff.; and. Holzmann aaO 129, M-Maiwald I 526, Tröndle/Fischer 5); nur wenn sich die Nichtigkeit des Innenverhältnisses aus §§ 134, 138 BGB ergibt, verdient der Vermögensinhaber auch hier – zum Treubruchstatbestand vgl. u. 31 – keinen strafrechtlichen Schutz. Ebensowenig kommt es – insoweit anders als beim Treubruchstatbestand – darauf an, ob der Täter durch detaillierte Weisungen gebunden sein oder ihm einen eigener Entscheidungsspielraum verbleiben soll (vgl. RG JW **38**, 2337, BGH NJW **54**, 1616, Braunschweig NJW **47**, 71, Bringewat GA **73**, 363, NStZ **83**, 458, Wegenast aaO 136 ff.; and. Dunkel aaO 236, GA **77**, 338 f., Lackner/Kühl 4, M-Maiwald 526 f., Schmidhäuser II 133, Seebode JR **73**, 119, Tröndle/Fischer 5).

Daraus, daß die Verpflichtungs- bzw. Verfügungsbefugnis im Interesse des Geschäftsherrn bestehen **12** muß, ergibt sich auch die Unanwendbarkeit der 1. Alt., wenn dem Täter diese Befugnis ausschließlich oder in erster Linie in seinem *eigenen Interesse* verliehen ist und er lediglich verpflichtet sein soll, den Geschäftsherrn nicht zu schädigen. Aus diesem Grund ist der seit dem 2. WiKG in § 266 b (vgl. dort RN 1) eigens unter Strafe gestellte **Scheck- bzw. Kreditkartenmißbrauch,** bei dem der Täter den Kartenaussteller (Bank, Kreditkartenunternehmen) vertragswidrig zur Einlösung ungedeckter Schecks bzw. zur Bezahlung von Forderungen des Vertragsunternehmens gegen den Kreditkarteninhaber verpflichtet, vom Mißbrauchstatbestand des § 266 erfaßbar (so jedenfalls i. E. – schon vor Erlaß des § 266 b – die h. M.; aus der Rspr. vgl. zuletzt z. B. BGH **24** 386, **33** 244 m. Anm. Otto JZ **85**, 1008, Hamburg NJW **83**, 768, Hamm NJW **84**, 1633 und i. ü. die Nachw. in der 24. A.; zu der insoweit gegenstandslos gewordenen Gegenmeinung, die lediglich einen Vorrang des § 266 b bejaht, vgl. die Nachw. bei § 266 b RN 14). Entsprechendes gilt für den Mißbrauch des **Lastschrift-Einzugsverfahrens** (Hamm NJW **77**, 1834 m. Anm. Winterberg BB **77**, 1627, Haas aaO 64; and. Labsch Jura **87**, 352, Otto, Zahlungsverkehr 101, 113, Bankentätigkeit 140).

Ein **Unterbevollmächtigter,** der zu dem Geschäftsherrn nicht selbst unmittelbar in einem Dienst- **13** oder Auftragsverhältnis usw. steht, ist tauglicher Täter des Mißbrauchstatbestandes, wenn die ihm vom Hauptvertreter gestellte Aufgabe mit dem diesem erteilten Auftrag in Einklang steht. Ist dies jedoch nicht der Fall, so ist die Untervollmacht nicht zur Betreuung der Interessen des Geschäftsherrn erteilt. Da einer die Erteilung von Untervollmacht umfassenden Vollmacht in aller Regel eine Treupflicht zugrunde liegt, wird der Hauptbevollmächtigte hier jedoch meist einen Treubruch begehen, zu dem der Unterbevollmächtigte durch Vornahme des fraglichen Geschäfts Beihilfe leisten kann. Dasselbe muß gelten, wenn der Hauptbevollmächtigte den zunächst ordnungsgemäß beauftragten Untervertreter zu mißbräuchlichen Geschäften anweist. Auch hierdurch verliert der Unterbevollmächtigte seine Täterqualität. Denn es kann keinen Unterschied machen, ob ihm die Vollmacht zunächst entzogen und dann mit anderer Weisung oder anderem Inhalt neu erteilt oder ob diese lediglich geändert wird.

14 3. Die Tathandlung besteht im **Mißbrauch der Verfügungs- oder Verpflichtungsbefugnis**, d. h. darin, daß der Täter zwar wirksam, aber bestimmungswidrig über das fremde Vermögen verfügt bzw. dessen Inhaber verpflichtet.

15 a) **Verfügung** ist die – rechtsgeschäftliche oder zumindest zivilrechtswirksame (vgl. Wittig/Reinhart NStZ 96, 469) – Änderung, Übertragung oder Aufhebung eines Vermögensrechts wie z. B. die Belastung mit einem Pfandrecht, Übereignung, der Erlaß einer Forderung; rein tatsächliches Einwirken auf fremdes Vermögen genügt hingegen nicht (Frankfurt MDR **94**, 1233, Hamm NJW **72**, 299, Gössel II 500, Mitsch 501, Schünemann LK 43; and. noch RG **68** 373: vertragswidrige Benutzung fremder Sachen als Verfügung). **Verpflichtung** ist die Begründung einer Verbindlichkeit z. B. durch Abschluß von Verträgen, Anerkenntnis von Schulden oder Übernahme einer Bürgschaft (vgl. BGH LM **Nr. 16**). In Betracht kommen nicht nur rechtsgeschäftliche Handlungen, sondern, da die Befugnis auch öffentlich-rechtlicher Natur sein kann, ebenso entsprechende hoheitliche Akte wie z. B. der Erlaß einer Steuerschuld (Schünemann aaO; vgl. auch Gössel wistra 85, 136).

16 Soweit Schweigen in seinen Wirkungen der positiven Erklärung gleichgestellt ist, sind Verfügungen und Verpflichtungen auch durch **Unterlassen** möglich (vgl. Arzt/Weber IV 55, Güntge wistra 96, 89, Mitsch 501, Schünemann LK 54, Seebode JR 89, 301, W-Hillenkamp 293), so z. B. im Fall des § 362 HGB, beim Schweigen auf kaufmännische Bestätigungsschreiben oder wenn aufgrund allgemeiner Geschäftsbedingungen einer Bank Schweigen als Saldoanerkenntnis gilt. Nicht hierher gehört dagegen das Verjährenlassen einer Forderung (Labsch Jura 87, 348; and. Bockelmann II/1 S. 139, Lackner/Kühl 6, Schünemann aaO; s. auch Poseck aaO 75 f.; offengelassen von BGH NJW **83**, 461 m. Anm. Keller JR 83, 516; u. 35 a), das Unterlassen des Gerichtsvollziehers, den Versteigerungserlös abzuführen (so jedoch BGH **13** 276, Tröndle/Fischer 6; wie hier Heinitz aaO 435, Labsch Jura 87, 343, Schünemann aaO) oder das Nichtwahrnehmen eines für den Pflegling günstigen Geschäfts durch einen Gebrechlichkeitspfleger (so aber Bremen NStZ **89**, 228), wo jedoch die 2. Alt. in Betracht kommt (u. 35 a).

17 b) Der Täter muß die **Befugnis wirksam ausgeübt** haben, was daraus folgt, daß der Mißbrauchstatbestand nur die Aufgabe haben kann, den Vermögensinhaber vor den spezifischen rechtlichen Gefahren eines das „rechtliche Dürfen" (Innenverhältnis) überschreitenden „rechtlichen Könnens" (Außenverhältnis) zu schützen (h. M., vgl. z. B. BGH wistra **96**, 72, NStE **Nr. 11**, MDR/H **83**, 92, Küper 324; teilw. and. Schünemann LK 34, 50). Hieran fehlt es z. B., wenn ein Konkursverwalter (seit 1. 1. 1999: Insolvenzverwalter) Fremdgelder als Sicherheit für persönliche Kredite auf ein Eigenkonto einzahlt (BGH NStE **Nr. 11**), wenn ein Verkaufsbevollmächtigter als Eigentümer der in Wahrheit dem Vollmachtgeber gehörenden Gegenstände auftritt (BGH NStE **Nr. 28**), ein Vormundschaftsgericht die vom Gebrechlichkeitspfleger (seit 1. 1. 1992: Betreuer) vorgenommene Forderungsabtretung nicht gem. §§ 1812 I, III, 1915 I BGB (jetzt § 1908 i BGB) genehmigt hat (Lackner/Kühl 6, Krack/Radtke JuS 95, 17; übersehen von Celle NJW **94**, 142) oder wenn eine Verkäuferin Waren unter dem vom Ladeninhaber festgesetzten Preis abgibt (and. BGH **13** 316, LM **Nr. 4**, Schünemann LK 51; wie hier Heinitz aaO 434 f., Labsch aaO 103, Jura 87, 412), da hier mit den Grenzen des rechtlichen Dürfens auch die der Vertretungsmacht überschritten sind. Ebenso mangelt es an einer wirksamen Ausübung der Befugnis, wenn ein Vertreter ein nicht gestattetes Insichgeschäft gem. § 181 BGB vornimmt (Mitsch 502, MB-Schmid 761) oder trotz angeordneter bzw. vereinbarter Gesamtvertretung (z. B. §§ 35 II 2 GmbHG, 78 II AktG) ohne Mitwirkung des anderen Gesamtvertreter handelt (vgl. z. B. Schramm aaO [o. 4] § 164 Rn. 76 ff. m. w. N.; and. Kohlmann aaO 114; zur Gesamtvertretung bei der GmbH vgl. auch BGH wistra **92**, 340). Das gleiche gilt in den Fällen, in denen zivilrechtlich die Wirksamkeit der Vollmacht durch das Institut des Mißbrauchs der Vertretungsmacht eingeschränkt wird, insbes. bei Kollusion zwischen Vertreter und Vertragsgegner und Evidenz des Mißbrauchs (vgl. dazu z. B. Schramm aaO [o. 4] § 164 RN 98 ff.; ebenso Arzt/Weber IV 53, Labsch aaO 307, Lampe GA 87, 247, Mitsch 504, MB-Schmid 760; vgl. auch Stuttgart NStZ **85**, 365 u. dazu Labsch Jura 87, 348, wo jedoch die Wirksamkeit der Verfügung in der Schaffung einer Grundbuchposition gesehen wurde, welche die fraglichen Vermögenswerte dem Zugriff gutgläubiger Dritter aussetzte). Demgegenüber soll nach Arzt aaO 371 ff. der Mißbrauchstatbestand auch hier gegeben sein, weil dieser mit jeder vorsätzlichen Schädigung in Ausübung der dem Täter eingeräumten Befugnis erfüllt sei. Doch mißbraucht der Täter in diesen Fällen, wie es das Gesetz verlangt, die ihm eingeräumte Verpflichtungs- oder Verfügungsbefugnis, sondern lediglich seine Stellung; auch werden mit einer solchen Erweiterung des § 266 1. Alt. z. T. wieder die Bemühungen um eine Einschränkung des Treubruchstatbestands hinfällig, der z. B. zwar in dem o. genannten Beispiel des Insolvenzverwalters (BGH NStE **Nr. 11**), richtigerweise aber nicht in dem der Verkäuferin zu bejahen ist (u. 23 ff.).

18 c) **Mißbrauch** ist jede im Verhältnis zum Geschäftsherrn **bestimmungswidrige Ausübung der Befugnis**. Hierbei sind zwei Fallkonstellationen möglich: 1. Ein Mißbrauch ist zunächst dann gegeben, wenn der Täter durch die Vornahme des Geschäfts gegen Pflichten aus einem *rechtlich wirksamen Innenverhältnis* (Dienstvertrag, Auftrag usw.) zum Geschäftsherrn verstößt. Dies ist z. B. der Fall, wenn der Prokurist weisungswidrig Wechsel zeichnet, der Verkaufsbevollmächtigte unter Limit verkauft (Köln JMBlNW **59,** 138; and. Labsch aaO 103), der Verkaufsleiter das ihm gesetzte Kreditlimit überschreitet (BGH NStE **Nr. 12**), der vertretungsberechtigte Mitarbeiter zur Durchführung von privaten Charterflugreisen seine Firma zur Inanspruchnahme des Flugunternehmens verpflichtet (vgl. auch BGH NStE **Nr. 36**), der Vereinsvorsitzende nicht mehr im Rahmen des Satzungszweckes liegende Verfügungen vornimmt (BGH NStE **Nr. 30,** Hamm wistra **99,** 353), der zugleich als Anwalt tätige Vorstand einer AG für Tätigkeiten im Aufgabenbereich des Vorstands die Überweisung eines Anwaltshonorars anordnet (BGH wistra **93,** 226; zum Aufsichtsrat einer AG vgl. Poseck aaO 66 ff.), ein GmbH-Geschäftsführer sich überhöhte Provisionen bewilligt (BGH wistra **87,** 65, NStE **Nr. 8**) oder ein Konkursverwalter (seit 1. 1. 1999: Insolvenzverwalter) bei der Verwertung der Konkursmasse gegen kaufmännische Maßstäbe verstößt (BGH NStZ **98,** 246). 2. Darüber hinaus kann nach dem o. 11 Gesagten auch die *isoliert bestehende Befugnis* mißbraucht werden, und zwar sowohl dadurch, daß ihr Inhaber von ihr Gebrauch macht, obwohl er sie wegen der Nichtigkeit oder Beendigung des Innenverhältnisses nach dem Willen des Geschäftsherrn nicht (mehr) hätte ausüben dürfen, als auch z. B. dadurch, daß er, wenn etwa ein unwirksamer Auftrag trotz seiner Nichtigkeit durchgeführt werden soll, einen hiervon abweichenden Gebrauch macht.

α) Das Mißbräuchliche des Geschäfts muß sich aus dessen **Art** bzw. **Inhalt** ergeben. Kein Miß- **19** brauch liegt daher vor, wenn ein Vertreter oder Ermächtigter auftragsgemäß Forderungen einzieht, dabei jedoch in der Absicht handelt, das Geld für sich zu verwenden (vgl. BGH wistra **84,** 143, Firgau aaO 4, Heinitz aaO 436, Labsch aaO 107, Jura 87, 415, MB-Schmid 760, Samson/Günther SK 20, Schröder NJW 63, 1959, Wegenast aaO 98 ff., W-Hillenkamp 293, Wittig/Reinhart NStZ 96, 469 ff., grds. auch Schünemann LK 52 u. i E. auch Haas aaO 91; and. RG DR **40,** 1419; vgl. auch RG **38** 266, **42** 421, BGH **6** 316, Celle NJW **94,** 142, Köln NJW **88,** 3220). Dies gilt auch dann, wenn er, indem er bei Erlangen des Geldes Eigenbesitz begründet bzw. das für den Erwerb durch den Geschäftsherrn erforderliche Insichgeschäft nicht vollzieht, diesem abredewidrig kein Eigentum verschafft (insow. and. Schünemann aaO). Pflichtwidrig sind in diesen Fällen nicht die rechtsgeschäftlichen Erklärungen, sondern das anschließende Verhalten bezüglich des erlangten Gelds. Dafür kommt nur die 2. Alt. in Betracht, falls ein entsprechendes Treueverhältnis besteht. Entsprechend wird auch der Verkauf von Kommissionsware nicht (schon) dadurch zu einem Mißbrauch der Ermächtigung, daß der Kommissionär den Erlös für sich behalten will (and. RG **63** 253, BGH LM **Nr. 11**).

β) Ein Problem des Tatbestandes ist auch das **Risikogeschäft,** für das wesentlich ist, daß die **20** Prognose, ob die fragliche Maßnahme zu einem Gewinn oder Verlust führt, mit einem erhöhten Maß an Ungewißheit belastet ist (z. B. Sanierungskredite [vgl. RG **61** 211, JW **30,** 1311], Spekulationsgeschäfte [vgl. RG **53** 194, BGH GA **77,** 342, Bay **65,** 88], Kaution für Abnahmegarantie [BGH wistra **82,** 148], u. U. auch Entscheidungen über Investitionen oder Lagerhaltung usw.; für Einordnung als Tatbestandsproblem z. B. auch Arzt/Weber IV 72 f., Bringewat JZ 77, 669, Fichtner aaO 180, Hillenkamp NStZ 81, 164 ff., Holzmann aaO 140 f., Lackner/Kühl 7, M-Maiwald I 535, Nelles aaO, Rienhardt aaO 1, Schreiber/Beulke JuS 77, 658, Schünemann LK 56, 99, Waßmer aaO 28; and. z. B. Schwinge/Siebert aaO 46: erlaubtes Risiko als Rechtfertigungsgrund [vgl. dazu 107 b vor § 32], differenzierend Blei II 261, Klug, Eb. Schmidt-FS 249 ff.; näher zum Begriff des Risikogeschäfts Hillenkamp aaO 162 ff. mwN, dessen Definition – „geschäftliche Disposition, die eine Fehlentscheidung sein kann" [aaO 165] – jedoch zu weitgehend ist, weil die Möglichkeit eines Fehlschlags geschäftlicher Dispositionen immer gegeben ist [vgl. auch BGH wistra **85,** 190], Waßmer aaO 5 ff.). Ob und bis zu welchem Grad der Inhaber der Befugnis ein Risiko eingehen darf, ergibt sich aus dem *Innenverhältnis,* d. h. aus Art und Inhalt seines Auftrags (vgl. RG JW **37,** 2698, DR **41,** 2179, BGH NJW **75,** 1234, **84,** 800 [Z], GA **77,** 342, NJW **84,** 2539 m. Anm. Otto JR 85, 29, wistra **85,** 190, **92,** 26, Arzt/Weber IV 72, Hillenkamp NStZ 81, 165, Labsch Jura 87, 414, M-Maiwald aaO, MB-Schmid 797, Nelles aaO, Rienhardt aaO 2, Samson/Günther SK 21, Schünemann LK 56, 95, 97, Tröndle/Fischer 25, Waßmer aaO 30, W-Hillenkamp 291; vgl. auch Arzt aaO 377, Bringewat JZ 77, 667, Schreiber/Beulke JuS 77, 658). Hält sich der Täter im Rahmen des vom Vermögensinhaber durch Anweisungen usw. näher abgesteckten Risikobereichs, so liegt mangels einer bestimmungswidrigen Ausübung der Befugnis der Tatbestand des § 266 nicht vor, und zwar unabhängig davon, ob die fragliche Handlung der geschäftsüblichen Sorgfalt entspricht, ob die Gewinnchancen größer waren als die Verlustgefahr und ob das Geschäft schließlich gut oder schlecht ausgeht (ebenso Frisch aaO 146, MB-Schmid 797, Nelles aaO 569; and. W-Hillenkamp 293). Ist dagegen der Inhalt des Auftrags nicht hinreichend konkretisiert, sondern nur generell bestimmt, so kommt es auf den mutmaßlichen Willen des Geschäftsherrn an, der im Zweifel dahin geht, daß der Inhaber der Befugnis nur solche Dispositionen treffen darf, die dem Zweck des erteilten Auftrags und der für das fragliche Geschäft üblichen Sorgfalt entsprechen (ebenso Labsch aaO 310, MB-Schmid aaO; s. aber auch Waßmer aaO 37 f.: Auch generell gehaltene Anweisungen lassen sich durch Auslegung zumeist hinreichend konkretisieren). Derselbe Maßstab gilt, vorbehaltlich näherer Vorschriften (z. B. §§ 1806 ff. BGB), wenn das Innenverhältnis nicht durch den Willen des Vermögensinhabers bestimmt wird (z. B. Minderjährige), sondern nur allgemein durch das Gesetz (z. B. § 1642 BGB) umschrieben ist (ebenso Rienhardt aaO 2 f.). Eine allgemeine, für jeden Einzelfall gültige Bewertungsregel läßt sich hier nicht aufstellen. Zwar ist eine Pflichtwidrigkeit hier immer dann anzunehmen, wenn der Abschluß des Risikogeschäfts zugleich einen Schaden bedeutet (u. 45), dessen Vorliegen im Einzelfall aber gleichfalls zweifelhaft sein kann.

Nach BGH NJW 75, 1234 ist maßgeblich, ob bei einer wirtschaftlich vernünftigen, alle bekannten äußeren Umstände berücksichtigenden Gesamtbetrachtung die Gefahr eines Verlusts wahrscheinlicher ist als die Aussicht auf Gewinnzuwachs (krit. dazu Arzt aaO 377 FN 33, ferner Beulke/Schreiber JuS 77, 660 [erforderlich eine „hohe Wahrscheinlichkeit der Gewinnaussicht"]), wobei jedoch zu beachten ist, daß dem Täter, dem nicht nur die Bestandserhaltung, sondern zugleich die Vermögensvermehrung geboten ist, ein hinreichender Entscheidungsspielraum bleiben muß, der – auch mit Rücksicht auf Art. 103 II GG – erst dann überschritten ist, wenn die fragliche Maßnahme wirtschaftlich eindeutig nicht mehr vertretbar ist (ebso. Poseck aaO 88 f., Waßmer aaO 73 ff.; vgl. auch Schünemann LK 56, 96). Zu berücksichtigen ist ferner, daß in gewissen Bereichen das Eingehen riskanter Geschäfte schlechthin untersagt ist, so dem Testamentsvollstrecker gegenüber dem Erben (BGH GA **77**, 342) oder dem Vormund gegenüber dem Mündel; gehört zu dem betreuten Vermögen allerdings ein Unternehmen, so müssen auch hier wirtschaftlich vertretbare und den Regeln kaufmännischer Sorgfalt entsprechende Risiken eingegangen werden dürfen (vgl. BGH NJW **90**, 3219). Selbstverständlich ist ferner z. B., daß ein Sparkassenleiter nicht mit den Mitteln seines Instituts spekulieren darf (Bay **65**, 88, Otto, Bankentätigkeit 63 ff., 67 f.), ebensowenig der Vermögensverwalter mit dem ihm anvertrauten Vermögen. Zur riskanten Kreditvergabe durch Banken und Sparkassen vgl. BGH NJW **79**, 1512, wistra **85**, 190, **92**, 26, LG Bochum ZIP **81**, 1064, LG Münster ZIP 82, 688, Müller/Wabnitz/Janovsky, Wirtschaftskriminalität, 4. A. (1997), 94 ff., Otto ZStW-Beiheft 82, 64 ff., Bankentätigkeit 68 ff. jeweils mwN zur Rspr. und speziell zu Großkrediten Müller/Wabnitz, Wirtschaftskriminalität, 2. A. (1986) 24 ff., Nack NJW 80, 1599, wobei teilweise verkannt wird, daß die Vorschriften des KreditwesenG zur Begründung einer Pflichtwidrigkeit gegenüber dem Bankvermögen nicht tauglich sind (vgl. auch BGH wistra **85**, 190), da sie nicht dem Vermögensschutz der Banken dienen – sonst dürfte ein Privatbankier ihnen nicht unterliegen –, sondern das Vertrauen der Öffentlichkeit in die Banken und als Reflex davon das – insoweit von § 266 nicht erfaßte (vgl. Otto ZStW-Beiheft 82, 67 f.) – Vermögen der Einleger schützen sollen (vgl. Begründung des Regierungsentwurfs zum KreditwesenG BT-Drs. III/1114 S. 20, BGH [Z] NJW **84**, 2691 sowie nunmehr § 6 IV KreditwesenG). Von vornherein nicht um ein Risikogeschäft, sondern um eine tatbestandsmäßige Untreue handelt es sich, wenn der mögliche Gewinn nicht für den Geschäftsherrn, sondern für einen Dritten erzielt werden soll (vgl. BGH MDR/H **79**, 636), so z. B. wenn dem betreuten Unternehmen ein neuer Geschäftszweig in der Absicht angegliedert wird, den bei erfolgreicher Entwicklung auf ein anderes Unternehmen zu übertragen (vgl. aber auch BGH[Z] NJW-RR **86**, 372). Zum Ganzen vgl. näher Hillenkamp NStZ 81, 161, Nelles aaO 563 ff., Waßmer aaO, ferner Frisch aaO 146, Kohlmann JA 80, 231, Schünemann LK 95 ff.; vgl. auch u. 45.

21 γ) Kein Mißbrauch liegt vor, wenn der **Geschäftsherr** mit dem Abschluß eines dem ursprünglich erteilten Auftrag usw. widersprechenden Geschäfts **einverstanden** ist; eine nachträgliche Genehmigung genügt dagegen nicht (Hamm NStZ **86**, 119). Seine Einwilligung ist ein tatbestandsausschließendes Einverständnis (vgl. 31 ff. vor § 32) und nicht erst ein Rechtfertigungsgrund (vgl. BGH **3** 24, BGH[Z] **100** 197, NJW-RR **86**, 372, Hamm NStZ **86**, 119, Arzt/Weber IV 71 f., Lackner/Kühl 20, Mitsch 505, MB-Schmid 764, Nelles aaO 523, Schünemann LK 56, 100, Tröndle/Fischer 20, Waßmer aaO 34, W-Hillenkamp 291, Wodicka aaO 330; and. [Rechtfertigungsgrund] BGH **3** 39, **9** 216, Stuttgart MDR **78**, 593, Schwinge/Siebert aaO 38 f.; vgl. auch Gribbohm ZGR **90**, 19 ff. u. zur Wirksamkeit bei Willensmängeln W-Hillenkamp 291 f.). Ist der Geschäftsherr eine *Personengesellschaft*, so entscheiden die daran Beteiligten (vgl. zur KG bzw. zur GmbH & Co. KG BGH wistra **99**, 266, **91**, 183, NJW-RR **86**, 372, München NJW **94**, 3114, Garz-Holzmann [s. § 264 vor 1] 128, Grub aaO 141, Lackner/Kühl 20, MB-Schmid 769, Schulte NJW 83, 1774 u. 84, 1671, Waßmer aaO 81 f., Winkelbauer wistra 86, 18; and. LG Bonn NJW **81**, 469, H. Schäfer NJW 83, 2850; zur Gründungs-GmbH vgl. BGH **3** 25, wistra **92**, 25, Kohlmann, Geerds-FS 667 ff.; zur Frage des Vermögensnachteils u. 39). Umstritten ist dagegen, ob Entsprechendes auch für *juristische Personen* gilt, was insbes. bei der GmbH (auch als Komplementärin einer GmbH & Co. KG) von praktischer Bedeutung ist. Nach h. M. soll hier ein Einverständnis nur beschränkt möglich sein: Verfügungs- und Verpflichtungsgeschäfte z.B. eines GmbH-Geschäftsführers, die nach Gesellschaftsrecht unzulässig sind oder gegen die Grundsätze eines ordentlichen Kaufmanns verstoßen, bleiben danach auch dann ein Mißbrauch i. S. des § 266, wenn sie mit Zustimmung aller Gesellschafter erfolgen oder der Geschäftsführer sogar Alleingesellschafter ist (vgl. z. B. BGH **9** 216, **30** 127, **34** 379, **35** 333, NJW **93**, 1278, **97**, 68 f., m. Anm. D. Geerds JR 97, 340, **00**, 155 NStZ **84**, 118, **98**, 192, JR **88**, 254 m. Anm. Gössel, GA 79, 311, wistra **83**, 71, **86**, 262, **90**, 99, **91**, 109, **96**, 70, **97**, 146 m. Anm. Fischer WiB 97, 1030, MDR/H **79**, 806, BGHR § 266 I, Nachteil 18, Hamm wistra **85**, 158, Stuttgart MDR **78**, 593, Gössel II 503, Hartung NJW 96, 231, MB-Schmid 764 f., Radtke GmbHRdSch 98, 364, Tiedemann aaO 15 vor § 282, Tröndle/Fischer 14, W-Hillenkamp 292; i. E. weitgehend auch Wodicka aaO 249 ff., 322 ff. [Verbot existenzgefährdender Maßnahmen]; eingehende Nachw. zur Rspr. bei Kohlmann aaO 99 ff.; s. auch Mihm, Strafrechtliche Konsequenzen verdeckter Gewinnausschüttungen, 1998, 107 ff.). Teilweise werden jedoch hier Einschränkungen dahingehend gemacht, daß die Maßnahme die Fortsetzung der wirtschaftlichen Tätigkeit nicht gefährden dürfe (Firgau aaO 5), der Rahmen von Gesetz und guten Sitten maßgeblich ist (Fleck ZGR 90, 31, 49, Gribbohm ZGR 90, 28, DStR 91, 248) oder das Einverständnis – im Einklang mit den gesellschaftsrechtlichen Grundsätzen (zur h. M. im Zivilrecht vgl. z. B. Fleck ZGR 90, 31 ff; Scholz/H. P. Westermann, GmbHG, 9. A., § 30 Rn. 7 f.) –

nur bei einem Verstoß gegen die Stammerhaltungskapitalvorschrift des § 30 GmbHG unwirksam sein soll (Brammsen DB 89, 1614 f., Flum aaO 167 ff., Hellmann wistra 89, 216 f., J. Kaufmann aaO 69 ff., 95, Kohlmann aaO 107 ff., Werner-FS 397, 404, Radtke GmbHRdSch 98, 365, C. Schäfer GmbHRdsch 93, 793 ff., Schünemann LK 125 c bb, Waßmer aaO 88 ff.; zur Kritik im zivilrechtl. Schrifttum an der Rspr. der Strafgerichte vgl. z. B. Lutter/Hommelhoff, GmbHG, 15. A., § 30 Rn. 7 [„wuchernder Schutz des Gesellschaftsvermögens"], H. P. Westermann aaO; vgl. dazu auch Ulmer, Pfeiffer-FS 868 ff. mit dem Vorschlag einer modifizierten Bilanzmethode bei der Ermittlung der für § 30 GmbHG maßgeblichen Werte [krit. jedoch Fleck aaO, Gribbohm aaO 27]). Untreue soll nach der *Rspr.* deshalb z. B. sein, wenn der Alleingesellschafter einer GmbH entgegen § 30 GmbHG das Stammkapital angreift (BGH **3** 40, **9** 216, wistra **90**, 99, **91**, 109) oder dieses – ohne unmittelbare Beeinträchtigung – konkret gefährdet (BGH NJW **97**, 68 f. m. Anm. D. Geerds JR 97, 340, **00**, 155 m. Anm. bzw. Bspr. Gehrlein NJW 00, 1089, Zeidler NZG 00, 309), wenn er die Existenz oder die Liquidität der Gesellschaft in Gefahr bringt (BGH **35** 339, NJW **00**, 155 m. Anm. u. Bspr. Gehrlein NJW 00, 1089, Zeidler NZG 00, 309, wistra **91**, 183, **92**, 141, **95**, 144, GmbHRdsch. **54**, 75, BGH[Z] **142** 94 f.), wenn er deren Überschuldung herbeiführt oder eine bei ihr bereits bestehende Überschuldung vertieft (vgl. BGH NJW **93**, 1278, wistra **91**, 183, **92**, 141, aber auch BGH NJW **92**, 251), eine Forderungspfändung mißachtet (Stuttgart OLGSt § 266 S. 45), nach der – inzwischen durch BGH **35** 333, NJW **97**, 66, **00**, 154 (s. auch BGH[Z] **142** 94 f., Gehrlein NJW 00, 1089 f., Müller-Christmann/Schnauder JuS 98, 1083 f.) allerdings wieder zurückgenommenen – Entscheidung BGH **34** 379 sogar dann, wenn ein GmbH-Geschäftsführer, ohne dadurch gegen das Auszahlungsverbot des § 30 GmbHG zu verstoßen oder die Liquidität zu beeinträchtigen, eigennützig oder im Interesse Dritter mit Zustimmung der Gesellschafter „willkürlich" Vermögen der Gesellschaft verschiebt und diese Vermögensverschiebung unter Verletzung des § 41 GmbHG durch Falsch- oder Nichtbuchen verschleiert wird (zur Kritik vgl. z. B. Hellmann aaO, Meilicke BB 88, 1261, Reiß wistra 89, 81, Vonnemann GmbHRdsch. 88, 329). Die Zustimmung aller Gesellschafter zu den Verfügungen des Geschäftsführers soll in diesen Fällen allein für die Strafzumessung von Bedeutung sein (BGH wistra **95**, 144). Gegen die h. M. spricht jedoch, daß sie § 266 für Aufgaben in Anspruch nimmt, für die dieser nach seinem Schutzzweck nicht bestimmt ist (ebenso Arloth NStZ 90, 570, Birkholz aaO 294 f., Labsch JuS 85, 602, wistra **85**, 7 f., Mohr aaO 47 ff., 73 ff., Muhler wistra 94, 287, Nelles aaO 553, Reiß wistra 89, 81 [speziell zur verdeckten Gewinnausschüttung bei der GmbH], Samson/ Günther SK 48, Winkelbauer wistra 86, 17; s. auch BGH NJW **00**, 155; krit. zur h. M. auch Meilicke BB 88, 1261). Der von der Rspr. in den Vordergrund gerückte Gesichtspunkt der „eigenen Rechtspersönlichkeit" der GmbH wird der für eine strafrechtliche Beurteilung nach § 266 maßgeblichen materiellen Interessenlage nicht gerecht: Soweit es bei der Erhaltung des Vermögensbestands der GmbH um die Interessen der Gesellschafter als den „wirtschaftlichen Eigentümern" geht, entscheidet über einen Mißbrauch bei vermögensmindernden Dispositionen allein ihr Wille (i. E. auch Nelles aaO 483 ff., 512 ff., wonach bei juristischen Personen und Personengesellschaften die Gesamtheit der Gesellschafter wegen ihrer Befugnis, die Zwecke des Vermögenseinsatzes autonom zu bestimmen, als Inhabern des Gesellschaftsvermögens anzusehen und daher bei ihrem Einverständnis – in Abweichung von der zivilrechtlichen Zuordnung – im strafrechtlichen Sinne kein „fremdes" Vermögen betroffen sein soll [krit. jedoch Birkholz aaO 116 ff., Radtke GmbHRdSch 98, 362, Schäfer GmbHRdsch 92, 510 ff., Wodicka aaO 246]). Stehen dagegen Gläubiger- oder Allgemeininteressen auf dem Spiel (dazu, daß es – wenn überhaupt – nur insoweit auch eigenständige Interessen der GmbH gibt, vgl. Reiß aaO 84 mwN), haben sie hier deshalb auszuscheiden, weil von § 266 nicht geschützt sind (ob der frühere § 81 a GmbHG zugleich solchen Zwecken diente, ist für § 266 ohne Bedeutung). Im Ergebnis ändert sich daran aber auch nichts bei einer strikten rechtlichen Trennung von Gesellschafts- und Gesellschaftervermögen: Wenn nach BGH **34** 386 „auch die Gesamtheit der Gesellschafter nicht unter Mißbrauch ihrer Stellung als Organ der GmbH bestimmen darf, was dem Wesen der GmbH nach ihrer gesetzlichen Ausgestaltung zuwiderlaufen würde", so muß aber eingeräumt werden, daß „die das Gesellschaftsvermögen betreffenden gesetzlichen und kaufmännischen Grundsätze überwiegend auf Wahrung des Interesses der Gesellschaftsgläubiger gerichtet sind", so läuft dies auch hier wieder darauf hinaus, daß § 266 seinem Schutzzweck zuwider in den Dienst gesellschaftsfremder Interessen gestellt wird. Eine Untreue *gegenüber der Gesellschaft* ist ein solcher „Mißbrauch" gerade nicht, wenn diese *durch ihr Willensorgan für die Regelung der inneren Gesellschaftsangelegenheiten* (RGZ **169** 80 f., BGH **9** 216) einverständlich ihr eigenes Vermögen schmälern läßt (s. auch Birkholz aaO 279 ff.); daß die fragliche Handlung unter dem Gesichtspunkt *rechtlich geschützter Gläubigerinteressen* rechtswidrig ist und dies auch bei einem Einverständnis aller Gesellschafter bleibt, steht dagegen auf einem anderen Blatt (vgl. näher Arloth aaO, Labsch aaO, Muhler aaO, Reiß aaO, aber auch Brammsen DB 89, 1609, Gribbohm ZGR 90, 25 f., C. Schäfer GmbHRdsch 93, 789). Mit Ermächtigung der Gesellschafter (bzw. des Alleingesellschafters) erfolgende Eingriffe in das Stammkapital einschließlich der Rückzahlung kapitalersetzender Darlehen (vgl. dazu Muhler wistra 94, 283), „willkürliche Vermögensverschiebungen", verdeckte Gewinnausschüttungen, „Gesellschaftsplünderungen" auf Anweisung des beherrschenden Unternehmens (vgl. dazu aber auch Firgau aaO 6) usw. sind daher, selbst wenn sie liquiditäts- oder existenzgefährdend sind, nicht nach § 266 strafbar. Auch die Frage einer mittäterschaftlichen Begehung durch die Gesellschafter stellt sich hier deshalb nicht (vgl. auch LG Berlin NStE **Nr. 39**, Flum aaO 229 ff., Hartung NJW 96, 232 [keine Treupflicht der Gesellschafter]; and. Gribbohm aaO 21 ff., Radtke GmbHRdsch 98, 367, Wodicka aaO 302 ff.).

Zwingenden Kapitalsicherungsvorschriften als Ausgleich für einen Ausschluß der persönlichen Gesellschafterhaftung und sonst berechtigten Gläubigerbedürfnissen kann hier daher nur durch besondere Gläubigerschutztatbestände Rechnung getragen werden, wobei sich die Rspr. den Zugang zu den §§ 283 ff. mit der zu § 14 vertretenen Interessenformel (vgl. dort RN 26) z. T. allerdings selbst verbaut hat (zur Kritik näher Arloth NStZ 90, 570, Grub aaO 122 ff., 157). Die eben genannten Grundsätze müssen gleichfalls für das Handeln des Vorstands einer *Aktiengesellschaft* gelten, sofern es vom Willen der Aktionäre getragen ist (zum Streitstand vgl. J. Kaufmann aaO 39 ff., 58 ff.): Da es auch hier nicht Aufgabe des § 266 sein kann, den Interessen der Gesellschaftsgläubiger zu dienen (vgl. Nelles aaO 550 ff.), stellt es keine Untreue dar, wenn der Vorstand der AG einem Beschluß der Hauptversammlung befolgt, der gesellschaftsrechtlich aus Gründen des Gläubigerschutzes unverbindlich ist (z. B. bei Verstoß gegen § 93 III Ziff. 1, 6 AktG; vgl. Nelles aaO 552; and. J. Kaufmann aaO 151 f.). Zur Einwilligung des Studentenparlaments bei Geschäften des AStA vgl. Hamm NJW **82**, 191 f., zu der einer Vereinsmitgliederversammlung bei Geschäften des Vorstandes vgl. Hamm wistra **99**, 353, Weise aaO 187.

22 **IV. Der Treubruchstatbestand (2. Alt.).** Dieser setzt nach dem Gesetzeswortlaut zunächst voraus, daß der Täter eine ihm kraft Gesetzes, behördlichen Auftrags, Rechtsgeschäfts oder eines sonstigen Treueverhältnisses obliegende Pflicht, fremde Vermögensinteressen wahrzunehmen, verletzt; zu der weiter erforderlichen Nachteilszufügung vgl. u. 39 ff. Darüber, daß diese Formulierung zu weit geraten und daher einschränkend zu interpretieren ist, besteht Einigkeit; umstritten sind allerdings die Kriterien, nach denen die Pflicht, „fremde Vermögensinteressen wahrzunehmen", einzugrenzen ist (u. 23 ff., aber auch Labsch aaO 199 ff., der eine Konkretisierung für unmöglich und den Treubruchstatbestand deshalb für verfassungswidrig hält [dagegen zu Recht Schünemann LK 29 ff.]).

23 **1.** Mit der **„Pflicht, fremde Vermögensinteressen wahrzunehmen"** (sog. Treupflicht), sind nur **inhaltlich besonders qualifizierte** Pflichten gemeint. „Einfache schuldrechtliche Verpflichtungen" (BGH **28** 23) aus schlichten Austauschverhältnissen wie Kauf, Miete usw., die auf Leistung nicht „für", sondern lediglich „an" einen anderen gerichtet sind und die primär der Verwirklichung eigener Interessen jedes Vertragspartners dienen, scheiden hier von vornherein aus (u. 25). Dies gilt auch, wenn sich aus ihnen spezielle oder allgemeine, aus § 242 BGB abgeleitete Nebenpflichten ergeben, welche Rücksichtnahme auf die Belange des anderen Vertragspartners verlangen und insoweit dessen Vermögensinteressen dienen. Die Pflicht des Mieters zur pfleglichen Behandlung der Mietsache ist deshalb noch keine Treupflicht i. S. des § 266 (Samson/Günther SK 28). Notwendig für den Treubruchstatbestand ist vielmehr das Bestehen eines Verhältnisses, das seinem Inhalt nach wesentlich durch die *Besorgung fremder Vermögensangelegenheiten* in dem u. 23 a genannten Sinn bestimmt wird. Dabei genügt es dann allerdings nicht, daß das Verhältnis zu dem Geschäftsherrn insgesamt diesen Charakter hat, weil sich auch aus solchen Beziehungen neben echten Treupflichten gewöhnliche Schuldnerpflichten ergeben können, deren Verletzung nicht unter § 266 fällt (vgl. z. B. BGH NJW **88**, 2483; **91**, 1069, JR **83**, 515, NStZ **86**, 361, **94**, 35, wistra **86**, 256, **91**, 266, BGHR § 266 I, Vermögensbetreuungspflicht 9, Düsseldorf MDR **97**, 699, Frankfurt MDR **94**, 1232, Karlsruhe NStZ **90**, 82, **91**, 240, Franzheim StV **86**, 409, Lackner/Kühl 15). Vielmehr muß gerade die *konkret verletzte Pflicht* in einem *funktionalen Zusammenhang* mit dem Aufgabenkreis stehen, der sich als „Wahrnehmung fremder Vermögensinteressen" darstellt und von dieser deshalb wesentlich mitgeprägt sein (vgl. auch BGH NJW **94**, 251 [„innerer" Zusammenhang], wistra **86**, 256). So erstreckt sich das zwischen einer AG und ihrem Vorstand bestehende Treueverhältnis z. B. zwar auch auf die Beachtung des Wettbewerbsverbots des § 88 I AktG, nicht aber auf Handlungen bzw. Unterlassungen bezüglich eines Gewinnabschöpfungsanspruchs gem. § 88 II AktG (BGH NJW **88**, 2483; zur entsprechenden Frage bei Aufsichtsratsmitgliedern vgl. Tiedemann, Tröndle-FS 327 ff.). An einem solchen Zusammenhang fehlt es ferner z. B., wenn der Geschäftsführer einer GmbH nach Eröffnung des Insolvenzverfahrens und dem damit verbundenen Übergang des Verwaltungs- und Verfügungsrechts über das GmbH-Vermögen auf den Insolvenzverwalter (§ 80 I InsO) zur Insolvenzmasse gehörende Sachen wegnimmt und sich rechtswidrig zueignet oder wenn er aufgrund einer Vereinbarung mit dem Insolvenzverwalter diesen bei der Verwertung bestimmter Gegenstände unterstützen soll und dabei „in die eigene Tasche wirtschaftet" (vgl. BGH NJW **92**, 250) oder wenn er Bilanzmanipulationen vornimmt, nachdem – hier freilich nicht zwingend – einem Sequester die Verwaltungs- und Verfügungsbefugnis über das Vermögen der GmbH übertragen wurde (BGH NJW **93**, 1278). Aus denselben Gründen ist der Treubruchstatbestand zu verneinen, wenn der Insolvenzverwalter lediglich nicht rechtzeitig Schlußrechnung gem. § 66 InsO legt (Frankfurt MDR **94**, 1233), und dasselbe gilt idR für die Verpflichtung gem. § 667 BGB, die von Dritten für die Vermittlung von Geschäften gewährten Provisionen, Schmiergeldzahlungen o. ä. an den Geschäftsherrn herauszugeben (vgl. BGH NStZ **86**, 361, NJW **91**, 1069, StV **95**, 303, **99**, 25, wistra **95**, 61; and. Schünemann LK 62; vgl. auch u. 34). Zu den Treupflichten des mit der Geltendmachung eines Schadensersatzanspruchs beauftragten Anwalts gehört zwar die ordnungsgemäße Verfolgung dieses Anspruchs und die umgehende Weiterleitung der eingegangenen Gelder an den Mandanten (Karlsruhe NStZ **90**, 82), nicht aber, diesem nicht höhere als die geschuldeten gesetzlichen Gebühren oder nicht entstandene Auslagen in Rechnung zu stellen (vgl. Karlsruhe NStZ **91**, 240; zum Gerichtsvollzieher vgl. entsprechend u. 25). Nur eine zivilrechtliche Schuldnerpflicht verletzt der Anwalt ferner z. B., wenn er nach Kündigung seines Auftrags das ihm zum Zweck der Vermögensanlage überlassene Geld, ohne dieses anzutasten, lediglich nicht

zurückzahlt (BGH NStZ **86**, 361; s. auch Düsseldorf MDR **97**, 699; zu den Treupflichten nach Beendigung des zugrundeliegenden Rechtsverhältnisses vgl. u. 34), ebenso aber auch, wenn er einen Kostenvorschuß nicht zurückerstattet, den er mit der Maßgabe erhalten hat, daß er bei einer Gebührenerstattung durch die Versicherung an den Mandanten zurückzuzahlen sei (and. hier jedoch BGH wistra **87**, 65 u. krit. dazu Karlsruhe NStZ **90**, 83 f.; näher zu den Pflichten des Anwalts bei der Behandlung fremder Gelder vgl. Franzheim StV **86**, 409). Keine Untreue ist es aus diesen Gründen schließlich, wenn der seiner Partei gegenüber an sich treupflichtige Parteivorsitzende eine versehentliche Überzahlung seiner Aufwandsentschädigung annimmt (BGH wistra **86**, 256), wohl aber, weil hier zugleich Treupflichten verletzt werden, wenn ein Bürgermeister gegen einen Gemeinderatsbeschluß nichts unternimmt, durch den ihm eine – besoldungsrechtlich unzulässige – Urlaubsabgeltung gewährt wird (and. Bay JR **89**, 299 m. abl. Anm. Seebode; daß der Bürgermeister in eigenen Angelegenheiten keine Amtshandlungen vornehmen, den Gemeinderatsbeschluß z. B. nicht beanstanden darf, bedeutet jedoch keine Freistellung von seiner Treupflicht und auch kein Verbot, die Ausführung des Beschlusses auf andere Weise zu verhindern). Im einzelnen gelten für die *inhaltlichen Anforderungen* an das Bestehen einer Treupflicht folgende Grundsätze:

a) In der Regel finden sich Treupflichten nur in – wenn auch zivilrechtlich nicht notwendigerweise wirksamen (u. 30) – **fremdnützig typisierten Schuldverhältnissen** (vgl. z. B. BGH NJW **91**, 2574, GA **77**, 19, MDR/H **90**, 888, Düsseldorf NJW **89**, 171, Karlsruhe NStE **Nr. 6,** Koblenz NStZ **95**, 51, Lackner/Kühl 11, Schünemann LK 75, aber auch Labsch aaO 156, 175, 201, Sax JZ 77, 666 f., 702 ff.; über Ausnahmen vgl. u. 27). Noch keine Treupflichten i. S. des § 266 sind jedoch solche fremdnützigen Pflichten, die dem Verpflichteten zwar eine besondere Verantwortung für das fremde Vermögen auferlegen, dies aber nur in dem beschränkten Sinn, daß er drohende Gefahren abzuwehren hat. Nicht jede Garantenstellung i. S. des § 13 begründet daher ohne weiteres ein Treueverhältnis i. S. des § 266, so z. B. nicht die Stellung als Nachtwächter in einer Fabrik oder Schadensabwendungspflichten aufgrund von Ingerenz (vgl. RG **71** 272, Hamburg MDR **73**, 871, M-Maiwald I 529, aber auch Bay JR **89**, 299 m. abl. Anm. Seebode; zu § 13 vgl. auch u. 35). Erforderlich ist vielmehr eine darüber hinausgehende, besonders *qualifizierte Garantenbeziehung* zu dem fremden Vermögen, die auch die Verfolgung der wirtschaftlichen Ziele des Geschäftsherrn (z. B. durch entsprechende Verwaltung und Verwendung seines Vermögens) umfaßt und damit idR zugleich auf eine Vermögensvermehrung gerichtet ist (ebenso Samson/Günther SK 27; krit. Schünemann LK 85). Hinzukommen muß ferner, daß dem Täter die ihm übertragene Tätigkeit nicht durch ins einzelne gehende Weisungen vorgezeichnet ist, sondern ihm, sei es auch im Rahmen vorgegebener Ziele und allgemeiner Richtlinien, Raum für eigenverantwortliche Entscheidungen läßt (so z. B. RG **69** 61 f., BGH **3** 293 f., **4** 172, **5** 187, **13** 317, NJW **83**, 1807, **91**, 2574, **92**, 251, NStZ **82**, 201, **83**, 455, NStE **Nr. 4, 6, 29,** StV **86**, 203, wistra **87**, 27, **89**, 225, Bay NJW **57**, 1683 f., JR **89**, 300, Celle MDR **58**, 706, Köln NJW **67**, 836, **88**, 3219, OLGSt § 266 S. 39; vgl. jedoch auch u. 24), also den **Charakter einer Geschäftsbesorgung** i. S. des § 675 BGB hat (vgl. BGH NJW **83**, 461 m. Anm. Keller JR 83, 516, GA **77**, 18, NStZ **89**, 72 m. Anm. Otto JR **89**, 208, Koblenz NStZ **95**, 51, Gössel II 497, Küper 335, Lenckner aaO 31 f., Schünemann LK 73 ff., i. E. auch Nelles aaO 524 ff., 539 ff.; vgl. auch Arzt/Weber IV 61 f., Firgau aaO 2, Haas aaO 39 f., Wolf aaO 38). Beim Umgang mit fremdem Bargeld, fremden Waren usw. bedeutet dies, daß dem Täter nicht nur Allein- oder (jedenfalls untergeordneter) Mitgewahrsam hieran, sondern zugleich auch ein gewisses Maß an Dispositionsbefugnis bei seiner Ausübung eingeräumt sein muß (vgl. auch BGH GA **79**, 143). Nur unter dieser Voraussetzung einer gewissen Entscheidungsfreiheit des Täters im Innenverhältnis ist es zu rechtfertigen, daß der Treubruch dem Mißbrauch, dessen spezifische Gefährlichkeit sich aus der Gestaltungsmöglichkeit des Täters im Außenverhältnis ergibt, als gleichwertige Angriffshandlung an die Seite gestellt ist (Lenckner aaO 31, Samson/Günther SK 29, Wegenast aaO 161 ff.; vgl. auch Sax JZ 77, 703). Als Täter des Treubruchstatbestands scheiden daher alle diejenigen aus, die, wie z. B. Verkäufer in Ladengeschäften, Kassierer, Auslieferungsfahrer usw., ausschließlich nach festen und detaillierten Regeln Geschäfte abzuschließen bzw. abzuwickeln haben und denen, soweit sie nicht bloße Gewahrsamsdiener sind, der Gewahrsam an Waren, Geld usw. nur für diese eng begrenzten Zwecke und den dafür erforderlichen Zeitraum, zumeist mit täglicher Ablieferungspflicht, eingeräumt ist (zur Rspr. vgl. jedoch u. 24). Ebensowenig genügt hierfür die Abrede, übergebene Ware weiter zu verkaufen und den Erlös abzuführen (vgl. Düsseldorf NJW **98**, 690, **00**, 529; and. beim Kommissionsgeschäft, vgl. u. 25). Keine Kriterien für das Bestehen einer Treupflicht sind dagegen – nicht anders als beim Mißbrauchstatbestand – die Dauer der Tätigkeit (so auch RG HRR **41** Nr. 700, Mitsch 515, Nelles aaO 540, Samson/Günther SK 31, Schünemann LK 87) und die Höhe der Vermögenswerte, auf die sie sich bezieht (Heinitz aaO 438, Mitsch aaO; vgl. jedoch BGH MDR/H **78**, 625, Samson/Günther SK 30). Treubruch kann daher auch begehen, wer einmalig betraut wird, für einen anderen eine lediglich geringe Summe günstig anzulegen (and. Mitsch 516, Samson/Günther SK 30), während umgekehrt ein Kassierer nicht dadurch treupflichtig wird, daß er in einer Dauerstellung beschäftigt ist und täglich hohe Einnahmen durch seine Hände gehen (vgl. jedoch BGH **13** 318, Hamm NJW **73**, 1810 m. Anm. Burkhardt S. 2190; wie hier Arzt/Weber IV 64, Samson/Günther SK 29 u. wohl auch W-Hillenkamp 295 f.).

Daß die Treupflicht i. S. der 2. Alt. eine Geschäftsbesorgung zum Gegenstand haben muß, wird teilweise auch in der **Rechtsprechung** besonders herausgestellt (vgl. BGH NJW **83**, 461 m. Anm. Keller JR 83, 516, GA **77**, 18, NStZ **89**, 72 m. Anm. Otto JR **89**, 208, Koblenz NStZ **95**, 51).

§ 266   25

Überwiegend wird das Merkmal der Wahrnehmung fremder Vermögensinteressen dort jedoch in einer Art Gesamtschau nach dem Gewicht und der Bedeutung des fraglichen Vorgangs bestimmt. Die dafür genannten Kriterien berühren sich z. T. zwar mit den Erfordernissen einer Geschäftsbesorgung, haben aber nur die Bedeutung von **Anhaltspunkten** für das Bestehen einer Treupflicht. Genannt werden als solche etwa der Grad der Selbständigkeit, der Bewegungsfreiheit und der Verantwortlichkeit des Verpflichteten, aber auch Dauer und Umfang oder die Art der fraglichen Tätigkeit. Rein mechanische Tätigkeiten sollen – freilich nur idR – nicht ausreichen (vgl. RG **69** 61 f., 148, 280 f., **72** 194, **77** 393, DR **39**, 1982, HRR **41** Nr. 672, BGH **3** 293 f., GA **79**, 143, NStZ **83**, 455; ebenso Bockelmann II/1 S. 142, Gössel II 496, Lackner/Kühl 9, M-Maiwald I 532, W. Schmid aaO 383, Seelmann aaO 106, Tröndle/Fischer 8 f., W-Hillenkamp 295). Indem diese Kriterien nur als bloße – letztlich also unverbindliche – „Anhaltspunkte" eingestuft werden, wird jedoch von vornherein eine nicht unerhebliche Unsicherheit in den Tatbestand hineingetragen. Auf die Dauer und den Umfang der Tätigkeit kann es zudem ohnehin nicht ankommen (o. 23 a). Vor allem aber hat die Rspr. – und dies gilt nicht nur für ältere Entscheidungen – das Merkmal der Selbständigkeit des Handelns des Verpflichteten häufig bis zur Bedeutungslosigkeit abgewertet und damit den Täterkreis des Treubruchstatbestands bei weitem überdehnt (vgl. RG **69** 62, **70** 55, **71** 296, **73** 236 f., **76** 27 f., **77** 38, BGH **18** 312, BB **58**, 323, NJW **96**, 66, Celle NJW **59**, 496, Hamm JMBlNW **63**, 95, NJW **73**, 1809 m. Anm. Burkhardt S. 2190, Koblenz GA **75**, 122; vgl. auch die Kritik bei Heinitz aaO 438, 443, Labsch aaO 163 ff., MB-Schmid 777, Schünemann LK 82 f., Seier A/W § 21 II RN 16). So soll es bei Personen, die Geld zu kassieren oder abzuliefern haben, ausreichen, daß sie zur Kontrolle der Einnahmen und der Ablieferungen Bücher zu führen, u. U. auch Quittungen zu erteilen oder auch Wechselgeld herauszugeben haben (BGH **13** 319, MDR/H **89**, 111, Köln NJW **63**, 1992; vgl. auch BGH NStZ **83**, 455, Koblenz GA **75**, 121). – Als Kriterium untauglich ist ferner auch das vielfach zusätzlich genannte Erfordernis, die Pflicht zur Wahrnehmung fremder Vermögensinteressen müsse der typische und hauptsächliche Inhalt des den Täter mit dem Vermögensinhaber verbindenden Verhältnisses sein (so aber z. B. RG **69** 62, **71** 91, **73** 300, **77** 150, BGH **1** 188 f., **5** 188, **6** 318, **22** 191, NStE **Nr. 4**, GA **79**, 144, Bay NJW **57**, 1683, Braunschweig NJW **76**, 1903, Celle MDR **58**, 706, Koblenz NStZ **95**, 51, Köln NJW **67**, 1923, JR **68**, 469; ebenso Lackner/Kühl 11, M-Maiwald I 530, Tröndle/Fischer 8; weitgehend wie hier Schünemann LK 88). Soweit damit Nebenpflichten zur Rücksichtnahme auf Interessen des Vertragspartners, wie sie sich z. B. aus § 242 BGB ergeben, ausgeschieden werden sollen, ist das fragliche Kriterium überflüssig, da sich dies bei sinnvoller Interpretation des Begriffs „Wahrnehmung fremder Interessen" von selbst versteht. Andererseits ist es mißverständlich, da Wahrnehmungspflichten i. S. des Treubruchstatbestands auch durch atypische Gestaltung von Austauschverhältnissen begründet werden können (u. 27).

25   Nach den o. 23 f. genannten Grundsätzen ist tauglicher Täter des Treubruchstatbestands, wem die Führung eines Geschäftsbereichs oder auch nur die Besorgung eines einzelnen Geschäfts für einen anderen derart übertragen ist, daß ihm ein gewisser Spielraum für eigenverantwortliche Entscheidungen bleibt. **Treupflichtig** sind danach **beispielsweise:** der *Anlageberater* (Lampe GA 87, 249, Schünemann LK 122, v. Ungern-Sternberg ZStW 88, 690; vgl. auch BGH StV **96**, 431), sofern er zu einer umfassenden Vermögensberatung verpflichtet (BGH NStZ **94**, 35) und nicht weisungsgebunden ist (BGH NJW **91**, 2574; zum sog. „Churning" vgl. Birnbaum wistra 91, 253) oder selbst die Kundengelder einsammelt und anlegt (BGH wistra **99**, 339); der *Aufsichtsrat* einer Gesellschaft dieser und ihren Mitgliedern gegenüber (Hamm NStZ **86**, 119; vgl. näher Poseck aaO 80 ff., Tiedemann, Tröndle-FS 319 ff.); der *Architekt* oder mit Baumaßnahmen beauftragte *Ingenieur*, der mit der Vergabe und Abrechnung der Arbeiten betraut ist, gegenüber dem Bauherrn (BGH MDR/D **69**, 534, **75**, 23, Bay NJW **96**, 271; vgl. auch Holzmann aaO 29 f.); der *Asta-Vorstand* gegenüber der Studentenschaft (BGH **30** 247, Hamm NJW **82**, 190, LG Marburg NVwZ **00**, 353); der *Baubetreuer* beim Bauherrenmodell gegenüber dem Bauherrn (vgl. auch BGH wistra **91**, 72, 266; and. – trotz § 4 Makler- und BauträgerVO – der Bauträger beim sog. Erwerbermodell; vgl. dazu Holzmann aaO 131 ff., Labsch aaO 284), auch bezüglich des Wahrnehmung von steuerlichen Belangen der Bauherrn (BGH wistra **91**, 266); der *Baubezirksleiter* von Stadtwerken diesen gegenüber (BGH wistra **93**, 104); der *Baudirektor* eines Landratsamtes gegenüber dem Landkreis (BGH NStZ **94**, 191); der *Betreuer* gem. § 1896 BGB gegenüber dem Betreuten (Stuttgart NJW **99**, 1566); der *Bürgermeister* gegenüber der Gemeinde (RG JW **34**, 2773, DR **41**, 429, BGH GA **56**, 121, Bay JR **89**, 300 m. Anm. Seebode); der *entscheidungsbefugte Finanzbeamte* gegenüber dem Fiskus (BGH GA **54**, 313, NStZ **98**, 91, Gössel wistra 85, 136, Schünemann LK 119, 121); der *Gebrechlichkeitspfleger* (seit 1. 1. 1992: Betreuer) gegenüber seinem Pflegling (Bremen NStZ **89**, 228); *Gemeinderatsmitglieder* gegenüber der Gemeinde (Weber BayVBl. **89**, 168; and. Nettesheim ebd. 164); der *Gerichtsvollzieher* bezüglich des Vollstreckungsauftrags gegenüber dem Gläubiger (vgl. RG **61** 228, **71** 33, JW **36**, 934, Celle MDR **90**, 846, Köln NJW **88**, 504 m. Anm. Keller JR 89, 77; and. Labsch aaO 237), nicht jedoch bezüglich der Berechnung seiner Gebühren (Köln aaO; vgl. jedoch BGH **13** 276, wo bei überhöhtem Kostenansatz zu Unrecht der Mißbrauchstatbestand bejaht wurde; vgl. dazu auch Heinitz aaO 435 f., Labsch aaO 235, Jura 87, 349) und auch nicht gegenüber dem freiwillige Zahlungen leistenden Schuldner, weshalb hier auch dessen Schädigung nicht über § 266 erfaßbar ist (and. Celle aaO); der *Geschäftsführer* einer GmbH dieser gegenüber (vgl. z. B. BGH MDR/H **79**, 456, wistra **93**, 143, 301, Hamm NStZ **88**, 119 m. Anm. Molketin NStZ 87, 369, Kohlmann aaO 102, Schünemann LK 125 b Tiedemann aaO 20 vor § 82; zur fehlenden Treupflicht der Gesellschafter vgl. u. 26), auch der sog. *faktische Geschäftsführer* (BGH **3**

Untreue **26 § 266**

37, **6** 315, NStZ **99**, 558, wistra **91**, 72, Dierlamm NStZ **96**, 153, Kohlmann GmbHG RN 68, Schünemann LK 125b; noch weitergehend BGH NJW **97**, 67 m. Anm. D. Geerds JR **97**, 340, wo nicht auf die „formale Position" des faktischen Geschäftsführers, sondern auf die faktische Dominanz und die „Entfaltung typischer Geschäftsführertätigkeiten" innerhalb eines faktischen GmbH-Konzerns abgestellt wird; vgl. dazu und zum Strohmann-Geschäftsführer auch u. 30); der *Geschäftsführer eines Vereins* diesem gegenüber (BGH wistra **93**, 263); der *geschäftsführende Gesellschafter* einer Personengesellschaft gegenüber seinen Mitgesellschaftern (RG **73** 300, RG HRR **39** Nr. 670); zur Tippgemeinschaft vgl. Bay NJW **71**, 1664 [Innengesellschaft], BGH LM Nr. **19** [bloße Vereinbarung, evtl. Gewinn zu teilen]); der *Geschäftsleiter* einer Versicherung dieser gegenüber (BGH wistra **92**, 343); der *Handelsvertreter* gem. § 84 HGB gegenüber dem Geschäftsherrn (RG **71** 336, Hamm JMBlNW **56**, 58, **64**, 1399, Koblenz MDR **68**, 779; vgl. auch BGH GA/H **71**, 37, wistra **83**, 71, **92**, 66, Frankfurt NStZ-RR **97**, 201, Hamm NJW **57**, 1041), und zwar nicht nur bei der Abwicklung bereits für diesen abgeschlossener Geschäfte (so jedoch Braunschweig NJW **65**, 1193, Köln NJW **67**, 1923, Gribbohm JuS **65**, 393); der *Hausverwalter* gegenüber Wohnungseigentümern (BGH **41** 227, Samson/Günther SK 32); der – sofern nicht lediglich mit Aufsichts- und Gutachterpflichten betraute, auch vorläufige – *Insolvenzverwalter* (bis 31. 12. 1998: *Konkursverwalter*) und *Sachwalter* gegenüber Insolvenzschuldner und Insolvenzgläubigern (BGH **15** 342 m. Anm. Schröder JR 61, 268, NJW **93**, 1278, NStZ **98**, 246, NStZ **Nr. 11**, Frankfurt MDR **94**, 1233, E. Schramm NStZ **00**, 398ff.); der für die Zeugenentschädigung zuständige *Justizbeamte* gegenüber der Staatskasse (BGH wistra **93**, 61); der *Kassenleiter* einer Gemeinde dieser gegenüber (BGH NStZ **94**, 586); der *Kommissionär* (§ 383 HGB) gegenüber dem Auftraggeber (BGH NStE **Nr. 4**, wistra **87**, 60, Düsseldorf NJW **98**, 690, **00**, 529, Hamm NJW **57**, 1041; and. Gössel II 497); der *Makler* im Fall des Alleinauftrags gegenüber dem Geschäftsherrn (BGH GA **71**, 210, wistra **84**, 109); der *Minister* gegenüber dem Staat hinsichtlich der Rechtsträgerschaft seines Ministeriums unterstellter Grundstücke (BGH NJW **99**, 1489); der *Nachlaßrichter* gegenüber dem endgültigen Erben, weil § 1960 BGB diesem gegenüber zugleich eine echte Vermögensfürsorgepflicht begründet (BGH **35** 224 m. abl. Anm. Otto JZ 88, 823, Koblenz MDR **85**, 1048; and. für den Vormundschaftsrichter jedoch Düsseldorf JMBlNW **62**, 35, M-Maiwald I 529 [bejahend dagegen Schünemann LK 121]); der *Notar* (BGH NJW **90**, 3219 [Belehrungspflicht bei Beurkundung eines Rechtsgeschäfts, wenn anzunehmen ist, daß die Beteiligten dessen Bedeutung und Tragweite nicht erkennen], NStZ **82**, 331, wistra **84**, 71 [Nichtüberführen von Fremdgeldern auf ein Anderkonto], **96**, 105; vgl. auch BGH wistra **99**, 108); der *Poststellenleiter* gegenüber der Post (RG **72** 194, HRR **40** Nr. 711); der *Prüfer* einer Aktiengesellschaft dieser gegenüber (Geilen, Aktienstrafrecht [1984] 11 vor § 399, § 403 RN 48); der *Rechtsanwalt* im Zivilprozeß o. ä. gegenüber dem Mandanten (RG **73** 284, JW **37**, 3092, HRR **40** Nr. 257, **41** Nr. 948, BGH **15** 376, NJW **57**, 597, **60**, 1629, **83**, 461 m. Anm. Keller JR 83, 516, wistra **93**, 301, **95**, 186; vgl. auch o. 23) und im Rahmen eines Sozietätsauflösungsvertrags gegenüber dem Sozius (Koblenz NStZ **95**, 50); der *Reisebüroinhaber* und *Reisevermittler* gegenüber dem Reiseveranstalter, wenn diese mit ihm z. Z. der schädigenden Handlung bereits in Geschäftsverbindung stehen (BGH **12** 208, **28** 21, wistra **91**, 181; and. Schünemann LK 116), nicht jedoch ohne weiteres gegenüber dem Kunden (BGH aaO, Lackner/Kühl 13; zur fehlenden Treupflicht des Reiseveranstalters vgl. u. 26); der entscheidungsberechtigte *Sachbearbeiter* (vgl. BGH GA **79**, 143 [Lohnhauptsachbearbeiterin], wistra **93**, 298 [Bearbeiter für Beihilfeanträge], München JZ **77**, 408 [Hilfssachbearbeiter]); der *Schulleiter* gegenüber Schule und Schulträger (BGH NStZ **86**, 455); der *Sparkassenleiter* seinem Institut gegenüber (RG **61** 211, JW **36**, 943, BGH NJW **55**, 508, MDR/H **79**, 636, wistra **93**, 222, Bay **65**, 88); der *Steuerberater* gegenüber seinem Mandanten (BGH[Z] **78** 263, MDR[Z] **85**, 1005, Franzheim aaO [HWiStR], MB-Schmidt 678 f.); der *Testamentsvollstrecker* gegenüber den Erben und Vermächtnisnehmern (RG **75** 242, DR **41**, 2179, BGH GA **77**, 342); der *Treuhänder* gegenüber dem Treugeber (RG HRR **40** Nr. 1215, BGH **41** 227 [Verwalter von Wohnungseigentumsanlagen], NStZ **97**, 124, wistra **91**, 266 [Bauherrenmodell, vgl. auch o.], **92**, 150, Karlsruhe Justiz **92**, 32, Stuttgart OLGSt. § 266 S. 9; vgl. auch BGH NJW **68**, 1471, NStE **Nr. 6**, Düsseldorf NJW **93**, 743 [keine Treupflicht bzgl. vertragsgemäß geleisteter Vergütung]; ein zur *Umschuldung* von Vermögensverhältnissen Beauftragter gegenüber dem Auftraggeber (BGH wistra **91**, 218); der *Unternehmenssanierer* gegenüber Unternehmen (Müller aaO 58; vgl. auch BGH NJW **93**, 1279) und Unternehmensgläubigern (Stuttgart wistra **84**, 114 m. Anm. Richter S. 97); der *Vermittler* mit Inkassovollmacht (BGH **18** 21; zur Vermittlung in einem Beratungsverhältnis vgl. BGH StV **84**, 513 m. Anm. Labsch); *Vermögensverwalter* jeder Art (Koblenz OLGSt. § 266 S. 40; zum Zwangsverwalter vgl. RG **38** 190); der *Vormund* gegenüber dem Mündel (BGH NJW **90**, 3129); der (Landes-)*Vorsitzende* einer Partei (BGH wistra **86**, 256) und das *Vorstandsmitglied* einer AG, eines Verbands oder eines Vereins diesen gegenüber (RG **71** 344, BGH NJW **75**, 1234, **88**, 2483, **91**, 990, StV **95**, 303, NStE **Nr. 30**, Lampe GA 87, 248, Schünemann LK 126 u. 128 zu Konzernen); der *Vorsteher* eines Abwasserverbands diesem gegenüber (BGH NJW **91**, 990 m. Anm. Hillenkamp JR 92, 74 [Herbeiführung eines Beschlusses über die Bezahlung fremder Geldstrafen]); der *Wissenschaftler* gegenüber dem Drittmittelgeber (Jerouschek GA **99**, 428). – Zu *weiteren Einzelfällen* vgl. ferner RG **75** 79 f., **77** 401, JW **36**, 2963, DR **40**, 792, **43**, 1039, **44**, 155, HRR **38** Nr. 864, BGH **12** 212 m. Anm. Schröder JR 59, 270, **20** 145, **28** 21, GA **56**, 154, **69**, 308, wistra **93**, 302, **99**, 420, Bay JZ **73**, 325.

Keine Treupflichten begründet dagegen das *Arbeitsverhältnis* als solches und zwar weder für den **26** Arbeitnehmer (BGH **3** 293, **4** 170, **5** 188, GA **79**, 143, NStE **Nr. 29**, Frankfurt NStZ-RR **97**, 201; vgl. aber auch Schleswig OLGSt. § 266 S. 21 [Taxifahrer]) noch für den Arbeitgeber (BGH **6** 318

[Pflicht des Arbeitgebers, „Urlaubsmarken" zu kleben], Bay NJW **57**, 1683, Celle MDR **58**, 706 [Einbehalten gepfändeter Lohnanteile durch Arbeitgeber], NdsRpfl. **58**, 162, Köln NJW **67**, 836 [Verletzung der Abrede, Lohnanteile an Gläubiger des Arbeitnehmers abzuführen], Braunschweig NJW **76**, 1903 [Unterlassen, vermögenswirksame Leistungen für den Arbeitnehmer zu entrichten]; vgl. für diese Fälle jedoch nunmehr § 266 a). Nicht treupflichtig sind vom Erblasser *Bevollmächtigte*, denen eine über den Tod hinaus wirkende bzw. für den Todesfall ausgestellte Vollmacht erteilt wurde, gegenüber dem Erben (KG NStE Nr. **34**), der *Buchhalter* ohne inhaltliche Entscheidungskompetenz (BGH StV **86**, 203 f., wistra **87**, 27), das technische *Computerpersonal* (Operator, i. d. R. Programmierer [and. wenn dieser zugleich die Aufgaben eines Systemanalytikers erfüllt]; vgl. dazu Lampe GA 75, 5, 14 u. näher Lenckner aaO 31 ff., Sieber aaO 238 ff., Nachtr. 28 ff., ferner JZ 77, 412), der *Darlehensnehmer* – auch nicht i. V. mit einer Sicherungsabrede – gegenüber dem -geber (RG HRR **41** Nr. 984, BGH GA **77**, 18, NStZ **84**, 118, **86**, 362, StV **84**, 326, Düsseldorf wistra **95**, 73, Hamm StraFO **98**, 197, Köln NJW **88**, 3219; and. BGH MDR/D **69**, 354 bei zweckgebundenen Darlehen; vgl. auch Karlsruhe NStE Nr. **35**), die Beteiligten eines *Factoring-Vertrages*, der entweder einen Forderungskauf unter Übernahme des Delkredererisikos („echtes Factoring") oder eine den Kreditgeschäften zuzuordnende Forderungszession („unechtes Factoring"), bei der das Risiko der Anschlußkunde trägt, zum Gegenstand hat, und zwar auch dann nicht, wenn der ursprüngliche Gläubiger die Nebenpflicht hat, ihm eingehende Zahlungen an die Factoring-Bank weiterzuleiten (BGH NStZ **89**, 72 m. Anm. Otto JR **89**, 208), der *auftragslose Geschäftsführer* gegenüber dem Geschäftsherrn (BGH LM Nr. **21**, Schünemann LK 112; vgl. jedoch auch u. 30), die *Gesellschafter* einer GmbH dieser gegenüber (LG Berlin NStE Nr. **39**, Birkholz aaO 125 ff., 252 ff. Flum aaO 229 ff., Hartung NJW **96**, 232; and. Gribbohm ZGR **90**, 22, Wodicka aaO 302 ff.), der ohne eigenen Entscheidungsspielraum handelnde *(Sorten-)Kassierer* einer Bank (BGH NStZ **83**, 455, wo die 2. Alt. jedoch bei zusätzlicher buchhalterischer Tätigkeit für möglich gehalten wird; bejahend auch BGH MDR/H **89**, 111 bei der Pflicht, zur Kontrolle von Einnahmen und Ausgaben Bücher zu führen, Quittungen zu erteilen und Wechselgeld herauszugeben). *Kaufverträge* begründen, wenn sie nicht aufgrund besonderer Vertragsgestaltung zugleich Elemente der Geschäftsbesorgung enthalten (u. 27), keine Treupflichten, weder für den Käufer (RG HRR **39** Nr. 1446; vgl. jedoch Hamm JMBlNW **53**, 260) noch für den Verkäufer (RG **69** 147, **71** 91, BGH NJW **91**, 371, wistra **87**, 137, NStE **Nr. 28**), auch nicht bei (verlängertem) Eigentumsvorbehalt (BGH **22** 191 m. Anm. Schröder JR **69**, 191, NStE **Nr. 4**, MDR/D **67**, 174, Düsseldorf NJW **84**, 810, [Z] NJW-RR **99**, 928, *Wittig/Reinhart* NStZ **96**, 471; and. Hamm NJW **54**, 1091, Saarbrücken OLGSt. § 266 S. 1, Baumann aaO 101, 112, Haas aaO 84) oder beim Dokumentengeschäft mit „Andienung zu treuen Händen", bei dem der Verkäufer vorleistet (Timmermann MDR **77**, 533). Ebensowenig genügt für eine Treupflicht gegenüber einer Bank schon das Bestehen eines *Kontokorrentverhältnisses,* auch nicht, wenn der Bank zugleich die Möglichkeit eingeräumt wird, die Geschäfte des Kontoinhabers intern vollständig zu überprüfen (BGH NStZ **84**, 118). Der *Kreditkartenverwender* ist dem ausgebenden Unternehmen gegenüber nicht treupflichtig (BGH **33** 244; vgl. jedoch nunmehr § 266 b; zur Frage der Treupflicht eines Kreditkartenbenutzers gegenüber dem Kontoinhaber vgl. Köln StV **91**, 468 m. Anm. Otto JR **92**, 254). Der Zahlungsempfänger im *Lastschrifteinzugsverfahren* hat nicht die Vermögensinteressen des Zahlungspflichtigen wahrzunehmen (Hamm NJW **77**, 1834 m. Anm. Winterberg BB 77, 1627). Aus *Mietverträgen* ist weder der Mieter gegenüber dem Vermieter (RG HRR **37** Nr. 64, Oldenburg NJW **52**, 1267; and Bay **97** 179 mit abl. Anm. Satzger JA 98, 926 in einem Sonderfall hinsichtlich der Mietkaution; für ein mietähnliches Verhältnis vgl. Hamm OLGSt. § 266 S. 35) noch dieser gegenüber dem Mieter treupflichtig (Köln JR **68**, 469 [Einziehung der Untermiete ohne Zahlung der Hauptmiete, so daß der Mietvertrag gekündigt wird]), auch nicht bezüglich einer vom Mieter geleisteten und nach § 550 b II BGB getrennt vom übrigen Vermögen anzulegenden Mietkaution (Düsseldorf NJW **89**, 1171, wistra **94**, 34, LG Bonn NStZ **93**, 343, Gössel II 499, Lackner/Kühl 12, Molketin ZMR 89, 434; and. BGH **41** 227 ff. m. krit. Anm. bzw. Bspr. Satzger Jura 98, 570, Sowada JR 97, 28, Frankfurt ZMR **90**, 342, LG Hamburg MDR **90**, 269, LG München NStZ **91**, 134, AG Frankfurt NJW **88**, 3029, Rengier I[4] 239. Schünemann LK 113, Tröndle/Fischer 12, wo jedoch nicht berücksichtigt ist, daß der Vermieter insoweit keinerlei Entscheidungsspielraum mehr hat; s. auch LG Bonn NJW-RR **97**, 1099 [keine Treupflicht bei gewerblicher Miete]; zu Baukostenzuschüssen des Mieters vgl. aber auch u. 27). Keine Treupflicht hat der *Parlamentsabgeordnete* hinsichtlich der in den Haushaltsplan eingestellten Finanzmittel (wohl aber für einen zu seiner Verfügung stehenden „Besuchertopf", vgl. Koblenz NJW **99**, 3277), der *Provisionsvertreter* gegenüber dem Auftraggeber (Frankfurt NStZ-RR **97**, 201), ferner nicht der *Reiseveranstalter* (and. u. U. der Vermittler [vgl. BGH **12** 207, **28**, 21]) gegenüber dem Reisenden und den zur Erfüllung seiner Pflichten eingeschalteten Subunternehmern (BGH **28** 23; and. Schünemann LK 116). Der *Scheckkarteninhaber* hat gegenüber der Bank keine Vermögensbetreuungspflicht (BGH **24** 387; vgl. jedoch nunmehr § 266 b). Durch eine *Sicherungsübereignung* bzw. *-zession* oder eine *Sicherungsgrundschuld* wird eine solche weder für den Sicherungsgeber gegenüber dem -nehmer begründet (RG HRR **41** Nr. 372, 984, BGH NStZ **84**, 118, wistra **84**, 143 m. Anm. Schomburg, MDR/H **90**, 888, Arzt/Weber IV 70, MB-Schmid 751, Schünemann LK 118; and. RG **74** 3, HRR **42** Nr. 246, BGH **5** 63, wistra **97**, 146 m. Anm. Fischer WiB 97, 1030, Baumann aaO 150, Otto, Bankentätigkeit 122 f.) noch für diesen gegenüber dem Sicherungsgeber (Schünemann aaO, Wegenast aaO 119 ff., StV **69** ff., and. RG **67** 273, **69** 223, Baumann aaO 152, z. T. auch BGH LM Nr. **20** [Barkaution], MDR/H **78**, 625 [hohe Übersicherung]). Keine Treupflicht hat der *Spendenempfänger* gegenüber dem Spender bezüglich der Verwendung der Spende (BGH NStE **Nr. 3**). Aus einem *Werkvertrag* ergibt sich weder für den Werkunternehmer noch für den Besteller eine Pflicht i. S. des § 266 (RG **77** 150, BGH **28** 23, NStZ **82**, 201 [Transportauftrag], Hamm JMBlNW **63**, 183; vgl. aber auch u. 27).

b) Ausnahmsweise kann sich bei **atypischer Gestaltung** eine Treupflicht auch aus einem **an sich** **27** **nicht fremdnützigen** Rechtsverhältnis ergeben (s. auch Schünemann LK 76). Jedoch ist dies nicht schon dann anzunehmen, wenn eine Partei vorleistet – auch nicht, wenn es sich dabei um erhebliche Werte und eine länger dauernde Geschäftsbeziehung handelt (vgl. BGH NStZ **89**, 72, NStE **Nr. 4**) – oder wenn sie ihrer Leistung, wie es bei der Sicherungsübereignung bzw. -zession ohnehin der Fall ist, eine besondere Zweckbestimmung gibt, so z. B. wenn der Käufer vorleistet, damit der Verkäufer die Ware bei seinem Lieferanten bar bezahlen kann (RG **69** 147, BGH **28** 24; vgl. auch Hamm MDR **68**, 779), oder ein Tabakhändler einem Gastwirt ein Darlehen zur Übernahme einer Gastwirtschaft gibt, die er sich als Absatzquelle erhalten will (vgl. BGH MDR/D **69**, 534). Erforderlich ist vielmehr, daß das Vertragsverhältnis wesentliche Elemente einer Geschäftsbesorgung aufweist (ebenso BGH NStZ **89**, 72 m. Anm. Otto JR **89**, 208, Holzmann aaO 136), so z. B. wenn die Stellung des Verkäufers oder Werkunternehmers der eines Einkaufskommissionärs (RG **77** 393f., BGH **1** 188ff., Bay NStE **Nr. 19**) oder die des Käufers der eines Verkaufskommissionärs (vgl. BGH MDR/D **67**, 174, ferner auch BGH wistra **87**, 137, NStE **Nr. 4**, 28) angenähert ist, wenn bei sog. Aussteuer-Kaufverträgen die Käufer langjährig regelmäßige und zu verzinsende Ansparbeträge leisten (BGH NJW **91**, 371) oder der Wohnungsmieter einem Bauunternehmer einen Baukostenzuschuß oder eine Mietvorauszahlung leistet, um damit der Vermieter die Errichtung des Miethauses zu ermöglichen, wodurch der Mietvertrag „auftragsähnlichen Inhalt" bekommt (BGH **8** 271, **13** 330, MDR **54**, 495, Braunschweig JZ **54**, 391 m. Anm. Erdsiek, Hamm BB **57**, 94).

c) Hat der Täter fremde Vermögensinteressen wahrzunehmen, so ist es **ohne Bedeutung**, wenn er **28** mit der fraglichen Tätigkeit zugleich **auch seine eigenen Interessen** verfolgt, wie es etwa bei dem am Umsatz beteiligten Geschäftsführer eines Unternehmens oder dem geschäftsführenden Gesellschafter einer OHG der Fall ist. Nicht hierher gehört dagegen der Geschäftsführer, der zugleich der einzige Gesellschafter einer Ein-Mann-GmbH ist und dessen Tätigkeit daher allein seinen eigenen Interessen dient; denn die von einer rechtsfähigen Personenvereinigung zu verfolgenden Ziele werden nicht allein durch ihre Satzung und die in ihrem Rahmen getroffenen Entscheidungen der Geschäftsführungsorgane, sondern letztlich vom Gesamtwillen ihrer Mitglieder bestimmt (o. 21).

2. Begründung und Erlöschen der Treupflicht. Die Pflicht kann zunächst – insoweit in Über- **29** einstimmung mit der 1. Alt. – auf Gesetz, behördlichem Auftrag oder Rechtsgeschäft beruhen, beim Treubruchstatbestand darüber hinaus aber auch auf einem sonstigen Treueverhältnis. Bestehen muß die Treupflicht gegenüber dem Inhaber des geschädigten Vermögens.

a) Zu den Treupflichten kraft *Gesetzes, behördlichen Auftrags* oder *Rechtsgeschäfts* vgl. entsprechend o. **30** 8ff. Entstehungstatbestand kann hier ferner aber auch ein **tatsächliches Treueverhältnis** sein, sofern es geeignet ist, Rechtspflichten mit dem o. 23 genannten Inhalt zu begründen (and. Haas aaO 31ff.). Gemeint sind damit deshalb nicht ethisch-moralische Verpflichtungen aus Verwandtschaft, alte Freundschaft usw. (vgl. RG HRR **39** Nr. 1385, **42** Nr. 612, Nelles aaO 509; zu weitgehend daher BGH **12** 208 m. Anm. Schröder JR **59**, 270, wo die Treupflicht aus dem Bestehen einer Geschäftsverbindung hergeleitet wird), auch nicht Schadensabwendungspflichten auf Grund von Ingerenz (o. 23 a), sondern allein die Fälle, in denen ein Betreuungsverhältnis z. B. wegen Nichtigkeit des auf seine Begründung gerichteten Vertrages usw. zivilrechtlich nicht wirksam entstanden ist oder bereits erloschen ist (ebenso Holzmann aaO 138 f., Schünemann LK 61 ff.; and. Labsch aaO 343 f.). Da der Treubruchstatbestand sich nur gegen Angriffe „aus dem eigenen Lager" des Geschädigten richtet, ist hier jedoch ferner erforderlich, daß der Täter trotz des Fehlens eines rechtlich wirksamen Betreuungsverhältnisses seine Tätigkeit nach dem wirklichen oder mutmaßlichen Willen des Vermögensinhabers aufnehmen bzw. fortführen sollte und er eine entsprechende Einwirkungsmöglichkeit auf dessen Vermögen er- bzw. behalten hat (Lenckner JZ **73**, 794, i. E. auch Franzheim StV **86**, 410; s. auch BGH NStZ **97**, 124 [4 StR 423/96]). Im übrigen setzt sich das einer Treupflicht zugrunde liegende Rechtsverhältnis bei seinem Erlöschen nicht von selbst in einem tatsächlichen Treueverhältnis fort; auch unter diesem Gesichtspunkt ist daher die Verletzung bloßer Rückabwicklungspflichten – z. B. Nichterfüllung einer Herausgabepflicht nach § 667 BGB – oder der Verstoß gegen ein erst für die Zeit nach Vertragsbeendigung vereinbartes Wettbewerbsverbot nicht nach § 266 strafbar (Lenckner aaO; and. Stuttgart JZ **73**, 740, hins. § 667 BGB auch Schünemann LK 62; vgl. dazu auch o. 23).

Umstritten ist, ob eine Betreuungspflicht auch dann entstehen kann, wenn das Innenverhältnis **31** deshalb *nichtig* ist, weil es zu **gesetz- oder sittenwidrigen Zwecken** begründet wurde. Selbstverständlich ist, daß die Nichtausführung eines gesetzwidrigen Auftrags (z. B. das übergebene Falschgeld abzusetzen) nicht nach § 266 strafbar sein kann (RG **70** 9, **73** 158, BGH **8** 258, **20** 145). Dasselbe muß aber auch gelten, wenn der Täter das für die Ausführung eines solchen Auftrags bestimmte Geld des Auftraggebers für sich verwendet oder wenn der Hehler die ihm zum Verkauf übergebene Beute bzw. den dafür erzielten Erlös unterschlägt (vgl. RG **70** 9f., HRR **42** Nr. 612, BGH NJW **54**, 889, Braunschweig NJW **50**, 656, AG Siegen wistra **85**, 196, Firgau aaO 3, Kühl JuS **89**, 513, Küper 336, M-Maiwald I 529, Mitsch 511, Rengier I⁴ 241, Samson/Günther SK 36, Schmidhäuser II 134, Seelmann aaO 105; and. RG **73** 159f., BGH **8** 258f., wistra **99**, 107 NJW [Z] **84**, 800, Bockelmann II/1 S. 144, Bruns NJW **54**, 858 u. 56, 151, JR **84**, 139, Mezger-FS 344ff.,

§ 266 32–34   Bes. Teil. Betrug und Untreue

Luthmann NJW 60, 419, Otto II 260, Schünemann LK 65, Tröndle/Fischer 9, Welzel 388 [der jedoch in diesen Fällen den Schaden verneint], W-Hillenkamp 296; differenzierend Arzt/Weber IV 59 f., Lackner/Kühl 10). Wenn auch die Treupflicht kein selbständiges Rechtsgut des § 266 darstellt, sondern lediglich die Sonderbeziehung bezeichnet, innerhalb welcher der Treubruchstatbestand das Vermögen schützt (o. 1), so würde es doch dem Prinzip der Einheit der Rechtsordnung widersprechen, eine solche das Vermögen schützende Sonderbeziehung auch dort anzunehmen, wo eine Abmachung rechtlich mißbilligt wird, weil sie auf rechts- oder sittenwidrige Ziele gerichtet ist bzw. dem Auftraggeber – was im übrigen auch die Annahme eines Schadens ausschließt (vgl. § 263 RN 84 ff., 149) – kein rechtlich anzuerkennendes Interesse an den fraglichen Vermögenswerten zusteht. Der Beauftragte steht bei einer nichtigen Vereinbarung dieser Art (and. bei einer einzelnen sittenwidrigen Weisung im Rahmen eines wirksamen Treueverhältnisses) zu den ihm etwa ausgehändigten Vermögensgegenständen vielmehr in keiner anderen Beziehung als jeder Dritte, so daß in den genannten Beispielsfällen lediglich einfache Unterschlagung in Betracht kommt.

32   b) Die durch den Auftrag usw. begründete Treupflicht braucht nicht den **Vermögensinteressen des Auftraggebers** des Täters zu gelten, sondern kann sich auch auf die **eines Dritten** beziehen. Dies ist z. B. bei der Vormundschaft und Pflegschaft oder bei einem Vertrag zugunsten Dritter (§ 328 BGB) der Fall, ferner aber auch dann, wenn ein Treupflichtiger zur Ausführung seines Auftrags andere – eigenes Personal oder auch selbständig Handelnde – als Erfüllungsgehilfen heranzieht und mit einer für den Treubruchstatbestand ausreichenden Aufgabe betraut (vgl. BGH **2** 324, NJW **83**, 1807, **84**, 800, Hamburg JR **63**, 392 m. Anm. Schröder, Richter wistra 84, 97, Schünemann LK 67 Schröder JR 60, 106; vgl. auch M-Maiwald I 530). Hier werden dann auch die **Vertreter** und **Beauftragten** des Treupflichtigen ihrerseits gegenüber dem Dritten unmittelbar treupflichtig und damit zu tauglichen Tätern, und zwar ohne daß sie den zu Betreuenden zu kennen oder auch nur zu wissen brauchen, daß dieser mit ihrem Auftraggeber nicht identisch ist (and. hier Schröder JR 63, 395). Des § 14 bedarf es in solchen Fällen daher nicht (vgl. BGH NJW **83**, 1807); er setzt voraus, daß der Handelnde nicht selbst treupflichtig ist, was z. B. bei den Organen einer mit der Verwaltung von Vermögen beauftragten Treuhand-GmbH der Fall ist (vgl. BGH **41** 229, § 14 RN 5). Keine Treupflicht – und zwar weder gegenüber dem Vermögensinhaber (zum Mißbrauchstatbestand vgl. entsprechend o. 13) noch im Verhältnis zum Treupflichtigen, wenn der von ihm erteilte Auftrag dahin geht, das ihm anvertraute Vermögen nunmehr zu seinen Gunsten zu verwenden (u. 31) – begründet der von einem Treupflichtigen treuwidrig erteilte Unterauftrag; eine zuvor begründete Treupflicht wird hier durch eine treuwidrige Weisung beendet.

33   In Fällen, in denen nur ein **Strohmann** formeller Firmeninhaber ist, sollen nach BGH **13** 330 m. Anm. Schröder JR 60, 105 Treupflichten gegenüber Dritten bei dem wahren Firmeninhaber entstehen (vgl. auch BGH NJW **59**, 491, BGHR § 266 I, Vermögensbetreuungspflicht 12). Dies ist jedoch nur möglich, wenn dieser nach den Grundsätzen des Handelns unter fremdem Namen selbst verpflichtet wird oder unter den Voraussetzungen des § 14 II (vgl. dort insbes. RN 30, 42 ff.). Steht eine juristische Person in einem Treueverhältnis, so kann, weil hier eine „Überwälzung" auf deren Organe nur nach § 14 möglich ist (vgl. dort RN 5), neben dem Strohmann-Organ das faktische Organ als solches Dritten gegenüber treupflichtig nur unter den Voraussetzungen des § 14 III sein (vgl. dort RN 42 ff.); möglich sind hier allerdings auch durch einen besonderen Auftrag des Strohmanns begründete Treupflichten (o. 29). Zu der juristischen Person selbst steht das faktische Organ jedenfalls in einem tatsächlichen Treueverhältnis (o. 30), während das Strohmann-Organ dieser gegenüber keine Treupflichten hat, solange es nicht doch aufgrund seiner formalen Rechtsposition für sie tätig wird.

34   c) Die Beendigung des zugrunde liegenden Rechtsverhältnisses führt grundsätzlich auch zum **Erlöschen der Treupflicht** (Stuttgart NStZ **85**, 366, Schünemann LK 62; dazu, daß sich dieses nicht von selbst in einem tatsächlichen Treueverhältnis fortsetzt, vgl. o. 30). Zwar können in Einzelfällen Treupflichten aus dem bisherigen Innenverhältnis fortwirken, doch genügt dafür nicht schon ein enger zeitlicher und sachlicher Zusammenhang (so aber BGH **8** 149: Entgegennahme und Verbrauch des Kaufpreises nach Erfüllung des Auftrags, an der Beurkundung einer Auflassung mitzuwirken). Vielmehr ist hier zwischen Handlungs- und Unterlassungspflichten zu unterscheiden: Für die früheren Handlungspflichten gilt uneingeschränkt, daß sie mit der Beendigung des Rechtsverhältnisses zu dem Geschäftsherrn erlöschen (Ausnahme: § 673 S. 2 BGB, wo jedoch das Fortbestehen des Auftrags fingiert wird); sie kann der früher Treupflichtige durch sein Untätigbleiben daher auch dann nicht verletzen, wenn ein Aufschub der erforderlichen Maßnahmen zu einer Schädigung des Geschäftsherrn führt und dieser selbst nicht rechtzeitig die entsprechende Vorsorge treffen kann. Dabei bleibt es auch, wenn das Innenverhältnis durch eine ohne wichtigen Grund und zur Unzeit erfolgte Kündigung des Treupflichtigen beendet wurde, wo dann allerdings diese selbst eine Treupflichtverletzung darstellen kann (vgl. § 671 II 2 BGB mit einer entsprechenden Schadensersatzpflicht des Beauftragten). Soweit durch die Beendigung des Innenverhältnisses Rückabwicklungspflichten entstehen (Herausgabe-, Rückerstattungs-, Rechenschaftspflichten usw.), ist deren Nichterfüllung gleichfalls nicht tatbestandsmäßig, da es sich insoweit nur um gewöhnliche Schuldner-, nicht aber um Treupflichten handelt (vgl. BGH NStZ **86**, 361, Frankfurt MDR **94**, 1233, Lenckner JZ 73, 795, aber auch BGH wistra **87**, 65, Stuttgart NJW **73**, 1386; and. für die Abwicklung eines Betreuungsverhältnisses nach §§ 1896 ff. BGB nach dem Tod des Betreuten Stuttgart NJW **99**, 1564 m. Anm. Thomas NStZ 99, 620; grds. and. Schünemann LK 62; vgl. dazu ferner o. 23). Demgegenüber können in begrenztem Umfang

Treupflichten i. S. eines Schädigungsverbots (u. 36) nachwirken. Ebenso wie beim Mißbrauch einer im Außenverhältnis wirksam fortbestehenden Verfügungsbefugnis der Mißbrauchstatbestand erfüllt sein kann (o. 4, 18), muß auch die 2. Alt. anwendbar sein, wenn die faktisch zunächst noch fortbestehenden Dispositionsmöglichkeiten im Innenverhältnis mißbraucht werden. Dies ist z. B. der Fall, wenn der Prokurist, ehe seine Entlassung bekannt wird, einem gutgläubigen Untergebenen eine für den Geschäftsherrn nachteilige Weisung erteilt oder wenn er mit dem noch in seinem Besitz befindlichen Tresorschlüssel die Firmenkasse ausplündert. Nicht hierher gehört dagegen der Verstoß gegen ein vertraglich auch für die Zeit nach dem Ausscheiden vereinbartes Wettbewerbsverbot (RG **75** 75, Lenckner JZ 73, 795, Schünemann LK 62; vgl. aber auch Stuttgart NJW 73, 1386) und der Fall, daß ein GmbH-Geschäftsführer sich Vermögensgegenstände der GmbH zueignet oder deren Bilanzen manipuliert, nachdem die Verwaltungs- und Verfügungsbefugnis über das Gesellschaftsvermögen auf einen Insolvenzverwalter bzw. Sequester übergegangen ist (vgl. BGH NJW **92**, 250, **93**, 1278, NStZ **98**, 192, wistra **97**, 146 m. Anm. Fischer WiB 97, 1030).

3. Die **Verletzung der Treupflicht** (o. 23 ff.) kann sowohl durch *rechtsgeschäftliches Handeln* – 35 soweit dieses nicht schon ein wirksames Verfügungs- oder Verpflichtungsgeschäft i. S. der 1. Alt. ist – als auch durch ein *tatsächliches Verhalten* erfolgen, und sie kann sowohl in einem *positiven Tun* wie in einem *Unterlassen* bestehen. § 13 ist im letzteren Fall von vornherein unanwendbar, weil schon der Tatbestand der 2. Alt. („Verletzung der Pflicht, fremde Vermögensinteressen wahrzunehmen") Tun und Unterlassen gleichermaßen umfaßt (vgl. dazu Güntge wistra 96, 84, § 13 RN 1 a mwN), ganz abgesehen davon, daß keineswegs jede Garantenstellung zugleich eine Treupflicht i. S. des § 266 begründet (vgl. o. 23 a; and. Bay **89** 299 m. abl. Anm. Seebode; offengelassen in BGH **36** 227; zu § 13 II vgl. u. 53).

a) Um eine Pflichtverletzung handelt es sich insbes., wenn der Täter die ihm übertragene Geschäfts- 35 a besorgung **nicht oder nicht ordnungsgemäß ausführt.** Dies ist z. B. der Fall, wenn er bei der Ausübung seiner Tätigkeit ihm gegebene Weisungen, gesetzliche Bestimmungen oder Richtlinien verletzt oder nicht befolgt (vgl. z. B. RG **71** 157, **75** 227, DR **43**, 1039, BGH GA **56**, 122, 154, NStZ **84**, 549, wistra **92**, 266 [Bildung sog. schwarzer Kassen], RG JW **37**, 2698, DR **44**, 155, HRR **40** Nr. 648, 711, BGH **20** 304 m. Anm. Schröder JR 66, 185, [unordentliche Buchführung], BGH **30** 247 [Verwendung von AStA-Mitteln für den Druck allgemeinpolitischer Flugschriften], NStZ **86**, 455, NJW **91**, 990 [Verwendung öffentlicher Gelder entgegen ihrer haushaltsrechtlichen Zweckbestimmung für die Bezahlung fremder Geldstrafen], Hamm NJW **82**, 190 [Verstoß gegen eine gerichtliche Anordnung durch AStA-Mitglieder, in denen diesen unter Androhung von Ordnungsgeld bestimmte Handlungen untersagt sind]; zur zweckfremden oder unerlaubten Verwendung von Forschungsgeldern vgl. Jerouschek GA 99, 428 f.); bei Risikogeschäften gilt das o. 20 Gesagte entsprechend. Eine Pflichtverletzung kann ferner vor allem darin liegen, daß der Täter die von ihm zu betreuenden Interessen oder nicht hinreichend wahrnimmt, wozu z. B. das Verjährenlassen einer Forderung durch den mit ihrer Geltendmachung betrauten Anwalt (BGH NJW **83**, 461 m. Anm. Keller), die verzögerliche Geltendmachung von bereits vor dem Stichtag eines Sozietätsauflösungsvertrags fälligen Forderungen (Koblenz NStZ **95**, 50), die Vernachlässigung einer Aufsichtspflicht (vgl. RG **76** 115, JW **36**, 2101; zur Kontrollpflicht des Aufsichtsrats einer AG vgl. Poseck aaO 83 ff.), das Nichtausnutzen der Möglichkeit, für den Geschäftsherrn günstigere Preise zu erzielen (BGH NJW **83**, 1920, **99**, 1489, wistra **86**, 67, **89**, 225) oder der Fall gehört, daß ein (Steuer-, Vermögens-)Berater Anlagen deshalb empfiehlt, weil er hierfür Provisionen erhält (BGH[Z] **78** 268, MDR[Z] **85**, 1005, Franzheim aaO [HWiStR]). Dasselbe gilt, wenn der Täter sich die Erledigung seines Auftrags z. B. durch anderweitige Verwendung ihm dazu zur Verfügung gestellter Mittel unmöglich macht (vgl. RG **73** 284, **77** 392, BGH **1** 186, **12** 211, NJW **53**, 1601, **60**, 1629, MDR/D **75**, 23, Stuttgart NJW **68**, 1341, Bay NJW **71**, 1664). Ein pflichtwidriges Unterlassen kann, da die Treupflicht eine gesteigerte Garantenpflicht darstellt (o. 23 a), sowohl darin bestehen, daß der Täter eine Gelegenheit zur Vermögensmehrung nicht ausnutzt (vgl. RG GA Bd. **36**, 400, BGH wistra **91**, 266, Bremen NStZ **89**, 228, aber auch BGH **31** 234 f.), als auch darin, daß er Vermögenswerte nicht vor Schäden schützt, und zwar gleichgültig, ob ein Schaden auf Grund natürlicher Ursachen oder durch das Handeln anderer droht (vgl. RG JW **37**, 3092, BGH **5** 190; and. Labsch aaO 249); handlungspflichtig ist er hier allerdings nur innerhalb der sachlichen und zeitlichen Grenzen seiner Aufgaben: daher kein Treubruch, wenn z. B. der Leiter einer Filiale eines Unternehmens nichts gegen Unterschlagungen von Angestellten des Hauptgeschäfts unternimmt oder bei einem außerhalb der Arbeitszeit entstandenen Brand in der Filiale untätig bleibt (Samson/Günther SK 40; s. auch Schünemann LK 89). Grundsätzlich keine Pflichtverletzung bildet die Erfüllung von Verbindlichkeiten des Geschäftsherrn sowie solche Maßnahmen, die sich im Rahmen ordnungsgemäßer Wirtschaftsführung bzw. des kaufmännisch Vertretbaren bewegen (BGH wistra **87**, 216, **91**, 108), und kein pflichtwidriges Unterlassen ist es selbstverständlich auch, wenn z. B. der Abschluß eines wirtschaftlich günstigen Geschäfts rechtlich unzulässig ist (BGH **20** 146, NJW **88**, 2483, MDR/H **79**, 456; vgl. auch 71/72 vor § 32). Zur nachteiligen Ausübung von Insiderkenntnissen vgl. Dingeldey aaO 6, 23 f., Tiedemann, Tröndle-FS 330 ff.; zur Pflichtverletzung bei verdeckten Parteispenden zu Lasten des betreuten Vermögens. Schünemann, Parteispendenproblematik (Strafrecht und Gesellschaft Bd. 11), hrsg. von de Boor u. a., 63 ff.

36 b) Aus dem Gebot, die Vermögensinteressen eines anderen wahrzunehmen, folgt zugleich das **Verbot, ihn zu schädigen** (vgl. auch Schünemann LK 94, Tiedemann, Tröndle-FS 322 f.; krit. Dierlamm NStZ 97, 535). Unter dem Gesichtspunkt dieses Schädigungsverbots ist ein Treubruch zunächst darin zu sehen, daß der Täter die ihm übertragenen Aufgaben zum Nachteil des zu Betreuenden ausführt. Dies ist z. B. der Fall, wenn er für diesen mit einem Geschäftspartner einen Preis vereinbart, in dem als Aufschlag ein an ihn abzuführender Betrag enthalten ist (vgl. BGH MDR/D 69, 534, GA 71, 210, Bay NJW 96, 271), wenn er ein Grundstück nicht direkt vom Veräußerer, sondern über einen Zwischenerwerber zu einem höheren Preis erwirbt (BGH NStZ 00, 46), wenn er Waren statt mit Gewinn mit Verlust verkauft bzw. verkaufen läßt (vgl. BGH LM **Nr. 3,** wo allerdings die Treupflicht zu Unrecht bejaht ist), nicht dagegen, weil mit seiner Vermögensbetreuungspflicht in keinem inneren Zusammenhang stehend (vgl. auch o. 23), wenn ein Parteivorsitzender versehentliche Überzahlungen seiner Aufwandsentschädigung annimmt (BGH wistra **86,** 256; vgl. auch o. 23). Darüber hinaus ergibt sich aus dem Schädigungsverbot, daß eine Treupflichtverletzung das Zerstören, Beschädigen, Entwenden von Vermögensgegenständen des zu Betreuenden, der Verrat von Betriebsgeheimnissen usw. sowie die Beteiligung an solchen Handlungen sein kann (vgl. RG **71** 335, **72** 194, BGH **20** 144, Braunschweig NJW **61,** 2030, Hamm NJW **57,** 1041, Köln NJW **67,** 1923; speziell zum Verrat von Adreßdaten [„Adreßdatenspionage"] vgl. Vogt JuS 81, 861; zur Verletzung der Verschwiegenheitspflicht durch den Aufsichtsrat einer AG vgl. Poseck aaO 85 f.). Hier ist für eine Treupflichtverletzung zwar nicht erforderlich, daß gerade der betreffende Vermögenswert der Fürsorge des Täters anvertraut ist, wohl aber, daß die Tat unter Ausnutzung der die Tätereigenschaft des Treubruchstatbestands begründenden Sonderbeziehung zu dem fremden Vermögen begangen wird (vgl. dazu auch Burkhardt NJW 73, 2190, Labsch aaO 248, Mitsch 516, Samson/Günther SK 40, Tiedemann, Tröndle-FS 325 ff.). Eine Treupflichtverletzung liegt daher nicht nur vor, wenn der Treupflichtige Sachen unterschlägt oder stiehlt, die er zu verwalten hat – hier unabhängig davon, ob die Tat in gleicher Weise auch ein anderer hätte begehen können (vgl. RG **72** 194 f., BGH **17** 361, MDR/H **54,** 398, Celle MDR **90,** 846, Hamm NJW **73,** 1811, Stuttgart NJW **62,** 1272, Schünemann LK 90; and. Köln JMBlNW **58,** 208) –, sondern auch dann, wenn es sich um außerhalb des Aufgabenbereichs des Täters liegende Vermögenswerte handelt, die von ihm eingenommene Position es ihm jedoch ermöglicht hat, darauf unter Umgehung der für andere bestehenden Hindernisse zuzugreifen (and. Schünemann LK 89, Tiedemann aaO 325).

37 c) Eine Treupflichtverletzung kann ferner auch darin liegen, daß der Pflichtige bei der Wahrnehmung seiner besonderen, die Täterqualität begründenden Aufgaben **dem Schutz Dritter dienende Normen verletzt** und dadurch den zu Betreuenden Schadensersatzansprüchen (z. B. aus §§ 31, 278, 831 BGB) aussetzt (vgl. RG DR **40,** 792, Köln NJW **66,** 1374). Dies ist z. B. der Fall, wenn er als Geschäftsführer eines Unternehmens unlauteren Wettbewerb betreibt oder gewerbliche Schutzrechte anderer verletzt, nicht jedoch, wenn er mit dem Geschäftswagen einen Unfall provoziert, für den der Firmeninhaber gem. § 7 StVG einzustehen hat.

38 d) **Nicht pflichtwidrig** sind Handlungen, in die der Inhaber des zu betreuenden Vermögens **eingewilligt** hat. Sein Einverständnis schließt wie beim Mißbrauch (o. 21) bereits den Tatbestand aus, wobei hier dieselben Grundsätze gelten wie dort, wenn Geschäftsherr eine Personengesellschaft oder eine juristische Person ist (vgl. näher o. 21). Unbeachtlich ist dagegen die Einwilligung eines Vertreters, die selbst eine Pflichtverletzung darstellt (BGH wistra **91,** 103 für die Verbandsversammlung eines Abwasserverbandes, Hamm NStZ **86,** 119 m. Anm. Molketin NStZ 87, 369 für den Aufsichtsrat einer Stadtwerke-GmbH).

39 V. Durch den Mißbrauch bzw. den Treubruch muß demjenigen, dessen Vermögensinteressen der Täter zu betreuen hat, ein **Nachteil zugefügt** worden sein (and. Wolf aaO 114 f.: Erfordernis des Nachteils gilt nur für Treubruchtatbestand). Geschädigter kann nur eine mit dem Täter nicht identische natürliche oder juristische Person sein. Die Schädigung des Gesamthandsvermögens einer Personengesellschaft stellt daher nach h. M. nur insoweit einen Nachteil dar, als dadurch zugleich das Vermögen der Gesellschafter eine Vermögenseinbuße erleidet (vgl. z. B. BGH **34** 22 f., NJW **92,** 250, NStZ **87,** 279, **91,** 432, wistra **84,** 71, 226, **91,** 183, **92,** 25, Grub aaO 140, Kohlmann, Geerds-FS 680, Lackner/Kühl 3, MB-Schmid 750, Tröndle/Fischer 20, Zieschang NZM 99, 394; and. Nelles aaO 479 ff., 550 [„fremdes" Gesamthandsvermögen aufgrund der Zwecksetzungsbefugnis der Gesellschafter, was jedoch im Widerspruch zur zivilrechtlichen Vermögenszuordnung steht; vgl. dazu auch o. 21], C. Schäfer GmbHRdsch 93, 719 ff., H. Schäfer NJW 83, 2851). Von Bedeutung ist dies z. B. bei regelwidrigen Vermögensverschiebungen innerhalb einer GmbH-Vorgesellschaft (vgl. BGH wistra **92,** 25, Kohlmann, Geerds-FS 681; and. C. Schäfer aaO), einer KG (vgl. BGH wistra **84,** 71, 226, **91,** 72, **92,** 25, 150; and. H. Schäfer aaO) oder einer GmbH & Co. KG (vgl. BGH **34** 22 f. m. Anm. Weber StV 88, 16 u. Winkelbauer JR 88, 33, NJW **92,** 250, NStZ **87,** 279 m. Anm. Gössel JR 88, 256, **91,** 432, wistra **91,** 183, München NJW **94,** 3113, ferner BGHZ **100** 129 f.). Der *Begriff des Nachteils* ist gleichbedeutend mit dem des Vermögensschadens in § 263 (vgl. dort RN 78 ff.; h. M., z. B. RG **71** 333, **73** 285, BGH **15** 343, Bay JZ **73,** 325, Gössel II 489, Kohlmann GmbHG RN 168, Lackner/Kühl 17, M-Maiwald I 533, Mitsch 509, Rengier I⁴ 243, Samson/Günther SK 41, Schünemann LK 132, W-Hillenkamp 297; vgl. aber auch Hillenkamp NStZ 81, 166, Matt/Saliger aaO 230 ff., Nelles aaO 429 ff., 573 ff., Tröndle/Fischer 17). Dabei ist auch hier von einer rechtlichwirtschaftlichen Vermögensauffassung auszugehen (vgl. § 263 RN 82 ff.; and. z. B. BGH NJW **75,**

1235, NStZ **86**, 455, MDR/H **80**, 986, wistra **99**, 107, Bremen NStZ **89**, 228, Düsseldorf NJW **87**, 854 sowie – i. E. zutreffend – Köln NJW **79**, 278 [rein wirtschaftlicher Vermögensbegriff; vgl. § 263 RN 80], Labsch aaO 324, Jura 87, 416 f. [personaler Vermögensbegriff]). Nach dieser fehlt es z. B. an einem Schaden, wenn an den Geschäftsherrn aus verbotenen Geschäften erlangte Gewinne nicht abgeführt werden, die auch diesem nicht zugestanden hätten, weil er sie gleichfalls nicht hätte erzielen dürfen (vgl. aber auch BGHR § 266 I, Nachteil 10, wo ein Schaden nach einer rein wirtschaftlichen Betrachtungsweise dann allerdings aus anderen Gründen verneint wird).

1. Unter **Nachteil** ist daher jede durch die Tathandlung verursachte Vermögenseinbuße zu verstehen, wobei die Vermögensminderung auch hier nach dem Prinzip der Gesamtsaldierung – Vergleich des Vermögensstands vor und nach der treuwidrigen Handlung – festzustellen ist (vgl. Bremen NStZ **89**, 228, Schünemann LK 136, beide mwN). Einen Nachteil bedeutet es z. B., wenn Vermögensgegenstände verschenkt, unter Preis verkauft oder gar verschleudert werden (RG **26** 106, GA Bd. **55**, 322, BGH NJW **99**, 1489, LM **Nr. 4**, Bremen NStZ **89**, 229; vgl. auch BGH MDR/H **79**, 636 [Ankauf von Finanzwechseln durch Sparkasse]), wenn in Zeiten der Warenverknappung Sachwerte gegen Geld abgegeben (BGH LM **Nr. 1** zu § 335) oder wenn für Sachen überhöhte Preise bezahlt bzw. Leistungen unangemessen hoch honoriert werden (BGH GA **71**, 210, MDR/H **69**, 534, wistra **86**, 218; vgl. auch RG **71** 344; zum Ausbleiben einer Vermögensvermehrung vgl. u. 46). Zur Berechnung der Schadenshöhe beim Nichtabführen von Nutzungsentgelt bei Nebentätigkeit von Beamten vgl. BGH NJW **82**, 2881; zur Schadensberechnung bei der Schädigung einer KG im Verhältnis von Kommanditist und Komplementär vgl. BGH NStZ **87**, 279, München NJW **94**, 3113 (betr. GmbH & Co KG). 40

a) Kein Nachteil liegt vor, wenn die Tathandlung selbst zugleich einen den **Verlust aufwiegenden Vermögenszuwachs** begründet (z. B. BGH NJW **75**, 1235, NStZ **86**, 456, Bremen NStZ **89**, 229; und. Wolf aaO 98 ff.). Dies ist z. B. der Fall beim Freiwerden von einer Verbindlichkeit durch (weisungswidrige) Erfüllung einer Schuld (vgl. RG **75** 230, BGH NStZ **95**, 185, BGHR § 266 I, Nachteil 9, 14, KG NStE Nr. **34**), auch wenn der Gläubiger die Forderung sonst wegen Beweisschwierigkeiten nur schwer hätte durchsetzen können (BGH wistra **99**, 422), oder wenn Leistung und Gegenleistung des mißbräuchlich abgeschlossenen Geschäfts sich entsprechen (RG **75** 230) oder mit der Weggabe eines Vermögenswerts eine äquivalente Erwerbsaussicht eröffnet wird (BGH NJW **75**, 1235 [dazu Bringewat JZ 77, 667, Schreiber-Beulke JuS 77, 656, Trifferter NJW 75, 613 f.], NStZ **97**, 543; vgl. auch RG **61** 212 f., BGH MDR/H **79**, 636, Bremen aaO, LG Bielefeld JZ 77, 692, Weise aaO 230). Daß der Zuwachs bei einem mit dem geschädigten Vermögen wirtschaftlich verflochtenen Dritten eintritt, genügt nicht, und grundsätzlich nicht ausreichend ist es auch, wenn der Vermögensvorteil nicht durch die Untreuehandlung, sondern erst durch eine weitere, rechtlich selbständige Handlung hervorgebracht wird (BGH NStZ **86**, 455, NStE **Nr. 29**, 36, Schünemann LK 137 f., Waßmer aaO 112 ff.). Eine Ausnahme gilt hier nur, wenn eine für sich allein betrachtet verlustbringende Handlung Teil eines einheitlichen wirtschaftlichen Vorhabens bildet, in dem Verluste Durchgangsstadium zu einem im Ergebnis erzielten Gewinn sind (RG **65** 430, **75** 230, HRR **29** Nr. 59, JW **34**, 2923, **35**, 2638, BGH[Z] NJW-RR **86**, 372, Schünemann aaO), so z. B. bei der Umstellung von Produktionsmethoden eines Betriebes (RG JW **36**, 882). 41

b) Keinen die Annahme eines Vermögensnachteils ausschließenden Verlustausgleich stellen gegen den Täter wegen der pflichtwidrigen Handlung gerichtete **Ersatzansprüche** dar – diese setzen einen Schaden gerade voraus –, und zwar auch dann nicht, wenn der Täter zum Ersatz fähig und bereit ist (ebenso Labsch aaO 323, wistra 85, 8, Jura 87, 417 f.; and. BGH **15** 342 m. Anm. Schröder JR 61, 268, MDR/H **83**, 281, NStZ **82**, 331, wistra **88**, 192, 225, **91**, 218, StV **95**, 302, Bay JZ **73**, 325 m. Anm. Schröder JR 73, 339, Celle MDR **90**, 846, KG NJW **72**, 218, Holzmann aaO 144 f., Lackner/Kühl 17, M-Maiwald I 534, MB-Schmid 804, Otto, Bankentätigkeit 97, Rengier I⁴ 243 f., Schünemann LK 139, Seelmann aaO 104, Tröndle/Fischer 24, Waßmer aaO 128, W-Hillenkamp 297; vgl. auch Bremen OLGSt. **Nr. 1**, KG NJW **65**, 703). Auch Verschleierungshandlungen zur Erschwerung der Geltendmachung der Ersatzansprüche sind in diesem Zusammenhang daher ohne Bedeutung (vgl. aber auch BGH wistra **90**, 352). Nicht in den vorliegenden Zusammenhang gehören jedoch die Fälle, in denen der Täter sich im Wege des Selbstkontrahierens den entnommenen Betrag kreditiert (vgl. Bay **65** 88, Otto, Bankentätigkeit 52 f.) oder in denen jemand Geld, das ihm zweckgebunden zur Durchführung eines Auftrags (z. B. einer Einkaufskommission) übereignet worden ist, für sich verwendet, dadurch dem Auftraggeber jedoch deshalb keinen Nachteil zufügt, weil er weiterhin willens und auf Grund eigener ausreichender Mittel imstande ist, den Auftrag durchzuführen (vgl. RG **73** 283, BGH MDR/D **75**, 23, Bay GA **69**, 308, Stuttgart NJW **68**, 1340). Zur Bedeutung der Ersatzfähigkeit und -bereitschaft des Täters für die mutmaßliche Einwilligung vgl. u. 48. Hat umgekehrt der Täter einen Geldanspruch gegen das von ihm verwaltete Vermögen, so fehlt es an einem Schaden, wenn er über dieses in entsprechender Höhe zu eigenen Gunsten verfügt (BGH wistra **87**, 65 [3 StR 422/86], **95**, 144; vgl. dazu auch Karlsruhe NStZ **90**, 84); dies gilt auch, wenn er über ein Sonderkonto mit zweckgebundenen Haushaltsmitteln (z. B. Sondermittelkonto an Universität für Forschungszwecke), auf das er zuvor entsprechende Zahlungen geleistet hat, in haushaltsrechtlich unzulässiger Weise eigene Geschäfte abwickelt (vgl. aber BGH MDR/H **81**, 267, wo ein Rückforderungsrecht des Täters zu Unrecht verneint wurde; dazu, daß in diesem Fall auch § 814 BGB einem 42

Bereicherungsanspruch nicht entgegengestanden hätte, vgl. Palandt-Thomas, BGB, 59. A., § 814 RN 2).

43 2. Ebenso wie bei § 263 kommt es für die Frage, ob ein Vermögenszuwachs einen erlittenen Verlust ausgleicht, nicht allein auf seine objektive rechnerische Gleichwertigkeit, sondern auch auf die wirtschaftlichen Zielsetzungen und Bedürfnisse des Betroffenen an (**individueller Schadenseinschlag**; vgl. § 263 RN 108 ff., 121 ff., ferner Molketin NStZ 87, 370; i. E. weitgehend auch Otto, Die Struktur des strafrechtlichen Vermögensschutzes [1970] 307 ff., M-Maiwald I 533). Ist das fragliche Geschäft, an diesen gemessen, eindeutig sachwidrig, so ist daher (auch) ein Vermögensnachteil i. S. des § 266 selbst dann zu bejahen, wenn der erzielte Vermögenszuwachs nach seinem objektiven Marktwert den dafür bezahlten Preis wert ist. Um solche Fälle handelt es sich insbes. bei Aufwendungen für Leistungen, die unter Berücksichtigung der Verhältnisse des Vermögensinhabers für diesen ganz oder teilweise wertlos sind (z. B. weit übertriebener und insoweit daher überflüssiger Repräsentationsaufwand durch einen GmbH-Geschäftsführer; vgl. dazu auch Hamm NStZ **86**, 119 m. Anm. Molketin NStZ 87, 369 [Stadtwerke-GmbH]), aber auch bei solchen Anschaffungen usw., die dies an sich zwar nicht sind (z. B. Kauf geeigneter Maschinen), mit denen aber eindeutig falsche Prioritäten gesetzt werden, weil die entstehenden Kosten die Erfüllung anderer, dringlicher Aufgaben unmöglich machen oder zu einer bedrängten finanziellen Situation führen (vgl. auch BGH NStE **Nr. 3**). – Ebenfalls anwendbar ist bei § 266 die sog. **Zweckverfehlungslehre** (vgl. RG HRR 38 Nr. 864, 921, Gerhold, Zweckverfehlung und Vermögensschaden 75 f., Kohlmann/Brauns aaO 93, MB-Schmid 801; and. Neye aaO 43 ff., Schünemann LK 142; zu § 263 vgl. dort RN 102, 104). Danach liegt ein Schaden auch vor, wenn eine ohne (vollwertige) Gegenleistung erbrachte Leistung durch Verfehlung ihres Zwecks in ihrem sozialen Sinn entwertet wird, so z. B. wenn das vom Firmeninhaber als Weihnachtsspende für karitative Einrichtungen vorgesehene Geld vom Geschäftsführer statt dessen für eine Silvesterparty des Betriebsmanagements ausgegeben wird (so i. E. auch Schünemann aaO; zu Fehlleitungen von Unterstützungsgeldern und Spenden vgl. auch RG HRR 37 Nr. 535, Celle HESt. **2** 163; zur zweckwidrigen oder unlauteren Verwendung von Forschungsgeldern vgl. Jerouscheck GA 99, 429).

44 Eine weitergehende Bedeutung hat der Gesichtspunkt der Zweckverfehlung bei der **Verwaltung öffentlicher Gelder** durch staatliche, kommunale usw. Stellen (Problem der sog. Amtsuntreue). Um einen Schaden handelt es sich im öffentlichen Bereich nicht nur bei Leistungen, auf die kein Anspruch besteht oder sonst wegen des Fehlens der materiellen Voraussetzungen zu Unrecht erfolgen (z. B. Subventionen; daß dabei lediglich gegen Verfahrensvorschriften verstoßen wird, genügt dagegen nicht; and. Neye aaO 52). Weil öffentliche Mittel auf bestimmte, an den Bedürfnissen der Allgemeinheit orientierte Leistungszwecke normativ festgelegt sind und damit i. U. zu privaten Vermögen einer rechtlichen, auf das Allgemeininteresse bezogenen Zweckbindung unterliegen (vgl. Tiedemann ZStW 86, 910 ff., Volk aaO 27 ff., aber auch Neye aaO 43 ff.), gilt hier vielmehr der Grundsatz, daß die öffentliche Hand auch dann geschädigt ist, wenn die eingesetzten usw. Gelder fehlgeleitet und damit ihrem Zweck entfremdet werden (RG HRR **38** Nr. 864, 921, BGH **43** 297; s. auch Schünemann LK 143). Zwar begründet nicht jeder Verstoß gegen haushaltsrechtliche Vorschriften und nicht jede der ursprünglichen Zweckbestimmung zuwiderlaufende Verwendung öffentlicher Mittel eo ipso auch einen Vermögensnachteil, so z. B. nicht, wenn eine dringend erforderliche Reparatur nur aus einem dafür nicht vorgesehenen Titel bezahlt werden kann und die nachträgliche Bewilligung der Mittel mit Sicherheit zu erwarten ist (vgl. BGH NStZ **84**, 550) oder wenn die Mittel für die Erfüllung von Aufgaben verwendet werden, die der Vermögensträger gleichfalls wahrnehmen muß und dies die sonst unumgängliche Inanspruchnahme anderweitiger, im Haushaltsplan dafür bewilligter Mittel erspart (BGH **40** 294 f.). Werden jedoch ohne zwingende Gründe und ohne sichere Aussicht auf eine Nachbewilligung entgegen den haushaltsrechtlichen Zweckbindung öffentlicher Gelder aus einem dafür nicht vorgesehenen Haushaltstitel Ausgaben getätigt oder entsprechende Verpflichtungen eingegangen, so ist dies in aller Regel auch ein Vermögensschaden (vgl. BGH NStZ **84**, 550, **86**, 456). Dasselbe muß auch für nicht geringfügige Überschreitungen des Haushaltsplans gelten, selbst wenn die betreffenden Gelder gemäß der Zwecksetzung des entsprechenden Haushaltstitels verwendet werden und beabsichtigt ist, sie mit den für das Folgejahr erwarteten Mitteln zu verrechnen: Der Haushaltsgeber muß dann entweder durch Umwidmung von für andere Zwecke vorgesehenen Mitteln oder durch Kreditaufnahme für Ausgleich sorgen und erleidet dadurch in gleicher Weise einen Vermögensschaden als wenn die Mittel von vornherein aus einem dafür nicht vorgesehenen Haushaltstitel abgezweigt worden wären (ebso. Otto JK § 266 Nr. 17; s. auch Bieneck wistra 98, 251, Bittmann NStZ **98**, 495, Wolf aaO 186 f.; and. BGH **43** 299 [nur wenn der Haushaltsgeber zu wirtschaftlich gewichtiger Kreditaufnahme gezwungen oder schwerwiegend in seiner Dispositionsfreiheit und politischen Gestaltungsbefugnis beeinträchtigt wird], Brauns JR 98, 384). Ein Schaden ist es daher z. B., wenn nach Ablehnung einer entsprechenden Bezuschussung durch den Schulträger die einer Schule als Portomittel zugewiesenen Gelder für eine Fachausstellung verwendet werden (BGH NStZ **86**, 455) oder wenn der Dienstherr für seine Bediensteten über diese in Zusammenhang mit deren dienstlichen Tätigkeit verhängte Geldstrafen bezahlt (BGH NJW **91**, 990 m. Anm. Hillenkamp JR 92, 75 u. Wodicka NStZ 91, 487; and. Kapp NJW 92, 2797; dazu, daß hingegen die Übernahme der Kosten des Strafverfahrens unter dem Gesichtspunkt der Fürsorgepflicht geboten sein kann, vgl. BGH aaO [krit. Schünemann LK 143]). Ausreichend für die Annahme eines Nachteils ist es aber auch,

Untreue   45 § 266

wenn gegen die allgemeine haushaltsrechtliche Zweckbindung öffentlicher Gelder, die sich aus dem Grundsatz der Wirtschaftlichkeit und Sparsamkeit (vgl. § 6 I HaushaltsgrundsätzeG u. dazu Fischer JZ 82, 6, Grupp JZ 82, 231; and. Schünemann LK 142) ergibt, verstoßen wird. Dies ist z. B. der Fall bei der Vergabe öffentlicher Ämter unter Mißachtung des Leistungsprinzips (Ämterpatronage, dazu näher Schmidt-Hieber NJW 89, 560 f.) oder wenn Mittel aus dem an sich einschlägigen Haushaltstitel ohne sachliches Bedürfnis nur deshalb in Anspruch genommen werden, weil sie nicht übertragbar sind und deshalb verfallen würden, wobei hier dann freilich ein Schaden auch schon mit den Grundsätzen über den subjektiven Schadenseinschlag zu begründen wäre (Geldausgabe für überflüssige und daher nutzlose Anschaffungen). Schon unter diesem Aspekt wäre ein Schaden z. B. auch zu bejahen, wenn sich eine Gemeinde durch ein teures Bauvorhaben die Erfüllung anderer, eindeutig wichtigerer Aufgaben unmöglich macht. Dasselbe gilt, wenn Behörden teurer ausgestattet werden, als dies nach den dafür geltenden Richtlinien zulässig ist oder wenn öffentliche Stellen einen völlig unangemessenen Repräsentationsaufwand betreiben (zu einer Stadtwerke-GmbH vgl. Hamm NStZ **86**, 119 m. Anm. Molketin NStZ 87, 369). Daß hier andere Maßstäbe gelten müssen, als in der Wirtschaft, liegt auf der Hand, weshalb es auch ein Unterschied ist, ob ein Großunternehmen einem Vorstandsmitglied oder ein Landkreis seinem Landrat anläßlich der Silberhochzeit wertvolles Tafelsilber zum Geschenk macht (vgl. RG JW **35**, 943). Zur schadensgleichen Vermögensgefährdung bei der Verwendung öffentlicher Mittel vgl. u. 45 u. näher zum Ganzen vgl. Bieneck wistra 98, 249, Fabricius NStZ 93, 414, Haas aaO 92 ff., Kapp NJW 92, 2796, Kohlmann/Brauns aaO 74 ff., 81 f., 88, Labsch aaO 275 ff., Neye aaO 52 ff., NStZ 81, 370, Reck wistra 96, 127, Schünemann LK 143 f., Wolf aaO.

3. Einen Nachteil stellt auch die konkrete, wirtschaftlich schon zu einer Minderbewertung führende 45
Vermögensgefährdung dar (vgl. § 263 RN 143 ff. sowie zB BGH NJW **99**, 1491; krit. Dierlamm NStZ **97**, 535, Samson/Günther SK 45). Dies ist z. B. der Fall, wenn Kredite ohne ausreichende Sicherung vergeben werden (RG **61** 211 f., JW **36**, 934, BGH NJW **79**, 1512, wistra **85**, 190; vgl. auch BGH wistra **94**, 66, BGHR § 266 I, Nachteil 29, Waßmer aaO 134), wenn zur Verdeckung von Haushaltsmanipulationen fingierte Rechnungen bezahlt werden, die vereinbarte Rückzahlung aber nicht sicher ist (vgl. BGH NStZ **84**, 549), wenn Fremdgelder als Sicherheit für Kredite des Täters verwendet werden (BGH NStE **Nr. 11**), wenn Wechsel akzeptiert werden, obwohl die durch sie gesicherten Forderungen zweifelhaft sind (BGH wistra **91**, 72), oder wenn der Eigentümer eines Grundstücks nach der Abtretung einer nicht valutierten Grundschuld durch einen Dritten nicht mehr die Einrede der Nichtvalutierung erheben kann (BGH wistra **91**, 219). Dasselbe gilt, wenn unordentliche Buchführung bzw. Beiseiteschaffen von Belegen die Gefahr begründen, daß begründete und durchsetzbare Ansprüche nicht oder nicht rechtzeitig geltend gemacht und realisiert werden (BGH **20** 304 m. Anm. Schröder JR 66, 185, NStZ **95**, 543, wistra **86**, 24, 217, **88**, 353, **89**, 142; vgl. auch BGH GA **56**, 123, Tiedemann aaO 21 vor § 82 jeweils mwN; zu weitgehend RG **77** 228, AG Krefeld NZM **98**, 981 m. Bspr. Zieschang NZM **99**, 393 [ausreichende unordentliche Buchführung als solche], ferner wenn eine erfolgreiche Inanspruchnahme auf Schadensersatz zu befürchten ist (RG DR **40**, 492, HRR **40** Nr. 711; vgl. auch Köln NJW **66**, 1374), wenn durch die vorschriftswidrige Herstellung einer Ware die Gefahr geschaffen wird, daß diese bei einer behördlichen Kontrolle beanstandet wird und deshalb nicht verwertet werden kann (BGH MDR/H **79**, 988: Weinfälschung durch Kellermeister), wenn durch Bekanntgabe vertraulicher Informationen an potentielle Anbieter das ordnungsgemäße Funktionieren eines Ausschreibungsverfahrens unmöglich gemacht und die Gefahr der Bildung von Angebotskartellen begründet wird (BGH **41** 143, NStZ **00**, 260, Bay NJW **96**, 271 m. abl. Anm. Haft NJW **96**, 238; and. Lackner/Kühl 17; s. auch Matt/Saliger aaO 235 f.) oder wenn durch satzungswidrige Geschäfte des Vorstands ein Verein in die Gefahr gerät, daß ihm der Status der Gemeinnützigkeit aberkannt wird (Hamm wistra **99**, 354). Bei Risikogeschäften (o. 20, 35 a) liegt der Nachteil zunächst vor, wenn der erhoffte Gewinn nicht erheblich höher ist als das aufgebrachte Vermögensopfer (vgl. Schreiber/Beulke JuS 77, 659; s. auch Schünemann LK 148: Das Produkt aus Erfolgswahrscheinlichkeit und Gewinnfaktor muß mindestens so hoch sein wie der aufgewendete Einsatz), ferner bei einem unvertretbaren Verlustrisiko (vgl. Rienhardt aaO 3 f.). Nach der Rspr. ist dies anzunehmen, wenn das Täter „nach Art eines Spielers" entgegen den Regeln kaufmännischer Sorgfalt zur Erlangung höchst zweifelhafter Gewinnaussichten eine aufs äußerste gesteigerte Verlustgefahr auf sich nimmt (BGH NJW **75**, 1234, **90**, 3220, GA **77**, 342, wistra **82**, 148; vgl. auch LG Bielefeld JZ **77**, 692, Nack NJW **80**, 1601 f.). Unter dem Gesichtspunkt des individuellen Schadenseinschlags (o. 43) kann ein Nachteil aber auch schon bei einem geringeren Verlustrisiko gegeben sein, so wenn der Vermögensverwalter entgegen der ihm erteilten Anweisung überhaupt riskante Geschäfte tätigt (vgl. zB BGH NStZ-RR **98**, 43; zu weitgehend jedoch Hillenkamp NStZ 81, 166, Waßmer aaO 145). Auf den schließlichen Ausgang des riskanten Geschäfts kommt es in allen diesen Fällen nicht an. Dagegen bedeutet die Verwahrung von Fremdgeldern auf einem Geschäftskonto anstatt auf einem Anderkonto (z. B. § 4 I der BRAK-Berufsordnung vom 22. 3. 1999) als solche noch keine Vermögensgefährdung (vgl. Karlsruhe NStZ **90**, 84; and. bei Überweisung von Treuhandgeldern auf ein Konto, über das der Treuhänder nicht mehr allein verfügen kann, vgl. BGH NStZ **97**, 124), ebensowenig die bloße Verzögerung der Abrechnung nach Ausführung eines Auftrags (Stuttgart NJW **71**, 64; and. Köln AnwBl. **99**, 608; ein Vermögensschaden liegt jedoch vor bei Zahlungsunwilligkeit des Täters oder wenn dieser die erforderlichen flüssigen Mittel nicht hat, vgl. Celle MDR **90**, 846, Karlsruhe aaO; zur Vermögensgefährdung durch pflichtwidriges Unterlassen des

Gerichtsvollziehers bzw. Anwalts bzw. Notars vgl. ferner z. B. RG **71** 36, JW **36**, 934, HRR **40** Nr. 711, BGH NJW **83**, 461 m. Anm. Keller JR **83**, 516, NStZ **82**, 331, **86**, 361, wistra **84**, 71, Düsseldorf MDR **97**, 699, Franzheim StV 86, 409). Nicht ausreichend ist ferner z. B. die Gefahr der Pfändung von Forderungen des Geschäftsherrn, wenn dieser, weil er dagegen ohne weiteres mit einer Drittwiderspruchsklage (§ 771 ZPO) vorgehen kann, nicht ernstlich mit wirtschaftlichen Nachteilen rechnen muß (BGH NStE **Nr. 7**). Ebensowenig genügt eine finanziell noch nicht meßbare Beeinträchtigung des guten Rufs und der Kreditwürdigkeit (vgl. MB-Schmid 801). – Im Bereich der *öffentlichen Verwaltung* kann eine schadensgleiche Vermögensgefährdung auch die Bildung sog. schwarzer Kassen sein, wobei es jedoch auf den Verwendungszweck ankommt (vgl. RG **75** 227, Neye aaO 73 ff., NStZ 81, 372, Schünemann LK 148; weitergehend RG **71** 157, BGH GA **56**, 154, NStZ **84**, 549: ausreichend schon, daß das Geld der jederzeitigen Verfügung des Fiskus entzogen ist). Eine ausreichende Gefährdung kann es ferner z. B. sein, wenn Haushaltsmittel, die mangels Inanspruchnahme einer Ausgabeermächtigung zum Jahresende verfallen würden, einer anderen Behörde desselben Vermögensträgers zur Verfügung gestellt werden und die Gefahr besteht, daß diese dort ohne zwingenden Grund entgegen dem Gebot wirtschaftlicher und sparsamer Verwaltung zu Ausgaben verwendet werden (BGH **40** 287). Mit der Gefahr einer Zersetzung der „Leistungsbürokratie" durch Ämterpatronage läßt sich eine schadensgleiche Vermögensgefährdung dagegen jedenfalls solange nicht begründen, als sie noch keine meßbare Größe darstellt (zu weitgehend daher wohl Schmidt-Hieber NJW 89, 561; vgl. dazu aber auch o. 44).

46 4. Ein Nachteil kann ferner auch bei § 266 **im Ausbleiben einer Vermögensvermehrung** liegen. Zu bejahen ist dies beim Nichtausnutzen oder Vereiteln einer Erwerbs- oder Gewinnchance, die sich zu einer vermögenswerten rechtlichen oder tatsächlichen Anwartschaft verfestigt hat und damit zugleich Bestandteil des zu betreuenden Vermögens ist (vgl. § 263 RN 86 ff.). Ein Schaden ist es danach z. B. auch, wenn ein Grundstück statt direkt vom Veräußerer über einen Zwischenerwerber zu einem zwar marktgerechten, aber gegenüber dem Angebot des Erstveräußerers höheren Preis erworben wird (BGH NStZ **00**, 46), wenn ein Geschäftsreisender Geschäfte mit Stammkunden seines Geschäftsherrn für eigene statt für dessen Rechnung abschließt (RG **71** 333) oder wenn der geschäftsführende Gesellschafter einen gewinnträchtigen Produktionsteil aus dem Unternehmen ausgliedert (und zwar entgegen BGH[Z] NJW-RR **86**, 372 auch dann, wenn dies für den Fall einer günstigen Entwicklung von vornherein beabsichtigt war). Daß die Vermögensfürsorgepflicht i. S. des Treubruchstatbestands i. d. R. nicht nur auf die Bestandserhaltung, sondern zugleich auf eine (rechtlich zulässige, vgl. o. 35 a) Vermögensvermehrung gerichtet ist, zwingt zu keinem gegenüber § 263 erweiterten Schadensbegriff (so hier die 22. A.; dagegen Arzt/Weber IV 65, Labsch aaO 322, Schünemann LK 132), wenn an das Vorliegen einer vermögenswerten Expektanz keine übertriebenen Anforderungen gestellt werden. Nach den bei § 263 geltenden Grundsätzen (vgl. dort RN 87) genügt dafür zwar nicht schon eine allgemeine unbestimmte Aussicht oder die bloße Hoffnung auf das Erlangen eines Vermögensvorteils (zu § 266 vgl. BGH NJW **83**, 1808, Bremen NStZ **89**, 229, Hamm NJW **68**, 1940, Stuttgart NJW **99**, 1566 m. Anm. Thomas NStZ 99, 620; s. auch Schünemann LK 145), wohl aber, daß eine Sachlage vorliegt, die mit Wahrscheinlichkeit einen Vermögenszuwachs erwarten läßt (vgl. zu § 263 BGH **17** 148 mwN, zu § 266 RG **71** 334, Hamm aaO [„große Wahrscheinlichkeit"], Köln NJW **67**, 1923 [„begründete Aussicht"]). Zu eng ist es deshalb, wenn nach BGH **31** 234, MDR/H **79**, 456 der Verlust einer „nur mehr oder minder gesicherten Aussicht eines Geschäftsabschlusses" noch nicht genügen soll oder wenn nach BGH **20** 145 „allenfalls" die Vereitelung eines „sicher" bevorstehenden Abschlusses ein Schaden sein soll bzw. wenn nach BGH **31** 235, wistra **84**, 109, Bremen NStZ **89**, 229 ein solcher nur gegeben sei, wenn der Treugeber den Vorteil bei einem pflichtgemäßen Verhalten des Treupflichtigen „mit Sicherheit" erlangt hätte (vgl. auch BGH wistra **95**, 62). Da Exspektanzen von wirtschaftlichem Wert nicht erst in der Beziehung zu anderen, sondern schon in einem Vermögensgut selbst angelegt sein können (vgl. § 263 RN 88), ist es ein Schaden z. B. auch, wenn der Vormund Mündelgelder entgegen § 1806 BGB nicht (best-)verzinslich anlegt (RG GA Bd. **36**, 400, Bremen NStZ **89**, 229) oder ein Anlageberater ein übergebenenes Kapital ruhen läßt. Der für die Feststellung des Nachteils maßgebliche Zeitpunkt ist – wie im Fall der Vermögensgefährdung – derjenige der Tat, also z. B. der pflichtwidrigen Unterlassung. Ob das pflichtwidrig nicht vorgenommene Geschäft sich später tatsächlich als gewinnbringend erwiesen hätte, ist unerheblich (and. Samson/Günther SK 44).

47 5. Der Nachteil muß **demjenigen** zugefügt worden sein, **dessen Interessen der Täter zu betreuen** hat, beim Mißbrauch also dem Geschäftsherrn, beim Treubruch demjenigen, dem er treupflichtig ist (wobei dieser mit dem Treugeber nicht identisch zu sein braucht, o. 32, Schünemann LK 140). Im Rahmen des Treubruchstatbestands können jedoch Ersatzansprüche dritter Geschädigter einen Schaden des zu Betreuenden begründen (o. 45).

48 VI. Als **Rechtfertigungsgründe** kommen insbes. der rechtfertigende Notstand (§ 34, vgl. RG JW **35**, 2637 m. Anm. Schwinge, BGH **12** 300 m. Anm. Bockelmann JZ 59, 495; vgl. auch BGH NJW **76**, 680 m. Anm. Küper JZ 76, 515, Mitsch 518, Waßmer aaO 163 ff.) sowie die mutmaßliche Einwilligung in Betracht, die freilich nur dann zurückzugreifen ist, wenn der Bevollmächtigte usw. konkrete Weisungen oder Richtlinien verletzt hat (and. Herzberg JA 89, 245, Schünemann LK 157). Mutmaßliche Einwilligung kann daher z. B. anzunehmen sein, wenn ein Treupflichtiger Geld seines Auftraggebers für sich verwendet, jedoch willens und fähig ist, das Entnommene alsbald zu ersetzen (vgl. RG JW **36**, 934f., **37**, 168, HRR **38** Nr. 1323, **40** Nr. 257, **41** Nr. 948, M-Maiwald I 534; vgl. dazu auch o. 42). Handelt der Vertreter usw. nicht weisungswidrig und ist Beurteilungsmaßstab deshalb allein die ihm gestellte Aufgabe, die Vermögensinteressen seines Geschäftsherrn wahrzunehmen, so fehlt es bereits an den Merkmalen des Mißbrauchs bzw. der Treupflichtverletzung, wenn das vorgenommene Geschäft nach objektiv sorgfältigem Urteil diesen Interessen dient, mag es auch nach Auffassung des Täters mißbräuchlich oder treuwidrig sein und dem wahren, nicht erkennbaren Willen des Geschäftsherrn nicht entsprechen (vgl. Schünemann LK 157). Ein Vergütungs- oder Erstattungsanspruch berechtigt dazu, daß der Treugeber eigenmächtig und ohne Vorlage überprüfbarer Nachweise einen Vermögensnachteil zuzufügen (BGH NJW **83**, 1808).

VII. Der **subjektive Tatbestand** verlangt Vorsatz; bedingter Vorsatz genügt (RG **75** 85, **76** 116). **49** Bereicherungsabsicht ist nicht erforderlich (vgl. auch BGH wistra **94**, 95). Der Vorsatz muß sich beim Mißbrauchstatbestand auf den bestimmungswidrigen Gebrauch der Befugnis, beim Treubruchstatbestand auf die Pflichtverletzung beziehen (RG **77** 229, BGH **9** 360, NJW **90**, 3220, **91**, 991, NStE **Nr. 12,** wistra **86,** 25, **87**, 216f., **93,** 227); er wird folglich durch die irrtümliche Annahme ausgeschlossen, im Rahmen der Zweckbestimmung des betreuten Vermögens (BGH wistra **86,** 25) bzw. eines Einverständnisses des Betroffenen zu handeln (BGH **3** 25, M-Maiwald I 536, Schünemann LK 153). Dagegen beseitigt die Vorstellung, trotz des bekannten entgegenstehenden Willens des Geschäftsherrn letztlich in dessen wohlverstandenem Interesse tätig zu sein, den Vorsatz nicht (BGH NStZ **86,** 456). Bei beiden Tatbeständen muß dieser sich ferner auf den Eintritt eines Nachteils erstrecken. Bei Risikogeschäften schließt die unsichere Hoffnung auf den guten Ausgang des Geschäfts den bedingten Schädigungsvorsatz nicht aus, wenn der Täter die gegenwärtige Benachteiligung des Geschäftsherrn erkannt hat (vgl. BGH **31** 287, NJW **79**, 1512, **90**, 3220, NStE **Nr. 12,** wistra **85,** 190, StV **96,** 431, Rienhardt aaO 4, Schünemann LK 155; vgl. aber auch u. 50 und näher Frisch aaO 306ff., Waßmer aaO 152ff.).

Die Rspr. hat in Fällen des Treubruchs wiederholt ausgesprochen, der „außerordentlich weitge- **50** steckte Rahmen" des äußeren Tatbestands mache eine besonders sorgfältige Feststellung des inneren Tatbestands erforderlich (RG **68** 374, **69** 17, **71** 92, **76** 116, BGH **3** 25, NJW **75**, 1236, **83**, 461 m. Anm. Keller JR 83, 516, **84,** 801 [Z], **90,** 3220, **91**, 991, NStZ **86,** 456, **97,** 543, NStE **Nr. 3,** 12, GA **56,** 155, wistra **88,** 352, **00,** 60; ebenso Eser IV 191, Lackner/Kühl 19, M-Maiwald I 536, Tröndle/Fischer 26, W-Hillenkamp 298; vgl. auch RG **77** 229, JW **35,** 2963, **36,** 2101, HRR **40** Nr. 648). Die notwendige Korrektur eines dem Wortlaut nach zu weitgefaßten objektiven Tatbestands kann jedoch nur durch seine sinnvolle restriktive Auslegung erfolgen (ebenso Blei II 261, Dierlamm NStZ 97, 535, Frisch aaO 325, Samson/Günther SK 50, Schünemann LK 151). Erhöhte Anforderungen an die richterliche Überzeugungsbildung hinsichtlich des auf ihn bezogenen subjektiven Tatbestands sind hierzu kein taugliches Mittel. Das gleiche gilt für Risikogeschäfte, bei denen die Vorsatzfrage erst auftreten kann, wenn der Täter die Grenzen pflichtwidrigen Handelns eindeutig überschritten hat (o. 20, 45; vgl. dazu auch BGH NJW **90,** 3219, Hillenkamp NStZ 81, 163, Nack NJW 80, 1602 mwN).

VIII. Vollendet ist die Untreue mit dem Eintritt des Schadens, wofür eine Vermögensgefährdung **51** genügen kann (o. 45); in diesem Fall ist die Tat mit dem effektiven Vermögensverlust *beendet* (Schünemann LK 166). Der **Versuch** ist auch dann straflos, wenn ein besonders schwerer Fall vorliegt (vgl. § 12 RN 9; krit. gegenüber gesetzgeberischen Plänen zur Einführung der Versuchsstrafbarkeit Matt/Saliger aaO).

IX. Täter der Untreue kann nur sein, wer in der für den Mißbrauchs- bzw. Treubruchstatbestand **52** erforderlichen Sonderbeziehung zum Geschädigten steht; zur Anwendung des § 14 vgl. dort 5. Außenstehende kommen nur als **Teilnehmer** in Betracht (BGH StV **95,** 73, München JZ **77,** 411). Nach h. M. ist auf sie § 28 I anzuwenden (vgl. BGH StV **95,** 73, NStE Nr. 29, wistra **88,** 306, **97,** 100, Gössel II 494, Herzberg GA **91,** 179 f., Lackner/Kühl 2, M-Maiwald I 536, Mitsch 495, 519, Otto II 256, Rengier I[4] 244, Samson/Günther SK 51, Schünemann LK 162, Tröndle/Fischer 15), wobei im Fall des § 27 I eine doppelte Strafmilderung nach § 27 II und § 28 I vorzunehmen sein soll, wenn Beihilfe nicht nur wegen des Fehlens der Sonderbeziehung angenommen wird (vgl. z. B. BGH MDR/H **91,** 484, wistra **85,** 190, **88,** 303, **94,** 139, Schünemann LK 162). Gegen die h. M. spricht jedoch, daß sich die Beschränkung des Täterkreises beider Untreuetatbestände auf Personen mit bestimmten Dispositionsmöglichkeiten allein aus der besonderen Anfälligkeit des Vermögens ihnen gegenüber erklärt und nicht etwa auf dem Gedanken eines nur von ihnen zu verwirklichenden, von der Rechtsgutsverletzung unabhängigen personalen Unrechts beruht (i. E. ebenso Grünwald, A. Kaufmann-GedS 563).

X. Strafe. Für die Strafbemessung muß nicht nur die Tatschuld als solche, sondern auch ihr **53** Umfang zur Überzeugung des Gerichts feststehen (BGH NStE **Nr. 8;** zur Schadenshöhe bei einer GmbH vgl. BGH NStZ **99,** 557). Ein Handeln aus Gewinnsucht oder aus Eigennutz rechtfertigt, wenn diese nicht ein besonders anstößiges Maß erreichen, noch keine Strafschärfung (Doppelverwertungsverbot; vgl. BGH NStZ **81,** 343, **83,** 455). Dagegen ist das Fehlen von Eigennutz usw. strafmildernd zu berücksichtigen (BGH NStZ **83,** 455, wistra **87,** 28), ebenso ein in Organisationsmängeln usw. liegendes Mitverschulden des Opfers (BGH wistra **88,** 253) oder eine vom Täter nicht zu vertretende überlange Verfahrensdauer, die auf der Verletzung des Beschleunigungsgebots beruht (BGH NStZ **93,** 235, **94,** 232, wistra **91,** 266, **92,** 66, **96,** 235). Daß es sich bei der Treupflichtverletzung um ein Unterlassen handelt (o. 35), rechtfertigt nicht die Anwendung des § 13 II (vgl.

näher § 13 RN 1a; and. BGH **36** 227 m. Anm. Timpe JR 90, 428, StV **98**, 127, LG Krefeld NZM **00**, 200). Zur Anwendung des § 46a bei Wiedergutmachung des durch die Untreue entstandenen Schadens vgl. BGH wistra **95**, 238; zur Verhängung einer Geldstrafe *neben* einer Freiheitsstrafe vgl. § 41; zur Anwendung des § 59 vgl. LG Berlin wistra **96**, 72 m. Anm. Hohmann/Sander. – Für **besonders schwere Fälle** sieht Abs. 2 iVm § 263 III einen erhöhten Strafrahmen vor. Seit dem 6. StrRG bedient sich der Gesetzgeber auch hier der Regelbeispieltechnik (vgl. 44 ff. vor § 38), wobei er freilich für die Untreue keine eigenständige Regelung entwickelt hat, sondern sich mit einem pauschalen Verweis auf die für den besonders schweren Fall des Betruges geltenden Regelbeispiele begnügt. Dieser Versuch einer gesetzlichen Konkretisierung der Strafzumessung ist leider völlig mißglückt (vgl. 17 ff. vor § 263, Schünemann LK 177; krit. auch Lackner/Kühl 22, Mitsch 494, W-Hillenkamp 299). Neben der eher formalen Frage, ob „entsprechende" Geltung bedeutet, daß der Begriff „Betrug" in § 263 III Nr. 1 u. 2 jeweils durch den Begriff „Untreue" zu ersetzen ist (vgl. 18 vor § 263 u. Tröndle/Fischer 31), steht der Gesetzesanwender vor allem vor dem sachlichen Problem, daß die meisten der für den Betrug entwickelten Regelbeispiele auf die Untreue nicht passen. So werden Fälle der bandenmäßigen Begehung (Nr. 1) oder Gefährdung einer großen Zahl von Menschen durch fortgesetzte Tatbegehung (Nr. 2) wegen der erforderlichen Sonderbeziehung des Täters zum geschädigten Vermögen praktisch kaum in Frage kommen, der Mißbrauch einer Stellung als Amtsträger (Nr. 4) darf gem. § 46 III nicht strafschärfend berücksichtigt werden, wenn die Vermögensbetreuungspflicht sich – wie es zumeist der Fall sein wird – gerade aus dieser Amtsstellung ergibt, und Nr. 5 scheidet generell aus, weil die beabsichtigte „Vortäuschung eines Versicherungsfalls" Tathandlung des Betruges und nicht der Untreue ist und den Versicherungsnehmer im übrigen auch keine Treupflicht gegenüber dem Versicherer trifft (vgl. 19 vor § 263, Schünemann LK 176; teilw. and. Tröndle/Fischer 31). Für § 266 einschlägig sind nur der in § 263 III Nr. 2 erwähnte Vermögensverlust großen Ausmaßes sowie die in § 263 III Nr. 3 bezeichneten Fälle, die aber auch ohne ausdrückliche Hervorhebung die Annahme eines besonders schweren Falles nahelegen würden (vgl. 47 vor § 38, 20 vor § 263). Die Regelbeispiele des § 263 III entfalten somit für die Untreue keinen Leitbildcharakter und müssen deshalb weithin sowohl durch Annahme unbenannter besonders schwerer Fälle ergänzt als auch durch Ablehnung des besonders schweren Falles trotz Verwirklichung eines Regelbeispiels korrigiert werden (ebso. Schünemann LK 177). Es bleibt daher im wesentlichen bei den bisherigen, vor Einführung der Regelbeispiele entwickelten Grundsätzen. Danach setzt die Bejahung eines besonders schweren Falls auch weiterhin die Berücksichtigung aller tat- und täterbezogenen Umstände voraus (vgl. BGH NStE **Nr. 17**, wistra **87**, 27, **93**, 262, StV **88**, 253). Dabei sind die Höhe des Schadens, die Schwere des Vertrauensmißbrauchs und ein besonders anstößiges Gewinnstreben zwar besonders gewichtige Umstände, die – möglicherweise entscheidend – für einen besonders schweren Fall sprechen können; letztlich kommt es aber auch hier immer auf eine Gesamtwürdigung an, dies auch dann, wenn sich wegen der Schadenshöhe die Annahme eines besonders schweren Falls aufdrängt (vgl. BGH StV **88**, 253; zu Abs. 2 a. F. bei außergewöhnlich hohem Schaden vgl. ferner BGH NJW **84**, 2539, NStZ **82**, 465, **83**, 455, wistra **84**, 231, **91**, 214, **97**, 181 Nr. 1). In Betracht kommt die Anwendung des Abs. 2 iVm § 263 III ferner z. B. bei einem besonderen Maß an krimineller Hartnäckigkeit und Energie (vgl. RG JW **34**, 2920, BGH MDR/D **76**, 17); daß der Täter die Früchte seiner Tat bewußt und ohne Skrupel genießt, genügt jedoch nicht (BGH NStE **Nr. 17**). Ausgeschlossen ist die Anwendung des Abs. 2 iVm § 263 III bei geringfügigen Schäden, was sich aus der Verweisung auf § 243 II ergibt (vgl. § 243 RN 57). Ebenso können Gesichtspunkte wie z. B. die lange Dauer des Strafverfahrens und die politische Realität in der ehem. DDR zum Tatzeitpunkt der Annahme eines besonders schweren Falls entgegenstehen (vgl. BGH NStZ **94**, 232). Bei mehreren Teilnehmern kann die Frage des Vorliegens eines besonders schweren Falles trotz sonst gleicher Beteiligung verschieden zu beurteilen sein (RG HRR **38** Nr. 497, BGH **2** 182). Zu den subjektiven Voraussetzungen vgl. § 15 RN 29; zu den Grenzen des richterlichen Ermessens bei Anwendung des Abs. 2 a. F. und den Anforderungen an das Urteil vgl. BGH NStZ **82**, 464, BGH wistra **83**, 71, **87**, 329, **88**, 65, StV **88**, 253; dazu, daß die Umstände, die für die Wahl des Strafrahmens des Abs. 2 (jetzt: iVm § 263 III) bestimmend waren, bei der Findung der konkret verwirkten Strafe erneut berücksichtigt werden dürfen, vgl. BGH NJW **84**, 2539, wistra **87**, 65 f. mwN sowie § 46 RN 49.

54 **XI. Konkurrenzen.** Nach der grundsätzlichen Absage an die Rechtsfigur des Fortsetzungszusammenhangs in BGH **40** 138 ist die Möglichkeit einer fortgesetzten Untreue heute ausgeschlossen (BGH wistra **95**, 144, 146, Bay NJW **96**, 271, München NJW **94**, 3113; zur früheren Rspr. vgl. die 24. A.). Werden mehrere Personen durch ein und dieselbe Handlung geschädigt, so liegt nur eine Tat vor (vgl. § 52 RN 29; and. BGH wistra **86**, 67: gleichartige Idealkonkurrenz). Idealkonkurrenz ist möglich mit Betrug, so z. B. wenn die Untreue mit den Mitteln des § 263 begangen wird (RG JW **73** 8, LZ **26**, 1553, DR **40**, 792, BGH **8** 260, GA **71**, 84, MDR/H **85**, 627, StV **84**, 513 m. Anm. Labsch, wistra 91, 72, 219, **92**, 342, Haas aaO 142; and. Labsch aaO 155, Otto, Bankentätigkeit 53 FN 5 [besonders schwerer Fall des § 266], Samson/Günther SK 55). Stellt dagegen die Untreue ohne Zufügung eines neuen Nachteils lediglich die Weiterführung eines zuvor begangenen Betrugs dar (z. B. betrügerisches Erlangen von Geld durch das falsche Versprechen, dieses für den Geschäftsherrn anzulegen), so tritt sie als mitbestrafte Nachtat hinter § 263 zurück (BGH **6** 67, GA **71**, 84, Hamburg NStE **Nr. 40**, Hamm MDR **68**, 779, M-Maiwald I 537, Schünemann LK 167; and. [Idealkonkurrenz] Braunschweig NJW **51**, 932). Umgekehrt ist der Betrug straflose Nachtat, wenn er lediglich zur Sicherung eines durch die

Untreue erzielten Vorteils begangen wird (BGH NStZ **94**, 586, wistra **92**, 343, BGHR § 266 I, Treubruch 1), während Tatmehrheit vorliegt, wenn der Täter keinen Vorteil erstrebt und erlangt hat und der Betrug der Vereitelung des aus der Untreue folgenden Schadensersatzanspruchs dient (BGH NJW **55**, 508, Schröder MDR **50**, 400; vgl. auch RG **63** 193). Nach den Grundsätzen der Postpendenz ist ein Angeklagter nur wegen Untreue zu verurteilen, wenn seine Täterschaft an einem der Untreue vorausgegangenen Betrug fraglich ist, aber seine (Mit-)Täterschaft an der späteren Untreue feststeht (Hamburg NStE **Nr. 40**). Idealkonkurrenz ist ferner z. B. möglich mit Urkundsdelikten (vgl. RG **72** 195, HRR **39** Nr. 654, BGH **18** 313, wistra **86**, 24), mit § 206 I Nr. 2 (vgl. RG **72** 193 [§ 354 I Nr. 2 a. F.]), mit § 332, wenn Vorteilsannahme und Untreuehandlung ein einheitliches „Zug-um-Zug"-Geschäft sind (BGH MDR/H **85**, 627; and. nach BGH NJW **87**, 1341, wenn die Untreue lediglich Bestandteil der pflichtwidrigen Diensthandlung ist [Tatmehrheit]), mit § 352, wenn mit der Vereinnahmung von Gebühren nicht nur gegen das Gebührenrecht, sondern zugleich auch gegen die Vermögensfürsorgepflicht aus dem zugrundeliegenden Anwaltsvertrag usw. verstoßen wird (BGH NJW **57** 596; dagegen für Vorrang des § 352 bei Gebührenerhebung Karlsruhe NStZ **91**, 239 [Rechtsanwalt], Köln NJW **85**, 504 [Gerichtsvollzieher] m. Anm. Keller JR 89, 77, wo primär allerdings – mit Recht [vgl. o. 23, 25] – schon der Tatbestand des § 266 verneint wird), mit § 356 (RG **69** 335) und § 370 AO (RG **74** 368, BGH **5** 61, NStZ **98**, 91); über das Verhältnis zu § 283 vgl. dort RN 67. Zwischen § 266 und §§ 34, 35 DepotG besteht Exklusivität, da deren Tatbestände voraussetzen, daß kein Fall des § 266 vorliegt (Fichtner aaO 222; zum Verhältnis von § 266 zu §§ 88, 89 BörsenG, § 37 DepotG vgl. Fichtner aaO 100 f., 179 ff., 228 f.).

Für das Verhältnis zu den **Zueignungsdelikten** gilt folgendes: Beziehen sich Untreue und Zueignung i. S. des § 246 auf dieselbe Sache, so tritt § 246 (bei einfacher Unterschlagung gem. § 246 I bei Veruntreuung iSd. § 246 II nach allgemeinen Grundsätzen) hinter § 266 zurück, wenn der Täter den Zueignungswillen schon bei der Untreuehandlung hatte (RG JW 38, 2337, BGH **6** 316, **8** 260, GA **55**, 272, wistra **91**, 214, Stuttgart NJW **73**, 1385 m. Anm. Kraemer u. Ringwald, Lenckner JZ 73, 796, Rengier I⁴ 244 f.; i. E. auch RG **42** 420, BGH **14** 38, Köln NJW **63**, 1993, wo bereits die Tatbestandsmäßigkeit nach § 246 verneint wird [vgl. dazu auch § 246 RN 19]; and. RG **3** 283, **16** 344, **32** 30, 262, Haas aaO 143: Idealkonkurrenz). Dabei ist es gleichgültig, ob die Betätigung des Zueignungswillens in der Untreuehandlung selbst liegt oder dieser zeitlich nachfolgt (Stuttgart aaO; and. Köln OLGSt § 266 S. 39). Wird dagegen der Zueignungsvorsatz erst nach Vollendung der Untreue gefaßt, so besteht Realkonkurrenz (Lackner/Kühl 23, Schünemann LK 169; and. RG **69** 64: Idealkonkurrenz). Vgl. zum Ganzen näher Lenckner JZ 73, 756, Schröder MDR **50**, 400; krit. Labsch aaO 220 ff. Erfüllt die Untreue zugleich die Voraussetzungen des § 242, so besteht Idealkonkurrenz (vgl. RG DR **43**, 912, BGH **17** 362 [zw. dort jedoch das Vorliegen einer Untreue], NStE **Nr. 29**, MDR/D **54**, 399, LM Nr. 4).

XII. Nach **Abs. 2** sind §§ 247, 248 a entsprechend anwendbar; es gilt das zu § 263 RN 190 ff. 56 Gesagte. Ist die Tat gegen Angehörige usw. gerichtet, so wird sie nur auf **Antrag** verfolgt (vgl. hierzu auch BGH NJW **92**, 250, wistra **87**, 218, **89**, 266 [GmbH & Co KG], § 243 RN 48 ff. und § 247 RN 12 f.).

XIII. Anzuwenden ist § 266 I, II auch auf nach **früherem DDR-Recht** strafbare Untreuehand- 57 lungen, sofern das Meistbegünstigungsgebot des § 2 Abs. 3 dies verlangt. Die Frage nach dem milderen Gesetz richtet sich jedoch nicht nach dem Vergleich der allgemeinen Strafdrohungen, sondern danach, welche Regelung für den Einzelfall nach dessen besonderen Umständen die mildere Beurteilung zuläßt (vgl. BGH NStZ **94**, 231 m. Bspr. Arnold wistra 94, 323, Th. Baumann NStZ 94, 546, wistra **94**, 26 [Verhältnis von § 266 I, II a. F. und §§ 161 a, 162 StGB-DDR a. F. bzw. §§ 163, 164 StGB-DDR n. F.], BGH wistra **91**, 213 [Verhältnis von § 266 I, II a. F. und §§ 158 I, 162 I StGB-DDR a. F. bzw. §§ 158 I, 163, 164 StGB-DDR n. F.]).

XIV. Die **Verjährung** beginnt – entsprechend bei § 263 (vgl. dort RN 193) – nach Abschluß der 58 den Nachteil begründenden oder ihn verstärkenden Handlung mit dem Eintritt des Schadens; entsteht dieser erst durch verschiedene Ereignisse oder vergrößert er sich durch sie nach und nach, so ist der Zeitpunkt des letzten Ereignisses maßgebend (BGH wistra **89**, 97).

XV. **Ergänzend** vgl. §§ 266 a, 266 b sowie § 34 DepotG (Depotunterschlagung u. hierzu Otto 59 Bankentätigkeit 28 ff.). Die weiteren, früher im Nebenstrafrecht enthaltenen Sondertatbestände sind inzwischen beseitigt worden (vgl. Art. 8 Nr. 7 ff. des 2. WiKG sowie die Übersicht b. Hübner LK10 116).

§ 266 a Vorenthalten und Veruntreuen von Arbeitsentgelt

(1) **Wer als Arbeitgeber Beiträge des Arbeitnehmers zur Sozialversicherung oder zur Bundesanstalt für Arbeit der Einzugsstelle vorenthält, wird mit Freiheitsstrafe bis zu fünf Jahren oder mit Geldstrafe bestraft.**

(2) **Ebenso wird bestraft, wer als Arbeitgeber sonst Teile des Arbeitsentgelts, die er für den Arbeitnehmer an einen anderen zu zahlen hat, dem Arbeitnehmer einbehält, sie jedoch an den anderen nicht zahlt und es unterläßt, den Arbeitnehmer spätestens im Zeitpunkt der Fälligkeit oder unverzüglich danach über das Unterlassen der Zahlung an den anderen zu**

§ 266 a

unterrichten. Satz 1 gilt nicht für die Teile des Arbeitsentgelts, die als Lohnsteuer einbehalten werden.

(3) Wer als Mitglied einer Ersatzkasse Beiträge zur Sozialversicherung oder zur Bundesanstalt für Arbeit, die er von seinem Arbeitgeber erhalten hat, der Einzugsstelle vorenthält, wird mit Freiheitsstrafe bis zu einem Jahr oder mit Geldstrafe bestraft.

(4) Dem Arbeitgeber stehen der Auftraggeber eines Heimarbeiters, Hausgewerbebetreibenden oder einer Person, die im Sinne des Heimarbeitsgesetzes diesen gleichgestellt ist, sowie der Zwischenmeister gleich.

(5) In den Fällen des Absatzes 1 kann das Gericht von einer Bestrafung nach dieser Vorschrift absehen, wenn der Arbeitgeber spätestens im Zeitpunkt der Fälligkeit oder unverzüglich danach der Einzugsstelle schriftlich

1. die Höhe der vorenthaltenen Beiträge mitteilt und
2. darlegt, warum die fristgemäße Zahlung nicht möglich ist, obwohl er sich darum ernsthaft bemüht hat.

Liegen die Voraussetzungen des Satzes 1 vor und werden die Beiträge dann nachträglich innerhalb der von der Einzugsstelle bestimmten angemessenen Frist entrichtet, wird der Täter insoweit nicht bestraft. In den Fällen des Absatzes 3 gelten die Sätze 1 und 2 entsprechend.

Vorbem. Eingefügt durch das 2. WiKG v. 15. 5. 1986, BGBl. I 721. Ergänzend vgl. die Änderung des Arbeitnehmerüberlassungsgesetzes (AÜG) in Art. 6 2. WiKG.

Schrifttum: Becker, Gesetzliche Neuregelung im Bereich der gewerbsmäßigen Arbeitnehmerüberlassung im Jahr 1986, ZIP 86, 409. – *Bente,* Die Strafbarkeit des Arbeitgebers wegen Beitragsvorenthaltung und Veruntreuung von Arbeitsentgelt (§ 266 a StGB) (Diss. Göttingen 1992). – *ders.,* Strafbarkeit des Arbeitgebers gem. § 266 a StGB auch bei unterbliebener Lohnauszahlung?, wistra 92, 177. – *ders.,* Die Strafbarkeit nach § 266 a Abs. 1 StGB ohne Lohnzahlung, wistra 99, 441. – *Bühler,* Strafrechtliche Haftung des GmbH-Geschäftsführers – Änderung in der Rechtsprechung? – *Fisseler,* Die Strafbarkeit der Nichtzahlung von Beiträgen zur sozialen Sicherung (Diss. Würzburg 1985). – *Fritz,* Die Selbstanzeige im Beitragsstrafrecht gemäß § 266 a Abs. 5 StGB, 1997. – *Hauck,* Sozialgesetzbuch, Gesamtkommentar, SGB IV, Stand 1. 4. 2000. – *Hey/Reck,* § 266 a – Kein Ende der Diskussion?, GmbHRdSch 99, 760. – *Hoffmann,* Haftung des GmbH-Geschäftsführers für einbehaltene Sozialversicherungsbeiträge und Lohnsteuer, DB 86, 467. – *Kniffka,* Die Strafbarkeit des illegalen Arbeitnehmerverleihers nach § 263 StGB, wistra 84, 46. – *Lüke/Mulansky,* Sozialversicherungsbeiträge in Insolvenz- und Strafrecht, ZIP 98, 673. – *Martens,* Einbehalten von Sozialversicherungsbeiträgen (§ 529 RVO), DB 84, 773. – *ders.,* Zur Reform des Beitragsstrafrechts in der Sozialversicherung, wistra 85, 51. – *ders.,* Das neue Beitragsstrafrecht der Sozialversicherung, wistra 86, 154. – *Martens/Wilde,* Straf- und Ordnungsrecht in der Sozialversicherung, 4. A., 1987. – *Meine,* Beitragsvorenthaltung und Lohnsteuerverkürzung bei nicht genehmigter Arbeitnehmerüberlassung, wistra 83, 134. – *ders.,* Die Berechnung der Lohnsteuer und der Sozialversicherungsbeiträge in Lohnsteuer- und Beitragsverkürzungsfällen, wistra 91, 205. – *Möhrenschlager,* in: HWiStR, Art. Arbeitsentgelt, Veruntreuen von. – *Müller/Wabnitz/Janovsky,* Wirtschaftskriminalität, 4. A. 1997. – *Plagemann,* Die Beitragshaftung des Geschäftsführers im Lichte der neuen InsO, NZS 00, 8. – *Reck,* Zur Strafbarkeit des GmbH-Geschäftsführers wegen Vorenthaltens von Sozialversicherungsbeiträgen ..., GmbHRdSch 99, 102. – *ders.,* Neuere Entwicklungen in Rechtsprechung und Literatur zur Strafbarkeit der Nichtabführung der Sozialversicherungsbeiträge, WuB 00, 157. – *Rienhardt,* in: HWiStR, Art. Vermögenswirksame Leistung. – *Rönnau,* Die Strafbarkeit des Arbeitgebers gemäß § 266 a StGB in der Krise des Unternehmens, wistra 97, 13. – *Schäfer,* Die Strafbarkeit des Arbeitgebers bei Nichtzahlung von Sozialversicherungsbeiträgen für versicherungspflichtige Arbeitnehmer, wistra 82, 96. – *ders.,* Die Strafbarkeit des unerlaubt handelnden Verleihers wegen Nichtzahlung von Sozialversicherungsbeiträgen, wistra 84, 6. – *Schlüchter,* Zweites Gesetz zur Bekämpfung der Wirtschaftskriminalität (1987), 162. – *Schmidt,* Die Schutzbehauptungen bei der Vorenthaltung von Arbeitnehmeranteilen nach § 533 RVO, JR 61, 370. – *Stahlschmidt,* Steuerhinterziehung und Beitragsvorenthaltung und Betrug im Zusammenhang mit illegaler Beschäftigung, wistra 84, 209. – *Stapelfeld,* Zum Schutzgesetzcharakter der §§ 266, 266 a StGB in bezug auf Untreuedelikte der GmbH-Geschäftsführer, BB 91, 1501. – *Stein,* GmbH-Geschäftsführer: Goldesel für leere Sozialkassen? DStR 98, 1055. – *Stypmann,* Keine Bestrafung des unerlaubt handelnden Verleihers wegen Hinterziehung von Arbeitnehmer-Beitragsanteilen, NJW 83, 95. – *Tag,* Das Vorenthalten von Arbeitnehmerbeiträgen zur Sozial- und Arbeitslosen-Versicherung sowie das Veruntreuen von Arbeitsentgelt: Untersuchungen zu § 266 a, 1994. – *Wank,* Das Einbehalten von Sozialversicherungsbeiträgen, DB 82, 645. – *Wegner,* Neue Fragen bei § 266 a StGB – eine systematische Übersicht, wistra 98, 283. – *ders.,* Vorenthalten von Sozialversicherungsbeiträgen (§ 266 a Abs. 1 StGB) bei sog. 630 DM Jobs, DB 99, 2111. – *Winkelbauer,* Die strafbefreiende Selbstanzeige im Beitragsstrafrecht (§ 266 a Abs. 5 StGB), wistra 88, 16.

Materialien: Entwurf eines 2. Gesetzes zur Bekämpfung der Wirtschaftskriminalität (2. WiKG): RegE, BT-Drs. 10/318, Beschlußempfehlung und Bericht des Rechtsausschusses, BT-Drs. 10/5058. – *Übersichtsbeiträge zum 2. WiKG: Achenbach,* Das Zweite Gesetz zur Bekämpfung der Wirtschaftskriminalität, NJW 86, 1835. – *Granderath,* Das Zweite Gesetz zur Bekämpfung der Wirtschaftskriminalität, DB 86, Beilage 18. – *Möhrenschlager,* Der Regierungsentwurf eines 2. WiKG, wistra 82, 201. – *Tiedemann,* Die Bekämpfung der Wirtschaftskriminalität durch den Gesetzgeber, JZ 86, 865. – *Weber,* Das Zweite Gesetz zur Bekämpfung der Wirtschaftskriminalität (2. WiKG), NStZ 86, 481.

I. Die durch das 2. WiKG (vgl. Vorbem.) eingefügte Vorschrift enthält **zwei Tatbestände** bzw. **1 Tatbestandsgruppen:** 1. In *Abs. 1, 3 u.* 4 sind die früheren Strafvorschriften der verschiedenen Sozialversicherungsgesetze über die Nichtabführung von Sozialversicherungsbeiträgen (§§ 529, 1428 RVO, § 225 AFG, 150 AVG, § 234 RKnappschG) zusammengefaßt (vgl. Gribbohm LK vor 1; zur Entstehungsgeschichte des Beitragsstrafrechts vgl. Fisseler aaO 4 ff., Tag aaO 5 ff.), wobei Abs. 1 das Vorenthalten von Arbeitnehmerbeiträgen durch den Arbeitgeber bzw. die ihm in Abs. 4 gleichgestellten Personen betrifft, während Abs. 3 – inzwischen weitgehend gegenstandslos (u. 16) – das Nichtabführen von ausbezahlten Arbeitgeberbeiträgen durch den Arbeitnehmer erfaßt. Damit ist hier die Rechtszersplitterung des früheren Rechts beseitigt; zugleich unterstreicht die Übernahme der fraglichen Tatbestände in das Kernstrafrecht ihren eindeutig kriminellen Charakter in besonders nachdrücklicher Weise (vgl. BT-Drs. 10/318 S. 25; zur praktischen Bedeutung vgl. die Angaben b. Möhrenschlager, in: HWiStR aaO 1, Tag aaO 28 ff.). Mit einer gleichzeitig erfolgten Ergänzung des AÜG (§ 10 III; vgl. jetzt § 28 e II S. 3, 4 SGB IV) wurden außerdem die Schwierigkeiten beseitigt, die sich im früheren Recht bei der mit dem illegalen Arbeitnehmerverleih typischerweise einhergehenden Hinterziehung von Sozialversicherungsbeiträgen ergeben hatten (vgl. dazu die 23. A., ferner die Anm. Seibert NStZ 88, 30 mwN). Neu ist ferner das in Abs. 5 vorgesehene fakultative (S. 1) bzw. zwingende (S. 2) Absehen von Strafe im Falle einer „Selbstanzeige". – 2. Ohne Vorbild im früheren Recht ist der Tatbestand des *Abs. 2,* der die Nichtabführung der dem Arbeitnehmer einbehaltenen Lohnteile durch den Arbeitgeber bzw. der ihm in Abs. 4 gleichgestellten Personen betrifft, soweit es sich nicht um die bereits in Abs. 2 erfaßten Sozialversicherungsbeiträge und um die in Abs. 2 ausgenommene Lohnsteuer (vgl. dazu § 370 AO) handelt. Geschlossen sind damit Strafbarkeitslücken, die sich früher daraus ergeben hatten, daß die Anwendbarkeit des § 263 hier von den zufälligen Umständen des Einzelfalles abhängt und ein Arbeitsverhältnis nicht die für § 266 erforderliche Vermögensfürsorgepflicht begründet (vgl. BT-Drs. 10/318 S. 27, Tag aaO 25 ff.).

Entsprechend den unterschiedlichen Tatbeständen (o. 1) liegen der Vorschrift auch zwei **verschie- 2 dene Rechtsgüter** zugrunde: 1. *Abs. 1 u. 3* schützen, ebenso wie die früheren Strafvorschriften der Sozialversicherungsgesetze (o. 1), das Interesse der Solidargemeinschaft an der Sicherstellung des Sozialversicherungsaufkommens (BT-Drs. 10/5058 S. 31, Celle NJW **92**, 190, Bente A/W § 27 I RN 4 f., Bottke wistra 91, 8, Fisseler aaO 44 ff., Lackner/Kühl 1, MB-Heitmann 914, M-Maiwald I 538, Martens wistra 86, 155, Martens/Wilde aaO 75 f., Möhrenschlager aaO 2, Samson/Günther SK 4, Schlüchter aaO 164, Stapelfeld BB 91, 1505, Tröndle/Fischer 2, W-Hillenkamp 299, Weber NStZ 86, 488; and. BSG **78** 23 f.). Obwohl von Abs. 1 nur die Arbeitnehmer- und nicht auch die Arbeitgeberanteile erfaßt sind, geht es hier dagegen – i. U. zu Abs. 2 – nicht um den Schutz des einzelnen Arbeitnehmers (and. BSG **78** 24, Gössel II 507 f., Gribbohm LK 5, Tag aaO 34 ff.; vgl. auch Tiedemann JZ 86, 874, GmbH-Strafrecht [vgl. vor § 266] 58 vor § 82 sowie BGH **32** 236 zu § 529 RVO a. F.), weil dieser selbst durch die Nichtabführung „seiner" Beiträge durch den Arbeitgeber in seinem Versicherungsschutz keine Nachteile erleidet (vgl. Bente aaO 27 ff., Fisseler aaO 53 mwN); Schutzgesetz i. S. des § 823 II BGB ist § 266 a I daher zwar für den Sozialversicherungsträger (vgl. zB BGH[Z] **133** 374, NJW **98**, 1306, VersR **89**, 922, NJW **92**, 177 m. krit. Anm. Dreher DB 91, 2568, Celle [Z] wistra **96**, 114 m. Anm. Bente; and. Stein DStR **98**, 1056 ff.), nicht jedoch für den Arbeitnehmer (so ausdrücklich Hamm NJW-RR **99**, 915; and. Tag aaO 40). Entsprechendes gilt her Abs. 3 für den Arbeitgeber, da ihn bei unberechtigten Einbehalten durch den Arbeitnehmer gegenüber der Versicherung keine erneute Zahlungspflicht trifft. Auch gegenüber der gleichfalls in diesem Zusammenhang genannten Wettbewerbsordnung (vgl. BT-Drs. 10/318 S. 25, Weber NStZ 86, 487) hat die Vorschrift nur Schutzreflexcharakter. Auf der anderen Seite kann das tatbestandliche Unrecht i. S. des Abs. 1, 3 nicht allein mit der Beeinträchtigung des Beitragsaufkommens der Sozialversicherung erklärt werden (so aber KG NStZ **91**, 287 m. Bspr. Bente wistra 92, 177), weil zu diesen bei Abs. 1 auch die Arbeitgeberbeiträge, bei Abs. 3 auch die Arbeitnehmeranteile gehören, deren Nichtabführung aber nicht unter § 266 a fällt. Hinzu kommt vielmehr ein untreueähnliches Verhalten des Täters (vgl. BT-Drs. 10/318 S. 25), wobei sich dieses bei Abs. 1 freilich nicht aus seinem Verhältnis zum Arbeitnehmer ergibt (vgl. Fisseler aaO 76 ff.) – die mit dessen Zustimmung unterlassene Abführung der Beiträge müßte sonst straflos sein –, sondern aus seiner Beziehung zum Sozialversicherungsträger: Diese ist zwar kein die Anwendbarkeit des § 266 begründendes Treuhandverhältnis; andererseits aber hat der Arbeitgeber nicht nur die Stellung eines originären Schuldners gegenüber der Sozialversicherung auch hinsichtlich der Arbeitnehmeranteile (vgl. Fisseler aaO 70 ff., Martens wistra 86, 154), sondern zugleich das ihm jedenfalls auch im Interesse der Solidargemeinschaft der Versicherten verliehene Recht zum Lohnabzug, was die treueähnliche Pflicht begründet, die dem Abzugsrecht unterliegenden Beträge entsprechend ihrer Zweckbestimmung an den Sozialversicherungsträger abzuführen. Ähnlich verhält es sich bei Abs. 3, wo dem Arbeitnehmer Geld des Arbeitgebers im Interesse der Solidargemeinschaft der Versicherten anvertraut ist. – 2. Im Unterschied zu Abs. 1, 3 schützt *Abs. 2* ausschließlich das Vermögen des betroffenen Arbeitnehmers, was sowohl aus der Entstehungsgeschichte als auch daraus folgt, daß der Tatbestand bei einer rechtzeitigen Unterrichtung des Arbeitnehmers entfällt (vgl. BT-Drs. 10/5058 S. 31, Celle NJW **92**, 190, Achenbach NJW 86, 1839, Lackner/Kühl 1, Möhrenschlager aaO 6, Schlüchter aaO 165, Stapelfeld BB 91, 1505, Tröndle/Fischer 2; vgl. auch BT-Drs. 10/318 S. 26 u. Bottke wistra 91, 8, wo auf eine zugleich mögliche Schädigung Dritter – z. B. durch Täuschung über Kreditwürdigkeit – hingewiesen wird, was jedoch ebenso wie bei Abs. 1 nur für eine insoweit bestehende Reflexwirkung der Vorschrift spricht). Die Regelung des Abs. 2 S. 2, die das ohnehin schon durch die §§ 370, 378, 380 AO erfaßte Nichtabführen der Lohnsteuer vom Tatbestand ausdrücklich ausnimmt, bedeutet in dieser Hinsicht daher nur eine Klarstellung (vgl. BT-Drs. 10/318 S. 29 f., Schlüchter aaO 166). Seiner Unrechtsstruktur nach liegt der Tatbestand im Grenzbereich von Untreue und Betrug (vgl. BT-Drs. 10/318 S. 27, Gribbohm LK 3): Er enthält Elemente des § 266, weil der Arbeitgeber über die zum Vermögen des Arbeitnehmers gehörenden und ihm zur zweckgebundenen Verwendung belassenen Lohnbestandteile zweckwidrig verfügt, Elemente des § 263 dagegen, weil der Tatbestand ein heimliches Vorgehen verlangt und entfällt, wenn der Täter sein weisungswidriges Verhalten offenlegt.

3 II. Der **objektive Tatbestand** des **Abs. 1** – bezüglich des Täterkreises erweitert durch **Abs. 4** – setzt das Vorenthalten von (Pflicht-)Beiträgen des Arbeitnehmers zur Sozialversicherung oder zur Bundesanstalt für Arbeit durch Arbeitgeber bzw. die ihm nach Abs. 4 gleichgestellten Personen voraus.

4 1. Abs. 1 erfaßt von dem vom Arbeitgeber und Arbeitnehmer gemeinsam (idR je zur Hälfte) aufzubringenden Gesamtsozialversicherungsbeitrag (Beiträge zur Kranken-, Pflege-, Rentenversicherung und zur Bundesanstalt für Arbeit; vgl. § 28 d SGB IV) lediglich die **Beiträge des Arbeitnehmers,** zu deren Einbehaltung vom Bruttolohn der Arbeitgeber als der gegenüber der Einzugsstelle verpflichtete Schuldner des Gesamtbeitrags berechtigt ist (vgl. §§ 28 e I, 28 g I SGB IV u. entsprechend für die ehem. DDR § 48 SozialversG-DDR v. 28. 6. 1990 [GBl. I 486], der gem. EV II Kap. VIII F III bis zur Übernahme der Beitragseinziehung durch die Krankenkassen fortgalt). Diese bleiben auch dann Beiträge des Arbeitnehmers, wenn der Arbeitgeber von den genannten Recht keinen Gebrauch macht, weil er sich z. B. arbeitsvertraglich zur alleinigen Tragung der Beiträge verpflichtet hat oder wenn zwischen den Beteiligten Einvernehmen darüber besteht, daß keine Sozialversicherungsbeiträge abgeführt werden sollen (sog. *Nettolohnabrede*; vgl. BT-Drs. 10/318 S. 25, RG **40** 43, Gribbohm LK 40, Martens wistra 86, 157). Etwas anderes gilt hier nur, soweit bei geringfügig Beschäftigten (vgl. § 8 SGB IV, § 249 b SGB V, § 168 I Nr. 1 b SGB VI) oder bei Ableitung eines freiwilligen sozialen Jahres (vgl. § 249 SGB V) der Gesamtbeitrag auch sozialversicherungsrechtlich allein vom Arbeitgeber aufzubringen ist (vgl. BGH wistra **92**, 147, StV **93**, 364, **94**, 426, Lackner/Kühl 7, sowie näher zum seit 1. 4. 1999 geltenden Recht Jacobi/Reufels BB 00, 772, MB-Heitmann 923 ff., Wegner DB 99, 2111 f.). Nicht unter Abs. 1 fallen auch freiwillige Beträge zur Rentenversicherung und Beiträge für eine freiwillige Krankenversicherung (Martens/Wilde aaO 96, MB-Heitmann 926, Möhrenschlager aaO); hier kommt jedoch Abs. 2 in Betracht. Die Höhe der geschuldeten bzw. vorenthaltenen Beiträge, die im Urteil unter Angabe der Berechnungsgrundlagen und für die jeweiligen Fälligkeitszeitpunkte gesondert, genau zu beziffern sind (BGH wistra **92**, 147, StV **93**, 364, **94**, 426, Schleswig SchlHA **81**, 99), bestimmt sich auf der Grundlage des nach § 14 SGB IV zu berechnenden Arbeitsentgelts nach dem gesetzl. (vgl. § 341 SGB III; § 55 SGB XI) bzw. durch RechtsVO (vgl. §§ 158, 160 S. 1 Nr. 1 SGB VI) oder durch Satzung der jeweiligen Krankenkasse festgelegten Beitragssätzen (vgl. §§ 241, 247 SGB V; zu den bis zum 31. 12. 1991 maßgeblichen Beitragssätzen in den neuen Bundesländern, vgl. für die Krankenversicherung § 313 I SGB V [EV I Kap. VIII G II], für die Rentenversicherung § 40 I SozialversG-DDR [EV II Kap. VIII F III]). Bei einer rechtlich zulässigen Nettolohnzahlung ist nicht diese die maßgebliche Beitragsbemessungsgrundlage, sondern das aus dem ausgezahlten Nettobetrag hochgerechnete Bruttogehalt (vgl. § 14 II SGB IV, ferner BGH **30** 266 m. Anm. Martens NStZ 82, 471, Gribbohm LK 40, Lackner/Kühl 8 a, Martens/Wilde aaO 81 f., Martens wistra 86, 157). Wirken hingegen Arbeitgeber und -nehmer einverständlich zur Hinterziehung von Sozialversicherungsbeiträgen und Lohnsteuer zusammen und liegt daher, weil die Beiträge usw. gerade nicht abgeführt und der Arbeitnehmer damit von der Beitragslast auch nicht befreit werden soll, keine beitragsrechtlich anerkannte Nettoabrede vor, so bemißt sich die Höhe der hinterzogenen Abgaben und Steuern nach dem bar ausbezahlten Lohn als Bruttolohn (BGH **38**, 285, 289 m. Anm. Franzheim JR 93, 75, wistra **93**, 148; vgl. ferner Schäfer wistra 82, 97; and. noch BGH **34** 166 m. Anm. Franzheim wistra 87, 105 u. Bspr. Meine wistra 91, 205 sowie Gribbohm LK 41 ff.).

5 2. Der Arbeitgeber muß die Arbeitnehmerbeiträge **der Einzugsstelle vorenthalten,** was der Fall ist, wenn er es ganz oder teilweise unterläßt, die geschuldeten Beiträge spätestens bis zum Ablauf des Fälligkeitstages an diese abzuführen (echtes Unterlassungsdelikt; vgl. BGH MDR **60**, 197, wistra **92**, 23, Lackner/Kühl 8, M-Maiwald I 539, Samson/Günther SK 23, Tröndle/Fischer 12).

6 a) Die Beitragsschuld setzt ein **materielles Sozialversicherungsverhältnis** voraus (vgl. Schmidt JR 61, 370, Wank DB 83, 650), das durch die Aufnahme einer sozialversicherungspflichtigen Beschäftigung begründet wird. Voraussetzung einer solchen ist bei allen vier Versicherungsarten u. a. die Arbeitnehmerstellung des Beschäftigten (vgl. § 7 I SGB IV), wobei für sog. Scheinselbständige der Kriterienkatalog des § 7 SGB IV zu beachten ist (vgl. § 7 RN 9 ff.). Vorbehaltlich über- oder zwischenstaatlicher Regelungen (§ 6 SGB IV; vgl. dazu die Nachw. b. Hauck aaO § 7 RN 5, 8) gilt dies auch für Ausländer, die im Inland eine Beschäftigung aufnehmen (§ 3 SGB IV), ferner unter gewissen Voraussetzungen für Inländer, die im Rahmen eines inländischen Beschäftigungsverhältnisses in das Ausland entsandt werden (§ 4 SGB IV), nicht dagegen für die vorübergehende Beschäftigung im Inland aufgrund eines ausländischen Beschäftigungsverhältnisses (§ 5 SGB IV; zur Beschäftigung ausländischer Leiharbeitnehmer durch ausländische Verleihfirmen im Inland vgl. Sienknecht SozVers 81, 119, Kerger SozVers 82, 61); entsprechend anwendbar sind die §§ 4, 5 SGB IV im Verhältnis der neuen Bundesländer zu den übrigen Ländern, solange unterschiedliche

Bezugsgrößen in der Sozialversicherung bestehen (EV I Kap. VIII F III). Nicht erforderlich ist die Anmeldung des Versicherungspflichtigen zur Sozialversicherung (vgl. Schäfer wistra 82, 98), andererseits ist diese bei einer nichtversicherungspflichtigen Person aber auch nicht ausreichend, weil sich hieraus idR weder Rechte noch Pflichten ergeben (vgl. Bley/Kreitebohm, Sozialrecht, 7. A., 126). Unabhängig ist das Bestehen der Beitragsschuld auch von der Einbehaltung der Arbeitnehmerbeiträge durch den Arbeitgeber (vgl. dazu u. 9).

b) Die **Fälligkeit** der Beitragsschuld bestimmt sich, sofern sie nicht durch eine vorherige und wirksame Stundung der Einzugsstelle hinausgeschoben wird (vgl. z. B. Gribbohm LK 51, Lackner/Kühl 9, Martens/Wilde aaO 61 f., Samson/Günther SK 34; zur Zulässigkeit einer Stundungsabrede vgl. BGH[Z] NJW **92**, 177), nach § 23 SGB IV bzw. in den neuen Bundesländern bis die Übernahme des Beitragseinzugs durch die Krankenkassen erfolgte, nach §§ 48 ff. SozialversG-DDR v. 28. 6. 1990 (GBl. I 486) i. V. mit EV II Kap. VIII F III 2 e. Nach § 23 I 1 SGB IV werden laufende Beiträge, die geschuldet werden, entsprechend den Regelungen der Satzung der Krankenkasse fällig (s. auch BGH[Z] NJW **98**, 1306). Beiträge, die nach dem Arbeitsentgelt oder dem Arbeitseinkommen zu bemessen sind, werden nach § 23 I 2 SGB IV spätestens am 15. bzw. – soweit noch §§ 48 ff. SozialversG-DDR einschlägig sind – in den neuen Bundesländern spätestens am 10. des der entgeltpflichtigen Beschäftigung folgenden Monats fällig bzw. gem. § 23 I 3 SGB IV am 25. des Monats der Beschäftigung, wenn das Arbeitsentgelt bis zum 15. dieses Monats fällig ist; zu der Erleichterung für Fälle, in denen das Arbeitsentgelt betriebsüblich erst nach dem 10. des entgeltpflichtigen Beschäftigung folgenden Monats abgerechnet wird, vgl. § 23 I 4 SGB IV. Entfallen ist die frühere Sonderregelung für sog. zahlungsunfähige Arbeitgeber i. S. des § 402 RVO, welche die einbehalenen Lohnabzüge binnen 3 Tagen abzuführen hatten (aufgehoben durch Art. 5 Nr. 2 GesundheitsreformG v. 20. 12. 1988, BGBl. I 2477).

c) **Einzugsstellen** für den Gesamtsozialversicherungsbeitrag (einschließlich der Beiträge zur Bundesanstalt für Arbeit) sind die Krankenkassen, und zwar bezüglich der Beiträge zur Rentenversicherung und zur Bundesanstalt für Arbeit auch bei nicht bzw. freiwillig krankenversicherten Arbeitnehmern (vgl. §§ 28 h I, 28 i I SGB IV). Weil seit Inkrafttreten der gemeinsamen Vorschriften für die Sozialversicherung (SGB IV) v. 20. 12. 1988 (BGBl. I 2330) zwischen Ersatzkassen (vgl. § 168 SGB V) und anderen (gesetzlichen) Krankenkassen nicht mehr unterschieden wird, sind die Ersatzkassen damit im selben Umfang zu Einzugsstellen geworden wie diese (zum früheren Recht vgl. die 23. A.). In der ehem. DDR sind die Krankenkassen Einzugsstellen erst ab der Übernahme des Beitragseinzugs; bis dahin blieben die Finanzämter weiterhin für den Beitragseinzug und die Weiterleitung zuständig (EV I Kap. VIII F III).

d) Das **Vorenthalten** besteht im (völligen oder teilweisen) Unterlassen der fälligen (o. 7) Zahlung, und zwar – anders als nach den nebenstrafrechtlichen Vorläuferbestimmungen (vgl. dazu zuletzt BGH NStZ **87**, 223 m. Anm. Weidemann, 87, 224, KG JR **86**, 469 m. Anm. Martens JR 87, 211 sowie Schäfer wistra 82, 97, Wank DB 82, 647) – unabhängig davon, ob der Arbeitgeber die vorenthaltenen Beiträge einbehalten hat oder nicht bzw. vom Arbeitnehmer erhalten hat oder nicht (vgl. BT-Drs. 10/5058 S. 31, Samson/Günther SK 18 ff., Möhrenschlager aaO 5 mwN). Damit sind nunmehr auch Fälle der *vereinbarten Schwarzarbeit* erfaßt, in denen der gesamte Bruttolohn ausgezahlt und der Arbeitnehmeranteil nicht einbehalten wird (vgl. BT-Drs. 10/5058 S. 31, Franzheim wistra 87, 315, Lackner/Kühl 8 a, Martens wistra 86, 157, Möhrenschlager aaO 5, Wegner wistra 98, 286; and. zum Entwurf Fisseler aaO 108; zum Ganzen vgl. auch Gribbohm LK 41 ff., Tröndle/Fischer 11 b; zur Kriminologie der Schwarzarbeit vgl. Müller/Wabnitz/Janovsky aaO 368 ff.). Bei der Berechnung der Höhe der vorenthaltenen Beiträge ist hier zu berücksichtigen, daß es sich um keine abgabenrechtlich zulässige Nettovereinbarung handelt (o. 4). § 266 a ist auch dann anwendbar, wenn – heute allerdings kaum noch von praktischer Bedeutung – der Arbeitnehmer ausschließlich Sachbezüge (ohne entsprechenden Abzug) erhält, seinen Beitragsteil dem Arbeitgeber aber nicht zum Zweck der Abführung aber erbringt (mißverständlich hier BT-Drs. 10/318 S. 28). Zweifelhaft ist dagegen, ob die vom früheren Recht abweichende Tatbestandsumschreibung dazu geführt hat, daß jetzt auch die mit einer *unterlassenen* oder *gekürzten Lohnzahlung* verbundene Nichtabführung bzw. unvollständige Abführung der Sozialversicherungsbeiträge strafbar ist (so Celle NStZ-RR **97**, 324, NStZ **98**, 303 m. abl. Anm. Gribbohm JR 97, 478, Düsseldorf[Z] NJW-RR **97**, 1124, 98, 243, 1729, Hamburg[Z] GmbHRdSch **00**, 185, KG NStZ **91**, 287 m. abl. Bspr. Bente wistra 92, 177 u. zust. Bspr. Mitsch JZ 94, 888, LG Leipzig[Z] NStZ **98**, 304, AG Berlin-Tiergarten wistra **89**, 317, Cahn ZGR 98, 383, Granderath BB 86, Beil. 18, 10, Fritz aaO 20 f., Hey GmbHRdSch 99, 761 f., Martens wistra 86, 156, Martens/Wilde aaO 83, Möhrenschlager aaO 5, Samson/Günther SK 20, Tag aaO 105 ff., Wegner wistra 98, 286 f.; s. auch Reck GmbHRdSch 99, 102 ff., WuB 00, 158). Obwohl das Sozialversicherungsrecht die Pflicht zur Beitragsentrichtung nicht an die Lohnzahlung, sondern an die Fälligkeit des Lohns knüpft (§ 23 I 2 SGB IV), ist dies jedoch zu verneinen (ebenso Hamm[Z] NJW-RR **99**, 915, Bente aaO 59 u. wistra **92**, 178, Bittmann wistra 99, 442 ff., Gribbohm LK 30, Jestaedt GmbHRdSch 98, 676, Lackner/Kühl 8, Medicus GmbHRdSch 00, 10, Reck GmbHRdSch 99, 765 [s. aber auch WuB 00, 158], Stein DStR **99**, 1059 f., Tröndle/Fischer 11 b), weil für Abs. 1 schon die Nichterfüllung der Zahlungspflicht genügen kann: Den hier vorausgesetzten untreueähnlichen Charakter hat das „Vorenthalten" vielmehr erst, wenn der Täter das ihm in fremdem Interesse verliehene Lohnabzugsrecht ausübt, ohne die einbehaltenen Beträge abzuführen, oder wenn er es nicht ausübt, obwohl er dies könnte, nicht aber dann, wenn mangels einer Lohnzahlung auch die Möglichkeit eines Lohnabzugs nicht besteht und die Verletzung der sozialversicherungsrechtlichen Zahlungspflicht deshalb nicht anders zu bewerten ist als bei der von vornherein nicht pönalisierten Nichtabführung der Arbeitgeberanteile. Kein „Vorenthalten" ist es mangels einer Lohnzahlung daher auch, wenn diese gestundet ist; davon, ob in einer Gutschrift des Lohns bzw. in dessen „Stehenlassen" eine Stundung oder eine mit einer Kreditierung verbundene Lohnauszahlung zu sehen ist, hängt in diesen Fällen mithin die Anwendbarkeit des Abs. 1 ab (verneinend BT-Drs. 10/318 S. 25, Dresden DRZ **31** Nr. 64; and. Martens wistra 86, 156). Entsprechendes gilt für Teilzahlungen, sofern der auf den Teillohn entfallende Sozialversicherungsanteil entrichtet wird (vgl. RG **40** 237, BGH **30** 267, Wank DB 82, 647). Wird dagegen auch dieser nicht abgeführt, so ist dies ein Vorenthalten auch dann, wenn der Teillohn nur den notwendigen Lebensbedarf zu decken vermag (Lackner/Kühl 8 a; vgl. auch u. 10, 18); daß bei geringen Einkünften Sozialversicherungsfreiheit besteht bzw. allein Arbeitgeberanteile anfallen (o. 4), ändert daran nichts, da dies bei Teilzahlungen nicht gilt (vgl. Martens/Wilde aaO 83, Schlüchter aaO 169). Im übrigen ist auf folgendes besonders hinzuweisen:

10 α) Da Vorenthalten der Beiträge das Unterlassen ihrer Zahlung ist, setzt dies nach allgemeinen Grundsätzen (vgl. 141 ff., 155 f. vor § 13) voraus, daß dem Täter die Abführung der Beiträge **möglich** und **zumutbar** ist (vgl. BGH[Z] **133** 379 f., **134** 307, NJW **98** 1306, Frankfurt StV **99**, 33, Hamm[Z] BB **00**, 113, Lackner/Kühl 10, M-Maiwald I 539, Samson/Günther SK 26 ␣., Stein DStR 98, 1060, Wegner wistra 98, 288, aber auch Schlüchter aaO 169). *Unmöglichkeit* liegt vor, wenn der Täter aus tatsächlichen (z. B. Krankheit) oder rechtlichen Gründen (z. B. Eröffnung des Insolvenzverfahrens [zur Konkurseröffnung nach bis 31. 12. 1998 geltendem Recht vgl. Oldenburg BB **86**, 1299] oder Bestellung eines vorläufigen Insolvenzverwalters [zur Sequestration nach bis 31. 12. 1998 geltendem Recht vgl. BGH NJW **98**, 1306, Zweibrücken OLGSt. **Nr. 1**]) verhindert ist, die entsprechenden Dispositionen zu treffen. Ein Fall der Handlungsunfähigkeit ist an sich auch die Zahlungsunfähigkeit (wofür jedoch nicht genügt, daß der Täter nicht mehr alle Verbindlichkeiten erfüllen kann, sondern ihm konkret die Mittel für die – vorrangige – Entrichtung der fälligen Arbeitnehmerbeiträge fehlen müssen; vgl. BGH[Z] NJW **97**, 133, Celle[Z] wistra **96**, 114, Düsseldorf[Z] NJW-RR **97**, 1448, NJW-RR **97**, 1124, Frankfurt StV **99**, 33, Köln[Z] wistra **97**, 231; zw. Tröndle/Fischer 12; and. [Zahlungsfähigkeit unerheblich] Celle NStZ-RR **97**, 324, NStZ **98**, 303 m. abl. Anm. Gribbohm JR 97, 479, LG Leipzig[Z] NStZ **98**, 304). Hier kann sich die Möglichkeit der Tatbestandsverwirklichung jedoch unter dem Gesichtspunkt der omissio libera in causa ergeben (vgl. 144 vor § 13; krit. Rönnau wistra 97, 14; s. auch Hellmann JZ 97, 1006, Wegner wistra 98, 288 f.), was unproblematisch ist, wenn der Täter, obwohl ihm dies durch Kreditaufnahme usw. möglich gewesen wäre, es unterlassen hat, rechtzeitig vor dem Fälligkeitstag die erforderlichen Mittel zu beschaffen (sog. omissio libera in omittendo; vgl. Samson/Günther SK 27, Düsseldorf[Z] NJW-RR **97**, 413, i. E. auch LG Fürth[Z] NJW **88**, 1856); eine Pflicht, eigene Mittel einzusetzen, trifft den Täter, der nicht selbst Beitragsschuldner ist (z. B. Vertreter nach § 14), jedoch nicht. Hat der Täter dagegen seine Zahlungsunfähigkeit durch aktives Tun herbeigeführt, so kann er dafür jedenfalls dann verantwortlich gemacht werden, wenn dies pflichtwidrig war (z. B. Beiseiteschaffen der Gelder, inkongruente Befriedigung der Gläubiger; ebso. Gribbohm LK 56, Lüke/Mulansky ZIP 98, 676; and. Samson/Günther SK 31: abschließende Regelung durch §§ 283 ff.; vgl. auch Celle[Z] wistra **96**, 114 m. Anm. bzw. Bspr. Bente aaO, Marxen EwiR 96, 275, Plagemann WiB 97, 545, Rönnau wistra 97, 13, Düsseldorf[Z] NJW-RR **93**, 1448). Dasselbe muß aber auch für das Verursachen der Zahlungsunfähigkeit durch die kongruente Erfüllung anderer Verbindlichkeiten gelten, weil es bei Abs. 1 nicht um die bloße Nichtentrichtung geschuldeter Beiträge geht (so aber Samson/Günther SK 20, Düsseldorf aaO), dies vielmehr im Zusammenhang mit dem dem Arbeitgeber eingeräumten Lohnabzugsrecht zu sehen ist (o. 2): Danach ist der Arbeitgeber zwar nicht verpflichtet, die in Abzug gebrachten Gelder als Treuhandgeld zu behandeln (vgl. RG **37** 257, Erbs-Kohlhaas/Meyer § 529 RVO a. F. Anm. 3 d a. Martens/Wilde aaO 87; vgl. aber auch BGH[Z] WM **80**, 744, VersR **60**, 749, **63**, 1035, BSG **78** 24, Köln[Z] wistra **97**, 231, Schmidt JR 61, 369), doch hat er bei der Auszahlung des Lohns durch einen Liquiditätsplan und notfalls durch Lohnkürzung sicherzustellen, daß ihm die auf die gezahlten Löhne entfallenden Arbeitnehmerbeiträge bei Fälligkeit zur Abführung zur Verfügung stehen (so i. E. jetzt auch BGH[Z] **134** 307 ff. m. zust. Anm. bzw. Bspr. Heger JuS 98, 1090, Hellmann JZ 97, 1005, Hess SGb **97**, 387, Jestaedt GmbHRdSch 98, 672, Marxen EwiR **97**, 561 u. krit. Anm. bzw. Bspr. Cahn ZGR 98, 367, Frister JR 98, 63, Plagemann WiB 97, 524, Tag BB 97, 1115; ebso. Düsseldorf[Z] NJW-RR **98**, 691, Hamm[Z] NJW-RR **99**, 915, Bittmann wistra 99, 449 f., Fritz aaO 122, Gribbohm LK 56, Holzkämper BB 96, 2143, Lackner/Kühl 10, Martens wistra 86, 157, Martens/Wilde aaO 85 f.; vgl. auch RG **40** 237, BGH **30** 267, LG Fürth[Z] NJW **88**, 1856; and. Celle[Z] wistra **99** 17 m. zust. Anm. bzw. Bspr. Plagemann WiB 96, 545, Rönnau wistra 97, 13 u. teilw. krit. Anm. Bente wistra 96, 115, Marxen EwiR 96, 275, Düsseldorf[Z] NJW-RR **93**, 1448 [aufgegeben in NJW-RR **98**, 691], Bente wistra 97, 106, Lüke/Mulansky ZIP 98, 675 f., Samson/Günther SK 31, Stein DStR 98, 1060 f., Tag aaO 125 ff., Wegner wistra 98, 289 f., W-Hillenkamp 301, wohl auch Tröndle/Fischer 12; offen gelassen von Frankfurt StV **99**, 33); das Auszahlungsverbot des § 64 II GmbHG gilt wegen § 64 II 2 GmbHG insoweit nicht (ebso. Cahn ZGR 98, 381 f., Heger JuS 97, 1093 f., Hellmann NJW 97, 1007, Lackner/Kühl 10; and. Plagemann WiB 97, 524, Rönnau wistra 97, 16, Wegner wistra 98, 290; s. auch Stein DStR 98, 1063; offen gelassen von Frankfurt StV **99**, 33). Zu verneinen ist die Tatbestands-

mäßigkeit wegen fehlender Handlungsmöglichkeit daher nur, wenn zwischen Lohnzahlung und Fälligkeit der Beiträge gänzlich unerwartete Ereignisse zur Zahlungsunfähigkeit führen (vgl. Hoffmann DB 86, 467, Martens/Wilde aaO 86). – Für *Zumutbarkeitserwägungen* ist, wie auch Abs. 5 zeigt, für die Handlungspflicht kein Raum, wenn lediglich wirtschaftliche Interessen in Frage stehen, da ihnen gegenüber der Schutz der Sozialversicherung generell vorgeht (zur Möglichkeit, sie nach Abs. 5 zu berücksichtigen, vgl. u. 21 ff.). Als Fälle der Unzumutbarkeit kommen hier daher im wesentlichen nur solche in Betracht, in denen die Bezahlung zu einer Gefahr für höchstpersönliche Rechtsgüter des Pflichtigen oder ihm nahestehender Personen führt, wozu auch die Gefährdung des notwendigen Lebensbedarfs gehört.

β) **Teilzahlungen** auf die Beitragsschuld sind i. S. einer möglichst „täterfreundlichen" Lösung zu berücksichtigen. Im einzelnen ist hier zu unterscheiden: Zahlungen vor Fälligkeit, die unterhalb der insgesamt geschuldeten Beitragssumme bleiben, sind vorbehaltlich einer eindeutig anders lautenden Zweckbestimmung durch den Täter zunächst auf den Arbeitnehmeranteil zu verrechnen, weil damit bei einer insoweit vollständigen Erfüllung § 266 a ganz entfällt und eine teilweise Erfüllung wenigstens bei der Strafbemessung zugunsten des Täters zu Buche schlägt (so die ältere Rspr. u. Lit., vgl. zB BGH NJW **91**, 2918 m. Mitsch JZ 94, 887, NStZ **90**, 588, Bay JR **88**, 477 m. Anm. Stahlschmidt, Düsseldorf NJW **56**, 302, Hamm BB **65**, 86, Neustadt BB **60**, 410, Martens/Wilde aaO 84, Wochner DB 77, 1092 mwN). Auch das Inkrafttreten von § 2 BeitragszahlungsVO v. 22. 5. 1989 (BGBl. I 990) idF v. 28. 7. 1997 (BGBl. I 1927; vgl. dazu auch BSG **78** 20), der § 366 II BGB verdrängt (vgl. BGH[Z] NJW **98**, 1485, Gribbohm LK 60 ff.), hat daran nichts geändert. Die „täterfreundliche" vorrangige Verrechnung auf die Arbeitnehmerbeiträge ist daher auch dann anzunehmen, wenn eine – auch nur stillschweigende – Erklärung des Schuldners in dem genannten Sinn nicht feststellbar ist, weil die in § 2 BeitragszahlungsVO aufgeführte Tilgungsreihenfolge korrigiert werden darf, wenn sie dem zu vermutenden vernünftigen Schuldnerwillen offensichtlich widerspricht, der hier nur auf eine Verrechnung gerichtet sein kann, die eine Strafbarkeit ausschließt oder jedenfalls begrenzt bzw. mindert (Bay NStZ-RR **99**, 142, Gribbohm LK 62, Reck GmbHRdSch **99**, 104 ff., 765, WuB 00, 160, Tag aaO 112 f., Wegner wistra 00, 36 f. [and noch wistra **98**, 287]; and. BGH[Z] NJW **98**, 1485, Düsseldorf[Z] NJW-RR **98**, 1729, Naumburg[Z] GmbHRdSch **99**, 1028 m. abl. Anm. Wegner wistra 00, 35, Lackner/Kühl 7: ohne Tilgungsbestimmung des Arbeitgebers gilt Reihenfolge des § 2 BeitragszahlungsVO). Von einem solchen Willen zur strafrechtlichen „Schadensbegrenzung" ist auch in anderen Fällen auszugehen, so bei einer für einen früheren Fälligkeitszeitraum erfolgenden Teilleistung (Verrechnung auf den Arbeitnehmeranteil, weil hier, auch wenn die Voraussetzungen des Abs. 5 S. 2 nicht vorliegen, die Zahlung als Schadenswiedergutmachung strafmildernd zu berücksichtigen ist; and. Düsseldorf[Z] NJW-RR **97**, 1125 mit abl. Anm. Fischer WiB 97, 923) oder bei einer den fällig werdenden Beitrag und die aufgelaufenen Rückstände nicht deckenden Zahlung (Verrechnung auf den fällig werdenden Arbeitnehmeranteil, wenn insoweit eine Tatbestandsverwirklichung vermieden wird, während bezüglich der Rückstände mangels der Voraussetzungen des Abs. 5 Straffreiheit nicht erlangt werden kann; vgl. auch Bay JR **88**, 477, Stahlschmidt aaO). Hat der Schuldner jedoch ausdrücklich erklärt, nur den Arbeitgeberanteil usw. tilgen zu wollen, so wirkt sich die damit geschaffene rechtliche Situation auch im Strafrecht aus (and. Mitsch JZ 94, 888). Für Leistungen im Beitreibungsverfahren hingegen gilt, daß sie jeweils auf die Rückstände anzurechnen sind, deretwegen die Zwangsbeitreibung aus dem Titel erfolgt (BGH NJW **91**, 2918, NStZ **90**, 588 mwN).

3. Als Täter nennt Abs. 1 nur den **Arbeitgeber** (Sonderdelikt); gleichgestellt sind diesem die **in Abs. 4 genannten Personen.** Der Begriff des *Arbeitgebers* bestimmt sich, da das Strafrecht an dessen sozialversicherungsrechtliche Pflichten anknüpft, nach den im Sozialrecht geltenden Grundsätzen (s. auch Tag aaO 41 ff.). Arbeitgeber ist danach zunächst – gewissermaßen spiegelbildlich zum Arbeitnehmerbegriff –, wer als Dienstberechtigter (§§ 611 ff. BGB) aufgrund eines privatrechtlichen Vertrags von einem anderen (Arbeitnehmer) die Erbringung von Arbeitsleistungen in persönlicher Abhängigkeit zu fordern berechtigt und ihm dafür zur Lohnzahlung verpflichtet ist. Darüber hinaus läßt das Sozialrecht aber eine an der tatsächlichen Gestaltung der Verhältnisse orientierte Beurteilung dann zu, wenn andernfalls sozialrechtliche Schutzzwecke – sozialrechtlicher Schutz des Arbeitnehmers, Sicherung der Finanzmittel des Sozialversicherungsträger – gefährdet wären (vgl. B. BSG wistra **85**, 33 m. Anm. Franzheim sowie zur Scheinselbständigkeit z.B. § 7 IV SGB IV Jacobi/Reufels BB **00**, 771, MB-Heitmann 917). Nicht zum Arbeitgeber wird dadurch freilich der vorläufige Insolvenzverwalter gem. §§ 21 II Nr. 2, 22 InsO, wenn sich dessen Tätigkeit auf die Vermögenssicherung und die Vorbereitung des Insolvenzverfahrens beschränkt (vgl. zum bis 31. 12. 1998 geltenden Recht Zweibrücken OLGSt **Nr. 1,** Wegner wistra 98, 285; and. Gribbohm LK 15, Plagemann NZS 00, 8, 10, Tag aaO 61) oder auch nicht der faktische Geschäftsführer einer GmbH, sofern das Arbeitsverhältnis zwischen der GmbH und dem Arbeitnehmer besteht (vgl. KG[Z] NJW-RR **97**, 1126, Wegner wistra 98, 284 f.; auch § 14 ist hier nur begrenzt anwendbar [vgl. § 14 RN 42/43, KG aaO, Wegner aaO]). Ungeachtet einer arbeitsvertraglichen Bindung kann Arbeitgeber i.S. des Sozialrechts und damit zugleich i.S. des Abs. 1 z.B. jedoch sein, wer sich bei der rechtlichen Gestaltung eines Strohmannes bedient (vgl. BGH GA **55**, 81 sowie die Nachw. b. Marburger BB 77, 450; dazu, daß jedoch das Betreiben des Unternehmens lediglich für Rechnung des Hintermannes nicht genügt, wenn dieser auf den Geschäftsbetrieb keinen Einfluß nimmt, vgl. BSGE **34** 111). Dasselbe gilt für den sog.

mittelbaren Arbeitgeber (vgl. dazu BSGE **18** 198), u. U. sogar für einen Kreditgeber des arbeitsrechtlichen Arbeitgebers, wenn er die Geschäftstätigkeit in einer das Beschäftigungsverhältnis beeinflussenden Weise kontrolliert (vgl. BSG NJW **67**, 2031). Da sich der Arbeitgeberbegriff hier unmittelbar bereits aus dem Sozialrecht ergibt, kommt es auf die sog. „faktische Betrachtungsweise im Strafrecht" in allen diesen Fällen nicht an (vgl. Meine wistra 83, 135, aber auch BGH GA **55**, 81). In den Fällen der Arbeitnehmerüberlassung ist, soweit sie zulässig erfolgt, das Verleihunternehmen alleiniger Arbeitgeber sowohl im sozial- wie im arbeitsrechtlichen Sinn (der Entleiher haftet nur subsidiär als Bürge für die Beitragsschuld, vgl. jetzt § 28 e II S. 1 SGB IV). Beim illegalen Verleih wird zwar grundsätzlich eine Arbeitgeberstellung des Entleihers fingiert (vgl. § 10 I AÜG); hinsichtlich der Pflichten des Abs. 1 gelten jedoch Entleiher und Verleiher als Arbeitgeber, die gesamtschuldnerisch für die Abführung der Beiträge haften (so zunächst § 10 III AÜG i. d. F. des 2. WiKG u. jetzt § 28 e II S. 3, 4 SGB IV; vgl. dazu Becker ZIP 86, 416, Gribbohm LK 16 ff., Müller/Wabnitz/Janovsky 370 f. u. zu den „Altfällen" zuletzt BGH NStZ **87**, 454, **88**, 33 m. Anm. Seibert), was zu einer strafrechtlichen Haftung wegen Vorenthaltens der Beiträge allerdings nur bei demjenigen führen kann, der tatsächlich den Lohn auszahlt (o. 9 sowie Gribbohm LK 18; and. z. B. MB-Heitmann 990). – Zu den dem Arbeitgeber *nach Abs. 4 gleichgestellten Personen* i. S. des Sozialrechts und damit des Abs. 1 vgl. § 12 SGB IV und dazu z. B. Hauck aaO § 12 RN 3 ff.; s. auch Gribbohm LK 19 ff. – zu *Vertretern iSd § 14* vgl. dort RN 5 f., 13 ff. sowie zB Möhrenschlager aaO 3, Tag aaO 55 ff., Wegner wistra 98, 284 f.

12 III. Der **objektive Tatbestand** des **Abs. 2** erfaßt das Verheimlichen des Nichtabführens sonstiger Lohnteile, die der Arbeitgeber einbehalten und für den Arbeitnehmer einem anderen zu zahlen hat.

13 1. Tatbestandsvoraussetzung ist zunächst, daß der Arbeitgeber **Teile des Arbeitsentgelts,** die nicht unter Abs. 1 und die Ausnahme des S. 2 (Lohnsteuer, vgl. o. 2) fallen, **einbehält,** sie aber **nicht** ordnungsgemäß **an denjenigen abführt,** an den er sie **für den Arbeitnehmer zu zahlen** hat. *Einbehalten* sind Lohnteile, zu denen auch vermögenswirksame Leistungen gehören (§ 2 VII 5. VermögensbildungsG i. d. F. der Bekanntmachung v. 4. 3. 1994, BGBl. I 406, zuletzt geändert durch Ges. v. 7. 9. 1998 [BGBl. I 2647], in den neuen Bundesländern in Kraft seit 1. 1. 1991 [EV I Kap. VIII L III 1]), wenn nur ein um die an Dritte zu leistenden Zahlungen (ohne die Beiträge nach Abs. 1 und die Lohnsteuer) gekürzter Lohn ausbezahlt wird. Meist wird der fragliche Betrag in der Lohnabrechnung ausdrücklich ausgewiesen, notwendig ist dies aber nicht; unerheblich ist auch, ob er eigens beiseite gelegt wird. Wird infolge Zahlungsunfähigkeit des Arbeitgebers keinerlei Lohn ausbezahlt – wobei für eine Lohnzahlung allerdings auch eine mit einer Kreditierung verbundene Gutschrift genügt –, so können auch keine Lohnteile einbehalten werden (vgl. Granderath DB 86, Beil. 18, 10; and. Tag aaO 178 ff.). Da die einbehaltenen Lohnteile *an einen Dritten abzuführen* sein müssen, genügen Teillohnzahlungen im übrigen nicht, selbst wenn der Arbeitgeber verspricht, den einbehaltenen Lohn für den Arbeitnehmer anzulegen; hier kommen jedoch die §§ 263, 266 in Betracht. Gleichgültig ist, ob die Pflicht des Arbeitgebers zur Abführung der einbehaltenen Lohnteile privatrechtlich durch eine Abtretung oder eine Vereinbarung zwischen Arbeitgeber und Arbeitnehmer begründet ist oder ob sie auf einer öffentlich-rechtlichen Anordnung (Pfändung) beruht, wobei der andere, an den zu zahlen ist, idR ein Gläubiger des Arbeitnehmers ist (z. B. Versicherer einer freiwilligen Renten- oder Krankenversicherung, Ersatz-, Pensionskassen, Unterhalts-, Darlehnsgläubiger), auch ein vom Arbeitnehmer freiwillig Bedachter sein kann (z. B. der Empfänger einer regelmäßigen Spende). *Nicht gezahlt* ist, wenn die Zahlung, vorbehaltlich der Vereinbarung eines anderen Zahlungstermins, nicht mit Fälligkeit des Lohns an den anderen erfolgt; ausreichend ist daher auch ein „Einbehalt auf Zeit". Dabei ist hier allein auf die Tatsache der Nichtzahlung abzustellen, während es auf die Handlungsfähigkeit insoweit nicht ankommt, weil das Abs. 2 strafrechtlich relevante Unterlassen erst in der Nichtunterrichtung des Arbeitnehmers liegt (u. 14). Bei vermögenswirksamen Leistungen, die nicht an den Arbeitnehmer selbst ausbezahlt werden dürfen (vgl. o.), können das Einbehalten und Nichtzahlen auch zeitlich zusammenfallen (BT-Drs. 10/318 S. 29).

14 2. Zum Nichtabführen des einbehaltenen Lohnteils muß hinzukommen, daß es der Arbeitgeber **unterläßt** (echtes Unterlassen), **den Arbeitnehmer** hierüber spätestens im Zeitpunkt der Fälligkeit oder unverzüglich danach **zu unterrichten**. In dieser Verheimlichung des Vorgehens liegt der „Kern des strafbaren Unrechts", weil dem Arbeitnehmer dann die Möglichkeit genommen ist, sich ebenso wie in anderen Fällen der unterlassenen Lohnzahlung rechtzeitig und wirksam gegen (weitere) Schädigungen zu schützen (BT-Drs. 10/318, S. 29, Rienhardt aaO 3, Tiedemann JZ 86, 874). Die zum Tatbestandsausschluß führende Unterrichtung über das Unterlassen der Zahlung kann schriftlich oder mündlich, ausdrücklich oder konkludent geschehen – es genügt, wenn sie sich hinreichend deutlich aus der Lohnabrechnung ergibt –, muß aber spätestens mit der Fälligkeit der Zahlung an den Dritten oder unverzüglich (vgl. § 121 I BGB) danach erfolgen, wobei die nachträgliche Mitteilung aber nur dann ausreicht, wenn ihr Unterlassen bei Fälligkeit nicht vorwerfbar ist. Daraus, daß der Arbeitnehmer „spätestens" bei Fälligkeit usw. zu unterrichten ist, ergibt sich die Zulässigkeit einer Mitteilung vor Fälligkeit auch für kommende Lohnzeiträume; doch muß diese so eindeutig sein, daß ihr der Arbeitnehmer entnehmen kann, für welchen Zeitraum der Arbeitgeber seinen Pflichten nicht nachkommen will. Im übrigen gelten auch hier die allgemeinen Grundsätze über Unterlassungsdelikte, wobei die Handlungsfähigkeit hier jedoch nur bezüglich der Mitteilung bestehen muß: Fehlt sie insoweit, so entfällt, vorbehaltlich einer späteren Nachholbarkeit der Unterrichtung, der Tatbestand auch dann, wenn der Täter bezüglich der Zahlung an den Dritten handlungsfähig war, während im umgekehrten Fall – Handlungsfähigkeit bezüglich der Mitteilung, nicht aber der Zahlung – die Voraussetzungen des Abs. 3 erfüllt sind (vgl. Samson/Günther SK 37).

3. Täter nach Abs. 2 können der **Arbeitgeber** und die ihm **nach Abs. 4 gleichgestellten** 15 **Personen** sein. Zum Begriff des *Arbeitgebers* vgl. o. 11, wobei es bei Abs. 2 jedoch auf den arbeitsrechtlichen Arbeitgeberbegriff ankommt, was jedenfalls im Zusammenhang mit der hier interessierenden Lohnzahlungspflicht bedeutet, daß i. U. zu Abs. 1 allein die zivilrechtliche Gestaltung des Arbeitsvertrages maßgebend ist. Eine Korrektur mit Hilfe der sog. faktischen Betrachtungsweise des Strafrechts ist hier nicht möglich, weil dem nur tatsächlichen Arbeitgeber vom Strafrecht keine Lohnzahlungspflicht auferlegt werden kann, die er zivilrechtlich nicht hat. Bei der Arbeitnehmerüberlassung und dem illegalen Verleih gilt weitgehend Entsprechendes wie bei Abs. 1 (vgl. o. 11 u. zum illegalen Verleih § 10 III AÜG i. d. F. der Bekanntmachung v. 3. 2. 1995, BGBl. I 159). – Zu den dem Arbeitgeber *nach Abs. 4 gleichgestellten Personen* i. S. des Abs. 4 maßgeblichen Arbeitsrechts vgl. §§ 1, 2 HeimarbeitsG v. 14. 3. 1951 i. d. F. vom 26. 11. 1964 (BGBl. I 921), zuletzt geändert durch Art. 14 des Ges. v. 16. 12. 1997 (BGBl. I 2942); in der ehem. DDR seit 1. 7. 1991 anwendbar [EV I Kap. VIII A III]), wobei sich jedoch gegenüber Abs. 1 keine Unterschiede ergeben, weil § 12 V SGB IV in einem Auffangtatbestand auf das HeimarbeitsG verweist (vgl. näher Gribbohm LK 26).

IV. Der **objektive Tatbestand** des **Abs. 3** betrifft das *Vorenthalten der vom Arbeitgeber* mit dem 16 Lohn *ausbezahlten Arbeitgeberbeiträge* zur Sozialversicherung und Bundesanstalt für Arbeit *durch Ersatzkassenmitglieder.* Die Vorschrift, die schon bei ihrer Einfügung durch das 2. WiKG nur geringe praktische Bedeutung hatte (vgl. die 23. A.), ist mit dem Inkrafttreten der Gemeinsamen Vorschriften für die Sozialversicherung (SGB IV) v. 20. 12. 1988 (BGBl. I 2330), zuletzt geändert durch Ges. v. 22. 12. 1999 (BGBl. I 2601) und des Gesundheits-ReformG (SGB V) v. 20. 12. 1988 (BGBl. I 2477), zuletzt geändert durch Ges. v. 22. 12. 1999 (BGBl. I 2626, 2657) nahezu obsolet geworden (vgl. Gribbohm LK 12, 74). Sie war ursprünglich im Zusammenhang mit den früheren §§ 520 RVO, 179 Nr. 2 AFG zu sehen, wonach das krankenversicherungspflichtige Ersatzkassenmitglied der Ersatzkasse den vollen Beitrag zur Krankenversicherung und zur Bundesanstalt für Arbeit schuldete und dafür gegen seinen Arbeitgeber einen Anspruch auf Auszahlung der entsprechenden Arbeitgeberanteile mit dem Lohn hatte (während hinsichtlich der Rentenversicherung der Arbeitgeber Beitragsschuldner war, weshalb es hier bei vgl. Martens/Wilde aaO 54 mwN). Mit der Aufhebung dieser Bestimmungen durch Art. 5 Nr. 2, 34 Nr. 12 Gesundheits-ReformG und der Gleichstellung der Ersatzkassen mit den anderen Trägern der gesetzlichen Krankenversicherung ist jetzt der Gesamtsozialversicherungsbeitrag vom Arbeitgeber an die Krankenkassen (Einzugsstellen) zu entrichten (§§ 28 b, 28 e, 28 h SGB IV; für die neuen Bundesländer vgl. o. 8), bei den versicherungspflichtigen Ersatzkassenmitgliedern also auch die Beiträge zur Krankenversicherung und zur Bundesanstalt für Arbeit. Abs. 3 kommt hier deshalb nur noch in Betracht, wenn der Arbeitgeber Beiträge aus irgendwelchen Gründen nicht unmittelbar an die Einzugsstelle entrichtet (z. B. infolge eines Versehens oder weil er wegen seines besonderen völkerrechtlichen Status – von Bedeutung etwa für das Personal ausländischer Botschaften – dazu nicht verpflichtet ist), sondern an den Arbeitnehmer ausbezahlt und dieser die Arbeitgeberanteile nicht abführt (vgl. auch BSG SozR § 520 RVO **Nr. 4**). Keine Bedeutung hat Abs. 3 auch für freiwillig versicherte Mitglieder von Ersatzkassen, da der vom Arbeitgeber für eine freiwillige Krankenversicherung gezahlte Zuschuß kein Beitrag zur Sozialversicherung ist (BGH[Z] NJW **72**, 947), während die Beiträge zur Rentenversicherung und zur Bundesanstalt für Arbeit direkt vom Arbeitgeber an die Ersatzkasse als Einzugsstelle bezahlt werden.

V. Der **subjektive Tatbestand** verlangt in allen Fällen zumindest bedingten (vgl. BGH[Z] **133** 17 381, **134** 314, NJW **92**, 177 m. Anm. Dreher DB 91, 2586, Gribbohm LK 81, Lackner/Kühl 16, Tröndle/Fischer 17) Vorsatz; eine weitergehende Bereicherungs- oder Schädigungsabsicht ist dagegen nicht erforderlich (vgl. BGH MDR **60**, 917, Gribbohm LK 84, Lackner/Kühl 16, Tröndle/Fischer 17). Aus denselben Gründen wie bei § 170 (vgl. dort RN 33 a) muß sich der Vorsatz bezüglich der Zahlungspflicht und ihres Umfangs nicht nur auf die pflichtbegründenden Umstände (z. B. Bestehen eines Beschäftigungsverhältnisses i. S. des Abs. 1), sondern auch das Bestehen der Pflicht selbst beziehen, weil diese hier ein ausdrückliches (Abs. 2) oder ungeschriebenes (Abs. 1, 3) Tatbestandsmerkmal ist (Lackner/Kühl 16; and. insoweit BGH[Z] **133** 381, Gribbohm LK 82, Tröndle/Fischer 17 u. hins. Abs. 1 auch Tag aaO 137: idR vorwerfbarer Verbotsirrtum); ebenso gehört zum Vorsatz die Kenntnis des Fälligkeitszeitpunkts (vgl. Frankfurt[Z] ZIP **95**, 218: Irrtum über die Gewährung einer Stundung). Dagegen braucht der Täter bei der Unterrichtspflicht nach Abs. 2 nur die pflichtbegründenden Umstände zu kennen, während die Unkenntnis dieser selbst lediglich ein dem § 17 unterfallender Gebotsirrtum ist. Hinsichtlich des Merkmals „Arbeitgeber" ist Bedeutungskenntnis erforderlich, aber auch ausreichend (vgl. § 15 RN 42 ff.); wird die Arbeitgebereigenschaft allerdings fingiert (o. 11, 15), so setzt der Vorsatz auch die Kenntnis der gesetzlichen Fiktion selbst voraus. Ergibt sich bei einer Leistungsunfähigkeit im Fälligkeitszeitpunkt das Vorenthalten als einer omissio libera in causa (o. 10), so liegt (bedingter) Vorsatz nur vor, wenn der Täter seine spätere Zahlungsunfähigkeit schon bei der sie begründenden Vorhandlung (bzw. Unterlassung) zumindest in Kauf genommen hat (BGH[Z] **134** 315); bloße Zweifel allein genügen dafür noch nicht (vgl. RG **28** 254,

40 237, Lackner/Kühl 16; vgl. auch BGH **30** 265). Gleichgültig ist, ob der Vorsatz schon beim Einbehalten (Abs. 1, 2) bzw. beim Erhalten der Beiträge (Abs. 3) oder erst später gefaßt wird (Tröndle/Fischer 17).

18 **VI. Rechtswidrigkeit:** 1. Eine rechtfertigende *Einwilligung* des Arbeitnehmers bzw. Arbeitgebers ist bei Abs. 1 bzw. 3 nicht möglich, da geschütztes Rechtsgut das Beitragsaufkommen der Sozialversicherung ist (vgl. LG Fürth[Z] NJW **88**, 1857, Gribbohm LK **78**, 80, Martens NStZ 84, 319, wistra **85**, 52, Tiedemann JZ 86, 874). Dagegen schließt die (wirksame) Einwilligung der Einzugsstelle in eine spätere Zahlung bereits den Tatbestand aus, weil damit die Fälligkeit hinausgeschoben (Stundung) und deshalb nichts vorenthalten wird (o. 7). Eine Verwaltungspraxis, daß bei Fristüberschreitung zunächst nichts unternommen wird, genügt dafür aber noch nicht. Bei Abs. 2 sind Fälle einer – nach dem Sinn der Vorschrift dann bereits tatbestandsausschließenden – Einwilligung (Einverständnis; s. auch Gribbohm LK 73) des Arbeitnehmers kaum denkbar. – 2. Ohne praktische Bedeutung als Rechtfertigungsgründe sind auch der *Notstand* (§ 34) und die *Pflichtenkollision* (vgl. 71 ff. vor § 32). Die Erhaltung sonst gefährdeter Arbeitsplätze oder des Unternehmensbestands insgesamt wurde schon bisher nicht als ausreichend angesehen (z.B. Hamburg NJW **53**, 1807, KG JW **30**, 3108 m. Anm. Lewin, Schmidt JR 61, 370; vgl. auch LG Fürth[Z] NJW **88**, 1857), was jetzt erst recht gelten muß, da für solche Fälle die Regelung des Abs. 5 geschaffen wurde (ebso. Fritz aaO 123 ff., Gribbohm LK 79). Dasselbe gilt für die Fälle, in denen der Arbeitgeber entweder seinen Arbeitnehmern nur noch den gerade für den notdürftigen Unterhalt ausreichenden Lohn bezahlen oder seine sozialrechtlichen Pflichten erfüllen kann (vgl. BT-Drs. 10/318 S. 25 f., Gribbohm LK 57, Lackner/Kühl 8 a, Winkelbauer wistra 88, 18). Soweit hier von der Rspr. früher i. E. eine Pflichtenkollision anerkannt wurde (vgl. z.B. RG HRR **32** Nr. 1016, KG JW **30**, 3108, BGH 1 StR 65/76 v. 13. 4. 1976; and. aber Darmstadt JW **34**, 624; offengelassen von BGH **30** 265), hatte sie ihre Grundlage in der sozialen Lage der Arbeitnehmer während der Weltwirtschaftskrise (vgl. Martens/Wilde aaO 58). Schon deshalb ist sie auf die Situation des Sozialstaates nicht übertragbar, wo eine existenzielle Gefährdung des Arbeitnehmers auf andere Weise abwendbar ist (so schon Darmstadt aaO, Schmidt JR 61, 370; vgl. ferner Winkelbauer aaO); jedenfalls ist ihr aber durch den jetzigen Abs. 5 die Basis entzogen. Bei Abs. 2 hingegen ist das Problem kollidierender Zahlungspflichten ohnehin bedeutungslos, da der Arbeitgeber hier mit der Unterrichtung des Arbeitnehmers über die Tatsache der Nichtzahlung die Möglichkeit eines tatbestandslosen Verhaltens hat.

19 **VII. Vollendet** ist die Tat, wenn die Beiträge im Zeitraum ihrer Fälligkeit nicht abgeführt sind (Abs. 1, 3; vgl. BGH NStZ **90**, 588) bzw. die Unterrichtung des Arbeitnehmers nach Abs. 2 nicht bis zu dem dort maßgeblichen Zeitpunkt erfolgt ist. Eine spätere Nachholung ändert daran nichts mehr, sondern kann lediglich bei der Strafzumessung berücksichtigt werden. Eine Ausnahme davon gilt unter den Voraussetzungen des Abs. 5 nur für die Fälle des Abs. 1, 3. Der **Versuch** (zur Möglichkeit eines solchen vgl. § 22 RN 53) ist straflos (§ 23 I).

20 **VIII. Täter** i. S. von Abs. 1, 2 können nur der Arbeitgeber und die ihm nach Abs. 4 gleichgestellten Personen (o. 11, 15), Täter des Abs. 3 nur Mitglieder einer Ersatzkasse (o. 16) sein (Sonderdelikt), ferner deren Vertreter i. S. des § 14 (vgl. o.11). Für die **Teilnahme** gelten die allgemeinen Regeln. § 28 ist auf die nicht sonderpflichtigen Teilnehmer nicht anwendbar, weil die Beschränkung des Täterkreises nicht auf dem Gedanken eines von der Rechtsgutsverletzung unabhängigen personalen Unrechts beruht, sondern ebenso wie bei § 266 (vgl. dort RN 52) seinen Grund darin hat, daß das Rechtsgut nur gegen Inhaber bestimmter Dispositionsmöglichkeiten geschützt werden soll (Lackner/Kühl 2, M-Maiwald I 539; and. Gössel II 509, Gribbohm LK 85, Samson/Günther SK 57, Tag aaO 190, u. zu § 529 RVO a. F. BGH wistra **84**, 67).

21 **IX. Abs. 5** sieht für die Fälle der Abs. 1, 3 (vgl. S. 3) bei rechtzeitigem Offenbaren der Zahlungsunfähigkeit die in den Vorgängervorschriften nicht enthaltene Möglichkeit des **Absehens von Strafe** (S. 1) und – gleichfalls neu – bei zusätzlichem Nachentrichten der Beiträge einen persönlichen **Strafaufhebungsgrund** vor (S. 2). Nach BT-Drs. 10/5058 S. 26 soll damit, ohne die strafrechtliche Sicherung des Beitragsaufkommens zu gefährden, Arbeitgebern – gedacht ist dabei insbes. an Klein- und Mittelbetriebe – eine „goldene Brücke" gebaut werden, wenn sie in einem voraussichtlich behebbaren wirtschaftlichen Engpaß ihrer Zahlungspflicht deshalb nicht nachkommen, weil sonst der Bestand des Unternehmens gefährdet wäre (s. auch Fritz aaO 24 ff.). Eine andere Frage ist es allerdings, ob die Regelung des Abs. 5 geglückt ist (vgl. u. 22, 24, 26, ferner die z.T. jedoch zu weitgehende Kritik von Samson/Günther SK 39 ff.). Zu der strafbefreienden Selbstanzeige des § 371 AO bestehen trotz gewisser Ähnlichkeiten wesentliche Unterschiede: Während § 371 AO unter Vernachlässigung strafrechtlicher Gesichtspunkte ausschließlich fiskalischen Interessen dient, ist hier das Interesse an der Sicherung des Beitragsaufkommens nur einer der die Regelung tragenden Gründe, mag dieses dann auch in S. 2 den Ausschlag für die Schaffung eines Strafaufhebungsgrundes gegeben haben; daneben beruht Abs. 5 jedoch auch auf dem Gedanken einer Unrechts- und Schuldminderung (vgl. dazu auch Samson/Günther SK 41), die darin zu sehen ist, daß der Täter 1. sich in einer Situation befunden hat, in der normgemäßes Verhalten zwar nicht unzumutbar, mit Rücksicht auf kollidierende andere Interessen aber doch erheblich erschwert war, 2. er gleichwohl 2. ernsthaft um eine fristgemäße Zahlung bemüht hat und daß er 3. durch eine grundsätzlich spätestens im Zeitpunkt der Vollendung zu machende Mitteilung der für die Beitragserhebung maßgeblichen Verhältnisse den Schaden in Grenzen zu halten versucht (vgl. Winkelbauer wistra 88, 17 sowie eingehend zum

Wiedergutmachungscharakter der Vorschrift Fritz aaO 78 ff.). Zum Verhältnis von § 266 a V und § 46 a vgl. Fritz aaO 107 ff.

1. Die Möglichkeit des **Absehens von Strafe** nach S. 1 setzt voraus, daß der Arbeitgeber (bzw. im Fall des Abs. 3 das Ersatzkassenmitglied) der Einzugsstelle spätestens im Zeitpunkt der Fälligkeit (o. 7) oder unverzüglich danach **schriftlich die Höhe** der **vorenthaltenen Beiträge mitteilt** und außerdem darlegt, **warum die fristgemäße Zahlung nicht möglich** ist, obwohl er sich darum ernsthaft bemüht hat. Trotz der mißverständlichen Gesetzesfassung kann damit jedoch nicht gemeint sein, daß schon das bloße, in sich schlüssige Vorbringen solcher Umstände genügt, vielmehr muß, weil das Absehen von Strafe nur dann „verdient" (BT-Drs. 10/318 S. 31) ist, diese Darstellung auch dem wahren Sachverhalt entsprechen (vgl. BT-Drs. aaO 26: „wahrheitsgemäßes" Offenbaren; dazu, daß dies auch mit dem Gesetzeswortlaut noch vereinbar ist, vgl. Samson/Günther SK 44). Erforderlich ist für S. 1 zweierlei: **22**

a) dem Täter muß die **fristgemäße Zahlung** trotz ernsthaften Bemühens tatsächlich oder – was nach dem Sinn der Vorschrift gleichfalls ausreichen muß (vgl. auch Samson/Günther SK 46, Winkelbauer wistra 88, 17) – jedenfalls nach seiner Vorstellung **unmöglich gewesen** sein. Dabei bedeutet „Unmöglichkeit" hier nur die im Zeitpunkt der Fälligkeit bestehende Leistungsunfähigkeit, für die der Täter jedoch, weil er sie durch ein früheres Verhalten vorsätzlich herbeigeführt hat, nach den Grundsätzen der omissio libera in causa haftet (o. 10, 17); scheidet eine solche aus, so bedarf es auch des Abs. 5 nicht, weil es dann schon am Tatbestand des Unterlassens fehlt (vgl. Tröndle/Fischer 22, Winkelbauer aaO, aber auch Samson/Günther SK 40). Anlaß zu einem Absehen von Strafe besteht nur, wenn die Unmöglichkeit fristgerechter Zahlung ihre Ursache in einer besonderen Bedrängnis des Täters hat, insbes. wenn dieser die noch vorhandenen liquiden Mittel, anstatt sie für die Beitragsentrichtung einzusetzen, zur Erfüllung anderweitiger Verbindlichkeiten verwandt hat, weil sonst z. B. Arbeitsplätze oder der Bestand des Unternehmens insgesamt gefährdet gewesen wären (vgl. Winkelbauer aaO 18). Daraus, daß S. 1 an die Möglichkeit einer „fristgerechten" Zahlung anknüpft, folgt andererseits, daß die Gründe der Zahlungsunfähigkeit nicht von der Art sein dürfen, daß eine begründete Aussicht, die Beiträge in angemessener Zeit nachentrichten zu können, nicht besteht (vgl. BT-Drs. 10/318 S. 31, Samson/Günther SK 45, Tröndle/Fischer 23, Winkelbauer aaO 17; and. Fritz aaO 101). Hinzukommen muß schließlich, daß der Täter in diese Bedrängnissituation trotz seines ernsthaften Bemühens, sie abzuwenden, geraten ist, was voraussetzt, daß er alle aus seiner Sicht bestehenden und ihm zumutbaren Möglichkeiten zur Beschaffung der erforderlichen Mittel ausgenutzt hat. Sinnlose Aktivitäten können von ihm jedoch nicht verlangt werden, weshalb S. 1 nicht deshalb unanwendbar ist, weil er nichts unternommen hat, nachdem er erkannt hat, daß er seine Liquidität nicht verbessern kann (vgl. Samson/Günther SK 47). **23**

b) Erforderlich ist nach S. 1 eine spätestens im Zeitpunkt der Fälligkeit oder unverzüglich danach (vgl. dazu entsprechend in Abs. 2 o. 14) erfolgende **schriftliche Mitteilung** an die Einzugsstelle, die zweierlei enthalten muß: 1. die vollständige Offenbarung der vorenthaltenen Beiträge, wozu jedoch nur die jetzt vorenthaltenen, nicht dagegen die bereits früher fällig gewordenen und nicht abgeführten Beiträge gehören können (vgl. Fritz aaO 94, Winkelbauer wistra 88, 17; and. Tröndle/Fischer 23; unklar BT-Drs. 10/318 S. 31), weil insoweit im Absehen von Strafe mangels Rechtzeitigkeit der Mitteilung nicht mehr möglich ist, ein „Angebot" an den Täter, sich durch Selbstbezichtigung einer früheren Tat Straffreiheit wegen der jetzt begangenen zu verdienen, aber keinen Sinn ergibt (abgesehen von den noch ungereimteren Konsequenzen, die sich sonst bei S. 2 ergeben würden, wenn nur ein Teil der vorenthaltenen Beiträge nachentrichtet, dieser jedoch mit den früher geschuldeten verrechnet wird); 2. die wahrheitsgemäße Darlegung der Gründe, warum fristgemäße Zahlung trotz ernsthaften Bemühens nicht möglich ist. Sinn dieser Mitteilung ist es, die Einzugsstelle in die Lage zu versetzen, „auf zutreffender Basis ihre weiteren Entscheidungen zu treffen" (BT-Drs. 10/5058 S. 30). Wenn dagegen das Erfordernis einer „ausreichenden Darstellung" auch mit der Gefahr einer „mißbräuchlichen Ausnutzung der Regelung" und die von S. 1 verlangte Schriftform mit dem Zweck der „Beweiserleichterung" begründet wird (aaO 31), so sind dies sachfremde Gesichtspunkte: Ob nach S. 1 von Strafe abgesehen werden soll, muß ausschließlich davon abhängen, ob Unrecht und Schuld gemindert sind, wofür aber allein maßgebend ist, ob der Täter durch eine Offenbarung des Sachverhalts zu einer Begrenzung des Schadens beiträgt, während das prozessuale Interesse, spätere Schutzbehauptungen unmöglich zu machen, nicht Grundlage einer materiell-strafrechtlichen Regelung sein kann (vgl. Fritz aaO 129 ff., Winkelbauer wistra 88, 18). Ob es allerdings zulässig ist, über das Erfordernis der Schriftlichkeit, weil es zur Unrechts- und Schuldminderung nichts beiträgt, ohne weiteres hinwegzugehen, erscheint wegen des insoweit eindeutigen Gesetzeswortlauts zumindest zweifelhaft (vgl. Fritz aaO 128, Gribbohm LK 96 u. jetzt auch Samson/Günther SK 48; s. auch Winkelbauer aaO mit dem Vorschlag, dem Täter bei Fehlen der Schriftform im Rahmen der Strafzumessung oder durch eine prozessuale Lösung entgegenzukommen). **24**

c) Ob das Gericht von Strafe absieht (vgl. 54 ff. vor § 38) unterliegt seinem **pflichtgemäßen Ermessen.** Von Bedeutung sind dabei insbes. die Schwere der Bedrängnis des Täters (Lackner/Kühl 18) – dies auch im Hinblick auf ihre Auswirkungen für Dritte (Gefährdung von Arbeitsplätzen) –, ferner die Intensität seiner Bemühungen um eine andere Lösung und seine dabei gezeigte Bereitschaft, auch persönliche Opfer auf sich zu nehmen. **25**

§ 266 a 26, 27

26 2. Voraussetzung des **Strafaufhebungsgrundes** nach S. 2 ist zusätzlich zu den in S. 1 genannten Erfordernissen die **Nachentrichtung der Beiträge** innerhalb der von der Einzugsstelle bestimmten angemessenen Frist, was bedeutet, daß der staatliche Strafanspruch hier durch die fristgerechte Nachzahlung auflösend bedingt ist (vgl. Tröndle/Fischer 23, Winkelbauer wistra 88, 18, ferner BGH 7 341 [zu § 410 RAO a. F.]). Es genügt, wenn der nachentrichtete Betrag zwar nicht den Gesamtbetrag deckt, wohl aber den Arbeitnehmeranteil, da er zunächst auf diesen zu verrechnen ist (o. 10 a). Wurden die Beiträge innerhalb der Frist nur teilweise nachbezahlt, so tritt Straffreiheit nur insoweit ein (vgl. Fritz aaO 106 f., Samson/Günther SK 52, Winkelbauer aaO). Dagegen kommen dem Täter auch fristgerechte Zahlungen anderer (Mittäter, Dritter, auch soweit sie nicht beteiligt sind) zugute, weshalb z. B. bei der illegalen Arbeitnehmerüberlassung die Zahlung durch einen der beiden Gesamtschuldner (vgl. § 28 e II S. 4 SGB IV) für den anderen, der Täter ist (o. 11), zur Straffreiheit führt (vgl. Winkelbauer aaO). Selbstverständlich ist ferner, daß S. 2, obwohl vom Wortlaut nicht erfaßt, auch gilt, wenn der Täter nach Erfüllung der Voraussetzung S. 1 die Beiträge entrichtet, ohne die Entscheidung der Einzugsstelle über eine Stundung abgewartet zu haben. Zweifelhaft ist dagegen, ob der Täter auch dann straffrei wird, wenn er sich zwar in der von S. 1 vorausgesetzten Zwangslage befunden und ernsthaft um eine Zahlung bemüht hat, die Beiträge aber ohne vorherige Mitteilung nach S. 1 nachentrichtet (so Samson/Günther SK 50). Obwohl dafür sprechen könnte, daß sich mit der Nachzahlung auch die Entscheidung der Einzugsstelle und damit die Informationspflicht erledigt hat, ist jedoch auch hier an den vollen Voraussetzungen des S. 1 festzuhalten, weil es wegen der ex ante immer ungewissen künftigen Entwicklung in allen Fällen seinen guten Sinn hat, wenn die Einzugsstelle möglichst frühzeitig, spätestens aber in dem in S. 1 genannten Zeitpunkt, in die Lage versetzt wird, ihre Dispositionen zu treffen; auch liefe der Verzicht auf die Mitteilung angesichts des eindeutigen Wortlauts auf eine Gesetzeskorrektur hinaus, die selbst im Wege einer teleologischen Reduktion nicht mehr möglich ist. Hinzukommen muß für die Straffreiheit schließlich, daß die Nachentrichtung innerhalb der von der Einzugsstelle bestimmten „angemessenen", d. h. unter Berücksichtigung der gesamten Einkommensverhältnisse und Zahlungsverpflichtungen bei grundsätzlichem Vorrang der Beitragszahlungen vor sonstigen zivilrechtlichen Verpflichtungen (BT-Drs. 10/318 S. 31, Gribbohm LK 101) festgesetzten Frist erfolgt. An die Fristbestimmung durch die Einzugsstelle ist der Strafrichter insofern nicht gebunden, als auch hier die allgemeinen Grundsätze für Unterlassungsdelikte gelten müssen, wonach die Nachentrichtung in dem fraglichen Zeitraum möglich und zumutbar sein muß. Ist dies nicht der Fall, so verliert der Täter, ohne daß es einer gesonderten Anfechtung der Frist bedürfte, das Privileg des S. 2 nicht deshalb, weil er die von der Einzugsstelle bestimmte Frist überschreitet („strafrechtliche Natur der Frist", vgl. Fritz aaO 104 f., Gribbohm LK 106, Samson/Günther SK 55, Tag aaO 210 f., Winkelbauer aaO 19).

27 3. Abs. 5 gilt seinem Wortlaut nach im Fall des Abs. 1 nur für den *Arbeitgeber*, in dem des Abs. 3 nur für das *Ersatzkassenmitglied* selbst, wobei es, wenn der Arbeitgeber aus mehreren Personen besteht, jedoch genügen muß, wenn einer von ihnen für alle handelt (vgl. Winkelbauer wistra 88, 18). Bei **Tätern, die nicht selbst Arbeitgeber usw.** sind (Vertreter i. S. des § 14), und bei **sonst Beteiligten** (Anstifter, Gehilfen) kann Abs. 5 daher nur analog angewandt werden. Verhältnismäßig unproblematisch ist dies bei S. 1: Bei einem Täter nach § 14 genügt es hier, wenn er in einer Zwangslage des Vertretenen trotz ernsthaften Bemühens die Beiträge nicht fristgerecht abführen konnte und wenn er rechtzeitig der Einzugsstelle die nach S. 1 erforderlichen Mitteilungen macht; bei der Teilnahme hingegen wirkt sich die in der Bedrängnissituation des Haupttäters liegende Unrechtsminderung entsprechend auch auf den Beteiligten aus, weshalb er sich die Möglichkeit des Absehens von Strafe dadurch verdient, daß er entweder – wozu er allerdings vielfach nicht in der Lage sein dürfte – selbst die verlangten Mitteilungen macht oder den Haupttäter dazu veranlaßt, dies zu tun (vgl. dazu Winkelbauer aaO). Auch bei S. 2 ergeben sich keine Schwierigkeiten, wenn der Vertreter (u. U. aus eigenen Mitteln) die Beiträge für den Vertretenen nachentrichtet bzw. wenn der Teilnehmer den Haupttäter zur Nachzahlung veranlaßt oder diese selbst innerhalb der dem Beitragsschuldner gesetzten Frist vornimmt. Unklar ist jedoch, ob der Vertreter bzw. Teilnehmer nur unter diesen Voraussetzungen Straffreiheit erlangen kann. Probleme ergeben sich hier deshalb, weil von der Einräumung einer Chance, von der S. 2 ausgeht, bei diesen Personen vielfach keine Rede sein kann. Sie verlieren einerseits z. B. jede Einwirkungsmöglichkeit auf den Beitragsschuldner, wenn dieser inzwischen insolvent geworden ist; andererseits aber kann der Vertreter oder Teilnehmer, der, um Straffreiheit nach S. 2 zu erlangen, selbst die Beiträge nachentrichten möchte, dies nur in der dem Beitragsschuldner nach S. 2 gesetzten Frist tun, die für ihn jedoch, weil nach dessen und nicht nach seinen Verhältnissen bemessen ist – eine Fristsetzung ihm gegenüber ist nicht möglich, da er i. U. zum Steuerrecht (vgl. §§ 71, 371 III AO) selbst für die Beiträge nicht haftet, sondern allenfalls nach § 823 BGB schadensersatzpflichtig ist (vgl. BGH NJW **62**, 201, Martens/Wilde aaO 97 ff.) –, vielfach nicht ausreichend sein dürfte. Weil S. 2 seine Funktion, dem Täter „goldene Brücken" zu bauen, hier von vornherein nicht erfüllen kann, bleibt es in solchen Fällen bei der Regelung des S. 1, wobei diese dann aber über eine „Ermessensreduzierung auf Null" zu einem obligatorischen Absehen von Strafe führen muß, weil es nicht zu Lasten der Vertreter oder sonst Beteiligten gehen kann, daß der Gesetzgeber die Besonderheit ihrer Situation völlig übersehen hat (vgl. zum Ganzen Fritz aaO 141 ff., Gribbohm LK 103, Winkelbauer aaO 19).

X. Konkurrenzen: Bei *Abs. 1* liegt Tat-(Unterlassungs-)einheit vor, wenn Beiträge für mehrere **28** Arbeitnehmer nicht an die gemeinsame Einzugsstelle abgeführt werden (Frankfurt NStZ-RR **99**, 104; and. Gribbohm LK 108: nur eine Tat); dagegen steht das Vorenthalten gegenüber mehreren Einzugsstellen (z. B. gesetzliche Krankenkasse und Ersatzkrankenkasse) untereinander im Verhältnis der Tatmehrheit (Frankfurt aaO); Fortsetzungszusammenhang kommt nach BGH **40** 138 nicht mehr in Betracht (Celle NStZ-RR **97**, 324; Frankfurt aaO), zu den Konsequenzen vgl. Bittmann/Dreier NStZ 95, 107 f.). Die Konkurrenzfragen des früheren Rechts beim Zusammentreffen der verschiedenen Vorgängerstrafvorschriften haben sich mit der einheitlichen Erfassung der verschiedenen Versicherungszweige in § 266 a I erledigt. Gegenüber dem Beitragsbetrug nach § 263 tritt Abs. 1 zurück, wenn der Täter entsprechend der falschen Anmeldung geringere Beiträge bezahlt, da damit auch die Vermögensschädigung des § 266 a I mit abgegolten ist und – anders als bei § 266 – der gegenüber der Täuschung zusätzliche Unwert eines untreueähnlichen Verhaltens hier nicht mehr entscheidend ins Gewicht fallen kann (vgl. wie hier Franzheim wistra 87, 316, Lackner/Kühl 20, Martens wistra 86, 158, Martens/Wilde aaO 94, Möhrenschlager aaO 7, Tag aaO 216, Tröndle/Fischer 20; and. Gribbohm LK 110, M-Maiwald I 541, Schlüchter aaO 171 [Tateinheit] sowie zu § 529 RVO a. F. BGH **32** 237, wistra 84, 67 [Tateinheit], Kniffka NStZ 84, 27 [vgl. aber auch wistra 84, 48], Fisseler aaO 117 [Vorrang des § 529 RVO als lex specialis]); Tatmehrheit zwischen §§ 263, 266 a besteht dagegen, wenn der Täter über die falsche Anmeldung hinaus weitere Beiträge vorenthält. Tatmehrheit ist ferner mit § 370 AO (Nichtabführen von Umsatz- und Lohnsteuer) gegeben, auch wenn Steuer- und Beitragsteile sich auf denselben Arbeitnehmer beziehen und deren Nichtabführen auf einem Gesamtplan beruht (vgl. BGH **35** 14, **38** 285, Bay **85**, 131 m. Anm. Brauns StV 86, 534, wistra **89**, 276, Düsseldorf wistra **87**, 192, Zweibrücken NJW **75**, 129, Gribbohm LK 112, Lackner/Kühl 21, Martens wistra 86, 158, Martens/Wilde aaO 7, Möhrenschlager aaO 7, Tröndle/Fischer 20; zur Frage, ob es sich hier auch um mehrere Taten i. S. des § 264 StPO handelt, vgl. BGH **35** 14 mwN [Vorlagebeschl. zu Düsseldorf aaO]). Mit der Ordnungswidrigkeit nach § 404 II Nr. 2 SGB III (bis 31. 12. 1997: § 229 I Nr. 2 AFG) bzw. Straftat nach § 407 SGB III (unerlaubte Arbeitnehmerbeschäftigung) besteht Tatmehrheit (Stuttgart NStZ **82**, 514). Mit §§ 283, 283 c, 288 kann je nach den Umständen Tateinheit oder Tatmehrheit gegeben sein (Tateinheit z. B., wenn das Beiseiteschaffen angeeigneter Lohnteile zugleich die vorsätzliche omissio libera in causa i. S. des Abs. 1 darstellt, vgl. o. 10, 17). – Verwirklicht das Nichtabführen von Lohnteilen i. S. des *Abs. 2* zugleich die Voraussetzung des § 263, so geht letzterer vor, da auch hier das untreueähnliche Element gegenüber der Täuschung nicht mehr eigens ins Gewicht fällt und Abs. 2 nach seiner Entstehungsgeschichte ohnehin nur ein Auffangtatbestand für Fälle sein sollte, in denen einzelne Merkmale des Betrugs fehlen oder nicht nachgewiesen werden können (vgl. o. 1; and. Rienhardt aaO 4 [Vorrang des § 266 a II als lex specialis], Schlüchter aaO 172 [Idealkonkurrenz]). Mit dem Vorenthalten von Beiträgen nach Abs. 1 besteht Tatmehrheit; auch eine einheitliche Tat im prozessualen Sinne gem. § 264 StPO kommt nicht in Betracht (Celle NJW **92**, 190).

XI. Die **Strafe** in Abs. 1, 2 ist Freiheitsstrafe bis zu 5 Jahren, während Abs. 3 – abweichend von **29** den Vorgängervorschriften, die hier ebenfalls Freiheitsstrafe bis zu 5 Jahren androhten –, lediglich eine Freiheitsstrafe bis zu 1 Jahr vorsieht. Damit soll der Tatsache Rechnung getragen werden, daß Fälle des Abs. 3 für das Sozialversicherungsaufkommen von weit geringerer Bedeutung sind als solche des Abs. 1 (BT-Drs. 10/318 S. 30). Bei der Strafzumessung fällt insbes. die Höhe der vorenthaltenen Beiträge bzw. sonstigen Lohnteile ins Gewicht (zur dabei relevanten Verrechnung von Teilzahlungen vgl. o. 10 a; zur Schadenshöhe bei vereinbarter Schwarzarbeit vgl. Gribbohm LK 47). Nur geringfügige Fristüberschreitungen sind strafmildernd zu berücksichtigen; das gleiche gilt in den Fällen des Abs. 1, 3, wenn die Voraussetzungen des Abs. 5 zwar nicht vollständig, aber annähernd oder teilweise erfüllt sind.

XII. Bei einer Verurteilung nach Abs. 1, 2 und 4 zu einer Freiheitsstrafe von mehr als 3 Monaten **30** oder einer Geldstrafe von mehr als 90 Tagessätzen können Bewerber von der Teilnahme an einem Wettbewerb um öffentliche Aufträge ausgeschlossen werden; das gleiche gilt auch schon vor Durchführung eines Strafverfahrens, wenn im Einzelfall angesichts der Beweislage kein vernünftiger Zweifel an einem entsprechenden Verstoß besteht (§ 5 des Ges. zur Bekämpfung der Schwarzarbeit i. d. F. der Bekanntmachung v. 6. 2. 1995, BGBl. I 166, zuletzt geändert durch Art. 2 Ges. v. 17. 12. 1997 (BGBl. I 3108); vgl. dazu Grünberger NJW 95, 15).

XIII. Die **Verjährung** beginnt mit der Beendigung der Tat (§ 78 a), d. h. sobald die Pflicht zum **31** Handeln entfällt (vgl. § 78 a RN 6 sowie BGH wistra **92**, 23, Düsseldorf MDR **85**, 342; and. Gribbohm LK 66 f.). Der Fall ist dies bei Abs. 1, 3 z. B. mit der späteren Entrichtung der Beiträge, dem Wegfall des Beitragsschuldners (z. B. Auflösung einer GmbH), der Niederschlagung gem. § 76 II Nr. 2 SGB IV, dem Ausscheiden der Vertreterstellung gem. § 14, dem Eintritt der endgültigen Handlungsunmöglichkeit oder Unzumutbarkeit, spätestens jedoch mit der Verjährung der Beitragsschuld, die nach § 25 I 2 SGB IV bei vorsätzlich vorenthaltenen Beiträgen allerdings erst 30 Jahre nach Ablauf des Kalenderjahres eintritt, in dem sie fällig geworden sind. – Bei Abs. 2 beginnt die Verjährung mit dem Erlöschen der Mitteilungspflicht. Dies ist z. B. der Fall, wenn sie sinnlos geworden ist, weil der Anspruch gegen den Arbeitgeber nicht mehr durchsetzbar ist.

XIV. Für **vor Inkrafttreten** des 2. WiKG begangene Taten gelten die Strafvorschriften der §§ 529 **32** I, 1428 I RVO, 150 I AVG, 234 I RKnappschG, 225 I AFG fort, weil sie wegen des dort erforderlichen Einbehaltens gegenüber § 266 a I die milderen Gesetze sind (im Zusammenhang mit der illegalen

Arbeitnehmerüberlassung, bei der die §§ 529, 1428 RVO, § 225 AFG nach der BGH-Rspr. auf den Verleiher als Täter nicht anwendbar waren, vgl. auch BGH wistra **88**, 353); Abs. 5 ist jedoch auch auf früher begangene Taten anzuwenden (vgl. BGH wistra **87**, 100). Dagegen stellt § 266 a III aufgrund der geringeren Strafdrohung gegenüber den Vorgängervorschriften (§§ 529 II, 1428 II RVO, 150 II AVG, 234 II RKnappschG, 225 II AFG) das mildere Gesetz dar (vgl. zum Ganzen auch Gribbohm LK 115 ff.).

§ 266 b Mißbrauch von Scheck- und Kreditkarten

(1) **Wer die ihm durch die Überlassung einer Scheckkarte oder einer Kreditkarte eingeräumte Möglichkeit, den Aussteller zu einer Zahlung zu veranlassen, mißbraucht und diesen dadurch schädigt, wird mit Freiheitsstrafe bis zu drei Jahren oder mit Geldstrafe bestraft.**

(2) § 248 a gilt entsprechend.

Vorbem. Eingefügt durch das 2. WiKG v. 15. 5. 1986, BGBl. I 721.

Schrifttum: Altenhain, Der strafbare Mißbrauch kartengestützter elektronischer Zahlungssysteme, JZ 97, 752. – *Bernsau*, Der Scheck- oder Kreditkartenmißbrauch durch den berechtigten Karteninhaber, 1990. – *Deider*, Mißbrauch von Scheck- und Kreditkarte durch den berechtigten Karteninhaber, 1989. – *Flöge*, Zur Kriminalisierung von Mißbräuchen im Scheck- und Kreditkartenverfahren nach § 266 b StGB, 1989. – *Gogger*, Die Erfassung des Scheck-, Kredit- und Codekartenmißbrauchs usw., 1991 (Diss. Tübingen). – *Hadding*, Zahlung mittels Universalkreditkarte, Pleyer-FS (1986) 17. – *Küpper*, Die Kreditkartenentscheidung des BGH unter Geltung des § 266 b StGB n. F., NStZ 88, 60. – *Labsch*, Der Kreditkartenmißbrauch und das Untreuestrafrecht, NJW 86, 104. – *Lieb*, Zum Mißbrauch der Scheckkarte, Pleyer-FS (1986) 77. – *Mitsch*, Rechtsprechung zum Wirtschaftsstrafrecht nach dem 2. WiKG, JZ 94, 877. – *Offermann*, Nachruf auf einen Meinungsstreit. – Zur strafrechtlichen Erfassung des Scheck- und Kreditkartenmißbrauchs, wistra 86, 50. – *Otto*, Mißbrauch von Scheck- und Kreditkarten usw., wistra 86, 150. – *ders.*, in: HWiStR, Art. Kreditkartenbetrug u. Art. Scheckkartenbetrug. – *Ranft*, Der Kreditkartenmißbrauch, JuS 88, 673. – *Rossa*, Mißbrauch beim electronic cash, CR 97, 219. – *Schlüchter*, Zweites Gesetz zur Bekämpfung der Wirtschaftskriminalität (1987) 106 ff. – *Steinke*, Mit der kleinen Karte an das große Geld, Kriminalistik 87, 12. – *Weber*, Probleme der strafrechtlichen Erfassung des Euroscheck- und Euroscheckkartenmißbrauchs nach Inkrafttreten des 2. WiKG, JZ 87, 215. – *Yoo*, Codekartenmißbrauch am POS-Kassen-System, 1997. – Vgl. im übrigen die Angaben zum 2. WiKG vor § 266 a.

1 **I. Rechtsgut.** Die erst in der Schlußphase des Gesetzgebungsverfahrens – offensichtlich veranlaßt durch BGH **33** 244 (Straflosigkeit des Kreditkartenmißbrauchs) – durch das 2. WiKG (vgl. die Vorbem.) eingefügte Vorschrift (s. auch Gribbohm LK vor 1) schützt zunächst *das Vermögen* des Scheck- bzw. Kreditkartenausstellers. Sie schließt damit eine Strafbarkeitslücke zwischen § 263 und § 266, die hier nach früherem Recht nicht nur im Fall des Kreditkartenmißbrauchs (so hier auch BGH **33** 244 m. Anm. Labsch NJW 86, 104, Otto JZ 85, 1008), sondern entgegen der Betrugslösung von BGH **24** 386, **33** 244 nach h. M. auch beim Scheckkartenmißbrauch bestanden hatte: § 266 ist in diesen Fällen nicht einschlägig, weil dem Karteninhaber die Möglichkeit, den Kartenaussteller zu verpflichten, nicht in dessen, sondern im eigenen Interesse eingeräumt ist (vgl. § 266 RN 12), § 263 dagegen nicht, weil es hier richtigerweise schon an einer Täuschungshandlung und einem Irrtum des Schecknehmers usw. fehlt, darüber hinaus aber auch an dem für einen Dreieckbetrug zu Lasten des Ausstellers erforderlichen Näheverhältnis zwischen Verfügendem (Schecknehmer) und Geschädigtem (vgl. zusfass. Granderath DB 86, Beil. 18, 9, Offermann wistra 86, 51 ff., Otto wistra 86, 150 f.). Hinsichtlich der Strafwürdigkeit des Scheck- und Kreditkartenmißbrauchs z. T. auch im Gesetzgebungsverfahren geäußerte Bedenken (vgl. BT-Drs. 10/5058 S. 32; vgl. ferner Achenbach NJW 86, 1835, Schubarth ZStW 92, 92, Vogler ZStW 90, 142, Vormbaum JuS 81, 24) sind nicht begründet, weil es sich bei diesem nicht nur um eine Vertragsverletzung handelt, sondern darüber hinaus um den Mißbrauch eines dem Täter entgegengebrachten Vertrauens, das ihm hier zwar – i. U. zu § 266 – nicht im Interesse des geschädigten Vermögensinhabers (Scheck- bzw. Kreditkartenaussteller), sondern im eigenen Interesse eingeräumt ist, das ihm aber ebenso wie bei § 266 den Zugriff auf fremdes Vermögen erlaubt (vgl. zur kriminalpolitischen Berechtigung der Vorschrift auch im Hinblick auf die Möglichkeit hoher Schäden Flöge aaO 40 ff., 157, Granderath aaO, Otto wistra 86, 152, Schlüchter aaO 107 f., Tiedemann JZ 86, 872). – Neben dem Vermögen als Individualrechtsgut schützt § 266 b zugleich die mit der Scheck- und Kreditkarte ermöglichten Formen des *bargeldlosen Zahlungsverkehrs*, wobei allerdings zweifelhaft ist, ob dessen Funktionsfähigkeit damit zum Rang eines eigenen (überindividuellen) Rechtsguts erhoben werden sollte (was die Tat zugleich zu einem Wirtschaftsdelikt i. e. S. machen würde) oder ob es sich insoweit nur um einen mittelbaren Schutz bzw. Schutzreflex handelt (vgl. einerseits BGH NStZ **93**, 283, BT-Drs. 10/5058 S. 32, Bernsau aaO 63 ff., Granderath aaO, Lackner/Kühl 1, MB-Nack 1284, Tröndle/Fischer 2, andererseits Gogger aaO 85 f., Gössel II 511 f., Hellmann A/W § 24 VI RN 4, M-Maiwald I 541, Mitsch JZ 94, 887, Otto aaO, Ranft JuS 88, 675, Samson/Günther SK 1, W-Hillenkamp 302; offen gelassen von Gribbohm LK 1 f.; s. aber auch Lagodny 298 f. [§ 266 b nur durch den Schutz des Zahlungsverkehrs verfassungsrechtlich legitimierbar]). Für letzteres könnte sprechen, daß mit der Schaffung des § 266 b lediglich die im Grenzbereich der §§ 266 und 263 aufgetretenen Strafbarkeitslücken geschlossen werden sollten und daß – i. U. zu den Vorfeldtatbeständen der §§ 264, 264a, 265, 265b – der individuelle Schaden ein zentrales Tatbestandserfordernis ist.

II. Der **objektive Tatbestand** setzt als Tathandlung den Mißbrauch der durch die Überlassung 2 einer Scheck- oder Kreditkarte eingeräumten Möglichkeit voraus, den Aussteller zu einer Zahlung zu veranlassen; hinzu kommen muß als Erfolg eine dadurch herbeigeführte Schädigung des Ausstellers.

1. Scheck- und Kreditkarte gemeinsam ist die durch Überlassung der Karte ihrem Inhaber 3 eingeräumte Befugnis, den Aussteller auf Grund einer von ihm abgegebenen Garantieerklärung (zur Kreditkarte vgl. aber auch Hadding aaO 31) zu einer Zahlung an den Scheck- bzw. Kreditkartennehmer zu verpflichten. Wenn § 266b statt dessen lediglich von der durch Überlassung der Karte eingeräumten „Möglichkeit" spricht, den Aussteller „zu einer Zahlung zu veranlassen", so kann dies nur den Sinn haben, damit auch solche Fälle zu erfassen, in denen der Karteninhaber, ohne daß eine zivilrechtlich wirksame Befugnis entstanden ist, gleichwohl die Rechtsmacht hat, den Aussteller zu einer Zahlung zu verpflichten (u. 8).

a) Bei der *Scheckkarte* in ihrer herkömmlichen Verwendungsform garantiert das ausstellende Kredit- 4 institut dem Schecknehmer die Einlösung von Schecks auf speziellen zur Scheckkarte ausgegebenen Scheckformularen bis zu einem bestimmten Betrag (z. Z. DM 400.-) und nimmt damit dem Schecknehmer das Risiko eines ungedeckten Schecks, wobei zivilrechtlich die Entstehung des Einlösungsanspruchs von der h. M. mit Hilfe vertretungsrechtlicher Kategorien (Karteninhaber als Bevollmächtigter der Bank), z. T. aber auch mit der Annahme eines Vertrags zugunsten Dritter erklärt wird (vgl. dazu z. B. Bülow JA 84, 343 f., Deider aaO 11, Lieb aaO 77 f. mwN). Bei der z. Z. wohl allein gebräuchlichen, auf Grund von Vereinbarungen der europäischen Kreditwirtschaft einheitlich gestalteten „eurocheque"-Karte wird die Garantiepflicht der Bank begründet, wenn Unterschrift und Kontonummer auf Scheck und Scheckkarte übereinstimmen, die Scheckkartennummer auf der Rückseite des Schecks vermerkt ist, der Scheck innerhalb der Gültigkeitsdauer der Scheckkarte unter vollständiger Angabe des Ausstellungsdatums (vgl. BGHZ **122** 158) ausgestellt und binnen 8 Tagen (bei Auslandsschecks: 20 Tagen) ab Ausstellungsdatum vorgelegt wird; keine Voraussetzung ist dagegen die Vorlage der Scheckkarte, da dies allein dem Interesse des Schecknehmers dient (vgl. z. B. BGHZ **83** 31, Bülow JA 84, 344 f., Gribbohm LK 9). Der Scheckkartenbegriff des § 266b ist daneben aber auch für andere Formen offen (vgl. Lackner/Kühl 3, Otto wistra 86, 152, Schlüchter aaO 110). Ob hierher auch bargeldlose Zahlungsverfahren gehören (z. B. electronic cash- bzw. POS-, edc-, POZ-System, elektronische Geldkarte), bei denen die Euroscheckkarte ohne Scheck als Zahlungsmedium in automatisierten Kassen eingesetzt wird, ist allerdings zweifelhaft (dafür Gogger aaO 180, Gribbohm LK 15, dagegen Altenhain JZ 97, 758 ff., Bernsau aaO 217 ff., Hellmann A/W § 24 VI RN 59, Lackner/Kühl 3, MB-Nack 1294, Rossa CR 97, 220, Yoo aaO 108 ff., 119). Für letzteres könnte beim electronic cash- bzw. POS-System sprechen, daß nach den derzeit geltenden ec-Bedingungen die Bank gegenüber den Betreibern solcher Kassen auch zur Vergütung der Beträge verpflichtet ist, über die der Karteninhaber zwar innerhalb der vereinbarten Verfügungsrahmens, mangels ausreichender Deckung aber pflichtwidrig verfügt hat. Beim Lastschriftverfahren im sog. POZ-System ist die Anwendung des § 266b jedoch ausgeschlossen, da hier die Bank keine Garantie für die Erfüllung der Forderungen übernimmt und der Karteninhaber somit nicht die Garantiefunktion der Euroscheckkarte ausnutzt (ebso. Altenhain JZ 97, 759, Rossa CR 97, 223; vgl. zum Ganzen auch Ahlers WM 95, 602, Altenhain aaO, Bernsau aaO 18, 222, Hellmann A/W § 24 VI RN 57 ff., Hoeren NJW 95, 2474, MB-Nack 1293 ff., Schaar/Schläger, CuR 92, 513, Yoo aaO).

b) Bei der *Kreditkarte* im sog. *Drei-Parteien-System* („Universalkreditkarte", z. B. Eurocard, American 5 Express-Karten, Diners-Club, VISA) verpflichtet sich der Aussteller („Kreditkartenherausgeber") gegenüber einem Vertragsunternehmen (z. B. Hotel, Einzelhandelsgeschäft, KFZ-Vermieter), dessen aus der Lieferung von Waren, Erbringen von Dienstleistungen usw. entstandene Forderungen gegenüber dem Karteninhaber auszugleichen, wobei der Kartenherausgeber seinerseits wiederum periodisch mit dem Karteninhaber die angefallenen Beträge abrechnet (zur Bedeutung und zivilrechtlichen Konstruktion des Kreditkartengeschäfts vgl. näher Hadding aaO 17 ff., Ranft JuS 88, 676). Kreditkarten im sog. *Zwei-Parteien-System* („Spezialkreditkarten"), bei dem den Kunden des Ausstellers lediglich ein für alle seine Filialen gültiger Kundenkredit eingeräumt wird, sind nicht von § 266b erfaßt (BGH **38** 281, Bernsau aaO 210, Flöge aaO 39, Gribbohm LK 18, Hellmann A/W § 24 VI RN 65, Lackner/Kühl 4, MB-Nack 1286, M-Maiwald I 543, Mitsch JZ 94, 885, Tröndle/Fischer 5, i. E. auch BGH StV **89**, 199; and. Gössel II 514 [s. aber auch 516], Granderath DB 86, Beil. 18, 9, Otto wistra 86, 152, JZ 92, 1139, Ranft JuS 88, 680, NStZ 93, 185, Schlüchter aaO 112). Zwar werden auch sie im Wirtschaftsleben als Kreditkarten bezeichnet, in der Sache sind sie aber nichts anderes als ein Ausweis über die Eröffnung eines Kredits auf einem Monats- oder Kundenkonto, der den Filialen des ausstellenden Unternehmens das Erbringen von Leistungen ermöglicht, ohne jeweils erneut die Kreditwürdigkeit prüfen zu müssen (vgl. BGH aaO, Bernsau aaO 202, Otto, Bargeldloser Zahlungsverkehr und Strafrecht [1978] 105). In ihrer rechtlichen Konstruktion stehen daher nur Kreditkarten im Drei-Partner-System den Scheckkarten gleich (so mit Recht M-Maiwald aaO). Davon abgesehen spricht gegen die Anwendbarkeit des § 266b auf die mißbräuchliche Verwendung von Karten im Zwei-Parteien-System auch der Gesetzeswortlaut, weil dem Aussteller hier nicht einmal im Verrechnungsweg eine „Zahlung" abverlangt wird (u. 8). In solchen Fällen bleibt es daher bei dem strengeren § 263 (BGH **38** 281, StV **89**, 199; vgl. auch Lackner/Kühl 4: „Konstruktionsfehler des Gesetzes"). *Mischformen* von Kreditkarten, die sowohl als Zwei- wie auch als Drei-Parteien-Karte benutzt werden können (z. B. AIR-Plus-Kreditkarte, United Air Travel Card) schließt § 266 b dagegen nur ein, soweit die Karte im Drei-Parteien-System verwendet wird (BGH **38** 281, Bernsau aaO 203, Gribbohm LK 21, Mitsch aaO; and. Otto JZ 92, 1139, Ranft JuS 88, 680, NStZ 93, 185). Letzteres ist der Fall, wenn der Karteninhaber nicht mit dem Kartenaussteller kontrahiert, sondern gegenüber dessen Vertragsunternehmen eine Verbindlichkeit eingeht und der Aussteller den Ausgleich dieser Forderung garantiert hat. Zwar mag es vom Zufall abhängen, ob der Vertragspartner des Karteninhabers (z. B. beim Lösen eines Flugtickets) ein Vertragsunternehmen des Ausstellers oder der Aussteller selbst ist (Bernsau aaO 208, Ranft JuS 88, 680, NStZ 93, 185); dies ändert aber nichts daran, daß nur bei der Verwendung der Karte im Drei-Parteien-System dem Inhaber die Möglichkeit eingeräumt wird, eine „Zahlung" im Verrechnungsweg zu veranlassen (BGH aaO, Bernsau aaO, Mitsch aaO; krit. Otto JZ 92, 1140, Ranft aaO).

6 2. Die **Tathandlung** besteht im Mißbrauch der dem Täter durch Überlassung der Scheck- oder Kreditkarte eingeräumten Möglichkeit, den Aussteller zu einer Zahlung zu veranlassen.

7 a) Voraussetzung ist zunächst, daß der Täter die *ihm* durch Überlassung der Scheck- oder Kreditkarte eingeräumte Möglichkeit usw. mißbraucht, m. a. W. daß er selbst ist **berechtigte Karteninhaber** ist (BGH NStZ **92**, 279 m. Bspr. Mitsch JZ 94, 887, BT-Drs. 10/5058 S. 32, Gribbohm LK 4). Allerdings braucht dies nicht notwendig derjenige zu sein, zu dessen Gunsten der Kartenausgeber die Karte ausgestellt hat (z. B. bei der Scheckkarte der Kontoinhaber), vielmehr gehören dazu, soweit dies nach dem Scheck- und Kreditkartenvertrag überhaupt zulässig ist (vgl. auch BGH aaO), auch zur Verwendung der Karte ermächtigte Dritte (and. Bernsau aaO 106 f., Gössel II 515, Gribbohm LK 5, 46 f., Schlüchter aaO 109, Tröndle/Fischer 3: nur Teilnahme bei mittelbarer Täterschaft des Karteninhabers). Denkbar ist dies z. B. bei der Aushändigung blanko unterschriebener Euroschecks und der dazu gehörigen Scheckkarte durch den Kontoinhaber an einen Dritten; hier kann dann auch dieser die ihm damit eingeräumte Möglichkeit, die Bank zu einer Zahlung zu veranlassen, mißbrauchen, was praktische Bedeutung hat, wenn bei dem Scheckaussteller selbst noch kein Mißbrauch vorliegt und der Dritte daher auch nicht Teilnehmer an dessen Tat sein kann (dazu, daß hier auch § 263 zu Lasten des Kartenausstellers ausscheidet, vgl. o. 1). Berechtigter Karteninhaber ist auch derjenige, der unter dem Namen und den Personalien eines Dritten vom Kartenaussteller eine Kredit- oder Scheckkarte erlangt (vgl. auch BGH NStZ **93**, 283, Gribbohm LK 5), sofern er zivilrechtlich nicht als Stellvertreter des Dritten, sondern als Vertragspartner des Ausstellers anzusehen ist (z. B. beim Eigengeschäft unter fremdem Namen; vgl. dazu z. B. Schramm aaO [§ 266 RN 4] § 164 RN 38). Soweit es sich um – von § 266 b nicht erfaßte – Mißbräuche durch nichtberechtigte Besitzer von Scheck- oder Kreditkarten handelt, ist idR bereits § 263, vielfach auch § 267 anwendbar (z. B. Begebung eines gefälschten Schecks unter Vorlage der dazu gehörigen Scheckkarte durch den Dieb).

8 b) Der Mißbrauch muß sich auf die dem Täter durch Überlassung einer Scheck- oder Kreditkarte **eingeräumte Möglichkeit** beziehen, den Aussteller **zu einer Zahlung zu veranlassen**. Dabei bedeutet „*Zahlung*" in diesem Zusammenhang nicht die Hingabe von Bargeld, sondern auch die Geldleistung im Verrechnungsweg (BT-Drs. 10/5058 S. 32). Abweichend vom Mißbrauchstatbestand des § 266 ist in § 266 b nicht von einer rechtsgeschäftlich eingeräumten Befugnis zur Verpflichtung des Ausstellers, sondern nur von der durch die Überlassung der Karte *eingeräumten Möglichkeit* die Rede, diesen zu einer Zahlung zu veranlassen. Darin liegt insofern eine Erweiterung, als § 266 b keine zivilrechtlich wirksam entstandene Verpflichtungsbefugnis voraussetzt, es hier vielmehr schon genügt, wenn der Karteninhaber die tatsächliche Rechtsmacht hat, die Haftung des Kartenausstellers auf Grund eines diesem wegen der Überlassung der Karte zuzurechnenden Rechtsscheins zu begründen (vgl. dazu auch Bernsau aaO 92 ff., Gogger aaO 112 ff., Gribbohm LK 31, Schlüchter aaO 109, Weber NStZ 86, 484; zu § 266 vgl. dagegen dort RN 4). Dies ist z. B. der Fall, wenn eine Bank ihrem Kunden trotz dessen Geschäftsunfähigkeit eine Scheckkarte aushändigt, nicht aber, wenn dieser nur z. Z. der Scheckbegebung (z. B. Volltrunkenheit) geschäftsunfähig ist (vgl. Bülow JA 84, 344, Canaris, Bankvertragsrecht I, 3. A., RN 832, 839 mwN). Erforderlich ist schließlich, daß sich die Möglichkeit, den Aussteller zu einer Zahlung zu veranlassen, gerade aus der *spezifischen Funktion der Karte* ergibt. Dies führt zu Schwierigkeiten bei unbefugten Barabhebungen aus einem Bankomaten durch den Konto- und Karteninhaber selbst (für Anwendbarkeit des § 266 b auch hier Bay **97** 77 m. insoweit zust. Bspr. Löhnig JR 99, 362, Stuttgart NJW **88**, 982, LG Köln NJW **87**, 669, Bieber WM 87, Beil. 6, 28, Bühler MDR 89, 23, Figgener, Die Akzeptanz neuerer Strafnormen durch die Rechtsprechung, 1996, 118 ff., Hilgendorf JuS **97**, 135, Huff NJW 87, 818, M-Maiwald I 543, F. Schulz/Tscherwinka JA 91, 124, Weber NStZ 86, 484, JZ **87**, 217, F. W. Krause-FS 436, dagegen Berghaus JuS 90, 982, Bernsau aaO 154 ff., Flöge aaO 35, Granderath DB 86, Beil. 18, 9, Gribbohm LK 10 ff., Hellmann A/W § 24 VI RN 55, Lackner/Kühl 3, MB-Nack 1290, Mörenschlager wistra 91, 325, Otto wistra 86, 143, Rengier I[4] 248, Richter CR 89, 307, Schlüchter aaO 110, Tröndle/Fischer 1, W-Hillenkamp 303; zum Geldautomatenmißbrauch durch einen nichtberechtigten Karteninhaber vgl. o. 7, § 263 a RN 18 f.). Hier ist § 266 b bei Barabhebungen aus einem Automaten des die Karte ausgebenden Instituts nicht anwendbar, weil die Karte in diesem Fall nicht als Scheckkarte mit der für sie wesentlichen Garantiefunktion, sondern ausschließlich in der mit ihr nur äußerlich verbundenen Eigenschaft eines „Schlüssels" (Codekarte) benutzt wird, der den Zugang zu dem fraglichen Konto öffnet (ebenso Gössel II 517, Meier JuS 92, 1021, Zielinski aaO u. i. E. auch Bay **97**, 77 m. Bspr. Löhnig JR 99,

362). Da für solche Fälle – entgegen der h. M. – richtigerweise auch § 263 a nicht gilt (vgl. dort RN 19, ferner Berghaus aaO, Lenckner/Winkelbauer CR 86, 657 f., Zielinski aaO), stellt sich hier deshalb nach wie vor die Frage einer Strafbarkeit gem. § 242 oder § 246 (vgl. § 242 RN 36, 263 a RN 16 f. sowie Lenckner/Winkelbauer wistra 84, 85 ff., Löhnig JR 99, 363 ff.). Bei Barabhebungen aus Automaten anderer Geldinstitute kommt § 266 b hingegen dann in Betracht, wenn sich die elektronische Kontrolle nicht auf den aktuellen Kontostand des Karteninhabers bei der die Karte ausstellenden Bank, sondern nur auf die Einhaltung eines allgemeinen Verfügungsrahmens erstreckt, den der Karteninhaber pflichtwidrig, d. h. ohne hinreichende Deckung seines Kontos, ausnutzen kann (ebso. Bay **97** 77, Stuttgart NJW **88**, 982, Gössel II 519, Löhnig JR 99, 362; and. Gribbohm LK 11 f., Rossa CR 97, 220; zur Parallelproblematik bei dem sog. electronic-cash-System s. o. 4). Nicht in der für die Scheckkarte wesentlichen Garantiefunktion, sondern allenfalls als Ausweis wird diese auch gebraucht, wenn der Täter Schecks bei einer Einrichtung (Zweigstelle) desselben Instituts einlöst, das die Karte ausgegeben hat (so aber Hamm MDR **87**, 514); jedoch liegt hier idR Betrug vor (Bernsau aaO 193 ff.).

c) Ebenso wie bei § 266 (vgl. dort RN 17) besteht auch hier der **Mißbrauch** in der Ausnutzung **9** des rechtlichen Könnens nach außen unter Überschreitung des rechtlichen Dürfens im Innenverhältnis (vgl. BGH NStZ **92**, 279, BT-Drs. 10/5058 S. 32 f., Bernsau aaO 92 ff., Gribbohm LK 23, Lackner/Kühl 5, MB-Nack 1287, Otto wistra 86, 152, Ranft JuS 88, 677, Schlüchter aaO 112 f., Tröndle/Fischer 6, Weber NStZ 86, 484, Tiedemann JZ 86, 872). Voraussetzung ist daher auch bei § 266 b, daß die dem Täter eingeräumte *Außenmacht wirksam ausgeübt*, für den Aussteller also – wenn auch nur nach Rechtsscheingrundsätzen (o. 8) – eine Zahlungspflicht begründet wird. Maßgebend dafür sind die Bedingungen, unter denen sich der Aussteller gegenüber dem Kartennehmer – bei der Kreditkarte in einem Rahmenvertrag – zur Einlösung von Schecks bzw. der von den Vertragsunternehmen vorgelegten Abrechnungsbelege verpflichtet hat (zur „eurocheque"-Karte o. 4). An einer wirksamen Ausübung der dem Karteninhaber verliehenen Rechtsmacht in der Außenwelt fehlt es bei Schecks daher z. B. bezüglich der den garantierten Betrag (z. Z. DM 400,–) übersteigenden Summe oder wenn die Scheckkarte als Mittel der Kreditsicherung oder sonst rechtsmißbräuchlich verwendet und deshalb keine Einlösungsverpflichtung der Bank begründet wird (vgl. z. B. BGHZ **64** 79, **83** 28, Gribbohm LK 40 u. näher Lieb aaO); hier kommt jedoch ein Betrug gegenüber dem Schecknehmer (so im ersten Fall) bzw. im Zusammenwirken mit diesem gegenüber der Bank in Betracht. Entsprechendes gilt beim Gebrauch einer Kreditkarte, wo § 266 b gleichfalls nicht jede Form ihrer vertragswidrigen Benutzung erfaßt (BGH NStZ **92**, 279, Gribbohm LK 42, Mitsch JZ 94, 887). Hier fehlt es an der tatbestandlich vorausgesetzten wirksamen Ausübung der Außenmacht z. B. dann, wenn die in dem Rahmenvertrag mit den Vertragsunternehmen vereinbarte Obergrenze ohne vorherige Genehmigung des Ausstellers überschritten (s. auch Gribbohm LK 41) oder die Kreditkarte bestimmungswidrig dazu verwendet wird, sich von den Vertragsunternehmen Bargeld auszahlen zu lassen; auch hier ist jedoch im ersten Fall jedoch Betrug gegenüber dem Kreditkartennehmer, im zweiten ein solcher gegenüber dem Kreditkartengeber möglich, wenn diesem durch falsche Belastungsbelege der Empfang von Waren oder Dienstleistungen vorgespiegelt wird (BGH **33** 247). Ferner ist das Mißbrauchsmerkmal nicht erfüllt, wenn der Karteninhaber die Kreditkarte unberechtigt an einen Dritten weitergibt (z. B. verkauft), damit dieser zu eigenständigen Betrugshandlungen gegenüber den Kreditunternehmen benutzen kann (BGH NStZ **92**, 279, Gribbohm LK 30; i. E. auch Mitsch JZ 94, 887 [„Strafbarkeitslücke"]); sobald der Dritte die Karte benutzt, kommt jedoch eine Beihilfe des berechtigten Karteninhabers zum Betrug und zur Urkundenfälschung des Kartenbenutzers in Betracht (BGH aaO, Mitsch aaO). – Maßgebend dafür, ob die Grenzen des *rechtlichen Dürfens im Innenverhältnis* überschritten sind, sind die Bedingungen des Scheck- bzw. Kreditkartenvertrages zwischen dem Aussteller und dem Karteninhaber (s. auch Gribbohm LK 23 ff., Tröndle/Fischer 6). Ob das Innenverhältnis (i. S. des Zivilrechts das „Deckungsverhältnis") z. Z. der Tat rechtlich noch besteht bzw. ob es überhaupt wirksam entstanden ist, ist ohne Bedeutung, sofern der Täter nur die Rechtsmacht nach außen hat, den Aussteller zur Zahlung zu verpflichten (o. 8). Ein Verstoß gegen den Scheckkartenvertrag (vgl. die Bedingungen für ec-Karten, abgedr. in WM **95**, 636) und damit auch ein Mißbrauch i. S. des § 266 b liegt in der Hingabe von Schecks, wenn das Guthaben bei der Bank dafür nicht ausreicht bzw. dem Kontoinhaber kein entsprechender Kredit eingeräumt ist (vgl. z. B. BGH StV **92**, 54). Was den maßgeblichen Zeitpunkt betrifft, so kann dabei nicht allein auf der Scheckbegebung abgestellt werden, vielmehr liegt ein Mißbrauch auch vor, wenn bis zur Scheckvorlage mit dem Verlust der zunächst vorhandenen Deckung zu rechnen ist (vgl. auch Gogger aaO 119 ff., Schlüchter aaO 113), während im umgekehrten Fall einer zunächst fehlenden, bis zur Vorlage aber die erwartenden Deckung die Mißbrauchsfrage letztlich dahingestellt bleiben kann, weil hier jedenfalls ein Schaden zu verneinen ist (and. Gogger aaO 129). Bei Kreditkarten hängt es vom Inhalt des jeweiligen Kreditkartenvertrags ab, ab wann die Grenzen des rechtlichen Dürfens im Innenverhältnis überschritten sind. Typischerweise ist dies der Fall bei einer Verwendung der Karte, obwohl die Einkommens- und Vermögensverhältnisse des Inhabers einen Ausgleich im Zeitpunkt der Abrechnung nicht erwarten lassen (vgl. z. B. Gribbohm LK 27, Lackner/Kühl 5, Schlüchter aaO 114; vgl. auch Ranft JuS 88, 678).

3. Tatbestandsmäßig ist der Mißbrauch nur, wenn der Kartenaussteller dadurch **geschädigt** wird. **10** Gemeint ist damit – ebenso wie in §§ 263, 266 – nur die Bewirkung eines Vermögensschadens (vgl. BT-Drs. 10/5058 S. 33; zum Vermögensschaden vgl. § 263 RN 78 ff.). Jedenfalls beim Scheckkartenmißbrauch liegt darin eine zusätzliche Einschränkung, weil es hier trotz des Mißbrauchs (Begebung eines ungedeckten Schecks, vgl. o. 9) an einem Schaden fehlt, wenn der Karteninhaber anderweitig bereit und in der Lage ist, die Überziehung durch Erfüllung des der Bank gem. § 670 BGB zustehenden Anspruchs (einschließlich Zinsen) wieder auszugleichen (vgl. BT-Drs. 10/5058 S. 33, Granderath DB 86, Beil. Nr. 18, 10, Gribbohm LK 35, Lackner/Kühl 6, Otto wistra 86, 152; and. Bernsau aaO 113) oder – unabhängig davon – wenn die Bank vollwertige Sicherheiten (nach den Allgemeinen Geschäftsbedingungen auch in Form von sonstigen Guthaben usw.) in der Hand hat, auf die sie ohne weiteres zurückgreifen kann (vgl. entsprechend zum Schaden beim Kreditbetrug § 263 RN 162 f.). Sind diese Voraussetzungen dagegen nicht erfüllt, so entfällt der Tatbestand ebensowenig wie sonst bei Bagatellschäden schon deshalb, weil es sich nur um eine geringfügige Grenzüberschreitung handelt (vgl. Abs. 2 entsprechend §§ 263 IV, 266 II, aber auch Lackner/Kühl 6). Entsprechendes gilt beim Kreditkartenmißbrauch, wenn dem Täter ein bestimmtes Limit gesetzt ist, das er nicht überschreiten darf. Ist ihm dagegen nur ganz allgemein untersagt, keine Verpflichtungen einzugehen, wenn seine Einkommens- und Vermögensverhältnisse einen Kontoausgleich nicht gestatten, so sind die Mißbrauchs- und Schadensvoraussetzungen identisch (vgl. auch Otto wistra 86, 152 f.). Dabei ist in allen diesen Fällen der Eintritt des Schadens nicht erst mit dem Ausbleiben der Ausgleichszahlung im Abrechnungszeitpunkt und auch nicht erst mit der Erfüllung des Garantieversprechens durch den Kartenaussteller (Bezahlung an den Kartennehmer) anzunehmen, sondern unter dem Gesichtspunkt der Vermögensgefährdung bereits mit dem Entstehen der konkreten Zahlungspflicht, weil der Aussteller hier, ohne Einreden aus dem Deckungsverhältnis zu haben, ohne weiteres zur Erfüllung gezwungen werden kann (vgl. auch Gogger aaO 127, § 263 RN 145; gegen eine Einbeziehung der Vermögensgefährdung in § 266 b jedoch Bernsau aaO 115, Gössel II 519, Samson/Günther SK 6, Tröndle/Fischer 7 u. i. E. Otto wistra 86, 152, Ranft JuS 88, 678, wobei aber nicht ersichtlich ist, weshalb sich eine solche Korrektur des allgemeinen Schadensbegriffs hier aus dem Sinn der Vorschrift ergeben soll [wie hier Gribbohm LK 36 ff.]). Geradezu zwingend ist dies auf der Grundlage von BGH 33 246, wistra 93, 183: Wenn danach schon die durch Täuschung des Ausstellers bewirkte Aushändigung einer Kreditkarte eine Vermögensschädigung i. S. einer Vermögensgefährdung sein kann (krit. dazu aber Labsch NJW 86, 105), so muß dies erst recht für die zur Entstehung der Zahlungspflicht führende Verwendung der Karte gelten. Nach der hier vertretenen Ansicht kommt es daher für das Vorliegen einer schadensgleichen Vermögensgefährdung und damit einer vollendeten Tat auch nicht darauf an, ob der Karteninhaber nach Unterzeichnung des Belastungsbelegs, aber vor der Leistung des Kreditkartenunternehmens an das Vertragsunternehmen von seiner – im Zivilrecht allerdings umstrittenen – Möglichkeit Gebrauch macht, die (An-)Weisung zu widerrufen (für die Zulässigkeit eines solchen Widerrufs z. B. Karlsruhe [Z] NJW-RR 91, 237, LG Aachen [Z] NJW-RR 94, 1010, LG Berlin [Z] NJW 86, 1939, LG München [Z] NJW-RR 93, 626, LG Tübingen [Z] NJW-RR 95, 746, Taupitz NJW 96, 219; dagegen z. B. Schleswig [Z] WM 91, 454, LG Frankfurt [Z] WM 94, 111, Meder NJW 93, 3245 m. w. N.). Hier geht es vielmehr um das allgemeine – auch bei § 263 auftretende – Problem, ob die spätere Beseitigung einer zunächst vorhandenen schadensgleichen Vermögensgefährdung mehr ist als eine nur bei der Strafzumessung zu berücksichtigende „Schadenswiedergutmachung".

11   III. **Der subjektive Tatbestand** verlangt wenigstens bedingten Vorsatz, der insbes. den Mißbrauch und den Vermögensschaden umfassen muß. Schon am Mißbrauchsvorsatz fehlt es, wenn der Täter fälschlich von einer vorhandenen Deckung ausgeht, während jedenfalls der Schädigungsvorsatz zu verneinen ist, wenn er irrig annimmt, aufgrund seiner Vermögens- und Einkommensverhältnisse zu einem Ausgleich der Kontoüberziehung ohne weiteres in der Lage zu sein (z. B. Erwartung einer demnächst eingehenden, tatsächlich aber ausbleibenden Zahlung; vgl. Bernsau aaO 117 ff., Ranft JuS 88, 678, Tröndle/Fischer 8). Nur vage Hoffnungen und Vermutungen, zu einer Deckung imstande zu sein, genügen für den Vorsatzausschluß dagegen noch nicht (Bernsau aaO, Gössel II 520 f., Gribbohm LK 45, Otto wistra 86, 153, Schlüchter aaO 115, Tröndle/Fischer 8; zu § 266 vgl. auch BGH NJW 79, 1512 m. Anm. Otto S. 2414).

12   IV. **Vollendet** ist die Tat mit dem Eintritt des Schadens (o. 10). Nicht strafbar ist der **Versuch**. Soweit der Scheckkartenmißbrauch auch nach Einfügung des § 266 b weiterhin zugleich als Betrug und § 266 b lediglich als lex specialis angesehen wird (u. 14), kann der nach § 266 b straflose Versuch auch nicht nach § 263 II bestraft werden (Gribbohm LK 48, Lackner/Kühl 9, M-Maiwald I 544).

13   V. **Täter** kann nur der berechtigte Karteninhaber sein (o. 7). Für die **Teilnahme** gelten die allgemeinen Grundsätze. § 28 I ist hier aus den gleichen Gründen wie bei § 266 (vgl. dort RN 52) nicht anwendbar (and. die h. M., z. B. Bernsau aaO 107, Gribbohm LK 46, Lackner/Kühl 2, M-Maiwald I 542, Schlüchter aaO 109, Tröndle/Fischer 3, Weber NStZ 86, 484, W-Hillenkamp 302 f.). Soweit bei kollusivem Zusammenwirken zwischen Karteninhaber und -nehmer eine Zahlungspflicht des Ausstellers nicht begründet wird (vgl. BGHZ 64 79, 83 28, NJW 82, 1466, Bernsau aaO 224, Bülow JA 84, 345, Ranft JuS 88, 678), sind schon die Tatbestandsvoraussetzungen des § 266 b nicht gegeben (o. 9), weshalb insoweit auch eine Teilnahme des Kartennehmers nicht möglich ist; in Betracht kommt hier jedoch ein gemeinschaftlich begangener Betrug gegenüber dem Aussteller durch eine (konkludente) Täuschung über das Vorliegen der Voraussetzungen, die eine Garantieverpflichtung begründen (BGH 33 247; vgl. Bernsau aaO 229, Ranft aaO).

VI. Konkurrenzen. Da der Scheck- und Kreditkartenmißbrauch i. S. des § 266 b weder Betrug **14** noch Untreue ist (o. 1), können insoweit auch keine Konkurrenzfragen entstehen. Werden hier dagegen zugleich die Voraussetzungen der §§ 263 oder 266 bejaht – so die Rspr. für § 263 beim Scheckkartenmißbrauch (o. 1) –, so ist vom Vorrang (Spezialität) des § 266 b auszugehen (BGH NStZ **87**, 120, wistra **87**, 136, Hamm MDR **87**, 514, KG JR **87**, 257, Bernsau aaO 132, Gribbohm LK 51, Küpper NStZ 88, 60, Lackner/Kühl 9, Otto wistra 86, 153, Tröndle/Fischer 9; ähnl. Weber NStZ 86, 484, JZ 87, 216 [Sperrwirkung des § 266 b gegenüber den §§ 263, 266]; and. Granderath DB 86, Beil. 18, 10 [Tateinheit]; zu den Konsequenzen beim Versuch vgl. o. 12). Tateinheit mit §§ 263, 266 ist dagegen möglich, wenn deren Voraussetzungen aus anderen Gründen vorliegen, so z. B. beim Begeben eines nicht gedeckten Euroschecks oberhalb der Garantiegrenze (Tateinheit mit Betrug gegenüber dem Schecknehmer bezüglich des nicht garantierten Betrags; vgl. auch Gribbohm LK 60, Steinhilper NJW 85, 302) oder beim Kreditkartenmißbrauch, wenn dieser durch falsche Angaben auf dem Belastungsbeleg zugleich der Beschaffung von Bargeld dient (Tateinheit mit Betrug gegenüber dem Kartenaussteller bezüglich des Bargelds; ebso. Gribbohm LK 59; and. Küpper NStZ 88, 61: § 266 b als mitbestrafte Vortat). Sofern bereits in der durch Täuschung über die Kreditwürdigkeit bewirkten Aushängung einer Scheck- oder Kreditkarte ein vollendeter Betrug zu sehen ist (vgl. BGH **33** 246, StV **92**, 54, wistra **93**, 183, aber auch Labsch NJW 86, 105), stellt der spätere Scheck- bzw. Kreditkartenmißbrauch eine mitbestrafte Nachtat dar (Küpper aaO, Schlüchter aaO 117; and. BGH NStZ **93**, 283 [offengelassen ob Tateinheit oder Tatmehrheit], Tröndle/Fischer 9 [Tateinheit], Bernsau aaO 133, Gössel II 523, Lackner/Kühl 9 [Tatmehrheit], Mitsch JZ 94, 886 u. zust. Gribbohm LK 55 [Betrug als mitbestrafte Vortat]; vgl. auch den entsprechenden Fall des Abhebens der Einlage auf einem gestohlenen Sparbuch, wo die h. M. [vgl. Rissing-van Saan LK 127 vor § 52 mwN] für den beim Abheben begangenen Betrug gleichfalls eine mitbestrafte Nachtat annimmt).

VII. Im Fall des **Abs. 2** wird die Tat nur auf **Antrag** verfolgt, wobei es für die entsprechende **15** Anwendung des § 248 a hier auf die Geringwertigkeit des Vermögensschadens ankommt (vgl. dazu § 263 RN 192).

VIII. Zu **vor dem Inkrafttreten** des 2. WiKG (1. 8. 1986) begangenen Taten vgl. die 25. A. **16** sowie Gribbohm LK 61.

Dreiundzwanzigster Abschnitt. Urkundenfälschung

Vorbemerkungen zu den §§ 267 ff.

Schrifttum: vgl. die Angaben zu § 267

I. Das **römische Recht** stellte nicht auf das betroffene Handlungsobjekt ab, sondern faßte unter **1** Zugrundelegung des Handlungsmittels unter dem Begriff des „falsum" eine Reihe völlig unterschiedlicher Delikte zusammen: Falsches Zeugnis, Testaments-, Urkunden-, Münzfälschung, Richterbestechung, Annahme eines falschen Namens, Kindsunterschiebung, Maß- und Gewichtsfälschung, Doppelverkauf usw. Im altdeutschen Recht standen bis zur Rezeption wegen der agrarwirtschaftlichen Struktur die Gemarkungsstraftaten im Vordergrund (jetzt noch § 274 I Nr. 3). In der Carolina werden Münz-, Siegel-, Register-, Maß- und Gewichts-, Grenzfälschung und Parteiverrat nebeneinander geregelt (Art. 111–115). Der Meineid wird unter Einfluß des Christentums zum Religionsverbrechen (Art. 107), während die Münzdelikte zu den crimen laesae maiestatis zugeschlagen wurden. Nach der Rezeption des römischen Rechts wird wieder auf den Begriff des „falsum" zurückgegriffen, so im Codex Juris Bavarici Criminalis von 1751, der im 9. Kapitel ein Sammelsurium der unterschiedlichsten Delikte zusammenfaßt (vgl. dazu M-Maiwald II/2 132 ff.) Dem folgt die Theresiana von 1768, während das ALR die Fälschung nicht mehr als eigenständiges Unrecht begreift, sondern nur noch als Qualifizierung des Betruges.

Erst Anfang des 19. Jahrhunderts entsteht die Differenzierung zwischen der Täuschung als Mittels **2** des Angriffs auf andere Rechtsgüter und der Wahrheit bzw. Echtheit als eigenständiges Rechtsgut (eingehend hierzu Schilling, der strafrechtliche Schutz des Augenscheinbeweises, 1965, 42 ff.). Allerdings war das Recht auf Wahrheit auf den Schutz des öffentlichen Glaubens (publica fides) beschränkt, so daß im bayerischen StGB von 1813 als Straftaten nur die Fälschung öffentlicher Urkunden und die Münzfälschung geregelt waren, während die Fälschung von Privaturkunden wie im ALR nur als qualifizierter Betrug usw. in Betracht kam. Erst im StGB von Baden (1845) und vor allem in dem von Preußen (1851) gelingt die Zusammenfassung der Fälschung von öffentlichen und Privatkunden, wobei das preußische StGB die Münzfälschung im Gegensatz zu den meisten anderen Partikularstrafrechten als Straftaten gegen den Staat behandelt.

II. Als Ergebnis der technischen Entwicklung wurden nach dem 2. Weltkrieg die Straftaten gegen **3** Gewährleistungsträger erheblich ausgedehnt: § 268 erfaßt die Fälschung technischer Aufzeichnungen, § 274 I Nr. 1 deren Unterdrückung; durch das 2. WiKG wurde der Schutz beweisrechtlicher Daten §§ 269, 270, 274 I Nr. 2 in den 23. Abschnitt eingestellt. Durch das 6. StrRG wurde der 23. Abschnitt erheblich verändert, neu eingeführt wurden Abs. 3 u. 4 zu § 267, geändert wurde weiterhin § 271 und neu eingefügt § 273, erweitert wurden §§ 275, 276 u. 282.

§ 267 Urkundenfälschung

(1) Wer zur Täuschung im Rechtsverkehr eine unechte Urkunde herstellt, eine echte Urkunde verfälscht oder eine unechte oder verfälschte Urkunde gebraucht, wird mit Freiheitsstrafe bis zu fünf Jahren oder mit Geldstrafe bestraft.

(2) Der Versuch ist strafbar.

(3) In besonders schweren Fällen ist die Strafe Freiheitsstrafe von sechs Monaten bis zu zehn Jahren. Ein besonders schwerer Fall liegt in der Regel vor, wenn der Täter
1. gewerbsmäßig oder als Mitglied einer Bande handelt, die sich zur fortgesetzten Begehung von Betrug oder Urkundenfälschung verbunden hat,
2. einen Vermögensverlust großen Ausmaßes herbeiführt,
3. durch eine große Zahl von unechten oder verfälschten Urkunden die Sicherheit des Rechtsverkehrs erheblich gefährdet oder
4. seine Befugnisse oder seine Stellung als Amtsträger mißbraucht.

(4) Mit Freiheitsstrafe von einem Jahr bis zu zehn Jahren, in minder schweren Fällen mit Freiheitsstrafe von sechs Monaten bis zu fünf Jahren wird bestraft, wer die Urkundenfälschung als Mitglied einer Bande, die sich zur fortgesetzten Begehung von Straftaten nach den §§ 263 bis 264 oder 267 bis 269 verbunden hat, gewerbsmäßig begeht.

Übersicht

I. Rechtsgut	1
II. Urkundsbegriff	2–19
III. Beweis- und Kennzeichen	20–29
IV. Besondere Formen der Urkunde	30–44
V. Verschiedene Handlungsmodalitäten	45–47
VI. Herstellen einer unechten Urkunde	48–63
VII. Verfälschen einer Urkunde	64–72
VIII. Gebrauchmachen von einer Urkunde	73–78
IX. Verhältnis von Verfälschen und Gebrauchmachen	79–80
X. Rechtswidrigkeit	81
XI. Subjektiver Tatbestand	82–93
XII. Versuch und Vollendung	94–96
XIII. Teilnahme	97, 98
XIV. Konkurrenzen	99
XV. Regelstrafe und besonders schwerer Fall	100
XVI. Qualifizierte Urkundenfälschung	111
XVII. Vermögensstrafe, Erweiterter Verfall und Einziehung	113

Stichwortverzeichnis

Die Zahlen bedeuten die Randnoten

Abschrift, beglaubigte, einfache 39 f.
Absichtsurkunde 14 f.
Anonymität, offene, versteckte 18
Augenscheinsobjekt 4
Aussteller
– von Beweis- oder Kennzeichen 29
Identität des – 48 ff.
– von Urkunden 16 ff.
Vertretung des – 55 ff.

Beglaubigungsvermerk 40, 69
Beschädigen von Urkunden 70 ff.
Beweggrund des Täters 93
Beweisbestimmung 14
Beweisbeziehung 36 a; 65 a
Beweiseignung 9 ff.
Beweiseinheit 36 a f., 65 a, 69
Beweisfunktion 2, 8 ff.
Beweiszeichen 20 ff.
Blankettfälschung 62

Deckname 50 f.
Deliktsurkunde 14
Dispositivurkunde 15
Durchschriften 39, 41

Entwurf als Urkunde 14, 37

Fälschen, s. Herstellen einer unechten Urkunde
Förmlichkeiten 53
Fotokopie 39, 42

Garantiefunktion 2, 16 ff.
Gebrauch fremden Namens, Erlaubnis zum – 60
Gebrauchmachen von Urkunden 73 ff.
– durch Unterlassen 77
Verhältnis des – zum Fälschen 79 ff.
Gedankenerklärung 25 f.
Geistigkeitstheorie 55
Genehmigung 60 a
Gesamturkunde 30 ff., 67, 71 a

Handzeichen 17
Herstellen einer unechten Urkunde 48 ff.
Verhältnis des – zum Gebrauchmachen von Urkunden 79 ff.

Inhaltsveränderung von Urkunden s. Verfälschen
Irrtum 83

Kennzeichen 20 ff.
Konkurrenzen 100
Kontrollvermerk 69
Körperlichkeitstheorie 55

§ 267

Urkundenfälschung

Meldezettel, polizeilicher 5
Mikrofilm 42

Namenstäuschung 51
Nichtige Urkunde 9

Öffentliche Urkunde 38, 47, 53

Perpetuierungsfunktion 2 ff.

Rechtsgut bei Urkundenfälschung 1
Rechtswidrigkeit 81

Schallplatte 6
Schreibhilfe 57
Schriftliche Lüge 54
Symbole, wortvertretende 7

Täterschaft 97 f.
Täuschung im Rechtsverkehr 84 ff.
Teilnahme 97 f.
Telefax 42 a
Telegrammfälschung 61
Tonband 6

Übersetzung, beglaubigte 40
Urheber von Urkunden 16 ff.
Urkunde
  ausländische – 47
  inländische – 47
  nichtige – 9
  öffentliche – 38, 47, 53
  private – 47

Verfälschen 64 ff.
Versicherungskarten 94
Versuch 96
Vertretung bei Ausstellung einer Urkunde 55, 58 f.
Vollendung 95
Vorsatz 83

Wahlschein 17
Wahndelikt 83
Wahrheit der urkundlichen Erklärung 54
Warenzeichen 28

Zeichen mit fremdem Namen 56 ff.
Zeugnisurkunde 15
Zufallsurkunde 14 f.
Zusammengesetzte Urkunde 36 a, 65 a, 69

Schrifttum: Bettendorf, Der Irrtum bei den Urkundendelikten, 1997. – *Brodmann*, Über den Begriff der Urkunde, GS 47, 401. – *Ebermayer*, Urkundenfälschung, Frank-FG II 418. – *Emde*, Die Rezeptfälschung im Fotokopierverfahren, wistra 95, 328. – *Engert/Franzmann/Herschlein*, Fotokopien als Urkunden, § 267, JA 97, 31. *Ennuschat*, Der Einfluß des Zivilrechts auf die strafr. Begriffsbestimmung am Beispiel der Urkundenfälschung gemäß § 267 StGB, 1998. – *Erb*, Urkunde u. Fotokopie, GA 98, 571. – *Fortun*, Probleme der Rezeptfälschung, wistra 89, 176. – *Frank*, Zur Lehre vom Zeichen in fremdem Namen, ZStW 32, 82. – *Freund*, Grundfälle zu den Urkundsdelikten, JuS 93, 731, 1016, JuS 94, 30, 125, 207, 305. – *ders.*, Urkundenstraftaten, 1996. – *Geppert*, Zum Verhältnis der Urkundendelikte untereinander, Jura 88, 158. – *ders.*, Zur Urkundsqualität von Durchschriften, Abschriften u. insbes. Fotokopien, Jura 90, 271. – *v. Gravenreuth*, Das Plagiat aus strafrechtl. Sicht, 1986. – *Haefliger*, Der Begriff der Urkunde im schweiz. Strafrecht, Schweiz. criminalist. Studien Heft 6. – *Hecker*, Die mißbräuchliche Verwendung von Ausweispapieren u. sonstigen ausweisgleichen Urkunden nach § 281 StGB, GA 97, 525. – *Hefendehl*, Der mißbrauchte Farbkopierer, Jura 92, 374. – *Heinrich*, Mißbrauch gescannter Unterschriften als Urkundenfälschung, CR 97, 622. – *Heinrichs*, Beweiszeichen u. Kennzeichen, Eine Untersuchung zum Urkundsbegriff im Strafrecht, 1996. – *Jäger*, Die Gesamturkunde, 1929. – *Kienapfel*, Urkunden im Strafrecht, 1967. – *ders.*, Urkunden u. technische Aufzeichnungen, JZ 71, 163. – *ders.*, Absichtsurkunden u. Zufallsurkunden, GA 70, 103. – *ders.*, Urkundenbegriff u. Rechtserheblichkeit, ZStW 82, 344. – *ders.*, Neue Horizonte des Urkundenstrafrechts usw., Maurach-FS 431. – *ders.*, Urkunden u. Beweiszeichen, Württenberger-FS 187. – *ders.*, Urkunden u. andere Gewährschaftsträger, 1979. – *ders.*, Das neue liechtensteinische Urkunden- u. Beweiszeichenstrafrecht, Tröndle-FS 817. – *Kohlrausch*, Urkundenverbrechen, in: Hwb. d. Rechtswiss. Bd. VI (1929) 334. – *Lenckner*, Zum Begriff der Täuschungsabsicht in § 267 StGB, NJW 67, 1890. – *Lampe*, Die sog. Gesamturkunde u. das Problem der Urkundenfälschung durch den Aussteller, GA 73, 33. – *Lindemann*, Zur systematischen Interpretation des § 274 I Nr. 1 StGB im Verhältnis zum § 267 I Var. 2 StGB, NStZ 98, 23. – *Löffler*, Künstlersignatur u. Kunstfälschung, NJW 93, 1421. – *Mätzke*, Die Sanktionslosigkeit von Manipulationen belastender Vermerke in amtl. Ausweisen, MDR 96, 19. – *P. Merkel*, Die Urkunden im dt. Strafrecht, 1902. – *Meurer*, Urkundenfälschung durch Verwendung des eigenen Namens, NJW 95, 1655. – *Mewes*, Urkundenfälschung bei Personalienmanipulation im Versandhandel – BGH, NStZ 1994, 486, NStZ 96, 14. – *Miehe*, Zum Verhältnis des Fälschens zum Gebrauchmachen im Tatbestand der Urkundenfälschung, GA 67, 270. – *Oetker*, Zur Urkundenlehre im Strafrecht, 1911. – *Otto*, Die Probleme der Urkundenfälschung (§ 267 StGB usw.), JuS 87, 761. – *Pommerenke*, Ist die Kreditkarte einer Bank eine Gesamturkunde?, wistra 96, 212. – *Puppe*, Urkundenfälschung, Jura 79, 630. – *dies.*, Erscheinungsformen der Urkunde, JR 80, 18. – *dies.*, Unzulässiges Handeln unter fremdem Namen als Urkundenfälschung, JR 81, 441. – *dies.*, Die neue Rechtsprechung zu den Fälschungsdelikten, JZ 86, 938. – *dies.*, Zur Abgrenzung von Urkunden-„Echtheit" u. Urkundenwahrheit in Fällen von Namenstäuschung, Jura 86, 22. – *dies.*, Urkundenechtheit bei Handeln unter fremden Namen in mittelbarer Täterschaft – BayObLG, NJW 88, 1401, JuS 89, 361. – *dies.*, Die neue Rspr. zu den Fälschungsdelikten, JZ 91, 447, 550, 609. – *dies.*, Die neue Rspr. zu den Fälschungsdelikten, JZ 97, 490. – *Rheineck*, Fälschungsbegriff u. Geistigkeitstheorie, 1979. – *Rossa*, Mißbrauch beim electronic cash, CR 97, 219. – *Samson*, Urkunde u. Beweiszeichen, 1968. – *ders.*, Grundprobleme der Urkundenfälschung, JuS 70, 369. – *ders.*, Fälschung von Beweiszeichen, GA 69, 353. – *Sax*, Probleme des Urkundsstrafrechts, Peters-FS 137. – *Schilling*, Der strafrechtliche Schutz des Augenscheinsbeweises, 1965. – *Schönke*, Urkundenfälschung u. Zeichen in fremdem Namen, Kohlrausch-FS 253. – *ders.*, Die Umgestaltung der Urkundendelikte, DStR 43, 137. – *Schroeder*, Die Herbeiführung einer Unterschrift durch Täuschung oder Zwang, GA 74, 225. – *ders.*, Urkundenstraftaten an entwerteten Fahrkarten, JuS 91, 369. – *Schumann*, Die Fälschung nach dem neuen Wechsel- u. Scheckrecht, 1935. – *Sieber*, Computerkriminalität u. Strafrecht, 2. A., 1980. – *Stumpf*, Gibt es im materiellen Strafrecht ein Verteidigerprivileg, NStZ 97, 7. – *Wegscheider*, Strafrechtl.

Urkundenbegriff u. Informationsverarbeitung (I, II), CR 89, 923, 996. – *Weismann,* Urkundenfälschung, VDB VII, 243. – *Weiß,* Das abredewidrig ausgefüllte Blankett, Jura 93, 288. – *Welp,* Die Urkunde u. ihr Duplikat, Stree-Wessels-FS 511. – *Wünsch,* Richterprivileg – Verteidigerprivileg, StV 97, 45. – *Zaczyk,* „Kopie" u. „Original" bei der Urkundenfälschung, NJW 89, 2515. – *Zielinski,* Urkundenfälschung durch Computer, Kaufmann-GedS, 605. *ders.,* Urkundenfälschung durch Telefax, CR 95, 286.

Vorbem. Abs. 3 geändert, Abs. 4 neu eingefügt durch Art. 1 Nr. 63 6. StrRG vom 26. 1. 1998 (BGBl. I 179).

1 I. **Geschütztes Rechtsgut** ist nach h. L. die **Sicherheit** und **Zuverlässigkeit des Rechtsverkehrs,** insb. des Beweisverkehrs, der darauf angewiesen ist, stofflich verkörperte Erklärungen als Beweismittel zu benutzen, und sich dabei darauf verläßt, daß hinter ihnen ein bestimmter Aussteller als Garant steht und die Urkunde diesem gegenüber ein wirksames Beweismittel bildet (Arzt/Weber IV 129, Puppe JZ 91, 552; enger Schilling aaO 141 f.: Schutz der Institution der Urkunden). Der Beweisverkehr ist nicht nur dann beeinträchtigt, wenn das unechte Beweismittel gegen einen anderen als den wahren Urheber Beweis zu erbringen scheint, sondern auch dann, wenn mit dem Falsifikat kein gültiger Beweis erbracht werden kann; Ennuschat, Der Einfluß des Zivilrechts auf die strafrechtliche Begriffsbestimmung am Beispiel der Urkundenfälschung gemäß § 267 StGB, 1998, 17; Hoyer SK 4–6. Dies ist insb. von Bedeutung für Urkunden, in denen sich der Täter eines falschen Namens bedient, ohne zugleich auf einen anderen hinzuweisen; vgl. u. 49 ff. Das Wesen der Urkundenfälschung besteht demnach im Mißbrauch der Form der Beurkundung im Rechtsverkehr (RG **23** 250); dieser ist, weil das Vertrauen in die Institution der Urkunde als Beweismittel erschüttert wird, auch dann gefährdet, wenn feststeht, daß der Urkunde nur in einem beschränkten Personenkreis Beweiswert zukommt; so bei einer in Geheimschrift abgefaßten Urkunde oder bei gewissen Beweiszeichen. Im Gegensatz zur h. L. wird man aber davon ausgehen müssen, daß neben dem Rechtsverkehr auch der Einzelne geschützt ist, dessen Beweisposition durch die Urkundenfälschung beeinträchtigt wird, sei es, daß sein Name mißbraucht wird, sei es, daß ihm ein untaugliches Beweismittel in die Hand gegeben wird (aM Puppe Jura 79, 633). Demgegenüber sieht Hoyer SK vor § 267 im Anschluß an Puppe Jura 79, 633, NK 11 das geschützte Rechtsgut in der individuellen Dispositionsfreiheit, die dadurch beeinträchtigt wird, daß das Opfer aufgrund manipulierter Beweismittel zu einer rechtserheblichen Disposition veranlaßt wird, die es ohne diese Beweismittel nicht vorgenommen hätte. Diese Auffassung vermag jedoch nicht zu erklären, weshalb die Dispositionsfreiheit nur gegenüber dem Gebrauch unechter, nicht dagegen echter, aber inhaltlich unwahrer Urkunden geschützt ist. Erst recht versagt diese Meinung bei der Begründung der Strafbarkeit des Gebrauchs unechter, aber inhaltlich wahrer Urkunden, weil hier die Dispositionsfreiheit nicht schutzwürdig ist, so beispielsweise, wenn der Erbe des Gläubigers es unterläßt, einen Anspruch geltend zu machen, weil ihm eine gefälschte Quittung über eine tatsächlich schon getilgte Schuld vorgelegt wird.

1a Dagegen wird das **Vermögen** in § 267 **nicht geschützt** (BGH **2** 52, Welzel 402), ebensowenig das Vertrauen in die Wahrheit des urkundlichen Inhalts (vgl. Tröndle LK[10] 4 vor § 267). Deshalb hängt die Echtheit oder Unechtheit einer Urkunde nicht vom Wahrheitsgehalt des Erklärten ab; vgl. u. 48, 54. De lege ferenda vgl. Schilling, Reform der Urkundenverbrechen (1971). § 267 ist kein Schutzgesetz iSv § 823 Abs. 2 BGB (BGHZ **100** 13).

2 II. **Urkunden** iS des Strafrechts sind verkörperte Erklärungen, die ihrem gedanklichen Inhalt nach geeignet und bestimmt sind, für ein Rechtsverhältnis Beweis zu erbringen und die ihren Aussteller erkennen lassen (so im wesentlichen die st. Rspr., vgl. BGH **3** 84, **4** 285, **13** 235, **16** 96; zur alten Rspr. Ebermayer aaO 421, Schilling aaO 82 f.; weitgehend auch Kienapfel, Urkunden im Strafrecht 243). Danach muß eine Urkunde im wesentlichen drei Funktionen erfüllen: 1. sie muß eine Gedankenerklärung stofflich fixieren (**Perpetuierungsfunktion;** u. 3 ff.), 2. sie muß zum Beweise bestimmt und geeignet sein (**Beweisfunktion;** u. 8 ff.) und 3. den Aussteller als Garanten der Erklärung erkennen lassen (**Garantiefunktion;** u. 16 ff.). Diese Aufgaben werden teilweise auch von den sog. Beweis- und Kennzeichen erfüllt; vgl. u. 20 ff.

3 1. Vorausgesetzt wird zunächst eine mit einer **körperlichen Sache fest verbundene Gedankenerklärung.**

4 a) Durch ihren gedanklichen Inhalt unterscheidet sich die Urkunde vom **Augenscheinsobjekt** (RG **17** 106, 283, **53** 141, **55** 98). Dieses dient durch seine Lage, Beschaffenheit oder Eigenschaft zum Beweis einer Tatsache: zB Fußspuren, Fingerabdrücke, Blutflecken. Die Urkunde wirkt dagegen dadurch, daß sich aus ihr menschliche Gedanken, mögen sie Willensäußerungen, Zeugnisse oder Gutachten sein, erkennen lassen. Erst unter dieser Voraussetzung wirkt ein Gegenstand nicht bloß als Augenscheinsobjekt auf die sinnliche Wahrnehmung, sondern vermöge geistigen Inhalts auf das Verständnis; vgl. dazu BGH **17** 297 (Rechtschreibübungen eines Schülers als gedankliche Erklärung), Schilling aaO 83 ff. Fraglich ist, ob die durch **EDV** hergestellten Schriftstücke (zB Bankauszüge, Steuerbescheide) als menschliche Gedankenerklärung anzusehen sind. Dies ist dann anzunehmen, wenn die zu verarbeitenden Daten auf menschliches Handeln zurückgehen, weil auch die Datenverarbeitung von Menschen durchgeführt wird und daher das Ergebnis der EDV insgesamt einem Aussteller zuzurechnen ist (Sieber aaO 274 ff., Zielinski aaO 605, 610); dies hat erst recht für einen elektronisch erstellten und unterschriebenen Lastschriftbeleg zu gelten (Rossa CR 97, 226; zu „gescannten Unterschriften" vgl. Heinrich CR 97, 622). Nimmt dagegen die EDV in der Inputphase selbständig irgendwelche Daten (zB seismographische Fakten) auf, so haben die Ergebnisse nach der EDV-Verarbeitung auch keine Urkundenqualität. Deswegen sind mechanische Aufzeichnungen, sofern sie nicht menschliche Gedanken zum Ausdruck bringen (wie zB gedruckte, maschinenschriftliche oder gestempelte Erklärungen), sondern nur über äußere Vorgänge berichten, keine Urkunden wie eine Gasuhr (RG DR **42**, 1150). Vgl. dazu aber u. 26 f. und die Erl. zu § 268. Auch bloße Wertzeichen (zB Rabattmarken) sind nach der Rspr. keine Urkunden (Bay JR **80**, 122 m. Anm. Kienapfel).

Die Erklärung muß einen Inhalt haben, der über die bloße Aufzählung der Identitätsmerkmale ihres **5** Ausstellers hinausgeht (Visitenkarte), da es sonst an einem selbständigen Merkmal der aus „Brief und Siegel" zusammengesetzten Urkunde fehlt. Der polizeiliche Meldezettel ist daher keine Urkunde (and. RG **74** 292; vgl. auch Koppenhöfer NJW 56, 1345); falsche Angaben in Meldezetteln können nur nach den Meldeordnungen geahndet werden. Wohl aber ist ein Führerschein (BGH MDR/H **78**, 625) oder Parkberechtigungsausweis (Bay NStZ-RR **98**, 331) eine Urkunde.

b) Die Erklärung muß mit einer **körperlichen Sache fest verbunden** sein; hierdurch unter- **6** scheidet sich die Urkunde von der mündlichen Gedankenäußerung. Erforderlich ist eine stoffliche Fixierung von gewisser Dauerhaftigkeit. Deshalb sind abgebrochene Zweige, aufeinandergelegte Bierdeckel, Schriftzeichen im Schnee, die lose Verbindung eines Oberhemdes mit der es umgebenden Klarsichthülle usw. keine Urkunden (Köln NJW **79**, 729 m. Anm. Kienapfel, 83, 769, Hoyer SK 25, Blei II 310). Tonbändern, Schallplatten usw. fehlt die Urkundeneigenschaft; zwar können auch mit diesen technischen Hilfsmitteln Erklärungen fixiert werden, doch ist dem Begriff der Urkunde das optisch-visuelle Verständnis ihres Inhalts wesentlich (Gerstenberg NJW 59, 540, Eb. Schmidt JZ 56, 207, Jellinek-GedS 631, Hoyer SK 27, W.-Hettinger II/1 794; and. Kohlhaas DRiZ 55, 82, NJW 57, 83). Für den hier vertretenen Standpunkt spricht auch der praktische Gesichtspunkt, daß beim Tonband die Identitätsfeststellung nicht mit der gleichen Zuverlässigkeit möglich ist wie bei der schriftlichen Fixierung. Tonbänder etc. können aber technische Aufzeichnungen iS des § 268 sein, vgl. dort RN 17.

c) **Teilweise** wird verlangt, daß der gedankliche Inhalt einer Urkunde sich vollständig aus dieser **7** selbst ergeben müsse, daß als Urkunden demnach grundsätzlich **nur Schriftstücke** in Betracht kommen könnten (so M-Maiwald II/2 137 f., Welzel 403). An dieser Ansicht ist zunächst richtig, daß sich mittels der Urkunde selbst die Existenz einer Erklärung beweisen lassen muß. Aber ebenso wie der Urheber einer Erklärung sich Abkürzungen (zB stenographischer Kürzel und anderer aus sich selbst heraus nicht ohne weiteres verständlicher Erklärungsmittel, zB einer nur in wenigen, aber mehr als zwei Eingeweihten verständlichen Geheimschrift) bedienen kann (h. M., M-Maiwald II/2 139, Hoyer SK 31; and. Samson JuS 70, 372), können auch solche Zeichen Urkundeneigenschaft begründen, die „nicht selbst sprechen", aber mittels besonderer Auslegungsbehelfe eine Gedankenäußerung ihres Urhebers vermitteln. Ob eine Geheimschrift vereinbart oder durch Vereinbarung bestimmten Zeichen (zB Waldhammerschlag) ein bestimmter Erklärungswert (zB Eigentumsübertragung) beigemessen wird, kann keinen Unterschied machen. In beiden Fällen fehlt es zwar an der Gemeinverständlichkeit des Erklärten; dieses Merkmal ist aber für den Urkundsbegriff nicht wesentlich (vgl. u. 10). Entscheidend ist allein, daß den genannten Zeichen wortvertretende Eigenschaft zukommt. Daher ist nicht erforderlich, daß die Erklärung in Schriftzeichen verkörpert ist (Tröndle/Fischer 3; Tröndle LK[10] 1; Blei II 307 f.; and. M-Maiwald II/2 137, Hoyer SK 29, Welzel 403); vgl. auch Schilling aaO 82 f., Kienapfel ZStW 82, 361 ff.

2. Erforderlich ist weiter, daß die verkörperte Erklärung **geeignet** und **bestimmt** ist, für ein **8** **Rechtsverhältnis Beweis** zu erbringen (vgl. BGH GA **70**, 193, Hoyer SK 30); krit. hierzu Kienapfel ZStW **82**, 345.

a) Die **Beweiseignung** ist im Gegensatz zur Beweisbestimmung (u. 14) nach objektiven Kriterien **9** zu beurteilen (M-Maiwald II/2 141; W-Hettinger II/1 795); über sie entscheidet nicht einseitig der Wille des Urhebers der Urkunde oder desjenigen, der an ihr ein Beweisinteresse hat, sondern Gesetz, Herkommen oder Vereinbarung der Beteiligten. An der Beweiseignung (**nichtige Urkunden:** BGH GA **71**, kann es zB fehlen, wenn infolge Verletzung wesentlicher Formvorschriften die Unwirksamkeit der Erklärung für den Rechtsverkehr auf der Hand liegt (BGH GA **71**, 180, Bay NStZ-RR **98**, 331 m. abl. Anm. Schäfer NStZ 99, 191, Tröndle LK[10] 1; vgl. auch u. 67, Kienapfel, Urkunden im Strafrecht 284, Maurach-FS 447). Bei Konversion einer fehlerhaften Erklärung bleibt die Beweiseignung aber bestehen; so kann ein ungültiger Wechsel als Schuldurkunde oder schriftliche Anweisung beweisfähig sein (weitergehend Tröndle LK[10] 64). Dies gilt auch dann, wenn eine Erklärung wegen Formmangels nichtig, aber heilbar ist (zB nach § 313 BGB). Die Beweiseignung kann durch tatsächliche Übung (Herkommen) entstehen, so wenn es in einer Landgemeinde üblich geworden ist, daß der Bürgermeister Versteigerungen in seinem Schreibheft beurkundet (RG DR **44**, 284). Durch Vereinbarung der Beteiligten kann Beweis- und Kennzeichen Beweiseignung zuerkannt werden; vgl. u. 20 ff. Im einzelnen gilt folgendes:

α) Zur Beweiseignung gehören zunächst gewisse tatsächliche Erfordernisse. Da eine Urkunde die **10** Aufgabe hat, durch ihren gedanklichen Inhalt Beweis zu erbringen, muß sie allgemein oder doch für die Beteiligten verständlich sein. Als Auslegungsbehelfe können Rechtsvorschriften (zB über die Bedeutung der Unterschrift auf einem Wechsel), Verkehrssitte (vgl. RG **62** 262) oder eine Vereinbarung der Beteiligten (RG **64** 49, JW **39**, 624, Tröndle LK[10] 61) herangezogen werden. Verständlich-

§ 267 11–15 Bes. Teil. Urkundenfälschung

keit der Urkunde für jedermann ist nicht erforderlich (vgl. o. 7); zu den Beweis- und Kennzeichen vgl. u. 20 ff.

11 β) Zum Beweis geeignet ist eine Urkunde bereits dann, wenn sie auf die Bildung der Überzeugung mitbestimmend einwirken kann; es ist nicht erforderlich, daß sie allein vollen Beweis erbringt. Zum Beweis ist auch die Glaubhaftmachung zu rechnen (RG HRR **33** Nr. 82), ebenso der Gegenbeweis, durch den die nicht beweispflichtige Partei den Hauptbeweis erschüttern will. Beweiserheblich ist eine Urkunde auch dann, wenn sie nur einzelne in Betracht kommende Tatsachen eines Rechtsverhältnisses beweisen kann, zB den Rücktritt vom Vertrag, nicht aber dessen Abschluß (RG **1** 293), den Umfang der geleisteten Arbeit, nicht aber den vereinbarten Lohn (RG **11** 183). Schließlich ist die Beweiseignung unabhängig von der ursprünglichen Beweisbestimmung; es ist also nicht erforderlich, daß die Urkunde zum Beweis desjenigen Rechtsverhältnisses herangezogen wird, für das sie ursprünglich bestimmt war (RG **19** 113, **32** 56, **40** 78).

12 γ) Die Erklärung muß **geeignet** sein, für ein **Rechtsverhältnis** Beweis zu erbringen. Dies ist nicht nur der Fall, wenn die Urkunde über rechtserhebliche Tatsachen berichtet; auch Gutachten, Werturteile oder Prognosen (zB über den künftigen Verlauf einer Krankheit) können beweiserheblich und damit Urkundsinhalt sein. Rechtserheblich ist die Erklärung, wenn sie allein oder in Verbindung mit anderen Beweismitteln für die Entstehung, Erhaltung, Veränderung oder das Erlöschen eines Rechts oder Rechtsverhältnisses öffentlicher oder privater Natur von Bedeutung ist (RG **7** 47). Rechtserheblich ist zB eine Strafanzeige ohne Rücksicht auf die Wahrheit oder Unwahrheit des Inhalts, da sie für die Strafverfolgungsbehörde die Pflicht zur Untersuchung begründet und somit „für die Begründung eines öffentlich-rechtlichen Verhältnisses von Bedeutung ist" (RG **53** 268), ebenso eine Prüfungsarbeit. Die Urkunde muß für ein gegenwärtiges Rechtsverhältnis beweisgeeignet sein; es genügt nicht, wenn sie in früheren Zeiten (historische Dokumente) diese Eigenschaft einmal besaß (vgl. RG **76** 28, BGH **4** 285). Deswegen sind die angebl. Hitler-Tagebücher, die seinerzeit im „Stern" veröffentlicht wurden, oder eine vom Poststück losgelöste abgestempelte Briefmarke keine Urkunden (RG LZ **21** Sp. 659). Krit. zur Rechtserheblichkeit Kienapfel ZStW 82, 344. Zur Eintragung in das Fremdenbuch eines Hotels vgl. BGH MDR/D **73**, 556.

13 Das Reichsgericht hat seit RG **17** 107 in st. Rspr. darauf abgestellt, daß eine Urkunde darauf gerichtet sein müsse, eine außerhalb ihrer selbst liegende Tatsache zu beweisen, d. h. „durch die in ihr liegende Gedankenäußerung das Vorhandensein oder Nichtvorhandensein einer Tatsache festzustellen, die nicht lediglich in der Gedankenäußerung selbst besteht" (RG **17** 107); vgl. auch RG **17** 283, **19** 62, **30** 329, **36** 317, **40** 78. Dieses Kriterium war von der Rspr. zunächst zur Abgrenzung der Urkunde vom Augenscheinsobjekt gedacht, es ist aber deswegen unbrauchbar, weil es zahlreiche (Dispositiv-) Urkunden gibt, die außer der in ihnen verkörperten Gedankenäußerung nichts beweisen und weil andererseits auch Augenscheinsobjekte für außerhalb ihrer selbst liegende Tatsachen Beweis erbringen können (so der Seismograph für ein Erdbeben); wie hier Frank II; and. Ebermayer aaO 420, Schilling aaO 83 ff.

14 b) Die Urkunde muß dazu **bestimmt** sein, für ein Rechtsverhältnis **Beweis zu erbringen** (RG **64** 49, **67** 91, 233, 433, Tröndle LK¹⁰ 48, M-Maiwald II/2 141; and. zT die ältere Rspr., vgl. die Übersicht bei Tröndle aaO, sowie Kienapfel GA 70, 206, Bockelmann II/3 94, die jeder verkörperten Äußerung Urkundenqualität beimessen; ähnlich Hoyer SK 38, der darauf abstellt, ob die verkörperte Erklärung dem potentiellen Opfer berechtigten Anlaß dazu bietet, auf sie zu vertrauen und rechtlich erhebliche Entscheidungen auf sie zu stützen). Die Beweisbestimmung wird regelmäßig darin liegen, daß die Urkunde vom Aussteller zu dem Zweck hergestellt wird, einem anderen den Beweis zu ermöglichen (sog. **Absichtsurkunde**); ein zweckgerichtetes Handeln braucht jedoch nicht vorzuliegen, es genügt, daß der Aussteller weiß, ein anderer werde mit der Urkunde Beweis erbringen. Deshalb ist ein beleidigender Brief eine Urkunde, auch wenn es dem Schreiber weniger auf die Schaffung eines Beweismittels als auf die Mitteilung der beleidigenden Äußerung ankommt; § 267 liegt daher vor, wenn unter falschem Namen ein Schriftstück deliktischen Inhalts in dem Bewußtsein hergestellt wird, der Empfänger werde an die Mitteilung eine rechtliche Reaktion knüpfen (zur sog. Deliktsurkunde vgl. Tröndle LK¹⁰ 52, Hoyer SK 40). Die Beweisbestimmung kann aber auch durch einen anderen als den Aussteller getroffen werden (and. Hoyer SK 39); dies ist regelmäßig bei den sog. **Zufallsurkunden** der Fall. Voraussetzung ist aber, daß der Dritte die rechtliche Möglichkeit hat, mit der Urkunde Beweis zu erbringen; es gelten hier die bei § 274 RN 5 aufgeführten Grundsätze. Eine private Notiz wird deshalb nicht schon dadurch zur Urkunde, daß ein Dritter sich zum Beweis auf sie beruft (BGH **3** 85), wohl aber dadurch, daß er sie bei Gericht einreicht. Die nur tatsächliche Möglichkeit, von dem Schriftstück Gebrauch zu machen, genügt zur Beweisbestimmung noch nicht. Die Beweisbestimmung ist an keine Form gebunden (vgl. Binding Lb. 2, 188 ff.). Keine Urkunde ist der Entwurf (RG **57** 311, Bremen NJW **62**, 1455). Auch eine schon unterschriebene Erklärung kann ein Entwurf sein, sofern sie noch zur ausschließlichen Verfügung des Ausstellers steht (vgl. RG **64** 137). Andererseits kann eine noch nicht unterschriebene Erklärung bereits eine Urkunde darstellen (RG **61** 161), da die Unterschrift nicht notwendiger Bestandteil einer Urkunde ist; vgl. u. 16 ff.

15 Die traditionelle Einteilung der Urkunden in **Absichts-** und **Zufallsurkunden** hat im Rahmen des § 267 keinerlei Bedeutung (M-Maiwald II/2 142, Puppe Jura 79, 633, Samson JuS 70, 373, Tröndle LK¹⁰ 50, W-Hettinger II/1 797). Zu den Absichtsurkunden werden die **Dispositiv-** und **Zeugnisurkunden** gerechnet; zu jenen gehören rechtsgeschäftliche Erklärungen zur Begründung,

Änderung oder Aufhebung von Rechtsverhältnissen, sei es mit konstitutiver oder deklaratorischer Wirkung (Annahme eines Vertragsangebots, Kündigung, Quittung, Testament), während die Zeugnisurkunden über rechtserhebliche Tatsachen berichten (Protokoll über eine Gesellschafterversammlung, Eintragung im Register usw.). Die Zufallsurkunden unterscheiden sich von den Absichtsurkunden dadurch, daß bei ihnen die Beweisbestimmung erst nachträglich erfolgt. Dies ist zB der Fall, wenn Briefe für Zwecke eines Strafverfahrens beschlagnahmt werden, bei deren Abfassung an einen Beweiszweck nicht gedacht war.

3. Die Erklärung muß den **Aussteller** als den **Urheber** der Erklärung bezeichnen oder erkennbar 16 machen, weil die Urkunde ihren Beweiswert erst dadurch erhält, daß ihr Urheber hinter der beurkundeten Erklärung steht und für diese eintritt (RG **61** 161, Tröndle LK[10] 26 ff., Hoyer SK 41, M-Maiwald II/2 142 f., W-Hettinger II/1 801). Aussteller ist der, von dem eine Urkunde herrührt; dabei ist nicht entscheidend, wer die Urkunde körperlich hergestellt hat, sondern wer als geistiger Urheber für die Erklärung einsteht (vgl. u. 48 ff., 55 ff.) bzw. wem die Erklärung im Rechtsverkehr als eigene zugerechnet wird (Hoyer SK 41): Nicht der Schreiber, sondern der „Erklärer" (so Kohlrausch-Lange III 3) muß aus der Urkunde erkennbar sein. Demzufolge ist der Beschuldigte als Aussteller des von ihm unterschriebenen Vernehmungsprotokolls anzusehen (and. LG Dresden NZV **98**, 217 m. abl. Anm. Saal).

a) Die Urkunde muß nicht eigenhändig unterschrieben oder mit einem Handzeichen versehen 17 sein, sofern nicht unter dem Gesichtspunkt der Beweiseignung (o. 9 ff.) zu deren Wirksamkeit eigenhändige Unterschrift gesetzlich vorgeschrieben ist (zB Testament). Es muß vielmehr genügen, daß die Individualisierung des Ausstellers nach Gesetz, Herkommen oder Parteivereinbarung, sei es auch nur für die unmittelbar Beteiligten (RG **40** 218), aus der Urkunde möglich ist (RG **61** 161; vgl. auch BGH GA **63**, 16, BGH **13** 385). Deshalb reicht ein Faksimile oder der Quittungsdruck einer Registrierkasse auf der Firmenrechnung (RG **55** 107) als Urhebervermerk aus; vgl. Tröndle LK[10] 32 f. Keine Urkunde liegt dagegen vor, wenn nur unter Zuhilfenahme völlig außerhalb des Schriftstücks liegender Umstände die Person des Ausstellers ermittelt werden kann (RG **64** 98) oder wenn sich diese allein aus dem Charakter der Schriftzüge ergibt (Kienapfel, Urkunden im Strafrecht 268). Es genügt auch nicht, wenn der Aussteller nur der Gattung nach, nicht aber als bestimmte Persönlichkeit erkennbar ist (RG **76** 207); deshalb ist zB ein Wahlschein keine Urkunde, weil sich auch in Verbindung mit der Wählerliste kein bestimmter Aussteller erkennen läßt (vgl. BGH **12** 108 [wo aber fälschlich hinsichtlich aller Wahlscheine eine Gesamturkunde angenommen wird], Bruns NJW 54, 456, Tröndle LK[10] 45; and. Stuttgart NJW **54**, 486). Dagegen kann eine Urkunde mehrere Aussteller haben, die eine inhaltlich übereinstimmende Erklärung abgeben; praktisch bedeutsam ist dies bei Verträgen.

b) Erklärungen, die von einem Organ einer **juristischen Person** oder einem sonstigen Ver- 17 a tretungsberechtigten (Prokuristen, Handlungsbevollmächtigten) für die juristische Person abgegeben werden, gelten im Rechtsverkehr als Erklärungen des durch ihre Organe usw. handelnden Personenverbandes. Dies gilt auch für rechtsfähige Personenvereinigungen (OHG, KG usw.), sofern die Erklärung von einem vertretungsberechtigten Gesellschafter abgegeben worden ist. Entsprechendes gilt für juristische Personen des öffentlichen Rechts und Behörden. Mittels ihrer Organe usw. können auch juristische Personen und Personenvereinigungen Aussteller einer Urkunde sein (RG **61** 161, **66** 125, BGH **7** 152, **9** 46) bei fehlender Vertretungsmacht stellt das scheinbare Organ demgemäß eine unechte, auf die juristische Person als Aussteller hinweisende Urkunde her (BGH **7** 152, Hoyer SK 46).

c) An einer Urheberangabe fehlt es in den Fällen **offener Anonymität.** Dies nicht nur dann, wenn 18 jeder Hinweis auf den Aussteller fehlt, sondern auch dann, wenn Decknamen oder historische Namen, die als solche ohne weiteres erkennbar sind (ein Literaturkritiker unterzeichnet mit J. W. von Goethe), verwendet werden oder das Schriftstück mit einem unleserlichen Kritzel unterzeichnet wird, der jede Feststellung eines Urhebers vereiteln soll. Entscheidend ist aber, daß die Anonymität ohne weiteres erkennbar ist. Weist die Unterzeichnung ungeachtet ihrer Unleserlichkeit auf eine Person als Aussteller hin, so liegt eine (unechte) Urkunde vor (RG **41** 425, BGH NJW **53**, 1358). Von **versteckter Anonymität** spricht man, wenn der Aussteller durch die Verwendung eines Allerweltsnamens (Müller, Schulze) ersichtlich nicht erkennbar sein will, so zB bei einer mit Schulze unterzeichneten Strafanzeige, bei der jeder weitere Hinweis auf den Aussteller fehlt. Versteckte Anonymität liegt also vor, wenn die Urkunde ebenso gut gar nicht unterzeichnet sein könnte (vgl. auch Hoyer SK 53). Es ist also nicht so, daß der Gebrauch eines häufig vorkommenden Namens die Urkundeneigenschaft ausschließen würde (BGH **5** 151), da sonst die wirklichen Namensträger durch den bloßen Gebrauch ihrer Nachnamen keine wirksamen Urkunden herstellen könnten (RG **46** 300); vielmehr muß der Gebrauch des Allerweltsnamens erkennen lassen, daß in Wahrheit niemand dieses Namens sich an der Erklärung festhalten lassen will; vgl. Tröndle LK[10] 42.

d) Beispielsweise sind Holzplättchen ohne jede Kennzeichnung, die als Spielmarken verwendet 19 werden, auch deswegen keine Urkunden, weil sie auf keinen bestimmten Aussteller hinweisen (RG **55** 98); das gleiche gilt für die abgetrennten Abschnitte einer Lebensmittelkarte (Schleswig SchlHA **49**, 295) oder sonstigen Bezugskarte (BGH **13** 235). Urkundseigenschaft ist dagegen bejaht worden bei Preisauszeichnungen auf Waren (RG **53** 329; Köln NJW **73**, 1807), bei Paketanschriften (RG **55** 269)

§ 267 20–23   Bes. Teil. Urkundenfälschung

und Kontrollstreifen einer Registerkasse (RG **55** 107), bei der nicht unterschriebenen Inventurliste einer Firma (BGH **13** 384).

20   **III.** Ob den **Beweis-** und weitergehend auch den **Kennzeichen** Urkundeneigenschaft zukommt, ist bestritten. Während im Schrifttum seit Binding Lb. 2, 175 ff. die Ansicht an Boden gewinnt, als Urkunde komme nur ein Schriftstück in Betracht (Kohlrausch-Lange III 4, M-Maiwald II/2 137 f., P. Merkel aaO 223 ff. mwN, Schilling aaO 85 ff., Welzel 403), hat die Rspr. seit jeher die sog. Beweiszeichen dem Schutz der §§ 267 ff. unterstellt, während sie die sog. Kennzeichen (oder Identitätszeichen) aus dem Bereich der Fälschungsdelikte ausschied (so das RG in st. Rspr. [vgl. Nachw. 19. A. RN 20], BGH **2** 370, **5** 151, **9** 235, **16** 94, **18** 66, NJW **53**, 1840; zum Ganzen Heinrichs aaO).

21   **1.** Im **Schrifttum** wird teilweise auf die historische Entwicklung des Urkundsbegriffs abgehoben und darauf hingewiesen, daß vor Einführung des StGB unter Urkunden nur Schriftstücke verstanden wurden (so zB § 247 Pr. StGB von 1851) und daß § 267 an diese Entwicklung angeknüpft habe (vgl. Binding Lb. 2, 179 ff., P. Merkel aaO 106 ff.). Die darauf gestützten Meinungen übersehen jedoch, daß der Urkundenbegriff wie jeder historisch gewachsene Begriff einer die soziologischen Gegebenheiten berücksichtigenden Wandlung unterliegt und daß er durch eine jahrzehntelange Rspr. in seinem historischen Verständnis längst erschüttert ist. Im modernen Rechtsleben, das auf Schnelligkeit und Reibungslosigkeit angelegt ist, ist der Verkehr darauf angewiesen, nicht nur dem geschriebenen Wort, sondern auch dem wortvertretenden Symbol Glauben zu schenken; wo dieses durch Herkommen oder Vereinbarung zur Vertrauensgrundlage des Rechtsverkehrs gemacht wird, muß der Schutz der Fälschungsdelikte eingreifen (vgl. u. 25 ff.). Dieser Entwicklung hat zB die schweiz. Gesetzgebung Rechnung getragen, die in Art. 110 Schweiz. StGB die Beweiszeichen den Urkunden gleichstellt; in § 304 E 62 ist eine entsprechende Regelung vorgesehen. Dem kann auch nicht mit dem Hinweis begegnet werden, daß der strafrechtliche dem im Zivil- und Strafprozeß geltenden Urkundsbegriff entsprechen müsse (vgl. §§ 415 ff. ZPO), dessen entscheidendes Kriterium die Verlesbarkeit sei, die nur Schriftstücken zukomme (so Binding Lb. 2, 193 ff., M-Maiwald II/2 139). Auch Beweis- und Kennzeichen sind im Prozeß als Beweismittel anerkannt; es würde überdies eine empfindliche Lücke im Strafschutz darstellen, wenn einerseits die Falschaussage und Fälschung von schriftlichen Urkunden strafbar, andererseits die Fälschung gewisser Beweiszeichen straflos wäre. Daß die Fälschung von Augenscheinsobjekten als solche straflos ist, besagt nichts, da es gilt, den Schutzbereich der Urkundentatbestände den modernen Erfordernissen anzupassen. Dies muß um so mehr gelten, nachdem durch die Einfügung des § 268 mit den sog. technischen Aufzeichnungen sogar eine Gruppe qualifizierter Augenscheinsobjekte denselben strafrechtlichen Schutz wie Urkunden erlangt hat. Zur Unterscheidung zwischen Beweis- und Kennzeichen vgl. auch Hoyer SK 34 ff., Puppe NK 31.

22   **2.** a) Der **Rspr.** ist zu Recht vorgeworfen worden, daß die **Abgrenzung** zwischen den sog. Beweis- und Kennzeichen praktisch **undurchführbar ist** (Jescheck GA **55**, 105, M-Maiwald II/2 140). Unter Beweiszeichen versteht die Rspr. solche mit einem Gegenstand fest verbundenen Zeichen, die geeignet und bestimmt sind, wenn auch nur mit Hilfe anderer Beweismittel oder Auslegungsbehelfe, über ihr Dasein hinaus eine Gedankenäußerung ihres Urhebers zu vermitteln und für bestimmte rechtliche Beziehungen Beweis zu erbringen (RG **34** 439, **76** 206, BGH **2** 370, **9** 237); demgegenüber soll die in einem Kennzeichen liegende Gedankenäußerung sich nicht auf eine für einen Rechtsvorgang beweiserhebliche Tatsache beziehen, sondern lediglich dazu dienen, die bezeichnete Sache von anderen zu unterscheiden (RG **34** 439, **36** 15, **55** 98, BGH **2** 370). Darin ist aber kein echter Gegensatz zu sehen. Auch die Individualisierung eines bestimmten Gegenstandes kann Beweisfunktionen haben; so kann die Herkunft einer Sache (Künstlerzeichen auf einem Bild) die Eigentums- und Besitzverhältnisse an ihr dokumentieren und damit sogar geeignet sein, eine „außerhalb ihrer selbst liegende rechtserhebliche Tatsache" zu beweisen (zu diesem Merkmal vgl. o. 12 f.). Die Rspr. hat die Unterscheidung zwischen Beweis- und Kennzeichen auch keineswegs konsequent durchgeführt. So soll das Firmenzeichen „Faber Castell" auf Kopierstiften bloßes Kennzeichen sein (BGH **2** 370), während dem Korkbrand in Verbindung mit der gefüllten Originalflasche (RG **76** 186) oder dem Künstlerzeichen auf einem Bild (vgl. u. 23) Beweiszeicheneigenschaft zukommen soll, obwohl jeweils die Herkunft des betreffenden Gegenstandes bezeichnet wird, ein qualitativer Unterschied in der Kennzeichnung also nicht zu erblicken ist. Hinzu kommt, daß sich rein äußerlich Beweis- und Kennzeichen nicht unterscheiden. So soll dasselbe Zeichen je nach Eignung und Bestimmung bald Beweiszeichen (zB Waldhammerschlag als Zeichen der Eigentumsübertragung), bald Kennzeichen (Waldhammerschlag als Eigentumszeichen) sein (RG **25** 244, **39** 147, BGH MDR/D **58**, 140). Nach alledem ist die Unterscheidung zwischen Beweis- und Kennzeichen schon im Ausgangspunkt verfehlt (vgl. auch Kienapfel Würtenberger-FS 187 ff., 215, der allerdings Beweiszeichen schlechthin keine Urkundeneigenschaft zuerkennt); nicht sie, die jedenfalls praktisch undurchführbar, sondern die **Funktion** der Zeichen im Beweisverkehr ist maßgeblich. (Die Kritik von Tröndle LK[10] 70 a. E. geht in Anbetracht des u. 25 Gesagten fehl.)

23   b) Als **Beweiszeichen** werden von der Rspr. angesehen: Amtssiegel zum Verschluß einer Weinprobe (RG **41** 315), Plombenverschlüsse (RG **50** 191; and. RG **64** 48, JW **34**, 1053 m. Anm. Merkel; vgl. auch RG **75** 306), Zifferblätter einer Kontrolluhr (RG **34** 435), Typenschild, Motor- und Fahrgestellnummer eines Kfz (RG **58** 17, BGH **9** 235 [238], **16** 94, LM **Nr. 5** Vorbem. zu § 73, VRS

5 135, NJW **63**, 213, RKG **1** 212 [Rahmengestellnummer eines Fahrrads]), Kennzeichen eines Kfz (Bay DAR/R **81**, 246), Prüfplakette des TÜV (Bay MDR **66**, 168, Celle NStZ/J **91**, 576, sofern die Hauptuntersuchung auch im Kfz-Schein eingetragen ist [mit krit. Bespr. Puppe JZ 97, 490]), Einwikkelpapier einer holländischen Butterfirma (Düsseldorf JMBlNRW **51**, 208), Künstlerzeichen auf dem Bild (RG **34** 53, **56** 357, **76**, 28, Frankfurt NJW **70**, 673; vgl. Würtenberger, Der Kampf gegen das Kunstfälschertum [1951] 109, Löffler NJW **93**, 1423), Kontrollnummer auf einer Aspirinpackung (RG HRR **29**, 1973), Striche auf dem Bierfilz (RG DStZ **16**, 77), Ohrenmarken an einem Tier (RG HRR **35**, 1635), der Poststempel (RG **30** 381, **62** 12), Eichstempel (RG **23** 280, **56** 356), Abnahmestempel der Bahnverwaltung auf Schienen (RG **17** 352), Klebezettel auf Expreßgut (RG **76** 385), Gewichtsangabe auf Frachtbrief (BGH NJW **53**, 1840), Fleischbeschaustempel (RG **29** 68, **74** 30), Beitragsmarken einer Rentenkasse (RG **48** 279). Vgl. auch Kienapfel, Urkunden im Strafrecht 139.

Als **Kennzeichen** werden angesehen: Firmenname auf Heringstonne (RG **17** 282), Dienststempel **24** auf Dienstgegenständen (RG GA Bd. **77**, 202), Namenszeichen auf Tieren (RG **36** 15), Spielmarken (RG **55** 98), Fabriknummern auf Erzeugnissen (RG GA Bd. **59**, 352), Verkehrszeichen (Köln NJW **99**, 1042).

3. Unter welchen Voraussetzungen wortvertretenden Symbolen **(Beweis- und Kennzeichen)** **25** Urkundeneigenschaft zukommt, kann nur von der **Funktion** der Urkunde als Beweismittel her beurteilt werden (vgl. o. 2 ff.). Demnach muß auch das Beweis- oder Kennzeichen, wenn auch in „abgekürzter Form" eine Gedankenäußerung enthalten, sie muß zum Beweis geeignet und den Aussteller erkennen lassen. Das Wesen solcher beweiserheblicher Zeichen liegt darin, daß der Inhalt der Erklärung oder die Angabe ihres Urhebers nicht vollständig, sondern nur mittels besonderer Auslegungsbehelfe, die auf Gesetz, Herkommen oder Vereinbarung beruhen können, aus der Urkunde zu entnehmen ist; vgl. o. 7 sowie die Rspr.-Übersicht bei Puppe JZ 91, 447.

a) Es muß in den Zeichen eine **menschliche Gedankenerklärung** verkörpert sein (vgl. o. 6). Die **26** Urkunde zeichnet sich dadurch aus, daß ihre Gedankenerklärung vom Aussteller mit gleichem Beweiswert auch mündlich müßte abgegeben werden können; sie vertritt der Aussteller als eine Art „schriftlicher Bote". Darin liegt der Hauptunterschied zur technischen Aufzeichnung des § 268, die weder einen Aussteller besitzt noch eine Gedankenerklärung enthält (vgl. § 268 RN 4 f.) und deshalb auch dann nicht zugleich Urkunde ist, wenn der maschinelle Aufzeichnungsvorgang von einem Menschen in Gang gesetzt oder gesteuert wurde (über Ausnahmen vgl. § 268 RN 16 ff.).

Keine Urkunden (u. U. aber technische Aufzeichnungen iS des § 268) sind daher die Diagramm- **26 a** scheibe des Tachographen (Stuttgart NJW **59**, 1379, Hamm NJW **59**, 1380), Zeitstriche auf einer Kontrolluhr (and. RG **34** 439), Schußzähler am Webstuhl (RG **40** 261), der Geschoßeinschlag auf der Zielscheibe (RG **42** 97). Ebensowenig kann Verschlußplomben an Meßgeräten (so richtig RG **64** 48; and. für elektrische Zähler RG **50** 191) und sonstigen zur Sicherung von Behältnissen angebrachten Siegeln (and. RG **67** 233; beim Pfandsiegel vgl. jedoch u. 27) Urkundseigenschaft zuerkannt werden, da hier keine Gedankenerklärung abgegeben wird (vgl. aber die gekünstelte Begründung in RG **50** 192), sondern lediglich ein Augenscheinsobjekt geschaffen wird, das zeigen soll, ob das Behältnis, die Kontrolluhr usw. geöffnet wurde oder nicht.

b) Das Zeichen muß zum **Beweis geeignet** und **bestimmt** sein (RG **26** 303). Daran scheitert die **27** Urkundseigenschaft einiger von der Rspr. als Urkunden angesehener Beweiszeichen. Die Beweiseignung fehlt zB den Merkstrichen auf dem Bierfilz, sofern sie nicht vom Gast, gegen den das „Beweisstück" wirken soll, selbst oder unter dessen Kontrolle angebracht sind; ebensowenig kann das von der Zechengemeinschaft auf dem Förderkorb angebrachte Zahlenzeichen als Urkunde angesehen werden (vgl. RG **54** 327). In diesen Fällen liegt nur eine Behauptung des Ausstellers vor, die nicht gegen ihn, sondern für ihn Beweis erbringen soll. Bei Kennzeichen, insbes. Herkunfts-, Waren- und Qualitätszeichen wird man zwischen solchen unterscheiden müssen, die im Rechtsverkehr zur Vertrauensgrundlage rechtserheblichen Verhaltens gemacht werden, und solchen, die zum Schutz der eigenen Interessensphäre bestimmt sind. Deswegen ist das Künstlerzeichen auf dem Bild, obwohl es seiner Natur nach ein Herkunftszeichen darstellt, als beweiserhebliche Urkunde anzuerkennen (iE ebenso RG **76** 28), während die Bezeichnung des Eigentümers in einem Buch, auf einem Tier (RG **36** 15) lediglich Abwehrfunktionen ausübt und damit nicht als Urkunde anzuerkennen ist. Dagegen ist das Pfandsiegel des Gerichtsvollziehers in Verbindung mit dem gepfändeten Gegenstand eine Urkunde (die Rspr. hat hier jedoch stets § 136 angewandt; vgl. Kienapfel, Urkunden im Strafrecht 137 f.). Bei den Beweiszeichen ist die Beweisbestimmung meist von vornherein gegeben; sie werden regelmäßig gerade zu Beweiszwecken hergestellt.

Eine Sonderstellung nehmen die **Warenzeichen** ein. Soweit sie geschützt sind, wird ihr Mißbrauch **28** durch §§ 24, 25 WZG bestraft. Da durch § 1 WZG zum Ausdruck gebracht ist, daß nur die in die Zeichenrolle (§§ 1 ff. WZG) eingetragenen Warenzeichen rechtlichen Schutz genießen sollen, sind §§ 24, 25 WZG gegenüber § 267 als Sonderbestimmungen anzusehen mit der Maßgabe, daß die nicht nach §§ 24, 25 WZG geschützten Zeichen auch vom Strafschutz des § 267 ausgenommen sind. Dasselbe gilt auch für Verpackungen, Umhüllungen von Waren (vgl. § 25 WZG), die den Hersteller usw. kennzeichnen (and. Düsseldorf JMBlNRW **51**, 208).

c) Schließlich muß das Beweis- oder Kennzeichen den **Aussteller** kenntlich machen. Wie bei den **29** schriftlichen Urkunden genügt auch hier, daß die Individualisierung des Ausstellers nach Herkommen oder Parteivereinbarung möglich ist, und zwar aus der Urkunde selbst, nicht aus völlig außerhalb des

§ 267 30–36 a   Bes. Teil. Urkundenfälschung

Zeichen liegenden Umständen. Deshalb sind Chips ohne jeden Aufdruck, die in einem Spielklub Verwendung finden, auch deswegen keine Urkunden, weil aus ihnen der Aussteller nicht ersichtlich ist (vgl. RG **55** 98), ebensowenig Zahlzeichen und Einkerbungen als Verkaufszeichen (vgl. aber RG **39** 147) oder abgetrennte Abschnitte einer Bezugskarte (BGH **13** 235, Schleswig SchlHA **49**, 295). Dagegen sind Fahrkarten, Theaterkarten usw. als Urkunden anzusehen, weil sich bei ihnen der Aussteller, auch wenn er nicht ausdrücklich genannt ist, nach Herkommen ergibt, ebenso Inhaberzeichen nach § 807 BGB.

30   **IV. Besondere Formen der Urkunde. 1.** Eine **Gesamturkunde** liegt vor, wenn mehrere Einzelurkunden so zu einem sinnvollen und geordneten Ganzen so zusammengefaßt sind, daß gerade diese Zusammenfassung einen über den gedanklichen Inhalt der Einzelteile hinausgehenden eigenen Erklärungs- und Beweisinhalt hat. Die Bedeutung des Begriffes liegt darin, daß auch die Gesamtheit als solche Gegenstand eines Urkundendelikts sein kann: Die Entfernung oder Vernichtung von Einzelurkunden aus der Gesamtheit erfüllt deshalb nicht nur den § 274, sondern ist eine nach § 267 strafbare Verfälschung der Gesamturkunde; allerdings ist § 267 nicht erfüllt, wenn die Entnahme einer Einzelurkunde durch einen Vermerk aktenkundig gemacht wird (Düsseldorf NStZ **81**, 25). Der Begriff wurde vom RG entwickelt (RG **60** 16); gegen ihn Lampe GA 64, 323, Schilling aaO 116 ff., Hoyer SK 77 ff., Samson JuS 70, 376). Im einzelnen bestehen folgende Voraussetzungen:

31   a) Es muß sich um die Zusammenfassung von Einzelurkunden handeln (and. BGH **12** 112, Koblenz NStZ **92**, 134 [Wahlurne mit Stimmzetteln als Gesamturkunde, obwohl die einzelnen Stimmzettel mangels erkennbaren Aussteller keine Urkunden sind], Greiser NJW 78, 927 [Briefwahlunterlagen]; wie hier Tröndle LK[10] 85, Lackner/Kühl 5; krit. hierzu Puppe JZ 97, 490).

32   b) Die Einrichtung, Herstellung und Führung der Gesamturkunde muß auf Gesetz, Geschäftsgebrauch oder Vereinbarung der Beteiligten beruhen; die einseitige Anordnung eines der Beteiligten genügt nicht.

33   c) Die Schriftstücke müssen sich rein äußerlich nach ihrer Vereinigung als ein Ganzes darstellen. Die Verbindung muß eine gewisse Festigkeit aufweisen, etwa nach Art eines Buches oder in ähnlicher Form. Das lose Hineinlegen mehrerer Schriftstücke in einen Umschlag schafft keine Gesamturkunde (RG **60** 19).

34   d) Die Beteiligten müssen durch Verbindung der Einzelurkunden zu einer Gesamtheit bezwecken, in einer bestimmten Richtung Rechtsbeziehungen zusammenfassend anzugeben und eine einheitliche Gedankenäußerung zu schaffen. An der Einheitlichkeit fehlt es bei der Summe aller in einem Wahlbezirk abgegebenen Stimmzettel (and. BGH **12** 112, Greiser NJW 78, 927).

35   e) Jedem Beteiligten muß nach Gesetz oder Vereinbarung das Recht zustehen, die Gesamturkunde zum Beweise zu benutzen.

36   f) Als Gesamturkunde sind **beispielsweise** angesehen worden die Handelsbücher eines Kaufmanns (RG **50** 421), das Bierlieferungsbuch eines Bierkutschers (RG **51** 36), das Trödlerbuch (BGH MDR **54**, 309, Stuttgart JR **60**, 191 m. Anm. Mittelbach), Ursprungsbescheinigungen nach dem BerlinFG (vgl. KG wistra **84**, 233), Steuerkontokarten (RG HRR **35** Nr. 767), Sparkassenbücher (RG JW **27**, 1376), das sog. Depotbuch einer öffentlichen Sparkasse (RG **63** 259), das Posteinlieferungsbuch (RG LZ **31** Sp. 259), u. U. auch eine Kartei (Hamburg NJW **51**, 813), Einwohnerverzeichnisse der Meldebehörden (BGH JR **54**, 308), Stimmzettel in der Wahlurne (BGH **12** 112, Koblenz NStZ **92**, 134), die Personalakte eines Richters (Düsseldorf NStZ **81**, 25); **nicht** dagegen Handakten eines Rechtsanwalts (RG **48** 408, BGH **3** 399), die Kreditakte einer Bank (Pommerenke wistra **96**, 212), Lohnkarten (RG **52** 66), Postanweisungen (RG **67** 91, BGH **4** 60, Köln NJW **67**, 742), die Verbindung einer Blutprobe mit einem Befund (BGH **5** 79), der Reisepaß (Bay NJW **90**, 264).

36 a   **2.** Eine **zusammengesetzte Urkunde** liegt vor, wenn eine Urkunde mit dem Augenscheinsobjekt, auf das sich ihr Erklärungsinhalt bezieht („Bezugsobjekt"), **räumlich fest zu „Beweiseinheit" verbunden** ist (krit. zu diesem Begriff Hoyer SK 71 ff.). Dies gilt zB für den Personalausweis mit eingeklebtem Lichtbild (vgl. Kienapfel ZStW 82, 354 ff., Lampe NJW 65, 1746, Samson GA 69, 353, BGH **17** 98, LM **Nr. 22**, GA **56**, 182; unrichtig deshalb Hamm NJW **68**, 1894 m. abl. Anm. Peters [Auswechseln von Preisschildern an Waren]; vgl. aber Düsseldorf NJW **82**, 2268, Köln NJW **73**, 1807, **79**, 729 m. Anm. Kienapfel u. Lampe JR 79, 214. [feste Verbindung muß gerade zwischen Ware und Preisschild bestehen]) oder das mit Namen versehene Fahrtenschreiberschaublatt (KG VRS **57** 121, Stuttgart NJW **78**, 715, BayVRS **61** 32). Die durch die räumlich feste Verbindung verkörperte „Beweisbeziehung" zwischen Urkunde und deren Bezugsobjekt hat im Rechtsverkehr denselben Beweiswert wie der eigentliche Erklärungsinhalt der Urkunde. Ihre Veränderung ist deshalb Urkundenfälschung, auch wenn dabei in den Erklärungsinhalt selbst nicht eingegriffen wird (zB das Auswechseln der Bilder beim Personalausweis); and. AG Augsburg NStZ **87**, 76 m. Anm. Kappes. Die Bedenken von Schilling (aaO 113 ff., 116 f.), Sax (Peters-FS 138) und Schmidhäuser (II 172) greifen nicht durch, weil der Unechtheitsbegriff bei § 267 nicht vorgegeben ist, sondern sich nach den Bedürfnissen des Rechtsverkehrs richtet. Ist jedoch das Bezugsobjekt der Urkunde nur lose und nicht durch räumlich feste Verbindung zugeordnet, so besteht kein schützenswertes Vertrauen des Rechtsverkehrs auf die Echtheit dieser Beweisbeziehung (vgl. BGH **5** 79: Blutprobe, die dem Blutentnahmeprotokoll nur lose beigefügt ist; BGH NJW **87**, 2384, Stuttgart VRS **47** 25: nach § 60 StVZO nur lose angebrachtes Überführungskennzeichen an einem Kfz); der Aufdruck „unverkäufliches Muster"

auf Arzneimittelpackungen stellt auch i. V. m. deren Inhalt keine Urkunde dar (vgl. BGH NStZ **84**, 73) ebensowenig ein Verkehrsschild, welches einem räumlich unüberschaubaren Straßenabschnitt zugeordnet ist (Köln Ss 395/98 v. 15. 9. 98 mit Bespr. Jahn JA 99, 98). Vgl. auch Samson, Urkunde und Beweiszeichen 135 ff., Tröndle LK[10] 87 ff. und die Rspr. zum Austausch von Rahmen oder Motor eines Kfz (u. 43, 65 a).

Eine Beweiseinheit iS einer zusammengesetzten Urkunde liegt auch vor, wenn eine Urkunde auf **36 b** den **Inhalt einer anderen Urkunde** Bezug nimmt, so etwa, wenn ein Bürge seine schriftliche Erklärung unter den zwischen Gläubiger und Schuldner geschlossenen Darlehnsvertrag setzt (weitere Beispiele RG **19** 403, **65** 316, Saarbrücken NJW **75**, 658). Wird hier die in Bezug genommene Urkunde (im Beispiel der Darlehnsvertrag) durch deren Aussteller (hier die Vertragspartner) geändert (was für sich nicht als Urkundenfälschung strafbar wäre; vgl. u. 68), so liegt darin zugleich eine Verfälschung der in Bezug nehmenden Urkunde (hier der Bürgschaftserklärung), also eine Verfälschung der Beweiseinheit beider Erklärungen. Voraussetzung ist jedoch auch hier die **räumlich feste Verbindung** beider Urkunden (unrichtig deshalb RG **60** 22). Diese Grundsätze gelten auch für beglaubigte Abschriften und sonstige Beglaubigungs- oder Kontrollvermerke; vgl. u. 40 a, 69. I. E. wie hier Tröndle LK[10] 89 f., der aber insoweit im Anschluß an Lampe aaO von „abhängigen Urkunden" spricht.

3. Keine Urkunde ist der **Entwurf;** ihm fehlt die Beweisbestimmung (vgl. o. 14). Ebensowenig **37** ist der Vordruck eine Urkunde. Erst mit dessen Ausfüllung und regelmäßig mit der Unterschrift (Aussteller) wird er zur Urkunde. Daher besitzen nicht ausgefüllte Bezugskarten keine Urkundsqualität (BGH **13** 235). Wer jedoch einem Vordruck durch Manipulation den Anschein einer Originalurkunde gibt, stellt eine (Schein-) Urkunde her; das gleiche gilt für Fotokopien (Köln StV **87**, 297, Bay NJW **89**, 2553 m. Bespr. Lampe StV 89, 207, Zaczyk NJW **89**, 2515 und Mürbe JA 90, 63; Fortun wistra 89, 176 mit Nachtrag Emde wistra 95, 328 [Rezeptfälschung], Hefendehl Jura 92, 375; Welp aaO 524, Zielinski wistra 94, 340, CR **95**, 288; and. AG Augsburg NStZ **87**, 76 m. Anm. Kappes; zusf. und krit. Geppert Jura 90, 271). Auch eine bereits kodierte, aber noch nicht vollständig bedruckte Scheckkarte ist noch keine Urkunde (LG Berlin wistra **85**, 241).

4. Zu öffentlichen Urkunden vgl. § 271 RN 4 ff. **38**

5. Bestritten ist, in welchem Umfang **Abschriften,** beglaubigte Abschriften, **Durchschriften** und **39** **Fotokopien** als Urkunden anzuerkennen sind. Zu dieser Problematik ausführlich Welp aaO.

a) Die sog. **einfache Abschrift** ist keine Urkunde, weil sie nur über Inhalt und Fassung ihrer **40** Vorlage berichten soll und ihr Urheber für die Richtigkeit der Wiedergabe keine unmittelbare Verantwortung übernimmt (BGH **1** 120, **2** 51, Tröndle/Fischer 12, Samson SK 37, Lackner/Kühl 16, Tröndle LK[10] 92, W-Hettinger II/1 810). Daher fallen die Herstellung einer unrichtigen Abschrift, sei es, daß die Vorlage falsch ist, sei es, daß eine gar nicht bestehende Urkunde „wiedergegeben" wird, und die Verfälschung einer ursprünglich richtigen Abschrift nicht unter § 267 (vgl. BGH **1** 120). Eine Abschrift braucht nicht ausdrücklich als solche bezeichnet zu sein; es genügt zB, daß der Zusatz „gez." oder „p" das Schriftstück als Abschrift kenntlich macht (RG **49** 336).

Anderes gilt für die **beglaubigte Abschrift,** für deren originalgetreue Wiedergabe eine Amts- **40 a** person oder der Abschreibende privatschriftlich (f. d. R. Müller) die Garantie übernimmt. Hier stellt zwar nicht die Wiedergabe des Originals, wohl aber der Beglaubigungsvermerk eine Urkunde dar (RG **34** 361, M-Maiwald II/2 144, Puppe NK 52, W-Hettinger II/1 810, Hoyer SK 71, 75, Tröndle LK[10] 94, Welp aaO 522). Ist daher die amtlich beglaubigte Abschrift inhaltlich falsch, so können §§ 348 I, 271 vorliegen; unerheblich dabei ist, ob das Original selbst Urkundenqualität besitzt (zB fehlende Beweisbestimmung). § 267 kommt in Betracht, wenn der amtliche oder privatschriftliche Beglaubigungsvermerk nicht vom angeblichen Aussteller herrührt. Eine Veränderung des Inhalts der beglaubigten Abschrift ist Verfälschung einer Urkunde, da dadurch der Beglaubigungsvermerk inhaltlich unrichtig wird, weil die Abschrift notwendiger Bestandteil der Beglaubigungserklärung ist („Beweiseinheit"). Ebenso wie eine beglaubigte Abschrift wird eine beglaubigte Übersetzung behandelt (RG **76** 333). Die Rspr. hat gewisse „Abschriften" der Urkunde gleichgestellt, wenn sie nach Gesetz oder Herkommen im Rechtsleben als Ersatz des Originals dienen sollen (RG **69** 229, BGH **1** 120, Oldenburg MDR **48**, 30, Hamburg JR **51**, 91), so die Kopie eines Handelsbriefes (RG **43** 52), die zu den Gerichtsakten gegebene Abschrift der Klagschrift (RG **59** 15). Es handelte sich in den genannten Entscheidungen jedoch um Durchschriften oder Zweitausfertigungen, die, als solche schon Urkunden (vgl. u. 41) und nicht nur einfache Abschriften sind; vgl. Tröndle LK[10] 93. Eine einfache Abschrift kann aber ausnahmsweise dann Urkundeneigenschaft besitzen, wenn der Wille des Ausstellers der Urkunde dahin geht, daß die Reproduktion seiner Erklärung im Rechtsverkehr als Original gelten soll (vgl. Welp aaO 523), zB beim Verlust des Originals (Tröndle aaO mwN).

b) Die **Durchschrift** einer Urkunde ist dagegen selbst als Urkunde anerkannt, da sie eine eigene **41** schriftliche Erklärung des Ausstellers verkörpert, der Durchschriften gerade zu dem Zwecke anfertigt, mehrere Stücke einer Urkunde als Beweismittel zur Verfügung zu haben (Hamm NJW **73**, 1809, KG wistra **84**, 233 m. Anm. Puppe JZ 86, 944, Welp aaO 518). Entsprechendes gilt, wenn eine Mehrheit von Urkunden auf technischem Wege (Hektographie, Druck [RG **29**, 359]) hergestellt wird. Auch bei einer Mehrheit von Ausfertigungen besitzt jede von ihnen Urkundenqualität (Tröndle LK[10] 96).

§ 267 42–43   Bes. Teil. Urkundenfälschung

42   c) Zweifelhaft ist die Qualität der **Fotokopie** als Urkunde. Sie vertritt im Rechtsverkehr das Original und ist wie dieses schutzwürdig (vgl. hierzu Freund JuS 91, 723, Engert JA 97, 31). Dennoch wird ihr die Urkundenqualität überwiegend abgesprochen (BGH 24 141 m. Anm. Schröder JR 71, 469, BGH wistra 93, 225, Bay NJW 90, 3221, NStZ 94, 88 m. Anm. Mitsch, Keller JR 93, 300, Zweibrücken NJW 82, 2268, Stuttgart MDR 87, 253, Kienapfel ZStW 82, 360, Lackner/Kühl 16, Blei-Henkel-FS 118 f, M-Maiwald II/2 144, Emde wistra 95, 328, Erb GA 98, 591, Puppe NK 47; and. Engert aaO). Folglich ist nicht strafbar, wer eine Fotokopie von einer echten Urkunde herstellt, an der so hergestellten Fotokopie den Text verändert und sodann von der solchermaßen veränderten Kopie eine neue Kopie zieht, damit die Manipulation nicht auffällt (BGH wistra 93, 225, 341). Auch die Herstellung einer Collage, bei der eine Unterschrift in einen bestehenden Text hineinkopiert wird, ist keine Urkunde (BGH 24 140, wistra 93, 341, Bay JR 93, 299 m. Anm. Keller, Mitsch NStZ 94, 88). Die Rspr. (RG 69 228, BGH 5 293, NJW 65, 642 m. Anm. Schröder JR 65, 232, BGH 24 141, Bay wistra 91, 232, Stuttgart MDR 87, 253) anerkennt nur, daß das Gebrauchmachen von der Fotokopie als Gebrauchmachen von der Urkunde selbst anzusehen ist und daher die Vorlage der Fotokopie einer echten Urkunde Gebrauchmachen iS des § 267 ist (dagegen Meyer MDR 73, 9, Hoyer SK 88). Dabei ist gleichgültig, ob es sich ausschließlich um die Benutzung der Fotokopie oder ob es sich darum handelt, daß sowohl das unechte Original wie dessen Fotokopie verwendet werden sollen. Dagegen ist der Gebrauch der Fotokopie einer Collage nicht das Gebrauchmachen von einer unechten Urkunde (BGH wistra 93, 341). Erkennt man die Fotokopie als technische Aufzeichnung an (vgl. § 268 RN 17), so ist dem Schutzbedürfnis des Rechtsverkehrs wenigstens teilweise, wenngleich nicht in ausreichendem Umfang Rechnung getragen. Eine Urkundenfälschung liegt hingegen vor, wenn die Fotokopie als technisches Hilfsmittel zur Herstellung einer unechten Urkunde verwendet wird. Voraussetzung ist, daß die Reproduktion als eine angeblich vom Aussteller herrührende Urschrift hergestellt wird, die den Anschein einer Originalurkunde erweckt und erwecken soll. Ein solcher Anschein besteht, wenn die Reproduktion der Originalurkunde soweit ähnlich ist, daß die Möglichkeit einer Verwechslung nicht auszuschließen ist (Zweibrücken NJW 82, 2268, Köln StV 87, 297, Bay NJW 89, 2553, vgl. dazu Zaczyk aaO, LG Paderborn, NJW 89, 178). Vgl. auch o. 37.

42 a   6. Zweifelhaft kann sein, ob ein **Telefax** als Urkunde anzusehen ist. Dies ist zu bejahen. Der Unterschied zur Fotokopie liegt dabei in folgendem: während die Fotokopie die Originalurkunde und die in ihr enthaltene Erklärung lediglich abbilden soll, handelt es sich beim Telefax um diejenige verkörperte Gedankenerklärung des Ausstellers, die mit seinem Willen dem Adressaten übermittelt wird, also um das technisch hergestellte, für den Empfänger bestimmte Original. Damit erfüllt das Telefax alle Merkmale einer Urkunde. Insbesondere enthält es auch die Ausstellerangabe und erfüllt damit die Garantiefunktion. Dies ergibt sich unter anderem daraus, daß auf dem beim Adressaten ankommenden Fax in Gestalt einer Kurzbezeichnung des Absenders und dessen Telefaxnummer ein Hinweis darauf erfolgt, von wem es stammt (wie hier Hoyer SK 21; and. Zweibrücken NJW 98, 2918, Welp aaO 520). Auch die Übermittlung anderer Urkunden, die nicht vom Absender zu stammen brauchen, haben als Empfängerfax Urkundenqualität. In diesem Fall ergibt sich aus der Kurzbezeichnung des Absenders usw. eine Garantieerklärung für die originalgetreue Wiedergabe des gefaxten Schriftstücks; das Fax ist also einer beglaubigten Kopie gleichzusetzen. In der Rspr. wird das Telefax im Unterschied zur Fotokopie auch als Urkunde anerkannt, so zB bei der Einlegung eines Rechtsmittels (BVerfG NJW 87, 2067, BGH NJW 90, 990) oder im Urkundenprozeß nach § 592 ZPO für den Nachweis der anspruchsbegründenden Tatsachen (Köln NJW 92, 1774); weitgehend übereinstimmend Zielinski CR 95, 286.

43   7. Als Urkunden sind **von der Rspr. beispielsweise** angesehen worden Klassenarbeiten eines Schülers (BGH 17 297), Absendervermerke auf Briefen (RG GA Bd. 51 185) oder Zahlkartenabschnitten (Köln NJW 67, 742) oder Paketanschriften (RG 55 269), Klebezettel auf Frachtgütern (RG 76 386), Briefumschläge mit Aufschrift und Stempel (RG 50 214), Kontoauszug des Postscheckamts (RG DJ 38, 78), Absendervermerk auf einem Frachtbrief (Hamm JMBlNRW 50, 222), ein Nachsendungsantrag bei der Post (RG LZ 20 Sp. 773), der polizeiliche Meldeschein (RG 74 292), eine Strafanzeige (BGH 15 18), Speisekarte (RG 52 179), Fabrik- und Motornummer, Typenschild und gestempelte Kennzeichen an einem Kfz (BGH 16 95, 18 66, VRS 5 135, 39 96, NJW 63, 213, MDR/D 70, 732, Bay NStZ/J 88, 544; vgl. zur Urkundenqualität ausländischer Autokennzeichen BGH NJW 89, 3104), nicht jedoch das Überführungskennzeichen (Stuttgart VRS 47 25), Versicherungskennzeichen an Kleinkraftrad (Bay JR 74, 467 m. Anm. Kienapfel), Kraftfahrzeugpapiere (BGH 20 188), der Führerschein (Hamm NJW 69, 625), die unter dem Scheibenwischer angebrachte Unfallnachricht (Celle GA 66, 247), Klebezettel mit polizeilicher Aufforderung an der Windschutzscheibe (Hamburg JR 64, 228 m. Anm. Schröder), Lohntüte (BGH NJW 61, 1124), Zeitkarten der Postbusse (BGH 5 296), Straßenbahnfahrscheine (Bay JW 28, 2328), Stempeluhrabdrücke auf Lohnkarten (RG 75 316 m. Anm. Mezger DR 41, 2666), eine beglaubigte zu den Gerichtsakten gegebene Abschrift einer Klage (RG 59 15), die einer Zeitung eingereichte Anzeige (RG LZ 20 Sp. 661), Wechselakzept (BGH JR 52, 285), Personalausweis (BGH GA 56, 182), Rechnungsbelege (BGH 12 103), Fototüten, auf denen der Name des Bestellers sowie Art und Umfang des Auftrages etc. vermerkt ist (Düsseldorf NJW 88, 115). Auch privatschriftliche Gutachten und Zeugnisse können beweiserhebliche Privaturkunden sein, sofern sie in irgendeinem Verfahren, sei es auch nur in

Verbindung mit anderen Tatsachen, Beweis erbringen können (RG **67** 117). Zu Lebensmittelkarten (Beweisbestimmtheit) vgl. BGH **7** 57, **13** 235.

44 Nicht zu den **Urkunden** sind dagegen gerechnet worden eine gestempelte losgelöste Briefmarke (KG JR **66**, 307), Vermerke des Ausstellers eines Postschecks auf dem Lastschriftzettel (RG **67** 433), Plakate (Bay **52** 114), in der Regel auch nicht sog. Autogramme (RG **76** 30 m. Anm. Bruns ZAkDR **42**, 191). Zum Wahlzettel vgl. o. 17.

45 V. Die **Handlung** besteht darin, daß eine **unechte Urkunde hergestellt** (1. Alt.; vgl. u. 48 ff.) oder eine **echte Urkunde verfälscht** (2. Alt.; vgl. u. 64 ff.) oder eine **unechte** oder **verfälschte Urkunde gebraucht** wird (3. Alt.; vgl. u. 73 ff.). Entgegen der früheren Regelung ist die Urkundenfälschung in allen drei Alternativen jetzt ein einaktiges Delikt. Für die beiden ersten braucht es daher zum Gebrauchmachen nicht zu kommen; dieses Merkmal ist in den subjektiven Tatbestand verlagert. Gebraucht der Fälscher die Urkunde selbst, so stellen beide Handlungen nur eine Urkundenfälschung dar; vgl. u. 79 ff. Zu den verschiedenen Alternativen bei der Signatur von Kunstwerken vgl. Löffler NJW **93**, 1423.

46 Die praktisch wichtigsten Begehungsformen sind die beiden ersten Alternativen; die gefährlichste ist das Gebrauchmachen, weil erst dadurch die Belange des Beweisverkehrs unmittelbar berührt werden. Fälschen und Verfälschen bilden keine scharfen Gegensätze. Vielmehr stellt auch der Verfälscher eine unechte Urkunde her, indem er den gedanklichen Inhalt der Erklärung verändert und dadurch den Schein erweckt, als stamme die Urkunde in der vorliegenden Form vom Aussteller. So verstanden stellt die zweite Alternative nur einen Spezialfall der ersten dar; dies ist von Bedeutung für die nochmalige Verfälschung einer Urkunde, da die zweite Alternative tatbestandsmäßig die Verfälschung einer echten Urkunde voraussetzt; vgl. u. 66. Das Ergebnis der beiden ersten Alternativen muß stets eine unechte Urkunde sein. Die Dreiteilung des Tatbestandes ist daher sachlich nur eine Zweiteilung; Wahlfeststellung ist bei allen Alternativen möglich (Tröndle LK[10] 121).

47 Gegenstand der Urkundenfälschung kann jede Urkunde sein; es macht keinen Unterschied, ob es sich um private oder öffentliche, um inländische oder ausländische Urkunden handelt. Teilweise wird allerdings der Standpunkt vertreten, daß ausländische Ausweise nicht dem Schutzbereich des § 267 unterliegen (vgl. Mätzke MDR **96**, 19).

48 VI. **Das Herstellen einer unechten Urkunde. 1.** Eine Urkunde ist **unecht**, wenn ihre Erklärung nicht von dem stammt, der in ihr als Aussteller bezeichnet ist (LG Bremen StV **99**, 322). Entscheidend ist also, daß die Urkunde über die **Identität** des Ausstellers **täuscht**: der rechtsgeschäftliche Verkehr wird auf einen Aussteller hingewiesen, der in Wahrheit nicht hinter der urkundlichen Erklärung steht. Dagegen kommt es auf die Richtigkeit des Erklärten nicht an (vgl. u. 54). Darüber besteht grundsätzliche Einigkeit (RG **68** 6, BGH **1** 121, **2** 52, **5** 150, **9** 44, **33** 159, Stuttgart NJW **81**, 1223, Tröndle LK[10] 124 ff. mwN). Dagegen ist streitig, unter welchen Voraussetzungen eine Identitätstäuschung vorliegt. Teilweise wird angenommen, die Urkunde müsse auf eine konkretisierbare andere Person als Aussteller hinweisen, bloße Identitätsleugnung (Frank V 1 b, Tröndle LK[10] 127) genüge nicht; indessen besteht kein echter Gegensatz zwischen Identitätstäuschung und Identitätsleugnung, weil in beiden Fällen die wahre und für den Beweis entscheidende Identität verborgen bleibt. Auch wenn nur über den Namen getäuscht werden soll, bleibt die Urkunde ein unzureichendes Beweismittel (vgl. o. 1), weil ihr Verfasser möglicherweise darauf berufen wird, er habe unter einem anderen Namen, sei also nicht der Urheber der Erklärung (vgl. BGH NJW **53**, 1358). Deswegen wird zT darauf abgestellt, ob mit dem Gebrauch des falschen Namens eine Identitätstäuschung beabsichtigt ist (vgl. RG **48** 240); auf die Absicht des Täters kann es aber bei Feststellung der Unechtheit einer Urkunde nicht ankommen, da die Qualität eines Beweismittels nur nach objektiven Kriterien beurteilt werden kann. Die vom Täter verfolgten Ziele können nur im Rahmen des Merkmals „zur Täuschung im Rechtsverkehr" berücksichtigt werden; vgl. dazu u. 84 ff. Deshalb gilt folgendes:

49 a) **Entscheidendes Identitätsmerkmal** einer Person ist im Rechtsverkehr ihr **Name** (BGH StV **93**, 308, ebenso Hoyer SK 57). Deshalb ist eine Urkunde grundsätzlich unecht, wenn der Aussteller sie mit einem ihm nicht zustehenden Namen unterzeichnet (vgl. aber u. 50 f.), mag er nun ausschließlich über seinen Namen oder zugleich auch über seine Person täuschen oder auf eine bestimmte andere Person als Aussteller hinweisen (Bay NJW **94**, 208 Warenbestellungen unter falschem Namen). Eine Identitätstäuschung wird auch nicht dadurch ausgeschlossen, daß der Täter seinem Partner schon vorher unter falschem Namen bekannt war (vgl. RG **48** 240, BGH **1** 121, Schleswig SchlHA **49**, 88) oder die Urkunde in Gegenwart des anderen unterzeichnet (RG **13** 247). Unerheblich ist ferner, ob die als Aussteller genannte Person (Firma, Behörde) existiert oder nicht (BGH **1** 121, **2** 52, **5** 150); zur Fälschung öffentlicher Urkunden vgl. u. 53. Freilich muß die Urkunde überhaupt auf einen Aussteller hinweisen; daran fehlt es beim Gebrauch historischer Namen oder bei der Unterzeichnung eines Schriftstücks mit einem unleserlichen Kritzel (vgl. o. 18). Es handelt sich hier um Schriftstücke, die nicht geeignet sind, Beweis zu erbringen. Zu den Fragen der Anonymität eines Schriftstücks vgl. o. 18.

50 b) Besteht beim Gebrauch eines dem Aussteller nicht zustehenden Namens völlige Klarheit über die Urheberschaft, so kann es an der Identitätstäuschung fehlen (eingehend hierzu Ennuschat aaO 64). Dies ist beispielsweise der Fall, wenn eine Frau im Rechtsverkehr ständig unter dem Namen ihres Lebensgefährten auftritt (Celle NJW **86**, 2772 m. Anm. Puppe JuS 87, 275), weil es nicht darauf ankommt, daß der im Rechtsverkehr gebrauchte Name dem Aussteller auch namensrechtlich zusteht.

Eine derartige Ausnahme liegt weiterhin vor, wenn der vom Aussteller verwendete Name in den beteiligten Kreisen als **Deckname** bekannt (Spitzname, Übertragung des Stiefvaternamens auf den Stiefsohn im Volksmund) und geeignet ist, die Person des Ausstellers unzweideutig zu kennzeichnen (RG 48 241). So stellt zB keine falsche Urkunde her, wer als Mitglied einer Loge ein Sitzungsprotokoll mit seinem Logennamen unterzeichnet. Dagegen wird beim Gebrauch eines falschen Namens auf Umlaufpapieren (Wechsel, Scheck) regelmäßig eine unechte Urkunde hergestellt, weil der nicht eingeweihte Inhaber des Papiers auch keine Vorstellung über den Aussteller der urkundlichen Erklärung haben kann. Zum anderen kann der **ständige Gebrauch** eines dem Aussteller nicht zustehenden Namens dazu führen, daß dieser durch tatsächliche Übung zum Identitätsmerkmal der Person wird. Wer zB ständig unter falschem Namen lebt oder eine Firma führt, stellt durch dessen Gebrauch keine unechten Urkunden her. Vgl. weiter BGH NStZ-RR **97**, 358.

51 In weiterem als dem hier aufgezeigten Umfang kann eine Ausnahme nicht anerkannt werden. Insb. ist die Ansicht, daß die bloße Namenstäuschung die Echtheit der Urkunde nicht berühre, mit den angeführten Gründen abzulehnen (vgl. o. 49); and. BGH **1** 121, Tröndle LK[10] 128 mwN, M-Maiwald II/2 148.

52 c) Auch in der **Unterzeichnung mit dem richtigen Namen** kann eine Identitätstäuschung liegen (zust. Meurer NJW **95**, 1655), sofern dadurch der Anschein erweckt wird, ihr Aussteller sei eine andere Person als diejenige, von der sie herrührt (BGH **40** 203 m. Anm. Sander/Fey JR **95**, 209, Puppe JZ **97**, 491, Tröndle LK[10] 130 f.; and. Hoyer SK **58**, Mewes NStZ **96**, 14). Dies ist zB der Fall, wenn jemand ein Schriftstück mit seinem Familiennamen und seinem Rufnamen, ein anderes mit seinem Familien- und einem anderen seiner Vornamen unterzeichnet, weil dadurch der Eindruck erweckt wird, als seien die beiden Urkunden von verschiedenen Personen ausgestellt (RG **13** 171), oder wenn eine andere Person gleichen Namens für den Aussteller gehalten werden soll (RG **55** 173). Ob bei der Unterzeichnung einer Urkunde mit richtigem Namen, aber unter falscher Inanspruchnahme einer Vertretungsbefugnis eine Identitätstäuschung vorliegt, ist Tatfrage (Kiel SchlHA **47**, 256, Bremen NJW **50**, 880; vgl. auch BGH **17** 11). Soweit der Täter durch den Vertretungsvermerk auf eine Firma oder Behörde als Ausstellerin hindeutet, liegt die Unechtheit darin, daß die Firma die Urkunde nicht durch ein vertretungsberechtigtes Organ ausgestellt hat; gegenüber der Firma als angebl. Aussteller tritt der Name des Unterzeichnenden zurück, es liegt daher nicht bloß eine schriftliche Lüge über das Vertretungsverhältnis vor (RG **55** 173, BGH **17** 11, wistra **92**, 299, NJW **93**, 2759 m. Anm. Zielinski wistra 94, 1, Jung JuS 94, 174, insoweit zustimmend Hoyer SK 61); entscheidend ist allein, ob die Vertretungsbefugnis im Außenverhältnis wirksam ist (BGH **17** 11). Entsprechendes gilt, wenn ein nicht vertretungsberechtigter Gesellschafter einer OHG mit deren Firma zeichnet (BGH **17** 11) oder ein Behördenstempel unbefugt benutzt wird (BGH **7** 150, **9** 44, Köln VRS **57** 123). Keine Urkundenfälschung, sondern eine schriftliche Lüge liegt hingegen bei der offenen Stellvertretung einer natürlichen oder juristischen Person vor, wenn das Vertretungsverhältnis in Wahrheit nicht besteht (BGH NJW **93**, 2759; and. Zielinski wistra 94, 1), also zB wenn ein Anwalt ohne Mandat „namens und in Vollmacht von XY" eine Kündigung ausspricht.

53 d) Bei der Fälschung einer **öffentlichen Urkunde** muß das Falsifikat auch die vorgeschriebenen **Förmlichkeiten** aufweisen, zB einen vorgeschriebenen Stempel (RG **57** 71, Bay DAR/R **81**, 246). Fehlt es daran, so kann u. U. jedoch eine unechte Privaturkunde vorliegen. Zu plumpen Fälschungen vgl. u. 67.

54 e) Auf die **Wahrheit** der urkundlichen Erklärung kommt es **nicht** an (BGH wistra **86**, 109). Auch die Herstellung einer unechten Urkunde, die über Wahres berichtet, fällt unter § 267; vgl. o. 1. Falsche Angaben über Zeit und Ort der Errichtung einer (echten) Urkunde sind daher straflos (BGH **9** 44, Bay NJW **88**, 2190). Echt ist auch eine Urkunde, die ein Vertreter im Rahmen der Vertretungsmacht, aber unter Überschreitung der internen Befugnis ausgestellt hat (Stuttgart NJW **81**, 2219). Die unrichtige Ausfüllung einer Diagrammscheibe durch den Kfz-Halter nach § 57a II 2 StVZO ist demnach keine Urkundenfälschung (Bay NStZ/J **86**, 104, Karlsruhe VRS **72** 78); Aussteller ist hier der Halter (Karlsruhe VRS **72** 78), auch wenn ein anderer für diesen die Eintragung vornimmt (Düsseldorf NZV **94**, 199). Bei im internationalen Straßenverkehr beschäftigtem Fahrpersonal ist nach der VO (EWG) Nr. 3821/85 der Fahrer der Aussteller (Bay NJW **88**, 2190, wistra **92**, 113, NZV **94**, 36; mit krit. Bespr. Puppe JZ **97**, 492); wird durch einen anderen als den Fahrer der Name eingetragen, kommt § 267 in Betracht (Bay **80** 81, NZV **94**, 36). Inhaltlich unwahre Angaben in echten Urkunden, schriftliche Lügen, sind nur in öffentlichen Urkunden strafbar (§§ 271, 348).

55 2. Bei der Frage, **von wem** eine Urkunde „**herrührt**", ist in erster Linie maßgeblich, wer sie zu seiner eigenen Erklärung gemacht hat. Es kommt nicht darauf an, wer sie eigenhändig vollzogen hat (sog. Körperlichkeitstheorie). Entscheidend ist vielmehr, von wem die Urkunde geistig herrührt (sog. **Geistigkeitstheorie**); vgl. RG **75** 47, BGH **13** 385, Bay NJW **81**, 772 m. Anm. Schroeder JuS 81, 417 u. Sonnen JA 81, 367, Tröndle LK[10] 15 ff., W-Hettinger II/1 801, Puppe NK 59 ff.; krit. Schroeder GA **74**, 225 ff., der aber übersieht, daß sich nicht alle mittels der Geistigkeitstheorie erzielten Ergebnisse über die mittelbare Täterschaft [vgl. u. 98] lösen lassen). Aussteller einer Urkunde ist daher nicht notwendig der Schreiber, sondern der, in der die Urkunde seine Erklärung verwirklicht wissen und sich an diese gebunden fühlen will (zum Ganzen Puppe JR 81, 441, Rheineck aaO 16 ff., 57). Nicht erforderlich ist, daß der Aussteller den Inhalt seiner Erklärung kennt; es genügt das Bewußtsein, eine beweiserhebliche Erklärung abzugeben. Dies gilt selbst dann, wenn die geistige

Leistung vom körperlichen Hersteller der Erklärung erbracht worden ist (zB Examensklausur). So rührt die Erklärung von dem her, der sie sich durch seine Unterschrift geistig zu eigen gemacht hat (Bay JZ **81**, 202; Hoyer SK 42). Nicht erforderlich ist, daß der Unterschreibende sich konkrete Vorstellungen vom Inhalt der unterschriebenen Erklärung gemacht hat (Puppe JR 81, 441, Hoyer SK 42). Auch wer einen Vertrag unterzeichnet, dessen Inhalt er nicht zur Kenntnis genommen hat, stellt eine echte Urkunde her. Das gleiche gilt bei einer Täuschung über den Inhalt der Erklärung; wird zB dem Unterzeichnenden ein Warenbestellschein vorgelegt mit der Bemerkung, er solle durch seine Unterschrift bestätigen, daß der Täuschende ihm als Vertreter einer bestimmten Firma einen Hausbesuch abgestattet habe, so führt die Unterschrift zu einer echten Urkunde. Es gibt also keine „antizipierte" Blankettfälschung. Nur wenn die Täuschung dazu führt, daß der Unterzeichnende sich nicht bewußt wird, eine Erklärung abzugeben (vgl. RG **50** 179), ist die Urkunde unecht; hier kommt mittelbare Täterschaft des Veranlassenden in Betracht (vgl. u. 98). Entsprechendes gilt für die Fälle der Nötigung; nur vis absoluta kann zur Täterschaft des Gewaltanwendenden führen, während vis compulsiva und der durch Drohung ausgeübte Zwang die Echtheit der Urkunde nicht berühren (Ennuschat aaO 43, 48).

a) Beim **Zeichnen mit fremdem Namen** (vgl. die Rspr.-Übers. bei Puppe JZ 91, 448 f.) sind zwei Fälle zu unterscheiden. **56**

α) Einmal die bloße **Schreibhilfe** (A, der sich die Hand gebrochen hat, diktiert seiner Tochter eine Erklärung und veranlaßt sie, diese mit seinem Namen zu unterschreiben; vgl. dazu RG **26** 271). Hier ist Voraussetzung, daß die Urkunde gegenüber dem Namensträger ein vollgültiges Beweismittel darstellt, ihre Beweiswirkungen also in vollem Umfange in dessen Person eintreten. Daran fehlt es, wenn die wirksame Erklärung eigenhändige Unterschrift voraussetzt, wie zB beim Testament, bei bestimmten prozessualen Erklärungen oder bei der Unterzeichnung eines Wahlvorschlags (vgl. Hamm NJW **57**, 638) oder Anwaltschriftsatzes (RG **44** 69), oder wenn es sich bei der Unterzeichnung um die Ausnützung öffentlicher Befugnisse handelt (vgl. RG **75** 214). In diesen Fällen wird durch die Unterschrift eines anderen eine unechte, d. h. gegenüber dem angeblichen Aussteller nicht verbindliche Urkunde hergestellt. Zum Ganzen Rheineck aaO 23 ff., 29, 60. **57**

β) Zum anderen gehören hierher die Fälle einer **rechtsgeschäftlichen Vertretung.** Hier ist die Urkunde unter folgenden Voraussetzungen als echt anzusehen. Der Unterzeichner kann den Namensträger rechtlich vertreten; er will ihn vertreten und der Namensträger will sich in der Unterschrift vertreten lassen (RG **76** 126, BGH **33** 159 m. krit. Anm. Paeffgen JR 86, 114, Puppe JZ 86, 942, Weidemann NJW 86, 1976, Stuttgart NJW **51**, 206, Bay NJW **88**, 1401.m. abl. Bespr. Puppe JuS 89, 361, Bay NJW **89**, 2142; krit. Puppe JR 81, 441, Puppe NK 69, Düsseldorf StV **93**, 198). Entsprechendes gilt, wenn der Täter die fälschlich angefertigte Urkunde erst nach Genehmigung durch den angeblichen Aussteller gebraucht. **58**

αα) Wie bei der Schreibhilfe, bei der gewissermaßen nur eine „Vertretung in der Erklärung" vorliegt, ist Vertretung rechtlich unzulässig, wenn **eigenhändige Ausfertigung** oder Unterzeichnung der Urkunde gesetzlich vorgeschrieben ist. So zB beim eigenhändigen Testament (RG **57** 235), bei einer Prüfungsarbeit (RG **68** 241; zu einer anderen Fallgestaltung vgl. jedoch Bay NJW **81**, 772 m. Anm. Schroeder JuS 81, 417), bei der eidesstattlichen Versicherung (RG **69** 119), bei der schriftlichen Erstattung einer Zeugenaussage nach § 377 III, IV ZPO, bei der Einreichung von bestimmten Schriftsätzen im Zivilprozeß, wie zB der Klageschrift oder Rechtsmittelschriften (so die Rspr. des RG in Zivilsachen). Nach Oldenburg JR **52**, 410 ist bei sog. eigenhändigen Lebensläufen eine Vertretung unzulässig. Nach Düsseldorf NJW **89**, 749 (mit abl. Anm. Mohrbotter NJW 66, 1421) soll eine unechte Urkunde auch dann vorliegen, wenn der Text eines Testaments nicht vom Erblasser selbst geschrieben, wohl aber von ihm unterzeichnet worden ist; derjenige, der den Text geschrieben hat, soll wegen Urkundenfälschung strafbar sein. Dies überzeugt deswegen nicht, weil Echtheit oder Unechtheit allein nach der Unterschrift zu bestimmen sind. Daß ein derartiges Testament keine Beweiskraft besitzt, ändert nichts an der Tatsache, daß es der Erblasser eigenhändig unterzeichnet hat (ebenso Tröndle LK[10] 24; and. Ohr JuS 67, 255). Vgl. auch u. 98. Unerheblich ist auch, ob die Eigenhändigkeit durch AGBs vorgeschrieben ist (Bay StV **99**, 320). **59**

ββ) Anders liegen die Fälle, in denen keine Vollmachtserteilung, sondern lediglich die **Erlaubnis, einen fremden Namen zu gebrauchen,** vorliegt. Gestattet zB A dem B, bei der Einziehung seiner Forderungen den Namen des A als des angeblichen Zessionars zu gebrauchen, so stellt B, wenn er mit dem Namen des A unterzeichnet, eine unechte Urkunde her (vgl. Bay NJW **88**, 1401; NJW **89**, 2142); es kann jedoch an der Absicht zur Täuschung im Rechtsverkehr fehlen. **60**

γ) Die privatrechtlich anerkannte Möglichkeit, eine unechte **Urkunde** durch **Genehmigung** seitens des angeblich Unterzeichnenden wirksam werden zu lassen (BGH JZ **51**, 783), hat für das Strafrecht keine Bedeutung. Wer daher eine unechte Urkunde in Gebrauchsabsicht hergestellt hat, wird nicht deswegen straflos, weil in der Zwischenzeit der angebliche Unterzeichner die Unterschrift genehmigt, es sei denn, er habe von vornherein die Absicht gehabt, die Urkunde nur für den Fall zu gebrauchen, daß die Einwilligung erteilt wird. **60 a**

b) Die Körperlichkeitstheorie vermag auch die **Telegrammfälschung** und die Herstellung von Urkunden auf mechanischem Wege nicht befriedigend zu erklären. Für letztere ist anerkannt, daß sie als Urkunden anzusehen sind (vgl. o. 41). Bei der Telegrammfälschung ist zwischen dem Original und **61** dem Ankunftstelegramm zu unterscheiden. Das vom Absender hergestellte Originaltelegramm kann ohne Rücksicht auf den urkundlichen Inhalt als Urkunde insoweit angesehen werden, als es zum Nachweis der rechtlichen Beziehungen zwischen dem Absender und der Post bestimmt ist (vgl. RG 8 92); dies gilt auch dann, wenn das Telegramm telefonisch aufgegeben wurde (RG 57 321), da der das Telegramm aufnehmende Beamte als Schreibhelfer des Absenders anzusehen ist. Das Ankunftstelegramm ist, da es mit Willen des Absenders als Reproduktion des Originals dem Adressaten zugeht, als selbständige Urkunde anzuerkennen, obwohl es sich als durch die Post hergestellte Abschrift des Originals darstellt (vgl. RG 46 287). Da dies jedoch im Einverständnis aller Beteiligten geschieht, bedient sich der Absender der Post als einer Art Schreibhilfe mit dem Ergebnis, daß das von der Postanstalt hergestellte Ankunftstelegramm einer Art Zweitschrift darstellt, die an die Stelle des Originals tritt (Tröndle LK[10] 18). Schickt zB ein Postbeamter ein nicht aufgegebenes Telegramm unter falschem Namen ab, so stellt er eine unechte Urkunde her, schreibt er das Absendertelegramm falsch ab, so verfälscht er eine echte Urkunde (vgl. RG 31 42 zu § 348). Zum Verhältnis zu § 354 vgl. dort RN 1.

62 3. Herstellung einer unechten Urkunde ist auch die sog. **Blankettfälschung.** Sie liegt vor, wenn der Täter einem unvollständigen Schriftstück, aus dem zumindest der Aussteller erkennbar ist, ohne Willen oder entgegen den Anordnungen des Ausstellers einen urkundlichen Inhalt gibt. Früher war die Blankettfälschung in § 269 ausdrücklich geregelt; die VO vom 29. 5. 1943 hat diese Bestimmung gestrichen. Hierin liegt keine sachliche Änderung, weil ein Blankett erst dann zur Urkunde wird, wenn die Unterschrift, die es trägt, mit einem urkundlichen Inhalt versehen wird (vgl. Köln NJW 67, 742), so daß der Namensträger als Urheber der Erklärung erscheint (vgl. Hoyer SK 50). Geschieht dies im Widerspruch zum Willen des Ausstellers, so liegt die Herstellung einer unechten Urkunde vor (BGH 5 295, Bamberg HESt. 2 326, Saarbrücken NJW 75, 658: abredewidriges Ausfüllen eines Wechsels); ist es dem Aussteller jedoch gleichgültig, mit welchem Inhalt das Blankett ausgefüllt wird, so kommt § 267 nicht in Betracht (BGH 5 StR 754/93 v. 11. 1. 94).

63 4. Das Unterlassen der Herstellung einer Urkunde genügt regelmäßig nicht. Ein Ladenangestellter, der es pflichtwidrig unterläßt, durch die Registerkasse jede Einnahme auf einem Kontrollstreifen zu buchen, ist nicht wegen Urkundenfälschung strafbar (RG 77 37).

64 VII. Als **Verfälschung** ist jede nachträgliche Veränderung des gedanklichen Inhalts einer echten Urkunde anzusehen, durch die der Anschein erweckt wird, als habe der Aussteller die Erklärung in der Form abgegeben, die sie durch die Verfälschung erlangt hat (RG 62 12, Hamm NJW 69, 625, Köln VRS 59 342). Das Verfälschen einer echten Urkunde ist, soweit es durch einen anderen als den Aussteller geschieht, unbestrittenermaßen ein Unterfall der 1. Alt., da durch die Verfälschung eine unechte Urkunde hergestellt wird (BGH MDR/D 75, 23; vgl. o. 48 ff.). Dem Verfälschungstatbestand wird aber darüber hinaus von der h. L. die Funktion beigelegt, die nachträgliche Veränderung einer Urkunde durch den Aussteller selbst unter Strafe zu stellen. Diese Ansicht führt jedoch zu einer Ausdehnung des Echtheitsbegriffes von § 267 und ist mit den u. 68 genannten Gründen abzulehnen. Das Ergebnis einer Urkundenverfälschung muß stets eine wenigstens teilweise unechte Urkunde sein.

65 1. Die **Inhaltsveränderung** kann durch Ergänzung, durch Änderung, aber auch durch Beseitigung von Teilen der bisherigen Erklärung erfolgen, sofern der Rest dann einen anderen urkundlichen Inhalt ergibt. Die Beseitigung des gedanklichen Inhalts durch völlige Unkenntlichmachung stellt keine Inhaltsveränderung dar. Daher liegt keine Urkundenverfälschung im Überkleben eines Vermerks im Paß (Bay NJW 90, 264); vgl. jedoch § 273. Durch die Handlung muß die Urkunde selbst, d. h. die Verkörperung ihres Gedankeninhalts beeinträchtigt sein (Köln NJW 83, 769). Eine Veränderung des Bezugsobjekts reicht nicht aus, vgl. o. 6. Die Änderung kann dadurch erfolgen, daß die Erklärung mit Zusätzen versehen wird, die nicht vom Aussteller stammen (vgl. Koblenz VRS 47 23), daß Teile der ursprünglichen Erklärung beseitigt werden usw. Wird eine Inhaltsänderung dadurch erreicht, daß zunächst Teile der bisherigen Erklärung beseitigt und dann durch Einfügung eines neuen Inhalts der Urkunde eine andere Beweisrichtung gegeben wird, so liegt eine Urkundenverfälschung vor; die möglicherweise darin liegende Urkundenvernichtung tritt hinter § 267 zurück (vgl. u. 70 ff.). Zum Ganzen vgl. Tröndle LK[10] 142 ff. mit Bsp. Der Inhalt muß durch eine Einwirkung auf den Urkundskörper geändert werden; es reicht nicht aus, wenn nur der Sinn der Erklärung (nicht aber diese selbst) dadurch verfälscht wird, daß das außerhalb der Urkunde liegende Bezugsobjekt der Erklärung verändert wird (vgl. BGH 5 80 und o. 36 a). Wird ledigl. die Lesbarkeit einer Urkunde beeinträchtigt (zB durch Überkleben eines Kfz-Kennzeichens mit Antiblitzbuchstaben), so liegt kein Verfälschen des Erklärungswerts vor (and. Düsseldorf NJW 97, 1793 m. abl. Bespr. Lampe JR 98, 304, Fahl JA 97, 925).

65 a Anderes gilt jedoch, wenn die Urkunde mit ihrem Bezugsobjekt räumlich fest verbunden ist (**zusammengesetzte Urkunde;** vgl. o. 36 a). Hier liegt eine Verfälschung iSd § 267 auch vor, wenn – ohne unmittelbare Beeinträchtigung des Urkundeninhalts – nur die durch die feste Verbindung verkörperte Beweisbeziehung verändert wird, etwa durch Austausch des Bezugsobjektes. Vgl. hierzu die o. 36 a genannten Beispiele. Nach BGH 9 235 soll dies auch für den Austausch eines Kfz-Rahmens gelten, dessen Nummer selbst nicht geändert wird, nicht dagegen für den Austausch des Motors (BGH 16 98). Vgl. weiter BGH 18 66, Bay NStZ/J 88, 544 für das Anbringen eines für ein anderes Kfz ausgegebenen Kennzeichens an einem Kfz und Verwendung des so gekennzeichneten Kfz im öffentlichen Verkehr.

a) **Gegenstand einer Urkundenverfälschung** kann nach dem Wortlaut von § 267 nur eine **echte** 66 **Urkunde** sein. Das schließt aber die Strafbarkeit einer wiederholten Verfälschung der gleichen Urkunde nicht aus. Hier ist zu unterscheiden, ob der Täter einen bisher unberührten, selbständigen Teil der Urkunde verfälscht, oder ob ein schon verfälschter Teil erneut verfälscht wird. Im ersten Fall liegt eine Urkundenverfälschung vor, weil die Urkunde nur insoweit unecht geworden ist, als ihr durch die erste Verfälschung ein anderer Inhalt gegeben wurde (vgl. BGH LM **Nr. 22,** Tröndle LK[10] 144). Dagegen ist die wiederholte Verfälschung des gleichen Teils der Urkunde als Herstellung einer falschen Urkunde strafbar (vgl. auch RG **68** 96). Dies ergibt sich daraus, daß das Verfälschen nur ein unselbständiger Unterfall der Herstellung einer falschen Urkunde ist, weil das Produkt jeder Verfälschung eine unechte Urkunde darstellt; vgl. o. 46. Unter diesem Gesichtspunkt kann es keinen Unterschied machen, ob als Arbeitsgrundlage für die Fälschung eine echte oder unechte Urkunde gebraucht wird, da der Beweisverkehr in beiden Fällen gleichermaßen beeinträchtigt ist. Das gilt **auch** für die Verfälschung einer **ursprünglich unechten Urkunde.** Hier ist zunächst unbestreitbar, daß die Ersetzung der Unterschrift einer unechten Urkunde durch eine andere (unrichtige) Ausstellerangabe als Herstellen einer unechten Urkunde strafbar ist (vgl. u.72). Aber auch die Änderung des Inhalts einer unechten Urkunde führt zu einem neuen Falsifikat und unterfällt damit der 1. Alt. (spätere Veränderung der Erbteile in einem gefälschten Testament, Änderung des Schuldgegenstandes in einer gefälschten Schenkungsurkunde). Die Wiederherstellung des ursprünglichen Beweisinhalts einer echten Urkunde ist nicht strafbar, da keine unechte Urkunde geschaffen wird (vgl. Kiel SchlHA **47,** 15; and. bei der Wiederherstellung einer unechten Urkunde). Täter kann außer dem Aussteller (vgl. u. 68 f.) jeder sein, auch der frühere Verfälscher einer Urkunde; verfälscht dieser eine Urkunde erneut, so wird freilich meist Fortsetzungszusammenhang bestehen (vgl. 33 ff. vor § 52).

b) Die Urkunde muß infolge des Eingriffs eine **andere Tatsache zu beweisen scheinen** als 67 vorher (RG **62** 12, Köln JMBlNRW **58,** 114, VRS **59** 342, Braunschweig VRS **19** 118). Dies ist zB der Fall, wenn ein Arzt die in der Krankenakte befindlichen Laborbefunde abändert (Koblenz NJW **95,** 1624). Dagegen genügt es nicht, wenn der Eingriff ohne Sinnesänderung abläuft, so bei Änderungen in der Rechtschreibung, bei Einfügung zweier Nullen versehentlich in der Pfennig- statt in der Markspalte (RG LZ **22** Sp. 162); war eine Inhaltsänderung beabsichtigt, so kommt Versuch in Betracht (Tröndle LK[10] 144 mit weiteren Bsp.). Ob die Fälschung gut oder schlecht gelungen ist, ist nicht entscheidend; jedoch wird bei ohne weiteres erkennbaren plumpen Fälschungen nur Versuch vorliegen (vgl. BGH GA **63,** 17, der aber anscheinend den Vorsatz verneinen will; vgl. aber auch Schilling aaO 102 ff.). Wird die Erklärung durch den Eingriff widersprüchlich, so ist die Verfälschung vollendet, wenn sie trotz des Widerspruchs ein taugliches Täuschungsmittel darstellt (vgl. RG GA Bd. **37** 435); dies gilt selbst dann, wenn die Änderung als solche gekennzeichnet, zugleich aber der Eindruck erweckt wird, sie stamme vom Aussteller (vgl. Saarbrücken NJW **75,** 658); ist dies nicht der Fall, so hat die Urkunde dadurch ihren Beweiswert verloren; deshalb liegt nur versuchte Urkundenfälschung vor, während § 274 am fehlenden Vorsatz scheitert. Etwas anderes gilt, wenn nach Gesetz, Herkommen oder Vereinbarung (zB Allg. Geschäftsbedingungen) bei widersprüchlichen Angaben die eine verbindlich sein soll, so etwa die Angabe des Zahlungsbetrages in Buchstaben bei Scheck und Wechsel (vgl. Art. 6 WG, Art. 9 ScheckG); hier liegt Vollendung nur vor, wenn die maßgebliche Angabe geändert wurde (vgl. Tröndle LK[10] 144); wird allerdings der Urkundsinhalt mit Einverständnis des Ausstellers abgeändert, so liegt keine Verfälschung vor, da der geänderte Inhalt geistig vom Aussteller herrührt (vgl. u. 68). Ebensowenig liegt Urkundenfälschung vor, wenn der Urkunde durch den Eingriff die Urkundseigenschaft genommen wird; hier kommt nur § 274 in Betracht (vgl. u. 70 ff.). Dagegen kann eine Gesamturkunde (vgl. o. 30 ff.) durch Beseitigung einzelner Teilurkunden verfälscht werden, da sich dadurch der Gesamtinhalt verändert. Wird allerdings die Entnahme der Einzelurkunde in der Gesamturkunde vermerkt, so wird deren Inhalt nicht verfälscht, weil sich aus der Gesamturkunde die Existenz des entnommenen Teils ergibt (Düsseldorf NStZ **81,** 25). Straflos ist auch hier die spätere Verfälschung durch den Aussteller (u. 68 f.; vgl. aber RG **31** 175, **50** 246, **51** 36, **60** 157, **63** 260, **69** 398).

c) Das **Ergebnis** einer Urkundenfälschung muß stets eine **unechte Urkunde** sein. Dies ergibt 68 sich aus dem Fälschungsbegriff des § 267, der den Mißbrauch der Urkundsform nur im Hinblick auf die Identitätstäuschung und damit nur die Fälle umfaßt, in denen eine Urkunde nicht von der Person stammt, die in ihr als Aussteller bezeichnet ist. Daraus folgt, daß die **spätere Veränderung einer Urkunde durch deren Aussteller nicht nach § 267 strafbar ist** (ebenso Puppe Jura 79, 639, JZ 86, 944, 91, 550, 97, 491 m. Rspr.-Bsp., Armin Kaufmann ZStW 71, 411, Lampe GA 64, 330, Schilling aaO 111 f., Samson JuS 70, 375, Hoyer SK 83, Kienapfel, Urkunden im Strafrecht 205 FN 217, JZ 75, 515, Jura 83, 185, Krack JR 98, 479). Demgegenüber sieht die h. M. das Verfälschen nicht als einen Unterfall des Herstellens einer unechten Urkunde, sondern als selbständiges Verbrechensmerkmal an, das die Strafbarkeit auch auf die Verfälschung durch den Aussteller erstreckt, sofern dieser die Dispositionsmöglichkeit über die Urkunde verloren hat (RG in st. Rspr., vgl. Nachw. 19. A. RN 68; ebenso BGH **13** 383, GA **63,** 17, Stuttgart NJW **78,** 715, VRS **74,** 437, Düsseldorf NJW **98,** 692 mit abl. Anm. Krack JR 98, 479, Tröndle/Fischer 19 a, Lackner/Kühl 21, Tröndle LK[10] 153 ff., Blei II 315 f., M-Maiwald II/2 149, Welzel 410, W-Hettinger II/1 847). Dies würde voraussetzen, daß § 267 den Rechtsverkehr nicht nur gegen die Schaffung falscher, sondern auch in seinem Interesse an der Integrität bestehender echter Beweismittel schützt; den letzteren

Rechtsschutz hat aber § 274 übernommen. Im übrigen führt die h. M. zu einer Veränderung des Echtheitsbegriffes, da auch die inhaltlich veränderte Urkunde vom Aussteller herstammt und damit echt ist; die h. M. müßte daher einen abweichenden Falschheitsbegriff aufstellen, der in bestimmten Fällen auch die Herstellung einer echten Urkunde umfassen müßte (so ausdrücklich Tröndle LK[10] 153). Dann müßte aber konsequenterweise nach § 267 strafbar sein, wer seine alte Urkunde durch eine neue, inhaltlich andere Urkunde ersetzt, um den Anschein zu erwecken, diese zweite Urkunde sei die von ihm ursprünglich in Verkehr gegebene: Der Schuldner (Aussteller) nimmt seinem Gläubiger den Schuldschein weg und ersetzt ihn durch einen im Betrag geänderten (vgl. BGH **2** 38). In Wahrheit liegt bei der nachträglichen Veränderung einer Urkunde durch den Aussteller das Schwergewicht nicht in der Schaffung eines „falschen Beweismittels" und der (durch § 267 nicht erfaßten) Lüge, daß der Aussteller von Anfang an die Erklärung in der veränderten Form abgegeben habe, sondern in der Zerstörung des bisherigen Beweisinhalts. Deswegen soll die nachträgliche Veränderung der Urkunde durch den Aussteller nach h. M. erst von dem Zeitpunkt an nach § 267 strafbar sein, in dem ein Dritter an der Urkunde ein Beweisinteresse erlangt hat (vgl. RG **52** 80, 90). Die Zerstörung usw. eines bestehenden Beweismittels ist aber ausschließlich nach § 274 zu beurteilen. Im übrigen ist noch niemand bestraft worden, der seine inhaltlich unrichtige Erklärung später richtig gestellt hat (die dem Aufsichtsrat übergebenen Bilanzen werden dem tatsächlichen Stand entsprechend geändert); dies zeigt umgekehrt, daß durch die h. M. die (nach § 267 nicht strafbare) Lüge bestraft wird. Deshalb ist die nachträgliche Änderung von Handelsbüchern eines Vollkaufmanns (vgl. aber RG **69** 400 m. Anm. Merkel JW 36, 664), einer dem Aufsichtsrat mitgeteilten Bilanz (vgl. aber BGH **13** 382), eines von einem Beamten zu führenden Kontrollbuches (vgl. aber RG **64** 397) durch den jeweiligen Aussteller ebensowenig strafbar, wie wenn dieser von vornherein der Urkunde einen anderen Inhalt gegeben hätte (vgl. Lampe GA 64, 329 f.).

69   Anderes gilt, wenn die Veränderung der Urkunde durch den Aussteller zugleich einen auf dieser fest angebrachten Beglaubigungs- oder Kontrollvermerk, d. h. eine weitere Urkunde verfälscht. Es handelt sich hier um die Verfälschung einer sog. Beweiseinheit iS einer zusammengesetzten Urkunde (vgl. o. 36 a). Ändert zB der Aussteller die beglaubigte Abschrift seiner Urkunde, so ist er nach § 267 strafbar (vgl. o. 40); ebenso, wenn das mit Namen versehene Fahrtenschreiberschaublatt nachträglich verändert wird (Stuttgart NJW **78**, 715, VRS **74**, 437); eine Verfälschung liegt zB auch in der Abänderung von Eintragungen in einem Kassenbuch durch den Buchhalter, die vom Geschäftsherrn abgezeichnet sind (zu weit RG GA Bd. **53** 286), in der Abänderung des Verfalldatums auf einem bereits akzeptierten Wechsel durch den Aussteller (Saarbrücken JZ **75**, 514 m. krit. Anm. Kienapfel), in der Änderung von Eintragungen im Trödlerbuch (§ 6 I UnedlMetG), nachdem die Behörde einen Kontrollvermerk angebracht hat (vgl. BGH MDR **54**, 309, Stuttgart JR **60**, 191 m. Anm. Mittelbach), oder in der Änderung der Warenbezeichnung auf einem Frachtbrief, der zoll- und bahnamtlich abgestempelt ist (RG LZ **17** Sp. 280). Ändert ein Beamter eine im Rahmen seiner Zuständigkeit hergestellte Urkunde (Grundbuchbeamter ändert abgeschlossene Eintragung; vgl. aber RG DR **44**, 155), so kann § 348 vorliegen; vgl. dort RN 8.

70   2. Schwierigkeiten bereitet die **Abgrenzung** zwischen der **Beschädigung** einer Urkunde und ihrer **Verfälschung.** Man wird hier folgende Fälle zu unterscheiden haben (vgl. auch Geppert aaO):

71   a) Wird durch die Beseitigung von Teilen einer Erklärung der Urkunde ein **neuer Beweisinhalt** gegeben (zB Ausradieren eines Null im Schuldbetrag), so ist § 274 zwar tatbestandsmäßig erfüllt, weil durch die Veränderung die ursprüngliche Beweisrichtung der Urkunde beseitigt wurde (vgl. dort RN 7 ff.); § 274 (ebenso § 303) tritt jedoch als subsidiär hinter § 267 zurück, weil hier die Beschädigung nur das Mittel zur Verfälschung ist (vgl. aber u. 71 b); and. Lindemann NStZ 98, 23, der Exklusivitäten der beiden Tatbestände aufgrund der geforderten unterschiedlichen Absichten annimmt. Dies gilt ebenso, wenn der Urkunde nach dem Eingriff durch Einfügung ein neuer Inhalt gegeben wird.

71 a   Diese Grundsätze finden auch Anwendung, wenn durch die (für sich betrachtet nur nach § 274 strafbare) Entfernung oder Vernichtung von Einzelurkunden aus einer **Gesamturkunde** deren Gesamtsinn verfälscht wird (vgl. o. 30 ff.).

71 b   Auch wenn die Urkunde durch den Eingriff einen neuen Beweisinhalt erhalten hat, also objektiv verfälscht worden ist, kommt dennoch nur § 274 in Betracht, wenn der Täter den Berechtigten nur schädigen und auch nicht mittelbar im Rechtsverkehr täuschen wollte (vgl. u. 87 b).

72   b) **Verliert die Urkunde** infolge des Eingriffs **ihre Urkundenqualität** (vgl. Köln JMBlNRW **58**, 114), so liegt nicht § 267, sondern nur § 274 vor. Dies gilt etwa, wenn die Unterschriften einer Urkunde beseitigt werden (vgl. BGH NJW **54**, 1375). § 267 liegt auch nicht vor, wenn der Täter die Erklärung nunmehr mit seinem Namen unterzeichnet, denn dadurch stellt er eine neue Urkunde her (BGH aaO; and. bei der Unterzeichnung mit einem fremden Namen: hier kommt die 1. Alt. von § 267 in Betracht, so daß je nach Sachlage zwischen § 267 und § 274 Ideal- oder Realkonkurrenz vorliegt). Nur § 274 ist auch anwendbar, wenn auf einem Schriftstück selbständige Teile entfernt werden, zB der Datumsstempel auf einem Brief (RG **62** 12, HRR **33** Nr. 1151, Braunschweig NJW **60**, 1120). Ebenso bleibt es bei § 274, wenn der Aussteller später seine eigene Urkunde ändert (vgl. o. 68 f.); u. U. gilt dies auch dann, wenn ein Dritter für den Aussteller die Veränderung vornimmt.

73   VIII. Eine unechte oder verfälschte Urkunde ist **gebraucht,** wenn sie dem zu Täuschenden **zugänglich gemacht** und diesem damit die Möglichkeit der Kenntnisnahme gegeben ist, ohne daß

es dafür noch einer weiteren Handlung des Täters oder eines Dritten bedarf (vgl. RG **60** 162, BGH **1** 120, **2** 52, **5** 151 f., Tröndle LK[10] 171, M-Maiwald II/2 150, Hoyer SK 85, Puppe NK 91). Vgl. die Rspr.-Übersicht bei Puppe JZ 91, 551 f.

1. Die Täuschung muß dadurch erfolgen, daß dem Opfer **die Urkunde als solche** zugänglich **74** gemacht wird (RG **46** 225, BGH GA **63**, 16). Daher genügt der Gebrauch einer einfachen Abschrift nicht (RG **70** 133). Dagegen ist der Gebrauch einer amtlich beglaubigten Abschrift als Gebrauch der Urkunde selbst anzusehen, da sie im Rechtsverkehr das Original vertritt (and. RG **76** 333, BGH **1** 120); vgl. im übrigen o. 40 a. Zur Verwendung einer Fotokopie vgl. o. 42.

Unerheblich ist, ob die Urkunde von einem anderen oder vom Täter selbst gefälscht wurde und ob **75** dies vorsätzlich geschah oder nicht. Die dritte Alternative wird jedoch vor allem dann in Betracht kommen, wenn derjenige, der von der Urkunde Gebrauch machte, nicht als Fälscher bestraft werden kann. Über das Verhältnis von Fälschen und Gebrauchmachen vgl. u. 79 ff.

2. Gebrauchmachen heißt **zugänglich machen** (RG **66** 298, BGH MDR/D **73**, 18). Es ist **76** nicht erforderlich, daß der zu Täuschende die Urkunde tatsächlich wahrgenommen oder eingesehen hat (RG **64** 398). Daher liegt im Fahren eines Kfz mit verfälschtem Kennzeichen, das von jedem gesehen werden kann, ebenso ein Gebrauchmachen wie im Bereitlegen der Urkunde zur Kenntnisnahme durch den zu Täuschenden, sofern diesem der Zugriff ohne weiteres offensteht (RG **72** 370). Ein Gebrauchmachen liegt auch dann vor, wenn die Vorlegung der Urkunde nicht freiwillig, sondern in Erfüllung einer Rechtspflicht erfolgt (RG **70** 16). Ausreichend ist auch, wenn die Kenntnisnahme durch Verlesen ermöglicht wird, wenn der Getäuschte die Möglichkeit hat, die Urkunde auch einzusehen (vgl. RG **69** 230). Im bloßen Beisichtragen eines gefälschten Führerscheins liegt noch kein Gebrauchmachen (BGH GA **73**, 179, StV **89**, 304). Zum Gebrauchmachen genügt nicht, daß sich jemand auf eine in seinem Besitz befindliche Urkunde beruft oder sich zu ihrer Vorlegung bereit erklärt (RG **16** 230, BGH NJW **89**, 1099). Beruft sich der Täter auf eine **im Besitz des zu Täuschenden** befindliche Urkunde, so liegt ein Gebrauchmachen vor, wenn diesem die Kenntnisnahme dadurch erst ermöglicht wird; so wenn der angebliche Vermächtnisnehmer den Erben auf ein in dessen Besitz befindliches Testament aufmerksam macht, von dessen Existenz dieser noch nichts wußte, oder wenn, wie beim Urkundenbeweis im Zivilprozeß, die Verwertung des urkundlichen Inhalts von einem Antrag des Täters abhängt. Dagegen genügt zB nicht, daß der Täter sich auf eine bereits früher übergebene Urkunde bezieht (and. Hamm JMBlNRW **57**, 68). Endlich kann ein Gebrauchmachen auch darin liegen, daß der Täter den zu Täuschenden auf die im Besitz eines Dritten, jenem jedoch ohne weiteres zugängliche Urkunde verweist; dies wird vor allem praktisch beim Hinweis auf unechte Eintragungen in öffentlichen Büchern, Registern usw. oder beim Antrag auf Beiziehung von Akten, Auskünften usw. im Prozeß (vgl. RG **19** 217). Da jedoch die Möglichkeit der Kenntnisnahme für das Gebrauchmachen erforderlich ist, wird man in diesen Fällen Vollendung erst annehmen dürfen, wenn der zu Täuschende der Anregung Folge leistet.

Ein Gebrauchmachen kann auch durch **Unterlassen** erfolgen. Wer ohne Täuschungsabsicht eine **77** unechte Urkunde herstellt, ist aus vorausgegangenem Tun verpflichtet, deren Gebrauch durch Dritte zu verhindern (vgl. RG HRR **25** Nr. 1591); unterläßt er dies in Täuschungsabsicht, so kommt Täterschaft, im übrigen Beihilfe in Betracht.

3. Von der unechten Urkunde muß **gegenüber demjenigen** Gebrauch gemacht werden, der **78** durch die Täuschung zu einem rechtserheblichen Verhalten bestimmt werden soll (RG **59** 395). Es braucht keine bestimmte Person zu sein; so genügt der Gebrauch eines gefälschten Kfz-Kennzeichens zur Irreführung von Polizei und Publikum (RG **72** 370). Das Gebrauchmachen kann auch durch eine Mittelsperson erfolgen. Hierbei gilt entsprechend den Grundsätzen der mittelbaren Täterschaft folgendes (vgl. § 25 RN 6 ff.): Ist die Mittelsperson bösgläubig, so beginnt der Versuch des Gebrauchmachens (§ 22) erst, wenn diese Handlungen vornimmt, durch die das Opfer der Täuschung zur Kenntnisnahme veranlaßt werden soll; die Tat ist vollendet, wenn diesem die Urkunde zugänglich gemacht ist (ebenso M-Maiwald II/2 150). Ist der Tatmittler gutgläubig, so beginnt das Gebrauchmachen schon mit der Einwirkung auf diesen; Vollendung liegt aber erst vor, wenn die Urkunde dem zu Täuschenden zugänglich wird (RG HRR **40** Nr. 1272; and. M-Maiwald II/2 150), es sei denn, daß die Mittelsperson nicht nur als Bote tätig (vgl. hierzu Stuttgart NJW **89**, 2552), sondern selbst getäuscht und zu einem rechtserheblichen Verhalten veranlaßt werden soll (Rechtsanwalt soll gefälschten Wechsel einklagen). Vgl. R **7** 682 (Übersendung einer verfälschten Geburtsurkunde an den Verlobten, der sie dem Standesamt einreichen wird). Wer Dritten lediglich unechte Urkunden beschafft, ist nicht unbedingt mittelbarer Täter im Hinblick auf das Gebrauchmachen; es kommt aber Anstiftung oder Beihilfe in Betracht (BGH MDR/H **89**, 306).

IX. Für das **Verhältnis von Fälschen und Gebrauchmachen** gilt folgendes: Seiner Struktur **79** nach enthält § 267 ein zweiaktiges Delikt, dessen einer Akt (Gebrauchmachen) seit der VO vom 29. 5. 1943 in den subjektiven Tatbestand verlegt ist. Daraus ergibt sich, daß beide Akte eine deliktische Einheit bilden und daher nur ein einziges Delikt der Urkundenfälschung vorliegt, wenn der Täter eine Urkunde fälscht und gebraucht (BGH GA **55**, 246, Bay NJW **65**, 2166, Braunschweig NdsRpfl. **60**, 90, Tröndle/Fischer 44, Miehe GA **67**, 275; vgl. auch Tröndle LK[10] 118 f.).

Abweichend wird zum Teil angenommen, das Gebrauchmachen sei gegenüber den anderen For- **79 a** men straflose Nachtat (Nürnberg MDR **51**, 52 m. Anm. Meister, Düsseldorf JMBlNRW **51**, 208, Sax MDR 51, 587); wieder and. OGH **1** 161, BGH **17** 97 m. Anm. Häussling, JZ 63, 69, Bamberg HESt.

§ 267   79 b–86

2 325 (Fortsetzungszusammenhang) sowie Hartung, Steuerstrafrecht 164, Jagusch LK[8] 10, Niese DRZ 51, 177, während andere (Hoyer SK 114) der Auffassung sind, daß das Gebrauchmachen das Fälschen und Verfälschen als mitbestrafte Vortaten verdrängt (vgl. auch Schneidewin Mat. I 225 [Subsidiarität der beiden ersten Formen]).

79 b   Problematisch ist einmal der Fall, daß eine gefälschte Urkunde mehrmals gebraucht wird. Hier kann der einheitliche Fälschungsakt als solcher keine einheitliche Tat bewirken (and. Miehe GA 67, 276); andernfalls würde derjenige, der nicht von ihm selbst gefälschte Urkunde mehrmals gebraucht, anders behandelt als der Fälscher selbst. Vielmehr liegt eine einzige Urkundenfälschung nur dann vor, wenn die mehreren Gebrauchsakte vom ursprünglichen Täterplan umfaßt waren (BGH 17 98 m. Anm. Häussling JZ 63, 69, GA 55, 246). Beruht das Gebrauchmachen auf einem neuen Entschluß, so liegt Realkonkurrenz vor (BGH 5 291).

79 c   Werden mehrere Urkunden zum Zwecke desselben einmaligen Gebrauches gefälscht, so bewirkt die Tatsache, daß das Gebrauchmachen Bestandteil der Urkundenfälschung ist, eine Einheit der Tat. Trotz mehrfacher Fälschungsakte liegt daher nur eine Urkundenfälschung vor (zust. Tröndle LK[10] 212; vgl. u. 100).

79 d   Folgt man der hier vertretenen Auffassung, so ergibt sich, daß die Verfolgungsverjährung wegen der Fälschung die Bestrafung wegen eines Gebrauchmachens nicht ausschließt, wenn dieses – sei es auch in Fortführung des ursprünglichen Entschlusses – nach Beendigung der Verjährung erfolgt (so iE auch Braunschweig NdsRpfl. 60, 90).

80   **Anstiftung zur Verfälschung** einer Urkunde wird durch das schon bei der Anstiftung geplante spätere Gebrauchmachen von der Urkunde aufgezehrt (Bamberg HESt. 2 235, Tröndle LK[10] 208); beide Akte bilden ein einziges Delikt (vgl. u. 97 f.), so daß die allgemeinen Regeln über das Verhältnis der Täterschaft zur Teilnahme bei Beteiligung an der gleichen Tat Anwendung finden. Umgekehrt kommt strafbare Teilnahme des Fälschers an dem von einem anderen vorgenommenen Gebrauchmachen nicht in Betracht; die Täterschaft der ersten Alternativen schließt die Beteiligung an der dritten aus.

81   X. Die **Rechtswidrigkeit** wird durch Einwilligung des Namensträgers nicht ausgeschlossen, da dieser über das geschützte Rechtsgut, nämlich die Sicherheit und Reinheit des Rechtsverkehrs (o. 1), nicht verfügen kann; vgl. jedoch o. 56 ff. (Zeichnen mit fremdem Namen) und o. 67 (Abänderung mit Einverständnis des Ausstellers). Vgl. zur mutmaßlichen Einwilligung als Rechtfertigungsgrund Bay NStZ 88, 313 m. Anm. Puppe. Die Tat ist auch dann rechtswidrig, wenn dem Täter das Recht, das er durch den Gebrauch der Urkunde verfolgt, zusteht. Nach AG Frankfurt/M.-Höchst StV 88, 306, AG München StV 88, 306 kann die Benutzung eines gefälschten Passes nach Völkerrecht (Art. 31 Genfer Flüchtlingskonvention) gerechtfertigt sein. Zum angebl. Verteidigerprivileg vgl. Stumpf NStZ 97, 7 u. Wünsch StV 97, 45; danach soll das Recht bestehen, Urkunden in den Prozeß einzuführen, über deren Echtheit der Strafverteidiger im Zweifel ist.

82   XI. Für den **subjektiven Tatbestand** ist Vorsatz erforderlich; ferner muß die Handlung zur Täuschung im Rechtsverkehr vorgenommen werden.

83   1. Für den **Vorsatz** ist erforderlich, daß der Täter weiß, daß das Objekt der Handlung eine Urkunde ist; daher kann nicht aus § 267 bestraft werden, wer eine Inventurliste verfälscht, die er irrtümlich für eine betriebsinterne „Schmierkladde" hält. Den Rechtsbegriff der Urkunde braucht der Täter jedoch nicht zu kennen, es genügt, wie bei allen normativen Tatbestandsmerkmalen, eine Vorstellung nach Laienart. Zur Abgrenzung zum Subsumtionsirrtum vgl. § 15 RN 40 ff.; zur Abgrenzung von versuchter Urkundenfälschung und Wahndelikt vgl. BGH 13 235. Der Vorsatz muß ferner das Fälschen oder Verfälschen umfassen; besteht die Handlung im Gebrauchmachen, so muß der Täter wissen, daß die Urkunde unecht oder verfälscht ist. Hinsichtlich der Urkundseigenschaft genügt dolus eventualis (BGH 38 345); jedoch fehlt es am voluntativen Element, wenn ein Strafverteidiger i. R. d. Verteidigung eine Urkunde vorlegt, von der er nicht sicher weiß, ob sie gefälscht ist (BGH aaO m. Anm. Beulke JR 94, 116 u. Stumpf NStZ 97, 7, der allerdings die Problematik über den Rechtfertigungsgrund des tolerierten Risikos löst). Eine Annahme nachträglicher Genehmigung der Unterzeichnung mit fremden Namen schließt regelmäßig den Vorsatz der Urkundenfälschung nicht aus (RG DJ 35, 1193; es kann jedoch an der Täuschungsabsicht fehlen).

84   2. Die Handlung muß ferner **zur Täuschung im Rechtsverkehr** erfolgen.

85   a) Dieses Merkmal liegt vor, wenn ein Irrtum über die Echtheit der Urkunde erregt und der Getäuschte durch den gedanklichen Inhalt zu einem rechtlich erheblichen Verhalten bestimmt werden soll (vgl. RG 64 96, BGH 5 149, Hoyer SK 95 f., Lackner/Kühl 25, Blei II 316). Diese Voraussetzungen liegen nicht vor, wenn die fälschlich angefertigte Urkunde erst nach Genehmigung durch den angeblichen Aussteller gebraucht werden soll. Im einzelnen gilt folgendes:

86   α) Durch die Täuschung muß der **Eindruck** erweckt werden sollen, das **Beweismittel sei echt** (RG DR 41, 262), sein Inhalt stamme also von dem in der Urkunde angegebenen Aussteller. Unter Täuschung ist hier das gleiche zu verstehen wie in § 263 (vgl. dort RN 6 ff.); der Erregung eines Irrtums steht dessen Unterhaltung oder Intensivierung gleich (vgl. RG 13 247). Die Täuschung muß sich auch auf den aktuellen gedanklichen Inhalt der Urkunde beziehen; es genügt nicht, daß über den Altertumswert des Gegenstandes getäuscht werden soll. Ob ein Irrtum tatsächlich erregt wurde, ist unerheblich; § 267 ist daher auch dann vollendet, wenn die Fälschung sofort erkannt wird.

β) Die Tat muß zur Täuschung **im Rechtsverkehr** erfolgen. Dies hat Bedeutung in zweierlei 87
Hinsicht:

αα) **Gegenstand der Täuschung** muß eine im Rechtsverkehr erhebliche Tatsache sein. Es reicht 87 a
nicht aus, wenn der Getäuschte nur über interne Dinge seines eigenen Rechtskreises irren soll, die für seine äußeren Rechtsbeziehungen (Rechts„verkehr") unmittelbar nicht maßgeblich sind. Dies gilt etwa, wenn der Täter betriebsinterne Aufzeichnungen seines Konkurrenten (etwa dessen Kundenkartei oder dgl.) nur zu dem Zwecke verfälscht, daß dieser im Irrtum über die wahre Situation seines Geschäftes falsch disponiere. Hier kommt (falls das veränderte Schriftstück überhaupt Urkundenqualität hatte) nur § 274 in Betracht.

ββ) Zum anderen ist erforderlich, daß der Getäuschte zu einem **rechtserheblichen Verhalten** 87 b
veranlaßt werden soll. Insoweit genügt, da das Schutzobjekt von § 267 der Rechtsverkehr ist, der auf die Echtheit urkundlicher Beweismittel vertraut, daß der Täter eine rechtserhebliche Reaktion als sichere Folge der Täuschung voraussieht, ohne daß es ihm auf diese anzukommen brauchte (vgl. § 15 RN 68). Wer unter falschem Namen bei der Polizei mündlich Anzeige erstattet und nunmehr, um sich nicht bloßzustellen, das Protokoll mit fremdem Namen unterzeichnet, ist aus § 267 strafbar. Es genügt die Absicht, irgendwelchen Einfluß auf das Rechtsleben auszuüben (Tröndle LK[10] 191); rechtswidrig braucht der Erfolg nicht zu sein (RG **60** 188). Auch wer das Gericht mit einer falschen Quittung täuscht, um eine unberechtigte Klageforderung abzuwehren (RG **47** 199), oder wer eine unrichtige Beurkundung richtigstellt, zB den quittierten Betrag entsprechend der tatsächlichen Zahlung umändert (RG LZ **18** Sp. 779), handelt zur Täuschung im Rechtsverkehr (and. Düsseldorf NJW **98**, 692 m. abl. Anm. Krack JR **28**, 479); es kann aber das Unrechtsbewußtsein fehlen. Zur Täuschung im Rechtsverkehr handelt auch, wer durch gefälschte Kontoauszüge seine Kreditwürdigkeit nachweisen will oder sich den Zugang zu einer Spielbank mit einem gefälschten Ausweis verschafft (Bay MDR **80**, 951). Ebenso handelt eine Frau, die durch ein gefälschtes Schwangerschaftsattest einen Mann zur Ehe veranlassen will, mit der erforderlichen Absicht. Täuschungsabsicht kann auch vorliegen, wenn der Vorgesetzte veranlaßt werden soll, von der Herbeiführung strafgerichtlicher (RG JW **35**, 3389) oder disziplinärer Maßnahmen abzusehen; dasselbe gilt bei der Täuschung innerdienstlicher Kontrollorgane (mißverständlich RG JW **35**, 3389, mißverstanden von Celle NdsRpfl. **61**, 251). Dagegen fehlt es an dieser Absicht, wenn jemand nur seine Angehörigen beruhigen will (RG **47** 200), wenn ein Ehemann seiner Frau ein gefälschtes Sparbuch überreicht, um ihr den Abschied zu erleichtern (RG LZ **20** Sp. 803), wenn der Täter bezweckt, eine schlechte Meinung über einen Dritten hervorzurufen (RG JW **28**, 2984 m. Anm. Bohne) oder wenn jemand die Gunst eines Mädchens erringen will (RG **64** 96). Auch das Bestreben, nach außen mehr zu erscheinen, als man ist, genügt allein noch nicht (RG DJ **38**, 329). Wer einer Zeitung einen Beitrag unter falschem Namen schickt, braucht nicht notwendig zur Täuschung im Rechtsverkehr zu handeln (RG **68** 2).

γ) Zwischen der Täuschung und der erstrebten Reaktion des Getäuschten muß ein **Kausalzusam-** 88
menhang derart bestehen, daß gerade der unechte Teil der vorgelegten Urkunde den anderen zu einem Verhalten bestimmen soll. Daher fehlt es an der Täuschungsabsicht, wenn der Täter davon ausgeht, der andere werde nicht im Vertrauen auf den unechten Teil seine Entscheidungen treffen, sondern durch den echten Teil der Urkunde veranlaßt zu handeln (Hamm JMBlNRW **56**, 45, NJW **76**, 2222: Gebrauch eines für Kl. III ausgestellten und in Kl. II gefälschten Führerscheins zum Nachweis der Fahrerlaubnis für Kl. III [Hoyer SK 46]; and. BGH **33** 105 m. krit. Anm. Kuhl JR 86, 297 u. Puppe JZ 86, 947, Düsseldorf VRS **66** 448, Meyer MDR 77, 444); ähnlich Bay MDR **58**, 264, Köln NJW **83**, 64 m. Bespr. Weber Jura 82, 66.

δ) Entsprechend dem Schutzgedanken des § 267 (vgl. o. 1) muß es ausreichen, daß es dem Täter 89
darum geht, ein Beweismittel zu schaffen, das dem Empfänger **keine vollgültige Beweismöglichkeit** bietet. Zur Täuschung im Rechtsverkehr handelt daher auch derjenige, der mit dem Namen eines anderen deswegen unterzeichnet, um sich – mag auch seine Identität festgestellt werden können – später darauf berufen zu können, er sei, weil er einen anderen Namen trage, nicht der Aussteller der Urkunde (vgl. RG **3** 340). Entsprechendes gilt bei der Unterzeichnung mit einem fremden Namen unter Vorspiegelung einer Vertretungsberechtigung. Besteht eine solche Absicht nicht, will also zB die ledige Frau, die sich in einem Mietvertrag einen anderen Namen beilegt, um als Ehefrau des Mannes zu erscheinen, mit dem sie zusammenlebt, ihre Erklärung gegen sich gelten lassen und von der Namensverschiedenheit zum Nachteil des Vertragspartners keinen Gebrauch machen, so fehlt ihr die Absicht der Täuschung im Rechtsverkehr.

b) Bei den beiden ersten Alternativen (Herstellen und Verfälschen) muß in subjektiver Beziehung 90
hinzukommen, daß die Urkunde bestimmt ist, zur Täuschung im Rechtsverkehr **gebraucht** zu werden. Der Täter muß also die Absicht haben, ein Falsifikat zu schaffen, das im Rechtsverkehr verwendet werden soll. Dies bedeutet im einzelnen:

α) Die **Absicht** des Täters braucht keine Absicht i. e. S. zu sein. Es genügt das sichere Wissen, daß 91
die Urkunde im Rechtsverkehr gebraucht werden soll (Bay NJW **98**, 2917 unter Aufgabe von Bay NJW **67**, 1476 m. abl. Anm. Cramer, Lenckner NJW **67**, 1890, Hoyer SK 91, Tröndle LK[10] 198; Puppe NK 98 ff. will das dolus eventualis ausreichen lassen; differenzierend Jakobs 229). Die Absicht kann auch nur bedingt vorhanden sein, zB von der Klageerhebung des Gegners abhängen (vgl. BGH **5** 152). Der Täter braucht sich auch keine bestimmte Person als Opfer der Täuschung vorzustellen

§ 267 92–99   Bes. Teil. Urkundenfälschung

(RG 75 25, BGH 5 152). Insoweit gelten die Grundsätze über den „bedingten" Versuch (vgl. § 22 RN 18 ff.). Hierzu eingehend W. Schmid ZStW 74, 68 mwN.

92   β) Der Täter braucht auch **nicht** die Absicht zu haben, die Urkunde **selbst** zur Täuschung im Rechtsverkehr **zu gebrauchen.** Dies kann nach seinem Willen auch ein anderer tun, und zwar nicht nur ein Mittäter oder Gehilfe, sondern auch ein Dritter, der die Urkunde vom Täter erwirbt. Nach § 267 ist daher auch strafbar, wer Fälschungen „auf Vorrat" anfertigt (gewerbsmäßiger Paßfälscher). Hier besteht die Gebrauchsabsicht, ist jedoch noch von der Bedingung abhängig, daß ein anderer bereit ist, das Falsifikat zu erwerben.

93   c) Der **Beweggrund** des Täters ist **unerheblich** (vgl. § 15 RN 66). Hat der Täter die Absicht, irgendeinen Einfluß auf das Rechtsleben auszuüben, so kommt es nicht darauf an, was dem Täter den Anreiz zur Urkundenfälschung gab. Eine Täuschungsabsicht kann deshalb zB vorliegen, wenn eine Urkunde mit gefälschtem Geburtsdatum dem Standesamt zwecks Bestellung des Aufgebots eingereicht wird (R 4 466; vgl. auch R 7 681), auch wenn es dem Täter nur darum geht, dem Ehepartner gegenüber jünger zu erscheinen, oder wenn der Täter ein Zeitungsinserat aufgibt, um sich einen Scherz zu erlauben.

94   XII. Die Urkundenfälschung ist **vollendet**, sobald der Täter die Urkunde zur Täuschung im Rechtsverkehr hergestellt, verfälscht oder gebraucht hat; es ist für die Vollendung nicht erforderlich, daß die bezweckte Täuschung erreicht wird.

95   Über die Möglichkeiten **tätiger Reue,** wenn der Täter nach der Herstellung seine Gebrauchsabsicht aufgibt (und etwa das Falsifikat vernichtet) vgl. § 24 RN 114.

96   Der **Versuch** ist strafbar (Abs. 2). Ein Versuch liegt zB vor, wenn der Täter eine zum Beweis geeignete Urkunde herstellen will, diese aber aus irgendwelchen Gründen nicht zum Beweis geeignet ist (RG HRR 36 Nr. 774), oder wenn er irrig davon ausgeht, der Aussteller ergebe sich aus der Urkunde. Das Verschaffen einer Blanko-Unterschrift ist noch kein Versuch (BGH JZ 65, 544 m. Anm. Schröder). Das Beisichführen eines gefälschten Führerscheins soll dagegen für einen Versuch ausreichen (so Meyer MDR 77, 444). Zum Versuchsbeginn beim Gebrauchmachen durch einen Tatmittler vgl. o. 78.

97   XIII. **Täterschaft** und **Teilnahme** bestimmen sich nach den allgemeinen Regeln (BGH MDR/D 67, 548); Täterschaft liegt stets vor, wenn jemand in eigener Person alle objektiven und subjektiven Merkmale des Tatbestandes erfüllt (Stuttgart NJW 78, 715). Die Täuschungsabsicht ist tatbezogen, weshalb für Teilnehmer § 28 I nicht in Betracht kommt. Fälscht der eine Beteiligte die Urkunde, während der andere sie gebraucht, so ist jeder als Täter des § 267 strafbar (vgl. RG 70 16, BGH GA 65, 149). Nicht notwendig ist, daß die Mittäter sich kennen, stellt jemand sein Lichtbild, seine Personalangaben usw. einem ihm nicht bekannten Täter zur Verfügung, so ist er gleichwohl Mittäter nach § 267 (BGH GA 73, 184; vgl. auch RG 58 279). Anstiftung zum Verfälschen ist gegenüber dem Gebrauchmachen ebenso subsidiär wie die Teilnahme des Fälschers an der Tat des Gebrauchmachenden gegenüber der Herstellung des Falsifikats (näher o. 80). Beteiligt sich der Gehilfe erst nach dem Gebrauchmachen an einer weiteren Straftat, zB an einem Betrug, so kommt nur Beihilfe an dieser in Betracht (BGH wistra 99, 21). Der bloße Erwerb der unechten Urkunde vom Fälscher ist weder als Versuch der 3. Tat. noch als Mittäterschaft bei der Herstellung strafbar.

98   Wer ein Schriftstück durch einen Bevollmächtigten mit seinem Namen unterzeichnen läßt, begeht auch dann keine Urkundenfälschung in mittelbarer Täterschaft, wenn das Gesetz eigenhändige Unterschrift erfordert (RG 44 70); es kann aber Anstiftung in Betracht kommen, sofern dieser vorsätzlich handelt. Täterschaft, bzw. mittelbare Täterschaft, kann bei einer Herbeiführung der Unterschrift durch Täuschung oder Zwang gegeben sein. Freilich führt nicht jede Willensbeeinflussung zur Täterschaft. Eine solche ist vielmehr nur gegeben, wenn unwiderstehlicher Zwang ausgeübt, zB die Hand bei der Unterzeichnung geführt wird (unmittelbare Täterschaft), oder wenn die Täuschung dem Unterzeichnenden verschleiert, daß er eine beweiserhebliche Erklärung abgibt (mittelbare Täterschaft); dies ist zB der Fall, wenn die Unterschrift durch ein Pausblatt ohne Kenntnis des Unterschreibenden auf ein weiteres Schriftstück übertragen wird (vgl. RG 50 179, JW 31, 2248, Schroeder GA 74, 225). Zur Urkundenfälschung in mittelbarer Täterschaft vgl. auch RG HRR 40 Nr. 1364.

99   XIV. **Idealkonkurrenz** kommt in Betracht mit § 107 a (Koblenz NStZ 92, 134), §§ 153, 154 (RG 60 353), § 156 (RG 52 74), § 164 (RG 7 47), §§ 185 ff. (RG 50 55), § 268 (vgl. dort RN 69), § 271 (RG 61 412), § 242 KO (BGH GA 55, 151), ebenso mit Steuerhinterziehung (Neustadt NJW 63, 2180 m. Anm. Henke u. Anm. Kulla NJW 64, 168, BGH wistra 88, 345). Zum Verhältnis zu § 22 StVG vgl. BGH 18 66. Für das Verhältnis zum **Betrug** gilt folgendes. Hat der Täter die falsche Urkunde hergestellt und nimmt er später mit dieser der Täuschungshandlung vor, so besteht zwischen § 267 und § 263 Idealkonkurrenz (vgl. BGH JZ 52, 89, GA 55, 246, Braunschweig GA 54, 315; and. M-Maiwald II/2 153, der Realkonkurrenz annimmt). Fälschung und Gebrauchmachen sind nur eine Urkundenfälschung (o. 79). Hat der Täter einen neuen Entschluß gefaßt, so kann Realkonkurrenz vorliegen (BGH 5 295, 17 98 m. Anm. Häussling JZ 63, 69). Bleibt offen, ob Real- oder Idealkonkurrenz gegeben ist, so ist in dubio pro reo von Idealkonkurrenz auszugehen (BGH MDR/H 91, 105). **Gesetzeskonkurrenz** besteht mit den Münzdelikten (§§ 146 ff.), §§ 275, 277 sowie § 24 III WZG (BGH 2 370). Der Gebrauch eines verfälschten Passes ist nach § 267 strafbar; § 281 erfaßt demgegenüber den Gebrauch echter Ausweispapiere durch Unbefugte. Zum Verhältnis zu § 274 vgl. o. 70 ff.,

§ 274 RN 22, zu § 133 II vgl. dort RN 23. Eine Urkundenfälschung ist **nicht straflose Nachtat** nach einem Diebstahl oder Betrug, einer Unterschlagung oder Untreue, da ein neues Rechtsgut verletzt wird (RG 60 372, BGH StV 92, 272). Zum Konkurrenzverhältnis zwischen Steuerhinterziehung und Urkundenfälschung, wenn gefälschte Belege einem undolosen Werkzeug übergeben werden, das eine Steuererklärung erstellen soll, vgl. BGH wistra 94, 268.

XV. Als **Regelstrafe** ist Freiheitsstrafe bis zu fünf Jahren oder Geldstrafe angedroht. Unter den Voraussetzungen des § 41 (vgl. dort RN 1 ff.) kommt neben Freiheitsstrafe auch Geldstrafe in Betracht (vgl. hierzu BGH wistra 92, 296). 100

1. Während das bisherige Recht für unbenannte **besonders schwere Fälle** Freiheitsstrafen nicht unter einem Jahr vorsah, wurden die besonders schweren Fälle durch das 6. StrRG durch Regelbeispiele erläutert, für die Freiheitsstrafe von 6 Monaten bis zu 10 Jahren angedroht ist. Bei Abs. 3 handelt es sich also weiterhin nicht um einen Qualifikationstatbestand, sondern um eine bloße Strafzumessungsregel. Die in Abs. 3 genannten Regelbeispiele sind weder abschließend noch zwingend für die Feststellung eines besonders schweren Falles, sondern besitzen lediglich indizielle Bedeutung (BT-Drs. 13/8587 42). Ein besonders schwerer Fall kann folglich auch dann gegeben sein, wenn ein Regelbeispiel nicht erfüllt ist (BGH 29 322). Dies setzt allerdings voraus, daß andere, unbenannte Strafschärfungsfaktoren für die Annahme eines besonders schweren Falles sprechen, wobei deren Unrechtsgehalt dem Regelbeispiel gleichwertig sein muß (vgl. BGH 28 320). Kommen in der Tat unrechtsmildernde Faktoren zum Ausdruck, so kann umgekehrt die Indizwirkung der im Gesetz genannten Regelbeispiele kompensiert und trotz deren Vorliegens auf den Regelstrafrahmen von Abs. 1 zurückgegriffen werden (vgl. BGH NJW 87, 2450). Vgl. im übrigen RN 47 vor § 38. 101

2. Ein besonders schwerer Fall liegt **in der Regel** vor, wenn der Täter 102

a) gewerbsmäßig oder als Mitglied einer Bande handelt, die sich zur fortgesetzten Begehung von Betrug oder Urkundenfälschung verbunden hat. 103

Gewerbsmäßig handelt, wer sich mit der wiederholten Begehung von Urkundenfälschungen eine fortlaufende Einnahmequelle von einiger Dauer und einigem Umfang verschaffen will (vgl. § 243 RN 31). Diese Voraussetzungen können schon bei der ersten Tat vorliegen (vgl. RN 95 vor § 52). Nicht erforderlich ist, daß der Täter beabsichtigt, seine Einnahmen aus der Urkundenfälschung selbst zu erzielen, also etwa gewerbsmäßige Paßfälscher oder der Fälscher von Führerscheinen. Es reicht aus, wenn die Urkundenfälschungen dazu dienen sollen, durch andere vom Täter oder Dritten beabsichtigte Delikte Gewinn zu erzielen, also etwa durch Betrug. 104

Mitglied einer Bande ist jeder, der sich an der Verbindung von mehreren Personen zur Begehung einer unbestimmten Mehrzahl von Betrügen oder Urkundenfälschungen verbunden hat. Streitig ist die Mindestzahl der Personen, um von einer Bande sprechen zu können. Während die h. M. bei § 244 I Nr. 3 die Verbindung von mindestens 2 Personen als Bande einstuft, kann zweifelhaft sein, ob diese Auslegung auch für § 267 zutrifft. So verlangt Hoyer SK 99 die Verbindung von mindestens drei Personen, da sich ansonsten nur von einer gemeinschaftlichen Deliktsbegehung (§§ 25 II, 223 a) sprechen ließe. Indessen kommt es darauf an, ob schon in der Beteiligung von zwei Personen eine erhebliche Unrechtssteigerung des Delikts liegt. Eine solche kann beispielsweise gegeben sein, wenn eine Person die Führerscheinakten, die andere den Führerschein fälscht oder wenn einer Wechsel fälscht, die der andere bei Banken diskontiert. Folglich reicht bei § 267 die Verbindung von mindestens zwei Personen aus. Die Bande muß gerade zum Zwecke fortgesetzter Begehung von Betrug (§ 263) oder Urkundenfälschung gebildet sein (vgl. hierzu RN 22 vor § 263, § 263 RN 188 a). Schließlich muß der Täter nicht nur Mitglied einer Bande sein, sondern auch als Mitglied der Bande gehandelt haben (Hoyer SK 100). Voraussetzung dafür ist nicht, daß sich an der konkret begangenen Urkundenfälschung mehrere Bandenmitglieder mittäterschaftlich beteiligen, d. h. der eine das Papier besorgt, auf dem der andere das Falsifikat herstellt. Da sich die Bande zur fortgesetzten Begehung von Betrug oder Urkundenfälschung gebildet haben muß, genügt, daß ein Bandenmitglied die Urkundenfälschung vornimmt, damit der andere das Falsifikat gebraucht, um damit zu betrügen. 105

Das Regelbeispiel erfordert nur **alternativ** entweder Gewerbsmäßigkeit, auf die als besonders persönliches Merkmal § 28 II anzuwenden ist (vgl. dort 14) oder eine Deliktsbegehung als Bandenmitglied, auf das § 28 II nicht anwendbar ist, da es als tatbezogen anzusehen ist (vgl. BGH 6 260). 106

b) einen **Vermögensverlust großen Ausmaßes** herbeiführt. Durch dieses Regelbeispiel wird auf den Vermögensschaden im Sinne der Vermögensdelikte abgestellt (vgl. § 263 RN 99 ff.). Nach der Gesetzesbegründung (BT-Drs. 13/8587 43) soll zur Zeit ein Vermögensverlust großen Ausmaßes ab einem „Betrag von DM 100 000" anzunehmen sein. 107

c) durch eine **große Zahl** von **unechten** oder verfälschten **Urkunden** die Sicherheit des Rechtsverkehrs erheblich gefährdet. Dies setzt zunächst voraus, daß ein unübersehbarer Personenkreis nicht näher individualisierter Erklärungsempfänger zu einem rechtserheblichen Verhalten veranlaßt werden soll. Allerdings genügt es nicht, daß dies durch eine einzige Urkundenfälschung geschieht, zB durch ein gefälschtes Kfz-Kennzeichen. Das Regelbeispiel erfordert vielmehr die Fälschung oder Verfälschung einer großen Zahl von Urkunden. Zu denken ist hier insbesondere an massenhaft gedruckte Falsifikate, von denen unterschiedlichen Empfängern jeweils ein Exemplar zugeht (Hoyer SK 103). 108

d) Im Sinne der Nr. 3 mißbraucht ein **Amtsträger** (§ 11 I Nr. 2) seine Befugnisse zur Tatausführung, wenn er dazu eine Amtshandlung vornimmt, für die er zwar formell zuständig ist, durch die er 109 aber materiell seine Dienstpflichten verletzt (Hoyer SK 105). Dagegen wird die Stellung des Amtsträgers zur Tatausführung mißbraucht, wenn er die tatsächlichen Möglichkeiten zur Urkundenfälschung ausnutzt, die ihm gerade aus seinem Amt erwachsen. Auch hier handelt es sich um ein persönliches Merkmal nach § 28 II.

110   3. Die Anordnung von **Führungsaufsicht** ist bei § 267 **nicht** vorgesehen, obwohl bei der bandenmäßigen Begehung von Urkundenfälschungen eine dem Ziel des § 68 entsprechende Täterprognose naheliegt.

111   **XVI. Qualifizierte Urkundenfälschung.** Abs. 4 ist durch das 6. StrRG eingeführt worden. Im Gegensatz zu Abs. 3 enthält die Vorschrift einen Qualifikationstatbestand zur einfachen Urkundenfälschung, da die in Abs. 4 erfaßten Fälle zum Verbrechen aufgewertet worden sind. Dies dient insbesondere zur Bekämpfung der organisierten Kriminalität (BT-Drs. 13/8587 S. 42, 66).

112   Die Qualifikation geschieht darin, daß die nach § 267 III Nr. 1 lediglich alternativ geforderten Merkmale der **Gewerbsmäßigkeit** und der **Deliktsbegehung als Bandenmitglied** stets **kumulativ** erfüllt sein müssen, um die Verbrechensvoraussetzungen zu erfüllen. Außerdem wird der Zweck der Bandenbildung erweitert auf Straftaten nach den §§ 263, 264, oder 267 bis 269.

113   **XVII.** Zu **Vermögensstrafe, Erweitertem Verfall** und **Einziehung** vgl. § 282.

§ 268 Fälschung technischer Aufzeichnungen

(1) Wer zur Täuschung im Rechtsverkehr
1. eine unechte technische Aufzeichnung herstellt oder eine technische Aufzeichnung verfälscht oder
2. eine unechte oder verfälschte technische Aufzeichnung gebraucht,

wird mit Freiheitsstrafe bis zu fünf Jahren oder mit Geldstrafe bestraft.

(2) Technische Aufzeichnung ist eine Darstellung von Daten, Meß- oder Rechenwerten, Zuständen oder Geschehensabläufen, die durch ein technisches Gerät ganz oder zum Teil selbsttätig bewirkt wird, den Gegenstand der Aufzeichnung allgemein oder für Eingeweihte erkennen läßt und zum Beweis einer rechtlich erheblichen Tatsache bestimmt ist, gleichviel ob ihr die Bestimmung schon bei der Herstellung oder erst später gegeben wird.

(3) Der Herstellung einer unechten technischen Aufzeichnung steht es gleich, wenn der Täter durch störende Einwirkung auf den Aufzeichnungsvorgang das Ergebnis der Aufzeichnung beeinflußt.

(4) Der Versuch ist strafbar.

(5) § 267 Abs. 3 und 4 gilt entsprechend.

1   *Schrifttum: Armin Kaufmann,* Die Urkunden- u. Beweismittelfälschung im E 1959, ZStW 71, 409. – *Kienapfel,* Urkunden u. technische Aufzeichnungen, JZ 71, 163. – *ders.,* Neue Horizonte des Urkundenstrafrechts, Maurach-FS 431. – *Lampe,* Fälschung techn. Aufzeichnungen, NJW 70, 1079. – *ders.,* Die strafrechtl. Behandlung der sog. Computer-Kriminalität, GA 75, 1. – *Puppe,* Die Fälschung techn. Aufzeichnungen, 1972. – *dies.,* Vom Wesen der techn. Aufzeichnungen, MDR 73, 460. – *dies.,* Störende Einwirkung auf einen Aufzeichnungsvorgang, NJW 74, 1174. – *dies.,* Die neue Rspr. zu den Fälschungsdelikten, JZ 94, 550. – *Richter,* Mißbräuchl. Benutzung von Geldautomaten – Verwendung duplizierter und manipulierter Euroscheckkarten –, CR 89, 303. – *Samson,* Urkunde u. Beweiszeichen, 1968. – *Schilling,* Fälschung techn. Aufzeichnungen, 1970. – *Schneider,* Das Fälschen techn. Aufzeichnungen, JurA 70, 243. – *Steinke,* Die Kriminalität durch Beeinflussung von Rechnerabläufen, NJW 75, 1867. – *Wegscheider,* Strafrechtl. Urkundenbegriff u. Informationsverarbeitung (I, II), CR 89, 523, 996. – *Welp,* Strafrechtl. Aspekte der digitalen Bildverarbeitung, CR 92, 291, 354. – *Widmaier,* Unechte oder scheinbare techn. Aufzeichnungen?, NJW 70, 1358.

Vorbem. Abs. 5 geändert durch Art. 1 Nr. 64 6. StrRG vom 26. 1. 1998 (BGBl. I 179).

2   **I.** Zum Verständnis und zur praktischen Bedeutung dieser Bestimmung vgl. 19.A. RN 1 ff. Vgl. weiter Schilling, aaO, Puppe, aaO sowie NK 5; Sieber, Computerkriminalität u. Strafrecht, 2. A. 1980, 297; Rspr.-Übersicht bei Puppe JZ 97, 494; Grundfälle bei Freund JuS 94, 207.

3   **II.** Während bei § 267 der Rechtsverkehr darauf vertraut, daß hinter einer schriftlich fixierten Erklärung ein bestimmter Aussteller steht, den man beim Wort nehmen kann, kann sich das Vertrauen des Verkehrs bei technischen Aufzeichnungen nur darauf stützen, daß eine Maschine idR unbestechlich und ohne Irrtum arbeitet und daher ihr Aufzeichnungsergebnis den für den Rechtsverkehr entscheidenden Vorgang richtig wiedergibt, zB die Buchungsmaschine einer Bank den Saldo richtig berechnet. Diese Tatsache ist bei der Auslegung dessen, was § 268 schützen soll, zu berücksichtigen. Vor allem der Begriff unecht iS des Abs. 1 ist daran zu orientieren, wobei aber zu beachten ist, daß das **Schutzbedürfnis des § 268 nicht weiter** gehen kann als das sachlich gerechtfertigte **Vertrauen** des Verkehrs **in die Beweisqualität** der technischen Aufzeichnung. Nach Hoyer SK 1 ist Schutzgut des § 268 die Dispositionsfreiheit der potentiellen Empfänger.

4   Der Beweisverkehr kann sich nur darauf verlassen, daß die Aufzeichnung das **Ergebnis eines maschinellen Vorgangs** darstellt und deshalb – ungeachtet des Nachweises der Unrichtigkeit im

konkreten Falle die Vermutung inhaltlicher Richtigkeit für sich hat, insofern als es hier auf menschliche Unzulänglichkeit bzw. Glaubwürdigkeit nicht ankommt. Jede Manipulierung mit der Folge des Anscheins selbsttätiger Herstellung führt objektiv zur Beseitigung dieses typischen Beweiswerts bzw. dazu, daß der Aufzeichnung im Rechtsverkehr ein Beweiswert beigemessen wird, der ihr tatsächlich nicht (mehr) zukommt. Der **Echtheitsbegriff** drückt somit einen **formalisierten Wahrheitsschutz** aus. Es kommt daher auch für § 268 (vgl. § 267 RN 1, 54) grundsätzlich nicht darauf an, ob der Inhalt einer unechten oder verfälschten technischen Aufzeichnung in concreto richtig oder falsch ist (vgl. Hoyer SK 2, Corves, Sonderausschuß V/120 S. 2398, u. 30, 44 a; vgl. aber zu Abs. 3 u. 51).

III. Der **Tatbestandsaufbau** des § 268 entspricht äußerlich dem des § 267. **Abs. 1 Nr. 1** erfaßt 5 das Herstellen unechter (u. 38 ff.) und das Verfälschen echter technischer Aufzeichnungen (u. 40 ff.). Nach **Abs. 1 Nr. 2** wird der Gebrauch unechter oder verfälschter Aufzeichnungen bestraft (u. 60 ff.). **Abs. 3** hat demgegenüber in § 267 keine Entsprechung. Er erfaßt die Herstellung unrichtiger Aufzeichnungen durch Störung des Aufzeichnungsvorgangs.

IV. **Abs. 2** bestimmt den **Begriff der technischen Aufzeichnung.** Diese Definition lehnt sich 6 äußerlich an die der Urkunde an (vgl. § 267 RN 2 ff.); inhaltlich weicht sie vor allem dadurch ab, daß die technische Aufzeichnung weder eine Gedankenerklärung verkörpern noch auf einen Aussteller hinweisen muß.

1. **Vorausgesetzt** wird zunächst eine durch ein technisches Gerät ganz oder zum Teil selbsttätig 7 bewirkte Darstellung von Daten, Meß- oder Rechenwerten, Zuständen oder Geschehensabläufen.

a) **Darstellung** ist jegliche Fixierung von Daten usw., gleichviel, in welcher Art und Weise sie 8 erfolgt (ebenso Hoyer SK 8). Zwar werden auch hier sprachlich-schriftliche Darstellungen häufig sein (etwa automatisch ausgedruckte Abrechnungen, Meßergebnisse usw.); im Gegensatz zur Urkunde (vgl. § 267 RN 4 ff.) braucht jedoch die technische Aufzeichnung auch im weitesten Sinne nicht sprachbezogen zu sein. So können zB photographische Aufnahmen bestimmter Geschehensabläufe (etwa Überwachung des Straßenverkehrs durch automatische Kameras) oder Filmstreifen zur Registrierung des Strahleneinfalls ebenso dem § 268 unterfallen wie die in einer Datenverarbeitungsmaschine gespeicherten Rechenwerte. § 268 II geht auch insoweit über den Urkundenbegriff des § 267 (vgl. dort RN 6) hinaus, als die Darstellung weder optisch-visuell noch überhaupt unmittelbar sinnlich wahrnehmbar zu sein braucht; auch die akustische (zB Tonband), elektromagnetische oder elektronische Fixierung von Daten usw. (zB bei Computern) kann eine technische Aufzeichnung sein.

Die Darstellung muß, um „Aufzeichnung" zu sein, eine gewisse **Dauerhaftigkeit** aufweisen, also 9 das Aufgezeichnete „perpetuieren" (vgl. § 267 RN 2, 6). Dies ist nicht nur dann der Fall, wenn das Gerät eine selbständige stoffliche Aufzeichnung liefert (so aber Tröndle/Fischer 3, Tröndle LK[10] 11; wie hier Blei JA **71**, 725). Aufzeichnungen sind vielmehr auch die sich fortlaufend verändernden Zählerstände von Meßwerken, sofern sie die Summe der bisher gemessenen Einheiten bewahren (zB Kilometerzähler, Gasuhr; vgl. Frankfurt NJW **79**, 118, Armin Kaufmann ZStW 71, 423; Schilling aaO 11, Blei aaO; and. BGH **29** 205 m. Anm. Kienapfel JR 80, 427, Düsseldorf VM **75**, 54, Schneider JurA **70**, 247), nicht dagegen solche, die jeweils wieder in die Nullstellung zurückkehren (Zeiger der Waage).

b) Der Bereich der **Darstellungsobjekte** ist durch § 268 II so umfassend gezogen, daß die Vor- 10 schrift allen denkbaren und zukünftig durch die Entwicklung der Technik sich noch ergebenden Situationen gerecht wird.

α) **Daten** sind in erster Linie „speicherbare Informationen aller Art, die einer weiteren Verarbei- 11 tung in einer Datenverarbeitungsanlage unterliegen" (vgl. BT-Drs. V/4094 S. 37). Diese Definition erfaßt allerdings nur den Bereich elektronischer Datenverarbeiter; darüber hinaus müssen, entsprechend dem allgemeinen Sprachgebrauch, auch solche Informationen als „Daten" angesehen werden, die einer weiteren Verarbeitung nicht mehr bedürfen. Andernfalls wären Lücken unvermeidlich: so wäre zB das aufgezeichnete Ergebnis einer Datenverarbeitung, sofern es nicht unter den Begriff der Meß- und Rechenwerte fiele, nicht geschützt (etwa der von einer Übersetzungsmaschine gelieferte Text). „Daten" umfaßt danach als Oberbegriff etwa die anschließend genannten „Meß- und Rechenwerte" (vgl. Dreher, Sonderausschuß V/129 S. 2619, Tröndle LK[10] 13).

β) **Meßwerte** sind Meßergebnisse (End- und Zwischenergebnisse) von Objekten jeglicher Art 12 nach Maßstäben jeglicher Art. Daß der Sprachgebrauch zT abweicht, ist unschädlich; erfaßt werden also zB auch die Ergebnisse des Abwiegens oder Abzählens (zust. Tröndle LK[10] 14).

γ) **Rechenwerte** sind sämtliche Positionen (nicht nur End- oder Zwischenergebnisse) von Berech- 12 a nungen aller Art, gleichviel, ob es sich um sachbezogene oder abstrakte Rechenoperationen handelt (vgl. BT-Drs. V/4094 S. 37).

δ) **Zustände** iS des § 268 II sind reale Gegebenheiten jeglicher Art. Es kann sich dabei um 12 b Zustände materialer (zB die Positionen verschiedener Gegenstände) wie auch nichtmaterialer Objekte handeln (zB die augenblickliche Beschaffenheit einer bestimmten Energieform). Weitere Beispiele bei Tröndle LK[10] 16.

ε) Der Begriff **„Geschehensabläufe"** bezeichnet die Entwicklung, die ein „Zustand" im Ablauf 12 c einer bestimmten Zeitspanne nimmt. Dem Darstellungsmittel der Fotografie beim Zustand entspricht

§ 268 13–19   Bes. Teil. Urkundenfälschung

also beim Geschehensablauf die Filmaufnahme. Weitere Beispiele sind Elektrokardiogramme, Tachographenscheiben usw.

13 c) Die Darstellung muß durch ein **technisches Gerät ganz oder zum Teil selbsttätig bewirkt** worden sein.

14 α) Die Vorschrift erfaßt Aufzeichnungen von **technischen Geräten** beliebiger Art; die Geräte brauchen weder geeicht noch durch eine Behörde oder eine anerkannte Prüfstelle geprüft worden zu sein. Damit ist der Kreis der Tatobjekte in bedenklicher Weise ausgedehnt, denn bei unzuverlässig arbeitenden Geräten kann ein schützenswertes Vertrauen in „den unbestreitbaren Wahrheitsgehalt der Aufzeichnung" (vgl. Corves, Sonderausschuß V/120 S. 2410) nicht bestehen (krit. auch Kaufmann ZStW **71**, 42, Tröndle LK[10] 7 f., 18; vgl. aber Schneider JurA 70, 246).

15 β) Die Aufzeichnung muß **ganz oder zum Teil selbsttätig** („voll- oder teilautomatisch") durch das technische Gerät bewirkt worden sein. Zum Erfordernis der Selbsttätigkeit vgl. Puppe NK 18 ff.

16 Diese Feststellung kann im Einzelfall schwierig sein. **Teilweise Selbsttätigkeit** ist nur zu bejahen, wenn die den konkreten Aufzeichnungsvorgang steuernden menschlichen Eingriffe von der Maschine in erheblicher Weise umgewandelt oder verarbeitet werden. Dies ist zB bei gewöhnlichen Schreibmaschinentexten nicht gegeben, weil hier die menschliche Bedienung durch das Gerät keine wesentliche Umwandlung erfährt. And. zB beim Beleg einer Registrierkasse: hier werden zwar ebenfalls die einzelnen Rechnungsposten getippt; durch deren Addition erbringt das Gerät aber eine wesentliche eigene Leistung (vgl. Tröndle LK[10] 20). Teilweise Selbsttätigkeit liegt also auch dann vor, wenn ein menschlicher Eingriff (und nicht der Impuls des „Automaten") den konkreten Aufzeichnungsvorgang ausgelöst hat, sofern dieser nur in seinem weiteren Verlauf selbsttätig vonstatten geht. Dasselbe gilt für die Eingabe von Daten usw. und die Verwertung von Meßobjekten, wenn hierdurch nur die Voraussetzungen für die weitere automatische Tätigkeit des Gerätes geschaffen wird, wie zB bei Rechnungsautomaten. Wesentlich ist also, daß wesentliche Teile des Aufzeichnungsvorgangs unter Ausschluß menschlichen Zutuns „geräteautonom" entstehen.

17 Aus den dargelegten Gründen sind auch **Fotografien** und Filme sowie **Tonbandaufnahmen** technische Aufzeichnungen iS des § 268 (ebenso Hoyer SK 19, Heinrich CR **97**, 627; and. Puppe NK § 274 RN 7, Tröndle LK[10] 23). Die menschliche Mitwirkung am Aufzeichnungsvorgang beschränkt sich hier bloß auf das Auslösen bzw. Einschalten des Gerätes, was letztlich immer der Fall ist; dieses erbringt dann durch optische oder akustische Fixierung eines äußeren Zustands oder Geschehens eine selbständige Leistung. Dies gilt unabhängig vom Gegenstand der Aufzeichnung. So ist etwa auch die Tonbandaufnahme einer menschlichen Unterhaltung durch das Gerät „selbsttätig" bewirkt. Daß ein Mensch das Gerät eingeschaltet hat, ändert daran so wenig wie der Umstand, daß menschliche Gedankenerklärungen aufgezeichnet werden; denn auch sie sind „Geschehensablauf" iS des § 268 (vgl. jedoch Corves, Sonderausschuß V/120 S. 2412). Es wäre auch nicht sinnvoll, Fotografien oder Tonbandaufnahmen nur dann als technische Aufzeichnungen anzuerkennen, wenn sie statt durch die Hand eines Menschen durch einen Automaten ausgelöst werden (zB Verkehrsüberwachungskameras; insoweit zust. Tröndle LK[10] 24 a). Entscheidend ist die Selbsttätigkeit des Aufzeichnungsvorganges. Das gleiche gilt auch für Fotokopien von Urkunden, die zwar von der h. M. als Urkunden nicht anerkannt werden, als technische Aufzeichnungen aber den für den Rechtsverkehr erforderlichen Schutz genießen (Schröder JR 71, 470, Schneider JurA 70, 243, Schilling aaO 196; and. BGH **24** 141, Tröndle LK[10] 23 mwN, Tröndle/Fischer 7, Puppe Jura 79, 640); krit. Blei Henkel-FS 118. Freilich ist das Fotokopieren einer unechten Urkunde das teilweise Abdecken des Schriftstücks beim Fotokopiervorgang (so der Fall in BGH **24** 141) das Fotokopieren einer unechten Montage echter Schriftstücke nicht das Herstellen einer unechten technischen Aufzeichnung, weil das Fotokopiergerät die Vorlagen so aufzeichnet, wie sie dem Gerät eingegeben wurden. Wohl aber kann das Verfälschen der Fotokopie als technischer Aufzeichnung über § 268 erfaßt werden. Strafbarkeitslücken bleiben daher bestehen.

18 2. Die Darstellung muß den **Gegenstand der Aufzeichnung** allgemein oder für Eingeweihte **erkennen lassen.** Dabei genügt es nicht, daß die Darstellung irgendeinen Aussagewert hat, sondern sie muß aussagen, auf welchen Gegenstand unter vielen gleichartigen sie sich bezieht, zB bei einem EKG feststellbar sein, welche Person es betrifft. Krit. zu diesem Merkmal Puppe NK 25 ff.

19 a) Der **Gesetzgeber** scheint davon ausgegangen zu sein, daß die Aufzeichnung **zugleich** auch ihren **Bezug zu einem bestimmten Lebensvorgang** zum Ausdruck bringt. Dies ist zwar häufig, zB bei automatischer Buchführung durch Codebezeichnungen für Buchungsvorgänge oder dann der Fall, wenn die technische Aufzeichnung auf dem Bezugsobjekt fest angebracht wird, wie beim automatischen Aufdruck von Gewicht und Preis auf Waren. In der Mehrzahl wird es sich jedoch um Aufzeichnungen handeln (Röntgenaufnahmen, Tachogramme usw.), die zwar auch ohne ein Bezugsobjekt Schlüsse auf bestimmte Fakten zulassen, jedoch ohne Zusammenhang mit dem Gegenstand der aktuellen Aufzeichnung ohne Beweiswert sind. Für sie ist ein **„Beweisbezug"** nötig, um ihnen für den Rechtsverkehr Bedeutung zu verleihen. Solange ein solcher Beweisbezug nicht vorhanden ist, liegt überhaupt noch keine technische Aufzeichnung iS des § 268 vor. Von zusammengesetzten oder erläuterten technischen Aufzeichnungen zu sprechen, wo ein solcher Beweisbezug vorliegt, ist daher an sich nicht zutreffend, aber im Interesse des inzwischen eingebürgerten Sprachgebrauchs zweckmäßig (vgl. u. 27 f.).

Fälschung technischer Aufzeichnungen 20–28 **§ 268**

α) Fraglich ist jedoch, **auf welche Weise** dieser **Beweisbezug** herzustellen ist, damit die Aufzeich- 20
nung als für den Rechtsverkehr tauglich und damit schutzwürdig erscheint.

Diese Voraussetzungen liegen sicher vor, wenn der Beweisbezug durch die Maschine selbst her- 21
gestellt wird, sie zB eine Folge von Aufzeichnungen selbst numeriert und nach den Umständen klar
ist, welche Phase eines bestimmten Vorgangs damit festgehalten ist. Ebenso dürfte sicher sein, daß es
für die Herstellung des Beweisbezuges nicht genügt, wenn eine nur lose, jederzeit aufhebbare Verbindung zwischen Aufzeichnung und Beweisbezug besteht, zB eine Röntgenaufnahme lose in eine
Krankenakte gelegt wird. Vgl. aber u. 26.

β) Zweifelhaft bleiben allein die Fälle, in denen der Beweisbezug zwar nicht durch die Maschine, 22
sondern durch zusätzliche menschliche Tätigkeit geschaffen wird, dies aber in der Form einer festen
Verbindung geschieht, wie zB dann, wenn der Name des Patienten auf eine Röntgenaufnahme
geschrieben oder geklebt wird. Man wird aus rechtspolitischen Gründen dies für die Annahme
ausreichen lassen müssen, es liege eine technische Aufzeichnung iS des § 268 vor. Eine ganz andere
Frage ist es, wann in solchen Fällen die Veränderung des Beweisbezuges sich als eine Verfälschung der
Aufzeichnung darstellt (vgl. dazu u. 34 ff.).

b) Der Begriff der technischen Aufzeichnung erfordert dagegen nicht, daß der Gegenstand der 23
Aufzeichnung sich ausschließlich aus dieser selbst eindeutig bestimmen lasse. Es reicht aus, wenn er
unter **Heranziehung sonstiger Anhaltspunkte** bestimmt werden kann, auch wenn dafür die Hilfe
eines Sachverständigen vonnöten ist (vgl. § 267 RN 7; vgl. hierzu Puppe JR 78, 124, Tröndle LK[10]
25 ff.).

c) Die Konkretisierbarkeit des Bezugsobjekts setzt grundsätzlich nicht voraus, daß auch das auf- 23 a
zeichnende Gerät nachträglich noch genau bestimmt werden kann; der spezifische Aussagewert einer
Aufzeichnung wird regelmäßig schon dann erkennbar sein, wenn das aufzeichnende Gerät nur seinem
Typ nach feststeht (zust. Tröndle LK[10] 25).

3. Schließlich erfordert § 268 II, daß die Aufzeichnung zum **Beweis einer rechtlich erheblichen** 24
Tatsache bestimmt ist, gleichviel, ob ihr die Bestimmung schon bei der Herstellung oder erst später
gegeben wird (krit. Kienapfel Maurach-FS 439). Im Gegensatz zum Urkundenbegriff (vgl. § 267
RN 8 ff.) wird hier nur auf die Beweisbestimmung, nicht auf die Beweiseignung abgestellt; diese wird
bei einer zum Beweis bestimmten technischen Aufzeichnung vielmehr vom Gesetz präsumiert
(bedenklich; vgl. o. 14).

Zur Frage der **Beweisbestimmung** gelten die bei § 267 RN 14 ff. entwickelten Grundsätze 24 a
entsprechend. Wie dort ist es laut ausdrücklicher gesetzlicher Anordnung unwesentlich, ob die Aufzeichnung zu Beweiszwecken hergestellt oder erst später zum Beweis bestimmt wurde (entsprechend
den „Absichts- und Zufallsurkunden" bei § 267).

Inhalt der Beweisbestimmung muß eine **rechtlich erhebliche** Tatsache sein; vgl. hierzu § 267 25
RN 12 f. Es reicht also nicht aus, wenn die Aufzeichnung nur technisch-innerbetrieblichen Kontroll-
zwecken dient. Auch hier kann aber die Rechtserheblichkeit nachträglich hinzutreten, so etwa in
einem Schadensersatzprozeß oder dgl. (vgl. Tröndle LK[10] 26).

V. Mehrere technische Aufzeichnungen können in der Weise zu einer sinnvollen Gesamtheit 26
verbunden sein, daß gerade die Zusammenordnung einen über den Inhalt der einzelnen Aufzeichnungen hinausgehenden eigenen Aussagewert besitzt (etwa die in einer Buchungsmaschine befindliche, räumlich geschlossene Gesamtheit der Lochkarten, in denen alle Buchungsvorgänge eines
Unternehmens fixiert sind). Sofern gerade diese Gesamtheit das Ergebnis eines in sich geschlossenen
selbsttätigen Herstellungsvorgangs ist, ist die Entfernung oder Vernichtung von Einzelaufzeichnungen
aus der Gesamtheit (wodurch, für sich betrachtet, nur § 274 erfüllt wäre) deshalb nach § 268 als
Verfälschung der **Aufzeichnungsgesamtheit** anzusehen. Insofern besteht eine Parallele zu dem bei
§ 267 RN 30 ff. zu den Gesamturkunden Gesagten.

1. Eine **zusammengesetzte technische Aufzeichnung** liegt vor, wenn die Aufzeichnung **mit** 27
ihrem Bezugsobjekt (vgl. o. 22 ff.) **räumlich-stofflich zu einer Beweiseinheit verbunden** ist.
Dies ist sowohl der Fall, wenn das Bezugsobjekt selbst der stoffliche Träger der Aufzeichnung ist (zB
bei Einprägung oder Aufdruck), ebenso aber auch, wenn der stoffliche Träger der Aufzeichnung mit
deren Bezugsobjekt räumlich fest verbunden ist (zB durch Aufkleben usw.). In derartigen Fällen gilt
ähnliches wie bei zusammengesetzten Urkunden (vgl. § 267 RN 36 a, 65).

2. Eine Beweiseinheit in diesem Sinne liegt auch dann vor, wenn nicht das Bezugsobjekt selbst mit 27 a
der Aufzeichnung verbunden ist, sondern wenn auf dieser ein entsprechender **Beziehungsvermerk**
fest angebracht ist (etwa wenn auf einem Elektrokardiogramm der Name des Patienten oder auf einer
Tachographenscheibe der Einlegetag handschriftlich vermerkt ist; sog. „**erläuterte technische Auf-**
zeichnung" (vgl. Schilling aaO 26, 30). Eine Verfälschung nach Abs. 1 Nr. 1 liegt hier aber nicht
schon in der Veränderung des Beziehungsvermerks, wenn in den eigentlichen Aufzeichnungsinhalt
nicht eingegriffen wird. Vgl. dazu u. 35 f.

VI. Im Rechtsverkehr werden auch gedankliche Erklärungen durch Zuhilfenahme technischer 28
Geräte verarbeitet, wobei der Aussteller entweder ausdrücklich genannt ist oder aber durch die
Umstände ermittelt werden kann. In solchen Fällen, wie zB beim Kontoauszug einer Bank oder einer
durch Maschinenbuchung erteilten Quittung, stellt die **technische Aufzeichnung** eine **Urkunde**
dar, und damit ist § 267 anwendbar (vgl. Schilling aaO 70; einschr. Samson aaO 38). Für diese Fälle ist

Cramer 2239

§ 268 aber nicht überflüssig. Wer zB durch Manipulation am Gerät den Herstellungsvorgang beeinflußt, stellt keine unechte Urkunde her, muß aber nach Abs. 3 strafbar sein, da nicht einzusehen ist, warum der Täter dann besser stehen sollte, wenn die technische Aufzeichnung zugleich als Urkunde anzusehen ist. Ein Konkurrenzproblem zwischen § 267 und § 268 stellt sich allerdings bei nachträglicher Verfälschung einer technischen Aufzeichnung, die gleichzeitig auch die Merkmale einer Urkunde erfüllt (vgl. § 8 II WägeVO vom 18. 6. 1970, BGBl. I 799, wonach das gedruckte Wägeergebnis vom Wägemeister mit Stempel, Unterschrift und Bezugsvermerk versehen werden muß).

29 VII. Über die Bedeutung der Begriffe **unechte** und **unrichtige** technische Aufzeichnung gehen die Auffassungen weit auseinander. Abgesehen davon, daß die Verwendung des Echtheitsbegriffes wegen seiner völligen Verschiedenheit von dem des § 267 mißglückt erscheint, sind diese Begriffe an dem zu orientieren, was § 268 dem Rechtsverkehr an Vertrauensschutz angedeihen lassen kann (vgl. o. 4 ff.).

29 a 1. Daraus ergibt sich, daß unter § 268 zunächst die Fälle gehören, in denen etwas, was keine „technische" Aufzeichnung ist, sich als eine solche darstellt, also zB manuelle Nachahmung. Ferner kann der Verkehr auf Unbestechlichkeit des Aufnahmevorganges vertrauen, so daß unecht eine Aufzeichnung dann ist, wenn ihr vom Gerät fixierter Inhalt nachträglich verändert wird. Ähnlich geht das Vertrauen des Verkehrs dahin, daß die Aufzeichnung nicht manipuliert ist, und zwar in dem Sinn, daß der Täter in den Aufzeichnungsvorgang derart eingegriffen hat, daß dessen Ergebnis unrichtig wird (Abs. 3).

30 Dies könnte zu der Annahme führen, daß eine Unechtheit immer schon dann vorliegt, wenn der Inhalt der Aufzeichnung unrichtig ist. Diese Konsequenz will § 268 jedoch offensichtlich nicht ziehen, da sich aus Abs. 3 ergibt, daß inhaltliche Unrichtigkeit nur dort eine Rolle spielt, wo der Täter durch Einwirkung auf den Automaten dessen Ergebnis verfälscht, nicht aber schon dann, wenn die dem Automaten eingegebenen Daten zur Unrichtigkeit des Ergebnisses führen. Gleiches gilt auch für das bloße Ausnutzen eines Defekts am Gerät, sofern der Täter nicht als verpflichtet anzusehen ist, für dessen einwandfreie Funktion Sorge zu tragen (vgl. u. 53 ff.). Daß dies nicht schlechthin zu einer unechten technischen Aufzeichnung führen kann, zeigt ebenfalls Abs. 3, wonach ein störender Eingriff erforderlich ist. Diese Vorschrift wäre unnötig, wenn schon jedes Ausnutzen eines defekten Gerätes unter Abs. 1 fallen würde, weil es dann nicht mehr darauf ankäme, ob der Defekt von selbst oder durch störende Einwirkung entstanden ist (vgl. auch Puppe aaO 261 f.). Hinter der Pönalisierung der Herstellung unechter Aufzeichnungen steht zwar die Überlegung, der Rechtsverkehr könne auf die Zuverlässigkeit von Maschinen vertrauen. Jedoch ist diese Richtigkeit nur in Abs. 3 („störend") zur Tatbestandsvoraussetzung gemacht, während Abs. 1 die Echtheit eines formalisierten Wahrheitsschutzes ausdrückt (vgl. o. 4 a).

31 2. Ähnlich wie bei § 267 ist die **Unechtheit** technischer Aufzeichnungen also als mangelnde Authentizität zu verstehen (ebenso Hoyer SK 3; vgl. BGH **28** 300, Bay NJW **74**, 325).

32 a) **Keine unechte** technische Aufzeichnung stellt her, wer einer technischen Aufzeichnung den **Anschein** gibt, sie stamme aus einem **anderen Gerät** als dem tatsächlich benutzten. So etwa, wenn falsche Aufzeichnungsunterlagen, Diagrammblätter usw. verwendet werden, auf die das Gerät selbständig korrekt einzeichnet (vgl. Bay VRS **46** 124, J/Hentschel § 57 a StVZO RN 9, Rüth/Berz § 57 a StVZO RN 22, Eser IV Nr. 19 Anm. 84, Schilling aaO 65; and. BGH **40** 26 m. zust. Bespr. Puppe JZ 97, 494, Stuttgart JR **93**, 328 m. Anm. Puppe, Tröndle LK[10] 8, Lackner/Kühl 8, M-Maiwald II/2 154, Puppe aaO 253, Hirsch ZStW 85, 721, 726), oder es wird ein Apparat zweckentfremdet verwendet, indem etwa Gehirnströme statt mit einem EEG mit einem EKG gemessen werden (vgl. auch Hoyer SK 39). In Wahrheit ähnelt dieser Fall der Beschickung des Geräts mit inhaltlich unrichtigen Daten, zB falsches Tippen in eine Registrierkasse, bei der nach überwiegender Ansicht weder Abs. 1 noch 3 gegeben ist. Im oft bemühten EKG-EEG-Beispiel (vgl. Puppe aaO 256, Schilling aaO 62) könnte man ebensogut darauf verweisen, der Täter habe das EKG fälschlich mit Gehirnströmen anstatt mit Herzströmen beschickt. In diesem Falle ist der Beweisverkehr in gleicher Weise auf die Glaubwürdigkeit des das Gerät Bedienenden angewiesen, wie wenn dieser hinterher auf Befragen angibt, die technische Aufzeichnung stamme aus einem bestimmten Gerät. Lediglich da, wo der Täter unter Verwendung eines Geräts, das nicht selbständig iS des Abs. 2 aufzeichnet (zB Schreibmaschine), eine technische Aufzeichnung nur nachahmt, ist von einer unechten technischen Aufzeichnung zu sprechen. Die **Echtheit** einer technischen Aufzeichnung bemißt sich sonach **nicht nach der Identität des Gerätetyps** (so auch Schilling aaO 56; and. Tröndle LK[10] 29 f. mit fehlgehendem Hinweis auf Schilling aaO 54 und widersprüchlich gegenüber 33, wonach die Verwendung falscher Diagrammscheiben nicht unter § 268 fallen soll). Zur Veränderung der auf einer ec-Scheckkarte gespeicherten Daten vgl. AG Böblingen CR **89**, 308 m. Anm. Richter, 303.

33 b) **Unecht** ist eine technische Aufzeichnung nach allem, wenn sie so, wie sie vorliegt, überhaupt **nicht das Ergebnis eines selbsttätigen und unbeeinflußten Herstellungsvorgangs** ist (vgl. Hoyer SK 4). So verstanden ist auch Abs. 3 nur ein Unterfall des Abs. 1.

33 a Daraus ergeben sich insb. für die Interpretation des Abs. 1 Nr. 2 bedeutsame Konsequenzen, weil nicht jeder Gebrauch einer inhaltlich unrichtigen Aufzeichnung von § 268 erfaßt wird, sondern nur derjenige, der entweder überhaupt keine technischen Aufzeichnungen zum Gegenstand hat, vielmehr nur den Anschein einer solchen erweckt, oder aber solche Aufzeichnungen betrifft, deren Inhalt nach Abs. 3 manipuliert oder später vom Täter verändert worden ist.

c) **Zusammengesetzte technische Aufzeichnungen** (o. 27) sind einmal dann unecht, wenn das Aufzeichnungsergebnis nicht authentisch ist, d. h. nicht oder nicht so aus einem selbsttätigen Herstellungsvorgang stammt. Dagegen führt eine Veränderung des durch stofflich feste Verbindung ausgedrückten **Beweisbezugs** nur dann zur Unechtheit der technischen Aufzeichnung, wenn diese Verbindung durch das Gerät selbsttätig hergestellt wurde, weil nur dann das von § 268 ausschließlich geschützte Vertrauen des Beweisverkehrs in die Korrektheit eines selbsttätigen Herstellungsvorgangs betroffen ist. Eine unechte technische Aufzeichnung wird daher nicht hergestellt, wenn eine durch Menschenhand zu bewerkstelligende Verbindung zwischen Aufzeichnung und Bezugsobjekt fälschlich hergestellt wird. Hier wird lediglich menschliche Glaubwürdigkeit in Anspruch genommen, die durch § 268 nicht geschützt ist.

Ist dagegen der Beweisbezug nicht durch eine stofflich feste Verbindung fixiert, so berührt seine Veränderung die Echtheit der Aufzeichnung überhaupt nicht. Sind also einer Warensendung die (automatisch hergestellten) Wiegeprotokolle nur lose, etwa in einem Briefumschlag, beigefügt, so werden diese durch Veränderung der Ware so wenig unecht wie ein Elektrokardiogramm ohne Namensvermerk, das aus der richtigen Krankenakte entnommen und in eine andere eingelegt wird.

d) Demgegenüber wird bei den sog. **erläuterten technischen Aufzeichnungen** (o. 27 a) der **Beweisbezug,** weil er nicht vorgibt, aus einem selbsttätigen Herstellungsvorgang zu stammen, nicht geschützt (Schilling aaO 70; vgl. auch Puppe aaO 244). Ob dieser mit der Aufzeichnung stofflich verbunden ist, weil er etwa auf ihr angebracht ist, ist ohne Bedeutung. Dies deswegen, weil § 268 nur das Vertrauen in die Zuverlässigkeit eines technisch selbsttätigen Herstellungsvorgangs schützt, hier jedoch menschliche Glaubwürdigkeit in Anspruch genommen wird. § 268 greift hier also weder ein, wenn der Täter zB einen falschen Bezugsvermerk auf der Aufzeichnung anbringt, noch wenn ein solcher Bezugsvermerk nachträglich verändert wird (KG VRS 57 121, Lackner/Kühl 9, Blei JA 71, 729 f., Schneider Jura 70, 253). Bei der Verfälschung eines solchen Bezugsvermerks kommt allenfalls § 267 in Betracht, wenn nämlich Aufzeichnung und Bezugsvermerk zusammen gleichzeitig eine zusammengesetzte Urkunde sind (vgl. o. 27 f., § 267 RN 36 a, Stuttgart NJW 78, 715, Tröndle/Fischer 18, Schilling aaO 76).

Anders ist es dagegen, wenn in die Aufzeichnung selbst eingegriffen wird. So zB wenn auf einem Röntgenbild mit Namensvermerk nachträglich Schatten eingezeichnet werden. Hier wird das Vertrauen in die Ordnungsmäßigkeit des selbsttätigen Herstellungsvorgangs enttäuscht, so daß ein Verfälschen iS des Abs. 1 vorliegt. Aufgrund des Abs. 2 ist aber die Einschränkung geboten, daß die Aufzeichnung vor dem Eingriff ihr Bezugsobjekt schon erkennen lassen muß, andernfalls im Zeitpunkt der Verfälschung eine technische Aufzeichnung iS des Abs. 2 noch gar nicht vorliegt. Da aber hier durch den späteren Bezugsvermerk die technische Aufzeichnung erst hergestellt wird und die Aufzeichnung als solche nicht aus einem selbsttätigen Herstellungsvorgang stammt, muß hier das Herstellen einer unechten technischen Aufzeichnung angenommen werden (vgl. Schilling aaO 71).

VIII. Das **Herstellen** einer **unechten** besteht in der Nachahmung einer echten technischen Aufzeichnung; vgl. o. 31 ff. Dies kann von Hand (manuelle Nachahmung eines Diagramms; vgl. Schilling aaO 57, Tröndle LK[10] 29 b, Hoyer SK 25; and. Lampe NJW 70, 1101; gegen ihn Widmaier NJW 70, 1358) oder durch Verwendung technischer Hilfsmittel erfolgen (Herstellung eines scheinbar von einem Buchungsautomaten herrührenden Kontoauszugs mit der Schreibmaschine). Im letzteren Fall ist aber Voraussetzung, daß die „Nachahmung" nicht das Ergebnis eines technisch selbsttätigen Herstellungsvorganges iS des Abs. 2 ist (vgl. o. 32 f.). Eine unechte Urkunde wird daher nicht durch Zweckentfremdung eines an sich einwandfrei arbeitenden Registriergerätes hergestellt, etwa wenn durch Verwendung falscher Schaublätter der Eindruck erweckt wird, es handle sich um Aufzeichnungen eines anderen Geräts (vgl. Bay VRS 46 124 m. abl. Anm. Puppe NJW 74, 1174, Tröndle LK[10] 33 und o. 30, 32). Hier handelt es sich lediglich um ein täuschendes Beschicken. Vgl. zur Herstellung und Verwendung gefälschter Bank-Codekarten AG Böblingen CR 89, 308, Richter aaO.

Keine unechte, sondern **nur inhaltlich unrichtige** technische Aufzeichnung wird dagegen hergestellt, wenn dem an sich korrekt arbeitenden Gerät unrichtige Voraussetzungen für den Aufzeichnungsvorgang geliefert werden („täuschende Beschickung"; vgl. Schilling aaO 50, Lampe GA 75, 4, Steinke NJW 75, 1868, u. 48). Dies gilt etwa für die Eingabe falscher Daten (Puppe NK 38), für die Benutzung durch einen Unbefugten (Köhler JuS 90, 57), für das Zugrundelegen falscher Meßobjekte (Daumen auf der Waage), für das Verwenden eines anderen als des vorgesehenen Fahrtenschreibertyp vorgesehenen Diagrammscheibe (Bay VRS 46 124 m. abl. Anm. Puppe NJW 74, 1174) für die fotografische oder Tonbandaufnahme eines simulierten Geschehens oder die Einführung präparierter Objekte in den Funktionsablauf digitaler Bildverarbeitung (Welp CR 92, 291). Vgl. jedoch § 268 III (störende Einwirkungen auf den Aufzeichnungsvorgang) und hierzu u. 46 ff.

IX. **Verfälschung** einer technischen Aufzeichnung bedeutet deren Veränderung in solcher Weise, daß sie zur unechten technischen Aufzeichnung wird. Das Verfälschen ist also (wie bei § 267; vgl. dort RN 64) ein Unterfall des Herstellens einer unechten Aufzeichnung. Entsprechend dem o. 31 ff. Ausgeführten kann sich die Verfälschung auf den Inhalt wie u. U. auch auf den Beweisbezug der Aufzeichnung beziehen.

§ 268   41–50

41 1. Für die Verfälschung durch **Inhaltsveränderung** gilt Entsprechendes wie bei § 267; vgl. dort RN 65, 67.

42 2. Zusammengesetzte technische Aufzeichnungen und solche, die einen fest angebrachten Beziehungsvermerk tragen, werden auch durch **Veränderung selbsttätig hergestellten Beweisbezuges** verfälscht (vgl. o. 34 f.), etwa durch Austauschen der durch einen Verpackungsautomaten hergestellten und aufgeklebten Gewichts- und Preiszettel auf verschiedenen Waren. Zu beachten ist, daß auch nach der Veränderung der Beweisbezug durch stofflich-feste Verbindung fixiert sein muß; wird die von ihrem Bezugsobjekt abgelöste Aufzeichnung dem neuen (falschen) Bezugsobjekt nur durch loses Beifügen oder auch nur durch eine mündliche Behauptung zugeordnet, so liegt allenfalls § 274 vor (vgl. dort RN 3).

43 3. Die bei § 267 (vgl. dort RN 68) umstrittene Frage, ob auch der Aussteller einer Urkunde diese durch spätere Veränderung verfälschen kann, stellt sich bei § 268 nicht, weil technische Aufzeichnungen keinen Aussteller voraussetzen. Wegen Verfälschung nach § 268 kann sich deshalb ohne Einschränkung auch derjenige strafbar machen, der zuvor ihre Herstellung durch das technische Gerät veranlaßt oder durchgeführt hat (etwa Verfälschung der Tachographenscheibe durch den Eigentümer des Kfz, der sie selbst eingelegt hat).

44 4. Nach dem Wortlaut des § 268 kann auch eine unechte technische Aufzeichnung Gegenstand einer Verfälschung sein; dies entspricht der Auslegung, die auch § 267 trotz anderen Wortlautes erfahren hat (vgl. dort RN 66).

44 a 5. Da Unechtheit nicht gleich Unrichtigkeit ist, kommt es **nicht** darauf an, ob das Ergebnis einer Nachahmung oder Verfälschung **inhaltlich richtig** ist. Das Vertrauen des Rechtsverkehrs in die Authentizität der technischen Aufzeichnung ist hier in gleicher Weise beeinträchtigt (vgl. o. 4 a, Tröndle LK[10] 31, Tröndle/Fischer 12; and. Schneider JurA 70, 250), da bei Aufdeckung des wahren Sachverhalts der typische Beweiswert der technischen Aufzeichnung fehlt. Auch an dem Täuschungserfordernis des § 268 wird es hier nicht fehlen, da wie bei § 267 (vgl. dort RN 86) nicht die Täuschung über die inhaltliche Richtigkeit, sondern über die Authentizität maßgeblich ist. And. aber da, wo der Eindruck einer technischen Aufzeichnung gar nicht erweckt werden soll, so zB, wenn der Täter ein maschinell aufgezeichnetes Rechenergebnis nach Prüfung als unrichtig erkennt, durchstreicht und das richtige Ergebnis darunterschreibt (vgl. Widmaier NJW 70, 1358, weitergehend Lampe NJW 70, 1101).

45 6. Zur Abgrenzung zwischen Verfälschung und Beschädigung einer technischen Aufzeichnung vgl. § 267 RN 70 ff.

46 X. § 268 III stellt unter bestimmten Voraussetzungen die **inhaltliche Unrichtigkeit** technischer Aufzeichnungen ihrer Unechtheit gleich. Dies führt zu einer eigenartigen, dem herkömmlichen Urkundenstrafrecht fremden Erweiterung des Unechtheitsbegriffes (and. wohl Tröndle LK[10] 32, Hoyer SK 6).

47 1. Der Täter muß das Aufzeichnungsergebnis durch **störende Einwirkung auf den Aufzeichnungsvorgang** beeinflußt haben.

48 a) Auf den **Aufzeichnungsvorgang** wirkt ein, wer in den Funktionsablauf, also in den Mechanismus des aufzeichnenden Geräts eingreift (BGH **28** 300 m. Anm. Kienapfel JR 80, 347; vgl. Schilling aaO 67). Dies ist zB der Fall, wenn der Schreibstift eines EG-Kontrollgeräts derart verbogen wird, daß er auf der Diagrammscheibe zu niedrige Geschwindigkeiten aufzeichnet (vgl. Bay NStZ-RR **96**, 36 mit krit. Bspr. Puppe JZ 97, 494). Es reicht nicht, wenn dem Gerät nur unrichtige Arbeitsvoraussetzungen eingegeben werden (vgl. o. 39), denn der allgemeine Beweiswert technischer Aufzeichnungen kann nur auf der „Unbestechlichkeit" der automatisch arbeitenden Maschine, nicht aber darauf beruhen, daß das dem Gerät zugeleitete Arbeitsmaterial einwandfrei ist (vgl. Tröndle LK[10] 33). Deshalb wirkt auch derjenige nicht störend auf den Aufzeichnungsvorgang ein, der das Gerät zeitweilig abschaltet, damit die Aufzeichnung zwischenzeitliche Vorgänge nicht enthalte, etwa Abhängen der Antriebswelle des Tachometers (and. LG Marburg MDR **73**, 66, Hoyer SK 36) oder das zeitweilige Abschalten eines Fahrtenschreibers (Bay NJW **74**, 325 m. krit. Anm. Puppe NJW 74, 1174). Zur zeitweiligen Abschaltung eines Computers vgl. Lampe GA 75, 17 f., Tröndle LK[10] 33 d. Zur Manipulation der Hard- oder Software eines Computers vgl. Puppe NK 38; Hoyer SK 40. Keinesfalls erfaßt ist jedoch die Eingabe unrichtiger Daten in den Computer (Lackner/Kühl 8).

49 b) Die **Art und Weise des Eingriffs** in den Arbeitsablauf des Gerätes ist beliebig; insb. kommt es nicht darauf an, ob in den Arbeitsvorgang (etwa das Rechnen, Messen, Wiegen usw.), der dem Registrieren vorausgeht, oder ob in den Registrierungsvorgang selbst eingegriffen wird. § 268 III kann also etwa bei einer automatisch registrierenden Waage sowohl durch Eingriff in den Wiegemechanismus wie durch eine Veränderung an der Schreibvorrichtung begangen werden. Zum Verstellen der Zeituhr eines EG-Kontrollgerätes für Lkw vgl. Bay JZ **86**, 604, Puppe JZ 91, 553, Hamm NJW **84**, 2173.

50 c) Die störende Einwirkung kann dem konkreten Aufzeichnungsvorgang **vorausgehen**; der Täter kann also durch einen einmaligen Eingriff in den Mechanismus des Gerätes eine Vielzahl einzelner Aufzeichnungsvorgänge störend beeinflussen (vgl. Tröndle LK[10] 34). Die Strafbarkeit des Eingriffs selbst erstreckt sich allerdings nur auf diejenigen Aufzeichnungsvorgänge, die vom Vorsatz des Täters umfaßt waren. Stellt der Täter später mit dem falsch eingestellten Gerät noch weitere Aufzeichnungen her, so läßt sich insoweit eine Strafbarkeit nur nach den u. 53 ff. genannten Grundsätzen begründen.

d) Der Täter muß **störend** auf den Aufzeichnungsvorgang eingewirkt haben. Reparatureingriffe u. **51** dgl., auch wenn sie das Ergebnis der Aufzeichnung (korrigierend) beeinflußt haben, fallen nicht unter § 268 III (vgl. Puppe NK 33); der Eingriff muß vielmehr die korrekte Funktion des Gerätes beeinträchtigen, d. h. zu inhaltlicher Unrichtigkeit der Aufzeichnung führen (vgl. o. 46, Schilling aaO 66, Tröndle LK^{10} 35).

2. Die Einwirkung muß das **Ergebnis der Aufzeichnung beeinflußt** haben; diese muß also **52** inhaltlich unrichtig geworden sein. Nur Versuch liegt vor, wenn sich der Eingriff auf den Aufzeichnungsinhalt nicht oder entgegen der Absicht nicht störend, sondern korrigierend ausgewirkt hat (and. Hoyer SK 29).

3. Es fragt sich, ob nach § 268 III über dessen unmittelbaren Wortlaut hinaus auch derjenige **53** strafbar ist, der **bewußt** auf einem **nicht ordnungsgemäß arbeitenden Gerät technische Aufzeichnungen herstellt.** Hier nützt der Täter, ohne aktiv das Gerät zu stören, nur dessen Störungszustand für sich aus (vgl. hierzu LG Stade NJW **74**, 2017 gegen Hamm VRS **52** 278: Benutzung eines mangelhaften Fahrtenschreibers). Je nach den Störungsursachen lassen sich folgende Fallgruppen bilden: Einmal kann der Täter selbst das Gerät zuvor vorsätzlich (jedoch nicht in bezug auf den jetzigen Herstellungsvorgang; vgl. o. 50) oder versehentlich gestört haben. Die Störung kann sodann auf vorsätzlichem oder versehentlichem Eingriff eines Dritten beruhen; schließlich kann ihre Ursache in natürlichem Verschleiß, mangelhafter Herstellung oder sonstigen Mängeln des Gerätes liegen.

a) Ähnlich wie bei § 263 (vgl. dort RN 18 ff., 45 f.) Täuschung durch Unterlassen angenommen **54** wird, wenn der Täter eine bereits vorhandene Fehlvorstellung für sich ausnützt, obwohl er zur Aufklärung des Irrtums verpflichtet wäre, so müssen auch die hier fraglichen Fälle nach den **Grundsätzen unechten Unterlassens** gelöst werden: Strafbar nach Abs. 3 ist also, wer einen Störungszustand zur Herstellung inhaltlich unrichtiger Aufzeichnungen ausnützt, obwohl er rechtlich zur Beseitigung der Störung verpflichtet ist (ebenso W-Hettinger II/1 881; unzutr. Schneider Jura 70, 252, der die Benützung eines gestörten Gerätes stets als Herstellen einer unechten Aufzeichnung iSv Abs. 1 Nr. 1 ansehen will; diff. Tröndle LK^{10} 36 a; vgl. hiergegen o. 30).

b) In der Mehrzahl der Fälle wird es sich bei der Benützung eines gestörten Gerätes zur Herstellung **55** von Aufzeichnungen allerdings um **positives Tun** handeln, diesen Gesichtspunkt übersieht BGH **28** 300 m. Anm. Kienapfel JR 80, 347. Reines Unterlassen kommt nur bei solchen Geräten in Betracht, die völlig selbsttätig ganze Aufzeichnungsreihen herstellen: läßt hier der für das Gerät Verantwortliche dieses weiterarbeiten, obwohl er die Störung bemerkt hat, so kann ihm nur zur Last gelegt werden, er habe pflichtwidrig unterlassen, die Störung für die weiteren Aufzeichnungsvorgänge zu beseitigen oder wenigstens das Gerät abzuschalten (dies übersieht Tröndle aaO). Wenn aber bereits dieses bloße Unterlassen bei entsprechender Rechtspflicht nach § 268 III strafbar ist, so kann nichts anderes gelten, wenn der Täter darüber hinaus aktiv am Aufzeichnungsvorgang mitgewirkt hat. Hier überlagern sich positives Tun und unechtes Unterlassen in ähnlicher Weise wie bei der 2. Alternative des § 221 (Verlassen in hilfloser Lage; vgl. § 221 RN 11): Begehungsdelikt mit einem auf garantenpflichtige Personen beschränkten Täterkreis (krit. hierzu Schilling aaO 58). Strafbar ist also nicht jeder, der auf einem gestörten Gerät eine Aufzeichnung herstellt, sondern nur, wer zur „Entstörung" rechtlich verpflichtet ist (vgl. das Beispiel u. 58). Zur Benutzung eines defekten Fahrtenschreibers vgl. BGH **28** 300 m. Anm. Kienapfel JR 80, 347.

c) Ob eine **Rechtspflicht zur „Entstörung"** des Aufzeichnungsvorganges besteht, richtet sich **56** nach den allgemeinen Regeln der unechten Unterlassungsdelikte. Als Grundlagen einer Rechtspflicht kommen vor allem in Betracht:

α) **Pflichtwidriges Vorverhalten** des Täters (vgl. § 13 RN 32). Wer selbst den Störungszustand **57** des Gerätes pflichtwidrig verursacht hat (gleich ob schuldhaft oder schuldlos), hat diese Störung zu beseitigen oder jedenfalls dafür zu sorgen, daß mit dem gestörten Gerät keine Aufzeichnungen hergestellt werden (Hoyer SK 34).

β) Verantwortlichkeit für **Gefahrenquellen im eigenen Zuständigkeitsbereich** (§ 13 RN 43). **58** Wer ein technisches Aufzeichnungsgerät einsetzt, ist grundsätzlich dafür verantwortlich, daß der Rechtsverkehr nicht durch die Herstellung fehlerhafter Aufzeichnungen auf diesem Gerät gefährdet wird. Allein daraus, daß jemand eine Aufzeichnung auf dem Gerät herstellt, ergibt sich diese „Zustandshaftung" aber noch nicht; erforderlich ist vielmehr eine Verantwortlichkeit für das Gerät, eine Art Garantie gegenüber dem vertrauenden Rechtspartner. Ein Arbeiter, der bewußt eine Störung der Stechuhr ausnützt, ist deshalb nicht nach Abs. 3 strafbar. Liegen die Voraussetzungen dieser Rechtspflicht vor, so kommt es auf die Ursache der Störungen nicht an (zB Einwirkung Dritter, natürlicher Verschleiß, Herstellungsmängel usw.).

d) Von der Frage, ob und unter welchen Voraussetzungen § 268 III dadurch begangen werden **59** kann, daß der Täter bewußt ein gestörtes Gerät für sich arbeiten läßt, ist diejenige zu unterscheiden, ob der Gebrauch solcher Aufzeichnungen nach § 268 I Nr. 2 strafbar ist, die zwar von einem defekt arbeitenden Gerät stammen, deren Herstellung aber mangels Vorsatzes nicht nach § 268 III strafbar ist. Vgl. hierzu u. 63.

§ 268 60–70   Bes. Teil. Urkundenfälschung

60   **XI.** § 268 I Nr. 2 erfaßt nicht nur den Gebrauch von Aufzeichnungen iS des Abs. 1 Nr. 1, sondern auch solcher nach Abs. 3, in deren Herstellung störend eingegriffen wurde (Abs. 3 bezeichnet das Tatprodukt als „unechte technische Aufzeichnung"). Im einzelnen gilt das bei § 267 RN 73 ff. zum Gebrauch unechter oder verfälschter Urkunden Gesagte entsprechend.

61   Fraglich ist, ob Abs. 1 Nr. 2 auch das **Gebrauchen unvorsätzlich gefälschter** technischer Aufzeichnungen erfaßt.

62   **1.** Für technische Aufzeichnungen nach **Abs. 1 Nr. 1** muß dasselbe gelten wie für Urkunden: Auch wenn die Herstellung nicht vorsätzlich erfolgte, ist das Gebrauchen nach § 268 I Nr. 2 strafbar (vgl. § 267 RN 75).

63   **2.** Anders ist dagegen das Verhältnis zu **Abs. 3:** Wurde der Aufzeichnungsvorgang nur **unvorsätzlich gestört,** so ist der Gebrauch dieser Aufzeichnung **nicht** nach Abs. 1 Nr. 2 strafbar (Hoyer SK 5; and. Bockelmann II/3 120). Denn sonst wäre die grundsätzliche Straffreiheit des Gebrauchs inhaltlich unrichtiger, aber nicht unechter Aufzeichnungen (vgl. o. 30) in der Mehrzahl aller Fälle aufgehoben: Wenn ein Gerät inhaltlich unrichtige Aufzeichnungen herstellt, wird dies meistens auf falscher Behandlung, also „störender Einwirkung" beruhen. Auch der Wortlaut des § 268 III legt diese Einschränkung nahe: Der Herstellung einer unechten technischen Aufzeichnung steht es nur gleich, wenn „der Täter", also ein vorsätzlich Handelnder, störend eingewirkt hat. Es reicht allerdings aus, wenn dies durch vorsätzliches pflichtwidriges Unterlassen geschehen ist (o. 53 ff.). Vgl. auch die Diskussion im Sonderausschuß V/120 S. 2412 ff.). Krit. zum ganzen Tröndle LK[10] 38 f.

64   **XII.** Als subjektives Unrechtselement erfordert § 268, daß die Handlung **zur Täuschung im Rechtsverkehr** vorgenommen wurde. Dieses Erfordernis gilt, wie sich aus der Fassung des Gesetzes ergibt, auch für § 268 III. Wegen der Einzelheiten vgl. § 267 RN 84 ff.

65   **Ebenso** wie beim Gebrauch unechter technischer Aufzeichnungen iS des **Abs. 1** ist es **auch bei Abs. 3 irrelevant,** ob die **Absicht der Täuschung** im Rechtsverkehr schon **beim Herstellungsvorgang** gegeben war. Da sich die Täuschungsabsicht alternativ auf den Herstellungsvorgang oder auf das Gebrauchmachen bezieht, reicht es aus, wenn die Absicht der Täuschung im Rechtsverkehr in dem Zeitpunkt gegeben ist, wo der Täter von einer nach Abs. 1 oder 3 unechten technischen Aufzeichnung Gebrauch macht. Abs. 3 stellt die störende Einwirkung lediglich dem Herstellen einer unechten technischen Aufzeichnung gleich, so daß eine durch störende Einwirkung auf den Aufzeichnungsvorgang geschaffene Aufzeichnung als unecht iS des Abs. 1 anzusehen ist und es **ausreicht,** wenn die **Täuschungsabsicht z. Zt. des Gebrauchs** einer in diesem Sinne unechten technischen Aufzeichnung vorliegt (Abs. 1 Nr. 2). Ferner ist in allen Fällen des § 268 **Vorsatz** erforderlich; vgl. hierzu § 267 RN 83.

66   **XIII.** Für die **Vollendung** ist nicht erforderlich, daß die bezweckte Täuschung erreicht wird; es reicht aus, daß die Aufzeichnung zur Täuschung im Rechtsverkehr hergestellt, verfälscht oder gebraucht wird. Beim „Herstellen" ist zu beachten, daß Vollendung nicht stets schon mit dem Anfertigen, sondern erst dann vorliegt, wenn die Aufzeichnung mit einem Beweisbezug (o. 19 ff.) versehen ist (zust. Tröndle LK[10] 40). Dies kann praktisch werden, wenn der Täter, etwa zum Zwecke späterer Betrügereien „auf Vorrat" Aufzeichnungen nachahmt, ohne daß diese jetzt schon bestimmten Bezugsgegenständen zugeordnet wären. Der Versuch ist strafbar (Abs. 4). Es gelten die allgemeinen Grundsätze. Wegen besonders gelagerter Versuchsfälle vgl. o. 52. Über die Möglichkeiten **tätiger Reue** dadurch, daß der Täter nach Herstellung einer unechten Aufzeichnung diese entgegen früherer Absicht nicht zur Täuschung gebraucht (sondern etwa vernichtet), vgl. § 24 RN 114; and. Tröndle LK[10] 41.

67   **XIV.** Für **Täterschaft und Teilnahme** gelten die allgemeinen Regeln; vgl. § 267 RN 97 f. Bei der Herstellung und Verfälschung kann Täter auch sein, wer die unechte Aufzeichnung nicht selbst zur Täuschung im Rechtsverkehr gebrauchen will (vgl. hierzu § 267 RN 92) oder wer sie zwar gebraucht, aber nicht selbst hergestellt hat (Abs. 1 Nr. 2).

68   **XV.** Innerhalb des § 268 gelten für das **Verhältnis von Fälschen und Gebrauchmachen** die bei § 267 RN 79 ff. entwickelten Grundsätze entsprechend. Mit **§ 267** besteht **Idealkonkurrenz,** wenn die technische Aufzeichnung zugleich Urkunde ist, also eine auf einen Aussteller zurückgehende Gedankenerklärung verkörpert. Dies gilt zB bei maschinell erstellten Rechnungen, die durch Unterzeichnung oder auch bloßen Firmenaufdruck zu Urkunden gemacht werden, ebenso wenn der Beziehungsvermerk einer Aufzeichnung seinerseits Urkundencharakter hat. Verstünde man § 268 als bloße Ergänzung des § 267, so läge es nahe, Subsidiarität des § 268 anzunehmen. Die technische Aufzeichnung ist jedoch prinzipiell ein der Urkunde gleichrangiges Beweismittel (vgl. o. 3 f.); deshalb ist Idealkonkurrenz gegeben (vgl. Tröndle LK[10] 45). Für das Verhältnis des § 268 zu anderen Tatbeständen gilt entsprechendes wie bei § 267; vgl. dort RN 100.

69   **XVI.** Als **Regelstrafe** ist Freiheitsstrafe bis zu fünf Jahren oder Geldstrafe angedroht. Unter den Voraussetzungen des § 41 (vgl. dort RN 1 ff.) kommt neben Freiheitsstrafe auch Geldstrafe in Betracht (vgl. hierzu BGH wistra **92,** 296).

70   **1.** Die durch das 6. StrRG nunmehr benannten Regelbeispiele eines besonders schweren Falles gelten auch für § 268, soweit sie passen (vgl. 17 vor § 263). Beim Vorliegen besonderer Umstände kann auch ein besonders schwerer Fall angenommen werden, wenn ein Regelbeispiel nicht vorliegt;

Fälschung beweiserheblicher Daten 1, 2 § 269

außerdem kann von der Anwendung des erhöhten Strafrahmens abgesehen werden, wenn entlastende Umstände für den Täter sprechen (vgl. § 267 RN 101).

2. Die in § 267 Abs. 4 geregelte **Qualifikation** gilt auch für § 268 entsprechend (vgl. dort RN 111 ff.). 71

XVII. Zu **Vermögensstrafe, Erweitertem Verfall** und **Einziehung** vgl. § 282. 72

§ 269 Fälschung beweiserheblicher Daten

(1) **Wer zur Täuschung im Rechtsverkehr beweiserhebliche Daten so speichert oder verändert, daß bei ihrer Wahrnehmung eine unechte oder verfälschte Urkunde vorliegen würde, oder derart gespeicherte oder veränderte Daten gebraucht, wird mit Freiheitsstrafe bis zu fünf Jahren oder mit Geldstrafe bestraft.**

(2) Der Versuch ist strafbar.

(3) § 267 Abs. 3 und 4 gilt entsprechend.

Vorbem. Abs. 3 geändert durch Art. 1 Nr. 65 6. StrRG vom 26. 1. 1998 (BGBl. I 179).

Schrifttum: Achenbach, Das 2. WiKG, NJW 86, 1835. – *Bühler,* Ein Versuch, Computerkriminellen das Handwerk zu legen: (usw.), MDR 87, 448. – *Granderath,* Das 2. WiKG, DB 86, Beil. 18, 1. – *Haft,* Das 2. WiKG, NStZ 87, 6. – *Haß,* Rechtsschutz u. Verwertung von Computerprogrammen, 467. – *Lenckner/ Winkelbauer,* Computerkriminalität – Möglichkeiten u. Grenzen des 2. WiKG (III), CR 86, 824. – *Möhrenschlager,* Der Regierungsentwurf eines 2. WiKG, wistra 82, 201. – *ders.,* Das neue Computerstrafrecht, wistra 86, 128. – *Müller/Wabnitz,* Wirtschaftskriminalität, 2. A. 1986. – *Richter,* Mißbräuchl. Benutzung von Geldautomaten, CR 89, 303. – *Rossa,* Mißbrauch beim electronic cash, CR 97, 219. – *Schlüchter,* 2. WiKG, 1987. – *Sieber,* Computerkriminalität u. Strafrecht, 2. A., 1980. – *Tiedemann,* Computerkriminalität u. Mißbrauch von Bankomaten, WM 83, 1326. – *ders.,* Die Bekämpfung der Wirtschaftskriminalität durch den Gesetzgeber, JZ 86, 865. – *Welp,* Strafr. Aspekte der digitalen Bildbearbeitung, CR 92, 291, 354. – *Winkelbauer,* Computerkriminalität u. Strafrecht, CR 85, 40. – *Zielinski,* Urkundenfälschung durch Computer, Kaufmann-GedS 605.

I. Zusammen mit § 263a kommt der Vorschrift nach den Vorstellungen des Gesetzgebers bei der **Bekämpfung der Computerkriminalität** zentrale Bedeutung zu (krit. Bühler MDR **87**, 453, Haft NStZ **87**, 8). Sie soll Strafbarkeitslücken im Bereich der Urkundendelikte schließen (Möhrenschlager wistra 82, 203, 86, 134, Tiedemann WM 83, 1330, JZ 86, 869), die dadurch entstehen, daß der auf visuelle Wahrnehmbarkeit zugeschnittene Urkundsbegriff des § 267 auf unsichtbar gespeicherte Daten nicht anwendbar ist (vgl. Hoyer SK 2). Bei der Frage, ob tatsächliche oder angebliche Strafbarkeitslücken durch § 269 in sinnvoller Weise geschlossen wurden, ist allerdings zweierlei zu berücksichtigen. Einerseits sind Computerausdrucke schon bisher als Urkunden anerkannt (vgl. § 267 RN 4) und daher wenigstens gegen Fälschung strafrechtlich geschützt, als ihr Inhalt von Personen oder Behörden als eigene Erklärung autorisiert wird. Andererseits ist fraglich, ob der Datenbestand als solcher überhaupt Beweisfunktion erfüllen kann und sein Schutz unter dem Gesichtspunkt der Sicherung des Beweisverkehrs dogmatisch zutreffend eingeordnet ist; insoweit ist etwa zu vermerken, daß die Zivilgerichte es überwiegend ablehnen, Computerausdrucke als Beweismittel anzuerkennen (vgl. Bamberg 3 U 93/86 v. 14. 1. 87). Der Vorgang, bei dem diese Beweisschwierigkeiten auftauchen, läßt sich folgendermaßen beschreiben: Während bisher in Unternehmen (Versandhandel, Versicherungen usw.) die Originalunterlagen mit der Unterschrift des Kunden (Bestellungen, Anträge auf Abschluß einer Versicherung usw.) aufbewahrt werden, werden deren Erklärungen zunehmend im Computer gespeichert (= EDV-Eingangsdaten) und die Originale vernichtet oder abgelegt. Die Computerauszüge, die auf der Grundlage dieser Eingangsdaten (= Kundenerklärungen) hergestellt werden, können aber nach der Rspr. nicht als Beweismittel gegen den Vertragspartner anerkannt werden, sofern nicht zu irgendeinem Zeitpunkt eine Art „Anerkenntnis" gegeben ist, wie zB bei der Saldoabstimmung eines Kontokorrents. Ungeachtet dieser Schwierigkeiten bezieht § 269 gespeicherte Daten in den Schutzbereich der Vorschriften zum Schutze des Beweisverkehrs ein, sofern sie „beweiserheblich" sind und im Falle ihrer Wahrnehmung eine Urkunde darstellen würden (vgl. Möhrenschlager wistra 82, 203, 86, 134, Lenckner/Winkelbauer CR 86, 824). Dabei stellt sich aber stets das Problem, wer solche Computerausdrucke als Beweismittel gegen sich gelten lassen muß; in der Regel kann das nur der EDV-Betreiber sein. Solche Computerdaten werden nach der Vorstellung des Gesetzgebers, insbesondere wenn sie für eine Vielzahl von Arbeitsvorgängen in Datenverarbeitungsanlagen von Großrechenzentren gespeichert sind, im Rechtsverkehr als Beweisdaten für rechtlich erhebliche Tatsachen verwendet (BT-Drs. 10/318 S. 33), sie haben als Ausdrucke des Computers urkundengleiche Bedeutung, und ihre Verfälschung soll u. U. folgenschwerer sein können als die herkömmlicher Urkunden (Tröndle/Fischer 1). 1

Die Ausgestaltung des Tatbestandes war lange umstritten (zur Entwicklung vgl. Lenckner/Winkelbauer CR 86, 824). Dabei ging es in erster Linie um die Frage, ob die Vorschrift eng an § 267 angelehnt und wie gegebenenfalls sichergestellt werden soll, aus dem Tatbestand Fälle auszuscheiden, die bei § 267 als bloße „schriftliche Lüge" (vgl. § 267 RN 54) straflos wären (BT-Drs. 10/5058 S. 34, Möhrenschlager wistra 86, 134, Lenckner/Winkelbauer CR 86, 824). Die jetzige Fassung sucht dieses 2

Ziel dadurch zu erreichen, daß sie mit Hilfe einer problematischen **„urkundengerechten" Umsetzung** (krit. hierzu Tröndle/Fischer 1) der Datenverarbeitungsvorgänge, die auf dem Wege einer hypothetischen Subsumtion zu erfolgen hat, den Tatbestand auf die Sachverhalte festschreibt, die ein Analogon zu § 267 darstellen. Von § 267 unterscheidet sich die Vorschrift folglich allein darin, daß auf die bei Urkunden notwendige visuelle Erkennbarkeit der Erklärung verzichtet wird (Hoyer SK 4). Ob damit die Datenfälschungen in ihrer computerspezifischen Eigenart sachgemäß getroffen und umgrenzt sind, wird im Schrifttum allerdings bezweifelt (krit. Tröndle/Fischer 1). Ebenso problematisch wird das Verhältnis zu § 263 a gesehen (Tröndle/Fischer 1).

3   Die Vorschrift des § 269 deckt damit einen anderen Bereich als der ebenfalls im Zusammenhang mit der Beeinträchtigung des Beweisverkehrs durch Maschinenmanipulation stehende § 268 ab: Dort geht es nämlich nur um das Vertrauen des Beweisverkehrs darauf, daß das – nicht urkundsähnliche – Arbeitsergebnis einer Datenverarbeitungsanlage durch eine von maschinenwidrigen Eingriffen unbeeinflußte Verarbeitung (von wem auch immer) eingegebenen Daten zustande gekommen ist.

4   **Geschütztes Rechtsgut** ist die **Sicherheit und Zuverlässigkeit des Rechts- und Beweisverkehrs,** bezogen auf den Umgang mit beweiserheblichen Daten (Möhrenschlager wistra 86, 134). Die Vorschrift stimmt insoweit mit den §§ 267, 268 überein (vgl. § 267 RN 1, § 268 RN 3 f.; Lackner/ Kühl 1).

5   II. Der **objektive Tatbestand** erfordert, daß beweiserhebliche Daten so gespeichert oder verändert werden, daß im Falle ihrer Wahrnehmung eine unechte oder verfälschte Urkunde vorläge, oder daß von solchen „unechten" Daten Gebrauch gemacht wird.

6   1. Was bei § 269 unter **Daten** zu verstehen ist, wird gesetzlich nicht festgelegt, insbesondere wird nicht auf § 202 a II verwiesen.

7   a) Daher ist strittig, ob nach § 269 nur elektronisch, magnetisch oder sonst nicht wahrnehmbare Daten in Betracht kommen. Diese Begrenzung wird teilweise daraus abgeleitet, daß § 269 gegenüber § 267 nur eine Ergänzungsfunktion zu erfüllen habe (Möhrenschlager wistra 86, 134, Granderath DB 86, Beil. 18, 5; krit. Tröndle/Fischer 3), bei einer Wahrnehmbarkeit des Datums jedoch § 267 vorliege (vgl. Lenckner/Winkelbauer CR 86, 825). Dabei wird allerdings übersehen, daß das einzelne Datum als solches noch nicht beweiserheblich zu sein, also nicht die Urkundseigenschaft zu erfüllen braucht (vgl. u. 10). Aus dem Zweck der Vorschrift, wonach **„beweiserhebliche Daten"** gespeichert oder verändert werden müssen, die im Falle ihrer Wahrnehmbarkeit als tauglicher Urkundeninhalt in Betracht kommen, ist folglich zu schließen, daß der Datenbegriff des § 269 weiter ist als der des § 202 a II. Erforderlich ist nämlich nur, daß die Kombination mehrerer Daten einen urkundsvergleichbaren Inhalt hat. Insbesondere ergibt sich daraus, daß die Manipulation auch an Daten erfolgen kann, die noch nicht gespeichert sind, sondern erst gespeichert werden sollen. Werden zB Namen oder Rechnungsbeträge in einer Liste geändert, die dann in die EDV-Anlage eingegeben werden, so liegt, falls die Veränderung als solche § 267 noch nicht erfüllt, § 269 vor (gegebenenfalls in mittelbarer Täterschaft), wenn erst durch die Speicherung ein beweiserhebliches Datenverarbeitungsergebnis erstellt wird. Das Ergebnis der Datenmanipulation muß allerdings gespeichert sein, da andernfalls eine Urkunde iSv § 267 vorläge und für den ergänzenden Tatbestand des § 269 kein Raum bliebe (Lenckner/Winkelbauer CR 86, 825; and. Hoyer SK 5). Bei Codekarten im Bankautomatenverkehr handelt es sich um Träger beweiserheblicher Daten, mithin werden Manipulationen an ihren Magnetstreifen idR erfaßt (Hoyer SK 16, Puppe NK 16 aber 29, Richter CR 89, 306).

8   b) Andererseits ergibt sich aus dem Erfordernis der visuellen Darstellbarkeit, daß der **Datenbegriff** hier enger ist als in § 263 a. Dort werden als Daten auch Programme erfaßt (vgl. § 263 a RN 6); da die einzelnen Datenverarbeitungsschritte zwar (u. U. mathematisch) beschrieben, aber nicht visuell dargestellt werden können, scheiden bei Programme aus dem Datenbegriff des § 269 aus. Sie kommen aber als Tatmittel der Manipulation iS der „Fälschung" von § 269 insoweit in Betracht, als es mit ihrer Hilfe möglich ist, daß Daten anders als durch Eingabe gespeichert oder gespeicherte verändert werden können. Aus der hypothetischen Gleichsetzung mit dem Urkundsbegriff (vgl. o. 2) ergibt sich weiter, daß nur solche Daten in Betracht kommen, die **sichtbar** gemacht werden können (Tröndle/Fischer 4). Unter Wahrnehmung iSv § 269 ist daher nur die visuelle zu verstehen; Aufzeichnungen auf Tonträger scheiden daher aus dem Schutzbereich des § 269 aus (and. Möhrenschlager wistra 86, 134, Granderath aaO 5).

9   c) Die Daten müssen **beweiserheblich** sein. Dieses Merkmal, das in Rspr. und Lit. zum Urkundsbegriff des § 267 entwickelt wurde (vgl. dort RN 8 ff.), bedeutet, daß die verkörperte Erklärung bestimmt und geeignet sein muß, für ein Rechtsverhältnis Beweis zu erbringen.

10   Ob dieser Begriff ohne weiteres auf Daten übertragbar ist, kann zweifelhaft sein. Bei § 267 charakterisiert er die beweisrechtliche Bedeutung der Erklärung insgesamt, nicht deren einzelner Bestandteile, d. h. den „Satz" nicht das „Wort". So ist zB der Name des Schuldners in einem Anerkenntnis als solcher noch nicht beweiskräftig, sondern erst in seiner Beziehung zum Schuldbetrag und der Erklärung, diesen schulden zu wollen. Dieser Gesichtspunkt ist bei § 269 zu berücksichtigen. Er bedeutet hier, daß **nicht das einzelne Datum,** das etwa bei der Konsolmanipulation gespeichert wird (vgl. § 263 a RN 4), für sich allein beweiserheblich sein muß, sondern daß es ausreicht, in der Kombination mehrerer Daten, die gespeichert oder verarbeitet werden, ein Datenergebnis zu erreichen, das, würde es visuell dargestellt, die Beweiserheblichkeit des Urkundsbegriffs erfüllen würde.

Das einzelne Datum braucht also noch nicht beweiserheblich zu sein, wohl aber muß es geeignet sein, im Zusammenhang mit anderen Daten einen beweiserheblichen Vorgang zu registrieren (vgl. auch Hoyer SK 6). Zusammengehörige Daten, die erst in ihrer Gesamtheit eine Gedankenerklärung ergeben, aber in verschiedenen Datenträgern oder Teilen von Datenträgern gespeichert sind (zB auf der Festplatte und einer Diskette), sind als Einheit zu behandeln (Welp CR 92, 354, Puppe NK 26; and. Hoyer SK 23, der allerdings verkennt, daß elektronisch gespeicherte Daten nicht wie menschliche Zeichen in bestimmten Zeichenträgern fest verkörpert sind und es somit auf diese feste Verbindung nicht ankommen kann).

d) Aus der engen Anlehnung von § 269 an § 267 (vgl. o. 2) ergibt sich, daß die gespeicherten oder veränderten Daten die **Garantiefunktion** des Urkundenbegriffs erfüllen müssen. Es muß also im Falle der Wahrnehmung der Urkunde deren (scheinbarer) Aussteller erkennbar sein. Nach der Geistigkeitstheorie, die im Urkundenstrafrecht vorherrscht (vgl. § 267 RN 55) bedeutet dies, daß im Falle der visuellen Darstellung erkennbar sein müßte, wem die Daten ihrem geistigen Inhalt nach zugerechnet werden können. Es muß also erkennbar sein, wer hinter dem Datenbestand steht und auf wen er beweisrechtlich zurückgeführt werden kann. 11

Aussteller des beweiserheblichen Ergebnisses eines Datenverarbeitungs- oder Datenspeicherungsvorgangs ist der Betreiber der EDV-Anlage, regelmäßig also deren Inhaber, auch wenn er von der „Technik" der Anlage nichts versteht. „Echt" ist das Ergebnis der Datenverarbeitung oder -speicherung, wenn es seinem „Erklärungswillen" entspricht. Dies setzt voraus, daß der – möglicherweise technisch nicht versierte – Betreiber die Eckdaten des Programms und das hierbei zu erzielende Ergebnis festlegt. Die einzelnen Programmschritte braucht er weder festzulegen, noch intelektuell zu begreifen. Wird bei der Datenverarbeitung dieser „Erklärungswille" des Betreibers durchkreuzt, so ist das Ergebnis „unecht". Ob das Ergebnis des Datenverarbeitungsvorgangs der Wahrheit entspricht, ist dabei gleichgültig. 12

Nicht entscheidend ist dagegen der Wille des **Programmierers**, d.h. der Person, die die Arbeitsgänge des Computers festlegt, oder sonstiger Personen, die den Computer bedienen, zB die Daten über Konsol eingeben. Sie sind nur der „verlängerte Arm" des Betreibers und haben das Programm und die Computerbedienung nach dessen Anweisungen auszuführen. Handeln sie weisungswidrig, so entsteht ein „unechtes" Datenergebnis, auch wenn es der Wirklichkeit entspricht. Wer weisungswidrig handelt, ist nach § 269 strafbar. 13

Am anschaulichsten läßt sich dieses Problem am Beispiel der **Schreibhilfe** im Rahmen des § 267 (vgl. dort RN 57) erklären. Ausgehend von der herrschenden Geistigkeitstheorie (§ 267 RN 55) ist Aussteller der Urkunde, von wem die Erklärung ihrem geistigen Inhalt nach herrührt, nicht derjenige, der sie eigenhändig vollzogen hat. Folglich ist Aussteller, wer sich bei der Anfertigung des Schriftstücks eines anderen bedient, auch wenn er nicht lesen und schreiben kann. Der technisch nicht versierte („blinde") Betreiber bleibt also Garant des Datenverarbeitungsergebnisses, auch wenn er selbst weder den Computer weder zu programmieren oder bedienen („schreiben") versteht, noch das Ergebnis einzuschätzen („lesen") vermag. Es ist mit Recht bezweifelt worden, ob diese Konstruktion der Computerkriminalität und ihren Erscheinungsformen gerecht wird (Tröndle/Fischer 5). 14

2. Die **Tathandlung** besteht darin, daß Daten (vgl. o. 7 ff.) gespeichert oder verändert werden oder von solchen Daten Gebrauch gemacht wird. Diese Tatmodalitäten sind in Anlehnung an § 267 konzipiert und gewinnen erst durch die Vergleichbarkeit mit der Urkundenfälschung Kontur (Tröndle/Fischer 4, Zielinski aaO 620 ff.). Die hypothetische Subsumtion unter den Urkundsbegriff lautet dabei, ob der Täter durch die Computermanipulation (vgl. § 263 a RN 4 ff.) ein Datenprodukt hergestellt oder gebraucht hat, das im Falle seiner visuellen Darstellung als unechte Urkunde zu qualifizieren wäre. Zur Frage, inwieweit in der digitalen Bildverarbeitung die Tathandlungen gesehen werden können, vgl. Welp CR 92, 354. 15

a) **Daten** werden **gespeichert,** wenn sie über die Konsolmaschine oder in anderer Weise, zB durch Übertragung von einem anderen Computer in eine EDV-Anlage eingegeben werden. Das Eingangsdatum (vgl. § 263 a RN 4) braucht also nicht, kann aber schon gespeichert sein. Entscheidend ist nur, daß es in die EDV-Anlage verbracht wird, in der der „unechte" Datenbestand (vgl. u. 20) entstehen soll. Über Programme als Daten vgl. o. 8. Wird durch eine Programm-Manipulation erreicht, daß über Konsol eingegebene Daten anders gespeichert als eingegeben werden, so liegt eine Datenveränderung vor. Vgl. zur Herstellung und Verwendung gefälschter ec-Scheckkarten AG Böblingen CR **89**, 308, Richter aaO. 16

b) **Daten** werden **verändert,** wenn deren Bestand so geändert wird, daß bei ihrer visuellen Darstellung ein anderes Ergebnis als das vom Betreiber der Anlage durch die Festlegung des Programms gewollte erreicht wird. Dies kann in verschiedener Weise geschehen. So kann das Datum schon in der Inputphase manipuliert, d. h. anders gespeichert werden als beabsichtigt (vgl. o. 12). Denkbar ist auch, daß schon gespeicherte Daten durch eine Änderung des Programms manipuliert werden. Eine solche Änderung liegt zB vor, wenn Buchungsvorgänge in einem Bankcomputer verändert werden. Codekarten stellen sich im Bankautomatenverkehr als Träger beweiserheblicher Daten dar, mithin werden Manipulationen an ihren Magnetstreifen regelmäßig erfaßt (Richter CR **89**, 306; Hilgendorf JuS 97, 134, Hoyer SK 16, Puppe NK 16 (beachte aber 29); zu ec-Karten im POS- und POZ-System vgl. Rossa CR 97, 227 u. 229). Da der Datenbestand insgesamt – etwa vergleichbar mit der Gesamturkunde (vgl. § 267 RN 30 ff., 67, 71 a) – entgegen dem Willen des 17

Betreibers verändert ist, genügt das Löschen einzelner oder der Art nach bestimmter Daten ebenso wie das Hinzufügen neuer Daten (and. Hoyer SK 24). Das Ergebnis darf allerdings nicht bloß in einem Analogon zur Urkundenunterdrückung bestehen, da es sonst an den weiteren Voraussetzungen des § 269 fehlen würde. Teilweise and. Hoyer SK 9.

18 c) Das **Ergebnis** der Manipulation muß ein Datenbestand sein, der – würde er sichtbar gemacht – als unechte oder verfälschte Urkunde zu qualifizieren wäre. Diese Voraussetzung bildet das Kardinalproblem der neuen Vorschrift. Im Wege einer hypothetischen Subsumtion muß festgestellt werden, ob alle Voraussetzungen des Urkundenbegriffs (vgl. § 267 RN 2 ff.) erfüllt und die gedachte Darstellung unecht wäre (vgl. § 267 RN 48 ff.). Da § 269 nicht bloß die Fälle erfassen will, in denen vorhandene Urkunden gespeichert werden (so noch die Beispiele BT-Drs. 10/318 S. 32: Grundbücher, Bundeszentralregister, Gewerbezentralregister, Personenstandsregister, Kundenstammdaten, Kontenstandsdateien usw.), sondern auch solche, in denen mit Hilfe von gespeicherten Daten durch Programmbeeinflussung neue „hypothetische" Urkunden komponiert werden, tauchen erhebliche Probleme auf.

19 α) Die **hypothetische Datendarstellung** muß also so beschaffen sein, daß sie eine Erklärung beinhaltet, die auch Inhalt einer Urkunde sein könnte. Dies ist etwa der Fall, wenn sie sich als Verwaltungsakt (Bewilligung von Kindergeld, Steuerbescheid usw.), als Kontoauszug, Rechnung usw. darstellt, soweit es sich insoweit nicht bloß um den Entwurf einer Urkunde handeln würde (§ 267 RN 14). Bei innerbetrieblichen Aufzeichnungen (Kundenstammdaten, Buchungen, Inventurdaten) hängt die Urkundsqualität nach BGH **13** 382 davon ab, ob an den innerbetrieblichen Daten schon ein urkundlicher Bestandsschutz besteht, etwa durch Mitteilung an den Aufsichtsrat als Kontrollorgan usw. An der mangelnden Beweisbestimmung dürfte der hypothetische Urkundscharakter des Datenbestandes häufig scheitern. Dies gilt etwa bei allen Formularschreiben (Rechnung, Mahnung, Klage), die noch nicht mit dem Adressaten ergänzt sind. Wird hier an den noch nicht ergänzten Daten manipuliert, so liegt § 269 (noch) nicht vor. Wird ein solcher hypothetischer Urkundsentwurf ergänzt, so kann darin § 269 liegen.

20 β) Der Datenbestand muß erkennen lassen, wer als Aussteller fungiert; unecht ist die Urkunde dann, wenn sie nicht von dem stammt, der in ihr als Aussteller bezeichnet ist (§ 267 RN 48 ff.). Hierbei genügt es, wenn der (angebliche) Aussteller sich aus den Umständen ergibt; eine Unterschrift ist weder erforderlich, noch dürfte sie kaum jemals gegeben sein. Bei der nachträglichen Änderung des Datenbestandes durch den Betreiber der EDV-Anlage kann nach der in der Lit. vorwiegend vertretenen Meinung keine unechte Urkunde entstehen (vgl. § 267 RN 67). Nach der Rspr. wäre dies möglich (vgl. § 267 RN 68 mwN), sofern der Betreiber in seinem Verfügungsrecht über die Daten beschränkt wurde; bei einem Datenbestand, der noch nicht ausgedruckt und/oder (zB durch Überspielen in eine andere EDV-Anlage) einem anderen zugänglich gemacht wurde, dürften diese Voraussetzungen kaum jemals gegeben sein.

21 γ) Daten sind **gebraucht,** wenn sie einem anderen zugänglich gemacht werden (§ 267 RN 73 ff.). Es reicht aus, daß ein Ausdruck über das datenförmig Gespeicherte informiert (Puppe NK 27, 35; and. Hoyer SK 11). Werden gespeicherte Daten einer EDV-Anlage im Computer eines anderen Betreibers (durch Fernleitung usw.) eingespeichert, so liegt darin zwar auch ein Gebrauchmachen, dieses ist jedoch subsidiär gegenüber dem gleichzeitig verwirklichten Einspeichern.

22 III. Der **subjektive Tatbestand** setzt Vorsatz (bedingter genügt) voraus. Erforderlich ist, daß der Täter alle tatsächlichen Umstände kennt, aus denen sich ergibt, daß bei Wahrnehmung der Daten eine unechte oder verfälschte Urkunde vorläge (vgl. § 267 RN 83). Ferner muß der Täter **zur Täuschung im Rechtsverkehr** (§ 267 RN 84 ff.) handeln. Dies ist nach der Regelung des § 270 bereits dann der Fall, wenn der Täter lediglich die fälschliche Beeinflussung einer Datenverarbeitung im Rechtsverkehr bewirken will. Die Beeinflussung einer EDV-Anlage zum Zwecke der Zerstörung des Datenbestandes unterfällt § 274, wenn eine Beweismittelbeeinträchtigung vorliegt, im übrigen kommen §§ 303 a f. in Betracht. Zur Eingabe eines Virus-Programms vgl. § 303 b.

23 IV. Für die **Vollendung** der Tat gelten die Ausführungen bei § 267 (vgl. dort RN 94 ff.) entsprechend.

24 V. Der **Versuch** ist strafbar (Abs. 2).

25 VI. **Konkurrenzen:** Das Verhältnis der verschiedenen Begehungsformen des § 269 untereinander bestimmt sich nach den zur Urkundenfälschung entwickelten Grundsätzen (vgl. § 267 RN 79 ff.). Wegen seiner Auffangfunktion tritt § 269 hinter § 267 zurück (Lackner/Kühl 12; and. Puppe NK 39); jedoch geht eine versuchte Urkundenfälschung in einer vollendeten Datenfälschung auf. Mit § 263 a kommt Tateinheit in Betracht (Rossa CR 97, 215, 227), ebenso mit §§ 263, 266, §§ 303, 303 a und u. U. auch mit § 303 b.

26 VII. Der Strafrahmen enspricht dem des § 267. Neben Freiheitsstrafe kann unter den Voraussetzungen des § 41 (vgl. dort) auch Geldstrafe verhängt werden. Durch die entsprechende Anwendbarkeit von § 267 Abs. 3 (vgl. dort RN 100 ff.) soll bei Vorliegen der benannten Regelbeispiele auch ein **besonders schwerer Fall** in Betracht kommen (vgl. § 268 RN 70).

27 VIII. Eine **Qualifikation** liegt vor, wenn die Tat gewerbsmäßig durch ein Mitglied einer Bande begangen wird, die sich zur fortgesetzten Begehung von Straftaten nach den §§ 263 bis 274 oder 267 bis 269 verbunden hat. Es gelten die zu § 267 RN 111 ff. gemachten Erläuterungen.

§ 270 Täuschung im Rechtsverkehr bei Datenverarbeitung

Der Täuschung im Rechtsverkehr steht die fälschliche Beeinflussung einer Datenverarbeitung im Rechtsverkehr gleich.

Vorbem. Eingefügt durch Art. 1 Nr. 12 des 2. WiKG v. 15. 5. 1986, BGBl. I 723.

Schrifttum: Vgl. die Angaben zu § 269.

Die **Gleichstellungsklausel** des § 270 wertet die „fälschliche Beeinflussung einer Datenverarbeitung" wie die Täuschung im Rechtsverkehr, die in § 267 genannt ist. Nach der Intention des Gesetzgebers sollen damit Strafbarkeitslücken geschlossen werden, die sich dann ergeben könnten, wenn gefälschte Urkunden oder Daten unmittelbar in den Computer eingegeben werden und deshalb zweifelhaft ist, ob der Täter „zur Täuschung im Rechtsverkehr" gehandelt hat (BT-Drs. 10/318 S. 34). Im Schrifttum wurde allerdings schon bisher im Rahmen des § 267 für ausreichend gehalten, daß Daten aus einer unechten Urkunde nicht einer Person zugeleitet, sondern maschinell in einen Computer eingelesen werden (Tröndle LK¹⁰ § 267 RN 189, Lenckner/Winkelbauer CR 86, 828), so daß § 270 insoweit nur Klarstellungsfunktion zukommt (Lenckner/Winkelbauer aaO, Lackner/Kühl 1; siehe aber auch Schlüchter 103: Subsidiaritätsklausel). Die Regelung hat für alle Tatbestände, in denen es auf das Merkmal „zur Täuschung im Rechtsverkehr" ankommt (§§ 152 a III, 267, 268, 269, 273, 281), Bedeutung (vgl. BT-Drs. 10/5058 S. 27, Möhrenschlager wistra 82, 204, 86, 135; Winkelbauer CR 85, 41). 1

Inwieweit die Datenverarbeitung **fälschlich beeinflußt** wird, richtet sich wegen der Gleichstellungsfunktion des § 270 nach der Bedeutung des Begriffs der „Täuschung im Rechtsverkehr" in den jeweiligen Vorschriften (Samson SK 4). Auf die Art und Weise der fälschlichen Beeinflussung kommt es hierbei nicht an (BT-Drs. 10/318 34, Tröndle/Fischer). 2

Die Datenverarbeitung muß sich im konkreten Fall auf den **Rechtsverkehr** beziehen. Es genügt deshalb nicht, wenn die EDV-Anlage nur generell zur Verarbeitung von Daten im Rechtsverkehr verwendet wird (BT-Drs. aaO). 3

§ 271 Mittelbare Falschbeurkundung

(1) **Wer bewirkt, daß Erklärungen, Verhandlungen oder Tatsachen, welche für Rechte oder Rechtsverhältnisse von Erheblichkeit sind, in öffentlichen Urkunden, Büchern, Dateien oder Registern als abgegeben oder geschehen beurkundet oder gespeichert werden, während sie überhaupt nicht oder in anderer Weise oder von einer Person in einer ihr nicht zustehenden Eigenschaft oder von einer anderen Person abgegeben oder geschehen sind, wird mit Freiheitsstrafe bis zu drei Jahren oder mit Geldstrafe bestraft.**

(2) Ebenso wird bestraft, wer eine falsche Beurkundung oder Datenspeicherung der in Absatz 1 bezeichneten Art zur Täuschung im Rechtsverkehr gebraucht.

(3) Handelt der Täter gegen Entgelt oder in der Absicht, sich oder einen Dritten zu bereichern oder eine andere Person zu schädigen, so ist die Strafe Freiheitsstrafe von drei Monaten bis zu fünf Jahren.

(4) **Der Versuch ist strafbar.**

Vorbem. Die Vorschrift gilt in der Fassung des 6. StrRG vom 26. 1. 1998 (BGBl. I 179), wobei die §§ 271–273 aF in gestraffter Form zusammengefaßt wurden.

Schrifttum: Mankowski/Tarnowski, Zum Umfang der bes. Beweiskraft öffentl. Urkunden, JuS 92, 826. – Puppe, Die neue Rspr. zu den Fälschungsdelikten – Teil 3, JZ 91, 609.– dies., Rspr.-Übersicht, JZ 97, 490. – Vgl. weiter die Angaben zu § 267.

I. Der in **Abs. 1** geregelte Tatbestand der **mittelbaren Falschbeurkundung** (irreführend auch als intellektuelle Urkundenfälschung bezeichnet; vgl. RG 9 289) soll anders als § 267 den Rechtsverkehr nicht vor unechten, sondern vor **inhaltlich unwahren** öffentlichen Urkunden schützen (Hamm NJW 69, 625). Aus der Beschränkung auf öffentliche Urkunden ergibt sich, daß das besondere Vertrauen in deren Beweiskraft (RG 72 205, Köln HESt. 2 264), zugleich aber auch die Funktionsfähigkeit der Beurkundungsorgane geschützt ist (vgl. Wiedenbrüg NJW 73, 301). Daraus folgt, daß der Tatbestand **grundsätzlich nur inländische öffentliche Urkunden,** ausländische Urkunden dagegen nur unter der Voraussetzung erfaßt, daß eine Auslandsvertretung des Bundes sie legalisiert hat oder ein Staatsvertrag sie den inländischen Urkunden gleichstellt. Diese Beschränkung resultiert einmal daraus, daß nicht notarifizierte ausländische und inländische öffentliche Urkunden im Beweisrecht unterschiedliche Wirkungen entfalten. Nach § 437 ZPO besteht für die Echtheit inländischer öffentlicher Urkunden eine Vermutung, die nach § 438 ZPO für ausländische Urkunden nicht gilt. Die erhöhte Beweiskraft inländischer öffentlicher Urkunden beruht darauf, daß inländische Behörden oder mit öffentlichem Glauben versehene Personen an strenge Richtlinien gebunden sind und staatlicher Kontrolle unterliegen. Dies mag zwar auch auf ausländische Behörden zutreffen. Da sich jedoch ausländisches Beurkundungsrecht nicht notwendigerweise auf dieselben Prinzipien stützt wie das inländische, ist eine Gleichwertigkeit ausländischer Urkunden mit inländischen hinsichtlich der 1

Beweiskraft häufig kaum feststellbar, so daß sie grundsätzlich auch nicht denselben Rechtsschutz verdienen wie diese. Dies gilt auch für öffentliche Urkunden der DDR (Niewerth NJW 73, 1219). Zum anderen ergibt sich die Beschränkung auf inländische öffentliche Urkunden aus dem systematischen Zusammenhang der §§ 271, 348. § 271 ist geschaffen worden, um eine wegen der Sonderdeliktsnatur des § 348 bestehende Strafbarkeitslücke zu schließen, weil der den gutgläubigen Urkundsbeamten täuschende Hintermann als Extraneus nicht als mittelbarer Täter bestraft werden kann. Daß als Täter des § 348 nur ein deutscher Urkundsbeamter strafbar sein kann, versteht sich nach der Definition des § 11 I Nr. 2 von selbst. Folglich kann § 271, der eine sonst bestehende Strafbarkeitslücke schließen will, grundsätzlich nur die mittelbare Falschbeurkundung einer inländischen öffentlichen Urkunde erfassen; vgl. RG **68** 302, KG JR **80**, 516, die jedoch zu Recht den Gebrauch ausländischer Pässe nach § 273 erfassen; vgl. dort RN 1; weitergehend hins. § 271 Blei II 319, W-Hettinger II/1 906; vermittelnd Oehler JR **80**, 485, Tröndle LK¹⁰ 4 a. Für die hier vertretene Auffassung sprechen auch praktische Gründe, weil dem deutschen Richter die ausländische Beurkundungspraxis und die dortigen Kontrollmöglichkeiten vielfach beweisrechtlich schwer zugänglich sind, er also nicht feststellen kann, ob die ausländische Urkunde „für und gegen jedermann" (vgl. dazu u. 8) Beweis zu erbringen vermag.

2   Die Beurkundung kann nur durch einen Amtsträger erfolgen. Handelt dieser vorsätzlich, so wird er nach § 348 bestraft. Ein Dritter, der diese Tat veranlaßt oder fördert, ist wegen Anstiftung oder Beihilfe zu § 348 I strafbar, auch soweit er nicht Amtsträger ist; seine Strafe ist jedoch nach § 28 I zu mildern. Bedient sich aber der Dritte eines gutgläubigen Beamten zur Ausführung oder ist der Beamte schuldunfähig, dann kann der Dritte – sofern er nicht Amtsträger iSv § 348 ist – nicht als mittelbarer Täter bestraft werden, weil ein Nichtbeamter nicht mittelbarer Täter eines echten Amtsverbrechens sein kann. Für diese Fälle greift die vorliegende Bestimmung ein.

3   **II. Die mittelbare Falschbeurkundung** ist nur hinsichtlich **öffentlicher Urkunden, Bücher, Dateien** und **Register** strafbar.

4   **1. Öffentliche Urkunden** sind Urkunden, die von einer öffentlichen Behörde oder einer mit öffentlichem Glauben versehenen Person innerhalb ihrer Zuständigkeit in der vorgeschriebenen Form aufgenommen sind. Diese Begriffsbestimmung des § 415 I ZPO gilt auch für das Strafrecht (RG **71** 102, BGH **19** 21, Hamm JMBlNRW **89**, 248, Blei II 319; krit. Puppe NK 7). Eine Privaturkunde wird nicht dadurch zu einer öffentlichen, daß ein zuständiger Beamter sie mit einem Prüfungsvermerk versieht (RG **51** 119). Neben einer Einzelurkunde kann auch hier eine Gesamturkunde (§ 267 RN 30 ff.; Tröndle LK¹⁰ 4 a) Gegenstand der Tat sein; Beispiele bieten gewisse Sparkassenbücher (RG **71** 103). Zu Bsp. aus der Rspr. vgl. Puppe JZ **91**, 609.

5   a) **Öffentliche Behörden** iS des § 415 ZPO sind alle Bundes-, Landes- und Gemeindebehörden sowie die Dienststellen von Körperschaften des öffentlichen Rechts. Privatrechtlich organisierte Verwaltungskörper sind auch dann, wenn ihnen öffentliche Aufgaben übertragen sind, nur bei ausdrücklicher gesetzlicher Bestimmung den Behörden gleichzustellen (vgl. BGHZ **3** 121). Es ist nicht erforderlich, daß die Aufgabe der Behörde speziell die Vornahme von Beurkundungen ist; es genügt, daß sie befugt ist, hoheitliche Anordnungen, Verfügungen und Entscheidungen zu treffen (vgl. § 417 ZPO). Öffentliche Urkunden sind daher zB auch politische Zeugnisse des Säuberungsausschusses und Einstellungsbeschlüsse des öffentlichen Klägers im Säuberungsverfahren, Sparkassenbücher einer öffentlichen Sparkasse (RG **71** 102). **Mit öffentlichem Glauben versehene Personen** sind solche, denen für einen örtlich und sachlich begrenzten Kreis durch Gesetz oder durch Verwaltungsanordnung die Befugnis verliehen ist, Erklärungen oder Tatsachen mit voller Beweiskraft zu öffentlichem Glauben zu bezeugen; es kommen hier vor allem, aber nicht ausschließlich, die Organe der freiwilligen Gerichtsbarkeit in Betracht (RG **63** 150). Aufgrund einer ständig geübten Praxis kann die Befugnis zur Beurkundung mit öffentlichem Glauben (zB zur Unterschriftsbeglaubigung durch die Ordnungsbehörden) nicht erworben werden (Oldenburg MDR **48**, 30, Frankfurt NJW **49**, 315 m. Anm. Cüppers). Personen mit öffentlichem Glauben sind zB die Notare (§ 20 BNotO), die Urkundsbeamten der Geschäftsstelle, die Gerichtsvollzieher, die Standesbeamten.

6   b) Die Urkunde muß von der Behörde **innerhalb der Grenzen ihrer Amtsbefugnisse,** von der Urkundsperson **innerhalb des ihr zugewiesenen Geschäftskreises** aufgenommen worden sein. Ist die Urkunde von der Behörde innerhalb ihrer Zuständigkeit ausgestellt, dann ist es unerheblich, daß das beglaubigte Rechtsverhältnis an sich nach privatrechtlichen Normen zu beurteilen ist und daß es unter anderen Umständen den Gegenstand einer Privaturkunde hätte bilden können (Tröndle LK¹⁰ 12); öffentliche Urkunden sind daher zB auch die von der Eisenbahn ausgegebenen Fahrkarten (RG **59** 384) oder die von städtischen Sparkassen ausgegebenen Sparbücher (RG **71** 103, BGH **19** 20). Es kommt nur auf die sachliche, nicht auch auf die örtliche Zuständigkeit der Behörde an (vgl. RG **20** 121).

7   c) Die Urkunde muß in der **vorgeschriebenen Form** ausgestellt worden sein. Welche Form erforderlich ist, kann sich aus Gesetz, Verordnung, Anordnung der jeweils zuständigen Stelle (RG HRR **38** Nr. 1374) oder tatsächlicher Übung ergeben. Fehlt ein wesentliches Erfordernis, dann liegt keine öffentliche Urkunde vor (RG **24** 282). Bei Verletzung lediglich für den inneren Dienst bestimmter Vorschriften kann aber eine öffentliche Urkunde vorhanden sein (RG **58** 280). Stets ist

Mittelbare Falschbeurkundung 8–11 § 271

notwendig, daß aus der Urkunde hervorgeht, welche Behörde sie ausgestellt und welche Stellung ihr Aussteller hat (RG 66 125). Als wesentliches Formerfordernis hat die Rspr. zB angesehen die Unterschrift des Richters (jetzt Rechtspflegers) unter einen Zahlungsbefehl (RG 23 205), die Unterschrift des Postbeamten bei Posteinlieferungsbüchern (RG 30 369).

d) Aus den genannten Merkmalen und aus dem Zweck der Vorschrift (o. 1 f.) ergibt sich, daß die **8** Urkunde **für den Verkehr nach außen** bestimmt sein und dem Zweck dienen muß, **Beweis für und gegen jedermann zu erbringen** (RG 75 287; ähnl. Tröndle LK[10] 18); zum Umfang der Beweiskraft öffentlicher Urkunden vgl. Mankowski/Tarnowski JuS 92, 826. Wo das Gesetz die Beurkundung eines Rechtsgeschäfts zum Beweise für und gegen jedermann anordnet, wird in der Regel anzunehmen sein, daß die öffentliche Beweiskraft der Urkunde nicht nur den sachlichen Inhalt des Vorgangs, sondern auch die Angaben über die Person der Beteiligten erfaßt. Dies trifft insbes. für die im Rahmen der freiwilligen Gerichtsbarkeit, des Grundbuchwesens und des Notariats aufgenommenen Urkunden über rechtsgeschäftliche Vorgänge zu (RG 72 227). Keine öffentlichen Urkunden sind dagegen dienstliche Bescheide einer Behörde an einen Beamten oder amtliche Auskünfte an eine andere Person oder Stelle. Solche Mitteilungen sind nicht geeignet, über die von ihnen bezeugten Tatsachen Beweis zum öffentlichen Glauben zu erbringen (RG 66 125). Keine öffentliche Urkunde ist zB die Eingangsbescheinigung, die der Urkundsbeamte der Geschäftsstelle dem Überbringer einer Rechtsmittelschrift erteilt (RG 75 404); ebensowenig eine Bescheinigung des Amtsgerichts über den Eingang einer Ehescheidungsklage (RG DR 43, 75).

Zu den öffentlichen Urkunden gehören auch **nicht** die Urkunden, die nur dem **inneren 9 Dienst der Behörde,** insb. der Kontrolle, Ordnung und Übersicht der Geschäftsführung dienen (vgl. dazu u. 12), die nichtöffentlichen amtlichen Urkunden werden bisweilen als schlichte amtliche Urkunden bezeichnet (so zB RG 49 33; vgl. dazu Tröndle LK[10] 20).

Ob eine Urkunde nur für den inneren Dienst oder auch für den Verkehr nach außen bestimmt ist **10** und Beweis für und gegen jedermann erbringt, ist nicht nur aus geschriebenen ausdrücklichen Rechtssätzen zu entnehmen; es kann sich dies auch aus Gewohnheitsrecht, aber auch aus der Natur der Sache ergeben (vgl. RG 71 104).

2. Als öffentliche Urkunden sind **beispielsweise** angesehen worden Kostenfestsetzungsbeschlüsse **11** (Koblenz MDR **85**, 1048), die Steuerkarte (RG **60** 162, JW **38**, 275, Kiel SchlHA **47**, 15), der Steuerbescheid (RG **72** 378), Erbscheine und Hoffolgezeugnisse (BGH **19** 87), Zollbegleitscheine (RG HRR **34** Nr. 355), Kraftstoffausweise der Zollgrenzbeamten (Köln MDR **59**, 862 m. Anm. Schnitzler MDR 60, 813, Düsseldorf JMBlNRW **60**, 231, MDR **66**, 945), Lebensmittelkarten, die mit dem Namen der Berechtigten ausgefüllt sind (RG DR **41**, 2660, HRR **41** Nr. 949) sowie Bezugsscheine (RG **52** 313, LZ **18** Sp. 448, DR **43**, 1041; vgl. noch § 348 RN 12), der Paß (RG **60** 153, BGH NJW **55**, 839) und als Paßersatz ausgestellte Personalausweise (RG **60** 105), auch behelfsmäßige (KG JR **55**, 393) und die einem Asylbewerber nach § 20 IV AsylVfG auszustellende Bescheinigung als Ersatz für den zu hinterlegenden nationalen Paß (Hamm JMBlNRW **89**, 248), die Kennkarte (Freiburg DRZ **48**, 66), Reiselegitimationskarten (RG **63** 2499), polizeiliche Bescheinigungen über die Erfüllung fremdenpolizeilicher Vorschriften (RG HRR **26** Nr. 1577), die polizeiliche Beglaubigung einer Unterschrift (RG **61** 193; and. Oldenburg MDR **48**, 30), amtliche Kraftfahrzeugkennzeichen, soweit sie mit dem Kfz verbunden sind (RG **72** 369 m. Anm. Nagler ZAkDR 39, 385, Hamburg NJW **66**, 1827), Kraftwagenzulassungsbescheinigungen für Probefahrten (RG **65** 316), der Kraftfahrzeugschein (vgl. BGH **20** 158, MDR **66**, 249, Bay NJW **58**, 1983, Celle NdsRpfl. **62**, 11, Hamburg NJW **66**, 1828, Vogel NJW **62**, 998), die Fahrerlaubnis (BGH **25** 95, Hamm NStZ **88**, 26), die Musterrolle des Seemannsamtes (RG **61** 412), Fahrkarten der Eisenbahn (vgl. RG **59** 384, JW **36**, 662), Gepäckscheine (RG HRR **38** Nr. 1516), Gewichtsvermerke auf Frachtbriefen (BGH NJW **53**, 1840), der für den Postscheckkunden bestimmte Zahlkartenabschnitt (RG **67** 90, 247), eine ordnungsmäßig ausgefüllte und gestempelte Postanweisung, weil ihr öffentlicher Glaube reicht (RG HRR **40** Nr. 711, Köln NJW **67**, 742), Posteinlieferungsscheine (RG HRR **40**, 334), das Reifezeugnis (RG **60** 375), Sparkassenbücher einer Kreissparkasse (RG **61** 129, **71** 103, BGH **19** 20) oder der Postbank (Bay NJW **93**, 2947 mit Bespr. Puppe JZ 97, 497), Ausweise von Fürsorgestellen zur Erlangung von Fahrpreisermäßigung (RG HRR **27** Nr. 2160), Tauf- und Trauscheine der Geistlichen (RG DR **39**, 162), Aufgebotsprotokolle der Standesbeamten (Celle HESt. 2 328, Hamm HESt. 2 329, BGH NJW **52**, 1424, **55**, 839), auf den Eiern angebrachte Stempelabdrücke der Eierkennzeichnungsstelle (RG ZAkDR **38**, 207 m. Anm. Klee), Tauglichkeitsstempel eines Fleischbeschauers (RG **74** 30), Begleiturkunden nach dem HopfenherkunftsG (BGH **8** 50), das Protokoll eines Gerichtsvollziehers gem. § 762 ZPO (RG JW **34**, 490 m. Anm. Oetker, Hamm NJW 59, 1333; vgl. jedoch Frankfurt NJW **63**, 773), Berechnung und Feststellung von Zeugen- und Sachverständigengebühren (RG **71** 144), Aufenthaltsbescheinigungen der Meldebehörden (BGH LM **Nr. 8**), Bescheinigungen nach AsylVfG (Bay **94** 141, Karlsruhe MDR **94**, 291 [mit abl. Anm. Mätzke NStZ 95, 501 und Puppe JZ 97, 496]), Zweitausfertigungen von Originalurkunden einer staatlichen Ingenieurschule (Hamm NJW **77**, 640). Die auf eine Telegrammausfertigung gesetzten amtlichen Vermerke stellen öffentliche Urkunden dar, der vom Absender abgefaßte Text eine Privaturkunde; es liegt keine einheitliche öffentliche Urkunde vor (RG **46** 286). Eine öffentliche Urkunde stellt auch die Verhandlung über die Aufnahme zum Strafvollzug oder zur Untersuchungshaft dar (vgl. BGH LM **Nr. 7**, Hamm NJW **56**, 602).

Cramer

12 Nicht dagegen sind zu den öffentlichen Urkunden gerechnet worden Zustellvermerke der Postbeamten auf Paketkarten (RG **53** 224) oder auf Post- und Zahlungsanweisungen (RG **67** 256), Aufgabe- und Ankunftsstempel auf Postsendungen (RG **30** 381; vgl. auch RG JW **33**, 1594), Berichte eines Richters über eine Revision bei einem Notar (RG **26** 141), Richtigkeitsbescheinigungen eines städtischen Beamten auf den der Stadt eingereichten Rechnungen (RG HRR **41** Nr. 571; vgl. auch RG **75** 287), Expreßstammkarten der Bundesbahn (RG HRR **36** Nr. 311), Eintragungen in den Vollstreckungsakten eines Finanzamts (RG **71** 46) oder des Gerichtsvollziehers (RG DR **37**, 200), Gewichtsangaben in Schlachtsteuerbescheiden (RG **72** 378), polizeiliche Meßprotokolle (Köln VRS **50** 421) oder Vernehmungsprotokolle (Düsseldorf NJW **88**, 217), Niederschriften über die Entnahme von Blutproben durch einen Amtsarzt (Oldenburg NdsRpfl. **51**, 37), polizeiliche Beglaubigungen von Abschriften (Frankfurt NJW **49**, 315 m. Anm. Cüppers, vgl. auch RG DJ **38**, 2039), ferner etwa nicht die Monatsabrechnungen öffentlicher Kassen über die Gehaltsbezüge der Gehaltsempfänger (RG DJ **37**, 200), Bescheinigungen der Behörden nach § 7c EStG (BGH **17** 66), Kraftfahrzeugbriefe (BGH VRS **5** 135), die Zulassungskartei (§ 27 StVZO; BGH NJW **57**, 1889), Bestätigungen der Handelskammern (Hamburg JR **64**, 350 m. Anm. Schröder) oder eines städtischen Beamten (Celle NStZ **87**, 282) auf Zollpapieren, der Zollbefund (§ 83 ZollG; BGH **20** 309), der vorläufige Fahrausweis für das Vorhandensein einer Fahrerlaubnis (Köln NJW **72**, 1335) sowie die zur Vorlage bei anderen Behörden ausgestellte Bescheinigung, daß der Asylantrag nicht entgegengenommen werden konnte (AG Hamburg StV **92**, 380). Auch die Ermittlungsberichte der Polizei an die Staatsanwaltschaft sind keine öffentlichen Urkunden (Stuttgart NJW **56**, 1082).

13 Über gerichtliche Protokolle, Beschlüsse und Urteile vgl. u. 23.

14 3. Öffentlich sind die **Bücher** und die **Register,** die öffentlichen Glauben haben, die Beweis für und gegen jedermann begründen; sie gehören in den weiteren Kreis der öffentlichen Urkunden (Niethammer 315; and. RG **17** 63). Zugänglichkeit für jedermann ist nicht erforderlich, wohl aber, daß der Betroffene sich zum Beweis auf sie berufen kann. Zu den öffentlichen Büchern und Registern gehören zB das Familien-, Heirats-, Geburten- und Sterbebuch (§§ 1, 60 PStG; Bay **60** 190; zum PStG a. F. vgl. BGH NJW **52**, 1424), das Grundbuch (Stuttgart NStZ **85**, 365), das Gefangenenbuch (BGH LM **Nr. 7**), jedoch nicht bezüglich des Glaubensbekenntnisses (BGH GA **66**, 280), die Annahmebücher der Postanstalten über Wertsendungen (RG **67** 271), Quittungskarten der Invalidenversicherung (RG HRR **39** Nr. 536), das Tagebuch des amtlich bestellten Fleischbeschauers (RG **40** 341, DR **40**, 1419). Von Büchern und Registern kommen zB, weil nur für den inneren Dienst bestimmt, **nicht in Betracht** das Melderegister der Polizei (RG **74** 292 m. Anm. Mittelbach DR 40, 2238, Hamburg JR **50**, 630, BGH JR **54**, 308), Eisenbahnversandbücher (RG **61** 36), Dienstregister des Gerichtsvollziehers (RG **68** 201), Eichbücher (RG **73** 328), Handwerksrolle (Bay NJW **71**, 634).

14a 4. Die durch das 2. WiKG (BGBl. 86 I 723) eingeführte Erweiterung erstreckt den Schutzbereich auch auf „**öffentliche Dateien**". Der Gesetzgeber ging davon aus, daß auf Datenträgern gespeicherte öffentliche Urkunden (zB Grundbücher) von den vor §§ 348, 271 erfaßt seien und gelaubte, diese Lücke schließen zu müssen (BT-Drs. 10/318 S. 34; vgl. Tröndle/Fischer 13, Lackner/Kühl 4, Samson SK 17a). Die Aufnahme des Begriffs „öffentliche Datei" würde jedoch voraussetzen, daß entsprechend den Grundsätzen zur öffentlichen Urkunde (§ 415 I ZPO) Vorschriften über die beweisrechtliche Bedeutung „öffentlicher Dateien" bestehen. Die Vorschriften aus denen sich das entscheidende Merkmal einer öffentlichen Urkunde, d. h. die Beweiskraft für und gegen jedermann, ergibt, sind auf Dateien jedoch nicht anwendbar. Nach der Definition des § 415 I ZPO setzt eine öffentliche Urkunde zunächst die Aufnahme durch eine Urkundsperson voraus. Ein entsprechender Vorgang ist für Dateien ebenfalls nicht vorgesehen. Es existieren noch keine Vorschriften darüber, wie „öffentliche Dateien" aufgenommen und welche Urkundspersonen „zuständig" sein sollen. Auch würde einer Datei durch ein Gericht die Beweiskraft einer öffentlichen Urkunde nicht zugesprochen werden. Beweisrechtlich existiert also kein der „öffentlichen Urkunde" vergleichbarer Sachverhalt für Daten. Die Speicherung stellt sich als „verschlüsselter Kopiervorgang" dar, bei dem die Urkundsqualität verloren geht (zur Fotokopie als Urkunde vgl. § 267 RN 42). Man wird, damit die Vorschrift nicht ins Leere stößt, ähnlich wie in § 269 auf eine hypothetische Subsumtion abstellen müssen und die Speicherung von Daten in Computern, die der Verfügungsgewalt einer mit öffentlichem Glauben versehenen Urkundsperson unterliegen, der Aufnahme einer öffentlichen Urkunde gleich zu achten haben, wenn sie bei ihrer visuellen Wahrnehmung eine öffentliche Urkunde darstellen würden. Dies setzt voraus, daß die EDV-Anlage der Verfügungsberechtigung einer Urkundsperson iSv § 415 I ZPO unterliegt; nicht erforderlich ist allerdings, daß die Urkundsperson die Anlage selbst bedient. Der Inhalt elektronisch gespeicherter Urkunden (wie Grundbuch, Handels- und Vereinsregister), die öffentliche Urkunden darstellen würden, sind jedoch im Rahmen des § 269 geschützt. Melderegister usw. fallen, da sie nur innerdienstlichen Zwecken dienen, nicht unter § 271.

15 III. Die **Handlung** nach Abs. 1 besteht in dem Bewirken, daß in einer öffentlichen Urkunde usw. eine inhaltlich unrichtige Beurkundung bestimmter Art erfolgt oder entsprechende Daten in einer öffentlichen Datei unrichtig gespeichert werden.

16 1. Es müssen **Erklärungen, Verhandlungen** oder **Tatsachen beurkundet** werden, die **für Rechte oder Rechtsverhältnisse** von **Erheblichkeit** sind. Diese Formulierung ist unnötig kompliziert; gemeint ist, daß eine inhaltlich unrichtige Beurkundung bewirkt sein muß.

a) Unter Erklärungen sind hier Äußerungen zu verstehen, die von dem beurkundenden Beamten 17
nicht abgegeben, sondern entgegengenommen werden; Äußerungen des Beamten selbst sind iS dieser
Vorschrift Tatsachen (RG **74** 31).

b) Rechtserheblich ist die Erklärung usw. dann, wenn sie allein oder in Verbindung mit anderen 18
Tatsachen für die Entstehung, Erhaltung, Veränderung eines öffentlichen oder privaten Rechts oder
Rechtsverhältnisses von unmittelbarer oder mittelbarer Bedeutung ist.

c) Es muß sich stets um Erklärungen handeln, hinsichtlich derer die öffentliche Urkunde, das 19
öffentliche Buch oder Register Beweis für und gegen jedermann zu erbringen bestimmt ist (RG **60**
231). Eine Erklärung usw. ist iS dieser Vorschrift **beurkundet,** wenn ihre inhaltliche Richtigkeit in
der vorgeschriebenen Form in einer Weise festgestellt ist, die dazu bestimmt ist, Beweis für und gegen
jedermann zu begründen (RG **72** 378). Vgl. auch BGH **17** 68, **20** 309.

α) Die öffentliche Urkunde usw. muß **bestimmt** sein, hinsichtlich der Erklärung, Verhandlung 20
oder Tatsache Beweis für und gegen jedermann zu erbringen (so zB RG **66** 408, BGH **6** 380
[Familienbuch], Tröndle LK[10] 29, M-Maiwald II/2 160 f., W-Hettinger II/1 907). Diese Bestimmung
fehlt zB der Angabe des Namens in einem Protokoll über die mündliche Verhandlung in einem
Zivilprozeß oder in einem Strafverfahren (RG **59** 19), der Angabe eines akademischen Grades in
einem Führerschein, Flüchtlingsausweis oder in Wehrmachtsentlassungspapieren (BGH LM **Nr. 6**).
Das bei der Leistung des früheren Offenbarungseides aufgenommene Protokoll sowie das Schuldnerverzeichnis nach § 915 ZPO soll nicht zu öffentlichem Glauben beurkunden, daß der Schuldner
den von ihm angegebenen Namen trägt (RG HRR **36** Nr. 447). Das Aufgebotsprotokoll ist nicht
dazu bestimmt, die Angaben der Erschienenen über den Familienstand zu öffentlichem Glauben zu
beurkunden (BGH NJW **52**, 1425, Celle HESt. **2** 328, Hamm HESt. **2** 329). Beim Kraftfahrzeugschein hat der BGH sowohl die Angaben über das Fahrzeug wie auch diejenigen über die Person des
Halters als nicht zu öffentlichem Glauben festgestellt bezeichnet (BGH **20** 188, 294, **22** 201),
ebensowenig, daß der Ausländer, der eine Bescheinigung nach § 15 StVZO erhält, auch eine Fahrerlaubnis besitzt (BGH **25** 95 m. Anm. Tröndle JR 73, 204); and. für die Angaben über das Fahrzeug
(Hamburg NJW **66**, 1827), für die Angaben zur Person (BGH **34** 299, Bay NJW **58**, 1983, Celle
NdsRpfl. **62**, 211). Nachdem im Gegensatz zum früheren Muster am Ende der Führerscheinurkunde die Worte
„. . . nach bestandener Prüfung . . ." fortgefallen sind, kann am öffentlichen Glauben auch nicht
teilhaben, ob und unter welchen Umständen der Inhaber des Führerscheins die gesetzlichen Voraussetzungen für die Erlangung der Fahrerlaubnis erfüllt hat (Hamm NStZ **88**, 26), insb. ob er eine
praktische und theoretische Prüfung bestanden hat oder nicht.

β) Erforderlich ist weiterhin, daß die **Wahrheit** der Erklärung, Verhandlung oder Tatsache beur- 21
kundet wird; wird nur bezeugt, daß jemand eine Erklärung abgegeben hat, so wird nur diese Tatsache,
nicht aber die Wahrheit der Erklärten beurkundet (RG **61** 305, BGH **19** 19, NStZ **86**, 550); daher ist
§ 271 nicht gegeben, wenn ein „falscher" Kaufpreis beurkundet wird (BGH NStZ **86**, 550). Durch
die Eintragungen im Handelsregister wird nur die Tatsache beurkundet, daß die betreffende Anmeldung erklärt worden ist, nicht dagegen die Richtigkeit dieser Erklärung (RG **18** 180, GA Bd. **51**,
187). Durch die Eintragung eines Vereins im Vereinsregister wird nicht die Tatsache der Vereinsgründung beweiskräftig festgestellt, sondern nur die Anmeldung entsprechenden Inhalts (RG **61** 305).
Falsche Angaben über den Kaufpreis in notariellen Protokollen fallen nicht unter § 271 (Bay NJW **55**,
1567, W-Hettinger II/1 915), wohl aber Angaben des Notars, der die Vermischung der Gewinnlose
mit den Nieten überwacht (BGH **8** 289).

γ) **Beispielsweise** beweisen die Eintragungen im ersten Teil des Familienbuches, im Geburtenbuch 22
und im Sterbebuch, bei ordnungsmäßiger Führung der Bücher Heirat, Geburt und Tod und die darüber
gemachten näheren Angaben; vgl. BGH **6** 380, **12** 88, Hamm HESt. **2** 330. Die Niederschrift des
Standesbeamten über die Bestellung des Aufgebots beweist, daß gewisse Personen erschienen sind,
gewisse Erklärungen abgegeben und gewisse Urkunden vorgelegt haben, nicht die Angaben über den
Familienstand (Celle HESt. **2** 328, Hamm HESt. **2** 329). Bewiesen wird weiter etwa durch das Protokoll
über eine notarielle Verhandlung die Tatsache, daß eine bestimmte Person erschienen ist (RG **66** 356),
durch die Quittungskarten der Invalidenversicherung auch Ort und Zeit der Geburt und Name des
Versicherten (RG **23** 178), durch die Reisegewerbekarte die Tatsache, daß der Inhaber der Karte auch
der Inhaber des Gewerbebetriebes ist (RG **63** 364), durch Reisepaß, Eintragung im Familienbuch,
Aufgebot der akademische Grad (BGH NJW **55**, 839). Ferner soll nach LG Frankfurt NJW **55**, 267 der
Flüchtlingsausweis für alle Behörden bindend die Flüchtlingseigenschaft nachweisen. Eine Asylbescheinigung nach § 63 nF AsylVfG beweist gegenüber jedermann, daß der Genannte als Asylbewerber ein
gesetzliches Aufenthaltsrecht hat (BGH NJW **96**, 2170, vgl. auch Puppe JR **96**, 425, Hoyer SK 17).
Demgegenüber erstreckt sich die öffentl. Beweiskraft jedoch nicht auf die Personalangaben bei der
Bescheinigung über die Aufenthaltsgestattung nach § 20 IV AsylVfG aF (BGH NJW **96**, 470 m. krit.
Bespr. Mätzke JR 96, 384, Müller-Tuckfeld StV 97, 353; and. Karlsruhe NStZ **94**, 135). Der öffentliche
Glaube erstreckt sich auf das Geburtsdatum im Führerschein (BGH **34** 299), nicht aber zB auf akad.
Grade (s. u.). Die Verhandlung über die Aufnahme zur Untersuchungshaft und zum Strafvollzug dient
dem urkundlichen Nachweis des Vollzugs und beweist somit die Angaben zur Person des Häftlings (RG
49 62, BGH LM **Nr. 7**). Bei Kostenfestsetzungsbeschlüssen erstreckt sich der öffentliche Glaube auch
auf die Datumsangabe, soweit der Beschluß für den Anspruch konstitutiv ist (Koblenz MDR **85**, 1048).

Dagegen sind die Angaben in einem Steuerbescheid darüber, worauf sich die Veranlagung (zB ihrer Höhe nach) gründet, nicht bestimmt, für und gegen jedermann zu beweisen, daß die angenommenen Tatsachen richtig sind (RG 72 378). Eine nach § 1600 e I BGB aufgenommene öffentliche Urkunde beweist nur die Anerkennung der Vaterschaft, nicht die Vaterschaft selbst (vgl. § 1600 m BGB), daher ist die unrichtige Vaterschaftsanerkennung nicht nach § 271 strafbar. Der Einstellungsbeschluß nach §§ 769, 771 ZPO beurkundet nicht zu öffentlichem Glauben, daß der Prozeßbevollmächtigte des Klägers für diesen befugt auftritt (RG 66 408). Das Bundeszentralregister gibt nur die Mitteilungen anderer Behörden wieder; die Wahrheit der Angaben wird durch das Strafregister nicht beurkundet (zust. BGH GA 65, 93). Der Führerschein und Flüchtlingsausweis bestätigen weder, daß der Inhaber zu Recht einen akademischen Grad führt (BGH NJW 55, 839), noch beweisen sie die Richtigkeit des Namens des Inhabers (Hamm VRS 21 363). Nach Bay VRS 15 278 beweist der Führerschein auch nicht, daß der Inhaber die Fahrprüfung abgelegt hat (bedenklich); nach BGH 25 95, 33 190 beweist der Hinweis im Führerschein auf § 15 StVZO nicht, daß der Inhaber eine ausländische Fahrerlaubnis hat. Eine Abmeldebescheinigung der Kfz-Stelle über die Stillegung eines Kfz beweist nicht den Zeitpunkt der nächsten Hauptuntersuchung (Bay VRS 57 285); die Prüfplakette nach § 29 StVZO beweist nach Bay NZV 99, 179 nicht, daß eine Prüfung stattgefunden hat (bedenklich), sondern nur den Zeitpunkt der nächsten Hauptuntersuchung. In einem Sparkassenbuch wird nicht mit öffentlichem Glauben beurkundet, wer der Verfügungsberechtigte ist (BGH 19 20).

23   δ) Bestritten ist, inwieweit bei **gerichtlichen Protokollen, Beschlüssen und Urteilen** eine mittelbare Falschbeurkundung vorliegen kann. Die Rspr. ist sehr zurückhaltend. Zwar erkennt sie die Protokolle usw. als öffentliche Urkunden an, beschränkt aber die unmittelbare äußere Beweiskraft dieser Urkunden. So soll eine zu Protokoll angebrachte Klage nur die Abgabe der Erklärungen beurkunden, nicht aber die Richtigkeit des Erklärten (RG 39 346). Ein Verhandlungsprotokoll soll nur die Beobachtung der vorgeschriebenen Förmlichkeiten beweisen, nicht die Angaben zur Person (RG 72 227, Freiburg DRZ 48, 66). Ein Beschluß soll nicht das Vorliegen einer Prozeßvollmacht beweisen (RG 66 408). Demgegenüber hat das Schrifttum zT einen extensiveren Standpunkt angenommen. Binding Lehrb. 2, 283 sieht ganz allgemein falsche Angaben zur Person in einem Prozeß als mittelbare Falschbeurkundung an. Sicher dürfte zunächst feststehen, daß § 271 sich nicht auf die Richtigkeit der Angaben zur Sache bezieht. Wer durch unwahre Angaben ein falsches Urteil erschleicht, kann sich eines Prozeßbetruges schuldig machen, nicht aber einer mittelbaren Falschbeurkundung. Anders dürfte es jedoch bei den Angaben zur Person sein, soweit es sich um vollstreckungsfähige Urteile oder gerichtliche Vergleiche (RG 72 228) handelt, da diese zB gegenüber den Vollstreckungsorganen oder dem Grundbuchamt Beweis über die Parteien erbringen (zum Ganzen vgl. Tröndle LK[10] 30 ff.).

24   2. Die Beurkundung oder Speicherung muß materiell **unrichtig** sein. Das Gesetz bringt dies dadurch zum Ausdruck, daß Erklärungen, Verhandlungen oder Tatsachen als abgegeben oder geschehen beurkundet oder gespeichert sein müssen, während sie überhaupt nicht oder in anderer Weise oder von einer Person in einer ihr nicht zustehenden Eigenschaft oder von einer anderen Person abgegeben oder geschehen sind.

25   3. Unter **Bewirken** ist jede Verursachung der unwahren Beurkundung oder Speicherung zu verstehen (Lackner/Kühl 5, Hoyer SK 22). Es ist unerheblich, wodurch der Täter diesen Erfolg herbeiführt; das gewöhnliche Mittel wird die Täuschung des Beamten sein; es ist dies aber nicht das einzige Mittel (BGH 8 294, Köln NJW 67, 742, Tröndle LK[10] 54). Es ist nicht erforderlich, daß der Täter in unmittelbare persönliche Beziehung zu dem Beamten tritt; es kann vielmehr auch schriftliche Mitteilung, Täuschung des Gehilfen, Benutzung eines unbewußt oder bewußt tätig werdenden Werkzeugs genügen (RG 55 282). Das einfache Geschehenlassen der falschen Beurkundung ist kein Bewirken (RG GA Bd. 52 93); bei einer entsprechenden Rechtspflicht (vgl. § 13 RN 7 ff.) kann das Bewirken aber auch durch ein Unterlassen erfolgen. Grob fahrlässiges Handeln des Beamten schließt ein Bewirken nicht aus (Köln NJW 67, 742).

26   Nimmt nicht der zuständige Beamte, sondern der Täter selbst die Eintragung vor, dann kommt nicht § 271, sondern § 267 in Betracht. Dementsprechend kann auch nicht nach § 271 bestraft werden, wer in öffentliche Dateien eindringt und durch entsprechende Input- oder Programmanipulationen falsche Dateien speichert oder Daten verändert. In diesem Fall kommt jedoch die Fälschung beweiserheblicher Daten nach § 269 in Betracht (vgl. Lenckner/Winkelbauer CR 86, 827, Tröndle/Fischer 15; and. Möhrenschlager wistra 86, 136).

27   4. Für den **subjektiven Tatbestand** nach Abs. 1 ist Vorsatz erforderlich. Vorsätzlich handelt nicht schon, wer sich bewußt ist, daß seine Handlung eine falsche Beurkundung zur Folge haben könnte; er muß vielmehr auch das Bewußtsein haben, daß die Tatsache, deren unrichtige Beurkundung er bewirkt, für irgendwelche Rechte oder Rechtsverhältnisse erheblich ist (RG 66 358). Bedingter Vorsatz genügt (RG 18 314).

28   5. **Vollendet** ist die Tat nach Abs. 1, wenn die Beurkundung vollständig abgeschlossen ist (RG 40 405). Ein Gebrauchmachen von der Urkunde ist hier zur Vollendung nicht erforderlich (RG 58 34). Erfolgt es, so geht § 271 dem § 273 vor; vgl. § 273 RN 4 f. Der **Versuch** ist seit dem 1. StrRG strafbar; er liegt zB vor, wenn der Täter damit beginnt, auf den Beamten einzuwirken, um eine Beurkundung zu erreichen. Zu einem Fall des Wahndelikts vgl. RG 60 215.

6. Mittäterschaft nach Abs. 1 ist bei der Beurkundung einer Erklärung auch dadurch möglich, 29 daß jemand die von einem anderen abgegebenen Erklärungen bestätigt (RG GA Bd. **49** 122). Mittäterschaft kommt weiter zwischen dem, der für einen anderen eine Gefängnisstrafe verbüßt, und diesem selbst in Betracht.

Nach der Neufassung der Teilnehmervorschriften, die jetzt eine vorsätzlich begangene Haupttat 30 voraussetzen, sind die Fälle unproblematisch geworden, in denen sich der Täter über die Gut- bzw. Bösgläubigkeit des beurkundenden Beamten irrt. Es gelten hier die gleichen Grundsätze wie zur Teilnahme an § 160; vgl. dort RN 1 f. Nicht nur Versuch, sondern Vollendung liegt vor, wenn der Täter irrtümlich davon ausgeht, die Urkundsperson handele gutgläubig, weil deren Vorsätzlichkeit als maius die vom Täter gewollte unvorsätzliche Tat einschließt (vgl. § 160 RN 9). Nimmt der Täter irrtümlich an, die Urkundsperson handele vorsätzlich (§ 348), so ist er straflos, weil es eine Anstiftung zur unvorsätzlichen Tat (vgl. 29 ff. vor § 25) und einen Tatbestand der versuchten Anstiftung zur Falschbeurkundung im Amt nicht gibt (and. Tröndle/Fischer 15, Lackner/Kühl 7, Tröndle LK[10] 61, wonach § 271 als Ergänzungstatbestand zur Anwendung kommen soll); es fehlt eine Parallelvorschrift zu § 159 (vgl. dort RN 10).

7. Idealkonkurrenz ist vor allem mit § 169 (RG **25** 188) und mit § 172 (Hamm HESt. **2** 328) 31 möglich. Das gleiche Verhältnis kommt mit § 267 in Betracht, wenn die Irreführung des Urkundsbeamten durch eine Betätigung verwirklicht wird, die die Merkmale des § 267 aufweist (RG **61** 412, **72** 228). Idealkonkurrenz ist ferner möglich mit Beihilfe zu § 263 (BGH **8** 293), mit Zoll- und Steuerdelikten sowie Bannbruch (RG **68** 94) und § 47 I Nr. 6 AuslG (BGH MDR/H **77**, 283). **Gesetzeskonkurrenz** besteht dagegen mit §§ 26, 348 I, die vorgehen (RG **27** 104, **63** 149).

IV. Die Handlung nach Abs. 2 setzt voraus, daß der Täter eine falsche Beurkundung oder Daten- 32 speicherung der in Abs. 1 bezeichneten Art zur Täuschung im Rechtsverkehr gebraucht. Abs. 2 geht zurück auf das 6. StrRG und ersetzt § 273 aF.

1. Als **Tatmittel** sind in Abs. 2 falsche Beurkundungen oder Datenspeicherungen der in Abs. 1 33 bezeichneten Art genannt. Da hier nur auf das Vorhandensein einer unwahren öffentlichen Urkunde bzw. Datei abgestellt wird, setzt Abs. 2 nicht voraus, daß die Urkunde usw. durch ein Delikt nach Abs. 1 zustande gekommen ist (RG **68** 302, Hoyer SK 26, Tröndle LK[10] 2, Tröndle/Fischer 2, Lackner/Kühl 10).

2. Vorausgesetzt wird folglich nur eine **sachlich falsche Beurkundung** oder Datei, weshalb 34 Abs. 2 zB auch dann anwendbar ist, wenn der Täter selbst aber ohne den erforderlichen Vorsatz, die Beurkundung bewirkt hat (R **2** 300), weiter auch dann, wenn der Urkundsbeamte sich selbst getäuscht hat (RG **10** 70). Abs. 2 kommt auch für einen Dritten in Betracht, wenn der Beamte die Falschbeurkundung vorsätzlich vorgenommen und damit den Tatbestand des § 348 erfüllt hat (RG GA Bd. **56**, 78). Vgl. weiter RG **78** 302, BGH **1** 119.

3. Hinsichtlich des **Gebrauchmachens** vgl. § 267 RN 76 f., 269 RN 21. Ein Gebrauchmachen 35 kann hier auch dadurch erfolgen, daß der Täter auf unrichtige Eintragungen in öffentlichen Büchern usw. Bezug nimmt. Allerdings ist die Tat erst dann vollendet, wenn der zu Täuschende in das Register tatsächlich Einsicht nimmt. Ansonsten kommt Versuch in Betracht (Frankfurt wistra **90**, 271).

4. Für den **subjektiven Tatbestand** ist Vorsatz erforderlich. Hinsichtlich der Kenntnis von der 36 Unrichtigkeit der Beurkundung genügt, wie bei allen anderen Urkundsdelikten, bedingter Vorsatz (Lackner/Kühl 3, M-Maiwald II/2 164, Tröndle LK[10] 5). Zur Täuschungsabsicht vgl. § 267 RN 84 ff.

5. Das **Verhältnis** des Abs. 1 zu Abs. 2 entspricht dem zwischen § 267 1. und 2. Alt. (vgl. § 267 37 RN 79 ff.). Hat der Täter als Amtsträger die Beurkundung in strafbarer Weise (§ 348) vorgenommen, so tritt das Gebrauchmachen durch ihn (§§ 273, 271) gegenüber § 348 allerdings zurück. Dagegen muß in Fällen der §§ 273, 272 wegen der dort vorausgesetzten und durch § 348 nicht erfaßten Vorteils- bzw. Schädigungsabsicht Realkonkurrenz möglich sein.

Macht der Anstifter oder Gehilfe von Abs. 1 von der Urkunde Gebrauch, so ist er aus § 271 zu 38 bestrafen, da beides Teile eines einheitlichen deliktischen Vorgangs sind und daher die Täterschaft nach § 273 Anstiftung und Beihilfe zu § 271 ausschließt. Faßt jedoch nach einem Delikt gemäß §§ 271, 348 der Täter einen neuen Vorsatz und gebraucht er die Urkunde zu einem anderen Zweck als ursprünglich vorgesehen war, so liegt Realkonkurrenz vor (RG **58** 34, Tröndle LK[10] 9).

VI. Die Qualifikation nach Abs. 3 ersetzt §§ 272, 273 2. Alt. aF; sie wurde durch das 6. StrRG 39 geschaffen. Während die alten Vorschriften allerdings lediglich Bereicherungs- und Schädigungsabsicht des Täters als unrechtsqualifizierend anerkannten, benennt Abs. 3 als weitere Alternative, daß der Täter gegen Entgelt handelt.

1. Ein Handeln gegen **Entgelt** setzt voraus, daß der Täter eine vermögenswerte Gegenleistung für 40 seine Tat von einem Dritten erlangt (vgl. § 11 I Nr. 9). Für den Begriff des Entgelts ist wesentlich, daß es in einer Gegenleistung besteht, für Abs. 3 setzt dies voraus, daß ein synallagmatisches Verhältnis zwischen der Tat und dem Entgelt besteht (Hoyer SK 30). Daran fehlt es zB, wenn der Täter tatunabhängig ohnehin einen Anspruch auf den Vermögensvorteil hat.

Unerheblich für den Entgeltbegriff ist es, daß der Täter einen Gewinn erlangt oder eine Bereiche- 41 rung erstrebt (§ 11 RN 72). Gleichgültig ist schließlich, ob die Gegenleistung schon vor der Tat oder erst nach ihr erbracht wird. Wird die Tatbegehung allerdings nur gegen Bezahlung eines Entgeltes zugesagt und später das Entgelt nicht gewährt, so liegt nur ein Versuch der Qualifikation vor.

42   2. Für die zweite Alternative von Abs. 3 ist **Bereicherungsabsicht** im Sinne des dolus directus ersten Grades beim Täter hinsichtlich einer Vermögensvermehrung erforderlich (RG **59** 18, Köln JR **70**, 470). Objektiv braucht keine Bereicherung stattgefunden zu haben.

43   Ein Vermögensvorteil ist auch die Abwendung eines drohenden Vermögensnachteils (vgl. RG **73** 296). Ebenfalls erstrebt einen Vermögensvorteil, wer eine Anstellung und das damit verbundene Einkommen zu erlangen (vgl. RG **62** 220) oder eine Kündigung zu vermeiden sucht. Abs. 3 kommt aber nicht in Betracht, wenn durch die Falschbeurkundung lediglich die Voraussetzungen für einen evtl. späteren Vermögenserwerb geschaffen werden sollen, zB jemand vor einer Strafverbüßung bewahrt werden soll, damit er in seinem Geschäft weiterarbeiten und verdienen kann (Hamm NJW **56**, 602). Ebensowenig reicht aus, daß der Täter eine Bestrafung vermeiden will, auch wenn eine Geldstrafe zu erwarten wäre (Tröndle LK¹⁰ 5). Der erstrebte Vermögensvorteil muß rechtswidrig sein (and. RG **52** 93, Hamm NJW **56**, 602, Tröndle LK¹⁰ 9, M-Maiwald II/2 163, Tröndle/Fischer 3; wie hier Frank I 1); dies ist, obwohl der Wortlaut des Abs. 3 im Gegensatz zu § 263 nicht darauf abstellt, zu fordern, weil die – auch nach ihrer Reduzierung durch das 1. StrRG – gegenüber Abs. 1 verschärfte Strafe nur bei im Widerspruch zur Rechtsordnung erstrebten Vorteilen gerechtfertigt ist. Die Vorschrift ist daher nicht anwendbar, wenn jemand mit Hilfe der Falschbeurkundungen Vorteile erstrebt, auf die er einen Anspruch hatte (Bay StV **95**, 29). Der Tatbestand setzt nicht voraus, daß der vom Täter erstrebte Vermögensvorteil bei Dritten zu einem Vermögensschaden führt.

44   3. Der Tatbestand ist auch bei bloßer **Schädigungsabsicht** erfüllt, für die, wie bei der Bereicherungsabsicht, zielgerichtetes Handeln ausreicht (Köln JR **70**, 468 m. Anm. Schröder, Tröndle LK¹⁰ 13; vgl. ferner § 274 RN 15). Als Schaden kommt jeder Nachteil, nicht nur ein Vermögensschaden in Betracht (vgl. RG **33** 137, **34** 243). Es muß sich aber um einen Nachteil handeln, den der andere zu Unrecht erleidet (and. Tröndle LK¹⁰ 15).

45   4. Den **Teilnehmer** trifft die erhöhte Strafdrohung nur dann, wenn er die Vorteilsabsicht oder den Schädigungswillen des Täters kannte oder auch nur damit rechnete; § 28 findet keine Anwendung (vgl. dort RN 20).

46   5. **Idealkonkurrenz** kommt mit § 263 (BGH **8** 50), mit § 267, ferner etwa mit Zollhinterziehung (Köln JMBlNRW **64**, 106), Bannbruch und Vergehen gegen das ViehseuchenG (RG **70** 231) in Betracht. Will der Täter nur die Entziehung eines deliktisch erworbenen Vorteils verhindern, so tritt die Sicherungsabsicht als solche strafrechtlich nicht mehr in Erscheinung (straflose Nachtat); der Täter ist dann nach § 271 in Realkonkurrenz mit dem Erwerbsdelikt zu bestrafen. Vgl. näher Schröder MDR **50**, 400.

§ 272 [Schwere mittelbare Falschbeurkundung] *aufgehoben durch Art. 1 Nr. 67 6. StrRG vom 26. 1. 1998 (BGBl. I 179).*

§ 273 Verändern von amtlichen Ausweisen

(1) **Wer zur Täuschung im Rechtsverkehr**
1. **eine Eintragung in einem amtlichen Ausweis entfernt, unkenntlich macht, überdeckt, oder unterdrückt oder eine einzelne Seite aus einem amtlichen Ausweis entfernt oder**
2. **einen derart veränderten amtlichen Ausweis gebraucht,**
wird mit Freiheitsstrafe bis zu drei Jahren oder mit Geldstrafe bestraft, wenn die Tat nicht in § 267 oder § 274 mit Strafe bedroht ist.

(2) **Der Versuch ist strafbar.**

Vorbem. Eingefügt durch Art. 1 Nr. 68 6. StrRG vom 26. 1. 1998 (BGBl. I 179).

Schrifttum: Mätzke, Die Sanktionslosigkeit von Manipulation belastender Vermerke in amtl. Ausweisen, MDR 1996, 19. – *Hecker,* Die mißbräuchl. Verwendung von Ausweispapieren (usw.), GA 1997, 525. – *Reichert,* Mein Paß gehört mir, StV 1998, 51.

1   I. Die Vorschrift ist eingefügt worden, um **Strafbarkeitslücken zu schließen,** die dadurch entstehen, daß das Entfernen, Unkenntlichmachen usw. von Eintragungen in einem amtlichen Ausweis einerseits deswegen nicht nach § 274 erfaßt werden kann, weil diese Vorschrift voraussetzt, daß die Urkunde dem Täter überhaupt nicht oder nicht ausschließlich gehört und die Tat in Nachteilsabsicht begangen werden muß und andererseits das ersatzlose Unkenntlichmachen von Eintragungen in einem Ausweis weder durch § 267 noch durch § 271 erfaßt werden kann.

2   II. **Amtliche Ausweise** sind öffentliche Urkunden, die zumindest auch dem Identitätsnachweis einer Person zu dienen bestimmt sind (BGH VRS **5** 135; Hecker aaO 526). Neben Reisepässen und Personalausweisen kommen also auch andere amtliche Urkunden in Betracht, die über die Identität hinaus noch weitere Eigenschaften ihres Inhabers beweisen sollen, zB Führerscheine, Behinderten- und Studentenausweise (BGH **34** 301, Hecker 528; teilw. and. Ranft JR 88, 383). Da es sich um amtliche Ausweise handeln muß, kommen nur öffentliche Urkunden iSd § 271 in Betracht, d. h. nur

solche Urkunden, die die Identität einer Person für und gegen jedermann belegen können (BT-Drs. 12/6853 29). Auch von einer ausländischen Behörde ausgestellte Identitätsnachweise erfüllen alle Merkmale eines amtlichen Ausweises (Tröndle LK[10] § 275 RN 2; Puppe NK 2; vgl. auch 25. A. § 275 RN 2). Identifizierungsmittel, die nur für den internen Dienstgebrauch ausgestellt sind, unterfallen jedoch nicht dem Begriff des amtlichen Ausweises, so zB Bibliotheksausweise (Koblenz VRS **50**, 428, Bieber JuS 89, 478, Steinhilper GA 85, 130).

III. Eintragungen in einem amtlichen Ausweis stellen zusätzliche öffentliche Urkunden dar, die mit dem Ausweis körperlich fest verbunden sind. Als Beispiel für solche Eintragungen kommen Einreise- oder Zurückweisungsstempel, Aufenthaltsgenehmigungen oder Ausreiseverbote in Betracht. Die **einzelnen Seiten** aus einem amtlichen Ausweis, die der Täter entfernt, brauchen keine zusätzlichen Eintragungen zu enthalten. Geschützt ist insoweit die Integrität des Ausweises im Sinne seiner Vollständigkeit und Abgeschlossenheit. **3**

IV. Die Tathandlung besteht im Entfernen, Unkenntlichmachen, Überdecken oder Unterdrücken von Eintragungen in einem amtlichen Ausweis oder in der Entfernung einzelner Seiten aus diesem Ausweis, sowie im Gebrauch eines derartig veränderten amtlichen Ausweises. Diese Merkmale entsprechen weitgehend dann dem § 274 (vgl. dort RN 6 ff.). **4**

V. Als **Rechtfertigungsgrund** kommt § 34 in Betracht. Wird zB in einem Paß eine Seite entfernt, die ein Visum für einen bestimmten Staat enthält, dessen Vorhandensein in einem anderen Staat zu erheblichen persönlichen Nachteilen führen kann, so ist die Entfernung der entsprechenden Seite gerechtfertigt. **5**

VI. Subjektiv muß der Täter mindestens mit dolus eventualis sowie mit **Täuschungsabsicht** im Rechtsverkehr gehandelt haben. Insoweit entspricht die Vorschrift § 267; vgl. dort RN 91 ff. Die beabsichtigte Täuschung muß sich darauf beziehen, daß entweder der Eintragungsinhalt unbekannt bleibt oder der Ausweis als vollständig betrachtet wird. **6**

§ 274 Urkundenunterdrückung; Veränderung einer Grenzbezeichnung

(1) **Mit Freiheitsstrafe bis zu fünf Jahren oder mit Geldstrafe wird bestraft, wer**
1. eine Urkunde oder eine technische Aufzeichnung, welche ihm entweder überhaupt nicht oder nicht ausschließlich gehört, in der Absicht, einem anderen Nachteil zuzufügen, vernichtet, beschädigt oder unterdrückt,
2. beweiserhebliche Daten (§ 202 a Abs. 2), über die er nicht oder nicht ausschließlich verfügen darf, in der Absicht, einem anderen Nachteil zuzufügen, löscht, unterdrückt, unbrauchbar macht oder verändert oder
3. einen Grenzstein oder ein anderes zur Bezeichnung einer Grenze oder eines Wasserstandes bestimmtes Merkmal in der Absicht, einem anderen Nachteil zuzufügen, wegnimmt, vernichtet, unkenntlich macht, verrückt oder fälschlich setzt.

(2) **Der Versuch ist strafbar.**

Schrifttum: Vgl. die Angaben zu § 267.

I. Die Bestimmung enthält nach der Änderung durch das 2. WiKG (BGBl. 86 I 723) drei Tatbestände: die **Unterdrückung von Urkunden und technischen Aufzeichnungen** (Nr. 1), die **Unterdrückung beweiserheblicher Daten** (Nr. 2) sowie die **Grenzverrückung** (Nr. 3). Sie schützt das Recht, mit (echten) Urkunden und technischen Aufzeichnungen usw. Beweis zu erbringen (BGH **29** 192, Lackner/Kühl 1; ähnl. Hoyer SK 1; and. Kienapfel Jura 83,185, 187). **1**

II. Die **Unterdrückung von Urkunden oder technischen Aufzeichnungen (Nr. 1)** stellt einen Angriff auf die Beweisposition des an dem Beweismittel Berechtigten dar. Im Gegensatz zu §§ 267, 268 geht es dem Täter hier nicht um die Erlangung, sondern um die Beseitigung eines Beweismittels (RG **3** 372, **10** 16), so daß hier nicht wie in §§ 267, 268 der Rechtsverkehr als solcher, sondern der einzelne Berechtigte, der auch der Staat sein kann, geschützt wird (Wessels/Hettinger II/1 886, Mewes NStZ 96, 15, Puppe NK 1; vgl. jedoch auch Hoyer SK 1; abw. Schilling aaO 142). **2**

1. Gegenstand der Tat sind Urkunden oder technische Aufzeichnungen, die dem Täter entweder überhaupt nicht oder nicht ausschließlich gehören. **3**

a) **Urkunde** bedeutet hier wie in § 267 jeder Gegenstand, der einen gedanklichen Inhalt hat, zum Beweise bestimmt und geeignet ist und einen Aussteller erkennen läßt (Celle NJW **60**, 880, Köln VRS **50** 421, Tröndle LK[10] 3, M-Maiwald II/2 157, Blei II 321, Welzel 418); vgl. im einzelnen § 267 RN 2–44. Abweichend verzichtet RG **55** 74 auf die Beweiserheblichkeit für Rechte oder Rechtsverhältnisse (dazu Kienapfel aaO 48). Nur echte Urkunden sind durch § 274 geschützt (Hoyer SK 6); wer zB ein bei der StA als Beweismittel liegendes Falsifikat vernichtet, kann nur als § 133 bestraft werden (krit. hierzu Lampe JR 64, 14). Auch besondere Formen der Urkunde, zB eine Gesamturkunde (Düsseldorf NStZ **81**, 25), sind geschützt; ebenso Urkunden, die dem Interesse eines ausländischen Staates dienen (Bay NJW **80**, 1057). **4**

b) Zum Begriff der **technischen Aufzeichnung** vgl. § 268 RN 3 ff. **4 a**

§ 274 5–9   Bes. Teil. Urkundenfälschung

5   c) Entsprechend der Zielrichtung des Delikts (vgl. o. 2) bezeichnet **„gehören"** hier nicht die dinglichen Eigentumsverhältnisse, sondern das **Recht,** mit der Urkunde oder der technischen Aufzeichnung im Rechtsverkehr **Beweis zu erbringen** (h. M.). Dem Beweisführungsrecht unterliegen nicht bloß Urkunden, mit deren Hilfe voller Beweis zu erbringen ist, sondern auch solche, die nur für einen Teil des Rechtsverhältnisses beweiserheblich sind oder der Glaubhaftmachung bzw. dem Gegenbeweis dienen (vgl. § 267 RN 11). Da es auf das Beweisführungsrecht ankommt, kann Täter auch derjenige sein, der zwar Eigentümer des Beweismittels, aber herausgabe- oder vorlegungspflichtig (§§ 422 ff. ZPO, § 810 BGB) ist (RG **38** 37, BGH **29** 192, Bay NJW **80**, 1057, Lackner/Kühl 2, Tröndle LK[10] 5, M-Maiwald II/2 157 f., Hoyer SK 4, Blei II 322), wobei allerdings eine öffentlich-rechtliche Vorlegungspflicht, die bloßen Überwachungsaufgaben dient, nicht notwendig das alleinige Verfügungsrecht des Urkundeninhabers ausschließt (vgl. Zweibrücken GA **78**, 316, Düsseldorf NJW **85**, 1231; EG-Diagrammscheibe im Hinblick auf die Lenk- und Ruhezeiten, MDR **90**, 73 m. Anm. Puppe NZV 89, 478 u. Bottke JR 91, 252; vgl. auch Bay NJW **97**, 1592 m. Anm. Reichert StV 98, 51); zur Strafbarkeit des Vernichtens von Diagrammscheiben vgl. Schneider NStZ **93**, 16. Daß eine Urkunde zufällig in die Hand des Beweisinteressenten gelangt, begründet jedoch ein solches Recht nicht. Nicht nach § 274 strafbar ist also zB, wer ein von ihm verlorenes Schriftstück, das beleidigende Äußerungen über einen anderen enthält und zufällig in dessen Besitz geraten ist, diesem entwendet und vernichtet. Dagegen wird im Beweisrecht auch bei zufällig und u. U. auch rechtswidrig erlangten Urkunden begründet, wenn mit ihnen Beweis angetreten ist (§ 421 ZPO, da hier ein prozessuales Recht auf ihre Verwendung begründet wird. Personalausweise, Pässe usw. gehören, obwohl öffentliche Urkunden, ausschließlich dem Inhaber (Bay NJW **90**, 264, **97**, 1592, Köln JMBlNRW **58**, 114, Hamm NStZ-RR **98**, 331), desgleichen Führerscheine (Braunschweig NJW **60**, 1120); die dadurch entstehende Strafbarkeitslücke wird durch § 273 geschlossen (BT-Drs. 13/9064 20). Über die Visitenkarte an der Windschutzscheibe des Unfallgeschädigten vgl. Celle NJW **66**, 557, Bay NJW **68**, 1896.

6   2. Die **Handlung** besteht darin, daß die Urkunde oder technische Aufzeichnung vernichtet, beschädigt oder unterdrückt wird.

7   a) **Vernichtet** ist die Urkunde (Aufzeichnung), wenn ihr gedanklicher Inhalt (Darstellungsinhalt) überhaupt nicht mehr zu erkennen ist, wenn sie aufgehört hat, als Beweismittel zu bestehen. Dies ist stets der Fall, wenn die Urkunde oder Aufzeichnung als Sache zerstört, zB verbrannt ist. Vernichtung liegt aber auch dann vor, wenn zwar der Urkunds- oder Aufzeichnungskörper noch besteht, dessen Inhalt aber vollständig beseitigt ist (RG **3** 371). Auch eine beschädigte Urkunde oder Aufzeichnung kann vernichtet werden, wenn dadurch ein Rest an Beweisfunktion ausgeschaltet wird. Verkörpert die Urkunde oder Aufzeichnung die Berechtigung zum Empfang gewisser Leistungen, so liegt eine Vernichtung darin, daß ihr durch Entwertung die Legitimationsfunktion genommen wird (zB Lochen einer Fahrkarte). Auch das **Löschen von Tonbändern** fällt unter § 274, da diese technische Aufzeichnungen iS des § 268 sind (vgl. § 268 RN 17; and. Puppe NK 7).

8   b) **Beschädigt** ist die Urkunde oder Aufzeichnung, wenn sie derart verändert wird, daß sie in ihrem Wert als Beweismittel beeinträchtigt ist.

8 a   α) Dies kann einmal durch **Beseitigung wesentlicher Teile** des Inhalts wie auch (bei Urkunden) der Unterschrift (BGH NJW **54**, 1375) geschehen. Keine Beschädigung ist dagegen das bloße Ablösen von Kostenmarken (RG **59** 322). Auch die Verfälschung einer Urkunde oder Aufzeichnung ist, da dadurch der bisherige Beweisinhalt beeinträchtigt wird, tatbestandlich eine Beschädigung (vgl. § 267 RN 70 ff.), jedoch tritt § 274 in diesen Fällen hinter §§ 267, 268 zurück, falls die Veränderung zur Täuschung im Rechtsverkehr erfolgt (vgl. RG **20** 9, **34** 118, HRR **27** Nr. 6 Tröndle LK[10] 27, Peters NJW **68**, 1894; and. Samson SK 7); bei bloßer Schädigungsabsicht (ein Dritter entfernt aus dem Schuldschein des Gläubigers eine Null) ist dagegen § 274 anzuwenden. Vgl. näher § 267 RN 70 ff.

8 b   β) Auch ein **Eingriff in den** durch räumliche Verbindung verfestigten **Beweisbezug** einer Urkunde oder technischen Aufzeichnung ist als Beschädigen iS des § 274 anzusehen; denn damit wird die „Beweiseinheit" von Urkunde bzw. Aufzeichnung und Bezugsobjekt oder Beziehungsvermerk („zusammengesetzte" Urkunden bzw. Aufzeichnungen; vgl. § 267 RN 36 a, § 268 RN 27 f.) zerstört (beim Abreißen von Preisschildern, vgl. Köln NJW **73**, 1807). Ist der Beweisbezug nur durch lose Zuordnung ausgedrückt, so ist seine Aufhebung (ohne daß zugleich in den Urkunds- oder Aufzeichnungsinhalt selbst eingegriffen würde) nicht als Beschädigen, sondern allenfalls als Unterdrücken strafbar (etwa bei Austauschen und falschem Einordnen verschiedener Urkunden oder Aufzeichnungen), sofern der unterdrückte Teil selbst die Merkmale einer Urkunde bzw. techn. Aufzeichnung erfüllt.

9   c) Als **Unterdrückung** ist jede Handlung anzusehen, durch die dem Berechtigten die Benutzung der Urkunde oder Aufzeichnung als Beweismittel (RG **39** 407) entzogen oder vorenthalten wird. Eine besondere Heimlichkeit wird nicht vorausgesetzt (RG JW **37**, 1336, Schultz ZBernJV 66, 67). Es ist hier auch keine örtliche Entfernung wie beim Entziehen iSv § 133 erforderlich. Eine Unterdrückung kann etwa in der Nichtherausgabe eines irrtümlich empfangenen Briefes oder einer irrtümlich erhaltenen Zustellung liegen (RG **10** 391, **49** 144, Hoyer SK 13), weiter zB in dem Herausreißen eines Blattes aus einem Protokollbuch (RG **57** 312). Die Entnahme einer Einzelurkunde aus einer Akte ist regelmäßig keine Unterdrückung, wenn ein Vermerk hierüber angelegt wird, aus dem hervorgeht, wo sie sich befindet (vgl. auch Düsseldorf NStZ **81**, 25).

Auch ein nur zeitweiliges Vorenthalten kann sich als Unterdrückung darstellen (RG JW **37**, 1336). **10** Geschieht dies allerdings mit der Vorstellung, die Urkunde oder Aufzeichnung werde während dieser Zeit nicht benötigt, so fehlt es an der Nachteilsabsicht. **Keine** Unterdrückung ist die vorübergehende Rückgabe eines Schriftstückes an den Einsender zwecks Verbesserung, Ergänzung oder Berichtigung (RG DStR **37**, 52). Die Rücksendung einer für den ausgezogenen Untermieter bestimmten Postkarte an den Absender durch den bisherigen Vermieter, stellt keine Unterdrückung gegenüber dem Adressaten dar (Dresden JW **34**, 2640).

d) Die **Rechtswidrigkeit** kann durch Einwilligung des Berechtigten ausgeschlossen sein. Dies **11** jedoch nicht, wenn der Vertreter einer juristischen Person in sittenwidrigem Mißbrauch seiner Vertretungsmacht handelt (BGH **6** 251; vgl. auch Tröndle LK¹⁰ 19). Wer die Durchsetzung eines materiell unberechtigten Anspruchs verhindern will, kann sich nicht auf § 34 berufen, da die Vernichtung der Urkunde usw. kein angemessenes Mittel darstellt; er ist auf den Rechtsweg angewiesen (Hoyer SK 26).

3. Für den **subjektiven Tatbestand** ist Vorsatz und eine bestimmte Absicht erforderlich. **12**

a) Für den Vorsatz ist das Wollen der Vernichtungs-, Beschädigungs- oder Unterdrückungshandlung **13** notwendig.

b) Weiter muß der Täter in der **Absicht** handeln, **einem anderen Nachteil zuzufügen;** die **14** Absicht ist tatbezogen, weshalb § 28 keine Anwendung findet (vgl. dort RN 20).

α) Unter **Absicht** verstand eine frühere h. M. auch hier den Beweggrund, freilich mit der Einschränkung, **15** daß die Schädigung nicht das einzige Motiv des Täters gewesen zu sein braucht (RG **59** 18, Frank I 3). Richtiger ist es, mit RG HRR **36** Nr. 1026, **42** Nr. 1420 die Absicht hier iSv direktem Vorsatz zu verstehen (RG HRR **39** Nr. 536, Hamburg JR **64**, 228 m. Anm. Schröder, Köln VRS 50 421, Baumann NJW 64, 708, Lackner/Kühl 7), da die fremde Schädigung selbst selten echtes Motiv der Tat sein wird, sondern diese regelmäßig vom Täter als notwendige Konsequenz seines Handelns angesehen wird. I. S. des Textes (notwendige Folge unter Ausschluß von dolus eventualis) auch BGH NJW **53**, 1924, MDR/D **58**, 140, Celle NJW **66**, 557, Bay NJW **68**, 1896, Tröndle LK¹⁰ 21; and. Hoyer SK 17.

β) Unter **Nachteil** ist jede Beeinträchtigung fremder Rechte zu verstehen; es kommen nicht nur **16** vermögensrechtliche Nachteile in Betracht (RG **22** 285, **55** 76). Als Nachteil ist zB auch die Beeinträchtigung des seelischen Empfindens durch das Vorenthalten von Briefen angesehen worden (RG **50** 215; hiergegen M-Maiwald II/2 158, Tröndle LK¹⁰ 24). Einen Nachteil kann etwa die Verschlechterung der Beweislage darstellen (RG **22** 285, HRR **36** Nr. 1026). Zu beachten ist, daß der Täter beabsichtigen muß, die Benutzung gerade des gedanklichen Inhalts der Urkunde (bzw. Darstellungsinhalts der Aufzeichnung) in einer aktuellen Beweissituation zu vereiteln; der Nachteil kann nicht in der bloßen Einwirkung auf die Objekte des § 274 gefunden werden (vgl. RG **31** 149). Keinen Nachteil stellt ferner die Vereitelung des staatlichen Straf- und Bußgeldanspruchs dar (Zweibrücken GA **78**, 316, Bay NZV **89**, 81, Düsseldorf NZV **89**, 477 m. Anm. Puppe; and. AG Elmshorn NJW **89**, 3295). Weitere Bsp. aus der Rspr. bei Puppe JZ 91, 554.

Derjenige, dem gegenüber die Urkunde oder Aufzeichnung unterdrückt wird, braucht nicht mit **17** dem identisch zu sein, dem Nachteil zugefügt wird (RG **39** 81).

γ) Es ist nicht erforderlich, daß ein Nachteil eingetreten ist oder auch nur eintreten konnte. **18**

4. **Idealkonkurrenz** ist möglich mit §§ 133, 136, weiter wegen des verschiedenen Schutzobjekts **19** auch mit § 133 III (BGH NJW **53**, 1924; and. Frank § 348 Anm. II, nach dem Gesetzeskonkurrenz besteht); desgleichen mit § 354 (vgl. dort RN 1).

Mit den Aneignungsdelikten (zB §§ 242, 246) besteht Gesetzeskonkurrenz. Hat der Täter die **20** Absicht, sich die Urkunde oder Aufzeichnung zuzueignen, so liegt darin die Schädigung des Berechtigten notwendig eingeschlossen. § 274 ist auf die Fälle beschränkt, in denen der Täter nur schädigen will. Tröndle LK¹⁰ 29, Frank **8** 79, **47** 215 [Möglichkeit der Idealkonkurrenz]; vgl. noch RG GA Bd. **59**, 122, Köln NJW **50**, 959). Bezieht sich die Zueignungsabsicht nur auf den Inhalt von Paketen und vernichtet der Täter zugleich die Umhüllung, die Urkundenqualität besitzt, so kommt Ideal- oder Realkonkurrenz in Betracht (BGH GA **56**, 319; vgl. auch Köln NJW **73**, 1807).

Vernichtet der Täter die Urkunde oder Aufzeichnung nach einem Diebstahl oder Betrug, so liegt **21** nur straflose Nachtat vor (RG **35** 64, BGH NJW **55**, 876, Tröndle LK¹⁰ 30; and. M-Maiwald II/2 158 f.).

Gesetzeskonkurrenz besteht mit § 303 (Frank I a. E., Tröndle LK¹⁰ 26). Gegenüber §§ 267, 268 **22** ist § 274 subsidiär, und zwar nicht nur dann, wenn die Verfälschung zugleich Beschädigung der Urkunde ist (vgl. § 267 RN 70 ff., § 268 RN 69), sondern auch dann, wenn der Täter die echte Urkunde beseitigt und durch eine Fälschung ersetzt (im letzteren Fall anders Tröndle LK¹⁰ 27).

III. Mit der durch das 2. WiKG vom 15. 5. 1986 (BGBl. I 723) eingefügten Nr. 2 wird die **22 a** **Unterdrückung beweiserheblicher Daten** unter Strafe gestellt.

1. **Gegenstand** der Tat sind beweiserhebliche Daten über die der Täter nicht oder nicht ausschließlich **22 b** verfügen darf.

a) Dieser Begriff umfaßt entsprechend der Legaldefinition in § 202 a II ausschließlich elektronisch, **22 c** magnetisch oder sonst nicht unmittelbar wahrnehmbar gespeicherte oder übermittelte **Daten** (zum

§ 274 22 d–29 Bes. Teil. Urkundenfälschung

Begriff der Daten vgl. § 202 a RN 4). Der hier verwendete Datenbegriff ist gegenüber dem in § 269 modifiziert. Einerseits ist er weiter, da nicht nur Daten, die in Falle ihrer Wahrnehmung eine Urkunde darstellen würden, sondern alle beweiserheblichen Daten erfaßt werden, andererseits ist er aber auf die Daten iSd § 202 a II beschränkt (vgl. Lenckner/Winkelbauer CR 86, 827, Tröndle/Fischer 5 a; and. Lackner/Kühl 5, Hilgendorf JuS 97, 323, 325, Puppe NK 8).

22 d b) Da die Vorschrift Angriffe auf die Beweisposition des Berechtigten erfassen soll (vgl. o. 2) bezieht sich das Tatbestandsmerkmal **„verfügen darf"** nicht auf dingliche Rechtspositionen, sondern auf das Recht, mit den Daten im Rechtsverkehr Beweis zu erbringen. Nr. 2 entspricht insoweit dem Tatbestandsmerkmal „gehören" in Nr. 1 der Vorschrift (vgl. o. 5, Lenckner/Winkelbauer aaO, Tröndle/Fischer 5 b, Lackner/Kühl 5). Als Täter kommt deshalb auch in Betracht, wer als „Berechtigter" die Daten manipuliert, dabei aber das Beweisführungsrecht verletzt.

22 e 2. Die **Tathandlung** besteht im Löschen, Unterdrücken, Unbrauchbarmachen oder Verändern der Daten. Vgl. zu diesen Begriffen § 303 a RN 4. Obwohl die Änderungen in § 274 als bloße „Folgeänderungen" deklariert sind (BT-Drs. 10/5058 S. 34), gehen sie doch weit darüber hinaus (vgl. Lenckner/Winkelbauer aaO). Sofern durch ein teilweises Löschen oder Verändern Daten verfälscht werden, kommt eine Strafbarkeit nach § 274 in Betracht, obwohl der eigentliche „Fälschungstatbestand" des § 269, etwa wegen fehlender Urkundenqualität der Daten, ausscheidet. Auf diese Diskrepanz und die Verwischung der im Urkundenstrafrecht bisher klaren Grenzen zwischen Delikten gegen die Allgemeinheit und solchen gegen den einzelnen weisen auch Lenckner/Winkelbauer aaO hin. Im übrigen führt die Vorschrift letztlich auch zur Strafbarkeit von Sachverhalten, die der schriftlichen Lüge entsprechen und die der Gesetzgeber bei § 269 bewußt straflos lassen wollte (BT-Drs. 10/5058 aaO). Der funktionell zuständige Angestellte, der seine Firma betreffende Daten verändert, ist mangels Verfügungsbefugnis nach § 274 strafbar (Beispiel bei Lenckner/Winkelbauer aaO).

22 f 3. Der **subjektive Tatbestand** erfordert Vorsatz und eine bestimmte Absicht. Die Vorschrift entspricht insoweit der Regelung in Nr. 3. Absicht der Nachteilszufügung bedeutet unbedingter Vorsatz (BGH MDR/D **58**, 140, Hamburg NJW **64**, 736, 737, Köln VRS **50**, 421; and. Hoyer SK 17, Puppe NK 12 [bedingter Vorsatz soll hiernach bereits ausreichen]). Unter Nachteil ist jede Beeinträchtigung fremder Beweisführungsrechte zu verstehen (BGH **29** 192; and. Hoyer SK 15), nicht lediglich der Vermögensschaden. Nicht erforderlich ist, daß der Nachteil den Beweisführungspflichtigen trifft (Puppe NK 14). Eine Benachteiligung eines anderen besteht dann nicht, wenn straf- oder ordnungsrechtliche Maßnahmen vereitelt werden (Bay NZV **89**, 81, Düsseldorf MDR **90**, 73 m. Anm. Puppe NZV 89, 478 u. Bottke JR 91, 252; and. AG Elmshorn NJW 89, 3295, Schneider NStZ 93, 16).

22 g 4. Die Vorschrift ist gegenüber § 303 a **lex specialis** (Möhrenschlager wistra 86, 136; Tröndle/Fischer 8, Lackner/Kühl 8). Mit § 269 ist **Tateinheit** möglich (Tröndle/Fischer 8; and. Lackner/Kühl 8).

23 IV. Durch den Tatbestand der **Veränderung einer Grenzbezeichnung** (Nr. 3) ist ausnahmsweise ein Augenscheinsobjekt als Beweismittel geschützt (v. Hippel Lehrb. 350, Tröndle LK[10] 32).

24 1. **Objekt** der Tat ist ein Grenzstein oder ein anderes zur Bezeichnung einer Grenze oder eines Wasserstandes bestimmtes Merkmal. Auf die Eigentumsverhältnisse kommt es nicht an (Tröndle LK[10] 34).

25 a) Grenzsteine sind nicht nur dann geschützt, wenn sie sich auf bürgerlich-rechtliche Verhältnisse oder Berechtigungen beziehen, sondern auch dann, wenn sie öffentlich-rechtliche Gewaltverhältnisse am Grund und Boden kennzeichnen (RG **48** 252).

26 b) Ein **anderes zur Bezeichnung einer Grenze bestimmtes Merkmal** ist ein Gegenstand, der geeignet und bestimmt ist, zur Beurkundung der Grenze zu dienen. Die Bestimmung als Grenzzeichen kann dem Gegenstand durch eine zuständige Behörde, durch Vereinbarung der Berechtigten, zwischen denen die Grenze gezogen ist, oder durch Herkommen gegeben sein (Hoyer SK 22). Das einseitige Setzen eines Grenzzeichens durch einen Berechtigten genügt grundsätzlich nicht. Eine Ausnahme gilt aber für den Fall der fälschlichen Setzung eines Grenzzeichens; in diesem Falle entscheidet die Absicht, die der Setzende bei der Handlung hat (RG **3** 410, **16** 280). Es macht keinen Unterschied, ob das Zeichen ein künstliches oder natürliches (zB ein Baum), ob es ein dauerndes oder vorübergehendes ist, ob es sich auf privatrechtliche oder öffentlich-rechtliche Verhältnisse bezieht, ob es zur Abgrenzung des Eigentums oder anderer Rechte dient (Binding Lehrb. 2, 348; and. R **6** 811 insofern, als es dingliche Natur der abgegrenzten Rechte verlangt; ebenso Tröndle LK[10] 35, Tröndle/Fischer 11).

27 Der Schutz der Grenzmerkmale ist unabhängig davon, ob sie die Grenze richtig bezeichnen oder nicht (RG **48** 254).

28 c) **Wasserstandszeichen** sind Merkmale, die zur Regelung der Nutzungsrechte am Wasser bestimmt sind (Binding Lehrb. 2, 348, Tröndle LK[10] 38).

29 2. Als in Betracht kommende **Handlungen** nennt das Gesetz das Wegnehmen (vgl. Otto Jura 92, 668), Vernichten, Unkenntlichmachen, Verrücken oder fälschliche Setzen (vgl. näher Tröndle LK[10] 39 f.). Beim fälschlichen Setzen kommt es nicht darauf an, ob Gegenstände dazu verwendet werden, die schon zur Bezeichnung einer Grenze gedient hatten oder nicht (RG **16** 281).

3. **Täter** kann jeder sein, nicht nur der Eigentümer. 30

4. Für den **subjektiven Tatbestand** ist Vorsatz und eine bestimmte Absicht erforderlich. Für den **Vorsatz** ist Kenntnis der Tatsachen notwendig, die die Eigenschaft des Merkmals als einer Grenz- oder Wasserstandsbezeichnung begründen. Zur **Absicht**, einem anderen Nachteil zuzufügen, vgl. o. 14 ff. 31

5. **Gesetzeskonkurrenz** besteht mit §§ 303, 304. 32

§ 275 Vorbereitung der Fälschung von amtlichen Ausweisen

(1) Wer eine Fälschung von amtlichen Ausweisen vorbereitet, indem er
1. Platten, Formen, Drucksätze, Druckstöcke, Negative, Matrizen oder ähnliche Vorrichtungen, die ihrer Art nach zur Begehung der Tat geeignet sind,
2. Papier, das einer solchen Papierart gleicht oder zum Verwechseln ähnlich ist, die zur Herstellung von amtlichen Ausweisen bestimmt und gegen Nachahmung besonders gesichert ist, oder
3. Vordrucke für amtliche Ausweise

herstellt, sich oder einem anderen verschafft, feilhält, verwahrt, einem anderen überläßt oder einzuführen oder auszuführen unternimmt, wird mit Freiheitsstrafe bis zu zwei Jahren oder mit Geldstrafe bestraft.

(2) Handelt der Täter gewerbsmäßig oder als Mitglied einer Bande, die sich zur fortgesetzten Begehung von Straftaten nach Absatz 1 verbunden hat, so ist die Strafe Freiheitsstrafe von drei Monaten bis zu fünf Jahren.

(3) § 149 Abs. 2 und 3 gilt entsprechend.

Vorbem. Abs. 2 neu eingefügt, bisheriger Abs. 2 wird zu Abs. 3 durch Art. 1 Nr. 69 6. StrRG vom 26. 1. 1998 (BGBl. I 180).

I. Durch das VerbrBG wurde die Nr. 3 (Vordrucke für amtliche Ausweise) sowie das Unternehmensdelikt des Ein- und Ausführens eingefügt. 1

II. Der Tatbestand stellt die **Vorbereitung einer Fälschung** von amtlichen Ausweisen unter Strafe. Das Fälschen, auch dessen Versuch unterfällt § 267. Auch ausländische Ausweise werden erfaßt (Tröndle/Fischer 2). 2

1. Die in **Abs. 1 Nr. 1** genannten **Fälschungsmittel** (Platten, Formen, Drucksätze usw.) entsprechen denen des § 149; vgl. dort RN 3 ff. Entsprechendes gilt für die Fälschungsmittel der Nr. 2, jedoch müssen diese zur Herstellung von amtlichen Ausweisen (vgl. u. 5) bestimmt sein; im übrigen ist der Regelungsgehalt der gleiche wie bei § 149 (vgl. dort RN 6). Erfaßt werden nunmehr auch Vordrucke für amtliche Ausweise (Abs. 1 Nr. 3), auch ausländische (BT-Drs. 12/6853 S. 29). Hierunter sind Formulare zu verstehen, die zur Vervollständigung durch Einzelangaben bestimmt sind (Göhler § 127 RN 10). Gleichgültig ist, ob die Formulare zT schon ausgefüllt sind (Tröndle/Fischer 3 a); dagegen fallen vollständig ausgefüllte Formulare unter § 276. 3

2. Die **Tathandlungen** entsprechen denen des § 149, sind jedoch insoweit erweitert, als § 275 auch den Fall erfaßt, daß der Täter die Fälschungsmittel einzuführen oder auszuführen unternimmt (vgl. hierzu § 184 RN 26). Die zuletzt genannten Tathandlungen sind nach dem Vorbild des § 131 I Nr. 4 und des § 184 I Nr. 4, 8, III Nr. 3 als Unternehmensdelikt ausgestaltet, „um Strafbarkeitslücken und Beweisschwierigkeiten zu vermeiden" (BT-Drs. aaO). Da auch § 149 II und III zur Anwendung kommen (vgl. § 275 III), kann wegen der Rücktrittsmöglichkeiten insgesamt auf die Erläuterungen zu § 149 verwiesen werden. 4

III. Der Täter muß die Fälschung von **amtlichen Ausweisen** vorbereiten. Zu den amtlichen Ausweisen vgl. § 281 RN 3. Auch hier geht es um Urkunden, die von öffentlichen Stellen ausgestellt sind, um die Identität einer Person oder ihrer sonstigen persönlichen Verhältnisse nachzuweisen (vgl. § 281 RN 4); insb. gehören hierher Pässe, Personalausweise, Geburtsurkunden (RG 12 385), Führerscheine (Hamm VRS 5, 619, Puppe NK 4), Studentenausweise usw. **Nicht** hierher gehören die von einer privaten Stelle ausgestellten Ausweise, zB Werksausweise, oder verwaltungsrechtliche Urkunden ohne öffentlichen Glauben (Koblenz VRS 55 428 [Kraftfahrzeugbrief]), sowie nur für den internen Dienstgebrauch bestimmte Identifizierungsmittel, zB die Bahn-Card (Hoyer SK § 273 RN 3); ebensowenig die durch § 281 II (vgl. dort RN 4) erfaßten Urkunden, die einem Ausweispapier gleichgestellt werden. 5

IV. **Tateinhei**4 ist möglich mit §§ 83, 87, 149. Werden die Fälschungsmittel gebraucht, so kommt Idealkonkurrenz mit § 267 in Betracht. § 275 tritt nicht zurück (and. Köln NStZ **94**, 289). 6

V. Durch das 6. StrRG ist § 275 Abs. 2 als Qualifikation eingefügt worden. Mit ihr soll eine wirksamere Bekämpfung der organisierten Kriminalität ermöglicht werden. Sie setzt eine gewerbsmäßige Deliktsbegehung oder eine Bandentat voraus. Diese Voraussetzungen entsprechen inhaltlich denen des § 267 III Nr. 1, durch den ein besonders schwerer Fall einer Urkundenfälschung geregelt wird; vgl. hierzu § 267 RN 101 ff. Die Bande muß sich zur fortgesetzten Begehung von Taten nach Abs. 1 verbunden haben. 7

§ 276 Verschaffen von falschen amtlichen Ausweisen

(1) Wer einen unechten oder verfälschten amtlichen Ausweis oder einen amtlichen Ausweis, der eine falsche Beurkundung der in den §§ 271 und 348 bezeichneten Art enthält,
1. einzuführen oder auszuführen unternimmt oder
2. in der Absicht, dessen Gebrauch zur Täuschung im Rechtsverkehr zu ermöglichen, sich oder einem anderen verschafft, verwahrt oder einem anderen überläßt,

wird mit Freiheitsstrafe bis zu zwei Jahren oder mit Geldstrafe bestraft.

(2) Handelt der Täter gewerbsmäßig oder als Mitglied einer Bande, die sich zur fortgesetzten Begehung von Straftaten nach Absatz 1 verbunden hat, so ist die Strafe Freiheitsstrafe von drei Monaten bis zu fünf Jahren.

Vorbem. Der bisherige Wortlaut wird zu Abs. 1, Abs. 2 wird neu eingefügt durch Art. 1 Nr. 70 6. StrRG vom 26. 1. 1998 (BGBl. I 180).

1   **I.** Die Vorschrift stellt unter den in ihr genannten Voraussetzungen den Umgang mit **gefälschten** oder **inhaltlich unrichtigen** (auch ausländischen) **Ausweisen** unter Strafe, weil diese Handlungen erfahrungsgemäß der Vorbereitung oder Durchführung von Straftaten, insbesondere im Bereich des Ausländerrechts und der organisierten Kriminalität dienen (BT-Drs. 12/6853, 20, 29, Lackner/Kühl 1).

2   **II. Tatgegenstand** sind iSv § 267 unechte oder verfälschte Dokumente, die den Anschein eines amtlichen Ausweises erwecken oder amtliche Ausweise, die eine falsche Beurkundung enthalten, d. h. mit einem ganz oder teilweise unwahren Inhalt versehen sind. Die Bezugnahme auf die §§ 271 und 348 zur Kennzeichnung unrichtiger amtlicher Ausweise ist allerdings insoweit verwirrend, als dadurch der Eindruck erweckt wird, daß das Ausweispapier entweder durch einen vorsätzlich handelnden Beamten falsch beurkundet oder dadurch zustande gekommen sein muß, daß ein unvorsätzlich handelnder Beamter durch einen bösgläubigen Dritten zur Beurkundung veranlaßt worden sein muß. Nicht erfaßt wären damit unvorsätzliche Falschbeurkundungen, hinter denen kein vorsätzlich handelnder Veranlasser steht. Indessen darf aus der Kumulation von §§ 271, 348 nicht darauf geschlossen werden, daß es auf die Art, wie die Falschbeurkundung zustande gekommen ist, ankäme; vielmehr ist wie in § 273 davon auszugehen, daß die Vorschrift jede Art eines amtlichen Ausweises erfaßt, der eine objektiv unrichtige Beurkundung enthält (Hoyer SK 2). Auch ausländische Ausweispapiere fallen in den Anwendungsbereich der Vorschrift und zwar unabhängig davon, ob der Fälschungsakt oder der Akt der Falschbeurkundung nach dem Recht des Tatortes strafbar ist (Tröndle/Fischer 2, BT-Drs. 12/6853 S. 29). Vgl. im übrigen § 273 RN 3.

3   **III.** Die **Tathandlung** besteht darin, daß der Täter es entweder unternimmt, Ausweise der genannten Art einzuführen oder auszuführen, oder einen solchen Ausweis sich oder einem anderen verschafft, verwahrt oder einem anderen überläßt.

4   1. Zum **Unternehmen** der **Einführung** und **Ausführung** vgl. § 275 RN 4.

5   2. Ein sich oder einem anderen **Verschaffen** (vgl. § 146 RN 15) liegt vor, wenn der Täter den amtlichen Ausweis zu eigener oder fremder Verfügungsgewalt in Besitz bringt oder sonstwie diese Verfügungsgewalt begründet.

6   3. **Verwahrung** bedeutet die Verschaffung eigenen Gewahrsams an dem amtlichen Ausweis (vgl. § 242 RN 37 ff.); nicht erforderlich ist, daß der Täter eigene Verfügungsgewalt über den Ausweis behält, es genügt, wenn er den Gewahrsam zur Verfügung eines Dritten begründet. Es werden folglich alle Fälle des Besitzes erfaßt, auch wenn nicht feststellbar ist, auf welche Weise, zu welchem Zeitpunkt oder zu welchem Zweck der Täter den Gewahrsam begründet hat.

7   4. **Überlassen** ist die Verschaffung des Besitzes zu eigener Verfügung oder zum eigenen, wenn auch nur vorübergehenden Gebrauch, zB durch Verleihen; vgl. im übrigen § 184 RN 8.

8   **IV.** Für den **inneren Tatbestand** ist **Vorsatz** erforderlich; bedingter Vorsatz genügt. In den Fällen der Nr. 2 ist zusätzlich die **Absicht** erforderlich, den Gebrauch der gefälschten oder falsch beurkundeten Ausweise zur Täuschung im Rechtsverkehr zu ermöglichen (and. Puppe NK 4 [dolus eventualis ausreichend]). Diese Einschränkung gegenüber dem Tatbestand der Nr. 1 hat der Gesetzgeber für notwendig gehalten, um die hier beschriebenen Tatformen auf strafwürdige Fallgruppen zu beschränken (BT-Drs. 12/6853 S. 29), während in den Fällen der Nr. 1 nach seiner Vorstellung eine solche Absicht regelmäßig vorliegen wird (BT-Drs. aaO).

9   **V.** Die **Rechtswidrigkeit** kann in analoger Anwendung von § 110a III StPO ausgeschlossen sein. Daher ist zB das Einführen eines falsch beurkundeten ausländischen Ausweises gerechtfertigt, sofern dies zum Aufbau oder zur Aufrechterhaltung der Legende eines verdeckten Ermittlers unerläßlich ist, auch wenn die Tathandlung des § 276 in § 110a III StPO nicht genannt ist.

10   **VI.** Der **Versuch** ist nicht strafbar.

11   **VII. Tateinheit** kommt in Betracht zwischen § 276 Nr. 2 mit § 263 (Lackner/Kühl 5). Im übrigen ist die Vorschrift subsidiär gegenüber §§ 267, 269, 273, 277 (Tröndle/Fischer 8, Lackner/Kühl 5).

VIII. Für den durch das 6. StrRG eingeführten **Qualifikationstatbestand** des Abs. 2 gilt dasselbe wie für § 275 Abs. 2. Die Bande muß sich zur fortgesetzten Begehung von Straftaten nach Abs. 1 verbunden haben.

§ 276a Aufenthaltsrechtliche Papiere; Fahrzeugpapiere

Die §§ 275 und 276 gelten auch für aufenthaltsrechtliche Papiere, namentlich Aufenthaltsgenehmigungen und Duldungen, sowie für Fahrzeugpapiere, namentlich Fahrzeugscheine und Fahrzeugbriefe.

Vorbem. Eingefügt durch Art. 1 Nr. 19 VerbrBG vom 28. 10. 1994 (BGBl. I 3186).

I. Die Vorschrift dehnt §§ 275, 276 gegenständlich aus auf aufenthaltsrechtliche Papiere (vgl. u. 3) und Fahrzeugpapiere (vgl. u. 4), die zur Bekämpfung des sog. Schlepperunwesens und international organisierter Kfz-Diebstähle sowie Kfz-Verschiebungen für erforderlich gehalten wird (BT-Drs. 12/6853 S. 20).

II. **Tatgegenstand** sind aufenthaltsrechtliche Papiere usw. sowie Fahrzeugpapiere.

1. Unter **aufenthaltsrechtlichen** Papieren sind Urkunden zu verstehen, die mit konstitutiver oder deklaratorischer Wirkung die aufenthaltsrechtliche Stellung einer Person dokumentieren. Nach den Gesetzesmaterialien (BT-Drs. 12/6853 S. 29f.; Puppe NK 3ff.) gehören hierher die Aufenthaltsgenehmigung iSd § 5 AuslG, die EG-Aufenthaltserlaubnis oder die Bescheinigung über die Aufenthaltsgestattung nach dem AsylVfG, die Duldung sowie entsprechende Ausweispapiere, die in Deutschland aufgrund zwischenstaatlicher Vereinbarungen (zB nach dem Schengener Abkommen) anerkannt werden.

2. **Fahrzeugpapiere,** namentlich Fahrzeugscheine (§ 24 StVZO), Fahrzeugbriefe (§ 23 I S. 3 StVZO) sowie der internationale Zulassungsschein (§ 1 IntKfzV); hierher gehören auch entsprechende ausländische Urkunden. Kennzeichen oder Plaketten am Kfz kommen aber nicht in Betracht (Hoyer SK 4).

III. Zu den **Tathandlungen** vgl. die Erläuterungen zu §§ 275, 276.

§ 277 Fälschung von Gesundheitszeugnissen

Wer unter der ihm nicht zustehenden Bezeichnung als Arzt oder als eine andere approbierte Medizinalperson oder unberechtigt unter dem Namen solcher Personen ein Zeugnis über seinen oder eines anderen Gesundheitszustand ausstellt oder ein derartiges echtes Zeugnis verfälscht und davon zur Täuschung von Behörden oder Versicherungsgesellschaften Gebrauch macht, wird mit Freiheitsstrafe bis zu einem Jahr oder mit Geldstrafe bestraft.

I. Bei der **Fälschung von Gesundheitszeugnissen** handelt es sich um den **Mißbrauch** der urkundlichen **Beglaubigungsform** zur Täuschung von Behörden oder Versicherungsgesellschaften (vgl. RG **20** 140). Der Tatbestand enthält zT Fälle der Fälschung oder Verfälschung einer Urkunde, zT aber nur Fälle schriftlicher Lüge, in denen der Täter sich ohne Identitätstäuschung als Arzt bezeichnet, ohne es zu sein. Auf die medizinische Unrichtigkeit der Bescheinigung kommt es wegen dieses formalen Charakters nicht an. Dem Gesetz erscheint die Gefährdung hinreichend, die davon ausgeht, daß nicht qualifizierte Personen Gesundheitszeugnisse anfertigen. Im ganzen handelt es sich bei § 277 um eine unverständliche Privilegierung von Fällen, die in ihrer Mehrzahl unter § 267 fallen würden (vgl. Tröndle LK[10] 2, Puppe NK 9, Hoyer SK 5).

II. **Gesundheitszeugnisse** sind nicht nur Zeugnisse über den gegenwärtigen Gesundheitszustand eines Menschen, wie etwa die von einem Arzt zum Gebrauch bei einer Ortskrankenkasse ausgestellten Krankenscheine (BGH **6** 90), sondern auch solche über früher durchgemachte Krankheiten und die von ihnen zurückgelassenen Spuren, weiter auch Zeugnisse über die Aussichten, von gewissen Krankheiten befallen oder von ihnen verschont zu werden (Binding Lehrb. 2, 273). Blutalkoholberichte sind Gesundheitszeugnisse (BGH **5** 78), nicht dagegen Zeugnisse über die Todesursache eines Menschen (RG **65** 78).

Die Befugnis zur Bezeichnung als **Arzt** ist in §§ 2, 10, 13, 14 BÄO geregelt. Für Zahnärzte gilt das ZahnheilkundeG vom 29. 7. 1964 (BGBl. I 560). Zu den **anderen approbierten Medizinalpersonen** gehören zB Hebammen (§§ 4, 6, Ges. vom 21. 12. 1938, RGBl. I 1893, BGBl. III 2124–1), Heilpraktiker (§ 1 Ges. vom 17. 2. 1939, RGBl. I 251; and. Puppe NK 5), Krankenpfleger und (Kinder-)Krankenschwestern (KrankenpflegeG vom 20. 9. 1965 BGBl. I 1443), medizinisch-technische Assistenten (Ges. über technische Assistenten in der Medizin vom 8. 9. 1971, BGBl. I 1515), Masseure, medizinische Bademeister und Krankengymnasten (Ges. vom 21. 12. 1958, BGBl. I 985).

III. Die **Handlung** besteht aus zwei Akten.

1. Für den **ersten Akt** sieht das Gesetz drei Möglichkeiten vor:

§ 278 1, 2   Bes. Teil. Urkundenfälschung

6   a) Es stellt jemand unter **seinem richtigen Namen** ein Gesundheitszeugnis aus und bezeichnet sich dabei als Arzt oder als andere approbierte Medizinalperson, ohne es zu sein. Dabei ist ohne Bedeutung, ob der Inhalt des Zeugnisses wahr oder falsch ist.

7   b) Es stellt jemand unter dem **Namen eines anderen,** der Arzt oder eine andere approbierte Medizinalperson ist, ein Gesundheitszeugnis aus. Auch ein Arzt kann diese Alt. verwirklichen. Auch hier ist die inhaltliche Richtigkeit des Zeugnisses unwesentlich. Unter dem Namen eines anderen handelt auch, wer vorgibt, von diesem beauftragt oder bevollmächtigt zu sein. Dies kann ausdrücklich oder stillschweigend, etwa durch Verwendung entsprechender Formulare, geschehen (vgl. auch Bremen GA **55**, 277). Es handelt sich um einen Spezialfall von § 267.

8   c) Es **verfälscht** jemand ein **von einem Arzt** oder einer anderen approbierten Medizinalperson **ausgestelltes Zeugnis.** Dies setzt voraus, daß der Inhalt der Bescheinigung verändert wird (vgl. § 267 RN 65 ff.). Nach Celle HRR **33** Nr. 786 kann jedoch der ausstellende Arzt das Zeugnis durch eine spätere Änderung nicht verfälschen, jedenfalls so lange nicht, als die Behörde aufgrund des Zeugnisses nichts veranlaßt hat (vgl. § 267 RN 66 ff.; einschr. Tröndle LK[10] 11). Auch diese Alt. enthält einen Spezialfall von § 267.

9   2. Der **zweite Akt** besteht im **Gebrauchmachen zur Täuschung** von Behörden oder Versicherungsgesellschaften. Bei den Versicherungsgesellschaften muß es sich um eine Täuschung im Rahmen eines Versicherungsverhältnisses handeln; es genügt zB nicht, daß ein Angestellter der Gesellschaft sein Fernbleiben vom Dienst mit einem gefälschten Gesundheitszeugnis entschuldigt. Bei Behörden genügt eine Täuschung bei jeder Maßnahme, bei der der Gesundheitszustand zur Grundlage der Entscheidung gemacht wird (zB Einstellung als Beamter, Versorgungsleistungen, Beihilfe im Krankheitsfall). Behörden iS dieser Bestimmung sind auch Ortskrankenkassen und Unfallberufsgenossenschaften (vgl. RG **74** 270 m. Anm. Mezger DR 40, 2060, BGH **6** 90, wo die AOK als Versicherungsgesellschaft bezeichnet wird). Versicherungsgesellschaft ist jedes private Versicherungsunternehmen. Die Täuschung braucht sich nur auf die Person des Ausstellers und dessen Eigenschaft als Arzt usw. zu beziehen, nicht dagegen einen Irrtum über den Gesundheitszustand zu erwecken (RG **20** 140); sie braucht der Irrtum nicht tatsächlich verursacht zu haben. Über ausländische Konsulate im Inland vgl. BGH NJW **63**, 1318. Keinen Schutz genießt die sog. „Sachverständigenstelle" nach § 16 III RöV, da hier nicht der Gesundheitszustand bestimmter Personen beurteilt wird (BGH **43** 352 m. Bespr. Detter JA 98, 535, Rigizahn JR 98, 523).

10 3. Entgegen dem Wortlaut ist **nicht** erforderlich, daß der Fälscher das Zeugnis **selbst gebraucht** oder für sich gebrauchen lassen will (and. Hoyer SK 6). Es genügt die Herstellung für einen andern, auch wenn dieser sich durch den Gebrauch nicht nach § 279 strafbar macht (zust. Tröndle LK[10] 12).

11 IV. Für den **subjektiven Tatbestand** ist Vorsatz sowie Täuschungsabsicht erforderlich. Entsprechend dem o. 10 Ausgeführten braucht die Absicht auf eigenhändige Täuschung gerichtet zu sein. Eine Schädigungsabsicht wird nicht vorausgesetzt (RG **31** 298, Tröndle LK[10] 13).

12 V. **Idealkonkurrenz** ist mit § 13 BÄO möglich, für Zahnärzte mit § 18 ZahnheilkundeG, weiter auch mit § 263. **Gesetzeskonkurrenz** besteht mit § 267; die vorliegende Bestimmung geht als Spezialgesetz vor (RG **6** 1, **31** 298; vgl. aber RG **67** 117; vgl. auch Puppe NK 9, die von einer „Fehlleistung des Gesetzgebers" spricht; krit. auch Hoyer SK 4 ff.).

§ 278 Ausstellen unrichtiger Gesundheitszeugnisse

Ärzte und andere approbierte Medizinalpersonen, welche ein unrichtiges Zeugnis über den Gesundheitszustand eines Menschen zum Gebrauch bei einer Behörde oder Versicherungsgesellschaft wider besseres Wissen ausstellen, werden mit Freiheitsstrafe bis zu zwei Jahren oder mit Geldstrafe bestraft.

1   I. Beim **Ausstellen unrichtiger Gesundheitszeugnisse** handelt es sich im Gegensatz zum § 277 darum, daß Zeugnisse mit falschem Inhalt von einer zur Ausstellung befugten Person hergestellt werden. Das Gesundheitszeugnis muß also formell echt, aber inhaltlich unrichtig sein (Lackner/Kühl 2).

2   II. Über **Gesundheitszeugnisse** vgl. § 277 RN 2 f. Unrichtig ist auch ein Zeugnis, in dem ein Arzt einen Befund bescheinigt, ohne eine Untersuchung vorgenommen zu haben (RG **74** 231, BGH **6** 90, München NJW **50**, 796, Zweibrücken JR **82**, 294 m. Anm. Otto; vgl. auch Düsseldorf MDR **57**, 372; and. Hoyer SK 2; Puppe NK 2), da das Vertrauen in das ärztliche Zeugnis darauf beruht, daß eine ordnungsgemäße Untersuchung stattgefunden hat (vgl. Frankfurt NJW **77**, 2128); ebenso das Vertauschen von Blutproben (Oldenburg NJW **55**, 761). Auch ein Zeugnis, das zwar den Gesamtbefund richtig wiedergibt, jedoch erdichtete oder verfälschte Einzelheiten enthält, kann unrichtig sein (BGH **10** 157). Andererseits wird ein im Ergebnis richtiges Zeugnis nicht deshalb falsch, weil der behandelnde Arzt nicht alle medizinisch indizierten Untersuchungsmethoden angewandt, zB auf Grund der Anamnese auf eine serologische Untersuchung verzichtet hat (Zweibrücken JR **82**, 294 m. Anm. Otto). Geht die Medizinalperson offensichtlich über den Kreis ihrer Funktionen hinaus (technische Assistentin), so kommt ihrer Bescheinigung ein Beweiswert nicht zu; § 278 ist in diesem Fall nicht erfüllt (vgl. Bremen GA **55**, 277, Tröndle LK[10] 1).

Über **Ärzte** und **andere Medizinalpersonen** vgl. § 277 RN 3. Der Arzt kann auch zu der 3
Behörde in einem festen Dienstverhältnis stehen (BGH **10** 157).
   Das Zeugnis muß **zum Gebrauch bei einer Behörde oder Versicherungsgesellschaft** (vgl. 4
§ 277 RN 9) ausgestellt sein.
   Vollendet ist die Tat mit der Ausstellung des Zeugnisses zu dem genannten Zweck; Gebrauchma- 5
chen ist zur Vollendung nicht erforderlich, ebensowenig das Begeben (and. Samson SK 4).
   III. Für den **subjektiven Tatbestand** verlangt das Gesetz Handeln wider besseres Wissen. Damit 6
ist bedingter Vorsatz bezüglich der Unrichtigkeit des Inhalts ausgeschlossen; hinsichtlich der Bestimmung des Zeugnisses ist aber bedingter Vorsatz ausreichend. Zum Irrtum vgl. RG **74** 231. Nicht
erforderlich ist, daß der Täter ungerechtfertigte Maßnahmen der Behörde oder Versicherungsgesellschaft veranlassen will (BGH **10** 157).
   IV. **Gesetzeskonkurrenz** besteht mit § 348; liegen die Voraussetzungen des § 348 vor, so tritt 7
§ 278 zurück (Tröndle LK¹⁰ 5; and. [Idealkonkurrenz] Hoyer SK 6, Puppe NK 5). Tateinheit kommt
mit Begünstigung in Betracht (Oldenburg NJW **55**, 761).

§ 279 Gebrauch unrichtiger Gesundheitszeugnisse

Wer, um eine Behörde oder eine Versicherungsgesellschaft über seinen oder eines anderen Gesundheitszustand zu täuschen, von einem Zeugnis der in den §§ 277 und 278 bezeichneten Art Gebrauch macht, wird mit Freiheitsstrafe bis zu einem Jahr oder mit Geldstrafe bestraft.

   I. Die Bestimmung behandelt das **Gebrauchmachen** von gefälschten oder unrichtigen Gesund- 1
heitszeugnissen. Es genügt, daß es sich um ein objektiv fehlerhaftes Zeugnis iS der §§ 277, 278
handelt; es ist nicht vorauszusetzen, daß der Aussteller das Zeugnis wider besseres Wissen ausgestellt hat
(RG **32** 296, BGH **5** 84, Bremen GA **55**, 278 und die h. M. im Schrifttum; and. v. Liszt-Schmidt
754). Es wird auch nicht vorauszusetzen sein, daß der Arzt usw. das Zeugnis zum Gebrauch bei einer
Behörde oder Versicherungsgesellschaft ausgestellt hat (Tröndle LK¹⁰ 1 mwN), jedoch müssen im
übrigen die Voraussetzungen der §§ 277, 278 vorliegen (Bremen GA **55**, 278).
   § 279 bezieht sich nicht auf alle Fälle des § 277, da dort wie unrichtiger Inhalt des Zeugnisses nicht 2
stets vorausgesetzt wird, hier jedoch wohl; dies ergibt sich aus der hier geforderten Täuschungsabsicht.
Die Behörden und Versicherungsgesellschaften können auch ausländische sein (vgl. BGH **18** 333).
   Für den **subjektiven Tatbestand** ist erforderlich, daß der Täter die Unrichtigkeit des Zeugnisses 3
kennt; bedingter Vorsatz genügt. Weiter muß der Täter in der Absicht handeln, eine Behörde oder
eine Versicherungsgesellschaft zu täuschen (Hoyer SK 4; and. Puppe NK 4).
   II. **Idealkonkurrenz** ist mit § 263 möglich. 4

§ 280 *aufgehoben durch 1. StrRG v. 25. 6. 69 (BGBl. I 645).*

§ 281 Mißbrauch von Ausweispapieren

(1) Wer ein Ausweispapier, das für einen anderen ausgestellt ist, zur Täuschung im Rechtsverkehr gebraucht, oder wer zur Täuschung im Rechtsverkehr einem anderen ein Ausweispapier überläßt, das nicht für diesen ausgestellt ist, wird mit Freiheitsstrafe bis zu einem Jahr oder mit Geldstrafe bestraft. Der Versuch ist strafbar.
(2) Einem Ausweispapier stehen Zeugnisse und andere Urkunden gleich, die im Verkehr als Ausweis verwendet werden.

   I. **Gegenstand** der Tat sind Ausweispapiere sowie Zeugnisse und andere Urkunden, die im Verkehr 1
als Ausweis verwendet werden. § 281 bezieht sich aber nur auf **echte Urkunden** der genannten Art
(and. Hoyer SK 4, 7; zu diesem Begriff vgl. § 267 RN 66.
   Der Gebrauch eines unechten oder verfälschten Ausweispapiers ist nach § 267 strafbar (BGH NJW 2
57, 472, Tröndle/Fischer 2; and. [Idealkonkurrenz] BGH GA **56**, 182). Hat sich jemand einen echten,
aber inhaltlich falschen Ausweis durch falsche Angaben verschafft, so kommt § 271 in Betracht.
   1. **Ausweispapiere** sind Papiere, die dem Nachweis der Identität oder der persönlichen Verhält- 3
nisse dienen sollen und von einer hoheitlichen Stelle ausgestellt sind, zB Pässe, Personalausweise,
Führerscheine (Hamm VRS **5** 619), Behördenausweise mit Lichtbildern, Studentenausweise, Sozial-
versicherungsausweise (and. LG Dresden NZV **98**, 218 m. abl. Anm. Saal), jedoch nicht Kraftfahr-
zeugscheine (Koblenz VRS **55** 428). Codekarten etc. sind keine Ausweispapiere, da sie nicht von einer
amtlichen Stelle ausgegeben werden (Steinhilper GA 85, 130, Bieber JuS 89, 478, Hecker GA 97,
525, 531).
   2. Einem Ausweispapier stehen **Zeugnisse** und **andere Urkunden** gleich, die im Verkehr als 4
Ausweise verwendet werden. Da diese als Urkunden eine eigene spezifische Beweisfunktion haben,
kann even ein Mißbrauch nicht unter § 281 fallen; insoweit greift § 267 ein. Erforderlich ist vielmehr,
daß diese Urkunden „als Ausweis" verwendet werden, d. h. zum Nachweis der Identität des Inhabers
oder bestimmter persönlicher Umstände. In Betracht kommen zB Schulzeugnisse (and. Puppe

§ 282 1–4   Bes. Teil. Urkundenfälschung

NK 12), Taufscheine, Geburtsurkunden usw. Zu den Fotokopien solcher Urkunden vgl. § 267 RN 42.

II. Als strafbare **Handlung** kommen zwei Formen in Betracht:

5   1. Das **Gebrauchen** von Ausweisen, die für einen anderen ausgestellt sind. Erforderlich ist, daß die Urkunde als Ausweispapier gebraucht wird; es wird nicht vorausgesetzt, daß sie gemäß ihrer Beweisbestimmung verwendet wird. Ein Studentenausweis kann zB auch gegenüber einer Theaterkasse gebraucht werden (zust. Tröndle LK[10] 4). Vgl. zum Gebrauchen im übrigen § 267 RN 76 ff. und Hamm HESt. 2 331. Es handelt sich nicht um ein eigenhändiges Delikt; Mittäterschaft ist nach allgemeinen Regeln möglich (BGH MDR/He **55**, 18).

6   2. Das **Überlassen** von Ausweisen an andere, für die sie nicht ausgestellt sind. Erforderlich ist die Übertragung der Verfügungsgewalt derart, daß der Empfänger in die Lage versetzt wird, das Ausweispapier zu gebrauchen (KG NJW **53**, 1274), wobei nicht verlangt wird, daß es für den Überlassenden ausgestellt ist (Tröndle LK[10] 5, Hoyer SK 5); zum Ganzen vgl. Hecker aaO. Ohne Bedeutung ist, ob der andere den Ausweis tatsächlich gebraucht. Zur Frage des Überlassens als Teilnahme am Gebrauchen vgl. Schmitt NJW 77, 1811.

7   3. **Nicht** erfaßt wird, wer **sich** ein für ihn nicht ausgestelltes Ausweispapier zur Täuschung im Rechtsverkehr **verschafft**.

8   **III.** Für den **subjektiven Tatbestand** ist Vorsatz und eine bestimmte Absicht erforderlich. Für den **Vorsatz** genügt dolus eventualis. Der Täter muß ferner zur **Täuschung im Rechtsverkehr** handeln; vgl. hierzu § 267 RN 84 ff. Zweifelhaft kann allerdings sein, ob über die Identitätstäuschung hinaus der Wille des Täters erforderlich ist, den Getäuschten zu einem rechtlich erheblichen Verhalten zu bestimmen. Da jedoch § 281 auf der Erwägung beruht, daß gewisse rechtliche Reaktionen (Erlaubnis zum Grenzübertritt, Einlaß in Universitätsbibliothek, Rüstungsbetrieb etc.) erst nach einer Feststellung der Person oder sonstiger persönlicher Verhältnisse (Beruf, Alter usw.) vorgenommen werden, ist auch im Rahmen von § 281 erforderlich, daß der Täter den Getäuschten zu einem rechtlich erheblichen Verhalten bestimmen will (Cramer GA 63, 367). Ein außerhalb des Rechtslebens verübter Ausweismißbrauch genügt hier ebensowenig, wie dies bei § 267 der Fall wäre (vgl. Tröndle LK[10] 7).

9   **IV.** Der **Versuch** ist strafbar (Abs. 1 S. 2). Versuch der 2. Alt. liegt zB vor, wenn der Täter die Überlassung des Ausweises anbietet (KG NJW **53**, 1274). Über Versuchsfälle vgl. weiter Schlosky DR **42**, 712.

10   **V. Idealkonkurrenz** ist möglich mit § 263; mit § 21 StVG besteht Idealkonkurrenz (vgl. 91 vor § 52, Puppe NK 13; and. BGH VRS **30** 185, DAR/M **69**, 149, Lackner/Kühl 6, Tröndle LK[10] 10 [Realkonkurrenz]).

§ 282 Vermögensstrafe, Erweiterter Verfall und Einziehung

(1) In den Fällen der §§ 267 bis 269, 275 und 276 sind die §§ 43 a und 73 d anzuwenden, wenn der Täter als Mitglied einer Bande handelt, die sich zur fortgesetzten Begehung solcher Taten verbunden hat. § 73 d ist auch dann anzuwenden, wenn der Täter gewerbsmäßig handelt.

(2) Gegenstände, auf die sich eine Straftat nach § 267, § 268, § 271 Abs. 2 und 3, § 273 oder § 276, dieser auch in Verbindung mit § 276 a, oder nach § 279 bezieht, können eingezogen werden. In den Fällen des § 275, auch in Verbindung mit § 276 a, werden die dort bezeichneten Fälschungsmittel eingezogen.

Vorbem. Neufassung durch Art. 1 Nr. 71 6. StrRG vom 26. 1. 1998 (BGBl. I 180).

1   **I.** Abs. 1 der Vorschrift wurde durch das 6. StrRG zur wirksameren Bekämpfung der **organisierten Kriminalität** eingeführt. § 282 aF wurde erweitert und findet sich heute in Abs. 2 der Vorschrift wieder. Da die Gleichstellungsregelung in § 270 nicht genannt ist, kommen die in § 282 genannten Sanktionen bei der fälschlichen Beeinflussung einer Datenverarbeitung im Rechtsverkehr nicht in Betracht.

2   **II.** Die Möglichkeit der **Anordnung von Vermögensstrafe** nach § 43 a und zum Erweiterten Verfall nach § 73 d wird durch Abs. 1 der Vorschrift eröffnet. Diese Sanktionen betreffen Straftaten nach § 267 bis 269, 275 und § 276. Da § 276 a nicht genannt ist, scheidet die Vermögensstrafe und der Erweiterte Verfall insoweit aus.

3   Soll eine Vermögensstrafe verhängt werden, so muß die Anknüpfungstat durch ein Bandenmitglied verwirklicht worden sein. Für den erweiterten Verfall genügt jedoch als Anknüpfungstat auch eine gewerbsmäßige Deliktsbegehung.

4   **III.** Einer **Einziehung** will die Bestimmung auch solche Gegenstände von Fälschungsdelikten unterwerfen, die, weil lediglich passives Objekt der Tat, nicht als instrumenta oder producta sceleris i. e. S. angesehen werden können und deshalb durch die allgemeine Vorschrift des § 74 nicht erfaßt werden (vgl. § 74 RN 5). Näher zu dieser Grenzziehung Eser, Die strafrechtlichen Sanktionen gegen das Eigentum (1969) 318 ff., 329 ff.

Vorbemerkung   1 **Vorbem. §§ 283 ff.**

1. Grundsätzlich wird eine **volldeliktische Tat** nach den §§ 267, 268, 273, 275, 276, 276a oder   5
279 vorausgesetzt, es sei denn, es läßt sich ein Sicherungsbedürfnis nach § 74 II Nr. 2 nachweisen;
vgl. dazu § 74 II. Soweit bei den Tatbeständen der Versuch strafbar ist (§ 267 II), reicht dieser aus
(vgl. § 74 RN 3).

a) **Einziehbar** sind hier nur die in jenen Tatbeständen genannten Urkunden, technischen Auf-   6
zeichnungen, Wertzeichen oder Gesundheitszeugnisse sowie die Gegenstände, die nach § 275 der
Fälschung amtlicher Ausweise dienen. Andere Gegenstände, die zB zur Herstellung einer Urkunde
gedient haben, können daher allenfalls nach § 74 eingezogen werden.

b) Grundsätzlich bleibt die Einziehung auf **tätereigene Gegenstände** beschränkt, es sei denn, sie   7
stellen eine Gefährdung der Allgemeinheit dar oder sollen bei weiteren Straftaten Verwendung finden.
In diesem Falle kann sich die Einziehung nach § 74 II Nr. 2 auch auf Dritteigentum erstrecken.

2. Die Einziehung steht bei §§ 267, 268, 273, 276, 279 im **Ermessen** des Gerichts; bei § 275,   8
auch in Verbindung mit § 276a, ist die Einziehung **zwingend** vorgeschrieben.

3. Im übrigen finden die §§ 74 ff. ergänzende Anwendung; vgl. 12 vor § 73.   9

Vierundzwanzigster Abschnitt. Insolvenzstraftaten

Vorbemerkungen zu den §§ 283 ff.

Schrifttum: Bieneck, Die Zahlungseinstellung aus strafrechtl. Sicht, wistra 92, 89. – *ders.,* Relevanz der Insolvenzordnung u. aktuelle Änderungen des Eigenkapitalersatzrechts, StV 99, 43. – *Biletzki,* Strafrechtl. Gläubigerschutz bei fehlerhafter Buchführung durch den GmbH-Geschäftsführer, NStZ 99, 537. – *Bittmann,* Zahlungsunfähigkeit u. Überschuldung nach der Insolvenzordnung, wistra 98, 321, 99, 10. – *Bittmann/ Dreier,* Bekämpfung der Wirtschaftskriminalität nach dem Ende der fortgesetzten Handlung, NStZ 95, 105. – *Bittmann/Pikarski,* Strafbarkeit der Verantwortlichen der Vor-GmbH, wistra 95, 91. – *Bittmann/Terstegen,* Auswirkungen der Rspr. der Zivilgerichte zur Haftung im qualifizierten faktischen GmbH-Konzern (usw), wistra 95, 249. – *Böhle-Stamschräder,* Komm. zur KO, 12. A. 1976. – *ders.,* Zur Neuordnung des Konkursstrafrechts, KTS 57, 111. – *Borup,* Die drohende Zahlungsunfähigkeit aus der Sicht der Betriebswirtschaftslehre, wistra 88, 88. – *Bretzke,* Der Begriff der „drohenden Zahlungsunfähigkeit" im Konkursstrafrecht, 1984. – *Breuer,* Das neue Insolvenzrecht, 1998. – *Burger/Schellberg,* Zur Vorverlagerung der Insolvenzauslösung durch das neue Insolvenzrecht, KTS 95, 563. – *Deutscher/Körner,* Strafrechtl. Gläubigerschutz in der Vor-GmbH, wistra 96, 8. – *Franzheim,* Das Tatbestandsmerkmal der Krise im Bankrottstrafrecht, NJW 80, 2500. – *ders.,* Der strafrechtliche Überschuldungsbegriff, wistra 84, 212. – *Gallandi,* Straftaten im Bankrottnormprogramm, wistra 92, 10. – *Geerds, D.,* Die Rückzahlung kapitalsetzender Darlehen durch den Allein-Gesellschaftergeschäftsführer, in Geerds-FS, 1995, 689. – *Geisler,* Zur Vereinbarkeit objektiver Bedingungen der Strafbarkeit mit dem Schuldprinzip, 1998. – *Grub,* Die insolvenzrechtl. Verantwortlichkeit der Gesellschafter von Personenhandelsgesellschaften, 1995. – *Hartung,* Der Rangrücktritt eines GmbH-Gläubigers, NJW 95, 1186. – *ders.,* Kapitalsetzende Darlehen, NJW 96, 229. – *ders.,* Probleme bei der Feststellung der Zahlungsunfähigkeit, wistra 97, 1. – *Hiltenkamp-Wisgalle,* Die Bankrottdelikte, 1987. – *Hoffmann,* Berücksichtigung von Rückstellungen bei Prüfung der Überschuldung, MDR 79, 93. – *ders.,* Drohende u. eingetretene Zahlungsunfähigkeit (usw), DB 80, 1527. – *Höffner,* Überschuldung (usw), BB 99, 252. – *Höfner,* Die Überschuldung als Krisenmerkmal des Konkursstrafrechts, 1981. – *Krause,* Ordnungsgemäßes Wirtschaften u. Erlaubtes Risiko, 1995. – *Kübler,* Insolvenzordnung, 1999. – *Labsch,* Die Strafbarkeit des GmbH-Geschäftsführers im Konkurs der GmbH, wistra 85, 1. – *Löffeler,* Strafrechtl. Konsequenzen faktischer Geschäftsführung, wistra 89, 121. – *Lüderssen,* Der Begriff der Überschuldung in § 84 GmbHG, A. Kaufmann-FS, 1989, 675. – *Moosmayer,* Einfluß der Insolvenzordnung 1999 auf das Insolvenzstrafrecht, 1997. – *ders.,* Anm. zu Biletzki, NStZ 00, 295. – *Muhler,* Nichtbilanzierung von Privatvermögen strafbar? wistra 96, 125. – *Müller-Gugenberger/Bieneck* (Hrsg.), Wirtschaftsstrafrecht, 3. A. 2000. – *Otto,* Der Zusammenhang zwischen Krise, Bankrotthandlung und Bankrott im Konkursstrafrecht, R. Bruns-GedS 1980, 265. – *Pohl,* Strafbarkeit nach § 283 Abs. 1 Nr. 7b auch bei Unvermögen der Bilanzaufstellung?, wistra 96, 14. – *Rotsch,* Zur Unanwendbarkeit der §§ 283 StGB, 84 GmbHG in den neuen Bundesländern vor Inkrafttreten der Insolvenzordnung, wistra 00, 5. – *Schlüchter,* Der Grenzbereich zwischen Bankrottdelikten und unternehm. Fehlentscheidungen, 1977. – *dies.,* Zur Bewertung der Aktiva für die Frage der Überschuldung, wistra 84, 41. – *K. Schmidt,* Das Handelsrechtsreformgesetz, NJW 98, 2161. – *Stree,* Objektive Bedingungen der Strafbarkeit, JuS 65, 465. – *Tiedemann,* Die Überschuldung als Tatbestandsmerkmal des Bankrotts, in Schröder-GedS, 1978, 289. – *ders.,* Grundfragen bei der Anwendung des neuen Insolvenzstrafrechts, NJW 77, 777. – *ders.,* Welche strafrechtl. Mittel empfehlen sich für eine wirksame Bekämpfung der Wirtschaftskriminalität?, Gutachten zum 49. DJT, 1972. – *ders.,* Objektive Strafbarkeitsbedingungen u. die Reform des dt. Konkursstrafrechts, ZRP 75, 129. – *ders.,* Der BGH zum neuen Konkursstrafrecht, NJW 79, 254. – *ders.,* Insolvenzstraftaten aus der Sicht der Kreditwirtschaft, ZIP 83, 513. – *Uhlenbruck,* Strafrechtliche Aspekte der Insolvenzrechtsreform 1994, wistra 96, 1. – *ders.,* Strafbefreiende Wirkung des Insolvenzplans?, ZInsO 98, 250. – *Wabnitz/Janovsky* (Hrsg.), Hdb des Wirtschafts- u. Steuerstrafrechts, 2000. – *Weyand,* Konkursdelikte, 4. A. 1998. – *Wimmer* (Hrsg.), Frankfurter Kommentar zur Insolvenzordnung, 2. A. 1999. – *ders.,* Die Haftung des GmbH-Geschäftsführers (usw), NJW 96, 2546. – *Winkelbauer,* Strafrechtl. Gläubigerschutz im Konkurs der KG (usw), wistra 86, 17.

Vgl. auch §§ 192 ff. AE und dazu Begr. 81 ff. in AE BT/Straftaten gegen die Wirtschaft, 1977.

Vorbem. §§ 283 ff. 1–3   Bes. Teil. Insolvenzstraftaten

1   I. Die **Vorschriften über Konkursstraftaten** waren seit 1879 der KO zugewiesen. Unter wesentlicher Änderung sind sie 1976 durch das 1. WiKG wieder in das StGB eingefügt worden (zur geschichtlichen Entwicklung s. Kindhäuser NK 11 ff., Krause aaO 51 ff., Tiedemann LK 33 ff.). Mit Ausnahme des § 283 b (Verletzung der Buchführungspflicht) erfassen sie bestimmte wirtschaftlich verantwortungslose bzw. konkursträchtige (vgl. § 192 AE) und damit pflichtwidrige Verhaltensweisen in einer wirtschaftlichen Krisensituation, in die ein am Wirtschaftsverkehr Beteiligter geraten ist, sowie die Herbeiführung einer solchen Krisensituation durch pflichtwidriges Verhalten. Zusätzliches Erfordernis für die Strafbarkeit ist in allen Fällen die Zahlungseinstellung, die Eröffnung eines Konkursverfahrens oder die Abweisung des Eröffnungsantrags mangels Masse. Es handelt sich insoweit jedoch nicht um ein unrechtsrelevantes Tatbestandsmerkmal, sondern um eine objektive Strafbarkeitsbedingung (vgl. § 283 RN 59).

1 a   Mit der Insolvenzreform (vgl. InsO v. 5. 10. 1994, BGBl. I 2866) erfolgte ab 1. 1. 1999 eine Umstellung von Konkursstraftaten auf **Insolvenzstraftaten.** Die Konkurs- und Vergleichsordnung sowie die Gesamtvollstreckungsordnung wurden aufgehoben, die an deren Stelle tretende InsO vereinheitlicht das bisher auf Konkurs und Vergleich verteilte Insolvenzrecht (BT-Drs. 12/3803 S. 100, zum Gesetzgebungsverfahren vgl. Moosmayer aaO 10 ff.). Die Insolvenzrechtsreform hat Rückwirkungen für das Insolvenzstrafrecht. Art. 60 EGInsO ersetzt in den §§ 283 ff. die Worte „Konkurs" durch „Insolvenz", „Konkursmasse" durch „Insolvenzmasse" und „Konkursverfahren" durch „Insolvenzverfahren". Allgemein ist das Insolvenzverfahren schneller und leichter zu eröffnen als das bisherige Konkursverfahren (vgl. BT-Drs. 12/2443 S. 84, Moosmayer aaO 37 ff., Uhlenbruck wistra 96, 2, ferner Breuer aaO 2 f.), vor allem weil der Begriff der Zahlungsunfähigkeit als Grund für die Eröffnung des Insolvenzverfahrens ausgeweitet worden ist (§ 18 Abs. 1 InsO). Daher kann die objektive Strafbarkeitsbedingung (§ 283 Abs. 6) früher als bisher eintreten (MG-Bieneck 1995 f., Moosmayer aaO 177, Tiedemann LK 10; s. unten § 283 RN 59). Zu beachten ist weiter die gesetzliche Neufassung und Erweiterung der Insolvenzgründe (§ 17 InsO Zahlungsunfähigkeit, § 18 InsO drohende Zahlungsunfähigkeit, § 19 InsO Überschuldung; s. unten § 283 RN 50 a ff.), die Stärkung des wirtschaftlichen Gestaltungsspielraums der Gläubiger (§§ 1, 254 ff. InsO), insbes. über den Befriedigungsweg (Liquidation oder Fortführung des Unternehmens) zu entscheiden, wobei der Erhalt des Unternehmens als Form der investiven Verwertung des Schuldnervermögens zugunsten der Gläubiger angesehen wird (vgl. BT-Drs. 12/2443 S. 93, Moosmayer aaO 24, Tiedemann LK 3; vgl. auch Kindhäuser NK 26, Krause aaO 159 ff., zur Bedeutung für die Rechtsgutsbestimmung s. 2), sowie die ausdrückliche Einbeziehung der Verbraucherinsolvenz in das Insolvenzverfahren (§§ 304 ff. InsO, dazu § 283 RN 7 a, 65). Zu weiterem s. bei §§ 283 ff. und die Übersichten bei Bieneck StV 99, 43, MG-Bieneck 1995 f., Bittmann wistra 98, 321, 99, 10, Uhlenbruck wistra 96, 1.

2   II. Der **Zweck der Vorschriften** ist komplexer Art und je nach Verbotsnorm unterschiedlich akzentuiert. Allgemein zielt er zum einen darauf ab, das Interesse der Gläubiger an einer Befriedigung ihrer geldwerten Ansprüche zu schützen (hM, vgl. Frankfurt NStZ **97**, 552, MG-Bieneck 1987, Lackner/Kühl § 283 RN 1, Tiedemann LK 45 f., 100, 155, und die Nachw. b. Moosmayer aaO 121; vgl. auch Gallandi wistra 92, 10, Krause aaO 156, Tröndle/Fischer 3 [Schutz der potentiellen Insolvenzmasse]). Die durch die InsO gestärkten Gestaltungsinteressen der Gläubiger (vgl. o. 1 a) sind Teil der geschützten Befriedigungsinteressen (Lackner/Kühl § 283 RN 1, Tiedemann LK 48, 88; vgl. auch Kindhäuser NK 26, Krause aaO 159 ff.). Einbezogen in den Gläubigerschutz sind auch Arbeitnehmer, ohne daß die InsO einen Bestandsschutz für Arbeitsplätze im Insolvenzverfahren gewähren würde (vgl. § 113 InsO) oder Arbeitnehmerinteressen als strafrechtlichen Schutzgut vorrangig geschützt wären (Tiedemann LK 51). Eine Mehrheit von Gläubigern wird nicht vorausgesetzt; vielmehr genügt, daß ein einziger Gläubiger vorhanden ist (RG **59** 326, **41** 314, Tröndle/Fischer 3). Sind umgekehrt mehrere Gläubiger vorhanden, so kommt es, wie schon § 283 c belegt, auf die Gesamtheit der Gläubiger und ihre Befriedigung an (vgl. BGH **28** 373, RG **68** 109, Tiedemann LK 45). Im Schutz der Vermögensinteressen der Gläubiger erschöpft sich indes der Zweck der Strafbestimmungen nicht (and. Hartwu Bemmann-FS 314, Höfner aaO 19, 83, Krause aaO 171, 451, Kindhäuser NK 34, M-Maiwald I 551, Samson SK 3). Sie dienen zugleich, auch mit Blick auf die (verfassungsrechtliche) Legitimation (vgl. Lagodny aaO 439), dem Schutz überindividueller Interessen, allgemein dem Schutz der Gesamtwirtschaft, die idR durch Insolvenzstraftaten mitbetroffen ist (Lackner/Kühl § 283 RN 1, Schlüchter JR 79, 513, W-Hillenkamp 458), speziell (insbes. mit Blick auf die Auslegung insolvenzträchtiger Verhaltensweisen, o. 1) dem Schutz der Funktionsbedingungen der Kreditwirtschaft als Teil der Gesamtwirtschaft (vgl. MG-Bieneck 1987, Otto II 299, Tiedemann ZRP 75, 133 u. LK 55 ff., Tröndle/Fischer 3 mwN, ferner Moosmayer aaO 134, 210).

3   III. Eine **Verurteilung** nach den §§ 283–283 d hat zur **Folge,** daß der Verurteilte auf Dauer von 5 Jahren seit der Rechtskraft des Urteils weder Geschäftsführer einer GmbH noch Mitglied des Vorstands einer AG sein kann (§ 6 II 2 GmbHG, § 76 III 2 AktG). In die Frist wird die Zeit einer behördlich angeordneten Verwahrung des Verurteilten in einer Anstalt, namentlich also die Verbüßung einer Freiheitsstrafe, nicht eingerechnet. Zu verfassungsrechtlichen Bedenken vgl. Stein, Voerste Die Aktiengesellschaft 87, 165, 376; dagg. MG-Bieneck 1993.

§ 283 Bankrott

(1) Mit Freiheitsstrafe bis zu fünf Jahren oder mit Geldstrafe wird bestraft, wer bei Überschuldung oder bei drohender oder eingetretener Zahlungsunfähigkeit

1. Bestandteile seines Vermögens, die im Falle der Eröffnung des Insolvenzverfahrens zur Insolvenzmasse gehören, beiseite schafft oder verheimlicht oder in einer den Anforderungen einer ordnungsgemäßen Wirtschaft widersprechenden Weise zerstört, beschädigt oder unbrauchbar macht,
2. in einer den Anforderungen einer ordnungsgemäßen Wirtschaft widersprechenden Weise Verlust- oder Spekulationsgeschäfte oder Differenzgeschäfte mit Waren oder Wertpapieren eingeht oder durch unwirtschaftliche Ausgaben, Spiel oder Wette übermäßige Beträge verbraucht oder schuldig wird,
3. Waren oder Wertpapiere auf Kredit beschafft und sie oder die aus diesen Waren hergestellten Sachen erheblich unter ihrem Wert in einer den Anforderungen einer ordnungsgemäßen Wirtschaft widersprechenden Weise veräußert oder sonst abgibt,
4. Rechte anderer vortäuscht oder erdichtete Rechte anerkennt,
5. Handelsbücher, zu deren Führung er gesetzlich verpflichtet ist, zu führen unterläßt oder so führt oder verändert, daß die Übersicht über seinen Vermögensstand erschwert wird,
6. Handelsbücher oder sonstige Unterlagen, zu deren Aufbewahrung ein Kaufmann nach Handelsrecht verpflichtet ist, vor Ablauf der für Buchführungspflichtige bestehenden Aufbewahrungsfristen beiseite schafft, verheimlicht, zerstört oder beschädigt und dadurch die Übersicht über seinen Vermögensstand erschwert,
7. entgegen dem Handelsrecht
   a) Bilanzen so aufstellt, daß die Übersicht über seinen Vermögensstand erschwert wird, oder
   b) es unterläßt, die Bilanz seines Vermögens oder das Inventar in der vorgeschriebenen Zeit aufzustellen, oder
8. in einer anderen, den Anforderungen einer ordnungsgemäßen Wirtschaft grob widersprechenden Weise seinen Vermögensstand verringert oder seine wirklichen geschäftlichen Verhältnisse verheimlicht oder verschleiert.

(2) Ebenso wird bestraft, wer durch eine der in Absatz 1 bezeichneten Handlungen seine Überschuldung oder Zahlungsunfähigkeit herbeiführt.

(3) Der Versuch ist strafbar.

(4) Wer in den Fällen
1. des Absatzes 1 die Überschuldung oder die drohende oder eingetretene Zahlungsunfähigkeit fahrlässig nicht kennt oder
2. des Absatzes 2 die Überschuldung oder Zahlungsunfähigkeit leichtfertig verursacht,
wird mit Freiheitsstrafe bis zu zwei Jahren oder mit Geldstrafe bestraft.

(5) Wer in den Fällen
1. des Absatzes 1 Nr. 2, 5 oder 7 fahrlässig handelt und die Überschuldung oder die drohende oder eingetretene Zahlungsunfähigkeit wenigstens fahrlässig nicht kennt oder
2. des Absatzes 2 in Verbindung mit Absatz 1 Nr. 2, 5 oder 7 fahrlässig handelt und die Überschuldung oder Zahlungsunfähigkeit wenigstens leichtfertig verursacht,
wird mit Freiheitsstrafe bis zu zwei Jahren oder mit Geldstrafe bestraft.

(6) Die Tat ist nur dann strafbar, wenn der Täter seine Zahlungen eingestellt hat oder über sein Vermögen das Insolvenzverfahren eröffnet oder der Eröffnungsantrag mangels Masse abgewiesen worden ist.

Vorbem.: Durch Art. 60 Nr. 1 EGInsO v. 5. 10. 1994 (BGBl. I 2911) Überschrift des Abschnitts mit Wirkung vom 1. 1. 1999 geändert. Entsprechende begriffliche Anpassungen in § 283 Abs. 1 Nr. 1, Abs. 6.

I. Die Vorschrift erstreckt sich auf **Bankrotthandlungen**, die entweder in einer wirtschaftlichen Krisensituation des Täters (vgl. o. 50 ff.) vorgenommen werden (Abs. 1) oder deren Vornahme eine solche Krise herbeiführt (Abs. 2). Mit ihr soll einem wirtschaftlich verantwortungslosen Verhalten entgegengetreten werden, das die Gläubigerinteressen und allgemeine Belange der Gesamtwirtschaft bzw. Funktionsbedingungen der Kreditwirtschaft (vgl. 2 vor § 283) gefährdet. Bezogen auf diese Schutzinteressen handelt es sich bei Abs. 1 und Abs. 2 um abstrakte Gefährdungsdelikte, bei Abs. 2 freilich mit der Besonderheit, daß die (außerhalb einer Krise vorgenommene) Bankrotthandlung auch kausal und objektiv zurechenbar den Erfolg von Überschuldung oder Zahlungsunfähigkeit herbeiführen muß (vgl. Kindhäuser NK 3, Krause aaO 452, Tiedemann LK 2, 179; diff. Tröndle/Fischer 4 vor § 283, vgl. auch o. 130 zu § 13).

II. Als **Tathandlungen** kommen in Betracht:

1. Das **Beiseiteschaffen, Verheimlichen, Zerstören, Beschädigen oder Unbrauchbarmachen** von **Vermögensbestandteilen** des Täters, die im Fall der Insolvenzeröffnung zur Insolvenz-

masse gehören (Abs. 1 Nr. 1). Erfaßt werden hier Handlungen, die zur Verminderung der Insolvenzmasse führen oder jedenfalls führen können. Eine Verminderung der Insolvenzmasse zu Lasten der Gläubiger ist bei wertlosen Gegenständen nicht möglich, so daß deren Beiseiteschaffen nicht unter Nr. 1 fällt (Lackner/Kühl 9).

3   a) **Vermögensbestandteile** des Täters, die im Fall der Insolvenzeröffnung zur Insolvenzmasse gehören bzw. – anders als nach § 1 KO aF (RG **40** 110, **55** 30) – während des Insolvenzverfahrens hinzuerlangt werden (vgl. § 35 InsO, Lackner/Kühl 9, Tiedemann LK 23; and. Tröndle/Fischer 3; zum Neuerwerb vgl. Kübler ua aaO § 35 InsO RN 33), sind vor allem dessen Vermögensgegenstände, die der Zwangsvollstreckung unterliegen (vgl. § 36 InsO), auch unbewegliche (vgl. RG **62** 152) und stark belastete (vgl. RG DRiZ **34** Nr. 315) sowie Forderungen, sofern sie nicht völlig wertlos sind (vgl. Tiedemann LK 17, ferner Krause aaO 250). Ausgenommen sind Gegenstände, die nicht gepfändet werden sollen (§ 36 I InsO), zB bestimmte Gegenstände des Hausrats (§ 812 ZPO). Ferner gehören zur Insolvenzmasse die Geschäftsbücher (§ 36 II Nr. 1 InsO) einschließlich einer Kundenkartei (vgl. BT-Drs. 7/5291 S. 18, Tiedemann LK 19). Sonstige unpfändbare Gegenstände mit Ausnahme der in § 811 Nr. 4, 9 ZPO genannten (vgl. § 36 II Nr. 2 InsO) sind dagegen nicht betroffen. Ein nicht übertragbares Ankaufsrecht ist daher wegen seiner Unpfändbarkeit kein taugliches Tatobjekt (BGH NStZ **95**, 86). Zu den unpfändbaren Gegenständen vgl. §§ 811, 850 f., 852, 859 ff. ZPO. Unpfändbar ist auch der Anspruch auf Lieferung einer unpfändbaren Sache (RG **73** 128). Außerdem ist eine Sache, die ein Dritter aussondern kann, zB der unter Eigentumsvorbehalt gekaufte Gegenstand, kein Vermögensbestandteil iSv Nr. 1, wohl aber die Anwartschaft, durch Zahlung des Kaufpreises Eigentum an einem solchen Gegenstand zu erlangen (BGH **3** 36, BB **57**, 274), sofern sie einen wirtschaftlichen Wert verkörpert (BGH GA **60**, 376), dgl. ein Anfechtungsanspruch (RG **66** 153) sowie die einem Gläubiger verpfändete (BGH BB **55**, 110) oder zur Sicherung übereignete Sache (BGH **3** 34 f.), selbst wenn die gesicherte Forderung ihrem Wert gleichkommt oder ihn übersteigt (BGH **5** 119; and. BGH **3** 36). Die Vermögensbestandteile brauchen nicht auf rechtmäßige Art erworben zu sein (BGH GA **55**, 149). Auch durch Betrug erlangte Sachen sind trotz des Anfechtungsrechts des Betrogenen Bestandteile des Schuldnervermögens (zust. Kindhäuser NK 9, Tiedemann LK 20). Keine Vermögensbestandteile sind die Arbeitskraft des Schuldners und der dessen Namen enthaltende Firmenname (Düsseldorf NJW **82**, 1712). Vgl. noch § 288 RN 14.

4   b) **Beiseiteschaffen** ist jede Handlung, die einen Vermögensbestandteil durch räumliches Verschieben oder Veränderung der rechtlichen Lage dem Zugriff der Gläubiger entzieht (RG **64** 140) oder diesen Zugriff erheblich erschwert (RG **66** 131, Frankfurt NStZ **97**, 551, LG Hamburg ZIP **97**, 2092, Tiedemann LK 25, WJ-Köhler 129). Es umfaßt rechtliche und tatsächliche Verfügungen (RG **62** 278, BGH BB **57**, 274), zB eine nicht gerechtfertigte Sicherungsübereignung (BGH MDR/H **79**, 457) oder die Veräußerung ohne einen entsprechenden, alsbald greifbaren Gegenwert (RG **61** 108; vgl. auch BGH NJW **53**, 1152), auch die Scheinveräußerung (RG JW **36**, 3006). Ein Vermögensbestandteil ist bei einer Veräußerung demnach ua beiseitegeschafft, wenn die hierfür erlangte, nominell seinem Wert entsprechende Forderung wegen Uneinbringlichkeit das Weggegebene nicht ausgleicht. Mittels Veräußerung sind Vermögensbestandteile noch nicht mit Vertragsabschluß, sondern erst mit ihrer dinglichen Veränderung beiseite geschafft. Bei Grundstücken muß daher Eintragung im Grundbuch erfolgt sein (RG **61** 108); die Eintragung einer Auflassungsvormerkung genügt bereits, da hierdurch die Verwertung des Grundstücks zwecks Befriedigung der Gläubiger erschwert wird (RG DRiZ **34**, Nr. 315, MG-Bieneck 2077). Voraussetzung ist, daß die Vermögensverschiebungen den Rahmen einer ordnungsgemäßen Wirtschaftsführung überschreiten (vgl. BGH **34** 310, zum ordnungsgemäßen Wirtschaften eingeh. Krause aaO 47, 71 ff., 147 ff., 283 ff., 356 ff.; vgl. auch Kindhäuser NK 15 ff., Tiedemann LK 101 ff. vor § 283). Das ist nicht der Fall beim einfachen Bewirken der geschuldeten Leistung (RG **71** 231, Hendel NJW **77**, 1946), bei Bezahlung von Prozeßkosten eines Gesellschafters, die in unmittelbarem Zusammenhang mit einer für die Gesellschaft ausgeübten Tätigkeit stehen (BGH wistra **87**, 216) sowie beim Verbrauch von Geld oder anderen Gegenständen zum angemessenen Lebensunterhalt (RG **66** 89, BGH MDR **81**, 511, GA/H **59**, 340). Die Angemessenheit des Lebensunterhalts bestimmt sich nicht allein nach dem bisherigen Lebenszuschnitt; der Schuldner hat sich auf die Krise einzustellen und sich ihr entsprechend einzuschränken (vgl. BGH MDR **81**, 511 u. Anm. Schlüchter JR **82**, 29). Die gebotene Einschränkung hängt von der Art der Krise ab. Bei einer Überschuldung, deren Überbrückung wahrscheinlicher ist als der wirtschaftliche Zusammenbruch, braucht sich der Schuldner weniger einzuschränken als bei bevorstehender Zahlungsunfähigkeit. Diese zwingt jedoch nicht dazu, sich mit dem Notdürftigen zu begnügen (Tiedemann LK 31; vgl. aber auch Schlüchter JR **82**, 30). Unzulässig ist der Geldverbrauch für eine Auslandsreise mit dem Ziel, sich den Unannehmlichkeiten des bevorstehenden Insolvenzverfahrens zu entziehen, ebenso das Beiseitelegen von Geld zu dem Zweck, sich im voraus für längere Zeit mit Unterhaltsmitteln aus der Masse zu versorgen (BGH MDR **81**, 511). Notverkäufe, die der Schuldner nach Zahlungseinstellung vornimmt, um dringendste Lebensbedürfnisse zu befriedigen, sind kein Beiseiteschaffen (BGH NJW **52**, 898). Das gilt jedoch nicht für Verkäufe nach Insolvenzeröffnung. Die Übernahme vertraglicher Verpflichtungen ohne gleichzeitigen Erwerb vertraglicher Rechte fällt aus dem Rahmen eines ordnungsmäßigen Geschäftsgebarens (BGH GA/H **53**, 74), ebenso die Belastung eines Grundstücks ohne entsprechenden Gegenwert (RG **66** 131). Die Eintragung einer nicht valutierten Hypothek ist jedoch kein vollendetes Beiseiteschaffen, da eine Eigentümerhypothek entsteht; deren Verschweigen ist aber ein Verheimlichen (RG **67** 366). Ein Beiseiteschaffen kann auch darin liegen, daß der Schuldner ihm zufließende Gelder über ein auf einen fremden Namen lautendes Konto laufen läßt, sofern er nicht über das Guthaben ausschließlich zugunsten der Gläubiger verfügt (BGH **34** 309, GA/H **59**, 340, Krause aaO 286 f.), oder Forderungen einzieht und das Geld für sich verbraucht (BGH GA/H **61**, 358, Kindhäuser NK 21). Zum Beiseiteschaffen vgl. noch Tiedemann LK 26 ff., der zusätzlich Finalität hinsichtlich der Beeinträchtigung des Zugriffs der Gläubiger fordert (krit. Krause aaO 254 f.), ferner § 288 RN 16 sowie u. 7. Zur Tatbestandserfüllung durch Unterlassen vgl. Kindhäuser NK 14, Tiedemann LK 37 u. o. § 13 RN 31.

Soweit ein **Vertretungsberechtigter** iSv § 14 **tätig wird**, ist nach **höchstrichterlicher Rspr.** für **4a** ein Beiseiteschaffen erforderlich, daß er in seiner Eigenschaft als Vertreter handelt. Unter Nr. 1 fällt danach nicht die Unterschlagung von Vermögensstücken einer GmbH, etwa Gesellschaftsgeldern, durch den Geschäftsführer oder dessen sonstige eigennützige Tat, zB Untreue, da er nicht in der Eigenschaft als Geschäftsführer die Tat begangen hat (BGH **6** 316, NJW **69**, 1494, GA **79**, 311, MDR/H **79**, 457, **80**, 107, wistra **86**, 262, JR **88**, 254 m. abl. Anm. Gössel, BGHR § 283 I Geschäftsführer **2**; and. RG **73** 68). Entsprechendes gilt bei einer GmbH & Co. KG für den Geschäftsführer der persönlich haftenden GmbH (BGH MDR/H **84**, 278). Diese an den wahrgenommenen Interessen ausgerichtete Ansicht kann jedoch nicht für den Geschäftsführer gelten, der sämtliche Geschäftsanteile der GmbH besitzt; nimmt er unbefugt Geld aus der Kasse, so ist Nr. 1 anwendbar, so zB, wenn er über sein Gehalt hinaus Geld für seinen Unterhalt der Kasse entnimmt (BGH GA/H **58**, 47; and. BGH **30** 127, GA **79**, 311, MDR/H **79**, 806, NStZ **87**, 279, Hamm wistra **85**, 158, Tiedemann LK 82 vor § 283, Tröndle/Fischer 4). Der Sache nach steht er einem Schuldner gleich, der seinem Geschäftsbetrieb sachwidrig zu viel Geld für rein private Zwecke entzieht (vgl. auch Arloth NStZ **90**, 571). Ebenso greift Nr. 1 ein, wenn ein eigennützig handelnder Geschäftsführer einer KG im Einverständnis mit dem Komplementär Vermögensbestandteile der KG beiseite schafft (BGH **34** 221 m. Anm. Weber StV **88**, 16 u. Winkelbauer JR **88**, 33, wistra **89**, 267, BGHR Konkurrenzen **1**; vgl. aber auch München NJW **94**, 3112) oder wenn der Geschäftsführer einer GmbH, der zugleich deren Gesellschafter ist, ein der GmbH gewährtes kapitalersetzendes Darlehen an sich zurückzahlt (D. Geerds Geerds-FS 700, Hendel NJW 77, 1947; vgl. auch BGH NJW **69**, 1494, Muhler wistra 94, 286, Tiedemann LK 34; and. Kindhäuser NK 58 vor § 283). Ein Beiseiteschaffen kann auch bei einer nicht ausschließlich eigennützigen Untreue des Geschäftsführers einer GmbH zu deren Nachteil vorliegen (BGH **28** 374: Zahlung von Schmiergeldern, Kindhäuser NK 19), da es nur darauf ankommt, ob die Handlung ihrer Art nach als Wahrnehmung der Angelegenheiten der GmbH anzusehen ist (vgl. § 14 RN 26). Verfolgt der Geschäftsführer dagegen mit der Untreue ausschließlich gesellschaftsfremde Zwecke, etwa nur eigennützige, so wird er auch dann nicht für die GmbH tätig, wenn sein Handeln rechtsgeschäftlicher Art ist und er dabei nach außen als Gesellschaftsorgan auftritt, zB Geld vom Konto der GmbH abhebt (BGH **30** 129, wistra **82**, 148). Ob er sich Geld aus der Kasse oder von der Bank holt, kann keinen Unterschied begründen. Im Gegensatz zur Rspr. ist das **Schrifttum** zT von Kriterien der wahrgenommenen Interessen abgerückt und hat auf einen Bezug zum übertragenen Aufgabenkreis abgestellt (vgl. Deutscher/Körner wistra 96, 12 mwN, MG-Bieneck 2062, vgl. auch o. § 14 RN 26) oder verwendet die Interessenformel objektiv-indiziell (Tiedemann LK 85 vor § 283; vgl. ferner Kindhäuser NK 55 ff. vor § 283). Zum Problem vgl. Lampe GA 87, 251 ff., der eigennütziges und die Gläubigerinteressen beeinträchtigendes Handeln eines Vertreters genügen läßt, wenn dieser Möglichkeiten ausnutzt, die kraft seiner Anstellung beim Schuldner (Eingliederung in dessen wirtschaftliche Organisation) eröffnet wurden. Ähnlich Labsch wistra 85, 59 ff. Vgl. ferner Weber StV 88, 17 (funktionale Tätigkeit maßgebend), Schäfer wistra 90, 84 (Pflichtverletzung im Verantwortungsbereich als Geschäftsführer maßgebend), Arloth NStZ 90, 574 (Ausnutzung organspezifischer Einwirkungsmöglichkeiten, ähnl. Jordan Jura 99, 305). Auf die herausgestellten Kriterien kann es jedoch ebensowenig wie bei der Interessenformel ankommen, wenn der tätig gewordene Geschäftsführer einer GmbH deren alleiniger Gesellschafter ist. Er hat nicht anders als ein Einzelkaufmann für jedes Beiseiteschaffen in der Krisensituation einzustehen, auch dann, wenn er (zum Schein) in Räume der GmbH einbricht und Sachen für sich beiseiteschafft.

c) **Verheimlichen** ist jedes Verhalten (Handeln oder pflichtwidriges Unterlassen), durch das ein **5** Vermögensbestandteil oder dessen Zugehörigkeit zur Insolvenzmasse der Kenntnis der Gläubiger oder des Insolvenzverwalters entzogen wird (RG **64** 140, **67** 365 f., Frankfurt NStZ **97**, 551, Kindhäuser NK 24 mwN). Erst mit Kenntnisentziehung ist die Tat vollendet; es genügt noch nicht das auf Kenntnisentziehung gerichtete Verhalten (Kindhäuser NK 25, Tiedemann LK 38; and. MG-Bieneck 2079, Tröndle/Fischer 5). Unerheblich für die Tatvollendung ist, ob das Verheimlichte den Gläubigern endgültig entzogen worden ist, so daß die Strafbarkeit wegen Verheimlichens von erfolgreichen Nachforschungen unberührt bleibt. Hat der Schuldner selbst das Verheimlichte später den Gläubigern oder dem Insolvenzverwalter zur Kenntnis gebracht, so kann das jedoch, sofern es für die Gläubigerinteressen rechtzeitig erfolgt, strafmildernd zu berücksichtigen sein. Ein Verheimlichen ist zB in unrichtigen Angaben, die einen geringeren Vermögensbestand als den wirklichen vortäuschen, oder im Ableugnen des Besitzes zu sehen (vgl. auch Kindhäuser NK 24, Tiedemann LK 42), ferner darin, daß der Schuldner dem Insolvenzverwalter falsche Auskunft auf Fragen gibt, die ein Anfechtungsrecht klären sollen (RG **66** 152), oder darin, daß er in einem Ehevertrag fälschlich Gegenstände als Eigentum seiner Ehefrau bezeichnet und diesen Vertrag mit einem Vermögensverzeichnis dem

Registergericht einreicht (BGH GA/H **56**, 347). Ein bloßes Verschweigen reicht aus, wenn eine Auskunftspflicht (vgl. §§ 20, 22 III 3, 97 InsO) verletzt wird (BGH **11** 146, Tiedemann LK 39). Der Gemeinschuldner ist auch ohne besondere Aufforderung verpflichtet, einen in den Unterlagen des Antrags auf Insolvenzeröffnung nicht verzeichneten Vermögensgegenstand dem Insolvenzverwalter anzugeben (BGH GA **56**, 123). Daher kann auch in der Einziehung einer Forderung und der Einbehaltung einer nach Insolvenzeröffnung erfolgten Leistung ein Verheimlichen gesehen werden (BGH GA/H **54**, 310). Es genügt ferner das Vorspiegeln eines Rechtsverhältnisses, das den Zugriff der Gläubiger auf das Vermögensstück hindert (RG **64** 141, JW **36**, 3006, Tiedemann LK 40); zB Verheimlichen eines unpfändbaren Gegenstandes, um einen anderen (zB ein weiteres Bett) als unpfändbar erscheinen zu lassen. Zum Verheimlichen durch pflichtwidriges Unterlassen vgl. noch Tiedemann LK 43.

6 d) Zum **Zerstören** vgl. § 303 RN 11, zum **Beschädigen** vgl. § 303 RN 8 ff. **Unbrauchbar gemacht** ist ein Vermögensbestandteil, wenn seine Eignung für den bestimmungsgemäßen Zweck beseitigt wird (Tiedemann LK 48). Die Handlungen müssen den Anforderungen einer ordnungsgemäßen Wirtschaft widersprechen. Wirtschaftlich sinnvolle Maßnahmen, wie uU die Zerstörung von Investitionsgütern, die durch neue Sachen ersetzt werden (vgl. BR-Drs. 5/75 S. 34), erfüllen nicht den Tatbestand. Die Einschränkung führt dazu, daß idR nur mutwilliges Handeln den Tatbestandsvoraussetzungen entspricht (vgl. Kindhäuser NK 28 mwN). Da jedoch irrtumsbedingt wirtschaftlich sinnlose Handlungen ohne Mutwillen vorkommen können, kommt diesem Merkmal nicht die Bedeutung als zusätzliches Tatbestandsmerkmal zu (Tiedemann LK 49).

7 e) Die Tatmodalitäten des Zerstörens usw. sind Unterfälle des Beiseiteschaffens. Bei diesem Merkmal kommt es nur darauf an, daß Vermögensbestandteile dem Zugriff der Gläubiger entzogen werden. Unerheblich ist, ob der Täter den Vermögensbestandteil sich oder einem anderen erhält (vgl. Jaeger-Klug, 18. A. § 239 KO RN 13 mwN). Zudem gilt auch für das Beiseiteschaffen die Einschränkung, daß der Rahmen einer ordnungsgemäßen Wirtschaftsführung überschritten sein muß (vgl. o. 4). Demgemäß ist das Wegwerfen einer Sache, die sie an sich in ihrer bestimmungsgemäßen Brauchbarkeit nicht beeinträchtigt, jedenfalls als Beiseiteschaffen anzusehen. Entsprechendes gilt für den bestimmungsgemäßen Verbrauch einer Sache im Widerspruch zur ordnungsgemäßen Wirtschaftsführung.

7a f) Mit der Einbeziehung der Verbraucherinsolvenz in das Insolvenzverfahren (2 vor § 283) und der entsprechenden Erweiterung des Täterkreises (u. 65) stellen sich neue Fragen nach dem zutreffenden Maßstab für **privates Wirtschaften**. Teilweise wird von einem übergreifenden Begriff des ordnungsgemäßen Wirtschaftens ausgegangen, weshalb mit Blick auf die geschützten Gläubigerinteressen keine Differenzierung nach Privaten und Kaufleuten geboten sei (Kindhäuser NK 70 vor § 283, Krause aaO 405). Jedoch ist ein verantwortungsvolles Wirtschaftsverhalten, auch mit Blick auf die tangierten überindividuellen Interessen (o. 2 vor § 283), für Private von der Rechtsordnung nicht generell vorgeschrieben (Höfner aaO 44, Moosmayer aaO 79, Tiedemann LK 110 vor § 283; vgl. auch Bieneck StV 99, 43, Lackner/Kühl 11, W-Hillenkamp 463). Ebenso fehlt es an rechtlichen Anforderungen an eine „rationale Haushaltsführung" (Moosmayer ebda). Will man nicht den Begriff des ordnungsgemäßen Wirtschaftens insgesamt zur kleinen Münze machen oder auf jegliches normative Korrektiv verzichten, so bleibt nur die Herausbildung eigenständiger Kriterien (auf der Grundlage von Zielsetzung, Risikoabwägung und Informationsbasis, vgl. Kindhäuser NK 75 vor § 283, Krause aaO 367 ff.; de lege ferenda für einen eigenen Straftatbestand für die Verbraucherinsolvenz Bieneck aaO, Moosmayer aaO 112, 172). Dabei ist zu berücksichtigen, daß bloße Verletzungen der vertraglich festgelegten Einschränkung der Privatautonomie, etwa bei der Inanspruchnahme von Krediten, nicht per se genügen (Tiedemann LK 110 vor § 283). Vielmehr bedarf es eines originär strafrechtlichen Datums, das spätestens bei vorhersehbarer Risikoverwirklichung eines wirtschaftlichen Zusammenbruchs (§ 283 Abs. 2) vorliegt, jedenfalls aber einer tatsächlichen Krise bedarf (weiter wohl Moosmayer aaO 79).

8 2. Das **Eingehen** eines **Verlust-** oder **Spekulationsgeschäfts** oder eines **Differenzgeschäfts** mit Waren oder Wertpapieren in einer den Anforderungen einer ordnungsgemäßen Wirtschaft widersprechenden Weise (Abs. 1 Nr. 2 1. Alt.). Zu den Wertpapieren zählen nur die Order- u. Inhaberpapiere, dagegen nicht die Namenspapiere (vgl. Krause aaO 135 f., Tiedemann LK 74, Weyand aaO 66).

9 a) Ein **Verlustgeschäft** liegt nur vor, wenn es von vornherein auf eine Vermögensminderung angelegt ist und zu einer Vermögenseinbuße führt, das Geschäft also schon nach der Vorauskalkulation bei Gegenüberstellung der Einnahmen und Ausgaben einen Vermögensverlust bewirkt (vgl. BR-Drs. 5/75 S. 35, Kindhäuser NK 29, Samson SK 11, Tröndle/Fischer 7). Geschäfte, die erst im nachhinein einen Verlust bringen, scheiden aus (vgl. BT-Drs. 7/5291 S. 18).

10 b) **Spekulationsgeschäfte** sind Geschäfte mit einem besonders großen Risiko, die in der Hoffnung, einen größeren Gewinn als den sonst üblichen zu erzielen, und um den Preis, möglicherweise einen größeren Verlust zu erleiden, eingegangen werden (vgl. BR-Drs. 5/75 S. 35). Hierunter kann auch die Beteiligung an einem unseriösen Unternehmen fallen. Vgl. näher Tiedemann LK 55 ff.

11 c) **Differenzgeschäfte** sind Geschäfte iSv § 764 BGB (weitergehend Kindhäuser NK 32, Krause aaO 133, MG-Bieneck 2168, Tröndle/Fischer 9, WJ-Köhler 130, wonach auch Börsentermingeschäfte, auf die nach dem BörsenG § 764 BGB nicht anwendbar ist, erfaßt sein sollen; vgl. dagegen

Tiedemann LK 59, Weyand 78). Dem Täter muß es bei Vertragsschluß auf die Zahlung der Differenz zwischen An- und Verkaufspreis, nicht auf die Lieferung der Waren ankommen (RG GA Bd. **60** 442). Differenzgeschäft ist auch die Prolongation eines solchen (RG Recht **17** Nr. 323). Auch Devisengeschäfte können Differenzgeschäfte sein. Ausländische Geldsorten fallen insoweit unter den Begriff der Ware (Kindhäuser NK 33, Lackner/Kühl 12). Werden solche Geschäfte mit Wechseln oder Schecks abgewickelt, so handelt es sich um Geschäfte mit Wertpapieren (vgl. BT-Drs. 7/5291 S. 18).

d) Das Eingehen der genannten Geschäfte ist nur tatbestandsmäßig, wenn es im **Widerspruch zu** 12 den Grundsätzen einer **ordnungsgemäßen Wirtschaft** steht. Ein solcher Verstoß ist nur anzunehmen, wenn das Eingehen des Geschäfts sich als zweifelsfrei unvertretbar erweist (vgl. Samson SK 11, Tiedemann ZIP 83, 521, aber auch LK 62). Maßgebend sind die konkreten Umstände des Einzelfalles (MG-Bieneck 2169). So kann ein Verlustgeschäft zB wirtschaftlich vertretbar sein, wenn es ein Konjunkturtief überbrücken soll und zur Erhaltung der Arbeitsplätze eingegangen wird (vgl. BR-Drs. 5/75 S. 35, Tröndle/Fischer 10; enger MG-Bieneck aaO, Kindhäuser NK 34, Tiedemann LK 62), namentlich, wenn sich die Verluste in engen Grenzen halten. Ebenso kann es sich verhalten, wenn das Verlustgeschäft erwarten läßt, daß sich auf Grund dieses Geschäfts ein gewinnbringendes Geschäft alsbald anschließt. Eine weitere Einschränkung ist zu machen, wenn ein Spekulations- oder ein Differenzgeschäft günstig ausgeht (Kindhäuser NK 34, Tröndle/Fischer 11). Da hier die mögliche Gefährdung der geschützten Rechtsgüter in eine Besserstellung umgeschlagen ist, entfällt das Strafbedürfnis ebenso wie beim Ausschluß des Zusammenhangs zwischen Krisensituation und Zahlungseinstellung (vgl. u. 59). Auch ist es nicht sachgemäß, ein erfolgreiches Spekulationsgeschäft gegenüber einer erfolgreichen Beteiligung an einem Spiel (u. 18) unterschiedlich zu beurteilen; wer spekuliert, steht kaum anders da als ein Spieler.

3. Der **Verbrauch** oder das Schuldigwerden **übermäßiger Beträge** durch unwirtschaftliche Ausgaben, Spiel oder Wette (Abs. 1 Nr. 2 2. Alt.). Mit dieser Regelung wird wie im Fall von Nr. 1 eine wirtschaftlich unverantwortliche (mögliche) Verminderung der Insolvenzmasse erfaßt.

a) Die verbrauchten **Beträge** sind **übermäßig,** wenn sie die durch die wirtschaftliche Lage des 14 Täters gesteckten Grenzen übersteigen und zu dessen Vermögen in keinem angemessenen Verhältnis stehen (vgl. RG **15** 312, **42** 280, **73** 230, Kindhäuser NK **40** mwN). Entscheidend ist allein dieses Verhältnis zum Vermögensstand zZ der Ausgabe; auf den Umsatz des Geschäfts kommt es nicht an (RG **73** 229, BGH GA/H **53**, 74). Die gesamte Vermögenslage ist auch maßgebend, wenn der Täter mehrere selbständige Geschäftsbetriebe hat (RG **70** 261). Hat sich also ein Betrieb günstig entwickelt, während der andere ungünstig arbeitet, so ist der Täter nicht berechtigt, dem guten Betrieb besonders hohe Beträge zu entnehmen und für private Zwecke zu verbrauchen (zust. Tiedemann LK 66).

b) Der Täter muß die übermäßigen Beträge verbraucht haben oder schuldig geworden sein. 15 **Verbrauchen** ist iSv Ausgeben zu verstehen (RG GA Bd. **64**, 115). **Schuldigwerden** bedeutet die Belastung des Vermögens mit Verbindlichkeiten (Lackner/Kühl 13, Tiedemann LK 69). Nach RG **22** 12 brauchen diese nicht klagbar zu sein (zust. Tröndle/Fischer 14). Demgegenüber nimmt BGH **22** 360 m. Anm. Schröder JR 70, 31 zu Recht an, daß der Grundgedanke der Vorschriften über Insolvenzdelikte die Einbeziehung von Naturalobligationen ausschließe (vgl. ebenso Kindhäuser NK 38, Krause aaO 126, Lackner/Kühl 13, Samson SK 12, Tiedemann LK 69). Bei Hingabe eines Schecks zur Erfüllung einer Naturalobligation ist jedoch wegen der Möglichkeit gutgläubigen Erwerbs ein Schuldigwerden zu bejahen (and. Tiedemann LK 69).

c) Der Verbrauch und das Schuldigwerden müssen durch unwirtschaftliche Ausgaben, Spiel oder 16 Wette erfolgt sein. Wahlfeststellung zwischen den einzelnen Begehungsformen ist zulässig (BGH GA/H **59**, 341).

Ausgaben sind **unwirtschaftlich,** wenn sie das Maß des Notwendigen und Üblichen überschreiten und zum Gesamtvermögen und -einkommen des Täters in keinem angemessenen Verhältnis stehen (vgl. RG **15** 313, **70** 260, **73** 229, BGH NJW **53**, 1481, GA **64**, 119, Lackner/Kühl 13, Tröndle/Fischer 12; vgl. auch Kindhäuser NK 36, Krause aaO 119 ff., 402, Tiedemann LK 65 [Unverhältnismäßigkeit]). Der Vergleich ist für den Zeitpunkt der Ausgaben und aus dieser Schau für einen Zeitraum zu ziehen, den der Täter bei vernünftigem Wirtschaften ins Auge gefaßt hätte (BGH GA/H **56**, 348, **67**, 264). Bei einem Konzern dürfen die Ausgaben aller Mitglieder nicht zusammengerechnet werden (vgl. BGH GA/H **67**, 264). Unerheblich ist, ob die Ausgaben privaten oder Geschäftszwecken gedient haben (RG **73** 230, BGH **3** 26, GA **64**, 120, **74**, 61, Tiedemann LK 65 mwN; and. MG-Bieneck 2170: nicht Privatausgaben). Unwirtschaftlich können daher zB ungewöhnlich hohe Kosten für Laden- oder Büromiete, Geschäftsreisen, Gehälter oder geschäftliche Werbung sein (vgl. RG **16** 241, **42** 280, **73** 230), auch Luxusanschaffungen (zB Flugzeug, Jacht; vgl. Tröndle/Fischer 12) und unangemessene Ausgaben für den Lebensunterhalt, zB für eine teure Urlaubsreise (vgl. BGH MDR **81**, 511; vgl. auch Krause aaO 403 m. weit. Bsp.). Überhöhter Repräsentationsaufwand bleibt auch dann unwirtschaftlich, wenn er zwecks Weiterführens eines Unternehmens Kreditfähigkeit vortäuschen soll (MG-Bieneck 2170). Soweit Aufwendungen auf Vereinbarungen vor der Krise beruhen, etwa die Zahlung hoher Gehälter, sind sie nach Eintritt der Krise im Rahmen des Möglichen auf ein wirtschaftlich vertretbares Maß einzuschränken. Bei Geschäftsausgaben ist ein Vergleich mit den Roheinkünften des Unternehmens und den sonstigen Geschäftsausgaben erforderlich (vgl. BGH NJW **53**, 1481). Daß die Zahlungseinstellung bevorsteht, macht nicht alle Aufwen-

§ 283 18–21   Bes. Teil. Insolvenzstraftaten

dungen für den Betrieb sinnlos; soweit sie das Maß des Üblichen nicht überschreiten, ist Nr. 2 nicht anwendbar (vgl. BGH GA/H **58**, 47). Ist ein entsprechender Gegenwert in das Vermögen des Täters gelangt, so gleicht er die Ausgabe nur hinreichend aus, wenn er in annähernd gleichem Umfang der Befriedigung der Gläubiger dienen kann (vgl. Kindhäuser NK 37, Krause aaO 266 f., Tiedemann LK 67; and. RG GA Bd. **64** 115, BGH NJW **53**, 1481, GA/H **59**, 341, Weyand aaO 80). Die Ausstattung einer Wohnung mit einem das übliche Maß weit übersteigenden Prunk ist daher als unwirtschaftliche Ausgabe zu werten, ebenso eine hohe Wohnungsmiete, wenn der Täter ohne zwingenden Grund eine zu teure Wohnung gemietet oder beibehalten hat (vgl. BGH GA/H **54**, 311). Auch für Ausgaben der Familienangehörigen soll der Täter nach RG **31** 152 einzustehen haben, falls er sie nicht genügend beaufsichtigt hat (vgl. aber Kindhäuser NK 39, Tiedemann LK 70). Entsprechendes soll für Ausgaben von Angestellten gelten (Tröndle/Fischer 12). Eine solche Ansicht ist auch heute noch unter bestimmten engen Voraussetzungen vertretbar, jedenfalls wenn es sich um Betriebsausgaben handelt. Insoweit lassen sich die Grundsätze, die für eine Eingriffspflicht des Betriebsinhabers bei betriebsbezogenen Straftaten maßgebend sind (vgl. § 13 RN 52), entsprechend heranziehen, auch dann, wenn der Angestellte oder der (betrieblich tätige) Angehörige selbst sich nicht strafbar gemacht hat. Wer anderen den Zugriff auf sein Vermögen einräumt, hat in einer Krisensituation grundsätzlich dafür zu sorgen, daß der Zugriff nicht zum Verbrauch übermäßiger Beträge durch unwirtschaftliche Ausgaben führt. Stets müssen die Ausgaben aber aus dem Vermögen des Täters, das im Fall der Insolvenz in die Insolvenzmasse fällt, erfolgt sein (BGH NJW **53**, 1480). Unwirtschaftlich sind nicht ohne weiteres Ausgaben für eine Lebensversicherung (vgl. RG JW **34**, 2472, Tiedemann LK 67). Mehrfache unwirtschaftliche Ausgaben stellen nur eine Straftat dar (vgl. BGH **3** 26, Tiedemann LK 234).

18 **Spiel** und **Wette** sind iSv § 762 BGB zu verstehen (Lackner/Kühl 13, Tröndle/Fischer 13). Vgl. dazu § 284 RN 4. Auch ist die Beteiligung an einer Lotterie (RG **27** 181), am Fußballtoto oder Zahlenlotto fällt hierunter, ebenso wie Kundenfang nach dem sog. Schneeballsystem oder Kettenbriefaktionen (Kindhäuser NK 35), nicht dagegen das sog. Börsenspiel (RG **15** 279).

19 **4. Beschaffen von Waren** oder Wertpapieren (vgl. dazu o. 8) **auf Kredit** und **Veräußerung unter Wert** (Abs. 1 Nr. 3). Ein solches Vorgehen beeinträchtigt nicht nur die Interessen des Lieferanten, sondern auch die Interessen sämtlicher Gläubiger, da sich die Vermögensbestandteile des Schuldners vermindern (vgl. BGH **9** 84, Lackner/Kühl 14). Es ist daher gegenüber dem gesamten Gläubigern wirtschaftlich unverantwortlich. Anders als nach früherem Recht (§ 240 I Nr. 2 KO) ist nicht erforderlich, daß der Schuldner mit seinem Vorgehen die Eröffnung des Insolvenzverfahrens hinausschieben will (vgl. dazu E 62 Begr. 446). Die Absicht der Insolvenzverschleppung kann sich uU aber bei der Strafzumessung auswirken. Vgl. zu Nr. 3 Krause aaO 133 ff.

20 a) Der Täter muß sich zunächst Waren oder Wertpapiere **auf Kredit beschafft** haben. Beschaffen bedeutet rechtsgeschäftlicher Erwerb; er liegt erst bei Besitzüberweisung vor, nicht schon beim Vertragsschluß (vgl. RG **62** 258, **72** 190, Kindhäuser NK 46). Das Eigentum an den Waren braucht nicht auf den Täter übergegangen zu sein; auch Waren, die unter Eigentumsvorbehalt gekauft und noch nicht voll bezahlt sind, fallen unter Nr. 3 (vgl. BGH **9** 84, Lackner/Kühl 14, Tiedemann LK 75; and. RG **66** 176, **72** 188). Nach dem RG kommt es darauf an, ob die Waren bei Verbleiben im Schuldnervermögen zur Insolvenzmasse gehört hätten. Seine Ansicht, nur das der Insolvenz unterworfene Vermögen sei betroffen, weil der Zweck der Regelung auf den Schutz der Insolvenzgläubiger gerichtet sei, ist jedoch zu eng. Sie entspricht nicht der geltenden Regelung, deren tragender Grund für die Strafdrohung die Gefahr ist, daß sich die wirtschaftliche Krise des Täters durch die Verschleuderung verschärft. Der Täter wirtschaftet mit fremden Vermögenswerten, ohne für einen Ausgleich des Verlustes der Sache durch einen angemessenen Preis zu sorgen (vgl. Tiedemann LK 72; zum Unrechtskern vgl. auch Krause aaO 134 f., 260 ff., Kindhäuser NK 45 [Verletzung des Wertausgleichsprinzips]). Auch wer unter Eigentumsvorbehalt stehende Waren verschleudert, beeinträchtigt seine Vermögenslage, da er nicht die nötigen Mittel erlangt, um die eingegangenen Verbindlichkeiten zu begleichen (vgl. MG-Bieneck 2172). Auf Kredit beschafft sind auch durch Kreditbetrug erlangte Waren (vgl. RG **66** 176). Der Kredit muß noch zZ der Veräußerung bestehen; Nr. 3 greift nicht ein, wenn die Waren vor ihrer Verschleuderung schon bezahlt worden sind (vgl. RG **72** 190), sei es auch mittels eines anderweitigen Kredits (dann aber uU Nr. 8 anwendbar, vgl. Tiedemann LK 76, Tröndle/Fischer 15). Andererseits ist nicht erforderlich, daß beim Erwerb der Ware auf Kredit schon ein Verschleuderungswille vorgelegen hat (zust. WJ-Köhler 130).

21 b) Die auf Kredit beschafften Waren bzw. Wertpapiere oder die aus diesen Waren hergestellten Sachen (zB verarbeitete Rohstoffe, auch bei Verarbeitung mit anderen Sachen) müssen **erheblich unter ihrem Wert** oder in einer den Anforderungen einer ordnungsgemäßen Wirtschaft widersprechenden Weise **veräußert** oder sonst abgegeben worden sein. Veräußert ist jede Handlung, durch die der Täter sein Recht an diesen Gegenständen aufgibt, gleichgültig, ob entgeltlich oder unentgeltlich (RG **48** 218, Kindhäuser NK 47, Lackner/Kühl 14, Tiedemann LK 77; and. Tröndle/Fischer 15: nur entgeltliche Übereignung). Sonstiges Abgeben ist die Besitzüberlassung ohne Eigentumsübertragung (Lackner/Kühl 14, Tiedemann LK 77; and. Jaeger-Klug § 240 KO RN 4: auch bei Aufhebung des Eigentums), zB die Verpfändung (RG **48** 218). Ein dingliches Recht braucht nicht begründet zu werden; es genügt zB die Bestellung eines kaufmännischen Zurückbehaltungsrechts (zust. Kindhäuser NK 47 mwN).

Als Wert des Gegenstandes ist der Verkaufswert, und zwar der Marktwert zZ der Veräußerung, **22** maßgebend (RG **72** 190, Tiedemann LK 78 mwN). Ist ein solcher nicht feststellbar, so ist vom üblichen Preis auszugehen (RG **72** 190, BGH GA/H **55**, 365). Auf den Einkaufswert kommt es allein nicht an (RG **47** 61, Kindhäuser NK 48, Lackner/Kühl 14).

Eine Veräußerung unter Wert kann einer **ordnungsgemäßen Wirtschaft** ausnahmsweise entsprechen, wenn ein Preissturz nahe bevorsteht (Klug JZ 57, 463, Lackner/Kühl 14) oder die Ware zu verderben droht (Tiedemann LK 79), ferner uU bei sog. Lockvogelangeboten (Göhler/Wilts DB 76, 1660, Tröndle/Fischer 16), bei wirtschaftlich gebotenem Räumungsverkauf sowie dann, wenn die Ware so günstig eingekauft war, daß trotz der Veräußerung unter Wert noch ein Gewinn erzielt wurde (Klug JZ 57, 463, Lackner/Kühl 14, Tiedemann LK 79, WJ-Köhler 130; and. Kindhäuser NK 48, Krause aaO 137). **23**

5. Vortäuschen von Rechten anderer oder **Anerkennen erdichteter Rechte** (Abs. 1 Nr. 4). **24** Erfaßt werden hier die künstliche Vergrößerung der Schuldenmasse und deren andere Gewichtung. Gläubigerinteressen werden durch eine solche Handlung beeinträchtigt, weil diese zu einer Verkürzung der Befriedigungsquote führen kann (Tiedemann LK 81, Tröndle/Fischer 18). Zu einer tatsächlichen Verkürzung muß es jedoch nicht gekommen sein; das vorgetäuschte (anerkannte) Recht braucht auch nicht später im Insolvenzverfahren geltend gemacht zu werden (RG **62** 288, Kindhäuser NK 50, Tiedemann LK 87, Tröndle/Fischer 17). Die Handlung muß aber geeignet sein, sich nachteilig auf die Gläubigerinteressen auszuwirken; ungeeignete Handlungen erfüllen mangels jeglicher Gefährdungsmöglichkeiten nicht den Tatbestand (Tiedemann aaO). Die Tat dient häufig dazu, ein Beiseiteschaffen von Vermögensbestandteilen vorzubereiten oder zu verdecken. In einem solchen Fall tritt sie als mitbestrafte Vortat (Nachtat) hinter die Tat nach Abs. 1 Nr. 1 zurück, wenn sich mit ihr keine umfangmäßig weitere Gefährdung der Gläubigerinteressen verknüpft (vgl. Tiedemann LK 81).

a) Rechte anderer werden **vorgetäuscht,** wenn der Täter sich gegenüber einem Dritten auf ein **25** nicht bestehendes Recht eines anderen beruft (vgl. BGH GA/H **53**, 74, Lackner/Kühl 15), wobei ein konkludentes Vortäuschen genügt (Tiedemann LK 84). In Betracht kommen sowohl Verbindlichkeiten als auch dingliche Rechte (vgl. RG **64** 311, BR-Drs. 5/75 S. 35). Es genügt, daß das geltend gemachte Recht nur zT nicht besteht, zB unverzinsliche Forderungen als verzinsliche hingestellt oder Arbeitsverträge zurückdatiert werden, oder unzutreffend durch die Merkmale eines in Wahrheit fehlenden Insolvenzvorrechts gekennzeichnet wird (vgl. BR-Drs. 5/75 S. 35, auch BGH LM **Nr. 14** zu § 239 KO), der Täter etwa ein Darlehen als Lohnforderung ausgibt. Das Vortäuschen eines anderen Schuldgrundes, dem kein Insolvenzvorrecht zukommt, reicht nicht aus (vgl. BGH LM **Nr. 14** zu § 239 KO). Das vorgetäuschte Recht muß als noch bestehend erscheinen (Tröndle/Fischer 18). Diese Voraussetzung fehlt, wenn die Gewährung eines Darlehens und seine Rückzahlung buchmäßig vorgetäuscht werden (vgl. RG JR **28**, 1528, BGH b. Böhle-Stamschräder KuT **57**, 20; aber auch Tiedemann LK 86); es kann jedoch ein Beiseiteschaffen von Vermögensbestandteilen vorliegen (Nr. 1, vgl. Kindhäuser NK 52). Dagegen wird ein Recht vorgetäuscht, wenn der Täter sich hierauf beruft, obwohl es bereits rechtskräftig abgewiesen worden ist (Tiedemann LK 84). Soweit der Vortäuschende Organ einer juristischen Person ist, muß er in dieser Eigenschaft handeln. Das ist nicht der Fall, wenn der Geschäftsführer einer GmbH eine erdichtete Gehaltsforderung zur Insolvenzmasse anmeldet (vgl. BGH LM **Nr. 8** zu § 239 KO, Tröndle/Fischer 19; aber auch BGH GA/H **56**, 347, Tiedemann LK 86).

b) **Erdichtete Rechte** werden **anerkannt,** wenn der Schuldner durch eine in irgendeiner Form **26** abgegebene Erklärung kundtut, daß sie ihm gegenüber bestehen. Weitere Voraussetzung ist, daß er mit dem angeblichen Gläubiger zusammenarbeitet (vgl. BGH GA/H **53**, 74, Kindhäuser NK 52 mwN). Auf einen förmlichen Vertrag isV § 781 BGB kommt es nicht an. Eine falsche eidesstattliche Versicherung nach § 98 I InsO kann bereits genügen (vgl. RG **64** 43), ebenfalls ein Anerkenntnis im Prozeß oder wegen der Gleichartigkeit der Wirkungen das Zugeständnis, uU sogar eine prozessuale Unterlassung wie die Nichterhebung eines Widerspruchs bzw. Einspruchs gegen Versäumnisurteile, Mahn- oder Vollstreckungsbescheide (vgl. MG-Bieneck 2141 f.; and. Kindhäuser NK 53, Tiedemann LK 88). Die Anerkennung braucht nicht im Insolvenzverfahren zu erfolgen (BGH LM **Nr. 2** zu § 239 KO). Nicht erforderlich ist, daß das erdichtete Recht gegenüber einem Dritten geltend gemacht und dieser hierüber getäuscht wird (vgl. RG **62** 288, BGH LM **Nr. 14** zu § 239 KO).

Das Merkmal „erdichtet" ist nicht schlechthin gleichbedeutend mit „nicht bestehend". Nicht **27** erdichtet ist zB ein Recht, das aus Kulanzgründen anerkannt wird (vgl. BR-Drs. 5/75 S. 35, Tiedemann LK 83, Tröndle/Fischer 19). Andererseits genügt es, daß das anerkannte Recht nur teilweise erdichtet oder ihm zu Unrecht das Merkmal eines Insolvenzvorrechts zugelegt worden ist (vgl. BGH LM **Nr. 14** zu § 239 KO).

6. Nichtführen oder mangelhafte Führung von Handelsbüchern (Abs. 1 Nr. 5). Eine ein- **28** wandfreie Buchführung ist Grundvoraussetzung einer ordnungsgemäßen Wirtschaftsführung (vgl. §§ 238 I 1, 242 I 1 HGB). Unterbleibt sie gänzlich oder in einem Ausmaß, das die Übersicht über den Vermögensstand erschwert, so drohen wirtschaftliche Fehlentwicklungen zu Lasten der Gläubiger und der Gesamtwirtschaft. Das trifft insb. auf ein Fehlverhalten in einer wirtschaftlichen Krisensituation zu. Im übrigen kann den Handelsbüchern bei der Insolvenzabwicklung erhebliche Bedeutung zukommen (vgl. Kindhäuser NK 28 f. vor § 283, MG-Bieneck 2114, Tiedemann LK 90).

29 a) Tatbestandliche Voraussetzung ist eine **gesetzliche Pflicht** zum Führen von Handelsbüchern, und zwar die handelsrechtliche Pflicht, nicht die steuer- oder gewerberechtliche (Kindhäuser NK 56, Lackner/Kühl 16). Eine solche ergibt sich aus §§ 238 ff. HGB und ergänzenden gesellschaftsrechtlichen Vorschriften, wie zB §§ 150, 152 AktG, 41 ff. GmbHG. Buchführungspflichtig ist nach § 238 I HGB „jeder Kaufmann", dh nach § 1 I HGB derjenige, der „ein Handelsgewerbe betreibt". Nach der Handelsrechtsreform vom 22. 6. 1998 (BGBl. I 1474) ist Handelsgewerbe jeder Gewerbebetrieb, es sei denn, daß das Unternehmen nach Art oder Umfang einen in kaufmännischer Weise eingerichteten Geschäftsbetrieb nicht erfordert (§ 1 II HGB; dazu K. Schmidt NJW 98, 2162; vgl. auch Lieb NJW 99, 35). Für Kleingewerbetreibende entsteht die Kaufmannseigenschaft und damit die handelsrechtliche Buchführungspflicht erst mit der (freiwilligen) Eintragung (Ruß in Heidelbg. Komm. HGB, 5. A., 1999, § 2 RN 3, MG-Bieneck 2116), § 262 HGB ist aufgehoben (Art. 3 HandelsrechtsreformG aaO). Die bloße Eintragung als Kaufmann (§ 5 HGB) begründet dagegen keine Buchführungspflicht (Lieb, Münch. Komm. HGB, 1996, § 5 RN 6, Ruß auch § 5 RN 3; and. wohl Budde/Kunz, in Bilanz-Komm., 1999, § 238 RN 5, 56), dies schon deshalb nicht, weil die Fiktion eines bestimmten Sachverhalts mit Wirkung für das Strafrecht dort selbst eine entsprechende Grundlage haben müßte (vgl. § 326 RN 2 g). Zu diesem Personenkreis s. Nr. 6 (u. 39). Auch Handelsgesellschaften müssen Handelsbücher führen (§ 6 HGB); buchführungspflichtig sind alle vertretungsberechtigten Gesellschafter (vgl. auch BGH GA/H **67**, 265: zwei Geschäftsführer einer GmbH). Eine als GmbH gegründete Gesellschaft ist schon vor ihrer Eintragung ins Handelsregister buchführungspflichtig, wenn sie unter einer gemeinschaftlichen Firma ein Gewerbe betreibt, das Grundhandelsgeschäfte zum Gegenstand hat (vgl. BGH **3** 24, Tiedemann LK 99). § 238 HGB gilt ferner für inländische Zweigniederlassungen ausländischer Kaufleute. Deutsche Kaufleute können sich nach Nr. 5 auch dann strafbar machen, wenn sie im Ausland Buchführungspflichten verletzen (Karlsruhe NStZ **85**, 317 m. Anm. Liebelt NStZ 89, 182). Die Kaufmannseigenschaft ist im Urteil festzustellen (vgl. BGH GA/H **64**, 136).

30 b) Zu den **Handelsbüchern** gehören auch das Verwahrungsbuch, das der Verwahrer (§ 1 II DepotG) von Wertpapieren nach § 14 DepotG führen muß (Kindhäuser NK 55, MG-Bieneck 2118; enger Tiedemann LK 91). Dagegen sind keine Handelsbücher das Tagebuch des Handelsmaklers (§ 100 HGB), das Aktienbuch (§ 67 AktG) und das Baubuch des Bauunternehmers (§ 2 BauforderungsG v. 1. 6. 1909, RGBl. 449, vgl. Tiedemann aaO).

31 Gesetzliche Vorschriften darüber, welche Handelsbücher zu führen sind, bestehen nicht. Erforderlich ist jedoch eine ordnungsgemäße Buchführung (vgl. hierzu §§ 238 I, 239 IV HGB, RG **25** 38), die an den handelsrechtlichen Vorschriften (§§ 238, 239 HGB) ausgerichtet sein muß (vgl. u. 34). Ein bestimmtes System ist nicht vorgeschrieben (RG **25** 37). Doppelte Buchführung ist zB nicht unbedingt erforderlich. Eine Loseblattbuchführung reicht aus, nicht jedoch Eintragungen auf Zetteln (RG **50** 132). Nach BGH LM **Nr. 10** zu § 239 KO ist unerheblich, ob die Aufzeichnungen eines Kaufmanns in Buch- oder Karteiform erfolgen (vgl. auch BGH **14** 264). Danach sind Lieferscheinblocks Handelsbücher, wenn nur in ihnen die Waren, die ein Kaufmann zur Ansicht und Auswahl abgegeben hat, verzeichnet werden und die Warenbewegungen nur auf diese Weise ersichtlich sind (BGH LM **Nr. 10** zu § 239 KO, Jaeger-Klug § 239 KO RN 5, Kohlhaas § 239 KO Anm. 15). Nach § 239 IV HGB können Handelsbücher auch in der geordneten Ablage von Belegen bestehen oder auf Datenträgern (vgl. dazu BGH NStZ **98**, 247, Tiedemann LK 95) geführt werden. Dagegen gehören Aufzeichnungen, die nur die Grundlage für Eintragungen in den Handelsbüchern bilden, nicht zu den Handelsbüchern (BGH **4** 275).

32 c) Der Verpflichtete braucht die Handelsbücher nicht selbst zu führen. Betraut er einen anderen damit, so befreit ihn das aber nicht von der Haftung, soweit er die nötige Sorgfalt bei der Auswahl oder der Überwachung versäumt (RG **58** 305; vgl. auch BGH **15** 106, Kindhäuser NK 58, MG-Bieneck 2118 ff., Moosmayer NStZ 00, 296). Ist einem von mehreren Gesellschaftern einer OHG die Buchführung übertragen worden, so haben die anderen einzugreifen und für eine ordnungsgemäße Buchführung zu sorgen, wenn er seine Pflicht vernachlässigt (RG **45** 387). Soweit die sorgfaltswidrige Auswahl oder Kontrolle auf Fahrlässigkeit beruht, greift Abs. 5 ein (vgl. u. 58).

33 d) Die Führung von Handelsbüchern wird **unterlassen** (1. Alt., echtes Unterlassungsdelikt; vgl. 134 vor § 13), wenn überhaupt keine Bücher geführt werden (BGH NStZ **95**, 347, Lackner/Kühl 17, MG-Bieneck 2123, Tiedemann LK 102; weiter Kindhäuser NK 59, Schäfer wistra 86, 201 ff.: fehlende Buchführung für einen erheblichen Zeitraum nach vorheriger Buchführung genügt). Unterbleibt nur die Führung einzelner Handelsbücher, so liegt noch eine Buchführung vor, wenn auch eine unordentliche (RG **30** 170, **39** 218, **49** 277, BGH **4** 274, BB **57**, 274). Das gilt auch, wenn vorhandene Handelsbücher nur vorübergehend nicht geführt werden (RG GA Bd. **61**, 115; vgl. auch BGH GA/H **61**, 359, MDR/H **80**, 455). Jedoch kann dann die Tatmodalität der mangelhaften Buchführung (vgl. u. 34) in Betracht kommen. Unterbleibt jegliche Buchführung dagegen für längere, deutlich unterscheidbare Zeiträume erheblicher Art, so liegt ein Unterlassen der Buchführung auch dann vor, wenn diese später nachgeholt wird (vgl. RG **39** 219, **49** 277). Bei Unmöglichkeit, der Buchführungspflicht persönlich oder durch Übertragung auf Dritte nachzukommen, ist die buchführungspflichtige Tätigkeit uU aufzugeben (Schäfer wistra 86, 204, Schlüchter JR 79, 515). Die Gründe, die nach BGH **28** 232 bei Unmöglichkeit, eine Bilanzierungspflicht zu erfüllen, eine Pflichtverletzung entfallen lassen (vgl. u. 47), können den Täter nur für die Zeit vor der Möglichkeit, die

e) Der Nichtführung von Handelsbüchern steht die **mangelhafte Buchführung** gleich, soweit 34
dadurch die Übersicht über den Vermögensstand des Täters erschwert wird (2. Alt.). Sie kann darin
liegen, daß die Handelsbücher im Widerspruch zu den handelsrechtlichen Erfordernissen (vgl. § 239
HGB) geführt werden. Jeder Kaufmann muß in seinen Büchern seine Handelsgeschäfte und
seine Vermögenslage nach den Grundsätzen ordnungsmäßiger Buchführung ersichtlich machen (§ 238 I
HGB). Hiergegen verstößt, wer die Eintragungen in Büchern entgegen § 239 II HGB nicht vollständig, richtig, zeitgerecht oder geordnet vornimmt, etwa Handelsgeschäfte nicht fortlaufend und
Geschäftsvorfälle nicht nach der Zeitfolge binnen kurzer Zeit nach den Vorgängen bucht, sondern erst
am Ende längerer Zeiträume (RG **39** 219, 538) oder Vermögensstücke willkürlich bewertet oder für sie Werte einsetzt, die falsch sind (RG **39** 223). Die Buchführung muß
Aufschluß über Einnahmen und Ausgaben und über die Geschäfte geben, die diesen Vorgängen
zugrunde liegen. Die Handelsgeschäfte sind einzeln zu buchen, und zwar die wirtschaftlichen Er-
füllungsgeschäfte, nicht die Geschäftsabschlüsse (vgl. Tiedemann LK 112 mwN). Den Buchungen
sind Belege zugrunde zu legen; diese sind gesondert aufzubewahren (BGH NJW **54**, 1010; vgl. auch
RG GA Bd. **59**, 124). Die Anfertigung falscher Belege stellt eine unordentliche Buchführung dar
(BGH GA/H **56**, 348; vgl. ferner BGH GA/H **61**, 359). Als Vermögen ist bei Handelsgesellschaften
nur das Gesellschaftsvermögen zu erfassen. Soweit die Handelsbücher auf Datenträgern geführt
werden, setzt eine ordnungsmäßige Buchführung auch voraus, daß die Daten jederzeit innerhalb
angemessener Frist lesbar gemacht werden können (vgl. § 239 IV 2 HGB).

Zum anderen kann eine mangelhafte Buchführung bei einer *nachträglichen Veränderung* der Handels- 35
bücher vorliegen (vgl. Kindhäuser NK 63). Die Veränderung braucht keine Verfälschung iSv § 267 zu
sein. Es genügt, wenn eine Eintragung beseitigt, hinzugefügt oder beides vorgenommen wird und der
ursprüngliche Inhalt nicht mehr feststellbar ist oder die Veränderung ungewiß läßt, ob es sich um eine
ursprüngliche oder eine erst später gemachte Eintragung handelt (vgl. § 239 III HGB, Biletzki
NStZ **99**, 539). Hat ein Vertretungsberechtigter iSv § 14 die Handelsbücher verändert, so ist für seine
Strafbarkeit unerheblich, ob er hierbei Interessen des Vertretenen oder eigene Interessen (zB Verdekkung einer Unterschlagung) verfolgt hat (vgl. § 14 RN 26). Dagegen soll Nr. 5 nach BGH wistra **82**,
149 nicht anwendbar sein, wenn der Geschäftsführer einer GmbH mit dem Verstoß gegen die Buchführungspflichten ausschließlich gesellschaftsfremde Interessen verfolgt, weil er dann nicht in seiner
Eigenschaft als Geschäftsführer tätig wird. Die Bedenken gegen diese Ansicht werden vor allem bei
unterlassenen Buchungen sichtbar. Die Handlungspflicht des Geschäftsführers ist unabhängig davon,
ob dessen Verhalten von Gesellschaftsbelangen oder gesellschaftsfremden Interessen bestimmt wird
(vgl. Kindhäuser NK 55 vor § 283). Folglich muß Nr. 5 auch jegliche Veränderungen durch positives
Tun erfassen, soweit der Geschäftsführer damit der ihm obliegenden Pflicht zur mangelfreien Buchführung nicht nachkommt.

Die mangelhafte Buchführung muß die **Übersicht über den Vermögensstand erschweren.** Das 36
ist der Fall, wenn ein Sachverständiger keinen Überblick oder diesen nur unter großen Schwierigkeiten und mit besonderer Mühe und erheblichem Zeitaufwand gewinnen kann (vgl. RG **47** 312, DJ
39, 1779, BGH NStZ **98**, 247, Kindhäuser NK 64). Die Nichtverbuchung einzelner Geschäftsvorfälle
erschwert im allgemeinen die Übersicht über den Vermögensstand nicht, wenn die Belege vorhanden
sind (BGH GA/H **59**, 341) oder es sich um fortlaufende, in bestimmter Höhe regelmäßig anfallende
Aufwendungen handelt, die nach Lage der Dinge von jedem erfahrenen Kaufmann auf Grund der
früheren ordnungsmäßigen Verbuchung ohne weiteres angenommen und ergänzt werden können
(vgl. RG **29** 308, Tiedemann LK 118, zust. Biletzki NStZ **99**, 539). Eine geordnete Aufbewahrung
sämtlicher Belege kann uU die Übersicht über den Vermögensstand auch dann noch ermöglichen,
wenn die Bücher zeitweilig nicht geführt werden (BGH MDR/H **80**, 455). Die erschwerte Übersicht
über den Vermögensstand muß auf Grund des pflichtwidrigen Verhaltens lediglich entstanden sein; es
ist nicht erforderlich, daß sie noch zZ der Zahlungseinstellung usw. vorhanden ist (Kindhäuser NK 65,
Lackner/Kühl 18, MG-Bieneck 2135, Tiedemann LK 118; and. Böhle-Stamschräder 9 d, Samson SK
18, Tröndle/Fischer 24). Die gegenteilige Ansicht wird dem Umstand nicht gerecht, daß Bankrotthandlungen abstrakte Gefährdungsdelikte sind. Die mögliche Rechtsgutgefährdung bei mangelhafter
Buchführung (o. 28) setzt nicht erst bei Zahlungseinstellung usw. ein. So wird zB der Schuldner, der
seine Bücher mangelhaft führt, es vielfach erheblich schwerer haben, die Krise zu meistern, als ein
Schuldner mit ordentlicher Buchführung. Zudem besteht eine Gefährdung der Gläubigerinteressen
im Wirtschaften ohne sachgemäße Informationsgrundlage. Vor allem Abs. 2 zeigt, daß es auf den
Zeitpunkt der Zahlungseinstellung usw. nicht ankommen kann. Hat die mangelhafte Buchführung die
Krise bewirkt, so ist bereits hiermit eine rechtsgutgefährdende Lage entstanden. Die nachträgliche
Korrektur der Bücher kann aber für den Zusammenhang von Bankrotthandlung und objektiver
Strafbarkeitsbedingung bedeutsam sein (vgl. § 283 b RN 7; vgl. auch Kindhäuser NK 65, Tiedemann
LK 118).

Mehrere Einzelverstöße gegen die Buchführungspflicht stellen nur eine einheitliche Straftat dar 37
(BGH **3** 24, GA/H **56**, 347, **71**, 38, Bittmann/Dreier NStZ **95**, 108). Vorausgesetzt ist, daß sie in
einem raum-zeitlichen Zusammenhang stehen und dementsprechend einen Handlungskomplex (vgl.
17 vor § 52) bilden, der sie zu einer Bewertungseinheit zusammenfügt (vgl. BGH NStZ **95**, 347, **98**,

193 m. Bespr. Doster wistra 98, 328, Geppert NStZ 96, 59, Lackner/Kühl 18, ferner MG-Bieneck 2135 f.). Von einem nur als einheitliche Tat zu bewertenden Handlungskomplex ist auch auszugehen, wenn die Verstöße vor und nach Kriseneintritt liegen; § 283 b geht dann in § 283 auf (vgl. BGH NStZ **84**, 455). Eines Rückgriffs auf die Figur der fortgesetzten Tat (so 24. A.) bedarf es nicht. Die Bewertung als Handlungskomplex erweist sich insb. dann als angebracht, wenn die Verstöße gegen die Buchführungspflicht die Krise auslösen und anschließend in der Krise fortgeführt werden. Zweifelhaft ist, wie das Verhältnis zum Verstoß gegen die Bilanzierungspflicht nach Nr. 7 zu beurteilen ist, wenn der Täter bei der Vernachlässigung seiner Buchführungspflicht bereits weiß, daß er deswegen seiner Bilanzierungspflicht nicht rechtzeitig nachkommen kann. Nach BGH NStZ **98**, 193 m. Bespr. Doster aaO verbindet die Buchführungspflicht als Dauertat das Unterlassen der Bilanzierungspflicht nicht zu einer Tat. Freilich spricht gegen Tatmehrheit, daß die Bilanzierungspflicht zu den allgemeinen Buchführungspflichten gehört und daher kein wesentlicher Unterschied gegenüber den Verstößen nach Nr. 5 besteht. Verstöße nach Nr. 5 und nach Nr. 7 lassen sich demgemäß als Handlungskomplex zusammenfassen (vgl. auch M-Maiwald I § 48 RN 28). Soweit in einem Handlungskomplex die Buchführungspflicht teils vorsätzlich, teils fahrlässig verletzt wird, geht der fahrlässige Verstoß in dem vorsätzlichen Verstoß auf (BGH GA/H **56**, 347).

38 7. **Entziehen von Handelsbüchern** oder sonstigen Geschäftsunterlagen (Abs. 1 Nr. 6). Diese Unterlagen sind, soweit sie die Übersicht über den Vermögensstand vermitteln, nicht nur für eine ordnungsgemäße Wirtschaftsführung, sondern auch für eine sachgemäße Insolvenzabwicklung von erheblicher Bedeutung. Beeinträchtigungen dieser Unterlagen können daher in hohem Maß sozialschädlich sein (vgl. Kindhäuser NK 66, Krause aaO 424 f.).

39 a) Abs. 1 Nr. 6 umfaßt als **Tatgegenstand** alle geführten Handelsbücher, nicht nur solche, zu deren Führung der Täter gesetzlich verpflichtet war. Die Erweiterung gegenüber Nr. 5 ergibt sich daraus, daß ein Zusatz fehlt, der auf eine Pflicht zum Führen von Handelsbüchern abhebt, sowie aus der Formulierung „vor Ablauf der für Buchführungspflichtige bestehenden Aufbewahrungsfristen" (vgl. BR-Drs. 5/75 S. 36). Als Täter erfaßt erwähne dem Wortlaut nach auch alle Schuldner, die nicht buchführungspflichtig sind (vgl. auch o. 29), sei es, daß sie freiwillig Handelsbücher etc. führen, sei es, daß sie fremde Tatgegenstände vernichten. Die wohl hM wendet daher den Tatbestand auch auf Angehörige freier Berufe und Privatleute an (vgl. Lackner/Kühl 19, MG-Bieneck 2126, Samson SK 19, Weyand aaO 95). Einschränkungen folgen indes wohl zwangsläufig aus der tatbestandlichen Bezugnahme auf kaufmännische Pflichten (vgl. Tiedemann LK 121, s. auch Hillenkamp-Wisgalle aaO 186, Tröndle/Fischer 25; and. noch 25. A.; zu eng dagegen Kindhäuser NK 67 f.), so daß Privatleute nur bei Vorliegen besonderer Umstände als Täter in Frage kommen. Die früheren Minderkaufleute (§ 4 aF HGB) gelten mit Eintragung als Kaufleute (§ 2 S. 1 HGB) und unterliegen damit der Buchführungspflicht (o. 29). Sie können aber auf eigenen Antrag wieder im Handelsregister gelöscht werden (§ 2 S. 3 HGB), womit sie Nr. 6 unterfallen können (WJ-Köhler 132). Eine bereits begründete Aufbewahrungspflicht wird aber durch den Wegfall der Kaufmannseigenschaft nicht aufgehoben (Tiedemann LK 122 mwN). Tatgegenstand können neben Handelsbüchern auch sonstige Unterlagen sein, zu deren Aufbewahrung ein Kaufmann nach Handelsrecht verpflichtet ist, zB empfangene Handelsbriefe oder Buchungsbelege (vgl. dazu § 257 HGB), weiter Inventare und Bilanzen, Gewinn- und Verlustrechnungen und der Lagebericht der Kapitalgesellschaften (vgl. Tiedemann LK 124).

40 b) Die Handelsbücher oder sonstigen Unterlagen müssen **beiseite geschafft, verheimlicht, zerstört** oder **beschädigt** worden sein. Zum Beiseiteschaffen vgl. o. 4. Unter Verheimlichen ist die Verhinderung der Einsichtnahme zu verstehen; vgl. näher o. 5. Bei Handelsbüchern oder sonstigen Unterlagen, die auf Datenträgern gespeichert sind, kann die Einsichtnahme auch dadurch verhindert werden, daß die Daten nicht mehr innerhalb angemessener Frist lesbar gemacht werden können (zust. Kindhäuser NK 71). Zum Zerstören vgl. § 303 RN 11. Nicht erforderlich ist, daß die Handelsbücher in ihrer Substanz völlig vernichtet werden. Auch andere Sacheinwirkungen, die die Funktionsfähigkeit (zur Bedeutung des urkundlichen Inhalts s. o. 38) aufheben, reichen aus, etwa die völlige und irreparable Auflösung der Ordnung einer Loseblattsammlung (vgl. BR-Drs. 5/75 S. 36). Zum Beschädigen vgl. § 303 RN 8 ff. Bei allen Tathandlungen genügt es, daß sie sich auf einen Teil der Handelsbücher erstrecken (Kindhäuser NK 71, Tiedemann LK 123). Das ergibt sich bereits aus der Einbeziehung der sonstigen Unterlagen in den Tatbestand. Soweit ein Geschäftsführer einer GmbH Handelsbücher vernichtet, soll Nr. 6 nicht anwendbar sein, wenn er ausschließlich eigene Interessen verfolgt, etwa eine Untreue verdecken will (vgl. Schäfer wistra 90, 85). Gegen diese Ansicht sind ähnliche Bedenken anzuführen wie gegen die Ansicht, die Veränderung von Handelsbüchern im ausschließlich eigenen Interesse des Geschäftsführers falle unter Nr. 5 (vgl. o. 35). Wer die Verantwortung für Handelsbücher trägt, wird von ihr nicht frei, wenn sein Handeln nur ihm selbst zugute kommen soll, und hat somit für sein verantwortungsloses Handeln nach Nr. 6 einzustehen (vgl. Kindhäuser NK 71).

41 Die Handlungen müssen vor *Ablauf* der für Buchführungspflichtige bestehenden *Aufbewahrungsfristen* hinsichtlich der betroffenen Tatgegenstände vorgenommen werden. Vgl. zu diesen Fristen § 257 IV, V HGB. Handlungen nach Einstellung des Insolvenzverfahrens sind nur strafbar, wenn ein berechtigtes Interesse der Gläubiger am Vorhandensein der Bücher und Unterlagen weiterbesteht (vgl. BGH GA/H **54**, 311, Tiedemann LK 123).

c) Durch die Handlung muß die **Übersicht über den Vermögensstand** des Täters **erschwert** 42 werden. Vgl. dazu o. 36. Handlungen ohne eine solche Wirkung, wie das Beschädigen eines Handelsbuchs ohne Beeinträchtigung des Inhalts, reichen nicht aus (Tiedemann LK 126, Tröndle/Fischer 25). Es liegt jedoch ein Versuch (Abs. 3) vor, wenn der Täter auch den Aussageinhalt des beschädigten Tatgegenstandes beeinträchtigen und damit die Übersicht über seinen Vermögensstand erschweren wollte.

8. Mangelhafte oder nicht rechtzeitige Bilanzaufstellung (Abs. 1 Nr. 7). Da die Bilanzie- 43 rungspflichten, die an sich zu den allgemeinen Buchführungspflichten gehören, für das Wirtschaftsleben ganz besondere Bedeutung haben (MG-Bieneck 2128 f.), sind Verstöße gegen sie speziell geregelt.

a) Strafbar ist hiernach die **mangelhafte Aufstellung einer Bilanz,** sofern sie entgegen dem 44 Handelsrecht (vgl. §§ 242–256 HGB) erfolgt und die Übersicht über den Vermögensstand des Täters erschwert. Unter Aufstellen einer Bilanz ist die Anfertigung der Gegenüberstellung der Aktiva und Passiva zu verstehen (vgl. §§ 242, 247 HGB); auf die Feststellung der Bilanz (vgl. §§ 172, 173 AktG, § 46 Nr. 1 GmbHG) kommt es nicht an. Es muß eine gesetzliche Pflicht zur Bilanzaufstellung bestehen, da ein Verhalten entgegen dem Handelsrecht vorausgesetzt wird. Täter können somit nur Vollkaufleute sein (Kindhäuser NK 76, Lackner/Kühl 20, Tiedemann LK 129; vgl. dazu o. 29). Die aufgestellte Bilanz muß so mangelhaft sein, daß sie die Übersicht über den wahren Vermögensstand des Täters erschwert (vgl. dazu o. 36). In Betracht kommen sowohl unrichtige als auch verschleierte Bilanzen (vgl. Tiedemann LK 142), etwa auf Grund von Falschbewertungen bei Vermögensstücken (vgl. BGH **30** 289), Einstellen nicht vorhandener Aktivposten oder Fortlassen von Passivposten. Der Einzelkaufmann ist nicht verpflichtet, sein nicht zum Handelsgeschäft gehörendes Vermögen in die Bilanz aufzunehmen (Lackner/Kühl 20, Muhler wistra 96, 126, Tiedemann LK 137, Tröndle/Fischer 26; and. Kindhäuser NK 83, 25. A. RN 34). Zum Verschweigen des Rangrücktritts eines Gläubigers in der Bilanz vgl. Hartung NJW 95, 1190. Nicht tatbestandsmäßig ist das zur Täuschung einzelner Geschäftspartner erfolgte Anfertigen mangelhafter Bilanzen neben den ordnungsgemäß aufgestellten Bilanzen (vgl. § 283 b RN 4).

b) Ferner ist strafbar, wer entgegen dem Handelsrecht es **unterläßt,** die **Bilanz** seines Vermögens 45 oder das **Inventar** in der vorgeschriebenen Zeit **aufzustellen.** Entgegen dem Handelsrecht kann nur der gesetzlich Verpflichtete untätig bleiben, dh der Vollkaufmann (vgl. o. 29). Die Pflicht zur Bilanz- und Inventaraufstellung muß sich aus den handelsrechtlichen Vorschriften ergeben. Bedeutsam kann vor allem die Pflicht werden, für den Schluß eines jeden Geschäftsjahres (nicht notwendig des Kalenderjahres) das Inventar und die Jahresbilanz aufzustellen (vgl. Moosmayer NStZ 00, 296), und zwar innerhalb der einem ordnungsgemäßen Geschäftsgang entsprechenden Zeit (vgl. §§ 240 II, 243 III HGB; zu den Fristen bei Kapitalgesellschaften vgl. § 264 HGB). Zur Vereinbarkeit dieses Erfordernisses mit Art. 103 II GG vgl. BVerfGE **48** 57. Zur Rechtzeitigkeit vgl. BGH GA/H **61**, 356. Übernimmt jemand in einer wirtschaftlichen Krisensituation (vgl. u. 50 ff.) ein Handelsgewerbe, so erfüllt er die Tatbestand, wenn er nicht sofortiges Inventar (vgl. § 240 I HGB) oder keine Eröffnungsbilanz (vgl. § 242 I HGB) aufstellt. Diese ist unverzüglich nach Beginn des Handelsgewerbes und für den Zeitpunkt des Beginns anzufertigen (vgl. RG **28** 430, Kindhäuser NK 85, Lackner/Kühl 20; weiter Tiedemann LK 148, Tröndle/Fischer 27). Eine Eröffnungsbilanz ist auch bei Erwerb eines fremden Geschäfts aufzustellen (RG **28** 428), auch im Fall der Erbschaft, ferner bei Eintragung als Kaufmann nach den §§ 2, 3 HGB, bei Fortführung einer OHG, wenn der einzige Mitgesellschafter ausscheidet (RG **26** 222), bei Begründung einer OHG durch Eintritt eines Gesellschafters in ein Einzelunternehmen (RG LZ **14**, 689) oder bei Geschäftsfortführung nach beendeter Insolvenz (RG **25** 76). Geht der Betrieb eines Vollkaufmanns nicht nur vorübergehend derart zurück, daß er nur als Kleingewerbe fortlebt, so ist auf den Zeitpunkt des Übergangs zum Kleingewerbe eine Abschlußbilanz zu errichten (BGH NJW **54**, 1854, Karlsruhe GA **75**, 315). Bei Liquidation einer GmbH ist bei Beginn eine Abschlußeröffnungsbilanz und danach am Ende des Abschlußjahres eine Jahresbilanz zu erstellen (§ 71 GmbHG, Frankfurt BB **77**, 312). Zum Fortbestehen einer bereits laufenden Frist für den Liquidator vgl. Bay wistra **90**, 201. Zur Bilanzierungspflicht, wenn GmbH Komplementärin einer GmbH & Co. KG ist, vgl. BGH MDR/H **81**, 454.

Ein Unterlassen liegt auch vor, wenn die Bilanz oder das Inventar derart mangelhaft aufgestellt wird, 46 daß sie bzw. es als nicht vorhanden zu gelten hat (Kindhäuser NK 86, Tröndle/Fischer 30; and. Lackner/Kühl 20). Es ist Tatfrage, wie die Mängel zu bewerten sind (vgl. RG JW **35**, 2061). Nach BGH GA/H **56**, 348 soll als Bilanz nur eine auf Grund ordnungsgemäßer Buchführung erstellte, vom Schuldner geprüfte und anerkannte Gegenüberstellung der Aktiva und Passiva anzusehen sein. Die Aufstellung einer Scheinbilanz, die der Grundlage des Inventars entbehrt, ist als Unterlassung zu werten (RG **12** 82). Vgl. näher Tiedemann LK 152.

Die Bilanzierungspflicht muß spätestens bei Zahlungseinstellung (Insolvenzeröffnung) versäumt sein 47 (BGH NStE 10). Diese Pflicht kann der Täter auch dann verletzt haben, wenn der Endtermin für die rechtzeitige Bilanzaufstellung zwar nach Zahlungseinstellung liegt, der Täter aber vorher keinerlei Vorbereitungen getroffen hat. Strafbar ist daher, wer bis zur Insolvenzeröffnung nichts unternommen hat, um die Bilanz für das der Insolvenzeröffnung vorhergehende Geschäftsjahr vorzubereiten, obwohl die Frist für die Bilanzaufstellung kurz nach Insolvenzeröffnung abläuft (vgl. BGH GA **56**, 356, GA/H **59**, 49, NStZ **92**, 182, Düsseldorf wistra **98**, 361, Lackner/Kühl 20; and. Tröndle/Fischer 30; vgl. auch

Tiedemann LK 151, der Versuch annimmt). Voraussetzung ist allerdings, daß der Täter wegen seines Untätigbleibens die Bilanz nicht mehr rechtzeitig hätte anfertigen können (Kindhäuser NK 87). Eine Pflichtverletzung entfällt bei Unmöglichkeit, die Bilanzierungspflicht zu erfüllen, so zB, wenn der Zahlungsunfähige die Kosten für die Bilanzaufstellung nicht aufbringen (BGH **28** 232 f., NStZ **92**, 182, NStZ **98**, 193 m. Bespr. Doster wistra 98, 327 u. Anm. Schramm DStR 98, 500, Düsseldorf aaO, Stuttgart NStZ **87**, 461, Kindhäuser NK 88, Tiedemann LK 154, zust. Biletzki NStZ 99, 540; and. MG-Bieneck 2122, Schlüchter JR 79, 515, Schäfer wistra 86, 204) oder der Liquidator einer GmbH wegen des völligen Durcheinanders in der Buchhaltung die Bilanzierung nicht rechtzeitig vornehmen kann (vgl. Frankfurt BB **77**, 312). Näher zum Unvermögen Pohl wistra 96, 14.

48 c) Zieht sich die Krisensituation über längere Zeit hin und werden mehrfach die erforderlichen Bilanzen mangelhaft oder nicht rechtzeitig aufgestellt, so liegen jeweils selbständige Verstöße gegen Nr. 7 vor (vgl. BGH GA/H **56**, 348, NStZ **98**, 193, Kindhäuser NK 119). Hat jemand für mehrere Gesellschaften, die sich in einer Krise befinden, Bilanzen aufzustellen, so liegt Tateinheit vor, wenn die Unterlassung einer Bilanzziehung dazu führt, daß die anderen Bilanzierungspflichten nicht erfüllt werden können (BGH GA **81**, 518).

49 9. Eine Bankrotthandlung begeht schließlich noch, wer in **anderer,** den Anforderungen einer ordnungsgemäßen Wirtschaft grob widersprechender **Weise** seinen **Vermögensstand verringert** oder seine wirklichen **geschäftlichen Verhältnisse verheimlicht** oder **verschleiert** (Abs. 1 Nr. 8). Die Regelung trägt dem Umstand Rechnung, daß die kasuistische Aufzählung der Bankrotthandlungen in Nr. 1–7 die vielfältigen Erscheinungsformen sozialschädlicher Verhaltensweisen nur unvollkommen erfaßt und einer Ergänzung durch eine Art Generalklausel bedarf (vgl. BR-Drs. 5/75 S. 33, 36). Sie umfaßt zwei unterschiedliche Gruppen von Verhaltensweisen: die Vermögensverringerung (Verminderung der Aktiva oder Vergrößerung der Passiva; vgl. näher Tiedemann LK 156 ff., Tröndle/Fischer 31) und Machenschaften, auf Grund derer die wirklichen geschäftlichen Verhältnisse verborgen bleiben (vgl. näher Tiedemann LK 171 ff.). Besondere Bedeutung kann der Auffangtatbestand (Kindhäuser NK 89, Lackner/Kühl 21, Tröndle/Fischer 31; and. Tiedemann LK 9 f. [auch Grundtatbestand zu Abs. 1]) vor allem bei der zweiten Gruppe erlangen, da die kasuistische Regelung insoweit manche Lücken aufweist. Er kann etwa erfüllt sein, wenn jemand in geschäftlichen Mitteilungen die Verhältnisse seines Unternehmens unrichtig wiedergibt oder sonstwie verschleiert. Zu beachten ist, daß ein Verheimlichen oder Verschleiern ebenso wie die Vermögensverringerung in einer Weise erfolgen muß, die den Anforderungen einer ordnungsgemäßen Wirtschaft grob widerspricht (Lackner/Kühl 21, Tiedemann LK 177, Tröndle/Fischer 31, WJ-Köhler 136; and. Kindhäuser 89, Krause aaO 143, 366, M-Maiwald I 526 u. anscheinend BR-Drs. 5/75 S. 36). Eine andere Auslegung wird der Ergänzungsfunktion der Nr. 8 nicht gerecht. Da ein Teil der Fälle bereits unter die kasuistische Aufzählung fällt, kommt somit nur ein Verhalten in anderer Weise in Betracht; hierfür muß dann aber auch die hiermit verbundene Einschränkung des groben Widerspruchs zu den Anforderungen einer ordnungsgemäßen Wirtschaft gelten. Bagatellfälle, zB geringfügige Falschdarstellungen über die geschäftlichen Verhältnisse, scheiden somit aus (Kindhäuser NK 89). Vgl. zum Ganzen auch Krause aaO 137, 205, 425.

49 a 10. Bleibt offen, ob die eine oder die andere Bankrotthandlung vorgelegen hat, so erfolgt eine Verurteilung auf Grund einer **Wahlfeststellung** (vgl. § 1 RN 61). Diese kommt zB in Betracht, wenn sich nicht klären läßt, ob Handelsbücher überhaupt nicht geführt (Nr. 5) oder beiseite geschafft worden sind (Nr. 6). Ebenso steht der Verurteilung nach § 283 nichts entgegen, wenn der Täter ein Vermögensstück entweder beiseite geschafft oder es verheimlicht hat. Andererseits scheidet Wahlfeststellung zwischen einer Bankrotthandlung nach Nr. 1 und Gläubigerbegünstigung aus; der Täter ist bei Nichtaufklärbarkeit, welche der beiden Taten begangen worden ist, nach § 283 c zu verurteilen (vgl. dort RN 22).

50 III. Die Handlung muß entweder während einer **wirtschaftlichen Krise** des Täters vorgenommen werden, nämlich bei Überschuldung oder bei drohender oder eingetretener Zahlungsunfähigkeit (Abs. 1), oder seine Überschuldung bzw. seine Zahlungsunfähigkeit herbeiführen (Abs. 2), die Krise also auslösen. Es genügt auch eine Handlung nach dem wirtschaftlichen Zusammenbruch (vgl. u. 59 aE).

50 a Die Krisenmerkmale beschreiben einen besonders bedrohlichen Zustand für die geschützten Rechtsgüter. Zur bisherigen Problematik ihrer Auslegung und Funktion vgl. zB Borup wistra 88, 88, Franzheim NJW 80, 2501, Höfner aaO 85, Lüderssen Arm. Kaufmann-FS 675, Otto Bruns-GS 365 u. Jura 89, 33, Ransiek aaO [118 vor § 25] 151, Schlüchter wistra 84, 41, Tiedemann Dünnebier-FS 535. Die neue **InsO** (o. 1 a vor § 283) enthält nunmehr Legaldefinitionen der Insolvenzgründe (§§ 17 II, 18 II, 19 II InsO). Die Frage, ob und inwieweit diese Legaldefinitionen für die Auslegung der Krisenmerkmale der §§ 283 f. verbindlich sind, wurde im Gesetzgebungsverfahren mit Ausnahme der drohenden Zahlungsunfähigkeit (BT-Drs. 12/2443 S. 114) nicht behandelt (vgl. Moosmayer aaO 17 ff., Uhlenbruck wistra 96, 2, Weyand aaO 29, 44 ff.), sie ist noch wenig geklärt. Teilweise wird von einer strikten Insolvenzrechtsakzessorietät ausgegangen (Bieneck StV 99, 43; vgl. auch Höffner BB 99, 253). Jedoch schützt das Strafrecht weder umfänglich das Insolvenzverfahren mit sämtlichen Regelungseffekten (vgl. o. 2 vor § 283) noch sind die jeweiligen Funktionen der Rechtsbegriffe identisch. Zudem ist spezifisch strafrechtlichen Anforderungen Rechnung zu tragen (vgl. Tiedemann LK 155 vor § 283, ihm folgend Moosmayer aaO 143 ff.; vgl. auch Lackner/Kühl 5), so daß von einer funktionalen Akzessorietät gesprochen werden kann (vgl. auch Otto II 300, Ransiek aaO 162, 390 ff.).

1. Überschuldung liegt vor, wenn die Passiva die Aktiva übersteigen, das Vermögen mithin die **51** Schulden nicht deckt (vgl. § 19 II 1 InsO und entspr. Bezugnahmen [BT-Drs. 12/3803 S. 81] in §§ 92 II 2 AktG, 64 I 2 GmbHG, 130 a I 1 HGB; vgl. Kindhäuser NK 93 vor § 283, Lackner/ Kühl 6, Tiedemann LK 150 vor § 283), wobei der Krisenmerkmal in § 283 für jeden Schuldner gilt (and. nur Otto aaO 273 u. Jura 89, 33). Ihre Feststellung richtet sich nicht nach den Bilanzierungsvorschriften (Kindhäuser NK 93 vor § 283, Tiedemann LK 151 vor § 283; für Heranziehung der Handelsbilanz aber Stypmann wistra 85, 89; für die konsolidierte Handelsbilanz Höffner BB 99, 254, ferner Bieneck StV 99, 44). Um die „wahren" Werte und Verbindlichkeiten zu ermitteln, bedarf es eines sog. Überschuldungsstatus (BGH wistra **87**, 28, Tiedemann LK 151 vor § 283 mwN). Für die **Passivseite** sind allein die echten Verbindlichkeiten maßgebend (vgl. BGHZ **31** 272), also alle gegenwärtigen, im Falle der Eröffnung des Insolvenzverfahrens aus der Masse zu begleichenden Schulden, wozu auch noch nicht fällige oder gestundete Verbindlichkeiten gehören sollen (Breuer aaO 43, Schmerbach, in Frankf. Komm., 2. A. 1999, § 19 RN 14 InsO). Zur Passivierung kapitalersetzender Gesellschaftsdarlehen vgl. § 39 I Nr. 5 InsO und Bieneck StV 99, 45 f., Kindhäuser NK 94 vor § 283, Uhlenbruck wistra 96, 6, aber auch München WiB **94**, 839 m. Anm. Langkeit; vgl. auch Bittmann wistra 99, 13 f., zur Passivierung von nachrangigen Verbindlichkeiten des § 39 InsO allgemein s. Breuer aaO 43, Weyand aaO 52. Zu Aufwendungen für einen Sozialplan und die Massekosten vgl. verneinend Uhlenbruck wistra 96, 6, bejahend Müller in Kölner Schrift aaO RN 33; zutr. diff. Tiedemann LK 152 [Nichtfortführung des Unternehmens steht fest], vgl. auch Bittmann wistra 99, 11 f., Weyand aaO 49. Auf der **Aktivseite** sind im Überschuldungsstatus stille Reserven und immaterielle Güter, wie etwa das Knowhow, unstreitig zu berücksichtigen. Umstritten war bereits unter Geltung der KO aF, ob der *Bewertung* aus Gründen eines möglichst effektiven Schutzes der Gläubigerinteressen die sog. Zerschlagungswerte (vgl. Franzheim wistra NJW 80, 2500, wistra 84, 212, Kindhäuser NK 95 vor § 283 mwN, hier 25. A.; für einen großzügig modifizierten Liquidationswert aus der Praxis der Staatsanwaltschaften, s. MG-Bieneck 2016, Weyand aaO 44) oder die sog. Betriebsfortführungswerte (vgl. Schlüchter MDR 78, 765, Otto aaO 268, weit. Nachw. bei Kindhäuser NK 98 vor § 283), die regelmäßig höher zu Buche schlagen, zugrunde zu legen sind. Umstritten war weiter die maßgebende Prüfungsmethode (dazu Uhlenbruck wistra 96, 5; zum sog. modifizierten zweistufigen Prüfungsverfahren vgl. BGHZ **119** 201, Schmidt JZ 82, 170, Ulmer KTS 81, 477, ferner Ransiek aaO [118 vor § 25] 153 f., Otto Jura 89, 33; krit. Krause aaO 220 f.). Mit der *Neuregelung des § 19 II InsO* bestimmt sich der Überschuldungsstatus nach dem Willen des Gesetzgebers im Insolvenzrecht nach der sog. nicht modifizierten zweistufigen Prüfung, nämlich den zwei Elementen der rechnerischen Überschuldung (§ 19 II 1 InsO) und der Fortführungsprognose (§ 19 II 2 InsO) (vgl. BT-Drs. 12/7302 S. 157, Breuer aaO 44, Kübler ua § 19 InsO RN 5, MG-Bieneck 2024, vgl. auch Burger/Schellberg KTS 95, 570, WJ-Beck 86; krit. Otto NJW 99, 555). An dieser Grundsatzentscheidung hat sich auch die strafrechtliche Begriffsbildung auszurichten (Bieneck StV 99, 44, Bittmann wistra 99, 11, Höffner BB 99, 253, Lackner/Kühl 6, Moosmayer aaO 164, Tiedemann LK 155 vor § 283, Uhlenbruck wistra 96, 6; and. Otto II 300). Gesetzlich nicht entschieden ist, ob zunächst immer ein Überschuldungsstatus unter Ansatz von Liquidationswerten aufzustellen ist (Uhlenbruck aaO) oder (umgekehrt) das Ergebnis der Fortführungsprognose entscheidet, ob für den nachfolgenden Überschuldungsstatus Liquidations- oder Fortführungswerte zugrunde zu legen sind (Bieneck aaO, Bittmann aaO, Lackner/Kühl 6, Tiedemann aaO). Dabei wird teilw. – im Unterschied zu § 19 II 2 InsO – der Fortführungswert bereits dann akzeptiert, wenn das Weiterbestehen des Unternehmens nicht ganz unwahrscheinlich ist (Lackner/Kühl 6, Tiedemann aaO, W-Hillenkamp 461; and. Bittmann wistra 99, 17, Höffner BB 99, 254; vgl. auch Bieneck StV 99, 44). Der Liquidationswert ist jedenfalls immer anzusetzen, wenn aus der Sicht ex ante die Nichtfortführung des Unternehmens feststeht, und prinzipiell ist der Schuldner zu wirtschaftlich besonders verantwortungsbewußtem Verhalten angehalten, wenn rechnerische Überschuldung vorliegt. Eine Fortführungsprognose ist entbehrlich, wenn wegen hoher stiller Reserven sogleich Liquidationswerte angesetzt werden und der Überschuldungsstatus zeigt, daß die Verbindlichkeiten auch den Vermögenswerten gedeckt sind (Bittmann aaO). Der Prognosezeitraum erstreckt sich idR auch auf das nächste Geschäftsjahr (vgl. Lackner/Kühl 6, Uhlenbruck aaO; vgl. auch Düsseldorf WM **97**, 1867, Bieneck StV 99, 44 [1 Jahr], Bittmann wistra 99, 14 [höchstens 2 Jahre]). Da das Merkmal der Überschuldung mit erheblichen Bewertungsunsicherheiten behaftet ist, läßt sich, soll das Bestimmtheitsgebot des Art. 103 II GG gewahrt bleiben, von einer Überschuldung nur ausgehen, wenn alle anerkannten Beurteilungsmaßstäbe (zur Beurteilung der Überschuldung führen (Tiedemann Schröder-GedS 299), abgesehen vom Ansatzpunkt „Liquidationswerte" oder „Fortführungswerte" (and. insoweit Stypmann wistra 85, 92). Zur Überschuldung einer AG oder einer sonstigen juristischen Person vgl. Jaeger-Weber §§ 207, 208 KO RN 19 ff., § 213 KO RN 6. Zum Problem, inwieweit Rückstellungen bei Prüfung der Überschuldung heranzuziehen sind, vgl. Bittmann wistra 99, 13 f., Hoffmann MDR 79, 93. Zur Berücksichtigung der Ertragsschätzung in der Überschuldungsbilanz bei unterschiedlichen Marktprognosen und zur Bewertung einer verlustreichen Unternehmensbeteiligung vgl. BGH JZ **79**, 75 und dazu Tiedemann Schröder GedS 300 ff., NJW **79**, 254.

52 2. **Zahlungsunfähig** ist nach bislang hM, wer mangels erforderlicher Mittel voraussichtlich andauernd außerstande ist, seine fälligen Geldschulden zu begleichen (vgl. RG JW **34**, 842, BGH MDR/H **90**, 1067, Stuttgart NStZ **87**, 460), zumindest einen wesentlichen Teil (vgl. Düsseldorf NJW **88**, 3167, Kindhäuser NK 101, Krause NStZ 99, 163, Otto aaO 278, Tiedemann LK 129 vor § 283). Zu berücksichtigen waren bisher nur Verbindlichkeiten, die von Gläubigern ernsthaft eingefordert werden (BGH GA **81**, 473, wistra **87**, 217, Tiedemann LK 128 vor § 283). Mit der neuen Regelung in § 17 II 1 InsO (Zahlungsunfähigkeit liegt vor, wenn der Schuldner „nicht in der Lage ist, die fälligen Zahlungspflichten zu erfüllen") will der Gesetzgeber durch den Verzicht auf die bisherigen Merkmale der Dauerhaftigkeit, Wesentlichkeit und ernstlichen Einforderung insbes. eine frühzeitigere Eröffnung des Insolvenzverfahrens garantieren (BT-Drs. 12/2443 S. 114; vgl. Bittmann wistra 98, 321, Moosmayer aaO 33, Uhlenbruck wistra 96, 4 f.; s. auch oben 1 a vor § 283). An diese Ausweitung ist die strafrechtliche Begriffsbildung nicht strikt gebunden (Bittmann aaO, W-Hillenkamp 462; vgl. auch Otto NJW 99, 555, Tröndle/Fischer 10 vor § 283; and. Bieneck StV 99, 44, Lackner/Kühl 7, Moosmayer aaO 155), dies schon deshalb nicht, weil das Merkmal der Zahlungsunfähigkeit hier nicht das Insolvenzverfahren auslöst, sondern die Pflichten des Schuldners verschärft (Tiedemann LK 129 vor § 283). Deshalb sind die bisherigen Kriterien nach wie vor bedeutsam, dies auch deshalb, weil jedenfalls „geringfügige" Liquiditätslücken für § 17 II 1 InsO nicht genügen (BT-Drs. aaO) und auch keine absolute Zeitpunktilliquidität gelten sollte (vgl. BT-Drs. aaO, Uhlenbruck aaO, Weyand aaO 61; vgl. auch Kübler ua § 17 InsO RN 11, Kirchhof Heidelbg. Komm., § 17 RN 18 sowie Bittmann aaO 323 f. mwN; and. Bieneck aaO, MG-Bieneck 2035, Moosmayer aaO 159). Freilich sind gewisse Einschränkungen im Vergleich zu § 283 aF die Folge. Beim *Bemessungszeitraum* ist nach wie vor von Relevanz, daß aus der Sicht ex ante die Tendenz bestanden haben muß, daß die Liquiditätslage zumindest gleichbleibend schlecht erscheint (Tiedemann 134 vor § 283). Andererseits reicht die bloße Zahlungsstockung aufgrund eines vorübergehenden Mangels an flüssigen Mitteln nicht aus (BT-Drs. aaO), wobei die zeitlichen Grenzen umstritten sind (höchstens 4 Wochen BGH ZIP **95**, 931, Lackner/Kühl 7; Bieneck aaO [höchstens 3 Wochen]; Bittmann aaO 324 [3 Monate]; ähnl. Hartung wistra 97, 7). Auch die für maßgebend erachteten Deckungslücken schwanken zwischen unter 10% (Kirchhof § 17 RN 20, Lackner/Kühl 7) und 25% (Bittmann aaO 323), während Moosmayer aaO 156 zu Unrecht auf jegliche Quote verzichten will (krit. auch Kirchhof, Penzlin Jura 99, 56). Zur früheren hM vgl. 25. A. Nach BGH NJW **98**, 607 genügt zur Berücksichtigung von Verbindlichkeiten eine ernsthafte Zahlungsaufforderung (vgl. auch Bittmann aaO 322, Hartung wistra 97, 5, weitergehend Bieneck aaO). Zur bisherigen Feststellung der Zahlungsunfähigkeit vgl. BGH MDR/H **81**, 454, **87**, 624, **90**, 1067, NStE **7**, NJW **90**, 1056, wistra **93**, 184, Düsseldorf NJW **88**, 3167 (idR stichtagsbezogene Gegenüberstellung der fälligen und eingeforderten Verbindlichkeiten und der zu ihrer Tilgung vorhandenen oder herbeizuschaffenden Mittel, aber auch Rückschluß aus wirtschaftskriminalistischen Beweisanzeichen [dazu Bieneck StV 99, 45, Hartung wistra 97, 11] wie Häufigkeit der Wechsel- oder Scheckproteste, fruchtlose Pfändungen, Ableistung der eidesstattlichen Versicherung ist möglich; vgl. auch LG Köln wistra **92**, 269). Bloße Zahlungsunwilligkeit genügt nicht (vgl. Lackner/Kühl 27). Zahlungsunfähigkeit setzt nicht unbedingt Überschuldung voraus; sie kann trotz Überwiegens der Aktivposten vorliegen, wenn diese für unabsehbare Zeit zur Begleichung der Schulden nicht herangezogen werden können. Umgekehrt kann jemand überschuldet sein, ohne daß er zahlungsunfähig ist.

53 3. **Zahlungsunfähigkeit droht,** wenn die konkrete Gefahr ihres Eintritts besteht, ihr alsbaldiger Eintritt somit nach den Umständen des Einzelfalles wahrscheinlich ist (vgl. BGH MDR/H **90**, 1067, Kindhäuser NK 103, Tiedemann LK 138 vor § 283). Vergleichbar stellt die neue Vorschrift des § 18 II InsO in Erwartung „größerer Klarheit" auch für das Insolvenzstrafrecht (BT-Drs. 12/2443 S. 13; krit. Uhlenbruck wistra 96, 3) darauf ab, ob der Schuldner „voraussichtlich nicht in der Lage sein wird, die bestehenden Zahlungspflichten im Zeitpunkt der Fälligkeit zu erfüllen". § 18 II InsO hat als neu geschaffener Insolvenzgrund die problematische Konsequenz, daß der allein antragsberechtigte Schuldner mit dem Insolvenzantrag zugleich die objektive Bedingung der Strafbarkeit nach Abs. 6 auslöst (vgl. krit. Lackner/Kühl 8, Moosmayer aaO 169 ff., Tiedemann LK 10 vor § 283). Beim Zeitraum der Prognose gilt allgemein, daß „je länger er erstreckt wird, desto höher die Eintrittswahrscheinlichkeit sein muß" (Bittmann wistra 98, 325), wobei vorherrschend auf den letzten Fälligkeitszeitpunkt aller Verbindlichkeiten abgestellt wird (Bieneck StV 99, 45, Lackner/Kühl 8, Tiedemann LK 139 vor § 283, Uhlenbruck wistra 96, 4; and. Bittmann aaO [1 Jahr]). Entsprechend o. 52 ist (strafrechtlich einschränkend) zu verlangen, daß die Zahlungsunfähigkeit einen nicht unwesentlichen Teil der Zahlungspflichtigen betreffen wird (vgl. Tiedemann aaO; and. Bieneck aaO, Lackner/Kühl 8, Uhlenbruck aaO). Die Gefahrenprognose muß objektiv sein, die Befürchtung des Schuldners, alsbald zahlungsunfähig zu werden, genügt nicht (BGH aaO). Gegenstand der Prognose ist grundsätzlich die gesamte Entwicklung der Finanzlage (vgl. BT-Drs. aaO). Zu den zu berücksichtigenden Umständen gehören insb. die fälligen und eingeforderten Verbindlichkeiten sowie andererseits die vorhandenen flüssigen und die kurzfristig liquidierbaren Mittel, ferner die Auftragslage und die zur Verfügung stehenden Kreditmöglichkeiten. Bei den Verbindlichkeiten sollen auch im Feststellungszeitpunkt noch nicht begründete, erst später entstehende Zahlungspflichten mit zu berücksichtigen sein (vgl. BT-Drs. aaO 115, Bieneck aaO, Bittmann aaO, Lackner/Kühl 8, Uhlenbruck aaO; einschränkend Tiedemann LK 139 vor § 283), absehbare Verluste verneinend Uhlenbruck aaO; and.

Bittmann aaO 326. Das Erzielen von Gewinnen steht der drohenden Zahlungsunfähigkeit nicht entgegen, wenn die Passiva von vornherein die Aktiva einschließlich der Gewinne erheblich übersteigen (BGH MDR/H **81**, 454).

4. Soweit die Handlungen nicht während der Krise begangen werden, sind sie nur tatbestandsmäßig **54** **(Abs. 2),** wenn sie für den Eintritt der **Überschuldung** oder der **Zahlungsunfähigkeit kausal** geworden sind, die Krise also Folge der Bankrotthandlung ist (vgl. dazu Frankfurt NStZ **97**, 551 m. krit. Bspr. Krause NStZ **99**, 161). Der Kausalzusammenhang muß feststehen; die Möglichkeit oder Wahrscheinlichkeit reicht nicht aus. Nicht erforderlich ist, daß die Bankrotthandlung ausschließliche Ursache für die Krise ist. Es genügt ihre Mitursächlichkeit (Kindhäuser NK 96, Tiedemann LK 180). Prinzipiell sind alle Bankrotthandlungen nach Abs. 1 geeignet, die Krise in ihrer konkreten Form zu verursachen (vgl. [sehr weit gehend] Frankfurt aaO, Tiedemann LK 181 ff.; enger Kindhäuser NK 98, Krause aaO). Abweichend von Abs. 1 zählt zur Krise iSv Abs. 2 nicht die drohende Zahlungsunfähigkeit.

IV. Der **subjektive Tatbestand** setzt nach Abs. 1 und 2 Vorsatz voraus. Daneben genügen nach **55** Abs. 4 und 5 Leichtfertigkeit und Fahrlässigkeit hinsichtlich bestimmter Tatbestandsmerkmale.

1. Für eine Bestrafung nach Abs. 1 und 2 ist **Vorsatz** hinsichtlich sämtlicher Tatbestandsmerkmale **56** erforderlich. Bedingter Vorsatz genügt. Der Vorsatz muß auch das Vorhandensein der Krise bzw. deren Verursachung durch die Bankrotthandlung umfassen. Die Nichtkenntnis vom Bestehen der Krise ist jedoch unbeachtlich, wenn der Täter bei seiner Handlung davon ausgeht, daß sie zur Überschuldung führt und in Wirklichkeit die Überschuldung nur vergrößert wird. Ein Tatbestandsirrtum ist ua eine Fehlvorstellung über tatbestandliche Voraussetzungen einer Buchführungs- oder Bilanzierungspflicht. Dagegen stellt die bloße Fehlvorstellung, keine Handelsbücher führen oder keine Bilanz aufstellen zu müssen, einen „Gebotsirrtum" dar, der nach § 17 zu beurteilen ist (BGH NJW **81**, 355, MG-Bieneck 2137, WJ-Köhler 139; and. Tiedemann LK 188). Gleiches gilt für die Verkennung der Pflichtenstellung als faktischer Geschäftsführer (BGH StV **84**, 461). Krankheit oder persönliche Unfähigkeit entschuldigt nicht ohne weiteres eine mangelhafte oder unterbliebene Buchführung; der Schuldner hat in diesen Fällen für eine Ersatzkraft zu sorgen. Soweit die Tatbestandserfüllung (beim Beiseiteschaffen oder bei unwirtschaftlichen Ausgaben) die Unangemessenheit von Ausgaben voraussetzt (vgl. o. 4, 14, 17), genügt insoweit für den Vorsatz der Kenntnis der maßgeblichen Umstände (and. anscheinend BGH MDR **81**, 511 m. krit. Anm. Schlüchter JR 82, 29, Kindhäuser NK 99). Kennt der Täter diese Umstände und hält er nur auf Grund einer Fehlbewertung des Merkmals „unangemessen" die Ausgaben für angemessen, so liegt ein Subsumtionsirrtum vor, der mit einem Verbotsirrtum verbunden sein kann. Entsprechendes gilt für den Verstoß gegen die Anforderungen einer ordnungsgemäßen Wirtschaft (Tröndle/Fischer 33; and. Tiedemann LK 189), jedenfalls für einen groben Verstoß (Abs. 1 Nr. 8). Auf die Zahlungseinstellung oder die Insolvenzeröffnung braucht sich der Vorsatz nicht zu erstrecken (vgl. u. 59).

2. Nach Abs. 4 ist strafbar, wer bei seiner Bankrotthandlung das Vorhandensein der **Krise fahr-** **57** **lässig nicht kennt** oder mit der Bankrotthandlung **die Krise leichtfertig verursacht.** Fahrlässigkeit (vgl. dazu § 15 RN 109 ff.) bzw. Leichtfertigkeit genügen nur hinsichtlich des Merkmals der Krise; die Bankrotthandlung selbst muß vorsätzlich begangen werden. Abs. 4 kann etwa anwendbar sein, wenn jemand, der überschuldet ist, vorsätzlich Vermögensbestandteile beiseite schafft oder Handelsbücher nicht führt, ohne sich Gedanken über seinen Vermögensstand zu machen (näher Tiedemann LK 207 ff.). Soweit die Bankrotthandlung die Krise erst auslöst, reicht nach Abs. 4 Nr. 2 nur Leichtfertigkeit aus. Diese liegt vor, wenn der Täter in besonders schwerem Maß sorgfaltswidrig handelt, etwa grob wirtschaftswidrig seinen Vermögensbestand erheblich verringert (vgl. Tiedemann LK 213), oder eine besonders gewichtige, krisenverhindernde Pflicht verletzt und dabei in grober Achtlosigkeit das Herbeiführen der Krise nicht erkennt. Sie kommt zB in Betracht, wenn der Täter sich bewußt an einem unseriösen Unternehmen beteiligt. Die Tat nach Abs. 4 Nr. 2 (nicht die Tat nach Nr. 1) ist gem. § 11 II als Vorsatztat zu werten. Strafbare Teilnahme an ihr ist daher möglich (Tröndle/ Fischer 37). Dem Teilnehmer muß hinsichtlich der Verursachung der Krise zumindest Leichtfertigkeit vorzuwerfen sein. Er ist aber auch dann wegen Teilnahme an einer Tat nach Abs. 4 Nr. 2 zu belangen, wenn er von einer vorsätzlichen Herbeiführung der Krise durch den Haupttäter ausgegangen ist, dieser aber insoweit (nur) leichtfertig gehandelt hat. Ebenfalls greift Abs. 4 Nr. 2 beim Teilnehmer ein, wenn der Haupttäter die Krise vorsätzlich verursacht, der Teilnehmer dies jedoch leichtfertig nicht bedacht hat.

3. In Abs. 5 werden zudem bestimmte **fahrlässige Bankrotthandlungen** mit Strafe bedroht, **58** sofern der Täter wenigstens fahrlässig seine wirtschaftliche Krise nicht kennt oder mit seiner Handlung wenigstens leichtfertig die Krise verursacht. Als Fahrlässigkeitstaten genügen das Eingehen von Verlust- oder Spekulationsgeschäften usw. iSv Abs. 1 Nr. 2, die unterlassene oder mangelhafte Buchführung iSv Abs. 1 Nr. 5 sowie Verstöße gegen die Bilanzierungspflicht iSv Abs. 1 Nr. 7. Gegen die Buchführungspflicht kann zB fahrlässig verstoßen, wer einen anderen mit der Führung der Handelsbücher beauftragt und bei der Auswahl oder Kontrolle die nötige Sorgfalt versäumt oder seinen Buchhalter mit anderen Aufgaben so beschäftigt, daß dieser zur ordnungsgemäßen Buchführung nicht in der Lage ist (vgl. BGH b. Böhle-Stamschräder KuT 57, 24). Eine Fahrlässigkeitstat liegt auch vor, wenn die Fahrlässigkeit sich nur auf eines der Tatbestandsmerkmale erstreckt und im übrigen Vorsatz gegeben ist, so etwa, wenn der Täter bewußt seine Handelsbücher verändert und fahrlässig verkennt, daß hierdurch die Übersicht über seinen Vermögensstand erschwert wird. Wenigstens Fahrlässigkeit (bzw. Leichtfertigkeit) ist hinsichtlich der Krise erforderlich. Es kann insoweit auch Vorsatz vorliegen. Ein solcher Fall ist zB denkbar, wenn der Täter in Kenntnis seiner Überschuldung die Buchführung eines Angestellten oder dessen Ausgaben für den Betrieb nicht hinreichend überwacht (näher Tiedemann LK 214 ff.).

59 V. Weitere Voraussetzung für die Strafbarkeit ist, daß der Täter seine **Zahlungen eingestellt** hat oder über sein Vermögen das **Insolvenzverfahren eröffnet** oder der **Eröffnungsantrag mangels Masse abgewiesen** worden ist (Abs. 6). Es handelt sich insoweit um eine **objektive Strafbarkeitsbedingung**, so daß sich der Vorsatz oder die Fahrlässigkeit nicht auf die Zahlungseinstellung usw. zu erstrecken braucht (vgl. RG **45** 88, **66** 269, BGH **1** 191, LM **Nr. 2** zu § 239 KO, Kindhäuser NK 105, M-Maiwald I 553, MG-Bieneck 2038 ff., Stree JuS 65, 470, Tiedemann ZRP 75, 132). Das mißbilligte Geschehen ist die Bankrotthandlung iVm der wirtschaftlichen Krise des Täters; Zahlungseinstellung usw. lösen nur die Strafbarkeit aus. Nach der Umgestaltung durch das 1. WiKG ist diese objektive Strafbarkeitsbedingung prinzipiell nicht mehr zu beanstanden (vgl. Geisler aaO 474 f.); der Gesetzgeber hat berücksichtigt, daß das Strafbedürfnis an Erheblichkeit verliert, wenn es dem Schuldner gelingt, die Krise, die mit der Zahlungseinstellung usw. offen zutage tritt, abzuwenden (vgl. BR-Drs. 5/75 S. 33, BT-Drs. 7/3441 S. 33, BGH JZ **79**, 77). Zu beachten sind Modifizierungen durch die InsO, da die Eröffnung des Insolvenzverfahrens bereits eingreifen kann, bevor das schuldnerische Unternehmen zusammengebrochen ist (s. o. 2 vor § 283). Bereits die für die Einleitung des Insolvenzverfahrens ausreichende schwere Krise stellt danach grundsätzlich eine für das Strafbedürfnis ausreichende schwere Gefährdung der geschützten Interessen dar (vgl. Tiedemann LK 88 vor § 283, zust. Uhlenbruck ZInsO 98, 251, vgl. auch Moosmayer aaO 177). Ursächlicher Zusammenhang zwischen Bankrotthandlung und Zahlungseinstellung usw. braucht nicht zu bestehen. Wohl aber ist eine tatsächliche Beziehung zwischen der Krisensituation des Täters und der Zahlungseinstellung usw. zu fordern (vgl. BGH **28** 233, Kindhäuser NK 113 vor § 283, Lackner/ Kühl 29, Tröndle/Fischer 17 vor § 283 u. eingeh. Tiedemann NJW 77, 782 f.; auch Bieneck wistra 92, 91, Schäfer wistra 90, 87 u. eingeh. Geisler aaO 492 ff.). Ist ein solcher Gefahrzusammenhang ausgeschlossen, so verliert das Strafbedürfnis ebenso an Erheblichkeit wie bei Abwendung der Zahlungseinstellung usw. Zu denken ist an den Fall, in dem der Täter nach der Bankrotthandlung seine Zahlungsfähigkeit wieder hergestellt oder seine Überschuldung behoben hat und erst spätere Ereignisse die Zahlungseinstellung usw. auslösen (vgl. BGH **28** 233). Zu den Voraussetzungen einer hinreichenden Konsolidierung eines Unternehmens s. Tiedemann LK 174 vor § 283, ebenso Kindhäuser NK 113 vor § 283; enger BGH JZ **79**, 76. Der Ausschluß des erforderlichen Zusammenhangs muß nach hM feststehen; Zweifel sollen zu Lasten des Täters gehen (Düsseldorf NJW **80**, 1292, Hamburg NJW **87**, 1342, Krause aaO 227, Samson SK 12, Schlüchter JR 79, 515, Tiedemann NJW 77, 783, LK 90 vor § 283; krit. Geisler aaO 495 ff.; and. Kindhäuser NK 114 vor § 283, MG-Bieneck 2045, Otto aaO 281; vgl. auch Lackner/Kühl 29). Nicht erforderlich ist, daß dieselben Gläubiger von der Bankrotthandlung und der Zahlungseinstellung usw. betroffen sind, die zZ der Zahlungseinstellung usw. vorhandenen Forderungen eines oder mehrerer Gläubiger daher schon zZ der Bankrotthandlung bestanden haben (MG-Bieneck 2042, Otto aaO 283). Denn § 283 schützt nicht allein die Interessen der Gläubiger, sondern auch allgemeine Belange (vgl. 2 vor § 283), und diese sind unabhängig von der Identität der Gläubiger. Der erforderliche Zusammenhang ist daher nicht ausgeschlossen, wenn die Forderungen zZ der Bankrotthandlung durch Eingehen neuer Verbindlichkeiten getilgt waren (vgl. BGH MDR/H **81**, 454). Im Fall des § 18 I InsO (drohende Zahlungsunfähigkeit als Eröffnungsgrund) kann das Strafbedürfnis uU auch bei nachträglicher Krisenüberwindung entfallen (vgl. Moosmayer aaO 194, Uhlenbruck ZInsO 98, 252, allgem. s. o. 130 a vor § 32; enger wohl Tiedemann LK 180 vor § 283; krit. MG-Bieneck 2043, der de lege ferenda eine Herausnahme der Insolvenzeröffnung wegen drohender Zahlungsunfähigkeit aus Abs. 6 vorschlägt [2044]). Die Bankrotthandlung braucht der Zahlungseinstellung usw. nicht voranzugehen; sie kann ihr prinzipiell auch nachfolgen (vgl. RG **65** 417, BGH **1** 191, GA/H **71**, 38, Kindhäuser NK 107 vor § 283, MG-Bieneck 2046, Tiedemann LK 96 vor § 283). Endzeitpunkt ist prinzipiell die Aufhebung des Insolvenzverfahrens nach rechtskräftiger Bestätigung des Insolvenzplans (§ 258 InsO), das Verwaltungs- und Verfügungsrecht geht damit wieder auf den Schuldner über (§ 259 I 2 InsO, vgl. Tiedemann LK 100 vor § 283, Tröndle/Fischer 16 vor § 283). Strafbarkeit nach § 283 kommt aber in Betracht, sofern er noch oder wieder krisenbefangen ist und eine der Voraussetzungen des Abs. 6 vorliegt (Lackner/Kühl 29, Moosmayer aaO 196, Tiedemann aaO).

59 a Abs. 6 stellt irreführend auf den **Täter** ab. Gemeint ist jedoch der **Schuldner**, der sich in der Krise befindet (hM, s. Kindhäuser NK 44 vor § 283 mwN, MG-Bieneck 2038, Tiedemann LK 63 vor § 283). Infolgedessen können die Organe einer in Konkurs geratenen juristischen Person wegen einer Tat nach § 283 strafrechtlich verantwortlich sein, obwohl sie selbst als Täter nicht die obj. Strafbarkeitsbedingung erfüllen (vgl. Lackner/Kühl 26, Otto II 303, Tiedemann NJW 77, 780, LK 63 vor § 283, Tröndle/Fischer 21 vor § 283; krit. Labsch wistra 85, 4, der ein Gesetzesänderung für erforderlich hält). Für die Eigenschaft als Organ kommt es auf den Zeitpunkt der Bankrotthandlung an; nicht erforderlich ist, daß der Täter sie noch zZ der Zahlungseinstellung oder der Konkurseröffnung besitzt, etwa noch Geschäftsführer der in Konkurs geratenen GmbH ist (vgl. RG **39** 218).

Zur möglichen Strafbarkeit des Geschäftsführers einer Vor-GmbH vgl. Bittmann/Pikarski wistra 95, 93, MG-Bieneck 2055 u. dagegen Deutscher/Körner wistra 96, 8.

1. Zahlungseinstellung des Täters liegt vor, wenn er nach außen nicht mehr in der Lage ist, seine **60** fälligen Geldschulden wegen des tatsächlichen oder angeblichen (RG **3** 294) dauernden Mangels an Mitteln zu begleichen. Eine nur vorübergehende Zahlungsstockung genügt nicht (hM, vgl. Bieneck StV 99, 45, Lackner/Kühl 27, Tiedemann LK 143 vor § 283). Anderseits ist Zahlungsunfähigkeit nicht erforderlich (vgl. RG **14** 221, JW **34**, 842, Tröndle/Fischer 13 vor § 283). Zahlungseinstellung liegt auch vor, wenn der Täter nur zahlungsunwillig ist (BGH GA/H **53**, 73, M-Maiwald I 553, Otto II 303; vgl. aber Tiedemann LK 144 vor § 283; and. Moosmayer aaO 181) oder sich irrtümlich für zahlungsunfähig hält und deshalb nicht mehr zahlt (Kindhäuser NK 108 vor § 283, Lackner/Kühl aaO, Tröndle/Fischer 13 vor § 283). Denn die Zahlungseinstellung beschreibt keine wirtschaftliche Lage, sondern versteht sich als faktisches Verhaltensbild (Bieneck aaO). Insolvenzrechtlich hat sie eine andere Bedeutung (§ 17 II 2 InsO, s. Schmerbach in Frankf. Komm. § 17 RN 27). Sie braucht nicht ausdrücklich erklärt zu sein; es genügt die tatsächliche Einstellung (RG **41** 312). Nicht erforderlich ist Einstellung aller Zahlungen, sondern nur Einstellung im wesentlichen (vgl. dazu Tiedemann LK 145 vor § 283), etwa gegenüber einem Großgläubiger (BGH NJW **85**, 1785). Die Nichtbezahlung einzelner Schulden reicht jedoch nicht aus (RG **41** 309), ebensowenig die Zahlungsverweigerung wegen angeblich unbegründeter Forderungen. Ähnlich wie bei der Zahlungsunfähigkeit (o. 52) ist fraglich, wie groß der Anteil der nichtbezahlten Schulden sein muß, damit Zahlungseinstellung im wesentlichen anzunehmen ist. Die gegenüber der Zahlungsunfähigkeit unterschiedliche Bedeutung der Zahlungseinstellung bedingt hier einen höheren Prozentsatz als bei der Zahlungsunfähigkeit (zutr. Tiedemann LK 145 vor § 283). Maßgeblicher Umstand für den Eintritt der strafrechtlichen Verantwortlichkeit kann die Einstellung von Zahlungen allenfalls erst sein, wenn mehr als die Hälfte der Schulden nicht mehr beglichen wird (so Tiedemann aaO, auch Bieneck wistra 92, 90 u. StV 99, 45, Otto II 303). Gut vertreten läßt sich aber auch ein noch höherer Prozentsatz, etwa ein Anteil von $^2/_3$. Ob der Täter *seine* Zahlungen einstellt, richtet sich nach dem wirklichen Sachverhalt, nicht nach einem mit diesem im Widerspruch stehenden Schein (vgl. RG **69** 72, BGH GA/H **53**, 73, **73**, 133). Der Täter stellt daher auch dann seine Zahlungen ein, wenn er ein Geschäft tatsächlich als eigenes betreibt und mit den Zahlungen aufhört, mag das Geschäft auch zum Schein auf den Namen eines anderen eingetragen (vgl. RG **26** 187) oder der Eingetragene bloß Mitinhaber sein (vgl. RG **65** 414). Vgl. noch BGH JR **60**, 104 m. Anm. Schröder, aber auch die Bedenken bei Tiedemann NJW 77, 779. Ob Zahlungseinstellung des Täters vorliegt, hat der Strafrichter selbständig zu prüfen.

2. Für die **Insolvenzeröffnung** ist die Rechtskraft des Eröffnungsbeschlusses maßgebend (vgl. **61** § 27 InsO; Kindhäuser NK 110 vor § 283, Lackner/Kühl 28); wird er im (durch die Insolvenzordnung eingeschränkten) Beschwerdegang aufgehoben (vgl. § 34 II InsO), so liegt keine Insolvenzeröffnung iSv Abs. 6 vor. Der Strafrichter ist an den Eröffnungsbeschluß gebunden, hat also dessen Berechtigung nicht nachzuprüfen (RG **26** 37, MG-Bieneck 2040, Tiedemann LK 162 vor § 283). Der Täter kann sich nicht darauf berufen, die Eröffnung sei irrtümlich erfolgt (BGH GA/H **55**, 364, Kindhäuser NK aaO, Tiedemann LK 164 vor § 283), oder durch ein örtlich unzuständiges AG (BGH ZIP **98**, 477). Unerheblich ist, ob sie im Inland oder im Ausland geschieht, und ob eine Einstellung des Insolvenzverfahrens (§§ 211, 213 InsO) in Betracht kommt (vgl. BGH aaO). Diese nachträgliche Einstellung beseitigt nicht die strafrechtliche Wirkung der Insolvenzeröffnung (Kindhäuser aaO, vgl. Jaeger-Klug 10 vor § 239 KO). Letzteres gilt auch für die Einstellung wegen Wegfall des Eröffnungsgrundes (§ 212 InsO), doch kann sich die Gewährleistung, daß beim Schuldner weder Zahlungsunfähigkeit noch drohende Zahlungsunfähigkeit oder Überschuldung vorliegt, strafrechtlich in einem Strafaufhebungsgrund fortsetzen (vgl. allgem. o. 130 a vor § 13). Ob über das *Vermögen des Täters* das Insolvenzverfahren eröffnet worden ist, hängt davon ab, ob der Täter formal Inhaber des Geschäfts ist, auf das sich die Insolvenzeröffnung erstreckt (vgl. RG **29** 105, **49** 321, BGH GA/H **73**, 133, Tröndle/ Fischer 14 vor § 283). Der Unterschied zur Zahlungseinstellung (vgl. o. 60) wirkt sich insoweit nicht aus, als bei der Insolvenzeröffnung zugleich Zahlungseinstellung vorliegt (vgl. RG **65** 413; vgl. aber auch § 18 I InsO). Bei Insolvenz einer OHG ist die Eigenschaft als Gesellschafter maßgebend (vgl. RG **46** 77), bei einer KG nur die eines Komplementärs, nicht die eines Kommanditisten (vgl. RG **69** 69, Tiedemann LK 62 vor § 283, Tröndle/Fischer 19 vor § 283; and. Winkelbauer wistra 86, 20). Das Ausscheiden eines Gesellschafters vor Insolvenzeröffnung führt nicht zur Straflosigkeit (vgl. RG **35** 84, Tiedemann LK 67, 164 vor § 283), da es auf den ursächlichen Zusammenhang zwischen Bankrotthandlung und Insolvenzeröffnung nicht ankommt (vgl. o. 59). Bei der Insolvenz einer GmbH ist § 283 auf die Geschäftsführer anwendbar, wenn sie in dieser Eigenschaft die Bankrotthandlung begangen haben (vgl. § 14, o. 59 a; BGH NJW **69**, 1494, Bay NJW **69**, 1496), nicht auf nichtvertretungsberechtigte Gesellschafter, auch nicht bei einer Ein-Mann-GmbH (Binz NJW 78, 802, Moosmayer NStZ **00**, 296, Tiedemann LK 64 vor § 283; and. Fleischer NJW 78, 96). Gleiches gilt, wenn eine KG in Insolvenz fällt, deren einziger Komplementär eine GmbH ist, für deren Geschäftsführer (BGH **19** 174). Das gilt auch für die Zeit vor Eintragung der Gesellschaft in das Handelsregister (BGH **3** 25). Geschäftsführer ist nach der Rspr. auch, wer, ohne förmlich dazu bestellt oder im Handelsregister eingetragen zu sein, im Einverständnis mit dem Gesellschafter diese Stellung eines Geschäftsführers einnimmt (BGH **3** 33, MDR/H **80**, 453). Zum faktischen Geschäftsführer vgl. auch BGH **31** 118 m. abl. Anm. Kaligin BB 83, 790, NStZ **98**, 569 m. Anm. Dierlamm, StV 84, 461 m. Anm. Otto,

Düsseldorf NJW **88**, 3167 m. Anm. Hoyer NStZ 88, 369, Biletzki NStZ 99, 538; Löffeler wistra 89, 124, K. Schmidt Rebmann-FS 139, Fuhrmann Tröndle-FS 139, Moosmayer NStZ 00, 295, Schäfer wistra 90, 82, ferner Überblick b. Tiedemann LK 68 ff. vor § 283. Ebenso kann nach der Rspr. Mitglied des Vorstands einer AG und damit nach § 283 verantwortlich sein, wer ohne förmliche Bestellung und Eintragung im Handelsregister die Stellung eines Vorstandsmitglieds im Einverständnis des Aufsichtsrats tatsächlich inne hat (BGH **21** 101). Vgl. dazu aber § 14 RN 43 f.

62   3. Die **Abweisung des Eröffnungsantrags mangels Masse** (vgl. § 26 InsO) betrifft den Täter, wenn die Eröffnung des Insolvenzverfahrens über sein Vermögen beantragt war. Das o. 61 Ausgeführte gilt demgemäß entsprechend. An den rechtskräftigen Abweisungsbeschluß ist der Strafrichter gebunden (Kindhäuser NK 111 vor § 283, Tröndle/Fischer 15 vor § 283). Ermittlungen der Tatsachen, aus denen die Zahlungsunfähigkeit zu folgern ist, erübrigen sich mithin. Anders ist es nur, wenn der Täter nicht formal Inhaber des Geschäfts ist, auf das die Insolvenzeröffnung erstrecken sollte (vgl. Samson SK 15 vor § 283, Tiedemann LK 165 vor § 283). In diesem Fall hat eine Beurteilung nach den o. 60 angeführten Grundsätzen zu erfolgen.

63   VI. Für die **Vollendung der Tat** kommt es im Fall des Abs. 1 ausschließlich auf die Bankrotthandlung an, im Fall des Abs. 2 auf den Eintritt der Überschuldung oder der Zahlungsunfähigkeit. Zahlungseinstellung, Insolvenzeröffnung und Abweisung des Eröffnungsantrags sind für den Vollendungszeitpunkt ohne Bedeutung (vgl. 126 vor § 13, Kindhäuser NK 114, Lackner/Kühl 31, Tiedemann LK 220; and. Böhle-Stamschräder 14, Jaeger-Klug § 239 KO RN 10). Mit Tatvollendung kann der Täter seine Tat nicht mehr mit strafbefreiender Wirkung rückgängig machen. Straffreiheit kann er nur erlangen, wenn es ihm glückt, seine wirtschaftliche Krise zu beheben (vgl. o. 59, 61). Handlungen, mit denen der Täter die Wirkungen der Tat vor Zahlungseinstellung usw. freiwillig wieder aufhebt oder abschwächt, sind jedoch strafmildernd zu berücksichtigen, so das Zurückbringen beiseitegeschaffter Vermögensstücke, die Berichtigung falscher Angaben über Vermögensbestandteile (Verheimlichen) oder das Wiederherbeischaffen versteckter Handelsbücher.

64   Der **Versuch** ist in den Fällen des Abs. 1 u. 2 strafbar (Abs. 3; beachtliche Bedenken gegen Versuchsstrafbarkeit bei Tiedemann LK 197; vgl. auch Kindhäuser NK 100). Maßgebend sind insoweit die allgemeinen Grundsätze der §§ 22 ff., auch für den Versuch vor Zahlungseinstellung. So ist zB beim irrtümlicher Annahme drohender Zahlungsunfähigkeit Versuch möglich (BGH JZ **79**, 75; and. Tiedemann NJW 79, 254, LK 199). Zum Versuch des Beiseiteschaffens, wenn der Täter den veräußerten Vermögensbestandteil irrtümlich als nicht wertlos für die Konkursmasse angesehen hat, vgl. BGH MDR/H **88**, 453. Im Abschluß eines Vertrags über eine Eigentumsübertragung ist nicht stets ein Versuch des Beiseiteschaffens zu erblicken (Kindhäuser aaO, Tiedemann LK 200; and. Tröndle/Fischer 34). Hat der Schuldner noch entscheidende Handlungen zur Veräußerung beizutragen, so hat er, wenn diese Handlungen nicht unmittelbar nach Vertragsabschluß vorgenommen werden sollen, noch nicht unmittelbar zur Tatbestandsverwirklichung angesetzt, so daß nur eine Vorbereitungshandlung vorliegt. Versuch des Beiseiteschaffens kommt in Betracht, wenn eine Auflassung erfolgt und der Antrag auf Eintragung beim Grundbuchamt gestellt ist (vgl. RG **61** 109). Zum Versuch einer Tat nach Abs. 1 Nr. 6 vgl. o. 42. Ist ein Zusammenhang zwischen der Krisensituation, in der sich der Täter beim Tatversuch befunden hat und der Zahlungseinstellung usw. ausgeschlossen, so entfällt die Strafbarkeit des Versuchs ebenso wie bei einer vollendeten Tat (vgl. o. 59).

65   VII. **Täter** kann nur sein, wer seine Zahlungen eingestellt hat oder gegen den sich die Insolvenzeröffnung bzw. der abgewiesene Eröffnungsantrag richtet, außerdem nach der Vertreter iSv § 14 (vgl. auch o. 61), zB bei Liquidation einer GmbH der Liquidator (Frankfurt BB **77**, 312). Für die täterschaftsbegründende Organ- bzw. Vertreterstellung nach § 14 ist die Tatzeit maßgebend; zZ der Zahlungseinstellung usw. braucht der Täter nicht mehr Inhaber dieser Stellung zu sein (vgl. o. 59a, § 14 RN 47). Mittäterschaft ist möglich; die Zusammenwirkenden müssen dann gem. § 14 als Organe oder Vertreter desselben Schuldners gehandelt haben oder Schuldner derselben Gläubiger oder zumindest eines Teils dieser Gläubiger sein (vgl. RG **31** 407, Tiedemann LK 226). Für die **Teilnahme** gelten die allgemeinen Regeln (vgl. RG **21** 291, **44** 409). Da die Beschränkung des Täterkreises nicht auf unrechtsrelevanten personalen Elementen beruht, sondern sachbezogen ist, scheidet Strafmilderung nach § 28 I aus (Arzt/Weber IV 123, Lackner/Kühl 25, Roxin LK § 28 RN 68; and. Tröndle/Fischer 38 für Abs. 1; vgl. auch Kindhäuser NK 111, Samson SK 28, Tiedemann LK 228 für § 283 insgesamt). Der Annahme einer Beihilfe steht § 283 d nicht entgegen (vgl. § 283 d RN 15). Zur Teilnahme an einer Tat nach Abs. 4 Nr. 2 vgl. o. 57. Geschäftspartner bei Verlust-, Spekulations- oder Differenzgeschäften, Mitspieler, Wettgegner, Erwerber der auf Kredit beschafften und verschleuderten Waren machen sich nicht wegen Beihilfe strafbar (notwendige Teilnahme). Vgl. BGH GA/H **56**, 348, Gropp Sonderbeteiligung 228, Kindhäuser NK 113, Tiedemann LK 229. Der Erwerb verschleuderter Waren stellt auch keine Hehlerei dar (vgl. § 259 RN 16). Für die Abgrenzung zwischen Beihilfe und Begünstigung ist der Zeitpunkt der Tatbeendigung, nicht der der Zahlungseinstellung maßgeblich (vgl. Stree JuS 65, 474, Tiedemann LK 230; and. Kindhäuser NK 112). Entsprechendes gilt für die Strafvereitelung (vgl. § 258 RN 8) und für die Hehlerei. Wer bereits beiseite geschaffte Sachen ankauft oder für den Schuldner absetzt, begeht Hehlerei (vgl. BGH GA **77**, 145), wobei unerheblich ist, ob dies vor oder nach Zahlungseinstellung usw. geschieht. Eine Ahndung der Tat ist aber erst ab Zahlungseinstellung zulässig, da das Ausbleiben der objektiven Strafbarkeitsbedingung auch beim Abnehmer der beiseite geschafften Vermögensbestandteile das Strafbedürfnis entfallen läßt (vgl. auch o. 59).

VIII. **Konkurrenzen:** Mehrere nacheinander begangene Bankrotthandlungen werden durch die Zahlungseinstellung usw. nicht zu einer Einheit verbunden (and. RG **64** 43, **66** 269, Stötter KuT 63, 12); sie sind vielmehr als selbständige Taten anzusehen (vgl. BGH **1** 191, **3** 26, GA/H **71**, 38, **73**, 133, NStZ **98**, 193 m. Bspr. Doster wistra 98, 328, Lackner/Kühl 32, MG-Bieneck 2083, Tröndle/Fischer 40, vgl. auch Kindhäuser NK 116). Etwas anderes gilt jedoch bei Handlungen, die zusammen einen einheitlichen Handlungskomplex bilden, wie etwa bei mehreren Einzelverstößen gegen die Buchführungspflicht (str., vgl. o. 37). Das Verheimlichen eines beiseite geschafften Vermögensbestandteils ist gegenüber dem Beiseiteschaffen straflose Nachtat (Tiedemann LK 234; and. BGH **11** 146: einheitliches Delikt; ebenso BGH MDR/H **82**, 970 beim wiederholten Verheimlichen desselben Vermögensgegenstandes). 66

Idealkonkurrenz ist möglich mit § 156 bei falscher eidesstattlicher Versicherung nach § 98 InsO (vgl. RG **64** 43, BGH **11** 145 zu § 125 KO aF), mit §§ 263, 267, mit § 288 (vgl. RG **20** 214), mit § 37 DepotG (vgl. RG **48** 118, Kindhäuser NK 122, Tiedemann LK 241; and. Tröndle/Fischer 42). Auch mit § 266 ist Tateinheit möglich, etwa bei einem Spekulationsgeschäft oder mangelhafter Buchführung eines Organs iSv § 14. Beim Beiseiteschaffen von Vermögensbestandteilen durch ein solches Organ (vgl. o. 4a) kommt Tateinheit mit § 266 in Betracht, wenn das Organ sowohl für den Vertretenen als auch zu dessen Nachteil tätig wird (vgl. BGH **28** 371, **30** 130 u. Kindhäuser aaO). 67

Keine straflose Nachtat, sondern Realkonkurrenz ist anzunehmen, wenn die Tat der Sicherung der durch Betrug erlangten Vermögenswerte gedient hat (vgl. BGH GA/H **55**, 365, Kindhäuser NK 123). Ebensowenig ist die Bankrotthandlung gegenüber einer Steuerhinterziehung straflose Nachtat, auch dann nicht, wenn die Finanzbehörde alleiniger Konkursgläubiger ist (BGH NStZ **87**, 23). 68

IX. Die **Verjährungsfrist** beginnt erst mit Zahlungseinstellung usw. zu laufen, wenn der Täter die Tat vorher begangen hat (RG **7** 391, Kindhäuser NK 114, Lackner/Kühl 31, Tiedemann LK 221). Denn vor diesem Zeitpunkt besteht noch keine Möglichkeit, die Tat strafrechtlich zu verfolgen. Wie sich aus § 78 b ergibt, kam es dem Gesetzgeber aber für den Lauf der Verjährungsfrist auf die Verfolgungsmöglichkeit an. Vgl. auch § 78 a RN 13. 69

X. Zur Frage des *mildesten Gesetzes* iSd § 2 III im Verhältnis § 283 aF zu § 283 nF (o. 2 vor § 283) s. Bieneck StV 99, 43, MG-Bieneck 1996 f. Zur Anwendbarkeit von §§ 283 StGB, 64 GmbHG in den neuen Bundesländern vor Inkrafttreten der InsO vgl. Tiedemann LK 9 vor § 283; krit. Rotsch wistra 00, 5. 69 a

XI. Für die Anwendbarkeit eines **StFG** ist maßgebend, ob die Bankrotthandlung vor dem Stichtag liegt; auf die Zahlungseinstellung usw. kommt es nicht an (Schwarz StFG 1954 § 1 Anm. 1 E; and. RG JW **36**, 3007, BGH GA/H **55**, 81 f., Tröndle/Fischer 17 vor § 283). Vor dem Stichtag begangen ist nämlich die Tat, dh die tatbestandsmäßige Handlung, für die den Täter ein Schuldvorwurf trifft. 70

XII. Zur **Zuständigkeit** der Wirtschaftsstrafkammern für die Aburteilung vgl. § 74 c I Nr. 5 GVG. 71

§ 283 a Besonders schwerer Fall des Bankrotts

In besonders schweren Fällen des § 283 Abs. 1 bis 3 wird der Bankrott mit Freiheitsstrafe von sechs Monaten bis zu zehn Jahren bestraft. Ein besonders schwerer Fall liegt in der Regel vor, wenn der Täter
1. aus Gewinnsucht handelt oder
2. wissentlich viele Personen in die Gefahr des Verlustes ihrer ihm anvertrauten Vermögenswerte oder in wirtschaftliche Not bringt.

I. Die Vorschrift erhöht für **besonders schwere Fälle des vorsätzlichen Bankrotts** einschließlich deren Versuchs (§ 283 I–III) das Mindest- und das Höchstmaß der Strafe. Der Gesetzgeber hat damit berücksichtigt, daß eine Bankrotthandlung in so schwerwiegender und verwerflicher Weise begangen werden kann, daß für sie der Regelstrafrahmen des § 283 nicht ausreicht. Angesichts der Mannigfaltigkeit der in Betracht kommenden Umstände und der Möglichkeit, daß sich die besondere Tatschwere erst aus einem Zusammentreffen verschiedener Umstände ergibt, hat er von einer abschließenden Umschreibung der strafschärfenden Merkmale abgesehen und nur Regelbeispiele als Anhaltspunkt dafür angeführt, welchen Unrechts- und Schuldgehalt die Tat haben muß, um nach dem Wertmaßstab des Gesetzes als besonders schwer zu gelten (vgl. BR-Drs. 5/75 S. 37). 1

Die Regelbeispiele haben nur indizielle Bedeutung. Auch wenn ihre Voraussetzungen vorliegen, ist für die Strafe nicht stets der modifizierte Strafrahmen maßgebend. Andere, tätergünstige Strafzumessungsfaktoren können das Gewicht der Beispielsfälle kompensieren, so daß dann auf den Regelstrafrahmen des § 283 zurückzugreifen ist. Diese Faktoren müssen indes so gewichtig sein, daß sie bei der Gesamtabwägung die Regelwirkung entkräften, dh der Unrechts- oder Schuldgehalt (oder beides) muß im konkreten Einzelfall derart vom Normalfall des Regelbeispiels abweichen, daß die Anwen- 2 dung des modifizierten Strafrahmens als unangemessen erscheint (vgl. Tiedemann LK 2; vgl. auch 44 a vor § 38).

3 II. Als **Regelbeispiele** nennt das Gesetz das Handeln aus Gewinnsucht (Nr. 1) und das wissentliche Verursachen der Gefahr für viele Personen, dem Täter anvertraute Vermögenswerte zu verlieren, sowie das wissentliche Herbeiführen der wirtschaftlichen Not für viele (Nr. 2).

4 1. **Gewinnsucht** ist nicht gleichbedeutend mit kaufmännischem Gewinnstreben. Sie liegt vielmehr erst vor, wenn das Erwerbsstreben des Täters ein ungewöhnliches, „ungesundes" und sittlich anstößiges Maß aufweist (vgl. BGH **1** 389, **3** 32, **17** 35 m. krit. Anm. W. Seibert NJW 62, 1019, GA **53**, 154, **61**, 171, Kindhäuser NK 4, Tiedemann LK 3). Nur bei einer derartigen Steigerung des Erwerbssinns kann ein erhöhtes Strafmaß berechtigt sein, da bloße Gewinnabsicht den Bankrotthandlungen häufig zugrunde liegt und sich somit von deren Normalfall nicht abhebt. Dementsprechend läßt sich das „ungesunde" und sittlich anstößige Maß auch nicht allein daraus herleiten, daß sich der Täter verbotswidrig und verwerflich verhält. Es müssen noch weitere Faktoren hinzukommen, die eine deutliche Abweichung vom Normalfall ergeben. Ein solcher Faktor ist etwa die besondere Rücksichtslosigkeit, mit der sich der Täter um seiner eigenen Vorteile willen über die Gläubigerinteressen und die Anforderungen an eine ordnungsgemäße Wirtschaftsführung hinwegsetzt (zust. Kindhäuser aaO, Tiedemann aaO). Sie kann u. a. darin zu erblicken sein, daß der Täter schon bei Geschäftsbeginn im wirtschaftlichen Zusammenbruch für seine unlauteren Gewinne einplant. Aus Gewinnsucht handelt, wer sie zum bestimmenden Beweggrund für seine Tat werden läßt. Nicht erforderlich ist eine Sucht iS eines Hanges; es genügt, daß der Täter einer Versuchung erliegt und eine einmalige Gelegenheit für sich aus dem gekennzeichneten Beweggrund ausnutzt (ebso Tiedemann aaO).

5 2. Die **Gefahr für viele Personen,** dem Täter **anvertraute Vermögenswerte zu verlieren,** kommt vor allem beim Zusammenbruch solcher Unternehmen in Betracht, die in großem Umfang fremdes Geld verwalten und mit ihm arbeiten (zB Banken, Sparkassen, Genossenschaften, Bausparkassen). Auf Ersparnisse als Geldeinlagen ist anders als in § 272 Nr. 2 E 62 das Regelbeispiel nicht beschränkt. Auch Kapitalanlagen in gesellschaftsrechtlichen Formen fallen hierunter. Zu Beteiligungen an „Abschreibungsgesellschaften" und zu Lieferantenkrediten vgl. Tiedemann LK 7. Es braucht nur die (konkrete) Gefahr des Verlustes der anvertrauten Werte zu entstehen, der Verlust also nur nahe zu liegen; ein endgültiger Verlust braucht die Tat nicht geführt zu haben (Kindhäuser NK 6, Tröndle/Fischer 4; vgl. zum Ganzen BR-Drs. 5/75 S. 37 f.). Nicht erforderlich ist die Gefahr eines Gesamtverlustes. Es genügt, daß ein großer Teil der anvertrauten Werte betroffen ist; droht nur einem kleinen Teil der Verlust, so sind die Voraussetzungen der Nr. 2 nicht erfüllt (Tiedemann LK 8). Der Täter muß die bezeichnete Gefahr wissentlich herbeiführen. Er muß mithin insoweit mit dolus directus handeln; bedingter Vorsatz genügt nicht. Zur Wissentlichkeit vgl. noch § 15 RN 68.

6 3. In **wirtschaftliche Not** bringt der Täter viele Personen, wenn diese infolge der Bankrotthandlung, namentlich einer zu seinem wirtschaftlichen Zusammenbruch führenden Tat, nicht nur bloß vorübergehend in schwere wirtschaftliche Bedrängnis geraten (Kindhäuser NK 8, Lackner/Kühl 2). Das ist noch nicht der Fall, wenn nur die gewohnte Lebensführung beeinträchtigt wird, auch dann noch nicht, wenn diese fühlbar eingeengt wird. Vielmehr müssen die Opfer einer wirtschaftlichen Mangellage ausgesetzt sein, auf Grund derer ihnen die eigenen Mittel für lebenswichtige Dinge fehlen (vgl. Schleswig SchlHA **53**, 64). Lebenswichtige Dinge sind allerdings nicht nur existenznotwendige Gegenstände, sondern auch solche, die nach dem heutigen Lebensstandard zur Befriedigung materieller und kultureller Bedürfnisse der Bevölkerungsmehrheit zur Verfügung stehen (Tiedemann LK 10). Neben Personen, die von den Einkünften aus anvertrauten Vermögenswerten leben, und Gläubigern, die durch die Nichterfüllung ihrer Ansprüche in wirtschaftliche Not geraten, etwa selbst insolvent werden, können insb. Arbeitnehmer durch den Verlust ihres Arbeitsplatzes betroffen sein (Kindhäuser NK 8). Auf der subjektiven Tatseite ist auch hier Wissentlichkeit (vgl. dazu o. 5) hinsichtlich der schwerwiegenden Folgen erforderlich. Wirtschaftliche Not, die Betroffene sich selbst zuzuschreiben haben, ist nicht zu berücksichtigen, so etwa, wenn entlassene Arbeitnehmer aus eigenem Verschulden arbeitslos bleiben. Gleiches gilt für die wirtschaftliche Not, die unabhängig von der Bankrotthandlung auf Grund des Konkurses eintritt (vgl. Tröndle/Fischer 5).

7 III. Neben den Regelbeispielen können **sonstige Umstände** einen **besonders schweren Fall begründen.** Er ist anzunehmen, wenn die objektiven und subjektiven Umstände der Tat die erfahrungsgemäß vorkommenden und deshalb für den Strafrahmen des § 283 bereits berücksichtigten Fälle an Strafwürdigkeit so übertreffen, daß dieser Strafrahmen zur angemessenen Ahndung der Tat nicht ausreicht (vgl. dazu 44 c, 47 vor § 38). Unter diesem Gesichtspunkt sind insb. die Fälle zu würdigen, in denen besonders viele Gläubiger in Mitleidenschaft gezogen werden, ohne daß die Voraussetzungen der Nr. 2 vorliegen, oder in denen der den Betroffenen drohende oder zugefügte Schaden großes Ausmaß hat (vgl. BT-Drs. 7/550 S. 260, Kindhäuser NK 11, Tiedemann LK 12, Tröndle/Fischer 6). Bereits die Schädigung eines einzigen Gläubigers kann so schwerwiegend sein, daß die Annahme eines besonders schweren Falles berechtigt ist (vgl. BT-Drs. 7/5291 S. 19). Ferner kann sich die besondere Schwere aus den Auswirkungen des Zusammenbruchs auf die Volkswirtschaft oder andere Interessen der Allgemeinheit ergeben (vgl. BT-Drs. 7/550 S. 260, Tiedemann aaO; enger

Kindhäuser aaO), so etwa, wenn die Zahlungseinstellung eines Unternehmens den Zusammenbruch weiterer Unternehmen auslöst. Auch das skrupellose Hinarbeiten auf den wirtschaftlichen Zusammenbruch von Geschäftsbeginn an kann genügen; zumeist wird hier schon das Regelbeispiel in Nr. 1 gegeben sein (vgl. o. 4). Ein besonders schwerer Fall kann schließlich noch beim Zusammentreffen verschiedener Bankrotthandlungen zu bejahen sein.

IV. Da § 283 a an § 283 I–III anknüpft, ist eine Strafschärfung nur zulässig, wenn der Täter **vorsätzlich** die Bankrotthandlung begangen hat und auch die Krisensituation von seinem Vorsatz umfaßt ist. Des weiteren ist Vorsatz hinsichtlich der Unrechtsmerkmale zu fordern, die eine besondere Schwere der Tat ergeben (hM, vgl. nur Tiedemann LK 13). Nur dann läßt sich die Tat den Regelbeispielen gleichstellen und als besonders schwerer Fall werten. Wissentlichkeit, wie sie Nr. 2 voraussetzt, ist indes nicht unbedingt erforderlich (vgl. Kindhäuser NK 12). 8

V. Der Strafrahmen des § 283 a ist auch für den **Versuch** einer Bankrotthandlung in einem besonders schweren Fall maßgebend. Eine Herabsetzung des Strafrahmens nach den §§ 23 II, 49 I, wie sie sonst beim Versuch einer Tat in einem besonders schweren Fall in Betracht kommt (vgl. § 50 RN 7), ist auf Grund der ausdrücklichen Einbeziehung des § 283 III in die Vorschrift ausgeschlossen (Kindhäuser NK 13, Tiedemann LK 15; and. Samson SK 2). Wohl aber läßt sich innerhalb des Sonderstrafrahmens strafmildernd berücksichtigen, daß die Tat nur bis zum Versuch gelangt ist. 9

VI. Für die **Teilnahme** gelten die allgemeinen Regeln mit einer Einschränkung. Die Akzessorietätsregeln sind hinsichtlich der Umstände, die den besonders schweren Fall ausmachen, nicht anwendbar, weil es sich insoweit nicht um Tatbestandsmerkmale handelt. Vielmehr ist bei der Teilnahme in eigener Gesamtbewertung unter Mitberücksichtigung der Haupttat zu beurteilen, ob der Tatbeitrag als besonders schwerer Fall anzusehen und dem erhöhten Strafrahmen zu unterwerfen ist (vgl. 44 d vor § 38). So kann zB bei einem Tatbeteiligten, der weiß, daß die Bankrotthandlung einen außergewöhnlich großen Schaden anrichtet, auf § 283 a zurückgegriffen werden, auch wenn der Haupttäter mangels eines solchen Wissens nur nach § 283 zu bestrafen ist. Soweit die Anwendung des erhöhten Strafrahmens von besonderen persönlichen Merkmalen abhängt, sind die Grundsätze des § 28 entsprechend heranzuziehen (vgl. § 28 RN 9). Das Regelbeispiel der Nr. 1 trifft daher nur auf den Beteiligten zu, der selbst aus Gewinnsucht gehandelt hat (Kindhäuser NK 14, Tiedemann LK 16). Ist die Tatbeteiligung eine Beihilfe, so ist der nach den §§ 27 II, 49 I herabgesetzte Strafrahmen des § 283 a maßgebend (vgl. § 50 RN 7). 10

§ 283 b Verletzung der Buchführungspflicht

(1) Mit Freiheitsstrafe bis zu zwei Jahren oder mit Geldstrafe wird bestraft, wer
1. Handelsbücher, zu deren Führung er gesetzlich verpflichtet ist, zu führen unterläßt oder so führt oder verändert, daß die Übersicht über seinen Vermögensstand erschwert wird,
2. Handelsbücher oder sonstige Unterlagen, zu deren Aufbewahrung er nach Handelsrecht verpflichtet ist, vor Ablauf der gesetzlichen Aufbewahrungsfristen beiseite schafft, verheimlicht, zerstört oder beschädigt und dadurch die Übersicht über seinen Vermögensstand erschwert,
3. entgegen dem Handelsrecht
   a) Bilanzen so aufstellt, daß die Übersicht über seinen Vermögensstand erschwert wird, oder
   b) es unterläßt, die Bilanz seines Vermögens oder das Inventar in der vorgeschriebenen Zeit aufzustellen.

(2) Wer in den Fällen des Absatzes 1 Nr. 1 oder 3 fahrlässig handelt, wird mit Freiheitsstrafe bis zu einem Jahr oder mit Geldstrafe bestraft.

(3) § 283 Abs. 6 gilt entsprechend.

I. Die Vorschrift erfaßt als abstrakte Gefährdungsdelikte (vgl. Tiedemann LK 1 m. weit. Differenzierungen) **Verstöße gegen Buchführungs- und Bilanzierungspflichten,** soweit kein hinreichender Zusammenhang mit einer wirtschaftlichen Krise besteht (s. o. § 283 RN 59; Moosmayer NStZ 00, 296) oder ein solcher Zusammenhang vom Täter schuldlos nicht erkannt worden ist (sonst Zurücktreten des § 283 b hinter § 283). Sie beruht auf der Erwägung, daß die Erfüllung solcher Pflichten die Grundvoraussetzung jeder ordnungsgemäßen Wirtschaftsführung sei und die Verletzung dieser Pflichten die Gefahr von Fehlentschließungen mit schweren wirtschaftlichen Auswirkungen in sich berge (vgl. BR-Drs. 5/75 S. 38, Wilts Prot. VII 2831, Tiedemann aaO). Objektive Strafbarkeitsbedingung ist auch hier, daß der Täter seine Zahlungen eingestellt hat oder über sein Vermögen das Insolvenzverfahren eröffnet oder der Eröffnungsantrag mangels Masse abgewiesen worden ist (Abs. 3). Entgegen abweichenden Vorschlägen hat der Gesetzgeber auf sie nicht verzichtet, weil ein strafrechtliches Einschreiten gegen Täter vor ihrem wirtschaftlichen Zusammenbruch nachteiligere Folgen haben kann als ein Zuwarten bis zu diesem Zeitpunkt (vgl. BR-Drs. 5/75 S. 38, Wilts aaO). Für sie spricht zudem wie bei § 283 der Umstand, daß das Strafbedürfnis entfällt, wenn es dem Täter trotz seines verantwortungslosen Verhaltens gelingt, dem wirtschaftlichen Ruin zu entgehen (vgl. Stree JuS 65, 472, Tiedemann LK 2, ferner Geisler aaO 483). 1

§ 283 b 2-11

II. Als Tathandlungen kommen in Betracht:

2   1. Das **Nichtführen** oder die **mangelhafte Führung von Handelsbüchern,** zu deren Führung der Täter gesetzlich verpflichtet ist (Abs. 1 Nr. 1). Die Handlungsmerkmale entsprechen denen des § 283 I Nr. 5. Vgl. näher § 283 RN 29 ff.

3   2. Das **Entziehen von Handelsbüchern** oder sonstiger Unterlagen (Abs. 1 Nr. 2). Die Tathandlung entspricht der des § 283 I Nr. 6. Vgl. näher § 283 RN 40 ff. Im Unterschied zu § 283 I Nr. 6 kann Täter aber nur sein, wer zur Aufbewahrung von Handelsbüchern oder der sonstigen Unterlagen nach Handelsrecht verpflichtet ist (Tröndle/Fischer 2). Zu diesem Personenkreis gehört, wer handelsrechtlich eine Pflicht zum Führen von Handelsbüchern hat. Vgl. dazu § 283 RN 29.

4   3. Die **mangelhafte Bilanzaufstellung** sowie die **nicht rechtzeitige Bilanz- oder Inventaraufstellung** (Abs. 1 Nr. 3). Die Tathandlung entspricht der des § 283 I Nr. 7. Vgl. näher § 283 RN 44 ff. Wer neben den ordnungsgemäß aufgestellten Bilanzen davon abweichende Bilanzen zur Täuschung einzelner Geschäftspartner anfertigt, handelt jedoch nicht tatbestandsmäßig (BGH **30** 186, m. Anm. Schmidt LM § 283 b Nr. 4, Samson SK 5, Tiedemann LK 8; and. Schäfer wistra 86, 200).

5   **III.** Der **subjektive Tatbestand** setzt nach Abs. 1 Vorsatz voraus; bedingter Vorsatz genügt. Vgl. dazu § 283 RN 56. Nach Abs. 2 ist ferner ein fahrlässiges Verhalten strafbar, soweit eine der in Abs. 1 Nr. 1 und 3 genannten Handlungen vorliegt. Vgl. dazu § 283 RN 58. Krit. zur Strafbarkeit wegen bloßer Fahrlässigkeit Dreher MDR 78, 724, der konkrete Voraussehbarkeit des wirtschaftlichen Zusammenbruchs fordert; dagg. zutr. Tiedemann LK 10. Praktisch stellt die nicht sorgfältige Auswahl oder Überwachung von beauftragten Personen (vgl. § 14) einen bedeutsamen Anwendungsbereich dar (vgl. Tiedemann LK 9, Weyand aaO 119; allgem. o. § 15 RN 223), etwa bei Beauftragung eines Buchhalters. Zum Erfordernis der Fähigkeit, wirtschaftlich die Kosten aufzubringen bei Beauftragung Externer s. BGH NStZ **98**, 193, Frankfurt NStZ-RR **99**, 105 u. o. § 283 RN 47.

6   **IV. Zur Zahlungseinstellung** usw. (Abs. 3) vgl. § 283 RN 59 ff. Zum Zusammenhang zwischen Tathandlung und Zahlungseinstellung usw. vgl. u. 7.

7   **V. Zur Vollendung der Tat** vgl. § 283 RN 63. Fraglich ist, ob für die Strafbarkeit ein Zusammenhang zwischen Tathandlung und Zahlungseinstellung usw. gegeben sein muß. Der Unrechtsgehalt der Tat ist an sich unabhängig vom wirtschaftlichen Zusammenbruch des Täters. Dennoch sind aus dem Strafbereich Tathandlungen auszuscheiden, bei denen ein tatsächlicher Zusammenhang mit der Zahlungseinstellung usw. ausgeschlossen ist (BGH **28** 233, wistra **96**, 264, BGHR Krise **1**, Hamburg NJW **87**, 1343, Lackner/Kühl 3, MG-Bieneck 2045, Tiedemann LK 14, Tröndle/Fischer 1, W-Hillenkamp 184, ferner Kindhäuser 8 mwN; and. Geisler aaO 494, Schäfer wistra 90, 87). Fehlt es nämlich an einem solchen Zusammenhang, hat etwa der Täter eine Bilanz viele Jahre vor Zahlungseinstellung nicht rechtzeitig aufgestellt und das Versäumte längst nachgeholt, ohne daß sich die Verfehlung bei Zahlungseinstellung noch irgendwie gefahrerhöhend auswirkt, so ist das Strafbedürfnis ebenso entfallen wie beim Ausbleiben des wirtschaftlichen Zusammenbruchs. Zusammenhang mit der Zahlungseinstellung usw. bedeutet jedoch nicht Ursächlichkeit der Tathandlung für den Zusammenbruch (vgl. § 283 RN 59, Düsseldorf NJW **80**, 1292). Es genügt, daß bei Zahlungseinstellung usw. irgendwelche Auswirkungen der Tathandlung zu verzeichnen sind. Das ist zB der Fall, wenn die Bilanzierungspflicht bei Konkurseintritt noch nicht erfüllt ist und vom Konkursverwalter nachgeholt werden muß (BGH **28** 232 m. Anm. Schlüchter JR 79, 513). Nach BGH GA/H **53**, 75 liegt der erforderliche Zusammenhang vor, wenn das Unterlassen der Bilanzaufstellung nicht einmal 1½ Jahre vor Konkurseröffnung lag. Eine mangelhafte Buchführung kann sich auch noch auswirken, wenn der Mangel bei Zahlungseinstellung behoben und die Übersicht über die Handelsbücher nunmehr vorhanden ist, so etwa, wenn die Versäumnisse das rechtzeitige Erkennen der bedrohlichen Geschäftslage verhindert haben (vgl. Hamburg NJW **87**, 1343, Tiedemann aaO).

8   Der **Versuch** einer Tat nach § 283 b ist **nicht strafbar.**

9   **VI. Zur Teilnahme** vgl. § 283 RN 65. Sie ist nur bei vorsätzlichen Verstößen des Täters strafbar. § 28 I ist ebenso unanwendbar wie bei der Teilnahme an einer Tat nach § 283 (and. Kindhäuser NK 2, Tiedemann LK 17).

10   **VII. Konkurrenzen:** Zu mehreren Verstößen gegen die Buchführungspflicht oder gegen die Bilanzierungspflicht vgl. § 283 RN 37, 48, 66. Tateinheit zwischen Abs. 1 Nr. 1 u. Nr. 3 kann jedoch vorliegen, wenn jemand die Buchführung und die Bilanzaufstellung einem anderen übertragen hat und dann durch dasselbe schuldhafte Verhalten den strafbaren Erfolg nach beiden Richtungen verursacht (BGH GA **78**, 186, Frankfurt NStZ-RR **99**, 105, Tröndle/Fischer 4). Zur Möglichkeit einer wahlweisen Feststellung verschiedener Tathandlungen vgl. § 283 RN 49 a. Hinter § 283 tritt § 283 b zurück (BGH NStZ **84**, 455, **98**, 193, Kindhäuser NK 9, Moosmayer NStZ 00, 296).

11   **VIII. Zur Verjährung** und zur Anwendbarkeit eines **StFG** vgl. § 283 RN 69, 70.

§ 283c Gläubigerbegünstigung

(1) **Wer in Kenntnis seiner Zahlungsunfähigkeit einem Gläubiger eine Sicherheit oder Befriedigung gewährt, die dieser nicht oder nicht in der Art oder nicht zu der Zeit zu beanspruchen hat, und ihn dadurch absichtlich oder wissentlich vor den übrigen Gläubigern begünstigt, wird mit Freiheitsstrafe bis zu zwei Jahren oder mit Geldstrafe bestraft.**

(2) **Der Versuch ist strafbar.**

(3) **§ 283 Abs. 6 gilt entsprechend.**

Schrifttum: Hartwig, Der strafrechtl. Gläubigerbegriff in § 283 c, in Bemmann-FS 1997, 311. – *Vormbaum,* Probleme der Gläubigerbegünstigung, GA 81, 101.

I. Der Tatbestand der **Gläubigerbegünstigung** stellt einen privilegierten Fall des in § 283 geregelten Bankrotts dar (vgl. BR-Drs 5/75 S. 39, BGH **34** 225, **35** 359, Hartwig Bemmann-FS 317, Kindhäuser NK 1, Tröndle/Fischer 1). Der Grund für den gegenüber § 283 geringeren Strafrahmen liegt darin, daß der Täter nicht die Verwertung der Insolvenzmasse zugunsten der Gläubigergesamtheit hintertreibt, sondern nur die nach den Insolvenzvorschriften vorgesehene Art der Verteilung der Insolvenzmasse (vgl. Tiedemann LK 1, W-Hillenkamp 186; vgl. auch BGH **8** 55, **35** 359, NStZ **96**, 544. Ferner Hartwig aaO 317, 322, Kindhäuser aaO). 1

II. **Tathandlung** ist das Gewähren einer Sicherheit oder Befriedigung an einen Gläubiger, der zZ der Tat keinen fälligen Anspruch auf diese Vorteile hatte (inkongruente Deckung). Die Handlung muß zudem den bevorzugten Gläubiger vor den übrigen Gläubigern begünstigen (Handlungserfolg) und nach Zahlungsunfähigkeit des Täters vorgenommen sein. 2

1. Es muß einem Gläubiger eine **Sicherheit** oder **Befriedigung** gewährt werden. 3

a) Eine **Sicherheit** wird einem Gläubiger gewährt, wenn ihm eine bevorzugte Rechtsstellung hinsichtlich seiner Befriedigung eingeräumt wird. Es genügt eine Rechtsstellung, die ihm ermöglicht, eher, leichter, besser und sicherer befriedigt zu werden, als er zu beanspruchen hat (RG **30** 262, Kindhäuser NK 6, Tiedemann LK 13, Tröndle/Fischer 7). Die Sicherheit muß aus dem zur Insolvenzmasse gehörenden Vermögen gewährt werden. Das ist noch nicht der Fall, wenn ein Vollstreckungstitel, zB eine vollstreckbare Urkunde, verschafft wird (RG **30** 48, Tiedemann LK 14). Ebensowenig reicht aus, daß ein Dritter zur Übernahme einer Bürgschaft veranlaßt wird. Als Sicherheit kommen ua in Betracht: Verpfändung, Sicherungsübereignung (auch bei Nichtigkeit nach § 138 BGB, RG JW **34**, 1289 oder Fehlen der vormundschaftsgerichtlichen Genehmigung, BGH GA/H **59**, 341; nicht dagegen bei Unwirksamkeit mangels Bestimmtheit der übereigneten Sachen, BGH GA/H **58**, 48, Kindhäuser aaO, Lackner/Kühl 4, MG-Bieneck 2094, Vormbaum GA 81, 108 vgl. weiter Tiedemann LK 14; and. Hartwig Bemmann-FS 318 f.), Bestellung eines Grundpfandrechts, Einräumung eines Zurückbehaltungsrechts. Die Sicherheit braucht zZ des Gewährens einen wirtschaftlichen Wert nicht zu haben. Auch die Bestellung einer Hypothek an einem überbelasteten Grundstück stellt das Gewähren einer Sicherheit dar (RG **30** 262). Die Hypothek muß jedoch zur Entstehung gelangt sein; die bloße Eintragung einer Briefhypothek ohne Übergabe des Briefs ist noch keine Sicherheit (RG **34** 174). Eine Buchhypothek entsteht erst mit Eintragung (RG **65** 416). 4

b) **Befriedigung** ist die Erfüllung einer Verbindlichkeit. Dazu rechnet auch die Leistung, die der Gläubiger als Erfüllung (§ 363 BGB) oder an Erfüllungs Statt (§ 364 BGB) annimmt. Es genügt die Hingabe eines Kundenschecks (BGH **16** 279) oder eines Kundenwechsels (RG JW **27**, 1106; vgl. Tiedemann LK 16), dagegen nicht die Hingabe eines eigenen Schecks (RG LZ **18**, 770) oder eigenen Wechsels (RG GA Bd. **39**, 230), da sie nur ein Mittel zur Befriedigung ist und weder eine Befriedigung noch eine Sicherheit darstellt (vgl. auch BGH **16** 279, Kindhäuser NK 9, Lackner/Kühl 4, Tiedemann aaO). Eine Befriedigung liegt ferner vor, wenn der Täter einem Gläubiger eine Sache zum Schein verkauft, um ihm die Aufrechnung zu ermöglichen (RG **6** 149, BGH GA/H **61**, 359). Bringt der Täter ein Pfandrecht, das ein Dritter bestellt hat, durch Erfüllung des Anspruchs zum Erlöschen, so gewährt er nicht auch dem Pfandschuldner eine Befriedigung (RG **62** 279). 5

c) Nach hM ist die Sicherheit oder Befriedigung nur **gewährt,** wenn der bevorzugte Gläubiger mitgewirkt, dh den Vorteil angenommen hat (vgl. RG **29** 413, **62** 280, Kindhäuser NK 10, Lackner/Kühl 4, Tiedemann LK 17, Tröndle/Fischer 6). Indes kann ein solches Erfordernis nicht schlechthin maßgebend sein, zumal der Grund für die Privilegierung nicht die Mitwirkung des Gläubigers ist, sondern dessen Bevorzugung vor den übrigen Gläubigern. So muß zB die Überweisung der geschuldeten Summe auf ein Bankkonto des Gläubigers genügen, auch ohne vorherige Kontoangabe durch den Gläubiger (M-Maiwald I 558, MG-Bieneck 2093, Samson SK 4; and. Kindhäuser aaO, Tiedemann LK 16, die auf Kontoangabe abstellen, Lackner/Kühl 4). Ob der Schuldner sich erst beim Gläubiger über dessen Konto erkundigen muß oder bereits hiervon Kenntnis hat, kann für die Strafbarkeit einer Überweisung keinen Unterschied begründen. Entscheidend ist, ob die Zuwendung in das Vermögen des Gläubigers übergegangen ist. 6

Auch ein **Unterlassen** kann ein Gewähren sein, wenn der Schuldner zum Handeln verpflichtet ist, so zB, wenn der Schuldner einen Insolvenzantrag nicht rechtzeitig stellt und dadurch einem Gläubiger die Möglichkeit gibt, eine Pfändung vorzunehmen (RG **48** 20, Lackner/Kühl 4, Weyand aaO 123; and. Kindhäuser NK 11, Tiedemann LK 19), ferner, wenn der Schuldner ein Versäumnisurteil gegen 7

§ 283 c 8–12   Bes. Teil. Insolvenzstraftaten

sich ergehen läßt (Tröndle/Fischer 6; and. Kindhäuser aaO, Tiedemann aaO). Widerspricht er jedoch einer eigenmächtigen Verrechnung des Gläubigers nicht, so liegt darin kein Gewähren (BGH GA/H 58, 48).

8   2. Die gewährte Sicherheit oder Befriedigung darf der Gläubiger nicht oder nicht in der Art oder nicht zu der Zeit zu beanspruchen haben. Es kommt also nur die **inkongruente Deckung** in Betracht (vgl. § 131 InsO, dazu Dauernheim Frankf. Komm. § 131 InsO RN 3 ff., Vormbaum GA 81, 111 ff.). Ob der Gläubiger einen Anspruch hat, ist nach bürgerlichem Recht zu beurteilen (RG 66 90, Kindhäuser NK 12 mwN). Ein Befriedigungsanspruch allein begründet jedoch noch keinen Anspruch auf Sicherheit (BGH MDR/H 79, 457; vgl. aber auch BGH 35 361). Bei Befriedigung nach Insolvenzeröffnung sind die Änderungen des Anspruchs durch das Insolvenzrecht zu berücksichtigen, zB dadurch, daß der Insolvenzverwalter es abgelehnt hat, einen zweiseitigen Vertrag zu erfüllen (zu § 17 KO aF RG 40 109). Ein Anspruch auf Befriedigung entfällt nicht wegen der insolvenzrechtlichen Anfechtbarkeit (§§ 129, 131 InsO, vgl. RG 66 90, BGH 8 56, Lackner/Kühl 5, Tiedemann LK 21). Die Gewährung einer kongruenten Deckung ist straflos; sie läßt sich auch nicht über § 283 erfassen (vgl. BGH 8 57).

9   a) **Nicht zu beanspruchen** hat der Gläubiger die Sicherheit oder Befriedigung, wenn der Schuldner die Leistung verweigern oder die Rechtsgrundlage des Anspruchs beseitigen kann und der Insolvenzverwalter demgemäß den Anspruch nicht ohne weiteres zu erfüllen braucht. Das ist der Fall, wenn ein Rechtsgeschäft nach §§ 119 ff. BGB anfechtbar, der Anspruch nicht einklagbar ist oder ihm eine dauernde Einrede, zB Verjährung, entgegensteht (Kindhäuser NK 13, Lackner/Kühl 5, Tröndle/Fischer 8). Es muß sich aber immerhin um einen Gläubiger handeln. § 283 c betrifft daher nicht die Fälle, in denen ein Vertrag nicht zustande gekommen oder als Wucher- oder Scheingeschäft nichtig ist (Tiedemann LK 21, zust. MG-Bieneck 2094), wohl aber die Fälle, in denen Forderungen aus formnichtigen, durch Erfüllung zur Wirksamkeit erstarkenden Rechtsgeschäften getilgt werden. An der Gläubigereigenschaft fehlt es auch, soweit jemand mehr an Vermögenswerten erhält als seiner Forderung entspricht (Kindhäuser aaO, Tiedemann aaO).

10   b) **Nicht in der Art** besteht der Anspruch bei Leistung an Erfüllungs Statt oder erfüllungshalber, zB bei Hingabe von Waren für eine Geldschuld, bei Abtretung einer Forderung (vgl. BGH StV 96, 315) oder Hingabe eines Kundenschecks zwecks Leistung (BGH 16 279), bei Hingabe von Sicherheiten anstelle der Befriedigung (BGH MDR/H 79, 457, Kindhäuser NK 14, Tiedemann LK 22). Ob die Lieferung eines noch nicht fertiggestellten Werkes hierzu rechnet, hängt davon ab, wie weit das Werk gediehen ist (RG 67 1). Hingabe an Erfüllungs Statt liegt auch vor, wenn zum Schein ein Kaufvertrag geschlossen und dann aufgerechnet wird (RG 6 149). Ist jedoch vorher vereinbart, daß der Schuldner berechtigt ist, Geld durch Ware zu ersetzen, ist die in dieser Art geschuldete anzusehen (vgl. BGH GA/H 56, 348, Kindhäuser aaO). Anders ist es, wenn diese Vereinbarung in Erwartung einer Insolvenz getroffen worden ist (RG 63 79, Lackner/Kühl 5). Der Gläubiger erhält auch dann eine Befriedigung, die er nicht in der Art zu beanspruchen hat, wenn der Schuldner seine Pflicht, Konkursantrag zu stellen (zB nach § 64 GmbHG), verletzt und dem Gläubiger dadurch zu einer Befriedigung durch Pfändung verhilft (RG 48 20, Tröndle/Fischer 8; vgl. Tiedemann LK 23).

11   c) **Nicht zu der Zeit** besteht der Anspruch, wenn eine betagte Forderung vor Fälligkeit (RG 2 439, 4 62) oder eine aufschiebend bedingte Forderung vor Eintritt der Bedingung erfüllt wird (Kindhäuser NK 15, MG-Bieneck 2096 f.).

12   3. Die Befriedigung oder Sicherheit muß einem **Gläubiger** gewährt werden. Zu ihnen zählen nicht nur die eigentlichen Insolvenzgläubiger (§ 38 InsO), sondern auch absonderungsberechtigte Gläubiger (§ 49 InsO) und Massegläubiger (§ 53 InsO), sofern die Begünstigungshandlung zu dem durch die Zahlungsunfähigkeit herbeigeführten Zustand in Beziehung steht und in diesen Zustand störend eingreift (vgl. RG 16 406, 40 107, Lackner/Kühl 2, Tiedemann LK 6; vgl. auch Kindhäuser NK 3 und insoweit auch Hartwig Bemmann-FS 338). Auch diese Gläubiger haben einen Anspruch auf einen Teil der Insolvenzmasse; der Grund für die mildere Strafbarkeit des Täters (vgl. o. 1) trifft daher ebenfalls auf ihre Begünstigung zu. Ferner ist der Bürge (bedingt berechtigter) Gläubiger (RG 15 95, 30 73, Tröndle/Fischer 4). Die Gläubigereigenschaft muß zZ der Begünstigungshandlung bereits vorhanden sein; sie muß nicht erst dadurch entstehen (RG 35 127). Nicht erforderlich ist, daß sie schon bei Eintritt der Zahlungsunfähigkeit bestanden hat (BGH 35 361, Hartwig aaO 336 f., Kindhäuser NK 4, Tiedemann LK 9, Tröndle/Fischer 4; and. Vormbaum GA 81, 107; krit. auch Lackner/Kühl 2). Ist in einem solchen Fall das Gläubigerverhältnis jedoch entgegen einer ordnungsgemäßen Wirtschaftführung begründet und damit ein Beiseiteschaffen von Vermögensbestandteilen (vgl. § 283 RN 4) eingeleitet worden, so ist die Erfüllung des Vereinbarten nach § 283 zu ahnden. Zu den Gläubigern zählt nicht der Schuldner, selbst wenn er eine Forderung gegen die Insolvenzmasse hat (BGH 34 226, Tiedemann LK 10, Tröndle/Fischer 4). Befriedigt sich der Erbe in der Nachlaßinsolvenz wegen einer eigenen Forderung gegen den Erblasser aus Nachlaßmitteln, so ist daher nicht § 283 c, sondern § 283 anzuwenden (vgl. RG 68 370, Tiedemann aaO mwN). Vgl. auch BGH NJW 69, 1494 (Befriedigung eigener Ansprüche durch Geschäftsführer einer GmbH) und dazu krit. Renkl JuS 73, 613, Hendel NJW 77, 1946, ferner BGH 34 221 m. krit. Anm. Weber StV 88, 16 u. Winkelbauer JR 88, 33 (Befriedigung eigener Ansprüche durch Geschäftsführer einer KG). Eine

Gläubigerbegünstigung **13–22 § 283 c**

Gläubigerstellung des Gesellschafters einer GmbH entfällt jedenfalls bei kapitalersetzenden Darlehen an diese (D. Geerds Geerds-FS 699 f., Hendel NJW 77, 1947, Kindhäuser NK 3, Tiedemann LK 10; und. Hartwig aaO 331 f.). Vgl. ferner noch Schulte NJW 83, 1773, Schäfer wistra 90, 88, Muhler wistra 94, 284, MG-Bieneck 2091 f.

4. Die Handlung muß den bevorzugten Gläubiger vor den übrigen Gläubigern **begünstigen** (vgl. 13 dazu Vormbaum GA 81, 119 ff., ferner Tiedemann LK 26). Er muß also auf Kosten der übrigen Gläubiger seinen Vorteil erlangt haben. Tritt der Erfolg nicht ein oder läßt er sich nicht feststellen, so kommt nur Bestrafung wegen Versuchs nach Abs. 2 in Betracht (Kindhäuser NK 16, Lackner/Kühl 6). Der Erfolgseintritt entfällt aber nicht deswegen, weil das begünstigende Rechtsgeschäft nachträglich von einem benachteiligten Gläubiger angefochten und die Benachteiligung dadurch wieder aufgehoben wird (vgl. Tiedemann LK 27).

5. Der Täter muß zZ der Tat **zahlungsunfähig** gewesen sein. Zur Zahlungsunfähigkeit vgl. § 283 14 RN 52. Die Begünstigung eines Gläubigers vor Zahlungsunfähigkeit wird nicht erfaßt (Kindhäuser NK 5 mwN). Sie kann auch nicht nach § 283 geahndet werden, weil der Täter, der etwa kurz vor Eintritt der Zahlungsunfähigkeit einem Gläubiger eine inkongruente Deckung gewährt, nicht schlechter gestellt sein darf als bei einem Handeln nach Zahlungsunfähigkeit (Sperrwirkung der Privilegierung, vgl. Tiedemann LK 39), er ist vielmehr straflos (vgl. BR-Drs. 5/75 S. 39).

III. Der **subjektive Tatbestand** erfordert Vorsatz und hinsichtlich der Begünstigung Wissentlich- 15 keit oder Absicht.

1. Zum **Vorsatz** gehört das Wissen von der Zahlungsunfähigkeit und der Inkongruenz der gewähr- 16 ten Deckung (RG **40** 171). Der Täter braucht nur die Umstände zu kennen, aus denen sich seine Zahlungsunfähigkeit ergibt; unbeachtlich ist das Nichtkennen des Begriffs „Zahlungsunfähigkeit" (vgl. BGH 4 StR 557/52 b. Jaeger-Klug § 241 KO Anm. 6, Tiedemann LK 30). Da er in Kenntnis seiner Zahlungsunfähigkeit gehandelt haben muß, reicht bedingter Vorsatz insoweit nicht aus. Dieser genügt jedoch für die Inkongruenz der Deckung (Lackner/Kühl 7, Samson SK 12, Tiedemann LK 30, W-Hillenkamp 187; and. BGH GA/H **59**, 341, Böhle-Stamschräder 5, MG-Bieneck 2097). Dem steht das Erfordernis der Wissentlichkeit (and. Kindhäuser NK 18, Tröndle/Fischer 10, Vormbaum GA 81, 122) bzw. Absicht hinsichtlich der Begünstigung nicht entgegen, da die übrigen Gläubiger auch bei Gewährung einer kongruenten Deckung benachteiligt sein können. Die irrige Annahme der Zahlungsfähigkeit oder der Kongruenz der Deckung schließt als Tatbestandsirrtum den Vorsatz aus (vgl. BGHR § 283 c Abs. 1 Sicherungsgewährung **1**: Irrtum über Bestehen eines Sicherungsanspruchs). Der Täter kann dann auch nicht über § 283 belangt werden (vgl. RG JW **34**, 843, BGH **8** 57, Tiedemann LK 30). Im umgekehrten Fall – Täter geht irrtümlich von der Zahlungsunfähigkeit oder der Inkongruenz der Deckung aus – liegt ein nach Abs. 2 strafbarer Versuch vor. Ein Verbotsirrtum ist gegeben, wenn der Täter glaubt, er dürfe vorzeitig seine Schuld erfüllen oder dem Gläubiger trotz Fehlens einer vorher getroffenen Vereinbarung statt des geschuldeten Geldes andere Gegenstände überlassen (vgl. Kindhäuser NK 19, Tiedemann LK 30).

2. Die Begünstigung eines Gläubigers muß **wissentlich** oder **absichtlich** erfolgen. Zur Wissent- 17 lichkeit vgl. § 15 RN 68; zur Absicht vgl. § 15 RN 66. Die Bevorzugung auf Kosten der übrigen Gläubiger muß der Täter demnach erstreben (zielgerichtetes Handeln) oder sich als notwendigen Erfolg seines Handelns vorstellen. Hieran fehlt es, wenn er in der Überzeugung handelt, durch die Bestellung von Sicherheiten neue Mittel zu erhalten, mit denen er den Betrieb fortführen und alle Gläubiger befriedigen kann (vgl. BGH LM **Nr. 2** zu § 241 KO, Kindhäuser NK 17).

IV. Zur **Zahlungseinstellung** usw. (Abs. 3) vgl. § 283 RN 59 ff. 18

V. Vollendet ist die Tat mit Eintritt des Handlungserfolgs, dh der Begünstigung. Zahlungsein- 19 stellung usw. sind für den Vollendungszeitpunkt ohne Bedeutung (vgl. § 283 RN 63).

Der **Versuch** ist strafbar (Abs. 2). Er liegt ua vor, wenn der Täter bei der Bevorzugung eines 20 Gläubigers irrtümlich annimmt, er sei zahlungsunfähig (Lackner/Kühl 2, Tröndle/Fischer 11; and. MG-Bieneck 2098, Tiedemann LK 35: Wahndelikt) oder gewähre eine inkongruente Deckung (Kindhäuser NK 24). Dagegen ist die bewußte inkongruente Bevorzugung eines vermeintlichen Gläubigers als vollendete Tat nach § 283 c zu ahnden (Vormbaum GA 81, 127).

VI. Zur **Teilnahme** vgl. § 283 RN 65. Eine Teilnahme kommt auch in Betracht, wenn jemand 21 für den Schuldner im Einvernehmen mit ihm handelt (vgl. § 283 d RN 2). Der begünstigte Gläubiger macht sich durch die bloße Annahme der Sicherheit oder Befriedigung nicht als Teilnehmer strafbar (notwendige Teilnahme; vgl. RG **2** 439, **61** 316, BGH NJW **93**, 1279, Gropp aaO Sonderbeteiligung 229, Kindhäuser NK 21, Lackner/Kühl 4, Tiedemann LK 38; and. Herzberg JuS 75, 795, Sowada GA 95, 60). Entwickelt er eine weitergehende Tätigkeit, so ist er wie sonstige Teilnehmer wegen Beihilfe (RG **61** 315) oder Anstiftung (RG **48** 21, **65** 417) zu bestrafen (BGH GA/H **67**, 265, NJW **93**, 1278, Tiedemann LK 38, Tröndle/Fischer 12; and. Frank § 241 KO Anm. VII).

VII. Konkurrenzen: Im Verhältnis zu § 283 I Nr. 1 ist § 283 c die speziellere Bestimmung (vgl. 22 RG **68** 369, BGH **8** 56, NStZ **96**, 544). Tateinheit ist jedoch möglich, wenn dem begünstigten Gläubiger höhere Werte zugewendet werden, als seiner Forderung entspricht (vgl. BGH NJW **69**, 1495, GA/H **53**, 76, Kindhäuser NK 25, Lackner/Kühl 13; and. Tiedemann LK 40: nur § 283 anwendbar). Läßt sich nicht feststellen, ob die Zuwendung die Forderung übersteigt, so ist nur § 283 c

§ 283 d 1–3

anwendbar (in dubio pro reo). Ebenso verhält es sich, wenn die Gläubigereigenschaft des Begünstigten zweifelhaft ist, zB unaufklärbar bleibt, ob dieser eine Forderung gegen den Täter hatte oder ob es sich nur um einen Scheinvertrag handelte (and. [Wahlfeststellung] BGH 5 StR 27/55 v. 10. 5. 1955). Mehrere Begünstigungshandlungen stehen, soweit sie nicht einen Tatkomplex bilden, in Tatmehrheit (Kindhäuser NK 27). Idealkonkurrenz kann mit § 288 (vgl. RG 20 215) oder mit § 37 DepotG (vgl. RG 34 240) bestehen. Verbucht der Schuldner die Gewährung der Sicherheit nicht ordnungsgemäß, so steht § 283 c in Tatmehrheit zu § 283 I Nr. 5 (Kindhäuser aaO, Tiedemann LK 43; and. Lackner/ Kühl 10 [Tateinheit] unter Berufung auf RG 40 105).

23 VIII. Zur **Verjährung** und zur Anwendbarkeit eines **StFG** vgl. § 283 RN 69, 70.

24 IX. Zur **Zuständigkeit** der Wirtschaftsstrafkammern für die Aburteilung vgl. § 74 c I Nr. 5 GVG.

§ 283 d Schuldnerbegünstigung

(1) Mit Freiheitsstrafe bis zu fünf Jahren oder mit Geldstrafe wird bestraft, wer
1. in Kenntnis der einem anderen drohenden Zahlungsunfähigkeit oder
2. nach Zahlungseinstellung, in einem Insolvenzverfahren oder in einem Verfahren zur Herbeiführung der Entscheidung über die Eröffnung des Insolvenzverfahrens eines anderen

Bestandteile des Vermögens eines anderen, die im Falle der Eröffnung des Insolvenzverfahrens zur Insolvenzmasse gehören, mit dessen Einwilligung oder zu dessen Gunsten beiseite schafft oder verheimlicht oder in einer den Anforderungen einer ordnungsgemäßen Wirtschaft widersprechenden Weise zerstört, beschädigt oder unbrauchbar macht.

(2) Der Versuch ist strafbar.

(3) In besonders schweren Fällen ist die Strafe Freiheitsstrafe von sechs Monaten bis zu zehn Jahren. Ein besonders schwerer Fall liegt in der Regel vor, wenn der Täter
1. aus Gewinnsucht handelt oder
2. wissentlich viele Personen in die Gefahr des Verlustes ihrer dem anderen anvertrauten Vermögenswerte oder in wirtschaftliche Not bringt.

(4) Die Tat ist nur dann strafbar, wenn der andere seine Zahlungen eingestellt hat oder über sein Vermögen das Insolvenzverfahren eröffnet oder der Eröffnungsantrag mangels Masse abgewiesen worden ist.

Vorbem.: Durch Art. 60 Nr. 3 EGInsO v. 5. 10. 1994 (BGBl. I 2911) begriffliche Anpassungen.

1 I. Die Vorschrift erweitert hinsichtlich der Tathandlungen des § 283 I Nr. 1 den **Täterkreis** auf **Außenstehende,** die mit Einwilligung oder zugunsten eines in einer wirtschaftlichen Krise befindlichen Schuldners tätig werden. Da solche Personen für die geschützten Rechtsgüter (vgl. 2 vor § 283) nicht die gleiche Verantwortung wie den Schuldner trifft, enthält § 283 d Einschränkungen gegenüber § 283. Diese beziehen sich auf die wirtschaftliche Krise (Überschuldung und Herbeiführen der Krise genügen nicht) sowie auf die subjektive Tatseite (nur Vorsatz ausreichend; zT sicheres Wissen erforderlich). Objektive Strafbarkeitsbedingung ist auch hier, daß der Schuldner seine Zahlungen eingestellt hat, über sein Vermögen das Insolvenzverfahren eröffnet oder der Eröffnungsantrag mangels Masse abgewiesen worden ist (Abs. 4). Unberührt bleibt die Möglichkeit einer Teilnahme an der Tat nach § 283 (vgl. u. 15).

2 II. Die **Tathandlungen** entsprechen denen des § 283 I Nr. 1; Gleiches gilt für das Tatobjekt. Vgl. näher dazu § 283 RN 2 ff. Durch die Handlung muß wie im Fall des § 283 I Nr. 1 die Gesamtheit der Gläubiger betroffen sein. Es genügt nicht, daß Vermögensbestandteile einem Gläubiger als solchem zugeführt werden, mag es sich auch um eine inkongruente Deckung handeln (vgl. BGH 35 357, GA/H 59, 341, MG-Bieneck 2110, Kindhäuser NK 5, Otto II 305, Tiedemann LK 4, Tröndle/ Fischer 1, Vormbaum GA 81, 130). Die Gegenmeinung (Samson SK 5) führt zu einer sachlich unberechtigten Strafschärfung gegenüber dem Schuldner als Täter. Beim Zusammenwirken mit dem Schuldner kommt aber Teilnahme an einer Tat nach § 283 c in Betracht (Tiedemann LK 3 f.), sonstige Handlungen zugunsten eines Gläubigers sind nicht nach den Vorschriften über Insolvenzdelikte strafbar. Die Handlung, von der sämtliche Gläubiger betroffen sind, muß mit Einwilligung oder zugunsten eines Schuldners begangen werden, dem Zahlungsunfähigkeit droht oder der bereits seine Zahlungen eingestellt hat oder einem Insolvenzverfahren ausgesetzt ist. Wird jemand ohne Einvernehmen mit dem Schuldner ausschließlich im eigenen Interesse oder für Dritte tätig, so sind die Voraussetzungen des § 283 d nicht erfüllt.

3 1. Mit **Einwilligung des Schuldners** handelt, wer mit dessen Einvernehmen die Tat begeht. Eine konkludent erklärte Einwilligung genügt (Kindhäuser NK 4, Tiedemann LK 15, WJ-Köhler 147). Ein Einvernehmen entfällt noch nicht deswegen, weil der Wille des Schuldners deliktisch beeinflußt worden ist, zB durch Täuschung oder Nötigung (zust. Kindhäuser NK 4; vgl. auch Weyand aaO 128; and. Tiedemann LK 14). Erforderlich ist nur, daß der Wille nicht völlig ausgeschaltet wird und sich auf die vom Täter vorgenommene Handlung erstreckt. Unerheblich ist, von wem die Initiative

ausgeht, ob etwa der Schuldner den Täter zum Beiseiteschaffen des Vermögensbestandteils bestimmt oder der Täter nur die Erlaubnis des Schuldners einholt. Die Einwilligung muß zZ der Tathandlung vorliegen. Hat der Schuldner sie vorher wirksam widerrufen oder erteilt er erst nachträglich seine Zustimmung, so fehlt es am Erfordernis der Einwilligung (Kindhäuser NK 4, Tiedemann LK 14). Handelt für den Schuldner ein vertretungsberechtigtes Organ oder ein gesetzlicher Vertreter, so ist dessen Einwilligung maßgebend. Die Handlung braucht nicht zugunsten des einwilligenden Schuldners zu erfolgen (Tröndle/Fischer 3), wie es zB beim Zerstören eines Vermögensbestandteils ohne weiteres denkbar ist.

2. Zum Handeln **zugunsten des Schuldners** vgl. u. 9. Kenntnis des Schuldners von seiner Begünstigung ist nicht erforderlich. 4

3. ZZ der Handlung muß dem Schuldner die **Zahlungsunfähigkeit drohen** (Nr. 1) oder dessen 5 wirtschaftliche Krise durch **Zahlungseinstellung** oder durch ein **Insolvenzverfahren** offenbar geworden sein (Nr. 2). Zur drohenden Zahlungsunfähigkeit vgl. § 283 RN 52 f. Auch wenn der Wortlaut des § 283 d im Gegensatz zu § 283 nur auf drohende Zahlungsunfähigkeit abhebt, wird ebenfalls ein Handeln nach Eintritt der Zahlungsunfähigkeit erfaßt (Lackner/Kühl 3, Tröndle/Fischer 5). Zur Zahlungseinstellung vgl. § 283 RN 60. Als Insolvenzverfahren kommen in Betracht: das mit der rechtskräftigen Insolvenzeröffnung beginnende (vgl. § 283 RN 61) und mit der Aufhebung nach § 258 InsO endende Verfahren oder das Verfahren zur Herbeiführung der Entscheidung über die Insolvenzeröffnung, letzteres beginnt mit der Antragstellung (§ 13 InsO) und endet entweder mit Abweisung des Antrags, insbes. mangels Masse (§ 26 InsO) oder mit dem Eröffnungsbeschluß (§ 27 InsO).

III. Der **subjektive Tatbestand** setzt Vorsatz voraus, zT sogar Wissentlichkeit; Fahrlässigkeit 6 genügt nicht.

1. Der **Vorsatz** muß sich darauf erstrecken, daß die Vermögensbestandteile, die beiseite geschafft 7 usw. werden, im Fall der Insolvenzeröffnung zur Insolvenzmasse gehören und durch die Tat die Gesamtheit der Gläubiger betroffen ist. Nimmt der Täter irrtümlich an, ein Gläubiger erhalte als solcher den beiseite geschafften Vermögensbestandteil, so liegt ein Tatbestandsirrtum vor (Kindhäuser NK 8, Tiedemann LK 16). Der Vorsatz muß ferner, soweit nicht der Täter zugunsten des Schuldners handelt, dessen Einwilligung umfassen. Bedingter Vorsatz genügt.

2. Hinsichtlich der dem Schuldner drohenden Zahlungsunfähigkeit ist **Wissentlichkeit** erforder- 8 lich, da der Täter in Kenntnis dieser Krise gehandelt haben muß. Zur Wissentlichkeit vgl. § 15 RN 68. Lag zZ der Tat bereits Zahlungsunfähigkeit vor, so muß das Wissen sich hierauf erstrecken. Unerheblich ist jedoch, wenn der Täter bei Zahlungsunfähigkeit des Schuldners nur von ihrem drohenden Eintritt ausgegangen ist oder bei drohender Zahlungsunfähigkeit angenommen hat, der Schuldner sei bereits zahlungsunfähig (Tiedemann LK 17). Bei Nr. 2 ist es unbeachtlich, ob der Täter bspw. ein Vorverfahren zur Entscheidung über die Insolvenzeröffnung annimmt, während diese tatsächlich schon verfügt ist (Tröndle/Fischer 7; vgl. Kindhäuser NK 8). Wird die Tat nach Beginn eines Insolvenzverfahrens begangen, so genügt insoweit Vorsatz einschließlich des bedingten Vorsatzes. Die irrige Annahme eines Insolvenzverfahrens reicht bei drohender Zahlungsunfähigkeit nicht aus, wenn der Täter hiervon keine sichere Kenntnis gehabt hat; wohl aber ist ein Versuch nach Abs. 2 zu bejahen. Weiß der Täter vom Insolvenzverfahren nichts, so ist er gleichwohl strafbar, wenn ihm die Zahlungsunfähigkeit bekannt ist (Tiedemann aaO).

3. Der Täter muß **zugunsten des Schuldners** handeln, wenn er ohne dessen Einwilligung tätig 9 wird. Die Tat muß also dem Interesse des Schuldners dienen. Das ist insb. der Fall, wenn der Täter dem Schuldner einen Vermögensvorteil auf Kosten der Gesamtheit der Gläubiger zukommen lassen oder erhalten will (Tiedemann LK 11). Ein immaterielles Interesse kann genügen, etwa beim Zerstören eines Vermögensbestandteils (Kindhäuser NK 6). Ein zusätzliches Eigeninteresse des Täters ist unerheblich (vgl. BGH GA/H **67**, 265). Zugunsten des Schuldners wird der Täter nicht nur bei zielgerichtetem Handeln tätig, sondern ebenfalls, wenn er sicher weiß, daß die Tat dem Schuldner Vorteile einbringt (and. BGH aaO, Kindhäuser NK 6, Lackner/Kühl 2, Tiedemann LK 12). Zur Begründung vgl. die Bemerkungen in § 257 RN 22, die hier entsprechend gelten. Bedingter Vorsatz reicht nicht aus.

IV. Zur **Zahlungseinstellung** usw. (Abs. 4) vgl. § 283 RN 59 ff. 10

V. Zur **Vollendung** und zum **Versuch**, der nach Abs. 2 strafbar ist, vgl. § 283 RN 63 f. Versuch 11 kommt ua in Betracht, wenn der Täter irrig drohende Zahlungsunfähigkeit des Schuldners als sicher annimmt oder irrtümlich von dessen Einwilligung ausgeht (Tiedemann LK 21).

VI. Täter kann mit Ausnahme des Schuldners jeder Dritte sein, auch ein Gläubiger (BGH **35** 358, 12 Kindhäuser NK 1, Lackner/Kühl 1, Tröndle/Fischer 1). Für die **Teilnahme** gelten die allgemeinen Grundsätze. § 28 I ist nicht anwendbar, auch nicht beim Handeln zugunsten des Schuldners (M-Maiwald I 559; and. Kindhäuser NK 10, Tiedemann LK 23). Fraglich ist, ob auch der Schuldner Teilnehmer sein kann (bejahend Lackner/Kühl 5, Otto II 306, Tröndle/Fischer 1). Auf Grund seiner besonderen Pflichtenstellung gegenüber den Gläubigern wird er jedoch regelmäßig als Täter nach § 283 anzusehen sein, wenn er einem Dritten erlaubt, Vermögensbestandteile beiseite zu schaffen,

§ 284

oder ein Beiseiteschaffen zu seinen Gunsten duldet (vgl. § 13 RN 31; enger Kindhäuser NK 10; and. Tiedemann LK 5, 24).

13 **VII.** Zum **besonders schweren Fall** (Abs. 3) vgl. Anm. zu § 283 a.

14 **VIII. Konkurrenzen:** Mehrere Begünstigungshandlungen derselben Person in Beziehung zu derselben Zahlungseinstellung oder Insolvenzeröffnung stehen, soweit nicht ein als Handlungseinheit zu wertender Handlungskomplex (vgl. 17 vor § 52) vorliegt, in Realkonkurrenz (vgl. RG **66** 268, Tröndle/Fischer 12). Eine Handlung, die sowohl zugunsten des Schuldners als auch mit dessen Einwilligung vorgenommen wird, stellt nur eine Tat dar (vgl. § 52 RN 28). Wahlfeststellung zwischen beiden Modalitäten ist zulässig (Kindhäuser NK 13, Tiedemann LK 27).

15 Handelt der Täter im Einvernehmen mit dem Schuldner, so tritt die Beteiligung an dessen Tat nach § 283 hinter die Täterschaft nach § 283 d zurück (Kindhäuser NK 13, Lackner/Kühl 7). Soweit die Voraussetzungen des § 283 d nicht erfüllt oder nicht nachweisbar sind, ist eine Bestrafung wegen Teilnahme am Bankrott jedoch möglich (vgl. BR-Drs. 5/75 S. 39, Tiedemann LK 3, 26). Das ist ua der Fall, wenn jemand dem Schuldner im Zeitpunkt der Überschuldung hilft oder einen Beitrag zur Herbeiführung der Krise leistet, ferner, wenn der Außenstehende nur bedingten Vorsatz hinsichtlich der drohenden Zahlungsunfähigkeit hat. Des weiteren ist Teilnahme an allen Bankrotthandlungen möglich, die § 283 d nicht erfaßt.

16 Mit § 257 ist Idealkonkurrenz möglich (vgl. RG **9** 684, Tröndle/Fischer 12), ferner mit §§ 261, 263 (Kindhäuser NK 14). Auch mit §§ 288, 27 ist Tateinheit denkbar (Tiedemann LK 28).

17 **IX.** Zur **Verjährung** und zur Anwendbarkeit eines **StFG** vgl. § 283 RN 69, 70.

18 **X.** Zur **Zuständigkeit** der Wirtschaftsstrafkammern für die Aburteilung vgl. § 74 c I Nr. 5 GVG.

Fünfundzwanzigster Abschnitt. Strafbarer Eigennutz

Der Abschnitt, der bis zum EGStGB auch die Tatbestände des jetzigen 15. Abschnitts (Verletzung des persönlichen Lebens- und Geheimbereichs) enthielt, faßt auch nach den Reformen durch das Korruptionsbekämpfungsgesetz v. 13. 8. 1997 (BGBl. I 2038) und das 6. StrRG v. 26. 1. 1998 (BGBl. I 164) eine Reihe von Tatbeständen zusammen, die kein gemeinsames Schutzobjekt haben. Ihr einziges gemeinsames Merkmal besteht darin, „daß sie in andere Abschnitte des StGB nicht hineinpassen" (v. Bubnoff LK 1 vor § 284). Daraus folgt, daß aus dieser Überschrift keine Anhaltspunkte für die Auslegung der einzelnen Bestimmungen entnommen werden können. Durch das Korruptionsbekämpfungsgesetz wurde der bisherige § 302a unverändert als § 291 in den 25. Abschnitt eingestellt. Das 6. StrRG ordnete den 25. Abschnitt teilweise neu mit entsprechender Umnumerierung. § 284a aF wurde § 285, § 285 b aF § 286 und § 286 aF § 287. Inhaltliche Änderungen haben §§ 284, 287, 292, 293, 297 erfahren, vgl. dort jeweils RN 1.

§ 284 Unerlaubte Veranstaltung eines Glücksspiels

(1) **Wer ohne behördliche Erlaubnis öffentlich ein Glücksspiel veranstaltet oder hält oder die Einrichtungen hierzu bereitstellt, wird mit Freiheitsstrafe bis zu zwei Jahren oder mit Geldstrafe bestraft.**

(2) **Als öffentlich veranstaltet gelten auch Glücksspiele in Vereinen oder geschlossenen Gesellschaften, in denen Glücksspiele gewohnheitsmäßig veranstaltet werden.**

(3) **Wer in den Fällen des Absatzes 1**
1. **gewerbsmäßig oder**
2. **als Mitglied einer Bande handelt, die sich zur fortgesetzten Begehung solcher Taten verbunden hat,**

wird mit Freiheitsstrafe von drei Monaten bis zu fünf Jahren bestraft.

(4) **Wer für ein öffentliches Glücksspiel (Absätze 1 und 2) wirbt, wird mit Freiheitsstrafe bis zu einem Jahr oder mit Geldstrafe bestraft.**

Vorbem.: Abs. 3 eingefügt durch das OrgKG v. 15. 7. 1992 (BGBl. I 1302); Abs. 4 eingefügt durch das 6. StrRG v. 26. 1. 1998 (BGBl. I 164).

Schrifttum: Arzt, Lehren aus dem Schneeballsystem, Miyazawa-FS 519. – *Aubin/Kummer/Schroth/ Wack*, Die rechtl. Regelung der Glücksspiele u. Spielautomaten in europ. Ländern, 1980. – *Belz*, Das Glücksspiel im Strafrecht, 1993. – *Berg*, Zur Konkurrenz zwischen öffentlichen Spielbanken u. privaten Glücksspielvereinen, MDR 77, 277. – *Dahs/Dierlamm*, Unterhaltungsautomaten ohne Gewinnmöglichkeit (usw.), GewArch 96, 272. – *Eschenbach*, Glücksspiel, HwbKrim I² (1965) 350. – *Höpfel*, Probleme des Glücksspielstrafrechts, ÖJZ 78, 421, 458. – *Kriegsmann*, Das Glücksspiel, VDB VI, 375. – *Kummer*, Das Recht der Glücksspiele u. der Unterhaltungsautomaten mit Gewinnmöglichkeit, 1977. – *Lampe*, Falsches Glück, JuS 94, 737. – *Lange*, Das Glücksspielstrafrecht, Dreher-FS 573. – *Meurer/Bergmann*, Tatbestandsalternativen beim Glücksspiel, JuS 83, 668. – *Müller*, Das Glücksspiel in kriminalsoziologischer Betrachtung, 1938. – *Odenthal*, Die Strafbarkeit der regelwidrigen

Veranstaltung gewerberecht. erlaubter Spiele, GewArch 89, 222. – *Sack*, Das „Hütchenspiel" – ein eindeutiger Betrug, NJW 92, 2540. – *Sieber*, Logistik der Organisierten Kriminalität (usw.), JZ 95, 758. – *Seelig*, Das Glücksspielstrafrecht, 1923. – *Voßkuhle*, Glücksspiel zwischen Staat u. Macht, VerwArch 96, 395. – *Weiser*, Begriff, Wesen u. Formen des strafbaren Glücksspiels, 1930. – *Wettling*, Spielclubs u. Spielbanken, GewArch 78, 361. – *Wrage*, Anmerkungen zu den neu geschaffenen Werbungsverboten (usw.), ZRP 98, 426.

I. Die Vorschrift stellt das **Veranstalten von Glücksspielen** sowie bestimmte *Vorbereitungshandlungen* dazu unter Strafe, wobei dem *öffentlichen* Glücksspiel (Abs. 1) auch das *gewohnheitsmäßige* Glücksspiel in *Privatvereinen* gleichgestellt wird (Abs. 2). Der Tatsache, daß sich das illegale Glücksspiel zu einem Tätigkeitsfeld der organisierten Kriminalität entwickelt hat (eingeh. dazu Sieber/Bögel, Logistik der Organisierten Kriminalität, 1993, 234 ff. u. Sieber JZ 95, 763), versucht der durch das OrgKG neu eingeführte Qualifikationstatbestand für *gewerbs*- oder *bandenmäßiges* Handeln (Abs. 3) zu begegnen. Eine Vorverlagerung der Strafbarkeit durch Erfassung der *Werbung für ein öffentliches Glücksspiel* hat das 6. StrRG erbracht, um insbes. der Erweiterung der Telekommunikationsmöglichkeiten durch Internet und der Bedeutung ausländischer Veranstalter Rechnung tragen zu können (BT-Drs. 13/9064 S. 20 f.). Das *Spielen selbst* wird in § 285 erfaßt. Unmittelbarer **Schutzzweck** des § 284 ist die *staatliche Kontrolle des Glücksspiels*; insofern hat er polizei- bzw. ordnungsrechtlichen Charakter. Allein deshalb die Vorschrift für kriminalpolitisch verfehlt zu halten (Belz aaO 37 f., Göhler NJW 74, 833, Lange Dreher-FS 578 ff., R. Schmitt Maurach-FS 114; krit. auch Meurer/Bergmann JuS 93, 668, Otto II 266, Wrage ZRP 98, 426), würde den Umstand vernachlässigen, daß § 284 *mittelbar* auch den Schutz des Vermögens bezweckt und insoweit ein *abstraktes Gefährdungsdelikt* darstellt. Während früher das Vermögen als umfassend geschützt angesehen wurde, der Spieler also insbes. vor der wirtschaftlichen Ausbeutung seiner natürlichen Spielleidenschaft geschützt werden sollte (BGH **11** 209, Dahs/Dierlamm GewArch 96, 275, Lackner/Kühl 1, v. Liszt/Schmidt 687, Tröndle/Fischer 1; vgl. auch BVerfGE **28** 148 zum Spielbankenrecht sowie heute Bay NJW **93**, 2821 und Meurer/Bergmann aaO 671 mit einseitiger Betonung des Gedankens der Verleitung zur Vermögensgefährdung), kann nach der Reform der §§ 284 ff. durch das EGStGB und unter Achtung des Prinzips der Eigenverantwortung, was die Straflosigkeit von durch Glücksspiel verursachten Selbstschädigungen impliziert (R. Schmitt aaO 113 f.), heute der Sinn des § 284 nur noch in der Absicherung eines ordnungsgemäßen Spielbetriebs gesehen werden, dh in dem Schutz des Einzelnen vor der **Gefahr von Manipulationen** beim Glücksspiel zum Schaden seines **Vermögens** (Hoyer SK 3, Lampe JuS 94, 741, M-Schroeder I 516). Ergänzend vgl. § 8 JÖSchG v. 25. 2. 1985 (BGBl. I 425). Rechtsvergleichend Aubin ua aaO.

II. Das **Glücksspiel** ist eine Unterart des Spiels. Daher ist dieses zunächst von der mit ihm verwandten (straffreien) Wette abzugrenzen. Innerhalb des Spiels ist sodann zwischen dem Glücksspiel und dem Geschicklichkeitsspiel zu unterscheiden.

1. Spiel und *Wette* haben gemeinsam, daß Gewinn und Verlust von streitigen oder ungewissen Ereignissen abhängig gemacht werden. Das kennzeichnende *Unterscheidungsmerkmal* ist nach der heute durchaus hM der Vertragszweck: Zweck des Spieles ist Unterhaltung oder Gewinn; Zweck der Wette die Bekräftigung eines ernsthaften Meinungsstreites (RG **6** 425, Kummer in Aubin aaO 16, Lackner/Kühl 6, Tröndle/Fischer 6; krit. dazu Weiser aaO 4, Hoyer SK 12 [Grad der abstrakten Vermögensgefährlichkeit]). Vgl. aber auch § 287 RN 19 zur Pferde„wette". Beruht die Vereinbarung des Gewinns auf einem wirtschaftlich berechtigten Interesse, dann liegt auch in den Fällen kein Spiel vor, in denen der Geschäftserfolg von einer Ungewißheit abhängig gemacht wird; daher gehören Versicherungsgeschäfte nicht zu den Spielgeschäften (v. Bubnoff LK 4).

2. Als **Glücksspiel** ist ein Spiel anzusehen, bei dem die Entscheidung über Gewinn und Verlust nicht wesentlich von den Fähigkeiten und Kenntnissen und vom Grade der Aufmerksamkeit der Spieler bestimmt wird, sondern allein oder hauptsächlich vom Zufall (vgl. Belz aaO 58 ff., Dahs/Dierlamm GewArch 96, 273, Höpfel ÖJZ 78, 422 ff.). Als Zufall ist dabei das Wirken einer unberechenbaren, der entscheidenden Mitwirkung der Beteiligten in ihrem Durchschnitt entzogenen Ursächlichkeit anzusehen (RG **62** 165, Düsseldorf JMBlNW **91**, 19); vgl. auch Celle NJW **69**, 2250. Entscheidend ist dabei, wie sich das Spiel nach außen darstellt. Eine *geheime* Manipulation des Anbietenden, die den Zufall ausscheidet, ändert an der Bewertung des Spiels nichts (Bay NJW **93**, 2820; anl. Belz aaO 78 f.). Kein Glücksspiel ist die Versendung von Kettenbriefen (BGH **34** 171, näher RN 6). Zu Gutachterstellen bzgl. des Spielcharakters s. Nr. 240 RiStBV. Ein **Geschicklichkeitsspiel** liegt dagegen vor, wenn nicht der Zufall, sondern körperliche oder geistige Fähigkeit die Entscheidung über Gewinn und Verlust bestimmt. Danach kann genau das gleiche Spiel ein Glücksspiel sein, wenn es von Unkundigen gespielt wird, dagegen ein Geschicklichkeitsspiel, wenn die Spieler Übung und Erfahrung besitzen. Innerhalb der gleichen Veranstaltung kann dasselbe Spiel aber nicht bald Glücksspiel und bald Geschicklichkeitsspiel sein; bei der einzelnen Veranstaltung ist vielmehr über den Charakter des Spiels einheitlich zu entscheiden. Gehören zu den Spielern geübte und ungeübte, erfahrene und unerfahrene Personen, so kommt es darauf an, ob der *Durchschnitt* der Spieler die erforderlichen Fähigkeiten und Kenntnisse besitzt (RG **41** 333, BGH **2** 267, Hamm JMBlNW **57**, 251, Kummer aaO 12, M-Schroeder I 517; vgl. auch Weiser aaO 25). Ob das sog. „Hütchenspiel" ein Geschicklichkeits- oder Glücksspiel ist, hängt danach von den Verhältnissen ab, unter denen es gespielt wird (BGH **36** 74 gegen Frankfurt NStZ **88**, 459; wie BGH aber LG Frankfurt

NJW **93**, 945, Sieber JZ 95, 764, ebenso schon Karlsruhe Justiz **71**, 61; and. AG Frankfurt NJW **87**, 854; vgl. auch Sack NJW 92, 2541, der aus tatsächlichen Gründen § 284 stets ablehnt und nach § 263 bestrafen will). Ist der Durchschnittsspieler aufgrund der Fingerfertigkeit des „Spielmachers" darauf angewiesen, das „Hütchen", unter dem die Spielkugel nach Ende des Spiels verborgen ist, zu erraten, so liegt ein Glücksspiel vor. Geht der „Spielmacher" von zunächst langsamer zu schneller Spielweise über, so kann sich das Geschicklichkeitsspiel in ein Glücksspiel wandeln (and. LG Frankfurt NJW **93**,

6 946, das allein § 263 anwenden will; wie hier aber Lampe JuS 94, 741 f., Hoyer SK 14). Näherhin um ein **Glücksspiel iSv §§ 284 ff.** handelt es sich jedoch nur dort, wo es bei dem vereinbarten Gewinn um einen *nicht ganz unbedeutenden* **Vermögenswert** geht (RG **40** 33, Dahs/Dierlamm GewArch 96, 273; and. Hoyer SK 8). Daran fehlt es bei Unterhaltungsspielen um geringwertige Gegenstände (RG **6** 74, Hamm JMBlNW **57**, 250). Ob der Gewinn bedeutend ist, will RG **18** 343, **19** 253 nach den allgemeinen gesellschaftlichen Anschauungen entscheiden (zust. M-Schroeder I 518; vgl. aber Kummer in Aubin aaO 17 f.). Ein solcher *absoluter* Maßstab erscheint jedenfalls dort notwendig, wenn – wie bei Glücksspielautomaten – der Kreis der Spieler völlig ungewiß ist (Köln NJW **57**, 721, v. Bubnoff LK 6); dabei sollen nach Hamm JMBlNW **57**, 251 (zu weitgehend) bereits Einsätze von 1 DM über dem Satz reiner Unterhaltungsspiele liegen. Im übrigen hingegen werden jeweils auch die *konkreten Verhältnisse der Mitspielenden* mitzuberücksichtigen sein (vgl. Bay GA **56**, 385, Frank II, Lackner/Kühl 7, Otto II 267, vgl. auch Tröndle/Fischer 4). Wesentlich ist ferner, daß der Spieler – an der Gewinnchance teilzunehmen, durch seinen **Einsatz** ein Vermögensopfer erbringt (Hoyer SK 7); dies kann auch in versteckter Form, wie zB durch Eintritts- oder Verzehrkarten, geschehen (vgl. BGH **11** 210, v. Bubnoff LK 7, M-Schroeder I 517) – nicht aber durch Freispiele an Unterhaltungsautomaten (Dahs/Dierlamm GewArch 96, 272) –, vorausgesetzt jedoch, daß es sich bei diesem Vermögensopfer nicht lediglich um die – vom eigentlichen Spiel unabhängige – Ermöglichung der Teilnahme daran handelt, sondern über eine solche Art von „Eintrittsgeld" hinaus aus dem Einsatz aller Mitspieler die Gewinnchance des Einzelnen erwächst (BGH **34** 175 f.). Die Versendung von sog. Kettenbriefen, die auf einem reinen System der progressiven Kundenwerbung („Schneeballsystem", näher Arzt Miyazawa-FS 519) beruhen, stellt daher kein Glücksspiel dar (BGH aaO m. Anm. Lampe JR 87, 383, Stuttgart NJW **64**, 365, ebso Köln NJW **96**, 2660 für das „Life"-Spiel, vgl. auch Bay NJW **90**, 1862; zur umstr. Strafbarkeit nach § 6 c UWG vgl. § 287 RN 13 a. Vgl. auch § 287 RN 4. Ob dabei für die Leistung des Veranstalters ein normaler oder überhöhter Preis zu zahlen ist, ist unbeachtlich (vgl. RG **65** 196). Über die gegenüber § 287 wichtige **Abgrenzung von Lotterie und Ausspielung** vgl. dort RN 2 ff.

7 **Beispielsweise** sind von der Rspr. zu den **Glücksspielen** gerechnet worden: Kümmelblättchen (RG **28** 284, vgl. aber RG **27**, 2236, KG JW **28**, 275), Kartenlotterie (RG **12** 388), Lotto (RG **18** 343), Pokern (RG JW **06**, 789), „Meine Tante deine Tante" (R **9** 153), Rommé (KG HRR **29** Nr. 1803), Roulette (RG **14** 30), Spiralo-Roulette (BGH **2** 276), Sektorenspiel (BVerwG NJW **60**, 1684), Würfelspiele um Geld (RG **10** 252); zum „Hütchenspiel" vgl. o. 5, zur Roulette-Variante Opta I Bay NJW **93**, 2820 m. Anm. Lampe JuS 94, 737; über Ecarté vgl. RG JW **28**, 2240, **30**, 2551 m. Anm. Kern, über Mauscheln RG **61** 356. Bei **Geldspielautomaten** kommt es auf die Beschaffenheit des einzelnen Apparates an; vgl. zu Bajazzoautomaten RG **62** 163, Hansa-Automaten RG **64** 219 und sog. Mintautomaten RG **64** 355; vgl. ferner RG JW **33**, 2147 m. Anm. Klee. Auf Grund des feststehenden Gewinn- und Verlustverhältnisses will Köln NJW **57**, 721 bei Apparaten iSd § 33 c GewO die Glücksspieleigenschaft generell ausschließen; dagegen bei Gewinnchancen von 60% und einer Mindestlaufzeit von 15 Sek. Hamm JMBlNW **57**, 250.

8 Da es bei diesen Spielen jedoch entscheidend auf die jeweiligen Spielregeln ankommt, kann bei **Abwandlungen** der Charakter als Glücksspiel entfallen, ebenso wie umgekehrt Geschicklichkeitsspiele dadurch uU den Charakter von Glücksspielen annehmen können, wie zB Preisskat mit ungleichen Teilnehmern oder das Beobachtungsspiel Opta I bei geänderten Spielregeln (Bay NJW **93**, 2820 m. Anm. Lampe JuS 94, 737); vgl. v. Bubnoff LK 8 mwN.

9 **III. Das Glücksspiel muß öffentlich sein.** Das ist der Fall, wenn für einen größeren, nicht fest geschlossenen Personenkreis die Möglichkeit besteht, sich an ihm zu beteiligen (RG **57** 193) und bei den Spielern der Wille vorhanden und äußerlich erkennbar ist, auch andere am Spiel teilnehmen zu lassen (Bay GA **56**, 386). Entscheidend ist also nicht die Öffentlichkeit des Ortes, an dem das Spiel stattfindet, sondern die Tatsache, daß es dem Publikum freisteht, sich am Spiel zu beteiligen (vgl. VGH Mannheim GewArch **78**, 388 f. m. krit. Anm. Wettling 361 ff., Hoyer SK 16). Nicht öffentlich ist zB das Spiel in geschlossenen Eisenbahnabteilen eines fahrenden Zuges (RG **63** 45; vgl. jedoch RG HRR **29** Nr. 1272), ebensowenig ein Spiel, das in einer geschlossenen Gesellschaft nach Eintritt der Polizeistunde unter bestimmten zurückgebliebenen Gästen stattfindet (vgl. Düsseldorf GA **68**, 88).

10 Als öffentlich veranstaltet gelten hingegen Glücksspiele in **Vereinen oder geschlossenen Gesellschaften,** sofern darin Glücksspiele **gewohnheitsmäßig** veranstaltet werden **(Abs. 2)**; krit. dazu Berg MDR 77, 277, Lange Dreher-FS 580 ff. Als geschlossene Gesellschaften können auch regelmäßige Zusammenkünfte eines bestimmten Verwandten- oder Freundeskreises anzusehen sein (Kummer aO 15). Es ist nicht erforderlich, daß die genannten *Teilnehmer* einen Hang zum Spielen haben; vielmehr reicht aus, daß die Gesellschaft als Personenmehrheit auf Grund eines durch Übung ausgebildeten Hanges zum Glücksspiel zusammenkommt (RG **56** 246, Hamburg MDR **54**, 312, v. Bubnoff LK 10, Otto II 267; and. Lackner/Kühl 10, Otto II 267).

IV. Als **Tathandlung** kommt das *Veranstalten* oder *Halten eines Glücksspiels* sowie das *Bereitstellen von* 11
Einrichtungen in Betracht, wobei diese Alternativen aus verfassungsrechtlichen Gründen (Art. 103 II GG) voneinander abzugrenzen sind (Bay NJW **93**, 2821, Lampe JuS 94, 739, Belz aaO 86; and. v. Bubnoff LK 12, Tröndle/Fischer 10).

1. Ein Glücksspiel **veranstaltet,** wer dem Publikum Gelegenheit zur Beteiligung daran gibt. Dafür 12
kann bereits die Aufstellung und das Zugänglichmachen eines Spielplans genügen (RG **61** 15, Bay NJW **93**, 2821 m. Anm. Lampe JuS 94, 741, v. Bubnoff LK 11, Tröndle/Fischer 11, Lackner/Kühl 11); daher ist nicht erforderlich, daß bereits eine Beteiligung am Spiel tatsächlich stattgefunden hat (Hoyer SK 18; and. Frank I 1). Ebensowenig braucht der Veranstalter selbst am Glücksspiel teilzunehmen (Tröndle/Fischer 11). Ein Croupier ist zwar nicht per se Halter oder Veranstalter, kann aber letzteres sein, wenn er in eigener Verantwortung handelt, wofür die Tatsache, daß das Geschäft (auch) auf seine Rechnung geht (diesen Punkt betonend Bay NJW **79**, 2257; and. aber Bay NJW **93**, 2821 m. zust. Anm. Lampe JuS 94, 741) ein Indiz sein kann. Auch im Betrieb eines sog. Wettkonzerns kann eine Glücksspielveranstaltung liegen (RG **57** 190).

2. Ein Glücksspiel **hält,** wer als Unternehmer die Spieleinrichtungen zur Verfügung stellt (RG **29** 13
378, v. Bubnoff LK 12; and. Bay NJW **93**, 2821 f. m. zust. Anm. Lampe JuS 94, 740, Belz aaO 89, Meurer/Bergmann JuS 83, 672: „Halten" als qualifizierte Form des Mitspielens); auch hier ist nicht der Beginn des Spiels erforderlich (vgl. o. 12; and. insoweit Hoyer SK 19). Ist der Unternehmer eine Gesellschaft oder juristische Person, so soll nach hM § 14 I anwendbar sein (Bay NJW **79**, 2259, Bruns GA 82, 4 f., 34, v. Bubnoff LK 12, Tröndle/Fischer 12). Der Anwendung des § 14 I bedarf es hier jedoch nicht, da der Rechtsgutsbezug bei § 284 nicht erst über einen bestimmten Status des Täters hergestellt wird; vielmehr wird das Rechtsgut des § 284 bereits durch das „Halten" oder „Veranstalten" als solches, unabhängig vom Eigeninteresse oder Vertreterstatus des Täters, verletzt (vgl. § 14 RN 5, ferner Marxen AK § 14 RN 20, Schünemann LK § 14 RN 20, Meurer/Bergmann JuS 83, 673).

3. Ferner kommt das **Bereitstellen von Einrichtungen zum Glücksspiel** in Betracht. 14

a) Spieleinrichtungen sind alle Gegenstände, die ihrer Natur nach geeignet oder dazu bestimmt 15
sind, zu Glücksspielen benutzt zu werden (v. Bubnoff LK 13). Dazu ist zwischen eigentlichen und uneigentlichen Spieleinrichtungen zu unterscheiden: Ein Roulette-Tisch zB kann anderen Zwecken nicht dienen und ist daher stets Spieleinrichtung. Bei Spielkarten, Würfeln oä hingegen, die auch erlaubten Spielen dienen können, ist darüber hinaus erforderlich, daß sie zur Verwendung für Glücksspiele bestimmt sind. Unter dieser Voraussetzung können auch völlig neutrale Gegenstände, wie Stühle, normale Tische usw. zur Spieleinrichtung werden (vgl. RG **56** 117, 246, Tröndle/Fischer 13, Stree, Deliktsfolgen und Grundgesetz [1960] 97 f.; and. Lampe JuS 94, 740).

b) Bereitgestellt sind Spieleinrichtungen, wenn sie den Spielern zur Benutzung beim Spiel zur 16
Verfügung stehen. Beginn des Spiels ist nicht erforderlich (vgl. Tröndle/Fischer 13).

c) Der **Wirt,** der in seinen Räumen **Glücksspiele duldet,** hält dadurch allein noch keine Spiel- 17
einrichtungen bereit. Die Einrichtungsgegenstände der Galträume können als solche nur insoweit gelten, als sie ausdrücklich zur Verwendung bei Glücksspielen bestimmt sind (vgl. o. 15). Der Wirt kann aber zu den Vergehen der §§ 284, 285 Beihilfe leisten (Lackner/Kühl 11), und zwar auch durch Unterlassen (Frank I 3, Kummer aaO 16; and. RG **56** 117, Tröndle/Fischer 13, v. Bubnoff LK 13, nach denen der Wirt stets Täter nach § 284 ist).

V. Die genannten Handlungen sind nur strafbar, wenn sie **ohne behördliche Erlaubnis** vorge- 18
nommen werden (neg. Tatbestandsmerkmal: Belz 97 f., Hoyer SK 21, Lackner/Kühl 12, Tröndle/Fischer 15, vgl. o. 61 vor § 32; and. für Erlaubnis als Rechtfertigungsgrund Celle NJW **69**, 2250, Ostendorf JZ 81, 168 mwN; näher zur Abgrenzung und zu den auftretenden Problemen 61–63 vor § 32). Wann und unter welchen Voraussetzungen eine Erlaubnis erteilt wird, ergibt sich vor allem aus folgenden Bestimmungen (vgl. Kummer aaO 17 ff., Voßkuhle VerwArch 96, 398 f. m. Abdruck einschlägiger Vorschriften):

1. Über die gewerbsmäßige Aufstellung *mechanisch betriebener Spielgeräte,* die Veranstaltung anderer 19
Spiele mit Gewinnmöglichkeit sowie das Betreiben von *Spielhallen* vgl. §§ 33 c–3 i GewO; dazu SpielVO idF der Bek. v. 11. 12. 1985 (BGBl. I 2245; III 7103–1); dazu Karlsruhe NJW **53**, 1642, Köln NJW **57**, 721, Hamm NJW **57**, 250, Odenthal GewArch 89, 222, Voßkuhle VerwArch 96, 405. Vgl. ferner § 8 JÖSchG.

2. Über die *Zulassung öffentlicher Spielbanken* vgl. das als Landesrecht fortgeltende SpielbankenG v. 20
14. 7. 1933 (RGBl. I 480) iVm der ebenfalls landesrechtlich fortgeltenden SpielbankenVO idF v. 31. 1. 1944 (RGBl. I 60) sowie die Nachw. zu den zwischenzeitlich ergangenen landesrechtlichen Änderungsvorschriften bei v. Bubnoff LK 22 vor § 284. Ist eine Spielbank zugelassen, so wird das dort betriebene Spiel auch bei Nichteinhaltung verwaltungsrechtlicher Auflagen noch nicht ohne weiteres zu einem unerlaubten nach § 284 (vgl. BGHZ **47** 393).

3. Über Glücksspiel *bei Pferderennen* vgl. RennwLottG v. 8. 4. 1922 (RGBl. 393; BGBl. III 611– 21
14) idF v. 16. 12. 1986 (BGBl. I 2441). Über die landesrechtlichen *Sportwettengesetze* vgl. Frankfurt NJW **51**, 44 und FN 1 dazu, ferner Henke NJW 53, 1251. Über das *Zahlenlotto* vgl. zB BW-Ges. über das Zahlenlotto u. Zusatzlotterien idF v. 25. 8. 1977 (GBl. 385), ferner v. Bubnoff LK 3 vor § 284.

4. Über *erlaubnisfreie Spiele* vgl. § 5 a SpielVO; dazu *Odenthal* GewArch 89, 224. 22

23 **VI. Für den subjektiven Tatbestand** ist **Vorsatz** erforderlich (§ 15; vgl. RG **62** 172, Düsseldorf JMBlNW **91**, 19 f.). Nimmt jemand irrtümlich an, daß Spiele an einem bestimmten Automaten keine Glücksspiele sind, so kommt je nach den Umständen Tatbestands- oder Subsumtionsirrtum in Betracht; ersteres insbes. dann, wenn der Veranstalter glaubt, der Spieler könne durch seine Geschicklichkeit den Spielausgang beeinflussen, oder wenn er irrig annimmt, eine behördliche Erlaubnis zu haben (RG JW **30**, 3857 m. Anm. Kern). Dagegen wäre die irrige Auffassung, einer Erlaubnis nicht zu bedürfen, nur Verbotsirrtum (Hoyer SK 23, Tröndle/Fischer 15; diff. Rengier ZStW **101**, 884). Vgl. auch Schröder MDR **51**, 388.

24 **VII. Täterschaft** und **Teilnahme** richten sich nach den allgemeinen Regeln. Für **Mittäterschaft** soll nach Bay NJW **93**, 2822 sprechen, daß der Beteiligte ein eigenes finanzielles Interesse am Spielergebnis hat. Für **Beihilfe,** zB durch einen Wirt (o. RN 17), einen Rechtsanwalt (BGH wistra **93**, 181) oder einen zuständigen Steuerbeamten (BGH NStZ **95**, 27), reicht dolus eventualis (BGH aaO). Zur Teilnahme eines Herstellers oder Exporteurs von Spielautomaten vgl. Dahs/Dierlamm GewArch **96**, 276.

25 **VIII.** Der neue Qualifikationstatbestand (Tröndle/Fischer 14 a) in **Abs. 3** wurde durch das OrgKG v. 15. 7. 1992 (BGBl. I 1302) eingeführt. Seine Alternativen sind dem § 260 I nachgebildet (Lackner/Kühl 14). Im einzelnen wirken sich strafverschärfend aus: die **Gewerbsmäßigkeit** (**Nr. 1**; dazu 95 f. vor § 52; vgl. auch 17. A. § 285 RN 4 zu dem durch das EGStGB aufgehobenen § 285 aF) und das Handeln als Mitglied einer **Bande,** die sich zur fortgesetzten Begehung von Vergehen nach § 284 I oder II verbunden hat (**Nr. 2**; dazu § 244 RN 23 ff., wobei allerdings im Unterschied zu § 244 I Nr. 3 kein anderes Bandenmitglied mitwirken muß). Der Strafrahmen ist auf Freiheitsstrafe von 3 Monaten bis zu 5 Jahren erhöht; doch bleibt damit auch in diesem Fall der Versuch straflos.

25 a **IX. Abs. 4,** der durch das 6. StrRG eingefügt wurde, erweitert die Strafbarkeit auf Vorbereitungshandlungen der Abs. 1 u. 2 (s. o. RN 1; vgl. krit. Wrage ZRP **98**, 428 f.) und stellt die **Werbung** für ein Glücksspiel iS dieser Absätze unter Strafe. Zum Begriff des Werbens s. § 129 RN 14 a. Die Werbung kann sich sowohl an die Öffentlichkeit wie auch an einzelne Personen richten. Es ist nicht erforderlich, daß tatsächlich ein Spiel zustande kommt (Tröndle/Fischer 14 b). Ebenso ist bedeutungslos, ob das Glücksspiel im In- oder Ausland stattfinden soll (vgl. BT-Drs. 13/9064 S. 20 f., Hoyer SK 27). Genehmigungsakte ausländischer Behörden stellen eine „behördliche Erlaubnis" iSd Abs. 1 dar, sofern sie am Veranstaltungsort des Spiels rechtswirksam sind (Hoyer aaO).

26 **X.** Über **Einziehung** vgl. § 286; zu speziellen Sanktionsmöglichkeiten (erweiterter Verfall, Vermögensstrafe) bei Abs. 3 vgl. § 286 I.

27 **XI. Idealkonkurrenz** ist möglich mit § 263 (RG **61** 16, Lampe JuS **94**, 741 f.; and. LG Frankfurt NJW **93**, 946), weiter mit § 285 (vgl. dort RN 7); dagegen geht § 287 als spezieller vor (vgl. dort RN 23; and. Hoyer SK 28). § 284 IV tritt gegenüber Abs. 1 zurück (Tröndle/Fischer 14 b).

§ 285 Beteiligung am unerlaubten Glücksspiel

Wer sich an einem öffentlichen Glücksspiel (§ 284) beteiligt, wird mit Freiheitsstrafe bis zu sechs Monaten oder mit Geldstrafe bis zu einhundertachtzig Tagessätzen bestraft.

Vorbem.: Die Vorschrift (§ 284 a aF) wurde durch das 6. StrRG v. 26. 1. 1998 (BGBl. I 164) lediglich neu numeriert.

Schrifttum: Hund, Beteiligung Verdeckter Ermittler am unerlaubten Glücksspiel, NStZ **93**, 571. Vgl. auch die Angaben zu § 284.

1 **I.** Die Vorschrift bedroht die **Beteiligung am öffentlichen Glücksspiel** mit Strafe. Der Tatbestand bezieht sich nur auf Glücksspiele iSd § 284, nicht auf Ausspielungen und Lotterien (§ 287); das Spielen in einer ungenehmigten Ausspielung ist hier nicht mit Strafe bedroht.

2 **II.** Am Glücksspiel **beteiligt sich,** wer selbst spielt, dh sich den vom Zufall abhängigen Gewinn- und Verlustaussichten unterwirft. Beteiligter ist auch, wer in Vertretung oder als Beauftragter eines anderen auf dessen Rechnung spielt (v. Bubnoff LK 2), ebenso der Veranstalter oder Halter, der selbst mitspielt (Hoyer SK 4). Eine Beteiligung liegt erst dann vor, wenn das Spiel begonnen hat, zB bei Geldspielautomaten mit dem Einwerfen einer Münze (v. Bubnoff LK 3, Hoyer SK 3). Spielen zum Schein, um Dritte anzulocken, genügt nicht (RG **63** 441).

3 **III.** Durch die **behördliche Erlaubnis** (dazu § 284 RN 18 ff.) wird nicht erst die Rechtswidrigkeit, sondern bereits die Tatbestandsmäßigkeit ausgeschlossen (vgl. v. Bubnoff LK 4, Tröndle/Fischer 3). Entsprechend fehlt es an der Beeinträchtigung des staatlichen Kontrollinteresses, wenn ein *verdeckter Ermittler* im dienstlichen Auftrag spielt (Hund NStZ **93**, 571 f.).

4 **IV.** Für den **subjektiven Tatbestand** ist **Vorsatz** erforderlich. Zu Irrtümern vgl. § 284 RN 23.

5 **V.** Strafbare **Teilnahme** ist nach allg. Grundsätzen möglich, wobei jedoch die wichtigsten Formen der Teilnahme bereits in § 284 zu besonderen Delikten ausgestaltet sind. Beihilfe kann vor allem der Wirt leisten, indem er in seinen Räumen ein Glücksspiel duldet (vgl. § 284 RN 17; für Täterschaft v. Bubnoff LK 6). Spielt jemand auf *fremde Rechnung,* so ändert das nichts an seiner Täterschaft, so daß es insoweit auch nicht auf einen zusätzlichen Tatherrschaftsnachweis ankommt (zust. Hoyer SK 3;

and. offenbar Tröndle/Fischer 2). Der Geldgeber hingegen ist je nach Tatherrschaft Täter oder Teilnehmer (nach Vorsatz diff. RG **57** 191).

VI. Die **Strafe** ist Freiheitsstrafe bis zu 6 Monaten oder Geldstrafe bis zu 180 Tagessätzen. Über *Einziehung* vgl. § 286 II. Während früher Polizeiaufsicht zulässig war (§ 285 a aF), kommt heute *Führungsaufsicht* nach Aufhebung des § 48 durch das 23. StÄG (o. Einf. 11) *nicht* mehr in Betracht. **6**

VII. Idealkonkurrenz ist möglich mit § 263 und § 284 (vgl. RG **62** 172, Hoyer SK 4). **7**

§ 285, § 285 a *aufgehoben durch EGStGB.*

§ 286 Vermögensstrafe, Erweiterter Verfall und Einziehung

(1) In den Fällen des § 284 Abs. 3 Nr. 2 sind die §§ 43 a, 73 d anzuwenden. § 73 d ist auch in den Fällen des § 284 Abs. 3 Nr. 1 anzuwenden.
(2) In den Fällen der §§ 284 und 285 werden die Spieleinrichtungen und das auf dem Spieltisch oder in der Bank vorgefundene Geld eingezogen, wenn sie dem Täter oder Teilnehmer zur Zeit der Entscheidung gehören. Andernfalls können die Gegenstände eingezogen werden; § 74 a ist anzuwenden.

Vorbem.: Abs. 1 eingefügt durch das OrgKG v. 15. 7. 1992 (BGBl. I 1302). Die Vorschrift (§ 285 b aF) wurde durch das 6. StrRG v. 26. 1. 1998 (BGBl. I 164) lediglich neu numeriert.

Schrifttum: Eser, Die strafrechtlichen Sanktionen gegen das Eigentum, 1969.

I. Mit dem durch das OrgKG neu eingefügten **Abs. 1** sollen die bei *gewerbsmäßiger* (§ 284 III **1** Nr. 1) oder *bandenmäßiger* (§ 284 III Nr. 2) unerlaubter Veranstaltung eines Glücksspiels erzielten erheblichen Gewinne abgeschöpft werden (BT-Drs. 12/989 S. 29). Der **Erweiterte Verfall** nach § 73 d findet auf beide Nummern des § 284 III Anwendung; die **Vermögensstrafe** nach § 43 a kann entgegen der ursprünglichen Intention des Gesetzgebers (BT-Drs. 12/989 S. 7) nur bei bandenmäßiger Begehung (Nr. 2) angeordnet werden.

II. Abs. 2 schreibt als besondere Vorschrift iSv § 74 IV (Lackner/Kühl 2) – über den Anwen- **2** dungsbereich des § 74 hinaus – auch die **Einziehung** von Spieleinrichtungen und Spielgeld vor. Außerdem läßt sie die strafähnliche Dritteinziehung nach § 74 a zu. Zur **Rechtsnatur** vgl. 13 vor § 73 sowie RG **63** 380, Eser aaO 247.

1. Voraussetzung der Einziehung ist grds. eine **vollstrafbare Tat** nach §§ 284 oder 284 a. Liegt **3** jedoch ein *Sicherungsbedürfnis* iSv § 74 II Nr. 2 vor, so reicht bereits eine *rechtswidrige* Tat aus (§ 74 III).

Gegenstand der Einziehung sind nur die Spieleinrichtungen (vgl. dazu § 284 RN 15) sowie das **4** auf dem Spieltisch oder in der Bank befindliche Geld. Dazu gehört auch das Geld, das sich in einem verbotenen Spielautomaten befindet. Bank in diesem Sinne ist nur die Spielbank, nicht dagegen das Geldinstitut, in dem etwaige Gewinne deponiert werden (vgl. RG **57** 128, Hoyer SK 6).

Grundsätzlich bleibt die Einziehung auf das Eigentum von **Tatbeteiligten** beschränkt (Abs. 2 S. 1). **5** Soweit jedoch ein Sicherungsinteresse iSv § 74 II Nr. 2 vorliegt oder dem Dritten ein Vorwurf iSv § 74 a gemacht werden kann, erstreckt sich die Einziehung auch auf **Dritteigentum**.

2. Soweit die Einziehung *Tätereigentum* betrifft, ist sie **zwingend** anzuordnen; jedoch bleibt auch **6** hier der Grundsatz der Verhältnismäßigkeit zu beachten (vgl. Eser aaO 358, 364 sowie § 74 b RN 2). In allen übrigen Fällen ist die Einziehung in das pflichtgemäße **Ermessen** des Gerichts gestellt; vgl. dazu § 74 RN 41 f., § 74 a RN 12.

3. Im übrigen sind die **§§ 74 ff.** ergänzend heranzuziehen; vgl. 10 vor § 73. **7**

§ 287 Unerlaubte Veranstaltung einer Lotterie oder einer Ausspielung

(1) Wer ohne behördliche Erlaubnis öffentliche Lotterien oder Ausspielungen beweglicher oder unbeweglicher Sachen veranstaltet, namentlich den Abschluß von Spielverträgen für eine öffentliche Lotterie oder Ausspielung anbietet oder auf den Abschluß solcher Spielverträge gerichtete Angebote annimmt, wird mit Freiheitsstrafe bis zu zwei Jahren oder mit Geldstrafe bestraft.
(2) Wer für öffentliche Lotterien oder Ausspielungen (Absatz 1) wirbt, wird mit Freiheitsstrafe bis zu einem Jahr oder mit Geldstrafe bestraft.

Vorbem.: Die Vorschrift (§ 286 aF) wurde neu gefaßt und umnumeriert durch das 6. StrRG v. 26. 1. 1998, BGBl. I 164.

Schrifttum: Vgl. die Angaben zu § 284, ferner: *Bruns,* Neue Gesichtspunkte in der strafrechtl. Beurteilung der modernen progressiven Kundenwerbung, Schröder-GedS 273. – *Fruhmann,* Das Spiel im Spiel, MDR 93, 822. – *Gerland,* Das Hydrasystem, GS 94, 177. – *Granderath,* Strafbarkeit von Kettenbriefaktionen!, wistra 88, 173. – *Kern,* Neue Formen erlaubter u. unerlaubter Ausspielungen,

§ 287   1–7

1925. – *Klenk,* Der Lotteriebegriff in straf- und steuerrechtl. Sicht, GA 76, 361. – *Lampe,* Strafrechtl. Probleme der „progressiven Kundenwerbung", GA 77, 33. – *Müller,* Zulässigkeit von Preisausschreiben in der Werbung, NJW 72, 273. – *Otto,* Gewerbl. Lottospielgemeinschaften als Lotterie, Jura 97, 385. – *Schild,* Die Öffentlichkeit der Lotterie des § 286 StGB, NStZ 82, 446. – *Schoene,* Zum Begriff „Veranstaltung" iSd § 286 StGB, NStZ 91, 469.

1 I. Die Vorschrift stellt das **unbefugte Veranstalten einer öffentlichen Lotterie oder Ausspielung** und in Abs. 2, eingefügt durch das 6. StrRG, auch das **Werben** dafür unter Strafe. Die bisherigen Abs. 1 u. 2 wurden in dem neuen Abs. 1 zusammengefaßt, der auch den Begriff des Veranstaltens näher erläutert. Damit sollte nur eine Klarstellung erfolgen (vgl. BT-Drs. 13/9064 S. 21). Obgleich es sich bei der Lotterie lediglich um eine besondere Art des Glücksspiels handelt (BGH **34** 179), erklärt sich ihre getrennte tatbestandliche Erfassung aus der Geschichte des Lotterieverbots (vgl. Klenk GA 76, 363 f.). Strafbedroht ist jedoch nur das unbefugte *Veranstalten,* nicht dagegen das Spielen (§ 285 RN 1) in einer derartigen Lotterie oder Ausspielung. Zwar besteht der **Schutzzweck** des Verbots primär darin, den spezifischen Gefahren einer unkontrollierten Gewinn*auslösung* zu begegnen; doch geht es darüber hinaus auch um die Verhinderung von Manipulationen bei der Gewinn*verteilung* (München NStZ-RR **97**, 327, v. Bubnoff LK 1; demgegenüber stärker das fiskalische Interesse hervorhebend Fruhmann MDR 93, 826, Schild NStZ 82, 447; and. Hoyer SK 3). Zudem ist **landesrechtlich** das Spielen in nicht genehmigten oder zugelassenen Lotterien und Ausspielungen vielfach eine Ordnungswidrigkeit, so zB nach § 7 BW LOWiG idF v. 16. 12. 85 (GBl. 533). Zur Erfassung sog. Spiel- und Wettgemeinschaften vgl. u. 13 b. Vgl. auch Nr. 241 RiStBV sowie die Nachw. bei Tröndle/Fischer 1. Zur Vereinbarkeit von § 286 aF StGB mit Art. 59 EWGV vgl. EuGH NJW **94**, 2013.

2 II. **Lotterie** ist ein Unternehmen, bei dem einer Mehrzahl von Personen die Möglichkeit eröffnet wird, nach einem bestimmten Plan gegen einen bestimmten Einsatz ein vom Eintritt eines zufälligen Ereignisses abhängiges Recht auf einen bestimmten Geldgewinn zu erwerben (R **5** 284, v. Bubnoff LK 2 ff., Hoyer SK **4**, Klenk GA 76, 364 ff., Otto Jura 97, 386). Die **Ausspielung** unterscheidet sich von der Lotterie dadurch, daß nicht Geld, sondern andere Sachen oder geldwerte Leistungen die Gewinne bilden (vgl. u. 9 ff.). Zu beachten ist, daß Lotterie und Ausspielung nur Formen des Glücksspiels sind (vgl. § 284 RN 5 f.); es muß sich also in beiden Fällen um ein *Spiel* handeln; die Entscheidung über Gewinn oder Verlust muß stets ganz oder hauptsächlich vom Zufall abhängen (RG **65** 195, **67** 398).

1. Bezüglich der **Lotterie** ist noch folgendes hervorzuheben:

3 a) Erforderlich ist hier im Unterschied zu anderen Glücksspielen ein vom Unternehmer festgesetzter **Spielplan.** Dieser Plan muß den Spielbetrieb im allgemeinen regeln und die Bedingungen angeben, unter denen einer Mehrzahl von Personen die Möglichkeit der Beteiligung eröffnet wird (näher Otto Jura 97, 386). Die Ausführung des Planes kann von den Umständen, insbes. dem Maß der Beteiligung abhängig gemacht werden (vgl. RG JW **34**, 3204).

4 b) **Einsatz** ist der Vermögenswert, der bewußt für die Beteiligung an den Gewinnaussichten geopfert wird (vgl. R **5** 284). Da die Tat nur das *Veranstalten* der Lotterie voraussetzt (u. 14 f.), reicht es aber aus, daß der Täter davon ausgeht, daß einzelne von den Spielern den Einsatz als Spielbeitrag geopfert (vgl. Düsseldorf NJW **58**, 760). Daran fehlt es, wenn die Kosten der Lotterie ausschließlich von dem Veranstalter in der Hoffnung auf eine Umsatzsteigerung getragen werden (vgl. RG **65** 196, **67** 400 m. Anm. Kern JW 34, 489, BGH **3** 104; and. wohl Celle DStR **34**, 79). Der Einsatz kann auch in *versteckter* Form ausbedungen werden, so zB im Eintrittspreis für eine Veranstaltung oder im Kaufpreis für eine Ware enthalten sein (RG **60** 127, **65** 195, JW **34**, 3204, Düsseldorf NJW **58**, 760), oder es kann genügen, daß es dem Abnehmer einer Ware freisteht, diese mit oder ohne Gewinnchance zu erwerben (Düsseldorf aaO). Der Einsatz muß im Spielplan bestimmt sein. Ist seine Höhe dem Ermessen der einzelnen Spieler überlassen, liegt keine Lotterie oder Ausspielung, sondern ein Glücksspiel ieS vor (R **5** 285, Hoyer SK 5). Die Einsätze der einzelnen Spieler brauchen nicht gleich zu sein, auch braucht nicht einmal jeder Spieler einen Einsatz zu machen; vielmehr kann der Unternehmer allgemein bestimmen, daß der Einsatz nur im Fall des Verlustes zu zahlen ist. Über andere Formen vgl. Kern JW 28, 828, v. Bubnoff LK 4 ff.

5 c) Der Gewinn muß bei der Lotterie in **Geld** bestehen.

6 d) Die Entscheidung über Gewinn oder Verlust hängt auch dann im wesentlichen vom **Zufall** ab, wenn bestimmt ist, daß das Ergebnis einer anderen Lotterie oder Ausspielung über Gewinn oder Verlust entscheiden soll (RG JW **31**, 1926). Daher ist eine Lotterieveranstaltung auch in der Weise möglich, daß der Täter sich an eine bereits bestehende andere Lotterie, die ihrerseits behördlich erlaubt ist (zB Toto oder Lotto), in der Weise anschließt, daß er den Teilnehmern der von ihm organisierten Wettgemeinschaft die Zahlung der Gewinne verspricht, welche auf Lose jener Lotterie entfallen, vorausgesetzt freilich, daß er selbst als Veranstalter Eigentümer der Lose bleibt und seine Abnehmer eine Forderung auf Gewinnauszahlung allein gegen ihn haben sollen (BGH 1 StR 643/76 **7** v. 18. 1. 77; vgl. auch u. 13 b). Hängt die Entscheidung vom Ermessen des Lotterieveranstalters ab, so ist sie vom Standpunkt der Spieler aus gleichfalls als Zufall anzusehen (RG **25** 257, **27** 94). Im übrigen ist die **Art der Gewinnermittlung** unerheblich (vgl. RG **36** 125). Insbes. braucht nicht unbedingt eine Losziehung zu erfolgen.

e) Als Lotterien sind **beispielsweise** angesehen worden Preisrätsel in einer Zeitung (RG **25** 256, **8** 60 386, Recht **19** Nr. 2047), das Prämienschießen um Geldgewinne in einer Schießbude (RG JW **11**, 508), das Gewinn-Sparen (OVG Münster MDR **56**, 701), das Zahlenlotto (Braunschweig NJW **54**, 1777), das sog. amerikanische Roulette als Sonderform einer Kettenbriefaktion (Karlsruhe NJW **72**, 1963; and. jetzt BGH **34** 179; vgl. auch u. 13 a).

2. Zur **Ausspielung** ist noch folgendes zu bemerken:

a) Auch bei der Ausspielung muß ein gewisser **Spielplan** bestehen (Hoyer SK 4; vgl. auch RG **62** **9** 394).

b) Der **Einsatz** kann auch hier ein versteckter sein (vgl. o. 4, ferner BGH GA **78**, 334). An einem **10** Einsatz kann es zB fehlen, wenn ein Automat neben dem Kaugummi, der die eingeworfene Münze wert ist, vereinzelt noch wertvollere Zugabeartikel abgibt (LG Tübingen NJW **60**, 1359 m. Anm. Ganske).

c) Im Unterschied zur Lotterie besteht hier der **Gewinn nicht in Geld,** sondern in beweglichen **11** oder unbeweglichen Sachen oder in geldwerten Leistungen (krit. dazu Bruns Schröder-GedS 280), wie zB in einer Erholungsreise, in einem Kuraufenthalt (vgl. RG **64** 219) oder der Errichtung eines Gebäudes. Erforderlich ist aber stets, daß der Gewinn einen *Vermögenswert* hat (v. Bubnoff LK 7). Auch der Zeitpunkt eines Besitz- oder Eigentumserwerbs kann Gegenstand einer Ausspielung sein (RG **59** 350 betr. sog. Fahrradhilfe).

d) Die Entscheidung über den Gewinn muß auch hier wesentlich vom **Zufall** abhängen (o. 6, **12** BGH GA **78**, 334, M-Schroeder I 519, Tröndle/Fischer 9; and. Bruns Schröder-GedS 280, ohne jedoch seinerseits ein brauchbareres Abgrenzungskriterium zu nennen).

e) Zu den Ausspielungen hat die Rspr. **beispielsweise** gerechnet den Vertrieb von Waren durch **13** Aussetzen von Preisen in Glücksbuden (RG **10** 249), den Absatz von Waren im Wege der Losziehung durch Ladeninhaber (RG **19** 257), das Aussetzen von Preisen für die Teilnahme an Geschicklichkeitsspielen (BGH **9** 39). Zur Ausspielung durch Preisausschreiben Groebe NJW 51, 133; zur „Scheinausspielung" vgl. Bockelmann NJW **52**, 855, Bußmann NJW 52, 684.

Die nach früherem Recht streitige Frage, inwieweit Formen der **„progressiven Kundenwer- 13 a bung"** nach § 287 strafbar sein können (grds. bejah. die Rspr.: RG **60** 252, **61** 285, BGH **2** 79, 139; auf den Einzelfall abstell. BGH GA **78**, 333; krit. Bruns Schröder-GedS 279 ff., v. Bubnoff LK 11 mwN), ist mit der durch das 2. WiKG erfolgten Einführung des § 6c UWG, der derartige Formen der Kundenwerbung generell unter Strafe stellt, gegenstandslos geworden (ebso Arzt Miyazawa-FS 527 f.). Eine etwaige Strafbarkeit nach § 287 tritt hinter die Sondernorm des § 6c UWG zurück (BGH **34** 178 zu § 286 aF m. Anm. Richter wistra 87, 276, Lackner/Kühl 2, Tröndle/Fischer 9). Noch nicht endgültig geklärt ist allerdings, inwieweit § 6c UWG auch die Veranstaltung von **Kettenbriefaktionen** erfaßt. Während BGH **34** 179 die Anwendbarkeit des § 6c UWG auf Kettenbriefaktionen, die nicht von einer Zentrale gesteuert werden (sog. Selbstläufer), zu Recht verneint (ebso Tröndle/Fischer 9), wird bei zentraler Steuerung des Systems zum Teil eine Erfassung durch § 6c UWG für möglich gehalten (AG Böblingen wistra **88**, 243 m. Anm. Richter wistra 87, 276, Arzt Miyazawa-FS 527 ff., WJ-Koblitz 879; abl. Bay NJW **90**, 1862, Granderath wistra 88, 173; vgl. auch Achenbach NStZ 89, 504, Hoyer SK 6).

3. Besondere Probleme können sich bei sog. **Wett- und Spielgemeinschaften** oder sonstigem **13 b** organisierten Einschalten von Vermittlern stellen. Selbst wenn zwischen die Spieler und einen konzessionierten Lotterieveranstalter (zB Toto oder Lotto) andere Personen zwischengeschaltet sind, kann es sich dabei noch um eine grundsätzlich *straflose* „Lotterievermittlung" handeln. Diese kann jedoch den Charakter einer *strafbaren* „Lotteriekette" erlangen, wenn sich nicht nur das Rechtsverhältnis zwischen dem Lotterieveranstalter und dem Vermittler (erstes, legales Kettenglied) als Lotterie darstellt, sondern auch das Rechtsverhältnis zwischen dem Vermittler und dem Spieler nicht (nur) Geschäftsbesorgungs-, sondern einen eigenen *lotterierechtlichen Charakter* trägt (zweites, strafbares Kettenglied; vgl. auch RG **7** 162 sowie zur Möglichkeit des Anschlusses einer Lotterie an eine andere o. 6). Dies ist insbesondere dann anzunehmen, wenn der Spieler weder Eigentümer der Lose noch einen schuldrechtlichen Anspruch auf Gewinnauszahlung gegen den Lotterieveranstalter erhält, diesbezüglich also allein auf den Vermittler verwiesen wird (formales Abgrenzungskriterium, st. Rspr.: vgl. RG JW **31**, 1926, BGH 1 StR 643/76 v. 18. 1. 1977), darüber hinausgehend aber auch dann, wenn der Spieler zwar de jure über beide Rechtspositionen gegenüber dem Lotterieveranstalter verfügt, de facto aber nicht durchsetzen kann (materielles Abgrenzungskriterium, s. München NStZ-RR **97**, 328; and. Hoyer SK 10, Otto Jura 97, 385). Denn auch in diesem Fall bürgt das Rechtsverhältnis zum Vermittler für den Spieler die lotteriespezifischen Vermögensgefahren in sich, wie vor allem die von Manipulationen bei der Gewinnverteilung. Im Ergebnis hängt damit das Vorliegen einer strafbaren Lotteriekette von den Umständen des Einzelfalls ab, in der Praxis im wesentlichen vom Inhalt der von dem Vermittler verwendeten AGB (zum Ganzen eingeh. Fruhmann MDR 93, 822 ff., die freilich aufgrund der besonderen Betonung der fiskalischen Interessen eine gewerbliche Spielvermittlung stets für strafbar hält).

III. Die **Tathandlung** des Abs. 1 besteht im Veranstalten einer öffentlichen Lotterie oder Aus- **14** spielung ohne behördliche Genehmigung.

§ 288

15 **1. Veranstaltet** ist die Lotterie oder Ausspielung bereits dann, wenn die Möglichkeit der Beteili-
16 gung gewährt ist (RG **35** 45, **59** 352); der tatsächliche Abschluß von Spielverträgen ist nicht erforderlich (RG **8** 293, **19** 259). Eine *ausländische* Lotterie ist auch im Inland veranstaltet, wenn dem
Publikum die Beteiligung innerhalb des Bundesgebietes ermöglicht wird (RG **42** 433). Vgl. EuGH
NJW **94**, 2013, m. Bspr. Sura NJW 95, 1470, Braunschweig NJW **54**, 1777, Schoene NStZ 91, 469.

17 **2.** Die Veranstaltung ist **öffentlich**, sobald das Anbieten von Losen sich nicht auf einen bestimmten
Kreis von Teilnehmern beschränkt, sondern an eine Mehrzahl unbestimmter Personen erfolgt, die
weder als Mitglieder einer gleichgerichteten Interessengemeinschaft noch in persönlicher Hinsicht
miteinander verbunden sind (vgl. Schild NStZ 82, 448 f. mwN). Dagegen *fehlt* es für die Strafbarkeit
von Veranstaltungen innerhalb *geschlossener Gesellschaften* oder *Vereine* an einer dem § 284 II entsprechenden Gleichstellungsklausel (Hoyer SK 7). Daher bedarf eine geschlossene Fest-Tombola idR
keiner Erlaubnis. Doch können auch private Wettgemeinschaften, denen jedermann beitreten kann,
uU öffentlichen Charakter haben (vgl. BGH 1 StR 643/76 v. 18. 1. 1977 sowie o. 4, 13 b). Im
übrigen ist die Art, in der die Aufforderung zur Beteiligung an der Lotterie erfolgt, wie etwa durch
briefliche Benachrichtigung der Spiellustigen, durch Ankündigung in den Zeitungen (vgl. RG **14** 91)
oder auch mündlich, unerheblich (Schild NStZ 82, 447).

18 **3.** Ferner muß die Veranstaltung **ohne behördliche Erlaubnis** erfolgen (vgl. § 284 RN 18). Die
Zuständigkeit dafür ist in der LotterieVO v. 6. 3. 1937 (RGBl. I 282; vgl. dazu OVG Münster MDR
56, 701) sowie in Landesgesetzen (zB BW-Ges. über Lotterien u. Ausspielungen v. 4. 5. 1982,
GBl. 139) geregelt (vgl. v. Bubnoff LK 3 vor § 284). Ändert der Unternehmer nach erlangter Erlaubnis eigenmächtig den Spielplan oder die Spielbedingungen, so handelt er ohne Erlaubnis (BGH **8**
289). Das gleiche gilt bei Überschreitung der erteilten Erlaubnis (RG **3** 123, **28** 238).

19 **4.** Das Wetten am **Totalisator** ist Lotterievertrag. Vgl. dazu die Sondervorschriften des RennwLottG v. 8. 4. 1922 (RGBl. I 393), insbes. § 7 mit Bußgeldtatbeständen für Totalisator-Unter-
nehmer und Buchmacher. Nach Wegfall von § 8 RennwLottG aF durch Art. 164 EGStGB 1974
(BGBl. I 469, 584) bleibt der „Wetter" nunmehr straffrei (vgl. v. Bubnoff LK 19; and. Tröndle/Fischer
§ 285 RN 1; vgl. aber BT-Drs. 7/550 S. 403).

19 a **IV.** Die **Tathandlung** des neuen Abs. 2 besteht in der **Werbung** für Lotterien oder Ausspielungen
nach Abs. 1. Der Gesetzgeber will damit insbes. Fälle erfassen, in denen das Spiel im Ausland
veranstaltet, aber im Inland, etwa mittels Internet, dafür geworben wird. Zum Werben s. § 284
RN 25 a u. § 129 RN 14 a.

20 **V.** Für den **subjektiven Tatbestand** ist **Vorsatz** erforderlich (§ 15; vgl. RG **62** 172). Nicht
erforderlich ist das Bewußtsein des Teilnehmers an der Ausspielung, daß er einen Vermögenswert für
die Beteiligung an den Gewinnaussichten opfert (and. RG **65** 195); es genügt, daß der Veranstalter
davon ausgeht (v. Bubnoff LK 18). Ein *Irrtum* darüber, ob eine obrigkeitliche Erlaubnis erforderlich
sei, ist Verbotsirrtum (zust. Hoyer SK 13). Hat der Veranstalter eine Erlaubnis von einer nichtzuständi-
gen Behörde erhalten, die er irrtümlich als zuständig ansah, dann ist dies ein Tatbestandsirrtum (Hoyer
aaO, Tröndle/Fischer 14; and. M-Schroeder I 520). Die fälschliche Verkennung des Lotteriecharakters
ist bloßer Subsumtionsirrtum.

21 **VI. Täter** ist einmal der *Veranstalter* der Lotterie, dh derjenige, auf dessen Rechnung das Geschäft
geht. Zur (fraglichen) Anwendbarkeit von § 14 I auf *Vertreter* gilt Entsprechendes wie zu § 284
RN 13 (vgl. Bruns GA 82, 4 f.). Dagegen bleibt der Spieler als solcher straflos (vgl. o. 1, v. Bubnoff
LK 19, Gropp Sonderbeteiligung aaO 233 f.).

22 **VII.** Die **Strafe** ist bei Abs. 1 Freiheitsstrafe bis zu 2 Jahren oder Geldstrafe, bei Abs. 2 Freiheitsstrafe bis zu 1 Jahr oder Geldstrafe. Anders als bei §§ 284, 285, 286 kommt eine **Einziehung** hier
lediglich nach den allg. Regeln der §§ 74 ff. in Betracht. Daher scheidet eine Einziehung des aus der
Lotterie oder Ausspielung gewonnenen Geldes aus, weil dadurch lediglich erlangt und nicht hervorgebracht (dazu § 74 RN 8), grds. aus (BGH 1 StR 643/76 v. 18. 1. 1977, v. Bubnoff LK 21). Einem
Verfall nach § 73 dürften regelmäßig die zivilrechtlichen Ersatzansprüche der Geschädigten entgegenstehen (vgl. § 73 RN 25).

23 **VIII. Idealkonkurrenz** ist möglich mit § 263 (näher v. Bubnoff LK 20, auch zur GewO), ferner
mit §§ 17, 23 RennwLottG (KG HRR **25** Nr. 1397). Gegenüber den Bußgeldtatbeständen der
ZugabeVO geht § 287 vor (§ 21 OWiG). Gegenüber § 284 geht § 287 als spezieller vor (Braunschweig NJW **54**, 1778; and. Hoyer SK 14 [Tatbestandsausschluß]). Für das Verhältnis zu § 144 I
Nr. 1 d GewO gilt § 21 OWiG.

§ 288 Vereiteln der Zwangsvollstreckung

(1) **Wer bei einer ihm drohenden Zwangsvollstreckung in der Absicht, die Befriedigung
des Gläubigers zu vereiteln, Bestandteile seines Vermögens veräußert oder beiseite schafft,
wird mit Freiheitsstrafe bis zu zwei Jahren oder mit Geldstrafe bestraft.**

(2) **Die Tat wird nur auf Antrag verfolgt.**

Schrifttum: *Berghaus,* Der strafrechtl. Schutz der Zwangsvollstreckung, 1967. – *Bruns,* Gläubigerschutz gegen Vollstreckungsvereitelung, ZStW 53, 457. – *Eckels,* Tätige Reue bei Vollstreckungsver-

eitelung?, NJW 55, 1827. – *Gehrig,* Der Absichtsbegriff in den Straftatbeständen des Bes. Teils des StGB, 1986. – *Geppert,* Vollstreckungsvereitelung u. Pfandkehr, Jura 87, 427. – *Haas,* Beiseiteschaffen von Forderungen, wistra 89, 259. – *ders.,* Der strafrechtl. Schutz der Zwangsvollstreckung (usw.), JR 91, 272. – *ders.,* Vereiteln der Zwangsvollstreckung durch Betrug und Unterschlagung, GA 96, 117. – *Laubenthal,* Einheitl. Wegnahmebegriff im StrafR?, JA 90, 38. – *Otto,* Die neue Rspr. zu den Vermögensdelikten, JZ 85, 21. – *ders.,* Der Wegnahmebegriff in §§ 242, 289, 168, 274 I Nr. 3 StGB, § 17 II Nr. 1c UWG, Jura 92, 666. – *Ottow,* Zur Frage des strafbefreienden Rücktritts vom beendeten Versuch bei Vollstreckungsvereitelung, NJW 55, 1546. – *Schöne,* Das Vereiteln von Gläubigerrechten, JZ 73, 446. – *Umhauer,* Das strafbare Vereiteln der Zwangsvollstreckung in Forderungen, ZStW 35, 208. – *Wach,* § 288 StGB, VDB VIII 55.

I. Der Tatbestand der **Vollstreckungsvereitelung** dient dem Schutz des Einzelgläubigers in seinem sachlich begründeten und vollstreckungsfähigen **Recht auf Befriedigung aus dem Schuldnervermögen** (RG 71 230, BGH 16 334, NJW 91, 2420, MG-Bieneck 2178, W-Hillenkamp 446). Der Vollstreckungsvereitelung ist dem *Verstrickungsbruch* (§ 136) äußerlich ähnlich, jedoch schützen beide unterschiedliche Rechtsgüter: In § 136 ist es das durch die Pfändung oder die Beschlagnahme entstandene *öffentlich-rechtliche Gewaltverhältnis* (§ 136 RN 3), bei § 288 geht es um die Befriedigungsinteressen des *Gläubigers* (vgl. Bruns aaO 468). Daher ist zwischen beiden Tatbeständen Idealkonkurrenz möglich. § 288 betrifft nur die *Einzelvollstreckung;* für die *Gesamtvollstreckung* (Insolvenz) enthält § 283 eine entsprechende Vorschrift (vgl. dort RN 1), wobei jedoch ua das Vermögen sämtlicher Gläubiger geschützt wird. Dessen Grundsätze können für die Auslegung von § 288 uU entsprechend herangezogen werden (Braunschweig HESt 2 333, Schäfer LK 3). 1 2 3

II. Für den **objektiven Tatbestand** ist erforderlich, daß der Täter bei einer ihm drohenden Zwangsvollstreckung Bestandteile seines Vermögens veräußert oder beiseite schafft. 4

1. Unter **Zwangsvollstreckung** ist die durch staatliche (auch ausländische) Organe erfolgende zwangsweise Verwirklichung eines Anspruchs zu verstehen. Es macht keinen Unterschied, ob der Gerichtsvollzieher, ein Gericht oder eine Verwaltungsbehörde die Vollstreckung durchzuführen hat. Es ist ferner unerheblich, ob der Anspruch privatrechtlicher oder öffentlich-rechtlicher Art ist, ob auf Zahlung einer Geldsumme, auf Herausgabe von Sachen (vgl. dazu Haas JR 91, 272 f.) oder auf ein Dulden gerichtet ist (Schäfer LK 4; and. Berghaus aaO 102). Erforderlich ist aber, daß der Anspruch einen vermögensrechtlichen Gehalt hat (Lackner/Kühl 2). Dagegen kommt hier die Vereitelung der Vollstreckung einer Geldstrafe, eines Zwangsgelds (LG Bielefeld NStZ 92, 284) oder Einziehung nicht in Betracht (Hoyer SK 8), wohl aber hins. Verfahrenskosten (Tröndle/Fischer 2). Zwangsvollstreckung ist auch die *Zwangsverwaltung.* Die *Vollziehung eines Arrestes* mag zwar als solche keine Zwangsvollstreckung sein. Da sie jedoch nach § 916 ZPO der Sicherung eines Geldanspruchs dient, begründet der Arrest zumindest eine *drohende* Zwangsvollstreckung (vgl. RG 26 10, MG-Bieneck 2179, Tröndle/Fischer 3, Schäfer LK 5, Frank II 1). 5 6

2. Ferner muß der Zwangsvollstreckung ein effektiv bestehender **Anspruch** zugrundeliegen (RG 13 292, JW 37, 1336, Hamm NJW 56, 194, Berghaus aaO 98, Bruns Lent-FS 148, Geppert Jura 87, 428, Krey II 156, Lackner/Kühl 2; and. wohl Hoyer SK 6 f., aber auch 3). Die gegenteilige Auffassung entspricht nicht der Funktion des § 288, der den materiell begründeten Anspruch, nicht dagegen die Durchsetzung seiner autoritativen richterlichen Feststellung schützen soll (Krey II 127). Daher findet § 288 keine Anwendung, wenn die Zwangsvollstreckung aus einem vorläufig vollstreckbaren, jedoch in der Rechtsmittelinstanz aufgehobenen Urteil vereitelt worden ist (vgl. Tröndle/Fischer 2). Entsprechend § 170 b (vgl. dort RN 11 ff.) obliegt auch hier das Bestehen eines Anspruches ohne Rücksicht auf ein den Anspruch bejahendes Zivilurteil der **Prüfung des Strafrichters** (Bay 52 224, Bruns Lent-FS 148); ist der Anspruch dagegen rechtskräftig abgewiesen, so scheidet § 288 aus. 7

Es muß der zu vollstreckende **Anspruch bereits entstanden** sein; es genügt nicht, daß er erst künftig entstehen wird. Anders ist dies jedoch, wenn der künftige Anspruch sicher entstehen wird und bereits so konkretisiert ist, daß er auch im Zivilrecht einem bestehenden Anspruch gleichgestellt werden kann; in diesen Fällen wird aber die Zwangsvollstreckung idR nicht unmittelbar bevorstehen. Hinsichtlich der Unterhaltsansprüche noch nicht geborener Kinder besteht bereits eine als Vermögensrecht anzusehende Anwartschaft, so daß auf die Vereitelung derartiger Ansprüche § 288 anwendbar ist (Kohlrausch/Lange III; and. RG 44 252, Hoyer SK 19, Schäfer LK 6, Tröndle/Fischer 2). Zu Ansprüchen nach §§ 3, 7, 9 AnfechtG vgl. RG 63 341. Nicht notwendig ist die Fälligkeit des Anspruchs; ein aufschiebend bedingter Anspruch genügt (RG JW 34, 369 m. Anm. H. Mayer). Der prozessuale Kostenerstattungsanspruch entsteht mit der Rechtshängigkeit, aufschiebend bedingt durch den Erlaß eines die Gegenpartei in die Kosten verurteilenden Erkenntnisses (vgl. Schellhammer, Zivilprozeß[6] 348, Schäfer LK 9, zust. MG-Bieneck 2179). 8

Ferner muß der **Anspruch durchsetzbar** sein, so daß seine gerichtliche Geltendmachung zu einer Zwangsvollstreckung gegen den Schuldner führen könnte. Daher droht die Zwangsvollstreckung nicht, wenn es sich um anfechtbare oder verjährte oder sonst um Ansprüche handelt, bei denen feststeht, daß ihnen der Schuldner eine dauerhafte Einrede entgegensetzen kann (zust. Hoyer SK 9, vgl. Schäfer LK 6 f.). Dabei kann nicht (entgegen RG 13 293) eine Unterscheidung zwischen Nichtigkeits- und Anfechtungsgründen gemacht werden. Hat der Schuldner vor der Handlung des § 288 die Anfechtung erklärt, so würde diese, falls sie durchgreift, zur Nichtigkeit ex tunc führen und § 288 daher auch nach RG aaO keine Anwendung finden. Nichts anderes kann aber gelten, wenn der 9

Täter vor der Anfechtungserklärung die Handlung des § 288 vornimmt. Ist zweifelhaft, ob dies vom Gericht anerkannt werden würde, so ist § 288 jedenfalls dann anwendbar, wenn der Schuldner „für alle Fälle" sein Vermögen beiseite schafft und die Anfechtung nicht durchgreift.

10   3. Die Zwangsvollstreckung ist **drohend,** sobald nach den Umständen des Falles anzunehmen ist, daß der Gläubiger den Willen hat, seinen Anspruch demnächst zwangsweise durchzusetzen (vgl. BGH MDR/H 77, 638, Hoyer SK 9 f., Tiedemann NJW 77, 781). Dazu ist nicht erforderlich, daß sein Wille bereits unbedingt auf Durchführung der Zwangsvollstreckung gerichtet ist; wohl aber kann nicht genügen, daß sich eine Maßnahme nur als „Schreckschuß" darstellt, zB der Gläubiger mit
11 Klageerhebung droht, um den Schuldner zur freiwilligen Leistung zu veranlassen. Im übrigen ist für das Drohen der Zwangsvollstreckung weder erforderlich, daß die Vollstreckungsvoraussetzungen bereits vorliegen, noch daß der Gläubiger irgendwelche gerichtlichen Schritte unternommen hat (RG 23 221, 24 239, JW 31, 2134). Auch ein Wechselprotest kann daher das Drohen der Zwangsvollstreckung anzeigen (vgl. RG LZ 32, 1071, MG-Bieneck 2179). Zum Drohen der Zwangsvollstreckung bei Vorliegen eines Anfechtungsanspruchs vgl. RG 63 342.
12   Auch eine **bereits begonnene Zwangsvollstreckung** droht so lange, als noch nicht alle Vollstreckungsmaßnahmen abgeschlossen sind (RG 17 44, 35 63), also auch dann noch, wenn Pfändung und Überweisung einer Hypothekenforderung bereits erfolgt sind und nur noch der Hypothekenbrief wegzunehmen ist (RG GA Bd. 55 115), oder wenn eine Sache gepfändet, aber noch nicht versteigert ist (vgl. Tröndle/Fischer 4). Entsprechendes gilt auch, wenn eine einzelne Vollstreckungsmaßnahme beendet ist, jedoch nicht zur vollen Befriedigung geführt hat (Schäfer LK 13).
13   4. Die **Tathandlung** besteht darin, daß der Täter Bestandteile seines Vermögens veräußert oder beiseite schafft.
14   a) **Bestandteile des Vermögens** sind alle pfändbaren Rechte und Sachen, uU auch der Besitz fremder Sachen (RG 61 408, BGH GA 65, 310), soweit die Vollstreckung in sie zulässig ist, wie zB bei der Geldvollstreckung des Vorbehaltsverkäufers gegen den -käufer (BGH 16 330). Auch unpfändbare Gegenstände kommen in Betracht, soweit die Vollstreckung nicht wegen einer Geldforderung erfolgt (zust. Hoyer SK 12). Bloß tatsächliche oder wirtschaftliche Positionen gehören nicht zum pfändbaren Vermögen. Nicht Vermögensbestandteil sind ferner die Persönlichkeitsrechte. Bedingte oder betagte Forderungen sind pfändbar und daher auch Vermögensbestandteile iSd § 288. Künftige Forderungen sind pfändbar, wenn zwischen Schuldner und Drittschuldner ein Rechtsverhältnis besteht, aus dem sich genügend bestimmt bezeichnete oder bestimmte künftige Ansprüche des Schuldners ergeben (RGZ 134 227, 135 141); näher Baur/Stürner[11], Zwangsvollstreckungs-, Konkurs- und Vergleichsrecht (1983) 207. Ein Grundstück scheidet als Gegenstand der Zwangsvollstreckung nicht schon deshalb aus, weil die Belastung den geschätzten Versteigerungswert erreicht (RG JW 32, 3625). Zum Vermögen des Schuldners gehören nicht die Gegenstände, die wirtschaftlich einem anderen zukommen, zB eine Forderung, die ihm nur zur Einziehung abgetreten ist (RG 72 254); vgl. über Treuhandverhältnisse weiter Braunschweig HE 2 333. Keine Bestandteile des Vermögens sind die Geschäftsbücher (RG HRR 36 Nr. 456).
15   b) **Veräußerung** bedeutet jede Verfügung, durch die ein den Gläubigern haftendes Vermögensstück durch Rechtsgeschäft aus dem Vermögen des Schuldners ausgeschieden wird. In Betracht kommen zB Übereignung oder Verpfändung von Sachen, die Belastung von Grundstücken mit Rechten Dritter (RG 66 131, Hoyer SK 14; and. hins. Verpfändung, Einziehung u. Belastung, Haas aaO 260), die Bewilligung einer Vormerkung auf Übereignung eines Grundstücks (RG 59 315), während bei Einziehung oder Abtretung einer Forderung, sofern es nicht ohnehin an einer Vereitelungsabsicht fehlen wird oder von Rechtfertigung durch mutmaßliche Einwilligung auszugehen ist, nicht schon ohne weiteres in deren Ausscheiden aus dem Vermögen des Schuldners, sondern erst in der Nichterlangung oder Beiseiteschaffung des Surrogats eine tatbestandsrelevante Veräußerung zu erblicken sein wird (and. 24. A.). Nur obligatorische Geschäfte (Abschluß eines Kaufvertrages, RG 32 21, 38 231) sind keine Veräußerung, ebensowenig das Vermieten oder Verpachten (zust. Hoyer SK 13; vgl. jedoch RG 6 100). Auch in der Unterlassung eines die Pfändungsfreigrenze übersteigenden Arbeitserwerbs kann keine Veräußerung gesehen werden. Die Ausschlagung einer Erbschaft beseitigt zwar eine Rechtsposition, die pfändbar ist und deshalb den Gläubigern haften würde; sofern jedoch darin überhaupt eine Veräußerung iSv § 288 zu sehen ist, ist sie als gerechtfertigt anzusehen, da die Entscheidung über die Annahme der Erbschaft in das freie Belieben des Erben gestellt sein soll (iE ebso Kohlrausch/Lange V, Schäfer LK 24; and. RG JW 02, 519; vgl. auch Soergel-Stein BGB[12] 4 vor u. 7 zu § 1942). Zum Veräußern unter Ehepartnern s. Schwarz DNotZ 95, 115. Wird das veräußerte Vermögensstück durch einen gleichzeitig zufließenden Wert kompensiert, so fällt dies bei Geldforderungen (and. bei Ansprüchen auf Herausgabe von Sachen [Haas JR 91, 271 f.]) nicht unter § 288 (RG 66 131, 71 230), und zwar selbst dann nicht, wenn er die Gegenleistung verschleudern will, dies aber noch nicht getan hat (Hoyer SK 14; weitergeh. BGH NJW 53, 1152, Schäfer LK 20). War dagegen die veräußerte Sache bereits gepfändet, so liegt Vollstreckungsvereitelung vor, da dem Gläubiger eine sicherere (Pfandrechts-)Position genommen wird (Schäfer LK 22).
16   Beruhte die Verfügung auf einer fälligen Verbindlichkeit des Täters, so liegt keine „Veräußerung" iSv § 288 vor. Die Regeln des § 283 c gelten hier entsprechend (vgl. dort RN 2 ff.). Bei sog. **kongruenter Deckung** ist daher bereits die Tatbestandsmäßigkeit zu verneinen: § 288 ist nicht gegeben, wenn der Schuldner einen Gläubiger befriedigt, der die Befriedigung zu dieser Zeit und in

dieser Art zu beanspruchen hat (RG **71** 231, Bay **52**, 225, Braunschweig HE **2** 333, Bruns aaO 489 f., Schäfer LK 24).

c) **Beiseiteschaffen** bedeutet zunächst jede räumliche Entfernung der Sache, so daß sie der Zwangsvollstreckung tatsächlich entzogen wird. Dies kann zB durch Verstecken geschehen (RG **35** 63, BGH GA **65**, 310) oder durch Unterbringung an einer Stelle, an der sie der Gläubiger nicht vermutet (RG DJ **34**, 450), nicht jedoch in der vorzeitigen Einziehung einer Forderung (vgl. Schäfer LK 25, Haas aaO 260; and. RG **9** 232, **19** 27). Bei fehlendem Gegenwert liegt hierin aber eine Veräußerung der Forderung (o. 15). Dem aus Opfersicht naheliegenden Schutzzweck, auch das Zerstören einer Sache (so RG **19** 25, **27** 123) oder deren Beschädigung in einer Weise, daß dadurch ihre Verwertbarkeit für die Zwangsvollstreckung beeinträchtigt ist, zu erfassen, dürfte entgegenstehen, daß das (bloße) Beiseiteschaffen von der Fortexistenz der Sache ausgeht, wie im übrigen auch durch besondere Nennung des Zerstörens und Beschädigens (neben dem Beseitigen) in § 283 belegt (iE ebso Hoyer SK 15, Schäfer LK 26, beschränkt auf bloßes Beschädigen Tröndle/Fischer 10, W-Hillenkamp 451; vgl. auch RG **27** 123, **42** 62; Bruns aaO 45 f.; and. Otto II 209 u. 24. A.). Auch im bloßen Gebrauch, selbst wenn zu einer Wertminderung führend, liegt kein Beiseiteschaffen. Hingegen kann in einer unentgeltlichen Überlassung des Gebrauchs von Sachen, die Nutzungen abwerfen, ein Beiseiteschaffen liegen (and. Schäfer LK 26).

III. 1. Für den **subjektiven Tatbestand** ist zunächst **Vorsatz** erforderlich: Der Täter muß wissen, daß ein bestimmter Gläubiger seine Befriedigung im Wege der Zwangsvollstreckung herbeiführen will. Wendet der Täter die Sache einem Gläubiger zu, so muß er wissen, daß er eine Sicherung oder Befriedigung gewährt, auf die in der Art und zu der Zeit kein Rechtsanspruch besteht (inkongruente Deckung; s. o. 16); insoweit genügt bedingter Vorsatz (Braunschweig HE **2** 334). Am Vorsatz fehlt es daher, wenn der Täter sich zur Handlung zivilrechtlich für verpflichtet hielt (Tatbestandsirrtum; vgl. RG **56** 171, JW **30**, 2537, Schäfer LK 34; and. Tröndle/Fischer 11: Verbotsirrtum).

2. Weiter erfordert das Gesetz die **Absicht, die Befriedigung des Gläubigers zu vereiteln**. Unter *Absicht* ist hier der direkte Vorsatz unter Ausschluß des bedingten zu verstehen (RG **27** 241, Gehrig aaO 105 f., M-Schroeder I 548, Schäfer LK 36; and. Hoyer SK 17); es genügt also, daß der Täter die Benachteiligung des Gläubigers als sichere Nebenfolge voraussieht (W-Hillenkamp 453). Die Absicht muß darauf gerichtet sein, die *Befriedigung* des Gläubigers – auch nur zeitweilig (Bay **52**, 224) – zu *vereiteln*. Nicht ausreichend ist daher bei der Zwangsvollstreckung wegen Geldforderungen die Absicht, eine bestimmte Vollstreckungsmaßregel zu hindern oder ein bestimmtes Vermögensstück dem Zugriff des Gläubigers zu entziehen, sofern noch andere Vermögensstücke vorhanden sind, die für die Befriedigung des Gläubigers ausreichen (RG **8** 52, RG JW **30**, 2536, Krey II 157); vgl. jedoch o. 15. Dagegen macht sich der Schuldner bei drohender Zwangsvollstreckung wegen Herausgabe einer bestimmten Sache bereits nach § 288 strafbar, wenn er mit dem Beiseiteschaffen die Herausgabe dieser Sache vereiteln will. *Gläubiger* ist, wer zZ der Tat einen begründeten Anspruch gegen den Täter hat (RG JW **26**, 1198 m. Anm. Oetker); vgl. dazu o. 7 ff.

IV. Die Tat ist **vollendet** mit der Veräußerung oder dem Beiseiteschaffen; darauf, ob tatsächlich die Befriedigung des Gläubigers vereitelt wird, kommt es nicht an (RG JW **32**, 3625). Bis zur tatsächlichen Beendigung (zB Verbergen der Sache beim Verwahrer) ist Teilnahme möglich, es kann jedoch auch Begünstigung vorliegen; jedoch geht in diesem Falle die Teilnahme vor (vgl. § 257 RN 8).

V. **Täter** kann nach dem Wortlaut des Gesetzes nur der sein, dem die Zwangsvollstreckung droht, dh der **Vollstreckungsschuldner**. Das ist jeder, der aus einem rechtlichen Grunde verpflichtet ist, die Vollstreckung zu dulden, auch wenn er, wie zB der Hintermann eines Strohmannes, prozessual als Vollstreckungsschuldner nicht in Erscheinung tritt. Erfolgt die vollstreckungsvereitelnde Handlung (mit Einwilligung oder zugunsten des Schuldners) durch einen Dritten, so kommt Strafbarkeit nach § 288 nur in Betracht, wenn die Vereitelung auch dem Schuldner aufgrund mittelbarer Täterschaft zurechenbar ist (vgl. Geppert aaO 430 f., Herzberg JuS 74, 377 f., Krey II 157 f., Schäfer LK 29, W-Hillenkamp 452; aber auch Roxin TuT 360 ff., 651 ff.; vgl. o. § 25 RN 15 f.). Nach § 14 kommen als Täter auch vertretungsberechtigte Organe einer Personenhandelsgesellschaft sowie Amtsverwalter (vgl. § 14 RN 41) und in gewissem Umfang auch gewillkürte Vertreter (vgl. § 14 RN 27 ff.) in Betracht.

Teilnahme ist nach gewöhnlichen Grundsätzen möglich; auch der Empfänger der Sache kann als Gehilfe strafbar sein (RG **20** 215; diff. Gropp, Sonderbeteiligung aaO 323 f.); Vereitelungsabsicht braucht er nicht zu haben (RG JW **30**, 2537). Die Strafe des Teilnehmers ist aber nicht gem. § 28 I zu mildern (tatbezogenes Merkmal; vgl. § 28 RN 18, Lackner/Kühl 7, M-Schroeder I 549, Otto II 210, iE auch Herzberg ZStW 88, 111; and. Hoyer SK 11, Tröndle/Fischer 14).

VI. **Idealkonkurrenz** ist mit § 136 möglich, wenn die Zwangsvollstreckung bereits begonnen hat (RG **17** 44; vgl. o. 3), ferner mit § 246 (RG **61** 410, BGH GA **65**, 309; and. Haas JR 91, 271 f., diff. in GA 96, 117) oder mit § 283 c (RG **20** 215). § 263 kann straflose Nachtat gegenüber § 288 sein (Schäfer LK 39; vgl. Haas GA 96, 119).

VII. Die **Verfolgung** tritt nur **auf Antrag** des Gläubigers ein (Abs. 2 iVm § 77 I). Antragsberechtigt ist der Gläubiger, von dem die Zwangsvollstreckung drohte, dessen Befriedigung also vereitelt werden sollte (RG **17** 45). Erforderlich ist, daß der Antragsteller zZ der Tat einen sachlich begründeten Anspruch gegen den Täter hat (vgl. RG JW **37**, 1336). Fällt der Gläubiger in Insolvenz, dann besteht sein Antragsrecht neben dem des Insolvenzverwalters fort (RG **23** 222, **33** 435, **35** 149).

§ 289 Pfandkehr

(1) **Wer seine eigene bewegliche Sache oder eine fremde bewegliche Sache zugunsten des Eigentümers derselben dem Nutznießer, Pfandgläubiger oder demjenigen, welchem an der Sache ein Gebrauchs- oder Zurückbehaltungsrecht zusteht, in rechtswidriger Absicht wegnimmt, wird mit Freiheitsstrafe bis zu drei Jahren oder mi4 Geldstrafe bestraft.**

(2) Der Versuch ist strafbar.

(3) Die Tat wird nur auf Antrag verfolgt.

Schrifttum: Vgl. die Angaben zu § 288.

1 I. Die Vorschrift dient dem Schutz **privater Pfand- und Besitzrechte** oder ähnlicher Berechtigungen gegen eigenmächtige Wegnahme (vgl. RG 17 358, Hoyer SK 1, M-Schroeder I 400).

2 II. **Tatobjekt** ist eine bewegliche Sache, an der ein Nutznießungs-, Pfand-, Gebrauchs- oder Zurückbehaltungs%cht besteht. Eigene und fremde Sachen sind gleichgestellt.

3 1. Zu den **Nutznießungsrechten** gehören zB das Nießbrauchsrecht nach §§ 1030 ff. BGB, das Nutzungsrecht der Eltern am Kindesvermögen nach § 1649 II BGB. Unerheblich ist, ob das Recht durch Gesetz, Vertrag oder letztwillige Verfügung begründet worden ist.

4 2. An **Pfandrechten** kommen vertragsmäßige sowie gesetzliche Pfandrechte in Betracht, zB das Unternehmerpfandrecht nach § 647 BGB (Düsseldorf NJW 89, 116), uU auch das gesetzliche Pfandrecht des Vermieters (§§ 559ff. BGB, RG HRR 41 Nr. 739, Bay NJW 81, 1745; vgl. jedoch u. 8) sowie des Verpächters (§§ 581 II, 585 BGB); auch Pfändungspfandrechte gehören hierher (Baumann NJW 56, 1866, Hoyer SK 4, Krey II 154; and. Berghaus aaO 96, Lackner/Kühl 1), soweit die Sachen nicht im Gewahrsam des Schuldners bleiben (vgl. auch Schäfer LK 4). Fehlt es an einer zu sichernden Forderung, so findet § 289 keine Anwendung. Gesetzliche Pfandrechte entstehen nicht an unpfändbaren Gegenständen. Dagegen können vertragliche Pfandrechte an solchen Gegenständen begründet und durch § 289 geschützt werden (M-Schroeder I 400). Zum Pfandrecht nach dem PachtkreditG v. 5. 8. 51 (geänd. durch Ges. v. 8. 11. 85, BGBl. I 2065) vgl. Sichtermann GA 59, 238.

5 3. Bei den **Gebrauchsrechten** macht es keinen Unterschied, ob es sich um dingliche oder persönliche Rechte, um privatrechtliche oder öffentlich-rechtliche, um gesetzliche oder vertragsmäßige Rechte handelt; zB gehören auch die obligatorischen Gebrauchsrechte des Mieters oder Entleihers hierher (RG 17 360, Hoyer SK 6).

6 4. Auch hinsichtlich der **Zurückbehaltungsrechte** macht es keinen Unterschied, ob sie auf Gesetz (§§ 273, 1000 BGB, §§ 369ff. HGB) oder auf Vertrag beruhen, ob sie dinglicher oder obligatorischer Natur sind. Dagegen ist ein vertragsmäßiges Zurückbehaltungsrecht des Vermieters an unpfändbaren Sachen unzulässig und daher auch nicht von § 289 gedeckt (Schäfer LK 7, Tröndle/Fischer 1; and. RG 63 209, M-Schroeder I 400, hier 24. A.). Über das Zurückbehaltungsrecht des Vorbehaltskäufers nach Rücktritt des -verkäufers vgl. Braunschweig NJW 61, 1274.

7 5. Das **Anwartschaftsrecht beim Kauf unter Eigentumsvorbehalt** wird im Gesetz nicht ausdrücklich genannt; es wird jedoch zumindest als Gebrauchsrecht geschützt. Das gleiche gilt vom Gebrauchsrecht des Sicherungsgebers bei der Sicherungsübereignung (Schäfer LK 5).

8 III. Die **Tathandlung** besteht im **Wegnehmen**. Dies versteht die hM nicht iSd § 242, sondern nimmt eine Wegnahme schon dann an, wenn die Sache dem tatsächlichen Machtbereich eines anderen so entzogen wird, daß diesem die Ausübung der genannten Rechte unmöglich gemacht wird (Bay NJW 81, 1746 m. Anm. Otto JR 82, 32, Geppert Jura 87, 433 f., Schäfer LK 8ff., Tröndle/Fischer 2, W-Hillenkamp 442). Dieser Auslegung kann nicht gefolgt werden; die gegenüber den §§ 288, 136 erhöhte Strafe ist nur damit zu erklären, daß der Täter fremden Gewahrsam bricht. Wegnahme ist daher auch hier als *Gewahrsamsbruch* zu verstehen (Arzt/Weber III 106, Hoyer SK 10; iE wie hier auch Bohnert JuS 82, 256ff., Laubenthal JA 90, 40ff., M-Schroeder I 400, Otto Jura 92, 667). Der Inhaber besitzloser Pfandrechte (Vermieter-, Verpächterpfandrecht) genießt somit nur den allg. Schutz des § 288 (vgl. Otto JZ 85, 27); and. die Rspr., die beim sog. „Rücken" des Mieters Pfandkehr annimmt (RG 38 174; vgl. auch BGH 32 92 m. Anm. Otto JZ 84, 145). Die Wegnahme kann, da ein Dritter „zugunsten" des Eigentümers handeln muß, auch nicht durch Zerstören oder Beschädigen begangen werden (RG 15 434, Schäfer LK 15).

9/10 IV. Für den **subjektiven Tatbestand** verlangt das Gesetz **rechtswidrige Absicht,** nämlich den zielgerichteten Willen (vgl. § 15 RN 65) des Täters, unter Vereitelung des fremden Rechts die eigene uneingeschränkte Verfügungsmöglichkeit endgültig wiederherzustellen; bedingter Vorsatz genügt nicht (Gehrig aaO 109f.; and. bezüglich des Merkmals „rechtswidrig" Braunschweig NJW 61, 1274, Hoyer SK 13, Schäfer LK 23). Die richtige rechtliche Einordnung des fremden Rechts ist allerdings nicht erforderlich; ausreichend ist das Bewußtsein, daß überhaupt ein fremdes Sicherungsrecht etc. besteht (Düsseldorf NJW 89, 116). Ist der Täter nicht selbst der Eigentümer, dann muß er die Sache zugunsten des Eigentümers wegnehmen (vgl. RG JW 31, 542). Das ist einmal dann der Fall, wenn er dem Eigentümer den unmittelbaren Besitz verschaffen will, aber auch dann, wenn er im Einverständnis mit dem Eigentümer die Sache zu eigenem Gebrauch wegnimmt (vgl. RG 7 325, Schäfer LK 18).

V. Der **Versuch** ist strafbar (Abs. 2). Über Fälle versuchter Wegnahme vgl. § 242 RN 68. **11**

VI. **Täter** kann der Eigentümer oder auch ein Dritter sein, sofern er nur die Sache zugunsten des **12** Eigentümers wegnimmt (vgl. o. 10). § 28 findet keine Anwendung (W-Hillenkamp 444; and. Herzberg ZStW 88, 88).

VII. **Idealkonkurrenz** ist möglich mit § 223 (RG **13** 403), § 240 und § 288 (Tröndle/Fischer 7), **13** nach RG **25** 436 auch mit §§ 253, 255: Wenn jedoch § 253 eine Vermögensverfügung voraussetzt (vgl. § 253 RN 8), kommt regelmäßig eine Konkurrenz nicht in Betracht, da die Verfügung die Wegnahme ausschließt. Nimmt der Täter etwa mit Gewalt weg, so liegt dagegen Tateinheit mit § 240 vor. Entsprechendes gilt für den Betrug (and. RG HRR **41** Nr. 739).

VIII. Die Verfolgung setzt einen **Strafantrag** voraus (Abs. 3). Antragsberechtigt ist derjenige, **14** dessen Recht durch die Wegnahme vereitelt worden ist oder vereitelt werden sollte. Vgl. im einzelnen §§ 77 ff.

IX. Die in Abs. 4 aF vorgesehene **Straflosigkeit** des Ehegatten bzw. Verwandten absteigender **15** Linie wurde ebenso wie bei § 247 durch Art. 19 Nr. 153 EGStGB ersatzlos **gestrichen**.

§ 290 Unbefugter Gebrauch von Pfandsachen

Öffentliche Pfandleiher, welche die von ihnen in Pfand genommenen Gegenstände unbefugt in Gebrauch nehmen, werden mit Freiheitsstrafe bis zu einem Jahr oder mit Geldstrafe bestraft.

I. Die Bestimmung bedroht einen Fall der **Gebrauchsanmaßung** mit Strafe. **1**

II. **Öffentliche Pfandleiher** sind Personen, deren Geschäft allgemein zugänglich ist. Es kommt **2** nicht darauf an, ob der Pfandleiher eine Konzession hat (RG **8** 253, 270). Vgl. § 34 GewO und die PfandleiherVO idF v. 1. 6. 1976 (BGBl. I 1334; III 7104–1), letzte ÄndVO v. 7. 11. 1990 (BGBl. I 2476).

III. **Gebrauch** ist nicht nur eine körperliche Benutzung der Sache, sondern auch eine Weiter- **3** verpfändung in der Absicht, das Pfand wiedereinzulösen (RG **8** 271, Tröndle/Fischer 2). Zur Sicherungsübereignung vgl. § 246 RN 17. Eignet sich der Täter die Gegenstände zu, so kommt nur § 246 in Betracht (RG **15** 147). **Unbefugt** ist jeder Gebrauch ohne Einwilligung des Verpfänders. Über die Ingebrauchnahme vgl. § 248 b RN 4 a ff.

IV. Für den **subjektiven Tatbestand** ist **Vorsatz** erforderlich. **4**

§ 291 Wucher

(1) Wer die Zwangslage, die Unerfahrenheit, den Mangel an Urteilsvermögen oder die erhebliche Willensschwäche eines anderen dadurch ausbeutet, daß er sich oder einem Dritten
1. für die Vermietung von Räumen zum Wohnen oder damit verbundene Nebenleistungen,
2. für die Gewährung eines Kredits,
3. für eine sonstige Leistung oder
4. für die Vermittlung einer der vorbezeichneten Leistungen
Vermögensvorteile versprechen oder gewähren läßt, die in einem auffälligen Mißverhältnis zu der Leistung oder deren Vermittlung stehen, wird mit Freiheitsstrafe bis zu drei Jahren oder mit Geldstrafe bestraft. Wirken mehrere Personen als Leistende, Vermittler oder in anderer Weise mit und ergibt sich dadurch ein auffälliges Mißverhältnis zwischen sämtlichen Vermögensvorteilen und sämtlichen Gegenleistungen, so gilt Satz 1 für jeden, der die Zwangslage oder sonstige Schwäche des anderen für sich oder einen Dritten zur Erzielung eines übermäßigen Vermögensvorteils ausnutzt.

(2) In besonders schweren Fällen ist die Strafe Freiheitsstrafe von sechs Monaten bis zu zehn Jahren. Ein besonders schwerer Fall liegt in der Regel vor, wenn der Täter
1. durch die Tat den anderen in wirtschaftliche Not bringt,
2. die Tat gewerbsmäßig begeht,
3. sich durch Wechsel wucherische Vermögensvorteile versprechen läßt.

Vorbem.: Neugefaßt durch das 1. WiKG vom 29. 7. 1976, BGBl. I 2034, unnumeriert (§ 302 a aF) durch das Gesetz zur Bekämpfung der Korruption v. 13. 8. 1997, BGBl. I 2038.

Schrifttum: Bernsmann, Strafbarer Wucher, in Achenbach/Wannemacher (Hrsg.), Beraterhdb. zum Steuer- u. Wirtschaftsstrafrecht, 1998, 162. – *Heinsius,* Das Rechtsgut des Wuchers, 1997. – *Hohendorf,* Das Individualwucherstrafrecht nach dem 1. WiKG, 1982. – *Isopescul-Grecul,* Das Wucherstrafrecht, 1906. – *Kindhäuser,* Zur Struktur des Wuchertatbestandes, NStZ 94, 105. – *Kohlmann,* Wirksame strafrechtliche Bekämpfung des Kreditwuchers, 1974. – *Kühne,* „Schuldregulierung" etc., ZRP 99, 411. – *Nack,* § 302 a – ein Faraday'scher Käfig etc., MDR 81, 621. – *Nägele,* Wucher – ein arbeitsrechtl. Problem, BB 97, 2162. – *Otto*, Neue Tendenzen i. d. Interpretation der Tatbestandsmerkmale des Wuchers beim Kreditwucher, NJW 82, 2745. – *Rühle*, Das Wucherverbot – effektiver Schutz des Verbrauchers vor überhöhten Preisen?, 1978. – *Sasserath*, Die überhöhte ortsübliche Miete als Vergleichsmaßstab, NJW 72, 711. – *ders.*, Die neue Mietwuchervorschrift des § 302 f StGB, WM 72, 3. – *Scheffler*, Zum Verständnis des Wuchers gem. § 302 a, GA 92, 1. – *Schmidt-Futterer*, Die neuen Vorschriften über den Mietwucher in straf- und zivilrechtlicher Sicht, JR 72, 133. – *ders.*, Die Wuchermiete für Wohnraum nach neuem Recht, NJW 72, 135. – *Schmidt-Futterer/Blank*, Wohnraumschutzgesetze, 6. A. 1988. – *Sickenberger*, Wucher als Wirtschaftsstraftat, 1985. – *Sturm*, Die Neufassung des Wuchertatbestandes und die Grenzen des Strafrechts, JZ 77, 84. – Rechtsvergleichend: *Krässig* Mat. II BT 399.

1 I. Die Vorschrift faßt die früher in den §§ 302 a–302 f aF selbständig geregelten Formen des Kredit-, Sach- und Mietwuchers in einem Tatbestand als Leistungswucher zusammen. Ersatzlos gestrichen ist die frühere Vorschrift über Nachwucher (§ 302 c aF) mangels eines praktischen Bedürfnisses (vgl. BR-Drs. 5/75 S. 42). Das KorrBG stellte die Vorschrift unter Umnumerierung (§ 302 a aF) in den 25. Abschnitt ein.

2 **Grundgedanke der Vorschrift** ist, Verhaltensweisen zu unterbinden, die darauf gerichtet sind, Schwächesituationen bei anderen Personen wirtschaftlich auszubeuten und für Leistungen unverhältnismäßig große Vermögensvorteile zu erreichen. Geschütztes Rechtsgut ist das Vermögen (hM; s. Bernsmann aaO 165, Hoyer SK 3, Lackner/Kühl 1, Sickenberger aaO 57; vgl. auch Scheffler GA 92, 13, der die Willensfreiheit als geschütztes Rechtsgut hinzufügt; and. Kindhäuser NK 2–15 u. NStZ 94, 105, eingeh. Heinsius aaO 46 ff.: Vertragsfreiheit, Otto II 306 [vorrangig Vertrauen in Funktionieren der Wirtschaft]). Für die Tatvollendung ist jedoch eine Vermögenseinbuße beim Übervorteilten nicht erforderlich; der Wucher ist somit ein Vermögensgefährdungsdelikt (Bernsmann aaO 165, Krey II 283, Schäfer/Wolff LK 3, Tröndle/Fischer 3; and. Hoyer SK 3 ff.; M-Schroeder I 511: Vermögensverletzungsdelikt). Da die in einer Schwächesituation befindliche Einzelperson vor wirtschaftlicher Ausbeutung geschützt werden soll, erstreckt sich § 291 auf den sog. **Individualwucher** (vgl. RG **60** 225, **76** 193, BGH **11** 183). Eine scharfe Grenze zum sog. Sozialwucher, bei dem eine allgemeine Mangellage zu übermäßigen Gewinnen ausgenutzt wird und der außerhalb des StGB (vgl. §§ 3 ff. WiStG) geregelt ist, läßt sich allerdings nicht ziehen. Das trifft namentlich auf den Mietwucher zu (vgl. LG Darmstadt NJW **75**, 550, wonach insoweit auch der Sozialwucher mit umfaßt sein soll; krit. Kindhäuser NK 15). § 291 ist deswegen nicht unanwendbar, weil neben dem im Einzelfall Betroffenen zugleich ein größerer Personenkreis einer Wohnungsnot ausgesetzt ist (vgl. BGH **11** 183) und der Vermieter mithin auch von anderen Wohnungssuchenden die überhöhte Miete hätte bekommen können. Mit der Unterscheidung zwischen Individual- und Sozialwucher wird daher nur bedingt ein wirklicher Gegensatz gekennzeichnet (vgl. auch Bernsmann GA 81, 143; and. Hoyer SK 2).

3 II. Die wucherische Ausbeutung muß an eine – erbrachte oder in Aussicht gestellte – **Leistung** geknüpft sein. Von den in Betracht kommenden Leistungen sind die Wohnungsvermietung und die Kreditgewährung als bedeutsamste Fälle des Wuchers besonders herausgestellt worden. Außerdem ist zur Vermeidung von Mißverständnissen die Vermittlung von Leistungen besonders angeführt worden, obwohl auch sie eine Leistung darstellt (vgl. BR-Drs. 5/75 S. 40). Da es sich bei den herausgehobenen Arten einer Leistung nur um Beispielsfälle handelt, erübrigt sich indes eine genaue Abgrenzung von sonstigen Leistungen. Eine Abgrenzung kann dagegen zwischen einer in Aussicht gestellten Leistung und einem Übel als Kehrseite in Gestalt einer Nichtleistung erforderlich sein. Daß der Täter (uU konkludent) zum Ausdruck bringt, bei Nichterfüllen des Geforderten seinerseits nicht zu leisten, kann ihm nicht ohne weiteres als Androhen eines Übels zur Last gelegt werden, auch nicht bei einer Zwangslage des Opfers. Sonst würden Wucher und Erpressung (Nötigung) sich weitgehend überschneiden, ein Ergebnis, das schwerlich dem Gesetzessinn entspricht. Nur besondere Umstände können das zum Ausdruck gebrachte Nichtleistenwollen zu einem angedrohten Übel stempeln, wie etwa in dem Fall einer Pflicht zur Leistung. Grundsätzliches zur Abgrenzung zwischen Leistung und Übel bei Pelke, Die strafrechtl. Bedeutung der Merkmale „Übel" und „Vorteil", Diss. Münster, 1990, 167 ff.

4 1. Unter **Vermietung von Räumen zum Wohnen** (Abs. 1 Nr. 1) ist nicht nur die Begründung eines Hauptmietverhältnisses zu verstehen, sondern ebenso die Untervermietung. Auch Hotelzimmer und Urlaubsunterkünfte fallen unter Nr. 1. Unerheblich ist, ob die Räume unbeweglich oder beweglich sind, so daß auch die Vermietung von Wohnwagen, Wohnzelten oder Wohnschiffen erfaßt wird. Ferner ist ohne Bedeutung, ob die Räume an sich zum Wohnen bestimmt, zugelassen oder hierzu geeignet sind. Es kommt allein darauf an, daß ein Raum zum Wohnen vermietet wird (vgl. MG-Nack 1720). „Bruchbuden", Badezimmer, Waschküchen, Garagen, Gartenlauben oder sonstige behelfsmäßige Unterkünfte (vgl. LG Köln WoM **87**, 202: Bunkerräume) können mithin Mietwucherobjekte sein. Nr. 1 erstreckt sich dagegen nicht auf die Vermietung von Geschäftsräumen; insoweit greift aber Nr. 3 ein. Zweifelhaft kann sein, wie bei gemischt genutzten Räumen oder bei Dirnenunterkünften (vgl. Hamm NJW **72**, 1874) zu entscheiden ist; zumindest kommt Nr. 3 zum Tragen (ebso Kindhäuser NK 22).

5 Neben der Wohnungsvermietung sind die damit verbundenen **Nebenleistungen** in Nr. 1 besonders erwähnt. Hierzu gehören insb. Strom, Heizung, Wasser, Reinigung, Garage, Parkplatz, Tätig-

keit eines Hauswarts. Eingeschlossen sind auch Nebenleistungen unüblicher Art (ebso Kindhäuser NK 23).

2. Zur Gewährung eines Kredits (Abs. 1 Nr. 2) rechnen in erster Linie die Fälle des Gelddarlehens und der Stundung einer Geldforderung iSv § 302 a aF. Der Begriff des Kredits beschränkt sich indes nicht hierauf; er richtet sich vielmehr nach der in § 265 b III Nr. 2 enthaltenen Definition (Schäfer/Wolff LK 9, Tröndle/Fischer 6) und umfaßt danach auch den Akzeptkredit, den entgeltlichen Erwerb von Geldforderungen (vgl. RG **25** 315), die Diskontierung von Wechseln und Schecks und die Übernahme von Gewährleistungen (Bürgschaft, Garantie usw.). Vgl. dazu § 265 b RN 11 ff.

3. Mit sonstiger Leistung (Abs. 1 Nr. 3) ist – mit Ausnahme der in Nr. 1, 2 und 4 genannten – jede Art von Leistung gemeint, nicht nur eine wirtschaftlicher Art (vgl. Göhler Prot. 7 S. 2793 gegen § 203 AE, Kindhäuser NK 25; enger BGH **43** 59, Bernsmann aaO 166). Die Hauptfälle, mit denen die Praxis es zu tun haben wird, dürften allerdings wirtschaftliche Leistungen sein, zumal bei anderen (zB Lebensrettung, Fluchthilfe, Schlepperdienste) mangels eines Marktwertes nur schwer feststellbar ist, ob ein auffälliges Mißverhältnis zwischen Leistung und Gegenleistung vorliegt (vgl. Göhler aaO, Tiedemann Prot. 7 S. 2473). In Betracht kommen etwa Vermietungen von Sachen, die nicht bereits unter Nr. 1 fallen, namentlich von Geschäftsräumen, Garagen und Parkplätzen, die Veräußerung oder die Verpachtung von Grundstücken, die Sicherungsübereignung mit Rückvermietung (vgl. RG Recht **14** Nr. 1644), die Lieferung von Drogen, pornographischem Material, Antiquitäten, Kunstgegenständen oder Sammelobjekten, der Ausschank von Alkoholika in Nachtbars (vgl. Bay NJW **85**, 873 m. Anm. Otto JR 85, 169), ferner Dienstleistungen jeglicher Art, zB Heilbehandlung durch Ärzte oder Kurpfuscher (vgl. RG Recht **16** Nr. 1419), illegaler Schwangerschaftsabbruch (s. aber u. 18), Rechtsberatung (vgl. RG **45** 197), Tätigkeit eines Privatdetektivs (vgl. RG DR **44**, 903) sowie die Dienste von sog. „Schuldenregulierer" (dazu Kühne ZRP 99, 413). Auch Geldleistungen, soweit sie keine Kreditgewährung sind, gehören hierher, wie etwa beim Viehkauf (Viehwucher), beim Ankauf einer Erbschaft (vgl. RG Recht **15** Nr. 737), von Schmuck usw. oder bei der Bezahlung von Arbeitsleistungen (Lohnwucher BGH **43** 59 m. Anm. Bernsmann JZ 98, 631, Renzikowski JR 99, 166 u. Nägele BB 97, 2162, s. auch u. 18), etwa im Rahmen illegaler Arbeitsverhältnisse.

4. Leistung iSv § 291 ist zudem die Vermittlung einer Leistung, und zwar jeder Art von Leistung, die als solche einer wucherischen Handlung zugänglich ist (Abs. 1 Nr. 4). Die besondere Erwähnung dient der Klarstellung. Praktische Bedeutung für den Wucher kann vor allem der Kreditvermittlung, der Vermittlung von Wohnungen oder Geschäftsräumen und der Grundstücksvermittlung zukommen. Aber auch bei Vermittlung sonstiger Leistungen ist wucherische Ausbeutung denkbar, so etwa bei Vermittlung von Anstellungen. Zur wucherischen Vermittlung von Leistungen vgl. RG **29** 79, Recht **13** Nr. 1682, LZ **14**, 1567.

III. Für die Leistung (o. 3 ff.) muß der Täter sich oder einem Dritten einen in auffälligem Mißverhältnis zur Leistung stehenden **Vermögensvorteil als Gegenleistung** versprechen oder gewähren lassen.

1. Ein Vermögensvorteil ist jede günstigere Gestaltung der Vermögenslage (Hoyer SK 21; vgl. § 263 RN 167). In Geld braucht er nicht zu bestehen. Es genügen andere vermögenswerte Vorteile, zB Sach- oder Dienstleistungen (zust. Bernsmann aaO 167), auch geleistete Arbeit, sofern sich deren Erfolg wirtschaftlich zugunsten des Arbeitgebers auswirkt (BGH **43** 59). Voraussetzung ist jedoch, daß sie wertmäßig bestimmbar sind und somit ein Wertvergleich mit der Leistung möglich ist, da sich sonst nicht feststellen läßt, ob ein auffälliges Mißverhältnis zur Leistung vorliegt. Zu berücksichtigen sind auch bedingt zugesicherte Vermögensvorteile (vgl. RG **20** 286, JW 18**91**, 114). Ferner kann die Vollmacht, über fremdes Vermögen zu verfügen, einen Vermögensvorteil darstellen (Schäfer/Wolff LK 24).

2. Der Vermögensvorteil muß in einem **auffälligen Mißverhältnis zu der Leistung** oder deren Vermittlung stehen, für die er versprochen oder gewährt worden ist. Das auffällige Mißverhältnis ist von der Seite des Gläubigers her zu beurteilen, nicht von der des Opfers her (hM, BGH **43** 59 m. insoweit krit. Anm. Bernsmann JZ 98, 632 u. Renzikowski JR 99, 171). Zu vergleichen sind der Vermögensvorteil, der dem Täter oder einem Dritten zugeflossen ist oder zufließen soll, und die Leistung. Unmaßgeblich sind die Vorteile, die das Opfer mit der Leistung erlangt oder sich verspricht (vgl. E 62 Begr. 438, RG **20** 282, **39** 129, **60** 219, JW **35**, 531, BGH **43** 59, Stuttgart wistra **82**, 37, Bay NJW **85**, 873, Kindhäuser NK 23, Nägele BB 97, 2163, Schäfer/Wolff LK 25, Tröndle/Fischer 16; and. Hoyer SK 6, 42), ebensowenig ein individueller Schadenseinschlag beim Opfer auf Grund mangelnder Verwendbarkeit der gewährten Leistung (vgl. Otto JR 85, 169). Sind mehrere Leistungen miteinander verbunden, etwa eine Kreditgewährung mit dem Verkauf von Waren oder dem Abschluß eines Sicherungsvertrages (vgl. Karlsruhe JR **85**, 168 m. krit. Anm. Otto: Darlehensgewährung und Lebensversicherungsvermittlung), dann sind die Vermögensvorteile, die aus den jeweiligen Gegenleistungen hervorgehen, zusammenzurechnen und der Gesamtleistung gegenüberzustellen (vgl. RG **20** 281). Bei mehreren selbständigen Geschäften zwischen denselben Personen ist dagegen jedes Geschäft für sich zu prüfen (vgl. RG **60** 219, JW **35**, 531).

Das Mißverhältnis ist **auffällig**, wenn einem Kundigen bei Kenntnis der maßgeblichen Faktoren ohne weiteres ersichtlich ist, also sozusagen in die Augen springt, daß der ausbedungene Vermögensvorteil den Wert der Leistung in einem völlig unangemessenen Umfang übertrifft (vgl. RG HRR **40**

Nr. 835, BGH **43** 60 m. insoweit krit. Anm. Bernsmann JZ 98, 633, Bay NJW **85**, 873, Kindhäuser NK 42, MG-Nack 1718, vgl. Hoyer SK 50). Nicht erforderlich ist, daß das Mißverhältnis ohne nähere Prüfung der Sachgegebenheiten sofort erkennbar ist. Es reicht aus, wenn es, zB bei einem verschleierten Sachverhalt, erst nach einer genauen (uU mühseligen) Untersuchung offenbar wird (vgl. Stuttgart wistra **82**, 37). Für die Beurteilung des auffälligen Mißverhältnisses können sich bei den verschiedenen Wuchergeschäften Besonderheiten ergeben.

13 a) Beim **Mietwucher** (Abs. 1 Nr. 1) ist in Anlehnung an § 5 I 2 WiStG als Vergleichsmaßstab für die Beurteilung eines auffälligen Mißverhältnisses grundsätzlich die ortsübliche oder in vergleichbaren Orten übliche Miete für entsprechende Mietobjekte (Art, Größe, Ausstattung, Beschaffenheit, Lage, Alter, Nebenleistungen) heranzuziehen (BGH **30** 281, Düsseldorf GA **75**, 311, Karlsruhe NJW **97**, 3389, Köln NJW **76**, 120, LG Darmstadt NJW **72**, 1244, **75**, 549, Kindhäuser NK 48, Lackner/Kühl 4; vgl. auch Tröndle/Fischer 17; and. Sasserath NJW **72**, 1870), vorausgesetzt freilich, daß die ortsüblichen Sätze selbst nicht übersteigert sind (vgl. RG **61** 141, BGH **11** 182, LG Köln ZMR **75**, 367, Krey II 285, Schmidt-Futterer NJW **72**, 87, 135, aber auch Tröndle/Fischer 17, Sasserath NJW **72**, 711). Als Vergleichsmaßstab kommt die ortsübliche Miete in Betracht, weil sich nach ihr der Marktwert einer Wohnung bestimmt (zum Marktwert möbiliert vermieteter Wohnräume vgl. LG Köln ZMR **75**, 367). Zu berücksichtigen sind aber spezifisch marktrelevante Faktoren, so die Art der Wohnungsnutzung, etwa eine das übliche Maß übersteigende Beanspruchung, und besondere Umstände in der Person des Mieters. Ist auf Grund dieser Umstände ein besonderes Vermieterrisiko gegeben, so ist ein Zuschlag zur ortsüblichen Miete in Ansatz zu bringen. Ein solches Vermieterrisiko kann ua bei starker Abnutzung von Räumen und Einrichtungsgegenständen (vgl. BGH NJW **82**, 896), bei häufigem Wechsel der Mieter (etwa bei Soldaten, Gastarbeitern oder Wohngemeinschaften) sowie bei Mißhelligkeiten bestehen, die bei Vermietung an bestimmte Personengruppen zu befürchten sind (vgl. Köln NJW **76**, 120, LG Darmstadt NJW **72**, 1245, Kindhäuser NK 48, Schmidt-Futterer NJW **72**, 135). Bedenklich ist dagegen, generell bei Vermietung an Ausländer auf einen Zuschlag zurückzugreifen (vgl. Stuttgart NJW **82**, 1160; zu Recht krit. MG-Nack 1722) oder auf eine besondere finanzielle Leistungsfähigkeit des Mieters abzustellen (so aber BGH **11** 184; vgl. auch Karlsruhe NJW **97**, 3389, Tröndle/Fischer 17). Fraglich ist, ob und inwieweit Gestehungskosten, Amortisation, Zinsbelastungen, Höhe der Hauptmiete und ähnliche Aufwendungen des Vermieters von Bedeutung sind. Für die Bewertung der Vermieterleistung kommt es auf sie nicht an (Köln NJW **76**, 120, LG Darmstadt NJW **75**, 550; and. noch BGH **11** 184). Auch für die Beurteilung des Mißverhältnisses zwischen Vermögensvorteil und Leistung können solche Kosten nicht maßgebend sein (BGH **30** 281 m. Anm. Scheu JR 82, 474, LG Köln WoM **87**, 202; and. Lackner/Kühl 4), da sonst der Weg für Spekulationen frei wäre (Kindhäuser NK 48); hohe Kosten könnten in Hinsicht auf die Möglichkeit, durch Ausnutzen von Zwangslagen usw. noch einen Gewinn zu erzielen, ohne weiteres auf sich genommen werden (vgl. zB den von Köln NJW **76**, 120 entschiedenen Fall). Das bedeutet indes nicht, daß die genannten Kosten schlechthin unberücksichtigt zu bleiben haben. Ihnen ist vielmehr beim Merkmal der Ausbeutung Rechnung zu tragen (vgl. u. 29).

14 Zu den *Vermögensvorteilen*, die als Gegenleistung der Vermietung und etwaigen Nebenleistungen gegenüberzustellen sind, zählen vor allem die Mietzinsen, außerdem Baukostenzuschüsse, Ablösungsbeträge und ähnliche Geldzahlungen. Auch vom Mieter zu erbringende Sach- und Dienstleistungen sind den Vermögensvorteilen zuzurechnen, zB unentgeltliche oder unterbezahlte Reinigungsarbeit außerhalb des Mietbereichs, Gartenarbeit, Krankenpflege, Nachhilfeunterricht.

15 Ob ein *auffälliges Mißverhältnis* zwischen Vermögensvorteil und Leistung besteht, läßt sich nicht generell nach bestimmten Prozentsätzen bestimmen; es kommt auf die besonderen Umstände des Einzelfalles an. Im allgemeinen ist ein auffälliges Mißverhältnis indes bei Überschreitung der angemessenen Miete um 50% anzunehmen (BGH **30** 281, Düsseldorf NStZ-RR **98**, 365, Karlsruhe NJW **97**, 3389, Köln NJW **76**, 120, LG Darmstadt NJW **72**, 1244, LG Köln ZMR **75**, 367, Kindhäuser NK 48, Schäfer/Wolff LK 29; and. Sasserath NJW **72**, 712, der eine Überhöhung von 100% verlangt). Das auffällige Mißverhältnis läßt sich nicht allein auf der Grundlage eines Mietspiegels beurteilen, soweit darin der bei Einzelfall maßgebenden Faktoren (o. 13) nicht hinreichend Rechnung getragen ist (vgl. Karlsruhe NJW **97**, 3389; vgl. auch Stuttgart NJW **81**, 2365 u. Frankfurt NJW-RR **94**, 1234, s. auch AG Greifswald WoM **98**, 356; enger LG Darmstadt WoM **97**, 442, AG Bergheim WoM **98**, 36, MG-Nack 1721). Über niedrigere Sätze bei Wohnraum mit gesetzlicher Preisbindung vgl. Schmidt-Futterer JR 72, 134, Schmidt-Futterer/Blank aaO D 120.

16 b) Beim **Kreditwucher** (Abs. 1 Nr. 2) stellt das Gesetz im Unterschied zu § 302 a aF nicht mehr auf eine Überschreitung des üblichen Zinsfußes ab. Eine Bezugnahme hierauf ist wegen der Zusammenfassung der Wuchertatbestände entfallen; zudem hat der Gesetzgeber sie für bedenklich gehalten, weil der übliche Zinsfuß nur eines der Merkmale ist, nach denen sich ein auffälliges Mißverhältnis bestimmt (vgl. BR-Drs. 5/75 S. 41). Dennoch behält der übliche Zinsfuß, unter dem derjenige zu verstehen ist, der nach den Orts- und Zeitverhältnissen und nach der objektiven Natur und dem Zweck des Geschäfts sich im redlichen Verkehr als der gewöhnliche darstellt (vgl. RG **60** 218), als Vergleichsmaßstab weiterhin seine Bedeutung (vgl. dazu auch BGH NJW **89**, 1595 m. Anm. Scholz BB 90, 1658, Kindhäuser NK 49). Er ist allerdings nicht allein zu beachten. Vielmehr hat eine Gesamtbewertung aller Umstände des Einzelfalles zu erfolgen (vgl. Karlsruhe NJW **88**, 1156). Zu berücksichtigen sind insb. Laufzeit und Höhe des Kredits, Art und Wert von Sicherheiten (Pfandbestellung, Sicherungsübereignung, Bürgschaft, Lohnabtretung usw.), Größe der Verlustgefahr für den Kreditgeber (vgl. RG JW **35**, 126, Köln JMBlNW **69**, 93, Karlsruhe NJW **88**, 1156), wirtschaftlich gerechtfertigte Aufwendungen des Kreditgebers (BGH NJW **83**, 2780 m. Anm. Otto JR **84**, 252 u. Nack NStZ **84**, 23). Auf der anderen Seite sind als Vermögensvorteile sämtliche Gegenleistungen heranzuziehen, namentlich Zinsen, Kreditgebühren (LG Berlin BB **78**, 15), Bearbeitungs-, Auskunfts- und Inkassogebühren, Provisionen. Auch die Prämien für eine Restschuldversicherung sind einzubeziehen (Stuttgart wistra **82**, 37, LG Berlin BB **78**, 15, Freund NJW **77**, 636, Reich NJW **77**, 637 mwN; vgl. auch BGH NJW **79**, 808, **80**, 2074, 2077; einschränkend BGH NJW **81**, 1209 mit krit. Anm. Rittner DB **81**, 1382, Stuttgart NJW **79**, 2412 [nur zur Hälfte]; and. BGH NJW **88**, 1661, München NJW **77**, 152, Frankfurt, Karlsruhe, Düsseldorf, Teilzahlungswirtschaft **78** H. 6 S. 26, Rittner DB **80** Beilage Nr. 16 S. 10). Die Restschuldversicherung kommt nämlich nicht nur dem Kreditnehmer zugute, sondern dient zugleich dem Kreditgeber als zusätzliche Sicherheit und stellt damit für ihn einen weiteren Vermögensvorteil dar (BGH NJW **80**, 2075, 2077, 2302, **82**, 2434, Lenckner JR **80**, 164; vgl. auch Reifner NJW **88**, 1949, ferner MG-Nack 1731). Sie ist deshalb, zumindest soweit sie für den Kredit Voraussetzung ist oder als dessen Voraussetzung für den Kreditnehmer erscheint, ein mit der Kreditgewährung verbundener einheitlicher Geschäftsvorgang (vgl. KG WM **79**, 589, Lenckner JR **80**, 163), wobei dann andererseits Versicherungsschutz und Kreditgewährung zu einer Gesamtleistung zusammenzufassen sind (vgl. Schulz BB **78**, 16; s. auch o. 11). Für Selbständigkeit einer Restschuldversicherung auf Wunsch des Kreditnehmers Schulz BB **78**, 16. Zur Berechnung der Effektivverzinsung sind die Einzelposten der Schuldnerleistung auf einen Jahreszins zu bringen. Zur Berechnung vgl. BGH NJW **82**, 2434, **87**, 2220, **88**, 818, Nack/Wiese wistra **82**, 135 und eingeh. MG-Nack 1728 f. Ein Effektivzins von 30% und mehr ist im allgemeinen wucherisch (vgl. LG Berlin BB **78**, 15, Reich NJW **77**, 637, auch LG Freiburg BB **79**, 1004; krit. Hoyer SK 52). Besondere Umstände, etwa ein besonders großes Kreditrisiko, können jedoch die Wuchergrenze verschieben (vgl. Lenckner JR **80**, 162). Gegen solche absoluten Grenzen bei Ratenkrediten und für eine Grenzfestlegung nach dem Verhältnis zum üblichen Marktzins Nack MDR **81**, 624 (Effektivzins ab 100% über Marktzins idR wucherisch in Zeiten mit normalen Zinshöhen); für marktorientierten Vergleichsmaßstab bei Ratenkrediten unter Berücksichtigung des sog. Schwerpunktzinses auch BGH NJW **81**, 1208, **86**, 2568, Stuttgart wistra **82**, 36. Vgl. dazu Emmerich JuS **88**, 928, auch BGH NJW **88**, 1659. Zum Ganzen vgl. noch Haberstroh NStZ **82**, 265, Hohendorf BB **82**, 1205, Lammel BB **80** Beilage 8 S. 8 ff., Otto NJW **82**, 2746. Zum Effektivzinsvergleich bei einem mit einer Kapitallebensversicherung verbundenen Festkredit vgl. BGH NJW **90**, 1844.

c) Beim **Vermittlungswucher** (Abs. 1 Nr. 4) kommt es darauf an, ob das auffällige Mißverhältnis **17** zwischen dem ausbedungenen Vermögensvorteil für die Vermittlung und deren Wert besteht (Kindhäuser NK 53). Unerheblich ist, wie das vermittelte Geschäft zu beurteilen ist. Das Vermittelte kann allerdings für den Wert der Vermittlung bedeutsam sein. Es ist einer der Faktoren, die im Rahmen der auch hier erforderlichen Gesamtbewertung aller Umstände des Einzelfalles heranzuziehen sind. Ein weiterer Bewertungsfaktor ist das ortsübliche Entgelt, das für die Vermittlung entsprechender Leistungen im redlichen Geschäftsverkehr zu zahlen ist (vgl. für die Wohnungsvermittlung § 6 I 2 WiStG). Ferner können der Zeitaufwand für die Vermittlung, der Schwierigkeitsgrad und das Erfordernis besonderer Aufwendungen eine Rolle spielen. Bei einer Pauschalvergütung, die fünfmal so hoch ist wie das übliche Entgelt, ist aber idR unabhängig davon, wie umfangreich und aufwendig die Vermittlungstätigkeit ist, ein auffälliges Mißverhältnis anzunehmen (vgl. BGH DB **76**, 573 zur Kreditvermittlung). Zur Schuldenregulierung s. Kühne ZRP **99**, 413, wonach bei einer wertlosen Leistung prinzipiell ein auffälliges Mißverhältnis vorliege. Zum auffälligen Mißverhältnis zwischen Leistung und Vergütung bei einem Maklervertrag vgl. BGH NJW **94**, 1475. Zu einer 50%-Menge als Regelindikator vgl. Hoyer SK 53, Kindhäuser NK 53.

d) Bei **sonstigen Leistungen** (Abs. 1 Nr. 3) ist grundsätzlich deren Marktwert bei der Beurteilung **18** des auffälligen Mißverhältnisses zugrunde zu legen (Bay NJW **85**, 873), so zB bei Vermietung von Geschäftsräumen die ortsübliche Miete für entsprechende Objekte, bei Veräußerung von Sachen der normale Marktpreis am Leistungsort, bei Dienstleistungen das nach Gebührenordnungen, Tarifen usw. maßgebliche Entgelt, so auch prinzipiell für **Lohnwucher** (vgl. BGH **43** 60 m. Anm. Nägele BB **97**, 2162 und m. Anm. Bernsmann JZ **88**, 633, Renzikowski JR **99**, 169). Dagegen ist ebensowenig wie beim Mietwucher (vgl. o. 13) von den Gestehungskosten auszugehen (Tröndle/Fischer 19; and. noch RG **74** 345 m. Anm. Bockelmann DR **41**, 325, Hoyer SK 46). Besondere Schwierigkeiten für die Beurteilung des auffälligen Mißverhältnisses können sich allerdings ergeben, wenn ein Marktwert nicht feststellbar ist, wie bei nichtwirtschaftlichen Leistungen sowie uU bei Liebhaberobjekten (Antiquitäten, Kunstgegenständen, Briefmarken, Münzen usw.). Mangels eines Vergleichsmaßstabs läßt sich hier nur nach den individuellen Gegebenheiten bestimmen, ob ein auffälliges Mißverhältnis zwischen Leistung und Gegenleistung vorliegt (vgl. Bay NJW **85**, 873). Mitzuberücksichtigen ist hierbei ein Affektionsinteresse (vgl. Göhler Prot. 7 S. 2792, Sturm JZ **77**, 85). Bei Fluchthilfe sind die Unkosten und die Risiken des Fluchthelfers von wesentlicher Bedeutung (vgl. BGH NJW **80**, 1576; krit. Kindhäuser NK 46 [kein Verrechnungsparameter ersichtlich]; dagegen Hoyer SK 45). Entsprechendes gilt für Schlepperdienste. Zu den Kriterien bei Spekulationsgeschäften (Verkauf von Optionen bei Warentermingeschäfte) vgl. Hamburg DB **80**, 2076. Bewertungsobjekt ist die Leistung, die vertragsgemäß zu erbringen ist, nicht das tatsächlich Erbrachte (vgl. RG **29** 84, BGH WM **77**, 399). Krit.

zum Ganzen Bernsmann GA 81, 147 ff. Zum auffälligen Mißverhältnis bei illegalen Geschäften vgl. Bernsmann GA 81, 160 ff. u. aaO 167, wonach verbotene und sittenwidrige Leistungen stets mit Null zu bewerten seien, deshalb regelmäßig ein auffälliges Mißverhältnis vorliege, dabei aber nicht begründet, weshalb nicht auch die Entgeltzahlung mit Null zu bewerten ist (s. Hoyer SK 44 und zB BGH NStZ **87**, 407 [zu § 263] sowie krit. M-Schroeder II 512). Jedenfalls dürften verbotene Rechtsgeschäfte (§ 134 BGB), zB Drogenhandel, idR nicht vom Schutzzweck des § 291 (s. o. 2, ferner § 263 RN 193, 137 a) umfaßt sein (iE ebso Hoyer aaO, Kindhäuser NK 47, Sickenberger aaO 100, Tiedemann Prot. VII, 2473; vgl. aber Schäfer LK 34, der auf den tatsächlichen Marktpreis illegaler Betätigung abstellen will, was aber nur auf der Grundlage eines rein wirtschaftlichen Vermögensschutzinteresses konsequent ist, sich jedoch bei der praktischen Umsetzung mit den Ungebilden und Ungleichzeitigkeiten verschiedenster Schwarzmärkte konfrontiert sieht und daher entweder Gleichheitsprobleme aufwirft oder faktisch leerlaufen dürfte).

19 3. Der Täter muß die Vermögensvorteile sich oder einem Dritten **versprechen** oder **gewähren lassen.** Sichversprechenlassen bedeutet die Annahme der Verpflichtung zur Gegenleistung mit dem Willen, sich das Versprochene tatsächlich gewähren zu lassen (vgl. RG **15** 333). Es kann sich auch auf eine bedingte Zusicherung von Vermögensvorteilen erstrecken (RG JW 18**91**, 114). Für die Annahme des Versprechens genügt ein schlüssiges Handeln. Gleiches gilt für das Sichgewährenlassen. Diese Tathandlung liegt vor, wenn der Vermögensvorteil entgegengenommen wird. Mit dem Versprechenlassen bildet sie eine einheitliche Tat (vgl. RG DStR **38**, 189, Kindhäuser NK 63; and. Hoyer SK 25, M-Schroeder I 512 [Subsidiarität]), die mit Annahme des Versprechens vollendet und mit Entgegennahme der Vermögensvorteile beendet ist. Das Gewährenlassen erlangt demgemäß nur dann eine selbständige, tatbegründende Bedeutung, wenn ein Versprechenlassen des angenommenen Vermögensvorteils nicht vorausgegangen ist (vgl. RG **4** 111) oder wenn der Wuchervorsatz noch nicht beim Versprechenlassen vorgelegen hat oder insoweit nicht feststellbar ist. Dagegen reicht nicht aus, daß die Verhältnisse sich später geändert haben und erst bei Entgegennahme der Vermögensvorteile ein auffälliges Mißverhältnis zur Leistung besteht (and. RG JW **26**, 2187 m. abl. Anm. Alsberg, Schäfer/Wolff LK 48, Tröndle/Fischer 15). Denn der rechtmäßig erlangte Anspruch wird nicht ohne weiteres durch bloße Änderung der Verhältnisse unrechtmäßig (vgl. auch BGH WM **77**, 399: Mißverhältnis ist nach dem Zeitpunkt der Vereinbarung zu beurteilen, ferner noch RG JW **36**, 1281, BGH NJW **83**, 2692).

20 Unerheblich ist die Nichtigkeit der Vereinbarung nach § 138 II BGB, aber auch der Umstand, daß diese schon aus anderen Gründen rechtlich unwirksam ist, zB ein gesetzlicher Vertreter seine Genehmigung verweigert hat (vgl. RG **35** 113, Recht **15** Nr. 2413, Hoyer SK 27, Schäfer/Wolff LK 50; and. Kindhäuser NK 38). Ferner spielt es keine Rolle, ob das Opfer sich der rechtlichen und wirtschaftlichen Tragweite des Versprechens und dessen Erfüllung (Nichtigkeit, Ausbeutung) bewußt ist (vgl. RG LZ **18**, 1085). Es muß nur den Umfang der übernommenen Verpflichtungen erkennen (RG GA Bd. **60** 439). Geht allerdings der Leistungsempfänger in Kenntnis der Rechtslage das Geschäft mit der Absicht ein, unter Berufung auf Wucher keine Gegenleistung zu erbringen, so ist er nicht Opfer eines Wuchers (vgl. u. 24).

21 Es reicht aus, wenn der Täter den Vermögensvorteil einem Dritten (zB auch einer juristischen Person) versprechen oder gewähren läßt (hM, s. zB Tröndle/Fischer 15). Hat er sich selbst und zugleich einem Dritten Vermögensvorteile versprechen oder gewähren lassen, so sind diese zusammenzurechnen (vgl. RG ZAkDR **39**, 541, Hoyer SK 28). Andererseits braucht das Versprechen oder der Vermögensvorteil nicht vom Schuldner erteilt bzw. gewährt zu werden; Bewucherter kann auch ein Bürge oder ein Bevollmächtigter sein (vgl. RG Recht **15** Nr. 736, Kindhäuser NK 40).

22 **IV.** Die Handlung muß unter **Ausbeutung einer Schwächesituation** bei einem anderen erfolgen. Als Schwächesituation nennt § 291 abschließend die Zwangslage, die Unerfahrenheit, den Mangel an Urteilsvermögen und die erhebliche Willensschwäche eines anderen.

23 1. Eine **Zwangslage** besteht, wenn jemand sich in ernster Bedrängnis befindet und zu deren Beseitigung auf eine der o. 3 ff. genannten Leistungen angewiesen ist. Die Bedrängnis kann wirtschaftlicher Art sein; sie kann aber auch auf sonstigen Umständen beruhen, die ein zwingendes Bedürfnis nach bestimmten Leistungen entstehen lassen (vgl. BR-Drs. 5/75 S. 40, Kindhäuser NK 30). Eine wirtschaftliche Bedrängnis ist nicht erst bei einer Existenzgefährdung anzunehmen (Bernsmann aaO 172). Sie liegt bereits vor, wenn mangels erforderlicher Mittel schwere wirtschaftliche Nachteile drohen (vgl. E 62 Begr. 439, BGH NJW **94**, 1276). Sie kann auch vorliegen bei Arbeitslosigkeit (mit Blick auf Lohnwucher), wenn Arbeitslosenunterstützung nicht gewährt wird (s. Nägele BB **97**, 2163). Eine solche Lage kann auch vorhanden sein, wenn jemand Vermögen besitzt, es aber aus irgendwelchen Gründen nicht flüssig machen (vgl. RG **71** 325, BGH NJW **82**, 2768), etwa wertvolle Baugrundstücke nicht rechtzeitig verkaufen kann (vgl. RG JW **08**, 587). Bei fälligen Verbindlichkeiten, die der Schuldner ohne ein Darlehen nur mit für den Lebensunterhalt notwendigen Mitteln erfüllen kann, ist für eine Zwangslage nicht stets erforderlich, daß eine Zwangsvollstreckung droht; der Schuldner kann auch aus sonstigen Gründen genötigt sein, Mittel zur Bezahlung der Verbindlichkeiten in Anspruch zu nehmen (vgl. BGH **12** 390). Eine Zwangslage kann ferner gegeben sein, wenn jemand nach einem Brand Sachen unterstellen oder veräußern muß (vgl. E 62 Begr. 439: Großbauer muß nach Abbrennen seiner Stallungen erhebliche Viehbestände abstoßen), wenn jemand nicht die nötigen Mittel für die Sicherung seines Patentanspruchs hat (E 62 Begr. 439) oder wenn jemand zur Beseitigung einer bedrängten Lage von der Dienstleistung einer bestimmten Person abhängig ist. Ein Wohnungssuchender befindet sich in einer Zwangslage, wenn er eine Wohnung an einem bestimmten Ort dringend benötigt (zB berufs- oder ausbildungsbedingt) und dort mangels weiterer Angebote auf ein bestimmtes Mietobjekt angewiesen ist (zust. Krey II 284, vgl. auch AG Bergheim WoM **98**, 37). Bloße Unzufriedenheit mit den bisherigen Wohnverhältnissen begründet noch keine Zwangslage. Entsprechendes gilt für die Unzufriedenheit mit politischen Verhältnissen als Anlaß für die Inanspruchnahme einer Fluchthilfe (BGH NJW **80**, 1575 f.) oder für die Unzufriedenheit mit der wirtschaftlichen Lage. Ebensowenig ist eine Zwangslage darin zu erblicken, daß ohne einen Kredit bloße Zukunftspläne scheitern (BGH NJW **94**, 1276), etwa ein geplantes Projekt oder ein gewinnversprechender Handel unterbleiben muß.

Die Zwangslage braucht nicht unverschuldet zu sein (vgl. RG JW **08**, 587, BGH **11** 186, Bernsmann aaO 173, MG-Nack 1716). Sie ist zudem nicht unbedingt von objektiv vorliegenden Umständen abhängig. Auch wer einen Ausweg aus der bedrängten Lage nicht kennt, zB vorhandene Möglichkeit, anderweitig Mittel zur Behebung der Bedrängnis ohne wucherische Gegenleistung zu erhalten, ist einer Zwangslage ausgesetzt (vgl. BGH NJW **58**, 2075). Entsprechendes muß gelten, wenn jemand sich irrtümlich in einer ernsten Bedrängnis sieht (Hohendorf aaO 94, Schäfer/Wolff LK 15; and. Bernsmann aaO 173, Hoyer SK 11, Lackner/Kühl 8). Er sieht sich nicht anders als in einer tatsächlichen Zwangslage dazu gedrängt, der vermeintlichen Bedrängnis durch Eingehen auf wucherische Bedingungen zu entgehen. Umgekehrt fehlt es an der Ausbeutung einer Schwächesituation, wenn das Opfer sich einer Zwangslage nicht bewußt ist, seine ernste Bedrängnis also noch gar nicht bemerkt hat. Ebensowenig reicht es aus, wenn allein der Täter von einer Zwangslage des Ausgebeuteten ausgeht (strafloser Versuch). Entsprechend beurteilt sich die Rechtslage, wenn sich der Leistungsempfänger von vornherein nicht ausbeuten läßt, indem er in Kenntnis der Rechtslage das Geschäft mit der Absicht eingeht, die übernommene Gegenleistung unter Berufung auf Wucher nicht zu erbringen (and. Schäfer/Wolff LK 23).

2. Unerfahrenheit ist eine auf Mangel an Geschäftskenntnis und Lebenserfahrung beruhende Eigenschaft eines Menschen, durch die er gegenüber Durchschnittsmenschen benachteiligt ist (BGH **13** 233, **43** 61, NJW **83**, 2781 m. Anm. Otto JR 84, 252 u. Nack NStZ 84, 23, LG Frankfurt wistra **84**, 238; and. Hoyer SK 15, MG-Nack 1717). Dieser Mangel muß beim Betroffenen allgemein bestehen oder sich auf Teilbereiche menschlichen Wirkens erstrecken, namentlich auf finanzielle Dinge (vgl. Stuttgart wistra **82**, 37), und zudem die Fähigkeit einschränken, gewisse Lebensverhältnisse richtig zu beurteilen (vgl. RG **37** 206, **53** 50, BGH **11** 186, GA **71**, 209). Es genügt nicht die bloße Unkenntnis über die Bedeutung des abzuschließenden Geschäfts, ebensowenig das Fehlen von Spezialkenntnissen auf dem fraglichen Gebiet (BGH **13** 233, Kindhäuser NK 32; and. Bernsmann aaO 173 f. u. JZ 98, 633, M-Schroeder II 514). Auch kein Informationsmangel reicht noch nicht aus (vgl. Prot. 7 S. 2796 f.), etwa die bloße Unkenntnis der Verhältnisse auf dem Wohnungs- oder dem Kreditmarkt, wie das Nichtwissen, bei einer Sparkasse usw. den gleichen Kredit ohne wucherische Bedingungen erhalten zu können. Unerfahrenheit ist jedoch anzunehmen, wenn der Informationsmangel so weitreichend ist, daß der Betroffene sich abweichend von Durchschnittsmenschen auf einem besonderen Gebiet nicht auskennt, zB infolge mangelnder Geschäftskenntnisse und Lebenserfahrung gar nicht weiß, daß günstigere Möglichkeiten, sich Geld zu verschaffen, in Betracht kommen (vgl. RG **35** 207, Tröndle/Fischer 11), bei ausländischen Grenzgängern jegliche Kenntnisse inländischer tarifrechtlicher Regelungen fehlen (BGH **43** 61 m. krit. Anm. Bernsmann JZ 98, 633, Renzikowski JZ 99, 171; krit. auch Kindhäuser NK 33; zust. Nägele BB 97, 2163, Otto II 308), oder bei der Unkenntnis, Behörden bei der Festsetzung einer Verbindlichkeit einschalten zu können (vgl. BGH **11** 187). Ferner läßt sich fehlenden Sprachkenntnissen nicht ohne weiteres eine Unerfahrenheit entnehmen (vgl. RG Recht **15** Nr. 735); anders verhält es sich, wenn die Verständigungsschwierigkeiten infolge der fehlenden Kenntnisse dazu führen, daß der erforderliche Überblick über einen Geschäftsbereich nicht vorhanden ist (vgl. LG Köln ZMR **75**, 367, Tröndle/Fischer 11). Für weite Auslegung des Merkmals der Unerfahrenheit Otto NJW 82, 2750.

3. Ein Mangel an Urteilsvermögen liegt vor, wenn beim Betroffenen infolge einer intellektuellen, nicht durch Erfahrung ausgleichbaren Schwäche in erheblichem Maß die Fähigkeit herabgesetzt ist, sich durch vernünftige Beweggründe leiten zu lassen oder die beiderseitigen Leistungen sowie die wirtschaftlichen Folgen des Geschäftsabschlusses richtig zu bewerten (vgl. BR-Drs. 5/75 S. 41, Göhler Prot. 7 S. 2799, Kindhäuser NK 33, Sturm JZ 77, 86; and. Bernsmann aaO 174). Ein geistiger Defekt iSv § 20 ist nicht erforderlich; er wird aber ebenfalls erfaßt (Hoyer SK 16, Schäfer/Wolff LK 20).

4. Eine erhebliche Willensschwäche ist gegeben, wenn die Widerstandskraft, einem wucherischen Angebot zu widerstehen, in so starkem Maß vermindert ist, daß der Schwächezustand gradmäßig den sonstigen in § 291 genannten Schwächesituationen gleichkommt (vgl. BT-Drs. 7/5291 S. 20, Kindhäuser NK 34). Es genügt noch nicht die bloße Anfälligkeit gegenüber Werbungen und ähnlichen Verlockungen (hM; and. Bernsmann aaO 175). Vielmehr muß die Widerstandskraft wesentlich geringer sein als die eines unter vergleichbaren Umständen am Geschäftsverkehr teilnehmenden Durchschnittsmenschen (Lackner/Kühl 8). Die Willensschwäche muß in der Persönlichkeit und dem Wesen des Betroffenen ihre Ursache haben (vgl. BR-Drs. 5/75 S. 41). Unerheblich ist jedoch, ob sie angeboren oder erworben ist. Ebensowenig kommt es darauf an, ob sie Krankheitswert hat (vgl. Prot.

7 S. 2801, BT-Drs. 7/5291 S. 20). Sie wird allerdings vielfach krankheitsbedingt sein. Eine erhebliche Willensschwäche kann sich zB aus einer Drogen- oder Alkoholsucht ergeben, uU auch aus einer Spielsucht (vgl. Kindhäuser NK 34, Schäfer/Wolff LK 21).

28   5. Es muß die Zwangslage usw. **eines anderen** ausgebeutet werden. Abgesehen vom Fall der Zwangslage braucht der andere nicht der Schuldner zu sein. Es kann sich auch um eine die Interessen des Schuldners vertretende Person handeln. Wird zB das Wuchergeschäft mit einem Bevollmächtigten abgeschlossen, so kommt es darauf an, ob dessen Unerfahrenheit oder mangelndes Urteilsvermögen ausgebeutet wurde (vgl. RG Recht 15 Nr. 736). Nicht erforderlich ist, daß der Bevollmächtigte geschäftsfähig war (RG aaO). Das Vorliegen einer Zwangslage ist dagegen nach der Person des Vertretenen zu beurteilen (Tröndle/Fischer 14). Der andere kann auch eine juristische Person sein (vgl. RG 38 365).

29   6. Der Täter muß die Zwangslage usw. **ausbeuten.** Die Rspr. zu den §§ 302 a ff. aF verstand unter diesem Merkmal das bewußte Ausnutzen, den Mißbrauch der Schwächesituation zur Erlangung übermäßiger Vermögensvorteile (vgl. RG 53 286, DStR 39, 55, BGH 11 187). Indes ist der Begriff des Ausbeutens enger auszulegen. Das ergibt sich schon daraus, daß in Abs. 1 S. 2 ein Ausnutzen statt auf ein Ausbeuten abgehoben wird (vgl. Tröndle/Fischer 14; and. Kindhäuser NK 35, MG-Nack 1718, Schäfer/Wolff LK 23). Ausbeuten muß demnach eine qualifizierte Art des Ausnutzens sein. Diese qualifizierte Form ist in der besonders anstößigen Weise zu erblicken, mit der ein Täter die Schwächesituation bei einem anderen zu seinem Vorteil ausnutzt (vgl. Köln NJW **76**, 120, Lackner/Kühl 8, Tröndle/Fischer 14, Tröndle Prot. 7 S. 2563; weiter Bernsmann aaO 176, Hoyer SK 19, Kindhäuser aaO, M-Schroeder I 514, Otto II 307). Das besonders Anstößige kann etwa aus der Rücksichtslosigkeit hervorgehen, mit der sich der Täter die Zwangslage eines anderen zunutze macht. Es genügt aber auch, daß jemand spekulativ im Hinblick auf die Möglichkeit, durch Ausnutzen von Zwangslagen noch Gewinne erzielen zu können, übermäßig hohe Kosten auf sich genommen hat und diese Kosten später abwälzt (and. wohl Scheu JR 82, 475). Daß seine eigenen Gewinne nicht übermäßig hoch sind, spielt im vorliegenden Zusammenhang nur eine Rolle, sofern nur ein auffälliges Mißverhältnis zwischen Leistung und Gegenleistung besteht (vgl. Köln NJW **76**, 120). Anders ist das Abwälzen übermäßiger Gestehungskosten und ähnlicher Aufwendungen zu beurteilen, wenn sie nicht zu den genannten Zwecken eingegangen waren. Daß dadurch ein auffälliges Mißverhältnis zwischen Leistung und Gegenleistung entsteht, läßt das Ausnutzen einer Zwangslage noch nicht als besonders anstößig erscheinen. Das zeigt sich schon vor allem dann, wenn nur Verluste vermieden werden sollen. Aber auch ein normales Gewinnstreben führt noch nicht zu einer besonderen Anstößigkeit. Steht der Gewinn jedoch in einem auffälligen Mißverhältnis zur Leistung, so handelt der Täter besonders verwerflich.

30   V. Eine besondere Regelung ist mit der sog. **Additionsklausel** in **Abs. 1 S. 2** für den Fall getroffen worden, daß an einem aus wirtschaftlicher Sicht einheitlichen Geschäftsvorgang auf der Gläubigerseite mehrere Personen als Leistende, Vermittler oder in anderer Weise mitwirken und sich für ihre Tätigkeit selbständig Vermögensvorteile versprechen oder gewähren lassen. Solche Fälle kommen vor allem bei Kreditgeschäften vor. Der Kreditnehmer kann es zB mit einem Vermittler, einem Kreditgeber und einem Versicherer (Rückzahlungsversicherung) zu tun haben (vgl. BT-Drs. 7/5291 S. 20). Soweit die Beteiligten in bewußter und gewollter Zusammenarbeit die Zwangslage usw. eines anderen ausbeuten, sind sie nach allgemeinen Regeln wegen Wuchers in Mittäterschaft strafbar. Fehlt es jedoch an einem solchen Zusammenwirken oder ist es nicht feststellbar, so wären ohne eine Sonderregelung Beteiligte, deren Vermögensvorteile nicht wucherisch iSv Abs. 1 sind, allenfalls wegen Teilnahme am Wucher strafbar, uU sogar straflos. Der Gesetzgeber hat dies vom Schutz des Betroffenen her gesehen und aus kriminalpolitischer Sicht für unvertretbar gehalten (vgl. BT-Drs. 7/5291 S. 20) und diese Lücke mit Abs. 1 S. 2 geschlossen (krit. Bernsmann aaO 181, Kindhäuser NStZ **94**, 108, Lackner/Kühl 9, M-Schroeder I 513 f., Sturm JZ 77, 84 u. dagegen Schäfer/Wolff LK 47). Danach gilt, wenn mehrere Personen als Leistende, Vermittler oder in anderer Weise mitwirken und sich dadurch ein auffälliges Mißverhältnis zwischen sämtlichen Vermögensvorteilen und sämtlichen Leistungen ergibt, Abs. 1 S. 1 für jeden, der die Zwangslage usw. eines anderen für sich oder einen Dritten zur Erzielung eines übermäßigen Vermögensvorteils ausnutzt. Im einzelnen gilt folgendes:

31   1. Mehrere Personen müssen auf der Gläubigerseite an einem aus wirtschaftlicher Sicht **einheitlichen Geschäftsvorgang** mitwirken (vgl. BT-Drs. 7/5291 S. 20). Ein solcher (funktionaler) Vorgang setzt voraus, daß die verschiedenen Leistungen in einem inneren Zusammenhang stehen, wie zB Kreditvermittlung und Kreditgewährung (vgl. LG Freiburg BB **79**, 1003, Hoyer SK 58, Kindhäuser NK 55). Es reicht nicht aus, daß der Betroffene mit der Inanspruchnahme verschiedener Leistungen nur dasselbe Ziel verfolgt, etwa mit mehreren Krediten seine Zwangslage beheben will (vgl. Lackner/Kühl 9, zust. Kindhäuser NK 57). Das Ziel allein begründet noch keinen inneren Zusammenhang und damit keinen einheitlichen Geschäftsvorgang. Im Einzelfall kann fraglich sein, welche Leistungen einem solchen Geschäftsvorgang zuzurechnen sind. So bildet die Leistung eines Taxifahrers, der zu überhöhtem Fahrpreis einen illegal eingereisten ausländischen Bauarbeiter zu einer Baufirma bringt, wobei er weiß, daß dort die Zwangslage des Kunden lohnwucherisch ausgebeutet wird, keine Teilleistung eines einheitlichen Geschäfts (Hoyer SK 59, Kindhäuser NK 58, Lenckner JR 80, 162, Schäfer/Wolff LK 47; and. 25. A., Prot. 7/2807). Denn nicht nur, dass kein funktionaler, sondern nur ein bloß zufälliger Zusammenhang besteht, auch würde das grundsätzlich straflose Verhalten des Taxifahrers (s. o. § 27 RN 10 a) durch die bloße Kenntnis vom wucherischen Handeln anderer strafbar

(was sogar allgemeinen Grundsätzen der Teilnahme widersprechen würde, s. o. 7, 17 f. vor § 25, § 27 RN 10 a). Zur Restschuldversicherung bei Kreditgewährung vgl. o. 16, Rühle aaO 82 ff., aber auch Nürnberg MDR *79*, 755, zum vermittelten Ratenkredit MG-Nack 1719 f.

2. Zwischen sämtlichen Vermögensvorteilen und sämtlichen Leistungen muß ein **auffäl-** 32 **liges Mißverhältnis** bestehen. Zu vergleichen ist hiernach die Summe der Vermögensvorteile, die aus den – dem einheitlichen Geschäftsvorgang zurechenbaren – Einzelgeschäften hervorgehen, mit der Summe der den Vermögensvorteilen gegenüberstehenden Leistungen. Sach- und Dienstleistungen sind hierbei entsprechend ihrem Geldwert einzubeziehen. Bei der Addition sind alle Einzelgeschäfte im Rahmen des einheitlichen Geschäftsvorgangs zu berücksichtigen. Von ihnen muß zumindest eines ein auffälliges Mißverhältnis zwischen Leistung und Gegenleistung aufweisen, da sonst die Addierung nicht zu einem auffälligen Mißverhältnis führen kann (vgl. Karlsruhe NJW *88*, 1158, Hoyer SK 57, M-Schroeder I 513, Lenckner JR *80*, 163, je mwN).

3. Wegen Wuchers ist dann als **Täter** (vgl. Kindhäuser NK 55, Tröndle/Fischer 21: besondere 33 Form der Nebentäterschaft; and. Hoyer SK 56 [qualifizierte Form der Beihilfe]) **jeder Mitwirkende** strafbar, der die Zwangslage usw. des Betroffenen für sich oder einen Dritten zur Erzielung eines übermäßigen Vermögensvorteils ausnutzt. Abweichend von Abs. 1 S. 1 braucht der von dem jeweiligen Mitwirkenden ausbedungene Vermögensvorteil nicht in einem auffälligen Mißverhältnis zu seiner Leistung zu stehen. Es reicht bereits ein **übermäßiger Vermögensvorteil** aus, dh ein Vorteil, der das angemessene Entgelt nicht unwesentlich übersteigt (zust. Hoyer SK 60). Im übrigen muß der Mitwirkende die Zwangslage usw. des Opfers ausgenutzt haben; ein Ausbeuten ist nicht erforderlich (zust. Hoyer aaO). Zum Vorsatz vgl. u. 36.

Nicht anwendbar ist demnach Abs. 1 S. 2 auf Mitwirkende, die sich bei der ausbedungenen Gegen- 34 leistung auf einen angemessenen Vermögensvorteil beschränken, mögen sie auch Kenntnis vom auffälligen Mißverhältnis als Ergebnis des gesamten Geschäftsvorgangs haben (Kindhäuser NK 56). Die Einschränkung betrifft nur die Täterschaft nach Abs. 1 S. 2. Wer mit den anderen als Mittäter zusammenarbeitet, ist bereits nach Abs. 1 S. 1 strafbar (vgl. o. 30), auch wenn er selbst sich mit einem angemessenen Entgelt begnügt. Ferner kann die Mitwirkung uU als Teilnahme an der Tat eines anderen Mitwirkenden zu beurteilen sein (vgl. u. 40).

VI. Der **subjektive Tatbestand** erfordert Vorsatz. Dieser muß die Schwächesituation beim Opfer 35 umfassen (Düsseldorf NStZ-RR *98*, 365); bedingter Vorsatz genügt (vgl. auch RG DStR *39*, 55). Es reicht aus, daß der Täter die maßgeblichen Umstände kennt und ihnen nach Laienart die Bedeutung zumißt, an die das Gesetz anknüpft. Er muß zB wissen, daß sein Opfer sich in Bedrängnis befindet und auf seine Leistung angewiesen ist (oder glaubt, darauf angewiesen zu sein), oder daß ihm die notwendigen Geschäftskenntnisse besitzt. Nicht erforderlich ist, daß er die Schwächesituation als Zwangslage usw. iSv § 291 einstuft (vgl. RG *71* 326). Eine Fehlbewertung ist ein bloßer Subsumtionsirrtum, der uU mit einem Verbotsirrtum verbunden sein kann. Soweit eine Zwangslage nur deswegen besteht, weil das Opfer sich in einer ernsten Bedrängnis glaubt oder ihm ein Ausweg unbekannt ist (vgl. o. 24), muß der Täter hiervon Kenntnis haben. Ein Irrtum über die Schwächesituation ist unbeachtlich, wenn das Vorgestellte sich nur unwesentlich vom Tatsächlichen unterscheidet. Das ist etwa der Fall, wenn der Täter vom mangelnden Urteilsvermögen des in Wahrheit unerfahrenen Opfers ausgeht. Der Vorsatz – bedingter Vorsatz genügt auch hier – muß sich ferner auf die Umstände erstrecken, die für das auffällige Mißverhältnis zwischen Leistung und Gegenleistung maßgebend sind (vgl. RG *29* 82, *60* 222, Düsseldorf NStZ-RR *98*, 365). Dem Täter muß also der Umfang bewußt sein, in dem der ausbedungene Vermögensvorteil den Wert der Leistung übersteigt, ebenso der Umstand, daß der Vermögensvorteil weit höher ist als der üblicherweise für die entsprechende Leistung maßgebliche iS des o. 13 ff. Ausgeführten. Als auffälliges Mißverhältnis braucht der Täter die Übervorteilung jedoch nicht zu werten (LG Köln WoM *87*, 203, Hoyer SK 62, Kindhäuser NK 69; and. Bernsmann aaO 177). Eine Falschbeurteilung stellt einen Subsumtionsirrtum dar (Schäfer/Wolff LK 54, Tröndle/Fischer 24); aus ihr kann allerdings ein Verbotsirrtum hervorgehen. Hinsichtlich des Merkmals „ausbeuten" muß der Täter die Umstände kennen, aus denen sich die besondere Anstößigkeit des Verhaltens ergibt. Zudem muß er die Schwäche des Opfers bewußt als Faktor zur Erzielung des weit übersetzten Vermögensvorteils mißbraucht haben (vgl. RG *18* 421, JW *34*, 1124, Kindhäuser NK 60).

Im Fall des Abs. 1 S. 2 muß der Täter eine hinreichende Vorstellung von seiner Mitwirkung am 36 einheitlichen Geschäftsvorgang und vom Endergebnis haben. Er muß wissen oder in Kauf nehmen, daß seine Leistung mit anderen Leistungen eine wirtschaftliche Einheit bildet und die Summe der Vermögensvorteile gegenüber der Gesamtheit der Leistungen weit übersetzt ist. Außerdem muß er für die eigene Leistung durch bewußte Ausnutzung einer Schwächesituation beim Opfer einen übermäßigen Vermögensvorteil anstreben (zust. Hoyer SK 62, Kindhäuser NK 60). Zum Vorsatz vgl. im übrigen o. 35.

VII. Vollendet ist die Tat nach Abs. 1 S. 1 mit Annahme des Versprechens eines übersetzten 37 Vermögensvorteils oder, soweit dem Sichgewährenlassen selbständiges Gewicht zukommt (vgl. o. 19), mit Annahme des Vermögensvorteils (Kindhäuser NK 63). Ein freiwilliges Abstandnehmen vom Wuchergeschäft vor dessen Durchführung führt nicht zur Straflosigkeit; es ist aber bei der Strafzumessung zu berücksichtigen (vgl. u. 42). Bildet das Sichgewährenlassen mit dem Sichversprechenlassen eine einheitliche Tat, so liegt seine Bedeutung darin, daß die Tat erst mit Annahme des letzten

Stree/Heine

§ 291 38–44

Vermögensvorteils beendet ist. Bis dahin ist noch Teilnahme möglich, und von diesem Zeitpunkt ab beginnt die Verjährungsfrist zu laufen (vgl. RG DStR **38**, 189). Im Fall des Abs. 1 S. 2 kommt als Vollendungszeitpunkt erst der Abschluß des letzten für den einheitlichen Geschäftsvorgang maßgeblichen Einzelgeschäfts in Betracht (Kindhäuser NK 64, Schäfer/Wolff LK 61), da erst dann feststeht, ob die Summe der Vermögensvorteile ein auffälliges Mißverhältnis zur Gesamtheit der Leistungen aufweist. Ist dieser Zeitpunkt eingetreten, so beurteilt sich die Tatbeendigung nach dem jeweiligen Einzelgeschäft. Erfüllt innerhalb eines einheitlichen Geschäftsvorgangs ein Einzelgeschäft als solches bereits die Wuchervoraussetzungen, so richtet sich bei diesem die Tatvollendung nach Abs. 1 S. 1; sie tritt also unabhängig von den weiteren Geschäftsteilen mit Annahme des Vorteilsversprechens ein. Beendet ist die Tat aber frühestens mit Vollendung des Gesamtgeschäfts (vgl. Bernsmann aaO 182, Schäfer/Wolff LK 61; and. Kindhäuser aaO), so daß erst mit diesem Zeitpunkt der Verjährungsbeginn einsetzen kann.

38 Der **Versuch** einer wucherischen Tat ist **straflos**, so zB das Ausbeuten eines anderen in der irrigen Annahme, der andere befinde sich in einer Zwangslage (vgl. o. 24).

39 **VIII. Täter** kann jeder sein, der sich oder einem Dritten die Vermögensvorteile versprechen oder gewähren läßt. Nicht erforderlich ist, daß es sich bei den Leistungen, die den Vermögensvorteilen gegenüberstehen, oder bei den hierfür benötigten Mitteln um tätereigene handelt (vgl. RG JW **36**, 3003), ebensowenig, daß der Täter das wucherische Geschäft im eigenen Namen vereinbart. Auch wer als Organ für eine juristische Person oder als Vertreter für einen anderen tätig wird, ist Täter (vgl. RG **8** 20), so etwa der Verwalter, der selbständig Mietverträge abschließt. Der Vertretene oder ein Hintermann, der die Leistung ermöglicht, zB die wucherische Kreditgewährung finanziert, kann Mittäter sein (vgl. RG **36** 227). Soweit mehrere in bewußter und gewollter Zusammenarbeit das Wuchergeschäft betreiben, ist für die Mittäterschaft unerheblich, ob die Rollenverteilung bei Abschluß des Wuchergeschäfts hervortritt und dem Opfer bekannt ist (vgl. RG Recht **15** Nr. 734). Mittäter kann daher auch sein, wer nach außen hin nur als Vermittler auftritt. Die bloße Vermittlerrolle reicht jedoch für Mittäterschaft nicht aus. Der Vermittler kann vielmehr nur Teilnehmer sein, es sei denn, er erfüllt die Voraussetzungen der Täterschaft nach Abs. 1 S. 1 Nr. 4 oder nach Abs. 1 S. 2 (Kindhäuser NK 61).

40 **Teilnahme** ist nach den allgemeinen Regeln möglich. Auch wer im Rahmen eines einheitlichen Geschäftsvorgangs iSd Abs. 1 S. 2 mitwirkt, kann Teilnehmer an der Tat eines anderen Mitwirkenden sein (vgl. Kindhäuser NK 62). Diese Möglichkeit kommt in Betracht, wenn ein Mitwirkender die Zwangslage usw. des Opfers nicht selbst zur Erzielung eines übermäßigen Vermögensvorteils ausnutzt, sondern nur bewußt dazu beiträgt, daß ein anderer Mitwirkender ein wucherisches Einzelgeschäft abschließen kann.

41 Das Opfer selbst kann nicht wegen Teilnahme strafbar sein; es handelt sich um einen Fall der notwendigen Teilnahme (vgl. 47 vor § 25). Als geschützte Person bleibt der Bewucherte auch dann straflos, wenn er zur Tat angestiftet hat (RG **18** 281, Jescheck/Weigend 697; vgl. auch Gropp Sonderbeteiligung 190). Straflos bleibt aber auch, wer im Lager des Opfers steht und ihm hilft, das wucherische Geschäft abzuschließen (Arzt/Weber IV 100, Kindhäuser NK 62).

42 **IX.** Bei der **Strafe** ist zu beachten, daß gegen Täter, die sich bereichern oder bereichern wollen, nach § 41 Freiheitsstrafe und Geldstrafe kumulativ verhängt werden können. Bei Drittbereicherung entfällt diese Möglichkeit (vgl. § 41 RN 2). Beim Mietwucher (o. 13) oder bei der wucherischen Wohnungsvermittlung (o. 17) kann auch eine Anordnung nach den §§ 8, 9 WiStG (Abführung oder Rückerstattung des Mehrerlöses) ergehen (§ 21 I 2 OWiG). Strafmildernd ist das freiwillige Abstandnehmen des Täters vom Wuchergeschäft zwischen Geschäftsabschluß (Versprechenlassen) und Geschäftsabwicklung (Gewährenlassen) zu berücksichtigen, da der Täter selbst eine tatsächliche Schädigung des Opfers verhindert.

Eine erhöhte Strafe droht Abs. 2 für besonders schwere Fälle an.

43 1. Zum **besonders schweren Fall** vgl. näher 47 vor § 38. Als Anhaltspunkt dafür, wann regelmäßig ein besonders schwerer Fall vorliegt, enthält **Abs. 2** einige Regelbeispiele. Zu ihrer Tragweite im allgemeinen einschließlich ihrer nur indiziellen Bedeutung vgl. 44 f. vor § 38.

44 2. Ein besonders schwerer Fall ist idR anzunehmen, wenn der Täter durch die Tat das Opfer in **wirtschaftliche Not** bringt (Nr. 1). Erforderlich ist danach, daß dieser Zustand erst infolge der wucherischen Tat eintritt. War er bereits bei Abschluß des Wuchergeschäfts vorhanden, so sind die Voraussetzungen des Regelbeispiels in Nr. 1 auch dann nicht erfüllt, wenn er durch die Tat verschärft wird (vgl. E 62 Begr. 440, Hoyer SK 64; aber auch Schäfer/Wolff LK 65). Die Einschränkung betrifft aber nur das Regelbeispiel; eine Strafschärfung nach Abs. 2 kann dennoch angezeigt sein (vgl. u. 48). In wirtschaftliche Not gerät das Opfer, wenn es einer solchen Mangellage ausgesetzt ist, daß ihm die eigenen Mittel für lebenswichtige Dinge fehlen (vgl. Schleswig SchlHA **53**, 64), etwa im geschäftlichen Bereich seine Daseinsgrundlage gefährdet oder im persönlichen Bereich der notwendige Lebensunterhalt ohne Hilfe Dritter nicht mehr gewährleistet ist (vgl. E. 62 Begr. 440, Kindhäuser NK 64). Lebenswichtig sind nicht nur existenznotwendige Gegenstände, sondern auch solche, die nach dem heutigen Lebensstandard zur Befriedigung materieller und kultureller Bedürfnisse der Mehrzahl der Bevölkerung zur Verfügung stehen. Eine bloße wirtschaftliche Bedrängnis reicht dagegen noch nicht aus, ebensowenig eine fühlbare Beeinträchtigung der gewohnten Lebensführung (Hoyer aaO, Kindhäuser aaO).

45 Zweifelhaft kann sein, welche Anforderungen an die *subjektive Tatseite* zu stellen sind. Da Nr. 1 anders als § 283 a S. 2 Nr. 2 keine Wissentlichkeit hinsichtlich der wirtschaftlichen Not als Folge der Tat verlangt, muß zumindest bedingter Vorsatz genügen. Fraglich ist, ob entsprechend § 18 Fahrlässigkeit ausreicht. Diese Frage ist aus den in RN 26 zu § 46 gebrachten Gründen zu verneinen. Für Vorsatzerfordernis auch Kindhäuser NK 69, Schäfer/Wolff LK 66 (and. § 203 III Nr. 1 AE, wonach bereits Leichtfertigkeit zu einer Strafschärfung führen soll).

46 3. Ferner liegt ein besonders schwerer Fall idR vor, wenn der Täter die Tat **gewerbsmäßig** begeht (Nr. 2). Über Gewerbsmäßigkeit vgl. 95 f. vor § 52, LG Köln WoM **87**, 203. Daß der Täter im Rahmen seines Gewerbebetriebes gehandelt hat, besagt noch nicht, daß er das Wuchergeschäft gewerbsmäßig vorgenommen hat (vgl. RG HRR **33** Nr. 1806). Anderseits steht der Gewerbsmäßigkeit nicht entgegen, daß dem Täter die Ausübung des Gewerbes untersagt war.

47 4. Außerdem ist ein besonders schwerer Fall idR gegeben, wenn der Täter sich durch **Wechsel** wucherische Vermögensvorteile versprechen läßt (Nr. 3). Der Grund hierfür ist darin zu sehen, daß diese Form des Wuchers für Betroffene besonders gefährlich ist, weil Wechsel verhältnismäßig leicht weitergegeben werden können und der Aussteller sich dann gegenüber dem gutgläubigen Dritten nicht darauf berufen kann, dem Wechsel habe ein nichtiges Geschäft zugrunde gelegen (BT-Drs. 5/75 S. 41, Hoyer SK 67). Wucherische Vermögensvorteile sind solche, die iSv Abs. 1 S. 1 in einem auffälligen Mißverhältnis zur Leistung stehen oder, sofern Abs. 1 S. 2 eingreift, übermäßig sind (Schäfer/Wolff LK 69; auf auffälliges Mißverhältnis beschränkend Bernsmann aaO 182, Kindhäuser NK 73, Tröndle/Fischer 27). Trotz des mißverständlichen Wortlauts genügt es, daß der Täter einem Dritten diese Vorteile wechselmäßig versprechen läßt (vgl. Schäfer/Wolff LK 69, Tröndle/Fischer 27). „Durch Wechsel" bedeutet, daß der Betroffene sein übersetztes Versprechen in der Form eines Wechsels abgegeben haben muß (vgl. RG JW **35**, 532). Die Wechselsumme muß also die wucherischen Vermögensvorteile einschließen. Es reicht nicht aus, daß sie nur die Kreditsumme abdeckt, nicht aber die wucherischen Zinsen, oder daß der Wechsel von den wucherischen Vermögensvorteilen nur eine angemessene Gegenleistung absichert (vgl. Kindhäuser NK 74). Anderseits sind die Voraussetzungen des Regelbeispiels bei einem Blankowechsel erfüllt (vgl. Tröndle/Fischer 27). Unerheblich ist, ob der Täter sich den Wechsel bereits bei Abschluß des Wuchergeschäfts oder erst nachträglich geben läßt und ob alle Unterschriften auf dem Wechsel echt sind (Schäfer/Wolff LK 69).

48 5. Neben den Regelbeispielen können **sonstige Umstände** einen besonders schweren Fall begründen (s. Kindhäuser NK 76, Schäfer/Wolff LK 70; and. Hoyer SK 63, vgl. zum Ganzen grundsätzlich 44 c, 47 vor § 38). Es muß sich um Umstände handeln, die das wucherische Geschehen derart von den gewöhnlichen Wucherfällen abheben, daß eine Ahndung nach dem Regelstrafrahmen unangemessen ist. Eine besondere Schwere der Tat kann ua aus außergewöhnlich großen Nachteilen für das Opfer hervorgehen, wie etwa bei extrem hohem Ausmaß der Übervorteilung (vgl. § 203 III Nr. 4 AE, wonach eine Strafschärfung vorgeschlagen wird, wenn die Vermögensvorteile den Wert der Leistung um mehr als 50% übersteigen) oder bei einer überaus langen Dauer der wucherischen Belastungen (Tröndle/Fischer 28). Hierzu gehört auch der von Nr. 1 nicht erfaßte Fall, daß sich eine bereits vorhandene Not auf Grund des Wuchergeschäfts erheblich vergrößert (vgl. Prot. 7 S. 2798, Bernsmann aaO 181, Kindhäuser NK 68, Tröndle/Fischer 27; and. Arzt/Weber IV 98). Ferner kann ein äußerst niederträchtiges Verhalten des Täters, zB ein hoher Grad der Rücksichtslosigkeit, oder gewohnheitsmäßiges Handeln einen besonders schweren Fall ergeben. Außerdem kann eine besondere Intensität der ausgebeuteten Schwächesituation ins Gewicht fallen. Des Weiteren kann die Absicherung der wucherischen Vermögensvorteile durch Schecks zur Strafschärfung nach Abs. 2 führen, da sie ebenso gefährlich sein kann wie die Absicherung durch Wechsel (vgl. Göhler Prot. 7 S. 2810). Voraussetzung für eine Strafschärfung ist im übrigen, daß die Unrechtsmerkmale, die eine besondere Tatschwere begründen, vom Tätervorsatz umfaßt sind.

49 6. Bei **Teilnehmern** ist selbständig zu beurteilen, ob die Tatbeteiligung als besonders schwerer Fall anzusehen und für sie der erhöhte Strafrahmen heranzuziehen ist (vgl. 44 d vor § 38). So kann zB bei einem Tatbeteiligten, der weiß, daß der Betroffene infolge des Wuchergeschäfts in wirtschaftliche Not gerät, auf den Strafrahmen des Abs. 2 zurückgegriffen werden, auch wenn der Haupttäter mangels eines solchen Wissens nur nach Abs. 1 zu bestrafen ist. Soweit der Rückgriff auf den erhöhten Strafrahmen von besonderen persönlichen Merkmalen abhängt, sind die Grundsätze des § 28 entsprechend anzuwenden (vgl. § 28 RN 9). Das Regelbeispiel der Nr. 2 trifft daher nur auf den Beteiligten zu, der selbst gewerbsmäßig handelt. Ist die als besonders schwerer Fall zu wertende Tatbeteiligung eine Beihilfe, so ist der nach den §§ 27 II, 49 I herabgesetzte Strafrahmen des Abs. 2 maßgebend (vgl. § 50 RN 7).

50 X. Konkurrenzen: Zum Verhältnis zwischen Versprechenlassen und Gewährenlassen vgl. o. 19, 37. Mehrere Arten des Wuchers gegenüber demselben Opfer, zB Kredit- und Mietwucher, stellen bei gleichzeitiger Tatbegehung nur ein Delikt dar (Schäfer/Wolff LK 72). Die abw. Ansicht, wonach Tateinheit möglich sein soll (so Hoyer SK 69, Kindhäuser NK 78, Tröndle/Fischer 29), berücksichtigt nicht hinreichend, daß es sich bei den besonders herausgestellten Wucherfällen nur um Beispiele des Leistungswuchers handelt. Da sich im Rahmen des Abs. 1 Nr. 3 bei verschiedenen Leistungen schwerlich Idealkonkurrenz annehmen läßt, kann in den übrigen Fällen nichts anderes gelten.

51 Idealkonkurrenz ist mit § 253 (vgl. RG GA Bd. **46** 318, Kindhäuser NK 79; and. Hoyer SK 69) und § 263 (vgl. RG LZ **17**, 1173, Lackner/Werle NStZ 85, 504) möglich. Trifft § 291 mit den §§ 3 ff. WiStG zusammen, so greift § 21 OWiG ein.

52 XI. Zur **Zuständigkeit der Wirtschaftsstrafkammer** vgl. § 74 c I Nr. 6 GVG.

§ 292 Jagdwilderei

(1) Wer unter Verletzung fremden Jagdrechts oder Jagdausübungsrechts
1. dem Wild nachstellt, es fängt, erlegt oder sich oder einem Dritten zueignet oder
2. eine Sache, die dem Jagdrecht unterliegt, sich oder einem Dritten zueignet, beschädigt oder zerstört,

wird mit Freiheitsstrafe bis zu drei Jahren oder mit Geldstrafe bestraft.

(2) In besonders schweren Fällen ist die Strafe Freiheitsstrafe von drei Monaten bis zu fünf Jahren. Ein besonders schwerer Fall liegt in der Regel vor, wenn die Tat
1. gewerbs- oder gewohnheitsmäßig,
2. zur Nachtzeit, in der Schonzeit, unter Anwendung von Schlingen oder in anderer nicht weidmännischer Weise oder
3. von mehreren mit Schußwaffen ausgerüsteten Beteiligten gemeinschaftlich

begangen wird.

Vorbem.: § 292 geändert durch das 6. StrRG v. 26. 1. 1998, BGBl. I 164.

Schrifttum: Furtner, Wie lange kann ein jagdbares Tier Gegenstand der Jagdwilderei sein?, JR 62, 414. – *ders.,* Kann sich der nicht jagdberechtigte Eigentümer in seinem befriedeten Besitztum der Jagdwilderei schuldig machen?, MDR 63, 98. – *Lorz,* BJagdG, 2. A. 1991. – *Mitzschke/Schäfer,* BJagdG, 4. A. 1982. – *Nagler,* Die Jagdwilderei, VDB VIII 417. – *Stegmann,* Artenschutz – Strafrecht, 2000. – *Stelling,* Das Jagdvergehen nach § 292, ZStW 54, 692. – *Waider,* Strafbare Versuchshandlungen der Jagdwilderei, GA 62, 176. – *Wessels,* Probleme der Jagdwilderei, JA 84, 221.

1 I. Die Vorschrift ist durch das 6. StrRG redaktionell umgestaltet, teilweise auch inhaltlich verändert worden. In Abs. 1 aufgenommen wurde die Drittzueignung (vgl. BT-Drs. 13/8587 S. 45), zugleich wurde der Strafrahmen abgesenkt. Die in Abs. 3 aF als Qualifikation erfaßte gewerbs- oder gewohnheitsmäßige Begehung ist nunmehr zu einem Regelbeispiel in Abs. 2 S. 2 Nr. 1 heruntergestuft worden. Eine inhaltliche Änderung hat die Wilderei mit Schußwaffen erfahren (Abs. 2 S. 2 Nr. 3). Lediglich klarstellende Bedeutung hat die Aufnahme des „Jagdausübungsrechts" in Abs. 1 (BT-Drs. aaO, vgl. u. 9).

1 a Das **Rechtsgut** der Jagdwilderei ist umstritten: Während eine verbreitete Meinung neben dem Aneignungsrecht des Jagdausübungsberechtigten auch das Volksgut des Wildbestandes mitgeschützt sehen will (Krey II 114, Lackner/Kühl 1, M-Schroeder I 402, Otto II 210, Schäfer LK 2, Tröndle/ Fischer 1 a, Wessels JA 84, 221, W-Hillenkamp 412, ferner Stegmann aaO 162 mwN), ist in § 292 richtigerweise ausschließlich ein Delikt gegen das **Aneignungsrecht** des Jagdausübungsberechtigten zu sehen (Arzt/Weber III 101, Hoyer SK 3; iglS Frankfurt NJW **84**, 812). Damit wird eine analoge
2 Anwendung von § 248 a möglich (vgl. u. 19). Abs. 1 enthält **zwei Tatbestände** (u. 3 ff. bzw. 6 ff.), wobei beide *unter Verletzung fremden Jagdrechts* zu verwirklichen sind (u. 9 ff.). **Ergänzend** vgl. §§ 38– 42 BJagdG.

3 II. Der **eigentliche Wildereitatbestand** (Abs. 1 Nr. 1) setzt voraus, daß der Täter dem Wilde nachstellt, es fängt, erlegt oder sich oder einem Dritten zueignet. Dieser Tatbestand knüpft an § 1 I, IV BJagdG an.

4 1. **Tatobjekt** ist hier das **Wild,** dh die in § 2 BJagdG aufgezählten jagdbaren Tiere (vgl. dazu Lorz aaO zu § 2 BJagdG). Teile eines Tieres, die vom Tierkörper abgetrennt sind, können nicht Gegenstand dieser Alternative sein (RG **63** 37), ebensowenig totes Wild, gleichgültig, wodurch der Tod herbeigeführt worden ist; stattdessen kommt Abs. 1 Nr. 2 (u. 6 ff.) in Betracht (Bay **54** 118). Voraussetzung ist die **Herrenlosigkeit** des Tieres. Befindet es sich in Tiergärten usw., so ist es nicht Wild iSd § 292 (Schäfer LK 35, Wessels JA 84, 222); allerdings kann ein entlaufenes Wildtier durch Dereliktion nach § 959 BGB oder bei nicht unverzüglicher Verfolgung nach § 960 II BGB herrenlos und somit auch für den (Ex-)Eigentümer geeignetes Tatobjekt der Jagdwilderei werden (Bay JR **87**, 128 m. Anm. Keller, Hoyer SK 12).

5 2. Die **Tathandlung** iSd Abs. 1 Nr. 1 besteht im Nachstellen, Fangen, Erlegen oder Sichzueignen. Dabei bezeichnen **Erlegen** und **Sichzueignen** die beiden eigentlichen Formen der Beeinträchtigung des Aneignungsrechtes, denen beim Eigentum Sachbeschädigung und Diebstahl entsprechen. Für das *Erlegen* genügt jede Form der Einwirkung, durch die das Tier den Tod findet (Hoyer SK 17, Lackner/Kühl 2); bloße gesundheitsschädigende Vergiftungen des Wildes, um dadurch sein Fleisch ungenießbar zu machen, reichen dafür nicht. Eine Zueignungsabsicht ist für das Erlegen nicht erforderlich; daher ist auch das Erschießen eines angefahrenen Wildes, um ihm weitere Schmerzen zu ersparen, tatbestandsmäßig (AG Öhringen NJW **76**, 581). **Nachstellen** und **Fangen** bezeichnen danach *Vorstufen* (Versuchshandlungen) zu den beiden anderen Modalitäten. Deshalb müssen auch für den Beginn der Strafbarkeit die Grundsätze gelten, die für die Abgrenzung zwischen Vorbereitung und Versuch maßgeblich sind (Frankfurt NJW **84**, 812; vgl. § 22 RN 36 ff.). Als *Nachstellen* sind alle Handlungen anzusehen, welche die Durchführung der anderen Handlungen (Fangen usw.) bezwecken (zust. Hoyer SK 13). Ein Nachstellen liegt zB bereits im bloßen Durchstreifen des Forstes mit einsatzbereiter Jagdwaffe, im Stehen auf dem Anstand, auch dann, wenn das Gewehr noch nicht geladen war, im Auslegen eines vergifteten Köders, im Legen von Schlingen, ferner auch bereits im Aufsuchen von (aber nicht nur Suchen nach) geeigneten Orten, um dort Schlingen zu legen (heute wohl zu weitgeh. RG **70** 221 m. Anm. Mitzschke JW 36, 2234; Frankfurt NJW **84**, 812). Auch das Treiben des Wildes aus dem fremden in das eigene Jagdrevier ist Nachstellen (Bay GA **55**, 247), jedoch nur, soweit es in das Erlegen unmittelbar übergehen soll. Dagegen fällt das bloße Hetzen von Wild, um es zu verletzen oder zum Abwerfen von Stangen zu veranlassen (sog. Hirschsprengen), nicht unter § 292 (Schäfer LK 42). Der Begriff des Nachstellens kennzeichnet im übrigen ein Handeln mit bestimmter Tätertendenz (**"unechtes"** Unternehmensdelikt, vgl. § 11 RN 52 sowie Frankfurt NJW **84**, 812, Arzt/Weber III 102, Hoyer SK 13, W-Hillenkamp 417). Die objektiven Voraussetzungen des § 292 (zB Wild) müssen daher tatsächlich vorliegen (Hoyer SK 14). Eine nur irrtümliche Annahme bleibt strafloser Versuch (Hoyer aaO, W-Hillenkamp 417; and. Schäfer LK 45, Waider GA 62, 183 f. [Vollendung]; vgl. hiergegen § 11 RN 54, Schröder Kern-FS 465 f.). Dagegen kommt es auf die objektive Eignung der Handlung (zB ungeladenes Gewehr) nicht an (vgl. auch M-Schroeder I 404). Dem **Sich-Zueignen**, dh der Besitzergreifung mit Zueignungsabsicht (dazu § 246 RN 8, 11 ff.), ist durch das 6. StrRG ein **Zueignen zugunsten Dritter** gleichgestellt (dazu § 246 RN 21). Teilweise wurde bereits unter Geltung von § 292 aF Drittzueignung als erfaßt angesehen (Hamm NJW **56**, 881, Schäfer LK 56).

III. Der Tatbestand der Verletzung des Jagdrechts an Sachen (Abs. 1 Nr. 2) erfordert, daß der Täter eine dem Jagdrecht unterliegende Sache sich zueignet, beschädigt oder zerstört: sog. *ruhige* Jagdhandlungen (Bay NStZ **92**, 187). 6

1. Tatobjekt ist hier eine **dem Jagdrecht unterliegende Sache.** Gemäß § 1 V BJagdG kommt hier einmal sog. Fallwild in Betracht, dh Wild, dessen Tod auf natürliche Ursachen wie Krankheit, Alter, Hunger, Kälte zurückzuführen ist; ferner Wild, das durch äußere Einwirkungen, wie zB Verkehrsunfälle (Laubenthal/Baier JA 93, 102), verendet ist. Erfaßbar sind ferner Eier jagdbaren Federwildes, und zwar auch verdorbene (KG JW **36**, 621), schließlich die Gelege geschützter Raubvögel. Zum Sammeln von Abwurfstangen vgl. §§ 19 I Nr. 17, 39 I Nr. 5 BJagdG. 7

2. Die **Tathandlung** besteht im **Sichzueignen** (dazu § 246 RN 8, 11 ff.), seit dem Inkrafttreten des 6. StrRG auch in der **Drittzueignung** (dazu § 246 RN 21; vgl. auch o. 5 aE), **Beschädigen** oder **Zerstören** (dazu § 303 RN 7 ff.). 8

IV. In beiden Tatbeständen muß die Tat **unter Verletzung fremden Jagdrechts** oder **Jagdausübungsrechts** begangen sein. Diese Merkmale sind alternative Tatbestandsvoraussetzungen; sie haben die gleiche Funktion wie das Merkmal der Fremdheit in den §§ 242 ff.; ein Irrtum über das Jagdrecht bzw. Jagdausübungsrecht ist daher idR Tatbestandsirrtum (vgl. u. 15). Das *Jagdrecht* als dingliches Recht ist mit dem Eigentum an Grund und Boden, mit dem es untrennbar verbunden ist (§ 3 I BJagdG). Seine *Ausübung* ist nur in Jagdbezirken zulässig (§§ 3 III, 4–14 BJagdG). Die Ausübung ist übertragbar und kann Gegenstand von Jagdpachtverträgen sein (vgl. §§ 11 ff. BJagdG). Stehen Jagdrecht und Jagdausübungsrecht verschiedenen Personen zu, so geht das Jagdausübungsrecht dem dinglichen Jagdrecht vor, so daß der Grundstückseigentümer, dem nach § 3 BJagdG das Jagdrecht zusteht, auf seinem eigenen Grundstück Wilderei begehen kann (Hoyer SK 8, Schäfer LK 7, M-Schroeder I 402). Zum mangelnden Jagdausübungsrecht wegen Nichtigkeit des Jagdpachtvertrags vgl. Bay NStZ **90**, 440; aber auch u. 20. Auf Bundeswasserstraßen steht es der BRD zu (BGH NJW **83**, 994). 9

In befriedeten Bezirken sowie auf Grundflächen, die zu keinem Jagdbezirk gehören, **ruht die Jagd** (§ 6 BJagdG). Dem Jagdausübungsberechtigten des umschließenden Jagdbezirks steht hier kein Jagdausübungsrecht zu (Mitzschke/Schäfer § 6 RN 21; vgl. auch Lorz Anm. zu § 6). Er kann sich daher nach § 292 strafbar machen, weil mit der Anordnung des Ruhens der Jagd das Jagdausübungsrecht grds. beim Grundstückseigentümer liegt (§ 3 BJagdG), mag er es jagdrechtlich nutzen dürfen oder nicht (vgl. Lorz § 6 Anm. 4, Bay NStZ **92**, 187, Köln MDR **62**, 671; and. Furtner JR 62, 415, MDR 63, 98; zu Irrtumsfragen vgl. u. 16). Ebenso wird jeder Dritte wegen Wilderei bestraft, der hier die Jagd ausübt (vgl. Hamm GA **61**, 90, Hamburg JW **38**, 820, KG JW **37**, 764, Hoyer SK 7). Andererseits kann sich während des Ruhens der Jagd der Grundstückseigentümer bei der Jagd auf seinem befriedeten Grundstück nicht nach § 292 strafbar machen (vgl. Bay NStZ **88**, 230, Düsseldorf JMBlNW **62**, 180, M-Schroeder I 402; and. Furtner aaO), und zwar unabhängig davon, ob ihm jagdrechtlich die Ausübung der Jagd überhaupt untersagt ist oder durch Landesrecht ein beschränktes Jagdausübungsrecht auf seinem Grundstück zugestanden wird. Ist ersteres der Fall, oder überschreitet der Eigentümer das ihm gewährte beschränkte Jagdausübungsrecht, so begeht er lediglich eine Ordnungswidrigkeit nach § 39 I Nr. 1 BJagdG (Hoyer SK 7, Tröndle/Fischer 14). Eine Jagdausübung iSv § 39 I Nr. 1 BJagdG liegt aber nicht vor, wenn der Eigentümer eines befriedeten Bezirks in diesen eingedrungenes, herrenloses Wild in Eigenbesitz nimmt (vgl. Bay NStZ **88**, 230 f.). Auf Grundstücke, die zu keinem Jagdbezirk gehören, findet § 39 keine Anwendung (Mitzschke/Schäfer § 6 RN 32). 10

Ob eine Verletzung fremden Jagdrechts gegeben ist, ist nach dem **Standort des Wildes,** nicht des Jägers zu beurteilen (W-Hillenkamp 419). Wer von fremdem Jagdgebiet aus auf Wild schießt, das in 11 seinem eigenen Jagdgebiet steht, kann nicht nach § 292, sondern nur nach § 39 II Nr. 6 BJagdG (Ordnungswidrigkeit) geahndet werden (vgl. RG **25** 120, Tröndle/Fischer 15). In der mangels Vereinbarung unzulässigen Wildfolge liegt auch eine Verletzung fremden Jagdrechts (RG **72** 389, KG JFG Erg. **17** 270); vgl. hierzu noch Bay GA **93**, 121, Hamburg JW **38**, 582, LG Lübeck DJ **38**, 1566, Rohling DStR **39**, 154.

12 V. Als **Rechtfertigungsgrund** kommt zB § 228 BGB in Betracht: so wenn Raubwild Geflügel des Bauern überfällt (RG JW **02**, 306). Besonderer Prüfung bedarf hier jedoch das Merkmal der Erforderlichkeit; die Tötung von jagdbarem Wild ist unzulässig, sofern der Schaden durch Anbringung von zumutbaren Vorrichtungen zur Fernhaltung des Wildes oder durch Verscheuchen vermieden werden kann (vgl. § 26 BJagdG). Ferner ist die Berufung auf § 228 BGB ausgeschlossen, wenn es lediglich um Verhütung von Wildschäden geht, die dem Geschädigten nach §§ 29 ff. BJagdG zu ersetzen sind; insoweit ist § 26 BJagdG eine Spezialregelung zu § 228 BGB (Mitzschke/Schäfer § 26 RN 4). Darüber hinaus schließt § 26 BJagdG jedoch die allg. Selbstschutzbestimmungen nicht aus (Bay GA **64**, 120). Ist die *Tötung* des Wildes gerechtfertigt, so kann dennoch durch dessen *Aneignung* Wilderei begangen werden (RG JW **02**, 307, Hoyer SK 24). Rechtfertigung durch (tatsächliche oder mutmaßliche) *Einwilligung* ist zwar nicht grundsätzlich ausgeschlossen (vgl. Lorz § 3 Anm. 4; and. AG Öhringen NJW **76**, 581, M-Schroeder I 404 f.), wird jedoch idR nur bei Tötung eines bereits verletzten Tieres (Hineinlaufen in PKW) anzunehmen sein (Hoyer SK 24 m. Hinw. auf § 34, Wessels JA 84, 222; and. Schäfer LK 51 ff.; vgl. auch Bay NStZ **90**, 440).

13 Der sog. **Jagdgast** gehört nicht zu den Jagdausübungsberechtigten; er ist aber kraft Erlaubnis des Jagdausübungsberechtigten zur Ausübung der Jagd befugt. Die Erlaubnis ist bei den dem Diebstahl nachgebildeten Alternativen (zu dieser Unterscheidung vgl. o. 5) als tatbestandsausschließendes Einverständnis (vgl. § 242 RN 36) zu qualifizieren, bei den der Sachbeschädigung nachgebildeten Alternativen hingegen als rechtfertigende Einwilligung (vgl. § 303 RN 12). Bei einer Mehrheit von Jagdpächtern ist zur Gültigkeit einer Jagderlaubnis die Zustimmung aller Pächter erforderlich (Hamm DJ **37**, 1160). Überschreitet der Jagdgast die ihm erteilte Erlaubnis, zB die ihm gestattete Stückzahl, so macht er sich der Wilderei schuldig (RG DR **41**, 2059, M-Schroeder I 403).

14 *Mißachtet der Jagdberechtigte die Beschränkungen* der Jagdgesetze, schießt er zB Wild trotz Verbotes (§ 21 III BJagdG) oder über den Abschußplan hinaus (§ 21 I, II BJagdG) oder während der Schonzeit (§ 22 BJagdG), so ist das keine unberechtigte Jagdausübung iSd § 292; derartige Verstöße sind nur nach BJagdG als Straftat (§ 38) oder Ordnungswidrigkeit (§ 39) zu ahnden.

15 VI. Für den **subjektiven Tatbestand** ist **Vorsatz** erforderlich. Dafür muß der Täter das Bewußtsein haben, in ein fremdes Jagdrecht einzugreifen. Handelt er in der irrtümlichen Annahme, ein Tier sei kein „Wild", so liegt vorsatzausschließender Tatbestandsirrtum vor (Tröndle/Fischer 20, W-Hillenkamp 427). Gleiches gilt bei Irrtum über die Verletzung fremden Jagdrechts: so wenn der Täter glaubt, sich noch im jagdausübungsberechtigenden Revier zu befinden oder an einem bestimmten
16 Grundstück ein Jagdrecht zu haben (vgl. Darmstadt HRR **33** Nr. 627). Dagegen ist es nur Verbotsirrtum, wenn der Täter fälschlich glaubt, das verwundete Wild aus dem Nachbarrevier abholen zu dürfen (M-Schroeder I 404), wenn er irrtümlich meint, die Erlaubnis zum Abschuß durch einen von zwei Jagdpächtern reiche aus (and. KG JW **35**, 2386, Hamm DJ **37**, 1160), oder wenn er zu Unrecht annimmt, sein Jagdausübungsrecht erstrecke sich auch auf einen innerhalb seines Reviers gelegenen befriedeten Bezirk (Bay NStZ **92**, 187; vgl. o. 10). Eingeh. zu Irrtumsfragen Wessels JA 84, 222 ff. Vgl. auch Arzt/Weber III 103, Hoyer SK 21, Krey II 118 ff., W-Hillenkamp 427 ff.

17 VII. Wird **dem Wilderer Wild entwendet** (oder sonst einem Unberechtigten), so ist die Anwendbarkeit von § 292 zweifelhaft: Der erste Tatbestand (o. 3 ff.) greift nicht ein, da er sich nur auf lebendes Wild bezieht. In Betracht kommt aber wohl der zweite Tatbestand (o. 6 ff.), wenngleich fraglich ist, ob das von einem anderen erlegte Wild noch dem *Jagdrecht* unterliegt (bejah. Bay NJW **55**, 32, M-Schroeder I 403, Schäfer LK 36, Welzel 363, Wessels JA 84, 223, W-Hillenkamp 426; vernein. Kohlrausch/Lange IV; vgl. ferner Baur/Stürner, Sachenrecht[16] 575, Wolff/Raiser, Sachenrecht[10] 292). Erwirbt jemand vom Wilderer ein Stück Wild, so wird er nur wegen Hehlerei bestraft; die tatbestandlich an sich gegebene Wilderei tritt demgegenüber zurück (Hoyer SK 31, Krey II 118 f., Schäfer LK 36; and. Furtner JR 62, 415). Nimmt man an, daß an gewilderten Sachen nach § 932 BGB gutgläubiger Erwerb möglich ist (Wolff/Raiser aaO), so scheiden sie von diesem Zeitpunkt an als taugliche Objekte des § 292 aus.

18 VIII. Die **Strafe** ist Freiheitsstrafe bis zu 3 Jahren oder Geldstrafe; zu letzterer vgl. § 41. **Einziehung** ist nach § 295 möglich; vgl. dazu auch § 40 BJagdG. Wegen Entziehung des Jagdscheins durch das wegen Wilderei verurteilende Gericht vgl. § 41 BJagdG, zum Verbot der Jagdausübung § 41 a BJagdG. Sie ist danach nur zulässig, wenn beim Verurteilten die Gefahr weiterer Verstöße gegen
19 Jagdvorschriften besteht (Köln MDR **58**, 789). Da eine dem **§ 248 a** entsprechende Regelung fehlt, wird man bei der Gleichartigkeit der Sachlage diese Bestimmung **analog** übertragen dürfen (vgl. o. 1, Arzt/Weber III 102; and. Wessels JA 84, 226, W-Hillenkamp 433 [keine unbewußte Regelungslücke], Tröndle/Fischer 23). Liegt allerdings ein Hehlerei vor, so gilt diese vor (vgl. § 259 RN 63). Über das Erfordernis eines **Strafantrages** in gewissen Fällen vgl. § 294.

20 IX. Mit unerlaubtem Schußwaffenbesitz besteht je nach den Umständen **Ideal-** oder **Realkonkurrenz** (vgl. 91 vor § 52; aber auch RG **71** 41). Dagegen geht § 259 dem § 292 vor (vgl. o. 17). Für

eine gleichzeitige Ordnungswidrigkeit, wie etwa die unbefugte Wildfolge nach Landesrecht (Bay GA **93**, 121) oder die Jagdausübung ohne Jagdschein nach § 39 BJagdG, gilt § 21 OWiG (Tröndle/Fischer 22; vgl. auch Schäfer LK 100), wobei § 39 I Nr. 3 als milderer Spezialtatbestand dem § 292 insoweit vorgeht, als das Fehlen des Jagdausübungsrechts (lediglich) auf ordnungsrechtlichen Mängeln **21** beruht (Bay NStZ **90**, 441 m. zust. Anm. Rüping NStZ 91, 340). Soweit für wiederholte Verletzungen verschiedener Jagdberechtigungen eine **fortgesetzte Handlung** angenommen wurde (so RG GA Bd. **59** 142, 24. A.), dürfte dies durch die grundlegende Rspr.-Änderung in BGH **40** 138ff. obsolet geworden sein. Mehrere Modalitäten des § 292 stellen nur ein Delikt dar, so zB das Nachstellen und Erlegen des Tieres.

X. Für **besonders schwere Fälle** ist **Strafschärfung (Abs. 2)** angedroht, wobei die frühere **22** Qualifikation der gewerbs- oder gewohnheitsmäßigen Begehung zu einem Regelbeispiel heruntergestuft wurde (6. StrRG, o. 1). Ist eines der *benannten* Beispiele gegeben, so sollte nach hM zu § 292 II aF zwingend ein besonders schwerer Fall anzunehmen sein (BGH **5** 211, Hamm NJW **62**, 601, Schäfer LK 86 mwN). Demgegenüber ist jedoch schon aus den Bedenken, die sich gegen jede Kasuistik ergeben, ähnlich wie bei der sonstigen Regelbeispieltechnik auch bei § 292 II die Möglichkeit einer richterlichen Korrektur zuzulassen (vgl. 44 ff. vor § 38, § 243 RN 1). Diesen Bedenken hat sich der Gesetzgeber durch eine Änderung der Wortwahl (anstelle von „insbesondere" nunmehr nach dem 6. StrRG „in der Regel") angeschlossen (BT-Drs. 13/8587, S. 68). Demzufolge ist von Strafschärfung abzusehen, wenn wegen mildernder Umstände kein „besonders schwerer Fall" anzunehmen ist (Hoyer SK 25, M-Schroeder I 405; Stegmann aaO 162, W-Hillenkamp 435; vgl. auch Tröndle/Fischer 24, iE ebenso bereits Koblenz JZ **53**, 279 m. Anm. Maurach). Andererseits kann aber danach ein „besonders schwerer Fall" auch dann angenommen werden, wenn keiner der Beispielsfälle vorliegt, soweit die konkreten Tatumstände einem der den Regelbeispielen zugrundeliegenden Leitbilder vergleichbar sind (vgl. Hoyer SK 26 u. o. § 243 RN 42 a). Das Wildern von Kaninchen mit Frettchen und Fallnetzen dürfte für sich allein aber kein besonders schwerer Fall (KG DJ **27**, 980 m. Anm. Mitzschke). Für die **Beispielsfälle** Nr. 1 bis Nr. 3 gilt im einzelnen folgendes:

1. Für **gewerbs- oder gewohnheitsmäßige** Tatbegehung sieht **Nr. 1** eine gegenüber § 292 III **22a** aF abgemilderte Strafschärfung vor. Über Gewerbsmäßigkeit vgl. 95 ff. vor § 52, über Gewohnheitsmäßigkeit vgl. 98 vor § 52, zu beiden Begriffen ferner RG JW **35**, 1984, **36**, 3003, DR **40**, 27. Wer mehrfach auf dasselbe Wild pirscht, handelt noch nicht gewohnheitsmäßig (Bay **56** 51). Die Tatbegehung nach Nr. 1 kann auch in den Formen der Nr. 2 erfolgen, zB gewerbsmäßiges Wildern zur Nachtzeit (vgl. W-Hillenkamp 435, Tröndle/Fischer 25). Die Regelwirkung kann verneint werden, wenn der zur gewerblichen Tatbegehung entschlossene Täter lediglich einmal dem Wild nachgestellt hat.

2. Für Strafschärfung bei **Nachtzeit (Nr. 2)** muß der Täter die Dunkelheit (KG JW **37**, 763) für **23** die Tat *ausgenutzt* haben. Daran fehlt es, wenn er zufällig ein auf der Straße verendetes Wild findet und sich zueignet (Bay **63** 86, Hoyer SK 28, Wessels JA 84, 226, W-Hillenkamp 435; and. KG aaO m. Anm. Mitzschke).

Die **Schonzeiten** sind in § 22 BJagdG nur im Grundsätzlichen festgelegt; zu Einzelheiten vgl. VO **24** über Jagdzeiten v. 2. 4. 77 (BGBl. I 531), diff. je nach Schutzzweck Stegmann aaO 163. Zueignung von Fallwild in der Schonzeit ist für sich allein kein besonders schwerer Fall (KG JW **37**, 763 m. Anm. Mitzschke).

In **nicht weidmännischer Weise** ist die Tat begangen, wenn sie gegen die auch für den Jagdaus- **25/26** übungsberechtigten verbindlichen gesetzlichen Vorschriften verstößt (vgl. § 19 BJagdG). Bei sonstigem nicht weidmännischen Verhalten, aber nicht gesetzlich verbotenem Verhalten ist nicht allein deswegen ein besonders schwerer Fall gegeben: so zB nicht schon das Erlegen von Hasen oder Kaninchen durch einen Schlag mit einer Peitsche oder Heugabel (LG Torgau DJ **37**, 45 m. Anm. Mitzschke, LG Freiburg DJ **37**, 586, Krey II 117 f.), ebensowenig das Erschlagen eines Wildschweins (Bay NJW **60**, 446), nach Koblenz JZ **53**, 279 m. Anm. Maurach auch nicht stets das Schlingenstellen (and. BGH **5** 211, Braunschweig NJW **53**, 1528); die Bedenken gegen jede Kasuistik sprechen – zumindest rechtspolitisch – für das OLG Koblenz. Zwischen Wilderei mittels Schlingen und Tierquälerei (§ 17 TierschG) besteht Gesetzeskonkurrenz mit Vorrang des § 292 (Bay NJW **57**, 720).

3. **Nr. 3** erweitert das bisherige fünfte Beispiel. Von **mehreren mit Schußwaffen ausgerüsteten** **27** **Beteiligten gemeinschaftlich** ist die Tat begangen, wenn mindestens 2 Beteiligte sich der Wilderei durch gemeinsame Tatausführung und in Anwesenheit am Tatort (Hoyer SK 29, Lackner/Kühl 6) schuldig machen und jeder von ihnen mit einer Schußwaffe (vgl. mutatis mutandis § 244 RN 4ff.) versehen ist (RG DJ **37**, 80). Anders als nach § 292 II aF (s. 25. A.) müssen die Beteiligten nicht mehr unbedingt Mittäter sein, der Begriff des Beteiligten soll ggf. auch Teilnehmer, die Schußwaffen im Stadium der Tatausführung bei sich führen, erfassen (BT-Drs. 13/8587 S. 68, 13/9064 S. 21, Lackner/Kühl 6, Otto II 212, W-Hillenkamp 436; and. Hoyer SK 29, Tröndle/Fischer 29).

4. Die Zurechenbarkeit dieser Erschwerungsgründe setzt voraus, daß sie vom **Vorsatz** des Täters **28** umfaßt sind. Er muß zB wissen, daß er die Tat während der Schonzeit begeht (Celle NJW **54**, 1618, Bay **56** 51). Bei einer unweidmännischen Tat ist erforderlich, daß dem Täter das Unweidmännische seines Verhaltens klar geworden ist (Celle MDR **56**, 54, Lackner/Kühl 30). Entsprechendes gilt auch für andere Umstände, in denen ein besonders schwerer Fall gesehen wird (vgl. § 15 RN 29).

§ 293 Fischwilderei

Wer unter Verletzung fremden Fischereirechts oder Fischereiausübungsrechts
1. **fischt oder**
2. **eine Sache, die dem Fischereirecht unterliegt, sich oder einem Dritten zueignet, beschädigt oder zerstört,**

wird mit Freiheitsstrafe bis zu zwei Jahren oder mit Geldstrafe bestraft.

Vorbem.: Die Vorschrift wurde neu gefaßt durch das 6. StrRG v. 26. 1. 1998 BGBl. I 164. Abs. 2 (bes. schwere Fälle) u. Abs. 3 (Qualifikation bei Gewerbs- und Gewohnheitsmäßigkeit) wurden gestrichen.

Schrifttum: Drossé, Zur rechtl. Bewertung von „Fischfrevel", AgrarR 99, 82. – Vgl. die Angaben zu § 292.

1/2 I. Der Tatbestand der **Fischwilderei** ist dem § 292 nachgebildet, wenngleich mit vergleichsweise milderen Strafdrohungen. Auch hier werden in Abs. 1 zwei Tatbestände unterschieden. Sie wurden durch das 6. StrRG den Änderungen des § 292 angepaßt; insbesondere wurde die Drittzueignung der Selbstzueignung gleichgestellt, und der Gesetzgeber hat klargestellt, daß die Tat ebenso unter Verletzung fremden „Fischereiausübungsrechts" begangen werden kann. Die Abs. 2 u. 3 sind gestrichen worden, da sie praktisch keine Rolle spielten (BT-Drs. 13/8587 S. 46). Vgl. im übrigen die Einzelnachw. zum nunmehr allein einschlägigen Landesrecht (zB § 3 FischereiG NRW) bei Lorz, BJagdG 203 ff.

3 II. Der **eigentliche Fischwildereitatbestand (Nr. 1)** betrifft das Fischen fischbarer lebender Wassertiere.

4 1. **Tatobjekt** sind **herrenlose** fischbare lebende **Wassertiere,** insbes. Fische, Krebse, Schildkröten, Frösche, Austern. Fische in Teichen und anderen befriedeten Privatgewässern können nicht Gegenstand der Fischwilderei sein; an ihnen ist vielmehr nur Diebstahl (uU nach § 248 a) möglich (KG DJ 37, 1363, Hoyer SK 5, Tröndle/Fischer 1).

5 2. Unter der **Tathandlung** des **Fischens** ist jede auf Erlegung oder Fang eines Wassertieres gerichtete Tätigkeit zu verstehen (RG **17** 161, Drossé AgrarR 99, 82, Hoyer SK 5). Dazu gehört aber noch nicht das bloße Montieren oder Beködern der Angel, sondern erst das unmittelbare Ansetzen zum Auswerfen (vgl. Frankfurt NJW **84**, 812), wozu uU das Ausfahren mit einem Boot gehören kann (vgl. Drossé AgrarR 99, 82); dagegen ist nicht erforderlich, daß der Täter etwas fängt („unechtes Unternehmensdelikt": vgl. § 292 RN 5 sowie RG GA Bd. **40** 210, **43** 152, Hoyer SK 6, W-Hillenkamp 437).

6 III. Der **Tatbestand der Fischereirechtsverletzung an Sachen (Nr. 2)** setzt voraus, daß der Täter eine Sache, die dem Fischereirecht unterliegt, sich oder einem Dritten (s. o. 1) zueignet, beschädigt oder zerstört.

7 1. **Tatobjekt** sind **dem Fischereirecht unterliegende Sachen.** Dazu gehören neben toten Fischen vor allem Muscheln, Seemoos und sonstige Gegenstände nach den maßgebenden Landesgesetzen (vgl. Tröndle/Fischer 3). Fischereigeräte gehören nicht hierzu (RG DR **45**, 47).

8 2. Die **Tathandlung** besteht im **Sichzueignen** (dazu § 246 RN 8, 11 ff.), seit Inkrafttreten des 6. StrRG (1. 4. 1998) auch in der **Drittzueignung** (dazu § 246 RN 21), **Beschädigen** oder **Zerstören** (dazu § 303 RN 7 ff.).

9 IV. Bei beiden Tatbeständen muß der Täter **unter Verletzung fremden Fischereirechts oder** (klargestellt durch das 6. StrRG) **Fischereiausübungsrechts** handeln. Der Umfang des Fischereirechts bestimmt sich nach Landesrecht; vgl. die Nachw. bei Schäfer LK 3. Derartige Regelungen existieren zZ nur für Binnengewässer. Daraus resultiert der räumliche Anwendungsbereich des § 293: Solange die Länder von ihrer Befugnis, Fischereireviere im Meer, etwa in Küstengewässern, zu errichten, keinen Gebrauch gemacht haben (zur Küstenfischerei als Gemeingebrauch vgl. Baur/Stürner, Sachenrecht[16] 301), kann § 293 nur in **Binnengewässern** verwirklicht werden (vgl. Lorz, BJagdG 239, Stegmann aO 168, aber auch die in § 17 des Nds. FischereiG v. 1. 2. 1978 [GVBl. 81] geregelten Muschelkulturbezirke und den entspr. Straftatbestand in § 61). Der Inhaber des Fischereirechts kann die Ausübung der Befugnis schuldrechtlich, zB durch Pachtvertrag, auf einen anderen übertragen, dem dadurch **Fischereiausübungsrechte** zustehen. Erfaßt wird grundsätzlich auch derjenige, der Umfang und Inhalt der ihm eingeräumten Fischereirechts überschreitet (vgl. KG JW **32**, 1589, Königsberg HRR **39** Nr. 1072, Zweibrücken NStE **1**, Drossé AgrarR 99, 82 f.), soweit es um Aneignungsrechte geht (s. § 292 RN 1 a) und nicht um die Verletzung bloßer, in das Belieben der Vertragsparteien gestellter Konditionen, wie z.B. Verstöße gegen Satzungsrecht eines Fischereivereins (vgl. Drossé AgrarR 99, 85).

10 V. Für den **subjektiven Tatbestand** ist **Vorsatz** erforderlich. Über *Irrtum* vgl. § 292 RN 15.

11 VI. Tateinheit ist möglich mit Nichtführen eines Fischereischeins (Tröndle/Fischer 6), § 293 tritt hinter Hehlerei zurück (Hoyer SK 9).

§ 294 Strafantrag

In den Fällen des § 292 Abs. 1 und des § 293 wird die Tat nur auf Antrag des Verletzten verfolgt, wenn sie von einem Angehörigen oder an einem Ort begangen worden ist, wo der Täter die Jagd oder die Fischerei in beschränktem Umfang ausüben durfte.

I. Ein **Strafantrag** ist unter folgenden zwei Voraussetzungen erforderlich: 1

1. Es muß sich um eine **einfache** Jagd- oder Fischwilderei (§§ 292 I, 293 I) handeln. Bei den besonders schweren Fällen der Jagdwilderei (§ 292 II) hingegen ist ein Strafantrag nicht erforderlich (Tröndle/Fischer 1; and. Hoyer SK 4).

2. Dazu wird weiter vorausgesetzt, daß die Tat von einem **Angehörigen** (dazu § 11 RN 3 ff.) oder 2 an einem **Ort** begangen worden ist, wo der Täter die Jagd oder Fischerei in **beschränktem Umfang** ausüben durfte. Ein beschränktes Jagdausübungsrecht kann insbes. auf den §§ 6, 21 BJagdG beruhen; auch gehört hierher der Fall, daß der Jagdausübungsberechtigte einem Jagdgast nur die Erlegung bestimmter Wildarten oder einer bestimmten Stückzahl von Wild gestattet und dieser darüber hinausgeht (vgl. RG **43** 440). Das Recht, in beschränktem Umfange zu fischen, wird zB überschritten, wenn der Inhaber eines Erlaubnisscheins mehr oder andere als die im Erlaubnisschein vermerkten Fanggeräte verwendet.

II. Über ein **analoges** Strafantragserfordernis nach § 248 a vgl. § 292 RN 1, 19. Zur **Zurück-** 3 **nahme** des Strafantrags vgl. § 77 d.

§ 295 Einziehung

Jagd- und Fischereigeräte, Hunde und andere Tiere, die der Täter oder Teilnehmer bei der Tat mit sich geführt oder verwendet hat, können eingezogen werden. § 74 a ist anzuwenden.

Schrifttum: Eser, Die strafrechtlichen Sanktionen gegen das Eigentum, 1969.

I. Die Bestimmung regelt die **Einziehung** bestimmter typischer Wildereiwerkzeuge. Zur Ent- 1 wicklung Eser aaO 25 f., 28, Schäfer LK 1, 10 ff. Daneben bleiben die §§ **74 ff. ergänzend** anwendbar, so vor allem für Gegenstände, die nicht von § 295 erfaßt werden; vgl. 10 vor § 73. Zur **Rechtsnatur** vgl. 12 ff. vor § 73 sowie Eser aaO 77 ff.

II. Im einzelnen müssen folgende **Voraussetzungen** gegeben sein: 2

1. Einziehungsgrundlage kann nur eine Tat nach §§ **292** oder **293** sein. Es genügt, daß die 3 betroffenen Gegenstände bei einer dieser Taten mitgeführt wurden (vgl. u. 6); ob sie auch tatsächlich zum Einsatz kamen, ist unerheblich.

2. **Einziehbar** sind folgende Gegenstände: 4

a) **Jagd- und Fischereigeräte:** darunter sind leblose Gegenstände zu verstehen, die entweder auf 5 Grund ihrer Beschaffenheit zur Verwendung bei der Jagd oder Fischerei objektiv geeignet und bestimmt sind (*eigentliche* Fanggeräte: Gewehre, Jagdmunition, Schlingen, Jagdtaschen, Jagdferngläser, Angeln, Netze, Fischreusen, -körbe oder -kästen [Hoyer SK 2]) oder die, obgleich sie ihrer Art nach generell anderen Zwecken dienen, bei Begehung von Wilderei dauernd (so RG **22** 15, Celle GA **65**, 30, Tröndle/Fischer 2) oder wenigstens für eine gewisse Zeit als Fanggeräte Verwendung finden sollen (*uneigentliche* Fanggeräte: zB Stöcke, Schaufeln oder ein Kraftwagen, der zum Blenden, Hetzen oder Überfahren des Wildes oder zum Nachstellen vom Fahrzeug aus benutzt werden soll; vgl. BGH **19** 123, Stuttgart NJW **53**, 354 m. Anm. Mitzschke; vgl. auch Hoyer SK 3). Vgl. zum Ganzen auch Schäfer LK 17 ff.

Eine nur *gelegentliche* oder *zufällige* Benützung zur Wilderei macht aber einen Gegenstand, der kein 6 typisches Fangwerkzeug darstellt, noch *nicht* zum Jagd- oder Fischereigerät (RG **22** 15; Tröndle/ Fischer 2; and. RG **12** 306, Bay MDR **59**, 58; bedenkl. auch die Begr. von Stuttgart aaO) und ist bei § 295 der Sicherungszweck im Vordergrund steht (vgl. Tröndle/Fischer 6; and. Hoyer SK 3), kann die Einziehung hier nur auf solche Gegenstände erstreckt werden, denen auf Grund ihrer objektiven Beschaffenheit oder subjektiven Zweckbestimmung eine gewisse Gefährlichkeit innewohnt. Für reine Zufallswerkzeuge kommt deshalb nur eine Einziehung nach § 74 in Betracht (RG **22** 17, Tröndle/Fischer 2). § 295 greift zudem nur dann Platz, wenn der Gegenstand bei Ausübung der Jagd oder Fischerei Verwendung fand oder zu diesem Zweck mitgeführt wurde; deshalb ist ein Kraftwagen, der lediglich zur Fahrt in das Jagdgebiet oder zur Wegschaffung der Beute benutzt wird, kein Jagdgerät (Celle NJW **60**, 1873, Tröndle/Fischer 2; and. Mitzschke NJW 53, 354). Vgl. aber auch § 74 RN 11 sowie Schäfer LK 19 f.

b) **Hunde und andere Tiere:** Während bei Hunden die Gefährlichkeit als Fangtiere generell 7 unterstellt wird, prinzipiell gleichgültig, ob es sich dabei um Jagd- oder sonstige, entsprechend gefährliche Hunde handelt (vgl. Hoyer SK 4), ist bei anderen Tieren eine Beschränkung der Einziehung auf eigentliche und uneigentliche Fangtiere möglich und geboten. Demnach sind nach § 295 zwar Frettchen und Jagdfalken hierher zu rechnen, nicht aber ein Reittier, das nur bei einem Gelegenheits-

§ 297 1–3

ritt durch den Wald zum Aufspüren oder Einfangen eines Tieres benutzt wurde. Auch hier kommt aber uU § 74 in Betracht (vgl. o. 6).

8   c) Dagegen können die **Jagdbeute**, ihre einzelnen Teile, die Eier oder Fische weder nach § 295 noch nach § 74 eingezogen werden (RG **70** 94). Möglich ist aber eine Einziehung nach § 40 BJagdG (vgl. RG **72** 390, aber auch Schäfer LK 26 f.) oder den landesrechtlichen FischereiGes.

9   3. Grundsätzlich werden nur Gegenstände, die einem **Täter oder Teilnehmer gehören**, der Einziehung unterworfen (S. 1). Soweit jedoch ein Sicherungsbedürfnis iSv § 74 II Nr. 2 vorliegt oder dem Dritteigentümer ein Vorwurf iSv § 74a gemacht werden kann, darf die Einziehung auch auf **täterfremde** Gegenstände erstreckt werden (vgl. S. 2).

10   III. Die Anordnung der Einziehung ist in das pflichtgemäße **Ermessen** des Gerichts gestellt. Dabei ist insbes. auch der Grundsatz der Verhältnismäßigkeit zu beachten (vgl. § 74 b RN 3 ff.).

§ 296 [Wildereiwerkzeug] *aufgehoben durch das 1. StrRG.*

§ 296 a [Unbefugte Küstenfischerei durch Ausländer] *aufgehoben durch § 12 SeefischereiG v. 12. 7. 84 (BGBl. I 876) und ersetzt durch dessen Bußgeldtatbestand § 9 I Nr. 3 i.V.m. § 5 II S. 1 (vgl. BT-Drs. 10/1021 S. 11).*

§ 297 Gefährdung von Schiffen, Kraft- und Luftfahrzeugen durch Bannware

(1) **Wer ohne Wissen des Reeders oder des Schiffsführers oder als Schiffsführer ohne Wissen des Reeders eine Sache an Bord eines deutschen Schiffes bringt oder nimmt, deren Beförderung**
1. für das Schiff oder die Ladung die Gefahr einer Beschlagnahme oder Einziehung oder
2. für den Reeder oder den Schiffsführer die Gefahr einer Bestrafung

verursacht, wird mit Freiheitsstrafe bis zu zwei Jahren oder mit Geldstrafe bestraft.

(2) **Ebenso wird bestraft, wer als Reeder ohne Wissen des Schiffsführers eine Sache an Bord eines deutschen Schiffes bringt oder nimmt, deren Beförderung für den Schiffsführer die Gefahr einer Bestrafung verursacht.**

(3) Absatz 1 Nr. 1 gilt auch für ausländische Schiffe, die ihre Ladung ganz oder zum Teil im Inland genommen haben.

(4) **Die Absätze 1 bis 3 sind entsprechend anzuwenden, wenn Sachen in Kraft- oder Luftfahrzeuge gebracht oder genommen werden.** An die Stelle des Reeders und des Schiffsführers treten der Halter und der Führer des Kraft- oder Luftfahrzeugs.

Vorbem.: § 297 neu gefaßt durch das 6. StrRG v. 26. 1. 1998, BGBl. I 164.

1   I. Die Vorschrift wurde durch das 6. StrRG neu gefaßt, hinsichtlich der Rechtsgüter, des Täterkreises (u. 2) und der Schutzobjekte (u. 3) teilweise erheblich erweitert, wobei Motiv des Gesetzgebers war, Gefahren umfassender entgegenzutreten, die dem Transportwesen durch die Beförderung von Bannware erwachsen können (BT-Drs. 13/8587 S. 46, 13/9064 S. 21; krit. zur Neufassung Tröndle/Fischer 1). Wie bisher (s. 25. A.; diff. Roth, Eigentumsschutz nach Realisierung von Zueignungsunrecht 1986, 34 f.), schützt Abs. 1 Nr. 1 die Eigentümer der Schutzobjekte vor **Gefährdungen ihres Eigentums** durch die Schaffung von Beschlagnahme- bzw. Einziehungsvoraussetzungen (vgl. Hoyer SK 1 f, Lackner/Kühl 1, Tröndle/Fischer 1 f. u. bereits Schroeder ZRP 78, 12 f.). Abs. 1 Nr. 2 und Abs. 2 schützen Eigentümer bzw. Fahrzeugführer, die wegen Transports von Bannware in die Gefahr einer Bestrafung geraten, vor den damit verbundenen Nachteilen, namentlich ihre **persönliche Freiheit** (vgl. BT-Drs. 13/8587 S. 46, Hoyer aaO, Lackner/Kühl 1, Tröndle/Fischer 2). Es handelt sich um ein **abstraktes Gefährdungsdelikt**, weil kein konkreter Gefährdungserfolg hinsichtlich der geschützten Rechtsgüter iS einer aktuell drohenden Maßnahme aufgrund eines konkreten Verfahrens verlangt wird, sondern die Schaffung eines Gefährdungszustandes genügt, der Anlaß für entsprechende Maßnahmen sein kann (vgl. Tröndle/Fischer 10; and. Hoyer SK 2 [konkretes Gefährdungsdelikt]).

2   II. **Täter** des **Abs. 1 1. Alt.** (iVm Abs. 4) kann **jedermann** sein, also sowohl Besatzungsmitglieder, Passagiere (auch blinde Passagiere, Tröndle/Fischer 5), Befrachter, Ablader oder Lotsen (vgl. BT-Drs. 13/8587 S. 46, Lackner/Kühl 2). Bei **Abs. 1 2. Alt.** kommt als Täter nur der **Fahrzeugführer** in Betracht, bei **Abs. 2** (iVm Abs. 4) der **Reeder** bzw. **Fahrzeughalter**. Der Führer eines Fahrzeugs ist nach der Wahrnehmung der konkreten Funktion im Tatzeitpunkt zu bestimmen. Halter ist derjenige, in dessen übergeordnetem Interesse das Fahrzeug betrieben wird (vgl. Hoyer SK 2, Tröndle/Fischer 5).

3   III. Der Kreis der *Schutzobjekte* ist durch das 6. StrRG über **Schiffe** hinaus auf **Kraft- und Luftfahrzeuge** (oder deren Ladung) erweitert worden (Abs. 4 S. 1; krit. Tröndle/Fischer 3). Erfaßt werden wie bisher nur private Schiffe aller Art, also nicht nur Seeschiffe (Schäfer LK 2), dagegen nicht Staatsschiffe, da sie auch im Ausland keiner Beschlagnahme oder Einziehung unterliegen (Hoyer SK 4, vgl. auch 31 a vor § 3, § 4 RN 4). Anders als bei § 297 aF (s. 25. A.) sind taugliche Schutzobjekte nur

noch inländische Fahrzeuge und ausnahmsweise solche ausländischen, die ihre Ladung zumindest zum Teil im Inland genommen haben (Abs. 3 für Fälle des Abs. 1 Nr. 1). Nach Tröndle/Fischer 8 soll genügen, daß die Bannware bereits vor Ladungsaufnahme im Inland an Bord war (and. Hoyer SK 4; enger zu Recht auch BT-Drs. 13/8587 S. 46). Zu Kraft- und Luftfahrzeugen s. § 69 RN 11 bzw. § 109 g RN 19. Dazuhin sind zu den Schutzobjekten die **Reeder, Halter oder Fahrzeugführer** getreten (Abs. 1 Nr. 2, Abs. 4 S. 2).

IV. Tatobjekte sind spezifisch gefährliche Sachen, dh bewegliche Gegenstände, welche die Schutz- **4** objekte dergestalt gefährden, daß sie Anlaß für die Beschlagnahme oder Einziehung der Fahrzeuge bzw. deren Ladung (Nr. 1) oder eine Bestrafung des Fahrzeughalters bzw. -führers (Nr. 2) sein können. In Betracht kommen alle Gegenstände, deren Ausfuhr, Einfuhr oder Transport verboten oder einem Zoll unterworfen ist, ferner prinzipiell alle Gegenstände, die nach dem Recht des Absendungs- oder Bestimmungsorts wegen Verletzung von Ausfuhr- oder Einfuhrverboten, wegen Hinterziehung von Zollgebühren oder wegen verbotenen Erwerbs, Besitzes oder Vertriebs (wie etwa Drogen) der Beschlagnahme und Einziehung unterliegen (vgl. näher Janovsky NStZ 98, 117), sofern ein hinreichender Inlandsbezug gegeben ist (BT-Drs. 13/8587 S. 46). Ob es sich um Teile des Fahrzeugs, der Ladung oder des Gepäcks von Reisenden handelt, soll prinzipiell ohne Bedeutung sein (Tröndle/Fischer 6). Doch können sich Unterschiede praktisch mit Blick auf das hinreichende Wissen des Rechtsgutsinhabers ergeben (unten 7). In jedem Fall genügt nicht, daß nur die Tatobjekte selbst eingezogen oder beschlagnahmt werden können, vielmehr muß diese Gefahr dem Fahrzeug selbst oder wenigstens noch einem Teil der Ladung drohen (Hoyer SK 8, Lackner/Kühl 2, Schäfer LK 3). Tatbestandlich ausgeschlossen ist auch der illegale Transport des Fahrzeugs als solches (zB Überführung gestohlener Kraftfahrzeuge, vgl. Tröndle/Fischer 6, s. u. 6).

V. Die **Tathandlung** aller drei Tatbestände ist das An-Bord-**Bringen** oder An-Bord-**Nehmen** des **5** Tatobjekts.

1. Bringen und Nehmen von Ladung unterscheiden sich danach, ob der Täter selbst zu den **6** Mitreisenden gehört oder er mitreist (dann: Nehmen, s. Hoyer SK 3, Tröndle/Fischer 7). Gemeinsam ist diesen Alternativen, daß das Tatobjekt (o. 4) auf ein Fahrzeug gebracht oder genommen wird. Die Tat ist jedoch kein eigenhändiges Delikt, weshalb sie täterschaftlichen Formen genügen kann. Zu den Voraussetzungen bei sog. *Schreibtischtätern* und Organisationsherrschaft s. § 25 RN 25. Die Tat ist auch unter den Voraussetzungen des § 13 durch *Unterlassen* begehbar (vgl. o. 85 vor § 25). Zu beachten ist, daß § 297 weder ein selbständiges Transportverbot begründet noch eine allgemeine Anzeigepflicht (Tröndle/Fischer 7).

2. Die Ladung muß **ohne Wissen** des tatbestandlich geschützten Rechtsgutsinhabers aufgenom- **7** men worden sein (zum Gesetzgebungsverfahren s. Fischer NStZ 99, 13, Wohlers JR 98, 275; krit. Tröndle/Fischer 4). Maßgebender Zeitpunkt ist prinzipiell die Schaffung des entsprechenden Zustandes, typischerweise der Ladungsaufnahme (vgl. Hoyer SK 5). Sind alle eingeweiht, also zB der Reeder und der Schiffsführer, findet § 297 mangels Rechtsgutsverletzung keine Anwendung (vgl. Tröndle/Fischer 9). Schwierigkeiten können sich ergeben je nach Träger des Rechtsguts und je nach Art des Tatobjekts (s. o. 4). Zu Delegationsproblemen bei juristischen Personen s. Heine Verantwortlichkeit aaO (130 vor § 25) 41 f., 121 ff. Erlangt der Fahrzeugführer nach Anbordbringen durch einen Dritten davon Kenntnis, so kann dies unter den Voraussetzungen des § 13 eine selbständige Unterlassungstäterschaft begründen.

3. Durch die Verbringung an Bord müssen die in Abs. 1 Nr. 1 und Nr. 2 genannten **Gefahren** **8** **verursacht** werden. Zum Grad der Gefahr s. o. 1.

a) **Nr. 1** verlangt die Gefahr einer **Beschlagnahme** oder **Einziehung** für das Schiff oder zumin- **9** dest von Teilen der sonstigen Ladung; dazu, daß die Beschlagnahme- bzw. Einziehungsmöglichkeit bloß des Tatobjekts nicht genügt, s. o. 4. Ohne Bedeutung ist bisher (s. 25. A.), ob diese Maßnahmen von deutschen oder ausländischen Behörden zu befürchten sind (Hoyer SK 7); jedoch sind bei deutschen Behörden der Grundsatz der Verhältnismäßigkeit und die sonstigen in §§ 74 ff. vorgesehenen Einschränkungen zu beachten.

b) **Nr. 2** verlangt die Gefahr einer **Bestrafung**; mit Blick auf das geschützte Rechtsgut (s. o. 1) **10** genügt die drohende Verfolgung wegen einer Ordnungswidrigkeit nicht. Die Gefahr muß entweder den Führer oder den Reeder bzw. Halter des Fahrzeugs treffen.

VI. Für den **subjektiven Tatbestand** ist **Vorsatz** erforderlich. Der Täter muß auch wissen, daß **11** die Anbordnahme der Ware Schiff oder Ladung gefährdet (RG **43** 384), bzw. die Gefahr einer Bestrafung schafft (s. näher Tröndle/Fischer 13).

VII. Die Tat ist **vollendet**, sobald die Gegenstände an Bord gebracht sind (RG **42** 294). **Beihilfe** **12** ist auch dadurch möglich, daß Schmuggelware geliefert wird (RG **41** 70).

VIII. Idealkonkurrenz kommt uU mit § 263 in Betracht (Schäfer LK 13). **13**

Sechsundzwanzigster Abschnitt. Straftaten gegen den Wettbewerb

Vorbemerkungen zu den §§ 298 ff.

Schrifttum: Achenbach, Komment. von § 38 GWB, in: Glassen (Hrsg.), FK aaO. – *ders.,* Das neue Recht der Kartellordnungswidrigkeiten, wistra 99, 241. – *ders.,* Die Verselbständigung der Unternehmensgeldbuße bei strafbaren Submissionsabsprachen – ein Papiertiger?, wistra 98, 168. – *ders.,* Pönalisierung von Ausschreibungsabsprachen und Verselbständigung der Unternehmensgeldbuße durch das Korruptionsbekämpfungsgesetz 1997, WuW 97, 958. – *Bangard,* Aktuelle Probleme der Sanktionierung von Kartellabsprachen, wistra 97, 161. – *Baumbach/Hefermehl,* Wettbewerbsrecht, 19. A. 1996. – *Bechtold,* GWB 1998. – *Borck,* Eine Lanze für die Zugabeverordnung, WRP 96, 965. – *Byok* NJW 98, 2774. – *Cramer,* Strafbare Kartelle?, in: Dahs aaO, 27. – *Dahs* (Hrsg.), Kriminelle Kartelle, 1998. – *Dölling,* Empfehlen sich Änderungen des Straf- und Strafprozeßrechts, um der Gefahr von Korruption in Staat, Wirtschaft und Gesellschaft wirksam zu begegnen? (DJT-Gutachten), 1996. – *Ekey/Klippel/Kotthoff/Meckel/Plaß,* Heidelberger Kommentar z. Wettbewerbsrecht, 2000. – *Eser/Überhofen/Huber* (Hrsg.), Korruptionsbekämpfung, 1997. – *Fuhrmann,* Komment. von § 12 UWG, in: Erbs/Kohlhaas, Strafrechtl. Nebengesetze Bd. 4, Stand 1. 4. 1997. – *Geerds,* Über Änderungen krimineller Korruption, JR 96, 309. – *Glassen* (Hrsg.), Frankfurter Kommentar zum GWB (zit.: FK), LsblSlg. Stand 15. 12. 1999. – *Gloy* (Hrsg.), Hdb. des Wettbewerbsrechts, 2. A. 1997. – *Immenga/Mestmäcker* (Hrsg.), Kommentar zum GWB, 2. A. 1992. – *Jaath,* Empfiehlt sich die Schaffung eines strafrechtl. Sondertatbestandes zum Ausschreibungsbetrug?, Schäfer-FS 95. – *Jacobs/Lindacher/Teplitzky* (Hrsg.), Großkommentar zum UWG (zit. GK-UWG), 1993 ff. – *Jaeschke,* Der Submissionsbetrug, 1999. – *Kerner/Rixen,* Ist Korruption ein Strafrechtsproblem?, GA 96, 377. – *Klusmann,* Ordnungswidrigkeiten und Strafrecht, in: Wiedemann aaO, 1395. – *Köhler/Piper,* UWG, 1995. – *König,* Neues Strafrecht gegen die Korruption, JR 97, 397. – *Korte,* Bekämpfung der Korruption und Schutz des freien Wettbewerbs mit den Mitteln des Strafrechts, NStZ 97, 513. – *ders.,* Gesetzgeberische Überlegungen zu einem neuen Straftatbestand, in: Dahs aaO, 43. – *Lemke,* Ordnungsrecht oder Kriminalunrecht?, NJ 96, 632. – *Lüderssen,* Antikorruptions-Gesetze und Drittmittelforschung, JZ 97, 112. – *ders.,* Die Symbiose von Markt und Staat – auseinanderdividiert durch Strafrecht?, StV 97, 318. – *ders.,* Ein prokrustes Bett für ungleiche Zwillinge, BB 96, 2525. – *ders.,* Strafrechtl. Interventionen im System des Wettbewerbes, in: Dahs aaO, 53. – *ders.,* Submissionsabsprachen sind nicht eo ipso Betrug, wistra 95, 243. – *ders.,* Sollen Submissionsabsprachen zu strafrechtlichem Unrecht werden?, BB 96, Beilage 11, 1. – *Möhrenschlager,* Strafrechtl. Vorhaben zur Bekämpfung der Korruption usw., JZ 97, 822. – *Möschel,* Wettbewerb im Schnittfeld von Rechtswissenschaft und Nationalökonomie, in: Tradition und Fortschritt im Recht, 1977, S. 333. – *ders.,* Zur Problematik einer Kriminalisierung von Submissionsabsprachen, 1980. – *Müller-Guggenberger/Bieneck* (Hrsg.), Wirtschaftsstrafrecht, 3. Aufl. 2000 (zit. MG). – *Müller-Henneberg/Schwartz,* GWB, in: Hootz (Hrsg.), Gemeinschaftskommentar, 1999. – *Oldigs,* Die Strafbarkeit von Submissionsabsprachen nach dem neuen § 298 StGB, wistra 98, 291. – *ders.,* Möglichkeiten und Grenzen strafrechtl. Bekämpfung von Submissionsabsprachen, 1998. – *Otto,* Submissionsbetrug und Vermögensschaden, ZRP 96, 300. – *ders.,* Komment. von §§ 4, 12 UWG, in: GK-UWG aaO. – *Pfeiffer,* Das strafrechtl. Schmiergeldverbot in § 12 UWG, Gamm-FS 130. – *Ransiek,* Strafrecht und Korruption, StV 96, 446. – *Rittner,* Wettbewerbs- und Kartellrecht, 5. A. 1996. – *Schaupensteiner,* Gesamtkonzept zur Eindämmung der Korruption, NStZ 97, 409. – *ders.,* Das Korruptionsbekämpfungsgesetz, Kriminalistik 97, 699. – *ders.,* Submissionsabsprachen und Korruption, ZRP 93, 250. – *Schünemann, W.,* Einleitung, in: GK-UWG aaO. – *Tiedemann,* Komment. von § 38 GWB, in: Immenga/Mestmäcker aaO. – *ders.,* Sollen einzelne Kartellrechtsverstöße usw.) unter Strafandrohung gestellt werden?, in: Tagungsberichte Sachverständigenkommission, 1976. – *ders.,* Wettbewerb und Strafrecht 1976. – *ders.,* Wirtschaftsstrafrecht, JuS 89, 689. – *Wiedemann* (Hrsg.), Handbuch des Kartellrechts 1999. – *Tipke/Lang,* Steuerrecht, 1996. – *Wittig,* § 299 StGB durch Einschaltung von Vermittlerfirmen bei Schmiergeldzahlungen, wistra 98, 9. – *Wolters,* Die Änderungen des StGB durch das Gesetz zur Bekämpfung der Korruption, JuS 98, 1100.

1 I. Der 26. Abschnitt ist durch das Gesetz zur Bekämpfung der Korruption (**KorrBG**) v. 13. 8. 1997 (BGBl. I 2038), in Kraft getreten am 20. 8. 1997, eingefügt worden. Der bisherige § 302 a (Wucher) wurde als § 291 in den 25. Abschnitt eingestellt. Mit der Einfügung des 26. Abschnitts in das StGB soll (auch in Reaktion auf internationale Rechtsentwicklungen, vgl. Eser/Überhofen/Huber aaO, Möhrenschlager JZ 96, 830 f.) deutlich gemacht werden, daß der Schutz des Wettbewerbs eine wichtige Aufgabe des Staates ist, zu dessen Durchsetzung auch kernstrafrechtliche Regelungen geboten erscheinen (BT-Drs. 13/5584 S. 12; krit. Lüderssen BB 96 (Beil. 11), 7 ff., StV 97, 320, Oldigs aaO 122 ff., Rittner, Wettbewerbs- und Kartellrecht, 367). Bisher konnten Submissionsabsprachen nur selten als Straftaten geahndet werden, weil der für § 263 erforderliche Schadensnachweis trotz Lockerung der Voraussetzungen durch BGHSt **38** 186 (o. § 263 RN 137 a) oftmals nicht zu führen war (vgl. Cramer aaO 29, Dölling DJT-Gutachten C 94). Im Zusammenhang auch mit privater Ausschreibung steht das Anliegen, das Bewußtsein der Bevölkerung dafür zu schärfen, daß es sich bei Korruption im geschäftlichen Bereich um kriminellen Unwert handelt (BT-Drs. 13/5584 S. 14; vgl. Bottke ZRP 98, 216). Deshalb enthält der 26. Abschnitt nunmehr Regelungen gegen wettbewerbsbeschränkende Absprachen bei Ausschreibungen (§ 298) und gegen Bestechlichkeit und Bestechung im geschäftlichen Verkehr (§ 299), die Vorläufer im Ordnungswidrigkeitenrecht (§ 38 Abs. 1 Nr. 1, 8 aF GWB) und im Nebenstrafrecht (§ 12 aF UWG) hatten, den Strafbarkeitsbereich aber teilweise deutlich ausweiten und die Strafrahmen erhöhen. § 300 benennt Regelbeispiele für besonders schwere Fälle des § 299. Anders als nach §§ 12, 22 Abs. 1 aF UWG kann bei Bestechlichkeit und Bestechung im geschäftlichen Verkehr auf das Strafantragserfordernis bei Vorliegen eines besonderen öffentlichen Interesses verzichtet werden (§ 301 Abs. 1). Zudem kann bei § 299 unter bestimmten Voraussetzungen erweiterter Verfall und Vermögensstrafe angeordnet werden (§ 302). Vor allem § 298 wird durch Änderungen insbesondere im GWB und OWiG flankiert. So schafft § 82 (§ 81 a aF) GWB eine ausschließliche Zuständigkeit der Kartellbehörden für die Festsetzung von Unternehmensgeldbußen (u. § 298 RN 23), wobei die Geldbuße weiterhin bis zur dreifachen Höhe des Mehrerlöses reichen kann (§§ 81 Abs. 2, 38 Abs. 4 aF) GWB, §§ 30 Abs. 2 S. 3, 130 Abs. 3 S. 3 OWiG). Verlängert wurde ferner die Verjährungsfrist für Ordnungswidrigkeiten nach § 81 Abs. 1 Nr. 1 GWB (§ 81 Abs. 3 S. 2 GWB). Zur Bekämpfung der Korruption im öffentlichen Bereich wurden die §§ 331 ff. ausgeweitet (s. 1 vor § 321) und der Amtsträgerbegriff des § 11 Abs. 1 Nr. 2 c ergänzt (s. § 11 RN 21). Insgesamt ist rechtspolitisches Anliegen der Reform zum einen die Effektivierung der Verfolgung wettbewerbsverzerrenden bzw. korruptiven Verhaltens, zum anderen die Stärkung generalpräventiver Effekte, dabei auch die Förderung eines entsprechenden Rechtsbewußtseins in der Bevölkerung (BT-Drs. 13/5584 S. 12, 18 f.; vgl. Dölling DJT-Gutachten C 43 f., Kerner/Rixen GA 96, 377 ff.). Ob dazu gerade eine Einstellung in das StGB erforderlich war, erscheint fraglich (vgl. auch Achenbach WuW 97, 964, König JR 97, 404, Lackner/Kühl 1, Lemke NJ 96, 632 f., Lüderssen BB 96, 2526 ff., Oldigs wistra 98, 291). Vor allem wird es darum gehen müssen, den Vorschriften hinreichend klare Konturen zu geben. In der Natur der Sache dieses Strafprogramms dürfte liegen und daher unvermeidlich sein, daß auf die Praxis in hohem Maße Rechtsgestaltung zukommt, und auch das Verfahrensrecht Steuerungsaufgaben zu übernehmen hat. Vor allem ist fraglich, ob der individualstrafrechtliche Grundansatz zur Konfliktlösung (mit Blick auf mächtige wirtschaftliche Großorganisationen) überhaupt hinreichend geeignet ist (vgl. Ransiek StV 96, 452). – Zum Gesetzgebungsverfahren vgl. insbes. Geerds JR 96, 309, König DRiZ 96, 357, Korte, in Dahs aaO 43 f., Lüderssen BB 96 (Beil. 11) 1 ff., BB 96, 2525 u. StV 97, 318, Möhrenschlager JZ 96, 822, Otto ZRP 96, 301, Ransiek StV 96, 446, Schaupensteiner NStZ 96, 409. Zu den Materialien s. Tröndle/Fischer 2. Rechtsvergleichend Eser/Überhofen/Huber, Korruptionsbekämpfung durch Strafrecht.

II. Als **Rechtsgut** der Straftaten des 26. Abschnitts wird der **freie Wettbewerb** angesehen (BT-Drs. 13/5584 S. 9, König JR 97, 402, Korte NStZ 97, 516, Lackner/Kühl § 299 RN 1, Otto wistra 99, 42, Tröndle/Fischer 6, Wolters JuS 98, 1101; and. M-Maiwald II 207 [abstrakte Vermögensgefährdungsdelikte]; krit. Lüderssen BB 96 (Beil. 11), 15, BB 96, 2527 u. in Dahs aaO 55 ff., Oldigs aaO 122 u. wistra 98, 293, Stächelin aaO [vor § 306] 309; vgl. zur verfassungsrechtlichen Zulässigkeit dagegen allgemein Lagodny aaO 424 ff., vgl. auch Wohlers aaO [vor § 306] 226 ff.). Allgemein geht es dabei nicht um einen „wertfreien" Schutz des Systems bzw. der Institution Wettbewerb als solcher (vgl. Otto GK-UWG § 12 RN 5; krit. Lüderssen aaO), sondern um dessen Absicherung in seinem sozialen-rechtlichen So-Sein („freier" Wettbewerb) und damit in der vorfindbaren, freilich nicht statischen Bedeutung des Wettbewerbs für Gesellschaft und Individuum (vgl. Immenga in Immenga/Mestmäcker § 1 GWB RN 184, Möschel, in Tradition und Fortschritt 347, ders. Kriminalisierung aaO 33 f., ders. Pfeiffer-FS 708, W. Schünemann GK-UWG C 21 vor § 1, Tiedemann, Wettbewerb aaO 9 f., ders., in Immenga/Mestmäcker 9 vor § 38 GWB). Bei dieser Zwecksetzung lassen sich zwei Grundfunktionen unterscheiden: Einerseits soll der „freie" Wettbewerb eine optimale Ressourcenallokation bewirken, wobei grundsätzlich die Leistung der jeweiligen Wettbewerber den Maßstab für die Verteilung liefert. Andererseits legitimiert der „freie" Wettbewerb gleichsam durch Verfahren grundsätzlich das durch ihn bewirkte Ergebnis: übermäßige wirtschaftliche Macht wird gebunden, individueller Leistungsfähigkeit wird ein Rahmen zur Entfaltung gegeben (vgl. Möschel FS-Pfeiffer 712 ff., W. Schünemann aaO C 15 ff. vor § 1 mwN). So gesehen, beinhaltet Schutz des „freien" Wettbewerbs allemal zwei Anliegen: Auf der einen Seite geht es um den Schutz individueller, unternehmerischer Handlungsfreiheiten, um eine optimale Verteilung zu gewährleisten; auf der anderen Seite ist dem Schutz des „freien" Wettbewerbs eine gesellschaftliche Bedeutung immanent: es geht darum, Entfaltungsbedingungen des einzelnen institutionell zu gewährleisten, mithin um Konditionen für das Funktionieren des Systems (zu Detailfunktionen s. Wiedemann, Kartellrecht § 1 RN 2; vgl. auch § 264 RN 4). Mit Blick auf die Gewichtigkeit dieser Anliegen dürften verfassungsrechtlich keine Bedenken bestehen, das strafrechtlich abzusichern (vgl. Lagodny aaO 424 ff.). Eine andere Frage betrifft Konsequenzen aus der dynamischen Struktur des Rechtsgutes für die strafrechtlichen Grundlagen (vgl. Lüderssen aaO). Und eine weitere Frage ist, ob über die Legitimationsfunktion hinaus die zweite Aufgabe eines strafrechtlichen Rechtsgutes eingelöst werden kann: die Begrenzungsfunktion. Dabei läßt sich die tatbestandliche Bedeutung des Rechtsgutes nur aus dem Blickwinkel der einschlägigen Verbotsnorm erschließen (vgl. Wohlers aaO 27, 338). Während § 298 vor allem die Funktionsfähigkeit des „freien" Wettbewerbs in seiner Bedeutung für Gesellschaft und Individuum schützt, liegt der Schwerpunkt bei § 299 wohl stärker auf der Sicherstellung „lauterer", nämlich wirtschaftlich-ethischer Verhaltensstandards im Wettbewerb (vgl. W. Schünemann GK-UWG A6 vor

§ 298 1, 2

1, ferner Fuhrmann aaO § 12 UWG RN 28, Köhler/Piper UWG, 163, 177 ff. vor 1; näher § 299 RN 2).

3 Mitgeschützt durch das überindividuelle Rechtsgut Wettbewerb sind damit allgemein auch *individuelle Freiheitsrechte* anderer am Wettbewerb Beteiligter, die durch entsprechende Tathandlungen zumindest abstrakt gefährdet werden. Mitgeschützt sind speziell potentielle Vermögenserwerbsinteressen der Wettbewerber und (bei § 298) diejenigen des Veranstalters der Ausschreibung (BT-Drs. 13/5584 S. 9, 13, Achenbach WuW 97, 959, Girkens/Moosmayer ZfBR 98, 223, Kleinmann/Berg BB 98, 277 u. Nachw. o. RN 2). Nach allgemeinen Grundsätzen zu abstrakten Gefährdungsdelikten (o. 4 a vor § 306) will Otto wistra 99, 46 den Anwendungsbereich von § 298 teleologisch reduzieren, wenn ein Vermögensschaden mit Sicherheit ausgeschlossen ist und der Täter dies auch wußte. Die entscheidende Frage ist jedoch, ob sich dadurch die Problematik des § 263 nicht spiegelbildlich in § 298 fortsetzt (vgl. MG-Gruhl 1647 f.), mit der Konsequenz, daß bei Festhalten an einem strikten Schadensbegriff (o. § 263 RN 137 a) idR Straffreistellung erfolgen müßte, mithin die Konzeption des Gesetzgebers, sich von den Strukturen des § 263 zu lösen (vgl. BT-Drs. 13/5584 S. 13, Korte NStZ 97, 516, W-Hillenkamp 700), gerade konterkariert würde.

§ 298 Wettbewerbsbeschränkende Absprachen bei Ausschreibungen

(1) **Wer bei einer Ausschreibung über Waren oder gewerbliche Leistungen ein Angebot abgibt, das auf einer rechtswidrigen Absprache beruht, die darauf abzielt, den Veranstalter zur Annahme eines bestimmten Angebots zu veranlassen, wird mit Freiheitsstrafe bis zu fünf Jahren oder mit Geldstrafe bestraft.**

(2) **Der Ausschreibung im Sinne des Absatzes 1 steht die freihändige Vergabe eines Auftrages nach vorausgegangenem Teilnahmewettbewerb gleich.**

(3) **Nach Absatz 1, auch in Verbindung mit Absatz 2, wird nicht bestraft, wer freiwillig verhindert, daß der Veranstalter das Angebot annimmt oder dieser seine Leistung erbringt. Wird ohne Zutun des Täters das Angebot nicht angenommen oder die Leistung des Veranstalters nicht erbracht, so wird er straflos, wenn er sich freiwillig und ernsthaft bemüht, die Annahme des Angebots oder das Erbringen der Leistung zu verhindern.**

Vorbem.: § 298 eingefügt durch das Gesetz zur Bekämpfung der Korruption v. 13. 8. 1997, BGBl. I 2038.

1 I. Die Vorschrift stuft einen Teil der früheren Ordnungswidrigkeiten des § 38 I Nr. 1 u. 8 aF GWB wegen ihres „qualifizierten Unrechtsgehalts" (BT-Drs. 13/5584 S. 13) zu einem Vergehen auf (krit. Lüderssen, in Dahs aaO 65; vgl. auch Oldigs aaO 128). Mitausschlaggebend war, daß die Erfassung bestimmter Submissionsabsprachen, namentlich in der Bauwirtschaft, als Betrug vielfach scheiterte (BT-Drs. 13/5584 S. 13, o. 1 vor § 298). Deshalb wurde bewußt vom Erfordernis eines Vermögensschadens abgesehen (BT-Drs. aaO, Korte NStZ 97, 516, Wolters JuS 98, 1101). Und anders als der Entwurf des Bundesrats, der die Einführung eines „Ausschreibungsbetrugs" (E § 264 b) vorsah (BT-Drs. 13/3353 S. 9 ff.; vgl. auch Bangard wistra 97, 167, Dölling DJT-Gutachten C 95, Jaath Schäfer-FS 95, König DRiZ 96, 365, Mitsch JZ 94, 888, Möhrenschlager JZ 96, 829), verzichtete der Gesetzgeber zudem auf ein Täuschungselement (krit. König JR 97, 402), so daß nach einer über Jahrzehnte geführten rechtspolitischen Diskussion (dazu Huhn aaO [§ 263] 135 ff., Oldigs aaO 30 ff., Otto ZRP 96, 301) sich die Vorschrift (überraschend) nicht als betrugsähnliches Vermögensdelikt darstellt, sondern sich mit dem vorrangigen Schutz des **„freien" Wettbewerbs,** und zwar insbesondere dessen Funktionsfähigkeit in seiner Bedeutung für Gesellschaft und Individuum (s. näher 2 vor § 298), auf einer Linie mit sonstigen überindividuellen Rechtsgütern der „modernen" Gesetzgebung, wie zB Schutz der Umwelt, befindet (vgl. BT-Drs. aaO S. 12, Möhrenschlager JZ 96, 829; s. auch 2, 8 vor § 324). Wie auch sonst werden Gemeinwohlinteressen nicht um ihrer selbst willen geschützt, sondern konkretisiert durch Verfassung und Partikulargesetzgebung, wobei der Gehalt maßgebend durch das GWB bestimmt wird (BT-Drs. aaO S. 14). Die zugrundeliegende Idee dürfte sein, Zustände zu verhindern, in denen bei bestimmten Vergabeverfahren Angebote, beruhend auf rechtswidrigen und daher wettbewerbsfeindlichen (vgl. §§ 1, 81 I Nr. 1 GWB) Absprachen, dem Veranstalter zugegangen sind und deshalb die Gefahr einer Beeinträchtigung des „freien" Wettbewerbs erhöht wird.

2 Die Tat ist **abstraktes Gefährdungsdelikt** (Jaeschke aaO 50, König JR 97, 402, Lackner/Kühl 1, Otto wistra 99, 41, Rengier BT I 189, Tröndle/Fischer 5), weil weder ein Verletzungserfolg noch ein *konkret* gefährlicher Zustand tatbestandlich vorausgesetzt wird (vgl. 129 f. vor § 13). Die Vorschrift gilt für alle Ausschreibungen, also für offene und beschränkte Ausschreibungen (Abs. 1) genauso wie für die freihändige Vergabe nach vorausgegangenem Teilnahmewettbewerb (Abs. 2), und zwar prinzipiell unabhängig davon, ob es sich um einen öffentlichen oder privaten Auftraggeber handelt. Auch wenn die bloße Absprache zwischen Wettbewerbern als bedrohlich für den Wettbewerb anzusehen sein mag (vgl. BT-Drs. aaO S. 14, Lackner/Kühl 7; s. auch Art. 15 Abs. 2 S. 1 lit. a EWG-VO 17/62 iVm Art. 85 Abs. 1 EGV-Amsterdam), so genügt eine solche aus guten Gründen für Strafbarkeit nicht. Vielmehr muß ein Angebot abgegeben werden, das auf einer kartellrechtswidrigen Absprache beruht. Die Absprache als solche ist aber neu bußgeldbewehrt (§ 81 Abs. 1 Nr. 1 GWB; krit. Achenbach wistra 99, 243).

II. 1. Der objektive Tatbestand des Abs. 1 verlangt als Tatsituation eine **Ausschreibung über** 3
Waren oder gewerbliche Leistungen. Die Ausschreibung soll das für den Auftraggeber günstigste
Angebot unter den Bedingungen eines „freien" Wettbewerbs ermitteln (näher Satzger aaO [§ 263],
27 ff., 32 f.).

a) **Ausschreibung** ist ein Verfahren, mit dem von einem Veranstalter Angebote einer unbestimm- 4
ten Mehrzahl von Anbietern für die Lieferung bestimmter Waren oder das Erbringen bestimmter
Leistungen eingeholt werden (Tröndle/Fischer 6). Einbezogen sind zunächst alle Vergabeverfahren
der *öffentlichen Hand,* für welche die Anwendung der Verdingungsordnungen für Bauleistungen und
sonstige Leistungen (VOB/A und VOL/A) vorgeschrieben ist (vgl. die entsprechenden Haushaltsordnungen iVm §§ 97–129 GWB idF des Vergaberechtsänderungsgesetzes v. 26. 8. 1998 [BGBl. I
2546], in Kraft getreten am 1. 1. 1999, dazu Byok NJW 98, 2774; zur Bedeutung von VOB u. VOL s.
Satzger aaO 30 ff.). Von Bedeutung sind neben der Vergabeordnung (vgl. § 97 Abs. 5 GWB) auch
EU-Richtlinien, wie zB die Baukoordinierungsrichtlinie 93/37/EWG v. 14. 6. 1993 ABl.
Nr. L 199/54 v. 9. 8. 1993, ber. durch ABl. Nr. L 111/115 v. 30. 4. 1994 bzw. die Richtlinie 93/38/
EWG v. 14. 6. 1993 zur Koordinierung der Auftragsvergabe im Bereich der Wasser-, Energie- und
Verkehrsversorgung sowie im Telekommunikationssektor, ABl. Nr. L 119/84 v. 9. 8. 1993, geändert
durch Richtlinie 98/3/EWG des Europ. Parlaments und des Rates v. 16. 2. 1998, ABl. 1998
Nr. L 101/1. Vgl. näher die Übersicht bei Seidel, in Dauses, Hdb. d. Europ. WirtschaftsR IV RN 45.
Der Anwendungsbereich des Vierten Teils des GWB bezieht sich nur auf Vergabeverfahren oberhalb
der EU-Schwellenwerte der Richtlinien (§ 100 Abs. 2 GWB), die durch RVO festgesetzt wird (§ 127
Nr. 1 GWB). § 100 Abs. 2 GWB enthält einen abschließenden Katalog von privilegierten (nationalen) Vertragstypen, die, weil sie zB kein grenzüberschreitendes Potential besitzen, vom Anwendungsbereich freigestellt sind; für sie verbleibt es bei der bisherigen Regelung (vgl. Byok aaO). Erfaßt
werden neben den unbeschränkten Ausschreibungen (vgl. VOB/A Abschn. 1 § 3 Nr. 1 Abs. 1,
VOL/A Abschn. 1 § 3 Nr. 1 Abs. 1) auch die beschränkten Ausschreibungen (vgl. VOB/A, VOL/A
Abschn. 1 § 3 Nr. 1 Abs. 2), die als besonders kriminogene Faktoren angesehen werden (vgl. BT-Drs. 13/5584 S. 14, Lüderssen BB 96 (Beil. 11), 10 f., Satzger aaO 43). Weiter sind einbezogen auch
Ausschreibungen durch *Private.* Diese Unternehmen sind jedoch nicht an die Bestimmungen der
VOB/A, VOL/A gebunden. Voraussetzung ist daher, daß das private Vergabeverfahren den genannten
Vorschriften wettbewerbsrechtlich entspricht (vgl. BT-Drs. 13/5584 S. 14, Lackner/Kühl 2, Otto
wistra 99, 41). Nicht erfaßt sind deshalb informelle Bemühungen um Auftragserlangung außerhalb
solcher Verfahren (Tröndle/Fischer 10).

Die Auslegung der Begriffe Waren oder gewerbliche Leistungen bestimmt sich nach den kartell- 5
rechtlichen Vorschriften (vgl. § 4 Abs. 2 GWB; §§ 1 Abs. 1, 5 Abs. 4 S. 2 GWB aF, BT-Drs. aaO,
Kleinmann/Berg BB 98, 279, Otto wistra 99, 41). Erfaßt wird prinzipiell alles, was Gegenstand des
Wirtschaftsverkehrs sein kann. **Waren** sind danach neben beweglichen Sachen auch Immobilien und
Rechte aller Art; auch Unternehmen können „Ware" sein (vgl. Bechtold, Kartellgesetz § 1 RN 19,
Immenga, in Immenga/Mestmäcker § 1 RN 314 ff., Lackner/Kühl 2, Otto II 309). In Abgrenzung
zu bloßem Verbrauch sind **Leistungen** Tätigkeiten für einen anderen, dem der Erfolg zufällt (Otto
aaO), wobei die Leistung dann **gewerblich** ist, wenn sie im geschäftlichen Verkehr und nicht lediglich
für private Zwecke (dazu RG 66 384) erbracht wird (Immenga aaO 318, Otto aaO). Dazu gehören
auch Leistungen aller Unternehmen iSd § 1 GWB, also auch Leistungen der freien Berufe sowie
(zunehmend) des Staates im privatwirtschaftlichen Bereich (vgl. BT-Drs. 13/5584 S. 14, KG BB 60,
385, Girkens/Moosmayer ZfBR 98, 223, Lackner/Kühl 2, Kleinmann/Berg BB 98, 279).

b) Die nachträgliche **Feststellung** (allein) einer **Rechtsverletzung** beim Ausschreibungsverfahren 6
durch die Vergabekammer, die Teil der Exekutive ist, im sog. Nachprüfungsverfahren (§§ 107 ff.
GWB, näher Byok NJW 98, 2777) bleibt ohne Auswirkungen auf die zuvor begründete Strafbarkeit
(zur Frage des Strafbedürfnisses s. u. 21).

2. Im Unterschied zu § 38 I Nr. 1 aF GWB, bei dem als **Tathandlung** ein Hinwegsetzen über die 7
Unwirksamkeit/Nichtigkeit für die Tatbestandserfüllung genügte (vgl. Frankfurt WuW 93, 154), setzt
ein für Kriminalstrafe hinreichender Unwert die **Abgabe** eines qualifizierten **Angebots** in der o.
RN 3 f. beschriebenen Tatsituation voraus.

a) **Abgegeben** ist das Angebot noch nicht mit der Entäußerung durch den Täter (vgl. aber König 8
JR 97, 402). Vielmehr setzt die Schaffung eines gefährlichen Zustandes (o. 1) – insoweit entsprechend
den Äußerungsdelikten (o. § 185 RN 8) – Zugang beim Veranstalter derart voraus, daß das Angebot
bei ordnungsgemäßem Ablauf im Ausschreibungsverfahren berücksichtigt werden könnte (Tröndle/
Fischer 11; vgl. auch Lackner/Kühl 3, Otto wistra 99, 42, vgl. auch § 264 RN 48), nicht dagegen
erst den Ablauf der Angebotsfrist nach § 18 VOB/A bzw. den Eröffnungstermin nach § 22 VOB/A
(vgl. aber Wolters, JuS 98, 1102 FN 23). Bei schriftlichen Angeboten ist die Kenntnisnahme durch
den Veranstalter nicht erforderlich. Das bloße Absenden kann allenfalls Versuch nach § 263 sein. Bei
kollusivem Zusammenwirken zwischen Anbieter und einem Mitarbeiter des Veranstalters (u. 12)
genügt Zugang beim Mitarbeiter nicht, vielmehr ist die Tat erst vollendet, wenn das Angebot in den
üblichen Verfahrensablauf weitergeleitet wird (vgl. Tröndle/Fischer aaO).

Durch **Unterlassen** kann ein Angebot in der Weise abgegeben werden, daß zB ein Betriebsinhaber 9
unter den Voraussetzungen des § 13 die Abgabe seitens seines Angestellten geschehen läßt (vgl. § 13
RN 31). Eine besondere Überwachungspflicht kann sich aus dem Umstand ergeben, daß es im

Betrieb bereits zu rechtswidrigen Absprachen gekommen war (vgl. auch Frankfurt NJW-RR **93**, 231). Ingerenz kommt in Frage, wenn der Vorstand sich an einer rechtswidrigen Absprache beteiligt und das Angebot durch einen Angestellten abgeben läßt (Kleinmann/Berg BB **98**, 280). Demgegenüber genügt die bloße Verletzung vertraglicher Verpflichtungen, die Ausschreibungsbedingungen einzuhalten, idR nicht (vgl. § 13 RN 28; and. Tröndle/Fischer 16).

10 b) Das Angebot muß auf einer **rechtswidrigen Absprache beruhen**, die darauf **abzielt, den Veranstalter zur Annahme eines bestimmten Angebots zu veranlassen**.

11 α) Der Begriff der **Absprache** ist im Gesetzgebungsverfahren nicht näher erläutert worden, offenbar waren aber Bundestag und Bundesrat bemüht, möglichst den gesamten Anwendungsbereich von §§ 1, 25 aF GWB einzubeziehen (s. BT-Drs. 13/6424 S. 7, 14, BR-Drs. 593/96 S. 31, Achenbach FK § 38 RN 29 b GWB, Korte NStZ **97**, 516, König JR **97**, 402; vgl. auch Lackner/Kühl 3; enger Kleinmann/Berg BB **98**, 280). Durch die 6. GWB-Novelle v. 26. 8. 1998 (BGBl. I 2546 ff.), in Kraft getreten am 1. 1. 1999, wurden ua die §§ 1, 25 aF zu einem neuen § 1 GWB zusammengefaßt, der auch dem früher herrschenden Theorienstreit (s. Immenga, in Immenga/Mestmäcker § 1 RN 283 ff.) durch das Erfordernis, daß die Wettbewerbsbeschränkung „bezweckt oder bewirkt" sein muß, die Grundlage entzogen hat (vgl. Bechtold, GWB § 1 RN 29 f., Huber FK § 1 RN 59, Müller-Henneberg/Schwartz GWB § 1 RN 181). Leitlinie dürfte nach dem Schutzzweck von § 298 auch die Erhaltung unternehmerischer Selbstbestimmung sein (vgl. EuGH Slg. 1975, 1663, Immenga aaO § 25 RN 14 mwN, o. 2 vor § 298). Deshalb genügen bloße Kontakte und Auslotungsgespräche, um Interessenten zu finden, nicht (BR-Drs. 219/1/82 S. 7, König JR **97**, 402, Otto wistra **99**, 41, Tröndle/Fischer 12), ebensowenig bloße wechselseitige Information. Konstitutiv für eine Absprache ist ein Verständigungsakt (Achenbach WuW **97**, 959 FN 15, W-Hillenkamp 700) zwischen mindestens zwei Anbietern oder einem Anbieter und Personen auf der Seite des Veranstalters, der geeignet ist, unternehmerische Selbstbestimmung und den „freien" Wettbewerb zu gefährden. Deshalb ist keine rechtliche Bindungswirkung notwendig (vgl. auch das Verbot des § 1 GWB iVm § 134 BGB), so daß auch gentlemen's agreements erfaßt werden (Kleinmann/Berg BB **98**, 279), und aus diesem Grunde kommen auch aufeinander abgestimmte Verhaltensweisen iSd § 1 GWB (dazu Bechtold GWB § 1 RN 13, Huber FK § 1 RN 52) in Frage (iE ebenso die og hM).

12 **Ziel** der Absprache muß die **Veranlassung** der **Annahme** eines **bestimmten Angebots** sein. Für diesen Finalbezug ist nach dem Wortlaut nicht notwendig, daß die Absprache auf die Angebotsannahme eines bestimmten Anbieters gerichtet ist. Vielmehr ist genügend, aber auch notwendig, daß bei intendierter Außenwirkung (vgl. Bechtold GWB § 1 RN 37, Müller-Henneberg/Schwartz, GWB § 1 RN 144) die Absprache den Inhalt des Angebots hinreichend bestimmt festlegt. Dabei genügt nach Tröndle/Fischer 14 die Festlegung einer Preisuntergrenze nicht. Notwendig ist weiter, daß die Absprache die Auswahlentscheidung des Veranstalters beeinflussen soll. Andernfalls fehlt es an der Veranlassung zur Annahme des Angebots. Dieses finale Element entfällt nicht etwa deshalb, weil ein Mitarbeiter des Veranstalters die Absprache selbst angeregt hat (vgl. Achenbach WuW **97**, 960, Otto II 310, Wolters JuS **98**, 1102, Tröndle/Fischer 14; and. König JR **97**, 402, Lackner/Kühl 5 [unter Vorsatzgesichtspunkten]). Denn ein Verheimlichen der Absprache ist nicht erforderlich (BT-Drs. 13/5584 S. 14; vgl. demgegenüber Dölling DJT-Gutachten C 95, Möhrenschlager JZ **96**, 829 zu einem entgegengesetzten E-BR; krit. König aaO), und kollusives Zusammenwirken zwischen Anbieter und Mitarbeiter des Veranstalters hindert nicht die Möglichkeit der Veranlassung des Anbieters als solchen (zur Frage des Zugangs s. o. 8).

13 β) **Rechtswidrig** ist die Absprache, wenn sie gegen das durch das 6. GWB neu geschaffene gesetzliche Kartellverbot § 1 GWB verstößt (vgl. Achenbach wistra **99**, 242, Bechtold, GWB Einf. RN 13, Huber FK § 1 RN 1), welches an die Stelle der ursprünglich zivilrechtlichen Regelungstypen der §§ 1, 25 aF GWB getreten ist. Das Merkmal „rechtswidrig" hat nunmehr eine *Doppelfunktion* (vgl. auch 65 vor §§ 13, 14 vor § 324): Soweit bestimmte Absprachen generell zulässig sind, wie zB Beschlüsse, die den gemeinsamen Einkauf von Waren zum Gegenstand haben, ohne einen über den Einzelfall hinausgehenden Bezugszwang für die beteiligten Unternehmen zu begründen (§ 4 Abs. 2 GWB), begrenzt diese „Erlaubnis" hierzu schon den Tatbestand. Im übrigen bezeichnet „rechtswidrig" das allgemeine Deliktsmerkmal der Rechtswidrigkeit. Diese ist zB ausgeschlossen durch die Erteilung der Freistellung in den Fällen der §§ 5 bis 8 GWB durch Verfügung der Kartellbehörde (§ 10 GWB) bzw. in den Fällen des § 9 Abs. 3 und 4 GWB. Die vorherrschende Meinung zu §§ 1, 25 aF GWB sieht in der Rechtswidrigkeit dagegen generell ein Tatbestandsmerkmal (Lackner/Kühl 3, König JR **97**, 402, Wolters JuS **98**, 1102; and. Tröndle/Fischer 12 [allgemeines Verbrechensmerkmal schlechthin]).

14 γ) Das Angebot **beruht** auf der Absprache, wenn zwischen ihr und dem Angebot ein Ursachenzusammenhang (71 ff. vor § 13) besteht. Das kann noch der Fall sein, wenn der Täter sich zwar von der Absprache löst und aus dem Kartell „aussteigt", jedoch ein neues, nicht abgestimmtes Angebot abgibt, dessen Inhalt aber von den Kenntnissen der Absprache geprägt ist (vgl. Achenbach FK § 38 RN 13, Tröndle/Fischer 13). Demgegenüber fehlt es am Beruhen, wenn das Angebot nicht mehr auf die Absprache zurückzuführen ist, sondern auf andere Ursachen (Lackner/Kühl 3), wie zB auf einen neuen selbständigen Entschluß (vgl. BGH WuW/E **85**, 1987; vgl. auch Hennig, in Langen/Bunte, Dt. u. europ. Kartellrecht, 8. A. 1997, § 38 RN 32, Tiedemann, in Immenga/Mestmäcker § 38 RN 6 f.), oder idR bei bloßem Ausnutzen der Situation durch ein Nichtkartellmitglied.

III. Nach Abs. 2 ist den Ausschreibungen des Abs. 1 die **freihändige Vergabe** nach vorausgegangenem **Teilnahmewettbewerb** gleichgestellt (vgl. dazu zB § 3 Nr. 1 Abs. 4 Art. 2 VOL/A). Unter den o. 4 genannten Voraussetzungen kommt auch hier die Vergabe durch private Unternehmen in Betracht (vgl. BT-Drs. 15/5584 S. 14). Eine Einbeziehung sämtlicher Vergabeverfahren, also auch freihändige Vergaben ohne Teilnahmewettbewerb, erschien dem Gesetzgeber nicht erforderlich, auch weil insoweit § 81 I Nr. 1 GWB als Bußgeldtatbestand zur Verfügung steht (BT-Drs. aaO).

IV. Der **Vorsatz** muß sich auf die Abgabe eines Angebots, deren Beruhen auf einer Absprache (and. wohl Achenbach FK § 38 RN 29 b) und die Ausschreibung beziehen (Lackner/Kühl 5, Tröndle/Fischer 17), wobei Eventualvorsatz ausreicht (Otto wistra 99, 42). Der Vorsatz muß dazuhin den Finalbezug der Absprache umfassen, eine spezielle Absicht des Täters ist nicht erforderlich (Tröndle/Fischer 17; vgl. aber Achenbach WuW 97, 960). Und ebensowenig gibt der Wortlaut Anlaß, für die Abgabe des Angebots eine Absicht iS zielgerichteten Verhaltens zu verlangen (and. Lackner/Kühl 5). Zur Rechtswidrigkeit der Absprache s. o. 13.

V. Täter kann nach dem Wortlaut der Vorschrift jedermann sein, die Tat ist **kein Sonderdelikt** (Lackner/Kühl 6, Otto II 310, Tröndle/Fischer 15). Die Abgrenzung von Täterschaft und Teilnahme folgt daher allgemeinen Regeln (s. 51 ff. vor § 25), der BR hat sich mit einer Sonderregelung nicht durchgesetzt (s. BT-Drs. 13/3353 S. 10). Beihilfe kann für Beteiligte in Frage kommen, die ein Angebot fördern, in dem sie selbst ein Schutzangebot abgeben (vgl. BT-Drs. 13/5584 S. 14, Lackner/Kühl 6; and. Achenbach WuW 97, 959). Mittäterschaft kommt in Betracht für die Personen, die nicht selbst ein Angebot abgeben, sich aber an der Absprache beteiligt haben. Der Täter muß zwar nicht zwingend Kartellmitglied sein (König JR 97, 402, Otto wistra 99, 42), doch wird in solchen Fällen die Kausalität zwischen Absprache und Angebot idR fehlen (o. 14). Das bloße Wissen allein um die rechtswidrige Absprache genügt jedenfalls nicht. Zur Verantwortung in unternehmerischen Bezügen s. 109 a vor § 25, zur Organisationsherrschaft § 25 RN 25 f.

VI. Von den allgemeinen **Rechtfertigungsgründen** kommt im wesentlichen nur § 34 (uU auch Pflichtenkollision, vgl. 71 ff. vor § 32) in Betracht. Zu beachten ist, daß diese Vorschrift nur in Fällen eingreifen kann, in denen es um besondere Gefahrenlagen geht, die nicht durch die spezialgesetzlichen Regelungen der §§ 2 ff. erfaßt sind (vgl. Tiedemann in Immenga/Mestmäcker 43 vor § 38). Es sind daher nur besondere Notfälle, in denen § 34 in Frage kommen kann (vgl. dazu § 34 RN 23, 35, 41). Die Sicherung der wirtschaftlichen Existenz und der Verlust von Arbeitsplätzen wird die Tat im allgemeinen nicht rechtfertigen (iE ebso Tröndle/Fischer 18). Zur Bedeutung der Rechtswidrigkeit der Absprache s. o. 13. Die nachträgliche Freistellung nach § 10 GWB durch die Kartellbehörde berührt die zuvor begründete Strafbarkeit nicht (zum vergleichbaren Problem s. 19 vor § 324, zur Frage des Strafbedürfnisses u. 21). In Fällen einer etwa durch falsche Angaben *erschlichenen Freistellung* kommt nach den Grundsätzen o. 63 b f. vor § 32 eine *Rechtsmißbrauchslösung* in Frage. Demgegenüber ist dieser Weg wegen des Gesetzlichkeitsprinzips des Art. 103 II GG versperrt, wären die Rechtswidrigkeit mit der vorherrschenden Ansicht (o. 12) pauschal als Tatbestandsmerkmal einzustufen (s. Lenckner Pfeiffer-FS 30 ff. und die Nachw. o. 63 a vor § 32) – der Gesetzgeber wäre gefordert (s. § 330 d Nr. 5).

VII. Vollendet ist die Tat mit Zugang beim Veranstalter, s. o. 8. Die Tat ist trotz Schaffung eines rechtswidrigen Zustandes kein Dauerdelikt, weil es an der willentlichen Aufrechterhaltung fehlt (vgl. 81 f. vor § 52). **Beendet** ist die Tat mit Leistungserbringung durch den Veranstalter (König JR 97, 402; vgl. § 264 RN 66 mwN; and. Lackner/Kühl 7).

VIII. Abs. 3 enthält eine Regelung zur **Tätigen Reue,** die den §§ 264 V (s. dort RN 67 f.), 264 a III (s. dort RN 39) und 265 b II (s. dort RN 49) nachgebildet wurde (BT-Drs. 13/5584 S. 15). Die Vorschrift betrifft Fälle, in denen es trotz Vollendung (s. o. 8) noch nicht zur Annahme des Angebots oder zur Leistungserbringung gekommen ist. S. 1 entspricht § 24 I 1 2. Alt. (s. dort RN 58 ff.), S. 2 § 24 I 2 (s. dort RN 68 ff.). Zur Freiwilligkeit s. § 24 RN 42 ff. Bei Beteiligung gelten die Grundsätze von § 24 II.

IX. Wird vor der strafgerichtlichen Entscheidung, aber nach Tatvollendung eine **Freistellung** nach § 10 Abs. 1 GWB rechtswirksam bzw. liegt ein Fall des § 9 Abs. 1, 3, 4 GWB vor, so gilt folgendes: Zwar ist die bloße Freistellungsfähigkeit für die Strafbegründung ohne Bedeutung (s. o. 18). Nach wohl vorherrschender Meinung, erdacht für Massenstöße im Ordnungsrecht (vgl. BGH **23** 86 u. näher o. 21 vor § 324), gilt dieser Grundsatz auch für die Frage, ob ein Strafbedürfnis vorliegt. Jedoch ist nach den zu §§ 324 ff. entwickelten Grundsätzen uU ein **objektiver Strafaufhebungsgrund** anzunehmen, wenn post actum festgestellt wird, daß eine Freistellung vom Verbot des § 1 GWB zu erteilen ist (vgl. 21 vor § 324, 62, 130 a vor § 32; vgl. auch Tiedemann in Immenga/Mestmäcker 34 f. vor § 38); § 298 schützt nicht den „reinen" freien Wettbewerb, sondern den nur unter Berücksichtigung der rechtlichen Rahmenbedingungen (s. o. 2 vor § 298). Da das Freistellungserfordernis das staatliche Prüfungs- und Entscheidungsmonopol im Interesse eines möglichst effektiven Rechtsschutzes sichern soll, kann das Vorliegen der materiellen Freistellungsvoraussetzungen jedoch nicht generell zum Wegfall des Strafbedürfnisses führen (o. 62 vor § 13). Notwendige Voraussetzung ist ein entsprechender Antrag ante actum. Hinzu kommen muß idR (zu Einschränkungen s. zB Jena NStZ-RR **97**, 316) die Ausübung des kartellbehördlichen Entscheidungsmonopols. Jedenfalls mit der Aufhebung der Versagung der Freistellung ist ein Strafbedürfnis nicht mehr zu erkennen und ein

Strafaufhebungsgrund anzunehmen. Vergleichbares kann für das Nachprüfungsverfahren nach §§ 107 ff. GWB (o. 6) in Betracht kommen (vgl. § 114 I GWB).

22 **X. Tateinheit** besteht mit § 263, weil unterschiedliche Rechtsgüter geschützt werden (Achenbach WuW 97, 959, Kleinmann/Berg wistra 98, 281, König JR 97, 402, Korte NStZ 97, 516, MG-Gruhl 1646, Otto II 310, W-Hillenkamp 699; and. M-Maiwald II 208 [Subsidiarität des § 298], Schroth BT 155, Wolters JuS 98, 1102 [Spezialität des § 298]). Mehrere Handlungen, welche die Abgabe eines einzigen Angebots zum Ziel haben, bilden eine rechtliche Bewertungseinheit, während die Annahme einer fortgesetzten Handlung bei mehreren Taten ausscheidet (vgl. BGH JZ 97, 98 m. Anm. Kindhäuser; einschränk. Bangard wistra 97, 164). Bei kollusivem Zusammenwirken soll Tateinheit mit §§ 299, 331 ff. in Betracht kommen (Tröndle/Fischer 21). Für das Verhältnis zu § 81 I Nr. 1 GWB gilt § 21 II OWiG.

23 **XI. Verfahrensrechtlich** hat das KorrBK den früheren Grundsatz der einheitlichen Verfolgung der **Unternehmensgeldbuße** und ihrer Anknüpfungstat aufgegeben. § 82 (§ 81 a aF) GWB verleiht den Kartellbehörden (§ 48 GWB) eine ausschließliche Zuständigkeit für Verfahren wegen der Festsetzung einer Unternehmensgeldbuße gem. § 30 OWiG in Fällen, denen eine Straftat zugrunde liegt, die auch den Tatbestand des § 81 Abs. 1 Nr. 1 verwirklicht (S. 1 Nr. 1) als auch die Folge der Aufsichtspflichtverletzung einer Leitungsperson gem. § 130 OWiG (S. 1 Nr. 2). Erfaßt sind damit Fälle, in denen eine Leitungsperson oder ein sonstiger Mitarbeiter eines Unternehmens sich wegen § 298 strafbar machen, was nach früherem Recht einen Wechsel der Zuständigkeit zur Staatsanwaltschaft zur Folge gehabt hätte (§§ 21, 40 OWiG; 152, 160 StPO). Die neue Zuständigkeit der Kartellbehörde für die Festsetzung einer Unternehmensgeldbuße endet jedoch, wenn diese das Verfahren an die Staatsanwaltschaft abgibt (§ 82 Abs. 1 S. 2 GWB). Zu den aus den gespaltenen Kompetenzen resultierenden Problemen s. Achenbach WuW 97, 962, wistra 98, 168, Bangard wistra 97, 170, Kleinmann/Berg wistra 98, 282, Korte, NStZ 97, 517, Tröndle/Fischer 22).

24 **XII.** Zum **EU-Kartellrecht** siehe die Übersichten b. Dannecker, Strafrecht der Europäischen Gemeinschaft 1995, 2048 u. MG-Müller-Guggenberger 1616 ff. mwN.

§ 299 Bestechlichkeit und Bestechung im geschäftlichen Verkehr

(1) **Wer als Angestellter oder Beauftragter eines geschäftlichen Betriebes im geschäftlichen Verkehr einen Vorteil für sich oder einen Dritten als Gegenleistung dafür fordert, sich versprechen läßt oder annimmt, daß er einen anderen bei dem Bezug von Waren oder gewerblichen Leistungen im Wettbewerb in unlauterer Weise bevorzuge, wird mit Freiheitsstrafe bis zu drei Jahren oder mit Geldstrafe bestraft.**

(2) **Ebenso wird bestraft, wer im geschäftlichen Verkehr zu Zwecken des Wettbewerbs einem Angestellten oder Beauftragten eines geschäftlichen Betriebes einen Vorteil für diesen oder einen Dritten als Gegenleistung dafür anbietet, verspricht oder gewährt, daß er ihn oder einen anderen bei dem Bezug von Waren oder gewerblichen Leistungen in unlauterer Weise bevorzuge.**

Vorbem.: *§ 299 eingefügt durch das Gesetz zur Bekämpfung der Korruption v. 13. 8. 1997, BGBl. I 2038.*

Schrifttum: S. vor § 298.

1 **I. 1.** Durch die **Verlagerung** der bisher in § 12 aF UWG angesiedelten Strafvorschrift in das **StGB** durch das KorrBG soll nach Ansicht des Gesetzgebers das Bewußtsein dafür geschärft werden, daß auch Korruptionen im Geschäftsverkehr ein nicht nur die Wirtschaft betreffendes Unrecht darstellen, sondern allgemein sozialethisch zu mißbilligen sind (BT-Drs. 13/5584, S. 15; krit. zur Übernahme in das StGB der BR [BT-Drs. 13/6424 S. 7], Dölling DJT-Gutachten C 85, König JR 97, 401, Otto II 311; vgl. auch Wolters JuS 98, 1103 u. 1 vor § 298). In redaktioneller Anpassung an die §§ 331 ff. wurden die Absätze umgruppiert; zur Effektivierung (zur bislang geringen praktischen Bedeutung s. Otto GK-UWG § 12 RN 3) erfolgte eine Erweiterung auf Drittvorteile, wurde der Strafrahmen von einem auf drei Jahre angehoben und ein besonders schwerer Fall eingeführt (§ 300). Zudem ist neu die Ermöglichung der Verfolgung von Amts wegen bei besonderem öffentlichen Interesse an der Strafverfolgung (§ 301). Zur Rechtsentwicklung des § 12 aF UWG s. Fuhrmann aaO § 12 UWG RN 1, Otto GK-UWG § 12 RN 1 f., zu § 299 s. BT-Drs. 13/3353 S. 13, BR-Drs. 571/95 S. 20, 228/95 S. 21, König JR 97, 401, Lüderssen BB 96, 2525.

2 **2.** Die Vorschrift schützt vorrangig das **Allgemeininteresse an „lauteren" Wettbewerbsbedingungen** (vgl. 2 vor § 298 mwN) und sichert vor unlauteren Einflußnahmen in den Wettbewerb, die geeignet sind, sachwidrige Marktentscheidungen zu begünstigen (vgl. ähnlich Dölling DJT-Gutachten C 86, Pfeiffer Gamm-FS 130, 138, Wittig wistra 98, 10, iE insbes. auch Otto GK-UWG § 12 RN 5 [aber formaler: Wettbewerb als Institution], ferner Lackner/Kühl 1, W-Hillenkamp 702, Wolters JuS 98, 1103; vgl. auch BT-Drs. 13/5584 S. 12), daneben sind auch potentielle Vermögensinteressen von Mitbewerbern und Geschäftsherren geschützt (vgl. Lackner/Kühl 1, M-Maiwald II 207, MG-Blessing 1389, Otto aaO, W-Hillenkamp aaO, Wolters aaO; vgl. auch BGH GRUR 68, 598). Dieser Interessenkreis korrespondiert nahtlos mit § 301 (s. dort RN 3). Darüber hinausgehend werden als mitgeschützt angesehen das öffentliche Interesse an Auswüchsen im Wettbewerb (vgl. Baumbach/Hefer-

mehl aaO § 12 UWG RN 5, Köhler/Piper aaO § 12 UWG RN 1, Pfeiffer Gamm-FS 130) sowie die Allgemeinheit vor Verteuerung der Waren (Lackner/Kühl 1, Pfeiffer aaO; vgl. auch Fuhrmann aaO § 12 UWG RN 2 mN, Köhler/Piper aaO § 12 UWG RN 2); zu Recht krit. zur Beliebigkeit dieser Vielfalt Volk 61. DJT-Sitzungsberichte L 46. Der Schutzbereich ist nicht beschränkt auf Interessen deutscher Mitbewerber, deutsche Unternehmer haben die einschlägigen Wettbewerbsregeln auch einzuhalten, wo sie mit ausländischen Mitbewerbern konkurrieren (vgl. Otto aaO § 12 RN 5, vgl. auch Fuhrmann aaO § 12 RN 3, Lackner/Kühl 1). Denn § 299 zielt räumlich auf den in Betracht kommenden Markt (vgl. BGH NJW **68**, 1575 zu § 12 UWG, Pfeiffer aaO § 12 UWG RN 131). Im übrigen regelt sich der Anwendungsbereich nach den §§ 3 ff. Die Tat ist **abstraktes Gefährdungsdelikt** (Tröndle/Fischer 4), auf den Eintritt eines Vermögensvorteils oder eines konkret gefährlichen Zustandes kommt es nicht an.

3. Entsprechend den Bestechungstatbeständen (§§ 331 f. einerseits und §§ 333 f. anderseits) unterscheidet das Gesetz zwischen der Bestechlichkeit (Abs. 1) und der Bestechung (Abs. 2). In beiden Tatbeständen muß sich das Verhalten auf eine „Unrechtsvereinbarung" beziehen, die auf eine Bevorzugung in unlauterer Weise abzielt. **3**

II. Nach dem **objektiven Tatbestand des Abs. 1 (Bestechlichkeit)** wird erfaßt, wer als Angestellter oder Beauftragter eines geschäftlichen Betriebes für sich oder einen Dritten einen Vorteil als Gegenleistung für die zukünftige unlautere Bevorzugung eines anderen bei dem Bezug von Waren oder Leistungen im Wettbewerb fordert, sich versprechen läßt oder annimmt, sofern dies im geschäftlichen Verkehr geschieht. **4**

1. Täter kann nur derjenige sein, der als **Angestellter oder Beauftragter** eines **geschäftlichen Betriebes** handelt **(Sonderdelikt).** **5**

a) Der im Vergleich zum geschäftlichen Verkehr engere Begriff des **geschäftlichen Betriebs** umfaßt jede auf gewisse Dauer angelegte, regelmäßige Teilnahme am Wirtschaftsverkehr mittels Austausch von Leistungen (BGH **2** 403, **10** 366, NJW **91**, 270, Fuhrmann aaO § 12 UWG RN 15, Lackner/Kühl 2, Tröndle/Fischer 5). Er erfaßt Geschäftsbetriebe jeder Art ebenso wie praktisch alle freien Berufe, braucht aber anders als ein Gewerbebetrieb nicht auf die Erzielung von Gewinn gerichtet sein (BGH **2** 404, Lackner/Kühl 2, Pfeiffer Gamm-FS 134). Geschäftsbetriebe können deshalb auch Unternehmungen sein, die allein gemeinnützige, soziale und kulturelle Ziele verfolgen, wie zB eine gemeinnützige Genossenschaft (RG **50** 118). Auch öffentliche Unternehmen können wegen der Art ihrer Betätigung im Wirtschaftsleben geschäftlicher Natur sein, sofern sie nur nach den Grundsätzen eines Erwerbsgeschäfts arbeiten (BGH **2** 403, NStZ **94**, 277, Fuhrmann aaO § 12 RN 16 mwN, Lackner/Kühl 2). Dies wird idR dann der Fall sein, sobald und soweit Wettbewerb unter den Interessenten für Aufträge entsteht (vgl. Baumbach/Hefermehl aaO § 12 UWG RN 5), weshalb auch Beschaffungsämter, etwa der Bundeswehr, regelmäßig die Voraussetzungen erfüllen. Rein private Tätigkeit wird nicht erfaßt (Köhler/Piper UWG § 12 RN 7, Lackner/Kühl 2, Otto II 311), und zwar selbst dann nicht, wenn der Beauftragte selbst einen geschäftlichen Betrieb hat (Baumbach/Hefermehl aaO). Die Vorschrift schützt nicht den Wettbewerb illegaler geschäftlicher Betätigung (s. o. 2), weil kein Interesse am Funktionieren „lauterer" Wettbewerbsbeziehungen derartiger verbotener Aktivitäten, wie zB Drogenhandel, besteht (vgl. auch Kindhäuser zu § 291, dort RN 47). Und ebensowenig werden potentielle Vermögensinteressen illegaler Art gesichert. Deshalb werden Geschäftsbetriebe mit ausschließlich illegaler Tätigkeit nicht erfaßt (vgl. RG **55** 31; and. Baumbach/Hefermehl aaO, Tröndle/Fischer 5, Ulmer/Reimer UWG Bd. 3 RN 859). **6**

b) Angestellter ist, wer in einem Dienst-, Werks- oder Auftragsverhältnis (wobei arbeitsrechtliche Abgrenzungen keine Rolle spielen) zum Inhaber eines Geschäftsbetriebs steht und dessen Weisungen unterworfen ist (Fuhrmann aaO § 12 UWG RN 12, Köhler/Piper aaO § 12 UWG RN 5, Lackner/Kühl 2, Otto II 311). Auf die Dauer des Verhältnisses kommt es nicht an (vgl. Stuttgart HRR **29** 1852, Pfeiffer Gamm-FS 133); maßgebend ist, daß das Vertragsverhältnis bereits – zumindest faktisch – begründet war (vgl. RG **50** 130, Fuhrmann aaO), im Rahmen dieser Tätigkeit die Möglichkeit betrieblicher Einflußnahme besteht und die Tathandlung in dieser Funktion erfolgt (vgl. Baumbach/Hefermehl aaO § 12 RN 4, Fuhrmann aaO, Lackner/Kühl 2, Otto GK-UWG § 12 RN 42, Tröndle/Fischer 7). In Betracht kommen zB das Arbeitsverhältnis zu einer GmbH (Fuhrmann aaO). Bei wirtschaftlicher Betätigung kommen prinzipiell zwar auch Beamte bei Geschäftsbetrieben öffentlich-rechtlicher Körperschaften in Frage (Lackner/Kühl 2; enger BGH NStZ **94**, 277 [zu § 12 aF UWG], ohne jedoch die Streichung der Subsidiaritätsklausel des EGStGB in Rechnung zu stellen), zu berücksichtigen ist aber die durch das KorrBG erfolgte Erweiterung (krit. Otto JR 98, 74, Ransiek NStZ 97, 525) des § 11 Abs. 1 Nr. 2 c, wonach Amtsträger auch ist, wer dazu bestellt ist, bei einer Behörde etc. Aufgaben der öffentlichen Verwaltung wahrzunehmen, unbeschadet der zur Aufgabenerfüllung gewählten Rechtsform (vgl. MG-Blessing 1378 f. u. o. § 11 RN 21). Der *Geschäftsinhaber* ist kein tauglicher Täter, er ist in seiner Entscheidung über den Bezug von Waren und gewerblichen Leistungen prinzipiell frei (s. Dölling DJT-Gutachten C 87, Lampe Stree/Wessels-FS 465; krit. Tröndle/Fischer 8). Der Geschäftsführer wird nicht deshalb zum Täter, weil er sich eines Strohmanns ohne eigene Entscheidungsbefugnisse bedient, maßgebend sind die tatsächlichen Verhältnisse (vgl. MG-Blessing 1390). **7**

8   c) **Beauftragter** ist, wer, ohne Geschäftsinhaber oder Angestellter zu sein, aufgrund seiner Stellung berechtigt und verpflichtet ist, für den Betrieb zu handeln und auf die betrieblichen Entscheidungen Einfluß nehmen kann (vgl. BGH **2** 401, GRUR **68**, 588, Baumbach/Hefermehl aaO § 12 RN 4, Lackner/Kühl 2, Otto GK-UWG § 12 RN 45, Pfeiffer Gamm-FS 133, Tröndle/Fischer 7, Wittig wistra 98, 9). Als Beauftragte kommen in Frage: Vorstandsmitglied und kaufmännischer Leiter einer AG (BGH **20** 210), Aufsichtsratsmitglied einer Genossenschaft (RG **68** 120), Vorsitzender eines Konsumvereins (RG **68** 264) oder uU ein Handelsvertreter (BGH NJW **68**, 1572, Fuhrmann in Erbs/Kohlhaas § 12 UWG RN 14). Vermittler von Strohfirmen, die hinter dem Rücken der betroffenen Betriebe agieren, handeln nicht befugtermaßen (Wittig wistra 98, 9). Untergeordnete Hilfskrafttätigkeit scheidet mangels hinreichender betrieblicher Einflußmöglichkeit aus (vgl. Bay wistra **96**, 30).

9   2. Die Tathandlung (unten 3.) muß **im geschäftlichen Verkehr** erfolgen. Erfaßt sind alle Maßnahmen, die der Förderung eines beliebigen Geschäftszwecks dienen, dh jede selbständige, wirtschaftliche Zwecke verfolgende Tätigkeit, in der eine Teilnahme am Wettbewerb zum Ausdruck kommt (Fuhrmann aaO § 12 UWG RN 8, Köhler/Piper aaO 156 vor § 1, Lackner/Kühl 3, Pfeiffer Gamm-FS 131). Hierunter fällt auch jede freiberufliche Tätigkeit, ebenso wie künstlerische oder wissenschaftliche Aktivitäten, wenn sie zu Zwecken des Wettbewerbs erfolgen (vgl. Ekey/Meckel, Wettbewerbsrecht Einl. RN 6, 36) bzw. dem Erwerb dienen (vgl. Karlsruhe WRP **77**, 45). Unerheblich ist, ob mit dem einzelnen Geschäft ein Gewinn erzielt wird, auch ein Gewerbetreibender, der seine Waren unter Verlust verkauft, handelt geschäftlich (MG-Blessing 1392). Ausgenommen ist die rein private Tätigkeit (BGH **10** 366), also insbesondere der Erwerb zum Zwecke der eigenen Verwendung (Ekey/Meckel aaO Einl. RN 7). Mangels Außenwirkung nicht erfaßt sind betriebsinterne Vorgänge (Ekey/Meckel aaO), und auch nicht bei rein hoheitlicher Tätigkeit (Fuhrmann aaO § 12 RN 9 UWG, Gloy Hdb. d. Wettbewerbsrechts, § 11 RN 5, Lackner/Kühl 3, MG-Blessing 1391). Diese liegt immer dann vor, wenn das Verhältnis zu dem anderen durch öffentlich-rechtliche Regelungen beherrscht wird, was jedenfalls der Fall ist, wenn ein Verhältnis der Über- und Unterordnung besteht (Ekey/Meckel aaO Einl. RN 9). Allemal ist zu prüfen, ob der Täter nicht Amtsträger iSd § 11 I Nr. 2 oder ein für den öffentlichen Dienst besonders Verpflichteter nach § 11 I Nr. 4 ist (s. o. 7). Die Bedeutung des früheren § 12 UWG als Auffangtatbestand für privatrechtlich organisierte Unternehmen der öffentlichen Verwaltung (vgl. auch Bay wistra **96**, 30 f.) ist durch die Gesetzesänderung in § 11 Abs. 1 Nr. 2 c (s. o. 7) weggefallen.

9a   Im geschäftlichen Verkehr handelt bspw. ein *Idealverein*, wenn in einem bestimmten Bereich seiner Tätigkeit ein Erwerbszweck hinzutritt, so etwa der Deutsche Fußballbund die aus dem Vertrieb von Programmheften anläßlich von Länderspielen erzielten Überschüsse zur Finanzierung der gemeinnützigen Zwecke verwendet (BGH GRUR **62**, 255). Und eine *staatliche Kurverwaltung* erfüllt die Voraussetzungen, wenn sie etwa mit der Beantwortung von Fragen nach Unterkunftsmöglichkeiten die wirtschaftlichen Interessen der sie tragenden Körperschaft verfolgt (BGHZ **19** 303).

10   3. Tathandlung ist das **Fordern, Sich-Versprechen-Lassen** oder **Annehmen** eines **Vorteils für sich** oder einen **Dritten**.

11   a) **Vorteil** ist jede unentgeltliche Leistung materieller oder immaterieller Art, welche die wirtschaftliche, rechtliche oder persönliche Lage des Vorteilsempfängers objektiv verbessert und auf die er keinen Anspruch hat (vgl. BGH **31** 279, **35** 133 [zu § 331], Otto II 312 u. GK-UWG § 12 RN 9, Pfeiffer Gamm-FS 134, ferner Fuhrmann aaO § 12 UWG RN 17).

12   b) Während nach § 12 aF UWG **Zuwendungen an Dritte** nur dann tatbestandlich erfaßt wurden, wenn sie den Angestellten oder Beauftragten zumindest mittelbar besser stellten (Nachw. b. Baumbach/Hefermehl aaO § 12 UWG RN 6), sind **Drittvorteile** nunmehr ausdrücklich miteinbezogen. Der Gesetzgeber will dadurch einen Gleichlauf mit der Bestechung von Amtsträgern erreichen (BT-Drs. 13/5584 S. 15). Näheres daher bei § 331 RN 20 a. Dritter kann auch der Betrieb sein, für den der Täter tätig ist. Bei finanziellen Zuwendungen, die dem Gemeinwohl dienen, ist zu beachten, daß das sog. Nettoprinzip des Einkommensteuerrechts (s. § 4 V Nr. 10 S. 1 EStG) gegenüber den Wertungen des Strafrechts zurückzutreten hat, um Kriminalstrafen nicht durch steuerliche Abzugsfähigkeit zu entkräften (Tipke/Lang, Steuerrecht § 1 RN 33). Vgl. aber auch § 331 RN 53 a–c.

13   c) Die **einzelnen Handlungsmodalitäten** bestehen darin, daß der Täter den Vorteil fordert, sich versprechen läßt oder annimmt.

14   Weder für das **Fordern** noch für das **Sich-Versprechen-Lassen** ist eine bestimmte Form erforderlich. Notwendig ist aber, daß der Vorteil soweit konkretisiert ist, daß sich aus den gesamten Umständen hinreichende Rückschlüsse auf die Art und Weise des Vorteils ergeben (Otto GK-UWG § 12 RN 16; weiter Fuhrmann in Erbs/Kohlhaas § 12 UWG RN 18 aE). Fordern setzt als Äußerungshandlung Kenntniserlangung des Vorteilsgebers voraus; ob dieser die Bedeutung des Ansinnens erkennt oder nicht, ist für die Frage der Vollendung ebenso irrelevant wie der Umstand, daß das Begehren sofort zurückgewiesen wird (vgl. Otto aaO § 12 RN 66, Pfeiffer Gamm-FS 140). **Annehmen** ist die tatsächliche Entgegennahme des Vorteils mit dem nach außen bekundeten Willen, über diesen zu eigenen Zwecken oder zugunsten eines Dritten zu verfügen (Otto II 312). Näheres zu den Tatmodalitäten s. § 331 RN 21–25.

15   4. Der Vorteil muß als **Gegenleistung** für eine **zukünftige unlautere Bevorzugung** gefordert, versprochen oder angenommen werden.

a) Zwischen der angestrebten Bevorzugung durch den Vorteilsnehmer und dem Vorteil muß ein **16** Zusammenhang derart bestehen, daß der Vorteil als Gegenleistung für die Bevorzugung gedacht ist. Erforderlich ist daher eine **Unrechtsvereinbarung** oder (bei der Handlungsvariante des Forderns) die auf ihren Abschluß zielende Erklärung (vgl. BGH **15** 97, 242, 249, **33** 339, NStZ **00**, 319 [zu § 332 aF], Otto II 313 u. GK-UWG § 12 RN 69, ferner Baumbach/Hefermehl aaO § 12 RN 7, Pfeiffer Gamm-FS 142; vgl. wohl extensiver Fuhrmann aaO § 12 UWG RN 21, Köhler/Piper UWG § 12 RN 20, Tröndle/Fischer 12, 17). Im Unterschied zu den §§ 331 ff. (dort § 331 RN 28 ff.) hat der Gesetzgeber von einer Lockerung der Unrechtsvereinbarung bei § 299 abgesehen (vgl. Tröndle/Fischer 12), aus guten Gründen, weil es in hiesigem Zusammenhang nicht um die Beeinträchtigung eines Staatsinteresses an dem Erscheinungsbild eines rechtsstaatlichen Verwaltungsapparats geht und den Amtsträgern eine besondere Pflichtenstellung obliegt (s. o. 2 u. 1 vor § 331). Im Falle des Sich-Versprechen-Lassens und der Annahme besitzt die Unrechtsvereinbarung als objektive Tatbestandsvoraussetzung eine „Erfolgs"-Komponente (vgl. BGH aaO, Otto II 313 u. GK-UWG § 12 RN 69, Pfeiffer Gamm-FS 136), es genügt also nicht, daß der Täter lediglich den Eindruck der Bevorzugung erweckt. Andererseits ist dafür nicht eine Willensübereinstimmung iSd BGB erforderlich (vgl. BGH **15** 185, Otto GK-UWG § 12 RN 18). Wie auch sonst reicht ein stillschweigendes Übereinkommen aus (vgl. BGH **16** 46). Demgegenüber ist im Falle des Forderns ausreichend, daß die Handlung des Täters objektiv geeignet ist, seine eigene (unlautere) Bevorzugung oder die eines Dritten zu veranlassen (vgl. Otto GK-UWG § 12 RN 21; weitergehend BGH **10** 367 f., wonach die Vorstellung des Täters genügen soll; vgl. auch Meyer/Möhrenschlager WuV 82, 32). Daher ist unerheblich, ob der Dritte den Sinn der Erklärung tatsächlich versteht, vielmehr genügt, daß er ihn verstehen soll (vgl. BGH **15** 102, 185, Otto II 313). In jedem Fall muß der Vorteil als Gegenleistung hinreichend konkretisiert sein, wobei der BGH im Bereich der Amtsträgerbestechlichkeit zu Abschwächungen bereit gewesen ist (s. BGH **39** 46 f., wistra **94**, 227).

b) Die Unrechtsvereinbarung muß darauf **abzielen,** daß der Täter oder ein von ihm begünstigter **17** Dritter beim Bezug von Waren oder gewerblichen Leistungen im Wettbewerb **unlauter bevorzugt** wird.

α) Eine **Bevorzugung** ist jede anvisierte Besserstellung des Täters oder eines von ihm begünstigten **18** Dritten, auf die er oder der Dritte keinen Anspruch hat (Lackner/Kühl 5, Otto II 313, ferner Fuhrmann aaO § 12 UWG RN 23, Köhler/Piper aaO § 12 RN 11). Die Belohnung einer bereits ausgeführten Leistung genügt nicht, weil nachträglich Interessen von Mitbewerbern nicht mehr betroffen sein können und es vor allem an der Eignung fehlt, sachwidrige Marktentscheidungen zu begünstigen (s. o. 2, iE ebenso BGH NJW **68**, 1573, Düsseldorf NJW **74**, 417, Lackner/Kühl 5, Otto in GK-UWG § 12 RN 32, Pfeiffer Gamm-FS 137, Wittig wistra 98, 8, ferner Fuhrmann aaO § 12 UWG RN 24). Anderes gilt nur, wenn sich der Vorteil zugleich auf zukünftige Bevorzugung beziehen soll (vgl. BGH/H GA **53**, 78, Otto aaO).

β) Der Begriff der **Unlauterkeit** ist weder identisch mit § 138 BGB noch völlig deckungsgleich **19** mit § 1 UWG (Ekey/Meckel aaO Einl. RN 42, Fuhrmann aaO § 12 UWG RN 28; vgl. auch Lackner/Kühl 5, Tröndle/Fischer 13; and. Baumbach/Hefermehl aaO § 12 UWG RN 12, Köhler/Piper aaO § 12 RN 4, Pfeiffer Gamm-FS 138, vgl. auch BGH GRUR **77**, 620. S. ferner MG-Blessing 1394, Otto GK-UWG § 12 RN 29, Tiedemann ZStW 74, 1027 f., Tröndle/Fischer 13, die dem Merkmal eigenständige Bedeutung absprechen). Mit Blick auf die geschützten Interessen (s. o. 2, auch 2 vor § 298) geht es um die Erhaltung der Sachgerechtigkeit, scil. gemessen an „freien" Wettbewerbsbedingungen, der Marktentscheidung. Sachwidrige Entscheidungsfaktoren sind allemal geeignet, das Allgemeininteresse an lauteren Wettbewerbsbedingungen zu beeinträchtigen und Interessen von Mitbewerbern und Geschäftsherren zu gefährden. Unlauter ist daher eine Bevorzugung, die nicht auf sachlichen Erwägungen, gemessen am „freien" Wettbewerb (vgl. den Wortlaut „im Wettbewerb"), gründet, sondern durch den gesetzlich verlangten Vorteil dominiert ist. Es versteht sich (wegen des Rechtsgestaltungsauftrags, s. 1 aE vor § 298) von selbst, daß dabei soziale Gepflogenheiten der Verkehrskreise normativ zu berücksichtigen sind (iE ebenso Otto GK-UWG § 12 RN 29; vgl. auch Fuhrmann aaO § 12 UWG RN 28, MG-Blessing 1394 f., Lackner/Kühl 5).

γ) Wie bisher bei § 12 aF UWG sind daher kleinere Aufmerksamkeiten, Werbegeschenke oder **20** Einladungen zu einem bürgerlichen Mittagessen (and. noch RG GA **41**, 383) idR keine unlautere Bevorzugung (Otto II 312 u. GK-UWG § 12 RN 13; vgl. Lackner/Kühl 5; and. Fuhrmann aaO § 12 UWG RN 18; vgl. auch § 331 RN 29 c). Sie sind mit Blick auf den Verkehrskreis typischerweise nicht hinreichend geeignet, geschäftliche Entscheidungen sachwidrig zu beeinflussen. Gleiches gilt für gestaffelte Mengenrabatte, soweit sie nicht außer Verhältnis zum Wert der zu verkaufenden Sache stehen (MG-Blessing 1395). Allgemein sind gewisse Aufwendungen zur Herstellung und Aufrechterhaltung eines „guten Geschäftsklimas" – anders als bei § 331 (s. dort RN 29) – nicht von vornherein erfaßt. Vorausgesetzt ist freilich, daß sie sich in einem wettbewerbsverträglichen Rahmen halten, wobei nur der Einzelfall ausschlaggebend sein kann. Unerheblich ist, ob der Geschäftsführer Kenntnis von der Schmiergeldzahlung hat. Dadurch können zwar eigene Interessen nicht mehr verletzt werden, doch sind die anderen geschützten Interessen (o. 2) gleichwohl gefährdet (vgl. BGH GRUR **71**, 223, **74**, 394, Stuttgart BB **74**, 1265, Fuhrmann aaO § 12 UWG RN 29, Lackner/Kühl 5, Otto GK-UWG § 12 RN 30 f., Pfeiffer Gamm-FS 138 f.; and. Tröndle/Fischer 14).

21 c) Die Bevorzugung muß beim **Bezug** von **Waren** oder **gewerblichen Leistungen** im **Wettbewerb** erfolgen.

22 α) **Waren** sind alle wirtschaftlichen Güter, die Gegenstand des Handels sein können (Fuhrmann aaO § 4 UWG RN 28, Otto GK-UWG § 4 RN 51, s. auch § 298 RN 5). **Gewerbliche Leistungen** sind ebenfalls weit zu verstehen und umfassen alle geldwerten Leistungen des gewerblichen oder geschäftlichen Lebens, also auch diejenigen der freien Berufe (Fuhrmann aaO § 4 UWG RN 29, Otto aaO § 4 RN 52, s. auch oben § 298 RN 5). Der Begriff **„Bezug"** umfaßt den gesamten wirtschaftlichen Vorgang von der Bestellung über die Lieferung bis hin zur Bezahlung der Ware oder Leistung (Baumbach/Hefermehl aaO § 12 RN 8, MG-Blessing 1393). Daher kann auch die bevorzugte Erledigung einer Auszahlungsanordnung durch einen „geschmierten" Angestellten in Betracht kommen (vgl. BGH GRUR **58**, 25) ebenso wie der Verzicht auf die Geltendmachung einer Forderung.

23 β) Im **Wettbewerb** erfolgt die Bevorzugung, wenn ein wirtschaftliches Konkurrenzverhalten zwischen Begünstigtem und den Mitbewerbern besteht (Lackner/Kühl 5). Dabei sind Mitbewerber alle Marktteilnehmer, die Waren oder Leistungen gleicher oder verwandter Art herstellen oder in den Geschäftsverkehr bringen (BGH **10** 268, wistra **91**, 101, Otto GK-UWG § 12 RN 40). An einem wirtschaftlichen Konkurrenzverhältnis fehlt es, wenn ein Unternehmen eine Monopolstellung hat (vgl. Baumbach/Hefermehl aaO § 12 RN 3, Otto aaO).

24 **III. Der objektive Tatbestand** des **Abs. 2 (aktive Bestechung)** entspricht spiegelbildlich dem Abs. 1 – mit entsprechenden Modifizierungen.

25 1. So ist der **Täterkreis** nicht auf Angestellte oder Beauftragte beschränkt. Täter sind Mitbewerber oder für sie handelnde Personen. Private Dritte, die nicht im Interesse eines Mitbewerbers handeln, kommen als Täter nicht in Betracht (Lackner/Kühl 6, Otto II 314, Pfeiffer Gamm-FS 140). Bei Bereitstellen von Mitteln zur Bestechung kommt Beihilfe (vgl. BGH NStZ **00**, 430 [zu § 12 UWG]) oder Anstiftung in Frage. Werden Strohfirmen als Vermittler eingeschaltet, die lediglich Mittelsleute der Hintermänner im Unternehmen sind, so können die Lieferanten Täter sein (vgl. Wittig wistra 98, 10). Weiter muß der Täter zu **Zwecken des** (eigenen oder fremden) **Wettbewerbs** handeln. Dies ist der Fall, wenn die Tat objektiv dazu geeignet ist, den eigenen Absatz oder den des begünstigten Dritten zu fördern bzw. den eigenen (oder fremden) Kundenkreis auf Kosten von Mitbewerbern zu erweitern (Lackner/Kühl 6, MG-Blessing 1395, Otto II 314; vgl. auch BGH **10** 368, wistra **91**, 101). Vorausgesetzt wird dabei ein wirtschaftliches Konkurrenzverhältnis zwischen Begünstigtem und Benachteiligtem (vgl. RG **32** 28, Otto aaO). Das Ziel, den bisherigen Kundenkreis zu erhalten, kann genügen (BGH GRUR **59**, 467).

26 2. Tathandlung ist das **Anbieten, Versprechen** oder **Gewähren** eines Vorteils (s. o. 11 f.) an einen Angestellten oder Beauftragten eines geschäftlichen Betriebes (s. o. 6–8) als Gegenleistung für eine zukünftige unlautere Bevorzugung (s. o. 15–20) des Täters oder eines Dritten bei dem Bezug von Waren oder gewerblichen Leistungen (s. o. 21 f.).

27 a) Das **Anbieten** (einer gegenwärtigen Leistung) oder das **Versprechen** (einer zukünftigen Leistung) sind die auf Abschluß einer Unrechtsvereinbarung (s. o. 16) gerichteten ausdrücklichen oder stillschweigenden Erklärungen des Vorteilgebers (Otto II 314; vgl. auch Fuhrmann in Erbs/Kohlhaas § 12 UWG RN 20, Pfeiffer Gamm-FS 135). Beide Begriffe entsprechen dem Fordern und dem Versprechenlassen des Abs. 1. Diese Erklärungen, die auch in Sondierungsgesprächen zum Ausdruck kommen können (vgl. Hamm JMBl NW **70**, 190), müssen den anderen Beteiligten zur Kenntnis gelangen (s. o. 14; vgl. auch § 333 RN 3–6). Unter den Voraussetzungen bewußter Koordination bei gegenseitiger Information zwischen Vermittlern und Hintermännern im Unternehmen genügt dabei Kenntniserlangung durch die Vermittler als Mittelsleute (vgl. Wittig wistra 98, 10, ferner Baumbach/Hefermehl aaO § 12 RN 6, Fuhrmann aaO § 12 UWG RN 20, Pfeiffer aaO 136).

28 b) Das **Gewähren** entspricht der Annahme des Abs. 1. Es verlangt eine tatsächliche Übergabe mit dem Willen, daß die Verfügungsgewalt auf den Vorteilsnehmer übergehen soll (Otto II 314, Wittig wistra 98, 9; vgl. bereits Fuhrmann GA 59, 99). Anders als beim Anbieten und Versprechen muß eine (jedenfalls stillschweigende) **Unrechtsvereinbarung** zustande kommen (s. o. 16).

29 IV. Sowohl nach Abs. 1 als auch nach Abs. 2 muß der Täter zumindest mit **bedingtem Vorsatz** bezüglich der Merkmale des objektiven Tatbestandes handeln (Lackner/Kühl 8, Otto II 314, Pfeiffer Gamm-FS 139, Tröndle/Fischer 19). Im Falle des Forderns (Abs. 1) oder des Anbietens (Abs. 2) muß der Täter die Unrechtsvereinbarung anstreben, dh es muß ihm darauf ankommen, daß der betreffende Vorteilsgeber bzw. -nehmer den Vorteil als Gegenleistung für die Bevorzugung im Wettbewerb erkennt und auf dieses eingeht (Lackner/Kühl 8, Otto II 313; vgl. auch Fuhrmann aaO § 12 UWG RN 31). Demgegenüber genügt bei den Handlungsmodalitäten des Sich-Versprechen-Lassens und der Annahme, daß der Täter sich der Unrechtsvereinbarung bewußt ist (Otto aaO). Hinsichtlich der Lauterkeit muß der Täter die das Werturteil tragenden tatsächlichen Umstände (s. o. 19) kennen und sich der sozialen Bedeutung der Bevorzugung durch Vorteilszuwendung laienhaft bewußt sein (vgl. Fuhrmann aaO § 12 RN 38, Pfeiffer Gamm-FS 143, Tröndle/Fischer 19; and. Otto II 313). Der Täter einer Bestechung (Abs. 2) muß zudem mit Wettbewerbsabsicht handeln, dh er muß beabsichtigen, den eigenen Absatz oder den eines Dritten auf Kosten des Mitbewerbers zu fördern (Otto II 314, vgl. auch Lackner/Kühl 8, Fuhrmann aaO § 12 RN 31), das bloße Bewußtsein, das Anbieten etc. werde den Absatz fördern, genügt nicht. Daher handelt bspw. nicht zu Wettbewerbszwecken, wer zur Verbraucheraufklärung unabhängige Warentests veröffentlicht, selbst wenn er weiß, daß dadurch der Wettbewerb beeinflußt wird (vgl. Karlsruhe GRUR **89**, 681).

V. Eine **Rechtfertigung** durch Einwilligung des Geschäftsherrn kommt nicht in Betracht, weil er nicht über die geschützten Rechtsinteressen verfügen kann (s. o. 2, 20). § 34 aufgrund wirtschaftlicher Bedrängnis wird kaum jemals in Betracht kommen (vgl. Tröndle/Fischer 18, Wittig wistra 98, 10). 30

VI. **Vollendet** ist die Tat mit Vornahme der jeweiligen Tathandlung in dem erläuterten Sine; so genügt es bei den Handlungsmodalitäten des Anbietens bzw. Forderns, daß das Verhalten auf den Abschluß einer Unrechtsvereinbarung gerichtet ist (s. o. 16). Demgegenüber muß beim Sich-Versprechen-Lassen bzw. Versprechen und Annehmen bzw. Gewähren die Unrechtsvereinbarung zustande gekommen sein (s. o. 16). **Beendet** ist die Tat erst mit der letzten Annahme des Vorteils (MG-Blessing 1389). 31

VII. **Tateinheit** ist möglich mit § 298 (Lackner/Kühl 9, Tröndle/Fischer 22), mit §§ 333, 334 (M-Maiwald II 209, Tröndle/Fischer 22; and. MG-Blessing 1397; vgl. auch BGH NStZ **94**, 277 zu § 12 aF UWG, ohne Berücksichtigung, daß die frühere Subsidiaritätsklausel in § 12 UWG durch das EGStGB gestrichen wurde, vgl. Otto GK-UWG § 12 RN 2). Gleiches gilt für §§ 253, 263 (BGH **9** 246) und § 266 (BGH **31** 208) bei einheitlichem Tatgeschehen. Andernfalls kommt **Tatmehrheit** in Betracht (BGH wistra **98**, 107). Die notwendige Teilnahme des jeweils anderen bei Zustandekommen einer Unrechtsvereinbarung tritt jeweils hinter die eigene Täterschaft zurück (Tröndle/Fischer 22). 32

§ 300 Besonders schwere Fälle der Bestechlichkeit und Bestechung im geschäftlichen Verkehr

In besonders schweren Fällen wird eine Tat nach § 299 mit Freiheitsstrafe von drei Monaten bis zu fünf Jahren bestraft. Ein besonders schwerer Fall liegt in der Regel vor, wenn
1. die Tat sich auf einen Vorteil großen Ausmaßes bezieht oder
2. der Täter gewerbsmäßig oder als Mitglied einer Bande handelt, die sich zur fortgesetzten Begehung solcher Taten verbunden hat.

Vorbem.: § 300 eingefügt durch das Gesetz zur Bekämpfung der Korruption v. 13. 8. 1997, BGBl. I 2038.

I. Die Vorschrift sieht für **besonders schwere Fälle** des § 299 einen Strafrahmen von drei Monaten bis zu fünf Jahren vor. Obwohl Geldstrafe nicht alternativ angedroht ist, kann auf sie unter den Voraussetzungen des § 47 Abs. 2 erkannt werden. Der E-BR hatte eine Angleichung an § 335 aF vorgeschlagen (BT-Drs. 13/3353, dazu Möhrenschlager JZ 96, 828). Indes ist der Gesetzgeber zu Recht dem Vorschlag des 61. DJT gefolgt (vgl. Dölling DJT-Gutachten C 89) und hat von einer Ausrichtung an den Straftaten im Amt abgesehen (BT-Drs. 13/5584 S. 15). Die besondere Pflichtenstellung des Amtsträgers wird durch §§ 332, 334 geschütztes Rechtsgut mag die höhere Strafdrohung rechtfertigen. Die Vorschrift nennt **zwei Regelbeispiele** (dazu allgemein 44 ff. vor § 38) für besonders schwere Fälle, die § 263 Abs. 3 S. 2 Nr. 1 und (spiegelbildlich) Nr. 2 1. Alt. sowie § 264 Abs. 2 S. 2 Nr. 1 ähneln (krit. Tröndle/Fischer 7). 1

II. Für eine Strafschärfung nach § 300 wird zunächst der **volle Tatbestand des § 299** vorausgesetzt. Außerdem müssen die in S. 2 genannten besonderen Umstände vorliegen, die jedoch einen besonders schweren Fall und damit die Anwendbarkeit des § 299 nur „in der Regel" begründen. Selbst wenn ein Regelbeispiel vorliegt, ist im Einzelfall eine **Widerlegung der Indizwirkung** aufgrund einer Gesamtwürdigung der Umstände möglich (s. o. § 243 RN 42). Umgekehrt kann auch bei **Nichtvorliegen eines Regelmerkmals** eine Strafschärfung nach S. 1 in Betracht kommen, wenn sich aufgrund ihrer Gesamtbewertung die Tat nach ihrem Gewicht von Unrecht und Schuld deutlich vom Normalfall des § 300 abhebt (s. o. § 243 RN 42 a, unten 8). 2

III. 1. Ein Regelbeispiel nach **S. 2 Nr. 1** ist verwirklicht, wenn sich die Tat auf einen **Vorteil großen Ausmaßes** bezieht. Wenig überzeugend erscheint mit Blick auf die betroffenen Rechtsgüter (o. § 298 RN 2), die Strafschärfung allein am Vorteil und nicht auch an dem Umfang der unlauteren Bevorzugung zu messen. Eine berichtigende Auslegung bleibt aber wegen der ausdrücklichen Regelung in § 335 Abs. 2 Nr. 2 und einem entsprechenden Gegenschluß versagt (vgl. Tröndle/Fischer 3, s. auch Wittig wistra 98, 8). Die Möglichkeit besteht, entsprechende Sachverhalte über unbenannte besonders schwere Fälle zu erfassen (s. u. 8). 3

2. Das Regelbeispiel der S. 2 Nr. 1 ist **bedenklich unbestimmt.** Denn nach allgemeinen Regeln muß für § 299 ein Durchschnittswert ermittelbar sein, der für ihn spezifisch ist (s. o. § 264 RN 74 mwN). Wenn dieser erheblich überschritten ist, darf von einem „großen Ausmaß" ausgegangen werden. Der Hinweis auf vergleichbare Vorschriften (§ 264 II 2 Nr. 1, 263 III 2 Nr. 2, 267 III 2, § 370 III Nr. 3 AO, vgl. BT-Drs. 13/5584 S. 15) hilft wenig, da die Erheblichkeit tatbestandsspezifisch zu ermitteln ist. § 12 aF UWG hatte jedoch geringe praktische Bedeutung (s. Otto GK-UWG § 12 RN 3). Der Gesetzgeber meint, das Regelbeispiel bereits bei geringeren Summen als beim Subventionsbetrug (dort DM 100 000,–, s. § 264 RN 74) annehmen zu dürfen (zust. Lackner/ 4

Kühl 1, Wittig wistra 98, 9; krit. auch Wolters JuS 98, 1103), wobei nach Tröndle/Fischer 4 ein Schmiergeld von DM 20 000,– genügen kann.

5   IV. **Ein Regelbeispiel nach S. 2 Nr. 2** liegt vor, wenn der Täter **gewerbsmäßig** oder als **Mitglied einer Bande** handelt, die sich zur **fortgesetzten Begehung** solcher Taten verbunden hat. Die Vorschrift entspricht § 335 Abs. 2 Nr. 3.

6   1. **Zur Gewerbsmäßigkeit** s. 95 vor § 52. Dieses Regelbeispiel ist typischerweise gegeben, wenn in den Fällen des § 299 I ein Schmiergeldsystem aufgebaut ist (Tröndle/Fischer 5). Zum Vorteil bei § 299 Abs. 2 s. § 299 RN 11 f., 26. Dabei kann uU schon eine einzige Bestechungstat genügen, sofern der Täter durch sie seine Absicht betätigt, durch wiederholte strafbare Handlungen einen fortgesetzten, auf unbestimmte Zeit vorgesehenen Gewinn zu erzielen und sich so eine laufende Einnahmequelle von gewisser Erheblichkeit zu verschaffen (vgl. BT-Drs. 12/6853 S. 28).

7   2. **Zur Begehung als Mitglied einer Bande** etc. s. § 244 RN 23. Die Verbindung muß hier auf die Begehung von Bestechung und Bestechlichkeit im geschäftlichen Verkehr gerichtet sein. Dieses Merkmal erscheint deshalb zweifelhaft, weil nach hM eine Bande bereits bei der Verbindung von zwei Personen vorliegt (s. o. § 244 RN 24, bei Bestechung/Bestechlichkeit mit der notwendigen Beteiligung von zwei Personen (s. o. § 299 RN 32) diese Gefährlichkeit bereits durch § 299 abgedeckt wird. Sofern man zudem genügen läßt, daß bei bestehender Verbindung eine einzige Tat genügt (BGH MDR/D **67**, 269; vgl. auch Wittig wistra 98, 9), so sind diese Bedenken nur durch eine großzügige Zulassung der Widerlegung der Indizwirkung auszuräumen.

8   V. **Unbenannte besonders schwere Fälle (S. 1)** können etwa in Betracht kommen, wenn trotz geringen Vorteil die Rechtsgüter (s. o. § 299 RN 2) besonders nachhaltig erschüttert sind, bspw. durch erhebliche Schädigung der Mitbewerber (vgl. Tröndle/Fischer 7).

9   VI. Die straferhöhenden Umstände müssen vom **(Quasi-)Vorsatz** umfaßt sein (vgl. § 15 RN 27, § 46 RN 26).

§ 301 Strafantrag

(1) **Die Bestechlichkeit und Bestechung im geschäftlichen Verkehr nach § 299 wird nur auf Antrag verfolgt, es sei denn, daß die Strafverfolgungsbehörde wegen des besonderen öffentlichen Interesses an der Strafverfolgung ein Einschreiten von Amts wegen für geboten hält.**

(2) **Das Recht, den Strafantrag nach Absatz 1 zu stellen, hat neben dem Verletzten jeder der in § 13 Abs. 2 Nr. 1, 2 und 4 des Gesetzes gegen den unlauteren Wettbewerb bezeichneten Gewerbetreibenden, Verbände und Kammern.**

Vorbem.: § 301 eingefügt durch das Gesetz zur Bekämpfung der Korruption v. 13. 8. 1997, BGBl. I 2038.

1   I. Als ein wesentliches Hindernis bei der Verfolgung von Straftaten aus dem Bereich der Wirtschaftskorruption wurde die Ausgestaltung des § 12 aF UWG als Antragsdelikt angesehen (s. zB Dölling DJT-Gutachten C 91, Fuhrmann aaO § 12 UWG RN 1, Pfeiffer Gamm-FS 149; vgl. auch Möhrenschlager JZ 96, 828 mwN). Weitergehenden Vorschlägen aus der Praxis, ein Offizialdelikt einzuführen (Müller/Wabnitz/Janovsky, Wirtschaftskriminalität 4. A. 97, 9/18; vgl. auch Schaupensteiner Kriminalistik 96, 309, ferner die Prüfbitte des BR, BT-Drs. 13/6424 S. 8) sind zu Recht nicht weiterverfolgt worden (vgl. BT-Drs. 13/6424 S. 13), so daß nunmehr bei besonderem öffentlichen Interesse eine Strafverfolgung bei §§ 299, 300 auch **von Amts wegen** möglich ist (zum Gesetzgebungsverfahren vgl. BT-Drs. 13/3353 S. 13, König JR 97, 401, Wolters JuS 98, 1103).

2   II. Nur für § 299, nicht für § 298, gilt das Erfordernis eines Strafantrags (§§ 77–77 d; krit. BR BT-Drs. 13/6424 S. 8). Wird ein **besonderes öffentliches Interesse** bejaht (vgl. dazu § 230 RN 5 f.), kann auf den Antrag verzichtet werden. Ein besonderes öffentliches Interesse liegt insbesondere nahe, wenn die unrechts- und schulderhöhenden Umstände des § 300 in besonderem Maße die Allgemeinheit betreffen (vgl. Tröndle/Fischer 3).

3   III. **Strafantragsberechtigt** sind neben dem Verletzten die in § 13 Abs. 2 Nr. 1, 2 und 4 UWG bezeichneten Gewerbetreibenden, Verbände und Kammern. Diese sind neben dem Verletzten auch berechtigt, Privatklage zu erheben (§ 374 Abs. 1 Nr. 5 a, Abs. 2 StPO). Der Kreis dieser Berechtigten entspricht dem Kreis der durch § 299 mitgeschützten Interessen (s. o. § 299 RN 2, Wolters JuS 98, 1103).

§ 302 Vermögensstrafe und Erweiterter Verfall

(1) **In den Fällen des § 299 Abs. 1 ist § 73 d anzuwenden, wenn der Täter gewerbsmäßig oder als Mitglied einer Bande handelt, die sich zur fortgesetzten Begehung solcher Taten verbunden hat.**

(2) **In den Fällen des § 299 Abs. 2 sind die §§ 43 a, 73 d anzuwenden, wenn der Täter als Mitglied einer Bande handelt, die sich zur fortgesetzten Begehung solcher Taten verbunden hat. § 73 d ist auch dann anzuwenden, wenn der Täter gewerbsmäßig handelt.**

Vorbem. § 302 eingefügt durch das Gesetz zur Bekämpfung der Korruption v. 13. 8. 1997, BGBl. I 2038.

I. Die Vorschrift war im Regierungs-E (BT-Drs. 553/96) noch nicht vorgesehen und fand erst im 1 Laufe des Gesetzgebungsverfahrens auf Anregung des BR Eingang in die Reform. Nach Ansicht des Gesetzgebers sind in Fällen, die einen Bezug zur organisierten Kriminalität vermuten lassen, flankierende Regelungen erforderlich (BT-Drs. 13/8079 S. 14). Bei der Bestechlichkeit nach § 299 Abs. 1 wurde im Unterschied zum Bestechungstatbestand nach § 299 Abs. 2 von der Möglichkeit der Verhängung einer Vermögensstrafe Abstand genommen, da bei Abs. 2 der ihr zugrundeliegende Gewinnabschöpfungsgedanke, dem Täter also die Mittel für den Aufbau einer gefährlichen Organisation zu entziehen, auf der Seite des Vorteilsannehmenden nicht vergleichbar zum Tragen komme (BT-Drs. 13/8079 S. 14 f.; krit. Bottke ZRP 98, 219, König JR 97, 401, Tröndle/Fischer 2, Wolters JuS 98, 1103; generell abl. Dölling DJT-Gutachten C 91).

II. Nach **Abs. 1** ist in Fällen der **passiven Bestechung** nach § 299 I die Anwendung des **Erweiterten Verfalls** bei gewerbsmäßiger (s. 95 vor § 52 oder bandenmäßiger (s. § 244 RN 23) Tatbegehung vorgeschrieben. 2

III. Abs. 2 ermöglicht bei **aktiver Bestechung** (§ 299 Abs. 2) bei bandenmäßiger Begehung (s. 3 § 244 RN 23 f. neben dem Erweiterten Verfall (§ 73 d) auch die Verhängung von Vermögensstrafe (§ 43 a). Bei gewerbsmäßigem Handeln (s. 95 vor § 52) ist nur Erweiterter Verfall vorgesehen, dagegen Vermögensstrafe auch bei aktiver Bestechung nicht zulässig (skept. zur Effizienz der Vermögensstrafe Tröndle/Fischer 3).

Siebenundzwanzigster Abschnitt. Sachbeschädigung

Vorbemerkungen zu den §§ 303 ff.

I. Das Gesetz faßt im 27. Abschnitt Delikte zusammen, die sich zwar in ihrer Art ähneln, aber 1 hinsichtlich des Tatgegenstandes und des geschützten Rechtsguts keine einheitliche Gruppe bilden. Auf Eigentumsschutz sind die §§ 303, 305 und 305 a I Nr. 1 ausgerichtet. § 305 a I Nr. 2 schützt dienstliche Interessen an der Unversehrtheit von Kraftfahrzeugen. Dem Interesse der Allgemeinheit am unversehrten Bestand bestimmter Sachen dient § 304. Eigentümerähnliche Interessen sind Schutzobjekt des § 303 a und des § 303 b. Zu Diskrepanzen bei der Strafdrohung vgl. Bohnert JR 88, 446.

II. Der Abschnitt erfaßt nur einen Teil der Sachbeschädigungsdelikte. Ein Spezialfall ist außerhalb 2 des Abschnitts in § 306 geregelt. Aber auch andere Vorschriften des StGB betreffen Fälle einer Sachbeschädigung, so zB die §§ 133, 274, 306 d I. Vgl. ferner § 39 III, VI, VII Ges. zur Regelung von Fragen der Gentechnik idF v. 16. 12. 1993, BGBl. I 2066.

§ 303 Sachbeschädigung

(1) **Wer rechtswidrig eine fremde Sache beschädigt oder zerstört, wird mit Freiheitsstrafe bis zu zwei Jahren oder mit Geldstrafe bestraft.**

(2) **Der Versuch ist strafbar.**

Vorbem.: Abs. 3 gestrichen durch 2. WiKG v. 15. 5. 1986, BGBl. I 721. Die Strafantragsregelung enthält jetzt § 303 c.

Schrifttum: Behm, Sachbeschädigung und Verunstaltung, 1984. – Salewski, Zur Soziologie und Strafwürdigkeit der Sachbeschädigung, 1935 (StrAbh. Heft 360). – Schmoller, Sachbeschädigung, VDB, VI, 143. – Wolf, Der Sachbegriff im Strafrecht, RG-FG V, 44. – Kriminologisch: Geerds, Sachbeschädigungen, 1983. – Zum schweiz. Recht Niggli, Das Verhältnis von Eigentum, Vermögen und Schaden nach schweizerischem Strafgesetz, 1992.

I. Geschütztes **Rechtsgut** ist das Eigentum. Zweck dieses Schutzes ist, zu verhindern, daß der Wert 1 einer Sache für den Eigentümer herabgesetzt oder vernichtet wird (vgl. Germann SchwZStr. 55, 163), und zwar nicht nur der Substanz-, sondern auch der Gebrauchswert. Unerheblich ist, ob eine Sache nur eine begrenzte Funktionsdauer hat und ob ein Vermögensschaden eintritt; es genügt zB die Beeinträchtigung eines Affektionsinteresses (ebenso ÖstOGH JBl 90, 533) oder eines Funktionswertes (vgl. Celle NJW 88, 1101 m. Anm. Geerds JR 88, 435, Köln NJW 88, 1102, Düsseldorf NStE 11 zum Abschneiden der Kennummer eines Volkszählungsbogens).

II. Gegenstand der Tat ist eine fremde Sache. Herrenlose Sachen kommen ebensowenig wie 2 eigene Sachen als Tatobjekt in Betracht, mag auch deren Beschädigung Interessen eines anderen, etwa eines Nutzungsberechtigten, beeinträchtigen.

1. Als **Sachen** iSv § 303 sind nur körperliche Gegenstände anzusehen; der Sachbegriff ist hier der 3 gleiche wie beim Diebstahl (vgl. § 242 RN 3 f.), schließt also ua flüssige oder gasförmige Körper sowie die ein Recht verkörpernden Urkunden ein. Auch Tiere sind nach § 303 geschützt; § 90 a BGB steht dem nicht entgegen (Bay NJW 92, 2307, Graul JuS 00, 215; vgl. näher Küper JZ 93, 435). Es kommt nicht darauf an, ob die Sache einen wirtschaftlichen Wert (insb. Geldwert) hat; jedoch müssen solche Gegenstände ausscheiden, an denen der Eigentümer weder ein vermögensrechtliches noch ein sonstiges Interesse irgendwelcher Art hat (RG **10** 122, Bay NJW **93**, 2760 [tollwütiger Hund], Wolff LK 3, Zaczyk NK 1; and. Frank I, Hoyer SK 3; vgl. auch § 242 RN 4 ff.). Das ergibt sich daraus, daß § 303 dem Eigentumsschutz dient und bei Sachen, an deren Erhaltung kein vernünftiges Interesse des Eigentümers besteht, das strafrechtliche Schutzbedürfnis entfällt. Näher zu dieser Frage Hirschberg, Der Vermögensbegriff im Strafrecht (1934) S. 278.

4 2. Die Sache muß **fremd** sein, dh im Eigentum (zumindest Miteigentum) einer anderen Person stehen; vgl. dazu näher § 242 RN 12 ff. Zu menschlichen Körperteilen, zur menschlichen Leiche und zu Leichenteilen vgl. § 242 RN 20 f.

5 3. Anders als beim Diebstahl können auch *unbewegliche* Sachen Gegenstand der Tat sein, so zB ein Gebäude, auch der Rest eines zerstörten Hauses (vgl. RG **27** 421), ein Brückenpfeiler (Köln StV **95**, 592), ein Baum (vgl. ÖstOGH JBl **90**, 533), eine Wiese (LG Karlsruhe NStZ **93**, 543), ein Kartoffelfeld, ein zum Anbau von Getreide bestimmter Acker (KGJ **46** C 369), ein Garten, eine Grasnarbe (vgl. BGE 115 IV 28), ein Schwimmbecken oder ein Fischteich.

6 4. Eine *Sachgesamtheit* kann als solche nicht Gegenstand der Tat sein (Frank II 1, Wolff LK 3; and. Blei II 212), es sei denn, es handelt sich um eine funktionelle Einheit, insb. eine zusammengesetzte Sache.

7 III. Die **Handlung** besteht im Beschädigen oder Zerstören der Sache. Der Eingriff braucht nicht zu einem wirtschaftlichen Schaden zu führen. Auch wenn die Vernichtung auf Grund von Umständen, die bereits vor der Zerstörung durch den Täter gegeben waren, ohnehin binnen kurzem erfolgt wäre und daher ein Schadensersatzanspruch entfällt (überholende Kausalität; vgl. BGHZ **20** 275 f.), ist die vorsätzliche Zerstörung nach § 303 strafbar. Ebensowenig schließt der bei der Tat vorliegende Wille, den Schaden unverzüglich zu ersetzen oder durch Dritte (Versicherung) ersetzen zu lassen, den Tatbestand aus (vgl. ÖstOGH **56**, 116).

8 1. Der Täter **beschädigt** eine Sache, wenn er ihre Substanz nicht unerheblich verletzt (u. 8 a) oder auf sie körperlich derart einwirkt, daß dadurch die bestimmungsgemäße Brauchbarkeit der Sache mehr als nur geringfügig beeinträchtigt (u. 8 b) oder der Zustand der Sache mehr als nur belanglos verändert wird (u. 8 c). Gegen solche Ansatzpunkte und auf Beeinträchtigung der substantiellen Beschaffenheit abstellend Kargl JZ 97, 283.

8 a a) Sachbeschädigung ist danach zunächst eine **Substanzverletzung,** dh die Aufhebung der stofflichen Unversehrtheit einer Sache, deren stoffliche Verringerung (Substanzeinbuße) oder Substanzverschlechterung. Auf diese Fälle hat anfangs zT das RG die Anwendbarkeit des § 303 beschränkt (vgl. etwa RG **13** 29, **33** 178, **39** 329). Geringfügige Substanzbeeinträchtigungen bleiben jedoch außer Betracht, ebenso solche, die sich ohne nennenswerten Aufwand an Mühe, Zeit und Kosten alsbald beheben lassen. Geringfügig ist die Substanzverletzung bereits dann nicht mehr, wenn sie den Funktionswert der Sache nicht unerheblich beeinträchtigt (vgl. zum Abschneiden der Kennummer eines Volkszählungsbogens Celle NJW **88**, 1101 m. Anm. Geerds JR **88**, 435, Köln NJW **88**, 1102, Karlsruhe NJW **89**, 1939, Düsseldorf NStE 1, jeweils mit Hinweisen auf Gegenmeinung).

8 b b) Eine Substanzverletzung ist indes nicht unbedingt erforderlich (RG **74** 14, BGH **13** 208, **44** 38, Lackner/Kühl 4). Sachbeschädigung liegt auch vor, wenn die Einwirkung auf eine Sache diese so verändert, daß deren bestimmungsgemäße **Brauchbarkeit** nicht unwesentlich **gemindert** ist und sich deswegen die betroffene Sache nicht mehr funktionsentsprechend voll einsetzen läßt. Abgesehen von ganz kurzen Zeitspannen ist sowohl grundsätzlich unerheblich, ob die Sache infolge der Gebrauchsbeeinträchtigung für immer, für längere Zeit oder nur kurzfristig nicht voll einsetzbar ist (Stree JuS **88**, 188). Nicht tatbestandsmäßig sind jedoch Beeinträchtigungen, deren Beseitigung keinen größeren Aufwand an Mühe, Zeit und Kosten erfordert (Düsseldorf NJW **93**, 869). Beim Zeitaufwand ist das Interesse an alsbaldiger Verwendbarkeit der Sache zu berücksichtigen. Eine Gebrauchsbeeinträchtigung ohne Substanzeinbuße kommt insb. bei zusammengesetzten Sachen in Betracht (vgl. RG **20** 182, 353, **31** 329, **55** 169, **64** 251, JW **22**, 712). Um eine Sachbeschädigung handelt es sich danach, wenn eine Maschine oder eine Uhr in ihre Teile zerlegt (Hamm VRS **28** 437, Tröndle/Fischer 8) oder ein zum Gebrauch benötigtes Teil einer Maschine entfernt wird (vgl. RG JW **22**, 712: Wegnahme eines Handrades bei einer Turbine). Vgl. auch Hamm GA **66**, 187 (Abmontieren eines eingebauten Spülbeckens). Die bloße Entfernen einer Urkunde aus einem Aktenstück ist jedoch keine Beschädigung des Aktenstücks, es sei denn, es ist eine Gesamturkunde betroffen (dann aber § 274 oder § 267). Andererseits kann auch das Hinzufügen von Gegenständen die Brauchbarkeit einer Sache beeinträchtigen und diese somit beschädigen (Fremdkörper in Maschine [vgl. RG **20** 182], Metallbügel auf Oberleitung einer Eisenbahn [BGH NStZ **88**, 178], mit einer Eisenbahnschiene fest verbundenes Hindernis [BGH **44** 38 m. Anm. Otto NStZ 98, 513 u. Dietmeier JR 98, 471], Öl auf Gemüsebeet, Giftmüll auf Rasen oder Acker, Wanzen in Hotelzimmer usw.). Zur bestimmungsgemäßen Brauchbarkeit einer Sache gehört auch die Verwendbarkeitsstufe in einem Produktionsvorgang. Eine solche Gebrauchsfähigkeit wird beeinträchtigt, wenn ein halbfertiges Fabrikat auf seinen Ausgangspunkt zurückgeführt wird, mag auch eine Substanzverletzung nicht eingetreten sein, zB eine halbfertige Maschine wieder auseinandergenommen wird (vgl. dazu Schmid NJW 79, 2276). Die Gebrauchsbeeinträchtigung als Kriterium für eine Sachbeschädigung beschränkt sich nicht auf zusammengesetzte Sachen. Sie ist bei allen Sachen als Sachbeschädigung zu beurteilen (vgl. zB RG **20** 183:

Schmutzfleck auf Kupferstich, RG **43** 204: Übergießen einer Marmorbüste mit Farbe, Stuttgart NStZ **97**, 347: zeitweiliges Unbrauchbarmachen einer Radaranlage durch Beschmieren, Köln NZV **99**, 136: Überkleben eines Verkehrsschildes). Hierunter fällt ua auch das Einwirken auf Tiere mit der Folge einer verminderten Verwendungsmöglichkeit, etwa Betäubung eines Wachhundes oder schädliches Doping bei einem Rennpferd (vgl. RG **37** 412: Beeinträchtigung des Nervensystems bei einem Pferd; zum Doping vgl. Schneider-Grohe, Doping, 1979, 151). Dagegen genügt noch nicht die zweckvereitelnde Besitzentziehung, wie das Fliegenlassen eines Vogels (RG **20** 185, Wolff LK 15; and. Blei II 212) oder das Entlaufenlassen eines Haustieres, es sei denn, das Tier ist dem Aufenthalt in ungewohnter Umgebung nicht gewachsen und kommt um. Die bloße Besitzentziehung reicht bei Tieren ebensowenig aus wie eine sonstige Sachentziehung (vgl. u. 10) trotz der Folge des Gebrauchsverlustes. Entsprechendes wie beim Einwirken auf Tiere gilt für Einwirkungen auf Kleidungsstücke. Eine Sachbeschädigung liegt insoweit schon dann vor, wenn die Kleidung in ihrer Funktion, nach außen zu wirken, nicht nur belanglos beeinträchtigt, zB Oberbekleidung in ekelerregender oder anwidernder Weise verschmutzt oder so verunreinigt wird, daß unangenehme oder unpassende Geruchswirkungen eintreten (RG HRR **36** Nr. 853, Frankfurt NJW **87**, 390 m. Anm. Stree JuS **88**, 190). Wie auch sonst genügt die Herbeiführung der zeitweiligen Nichtbenutzbarkeit als solche, wenn der Betroffene auf den Gebrauch der Kleidung angewiesen ist oder jederzeit angewiesen sein kann. Fehlender Benutzungswille zZ der Tat schließt die Gebrauchsbeeinträchtigung nicht aus (BGH **44** 38, Stree JuS **88**, 190). Unerheblich ist die genannte Gebrauchsbeeinträchtigung jedoch dann, wenn der Betroffene während deren Dauer die Sache gar nicht benötigt (Stree JuS **88**, 190), ebenso eine Gebrauchsbeeinträchtigung durch Verstecken oder Entfernen eines Kleidungsstücks. Ferner ist das Löschen eines Tonbands oder sonst gespeicherter Daten als Sachbeschädigung zu beurteilen (Merkel NJW **56**, 778, Lackner/Kühl 4, Wolff LK 8, Zaczyk NK 15; and. Gerstenberg NJW **56**, 540, Lampe GA **75**, 16).

c) Schließlich kann als Sachbeschädigung die dem Eigentümerinteresse zuwiderlaufende **Zustandsveränderung** zu werten sein (Düsseldorf MDR **79**, 74), zB die nicht mühelos behebbare Verunstaltung (vgl. dazu Schmid NJW **79**, 1580, der auf eine Minderung des materiellen oder immateriellen Wertes der Sache für den Eigentümer abhebt), aber auch ohne eine künstlerische Veränderung (vgl. BVerfG NJW **84**, 1294: Sprayer von Zürich; vgl. dazu Hoffmann NJW **85**, 244, auch OG Zürich SchwJZ **94**, 272: Graffiti, BGE 120 IV 319). Die Gegenmeinung in BGH **29** 129 schränkt den Eigentumsschutz ohne sachliche Notwendigkeit zu sehr ein und läßt zudem keine klare Grenze zu den Fällen erkennen, in denen wie bei Statuen, Gemälden und Baudenkmälern auch nach dem BGH eine Veränderung der äußeren Erscheinung als Sachbeschädigung zu beurteilen ist (gegen BGH vgl. auch Dölling NJW **81**, 207, Gössel JR **80**, 184, Hoyer SK 12, Krey II Nr 242, Maiwald JZ **80**, 256, Otto Jura **89**, 208, Tröndle/Fischer 6a, Schroeder JR **87**, 359, 88, 363, Zaczyk NK 12; wie BGH Frankfurt NStZ **88**, 410, Bay StV **97**, 90, KG NJW **99**, 1200, Hamburg NStZ-RR **99**, 209, LG Itzehoe NJW **98**, 468, Behm aaO 179 ff., StV 82, 596, JR 88, 360, Katzer NJW **81**, 2036). Sie übergeht den Umstand, daß der betroffene Eigentümer durchaus die Zustandsveränderung als Beschädigung seiner Sache empfindet, zumal bei erheblichen Kosten für die Wiederherstellung des früheren Zustands und Nichtbenutzbarkeit der Sache während der Renovierung für einige Zeit. Nicht überzeugend ist der Einwand des LG Itzehoe aaO hiergegen, die Gebrauchsentziehung während der Renovierungszeit beruhe auf dem vom Schutzzweck des § 303 nicht umfaßten Gestaltungswillen des Eigentümers. Immerhin ist dieser Gestaltungswille eine mehr oder minder notwendige Auswirkung des Sacheingriffs. Wie wenig die einschränkende Gegenmeinung einleuchtet und für betroffene Eigentümer verständlich ist, zeigt in besonderem Maß das Graffiti-Unwesen (vgl. dazu Mersson Neue Zeitschrift für Miet- und Wohnungsrecht **99**, 447, Mommsen JR **00**, 172, auch ÖstOGH Bl. 2000, 469). Nach der Gegenmeinung liegt Sachbeschädigung allerdings vor, wenn das Beseitigen der Verunstaltung zwangsläufig zu einer Substanzverletzung führt (vgl. Celle NStZ **81**, 224, Düsseldorf NJW **82**, 1167 zum Besprühen einer Sache mit Öl- oder Lackfarbe, NJW **99**, 1199 m. Anm. Behm NStZ **99**, 511: Graffiti, Köln StV **95**, 592); die Möglichkeit, durch Überstreichen die Verunstaltung zu beseitigen, bleibt insoweit als Wiederherstellung der beschädigten Sache außer Betracht (Düsseldorf NJW **82**, 1167, VM **99**, 14). Unerheblich ist, ob die beeinträchtigte Sache zuvor ansehnlich war (Hamburg NJW **79**, 1614) oder die äußere Erscheinung unter wesentlicher Verletzung des Gestaltungswillens und der Zweckbestimmung seitens des Eigentümers belangreich verändert wird (vgl. Bremen MDR **76**, 774, Schmid NJW **79**, 1581; and. Hamburg NJW **76**, 2174, Karlsruhe MDR **77**, 774, JZ **78**, 72). Voraussetzung ist nur, daß ein vernünftiges (nachvollziehbares) Interesse des Eigentümers an der Aufrechterhaltung des bisherigen Zustands besteht (vgl. Schroeder JR **76**, 339, M-Schroeder I 389) und dessen Wiederherstellung nicht ohne einige Mühe und Zeitaufwand möglich ist. Hierbei kommt es nicht darauf an, ob die Instandsetzung nur ohne eine Substanzverletzung (etwa Beschädigung des Lacks oder des Farbanstrichs) oder ohne eine solche Folge möglich ist. Zur Ungereimtheit einer Differenzierung vgl. Maiwald JZ **80**, 259. Auch eine erneute Zustandsveränderung vor Wiederherstellung des früheren Zustands kann den Eigentümerinteressen zuwiderlaufen und somit Sachbeschädigung sein (vgl. LG Bochum MDR **79**, 74 [Überkleben von Plakaten mit anderen Plakaten], BGE 120 IV 319 [weitere Wandbemalung], aber auch Schmid NJW **79**, 1582 sowie Frankfurt MDR **79**, 693 [zusätzliches Bekritzeln einer Zellenwand]). Wer einem verbeulten Kfz eine weitere Beule erheblicher Art zufügt, erfüllt den Tatbestand des § 303 (ebenso BGE 120 IV 323). Führt jedoch das erneute Einwirken auf eine Sache zu keiner zusätzlichen Minderung des Aussehens der Sache und ist kein ins Gewicht fallender Mehraufwand beim Wiederherstellen des ursprünglichen Zustands erforderlich, so entfällt eine Sachbeschädigung (vgl. OG Zürich SchwJZ **94**, 272). Als Interesse an der Zustandserhaltung ist allein das Interesse an der Sache als solcher zu berücksichtigen. Sonstige Interessen an der Zustandserhaltung, wie reine Beweisinteressen, sind unbeachtlich. Daher liegt keine Sachbeschädigung vor, wenn Fingerabdrücke eines Einbrechers von einer Sache abgewischt oder sonstige Spuren beseitigt werden. Vgl. auch u. 10 zur Reparatur einer Sache. Zu Vorschlägen, in § 303 das Merkmal „verunstalten" ausdrücklich einzufügen, vgl. Behm StV 99, 567.

9   **Beispiele** für Beschädigung: Beschmutzen einer Sache, etwa der Kleidung durch Bewerfen mit Eiern, Tomaten oder Farbbeuteln (Köln NStZ-RR **97**, 235), Benässen eines Kleides mit Urin (RG HRR **36** Nr. 853) oder Blut (vgl. Hamburg NJW **83**, 2273), Besudeln von Briefen mit Urin (Bay HRR **30** Nr. 2121), Durchnässen des Diensthemdes eines Polizeibeamten mit Bier (Frankfurt NJW **87**, 389 m. Anm. Stree JuS 88, 190), Beschmieren einer Büste oder eines Denkmals mit Farbstoff (RG **43** 204, LG Bamberg NJW **53**, 998) oder Verschandeln einer Hauswand mit Parolen (Hamburg JZ **51**, 727) durch Besprühen mit Lackfarbe (Oldenburg NJW **83**, 57 m. Anm. Dölling JR 84, 37), Bekleben mit Plakaten (Hamburg NJW **75**, 1981, **79**, 1614, Karlsruhe JZ **75**, 642 m. Anm. Schroeder JR 76, 338, MDR **77**, 774, NJW **78**, 1636, Bremen MDR **76**, 773, Oldenburg JZ **78**, 70, 450, Celle MDR **78**, 507, Düsseldorf MDR **79**, 74; vgl. auch Haas JuS 78, 14), Besprühen eines Schaufensters mit Farbe, so daß Sicht durch die Scheibe erheblich beeinträchtigt wird (LG Bremen NJW **83**, 56), Anbringen eines Klebezettels auf Windschutzscheibe, der der normale Sicht nimmt und nur mit Hilfe Dritter entfernt werden kann (BGE 99 IV 145), Einritzen von Inschriften in Ruhebänke, Abreißen oder Unkenntlichmachen von Plakaten, deren Überkleben (BGH NStZ **82**, 508, Hamburg NJW **82**, 395 m. Anm. Maiwald JR 82, 298; and. Oldenburg NJW **82**, 1166 bei Wahlplakaten auf städtischer Plakattafel), Außerbetriebsetzen einer Maschine durch Zuführen von Gegenständen (zB Sand ins Getriebe), Einschütten von Kot oder Seife in einen Brunnen (R **9** 171, Dresden DRiZ **31** Nr. 208) oder von Spülmitteln in eine Pferdetränke (Düsseldorf VRS **71** 29), Eingießen von Wasser in einen Briefkasten (Oetker JW 22, 712 zu 3), Unbrauchbarmachen tiefgekühlter Waren durch Abschalten der Kühlanlage (ÖstOGH **56**, 114), Ablassen der Luft aus Autoreifen, sofern ein Wiederaufpumpen nicht ohne weiteres möglich ist (BGH **13** 207 m. Anm. Klug JZ 60, 226; and. Düsseldorf NJW **57**, 1246; weitergehend Bay NJW **87**, 3271 m. abl. Anm. Geerds JR 88, 218 u. Behm NStZ **88**, 275 bei Ablassen der Luft aus Fahrradreifen), Fällen eines Baumes (ÖstOGH JBl **90**, 533), Abtragen einer Grasnarbe (vgl. BGE 115 IV 28), Belichten eines Films, zweckwidriges Auslösen einer Verkehrsüberwachungskamera (Schleswig SchlHA/E-L **86**, 102).

10 **Keine Beschädigung** ist der **bestimmungsgemäße Verbrauch,** zB bei Lebensmitteln. Auch die **Reparatur** einer Sache kann nicht als Beschädigung angesehen werden, selbst wenn dabei auf die Sachsubstanz eingewirkt wird (vgl. aber Blei II 212). Das gilt auch dann, wenn, etwa zu Beweiszwecken, der Eigentümer ein Interesse an der Erhaltung des augenblicklichen Zustands der Sache hat (Wessels/Hillenkamp RN 27, Zaczyk NK 13; and. RG **33** 180, Hoyer SK 10, Wolff LK 14, Tröndle/Fischer 7, Schilling, Der strafrechtl. Schutz des Augenscheinsbeweises [1965] 187). Die darin liegende „Beweisbeeinträchtigung" wird tatbestandsmäßig durch § 303 nicht erfaßt werden (vgl. o. 8 c); bloße Beweisinteressen des Eigentümers rechtfertigen keinen gegenüber den Beweisinteressen eines Dritten erweiterten Strafrechtsschutz. Ferner stellt die bloße **Sachentziehung** kein Beschädigen dar; anders ist es jedoch, wenn sie zur Beeinträchtigung der Sache in ihrer bestimmungsgemäßen Brauchbarkeit führt (and. Schmitt Stree/Wessels-FS 505, Wessels/Hillenkamp RN 32), zB die entzogene Sache an ihrem neuen Aufenthaltsort vorkommt oder sich in ihrer äußeren Erscheinung und Form wesentlich verändert (vgl. RG **64** 251) oder die Entziehung von Sachteilen eine Sache unbrauchbar macht. Keine Sachbeschädigung ist auch das bloße Lösen eines Plakats von seiner Befestigung (Schleswig SchlHA/E-J **75**, 188). Ebensowenig ist § 303 anwendbar, wenn die Funktionsfähigkeit einer Sache ohne Einwirkung auf die Sachsubstanz beeinträchtigt wird (Hoyer SK 7). Wer die Autoschlüssel dem Eigentümer wegnimmt, beschädigt nicht dessen Kfz. Maschinen, Fernsehapparate usw. sind nicht deswegen als beschädigt anzusehen, weil sie wegen Unterbindung der Stromzufuhr nicht benutzbar sind.

11 **2. Zerstört** ist eine Sache, wenn sie so wesentlich beschädigt wurde, daß sie für ihren Zweck völlig unbrauchbar wird (vgl. RG **8** 33); eine teilweise Zerstörung, dh die funktionelle Ausschaltung eines wesentlichen Teiles, genügt (Olshausen 3 c, vgl. auch OGH **2** 97, Baumann GA 71, 308 gegen Maiwald; and. RG 39 224, Tröndle/Fischer 10). Eine bloße Beschädigung genügt nicht (RG **47** 180, BGH MDR/D **69**, 895).

12 **IV. Die Rechtswidrigkeit** kann vor allem durch ein Notstandsrecht (§§ 228, 904 BGB), durch Selbsthilfe (§ 229 BGB) oder durch Einwilligung des Berechtigten ausgeschlossen werden. Für Tatbestandsausschluß bei Einwilligung Gropengießer JR 98, 91, Zaczyk NK 21. Zur fehlenden Rechtswidrigkeit beim Überkleben von Wahlplakaten durch andere Wahlplakate auf städtischer Plakattafel vgl. Oldenburg NJW **82**, 1166. Die Sittenwidrigkeit der Tat nimmt der Einwilligung nicht die rechtfertigende Wirkung, ebensowenig die Sittenwidrigkeit der Einwilligung (vgl. 37 f. vor § 32). Soweit der Täter sittenwidrige Zwecke verfolgt, zB für den Eigentümer Ersatzleistungen durch einen Versicherungsträger erstrebt, kann er sich jedoch nicht auf eine mutmaßliche Einwilligung stützen. Kein Rechtfertigungsgrund ist das Recht auf freie Meinungsäußerung (Karlsruhe Justiz **78**, 362), die Kunst-

freiheit (BVerfG NJW **84**, 1294) oder die Wahrnehmung berechtigter Interessen iSv § 193 (Stuttgart NStZ **87**, 122 m. Anm. Lenckner JuS 88, 352; vgl. auch 80 vor § 32).

Das Recht, *wildernde Hunde und Katzen* zu töten, ist nach § 23 BJagdG einer landesrechtlichen Regelung vorbehalten; vgl. zB § 25 III Nr. 2 LJagdG v. NRW idF v. 11. 7. 1978, GVBl. 318. Vgl. hierzu Karlsruhe NStZ **88**, 32, Bay NJW **92**, 2306. Ebenfalls ist grundsätzlich Landesrecht dafür maßgebend, ob gegen im Freien betroffene Tauben vorgegangen werden darf (vgl. zB § 30 II nds. Feld- und ForstordnungsG idF v. 30. 8. 1984, GVBl. 216).

V. Für den **subjektiven Tatbestand** ist Vorsatz erforderlich. Der Täter muß wissen, daß er eine fremde Sache beschädigt oder zerstört. Bedingter Vorsatz reicht aus. Für den Irrtum gelten die allgemeinen Grundsätze. Wer ein Tier in der irrigen Meinung verletzt, es sei herrenloses Wild, handelt in einem vorsatzausschließenden Tatbestandsirrtum (vgl. BGE 114 IV 143). Glaubt der Täter, das Zerlegen einer Sache in ihre Einzelteile sei mangels Substanzverletzung kein Beschädigen, so liegt ein Subsumtionsirrtum vor, der sich uU mit einem Verbotsirrtum verknüpfen kann. Ein vorsatzausschließender Tatbestandsirrtum liegt dagegen vor, wenn der Täter irrig meint, die von ihm zerlegte Sache lasse sich mühelos und ohne nennenswerten Aufwand an Zeit und Kosten wieder zusammensetzen. Einem Verbotsirrtum unterliegt, wer glaubt, Hunde außerhalb eines Jagdreviers töten zu dürfen, um einer zu befürchtenden Wildverfolgung vorzubeugen (Bay NJW **92**, 2306).

VI. Die Verfolgung setzt nach § 303 c grundsätzlich einen **Strafantrag** voraus; im Fall eines besonderen öffentlichen Interesses an der Strafverfolgung ist jedoch von Amts wegen einzuschreiten. Vgl. dazu die Anm. zu § 303 c. Die Tat kann auch im Wege der Privatklage verfolgt werden (§ 374 StPO).

VII. Idealkonkurrenz kommt in Betracht mit § 125 (and. Karlsruhe NJW **79**, 2416), mit § 130 (vgl. ÖstOGH JBl **00**, 469), mit § 133 (vgl. dort RN 23), mit § 185 (RG HRR **36** Nr. 853), auch mit § 224 und § 17 TierschutzG. **Gesetzeseinheit** besteht mit § 243 I Nr. 1, 2 und mit § 274 I Nr. 1, 3; § 303 tritt zurück (and. – Tateinheit –, wenn Diebstahl nur nach § 242 geahndet wird; vgl. § 243 RN 59). Beschädigt der Dieb die gestohlene Sache, sei es beim Diebstahl (Aufbrechen der Autotür) oder später, so ist die Sachbeschädigung straflose Begleit- bzw. Nachtat (vgl. BGH NStZ-RR **98**, 294 sowie 114 vor § 52). Tateinheit mit § 242 liegt dagegen vor, wenn der Dieb zugleich andere Sachen als die Beute beschädigt. Gesetzeseinheit besteht ferner mit den landesrechtlichen Feld- und Forstpolizeigesetzen (RG **48** 212); diese gehen vor (vgl. Art. 4 V EGStGB; vgl. auch § 71 III 2 LandschaftsG NW idF v. 15. 8. 1994, GVBl 710). Andererseits tritt § 145 II hinter § 303 zurück. Über das Verhältnis zu §§ 306 ff. vgl. § 306 RN 18 ff.; mit § 306 f ist Idealkonkurrenz möglich (vgl. BGH **39** 132 zu § 310 a aF).

§ 303 a Datenveränderung

(1) Wer rechtswidrig Daten (§ 202 a Abs. 2) löscht, unterdrückt, unbrauchbar macht oder verändert, wird mit Freiheitsstrafe bis zu zwei Jahren oder mit Geldstrafe bestraft.

(2) Der Versuch ist strafbar.

Vorbem.: Eingefügt durch das 2. WiKG vom 15. 5. 1986, BGBl. I 721.

Schrifttum: Haß, Der strafrechtliche Schutz von Computerprogrammen, in Lehmann, Rechtsschutz und Verwertung von Computerprogrammen, 2. A. 1993. – *Schulze-Heiming,* Der strafrechtliche Schutz der Computerdaten gegen die Angriffsformen der Spionage, Sabotage und des Zeitdiebstahls, Diss. Münster, 1995. – *Welp,* Datenveränderung, IuR 88, 433.

I. Als Ergänzung zu § 303 erstreckt die Vorschrift den Strafschutz vor Beschädigung und Zerstörung auf nicht unmittelbar wahrnehmbar gespeicherte personen- wie vermögensbezogene Daten (and. Haft NStZ 87, 10, der nur das Vermögen in seiner spezialisierten Ausprägung in Daten als Rechtsgut ansieht; vgl. auch Tolksdorf LK 2, Welp IuR 88, 449). Das **Interesse** des Verfügungsberechtigten **an der unversehrten Verwendbarkeit** der in den gespeicherten Daten enthaltenen Informationen wird dabei durch einen über den Kreis der Sachbeschädigungshandlungen hinausgehenden Katalog von Angriffshandlungen umfassend geschützt (vgl. BT-Drs. 10/5058 S. 34).

II. 1. Tatgegenstand sind Daten iSv § 202 a II, also Daten, die elektronisch, magnetisch oder sonst nicht unmittelbar wahrnehmbar gespeichert sind oder übermittelt werden (vgl. dazu § 202 a RN 3 f.). Nicht erforderlich ist, daß sie gemäß § 202 a I gegen unberechtigten Zugang besonders gesichert oder gemäß § 274 I Nr. 2 beweiserheblich sind. Ebensowenig müssen sie einen wirtschaftlichen Wert haben (Tolksdorf LK 3).

2. Die Daten brauchen mangels einer dem § 303 entsprechenden Eingrenzung nicht fremd zu sein. Dennoch ist eine tatbestandliche Einschränkung geboten, soll der zu weit geratene Tatbestand auf typisches Unrecht begrenzt bleiben. Typisches Unrecht liegt nur vor, wenn ein anderer als der Täter selbst von der Tat betroffen ist, mithin eine fremde Rechtsposition. Wer nur solche Daten beeinträchtigt, die ausschließlich für ihn erheblich sind und in seinen alleinigen Interessenbereich fallen, begibt sich noch nicht deswegen auf kriminelles Gebiet. Dementsprechend ist der Tatbestand auf **Daten** zu beschränken, an denen und an deren Unversehrtheit **ein anderer ein unmittelbares**

Interesse besitzt (Lenckner/Winkelbauer CR 86, 829, Tolksdorf LK 5). Das insoweit maßgebliche Interesse ist gemäß der systematischen Zuordnung des § 303 a zum Abschnitt „Sachbeschädigung" in einer eigentümerähnlichen Stellung und der damit verbundenen Verfügungsberechtigung zu erblicken (zu möglichen Anknüpfungspunkten für Verfügungsberechtigung vgl. Hilgendorf JR 94, 478). Wesentlich hierfür ist nicht unbedingt das Eigentum am Datenträger (vgl. dazu Tolksdorf LK 16) oder die Vornahme der Datenspeicherung. Eine eigentümerähnliche Interessenlage kann auch bestehen, wenn jemand für ihn wichtige Daten einem Dritten liefert und von diesem speichern und verarbeiten läßt, etwa ein Datenverarbeitungszentrum mit der Buchhaltung und der Erstellung von Bilanzen beauftragt hat (vgl. Hoyer SK 6). Sie kann sich ferner aus Besitz- und Nutzungsrechten ergeben, zB bei gemietetem Computer und Softwareprogramm. Eine Rechtsposition, die allein aus dem Persönlichkeitsrecht hervorgeht, reicht jedoch nicht aus; sie wird von § 43 BDSG geschützt. Zur Verfügungsberechtigung bei Euroscheckkarten vgl. Bay wistra **93**, 305. Vgl. zum Ganzen Haß aaO 496, Lenckner/Winkelbauer aaO, Tolksdorf LK 9 ff., Welp IuR 88, 447 f. Zu verfassungsrechtlichen Bedenken wegen Unbestimmtheit des Gesetzes Tolksdorf LK 7 u. gegen ihn Kutzer JR 94, 303 f. Für Verfassungswidrigkeit schlechthin Zaczyk NK 4.

4   III. Als **Tathandlung** kommt das Löschen, das Unterdrücken, das Unbrauchbarmachen oder das Verändern von Daten der o. 2, 3 genannten Art in Betracht. Diese Tathandlungen, die auch durch Unterlassen begangen werden können (Tröndle/Fischer 8), überschneiden sich zwar und lassen sich zudem nicht scharf voneinander abgrenzen. Mit ihrer perfektionistisch wirkenden Aufzählung soll aber jegliche Lücke vermieden und ein umfassender Schutz vor Beeinträchtigungen erreicht werden. **Gelöscht** werden Daten, wenn sie vollständig und unwiederbringlich unkenntlich gemacht werden (vgl. BT-Drs. 10/5058 S. 34), also sich nicht mehr rekonstruieren lassen (vgl. v. Gravenreuth NStZ 89, 206) und damit für immer gänzlich verloren sind. Hierbei kommt es allein auf die konkrete Speicherung an (Lenckner/Winkelbauer CR 86, 829); das Vorhandensein entsprechender Daten auf einem anderen Datenträger schließt die Tatbestandsmäßigkeit nicht aus. Unerheblich ist, auf welche Weise das Unkenntlichmachen vorgenommen wird (zB bloßes Löschen, Beseitigen einer Kopiersperre durch Cracker, Überschreiben mit neuen Daten, Zerstören des Datenträgers). **Unterdrückt** werden Daten, wenn sie dem Zugriff des Verfügungsberechtigten entzogen werden und deshalb von diesem nicht mehr verwendet werden können (BT-Drs. 10/5058 S. 35). Es genügt ein zeitweiliges Entziehen (Haß aaO 498, Hoyer SK 9, Tolksdorf LK 27, Zaczyk NK 8; gegen das Erfordernis eines auf Dauer gerichteten Unterdrückens spricht, daß bereits ein zeitweiliges Entziehen erheblichen Schaden verursachen kann). Ausgenommen sind solche Zeitspannen, die für den Verfügungsberechtigten keinerlei Beeinträchtigung bedeuten. Eine Beeinträchtigung entfällt jedoch nicht bereits beim Fehlen eines aktuellen Verwendungswillens in der Zeit des Entziehens; es genügt die Beeinträchtigung eines potentiellen Zugriffswillens. Das Unterdrücken der Daten kann durch Entziehen oder Vorenthalten des Datenträgers erfolgen, aber auch dadurch, daß mittels einer Sperre (zB Eingabe eines Paßwortes) der Verfügungsberechtigte vom Zugang zu den Daten ausgeschlossen wird. Zu Programmsperren vgl. noch Wuermeling CR 94, 592. Ein **Unbrauchbarmachen** liegt vor, wenn Daten in ihrer Gebrauchsfähigkeit so beeinträchtigt werden, daß sie nicht mehr ordnungsgemäß verwendet werden können und damit ihren bestimmungsgemäßen Zweck nicht mehr zu erfüllen vermögen (BT-Drs. 10/5058 S. 35). Eine solche Wirkung kann durch Teillöschungen einschließlich Überschreiben einzelner Daten, durch inhaltliche Umgestaltungen oder durch Hinzufügen weiterer Daten erreicht werden. **Verändert** werden Daten, wenn sie einen anderen Informationsgehalt (Aussagewert) erhalten und dadurch der ursprüngliche Verwendungszweck beeinträchtigt wird (vgl. Möhrenschlager wistra 86, 141). Die Veränderung kann wie die Unbrauchbarmachung durch Teillöschungen, inhaltliches Umgestalten gespeicherter Daten (vgl. § 2 II Nr. 3 BDSG) oder Hinzufügen weiterer Daten geschehen. Zur Änderung der Konto-Nr. auf Euroscheckkarte vgl. Bay wistra **93**, 304 m. Anm. Hilgendorf JR 94, 478. Wie beim Löschen ist auch bei allen anderen Tathandlungen für die Tatbestandsmäßigkeit nur die betroffene konkrete Datenspeicherung maßgebend. Zu Tathandlungen mittels Computerviren vgl. Tolksdorf LK 32, Schulze-Heiming aaO 189 ff.

5   IV. Für den subjektiven Tatbestand ist **Vorsatz** erforderlich. Bedingter Vorsatz genügt. Der Vorsatz muß auch darauf gerichtet sein, daß ein anderer hinsichtlich der beeinträchtigten Daten Interessenträger im o. 3 genannten Sinn ist. Glaubt der Täter irrtümlich, es seien ausschließlich eigene Interessen betroffen, so liegt ein vorsatzausschließender Tatbestandsirrtum vor. Löscht er jedoch als Eigentümer des Datenträgers darauf gespeicherte Daten, an denen ein von § 303 a geschütztes Fremdinteresse besteht, in der irrigen Meinung, nur Daten auf fremden Datenträgern seien vom Tatbestand des § 303 a erfaßt, so handelt es sich um einen unbeachtlichen Subsumtionsirrtum, der mit einem Verbotsirrtum verbunden sein kann.

6   V. Die **Rechtswidrigkeit** ist wie bei § 303 allgemeines Verbrechensmerkmal (and. Granderath DB 86 Beil. 18 S. 3, der zur Erzielung eines dem o. 3 vergleichbaren Ergebnisses dem Merkmal der Rechtswidrigkeit teilweise auch tatbestandseinschränkende Wirkung beimißt; ebenso Hilgendorf JR 94, 478, Hoyer SK 12, Lackner/Kühl 4, Schlüchter, Zweites Gesetz zur Bekämpfung der Wirtschaftskriminalität, 1987, 74). Sie wird insb. durch Einwilligung des Interessenträgers (o. 3) ausgeschlossen (vgl. auch § 303 RN 12). Seine Einwilligung bleibt auch dann allein maßgebend, wenn die Handlung zugleich personenbezogene Daten eines anderen betrifft und dessen Interessen gemäß § 41 BDSG

verletzt (Lenckner/Winkelbauer CR 86, 829, Tolksdorf LK 37; and. BT-Drs. 10/5058 S. 34, Tröndle/Fischer 9).

VI. Der **Versuch** ist strafbar (Abs. 2). In erster Linie wird er vorliegen, wenn der Tatvollendung irgendwelche Hindernisse tatsächlicher Art entgegengestanden haben oder sich sonst die Tathandlung (noch) nicht auf die Daten ausgewirkt hat, etwa bei Eingaben von Computerviren (vgl. Tolksdorf LK 38). Er kommt aber auch in Betracht, wenn der Täter bei Daten, die der Tatbestand nicht erfaßt (vgl. o. 3), irrig von Daten, an denen ein Fremdinteresse besteht, ausgegangen ist.

VII. Das **Löschen** usw. **mehrerer Daten** in einem Arbeitsgang stellt nur eine Tat dar. Ein Arbeitsgang kann auch noch bei kurzzeitigen Unterbrechungen vorliegen. Nur eine Tat, nicht Tateinheit liegt vor, wenn mehrere Tatmodalitäten zugleich verwirklicht werden (vgl. § 52 RN 28).

VIII. Die **Strafe** ist wie bei der Sachbeschädigung Freiheitsstrafe bis zu 2 Jahren oder Geldstrafe. Für die Strafzumessung ist ua maßgebend, welches Ausmaß die Tat hat (alleiniges Löschen usw. von Daten, Bedeutung der Daten für den Betroffenen, Auswirkungen auf Produktionsprozeß eines fremden Betriebes; vgl. auch § 303 b I Nr. 1).

IX. Die Strafverfolgung setzt grundsätzlich einen **Antrag** des Verletzten voraus; nur im Fall eines besonderen öffentlichen Interesses an der Strafverfolgung ist von Amts wegen einzuschreiten. Vgl. hierzu § 303 c und dort die Anm. Anders als die Sachbeschädigung ist die Datenveränderung kein Privatklagedelikt.

X. Konkurrenzen: Tateinheit ist möglich mit §§ 263 a, 269 (Bay wistra **93**, 306), mit § 303 (Löschen fremder Magnetbänder; and. Arzt/Weber IV 41, Lackner/Kühl 6, die § 303 zurücktreten lassen) und § 303 b I Nr. 2. Dagegen geht § 303 b I Nr. 1 als Qualifikationsregelung vor. Auch gegenüber § 274 I Nr. 2 tritt § 303 a zurück (vgl. § 274 RN 22 g).

§ 303 b Computersabotage

(1) **Wer eine Datenverarbeitung, die für einen fremden Betrieb, ein fremdes Unternehmen oder eine Behörde von wesentlicher Bedeutung ist, dadurch stört, daß er**
1. **eine Tat nach § 303 a Abs. 1 begeht oder**
2. **eine Datenverarbeitungsanlage oder einen Datenträger zerstört, beschädigt, unbrauchbar macht, beseitigt oder verändert,**

wird mit Freiheitsstrafe bis zu fünf Jahren oder mit Geldstrafe bestraft.

(2) **Der Versuch ist strafbar.**

Vorbem.: Eingefügt durch das 2. WiKG vom 15. 5. 1986, BGBl. I 721.

Schrifttum: s. § 303 a.

I. Die Vorschrift, die für einen Teilbereich die Forderung nach einem allgemeinen Tatbestand der Betriebssabotage erfüllt, schützt das **Interesse** von Wirtschaft und Verwaltung **am störungsfreien Ablauf ihrer Datenverarbeitung** (vgl. BT-Drs. 10/5058 S. 35). Hiermit sollen vor allem hohe wirtschaftliche Schäden als Folge einer Beeinträchtigung der Datenverarbeitung verhindert werden, daneben aber auch sonstige negative Auswirkungen.

II. Angriffsobjekt ist eine Datenverarbeitung, die für einen fremden Betrieb, ein fremdes Unternehmen oder eine Behörde von wesentlicher Bedeutung ist.

1. Der Begriff der **Datenverarbeitung** umfaßt nicht nur den einzelnen Datenverarbeitungsvorgang iSv § 263 a (vgl. dort RN 21; Bedenken bei Tolksdorf LK 3). Er erstreckt sich darüber hinaus auf den weiteren Umgang mit Daten einschließlich ihrer Verwertung (zB Speicherung, Dokumentierung, Aufbereitung). Vgl. BT-Drs. 10/5058 S. 35.

2. Die beeinträchtigte Datenverarbeitung muß für einen **fremden Betrieb**, ein fremdes **Unternehmen** oder eine **Behörde** von wesentlicher Bedeutung sein.

a) Zu den Begriffen des Betriebs und des Unternehmens vgl. § 14 RN 28; zum Begriff der Behörde vgl. § 11 RN 57 ff. Bei den Betrieben und Unternehmen kann es sich um private oder öffentliche handeln. Ihre Rechtsform ist ebenso unerheblich wie die Art der Betriebstätigkeit und der von ihnen erbrachten Leistungen. Neben industriellen, gewerblichen und landwirtschaftlichen Betrieben können ua Forschungseinrichtungen, Krankenhäuser, Apotheken, Arzt- und Anwaltspraxen sowie Messebüros und Theater unter den Tatbestand des § 303 b fallen. Vgl. dazu Granderath DB 86 Beil. 18 S. 3, Lenckner/Winkelbauer CR 86, 830.

b) Fremd ist ein Betrieb oder ein Unternehmen nicht nur für einen außenstehenden Täter, sondern auch für Betriebs- und Unternehmensangehörige, soweit der Betrieb usw. bei rechtlich-wirtschaftlicher Betrachtung nicht oder nicht ausschließlich dem Tätervermögen zugeordnet ist. Täter kann daher auch der angestellte Geschäftsführer einer GmbH sein (Tolksdorf LK 10; and. Lackner/Kühl 2, Zaczyk NK 4), nicht dagegen deren Alleingesellschafter (vgl. Haß aaO 501, Lenckner/Winkelbauer CR 86, 830).

7 3. **Unerheblich** ist, welchen Zwecken im einzelnen die Datenverarbeitung dient. Sie muß jedoch für den Betrieb, das Unternehmen oder die Behörde **von wesentlicher Bedeutung** sein. Sabotagehandlungen von untergeordneter Bedeutung – zB an elektronischen Schreibmaschinen oder Taschenrechnern (vgl. dagegen aber v. Gravenreuth NStZ 89, 206) – sind mithin vom Tatbestand ausgenommen (vgl. BT-Drs. 10/5058 S. 35). Ob die Datenverarbeitung wesentliche Bedeutung für den Betrieb usw. hat, entscheidet sich nicht nach dem Umfang der Datenverarbeitung (Granderath DB 86 Beil. 18 S. 3). Maßgebend ist vielmehr, daß die Datenverarbeitung die für die Funktionsfähigkeit des betroffenen Betriebs usw. zentralen Informationen enthält (BT-Drs. 10/5058 S. 35), die Funktionsfähigkeit des Betriebs usw. also auf der Grundlage seiner konkreten Arbeitsweise, Ausstattung und Organisation ganz oder zu einem wesentlichen Teil von dem einwandfreien Funktionieren der Datenverarbeitung abhängt (Lenckner/Winkelbauer CR 86, 830, Haß aaO 500). Eine solche Abhängigkeit entfällt noch nicht deswegen, weil der Betrieb usw. seine Tätigkeit auch bei Ausfall der Datenverarbeitung fortsetzen kann. Eine wesentliche Bedeutung hat die Datenverarbeitung für einen Betrieb usw. bereits dann, wenn ohne sie die betriebliche Tätigkeit sich nur mit nicht unerheblichem Mehraufwand (zB Überstunden, Zusatzkräften, Einsatz weiterer Mittel) oder beträchtlichen Zeitverzögerungen aufrechterhalten läßt (Lenckner/Winkelbauer CR 86, 830). Es genügt im übrigen, daß ein wesentlicher Funktionsbereich eines Betriebs usw. auf die intakte Datenverarbeitung angewiesen ist (vgl. Schlüchter, Zweites Gesetz zur Bekämpfung der Wirtschaftskriminalität, 1987, 78). Demgemäß können in einem Betrieb usw. für verschiedene Aufgabenbereiche jeweils eigene Datenverarbeitungen von wesentlicher Bedeutung sein (vgl. Tolksdorf LK 5). Zu einem EDV-System in Arztpraxis vgl. LG Ulm CR **89**, 825.

8 4. Ob eine Datenverarbeitung wesentlich ist, bestimmt sich allein nach ihrer Bedeutung für den von der Sabotage **unmittelbar betroffenen Betrieb** usw. Nicht zu berücksichtigen sind die mittelbaren Auswirkungen auf einen anderen Betrieb usw., die dadurch entstehen, daß der unmittelbar betroffene Betrieb seine Datenverarbeitung nicht mehr zur Erfüllung von Aufträgen des anderen Betriebs einsetzen kann (and. Tolksdorf LK 8, Zaczyk NK 12). Eine andere Auffassung würde die Erfüllung von schuldrechtlichen Verpflichtungen in den Schutzbereich des § 303 b einbeziehen, was dessen Zuordnung zum Sachbeschädigungsabschnitt nicht entspricht. § 303 b ist daher bei Zerstörung der eigenen Datenverarbeitungsanlage nicht deshalb anwendbar, weil für einen anderen Betrieb usw. eine für ihn wesentliche Datenverarbeitung nicht mehr auftragsgemäß vorgenommen werden kann (vgl. auch u. 14). Zum Ganzen vgl. Lenckner/Winkelbauer CR 86, 831.

9 III. Die **Datenverarbeitung** muß durch eine Tat nach § 303 a I (Abs. 1 Nr. 1) oder durch Zerstörung usw. einer Datenverarbeitungsanlage oder eines Datenträgers (Abs. 1 Nr. 2) **gestört** werden.

10 1. Die Datenverarbeitung ist **gestört,** wenn ihr reibungsloser Ablauf nicht unerheblich beeinträchtigt ist (BT-Drs. 10/5058 S. 35). Die Erheblichkeit der Beeinträchtigung ist an sich unabhängig von deren Dauer. Nur wenn die Beeinträchtigung sich ohne großen Aufwand an Zeit, Mühe und Kosten beheben läßt, ist sie als unerheblich anzusehen, so daß eine Störung nicht vorliegt. Es muß als Erfolg nur die Störung der Datenverarbeitung eingetreten sein; nicht erforderlich ist es, daß sie zu einer Störung des Betriebs usw., für den die Datenverarbeitung von wesentlicher Bedeutung ist, geführt hat (vgl. BT-Drs. 10/5058 S. 35). Eine solche Störung kann aber bei der Strafzumessung berücksichtigt werden (vgl. u. 18). Andererseits reicht eine bloße Gefährdung der Datenverarbeitung nicht aus. Ebensowenig wird die Datenverarbeitung als solche gestört, soweit von ihr gesteuerte Geräte (Industrieroboter usw.) nur infolge der Beschädigung mechanischer Teile nicht mehr (voll) einsatzfähig sind (vgl. Tolksdorf LK 13).

11 2. Als Sabotagehandlung, die eine Störung der Datenverarbeitung bewirkt, kommt nach Abs. 1 **Nr. 1** eine **Datenveränderung** gem. § 303 a in Betracht. Die Tat nach Nr. 1 stellt hiernach einen qualifizierten Fall des § 303 a dar. Das zu § 303 a Ausgeführte ist somit auch für Nr. 1 maßgebend. Eingeschlossen ist die Tatbestandseinschränkung (vgl. § 303 a RN 3), so daß unter Nr. 1 allein das Löschen usw. von Daten fällt, an dem ein Fremdinteresse besteht. Zu Sabotagehandlungen durch Einsatz von Computerviren vgl. Schulze-Heiming aaO 223 ff.

12 3. Sabotage kann aber auch durch Beeinträchtigungen der für die Datenverarbeitung benutzten technischen Mittel verübt werden. Diesen Fall erfaßt **Nr. 2.** Sabotagehandlungen sind danach das **Zerstören,** Beschädigen, Unbrauchbarmachen, Beseitigen und Verändern einer **Datenverarbeitungsanlage** oder eines **Datenträgers.** Da es bei den betroffenen technischen Mitteln nicht auf die Fremdheit der Sache ankommt, handelt es sich hier nicht um einen qualifizierten Fall der Sachbeschädigung, sondern hier geht es gegenüber um ein eigenständiges Delikt (vgl. BT-Drs. 10/5058 S. 36).

13 a) Eine **Datenverarbeitungsanlage** ist die Funktionseinheit technischer Geräte, die die Verarbeitung (o. 3) elektronisch, magnetisch oder sonst nicht unmittelbar wahrnehmbar gespeicherter Daten ermöglicht. Zu einer solchen Einrichtung gehört deren gesamte maschinentechnische Ausstattung (Hardware), zB das Steuer- und Rechenwerk, auch Speicher-, Ein- und Ausgabegeräte. Als **Datenträger** kommen insb. Magnetbänder, Festplatten und Disketten in Betracht.

14 b) Nicht erforderlich ist, daß die Datenverarbeitungsanlage usw. für den Täter fremd ist. Auch durch Zerstörung usw. einer eigenen Anlage usw. kann er sich nach Nr. 2 strafbar machen. Aus den o. 8 genannten Gründen ergibt sich jedoch eine tatbestandliche Einschränkung. Soweit die eigenen Sachen allein einer Datenverarbeitung dienen, die unmittelbar nur für den tätereigenen Betrieb wesentliche

Bedeutung hat, dagegen für einen fremden Betrieb lediglich auf Grund schuldrechtlicher Verpflichtungen des unmittelbar betroffenen Betriebs, reicht ihre Zerstörung usw. durch den Eigentümer nicht aus. Bei einer tätereigenen Datenverarbeitungsanlage oder einem tätereigenen Datenträger muß hinzukommen, daß ein anderer Betrieb die Sache auf Grund eines **Besitz-** oder **Nutzungsrechts** unmittelbar für seine Datenverarbeitung einsetzen kann. Leasinggeber, Sicherungsnehmer und Eigentumsvorbehaltsverkäufer werden also bei Einwirkungen auf ihr Eigentum in diesem Rahmen von Nr. 2 erfaßt. Vgl. dazu Lenckner/Winkelbauer CR 86, 831, Tolksdorf LK 28.

c) Die Sabotage muß dadurch erfolgen, daß der Täter die Datenverarbeitungsanlage oder den Datenträger **zerstört**, beschädigt, unbrauchbar macht, beseitigt oder verändert. Zum Zerstören vgl. § 303 RN 11; zum Beschädigen vgl. § 303 RN 8 ff.; zum Unbrauchbarmachen, Beseitigen und Verändern vgl. § 109 e RN 10, § 316 b RN 7. Das dort Gesagte gilt entsprechend. Die einzelnen Tathandlungen können auch durch Unterlassen begangen werden. 15

IV. Für den subjektiven Tatbestand ist **Vorsatz** erforderlich. Bedingter Vorsatz genügt bei allen Tatbestandsmerkmalen. Der Vorsatz muß auch die Kausalität zwischen der Handlung und der Störung der Datenverarbeitung umfassen. Deren wesentliche Bedeutung hat der Täter subjektiv bereits hinreichend erfaßt, wenn er die maßgeblichen Umstände kennt. Einer Einstufung der Datenverarbeitung als Betriebsmittel von wesentlicher Bedeutung bedarf es nicht; eine Fehlbewertung ist ein Subsumtionsirrtum. 16

V. Der **Versuch** ist nach Abs. 2 strafbar. Insoweit ist zu beachten, daß das unmittelbare Ansetzen zur Verwirklichung der in Nr. 1 genannten Voraussetzungen noch nicht ohne weiteres den Versuch einer Tat nach § 303 b darstellt (vgl. näher § 22 RN 58). 17

VI. Die **Strafe** ist Freiheitsstrafe bis zu 5 Jahren oder Geldstrafe. Der gegenüber § 303 und § 303 a erhöhte Strafrahmen trägt den uU höchst schädlichen Auswirkungen einer Computersabotage Rechnung und soll eine gebührende Ahndung ermöglichen. Zu berücksichtigen sind neben dem Umfang der unmittelbaren Beeinträchtigungen einschließlich des Ausmaßes der Störung der Datenverarbeitung insb. die Größe des Schadens für den betroffenen Betrieb usw. infolge des Ausfalls der Datenverarbeitung sowie die eingetretenen Störungen des betroffenen Betriebs (vgl. o. 10), ferner die schädlichen Folgen für mittelbar Betroffene. 18

VII. Die Strafverfolgung setzt grundsätzlich einen **Antrag** des Verletzten voraus (§ 303 c). Vgl. dazu die Anm. zu § 303 c. Etwaigen Bedenken gegen das Antragserfordernis (vgl. Haft NStZ 87, 10) steht die Möglichkeit entgegen, bei Vorliegen eines besonderen öffentlichen Interesses an der Strafverfolgung von Amts wegen einzuschreiten. 19

VIII. **Konkurrenzen:** Abs. 1 Nr. 1 geht § 303 a vor. Tateinheit ist möglich mit § 303. Hiermit kann auch Abs. 1 Nr. 2 in Tateinheit stehen (and. Arzt/Weber IV 43, Lackner/Kühl 8). Mit den Sabotagetatbeständen der §§ 88, 109 e, 316 b kommt ebenfalls Tateinheit in Betracht. Bei gleichzeitiger Erfüllung der Voraussetzungen der Nr. 1 und der Nr. 2 liegt nur eine Tat vor (nicht Tateinheit; vgl. § 52 RN 28). Tateinheit ist ferner mit § 240 möglich. 20

§ 303 c Strafantrag

In den Fällen der §§ 303 bis 303 b wird die Tat nur auf Antrag verfolgt, es sei denn, daß die Strafverfolgungsbehörde wegen des besonderen öffentlichen Interesses an der Strafverfolgung ein Einschreiten von Amts wegen für geboten hält.

Vorbem.: Eingefügt durch das 2. WiKG vom 15. 5. 1986, BGBl. I 721.

I. Die Vorschrift übernimmt und erweitert die frühere Regelung in § 303 III. Nach ihr ist die Verfolgung der Taten nach den §§ 303, 303 a und 303 b grundsätzlich von einem **Strafantrag** abhängig. Antragsberechtigt ist gemäß § 77 I der Verletzte. Zum Strafantrag vgl. näher die §§ 77 ff. und die Anm. dort. 1

1. a) Im Fall des **§ 303** ist Verletzter nur der **Eigentümer,** nicht ein sonstiger Nutzungsberechtigter, dessen Interessen durch die Tat beeinträchtigt werden, also zB nicht der Mieter, Entleiher usw. (Olshausen § 303 Anm. 13 a, Otto Jura 89, 407, Rudolphi JR 82, 28, Hoyer SK 2, Stree JuS 88, 191, Wessels/Hillenkamp RN 34, Zaczyk NK 2; and. die Rspr., zB BGH 63 77, 65 357, 71 137, Bay NJW 81, 1053, Karlsruhe NJW 79, 2056, Düsseldorf VRS 71 31, Frankfurt NJW 87, 389, ferner Tröndle/ Fischer 2, Lackner/Kühl 2, M-Schroeder I 392, Wolff LK 2). Die Gegenmeinung zieht für die Verletzteneigenschaft ein Interesse heran, das in § 303 gar keinen strafrechtlichen Schutz erhalten hat, und damit etwas, das nach dieser Vorschrift überhaupt nicht als verletzt angesehen werden kann. Unbestritten ist jedoch, daß mittelbar Betroffene, zB die Versicherungsgesellschaft, bei der die beschädigte Sache versichert ist, kein Antragsrecht haben (vgl. RG GA Bd. 50 287). Nutzungsberechtigte können das Antragsrecht jedoch für den Eigentümer wahrnehmen, wenn dieser sie hierzu ermächtigt hat (vgl. Stree JuS 88, 192). Das entstandene Antragsrecht erlischt nicht, wenn der Antragsberechtigte die beschädigte Sache einem Dritten übereignet (vgl. RG 71 137). 2

b) Im Fall des **§ 303 a** ist Verletzter der zZ der Tat hinsichtlich der Daten **Verfügungsberechtigte,** dh derjenige, der in bezug auf sie eine eigentümerähnliche Stellung hat. Das ist nicht unbedingt der Eigentümer des Datenträgers. Die Verfügungsberechtigung kann sich auch aus Besitz- oder Nutzungs- 3

§ 304

1 rechten ergeben. Es genügt jedoch nicht allein, daß jemand bei personenbezogenen Daten betroffen ist (Wolff LK 7; and. Tröndle/Fischer 2). Vgl. näher § 303 a RN 3.

4 c) Im Fall des § 303 b sind Verletzte der **Inhaber des fremden Betriebs** oder Unternehmens sowie die Behörde, deren Datenverarbeitung gestört worden ist, sofern sie über die Daten, die Datenverarbeitungsanlage und die Datenträger verfügungsberechtigt sind (vgl. o. 3 sowie § 303 b RN 8, 11, 14).

5 2. Bei fiskalischem Eigentum sind zur Antragstellung alle Stellen befugt, die zur Verwaltung der beschädigten Sache berufen sind (vgl. RG 65 357, auch § 77 RN 14). Entsprechendes gilt im Fall der Verfügungsberechtigung staatlicher Stellen über Daten, Datenverarbeitungsanlagen und Datenträger. Zur Ausübung des Antragsrechts juristischer Personen vgl. § 77 RN 14.

6 II. Eine **Verfolgung von Amts wegen,** also ohne Strafantrag des Verletzten, ist zulässig, wenn die Strafverfolgungsbehörde wegen des besonderen öffentlichen Interesses an der Strafverfolgung ein Einschreiten von Amts wegen für geboten hält. Wie im Fall des § 230 (vgl. dort RN 6) soll nach dem Gesetzeswortlaut die Strafverfolgung ohne Strafantrag die Ausnahme sein, so daß Zurückhaltung in der Bejahung eines besonderen öffentlichen Interesses am Einschreiten von Amts wegen geboten ist. Eine solche Zurückhaltung dürfte jedoch bei der Computersabotage wegen des zumeist schwerwiegenden Eingriffs unangebracht sein (ähnlich Tröndle/Fischer 3, Wolff LK 12). Vgl. im übrigen zu den Problemen, die mit der Bejahung eines besonderen öffentlichen Interesses an der Strafverfolgung verbunden sind, die Erläuterungen zu § 230. Das dort Gesagte gilt hier entsprechend.

7 1. Die Möglichkeit einer Verfolgung von Amts wegen hat der Gesetzgeber bei der **Sachbeschädigung** auf Grund der Erwägung geschaffen, daß Antragsberechtigte sich in manchen Fällen aus Furcht vor Vergeltungsmaßnahmen oder massiven Einschüchterungsversuchen scheuen, Strafantrag zu stellen, oder ihren Antrag aus entsprechenden Gründen zurücknehmen, andererseits aber Sachbeschädigungen nicht nur die Eigentümerinteressen, sondern auch Interessen der Allgemeinheit in erheblichem Maß berühren können (vgl. BT-Drs. 10/308 S. 4, 6, BT-Drs. 10/3538 S. 3). Die Beeinträchtigung allgemeiner Interessen soll namentlich in der Störung des Rechtsfriedens und des Sicherheitsgefühls der Bevölkerung zu erblicken sein. Solche Störungen sind in der Tat bei Sachbeschädigungen größeren Ausmaßes zu befürchten, so zB, wenn Krawallmacher Schaufensterscheiben zertrümmern oder abgestellte Fahrzeuge demolieren. Dementsprechend läßt sich ein besonderes öffentliches Interesse an der Strafverfolgung etwa annehmen, wenn Ausschreitungen im Gefolge von unfriedlich verlaufenden Demonstrationen zu einer Reihe von Sachbeschädigungen führen, bei sonstigen Massenansammlungen wie bei Fußballspielen oder Rockkonzerten mutwillig Sachen zerstört werden oder ähnliche Akte von Vandalismus vorliegen. Weitere Fälle eines besonderen öffentlichen Interesses an der Strafverfolgung sind serienmäßige Sachbeschädigungen, etwa Zerstechen von Reifen geparkter Kraftfahrzeuge oder Abbrechen von Autoantennen und Außenspiegeln, ferner Graffiti-Schmierereien nennenswerter Art an Häusern, Bahnwaggons usw. Ein besonderes öffentliches Interesse an der Strafverfolgung kann zudem vorliegen, wenn der Verletzte bei Unterlassen eines Strafantrags (vermutlich) keine Entscheidungsfreiheit gehabt hat oder wenn die Sachbeschädigung zwecks Einschüchterung eines Belastungszeugen bzw. aus Rache gegen ihn erfolgt ist.

8 2. Zur Möglichkeit einer Verfolgung von Amts wegen bei der **Datenveränderung** und der **Computersabotage** enthalten die Gesetzesmaterialien keine weiteren Ausführungen. Hier wird insb. das Ausmaß der Schädigungen für die Annahme eines öffentlichen Interesses an der Strafverfolgung von entscheidender Bedeutung sein. In Betracht kommen namentlich wirtschaftliche Verluste, die vor allem bei der Computersabotage sehr hoch sein können. Aber auch andere schädliche Auswirkungen sind zu berücksichtigen, etwa die Ausfälle bei Forschungen infolge der Löschung wichtiger Daten. Ferner können wie bei der Sachbeschädigung Störungen des allgemeinen Rechtsfriedens, etwa bei Akten von Vandalismus, ein besonderes öffentliches Interesse an einer Verfolgung von Amts wegen begründen, sowie (vermutliche) Beeinträchtigungen der Entscheidungsfreiheit des Verletzten hinsichtlich eines Strafantrags.

§ 304 Gemeinschädliche Sachbeschädigung

(1) **Wer rechtswidrig Gegenstände der Verehrung einer im Staat bestehenden Religionsgesellschaft oder Sachen, die dem Gottesdienst gewidmet sind, oder Grabmäler, öffentliche Denkmäler, Naturdenkmäler, Gegenstände der Kunst, der Wissenschaft oder des Gewerbes, welche in öffentlichen Sammlungen aufbewahrt werden oder öffentlich aufgestellt sind, oder Gegenstände, welche zum öffentlichen Nutzen oder zur Verschönerung öffentlicher Wege, Plätze oder Anlagen dienen, beschädigt oder zerstört, wird mit Freiheitsstrafe bis zu drei Jahren oder mit Geldstrafe bestraft.**

(2) **Der Versuch ist strafbar.**

Vorbem.: Naturdenkmäler eingefügt durch 18. StÄG vom 28. 3. 1980, BGBl. I 373.

1 I. Grundgedanke der Vorschrift ist, Kulturgüter (vgl. E. Wolf ZAkDR 38, 100) oder sonstige Güter, die für die Allgemeinheit ähnlich bedeutsam sind, vor der Vernichtung oder der Brauchbarkeitsminderung zu bewahren. § 304 schützt demgemäß nicht das Eigentum und betrifft somit keinen qualifizierten Fall des § 303, sondern erfaßt ein selbständiges Delikt, das sich gegen die **Interessen der Allgemeinheit** richtet (Wessels/Hillenkamp RN 40, Wolff LK 1). Unter den Schutz des § 304 fallen Sachen mit einer besonderen Zweckbestimmung unabhängig vom Eigentum, also auch tätereigene oder herrenlose Sachen.

II. **Gegenstand** der Tat können nur Sachen sein, deren Zweckbestimmung im öffentlichen Interesse liegt. Dabei entscheidet allein der Zweck zZ der Tat (RG **34** 2, **43** 244). Die Aufzählung der geschützten Sachen ist abschließend. Daher läßt sich zB den Sachen einer Religionsgesellschaft nicht eine entsprechende Sache einer Weltanschauungsvereinigung gleichstellen, ebensowenig den Grabmälern der Grabschmuck.

1. Als Gegenstand der Tat werden zunächst **Gegenstände der Verehrung einer** im Staat bestehenden **Religionsgesellschaft** genannt; vgl. hierzu § 166 RN 15. In Betracht kommen weiter **Sachen,** die dem **Gottesdienst gewidmet** sind (vgl. hierzu § 243 RN 34), auch unbewegliche Gegenstände, zB Kirchen und Kapellen einschließlich der Fensterscheiben (RG GA Bd. **57** 226; vgl. auch ÖstOGH **54**, 22). **Grabmäler** sind die Zeichen, die als Bestandteil eines Grabes zur Erinnerung an den Verstorbenen dienen und damit im Interesse der Pietät der Angehörigen geschützt werden sollen (RG GA Bd. **53** 441, vgl. auch BGH **20** 286: Kreuzigungsgruppe). Ihr Schutz nach § 304 dauert auch nach Wegfall des Anspruchs auf Benutzung der Grabstätte fort, solange ein Pietätsinteresse erkennbar ist, etwa auf Grund der Grabpflege (RG **42** 116).

2. Gegenstand der Tat können ferner **öffentliche Denkmäler** sein. Denkmäler sind Erinnerungszeichen, die dem Andenken an Personen, Ereignisse oder Zustände zu dienen bestimmt sind. Diese Eigenschaft braucht einer Sache nicht von vornherein zuzukommen; sie kann ihr auch nachträglich zugelegt worden sein. Daher gehören zu den Denkmälern auch Bauwerke, die aus einem der genannten Gründe erhalten werden (vgl. RG **43** 241, LG Bamberg NJW **53**, 998), sowie ein Hünengrab (RG GA Bd. **51** 49, Celle NJW **74**, 1291). Auch der Rest einer Sache kann ein Denkmal sein, etwa eine Ruine. Öffentlich sind alle Denkmäler, die der Öffentlichkeit gewidmet sind (RG **43** 244, Celle aaO); sie brauchen sich nicht an öffentlichen Wegen, Straßen oder Plätzen zu befinden (and. Frank II 4); allgemeiner Zugang reicht aus. Soweit ein landesrechtliches DenkmalschutzG die Denkmaleigenschaft von einer Eintragung in ein Denkmalbuch abhängig macht, ist dies bei § 304 zu berücksichtigen (Weber Tröndle-FS 341; and. Wolff LK 7). Zu den Schutzobjekten gehören zudem **Naturdenkmäler.** Hierbei handelt es sich um Einzelschöpfungen der Natur, die aus wissenschaftlichen, naturgeschichtlichen oder landeskundlichen Gründen oder wegen ihrer Seltenheit, Eigenart oder Schönheit rechtsverbindlich auf Grund gesetzlicher Vorschriften als Naturdenkmäler ausgewiesen sind (vgl. § 17 BNatSchG). Geschützt wird auch die Umgebung, soweit die rechtsverbindliche Festsetzung sie als für den Schutz des Naturdenkmals notwendig einbezieht (vgl. § 17 I 2 BNatSchG). Zum Naturdenkmal werden Sachen jedoch noch nicht deswegen, weil sie in einem landschaftspflegerischen Begleitplan aufgeführt werden (Oldenburg NJW **88**, 924). Geschützt werden weiter **Gegenstände der Kunst,** der **Wissenschaft** oder des **Gewerbes,** die in allgemein zugänglichen Sammlungen (zB Staats- und Universitätsbibliotheken; BGH **10** 285) aufbewahrt werden oder an einem öffentlichen Ort aufgestellt sind. Daß der Zutritt bestimmten Bedingungen unterliegt, ist unerheblich. Ist der Zugang jedoch auf einen bestimmten Personenkreis beschränkt, wie bei einer Gerichtsbibliothek, so fehlt es am allgemeinen Zugang.

3. Vor allem kommen als Tatobjekte in Betracht **Gegenstände, die dem öffentlichen Nutzen dienen.** Ein Gegenstand dient dem öffentlichen Nutzen, wenn er nach seiner gegenwärtigen Zweckbestimmung der Allgemeinheit zugute kommt, ihm also eine Gemeinwohlfunktion beigelegt worden ist (vgl. Stree JuS 83, 838). Es genügt insoweit die Fertigstellung zur unmittelbar bevorstehenden öffentlichen Nutzung (BGH NStE 6). Vorübergehende Schließung oder Außerbetriebsetzung ist bedeutungslos (Hamm JMBlNW **58**, 8). Gebrauch zum öffentlichen Nutzen ist stets anzunehmen, wenn für die Allgemeinheit die Möglichkeit besteht, unmittelbar aus dem Vorhandensein oder dem Gebrauch jener Gegenstände Nutzen zu ziehen (vgl. BGH **10** 286). Fraglich ist, ob darüber hinaus auch Gegenstände, die mittelbar der Allgemeinheit zugute kommen, unter § 304 fallen können. Es wurde die Ansicht vertreten, daß *mittelbarer Nutzen* ausreicht, wenn die Gegenstände in einer nicht zu entfernten Beziehung zum Nutzen des Publikums oder zum allgemeinen Gebrauch stehen (so zB RG **5** 319, **31** 146). Diese Ansicht läßt sich nicht halten, da sie den Tatbestand zu sehr ausweitet. Denn letzten Endes dienen fast alle Gegenstände mittelbar auch dem Gemeinnutzen. Eine genaue Abgrenzung, wann eine nicht zu entfernte Beziehung zum Gemeinnutzen besteht, ist nicht möglich. Mit der hM (zB RG **58** 347, **66** 204, BGH **31** 185 m. Anm. Stree JuS 83, 836, Loos JR 84, 169, NJW **90**, 3029, Wolff LK 10, Tröndle/Fischer 11) ist daher der Tatbestand auf Gegenstände, die der Allgemeinheit unmittelbaren Nutzen bringen, zu beschränken. Unmittelbarkeit liegt vor, „wenn jemand aus dem Publikum, sei es auch nach Erfüllung bestimmter allgemeingültiger Bedingungen, ohne Vermittlung dritter, zu beliebiger Auswahl der Teilnehmer befugter Personen, aus dem Gegenstand selbst oder aus dessen Erzeugnissen oder Wirkungen Nutzen ziehen kann" (RG **58** 348, **66** 204). Unter den Wirkungen eines Gegenstandes sind insoweit nur solche zu verstehen, die bestimmungsgemäß vom Gegenstand selbst unmittelbar ausgehen und der Allgemeinheit zugute kommen (Stree JuS 83, 838). Hieran fehlt es bei Sachen, die lediglich einer Person ermöglichen, unmittelbar zum Nutzen der Allgemeinheit tätig zu werden (BGH **31** 185). Ebensowenig reichen allein ökologische Funktionen und landschaftsprägender Charakter einer Sache aus (Oldenburg NJW **88**, 924). Die Unmittelbarkeit

des Nutzens einer Sache für die Allgemeinheit entfällt andererseits nicht deswegen, weil die Wirkungen der Sache zugunsten der Allgemeinheit noch von einem menschlichen Handeln abhängen. Liegt das Schwergewicht bei diesen Wirkungen, wie bei der Straßen- oder Eisenbahn oder bei einem Krankenwagen (Düsseldorf NJW **86**, 2122, Stree JuS 83, 839), so fällt die Sache unter den Schutz des § 304. Unerheblich ist, ob der Gegenstand der Allgemeinheit unmittelbar zugänglich ist; es genügt, daß ihr seine Erzeugnisse oder Wirkungen unmittelbar zukommen. Eine Mineralquelle fällt daher unter § 304, wenn sie so benutzbar ist, daß jedermann – wenn auch gegen Entgelt oder aus einem von der Quelle entfernt liegenden Behältnis – ohne weiteres Wasser schöpfen kann, dagegen nicht, wenn sie wirtschaftlich in der Weise verwertet wird, daß das Wasser in Flaschen gefüllt zum Verkauf gelangt (vgl. RG **58** 346). Am unmittelbaren Nutzen fehlt es bei Einrichtungs- oder Gebrauchsgegenständen der Behörden, etwa bei Schreibtischen, Aktenschränken, Schreibmaschinen, einem Polizeifunkgerät oder Radargerät. Bei Einrichtungen, an Hand derer bestimmte Feststellungen getroffen werden können, ist entscheidend, ob sie der unmittelbaren Verwertung durch die Allgemeinheit dienen oder nur den Behörden zur Durchführung ihrer Aufgabe. Nur im ersten Fall liegen die Voraussetzungen des § 304 vor. Daher fallen trigonometrische Marksteine nicht unter § 304 (and. Wolff LK 11, RG **39** 208), ebensowenig Steine, mittels derer eine Behörde den Wasserstand eines Flusses feststellen will (and. RG **31** 146). Dagegen sind Zeichen, die den Flußbenutzern die Wasserhöhe angeben sollen, zum unmittelbaren Nutzen der Allgemeinheit bestimmt. Bei den Gegenständen, die dem öffentlichen Nutzen dienen, kommt es nicht darauf an, ob sie außerdem noch anderen bestimmten – auch privaten – Zwecken dienen (RG **66** 204). Vorausgesetzt wird aber, daß der Gegenstand durch menschlichen Willen die entsprechende Bestimmung erlangt hat. Nicht unter den Schutz des § 304 fallen Gegenstände, die dem öffentlichen Nutzen außerhalb der BRep. Deutschland dienen (Hoyer SK 9), da es nicht Aufgabe des deutschen Strafrechts ist, fremden Allgemeininteressen besonderen Schutz zu gewähren, und zudem die Auffassungen über den Nutzwert unterschiedlich sein können (and. LG Berlin und KG JZ **76**, 98 f. m. abl. Anm. Schroeder; and. auch BGH NJW **75**, 1610).

6 **Beispiele:** Teile einer Maschine eines öffentlichen Versorgungsunternehmens (RG JW **22**, 712), Wasserleitungen, Windenergieanlagen (BGH NStE 6), öffentliche Straßen (Hamm JMBlNW **58**, 8), gemeindliche Skilanglaufloipen (LG Kempten NJW **79**, 558, Tröndle/Fischer 11, Wessels/Hillenkamp RN 45; and. Bay NJW **80**, 132 m. abl. Anm. Schmid JR 80, 430, Lackner/Kühl 3, Zaczyk NK 2), Brücken (RG **20** 353), Fußgängerunterführungen (Karlsruhe Justiz **78**, 323), Straßen- oder Eisenbahnwagen (RG **34** 1), auch deren Fensterscheiben (BGH MDR/D **52**, 532), Anschlagsäulen (RG **66** 204), Feuermelder (RG **65** 134, Dresden LZ **15**, 1546), Ausstattungen eines öffentl. Kinderspielplatzes, Parkuhren (AG Nienburg NdsRpfl **61** 232), Bänke in öffentl. Anlagen (vgl. GA Bd. **43** 135), Postbriefkästen (Bay JW **31**, 1620), Wahlurnen (RG **55** 61), Verkehrszeichen (BGH VRS **19** 130, Köln NZV **99**, 136), Straßenleitpfosten (Bay DAR **85**, 326), Fernsprechzellen, Straßenlampen, Wegweiser (vgl. GA Bd. **43** 135), Feuerlöscher in allgemein zugänglichen Räumen (Bay NJW **88**, 337), Fenstergitter, vergittertes Glasdach und Außenwand einer Vollzugsanstalt (Koblenz NStZ **83**, 29, LG Koblenz MDR **81**, 956; and. Wolff LK 12). **Nicht** gehören dagegen zu den geschützten Gegenständen zB die Betten in einer Vollzugsanstalt (RG HRR **26** Nr. 2309) oder der Tisch eines Gemeindebeamten (RG GA Bd. **60** 443); auch Bienen kann man sich hierher rechnen (and. RG **72** 1 m. Anm. E. Wolf ZAkDR 38, 100), ebensowenig Bäume (Oldenburg NJW **88**, 924) und Wahlplakate (LG Wiesbaden NJW **78**, 2107 m. Anm. Loos JuS 79, 699, Tröndle/Fischer 11), Einrichtungsgegenstände einer Bahnhofsgaststätte (AG Euskirchen MDR **77**, 335) oder einer an private Veranstalter vermieteten Stadthalle (BGH NJW **83**, 1437), Polizeistreifenwagen (BGH **31** 185 m. Anm. Stree JuS **83**, 836, Loos JR **84**, 169; and. Hamm NStZ **82**, 31, Zaczyk NK 11), Wegmacherhütten, in denen Geräte zur Straßenpflege, Verkehrsschilder und Schneefangzäune aufbewahrt werden (BGH NJW **90**, 3029).

7 4. Gegenstände der Tat können schließlich Sachen sein, die zur **Verschönerung öffentlicher Wege, Plätze** oder **Anlagen** dienen. Voraussetzung hierfür ist eine entsprechende Zweckbestimmung, so daß ein zufälliger Verschönerungseffekt nicht ausreicht (Oldenburg NdsRpfl **87**, 16). Der Bestimmungszweck kann auch durch konkludentes Handeln getroffen werden (Schleswig SchlHA/E-L **86**, 103). In Betracht kommen hier zB Bäume, Sträucher und Blumen, uU aber auch Fahnen (RG **65** 356). Die Öffentlichkeit einer Parkanlage entfällt nicht deswegen, weil für deren Betreten eine Gebühr verlangt wird (BGH **22** 212). Öffentliche Anlage kann auch ein Friedhof sein (vgl. RG **9** 219); Teile seiner Zaunanlage gehören aber noch nicht zu den geschützten Rechtsgütern des § 304 (Düsseldorf 2 Ss 252/95 – 73/95 III v. 30. 11. 95).

8 5. Ergänzend vgl. Ges. zum Schutze deutschen Kulturgutes gegen Abwanderung idF v. 8. 7. 1999, BGBl. I 1755, KulturgutsicherungsG v. 15. 10. 1998, BGBl I 3162, die Denkmalschutzgesetze der Länder, zB § 34 nds. Ges. v. 30. 5. 1978, GVBl. 517, § 30 a BNatSchG (vgl. dazu Pfohl wistra 99, 161) sowie § 39 PflanzenschutzG v. 15. 9. 1986, BGBl. I 1505, letztes ÄndG v. 27. 6. 1994, BGBl. I 1440. Zum Verhältnis zwischen § 304 und landesrechtlichem Denkmalschutzgesetzen sowie zur Nichtigkeit des § 34 nds. DenkmalschutzG vgl. Weber Tröndle-FS 344 ff.

9 III. Die **Handlung** besteht im Beschädigen oder Zerstören. Eine Sache ist hier nur dann als beschädigt anzusehen, wenn der besondere Zweck, dem die Sache dient, durch die Handlung beeinträchtigt wird (RG **66** 205, Schleswig SchlHA/E-L **86**, 103). Keine Beschädigung iSv § 304 stellt es

zB dar, wenn in eine Ruhebank eine Inschrift eingeritzt (vgl. GA Bd. 43 135) oder die Wand einer Eisenbahnüberführung bemalt wird (RG HRR 33 Nr. 350). In einem solchen Fall ist nur § 303 anwendbar. Gleiches gilt bei Sachen zur Verschönerung einer Anlage; das Abpflücken einiger Zierpflanzen beeinträchtigt noch nicht die Anlage, es sei denn, es handelt sich um die Pflanze, die für sich allein zur Verschönerung der Anlage erheblich beiträgt (RG 9 221). Eine Beeinträchtigung des besonderen Zwecks ist nach Karlsruhe Justiz 78, 323 bei Beschmierungen des Bodens einer Fußgängerunterführung gegeben, wenn zu befürchten ist, daß Fußgänger wegen zu erwartender Abwehrreaktionen von der Benutzung der Unterführung abgehalten werden (and. Wolff LK 3, Zaczyk NK 14). Bei Anlagen reicht das Bestreichen zahlreicher Bäume mit verunstaltenden Kreuzen aus (LG München II NStE 1), bei Kirchen das Beschmieren der Außenwand.

IV. Rechtswidrig ist auch die Beschädigung der eigenen Sache, über die der Täter nicht die freie 10 Verfügung besitzt (RG 43 242). Im selben Umfang ist hier auch die Einwilligung des Eigentümers ohne rechtfertigende Wirkung.

V. Für den **subjektiven Tatbestand** ist Vorsatz erforderlich. Der Täter muß auch die besondere 11 Zweckbestimmung der Sache kennen. Bedingter Vorsatz genügt. Die irrige Annahme des Täters, als Eigentümer über die Sache verfügen zu können, stellt einen Verbotsirrtum dar (Celle NJW 74, 1293).

VI. Strafzumessung. Unrichtig ist die Erwägung, daß der Angekl. deswegen mit einer empfind- 12 lichen Strafe belegt werden müsse, „weil die Beschädigung von Gegenständen, die der Allgemeinheit zu dienen bestimmt sind, eine besonders verwerfliche Tat ist". Damit wird unzulässigerweise (vgl. § 46 III) ein Tatbestandsmerkmal als Strafzumessungsgrund verwertet. Wohl aber läßt sich das große Ausmaß des Schadens oder die Unersetzlichkeit einer Sache strafschärfend berücksichtigen.

VII. Idealkonkurrenz kommt in Betracht mit § 132 (Köln NZV 99, 136), mit § 136 (RG 65 13 135), mit § 242 (vgl. BGH 20 286, Wolff LK 17, Zaczyk NK 20; and. Hamm MDR 53, 568) sowie mit § 303 (Frank VI, Samson SK 10, Wolff LK 17, Zaczyk NK 20, and. Schleswig SchlHA/E-L 86, 103, Tröndle/Fischer 15 sowie Köln NZV 99, 136 bei Sachen im öffentl. Eigentum) und § 306. Gegenüber § 168 ist § 304 speziell, soweit sich der Angriff auf die Beisetzungsstätte im Rahmen der in § 304 genannten Tätigkeiten hält (Celle NdsRpfl 66, 225). Idealkonkurrenz ist dann möglich, wenn zB durch das Umstürzen eines Grabmals andere Teile der Stätte beschädigt werden (RG GA Bd. 53 441, 56 76, Celle NdsRpfl 66, 225) oder der Täter zugleich beschimpfenden Unfug verübt (RG 39 155). Gesetzeskonkurrenz besteht mit § 274 I Nr. 3 (and. Tröndle/Fischer 15, Wolff LK 17). § 145 II ist gegenüber § 304 subsidiär.

VIII. Die Verfolgung setzt **keinen Strafantrag** voraus. 14

§ 305 Zerstörung von Bauwerken

(1) **Wer rechtswidrig ein Gebäude, ein Schiff, eine Brücke, einen Damm, eine gebaute Straße, eine Eisenbahn oder ein anderes Bauwerk, welche fremdes Eigentum sind, ganz oder teilweise zerstört, wird mit Freiheitsstrafe bis zu fünf Jahren oder mit Geldstrafe bestraft.**

(2) **Der Versuch ist strafbar.**

I. Die **Zerstörung von Bauwerken** stellt einen qualifizierten Fall der Sachbeschädigung des § 303 1 dar (Tröndle/Fischer 1, Lackner/Kühl 1). Es handelt sich um ein echtes Eigentumsdelikt, das als Tatobjekt eine fremde Sache voraussetzt.

II. Gegenstand der Tat können nur bestimmte Sachen sein, die abschließend aufgezählt sind. 2 Zudem sind sie mit der höheren Strafe nur gegen zerstörerische Eingriffe geschützt; die bloße Beschädigung genügt nicht (vgl. u. 5).

1. Über **Gebäude** vgl. § 243 RN 7. Da jedoch anders als in § 243 hier das Gebäude als solches 3 und nicht nur die in seinem Innern befindlichen Sachen geschützt werden sollen, ist nicht erforderlich, daß das Bauwerk den Zutritt Unbefugter hindern kann. Objekt iSv § 305 können daher auch Rohbauten und teilweise zerstörte Gebäude sein (OGH 2 210, BGH 6 107). Zu den **Schiffen** sind, wie sich aus der Parallele zu den anderen Schutzobjekten ergibt, nur größere Fahrzeuge zu rechnen (Frank II 2, Wolff LK 5), dagegen weder Paddel- noch Ruderboote oder ähnlich kleine Wasserfahrzeuge. **Brücke** bedeutet hier nach RG 24 27 ein „Bauwerk von einiger Erheblichkeit, dh von einer gewissen Größe, inneren Festigkeit und nicht ganz unbedeutender Tragfähigkeit"; Fußgängerstege kommen daher nicht in Betracht. Genannt werden weiter **Dämme** (Staudämme, Deiche und sonstige Schutzdämme) und **gebaute Straßen;** zu den letzteren gehören auch Kanäle (Tröndle/Fischer 5, Wolff LK 8). Als **Eisenbahn** ist hier nur der Bahnkörper gemeint, nicht gehören hierher die Wagen und Lokomotiven (vgl. RG 55 169). Zur Eisenbahn ist auch der Straßenbahnkörper einschließlich der Schienen zu rechnen, jedenfalls soweit sich die Geleise auf einem eigenen Bahnkörper befinden. Geleise, die in eine Straße eingelassen sind, lassen sich mit der Straße als Schutzobjekt erfassen (Wolff LK 9).

2. Gegenstand der Tat kann weiter ein **anderes Bauwerk** sein. Als Bauwerk sind alle baulichen 4 Anlagen von gewisser Größe und einiger Bedeutung anzusehen (BGH 41 221). Regelmäßig werden sie mit dem Boden fest verbunden sein; erforderlich ist dies jedoch nicht. Ein Bauwerk ist zB eine

Hütte, eine Mühle; zu den Bauwerken können uU auch bewegliche Sachen zu rechnen sein (Hoyer SK 2, Wolff LK 3); demgegenüber fordert die hM unbewegliche Sachen bzw. Herrichtungen (zB RG **15** 264, **33** 391, HRR **30** Nr. 462, Tröndle/Fischer 7). Beispielsweise sind zu den anderen Bauwerken gerechnet worden ein künstlicher Fischteich (RG **15** 265), eine Hüterhütte (RG HRR **30** Nr. 462), eine Stauanlage (RG Recht **14** Nr. 716), eine Baugrube für eine Brunnenanlage (Naumburg HRR **39** Nr. 1073; and. Zaczyk NK 8), eine Grenzmauer aus Steinen (R **6** 477), ein fest mit dem Boden verbundenes Hoftor (R **2** 140), ein für mehrere Tonnen Inhalt vorgesehener, auf dem Boden errichteter massiv ummantelter Tankbehälter (BGH **41** 221). Wie bei Gebäuden (o. 3) ist nicht erforderlich, daß es sich um vollendete Bauwerke handelt. Es genügt, daß sie sich im Bau befinden; die Zerstörung bereits errichteter, wesentlicher Bauteile fällt daher unter § 305 (RG **30** 246).

5 III. Die **Handlung** besteht im gänzlichen oder teilweisen **Zerstören** der Sache; Beschädigung genügt nicht. Während ein Gegenstand durch bloße Beschädigung für seine Zwecke, wenn auch in geringerem Maß, noch tauglich bleibt, wird bei der Zerstörung seine Eignung zur bestimmungsgemäßen Verwendung für eine nicht unbeträchtliche Zeit überhaupt beseitigt (vgl. OGH **3** 38, Wolff LK § 303 RN 16). Teilweise Zerstörung liegt daher vor, wenn einzelne Teile der Sache, die der Erfüllung ihrer Zweckbestimmung dienen, mittels Substanzeinwirkung unbrauchbar gemacht werden oder wenn infolge des Eingriffs eine von mehreren Zweckbestimmungen der Sache aufgehoben wird (Tröndle/Fischer 2). Das ist regelmäßig der Fall, wenn ein funktionell selbständiger Teil der Sache, zB eine Treppe oder ein Brückengeländer, unbrauchbar gemacht wird (R **7** 274, RG **55** 170, GA Bd. **41** 137, OGH **1** 53, **2** 210), wenn ein Schienenstück aus einem Gleis entfernt oder das Gleis durch Anschweißen eines Körpers für einige Zeit unbefahrbar gemacht wird, ferner, wenn eine Schicht, die als Isolierung für sachgerechtes Lagern bestimmter Sachen in einem als Bauwerk anzusehenden Tankbehälter von wesentlicher Bedeutung ist, zerstört wird (BGH **41** 221). Das gewaltsame Aufbrechen eines Türschlosses ist keine teilweise Zerstörung des Bauwerks (RG **54** 206), ebensowenig die bloße Zerstörung des Gebäudeinventars (OGH **1** 199, 201). Ein Zerstören scheidet dagegen nicht deswegen aus, weil das Gebäude usw. bereits teilweise zerstört war. Im übrigen ist wie beim Beschädigen von Sachen (vgl. § 303 RN 8 b) eine Substanzeinbuße nicht erforderlich; es genügt, daß die Brauchbarkeit für den bestimmungsgemäßen Zweck durch Substanzeinwirkungen aufgehoben worden ist (vgl. RG **55** 169: Beiseitedrücken gelockerter Eisenbahnschienen).

6 IV. Für den **subjektiven Tatbestand** ist Vorsatz erforderlich. Der Täter muß die besonderen Eigenschaften der Sache kennen, die ihr den erhöhten Schutz geben. Er muß zudem wissen, daß sein Handeln über ein bloßes Beschädigen hinausgeht und zur Funktionsuntauglichkeit der angegriffenen Sache führt, sei es auch nur hinsichtlich eines funktionell selbständigen Teiles. Bedingter Vorsatz genügt.

7 V. Die Verfolgung setzt hier – anders als die Sachbeschädigung nach § 303 – **keinen Strafantrag** voraus. Die Tat ist zudem anders als die Tat nach § 303 kein Privatklagedelikt.

8 VI. **Konkurrenzen.** Über das Verhältnis zu §§ 306 ff. vgl. § 306 RN 18 ff. Idealkonkurrenz ist mit § 306 f (vgl. BGH **41** 222 zu § 310 a aF) sowie mit § 304 und § 305 a möglich. § 303 tritt hinter § 305 zurück. Ist jedoch die Tat nach § 305 nur versucht, eine Sachbeschädigung nach § 303 aber vollendet, so liegt Idealkonkurrenz vor (vgl. 126 vor § 52). Bei Rücktritt vom Versuch nach § 305 bleibt die vollendete Tat nach § 303 strafbar (qualifizierter Versuch).

§ 305 a Zerstörung wichtiger Arbeitsmittel

(1) **Wer rechtswidrig**
1. **ein fremdes technisches Arbeitsmittel von bedeutendem Wert, das für die Errichtung einer Anlage oder eines Unternehmens im Sinne des § 316 b Abs. 1 Nr. 1 oder 2 oder einer Anlage, die dem Betrieb oder der Entsorgung einer solchen Anlage oder eines solchen Unternehmens dient, von wesentlicher Bedeutung ist, oder**
2. **ein Kraftfahrzeug der Polizei oder der Bundeswehr**

ganz oder teilweise zerstört, wird mit Freiheitsstrafe bis zu fünf Jahren oder mit Geldstrafe bestraft.

(2) **Der Versuch ist strafbar.**

Vorbem.: Eingefügt durch Ges. zur Bekämpfung des Terrorismus v. 19. 12. 1986, BGBl. I 2566.

1 I. **Zweck** der Vorschrift ist, neueren Formen gewalttätiger Sabotageakte dadurch entgegenzuwirken, daß die Zerstörung bestimmter für die Erfüllung gemeinschaftswichtiger Aufgaben erforderlicher Arbeitsmittel unter eine gegenüber § 303 verschärfte Strafdrohung gestellt wird. § 305 a soll damit im Vorfeld des § 316 b einen qualifizierten Fall der Sachbeschädigung regeln (vgl. BT-Drs. 10/6635 S. 13); bei Abs. 1 Nr. 2 fehlt jedoch die Beschränkung auf fremde Sachen.

2 II. **Gegenstand der Tat** sind bestimmte technische Arbeitsmittel, eingeschlossen Kraftfahrzeuge der Polizei und der Bundeswehr, sowie nach Art. 7 II Nr. 9 a des 4. StÄG Kraftfahrzeuge der in der BRep. Deutschland stationierten NATO-Truppen.

1. Nach **Abs. 1 Nr. 1** ist Tatobjekt ein fremdes technisches Arbeitsmittel von bedeutendem Wert, das für die Errichtung einer Anlage oder eines Unternehmens iSv § 316b I Nr. 1 oder 2 oder einer Anlage, die dem Betrieb oder der Entsorgung einer solchen Anlage oder eines solchen Unternehmens dient, von wesentlicher Bedeutung ist.

a) Der Begriff des **technischen Arbeitsmittels** ist in Anlehnung an § 2 I GerätesicherheitsG in das StGB übernommen worden (vgl. BT-Drs. 10/6635 S. 14). Er umfaßt verwendungsfertige Arbeitseinrichtungen, dh gebrauchsfähige technische Einrichtungen, die dazu bestimmt sind, Arbeit im weitesten Sinne zu verrichten (vgl. dazu Erbs-Kohlhaas-Ambs § 2 GerätesicherheitsG Anm. 1). Hierzu zählen insb. Arbeits- und Kraftmaschinen, Hebe- und Fördereinrichtungen sowie Beförderungsmittel. Unter die Beförderungsmittel fallen wie bei § 315 alle beweglichen Einrichtungen, die der Beförderung von Menschen oder Sachen dienen, namentlich Fahrzeuge jeglicher Art, etwa Baufahrzeuge, einschließlich der Zugmaschinen (vgl. BT-Drs. 10/6635 S. 14, Tröndle/Fischer § 315 RN 8), auch solche, die an Bahngleise gebunden sind.

b) Das technische Arbeitsmittel muß **fremd** sein, mithin im Eigentum (zumindest Miteigentum) eines anderen stehen. Vgl. hierzu § 242 RN 12 ff.

c) Es muß sich zudem um ein technisches Arbeitsmittel **von bedeutendem Wert** handeln. Maßgeblich ist hierfür der wirtschaftliche Wert des Arbeitsmittels, nicht dessen funktionelle Bedeutung für die Allgemeinheit oder das betroffene Unternehmen usw. Dabei kommt es auch bei teilweiser Zerstörung des Arbeitsmittels auf seinen Verkehrswert an, nicht auf die Kosten einer Instandsetzung. Die bei den §§ 315, 315a, 315b, 315c vorgenommene Einschränkung auf den Umfang des (drohenden) Schadens ist hier nicht maßgebend, da die wertvolle Sache bereits bei teilweiser Zerstörung nicht mehr funktionsentsprechend einsetzbar ist. Der bedeutende Sachwert bemißt sich jedoch nach den Werten, die in den genannten Vorschriften als bedeutender Sachschaden zugrunde gelegt werden (Wolff LK 6; vgl. zu diesen Werten 15 vor § 306, Tröndle/Fischer § 315 RN 16); an 50% eines durchschnittlichen Monatseinkommens anknüpfend Hoyer SK 5.

d) Ferner ist erforderlich, daß das zerstörte Arbeitsmittel **für die Errichtung bestimmter,** besonders schützenswerter **Objekte** von wesentlicher Bedeutung ist. Zu diesen Objekten gehören die in § 316b I Nr. 1 und 2 genannten Anlagen und Unternehmen, also Eisenbahn, Post, dem öffentlichen Verkehr dienende Unternehmen oder Anlagen, der öffentlichen Versorgung mit Wasser, Licht, Wärme oder Kraft dienende Anlagen sowie für die Versorgung der Bevölkerung lebenswichtige Unternehmen. Vgl. dazu § 316b RN 2 ff. Außerdem fallen hierunter Anlagen, die dem Betrieb oder der Entsorgung eines der genannten Unternehmen usw. dienen, auch wenn sie damit nur mittelbar öffentliche Zwecke iSv § 316b erfüllen (vgl. BT-Drs. 10/6635 S. 14). Anlagen solcher Art sind zB Entsorgungseinrichtungen für gemeinschaftswichtige Betriebe oder Anlagen zur Sicherstellung des Energiebedarfs von Versorgungseinrichtungen (vgl. BT-Drs. aaO). Die Arbeitsmittel müssen der Errichtung der genannten Objekte dienen; sind sie für deren Betrieb bestimmt, so ist § 316b maßgebend.

e) Für die Errichtung dieser Anlagen oder Unternehmen muß das Arbeitsmittel **von wesentlicher Bedeutung** sein. Sabotagehandlungen untergeordneter Bedeutung sind damit vom Tatbestand ausgenommen (vgl. BT-Drs. 10/6635 S. 14). Wesentliche Bedeutung hat das Arbeitsmittel, wenn die Erstellung der Anlage oder des Unternehmens ganz oder zu einem wesentlichen Teil vom einwandfreien Funktionieren des Arbeitsmittels abhängt. Eine derartige Abhängigkeit entfällt nicht bereits deswegen, weil die Anlage usw. auch ohne das Arbeitsmittel errichtet werden könnte. Sie liegt in solchen Fällen dann vor, wenn bei der Errichtung der Anlage usw. mit anderen Hilfsmitteln ein nicht unerheblicher Mehraufwand anfällt oder beträchtliche Zeitverzögerungen auftreten (vgl. dazu auch § 303b RN 7). Im übrigen reicht es aus, wenn das Arbeitsmittel für die Herstellung eines gewichtigen Teilbereichs, etwa für die Erweiterung eines bestehenden Unternehmens um einen solchen Bereich, von wesentlicher Bedeutung ist.

2. Außer den genannten technischen Arbeitsmitteln werden als weitere Arbeitsmittel nach **Abs. 1 Nr. 2** Kraftfahrzeuge der Polizei (einschließlich des Bundesgrenzschutzes) und der Bundeswehr besonders geschützt. Bei ihnen handelt es sich um Fahrzeuge, die durch Maschinenkraft bewegt werden (vgl. § 248b IV). Sie sind wie im Fall des § 248b nicht auf Landkraftfahrzeuge beschränkt (and. Dencker StV 87, 122, der sachwidrig § 1 II StVG heranzieht). Nr. 2 umfaßt auch Luft- und Wasserfahrzeuge (Hoyer SK 10, Lackner/Kühl 3, Tröndle/Fischer 6, Wessels/Hillenkamp RN 38, Wolff LK 12, Zaczyk NK 7). In seinen Schutzbereich fallen daher neben Streifen- und Mannschaftswagen, Transportfahrzeugen, Motorrädern, Wasserwerfern usw. ebenso Hubschrauber, Kampf- oder Transportflugzeuge, Wasserschutzboote, Motorboote usw. Unerheblich ist hier im Gegensatz zu den Arbeitsmitteln nach Nr. 1, ob das Fahrzeug von wesentlicher Bedeutung für die Polizei oder die Bundeswehr ist. Wird deren Betrieb durch die Zerstörung des Kraftfahrzeugs in seinem reibungslosen Funktionsablauf beeinträchtigt, so tritt Nr. 2 hinter § 316b I Nr. 3 zurück. Ferner ist unerheblich, ob das Fahrzeug als Dienstfahrzeug äußerlich ausgewiesen ist und in wessen Eigentum es steht. Mit „Polizei" und „Bundeswehr" wird nicht der Eigentümer gekennzeichnet, sondern der Funktionsträger. Maßgebend ist daher allein, daß das Fahrzeug dienstlichen Zwecken der Polizei oder der Bundeswehr dient (Lackner/Kühl 3, Wolff LK 13). Die Tat muß von einem Nichtverfügungsberechtigten begangen werden, ein Verfügungsberechtigter erfüllt ebensowenig wie der Eigentümer im Fall der Nr. 1 den Tatbestand (Lackner/Kühl 5, Tröndle/Fischer 8; and. Zaczyk NK 9).

10   III. Als **Tathandlung** setzt § 305 a ein gänzliches oder ein teilweises Zerstören des Arbeitsmittels voraus. Ebensowenig wie bei § 305 genügt ein bloßes Beschädigen. Vgl. zur Tathandlung im einzelnen § 305 RN 5; das dort Ausgeführte gilt entsprechend.

11   IV. Für den **subjektiven Tatbestand** ist Vorsatz erforderlich. Er muß sich insb. auch auf die besonderen Eigenschaften der zerstörten Sache erstrecken, etwa auf die Eigenschaft als Polizeifahrzeug oder auf die Umstände, aus denen sich die wesentliche Bedeutung für die Errichtung einer der in § 316 b I Nr. 1 oder 2 genannten Anlagen ergibt. Bedingter Vorsatz genügt bei allen Tatbestandsmerkmalen. Wer annimmt, unter Kraftfahrzeugen der Polizei und der Bundeswehr seien nur Landkraftfahrzeuge iSv § 1 II StVG zu verstehen, unterliegt einem Subsumtionsirrtum.

12   V. Der **Versuch** ist strafbar (Abs. 2). Er kommt namentlich in Betracht, wenn das angegriffene Arbeitsmittel seine Zwecke, wenn auch in verringertem Umfang, noch erfüllen kann. Hat der Täter entgegen seinem Plan nur eine Beschädigung erreicht, so steht der Versuch der Tat nach § 305 a in Tateinheit mit einer vollendeten Sachbeschädigung nach § 303.

13   VI. Die **Strafe** ist Freiheitsstrafe bis zu 5 Jahren oder Geldstrafe. Der gegenüber § 303 verschärfte Strafrahmen ermöglicht, bei der Strafzumessung die (unmittelbaren oder mittelbaren) Auswirkungen einer Zerstörung von Arbeitsmitteln gebührend zu berücksichtigen. Neben dem Umfang der Zerstörung und dem Wert des Zerstörten sind namentlich die Schäden zu berücksichtigen, die sich aus Verzögerungen bei der Errichtung einer Anlage ergeben oder aus dem Ausfall eines Polizeifahrzeugs bei einem Einsatz.

14   VII. Wegen des erhöhten Unrechtsgehalts der Tat hängt deren Verfolgung wie bei § 305 und anders als bei § 303 (vgl. § 303 c) **nicht** von einem **Strafantrag** ab.

15   VIII. **Konkurrenzen:** Werden durch eine Handlung mehrere Arbeitsmittel nach Abs. 1 Nr. 1 und/oder nach Abs. 1 Nr. 2 zerstört, so liegt nur eine Tat vor, nicht Tateinheit (vgl. § 52 RN 29). Tateinheit kommt in Betracht mit §§ 88, 305, 308. Hinter § 316 b tritt § 305 a zurück (and. Wolff LK 19: Tateinheit möglich). Vgl. im übrigen § 305 RN 8. Das dort Ausgeführte gilt entsprechend. Ferner ist Tateinheit mit § 125 a u. mit § 258 möglich.

Achtundzwanzigster Abschnitt. Gemeingefährliche Straftaten

Vorbemerkungen zu den §§ 306 ff.

Schrifttum: Appel, Verfassung und Strafe, 1998. – *Berz,* Tatbestandsverwirklichung und materialer Rechtsgüterschutz, 1986. – *Bohnert,* Die Abstraktheit der abstrakten Gefährdungsdelikte, JuS 84, 182. – *Boldt,* Pflichtwidrige Gefährdung im Strafrecht, ZStW 55, 44. – *Brehm,* Zur Dogmatik des abstrakten Gefährdungsdelikts, 1973. – *Cramer,* Der Vollrauschtatbestand als abstraktes Gefährdungsdelikt, 1962. – *Dedes,* Gemeingefahr und gemeingefährliche Straftaten, MDR 84, 100. – *Demuth,* Zur Bedeutung der „konkreten Gefahr" im Rahmen der Straßenverkehrsdelikte, VOR 73, 436. – *Finger,* Begriff der Gefahr und Gemeingefahr im Strafrecht, Frank-FG I 230. – *Frisch,* An den Grenzen des Strafrechts, Stree/Wessels-FS, 69. – *Gallas,* Abstrakte und konkrete Gefährdung, Heinitz-FS 171. – *Geerds,* Die Brandstiftungsdelikte im Wandel der Zeiten und ihre Regelung im ausländischen Strafrecht, Sammelwerk des Bundeskriminalamts Wiesbaden (1962) 15. – *Graul,* Abstrakte Gefährdungsdelikte und Präsumptionen im Strafrecht, 1989. – *Hartung,* Gemeingefahr, NJW 60, 1417. – *Hassemer,* Symbolisches Strafrecht und Rechtsgüterschutz NStZ 89, 553. – *ders.,* Kennzeichen und Krisen des modernen Strafrechts, ZRP 92, 378. – *Henckel,* Der Gefahrbegriff im Strafrecht, 1930 (StrAbh Heft 270). – *Herzog,* Gesellschaftliche Unsicherheit und strafrechtliche Daseinsvorsorge, 1991. – *Reinh. v. Hippel,* Gefahrenurteil und Prognoseentscheidungen, 1972. – *Hirsch,* Konkrete und abstrakte Gefährdungsdelikte, Buchale-FS, 151. – *Horn,* Konkrete Gefährdungsdelikte, 1973. – *ders./Hoyer,* Rechtsprechungsübersicht zum 27. Abschnitt des StGB, JZ 87, 965. – *Hoyer,* Die Eignungsdelikte, 1987. – *ders.,* Zum Begriff der abstrakten Gefahr, JA 90, 183. – *Jakobs,* Kriminalisierung im Vorfeld e. Rechtsverletzung, ZStW 97, 751. – *Jähnke,* Fließende Grenzen zwischen abstrakter und konkreter Gefahr im Verkehrsstrafrecht, DRiZ 90, 425. – *Kindhäuser,* Gefährdung als Straftat, 1989. – *Kitzinger-Ullmann,* Gemeingefährliche Verbrechen, VDB IX, 1. – *Kratzsch,* Prinzipien der Konkretisierung von abstrakten Gefährdungsdelikten, JuS 84, 372. – *Kuhlen,* Zum Strafrecht der Risikogesellschaft, GA 94, 347. – *Lackner,* Das konkrete Gefährdungsdelikt im Verkehrsstrafrecht, Berlin 1967. – *Lagodny,* Strafrecht vor den Schranken der Grundrechte, 1996. – *Martin,* Strafbarkeit grenzüberschreitender Umweltbeeinträchtigungen. Zugleich ein Beitrag zur Gefährdungsproblematik, 1989. – *D. Marxen,* Strafbarkeitseinschränkung bei abstrakten Gefährdungsdelikten, 1991. – *Meyer,* Die Gefährlichkeitsdelikte: Ein Beitrag zur Dogmatik der abstrakten Gefährdungsdelikte, 1992. – *Müssig,* Schutz abstrakter Rechtsgüter und abstrakter Rechtsgüterschutz, 1993. – *Prittwitz,* Strafrecht und Risiko, 1993. – *Rabl,* Der Gefährdungsvorsatz, 1933 (StrAbh Heft 312). – *Radtke,* Die Dogmatik der Brandstiftungsdelikte, 1998. – *ders., Das Ende der Gemeingefährlichkeit?,* 1997 [zit. Gemeingefährlichkeit]. – *ders., Das Brandstrafrecht des 6. Strafrechtsreformgesetzes,* ZStW 110, 849. – *Rengier,* Zum Gefährdungsmerkmal „fremde Sache von bedeutendem Wert" im Umwelt- und Verkehrsstrafrecht, Spendel-FS 559. – *Rotering,* Gefahr und Gefährdung im Strafrecht, GA Bd. 31, 266. – *Schröder,* Abstrakt-konkrete Gefährdungsdelikte?, JZ 67, 522. – *ders.,* Die Gefährdungsdelikte im Strafrecht, ZStW 81, 7. – *Schroeder,* Die Gefährdungsdelikte, ZStW Beiheft 82, 1. – *Schünemann,* Moderne Tendenzen in der Dogmatik der Fahrlässigkeits- und Gefährdungsdelikte, JA 75, 435, 792. – *ders.,* Kritische Anmerkungen zur geistigen Situation der deutschen Strafrechtswissenschaft, GA 95, 201. – *Schwander,* Die Gefährdung als

Tatbestandsmerkmal im schweiz. StGB, SchwZStr 66, 440. – *Stächelin,* Strafgesetzgebung im Verfassungsstaat, 1998. –*Stein,* Gemeingefährliche Straftaten in: DSNS (s. Abkürz.verz.), Einführung in das 6. Strafrechtsreformgesetz, 1998, 75. – *Weber,* Die Vorverlegung des Strafrechtsschutzes durch Gefährdungs- und Unternehmensdelikte, hrsg. v. Jescheck, 1987, 1. – *Weigend,* Bewältigung von Beweisschwierigkeiten, Triffterer-FS, 695. – *Wohlers,* Deliktstypen des Präventionsstrafrechts usw., 2000. – *Wolter,* Objektive u. personale Zurechnung, 1981. – *Zieschang,* Die Gefährdungsdelikte, 1998. Vgl. auch Schrifttum bei § 306.

I. Der 28. Abschnitt ist zuletzt durch das 6. StrRG erheblich umgestaltet worden. Insbesondere die Brandstiftungsdelikte (§§ 306–306 f, die an die Stelle der §§ 306–310 a treten) zeigen sich in neuer Gestalt. Die ursprünglich geplante radikalere Umgestaltung (vgl. Ref E v. 15. 7. 96; krit. dazu Freund ZStW 109, 470 f.) ist einer Reform gewichen, die sich an der bisherigen Fassung orientiert (BT-Drs. 13/8587 S. 86 ff., zum Gesetzgebungsverfahren Radtke ZStW 110, 850 ff.), ihr neues Gesicht vor allem in der Gestaltung der Qualifikationen, Gefahr- und Todeserfolgsqualifikationen zeigt, bisherige Inkonsistenzen vermeiden will (BT-Drs. 13/8587 S. 26), dabei aber eine Vielzahl neuer Ungereimtheiten produziert hat (Übersicht unten RN 20 f.). Die anderen Strafvorschriften wurden vor allem neu systematisiert, entsprechend umnumeriert und teilweise neu zusammengefaßt. Dies betrifft insbesondere die Herbeiführung einer Überschwemmung (§§ 312–314 aF zusammengefaßt in § 313). An die Stelle bisheriger Strafzumessungsvorschriften für besonders schwere Fälle sind neue Erfolgsqualifikationen getreten (§§ 307 III, 308 II, III, 309 III, IV, 312 III), teilweise wurden minderschwere Fälle eingeführt (§§ 308 IV, 309 V, 312 V). Eine neue Erfolgsqualifikation erhielten auch §§ 315 b III iVm 315 III Nr. 2. Schließlich hat das 6. StrRG die Ausgestaltung von § 316 a als Unternehmensdelikt aufgegeben, weil die Mindeststrafe für die bisher erfaßten Vorbereitungshandlungen zu hoch erschien (BT-Drs. aaO S. 51). Unverändert geblieben sind in der Sache insbes. §§ 315 c, 316, 323 a und 323 c. 1

Entgegen dem durch die Überschrift hervorgerufenen Eindruck enthält nach der Reform durch das 6. StrRG im 28. Abschnitt nur noch § 323 c die Gemeingefahr als Tatbestandsmerkmal (vgl. noch die Überschrift von § 314), bei der Herbeiführung einer Überschwemmung (§ 313) ist das Tatbestandsmerkmal der gemeinen Gefahr durch die heute gebräuchliche Gefahrformel „Gefahr für Leib oder Leben eines anderen Menschen oder für Sachen von bedeutendem Wert" ersetzt worden (BT-Drs. 13/8587 S. 50). Vom Gesetzgeber werden bestimmte Tatobjekte als Konkretisierungen der Gemeingefährlichkeit verstanden (zu § 306 BT-Drs. 13/8587 S. 87; krit. DSNS-Stein 94), mit Blick auf zT völlig mißglückte, extensive Formulierungen (zu Recht krit. Schroeder GA 98, 571) sollte die verbindende Idee der Gemeingefahr im Zweifel im Auge behalten werden (vgl. BGH **43** 349, Radtke ZStW 110, 861, Stein aaO 78 f., W-Hettinger 949, vgl. auch § 314 RN 2). Freilich begnügt sich das Gesetz vielfach auch dort, wo ein gemeingefährliches Verhalten als gesetzgeberisches Motiv wirkt (zB §§ 315, 315 b: Beeinträchtigung der Sicherheit der verschiedenen Verkehrsarten), mit der Herbeiführung einer konkreten (Individual-)Gefahr (vgl. u. 5) oder mit dem Verbot bestimmter gefährlicher Handlungen und Unterlassungen (vgl. u. 3), mit denen typischerweise eine Erschütterung des Bestandes oder der Sicherheit wichtiger Rechtsgüter verbunden ist; vgl. hierzu den Überblick über die verschiedenen Arten der Gefährdungsdelikte bei Schroeder ZStW 87, 1. Neben den gemeingefährlichen Straftaten ieS (vgl. u. 19) sind traditionell **zwei Gruppen von Tatbeständen** zu unterscheiden (im Anschluß an Hirsch Arth Kaufmann-FS 557 m. weit. Differenzierungen Zieschang aaO 158 ff. u. Wohlers aaO 281 ff., 307 ff.): 1 a

1. In verschiedenen Tatbeständen hat das Gericht im Einzelfall festzustellen, ob eine Gefährdung eingetreten ist (sog. **konkrete Gefährdungsdelikte,** dazu Wohlers aaO 284 f. mwN). So werden zB die Herbeiführung einer Explosion (§ 308) oder die Verkehrsdelikte der §§ 315 ff. nur dann bestraft, wenn durch sie eine Gefahr für Leib oder Leben eines anderen oder fremde Sachen von bedeutendem Wert herbeigeführt worden ist. Krit. hierzu Kindhäuser aaO 189 ff. Vgl. auch Zieschang aaO 54 ff., 158, der zusätzlich danach unterscheidet, ob ein konkret gefährliches Verhalten genügt oder ein konkret gefährlicher Zustand hinzukommen muß. 2

2. In anderen Tatbeständen geht dagegen der Gesetzgeber davon aus, daß bestimmte Handlungen typischerweise gefährlich sind und daher als solche schon verboten werden müssen (sog. **abstrakte Gefährdungsdelikte,** Übersicht über Theorien b. Graul aaO 144 ff.); der Unterschied zu den konkreten Gefährdungsdelikten liegt also darin, daß kein konkretes Angriffsobjekt in seiner Existenz oder Sicherheit effektiv betroffen zu sein braucht (hM; statt aller Gallas Heinitz-FS 180, Roxin I 359, Satzger NStZ 98, 114); ein Erfolg in Gestalt einer konkreten Rechtsgütergefährdung (vgl. u. 5) ist also nicht erforderlich. Die hierzu gehörigen Vorschriften umschreiben daher nur die wegen ihrer generellen Gefährlichkeit vom Gesetz mißbilligten Handlungen oder Zustände, ohne in ihrem Tatbestand das Merkmal der Gefahr als Erfolg zu enthalten (zB §§ 153 ff., 186 f., 264, 265 b, 306 a, 314, 316, außerdem zahlreiche Tatbestände des Ordnungswidrigkeitenrechts, vgl. Cramer OWiG 47). Überwiegend sind die Merkmale, aus denen sich die typische Gefährlichkeit der Handlung ergibt, im Tatbestand abschließend genannt. Daneben gibt es jedoch auch Vorschriften (zB §§ 186, 327 I), bei denen der Richter nach den im Gesetz genannten, auf bestimmte Gefährdungsmerkmale bezogenen Faktoren (zB Geeignetheit in § 186) entscheiden muß, ob die Handlung unter den gegebenen Umständen typischerweise geeignet ist, ein Rechtsgut zu schädigen (Gallas aaO 181, 9 vor § 324); ob dies der Fall ist, kann allerdings nie von den effektiven Auswirkungen des Verhaltens, sondern muß stets nach einem generalisierenden Maßstab beurteilt werden (Berz aaO 58, Gallas aaO, Jescheck/Weigend 264). Man wird also zwei Typen abstrakter Gefährdungsdelikte zu unterscheiden haben: 3

Heine

Tatbestände, bei denen der Gesetzgeber davon ausging, alle gefährlichkeitsrelevanten Umstände abschließend im Gesetz aufgeführt zu haben (zB § 306 a), und solche, in denen dem Richter auf der Grundlage bestimmter ausfüllungsbedürftiger Tatbestandsmerkmale (zB Geeignetheit [§ 186], sonst beseitigen [§ 326 RN 10] als Schaffung eines entsprechend gefährlichen Zustandes) ein Beurteilungsspielraum belassen wird, die Gefahrengeeignetheit nach generellen Grundsätzen zu beurteilen (vgl. Horn SK 16 ff.; gegen die Unterscheidung Bohnert JuS 84, 182, Zieschang aaO 17); zum Ganzen Gallas aaO. Die in diesem Kommentar ursprünglich gewählte Bezeichnung als „abstrakt-konkrete Gefährdungsdelikte" (vgl. 18. A. RN 3 c, ebenso Schröder JZ 67, 523 ff.) hat sich nicht durchsetzen können. Heute werden diese durch Teilkonkretisierung von rein abstrakten Gefährdungsdelikten unterschiedenen Tatbestände als „Eignungsdelikte" (Roxin I 359, Graul aaO 116, Horn SK 18, Hoyer aaO, vgl. auch Radtke aaO 27, Wohlers aaO 297) oder „potentielle Gefährdungsdelikte" (BGH **39** 371, NJW **94**, 2161; Tröndle 13 a vor § 13) bezeichnet; vgl. auch 9 f. vor § 324. Doch handelt es sich iE auch hier um abstrakte Gefährdungsdelikte (Cramer aaO 68 f., Jescheck/Weigend 264, Lackner/Kühl 32 vor § 13, M-Schroeder I 13; krit. Zieschang aaO 101, 162 ff.). Verwendet der Gesetzgeber das Merkmal der „Eignung" oder vergleichbare Formulierungen als Tatbestandsmerkmal, muß es sich jedoch nicht um ein abstraktes Gefährdungsdelikt in diesem letzteren Sinn handeln; vielmehr kann die Auslegung des Einzeltatbestandes auch ergeben, daß eine konkrete Gefahr vorausgesetzt ist (Gallas Heinitz-FS, 181 f., Roxin I 359, Hoyer aaO 134 ff.). Kritisch zur Dogmatik der abstrakten Gefährdungsdelikte Kindhäuser aaO 277 ff., der glaubt, die Probleme verschwänden, „wenn man die abstrakte Gefährdung als spezifischen Schaden interpretiert, dessen Vermeidung das Aufstellen eines Verbots hinreichend rechtfertigt"; ein solcher Schaden sui generis liege dann vor, „wenn die abstrakte Gefährdung als Beeinträchtigung der zur sorglosen Verfügung über Güter notwendigen (heteronomen) Sicherheitsbedingungen begriffen wird" (aaO 354); gegen die Eignung dieses Gedankens, abstrakte Gefährdungsdelikte materiell zu legitimieren, Hoyer JA 90, 233, Müssig aaO 201 ff., Herzog aaO 41 ff., Wohlers aaO 295 f., Zieschang aaO 351 ff., vgl. auch Roxin I 358.

3 a II. Die **grundsätzliche Daseinsberechtigung** von abstrakten Gefährdungsdelikten im Kriminalstrafrecht ist nicht mehr unbestritten. Teilweise wird sie, auch im Zusammenhang mit dem Schutz von Funktionszusammenhängen des „modernen" Strafrechts, mitunter heftiger Kritik unterworfen, wobei Legitimierbarkeit und kriminalpolitische Berechtigung von Kriminalisierung im Vorfeld einer (personalen) Rechtsgutsverletzung in Frage gestellt werden (vgl. Hassemer NStZ 89, 557 u. ZRP 92, 381, Herzog aaO passim, zB 70 ff., Prittwitz aaO 364 ff. [krit. dazu Kuhlen GA 94, 347, Schünemann GA 95, 210 ff., Wohlers aaO 51 ff., 212 ff.; vgl. auch Radtke aaO 146 ff.]; vgl. auch die Einwände von Frisch Stree/Wessels-FS 93, Hirsch Buchala-FS 162, Jakobs ZStW 97, 751 ff., Weigend Triffterer-FS 701, Wolter aaO 64, Zieschang aaO 384 ff., je mwN). Weiter geht es um die punktuelle Frage, ob und inwieweit Verhaltensweisen, die zwar formal den Tatbestand erfüllen, selbst aber **völlig ungefährlich** sind — weder aus der Sicht eines verständigen Urteilers noch aus der des Handelnden zu einer Güterbeeinträchtigung führen können — mit Kriminalstrafe bedroht und sanktioniert werden dürfen bzw. sollen. So ist zB § 184 I Nr. 1 erfüllt, wenn jemand einem noch nicht 18jährigen Mädchen, das bereits über so umfangreiche Erfahrungen verfügt, daß die sexuelle Entwicklung nicht mehr beeinflußt werden kann, pornographische Schriften zu lesen gibt (vgl. § 184 RN 6), ebenso der Tatbestand des § 306 I Nr. 1 durch Inbrandsetzen einer Hütte, welche zwar einer Person als Wohnung dient, die zur Tatzeit aber abwesend ist. Hat der Täter sich vor der Tat versichert, daß niemand in der Hütte ist und überdies auch dafür Sorge getragen, daß während des Brandes niemand das Brandobjekt betreten kann, etwa um seine Habseligkeiten zu bergen, so ist § 306 a I Nr. 1 formell erfüllt, ohne daß es zu einer Gefahr für Menschenleben kommen konnte (vgl. dazu BGH **26** 121, BGH NStZ **85**, 408; enger BGH NJW **82**, 2329 m. Anm. Bohnert JuS 84, 182 u. Hilger NStZ 82, 420, wonach bei einräumigen, überschaubaren Hütten eine Ausnahme in Betracht kommen könne, s. u. § 306 a RN 2.). — An der grundsätzlichen Verfassungsmäßigkeit des Typus der abstrakten Gefährdungsdelikte kann nicht gezweifelt werden (eingeh. Lagodny Grundrechte 185 ff., 437 ff. mwN, vgl. auch Appel aaO 203); eine andere Frage ist, unter welchen Voraussetzungen die Inkriminierung und Sanktionierung abstrakt gefährlichen Verhaltens den verfassungsrechtlichen Anforderungen standhält (auch dazu Lagodny aaO 191 ff., 438 ff., 480 ff., 505 ff.) bzw. Einzelnormen sich als illegitim erweisen (vgl. näher Wohlers aaO 281 ff., 307 ff., Zieschang aaO 158 ff.; vgl. dazu die Einzelkommentierung). Im Hinblick auf solche Konstellationen, in denen die vom Gesetz angenommene typische Gefährlichkeit einer Handlung wegen der Besonderheiten des Einzelfalls nicht zu einer Gefahr für das geschützte Rechtsgut führen kann, werden weiter gegen die abstrakten Gefährdungsdelikte der ersten Spielart, insb. unter dem Gesichtspunkt des Schuldprinzips, Bedenken vorgebracht (vgl. bereits Binding, Normen IV 387, Cramer aaO 50 ff., Arthur Kaufmann JZ 63, 432, Rudolphi Maurach-FS 59, Brehm aaO 38 ff. sowie Graul aaO 355, Roxin I 356 ff., Schünemann JA 75, 797 f., Schmidhäuser I 105, Wolter aaO 284 ff., 296 ff.). Diese Einwände lassen sich — cum grano salis — wie folgt skizzieren: Aus dem Schuldprinzip folgt der Idee nach u. a., daß kriminalstrafrechtliches Unrecht grundsätzlich nur dann verwirklicht wird, wenn der Täter durch sein Verhalten für das betreffende Rechtsgut ein reales Gefährdungsrisiko bewirkt. Fehlt es daran, mangelt der Tat das spezifische Erfolgsunrecht; das in Wirklichkeit ungefährliche Handeln entspricht nicht mehr dem Vollbild des herkömmlichen Unrechts (von dem der Gesetzgeber idealiter ausgegangen ist, vgl. aber unten 4 a). Kommt schließlich hinzu, daß sich der Täter durch Sicherungsvorkehrungen u. ä. subjektiv von der Unmöglichkeit einer

Rechtsgutgefährdung hinreichend überzeugt hat, gerät neben dem Erfolgsunrecht auch noch das Handlungsunrecht in Wegfall.

4 Diesen Bedenken ist im Schrifttum auf verschiedene Weise begegnet worden (zusf. Martin aaO 48 ff., Zieschang aaO 347 f.). Schröder (ZStW 81, 16 f., vgl. auch Henkel Eb. Schmidt-FS 594) hat sie dadurch ausräumen wollen, daß er bei den abstrakten Gefährdungsdelikten den „Gegenbeweis der Ungefährlichkeit" zulassen wollte. Dagegen ist freilich eingewendet worden, daß diese Konstruktion dann, wenn der Angekl. mit dem Nachweis der Ungefährlichkeit seines Verhaltens belastet ist, gegen den Grundsatz „in dubio pro reo" verstößt (Schünemann JA 75, 797, Wohlers aaO 287, vgl. Cramer aaO 56 f.; dagegen Martin aaO 62, 80), während dann, wenn der Gefährlichkeitsnachweis im Einzelfall durch das Gericht geführt werden muß, die abstrakten im praktischen Ergebnis zu konkreten Gefährdungsdelikten umgewandelt würden (Schünemann aaO, Horn aaO 25 f.; dagg. Martin aaO 54). Teilweise wird versucht, eine Einschränkung der Strafbarkeit aus abstrakten Gefährdungstatbeständen dadurch zu erreichen, daß für deren Rechtswidrigkeit die Vornahme einer objektiv sorgfaltswidrigen Handlung verlangt wird (vgl. Brehm aaO 132, Horn aaO 28, 95 f.; vgl. aber Schünemann JA 75, 798, Wohlers aaO 289 f.). Schünemann dagegen unterteilt die abstrakten Gefährdungsdelikte in drei Kategorien mit jeweils unterschiedlichen Lösungen (JA 75, 798): Bei Delikten mit einem „vergeistigten Zwischenrechtsgut" (zB §§ 153 ff., 331) soll eine Strafbarkeitseinschränkung in der Weise in Betracht kommen, daß Minimalverstöße ausgeschieden werden, während er – iE ähnlich wie Brehm aaO 139 f. – bei „Massenhandlungen (vor allem im Straßenverkehr)" aus „lerntheoretischen Gründen" an der strikten Befolgung der betreffenden Vorschrift festhält. Im übrigen soll es für die Bestrafung aus einem abstrakten Gefährdungstatbestand auf die Vornahme einer subjektiv sorgfaltswidrigen Handlung ankommen (zust. Roxin I 357; krit. Wohlers aaO 301 f.). Nach Martin aaO 79 ff. sind abstrakte Gefährdungsdelikte insoweit Erfolgsdelikte, als sie die Schaffung eines (ex ante zu beurteilenden) rechtlich mißbilligten Risikos für die durch die Vorschrift geschützten Rechtsgüter pönalisieren. Bei Ungefährlichkeit der Tat sei dieses (ungeschriebene) Tatbestandsmerkmal nicht erfüllt und daher die Tat nicht strafbar.

4a Demgegenüber ist nach Lagodny (Grundrechte, 481) eine Einschränkung der Strafbarkeit bei abstrakten Gefährdungsdelikten stets unzulässig, sie widerspreche deren Telos, scil. der Ausschaltung einer konkreten Gefahrprognose des einzelnen (442) über die Tauglichkeit seiner Handlung, und verstoße auch gegen das Gewaltenteilungsprinzip (460 ff., 481, 534, zust. Stächelin aaO 94 u. Wohlers aaO 315; vgl. auch Zieschang aaO 380 ff.). Dem kann in dieser Allgemeinheit nicht gefolgt werden: Erstens (und generell) lassen sich nicht alle abstrakten Gefährdungsdelikte mit dem pauschalen Hinweise auf einen subjektiven Willen des Gesetzgebers als maßgebende Auslegungsmethode über einen Kamm scheren. Teilweise findet sich in den Gesetzesbegründungen nämlich ausdrücklich der gesetzgeberische Wille, bestimmtes Verhalten trotz absoluter Gefährlichkeit nicht ausnahmslos zu inkriminieren (vgl. zB BT-Drs. 13/7164 S. 18, 13/8587 S. 74 [zu § 306 a Nr. 1], BT-Drs. 8/2382 S. 18 [zu § 326 I Nr. 4a]), teilweise hat der Gesetzgeber Sonderregelungen getroffen, wonach selbst bei getroffener Vorsorge eine Bestrafung erfolgen soll. So schließt bei § 326 die Ungefährlichkeit, die sich lediglich aus dem Ort oder den sonstigen Umständen der Beseitigung ergibt (vgl. § 326 VI), die Strafbarkeit nicht aus (s. u. § 326 RN 8 mwN). Hieraus läßt sich (zweitens) umgekehrt eher ableiten, daß selbst bei solchen überindividuellen Rechtsgütern unter bestimmten Voraussetzungen, etwa getroffenen besonderen Vorkehrungen, eine Beschränkung der Strafbarkeit erfolgen kann und soll. Zwar will der Gesetzgeber in aller Regel verhindern, daß durch massenhafte Verstöße die jeweiligen kollektiven Rechtsgüter, etwa die Sicherheit des Straßenverkehrs, die Rechtspflege, das Funktionieren der Kreditwirtschaft oder staatliche Kontrollaufgaben in Mitleidenschaft gezogen werden. Je nach Tatbestand und Funktion können sich Unterschiede ergeben (vgl. auch BGH 1 ARs 3/99 v. 13. 4. 99 zu § 30 a II 2 BtMG). Bei Delikten, bei denen die fragliche Handlung nie zu einer Beeinträchtigung des überindividuellen Rechtsguts führen kann, wie zB bei Funktionen des Wirtschaftsverkehrs, trägt die Massenhaftigkeit der Gefährlichkeit des Einzelverstoßes, ungeachtet seiner Verletzungstauglichkeit, idR den Strafbedarf. Sofern die Untauglichkeit auf anderen Gründen beruht als auf der Tatsache der Ungeeignetheit der fraglichen Handlung, so hat die Strafbarkeit zu entfallen, gilt etwa bei getroffener Vorsorge (vgl. Schittenhelm GA 83, 320). Insoweit wird auch nicht der Sinn der abstrakten Gefährdungsdelikte, die Ausschaltung der konkreten Gefahrprognose über die Verletzungstauglichkeit der Handlung desavouiert, diese ist ja strukturell verletzungsuntauglich. Vergleichbares gilt bei Tatbeständen, die über abgrenzbare und faßbare überindividuelle Rechtsgüter verfügen, insbes. bestimmte Umweltdelikte. Soweit im Einzelfall eine Verletzungstauglichkeit ex ante ausgeschlossen ist, die nicht auf der Gefährlichkeit der Handlung als solcher beruht, ist die Strafbarkeit zu begrenzen. Dies ist jedenfalls bei anderweitig getroffenen Sicherungen der Fall (Schittenhelm aaO, vgl. auch Martin aaO 96, Pfeiffer aaO [vor § 324] 182, Triffterer aaO [vor § 324] 211). Andernfalls wären auch Abgrenzungen zu Ordnungswidrigkeiten schwerlich möglich (vgl. Heine in Brandt aaO [vor § 324] § 61 RN 23 ff.). Drittens kommen bei bestimmten verwaltungsakzessorischen Straftatbeständen Einschränkungen in Betracht, wenn bei gegebener behördlicher Prüfungsmöglichkeit nachträglich eine Genehmigung erteilt wurde und damit gesichert ist, daß weder das geschützte behördliche Prüfungs- und Entscheidungsmonopol noch ggf. weitere Interessen gefährdet waren (s. 62, 130 a vor § 32). Das Gewaltenteilungsprinzip steht nicht entgegen, es wird in jedem Fall relativiert durch das Prinzip der Widerspruchsfreiheit der Rechtsordnung und das Rechtsstaatsprinzip: Der Adressat würde eingestandenermaßen zu Unrecht mit Kriminalstrafe belastet. Schließlich kommt hinzu, daß die Auslegung der jeweiligen Straftatbestände das Erfordernis einer spezifisch gesteigerten Gefahr, besonderer Gefahrenzustände (zB §§ 313, 314) oder Gefahrwirkungen (zB § 308) ergeben kann (vgl. auch Wohlers aaO 311 ff.).

5   III. Die **konkrete Gefahr** bedeutet einen Zustand, bei dem die nicht fernliegende Möglichkeit der Verletzung eines konkreten Objekts besteht (vgl. RG 30 179); ein effektiver Schaden ist nicht erforderlich (BGH VRS 45 38, KG VRS 25 120). Maßstab dafür, ob eine Gefahr vorliegt, ist das allgemeine Erfahrungswissen, das unter Berücksichtigung aller individuellen Umstände des Einzelfalles eine Prognose darüber ermöglicht, ob der Eintritt schädlicher Erfolge naheliegt oder nicht (vgl. BGH VRS 45 38, 22 344, Hamm StVE **Nr. 1** zu § 315 a StGB, Koblenz NZV 93, 403, Gallas Heinitz-FS 177, Horn aaO VOR 73, 447 ff., Horn aaO 107 ff., SK 4 ff., Cramer § 315 c RN 52, Schünemann JA 75, 793 ff.). Dies ist dann der Fall, wenn der Täter die Auswirkungen der Lage nicht beherrscht, in die er das in seiner Sicherheit konkret beeinträchtigte Objekt durch sein Verhalten gebracht hat (BGH VRS 44 422, 45 38, NJW 85, 1036 m. Anm. Geppert NStZ 85, 264, NZV 95, 325, Düsseldorf StVE § 315 b **Nr. 37**, Frankfurt NZV 94, 365, Cramer § 315 c RN 52, Mayr BGH-FG 275; and. Kindhäuser aaO 214), d. h. das Ausbleiben oder der Eintritt eines Schadens nur vom Zufall abhing (BGH NStZ 96, 83 f., 99, 33, vgl. Roxin I 354, Schünemann JA 75, 793 [justiert durch den Vertrauensgedanken], Wohlers aaO 286, Zieschang aaO 51; krit. M-Schroeder II 8), was nach der allgemeinen Lebenserfahrung aufgrund einer objektiv nachträglichen Prognose zu beurteilen ist (BGH aaO, vgl. o. 92 a vor § 13). Unzulässig ist es, wie es in manchen Urteilen geschieht, bei konkreten Gefährdungstatbeständen generelle Erfahrungsmaßstäbe anzulegen und damit etwas, was – wenn auch nur aufgrund ungewöhnlicher Umstände – eine Gefahr herbeigeführt hat, als ungefährlich zu bezeichnen und umgekehrt als gefährlich eine Handlung zu bestrafen, die in concreto keinerlei Gefahr verursacht hat (vgl. Schröder JZ 67, 522). Demgegenüber will Kindhäuser (aaO 210, 277) die konkrete Gefährdung als „Unfähigkeit, die Schadensrelevanz einer bestimmten Bedingung gezielt abzuschirmen" definieren; ein Gut sei dann konkret gefährdet, „wenn mit den Mitteln seines Organisationsbereiches keine zur Verhinderung einer wahrscheinlichen Beeinträchtigung geeignete Maßnahme ergriffen werden kann", was iE nichts anderes bedeutet, als daß der Ausgang des Geschehens eben dem Zufall überlassen wird (ebso Zieschang aaO 48).

6   Wenn demgegenüber ein Teil der Rspr. (vgl. BGH 8 31, 13 70, 18 271, VRS 11 63, 13 205, 16 131, 452, Frankfurt NJW 75, 840, Köln DAR 92, 469, Schleswig SchlHA 93, 222) den Begriff der Gefahr dahin kennzeichnet, daß „der Eintritt eines Schadens wahrscheinlich sein müsse als dessen Ausbleiben", so sollte damit zum Ausdruck gebracht werden, daß im strafrechtlichen Bereich, in dem regelmäßig eine konkrete Gefahr gefordert wird, mit dem Merkmal konkret nicht nur die Berücksichtigung aller individuellen Umstände des Falles gemeint ist, sondern daß – entsprechend dem Sprachgebrauch – minimale Erfolgsaussichten nicht als gefährlich zu bezeichnen sind. Jedenfalls wäre es weder gerecht noch praktikabel, zur Abgrenzung des strafbaren Bereichs das Verhältnis von 51% zu 49% Erfolgschancen zu wählen; vgl. auch Düsseldorf StVE § 315 b **Nr. 37**, Frankfurt NZV 94, 365.

7   IV. Seit dem 6. StrRG wird in den §§ 306 ff. eine Gemeingefahr tatbestandlich nicht mehr ausdrücklich verlangt (Ausnahme § 323 c), auch für § 313 genügt jetzt eine **Individualgefahr**. Dies schließt nicht aus, an die Tathandlung bzw. deren Auswirkung besondere Anforderungen zu stellen (vgl. § 313 RN 3 f., § 314 RN 2). Das Merkmal der Gemeingefahr findet sich sonst noch ausdrücklich bei den §§ 145 II Nr. 1, 243 I 2 Nr. 6 (vgl. auch § 211), ansonsten sind auch Delikte außerhalb des 28. Abschnitts als gemeingefährliche Straftaten zu begreifen, so zB § 328 II Nr. 3. Bei der Individualgefahr wird meist auf Leib oder Leben eines anderen oder für fremde Sachen von bedeutendem Wert abgestellt. Gelegentlich findet sich infolge des 6. StrRG, inhaltlich vergleichbar, das (qualifizierende) Erfordernis der Gefahr des Todes (§ 306 b II 1) bzw. einer Gesundheitsschädigung (§ 306 a II).

8   1. Die Vorschriften der §§ 307 f., 315 ff. setzen häufig eine **Gefahr** für **Leib** oder **Leben** eines anderen oder für **fremde Sachen** von bedeutendem Wert voraus, begnügen sich also mit einer konkreten Individualgefahr. Zur Frage des prozessualen Nachweises vgl. BGH NZV 95, 325, Frankfurt StVE § 315 c **Nr. 37** gegen die zu hohen Anforderungen von Düsseldorf StVE § 315 b **Nr. 37**, Schleswig SchlHA 93, 222, Hamm NZV 91, 158. Dies hat folgende Konsequenzen:

9   a) Die Bestimmungen sind auch anwendbar, wenn das Verhalten dem Täter zur Gefährdung **bestimmter Personen** dient. Fährt zB ein Betrunkener aus Ärger über das Verhalten eines Fußgängers mit Gefährdungsabsicht auf diesen zu oder gefährdet ein Verkehrssünder einen Polizisten, der ihn zum Halten auffordert, so liegt eine für §§ 315 ff. ausreichende Gefährdung vor (vgl. § 315 b RN 10, Lackner JZ 65, 124, Nüse JR 65, 41; krit. v. Hippel ZStW 80, 378).

10 b) Bei der Gefährdung der **Insassen eines Fahrzeugs** oder dessen Ladung kommt es nicht darauf an, ob persönliche Gesichtspunkte für die Auswahl maßgeblich gewesen sind (KG VRS 36 107, Düsseldorf VRS 36 109, Lackner JZ 65, 124, Warda MDR 65, 5 u. § 315 c RN 35). Anders als nach früherem Recht genügt daher auch die Gefährdung von Verwandten oder Freunden (nicht aber der Leibesfrucht, Hillenkamp JuS 77, 167). Es bleibt jedoch die Möglichkeit, durch Einwilligung die Beachtlichkeit der Gefahr auszuschließen. Vgl. dazu § 315 c RN 43.

c) Dagegen genügt **nicht** die **Gefährdung** des **benutzten Fahrzeugs,** mag dieses Eigentum des Täters sein oder nicht (BGH **11** 148, **27** 40, NStZ-RR **98**, 150, VRS **42** 97, DAR/S **76**, 90, NStZ **92**, 233, Bay JZ **83**, 560, Schleswig NJW **65**, 1727, Stuttgart NJW **66**, 2280 m. Anm. Möhl JR 67, 107, Braunschweig VRS **32** 443, Celle NJW **67**, 1767, **70**, 1091, Hamm NJW **67**, 943, NJW **73**, 104, Düsseldorf NZV **94**, 325, J-Hentschel 4, Cramer § 315 c RN 58, NJW **64**, 1836, Lackner JZ 65, 124, Tröndle/Fischer § 315 c RN 17; zweifelnd Nüse JR 65, 41, Warda MDR 65, 5, Mayr BGH-FG 275; and. Hartung NJW 66, 15 u. 67, 909, Horn SK 10). Die §§ 311 ff., 315 ff. gehen offensichtlich von einer Unterscheidung zwischen dem Mittel und dem Objekt der Gefährdung aus. Dies ist zB augenfällig in § 315 b Nr. 1. Die Zerstörung von Fahrzeugen, mögen sie auch im fremden Eigentum stehen und einen bedeutenden Sachwert verkörpern, realisiert nicht den Tatbestand. Erforderlich ist vielmehr, daß dadurch die Sicherheit des Straßenverkehrs beeinträchtigt wird. Entsprechendes gilt für § 315 Nr. 1. Dieser Gedanke ist auf die übrigen Fälle zu übertragen. Nach § 315 c I Nr. 1 kann daher nur bestraft werden, wer andere Sachen als das von ihm geführte Fahrzeug gefährdet. Für § 315 c I Nr. 2 ist dies vor allem für Buchst. g) evident. Die Gefährdung des liegengebliebenen Fahrzeugs reicht als solche für § 315 c nicht aus. Auch rechtspolitisch würde ein anderes Ergebnis nicht befriedigen. Die Strafbarkeit würde von dem Zufall abhängen, ob der Täter ein Fahrzeug unter Eigentumsvorbehalt gekauft hat oder nicht. Die §§ 315 ff. würden letztlich nur dem Eigentumsschutz dienen, wenn die Gefährdung des Fahrzeugs auf der Straße, aber ohne – konkrete – Gefährdung des Straßenverkehrs erfolgt. **11**

d) Ebensowenig soll eine **Gefährdung** des **Täters** selbst oder eines Teilnehmers ausreichen (vgl. BGH **6** 100, 232, Cramer § 315 c RN 57, Tröndle/Fischer § 315 c RN 17; and. Stuttgart NJW **76**, 1904 m. Bespr. Hillenkamp JuS 77, 166, Horn SK 9, M-Schroeder II 9 [für Teilnehmer], Schroeder JuS 94, 847, D. Otto NZV 92, 309, Nüse JR 65, 41; für die Brandstiftungsdelikte vgl. § 306 a RN 21). Daher liegt zB bei einem absichtlich herbeigeführten Zusammenstoß keine ausreichende Gefährdung iSd § 315 b vor, wenn lediglich die Tatteilnehmer gefährdet worden sind (BGH NJW **91**, 1120, NStZ **92**, 233, **95**, 31, Otto Jura 91, 445). **12**

2. Bei der Lebens- oder **Leibesgefahr** genügt die Gefährdung **eines Menschen,** jedoch ist die Gefahr unerheblicher Körperschäden (Prellungen) auszuschließen. Im 29. Abschnitt wird gelegentlich vorausgesetzt, daß eine große Zahl von Menschen in die Gefahr einer Gesundheitsschädigung gebracht werden muß (§§ 330 II 1, 330 a I), während im 28. Abschnitt insoweit (qualifizierend) der Eintritt eines Gesundheitsschädigungserfolgs gefordert wird (§§ 306 b I, 308 II, 309 III, 312 III, 315 III Nr. 2, 318 III, jew. eingefügt durch das 6. StRG). **13**

Der Begriff der **„großen Zahl von Menschen"** ist bedenklich unbestimmt, eine numerische Angabe kann immer nur Richtschnur für den von dem jeweiligen Tatbestand vorausgesetzten quantifizierten Erfolg einer Gesundheitsschädigung sein. Zu berücksichtigen ist zunächst die Systematik des Gesetzes, also insbes. die Frage, ob angesichts der Tathandlung und der Tatobjekte eine Gesundheitsschädigung einer unübersehbar großen Zahl von Menschen fernliegt, sodann das Maß der Strafrahmenanhebung und schließlich ist in Rechnung zu stellen, ob die Verletzungen in ihrer Summe ein Gewicht erreicht haben, das der *schweren* Gesundheitsschädigung einer *einzelnen* Person entspricht (vgl. ähnl. BGH **44** 178 m. Anm. Ingelfinger JR 99, 213 u. Kühn NStZ 99, 559, DSNS-Stein 104). Bei § 306 b I hat BGH aaO eine Anzahl von „jedenfalls 14 (geschädigten) Personen" als ausreichend angesehen, die Untergrenze wird hier bei etwa zehn Personen anzusetzen sein (ebso BE 108, Geppert Jura 98, 603, Kühn aaO, Rengier BT III 256, Stein aaO 104; and. W-Hettinger 240 [mehr als drei], Radtke ZStW 110, 876 [20 Personen], ebso Tröndle/Fischer § 306 b 5; Cantzler JA 99, 476 [50 Personen]), sofern das Gewicht der Summe der Verletzungen mit der gesetzlichen Vorgabe bei Verletzung einer einzelnen Person korrespondiert. Umgekehrt kann diese gesetzliche Schwelle bei entsprechend leichten Gesundheitsschädigungen uU erst bei 20 Personen erreicht sein (vgl. auch Herzog SK § 306 b 4). Zu der numerisch etwas höheren Mindestzahl bei §§ 330 II 1, 330 a I s. § 330 RN 9 a. **13 a**

3. Bei der Sachgefahr muß fremdes Eigentum von bedeutendem Wert gefährdet sein. **14**

a) Maßgeblich ist der **wirtschaftliche** (finanzielle) **Wert,** nicht die funktionale Bedeutung der Sache für den einzelnen oder die Allgemeinheit (vgl. KG VRS **13** 43, **14** 123, Bremen DAR **59**, 191, NJW **62**, 1408, Celle VRS **17** 350, Hamm VRS **18** 438, **27** 26, Saarbrücken VRS **24** 282, Bay DAR **69**, 216). Auf den (immateriellen) ökologischen Wert kommt es allein im Rahmen der §§ 324 ff. an; vgl. näher Rengier Spendel-FS 568 ff., § 324 a RN 12, § 325 RN 16, § 328 RN 20. Die bisherige Rspr. hat sich nur dazu geäußert, welche Sachwerte noch als unbedeutend anzusehen sind. Als unbedeutender Sachwert ist zB eine Straßenlaterne angesehen worden (KG JR **56**, 73, m. krit. Anm. Kohlhaas, Celle JR **58**, 228) oder eine Sache mit einem Wert von 450 DM (vgl. Hamm DAR **64**, 25, VRS **32** 451, NJW **67**, 1332, Bay DAR/R **68**, 226), von knapp 600 DM (Hamm VRS **27** 26, **36** 421, **43** 179) oder nicht über 1000 DM (Celle StVE **Nr. 1** zu § 315 c StGB, Schleswig SchlHA **92**, 144). Nach Schleswig VRS **54** 35 und Köln NStZ/J **85**, 257 (vgl. auch Bay NStZ/J **88**, 264, NStZ/J **90**, 582) ist die Grenze bei 1200 DM anzusiedeln, nach Bay NJW **98**, 1966 genügen 1400 DM (veranschlagte Reparaturkosten für Kotflügel) nicht; zutreffend dürfte heute von einem Wert i. H. v. 1500 DM ausgegangen werden (ähnlich Horn SK 11), wobei es sich aber um keine feststehende Grenze handelt. Auch einen fahrbereiten Pkw kann man nicht stets als bedeutenden Sachwert anerkennen; zB nicht, wenn es sich um ein uraltes Fahrzeug handelt (Hamm NJW **60**, 880 gegen KG **15**

VRS **12** 359). Für die Wertbestimmung sind nicht die Reparaturkosten, sondern der Verkehrswert der Sache maßgebend (KG VRS **14** 123, Schleswig SchlHA **92**, 144; and. M-Schroeder II 9, Rengier Spendel-FS 564, die für fremde Sachen, die keinen Verkehrswert haben – weil sie wirtschaftlich wertlos sind und/oder für sie kein Marktpreis existiert –, deren Beeinträchtigung aber zu einem wirtschaftlichen Schaden führt, die Höhe der Wiederherstellungskosten für maßgeblich halten). Ein Leichnam ist kein Sachwert (Celle NJW **60**, 2017).

16 b) Erforderlich ist die **Gefahr eines bedeutenden Sachschadens.** Dagegen reicht es nicht aus, wenn objektiv bedeutenden Sachwerten nur eine geringe Gefahr droht (Celle DAR **59**, 191, **55**, 94, Zweibrücken DB **66**, 1728, Köln VRS **13** 288, KG VRS **13** 44, Schleswig DAR **61**, 311, Hamm VRS **40** 191, Koblenz DAR **73**, 48, Horn SK 11). Werden mehrere Sachen gefährdet, so ist deren Wert bei der Feststellung der bedeutenden Sachgefahr zusammenzurechnen (vgl. Schroeder GA **64**, 230).

17 c) Ist durch die Tat ein Schaden eingetreten, so ist dieser nicht alleiniger **Maßstab für** den **Umfang der Gefahr;** diese kann also durchaus größer gewesen sein (BGH VRS **45** 38, Saarbrücken DAR **60**, 53, Bay DAR/R **68**, 226, Hamm VRS **39** 201, Koblenz StVE **Nr.** 5 zu § 315 c StGB; bedenklich Bremen DAR **59**, 192). Steht dagegen fest, daß im konkreten Fall jeder denkbare Schaden eingetreten ist, so ist dieser für die Bemessung des Umfangs der Gefahr maßgeblich. Umgekehrt kann die Gefahr nicht kleiner gewesen sein als die eingetretene Schaden (Karlsruhe DAR **62**, 301, Hamm VRS **34** 445).

18 d) Die gefährdeten Sachen müssen in **fremdem Eigentum** stehen. Maßgeblich sind die zivilrechtlichen Eigentumsverhältnisse (so auch Rüth LK § 315 b RN 8). Die Gefährdung im Miteigentum des Täters oder Teilnehmers stehender Sachen genügt, sofern der Miteigentumsanteil des anderen einen Sachwert darstellt. Die Gefährdung eigener Sachen, deren Vernichtung gegen das Gemeinwohl verstößt, reicht nicht mehr aus.

18 a 4. Als Qualifikationsmerkmal hat das 6. StrRG die Verursachung einer schweren Gesundheitsschädigung eines anderen Menschen erbracht (§§ 306 b I, 308 II, 309 III, 312 III, 315 III Nr. 2, 318 III, dazu § 225 RN 21) sowie den Eintritt einer Gesundheitsschädigung einer großen Zahl von Menschen (o. 13 a).

19 V. Soweit das Gesetz weiterhin den Begriff der **Gemeingefahr** verwendet (o. 7), kann zweifelhaft sein, was es darunter verstanden wissen will. Nach Aufhebung des § 315 III aF wird man auf die dort gegebene Definition nicht zurückgreifen können, sondern die Auslegung an dem Zweck der jeweiligen Strafvorschriften orientieren müssen. Entsprechend dem natürlichen Wortsinn des Begriffes und seiner dogmengeschichtlichen Bedeutung läßt sich Gemeingefahr allgemein als die Gefahr der Schädigung einer unbestimmten Vielzahl individuell unbestimmter wichtiger Rechtsgüter bzw. Rechtsgutsträger, typischerweise einer unbestimmten Anzahl von Menschenleben oder erheblicher Sachwerte, definieren (vgl. BGH **43** 351, Radtke aaO 10 u. aaO Gemeingefährlichkeit 10, DSNS-Stein 78). Je nach ratio der jeweiligen Vorschrift und der Akzentuierung auf Handlung (zB § 211), Zustand (zB § 314) oder Erfolg (zB § 323 c) können sich Differenzierungen ergeben.

20 VI. 1. Bei den **Brandstiftungsdelikten** wurden die früheren §§ 306–310 aF als „unübersichtlich, uneinheitlich, teilweise systemwidrig, insgesamt als nicht mehr zeitgemäß" angesehen (BT-Drs. 13/8587 S. 26) und deshalb durch das 6. StrRG reformiert (§§ 306–306 f). Der zunächst vorgelegte RefE v. 15. 7. 1996 lehnte sich an Reformvorhaben aus den Jahren 1960 und 1962 an, bspw. durch Schaffung eines konkreten Gefährdungsdelikts an Stelle von § 306 aF wich er deutlich vom früher geltenden Recht ab (eingeh. Radtke ZStW 110, 850). Der Regierungsentwurf v. 14. 3. 1997 (BR-Drs. 164/97) rückte aufgrund heftiger Kritik (Freund ZStW 109, 470 f.) insbes. von der Regelbeispieltechnik wieder ab (zu weit. Radtke aaO Gemeingefährlichkeit 8 ff.), das einheitliche konkrete Gefährdungsdelikt wurde erst nach Einwänden des Bundesrates (BT-Drs. 13/8587 S. 69 f.) aufgegeben. Eine andere Konzeption, näher am bisherigen Recht, brachte der Gegenäußerung der Bundesregierung v. 25. 9. 1997 (BT-Drs. 13/8587 S. 86 ff.). Neben einer neuen Systematisierung findet sich die Abkehr vom bisherigen Recht insb. in der Aufgabe des Eignungsdelikts § 308 I 2. Alt. aF zugunsten des konkreten Gefährdungsdelikts § 306 a II, in der Erweiterung der Tathandlungen um die Zerstörung des Tatobjekts infolge Brandlegung (wodurch dem Wandel der Beschaffenheit der beim Bauen verwendeten Materialien Rechnung getragen werden soll, nämlich der zunehmenden Verwendung von feuerbeständigen Baustoffen, BT-Drs. 13/8587 S. 26), in der Anpassung der Bezeichnung der Tatobjekte an den aktuellen Sprachgebrauch, aber auch in deren Erweiterung, schließlich in erheblichen Umgestaltungen der Qualifikationen sowie in der Ausrichtung der tätigen Reue (§ 306 e) an der subjektiven Tätersicht. Eine nicht nachvollziehbare Hektik des Gesetzgebungsverfahrens und eine völlig unzureichende Beteiligung der Wissenschaft hat eine Vielzahl von Unklarheiten und Wertungswidersprüchen hervorgerufen (s. bei der Einzelkommentierung), so daß das o. g. Reformziel nicht erreicht wurde.

21 2. Die Brandstiftungstatbestände dienen dem Schutz von Leben, Gesundheit und Eigentum mit unterschiedlicher Schutzintensität. **Systematisch** ist die „einfache" Brandstiftung § 306 (§ 308 aF) als atypischer Spezialfall einer besonders qualifizierten Sachbeschädigung ausgestaltet (s. § 306 RN 1). § 306 a (§ 306 aF) enthält als schwere Brandstiftung in Abs. 1 ein abstraktes Gefährdungsdelikt, das teilweise Grunddelikt für die Qualifikationen etc. der §§ 306 b u. 306 c ist, und in Abs. 2 ein

Brandstiftung   1–3 § 306

konkretes Gefährdungsdelikt, auf dem § 306 b II aufbauen kann. Die §§ 306 b (Besonders schwere Brandstiftung, § 307 aF) und 306 c (Brandstiftung mit Todesfolge) knüpfen an unterschiedliche Erschwerungskriterien an, wobei es sich bei §§ 306 b Abs. 1, 306 c um eine Erfolgsqualifikation handelt (s. unten § 306 b RN 1, § 306 c RN 1), die im Unterschied zum früheren Recht wenigstens leichtfertige Verursachung voraussetzt. § 306 d (§ 309 aF) eröffnet neben der Fahrlässigkeitsstrafbarkeit für den Spezialfall der Sachbeschädigung (§ 306) u. a. die Möglichkeit von Vorsatz-Fahrlässigkeits- und Fahrlässigkeits-Kombinationen. Das Herbeiführen einer Brandgefahr (§ 306 f, § 310 a aF) hat der Gesetzgeber an die Neugestaltung der §§ 306 I, 306 a II angepaßt.

§ 306 Brandstiftung

(1) **Wer fremde**
1. **Gebäude oder Hütten,**
2. **Betriebsstätten oder technische Einrichtungen, namentlich Maschinen,**
3. **Warenlager oder -vorräte,**
4. **Kraftfahrzeuge, Schienen-, Luft- oder Wasserfahrzeuge,**
5. **Wälder, Heiden oder Moore oder**
6. **land-, ernährungs- oder forstwirtschaftliche Anlagen oder Erzeugnisse**

in Brand setzt oder durch eine Brandlegung ganz oder teilweise zerstört, wird mit Freiheitsstrafe von einem Jahr bis zu zehn Jahren betraft.

(2) **In minder schweren Fällen ist die Strafe Freiheitsstrafe von sechs Monaten bis zu fünf Jahren.**

Schrifttum: Cantzler, Die Neufassung der Brandstiftungsdelikte, JA 99, 474. – *Freund,* Der Entwurf eines 6. Gesetzes zur Reform des Strafrechts, ZStW 109, 455. – *Geppert,* Zur „einfachen" Brandstiftung (§ 308 StGB), Schmitt-FS 187. – *ders.,* Die Brandstiftungsdelikte nach dem 6. StrRG, Jura 98, 597. – *Lesch,* Das 6. Gesetz zur Reform d. Strafrechts, JA 98, 474. – *Rengier,* Die Brandstiftungsdelikte nach dem 6. Gesetz zur Reform des Strafrechts, JuS 98, 397. – *Sanden/Hohmann,* 6. Gesetz zur Reform d. Strafrechts, NStZ 98, 273. – *Schroeder,* Techn. Fehler beim neuen Brandstiftungsrecht, GA 98, 571. – *Wolters,* Die Neuregelung der Brandstiftungsdelikte, JR 98, 271. Vgl. auch Schrifttum vor § 306 u. § 306 a.

Vorbem.: § 306 (§ 308 aF) geänd. durch 6. StrRG v. 26. 1. 1998, BGBl. I 164.

I. Die Vorschrift der **einfachen Brandstiftung** ersetzt den antiquierten und widersprüchlichen 1
§ 308 I 1. Alt. aF (dazu 25. A., vgl. BT-Drs. 13/8587 S. 26, DSNS-Stein 90 ff., Geppert Jura 98, 598 u. bereits Schmitt-FS 204). Umstritten ist die *Schutzrichtung,* die für die Bedeutung einer Einwilligung und eine sinnvolle Auslegung maßgebend ist. Gelegentlich wird der Unrechtsgehalt in einer Kombination von Eigentumsverletzung und abstrakter Gemeingefährlichkeit gesehen (Radtke ZStW 110, 857, 861, vgl. auch Tröndle/Fischer 11, aber auch 1, 12, ferner bereits Kratzsch JuS 94, 372). Auch nach der Entwurfsbegründung sollen die Tatobjekte die Gemeingefährlichkeit konkretisieren (BT-Drs. 13/8587 S. 87; krit. Schroeder GA 98, 571, Stein aaO 94, W-Hettinger 956). Zwar ließe sich so die hohe Strafdrohung erklären. Auch wäre mit Blick auf die geringe Unrechtsqualifizierungskraft bestimmter Tatobjekte (s. u. RN 7) ein Weg zur gebotenen restriktiven Interpretation eröffnet, etwa wenn im Einzelfall die vorausgesetzte typische Gemeingefährlichkeit fehlt. Auf der anderen Seite könnte bei einem Kombinationsdelikt eine Einwilligung entgegen Radtke aaO schwerlich zur Straffreistellung führen. Denn das verbleibende Unrecht der Gemeingefahr würde jedenfalls von § 306 II erfaßt. Vor allem wird nicht erklärt, weshalb eine Gemeingefahr nur bei gleichzeitiger Verletzung gerade fremden Eigentums strafbar sein soll. Soweit potentielle Auswirkungen auf eine unbestimmte Vielzahl von Menschen verlangt werden, wäre jedenfalls der Sachbeschädigungscharakter der Vorschrift verlassen. Deshalb wird von einem **atypischen** (vgl. auch § 306 e) **Spezialfall der Sachbeschädigung** auszugehen sein (vgl. Cantzler JA 99, 474, Geppert Jura 98, 599, Lackner/Kühl 1, Lesch JA 98, 478, M-Schroeder II 14 f., Rengier JuS 98, 397 f., Stein aaO 93, W-Hettinger 956, Wolters JR 98, 271), der eine brandspezifische Gefährlichkeit der Handlung verlangt (vgl. unten 15), bezüglich der Tatobjekte restriktiver Auslegung bzw. teleologischer Reduktion zugänglich ist (vgl. unten 3) und als Eigentumsdelikt prinzipiell zur Disposition der jeweiligen Eigentümers steht.

Das 6. StrRG hat nicht nur die **Tatobjekte** dem heutigen Wirtschaftsleben angepaßt (unten II.), 2
sondern es hat auch die **Tathandlung** des Inbrandsetzens durch die Alternative „Zerstörung durch Brandlegung" ergänzt (unten III.).

II. **Abs. 1** enthält in sechs Nummern einen Katalog der **Tatobjekte,** die teilweise sprachlich 3
modernisiert und teilweise erheblich ausgeweitet wurden (krit. Schroeder GA 98, 571, DSNS-Stein 95). Der Wortlaut der Neufassung ist in manchen Punkten nahezu uferlos (vgl. Schroeder GA 98, 571); mit Blick auf die Schwere der Strafdrohung und die notwendige Unrechtserhöhung beim Schutz des Eigentums (zu dessen Quantifizierbarkeit vgl. § 243 I, II) fallen allgemein nur solche Gegenstände in den Schutzbereich, die jeweils eine größere Menge oder einen nicht unerheblichen Wert verkörpern (vgl. LG Freiburg NStE Nr. 3 zu § 308 aF, Geppert Jura 98, 599, Krey I 382, Lackner/Kühl 2, Rengier BT II 249, Schroeder aaO 572, Stein aaO 95 f.). Für verbleibende Restfälle ist im Hinblick auf das Motiv des Gesetzgebers, mittels den Tatobjekten „Elemente der Gemeingefährlichkeit" zu

Heine 2363

erfassen, ein objektiver Strafausschließungsgrund (o. 130 a vor § 32) mangels fehlendem hinreichend qualifiziertem Strafbedürfnis (Abs. 2!) in Betracht zu ziehen, wenn aufgrund der Gesamtumstände, insbes. dem Tatort bei Nr. 4 und Nr. 6, im Einzelfall ausnahmsweise keinerlei abstrakte Gefährlichkeit zu besorgen ist (vgl. o. 4 f. vor § 306).

4   1. Als Tatobjekte nach **Nr. 1** sind wie bisher erfaßt **Gebäude** (dazu § 243 RN 7, RG **73** 205, BGH **6** 107, MDR/H **77**, 810, Geppert Jura 98, 599) und **Hütten**, d. h. Bauwerke, bei denen Größe, Festigkeit und Dauerhaftigkeit geringer sind als bei Gebäuden, wie zB Wochenendhäuschen oder Marktbuden (vgl. RG **73** 205, OGH **1** 245), für Unterkunft, Büro oder Lager genutzte Container, auf Blöcken stehende Bauwagen (Karlsruhe NStZ **81**, 482), sofern eine hinreichende Erdverbundenheit besteht. Dies ist nicht der Fall etwa bei Wohnwagen auf Rädern (Tröndle/Fischer 3), und auch Buswartehäuschen erfüllen mangels Abgeschlossenheit nicht die Voraussetzungen (vgl. Bay NJW **89**, 2704).

5   2. Anstelle von „Bergwerken" finden sich in **Nr. 2** neu **Betriebsstätten oder technische Einrichtungen, namentlich Maschinen.**

Betriebsstätten sind räumlich-gegenständliche Funktionseinheiten, die, auf längere Dauer angelegt, der Tätigkeit eines Unternehmens dienen (vgl. § 12 AO, Lackner/Kühl 4); der Begriff ist weiter als derjenige des technischen Sicherheitsrechts (vgl. § 325 RN 4) und nicht auf industrielle Produktion oder handwerkliche Tätigkeit beschränkt (Tröndle/Fischer 4; and. DSNS-Stein 96). Zwar bestehen insoweit typischerweise besondere sächliche Risiken. Ausschlaggebend ist aber der qualifizierte Eigentumsschutz (s. o. 1), für den zB bei Warenhäusern nichts anderes gelten kann. Andernfalls wäre zudem eine Abgrenzung zu § 306 f I Nr. 1 schwerlich möglich. Bau- und Montagestellen fehlt dagegen das hinreichende zeitlich-räumliche Kontinuum (vgl. Tröndle/Fischer 4). Auch soweit die gewerbliche Tätigkeit aufgegeben wurde, ist für Nr. 2 kein Raum, leerstehende Fabrikationshallen sind daher nicht einschlägig. *Technische Einrichtungen* sind dagegen nicht bloß ortsfeste Anlagen (so aber Stein aaO 96), sondern auch ortsveränderliche technische Hilfsmittel, die auf tatsächliche betriebliche Verwendung angelegt sind (der Betriebsbezug ergibt sich aus dem Sinnzusammenhang von Nr. 2, 3 u. 6) und im Funktionszusammenhang mit der Unternehmung eine nicht bloß untergeordnete Bedeutung haben (vgl. Tröndle/Fischer 5, ferner Herzog NK 6), weshalb Schreibmaschinen, einzelne Computer oder Telefone nicht erfaßt sind (and. Schroeder GA 98, 571, Tröndle/Fischer 5), sehr wohl aber etwa mobile Pumpanlagen. Beispielhaft nennt Nr. 2 *Maschinen.* In Frage kommen sowohl produktionsbezogene als auch organisationsbezogene technische Einrichtungen, wie bspw. Produktionsmaschinen, Planierraupen (vgl. § 325 RN 4), aber auch Computer- und Kommunikationsanlagen.

6   3. Nr. 3 schützt **Warenlager** und **Warenvorräte.** Der Begriff des *Warenlagers,* d. h. eine dauernde Einrichtung mit der Bestimmung, größere Mengen von Sachen, die dem gewerblichen Umsatz dienen (*Warenvorräte,* vgl. RG **62** 28), zu speichern, um sie im Bedarfsfall in Bereitschaft zu haben (vgl. RG **13** 407, Braunschweig NdsRPfl. **63**, 138) entspricht dem des „Magazins" in § 308 I aF. Geschützt ist die Einrichtung als solche, ungeachtet, ob zur Tatzeit Waren gelagert werden, wie sich aus einem Vergleich mit dem zweitgenannten Tatobjekt ergibt. Erfaßt sind nunmehr auch Tankbehälter für chemische Produkte (Tröndle/Fischer 6; and. BGH **41** 221 zu § 308 aF, Lackner/Kühl 2), nicht aber mobile Lagermöglichkeiten in Containern für sog. Just-in-Time-Produktion.

7   4. Bei der neuen **Nr. 4,** die umfassend Fahrzeuge nennt, droht Uferlosigkeit (vgl. DSNS-Stein 96). Hier sind in besonderem Maße die o. RN 3 genannten Restriktionsmöglichkeiten gefragt. Zum Begriff des **Kraftfahrzeugs** s. § 248 IV, weitergehend als dort sind auch an Schienen gebundene Fahrzeuge erfaßt. Wegen des Erfordernisses eines Antriebs durch Maschinenkraft entfallen Fahrräder, Strandsegler u. ä. Ohne solche Begrenzung müssen **Schienen-, Luft- und Wasserfahrzeuge** (vgl. § 315 RN 2 ff.) auskommen, wobei die Wortlautänderung von Schiffen (§ 308 aF) zu Wasserfahrzeugen andeutet, daß der Gesetzgeber einen umfassenderen Schutz beabsichtigte. Grundsätzlich erfaßt werden daher als **Luftfahrzeuge** (vgl. § 1 II LuftVG, § 109 g RN 19) etwa Freiballone, Deltasegler und Gleitschirme, nicht aber Spielzeugdrachen und Modellflieger. Aus dem Gesamtzusammenhang der Nr. 4 ist abzuleiten, daß Fahrzeuge die Eignung zum Personentransport vorauszusetzen ist; vgl. auch Meyer in Erbs/Kohlhaas Bd. 3 § 1 LuftVG Anm. 3 c). Als **Wasserfahrzeug** kommt entsprechend jedes Personentransportmittel in Betracht, wie Boote, Flöße, Schlauchboote, Surfboards (and. Tröndle/Fischer 7), nicht aber Modellschiffe oder Schwimmhilfen. Mit Blick auf das notwendig erhöhte Unrecht sind allemal (auch für Abs. 2) Wertgesichtspunkte zu berücksichtigen, wobei sich nach Rengier (BT II 249) der Wert nach § 315 c (vgl. o. 15 vor § 306) bemessen soll. Jedenfalls kommt ein objektiver Strafausschließungsgrund über die Qualifikation in Betracht, wenn ein erhöhtes Strafbedürfnis deshalb fehlt, weil etwa ein einfaches Schlauchboot unter Ausschluß jeglicher Gemeingefahr, bspw. an einem überschaubaren, menschenleeren Strand, in Brand gesetzt wird (vgl. o. 3).

8   5. Bei Nr. 5 sind zu den **Wäldern Heiden** und **Moore** (die nicht bloß Torfmoore sind) hinzugekommen. *Wald* bemißt sich nicht nach § 2 I BWaldG, sondern wegen des engeren Schutzzwecks des § 306 nach eigenständigen strafrechtlichen Grundsätzen. Als Wald erfaßt ist daher das auf einer Bodenfläche wachsende Holz und der Waldboden samt ihn bedeckendem Gras, Moos, Laub und Strauchwerk (BGH **31** 84), sofern es sich um eine umfangreiche, in sich zusammenhängende Grundfläche handelt. Eine Mehrzahl einzelner Bäume ist kein Wald, und ebensowenig wird ein Wald in

Brand gesetzt, wenn in einer geräumigen Waldschneise Feuer gelegt wird (BGH aaO [Versuch]). Für Vollendung muß der Brand Hochstämme oder wenigstens Unterholz so ergriffen haben, daß das Feuer sich ohne weiteres Zutun fortzuentwickeln vermag (Bay **93** 106). *Heide* ist eine umfangreiche Grundfläche mit Pflanzengesellschaft von überwiegend niedriger Vegetation bei Dominanz von Heidekraut (volkstümlich Erika). Mit den *Mooren* sind nicht bloß die eigentlichen Torfmoore erfaßt, sondern auch die in Süddeutschland so bezeichneten Riede, auch hier muß es sich um eine größere, zusammenhängende Grundfläche handeln. Ausreichend ist die Inbrandsetzung eines teilweise mit Heidekraut bewachsenen Stückes Moorland (RG HRR **39** Nr. 474).

6. Gegenstände der Tat können ferner **land-, ernährungs- oder forstwirtschaftliche Anlagen oder Erzeugnisse** sein. Die Neufassung hat eine erhebliche Ausweitung zur Folge, auch ist die Abgrenzung zu anderen, zuvor aufgezählten Tatobjekten schwierig. Der Begriff der *Anlage* bezeichnet sachliche Funktionseinheiten nicht bloß unerheblichen Ausmaßes, die der Erzeugung und Verarbeitung von Produkten der genannten Wirtschaftszweige dienen (vgl. Tröndle/Fischer 9); er ist weiter als der Begriff der Betriebsstätte bzw. der technischen Einrichtung (o. 5); der unterschiedliche Wortlaut legt es nahe, auch bloße Produktionsflächen einzubeziehen (Tröndle/Fischer 9; and. Herzog NK 17). Die Abgrenzung zu anderen spezifizierten Tatobjekten hat primär über die besondere Zweckbestimmung zu erfolgen. Als *landwirtschaftliche* A. kommen neben betrieblichen Einrichtungen, wie zB Gewächshäusern, Silos, auch Produktionsflächen, wie zB bestellte Felder, in Betracht. *Ernährungswirtschaftliche* A. sind insb. solche der Tierproduktion, mithin neben Stallungen auch Koppeln und Weiden, nicht aber verarbeitende Betriebe wie Molkereien (extensiver Tröndle/Fischer 9). *Forstwirtschaftliche* A. sind Schonungen und Aufforstungsflächen sowie Holzlagerstätten, nicht aber A. der weiterverarbeitenden Produktion, wie zB Sägewerke (Tröndle/Fischer 9).

Entsprechendes gilt für die **Erzeugnisse** der bezeichneten Wirtschaftsbranchen. Erzeugnisse sind Sachen, deren unmittelbarer Produktionsprozeß beendet ist (vgl. auch § 4 ErnährungssicherstellungsG), die aber nicht schon weiterverarbeitet wurden (vgl. RG **39** 22). Letzteres Begrenzungserfordernis ergibt sich aus der ratio, besonders schutzwürdige und -bedürftige, weil typischerweise geringer sicherbare, (Eigentums-) Gegenstände zu erfassen. Andernfalls wären Sachen ad infinitum erfaßt, denn welcher Nutzungsgegenstand hat seinen Ursprung nicht in der Urproduktion (Möbel, Lebensmittel [and. aber Herzog NK 20, DSNS-Stein 97])? Deshalb wird, ungeachtet der notwendigen Wertgrenze (o. 3), eine Packung Cornflakes oder Müsli von vornherein nicht erfaßt (and. Rengier BT II 249, Schroeder GA 48, 571). In Frage kommen bspw. Getreide, Feldfrüchte nach der Ernte, gefällte Bäume oder Grundstoffe für Lebensmittel.

7. Diese Tatgegenstände müssen für den Täter **fremd** sein, d. h. zumindest im Miteigentum einer anderen Person stehen; vgl. dazu näher § 242 RN 12 ff. Die Tat ist ein atypischer Spezialfall einer Sachbeschädigung, sie ist daher prinzipiell **einwilligungsfähig** (o. 1, zweif. W-Hettinger 956; zu § 308 aF vgl. BGH wistra **86**, 173, MDR/H **89**, 493). Herrenlose Tatobjekte unterfallen nicht § 306.

III. Abs. 1 umschreibt zwei alternative Teilhandlungen:

1. Ein **Inbrandsetzen** ist das selbsttätige, vom verwendeten Zündstoff unabhängige Brennen eines funktionswesentlichen Teiles des jeweiligen Tatobjekts; dieser „Erfolg" (vgl. 130 vor § 13) liegt vor, wenn einer der genannten Gegenstände derart vom Feuer ergriffen ist, daß er auch nach Entfernung oder Erlöschen des Zündstoffs **selbständig weiterbrennen kann** (RG **71** 194, BGH **7** 37, **18** 363 m. Anm. Schmidt JZ 64, 189, **36** 222, BGH StV **88**, 66, NStE **Nr. 3,** NJW **89**, 2900). Es müssen Teile erfaßt sein, die für den bestimmungsgemäßen Gebrauch des Objekts von wesentlicher Bedeutung sind (bei Gebäuden BGH **18** 365, NStZ **81**, 220, **82**, 201, **84**, 74, StV **88**, 66, Bay NJW **99**, 3570). Entscheidend ist also nicht der Ort des Brandes, sondern was in Brand geraten ist (BGH NStZ **91**, 433). Das Anzünden des Zündstoffs allein genügt nicht, bei Gebäuden weiter auch nicht das Ankohlen einzelner Türpfosten oder Dielen (RG **64** 273), das Brennen von Tapete (BGH NStZ **81**, 220) bzw. Fußbodensockelleiste (BGH NStZ **94**, 130) oder das Brennen einer Deckenverkleidung, soweit sie nicht als Bestandteil der Decke angesehen werden und dafür nicht entfernt werden kann, ohne daß hierdurch das Bauwerk selbst beeinträchtigt wird (BGH StV **90**, 548). Dies gilt auch für Einrichtungsgegenstände, selbst wenn sie durch Nägel mit der Wand verbunden sind (BGH **16** 190, Braunschweig NdsRpfl. **63**, 138), ebenso für eine eingebaute, nicht aber in den Boden vermauerte Theke (BGH NStE **Nr. 3;** and. für einen fest eingemauerten Beichtstuhl in einer Kirche BGH NStE § 310 **Nr. 1**). Es genügt aber das selbständige Brennen des Fußbodens in einem Zimmer (Hamburg NJW **53**, 117); auch der mit dem Fußboden festverbundene Teppich (vgl. BGH StV **88**, 530, BGHR Inbrandsetzen **7**), oder das Brennen der Wohnungstür (BGHZ **7** 37), sofern nicht nur der Türlack betroffen ist (BGHR Inbrandsetzen **5**). Ein Brennen in heller Flamme ist nicht erforderlich; es genügt eine ohne Flammenbildung durch Glimmen entstandene Fortpflanzung des Feuers (RG **25** 329), bloße „Verbrennungen" reichen dagegen nicht aus (BGH NStZ-RR **97**, 193).

Ein Inbrandsetzen ist nicht ausgeschlossen, wenn das **Tatobjekt bereits** brennt (vgl. OGH JR **50**, 404, Hamm NJW **60**, 1874 m. Anm. Stratenwerth JZ 61, 95, M-Schroeder 15). Umstritten ist, unter welchen Voraussetzungen eine **Intensivierung** des Brandes strafbar ist, also wenn der Betreffende zB Öl in das Feuer gießt (für Täterschaft OGH JR **50**, 404; and. Hamm NJW **60**, 1874 [Beihilfe]) oder „Durchzug macht". Voraussetzung für (volle) Strafbarkeit eines „Zweittäters" ist zunächst, daß das Tatobjekt seine Funktion aufgrund der ersten Inbrandsetzung nicht verloren hat, also zB (bei § 306 a) die Räumlichkeit noch tatsächlichen Wohnzwecken dient. Andernfalls fehlt es an einem tauglichen

Handlungsobjekt, so daß nur Versuchsstrafbarkeit in Frage kommt (vgl. Klussmann MDR 74, 187). Weiter verlangt „Inbrandsetzen" einen Initiativvorgang, d. h. die selbständige (Mit-)Schaffung des verbotenen Zustandes (vgl. Geppert Jura 89, 423). Dies erfordert die Anlegung eine neuen Brandherdes, die bloße Verstärkung des Feuers an einem inbrandgesetzten Tatobjekt (Tatvollendung) kann allenfalls als (sukzessive) Beihilfe erfaßt werden (vgl. Bay NJW **59**, 1885, Hamm aaO, Geppert Jura 98, 601, M-Schroeder II 15, Radtke aaO 205 f., Rengier JuS 98, 398; and. Lackner/Kühl 3, Roxin LK § 27 RN 37, Rudolphi Jescheck-FS 561, Wolff LK § 306 aF 2, 25. A. § 306 RN 13).

15   2. Neu eingeführt ist die umfassendere Tatbestandsalternative der **ganz oder teilweisen Zerstörung** eines Tatobjekts **durch eine Brandlegung**. Es geht darum, auch jene Personen- oder Sachschäden bzw. -gefahren zu erfassen (vgl. insbes. § 306 a), die bspw. wegen der heute üblichen Verwendung feuerresistenter Materialien in Gebäuden nicht auf eine vollendete oder versuchte Inbrandsetzung zurückgeführt werden können, sondern auf anderen Umständen beruhen (BT-Drs. 13/7164 S. 26, 13/8587 S. 26, Radtke aaO 207). Entsprechend sollen nicht erst die direkten Wirkungen am Tatobjekt erfaßt werden, und weitergehend als bei § 166 öStGB aF (dazu Triffterer, öster StGB-Kommentar Bd III § 169 RN 1 mwN) soll nicht notwendige Voraussetzung sein, daß jedenfalls irgendein Gegenstand Feuer gefangen hat oder infolge thermischer Einwirkung explodiert ist, selbst wenn das Tatobjekt noch nicht einmal in Brand gesetzt ist (and. Tröndle/Fischer 15). Vielmehr genügt, daß der Zündstoff als solcher explodiert (BT-Drs. 13/8587 S. 26, 69, vgl. auch BT-Drs. 13/9064 S. 22, Geppert Jura 98, 599, Lackner/Kühl 4, Radtke aaO 212 u. DSNS-Stein 84 f.; and M-Schroeder II 15). Zur Explosion s. § 308 RN 3. Maßgebend ist daher die *brandspezifische Gefährlichkeit der Handlung* für die geschützten Rechtsgüter, nicht unbedingt das Tatmittel Feuer (so aber Stein aaO 87; zu weit aber Radtke aaO 212 [jede, das Verursachen eines Brandes intendierende Handlung], zust. Lackner/Kühl 4; mE Überschreiten der Wortlautgrenze). Als Brandlegungshandlung kommen deshalb in Betracht sämtliche Handlungen, bei denen Feuer gelegt wird, sei es am Tatobjekt oder an einem anderen Gegenstand, insbes. gefährliche Handlungen mit mittelbaren Wirkungen, wie die Explosion des Brandstoffes (vgl. Geppert Jura 98, 599, Rengier JuS 98, 398, Sanden/Hohmann NStZ 98, 278, Tröndle/Fischer 15, Wolters JR 98, 271), Verpuffungen, bis hin zu Handlungen mit spezifischem Brandlegungsbezug, wie uU das Betätigen eines Feuerzeugs, nicht aber objektiv untaugliche Handlungen trotz entsprechender Intention.

16   Für vollendete Brandlegung ist erforderlich, daß ein Erfolg (vgl. 130 vor § 13) iSe mindestens **teilweisen Zerstörung** des Tatobjekts eintritt. Zum Erfordernis des Zerstörens s. § 303 RN 11. Für das *teilweise* Zerstören ist die jeweils tatbestandlich geschützte Funktion des Tatobjekts maßgebend. Teilweise zerstört ist ein Tatobjekt, wenn Teile, die für dessen bestimmungsgemäßen Gebrauch wesentlich (o. 13) sind, unbrauchbar geworden sind oder eine wesentliche Zweckbestimmung des Gesamtobjekts aufgehoben ist (vgl. Radtke ZStW 110, 871, Rengier BT II 250 f.). Dies ist etwa der Fall, wenn der Motor eines PKWs ausgebrannt ist, nicht aber, wenn in einem Gebäude lediglich eine Scheibe zerborsten und eine Außenleitung angeschmort ist (Bay NJW **99**, 3570 zu § 306 a II).

17   Die mindestens teilweise Zerstörung des Tatobjekts muß **kausal** auf die Brandlegungshandlung zurückzuführen und sie muß auch **objektiv zurechenbar** sein. Erfaßt sind alle Erfolge, in denen sich die durch die Brandlegungshandlung geschaffene rechtlich relevante Gefahr realisiert (vgl. o. 92 ff. vor § 13). Dies ist eindeutig der Fall, wo infolge des gelegten Feuers durch Entwicklung von Rauch, Ruß, Gas, Hitze oder die Freisetzung von Chemikalien hinreichende Schäden an den geschützten Gegenständen eintreten (BT-Drs. 13/8587 S. 26, DSNS-Stein 87, Geppert Jura 98, 599, Rengier JuS 98, 398, Sanden/Hohmann NStZ 98, 278, Wolters JR 98, 271). Der erforderliche Gefahrrealisierungszusammenhang liegt uU auch vor bei Schädigungen, die erst durch Löschmittel eintreten, so etwa wenn Computer- oder Telefonanlagen (o. 5) durch Wasser aus Sprinkleranlagen zerstört werden (Tröndle/Fischer 15; and. Krey I 375, M-Schroeder II 15), *und* dieser Erfolg auf der Brandgefährlichkeit der Handlung beruht, zB infolge einer brennenden Inneneinrichtung ohne teilweise Zerstörung des Tatobjekts, oder die automatische Löscheinrichtung durch Verpuffungseffekte bei Entzünden des Brandstoffes ausgelöst wird. Demgegenüber fehlt ein hinreichender *brand*spezifischer Bezug, wenn etwa der Sensor der Sprinkleranlage bloß mittels Feuerzeug durch Erhitzung ausgelöst wird (Verwirklichung einfacher Sachbeschädigungsunrechts).

18   3. Auch durch **Unterlassen** ist Brandstiftung möglich, wenn die allgemeinen Voraussetzungen des § 13 erfüllt sind (eingeh. dazu Radtke aaO 406 ff.). Bei der Tatalternative Inbrandsetzen ist zu beachten, daß Strafbarkeit nur unter der Voraussetzung eintritt, daß das Unterlassen eine selbständige (Mit-)Schaffung des verbotenen Zustands hervorruft (o. 11), sofern ein Inbrandsetzen bereits bewirkt worden ist (vgl. Geppert Jura 89, 422 f., Radtke aaO 407, Rengier BT II 250, M-Schroeder II 16; and. BGHR Inbrandsetzen **7** [krit. Geppert Jura 89, 423], Lackner/Kühl 3). Aus der Rspr. vgl. zu Rechtspflichten zur Erfolgsabwendung OGH **1** 316 (Mitglied der freiwilligen Feuerwehr), RG **64** 277 (aus Feuerversicherungsvertrag, zust. Herzog NK 26; dagegen § 13 RN 43, Geppert Jura 89, 423); RG **60** 77 (Ingerenz infolge durch Rauchen in einer Scheune bewirkten Glimmens).

19   VI. Für den **subjektiven Tatbestand** ist Vorsatz erforderlich. Dieser muß neben den Tatobjekten der Nr. 1–6 das Inbrandsetzen oder das Zerstören durch Brandlegung umfassen. Ferner muß der Täter wissen, daß der Gegenstand fremdes Eigentum ist. Am Vorsatz fehlt es etwa, wenn der Täter nur „im Keller lagerndes Gerümpel anzünden will, um von seinem späten Nachhausekommen abzulenken" (BGH NStE **10**). Zur fahrlässigen Brandstiftung § 306 d I.

VII. Ein **Versuch** liegt vor, wenn eine Handlung vorgenommen wird, die nach dem Plan des 20
Täters unmittelbar zum Inbrandsetzen oder der (ganz oder teilweisen) Zerstörung durch Brandlegung
ansetzt. Dies kann der Fall sein bei Ausgießen von Benzin (OGH 2 348), bei Inbrandsetzen von
Inventar (RG **64** 273, BGH NJW **85**, 813), sofern nicht wesentliche Bestandteile des Tatobjekts in
Brand geraten sind (Vollendung, o. 13).

VIII. Mittäterschaft ist nach der Rspr. schon dadurch möglich, daß der Eigentümer dem Brand- 21
stifter gegenüber sein Einverständnis mit der Brandstiftung stillschweigend durchblicken läßt (vgl. RG
JW **35**, 945, vgl. aber BGH StV **94**, 241). Mittelbare Täterschaft liegt bei Selbstzündungsanlagen vor,
die durch Berührung Dritter ausgelöst werden (RG **66** 141). Da das Delikt erst mit der vollständigen
Zerstörung des Gebäudes oder dem Erlöschen des Feuers beendet ist, ist Teilnahme bis zu diesem
Zeitpunkt möglich (vgl. Hamm NJW **60**, 1874, vgl. § 27 RN 17, zur sukzessiven Mittäterschaft § 25
RN 91).

IX. Zum minder schweren Fall (**Abs. 2**), vgl. BGH GA **84**, 374, StV **88**, 472, MDR/H **88**, 101, 22
48 vor § 38. Bei der Zumessung kommt es maßgebend auf den Wert und die Quantität des Tatgegenstandes an (o. 3), ebenso wie auf das Ausmaß seiner Gefährdung und die Gefährlichkeit der Tathandlung. Maßnahmen zum Ausschluß jeglicher abstrakten Gefährdung wirken strafmildernd, bei
absoluter Ungefährlichkeit im Einzelfall kann ausnahmsweise das Strafbedürfnis fehlen (o. 3).

X. Über **tätige Reue** s. § 306 e; über die Zulässigkeit von **Führungsaufsicht** s. § 321. Zur 23
Anzeigepflicht vgl. § 138 I Nr. 9. Zur **Einziehung** s. § 322.

XI. Im **Verhältnis** zu §§ 303, 305 ist § 306 lex specialis, Tateinheit zu § 303 ist möglich, wenn 24
Sachen im Innern eines Gebäudes usw. vernichtet werden (RG JW **35**, 2372). Mit § 304 und § 305 a
dürfte Tateinheit mit I Nr. 1 bzw. Nr. 2 vorliegen (Tröndle/Fischer 19). Mit § 265 ist Tateinheit
möglich, mit § 263 III Nr. 5 dagegen idR Tatmehrheit (Tröndle/Fischer 19). Zwischen § 306 und
§§ 306 a I u. II ist Idealkonkurrenz möglich (Tröndle/Fischer 20; and. Lackner/Kühl 6). Zu § 306 b I
und § 306 c vgl. § 306 d RN 1.

§ 306 a Schwere Brandstiftung

(1) Mit Freiheitsstrafe nicht unter einem Jahr wird bestraft, wer
1. ein Gebäude, ein Schiff, eine Hütte oder eine andere Räumlichkeit, die der Wohnung von Menschen dient,
2. eine Kirche oder ein anderes der Religionsausübung dienendes Gebäude oder
3. eine Räumlichkeit, die zeitweise dem Aufenthalt von Menschen dient, zu einer Zeit, in der Menschen sich dort aufzuhalten pflegen,

in Brand setzt oder durch eine Brandlegung ganz oder teilweise zerstört.

(2) Ebenso wird bestraft, wer eine in § 306 Abs. 1 Nr. 1 bis 6 bezeichnete Sache in Brand setzt oder durch eine Brandlegung ganz oder teilweise zerstört und dadurch einen anderen Menschen in die Gefahr einer Gesundheitsschädigung bringt.

(3) In minder schweren Fällen der Absätze 1 und 2 ist die Strafe Freiheitsstrafe von sechs Monaten bis zu fünf Jahren.

Vorbem.: § 306 a (§ 306 aF) Abs. 1 sprachlich modifiziert, Abs. 2 und 3 neu eingeführt durch das 6. StrRG v. 26. 1. 1998, BGBl. I 164.

*Schrifttum: Brehm, Die ungefährliche Brandstiftung, JuS 76, 22. – Cramer, St., Gesetzesgeschichtl. Doku-
mentation zu § 307 Nr. 2, Jura 95, 347. – Fischer, Strafrahmenrätsel im 6. StrRG, NStZ 99, 13. – Geppert,
Die schwere Brandstiftung, Jura 89, 417. – ders., Die restlichen Brandstiftungsdelikte, Jura 89, 473. –
Graßberger, Die Brandlegungskriminalität, 1928. – Hörnle, Die wichtigsten Änderungen des BT-StGB durch
das 6. StrRG, Jura 98, 169. – Koriath, Einige Bemerkungen zu § 306 a, JA 99, 298. – Kratzsch, Prinzipien
der Konkretisierung abstrakter Gefährdungsdelikte, JuS 94, 372. – Klussmann, Über das Verhältnis von
fahrlässiger Brandstiftung und nachfolgender vorsätzl. Brandstiftung durch Unterlassen, MDR 74, 187. –
Kratzsch, Zum Erfolgsunrecht der schweren Brandstiftung, JR 87, 360. – Meinert, Die Brandstiftung und ihre
kriminalistische Erforschung, 1950. – Schäfer, Brandstiftung als Wirtschaftsdelikt, 1990. – Schneider, Das
Inbrandsetzen gemischt genutzter Gebäude, Jura 88, 460. – Spöhr, Zum Begriff der Räumlichkeit in § 306
Ziff. 3 StGB, MDR 75, 193. – Zopfs, Zur Ausnutzungsabsicht in § 307 Nr. 2 StGB bei bedingt vorsätzl.
Brandherbeiführung, JuS 95, 686. S. auch vor § 306 u. § 306.*

I. *Grunddelikt* gemeingefährlicher Brandstiftung ist wie bisher die **schwere Brandstiftung**. Sie 1
erfaßt in Abs. 1 die zuvor in § 306 geregelten Sachverhalte, wobei die Tatobjekte sprachlich über-
arbeitet und ergänzt wurden. Der neu aufgenommene Abs. 2 stellt nicht mehr wie § 308 I 2. Alt. aF
auf eine Eignung ab, sondern auf die Herbeiführung einer konkreten Gefahr einer Gesundheitsschädigung. Abs. 2 knüpft an § 306 an und ist zudem Grundtatbestand zu § 306 b. § 306 a I ist wie
bisher keine Qualifikation des § 306, sondern der eigentliche Grundtatbestand. Bei beiden Abs. wurden die Tathandlungen um das „Zerstören durch Brandlegung" erweitert. Geschütztes **Rechtsgut** ist
Leib und Leben von Menschen (hM, eingeh. Radtke aaO 161 ff.; and. M-Schroeder II 17 [Wohnung
als Lebensgrundlage, Nr. 1, bzw. öffentlicher Friede, Nr. 2], zust. Kindhäuser aaO [vor § 306] 295;

§ 306 a 2–4 Bes. Teil. Gemeingefährliche Straftaten

dagegen zutr. Radtke ZStW 110, 868). Abs. 1 ist *abstraktes Gefährdungsdelikt* (u. 2), wobei die abstrakte Gefährlichkeit für das Rechtsgut neben der Gefährlichkeit der Handlung auch an den Eintritt eines Erfolges an den Tatobjekten Nr. 1 bis 3 anknüpft (vgl. 130 vor § 13). Abs. 2 ist *konkretes Gefährdungsdelikt* (u. 16). Zum milderen Recht im Vergleich zu § 306 aF BGH NStZ **99**, 33.

2 **II. Gegenstand** der **schweren** Brandstiftung nach **Abs. 1** können nur bestimmte Räumlichkeiten sein, die ihrer Bestimmung oder ihrem Gebrauche nach Menschen zum Aufenthalt dienen, so daß diese durch den Brand gefährdet werden können; die Eigentumsverhältnisse sind daher belanglos, auch der Eigentümer kann Täter sein (RG **60** 137). Nicht notwendig ist, daß sich zur Zeit des Brandes tatsächlich Menschen in den Räumlichkeiten befinden; die **abstrakte Gefährdung** genügt (BGH **26** 123 m. krit. Bspr. Brehm JuS 76, 22, **34** 118 m. Bespr. Schneider Jura 88, 469, 35 285 m. Anm. Kindhäuser StV 90, 162, 36 223, NStZ **99**, 34 m. Anm. Wolters JR 99, 208, NStZ **82**, 421 m. Anm. Hilger, NStZ 85, 408 f., DSNS-Stein 76, Geppert Jura 89, 418 u. 98, 598, Lackner/Kühl 1, Zieschang aaO [vor § 306] 380, eingeh. Radtke aaO 150 ff. u. ZStW 110, 862 ff.; vgl. Wohlers aaO 309). Eine **teleologische Reduktion** ist mit Blick auf schuldstrafrechtliche Bedenken (vgl. 3 a vor § 306) bei I Nr. 1–3 geboten, wenn eine Gefährdung von Menschenleben nach Lage der Dinge und menschlichem Erfahrungswissen absolut ausgeschlossen ist und der Täter sich durch hinreichend zuverlässige Maßnahmen entsprechend vergewissert bzw. adäquate Vorsorge getroffen hat (vgl. BGH 26 124 f. [obiter dictum], **34** 118 f., NJW **82**, 2329, NStZ **99**, 34, aber auch BGH **43** 13; Geppert Jura 98, 601 f., Herzog NK 3, Tröndle/Fischer 2, W-Hettinger 968, Wolters JR 99, 209 u. JR 98, 272; vgl. auch Joecks 15, Koriath JA 99, 298, Stein aaO 89 f.). Dies kommt idR nur bei kleinen Räumlichkeiten, insbesondere einräumigen Hütten, Kapellen, Wohnmobilen, ausrangierten Eisenbahnwaggons etc. in Frage, nicht aber bei Hotels oder vielräumigen Wohnungen (BGH NJW **82**, 2329, NStZ **99**, 34), weil hier weder eine vollständige Räumung noch etwa ein Kontrollgang die geforderte Sicherheit gewährleisten kann (iE ebenso Wohlers aaO 315). Im neuen Recht kommt dieser Beschränkung größere Bedeutung zu, weil der Kreis der Tatgegenstände ausgedehnt wurde (s. u. 4). Zum früheren Recht vertretene Postulate, die umfassendere Entlastungsmöglichkeiten befürworteten (vgl. zB Brehm aaO 126 ff., Rudolphi Maurach-FS 59 ff., Schünemann JA 75, 798), verdienen ebensowenig Beifall wie Stimmen, die (umgekehrt) jegliche Einschränkung auch bei § 306 a ablehnen (Krey I 383 ff., Lackner/Kühl 1, Radtke aaO 245 u. ZStW 110, 863 ff. [diff. bez. I Nr. 2; die von ihm insoweit verfochtene Tatzeitklausel wurde aber weder vom Gesetzgeber gebilligt noch macht sie Sinn], Rengier JuS 98, 399, Zieschang aaO 380). Denn – ungeachtet der Bedeutung der o. g. einschränkenden Rspr. (dazu Koriath JA 99, 299, Stein aaO 89) – der Gesetzgeber hat jedenfalls jene Restriktionen ausdrücklich gebilligt und deshalb von der Einfügung einer tatbestandseinschränkenden Klausel nach dem Vorbild des § 151 I AE-StGB bewußt abgesehen (BT-Drs. 13/8587 S. 47, vgl. auch o. 4 a vor § 306). Hinzu kommt die früher nicht vorhandene Möglichkeit, weitergehend Fälle ausgeschlossener Gefahrverwirklichung als „minder schwer" zu sanktionieren (Abs. 3), was bei entsprechender Handhabung (u. 3 ff.) jedenfalls verfassungsrechtliche Bedenken ausräumt (vgl. Lagodny aaO [vor § 306] 439). Im einzelnen werden erfaßt:

3 **1. Nach Nr. 1** können Objekt der Tat sein ein Gebäude, ein Schiff, eine Hütte oder eine andere **Räumlichkeit, die zur Wohnung von Menschen dient.** Das Gesetz will hier Wohnstätten von Menschen als solche schützen (OGH **1** 245, Herzog NK 6).

4 a) Oberbegriff ist durch das 6. StrRG das Merkmal **andere Räumlichkeit** geworden, um gewisse Lücken bei neuartigen oder „alternativen" Wohnformen zu schließen (BT-Drs. 13/8587 S. 88), der bisherige Zentralbegriff Gebäude ist lediglich erläuterndes Beispiel. Allgemein sind Räumlichkeiten alle allseitig hinreichend abgeschlossenen beweglichen oder unbeweglichen, „kubischen" Einheiten (Geppert Jura 98, 600, W-Hettinger 962), soweit sie tatsächlich Wohnzwecken dienen (s. u. 7). Richtigerweise wird eine gewisse Größe zu verlangen sein (DSNS-Stein 78 f.; and. M-Schroeder II 17). Dies ergibt sich allgemein aus der Leitidee der Gemeingefährlichkeit (s. 1, 19), woraus aber nicht die Erschwernis der Fluchtmöglichkeit für einen einzigen Mensch folgt (so aber Stein aaO, zust. Tröndle/Fischer 3), sondern das Erfordernis, daß sich in der Räumlichkeit (typischerweise) überhaupt mehrere Menschen zumindest aufhalten könnten (vgl. BT-Drs. 13/8587 S. 68), wenn sie von mindestens einem Menschen rein tatsächlich überhaupt bewohnt wird (vgl. ähnl. Radtke ZStW 110, 865). Dies legt auch die Verwendung des Plurals im Relativsatz von Nr. 1 nahe, es geht eben nicht um ein Individualschutzdelikt. Daher kommen in Frage Wohnmobile, Wohn- oder Künstlerwagen, entsprechend umgebaute ausrangierte Eisenbahnwaggons bzw. Omnibusse (vgl. Geppert Jura 98, 599), Familienzelte, bei entsprechender Größe (und festzustellenden typischen Gepflogenheiten) uU auch Schlafkojen in Trucks (vgl. BT-Drs. aaO, Geppert Jura 89, 421, Rengier BT II 252; and. Stein aaO 79), nicht aber Ein-Mann-Iglu-Zelte oder Schlaf-Verschläge für Obdachlose, die nur für eine Person Liegefläche bieten (iE ebso Stein aaO 79, Tröndle/Fischer 3). Zur gebotenen Restriktion bei absolut ausgeschlossener Gefahr s. o. 2. Über **Gebäude** vgl. § 243 RN 7. Mit BGH **6** 107 ist jedoch zu berücksichtigen, daß § 306 a nicht dem Schutz der Sache, sondern dem menschlicher Wohnungen dient. Daher kann auch ein teilweise durch Brand zerstörtes Gebäude noch ein Gebäude sein (OGH JR **50**, 404, Tröndle/Fischer 3; vgl. § 305 RN 3). Für **Schiffe** und **Hütten** (s. § 306 RN 4) gilt folgendes: Während bei § 306 wegen der anderen Schutzrichtung (§ 306 RN 1) die Auslegung durch Eigentumsgesichtspunkte (Personentransport bzw. Wert, s. § 306 RN 7) bestimmt wird, sind bei § 306 a mit Blick auf die Gemeingefahr Quantitätsaspekte notwendig (and. Lackner/Kühl 2,

M-Schroeder II 17, Wolff LK § 306 aF RN 8). Dies bedeutet, daß zB Kleinboote, die nur von einer Person tatsächlich bewohnt werden können und keinerlei Platz für weitere Menschen bieten, nicht erfaßt sind. Gleiches gilt für Kleinsthütten, keineswegs aber für Wochenendhäuschen oder Wohncontainer.

b) Die genannten Räumlichkeiten müssen **zur Wohnung von Menschen dienen.** Wohnen ist 5
mehr als nur sich Aufhalten (argumentum e contrario aus I Nr. 3). Deshalb muß eine Person die Räumlichkeit zumindest vorübergehend tatsächlich zu (einem) räumlichen Mittelpunkt ihres Lebens gemacht haben (Geppert Jura 98, 600, M-Schroeder II 17, Radtke aaO 182, W-Hettinger 962) – ohne daß (anders als bei Nr. 3) zur Zeit der Tat jemand anwesend sein müßte (vgl. RG 23 103, Krey I 374, Tröndle/Fischer 4, vgl. auch o. 2). – was uU auch ohne Willen des Berechtigten geschehen kann, etwa bei besetzten Häusern. Es ist weder erforderlich noch ausreichend, daß sie für diesen Zweck bestimmt sind (RG **60** 137, BGH **16** 396, StV **90**, 548). So scheiden nicht nicht bezogene Neubauten und leerstehende Wohnhäuser aus; auch ein Hotel, in dem keine Zimmer vermietet sind und das auch sonst unbewohnt ist, kann nicht Objekt der Nr. 1 sein (BGH NStZ **84**, 455, **99**, 34). Da Wohnen ein tatsächliches Verhältnis bezeichnet, folgt daraus auch die Möglichkeit der faktischen Beendigung der Wohnungseigenschaft von Räumlichkeiten; diese originär strafrechtliche „*Entwidmung*" ist unabhängig von zivilrechtlichen Eigentums- bzw. Besitzrechten an der Wohnung (hM, vgl. zB BGH 23 **62,** LG Düsseldorf NStZ **81**, 224, Geppert Jura 89, 420, Horn/Hoyer JZ 87, 976). Eine vorübergehende, uU sogar monatelang dauernde Abwesenheit des Wohnungsinhabers, zB durch Krankenhausaufenthalt oder Urlaub, ändert jedoch an der Wohnungsqualität nichts (vgl. RG DRiZ **33** Nr. 767, BGH **26** 122, NStZ **85**, 409, Geppert Jura 89, 420, Schneider Jura 88, 464), zumal jederzeit die Möglichkeit der Rückkehr besteht. Entscheidend ist, daß faktisch kein Mensch mehr seinen Lebensmittelpunkt im Zeitpunkt der Vornahme der Tathandlung begründet hält (Radtke aaO 186); unerheblich dagegen, ob die „Entwidmung" freiwillig oder unfreiwillig seitens des Wohnungsinhabers erfolgt. Erforderlich ist aber, daß die Aufgabe der Zweckbestimmung der Wohnung hinreichend deutlich objektiv manifestiert wird. Hierfür genügt uU die Vornahme der Brandstiftungshandlung, so daß der Alleinbewohner das Gebäude auch durch Inbrandsetzen entwidmen kann (vgl. BGH **10** 215, **16** 394, **26** 122, NStZ **94**, 130, MDR/H **81**, 981, LG Düsseldorf NStZ **81**, 224, Krey I 381; and. RG **60** 137: der Wille müsse vor der Brandlegung äußerlich erkennbar geworden sein; dageg. Radtke aaO 188). Dies gilt ebenso, wenn der alleinige Bewohner das Gebäude durch einen Dritten im Wege eines Auftrags in Brand setzen läßt (BGH NStZ **88**, 71, **94**, 130, wistra **93**, 21), und tatbestandslos handelt auch, wer das Gebäude als Mittäter in Brand setzt, sofern die Beteiligten zugleich die alleinigen Bewohner sind (BGHR Wohnung 3). Jedoch fehlt es an einem hinreichenden äußeren Manifestationsakt, wenn der Eigentümer, der erkennt, daß Dritte im Begriff sind, sein Haus anzuzünden, nichts unternimmt, weil er die Versicherungssumme kassieren will (ebso Radtke aaO 186; and. Horn SK § 306 aF RN 6). Schließlich scheidet Nr. 1 aus, wenn der einzige Bewohner gestorben ist, und zwar auch dann, wenn er vom Täter kurz vor der Brandstiftung getötet worden ist (BGH **23** 114, M-Schroeder II 17, Tröndle/Fischer 4, Wolff LK § 306 aF RN 9). Das corpus delicti manifestiert objektiv die Aufgabe der Zweckbestimmung. Beweisrechtlich motivierte Anliegen, den „Entwidmungs"-Zeitpunkt zur Verhinderung von Irrtumsausreden auf den Abtransport des Toten zu verlagern (Geppert Jura 89, 420, vgl. auch Radtke aaO 187), vermögen nach der Neufassung schon deshalb nicht zu überzeugen, weil solche Fälle jedenfalls durch §§ 306 a II bzw. sogar durch weitergehende Qualifikationen erfaßt werden. Im übrigen gilt bei Familien folgendes: Der Eigentümer kann den Wohnzweck eines bewohnten Gebäudes nicht auch für seinen ebenfalls im Gebäude wohnenden Ehegatten aufgeben. Dies kann nur der Ehegatte, wie auch sonst, selbst (BGH NJW **88**, 1276, wistra **93**, 21), während Eltern gem. § 1631 BGB den Wohnzweck auch für ihre minderjährigen Kinder aufgeben können (BGH NStZ **92**, 541, **99**, 34). Zu beachten ist jedoch, daß, sofern die Kinder sich dem Aufenthaltsbestimmungsrecht nicht beugen und tatsächlich in dem Gebäude verbleiben, die Wohnungseigenschaft erhalten bleibt (Radtke aaO 189).

Bei Gebäuden, die **nur zeitweise** zur Wohnung dienen, so etwa Ferien- oder Wochenendhäuser, 6
stellt sich die Frage, ob Nr. 1 stets eingreift (hM: OGH **1**, 244, BGHR Wohnung **10**, BGH wistra **94**, 57, Geppert Jura 89, 420, Horn SK § 306 a RN 7, Rengier BT II 252, Tröndle/Fischer 4; vgl. auch [diff.] Radtke aaO 184 f.), oder nur, wenn die Brandstiftung zu einer Zeit erfolgt, während jemand in den Häusern wohnt (Cramer, Der Vollrauschtatbestand als abstraktes Gefährdungsdelikt [1962] 70 f., zust. Herzog NK 11). Der hM ist zu folgen, und zwar aus systematischen Gründen, weil auch bei einer Stadtwohnung eine längere Abwesenheit die Zweckbestimmung nicht ändert (o. 5), und aus materiellen Gesichtspunkten, weil bei gewachsener Mobilität, Flexibilität der Erholungszeiten, Amigo-Nutzungen und häufig gemischt privater/gewerblicher Nutzung eine die gebotene Sicherheit vermittelnde Ausgrenzung nicht möglich erscheint (and. 25. A.).

2. Objekt der Tat können weiter **eine Kirche oder ein anderes der Religionsausübung** 7
dienendes Gebäude sein (krit. DSNS-Stein 81, Freund ZStW 109, 484 f., Radtke aaO Gemeingefährlichkeit, 13 f., Schroeder GA 98, 572). Zur Zweckbestimmung vgl. § 243 RN 33, zum Gebäude (im Unterschied zum umfassenderen Begriff der Räumlichkeit) o. 4. Auch hier geht es um die Erfassung von Gebäuden, bei denen typischerweise die Anwesenheit von Menschen nie ausgeschlossen ist (Stein aaO 81; krit. dazu Radtke aaO 14 f.). Als Tatobjekte kommen auch in Betracht einräumige

§ 306 a 8–11 Bes. Teil. Gemeingefährliche Straftaten

Votivkapellen, zur teleologischen Reduktion o. 2 (insoweit für eine Anwendung der Tatzeitklausel Radtke ZStW 110, 868).

8 3. Objekt der Tat können schließlich **Räumlichkeiten** sein, die **zeitweise zum Aufenthalt von Menschen dienen** (Nr. 3). Zu Räumlichkeiten s. o. 4, auch zum Erfordernis einer gewissen Größe als notwendiger Bedingung; auch hier ist nicht ein „Minimum an Bewegungsfreiheit" für eine Person maßgebend (so aber Geppert Jura 89, 421, Horn SK § 306 RN 8, Lackner/Kühl 4, vgl. auch BGH **10** 214), sondern die Aufenthaltsmöglichkeit für mehrere, denn Nr. 3 ist keine Spezialvorschrift für das Faß des Diogenes. Es ist hier weiter erforderlich, daß die Tat zu einer **Zeit verübt** wurde, **in der sich Menschen in der Räumlichkeit aufzuhalten pflegen**; auch hier wird aber nicht vorausgesetzt, daß sich zZ der Tat wirklich Menschen in den Räumlichkeiten befunden haben (RG **23** 102; vgl. o. 2). Ausschlaggebend ist die für die jeweilige Räumlichkeit nach ihrer tatsächlichen Zweckverwendung typische Aufenthaltszeit (vgl. Geppert Jura 89, 421), so etwa die Öffnungszeiten einer öffentlichen Toilette. Entsprechend genügt der tatsächliche Aufenthalt eines Menschen in der Räumlichkeit zum Tatzeitpunkt zur Erfüllung des Tatbestandes dann nicht, wenn keine entsprechende Regelhaftigkeit hinter dem nur zufälligen Aufenthalt steht (BGH **10** 214, Geppert Jura 89, 421, Lackner/Kühl 4, Radtke ZStW 110, 867). Es kommen zB in Betracht Hüterhütten (RG JW **30**, 835), Theater, Künstlerwagen, Wohnwagen (OGH **1** 245; diff. Stein aaO 80), Imbißwagen (BGH NStZ **94**, 487), Verkehrsmittel wie Autobusse, Eisenbahnwagen, Schiffe, Büroräume (RG **69** 150) und dementsprechend auch andere Räume, die nur zur Verrichtung von Arbeiten betreten werden (Werkhalle, Werkstatt usw.). Inkonsequent will RG **69** 150 Scheunen und Ställe, in denen Menschen arbeiten, ausschließen (ebenso Wolff LK 11 bei kurzen dauernden Verrichtungen). Es kann jedoch nichts ausmachen, welcher Art die Arbeit ist, die in den Räumen verrichtet wird, sofern die Räumlichkeit nur mit einer gewissen Regelmäßigkeit von Personen aufgesucht wird. Aus dem Wort „dienen" ist entgegen RG **69** 150 nicht zu schließen, daß die Räume zum Aufenthalt von Menschen bestimmt sein müssen (zust. Bay NJW **67**, 2417, vgl. auch Geppert Jura 89, 421 f., Horn SK § 306 RN 8); es gilt hier Entsprechendes wie bei Nr. 1 (vgl. o. 6 f.). Auch eine Scheune, in der regelmäßig Landstreicher übernachten, genügt nach BGH **23** 62 (zust. Geppert Jura 89, 421, Herzog NK 15, Tröndle/Fischer 7), wobei die Grenze zu Nr. 1 mit tatsächlicher Nutzung als Lebensmittelpunkt überschritten ist (Rengier BT II 252). Personenkraftwagen (bejahend für Karosserie, die Wohnzwecken dient Stuttgart Justiz **76**, 519, Spöhr MDR 75, 193 f., Tröndle/Fischer 7; and. für bloßen PKW BGH **10** 213, Herzog NK 15, Horn SK § 306 RN 8) kommen ab einer bestimmten Größe in Frage, sofern zudem das Erfordernis der tatsächlichen Benutzungsregelmäßigkeit zum Aufenthalt (!) vorliegt. Gleiches kann unter besonderen Voraussetzungen für hinreichend abgeschlossene Telefonzellen gelten (vgl. Düsseldorf MDR **79**, 1042 [innerhalb eines Gebäudes]; and. BGH MDR/H **77**, 638, Herzog NK 15, Horn SK § 306 RN 8, Lackner/Kühl 4, Tröndle/Fischer 7). Zur teleologischen Reduktion s. o. 2. Über „Entwidmung" durch Inbrandsetzen vgl. BGH **10** 215 und o. 5.

9 III. Die Tathandlungen, **Inbrandsetzen** oder **durch Brandlegung (teilweise) zerstören**, entsprechen denjenigen des § 306 (dort 12–17). Zur Bedeutung der tatbestandlich geschützten Funktion des Tatobjekts für die Frage der teilweisen Zerstörung s. § 306 RN 16. Zu beachten ist, daß der Zerstörungserfolg kausal und objektiv zurechenbar sein muß (vgl. auch 130 vor § 13).

10 Zweifelhaft kann sein, ob das Feuer von dem in Brand gesetzten Gebäudeteil aus das ganze Gebäude niederbrennen können muß oder ob ausreicht, daß nach Lage der Dinge nur ein **Teil des Gebäudes** durch Feuer zerstört werden kann. Mit BGH **18** 363 ist davon auszugehen, daß die mögliche Zerstörung wesentlicher Teile des Gebäudes zur Vollendung ausreicht, vorausgesetzt, daß es sich um solche Räume handelt, die den in § 306 a genannten Zwecken dienen (vgl. Geppert Jura 98, 600, Horn SK § 306 RN 10, Kratzsch JR 87, 363, Radtke ZStW 110, 870).

11 Ähnliche Probleme bestehen bei **gemischt genutzten Räumlichkeiten,** so zB, wenn in ein Fabrikgebäude eine Wohnung eingebaut ist. Die Frage ist nicht nur für § 306 a Nr. 1 (vgl. BGH GA **69**, 118, NStZ **85**, 455, NJW **87**, 141, **34** 115 m. Anm. Kratzsch JR 87, 360), sondern auch für Nr. 3 bedeutsam, zB wenn sich nicht in der von den Tätern in Brand gesetzten Räumlichkeit, wohl aber in anderen Gebäudeteilen im Tatzeitpunkt Menschen aufzuhalten pflegen (vgl. BGH **35** 283 m. Anm. Kindhäuser StV 90, 161, Schneider Jura 88, 467). Richtigerweise kommen § 306 a Nr. 1 oder Nr. 3 in der Variante des (vollendeten) Inbrandsetzens nur dann in Betracht, wenn das Feuer den Wohn- oder Aufenthaltsbereich ergriffen hat (ebso Herzog NK 12, Horn SK § 306 11, Kindhäuser StV 90, 161, Kratzsch JR 87, 360; vgl. auch Radtke aaO 194 f. u. ZStW 110, 870, ferner M-Schroeder II 18); solange dies nicht der Fall ist, liegt allenfalls ein Versuch vor. Steht umgekehrt fest, daß keine Möglichkeit eines Übergreifens auf den Wohnbereich usw. besteht, ist § 306 a nicht erfüllt. Die Rechtsprechung steht demgegenüber auf dem Standpunkt, daß es zur Vollendung genüge, wenn bei einem nach natürlicher Auffassung einheitlichen, zusammenhängenden Gebäude der selbst nicht von Nr. 1 oder 3 geschützte Teil in Brand gesetzt wird (BGH **34** 118, NStZ **85**, 455, Überblick bei Radtke aaO 190 ff., zust. Geppert Jura 89, 425 u. 98, 602, Krey I 377, Rengier BT II 253, Wolff LK § 306 aF RN 9). Allerdings soll dabei für die Beurteilung der Einheitlichkeit des Gebäudes nicht der äußere Eindruck, sondern die – vom Tatgericht näher darzulegende (BGHR Wohnung **7**) – bauliche Beschaffenheit maßgeblich sein (BGH GA **69**, 118). Entscheidend ist die Art der Verbindung der Räumlichkeiten: An der Einheitlichkeit des Gebäudes wird es im Regelfall fehlen, wenn Brandmauern, besondere Brandschutzvorkehrungen usw. vorhanden sind, so daß ein Übergreifen des Brandes

auf den von Nr. 1 o. 3 geschützten Bereich ausgeschlossen erscheint (BGH **34** 115, **35** 287, NStZ **91**, 433), während ein gemeinsamer Flur (BGH GA **69**, 118) oder ein durchgehendes Treppenhaus (BGH **34** 115) für Einheitlichkeit spricht. Auch für den Vorsatz kommt es daher entscheidend auf die Vorstellungen der Täter über die bauliche Beschaffenheit des Gebäudes an; vgl. u. 14.

Eine Brandstiftung kann auch durch **Unterlassen** begangen werden, dazu § 306 RN 16. Zur **12/13** **Frage** der Strafbarkeit bei **Intensivierung** des Brandes einer **bereits brennenden Räumlichkeit,** s. o. § 306 RN 14.

IV. Für den **subjektiven Tatbestand** ist Vorsatz erforderlich; zur fahrlässigen Brandstiftung vgl. **14** § 306 d I. Der Täter muß wissen, daß er in Brand setzt bzw. eine Brandlegung verursacht (es dabei möglicherweise zu einer teilweisen Zerstörung des Tatobjekts kommt) und daß der Gegenstand der Brandstiftung die erforderlichen Eigenschaften hat, wobei Eventualvorsatz genügt. Dieser fehlt etwa, wenn der Täter nur Wohnungsinventar in Brand setzen will, um den Bewohnern einen Schrecken einzujagen (BGH **16** 110). Bei gemischt genutzten Räumlichkeiten (o. 11) bedürfen die Vorstellungen des Täters hinsichtlich der baulichen Beschaffenheit des Gebäudes genauer Klärung (BGH **35** 283, 287, dazu auch Radtke aaO 193, 246); zum bedingten Vorsatz in derartigen Fällen vgl. BGHR Beweiswürdigung **6**, Vorsatz **1**. Ein Irrtum über den Begriff des Gebäudes ist Subsumtionsirrtum und als solcher unbeachtlich (vgl. § 15 RN 44). Auf die Verbrennung des geschützten Objekts braucht der Vorsatz nicht gerichtet zu sein (RG JW **30**, 835 m. Anm. Graf zu Dohna). Das Bewußtsein der Gefährdung von Menschenleben ist für den Vorsatz nicht erforderlich; er wird auch nicht dadurch ausgeschlossen, daß der Täter sich vergewissert, ob keine Menschen im Gebäude sind (vgl. RG **23** 102, Geppert Jura 89, 425, Horn SK § 306 RN 13; vgl. jedoch o. 2). Für den Vorsatz der Verwirklichung der Nr. 3 ist aber Voraussetzung, daß der Täter es wenigstens für möglich hält und billigt, die Räumlichkeit werde gerade in der von der Vorschrift angesprochenen Zeit brennen. So fehlt es bei nächtlichem Anzünden eines Bauwagens (Nr. 3) am Vorsatz, wenn der Täter nicht weiß, daß der Bauwagen als nächtliche Schlafstätte dient (vgl. Geppert Jura 89, 424). Es genügt nicht, daß der Täter den zum Brandausbruch führenden Ursachverlauf während dieser Zeit in Gang setzt (BGH **36** 221, 222). Verübt der Täter bewußt Handlungen, die objektiv die naheliegende Gefahr einer Brandlegung begründen, liegt bedingter Vorsatz idR nahe (BGH NStZ **95**, 86).

V. Ein **Versuch** liegt vor, wenn eine Handlung vorgenommen wird, die nach dem Plan des Täters **15** unmittelbar auf das Inbrandsetzen gerichtet ist, zB Ausgießen von Benzin, nach OGH **2** 348 freilich selbst dann, wenn der Täter kein Zündmittel (Feuerzeug etc.) bei sich hat (zu Recht krit. M-Schroeder II 15, Radtke aaO 248; vgl. o. § 22 RN 42). Bei der Eigenbrandstiftung liegt Versuch mit Anbringen des vom Täter als tauglich bewerteten Zeitzünders vor (Radtke aaO), zum Versuch mit Blick auf angrenzende Nachbarhäuser BGH NStZ **99**, 34. Zum Versuchsbeginn bei Einschaltung eines Tatmittlers s. § 22 RN 54 f. Über tätige Reue vgl. § 306 e. Eine **Teilnahme** kommt bis zur Beendigung des Delikts in Frage (vgl. o. § 27 RN 17), dies ist bei § 306 a I erst mit der vollständigen Zerstörung des Gebäudes oder dem Erlöschen des Feuers der Fall (vgl. Hamm NJW **60**, 1874).

VI. Der neue Abs. 2 knüpft die **Tatobjekte des § 306 I** an und macht diese Alternative der **16** schweren Brandstiftung vom Eintritt einer **konkreten Gefahr einer Gesundheitsschädigung** für **einen anderen Menschen** abhängig (zur Gesetzgebungsgeschichte DSNS-Stein 98); es handelt sich um ein *konkretes Gefährdungsdelikt* (Bay NJW **99**, 3570, Geppert Jura 98, 597, Lackner/Kühl 7, Radtke ZStW 110, 853, Stein aaO 99, Tröndle/Fischer 10, Wolters JR 98, 272; and. Rengier JuS 98, 399 [abstraktes Gefährdungsdelikt mit konkretem Gefahrerfolg], revidiert in BT II 255) zum Schutz der Gesundheit, und zwar vor die Gefahren bei Brandstiftung an Tatobjekten des § 306, wobei nach Ansicht des Gesetzgebers eine eigenständige Schutzrichtung vorliegt (BT-Drs. 13/8587 S. 88). Das Einverständnis des Eigentümers der Tatobjekte hat jedenfalls keine unrechtsausschließende Wirkung (vgl. BT-Drs. 13/8587 S. 88, Hörnle Jura 98, 181, Lackner/Kühl 7), anderes soll generell gelten bei Einwilligung der gefährdeten Person (M-Schroeder II 18, Rengier JuS 98, 399, vgl. dazu § 315 c RN 43).

1. Abs. 2 verlangt eine Brandstiftung an den **Tatgegenständen des § 306 I Nr. 1–6**, s. o. § 306 **17** RN 3 ff. (krit. zur Art der Objekte DSNS-Stein 99). Damit wird nur an das Inbrandsetzen etc. bestimmter Arten von Gegenständen angeknüpft, ungeachtet der Eigentumslage (BT-Drs. 13/8587 S. 88, BGH NStZ **99**, 33 m. Anm. Wolters JR 99, 209, Geppert Jura 98, 602, Krey I 382, Lackner/Kühl 7, M-Schroeder II 18; aber auch GA **98**, 575, Radtke aaO 281, Rengier JuS 98, 399; vgl. auch Joecks 19). Eine Beschränkung auf fremde Tatobjekte oder aber (umgekehrt) allein auf eigene oder herrenlose (so aber Tröndle/Fischer 10 u. NStZ **99**, 14) würde mit Blick auf die Schutzrichtung keinen Sinn machen (BT-Drs. aaO, vgl. auch Stein aaO 99). „Strafrahmenrätseln" (eingeh. Fischer NStZ 99, 13) ist bei §§ 306 d, 306 f. (bzw. durch den Gesetzgeber) zu begegnen, nicht aber durch andernfalls hervorgerufene neue Friktionen und Lücken (dazu Fischer aaO).

2. Die Tathandlungen, **Inbrandsetzen** oder **durch Brandlegung** ganz oder teilweise **zerstören,** **18** entsprechen denjenigen des Abs. 1 (s. o. § 306 RN 12–17). Ein Wohngebäude ist bei geringen Schädigungen an der Außenfront noch nicht teilweise zerstört (Bay NJW **99**, 3570).

3. Weiter muß dadurch die konkrete **Gefahr einer Gesundheitsschädigung eines anderen** **19** **Menschen** geschaffen worden sein. Zur Gesundheitsschädigung s. § 223 RN 5. Zur konkreten Gefahr vgl. o. 5 vor § 306 sowie BGH NStZ **99**, 33, Radtke aaO 282 ff. Maßgebend ist wie stets, ob

§ 306a 20–25 — Bes. Teil. Gemeingefährliche Straftaten

in den konkreten Situationen die mögliche Rechtsgutsverletzung lediglich zufällig ausgeblieben ist. Allein der Umstand, daß sich Menschen in enger räumlicher Nähe zur Gefahrenquelle befunden haben, genügt nicht. Umgekehrt ist die Bewirkung einer konkreten Gesundheitsgefahr eindeutig, wenn der Täter einen Molotowcocktail in einen Wohncontainer (§ 306 I Nr. 1) wirft, obwohl sich, wie er weiß, Personen darin aufhalten.

20 Das Tatbestandsmerkmal „dadurch" weist nicht nur auf die üblichen Kausalitätserfordernisse hin (o. 71 ff. vor § 13), sondern verlangt einen spezifischen **Gefahrverwirklichungszusammenhang**, wie er auch ansonsten in allgemeinen Bezügen gefordert ist (o. 91 ff. vor § 13, § 18 RN 4). Dies bedeutet, daß sich in dem strafschärfenden Gesundheitsgefährdungserfolg ein iSd §§ 306, 306a tatbestandsspezifisches Brandrisiko verwirklicht haben muß (vgl. DSNS-Stein 108 ff., Geppert Jura 98, 602, Radtke aaO 287, Rengier BT II 255). Diese rechtlich verbotenen brandspezifischen Risiken sind durch die Einbeziehung auch der Brandlegung erheblich ausgeweitet worden (s. oben § 306 RN 15 ff.). Dabei ging es dem Gesetzgeber auch darum, besondere (Explosions-) Gefahren beim Hantieren mit Zündstoffen ggf. qualifizierend zu erfassen (BT-Drs. 13/8587 S. 69, 13/9064 S. 22). Deshalb wird nicht zu verlangen sein, daß die Gefahr notwendig gerade durch das Brennen bzw. den Zerstörungszustand eines Katalog-Objekts entsteht (Radtke aaO 285, vgl. W-Hettinger 973; and. Stein aaO 114). Jedoch ist für volles (Vollendungs-)Qualifikationsunrecht trotz zurechenbaren Eintritts konkreter Gesundheitsgefahr eine wenigstens teilweise Zerstörung des jeweiligen Tatobjekts erforderlich (vgl. Radtke aaO 285), andernfalls kommt Versuch in Betracht. Der Gefahrverwirklichungszusammenhang ist gegeben, wenn infolge der Brandstiftung die konkrete Gesundheitsschädigung durch Rauchvergiftung, durch herabstürzende Gegenstände oder durch einen gezwungenermaßen gefährlichen Sprung aus dem Fenster eintritt (vgl. Geppert Jura 98, 602). Gleiches gilt, wenn sich in dem Erfolg die spezifische Brandgefährlichkeit der Brandlegungs*handlung* realisiert (vgl. o. § 306 RN 15). Dies ist der Fall bei explodierendem Zündstoff, der bereits durch offene Flammen den Erfolg herbeiführt, aber wohl auch bei brandtypischen bloßen Verpuffungen. Demgegenüber mangelt es an der Verwirklichung der brandspezifischen Gefährlichkeit der Handlung, wenn das Opfer allein durch Einatmen von gesundheitsgefährdenden Dämpfen des Zündstoffes in die konkrete Gefahr gerät. Diese von der Substanz ausgehende Gefahr hat mit deren spezifischer Eignung zur Brandlegung nichts zu tun.

21 Grundsätzlich können auch an der Brandstiftung **Beteiligte** taugliche Opfer sein (Geppert Jura 98, 603, Herzog NK § 306c 2, Horn SK § 307 RN 4, Radtke ZStW 110, 875; and. zu § 307 aF Wolff LK § 307 RN 3, 25. A. § 307 RN 6), nicht aber der Täter (Bay NJW **99**, 3570). Dies ergibt sich daraus, daß bei Abs. 2 nicht die abstrakte Gemeingefahr maßgebend ist (die in der Tat nur den „quivis ex populo" und nicht den „quidem" erfassen würde, zutr. Geppert Jura 89, 475), sondern die konkrete Individualgefahr. Jedoch wird nach den Grundsätzen der eigenverantwortlichen Selbstgefährdung bzw. einverständlicher Fremdgefährdung (s. o. 100 ff. vor § 13) die Zurechenbarkeit des hier vorausgesetzten Gefahrerfolges einer Gesundheitsschädigung idR zu verneinen sein (vgl. Radtke ZStW 110, 875). Differenzierungen sind geboten je nach Art des Risikos bzw. Erfolgs; so wird ein Gehilfe, der bloß Schmiere steht, nicht davon ausgehen, durch infolge der Brandstiftung herabstürzende Bauteile Opfer zu werden (§§ 306b I bzw. 306c).

22 Zur gebotenen Differenzierung bei sog. **Retterschäden** s. § 306c RN 5–7.

23 4. Für den **subjektiven Tatbestand** ist zumindest *Eventualvorsatz* erforderlich (hM, vgl. BT-Drs. 13/8587 S. 48 sowie zB BGH NStZ **99**, 33, Geppert Jura 98, 603, Lackner/Kühl 7, Tröndle/Fischer 11; and. Hörnle Jura 98, 181). Ungeachtet der Anwendbarkeit von § 18 auf Gefahrerfolge (s. o. § 18 RN 4, aber o. 16f.) ist die Regelung in § 306d mit dem Sonderstrafrahmen für die fahrlässige Herbeiführung der Gefahr eindeutig (vgl. DSNS-Stein 100, Radtke ZStW 110, 875). Deshalb scheidet etwa Strafbarkeit des auf einen technischen Defekt hingewiesenen Hotelgastes aus, der beim Einschalten der Heizung den Hinweis vergessen hat (vgl. auch Radtke aaO 305 ff.). Vgl. im übrigen o. 14. Zur Fahrlässigkeit s. § 306d I, II.

24 5. Der **Versuch** ist strafbar. Vorausgesetzt ist, daß auch der konkrete Gefahrerfolg einer Gesundheitsschädigung vom Vorsatz umfaßt ist (dazu BGH NStZ **99**, 33). Durch die Tatvariante der Brandlegung ist auch die Möglichkeit eines Versuchs ausgeweitet worden, dazu o. § 306 RN 16.

25 VII. Für die **Strafzumessung** ist allgemein die Beschaffenheit der Angriffsart und des Angriffsobjekts wichtig. Je feuergefährdeter das Brandobjekt ist, desto wirksamer kann sich die Tat gestalten. Zu berücksichtigen sind weiter die Folgen der Tat. Hierbei ist auch die Höhe eines Schaden in Betracht zu ziehen, auch die häufig eintretende konkrete Gefährdung anderer Gegenstände oder von Menschen. Allgemein strafmildernd wirken sich dabei Maßnahmen des Täters zum Ausschluß jeder Gefährdung aus (BGH NStZ **82**, 420, **85**, 408). Wenn – über die Fälle zulässiger teleologischer Reduktion hinaus (o. 3) – nach den tatsächlichen Gegebenheiten eine Gefährdung von Menschenleben bei Abs. 1 ex ante mit hinreichender Wahrscheinlichkeit ausgeschlossen werden konnte, dem Täter dies bewußt war und eine Gefährdung tatsächlich auch nicht eingetreten ist (vgl. BT-Drs. 13/8587 S. 48), kommt Strafmilderung nach **Abs. 3** in Betracht (and. Koriath JA 99, 302). Die Anforderungen an die Vorsorgeaktivitäten des Täters sind umso höher, je größer und unübersichtlicher die Tatobjekte sind (vgl. Radtke aaO 252). Maßgebender Zeitpunkt für die Ausführung der Tathandlung, später vorgenommene Anstrengungen können zum Rücktritt oder zu **tätiger Reue** (§ 306e) führen. Zur **Führungsaufsicht** vgl. § 321. Zur **Einziehung** § 322, zur **Anzeigepflicht** § 138 I Nr. 9.

VIII. Idealkonkurrenz kommt in Betracht mit §§ 211, 212 (RG GA Bd. **59** 338), auch mit **26** § 222, jedoch wird in diesen Fällen meistens § 306 b gegeben sein; ferner mit §§ 223 ff., 229, mit § 265 (RG **60** 129, **62** 299), § 265 III Nr. 5, mit §§ 303, 305 (RG **57** 296, Lackner/Kühl 9), da § 306 a als Objekt keine fremde Sache voraussetzt. Zum Verhältnis der §§ 303 ff. zu §§ 306 ff. vgl. weiter § 306 RN 18 ff. Zur Inbrandsetzung mehrerer Gebäude vgl. RG DJ **38**, 1190. Zum Verhältnis zu § 306 d u. § 306 f. s. dort.

§ 306 b Besonders schwere Brandstiftung

(1) **Wer durch eine Brandstiftung nach § 306 oder § 306 a eine schwere Gesundheitsschädigung eines anderen Menschen oder eine Gesundheitsschädigung einer großen Zahl von Menschen verursacht, wird mit Freiheitsstrafe nicht unter zwei Jahren bestraft.**

(2) **Auf Freiheitsstrafe nicht unter fünf Jahren ist zu erkennen, wenn der Täter in den Fällen des § 306 a**
1. **einen anderen Menschen durch die Tat in die Gefahr des Todes bringt,**
2. **in der Absicht handelt, eine andere Straftat zu ermöglichen oder zu verdecken oder**
3. **das Löschen des Brandes verhindert oder erschwert.**

Vorbem.: § 306 b (§ 307 aF) neu gefaßt durch das 6. StrRG vom 26. 1. 1998, BGBl. I 164.

Schrifttum: Hecker, Brandstiftung in betrüg. Absicht, GA 99, 332. – *Mitsch,* Die Vermögensdelikte i. StGB nach dem 6. StrRG, ZStW 111, 65. – *ders.,* Straftatverdeckung mit bedingtem Tötungsvorsatz als Mordversuch, JuS 97, 788. – *Sowada,* Das sog. „Unmittelbarkeits"-Erfordernis als zentral. Problem erfolgsqual. Delikte, Jura 94, 643. S. auch Schrifttum vor §§ 306, 306 a.

I. 1. § 306 b erweitert die **besonders schwere Brandstiftung** des § 307 aF um zusätzliche **1** Qualifikationen und senkt dabei teilweise die Voraussetzungen ab, wobei die Todesverursachung eines anderen Menschen nunmehr getrennt in § 306 c erfaßt wird (vgl. § 307 Nr. 1 aF). Die Vorschrift gliedert sich in zwei unterschiedliche Tatbestände, die **schwer gesundheitsschädigende Brandstiftung (Abs. 1)** und die **Brandstiftung mit Lebensgefährdung oder unter sonst erschwerenden Umständen (Abs. 2).** Abs. 2 hat die bisherige Beschränkung auf bestimmte Folgetaten (§ 307 Nr. 2 aF) aufgegeben und den Tatbestand um die Verdeckungsabsicht erweitert. Bei *Abs. 1* handelt es sich um eine Qualifikation in Form eines **erfolgsqualifizierten Delikts** (BGH **44** 177, DSNS-Stein 104 f., Herzog NK 1, Lackner/Kühl 1, M-Schroeder II 19, Radtke ZStW 110, 876, Rengier BT II 256, Tröndle/Fischer 2, W-Hettinger 953, 971; and. Geppert Jura 98, 603, Wolters JR 98, 273, je mit fehlgehender Bezugnahme auf BT-Drs. 13/8587 S. 49, weil es dort um die konkrete Todesgefährung, jetzt II Nr. 2), weshalb § 18 zur Anwendung gelangt. Demgegenüber handelt es sich bei *Abs. 2* um **normale Qualifikationstatbestände,** auf deren Merkmale sich der Vorsatz erstrecken muß (§ 15, vgl. eingeh. Stein aaO 105 f.). Zur Gesetzgebungsgeschichte Radtke aaO Gemeingefährlichkeit 26 ff., zur historischen Entwicklung von § 307 aF St. Cramer Jura 95, 347.

II. Die schwer gesundheitsschädigende Brandstiftung des **Abs. 1** erfordert zunächst das Vorliegen **2** sämtlicher Tatbestandsmerkmale einer Brandstiftung nach § 306 oder § 306 a I oder II (M-Schroeder II 19). Ist sie nur versucht, kommt bei Eintritt der schweren Folge Versuch des § 306 a in Betracht (u. 7). Als qualifizierende Umstände müssen vorliegen:

1. entweder **schwere Gesundheitsschädigung** wenigstens eines **anderen Menschen.** Zum Begriff der schweren Gesundheitsschädigung s. § 225 RN 21. Notwendig ist zunächst **Kausalität** zwischen Brandstiftungshandlung und schwerer Gesundheitsschädigung. In der Gesundheitsschädigung muß sich weiter die in der Brandstiftung typischerweise angelegte Gefahr realisiert haben, wobei der Erfolg nicht notwendig durch das Brennen bzw. den Zerstörungszustand eines Katalog-Objekts entstehen muß (s. o. § 306 a RN 20). Entsprechend sind auch Verletzungen erfaßt, die durch explodierenden Zündstoff hervorgerufen wurden (vgl. Lackner/Kühl 2, Rengier JuS 98, 400, o. § 306 RN 15, § 306 a RN 20 und u. 7; and. BGH **20** 230 zu § 307 Nr. 1 aF). Gleiches soll gelten für Fälle, in denen bei dem Vorgang der Brandlegung an einer Wohnung das Opfer versehentlich mit Benzin übergossen wird und allein dadurch Verletzungen erleidet (vgl. BGH **37** 39 zu § 307 Nr. 1 aF, Lackner/Kühl 2, Rengier BT II 256; and. DSNS-Stein 111, 114). In jedem Fall verwirklicht sich der brandtypische Gefahrenzustand, wenn ein Mensch durch herabfallende Balken schwer verletzt wird. Anderes gilt, wenn der qualifizierende Erfolg erst durch einen groben Verkehrsverstoß beim Krankentransport des bislang leicht verletzten Opfers eintritt oder durch einen ebensolchen Unfall des auf dem Weg zum Brandort befindlichen Einsatzfahrzeugs der Feuerwehr; in beiden Fällen liegen die Erfolge, schon weil mit ihnen nicht gerechnet zu werden braucht, außerhalb des Rahmens der Brandstiftungsgefahr (vgl. auch o. 102 vor § 13). Zur Tatbeteiligung als Opfer s. § 306 a RN 21. Zu Erfolgen, die sich aus dem Verhalten Dritter entwickeln (sog. Retterschäden), s. § 306 c RN 5–7. **3**

2. oder die einfache **Gesundheitsschädigung einer großen Zahl von Menschen.** Nach BGH **4** **44** 178 ist dies der Fall bei einer Anzahl von „jedenfalls 14 Personen", dazu 13 a vor § 306. Zur Gesundheitsschädigung s. § 223 RN 5. Wie auch sonst, ist neben Kausalität notwendig, daß sich in dieser Schädigung das durch die Brandstiftung angelegte Risiko realisiert. Dies kann zweifelhaft sein bei kumulativen Effekten (s. 83 vor § 13).

5 3. **Verursachen** durch eine Brandstiftung nach §§ 306 oder 306 a bedeutet u. a., daß ein Inbrandsetzen oder eine **Brandlegung** als Tathandlungen vorgelegen haben (dazu o. § 306 RN 12–16).

6 4. Der **Vorsatz** muß sämtliche Tatbestandsmerkmale von § 306 oder § 306 a umfassen, Eventualvorsatz genügt. Erforderlich ist weiter, daß der Täter die schwere Gesundheitsschädigung eines anderen Menschen bzw. die Gesundheitsschädigung einer großen Zahl von Menschen wenigstens fahrlässig verursacht hat (s. o. 1).

7 5. Die Tat nach Abs. 1 ist auch in der Form des **Versuchs** strafbar, wenn der Branderfolg nicht eingetreten ist, aber bereits die versuchte Brandstiftung die qualifizierenden Umstände verursacht hat (vgl. BGH **7** 39, ferner NStZ **99**, 34), also bspw. der Zündstoff keinen Brand (vgl. o. § 306 RN 15), wohl aber erhebliche Verletzungen hervorgerufen hat, Eventualvorsatz vorausgesetzt. Gleiches gilt für den Fall, daß der Täter damit rechnet, eine Person dauernd zu entstellen, dieser Erfolg aber bei vollendeter Brandstiftung nicht eintritt (vgl. Rengier JuS 98, 400, Sowada Jura 94, 652; aber auch Geppert Jura 89, 476).

8 III. Die Brandstiftung mit konkreter Lebensgefährdung oder unter sonst erschwerenden Umständen **(Abs. 2)** enthält Qualifikationstatbestände zu § 306 a; wenn jedoch aus einer Brandtat nach § 306 I eine konkrete Gefahr einer Gesundheitsschädigung resultiert, eröffnet § 306 a II uU den Zugang zu § 306 b II (vgl. M-Schroeder II 19, Radtke ZStW 110, 854 u. aaO 329; krit. bez. eigener Sachen Tröndle/Fischer 6; vgl. auch o. § 306 a RN 17). Voraussetzungen des Abs. 2 sind im einzelnen:

9 1. **Nr. 1** verlangt die vorsätzliche (BGH NJW **99**, 3132 m. Anm. Radtke NStZ 00, 88; vgl. o. 1; dazu, daß bei Gefahrerfolgsqualifikationen § 18 nicht gilt, s. zB Roxin I 280 u. o. § 18 RN 1 mwN) **Herbeiführung** einer konkreten **Gefahr** (dazu Geppert Jura 98, 604, o. 5 vor § 306) **des Todes eines anderen Menschen.** Dieser Gefahrerfolg muß für Vollendung seine Ursache in der spezifischen Gefährlichkeit des Grunddelikts haben (vgl. o. § 306 a RN 20, § 306 b RN 3), zum Versuch vgl. BGH aaO. Das Opfer muß sich nicht zur Tatzeit in den Räumlichkeiten aufhalten (BT-Drs. 13/9064 S. 22). Auch bei Anzünden der Tatobjekte des § 306 I kommt § 306 b II Nr. 1 in Frage, soweit eine Gesundheitsgefährdung vorliegt (§ 306 a II, Schroeder GA 98, 573). Zur Verantwortung des Brandstifters für sog. Retterschäden s. § 306 c RN 5–7; zur Frage, inwieweit Tatbeteiligte erfaßt werden, s. o. § 306 a RN 21. Zum Gefährdungsvorsatz Radtke NStZ 00, 89 f.

10 2. **Nr. 2** verlangt Handeln in der **Absicht, eine andere Straftat zu ermöglichen oder zu verdecken.** Die Vorschrift wurde durch das 6. StrRG erheblich ausgeweitet. Dadurch sollte offenbar eine kriminalpolitisch unbefriedigende Rechtslage, die sich aus § 307 Nr. 2 aF und einer, auch angesichts der hohen Mindeststrafe von zehn Jahren konsequent restriktiven Rspr. (BGH **38** 309 m. Anm. Graul JR 93, 295, Kratzsch JuS 94, 372, 40 253 m. Anm. St. Cramer Jura 95, 347, Jung JuS 95, 270, Laubenthal JR 96, 32, Zopfs JuS 95, 688) ergeben hatte, vor allem mit Blick auf Schutzgelderpressungen, die nach früherem Recht idR nicht erfaßt waren, behoben werden (vgl. DSNS-Stein 106 f., Hecker GA 99, 335, Radtke aaO 332 ff.; unergiebig aber BT-Drs. 13/8587 S. 13; and. Geppert Jura 98, 604, Joecks 6, M-Schroeder II 19, Tröndle/Fischer 9, die an der genannten Rspr festhalten). Nr. 2 enthält nicht mehr, wie § 307 Nr. 2 aF, eine Aufzählung bestimmter zu ermöglichender Taten, zugleich ist das Merkmal Verdeckungsabsicht hinzugekommen. Weggefallen ist jedoch das Erfordernis des Ausnutzens. Die Mindeststrafe wurde auf fünf Jahre abgesenkt. *Strafgrund* von Nr. 2 ist nicht allein ein gesteigerter Intentionsunwert bzw. pauschal die (vom Mordmerkmal Verdeckungsabsicht stammende [BGH **41** 9], Uferlosigkeit begünstigende und allenfalls bei Zulassung einer Gesamtwürdigung erträgliche [vgl. krit. Heine Brauneck-FG 328, Küper JZ 95, 1160, Nw b. § 211]) finale Verknüpfung von Unrecht mit weiterem Unrecht (so aber eingeh. BGH NJW **00**, 228, Radtke aaO 336 [restriktiver in Gemeingefährlichkeit 28]), vgl. auch Stein aaO 106. Im Unterschied zu § 315 Abs. 3 Nr. 1 b und dessen geringerer Anhebung der Mindeststrafe erklärt sich der Unwert aus einer Steigerung der situationsbedingten Gemeingefährlichkeit der schweren Brandstiftung durch In-Dienst-Stellung für deliktische Vorhaben. Dies kann dadurch geschehen, daß aus der schweren Brandstiftung resultierende typische Gemeingefahreneffekte, wie zB allgemeine Panik oder Verwirrung, aber auch sonstige regelmäßig vorliegende Beeinträchtigungen der physischen oder psychischen Befindlichkeit, für Durchführung von Folgetaten funktionalisiert werden (grdl. Hecker GA 99, 339 f., Mitsch ZStW 111, 114, vgl. Geppert Jura 98, 604, Lackner/Kühl 4, Tröndle/Fischer 9; vgl. auch Kratzsch JuS 94, 380 zu § 307 Nr. 2 aF). Dies kann weiter dadurch erfolgen, daß der Akt der schweren Brandstiftung selbst in den Dienst der Folgetat gestellt wird. Für die Ausnutzung des brandtypischen Gefährdungspotentials genügt die Instrumentalisierung der weiteren typischen Auswirkungen einer Brandsituation, so daß, anders als nach § 307 Nr. 2 aF, ein enger zeitlicher, sachlicher und räumlicher Zusammenhang zwischen geplanter Folgetat und brandstiftungsbedingter Gemeingefahr nicht mehr zu verlangen ist (Hecker GA 99, 339 f., Rengier BT II 258; iE auch BGH NJW **00**, 228, Radtke aaO 337, Stein aaO 106, vgl. auch BT-Drs. 13/8587 S. 11; and. BGH **38** 311 u. o. g. Lehre zu § 307 Nr. 2 aF).

11 a) Keine Voraussetzung für die Verwirklichung der deliktischen Zielsetzungen sind zwei aufeinanderfolgende, nicht miteinander identische Tatbestandsverwirklichungshandlungen, so daß nur die in Realkonkurrenz zur schweren Brandstiftung stehende Folgetat erfaßt würde. Vielmehr genügt, daß der Täter die anvisierte Straftat gleichzeitig durch die Brandstiftung/Brandlegung verwirklichen will (vgl. BGH **20** 247, **40** 106, Geppert Jura 98, 604, Hecker GA 99, 340 f, Herzog NK 6, Radtke aaO

342; and. zu § 307 Nr. 2 Mitsch JuS 97, 790, Schmidt JuS 95, 81, Zopfs JuS 95, 687). Daher kann der Tatbestand auch erfüllt werden, wenn die schwere Brandstiftung bereits der Versuch oder die Vollendung zu einer zu ermöglichenden oder zu verdeckenden Straftat ist. Dann kann Idealkonkurrenz vorliegen (BGH NJW 00, 228). Bezüglich der Folgetat ist deren Eintritt in das Versuchsstadium nicht erforderlich.

Die entsprechende Absicht setzt voraus, daß sich der Täter von dem zielgerichteten Willen leiten **12** läßt, die von ihm geschaffene Gemeingefahr bzw. zumindest die Brandstiftungshandlung für die anvisierte Straftat zu instrumentalisieren (vgl. Hecker GA 99, 339). Dabei soll nach BGH NJW 00, 228, **40** 107 (zu § 307 Nr. 2 aF) m. krit. Anm. Schmidt JuS 95, 81, Zopfs JuS 95, 686 (krit. auch Mitsch JuS 97, 790) Eventualvorsatz sowohl im Hinblick auf das Inbrandsetzen als auch auf den Erfolg der anvisierten Tat genügen können (zust. Lackner/Kühl 3, Radtke aaO 344 ff., Tröndle/Fischer 10; krit. M-Schroeder II 19 f.). Bedingter Vorsatz ist jedenfalls dann ausgeschlossen, wenn nach Sachlage und entsprechender Vorstellung des Täters die Verdeckung allein durch eine Einwirkung auf das Tatobjekt der schweren Brandstiftung zu erreichen ist (vgl. zur Parallelproblematik bei Mord § 211 RN 35).

b) Von der 1. Alt. (**Ermöglichungsabsicht**) wird danach etwa der Täter erfaßt, der eine Wohn- **13** räumlichkeit des Opfers anzündet (§ 306 a I Nr. 1), um es in den Flammen umkommen zu lassen, und wie bisher auch derjenige, der die von ihm geschaffene unmittelbare Brandsituation zur Begehung von Straftaten ausnutzt, etwa durch Verweigerung von Hilfe bei Nichtzahlung eines geforderten Geldbetrages (vgl. Geppert Jura 98, 604, Graul JR 93, 296) oder durch Ausnutzen der entstandenen Panik zur Durchführung eines Diebstahls. Bei Schutzgelderpressungen ist der Tatbestand sowohl erfüllt, wenn die aktuelle Brandsituation als solche genutzt wird, als auch (weitergehend als bisher) bei Instrumentalisierung ihrer typischen Auswirkungen auf Opfer (Furcht, Schrecken etc.) für später durchgeführte kriminelle Vorhaben. Auch in diesem Fall wird, einem Fanal gleich, das Brandereignis in den Dienst weitergehender krimineller Intentionen gestellt, wodurch eine Intensivierung der Gemeingefahr zum Ausdruck kommt (vgl. Hecker GA 99, 342, Rengier BT II 258; enger Geppert Jura 98, 604, M-Schroeder II 19, Tröndle/Fischer 9). Nicht genügend ist dagegen bei dem Versuch einer Erpressung die bloße Drohung mit Brandstiftung, ohne daß die Tat versucht worden wäre, und ebenso wenig reicht mangels konkreter Instrumentalisierung aus, daß eine Brandlegung später zu Einschüchterung und Erpressung x-beliebiger Dritter ausgenutzt wird. Auch die vom Täter einer schweren Brandstiftung mit der Tatbestandsverwirklichung zugleich erstrebte Sachbeschädigung, zB bei Anzünden eines Wohnhauses (§ 306 a I Nr. 1), unterfällt nicht Nr. 2, weil nicht ein weiteres als das durch den Brandanschlag unmittelbar betroffene Tatobjekt angegriffen wird (zutr. Hecker GA 99, 342; zu Unrecht krit. daher Schroeder GA 98, 575). Schließlich werden auch nicht Fälle des Versicherungsbetrugs bzw. -mißbrauchs (§§ 265, 263 III Nr. 5) erfaßt, in denen der Täter sein (nicht durch alle Bewohner entwidmetes) Wohnhaus in Brand setzt, um sich dann die Versicherungssumme auszahlen zu lassen (and. BGH NJW 00, 228, DSNS-Stein 106 f., M-Schroeder II 20, Radtke aaO 336). Denn die Versicherung soll nicht unter dem Eindruck typischer beeindruckender psychischer Weiterungen des Brandereignisses, sondern auf der Grundlage des Versicherungsvertrages mittels des vorgetäuschten Versicherungsfalles zur Leistung verpflichtet werden (grdl. Hecker GA 99, 343, Mitsch ZStW 111, 114, Rengier BT II 258; iE ebso Geppert Jura 98, 604, Tröndle/Fischer 9).

c) Die 2. Alt. (**Verdeckungsabsicht**) erfaßt wie bisher den Fall, daß der Täter die schwere **14** Brandstiftung begeht, um das Opfer etwa als einzigen Zeugen einer zuvor begangenen Straftat auszuschalten (o. 11), er also die Gefährlichkeit der Brandstiftungshandlung für deliktische Zwecke instrumentalisiert (vgl. Hecker GA 99, 341; iE ebso Radtke aaO 345 f.). Gleiches gilt, wenn der Täter die allgemeine Verwirrung am Ort seiner Brandlegung benutzt, um Spuren zu beseitigen, die auf eine andere Straftat als die von ihm begangene Brandstiftung hindeuten (vgl. auch Tröndle/Fischer 11).

3. Mit **Nr. 3** werden Einschränkungen von § 307 Nr. 3 aF auf wenige einzelne Beeinträchtigungs- **15** handlungen aufgegeben, qualifizierend ist die **Verhinderung oder Erschwerung der Löschung des Brandes.** *Strafgrund* ist die Steigerung der Gemeingefahr durch Herbeiführung eines zusätzlichen Erfolges (vgl. zum Deliktstypus 130 vor § 13), der eine erhöhte Wirkungskraft des Brandes (§ 306 a) vermittelt. Subjektiv entspricht dem ein korrespondierender handlungs- und erfolgsbezogener Intentionsunwert. Beides zusammen legitimiert die erhöhte Strafdrohung (vgl. ähnl. Radtke aaO 353 ff.). Insgesamt handelt es sich um ein zweiaktiges Delikt (vgl. o. vor § 52). Daraus folgt, daß im Gegensatz zu § 307 Nr. 3 aF (vgl. 25. A. § 307 RN 10) bloße Erschwerungsabsicht nicht genügt. Vielmehr muß hinzukommen, daß zumindest der Eintritt einer Erschwernis beim Löschen des Brandes erfolgt (vgl. DSNS-Stein 10, Radtke aaO 357, Tröndle/Fischer 12). Andererseits ist ein besonderer Finalzusammenhang iSe planmäßigen Beeinträchtigung von Löschvorrichtungen nicht erforderlich (vgl. aber zu § 307 Nr. 3 aF Woelk, Täterschaft bei zweiaktigen Delikten, 1994, 20 f.). Und anders als bisher (vgl. 25. A. § 307 RN 10) genügt nicht, daß ein Dritter, ohne Täter der Brandstiftung zu sein, als Täter das Löschen des Brandes verhindert. Denn dagegen spricht nicht nur der reformierte Wortlaut („der Täter in den Fällen des § 306 a"), dagegen spricht auch die Struktur der Vorschrift: das erhöhte Unrecht verwirklicht allein derjenige, dem täterschaftlich beide Teilakte zurechenbar sind (vgl. Geppert Jura 98, 604, Radtke aaO 367). Eigenhändigkeit der Tatausführung wird nicht vorausgesetzt, zwingend aber täterschaftliche Zurechnung nach allgemeinen Regeln.

Heine

16 Nr. 3 schreibt keinen numerus clausus der einschlägigen **Handlungen** vor (vgl. DSNS-Stein 107, Lackner/Kühl 5). Entscheidend ist, daß die Handlung kausal und objektiv zurechenbar zumindest den Eintritt einer Erschwernis beim Löschen des Brandes bewirkt (vgl. aber auch u. 18). Ob die Handlungen der (versuchten) schweren Brandstiftung vorausgehen (zB Ausschalten der Sprinkleranlage, Absperren der Wasserzufuhr), zugleich mit ihr vorgenommen werden (zB Inbrandsetzen von Löschvorrichtungen) oder dem vollendeten Inbrandsetzen, aber vor Beendigung der Gemeingefahr, nachfolgen (zB durch Abhalten von Feuerwehrleuten im Wege der Irreführung, Einwirkung auf technische Funktionsfähigkeit des Löschfahrzeuges), bleibt sich gleich (Geppert Jura 98, 604, Tröndle/Fischer 12). Zu garantenpflichtwidrigem **Unterlassen,** etwa wenn der für die Funktionsfähigkeit von Löscheinrichtungen betrieblich zuständige Ingenieur es pflichtwidrig etc. unterläßt, diese in funktionstauglichem Zustand zu halten und er in voller Kenntnis der Umstände das entsprechende Tatobjekt in Brand setzt, vgl. Radtke aaO 411 ff.

17 Das Löschen eines Brandes ist **verhindert,** wenn eine Brandbekämpfung tatsächlich ausgeschlossen ist (vgl. Radtke aaO 356, Tröndle/Fischer 12). Konnte ein Brand ohnehin nicht verhindert werden, etwa weil das einzig vorhandene Löschfahrzeug technisch nicht einsatzbereit ist, fehlt es an der Kausalität, wenn der Täter einen Sabotageakt am Fahrzeug durchführt. Kannte er die fehlende Einsatzfähigkeit des Fahrzeugs nicht, kommt Versuch von § 306 b II Nr. 3 in Betracht.

18 Das Löschen eines Brandes ist **erschwert,** wenn die Brandbekämpfung nur zeitlich verzögert oder weniger effektiv durchgeführt werden kann (vgl. Tröndle/Fischer 12). Daß eine Erschwernis tatsächlich eingetreten ist, muß im Urteil festgestellt werden. Vorausgesetzt wird allemal eine gewisse Erheblichkeit der Erschwernis. Dabei ist etwa bedeutsam, ob das Feuer eine größere Ausdehnung erreicht hat oder Fluchtmöglichkeiten für Opfer beschnitten wurden. Da aber nur eine rechtlich relevante Schaffung einer Erfolgsgefahr strafbar sein kann (o. 92 vor § 13), ist mit Blick auf die geforderte Erhöhung einer Gemeingefahr zu verlangen, daß die Handlung unter den gegebenen Umständen überhaupt die Chancen des Löschens verringern kann und nicht bloß die Brandlegung intensiviert (s. o. 15). Hieran fehlt es, wenn die Abwesenheit löschbereiter Personen oder der technische Ausfall von Löschgerätschaften bloß ausgenutzt wird, um den Brand zu ermöglichen oder zu intensivieren (iE ebso Radtke aaO 363). Ebensowenig genügt die Zerstörung einer Notrufeinrichtung, wenn die Feuerwehr auf anderem Wege von dem Brand erfährt; Versuchsstrafbarkeit kommt in Frage.

19 Hinsichtlich des Erschwerens bzw. Verhinderns des Löschens genügt **bedingter Vorsatz,** der sich auf den Eintritt der Erschwernis etc. beziehen muß.

20 IV. Die **Strafe** ist im Fall des Abs. 1 Freiheitsstrafe von 2 bis 15 Jahren, im Fall des Abs. 2 Freiheitsstrafe von 5 bis 15 Jahren. Zur **Führungsaufsicht** vgl. § 321, zur **Einziehung** § 322. Zur **Tätigen Reue** vgl. § 306 e. Zur **Anzeigepflicht** § 138 I Nr. 9.

21 V. Zwischen Abs. 1 und Abs. 2 kann uU **Tateinheit** bestehen, ebenso wie zwischen Abs. 1 und §§ 223 ff. Gleiches gilt für Abs. 2 Nr. 1 und § 222 (vgl. Tröndle/Fischer 14).

§ 306 c Brandstiftung mit Todesfolge

Verursacht der Täter durch eine Brandstiftung nach den §§ 306 bis 306 b wenigstens leichtfertig den Tod eines anderen Menschen, so ist die Strafe lebenslange Freiheitsstrafe oder Freiheitsstrafe nicht unter zehn Jahren.

Vorbem.: § 306 c (§ 307 Nr. 1 aF) eingeführt durch das 6. StrRG v. 26. 1. 1998, BGBl. I 164.

Schrifttum: Bernsmann/Zieschang, Zur strafrechtl. Haftung des Verursachers e. Gefahrenlage für Schäden e. Retters, JuS 95, 775. – Bussmann, Zur Dogmatik erfolgsqual. Delikte usw., GA 99, 21. – Derksen, Strafrechtl. Verantwortung für fremde Selbstgefährdung, NJW 95, 240. Vgl. auch die Angaben zu §§ 306 ff.

1 I. § 306 c enthält eine Erfolgsqualifikation zu §§ 306, 306 a und 306 b, wobei durch den Verweis auf § 306 eine todeserfolgsqualifizierte Sachbeschädigung eingefügt wurde (krit. Radtke aaO 313). Die Neufassung verzichtet auf die in § 307 Nr. 1 aF enthaltene Einschränkung der Anwesenheit des Opfers zur Tatzeit (krit. DSNS-Stein 109), verlangt im Gegensatz zur früheren Fassung (Fahrlässigkeit) aber wenigstens leichtfertiges Handeln und stellt damit zugleich klar, daß auch die vorsätzliche Herbeiführung der tödlichen Folge erfaßt wird (vgl. Stein aaO 107 f.). Die Mindeststrafe wurde mit zehn Jahren beibehalten, was aber für den neu erfaßten Bereich des § 306 (§ 308 aF) eine drastische Erhöhung bedeutet (vgl. auch krit. Radtke aaO 325).

2 II. Die Erfolgsqualifikation tritt ein, wenn **durch eine Brandstiftung nach §§ 306 bis 306 b der Tod eines anderen Menschen wenigstens leichtfertig verursacht wurde.** An der Brandstiftung *Tatbeteiligte* sind nicht zwangsläufig aus dem Schutzbereich der Vorschrift ausgenommen (vgl. Geppert Jura 98, 603 f., Radtke aaO 320 u. o. § 306 a RN 21; and. 25. A. § 307 RN 6).

3 1. Zunächst ist **Kausalität** zwischen der Brandstiftungshandlung und dem Tod erforderlich. Diese entfällt nicht bereits deshalb, weil mehrere, unabhängig voneinander gesetzte Bedingungen zusammenwirken, also bspw. erst das Zusammenwirken von Rauchvergiftung und pflichtwidrigen Baumängeln, die zum Einstürzen von Wänden führen, gemeinsam den Tod herbeiführen (vgl. o. 83 vor § 13). Ebensowenig mangelt es an der Kausalität, wenn die Brandstiftung erst durch ein daran anknüpfendes Verhalten des Opfers oder eines Dritten zum Tod führt (vgl. o. 77 vor § 13), also zB das panische Opfer durch einen Sprung aus dem dritten Stock eines brennenden Wohngebäudes zu Tode kommt oder der Tod infolge des Schrecks über den Brand eintritt (vgl. Wolff LK § 307 aF 4).

2. Erforderlich ist weiter, daß sich in dem Tod eines Menschen die **spezifischen Gefahren** der 4 Brandstiftung nach §§ 306 bis 306 b **verwirklichen** (s. o. § 306 a RN 20). Zu beachten ist der Alt. Brandlegung im jeweiligen Grundtatbestand, daß der Tod nicht notwendig durch den Zerstörungszustand eines Katalog-Objekts erfolgen muß, also zB durch herabstürzende Gebäudeteile; vielmehr genügt, daß sich in dem Todeserfolg die spezifische Brandgefährlichkeit der Brandlegungshandlung verwirklicht, der Tod also bspw. durch explodierenden Zündstoff eintritt oder durch freigesetzte tödliche Gase (Rengier JuS 98, 400, Tröndle/Fischer 3; vgl. zu § 307 Nr. 1 aF BGH **7** 39, **20** 230, Geppert Jura 89, 475, aber auch RG **40** 321). Zu weiterem, auch zu den Voraussetzungen der Vollendung s. §§ 306 a RN 20, 306 RN 15 ff.

3. § 307 Nr. 1 aF hatte bisher wegen seiner Tatzeit- und Tatortformel die Berücksichtigung von 5 sog. **Retterschäden** tatbestandlich ausgeschlossen (vgl. 25. A. § 307 RN 5). Demgegenüber stellt sich für das geltende Brandstiftungsrecht neu die Frage, ob und in welchem Umfang eine Verantwortung des Brandstifters für Schädigungen solcher Personen besteht, die sich in Kenntnis und aus Anlaß des Brandes herausgefordert fühlen oder beruflich dazu verpflichtet sind, sich mit dem Ziel des Löschens oder der Rettung von Personen oder Sachen in den Gefahrenbereich des Brandes begeben. Denn infolge des Wegfalls des Tatzeit-/Tatorterfordernisses sind tatbestandlich geschützt nunmehr prinzipiell auch Personen, die erst nach Entstehung des Brandes die in Brand gesetzte Räumlichkeit oder sonstige Tatobjekte, wie zB Wälder (§ 306 I Nr. 5), betreten haben (DSNS-Stein 109, 115 ff., Geppert Jura 98, 604, Herzog NK 3, M-Schroeder II 20, Radtke aaO 289, Rengier JuS 98, 400, W-Hettinger 973; and. unter [nicht einschlägiger] Bezugnahme auf BGH **39** 323 zu § 307 Nr. 1 aF Tröndle/Fischer 3; zw. Wolters JR 98, 274). Zu § 306 c hinzugetreten sind § 306 a II (iVm § 306 d I, II [konkrete Gefahr einer Gesundheitsschädigung, auch fahrlässiges Handeln und fahrlässige Gefahrverursachung]), § 306 b I (schwere Gesundheitsschädigung, fahrlässiges Handeln bzw. Erfolg genügend) und § 306 b II Nr. 1 (konkrete Todesgefahr, Vorsatz bezgl. Gefahr), bei denen ebensowenig eine ausdrückliche tatbestandliche Eingrenzung des Personenkreises besteht. Auch wenn im Vergleich zur früheren Rechtslage, wonach einschlägige Fälle nur unter den Voraussetzungen einer fahrlässigen Tötung (§ 222) erfaßt wurden (dazu BGH **39** 322 m. zust. Anm. Alwart NStZ 94, 84, Amelung NStZ 94, 338, Meindl JA 94, 100, Bspr. Sowada JZ 94, 663, zust. auch Puppe NK 168 vor § 13; krit. Bspr. Bernsmann/Zieschang JuS 95, 775, Derksen NJW 95, 240, K. Günther StV 95, 775, krit. auch Roxin I 340 f., 348; vgl. auch o. § 15 RN 157 u. 101 c vor § 13), nunmehr eine weitergehende Strafbarkeit im Zusammenhang mit Brandstiftungsunrecht eintritt, so besteht gleichwohl keine Qualifikationsautomatik bei Gefährdungen, wie sie typischerweise mit Rettungshandlungen verbunden sind.

Lösungsvorschläge, die unter Hinweis auf die Realisierung eines brandtypischen Risikos (Notwendigkeit von Rettungsaktionen als typisches Gefahrenpotential jeglicher Brandstiftung) *generell* eine umfassende Verantwortung des Brandstifters bejahen, also auch für sämtliche Gefährdungen (Geppert Jura 98, 602, wohl auch BE 4, vgl. auch DSNS-Stein 117 f. [zw. bei professionellen Helfern]; dagg. generell abl. Rengier JuS 98, 400 [der jedoch die Schaffung des besonderen Gefahrenzustandes „Brand" im Vergleich zu sonstigen Unglücken und Straftaten nicht berücksichtigt]), verdienen keinen Beifall. Denn bei selbstgefährdenden Rettungsaktionen sind weitere Prinzipien (als bloß pauschal die mit Brandstiftung typisch verbundene Risikorealisierung) zu berücksichtigen (vgl. o. 92 ff., 101 ff. vor § 13): Zusätzliche Wertungsbezüge resultieren aus der Qualität der Risikohandlung des Brandstifters (wegen der Ausweitung bei Brandlegung), Besonderheiten bei bloßen Gefährdungen, unterschiedlichen Freiheitsgraden bzw. -einbußen der Retter, Art und Umfang der Rettungspflichten in ihrer Bedeutung für die Gemeinschaft, von Rettungshandlungen betroffenen Rechtsgüter sowie Einschränkungen der Zurechnung durch Eingehen überhöhter Risiken (vgl. allg. Frisch, Tatbestandsmäßiges Verhalten [vor § 13] 472 ff.). Im einzelnen gilt folgendes:

Zunächst muß die Brandsituation dem Täter überhaupt zurechenbar sein, was infolge der Vorverlegung bei der Alt. Brandlegung ggf. besonderer Prüfung bedarf (vgl. o. § 306 RN 15). Eine relativ sichere Bank an Bewertungsgewißheit liefert sodann der Rechtsgedanke von § 35 (Zurechnung bei Rettung zum Zwecke der Abwendung anderer Rechtsgüter, die dort dem Retter selbst oder sog. Sympathiepersonen zustehen, vgl. Bernsmann/Zieschang JuS 95, 778 f., Radtke aaO 298 f.). Dieser Rechtsgedanke stellt aber weder einen hinreichenden Grund bereit, jegliche bloße Gefährdung des idR *privaten Retters* dem Erstverursacher zuzurechnen (kein absoluter Ausschluß von Freiverantwortlichkeit, Teilbarkeit der Reichweite der Selbstgefährdung, teilw. Postpondenz-Betrachtung bei konkreter Gefahr als Gefahrerfolg, o. 5 vor § 306, 92 a vor § 13), noch schließt er eine Zurechnung aus, wie bei Todeseintritt anläßlich der Rettung von sonstigen wichtigen (Sach-)Gütern (vergleichbare Konfliktlage, vgl. zB Sowada JZ 94, 665; and. Radtke aaO 299). *Berufsmäßige Helfer* stehen von vornherein gesetzlich unter intensiverem Handlungsdruck (vgl. § 35 I 2), ohne daß daraus eine Einstandspflicht des Brandstifters für den in §§ 306 a II (iVm § 306 d) genannten Gefahrenzustand resultieren würde. Zumindest bloße Gefährdungen der Gesundheit sind als typische Berufsrisiken von Feuerwehrleuten etc. gesellschaftlich akzeptiert, individuell typischerweise hingenommen und zudem durch Ausbildung und technischen Arbeitsschutz auf ein erträgliches Maß reduziert (vgl. iE ebso Radtke aaO 303; weiter haftungseinschränkend Roxin I 348 f., M-Schroeder II 20). Andernfalls träte praktisch die Qualifikation fast automatisch ein. Eine strikte Grenze der Verantwortung des Brandstifters bildet schließlich das grob pflicht- oder sachwidrige Verhalten *jedes Retters* (iE hM, vgl. zB BGH **39** 226, Amelung NStZ 94, 339, Derksen NJW 95, 241, Frisch aaO 485 f., Herzog NK 3, Sowada JZ 94, 666; vgl. o. 102 vor § 13). Es bestimmt sich nicht bloß nach der tatsächlichen Gefahrenlage und den betroffenen Rechtsgütern (ist eine lebensbedrohliche Situation von Menschen zu gewärtigen, sind höhere Risiken einzugehen als bei bloßen Sachgefahren), sondern auch nach den besonderen (beruflichen oder sonstigen zB Garantie-) Pflichten (dazu Radtke aaO 302 f.). Jedenfalls in solchen Fehlreaktionen Dritter kann sich die durch Brandlegung initiierte Gefahr nie realisieren (vgl. aber Radtke aaO 326 [wohl nur bezogen auf Leichtfertigkeit]).

8 4. Vorausgesetzt wird weiter – insoweit abweichend von § 18 – eine **wenigstens leichtfertige Todesverursachung**, sie kann auch vorsätzlich herbeigeführt werden (Lackner/Kühl 1, vgl. § 251 RN 9). Zur Leichtfertigkeit iSe gesteigerten Fahrlässigkeit vgl. allg. BGH **33** 67 u. § 15 RN 205, § 18 RN 3, 5. Allgemein dürfte mit Blick auf die unterschiedlichen Tatgegenstände gelten, daß, je weniger das jeweilige Tatobjekt, zB Heiden, als regelmäßiger Ort des Aufenthaltes von Menschen typisiert ist und je überschau- und begrenzbarer es ist, desto weniger die geforderte gesteigerte Fahrlässigkeit vorliegen bzw. es umso eher an der objektiven Vorhersehbarkeit fehlen wird (vgl. Radtke aaO 325).

9 III. Die Tat ist auch in der Form des **Versuchs** strafbar, wenn der Branderfolg nicht eingetreten ist, aber bereits die versuchte Brandstiftung den Tod zurechenbar verursacht hat (vgl. BGH **7** 39 zu § 307 Nr. 1 aF; Herzog NK 4, Krey I 379, Radtke aaO 326, Rengier BT II 258; and. Bussmann GA 99, 33); dies gilt auch, wenn der Tod durch die Explosion des Zündmittels eintritt, ohne daß es zur teilweisen Zerstörung des Tatobjekts gekommen ist (Radtke ZStW 110, 881, Rengier JuS 98, 400 u. o. RN 4; and. zu § 307 Nr. 1 aF BGH **20** 231). Entsprechendes kommt in Betracht, wenn der Täter mit dem Tod des Opfers rechnet, dieser jedoch (bei vollendetem Grunddelikt) ausbleibt (vgl. M-Schroeder II 21).

10 IV. Die **Strafe** ist lebenslange Freiheitsstrafe oder Freiheitsstrafe von 10 bis 15 Jahren. Zur **Führungsaufsicht** s. § 321. Zur **Einziehung** s. § 322.

11 V. **Tateinheit** kann mit §§ 211 f., 222 vorliegen (Meindl JA 94, 103, Tröndle/Fischer 6; and. [Spezialität bzw. Subsidiarität von § 222] Alwart NStZ 94, 84), vgl. auch § 18 RN 6.

§ 306 d Fahrlässige Brandstiftung

(1) **Wer in den Fällen des § 306 Abs. 1 oder des § 306 a Abs. 1 fahrlässig handelt oder in den Fällen des § 306 a Abs. 2 die Gefahr fahrlässig verursacht, wird mit Freiheitsstrafe bis zu fünf Jahren oder mit Geldstrafe bestraft.**

(2) **Wer in den Fällen des § 306 a Abs. 2 fahrlässig handelt und die Gefahr fahrlässig verursacht, wird mit Freiheitsstrafe bis zu drei Jahren oder mit Geldstrafe bestraft.**

Vorbem.: § 306 d (§ 309 aF) neu gefaßt durch das 6. StrRG v. 26. 1. 1998, BGBl. I 164.

Schrifttum: Geerds, Fahrlässigkeitsbrände, in: Grundlage der Kriminalistik, Bd. 8, 1. – *Jäger,* Fahrlässigkeitsbrände, 1990. – *Küpper,* Fahrlässige Brandstiftung mit tödlichem Ausgang – BGH, NJW 1989, 2479, JuS 90, 184. – Vgl. auch die Angaben zu § 306 ff.

1 I. Die **Neufassung** enthält im Vergleich zu § 309 aF eine Verschärfung der Strafdrohung (krit. Stein aaO 118) sowie zu dem neuen § 306 a Abs. 2 eine Vorsatz-Fahrlässigkeits-Kombination und eine reine Fahrlässigkeitsvariante. § 306 d gehört zu den besonders mißglückten Vorschriften des 6. StrRG: Die Strafbarkeit der fahrlässigen Sachbeschädigung (§ 306 d I 1. Alt. iVm § 306 I) führt zu dubioser Strafbewehrung bei bestimmtem professionellen Handeln (zB KFZ-Monteur, der bei Schweißarbeiten PKW fahrlässig in Brand setzt; krit. Geppert Jura 98, 604) oder im Straßenverkehr (uU bei Verkehrsunfällen auftretende Brände [krit. DSNS-Stein 118, Tröndle/Fischer 6] bzw. fahrlässig überhitztem Motor). Weiter würde, dem Wortlaut entsprechend, das Inbrandsetzen fremder Tatobjekte nach § 306 a Abs. 1 (ohne Gesundheitsgefährdung) strenger bestraft als dasjenige mit einer zusätzlichen Gesundheitsgefährdung (§ 306 a Abs. 2 iVm § 306 d Abs. 1). Und die fahrlässige Inbrandsetzung fremder Sachen würde nach § 306 d Abs. 1 sanktioniert, die zusätzliche fahrlässige Gesundheitsgefährdung dagegen milder nach § 306 d Abs. 2 (krit. Fischer NStZ 99, 13, Schroeder GA 98, 574, Wolters JR 98, 273). Um diese absurden Ergebnisse zu vermeiden, empfiehlt sich jedoch nicht, § 306 d Abs. 2 und damit auch § 306 d Abs. 1 2. Alt. und Abs. 2 auf Brandstiftung an eigenen und herrenlosen Sachen zu beschränken (so aber Fischer NStZ 99, 13, Tröndle/Fischer 4, zust. Herzog NK 3). Zwangsläufige Lücken bei der Anwendung von §§ 306 a Abs. 2 u. 306 b Abs. 2 (dazu Tröndle/Fischer 4) lassen sich bei einer Konkurrenzlösung vermeiden: Als geringeres Übel erscheint mit Blick auf die vom Gesetzgeber intendierte unterschiedliche Schutzrichtung (vgl. o. § 306 b RN 16) bei der Inbrandsetzung fremder Sachen mit Gesundheitsgefährdung die Annahme von jeweils Idealkonkurrenz mit § 306 bzw. § 306 d Abs. 1 (M-Schroeder II 21). Der Gesetzgeber ist gefordert.

II. Fahrlässige Brandstiftung ist in folgenden Varianten möglich:

1. Abs. 1 1. Hs. 1. Alt. inkriminiert die fahrlässige Inbrandsetzung oder (teilweise) Zerstörung durch Brandlegung von Tatobjekten des § 306 Abs. 1 Nr. 1 bis 6 (s. o. § 306 RN 3 ff). Es handelt sich um einen Fall einer fahrlässigen Sachbeschädigung (vgl. o. § 306 RN 1; krit. DSNS-Stein 119). **Alt. 2** erfaßt die Tatgegenstände von § 306 a Abs. 1 (s. § 306 a RN 3 ff.). Zur *Fahrlässigkeit* s. § 15 RN 120 ff. Als Sorgfaltspflichtverletzung kommen insbes. in Betracht alle Verstöße gegen Vorschriften, welche Brandverhütung bezwecken. Dies ist etwa der Fall bei unvorsichtigem Aufstellen von brennenden Kerzen und unbeaufsichtigtem Brennenlassen (vgl. § 5 III 1 BayVO über die Verhütung von Bränden, s. Bay NJW **90**, 3032), bei Rauchen im Wald oder Abbrennen von Bodendecken (vgl. landesrechtl. Wald- u. Forstgesetze, zB § 22 I Nr. 5 Hess. NatSchG, § 6 sachs.-anhalt. Waldbrandgefahrenabwehr-VO), bei Überlassen von pyrotechnischen Gegenständen an Minderjährige (§ 22 I SprengstoffG), bei Verstößen gegen einschlägige technische Sicherheitsvorschriften (Nachw. bei Erbs/Kohlhaas, Lexikon des Nebenstrafrechts B 122), wie zB dem Düsseldorfer Flughafenbrand 1996, oder bei Nichtbeachtung der Vorschriften zur Vermeidung von Selbstentzündung bei Ernteerzeugnissen (Bay **78**, 46), aber auch bei sonst nachlässigem Umgang mit feuergefährlichen Mitteln, wie zB Rauchen im Bett (Tröndle/Fischer 6), uU bei Verkauf von Streichhölzern an Kleinkinder (RG **76** 2 m. Anm. v. Weber ZAKDR 42, 263), achtloses Wegwerfen von glühenden Zigaretten (Schleswig NStZ **82**, 116) oder Umgang mit offenem Feuer in der Nähe leicht brennbarer Gegenstände, wie etwa auf einem Heuboden (BGH NStZ **89**, 431). Weiter werden erfaßt auch Fälle der Verkennung der Objektqualität der Räumlichkeit, bspw. bei gemischt genutzten Gebäuden (vgl. o. § 306 a RN 11, 14; Geppert Jura 89, 480). Zur Frage der fahrlässigen Intensivierung eines Brandes s. Bay NJW **59**, 1885 u. o. § 306 RN 14.

Fahrlässige Brandstiftung kann auch durch garantenpflichtwidriges **Unterlassen** begangen werden. In Betracht kommt bspw. ein Gaststättenbetreiber, der es unterläßt, Gefahren aus sorglosem Umgang mit glimmenden Zigarettenresten entgegenzuwirken (BGH NStZ-RR **96**, 1), ein Schornsteinfeger, der den feuerpolizeiwidrigen Zustand eines Baues nicht beanstandet (vgl. Oldenburg BB **56**, 870) oder uU Eltern, die ihre Kinder nicht hinreichend beaufsichtigen (vgl. Geppert Jura 89, 480).

2. Abs. 1 2. HS enthält eine Vorsatz-/Fahrlässigkeitskombination bei *vorsätzlicher* Inbrandsetzung oder (teilweiser) Zerstörung durch Brandlegung in den Fällen des § 306 a Abs. 2 (also die Tatobjekte des § 306 Abs. 1 Nr. 1 bis Nr. 6, ungeachtet der Eigentumslage; s. o. § 306 a RN 17) und *fahrlässiger* konkreter Gefahr einer Gesundheitsschädigung für einen anderen Menschen (s. o. § 306 a RN 19 ff., auch zum notwendigen Zusammenhang zwischen Handlung und Gefahrerfolg). Vgl. auch § 11 II.

3. Abs. 2 enthält schließlich für die Fälle des § 306 a Abs. 2 (s. RN 5) eine Fahrlässigkeits-/Fahrlässigkeits-Kombination, bestraft also Fahrlässigkeit sowohl hinsichtlich der Tathandlung als auch bezüglich der konkreten Gefahr einer Gesundheitsschädigung.

4. Vom Wortlaut des Abs. 1 nicht gedeckt ist eine Einbeziehung von § 306 b Abs. 1, Abs. 2 Nr. 1 (Lackner/Kühl 2; krit. Wolters JR 98, 274; and. M-Schroeder II 21).

III. Idealkonkurrenz des Abs. 1 ist bei Verschiedenheit der Tatobjekte möglich mit vorsätzlicher Brandstiftung (Horn SK § 309 aF RN 6, Tröndle/Fischer 8). Im Verhältnis zu § 222 kann Gesetzeskonkurrenz bestehen mit Vorrang des § 306 d (vgl. BGH NJW **89**, 2480 m. Bspr. Küpper JuS 90, 184 u. Eue JZ 90, 765). Vgl. auch RN 1.

§ 306 e Tätige Reue

(1) **Das Gericht kann in den Fällen der §§ 306, 306 a und 306 b die Strafe nach seinem Ermessen mildern (§ 49 Abs. 2) oder von Strafe nach diesen Vorschriften absehen, wenn der Täter freiwillig den Brand löscht, bevor ein erheblicher Schaden entsteht.**

(2) **Nach § 306 d wird nicht bestraft, wer freiwillig den Brand löscht, bevor ein erheblicher Schaden entsteht.**

(3) **Wird der Brand ohne Zutun des Täters gelöscht, bevor ein erheblicher Schaden entstanden ist, so genügt sein freiwilliges und ernsthaftes Bemühen, dieses Ziel zu erreichen.**

Vorbem.: § 306 e (§ 310 aF) erweitert durch das 6. StrRG v. 26. 1. 1998, BGBl. I 164.

Schrifttum: Römer, Fragen des „ernsthaften Bemühens" bei Rücktritt und tätiger Reue, 1987.

I. Nach dem Vorbild des § 310 aF soll die **tätige Reue** angesichts der früheren Vollendung der §§ 306 ff. die Wirkungen des ansonsten nicht möglichen (vgl. § 24 I S. 1) „Rücktritts" vom vollendeten Delikt gewährleisten. Anders als § 310 aF ist die neue Vorschrift stärker mit § 24 abgestimmt worden, sie stellt auf die Freiwilligkeit ab (und nicht mehr darauf, ob der Brand bereits entdeckt war, vgl. 25. A. § 310 RN 3) und läßt zudem die Wirkungen auch eintreten, wenn, sofern der Brand aus anderen Gründen erloschen ist, der Täter sich freiwillig und ernsthaft darum bemüht hat (zur Gesetzgebungsgeschichte vgl. DSNS-Stein 120, Radtke aaO Gemeingefährlichkeit 30 f.). Ebenfalls anders als im früheren Recht ist nur bei fahrlässiger Brandstiftung und der Vorsatz-Fahrlässigkeits-Kombination nach § 306 d I 3. Var. ein Strafausschuß obligatorisch (§ 306 e II; and. Radtke ZStW 110, 873

§ 306 e 2–12   Bes. Teil. Gemeingefährliche Straftaten

[generell obligatorisch]). § 306 e enthält einen persönlichen Strafaufhebungs- bzw. Strafmilderungsgrund (vgl. Tröndle/Fischer 3, s. auch oben § 24 RN 4).

2   **II. Die Anwendbarkeit von Abs. 1 bis 3** setzt voraus, daß die Tat **vollendet** ist, da sonst schon § 24 eingreift (vgl. BGH NStZ-RR **97**, 233). Zum Erfolg beim Inbrandsetzen bzw. beim Brandlegen als notwendige Bedingung s. § 306 RN 13 bzw. 16. Zu beachten ist, daß insbes. bei der Brandlegungsalternative § 24 größere praktische Bedeutung erlangen kann, soweit, etwa bei der Explosion des Zündstoffes, nicht bereits das Tatobjekt mindestens teilweise zerstört ist (vgl. auch Radtke aaO 416). Gleiches gilt für Konstellationen beim versuchten erfolgsqualifizierten Delikt.

3   Zu beachten ist, daß **Abs. 3** sowohl für die vorsätzliche als auch für die fahrlässige Brandstiftung (Abs. 1 und 2) gilt (BGH StV **99**, 211, DSNS-Stein 120, Geppert Jura 98, 605, Radtke aaO 422; and. BE 112), also das freiwillige und ernsthafte Bemühen genügt, wenn der Brand ohne Zutun des Täters gelöscht wird.

4   **III. Nach Abs. 1,** d. h. in den Fällen *vorsätzlicher* Brandstiftung (§§ 306, 306 a und 306 b [krit. zu dessen Einbeziehung Schroeder GA 98, 575]), entfällt die Strafbarkeit nicht mehr obligatorisch; in Betracht kommt fakultativ Strafmilderung (§ 49 II) oder Absehen von Strafe (vgl. § 60 u. 54 vor § 38). Dafür bestehen drei Voraussetzungen: es darf noch kein erheblicher Schaden entstanden sein, der Brand muß gelöscht werden und dies hat freiwillig zu geschehen. Anders als bei § 310 aF kommt es auf eine Entdeckung des Brandes nicht an.

5   **1. Ein erheblicher Schaden** darf noch **nicht entstanden** sein. Die von § 310 aF abweichende Formulierung trägt der Erweiterung der Brandhandlungen (Brandlegung) Rechnung (vgl. BT-Drs. 13/8587 S. 22). Bezugspunkt für die Erheblichkeit des Schadens ist die Intensität des nach formeller Vollendung bestehenden (Brand-)Zustandes für die geschützten Rechtsgüter bzw. die jeweiligen Tatobjekte, welche die Gefährlichkeit für das Rechtsgut vermitteln. Mit Blick auf §§ 306 a, 306 b folgt daraus, daß eine wirtschaftliche Betrachtungsweise, etwa durch Bezugnahme auf § 315 c I, keinesfalls maßgebende Auslegungsmaxime sein kann (DSNS-Stein 121, Radtke aaO 423, aber auch Lackner/Kühl 2, Rengier JuS 98, 401; and. Herzog NK 3), andererseits je nach Schutzrichtung (§ 306!) auch nicht ausgeschlossen ist. Im einzelnen gilt folgendes:

6   a) Außer Betracht zu bleiben haben angesichts des eindeutigen Wortlauts („bevor") Schädigungen, die durch die Löscharbeiten des Täters entstehen.

7   b) Bei **Personenschäden,** also unmittelbar rechtsgutsbezogenen Schädigungen iSd §§ 306 a II, 306 b, liegt ein erheblicher Schaden jedenfalls dann vor, wenn bei einer anderen Person eine Körperverletzung mit erheblicher Verletzungsgefahr iSd § 224 I Nr. 2 (dort RN 3 ff.) zurechenbar eingetreten ist (Rengier JuS 98, 401, zust. Geppert Jura 98, 605, Lackner/Kühl 2, Radtke ZStW 110, 882, vgl. auch DSNS-Stein 121; and. Tröndle/Fischer 4; ferner Schroeder GA 98, 575 [§ 314 a analog]). Vgl. auch unten RN 12.

8   c) Bei **Sachschäden** kommt es bei *§ 306* primär auf die Quantität und/oder den Wert des Schadens an den Katalog-Objekten an (vgl. DSNS-Stein 121). Denn es geht um ein Eigentumsdelikt, dessen Tatobjekte durch die genannten Kriterien tatbestandliche Bedeutung erlangen (s. o. § 306 RN 1, 3). Mit Blick auf die Disparität der Tatgegenstände verbietet sich aber eine pauschale Orientierung an dem Wert des § 315 c I (and. Lackner/Kühl 2). Vielmehr kann der Wert bspw. bei § 306 I Nr. 5 deutlich höher liegen (vgl. auch Geppert Jura 98, 605, Rengier JuS 98, 401).

9   Auch bei den *gemeingefährlichen Brandstiftungsdelikten* (insbesondere § 306 a I) bezieht sich die Erheblichkeit des Schadens auf die Tatobjekte, doch ist maßgebend nicht die finanzielle Erheblichkeit, sondern die Bedeutung für die Brandgefahr, bezogen auf das für die formelle Vollendung Notwendige (vgl. RG **57** 297, Radtke aaO 423). Daher schadet zB die Tatsache, daß beim inbrandgesetzten Wohnhaus Einrichtungsgegenstände von größerem Wert als bspw DM 1500,– (vgl. o. 15 vor § 306) vernichtet worden sind, dem Täter nicht (vgl. auch Horn SK § 310 aF RN 6). Dagegen ist tätige Reue jedenfalls dann ausgeschlossen, wenn weitere bestandswesentliche Teile des Tatobjekts vom Feuer ergriffen sind (vgl. Radtke aaO 429).

10   d) Unerheblich ist, ob dem Täter die Erheblichkeit des Schadens *bekannt* war. Der Irrtum über die Erheblichkeit ist im Rahmen eines persönlichen Strafmilderungs- bzw. Strafaufhebungsgrundes prinzipiell unbeachtlich.

11   **2. Der Täter muß den Brand gelöscht** haben. Alleiniges oder gar eigenhändiges Löschen durch den Brandstifter ist nicht erforderlich; er kann sich der Hilfe Dritter, wie zB der Feuerwehr, bedienen (vgl. RG **19** 395, Hamm NJW **63**, 1561, Tröndle/Fischer 5). Notwendige Bedingung für Abs. 1 ist aber das erfolgreiche Löschen des Brandes. Erlischt der Brand ohne Zutun des Täters, zB infolge starken Regens oder durch die vom Täter nicht veranlaßte Feuerwehr, so genügt das *freiwillige und ernsthafte Löschungsbemühen* (Abs. 3, vgl. LG Zweibrücken NStZ **93**, 85, o. § 24 RN 68 ff.). Dazu gehört, daß er alles aus seiner Sicht Notwendige zur Erreichung dieses Zieles unternimmt (vgl. BGH NStZ **86**, 27).

12   Schwierigkeiten bereiten Fälle der §§ 306 a II, 306 b II Nr. 1, soweit dem Täter keine Chance verbleibt, den Brand zu löschen, um die weitergehende Leibes- bzw. Lebensgefahr abzuwenden, er jedoch die gefährdete Person anders als durch Löschen des Brandes freiwillig davor bewahrt, daß eine bislang allenfalls abstrakte Gefahr in eine tatbestandlich geforderte konkrete Gefahr umschlägt, zB der Brandstifter nach Inbrandsetzen eines PKWs die einzige in Reichweite des Brandes befindliche Person

auf anderem Wege als durch Löschen des Feuers vor konkreten Gefährdungen sichert. Es drängt sich eine analoge Anwendung von §§ 314a Abs. 2 und Abs. 3, 320 Abs. 2 u. Abs. 3 geradezu auf (ebso Radtke aaO 421, vgl. auch Schroeder GA 98, 575, DSNS-Stein 121 [§ 306 e analog]; krit. auch Tröndle/Fischer 4).

4. Anders als nach § 310 aF stellt § 306 e in allen drei Absätzen durch die Aufnahme des **Freiwilligkeitserfordernisses** auf die subjektive Tätersicht ab (vgl. Geppert Jura 98, 605, Rengier JuS 98, 401; vgl. auch bereits LG Zweibrücken NStZ **93**, 85 zu § 310 aF, Wolff LK § 310 aF RN 3); sie beurteilt sich nach allgemeinen Regeln (s. o. § 25 RN 42 ff.). **13**

IV. Bei **fahrlässiger Brandstiftung** (§ 306 d) hat die freiwillige Löschung des Brandes vor Eintritt eines erheblichen Schadens obligatorische Strafbefreiung zur Folge **(Abs. 2)**. Zu den Voraussetzungen s. o. RN 5 ff. **14**

V. Abs. 3 wurde auf der Grundlage des § 311 e aF neu geschaffen (vgl. BT-Drs. 13/8587 S. 14, 15, 47, 52, 75, 87 ff.; 13/9064 S. 22). In Entsprechung zu § 24 I 2, II 2 genügt, sofern der Brand ohne Zutun des Täters gelöscht wird (s. o. RN 11), bevor ein erheblicher Schaden entstanden ist (s. o. RN 5 ff.), das **freiwillige und ernsthafte Bemühen**, dieses Ziel zu erreichen. Zum Bemühen um Löschung vgl. o. § 24 RN 71 f. Wenn es dem Täter bis zuletzt darauf ankommt, durch einen Großbrand ein Fanal zu setzen, fehlt es bei der Meldung des Brandes an der Ernsthaftigkeit des Bemühens (BGH StV **99**, 212). Zur Erstreckung auf fahrlässige und vorsätzliche Brandstiftung o. RN 3. **15**

VI. Die **Wirkung** des § 306 e ist rein persönlich. Teilnehmer, welche die Voraussetzungen von Abs. 1 bis 3 nicht selbst erfüllen, ggf. durch Mitwirken, bleiben (voll) strafbar. Auch wenn kriminalpolitisch und strafrechtsdogmatisch verfehlt (vgl. Geppert Jura 89, 481 f.), so ist wohl davon auszugehen, daß der Gesetzgeber an der eindeutigen Haltung des BGH zum **Anwendungsbereich** des § 310 aF (BGH **39** 128 m. abl. Anm. Geppert JR 94, 72, Gropengießer StV 94, 19 u. Jung JuS 94, 84, vgl. auch Stuttgart MDR **94**, 74) auch für § 306 e festhalten wollte. Deshalb bleibt die Strafbarkeit nach anderen Vorschriften, auch nach § 306 f., unberührt (Lackner/Kühl 1, Radtke aaO 425, Rengier JuS 98, 401, Wolters JR 98, 275; and. DSNS-Stein 125, Geppert Jura 98, 606, Herzog NK § 306 f. RN 5). **16**

§ 306 f Herbeiführen einer Brandgefahr

(1) Wer fremde
1. feuergefährdete Betriebe und Anlagen,
2. Anlagen oder Betriebe der Land- oder Ernährungswirtschaft, in denen sich deren Erzeugnisse befinden,
3. Wälder, Heiden oder Moore oder
4. bestellte Felder oder leicht entzündliche Erzeugnisse der Landwirtschaft, die auf Feldern lagern,

durch Rauchen, durch offenes Feuer oder Licht, durch Wegwerfen brennender oder glimmender Gegenstände oder in sonstiger Weise in Brandgefahr bringt, wird mit Freiheitsstrafe bis zu drei Jahren oder mit Geldstrafe bestraft.

(2) Ebenso wird bestraft, wer eine in Absatz 1 Nr. 1 bis 4 bezeichnete Sache in Brandgefahr bringt und dadurch Leib oder Leben eines anderen Menschen oder fremde Sachen von bedeutendem Wert gefährdet.

(3) Wer in den Fällen des Absatzes 1 fahrlässig handelt oder in den Fällen des Absatzes 2 die Gefahr fahrlässig verursacht, wird mit Freiheitsstrafe bis zu einem Jahr oder mit Geldstrafe bestraft.

Vorbem.: § 306 f. (§ 310 a aF) geändert durch 6. StrRG v. 26. 1. 1998, BGBl. I 164.

I. Die Vorschrift über die **Herbeiführung einer Brandgefahr** ist durch das 6. StrRG erheblich umgestaltet und an die sonstigen Änderungen im Brandstiftungsstrafrecht angepaßt worden. Die äußere Struktur eines konkreten Gefährdungsdelikts ist zwar beibehalten worden (krit. Herzog NK 1), doch wurde die Schutzrichtung modifiziert (zu § 310 aF vgl. BGH **39** 131 f., LM **Nr. 1**; zur Gesetzgebungsgeschichte vgl. Radtke aaO 394 f): **Abs. 1** verlangt die konkrete Brandgefährdung eines fremden Katalog-Tatobjekts und ist daher (atypisches) *konkretes Eigentumsgefährdungsdelikt* (DSNS-Stein 122, Geppert Jura 98, 605, Lackner/Kühl 2, Rengier JuS 98, 400, Wolters JR 98, 275; and. Radtke aaO 396 [Kombination von konkretem Eigentumsgefährdungsdelikt mit gemeingefährlicher Tathandlung], Herzog NK 1), dessen Rechtsgut zur Disposition des Eigentümers steht. **Abs. 2** erfordert den Eintritt einer konkreten Brandgefahr an den Tatobjekten des Abs. 1, ungeachtet der Eigentumslage (vgl. BT-Drs. 13/8587 S. 49, Rengier JuS 98, 400, Wolters JR 98, 275, vgl. auch M-Schroeder II 22; and. [nur eigene und herrenlose Sachen] Tröndle/Fischer 4 u. NStZ 99, 14, Radtke aaO 396 u. ZStW 110, 883, Stein aaO 124, wohl auch Lackner/Kühl 2; vgl. o. § 306 b RN 17), und eine konkrete Lebens-, Gesundheits- oder Sachgefahr (spezifisches konkretes Gefährdungsdelikt). **1**

§ 306 f 2–12   Bes. Teil. Gemeingefährliche Straftaten

2   **II.** Geschützt sind in **Abs. 1** nur **fremde Gegenstände,** zur Fremdheit s. § 242 RN 12. Folgende Schutzobjekte sind erfaßt:

3   **1.** Feuergefährdete **Betriebe oder Anlagen Nr. 1** sind wegen der besonderen (Eigentums-) Schutzbedürftigkeit betriebswirtschaftliche Funktionseinheiten, d. h. gewerblichen Zwecken dienende Einrichtungen, in denen insbes. eine aufeinanderbezogene Gesamtheit von Gegenständen (Materialien, Hilfsstoffe, Geräte) für einen bestimmten Zweck bereitgehalten und verwendet wird (Stuttgart MDR **94**, 714, Herzog NK 2, Tröndle/Fischer 3; umfassender Radtke aaO 399 f.). **Feuergefährdet** sind diejenigen Einrichtungen, die einer erhöhten, d. h. über das gewöhnliche Maß hinausgehenden Brandgefahr ausgesetzt sind, weil die vorhandenen Materialien oder Gegenstände entweder sich leicht von selbst entzünden oder aber leicht Feuer fangen (vgl. BGH **5** 195 f.). Gleiches gilt, wenn die Anlage als solche aufgrund ihr anhaftender Eigenschaften besonders feuergefährdet ist (BGH aaO), wobei aber besondere Umstände vorliegen müssen, so daß bloße Holzkonstruktionen nicht schon deshalb erfaßt sind. Die bisherigen gesetzlichen Beispiele („insbesondere solche, in denen explosive Stoffe, brennbare Flüssigkeiten oder brennbare Gase hergestellt oder gewonnen werden oder sich befinden") lassen sich weiter heranziehen (BT-Drs. 13/8587 S. 49). Es kommen vor allem Werke in Betracht, die mit und an solchen Stoffen arbeiten, wobei genügt, daß ein Teil des Betriebs feuergefährdet ist, sofern er mit der Gesamtanlage räumlich eng zusammenhängt (BGH aaO). Dies ist bspw. der Fall bei einem Lecithin-Tankbehälter mit mehreren Tonnen Fassungsvermögen, der mit der Mauer einer Fabrikhalle verbunden ist (BGH **41** 220, 222, Tröndle/Fischer 3), nicht aber bei einem Lagerraum, der kein Bestandteil eines Gewerbebetriebs ist (Stuttgart MDR **94**, 713; and. Radtke aaO 400). In Betracht kommen bei besonderer Feueranfälligkeit auch Kinos und Theater (Herzog NK 2, Horn SK 310 a RN 3; and. Tröndle/Fischer 3).

4   **2.** Zu den **Anlagen oder Betrieben der Land- oder Ernährungswirtschaft (Nr. 2)** vgl. § 306 RN 9. Anders als bei § 306 I Nr. 6 kommen aber nur räumlich-gegenständliche Einrichtungen in Frage, was sich schon daraus ergibt, daß sich **in** ihnen die **Erzeugnisse** (o. § 306 RN 10) des jeweiligen Wirtschaftszweigs **befinden** müssen (nicht zwingend des betroffenen Betriebs, Tröndle/Fischer 3).

5   **3.** Zu **Wäldern, Heiden oder Mooren (Nr. 3)** s. § 306 RN 8.

6   **4.** Nr. 4 erfaßt: **bestellte Felder** (vgl. o. § 306 RN 9) oder **leicht entzündliche Erzeugnisse der Landwirtschaft** (s. o. § 306 RN 4), **die auf Feldern lagern.** Die leichte Entzündlichkeit muß aus der Beschaffenheit der Erzeugnisse herrühren und bestimmt sich danach, ob sie, einmal vom Feuer erfaßt, „wie Zunder brennen" (BGH **5** 194), wie zB Stroh, Heu, Getreide.

7   **III. Tathandlung** ist jede **vorsätzliche Schaffung** einer konkreten Brandgefahr für eines der Schutzobjekte **(in sonstiger Weise).** Gesetzlich als Bsp. ausdrücklich genannt sind die Schaffung durch Rauchen, offenes Feuer oder Licht, durch Wegwerfen brennender oder glimmender Gegenstände. Das Gesetz kennt keinen numerus clausus der verbotenen Handlungen, in Betracht kommt deshalb auch das Ablagern brandgefährlicher Stoffe (vgl. BGH **5** 197), was nicht notwendig eigenhändig zu erfolgen hat. Zum garantenpflichtwidrigen *Unterlassen* vgl. o. § 306 RN 18, eingeh. Radtke aaO 407 ff.

8   **IV.** Die **Brandgefahr** muß als konkreter Gefahrerfolg **kausal** auf die Handlung zurückzuführen sein und muß auch **objektiv zurechenbar** sein. Eine konkrete Brandgefahr liegt vor, wenn es nur noch vom Zufall abhängt, ob an dem Katalog-Objekt ein Schaden eintritt (vgl. o. 5 vor § 306). Mindestvoraussetzung ist das Hineingelangen des Tatobjekts in den Wirkungsbereich des Täterhandelns (Zieschang aaO [vor § 306] 51). Eine konkrete Brandgefahr ist etwa gegeben bei Wegwerfen einer glimmenden Zigarette in das Unterholz nach wochenlanger Trockenheit im Wald, ebenso bei Rauchen am Ort eines verunfallten Tanklastzuges, wohl noch nicht aber im räumlichen Bereich einer ordnungsgemäß gesicherten Tankstelle (and. Radtke aaO 402). Die Zurechnung einer konkreten Brandgefahr wird idR durch das vorsätzliche brandstiftende Handeln eines Dritten ausgeschlossen (vgl. Stuttgart JR **97**, 517 m. Anm. Gössel).

9   **V.** Der **Vorsatz** muß sich auch auf die Herbeiführung einer konkreten Brandgefahr beziehen.

10   **VI. Abs. 2** enthält neu eine Regelung, die teilweise § 306 a II entspricht. Als **Tatgegenstände** geschützt sind diejenigen des Abs. 1, ungeachtet der Eigentumslage (s. o. RN 1). Es handelt sich um keine Qualifikation des Abs. 1, der gordische Knoten (vgl. Fischer NStZ 99, 14) läßt sich wohl (ohne den Gesetzgeber) nur bei Annahme einer unterschiedlichen Schutzrichtung lösen. Zu den **Tathandlungen** s. RN 7.

11   Zu den Voraussetzungen der konkreten Gefahrerfordernisse **(konkrete Gefährdung von Leib oder Leben eines anderen Menschen oder fremder Sachen von bedeutendem Wert)** s. § 306 a RN 19 u. 15 vor § 306.

12   Erforderlich ist ein **doppelter Gefahrerfolg:** zum einen der Eintritt einer konkreten Brandgefahr (o. RN 8) an den Katalog-Objekten, zum anderen eine konkrete Individualgefahr, wobei – ähnlich wie bei § 306 a II (dort RN 20) – uU ausreicht, daß sich die spezifische Brandgefährlichkeit der Handlung in der Individualgefahr verwirklicht, also zB die unmittelbar bevorstehende, durch Zufall noch abgewendete Explosion eines Zündmittels zwar wegen der Feuerresistenz der bestandswesentlichen Teile einer Anlage (Abs. 1 Nr. 2, s. o. § 306 RN 13) nicht zu einer Feuergefahr, wohl aber zu einer konkreten Gefahr einer teilweisen Zerstörung geführt hat und die konkrete Individualgefahr auf

der Gefährlichkeit der abgewendeten Explosion beruht (wohl extensiv Radtke aaO 405; vgl. auch DSNS-Stein 123, Geppert Jura 98, 605).

Der **Vorsatz** muß sich auch auf den doppelten Gefahrerfolg beziehen (Umkehrschluß aus § 15, vgl. Geppert Jura 98, 605, Stein aaO 123). 13

VII. Abs. 3 regelt die entsprechende **Fahrlässigkeitsstrafbarkeit.** Der **1. HS** enthält eine gemilderte Strafdrohung für die praktisch besonders bedeutsame fahrlässige Verursachung einer Brandgefahr iSd Abs. 1. In Betracht kommen nur fremde Tatobjekte, während die fahrlässige Herbeiführung einer Brandgefahr bezgl. eigener Tatgegenstände selbst bei konkreter Lebensgefahr, etwa bei fahrlässigen Handlungen im eigenen Wald, straflos bleibt (vgl. auch DSNS-Stein 124). HS 2 erfaßt die vorsätzliche (Stein aaO 123) Brandgefährdung der Tatobjekte des Abs. 2, also ungeachtet der Eigentumslage (vgl. o. RN 1; and. M-Schroeder II 22 [nur fremde Tatobjekte]; wieder and. Tröndle/Fischer 6 [nur eigene Tatgegenstände] unter fahrlässiger Gefährdung von Menschen oder fremden Sachen. 14

VIII. Soweit unterschiedliche Rechtsgüter betroffen sind, ist zwischen Abs. 1 und Abs. 2 **Idealkonkurrenz** gegeben (M-Schroeder II 23). Sie können gegenüber den eigentlichen Brandstiftungsdelikten als subsidiär zurücktreten. Tateinheit ist möglich mit § 303 (BGH **39** 132, Tröndle/Fischer 7) und mit § 305 (BGH **41** 222, Lackner/Kühl 3). 15

Zur tätigen Reue nach § 306 e s. dort RN 12. Zur analogen Anwendung von § 314 a vgl. Schroeder GA 98, 576. 16

§ 307 Herbeiführen einer Explosion durch Kernenergie

(1) **Wer es unternimmt, durch Freisetzen von Kernenergie eine Explosion herbeizuführen und dadurch Leib oder Leben eines anderen Menschen oder fremde Sachen von bedeutendem Wert zu gefährden, wird mit Freiheitsstrafe nicht unter fünf Jahren bestraft.**

(2) **Wer durch Freisetzen von Kernenergie eine Explosion herbeiführt und dadurch Leib oder Leben eines anderen Menschen oder fremde Sachen von bedeutendem Wert fahrlässig gefährdet, wird mit Freiheitsstrafe von einem Jahr bis zu zehn Jahren bestraft.**

(3) **Verursacht der Täter durch die Tat wenigstens leichtfertig den Tod eines anderen Menschen, so ist die Strafe**
1. **in den Fällen des Absatzes 1 lebenslange Freiheitsstrafe oder Freiheitsstrafe nicht unter zehn Jahren,**
2. **in den Fällen des Absatzes 2 Freiheitsstrafe nicht unter fünf Jahren.**

(4) **Wer in den Fällen des Absatzes 2 fahrlässig handelt und die Gefahr fahrlässig verursacht, wird mit Freiheitsstrafe bis zu drei Jahren oder mit Geldstrafe bestraft.**

Vorbem.: § 307 Abs. 3 (§ 310 b aF) geändert durch das 6. StrRG vom 26. 1. 1998, BGBl. I 164.

Schrifttum: Fischerhof, Deutsches Atomgesetz und Strahlenschutzrecht, 1962. – *Mattausch/Baumann,* Nuklearkriminalität, NStZ 94, 462. – *Reinhardt,* Der strafrechtl. Schutz vor den Gefahren der Kernenergie und der schädl. Wirkungen ionisierender Strahlen, 1989.

I. Die Vorschrift über das Herbeiführen einer **Explosion durch Kernenergie** bezweckt den Schutz von Leben, Gesundheit und Sachgütern vor den Gefahren der Kernenergie (vgl. § 1 Nr. 2 AtomG; Herzog NK 2, Tröndle/Fischer 1). Es handelt sich bei Abs. 1, 2 u. 4 um ein **konkretes Gefährdungsdelikt,** wobei im Falle des Abs. 1 das Unternehmen der Tat genügt. Die Strafzumessungsregel des § 310 b III aF wurde durch einen Qualifikationstatbestand ersetzt. Vgl. ergänzend §§ 311 312, 327, 328, insbes. Abs. 2 Nr. 3 u. 4, und die Bußgeldvorschriften des AtomG. 1

II. Die durch **Abs. 1** unter Strafe gestellte **Handlung** besteht in dem Unternehmen, durch Freisetzung von Kernenergie eine Explosion herbeizuführen und dadurch Leib oder Leben eines anderen oder fremde Sachen von bedeutendem Wert zu gefährden. 2

1. Durch **Freisetzen von Kernenergie** muß die Explosion herbeigeführt werden. Dabei ist unter Kernenergie die in den Atomkernen gebundene Energie zu verstehen, die durch Kernspaltungs- oder -vereinigungsvorgänge freigesetzt wird (vgl. E 62 Begr. zu § 322, 501, Fischerhof 2, Tröndle/Fischer 2, Wolff LK 3). Sie wird sie Explosion verursacht, wenn die Freisetzung der Kernenergie in Gestalt einer Druckwelle mit großer Beschleunigung sowie Wärme und ionisierender Strahlung mit Außenwirkung (vgl. § 328 RN 13 a) erfolgt (vgl. KG NStZ **89,** 369, LG Braunschweig NStZ **87,** 232, Herzog NK 4). Die Kernspaltungsvorgänge beim Normalbetrieb eines Kernreaktors verlaufen nicht explosionsartig, weshalb der Tatbestand nicht erfüllt ist (ebso Herzog NK 4, Lackner/Kühl 2, Tröndle/Fischer 2, Wolff LK § 310 b aF RN 2, iE Horn SK § 310 b aF RN 2); es ist nicht von einem strikt naturwissenschaftlichen, sondern von einem auch humanen Begriff der Explosion auszugehen (zutr. M-Schroeder II 24). Entsprechend bemißt sich die Strafbarkeit beim „Durchgehen" eines Reaktors, sei es infolge von Fehlbedienungen, sei es infolge systemischer Mängel, nach dem *explosionsartigen* Freisetzen von Kernenergie als Unternehmen eines von der Handlung trennbaren „Erfolgs" in der Außenwelt (vgl. 130 vor § 13; iE ebso Herzog NK 4, Lackner/Kühl 2, Tröndle/Fischer 2, Wolff LK § 310 b aF RN 2), nicht maßgebend danach, ob noch eine relative Kontrolle (so aber Horn aaO) oder ob bereits eine abstrakte Gefährdung besteht (vgl. 25. A. § 310 b aF RN 3). 3

§ 307 4–13   Bes. Teil. Gemeingefährliche Straftaten

4   2. Durch die Explosion muß eine **konkrete Gefahr** für **Leib** oder **Leben** eines anderen (vgl. 5 ff. vor § 306) oder für **fremde Sachen** von bedeutendem Wert (vgl. 14 ff. vor § 306) entstehen.

5   3. Das Delikt nach Abs. 1 ist **vollendet** mit dem **Unternehmen** der Handlung, also bereits mit dem Versuch (vgl. § 11 RN 47 ff. und u. 13); auch der untaugliche Versuch wird erfaßt (vgl. § 11 RN 49). Zur tätigen Reue vgl. § 314 a.

6   4. Abs. 1 erfordert **Vorsatz** bezüglich aller Tatbestandsmerkmale, bedingter Vorsatz genügt.

7   III. Die Vorschrift des **Abs. 2** unterscheidet sich von Abs. 1 in folgendem:

8   1. Die **Handlung** setzt hier die tatsächliche Herbeiführung der Explosion voraus (o. 3); das Unternehmen, eine Explosion herbeizuführen, reicht also für das vollendete Delikt nicht aus (zur Strafbarkeit wegen Versuchs vgl. u. 13). Im übrigen stimmt der objektive Tatbestand mit dem des Abs. 1 überein (vgl. o. 3 f.).

9   2. Im **subjektiven Tatbestand** ist vorsätzliches Herbeiführen der Explosion (dolus eventualis genügt) erforderlich, während Fahrlässigkeit bezüglich der konkreten Gefährdung von Leib oder Leben usw. ausreicht. Die Vorschrift entspricht insoweit § 308 V (zur Kritik an dieser Vorsatz-Fahrlässigkeits-Kombination vgl. dort RN 12).

9 a   IV. Abs. 3 idF des 6. StrRG ersetzt die frühere Regelung eines besonders schweren Falls durch eine **Erfolgsqualifikation** für wenigstens leichtfertige (§ 15 RN 205, § 18 RN 3) Todesverursachung, sie kann auch vorsätzlich herbeigeführt werden (vgl. § 251 RN 9). Abgestufte Strafrahmen sind für die Abs. 1 und 2 vorgesehen (krit. zur Einbeziehung von Vorsatz bei Nr. 2 Tröndle/Fischer 7).

10   V. Abs. 4 stellt die rein fahrlässige Begehung des Delikts nach Abs. 2 unter Strafe. Insoweit ist die Bestimmung dem § 311 V nachgebildet.

11   VI. Jedenfalls die **Rechtswidrigkeit** ist grundsätzlich ausgeschlossen, soweit mit Kernenergie unter Einhaltung sämtlicher gesetzlichen und behördlich oder durch RVO konkretisierten Sicherheitsvorgaben gearbeitet wird. Das präventive Verbot mit Versagungsermessen im Atomrecht (vgl. BVerfGE **49** 189) zwingt nicht zu einer generellen Berücksichtigung auf Tatbestandebene (iE and. Horn SK § 310 b 4). Soweit Kernexplosionen in genehmigten Reaktoren trotz Einhaltung der genannten Sicherheitsvorschriften entstehen, fehlt es prinzipiell an der die Fahrlässigkeit begründenden Sorgfaltspflichtverletzung (Herzog NK 9, Lackner/Kühl 4). Das Vorliegen einer (atomrechtlichen) Genehmigung vermag von vornherein nur das zu legalisieren, was nach dem objektiven Erklärungssinn des Gestattungsakts tatsächlich erlaubt ist (vgl. Heine NJW 90, 2431 f., o. 63 d vor § 13). Durfte die fragliche Handlung dagegen auch unter Berücksichtigung des mit ihr verbundenen (Rest-) Risikos für Individualgüter rechtlich zulässig vorgenommen werden, so kann ihre ordnungsgemäße Durchführung nicht deshalb rechtswidrig werden, weil sich die einkalkulierte Gefahr in einem entsprechenden Gefährdungserfolg verwirklicht (Heine aaO, Hirsch LK 160 vor § 32). Die rechtliche Zulässigkeit der Vornahme der Handlung ist jedoch voraussetzungsvoll: bei Abs. 3 fehlt es – ungeachtet der Frage von Restrisiken – an der Legalisierungsmöglichkeit aufgrund staatlicher Sicherheitsvorgaben (vgl. § 330 a RN 8 mwN), zu prüfen sind weiter Einschränkungen infolge Rechtsmißbrauch (63 b vor § 32) und Wissensvorsprung bei unternehmerischer Tätigkeit (Frisch Tatbestandsmäßiges Verhalten [vor § 32] 33, 69, Heine Verantwortlichkeit aaO [vor § 324] 72). Dagegen vermag allein das Fehlen einer Genehmigung § 307 nicht zu begründen, denn diese Vorschrift nicht bloß den Verstoß gegen eine behördliche Kontrollbefugnis sanktioniert; es kommt § 327 in Betracht. Zu beachten ist, daß sich aus der begrenzten legalisierenden Reichweite staatlicher Sicherheitsvorgaben unterschiedliche strafrechtliche Konsequenzen ergeben können: Soweit etwa eine genehmigte Forschungstätigkeit nicht zu einer Explosion führt, gleichwohl gegen Schutzvorschriften etwa der RöntgV oder der StrahlenSchV bzw. gegen behördliche Auflagen und Anordnungen verstoßen wird, so kommt nicht Abs. II, sondern § 311 oder § 46 I Nr. 4 AtomG in Frage (zutr. Tröndle/Fischer 8). Zur Anwendbarkeit von § 34 s. dort RN 35.

12   Rechtfertigende Wirkung kommt auch der **Einwilligung** (vgl. 29 ff. vor § 32) zu, sofern durch die Explosion lediglich eine Gefahr für einen beschränkten Personenkreis, etwa im Rahmen eines Experiments, oder für bestimmte Sachen entsteht und alle betroffenen Personen in die Gefährdung eingewilligt haben (vgl. § 315 c RN 33, ebenso Fischerhof 17, Herzog NK 9, Horn SK 4; and. Mattern-Raisch § 40 AtomG RN 8, Tröndle/Fischer 8). Daß die „abstrakte Gefährlichkeit" (Tröndle/Fischer 8) einer solchen Explosion der Einwilligung nicht ihre Relevanz nehmen kann, zeigt sich auch daran, daß die Gefährdung eigener oder herrenloser Sachen durch die Kernexplosion bereits vom Tatbestand der Vorschrift nicht erfaßt wird, obwohl hier die „abstrakte Gefahr" nicht geringer ist als im Falle der Einwilligung des Eigentümers. Auch **völkerrechtliche Normen** können in bestimmtem Umfang rechtfertigend wirken (Fischerhof 13, vgl. Dannecker/Streinz, in Rengeling [vor § 324] 114 ff.).

13   VII. Zum **Versuch** des Delikts nach Abs. 1 (Unternehmenstatbestand) vgl. o. 5. Nach allgemeinen Grundsätzen strafbar ist der Versuch des Verbrechens nach Abs. 2. Ein Versuch liegt etwa vor, wenn es dem Täter nicht gelingt, die Kernexplosion auszulösen, gleichwohl aber durch das Freisetzen der Kernenergie eine Gefahr herbeigeführt wird (and. Horn SK 8, M-Schroeder II 24). Für den **Rücktritt** vom Versuch im Falle des Abs. 2 gilt § 24. Zum Versuch der Erfolgsqualifikation des Abs. 3 s. § 18 RN 8 f. Zur **tätigen Reue** vgl. § 314 a.

VIII. Die **Teilnahme** ist nach den allgemeinen Grundsätzen möglich nicht nur an dem Delikt des 14
Abs. 1, sondern auch an der Tat nach Abs. 2 bzw. Abs. 3, da es sich hier gemäß § 11 II um eine
Vorsatztat handelt (Herzog NK 7). Der Teilnehmer muß sich vorsätzlich an der Herbeiführung der
Explosion beteiligen, während ihm hinsichtlich der Gefährdung für Leib oder Leben usw. nur Fahrlässigkeit bzw. Leichtfertigkeit zur Last zu fallen braucht (vgl. auch § 311 RN 15).

IX. Die **Strafe** ist in Abs. 1, 2 und 4 nach der Schuldform abgestuft. Das Vorsatzdelikt des **Abs. 1** 15
ist mit Freiheitsstrafe nicht unter fünf Jahren bedroht. Die Strafe für das Delikt mit der Vorsatz-Fahrlässigkeits-Kombination nach **Abs. 2** ist Freiheitsstrafe von einem Jahr bis zu zehn Jahren. **Abs. 3**
sieht für den Fall, daß der Täter durch die Tat wenigstens leichtfertig (s. § 18 RN 3, 5, § 15 RN 205)
den Tod eines anderen Menschen verursacht, unter den Voraussetzungen des Abs. 1 lebenslange
Freiheitsstrafe oder Freiheitsstrafe nicht unter zehn Jahren vor **(Nr. 1)**, unter den Voraussetzungen des
Abs. 2 Freiheitsstrafe nicht unter fünf Jahren **(Nr. 2**; krit. zur Einbeziehung von Vorsatz Tröndle/
Fischer 7). Das Fahrlässigkeitsdelikt nach **Abs. 4** ist mit Freiheitsstrafe bis zu drei Jahren oder mit
Geldstrafe bedroht. Bei tätiger Reue nach § 314a III tritt hier obligatorisch Straffreiheit ein. Zur
Einziehung vgl. § 322; zur **Führungsaufsicht** vgl. § 321; letztere kommt beim fahrlässigen Delikt
nach Abs. 4 nicht in Betracht. Zur **Anzeigepflicht** (Abs. 1–3) § 138 I Nr. 9. Zum räumlichen
Geltungsbereich s. § 6 Nr. 2.

X. **Idealkonkurrenz** ist möglich mit den Brandstiftungsdelikten (§§ 306–306 d [BGH **20** 230]), 16
wenn durch die Kernexplosion ein Brand entsteht, sowie mit §§ 312, 315, 315 b, 317, 303 ff., 211 f.,
222, 223 ff., 229, 255 (BGH **41** 370). Gesetzeskonkurrenz mit Vorrang des § 307 besteht mit § 308
(vgl. Herzog NK 12). Durch die Neufassung des Abs. 3 ist eine tateinheitliche Begehung bei vorsätzlicher Herbeiführung der Erfolgsqualifikation mit den §§ 211 f. möglich.

§ 308 Herbeiführen einer Sprengstoffexplosion

(1) **Wer anders als durch Freisetzen von Kernenergie, namentlich durch Sprengstoff, eine Explosion herbeiführt und dadurch Leib oder Leben eines anderen Menschen oder fremde Sachen von bedeutendem Wert gefährdet, wird mit Freiheitsstrafe nicht unter einem Jahr bestraft.**

(2) **Verursacht der Täter durch die Tat eine schwere Gesundheitsschädigung eines anderen Menschen oder eine Gesundheitsschädigung einer großen Zahl von Menschen, so ist auf Freiheitsstrafe nicht unter zwei Jahren zu erkennen.**

(3) **Verursacht der Täter durch die Tat wenigstens leichtfertig den Tod eines anderen Menschen, so ist die Strafe lebenslange Freiheitsstrafe oder Freiheitsstrafe nicht unter zehn Jahren.**

(4) **In minder schweren Fällen des Absatzes 1 ist auf Freiheitsstrafe von sechs Monaten bis zu fünf Jahren, in minder schweren Fällen des Absatzes 2 auf Freiheitsstrafe von einem Jahr bis zu zehn Jahren zu erkennen.**

(5) **Wer in den Fällen des Absatzes 1 die Gefahr fahrlässig verursacht, wird mit Freiheitsstrafe bis zu fünf Jahren oder mit Geldstrafe bestraft.**

(6) **Wer in den Fällen des Absatzes 1 fahrlässig handelt und die Gefahr fahrlässig verursacht, wird mit Freiheitsstrafe bis zu drei Jahren oder mit Geldstrafe bestraft.**

Vorbem.: § 308 (§ 311 aF) geändert durch das 6. StrRG vom 26. 1. 1998, BGBl. I 164.

Schrifttum: Cramer, Die Neuregelung der Sprengstoffdelikte durch das 7. Strafrechtsänderungsgesetz, NJW 64, 1835. – *Lackner*, Das Siebente Strafrechtsänderungsgesetz, JZ 64, 674.

I. Die Vorschrift stellt die **Herbeiführung einer Explosion** (zu deren Bewirkung durch Freisetzen von Kernenergie s. § 307) unter Strafe, sofern durch sie **Leben** oder **Gesundheit** eines anderen oder fremdes **Eigentum** von bedeutendem Wert **gefährdet** wird (Abs. 1). § 308 stellt ein konkretes Gefährdungsdelikt dar (BGH NStZ-RR **96**, 132); die Herbeiführung einer Gemeingefahr ist nicht erforderlich. Die in § 311 II, III enthaltenen Strafzumessungsregeln wurden im Wege des 6. StrRG durch Qualifikationstatbestände ersetzt, der minder schwere Fall gesondert in Abs. 4 geregelt. Umnumerierungen erfolgten bei den Vorsatz-Fahrlässigkeits- bzw. Fahrlässigkeits-Fahrlässigkeits-Kombinationen (Abs. 5 und 6).

II. Der **objektive Tatbestand** setzt die Herbeiführung einer Explosion voraus, durch die Leib 2
oder Leben anderer oder fremdes Eigentum gefährdet wird.

1. Unter **Explosion** ist ein chemischer oder physikalischer Vorgang zu verstehen, bei dem durch 3
eine plötzliche Volumenvergrößerung (Druckwelle) Kräfte frei werden, die eine zerstörende Wirkung
ausüben können (vgl. hierzu E 62 Begr. 502, ferner § 2 SprengstoffG u. § 307 RN 3). Eine Gefährdung durch Implosionen (Luftunterdruck) oder Schallwellen, zB durch Flugzeuge, fällt nicht unter
den Begriff der Explosion (Horn SK 4, Herzog NK 4, Joecks 2; and. Lackner/Kühl 2, Tröndle/
Fischer 3, Wolff LK § 311 aF RN 3). § 308 ist kein allgemeines, dazuhin fahrlässig begehbares Leibes-
oder Eigentumsgefährdelikt. Mit Blick auf die Vielzahl von Faktoren, die im Alltag geeignet
sind, eine Druckwelle herbeizuführen, in Abgrenzung zu §§ 306, 306 d und den allgemeinen Straf-

§ 308   4–10 a   Bes. Teil. Gemeingefährliche Straftaten

tatbeständen (§§ 223, 229, 303 ff.) sowie zur Entlastung des Prozeßrechts wird für das von der Handlung trennbare Erfordernis einer Explosion eine spezifisch gesteigerte Gefahrwirkung zu verlangen sein (vgl. Wolff LK § 311 aF RN 3, Lackner/Kühl 2 [Sozialadäquanz]; enger Herzog NK 4 [nur chemische Reaktionen]; and. Horn SK § 311 RN 4, M-Schroeder II 24, Tröndle/Fischer 3). Abs. 4 legt eine solche Differenzierung nahe.

4 2. Die Explosion muß vom Täter zurechenbar **herbeigeführt** worden sein. Als Mittel der Tathandlung nennt das Gesetz namentlich **Sprengstoff;** zur Definition der Sprengstoffe vgl. § 2 SprengstoffG, das in der Neufassung von explosionsgefährlichen Stoffen spricht. Hierzu gehören zB Dynamit, Nitroglyzerin, Schießbaumwolle usw. Auch Schießmittel (zB Schwarzpulver) gehören hierher, sofern sie als Sprengmittel verwendet werden (RG 58 276). Unerheblich ist, ob der vom Täter verwendete Sprengstoff üblicherweise zu Sprengungen verwendet wird (RG 48 72, **67** 38).

5 § 308 ist aber nicht auf die Anwendung von Sprengstoff beschränkt. Es kommen nach hM alle Mittel in Betracht, die eine Explosion herbeizuführen geeignet sind (vgl. § 1 Abs. 1 SprengstoffG, LG Braunschweig NStZ **87**, 231, KG NStZ **89**, 369, Lackner/Kühl 2, Tröndle/Fischer 3), wie Wasserdampf, ein Gemisch aus Calciumcarbid und Wasser (vgl. RG **67** 35), Natrium und Chloroform, Knallgase (Gemisch aus Sauerstoff und Leuchtgas, Methan oder Wasserstoff usw.). Dieser Weite der Tathandlung und des Mittels läßt sich durch eine restriktive Auslegung des Merkmals Explosion begegnen (o. RN 3). Verpuffungen in Gasbadeöfen, Druckwellen aus Haushalts-Überdruckkesseln oder chemischen Reaktionen aus handelsüblichen einzelnen Feuerwerkskörpern u. ä. mangelt es ihrer Art nach an der vorausgesetzten gesteigerten Gefährlichkeit, sie werden idR vom Tatbestand nicht erfaßt bzw. stellen ausnahmsweise allenfalls einen minder schweren Fall iSd Abs. 4 dar.

6 Die Explosion darf jedoch nicht durch Freisetzen von Kernenergie verursacht sein; hier greift § 307 ein.

7 2. Durch die Explosion muß Leben oder Gesundheit oder fremdes Eigentum von bedeutendem Wert (vgl. hierzu 8 ff. vor § 306) gefährdet werden; die Gefährdung von Sachen, deren Vernichtung allein gegen das Gemeinwohl verstößt, reicht nicht aus. Zum Gefahrbegriff vgl. 5 vor § 306. Da es sich bei § 308 um ein konkretes Gefährdungsdelikt handelt, ist die Beurteilung, ob eine Gefahr vorgelegen hat, an allen Umständen des Einzelfalles zu orientieren. Eine Gemeingefahr ist nicht erforderlich; es genügt jede Individualgefahr; vgl. hierzu 7 ff. vor § 306. Ebensowenig wie bei §§ 315 ff. die Gefährdung des vom Täter gefahrenen fremden Kfz reicht hier die Gefährdung des fremden Sprengstoffes aus (zust. Herzog NK 6, Horn SK § 311 RN 6). Wer ein fremdes Feuerwerk zur Explosion bringt, kann wegen eines Eigentumsdeliktes, nicht aber aus § 308 bestraft werden. Die Gefahr muß auf die typische gesteigerte Gefährlichkeit einer Explosion zurückzuführen sein; deswegen reichen Gesundheitsschäden, die vom bloßen Abbrennen eines Zündstoffes (Schwarzpulver etc.) ausgehen, nicht aus (Herzog NK 6, Horn SK § 311 RN 6; and. LG Braunschweig NStZ **87**, 231). Weiter scheidet § 308 aus, wenn ein an sich explosionsfähiges Gemisch im konkreten Fall nur als Zündmittel eines Brandsatzes dienen soll (KG NStZ **89**, 369, Tröndle/Fischer 3), weil es dann schon an einer Explosion fehlt. Ebensowenig werden die Selbstschußanlagen des DDR-Grenzregimes erfaßt (vgl. Gogger NStZ 94, 587), da die Explosion hier nur als Treibsatz für Geschosse dienen sollte.

8 III. § 308 stellt neben der Vorsatztat des Abs. 1 verschiedene Vorsatz-Fahrlässigkeits-Kombinationen unter Strafe, dazuhin enthalten Abs. 2 u. 3 Erfolgsqualifikationen, Abs. 4 regelt bestimmte minder schwere Fälle.

9 1. Nach **Abs. 1** ist **Vorsatz** hinsichtlich aller Merkmale des objektiven Tatbestandes erforderlich; dolus eventualis genügt. Der Täter muß nicht nur die Explosion vorsätzlich herbeiführen, sondern auch wissen, daß durch die Explosion andere an Leib oder Leben oder fremdes Eigentum gefährdet werden. Zur Feststellung dieser Voraussetzungen vgl. BGH MDR/H **84**, 982.

10 Will der Täter durch die Explosion fremde Rechtsgüter verletzen, also zB eine Tötung begehen, so erhebt sich die Frage, ob neben dem Verletzungsvorsatz ein **Gefährdungsvorsatz** in Betracht kommt. Mit den zum Verhältnis von Tötungs- und Körperverletzungsvorsatz genannten Argumenten (vgl. § 212 RN 18) wird man auch hier davon auszugehen haben, daß die Gefährdung eine Vorstufe der Verletzung und damit der Gefährdungsvorsatz notwendiger Bestandteil des Verletzungsvorsatzes ist (Cramer NJW 64, 1837, zust. Herzog NK 7). Tritt der Täter daher von einem mittels Explosion begangenen Tötungsverbrechen zurück, so bleibt er nach § 308 strafbar, sofern nicht zugleich ein Rücktritt nach § 314 a vorliegt.

10 a 2. Abs. 2 enthält eine durch das 6. StrRG eingefügte **Erfolgsqualifikation,** die § 306 b I entspricht; zur schweren Gesundheitsgefährdung eines anderen Menschen s. dort RN 3, zur Gesundheitsschädigung einer großen Zahl von Menschen dort RN 4. Hier wie dort gelangt § 18 zur Anwendung. Ebenso ist ein spezifischer *Gefahrrealisierungszusammenhang* erforderlich. Enger als bei § 306 b, bedingt durch die spezifische Brandgefährlichkeit der tatbestandlich geforderten Handlung (dort RN 20), muß sich bei § 308 II die konkrete Individualgefahr durch die spezifische Gefährlichkeit der Explosion, den schädigungsgeeigneten Zustand, realisieren, etwa durch Splitterwirkungen einer Sprengstoffexplosion bzw. durch Verätzungen oder durch Gesundheitsschädigungen infolge der Druckwelle. Gleiches gilt für typische mittelbare Auswirkungen infolge einstürzender Gebäudeteile, außer Kontrolle geratene Gegenstände, wie zB Fahrzeuge oder Bäume (vgl. Tröndle/Fischer 6), uU sogar für psychische Folgen (vgl. o. § 225 RN 21).

3. Abs. 3 enthält anstelle des bisherigen Regelbeispiels eine **Erfolgsqualifikation** für den Fall – in Abweichung von § 18 – wenigstens leichtfertiger Verursachung des Todes eines anderen Menschen (krit. zur Reform Herzog NK 12). Zur Leichtfertigkeit iSe gesteigerten Fahrlässigkeit s. § 15 RN 205, § 18 RN 3. Die Todesverursachung kann auch vorsätzlich begangen werden (vgl. auch § 306c RN 8).   **10 b**

4. Abs. 4 sieht für unbenannte minder schwere Fälle des Abs. 1 und 2 Strafrahmenregelungen vor, nicht aber für Abs. 3 (krit. Tröndle/Fischer 8). Ein minder schwerer Fall kommt in Betracht bei geringer Gefahr, bei der Gefährdung von Sachwerten (Herzog NK 13) oder bei Explosionsstoffen geringerer Gefährlichkeit, etwa im Vergleich zu Sprengstoff (vgl. Tröndle/Fischer 8; zu Explosionen bei Alltagsrisiken s. o. RN 5). Auch der Wert der Sache (Abs. 1) ist zu berücksichtigen.   **10 c**

5. Abs. 5 enthält (wie bisher Abs. 4) eine **Kombination zwischen vorsätzlich herbeigeführter Explosion** und **fahrlässig verursachter Gefährdung** (vgl. dazu § 315c RN 42; krit. 25. A. § 311 aF RN 11).   **11**

6. Nach **Abs. 6** ist zu bestrafen, wer alle Tatbestandsvoraussetzungen **fahrlässig** verwirklicht.   **12**

IV. Zur **Rechtswidrigkeit** vgl. o. § 307 RN 11. Es liegt kein Unrecht vor, soweit Sprengstoffe oder andere Explosionsmittel in Industrie, Gewerbe oder Forschungsunternehmen in den Grenzen des Sicherheitsrechts (zB § 24 ff. SprengstoffG) Verwendung finden; und zwar prinzipiell auch dann, wenn es zu einer Gefahr gekommen ist (vgl. o. 92 vor § 13, 100 ff. vor § 32). Eine Erlaubnis nach § 7 SprengstoffG als solche rechtfertigt die Tat noch nicht (Herzog NK 10, Horn SK 7, Tröndle/Fischer 10). Zur Einwilligung vgl. § 307 RN 12. Zum erlaubten Risiko bei den Fahrlässigkeitstatbeständen vgl. § 15 RN 144 ff. Bei Beachtung der Sicherheitsvorschriften fehlt es prinzipiell an einer Sorgfaltspflichtverletzung. Zu beachten ist bei Verstoß u. a. der Schutzzweckzusammenhang; dieser fehlt idR bei Verstoß gegen Anzeige-, Nachweis- oder Aufzeichnungspflichten (vgl. zB §§ 14–16 SprengstoffG).   **13**

V. Ein **Versuch** nach Abs. 1 liegt vor, wenn es dem Täter nicht gelingt, die Explosion in Gang zu setzen oder wenn er zwar die Explosion herbeiführt, die von ihm beabsichtigte Gefährdung aber nicht eintritt. Zu Versuch mit bedingtem Vorsatz BGH NStZ-RR **96**, 132. Zum Versuch der Erfolgsqualifikationen der Abs. 2 und 3 vgl. § 18 RN 8, 31 vor § 22. Zum **Rücktritt** vgl. § 314a.   **14**

VI. Für die **Teilnahme** gelten die allgemeinen Grundsätze. Teilnahme ist nicht nur möglich am Delikt des Abs. 1 bis 3, sondern auch an dem Delikt des Abs. 5 (vgl. § 11 II und dort RN 73 ff.), nämlich insoweit, als der Teilnehmer sich an der vorsätzlichen Herbeiführung der Explosion beteiligt und dabei nicht bedenkt, daß sein Beitrag zu einer Gefahr für andere werden kann. Als Täter kommt auch in Betracht, wer als Hersteller schadhafte Erzeugnisse in den Verkehr bringt (zB fehlerhafte industrielle Überdruckkessel liefert).   **15**

VII. Die **Strafe** ist in folgender Weise abgestuft: Das Vorsatzdelikt des **Abs. 1** ist mit Freiheitsstrafe nicht unter einem Jahr bedroht. **Abs. 2** sieht bei schwerer Gesundheitsschädigung eines anderen Menschen oder einer Gesundheitsschädigung einer großen Zahl von Menschen eine Mindestfreiheitsstrafe von zwei Jahren vor. Bei wenigstens leichtfertiger Todesverursachung eines anderen Menschen **(Abs. 3)** beträgt die Strafe lebenslange oder mindestens zehn Jahre Freiheitsstrafe. Für minder schwere Fälle des Abs. 1 ist Freiheitsstrafe von sechs Monaten bis zu fünf Jahren, für solche des Abs. 2 von einem Jahr bis zu zehn Jahren vorgesehen **(Abs. 4).** Für die Vorsatz-/Fahrlässigkeitskombination des **Abs. 5** ist Freiheitsstrafe bis zu fünf Jahren oder Geldstrafe angeordnet, für die fahrlässige Verwirklichung aller Tatbestandsmerkmale wurde die Obergrenze der Freiheitsstrafe von zwei auf drei Jahre erhöht (alternativ Geldstrafe, **Abs. 6**).   **16**

VIII. Idealkonkurrenz ist möglich mit den Brandstiftungsdelikten (§§ 306 ff.), wenn durch die Explosion ein Brand entsteht; ebenso mit §§ 303–305, 315, 315b, 316b, 317, 318. Ferner kommt Idealkonkurrenz mit §§ 211 f., 222, 223 ff., 229 in Betracht, jedoch geht bei leichtfertiger Herbeiführung des Todes § 308 III dem § 222 vor (Herzog NK 14, Wolff LK § 311 RN 11).   **17**

§ 309 Mißbrauch ionisierender Strahlen

(1) **Wer in der Absicht, die Gesundheit eines anderen Menschen zu schädigen, es unternimmt, ihn einer ionisierenden Strahlung auszusetzen, die dessen Gesundheit zu schädigen geeignet ist, wird mit Freiheitsstrafe von einem Jahr bis zu zehn Jahren bestraft.**

(2) **Unternimmt es der Täter, eine unübersehbare Zahl von Menschen einer solchen Strahlung auszusetzen, so ist die Strafe Freiheitsstrafe nicht unter fünf Jahren.**

(3) **Verursacht der Täter in den Fällen des Absatzes 1 durch die Tat eine schwere Gesundheitsschädigung eines anderen Menschen oder eine Gesundheitsschädigung einer großen Zahl von Menschen, so ist auf Freiheitsstrafe nicht unter zwei Jahren zu erkennen.**

(4) **Verursacht der Täter durch die Tat wenigstens leichtfertig den Tod eines anderen Menschen, so ist die Strafe lebenslange Freiheitsstrafe oder Freiheitsstrafe nicht unter zehn Jahren.**

§ 309 1–8a

(5) **In minder schweren Fällen des Absatzes 1 ist auf Freiheitsstrafe von sechs Monaten bis zu fünf Jahren, in minder schweren Fällen des Absatzes 3 auf Freiheitsstrafe von einem Jahr bis zu zehn Jahren zu erkennen.**

(6) **Wer in der Absicht, die Brauchbarkeit einer fremden Sache von bedeutendem Wert zu beeinträchtigen, sie einer ionisierenden Strahlung aussetzt, welche die Brauchbarkeit der Sache zu beeinträchtigen geeignet ist, wird mit Freiheitsstrafe bis zu fünf Jahren oder mit Geldstrafe bestraft. Der Versuch ist strafbar.**

Vorbem.: § *309 (§ 311 a aF) geändert durch das 6. StrRG vom 26. 1. 1998, BGBl. I 164.*

Schrifttum: Vgl. die Hinweise bei § 307.

1 I. Die Vorschrift über den **Mißbrauch ionisierender Strahlen** geht zurück auf § 41 AtomG. Ergänzend kommt § 311 in Betracht. Die bisherigen Regelbeispiele des § 311 a aF wurden durch das 6. StrRG zu Erfolgsqualifikationen. Neu eingefügt wurde in Abs. 3 eine erste Qualifikationsstufe für Gesundheitsschädigungen. Der minder schwere Fall ist neu abgesetzt in Abs. 5 und bezieht sich auf Abs. 1 und 3. Eine Abs. 1 ähnliche Vorschrift fand sich in § 229 aF. Wie § 229 aF enthält § 309 nicht ein Delikt der Lebensgefährdung, vielmehr handelt es sich um den Fall eines **Unternehmens** der **gefährlichen Körperverletzung,** bei dem entsprechend § 11 I Nr. 6 der Versuch einer auf die Schädigung gerichteten Handlung der Vollendung gleichgestellt wird (Wolff LK § 311 a aF RN 2 f., zust. Herzog NK 2, vgl. auch Fischerhof 1, Horn SK 2, Tröndle/Fischer 1; and. Lackner/Kühl 3, Mattern-Raisch 41 AtomG RN 7). Abs. 6 ist ein entsprechender Fall der **Sachgefährdung,** jedoch kein Unternehmensdelikt.

2 II. Die **Handlung** des Abs. 1 besteht in dem Unternehmen, einen anderen einer ionisierenden Strahlung auszusetzen, die geeignet ist, dessen Gesundheit zu schädigen.

3 1. **Ionisierend** ist die **Strahlung,** die von natürlichen oder künstlichen radioaktiven Stoffen ausgeht, d. h. geladene Teilchen oder hochenergetische Photonen, die beim Zusammentreffen mit Materie bewirken, daß ein oder mehrere Elektronen aus der Hülle neutraler Atome oder Moleküle abgetrennt werden (vgl. Herzog NK 4). Dazu gehören auch die bei der Spaltung von Kernbrennstoffen (vgl. § 2 Nr. 1 AtomG) entstehende Neutronenstrahlung und etwa die Röntgenstrahlen (BGH 43 347, Reinhardt aaO [vor § 324] 15, Tröndle/Fischer 2).

4 2. Ob die Strahlung **geeignet** ist, die Gesundheit zu schädigen, ist nicht nach der abstrakten Möglichkeit, sondern nach den besonderen Umständen des Einzelfalls im Hinblick auf Art und Intensität der Strahlung sowie der körperlichen Konstitution des Opfers zu beurteilen (Lackner/Kühl 3, Herzog NK 5, Horn SK 2, Tröndle/Fischer 2). Dabei ist auch zu beachten, daß der Grad der Empfindlichkeit von Zellen und Geweben unterschiedlich ist (vgl. Mattern-Raisch § 41 AtomG RN 7) und daß sich die schädlichen Wirkungen bei mehrfacher Bestrahlung addieren.

5 3. Zur **Gesundheitsschädigung** vgl. § 223 RN 5 f. Die Schädigung der Gesundheit muß gerade auf der Wirkung der ionisierenden Strahlen beruhen. Als solche kommt etwa die Verursachung von körperlichen Mißbildungen, von Strahlenverbrennungen oder die Beeinträchtigung der Zeugungsfähigkeit in Betracht. Auch genetische Schädigungen gehören hierher (Tröndle/Fischer 2, Wolff LK 6; and. Mattern-Raisch § 41 AtomG RN 8), da die Beeinträchtigung des Erbgutes bereits vorliegt, wenn diese auch erst in der nächsten Generation nach außen erkennbar wird (zust. Herzog NK 6).

5a 4. **Aussetzen** bedeutet jedes Handeln oder (unter den Voraussetzungen des § 13) jedes Unterlassen mit der Folge, daß ein bestimmter Mensch in den Wirkungskreis ionisierender Strahlung gerät (Lackner/Kühl 2, vgl. auch BGH 43 350, Wolff LK § 311 a aF RN 6).

6 5. Das Delikt nach Abs. 1 ist **vollendet** mit dem **Unternehmen** der zur Schädigung geeigneten Handlung, also bereits mit dem Versuch (vgl. § 11 RN 47 ff.), das Opfer der entsprechenden Strahlung auszusetzen. § 24 findet also keine Anwendung. Zur **tätigen Reue** vgl. § 314 a.

7 6. Abs. 1 erfordert **Vorsatz** unter Einschluß des dolus eventualis für alle Tatbestandsmerkmale und zusätzlich als überschießende Innentendenz die **Absicht,** die Gesundheit eines anderen zu schädigen (vgl. Herzog NK 10).

8 III. Einen **qualifizierten Tatbestand** enthält **Abs. 2.** Die **Qualifikation** besteht darin, daß die Handlung des Täters nach Abs. 1 sich auf eine unübersehbare Zahl von Menschen bezieht. Die Zahl der von der Strahlung Betroffenen muß so groß sein, daß für einen objektiven Beobachter die Anzahl nicht ohne weiteres bestimmbar ist (E 62, Begr. 503, Lackner/Kühl 5, Tröndle/Fischer 3), was insb. an öffentlichen Orten naheliegt (Herzog NK 8). Da Abs. 2 im übrigen auf Abs. 1 bezieht, sind die sonstigen Voraussetzungen dieser Vorschrift zu entnehmen. Insb. braucht also der Täter nicht die Absicht zu haben, die Gesundheit aller der Strahlung ausgesetzten Menschen zu schädigen; die Schädigungsabsicht bezüglich eines anderen genügt (ebenso Herzog NK 10, Horn SK 7, Tröndle/Fischer 4, Wolff LK § 311 a aF RN 9).

8a IV. Abs. 3 enthält eine **Erfolgsqualifikation.** Vorausgesetzt wird, daß durch die Tat des Abs. 1 (krit. Tröndle/Fischer 5) wenigstens fahrlässig (§ 18) eine schwere Gesundheitsschädigung (s. § 225 RN 21) mindestens eines anderen Menschen oder eine einfache Gesundheitsschädigung (dazu § 223 RN 5) einer großen Zahl von Menschen (dazu 13 a vor § 306 und BGH **44** 178 [zu § 306 b I]) verursacht wird. Die Schädigung muß aufgrund der Einwirkung ionisierender Strahlung eingetreten sein (Tröndle/Fischer 5).

V. Abs. 4 enthält eine weitere **Erfolgsqualifikation** bei – in Abweichung von § 18 – wenigstens leichtfertiger (s. § 15 RN 205, § 18 RN 3) Verursachung des Todes eines anderen Menschen für Fälle des Abs. 1 und Abs. 2. Erforderlich ist, daß sich in dem Tod die spezifischen Gefahren ionisierender Strahlung realisieren (vgl. Tröndle/Fischer 6). Auch vorsätzliche Todesverursachung ist erfaßt. **8 b**

VI. Abs. 5 sieht für unbenannte minder schwere Fälle des Abs. 1 und 3 Strafrahmenregelungen vor, nicht aber für Abs. 2. Abs. 5 kommt etwa in Betracht im Falle eines Versuchs (vgl. o. RN 6) oder bloß leichter Gesundheitsschädigung einer großen Zahl von Menschen. **8 c**

VII. Abs. 6 enthält ein lediglich als Vergehen ausgestaltetes Delikt der Sachgefährdung. **9**

1. Der **objektive Tatbestand** erfordert, daß der Täter eine fremde Sache von bedeutendem Wert einer ionisierenden Strahlung aussetzt (bloßes Unternehmen genügt noch), welche die Brauchbarkeit der Sache zu beeinträchtigen geeignet ist. Über **ionisierende Strahlung** vgl. o. 3. Zur **fremden Sache** von bedeutendem Wert vgl. 14 ff. vor § 306, über die Eignung der Strahlung vgl. o. 4; die **Beeinträchtigung der Brauchbarkeit** einer Sache entspricht dem Beschädigen in § 303 (vgl. dort RN 8 ff.). Die Sache ist insb. dann nicht brauchbar, wenn sie durch die Strahlung ionisiert wird, ohne Gefahr für die Gesundheit also nicht mehr gebraucht werden kann (zust. Herzog NK 9, Tröndle/Fischer 2). Dagegen verstößt es gegen die Wortlautgrenze, die Gefährdung einer Vielzahl von Sachen, die, wie zB Lebensmittel, nur zusammen einen bedeutenden Wert bilden, zu erfassen (and. Tröndle/Fischer 2). **10**

2. Der **subjektive Tatbestand** erfordert **Vorsatz** und die **Absicht,** die Brauchbarkeit einer fremden Sache von bedeutendem Wert zu beeinträchtigen. **11**

VIII. Hinsichtlich der **Rechtswidrigkeit** gilt das zu § 307 Gesagte entsprechend (vgl. dort RN 11 f.). **12**

IX. Zum **Versuch** der Delikte nach Abs. 1 und Abs. 2 (Unternehmenstatbestände) vgl. o. 6. Anders als diese Verbrechen ist das Vergehen nach Abs. 6 erst vollendet, wenn die betreffende Sache der Strahlung tatsächlich ausgesetzt wird. Das Unternehmen reicht zur Vollendung hier also nicht aus. Vielmehr liegt dann ein Versuch nach §§ 22, 23 vor, der gemäß Abs. 6 S. 2 strafbar ist. Von diesem Versuch ist Rücktritt gemäß § 24 möglich. Zur tätigen Reue vgl. § 314 a, für Abs. 6 s. § 314 a II Nr. 2 c. **13**

X. Für die **Teilnahme** gelten die allgemeinen Grundsätze. Die Teilnehmer müssen also auch die Absicht des Täters kennen, einen anderen gesundheitlich zu schädigen (Abs. 1, 2) oder die Brauchbarkeit einer fremden Sache von bedeutendem Wert zu beeinträchtigen. **14**

XI. Bei der **Strafe** ist wie folgt zu unterscheiden: Das Verbrechen nach **Abs. 1** wird mit Freiheitsstrafe von einem Jahr bis zu zehn Jahren bestraft. Für das Verbrechen der Massengefährdung nach **Abs. 2** beträgt der Regelstrafrahmen Freiheitsstrafe nicht unter fünf Jahren, während für die Qualifikation der Gesundheitsschädigung **(Abs. 3)** eine Mindestfreiheitsstrafe von zwei Jahren, für die Qualifikation der Todesverursachung **(Abs. 4)** lebenslange Freiheitsstrafe oder Freiheitsstrafe nicht unter zehn Jahren angedroht ist. Für minder schwere Fälle des Abs. 1 beträgt die Freiheitsstrafe sechs Monate bis fünf Jahre, bei Abs. 3 Freiheitsstrafe von einem bis zu zehn Jahren **(Abs. 5).** Bei der Beeinträchtigung fremder Sachen von bedeutendem Wert nach Abs. 6 ist die Strafdrohung Freiheitsstrafe bis zu fünf Jahren oder Geldstrafe. Zur **Einziehung** vgl. § 322; zur **Führungsaufsicht** vgl. § 321. **15**

IX. Idealkonkurrenz kommt zwischen **Abs. 1, 2** und §§ 211, 212, 223 ff. in Betracht, da § 309 tatbestandlich den Eintritt des schädigenden Erfolges nicht voraussetzt. Jedoch geht Abs. 4 dem § 222 aus Gründen der Gesetzeskonkurrenz vor (Herzog NK 14), nicht jedoch den §§ 211 f. Für **Abs. 6** ist Idealkonkurrenz möglich mit §§ 316 b, 317, ebenso mit 303 f. (Herzog NK 14, Horn SK § 311 b 12; and. Tröndle/Fischer 9, Wolff LK § 311 b 13), da auch Abs. 6 eine Beschädigung oder Zerstörung der Sache nicht verlangt. **16**

§ 310 Vorbereitung eines Explosions- oder Strahlungsverbrechens

(1) **Wer zur Vorbereitung**

1. eines bestimmten Unternehmens im Sinne des § 307 Abs. 1 oder des § 309 Abs. 2 oder
2. einer Straftat nach § 308 Abs. 1, die durch Sprengstoff begangen werden soll,

Kernbrennstoffe, sonstige radioaktive Stoffe, Sprengstoffe oder die zur Ausführung der Tat erforderlichen besonderen Vorrichtungen herstellt, sich oder einem anderen verschafft, verwahrt oder einem anderen überläßt, wird in den Fällen der Nummer 1 mit Freiheitsstrafe von einem Jahr bis zu zehn Jahren, in den Fällen der Nummer 2 mit Freiheitsstrafe von sechs Monaten bis zu fünf Jahren bestraft.

(2) **In minder schweren Fällen des Absatzes 1 Nr. 1 ist die Strafe Freiheitsstrafe von sechs Monaten bis zu fünf Jahren.**

Vorbem.: § 310 (§ 311 b aF) geändert durch das 6. StrRG vom 26. 1. 1998, BGBl. I 164.

§ 310 1–9

1 I. Die Vorschrift stellt **gewisse Vorbereitungshandlungen** zu den Verbrechen der §§ 307 I, 308 I, 309 II als eigenständiges Delikt unter Strafe. Dabei wird nicht nur die täterschaftliche Vorbereitung erfaßt, sondern auch ein Verhalten, das sich bei Durchführung der Tat als bloße Beihilfe darstellen würde (Cramer NJW 64, 1838, zust. Herzog NK 8). Voraussetzung dafür ist aber, daß das Verbrechen bereits nach Tatziel, Tatzeit und Tatmodalitäten in den Grundzügen festliegt (KG NStZ **89**, 369, Wolff LK § 311 b aF RN 15). Durch das 6. StrRG wurde die Numerierung geändert (§ 311 b aF) und Abs. 2 auf Fälle des Abs. 1 Nr. 1 beschränkt.

2 II. **Der objektive Tatbestand** erfaßt nur die in Abs. 1 ausdrücklich genannten Vorbereitungshandlungen, die sich sämtlich auf radioaktive Stoffe oder auf Sprengstoff beziehen müssen.

3 1. **Gegenstand der Tat** sind Kernbrennstoffe, sonstige radioaktive Stoffe, Sprengstoffe oder die zur Ausführung der Tat erforderlichen besonderen Vorrichtungen.

4 a) Zu den **Kernbrennstoffen** vgl. § 328 RN 2. **Sonstige radioaktive Stoffe** sind Stoffe, die bei ihrem Zerfall ionisierende Strahlen aussenden (vgl. § 309 RN 3). Sie können natürlicher Herkunft (wie zB die Ausgangsstoffe nach § 2 I Nr. 2 AtomG) oder künstlichen Ursprungs (wie Atommüll) sein (vgl. Tröndle/Fischer 4). Zu den **Sprengstoffen** vgl. § 308 RN 4. Wie bei § 308 sind hierzu auch Schießmittel zu rechnen, sofern sie als Sprengmittel Verwendung finden sollen. Nicht dagegen gehören hierher alle anderen zu Explosionen geeigneten Mittel (vgl. § 308 RN 5).

5 b) Weiterhin sind die „**zur Ausführung der Tat erforderlichen besonderen Vorrichtungen**" Gegenstand der Vorbereitungshandlungen des § 310. Mit dieser wegen seiner Unbestimmtheit wenig glücklichen Formulierung (krit. auch Herzog NK 7) sollen technische Apparaturen und Instrumente, Zünder und sonstiges technisches Zubehör für die Durchführung eines Explosions- oder Strahlungsverbrechens erfaßt werden (vgl. Begr. zu § 311 a aF BT-Drs. IV/2186 S. 3, Horn SK § 311 b aF RN 3, Wolff LK § 311 b aF RN 6). Gegenüber dem ursprünglichen Gesetzesentwurf ist das Merkmal „besondere" Vorrichtungen eingefügt worden, um untergeordnetes Zubehör auszuscheiden; dies soll zB für eine Batterie oder einen Wecker gelten, der erst zu einem Zeitzünder umgebaut werden soll (Begr. aaO). Hierbei kann man zwischen „eigentlichem" und „uneigentlichem" Zubehör unterscheiden, wobei § 310 nur das eigentliche erfaßt (Cramer NJW 64, 1837 f., zust. Wolff LK § 311 b RN 7), dessen Beschaffenheit ergibt, daß es zur Begehung eines Explosions- oder Strahlungsverbrechens bestimmt und typischerweise geeignet ist, (vgl. Lackner/Kühl 2). Bei Sachen mit alltäglichem Verwendungszweck wird – ähnlich wie bei sog. neutralen Beihilfehandlungen (vgl. 10 a vor § 27) – eine Anpassungsleistung an das Explosions- oder Strahlungsverbrechen zu verlangen sein, so daß Wecker (als Mittel eines Zeitzünders), Batterien (als Stromquelle für die Zündeinrichtung) oder Kabel (als Stromleiter für eine „Höllenmaschine") u. ä. nicht als solche, sondern erst nach technischer Präparierung und hinreichender Einbindung in das deliktische Vorhaben in Betracht kommen (vgl. Herzog NK 7, Horn SK § 311 b aF RN 3, Tröndle/Fischer 6, Wolff LK § 311 b aF RN 6).

6 2. **Die Handlung besteht im Herstellen, sich oder einem anderen Verschaffen, Verwahren oder Überlassen.** Diese Modalitäten können entweder der Vorbereitung eines eigenen Explosions- oder Strahlungsdelikts oder auch der Unterstützung einer fremden Tat dienen (Cramer NJW 64, 1838). Herstellen bedeutet das tatsächliche Fertigstellen, wofür nach OGH NJW **50**, 879 bereits bei Sprengstoff nach Nr. 2 bereits das Schärfen von Sprengpatronen ausreichen soll (krit. Tröndle/Fischer 3). Auch wer Sprengstoff usw. herstellt, um lediglich das Verbrechen eines anderen zu unterstützen, fällt unter § 310 (Wolff LK § 311 b aF RN 8, zust. Herzog NK 8). Sichverschaffen ist die Herstellung der tatsächlichen Verfügungsgewalt, wobei es gleichgültig ist, in welcher Weise der Täter sich den Sprengstoff verschafft (Kauf, Diebstahl usw.; Tröndle/Fischer 3, zust. Herzog NK 10). Einem anderen ist Sprengstoff verschafft oder überlassen, wenn dieser die tatsächliche Verfügungsgewalt erlangt hat. Das Verwahren bedeutet die Ausübung der tatsächlichen Sachherrschaft iSd Gewahrsams (vgl. § 242 RN 14 ff.).

7 III. Der **subjektive Tatbestand** setzt **Vorsatz** voraus. Dieser muß sich auch darauf erstrecken, daß die Handlung der Vorbereitung einer nach §§ 307 I, 308 I oder 309 II strafbaren Handlung dient, die in ihren wesentlichen Umrissen (s. RN 1) schon geplant ist (BGH NJW **77**, 540 m. Anm. Herzberg JR 77, 468, Herzog NK 12, Lackner/Kühl 3, Tröndle/Fischer 8, Wolff LK § 311 b aF RN 14; and. Bay NJW **73**, 2038 m. zust. Anm. Fuhrmann JR 74, 475); vgl. hierzu die Parallele in § 83: Vorbereitung eines bestimmten hochverräterischen Unternehmens (§ 83 RN 2 ff.). Es soll jedoch nicht erforderlich sein, daß der Täter selbst die Absicht hat, das Delikt zu begehen; es genüge, daß er wisse oder damit rechne, daß seine Handlung einen derartigen Plan fördere (vgl. Cramer NJW 64, 1838, Bay NJW **73**, 2038 m. Anm. Fuhrmann JR 74, 475; and. Herzog NK 12, Lackner/Kühl 4, Horn SK § 311 b RN 6, Tröndle/Fischer 8, Wolff LK § 311 b RN 14). Der Vorsatz muß alle Tatbestandsmerkmale der zugrunde liegenden Vorschrift und somit auch die dort charakterisierte besondere Gefahr umfassen, da sonst nicht von einer „Vorbereitung" eines einschlägigen Deliktes gesprochen werden kann.

8 IV. An den in § 310 selbständig unter Strafe gestellten Vorbereitungshandlungen ist **Teilnahme** möglich; ebenso **mittelbare Täterschaft**. Dies gilt auch insoweit, als durch § 310 Unterstützungshandlungen erfaßt sind (vgl. o. 1, zu sog. neutralen Beihilfehandlungen s. 10 a vor § 27).

9 V. Der **Versuch** zur Vorbereitung des Unternehmens nach Nr. 1 ist strafbar (Herzog NK 13, Horn SK § 311 b RN 8, Lackner/Kühl 4; and. Tröndle/Fischer 9), da die Tat, anders als die nach Nr. 2,

Verbrechen ist. Ein Versuch liegt etwa vor, wenn der Täter zum Herstellen einer technischen Apparatur zur Tatausführung unmittelbar ansetzt. In diesem Fall ist Rücktritt nach § 24 möglich. Zur tätigen Reue im übrigen vgl. § 314a III Nr. 2.

VI. Die **Strafe** für die Vorbereitung eines Unternehmens nach **Nr. 1** ist Freiheitsstrafe von einem Jahr bis zu zehn Jahren, in minder schweren Fällen (vgl. auch 44 f. vor § 38) gemäß **Abs. 2** von sechs Monaten bis zu fünf Jahren. Die Vorbereitung eines Sprengstoffdelikts nach **Nr. 2** ist mit Freiheitsstrafe von sechs Monaten bis zu fünf Jahren bedroht. Bei tätiger Reue tritt Straflosigkeit nach § 314a III Nr. 2 ein. Zur **Einziehung** vgl. § 322; zur **Führungsaufsicht** vgl. § 321.

VII. **Gesetzeskonkurrenz** mit Vorrang des § 310 besteht mit § 40 I, II SprengstoffG (vgl. Bay NJW **73**, 2038 m. Anm. Fuhrmann JR 74, 475). Kommt es zur Ausführung des Explosions- oder Strahlungsverbrechens oder mindestens zum Versuch, so tritt § 310 als subsidiär zurück, auch wenn es sich nur um versuchte Teilnahme an jenen Delikten handelt (Herzog NK 14, Lackner/Kühl 5, Tröndle/Fischer 11).

§ 311 Freisetzen ionisierender Strahlen

(1) **Wer unter Verletzung verwaltungsrechtlicher Pflichten (§ 330d Nr. 4, 5)**
1. **ionisierende Strahlen freisetzt oder**
2. **Kernspaltungsvorgänge bewirkt,**

die geeignet sind, Leib oder Leben eines anderen Menschen oder fremde Sachen von bedeutendem Wert zu schädigen, wird mit Freiheitsstrafe bis zu fünf Jahren oder mit Geldstrafe bestraft.

(2) **Der Versuch ist strafbar.**

(3) **Wer fahrlässig**
1. **beim Betrieb einer Anlage, insbesondere einer Betriebsstätte, eine Handlung im Sinne des Absatzes 1 in einer Weise begeht, die geeignet ist, eine Schädigung außerhalb des zur Anlage gehörenden Bereichs herbeizuführen oder**
2. **in sonstigen Fällen des Absatzes 1 unter grober Verletzung verwaltungsrechtlicher Pflichten handelt,**

wird mit Freiheitsstrafe bis zu zwei Jahren oder mit Geldstrafe bestraft.

Vorbem.: Fassung (redaktionelle Änderung und Umbenennung [§ 311d aF]) des 6. StrRG vom 26. 1. 1998, BGBl. I 164. Abs. 1 u. 3 geändert, Abs. 4 aufgehoben durch 31. StrÄndG/2. UKG v. 27. 6. 94 (BGBl. I, 1440). Nach Art. 2 des G. zum Übereinkommen v. 26. 10. 1975 über den physischen Schutz von Kernmaterial v. 24. 4. 1990 (BGBl. II 326), geänd. durch Art. 6 des 31. StrÄndG (BGBl. 94 I, 1444) u. Art. 4 Abs. 4 des 6. StrRG, gilt für § 311d folgende Maßgabe:
Einer verwaltungsrechtlichen Pflicht im Sinne des § 311d Abs. 1 (aF, jetzt § 311 Abs. 1) steht eine entsprechende ausländische verwaltungsrechtliche Pflicht, Genehmigung und Untersagung gleich.

Schrifttum: Vgl. die Hinweise bei § 307 und vor § 324.

I. Die Vorschrift geht zurück auf den (aufgehobenen) § 47 AtomG, enthält jedoch anders als diese Vorschrift kein konkretes, sondern ein **abstraktes Gefährdungsdelikt** (Horn SK § 311d aF RN 2, Triffterer Umweltstrafrecht 254) in Form eines sog. potentiellen (BGH **39** 371, **43** 349, NJW **94**, 2161, Lackner/Kühl 1, Tröndle/Fischer 1) bzw. abstrakt-konkreten (Herzog NK 2, Rogall JZ-GD 80, 107, Steindorf LK § 311d aF 1) Gefährdungsdelikts; vgl. dazu 3 vor § 306. Geschützt werden **Leib und Leben** sowie fremde **Sachen von bedeutendem Wert** (vgl. dazu Rengier Schmitt-FS 565 ff.). Durch das 2. UKG wurde der Tatbestand im Interesse eines umfassenderen Gesundheitsschutzes erweitert. Die bislang bestehende Beschränkung auf grob pflichtwidrige Verhaltensweisen ist weitgehend (vgl. aber Abs. 3 Nr. 2) entfallen, da die Eignungsklausel des Abs. 1 bereits eine hinreichende Strafbarkeitseinschränkung bewirkt (BT-Drs. 12/192 S. 15). Die Umschreibung der erfaßten Verhaltenspflichten wurde durch Verweisung an § 330d Nr. 4, 5 angeglichen.

II. In der Form **vorsätzlicher** Begehung (Abs. 1) setzt der objektive **Tatbestand** zunächst voraus, daß der Täter eine der in Abs. 1 genannten **Tathandlungen** begeht.

1. Nr. 1 verlangt das Freisetzen ionisierender Strahlen (vgl. § 309 RN 3), zum Tatmittel Plutonium s. Bartholme JA 96, 730. **Freisetzen** bedeutet, daß der Täter eine Lage schafft, in der sich die Strahlen unkontrollierbar im Raum ausdehnen können (BGH **43** 348, 352, Herzog NK 3, Lackner/Kühl 3, Reinhard aaO [vor § 324] 164, Steindorf LK § 311d aF RN 4, Tröndle/Fischer 2, vgl. LG München NStZ **82**, 470). Dazu gehört etwa das illegale Inverkehrbringen radioaktiver Isotope (BGH **39** 371 m. Anm. Geerds JR 95, 33, NJW **94**, 2161), die Erzeugung solcher Strahlen ohne die erforderlichen Sicherheitsmaßnahmen oder die Beseitigung vorhandener Schutzvorrichtungen gegenüber einer bereits existierenden Strahlenquelle, zB einem in Verwahrung befindlichen radioaktiven Stoff (Bamberg MDR **92**, 687, BT-Drs. 8/3633 S. 24). Dagegen fehlt es am Freisetzen mangels unkontrollierbarer Wirkung, wenn medizinisch nicht indizierte (und damit gegen § 25 I S. 1 RöntgVO verstoßende, vgl. u. RN 8) Röntgenaufnahmen durch eine technisch einwandfreie Röntgeneinrichtung an einer

§ 311 4–11 Bes. Teil. Gemeingefährliche Straftaten

bestimmten Person durchgeführt werden (BGH **43** 349 m. Bspr. Detter JA 98, 535, Götz u. a. MedR 98, 505, Jung/Wigge MedR 97, 327, Martin JuS 98, 563, Rigizahn JR 98, 523).

4 2. Nr. 2 erfordert das **Bewirken von Kernspaltungsvorgängen**. Darunter ist die Verursachung der physikalischen Prozesse zu verstehen, die bei der Spaltung von Kernbrennstoffen (vgl. § 328 RN 2) ablaufen (Herzog NK 5, Lackner/Kühl 4). Erfaßt werden Gefahren, die nicht von dem Freisetzen ionisierender Strahlung ausgehen (Steindorf LK § 311 d aF RN 5, Tröndle/Fischer 4).

5 III. Handelt der Täter **fahrlässig**, so differenziert das Gesetz in **Abs. 3** wie folgt:

6 1. Im Falle der **Nr. 1** ist ein Handeln **beim Betrieb einer Anlage** erforderlich. Zum Begriff der Anlage vgl. § 325 RN 4; zum Begriff des Betreibens § 324 RN 3 ff., § 327 RN 5, § 329 RN 9, 15 f. Es muß sich nicht notwendig um eine kerntechnische Anlage iSd § 330 d Nr. 2 handeln. Jedoch setzt die Hervorhebung von Betriebsstätten in Verbindung mit der Voraussetzung eines Anlagenbereichs ein Mindestmaß an räumlicher Ausdehnung voraus, das bei kleineren ortsveränderlichen technischen Einsatzmitteln, zB Geräten der Röntgenmedizin oder Laborapparaten, fehlt (vgl. auch Herzog NK 8). Zu den in Betracht kommenden Anlagen s. auch RN 8. Auf das Vorliegen einer groben Pflichtwidrigkeit kommt es nicht an, sofern die Handlung **geeignet** ist, sich **außerhalb des Anlagenbereichs** und damit umweltbezogen auf die nach Abs. 1 geschützten Rechtsgüter auszuwirken. Anders verhält es sich, wenn die Pflichtverletzung nur geeignet ist, sich innerhalb des Anlagenbereichs auszuwirken. Dieser Fall rein betriebsbezogener Schädigungseignung beurteilt sich nach Nr. 2. Entscheidend ist hier der der jeweils verletzten verwaltungsrechtlichen Pflicht zugrundeliegende Anlagenbegriff. Dieser kann zwar uU die Betriebsstätte insgesamt umfassen; andererseits bilden größere Werkskomplexe der Industrie nur dann eine einheitliche Anlage, wenn sie organisatorisch und betriebstechnisch als Betriebseinheit anzusehen sind. Ist dies nicht der Fall, kann Nr. 1 auch bei auf das Unternehmensgelände beschränkten Auswirkungen der Tat in Betracht kommen.

7 2. Nr. 2 betrifft allein die Fälle **nicht anlagenbezogener Pflichtverletzungen** oder ausschließlich betriebsbezogener Schädigungseignung. Nur insoweit hat der Gesetzgeber am Erfordernis einer groben Pflichtwidrigkeit festgehalten, vgl. dazu § 325 RN 8, § 330 d RN 4. Nicht bei Betrieb einer Anlage erfolgt die Strahlenfreisetzung zB bei illegalem Handel mit radioaktiven Stoffen (vgl. BGH **39** 271, NJW **94**, 2061, Steindorf LK § 311 d aF RN 13 e).

8 IV. Der Täter muß unter **Verletzung verwaltungsrechtlicher Pflichten** (dazu § 330 d RN 9 ff.) gehandelt haben. Infolge der Verweisung auf § 330 d Nr. 5 handelt unter Verletzung derartiger Pflichten auch, wer eine verwaltungsrechtlich wirksame Genehmigung usw. **rechtsmißbräuchlich** erlangt hat (vgl. Jünemann aaO [vor § 324] 155, Paetzold NStZ 96, 170; s. u. § 330 d RN 23 ff.). Ist der Täter nicht unmittelbarer Adressat der Pflicht, kommt der Tatbestand nur unter den Voraussetzungen des § 14 in Betracht. Aufgrund der in der Vorbem. genannten Maßgabe sind auch von Art. 7 des Übereinkommens über den physischen Schutz von Kernmaterial v. 26. 10. 1975 erfaßte ausländische Regelungen in den Schutzbereich der Vorschrift einbezogen (krit. Wimmer ZfW 91, 147). Vom Tatbestand erfaßt sind alle Pflichten, die dem Schutz vor Gesundheits- oder Sachgefahren durch ionisierende Strahlen dienen (BT-Drs. 12/192 S. 15, Steindorf LK § 311 d aF RN 8, vgl. § 330 d RN 21). Dies umfaßt vor allem Verstöße gegen die in § 46 AtomG genannten Vorschriften (Steindorf aaO) und die auf dem AtomG beruhenden Rechtsverordnungen, insbes. die StrlSchVO und die RöntgVO (BGH **43** 348). Diese betreffen nicht nur den Betrieb kerntechnischer Anlagen, sondern erfassen alle Vorrichtungen, von denen eine schädigende Strahlung ausgehen kann, also neben Lagerstätten für Kernbrennstoffe und radioaktive Abfälle (vgl. §§ 81, 86 StrlSchVO) auch den Einsatz ionisierender Strahlen an Arbeitsstätten und in der Röntgenmedizin (BT-Drs. 12/192 S. 15). Entgegen Bamberg MDR **92**, 687 muß es sich dabei nicht um eine den Vorgang der Strahlenfreisetzung unmittelbar als solchen betreffende Pflicht handeln, so daß auch Verletzungen von dem innerbetrieblichen Arbeitnehmerschutz dienenden Vorschriften, zB über das Tragen von Schutzanzügen, erfaßt sind (ebso Lackner/Kühl 2, vgl. auch BGH **43** 351).

9 V. Die Tathandlung muß **geeignet** sein, **Leib** oder **Leben** (vgl. § 35 RN 8 f., § 325 RN 14) eines anderen oder **bedeutende fremde Sachwerte** (vgl. 14 ff. vor § 306) zu schädigen. Geeignetheit zur Schädigung setzt wede einen Schadenseintritt noch eine konkrete Gefährdung voraus (vgl. Tröndle/Fischer 1); ebensowenig genügt aber die bloß abstrakte Möglichkeit (vgl. o. § 309 RN 4), ionisierende Strahlen und Kernspaltungsvorgänge sind abstrakt gefährlich (Steindorf LK § 311 d aF RN 3). Vielmehr ist im Einzelfall Herkunft, Dauer und Intensität der Strahlung bei genereller Betrachtung maßgebend (BGH **39** 371 m. zust. Anm. Geerds JR 75, 33, Herzog NK 6, Lackner/Kühl 5; enger Hoyer aaO [vor § 306] 79). So kommt auch eine geringe Intensität der Strahlung in Betracht, wenn sich die Strahlenbelastung über einen Zeitraum addiert (BGH aaO, M-Schroeder II 98). Hinweise für einschlägige Strahlendosen liefert Anlage X der StrlSchVO (BGH **39** 373, NJW **94**, 2161, Bartholme JA 96, 731, Herzog NK 6, Lackner/Kühl 5).

10 VI. Der **subjektive Tatbestand** setzt Vorsatz (Abs. 1) oder Fahrlässigkeit (Abs. 3) voraus. Der Vorsatz muß auch die Schädigungseignung und den Pflichtenverstoß umfassen (Steindorf LK § 311 d aF RN 17); bedingter Vorsatz genügt. Zu Einzelheiten vgl. § 325 RN 25. Zur **Fahrlässigkeit** vgl. § 325 RN 26 sinngemäß.

11 VII. Die **Rechtswidrigkeit** kann ausnahmsweise durch Einwilligung ausgeschlossen sein (and. Sack § 311 d RN 44, Steindorf LK § 311 d aF RN 16). Dies setzt aber voraus, daß jeder in das

Verhalten eingewilligt hat, welches zur Schädigung seiner dispositiven Rechtsgüter (vgl. 35 f., 103 ff. vor § 32) geeignet ist. So ließe sich etwa der Fall bilden, daß eine Forschergruppe innerhalb eines nach außen völlig abgesicherten Raumes einen gesundheitsgefährdenden Kernspaltungsvorgang bewirkt, dem jeder Anwesende in Kenntnis der Gefahr zugestimmt hat (vgl. auch § 315 c RN 33). Handelt der Täter in Übereinstimmung mit den verwaltungsrechtlichen Pflichten, so entfällt nicht erst die Rechtswidrigkeit, sondern bereits der Tatbestand (Herzog NK 7, Lackner/Kühl 2), da der Pflichtverstoß zum Tatbestand gehört (vgl. o. RN 8).

VIII. Vollendet ist die Tat mit der Freisetzung der ionisierenden Strahlen bzw. dem Bewirken der 12 Kernspaltungsvorgänge (Tröndle/Fischer 6). Versuch ist nach Abs. 2 strafbar.

IX. Zur **Einziehung** vgl. § 322. Zur **Tätigen Reue** vgl. § 314 a. 13

X. Idealkonkurrenz ist möglich mit §§ 308, 327 I, 328; ebenso mit §§ 211, 212, 223 ff. Mord 14 unter Verwendung gemeingefährlicher Mittel will Horn SK § 311 d RN 7 vorgehen lassen (and. zutr. Herzog NK 11). Mit §§ 222, 229 ist ebenfalls Tateinheit anzunehmen (Herzog NK 11, Lackner/Kühl 7; and. Fischerhof § 47 AtomG RN 3), da die abstrakte Gefährdung (o. RN 9) in den genannten Tatbeständen nicht zum Ausdruck kommt. Gegenüber §§ 307, 309 ist § 311 subsidiär (Herzog NK 11, Lackner/Kühl 6, Sack 48, Tröndle/Fischer 8; and. Horn SK § 311 d RN 7, der Idealkonkurrenz annimmt).

§ 312 Fehlerhafte Herstellung einer kerntechnischen Anlage

(1) **Wer eine kerntechnische Anlage (§ 330 d Nr. 2) oder Gegenstände, die zur Errichtung oder zum Betrieb einer solchen Anlage bestimmt sind, fehlerhaft herstellt oder liefert und dadurch eine Gefahr für Leib oder Leben eines anderen Menschen oder für fremde Sachen von bedeutendem Wert herbeiführt, die mit der Wirkung eines Kernspaltungsvorgangs oder der Strahlung eines radioaktiven Stoffes zusammenhängt, wird mit Freiheitsstrafe von sechs Monaten bis zu fünf Jahren bestraft.**

(2) **Der Versuch ist strafbar.**

(3) **Verursacht der Täter durch die Tat eine schwere Gesundheitsschädigung eines anderen Menschen oder eine Gesundheitsschädigung einer großen Zahl von Menschen, so ist auf Freiheitsstrafe von einem Jahr bis zu zehn Jahren zu erkennen.**

(4) **Verursacht der Täter durch die Tat den Tod eines anderen Menschen, so ist die Strafe Freiheitsstrafe nicht unter drei Jahren.**

(5) **In minder schweren Fällen des Absatzes 3 ist auf Freiheitsstrafe von sechs Monaten bis zu fünf Jahren, in minder schweren Fällen des Absatzes 4 auf Freiheitsstrafe von einem Jahr bis zu zehn Jahren zu erkennen.**

(6) **Wer in den Fällen des Absatzes 1**
1. **die Gefahr fahrlässig verursacht oder**
2. **leichtfertig handelt und die Gefahr fahrlässig verursacht,**
wird mit Freiheitsstrafe bis zu drei Jahren oder mit Geldstrafe bestraft.

Vorbem.: § 312 (§ 311 c aF) geändert durch das 6. StrRG vom 26. 1. 1998, BGBl. I 164.

Schrifttum: Vgl. die Hinweise bei § 307 und vor § 324.

I. Die zunächst durch das 2. UKG hier eingestellte Vorschrift entsprach weitgehend § 311 e aF, der 1 seinerseits auf den (aufgehobenen) § 48 AtomG zurückgeht. Durch das 6. StrRG wechselte die Vorschrift (§ 311 c aF) erneut den Gesetzesstandort, und es wurden anstelle der Strafzumessungsregel für besonders schwere Fälle abgestufte Qualifikationen eingefügt (Abs. 3 u. 4), die dem Harmonisierungsauftrag der Reform entsprechen. Abs. 5 regelt den minder schweren Fall der Erfolgsqualifikation des Abs. 3. Abs. 6 erfaßt die Fahrlässigkeitsstrafbarkeit nach Abs. 1. Sie beschreibt ein **konkretes Gefährdungsdelikt** gegen Leib oder Leben oder bedeutende fremde Sachwerte (vgl. Herzog NK 2, Lackner/Kühl 3).

II. Der **objektive Tatbestand** setzt zunächst als **Tathandlung** voraus, daß eine kerntechnische 2 Anlage oder ein Gegenstand, der zur Errichtung oder zum Betrieb einer solchen Anlage bestimmt ist, fehlerhaft hergestellt oder geliefert wird.

1. Kerntechnische Anlagen sind solche i. S. des § 330 d Nr. 2 (vgl. § 327 RN 3). Zur **Errich-** 3 **tung** einer solchen Anlage ist ein Gegenstand bestimmt, wenn er als Arbeitsmittel (zB Isoliermaterial) oder Einrichtungsgegenstand (zB Maschinen, Kontrollgeräte) zur erstmaligen Bereitstellung der Anlage dient (Lackner/Kühl 2). Zum **Betrieb** einer solchen Anlage ist ein Gegenstand bestimmt, wenn er zwischen Ingangsetzen und endgültiger Stillegung in ihr benutzt wird (vgl. auch § 325 RN 6, § 45 AtomG RN 26 f.). Die **Bestimmung** eines Gegenstandes für eine solche Anlage wird von dem für die Errichtung oder den Betrieb Verantwortlichen getroffen (Horn SK § 311 c RN 3, zust. Herzog NK 4; and. Steindorf LK § 311 c aF RN 5).

2. Die Anlage oder die Gegenstände müssen fehlerhaft **hergestellt** oder **geliefert** werden. Zu 4 Herstellen und Liefern vgl. § 109 e RN 14 f., Schroeder LK § 109 e RN 7, Tröndle/Fischer 4. Andere

§ 312 5–13   Bes. Teil. Gemeingefährliche Straftaten

Handlungen, wie etwa ein Eingriff in den Herstellungsprozeß durch einen Saboteur (Horn SK § 311 c 4; and. Steindorf LK § 311 c aF RN 10) oder Vertragsbrüche (Nichterfüllung, verspätete Lieferung, vgl. § 109 e RN 15, Schroeder LK § 109 e RN 7) oder eine fehlerhafte Reparatur (krit. Lackner/Kühl 3, Möhrenschlager NStZ 94, 569) werden von der Vorschrift nicht erfaßt.

5   **3. Fehlerhaft** sind die genannten Gegenstände, wenn ihre Qualität Rechtsvorschriften oder bei deren Fehlen den anerkannten Regeln der Technik widerspricht, und daher die Tauglichkeit zu dem bestimmungsgemäßen Gebrauch fehlt (Heine, in Meinberg/Möhrenschlager/Link aaO [vor § 324] 124, zust. Herzog NK 6, Steindorf LK § 311 c aF RN 6; vgl. § 109 e RN 15). Auf den Inhalt der vertraglichen Vereinbarungen kann es dafür nicht entscheidend ankommen; vielmehr ist die objektive Gebrauchstauglichkeit maßgebend, so daß auch die vertragsgemäße, aber sicherheitstechnischen Anforderungen widersprechende Lieferung usw. tatbestandsmäßig ist (Horn SK § 311 c RN 4, Steindorf LK § 311 c aF RN 6; and. 24. A.). Die Beurteilung der Fehlerhaftigkeit ist nicht auf die Fälle des zivilrechtlichen Fehlers i. S. der §§ 459 ff. BGB beschränkt, so daß auch eine aliud-Lieferung den Tatbestand erfüllen kann (Steindorf aaO). Auch kommt es weder auf die Rechtswirksamkeit des Vertrages (Horn SK § 311 c 4) noch auf die zivilrechtliche Haftung an (Steindorf aaO).

6   **III.** Über die Tathandlung hinaus setzt die Vorschrift einen auf dieser kausal beruhenden Erfolg voraus. Der Täter muß eine **konkrete Gefahr** (vgl. 5 f. vor § 306) für Leib oder Leben eines anderen (vgl. 7 ff. vor § 306) oder für fremde Sachen von bedeutendem Wert (vgl. 14 ff. vor § 306) herbeiführen. Nach der Tatbestandsformulierung reicht jedoch nicht jede Gefahr aus, vielmehr muß diese mit der Wirkung eines Kernspaltungsvorgangs oder der Strahlung eines radioaktiven Stoffes zusammenhängen (krit. dazu Triffterer Umweltstrafrecht 255), so daß sonstige aus dem Gegenstand resultierende Gefahren (etwa aus Rohrleitungen ausströmende Heißluft; vgl. Horn SK § 311 c RN 5) für § 312 ausscheiden (vgl. Herzog NK 7, Steindorf LK § 311 c aF RN 12).

7   **IV.** Im subjektiven Tatbestand differenziert das Gesetz zwischen der in **Abs. 1** geregelten **vorsätzlichen** Begehungsweise und den in **Abs. 6** erfaßten **Vorsatz-Fahrlässigkeits- (Abs. 6 Nr. 1)** bzw. **Leichtfertigkeit-Fahrlässigkeits-Kombinationen (Abs. 6 Nr. 2)**. Anders als § 311 e aF fordert § 312 (wie bereits § 311 c aF) nicht mehr Wissentlichkeit, sondern läßt alle Vorsatzformen einschließlich des bedingten Vorsatzes (vgl. § 15 RN 67 ff.) genügen. Der Täter muß also nicht als sicher annehmen, daß der hergestellte oder gelieferte Gegenstand fehlerhaft ist; vielmehr genügt, daß er sich mit dieser erkannten Möglichkeit abfindet bzw. ihr gleichgültig gegenübersteht (vgl. § 15 RN 73 ff.). Hinsichtlich der Gefährdung differenziert die Vorschrift bei vorsätzlicher Herstellung usw. wie folgt:

8   **1.** Nach **Abs. 1** ist erforderlich, daß der Täter auch die Gefahr für Leib oder Leben oder bedeutende Sachwerte mindestens bedingt vorsätzlich herbeiführt.

9   **2.** Nach **Abs. 6 Nr. 1** ist neben der vorsätzlichen Herstellung oder Lieferung Voraussetzung, daß der Täter hinsichtlich der Gefahr fahrlässig gehandelt hat.

10 **V.** In **Abs. 6 Nr. 2** hat der Gesetzgeber nunmehr in Form einer Leichtfertigkeits-Fahrlässigkeits-Kombination auch den Fall erfaßt, daß der Täter hinsichtlich der Tathandlung des Abs. 1 **leichtfertig**, hinsichtlich der Gefahr **fahrlässig** gehandelt hat. Vom Einbezug aller Formen fahrlässigen Verhaltens (dafür BT-Drs. 12/376) hat der Gesetzgeber abgesehen. Zum Begriff der Leichtfertigkeit vgl. § 15 RN 205. In Betracht kommen hier insbesondere unverantwortliche Nachlässigkeiten von Herstellern und Zulieferern, wie zB die Nichtbeachtung der vorgeschriebenen und allgemein anerkannten Kontroll- und Sicherheitsvorkehrungen bei der Produktion (zust. Herzog NK 10), während bei deren Einhaltung Leichtfertigkeit i. d. R. zu verneinen ist (Möhrenschlager NStZ 94, 569).

11 **VI.** Die **Rechtswidrigkeit** kann durch Einwilligung des Alleingefährdeten ausgeschlossen sein. Es gelten die zu § 315 c entwickelten Grundsätze (vgl. dort RN 36); ebenso Herzog NK 11, Horn SK § 311 c RN 8; and. Steindorf LK § 311 c aF RN 15.

12 **VII. Vollendet** ist die Tat, wenn die konkrete Gefahr eingetreten ist (Horn SK 5, Sack § 311 RN 32, Steindorf LK § 311 c aF RN 13). Der **Versuch** ist nach Abs. 2 strafbar; Taten nach Abs. 6 Nr. 1 sind jedoch aus Gründen der Tatbestandssystematik straflos (vgl. Horn SK § 311 c aF RN 14). Ein Ansetzen zur Tat kann bereits im Beginn der Herstellung liegen, selbst wenn diese zunächst nicht fehlerhaft ist (Horn SK § 311 c aF RN 10, Tröndle/Fischer 9). Wegen bedingt vorsätzlichen Versuchs strafbar ist daher, auch ohne daß es bereits zu einer Gefährdung gekommen sein muß, wer sicherheitsrelevante Bestandteile einer kerntechnischen Anlage herstellt oder liefert und dabei deren Fehlerhaftigkeit billigend in Kauf nimmt (vgl. BT-Drs. 12/192 S. 14). Die Erstellung von Plänen für eine (fehlerhafte) Anlage ist jedoch noch Vorbereitungshandlung (zust. Steindorf LK § 311 c aF RN 17). Zum Rücktritt vom Versuch vgl. § 24 und die dortigen Erl.

13 **VIII. Täterschaft** und **Teilnahme** bestimmen sich nach den allgemeinen Regeln (vgl. 51 ff. vor § 25). Auf die Stellung des Täters im Produktionsprozeß kommt es im Grundsatz nicht an (zust. Herzog NK 8). Jedoch kann sich der Besteller, da er selbst weder „herstellt" noch „liefert", wenn er die Anlage unter Mißachtung oder in Unkenntnis von Rechtsvorschriften in Auftrag gibt, idR allenfalls nach §§ 327, 328 strafbar machen. Im Rahmen der nach Abs. 6 Nr. 1 vorgesehenen Bestrafung des Haupttäters bei fahrlässiger Verursachung der Gefahr ist für den Teilnehmer zu beachten, daß nur bei Vorsatz des Haupttäters Kenntnis des Teilnehmers davon ausreicht (vgl. § 28 RN 20), während dem Teilnehmer bei Vorliegen einer Vorsatz-Fahrlässigkeits-Kombination (vgl.

§ 11 RN 73 ff.) eigene Fahrlässigkeit hinsichtlich der konkreten Gefährdung zur Last fallen muß (vgl. 34 vor § 25, § 11 RN 75, § 18 RN 7).

IX. Die **Abs. 3** und **4,** eingefügt durch das 6. StrRG anstelle des in § 311 c Abs. 3 aF geregelten besonders schweren Falles, enthalten **Erfolgsqualifikationen,** für die § 18 gilt. Abs. 3 entspricht § 309 Abs. 3 (s. dort RN 8 a). Abs. 4 verzichtet auf das Erfordernis der Leichtfertigkeit von § 311 c Abs. 3 S. 2 aF. Zum Gefahrenzusammenhang s. RN 6. 13 a

X. Die **Strafe** ist mehrfach abgestuft. Für die Vorsatztat nach Abs. 1 ist Freiheitsstrafe von drei Monaten bis zu fünf Jahren vorgesehen. Für die Vorsatz-Fahrlässigkeits- bzw. Leichtfertigkeits-Fahrlässigkeits-Kombination ist einheitlich Freiheitsstrafe bis zu drei Jahren angedroht (Abs. 6). Bei der Erfolgsqualifikation des Abs. 3 beträgt der Strafrahmen Freiheitsstrafe von einem Jahr bis zu zehn Jahren, in minder schweren Fällen sechs Monate bis zu fünf Jahren (Abs. 5 S. 1). Wird der Tod durch den Tod eines anderen Menschen qualifiziert (Abs. 4), ist die Freiheitsstrafe drei Jahre bis zu fünfzehn Jahren, in minder schweren Fällen ein Jahr bis zu zehn Jahren (Abs. 5 S. 2). Bei **tätiger Reue** nach Eintritt der konkreten Gefahr (davor findet § 24 Anwendung; vgl. o. 11) ist für Abs. 1 und Abs. 6 Nr. 1 § 314 a II Nr. 2 e, für Abs. 6 Nr. 2 § 314 a III Nr. 1 d anwendbar (vgl. § 314 a RN 7 ff.). Zur **Einziehung** vgl. § 322. 14

XI. **Idealkonkurrenz** ist insb. mit den Verletzungsdelikten der §§ 211 ff., 303 ff. möglich; ebenso etwa mit §§ 109 e, 263 (Lackner/Kühl 7, Tröndle/Fischer 12), 326 ff. Gegenüber § 307 ist § 312 subsidiär (Herzog NK 14, Horn SK § 311 c RN 13, 17). 15

§ 313 Herbeiführen einer Überschwemmung

(1) **Wer eine Überschwemmung herbeiführt und dadurch Leib oder Leben eines anderen Menschen oder fremde Sachen von bedeutendem Wert gefährdet, wird mit Freiheitsstrafe von einem Jahr bis zu zehn Jahren bestraft.**

(2) **§ 308 Abs. 2 bis 6 gilt entsprechend.**

Vorbem. § 313 (§§ 312–314 aF) geändert durch das 6. StrRG vom 26. 1. 1998, BGBl. I 164.

I. Die durch das 6. StrRG reformierte Vorschrift faßt die lebensgefährdende, sachgefährdende und fahrlässige Überschwemmung der §§ 312–314 aF zusammen und legt den Regelstrafrahmen neu auf Freiheitsstrafe von einem Jahr bis zu zehn Jahren fest (vgl. BT-Drs. 13/8587 S. 50). Aus dem Wegfall des Tatbestandsmerkmals der gemeinen Gefahr, insoweit verstanden als konkrete Gefahr für Leib oder Leben einer Vielzahl von Menschen (Steindorf LK § 312 aF RN 4, 25. A. § 312 aF RN 1, 3), folgt eine Konkretisierung des Schutzbereichs: Es handelt sich um ein **konkretes Gefährdungsdelikt,** das **Individualrechtsgüter** vor den zerstörerischen Gefahren einer Überschwemmung schützt (vgl. Herzog NK 1, Tröndle/Fischer 1). Abs. 2 verweist auf § 308 Abs. 2 bis 6 (unten 7). 1

II. Abs. 1 erfaßt die vorsätzliche Herbeiführung einer Überschwemmung, die konkrete Individualgefahren bewirkt. 2

1. Eine **Überschwemmung** bedeutet einen Zustand unkontrollierbarer Gefahrwirkung für die im überfluteten Gebiet befindlichen Menschen oder Sachen durch Austreten von Wasser über seine natürlichen oder künstlichen Grenzen in entsprechender Menge und Stärke (vgl. RG **7** 577, Herzog NK 3, Lackner/Kühl 1, Tröndle/Fischer 2). Es genügt daher weder jegliches Überlaufen von Wasser auf einen sonst wasserfreien Teil der Erdoberfläche, noch die vollständige Überflutung eines einzelnen Kellers allein (vgl. Steindorf LK § 312 aF RN 3). 3

2. **Herbeiführen** bedeutet die täterschaftliche Verursachung der Überschwemmung, wobei prinzipiell jedes Mittel in Betracht kommt (vgl. Tröndle/Fischer 2). Auch die Vergrößerung einer schon vorhandenen Überschwemmung kann genügen (RG **5** 310, JW **33,** 700, Herzog NK 3), sofern dadurch die Gefahrwirkung erhöht wird (vgl. o. 92 vor § 13). Die Tat kann unter den Voraussetzungen des § 13 auch durch *Unterlassen* begangen werden, etwa durch mangelnde organisatorische oder technisch-bauliche Vorrichtungen zur Abwendung der Überschwemmung (vgl. Tröndle/Fischer 2). 4

3. Durch die Überschwemmung muß eine **konkrete Gefahr** für **Leib** oder **Leben** eines anderen Menschen (vgl. 5 f. vor § 306) oder für **fremde Sachen** von bedeutendem Wert (vgl. 14 ff. vor § 306) entstehen. 5

4. Für den **subjektiven Tatbestand** ist mindestens bedingter (RG JW **28,** 409) Vorsatz erforderlich; er muß sich auch auf die Herbeiführung der konkreten Gefahr beziehen. 6

III. Abs. 2 verweist auf § 308 Abs. 2 bis 6 und damit sowohl auf die strafschärfenden Erfolgsqualifikationen des § 308 Abs. 2 und 3, auf die Vorsatz-Fahrlässigkeitskombination (§ 308 Abs. 5) als auch auf die minder schweren Fälle (§ 308 Abs. 4). Durch § 308 Abs. 6 wird auch die fahrlässige Begehungsweise erfaßt (vgl. dazu § 308 RN 11 ff.). Als Beispiel für fahrlässige Überschwemmung RG JR **27,** 2517. 7

IV. Zur **Tätigen Reue** s. § 314 a Abs. 2 Nr. 2 f., Abs. 3 Nr. 1 e. Zur **Einziehung** § 322 Nr. 1. 8

V. **Idealkonkurrenz** kommt in Betracht zwischen §§ 211, 212 und § 313 Abs. 2 iVm § 308 Abs. 3, dagegen geht § 313 dem § 222 wegen **Gesetzeskonkurrenz** vor (Herzog NK 7). 9

§ 314 Gemeingefährliche Vergiftung

(1) Mit Freiheitsstrafe von einem Jahr bis zu zehn Jahren wird bestraft, wer
1. Wasser in gefaßten Quellen, in Brunnen, Leitungen oder Trinkwasserspeichern oder
2. Gegenstände, die zum öffentlichen Verkauf oder Verbrauch bestimmt sind, vergiftet oder ihnen gesundheitsschädliche Stoffe beimischt oder vergiftete oder mit gesundheitsschädlichen Stoffen vermischte Gegenstände im Sinne der Nummer 2 verkauft, feilhält oder sonst in den Verkehr bringt.

(2) § 308 Abs. 2 bis 4 gilt entsprechend.

Vorbem.: § 314 (§§ 319, 320 aF) geändert durch das 6. StrRG vom 26. 1. 1998, BGBl. I 164.

Schrifttum: Bottke/Mayer, Krankmachende Bauprodukte, ZfBR 91, 233. – *Dannecker,* Entsanktionierung der Straf- und Bußgeldvorschriften des Lebensmittelrechts, 1996. – *Freund,* Täuschungsschutz und Lebensmittelstrafrecht, ZLR 94, 261. – *Geerds,* Herstellen und Absatz gesundheitsgefährdender Ver- und Gebrauchsgüter, Tröndle-FS, 241. – *Gretenkordt,* Herstellen und Inverkehrbringen stofflich gesundheitsgefährlicher Verbrauchs- und Gebrauchsgüter, 1993. – *Heine,* Lebensmittelstrafrecht, in: Gropp (Hrsg.), Wirtschaftskriminalität und Wirtschaftsstrafrecht, 1998, 147. – *Hilgendorf,* Strafrechtl. Produkthaftung in der „Risikogesellschaft", 1993. – *Horn,* Strafrechtl. Haftung für die Produktion von und den Handel mit vergifteten Gegenständen, NJW 86, 153. – *Kuhlen,* Fragen neuerer strafrechtl. Produkthaftung, 1989. – *Landry,* Inverkehrbringen und Herstellen gesundheitsschädlicher Gegenstände, 1966. – *Möllers,* Verkehrspflichten des Händlers beim Vertrieb von gefährlichen Produkten, JZ 99, 24. – *Ohm,* Der Giftbegriff im Umweltstrafrecht, 1985.

1 I. Die Gemeingefährliche Vergiftung (§ 319 aF) und die Fahrlässige Gemeingefährdung (§ 320 aF) wurden durch das 6. StrRG in § 314 zusammengefaßt, übersichtlicher gestaltet und die Schutzobjekte wurden moderner formuliert (vgl. BT-Drs. 13/8587 S. 51). Der Anwendungsbereich wurde durch den Verzicht auf das Erfordernis des Verschweigens der giftigen Eigenschaft (vgl. BT-Drs. 13/8587 S. 51) und die (teilweise) Absenkung des Gefahrenniveaus (gesundheitsschädlich anstelle gesundheitszerstörend) einerseits ausgeweitet, andererseits wurde die widersprüchliche und bedenkliche (vgl. Heine aaO 151 mwN) Fahrlässigkeitsverantwortung (vgl. 25. A § 320 aF RN 2 f.) auf leichtfertige Todesverursachung beschränkt (§ 314 Abs. 2 iVm § 308 Abs. 3). Neu – ebenfalls als Erfolgsqualifikation – erfaßt ist die Verursachung einer schweren Gesundheitsschädigung und die Gesundheitsschädigung einer großen Zahl von Menschen (§ 314 Abs. 2 iVm § 308 Abs. 2).

2 Mit Blick auf die hohe Strafdrohung und im Vergleich zu teilweise neueren Parallelvorschriften in Spezialgesetzen (vgl. zB § 15 I ProdSG, § 51 I Nr. 1, 3, 5 LMBG) schützt die Vorschrift Leben und Gesundheit von Menschen vor Gefahren durch Schaffung eines Zustandes (vgl. 130 vor § 13) mit nicht mehr hinreichend kontrollierbarer Herstellung einer Gefahrwirkung infolge Herstellens eines (gemein-)gefährlichen Tatobjekts im Wege der Einwirkung auf besonders schutzwürdige Gegenstände **(Abs. 1 1. Alt.)** oder durch Formen von Inverkehrbringen eines derart gefährlichen Tatobjekts **(Abs. 1 2. Alt.).** Die Vorschrift verlangt keinen Verletzungs- oder konkreten Gefahrerfolg und ist daher **abstraktes Gefährdungsdelikt** (BT-Drs. 13/8587 S. 72, LG Frankfurt NStZ **90,** 592, Herzog NK 2, Kuhlen aaO 161, Lackner/Kühl 1, Tröndle/Fischer 1; and. Zieschang aaO [vor § 306] 267 [konkret gefährliche Handlung und konkret gefährlicher Zustand]). Der weite Strafrahmen des Abs. 1 von sechs Monaten (s. § 314 Abs. 2 iVm § 308 Abs. 4 S. 1) bis zehn Jahren erklärt sich dadurch, daß ein unterschiedliches Spektrum von Gefahrwirkungen erfaßt wird, je nachdem, ob der Gefahrenzustand von einem einzelnen Gegenstand (mit Gefahrwirkung für einen x-beliebigen oder eine unbestimmte Vielzahl von Menschen) oder von einer Vielzahl von Gegenständen ausgeht. Dem läßt sich zwar mittels der Quantifizierbarkeit des verpönten Zustandes Rechnung tragen. Wegen der Bedeutung für die strafrechtliche Produktverantwortung und in Abstimmung zu vorhandenen Spezialregelungen besteht gleichwohl gesetzlicher Entscheidungs- und Präzisierungsbedarf (vgl. [mit freilich viel zu breit und unbestimmt geratenen Vorschlägen] Gretenkordt aaO 153 f., Freund ZLR 94, 297 f. [krit. auch Dannecker aaO 58 ff.]). Die ursprünglich für das 6. StrRG vorgesehene Umgestaltung in ein konkretes Gefährdungsdelikt (E BReg BT-Drs. 13/8587 S. 50) wurde wegen vermeintlich zu weitgehender Einschränkung nicht (einmal partiell bzw. abgestuft) verwirklicht (BT-Drs. aaO S. 72, 89).

3 Ergänzend kommen neben §§ 324, 329 II und 330 insbes. §§ 51–54 LMBG, §§ 28 f. FleischhygieneG, §§ 95 f. ArzneimittelG und § 64 BSeuchenG in Betracht.

4 II. Als **Schutzobjekte** kommen in Frage:

5 1. Nach **Nr. 1 Wasser** in **gefaßten Quellen,** in **Brunnen, Leitungen** oder **Trinkwasserspeichern,** wozu auch Trinkwassertalsperren gehören (BT-Drs. 13/8587 S. 51, Lackner/Kühl 2). Entsprechend dem Schutzzweck (o. 2) muß das Wasser dem privaten oder öffentlichen Gebrauch von Menschen dienen, also zum Trinken, zur Ernährungszubereitung, zum Waschen oder Baden. Bloßem Brauchwasser, bspw. für gewerbliche (etwa Kühlwasser), landwirtschaftliche (etwa Viehtränken [Lackner/Kühl 2, Tröndle/Fischer 2; and. BT-Drs. aaO]) oder feuerpolizeiliche (etwa Löschwasser) Zwecke fehlt die besondere Schutzwürdigkeit (vgl. Horn SK § 319 aF RN 5, Wolff § 319 aF RN 2), weil es typischerweise nicht mit dem menschlichen Organismus in gefährlichen Kontakt gerät. Vorausgesetzt wird weiter, daß sich das Wasser in den genannten Vorrichtungen befindet. Dabei wird zwar keine

bestimmte Größe vorausgesetzt, doch werden häusliche Behältnisse zur Aufbewahrung oder Nutzung von Wasser, wie zB Kanister oder Wasserboiler (insow. and. Herzog NK 3), mangels unbestimmten Benutzerkreises (o. 2) idR nicht erfaßt (vgl. aber Wolff LK § 319 aF RN 2). Ebensowenig kommt fließendes, stehendes oder aus Quellen natürlich abfließendes Wasser als Schutzobjekt in Frage (vgl. Wolff LK § 319 aF RN 2; zu dessen Schutz s. o. 3).

2. Nach **Nr. 2 Gegenstände, die zum öffentlichen Verkauf oder Verbrauch bestimmt sind.** 6 Geschützt sind sämtliche **Gegenstände** mit öffentlicher Verkaufs- oder Verbrauchsbestimmung, bei deren Ge- oder Verbrauch sich, sofern vergiftet etc. (u. 12 f), Gefahren für die menschliche Gesundheit verwirklichen können (vgl. Tröndle/Fischer 5). In Betracht kommen neben Lebensmitteln Bedarfsgegenstände, wie zB Reinigungs- und Pflegemittel, Kosmetika, Spielsachen, Tapeten und Stoffe (vgl. Horn NJW 86, 153) sowie Kleidungsstücke, Möbel, Baumaterialien (Tröndle/Fischer 5) und auch Arzneimittel (Wolff LK § 319 aF RN 4; and. Geerds Tröndle-FS 247) oder Zigaretten.

a) **Zum öffentlichen Verkauf bestimmt** sind Gegenstände, wenn sie für den Erwerb durch eine 7 nicht bestimmte Käuferzahl vorgesehen sind. Dies ist sowohl der Fall, wenn die Schutzobjekte einer unbestimmten Mehrzahl von Personen zum Verkauf abgegeben werden sollen, als auch dann, wenn sie einer bestimmten Person, zB einem Zwischenhändler, zum Zwecke der Weiterveräußerung an eine Vielzahl von Endverbrauchern angeboten wird (vgl. Tröndle/Fischer 5, Wolff LK § 319 aF RN 3). Nicht entgegen stehen Verkäufe unter Eigentumsvorbehalt, Leasingformen oder Franchising; anderes gilt bei ausschließlicher Weitergabe auf Leih- oder Mietbasis (vgl. Horn SK § 319 aF RN 7).

b) **Zum öffentlichen Verbrauch bestimmt** sind Gegenstände, die, unabhängig von der vorgese- 8 henen Rechtsform zwischen dem derzeitigen Gewahrsamsinhaber und dem Publikum, für die abschließende Nutzung durch einen unbestimmten Personenkreis vorgesehen sind. In Betracht kommt sowohl der Gebrauch in einer einzigen Einrichtung, die von einer Vielzahl von Personen genutzt werden soll (zB Gegenstände in einem Wissenschaftsmuseum, die Kontakt durch Menschen voraussetzen), als auch die Adressierung an einen unbestimmten Verbraucherkreis, etwa durch Werbegeschenke oder kostenlose Sonntagszeitungen (vgl. Tröndle/Fischer 5, Wolff LK § 319 aF RN 4).

c) Als Schutzobjekte kommen für Abs. 1 1. Alt. nur solche Gegenstände in Frage, bei denen im 9 Zeitpunkt der Einwirkung die öffentliche Verkaufs- bzw. Verbrauchsbestimmung objektiv hinreichend konkretisiert ist (unten 12). Demgegenüber genügt bei Abs. 1 2. Alt., daß im Zeitpunkt der Einwirkung der Gegenstand diesen Zwecken dienen sollte (unten 18).

III. Die **Tathandlung** des **Abs. 1 1. Alt.** besteht im Vergiften der Gegenstände oder in der 10 Beimischung von gesundheitsschädlichen Stoffen.

1. Vergiften oder Beimischen meint nach der ratio die Schaffung eines Zustandes mit nicht mehr 11 hinreichend kontrollierbarer Gefahrwirkung durch Herstellen eines (gemein-)gefährlichen Tatobjekts im Wege der menschlichen Einwirkung auf einen besonders schutzwürdigen Gegenstand.

Taugliche Schutzobjekte sind nur solche Gegenstände, bei denen sich die öffentliche Verkaufs- 12 bzw. Verbrauchsbestimmung *objektiv hinreichend konkretisiert* hat. Demgegenüber läßt die hM – unter Berufung auf RG **67** 361 – die objektive Erkennbarkeit genügen, daß erst noch zu produzierende Gegenstände in dieser Weise Verwendung finden *sollen* (Gretenkordt aaO 7, Hilgendorf aaO 168, Kuhlen aaO 158; wohl auch Herzog NK 4, Tröndle/Fischer 5, 9, Wolff LK § 319 aF RN 3; enger Lackner/Kühl 2; and. Horn NJW 86, 154 u. SK § 319 aF RN 9, Bottke/Mayer ZfBR 91, 235 [nur Endprodukt]). Diese Subjektivierung bewirkt die Erfassung des Beimischens von gesundheitsschädlichen Stoffen während des gesamten **industriellen Herstellungsprozesses** von Erzeugnissen (Kuhlen aaO) (mit der Folge früher Vollendungszeitpunkte), so daß auch die Produktion etwa von gesundheitsschädlichem Lederspray (Hilgendorf aaO) oder ebensolchen Holzschutzmitteln (vgl. Schulz JA 96, 188) in Betracht kommt – dolus eventualis (u. 16) vorausgesetzt. Die Tatobjekte nach Nr. 2 verlangen eine vergleichbare Schutzbedürftigkeit wie diejenigen der Nr. 1, so daß auch als Ergebnis der Tathandlung ein vergleichbarer Unwert korrespondiert. Die besondere Schutzbedürftigkeit der Tatobjekte der Nr. 1 erklärt sich aus deren unmittelbaren Verfügbarkeit und entsprechend eingeschränkten Kontrollmöglichkeiten, der Unwert bei Vergiftung etc. aus der Schaffung eines raumzeitlichen Gefahrzusammenhangs für eine unbestimmte Vielzahl von Personen. Diese Funktion übernimmt bei Nr. 2 die Bestimmung zum öffentlichen Verkauf/Verbrauch. Eine vergleichbare Qualität an Schutzbedürftigkeit setzt für den Einwirkungszeitpunkt zwar nicht unbedingt eine formelle betriebliche Endkontrolle voraus, jedoch eine äquivalente Verfügbarkeit und eingeschränkte Kontrollmöglichkeit, die bereits, aber auch erst dann gegeben ist, wenn das Schutzobjekt (bzw. Teile davon) in seinem So-Sein in den öffentlichen Verkauf etc. gelangen kann. Dabei kann uU dieses Stadium mit der Tathandlung zusammenfallen (Lackner/Kühl 2). In diesem Fall ist auch der erforderliche raumzeitliche Gefahrenzusammenhang gewahrt, dagegen nicht in früheren Phasen gewerbsmäßiger Herstellungsprozesse. Insoweit sind Vorschriften des Nebenstrafrechts zuständig (vgl. zB § 51 I Nr. 1, 3, 5 LMBG). Für Sabotageakte während des Herstellungsprozesses kommt uU Abs. 1 2. Alt. (Inverkehrbringen in mittelbarer Täterschaft) in Betracht.

2. Voraussetzung für die Schaffung eines Gefahrenzustandes ist, daß der durch die Tathandlung 13 veränderte Gegenstand **geeignet** ist, gesundheitszerstörende bzw. gesundheitsschädliche (s. u. 14 f.) Wirkungen zu entfalten (hM, vgl. RG **67** 361, Heine aaO 150, Horn NJW 86, 154, Kuhlen aaO 158, Lackner/Kühl 3, Tröndle/Fischer 3, 7, Wolff LK § 319 aF RN 8; and. Hoyer aaO [vor § 306] 159,

Zieschang aaO [vor § 306] 267, s. o. RN 2). Maßgebend ist der *bestimmungsgemäße Gebrauch* (hM, vgl. § 6 I S. 1 ProdSG u. neben den zuvor Genannten vgl. RG **2** 179, Hilgendorf aaO 166, Joecks 7, Ohm aaO 16, 24; vgl. auch Bottke/Mayer ZfBR 91, 235 [auch sozialadäquater Produktkontakt], Gretenkordt aaO 22 ff. [nicht unübliche Verwendung]), soweit der potentielle Adressatenkreis des modifizierten Gegenstandes zu eigenverantwortlichem Gebrauch (wie idR) typischerweise in der Lage ist. Anderes gilt, soweit die Gegenstände an eine andere Zielgruppe gerichtet sind, etwa Spielsachen für Kleinkinder. Insoweit genügt, daß die Gefährdung bei Gelegenheit der sozial üblichen Nutzung eintreten kann (vgl. § 6 I S. 1 2. Alt. ProdSG), so etwa durch das In-den-Mund-nehmen von Spielsachen, auf die mit giftiger Farbe eingewirkt wurde (vgl. iE Kuhlen aaO 160, insbes. Anm. 44, Möllers JZ 99, 25, Zieschang aaO 268). – Auch Schutzobjekte, die toxisch wirken, bei bestimmungsgemäßem Gebrauch aber gesundheitsfördernd oder jedenfalls nicht gesundheitsschädlich sind, wie zB Arznei- oder Pflanzenschutzmittel, können durch Beimischung zu tauglichen Tatmitteln werden (iE ebso Tröndle/Fischer 9). Daran fehlt es, wenn gesundheitsschädliche Stoffe durch die Verbindung mit dem Schutzobjekt neutralisiert werden (vgl. Gretenkordt aaO 10, Horn SK § 319 aF RN 9).

14 3. **Vergiftet** ist ein Gegenstand, wenn die Tathandlung dessen Eignung bewirkt, bei bestimmungsgemäßem Gebrauch (o. 13) die Gesundheit von Menschen durch chemische oder chemisch-physikalische Wirkung zu *zerstören* (vgl. RG **10** 179, **67** 262, OGH **3** 92, Herzog NK 9, Tröndle/Fischer 3, Wolff LK § 319 aF RN 6; krit. Geerds Tröndle-FS 245). Die Beibehaltung dieses bisherigen Schädigungsniveaus „Zerstören" legt im Vergleich der unterschiedliche Wortlaut bei § 224 I Nr. 1 („andere") nahe (and. Lackner/Kühl 3, M-Schroeder II 57, Joecks 7). Dazu gehören neben schweren Gesundheitsschädigungen (vgl. § 225 RN 21) wesentliche körperliche Funktionen, die nicht bloß vorübergehend in erheblichem Umfang aufgehoben würden (BGH **4** 278, Herzog NK 9, Kuhlen aaO 164f., 25. A. § 229 RN 5). Dies kann mittels klassischer Gifte, wie zB Zyankali oder Arsen (Nachw. u. weit. o. § 224 RN 2 b, ferner Ohm aaO), geschehen, aber auch durch Erreger infektiöser Krankheiten (Heine aaO 150, Tröndle/Fischer 3), mangels hier vorausgesetzter (chemischer oder chemisch-physikalischer) Wirkung jedoch nicht durch radioaktive Substanzen (vgl. iE o. § 224 RN 2 b; and. Tröndle/Fischer 3). Mangels menschlicher Einwirkung, auch nicht durch Unterlassen, liegt kein Vergiften vor, wenn bei Lebensmitteln bspw. die Haltbarkeitsdauer abgelaufen ist und sich deshalb nach und nach entsprechende gesundheitszerstörende Prozesse entwickeln (Gretenkordt aaO 59, Heine aaO, Wolff LK § 319 aF RN 10).

15 4. Demgegenüber ist im Vergleich zu § 319 aF bei der Tatvariante des **Beimischens gesundheitsschädlicher Stoffe** durch das 6. StrRG der Schutzbereich ausgeweitet worden, da eine Eignung zur Zerstörung der Gesundheit nicht mehr vorausgesetzt wird (and. Herzog NK 9). Vielmehr genügt die Eignung des veränderten Gegenstandes, bei bestimmungsgemäßem Gebrauch (o. 11) nicht bloß unerhebliche Schädigungen der Gesundheit herbeizuführen (Tröndle/Fischer 3, insoweit auch Joecks 7, Lackner/Kühl 3, vgl. auch o. § 224 RN 2 d), und zwar auf mechanischem, thermischem (Wolff LK § 319 aF RN 7) oder physikalischem Wege. Als Stoffe kommen in Betracht feste, flüssige oder gasförmige Substanzen (vgl. o. § 224 RN 2 c), wohl auch radioaktive Stoffe (vgl. BGH **15** 115; and. 25. A. § 229 RN 3), zu deren Schädigungseignung vgl. § 311 RN 9, zur bloßen Sachgefährdung durch ionisierende Strahlung s. § 309 RN 10.

16 6. Für den **subjektiven Tatbestand** ist Vorsatz erforderlich, bedingter Vorsatz genügt, und zwar auch bezüglich der Tatsachen, welche den Gefahrenzustand konstituieren, also insbes. die Eignung des Tatmittels, gesundheitszerstörende bzw. -schädliche Wirkungen zu entfalten (vgl. Horn NJW 86, 155, Lackner/Kühl 6, Tröndle/Fischer 11).

17 IV. In **Abs. 1 2. Alt.** wird der Zustand mit nicht mehr hinreichend kontrollierbarer Gefahrwirkung durch den **Verkauf**, das **Feilhalten** oder **sonst in den Verkehr Bringen** von **vergifteten oder mit gesundheitsschädlichen Stoffen vermischten Gegenständen im Sinne der Nr. 2** geschaffen.

18 1. Als **Tatmittel** kommt jeder Gegenstand in Betracht, der durch eine menschliche Einwirkung mit der oben 13 beschriebenen Schädigungseignung hervorgebracht wurde, sofern der Gegenstand dem öffentlichen Verkauf/Verbrauch (s. o. 7 f.) dienen sollte. Nicht notwendig ist, daß die Gegenstände im Wege einer rechtswidrigen Tat nach Abs. 1 1. Alt. hergestellt wurden oder die Einwirkung auf einen Gegenstand erfolgte, der (wie bei Abs. 1 1. Alt., o. 12) für den öffentlichen Verkaufs- bzw. Verbrauchsbestimmung objektiv hinreichend konkretisiert war (vgl. Gretenkordt aaO 59, Lackner/Kühl 4, iE auch Hilgendorf aaO 168, Joecks 10, Kuhlen aaO 166, vgl. auch Horn SK § 319 aF RN 18, Wolff LK § 319 aF RN 10; and. Bottke/Mayer ZfBR 91, 235). Denn der Unwert liegt hier nicht in der Herstellung eines (gemein-)gefährlichen Tatobjekts durch Einwirkung auf ein eingeschränkter Kontrollmöglichkeit und unmittelbarer Verfügbarkeit unterliegendes Schutzobjekt, sondern im Schaffen eines raum-zeitlichen Gefahrzusammenhangs infolge Inverkehrbringens (gemein-)gefährlicher Tatobjekte. Die Abschichtung zu nebenstrafrechtlichen Vorschriften (s. o. 2) wird über das Erfordernis eines entsprechenden Gefahrenzustandes gewährleistet. Mangels menschlicher Einwirkung von vornherein nicht erfaßt sind Gegenstände, die durch inneren Verderb vergiftet sind (Lackner/Küh 4, s. o. 14; and. Horn SK § 319 aF RN 18), so daß etwa fehlerhafte Lagerung als Ursache der Schädlichkeit ausscheidet. Ebensowenig in Betracht kommen Gegenstände, deren schädliche Eigenschaft sich aus deren Konstruktionsmerkmalen ergibt, wie zB der Form, ergibt (Gretenkordt aaO 60).

Zur **Schädigungseignung** s. o. 13. Bei gewerbs- oder geschäftsmäßigem Handeln ist § 6 ProdSG 19
zu beachten. Das Inverkehrbringen von legal hergestellten Gegenständen, die auch bei bestimmungsgemäßem Gebrauch gesundheitsschädlich wirken können, wie zB Zigaretten (zur Frage chronischer
Toxität vgl. LG Frankfurt NStZ **90**, 593, Horn NJW 86, 155, Kuhlen aaO 166), ist nach Grundsätzen
eigenverantwortlicher Selbstgefährdung (vgl. o. 52 a vor § 13) nicht tatbestandsmäßig (vgl. Gretenkordt aaO 140 [fehlendes generell mißbilligtes Risiko]). Generell können Warnhinweise und Kennzeichnungen auf Gegenständen (vgl. §§ 3 II 1, 6 II 3 ProdSG, § 32 I Nr. 8, 9 LMBG, § 10 II
ArzneimittelG) dazu führen, daß es infolge Präzisierung des bestimmungsgemäßen Gebrauchs an der
erforderlichen Eignung mangelt (vgl. Frisch Tatbestandsmäßiges Verhalten aaO [vor § 13] 199 ff.,
Ransiek aaO [118 vor § 25] 26 f.; and. Horn NJW 86, 155 [nur vorsatzrelevant]).

2. Zur **Tathandlung** des **Verkaufs** s. o. 7, wobei entg. Horn SK § 319 aF RN 28 der bloße 20
Abschluß eines Kaufvertrages, ungeachtet der Verfügbarkeit des Gegenstandes, für Vollendung nicht
genügt. **Feilhalten** bedeutet, einen Gegenstand unter objektiver Manifestation eines Verkaufswillen
einer Vielzahl von Personen zu präsentieren (vgl. BGH **23** 286, Herzog NK 7, Lackner/Kühl 5).
Inverkehrbringen meint nicht dasselbe wie in strafrechtlichen Nebengesetzen, die zT weitergehende
Zwecksetzungen verfolgen, wie zB § 7 I LMBG (u. a. vorrätig halten). Entsprechend der ratio wird
jede Übertragung der Verfügungsgewalt auf einen unbeteiligten Anderen erfaßt, so daß dieser über das
Tatobjekt nach Belieben verfügen kann (vgl. Bay **61** 194, Herzog NK 7, Wolff LK § 319 aF RN 9,
eingeh. Horn NJW 77, 2329, vgl. auch § 3 II ProdSG).

3. Als „entbehrlich" wurde durch das 6. StrRG das Erfordernis des *Verschweigens der gefährlichen* 21
Eigenschaft gestrichen (BT-Drs. 13/8587 S. 51; krit. M-Schroeder II 51, vgl. auch BE 125; and.
Herzog NK 8). Es ging dem Gesetzgeber wohl darum, offene Vergiftungshandlungen durch Erpresser,
die als Druckmittel die Vergiftung von Produkten einsetzen, zu erfassen (vgl. Tröndle/Fischer 10).
Die typischen Fälle, in denen ein x-beliebiges Produkt aus einer Massenproduktion vergiftet wird,
waren jedoch bereits nach § 319 I 2. Alt. aF mit Blick auf die ratio erfaßt. Zur Bedeutung dieses
Kriteriums für § 319 aF vgl. Kuhlen aaO 166. Zur Bedeutung von Warnhinweisen auf den jeweiligen
Gegenständen s. o. 19.

4. Im Zusammenhang mit dem Inverkehrbringen von **industriell gefertigten gesundheits-** 22
schädlichen Produkten stellen sich noch wenig geklärte Fragen nach den Voraussetzungen einer
verbotswidrigen Schaffung des geforderten Gefahrenzustandes (vgl. dazu allgemein Frisch Tatbestandsmäßiges Verhalten aaO 199 ff., Ransiek aaO 24 ff.). Allgemein wird materielle Sicherheit idR in
Spezialgesetzen etc. geregelt, wie zB dem LMBG. Mindeststandards für seinen Anwendungsbereich
(beachte § 2 III ProdSG) liefert auch § 6 ProdSG. Doch stellt die Beachtung solcher Vorgaben nicht
zwangsläufig von Verantwortung für § 314 frei (vgl. Heine Verantwortlichkeit [vor § 25] 125 ff.). Zur
Bedeutung von nichtförmlichen Regelwerken und zu Qualitätssicherungsverfahren vgl. Heine ZLR
97, 269. Zum pflichtwidrigen Inverkehrbringen vgl. auch BGH **37** 117 f. u. o. § 15 RN 23 mwN.

5. Für den **subjektiven Tatbestand** ist Vorsatz erforderlich, wobei bedingter Vorsatz genügt. Er 23
muß sich auf die Umstände beziehen, welche den Gefahrenzustand konstituieren, insbes. das Inverkehrbringen und die Bedeutung der Tatsachen, welche das Gefahrenurteil tragen. Vgl. dazu auch
Span. OGH NStZ **94**, 38.

V. Bei Vorliegen behördlicher Genehmigungen kann sich eine Strafbarkeit mangels **rechtfertigen-** 24
der Wirkung ergeben, wenn die Grenze des Erlaubnisfähigen überschritten ist. Dies ist eindeutig,
wenn offensichtlich ist, daß die genehmigte Handlung mit hinreichend hoher Wahrscheinlichkeit zu
dem Gefahrenzustand führen kann (vgl. o. 63 d vor § 13 mwN; enger Wolff SK § 319 aF RN 13).

VI. **Abs. 2** verweist auf § 308 Abs. 2 bis 4 und ersetzt die Todeserfolgsqualifikation des § 319 S. 2 25
aF. Abgestufte **Erfolgsqualifikationen** gelten für die wenigstens fahrlässige (§ 18) Verursachung einer
schweren Gesundheitsschädigung (o. § 225 RN 21) eines anderen Menschen und die einfache Gesundheitsschädigung einer großen Zahl von Menschen (o. 13 a vor § 306) (§ 308 Abs. 2) sowie für die
(nach § 319 S. 2 aF fahrlässige) wenigstens leichtfertige (o. § 18 RN 3, 5, § 15 RN 205) Todesverursachung eines anderen Menschen (§ 308 Abs. 3).

Minder schwere Fälle des § 314 Abs. 1 (Abs. 2 iVm § 308 Abs. 4 S. 1) liegen vor bei gering- 26
fügigerem Gefahrenzustand, so zB bei Inverkehrbringen von einzelnen Gegenständen geringerer
Schädigungseignung mit eng begrenzter Verbreitungsgefahr. Ein minder schwerer Fall der Erfolgsqualifikation nach § 314 Abs. 2 iVm § 308 Abs. 4 S. 2, Abs. 2 kann gegeben sein bei erheblich
mitwirkendem Verschulden des Geschädigten, etwa durch Nichtbeachtung von korrekten Warnhinweisen (vgl. Tröndle/Fischer 14).

VII. Die **Strafe** beträgt bei Abs. 1 Freiheitsstrafe von einem Jahr bis zu zehn Jahren, in minder 27
schweren Fällen sechs Monate bis zu fünf Jahren. Bei der leichtfertigen Todesverursachung ist die
Strafe lebenslang oder Freiheitsstrafe nicht unter zehn Jahren; liegt der Erfolg in einer Gesundheitsschädigung etc., so ist die Freiheitsstrafe nicht unter zwei Jahren, in minder schweren Fällen von einem
Jahr bis zu zehn Jahren. Zur **Einziehung** s. § 322. Zur **Anzeigepflicht** s. § 138 I Nr. 9.

Der **Versuch** ist strafbar. Zur **Tätigen Reue** bei vollendetem Delikt s. § 314 a Abs. 2 Nr. 1. Zur 28
Täterschaft in Betrieben s. 109 a vor § 25, § 25 RN 25 f., 28 a vor § 324.

29 VIII. **Idealkonkurrenz** ist möglich mit §§ 51, 52 LMBG, §§ 95, 96 ArzneimittelG (Herzog NK 14, Kuhlen aaO 153, Tröndle/Fischer 15; and. Horn SK § 319 aF RN 31), bei Abs. 2 iVm § 308 Abs. 3 mit §§ 211, 212 (Tröndle/Fischer 15).

§ 314a Tätige Reue

(1) Das Gericht kann die Strafe in den Fällen des § 307 Abs. 1 und des § 309 Abs. 2 nach seinem Ermessen mildern (§ 49 Abs. 2), wenn der Täter freiwillig die weitere Ausführung der Tat aufgibt oder sonst die Gefahr abwendet.

(2) Das Gericht kann die in den folgenden Vorschriften angedrohte Strafe nach seinem Ermessen mildern (§ 49 Abs. 2) oder von Strafe nach diesen Vorschriften absehen, wenn der Täter
1. in den Fällen des § 309 Abs. 1 oder § 314 Abs. 1 freiwillig die weitere Ausführung der Tat aufgibt oder sonst die Gefahr abwendet oder
2. in den Fällen des
   a) § 307 Abs.2,
   b) § 308 Abs. 1 und 5,
   c) § 309 Abs. 6,
   d) § 311 Abs. 1,
   e) § 312 Abs. 1 und 6 Nr. 1,
   f) § 313, auch in Verbindung mit § 308 Abs. 5,
freiwillig die Gefahr abwendet, bevor ein erheblicher Schaden entsteht.

(3) Nach den folgenden Vorschriften wird nicht bestraft, wer
1. in den Fällen des
   a) § 307 Abs. 4,
   b) § 308 Abs. 6,
   c) § 311 Abs. 3,
   d) § 312 Abs. 6 Nr. 2,
   e) § 313 Abs. 2 in Verbindung mit § 308 Abs. 6,
freiwillig die Gefahr abwendet, bevor ein erheblicher Schaden entsteht, oder
2. in den Fällen des § 310 freiwillig die weitere Ausführung der Tat aufgibt oder sonst die Gefahr abwendet.

(4) Wird ohne Zutun des Täters die Gefahr abgewendet, so genügt sein freiwilliges und ernsthaftes Bemühen, dieses Ziel zu erreichen.

Vorbem.: § 314a (311e aF) geändert durch das 6. StrRG v. 26. 1. 1998, BGBl. I 164.

1 I. § 314a ersetzt § 311e aF und faßt unter technischen Änderungen die Voraussetzungen der tätigen Reue für die Strahlungs-, Explosions-, Überschwemmungs- und Vergiftungsdelikte (§§ 307 bis 314) zusammen. Hinzugekommen ist die Anwendung der Vorschrift auf die Herbeiführung einer Überschwemmung (§ 313) und auf die Gemeingefährliche Vergiftung (§ 314). Die im RegE vorgesehene einheitliche Regelung für den 28. Abschnitt (BT-Drs. 13/8587 S. 52) wurde nicht verwirklicht (BT-Drs. 13/9064 S. 22). Es geht bei § 314a darum, dem Täter einen Anreiz für den Entschluß zu geben, eine besonders gefährliche Straftat vor Eintritt von ernsthaften Schäden abzubrechen (vgl. BT-Drs. 4/2186 S. 4). Zugleich soll ein Gegengewicht zur Vorverlagerung der Strafbarkeit geschaffen werden (vgl. Wolff LK § 311e aF RN 1). Eine gemeinsame Voraussetzung von tätiger Reue ist das Vorliegen einer **vollendeten Tat**, für den Rücktritt vom Versuch gilt § 24. Abs. 1 sieht eine fakultative Strafrahmenmilderung (§ 49 II) für die Fälle der §§ 307 I und 309 II vor. Abs. 2 ermöglicht bei tätiger Reue Strafmilderung oder Absehen von Strafe in den aufgezählten Fällen und Abs. 3 enthält einen obligatorischen persönlichen Strafaufhebungsgrund für die reinen Fahrlässigkeitsdelikte, aufgezählt in Nr. 1a bis e, und die vollendete Vorbereitungshandlung nach § 310 (Nr. 2).

2 II. Bei den **Voraussetzungen** der tätigen Reue ist zu unterscheiden zwischen den – jeweils vorsätzlichen – **Unternehmensdelikten** nach §§ 307 I, 309 I, II, den verselbständigten **Vorbereitungshandlungen** nach § 310 sowie dem mit Schaffung des (vorverlagerten) **Zustandes ohne weiteres vollendeten** § 314 I einerseits und den (vorsätzlichen bzw. fahrlässigen) **Gefährdungsdelikten,** bei denen ein tatbestandlicher „*Erfolg*" (Strahlung, Explosion, Anlagenherstellung, Überschwemmung) *eingetreten* ist, eine Ausdehnung der tatbestandlichen Gefahr (Eignung bzw. konkrete Gefährdung) bzw. ein Umschlagen in einen Schaden aber verhindert werden soll, andererseits (§§ 307 II, 308 I, V, 309 VI, 311 I, 312 I, VI Nr. 1, 313 iVm 308 V; 307 IV, 308 VI, 311 III, 312 VI Nr. 2, 313 II iVm 308 VI). Diese zweite Gruppe findet sich in den Abs. 2 Nr. 2 und Abs. 3 Nr. 1, die erste Gruppe in den Abs. 1, Abs. 2 Nr. 1 und Abs. 3 Nr. 2.

3 1. **Abs. 1, Abs. 2 Nr. 1 und Abs. 3 Nr. 2** ermöglichen tätige Reue bei *Unternehmensdelikten* und *verselbständigten Vorbereitungshandlungen* sowie bei *§ 314* dadurch, daß der Täter freiwillig die weitere Ausführung der Tat aufgibt oder sonst die Gefahr abwendet.

a) Die **„weitere Ausführung der Tat"** gibt der Täter auf, wenn er von seinem Entschluß 4 Abstand nimmt, eines der vorbezeichneten Delikte zu begehen, bevor es – ungeachtet der formalen Tatbestandserfüllung (Unternehmens- bzw. Vorbereitungstat) – auch materiell vollendet ist, bevor also die nach §§ 307 I und 309 I, II herbeizuführende Gefährdung tatsächlich eingetreten ist oder die in § 310 angesprochenen Delikte über das Stadium der Vorbereitung hinaus gediehen sind (vgl. Lackner/Kühl 2, Wolff LK § 311e aF RN 3). Dieser Fall entspricht daher strukturell dem des Rücktritts vom unbeendeten Versuch nach § 24 (vgl. dort RN 36 ff.). Über die Aufgabe des Tatentschlusses hinaus werden Handlungen des Täters nicht gefordert, er braucht also zB im Falle des § 310 nicht etwa den für das geplante Sprengstoffdelikt hergestellten Sprengstoff zu vernichten oder abzuliefern.

b) Zur **Abwendung der Gefahr** ist erforderlich, daß der Täter entweder schon den Eintritt der 5 Gefahr selbst verhindert oder aber die bereits eingetretene tatbestandsmäßige Gefahr beseitigt, bevor sie einen Schaden verursacht hat (Lackner/Kühl 2). Dies bedeutet etwa bei § 307 I das Abwenden der konkreten Gefahr für Leib oder Leben eines anderen Menschen. Jedoch darf sich die Gefahr nicht schon in einer erheblichen (Teil-)Schädigung niedergeschlagen haben. Bei § 314 I wird die Gefahr durch Beseitigung des tatbestandlichen Gefahrenzustandes abgerundet, so etwa wenn der Erpresser von Lebensmittelvertreibern die Rücknahme des in Verkehr gebrachten vergifteten Gegenstandes ermöglicht (vgl. Herzog NK 10). Bei **mehreren Tatbeteiligten** ist entsprechend § 24 II tätige Reue eines der Beteiligten nur durch die Abwendung der Gefahr, nicht durch die Aufgabe der weiteren Tatausführung durch ihn allein möglich (Wolff LK § 311e aF RN 10).

c) Der Rücktritt muß **freiwillig** erfolgt sein. Die Freiwilligkeit des Rücktritts wird nicht danach 6 beurteilt, ob die Tat entdeckt war oder nicht; vielmehr sind wie bei § 24 alle Umstände zu berücksichtigen, die den Täter zu seinem Rücktritt veranlaßt haben. Näher hierzu § 24 RN 44 ff.

2. Abs. 2 Nr. 2 und Abs. 3 Nr. 1 ermöglichen tätige Reue, wenn bei den in RN 2 genannten 7 Straftaten ein tatbestandlicher „Erfolg" eingetreten ist, unter der Voraussetzung, daß der Täter die Gefahr freiwillig abwendet, bevor ein erheblicher Schaden entstanden ist.

a) Der Täter muß die **Gefahr abgewendet** haben, bevor ein erheblicher Schaden entsteht. Da 8 §§ 307 II, IV, 308 I, V, VI, 312 I, VI, 313 I, II iVm 308 V, VI den Eintritt einer konkreten Gefahr für Leben und Gesundheit anderer oder fremdes Eigentum von erheblichem Wert für die Vollendung voraussetzen, kann insoweit in § 314a nicht die „Abwendung der Gefahr", sondern nur das Verhindern des aus der Gefahr drohenden Schadens gemeint sein (Cramer NJW 64, 1838, Wolff LK § 311e aF RN 7). Es muß also ausreichen, daß der Täter durch sein Eingreifen dafür sorgt, daß die Gefahr sich nicht in einem Schaden realisiert, zB den vom Entgleisen bedrohten Zug zum Halten bringt, nachdem der Täter eine Eisenbahnschiene gesprengt hat (§ 308 I) bzw. im Falle des § 312 den technischen Defekt vor Inbetriebnahme der Anlage beseitigt, oder nach Anfahren der Anlage deren umgehende Abschaltung bewirkt, etwa durch Information des Anlagenbetreibers (vgl. BT-Drs. 12/ 192 S. 15). Im Rahmen des § 312 V muß dagegen die aus der Schädigungseignung der Strahlung resultierende Gefahr so rechtzeitig abgewendet werden, daß die Brauchbarkeit der Sache noch nicht beeinträchtigt ist. Das wird regelmäßig dadurch geschehen, daß die Sache aus dem Strahlungsbereich entfernt oder die Bestrahlung abgebrochen wird, bevor die Brauchbarkeit der Sache gemindert ist. Wird ohne Zutun des Täters die Gefahr abgewendet, so genügt sein freiwilliges und ernsthaftes Bemühen, dieses Ziel zu erreichen (Abs. 4).

b) Die Gefahr muß abgewendet werden, **bevor ein erheblicher Schaden entsteht**. Da durch die 9 Explosion iSv §§ 307, 308 selbst in aller Regel wenigstens fremdes Eigentum in erheblichem Maße zerstört wird, ist § 314a bei diesen Tatbeständen in seiner praktischen Anwendbarkeit stark reduziert (vgl. Lackner/Kühl 3). Der „erhebliche Schaden" entspricht dem „bedeutenden Wert" iS dieser Vorschriften (vgl. 14 ff. vor § 306, zust. Herzog NK 9, Horn SK § 311e aF RN 7; vgl. Tröndle/ Fischer 3; and. Wolff § 311e aF RN 10). Das ergibt sich daraus, daß nur die beabsichtigte (bei den Unternehmensdelikten) oder die tatsächliche (bei den Gefährdungstatbeständen) Gefährdung einer Sache von bedeutendem Wert überhaupt zur Tatbestandserfüllung ausreicht. Bei der Verletzung von Personen wird ein erheblicher Schaden immer anzunehmen sein, sofern die Verletzung nicht ganz geringfügig ist. Zweifelhaft erscheint, ob bei einem Strahlungsverbrechen ein erheblicher Schaden schon vorliegt, wenn zwar aktuell noch keine Gesundheitsbeeinträchtigung eingetreten ist, jedoch wegen der additiven Wirkung bei mehrfacher Bestrahlung (vgl. § 309 RN 4) eine solche bereits bei einer möglicherweise jederzeit notwendig werdenden Röntgenuntersuchung mit Sicherheit eintreten wird. Das dürfte zu verneinen sein, da die Vorschrift einen „Schaden" voraussetzt, dieser aber in der Gefahr zukünftiger Schädigungen nicht gesehen werden kann.

III. Die **Wirkungen der tätigen Reue** sind verschieden, je nachdem, welches Delikt geplant war. 10

1. In den Fällen der **§§ 307 I und 309 II** wird der Täter aus diesen Vorschriften bestraft, jedoch 11 kann das Gericht die Strafe nach seinem Ermessen gemäß § 49 II mildern (Abs. 1).

2. In den Fällen der **§§ 307 II, 308 I, V, 309 I, VI, 311 I, 312 I, VI Nr. 1, 313 iVm 308 V, VI, 12 314 I** kann das Gericht die Strafe nach seinem Ermessen mildern (§ 49 II) oder von Strafe absehen (Abs. 2). Diese Regelung entspricht im wesentlichen § 83a und stößt wie dieser insoweit auf Bedenken, als durch die nur fakultative Strafmilderung dem Richter ein Strafrahmen an die Hand gegeben wird, der vom Absehen von Strafe bis zu 15 Jahren Freiheitsstrafe (§ 308 I) reicht. Entlastung erfolgt jedoch durch die minder schweren Fälle. Sieht das Gericht von Strafe ab, so hat es den Angeklagten schuldig zu sprechen mit der Kostenfolge des § 465 StPO (vgl. 54 ff. vor § 38).

13 3. In den Fällen der §§ 307 IV, 308 VI, 310, 311 III, 312 VI Nr. 2, 313 iVm 308 VI hat die tätige Reue strafbefreiende Wirkung (Abs. 3). Der Täter ist hier freizusprechen (vgl. § 24 RN 114).

14 4. In jedem Fall **beschränkt** sich die Wirkung der tätigen Reue auf die in § 314a angesprochenen Tatbestände (vgl. zur analogen Anwendung § 306e RN 12), für andere, mit diesen ideell konkurrierende Delikte, ist die Vorschrift nicht anwendbar. Bei Idealkonkurrenz mit den Brandstiftungsdelikten kommt für diese jedoch § 306e in Betracht. Wurde nach den in § 314a II genannten Vorschriften von Strafe abgesehen oder der Täter von den in Abs. 3 genannten Delikten freigesprochen, so lebt die Bestrafung aufgrund der wegen Gesetzeskonkurrenz zurücktretenden Tatbestände, z. B. §§ 40 SprengstoffG, 326 II, wieder auf.

15 5. Die **Einziehung** in Form der Sicherungseinziehung (§ 74 II Nr. 2) ist in allen Fällen möglich, bei einem Freispruch wegen tätiger Reue nach Abs. 3 gemäß § 76a durch selbständige Anordnung.

§ 315 Gefährliche Eingriffe in den Bahn-, Schiffs- und Luftverkehr

(1) **Wer die Sicherheit des Schienenbahn-, Schwebebahn-, Schiffs- oder Luftverkehrs dadurch beeinträchtigt, daß er**

1. Anlagen oder Beförderungsmittel zerstört, beschädigt oder beseitigt,
2. Hindernisse bereitet,
3. falsche Zeichen oder Signale gibt oder
4. einen ähnlichen, ebenso gefährlichen Eingriff vornimmt,

und dadurch Leib oder Leben eines anderen Menschen oder fremde Sachen von bedeutendem Wert gefährdet, wird mit Freiheitsstrafe von sechs Monaten bis zu zehn Jahren bestraft.

(2) **Der Versuch ist strafbar.**

(3) **Auf Freiheitsstrafe nicht unter einem Jahr ist zu erkennen, wenn der Täter**

1. in der Absicht handelt
   a) einen Unglücksfall herbeizuführen oder
   b) eine andere Straftat zu ermöglichen oder zu verdecken, oder
2. durch die Tat eine schwere Gesundheitsbeschädigung eines anderen Menschen oder eine Gesundheitsbeschädigung einer großen Zahl von Menschen verursacht.

(4) In minder schweren Fällen des Absatzes 1 ist auf Freiheitsstrafe von drei Monaten bis zu fünf Jahren, in minder schweren Fällen des Absatzes 3 auf Freiheitsstrafe von sechs Monaten bis zu fünf Jahren zu erkennen.

(5) Wer in den Fällen des Absatzes 1 die Gefahr fahrlässig verursacht, wird mit Freiheitsstrafe bis zu fünf Jahren oder mit Geldstrafe bestraft.

(6) Wer in den Fällen des Absatzes 1 fahrlässig handelt und die Gefahr fahrlässig verursacht, wird mit Freiheitsstrafe bis zu zwei Jahren oder mit Geldstrafe bestraft.

Vorbem.: § 315 idF des StrRG vom 26. 1. 1998, BGBl. I 164.

Schrifttum: Schmid, Die Verkehrsbeeinträchtigung der §§ 315, 315a StGB aus der Sicht des Luftverkehrs, NZV 88, 125; vgl. auch die Nachweise bei § 315b.

1 I. Die Vorschrift **dient** durch den Schutz der Verkehrssicherheit zugleich dem Schutz von Individualrechtsgütern wie Leben, Gesundheit und bedeutenden Sachwerten (vgl. § 315c RN 2). Angriffsobjekt sind jedoch die hier genannten Verkehrsarten. Folglich sind die Rechtsgüter über die Aufrechterhaltung der allgemeinen Verkehrssicherheit (vgl. u. 9 f.) geschützt, aus deren Verletzung unübersehbare Gefahren resultieren können. Deshalb kann man sagen, daß der Tatbestand über den Individualschutz hinaus zugleich dem Interesse der Allgemeinheit dient (Eser III 133; ähnlich Horn SK 2, stärker den Allgemeinschutz betonend Tröndle/Fischer 2).

2 1. Unter **Schienenbahn** ist ein zur Beförderung von Menschen oder Sachgütern dienendes Transportmittel zu verstehen, dessen Fortbewegung auf einem festen Schienenstrang erfolgt (vgl. Köln VRS **15** 50), also die Eisenbahn, Werk-, Klein-, Hoch- und Untergrundbahnen (Lackner/Kühl 2). Die Antriebsart ist ohne Bedeutung; deshalb zählen hierher zB auch schienengebundene Drahtseilbahnen (Rüth LK[10] 5), Zahnradbahnen, nicht aber eine schienengebundene Kranbrücke (vgl. Düsseldorf NZV **95**, 149, Rüth LK[10] 5) oder – mangels Schienenbindung – der Transrapid. Der Grund für die gegenüber §§ 315b f. höhere Strafe liegt in der größeren Gefährlichkeit, weil eine Schienenbahn im Vertrauen darauf, daß der Gleisbereich ausschließlich ihr zur Verfügung steht, meist schneller fährt, als dies bei einer Teilnahme am allgemeinen Verkehr möglich wäre (Köln VRS **13** 289, Bay VRS **17** 127), und Kontrollvorkehrungen idR nur zur Vermeidung innerbetrieblicher Gefahren getroffen sind. Es macht keinen Unterschied, ob die Bahn in öffentlichem oder privatem Eigentum steht. Für eine Bahn, die nur zT auf eigenem Bahnkörper verkehrt, gilt § 315d (vgl. dort RN 2 ff.).

3 Geschützt wird der Betrieb der Bahn in allen seinen Teilen, also das einzelne Fahrzeug, die Beförderungsmittel, die Beförderungsgegenstände, die Fahrgäste sowie die im Zug- oder Verschiebe-

dienst eingesetzten Betriebsangehörigen (RG **74** 274). Die Gefährdung von Streckenarbeitern, die am Bahnkörper beschäftigt sind, reicht aus, wenn sie mit einem Betriebsvorgang in Zusammenhang steht (vgl. u. 14; vgl. weiter RG **42** 301, Braunschweig NdsRpfl. **52**, 157); zur Gefährdung betriebsfremder Personen u. 14.

2. Schwebebahnen sind Bahnen, die sich an Drahtseilen oder in ähnlicher Weise bewegen und die **4** Erde nicht berühren, zB ein Sessellift oder der Transrapid (Herzog NK 6), nicht dagegen ein Schlepplift.

3. Zum **Schiffsverkehr**, der eine Beförderung von Menschen oder Gütern voraussetzt (Herzog **5** NK 7), gehört die Seeschiffahrt ebenso wie die Binnen- und Flußschiffahrt. Wie der Schienenbahnverkehr wird auch der Schiffsverkehr in allen seinen Teilen geschützt, also auch das einzelne Fahrzeug (RG **74** 273, Oldenburg MDR **51**, 630, Schleswig SchlHA **59**, 23, **62**, 275, Karlsruhe NZV **93**, 159, H. W. Schmidt NJW 63, 1861). Der Begriff „Schiffsverkehr" könnte darauf hindeuten, daß nicht jeder Verkehr auf dem Wasser unter § 315 fällt, sondern nur solche Schiffe gemeint sind, deren Gefährdung eine quantitativ größere Gefahr bedeuten würde. Da jedoch in § 315 b der gesamte Straßenverkehr geschützt wird, muß Entsprechendes auch für § 315 gelten, so daß auch die Gefährdung von Booten und Kähnen erfaßt wird (Schleswig SchlHA **62**, 275, Jaekel NJW **64**, 285, Rüth LK[10] 9, Herzog NK 7, Horn SK 4; zT abw. H. W. Schmidt NJW 63, 1861).

4. Zum **Luftverkehr** gehört jede Benutzung des Luftraumes durch Luftfahrzeuge, also insb. durch **6** Flugzeuge, Luftschiffe, Ballone und ähnliche für eine Bewegung im Luftraum bestimmte Geräte (vgl. § 1 II LuftVG). Wegen der umfassenden Aufzählung der möglichen Verkehrsarten werden hierher auch Raketen und Satelliten zu zählen sein, so daß auch deren Basen geschützt sind (vgl. Rüth LK[10] 11). Aus der Bezeichnung Luft-„Verkehr" folgt weiter, daß die Flugkörper der Beförderung von Personen oder Gütern dienen müssen.

II. Gemeinsamer **Erfolg** aller Handlungsmodalitäten ist die **Beeinträchtigung der Sicherheit** des **7** Bahn-, Schiffs- oder Luftverkehrs. Diese Gefährdung muß durch die in Abs. 1 Nr. 1 bis 4 genannten Handlungsweisen herbeigeführt sein, weshalb die Beschädigung oder Zerstörung des Beförderungsmittels der Beeinträchtigung der Sicherheit zeitlich und ursächlich vorausgehen muß und nicht erst Unfallfolge sein darf (Karlsruhe NZV **93**, 160). Insoweit genügt die Herbeiführung einer abstrakten Gefahr, so daß es ausreicht, wenn die konkrete, dem Tatbestand des § 315 unterfallende Handlung **generell geeignet** ist, eine Beeinträchtigung der Betriebssicherheit zu bewirken (vgl. dazu 3 vor § 306, Fabricius GA 94, 170). Damit fällt zB die Beschädigung von Sitzpolstern eines Eisenbahnwagens, die sicherlich eine Beschädigung eines Beförderungsmittels darstellt, nicht unter § 315 (wie hier Rüth LK[10] 13, M-Maiwald II 31).

Die **Verkehrssicherheit** ist **beeinträchtigt,** wenn der Eingriff zu einer Steigerung der normalen **8** „Betriebsgefahr" geführt hat (vgl. BGH **13** 69, VRS **8** 274), der Verkehr in seinem ungestörten Ablauf gefährdet wird (s. a. BGH **22** 8). Es reicht daher nicht aus, daß nur Schäden an den genannten Betriebseinrichtungen verursacht werden, zB Wagen zerstört werden, sofern dies nicht zugleich Ursache für weitere Gefährdungen ist (vgl. Schmid NZV 88, 126, Karlsruhe NZV **93**, 160). Daß § 315 „hauptsächlich der Erhaltung der Beförderungsmittel zur Benutzung für jedermann, also zum Dienst der Allgemeinheit sichern soll" (BGH **11** 141), trifft daher nicht zu. Dieser Aufgabe dient § 316b; s. a. § 315b RN 3.

III. Die **Verkehrsbeeinträchtigung muß dadurch geschehen,** daß **9**

1. Anlagen oder **Beförderungsmittel zerstört**, **beschädigt** oder **beseitigt** werden. **Anlagen 10** sind alle festen, unbeweglichen Bestandteile des Schienenbahn-, Schiffahrt- oder Luftfahrtbetriebes, zB Schienen und Schwellen, Signale, Stationsuhren, Leuchttürme, Bojen, Start- und Landebahnen. Auch das den Zwecken des Betriebs dienende Zubehör wird hierher zu rechnen sein, soweit es von der Verkehrsanschauung als Teil der Betriebsanlagen betrachtet wird (Tröndle/Fischer 8). Zu den **Beförderungsmitteln** gehören vor allem die Lokomotiven, Personen- und Güterwagen sowie Luftfahrzeuge. Ohne Bedeutung ist es, ob die Beförderungsmittel den Zwecken des allgemeinen Verkehrs oder besonderen staatlichen, insb. militärischen Aufgaben dienen. Über **Beschädigen** und **Zerstören** vgl. § 303 RN 7 ff. Unter **Beseitigen** ist eine Einwirkung zu verstehen, durch die die Anlage räumlich entfernt wird (Rüth LK[10] 22); liegt eine sonstige Funktionsbeeinträchtigung vor, so kommt ein „ähnlicher Eingriff" in Betracht (vgl. u. 13).

2. Hindernisse bereitet werden. Ein Hindernis wird durch jeden Vorgang bereitet, der geeignet **11** ist, den ordnungsmäßigen Betrieb zu hemmen oder zu verzögern (vgl. BGH NStZ **88**, 178); ein garantenpflichtwidriges Unterlassen genügt. Die Besonderheiten der in § 315 genannten Verkehrsbetriebe bedingen, daß an das Hindernisbereiten andere Anforderungen zu stellen sind als in § 315b (ebenso Stuttgart VRS **44** 34, vgl. § 315 b RN 6 ff.), so daß hier auch Verkehrsvorgänge (zB regelwidriges Navigieren; Oldenburg MDR **51**, 630, Schleswig SchlHA **59**, 23, VRS **27** 199; and. AG Hamburg VersR **81**, 195 m. zust. Anm. Passehl) einzubeziehen sind (BGH **11** 152, **21** 173, Bay MDR **61**, 1034, Lackner/Kühl 5, Rüth LK[10] 23, Schmid NZV 88, 126). Ein Hindernis wird zB bereitet durch Auflegen von Steinen auf Bahngleise, das Fahren über Gleise zu verbotener Zeit (BGH VRS **8** 272; vgl. Stuttgart VRS **44** 34), durch einen über die Bahnoberleitung geworfenen Metallbügel (BGH NStZ **88**, 178), durch das Einknicken einer Schranke (RG DRiZ **28** Nr. 167), nach Hamm VRS **15** 357 auch dadurch, daß ein LKW mit unverminderter Geschwindigkeit an einen

§ 315 12–15   Bes. Teil. Gemeingefährliche Straftaten

unbeschrankten Bahnübergang heranfährt und nur durch Notbremsung einen Zusammenstoß vermeidet (Rüth LK[10] 23; and. Horn SK 6, Tröndle/Fischer 9); nach BGH **13** 69 liegt hier mindestens ein „ähnlicher Eingriff" vor. Das gleiche gilt entgegen Düsseldorf NJW **71**, 1850 auch für das vorzeitige Öffnen einer Bahnschranke (Meyer-Gerhards JuS 72, 507). Zum Hindernisbereiten im Schiffsverkehr vgl. Oldenburg VRS **30** 110.

12   3. **falsche Zeichen** oder **Signale** gegeben werden. Die Ausdrücke Zeichen und Signale sind gleichbedeutend. Falsch ist jedes Zeichen, das der gegebenen Sachlage nicht entspricht, also zB zu früh oder zu spät gegeben wird (vgl. Rüth LK[10] 25), nicht nur ein solches, das den Formen widerspricht, in denen üblicherweise Signale gegeben werden. Auch die Unterlassung, ein gebotenes Zeichen zu geben, kann durch Nr. 3 erfaßt werden (BGH **11** 165). Vgl. auch Schleswig VRS **27** 199.

13   4. **ähnliche, ebenso gefährliche Eingriffe** vorgenommen werden. Damit sind Eingriffe gemeint, die den ausdrücklich genannten an Bedeutung entsprechen, sich also unmittelbar auf die Sicherheit des Bahnbetriebs auswirken (vgl. BGH **10** 405) und ihnen im Erfolgs- (Gefährlichkeit) und Handlungsunwert (Art des Vorgehens) gleichkommen. Zur verfassungsrechtlichen Verträglichkeit dieser gesetzlich angeordneten innertatbestandlichen Analogie als relativ unbestimmter Regelung: Krey, Studien zum Gesetzesvorbehalt im Strafrecht (1977) 223 ff., Lackner/Kühl 6; s. aber auch Fabricius GA 94, 166, Herzog NK 18). Entsprechend dem o. 7 Gesagten reichen nur solche Eingriffe aus, die nach ihrer konkreten Beschaffenheit geeignet sind, eine Gefahr für die Verkehrssicherheit zu bilden, zB Unterbrechung der Stromversorgung oder Störung des die Flug- und Wasserwege sichernden Funkverkehrs und Radarempfangs (Horn SK 8, Schmid NZV 88, 127, Tröndle/Fischer 11; s. a. BT-Drs. IV/651 S. 22), auch der – von §§ 60 I Nr. 7, 27 III 1 LuftVG als abstraktem, Gefährdungsdelikt eigenständig pönalisierte – gefährdende Gebrauch (inkl. Stand-by-Betrieb) von Mobilfunktelefonen im Flugzeug. Das Merkmal „Eingriff" könnte darauf hinweisen, daß es sich um Einwirkungen von außen her vorgenommene, verkehrsfremde Maßnahmen handeln muß. Da jedoch auch innerbetriebliche Verhaltensweisen (zB Überfahren eines Haltesignals; vgl. BGH **8** 12) zu großen Gefahren führen können, müssen sie bei § 315 ausreichen (BGH DAR/M **59**, 65, Karlsruhe NZV **93**, 159). Auch das Lösen der Bremsen an abgestellten Wagen, die Unterbrechung der Bremsleitung eines fahrenden Zuges (OGH **1** 391), die vorschriftswidrige Ausführung von Gleisarbeiten (BGH **24** 231) oder das Anlassen des Motors eines in der Halle stehenden Flugzeugs (RKG **1** 7) wird als ausreichend anzusehen sein. Zum vorzeitigen Öffnen von Bahnschranken vgl. o. 11. Bei Geschwindigkeitsüberschreitungen auf Langsamfahrstrecken (vgl. BGH **8** 9, GA **58**, 240) sind die konkreten Umstände zu berücksichtigen. Eine generelle Entscheidung dahin, daß jede Überschreitung der zulässigen Geschwindigkeit eine Beeinträchtigung der Verkehrssicherheit bilde, ist nicht möglich (vgl. auch Karlsruhe NZV **93**, 160). Entsprechendes gilt für Steinwürfe gegen einen fahrenden Zug (vgl. RG **61** 363). Nach den Grundsätzen der unechten Unterlassungsdelikte kann der Eingriff auch in einem pflichtwidrigen Unterlassen bestehen, sofern die Voraussetzungen des § 13 erfüllt sind, daß der Täter verpflichtet war, eine bestimmte Handlung vorzunehmen und seine Unterlassung dem durch positives Tun vorgenommenen Eingriff an Gefährlichkeit gleichsteht (BGH **8** 11, **11** 165, Nüse JR 65, 42), wie zB das pflichtwidrig unterlassene Schließen einer Bahnschranke (Frankfurt NJW **75**, 840 m. Anm. Wolter JuS 78, 748). Zur Auslegung dieses Merkmals vgl. Fabricius GA 94, 164.

14   IV. Durch den Eingriff muß eine **konkrete Gefahr** für **Leben** oder **Gesundheit** eines anderen oder für **fremde Sachen** von bedeutendem Wert (hierzu 5 ff. vor § 306; allerdings soll nach hM auch die Gefährdung eines vom Täter geführten, ihm aber nicht gehörenden Transportmittels – anders als bei § 315c – genügen: BGH **11** 151, **27** 44, Herzog NK 26, Lackner/Kühl 7, Rüth LK[10] 38, Tröndle/Fischer 16; and. Otto II 406 sowie 25. A., 11 vor § 306) entstehen; das Gefährdungsobjekt muß also derart in den Wirkungsbereich des schadenstrachtigen Geschehens gelangt sein, daß der Nichteintritt einer Schädigung bei dem derart in die „Krise" geratenen Rechtsgut nur noch von unberechenbaren Zufälligkeiten, auf die in der konkreten Gefahrensituation nicht mehr vertraut werden kann, abhängt; vgl. auch 5 vor § 306. Da die Gefährdung Folge der vorausgegangenen Beschädigung nach Nr. 1 sein muß, darf sie nicht gleichzeitig mit ihr eintreten, zB bei einem Schiffsunfall mit Personenschaden (vgl. Karlsruhe NZV **93**, 160). Aus diesem Grund kann jedenfalls bei einer Tat nach Nr. 1 das Beförderungsmittel nicht gleichzeitig taugliches Gefährdungsobjekt sein (and. Lackner/Kühl 7; vgl. auch § 315c RN 12. Der Eintritt der Gefahr muß im konkreten Fall nachgewiesen werden (Celle VRS **40** 28); für die Gefährdung des Bahnverkehrs: BGH NStZ-RR **97**,200. Die gefährdeten Personen oder Güter brauchen am Bahnbetrieb oder Transportvorgang nicht beteiligt zu sein (BGH **6** 1, VRS **8** 274, **38** 344). § 315 ist zB auch dann anwendbar, wenn durch den Eingriff eine Lokomotive entgleist und dadurch Streckenarbeiter oder Personen auf der parallel zur Schiene verlaufenden Straße gefährdet werden. Hingegen genügt auch hier nicht die alleinige Gefährdung des dem Täter nicht gehörenden Pkw, mit dem er in den Gleisbereich geraten ist (Bay JZ **83**, 560; vgl. auch 11 vor § 306). Zur Gefährdung durch Schnellbremsung vgl. Celle DAR **61**, 313. Zur Einwilligung seitens eines allein gefährdeten Dritten vgl. § 315c RN 43 (aber auch Rüth LK[10] 35: Einwilligung bedeutungslos).

15   V. Hinsichtlich des **subjektiven Tatbestandes** wird in § 315 in folgender Weise zwischen Vorsatz und Fahrlässigkeit differenziert:

1. Nach **Abs. 1** ist **Vorsatz** hinsichtlich aller Merkmale des objektiven Tatbestandes erforderlich. Der Täter muß also nicht nur den gefährlichen Eingriff vorsätzlich vornehmen, sondern auch wissen, daß dadurch die Sicherheit des Bahnbetriebes usw beeinträchtigt (vgl. OGH **1** 396) und Personen an Leib oder Leben oder fremde Sachen von bedeutendem Wert gefährdet werden. Dolus eventualis genügt hinsichtlich aller Voraussetzungen (RG **71** 43). Zum Verhältnis von Verletzungs- und Gefährdungsvorsatz vgl. § 15 RN 98 a, Cramer NJW 64, 1837.

2. Abs. 5 bringt eine **Kombination** zwischen einem vorsätzlich herbeigeführten Eingriff in die Sicherheit des Bahnbetriebs durch Bereiten von Hindernissen usw und einer fahrlässigen Gefährdung von Personen oder bedeutenden Sachgütern. Im Bereich der Gefährdungsdelikte entspricht dieser Schuldsachverhalt einer neueren Entwicklung; er entspricht der Regelung des § 308 V, ist aber im Gegensatz zu dort als sachgerecht zu bezeichnen, weil die in § 315 umschriebenen Handlungen als solche schon strafwürdig sind. Vgl. Cramer NJW 64, 1836 f., 25. A. § 311 aF RN 11. Wird nur die Tathandlung vorsätzlich begangen und erfolgen die Beeinträchtigung der Verkehrssicherheit sowie die Gefährdung fahrlässig, so findet ebenfalls Abs. 5 Anwendung.

3. Nach **Abs. 6** ist zu bestrafen, wer alle Voraussetzungen des objektiven Tatbestandes **fahrlässig** verwirklicht. Fahrlässigkeit zu Abs. 1 Nr. 2 liegt aber zB nicht vor, wenn ein Kraftfahrer mit zulässiger Annäherungsgeschwindigkeit an einen durch Schranken oder Lichtzeichenanlage gesicherten, aber nicht gesperrten Bahnübergang heranfährt und die Schienen kreuzt, obwohl sich ein Schienenfahrzeug nähert (BGH VRS **4** 135, VM **55**, 53, Bay VRS **48** 270, Cramer § 19 StVO RN 19). Zu den Sorgfaltsanforderungen beim Betrieb von Bergbahnen vgl. Kürschner NJW 82, 1966.

VI. Täter kann jeder sein, nicht nur ein Bediensteter des Bahnbetriebes oder ein Teilnehmer des Bahnverkehrs. Für die **Teilnahme** gelten die allgemeinen Grundsätze. Teilnahme ist nicht nur möglich am Delikt des Abs. 1, sondern auch an dem des Abs. 5 (vgl. § 11 II u. dort RN 75), nämlich insoweit, als der Teilnehmer sich vorsätzlich zB am Hindernisbereiten des Abs. 1 beteiligt und dabei fahrlässig nicht bedenkt, daß sein Tatbeitrag zu einer Gefahr für andere werden kann.

VII. Der **Versuch** ist beim Vergehen des Abs. 1 (Abs. 2) – nicht aber beim versuchten vorsätzlichen Vergehen nach Abs. 5 (Rüth LK[10] 50) – und beim Verbrechen des Abs. 3 strafbar. Ein Versuch liegt dann vor, wenn es dem Täter nicht gelingt, den die Sicherheit beeinträchtigenden Eingriff vorzunehmen, zB ein Bahnsignal außer Funktion zu setzen. Versuch ist aber auch in der Form möglich, daß es dem Täter nicht gelingt, die beabsichtigte konkrete Gefährdung (vgl. BGH NStZ-RR **97**, 200) herbeizuführen, zB weil ein Dritter vor Beginn des Bahnbetriebs das Hindernis entfernt (and. [Vollendung] RG HRR **39** Nr. 270; wie hier Celle VRS **40** 28). Jedenfalls kann wegen Versuchs nur derjenige bestraft werden, dessen Vorsatz nicht nur die Tathandlung, sondern sowohl die Beeinträchtigung der Verkehrssicherheit als auch die daraus folgende konkrete Gefahr für Leib oder Leben eines anderen bzw. für Sachen von bedeutendem Wert umfaßt (Düsseldorf NZV **94**, 486 zu § 315 b). Mit Eintritt der Gefahr ist das Delikt vollendet, unabhängig davon, ob es zusätzlich noch zu einem Schaden kommt.

VIII. Einen Rücktritt vom vollendeten Delikt ermöglicht – als Ersatz der durch das 6. StrRG aufgehobenen Sondervorschrift tätiger Reue in § 315 Abs. 6 aF – nunmehr die allgemeine Vorschrift des § 320 in den Fällen des § 315 I, III Nr. 1 sowie V: fakultative Strafmilderung oder das Absehen von Strafe bei freiwilliger Gefahrabwendung vor Eintritt eines erheblichen Schadens; beim Fahrlässigkeitsdelikt des Abs. 6 führt ein Rücktritt hingegen zwingend zur Straflosigkeit. Entsprechende Rechtsfolgen zieht ein freiwilliges und ernsthaftes Bemühen des Täters, dieses Ziel zu erreichen, nach sich, sofern ohne sein Zutun die Gefahr abgewendet wird (§ 320 IV).

IX. Die **Strafe** ist in folgender Weise abgestuft: Die Regelstrafe des **Abs. 1** ist Freiheitsstrafe von sechs Monaten bis zu zehn Jahren. Handelt der Täter in der Absicht, einen Unglücksfall herbeizuführen oder eine andere Straftat (eine Ordnungswidrigkeit nicht: BGH **28** 93 m. Anm. Rüth JR 79, 516, BGH VRS **47** 268) zu ermöglichen oder zu verdecken **(Abs. 3 Zif. 1 a, b),** so ist die Strafe Freiheitsstrafe nicht unter einem Jahr; die Tat ist dann Verbrechen und zwar auch in den unbenannten minder schweren Fällen (§ 12 III). Unter einem Unglücksfall ist ein plötzlich eintretender Zustand zu verstehen, bei dem der Eintritt eines durch die Gefahr verursachten Schadens droht; da lediglich die Absicht zur Herbeiführung eines Unglücksfalles erforderlich ist, ist die tatsächliche Verwirklichung ohne Bedeutung (Bremen VRS **62** 266, Horn SK 13); vgl. über Unglücksfälle auch § 323 c RN 5 ff. Unglücksfall ist auch der deliktische Angriff des Täters, zB wenn er einen Fußgänger anfährt und verletzt (vgl. Bay NStZ/J **88**, 544). Dagegen spricht auch nicht BGH NStZ **91**, 183, da dort die Anwendbarkeit von § 315 b III iVm § 315 III Nr. 1 lediglich für einen absichtlich herbeigeführten Unfall mit beabsichtigter Schädigung der Sachen der Tatteilnehmer verneint wird; in diesem Fall scheidet nach der Rspr. bereits der Tatbestand des § 315 b aus, da es an einem tauglichen Gefährdungsobjekt fehlt (vgl. dazu auch BGH NZV **92**, 326; BGHR Gefährdung **2**). Über Ermöglichen oder Verdecken einer Straftat vgl. BGH NZV **95**, 285, ferner § 211 RN 30 ff. Unter Absicht ist hier zielgerichtetes Handeln zu verstehen (vgl. § 15 RN 85). Seit dem 6. StrRG enthält **Abs. 3** in Zif. 2 zusätzlich eine entsprechend zu bestrafende Erfolgsqualifikation („verursacht") so auch Stein (1 vor § 306) 125, 105 – einer wenigstens fahrlässigen (§ 18) Verursachung einer schweren Gesundheitsbeschädigung eines anderen Menschen (§ 225 RN 21) oder einer Gesundheitsbeschädigung einer großen Zahl von Menschen (hierzu § 330 RN 9, § 1 RN 20), sofern diese sich als Realisierung der

§ 315a 1–3   Bes. Teil. Gemeingefährliche Straftaten

spezifischen Gefahr eines zumindest versuchten Eingriffs iSv Abs. 1 darstellen. Die Strafe eines minder schweren Falles (etwa im Falle eines aus bloßer Neugierde handelnden, unreifen Täters im Falle von Nr. 1, beim Handeln in notstandsähnlicher Situation im Falle von Nr. 2; s. a. 48 vor § 38) beträgt gemäß **Abs. 4** Freiheitsstrafe von drei Monaten bis zu fünf Jahren (bezogen auf Abs. 1) bzw. von 6 Monaten bis zu fünf Jahren (bezogen auf Abs. 3). Die Strafe für die Vorsatz-Fahrlässigkeitskombination des **Abs. 5** beträgt Freiheitsstrafe bis zu fünf Jahren oder Geldstrafe, die des **Abs. 6** für die reine Fahrlässigkeitstat Freiheitsstrafe bis zu zwei Jahren oder Geldstrafe.

23   X. Mit §§ 59, 60 LuftVG besteht **Gesetzeskonkurrenz:** § 315 geht vor. Zum Verhältnis zu § 315a vgl. dort RN 14, zu § 145 vgl. dort RN 11, 22. Da § 315 auch Allgemeininteressen dient, kommt Idealkonkurrenz in Betracht mit den Tötungs-, Körperverletzungs- und Sachbeschädigungsdelikten, ebenso mit §§ 306, 308. Mit § 316c besteht Idealkonkurrenz (vgl. § 316c RN 33).

§ 315a Gefährdung des Bahn-, Schiffs- und Luftverkehrs

(1) Mit Freiheitsstrafe bis zu fünf Jahren oder mit Geldstrafe wird bestraft, wer

1. ein Schienenbahn- oder Schwebebahnfahrzeug, ein Schiff oder ein Luftfahrzeug führt, obwohl er infolge des Genusses alkoholischer Getränke oder anderer berauschender Mittel oder infolge geistiger oder körperlicher Mängel nicht in der Lage ist, das Fahrzeug sicher zu führen, oder
2. als Führer eines solchen Fahrzeugs oder als sonst für die Sicherheit Verantwortlicher durch grob pflichtwidriges Verhalten gegen Rechtsvorschriften zur Sicherung des Schienenbahn-, Schwebebahn-, Schiffs- oder Luftverkehrs verstößt

und dadurch Leib oder Leben eines anderen Menschen oder fremde Sachen von bedeutendem Wert gefährdet.

(2) In den Fällen des Absatzes 1 Nr. 1 ist der Versuch strafbar.

(3) Wer in den Fällen des Absatzes 1
1. die Gefahr fahrlässig verursacht oder
2. fahrlässig handelt und die Gefahr fahrlässig verursacht,

wird mit Freiheitsstrafe bis zu zwei Jahren oder mit Geldstrafe bestraft.

Vorbem.: § 315a redaktionell geändert durch das 6. StrRG vom 26. 1. 1998, BGBl. I 164.

Schrifttum: Helmer/Peters, Zum Begriff der „sicheren Führung" von Wasserfahrzeugen und ihre „Behinderung" durch Alkoholeinfluß, BA **76**, 39. – *Janssen/Naeve,* Zur Einführung eines Promille-Grenzwertes in der See- und Binnenschiffahrt, BA **75**, 354; vgl. auch die Nachweise bei § 315, § 315b und § 315c.

1   I. In § 315a mit seinem § 315 entsprechenden doppelten **Schutzzweck** (s. § 315 RN 1) sind zwei sehr unterschiedliche Delikte zusammengefaßt, denen nur die Gefährdung des Bahn-, Schiffs- und Luftverkehrs gemeinsam ist. Abs. 1 Nr. 1 erweitert den in § 315c I Nr. 1 enthaltenen Tatbestand der Trunkenheit am Steuer auf den Bahn-, Schiffs- und Luftverkehr, während Nr. 2 eine Blankettvorschrift enthält, die von § 315 nicht erfaßte Beeinträchtigungen der Sicherheit dieses Verkehrs regelt. In beiden Fällen muß es zu einer **konkreten Gefahr** für Leib oder Leben eines anderen oder fremde Sachen von bedeutendem Wert gekommen sein. Das Verhältnis der §§ 315, 315a zueinander läßt sich befriedigend nicht erklären. Zwar will § 315 offenbar Eingriffe von gefährlicherer Bedeutung erfassen als die in § 315a genannten (BGH **21** 173). Jedoch läßt sich kaum begründen, warum die in § 315a I Nr. 2 aufgeführten Verstöße beim Führen eines der genannten Fahrzeuge nicht unter § 315 I Nr. 4 fallen sollen (ebenso Rüth LK[10] 2), da die dadurch herbeigeführte Gefahr in beiden Bestimmungen die gleiche sein muß.

2   II. Der objektive Tatbestand der **Nr. 1** erfordert, daß der Täter ein Schienen- oder Schwebebahnfahrzeug, ein Schiff oder ein Luftfahrzeug führt, obwohl er nicht in der Lage ist, das Fahrzeug sicher zu führen, und zwar entweder aufgrund des Genusses berauschender Mittel oder infolge geistiger oder körperlicher Mängel.

3   Zu den Begriffen **Schienenbahn,** Schwebebahn, Schiff und Luftfahrzeug vgl. § 315 RN 2 ff. Zur **Unfähigkeit,** das Fahrzeug **sicher zu führen,** vgl. § 315c RN 9. Zum **Führen** vgl. § 316 RN 20 ff.; das Fliegen eines Flugzeugs im Gleitflug ohne Motor genügt (Rüth LK[10] 6). Über **alkoholische Getränke** und andere berauschende Mittel und ihre Wirkungen vgl. § 64 RN 3 f., § 323a RN 6; über **körperliche** und **geistige Mängel** vgl. § 315c RN 11. Die von der Rspr. entwickelten Grenzwerte zur Fahrunsicherheit (vgl. § 316 RN 4 ff.) sind jedoch für § 315a nicht verwertbar (KG VRS **82**, 115, Köln NJW **90**, 847; ähnlich Rüth LK[10] 8, Schmid NZV 88, 128), da der von § 315a erfaßte Verkehr sich unter anderen Regeln vollzieht (für die Binnenschiffahrt Sudmeyer NZV 97, 340; and. AG Rostock NZV **96**, 125 m. zust. Anm. Reichart, Seifert NZV 97, 148). Ein *Schiffsführer* ist von BGH VersR **67**, 449 bei einer BAK von 1,35–1,7‰ nur deswegen als fahruntüchtig bezeichnet worden, weil er im Schlingerkurs gefahren war und mehrere Kollisionen verursacht hatte. Aufgrund der erheblichen Unterschiede zum Kraftfahrzeugverkehr hat Köln (NJW **90**, 847) den Grenzwert der absoluten Fahrunsicherheit für einen Schiffsführer eines Binnenschiffes auf 1,7‰ BAK bestimmt (and. Janssen/Naeve BA 75, 354 u. zust. Geppert BA 87, 270: 1,3). Da der

von Köln veranschlagte Sicherheitszuschlag von 0,2 durch die neue Rspr. des BGH (vgl. § 316 RN 9) als überholt anzusehen ist, dürfte von einer Leitlinie von 1,6‰ für den Güterschiffsverkehr (für die Sportschiffahrt liegt eine Parallele zum Straßenverkehr hingegen nahe) auszugehen seien (Wahl LdR 74). Die Grenze der Flugunsicherheit ist bei Luftfahrzeugen dagegen erheblich niedriger anzusetzen. Nach Erkenntnissen der internationalen Flugmedizin sind bereits bei einer BAK von 0,2 meßbare und bei 0,35 deutliche Leistungsbeeinträchtigungen des *Flugzeugführers* festzustellen (vgl. Schmid NZV 88, 128). Da das Führen eines Luftfahrzeuges sowohl bei Start und Landung als auch während des Fluges besonders hohe Anforderungen an die Aufmerksamkeit erfordert und jeder „kleine" Fehler in der Bedienung des Flugzeuges zu unabsehbaren Folgen führen kann, kann – anders als im Straßenverkehr – im Flugbetrieb nicht sinnvoll zwischen relativer und absoluter Fahrunsicherheit unterschieden werden. Da eine BAK von 0,2 schon bei sehr geringen Alkoholmengen erreicht werden kann, muß für den Flugbetrieb praktisch ein Alkoholverbot gelten (and. Schmid NZV 88, 128, Wahl LdR 74, die ab 0,5 absolute Fahrunsicherheit des Führers eines Flugzeuges annehmen).

III. Nach § 315 a I **Nr. 2** ist ferner strafbar, wer als **Führer** eines derartigen Fahrzeugs oder als **für** 4 **die Sicherheit** des Verkehrs **Verantwortlicher** (also derjenige, zu dessen Aufgaben gerade die Einhaltung und Überwachung der Rechtsvorschriften iSd RN 8 gehört, Horn SK 11, Rüth LK[10] 11) durch grob **pflichtwidriges Verhalten gegen Rechtsvorschriften** verstößt, die der Sicherung des Bahnverkehrs usw dienen. Diese zulässige (krit. Lenzen JR 80, 135) Blankettvorschrift soll nach der E 62 Begr. 525 dazu dienen, weniger schwerwiegende Gefährdungen, als sie in § 315 enthalten sind, unter einer geringere Strafdrohung zu stellen.

Durch die Begrenzung des Täterkreises und das Erfordernis eines Verstoßes gegen Rechtsvor- 5 schriften vermag die Bestimmung ihre Aufgaben aber kaum zu erfüllen. Gefährdungen durch Außenstehende, die den Intensitätsgrad des § 315 I Nr. 4 nicht erreichen, können danach durch das StGB nicht erfaßt werden, ebensowenig aber Verstöße gegen Sicherheitsmaßnahmen, die nicht auf Rechtsvorschriften, sondern auf Einzelanweisungen im inneren Betrieb der Verkehrsunternehmungen beruhen; and. zB § 59 LuftVG.

1. Täter kann nur der Führer eines Fahrzeugs der in § 315 a genannten Verkehrseinrichtungen 6 oder aber eine Person sein, die für die Sicherheit des Verkehrs verantwortlich ist. Eingriffe dritter Personen werden durch § 315 a I Nr. 2 nicht erfaßt und können somit nur nach § 315 strafbar sein; bei Teilnahme Außenstehender gilt § 28 Abs. 1 (Lackner/Kühl 3).

2. Der Täter muß durch **grob pflichtwidriges Verhalten gegen Rechtsvorschriften** verstoßen 7 haben, die der Sicherung des Verkehrs dienen (BGH GA **71**, 246). Bei entsprechender Zielrichtung der Rechtsvorschrift ist es nicht erforderlich, daß Verstöße gegen sie als solche bereits eine Straftat oder Ordnungswidrigkeit darstellen (Rüth LK[10] 12).

a) Der Begriff **Rechtsvorschriften** stellt klar, daß es sich um Anordnungen handeln muß, die den 8 Charakter einer Rechtsnorm (förmliches Gesetz o. Rechtsverordnung) tragen, so daß innerbetriebliche Anweisungen der Verkehrsunternehmungen und Verwaltungsvorschriften sowie Unfallverhütungsvorschriften der Berufsgenossenschaft ausscheiden, soweit sie sich nicht als Konkretisierungen von Pflichten darstellen, die durch Rechtsverordnungen begründet sind (LG Mainz MDR **82**, 597).

Als derartige Rechtsvorschriften kommen insb. in Betracht die Eisenbahn-VerkehrsO vom 8. 9. 9 1938 (RGBl. II 663, BGBl. III 934–1), die Eisenbahn-Bau- und BetriebsO vom 8. 5. 1967 (BGBl. II 1565), die Eisenbahn-SignalO vom 7. 10. 1959 (BGBl. III 933–6), die Eisenbahn-Bau- und Betriebs O für Schmalspurbahnen vom 25. 2. 1972 (BGBl. I 269), die Straßenbahn-Bau- und BetriebsO vom 31. 8. 1965 (BGBl. I 1513), die SeeschiffahrtsstraßenO vom 3. 5. 1971 (BGBl. II 641), die Schiffssicherheitsverordnung vom 9. 10. 1972 (BGBl. I 1933), die BinnenschiffahrtsstraßenO vom 3. 3. 1971 (BGBl. I 178), die Freibord-Verordnung (Hamburg VRS **53** 113), das LuftverkehrsG vom 4. 11. 1968 (BGBl. I 1113), die LuftverkehrsO vom 14. 11. 1969 (BGBl. I 2118), und die Luftverkehrs-ZulassungsO vom 13. 3. 1979 (BGBl. I 308); zu weiteren Rechtsvorschriften vgl. Tröndle/Fischer 7–7 c.

b) Nur ein **grob pflichtwidriges** Verhalten, also eine besonders schwerwiegende Zuwider- 10 lung gegen die auferlegten Pflichten (Hamm VRS **6** 152) oder die Mißachtung einer besonders gewichtigen Pflicht (vgl. Horn SK 10), wird durch § 315 a erfaßt, so daß Verstöße von geringerem Gewicht strafrechtlich nicht geahndet werden können (vgl. BGH GA **71**, 246); Beispiele bei BGH **10** 404 (Schwebebahnverkehr), GA **71**, 246 (Luftverkehr), Hamburg VRS **53** 113 (Schiffsverkehr).

c) Es braucht sich bei den Verhaltensweisen der Nr. 2 **nicht** um Verstöße zu handeln, die den 11 **Verkehr unmittelbar** betreffen. Strafbar wäre zB auch, wer es unterläßt, die regelmäßig notwendige Überprüfung der Verkehrssicherheit vorzunehmen.

IV. In beiden Fällen ist erforderlich, daß das Verhalten des Täters zu einer **Gefährdung** von Leib 12 oder Leben eines anderen oder fremden Sachen von bedeutendem Wert geführt hat. Vgl. dazu 8 ff. vor § 306. Ebensowenig wie bei §§ 315 b, c ist erforderlich, daß der Gefährdete in irgendeiner Weise am Verkehrsvorgang teilgenommen hat (BGH VRS **38** 344). Bei fehlender konkreter Gefährdung ermöglicht § 316 für den Bereich von § 315 a I Nr. 1 eine Bestrafung.

V. Der **subjektive Tatbestand** ist ähnlich wie in § 315 **gestaffelt.** Während aber in § 315 eine 13 doppelte Abstufung vorgesehen ist (vgl. § 315 RN 15 ff.), enthält § 315 a nur eine einmalige Abstufung, und zwar in folgender Weise: Eine Bestrafung aus Abs. 1 erfordert, daß sowohl die Handlung des Täters vorsätzlich vorgenommen worden ist wie auch sein Vorsatz die Herbeiführung der Gefahr umfaßt, während der Täter nach Abs. 3 bestraft wird, wenn bezüglich auch nur eines der beiden Elemente lediglich Fahrlässigkeit gegeben ist. Daß hier, anders als in § 315, die Fahrlässigkeit in bezug auf die Handlung und die Fahrlässigkeit bezüglich der Gefahr gleich behandelt werden, überzeugt nicht. Derjenige, der etwa vorsätzlich in betrunkenem Zustand das Fahrzeug führt und lediglich in bezug auf die Gefahr fahrlässig handelt, verdient bei der Strafzumessung grds. eine höhere Strafe als derjenige, der seinen fahruntüchtigen Zustand fahrlässig nicht erkennt (zust. Rüth LK[10] 21). Zur Teilnahme bei Abs. 3 Nr. 1 vgl. § 11 II u. dort RN 73 ff. Unkenntnis einer Rechtsvorschrift iSv Abs. 1 Nr. 1 begründet einen (idR vermeidbaren) Verbotsirrtum, während eine Fehlvorstellung über die Tatumstände der ausfüllenden Norm den Vorsatz ausschließt, so daß dann nur Abs. 3 in Betracht kommt.

14   **VI.** Das **Verhältnis zu § 315** ist teils Exklusivität (Nr. 1), teils Subsidiarität (Nr. 2, BGH **21** 173, **24** 234, VRS **38** 344); vgl. E 62 Begr. 525. Sind die Voraussetzungen des § 315 gegeben, so kommt eine Verurteilung aus § 315a nicht mehr in Betracht; umgekehrt schließt § 315a den § 315 nicht aus (BGH **21** 173). Die versuchte Tat nach § 315a I Nr. 1 tritt hinter § 316 zurück (Rüth LK[10] 18). Im Verhältnis zu § 59 LuftVG geht § 315a vor.

15   **VII.** Die Strafe ist in Fällen des Abs. 1 Freiheitsstrafe bis zu fünf Jahren oder Geldstrafe, in den Fällen des Abs. 1 Nr. 1 ist auch der Versuch strafbar (Abs. 2); zu dieser praktisch kaum relevanten Regelung Rüth LK[10] 18. Bei fahrlässiger Begehung tritt Freiheitsstrafe bis zu 2 Jahren oder Geldstrafe ein.

16   Im Gegensatz zu § 315 besteht für § 315a nach wie vor nicht die Möglichkeit tätiger Reue (s. § 320). Dies mag zwar für Abs. 1 sachgerecht sein (so allgemein E 62 Begr. 526: aus Gründen der „Natur der Sache"), dagegen ist nicht einzusehen, warum die Fälle des Abs. 1 Nr. 2 nicht denen des § 315 gleichgestellt werden. Vor Inkrafttreten des 6. StrRG konnte daher § 315 Abs. 4 aF entsprechend angewandt werden (25. A. RN 16 mwN); diese Möglichkeit ist angesichts der Nichtaufnahme von § 315a in die die tätige Reue bei einschlägigen Delikten nunmehr umfassend regelnde Vorschrift des § 320 verwehrt.

§ 315b Gefährliche Eingriffe in den Straßenverkehr

(1) **Wer die Sicherheit des Straßenverkehrs dadurch beeinträchtigt, daß er**
1. **Anlagen oder Fahrzeuge zerstört, beschädigt oder beseitigt,**
2. **Hindernisse bereitet oder**
3. **einen ähnlichen, ebenso gefährlichen Eingriff vornimmt,**

und dadurch Leib oder Leben eines anderen Menschen oder fremde Sachen von bedeutendem Wert gefährdet, wird mit Freiheitsstrafe bis zu fünf Jahren oder mit Geldstrafe bestraft.

(2) **Der Versuch ist strafbar.**

(3) **Handelt der Täter unter den Voraussetzungen des § 315 Abs. 3, so ist die Strafe Freiheitsstrafe von einem Jahr bis zu zehn Jahren, in minder schweren Fällen Freiheitsstrafe von sechs Monaten bis zu fünf Jahren.**

(4) **Wer in den Fällen des Absatzes 1 die Gefahr fahrlässig verursacht, wird mit Freiheitsstrafe bis zu drei Jahren oder mit Geldstrafe bestraft.**

(5) **Wer in den Fällen des Absatzes 1 fahrlässig handelt und die Gefahr fahrlässig verursacht, wird mit Freiheitsstrafe bis zu zwei Jahren oder mit Geldstrafe bestraft.**

Vorbem.: § 315b idF des 6. StrRG vom 26. 1. 1998, BGBl. I 164.

Schrifttum: Fabricius, Zur Präzisierung des Terminus „ähnlicher, ebenso gefährlicher Eingriff" im Sinne der §§ 315, 315b StGB, GA 94, 164. – *Geppert*, Der gefährliche Eingriff in den Straßenverkehr (§ 315b StGB), Jura 96, 639. – *Isenbeck*, Der ähnliche Eingriff nach § 315b Abs. 1 Nr. 3 StGB, NJW 69, 174. – *Meyer-Gerhards*, Verkehrsgefährdung und tätige Reue, JuS 72, 506. – *ders.*, Subjektive Gefahrmomente, „Schuldform" der Regelbeispiele und Begriff der „besonderen Folge" (§ 18 StGB), JuS 76, 228. – *Rieger*, Der sog. „ähnliche ebenso gefährliche Eingriff" im Sinne des § 315b Nr. 3 StGB als Beispiel analoger Tatbestandsanwendung im Strafrecht, 1989. – *Solbach/Kugler*, Fehlverhalten als Hindernisbereiten, JR 70, 121. – Vgl. ferner die Nachw. bei §§ 315c, 316.

1   **I.** § 315b schützt sowohl die Sicherheit des Straßenverkehrs als auch die Individualrechtsgüter Leben, Gesundheit und Sacheigentum (Lackner/Kühl 1, Rengier II 273, 267; and. Rüth LK[10] 1 [Schutz der Straßenverkehrssicherheit], Horn SK 2 f., Otto II 407, Tröndle/Fischer 2 [nur Individualschutz]). Die Vorschrift entspricht im Tatbestandsaufbau § 315 (zur Konstruktion vgl. § 315 RN 1), wurde durch das 2. StraßenverkehrssichG vom 26. 11. 1964 (BGBl. I 921) eingefügt und geht auf § 344 E 62 zurück.

2   **1. Straßenverkehr** ist der Verkehr auf allen öffentlichen Verkehrswegen (BGH VRS **43** 34, StVE Nr. **14**); näher hierzu § 142 RN 14 ff. Verkehrsteilnehmer iSd § 315b ist auch der Polizeibeamte, der sich auf der Fahrbahn aufgestellt hat, um ein Kfz anzuhalten (BGH VRS **46** 106).

2. Die Verkehrssicherheit ist beeinträchtigt, wenn infolge der Einwirkung andere Verkehrsteilnehmer nicht ohne Gefahr für Leib, Leben oder Eigentum am Verkehr teilnehmen können. Entsprechend zu § 315 RN 7 Gesagten kommt es auch hier nicht darauf an, daß im Einzelfall nachgewiesen wird, daß der Verkehr durch das Verhalten des Täters effektiv beeinträchtigt worden ist (vgl. KG DAR **59**, 269, Koblenz NJW **57**, 232, Mayer NJW **55**, 1749, Straube NJW **55**, 407; s. a. Schleswig SchlHA **55**, 204, Rüth LK[10] 4, Blei NJW **57**, 620, Schmidt-Leichner NJW **55**, 1298). Es genügt eine Einwirkung, die generell geeignet ist, den etwa stattfindenden Verkehr zu gefährden (vgl. Düsseldorf NJW **82**, 2391, Cramer 7 f.), so daß für andere eine gefahrlose Teilnahme am Straßenverkehr nicht mehr möglich ist (Geppert Jura 96, 641, ebenda auch Nw. zur Rechtsnatur der Eingangsformel des § 315 b).

II. Die Beeinträchtigung des **Straßenverkehrs** muß **dadurch erfolgen,** daß der Täter

1. Anlagen oder Fahrzeuge zerstört, beschädigt oder beseitigt. Diese Voraussetzungen entsprechen im wesentlichen denen des § 315; vgl. dort RN 10. **Anlagen** sind alle dem Verkehr dienenden Einrichtungen wie Verkehrszeichen, Ampeln, Absperrungen, aber auch die Straße selbst. Zu den **Fahrzeugen** rechnen alle Beförderungsmittel, zB Straßenbahnen (Neustadt NJW **53**, 394), Omnibusse, Kfz usw Auf die Art des Antriebs kommt es nicht an, so daß auch Fahrräder, Krankenfahrstühle, Inline-Skates (Tröndle/Fischer 4), selbst fahrbare Kinderspielzeuge (zB Tretroller) hierunter fallen (Geppert Jura 96, 642). Die Tathandlung kann zB darin bestehen, daß die Bremsleitung beschädigt wird (BGH NJW **85**, 1036, BGH NZV **95**, 325, NJW **96**, 329). Über **Beschädigen, Zerstören** vgl. § 303 RN 7 ff., über **Beseitigen** vgl. § 315 RN 10. Zu beachten ist, daß die Zerstörung usw zu einer Beeinträchtigung der Sicherheit des Straßenverkehrs geführt haben muß; § 315 b enthält nicht den Fall einer bloß gemeinschädlichen Sachbeschädigung. Die Beschädigung eines Fahrzeugs als solche fällt daher nicht unter Nr. 1, da es an einer Gefährdung als Folge der vorausgegangenen Beschädigung fehlt (BGH NZV **90**, 77, BGHR Gefährdung **1**, **2**, NStZ **95**, 31, vgl. Bay NStZ/J **88**, 544, Horn SK 7); entsprechendes gilt auch für das Hinausstoßen aus einem fahrenden Fahrzeug (BGH NStZ-RR **98**, 187). § 315 b liegt jedoch vor, wenn durch die Beschädigung die Gefahr eines weiteren Schadenseintritts begründet wird, etwa bei der Beschädigung der Bremsleitung eines Kfz (BGH NStZ **85**, 263, **89**, 119, **90**, 77). Eine fahrlässig fehlerhaft durchgeführte bzw. garantenpflichtwidrig nicht durchgeführte Reparatur eines Fahrzeugs dürfte angesichts fehlender „Verkehrsfeindlichkeit" (u. 8) weder unter Zif. 1 noch Zif. 3 fallen (M-Maiwald II 29, Rüth LK[10] 22, Solbach/Kugler JR 70, 121; and. [zu § 315] BGH **24** 231, Bay JR **75**, 28 m. Anm. Rüth, Horn SK 15 [Zif. 3]). Das einverständliche Rammen eines Kfz hingegen kann – da die Beschädigung der Gefährdung zeitlich nicht vorausging (u. 12) – bei Gefährdung nicht konsentierender Dritter nur unter Nr. 3 fallen (BGH NStZ **95**, 31, VRS **96** 272).

2. Hindernisse bereitet. Hierunter ist jede Einwirkung auf den Straßenkörper zu verstehen, die geeignet ist, den reibungslosen Verkehrsablauf zu hemmen oder zu gefährden (Hamm VRS **30** 356). Dies hat grds. durch **verkehrsfremde Eingriffe,** dh durch Einwirkungen zu geschehen, die von außen her kommen und zu Verkehrsvorgängen in ihrer Beziehung stehen, wie zB Spannen von Drähten, Werfen von Holzscheiten auf die Autobahn (BGH VRS **45** 38), Legen einer Telegrafenstange über die Fahrbahn (BGH VRS **13** 125), das Treiben von Tieren auf die Autobahn (LG Lübeck SchlHA **62**, 202) oder das Schieben eines fremden Kfz auf die Fahrbahn (Bay **79** 40), wohl auch eine Autobahnblockade durch Demonstranten (Hruschka NJW 96, 163 zu BGH **41** 182 [dort nicht erwähnt]). Im Rahmen von Maßnahmen zur Verkehrsberuhigung in zulässiger Weise vorgenommene bauliche Veränderungen der Fahrbahnoberfläche stellen kein Hindernisbereiten iS eines Angriffs auf die Sicherheit des Straßenverkehrs dar (Frankfurt NZV **92**, 39 m. zust. Anm. Molketin; sog. „Kölner Teller", Mühlhaus/Janiszewski 4; and. Hentschel NJW 93, 1179, Franzheim NJW 93, 1837, J/Hentschel 10; zum ganzen vgl. auch Bouska DAR 87, 97, Berr DAR 91, 281). Zum verspäteten Schließen einer Bahnschranke vgl. BGH NJW **60**, 2013, KG VRS **12** 372, Hamm VkBl. **66**, 68. Dem steht das Herbeiführen eines Hindernisses durch Unterlassen (s. a. 7) gleich, sofern eine Pflicht zur Erfolgsabwendung besteht, zB bei der unterlassenen Sicherung einer Baustelle (BGH VRS **16** 29, KG VRS **12** 372).

Auf Verkehrsvorgänge des **fließenden** oder **ruhenden Verkehrs** (zB Mißachten der Vorfahrt, Wenden auf der Autobahn, verbotswidriges Halten) ist § 315 b grundsätzlich nicht anwendbar, da alle Verkehrsvorgänge, die wegen ihrer Gefährlichkeit als Angriffe geahndet werden sollen, durch den Katalog des § 315 c I Nr. 2 abschließend erfaßt sind (vgl. BGH **22** 7, **23** 4, Stuttgart DAR **65**, 276, Frankfurt DAR **67**, 223, Tröndle/Fischer 5, Cramer 4, vgl. auch § 315 c RN 14). Auch andere als die dort genannten Verhaltensweisen können deshalb nicht unter § 315 b I Nr. 2 oder 3 fallen (Hamm NJW **65**, 2167, Rüth LK[10] 12). Dabei ist unerheblich, ob der Verkehr durch das falsche Verkehrsverhalten als solches (zB Vorfahrtsverletzung, falsches Parken) oder erst durch dessen Folgeerscheinung (zB Loslösen von Rädern: Stuttgart DAR **65**, 276; Herunterfallen der Ladung: Karlsruhe VRS **19** 291; Abrollen eines unzureichend gesicherten Fahrzeugs: Bay VRS **47** 27) behindert wird. Der Grund für diese Privilegierung gefährlicher oder fehlerhafter Verkehrsvorgänge gegenüber verkehrsfremden Eingriffen ist darin zu sehen, daß auch der verkehrswidrig Fahrende als ein am eigenen Fortkommen interessierter Verkehrsteilnehmer zu betrachten ist und daher nicht die gleiche Mißbilligung verdient wie derjenige, der durch Eingriffe von außen her den Straßenverkehr behindert (Cramer 3 f.). Soweit nach diesen Grundsätzen ein aktives Hindernisbereiten entfällt, bleibt im Einzelfall zu prüfen, ob nicht

§ 315 b 8–10

aus pflichtwidrigem **Unterlassen** (u. 11; es wird sich also idR um einen von außen in Gang gesetzten Vorgang – etwa Nichtzurücktreiben entlaufenen Viehs durch den Tierhalter, Horn SK 14 – handeln müssen) eine Verantwortlichkeit nach § 315 b I Nr. 3 begründet sein kann (zB der Fahrer läßt die abgesprungenen Räder auf der Fahrbahn liegen); vgl. BGH **7** 311.

8   Anwendung findet § 315 b dagegen auf **Verkehrsvorgänge**, die der Sache nach **verkehrsfremde** Eingriffe darstellen. Das ist jedoch nicht schon bei jeder objektiv behindernden Verkehrsteilnahme der Fall, und zwar selbst dann nicht, wenn sie gänzlich aus dem Rahmen dessen fällt, was im Verkehr – wenn auch verbotenermaßen – vorzukommen pflegt (so aber früher ein Teil der Rspr.: vgl. BGH **15** 34, NJW **60**, 2011, Bay MDR **61**, 1034, Hamm VRS **27** 202); entscheidend ist vielmehr die **bewußte Zweckentfremdung** (u. 9) des Fahrzeugs (BGH NStE **Nr. 5**, Düsseldorf VRS **75** 352), so wenn es absichtlich als Mittel der Verkehrsbehinderung benutzt wird (zB Querstellen eines Möbelwagens, um eine Barrikade zu errichten, vgl. Bay **79** 40, oder absichtliches Versperren der Fahrbahn durch Schneiden, BGH **21** 301, **22** 71, **23** 4, Oldenburg VRS **32** 274, Hamm GA **74**, 181, oder absichtliches Bremsen vor Ampelanlagen, Straßeneinmündungen und dergleichen, ohne durch die Verkehrslage dazu veranlaßt zu sein, um einen Auffahrunfall zu verursachen, BGH StVE **Nr. 4, 36**, Fleischer NJW **76**, 880 oder um einen anderen zum Anhalten (Koblenz StVE **Nr. 3**) oder zu einer scharfen Bremsung oder Vollbremsung zu zwingen (Köln NZV **92**, 80, Celle DAR **85**, 125, Düsseldorf StVE **Nr. 23, 26, 37**, VRS **77** 282, Karlsruhe VRS **93** 102); vgl. auch BGH **7** 379 (zu § 315 a I Nr. 4 aF: absichtliches Verhindern des Überholtwerdens, Cramer 4, 15; Rüth LK[10] 21; and. Solbach/Kugler JR 70, 121. Das gilt auch, wenn ein Fahrzeughalter während der Gelbphase einer Ampel sein Fahrzeug nur deswegen anhält, um einen Auffahrunfall zu provozieren; hierbei ist unerheblich, ob sich der Täter im Hinblick auf seine Anhaltepflicht gerade noch verkehrsmäßig oder schon verkehrswidrig verhält, da er sein Fahrzeug in verkehrsfeindlicher Weise einsetzt, BGH NJW **99**, 3132, StVE **Nr. 35**, iE zust. Freund JuS 00, 758, Seier NZV 92, 158, abl. Kudlich StV 00, 25, Scheffler NZV 93, 463.

9   3. Einen **ähnlichen, ebenso gefährlichen Eingriff** vornimmt. Die Nr. 3 enthält ebenso wie § 315 Nr. 4 eine Generalklausel, die sonstige verkehrsgefährliche Eingriffe unter der Voraussetzung erfaßt, daß sie an Bedeutung den in Nr. 1 und 2 genannten Handlungen gleichkommen (BGH VRS **40** 105, **43** 34, **45** 185, Cramer 16). Die Bestimmung ist nicht verfassungswidrig (BGH **22** 365). Sie gestattet nicht etwa eine Analogie, sondern gewährt durch die Merkmale der Gefährlichkeit und der Beeinträchtigung der Sicherheit des Straßenverkehrs eine hinreichende tatbestandliche Bestimmtheit (Rüth LK[10] 23, Mayr BGH-FG 277; and. Isenbeck NJW 69, 174). Ein verkehrsfremder ebenso gefährlicher Eingriff setzt zunächst einmal voraus, daß es sich um eine grobe Einwirkung von einigem Gewicht handelt (BGH **22** 366, **41** 237, Geppert Jura 96, 643 f.), so daß ggf. langsames Zufahren auf Fußgänger (BGH VRS **44** 438), Abschütteln eines sich auf dem Kotflügel Abstützenden durch langsames Vor- und Zurückfahren (BGH VRS **45** 185; s. a. BGH **28** 90), Verkehrsbehinderungen durch demonstrative Fahrbahnbenutzung seitens eines Fußgängers (BGH **41** 238 m. Anm. bzw. Bespr. Geppert JK 5, Hauf JA 96, 359, Ranft JR 97, 210; anders aber bei absichtlichem Aufspringen auf die Motorhaube: Zweibrücken NStZ-RR **98**, 71) ebensowenig hierunter fallen wie das bloße Aufleuchtenlassen des Bremslichtes (Köln NZV **97**, 318); dies gilt auch dann, wenn Dritte bereits konkret gefährdet werden (BGH **41** 238: nur Indiz für Erheblichkeit der Einwirkung). Ein tatbestandsrelevanter Eingriff liegt hingegen vor, wenn einem Radfahrer von hinten ein Tuch über den Kopf geworfen und er dadurch zu Boden gerissen wird (BGH **34** 325); desgleichen beim Geben falscher Signale von außen (zB Umdrehen eines Einbahnstraßenschildes) oder beim Beseitigen von Sicherheitsvorkehrungen iSv § 315 c I Nr. 2 g (Horn SK 15). Anerkennt man, daß die Behinderung des Verkehrs durch Verkehrsvorgänge nur über § 315 c erfaßt werden kann, so scheiden auch hier alle Verhaltensweisen aus, die sich als – wenngleich grob fehlerhafte (zB sog. Autosurfen, s. Düsseldorf NStZ-RR **97**, 325 m. Anm. bzw. Bespr. Geppert JK 8, Hammer JuS **98**, 785, Saal NZV **98**, 49) – Teilnahme am Straßenverkehr und daher nicht als eine **bewußte Zweckentfremdung des Fahrzeugs zu verkehrsfeindlichen Zwecken** darstellen (vgl. BGH **23** 7, StVE **Nr. 15, 17, 25**, Köln StVE **Nr. 34**, Bay VRS **77** 284, NZV **89**, 443, Düsseldorf VRS **74** 441). Zur Auslegung dieses Merkmals krit. Fabricius GA 94, 164. Im einzelnen ist allerdings vieles streitig; insb. stellt die Rspr. immer wieder auf den Einzelfall ab, wobei sie einerseits die besondere Gefährlichkeit des Verkehrsvorgangs, andererseits die innere Einstellung des Täters, insb. den von ihm verfolgten Zweck, als ausschlaggebend ansieht (krit. Geppert Jura 96, 644, Ranft Jura 87, 611).

10   Ein **gefährlicher Eingriff** soll nach st. Rspr. (vgl. BGH **22** 6, 75, **23** 4, StVE **Nr. 24**, BGH NStZ **95**, 31, Bay DAR/R **71**, 205, **76**, 175, Düsseldorf StVE **Nr. 9**, Koblenz DAR **85**, 356, Köln VRS **69** 30) bspw. dann vorliegen, wenn der Fahrzeugführer **gezielt** auf einen **Menschen oder ein Fahrzeug zufährt**, da hier ähnlich wie in Nr. 2 die bewußte Zweckentfremdung des Fahrzeugs die Sperre des § 315 c beseitige. Voraussetzung ist jedoch, daß das Fahrzeug mit **Nötigungsabsicht** eingesetzt wurde (BGH **28** 91, StVE **Nr. 21**, Düsseldorf NJW **82**, 1111). Das ist dann nicht der Fall, wenn der Täter sein Fahrzeug lediglich als Fluchtmittel zur Umgehung einer Polizeikontrolle oder Festnahme ohne ernsthafte Gefährdung des Polizisten einsetzt (BGH StVE **Nr. 21**, NStZ **85**, 267, BGHR Absicht **1**, NStZ-RR **97**, 261; Geppert Jura 96, 644: kein Eingriff von besonderem Gewicht). Die Rspr. ist allerdings kaum auf eine einheitliche Linie zu bringen und dürfte wohl eher an Strafwürdigkeitsgesichtspunkten orientiert sein (Cramer JZ 83, 812, vgl. auch Ranft Jura 87, 611). So soll etwa bei langsamem Zufahren auf einen anderen (BGH **26** 51, VRS **40** 194, **44** 437, VM **81**, 41, NStZ **87**,

225) sowie dann, wenn der Fahrer auf einer hinreichend breiten Straße an dem anderen Verkehrsteilnehmer vorbeifahren will (BGH StVE **Nr. 11,** Bay DAR/R **76**, 175, **78**, 209), kein entsprechend gefährlicher Eingriff vorliegen; etwas anders soll jedoch gelten, wenn der Fahrer in **Verletzungsabsicht** auf einen Fußgänger mit 20 km/h (in diesem Fall soll es nach BGH NStE **Nr. 3** und Koblenz VRS **74** 198 auf die gefahrene Geschwindigkeit überhaupt nicht ankommen) zufährt (BGH JZ **83**, 811 m. Anm. Cramer, StVE **Nr. 24, NStZ 87**, 225) oder der Person erst im letzten Augenblick ausweichen will (BGH **26** 176 m. Anm. Meyer-Gerhards JuS 76, 228, StVE **Nr. 24,** Düsseldorf StVE **Nr. 9**). Gleiches gilt für das absichtliche Rammen eines am Fahrbahnrand abgestellten Kfz (BGH NStZ **95**, 31). Die Voraussetzung dieser Vorschrift wurde ferner bejaht, wenn ein Fahrzeugführer mit Vollgas auf den Bürgersteig fährt, um gegenüber einer Gruppe von Fußgängern einen Durchbruchsversuch zu unternehmen (BGH **22** 365), oder um die Fußgänger zu veranlassen, ihm sofort den Weg freizumachen (BGH StVE **Nr. 6, 25,** NStE **Nr. 1**). Auch der Versuch, einen Polizisten oder eine andere Person, die sich am Fahrzeug festgeklammert hat, durch schnelles Beschleunigen oder Zickzack-Fahren abzuschütteln, soll als gefährlicher Eingriff in Betracht kommen (BGH **28** 57, DAR **95**, 354), zB wenn der aussteigewillige Mitfahrer sich von dem Kfz nicht mehr lösen kann und mitgeschleppt wird (BGH StVE **Nr. 30**), nicht aber – infolge Zusammenfallens von „Eingriff" und Gefährdung – das bloße Hinausstoßen aus einem fahrenden Kfz (BGH StV **99**, 318). Gleiches gilt für das Mitnehmen eines anderen auf der Kühlerhaube eines Kfz bei hoher Geschwindigkeit und schlechten Festhaltemöglichkeiten des Opfers (BGH **26** 51, vgl. auch StVE **Nr. 25**). Nach Bay DAR/R **78**, 209 kommt auch das bewußte Auffahren auf ein vorausfahrendes Kfz einem gefährlichen Eingriff gleich.

Wer die Vorfahrt durch **plötzliches Beschleunigen** in einem Zeitpunkt erzwingt, in dem der Wartepflichtige sich darauf nicht mehr einstellen kann, soll ebenso einen gefährlichen Eingriff vornehmen (BGH VRS **53** 355), wie derjenige, der ein anderes Fahrzeug von der Fahrbahn abdrängt (Koblenz StVE **Nr. 27**). Zur Frage, ob die **Abgabe eines Schusses** einen solchen Eingriff darstellt, vgl. BGH **25** 306, DAR/S **82**, 199, NZV **91**, 118, Mayr BGH-FG 277; zum Wurf von Gegenständen auf ein Fahrzeug: Hamm VRS **95** 28 gegen Schleswig VM **67**, 21. Nach Bay VRS **46** 287 m. Anm. Rüth JR 75, 184 kommt auch die mangelhafte oder unterlassene Reparatur des Kfz als gefährlicher Eingriff in Betracht (dagegen Solbach/Kugler JR 70, 121). Der Grundsatz, daß Vorgänge des fließenden und ruhenden Verkehrs nur dann durch § 315 b erfaßt werden, wenn der Täter einen gefährlichen Eingriff in den Straßenverkehr bezweckt, gilt auch für **Mitfahrer,** die durch ihr Verhalten Einfluß auf den Verkehrsvorgang nehmen (BGHR Vorsatz **1**, Hamm NJW **69**, 1975). Als derartiger Eingriff ist daher das Abziehen des Zündschlüssels eines fahrenden Wagens durch einen Mitfahrer zu bewerten, wenn dadurch die Lenkradsperre einrastet (Karlsruhe StVE **Nr. 7**). Greift der Beifahrer dagegen ohne verkehrsfeindliche Absicht ins Steuer, um den Fahrer zum Abbiegen oder Anhalten zu zwingen, soll kein gefährlicher Eingriff vorliegen (BGHR Vorsatz **1**, Hamm NJW **69**, 1975, Bay DAR/B **91**, 367; zu Recht krit. Geppert Jura 96, 644). Gleiches gilt für den Fall, daß der Beifahrer wegen einer Geschwindigkeitsmeßstelle der Polizei überraschend die Handbremse so stark anzieht, daß das Fahrzeug außer Kontrolle gerät (Bay NStZ/J **92**, 271). Zur Frage, inwieweit das Geben falscher Signale und Zeichen, sofern sie nicht durch Verkehrsteilnehmer vorgenommen werden, Nr. 3 unterfällt, vgl. Hartung NJW 53, 884. Ein „**Geisterfahrer**", dh ein Kraftfahrer, der den Fahrstreifen einer Autobahn oder Kraftfahrstraße in entgegengesetzter Richtung benutzt, kann nach den hier genannten Grundsätzen auch den Tatbestand des § 315 b I Nr. 3 erfüllen, zB wenn er es von vornherein darauf angelegt hat, in entgegengesetzter Richtung zu fahren, um mutwillig Unfälle oder schwere Verkehrsgefährdungen zu verursachen (and. Solbach/Kugler JR 70, 121).

Dagegen liegt keine bewußte Zweckentfremdung des Fahrzeugs zu verkehrsfeindlichen Zwecken und damit kein gefährlicher Eingriff iSv § 315 b I Nr. 3 vor, wenn ein Verkehrsteilnehmer zunächst unvorsätzlich in die falsche Richtung einbiegt, dann aber in Erkenntnis der Situation weiterfährt, um nach einer Wendemöglichkeit zu suchen (Stuttgart StVE **Nr. 13** m. Anm. Kürschner JR 80, 472, Hentschel NJW 81, 1079, SK-Horn 16; and. noch 24. A. RN 10, Stuttgart NJW **76**, 2225 m. Anm. Rüth JR 77, 256, vgl. dazu § 315 c RN 25). Ebenfalls nicht als „Eingriff" iSd Nr. 3 kommen das bloße Blenden eines entgegenkommenden Verkehrsteilnehmers (Frankfurt NJW **56**, 1210) oder das Fahren ohne Führerschein oder ohne hinreichende Übung (Hamm NJW **55**, 114, Rüth LK[10] 25) in Betracht.

Ein gefährlicher Eingriff kann auch durch **Unterlassen** vorgenommen werden (Cramer 18, Tröndle/Fischer 4 c), wenn eine Rechtspflicht besteht, die Gefahrenquelle zu beseitigen (vgl. § 13 RN 32). Ein solcher kann zB darin bestehen, daß der Täter es unterläßt, ein durch einen Unfall geschaffenes Hindernis (BGH **7** 311, Bay NJW **69**, 2026, VRS **77** 284 [Ölspur], Hamm StVE **Nr. 5**), die Leiche eines Unfalltoten (vgl. Oldenburg VRS **11** 53), von einem Fahrzeug herabgefallene Ladung (vgl. Karlsruhe NJW **60**, 2018) oder ein abgesprungenes Rad (vgl. Celle NdsRPfl. **70**, 46) alsbald zu beseitigen. Diese Fälle können nicht als Hindernisbereiten nach Nr. 2 angesehen werden, weil hier einerseits das Hindernis durch einen Verkehrsvorgang geschaffen wurde, der angesichts der Regelung des § 315 c I Nr. 2 g für die Anwendbarkeit des § 315 b gerade nicht ausreicht (vgl. o. 10 sowie Geppert Jura 96, 643, Horn SK 14) und andererseits wegen der Äquivalenzklausel des § 13 das Nichtbeseitigen eines Hindernisses nicht einem Vorgang gleichgestellt werden kann, durch den ein solches bereitet wird. Ist das Hindernis aber durch einen Verkehrsvorgang kausal verursacht worden, so kann die Nichtbeseitigung von Nr. 3 erfaßt werden (Cramer 18, allerdings nur, sofern dem Täter

§ 315 b 12–15 Bes. Teil. Gemeingefährliche Straftaten

insoweit ein verkehrsfremd-verkehrsfeindliches Verhalten nachgewiesen werden kann, es ihm also gerade auf den Eintritt der Behinderung anderer Verkehrsteilnehmer ankam [Geppert Jura 96, 643, Horn SK 14]; dagegen nehmen ein Hindernisbereiten [Nr. 2] durch Unterlassen an Bay NJW **69**, 2026, Oldenburg VRS **11** 51, Hamm StVE **Nr. 5,** Rengier II 275, Rüth LK[10] 22).

12 III. Durch den Eingriff muß eine **konkrete Gefahr** für **Leib** (mehr als nur unerhebliche Bagatellverletzungen, s. Zweibrücken VRS **32** 376 [heftiges Durchschütteln von Fahrgästen]) oder **Leben** eines anderen Menschen oder für **fremde Sachen** (hierzu soll nach hM nicht das vom Täter geführte Fahrzeug als notwendiges Mittel [hierzu zurecht krit. Geppert Jura 96, 646 f.] zählen: BGH **11** 150, NStZ **92**, 233, StV **99**, 317, Lackner/Kühl 5, Rüth LK[10] 8, Tröndle/Fischer 7; and. Geppert aaO, Horn SK 10 vor § 306, M-Maiwald II 32) von bedeutendem Wert entstehen. Eine Gemeingefahr ist nicht erforderlich, vgl. hierzu 8 ff. vor § 306. Zum **Begriff der Gefahr** vgl. 5 vor § 306; zum Merkmal bedeutender Sachwert vgl. 14 ff. vor § 306. Der Eintritt der Gefahr muß im **konkreten Fall nachgewiesen** werden (vgl. Düsseldorf StVE **Nr. 37,** NZV **94**, 406; dagegen Frankfurt StVE § 315 c **Nr. 37** u. § 315 c RN 34 f.). Es ist nicht erforderlich, daß die Gefahr einem Verkehrsteilnehmer zugefügt wird. Da jedoch Zurechnungszusammenhang zwischen der Beeinträchtigung der Verkehrssicherheit und der Gefahr für Leib, Leben oder Eigentum gegeben sein muß, ist zu verlangen, daß die Gefahr auf einen infolge der Einwirkung des Täters regelwidrig ablaufenden Verkehrsvorgang zurückzuführen ist (BGH NStZ-RR **98**, 187). Verletzt zB ein LKW-Fahrer, der einem Hindernis ausweichen muß, einen auf dem Feld arbeitenden Bauern, so ist § 315 b gegeben. An diesem Zusammenhang fehlt es dagegen, wenn beim Fällen eines Baumes, der als Hindernis dienen soll, Passanten gefährdet werden. Eine Verkehrsteilnahme mit durchtrenntem Bremsschlauch begründet als bloße Steigerung allgemeinen Unfallrisikos entgegen älterer Rspr. (BGH NJW **85**, 1036 m. krit. Anm. Geppert NStZ 85, 264, Hentschel JR 85, 433) als solche noch keine konkrete Drittgefährdung (BGH NJW **96**, 329 m. Anm. Renzikowski JR 97, 115; s. a. BGH NZV **95**, 325), doch dürfte insoweit idR strafbarer Versuch vorliegen. Eine Gefährdung von Tatbeteiligten genügt (Geppert Jura 96, 646, Horn SK 19, 9 vor § 306; and. BGH NJW **91**, 1120, NStZ **92**, 233, Düsseldorf NStZ-RR **97**, 326, Lackner/Kühl 5, Rengier II 277, Rüth LK[10] 7, Tröndle/Fischer 14 sowie 25. A. 12 vor § 306); allerdings kann die Tat dann infolge Einwilligung eines allein gefährdeten Geschützten gerechtfertigt sein (vgl. § 315 c RN 43), etwa im Falle eines einvernehmlich herbeigeführten Zusammenstoßes (sofern man insoweit das Zufahren auf das Gefährdungsobjekt überhaupt von der unmittelbar anschließenden Gefahrrealisierung abspalten kann [krit. Sowada NZV 95, 466 Fn. 9]). Die Gefährdung muß Folge („und dadurch") des regelwidrigen Vorgangs sein; sie darf also nicht ihrerseits gerade zur Begründung eines verkehrsfremden Eingriffs (o. 9) erforderlich sein (BGH StV **99**, 318, NStZ **95**, 31, NZV **90**, 77, BGHR § 315 b Abs. 1 Gefährdung **1**, VRS **96** 272).

13 IV. Hinsichtlich des **subjektiven Tatbestandes** differenziert § 315 b ähnlich wie § 315 (vgl. auch dort RN 15 ff.). Bei **Abs. 1** muß sich der Vorsatz auf alle Merkmale des objektiven Tatbestandes, einschließlich der Gefahr erstrecken. Er setzt beim Täter das Bewußtsein voraus, daß die geschützten Rechtsgüter (Leib, Leben und Sachwert) durch sein Verhalten in konkrete Gefahr gebracht werden. Da die Verwirklichung der objektiven Tatbestände des Abs. I Nr. 2 und 3 durch einen Teilnehmer des fließenden Verkehrs nur unter bewußter Zweckentfremdung in verkehrsfeindlicher Absicht erfolgen kann (vgl. o. 8, 9), muß auch hinsichtlich der Gefährdung zumindest bedingter Vorsatz vorliegen; eine Anwendung des Abs. IV und V ist daher auf eine solche Tathandlung kaum denkbar (BGH **23** 8, StVE **Nr. 17,** 21, Köln StVE **Nr. 34, 34 a,** NZV **94**, 365). **Abs. 4** setzt voraus, daß der Täter die in Abs. 1 beschriebene Handlung vorsätzlich verwirklicht und dadurch vorsätzlich die Sicherheit des Straßenverkehrs beeinträchtigt hat. Die Gefahr für Personen oder Sachgüter braucht er nur fahrlässig verursacht zu haben. Teilnahme ist wegen § 11 II nach den allgemeinen Regeln möglich (§ 11 RN 73 ff.); BGH NStZ **92**, 234. **Abs. 5** setzt Fahrlässigkeit hinsichtlich aller in Betracht kommenden Merkmale voraus. Bei denjenigen Begehungsmodalitäten, die ein bewußt verkehrsfeindliches Verhalten des Täters verlangen, ist eine fahrlässige Begehung begrifflich ausgeschlossen (BGH **23** 4, VM **79**, 9, Karlsruhe NJW **78**, 1391, VRS **68** 452).

14 V. Die **Versuchsstrafbarkeit** ist wie bei § 315 geregelt; vgl. dort RN 20. Versuchsstrafbarkeit setzt also voraus (vgl. § 11 RN 76), daß der Täter auch bzgl. der konkreten Gefahr vorsätzlich handelte (Düsseldorf NZV **94**, 486), da nach wie vor hinsichtlich der Vorsatz-Fahrlässigkeitskombination der Versuch nicht unter Strafe gestellt ist. Ein Rücktritt gemäß § 24 kommt bei einer Umkehr des Täters vor Eintritt des Gefährdungserfolges in Betracht (zB bei Verhinderung eines Fahrtantritts mit dem von ihm an der Bremsanlage beschädigten Fahrzeuges oder bei Beseitigen der von ihm errichteten Straßensperre, bevor das sich bereits nähernde Opfer unmittelbar in den Wirkbereich des Hindernisses gerät). Nach Vollendung des Deliktes hingegen (**tätige Reue**) tritt lediglich im Falle ausschließlich fahrlässigen Handelns (Abs. 5) zwingend Straffreiheit ein, sofern der Täter freiwillig vor Entstehen eines erheblichen Schadens die Gefahr abwendet (§ 320 III Zif. 1 b); in den übrigen Fällen besteht insoweit lediglich die Möglichkeit der Strafmilderung (§ 49 II) oder des Absehens von Strafe (§ 320 II Zif. 2). Insoweit genügt (§ 320 IV) jeweils freiwilliges und ernsthaftes Bemühen um Gefahrabwendung, sofern diese ohne Zutun des Täters abgewendet wird.

15 VI. Die **Strafdrohung** ist in ähnlicher Weise wie bei § 315 differenziert (vgl. dort RN 22). Qualifiziert (**Abs. 3**) ist die Tat, wenn der Täter in der Absicht (vgl. BGH NJW **96**, 330) handelt, einen Unglücksfall (vgl. § 315 RN 22, § 323 c RN 5 ff.) herbeizuführen oder eine andere Straftat zu ermöglichen oder zu verdecken (vgl. hierzu BGH NZV **95**, 285 u. § 211 RN 30 ff.), bzw. (seit dem 6. StrRG) wenn der Täter durch die Tat (also als Realisierung der spezifischen Gefahr eines idR vollendeten straßenverkehrsgefährdenden Eingriffes iSv Abs. 1) eine schwere Gesundheitsbeschädigung eines anderen Menschen oder eine Gesundheitsbeschädigung einer großen Zahl von Menschen (hierzu § 330 RN 21, § 1 RN 20) verursacht.

VII. Idealkonkurrenz ist möglich mit §§ 211 ff., 223 ff., 303 ff. (zust. Cramer 28, Rüth LK[10] 33, BGH VRS **56** 140, **63** 119; and. Braunschweig VRS **32** 371), weil eine Verurteilung aus § 315 b weder aussagt, ob eine Verletzung oder nur eine Gefährdung vorliegt, noch ob Leib und Leben oder nur Eigentum verletzt wurden. Werden durch dieselbe Handlung mehrere Personen gefährdet, dann kommt gleichartige Tateinheit in Betracht (and. BGH StVE **Nr. 32**); vgl. § 315 c RN 54, während bei Gefährdung verschiedener Sachen nur eine Tat nach § 315 b anzunehmen ist (vgl. hierzu § 52 RN 23 ff.). Zu den Voraussetzungen von Tateinheit, wenn der Täter im Verlauf einer Fahrt vorsätzlich mehrere Gefahrenlagen herbeiführt vgl. BGH NJW **95**, 1766, § 315 c RN 51 ff.; führt der Täter bei einer Fahrt nacheinander mehrere Gefährdungen herbei, so ist wegen – selbst bei nicht von vornherein bestehendem einheitlichem Tatentschluß – keine Tatmehrheit anzunehmen (BGH NJW **95**, 1766 m. Anm. bzw. Bespr. Geppert JK 5, Sowada NZV 95, 465). Mit § 323 c ist Idealkonkurrenz möglich, wenn § 315 b durch Unterlassen begangen wird und Hilfeleistung nötig ist, um andere als die durch § 315 b erfaßten Gefahren zu beseitigen, so zB, wenn der Täter den bei einer Schlägerei Verletzten auf der Fahrbahn liegen läßt (vgl. jedoch Oldenburg VRS **11** 54). Auch mit § 113 kommt Idealkonkurrenz in Betracht (BGH VRS **49** 177); gleiches gilt für § 22 StVG (BGH **22** 76). Mit § 315 c kommt dagegen nur Gesetzeskonkurrenz mit Vorrang des § 315 b in Betracht, soweit dieser überhaupt durch Vorgänge des fließenden oder ruhenden Verkehrs verwirklicht werden kann, so etwa, wenn ein Betrunkener absichtlich auf einen Polizisten losfährt (vgl. o. 9 f., Cramer 29, Horn SK 27; and. Rüth LK[10] 33, BGH **22** 75 f., VRS **49** 177, BGH NStE § 315 c **Nr. 1**, § 315 c **Nr. 3**); denn beide Vorschriften bestrafen gleichermaßen sowohl die Beeinträchtigung der Sicherheit des Straßenverkehrs wie die Herbeiführung einer konkreten (und hier derselben) Gefahr.

§ 315 c Gefährdung des Straßenverkehrs

(1) Wer im Straßenverkehr
1. ein Fahrzeug führt, obwohl er
    a) infolge des Genusses alkoholischer Getränke oder anderer berauschender Mittel oder
    b) infolge geistiger oder körperlicher Mängel
    nicht in der Lage ist, das Fahrzeug sicher zu führen, oder
2. grob verkehrswidrig und rücksichtslos
    a) die Vorfahrt nicht beachtet,
    b) falsch überholt oder sonst bei Überholvorgängen falsch fährt,
    c) an Fußgängerüberwegen falsch fährt,
    d) an unübersichtlichen Stellen, an Straßenkreuzungen, Straßeneinmündungen oder Bahnübergängen zu schnell fährt,
    e) an unübersichtlichen Stellen nicht die rechte Seite der Fahrbahn einhält,
    f) auf Autobahnen oder Kraftfahrstraßen wendet, rückwärts oder entgegen der Fahrtrichtung fährt oder dies versucht oder
    g) haltende oder liegengebliebene Fahrzeuge nicht auf ausreichende Entfernung kenntlich macht, obwohl das zur Sicherung des Verkehrs erforderlich ist,

und dadurch Leib oder Leben eines anderen Menschen oder fremde Sachen von bedeutendem Wert gefährdet, wird mit Freiheitsstrafe bis zu fünf Jahren oder mit Geldstrafe bestraft.

(2) In den Fällen des Absatzes 1 Nr. 1 ist der Versuch strafbar.

(3) Wer in den Fällen des Absatzes 1
1. die Gefahr fahrlässig verursacht oder
2. fahrlässig handelt und die Gefahr fahrlässig verursacht,

wird mit Freiheitsstrafe bis zu zwei Jahren oder mit Geldstrafe bestraft.

Vorbem.: § 315 c Abs. 1 redaktionell geändert durch das 6. StrRG vom 26. 1. 1998, BGBl. I 164.

Schrifttum: Bialas, Promille-Grenzen, Vorsatz und Fahrlässigkeit, 1996. – *Cramer,* Unfallprophylaxe durch Strafen und Geldbußen?, 1975. – *ders.,* Überlegungen zu einem Dritten Straßenverkehrssicherungsgesetz, VOR 74, 21. – *Demuth,* Der Einfluß der neuen StVO auf § 315 c StGB, JurA 71, 383. – *Geppert,* Rechtfertigende Einwilligung ... bei Fahrlässigkeitstaten im Straßenverkehr, ZStW 83, 947. – *ders.,* Zu examensrelevanten Fragen im Rahmen alkoholbedingter Straßenverkehrsgefährdung ... durch Gefährdung von Mitfahrern, Jura 96, 47. – *Grohmann,* Zur Rücksichtslosigkeit iSv § 315 c Abs. 1 Nr. 2 StGB, DAR 75, 260. – *Händel,* Beeinträchtigung der Verkehrstauglichkeit durch Arzneimittel und Verantwortlichkeit des Arztes, NJW 65, 1999. – *Hartung,* Das zweite Gesetz zur Sicherung des Straßenverkehrs, NJW 65, 86. – *ders.,* Nochmals: Fremde Sachen von bedeutendem Wert in den §§ 315 a, 315 c und 315 d StGB, NJW 67, 909. – *Haubrich,* Verkehrsrowdytum auf Bundesautobahnen und seine strafrechtliche Würdigung, NJW 89, 1197. – *Hillenkamp,* Verkehrsgefährdung durch Gefährdung des Tatbeteiligten, JuS 77, 166. – *Janiszewski,* Verkehrs-

§ 315 c 1–10

strafrecht, 4. A. 1994. – *Kauert,* Toxikologisch-medizinische Aspekte des Medikamenteneinflusses auf die Fahrtüchtigkeit, DAR 96, 447. – *Kempgens,* Hilft die Rspr. den Ermittlungsbehörden?, DAR 72, 13. – *Koch,* Das Tatbestandsmerkmal „rücksichtslos" des § 315 c Abs. 1 Nr. 2 StGB in der Praxis, DAR 70, 322. – *Lackner,* Das Zweite Gesetz zur Sicherung des Straßenverkehrs, JZ 65, 92, 120. – *Langrock,* Zur Einwilligung in die Verkehrsgefährdung, MDR 70, 982. – *Lienen,* Das Zusammentreffen von Vorsatz und Fahrlässigkeit bei Verkehrsdelikten, DAR 60, 223. – *Mayr,* Die Tatbestände der Straßenverkehrsgefährdung in der Rechtsentwicklung, BGH-FG 273. – *Mollenkott,* Fahrlässige Rücksichtslosigkeit bei § 315 c StGB und Entziehung der Fahrerlaubnis, BA 85, 298. – *Nüse,* Die neuen Vorschriften zur Sicherung des Straßenverkehrs, JR 65, 41. – *R. Peters,* Zum Merkmal „rücksichtslos" im Tatbestand der Straßenverkehrsgefährdung, DAR 80, 45. – *Puhm,* Strafbarkeit gem. § 315 c StGB bei Gefährdung des Mitfahrers, 1990. – *Ranft,* Delikte im Straßenverkehr, Jura 87, 608. – *Riemenschneider,* Verkehrsrechtliche Aspekte der Medikamentenbehandlung – insbesondere medikamentöser Schmerztherapie, MedR 98, 17. – *Salger,* Strafrechtliche Aspekte der Einnahme von Psychopharmaka – Ihr Einfluß auf Fahrtüchtigkeit und Schuldfähigkeit, DAR 86, 383. – *Schmädicke,* Konkrete Gefährdung des Tatbeteiligten, 1997. – *H. W. Schmidt,* Öffentlicher Straßenverkehr, DAR 63, 345. – *Schöch,* Straßenverkehrsgefährdung durch Arzneimittel, Miyazawa-FS, 227. – *ders.,* Medikamente im Straßenverkehr, DAR 96, 452. – *Schroeder,* Die Teilnahme des Beifahrers an der gefährlichen Trunkenheitsfahrt, JuS 94, 846. – *Schweling,* Der Begriff „rücksichtslos" im Verkehrsrecht, ZStW 72, 464. – *Spöhr/Karst,* Zum Begriff der Rücksichtslosigkeit im Tatbestand des § 315 c StGB, NZV 93, 254. – *Warda,* Das Zweite Gesetz zur Sicherung des Straßenverkehrs, Miyazawa-FS, 549. – *Weigend,* Zur Rolle des Strafrechts im Straßenverkehr, Miyazawa-FS, 549. – *Wohlers,* Trunkenheitsfahrten als eigenhändige Delikte, SchwZStr 116, 95. – *Zimmermann,* Straßenverkehrsgefährdung durch Rücksichtslosigkeit, MDR 87, 364. – Vgl. die Nachweise bei § 316.

1 I. Die Vorschrift setzt nicht ausdrücklich voraus, daß die Sicherheit des Straßenverkehrs beeinträchtigt wird, geht jedoch davon aus, daß dies der Fall ist, wenn jemand im Straßenverkehr eine der in § 315 c bezeichneten Handlungen vornimmt (vgl. Lackner JZ 65, 92 ff., 103, Mayr BGH-FG 273). Über den Begriff des Straßenverkehrs vgl. § 142 RN 5, Cramer 4. Zur Konzeption gerade strafrechtlicher Ahndung von Straßenverkehrsverstößen: Janiszewski aaO 2 ff. (auch zur Entwicklung), Weigend Miyazawa-FS 549 ff. (zurückhaltend) sowie Bialas aaO 220 ff. (zur alkoholbedingten Fahruntüchtigkeit).

2 Die Herbeiführung einer **Gemeingefahr** ist **nicht** erforderlich. Es genügt eine konkrete Individualgefahr. Daraus ist zu schließen, daß das Delikt neben der Straßenverkehrssicherheit zugleich Individualrechtsgüter schützt (zur Konstruktion vgl. § 315 RN 1). Über die Konsequenzen für die Einwilligung des Gefährdeten vgl. u. 43 und für die Konkurrenzen vgl. u. 50 ff.

3 II. Die Bestimmung greift die **gefährlichsten Verhaltensweisen** im Straßenverkehr heraus und gestaltet sie zu Vergehen aus, wenn durch sie eine Gefahr für Leib oder Leben eines anderen oder fremde Sachen von bedeutendem Wert herbeigeführt wurde.

4 1. Abs. 1 **Nr. 1** regelt die Fälle des Führens eines Fahrzeuges im Zustand der Fahrunsicherheit.

5 a) **Fahrzeuge** iSd Nr. 1 sind nicht nur Kfz (auch Mopeds, Frankfurt NJW **55**, 1330, und Bagger, Düsseldorf VM **78**, 34), sondern Fahrzeuge jeder Art, die zur Beförderung von Personen oder Sachen dienen und am Verkehr auf der Straße teilnehmen, also auch Fahrräder und Fuhrwerke. Nicht hierher gehören die besonderen Fortbewegungsmittel nach der für den gesamten Bereich des Straßenverkehrsrechts gültigen (Rüth LK[10] 3) Fiktion des § 24 StVO, also etwa Rodelschlitten, Kinderwagen und motorlose Roller sowie Inline-Skates (hierzu s. a. Karlsruhe NZV **99**, 44, Vieweg NZV 98, 4 f.). Krankenfahrstühle, die nicht von Fußgängern geschoben, also von dem Kranken entweder mit Muskelkraft oder bei maschinellem Antrieb gelenkt werden, sind dagegen Fahrzeuge iSd § 315 c (Cramer § 24 StVO RN 34, vgl. auch Rüth LK[10] 3, J/Hentschel § 316 RN 2).

6–8 b) Zum **Führen** eines **Fahrzeugs** vgl. § 316 RN 20 ff. Die Tat muß im Straßenverkehr begangen worden sein; zum Straßenverkehr: § 142 RN 14 ff.

9 c) Der Täter muß infolge seines Zustandes **unfähig** gewesen sein, das **Fahrzeug sicher zu führen.** Die Maßstäbe für die Fahrunsicherheit sind nicht bei allen Verkehrsarten die gleichen (Hamm VRS **37** 26); vgl. zur Fahrunsicherheit § 316 RN 4 ff.

10 α) Die Eigenschaft der Fahruntüchtigkeit des Täters muß nach Nr. 1 a durch den **Genuß alkoholischer Getränke** oder **anderer berauschender Mittel** (vgl. § 316 RN 4 ff.) herbeigeführt worden sein. Der Täter muß jedoch noch zurechnungsfähig sein, da sonst – abgesehen von den Fällen der sog. actio libera in causa (hierzu aber § 316 RN 30) – nur § 323 a anwendbar ist. Sollte im Einzelfall weder Fahrtüchtigkeit noch umgekehrt verminderte Schuldfähigkeit als Voraussetzung einer Strafbarkeit aus § 323 a nachweisbar sein, so müßte mangels Anwendungsmöglichkeit der Wahlfeststellung Straflosigkeit eintreten, s. aber auch § 323 a RN 8 a. Über den Genuß geistiger Getränke usw vgl. § 323 a RN 6, § 64 RN 3. Über die Medikamente, die zu einer Beeinträchtigung der Fahrtüchtigkeit führen können, vgl. Bay NJW **90**, 2334 (Lexotanil), Frankfurt BA **79**, 407 (Valium), Koblenz VRS **59** 199 (Dolviran), Köln BA **77**, 124 (Psychopharmaka); s. a. Händel NJW 65, 2000, J/Hentschel § 316 RN 3, Pluisch NZV 96, 98, NZV 99, 1, Salger DAR 86, 383, Schöch Miyazawa-FS 227 ff. Ferner sind hierzu die in der Anlage zu § 24 a StVG aufgeführten Stoffe zu zählen, und zwar auch dann, wenn sie als Medikament ärztlich verordnet (s. § 24 a II 3 StVG) sein sollten (Hentschel NJW 98, 2389); die Mittel müssen stets zu einer der Alkoholwirkung vergleichbaren Beeinträchtigung des Hemmungsvermögens sowie der intellektuellen und motorischen Fähigkeiten führen, so daß eine bloße Eignung zur Beeinträchtigung von Bewußtsein oder Reaktionsfähigkeit nicht genügt (BGH VRS **53** 356, Köln NZV **91**, 158, Frankfurt NZV **92**, 289, J/Hentschel 3, Janiszewski aaO 139, Schöch DAR 96, 453); die Festlegung der BAK vergleichbarer Grenzwerte ist derzeit nicht möglich (Pluisch NZV 99, 4 f.); Medikamente können aber im Zusammenwirken mit Alkohol Fahrunsicherheit bewirken (J/Hentschel 3, Janiszewski aaO 129 f.). Zur Frage des Zusammenwirkens von Alkohol und Medikamenten vgl. u. 12.

β) Auch beim Führen eines Kraftfahrzeuges trotz **geistiger oder körperlicher Mängel** ist Voraussetzung, daß der Täter sich infolge der Mängel nicht sicher im Verkehr bewegen kann. Die Bestimmung findet keine Anwendung, wenn Vorkehrungen getroffen sind, die eine Gefährdung des Verkehrs verhindern (Hörgeräte bei Schwerhörigen, Prothesen usw; entgegen Lackner/Kühl 12, Tröndle/Fischer 3 c ist die Mitnahme eines Beifahrers aber keine geeignete Vorkehrung, um einen solchen Mangel auszugleichen). Worauf der Mangel beruht und ob er chronischer oder vorübergehender Natur ist, ist bedeutungslos. In Betracht kommen geistige Erkrankungen, Epilepsie (BGH **40** 341), ggf. hohes Alter (s. Bay NJW **96**, 2045 unn Verschulden), Kurzsichtigkeit, ferner die Beeinträchtigung durch einen gerade überstandenen Herzinfarkt (LG Heilbronn VRS **52** 188). Aber auch eine extreme Übermüdung gehört hierher (vgl. BGH VRS **14** 284, J/Hentschel 14). Nicht jedoch die bloße Ermüdung nach langem Tagewerk (Köln NZV **89**, 358). Ebenfalls nicht zu diesen Mängeln zählt die Unkenntnis in der Bedienung des Fahrzeugs (Hamm JMBlNRW **65**, 81). Im Verhältnis zur Trunkenheit ist der 2. Fall von § 315 c I Nr. 1 das allgemeine Delikt gegenüber dem speziellen (BGH VRS **41** 95, Düsseldorf NJW **57**, 1567).

γ) Unerheblich ist, ob die Fahruntauglichkeit allein auf dem Genuß geistiger Getränke oder allein auf körperlichen und geistigen Mängeln beruht oder ob sie sich aus dem **Zusammenwirken mehrerer Ursachen** ergibt, also zB Alkohol und Medikamente (Düsseldorf VRS **23** 443, Celle NJW **63**, 2385, Oldenburg DAR **63**, 304, Hamburg DAR **65**, 27, Frankfurt VRS **29** 476, Bay NJW **69**, 1583, BA **80**, 220 m. Anm. Hentschel, Hamm BA **78**, 454, Krumme 32 f., Osterhaus BA **64**, 395, Schneider BA **64**, 415, zu einem Fall einer besonders geringen BAK und der Einnahme von Medikamenten vgl. Köln BA **77**, 124) oder Alkohol und Ermüdung (vgl. Köln StVE **Nr. 14** zu § 316 StGB) zur Vorsatz- bzw. Fahrlässigkeitsfeststellung: § 316 RN 26 f. Anders als bei § 323 a (vgl. dort RN 9) kommt es deshalb hier auch nicht darauf an, daß die Fahruntüchtigkeit etwa in entscheidendem Maße auf Alkoholgenuß zurückzuführen ist. Dies ergibt die Gleichwertigkeit beider Ursachen nach Nr. 1 a und b (mißverständlich Bay VRS **59** 338).

d) Der Feststellung einer grob **verkehrswidrigen** oder **rücksichtslosen** Fahrweise bedarf es zur Anwendung der Nr. 1 **nicht** (BGH VRS **16** 132).

2. Abs. 1 **Nr. 2** regelt die Fälle des grob verkehrswidrigen und rücksichtslosen Verstoßes gegen elementare Verkehrspflichten. Obwohl die Vorschrift Regelwidrigkeiten im Verkehr gegenüber verkehrsfremden Eingriffen nach § 315 b privilegiert, kann im Einzelfall bei der Pervertierung eines Verkehrsvorganges (§ 315 b RN 10 ff.) die Anwendung dieser Vorschrift in Betracht kommen; vgl. u. 25, 50.

a) Zunächst ist die Feststellung der Verletzung einer der in Nr. 2 a–g genannten Verkehrsregeln („7 Todsünden im Straßenverkehr"), die erfahrungsgemäß besonders häufig zu Unfällen führen, erforderlich. Zur Reformbedürftigkeit dieses auch vom 6. StrRG nicht abgeänderten (vgl. BT-Drs. 13/8587 S. 73 f., 89) Katalogs vgl. Cramer VOR 74, 35 ff.

α) **Mißachtung des Vorfahrtsrechts.** Zu den Vorfahrtfällen zählt jede Verkehrssituation, in der sich die Fahrlinien zweier Fahrzeuge kreuzen oder so stark annähern, daß ein reibungsloser Verkehrsablauf nicht gewährleistet ist (Cramer 18). Hierher gehören also auch das Kreuzen des Gegenverkehrs (BGH NJW **57**, 1528), die Begegnung in einer Engstelle (Oldenburg VRS **42** 35, KG VRS **46** 192) sowie das Einfahren in eine Autobahn (BGH **13** 129, Frankfurt VRS **46** 191). Die Vorfahrt iSv § 315 c verletzt nicht, wer aus der linken über die rechte Fahrspur abbiegt und einen hier fahrenden Kraftfahrer behindert (Stuttgart VRS **43** 274). Es muß sich immer um die Verletzung einer Vorfahrtsregelung im gesetzestechnischen Sinn (§§ 6, 8, 9 III u. IV, 10, 18 III StVO) handeln (Horn SK 10, Lackner/Kühl 13, Rüth LK[10] 37), ein Verstoß gegen § 1 (Bay DAR/R **74**, 178) oder § 1 StVO (Cramer 18) genügt ebensowenig wie ein Rotlichtverstoß als solcher (Jena NZV **95**, 237); der Vorrang des Fußgängers gegenüber dem abbiegenden Fahrzeug (§ 9 III 3 StVO) fällt – ebenso wie der in Nr. 2 c besonders geregelte Vorrang an Fußgängerüberwegen – nicht unter 2 a (Düsseldorf NJW **84**, 1246, KG StVE **Nr. 34**, Hamm VRS **91** 117, Cramer 24, J/Hentschel 29, Rüth LK[10] 38, Horn SK 10, Lackner/Kühl 13, Tröndle/Fischer 5). Für eine Beschränkung der Nr. 2 a auf die Vorfahrt im engeren Sinne der §§ 8, 18 III StVO Demuth JurA 71, 385 f., J/Hentschel 29; vgl. Krumme 100. Zur Nichtbeachtung von Verkehrsampeln vgl. Bay VRS **16** 44, Jena NZV **95**, 237. Im einzelnen vgl. J/Hentschel § 8 StVO m. Anm., Cramer 18 f. und § 8 StVO. Zur fehlenden Rücksichtslosigkeit bei irrtumsbedingtem Rotlichtverstoß Düsseldorf NZV **96**, 245.

β) **Falsches Überholen und falsches Verhalten beim Überholvorgang.** Diese Vorschrift erfaßt ein Fehlverhalten sowohl des Überholenden wie auch des Fahrers des überholten Fahrzeugs (vgl. Lackner JZ 65, 624, Nüse JR 65, 42). Das Überholen ist ein zielgerichteter Vorgang, bei dem ein Fahrzeug sich vor ein anderes, das in gleicher Richtung fährt, zu setzen beabsichtigt (BGH VRS **11** 171, Köln MDR **56**, 353). Dies gilt auch, wenn eines der beiden Fahrzeuge aus verkehrsbedingten

Gründen kurzfristig anhält (zB vor einer Straßenkreuzung [vgl. KG VRS **11** 70] oder vor einer Verkehrsampel [BGH **26** 73]), sofern es sich nur noch im gleichgerichteten Verkehrsfluß befindet, nicht dagegen, wenn es sich an der Fahrbahnseite aufhält, um zu parken oder aus anderen Gründen anzuhalten; dann liegt nur ein Vorbeifahren vor (vgl. BGH VRS **4** 543, **6** 155, **11** 171, Cramer § 5 StVO RN 6 ff.; vgl. auch Düsseldorf NZV **89**, 317). Auch das Nebeneinanderfahren nach § 7 StVO ist kein Überholen iSv § 315 c (Cramer § 7 StVO RN 55, Demuth JurA 71, 389 f.). Es genügt nicht, daß ein Verkehrsteilnehmer unabsichtlich neben ein anderes Fahrzeug gerät (Celle NdsRpfl. **59**, 91, Hamm VRS **27** 69), ebensowenig, daß er nur links fährt (BGH VRS **38** 100).

18 Ein Fehlverhalten zu **Beginn des Überholens** wird auch dann erfaßt, wenn das Überholen abgebrochen wurde (Köln VRS **44** 16); es liegt nicht etwa nur Versuch vor (RG HRR **34** Nr. 692, Düsseldorf VM **61**, 30, Frankfurt VM **66**, 68, Hamburg VM **66**, 123, Bremen VRS **32** 473, Bay DAR **68**, 22). Regelmäßig beginnt das Überholen damit, daß der Fahrer mit Überholabsicht auf die andere Fahrbahn ausschert (vgl. Hamburg VM **66**, 68, Bay DAR **68**, 22), und zwar auch dann, wenn er sich noch vorbehalten hat, bei ungünstiger Verkehrssituation sofort wieder zurückzubiegen, selbst wenn das Ausscheren ausschließlich der Orientierung über den Verkehr dienen sollte (Cramer 21; vgl. Düsseldorf VM **66**, 4, Bay DAR **68**, 22; and. Bay DAR/B **88**, 366). In diesem Fall kann auch ein falsches Verhalten beim Überholvorgang vorliegen, wenn der Ausscherende seinerseits gerade überholt wird. Auch ein dichtes Heranfahren an den Vordermann in erkennbarer Überholabsicht kann die Voraussetzungen der Nr. 2 b erfüllen (Frankfurt VRS **56** 286, Düsseldorf VRS **77** 281, Bay DAR/B **94**, 384, StVE **Nr. 35**), und zwar auch dann, wenn der Überholende nicht, wie ursprünglich beabsichtigt, links, sondern rechts vorbeifährt (Düsseldorf VRS **66** 355; vgl. auch Haubrich NJW 89, 1198 f.).

19 Pflichtwidrigkeiten **nach Abschluß** des Überholens reichen dagegen nicht aus (Hamm DAR **55**, 307, Stuttgart DAR **65**, 103). Abgeschlossen ist der Überholvorgang nicht schon, wenn der Überholende überhaupt einen räumlichen Vorsprung gegenüber dem Überholten erreicht hat (so aber Karlsruhe GA **58**, 156 unter fälschlicher Berufung auf Stuttgart VRS **4** 617), sondern erst, wenn der Überholende den Überholten so hinter sich gelassen hat, daß dieser seine Fahrt unbehindert fortsetzen kann, „wie wenn der Überholungsvorgang nicht stattgefunden hätte" (Braunschweig VRS **32** 375, Stuttgart VM **58**, 23). Das wird häufig erst bei Zurückwechseln auf die ursprüngliche Fahrspur der Fall sein (vgl. Bay VRS **35** 280, Stuttgart VRS **4** 617, VM **58**, 23, DAR **65** 103, Düsseldorf VM **57**, 72, Braunschweig VRS **32** 375). Daher fällt auch ein falsches Verhalten beim Einordnen noch unter Nr. 2 b (Düsseldorf VM **78**, 61; s. a. AG Freiberg NStZ-RR **97**, 17 [Ursächlichkeit der für den Überholvorgang notwendigen erhöhten Geschwindigkeit für unmittelbar nachfolgenden Unfall]). Zur Beendigung des Überholens bei mehreren Fahrstreifen für eine Richtung vgl. BGH **25** 293.

20 **Falsches Überholen** liegt nicht nur vor, wenn der Täter den Regeln der §§ 2 I, 5 StVO zuwiderhandelt (verfassungsrechtlich unbedenklich, BVerfG NJW **95**, 315: Vorbeifahren auf Autobahnstandspur), also etwa bei mangelnder Sicht (Oldenburg DAR **58**, 222, Bay VRS **35** 280, DAR/R **76**, 175), unter Behinderung des Gegenverkehrs oder des Überholten (Koblenz VRS **47** 416 f., NZV **89**, 241) oder regelmäßig rechts überholt (Braunschweig NdsRpfl. **64**, 184, VRS **32** 375), sondern ebenso, wenn beim Überholen andere Verkehrsregeln verletzt werden, die der Sicherheit des Überholvorgangs dienen (Neustadt VRS **9** 363, Köln DAR **58**, 21, Hamm VRS **21** 280, **32** 449, Braunschweig VRS **32** 375, Zweibrücken VRS **33** 201, Bay DAR/R **70**, 262, Düsseldorf VM **77**, 88, VRS **62** 44). Auch dichtes bedrängendes Auffahren zum Zwecke des Erzwingens des Sichüberholenlassens ([versuchte] Nötigung) reicht aus (Köln VRS **44** 16; vgl. auch BGH NStE **Nr. 2**, Karlsruhe NJW **74**, 962). Verkehrsverstöße nur gelegentlich des Überholens genügen aber nicht (etwa wenn der Fahrer während des Überholens Gas- und Bremspedal verwechselt, es sei denn, dies beruhe auf Schrecken über plötzlichen Gegenverkehr). Beispiele für **Fehlverhalten des Überholten** sind etwa plötzliches Beschleunigen (Demuth JurA 71, 387 f., Cramer 23), Ausscheren nach links (vgl. Nüse JR **65**, 42, Stuttgart VRS **43** 275, Koblenz VRS **55** 355) oder Hindern des Überholenden, sich nach rechts einordnen, durch jeweiliges Beschleunigen bzw. Herabsetzen der Geschwindigkeit (Düsseldorf VRS **58** 28).

21 γ) **Falsches Fahren an Fußgängerüberwegen.** Die Regelung dieses Tatbestandes entspringt dem Bedürfnis, grob verkehrswidriges und rücksichtsloses Verhalten gegenüber Fußgängern als Vergehen zu erfassen. Da diese an Fußgängerüberwegen (sog. Zebrastreifen) Vorrecht haben, stellt die Bestimmung eine Ergänzung zu Nr. 2 a dar; zu den Verhaltenspflichten an Fußgängerüberwegen vgl. § 26 StVO, Mächtel NJW **66**, 641. Vom Schutzbereich der Nr. 2 c wird aber auch erfaßt, wer an einem Fußgängerüberweg mit einem Fahrrad wartet und ihn dann radfahrend überquert (Stuttgart VRS **74** 186). Fußgängerüberwege sind nur solche, die durch sog. Zebrastreifen gekennzeichnet sind. Die Anwendbarkeit der Nr. 2 c wird auch nicht dadurch ausgeschlossen, daß ein solcher Fußgängerüberweg zusätzlich durch eine in Betrieb befindliche Lichtzeichenanlage gesichert ist. Zwar haben die Lichtzeichen noch nach § 37 I StVO Vorrang vor den Fahrbahnmarkierungen, so daß der Fußgänger nur Vorrecht durch Lichtsignal hat, wenn der Übergang durch Lichtsignal freigegeben ist. Dadurch verliert ein Fußgängerüberweg nach § 41 III Nr. 1 StVO (Zeichen 293) jedoch nicht seine Eigenschaft als solcher (Cramer 24; vgl. Koblenz VRS **49** 314, Cramer, Unfallprophylaxe 151, Horn SK 12; and. Hamm NJW **69**, 440, Stuttgart NJW **69**, 889, Düsseldorf VRS **66** 135, Lackner/Kühl 15). Eine der Regelung für Fußgängerüberwege entsprechende Bestimmung für den ähnlichen Fall des Fußgängervorrangs gegenüber abbiegenden Fahrzeugen nach § 9 III S. 3 StVO fehlt (vgl. dazu Demuth JurA 71, 391, Cramer, Unfallprophylaxe 150).

δ) **Zu schnelles Fahren an unübersichtlichen Stellen, Straßenkreuzungen usw.** Vgl. auch 22 § 3 StVO. Wann eine Geschwindigkeit zu hoch ist, läßt sich nur aufgrund der konkreten Verhältnisse des Einzelfalles entscheiden. Wer auf einer bevorrechtigten Straße fährt, muß bei seiner Geschwindigkeit die Anforderungen der Verkehrslage und das Gebot der Rücksicht im Verkehr beachten, kann jedoch darauf vertrauen, daß nicht sichtbare, wartepflichtige Verkehrsteilnehmer sein Vorfahrtsrecht beachten (BGH [VGS] **7** 118). Dementsprechend ist die Vorschrift, soweit sie Fahrzeuge an Kreuzungen und Einmündungen auf bevorrechtigten Straßen erfaßt, zu weit; de lege ferenda wäre hier eine Beschränkung auf Kreuzungen und Einmündungen gleichgeordneter Straßen sinnvoll (Cramer, Unfallprophylaxe 152). Der erforderliche Eintritt einer konkreten Gefahr muß in einem inneren Zusammenhang mit der sich aus dem Vorhandensein einer Straßeneinmündung usw. typischerweise ergebenden besonderen Gefahrenlage stehen; ein bloßes örtliches Zusammentreffen reicht nicht aus (Bay JZ **76**, 291, VRS **64** 371; vgl. u. 36 f.). Eine zu große Geschwindigkeit kann nicht nur darin vorliegen, wenn der Täter mit überhöhter Fahrt die Straßenkreuzung usw überquert, sondern auch, wenn er vor dem Abbremsen vor der Kreuzung eine zu hohe Geschwindigkeit gehabt hat (Bay VRS **61** 212, Hamm VRS **11** 57). Zum Begriff der unübersichtlichen Stelle vgl. BGH **13** 171, VRS **27** 124, **31** 33, Bay VRS **10** 369, **35** 280, Stuttgart DAR **65**, 103, Celle VRS **31** 33, Cramer 28 f. **Unübersichtlich** (vgl. Hamm DAR **69**, 275) ist eine Stelle nicht nur dann, wenn die Straßenverhältnisse keinen hinreichenden Überblick über den Straßenverlauf gewähren, sondern auch dann, wenn vorübergehende Umstände wie Nebel, Dunkelheit usw ein Überblicken der Strecke erschweren (Cramer 29, vgl. Bay VRS **35** 284, NZV **88**, 110, J/Hentschel 37, Tröndle/Fischer 8). Eine unklare Verkehrslage begründet dagegen keine Unübersichtlichkeit iSd Gesetzes (Hamm VM **71**, 8). Neben den unübersichtlichen Stellen, Straßenkreuzungen und -einmündungen nennt das Gesetz Bahnübergänge; darunter sind alle Kreuzungen zwischen Schiene und Straße zu verstehen, unabhängig davon, ob sie beschrankt sind oder nicht (vgl. E 62 Begr. 528, Cramer § 19 StVO RN 4).

ε) **Nichteinhalten der rechten Fahrbahnseite an unübersichtlichen Stellen.** Durch die Er- 23 fassung dieses Verkehrsvorgangs soll insb. das Kurvenschneiden pönalisiert werden, durch das der Gegenverkehr auf das schwerste gefährdet werden kann (E 62 Begr. 528). Erforderlich ist, daß die rechte Fahrbahnseite wenigstens teilweise nach links überschritten wird (BGH VRS **44** 422). Vgl. § 2 II StVO.

ζ) **Wenden, Rückwärtsfahren und Fahren entgegen der Fahrtrichtung auf Autobahnen** 24 **oder Kraftfahrstraßen.** Da der Versuch des Wendens und Rückwärtsfahrens der Vollendung gleichgestellt ist, besteht das Fahrverhalten in dem Unternehmen (§ 11 I Nr. 6) des Wendens oder Rückwärtsfahrens auf Autobahnen oder Kraftfahrstraßen. Es genügt zur Tatbestandserfüllung (**versucht:** materielles Unternehmensdelikt ohne Möglichkeit des Rücktritts [s. aber auch § 11 RN 51] oder einer Strafrahmenmilderung: Horn SK 15) das Einschlagen des Steuers zum Wenden bzw. das Einlegen des Rückwärtsgangs zwecks Rückwärtsfahrens, nicht aber schon das insoweit vorbereitende Anhalten: Horn SK 15; s. a. Rüth LK[10] 52; and. 25. A. RN 24). Näher zu den Begriffen „Wenden" (BGH **31** 71, Düsseldorf NZV **95**, 116, Köln NZV **95**, 159, Janiszewski aaO 105: gewollte Richtungsänderung um 180 Grad) und „Rückwärtsfahren" (Janiszewski aaO: Fahren im Rückwärtsgang nach hinten) Cramer § 18 StVO RN 89 mwN. Ist ein Fahrzeug in die der Fahrtrichtung entgegengesetzten Richtung gebracht, so liegt darin ein Wenden auch dann, wenn eine Weiterfahrt nicht beabsichtigt ist (BGH VRS **53** 307).

Durch das OWiGÄndG v. 7. 7. 1986 (BGBl. I 977) sind auch die Fälle der sog. **„Geisterfahrer"** 25 durch § 315c erfaßt. Damit ist klargestellt, daß jedes gefährdende Benutzen der Autobahnen oder Kraftfahrstraßen entgegen der vorgeschriebenen Fahrtrichtung als Straftat verfolgt werden kann. Da die Vorschrift in Abs. 3 auch ein fahrlässiges Handeln und die fahrlässige Verursachung einer Gefahr erfaßt, ergeben sich keine Strafbarkeitslücken mehr. Bei einer Pervertierung eines derartigen Verkehrsverstoßes (§ 315b RN 10 aE) bleibt es bei der Anwendbarkeit von § 315b; zum (evtl. gerechtfertigten) Wenden seitens eines „Geisterfahrers" Karlsruhe JZ **84**, 240 (zu § 16 OWiG) m. Anm. Hruschka; s. a. Köln NZV **95**, 159, Gropp H. J. Hirsch-FS 219 ff.

η) **Nichtkenntlichmachen liegengebliebener Fahrzeuge.** In welcher Weise das liegengeblie- 26 bene Fahrzeug kenntlich zu machen ist, beurteilt sich nach § 15 StVO (vgl. Cramer 38, Unfallprophylaxe 153), der jedoch für haltende Fahrzeuge keine Regelung enthält (zu dieser Diskrepanz vgl. auch Demuth JurA 71, 397 f.), so daß für diese auf § 17 IV StVO zurückgegriffen werden muß; reicht die Beleuchtung des haltenden Fahrzeugs zur Sicherung nicht aus, so sind nach § 1 II StVO weitere Maßnahmen erforderlich, bei denen der für die Kenntlichmachung Verantwortliche sich an § 15 StVO zu orientieren hat (vgl. Cramer § 15 StVO RN 9). Eine Pflicht zur Absicherung eines liegengebliebenen Fahrzeugs entfällt jedoch, wenn ihre Vornahme (zB Aufstellen eines Warndreiecks) länger dauern würde als ein zulässiges Entfernen des Fahrzeugs von der Stelle, an der es liegengeblieben ist (Köln NZV **95**, 159). Unerheblich ist, ob an der betreffenden Stelle ein Halten oder Parken grundsätzlich erlaubt ist.

Wer zur Kenntlichmachung liegengebliebener Fahrzeuge verpflichtet ist, ergibt sich nicht aus dem 27 Tatbestand; dieser stellt nur das Gebot auf, ohne den Kreis der Normadressaten zu nennen. Daher sind die Grundsätze der unechten Unterlassungsdelikte heranzuziehen (vgl. § 13); eine Verpflichtung

§ 315 c 28–30

ergibt sich insb. aus vorausgegangenem Tun (vgl. § 13 RN 32 ff.) und der Verpflichtung als Halter des Fahrzeugs (vgl. § 13 RN 43).

28 b) Die aufgeführten Verstöße müssen ein **grob verkehrswidriges und rücksichtsloses** Verhalten darstellen. Dadurch wird erreicht, daß nur solche Verkehrsverstöße Vergehen sind, die sowohl im objektiven wie im subjektiven Bereich aus der Menge der bußgeldbelegten Verkehrszuwiderhandlungen herausragen. Die grobe Verkehrswidrigkeit bezeichnet die objektiv besonders verkehrsgefährdende Bedeutung des Verhaltens, die Rücksichtslosigkeit einen besonderen Grad subjektiver Pflichtwidrigkeit (vgl. Düsseldorf NZV **96**, 245, Jena NZV **95**, 238, Stuttgart NJW **67**, 1766). Grobe Verkehrswidrigkeit und Rücksichtslosigkeit müssen nebeneinander vorliegen (Karlsruhe NJW **57**, 1567, Hamm DAR **69**, 275); sie können nicht mit der gleichzeitigen Erfüllung anderer Modalitäten des § 315 c (zB Trunkenheit) begründet werden (BGH VRS **16** 132). Ebensowenig genügt es, daß bei mehreren Verstößen der eine nur grob verkehrswidrig, der andere nur rücksichtslos war (BGH aaO).

29 α) **Objektiv** muß danach ein **besonders schwerer Verstoß** gegen die Verkehrsvorschriften vorliegen (Schleswig SchlHA **54**, 257, Braunschweig NdsRpfl. **65**, 278, Stuttgart NJW **67**, 1766, VRS **74** 187). Ob dies der Fall ist, ist aufgrund einer auf die konkrete Situation bezogenen (Braunschweig VRS **32** 323), jedoch generalisierenden Betrachtungsweise festzustellen. Dabei darf allein aus dem Eintritt einer konkreten Gefahr für andere (vgl. u. 33 ff.) nicht auf einen besonders gefährlichen und damit besonders schwerwiegenden Verkehrsverstoß geschlossen werden (ebenso Ranft Jura 87, 612). Es ist also darauf abzustellen, ob in der konkreten Verkehrssituation der Verkehrsverstoß die Sicherheit des Straßenverkehrs beeinträchtigt hat (Cramer 43; vgl. Rüth LK[10] 31). So kann es bei Verletzung des Vorfahrtsrechts darauf ankommen, ob es sich um übersichtliche Straßenverhältnisse gehandelt hat, ob ein Vorfahrtsschild angebracht ist (Hamm VRS **6** 152, Schleswig VRS **8** 216) oder ob es sich bei der bevorrechtigten Straße um einen Schnellverkehrsweg handelt (vgl. Düsseldorf VM **66**, 3 [Autobahn]). Zur groben Verkehrswidrigkeit bei Nichteinhaltung des Rechtsfahrgebotes vgl. Koblenz VRS **46** 344, Köln VRS **48** 206, Düsseldorf VM **79**, 13. Die doppelte Überschreitung der zulässigen Höchstgeschwindigkeit muß nicht immer grob verkehrswidrig sein (Cramer 43, J/Hentschel 25, Tröndle/Fischer 13; and. Karlsruhe NJW **60**, 546). Beim Nichtkenntlichmachen liegengebliebener Fahrzeuge wird es entscheidend auf die Verkehrsdichte ankommen. Vgl. auch Braunschweig VRS **32** 273 (Rechtsüberholen), Zweibrücken VRS **33** 201, Koblenz VRS **47** 31 (Schneiden des überholten Fahrzeugs), Düsseldorf VM **74**, 38 (überhöhte Geschwindigkeit an Fußgängerüberweg), Koblenz StVE **Nr. 6** (Überholen durch LKW), Bay DAR/R **78**, 209 (Überholen einer Kolonne auf breiter Straße), **77**, 204 (Überholen mit Einscheren in eine auf das aufgeschlossene fahrende Kolonne).

30 β) Das Merkmal der **Rücksichtslosigkeit** bezeichnet die **gesteigerte subjektive Vorwerfbarkeit**; im wesentlichen durch diese Einstellung wird das Verhalten zu einem mit Strafe zu ahndendem Kriminaldelikt (vgl. Cramer, Unfallprophylaxe 149 f.; für ersatzlose Streichung dieses Merkmals plädiert R. Peters DAR 80, 47 f.; dagegen mit Recht der Gesetzgeber des 6. StrRG [BT.-Drs. 13/8587 S. 89 {BReg} gegen BT-Drs. 13/8587 S. 74 {BR}], Janiszewski aaO 113, Tröndle[48] 14; nach Koch DAR **70**, 322 u. Spöhr/Karst NZV 93, 254 soll eine die grobe Verkehrswidrigkeit eines Verhaltens dessen Rücksichtslosigkeit jedenfalls indizieren. Daher ist zu fordern, daß dieses Merkmal hinreichend festgestellt wird (vgl. Düsseldorf NZV **95**, 115, Köln NZV **95**, 160). Rücksichtslos handelt, wer sich im Straßenverkehr aus eigensüchtigen Gründen über seine Pflichten hinwegsetzt oder aus Gleichgültigkeit von vornherein Bedenken gegen sein Verhalten nicht aufkommen läßt (so die Rspr. im Anschluß an BGH **5** 392; vgl. BGH VRS **23** 289, **30** 286, **50** 344, Köln NJW **54**, 732, VRS **89** 122, Schleswig SchlHA **55**, 338, Celle NJW **57**, 1568, Düsseldorf VM **74**, 37, VRS **75** 353, NJW **89**, 2764, Karlsruhe NJW **60**, 546, Braunschweig GA **66**, 54, VRS **30** 287, **32** 374, Zweibrücken VRS **33** 201, Hamm DAR **69**, 275, Stuttgart DAR **70**, 133, VRS **41** 274, Bay DAR/R **67**, 291, Oldenburg VRS **42** 35, Frankfurt VRS **46** 191 f., Koblenz NZV **89**, 241, Jena NZV **95**, 238; vgl auch Grohmann DAR **75**, 260, Haubrich NJW **89**, 1199 f.). Durchschnittliches Fehlverhalten genügt ebensowenig wie bloße Gedankenlosigkeit (J/Hentschel 21). Die gesetzliche Formulierung soll klarstellen, daß rücksichtslos nicht nur ein vorsätzliches (so Lackner MDR 53, 75), sondern auch ein fahrlässiges Verhalten sein kann, wobei für Vorsatzdelikte der erste, für Fahrlässigkeitstaten der zweite Teil der Definition gilt (krit. dazu Cramer, Unfallprophylaxe 149 f.: de lege ferenda sollten die Worte „grob verkehrswidrig und rücksichtslos" durch den Begriff „grobe Nichtbeachtung der Belange der Verkehrssicherheit" ersetzt werden; gegen diese Definition der fahrlässigen Rücksichtslosigkeit Zimmermann MDR 87, 366). Für die Beurteilung der Rücksichtslosigkeit kommt es – ebenso wie bei der groben Verkehrswidrigkeit (o. 29) – auf die konkreten Umstände des Einzelfalls an (BGH VRS **50** 342). Auch in Fällen nur unbewußter Fahrlässigkeit soll der Täter rücksichtslos gehandelt haben können (BGH VRS **16** 356, **17** 46, **23** 291, Stuttgart NJW **67**, 1766, Jena NZV **95**, 238), denn das Urteil, das Täterverhalten lasse die Berücksichtigung fremder Verkehrsinteressen in besonders schwerwiegender Weise vermissen, soll auch getroffen werden können, wenn der Täter nur unbewußt seine Verkehrspflichten vernachlässigt hat. Vgl. auch Schweling ZStW 72, 464 ff., 527 („rücksichtslos handelt, wer vorsätzlich oder fahrlässig sittlich anerkannte und erheblich vorrangige Interessen anderer Verkehrsteilnehmer... mißachtet") und hierzu BGH VRS **23** 292. Die auch von den Beweggründen des Täters geprägte (Janiszewski 106, J/Hentschel 21 mwN pro und contra; and Rüth LK[10] 33, Tröndle/Fischer 14) Rücksichtslosigkeit, kann nicht schlechthin aus dem äußeren Hergang allein gefolgert werden (BGH VRS **50** 342, J/Hentschel 21 mwN, Rüth LK[10] 33, Tröndle/Fischer 15). Rücksichtslosigkeit entfällt idR bei einem verkehrswidrigen Verhalten, das auf momentaner Unaufmerksamkeit oder einer bloßen Fehleinschätzung der Verkehrslage bzw. Bestürzung sowie hochgradiger Erregung beruht (J/Hentschel 23, Tröndle/Fischer 15). Zur Rücksichtslosigkeit am Fußgängerüberweg vgl. Köln VRS **59** 123; zur Rücksichtslosigkeit beim Fahren entgegen der Fahrtrichtung, um auf dem kürzesten Weg den Seitenstreifen aufzusuchen vgl. Köln NZV **95**, 159. Grundsätzlich zur Frage der ‚fahrlässigen' Rücksichtslosigkeit Mollenkott BA 85, 298.

Im einzelnen gilt danach folgendes: Hat der Täter vorsätzlich andere Verkehrsteilnehmer gefährdet, so wird regelmäßig Rücksichtslosigkeit vorliegen (Köln VRS **35** 436, vgl. Düsseldorf VM **74**, 38, Koblenz StVE **Nr. 34a**), so daß mit der Feststellung des Vorsatzes auch dieses Merkmal hinreichend belegt ist. Beschränkt sich der Vorsatz auf den Verkehrsverstoß, so kommt der Motivation des Täters Bedeutung zu (vgl. Köln NZV **95**, 159); insb. bei eigensüchtigem Handeln wird Rücksichtslosigkeit zu bejahen sein. Eigensüchtig handelt, wer die Interessen seiner Mitmenschen gröblich mißachtet und ohne das Gefühl einer Verantwortung für andere seine eigenen Ziele durchzusetzen trachtet (vgl. BGH DAR/M **60**, 68 [Rennfahrten auf belebter Straße], LG Bochum DAR **57**, 302 [springendes Überholen], Köln VRS **35** 436, **45** 437 [Schneiden nach Überholen], ähnlich Bay DAR/R **77**, 204, **78**, 209), grobe Nachlässigkeit allein genügt jedoch nicht (Stuttgart VRS **41** 274; vgl. auch Stuttgart DAR **76**, 23, Düsseldorf VM **77**, 88). Auch „Freude an zügigem Fahren" rechtfertigt für sich allein die Annahme der Rücksichtslosigkeit nicht (Düsseldorf VM **79**, 13). Bei fahrlässigen Verstößen kann Rücksichtslosigkeit vor allem in Fällen menschlichen Versagens entfallen (BGH **5** 301, VRS **30** 286) oder bei irriger Beurteilung der Verkehrssituation (BGH VRS **13** 28), ebenso bei Fehlverhalten aus Schrecken und Bestürzung (BGH VRS **23** 291, **61** 434) oder anderer hochgradiger Erregung (BGH NJW **62**, 2165, Köln NZV **95**, 159; auch Düsseldorf NZV **95**, 116 [psych. Ausnahmesituation infolge vorangegangener schwerer Fahrfehler]). Auch anerkennenswerte oder verständliche Motive (vgl. Köln VM **72**, 35) können die Rücksichtslosigkeit entfallen lassen, ebenso Horn SK 17, Tröndle/Fischer 14; ähnl. Lackner/Kühl 19; zT zu streng die Rspr., nach der Rücksichtslosigkeit jedenfalls zu bejahen ist, wenn Leben oder Gesundheit anderer gefährdet sind (Bay JR **60**, 70, Stuttgart Justiz **63**, 38 [Arzt auf Weg zur Hilfeleistung], Karlsruhe VM **80**, 18, KG VRS **40** 269 [Fahrt zur Entbindung!], BGHR Rücksichtslosigkeit **2** [Flucht vor der Polizei steht der Annahme der Rücksichtslosigkeit nicht entgegen]; vgl. auch Rüth LK[10] 33, Bockelmann II/3 185); das Merkmal „rücksichtslos" wäre aber als Begrenzung sinnlos, wenn es nur bedeuten würde, daß der Täter auf die übrigen Verkehrsteilnehmer nicht die „mögliche Rücksicht" genommen hat. Die Hoffnung, trotz des verkehrswidrigen Verhaltens werde nichts passieren, schließt die Rücksichtslosigkeit jedoch nicht aus (Köln VRS **48** 206).

γ) Der Vorsatz setzt nicht voraus, daß der Täter sein Verhalten selbst als grob verkehrswidrig und rücksichtslos wertet (Bay NJW **69**, 565). Er muß nur die Tatsachen kennen, aus denen diese Wertung abzuleiten ist.

III. Durch die genannten Verhaltensweisen muß eine **konkrete Gefahr** für **Leib** oder **Leben** eines anderen Menschen (vgl. dazu auch Hillenkamp JuS 77, 166) oder für **fremde Sachen** von bedeutendem Wert (nicht bei Wert der Sache [nicht identisch mit dem irrelevanten Wiederbeschaffungsaufwand: BGH NStZ **99**, 351, J/Hentschel 6] unter 1500 DM: Tröndle/Fischer § 315 RN 16; s. a. Bay NJW **98**, 1966: nicht schon bei 1400 DM; vgl. dazu 14 ff. vor § 306) bestehen, eine Gemeingefahr ist nicht erforderlich, jedoch reicht die Gefährdung des vom Täter benutzten Fahrzeugs (als notwendiges Tatmittel nicht zugleich Schutzobjekt) auch dann nicht aus, wenn es in fremdem Eigentum steht (BGH **27** 40 m. zust. Anm. Rüth JR 77, 432, BGH VRS **42** 97, StVE **Nr. 18,** NZV **92**, 233, Düsseldorf NZV **94**, 324, Hamm DAR **73**, 104, Tröndle/Fischer 17); vgl. hierzu im einzelnen 8 ff. vor § 306. Eine Sachgefährdung ist iü nur dann relevant, wenn eine hochwertige Sache in nicht nur unbedeutendem Umfang gefährdet wird (Frankfurt StV **85**, 111, Koblenz DAR **73**, 48); umgekehrt schließt eine nur geringfügige Sachschaden die konkrete Gefährdung eines bedeutenden Sachwerts nichts aus (Koblenz VRS **51** 284, J/Hentschel 6, Janiszewski aaO 108). Hingegen genügt die Gefährdung eines Teilnehmers, also etwa des Anstifters zur Trunkenheitsfahrt (Stuttgart NJW **76**, 1904, Geppert Jura 96, 48, Graul JuS 92, 323, Hillenkamp JuS 77, 167, Schroeder JuS 94, 847, Rengier II 270, Schmädicke aaO, I. Sternberg-Lieben JuS 98, 430; and. BGH **27** 43, NJW **91**, 1120 m. krit. Anm. Geppert JK § 315 b/4, NStZ **92**, 233, NStZ-RR **92**, 150, J/Hentschel 3, Janiszewski aaO 107, Lackner/Kühl 25, Ranft Jura 87, 614, Saal NZV 98, 50, Tröndle/Fischer 17, 25. A. 12 vor § 306).

1. Der **Eintritt der Gefahr** muß im konkreten Falle nachgewiesen werden (Bay NJW **54**, 1090, 1258, Stuttgart NJW **55**, 114, Düsseldorf NJW **56**, 1044, Zweibrücken VRS **32** 376, Karlsruhe GA **71**, 214, Koblenz StVE **Nr. 5**, NZV **93**, 403, wonach allerdings auch die Fahrweise von Bedeutung sein soll).

Sie kann mit der Übertretung einer der Vorschriften des § 315 c (zB Trunkenheit am Steuer oder zu schnellem Fahren) allein nicht begründet werden (vgl. Bay DAR **74**, 275, VRS **75** 205). An einer Gefahr fehlt es zB, wenn der Täter nachts auf menschenleerer Straße fährt (Bay NJW **54**, 1090); sie bedarf aber auch dann des Nachweises, wenn sich andere Verkehrsteilnehmer auf der Straße befanden (Bay NJW **54**, 1090, Hamm NJW **54**, 1171, **58**, 1359). Daher kann die Gefahr nicht damit begründet werden, daß ein betrunkener Fahrer über die Herrschaft über den Wagen verloren hat, nachdem er 150 m vorher einen Fußgänger passiert hatte (Bay **57** 14; and. dagegen, wenn ihm ein Fahrzeug nachfolgt: Koblenz VRS **47** 349). Auch aus dem Umstand, daß ein betrunkener Fahrer einen anderen mitgenommen hat, kann allein noch nicht auf eine konkrete Gefahr geschlossen werden (BGH NJW **95**,

§ 315 c 36–38   Bes. Teil. Gemeingefährliche Straftaten

3131 [Grenze: Grad der Fahruntüchtigkeit, bei der schlechterdings keine kontrollierbaren Fahrmanöver ausführbar sind] m. Anm. bzw. Bespr. Berz NStZ 96, 85, Hauf NZV 95, 469, Bay NZV **88**, 70 m. zust. Anm. Janiszewski NStZ **88**, 544, NJW **90**, 133 m. zust. Anm. Berz NStZ **90**, 237, Bay **94** 30 m. Anm. Schmid BA **94**, 322, Köln NJW **91**, 3291, Geppert Jura 96, 51, Tröndle/Fischer 15, Schroeder JuS 94, 847, J/Hentschel 3, Lackner/Kühl 23, umfassend Puhm aaO 188). Die früheren Entscheidungen des BGH zu entnehmende gegenteilige Auffassung (BGH NJW **85**, 1036 m. abl. Anm. Janiszewski NStZ **85**, 257, Geppert NStZ **85**, 264, Hentschel JR **85**, 434, NJW **89**, 1227 m. Anm. Hentschel NJW **89**, 1845, Ströber DAR **89**, 414, Janiszewski NStZ **89**, 258, Werle JR **90**, 74, Becker NStZ **90**, 125, Seier NZV **90**, 130, offengelassen in BGH NJW **92**, 2645 m. Anm. Hauf DAR **94**, 59) verkannte den Unterschied zu § 316 und vermengte Gefährdungshandlung und -erfolg (Berz NZV **89**, 414, Horn SK 19, Schroeder JuS **94**, 847): Während dort die absolute Fahrunsicherheit damit begründet wird, daß ein angetrunkener Fahrer nicht mehr in der Lage ist, allen gefährlichen Verkehrssituationen, die überhaupt auftreten können, gerecht zu werden, setzt § 315 c voraus, daß es gerade zu einer solchen gefährlichen Verkehrssituation gekommen ist. Es muß daher stets zu einer konkreten Verkehrssituation gekommen sein, in der es mangels Beherrschung des Fahrzeugs zu einer Gefahr für die Insassen gekommen ist. Der Nachweis einer konkreten Gefahr kann also nicht dadurch geführt werden, daß Menschen oder Sachen sich in „der Gefahrenzone" befunden haben, die der fahruntüchtige oder sonst unvorschriftsmäßig fahrende Täter bildet (BGH VRS **26** 347, NZV **95**, 81, **95**, 326; vgl. ferner Bay NJW **57**, 882, Schmidt-Leichner NJW **55**, 1298, Mayer NJW **55**, 1749; vgl. auch Düsseldorf NZV **90**, 80, **94**, 406; and. Oldenburg NJW **54**, 1945, zust. Straube NJW **55**, 407). Eine Gefahr wird aber nicht dadurch ausgeschlossen, daß der Gefährdete die Gefahr erkennt und sich in Sicherheit bringt (BGH NZV **95**, 80, Celle VRS **7** 459). Vgl. auch Karlsruhe NJW **71**, 1818, **72**, 962, Stuttgart VRS **46** 36, Koblenz VRS **51** 105. Für den Eintritt einer konkreten Gefahr reicht es auch nicht immer aus, daß es ohne eine Reaktion des Gefährdeten zu einem Schaden gekommen wäre, da mit verkehrsüblichen Reaktionen (Brems- oder Ausweichmanövern) des Betroffenen gerechnet werden kann (Hamm NZV **91**, 158, Frankfurt StVE **Nr. 37**; vgl. auch Düsseldorf NZV **94**, 407). Der Begriff der konkreten Gefahr iSd § 315 c setzt daher die Verwertung aller bekannten Umstände des konkreten Falles voraus (objektiv-nachträgliche Prognose, vgl. Küper 146). Von konkreter Gefahr kann nur dann gesprochen werden, wenn die Situation eines Beinahe-Unfalls vorlag, bei dem es gerade noch einmal gutgegangen ist (BGH NJW **95**, 3131, NJW **96**, 329), also eine Verkehrslage, bei der das Ausbleiben des Gefährdungserfolges auf unbeherrschbarem Zufall (und nicht auf normalen Maßnahmen des Gefährdeten zur Schadensvermeidung) beruht.

36 2. Zwischen dem Verkehrsverstoß und der Gefahr muß **Rechtswidrigkeitszusammenhang** bestehen (BGH **8** 32, VRS **13** 204, **16** 448, Bay DAR **74**, 275, Karlsruhe GA **71**, 217, Hamm VRS **41** 40, BA **78**, 294; vgl. auch Hamm DAR **67**, 215, Neustadt VRS **16** 41, KG DAR **59**, 269, Hamm JMBlNRW **66**, 259; and. wohl Oldenburg NJW **54**, 1945). Kann also nicht (mit an Sicherheit grenzender Wahrscheinlichkeit) ausgeschlossen werden, daß ein Unfall – infolge anderer Umstände – auch ohne die Fahruntüchtigkeit oder den Verkehrsverstoß eingetreten wäre, so fehlt es an der „Kausalität"; vgl. § 15 RN 155 ff.; vgl. weiter BGH VRS **16** 448, **19** 29, **33** 431, Neustadt NJW **61**, 2224, Köln DAR **78**, 331, Karlsruhe Justiz **79**, 445, Koblenz StVE **Nr. 19**. ZB braucht der Alkohol für die Verkehrsuntauglichkeit dann nicht ursächlich zu sein, wenn der Täter auch in nüchternem Zustand keinerlei Fahrfähigkeit besitzt (Hamm JMBlNRW **65**, 81) oder bei einem Fehlverhalten, das häufig auch nüchterne Kraftfahrer an den Tag legen (BGH **34** 360, Bay NStZ/J **88**, 120 [Geschwindigkeitsüberschreitung], BGH VRS **31** 36 [zu nahes Überholen]); zum Hinzutreten einer Blendwirkung vgl. Karlsruhe Justiz **79**, 445. Über den Nachweis des Kausalzusammenhangs vgl. 73 ff. vor § 13 sowie Saarbrücken DAR **63**, 22 (bedenklich). Die Verursachung einer Gefahr wird durch das Mitverschulden des Opfers nicht ausgeschlossen (BGH VRS **17** 24, vgl. auch Bay **94** 9).

37 Wie allgemein bei den fahrlässigen Erfolgsdelikten (vgl. § 15 RN 157 ff.) reicht aber bloße Kausalität zwischen Fahruntüchtigkeit oder Verkehrsverstoß und der eingetretenen Gefährdung nicht aus, vielmehr muß sich in der (konkreten) Gefährdung gerade die **typische** (abstrakte) **Gefährlichkeit** des in den einzelnen Nrn. des § 315 c genannten Verhaltens **realisiert** haben („Schutzbereich der verletzten Pflicht"). Eine nur gelegentlich der Trunkenheitsfahrt entstehende, mit ihr aber innerlich nicht zusammenhängende Gefahr genügt daher nicht (Bay VRS **64** 372, NZV **89**, 359 m. Anm. Deutscher, Peters NZV 90, 260, JR 92, 51, Bay **94** 29); hätte auch ein nüchterner Fahrer den Unfall nicht vermeiden können, so entfällt bei § 315 c die Zurechnung (Bay NStZ **97** 388 m. [zu § 222] krit. Anm. Puppe, J/Hentschel 10, Janiszewski aaO 109); vgl. zur Rspr., nach der jedoch § 222 in Betracht kommen soll, weil der trunkene Fahrer seine Geschwindigkeit seiner Trunkenheit anpassen müsse, § 15 RN 158. So reicht zB zu schnelles Fahren an einer Kreuzung nicht, wenn die Gefahrenursache nicht in der besonderen Verkehrssituation der Kreuzung, sondern in anderen Umständen (zB Glatteis, Nässe) begründet ist (vgl. Hamm NJW **55**, 723, Bay JZ **76**, 291, Cramer 69).

38 Zweifelhaft sind die Fälle, in denen die Gefahr nicht während des Fahrens eines Fahrzeugs verursacht wird, sondern das Fehlverhalten zu einer **Gefährdung** führt, die **erst nach Beendigung der Fahrt** eintritt. So hat Stuttgart NJW **60**, 1484 für nicht ausreichend erklärt, daß ein gestürzter betrunkener Motorradfahrer auf der Fahrbahn liegen bleibt und dadurch eine Gefahr (Hindernis) herbeiführt (vgl. auch Celle NJW **69**, 1184, Hamm DAR **73**, 247, Stuttgart DAR **74**, 106, Horn SK 20, Lackner/Kühl 27). Ebensowenig reicht nach KG DAR **61**, 145 aus, daß die Allgemeinheit durch das aus einer umgefahrenen Laterne ausströmende Gas gefährdet wird. In dieser Allgemeinheit kann aber dieser Rspr. nicht gefolgt werden. Handelt es sich um Gefahren, die unmittelbar aus einem Fehlverhalten im Verkehr resultieren, so kann es nichts ausmachen, ob sich das Fahrzeug noch bewegt oder bereits zum Stillstand gekommen ist (Cramer 70, 71). Daß ein schleudernder PKW eine Gefahr iSd § 315 c darstellen kann, ist außer Zweifel. Hat dieses Schleudern dazu geführt, daß das Fahrzeug an einer Leitplanke der Autobahn oder einer Verkehrsinsel liegen bleibt, so kann auch von ihm noch eine Gefahr iSd § 315 c ausgehen (Celle NJW **70**, 1091; and. Bay NJW **69**, 2026, Hamm DAR **73**, 247; vgl. auch KG DAR **61**, 145, Celle NJW **69**, 1184). Ein Hindernisbereiten nach § 315 b I Nr. 2 kommt daneben nicht in Betracht, da das Hindernis auf einem Vorgang des fließenden Verkehrs beruht (vgl. § 315 b RN 7), in Frage käme also nur ein gefährlicher Eingriff nach § 315 b I Nr. 3 im Falle der unterlassenen Beseitigung des Hindernisses (vgl. § 315 b RN 10).

Die Gefahr muß durch das verkehrswidrige Verhalten entstanden sein (BGH VRS **15** 438); nicht **39** erforderlich ist jedoch, daß sie einen Verkehrsteilnehmer getroffen hat (BGH VRS **11** 61, Düsseldorf JMBlNRW **59**, 195, Janiszewski aaO 107, Schneble DAR **56**, 6; and. Celle NJW **55**, 1161, Hamm DAR **56**, 163, MDR **56**, 311); auf einen spezifisch verkehrsrechtlichen Schutz der gefährdeten Güter kommt es nicht an (I. Sternberg-Lieben JuS 98, 431; mißverständlich BGH **27** 43). Es genügt zB die Gefährdung von Personen, die vor einem Gasthaus sitzen oder auf einem Feld pflügen (Nüse JR 65, 42). Auch die Gefährdung von Häusern reicht aus (Karlsruhe NJW **60**, 546).

IV. Bezüglich des **subjektiven Tatbestandes** wird nach § 315 c folgendermaßen differenziert: **40**

1. Nach **Abs. 1** ist bezüglich aller Merkmale des objektiven Tatbestandes einschließlich der Gefahr **41** **Vorsatz** notwendig; bedingter Vorsatz genügt. Zum Vorsatz hinsichtlich der Fahrunsicherheit infolge Trunkenheit vgl. § 316 RN 26; zur Übermüdung vgl. Bay NStZ/J **90**, 582. Erforderlich ist daher die Feststellung, daß sich der Täter einer von ihm ausgehenden naheliegenden Gefahr für andere Personen oder fremde Sachgüter von bedeutendem Wert bewußt gewesen ist (Bay **82** 137, Oldenburg DAR **55**, 165). Selbstgefährdung schließt Vorsatz nicht aus (BGH NStZ-RR **97**, 18, Tröndle/Fischer 19). Da eine konkrete Gefahr vorausgesetzt ist, genügt nicht, daß der Täter das Bewußtsein irgendeiner möglichen Gefahr gehabt hat; er muß vielmehr die Umstände gekannt haben, aus denen sich die konkrete Gefahr ergibt (BGH **22** 67, NStZ-RR **98**, 150, Tröndle/Fischer 18). Darüber hinaus ist nicht erforderlich, daß der Täter die Gefahr billigt; es reicht aus, daß er die Gefährlichkeit seines Verhaltens bewußt in Kauf nimmt (BGH NStZ-RR **97**, 18; s. a. Cramer 76 ff., Bay NJW **55**, 1448, Celle NJW **54**, 612, Straube NJW 55, 408; and. [Billigen] BGH VRS **22** 67, Hamm NJW **54**, 1448, DAR **72**, 334, Celle NJW **55**, 1331, Düsseldorf NJW **56**, 1043, Köln NJW **60**, 1213, VRS **45** 436, Rüth LK[10] 63). Vorsatz kann auch während einer zunächst fahrlässigen Straßenverkehrsgefährdung begründet werden (BGH NStZ-RR **97**, 18 [nach Streifen anderer Fahrzeuge]).

2. Abs. 3 regelt die Fälle einer **fahrlässigen** Straßenverkehrsgefährdung (vgl. BGH VRS **31** 264) **42** und umfaßt wie § 316 aF alle Situationen, in denen der Täter auch nur eines der Tatbestandsmerkmale nicht vorsätzlich verwirklicht hat (BGH VRS **30** 340, **50** 342); unbewußt fahrlässiges Verhalten schließt gleichgültigkeitsbedingte Rücksichtslosigkeit nicht aus (Lackner/Kühl 30). Im Gegensatz zu §§ 315, 315 b wird hier nicht zwischen der vorsätzlichen Begehung des verkehrsgefährdenden Eingriffs und der fahrlässigen Herbeiführung der Gefahr einerseits und zwischen einem reinen Fahrlässigkeitsdelikt andererseits unterschieden (vgl. auch BGH VRS **31** 264). Die Gründe, die E 62 Begr. 528 hierfür angibt, sind nicht überzeugend (Cramer JurA 70, 196 ff.). Wer in Kenntnis seiner Fahrunsicherheit ein Fahrzeug führt und dabei andere Rechtsgüter fahrlässig gefährdet, begeht größeres Unrecht, als wer sich in fahrlässiger Unkenntnis seiner Fahruntüchtigkeit ans Steuer setzt. Ist die Tathandlung vorsätzlich, die Gefahr jedoch lediglich fahrlässig herbeigeführt, so handelt es sich insgesamt um ein Vorsatzdelikt iSd § 11 II (BGH VRS **57** 251, Koblenz StVE **Nr. 20**). Zur Fahrlässigkeit bzgl. der Fahruntüchtigkeit vgl. Stuttgart DAR **65**, 135, Hamm VRS **34** 128, **40** 447, Köln JZ **67**, 183, BGH **23** 156 (Übermüdung), LG Heilbronn VRS **52** 188 (Voraussehbarkeit einer Herzattacke); Abs. 3 Zif. 2 iVm Abs. 1 Zif. 2 f aE pönalisiert ausnahmsweise einen fahrlässig begangenen Versuch (s. Jakobs 717).

V. Bestritten ist, ob die **Einwilligung** des Gefährdeten bei der Verkehrsgefährdung erheblich ist. **43** Da § 315 c eine Individualgefahr voraussetzt, ist unbestreitbar, daß sein Schutz jedenfalls auch individuellen Rechtsgütern gilt, die gleichberechtigt und nicht nur als Annex der Straßenverkehrssicherheit geschützt werden (vgl. Geppert ZStW 83, 985). Die Möglichkeit einer **Rechtfertigung** durch Einwilligung kann daher entgegen BGH **23** 261 m. abl. Anm. Oellers NJW 70, 2121, BGH NZV **92**, 370, **95**, 80 f. nicht ausgeschlossen werden; zust. Hamburg NJW **69**, 336, Cramer 86, Graul JuS 92, 325, Horn SK 22, Rengier II 270, Schroeder JuS 94, 848, Hillenkamp JuS 77, 170 f. (diff.), eingehend Langrock MDR 70, 982, D. Otto NZV 92, 310, Brehm, Zur Dogmatik des abstrakten Gefährdungsdelikts [1973] 34 ff.; H. Otto Jura 91, 445, Geppert Jura 96, 49, die aber bereits den Tatbestand aufgrund einer Unterbrechung des Zurechnungszusammenhangs zwischen dem gefährlichen Zustand des Kraftfahrzeugführers und der Gefährdung des Dritten verneinen, da dieser sich eigenverantwortlich in den Gefahrenbereich begeben hat; and. Karlsruhe NJW **67**, 2321, KG VRS **36** 107, Hamm VRS **36** 279, **40** 26, Düsseldorf VRS **36** 109, Stuttgart NJW **76**, 1904, W-Hettinger 248, Rüth LK[10] 61, Lackner/Kühl 32, J/Hentschel 43, Tröndle/Fischer 17, Schaffstein Welzel-FS 574; zu Unrecht (Geppert Jura 96, 50) differenzierend zwischen der Einwilligung bezüglich einer Leibes- und bezüglich einer Lebensgefahr Bickelhaupt NJW 67, 713; Welzel 432; krit. hierzu Berz GA 69, 148;

ebenfalls differenzierend urspr. Geppert ZStW 83, 984, Roxin Gallas-FS 253). So kann zB derjenige, der ein Taxi in Kenntnis der Trunkenheit des Fahrers besteigt, § 315c ausschließen. Entsprechendes gilt bei der Einwilligung der Eigentümer gefährdeter Sachen. Verfehlt Karlsruhe NJW **67**, 2321, das verkennt, daß der Unterschied zwischen § 316 und § 315c eben gerade in der zusätzlichen Individualgefahr besteht. Eine Bestrafung aus § 316 bleibt möglich (Geppert ZStW 83, 986). IdR liegt aber bei derart risikobewußtem Verhalten des Mitfahrers gar keine Einwilligung in den Erfolg (dh in die konkrete Gefährdung) vor (vgl. Sternberg-Lieben, Die objektiven Schranken der Einwilligung im Strafrecht (1997) 214 ff.), so daß die Strafbarkeit davon abhängt, ob dieses bewußte Eingehen eines nicht ungefährlichen Sozialkontakts als straflose Mitwirkung des Kfz-Führers an einer Selbstgefährdung des Mitfahrers (Otto Jura 91, 444, Ranft Jura 87, 614, I. Sternberg-Lieben JuS 98, 431) oder – vorzugswürdig (so auch Schmädicke aaO 150) – als dann einwilligungsbedürftige (and. Geppert, Jura 96, 49) Fremdgefährdung eingestuft wird (hierzu allgemein 101/101a vor § 13, 102 ff. vor § 32). Bei Personen, zu denen der Täter in persönlicher Beziehung steht, sollte eine Einwilligung stets geprüft werden (vgl. Köln NJW **66**, 895). Zur Rechtfertigung durch Notstand, die bei konkreter Gefährdung von Menschen kaum in Betracht kommt, vgl. § 316 RN 29 sowie Karlsruhe JZ 84, 240 m. Anm. Hruschka (Wenden nach erkannter Falschfahrt iSv Zif. 2f), Gropp H.J. Hirsch-FS 219 ff.; bei Inanspruchnahme von Sonderrechten iSv § 35 StVO dürfte idR bereits die Rücksichtslosigkeit fehlen (Janiszewski aaO 110).

44 Zum Ausschluß der Schuld vgl. § 316 RN 30. Eine Verurteilung unter dem Gesichtspunkt der actio libera in causa (s. § 20 RN 33 ff.) kommt bei § 315c als eigenhändigem Delikt (u. 45) nicht in Betracht (BGH **42** 235).

45 VI. Für **Täterschaft** und **Teilnahme** gelten die allgemeinen Regeln. Nach §§ 26, 27 sind Anstiftung und Beihilfe unmöglich, wenn der Ausführende nicht vorsätzlich gehandelt hat (vgl. 29 ff. vor § 25). Mangels einer vorsätzlichen Haupttat bleibt also straflos, wer den Trunkenen, dem sein Zustand verborgen geblieben ist, dazu überredet, sich ans Steuer zu setzen; auch mittelbare Täterschaft kommt wegen des Charakters der Tat als eigenhändiges Delikt („führen") nicht in Betracht (BGH **18** 6, **42** 240, Hardtung NZV 97, 99, Horn SK 24, J/Hentschel 2, Jakobs Nishihara-FS 112, Janiszewski aaO 111, Lackner/Kühl 4, Stratenwerth SchwZStr 115, 92 f., Tröndle/Fischer 2; Wohlers SchwZStr 116, 109 f. [einschr.]; and. Schubarth SchwZStr 114, 333 ff.); s. a. Hirsch NStZ 97, 231, Nishihara-FS 102, Spendel JR 97, 136, H.J. Hirsch-FS 387 ff.). Fahrlässige Begehung dessen, der selbst nicht fährt, ist ebenfalls nicht möglich (vgl. BGH **18** 6); ebensowenig Mittäterschaft (Rüth LK[10] 70); führt das Verhalten jedoch zu einem Unfall, so kann sich dann eine Strafbarkeit aus einem entsprechenden Fahrlässigkeitstatbestand (zB §§ 229, 222) ergeben. In den Fällen einer Vorsatz-Fahrlässigkeits-Kombination, in denen die Gefährdungshandlung vorsätzlich vorgenommen, die Gefahr jedoch fahrlässig herbeigeführt wurde, sind dagegen gemäß § 11 II die allgemeinen Teilnahmeregeln (vgl. § 11 RN 73 ff.) anwendbar (vgl. BGH VRS **57** 251, Stuttgart NJW **76**, 1904, Schroeder JuS 94, 848), da § 315c hier ein gefährdungsqualifiziertes Delikt darstellt (Cramer 93). Die Gefährdung fällt dann nur dem Teilnehmer zur Last, der im Hinblick auf sie wenigstens fahrlässig gehandelt hat (vgl. auch § 18 RN 7).

46 VII. Der **Versuch** ist ungeachtet von § 11 II nur (s. aber o. 24) in den Fällen des Abs. 1 Nr. 1 strafbar (Abs. 2); vgl. Düsseldorf NZV **94**, 486, § 11 RN 76. Ein Versuch ist zB darin zu sehen, daß sich der betrunkene Täter ans Steuer setzt und den Motor anläßt (Horn SK 23, Rüth LK[10] 69, Tröndle/Fischer 20). Auch hier ist der Nachweis erforderlich, daß der Täter hinsichtlich der Gefahr vorsätzlich handeln wollte (Düsseldorf VRS **35** 29, Lackner/Kühl 33).

47 VIII. Die **Strafe** ist in folgender Weise differenziert: Die vorsätzliche Begehung ist mit Freiheitsstrafe bis zu 5 Jahren oder mit Geldstrafe bedroht. Für Fahrlässigkeitstaten ist die Strafe Freiheitsstrafe bis zu 2 Jahren oder Geldstrafe. Für letztere müssen die gleichen Strafzumessungsgründe gelten wie für § 316 (vgl. Hamburg MDR **66**, 776; iSd früheren Rspr. vgl. Hamm VRS **36** 259, 346). Insb. sind also auch hier die Grundsätze des § 47 anzuwenden (Hamm VRS **39** 330; zur Anwendung von Jugendstrafrecht bei Verkehrsdelikten vgl. AG Saalfeld DAR **94**, 77); vgl. auch § 316 RN 32.

48 Zur **Strafzumessung** vgl. iü BGH VRS **21** 45, DAR/M **62**, 70, Celle NJW **56**, 1249, MDR **58**, 364, Braunschweig VRS **19** 299, NdsRpfl. **60**, 112, **68**, 165 [Nachtrunk], Frankfurt NJW **72**, 1524 m. Anm. Hanack NJW **72**, 2228, Bay DAR/R **76**, 175, Martin NJW 57, 1708. Bei der fahrlässigen Straßenverkehrsgefährdung ist zu berücksichtigen, ob der Täter das durch § 315c erfaßte Verhalten vorsätzlich oder fahrlässig verwirklicht hat (vgl. o. 41 f.). Weiter ist das Ausmaß der verursachten Gefahr für die Strafzumessung von Bedeutung (Koblenz VRS **55** 278). Nicht strafschärfend darf dagegen berücksichtigt werden, daß die Trunkenheitsfahrt in keiner Weise notwendig war (BGH VM **79**, 17); nach Naumburg DAR **99**, 228 entfällt Strafmilderung nach § 21, sofern der Täter sich in dem Bewußtsein betrunken hat, anschließend ein Fahrzeug zu führen (and. Zweibrücken DAR **99**, 133). Zur Berücksichtigung eines Mitverschuldens des Opfers iSv § 254 BGB vgl. Bay **94** 9. Rechtsprechungsübersicht bei Bode BA 94, 137, 144, Nehm DAR 94, 177.

49 Bei Verstößen gegen § 315c durch einen Kraftfahrzeugführer (zu straßenverkehrsrechtlichen Folgen einer alkoholbedingt fahrunsicheren Verkehrsteilnahme als Radfahrer BVerwG NZV **96**, 84 m. Anm. Gehrmann) ist idR auf **Entziehung der Fahrerlaubnis** zu erkennen, § 69. Unterbleibt in dem Fall einer Verurteilung aus § 315c I Nr. 1 ausnahmsweise die Anordnung nach § 69, so ist nach § 44 I 2 (regelmäßig) ein Fahrverbot auszusprechen.

IX. Konkurrenzen:

1. Wenn **mehrere Begehungsformen** des § 315 c in einer Handlung zusammentreffen, aber nur zu einer konkreten Gefahrensituation führen, so liegt nur ein Delikt nach § 315 c, nicht Idealkonkurrenz vor (Bay JZ **87**, 788, Hamm VRS **41** 40, Cramer 101, Geerds BA 65, 128, Geppert Jura 96, 51; and. Rüth LK¹⁰ 73, Tröndle/Fischer 23); dies deswegen, weil die einheitliche Gefahr die einzelnen Modalitäten des § 315 c zur Einheit verbindet. Wird von den mehreren Verhaltensweisen ein Teil vorsätzlich, ein Teil fahrlässig begangen, so ist nur wegen vorsätzlicher Tat zu verurteilen (Bay JZ **87**, 788). Allerdings ist § 315 c I Nr. 1 a gegenüber Nr. 1 b das spezielle Delikt (o. 11). Mit § 315 b besteht Gesetzeskonkurrenz mit Vorrang von § 315 b (vgl. dort RN 16; and. [Idealkonkurrenz] BGH **22** 75, VRS **53** 356). 50

Werden die Voraussetzungen des § 315 c im Verlauf **einer Fahrt mehrmals** verwirklicht, so ist zu unterscheiden: 51

In den Fällen des § 315 c I **Nr. 2** wird regelmäßig Realkonkurrenz vorliegen, sowohl wenn der Täter nacheinander verschiedene Begehungsweisen nach Nr. 2 verwirklicht, als auch dann, wenn die verschiedenen Gefährdungen auf demselben Handlungsentschluß beruhen und annähernde Gleichartigkeit der Tathergänge gegeben ist (s. a. 25 vor § 52). Die Annahme einer Fortsetzungstat (vgl. Rüth LK¹⁰ 76) ist jedenfalls mit BGH NJW **40**, 138 abzulehnen. 52

In den Fällen des § 315 c I **Nr. 1** liegt, wenn auf einer einheitlichen Fahrt mehrere Gefahrensituationen herbeigeführt werden, Handlungseinheit vor (vgl. BGH VRS **47** 178, **48** 191, StVE **Nr. 32** für sog. „Polizeifluchtfälle"; vgl. aber auch BGH NJW **95**, 1766). Fahren in verkehrsuntüchtigem Zustand ist ein **Dauerdelikt** (BGH **22** 71, Düsseldorf NZV **99**, 388, Horn SK 31, Rüth LK¹⁰ 74; and. jedoch BGH **23** 147 f., J/Hentschel 60, Lackner/Kühl 4, 35, Mayr BGH-FG 278, W-Hettinger 246), das nicht allein dadurch endet, daß der Täter seinen Beweggrund für das Fahren teilweise ändert (BGH VRS **48** 354, StV **83**, 279, vgl. auch § 316 RN 33). Die Herbeiführung von zeitlich hintereinanderliegenden Gefahrensituationen entspricht zwar nicht dem gewohnten Bild des Dauerdelikts (kontinuierliche Begehungsweise; vgl. 81 vor § 52); diese werden aber durch die Kontinuität des zugrunde liegenden Trunkenheitsdelikts (Dauergefahr) zu einer Tat iSd Dauerdelikts verbunden (vgl. BGH VRS **9** 353, Bay DAR/R **81**, 246, Koblenz VRS **37** 191, Cramer 102, Geerds BA **65**, 134, Rüth LK¹⁰ 74; vgl. auch Karlsruhe VRS **35** 267). Zu der Streitfrage, ob und wann Fahrtunterbrechungen die Einheit des Dauerdelikts zu zerstören vermögen, vgl. u. 57. 53

Gleichartige Tateinheit ist angesichts der Höchstpersönlichkeit der gefährdeten Güter schließlich anzunehmen, wenn in einer einheitlichen Gefahrensituation **mehrere** Personen gefährdet werden (Horn/Hoyer JZ 87, 965; and. BGH NJW **89**, 1227, StVE **Nr. 32** [für § 315 b unter Aufgabe seiner gegenteiligen Ansicht in VRS **55** 185] m. Anm. Hassemer JuS 90, 66, Bay NJW **84**, 68, VRS **63** 275, **65** 366, Engelhardt DRiZ 82, 106), wohingegen bei Gefährdung mehrerer Sachen nur ein Delikt nach § 315 c vorliegt (vgl. § 52 RN 26 ff.). 54

2. Kommt es nicht nur zu einer Gefährdung, sondern zu einer **Verletzung** der in § 315 c genannten Individualinteressen, so kann zweifelhaft sein, ob § 315 c hinter den §§ 222, 229 mit der Folge zurücktritt, daß die Beeinträchtigung der Sicherheit des Straßenverkehrs nur noch gegebenenfalls über § 316 erfaßt werden könnte; hinsichtlich der Verstöße gegen die StVO vgl. u. 56. Tatsächlich kommt jedoch dem Merkmal der konkreten Individualgefahr in § 315 c eine doppelte Bedeutung zu. Es bestimmt nicht nur Leib, Leben und Eigentum anderer als zusätzliche Schutzobjekte, sondern kennzeichnet auch die Beeinträchtigung der Sicherheit des Straßenverkehrs selbst als gefährlich, wobei der Herbeiführung der Gefahr indizielle Bedeutung zukommt. Aus diesem Grunde ist Idealkonkurrenz zwischen § 315 c und §§ 222, 229 möglich (BGH VRS **9** 353, NStZ-RR **97**, 18, Cramer 103, Rüth LK¹⁰ 78, Horn SK 26, 31). Idealkonkurrenz besteht ferner mit § 248 b und § 21 StVG (KG VRS **11** 203) oder mit § 315, wenn durch die Tat sowohl die Sicherheit des Bahn- wie die des Straßenverkehrs gefährdet wurde, sowie zwischen § 315 c I Nr. 2 und § 240 (Köln VRS **44** 16). 55

Auch mit § 316 kann § 315 c ausnahmsweise in Tateinheit stehen, wenn auf einer einheitlichen Trunkenheitsfahrt (Dauerstraftat; vgl. 81 ff. vor § 52) der Täter (bzgl. der Trunkenheit) teils vorsätzlich, teils fahrlässig handelt, zB wenn er erst während der Fahrt seine Fahruntauglichkeit bemerkt. In der Regel besteht mit § 316 jedoch Gesetzeskonkurrenz. § 24 a und § 24 StVG iVm den Vorschriften der StVO und StVZO treten gemäß § 21 OWiG hinter § 315 c zurück, soweit es sich um Verkehrsverstöße handelt, die dieser Vorschrift zugrunde liegen; das gleiche gilt für andere Verkehrsordnungswidrigkeiten, die mit § 315 c eine Handlungseinheit bilden. 56

Mit **Unfallflucht** (§ 142) besteht zunächst dann **Tateinheit**, wenn erst beim Sichentfernen vom Unfallort oder im Verlaufe eines einzigen Fluchtwegs Verkehrsverstöße nach § 315 c begangen werden (BGH NJW **22** 76, NJW **89**, 2550, BGH § 142 Konkurrenzen 1). Tateinheit zwischen Fahren in fahruntüchtigem Zustand (§ 315 c Nr. 1) und Unfallflucht mit dem weiterhin in fahruntüchtigem Zustand geführten Kfz besteht aber auch dann, wenn auf der Flucht eine neue Gefahr nicht mehr herbeigeführt wird, da die Tat zwar mit Herbeiführung der Gefahr vollendet, aber erst mit Abschluß der Fahrt beendet ist (BGH VRS **9** 353, Braunschweig NJW **54**, 933, KG DAR **61**, 145, Bay NJW **63**, 146, Köln DAR **67**, 139). Abweichend nehmen BGH **21** 203, **23** 144, VRS **13** 121, **26** 246 (vgl. dazu Oldenburg NJW **65**, 118), Bay NJW **60**, 879, DAR/R **68**, 226, VRS **59** 338, Düsseldorf NZV **99**, 388, Frankfurt NJW **62**, 456, Stuttgart NJW **64**, 1913, Celle VRS **33** 113 (vgl. auch Köln DAR **67**, 139, Koblenz VRS **37** 191) an, die **Fahrtunterbrechung durch einen Verkehrsunfall** beende 57

§ 315 d 1–6   Bes. Teil. Gemeingefährliche Straftaten

die Dauerstraftat des Fahrens in fahruntüchtigem Zustand, § 315 c stehe also in Tatmehrheit zu § 142, der seinerseits wieder tateinheitlich mit § 316 zusammentreffen könne. Dies soll nach BGH **21** 203 (vgl. auch Bay JR **82**, 249) selbst dann gelten, wenn der Täter nach dem Unfall ohne Halt weiterfährt (and. noch Bay DAR/R **66**, 260), da er sowohl im äußeren Geschehen wie auch in seiner geistig-seelischen Verfassung vor eine neue Lage gestellt ist, so daß die Fortsetzung der Fahrt eines neuen selbständigen Willensentschlusses bedarf. Die Weiterfahrt nach einem Unfall ist nach Bay JR **82**, 249 (m. Anm. Hentschel) auch dann gegenüber der vorausgegangenen Trunkenheitsfahrt eine selbständige Tat, wenn der Beteiligte erst nachher, aber in engem örtlichen und zeitlichen Zusammenhang mit dem Unfallgeschehen von diesem und seiner Beteiligung erfährt. Dem entspricht Bay DAR/R **68**, 227 (keine Unterbrechung, wenn der Täter den Unfall nicht bemerkt), ähnlich BGH **25** 76, Hamm VRS **48** 266, wo allerdings mißverständlich auf die Straflosigkeit nach § 142 abgestellt wird, während es nur darauf ankommen kann, daß der Täter keinen neuen Willensentschluß faßt (vgl. auch BGH VRS **48** 191). Dagegen vgl. näher **85** vor § 52. Keine Aufspaltung der einheitlichen Trunkenheitsfahrt wird jedoch (auch nach der Rspr.; vgl. die Nachweise bei **84** vor § 52) bewirkt, wenn der Täter nur aus Verkehrsgründen anhält, bei einer Verkehrskontrolle die Fahrt kurz unterbricht (Bay DAR/R **81**, 246) oder kurz eine Gaststätte besucht (vgl. § 316 RN 33).

58   Treffen § 222 oder § 229 und § 142 je tateinheitlich mit demselben Delikt nach § 315 c I zusammen, so besteht zwischen sämtlichen Delikten Tateinheit. Dagegen vermag fahrlässige Begehung nach § 315 c III als minderschwere Tat gegenüber §§ 222, 229 keine Idealkonkurrenz dieser Delikte mit § 142 zu begründen (vgl. näher § 142 RN 93 mwN.).

59   Realkonkurrenz mit § 142 tritt infolge der Verschiedenheit der Verhaltensweisen ein, wenn eine durch Unterlassen begangene Zuwiderhandlung gegen § 315 c Nr. 2 g (zB Nichtkenntlichmachung des verunglückten Fahrzeugs) mit Unfallflucht zusammentrifft (Cramer 106; and. Oldenburg VRS **11** 54, KG VRS **11** 202, DAR **61**, 145, Hamm VRS **25** 193); vgl. § 52 RN 19.

§ 315 d Schienenbahnen im Straßenverkehr

Soweit Schienenbahnen am Straßenverkehr teilnehmen, sind nur die Vorschriften zum Schutz des Straßenverkehrs (§§ 315 b und 315 c) anzuwenden.

Schrifttum: Cramer, Zur Abgrenzung der Transport- und Straßenverkehrsgefährdung nach § 315 d, JZ 69, 412.

1   I. Diese Vorschrift soll klarstellen, daß **Schienenbahnen,** soweit sie am Straßenverkehr teilnehmen, **nicht** den besonderen Schutz der **§§ 315, 315 a** genießen, sondern den allgemeinen Straßenverkehrsmitteln gleichgestellt sind (§§ 315 b, 315 c), vgl. E 62 Begr. 528. Da die Strafziele der Transport- und der Straßenverkehrsgefährdung weitgehend angeglichen sind, spielt dieses rechtspolitische Anliegen jedoch keine große Rolle mehr. Welche Strafvorschriften Anwendung finden, hängt davon ab, ob die Schienenbahn am Straßenverkehr teilnimmt oder nicht, so daß die Bahn im Verlauf ihres Kurses verschiedenen rechtlichen Regeln unterliegen kann (vgl. Nüse JR 65, 41 f., ebenso Lackner/Kühl 2, Rüth LK[10] 3).

II. Im einzelnen gilt folgendes:

2   1. Soweit eine Schienenbahn **ausschließlich auf eigenem Bahnköper** verkehrt, kommen schon tatbestandlich nur die §§ 315, 315 a in Betracht, da eine Teilnahme am Straßenverkehr gemäß §§ 315 b, 315 c nicht vorliegt.

3   2. Bei **gleisgleichen Übergängen** (höhengleiche Kreuzung von Schienenweg und Straße) ist maßgeblich, ob der Schienenbahn gemäß § 19 StVO der Vorrang eingeräumt ist (Cramer 10, JZ 69, 415, BGH **15** 9, VRS **19** 442, Hamm VRS **12** 137, Köln VRS **15** 49, Stuttgart VRS **44** 33). Ist dies der Fall, so kommen auch hier die Tatbestände der §§ 315, 315 a zur Anwendung. Anderenfalls sind im Kreuzungsbereich die Tatbestände der Straßenverkehrsgefährdung anwendbar; dies gilt auch dann, wenn die Bahn beiderseits der gekreuzten Straße auf eigenem Bahnkörper verkehrt, ohne daß ihr ein Vorrang eingeräumt ist (and. für den früheren Rechtszustand wohl Frankfurt DAR **56**, 18).

4   3. Verkehrt die Bahn ausschließlich oder teilweise im **allgemeinen Verkehrsraum,** so kommt es darauf an, ob die Gefahr auf die Teilnahme am Straßenverkehr zurückzuführen ist. Dabei ist zunächst die **Art des Eingriffs** entscheidend.

5   a) § 315 StGB ist anwendbar, wenn **Anlagen oder Beförderungsmittel** zerstört (Abs. 1 Nr. 1), Hindernisse bereitet (Nr. 2), falsche Zeichen oder Signale gegeben (Nr. 3) oder ähnliche ebenso gefährliche Eingriffe vorgenommen werden (Nr. 4), sofern es sich dabei nicht um einen Verkehrsvorgang handelt. Führt jedoch der Eingriff auch zu einer Gefährdung des Straßenverkehrs, so besteht Idealkonkurrenz zwischen §§ 315, 315 b (Cramer 12, JZ 69, 415; and. Rüth LK[10] 7).

6   Stellt sich dagegen der Eingriff als **Vorgang des fließenden oder ruhenden Verkehrs** dar, so kommt nur § 315 c in Betracht (Cramer 13, JZ 69, 415 f.), da für diese Vorgänge §§ 315, 315 b unanwendbar sind (vgl. § 315 b RN 7 f.). Für die Abgrenzung allein entscheidend ist, ob die Gefahrenursache im Verkehrsraum einer öffentlichen Straße oder auf dem eigenen Bahnkörper der Schienenbahn gesetzt wurde (Cramer 13, JZ 69, 415 f., vgl. BGH **15** 15 f.), zB Lockern in der Straße

verlegter Schienen: § 315. Die Abgrenzung ist also **funktionell** danach vorzunehmen, ob der Grund für die eingetretene Gefahr in den typischen Gefahren des Straßenverkehrs oder in denen des Bahnverkehrs liegt (Cramer JZ 69, 412). Die Gegenansicht (BGH **11** 162, **13** 66 [aber auch **15** 15: Ort der Tathandlung], Rüth LK[10] 7, Lackner/Kühl 2, J/Hentschel 4), die allein auf den Ort abstellt, an dem die Gefahr eingetreten ist, bzw. auf den Aggregatzustand des angegriffenen Objektes im Augenblick der Einwirkung (Horn SK 7: § 315 bei störendem Eingriff an einer im Depot stehenden Straßenbahn), macht das Ergebnis vom Zufall abhängig.

b) Der **Führer einer Schienenbahn,** die am **Straßenverkehr** teilnimmt, ist nach § 315 c und nicht nach § 315 a strafbar, wenn er durch die in § 315 c I Nr. 2 genannten Verstöße eine Gefahr für andere verursacht (Cramer 13, Nüse JR 65, 41, Rüth LK[10] 10). Für § 315 a I Nr. 2 (Verstoß gegen Sicherheitsvorschriften) ist hier kein Raum, da der Fahrer die Vorschriften des Straßenverkehrs zu beachten hat, von denen nur die als besonders gefährlich angesehenen zu Vergehen aufgewertet wurden (Hamm NJW **65**, 2167). 7

Bei **Fahruntüchtigkeit** des Führers der Schienenbahn infolge Alkoholgenusses, anderer berauschender Mittel oder geistiger oder körperlicher Mängel besteht **Alternativität** zwischen § 315 a I Nr. 1 und § 315 c I Nr. 1, wenn durch sie eine konkrete Gefahr verursacht wird. Entscheidend ist dann, in welchem Bereich das die Gefahr begründende Fehlverhalten liegt (s. a. Horn SK 4). Verhält sich jedoch der Fahrer sowohl im öffentlichen Verkehrsraum als auch auf dem besonderen Bahnkörper falsch, so besteht Idealkonkurrenz zwischen § 315 und § 315 c (Cramer 14, JZ 69, 416, Rüth LK[10] 10). 8

§ 316 Trunkenheit im Verkehr

(1) Wer im Verkehr (§§ 315 bis 315 d) ein Fahrzeug führt, obwohl er infolge des Genusses alkoholischer Getränke oder anderer berauschender Mittel nicht in der Lage ist, das Fahrzeug sicher zu führen, wird mit Freiheitsstrafe bis zu einem Jahr oder mit Geldstrafe bestraft, wenn die Tat nicht in § 315 a oder § 315 c mit Strafe bedroht ist.

(2) Nach Absatz 1 wird auch bestraft, wer die Tat fahrlässig begeht.

Schrifttum: Aderjan, Zur forensisch-toxikologischen Bewertung der Morphinkonzentration im Blut von Heroinkonsumenten, Salger-FS, 583. – *Alck,* Die forensische Anerkennung von Atemtestgeräten, BA 88, 396. – *Arbab-Zadeh,* Zur neuen Blutalkoholgrenze, NJW 67, 273. – *Below,* Die drei Teilgutachten des Bundesgesundheitsamtes als Grundlage für Rechtsprechung und Gesetzgebung, BA 65/66, 558. – *Berlit,* Das Trunkenheitsdelikt im Straßenverkehr, DRiZ 66, 413. – *Blank,* Vorsatz oder Fahrlässigkeit bei Trunkenheitsdelikten . . ., BA 87, 116. – *Beier,* Über die „Standardabweichung" im Gutachten 1989 . . ., NZV 96, 343. – *Bialas,* Promille-Grenzen, Vorsatz und Fahrlässigkeit, 1996. – *dies.,* Absenkung der Promille-Grenze?, BA 96, 142. – *dies., Die* Rechtsprechung zur Feststellung der Fahruntüchtigkeit infolge des Konsums von Drogen, BA 97, 129. – *Bode,* Neuere Rechtsprechung zu Alkohol und anderen Drogen im deutschen Straßenverkehrsstrafrecht, BA 94, 137. – *Bödecker,* Strafrechtliche Verantwortlichkeit Dritter bei Verkehrsdelikten trunkener Kraftfahrer, DAR 69, 281. – *Bogs,* „Andere berauschende Mittel" und Fahruntüchtigkeit, 1990. – *Bonte ua,* Die Begleitstoffanalyse, NJW 82, 2109. – *Bouska,* Die Straßenverkehrs-Ordnung und der Einigungsvertrag, DAR 91, 161. – *Brettel,* Ein Sonderfall der Alkoholbegutachtung: der Sturztrunk auf vollen Magen, NJW 76, 353. – *Ehret,* Ein verkehrswissenschaftliches Modell der Trunkenheitsfahrer, BA 89, 381. – *Eisenmenger,* Anmerkungen aus rechtsmedizinischer Sicht zu Vorsatz und Fahrlässigkeit bei Trunkenheitsfahrten, Salger-FS 619. – *Fahl,* Ärger mit einer unwiderleglichen Beweisregel, DAR 96, 393. – *ders.,* Zur Festsetzung einer Promillegrenze für Radfahrer, NZV 96, 307. – *Gaisbauer,* Zur phasenverschiebenden Wirkung des Alkohols, NJW 63, 1936. – *ders.,* Zur Rspr. zu verkehrsmedizinischen und angrenzenden Fragen bei alkoholbedingten Verkehrsdelikten, Zeitschr. f. Verkehrsrecht 65, 88. – *Geppert,* Materiellrechtliche und strafprozessuale Grundfragen zum Thema „Alkohol und Verkehrsstrafrecht", Jura 86, 532. – *ders.,* Trunkenheit im Schiffsverkehr (§ 316 StGB), BA 87, 262. – *Gerchow ua,* Die Berechnung der maximalen Blutalkoholkonzentration als Grundlage für die Beurteilung der Schuldfähigkeit, BA 85, 77. – *ders.,* „Andere berauschende Mittel" im Verkehrsstrafrecht, BA 87, 233. – *v. Gerlach,* Blutalkoholwert und Schuldfähigkeit in der Rechtsprechung des Bundesgerichtshofs, BA 90, 305. – *Gilg/Eisenmenger,* Zur Beweissicherheit und forensischen Akzeptanz von Atemalkoholanalysen mit neuen, „beweissicheren" Geräten, BA 97, 1. – *Grohmann,* Zum Grenzwert der absoluten Fahruntüchtigkeit von Mofa-Fahrern, BA 81, 39. – *ders.,* Atemalkoholtestgeräte in der praktischen Bewährung und rechtliche Konsequenzen, DAR 87, 8. – *ders.,* 1,10/1,15 Promille-Folgen für das geltende und zukünftige Promillerecht, BA 91, 84. – *ders.,* Fahrzeugführen – Kraftfahrzeugführen, eine notwendige Unterscheidung für die Beweisgrenzwerte der alkoholbedingten absoluten Fahruntüchtigkeit, BA 94, 158. – *Grüner,* Zur Qualitätssicherung der Blutalkoholbestimmung, BA 91, 360. – *ders./Bilzer,* Zur Senkung des Grenzwertes der absoluten Fahruntüchtigkeit wegen verbesserter Meßqualität bei der forensischen Blutalkoholbestimmung, BA 90, 175. – *dies.,* Vergleichende Betrachtung der Gutachten des Bundesgesundheitsamtes „Zur Frage Alkohol bei Verkehrsstraftaten" (1966) und „Zum Sicherheitszuschlag auf die Blutalkoholkonzentration" (1989), BA 90, 222. – *Grüner/Penners,* Beweiswert der Atemalkoholprobe, NJW 85, 1377. – *Haffke,* Mittelwert der Blutalkoholkonzentration usw, NJW 71, 1874. – *ders.,* Zur Problematik der 1,3 Promille-Grenze, JuS 72, 448. – *Händer,* Überlegungen zum „Sturztrunk-Beschluß" des BGH, BA 72, 1. – *Harbort,* Rauschmitteleinnahme und Fahrsicherheit, 1996. – *ders.,* Indikatoren für rauschmittelbedingte Fahrunsicherheit, NZV 96, 219. – *ders.,* Zur Annahme von Vorsatz bei drogenbedingter Fahrunsicherheit, NZV 96, 432. – *ders.,* Fahrunsicherheit nach Einnahme von Benzodiazephinen, NZV 97, 209. – *ders.,* Zum Verkehrsgefährdungsprofil der Amphetaminderivate („Ecstasy"), NZV 98, 15. – *Haubrich,* Zum Nachweis der vorsätzlichen Trunkenheitsfahrt, DAR 82,

285. – *Hebenstreit*, Neurologisch-psychatrische Erkrankungen und Fahrtauglichkeit unter besonderer Berücksichtigung der Anfallsleiden und des Alkoholismus, BA 86, 179. – *Heifer*, Kann die Atemalkoholkonzentration nach dem derzeitigen Stand der medizinischen Wissenschaft als ein ausreichend gesichertes forensisches Beweismittel gelten?, NZV 89, 13. – *ders./Pluisch*, Herabsetzung der Promille-Grenze, ZRP 91, 421. – *dies.*, Rechtsmedizinische Überlegungen zum forensischen Beweiswert von Atemalkoholproben, NZV 92, 336. – *Heifer ua*, Alkohol und Straßenverkehrssicherheit – Untersuchungen zur Epidemiologie und verkehrsrechtlichen Angleichung in Europa, BA 92, 1. – *Hentschel*, Aktuelle Fragen zum Alkohol im Straßenverkehr, DAR 81, 79. – *ders.*, Die Vorwerfbarkeit „absoluter" Fahrunsicherheit bei Mofafahrern, NJW 84, 350. – *ders.*, Die Feststellung von Vorsatz in bezug auf Fahrunsicherheit bei den Vergehen der §§ 316 und 315 c Abs. I Nr. 1 a StGB durch den Tatrichter, DAR 93, 449. – *ders.*, Die sog. absolute Fahruntüchtigkeit nach dem Beschluß des BGH vom 28. 6. 1990, NZV 91, 329. – *ders.*, Neuerungen bei Alkohol und Rauschmitteln im Straßenverkehr, NJW 98, 2385. – *ders./Born*, Trunkenheit im Straßenverkehr, 6. A. 1992. – *Iffland*, Zur Renaissance der Doppelblutprobe, NZV 96, 129. – *ders./Eisenmenger/Bilzer*, Bedenken gegen die Verwertbarkeit der Atemalkoholspiegels (usw.), NJW 99, 1379. – *ders./Hentschel*, Sind (usw.) Atemalkoholmessungen gerichtsverwertbar?, NZV 99, 489. – *Janiszewski*, Andere berauschende Mittel, BA 87, 243. – *ders.*, Auto und Alkohol – Neue Erkenntnisse – Neue Grenzen?, DAR 90, 415. – *ders.*, Verkehrsstrafrecht, 4. A. 1994. – *Jörg*, Probleme der Alkoholverkehrsstraftat, 1965. – *Krahl*, Fahruntüchtigkeit – Rückwirkende Änderung der Rechtsprechung und Art. 103 II GG, NJW 91, 808. – *V. Kaufmann*, Die alkoholbedingte Fahruntüchtigkeit – ist sie „absolut" oder „relativ"?, BA 75, 301. – *Kreuzer*, Drogen und Sicherheit des Straßenverkehrs, NStZ 93, 209. – *Krüger*, Zur Frage des Vorsatzes bei Trunkenheitsdelikten, DAR 84, 47. – *ders.*, Absolute Fahruntüchtigkeit bei 1,0 Promille – die falsch gesetzte Grenze, BA 90, 182. – *ders./Schöch*, Absenkung der Promillegrenze, DAR 93, 334. – *Maatz*, Rechtliche Anforderungen an medizinische Befunde zur Beurteilung der Fahrtüchtigkeit bei Fahrten unter Drogeneinfluß, BA 95, 97. – *ders./Mille*, Drogen und Sicherheit des Straßenverkehrs, DRiZ 93, 15. – *Maiwald*, Zum Maßstab der Fahrlässigkeit bei trunkenheitsbedingter Fahruntüchtigkeit, Dreher-FS 437. – *Mayr*, Die „Rückrechnung" in der Rspr. des BGH, DAR 74, 64. – *Meininger*, Zur Fahrtüchtigkeit nach vorausgegangenem Cannabiskonsum, Salger-FS, 535. – *ders.*, Zur Sicherheit des Nachweises der Drogeneinnahme, NZV 94, 218. – *Mitsch*, Trunkenheitsfahrt und Notstand – OLG Koblenz NJW 1988, 2316, JuS 89, 964. – *Möhl*, Beweise der „relativen" Fahruntüchtigkeit, DAR 71, 4. – *Molketin*, Blutentnahmeprotokoll, ärztlicher Befundbericht und Blutalkoholgutachten im Strafverfahren, BA 89, 124. – *Mollenkott*, Absolute Fahruntüchtigkeit von Mofafahrern bei einer Blutalkoholkonzentration von 1,3‰?, NJW 81, 1307. – *Mühlhaus*, Das Blutalkoholgutachten des Bundesgesundheitsamtes in juristischer Sicht, JZ 66, 417. – *Nehm*, Abkehr von der Suche nach Drogengrenzwerten, DAR 93, 375. – *ders.*, Kein Vorsatz bei Trunkenheitsfahrten?, Salger-FS, 115. – *Osterhaus*, Gerechte und gleichmäßige Beurteilung von Trunkenheitsdelikten aus medizinischer Sicht, NJW 73, 550. – *R. Peters*, Der Nachweis der „relativen" Fahruntüchtigkeit durch regelwidriges Fahrverhalten, MDR 91, 487. – *Ponsold*, Blutalkohol, in: Ponsold Lb., 206 ff. – *ders.*, Alkohol im Straßenverkehr, 3. A. 1967. – *Ranft*, Die rauschmittelbedingte Verkehrsdelinquenz, Jura 88, 133. – *Reinhardt/Zink*, Die forensische Beurteilung von Nachtrunkbehauptungen, NJW 82, 2108. – *dies.*, Der Verlauf der Blutalkoholkurve bei großen Trinkmengen, BA 84, 422. – *Riemenschneider*, Verkehrsrechtliche Aspekte der Medikamentenbehandlung – insbesondere medikamentöser Schmerztherapie, MedR 98, 17. – *Rudolphi*, Strafbarkeit der Beteiligung an den Trunkenheitsdelikten im Straßenverkehr, GA 70, 353. – *Sachs*, Die Beweiskraft von Blutalkoholergebnissen bei Abweichungen von den Richtlinien zur Blutentnahme und zur Bestimmung des Alkohols, NJW 87, 2915. – *Salger*, Strafrechtliche Aspekte der Einnahme von Psychopharmaka – ihr Einfluß auf die Fahrtüchtigkeit und Schuldfähigkeit, DAR 86, 383. – *ders.*, Zur korrekten Berechnung der Tatzeit-Blutalkoholkonzentration, DRiZ 89, 174. – *ders.*, Die Zerstörung des Vertrauens in eine gefestigte Rechtsprechung, NZV 90, 1. – *ders.*, Zum Vorsatz bei der Trunkenheitsfahrt, DRiZ 93, 311. – *ders.*, Drogeneinnahme und Fahrtüchtigkeit, DAR 94, 433. – *ders./Maatz*, Zur Fahruntüchtigkeit infolge der Einnahme von Rauschdrogen, NZV 93, 329. – *Sammler ua*, Zur Präzisionskontrolle der Blutalkoholbestimmung, BA 92, 205. – *Schewe*, Aktuelle Fragen der Alkoholbestimmung und -berechnung, Salger-FS 715. – *Schewe ua*, Untersuchungen über alkoholbedingte Leistungseinbußen bei Fahrrad- und Mofa-Fahrern, Beiträge zur gerichtlichen Medizin Bd. 36 (1978), 239. – *Schewe ua*, Experimentelle Untersuchungen zur Frage der alkoholbedingten Fahruntüchtigkeit von Fahrrad- und Mofafahrern, BA 80, 298. – *Schewe ua*, Experimentelle Untersuchungen zur Frage des Grenzwertes der alkoholbedingten absoluten Fahruntüchtigkeit bei Radfahrern, BA 84, 97. – *Schewe ua*, Über den Verlauf der Blutalkoholkurve nach dem Genuß von Bier und Weinbrand zusammen mit „alkoholfreiem" Bier, BA 85, 304. – *Schneble*, Konkrete Gefahr oder abstrakte Gefährlichkeit als Indiz für die Sanktionierung von Alkohol am Steuer?, BA 81, 197. – *ders.*, Nachweis der Fahrunsicherheit infolge Alkohols, BA 83, 177. – *ders.*, Zur Verwertbarkeit der Ergebnisse einer Atemalkoholbestimmung in der forensischen Praxis, BA 86, 315. – *ders.*, Vertane Jahre, BA 93, 1. – *Schmid*, Zum Nachweis der Fahrunsicherheit infolge Alkohols, BA 83, 422. – *Schöch*, Kriminologische und sanktionsrechtliche Aspekte der Alkoholdelinquenz im Verkehr, NStZ 91, 11. – *Schokenett*, Beurteilung von Blutalkoholbestimmungen nach dem ADH- und GC-Verfahren, NZV 96, 217. – *Schröder*, Zur Auslegung des § 316 StGB, NJW 66, 488. – *Schwerd*, Alkohol und Fahrsicherheit, Spendel-FS, 583. – *Strate*, Nachweis der Fahrunsicherheit infolge Alkohols, BA 83, 188. – *Sunder*, Zum Begriff „Führen eines Kraftfahrzeuges", BA 89, 297. – *Trunk*, Fahrunsicherheit nach Haschischkonsum, NZV 91, 259. – *Ulbricht*, Rauschmittel im Straßenverkehr: eine Untersuchung über Medikamente als Rauschmittel im Sinne des § 315 c, § 316 StGB, 1990. – *Zabel/Noss*, Langjährige unbeanstandete Fahrpraxis – ein Bonus für Alkoholtäter und Unfallflüchtige und seine Begrenzung, BA 89, 258. – Vgl. die Nachweise bei § 315 c (auch zu Medikamenten im Straßenverkehr).

1   **I. Die Trunkenheit im Verkehr** ist abstraktes Gefährdungsdelikt zum Schutze der Straßenverkehrssicherheit (Bay NJW **68**, 1733, Lackner/Kühl 1, Tröndle/Fischer 2). Fälle geringer Alkoholeinwirkung werden von § 24 a StVG (dazu näher Cramer 51 ff.) erfaßt. Aus der verschiedenartigen tatbestandlichen Ausgestaltung von § 316 und § 24a StVG ergeben sich jedoch Abgrenzungsschwierigkeiten im Bereich der relativen Fahrunsicherheit, die schon unter 0,5‰ einsetzen kann und dann zur Strafbarkeit nach § 315c oder § 316 führt (vgl. u. 13). Das hat in dem Bereich der BAK von 0,5–1,1‰ zur Folge, daß eine Ahndung nach § 24a StVG die Fahrsicherheit des Täters voraussetzt oder die Fahrunsicherheit nicht nachgewiesen werden kann (vgl. Cramer VOR 74, 23). Zur Vermeidung solcher Ungereimtheiten sollte § 316 an die Fassung des § 24a StVG angepaßt werden (vgl. dazu Cramer, Unfallprophylaxe 139). Die übrigen Fälle der Fahrunsicherheit (zB Übermüdung; vgl. § 315c RN 11) beurteilen sich weiterhin nach § 2 Fahrerlaubnis-VO v. 18. 8. 1998 (BGBl. I 2214).

In den neuen Bundesländern fand § 24a StVG, der die Grenze für Ordnungswidrigkeiten bei 0,8‰ **2** vorsieht, bis zum 31. 12. 92 keine Anwendung (vgl. Anlage I zum Einigungsvertrag Kapitel XI Sachgebiet B Abschnitt III Nr. 1 a; vgl. Bouska aaO 165). Statt dessen galt die bisherige DDR-Regelung, die in § 7 II StVO-DDR iVm § 47 I–III StVO-DDR der Sache nach ein absolutes Trinkverbot aufstellt, dh Fahrten mit mehr als 0,0‰ tatbestandsmäßig als Ordnungswidrigkeit erfaßte. Zu den Tathandlungen nach altem DDR-Recht vgl. Bouska 165.

II. Der **objektive Tatbestand** verlangt, daß der Täter im Verkehr ein Fahrzeug führt, obwohl er **3** infolge Alkoholgenusses usw nicht in der Lage ist, das Fahrzeug sicher zu führen.

1. Fahrunsicherheit liegt vor, wenn „die Gesamtleistungsfähigkeit (sc. des Fahrers) namentlich **4** infolge Enthemmung sowie geistig-seelischer und körperlicher Leistungsausfälle so weit herabgesetzt ist, daß er nicht mehr fähig ist, sein Fahrzeug im Straßenverkehr eine längere Strecke, und zwar auch bei plötzlichem Auftreten schwieriger Verkehrslagen, sicher zu steuern" (BGH **13** 83). Die psychophysische Leistungsfähigkeit des Fahrers ist dann so vermindert und seine Gesamtpersönlichkeit so verändert, daß er den Anforderungen des Verkehrs nicht mehr durch rasches, angemessenes und zielbewußtes Handeln zu genügen vermag (BGH **13** 83, **19** 244, **21** 160 f., Horn SK 4). Der Grad der Leistungsminderung ist dabei von verschiedenen Faktoren, wie der Trinkmenge, -zeit und -geschwindigkeit abhängig. Ebenso wird er von der körperlichen Konstitution (Alter, Gesundheit, aufgenommene Nahrungsmenge) beeinflußt.

Die Fahrunsicherheit (nicht: Fahruntüchtigkeit, vgl. Janiszewski aaO 118) muß durch den Genuß **5** **alkoholischer Getränke** oder anderer Rauschmittel herbeigeführt worden sein; eine Beeinträchtigung der Fahrsicherheit durch sonstige Medikamente fällt nicht unter § 316 (Rüth LK[10] 47). Unter **„berauschenden Mitteln"** sind dabei alle Stoffe zu verstehen, die das Hemmungsvermögen sowie die intellektuellen und motorischen Fähigkeiten beeinträchtigen (BGH VRS **53** 356) und die damit in ihren Auswirkungen denen des Alkohols vergleichbar sind (Köln StVE **Nr. 93;** vgl. zum Begriff Gerchow BA 87, 233, Ulbricht aaO, Bogs aaO); zusf. Harbort aaO. Hierzu zählen insb. – aber nicht ausschließlich (Hentschel NJW 98, 2389, Lackner/Kühl 5) – die in den Anlagen I bis III zu § 1 I BtMG sowie der Anlage zu § 24a StVG aufgeführten Substanzen (Düsseldorf StV **99**, 22). Anders als § 24a II StVG („Wirkung") bleibt § 316 aber einschlägig, wenn die Substanz nicht im Blut nachgewiesen werden kann, aber andere Beweismittel vorliegen. Nicht erforderlich ist die alleinige Verursachung der Fahrunsicherheit durch das genannte Mittel. Vielmehr kann diese erst im Zusammenwirken mit anderen Faktoren, zB mit der Einnahme von Medikamenten (Hamm NJW **67**, 1522), mit Übermüdung (BGH VRS **16** 128, Köln NZV **89**, 358) oder körperlichen Mängeln (Bay DAR **70**, 20 – niedrigem Blutdruck) herbeigeführt werden. Auch in einem solchen Fall handelt es sich um eine alkoholbedingte Fahrunsicherheit. Diese setzt aber jedenfalls die Feststellung voraus, daß die BAK zur Tatzeit mindestens den Bereich der relativen Fahrunsicherheit erreicht; denn Konzentrationen unter dem entspr. Wert rechtfertigen niemals die Annahme alkoholbedingter Fahrunsicherheit (Köln NZV **89**, 358). Nach Hamm DAR **60**, 235 liegt Fahrunsicherheit auch dann vor, wenn durch Alkohol- oder Nikotingenuß die Bereitschaft für eine während der Fahrt auftretende Ohnmacht geschaffen wird. Erforderlich ist aber immer zumindest eine Mitverursachung dieses Zustandes durch den Alkohol- oder Rauschmittelgenuß. Zu Medikamenten als berauschenden Mittel: § 315c RN 11. Unter **Genuß** ist die körperliche Aufnahme der genannten Mittel (nicht notwendig durch den Mund) zu verstehen, so daß es weder auf ein subjektives Bezwecken der Rauschwirkung noch andere lustbetonte Empfindungen ankommt (Bay NZV **90**, 317, Horn SK 7, J/Hentschel 3, Lackner/Kühl 5).

Eine dem absoluten Grenzwert der Fahrunsicherheit nach Alkoholgenuß (u. 8) vergleichbare **6** Grenze ist bisher weder nach **Haschischkonsum** noch nach **Heroinkonsum** wissenschaftlich begründbar (Hein/Schulz BA 92, 235, Maatz/Wille DRiZ 93, 15, Schütz/Weiler BA 93, 136, Salger/Maatz NZV 93, 329, Maatz BA 95, 97, Kreuzer NStZ 93, 212, Nehm DAR 93, 378, Meininger NZV 94, 218, aber auch Salger-FS 544 ff.; Trunk NZV 91, 259; vgl. auch Salger DAR 94, 436, der absolute Fahrunsicherheit jedenfalls bei harten Drogen für mehrere Stunden nach der Einnahme bejaht), so daß der Nachweis der Fahrunsicherheit im konkreten Einzelfall aufgrund der rauschgiftbedingten Ausfallerscheinungen erbracht werden muß. Wissenschaftlich allseits anerkannte Gefahrengrenzwerte, die eine hinreichende Herabsetzung der Gesamtleistungsfähigkeit des Fahrzeugführers (o. 4) zwingend belegen, bestehen für Fahrunsicherheit nach Drogenkonsum derzeit nicht (BGH NJW **99**, 226 m. Anm. Berz NStZ 99, 407 [zust.], Schreiber NJW 99, 1770 [abl.], Düsseldorf NZV **99**, 174; s. a. BT-Drs. 13/3764 S. 4, 13/8979 S. 5f. [zur Neufassung von § 24a II StVG]); anders als bei dem 1998 neu gefaßten (BGBl. I 810) Abs. 2 StVG als OWi-Gefährdungstatbestand genügt für die Anwendbarkeit der §§ 315 c, 316 der bloße positive Blutwirkstoffbefund nicht (BGH NJW **99**, 226

[Gegenschluß]). Bei Ermittlung des rauschmittelbedingten Gesamtbildes „relativer" Fahrunsicherheit können auch Auffälligkeiten im Verhalten in und nach der Anhaltesituation genügen, sofern sie konkrete Hinweise auf schwerwiegende Beeinträchtigungen der Wahrnehmungs- und Reaktionsfähigkeit geben (BGH NJW **99**, 226, Düsseldorf NZV **99**, 175, jeweils m. Bsp. aussagekräftiger Beweisanzeichen); auch sind die Anforderungen an Art und Ausmaß drogenbedingter Ausfallerscheinungen idR um so geringer, je höher die im Blut festgestellte Wirkstoffkonzentration ist (BGH NJW **99**, 226, Geppert JK 6). Vgl. auch Köln NJW **90**, 2945, Düsseldorf NZV **93**, 276 m. zust. Anm. Trunk, StVE **Nr. 107**, VRS **87** 433, DAR **94**, 407, **99**, 81, Bay **94** 61, VRS **87**, 342, NZV **97**, 127, Frankfurt NZV **95**, 116, LG Krefeld StV **92**, 521, LG Stuttgart NZV **96**, 397; für Heroinkonsum Frankfurt NJW **92**, 1570 m. Anm. Molketin BA 93, 207, Bialas BA 97, 129 ff., J/Hentschel 5, Lackner/Kühl § 315c RN 5, Tröndle/Fischer 4; and. AG München StVE **Nr. 99**: Nachweis von THC im Blut genügt; vgl. auch zu den Beweiszeichen Salger DAR 86, 389 sowie Harbort NZV 96, 219; allerdings wird die Fahrunsicherheit auch ohne Nachweis eines Fahrfehlers allein aus Auffälligkeiten unmittelbar nach Abschluß der Fahrt, etwa bei einer Polizeikontrolle, belegt werden können: Bay NJW **97**, 1381, StV **97**, 255; s. a. J/Hentschel 5).

7   Für den **Nachweis** der alkoholbedingten Fahrunsicherheit wird von der Rspr. zwischen „absoluter" und „relativer" Fahrunsicherheit unterschieden, wobei nicht der Grad der Trunkenheit oder die Qualität der alkoholbedingten Leistungsminderung, sondern allein die Art und Weise, wie der Nachweis der Fahrunsicherheit als psychophysischer Zustand herabgesetzter Gesamtleistung zu führen ist, diese Unterscheidung ausmacht (BGH **31** 44). Dabei stellt die Blutalkoholkonzentration das wichtigste Beweisanzeichen dar.

8   a) **Absolute Fahrunsicherheit** hängt nach der Rspr. nicht von der Wirkung des Alkohols im Einzelfall ab, sondern wird beim Erreichen genereller Grenzen unwiderleglich vermutet; kritisch zur Grenzwertfestsetzung durch die rechtsprechende Gewalt Bialas aaO 35 ff., 197 ff., BA 96, 147; Fahl DAR 96, 395. Gegenbeweise – etwa durch Trink- oder Fahrprobe – für eine gleichwohl behauptete Fahrsicherheit sind daher ausgeschlossen (Janiszewski aaO 125). Die Grenzen zur absoluten Fahrunsicherheit sind von der Rspr. immer wieder anders bestimmt worden. So wurden ursprünglich 1,5‰ BAK (zuletzt BGH **19** 243), später 1,3‰ BAK für Autofahrer angenommen (vgl. BGH **21** 157 m. Anm. Haffke JuS 72, 448, 22 352 m. Anm. Händel NJW 69, 1578, 25 246), während zunächst für Krad- und Radfahrer andere Maßstäbe gelten sollten (vgl. einerseits BGH **22** 352 m. Anm. Händel NJW 69, 1578, 30 251, andererseits BGH **25** 360 m. Anm. Händel NJW 74, 2292, Celle NJW **67**, 2323, Düsseldorf VRS **35** 126, Hamm VRS **36** 110); vgl. hierzu 23. A. RN 4. Iü war zweifelhaft, ob die absolute Grenze der Fahrunsicherheit auch für den Fahrer eines abgeschleppten Fahrzeuges Geltung beanspruchen sollte.

9   Mit einer Entscheidung des BGH aus dem Jahr 1990 (BGH **37** 89) wurde der Grenzwert erneut herabgesetzt. Die **Rspr.** nimmt nunmehr für **alle Fahrer von Kraftfahrzeugen** absolute Fahrunsicherheit bei einem Grenzwert von mindestens **1,1‰** an (BGH **37** 89, dazu vorab bereits Salger NZV 90, 1, m. zust. Anm. Berz NZV 90, 359; krit. Janiszewski NStZ 90, 493, Heifer BA 90, 373, Schneble BA 90, 374, Krüger BA 90, 182, Konzak/Hüting Jura 91, 241, NZV 92, 136; zusf. Grohmann BA 91, 84, Hentschel NZV 91, 329; zur verfassungsrechtlichen Unbedenklichkeit vgl. BVerfG NJW **95**, 125). Dabei spielt es angesichts der besonderen Alkoholwirkung in der Anflutungsphase (Janiszewski aaO 126 unter Hinweis auf die in § 24 a I StVG getroffene Regelung) keine Rolle, ob es sich um eine Blut- oder Körperalkoholkonzentration handelt (BGH **25** 246 m. Anm. Händel NJW 74, 246, D. Meyer NJW 74, 613, dazu auch Mayr DAR 74, 64). Somit ist jeder Führer absolut fahrunsicher, der auf Grund des vor der Fahrt genossenen Alkohols eine Alkoholmenge im Körper hat, die zur Tatzeit oder später nach Abschluß der Resorption zu einer BAK von zumindest 1,1‰ führt (BGH NJW **76**, 1802, J/Hentschel 12 mwN; u. 18), so daß es nicht darauf ankommt, ob dieser Beweisgrenzwert bereits zur Tatzeit erreicht ist. Der ursprüngliche Grenzwert von 1,3‰ setzte sich aus einem Grundwert von 1,1‰ und einem Sicherheitszuschlag von 0,2‰ zusammen und beruhte auf einem Gutachten des Bundesgesundheitsamtes aus dem Jahre 1966 (vgl. BGH **21** 157 m. Anm. Haffke JuS 72, 448). In Fortbildung dieser Rspr. hat der BGH (**37** 89) den Grundwert, bei dem mit an Sicherheit grenzender Wahrscheinlichkeit bei jedem Kraftfahrer Fahrsicherheit iSe Beherrschung des die Lenkung eines Fahrzeugs im Verkehr bildenden Gesamtvorgangs nicht mehr festgestellt werden könne, auf 1,0‰ festgesetzt, wobei auf die stark angestiegenen Leistungsanforderungen im Straßenverkehr hingewiesen wird. Überdies sei einem Gutachten des Bundesgesundheitsamtes aus dem Jahre 1989 zufolge (NZV **90**, 104 m. Erläut. Schoknecht) der Sicherheitszuschlag aufgrund der größeren Genauigkeiten der Messungen bei der BA-Analyse nur noch mit 0,1‰ anzusetzen (krit. Grüner/Bilzer BA 90, 175, 222, Heifer/Brezezinka BA 90, 215, Dietz/Wehner NZV 91, 460). Allerdings muß für diesen Sicherheitszuschlag gewährleistet sein, daß das jeweilige mit BAK-Analysen befaßte Institut die eingeräumten Meßtoleranzen nicht überschreitet. Dies wird durch die Versicherung des untersuchenden Instituts, an sog. Ringversuchen erfolgreich teilgenommen zu haben, gewährleistet. Für Analysen, die diese Voraussetzung noch nicht erfüllen, ist bis zur Übergangszeit bis zur Teilnahme an derartigen Versuchen von einem Grenzwert von 1,15‰ (1,0‰ Grundwert, 0,15‰ Sicherheitszuschlag) auszugehen. Im Strafprozeß gilt der neu festgelegte Grenzwert – hierbei handelt es sich nicht um ein Tatbestandsmerkmal (so aber Bialas aaO 110 ff.), sondern um eine aus einer Auswertung des naturwissenschaftlichen Erkenntnisstandes gewonnene Beweisregel (J/Hentschel 14 a, Janiszewski aaO

124, Lackner/Kühl 6 b, d, Tröndle Dreher-FS 117, Tröndle/Fischer 6 a; hierzu krit. Bialas aaO 104 f.) – der absoluten Fahrunsicherheit auch für Verfahren, bei denen die Straftat noch vor der Änderung der Rspr. begangen wurde, die aber im Zeitpunkt der Änderung noch anhängig sind, da sich das aus Art. 103 II GG, §§ 1, 2 StGB ergebende Rückwirkungsverbot nach hM nur auf Gesetzesänderungen, nicht aber auf richterliche Gesetzesauslegung bzw. prozessuale Beweisregeln beziehen soll (BVerfG NJW **90**, 3140, Bay NJW **90**, 2833 mwN, Düsseldorf MDR **91**, 171; abl. § 2 RN 9, Krahl NJW **91**, 808, krit. auch Bernreuther MDR **91**, 82; vgl. auch Ranft JuS **92**, 468, Neumann ZStW 103, 331 sowie Dannecker, Das intertemporale Strafrecht, 1993, 360 ff., der den Vertrauensschutz des Bürger über das allg. rechtsstaatliche Rückwirkungsverbot gewahrt sehen will (392). § 61 VVG betreffend: Karlsruhe VersR **92**, 567). Die Grundsätze über die absolute Fahrunsicherheit gelten allerdings nur, wenn mit einem Kraftfahrzeug am Verkehr teilgenommen wird. Ein Fahrzeug wird als Kraftfahrzeug geführt, wenn die Motorkraft entweder wirksam ist oder alsbald zur Wirkung gebracht werden kann und soll (Hamm DAR **57**, 367, **60**, 55, Bay StVE **Nr. 61,** J/Hentschel 2, Janiszewski 117; vgl. auch Grohmann BA 94, 160 f.). Der Grenzwert von 1,1‰ hat Geltung für alle Verkehrssituationen (BGH VRS **33** 118; vgl. auch Hamm DAR **56**, 251, J/Hentschel 13, Schneble SchlHA 60, 75). Auch Krankheit und Übermüdung rechtfertigen nicht, von einem geringeren Wert auszugehen (Düsseldorf VM **76**, 13), allerdings können diese Umstände im Rahmen der relativen Fahrunsicherheit eine Rolle spielen (vgl. u. 13 f.).

Der Grenzwert von **1,1‰** gilt auch für Fahrer von **motorgetriebenen Zweiradfahrzeugen**, wie **10** Motorrädern, Mopeds und Mofas (Mofas 25 und sog. Leicht-Mofas, sofern diese mit Motorkraft gefahren werden oder durch Treten der Pedale in Gang gesetzt werden sollen [Mühlhaus/Janiszewski 22, Janiszewski NStZ **90**, 273, Horn SK 20, J/Hentschel 17; and. LG Oldenburg StVE **Nr. 88**]). Für den Soziusfahrer wurde – allerdings noch unter Zugrundelegung des alten Sicherheitszuschlags – der Grenzwert verschieden bestimmt (Stuttgart VM **60**, 64: 1,66‰, dagegen Karlsruhe VRS **18** 471).

Für den Führer eines mittels Abschleppseils **abgeschleppten Pkws** gilt nach BGH **36** 341 m. zust. **11** Anm. Hentschel JR **91**, 113 (vgl. auch Bay NJW **84**, 878, Celle NZV **89**, 318, LG Hannover NStE **Nr. 8;** and. noch Bremen VRS **33** 205, Frankfurt NJW **85**, 2962) der gleiche Beweisgrenzwert zur absoluten Fahruntüchtigkeit wie für einen Kraftfahrzeugführer, da das Lenken und Bremsen an den Fahrer des abgeschleppten Pkws die gleichen Anforderungen an seine Aufmerksamkeit und Reaktionsfähigkeit stellt.

Für **Radfahrer** hat BGH **34** 133 den Grenzwert zur absoluten Fahrunsicherheit unter Berück- **12** sichtigung eines Sicherheitszuschlags von 0,2‰ auf 1,7‰ festgelegt (vgl. auch BGH NStE **Nr. 4**). Die Ermittlung des Wertes des absoluten Fahrunsicherheit beruht bereits auf neuen Untersuchungsergebnissen der Schewe (ua BA 84, 97), die mit zusätzlichen Fahrversuchen abgesichert wurden. Im Hinblick auf die og (vgl. RN 9) Rspr. des BGH zu Kraftfahrzeugführern ist jedoch unter der Voraussetzung der erfolgreichen Teilnahme des die BAK ermittelnden Instituts an sog. Ringversuchen der Sicherheitszuschlag auf 0,1‰ herabzusetzen (krit. unter Hinweis auf insoweit fehlende gesicherte wissenschaftliche Erkenntnisse aber J/Hentschel 18), so daß von einem Grenzwert für Radfahrer von **1,6‰** auszugehen ist (Celle NJW **92**, 2169, Bay StVE **Nr. 100,** Hamm NZV **92**, 198, Karlsruhe NStZ-RR **97**, 356 m. Bspr. Fahl JA 98, 448, Zweibrücken NZV **92**, 372, Horn SK 20, Grohmann BA 91, 89, Janiszewski NStZ 92, 269, Tröndle/Fischer 6; and. LG Verden NZV **92**, 292: 1,5‰; vgl. auch Düsseldorf NJW **92**, 992, Hentschel NZV 91, 334, J/Hentschel 18: 1,7‰; krit. Fahl NZV **96**, 307). Auch dieser Grenzwert gilt für alle Verkehrssituationen (vgl. o. 4 a). Ob der Grenzwert für Kraftfahrzeugführer auch für einen Baggerführer gilt, hat Düsseldorf VM **78**, 34 offengelassen. Zum Grenzwert der absoluten Fahrunsicherheit des Lenkens eines Pferdegespanns vgl. AG Köln NJW **89**, 921; zur Fahrunsicherheit eines Schiffs- oder Flugzeugführers vgl. § 315 a RN 3.

b) Bei einem Blutalkohol unter den genannten absoluten Werten (zur fehlenden Blutprobe u. 19) **13** nimmt die Rspr. **relative Fahrunsicherheit** an (gegen diese Unterscheidung V. Kaufmann BA 75, 306, Strate BA 83, 194; gegen ihn K.-H. Schmidt BA 83, 422), verlangt also im Gegensatz zur absoluten Fahrunsicherheit im Einzelfall den Nachweis, daß der Fahrer nicht mehr imstande war, sich im Verkehr sicher zu bewegen (vgl. BGH **31** 42, MDR **82**, 683, VRS **19** 296, DAR/M **60**, 66, KG DAR **59**, 269, Köln VRS **34** 46, JR **75**, 35; zum Ganzen Möhl DAR 71, 4, Peters MDR 91, 487); eine solche soll nach BGH (VRS **21** 54, **22** 121, **47** 179) bereits bei 0,3‰ einsetzen können, ebenso Hamm BA **78**, 377; vgl. noch BGH VRS **16** 128, KG VRS **26** 117, Hamm NJW **67**, 1332, Hamburg VRS **47** 318, Koblenz VRS **48** 31; unter einer BAK von 0,3‰ kann relative Fahrunsicherheit allenfalls bei Auftreten außergewöhnlicher Umstände vorliegen (Bay StVE **Nr. 93,** Saarbrücken NStZ-RR **00**, 12, Janiszewski aaO 128; gebs. abl.: J/Hentschel 15). Maßgebend für Beurteilung der relativen Fahrunsicherheit sind die Umstände in der Person des Fahrers und (oder) seiner Fahrweise (BGH VRS **33** 119). Allerdings rechtfertigt nicht jeder Fahrfehler die Annahme relativer Fahrunsicherheit (Düsseldorf DAR **80**, 190). Es muß sich um Ausfallerscheinungen handeln, die ein erkennbares äußeres Fehlverhalten bewirken und auf relative Fahrunsicherheit hindeuten (BGH **31** 42, Lackner/Kühl 7). Hierdurch muß dem Richter die Überzeugung vermittelt werden, daß der Täter in nüchternem Zustand anders verhalten hätte (BGH VRS **36** 174, Köln NZV **95**, 454); erforderlich ist mithin eine – die während der Fahrt zu bewältigenden Verkehrsaufgaben einbeziehende (Janiszewski aaO 128) – Gesamtwürdigung seiner psychophysischen Leistungsfähigkeit, nicht eine isolierte Bewertung von Fahrfehlern und anderen Beweiszeichen (Lackner/Kühl 7). Andererseits

§ 316 14

können gehäufte Fahrfehler zu dieser Annahme führen, selbst wenn jeder für sich keine solche Indizwirkung hätte (Düsseldorf VM **77**, 29). Dabei ist auf die Art des Fahrzeugs (Motorrad) Rücksicht zu nehmen (BGH **22** 352 m. Anm. Händel NJW **69**, 1578). – Krit. zur hinreichenden gesetzlichen Bestimmtheit v. Goetz ZRP 95, 247; s. a. Haffke JuS 72, 448 ff.

14   **Einzelfälle:** Grobe und für den langjährigen Fahrer ungewöhnliche Fahrfehler sollen nach BGH VRS **19** 29 für den Nachweis relativer Fahrunsicherheit geeignet sein, wie etwa das Abkommen von der rechten Fahrbahnhälfte (BGH VRS **47** 20; vgl. Karlsruhe VRS **47** 90, Koblenz StVE **Nr. 8**), Überfahren einer Fußgängergruppe auf ebener, gerader Straße bei trockener Witterung (BGH VRS **49** 429), ebenso besonders törichtes Verhalten (Köln BA **74**, 131), weit überhöhte Geschwindigkeit (Saarbrücken VRS **72** 377; vgl. aber Bay VRS **75** 210, Koblenz VRS **78** 450) oder leichtsinnige Fahrweise (BGH VRS **33** 118, Hamm VRS **35** 360, **39** 37, DAR **69**, 188, Köln VRS **37** 200; vgl. Koblenz VRS **48** 31). Auch ein bewußt verkehrswidriges Verhalten kann als Beweisanzeichen der relativen Fahrunsicherheit gewertet werden (Düsseldorf VM **77**, 28), wenn der Entschluß dazu auf die alkoholbedingte Enthemmung zurückzuführen ist; vgl. hierzu Groth NJW 86, 759. Bei „verständlichen Motiven" für eine fehlerhafte Fahrweise – wie zB die mit einer Geschwindigkeitsüberschreitung verbundene Flucht vor der Polizei – kann nicht ohne weiteres davon ausgegangen werden, daß sie auf der Alkoholwirkung beruht (BGH StVE **Nr. 105**, NZV **95**, 80 m. Anm. Hauf, DAR 95, 166, Saarbrücken VRS **72** 377, LG Osnabrück DAR **94**, 128, Peters MDR 91, 491; vgl. aber Düsseldorf NJW **97**, 1382 [rel. aussichtslose Flucht mit schweren Verkehrsverstößen]). Dies gilt ebenso für Fahrfehler, die auch nüchternen Fahrern unterlaufen (BGH DAR/M **68**, 123, VRS **36** 174, Zweibrücken VRS **48** 104 [Fehlverhalten bei Straßenglätte; vgl. aber auch KG VRS **48** 204], Koblenz BA **77**, 63 [leichte Beschädigung eines PKW beim Ausfahren aus einer Parklücke], Bay DAR/R **76**, 175 [Abkommen von der Fahrbahn durch Aquaplaning]; bedenklich deshalb Koblenz VRS **44** 200 [Bremsen in einer Kurve]; vgl. auch Bay DAR/R **73**, 206); weitergehend Saarbrücken VRS **24** 31, LG Zweibrücken NZV **94**, 450 [Überfahren der Mittellinie bei kurvenreicher Strecke], Hamm StVE **Nr. 102** [Abweichung von der geraden Fahrlinie bei heftigem Wind], LG Osnabrück DAR **95**, 79 [fehlerhaftes Linksabbiegen]; allerdings können derartige auch von Nüchternen häufig begangene Fahrfehler als zusätzliches Indiz herangezogen werden, Janiszewski aaO 129, Tröndle/Fischer 7 d). Deshalb kann die Beschädigung des nebenstehenden Kfz beim Verlassen einer Parklücke nicht allein wegen der für einen geübten Fahrer äußerst leichten Lage relative Fahrunsicherheit bei einer BAK von 0,8‰ begründen (Koblenz VRS **52** 350; vgl. aber auch Koblenz VRS **54** 124). Auch kann nicht ohne weiteres auf relative Fahrunsicherheit eines 74-jährigen Radfahrers geschlossen werden, der mit einer BAK von 1,07‰ eine ansteigende Straße in Schlangenlinien befährt (Bay NStZ/J **88**, 544). Daß ein Fahrfehler häufiger von angetrunkenen als von nüchternen Fahrern begangen wird, nötigt nicht zu dem Schluß auf alkoholbedingte Fahrunsicherheit (BGH VRS **36** 174); allerdings haben rein theoretische Zweifel außer Betracht zu bleiben (BGH VRS **49** 429); zu statistischen Untersuchungen über alkoholtypische Fahrfehler vgl. Haffner ua NZV 95, 301. Die Feststellung von Müdigkeit neben 1,1‰ genügte der Rspr. zur 1,3‰-Grenze nicht (BGH VRS **31** 107; vgl. auch Bay NJW **68**, 1200, Hamm NJW **73**, 569), ebensowenig genügt die Verletzung des Vorfahrtsrechts (BGH VRS **34** 211), die Einhaltung eines zu geringen Seitenabstandes beim Überholen (Bay DAR/R **73**, 206 [0,89‰]), 30 Sekunden langes reaktionsloses Verhalten vor einer Ampelanlage nach Aufleuchten von grünem Licht (Bay DAR/R **74**, 179), ein Blitzstart mit quietschenden Reifen (Bay DAR/B **91**, 368), die Übernahme einer Fahrt zur Nachtzeit nach einem arbeitsreichen Tag (Düsseldorf VM **77**, 28 [LS]); krit. Schütt DRiZ 65, 292 oder die Weiterfahrt trotz widriger Straßenverhältnisse, es sei denn, jeder nüchterne Fahrer würde angesichts der Straßenverhältnisse von einer Weiterfahrt Abstand genommen haben (Bay NStZ/J **89**, 567). Bedenklich ist jedoch die Tendenz der Rspr., eine relative Fahrunsicherheit schon allein deswegen anzunehmen, weil der Täter sich dem Grenzwert der absoluten Fahrsicherheit genähert und die Fahrt in der sog. Resorptionphase (u. 18) unternommen hat (vgl. Hamm GA **46**, 221, Oldenburg VRS **28** 466, Koblenz VRS **34** 444; vgl. dagegen Hamburg NJW **70**, 1982); allerdings wird in diesen Fällen nach den von BGH **25** 246 entwickelten Grundsätzen (vgl. o. 9) häufig bereits aufgrund der Körperalkoholkonzentration eine absolute Fahrunsicherheit bejaht werden können. Richtig dagegen ist, daß bei einer Annäherung an den Grenzwert für absolute Fahrunsicherheit die Beweisanzeichen geringer sein dürfen (vgl. Düsseldorf NZV **97**, 184, Hamm VRS **40** 362, NJW **75**, 2225, Köln VRS **44** 105, Koblenz VRS **46** 349, VRS **75** 210, Bay DAR/R **74**, 179, VRS **75** 39, VRS **78** 450, Köln VRS **51** 34, J/Hentschel 15, Janiszewski aaO 128). Ausfallerscheinungen, die bei einer Blutprobe festgestellt werden, die eine höhere BAK aufweist, als sie zur Zeit der Tat bestand, sind für die relative Fahrunsicherheit nicht zu berücksichtigen (Hamm VRS **36** 49, Köln JMBlNRW **72**, 143). Über die Kriterien der Fahrunsicherheit ferner Hamm VRS **33** 340, **37** 48, NJW **73**, 569 m. Anm. Mayer NJW **73**, 1468, DAR **73**, 106, VRS **46** 137 [Trinkverhalten], KG VRS **84** 284, Köln VRS **37** 35, Bay DAR/R **73**, 206, Frankfurt DAR **73**, 273. Zur Indizwirkung eines Drehnachnystagmus vgl. Köln VRS **31** 443, **48** 103, Zweibrücken StVE **Nr. 60**; vgl. weiter Hamm StVE **Nr. 21**. Auch das Zusammenwirken von Blutalkohol und sonstigen leistungsmindernden Umständen (Krankheit, Ermüdung), insb. neurologisch-psychiatrischen Erkrankungen (Hebenstreit BA 86, 179), macht nicht sonstige Beweisanzeichen für die alkohol(mit)bedingte (relative) Fahrunsicherheit entbehrlich (Bay MDR **68**, 342); vgl. auch Bay DAR/R **81**, 246, Hamm GA **69**, 186, Köln StVE **Nr. 12**, Koblenz StVE **Nr. 14**. Entsprechendes gilt für lediglich allgemein ungünstige äußere Umstände (zB Nebel), doch gehören umgekehrt die Straßen- und Verkehrsverhältnisse sowie die Fahr-

eigenschaften des Kraftfahrzeugs zu den für die Ermittlung relativer Fahrunsicherheit heranzuziehenden Tatumständen (BGH **13** 90, **20** 352). Allgemein gilt: Je weiter sich die BAK vom Grenzwert absoluter Fahrunsicherheit entfernt, desto höhere Anforderungen sind an das Gewicht der sonstigen Beweiszeichen zu stellen (BGH DAR **69**, 105, Köln NZV **95**, 454, Janiszewski aaO 128, J/Hentschel 15). Der Genuß „alkoholfreien" Bieres beeinflußt den BAK-Wert nicht (Schewe ua BA 85, 304).

c) Die **Ermittlung der BAK** richtet sich nach den bundeseinheitlichen Richtlinien (abgedr. bei **15** Mühlhaus/Janiszewski, § 316 RN 40). Nach Nr. 15 dieses Erlasses sind jeder BAK-Bestimmung grundsätzlich drei Untersuchungen nach dem *Widmark-Verfahren* und zwei nach dem *ADH-Verfahren* zugrundezulegen. Dabei darf eines der beiden Verfahren auch durch – als solche nicht vorrangige (Düsseldorf NStZ-RR **98**, 82) – *drei gaschromatographische* Bestimmungen ersetzt werden. Bei Verwendung automatisierter Geräte genügen sogar nur zwei Bestimmungen nach dieser Methode (BGH **28** 2, NZV **88**, 221, Bay NJW **76**, 1803, Köln NJW **76**, 2308, Hamburg StVE **Nr. 15**; vgl. auch Hentschel/Born aaO 25). Da aber bei Messungen im Bereich der Naturwissenschaft absolute Genauigkeit, dh völlige Übereinstimmung des Meßergebnisses mit der wirklich gegebenen Größe, nicht erreichbar ist, kann – jedenfalls bei dem jetzigen Erkenntnisstand – bei Blutalkoholuntersuchungen für gerichtliche Zwecke grundsätzlich auf zwei voneinander verschiedene Untersuchungsverfahren nicht verzichtet werden, um Fehlermöglichkeiten in ihren Auswirkungen auszugleichen (BGH NZV **88**, 221, Bay VRS **62** 462, NJW **82**, 2131, Stuttgart VRS **66** 450; and. LG Mönchengladbach MDR **85**, 428, AG Langen NZV **88**, 233 m. Anm. Hentschel). Daher reicht eine einzige Untersuchung nicht aus (LG Hanau VRS **76** 25). Dies gilt jedoch nur für die Feststellung der absoluten Fahrunsicherheit; bei der relativen kann auch eine einzige Blutuntersuchung als Indiz herangezogen werden (Stuttgart VRS **66** 450). Neben diesen verschiedenen Bestimmungsmethoden ist noch das photometrische (Frankfurt VRS **36** 284) und das Verfahren nach Kingsley-Current (LG Bamberg NJW **66**, 1176) zugelassen worden. Zu den Fehlermöglichkeiten bei der Ermittlung der BAK und der Frage der Verwertbarkeit einer fehlerhaft gewonnenen Blutprobe vgl. Sachs NJW 87, 2915 f.

Die quantitative Bestimmung der BAK aus der Atemluft mittels **Atemalkoholtestgeräten** (Alco- **16** mat und Draeger Alcotest-7010, –7310, –7410), die anstelle der Alcotest-Röhrchen als Vortest für die polizeiliche Praxis konzipiert wurden, ist nach allgemeiner Auffassung nicht möglich (Hamm StVE **Nr. 104**, Bay NZV **88**, 150 m. Anm. Grüner JR 89, 80, Zweibrücken NJW **89**, 2765, Köln StVE **Nr. 66**, LG Münster NStZ **92**, 544, LG Gera DAR **96**, 156, AG Westerburg NZV **95**, 41, Hentschel/Born aaO 109, Tröndle/Fischer 8 b, Grüner/Penners NJW 85, 1377, Geppert Jura 86, 535 f., Alck BA 88, 396, Heifer NZV 89, 13 f., Iffland/Hentschel NZV 99, 496, Iffland u. a. NJW 99, 1381, Schewe Salger-FS 716, Gilg/Eisenmenger DAR 97, 1 ff.; ausführlich Grüner, Die Atemalkoholprobe, 1985; dies ist auch Ausgangspunkt des Gutachtens des Bundesgesundheitsamtes „Prüfung der Beweissicherheit der Atemalkoholanalyse", Schoknecht ua, Hrsg. Institut für Sozialmedizin und Epidemiologie des Bundesgesundheitsamtes [SozEp-Hefte], 1991, S. 4, 32 f.). Zeigt ein solches Gerät den Grenzwert der absoluten Fahrunsicherheit an, kann die alkoholbedingte Fahrunsicherheit nur festgestellt werden, wenn weitere Beweisanzeichen hinzutreten (and. Arbab-Zadeh NJW 84, 2615). Dagegen bestehen keine Bedenken, die Atemluftalkoholkonzentrationswerte als Beweisanzeichen zugunsten des Täters zu berücksichtigen (BGH NStZ **95**, 96; vgl. auch Karlsruhe NStZ **93**, 554). Das og Gutachten des Bundesgesundheitsamtes hält jedoch die technischen Voraussetzungen für die Einführung gesonderter Atemalkoholkonzentrations-Werte durch Rspr. und Gesetzgebung bei Einhaltung bestimmter Anforderungen an die Messungen für gegeben (aaO S. 14, 33, 56 f., 60; vgl. dazu auch vorbereitend Schoknecht ua BA 89, 137, erläuternd BA 91, 155, 210, ebenso auch bereits Alck BA 88, 399; krit. demgegenüber Denkschrift der Deutschen Gesellschaft für Rechtsmedizin BA 92, 108, Wilske/Eisenmenger DAR 92, 41, Grüner/Bilzer BA 92, 161, Pluisch/Heifer NZV 92, 337, Bilzer ua BA 94, 1, Schewe Salger-FS 716 ff., Iffland NZV 95, 249, Heifer BA 98, 231). Vgl. zu Erfahrungen mit „Alcotest 7310" Huckenbeck/Schweitzer BA 85, 417, Heifer BA 86, 229, Iffland/Staak BA 86, 77, Schneble BA 86, 315, Grohmann DAR 87, 8; vgl. auch die neueren Untersuchungen zur Zuverlässigkeit von Atemalkoholtestgeräten bei Urban ua BA 91, 304, Kijewski ua BA 91, 243, Clasing ua BA 92, 130, Bilzer/Grüner BA 93, 230, Majert BA 93, 290, Bilzer ua BA 97, 96, Gilg/Eisenmenger DAR 97, 6). Zwar ist im Bereich des Straßenverkehrsordnungswidrigkeitsrechts (§ 24 a I StVG) neben der Messung der Blutalkoholkonzentration auch die des Alkohols in der Atemluft zugelassen (Überschreitung als Tatbestandsmerkmal); mangels entsprechender tatbestandlicher Regelung im Straßenverkehrsstrafrecht kann die Messung der Atemalkoholkonzentration aber angesichts der fehlenden Konvertierbarkeit gemessener Atemluft- in Blutalkoholkonzentrationen (Gilg/Eisenmenger DAR 97, 1, Schewe Salger-FS 717) nach wie vor nur ein – ohnehin nicht unproblematisches (vgl. die Nachw. bei Hentschel NJW 98, 2387 f. zu grds. Bedenken der Rechtsmedizin) – Beweisanzeichen alkoholbedingter Fahrunsicherheit (LG Gera DAR **96**, 156) bilden (J/Hentschel 52 a, Lackner/Kühl 8, Tröndle/Fischer 8 b [Berücksichtigung zugunsten des Beschuldigten]). Zur Ermittlung der BAK aus der Speichelalkoholkonzentration vgl. Lutz ua BA 93, 240. Zur forensischen Verwertbarkeit der Atemalkoholanalyse im europäischen Ausland vgl. Alck BA 88, 400, Fleck/Schoknecht BA 89, 376, Bundesgesundheitsbl. 90, 153, Bittmann BA 93, 344, Geppert Spendel-FS 657.

Bei der Bestimmung der BAK ist nicht vom geringsten der gemessenen Einzelwerte auszugehen, **17** sondern vom arithmetischen Mittelwert aller Einzelanalysen (Hamburg VRS **28** 306, **36** 282, MDR

§ 316 18   Bes. Teil. Gemeingefährliche Straftaten

76, 515, Hamm NJW **69**, 566, BA **77**, 188 m. Anm. Grüner BA 85, 484, Stuttgart NJW **81**, 2525, KG VRS **30** 279, Düsseldorf BA **79**, 405, **80**, 174, NZV **97**, 445, NStZ-RR **98**, 82, Bay NJW **76**, 1802, LG Göttingen NdsRpfl **91**, 276, Haffke NJW 71, 1874, Hentschel/Born aaO 73, Tröndle/Fischer 8 c, Lackner/Kühl § 315 c RN 8, Horn SK 23, Rüth LK[10] 63; and. noch 24. A.), der aber nicht aufgerundet werden darf (Hamm StVE **Nr. 28**, zu § 24 a StVG BGH 28 1, J/Hentschel 53, Lackner/Kühl § 315 c RN 8; zur Bedeutung der 3. Dezimalstelle der Einzelwerte bei der Berechnung des Mittelwertes vgl. Sachs/Zink BA 91, 321). Dem Grundsatz in dubio pro reo ist durch den im Grenzwert enthaltenen Sicherheitszuschlag genüge getan (LG Göttingen NdsRpfl **91**, 276, Hentschel/Born aaO 76). Bei der Berechnung des Mittelwertes müssen jedoch solche Einzelergebnisse ausgeschaltet werden, bei denen die Differenz zwischen dem höchsten und dem niedrigsten Einzelwert mehr als 10% des Mittelwertes (bei Mittelwerten unter 1,0‰ nicht mehr als 0,1‰ [J/Hentschel 53 mwN]) beträgt (BGH **21** 166, NJW **99**, 3058, NZV **88**, 221, Bay VRS **62** 464, Düsseldorf VRS **73**, 218 [Unverwertbarkeit eines aus einer nur geringen, mit destilliertem Wasser verdünnten Blutprobe gewonnenen BAK-Ergebnisses], Hamm StVE **Nr. 69** m. Anm. Zink BA 86, 144; s. a. Schewe Salger-FS 720 f.). Darüber hinaus wurde gefordert (BGH **37** 97 [and. **45**, 140 bei erfolgreicher Teilnahme an Ringversuchen] Bay NZV **96**, 75 m. Bspr. Heifer/Brzezinka BA 96, 106, Hentschel JR 96, 388; s. a. Beier NZV 96, 343, Schoknecht NZV 96, 217), durch Bekanntgabe der vier bzw. fünf Einzelmeßwerte der Blutalkoholbestimmung nachzuweisen, daß die daraus berechnete Standardabweichung unter den im Gutachten des Bundesgesundheitsamtes (NZV **90**, 104) angegebenen Maximalwerten liegt (and. jetzt BGH **45** 145; s. a. LG Göttingen NdsRpfl. **91**, 276). Hiergegen ist – abgesehen vom Umstand ohnehin nicht erreichbarer absoluter Genauigkeit – einzuwenden, daß der statistische Wert der Standardabweichung die Meßpräzision eines Labors aufgrund einer größeren Meßreihe – wiederholte Messungen einer Probe – beschreibt; der nur aus vier bzw. fünf Einzelwerten der Blutalkoholbestimmung errechnete Wert der Standardabweichung sei zur Präzisionskontrolle der konkreten Messung ungeeignet (BGH **45**, 146, Bay NZV **96**, 76, LG Göttingen NdsRpfl **91**, 277, Hentschel/Born aaO 79, J/Hentschel 53; and. LG München I NZV **96**, 378; zur Kritik u. Alternativvorschlägen von gerichtsmedizinischer Seite vgl. Weiler ua BA 91, 146, Rüdell/Rüdell BA 91, 252, Grüner BA 91, 360, Sammler ua BA 92, 205). Nach LG Hamburg (StVE **Nr. 101**) gilt bei Überschreitung der zulässigen Maximalwerte der Standardabweichung ein Grenzwert von 1,15‰.

18   d) Entscheidend ist die Alkoholkonzentration **zur Zeit der Tat** (BGH **21** 163, Bay VRS **27** 220, Hamm VRS **36** 49, Cramer 23). Da zwischen dem Tatzeitpunkt und dem Zeitpunkt der Blutentnahme regelmäßig einige Zeit verstreicht, während der Alkohol durch Stoffwechselvorgänge abgebaut oder aber, bei Alkoholaufnahme kurz vor der Blutentnahme – insb. beim Nachtrunk –, erst noch resorbiert wird, ist im ersten Fall durch Rückrechnung, im anderen durch Aufrechnung der Alkoholgehalt zur Tatzeit zu berechnen. Im letzterem Fall ist nicht entscheidend, ob der Grenzwert zur Tatzeit erreicht ist, sondern darauf, ob er später nach Abschluß der Resorption erreicht wird. Nach der Rspr. (BGH **25** 251, o. 9) bedarf es einer Rückrechnung jedoch nicht, wenn bei der Entnahme wenigstens der Grenzwert der absoluten Fahrunsicherheit erreicht ist, da dann feststeht, daß eine entsprechende Körperalkoholmenge zur Tatzeit vorgelegen haben muß (vgl. Hamm VRS **47** 270; vgl. Mayr DAR 74, 65, ferner auch Koblenz VRS **47** 272; and. aber für den Fall, daß Schuldunfähigkeit in Betracht kommt Düsseldorf NJW **89**, 1557, Koblenz VRS **75** 47). Im übrigen ist eine Rückrechnung erst vom Zeitpunkt des Endes der Resorptionsphase exakt möglich, so daß im Regelfall eine Rückrechnung zur Feststellung der BAK im Tatzeitpunkt bei der Bestimmung der absoluten Fahrunsicherheit in den ersten beiden Stunden nach Trinkende unzulässig ist (BGH **25** 250, vgl. Hamm NJW **74**, 1433, Bay NJW **74**, 1432, DAR/R **74**, 179, NJW **95**, 1104 [auch bei einem BAK-Wert von nur 0,72‰], Düsseldorf VRS **73** 471 f., Zweibrücken VRS **87** 435 m. Anm. Schmid BA 95, 236). Für die Folgezeit legt die Rspr. bei der Rückrechnung einen Abbauwert von 0,1‰ je Stunde zugrunde (BGH **25** 246 m. Anm. Händel NJW 74, 246 u. D. Meyer NJW 74, 613, Bay NZV **95**, 117, Bremen VRS **48** 273, Düsseldorf VRS **73** 471, Zweibrücken VRS **87** 435 m. Anm. Schmid BA 95, 236; vgl. Mayr DAR 74, 64, Salger DRiZ 89, 174; Nachw. zur älteren Rspr. s. 18. A. § 315 c RN 8 b, Cramer 24). Allerdings ist in den schwierigen Fällen der Nach- und Sturztrunkbehauptung immer ein Sachverständiger zur verläßlichen BAK-Wertermittlung zu hören (vgl. Reinhardt/Zink NJW 82, 2108, Bonte ua NJW 82, 2109). Geht es dagegen um die Frage der strafrechtlichen Verantwortlichkeit, so muß bei der Rückrechnung der höchstmögliche Abbauwert zugrunde gelegt werden (vgl. Cramer 29), es sei denn, daß bei einer Rückrechnung über viele Stunden der BAK-Wert zur Tatzeit unrealistisch würde (BGH StVE **Nr. 72**). Je länger die Rückrechnungszeit, desto größer wird der Abstand von der wahrscheinlichen BAK zur Zeit der Tat. Ist daher zwischen der Tat und der Blutentnahme ein längerer Zeitraum verstrichen (bei 9 Std. vgl. BGH **35** 308, bei 13 und 18 Std. vgl. BGH DAR/S **89**, 246), hat die BAK nur eine beschränkte Aussagekraft und kann nur eine grobe Orientierungshilfe darstellen. Der Blutalkoholwert verliert an indizieller Bedeutung und es kommt zunehmend auf andere Beweisanzeichen an (BGH **35** 312 ff.). Bei der Frage, welche Rückrechnungswerte hierbei zugrunde zu legen sind, hat die Rspr. verschiedene Standpunkte eingenommen. Während sie urspr. von einem maximalen Wert von 0,29‰ pro Stunde ausging (BGH DAR/S **81**, 189, BA **85**, 484, ZfS **86**, 28, Hamm VRS **36** 281, **41** 102 f., 410 f., BA **76**, 295, Stuttgart BA **76**, 288 m. krit. Anm. Schwerd, Bay NJW **74**, 1432, Koblenz VRS **54** 120), ist sie jetzt der Auffassung, daß eine gestaffelte Rückrechnung erforderlich sei, bei der 0,2‰ pro Stunde und zusätzlich ein Sicherheitszuschlag von 0,2‰ zugrunde zu legen sind (vgl. BGH 4 StR 529/85 v. 15. 10. 85, BGH VRS **69** 431, BGH StVE **Nr. 72, 73 b**, NJW **91**, 853, Köln StVE **Nr. 74 a**, Zweibrücken VRS **87** 435 m. Anm. Schmid BA 95, 236). Die Bestimmung eines sog. „individuellen Blutalkoholabbauwertes" ist – auch durch Rückrechnung zweier Blutproben – nicht zulässig, solange gesicherte wissenschaftliche Erkenntnisse hierzu fehlen (BGH NStZ **86**, 114, StVE **Nr. 73 b**, NJW **91**, 2356; aus medizinischer Sicht vgl. Gerchow ua BA 85, 77; krit. Haffner ua BA 91, 46). Die Rückrechnung nach generellen Rückrechnungswerten ist jedoch ebenfalls problematisch (näher Cramer 25, Wagner NJW 59, 1758, Bode BA 94, 140) und bedarf regelmäßig wenigstens der Zuziehung eines Sachverständigen (BGH VRS **29** 185, Koblenz StVE **Nr. 24**; vgl. Hamm NJW **73**, 1433, Koblenz VRS **51** 38, Mayr DAR 74, 64, Spann DAR 80, 309, Geppert DAR 80, 315). Diese ist bei Aufrechnung, also in dem Fall, daß der Täter sich zum Zeitpunkt der Blutentnahme noch in der Resorptionsphase befand, immer geboten (Hamm VRS **43** 110, Hamburg VRS **45** 43), da sich hierfür noch keine festen Richtwerte gebildet haben (vgl. noch Hamm NJW **73**, 1423 und speziell zur Behandlung des Nachtrunks Celle NdsRpfl. **72**, 284, Köln BA **84**, 368, StVE **Nr. 65**, Iffland NZV 96, 129). Der Tatrichter hat die Anknüpfungstatsachen, die er seiner Rück- oder Aufrechnung zugrundelegt, im Urteil in einer für das RevG nachprüfbaren Weise darzulegen (Köln VRS **66** 352, Bay DAR/R **84**, 241, Zweibrücken BA **95**, 235 m. Anm. Schmid).

e) Auch wenn eine **Blutprobe fehlt** und deshalb eine BAK als Grundlage für weitere Beweiserwägungen nicht ermittelt werden kann, ist die Feststellung einer durch Alkohol verursachten relativen Fahrunsicherheit durch den Tatrichter in freier Beweiswürdigung zulässig (Koblenz NZV 50 288, **54** 282, BA **84**, 540, Düsseldorf StVE **Nr. 35**, NZV **92**, 81, Hamm VRS **59** 41). Entsprechend dem Grundsatz, daß die Anforderungen an die Beweisanzeichen für eine Fahrunsicherheit um so höher sind, je niedriger die BAK zur Tatzeit ist, ist dies aber nur in Ausnahmefällen möglich, wenn den zugrundeliegenden Indizien und ihrer Gesamtwürdigung eine außergewöhnliche, überdurchschnittliche Überzeugungskraft zukommt (Düsseldorf StVE **Nr. 43 a**, 87, Köln NZV **89**, 358; and. Zweibrücken StV **99**, 321). Dies gilt auch für den Fall, daß bei fehlender Blutprobe das Mindestmaß der BAK zur Tatzeit aus der Trinkmenge berechnet wird und sich dabei ein unter 0,3 liegender Wert ergibt (Köln und Bay NStZ/J **91**, 269); zur BAK-Berechnung auf Basis der sog. Widmark-Formel auch Köln NZV **89**, 357, Salger DRiZ 89, 174, Schewe Salger-FS 721 f. Erfolgt die Berechnung im Hinblick auf den Grenzwert, ist zu Gunsten des Angeklagten von einem Resorptionsdefizit von bis zu 30% und einem Abbauwert von stündlich 0,2‰ zuzüglich einem Sicherheitszuschlag von 0,2‰ auszugehen (BGHR Fahruntüchtigkeit, absolute **1**, NStZ/J **91**, 269, Salger DRiZ 89, 176; zur Berechnung im Hinblick auf die Schuldfähigkeit vgl. § 20 RN 16 f).

2. Der Täter muß ein **Fahrzeug** (§ 315 c RN 5) **geführt** haben. Dieser Begriff ist enger als der der Teilnahme am Verkehr, der jede unmittelbare körperliche Einwirkung auf den Verkehr umfaßt (Hamm NJW **84**, 137). Das Führen eines Fahrzeugs erfaßt nur Bewegungsvorgänge im Verkehr (so nun auch BGH **35** 393 m. krit. Anm. Hentschel JR 90, 32 u. Sunder BA 89, 297, NJW/H **90**, 1461, Bay NZV **89**, 242 [unter Aufgabe seiner bisherigen Rspr.], Hamm NJW **84**, 137, Düsseldorf NZV **89**, 202, Cramer § 316 RN 32, Rüth LK[10] 3, § 315 c RN 5, Horn SK § 315 c RN 5, Janiszewski aaO 116 f., Tröndle/Fischer § 315 c RN 3), da von einem stehenden Fahrzeug keine unter § 316 fallende abstrakte Gefährdung des Straßenverkehrs ausgeht. Um Führer eines Fahrzeugs sein zu können, muß daher jemand das Fahrzeug unter bestimmungsgemäßer Anwendung seiner Antriebskräfte unter eigener Allein- oder Mitverantwortung in Bewegung setzen oder das Fahrzeug unter Handhabung seiner technischen Vorrichtung während der Fahrtbewegung durch den öffentlichen Verkehrsraum ganz oder wenigstens zum Teil lenken (BGH **18** 8 f., **35** 393 mit näheren Auslegungskriterien; krit. dazu Sunder BA 89, 298 ff.). Dabei spielt es allerdings keine Rolle, ob das Fahrzeug sich mit Motorkraft oder auf einer Gefällstrecke infolge seiner Schwerkraft bewegt (BGH **14** 185). Erforderlich ist allein ein Bewegungsvorgang des Abfahrens, der durch das Anrollen der Räder nach außen in Erscheinung tritt (BGH **35** 394 f. m. krit. Anm. Hentschel JR 90, 32, Düsseldorf NZV **89**, 202). Nicht ausreichend ist daher das Setzen auf den Steuersitz des fahrbereiten Fahrzeugs (BGH **35** 390, Köln NJW **64**, 2026, AG Homburg VRS **77** 66; and. noch Bay VRS **48** 207), das Schlafen im abgestellten Wagen bei laufendem Motor, das Inbetriebsetzen des Schwenkwerks eines Baggers (Bay DAR **67**, 142), das Einschalten der Zündung (AG Homburg VRS **74** 28), das Anlassen des Motors (BGH **35** 390, Celle NdsRpfl. **73**, 27, StVE **Nr. 81**, LG Hamburg StVE **Nr. 80**, LG Braunschweig NStZ/J **87**, 271, LG Köln DAR **94**, 165, AG Freiburg VRS **71** 283, M-Maiwald II 34; and. Köln JMBlNRW **64**, 188, Koblenz DAR **72**, 50, VRS **46** 352, Braunschweig NStZ/J **87**, 546), das Lösen der Handbremse, das Schieben zu einer Gefällstrecke, wo das Kfz dann in Gang gesetzt werden soll (Karlsruhe DAR **83**, 365) oder der vergebliche Versuch, ein in weichem Boden abgesenktes und feststeckendes Fahrzeug freizubekommen (Karlsruhe StVE **Nr. 98**). In diesen Fällen kann jedoch Versuch vorliegen (vgl. § 315 c RN 46), zB dann, wenn eine Fortbewegung des Kfz objektiv unmöglich ist (Bay **86** 13), der allerdings in den Fällen des § 316 anders als bei § 315 c I Nr. 1 nicht strafbar ist. Wohl aber reichen Handlungen aus, die nach Beendigung der Fahrt vorgenommen werden; wer die Handbremse nicht anzieht und dadurch den Wagen nicht absichert, begeht einen Fahrfehler beim Führen des Fahrzeugs (BGH **19** 371, Cramer 14; and. Rüth LK[10] 4, § 315 c RN 5, Horn SK § 315 c RN 5). Ein Kfz führt auch, wer es anschieben läßt, um den Motor in Gang zu setzen (Celle NJW **65**, 63, Düsseldorf DAR **83**, 301; vgl. Oldenburg VRS **48** 356) oder wer ein Mofa mit laufendem Motor

§ 316 21–26 Bes. Teil. Gemeingefährliche Straftaten

schiebt (Düsseldorf StVE **Nr. 11,** Bay StVE **Nr. 61;** and. wer sich auf ein Kraftrad mit laufendem Motor setzt und es mit den Füßen bis zu einer Stelle vorwärts bewegt, von der ab ein anderer das Kraftrad mit Motorkraft weiterfahren soll, wenn er dem Kraftrad nicht einen Schwung verleiht, aufgrund dessen es einige Meter selbständig weiterrollt vgl. Bay NZV **88,** 74); auf diese Art des Führens finden jedoch die Grundsätze der absoluten Fahrunsicherheit (vgl. o. 8) keine Anwendung (Bay StVE **Nr. 61**), da und soweit es an der besonderen Gefährlichkeit motorisch angetriebener Fahrzeuge fehlt (Hamm DAR **60,** 55, J/Hentschel 2, Janiszewski aaO 117). Kein Führen liegt vor, wenn das Fahrzeug ohne Zutun des darin Sitzenden (Bay VRS **39** 206) oder ohne dessen Willen (Frankfurt DAR StVE **Nr. 89 a**) ins Rollen gerät. Wer daher nach willentlichem Anlassen des Motors sein Fahrzeug ohne seinen Willen in Bewegung setzt, weil ein Gang eingelegt war, führt kein Kfz (Frankfurt StVE **Nr. 89 a,** Düsseldorf StVE **Nr. 95,** zum Ganzen vgl. auch Grohmann BA 94, 158).

21 Anders als in §§ 69 StGB, 21 StVG genügt hier das Abrollenlassen von Kfz ohne Benutzung des Motors, da sie auch dann noch als **„Fahrzeuge"** zu gelten haben dürften (vgl. BGH 14 185, Celle NZV **89,** 318, Düsseldorf DAR **83,** 301, Koblenz VRS **49** 366; vgl. auch Hamburg VRS **32** 452, ebenso Rüth LK[10] § 315 c RN 6), auch das Steuern eines geschobenen Fahrzeugs reicht aus (Köln VRS **27** 233, Rüth LK[10] § 315 c RN 6, Cramer § 316 RN 33; and. BGH DAR/M **70,** 113, Celle NJW **65,** 63, Oldenburg MDR **75,** 421, Tröndle/Fischer § 316 RN 3), ebenso das eines abgeschleppten (BGH **36** 341, Bay StVE **Nr. 58,** Celle NZV **89,** 318, Frankfurt NJW **85,** 2961, Hamm DAR **99,** 178, Reichart NJW **94,** 103). Über das Führen eines Fahrzeugs durch mehrere Personen vgl. BGH **13** 226 (zu § 24 aF StVG), DAR/M **61,** 65, KG VRS **12** 110, Schleswig DAR **56,** 132, u. 23; über das Führen eines Pferdefuhrwerks vgl. Hamm VRS **19** 367, AG Köln NJW **86,** 1266.

21 a Zur alkoholbedingten Fahrunsicherheit beim Führen von Fahrzeugen im Schiffs- und Luftverkehr, die ja dem Anwendungsbereich des § 316 unterliegen: § 315 a RN 3.

22 Nr. 1 a enthält ein **eigenhändiges** Delikt (§ 315 c RN 45). Dies schließt die Täterschaft eines Halters aus, der einem anderen das Steuer überläßt (BGH **18** 6, Celle NJW **65,** 1773, vgl. 86 vor § 25); hier kann allenfalls Anstiftung oder Beihilfe in Betracht kommen. Gleiches gilt für Personen, denen aufgrund ihrer tatsächlichen Verfügungsbefugnis eine Verantwortlichkeit für das Fahrzeug zukommt (zB der Werksfahrer für den ihm überlassenen LKW; vgl. Koblenz NJW **65,** 1926 m. Anm. Möhl, Bödecker DAR **70,** 309).

23 Beteiligen sich **mehrere Personen** am Führen des Kfz, bedient zB eine die Steuerung, die andere das Gaspedal, gibt der mitfahrende Halter dirigierende technische Anweisungen an den Fahrer (Hamm VRS **37** 201), liegt ein arbeitsteiliges Abschleppen (BGH NZV **90,** 157 [anders bei bloßen Hilfsdiensten beim Anschieben: BGH VM **77,** 92]) oder eine Übungs- oder Prüfungsfahrt (sowohl Fahrschüler als auch -lehrer als Führer, vgl. J/Hentschel 2, Janiszewski aaO 117) vor, so führt jede die Kfz, die auf dessen Fortbewegung einen wesentlichen Einfluß ausübt. Daß der Beifahrer dem Fahrer nur kurz ins Steuer greift, begründet keine eigene Führung des Fahrzeugs (Hamm NJW **69,** 1975, VRS **37** 281, Köln NJW **71,** 670, BGH **13** 226, Hentschel/Born aaO 121). Auch ein Beifahrer auf einem Motorrad oä führt (o. 20) grds. das Fahrzeug nicht (J/Hentschel 19).

24 3. Eine konkrete, aus dem Verhalten des Täters resultierende Verkehrsgefahr setzt der Tatbestand nicht voraus. Es genügt die **abstrakte Gefährdung,** die durch die Teilnahme eines fahrunsicheren am Verkehr eintritt. Unbefriedigend an dieser Regelung ist, daß mehr oder weniger der Zufall darüber entscheidet, ob § 315 c oder § 316 Anwendung findet. Eine folgenlose Trunkenheitsfahrt liegt auch vor, wenn es nur zu einer Eigenverletzung des Täters (Hamm VRS **36** 262) oder zu einer Beschädigung des von ihm benutzten Fahrzeugs gekommen ist, selbst wenn dies in fremdem Eigentum steht (BGH **27** 44, VRS **42** 97, Hamm DAR **73,** 104), wenn nur eine Sache von unbedeutendem Wert (vgl. dazu 14 f. vor § 306) oder eine wertvolle Sache in unbedeutendem Umfang (vgl. 16 vor § 306) gefährdet worden ist.

25 III. Der **subj. Tatbestand** setzt nach Abs. 1 Vorsatz voraus; nach Abs. 2 reicht jedoch auch Fahrlässigkeit aus. Auch die Fahrlässigkeitstat enthält als finalen Kern das **Führen** des Fahrzeugs, das ohne entsprechenden Willensakt nicht denkbar ist. Wer unvorsichtigerweise beim Einsteigen die Bremsen löst und infolgedessen das Fahrzeug auf einer Gefällstrecke ohne seinen Willen in Bewegung setzt, „führt" es nicht und kann daher trotz Trunkenheit auch nicht nach Abs. 2 bestraft werden (vgl. auch Frankfurt StVE **Nr. 89 a,** Düsseldorf StVE **Nr. 95**). Deshalb ist Abs. 2 auf die Fälle beschränkt, in denen der Täter infolge Fahrlässigkeit seine Fahrunsicherheit verkennt. Trotz gleicher Strafdrohung kommt der Frage der Begehensform (relevant für Strafmaß: Saarbrücken NJW **94,** 1391) auch eine nicht zu unterschätzende Bedeutung in versicherungsrechtlicher Hinsicht (Obliegenheitsverletzung, vgl. dazu Salger DRiZ 93, 311) und im Hinblick auf die Gnadenrechtspraxis (Abkürzung der Sperrfrist) zu. Dort kann in einem Unterschied machen, ob das Strafurteil von vorsätzlicher oder nur von fahrlässiger Trunkenheit ausgeht.

26 1. **Vorsatz** liegt vor, wenn der Täter weiß oder mit der Möglichkeit rechnet und sich damit abfindet, daß er fahrunsicher ist (grdsl. hierzu Salger DRiZ 93, 311, Hentschel DAR 93, 449). Nicht erforderlich ist die Kenntnis der Tatzeit-BAK oder des Grenzwertes (s. a. Schroth, Vorsatz und Irrtum [1998] 62); weiß der Täter aber, daß seine BAK 1,1‰ übersteigt, ist Vorsatz anzunehmen. Dagegen vermittelt die Annahme, nicht mehr fahren zu dürfen (zB § 24 a StVG), nicht notwendig die Kenntnis der Fahrunsicherheit (Bay DAR/R **84,** 242). Im übrigen gibt es keinen Erfahrungssatz, daß man ab einer bestimmten BAK seine Fahrunsicherheit erkennt (Bay VRS **59** 338 [1,56‰], DAR/R **81,** 246,

Hamm NJW **69**, 1587, VRS **37** 367, **40** 360, **48** 275, **54** 44 [1,9‰], BA **76**, 295, **79**, 230, NStZ-RR **96**, 297 [2,21‰], ZfS **98**, 313, 440, 482 [2,50, 2,32, 2,15‰], Celle VRS **61** 35 [2,32‰], NZV **92**, 247 [2,41‰], ZfS **97**, 152 [1,97‰], Düsseldorf NZV **94**, 324 [1,91‰] m. Anm. Schneble BA **94**, 264, Saar ZfS **95**, 432 [2,03‰], Saarbrücken NJW **71**, 1904, Koblenz StVE **Nr. 71** [2,3‰], StV **93**, 424, Köln DAR **87**, 126 [2,35‰], DAR **87**, 157, Zweibrücken NZV **93**, 272 [2,01‰], NStZ/J **95**, 271 [2,2‰], DAR **97**, 499 [1,85‰], DAR **99**, 88, J/Hentschel 24, Janiszewski aaO 140); dies gilt selbst dann, wenn der Täter besonders langsam fährt (Köln VRS **72** 367) oder der Fahrer sich einer Polizeikontrolle zu entziehen sucht (Bay DAR/R **84**, 242, Hamm BA **77**, 122, **78**, 376). Einschlägige, insb. nicht lange zurückliegende Vorstrafen sprechen bei vergleichbarem Sachverhalt für vorsätzliches Handeln (Celle NZV **96**, 204, **98**, 123, Frankfurt NStZ-RR **96**, 85, Karlsruhe NZV **91**, 239, Tröndle/Fischer 9 b). Andererseits verbietet sich die These, allein aufgrund eines hohen BAK-Wertes, der die absolute Fahrunsicherheitsgrenze weit übersteigt, sei regelmäßig Vorsatz anzunehmen (Zweibrücken ZfS **84**, 61, AG Rheine NStZ-RR **97**, 87, AG Coesfeld BA **98**, 319 [aufgehoben durch Hamm VRS **96** 103]; Haubrich DAR 82, 287, der diesen Wert bei 2‰ ansetzt; Krüger DAR 84, 47, der Vorsatz nicht an der subj. Vorstellung über die Fahrunsicherheit, sondern über die eingenommene Alkoholmenge festzumachen sucht; so auch Salger DRiZ 93, 313, Nehm Salger-FS 126. Dem steht aber entgegen, daß die genossene Trinkmenge häufig falsch eingeschätzt wird [J/Hentschel 22, aber auch Janiszewski aaO 341]). Zwar liegt bei einer die Grenze absoluter Fahrunsicherheit weit übersteigenden Alkoholisierung die Annahme nahe, daß der Täter die Auswirkungen seines Trinkens billigend in Kauf genommen hat; jedoch kann nicht außer acht gelassen werden, daß bei fortschreitender Trunkenheit die Kritik- und Erkenntnisfähigkeit abnimmt (BGH NZV **91**, 117, Celle NZV **98**, 123, Frankfurt NJW **96**, 1358, Hamm NStZ-RR **96**, 297, NZV **98**, 291, 334, **99**, 92, KG BA **91**, 186, Koblenz StV **93**, 424, Köln DAR **97**, 499, Zweibrücken StV **92**, 423, DAR **99**, 132, Dresden NZV **95**, 236, J/Hentschel 22). Dies verkennt der 2. Senat des OLG Düsseldorf (StVE **Nr. 106** m. Anm. Grüner BA **94**, 395), wenn er ergänzende Feststellungen „vornehmlich in dem Bereich zwischen 1,1‰ und 2‰" für notwendig hält und, da diese Notwendigkeit mit der Höhe der festgestellten BAK reziprok abnehme, bei einer BAK von 2,32‰ den Schluß auf zumindest bedingt vorsätzliches Handeln ohne weiteres als nahe liegend bezeichnet. Die tatrichterliche Überzeugung einer vorsätzlichen Trunkenheitsfahrt kann nur auf alle Umstände des Einzelfalles gestützt werden (Celle NZV **98**, 123, Frankfurt NStZ-RR **96**, 297, Hamm DAR **69**, 302, **70**, 329, VRS **39** 345, Karlsruhe NZV **91**, 239, **93**, 117, Düsseldorf BA **94**, 54, 263, Celle NZV **96**, 204, Frankfurt NStZ-RR **96**, 85; zurecht krit. gegenüber Überspannungen: Tröndle/Fischer 9 [deal-Förderung]; vgl. auch BGH NJW **68**, 1787), wie zB Täterpersönlichkeit, Trinkverhalten iZm dem Fahrtantritt, erkannter Auffälligkeit der Fahrweise (Hamm NZV **99**, 92) sowie des Verhalten des Täters während und nach der Trunkenheitsfahrt. Der Nachweis des Vorsatzes ist besonders sorgfältig zu führen (BGH VRS **37** 365, Bay DAR/R **81**, 246; vgl. auch Dresden NZV **95**, 236, Hamm JMBl. NRW **70**, 11, VRS **37** 367, **40** 361, 447, Köln VRS **67** 226, Saarbrücken VRS **40** 448) und hängt insbesondere vom Grad der Intelligenz und der Selbstkritik des Fahrers ab (Düsseldorf VM **79**, 69, Frankfurt DAR **92**, 226, NJW **96**, 1358, Hamm NStZ-RR **96**, 207). Deshalb kann allein aus der Tatsache, daß jemand mit seinem Kfz in dem Wissen einer anschließenden Alkoholaufnahme und der späteren Rückfahrt an sein Ziel fährt, nicht auf den erforderlichen Vorsatz hinsichtlich der inzwischen eingetretenen Fahrunsicherheit im Zeitpunkt der Trunkenheitsfahrt geschlossen werden (Karlsruhe NZV **93**, 118); krit. zu den Vorbehalten der Rspr. gegen die Annahme von vorsätzlichen Trunkenheitsfahrten Salger DRiZ 93, 312 mit sechs Vorsatzindizien (hierzu krit. Hentschel DAR 93, 451, Blank BA 97, 116 [auch zur Fahrlässigkeit]; s. a. Bode BA 94, 139), Nehm Salger-FS 116 ff., aus tatrichterlicher Sicht erheiternd AG Rheine NJW **95**, 895; umgekehrt sieht Bialas aaO 149 die Voraussetzungen individueller Zurechnung in der Rechtspraxis gerade nicht gewahrt; Eisenmenger Salger-FS 630 spricht sich aus rechtsmedizinischer Sicht dafür aus, Vorsatz nur im Ausnahmefall anzunehmen. Zu Beweisanzeichen bezgl. drogen- bzw. medikamentenbedingter Fahrunsicherheit Harbort NZV 96, 432 bzw. Riemenschneider MedR 98, 19.

2. Fahrlässigkeit liegt – angesichts fortlaufender Aufklärung der Öffentlichkeit über die Gefahren der Trunkenheit im Straßenverkehr (Lackner/Kühl 5) – vor, wenn der Täter zwar nicht mehr weiß, welche Menge Alkohol er zu sich genommen hat, aber es unterläßt, sich im Hinblick auf seine Fahrsicherheit gewissenhaft selbst zu überprüfen (vgl. Krumme 51 ff.), weil er jedenfalls bei einer BAK deutlich über dem Beweisgrenzwert der absoluten Fahrunsicherheit die Wirkung des Alkohols hätte erkennen können (vgl. Hamm NJW **74**, 2058 [1,42‰], **75**, 660 [1,7‰], StVE **Nr. 68** [2,5‰], Koblenz DAR **73**, 106 [1,66‰], Köln BA **78**, 302 [1,59‰] m. Anm. Schneble); der Fahrlässigkeitsvorwurf kann mithin bereits an die bewußte Zusichnahme von Rauschmitteln unter Außerachtlassung der Möglichkeit, fahrunsicher zu werden, geknüpft werden (Janiszewski aaO 142, J/Hentschel 23; krit. Bialas aaO 130 ff.), ebenso aber an das Ignorieren von Anzeichen der Fahrunsicherheit (Koblenz VRS **44** 199). Der Gebrauch von Alkoholtestautomaten o. ä. entlastet den Fahrer nicht (Janiszewski aaO 142). Über die Maßstäbe des Erkennenkönnens vgl. Hamm VRS **37** 198, **39** 345, DAR **70**, 329, Koblenz VRS **44** 201; andererseits kann bei einer BAK von nur 0,69‰ die Unkenntnis alkoholbedingter Fahrunsicherheit vorwerfbar sein (Bay BA **84**, 374). Je geringer der BAK-Wert ist, desto näherer Prüfung bedarf die individuelle Fahrlässigkeit (Lackner/Kühl 5), die eben nicht apodiktisch zugeschrieben werden darf (zurecht krit. Bialas aaO 126, 137). Zur Frage der Erkennbarkeit der

§ 316 29–32 Bes. Teil. Gemeingefährliche Straftaten

Fahrunsicherheit bei unbewußter Verstärkung des Alkohols (vgl. hierzu Köln NStZ **81**, 105, Düsseldorf VRS **64** 436 m. abl. Anm. Hentschel DAR 83, 261) muß ein Sachverständiger angehört werden, wenn die BAK im engeren Bereich des absoluten Grenzwertes liegt (Hamburg VM **78**, 63); weiterhin kommt es darauf an, daß der Täter die Wirkung des heimlich beigemengten Alkohols vor Fahrantritt schon verspüren konnte (Düsseldorf aaO). Der Einwand, die BAK müsse entscheidend auf dem Einatmen von Alkoholdämpfen beruhen, wird Fahrlässigkeit kaum ausschließen können, da mit der Atemluft aufgenommener Alkohol den BAK-Wert idR nur in der zweiten Dezimale beeinflussen kann (Hamm NJW **78**, 1210). Auch sind bislang keine Medikamente bekannt, die bei normalem Gebrauch im Organismus Ethanol erzeugen, vortäuschen oder maskieren bzw. die BAK Bestimmung beeinträchtigen (LG Flensburg BA **84**, 454, J/Hentschel 25). Über Fahrlässigkeit bei Zusammenwirken von Alkohol und Medikamenten vgl. Frankfurt VRS **29** 478, DAR **70**, 162, Oldenburg DAR **63**, 304, Stuttgart NJW **66**, 410, Hamm VRS **42** 281, NJW **72**, 2332, **74**, 614, Düsseldorf VM **78**, 84, Hamm BA **79**, 501, Celle BA **81**, 176 m. abl. Anm. Recktenwald, LG Köln BA **85**, 473; Händel NJW **65**, 1999. Zur Fahrlässigkeit iZm mit der idR spürbaren Restalkoholwirkung, über deren Bedeutung sich der Täter zu vergewissern hat (Lackner/Kühl 5): Hamm VRS **40** 447, Koblenz VRS **45** 450, J/Hentschel 8, 25, Rüth LK[10] 100. Wer Medikamente einnimmt, hat sich über deren Wirkung einschließlich Alkoholverträglichkeit zu vergewissern (J/Hentschel 25). Die regelmäßig bloße Schutzbehauptung (Tröndle/Fischer 9), dem Täter sei der Alkohol heimlich beigebracht worden, wird Fahrlässigkeit schon deshalb nicht ausschließen können, weil jedenfalls bei höherer BAK der Fahrer seine Fahrunsicherheit erkennen kann (J/Hentschel 26 mwN). Zum Fahrlässigkeitsmaßstab vgl. Maiwald Dreher-FS 437, der bei der Frage der Erfolgszurechnung auf die Sorgfalt eines nüchternen Kraftfahrers abstellt; vgl. § 15 RN 174, Cramer 39.

29 **IV.** Als **Rechtfertigungsgrund** kann Notstand (§ 34) in Betracht kommen. Dann muß allerdings die Gefahr für das bedrohte Rechtsgut die Gefährdung des Straßenverkehrs durch einen fahrunsicheren Fahrer deutlich überwiegen (Hamm VRS **36** 27, Koblenz NJW **88**, 2317 m. Anm. Mitsch JuS 89, 964). Die nach § 34 erforderliche Interessenabwägung wird die Fahrt idR nur dann gerechtfertigt erscheinen lassen, wenn sie sich als einziges (Hamm NJW **58**, 271) oder wenigstens sicherstes (Hamm VRS **20** 232) Mittel zur Rettung eines Verletzten darstellt (vgl. Koblenz MDR **72**, 885). Daran wird es regelmäßig bei einer Fahrt zur Erfüllung der ärztlichen Hilfspflicht fehlen (Koblenz MDR **72**, 885; vgl. auch Stuttgart Justiz **63**, 37 sowie Köln BA **78**, 219); zum Einfangen streunender Hunde LG Zweibrücken DAR **96**, 325. Vgl. iü § 34 RN 18 f.

30 **V.** Ist die **Schuld** ausgeschlossen (§ 20) oder ist die Schuldunfähigkeit nicht auszuschließen (§ 20 RN 16 ff.), kommt § 323 a in Betracht. Eine Strafbarkeit nach den Grundsätzen der (vorsätzlichen oder fahrlässigen) actio libera in causa (§ 20 RN 33 ff.) kommt nicht in Betracht, da die einzig zulässige Konstruktion (Vorverlagerung der Tatbestandshandlung in den schuldfähigen Zustand hinein, so daß der Täter sich gleichsam als Werkzeug benutzt) bei §§ 315 c, 316 als verhaltensgebundenen, eigenhändigen („führen") Delikten (s. § 315 c RN 45) verwehrt ist (BGH **42** 240, Celle NZV **98**, 123, Jena DAR **97**, 324, LG Münster NStZ-RR **96**, 266, Geppert JK 2 a, 2 b, Hardtung NZV 97, 97, Hruschka JZ 97, 22; and. Hirsch NStZ 97, 230, JR 97, 391, Nishihara-FS 102, J/Hentschel 31, Spendel JR 97, 136, H. J. Hirsch-FS 379, 25. A. RN 28 [dort auch Nachw. zur älteren Rspr.]). Nach Bay StVE **Nr. 29** zu § 316 m. Anm. Horn, JR 79, 291 soll ein Unterlassungsdelikt in Betracht kommen, wenn ein Trunksucht schuldunfähiger Halter in lichten Augenblicken nicht dafür Sorge trägt, daß er das Fahrzeug in schuldunfähigem Zustand nicht benutzt; dieser Ansicht, die sich auf § 31 II StVZO stützt, kann nicht zugestimmt werden, da die Verantwortlichkeit des Halters sich hiernach nur auf die Benutzung des Fahrzeugs durch andere Personen bezieht.

31 **VI.** Für **Täterschaft** und **Teilnahme** gelten die bei § 315 c RN 45 dargelegten Grundsätze. Nicht möglich sind danach Anstiftung und Beihilfe, wenn der Täter nicht vorsätzlich gehandelt hat, mittelbare Täterschaft sowie eine fahrlässige Begehung durch den, der nicht selbst am Steuer gesessen hat.

32 **VII.** Die **Strafe** ist bei Vorsatz wie bei Fahrlässigkeit Freiheitsstrafe bis zu einem Jahr oder Geldstrafe. Es wäre fehlerhaft, die gleichwertig neben der Freiheitsstrafe stehende Geldstrafe nur besonders leichten Fällen vorzubehalten. Dies gilt vor allem angesichts der Tatsache, daß diese Strafen sowohl für vorsätzliche wie für fahrlässige Taten vorgesehen sind. Schon das 1. StrRG hat mit seiner Entscheidung gegen die kurzzeitige Freiheitsstrafe (§ 14 aF) der gesamten bisherigen Rspr. insoweit den Boden entzogen, als danach auch bei Tatbeständen, die dem Richter eine Wahl zwischen Freiheits- und Geldstrafe ließen, grundsätzlich der Geldstrafe der Vorzug vor einer kurzfristigen Freiheitsstrafe gebührte. Da diese Regelung in § 47 übernommen wurde, kann auch im Rahmen des § 316 eine Freiheitsstrafe unter 6 Monaten nur dann verhängt werden, wenn dies aufgrund besonderer Umstände zur Einwirkung auf den Täter oder zur Verteidigung der Rechtsordnung unerläßlich ist (vgl. hierzu § 47 RN 10 ff.), was insb. bei Wiederholungstätern in Betracht kommt (vgl. Karlsruhe VRS **55** 341; zur Sozialprognose nach § 56 vgl. Koblenz VRS **53** 338 f., **73** 275 f.), aber auch hier nicht zwingend ist (Hamm VRS **54** 28, AG Landstuhl BA **76**, 60 m. Anm. Härtel); dies gilt sowohl für fahrlässige wie für vorsätzliche Taten (vgl. auch Hamm VRS **39** 330, **40** 11, Koblenz MDR **70**, 693, VRS **40** 96). Die Zurückdrängung der Freiheitsstrafe scheint hier um so mehr vertretbar, als mit dem Fahrverbot nach § 44 eine wirksame Nebenstrafe verhängt und ungeeigneten Fahrern gem. § 69 die Fahrerlaubnis entzogen werden kann. Zum Widerruf der Strafaussetzung vgl. Koblenz VRS **52** 24. Strafmildernd kann etwa das Befahren wenig benutzter Straßen (Cramer 49; and. LG Verden DAR **76**, 137),

straferschwerend die berufliche Stellung des Täters (Hamburg BA **77**, 428 [Angehöriger der Wasserschutzpolizei]) berücksichtigt werden. Dem Tatrichter ist es aber verwehrt, bei der Strafzumessung Umstände zu berücksichtigen, die den Gesetzgeber veranlaßt haben, ein bestimmtes Verhalten unter Strafe zu stellen (§ 46 III). Daher darf die Fahrunsicherheit des Täters nur dann zu dessen Lasten berücksichtigt werden, wenn sie einen besonders hohen Grad aufweist, und die Umstände der Fahrt nur, wenn sie eine besondere Gefährlichkeit sichtbar machen (Bay NZV **92**, 453, Brandenburg NStZ **95**, 53). Zu weiteren strafmildernden oder -erschwerenden Umständen vgl. J/Hentschel 38 ff., Rüth LK[10] 130 ff., Zabel/Noss BA **89**, 258 ff. Zur Anwendung von Jugendstrafrecht bei Verkehrsdelikten vgl. AG Saalfeld DAR **94**, 77. Zu den versicherungsrechtlichen Folgen Rüther NZV **94**, 457. Zum Fall, daß der Täter sein Fahrzeug nur ein kurzes Stück bewegt, um einen verkehrsstörenden Zustand zu beseitigen vgl. Düsseldorf NZV **88**, 29.

VIII. Konkurrenzen. § 316 ist – unabhängig von der Entscheidung bei § 315 c I Nr. 1 (vgl. dort RN 53) – Dauerstraftat, die mit dem Fahrtantritt beginnt und erst endet, wenn der Täter mit dem Weiterfahren endgültig aufhört oder der Täter infolge Alkoholabbaus während des Weiterfahrens wieder fahrsicher wird (BGH **23** 141, NJW **83**, 1744, Bay **80** 13, Lackner/Kühl 3, Hentschel/Born aaO 116; vgl. auch Seier NZV **90**, 129). Wer zB eine Gastwirtschaft (oder mehrere nacheinander) mit seinem Kfz in alkoholbedingt fahrunsicherem Zustand ansteuert, in der Absicht, zu Fuß nach Hause zu gehen, beendet endgültig seine Weiterfahrt auch dann, wenn er entgegen seiner Absicht später wiederum sein Fahrzeug zur Heimfahrt benutzt (and. Bay NStZ/J **87**, 114). Dagegen unterbricht der bloße Entschluß, eine pol. Anweisung zum Halten zu mißachten, die Dauerstraftat nicht (BGH StV **83**, 279). Die Vorschrift ist gegenüber den §§ 315 a, 315 c subsidiär (vgl. BGH VRS **49** 185), den §§ 24 a StVG, 75 Nr. 1 FahrerlaubnisVO geht sie gemäß § 21 OWiG vor (Cramer 62). Mit §§ 113, 315 b besteht Tateinheit (BGH VRS **49** 177), dagegen liegt im Verhältnis zu § 53 III Nr. 1 a, b WaffG Realkonkurrenz vor, da es an einer einheitlichen Ausführungshandlung fehlt (BGH VRS **49** 178). Möglich ist auch Tateinheit mit § 30 BtMG (vgl. BGH StV **95**, 62). Zwischen der vorsätzlichen Begehungsweise nach § 316 I und Anstiftung hält Düsseldorf StVE **Nr. 7** Wahlfeststellung für möglich (vgl. aber § 1 RN 94).

33

§ 316 a Räuberischer Angriff auf Kraftfahrer

(1) Wer zur Begehung eines Raubes (§§ 249 oder 250), eines räuberischen Diebstahls (§ 252) oder einer räuberischen Erpressung (§ 255) einen Angriff auf Leib oder Leben oder die Entschlußfreiheit des Führers eines Kraftfahrzeugs oder eines Mitfahrers verübt und dabei besondere Verhältnisse des Straßenverkehrs ausnutzt, wird mit Freiheitsstrafe nicht unter fünf Jahren bestraft.

(2) In minder schweren Fällen ist die Strafe Freiheitsstrafe von einem Jahr bis zu zehn Jahren.

(3) Verursacht der Täter durch die Tat wenigstens leichtfertig den Tod eines anderen Menschen, so ist die Strafe lebenslange Freiheitsstrafe oder Freiheitsstrafe nicht unter zehn Jahren.

Vorbem.: § 316 a idF des 6. StrRG vom 26. 1. 1998, BGBl. I 164.

Schrifttum: Beyer, Zur Auslegung des § 316 a, NJW 71, 872. – *Geppert,* Räuberischer Angriff auf Kraftfahrer, Jura 95, 310. – *Große,* Einfluß der nationalsozialistischen Gesetzgebung auf das heutige StGB am Beispiel des § 316 a StGB, NStZ 93, 525. – *Günther,* Der „Versuch" des räuberischen Angriffs auf Kraftfahrer, JZ 87, 16. – *ders.,* Der räuberische Angriff auf „Fußgänger" – ein Fall des § 316 a StGB?, JZ 87, 369. – *Meurer-Meichsner,* Untersuchungen zum Gelegenheitsgesetz im Strafrecht, 1974. – *Mitsch,* Der neue § 316 a StGB, JA 99, 662. – *Roßmüller/Rohrer,* Der räuberische Angriff auf Kraftfahrer, NZV 95, 253. – *Roth-Stielow,* Die gesetzwidrige Ausweitung des § 316 a StGB, NJW 69, 303.

I. Die Vorschrift stellt sich als tatbestandlich vorgezogener Fall des Raubes, des räuberischen Diebstahls und der räuberischen Erpressung dar. Eine Gemeingefahr wird nicht vorausgesetzt (M-Schroeder I 383 f.). § 316 a schützt angesichts seiner systematischen Stellung und seiner hohen Strafdrohung aber zusätzlich auch die Funktionsfähigkeit des Kraftverkehrs und das Vertrauen in dessen Sicherheit (vgl. BGH **39** 250, Geppert Jura 95, 311, Gössel II 248, Günther JZ 87, 377, Lackner/Kühl 1, Rengier I 124 [primär Straßenverkehrsdelikt]; and. [Individualschutz] Herzog NK 4, Horn SK 2, M-Schroeder I 384, Meurer-Meichsner aaO 96 ff., Otto II 195, 25. A. RN 1; für Verkehrsdelikt BGH **5** 281, **22** 117). Ungeachtet ihrer hohen Strafdrohung verstößt die Vorschrift weder gegen das Grundgesetz noch gegen die MRK (BGH **24** 173 m. krit. Anm. Beyer NJW 71, 2034; and. Meurer-Meichsner aaO 107 ff., 120: Verstoß gegen das Schuldstrafrecht). Zur Entstehungsgeschichte des § 316 a (AutofallenG v. 22. 6. 38, RGBl. I 651, 1. Straßenverkehrssicherheitsgesetz v. 19. 2. 52, BGBl. I 832): Meurer-Meichsner aaO 17 ff., Geppert Jura 95, 311, Große NStZ 93, 525, Herzog NK 1.

1

II. Die **Handlung** besteht im **Verüben,** also dem Durchführen (Lackner/Kühl 4, W-Hillenkamp 150), eines Angriffs auf Leib, Leben oder Entschlußfreiheit des Führers eines Kfz oder eines Mitfahrers; der Gesetzgeber des 6. StrRG hat somit dem Umstand Rechnung getragen, daß die vormals

2

für Versuch und Vollendung (§ 316 a aF als Unternehmensdelikt) bestehende Gleichbehandlung im Strafmaß gerade angesichts der ohnehin vorverlagerten Strafbarkeit unangemessen war (s. BT-Drs. 13/ 8587, S. 51). Zur Struktur des § 316 a (Kombination von Tätigkeits- und Absichtsdelikt): Küper 20; vgl. auch Mitsch ZStW 111, 110: unechtes Unternehmensdelikt; zu derjenigen von § 316 a aF als zusätzlich noch Unternehmensdelikt: Geppert NStZ 86, 552, Jura 95, 312.

3   **1. Angriff** ist jede feindselige Handlung, die sich gegen eines der genannten Güter richtet. Deren Verletzung wird zwar nicht vorausgesetzt. Da § 316 a nF nicht mehr als Unternehmensdelikt ausgestaltet ist, ist aber erforderlich (Verüben), daß es immerhin zu einer Einwirkung auf die genannten Rechtsgüter kommt; anderenfalls kann allenfalls Versuch (u. 9) vorliegen; ähnlich Stein (1 vor § 306) 126: Angriff bei beendetem, tauglichem Versuch einer Beeinträchtigung der genannten Güter. In der Tat spricht die nach wie vor gebotene restriktive Auslegung des § 316 a dafür, untaugliche Angriffshandlungen (zB Schußversuch mit versehentlich ungeladenem Revolver) als rücktrittsoffenen, eine Strafmilderung nach § 23 II ermöglichenden bloßen Versuch anzusehen; bei einem fehlgegangenen Schuß hingegen liegt ein verübter Angriff und damit ein vollendetes Delikt vor (Stein aaO). Der Angriff kann sich unmittelbar gegen die geschützten Personen, aber auch unmittelbar gegen das Fahrzeug und damit nur mittelbar gegen dessen Insassen richten. Unerheblich ist, wo die Angriffshandlung verübt wird, wenn nur ihre Wirkungen im Straßenverkehr auftreten; daher liegt § 316 a auch dann vor, wenn das Opfer vor Antritt der Fahrt durch Betäubungsmittel fahruntüchtig gemacht und bei dem darauf zurückzuführenden Unfall ausgeraubt wird (ebenso Schäfer LK[10] 23).

4   **2. Gegenstand des Angriffs sind Leib oder Leben** sowie die **Entschlußfreiheit.** Der Angriff auf **Leib oder Leben** setzt eine unmittelbar auf den Körper zielende Einwirkung voraus, bei der die Gefahr einer nicht ganz unerheblichen Verletzung besteht (BGH NStE **Nr. 2**). Einen Angriff auf Leib oder Leben begeht daher, wer eine Tötung oder Körperverletzung (auch eine leichte) unternimmt. Bloße Drohungen reichen nicht aus. Der Angriff auf die **Entschlußfreiheit** umfaßt sämtliche Formen der Nötigung, soweit diese nicht mittels Gewalt gegen Leib oder Leben begangen wird (vgl. auch BGH NStE **Nr. 2**). In Betracht kommen also als Nötigungsmittel hier insb. auch Drohung und Gewalt gegen Sachen (zB Errichten einer Straßensperre, Mitfahrergriff in das Steuerrad). Die Drohung kann auch durch schlüssige Handlungen erfolgen. Erforderlich ist dafür aber, daß der Täter die Gefahr für Leib oder Leben deutlich in Aussicht stellt, sie also genügend erkennbar gemacht hat; es genügt nicht, daß der andere nur erwartet, der Täter werde ihn an Leib oder Leben gefährden (BGH NStE **Nr. 2**). Jedoch ist der Angriff auf die Entschlußfreiheit nicht nur durch Nötigung möglich; es kommt vielmehr auch Täuschung (Aufstellen falscher Halt-Schilder, Vortäuschen eines Unfalls oder einer polizeilichen Kontrolle; auch: Gerieren als harmloser Mitfahrer [aber u. 6]) in Betracht (J/Hentschel 6, Schäfer LK[10] 8; and. M-Schroeder I 384), ebenso das Versperren der Fahrbahn durch einen Fußgänger (BGH GA **65**, 150). Da jedoch dieser Angriff dem Täter zur Begehung von Raub, räuberischem Diebstahl oder räuberischer Erpressung dienen muß, muß seine Absicht bereits dahingehen, später auch noch die Nötigungsmittel des Raubes anzuwenden, es sei denn, daß der Angriff selbst bereits mit den Mitteln des Raubes erfolgt (vgl. u. 7).

5   **3. Der Angriff muß gegen den Führer eines Kraftfahrzeugs oder gegen einen Mitfahrer gerichtet** sein. Dies setzt jeweils voraus, daß es sich grds. um ein schon bzw noch in Betrieb befindliches Fahrzeug handelt (s. BGH MDR/H **76**, 988), der Angriff sich mithin gegen ein am fließenden Straßenverkehr teilnehmendes Opfer richtet (Roßmüller/Rohrer NZV 95, 254 f.; s. a. Gössel II 251 f., Günther JZ 87, 369 ff., 378). Das Führen iSd § 316 a beginnt mit der Inbetriebnahme des Fahrzeugs (regelmäßig Beginn des Anlassens, aber auch Lösen der Bremsen zwecks Abrollens; vorher liegt noch kein taugliches Tatobjekt vor (Gössel II 251, Horn SK 3). Das Führen des Kfz – und damit die Tatobjekteigenschaft des Führers, aber auch die des Mitfahrers (diese beginnt mit seiner Aufnahme zur Mitfahrt und endet mit deren Beendigung, Gössel II 252) – endet mit einem nicht nur lediglich vorübergehend verkehrsbedingtem (unschädlich etwa Ampel- oder Bahnübergangs-Stop: BGH **38** 197 f. m. Anm. Keller JR 92, 515; auch dann, wenn hierbei der Motor abgestellt wird: Gössel II 251; and. aber, wenn die Betriebsherrschaft über das Kraftfahrzeug [auch nur vorübergehend] aufgegeben wird, zB bei einer kurzen Tank- oder Erfrischungspause) Zuruhekommen des Fahrzeugs, also dem Abschalten der Zündung und ggf. Durchführen von Sicherungsmaßnahmen gegen eine selbsttätige Fortbewegung des Fahrzeugs (zB Setzen von Unterlegkeilen). Verläßt der Führer das Fahrzeug bei einem nicht nur fahrtechnisch bedingten Halt im Verlauf einer noch andauernden Fahrt, so liegt nicht mehr das für § 316 a erforderliche Inbetriebsein des Kfz vor (auch bei einer unfreiwilligen Unterbrechung zur Reparatur einer Autopanne, Schäfer LK[10] 22); auf das Abstellen des Motors kommt es dann nicht mehr an.

Der Angriff muß nach dem ausdrücklichen Wortlaut des § 316 a noch während des Betriebes des Fahrzeugs erfolgen (Angriff auf... des Führers oder ... Mitfahrers verüben); es genügt nicht, wenn dieser Angriff erst nach Fahrtbeendigung durchgeführt wird, und zwar unabhängig davon, ob der Täter einen entsprechenden Angriff bereits während der Fahrt vorhatte und ob sich dieser Angriff in der Postphase der Fahrt (s. Günther JZ 87, 370) noch in unmittelbarer räumlicher Nähe zum Fahrzeug (krit. zu der „metrischen" Kasuistik: Günther JZ 87, 375; Herzog NK 19) und engen zeitlichen Zusammenhang mit der Fahrt abspielte (eingehend: Roßmüller/Rohrer NZV 95, 254 ff.). Somit scheiden all die Fallgestaltungen aus dem Anwendungsbereich aus, in denen das Opfer – sei es innerhalb, sei es außerhalb des Fahrzeugs – erst nach nicht nur vorübergehender fahrtechnischer

Fahrtunterbrechung, sondern im Anschluß an eine endgültige (wenn auch möglicherweise nur vorübergehende, etwa Ankunft eines Taxis am Fahrtziel) Fahrtbeendigung einem Angriff ausgesetzt wird (Gössel II 251 f., Roßmüller/Rohrer NZV 95, 264; s. a. Günther JZ 87, 378, Horn SK 3; and. W-Hillenkamp 152). Ob bei Anwendung von § 316 a aF (Unternehmen eines Angriffs) dieses Ergebnis überspielt werden und § 316 a dadurch zulässig zur Anwendung gebracht werden konnte, daß auf ein Zusammenfallen von – verfehlt großzügig angenommenem (zB BGH **33** 381) – bereits durch die Mitfahrt versuchten (hierzu u. 9) Angriff und dem fließenden Straßenverkehr abgestellt wurde (also die angriffsentschlossene Mitfahrt dann ggf. als während des Fahrzeugbetriebes bereits versuchter Angriff: BGH NJW **71**, 766, **33** 381, Geppert Jura 95, 313, Gössel II 250, Schäfer LK[10] 14; and. Roßmüller/Rohrer NZV 95, 258; s. a. Horn SK 4 f.), sei dahingestellt. Da § 316 a nunmehr voraussetzt, daß ein Zusammenhang von Kfz-Betrieb und verübtem Angriff selbst besteht, kann § 316 a nicht mehr zur Anwendung kommen, wenn die Fahrt endgültig beendet wurde, insbes. das Opfer sich außerhalb des Fahrzeugs befindet (Rengier I 127; vgl. ebenso Günther JZ 87, 369 ff.). Damit entfällt eine Strafbarkeit aus § 316 a etwa dann, wenn ein Taxifahrer oder eine Prostituierte erst nach dem Anhalten am Zielort tätlich angegriffen werden soll (and. BGH **6** 84; zu einem noch während der Fahrt verübten Angriff auf die Entschlußfreiheit mittels Täuschung oder Zwanges s. noch u. 6), ohne daß es auf das Aussteigen aus dem Fahrzeug und die zurückgelegte Entfernung vom Fahrzeug ankommt (BGH **5** 282, **22** 116, **33** 380 m. krit. Anm. Geppert NStZ 86, 552, NStZ **89**, 477) oder der Täter das zu überfallende Opfer an ein Fahrtziel lockt, an dem es nach beendeter Fahrt um seine LKW-Ladung beraubt werden soll (and. BGH NZV **94**, 444). Als Führer eines Kfz gelten auch Fahrer eines von Maschinenkraft angetriebenen Fahrrades mit Hilfsmotor und einer bauartbedingten Höchstgeschwindigkeit von nicht mehr als 25 km/h (Mofa), BGH **39** 249; zust. Geppert Jura 95, 312. Täter kann auch der Führer eines Fahrzeugs gegenüber dem Mitfahrer sein (BGH **13** 27, **15** 322, NJW **71**, 765, VRS **55** 262, Schäfer LK[10] 9; and. Beyer NJW **71**, 872) oder ein Mitfahrer gegenüber einem anderen. Ohne Bedeutung ist, ob der Entschluß erst während der Fahrt gefaßt wird (BGH **15** 322, NJW **64**, 1630, VRS **29** 198). Folgt der Täter dem Entschluß zum Angriff auf einen Kraftfahrer erst, nachdem das Fahrzeug zum Halten gekommen ist, so ist § 316 a dann anwendbar, wenn es sich nur um einen fahrtechnisch bedingten Halt im Verlauf einer noch andauernden Fahrt handelt (BGH NStE **Nr. 3,** BGH **38** 196 m. zust. Anm. Keller JR 92, 515).

4. Der Angriff bzw. dessen Versuch (nicht die beabsichtigte Raub- oder Erpressungstat) muß in allen Fällen **unter Ausnutzung der besonderen Verhältnisse des Straßenverkehrs** begangen sein, dh sie muß in naher Beziehung zur Benutzung des Fahrzeugs als Verkehrsmittel stehen und die typischen Situationen und Gefahren des Verkehrs mit Kfz in den Dienst des Täterplans stellen (BGH **5** 290, **6** 82, **13** 27, **18** 170, **19** 191, **25** 315, VRS **7** 125, **29** 198, MDR/H **76**, 988, **80**, 629, MDR/H **96**, 551, NStZ **96**, 389, 435, NZV **97**, 236 m. krit. Anm. Roßmüller, Schaefer LK[10] 10 ff.). Dies deswegen, weil das Merkmal der Ausnutzung die Aufgabe hat, Situationen zu bezeichnen, in denen die Gefahren derartiger Angriffe vergrößert (zusätzliche Beanspruchung des Fahrers durch die Lenkung des Kfz) oder die Möglichkeiten ihrer Abwehr verringert sind (Erschwerung der Flucht oder Gegenwehr sowie Isolierung und die damit verbundene Nichterreichbarkeit fremder Hilfe), vgl. BGH **37** 258, **38** 197, BGHR Straßenverkehr **4, 7**. Daher greift § 316 a nicht ein, wenn die Fahrt zumindest vorerst beendet ist, zB wenn das Opfer in einer Garage oder in einer Gaststätte überfallen wird, in der die Fahrt unterbrochen wurde (vgl. BGH DAR/M **70**, 114, VRS **37** 203). Aber auch der Überfall auf Parkplätzen usw reicht regelmäßig ebensowenig aus (BGH **24** 320, **37** 258, NStZ **96**, 435, NStZ-RR **97**, 356) wie das Ausnutzen der infolge der Enge im Fahrzeug beschränkten Abwehrmöglichkeiten nach Fahrtende (BGH NStZ **96**, 390, **00**, 144). So würde zB nicht zu rechtfertigen sein, daß auf einem Zeltplatz der mit einem Kfz ankommende Gast anders geschützt sein sollte als der Radfahrer. Bei einem Überfall auf verkehrsbedingt haltende (nach Rspr.) auch parkende Fahrzeuge ist daher ebenfalls zu fragen, ob die Verteidigungsmöglichkeiten reduziert waren (BGH NJW **68**, 1679; vgl. BGH **25** 317, Horn SK 4). Nur wenn dies der Fall ist, hat der Täter die Verhältnisse des Verkehrs „ausgenutzt", so zB wenn er sich von einem Taxi an einen entlegenen Ort fahren läßt. Beim Gerieren als harmloser Fahrgast etc macht sich der Täter aber nicht die spezifische Gefahrenlage des Straßenverkehrs, sondern lediglich die Gutgläubigkeit des Opfers zunutze, so daß, wenn der mit der Raub- usw. -tat dann zusammenfallende spätere Angriff erst nach Fahrtbeendigung durchgeführt wird, § 316 a ausscheidet (Geppert NStZ 86, 554, Herzog NK 22, Horn SK 4 a, Roßmüller/Rohrer NZV 95, 263 f. [and. für Taxifahrer angesichts ihrer Beförderungspflicht]). Nach der Rspr. ist es in diesem Fall ohne Bedeutung, ob der Wagen noch fährt oder schon hält (BGH **6** 83; vgl. auch BGH NJW **71**, 765) und ob die Tat inner- oder außerhalb des Autos erfolgt (BGH **5** 280, NStZ **94**, 340; abl. Hauff NStZ **96**, 40). Die besonderen Verhältnisse des Straßenverkehrs sollen auch ausgenutzt werden, wenn der Täter den Fahrer sofort nach dem Anhalten und noch im Fahrzeug zur Herausgabe des Wagens zwingt (BGH MDR/D **75**, 725, BGHR Straßenverkehr **7**). Zu beachten ist, daß dieses Merkmal der Rspr. zu § 316 a aF bei ihrem sich vom Wortlaut der Vorschrift (o. 5) eher entfernenden Vorgehen (Günther JZ 87, 373, Roßmüller/Rohrer NZV 95, 254, 258) zur Restriktion des Anwendungsbereiches des § 316 a diente: So liegt nach dem Aussteigen des Opfers der geforderte unmittelbare räumliche und zeitliche Zusammenhang zwischen dem geplanten Überfall und dem Anhalten und Aussteigen (vgl. BGH **33** 381 m. Anm. Geppert NStZ 86, 552 u. Hentschel JR 86, 428, NZV **97**, 236 m. krit. Anm. Roßmüller) nicht vor, wenn das Fahrzeug nur als Beförderungsmittel zum Tatort

benutzt wird und dieser selbst zu dem Verkehr keine ihm wesensgleiche Beziehung hat (BGH VRS **77** 225). § 316 a liegt regelmäßig auch dann nicht vor, wenn der Täter erst nach beendeter Fahrt im haltenden Wagen den Entschluß faßt, einen Raub zu begehen (BGH **19** 192, **24** 320 m. Anm. Blei JA 72, 437, NStZ **00**, 144, DAR/S **76**, 86), auch wenn der Täter schon während der Fahrt beabsichtigte, gegen den Kraftfahrer unmittelbar nach dem Anhalten des Kfz eine andere Straftat (zB eine Körperverletzung) zu begehen (BGH **37** 258). Dasselbe gilt, wenn er an ein unabhängig von seinem Willen haltendes Kfz in Raubabsicht herantritt (BGH VRS **57** 197). Eine Ausnutzung zur Begehung von Raub usw liegt ferner dann nicht vor, wenn die Tat weitab vom allgemeinen Straßenverkehr ausgeführt wird, und zwar selbst dann nicht, wenn das Kfz nach Vollendung des Raubes, etwa zur Flucht, benutzt werden soll (BGH **24** 320, **22** 114, NJW **69**, 1679, Cramer 9; and. BGH **18** 173, **19** 192, Schäfer LK[10] 21); vgl. auch Seibert NJW 69, 781, Roth-Stielow NJW 69, 303.

6 a   Zwischen der Schaffung der Gefahr und ihrer Ausnutzung bestehen jedoch wechselseitige Beziehungen. Je mehr der Täter zur Schaffung der Gefahr beigetragen hat, umso geringere Anforderungen sind an eine Ausnutzung zu stellen. Der Raubüberfall aus Anlaß einer Autopanne kann nicht unter § 316 a fallen, wohl dagegen ist die Bestimmung abwendbar, wenn der Täter den Autodefekt selbst verursacht hat, um den Raubüberfall begehen zu können (vgl. jedoch BGH VRS **29** 198) oder sein Opfer gegen dessen Willen zu einer einsamen Stelle gefahren hat, auch wenn der Überfall nicht dort, sondern in der Nähe des Fahrzeugs stattfinden soll (BGH **33** 378 m. Anm. Hentschel JR 86, 428, Günther JZ 87, 16). Darauf, ob der Täter sein Opfer unter irgendwelchen Vorwänden in das Fahrzeug gelockt hat, kann es nicht ankommen (BGH NJW **71**, 765; dagegen Beyer NJW 71, 872). Das Hinlocken an den Ort des Überfalls – dessen einsame Lage als solche oder Erreichbarkeit nur mittels Kfz ohne Belang ist (BGH VRS **57** 197; and. noch BGH **5** 282) – genügt dann, wenn hierbei die dem motorisierten Straßenverkehr eigentümlichen Gefährdungen ausgenutzt werden, also etwa durch Aufstellen falscher Verkehrsschilder, nicht aber bei bloßer Täuschung über den Zweck der Fahrt (Roßmüller/Rohrer NZV 95, 257).

7   **III. Der Täter muß zur Begehung von Raub, räuberischem Diebstahl oder räuberischer Erpressung handeln.** Dazu ist nicht erforderlich, daß zwischen der geplanten räuberischen Handlung und dem Angriff Tatmehrheit besteht. § 316 a findet also auch dann Anwendung, wenn der Angriff gegen den Kraftfahrer bereits Ausführungshandlung des Raubes ist, zB der Fahrgast den Taxifahrer tötet oder betäubt, um ihm die Brieftasche abzunehmen (vgl. Blei II 357, Tröndle/Fischer 4). Angriff und Raub können aber auch einander nachfolgen, so wenn der Fahrer durch Hindernisse zum Aussteigen genötigt und dann mit Raubmitteln bedroht wird. Dabei braucht der Angriff zunächst nicht mit räuberischer Absicht begonnen worden zu sein (BGH **25** 315 m. zust. Anm. Hübner JR **75**, 201; vgl. auch Geppert Jura 95, 312). Die Absicht, andere Delikte zu begehen, genügt nicht (BGH NJW **70**, 1083); wohl aber reicht aus, daß auch ein Raub beabsichtigt ist (BGH aaO, Cramer 12).

8   **IV.** Für den **subjektiven Tatbestand** ist Vorsatz und die Absicht (zielgerichtetes Handeln; vgl. § 15 RN 65) erforderlich, Raub, räuberischen Diebstahl oder räuberische Erpressung zu begehen, so daß der Täter auch die Merkmale der §§ 249 f., 252, 255 in seinen Vorsatz aufgenommen haben muß (vgl. hierzu BGH DAR/S **81**, 186). Die Absicht braucht bei Beginn der Fahrt noch nicht vorhanden gewesen zu sein (BGH **15** 324 f., VRS **35** 442). Es reicht auch aus, wenn der Raubentschluß erst nach dem Beginn des Angriffs, aber noch während dessen Fortdauer gefaßt wird (BGH **25** 315 m. zust. Anm. Hübner JR 75, 201, BGH VRS **55** 262). Da nur der Angriff unter Ausnutzung der verkehrsspezifischen Gefährdung erfolgen muß, kommt es auf den in Aussicht genommenen Ort des Überfalls grds. nicht an (s. BGH **33** 381); der Raub- usw. -plan muß iü schon zZt des Angriffs hinreichend konkretisiert sein, ohne daß der Tatplan eine ins einzelne gehende Vorstellung zum Überfallort enthalten muß (BGH **18** 173, **33** 381, NStZ **97**, 237). Allerdings bleibt angesichts der doppelten Schutzrichtung des § 316 a an der Nahtstelle zwischen Vermögens- und Verkehrsdelikten (o. 1) sowie in Anbetracht der angesichts seiner hohen Strafdrohung auch nach seiner Neufassung gebotenen restriktiven Auslegung (Lackner/Kühl 1) zu überlegen, ob nicht zwischen dem verkehrsbezogenen Angriff und dem geplanten Überfall noch eine enge räumlich-zeitliche Beziehung bestehen muß (vgl. Horn SK 4), so daß auch bei einem noch während des Kfz-Betriebes verübten Angriffs dann keine größere Zäsur zu hiermit bezweckter Tat liegen dürfte.

9   **V.** Das Delikt ist **vollendet** mit dem Verüben des Angriffs, o. 2 u. 3. Strafbarkeit wegen **Versuches** setzt voraus, daß der Täter mit dem vollständigen subjektiven Tatbestand des § 316 a handelt (also mit zumindest bedingtem Vorsatz bzgl. eines Angriffs, bei dem gegen einen Kfz-Führer oder Mitfahrer unter Ausnutzung der spezifischen Verkehrsgefahren ein Angriff iSv § 316 a getätigt werden soll; hinzu tritt die Absicht täterschaftlicher Raubes etc.). Auch wenn man wie vor ein untaugliches Versuch dem Anwendungsbereich der §§ 316 a, 22 unterfällt (vgl. BGH GA **65**, 150, 25. A. RN 9, Kindhäuser II 323; and. Stein [1 vor § 306] 126), so ist zu beachten, daß sich der Tatentschluß auf ein taugliches Opfer, mithin auf eine Person während des schon begonnenen, aber umgekehrt auch noch nicht beendeten Kfz-Betriebes (o. 5) beziehen muß; will also der Täter sein Opfer erst nach Fahrtbeendigung angreifen, so fehlt ihm bereits der Tatentschluß zur Verwirklichung des § 316 a (so deutlich Roßmüller/Rohrer NZV 95, 258).

Zu dieser Tat muß der Täter unmittelbar angesetzt haben (hierzu § 22 RN 36 ff.). Insoweit kann zwar grsl. auf die Rspr. zu § 316 a aF (Unternehmensdelikt) zurückgegriffen werden (hierzu: Schäfer

LK[10] 24 ff.), doch ist zu beachten (vgl. Geppert Jura 95, 313), daß Entscheidungen (zB BGH **6** 82, **18** 170, NJW **57**, 431) vor dem Inkrafttreten von § 22 im Jahre 1975 nicht mehr unbesehen zugrundegelegt werden dürfen. Mithin darf keineswegs pauschal der Beginn der (Mit-)Fahrt als unmittelbares Ansetzen zum Angriff angesehen werden (Rengier I 128; vgl. Geppert NStZ 86, 553, Günther JZ 87, 24 ff., Horn SK 4 a, Krey II 99, Roßmüller/Rohrer NZV 95, 259; vgl. aber BGH **33** 381 m. krit. Anm. Geppert NStZ 86, 552, BGH NStZ **89**, 476, VRS **77** 225). Ein Ansetzen liegt vielmehr erst dann vor, wenn nach Vorstellung des Täters das Opfer konkret (ohne einen weiteren wesentlichen Zwischenakt) gefährdet ist, also etwa bei dem Heranziehen eines Kraftfahrzeugs an eine mechanische oder psychisch wirkende Autofalle oder bei der Halte-Anweisung an den Taxifahrer, der sogleich danach überfallen werden soll (vgl. Gössel II 250). Der erste Spatenstich zur „Autofallengrube" stellt mithin ebensowenig ein versuchsbegründendes Ansetzen dar wie der Fahrtbeginn bei einem erst nach längerer Fahrtdauer (iü aber noch während des Kfz-Betriebes) vorgesehenen Angriff (and. noch Schäfer LK[10] 25 mwN), da dann noch kein Verhalten vorliegt, das aus Tätersicht dem Angriff iSv § 316 a (der ggf. dem Zwangsmittel der beabsichtigten Raubtat vorangehen kann) unmittelbar vorgelagert ist.

VI. Vor Inkrafttreten des 6. StrRG konnte bei § 316 a als echtem Unternehmensdelikt der Täter Strafmilderung oder Absehen von Strafe mittels **tätiger Reue** erlangen (Abs. 2 von § 316 a aF). Der Gesetzgeber hat unverständlicherweise diese Vorschrift gestrichen, da ihm die nunmehr anwendbaren allgemeinen Rücktrittsregeln ausreichend erschienen (BT-Drs. 13/8587, S. 51). Dies bedeutet angesichts des unverändert frühen Vollendungszeitpunktes (o. 3) ungeachtet der zwingenden Straflosigkeit gem. § 24 (s. u.) zumindest dann eine deutliche Schlechterstellung des Täters (Mitsch JA 99, 665, ZStW 111, 110, W-Hillenkamp 153, Wolters JZ 98, 400; s. a. Freund ZStW 109, 465 f., 475 ff.), wenn man mit der vormals wohl herrschenden Lehre auf die geplante Durchführung der Raub- usw. -tat als den mittels tätiger Reue noch abzuwendenden Erfolg abstellte (so 25. A. RN 11 mwN.; and. BGH **10** 320: Angriff auf Leib etc. als Erfolg iSv § 316 a aF), so daß insoweit § 316 a aF als milderes Gesetz iSv § 2 III anzusehen ist. Es überzeugt auch angesichts der doppelten Schutzrichtung des § 316 a nicht (vgl. Freund ZStW 109, 482, Stein [1 vor § 306] 127; and. Rengier I 127), wenn infolge der Wandlung der Vorschrift von einem echten in ein sog. unechtes Unternehmensdelikt (hierzu § 11 RN 52) trotz Umkehr des Täters vor Eintritt der das Unrecht jedenfalls mitprägenden Rechtsgutsbeeinträchtigung im Bereich der §§ 249, 252, 255 keine Strafbefreiung mehr möglich sein soll (eine entsprechende Anwendung von § 320 dürfte angesichts der aktuellen gesetzgeberischen Entscheidung – die allerdings die Problematik übersehen haben dürfte [vgl. BT-Drs. 13/8587, S. 51] – eine unzulässige Gesetzeskorrektur darstellen; and. W-Hillenkamp 153). So vermag ein Täter keine Strafffreiheit bzw. -milderung zu erlangen, der nach Aussprechen der Drohung (Angriff auf die Entschlußfreiheit) von seinem Gesamtvorhaben noch abläßt (Berücksichtigung lediglich im Rahmen der Strafzumessung durch Einstufung als minder schwerer Fall iSv Abs. 2: Tröndle/Fischer 6). Strafbefreiender Rücktritt nach **§ 24** erfaßt lediglich den schmal bemessenen Bereich eines noch nicht durchgeführten Angriffs, zu dem der Täter schon unmittelbar angesetzt hat (zB Mitfahrer im Pkw-Fonds steckt die bereits gezückte Waffe vor Entdeckung durch den Fahrer und ohne Aussprechen einer Drohung wieder ein; Entfernung eines Hindernisses, bevor das sich schon nähernde Opfer in den Wirkungsbereich der Falle gerät). Gemäß § 2 I ist aber bei Aburteilung einer vor dem 1. 4. 98 begangenen Tat auf § 316 a II zurückzugreifen, sofern tätige Reue erst nach Vollendung des Angriffs erfolgte; anderenfalls findet gemäß § 2 III – der im Falle fehlenden Rücktritts in Fällen lediglich versuchter Tat Strafmilderung nach § 23 II ermöglicht – § 24 Anwendung (Mitsch JA 99, 665 f.).

VII. Die Frage der **Täterschaft und Teilnahme** bei § 316 a ist bisher kaum beachtet worden. Die Probleme ergeben sich daraus, daß diese Bestimmung auch eine vorgezogene Stufe von Raub, räuberischem Diebstahl oder räuberischer Erpressung ist und dahér zu entscheiden ist, ob die Beteiligung an der Ausführungshandlung Mittäterschaft auch dann sein kann, wenn der Beteiligte die subjektiven Voraussetzungen, nämlich die Absicht, einen Raub, räuberischen Diebstahl oder eine räuberische Erpressung täterschaftlich zu begehen, ausnahmsweise nicht besitzt. Nur derjenige kann Täter von § 316 a sein (so auch Geppert Jura 95, 315, Schaefer LK[10] 39), der selbst die Absicht hat, im Falle des Raubes, sich oder Dritten Sachen zuzueignen (vgl. BGH **24** 284, Tröndle/Fischer 4), im Falle des räuberischen Diebstahls, sich im Besitz der Sache zu halten (Kindhäuser II, 324, Tröndle[48] 48, W-Hillenkamp 152), während bei der räuberischen Erpressung schon vor dem 6. StrRG ein drittnütziges Handeln zur Täterschaft genügte.

VIII. Die **Strafe** ist Freiheitsstrafe nicht unter fünf Jahren **(Abs. 1)**. Da § 316 a die Herbeiführung einer Gemeingefahr nicht voraussetzt, kann diese strafschärfend berücksichtigt werden; zur Berücksichtigung von Vorstrafen BGH **24** 200. In **minder schweren Fällen** (vgl. 48 vor § 38) ist Freiheitsstrafe von einem bis zu zehn Jahren zu verhängen **(Abs. 2)**. Ein minder schwerer Fall liegt nicht schon deshalb vor, weil der Angriff nicht Leib oder Leben, sondern nur der Entschlußfreiheit des Opfers galt (BGH VRS **45** 364); bei einer Umkehr des Täters nach getätigtem Angriff, aber vor Durchführung der beabsichtigten Tat nach §§ 249, 252, 255 dürfte regelmäßig ein minder schwerer Fall anzunehmen sein; zur notwendigen Gesamtwürdigung BGH NStZ-RR **96**, 133. In **Abs. 3** findet sich – insoweit anstelle der früher unbenannten besonders schwere Fälle vorgesehenen lebenslangen Freiheitsstrafe (Mitsch JA 99, 666) – nunmehr eine **Erfolgsqualifikation**. Danach ist der Täter mit lebenslanger Freiheitsstrafe oder Freiheitsstrafe nicht unter zehn Jahren zu belegen, der durch seine Tat iSd § 316 a

§ 316 b

(also durch seinen Angriff auf Leib, Leben oder Entschlußfreiheit) leichtfertig (hierzu § 15 RN 205) den Tod eines anderen Menschen herbeigeführt hat; die Auslegung dieser Erfolgsqualifikation ist an derjenigen von § 251 zu orientieren (s. dortige RN 4 f.). Zu beachten ist, daß sich im Todeserfolg die spezifische Gefahr der Angriffsmittel des § 316 a verwirklicht haben muß, wobei diese Realisierung des in einem Angriff auf Kraftfahrzeugführer bzw. Mitfahrer liegenden Gefahrenpotentials (hierzu Stein [1 vor § 306] 127) sowohl beim Angriffsopfer selbst (zB bei dem von einem zwecks Einschüchterung abgegebenen Schuß tödlich getroffenen Kfz-Führer oder dem verängstigt aus dem fahrenden Pkw springenden Mitfahrer) als auch bei einem Dritten (nicht aber bei einem Mittäter oder Teilnehmer des § 316 a) eintreten kann (zB bei einem Passanten, der von einem Pkw überrollt wird, der infolge eines auf den Lenker verübten Angriffs ins Schleudern geriet). Auch kommt es nicht darauf an, ob das vom Täter eingesetzte, den Todeserfolg herbeiführende Angriffsmittel überhaupt die von ihm intendierte Wirkung auf eines der Schutzgüter des § 316 a nach sich zog (zB Unfall infolge eines vom Angegriffenen mit dem Pkw durchgeführten Fluchtversuchs). Es muß sich aber stets die mit einem Angriff iSv § 316 a verbundene typische Gefährlichkeit des Einsatzes von Zwangsmitteln im Straßenverkehr ausdrücken (also zB nicht bei einem Unfall, der ausschließlich auf die schlechte Wegstrecke, die zu Befahren das Opfer gezwungen wurde, zurückgeht). Es bleiben also alle Todesverursachungen unberücksichtigt, die nicht mehr in einer engen Beziehung zur Ausnutzung der besonderen Verhältnisse des Straßenverkehrs (o. 6) stehen, also etwa bei der leichtfertig bewirkte Tod eines Angriffsopfers oder auch Dritter, die an einem vor Aufregung ob der Attacke erlittenen Herzanfall sterben, ein mit jeder anderen Straftat ja ebenfalls verbundenes Risiko; auch im Falle eines bei der Nacheile eintretenden Todes eines Verfolgers tritt keine Strafschärfung nach Abs. 3 ein, da sich hierin nicht die besondere Gefahrensituation eines Angriffs im Straßenverkehr realisiert hat: Auch bei einem sonstigen Eigentums- oder Vermögensdelikt können sich derartige Verfolger-Unfälle zutragen; zur ohnehin allgemein fehlenden Zurechnung im Falle eines Dazwischentretens Dritter: § 15 RN 169 Die Erfolgsqualifikation greift auch bei einem bloßen Angriff mittels Einsatzes von Gewalt gegen Sachen oder von Drohungen, die sich nicht gegen Leib oder Leben richten, ein (zweifelnd angesichts der gebotenen Restriktion des Abs. 3 Stein aaO). Bei Aburteilung einer vor dem 1. 4. 98 begangenen Tat ist diese zwar als bes. schw. Fall iSd § 316 a I 2 aF einzustufen, die Strafe aber gemäß § 2 III dem insoweit milderen (Möglichkeit zeitiger Freiheitsstrafe) Abs. 3 nF zu entnehmen (Mitsch JA 99, 666).

15 **IX.** Zwischen § 316 a und den §§ 249 ff. besteht **Idealkonkurrenz** (BGH 14 391, 25 229, NJW 63, 1413, 64, 1630, 69, 1679, NStZ 99, 351, Schäfer LK[10] 40, Tröndle/Fischer 7; vgl. auch Blei II 358, Geppert Jura 95, 316). Gesetzeskonkurrenz kommt nicht in Betracht, denn sonst käme im Urteilsspruch nicht zum Ausdruck, ob die Tat im Vorbereitungsstadium der beabsichtigten Taten steckengeblieben oder ob es zu deren Ausführung gekommen ist. Versuchter Raub tritt dagegen hinter § 316 a zurück (BGH 25 373, Cramer 21, Geppert Jura 95, 316, Schäfer LK[10] 40), da die Handlung des § 316 a regelmäßig schon den Beginn der Ausführung des Raubes darstellt. Der Versuch des schweren Raubes tritt jedoch nicht hinter § 316 a zurück, weil der im Qualifikationsmerkmal liegende spezifische Unrechtsgehalt durch § 316 a nicht entsprechend erfaßt wird (BGH MDR/H 77, 808). Dient der Angriff der Beraubung mehrerer Personen (bei einer Straßensperre sollen nacheinander mehrere Autos ausgeraubt werden), so liegt gleichartige Idealkonkurrenz vor.

Zu den §§ 211 ff., 223 ff. besteht Tateinheit (M-Maiwald I 387, Tröndle-Fischer 7); Idealkonkurrenz kommt ferner in Betracht mit § 315 b (BGH NJW 93, 2630).

§ 316 b Störung öffentlicher Betriebe

(1) **Wer den Betrieb**
1. **von Unternehmen oder Anlagen, die der öffentlichen Versorgung mit Postdienstleistungen oder dem öffentlichen Verkehr dienen,**
2. **einer der öffentlichen Versorgung mit Wasser, Licht, Wärme oder Kraft dienenden Anlage oder eines für die Versorgung der Bevölkerung lebenswichtigen Unternehmens oder**
3. **einer der öffentlichen Ordnung oder Sicherheit dienenden Einrichtung oder Anlage**

dadurch verhindert oder stört, daß er eine dem Betrieb dienende Sache zerstört, beschädigt, beseitigt, verändert oder unbrauchbar macht oder die für den Betrieb bestimmte elektrische Kraft entzieht, wird mit Freiheitsstrafe bis zu fünf Jahren oder mit Geldstrafe bestraft.

(2) **Der Versuch ist strafbar.**

(3) **In besonders schweren Fällen ist die Strafe Freiheitsstrafe von sechs Monaten bis zu zehn Jahren. Ein besonders schwerer Fall liegt in der Regel vor, wenn der Täter durch die Tat die Versorgung der Bevölkerung mit lebenswichtigen Gütern, insbesondere mit Wasser, Licht, Wärme oder Kraft, beeinträchtigt.**

Vorbem.: Abs. 3 neu eingefügt durch das Gesetz zur Änderung des StGB, der StPO und des VersammlG und zur Einführung einer Kronzeugenregelung bei terroristischen Straftaten vom 9. 6. 1989, BGBl. I 1059. Abs. 1 Nr. 1 idF des BegleitG zum TelekommunikationsG vom 17. 12. 1997 (BGBl. I 3108).

Schrifttum: Achenbach, Die Startbahn-West-Novelle, Kriminalistik 89, 633. – *Bernstein,* § 316 b StGB – Störung öffentlicher Betriebe, 1989. – *Kunert/Bernsmann,* Neue Sicherheitsgesetze – mehr Rechtssicherheit?, NStZ 89, 449.

I. Die Vorschrift über die **Störung der öffentlichen Dienste** schützt als abstraktes Gefährdungsdelikt lebenswichtige Betriebe gegen **gewalttätige** Eingriffe (vgl. Bernstein aaO; and. Horn SK 2). Andere als gewalttätige Eingriffe werden durch § 88 als staatsgefährdende Sabotage erfaßt; die Wehrmittelsabotage regelt § 109 e. Die Vorschrift setzt voraus, daß eine dem jeweils genannten Betrieb dienende Sache zerstört wird usw. Auf die Eigentumsverhältnisse am bzw. die Verfügungsbefugnis über das Angriffsobjekt kommt es nicht an (Horn SK 2, Rüth LK¹⁰ 2, 6). Der zweistufig aufgebaute Tatbestand verlangt zunächst die Beeinträchtigung betriebsdienlicher Sachen bzw. die Entziehung betriebsbestimmter elektrischer Kraft; hierdurch muß es dann zu einer Betriebsstörung gekommen sein (M-Schroeder II 63).

1. Angriffsobjekt kann sein:

a) ein **der öffentlichen Versorgung mit Postdienstleistungen oder dem öffentlichen Verkehr dienendes Unternehmen oder Anlage.** Zur öffentlichen Versorgung mit Postdienstleistungen gehört auch nach der Neufassung von Zif. 1 nur der Postverkehr, nicht aber der von § 317 erfaßte Telekommunikationsverkehr; auch nicht der Postbankverkehr (Horn SK 4; and. Bernstein aaO 36), für dessen besonderen Schutz im Verhältnis zu dem bereits vom Wortlaut nicht erfaßten sonstigen Bankverkehr kein legitimierender Grund besteht.

Dem öffentlichen Verkehr (hierzu zählt sowohl der [un-]entgeltliche Personen- als auch der Güterverkehr, Rüth LK¹⁰ 4) dienen Unternehmen (dh Betriebe größeren Umfangs) und Anlagen (dh dem Betrieb auf Dauer berechnete Einrichtungen, Rüth LK¹⁰ 5), sofern sie der Benutzung durch jedermann (also einem größeren, nicht durch persönliche Beziehungen zusammenhängenden oder von vornherein bestimmten Personenkreis offenstehen; zu den Schutzobjekten gehören somit zB Eisenbahnen (auch eine von jedermann benutzbare Privatbahn, nicht aber angesichts der systematischen Stellung der Vorschrift eine nur zu privaten Zwecken betriebene Werk- oder sonstige Privatbahn, Rüth LK¹⁰ 2; and. Celle VRS **28** 129, Lackner/Kühl 2, Tröndle/Fischer 2), Straßenbahn-, Autobuslinien, Luftfahrt-, Schiffahrtunternehmen (auch Schleusen: Schafheutle JZ 51, 618), nicht aber ein nur die Gäste des betreffenden Hauses aufnehmender Hotelautobus, Privatflugzeuge oder ein Fahrstuhl bzw. eine Rolltreppe in einem privaten oder öffentlichen Gebäude (and. bzgl. öffentlicher Gebäude mit unbeschränkbarem Benutzerkreis Horn SK 5, Rüth LK¹⁰ 5).

b) Gegenstand der Tat kann weiter sein eine der öffentlichen Versorgung mit **Wasser, Licht, Wärme** oder **Kraft** dienende Anlage oder ein für die Versorgung der Bevölkerung lebenswichtiges Unternehmen. Es genießen hier nicht nur öffentliche, sondern auch private Anlagen den Schutz, wenn sie der **öffentlichen Versorgung** dienen, dh ein bestimmtes Gebiet regelmäßig beliefern, ohne Rücksicht auf dessen Größe. Für die **Versorgung der Bevölkerung lebenswichtig** ist ein Unternehmen dann, wenn seine Stillegung die Lebensinteressen der Allgemeinheit und nicht nur einiger weniger in Gefahr bringt. Hierher können zB Milchhofzentralen oder Schlachthofbetriebe einer größeren Stadt gehören; Entsorgungsunternehmen fallen unter Zif. 3 (vgl. Horn SK 6; and. Tröndle/Fischer 4).

c) Schließlich werden geschützt alle der **öffentlichen Ordnung oder Sicherheit dienenden Einrichtungen oder Anlagen** (BGH **31** 1, Stree JuS 83, 840). Hierzu zählen zB Grenzschutz- und Polizeieinheiten (BGH **31** 1, 185 m. Bspr. Stree JuS 83, 836) sowie die Feuerwehr (Koblenz VRS **46** 33). Dabei muß der konkret beschädigte Gegenstand als dienende Sache dieser Einrichtung zugeordnet werden und nicht selbst bereits die Einrichtung darstellen (Stree JuS 83, 839), so daß zB Radarmeßvorrichtungen als technische Hilfsmittel, deren sich eine öffentliche Einrichtung zur Erfüllung ihrer Aufgaben bedient, als bloße Beschädigungsobjekte keine Anlage iSv Zif. 3 darstellen (Stuttgart NStZ **97**, 342 [offengelassen für die Präventivfunktion der Radaranlage; insoweit abl. Bernstein NZV 99, 321 f. unter zutr. Verweis auf die repressive und nicht unmittelbar gefahrenabwehrende Funktion dieser Anlagen]; entsprechendes gilt für Anlagen zur Dokumentation von Rotlichtverstößen; and. LG Ravensburg NStZ **97**, 191); entsprechendes gilt für Notruf- und Feuermelde-, Computer-, Müllbeseitigungs- und Abwasseranlagen, Friedhöfe und Bedürfnisanstalten, die ebenfalls ein in den öffentlichen Betrieb integriertes Hilfsmittel darstellen, so daß für Zif. 3 auf eine Betriebsstörung bei der übergeordneten Organisationseinheit abzustellen ist (BGH **31** 188, Stuttgart NStZ **97**, 343, Stree JuS 83, 839; and. Horn 7, Rüth LK¹⁰ 9, Tröndle/Fischer 5). Die Einrichtung kann auf längere oder kürzere Zeit bestimmt sein. Unter Anlage ist eine für eine gewisse Dauer vorgesehene Kombination von Sachen oder Sachbestandteilen mit einer bestimmten Funktion zu verstehen (M-Schroeder II 63 unter Verzicht auf die Dauerhaftigkeit), wobei angesichts der amtlichen Überschrift des § 316 b (Betrieb) eine gewisse Komplexität zu verlangen sein dürfte (für Geschwindigkeitsmeßanlage offengelassen von Stuttgart NStZ **97**, 343).

2. Die **Handlung** besteht darin, daß der Betrieb der Anlage usw verhindert oder gestört wird. Eine Verhinderung des Betriebes liegt vor, wenn ein Zustand geschaffen ist, in dem der Betrieb der ihm gegebenen Zweckbestimmung nicht mehr dienen kann. Gestört ist der Betrieb dann, wenn sein ordnungsmäßiges Funktionieren beeinträchtigt ist. Wird eine der Einrichtung dienende Sache zerstört, so ist erforderlich, daß dadurch das Funktionieren der Einrichtung (Polizei usw.) beeinträchtigt

§ 316 c

7 wird (Stree JuS **83**, 840), wobei es insoweit auf die Ausstattung und Organisation der Einrichtung (etwa Vorhandensein von Reservefahrzeugen) ankommt (BGH **31** 188).

7 Die Verhinderung oder Störung des Betriebes muß dadurch erfolgen, daß eine dem Betrieb dienende Sache zerstört, beschädigt, beseitigt, verändert oder unbrauchbar gemacht oder die für den Betrieb bestimmte elektrische Kraft entzogen wird. Über **Zerstören und Beschädigen** vgl. § 303 RN 7 ff. Eine technisch ordnungsmäßige, jedoch unbefugte Benutzung der Anlage (Inbetriebsetzung eines Feuermelders durch Zerschlagen der Scheibe) ist keine Beschädigung der Anlage (RG **65** 134 m. Anm. Drost JW 32, 506). **Beseitigen** bedeutet jede Tätigkeit, durch die die genannten Gegenstände der Verfügung oder Gebrauchsmöglichkeit des Berechtigten entzogen werden (ebenso Koblenz VRS **46** 35). Eine **Veränderung** liegt vor, wenn bewirkt wird, daß der bisherige Zustand beseitigt und durch einen davon abweichenden Zustand ersetzt wird (RG JW **20**, 1036), zB durch Herunterdrücken eines Kabels durch einen darauf gefallenen Baum (vgl. RG **37** 54). **Unbrauchbarmachen** bedeutet jede wesentliche Herabminderung der Funktionsfähigkeit. Weder das Beseitigen, Verändern noch das Unbrauchbarmachen setzen eine Beschädigung der Anlage voraus (vgl. Celle VRS **28** 129, M-Schroeder II 63, Rüth LK[10] 12).

8 Das **Entziehen der elektrischen Kraft** kann in jeder Handlung bestehen, die einen Verlust an elektrischer Kraft in der Einrichtung oder Anlage zur Folge hat (Kohlrausch ZStW 20, 497). Entziehen bedeutet soviel wie Ableiten. Nicht erforderlich ist eine Zueignung oder anderweitige Nutzung durch den Täter. Das Entziehen anderer Kraft (Gas, Dampf) reicht nicht aus.

9 **II.** Für den **subjektiven Tatbestand** ist Vorsatz erforderlich. Der Vorsatz muß sich nicht nur auf die Beschädigung oder Veränderung beziehen, sondern auch auf die Verhinderung oder Störung des Betriebes. Bedingter Vorsatz genügt (vgl. RG **22** 393, Koblenz VRS **46** 35). Eine politische Zielsetzung des Täters ist für den subjektiven Tatbestand nicht erforderlich (ebenso Rüth LK[10] 14); sie mindert umgekehrt aber nicht den Schuldgehalt.

10 **III.** In **Abs. 3** ist für besonders schwere Fälle (s. 46 ff. vor § 38) eine Strafdrohung von 6 Monaten bis zu 10 Jahren vorgesehen. Durch dieses Regelbeispiel erhält § 316 b auf der Strafzumessungsebene Elemente eines konkreten Gefährdungsdelikts (iSe Versorgungskrise; vgl. Horn SK 16) aufgepfropft (krit. Kunert/Bernsmann NStZ 89, 452, Tröndle/Fischer 10). Das die (lediglich auf eine Betriebsstörung abstellende) Merkmale von Abs. 1 Zif. 1 um das nicht sonderlich praktikable Merkmal der Beeinträchtigung ergänzende Regelbeispiel wird nur dann vorliegen, wenn eine ganz erhebliche Verschlechterung der Versorgungslage der Bevölkerung eintrat, zB bei Unterbrechung der Wärmeversorgung ganzer Stadtteile; vgl. Tröndle/Fischer 10).

11 **IV. Idealkonkurrenz** ist möglich mit §§ 315 (obwohl in der Mehrzahl der Fälle des § 315 auch § 316 b gegeben sein wird) und 315 b, ferner mit § 109 e (Rüth LK[10] 15; and. Tröndle/Fischer 10). **Gesetzeskonkurrenz** besteht mit § 304; § 316 b geht vor (ebenso Rüth LK[10] 15). Zum Verhältnis zu § 88 vgl. dort RN 24.

§ 316 c Angriffe auf den Luft- und Seeverkehr

(1) Mit Freiheitsstrafe nicht unter fünf Jahren wird bestraft, wer
1. Gewalt anwendet oder die Entschlußfreiheit einer Person angreift oder sonstige Machenschaften vornimmt, um dadurch die Herrschaft über
    a) ein im zivilen Luftverkehr eingesetztes und im Flug befindliches Luftfahrzeug oder
    b) ein im zivilen Seeverkehr eingesetztes Schiff
zu erlangen oder auf dessen Führung einzuwirken, oder
2. um ein solches Luftfahrzeug oder Schiff oder dessen an Bord befindliche Ladung zu zerstören oder zu beschädigen, Schußwaffen gebraucht oder es unternimmt, eine Explosion oder einen Brand herbeizuführen.

Einem im Flug befindlichen Luftfahrzeug steht ein Luftfahrzeug gleich, das von Mitgliedern der Besatzung oder von Fluggästen bereits betreten ist oder dessen Beladung bereits begonnen hat oder das von Mitgliedern der Besatzung oder von Fluggästen noch nicht planmäßig verlassen ist oder dessen planmäßige Entladung noch nicht abgeschlossen ist.

(2) In minder schweren Fällen ist die Strafe Freiheitsstrafe von einem Jahr bis zu zehn Jahren.

(3) Verursacht der Täter durch die Tat wenigstens leichtfertig den Tod eines anderen Menschen, so ist die Strafe lebenslange Freiheitsstrafe oder Freiheitsstrafe nicht unter zehn Jahren.

(4) Wer zur Vorbereitung einer Straftat nach Absatz 1 Schußwaffen, Sprengstoffe oder sonst zur Herbeiführung einer Explosion oder eines Brandes bestimmte Stoffe oder Vorrichtungen herstellt, sich oder einem anderen verschafft, verwahrt oder einem anderen überläßt, wird mit Freiheitsstrafe von sechs Monaten bis zu fünf Jahren bestraft.

Vorbem.: § 316 c idF des 6. StrRG v. 26. 1. 1998, BGBl. I 164.

Schrifttum: *Hailbronner,* Aktuelle Rechtsfragen der Luftpiraterie, NJW 73, 1636. – *Hsueh,* Luftpiraterie: § 316 c StGB, 1993. – *Kunath,* Zur Einführung eines einheitlichen Straftatbestandes gegen „Luftpiraterie", JZ 72, 199. – *Mannheimer,* Luftpiraterie, JR 71, 227. – *Maurach,* Probleme des erfolgsqualifizierten Delikts bei . . . Luftpiraterie, Heinitz-FS 403. – *Meyer,* Luftpiraterie, 1972. – *Pötz,* Die strafrechtliche Ahndung von Flugzeugentführungen, ZStW 86, 489. – *Schmidt-Räntsch,* Zur Luftpiraterie, JR 72, 146. – *Weber,* Das Tiede-Verfahren vor dem US Court for Berlin, v. Lübtow-FG (1980), 751.

I. Die Vorschrift geht zurück auf das Haager Abkommen vom 16. 12. 1970 (vgl. dazu BT-Drs. VI/ 2721 S. 1, Jescheck GA 81, 66; zur Entstehungsgeschichte Rütt LK[10] vor RN 1). Dies hat dazu geführt, daß faktische Zufälligkeiten das Gesicht des § 316 c weitgehend bestimmen und eine präzise Definition des geschützten Rechtsgutes kaum möglich ist. Es handelt sich sowohl beim Entführungs- (Abs. 1 Nr. 1) als auch beim Sabotagetatbestand (Abs. 1 Nr. 2) um ein **abstraktes Gefährdungsdelikt,** da eine konkrete Gefährdung oder gar Verletzung von Passagieren etc. ebensowenig vorausgesetzt wird wie diejenige der Sicherheit des Luft- oder Schiffsverkehrs. Der Tatbestand dient auch nicht dem Schutz konkreter Einzelpersonen, findet also dann keine Anwendung, wenn sich eine feindselige Aktion nur gegen einen Passagier oder ein Mitglied der Besatzung richtet. Insoweit sind die §§ 211ff., 223ff. usw ausreichend. Ob diese kriminalpolitischen Erwägungen freilich den Aufwand einer so komplizierten Bestimmung wie der des § 316 c sowie eine derartige Vorverlegung des Strafschutzes (krit. Maurach Heinitz-FS 408) lohnen, erscheint zweifelhaft. Zur Geltung des Weltrechtsprinzips s. § 6 Nr. 3. 1

Geschützt werden neben der Sicherheit des zivilen Luft- und Schiffsverkehrs ähnlich den §§ 315 ff. Leib und Leben anderer Personen und fremdes Eigentum (Lackner/Kühl 1, Tröndle/Fischer 2; and. 25. A. RN 2 sowie Horn SK 2, M-Maiwald II 42 [nur Individualschutz]); anders als in diesen Bestimmungen braucht aber die durch die Tat gefährdete Fracht keinen bedeutenden Sachwert darzustellen. 2

II. Abs. 1 enthält **zwei Tatbestände,** den der eigentlichen Flugzeug- oder Schiffsentführung (Nr. 1) und den des Attentats (Sabotage) auf Luftfahrzeuge oder Schiffe (Nr. 2). 3

III. Die **Flugzeug- oder Schiffsentführung** (Nr. 1) verlangt ein Handeln, durch das der Täter das Luftfahrzeug oder Schiff in seine Gewalt bringen oder auf seine Führung einwirken will. Es erfolgt daher eine Differenzierung nach Angriffsobjekten. 4

1. Zum Begriff des **Luftfahrzeugs** vgl. § 1 II LuftVG. Größe und Antriebsart sind gleichgültig, es werden neben Flugzeugen auch Luftschiffe, Segelflugzeuge, Motorsegler und Ballone erfaßt; aus dem Sinn der Vorschrift ergibt sich jedoch, daß es sich um „bemannte" Fahrzeuge handeln muß (ebenso Rüth LK[10] 5). 5

a) Das Luftfahrzeug muß (im Gegensatz zu § 315) **im zivilen Luftverkehr eingesetzt** sein (vgl. dazu auch Art. 3 II des Haager Abkommens; o. 1). Fraglich erscheint hier, ob dabei der Schwerpunkt auf „zivil" und damit auf die Abgrenzung vom hoheitlichen Flugverkehr oder auf das Vorhandenseins eines „Verkehrs" iSe sich im wesentlichen nach Fahrplänen usw abwickelnden Personen- oder Güterbeförderung zu legen ist. Da es sich bei § 316 c um Gefahren handelt, die unmittelbar mit der Benutzung von Flugzeugen zusammenhängen, ist das erste richtig. Damit sind sämtliche im zivilen Bereich durchgeführten Flüge (also auch Schau-, Übungs-, Werks- oder Sportflüge; vgl. dazu auch BT-Drs. VI/2721 S. 2) erfaßt, während der nur militärische und sonstige hoheitliche (zB Beförderung von Ministern) Flugbetrieb ausscheidet (so auch Rüth LK[10] 3, Blei II 358; ebenso wohl auch ein von der Polizei zur Verkehrsüberwachung eingesetztes privates Sportflugzeug). Maßgeblich ist damit allein der konkrete Verwendungszweck (Tröndle/Fischer 3). 6

b) § 316 c greift nur ein, wenn das Luftfahrzeug sich im Flug befindet **(Satz 1 Nr. 1 a),** unter bestimmten Voraussetzungen aber auch, wenn es noch am Boden steht **(Satz 2).** 7

α) **Im Flug** befindet sich das Luftfahrzeug mindestens vom Abheben bis zum Aufsetzen auf die Landebahn. Einer Entscheidung darüber, ob etwa das Anrollen zum Start oder das Ausrollen nach der Landung noch zum Flug gehört (Rüth LK[10] 6), bedarf es nicht, da vor dem Start und nach der Landung immer für einige Zeit die Voraussetzungen von S. 2 gegeben sind; auch ein von Dritten bereits entführtes Luftfahrzeug bleibt taugliches Tatobjekt (Horn SK 4). 8

β) Nach S. 2 ist einem im Flug befindlichen Luftfahrzeug ein solches **gleichgestellt,** das von Mitgliedern der Besatzung oder von Fluggästen bereits betreten ist oder dessen Beladung bereits begonnen hat oder das von Mitgliedern der Besatzung oder Fluggästen noch nicht planmäßig verlassen ist oder dessen planmäßige Entladung noch nicht abgeschlossen ist. 9

Das **Betreten** setzt voraus, daß wenigstens eine Person (Besatzung oder Passagiere) sich befugterweise bereits im Innenraum des Flugzeuges befindet. Das „Betreten" einer Tragfläche durch den Piloten zur technischen Kontrolle (Außencheck) usw fällt ebensowenig hierunter wie ein Betreten seitens des Piloten, das nicht der Startvorbereitung dient (Rüth LK[10] 8). Die **Beladung** hat begonnen, wenn sich das erste Stück im Frachtraum befindet. Zur Fracht gehören auch Gepäckstücke der Passagiere, nicht jedoch persönliche Gegenstände der Besatzung oder Ausrüstungsgegenstände, wie zB die Bordverpflegung (catering) oder der Treibstoff. Für das **Verlassen** und **Entladen** gilt Entsprechendes; zu beachten ist allerdings, daß der Schutz des § 316 c über einen erheblichen Zeitraum hinaus bestehen kann, so wenn zB das Entladen der Fracht am Abend abgebrochen und erst am nächsten Tag wieder aufgenommen oder das Entladen infolge einer Arbeitskampfmaßnahme verzögert wird. 10

11 **Planmäßig** erfolgen die Handlungen, wenn sie dem normalen Betriebsvorgang entsprechen. Unplanmäßig ist zB das Verbleiben eines Fluggastes, der sich versteckt, um stehlen zu können, oder einer Stewardess, die den Rückflug statt im Flughafengebäude im Flugzeug abwartet. Planmäßig ist aber auch das Verbleiben eines Passagieres, der aus irgendwelchen Gründen den Flughafen nicht betreten darf. Sind alle Personen und alle Fracht von Bord, so kommt es nicht darauf an, ob dies planmäßig geschehen ist oder zB aufgrund einer Nötigung durch den Täter. Die abweichende Ansicht, nach der das Erfordernis der Planmäßigkeit bei Notlandungen oder erzwungenen Zwischenlandungen nicht erfüllt sei, so daß hier in jedem Fall der Strafschutz des § 316 c fortbestehe (Kunath JZ 72, 200, M-Maiwald II 42, Tröndle/Fischer 3, vgl. BT-Drs. VI/2721 S. 3), übersieht, daß nicht die Landung planmäßig (fahrplanmäßig?) sein muß, sondern das Verlassen und Entladen (wie hier Rüth LK[10] 11, Horn SK 5); aber auch nach einer Notlandung kann das Flugzeug planmäßig verlassen und entladen werden (Rüth LK[10] 11). Bei Sportfliegern dürfte insoweit auf ihre jeweiligen Intentionen abzustellen sein.

12 Der bloße **Diebstahl** eines Luftfahrzeuges, in dem sich weder Fracht noch Personen befinden, wird von § 316 c nicht erfaßt, ebensowenig der Fall, daß die Täter eine Fluggesellschaft zwingen, ein abgestelltes Flugzeug mit einer Mannschaft zu versehen, herauszugeben und starten zu lassen; ein solches Flugzeug ist nicht im zivilen Luftverkehr „eingesetzt" (Horn SK 13).

12 a **2. Schiffe** sind nicht dauerhaft am Meeresboden befestigte Wasserfahrzeuge jeder Art und Größe (BT-Drs. 11/4946 6, Rüth LK[10] § 315 RN 3). Damit sind die fest verankerten Meeresplattformen nicht vom Schutz des § 316 c umfaßt, da sie nicht zu einem bestimmten Beförderungsvorgang in Beziehung stehen.

12 b a) Das Schiff muß im **zivilen Seeverkehr** eingesetzt sein. Auch hierfür kommt es auf den konkreten Verwendungszweck und nicht auf die Eigentumsverhältnisse an (vgl. o. 6). Daher kann auch ein dem Staat gehörendes Schiff zivilen Zwecken dienen, zB ein Fischereiforschungsschiff. Dem zivilen Seeverkehr unterfällt neben der Beförderung von Menschen und Gütern auch der Verkehr von Sport- und Vergnügungsfahrzeugen (BT-Drs. 11/4946 6). Nicht dazu gehört der hoheitliche Verkehr von Kriegsschiffen, Flottenhilfsschiffen, Zoll- und Polizeifahrzeugen (BT-Drs. 11/4946 6).

12 c b) Maßgeblich dafür, daß ein Schiff im Seeverkehr **eingesetzt** ist, ist der konkrete Einsatzzweck. Daher fallen auch Fahrten auf Binnenschiffahrtsstraßen unter die Vorschrift, wenn sie von Schiffen im Zusammenhang mit ihrem Einsatz im Seeverkehr (Laden, Löschen) durchgeführt werden (BT-Drs. 11/4946 S. 6).

13 **3.** Der Täter muß **bestimmte Mittel** einsetzen, um die Herrschaft über das Flugzeug bzw. Schiff oder die Möglichkeit der Einwirkung auf dessen Führung zu erlangen, und zwar Gewalt, Angriff auf die Entschlußfreiheit einer Person oder Vornahme sonstiger Machenschaften.

14 a) Unter **Gewalt** ist hier vis absoluta zu verstehen, die gegen Personen wie gegen Sachen (zB Zerstörung von Navigationsgeräten) gerichtet sein kann (vgl. 6 ff. vor § 234). Vis compulsiva ist zwar auch Gewalt, da sie aber einen Angriff auf die Entschlußfreiheit darstellt, ist sie der zweiten Alternative zuzuordnen (ebenso Rüth LK[10] 13, 15, Blei II 359). Gegen welche Personen (zB Besatzungsmitglied, aber auch Flugsicherungslotse) oder Sachen (zB Zerstören bordeigener Navigationseinrichtungen, aber auch der Bodenfunkleitstelle) Gewalt geübt wird, ist gleichgültig.

15 b) Als **Angriff auf die Entschlußfreiheit** genügen alle Mittel der Willensbeeinflussung, zB vis compulsiva, Drohung (zB durch Bedrohen mit [Schein-] Waffe) oder List. Diese können sich gegen die Besatzung, aber auch gegen die Passagiere richten (Geiselnahme, vgl. § 239 b), ebenso gegen Dritte, zB die Frau des Piloten oder das für die Flugsicherung usw verantwortliche Personal. Der Angriff braucht keinen Erfolg gehabt zu haben, fraglich ist aber, ob eine gewisse objektive Erheblichkeit („empfindliches" Übel) zu verlangen ist. Dies dürfte zu bejahen sein (vgl. Kunath JZ 72, 201, Rüth LK[10] 16; vgl. auch § 240 RN 9).

16 c) **Sonstige Machenschaften** (zurecht krit. Maurach Heinitz-FS 410, M-Maiwald II 41; vgl. dazu auch § 109 a RN 7/9) sind alle sonstigen Handlungen, die zur Einwirkung auf die maßgebenden Personen bestimmt sind, wie zB Täuschung, falsche Funksignale, sonstige Störung des Funkbetriebes, der Flugplatzeinrichtungen usw. Mit Rücksicht auf die hohe Strafdrohung sind jedoch unlautere, der Gewalteinwirkung in ihrer Gefährlichkeit entsprechende und bereits den Anfang der Ausführung der Herrschaftserlangung bildende (M-Maiwald II 41; also nicht das bloße Besorgen einer Waffe, auch nicht deren Vorbeischmuggeln an der Kontrolle [Horn SK 17; and. Kunath JZ 70, 200, Rüth LK[10] 35]) Maßnahmen zu verlangen, obwohl hier im Gegensatz zu § 109 a die Machenschaften nicht „arglistig, auf Täuschung berechnet" sein müssen. Beruht eine Kursänderung auf einer „freiwilligen" Entscheidung des Verantwortlichen, der vom Täter überredet oder bestochen worden ist, so kann § 316 c nicht eingreifen (zust. Lackner/Kühl 7, Horn SK 9, Tröndle/Fischer 6, Rüth LK[10] 17, Wille, Die Verfolgung strafbarer Handlungen an Bord von Schiffen und Luftfahrzeugen [1974] 226; and. für die Bestechung Kunath JZ 72, 201, Maurach Heinitz-FS 411).

17 d) Die angewandten Mittel brauchen nicht erfolgreich zu sein; § 316 c setzt lediglich eine bestimmte Zweckverfolgung (u. 18) voraus. Ein untauglicher oder fehlgeschlagener Versuch genügt zur Tatbestandserfüllung.

4. Der Täter muß mit der **Absicht** (zielgerichteter Wille) handeln, entweder die Herrschaft über 18 das Luftfahrzeug bzw. Schiff zu erlangen oder auf dessen Führung einzuwirken. Diesen Erfolg braucht er nicht tatsächlich zu erreichen. Für die Bestrafung des Teilnehmers genügt es, wenn er die Absicht des Täters kennt; mittäterschaftliches Handeln hingegen setzt jeweils die tatbestandsspezifische Absicht voraus.

a) Die **Herrschaft über das Luftfahrzeug oder Schiff** erlangt der Täter zB, wenn er den 19 Verantwortlichen derart ausschaltet, daß dieser keine selbständigen Entscheidungen mehr fällen kann und der Täter damit die Führung des Luftfahrzeugs oder Schiffs selbst innehat oder aber die Befehlsgewalt über Besatzung und Passagiere. Eine Herrschaft über das Flugzeug besteht aber auch dann, wenn es noch auf dem Flugplatz „besetzt" wird, um selbst damit zu starten oder den Besitz zur Erpressung zu benutzen; zu den differenziert zu beurteilenden Geiselnahmekonstellationen (Abs. 1 Nr. 1 [dadurch]) sollte auf die Fälle beschränkt werden, in denen unmittelbar durch die Machenschaft eine bereits anderweitig bestehende Herrschaftsgewalt auf den Täter übergeht; sonst idR Versuch): Horn SK 14.

b) Bei der **Einwirkung auf die Führung** genügt es, daß der Täter die maßgebliche Entscheidung 20 über die Bewegungen des Flugzeugs bzw. Schiffs oder die Handlungen an ihm trifft (zB örtliche Ziele, Höhe, Kurs oder Zeitpunkt). Die Grenze zwischen beiden Modalitäten ist fließend; es bestehen nur Unterschiede in der Intensität der Einflußnahme (ebenso Rüth LK[10] 18). Eine reine „Einwirkung auf die Führung" liegt da vor, wo das Flugzeug vom Boden aus falsch gesteuert wird. Die Einwirkung kann durch Zwang zum Handeln (Kursänderung) wie auch zum Unterlassen (Verbot, bestimmte Flughäfen anzufliegen) geschehen.

c) § 316 c ist ein **abstraktes Gefährdungsdelikt** (vgl. 3 vor § 306); eine konkrete Gefahr für die 21 Passagiere oder die Fracht braucht daher nicht einzutreten. Deshalb genügt es auch, wenn der Pilot gezwungen wird, statt in A im gleich gut anzufliegenden Ort B zu landen.

d) An einer Einwirkung auf die Führung des Flugzeuges fehlt es bei dem **Piloten,** der selbst das 22 Flugzeug an einen anderen als den Bestimmungsort fliegt. Der Pilot kann also nicht Täter des § 316 c sein. Entsprechendes gilt für einen Schiffsführer.

IV. Das **Flugzeug- oder Schiffsattentat** (Nr. 2) richtet sich gegen dasselbe Schutzobjekt wie die 23 Flugzeug- oder Schiffsentführung, der Täter muß jedoch mit der Absicht (zielgerichtete Wille) handeln, das Luftfahrzeug bzw. das Schiff als solches oder seine an Bord befindliche Ladung zu zerstören oder zu beschädigen. Es handelt sich also um einen Sonderfall der Sachbeschädigung, da nicht erforderlich ist, daß sich Menschen an Bord befinden. Dafür genügen jedoch nicht alle denkbaren Mittel, sondern nur der Gebrauch von Schußwaffen oder die Herbeiführung einer Explosion oder eines Brandes.

1. Schutzgut ist auch hier nicht das Fahrzeug selbst, sondern wie in Nr. 1 neben der Sicherheit 24 des Schiffs- und Luftverkehrs die Personen und das beförderte fremde Eigentum, die bei dem Attentat wenigstens abstrakt gefährdet werden.

2. Tathandlung ist die Zerstörung oder Beschädigung (vgl. dazu § 303 RN 8 ff., § 305 RN 5) 25 des Luftfahrzeuges oder Schiffes oder der in fremdem Eigentum stehenden Ladung. Die Beschädigung unwesentlicher Bestandteile wie der Ausrüstungsgegenstände (Küchengeräte usw) reicht nicht aus. Es genügt auch nicht, daß die Beschädigung lediglich die Folge von sonstigem vorschriftswidrigem Verhalten, zB Angriffen auf Passagiere oder Besatzung, ist, da hinsichtlich der Beschädigung Absicht vorausgesetzt wird (vgl. § 15 RN 65). Einzelangriffe auf Personen fallen überhaupt nicht unter § 316 c, während Einzelangriffe auf Frachtgegenstände nach Nr. 2 strafbar sind.

3. Schußwaffen (vgl. dazu § 244 RN 3) gebraucht der Täter, wenn er eine taugliche Waffe 26 verwendet (Einsatz als Drohungsmittel – nicht aber als Schlagwerkzeug – genügt, Horn SK 21). Ein Erfolg braucht nicht eingetreten zu sein. Es genügt zB, wenn die Waffe falsch bedient wird und nur deshalb versagt. Eine untaugliche Waffe genügt nicht (vgl. § 244 RN 3), da durch sie die Gefährdung des § 316 c nicht eintreten kann.

4. Zur Herbeiführung eines **Brandes** vgl. § 306 RN 13 f. Zur Herbeiführung einer **Explosion** 27 vgl. § 308 RN 3 f. Das Attentat kann sich gegen alle Teile des Luftfahrzeugs/Schiffs oder seiner Ladung richten. Es genügt hier auch die Beschädigung der Außenwand des Luftfahrzeuges, sofern das Fahrzeug in großen Höhen fliegt und deshalb durch den Überdruck im Flugzeug eine Explosion eintritt (and. § 308 RN 3: „Implosion"). Bei der Herbeiführung eines Brandes oder einer Explosion handelt es sich um ein **Unternehmensdelikt**; vgl. dazu § 11 I Nr. 6 und dort RN 46 ff., allerdings muß sich das Täterverhalten bereits als unmittelbares Ansetzen (s. § 22 RN 42) zur Herbeiführung eines Brandes bzw. einer Explosion darstellen, s. Horn SK 23.

5. Nr. 2 schützt das Flugzeug nur vor den genannten Methoden der Beschädigung. **Nicht strafbar** 28 ist zB, wer die Steuerseile ansägt, Wasser in die Tanks gießt usw. Es ist gleichgültig, wann der Täter die Handlung vornimmt, sofern sich das Flugzeug im **Zeitpunkt der** Handlungs**wirkung** im Flug bzw. unter den Voraussetzungen des Abs. 1 S. 2 am Boden oder das Schiff auf Fahrt befindet.

V. Der **Versuch** ist strafbar (Verbrechen), denn die **Strafe** ist Freiheitsstrafe nicht unter fünf Jahren, 29 in minder schweren Fällen **(Abs. 2)** von einem bis zu zehn Jahren. Minder schwere Fälle liegen etwa vor, wenn der Täter Vorkehrungen zur Verhinderung einer Gefährdung von Passagieren und Fracht

§ 317 Bes. Teil. Gemeingefährliche Straftaten

trifft, wenn er aus einer notstandsähnlichen Situation heraus handelt (Flucht aus politischen Motiven usw; zur Frage der idR ausgeschlossenen Rechtfertigung oder Entschuldigung vgl. Rüth LK[10] 37, Tröndle/Fischer 16, Weber v. Lübtow-FG 766 ff.). Im Fall des Abs. 1 Nr. 2 kann auf Führungsaufsicht erkannt werden (§ 321). Über Einziehung (auch der Bezugsgegenstände) vgl. § 322.

30 VI. Nach **Abs. 3** ist die Strafe lebenslange Freiheitsstrafe (zB bei besonders brutalem, grausamen oder vorsätzlichem Vorgehen) oder Freiheitsstrafe nicht unter 10 Jahren, wenn der Täter wenigstens leichtfertig (vgl. § 15 RN 205) oder vorsätzlich den **Tod eines Menschen verursacht;** vgl. § 18 RN 3. Der Tod eines Tatbeteiligten genügt aber nicht, vgl. 12 vor § 306, 306a RN 21; and. Horn SK 26. Andererseits ist es aber nicht erforderlich, daß ein Mitglied der Besatzung oder ein Passagier getötet wird, so daß es genügt, zB bei einer Notlandung ein Außenstehender getötet wird. Handelt der Täter demgegenüber unterhalb der Leichtfertigkeitsschwelle, so konkurriert § 316c mit § 222. In den Fällen, in denen § 316c als Unternehmenstatbestand ausgebildet ist, führt die durch den Versuch ausgelöste Erfolgsqualifikation als Realisierung des grundtatbestandsspezifischen Risikos zur vollen Haftung aus Abs. 3, während in den übrigen Fällen der (strafbare) Versuch des § 315c nur eher theoretisch eine entsprechende Haftung (s. Tröndle/Fischer 13) wird auslösen können.

31 VII. Abs. 3 stellt bestimmte **Vorbereitungshandlungen** unter Strafe. Dabei handelt es sich (ähnlich wie bei § 310; vgl. dort RN 5 f.) um das Beschaffen usw. von Schußwaffen, Sprengstoffen (vgl. § 308 RN 4) oder sonstigen Gegenständen oder Vorrichtungen (nicht aber von deren Teilen, die für sich noch keine Explosion herbeiführen können, zB der Wecker für eine Höllenmaschine, Rüth LK[10] 27) zur Herbeiführung einer Explosion oder eines Brandes (vgl. § 310 RN 7). Obwohl diese Gegenstände idR zur Begehung von Abs. 1 Nr. 2 dienen, genügt es auch, wenn eine Tat nach Abs. 1 Nr. 1 beabsichtigt ist, so wenn etwa der Flugzeug- oder Schiffsführer mit der Schußwaffe oder mit Handgranaten zur Kursänderung gezwungen werden soll. Zum Vorsatz vgl. § 310 RN 7. Wird eine Straftat nach Abs. 1 begangen oder zumindest versucht, so tritt die Vorbereitungshandlung des Abs. 3 hinter die entsprechende Täterschafts- oder auch Teilnehmerstrafbarkeit als subsidiär zurück (Horn SK 29).

32 VIII. Nach Inkrafttreten des 6. StrRG ist die bisherige Sondervorschrift tätiger Reue (Abs. 4 aF; hierzu 25. A. RN 32) gestrichen und in die allgemeine Vorschrift des § 320 eingestellt worden (s. § 320 I, III Nr. 2, 4): In den Fällen des § 316c I kann das Gericht die Strafe nach seinem Ermessen mildern (§ 49 II), sofern der Täter freiwillig die weitere Ausführung der Tat aufgab (ein Rücktritt vor Vollendung des § 316c hingegen zieht gemäß § 24 Straffreiheit nachsich, etwa bei einem Einstecken der Schußwaffe, noch ehe diese gegen einen anderen gerichtet und damit iSv Abs. 1 Nr. 2 gebraucht wurde) oder sonst den Erfolg abwendete (dem steht gemäß § 320 IV eine anderweitige Gefahrabwendung sein freiwilliges und ernsthaftes Bemühen gleich; tritt der Erfolg hingegen gleichwohl – zurechenbar – ein, so greift § 320 nicht). Als Erfolg ist – wie bei § 316a aF (hierzu 25. A. § 316a RN 11) – die beabsichtigte Tat, also die Erlangung der Herrschaft über ein Luftfahrzeug, Schiff, dessen Zerstörung etc. zu verstehen (Blei II 360, Horn SK 18a; and. Tröndle/Fischer 19; zu dem Fall des Abs. 1 Nr. 2 aber auch Horn SK 24). Auf den Nichteintritt eines erheblichen Schadens (so Abs. 4 S. 1 aF) kommt es nicht mehr an (somit auch tätige Reue durch den Täter, der nach Inbrandsetzen eines Tankfahrzeuges das Übergreifen der Flammen auf das Flugzeug verhindert). Bei bereits eingetretenem Erfolg (etwa Herrschaftserlangung über das Flugzeug) kann hingegen eine Beseitigung dieses Erfolges den Täter nur allgemein bei der Strafzumessung gutgeschrieben werden. Der Fall des Abs. 3 wird in § 320 nicht aufgeführt, da bei Eintritt einer Erfolgsqualifikation der Erfolg nicht abgewendet werden kann; im Falle versuchter Erfolgsqualifikation (vgl. § 18 RN 10) sollte demgegenüber § 320 I Anwendung finden können. Im Falle der Vorbereitungshandlungen des Abs. 4 tritt nunmehr zwingend (nach Abs. 4 aF nur fakultative Strafmilderung) Straffreiheit ein (§ 320 III Nr. 2), sofern der Täter freiwillig die weitere Ausführung seiner Tat aufgibt (zB keine Flugzeugsabotage unter Verwendung des verschafften Sprengstoffs durchführt) oder sonst die Gefahr abwendet (zB durch Information der Behörden über die Pläne von ihm unterstützter Dritter); auch insoweit findet § 320 IV Anwendung.

33 IX. Konkurrenzen. Mit § 315 besteht **Idealkonkurrenz,** da dort eine konkrete Gefahr bestimmter Personen oder Sachen vorausgesetzt wird. Das gleiche gilt im Verhältnis zu § 308 und für § 309 neben § 316c III. Mit den Delikten gegen die persönliche Freiheit besteht Idealkonkurrenz, wenn in bezug auf sie einzelne Personen angegriffen werden; so kann § 316c zB mit §§ 239a, 239b ideell konkurrieren. Soweit jedoch die Freiheitsbeeinträchtigung nur eine Nebenwirkung der Entfernung ist, sind die §§ 239, 240 subsidiär. Zum Verhältnis zu §§ 211 ff. vgl. § 18 RN 6; zum Konkurrenzverhältnis bei vorsätzlicher Herbeiführung der Erfolgsqualifikation vgl. § 251 RN 9.

§ 317 Störung von Telekommunikationsanlagen

(1) **Wer den Betrieb einer öffentlichen Zwecken dienenden Telekommunikationsanlage dadurch verhindert oder gefährdet, daß er eine dem Betrieb dienende Sache zerstört, beschädigt, beseitigt, verändert oder unbrauchbar macht oder die für den Betrieb bestimmte elektrische Kraft entzieht, wird mit Freiheitsstrafe bis zu fünf Jahren oder mit Geldstrafe bestraft.**

(2) **Der Versuch ist strafbar.**

(3) **Wer die Tat fahrlässig begeht, wird mit Freiheitsstrafe bis zu einem Jahr oder mit Geldstrafe bestraft.**

Vorbem.: Abs. 1 idF des BegleitG zum TelekommunikationsG vom 17. 12. 1997, BGBl. I 3108.

Schrifttum: Hahn, Wann dient eine Fernmeldeanlage iSd § 317 Abs. 1 StGB „öffentlichen Zwecken"?, ArchPT 92, 37.

I. Die **Gefährdung des Fernmeldebetriebes** kann vorsätzlich (Abs. 1) oder fahrlässig (Abs. 3) geschehen. Andere als gewalttätige Eingriffe können nach § 88 als verfassungsfeindliche Sabotage strafbar sein; geschützt wird in Form eines abstrakten Gefährdungsdeliktes (and. Statz ArchPT 94, 69) das Universalrechtsgut der Funktionsfähigkeit des öffentlichen Telekommunikationsverkehrs als grundlegende Einrichtungen der Daseinsvorsorge (Lackner/Kühl 1, Wolff LK 1; s. a. Herzog NK 1), so daß es – wie bei der Parallelvorschrift des § 316 b – insoweit nicht auf die Eigentumsverhältnisse am bzw. die Verfügungsbefugnis über das konkrete Angriffsobjekt ankommt (BGH **39** 290, M-Schroeder II 63).

II. Schutzobjekte sind die öffentlichen Zwecken dienenden Telekommunikationsanlagen. Unter **Telekommunikationsanlagen** (s. § 3 Nr. 17 TelekommunikationsG v. 27. 7. 1996, BGBl. I 1120) sind technische Einrichtungen oder Systeme zu verstehen, die als Nachrichten identifizierbare elektromagnetische oder optische Signale senden, übertragen, vermitteln, empfangen, steuern oder kontrollieren können. Hierzu zählen insbes. die Einrichtungen des Fernmeldewesens (einschließlich des Mobilfunks), Fernschreibnetze, Telex, Telefax, Tele- und Bildschirmtext sowie sonstige körperlose Datenübermittlungen, Hörfunk und Fernsehen einschließlich des Breitbandkabelnetzes sowie Funkrufnetze (Lackner/Kühl 2, Tröndle/Fischer 2, Wolff LK 2), auch Notrufsysteme an Fernstraßen (Fischer JuS 85, 328), nicht aber Rohrpost- und Klingelanlagen (Wolff LK 2). Geschützt werden diese Einrichtungen in ihren Sende-, Übermittlungs- sowie Empfangsteilen (s. aber 4). Es macht keinen Unterschied, ob die Übermittlung durch Draht oder drahtlos (zB schnurlos betriebene Fernsprechapparate, Autotelefone) erfolgt.

2. Die Telekommunikationsanlage dient **öffentlichen Zwecken** (zur Femmeldeanlage iSv § 318 aF eingehend Hahn ArchPT 92, 37), wenn ihr Betrieb ausschließlich oder überwiegend im Interesse der Allgemeinheit liegt (Horn SK 5). Mithin fallen Anlagen im ausschließlich privaten Bereich (zB rein hausinterne Sprechanlage) nicht hierunter. Hingegen soll jedes an das öffentliche Fernsprechnetz angeschlossene Privattelefon unter § 317 fallen (so die hM, RG **29** 244, BGH **25** 370 m. zust. Anm. Krause JR 75, 380, Martin LM Nr. 1, Hamm JMBlNRW **66**, 94, Tröndle/Fischer 2, Lackner/Kühl 2, Wolff LK 3, Mahnkopf JuS 82, 886; and. Bay NJW **71**, 528). Davon geht BGH **39** 288 auch nach dem Inkrafttreten des Poststrukturgesetzes vom 8. 6. 1989 (BGBl. I 1026) jedenfalls für den Fall aus, daß die Beschädigung oder Stillegung eines privaten Telefonanschlusses gegen den Willen der Betreibergesellschaft und des Anschlußinhabers erfolgt (zust. Statz ArchPT 94, 67, mit der Einschränkung, daß die Beschädigung der Fernmeldeanlage eine konkrete Gefahr geschützter Rechtsgüter herbeiführt; and. Bay NJW **93**, 1215, Helgerth JR 94, 122, Hahn NStZ 94, 190 u. ArchPT 92, 37, M-Schröder II 63, Schmittmann NStZ 94, 587, Tröndle/Fischer 2). Die offensichtliche systematische Parallele zwischen den §§ 316 b, 317 legt jedoch eine andere Interpretation nahe. Danach dient eine Fernmeldeanlage öffentlichen Zwecken nur dann, wenn ihre Benutzung ausschließlich oder überwiegend im Interesse der Allgemeinheit liegt. Danach fällt zwar eine öffentliche Fernsprechzelle unter § 317; die Anlagen eines Privatanschlusses als solche dienen hingegen keinen öffentlichen Zwecken (Horn SK 5, Tröndle/Fischer 2), da angesichts des Rechts auf Privatheit weder die jederzeitige Erreichbarkeit des privaten Fernsprechteilnehmers (so BGH **25** 372; hiergegen Hahn ArchPT 92, 38) noch umgekehrt das Interesse des Anschlußinhabers an Kommunikation, zB zwecks Herbeiholen von Hilfe (so BGH **39** 290), infolge fehlender Beeinträchtigung öffentlichkeitsrelevanter Teile des Kommunikationssystems angesichts der systematischen Stellung des § 318 sowie seiner im Verhältnis zu §§ 303 f. deutlich gesteigerten Strafdrohung seine Anwendung rechtfertigt, zumal da anderenfalls eine Überkriminalisierung bzw. Inkonsistenz im Falle einer Beschädigung durch den Anschlußberechtigten selbst oder im Falle fahrlässiger (Abs. 3) Eingriffe drohten (s. a. BGH **39** 290, Hahn NStZ 94, 190, Momberg JZ 82, 574, Statz ArchPT 94, 69). Der Schutzbereich öffentlicher Zweckdienlichkeit erstreckt sich also nicht auf sämtliche Systembestandteile eines Telekommunikationssystems, sondern endet an der Abschlußeinrichtung iSd Telekommunikationsanschlußeinheit („Steckdose"), vgl. Hahn NStZ 94, 191. Private Rundfunk- und Fernsehempfangsanlagen dienen im Gegensatz zu Rundfunk- und Fernsehsendern dagegen nicht öffentlichen Zwecken (Tröndle/Fischer 2), wohl aber Sendeanlagen oder Lautsprecher, die im öffentlichen Interesse (zB zur Verkehrsregelung) eingesetzt werden. Unerheblich ist dagegen, ob eine den Allgemeininteressen dienende Anlage auch jedermann zugänglich ist, so zB die betriebsinterne Fernsprechanlage einer StraßenbahnAG (vgl. RG GA Bd. **51** 50) oder sonstige behördliche Telefonnetze (RG **34** 249), sofern ein Allgemeininteresse an ihrer Funktionsfähigkeit besteht (Herzog NK 3: Datentransfernetz im Gesundheitswesen oder: Rufanlagen innerhalb eines Krankenhauses). Verbotswidrig errichtete Anlagen genießen keinen Schutz (Tröndle/Fischer 2).

1

2, 3

4

§ 318 1, 2

5 **III. Die Handlung** besteht in der Verhinderung oder Gefährdung des Betriebes der Anlage. **Eine Verhinderung des Betriebes** liegt vor, wenn ein Zustand geschaffen ist, in dem die Anlage für die ihr gegebene Zweckbestimmung nicht benutzt werden kann. Eine **Gefährdung** des Betriebes ist bereits dann gegeben, wenn das genaue Funktionieren des Betriebes beeinträchtigt ist, so daß ein potentieller Benutzungswunsch nicht erfüllbar wäre. In beiden Fällen ist vorauszusetzen, daß der Betrieb oder die Anlage an sich funktionsfähig ist (vgl. jedoch Hamm JMBlNRW **67**, 68, Düsseldorf MDR **84**, 1041, Wolff LK 6; and. Tröndle/Fischer 3). Die Verhinderung oder Gefährdung des Betriebes muß dadurch erfolgen, daß der Täter eine dem Betrieb dienende Sache zerstört, beschädigt, beseitigt, verändert oder unbrauchbar macht oder die diesem bestimmte elektrische Kraft entzieht; dies entspricht dem § 316 b (vgl. dort RN 6 ff.). Keine der abschließend genannten Tathandlungen ist beim sog. Telefonterror gegeben (Herzog GA 75, 259 f.), auch nicht beim Blockieren eines Anschlusses durch Nichtbeendigung der Kommunikation (s. Wolff LK 5) und idR nicht beim bloßen Anzapfen einer Breitbandkabelanlage (Krause/Würmeling NStZ 90, 527); eine unbefugte, aber funktionsordnungsgemäße Inbetriebsetzung einer Telekommunikationsanlage unterliegt ebenfalls nicht § 317 (Wolff LK 5).

6 **IV. Der Vorsatz** muß sich nicht nur auf Beschädigung oder Veränderung der konkreten Sache, sondern auch auf die Verhinderung oder Gefährdung des Betriebes beziehen. Bedingter Vorsatz genügt (RG **22** 393); vgl. auch Bay DAR/R **65**, 283 f. Die **Fahrlässigkeit** (Abs. 3) muß sich stets auf die Verhinderung oder Gefährdung des Betriebs beziehen (vgl. Schleswig SchlHA **56**, 272). Die Beschädigung oder Veränderung kann dagegen in den Fällen des Abs. 3 auch vorsätzlich erfolgen. Aus der Verletzung von Verkehrsvorschriften kann die Fahrlässigkeit iSd § 317 nicht ohne weiteres hergeleitet werden (Stuttgart DAR **57**, 243: Anfahren eines Telegrafenmastes; and. BGH **15** 110, Bay **72** 7, VRS **19** 49).

7 **V. Der Versuch** nach Abs. 1 ist strafbar (Abs. 2). Versuch liegt zB vor, wenn der Täter mit Steinen nach Isolatoren einer Telegrafenleitung wirft, auch wenn er sie nicht trifft (vgl. R **15** Nr. 2777).

8 **VI.** Bei der vorsätzlichen Begehung besteht mit § 304 **Gesetzeskonkurrenz;** § 317 geht vor (RG **34** 251, Wolff LK 11); ebenso § 19 FAG als lex specialis (Horn SK 10, Tröndle/Fischer 6). Bei der fahrlässigen Tat ist mit § 303 und mit § 304 **Idealkonkurrenz** möglich, da die Zerstörung usw vorsätzlich erfolgen kann (Wolff LK 11 und bzgl. § 304 Frank § 318 Anm. III). Mit § 94 TKG ist ebenso wie mit § 88 (Wolff LK 11) Tateinheit möglich (Lackner/Kühl 6).

§ 318 Beschädigung wichtiger Anlagen

(1) Wer Wasserleitungen, Schleusen, Wehre, Deiche, Dämme oder andere Wasserbauten oder Brücken, Fähren, Wege oder Schutzwege oder dem Bergwerksbetrieb dienende Vorrichtungen zur Wasserhaltung, zur Wetterführung oder zum Ein- und Ausfahren der Beschäftigten beschädigt oder zerstört und dadurch Leib oder Leben eines anderen Menschen gefährdet, wird mit Freiheitsstrafe von drei Monaten bis zu fünf Jahren bestraft.

(2) Der Versuch ist strafbar.

(3) Verursacht der Täter durch die Tat eine schwere Gesundheitsschädigung eines anderen Menschen oder eine Gesundheitsschädigung einer großen Zahl von Menschen, so ist auf Freiheitsstrafe von einem Jahr bis zu zehn Jahren zu erkennen.

(4) Verursacht der Täter durch die Tat den Tod eines anderen Menschen, so ist die Strafe Freiheitsstrafe nicht unter drei Jahren.

(5) In minder schweren Fällen des Absatzes 3 ist auf Freiheitsstrafe von sechs Monaten bis zu fünf Jahren, in minder schweren Fällen des Absatzes 4 auf Freiheitsstrafe von einem Jahr bis zu zehn Jahren zu erkennen.

(6) Wer in den Fällen des Absatzes 1
1. die Gefahr fahrlässig verursacht oder
2. fahrlässig handelt und die Gefahr fahrlässig verursacht,
wird mit Freiheitsstrafe bis zu drei Jahren oder mit Geldstrafe bestraft.

Vorbem.: § 318 idF des 6. StrRG vom 26. 1. 1998, BGBl. I 164; vormals §§ 318, 320.

1 **I.** § 318 **schützt** als konkretes Gefährdungsdelikt (Herzog NK 1) bestimmte Anlagen der öffentlichen Daseinsvorsorge (s. BGH NJW **83**, 1437) sowie zusätzlich Leib und Leben der von ihrer Beeinträchtigung Betroffenen (Lackner/Kühl 1, Tröndle/Fischer 1; and. Horn SK 2 [Schutz von Personen], Wolff LK 1 [Schutz der Anlagen]). Die Schutzobjekte (mit Ausnahme bestimmter Einrichtungen von Bergwerksbetrieben) dienen sämtlich dem Zweck, die Naturgewalt des Wassers zu bändigen oder nutzbar zu machen (Herzog NK 1, Wolff LK 1). Angesichts des Schutzzwecks kommt es auf die Eigentumslage nicht an (Horn SK 4, Lackner/Kühl 1, Tröndle/Fischer 2).

2 **1.** Genannt werden einmal als Schutzobjekte **Wasserbauten** (Bauwerke, die der Regulierung, Speicherung, Leitung oder Abdämmung von Wasser dienen: Wolff LK 2). Es macht keinen Unterschied, ob diese Bauten an Flüssen, Kanälen, Seen oder am Meer errichtet sind. Besonders hervorgehoben werden Wasserleitungen, Schleusen, Wehre, Deiche und Dämme. Zu den Wasserleitungen

gehören auch die Rohrleitungen, die den Häusern Nutzwasser zuführen (ebenso Lackner 1), angesichts des Schutzzwecks aber nicht Wasserleitungen in den einzelnen Häusern (Herzog NK 2, Tröndle/Fischer 3, Wolff LK 2; and. Lackner/Kühl 1); es kommen nicht nur solche Wasserleitungen in Betracht, die offene oder geschlossene Kanäle sind (Tröndle/Fischer 3, Wolff LK 2; and. Frank § 321 Anm. I 1).

2. Geschützt sind weiter **Brücken** (vgl. § 305 RN 3; also nicht Stege; auch nicht Brücken, die nicht der Überquerung von Wasser dienen [Tröndle/Fischer 4], hingegen aber Schiffsbrücken [Wolff LK 3]), **Fähren** (neben dem Fährschiff werden auch die mit dem Fährbetrieb verbundenen, an Land befindlichen Vorrichtungen geschützt: Herzog NK 3, Wolff LK 3), **Wege** (angesichts von § 315 b nur solche, die der Nutzung oder dem Schutz vor Gefahren des Wassers dienen: Herzog NK 3, Tröndle/Fischer 4) und **Schutzwehre.** Es kommen hier nicht nur öffentliche Brücken, Wege usw in Betracht, sondern auch Privatwege (RG **20** 395), einschließlich zeitweilig als solche benutzter und erkennbarer Notwege (RG **27** 363). Täter kann auch der Eigentümer des Grundstücks sein, über das ein Weg führt (RG **27** 365), solange er den Weg nicht tatsächlich versperrt hat (Wolff LK 3). **3**

3. Als Schutzobjekte sind schließlich **Bergwerksbetriebsvorrichtungen** zur Wasserhaltung, Wetterführung (Frischluftzufuhr/Abluftableitung) oder zum Ein- oder Ausfahren der Arbeiter genannt. **4**

II. Die **Handlung** besteht im Beschädigen oder Zerstören; vgl. dazu § 303 RN 7 ff. Eine Beschädigung setzt keine Verletzung der Substanz voraus; es genügt vielmehr, daß das Schutzobjekt in seiner Tauglichkeit nicht unerheblich beeinträchtigt wird. Ob das bloße **Hindernisbereiten** genügt, ist umstritten, aber zu verneinen (ebenso Horn SK 5, Tröndle/Fischer 6; and. RG **74** 15, Herzog NK 5, Wolff LK 5), da §§ 315, 315 b eine insoweit abschließende Sonderregelung treffen. Fehlerhaftes Bedienen von Wasserbauten (zB zweckwidriges Öffnen eines Wehres) unterliegt ggf. § 313, nicht aber § 318 (Tröndle/Fischer 6, Wolff LK 5). Die Tat kann auch durch garantenpflichtwidriges **Unterlassen** begangen werden, sofern die Pflichtenlage nicht die ihm noch mögliche Beschädigung bzw. Störung des Objekts abwendet; hingegen unterfällt die bloße Nichtabwehr des Gefährdungseintritts als solche nicht §§ 318, 13 (Horn SK 9). **5**

Durch die Handlung muß eine konkrete **Gefahr für das Leben oder die Gesundheit** anderer herbeigeführt werden; es genügt eine Individualgefahr (vgl. RG **74** 15); bei freiverantwortlicher Selbstgefährdung entfällt die objektive Zurechnung des Gefährdungserfolges (vgl. 100 ff. vor § 13). Nicht ausreichend ist Gefahr für das Eigentum anderer. **6**

III. Für den **Vorsatz** (bedingter Vorsatz, der sich auch auf die Zweckrichtung des Tatobjekts beziehen muß, genügt) ist auch das Bewußtsein des Täters erforderlich, daß durch seine Handlung eine Gefahr für Leben oder Gesundheit anderer herbeigeführt werden kann (RG **35** 53, HRR **40** Nr. 1216); bei **Fahrlässigkeit** ist Abs. 6 einschlägig. **7**

Die Strafbarkeit des **Versuchs** wurde durch das 6. StrRG eingeführt, um Unstimmigkeiten im Verhältnis zu § 303 II zu beseitigen (BT-Drs. 13/9064, S. 23). Der Tatentschluß des Täters muß sich sowohl auf die Objektbeeinträchtigung als auch auf die konkrete Gefährdung von Personen beziehen. Als Fälle des Versuchs kommen namentlich fehlgeschlagene Beschädigungshandlungen, das Ausbleiben der gewollten Gefährdung, aber auch die irrige Annahme in Betracht, einen der Zweckbestimmung des Abs. 1 unterfallenden Gegenstand zu beschädigen (Tröndle/Fischer 8). Nach Eintritt des Gefährdungserfolges kommt vor Eintritt eines erheblichen Schadens Strafmilderung oder Absehen von Strafe infolge **tätiger Reue** in Betracht (s. § 320 II Nr. 3). Hierbei wird man unter dem freiwillig abgewendeten erheblichen Schaden nicht nur den einer Verletzung an Leben oder Gesundheit anderer zu verstehen haben, sondern angesichts des doppelten (o. 1) Schutzzwecks von § 318 auch das Bewahren der vom Täter lediglich beschädigten Anlage vor ihrer völligen Zerstörung, aber auch die Abwendung nicht unerheblicher Sach- und Vermögensschäden bei Dritten; insofern kann angesichts des mit dem Institut der tätigen Reue verfolgten Privilegierungszwecks nicht auf den Schadensbegriff fahrlässiger Anlagenbeschädigungen iSv §§ 318, 320 aF zurückgegriffen werden (hierzu 25. A. § 320 RN 2 mwN). **7 a**

IV. **Erhöhte Strafen** sind für die Fälle angedroht, daß durch die Tat entweder **(Abs. 3)** eine schwere gesundheitliche Schädigung eines anderen Menschen (vgl. § 225 RN 21) bzw. eine Gesundheitsschädigung einer großen Zahl von Menschen (vgl. § 330 RN 9, § 1 RN 20) oder **(Abs. 4)** der Tod eines anderen Menschen verursacht wird. Bezüglich diesen Erfolgsqualifikationen ist mindestens Fahrlässigkeit erforderlich (§ 18). Da § 318 vor Gefahren schützen soll, die aus der Beeinträchtigung von Einrichtungen resultieren, die der Bändigung bzw. Nutzbarmachung der Naturgewalt des Wassers dienen (o. 1), ist unter Tat iSd Abs. 3 und 4 lediglich eine *vollendete* Beschädigung/Zerstörung zu verstehen, da die in Abs. 3 und 4 aufgeführten Erfolgsqualifikationen typischerweise an die spezifische Gefahr der von einer Beschädigung/Zerstörung ausgelösten Gefahrensituation anknüpfen, während den Tathandlungen als solche idR kein entsprechendes Gefährdungspotential innewohnt. Im Erfolg iSd Abs. 3 und 4 muß sich iü gerade die spezifische Gefahr des Grunddelikts realisieren; hierzu zählen auch entsprechende Beeinträchtigungen von Rettungspersonen, nicht aber von Schaulustigen (Selbstverantwortungsprinzip, vgl. 100 ff. vor § 13). In minder schweren Fällen (vgl. 48 f. vor § 38) der Abs. 3 und 4 ermöglicht **Abs. 5** abgestuft eine mildere Bestrafung; insoweit kommen insb. eher geringfügige Gesundheitsschädigungen bei einer Vielzahl von Personen oder ein (die objektive Zurechnung im Einzelfall nicht ausschließendes, o. 6) erhebliches Mitverschulden des **8**

§ 319 1–4

Opfers in Betracht (Tröndle/Fischer 10). In **Abs. 6 Nr. 1** wird die vorsätzliche Objektsbeeinträchtigung mit nur fahrlässiger Gefährdung (§ 11 II), in **Abs. 6 Nr. 2** die fahrlässige Objektsbeeinträchtigung mit fahrlässiger Gefährdungsfolge mit gleichem Strafmaß erfaßt, doch wird letztere im Rahmen der Strafzumessung idR milder zu behandeln sein; zur Fahrlässigkeitspönalisierung vor dem 6. StrRG (§ 320 aF) vgl. 25. A. § 320.

9   V. **Idealkonkurrenz** ist möglich mit §§ 211 ff., 223 ff. (RG **74** 15), 304, 305, 312. Angesichts der unterschiedlichen Voraussetzungen (da § 318 auch Privatwege erfaßt) wird Idealkonkurrenz zu § 315 b nicht auszuschließen sein (Herzog NK 10); hingegen treten §§ 222, 229 sowie 303 hinter § 318 zurück (Wolff LK 10).

§ 319 Baugefährdung

(1) **Wer bei der Planung, Leitung oder Ausführung eines Baues oder des Abbruchs eines Bauwerkes gegen die allgemein anerkannten Regeln der Technik verstößt und dadurch Leib oder Leben eines anderen Menschen gefährdet, wird mit Freiheitsstrafe bis zu fünf Jahren oder mit Geldstrafe bestraft.**

(2) **Ebenso wird bestraft, wer in Ausübung eines Berufs oder Gewerbes bei der Planung, Leitung oder Ausführung eines Vorhabens, technische Einrichtungen in ein Bauwerk einzubauen oder eingebaute Einrichtungen dieser Art zu ändern, gegen die allgemein anerkannten Regeln der Technik verstößt und dadurch Leib oder Leben eines anderen Menschen gefährdet.**

(3) **Wer die Gefahr fahrlässig verursacht, wird mit Freiheitsstrafe bis zu drei Jahren oder mit Geldstrafe bestraft.**

(4) **Wer in den Fällen der Absätze 1 und 2 fahrlässig handelt und die Gefahr fahrlässig verursacht, wird mit Freiheitsstrafe bis zu zwei Jahren oder mit Geldstrafe bestraft.**

Vorbem.: § 319 idF des 6. StrRG vom 26. 1. 1998, BGBl. I 164 (vormals § 323); bish. § 319 vgl. § 314 idF des 6. StrRG.

Schrifttum: Bottke/Mayer, Krankmachende Bauprodukte, Produkthaftung aus zivil- und strafrechtlicher Sicht unter besonderer Berücksichtigung krankmachender Gebäude, ZfBR 91, 183, 233. – *Gallas,* Die strafrechtliche Verantwortlichkeit der am Bau Beteiligten, 1963. – *Hammer,* Technische „Normen" in der Rechtsordnung, MDR 66, 977. – *Hechtl/Nawrath,* Sind allgemein anerkannte Regeln der Technik ein zeitgemäßer bautechnischer Qualitätsstandard?, ZBR 96, 170. – *Landau,* Das strafrechtliche Risiko der am Bau Beteiligten, wistra 99, 47. – *Nickusch,* § 330 als Beispiel für eine unzulässige Verweisung auf die Regeln der Technik, NJW 67, 811. – *Scherer,* Strafrecht in der Baupraxis, 1965. – *Schünemann,* Grundfragen der strafrechtlichen Zurechnung im Tatbestand der Baugefährdung, ZfBR 80, 4, 113, 159. – *ders.,* Die Regeln der Technik im Strafrecht, Lackner-FS 367. – *Veit,* Zur Rezeption technischer Regeln im Strafrecht und Ordnungswidrigkeitenrecht unter besonderer Berücksichtigung der verfassungsrechtlichen Problematik, 1989.

1   I. Für den **objektiven Tatbestand des Abs. 1** ist erforderlich, daß bei der Errichtung eines Baues oder beim Abbruch eines Bauwerkes die allgemein anerkannten Regeln der Technik verletzt und hierdurch andere gefährdet werden; die Vorschrift schützt als konkretes Gefährdungsdelikt Leben und Gesundheit (Horn SK 2, Wolff LK 3, jeweils zu § 323 aF).

2   1. Das Merkmal **Ausführung** usw. eines **Baues** ist weit auszulegen. Darunter ist jede in den Bereich des Baugewerbes fallende Tätigkeit zu verstehen, ausgenommen solche Arbeiten, für die ihrer Einfachheit wegen besondere Regeln der Technik nicht bestehen (RG **47** 427). Unter den Begriff des Baues fällt daher neben der Errichtung von Gebäuden auch die Ausbesserung sowie die Veränderung (RG **38** 320). Auch Hilfsarbeiten, die mit der Errichtung des Baues unmittelbar zusammenhängen, wie das Ausheben der Baugrube, die Errichtung eines Baugerüsts (R **10** 242) gehören hierzu, uU kann auch die Anlage von Sand- und Kiesgruben zur Gewinnung von Baumaterialien als Bau anzusehen sein (RG **47** 426). Der Bau kann Hochbau, Tiefbau, Wasserbau, Bergbau sein (vgl. BT-Drs. 7/550 S. 267), zB einen Bahndamm betreffen (RG **23** 277), nicht dagegen Schiffsbau oder der Bau von Land- und Luftfahrzeugen sowie Maschinenbau.

3   2. Auch das Merkmal **„Abbruch eines Bauwerks"** ist weit zu fassen. Daher fällt darunter nicht bloß der Abbruch des gesamten Gebäudes, sondern auch der Abbruch von Teilen solcher Bauwerke. Seine Einschränkung findet diese Alt. von Abs. 1 darin, daß solche Abrißarbeiten nicht erfaßt werden, für die ihrer Einfachheit halber besondere Regeln der Technik nicht bestehen.

4   3. Der Täter muß gegen die allgemein anerkannten **Regeln der Technik** handeln (eingehend hierzu Schünemann ZfBR 80, 159 [161: allgemein anerkannte Regeln der Technik als Umschreibung objektiv grober Fahrlässigkeit], Lackner-FS 380 ff.). Damit sind nicht nur technische (dh nicht die allein organisationsbezogene, Horn SK § 323 aF RN 8) Regeln für die **Bauausführung** gemeint, sondern auch solche, die bei der **Planung** und **Berechnung** zu beachten sind. Abgesehen über die technische Konstruktion des Baues kommen auch Unfallverhütungs- und baurechtliche Sicherungsvorschriften, ferner auch solche über die gesundheitsmäßige Beschaffenheit (RG **27** 389) oder über die Feuersicherheit in Betracht. **Allgemein anerkannt** sind Regeln, die von der Praxis in der

Überzeugung tatsächlich angewendet werden, daß sie für die Sicherheit des Bauens notwendig sind (vgl. RG **44** 79, Koblenz GA **74**, 87), so daß insoweit – ungeachtet einer Strafbarkeit aus §§ 222, 229 (die Nichtbeachtung der allgemein anerkannten Regeln der Technik ist nicht mit dem Sorgfaltsmaßstab der §§ 222, 229 [dort ist keine allgemeine Anerkennung erforderlich] identisch, so daß bei diesen Erfolgsdelikten der Sorgfaltsmaßstab ggf. strenger sein kann als beim konkreten Gefährdungsdelikt des § 319 ist; s. a. Landau wistra 99, 49) – ein noch nicht verbreitetes Sondergefahrwissen keine Haftung begründet (Horn SK § 323 aF RN 8, Schünemann ZfBR 80, 162). Diese maßgebliche Durchschnittsmeinung (Wolff LK § 323 aF RN 12) der Praxis wird sich häufig in Normen niederlassen, die von den einzelnen Zweigen des Bauhandwerks festgelegt sind (zB DIN, VDE, VOB); vgl. krit. dazu Nickusch NJW 67, 811; zur Problematik innovativer Bautechniken: Schünemann ZfBR **80**, 161 f.; Hechtl/Nawrath ZfBR **96**, 181, die den Standard allgemein anerkannter Regeln der Technik durch einen sog. ganzheitlichen Sicherheitsstandard ersetzen wollen, der das erlaubte Risiko bezeichnen soll (183 f.). Das gleiche gilt für Unfallverhütungsvorschriften der Berufsgenossenschaften (vgl. Hamm JMBlNRW **62**, 246). Die Aufnahme einer Regel in Polizeivorschriften braucht nicht zu bedeuten, daß sie allgemein anerkannt sei (RG **56** 346).

Die Zuwiderhandlung kann in einem **Tun** oder **Unterlassen** bestehen (Landau wistra 99, 48; diff. **5** Horn SK § 323 aF RN 9): Garantenstellung aus Herrschaft über gefährliche Sachen bzw. Verrichtungen, vgl. § 13 RN 43 ff. Beispiele bieten etwa die Lieferung schlechten Materials (RG **5** 254), die Verwendung mangelhafter Geräte (RG **39** 417), die Nichtanbringung von Schutzdächern oder von Absperrvorrichtungen (RG **56** 347). Vgl. zur Nichteinholung einer Baugenehmigung, die uU zur Verwendung anderen Baumaterials geführt hätte, Celle NdsRpfl. **86**, 133. Zum Ganzen Schünemann ZfBR 80, 114, Bottke/Mayer ZfBR 91, 236.

4. Durch die Handlung muß eine **konkrete Gefahr** für **Leib** oder **Leben anderer Menschen** **6** entstehen, eine Gefahr für Sachen von bedeutendem Wert reicht bei § 319 nicht aus; vgl. hierzu 5 ff. vor § 306. Die Gefahr muß für andere bestehen, dazu zählen möglicherweise mangels obj. Zurechnung (Selbstgefährdung, 100 ff. vor § 13; bei abhängig Beschäftigten wird idR die Freiwilligkeit der Selbstgefährdung zu verneinen sein; vgl. auch Tiedemann Jura 82, 378) nicht Mittäter oder sonst an der Tat Beteiligte (Tröndle/Fischer 11, Wolff LK § 323 RN 15; zw.: vgl. § 315 c RN 33). In diesem Sinne kommen in Betracht zB die an der Tat unbeteiligten Bauarbeiter (RG JW **26**, 589 m. Anm. Hegler), Passanten, die Bewohner eines Hauses (RG **27** 390) sowie Rettungskräfte (Wolff LK § 323 aF RN 15; and. Schünemann ZfBR 80, 165). Eine zurechenbare Gefährdung kann auch durch die bewußte Verwendung krankmachender Bauprodukte begründet werden (Bottke/Mayer ZfBR 91, 236). Das Delikt ist mit Eintritt einer konkreten Gefahr vollendet; zur *Verjährung* Wolff LK § 323 aF RN 20.

5. **Täter** des Abs. 1 kann nur sein, wer unmittelbar den Bau oder den Abbruch eines Bauwerks **7** leitet, ausführt oder plant; näher zum Täterkreis Schünemann ZfBR 80, 5, Bottke/Mayer ZfBR 91, 235. Zur Haftung bei arbeitsteiligem Zusammenwirken Schünemann ZfBR 80, 115 ff., LdR 80. Bei zulässiger Aufgabenübertragung bleiben Überwachungspflichten im Rahmen des Erforderlichen und Zumutbaren bestehen (Gallas aaO 38 ff., Landau wistra 99, 47, Schünemann LdR 80; 152 vor § 13).

a) **Bauleiter** ist, wer technisch die Errichtung des Baues als eines Ganzen nach seinen Weisungen **8** und Anordnungen bestimmt (BGH b. Gallas aaO 23). Entscheidend ist die tatsächliche Leitung der Bauarbeiten, nicht deren Rechtsgrundlage (RG DJ **40**, 707); diese obliegt meist dem Bauunternehmer (Celle NdsRpfl. **86**, 133, Karlsruhe NJW **77**, 1930). Ohne Bedeutung ist, ob sich der Bauherr die „örtliche Bauleitung" vorbehalten hat (Hamm NJW **69**, 2211, Bay **58** 220) oder vereinzelt Anweisungen an Handwerker gibt (Celle NdsRpfl. **86**, 133, Landau wistra 99, 48). Bauleiter kann auch der Bauherr sein, der den Bau in Eigenregie errichtet (Hamm GA **66**, 250), nicht dagegen ein Beamter, der für eine Behörde die Ausführung von Arbeiten überwacht, die an einen Privatunternehmer vergeben sind (Hamm NJW **69**, 2211). Wer lediglich den Bauplan anzufertigen hat, ist nicht Bauleiter (vgl. RG GA Bd. **50**, 390); dies gilt regelmäßig für den Architekten (vgl. Gallas aaO 19 ff., Hamm NJW **71**, 442, Stuttgart NJW **84**, 2897), und zwar auch dann, wenn er die Bauüberwachung übernommen hat (BGH NJW **65**, 1340); vgl. aber u. 10. Bauleiter ist ferner nicht, wer nur Baumaterialien abzunehmen hat (RG Recht **14** Nr. 150). Zur Verantwortlichkeit des „Oberbauleiters" vgl. BGH **19** 286.

b) **Bauausführender** ist jeder, der irgendwie bei der Herstellung des Baues mitwirkt (RG DJ **40**, **9** 707; vgl. auch Gallas aaO 23 ff.). Hierher gehören zB der Polier (Koblenz GA **74**, 87), Bauhandwerker oder Aufseher, weiterhin auch wer nur Hilfstätigkeiten zur Herstellung des Baues ausübt, zB das Baugerüst herstellt (vgl. R **10** 242) oder wer Leitern zum Besteigen des Baues aufstellt (RG **39** 417). Jeder Ausführende ist nur im Kreis der ihm zugewiesenen Tätigkeit und im Rahmen der ihm eingeräumten Bewegungsfreiheit für die Beobachtung der anerkannten Regeln der Baukunst verantwortlich (RG DJ **40**, 707).

c) **Bauplaner** ist derjenige, der die konkreten Planungsarbeiten durchführt. Hierher gehört in erster **10** Linie der die Bauzeichnungen anfertigende Architekt sowie auch der Statiker (vgl. Bay MDR **54**, 312, JR **58**, 468, Köln MDR **63**, 156).

II. Der **Tatbestand des Abs. 2** setzt voraus, daß der Täter beim Einbau technischer Einrichtungen **11** in ein Bauwerk, bei dessen Umbau oder bei der Planung oder Leitung (vgl. o. 4 f.) eines solchen

§ 320 1

Vorhabens den allgemein anerkannten Regeln der Technik (vgl. o. 4) zuwiderhandelt und dadurch andere gefährdet (vgl. o. 6).

12   **1. Täter** der Baugefährdung nach Abs. 2 kann nur sein, wer in Ausübung seines Berufes oder Gewerbes handelt, sei es, daß er als Planer, Leiter oder Ausführender an den genannten Vorhaben beteiligt ist. Eigentümer oder Mieter, die die in der Vorschrift genannten Anlagen selbst einbauen, scheiden daher als Täter aus. Deren strafrechtliche Haftung bestimmt sich vornehmlich nach §§ 222, 229 (Bottke/Mayer ZfBR 91, 236). Bei den genannten Vorhaben handelt es sich entweder um den Einbau einer technischen Einrichtung in ein Bauwerk oder um die Änderung einer solchen bereits eingebauten Einrichtung.

13   **2.** Als **technische Einrichtungen** kommen zB Aufzüge, Heizungs- und Klimaanlagen, aber auch Kühlanlagen oder Warmwasserbereiter in Betracht. Diese Einrichtungen müssen entweder eingebaut, dh auf Dauer fest mit dem Bauwerk verbunden, oder geändert werden. Hierzu gehört nicht das bloße Reparieren der Einrichtung ohne deren Umgestaltung (Wolff LK § 323 RN 10; and. Tröndle/Fischer 9), da darunter nur die Wiederherstellung des ursprünglichen Zustandes, nicht aber eine Änderung der Anlage zu verstehen ist.

14   **III.** Die Tatbestände der Abs. 1 und 2 sind wegen der darin geforderten besonderen persönlichen Eigenschaften **Sonderdelikte**. Über § 14 ist aber eine Ausdehnung des Täterkreises auf die in der Vorschrift genannten Vertreter möglich. Kommt § 14 nicht zur Anwendung, kann jedoch uU eine Bestrafung nach allgemeinen Vorschriften (vgl. §§ 222, 229) zum Zuge kommen. Teilnahme ist auch in den Fällen fahrlässiger Herbeiführung der Gefahr möglich (§ 11 II); vgl. iü dort RN 75. Zur tätigen Reue: § 310 II Nr. 4 bzw. III lit d sowie IV.

15   **IV.** Für den **subjektiven Tatbestand** des **Abs. 1 und 2** ist zumindest bedingter Vorsatz sowohl in bezug auf die Tathandlung als auch auf die Herbeiführung der Gefährdung erforderlich. In den Fällen des Abs. 1 und 2 in Verbindung mit **Abs. 3** muß die Zuwiderhandlung gegen die Regeln der Technik vorsätzlich begangen sein, die Gefahr braucht dagegen nur fahrlässig verursacht zu sein. In den Fällen der Abs. 1 und 2 in Verbindung mit **Abs. 4** genügt sowohl fahrlässige Zuwiderhandlung als auch fahrlässige Verursachung der Gefahr. Zur Fahrlässigkeit des Architekten vgl. Köln MDR **63**, 156; zur Übernahmefahrlässigkeit RG GA **38**, 440.

16   **V. Idealkonkurrenz** ist insb. möglich mit §§ 222, 229 (RG DJ **40**, 707).

§ 320 Tätige Reue

(1) **Das Gericht kann die Strafe in den Fällen des § 316 c Abs. 1 nach seinem Ermessen mildern (§ 49 Abs. 2), wenn der Täter freiwillig die weitere Ausführung der Tat aufgibt oder sonst den Erfolg abwendet.**

(2) **Das Gericht kann die in den folgenden Vorschriften angedrohte Strafe nach seinem Ermessen mildern (§ 49 Abs. 2) oder von Strafe nach diesen Vorschriften absehen, wenn der Täter in den Fällen**

1. **des § 315 Abs. 1, 3 Nr. 1 oder Abs. 5,**
2. **des § 315 b Abs. 1, 3 oder 4, Abs. 3 in Verbindung mit § 315 Abs. 3 Nr. 1,**
3. **des § 318 Abs. 1 oder 6 Nr. 1,**
4. **des § 319 Abs. 1 bis 3**

freiwillig die Gefahr abwendet, bevor ein erheblicher Schaden entsteht.

(3) **Nach den folgenden Vorschriften wird nicht bestraft, wer**

1. **in den Fällen des**
   a) **§ 315 Abs. 6,**
   b) **§ 315 b Abs. 5,**
   c) **§ 318 Abs. 6 Nr. 2,**
   d) **§ 319 Abs. 4**
   freiwillig die Gefahr abwendet, bevor ein erheblicher Schaden entsteht, oder
2. **in den Fällen des § 316 c Abs. 4 freiwillig die weitere Ausführung der Tat aufgibt oder sonst die Gefahr abwendet.**

(4) **Wird ohne Zutun des Täters die Gefahr oder der Erfolg abgewendet, so genügt sein freiwilliges und ernsthaftes Bemühen, dieses Ziel zu erreichen.**

Vorbem.: § 320 idF des 6. StrRG vom 26. 1. 1998, BGBl. I 164; bish. § 320, vgl. § 318 Abs. 6 idF des 6. StrRG.

1   **1.** In dieser Vorschrift werden die urspr. an die Einzeldelikte geknüpften Vorschriften tätiger Reue für die gemeingefährlichen Straftaten der §§ 315, 315 b, 316 c, 318 sowie 319 zusammengefaßt; zur Nichtaufnahme des § 316 a krit. 316 a RN 10/14. Da im Gesetzgebungsverfahren eine im RegE noch vorgesehene weiterreichende Zusammenfassung einschlägiger Vorschriften auf Veranlassen des Bundesrates zugunsten einfacherer Rechtsanwendung unterblieb (s. BT-Drs. 13/8587, S. 52, 75, BT-Drs. 13/9064, S. 22), finden sich die einschlägigen Vorschriften des 28. Abschnittes nunmehr in §§ 306 e, 314 a sowie 320 verstreut.

§ 321 Führungsaufsicht

In den Fällen der §§ 306 bis 306 c und 307 Abs. 1 bis 3, des § 308 Abs. 1 bis 3, des § 309 Abs. 1 bis 4, des § 310 Abs. 1 und des § 316 c Abs. 1 Nr. 2 kann das Gericht Führungsaufsicht anordnen (§ 68 Abs. 1).

Vorbem.: § 321 idF des 6. StrRG vom 26. 1. 1998, BGBl. I 164.

Bei den genannten gemeingefährlichen Straftaten ist **Führungsaufsicht** (§§ 68 ff.) zulässig. Dies gilt auch bei Versuch (§ 22), Teilnahme (§§ 26, 27) und versuchter Teilnahme (§ 30).

§ 322 Einziehung

Ist eine Straftat nach den §§ 306 bis 306 c, 307 bis 314 oder 316 c begangen worden, so können
1. Gegenstände, die durch die Tat hervorgebracht oder zu ihrer Begehung oder Vorbereitung gebraucht worden oder bestimmt gewesen sind, und
2. Gegenstände, auf die sich eine Straftat nach den §§ 310 bis 312, 314 oder 316 c bezieht,

eingezogen werden.

Vorbem.: § 322 idF des 6. StrRG vom 26. 1. 1998, BGBl. I 164.

Schrifttum: Eser, Die strafrechtlichen Sanktionen gegen das Eigentum, 1969.

I. Die Vorschrift bringt eine **Sonderregelung** (§ 74 IV) für die **Einziehung** von Sprengstoffen, Kernbrennstoffen, spaltbarem Material, Vergiftungsmitteln usw. Soweit sie keine abweichenden Regelungen enthält, finden die allgemeinen Einziehungsvoraussetzungen (s. § 74 II u. III) der §§ 74 ff. Anwendung, vgl. 10 vor § 73. Daneben kommen uU auch nicht nebenstrafrechtliche Einziehungsvorschriften (zB § 34 SprengstoffG, § 50 ArzneimittelG) in Betracht.

1. **Einziehungsvoraussetzung** ist grds. nur das Vorliegen einer volldeliktischen Straftat iSd §§ 306 bis 306 c, 307 bis 314 oder 316 c; ggf. reicht auch in Erweiterung von § 74 eine Fahrlässigkeitstat (§§ 307 IV, 308 V, VI, 311 III, 312 VI, 313 II) aus. Sofern jedoch ein Sicherungsbedürfnis iSd § 74 II Nr. 2 vorliegt, kann auch bereits eine nur rechtswidrige Tat die Einziehung begründen (§ 74 II). Auch ein strafbarer Versuch reicht aus.

2. Der Einziehung unterliegen die **Gegenstände**, die durch eine der vorgenannten Taten hervorgebracht oder zu ihrer Begehung oder Vorbereitung gebraucht worden oder bestimmt gewesen sind (Nr. 1). Insoweit deckt sich die Bestimmung völlig mit § 74 I und erfaßt insb. die zur Explosion usw benutzten Vorrichtungen oder Transportmittel sowie die durch eine Vorbereitungshandlung hergestellten Sprengstoffe; näher zum Begriff der instrumenta und producta sceleris § 74 RN 8 ff.

Darüber hinaus sind alle Gegenstände einziehbar, auf die sich eine Straftat nach §§ 310 bis 312, 314 oder 316 c bezieht (Nr. 2). Damit werden insb. die bloßen Objekte der Tat (Beziehungsgegenstände) erfaßt (dazu Eser aaO 318 f., 329 ff. sowie § 74 RN 12 a f.): so die nach § 310 verwahrten oder eingeführten Sprengstoffe oder die nach § 314 vergifteten Wasserbehälter oder die mit gefährlichen Stoffen vermischten und feilgehaltenen Sachen.

3. Grds. bleibt die Einziehung auf das **Eigentum** der **Tatbeteiligten** beschränkt. Besteht jedoch ein Sicherungsbedürfnis iSd § 74 II Nr. 2, kann sie sich auch auf Dritteigentum erstrecken.

II. Die Einziehung steht im **pflichtgemäßen Ermessen** des Gerichts. Dabei wird angesichts der Gefährlichkeit der betroffenen Gegenstände das Sicherungsbedürfnis regelmäßig eine Einziehung nahelegen (vgl. § 74 RN 31, ferner Eser aaO 358 ff.).

§ 323 [Baugefährdung]; *aufgehoben durch das 6. StrRG v. 26. 1. 1998, BGBl. I 164; vgl. jetzt § 319.*

§ 323 a Vollrausch

(1) **Wer sich vorsätzlich oder fahrlässig durch alkoholische Getränke oder andere berauschende Mittel in einen Rausch versetzt, wird mit Freiheitsstrafe bis zu fünf Jahren oder mit Geldstrafe bestraft, wenn er in diesem Zustand eine rechtswidrige Tat begeht und ihretwegen nicht bestraft werden kann, weil er infolge des Rausches schuldunfähig war oder weil dies nicht auszuschließen ist.**

(2) **Die Strafe darf nicht schwerer sein als die Strafe, die für die im Rausch begangene Tat angedroht ist.**

§ 323 a

(3) **Die Tat wird nur auf Antrag, mit Ermächtigung oder auf Strafverlangen verfolgt, wenn die Rauschtat nur auf Antrag, mit Ermächtigung oder auf Strafverlangen verfolgt werden könnte.**

Schrifttum: Arndt, Verkehrsverstöße im Rauschzustand, DAR 54, 148. – *Backmann,* Anwendbarkeit des § 330 a bei unterlassener Hilfeleistung im Zustand des Vollrausches, JuS 75, 698. – *Bemmann,* Welche Bedeutung hat das Erfordernis der Rauschtat in § 330 a StGB, GA 61, 65. – *Bertram,* Zur Bestrafung der im Vollrausch begangenen Straftaten im Entwurf 1960 des StGB (§ 351), MschKrim. 61, 101. – *Bruns,* Die Bedeutung des krankhaft oder rauschbedingten Irrtums für die Feststellung „einer mit Strafe bedrohten Handlung" im Sinne der §§ 42 b, 330 a StGB, DStR 39, 225. – *ders.,* Zur neuesten Rechtsprechung über die Strafbarkeit der Volltrunkenheit, JZ 58, 105. – *ders.,* Zur Problematik rausch-, krankheits- oder jugendbedingter Willensmängel des schuldunfähigen Täters im Straf-, Sicherungs- und Schadensrecht, JZ 64, 473. – *ders.,* Die Strafzumessung bei Vollrauschdelikten (§ 323 a StGB), Lackner-FS 439. – *Burmann,* Andere berauschende Mittel im Verkehrsstrafrecht, DAR 87, 134. – *Cramer,* Der Vollrauschtatbestand als abstraktes Gefährdungsdelikt, 1962. – *ders.,* Teilnahmeprobleme im Rahmen des § 330 a StGB, GA 61, 97. – *ders.,* Verschuldete Zurechnungsunfähigkeit – actio libera in causa – § 330 a StGB, JZ 71, 766. – *Dahm,* Zur Bestrafung der Rauschtat, ZAkDR 39, 207. – *Dencker,* Vollrausch und der „sichere Bereich des § 21 StGB", NJW 80, 2159. – *ders.,* § 323 a StGB – Tatbestand oder Schuldform?, JZ 84, 453. – *Dreher,* Verbotsirrtum und § 51 StGB, GA 57, 97. – *Ehrhardt,* Rauschgiftsucht, in: Ponsold Lb. 116. – *Forster/Rengier,* Alkoholbedingte Schuldunfähigkeit und Rauschbegriff des § 323 a StGB aus medizinischer und juristischer Sicht, NJW 86, 2869. – *Foth,* Zur Strafzumessung bei Taten unter Alkoholeinfluß, DRiZ 90, 417. – *ders.,* Alkohol, verminderte Schuldfähigkeit, Strafzumessung, NJ 91, 386. – *Freund/Renzikowski,* Zur Reform des § 323 a StGB, ZRP 99, 497. – *Frister,* Schuldprinzip, Verbot der Verdachtsstrafe und Unschuldsvermutung als materielle Grundprinzipien des Strafrechts, 1988. – *Geisler,* Zur Vereinbarkeit objektiver Bedingungen der Strafbarkeit mit dem Schuldprinzip, 1998. – *Gerland,* Der Rauschmittelmißbrauch nach § 330 a StGB, ZStW 55, 784. – *Gerchow,* Sogenannte berauschende Mittel und ihre medizinisch-rechtliche Problematik, Sarstedt-FS 1. – *Gollner,* „Zurüstungen" bei § 330 a StGB, MDR 76, 182. – *Gottwald,* Vollrauschtatbestand und objektive Bedingung der Strafbarkeit, DAR 97, 302. – *Graf,* Aus der Praxis der Rauschtat, DRiZ 34, 325. – *Gramsch,* Der Tatbestand des Rauschmittelmißbrauchs nach § 330 a, StrAbh. 395, Berlin 1938. – *Hardwig,* Studien zum Vollrauschtatbestand, Eb. Schmidt-FS 459. – *ders.,* Der Vollrauschtatbestand, GA 64, 140. – *Hartl,* Der strafrechtliche Vollrausch (§ 330 a StGB), speziell im Straßenverkehrsrecht, 1988. – *Heinitz,* Die rechtlichen Schwierigkeiten bei der Auslegung des § 330 a StGB, Dt. Ztschr. f. ger. Medizin 55, 509. – *Hirsch,* Alkoholdelinquenz in der Bundesrepublik Deutschland, ZStW Beiheft 1980, 1. – *Heiß,* Verurteilung nach § 323 a StGB trotz Zweifel über das Vorliegen eines Vollrausches, NStZ 83, 67. – *Horn,* Kann die „mindestens erheblich verminderte Schuldfähigkeit" den „Rausch"-Begriff i. S. des § 330 a StGB definieren?, JR 80, 1. – *Hwang,* Die Rechtsnatur des Vollrauschtatbestandes (§ 323 a StGB) – Ein abstraktes oder ein konkretes Gefährdungsdelikt –?, 1987. – *Armin Kaufmann,* Die Schuldfähigkeit und Verbotsirrtum, Eb. Schmidt-FS 319. – *Arthur Kaufmann,* Unrecht und Schuld beim Delikt der Volltrunkenheit, in: Schuld und Strafe, Köln 1966, 264 = JZ 63, 425. – *Kindhäuser,* Gefährdung als Straftat, 1989. – *Krümpelmann,* Die Neugestaltung der Vorschriften über die Schuldfähigkeit durch das Zweite Strafrechtsreformgesetz, ZStW 88, 6. – *Küper,* Unfallflucht und Rauschdelikt, NJW 90, 209. – *Kusch,* Der Vollrausch, 1984. – *Lackner,* Vollrausch und Schuldprinzip, JuS 68, 215. – *ders.,* Neuorientierung der Rechtsprechung im Bereich des Vollrauschtatbestandes?, Jescheck-FS 645. – *Lange,* Die gemeingefährliche Rausch, ZStW 59, 574. – *ders.,* Die Behandlung der Volltrunkenheit in der Strafrechtsreform, JR 57, 242. – *Luthe/Rösler,* Die Beurteilung der Schuldfähigkeit bei akuter alkoholtoxischer Bewußtseinsstörung, ZStW 98, 314. – *Maurach,* Schuld und Verantwortung im Strafrecht (1948) 94 ff. – *ders.,* Fragen der actio libera in causa, JuS 61, 373. – *H. Mayer,* Die folgenschwere Unmäßigkeit (§ 330 a), ZStW 59, 283. – *Mezger-Mikorey,* Volltrunkenheit und Rauschtat gemäß § 330 a StGB, MonKrimPsych. 36, 410. – *Miseré,* Unfallflucht (§ 142 StGB) und Rauschdelikt (§ 323 a StGB), Jura 91, 298. – *Montenbruck,* Zum Tatbestand des Vollrausches, GA 78, 225. – *Niederreuther,* Zur Anwendung des § 330 a StGB, GS 114, 322. – *Neumann,* Zurechnung und „Vorverschulden", 1985. – *Otto,* Der Vollrauschtatbestand (§ 323 a StGB), Jura 86, 478. – *Paeffgen,* Actio libera in causa und § 323 a StGB, ZStW 97, 513. – *ders.,* die Ausweitung des „Rausch"-Begriffs (§ 323 a) – ein unaufhaltsamer Prozeß?, NStZ 85, 8. – *ders.,* § 142 StGB – eine lernäische Hydra?, NStZ 90, 365. – *Pickenpack,* Vollrausch und „der sichere Bereich des § 21", 1988. – *Ponsold,* Blutalkohol und Zurechnungsfähigkeit, in: Ponsold Lb. 252. – *Puppe,* Die Norm des Vollrauschtatbestandes, GA 74, 98. – *dies.,* Neue Entwicklungen in der Dogmatik des Vollrauschtatbestandes, Jura 82, 281. – *Ranft,* Strafgrund der Berauschung und Rücktritt von der Rauschtat, MDR 72, 737. – *ders.,* Grundprobleme des Vollrauschtatbestandes (§ 323 a StGB), JA 83, 193, 239. – *ders.,* Die rauschmittelbedingte Verkehrsdelinquenz, Jura 88, 133. – *Redelberger,* Strafrechtliche Verantwortlichkeit der Wirte bei Rauschtaten, NJW 52, 921. – *Renzikowski/Sick,* Strafschärfung bei Rauschtaten?, ZRP 97, 484. – *Roeder,* Das Schuld- und Irrtumsproblem beim Vollrausch, Rittler-FS 211. – *Schäfer-Wagner-Schafeutle,* Gesetz gegen gefährliche Gewohnheitsverbrecher und über Maßregeln der Sicherung und Besserung, 1934. – *L. Schäfer,* Gesetz gegen gefährliche Gewohnheitsverbrecher und über Maßregeln der Sicherung und Besserung, 2. A., in: Pfundtner-Neubert, Das neue deutsche Reichsrecht, II c 10. – *Schewe,* Juristische Probleme des § 330 a StGB aus der Sicht des Sachverständigen, BA 76, 87. – *ders.,* § 323 a – Definitions- und Beweisprobleme an der „unteren Rauschgrenze", BA 83, 369. – *ders.,* Die „mögliche" Blutalkoholkonzentration von 2,0‰ als „Grenzwert der absoluten verminderten Schuldfähigkeit"?, JR 87, 179. – *Schliwienski,* Die schuldhafte Herbeiführung des Rausches und die Schuldunfähigkeit bei der Rauschtat nach § 323 a StGB, 1987. – *Fritz W. Schmidt,* Nochmals: Strafrechtliche Verantwortlichkeit der Wirte bei Rauschdelikten, NJW 52, 1120. – *Schmidt-Leichner,* Zur Problematik des Rauschmittelmißbrauchs nach § 330 a, DStR 40, 109. – *Schneidewin,* Vollrausch und Wahlfeststellung, JZ 57, 324. – *Schröder,* Der subjektive Tatbestand des § 330 a, DRiZ 58, 219. – *ders.,* Verbotsirrtum, Zurechnungsfähigkeit, actio libera in causa, GA 57, 297. –

Schultz, Behandlung der Trunkenheit im Strafrecht, Arbeiten zur Rechtsvergleichung, Heft 8 (1960) 17. – *Schuppner/Sippel*, Nochmals: Verurteilung nach § 323 a StGB trotz Zweifels über das Vorliegen eines Vollrausches, NStZ 84, 67. – *Schweikert*, Strafrechtliche Haftung für riskantes Verhalten?, ZStW 70, 394. – *Streng*, Unterlassene Hilfeleistung als Rauschtat?, JZ 84, 114. – *Traub*, § 330 a und die Rechtsprechung des Bundesgerichtshofs zum Verbotsirrtum, JZ 59, 9. – *Tröndle*, Vollrauschtatbestand und Zweifelsgrundsatz, Jescheck-FS 665. – *v. Weber*, Die Bestrafung der Rauschtat, GS 106, 329. – *ders.*, Die Bestrafung der Taten Volltrunkener, MDR 52, 641. – *ders.*, Die Bestrafung der Volltrunkenheit, GA 58, 257. – *ders.*, Die strafrechtliche Verantwortlichkeit für die Rauschtat, Stock-FS 59. – *Werner*, Rauschbedingte Schuldunfähigkeit und Unfallflucht, NZV 88, 88. – *Wolter*, Vollrausch mit Januskopf, NStZ 82, 54. – *Zabel*, Schuldunfähigkeit bzw. verminderte Schuldfähigkeit und Promillegrenze, BA 86, 262.

I. Unter dem Gesichtspunkt des Rechtsgüterschutzes bedroht § 323 a den schuldhaft herbeigeführten Rausch mit Strafe; vgl. auch die Parallelvorschrift in § 122 OWiG. Grund der Strafbarkeit ist die Gefährlichkeit des Rausches für strafrechtlich geschützte Rechtsgüter, die sich aus der Enthemmung des Berauschten und der Verminderung seines Einsichts- und Unterscheidungsvermögens ergibt; daneben ist auch die Gefährlichkeit mangelnder Reaktionsfähigkeit und Körperbeherrschung zu berücksichtigen (Cramer Vollrauschtatbestand 4 f., Schröder DRiZ 58, 221, v. Weber GA 58, 260; and. wohl Kohlrausch/Lange § 330 a Anm. VI 3). Wenn auch der Rauschzustand eine Gefahr darstellt, die sich in rechtsgutsschädlichen Handlungen zu aktualisieren vermag (Spendel LK 61: Rauschtat als unwiderlegliche Beweistatsache für die Gefährlichkeit des Sichberauschens), so stellt doch der Vollrausch als solcher – also ohne Berücksichtigung der konkret verübten Tat – noch kein strafwürdiges Unrecht dar (Arzt/Weber II 139, Freund/Renzikowski ZRP 99, 498, Geisler aaO 368 ff., Haft BT 277, Hruschka 298, Jakobs 337, Lagodny [27 vor § 1] 484, Renzikowski/Sick ZRP 97, 486, Schlehofer, Vorsatz und Tatabweichung (1996) 102; s. a. BGH 9 396); erst die Verübung einer Straftat läßt die Grenze von Strafwürdigkeit und -bedürftigkeit überschritten sein. Wenn aber die im Rausch verübte Tat das Unrecht des Vollrausches entscheidend mitprägt – vgl. iü die Strafrahmenbegrenzung des Abs. 2 sowie § 122 OWiG (hierzu Geisler aaO 369 und Paeffgen NK 9 sowie selbst Jescheck/Weigend 557) – ist der Ausweg versperrt, § 323 a als *abstraktes* Gefährdungsdelikt und die Rauschtat als verschuldensirrelevante bloße objektive Strafbarkeitsbedingung anzusehen (so auch Roxin I 898, Geisler aaO 375, Paeffgen NK 9; and. RG **73** 181, BGH **2** 18, **16** 125, **20** 285, **32** 53, VRS **17** 341, Bay NJW **74**, 1521, Braunschweig NJW **66**, 680 f., Hamburg JR **82**, 346, Foth NJ 91, 389, Hartl aaO 71 ff., Horn SK 2, Tröndle/Fischer 1, 9, Jescheck/Weigend 557, Krey I 403, Kusch aaO 63 ff., NStZ 94, 131, Lackner JuS 68, 217, Lackner/Kühl 1, 14, M-Schroeder II 408, Puppe GA 74, 115, Jura 82, 281, NK **15** RN 9, Rengier II 225, Sch/W-Hettinger 258). Auch die Konstruktion eines (konkreten?) *Gefährdungsdeliktes* eigener Art (Ranft JA 83, 194), bei dem die Herbeiführung des Rausches nach den obwaltenden Umständen geeignet war, zu einer Gefährdung von Rechtsgütern irgendwelcher Art zu führen und der Täter diese objektive Gemeingefährlichkeit seines Rauschzustandes kannte oder zumindest fahrlässig verkannte (vgl. BGH **10** 249, VRS **7** 311, **17** 340, Bay NJW **90**, 2335, Köln NJW **66**, 412, Celle NJW **69**, 1917, MDR **70**, 162, Hamm NJW **75**, 2253, Arzt/Weber II 139, Bemmann GA 61, 72 f., Cramer Vollrausch 93 ff., Heinitz JR 57, 347, Hirsch ZStW Beiheft 1981, 16, Köhler 398, Küpper 158, Lange, ZStW 59, 584 ff., aber auch JR 57, 245, Lenckner JR 75, 33 f., Montenbruck GA 78, 240 f., Pickenpack aaO 9 ff., Ranft MDR 72, 740 f., JA 83, 194 f., Spendel LK 60 f. [unbestimmter Gefährdungsvorsatz], Welzel 475; s. a. Kaufmann JZ 63, 431, sowie die 25. A. RN 1) – wobei sich diese Vorhersehbarkeit aber im Regelfall von selbst verstehen solle (BGH **10** 251) – berücksichtigt nicht hinreichend, daß das Gesetz in § 323 a eine weitgehende Entsprechung im Unrechtsgehalt von konkreter Rauschtat und Vollrausch konstituiert, also der Schwere der verwirklichten Tat für den Gefährdungsunwert des Vollrauschs zentrale Bedeutung zukommt. In Umsetzung des Schuldprinzips ist mithin zu fordern, die Konzeption eines **konkreten Gefährdungsdeliktes** zu verwirklichen und die Vorhersehbarkeit der Rauschtat auf die dann tatsächlich verwirklichte Tat zu beziehen: Der Täter muß also von seiner spezifischen Rauschgefährlichkeit gewußt oder derartige Kenntnis fahrlässig verfehlt haben (Geisler aaO 398 ff., Roxin I 898, die zurecht darauf hinweisen, daß sich eine derartige Vorhersehbarkeit keineswegs von selbst versteht). Insoweit wird man die Vorhersehbarkeit allerdings nicht auf die konkrete Rauschtat als solche (Geisler u. Roxin aaO), sondern nur eine Übereinstimmung sowohl in der Art des verletzten Rechtsgutes als auch im Handlungsunrecht zu beziehen haben (vgl. Wolter NStZ 82, 58: rechtsethische und psychologische Vergleichbarkeit). Diese Lösung eines rechtsgutsbezogenen personalen Bezuges zwischen Sichberauschen und Rauschtat stellt zugegeben – wie alle insoweit vertretenen Lösungen – auch nur eine „Wahl zwischen Übeln" (Lackner Jescheck-FS 651) dar, doch vermag sie den „gesetzgeberischen Mißgriff" des § 323 a (Spendel LK 1) mit dem verfassungsverankerten Schuldprinzip als Grenze strafrechtlicher Zurechnung in Einklang zu bringen (für Verfassungswidrigkeit des § 323 a hingegen Frister aaO 53 ff., Lagodny [27 vor § 1] 485, 236; s. aber Paeffgen NK 13), ohne zu unerträglichen Strafbarkeitslücken zu führen (hierzu Geisler aaO 405 ff., aber auch Spendel LK 59, Streng JZ 84, 118); auch verliert § 323 a nicht seine eigenständige Bedeutung gegenüber der actio libera in causa (Geisler aaO 403 ff., Roxin 898; and. Kaufmann JZ 63, 431, Lagodny ebenda 237, Ranft JA 83, 194 ff.), denkt man neben den eigenhändigen Delikten nur an diejenigen Tatbestände, die keine Fahrlässigkeitsbestrafung vorsehen; ganz abgesehen davon stehen ja dem letztgenannten Konstrukt (§ 20 RN 33 ff.) ohnehin de lege lata ganz erhebliche Bedenken entgegen (s. nur Paeffgen NK vor § 323 a RN 6 ff., 20 ff.); zu weiteren dogmatischen Vorzügen der Einstufung des § 323 a als

§ 323 a 2–7

konkretem Gefährdungsdelikt Geisler aaO 411 ff. Demgegenüber verbietet sich eine Einstufung des § 323 a als – dann allerdings gründlich – falsch plazierte *Ausnahmeregel zu §§ 20, 21* (zB v. Weber GS 106, 339, GA 58, 262, Stock-FS 71 ff., Hardwig Eb. Schmidt-FS 473 ff., Hruschka 291 ff., Krümpelmann ZStW 99, 224, Neumann aaO 125 ff., Streng JZ 84, 118, ZStW 101, 317, JR 93, 35, JZ 00, 27, Otto II 417; s. a. Kindhäuser aaO 329 ff.) nicht nur aus eben diesem gewichtigen (BGH **9** 396, Dencker JZ 84, 457) systematischen Argument; anders als im Falle der §§ 17 S. 2, 35 I 2 läge infolge fehlenden „Vorfeldverschulden" ein Verstoß gegen das Schuldprinzip vor (Geisler aaO 377, Paeffgen NK 12; abl. auch Lagodny ebenda 408). Eine Umdeutung des § 323 a in einen *Doppel-Tatbestand* mit einem Minimalstrafrahmen bei fehlender Schuldbeziehung zwischen Rausch und Rauschtat einerseits, voll auszuschöpfendem Strafrahmen in den übrigen Fällen andererseits (Paeffgen ZStW 97, 530 ff., NK 14 ff., Wolter NStZ 82, 58 f.) entfernt sich doch zu weit vom vorgegebenen Normprogramm (Lackner/Kühl 1, Bruns Lackner-FS 443, Spendel LK 48 Fn. 104; s. aber auch Lackner Jescheck-FS 651 Fn. 35 sowie Lackner/Kühl 16: Lösung über eine Strafzumessung im unteren Bereich des Strafrahmens; so auch Jescheck/Weigend 557, die die Rauschtat als verkappten Strafschärfungsgrund, als eine Einschränkung des Schuldprinzips aus kriminalpolitischen Gründen [!] einstufen; s. aber Horn SK 23) und vermag auch durch die eingeschränkte, aber immerhin fortbestehende Pönalisierung bei fehlender Schuld-Beziehung zur Rauschtat nicht zu überzeugen (Geisler aaO 398).

2 De lege ferenda sollte der – das Spannungsverhältnis zwischen kriminalpolitischer Pönalisierungsnotwendigkeit und grundgesetzlicher Vorgabe des Schuldprinzips notwendigerweise nur unvollkommen „auflösende" – gesetzgeberische Mißgriff des § 323 a (Spendel LK 1) nicht noch verschlimmbessert (so das befremdliche Ansinnen des Landes Berlin, BR-Drs. 123/97, 97/99 [Qualifikation infolge Rauschtat-Schwere]; ähnlich der Vorschlag in BT-Drs. 14/545 [Ausrichtung der Strafzumessung an der Rauschtat mit obligatorischer Strafmilderung gem. § 49; im Grundsatz zustimmend: BT-Drs. 14/759 S. 5 (BReg.]); hierzu ablehnend: Freund/Renzikowski ZRP 99, 498 f., Renzikowski/Sick ZRP 97, 486 f., Streng JZ 00, 26 f., W-Hettinger 259), sondern durch eine zugleich die Problematik der actio libera in causa (hierzu: § 20 RN 33 ff.) rechtsstaatlich bereinigende Korrektur im Bereich des § 20 – etwa: nur fakultative Strafmilderung bei selbstverantworteter Schuldunfähigkeit – ersetzt werden (s. Hruschka JZ 96, 69, Renzikowski/Sick ZRP 97, 487 f.; vgl. iü § 7 WStG; ferner: Salger/Mutzbauer NStZ 93, 565, Rautenberg DtZ 97, 47, Ambos NJW 97, 2298; s. aber auch Dencker JZ 84, 456).

3 Zu weiteren, mit dem Schuldprinzip unvereinbaren (hierzu auch Spendel LK 50, Paeffgen NK 6) älteren Deutungsversuchen des § 323 a als Erfolgsdelikt: 25. A. RN 3.

4 II. Die Fälle des § 323 a sind von denen der sog. **actio libera in causa** zu unterscheiden. Begeht jemand im Zustand der Schuldunfähigkeit eine mit Strafe bedrohte Handlung, so soll er trotz § 20 wegen dieser Tat bestraft werden können, wenn sein Verschulden sich auf sie erstreckt (vgl. § 20 RN 33 ff.); zum Verhältnis zwischen § 323 a und actio libera in causa vgl. u. 31 ff.

5 III. Der **objektive Tatbestand** erfordert, daß sich der Täter durch den Genuß alkoholischer Getränke oder durch andere berauschende Mittel in einen Rausch versetzt hat.

6 1. Über **alkoholische Getränke** und andere berauschende Mittel vgl. § 64 RN 3; auch Heilmittel (KG VRS **19** 111: Schlafmittel) können Rauschmittel sein (bedenklich Bay VRS **15** 202). Zum Drogenmißbrauch vgl. Hamm NJW **73**, 1424. Es ist nicht erforderlich, daß der Täter das Rauschgift sich selbst einflößt (he berauschen vgl. § 64 RN 3; auch Heilmittel). Es genügt, daß er es sich von einem anderen eingeben, einspritzen oder sonstwie einführen läßt (Blei II 362). Geschieht dies zu Heilzwecken oder zur Durchführung wissenschaftlicher Versuche, so ist die Tat gerechtfertigt (Spendel LK 82; and. Lay LK[9] § 330 a RN 21: nicht tatbestandsmäßig). Zur Einnahme eines Medikaments zwecks Selbsttötung: Bay VRS **79** 117 (insoweit wird idR der subjektive Tatbestand nicht erfüllt sein). Zur Frage, inwieweit Pharmaka als Rauschmittel in Betracht kommen können, vgl. BGH Bay **84**, 64, Köln BA **57**, 124, Karlsruhe NJW **79**, 611, Celle NJW **86**, 2385: Lexotanil, Schewe BA 76, 88 ff. Krit. zum Begriff des berauschenden Mittels Gerchow Sarstedt-FS 1. Zur Kombination von Alkohol und Medikamenten vgl. Hamburg JR **82**, 345 m. Anm. Horn u. § 315 c RN 12; eingehende Übersicht zu den berauschenden Mitteln bei Spendel LK 94 ff.

7 Der Täter muß sich in einen **Rausch** versetzt haben. Obwohl der Gesetzgeber durch die Neufassung der Vorschrift nur die bisherige Rspr. zu § 330 a aF, wonach es sich um einen Auffangtatbestand auch für die Fälle einer möglicherweise nur verminderten Schuldfähigkeit handelt, im Gesetzeswortlaut zum Ausdruck bringen wollte, führt das in den Tatbestand aufgenommene Merkmal ‚Rausch' zunehmend zu Auslegungsschwierigkeiten. Teilweise wird seine Existenz praktisch ignoriert und im Ergebnis der alten Rspr. gefolgt, während andererseits gesagt wird, daß ein ‚Rausch' weder qualitativ noch quantitativ definiert werden könne (Schewe BA 76, 87 ff., 83, 369 ff.; w. Nw. bei Paeffgen NK 20); schließlich wird der Rausch als abnormer psychischer Intoxikationszustand erklärt, wobei wiederum unklar bleibt, ob die Berauschung als Tathandlung eine euphorische Komponente voraussetzt oder nicht. Soweit der Rausch definiert wird, besteht Übereinstimmung, daß das äußere Erscheinungsbild eines Rausches nicht einheitlich ist, sondern je nach der Art des genossenen Rauschmittels (Alkohol, Heroin, LSD, Kokain) anders zu bestimmen ist, aber auch unter Berücksichtigung individueller Faktoren (Alkoholgewöhnung, -intoleranz) zu beurteilen ist. Nach Forster/Rengier aaO ist ein Rausch ein durch Alkohol oder (und) andere berauschende Mittel verursachter erheblicher akuter Intoxikationszustand, der für sich allein (oder durch zusätzliche Faktoren) die Einsichts- oder

Vollrausch   8, 8a § 323 a

Steuerungsfähigkeit (bzgl. der in diesem Zustand begangenen Tat) zumindest erheblich vermindert. Zu den verschiedenen Literaturmeinungen vgl. Paeffgen ZStW 97, 513 ff., NK 20 ff., Pickenpack 64 ff. Der BGH beschreibt ihn als einen Zustand, der nach seinem ganzen Erscheinungsbild als durch den ‚Genuß' von Rauschmitteln hervorgerufen anzusehen ist (BGH **26** 363 m. Anm. Horn JR 77, 210, **32** 53, Puppe Jura 82, 287). Weiterhin ist zweifelhaft, ob und inwieweit eine durch Medikamenteneinnahme bewirkte Schuldunfähigkeit noch als ‚Rausch' iSd Vorschrift zu qualifizieren ist, ob also allgemein gebräuchliche Mittel wie Schmerz-, Schlafmittel oder Psychopharmaka „berauschende Mittel" iSv § 323 a darstellen können (bejahend Bay NZV **90**, 317), s. u. 9. Von einem völlig anderen Ausgangspunkt ausgehend will Puppe (GA 74, 115) den Rausch als Zustand völliger Verkehrsunfähigkeit definieren, in dem der Täter außerstande ist, den Anforderungen der Rechtsordnung zu genügen (zust. Paeffgen NK 52 ff.), während Horn (JR 80, 1, 7, SK 4) einen Zustand verlangt, in dem der Täter auch beim „plötzlichen Auftreten" schwieriger Entscheidungssituationen sich nicht mehr normgerecht verhalten kann; Montenbruck (GA 78, 225, JR 78, 209) schließlich will den Rauschbegriff mit dem der absoluten Fahrunsicherheit gleichsetzen. Die zuletzt genannten Auffassungen sind entweder noch zu unbestimmt (s. aber Paeffgen NK 55, 58) oder widersprechen dem Gesetz; die ‚vollständige Verkehrsunfähigkeit' berücksichtigt nicht, daß die Schuldfähigkeit im Hinblick auf die jeweils begangene Rauschtat zu beziehen ist, da von einer allgemeinen Schuldunfähigkeit nicht in allen Fällen gesprochen werden kann (BGH **14** 114, vgl. § 20 RN 31); der Erheblichkeitsgrad des Rausches als objektive Strafbarkeitsbedingung widerspricht dem Gesetz ebenso wie die die unterschiedlichen Handlungsanforderungen negierende Gleichstellung von Fahrunsicherheit und Rausch (vgl. die zutr. Kritik von Dencker NJW 80, 2161).

Nach dem Zweck der Vorschrift, einen Auffangtatbestand für die Fälle zu schaffen, in denen der **8**
Täter selbstverschuldet in einen Zustand geraten ist, in dem er wegen zumindest nicht auszuschließenden Schuldunfähigkeit für seine rechtswidrigen Taten nicht einzustehen hat, ist das Merkmal ‚Rausch' dahin zu bestimmen, daß darunter exogene psychische Ausnahmesituationen, dh alle Intoxikationszustände zu verstehen sind, in denen die Schuldfähigkeit ausgeschlossen oder so beeinträchtigt ist, daß eine Verurteilung wegen der Rauschtat nicht in Betracht kommt. Unter dem Gesichtspunkt der Funktion des § 323 a als Auffangtatbestand ist weder eine qualitative Unterscheidung der verschiedenen Intoxikationszustände (Alkoholrausch, Horrortrip) noch eine quantitative Differenzierung möglich (iE ebenso Schewe BA 76, 87 ff., 83, 369 ff.); auch kommt es weder auf durch die Intoxikationsmittel ausgelöste lustbetonte Empfindungen noch auf eine entsprechende Willensrichtung des Täters an (Horn SK 4, Paeffgen NK 23, Spendel LK 114). Bei der heute weit verbreiteten Anwendung und dem Mißbrauch von Medikamenten kann allein diese Auffassung zu befriedigenden Ergebnissen führen. Ein ‚Rauschzustand' kann also auch dann herbeigeführt sein, wenn der Zustand der Schuldunfähigkeit (§ 20) noch nicht erreicht ist (Dencker NJW 80, 2160 f. mwN), vorausgesetzt der Täter hat den Bereich verminderter Schuldfähigkeit (§ 21) sicher erreicht (BGH **16** 189, VRS **50** 259, NJW **79**, 1370, JR **80**, 32, Bay NJW **78**, 957, JR **80**, 27, Hamm NJW **77**, 344, Köln VRS **68** 40, Zweibrücken NZV **93**, 488, Arzt/Weber II 144, Dencker NJW 80, 2159, Krey I 407, Lackner Jescheck-FS 663, Lackner/Kühl 4, Ranft Jura 88, 138, Rengier II 255, W-Hettinger 259; ähnlich Horn SK 4; hingegen lassen auch Rauschzustände geringeren Grades genügen: Tröndle/Fischer 5 b, Otto II 418, Jura 86, 482, M-Schroeder II 410 f., Tröndle Jescheck-FS 684, Spendel LK 154; offengelassen von BGH **32** 54; zurückhaltend für den Bereich des § 211: BGH NStZ-RR **99**, 295). Dogmatische Bedenken wegen der Verknüpfung der Begriffsbestimmung des Rausches mit der auf eine zu beziehenden (eingeschränkten) Schuldunfähigkeit (s. Paeffgen NK 40, Tröndle Jescheck-FS 675) bestehen jedenfalls dann nicht, wenn man – o. 1 – § 323 a als konkretes Gefährdungsdelikt einstuft (Geisler aaO 417 f.). Kennzeichnend für den wichtigsten Fall des Alkoholrausches (vgl. hierzu § 20 RN 16 ff.) ist eine starke Verminderung aller geistigen und körperlichen Fähigkeiten, insb. des Wahrnehmungs- und Reaktionsvermögens, der Fähigkeit zur Konzentration sowie zur Koordination und Assoziation zusammengehörender Sachzusammenhänge, eine euphorische Überschätzung der eigenen Leistungsfähigkeit oder dysphorische Gereiztheit, Aggressivität oder Gleichgültigkeit und Abgestumpftheit gegenüber den Vorgängen der Umwelt (vgl. Bay NJW **74**, 1521, Cramer Vollrauschtatbestand 4); diese Faktoren müssen nicht alle zusammentreffen, sondern können auch als Einzelerscheinungen den Zustand als Rausch iSv § 323 a kennzeichnen, zB beim sog. pathologischen Rausch (vgl. BGH **40** 198 m. Anm. Blau JR 95, 117, § 20 RN 16 e), bei denen schon geringe Alkoholmengen ohne notwendige Veränderung des physischen Erscheinungsbildes (zB Torkeln) zu abnormen (Primitiv)-Reaktionen führen können.

Ein ‚Rausch' soll nach älterer Rspr. des BGH allerdings nur dann vorliegen, wenn der sichere **8a**
Bereich des § 21 überschritten ist, dh nicht auszuschließen ist, daß der Täter schuldunfähig ist (vgl. BGH VRS **50** 358, NStZ **89**, 365, MDR/H **93**, 407, Dencker NJW 80, 2159 ff. mwN, JZ 84, 457 ff., Hirsch, aaO 19). Schon hier zeigt sich, daß die Bedeutung dieser Grenzziehung nicht einheitlich gesehen wird. Teilweise wird der Nachweis verlangt, daß bei jeder Fallgestaltung der sichere Bereich des § 21 zum Bereich des § 20 hin überschritten ist (Karlsruhe NJW **79**, 1945). Nach Bay JR **80**, 27 reicht dagegen für die Annahme der „Rausch"-Intoxikation aus, daß die untere Grenze zwischen voller und verminderter Schuldfähigkeit überschritten ist, also zumindest erheblich verminderte Schuldfähigkeit sicher nachgewiesen ist (vgl. auch BGH **32** 48 m. Anm. Schewe BA 83, 526, Bay DAR/B **88**, 366, Zweibrücken NZV **93**, 488, Dencker JZ 84, 453 und Paeffgen NStZ 85, 8, Köln VRS **68** 38). Einer derartigen Aufspaltung innerhalb des ohnehin nicht einfach festzustellen-

§ 323a 9, 10

den Bereichs verminderter Schuldfähigkeit sollte nicht näher getreten werden (Dencker JZ 84, 457 ff., Paeffgen NK 42, Spendel LK 152, Tröndle Jescheck-FS 684), zumal da bereits das Abstellen auf das Vorliegen verminderter Schuldfähigkeit die Gewähr bietet, vom Gesetzeswortlaut nicht erfaßtes möglicherweise vorwurfsfreies Verhalten auszuscheiden (s. Lackner/Kühl 4). – Kann nicht festgestellt werden, daß der Rausch zumindest zu einem Zustand verminderter Schuldfähigkeit geführt hat, also umgekehrt Schuldfähigkeit nicht auszuschließen ist, scheint in Anwendung des in dubio-Satzes mangels Nachweises des Tatbestandsmerkmals Rausch eine Verurteilung aus § 323a nicht erfolgen zu können (Dencker NJW 80, 2160, Ranft Jura 88, 138; s. a. BGH **32** 54 f.). Ob es hierbei wirklich sein Bewenden haben muß, ist allerdings in Anbetracht der vom Gesetzgeber intendierten Auffangfunktion des § 323a (s. BT-Drs. 7/550, S. 268) zweifelhaft: Angesichts eines gewissen normativ-ethischen Stufenverhältnisses (BGH **32** 56, allerdings nur für den Fall, daß ein Rausch feststeht [54 f.]; ebenso Heiß NStZ 83, 69, s. a. Paeffgen NStZ 88, 11 f., NK 60) zwischen der im Rausch begangenen Tat und dem hierauf bezogenen konkreten Gefährdungsdelikt des § 323a (o. 1) und in Berücksichtigung der auf die Schuldfähigkeit bezogenen Bestimmung des Merkmals Rausch könnte in diesen Konstellationen zur Vermeidung nur schwer erträglicher Freisprüche (Tröndle Jescheck-FS 682, Tröndle/Fischer 5 c; s. aber auch Bay JR **78**, 209 m. Anm. Montenbruck, VRS 56 449, JR 80, 27, Ranft Jura 88, 138, Paeffgen NStZ 85, 11 f.) doch eine den Täter letztlich nicht zu Unrecht belastende (Tröndle/Fischer 5 c) Verurteilung aus § 323a in Betracht kommen (iE auch Horn SK 16, Spendel LK 155 f.; und. Lackner/Kühl 5; hingegen für Wahlfeststellung zwischen § 323a und dem im Rausch verwirklichten Delikt Tröndle Jescheck-FS 687; abl. BGH **9** 390 [§ 323a als Auffangtatbestand; hierzu: Tröndle LK[10] § 1 RN 98 f.]; offengelassen von Lackner/Kühl 5).

9   3. Der Alkoholabusus oder Rauschmittelmißbrauch muß **Ursache** des Rausches gewesen sein. Dazu ist nicht erforderlich, daß der Alkoholmißbrauch die einzige Ursache des Rausches war (BGH **26** 363 m. Anm. Horn JR 77, 210, NStZ-RR **00**, 80, MDR/H **86**, 624, Bay DAR/R **81**, 247, Oldenburg BA **85**, 254, Spendel LK 138; and. RG **70** 87, v. Winterfeld NJW 51, 782). Auch ist nicht erforderlich, daß der Täter in erster Linie durch die Rauschmittel in seiner Leistungsfähigkeit beeinträchtigt worden ist (so Bay VRS **15** 204, Celle JZ **71**, 789 m. Anm. Blei JA 72, 96, KG NJW **72**, 1529, Tröndle/Fischer 6). Die Ursächlichkeit wird nicht dadurch ausgeschlossen, daß auch andere Umstände dabei im Spiel gewesen sein können (Cramer JZ 71, 766, Spendel LK 145). Dies gilt zunächst für eine persönliche Überempfindlichkeit (Intoleranz), mag sie chronischer (etwa bei Hirnverletzung, sog. pathologischer Rausch, BGH **1** 198, **40** 199 m. Anm. Blau JR 95, 117, Otto JK 6, Spendel LK 120 ff.) oder nur vorübergehender Natur (Zweibrücken VRS **54** 113: Schlaftrunkenheit) sein; sie verstärkt lediglich die Wirkung des Alkohols, schließt aber dessen Verantwortlichkeit für den Rausch nicht aus (vgl. RG **73** 12, 134 m. Anm. v. Weber DR 39, 993, RG HRR **38** Nr. 190, **40** Nr. 587, BGH **1** 198, **4** 75, **22** 8, **40** 199 m. Anm. Blau JR 95, 117, Oldenburg NdsRpfl. **51**, 107, Bay VRS **15** 204, MDR **68**, 602, Köln JMBlNRW **59**, 48, Hamburg BA **68**, 388, Blei II 362, Welzel 474). Das gilt ferner für das Zusammenwirken von Alkohol und Medikamenten. Zwar kann nicht jedes Medikament als „berauschendes Mittel" angesehen werden (vgl. Köln BA **77**, 124, Karlsruhe NJW **79**, 611); soweit es aber die Alkoholwirkung steigert, ist es als berauschendes Mittel iSd § 323a anzuerkennen (vgl. Bay VRS **15** 204, Düsseldorf VRS **23** 444, Hamburg NJW **67**, 1522, Hamm VRS **52** 194; and. RG **70** 87, **73** 154, HRR **39** Nr. 1561), weil es nicht darauf ankommen kann, ob die Alkoholintoleranz auf persönlicher Überempfindlichkeit oder sonstigen Umständen beruht oder auf die physiologische Wirkung von Medikamenten zurückzuführen ist. In Fällen dieser Art ist jedoch der subjektive Tatbestand (u. 10) besonders sorgfältig zu prüfen (RG **73** 134, BGH **1** 199, **26** 363, NStZ-RR **00**, 80; ein erstmaliges Auftreten wird idR nicht vorhersehbar sein [BGH **40** 200]); u. 10. Es scheiden jedoch die Fälle aus, in denen der Alkohol nur eine untergeordnete Rolle bei der Herbeiführung der Schuldunfähigkeit gespielt hat, diese zB überwiegend auf mechanische Einwirkungen (Schläge auf den Kopf) zurückgeht (vgl. dazu Cramer JZ 71, 766 gegen Celle JZ **71**, 789, BGH NJW **75**, 2250); zu diesen Fragen aus der Sicht des Sachverständigen vgl. Schewe BA 76, 87.

10   IV. Für den **subjektiven Tatbestand** ist Vorsatz oder Fahrlässigkeit erforderlich (vgl. RG **69** 188, **70** 42, **73** 180, BGH **1** 125, **2** 18, **6** 89, **16** 124, VRS **6** 431, **38** 333, Hamm VRS **13** 116, Braunschweig NJW **66**, 680, Zweibrücken VRS **32** 455, Lackner JuS 68, 216, Blei II 364, Niederreuther GS 114, 324); auf die im Rausch begangene bestimmte Tat brauchen sich Vorsatz oder Fahrlässigkeit nicht zu beziehen (dann evtl. actio libera in causa; vgl. § 20 RN 33 ff.), wohl aber auf die Möglichkeit, es könne zu rechtswidrigen Taten kommen. Der Täter muß also von seiner spezifischen Rauschgefährlichkeit gewußt oder diese Kenntnis fahrlässig verfehlt haben (vgl. o. 1: § 323a als konkretes Gefährdungsdelikt; dort auch Nw. zur hM, die keine derartige personale Beziehung fordert); vgl. auch Spendel LK 230. Handelt der Täter nur bezüglich des Sichberauschens, aber nicht hinsichtlich der Rauschgefährlichkeit vorsätzlich, so liegt nur fahrlässiger Vollrausch vor (BGH VRS **7** 311, Bay NJW **68**, 1898, Spendel LK 235). Da nach dem Wortlaut der Vorschrift, der auf BGH (GrS) **9** 390 zurückgeht, § 323a auch anwendbar ist, wenn die Schuldunfähigkeit nicht sicher feststeht, fordert BGH **16** 187, daß das Verschulden des Täters sich auf einen so schweren Rausch bezieht, in dem der sichere Bereich des § 21 überschritten ist (vgl. auch Celle NJW **69**, 1916, Düsseldorf NZV **92**, 328; krit. Spendel LK 231; s. o. 8 a). Der Täter handelt daher vorsätzlich, wenn er weiß oder in Kauf nimmt, daß er durch das Rauschmittel in einen Zustand gerät, der sein Unterscheidungs- oder Hemmungsvermögen oder seine Körperbeherrschung erheblich beeinträchtigt (BGH NJW **67**, 579).

Dabei ist wesentlich, daß der Vorsatz die genannten persönlichkeitsbeeinträchtigenden Wirkungen umfaßt (BGH GA **66**, 376, Bay NStZ/J **92**, 272). Der Täter handelt fahrlässig, wenn er die Folge des Rauschmittels hätte erkennen müssen und können (BGH NJW **75**, 2252); bei gleichzeitiger Einnahme von Medikamenten und Alkohol muß er mit einer erheblichen Steigerung der alkoholischen Intoxikationswirkung rechnen (BGH MDR/H **86**, 624, Hamburg JR **82**, 345 m. Anm. Horn). Demgemäß entscheidet sich die Frage, ob der Täter wegen vorsätzlicher oder fahrlässiger Begehung des § 323 a zu bestrafen ist, nach seinem Verschulden am Rausch, nicht danach, ob die Rauschtat vorsätzlich oder fahrlässig begangen worden ist (M-Schroeder II 411; and. Maurach BT 513). Beruht die Schuldunfähigkeit nicht bloß auf der Alkohol- oder sonstigen Rauschmittelwirkung, sondern auch noch auf anderen Ursachen (Schläge auf den Kopf usw; vgl. o. 9), so kommt eine Verurteilung wegen vorsätzlicher Tat nur in Betracht, wenn der Täter mit diesen Ursachen gerechnet und sie gebilligt hat (BGH NStE **Nr. 2**); regelmäßig kommt in solchen Fällen jedoch nur Fahrlässigkeit in Betracht, sofern der Täter mit den sonstigen Ursachen rechnen mußte (BGH aaO); dagegen kann ein Rausch nicht zugerechnet werden, wenn der Täter das Wirksamwerden der Mitursachen vor Eintritt der Schuldunfähigkeit weder kennt noch mit ihrem Hinzutreten rechnet oder rechnen muß (BGH **26** 363, NJW **79**, 1370, **80**, 1806; s. a. Paeffgen NK 30, Spendel LK 145, 233 ff.); zur Frage, wann ein rauschbedingter Erregungszustand, der zur Schuldunfähigkeit führt, als unbeachtliche Abweichung vom vorgestellten Geschehensablauf beim vorsätzlichen Berauschen anzusehen ist, vgl. BGH NJW **79**, 1370. Beim pathologischen Rausch bedarf der subjektive Tatbestand besonders sorgfältiger Prüfung (RG **73** 134, BGH **1** 199, **40** 198; vgl. auch LG Kreuznach NStZ **92**, 338), ebenso, wenn für die Schuldunfähigkeit noch andere Faktoren maßgeblich waren (BGH NJW **67**, 298, GA **67**, 281, VRS **50** 358, NJW **79**, 1370, NStZ **82**, 116, StV **87**, 246 m. Anm. Neumann 247 ff.). Dasselbe gilt bei einem durch Medikamente verursachten Rausch (Bay NZV **90**, 317). Zur Notwendigkeit der Vorsatzfeststellung im Einzelfall auch bei einer BAK von mehr als 3‰: Düsseldorf StV **93**, 425, Spendel LK 233.

Sofern der Täter vorab – unzureichende – **Vorkehrungen** gegen die Begehung einer Rauschtat **11** getroffen hat, schließt dies seinen Vorsatz bzgl. der konkreten Gefährlichkeit seines Rauschzustandes und damit eine Strafbarkeit aus § 323 a idR aus (für bloße Berücksichtigung als Strafzumessungsfaktor hingegen die hM, u. 30 a). Da der Unwert des § 323 a in der Herbeiführung gerade eines für fremde Rechtsgüter konkret gefährlichen Rauschzustandes liegt, kommt bei hinreichenden „Zurüstungen" (etwa bzgl. Volltrunkenheitsfahrt: Abgabe des Autoschlüssels, BGH VRS **17** 341 [nicht aber bloße Zusicherung eines Dritten, den Täter abzuholen, Köln VRS **34** 127, Düsseldorf VRS **82** 451] oder das Zubettgehen in der eigenen Wohnung, Spendel LK 242; and. Celle NJW **69**, 1589, Hamburg JR **82** 346 m. Anm. Horn 347) auch kein Vorwurf fahrlässigen Verhaltens in Betracht (vgl. BGH **10** 251, Spendel LK 240 ff., M-Schroeder II 408; ähnlich Gollner MDR 76, 185 ff., Otto II 421; enger Horn SK 7, Paeffgen NK 63). Vor allem bei bewußter Beeinträchtigung entsprechender Vorkehrungen durch Dritte scheidet eine Strafbarkeit des Sichberauschenden aus (Otto II 421, Ranft Jura 88 139); entsprechendes gilt für fernliegende Komplikationen, die zu einer Rauschtat führen.

V. Voraussetzung für die Bejahung der **Schuld** ist auch hier (vgl. 118 f. vor § 13), daß der Täter in **12** dem Zeitpunkt, in dem er sich in den Rauschzustand versetzt, **schuldfähig** ist (Horn SK 8). Ist er in diesem Zeitpunkt, zB infolge Geisteskrankheit oder einer durch Alkohol- bzw. Drogenabhängigkeit bedingten Änderung seiner Persönlichkeitsstruktur (Hamm NJW **73**, 1424), schuldunfähig (vgl. auch Frankfurt DAR **70**, 162; zur Frage verminderter Schuldfähigkeit bei Alkohol- bzw. Drogenabhängigkeit vgl. BGH NStE **Nr. 3**, StV **92**, 230, NStZ **96**, 41 u. 334, NStZ-RR **97**, 299, Bay NStZ/J **91**, 576), kommt eine Bestrafung aus § 323 a nicht in Betracht; näher zur Rauschmittelsucht Spendel LK 75 ff.; möglich ist aber auch hier eine Unterbringung nach § 64 (RG HRR **38** Nr. 190), s. u. 34.

VI. Zur Strafbarkeit ist erforderlich, daß der Täter **im Rausch eine rechtswidrige Tat begeht.** **13** Es handelt sich hierbei um eine **objektive Bedingung der Strafbarkeit,** die nicht die Widerrechtlichkeit der Tat begründet – diese liegt im Sichberauschen –, sondern die lediglich den Rausch als gefährlich indiziert (Zweibrücken NZV **93**, 489). Daher brauchen sich Vorsatz oder Fahrlässigkeit auf die Rauschtat nicht zu erstrecken; folglich findet auch § 18 keine Anwendung (BGH **6** 89, Schleswig SchlHA **69**, 165; vgl. BGH **1** 275, Blei II 363 ff., Lay LK[9] § 330 a RN 12, Schröder DRiZ 58, 222); and. Spendel LK 148: Beweistatsache; H. Mayer ZStW 59, 327, der § 323 a als erfolgsqualifiziertes Delikt bezeichnet; dann müßte aber (§ 18) die Rauschtat fahrlässig begangen sein; gegen diese Auffassung vor allem Maurach aaO 96 ff. Ein ursächlicher Zusammenhang zwischen dem Vollrausch und der Rauschtat braucht nicht in dem Sinne zu bestehen, daß die Rauschtat im nüchternen Zustand nicht begangen worden wäre (vgl. RG **73** 182); es genügt, wenn der Rausch eine der Ursachen (conditio sine qua non) für die Rauschtat war. Vgl. hierzu Cramer, Vollrauschtatbestand 116 ff., krit. Paeffgen NK 71. Allerdings müssen sich – sofern man § 323 a als konkretes Gefährdungsdelikt begreift (o. 1) – Vorsatz bzw. Fahrlässigkeit des Täters auf seine spezifische Rauschgefährlichkeit beziehen. Eine im Inland verübte Rauschtat begründet als Erfolgsort iSv § 9 I auch bei einem im Ausland vorgenommenen Sichberauschen die Anwendbarkeit von § 323 a (BGH **42** 242, Spendel LK 254 ff.; abl. Gottwald DAR 97, 305, Satzger NStZ 98, 117; vgl. § 9 RN 7); ferner ist angesichts der Schutzrichtung des § 323 a auch § 7 I einschlägig (and. Satzger NStZ 98, 117).

1. Erforderlich ist zunächst, daß der Täter den **objektiven Tatbestand** eines Delikts (Verbrechen, **14** Vergehen) verwirklicht hat; bei Ordnungswidrigkeiten kommt § 122 OWiG in Betracht. Unter

§ 323 a   15–18   Bes. Teil. Gemeingefährliche Straftaten

rechtswidriger Tat versteht die hM hier wie auch sonst ein Verhalten, das im natürlichen Sinne gewollt ist (vgl. 40 ff. vor § 13); sog. Zwangshandlungen wie Krampfanfälle, Torkeln oder Erbrechen fallen nicht darunter (RG **69** 191, BGH DAR/M **68**, 117, Hamburg VRS **15** 206, Bay VRS **25** 346, Hamm JMBlNRW **64**, 117, Bruns JZ 64, 473 ff., Maurach JuS 61, 374; einschr. Spendel LK 169 ff.; and. H. Mayer ZStW **59**, 313 f.). Entgegen der hM wird man Nichthandlungen jedenfalls insofern einzubeziehen haben, als ein „fahrlässiges" Verhalten schon darin zu sehen ist, daß sich der Täter im Zustand mangelnder Körperbeherrschung in eine Situation begeben hat, in der er wegen dieses Mangels gefährlich werden konnte (Schröder DRiZ 58, 221). Weitergehend Cramer Vollrauschtatbestand 122, der Nichthandlungen dann ausreichen läßt, wenn die Handlungsunfähigkeit auf dem Rausch beruht. Die Rauschtat kann auch in einem (echten) Unterlassungsdelikt bestehen (Bay NJW **74**, 1520, Streng JZ 84, 114; and. Kurbjuhn NJW 74, 2059 u. Lenckner JR 75, 31: § 323 c scheidet als Rauschtat aus, da niemand sich für die Erfüllung völlig unvorhersehbarer Hilfspflichten bereit halten muß; vgl. Cramer Vollrauschtatbestand 122, JuS 64, 362; and. Hardwig GA 64, 150, H. Mayer ZStW **59**, 332), allerdings nur, sofern der Berauschte noch handlungsfähig war (Bay NJW **74**, 1523, Horn SK 14, Otto II 419, Paeffgen NK 70, Rengier II 253, Spendel LK 175, Tröndle/Fischer 11); ggf. kommt bei Handlungsunfähigkeit eine Verantwortlichkeit nach den Grundsätzen der omissio libera in causa in Betracht (Spendel LK 177; einschr. B/Mitsch 258; s. 144 vor § 13). Auch der Versuch eines Delikts genügt, soweit er strafbar ist. Als Rauschtat kann auch ein Vergehen nach § 142 I in Betracht kommen. Zwar ist ein entschuldigtes Entfernen iSv § 142 II Nr. 2 grdsl. auch bei nur vorübergehender Schuldunfähigkeit anzunehmen, nicht aber bei einer rauschbedingten, da sich sonst gerade bei Alkoholtätern vom Gesetzgeber nicht gewollte Strafbarkeitslücken ergäben (vgl. § 142 RN 46, iE zust. Bay NJW **89**, 1685 m. abl. Anm. Keller JR 89, 343; vgl. dazu auch Paeffgen NStZ 90, 365 ff., Werner NZV **88**, 88; and. Tröndle/Fischer § 142 RN 40); zu den einzelnen Lösungsmöglichkeiten vgl. Küper NJW 90, 209 ff., Miseré Jura 91, 298 ff. Setzt der betreffende Tatbestand **subjektive Unrechtselemente** voraus (zB Zueignungsabsicht in § 242), so müssen auch sie beim Täter festgestellt werden (RG **73** 16, Hamburg JR **51**, 211; vgl. auch BGH **18** 235); vgl. Meurer JR 92, 347.

15 2. Die Tat muß **rechtswidrig** sein. Die Rechtswidrigkeit kann durch Rechtfertigungsgründe ausgeschlossen werden. Es müssen jedoch auch beim Volltrunkenen die subjektiven Rechtfertigungselemente (13 ff. vor § 32) gegeben sein (BGH NJW **80**, 1806, Horn SK 15).

16 3. Außerordentlich bestritten war die Frage, ob auch ein **subjektiver Tatbestand** beim Volltrunkenen festgestellt werden muß (vgl. 17. A. § 330 a RN 16 ff.). Da jedoch das Gesetz selbst die Berücksichtigung des Deliktscharakters der im Rausch begangenen Tat iSe Straflimitierung (vgl. Abs. 2) vorschreibt und dieser Charakter nur bestimmt werden kann, wenn man weiß, was der Täter wollte, ist nach der Neufassung die Feststellung der subjektiven Tatseite unverzichtbar. Auch schon bisher standen Rspr. und überwiegend auch das Schrifttum auf dem Standpunkt, daß Vorsatz und Fahrlässigkeit auch bei der Rauschtat festgestellt werden müssen, soweit das für die rechtliche Qualifikation der im Rausch begangenen Tat erforderlich ist und soweit die Tatsache, daß der Täter im Zustand der Schuldunfähigkeit gehandelt hat, die Möglichkeit dazu läßt (eingehend dazu Traub aaO).

17 a) Wo das Gesetz für die Begehung der im Rausch begangenen Tat **Vorsatz** verlangt oder wo vorsätzliche Begehung zu einer anderen rechtlichen Beurteilung führen würde, muß bei der Rauschtat ein Vorsatz festgestellt werden. Erforderlich ist daher, daß die Vorstellungen des Täters und sein Wille geprüft und mitberücksichtigt werden (RG **73** 180, BGH **1** 126, NJW **67**, 579, Bay VRS **25** 346, NStZ/J **86**, 541, Hamburg JR **51**, 210, Köln NJW **60**, 1264). Erschießt zB ein Volltrunkener einen Menschen, dann muß festgestellt werden, ob er auf den Getöteten gezielt oder nur um sich geschossen hat oder ob ihm die Waffe aus Versehen losgegangen ist; je nachdem kommt als Rauschtat eine vorsätzliche oder fahrlässige Tötung in Betracht (RG JW **36**, 1911); vgl. auch Bay VRS **25** 346. Für die Berücksichtigung der Vorstellungen und des Willens des Volltrunkenen in diesem Rahmen zB Gerland aaO 802, Graf aaO 235, Lay LK⁹ § 330 a RN 44, Tröndle/Fischer 13, Cramer Vollrauschtatbestand 122 ff., Engisch Kohlrausch-FS 172; eine Berücksichtigung der subjektiven Tatseite lehnen dagegen zB ab Mayer ZStW **59**, 316, 329, Schlosky JW **36**, 3427, Schmidt-Leichner DStR 40, 114, Spendel LK 201. Verlangt die Rauschtat eine besondere Absicht, so muß insoweit ein zielgerichteter Wille des Täters vorliegen (BGH **18** 235, NJW **67**, 579, Lackner/Kühl 8, Tröndle/Fischer 13); zur Absicht rechtswidriger Zueignung: Bay NJW **92**, 2040; krit. Otto JK 3, Meurer JR 92, 347. Verleumdung als Rauschtat setzt vom hier vertretenen Standpunkt aus demnach voraus, daß der Trunkene wider besseres Wissen handelt, was auch im Vollrausch möglich ist (RG **69** 191). Bei einem unerlaubten Entfernen vom Unfallort als Rauschtat muß ebenfalls Vorsatz vorgelegen haben (Bay VRS **12** 117).

18 b) Schwierigkeiten bereitet die Frage, wann ein **Tatbestandsirrtum** des Berauschten seinen Vorsatz ausschließt. Grundsätzlich schließt auch beim Schuldunfähigen der Irrtum über ein Merkmal iSd § 15 den Vorsatz aus, so daß dann eine Bestrafung nach § 323 a nur in Betracht kommt, wenn Fahrlässigkeit für die Rauschtat ausreicht (vgl. u. 19 f.). Beschädigt der Rauschtäter zB eine fremde Sache im Glauben, es sei seine eigene, so ist er nach § 323 a nicht strafbar, weil es einen Tatbestand der fahrlässigen Sachbeschädigung nicht gibt. Nach früherem Recht konnte, da die Strafe nach Abs. 2 aF durch die Strafdrohung der Vorsatztat (vgl. 17. A. § 330 a RN 29) limitiert war, eine Ausnahme gemacht werden, wenn der Irrtum durch den Rausch bedingt ist; denn die typische Gefährlichkeit des

Berauschten beruht gerade darauf, daß er infolge seines mangelnden Einsichts- und Unterscheidungsvermögens nicht in der Lage ist, Situationen richtig zu erkennen (RG 73 17 m. krit. Anm. Dahm ZAkDR 39, 267 u. Klee JW 39, 547, BGH NJW **53**, 1442, BGH **18** 235 [einschränkend]); Übersicht über Rspr. und Lit. bei Bruns JZ 58, 105 u. 64, 473. Nach heutigem Recht ist eine von den allgemeinen Regeln abweichende Behandlung des *rauschbedingten* Irrtums nicht mehr möglich, weil die Straflimitierung des Abs. 2 sich an der konkreten Rauschtat (zB vorsätzlicher oder fahrlässiger Körperverletzung) orientiert. Bei vorsätzlichen Rauschtaten muß daher ein Vorstellungsbild des Rauschtäters festgestellt werden, das dem Tatvorsatz entspricht (Dencker NJW 80, 2164), da sonst von vorsätzlich begangenem Unrecht nicht gesprochen werden kann (vgl. 120/121 vor § 13; ebenso Hirsch aaO 17 sowie Arzt/Weber II 142, Geisler 426, Paeffgen NK 74, Ranft JA 83, 241 f.; grds. and. Kusch 92 ff., Spendel LK 198 ff.). Ist ein solches nicht nachweisbar, so kann ggf. auf die Fahrlässigkeit ausgewichen werden (vgl. § 15 RN 5). Für den strukturähnlichen Irrtum über die Voraussetzungen eines Rechtfertigungsgrundes (vgl. § 16 RN 14 ff.) gelten die gleichen Regeln (Arzt/Weber II 142, Horn SK 12, Geisler aaO 426, Lackner/Kühl 9, Paeffgen NK 76).

c) Die Rauschtat kann auch **fahrlässig** begangen werden, sofern ein entsprechender Fahrlässigkeitstatbestand besteht (Hamburg MDR **67**, 854). Es handelt sich hier aber nicht um ein echtes Fahrlässigkeitsurteil (and. Horn SK 13), da diese die bei einem Schuldunfähigen idR unmögliche Feststellung voraussetzen würde, daß der Rauschtäter bei Anwendung der ihm möglichen Sorgfalt den Erfolg hätte vermeiden können. Vielmehr handelt es sich um ein Gefährlichkeitsurteil, das auf der Feststellung beruht, daß der Täter infolge des Rausches die erfolgsabwendende Sorgfalt nicht eingehalten hat, die ihm im nüchternen Zustand möglich gewesen wäre (Schröder DRiZ 58, 221; zust. Hamburg aaO, Stratenwerth 297 sowie Arzt/Weber II 142, Lackner/Kühl 11, Ranft JA 83, 242; für Abstellen auf einen Durchschnittsmenschen in gleicher Lage Horn SK 13, Tröndle/Fischer 11). Ist dies zu bejahen, dann liegt ein für diese Vorschrift ausreichendes, der Fahrlässigkeit ähnliches Verhalten vor (RG DStR **36**, 181); gegen diese Auffassung Maurach aaO 123 f. 19

Ist nur die vorsätzlich begangene Tat strafbar, liegt aber nur Fahrlässigkeit vor, dann genügt dies nicht für die Rauschtat. Wer etwa im Vollrausch aus Unachtsamkeit ausgleitet und dadurch versehentlich eine Schaufensterscheibe beschädigt, kann nicht aus § 323 a bestraft werden, da nur die vorsätzliche Sachbeschädigung mit Strafe bedroht ist. 20

d) Auch ein **Verbotsirrtum** ist bei § 323 a zu berücksichtigen und nur dann erheblich, wenn der Täter auch im nüchternen Zustand dem gleichen Irrtum erlegen wäre (Stuttgart NJW **64**, 413). Zust. Bruns JZ 64, 473 f., Cramer JuS 64, 363, Lenckner JR 75, 31, Dencker NJW 80, 2165; ein rauschbedingter Verbotsirrtum läßt die Strafbarkeit aus § 323 a unberührt (Geisler aaO 427, Paeffgen NK 77). **Verjährung** der Rauschtat schließt in entsprechender Anwendung von Abs. 3 eine Strafbarkeit aus § 323 a aus (Celle NJW **59**, 2275, Geisler aaO 421, Paeffgen NK 82, Spendel LK 351); zum Verjährungsbeginn Spendel LK 352 sowie § 78 a RN 13. 20 a

e) **Tritt der Täter** vom Versuch der Rauschtat **zurück,** so entfällt in analoger Anwendung des § 24 die Rauschtat – es sei denn, es läge zusätzlich noch ein vom Rücktritt nicht umfaßtes vollendetes Delikt vor (BGH StV **94**, 305) – und damit § 323 a (RG HRR 36, 1149, BGH MDR/D 71, 362, NStZ **94**, 131 m. krit. Anm. Kusch, NStZ **99**, 8, BGHR § 323 a Abs. 1 Rücktritt **1,** Cramer JuS 64, 367, Horn SK 19, Paeffgen NK 80, Ranft JA 83, 243; iE ebenso Dencker NJW 80, 2165, Otto JK 5, Spendel LK 220) jedenfalls dann, wenn der – auch bei einem Berauschten mögliche (Geisler aaO 430) – freiwillige Rücktritt noch im Zustand der Berauschung erfolgt; für einen Rücktritt nach Ausnüchterung ist dies angesichts der dann gerade nicht dokumentierten Rauschungefährlichkeit des Täters sehr zweifelhaft (abl. Blei II 366, Geisler aaO 432, Ranft MDR 72, 343, JA 83, 243, Spendel LK 221; and. Horn SK 19, Lackner/Kühl 10, Otto II 420). 21

f) Hat der Täter mehrere Rauschtaten oder mehrere mit Strafe bedrohte Handlungen im gleichen Rauschzustand verwirklicht, so liegt nur ein Vergehen iSd § 323 a vor (BGH StV **90**, 404, BGHR Konkurrenzen **4**). Kommen mehrere Rauschtaten in Betracht, so ist eine Wahlfeststellung auch dann zulässig, wenn eine wahlweise Verurteilung aus den im Rausch begangenen Delikten nicht zulässig wäre (vgl. Braunschweig NdsRpfl. **62**, 71; and. Oldenburg NJW **90**, 832, Lackner/Kühl 12), denn der Täter muß wegen des Rausches bestraft werden können, wenn feststeht, daß er im Rausch irgendeine – gleich welche – Straftat begangen hat (s. a. Spendel LK 328). Für die Strafhöhe (Abs. 2) ist dann der Grundsatz in dubio pro reo maßgebend. 22

VII. Täterschaft und Teilnahme. Zu unterscheiden ist zwischen der Beteiligung am Delikt des § 323 a und der Beteiligung an der im Rausch begangenen Tat. 23

1. Eine Begehung der Tat des § 323 a in der Form mittelbarer Täterschaft ist nach hL ausgeschlossen (Cramer GA 61, 102, Arzt/Weber II 145, Horn SK 9, Lackner/Kühl 17; and. zurecht für den Fall der Selbstschädigung [zB Vorspiegelung, die Injektion eines berauschenden Medikamentes zu benötigen] Paeffgen NK 66, Spendel LK 265). Es handelt sich um ein eigenhändiges Delikt dessen, der sich selbst in den Rauschzustand versetzt (zutr. diff. aber Paeffgen, Spendel aaO). Das Gesetz legt nur dem einzelnen selbst die Pflicht zur Kontrolle über sich auf. Die Rauschmittelabgabe an einen Ahnungslosen führt also als fremdschädigende mittelbare Täterschaft nicht zur Strafbarkeit aus § 323 a (hingegen ggf. aus Körperverletzung am Berauschten [Spendel LK 267]; ferner u. 26). Entsprechend ist auch Mittäterschaft ausgeschlossen (Horn SK 9, Paeffgen NK 66; and. Spendel LK 268). 24

§ 323 a 25–29

25 Hingegen schließt das Erfordernis der Eigenhändigkeit sowie die Pflicht des Sichberauschenden zur Selbstkontrolle eine Strafbarkeit des **Teilnehmers** – wie auch sonst bei Pflichtdelikten – nicht von vornherein aus (BGH **10** 247, Blei II 366 f., Cramer GA 61, 103 ff., Geisler aaO 413 f., Horn SK 9, Lange ZStW **59**, 589, JZ **53**, 409, M-Schroeder II 412, Spendel LK 269 ff.; and. 25. A. RN 25, Lackner/Kühl 17, H. Mayer ZStW 59, 334, Otto II 421, Ranft JA 83, 244), sofern im Falle vorsätzlichen Sichberauschens der Teilnehmer mit entsprechendem Vorsatz – und zwar auch bezüglich der konkreten Gefährlichkeit des Berauschten (o. 1) handelte (ähnlich: Geisler aaO 415; s. aber auch Paeffgen NK 66, Welzel 476). Demgegenüber vermag der Einwand einer unübersehbaren Haftungsausdehnung zulasten von Gastwirten und Zechgenossen (25. A. RN 25, Haft BT 281) nicht zu überzeugen, da derartige Restriktionen – sofern überhaupt gewünscht (s. Geisler aaO 414, Neumann aaO 88 ff., Paeffgen NK 67) – über die objektive Zurechnung (Schaffung unerlaubten Risikos) sowie das Erfordernis vorsätzlichen Teilnehmerhandelns aufgefangen werden könnten (Rengier II 256).

26 2. Die Möglichkeit der Beteiligung an der **Rauschtat** als solcher bestimmt sich nach allgemeinen Regeln (eingehend hierzu Cramer GA 61, 97 ff., Spendel LK 273 ff.). Möglich ist zunächst **mittelbare Täterschaft** durch Benutzung des Trunkenen als Werkzeug; das nicht nur in der Weise, daß der Täter den schon schuldunfähigen zu einer strafbaren Handlung veranlaßt, sondern auch dadurch, daß er ihn zwecks Begehung einer strafbaren Handlung in diesen Zustand versetzt (A gibt dem B ein Rauschgift, das diesen zu Gewalttätigkeiten anreizen soll). Möglich ist aber auch eine fahrlässige Mitwirkung an der Rauschtat, und zwar sowohl durch eine fahrlässige Veranlassung oder Unterstützung des Trunkenen (A gibt B eine Waffe, mit der dieser einen anderen verletzt) als auch durch fahrlässige oder vorsätzliche Herbeiführung der Trunkenheit, wenn der Täter damit hätte rechnen müssen, daß der Trunkene im Rausch diese Tat begehen werde; beide Formen setzen aber voraus, daß die Mitwirkung an der fremden Tatbestandsverwirklichung als Fahrlässigkeitstat erfaßbar ist (vgl. hierzu § 15 RN 171 f., 15 vor § 25); daran fehlt es, wenn A dem Trunkenen sein Fahrzeug zur Verfügung stellt: keine fahrlässige Verwirklichung des § 315 c durch A (vgl. KG JR **56**, 151, § 315 c RN 45; and. 17. A. § 330 a RN 26). In diesen Fällen hat allerdings die Rspr. meist nicht auf die vorsätzliche oder fahrlässige Herbeiführung des Rauschzustandes, sondern darauf abgestellt, daß der Täter es unterlassen habe, den unter seiner Mitwirkung trunken Gewordenen an der Begehung eines Delikts zu hindern. Das ist besonders für Gastwirte von Bedeutung, die Kraftfahrern Alkohol verabreichen (BGH **4** 20, **19** 152, KG VRS **11** 359; vgl. Redelberger NJW 52, 922, Lange JZ 53, 408, einschr. Geilen JZ 65, 469). Vgl. weiter § 13 RN 40.

27 Außer einer täterschaftlichen Verantwortung kommt in Ausnahmefällen auch **Anstiftung** oder **Beihilfe** zur Rauschtat in Frage, sofern dem Teilnehmer die mangelnde Verantwortlichkeit des Trunkenen unbekannt gewesen ist (vgl. 36 vor § 25) und der Rauschtäter vorsätzlich handelt (Arzt/Weber II 146).

28 VIII. Kann die Volltrunkenheit nicht sicher festgestellt werden, so ist eine Verurteilung aufgrund einer **Wahlfeststellung** zwischen einem Vergehen nach § 323 a und der im Rausch begangenen Tat weder zulässig, weil es an der rechtsethischen und psychologischen Vergleichbarkeit der verschiedenen Verhaltensweisen fehlt (BGH **1** 277, 327, **9** 394, Spendel LK 333; dagegen v. Weber MDR 52, 641, Welzel 476), noch notwendig, weil die Neufassung eine Verurteilung nach § 323 a auch bei einem non liquet hinsichtlich der Schuldfähigkeit ermöglicht (vgl. o. 8). Dies gilt auch für die Fälle, in denen zwar die Schuldunfähigkeit des Täters nicht ausgeschlossen werden kann, andererseits aber auch die Möglichkeit besteht, daß er schuldfähig war (vgl. o. 8 a). Daraus dürfen dem Verurteilten indes keine Nachteile bei der Strafzumessung erwachsen, weshalb sowohl zwingende als auch fakultative Strafrahmenmilderungen der Rauschtat zu beachten sind (BGH NJW **92**, 1520 m. Anm. Streng JR 93, 35, Paeffgen NStZ 93, 66).

29 IX. Die Vorschrift will die schuldhafte Herbeiführung des Rauschzustandes bestrafen, nicht die im Rausch begangene Tat. Das Gesetz stellt jedoch eine Beziehung her zwischen der Art und Schwere der durch die Berauschung geschaffenen Gefahr und dem Strafrahmen der im Rausch begangenen Tat. Diese ist also nicht nur Indiz für das Bestehen, sondern auch für den Umfang der Rauschgefährlichkeit (BGH **23** 376, **38** 361, aber auch NStZ **96**, 334, Lackner/Kühl 16, Spendel LK 289, Tröndle/Fischer 18; s. aber auch Bruns Lackner-FS 445 ff., Paeffgen NK 93). Dies wirkt sich dahin aus, daß die **Strafe** nach Art und Maß **nicht schwerer** (wohl aber leichter; vgl. v. Weber Stock-FS 61) sein darf als die für die im Rausch begangene angedrohte Strafe **(Abs. 2)**; zur Verfassungsmäßigkeit des Strafrahmens vgl. BVerfG DAR/S **79**, 181. Diese Begrenzung stellt also nicht auf den Strafrahmen bei vorsätzlicher Tatbegehung, sondern auf den Unrechtstypus der konkret begangenen Rauschtat ab; so gilt zB der Strafrahmen des § 229, wenn der Rauschtäter eine gefährliche Körperverletzung (§ 224) fahrlässig begeht. Das setzt die Feststellung der subjektiven Tatseite voraus, da sonst der verwirklichte Unrechtstypus nicht beurteilt werden kann (vgl. o. 16 ff.); dies hat insb. auch Konsequenzen hinsichtlich des sog. rauschbedingten Irrtums (vgl. o. 18). Auch zwingende Strafrahmenverschiebungen (§ 49 I) und -befreiungsgründe (zB § 60) sind zu berücksichtigen (BGH NJW **92**, 1519 m. Anm. Streng JR 93, 35, Paeffgen NStZ 93, 66; abl. Geisler aaO 413). Kann beim Rauschdelikt von Strafe abgesehen werden (zB § 157), so ist dies auch im Rahmen von § 323 a möglich (Stuttgart NJW **64**, 413: § 173 V aF); entsprechendes gilt für die Kompensation (§ 199). Dem Angeklagten dürfen also aus der Auffangfunktion des § 323 a keine Nachteile bei der Strafzumessung erwachsen (BGH NStZ-RR **96**, 290). Ferner nimmt das Gesetz auf die Art der Rauschtat dadurch Rücksicht, daß die Verfolgung

nur auf **Antrag**, mit **Ermächtigung** oder auf **Strafverlangen** eintritt, wenn die begangene Handlung nur auf Antrag verfolgt wird (Abs. 3). Damit sind zugleich Vorschriften in Bezug genommen, die, wie § 230, im Einzelfall die Möglichkeit geben, bei Antragsdelikten ein Offizialverfahren durchzuführen. Für die Privatklage gilt nichts Entsprechendes; Abs. 3 kann auch nicht analog übertragen werden; vgl. u. 36.

Begeht der Täter in demselben Rausch mehrere Rauschtaten, so ist grds. nur auf **eine Strafe** im Rahmen des Abs. 1 zu erkennen (RG **73** 12, BGHR Konkurrenzen **4**, Bay DAR/R **65**, 281 [mehrere Rauschtaten begründen nur ein Vergehen nach § 323 a]). Bleibt jedoch das Höchstmaß der Strafe für die einzelne Rauschtat (zB bei Beleidigungen) hinter der des Abs. 1 zurück, so kann bis zum Höchstmaß des Abs. 1 auf eine Strafe in Höhe der gegen einen zurechnungsfähigen Täter zulässigen Gesamtstrafe (§§ 53 f.) erkannt werden (Spendel LK 327; and. Niederreuther GS 114, 343). Fällt im Revisionsverfahren eine von mehreren Rauschtaten weg, so erfolgt eine Aufhebung des Urteils nur im Strafausspruch (BGH NStZ **94**, 131 m. Anm. Kusch, BGH NStE Rücktritt **1**, Oldenburg VRS **40** 29). 30

Bei der **Strafzumessung** sollen nach hM tatbezogene Merkmale, wie zB Art, Schwere, Umfang und Auswirkungen der Rauschtat berücksichtigt werden können (BGH VRS **34** 349, BGH **23** 376, **38** 361, NStZ **96**, 41, NStZ-RR **97**, 300, aber auch NStZ **96**, 334 [Verhältnis zum Maß des Verschuldens bzgl. Sichberauschens], Braunschweig NJW **54**, 1052, Stuttgart NJW **55**, 1042, Hamm JMBlNRW **58**, 165, BGH NStE **Nr. 5**; krit. hierzu Bruns Lackner-FS 442 ff., 452); ebenfalls kann berücksichtigt werden, daß der Täter mit der Möglichkeit hätte rechnen können, es werde im Rausch zu irgendeiner Ausschreitung kommen (Bruns JZ 58, 110; vgl. jedoch Stuttgart NJW **71**, 1814) bzw. (strafmildernd) wenn er Vorkehrungen gegen die Rauschtat getroffen hatte (Braunschweig NJW **66**, 679, Celle NJW **68**, 759, Spendel LK 292; o. 11). Nicht zu berücksichtigen sind täterbezogene Merkmale sowie spezifische Verhaltensweisen gerade bei der Rauschtat (BGH NJW **96**, 89). Ist der Täter alkoholabhängig, so trifft ihn kein zur Strafschärfung berechtigender besonderer Schuldvorwurf, wenn er seiner Alkoholsucht nicht widerstanden hat (BGHR Strafzumessung **4**, StV **92**, 230). Ist die Rauschtat eine Verkehrsstraftat, so können die zur Strafaussetzung zur Bewährung hierzu aufgestellten Grundsätze auch bei § 323 a angewendet werden (Oldenburg NJW **62**, 693). Auch die Grundsätze, die für § 316 gelten (vgl. dort RN 32), können hier berücksichtigt werden (Hamm VRS **36** 264); ebenso Vorstrafen wegen Vergehen nach §§ 315 c, 316 (Hamm VRS **36** 176). Motive und Verhaltensweisen, die zu den Folgen der Rauschtat geführt haben, dürfen keine Berücksichtigung finden, soweit sie von der Schuldunfähigkeit beeinflußt sind (BGH **23** 375, **38** 361) oder nur in der Rauschtat zum Ausdruck kommen (BGH DAR/S **82**, 200, NStE **Nr. 4**); entsprechendes gilt angesichts des Doppelverwertungsverbotes (§ 46 III) für den Umstand, daß der Täter sich vorsätzlich berauscht hat (BGH StV **92**, 230, Karlsruhe NStZ-RR **96**, 200, Lackner/Kühl 5). Zur Strafaussetzung zur Bewährung auch bei schwerwiegenden Rauschfolgen: Karlsruhe NStZ-RR **96**, 199. Fahrlässige Deliktsverwirklichung sollte – ungeachtet des identischen Strafrahmens – stets milder beurteilt werden (Paeffgen NK 62; s. a. Spendel LK 286). Zur Strafzumessung allgemein vgl. Bruns Lackner-FS 439, Foth DRiZ 90, 417. 30 a

X. 1. Umstritten ist das **Verhältnis** zwischen **actio libera in causa** (hierzu einschr. § 20 RN 35 ff.) und **§ 323 a.** Hier ist zu unterscheiden, ob der spätere Erfolg vorsätzlich oder fahrlässig verschuldet wurde: 31

Gegenüber der **vorsätzlichen** actio libera in causa tritt § 323 a regelmäßig als **subsidiär** zurück, weil der Herbeiführung des Rausches neben dessen planmäßiger Einbeziehung in eine Rauschtat kein selbständiger Unrechtsgehalt mehr zukommt (Cramer Vollrauschtatbestand 137). Dies kann jedoch nur dann gelten, wenn die Rauschtat und diejenige Tat, die der Täter bei der actio libera in causa wenigstens in Kauf genommen hat, identisch sind. Ist die Rauschtat ein anderes (auch geringeres) Delikt, so können versuchte actio libera in causa und § 323 a in Idealkonkurrenz stehen. Ferner liegt Idealkonkurrenz vor, wenn der Täter neben der beabsichtigten oder in Kauf genommenen Tat eine weitere mit Strafe bedrohte Handlung begeht (BGH **2** 17, **17** 333, VRS **23** 347, MDR/D **69**, 903, Hamm VRS **40** 191 gegen RG **70** 87, Hamm DAR **74**, 23; ebenso M-Schroeder II 413, Spendel LK 340, iE wohl auch Kohlrausch/Lange § 330 a Anm. VIII 4); Köln JMBlNRW **60**, 140 will hier Realkonkurrenz annehmen. 31 a

Ferner liegt **Idealkonkurrenz** vor, wenn § 323 a mit einer **fahrlässigen** actio libera in causa zusammentrifft (BGH **2** 18, Bay DAR/R **81**, 247, Schleswig SchlHA/L-T **91**, 118, Cramer Vollrauschtatbestand 138 ff., M-Zipf I 525; and. RG **70** 87, Hamburg VRS **21** 40, Braunschweig NdsRpfl. **54**, 229, **62**, 71, wohl auch Köln NJW **60**, 1264, Göhler § 122 RN 14, Spendel JR 97, 137), und zwar ohne Rücksicht darauf, ob die Rauschtat selbst fahrlässig oder mit Vorsatz begangen worden ist (and. wohl BGH **2** 18). Dies ergibt sich einmal daraus, daß bei Begehung einer vorsätzlichen Rauschtat (Täter mißhandelt im Rausch sein Kind [§ 223], er hätte dies bei seiner Veranlagung voraussehen können [§ 229]) nach § 323 a II die Strafe durch die Strafdrohung der im Rausch begangenen Tat, uU also einer Vorsatztat, limitiert ist und der Täter des § 323 a, den zusätzlich eine Fahrlässigkeit hinsichtlich der späteren Rauschtat trifft, nicht günstiger gestellt sein darf als der Täter, der sich nur schuldhaft berauscht hat; zum anderen haftet der Täter des § 323 a aber auch nicht für die Rauschtat selbst, sondern für die Herbeiführung des Rausches, dessen Gefährlichkeit durch die Begehung der Rauschtat erwiesen ist. 31 b

Zum Vollrausch und zur actio libera in causa bei **Verkehrsverstößen** vgl. nunmehr BGH **42** 235, § 316 RN 30; aus der älteren Rspr.: KG VRS **19** 111, Braunschweig NdsRpfl. **54**, 229, Hamm VRS 31 c

§ 323 b   1–5   Bes. Teil. Gemeingefährliche Straftaten

15 362, 363, Bay NStZ/J **87**, 546, NZV **89**, 318, Koblenz VRS **74** 30, **75** 34 f., Schleswig MDR **89**, 761.

32   2. Begeht der Täter **im Rausch** ein **Eigentumsdelikt** und eignet er sich das Erlangte nüchtern nochmals zu, so ist er nur aus § 246 zu bestrafen. § 323 a, der eine Strafbarkeitslücke schließen soll, tritt als subsidiär zurück (vgl. Hardwig Eb. Schmidt-FS 481, BGH MDR/D **71**, 546). Celle NJW **62**, 1833 erklärt § 246 zur straflosen Nachtat. Die einmal erfolgte Zueignung schließt nach BGH **14** 38 nur dann weitere (tatbestandsmäßige) Betätigungen des Zueignungswillens aus, wenn sie in schuldhafter und strafbarer Weise begangen worden ist. Vgl. auch § 246 RN 19. Mit einem **Dauerdelikt** ist Tateinheit jedenfalls zu bejahen, wenn das Dauerdelikt (zB unerlaubter Sprengstoffbesitz) als Rauschtat mit einer weiteren Rauschtat tateinheitlich verknüpft ist (BGH NJW **92**, 584; s. a. Spendel LK 344).

33   3. Die Annahme von Fortsetzungszusammenhang zwischen mehreren Berauschungen iSd § 323 a (vgl. BGH **16** 124) kommt nach neuerer Rspr. des BGH (**40** 138) nicht mehr in Betracht; es ist Realkonkurrenz anzunehmen (vgl. Hein NStZ **82**, 235).

34   XI. Bei jeder Verurteilung aus § 323 a hat das Gericht zu prüfen, ob eine **Unterbringung** des Täters nach § 64 erforderlich ist (zur Aussichtslosigkeit eines Behandlungserfolges der Entziehungskur s. § 64 RN 11). Die Unterbringung nach § 63 setzt die tatrichterliche Überzeugung voraus, daß der Täter bezüglich des Sichberauschens zumindest vermindert schuldfähig handelte (BGH NStZ **96**, 41, NStZ-RR **97**, 299); bei der Gefährlichkeitsprognose nach § 63 kommt der Rauschtat symptomatische Bedeutung zu (BGH NStZ **96**, 41).

35   XII. Im **Urteilstenor** ist nur die Zuwiderhandlung gegen § 323 a zu nennen, nicht die im Rausch begangene mit Strafe bedrohte Handlung (RG **69** 188, HRR **38** Nr. 190). Dabei ist klarzustellen, ob es sich um eine vorsätzliche oder fahrlässige Berauschung handelt (BGH NJW **69**, 1581, StV **92**, 232).

36   **Prozessual** werden Berauschung und Rauschtat weitgehend als eine **Einheit** behandelt. So nehmen RG JW **36**, 519, Zweibrücken NZV **93**, 489, Lackner/Kühl 12, Spendel LK 361, Tröndle/Fischer 19 an, daß beides eine Tat iSd § 264 StPO sei und deshalb die Rechtskraft der Verurteilung wegen eines der beiden Delikte eine erneute Verfolgung wegen des anderen ausschließe. Eine Verfolgung im Wege der Privatklage ist auch dann nicht möglich, wenn sich die Rauschtat auf ein Nebenklagedelikt (§ 374 I StPO) bezieht (Paeffgen NK 104, Spendel LK 346); vgl. aber zur Berechtigung des durch die Rauschtat Verletzten zur Nebenklage seit Inkrafttreten des Opferschutzgesetzes vom 18. 12. 1986 (BGBl. I 2496) Bamberg MDR **92**, 68, K/Meyer § 395 RN 3, Spendel LK 348. Über die Frage der Wahlfeststellung vgl. o. 28. Der Haftgrund des § 112 a StPO soll sich auch auf § 323 a mit einer Katalogtat als Rauschtat erstrecken (Hamm NJW **74**, 1667, Spendel LK 356; and. Paeffgen NK 106, 9).

§ 323 b Gefährdung einer Entziehungskur

> Wer wissentlich einem anderen, der auf Grund behördlicher Anordnung oder ohne seine Einwilligung zu einer Entziehungskur in einer Anstalt untergebracht ist, ohne Erlaubnis des Anstaltsleiters oder seines Beauftragten alkoholische Getränke oder andere berauschende Mittel verschafft oder überläßt oder ihn zum Genuß solcher Mittel verleitet, wird mit Freiheitsstrafe bis zu einem Jahr oder mit Geldstrafe bestraft.

1   I. Die Vorschrift verbietet die **Störung einer** behördlich angeordneten oder sonst ohne Einwilligung des Betroffenen veranlaßten **Entziehungskur**. Die Tat ist abstraktes Gefährdungsdelikt (vgl. dazu 3 vor § 306), weshalb es nicht darauf ankommt, daß die Entziehungskur tatsächlich beeinträchtigt wird (Horn SK 2, Tröndle/Fischer 1; and. Paeffgen NK 3, Spendel LK 5).

2   II. Der **objektive Tatbestand** erfordert, daß einem Anstaltsinsassen alkoholische Getränke oder andere berauschende Mittel ohne Erlaubnis des Anstaltsleiters oder seines Beauftragten verschafft werden usw.

3   1. Die Tat muß zugunsten einer Person erfolgen, die aufgrund behördlicher Anordnung oder ohne ihre Einwilligung zu einer Entziehungskur in einer **Anstalt untergebracht** ist.

4   a) Als **Anstalt** kommt insb. eine Entziehungsanstalt (§ 64 RN 1), eine Trinkerheilanstalt oder auch eine besondere Abteilung einer psychiatrischen oder sonstigen Krankenanstalt in Betracht. Notwendig ist, daß der Betreffende dort untergebracht ist, dh die Anstalt nicht ohne besondere Erlaubnis verlassen darf. Die Gefährdung einer ambulanten Behandlung oder einer freiwilligen Entziehungskur, die von dem Betroffenen jederzeit abgebrochen werden kann, fällt nicht unter § 323 b.

5   b) Als **behördliche Anordnung** der Unterbringung kommen insb. eine strafrichterliche nach §§ 63, 64 oder § 126 a StPO sowie die gerichtlich für zulässig erklärten Anordnungen der Verwaltungsbehörden nach Maßgabe der Landesunterbringungsgesetze (vgl. § 61 RN 3) in Betracht. Weiterhin erfaßt die Vorschrift die **Unterbringung ohne Einwilligung** des Betroffenen. Diese Alt. (zu den Gründen ihrer Entstehung Spendel LK 11 ff.) hat bei Unterbringung eines Minderjährigen durch Eltern oder Vormund (§ 1800 BGB) angesichts § 1631 b S. 1 BGB, der insoweit außer in Eilfällen (S. 2) eine vormundschaftsgerichtliche Genehmigung fordert, keine Bedeutung mehr (Spendel LK 14); die Unterbringung eines volljährigen Entmündigten (heute: Betreuten) verlangte angesichts Art. 104 II GG ohnehin (s. BVerfGE **10** 302) eine richterliche Bestätigung (heute: vormundschaftsge-

richtliches Genehmigungserfordernis entsprechender Betreuer-Entscheidung gem. § 1906 II BGB), so daß auch insoweit eine zivilgerichtliche „Anordnung" des Freiheitsentzuges vorliegt (s. a. Spendel LK 13; and. Pfaeffgen NK 9). Wer sich auf freiwilliger Basis einer Kur unterzieht oder sich nach Aussetzung der Unterbringung (§ 67 d II) noch in der Anstalt aufhält, fällt nicht unter den durch die Vorschrift betroffenen Personenkreis.

c) **Ziel der Unterbringung** muß die Therapierung einer Alkohol- oder Rauschmittelsucht sein. **6** Nicht notwendig ist, daß die Unterbringung ausschließlich zur Suchtentziehung angeordnet ist (vgl. Tröndle/Fischer 2).

2. Die **Handlung** besteht darin, daß dem Anstaltsinsassen ohne Erlaubnis des Anstaltsleiters oder **7** seines Beauftragten alkoholische Getränke oder andere berauschende Mittel verschafft oder überlassen werden oder daß er zum Genuß solcher Mittel verleitet wird.

a) Über **alkoholische Getränke** und andere **berauschende Mittel** vgl. § 64 RN 3. **8**

b) **Verschaffen** bedeutet das Zugänglichmachen des Mittels in der Art, daß die untergebrachte **9** Person die unmittelbare Verfügungsgewalt darüber erlangt (vgl. RG 69 86). **Überlassen** ist das Verschaffen berauschender Mittel aus dem Besitz oder Gewahrsam des Täters zur Verfügung oder zum Gebrauch des Untergebrachten. Beide Tatmodalitäten setzen voraus, daß der Untergebrachte die Verfügungsgewalt über das Mittel erhalten soll. Soll dieser nur als Bote für die Übergabe des Mittels an einen unter § 323 b fallenden Dritten fungieren, so sind die Voraussetzungen dieser Vorschrift nicht erfüllt. Unerheblich ist es, ob der Täter ein Entgelt erhält; ferner ist unerheblich, ob der Untergebrachte das Mittel genießt. Das Merkmal **Verleiten** ist hier wie bei § 357 zu verstehen, so daß jede Veranlassung des Untergebrachten zum Rauschmittelkonsum genügt (Paeffgen NK 17, Spendel LK 24). Dabei ist unerheblich, ob der Untergebrachte das Mittel als Rauschmittel erkennt oder nicht. Unerheblich ist auch, ob der Alkohol einem Rauschgiftsüchtigen oder Rauschgift einem Alkohol- **10** süchtigen verschafft wird. Dies ergibt sich daraus, daß der Behandlungserfolg bei einem Süchtigen auch dadurch beeinträchtigt werden kann, daß dieser von dem einen auf ein anderes berauschendes Mittel umsteigt.

3. Erfaßt werden nur Handlungen, die **ohne Erlaubnis** des **Anstaltsleiters** oder seines Beauf- **11** tragten erfolgen.

a) Als **Anstaltsleiter** ist nur der ärztliche Leiter der Entziehungsanstalt usw zu verstehen; seine **12** Beauftragten sind sonstige Ärzte oder medizinisches Betreuungspersonal. Eine Erlaubnis des Verwaltungsdirektors einer Anstalt ist unerheblich, selbst wenn dieser Vorgesetzter des leitenden Arztes sein sollte.

b) Hinsichtlich der **Wirkung einer Erlaubnis** ist zu unterscheiden. Liegt diese innerhalb des **13** Behandlungsplanes des Süchtigen, so wirkt sie tatbestandsausschließend. Dies ist zB der Fall, wenn einem Heroinsüchtigen zur Therapierung der Entzugserscheinungen Polamidon (Methadon) oder ein anderes berauschendes Mittel verabreicht wird. Dagegen ist die Erlaubnis Rechtfertigungsgrund, wenn die Verabreichung des Mittels nicht therapeutischen Zwecken dient, wohl aber nach der Vorstellung des Arztes unbedenklich ist, wie zB die Verabreichung von kleineren Mengen Alkohol an einen Rauschgiftsüchtigen. Eine Erlaubnis, die weder medizinisch indiziert noch medizinisch unbedenklich ist, kann nur als Strafausschließungsgrund in Betracht kommen, ist andererseits aber nicht unbeachtlich. Wirksam ist nur eine Erlaubnis, die vor der Tathandlung erteilt wird.

III. Für den **subjektiven Tatbestand** ist Vorsatz erforderlich; hierzu gehört die Kenntnis der **14** behördlich angeordneten oder sonst ohne Einwilligung des Betroffenen erfolgten Unterbringung; der Täter muß außerdem wissen, daß das dem Untergebrachten verschaffte Mittel Alkohol ist oder berauschende Wirkung hat. Auch die Kenntnis der fehlenden Erlaubnis gehört zum Vorsatz. Bedingter Vorsatz genügt nicht; dies ergibt sich aus der Formulierung des Gesetzes, das wissentliches Handeln erfordert (vgl. Tröndle/Fischer 4).

IV. **Tateinheit** ist möglich mit §§ 258 II (Tröndle/Fischer 5; and. Horn SK 13), 223. Für das **15** Verhältnis zu § 115 OWiG gilt § 21 OWiG.

§ 323 c Unterlassene Hilfeleistung

Wer bei Unglücksfällen oder gemeiner Gefahr oder Not nicht Hilfe leistet, obwohl dies erforderlich und ihm den Umständen nach zuzumuten, insbesondere ohne erhebliche eigene Gefahr und ohne Verletzung anderer wichtiger Pflichten möglich ist, wird mit Freiheitsstrafe bis zu einem Jahr oder mit Geldstrafe bestraft.

Schrifttum: Dölling, Suizid und unterlassene Hilfeleistung, NJW 86, 1011. – *Fischer*, Unterlassene Hilfeleistung und Polizeipflichtigkeit, 1989. – *Füllgrube*, Das Problem der unterlassenen Hilfeleistung, Kriminalistik 78, 160. – *Furtner*, Hilfeleistung nach § 330 c StGB trotz Gefahr eigener strafgerichtlicher Verfolgung?, NJW 61, 1196. – *Gallas*, Zur Revision des § 330 c, JZ 52, 396. – *ders.*, Unterlassene Hilfeleistung nach deutschem Strafrecht, Dt. Landesreferate zum IV. Int. Kongreß f. Rechtsvergleichung (1954) 344. – *ders.*, Strafbares Unterlassen im Fall einer Selbsttötung, JZ 60, 649, 686. – *Geilen*, Probleme des § 323 c StGB, Jura 83, 78, 138. – *Georgakis*, Hilfspflicht und Erfolgsabwendungspflicht im Strafrecht, 1938. – *Gieseler*, Unterlassene Hilfeleistung – § 323 c StGB, 1999. – *Harzer*, Die tatbestandsmäßige Situation der unterlassenen

§ 323 c 1, 2   Bes. Teil. Gemeingefährliche Straftaten

Hilfeleistung (§ 323 c StGB), 1999. – *Kargl*, Unterlassene Hilfeleistung (§ 323 c StGB), GA 94, 247. – *Armin Kaufmann, Die Dogmatik der Unterlassungsdelikte, 1959*. – *Kauczir*, Ist das Nichteingreifen bei fremdem Selbstmord gemäß § 330 c StGB strafbar?, NJW 62, 479. – *Kreuzer*, Ärztliche Hilfeleistungspflicht bei Unglücksfällen im Rahmen des § 330 c StGB, 1965. – *ders.*, Die unterlassene ärztliche Hilfeleistung in der Rechtsprechung, NJW 67, 278. – *Lesting*, Die Abgabe von Einwegspritzen im Strafvollzug zur Aids-Prävention – strafbar oder notwendig?, StV 90, 225. – *Morgenstern*, Unterlassene Hilfeleistung, Solidarität und Recht, 1997. – *Naucke*, Der Aufbau des § 330 c StGB, Welzel-FS 761. – *Neumann*, Die Strafbarkeit der Suizidbeteiligung – Eigenverantwortlichkeit des „Opfers", JA 87, 244. – *Pawlik*, Unterlassene Hilfeleistung: Zuständigkeitsbegründung und systematische Struktur, GA 95, 360. – *Pfannmüller*, Die vorsätzliche Begehungstat und der § 330 c StGB, MDR 73, 725. – *Ranft*, Hilfspflicht und Glaubensfreiheit in strafrechtlicher Sicht, Schwinge-FS 111. – *Röwer*, Der Irrtum über die Grenzen der Hilfspflicht nach § 330 c StGB, NJW 59, 1263. – *Schwind*, Zum sogenannten Non-helping-bystander-Effekt bei Unglücksfällen und Straftaten, Kaiser-FS 409. – *ders./Gietel/Zwenger*, Der (non-helping) by-stander Effekt, Kriminalistik 91, 233. – *ders./Roitsch/Gielen/Gretenkordt*, Alle gaffen ... keiner hilft – Unterlassene Hilfeleistung bei Unfällen und Straftaten, 1998. – *Seelmann*, „Unterlassene Hilfeleistung" oder Was darf das Strafrecht?, JuS 95, 281. – *Spann/Liebhardt/Braun*, Ärztliche Hilfeleistungspflicht und Willensfreiheit des Patienten, Bockelmann-FS 487. – *Spengler*, Aids und unterlassene Hilfeleistung, DRiZ 90, 259. – *Stree*, Zumutbarkeitsprobleme bei Unterlassungstaten, Lenckner-FS 393. – *Tag*, Nichtanzeige geplanter Straftaten, unterlassene Hilfeleistung oder Freispruch?, JR 95, 133. – *Ulsenheimer*, Zumutbarkeit normgemäßen Verhaltens bei Gefahr eigener Strafverfolgung, GA 72, 1. – *Vermander*, Unfallsituation und Hilfspflicht im Rahmen des § 330 c StGB, 1969. – *Wagner*, Die Neuregelung der Zwangsernährung, ZRP 76, 1. – *Weber*, Die Grenzen der Anwendbarkeit des § 330 c auf die Beihilfe zum Selbstmord, NJW 59, 134. – *Weigelt*, Verkehrsunfallflucht und unterlassene Hilfeleistung, 1960. – *Welzel*, Zur Dogmatik der echten Unterlassungsdelikte, insb. des § 330 c, NJW 53, 327. – *ders.*, Zur Problematik der Unterlassungsdelikte, JZ 58, 494.

1   I. Die unterlassene Hilfeleistung ist ein **echtes Unterlassungsdelikt** (vgl. 134 vor § 13). Bei schweren Unglücksfällen der in § 323 c bezeichneten Art ist jedermann verpflichtet, im Rahmen des Erforderlichen und Zumutbaren Hilfe zu leisten. Die Verletzung dieser Pflicht begründet seine Strafe, ohne daß es darauf ankäme, ob die Unterlassung einen schädlichen Erfolg hat oder nicht (konkretes In-Gefahr-Lassungsdelikt, s. Geilen Jura 83, 143, M-Schroeder II 46; zur Deliktsnatur auch Seelmann JuS 95, 285, Vermander aaO 28 ff., Zieschang, Die Gefährdungsdelikte [1998] 342 ff. [345: konkretes Gefährlichkeitsdelikt]). Grund der Bestrafung solcher Unterlassungen ist nicht der Aspekt des Schutzes mitmenschlicher Solidarität (so Otto II 355, Vermander aaO 20 ff.), sondern der Gedanke der Schadensabwehr zum Schutze der Individualrechtsgüter der in Not Geratenen (vgl. BGH **14** 215, Düsseldorf NZV **92**, 2371, Schröder JR 58, 186, Rudolphi SK 1; vgl. aber auch Pawlik GA 95, 366: soziale Stabilisierung). § 323 c ist letztlich durch die staatliche Schutzpflicht für Grundrechtsgüter des Einzelnen legitimiert, die notfalls auch eine strafbewehrte Inpflichtnahme des Einzelnen decken (s. a. Pawlik GA 95, 364; and. Morgenstern aaO 124 ff., deren auf Kants negativen Freiheitsbegriff gestützte Ablehnung der Vorschrift dann doch eher doktrinär erscheint; vgl. auch Seelmann JuS 95, 282, NK 6, sowie zuletzt Harzer aaO, die nach Zurückweisung des Rechtsgüterschutzgedankens zur Trennung von Recht und Moral auf ein interpersonales Rechtsverhältnis situativer Zuständigkeit rekurriert [215 ff.] und de lege ferenda zu einer eben unter dem Blickwinkel des Individualgüterschutzes höchst zweifelhaften Restriktion des § 323 c gelangt [298] sowie Gieseler aaO 157 [unzulässiger Durchgriff auf moralische Bewertungskategorie]). Erkenntnisse der Sozialforschung (Altruismusforschung) lassen ungeachtet der Vielzahl den situations- und personenbezogenen Einflußfaktoren (hierzu Füllgrube Kriminalistik 78, 162 ff., Schwind/Roitsch ua, Alle gaffen 37 ff., 81 ff.) eine Rücknahme des Strafrechts aber nicht angezeigt erscheinen (s. Schwind Kaiser-FS 409 ff., ders./Roitsch ua Alle gaffen 21, ders./Gietel/Zwenger Kriminalistik 91, 233 ff. [umgekehrt wird von ihm eine Erhöhung der Strafdrohung sowie eine Fahrlässigkeitspönalisierung erwogen, Alle gaffen 160 f.]). Zur Gesetzgebungsgeschichte und den vielfältigen Reformentwürfen seit 1909 eingehend Gieseler aaO, Harzer aaO 33 ff., Spendel LK 1 ff. Ebenso wie bei den unechten Unterlassungsdelikten soll hier gehandelt werden, um drohende Schäden abzuwenden, nur daß die strafrechtliche Reaktion hinter der des unechten Unterlassungsdelikts zurückbleibt, dafür aber die Handlungspflicht jedem auferlegt wird. Die Pflicht des § 323 c ist daher gegenüber der der entsprechenden unechten Unterlassungsdelikte kein aliud, sondern ein minus.

2   § 323 c statuiert angesichts seiner – aufeinander bezogenen (Arzt/Weber II 123, Rudolphi SK 5 a, 25. A. RN 2 a) – Erfordernisse der Notlage (Unglücksfall, gemeine Gefahr, gemeine Not) sowie der Erforderlichkeit der Hilfeleistung keine Strafbarkeit für betätigte rücksichtslose Gesinnung (so noch RG **74** 200 m. Anm. Dahm DR 40, 1420; hiergegen BGH **1** 269, JZ **52**, 116, VRS **13** 125, Gallas JZ 52, 396), sondern verlangt eine objektiv zu bestimmende Gefahrenlage sowie die ebenfalls nicht auf die bloße Tätersicht abstellende Bestimmung der Erforderlichkeit. Angesichts des für strafrechtliche Gebote im Konflikt zwischen sicherzustellendem Rechtsgüterschutz und größtmöglicher Wahrung des Freiheitsspielraums bestehenden Erfordernisses, das gebotene Verhalten so zu kennzeichnen, daß es ex ante für den einsichtigen Bürger erkennbar ist (Rudolphi SK 5 b), muß für die Merkmale der Notlage (namentlich des Unglücksfalles) sowie der Erforderlichkeit folgender **Beurteilungsmaßstab** gewählt werden: Die *Erforderlichkeit* der Hilfe bestimmt sich nach einem objektiven ex ante- Urteil, also nach dem Urteil, das ein verständiger Beobachter aufgrund der ihm erkennbaren – sowie ggf. der zusätzlich dem Täter bekannten – Umstände fällen würde (BGH **14** 216, **17** 169, **32** 381, Arzt/Weber

II 119, Geilen Jura 83, 144, Lackner/Kühl 5, Rudolphi SK 14, Tröndle/Fischer 6, Seelmann NK 33); somit steht der Erforderlichkeit der Hilfeleistung zB nicht entgegen, daß von einer anderen Person – in der also hypothetische Vergleichsfigur in die Tatsituation hineingedachten Dritten nicht erkennbaren Form – Hilfe geleistet wird (etwa durch Durchgeben eines Notrufs, s. Geilen Jura 83, 144 gegen Bay NJW **73**, 770). Um der engen Verzahnung von Erforderlichkeit der Hilfeleistung und der Notsituation (Unglücksfall usw) gerecht zu werden, ist für die Beurteilungsgrundlage der *Notsituation* im Anschluß an Spendel (LK 35) wie folgt – ähnlich der Rechtslage bei § 34 (s. § 34 RN 13) – zu differenzieren (s. a. Küper 288): Für die das Gefahrenurteil tragenden tatsächlichen Umstände (zB tatsächliches Vorliegen eines Herzanfalls) gilt ein objektiver Maßstab (ex post-Sicht); für die prognostischen Elemente des Gefahrenurteils (zB Notwendigkeit ärztlicher Hilfe) hingegen ist auf das objektive ex ante-Urteil abzustellen, das ein verständiger Beobachter (also weniger streng als bei dem ein Eingriffsrecht begründenden § 34 [s. § 34 RN 13, 10 a vor § 32]) aufgrund der ihm erkennbaren – ggf. ergänzt um die dem Täter bekannten – Umstände fällen würde (also im Beispiel: Strafbarkeit auch dann, wenn sich erst nachträglich herausstellen sollte, daß es sich um einen harmlosen, nicht einmal Schmerzlinderung gebietenden Anfall gehandelt hatte); hingegen für eine pauschale ex post-Betrachtung des Unglücksfalls: AG Tiergarten NStZ **91**, 237, Arzt/Weber II 121, Frellesen StV 87, 23, Küper/Lackner/Kühl 2, Otto II 356, JK 3, Seelmann NK 21; für eine objektive Beurteilung ex ante: BGH **14** 216, **16** 203, **17** 170, aber auch VRS **13** 125, Rudolphi NStZ 91, 238, SK 5 a, Tröndle/Fischer 3. Die in der 25. A. RN 2 von Cramer vertretene ex post-Sicht – diese aber partiell korrigiert (ebenda RN 2 a) durch das nunmehr ebenfalls aufgegebene, im Widerspruch zur Kongruenz von objektivem und subjektivem Tatbestand sowie der fehlenden Versuchsstrafbarkeit des § 323 c stehende (vgl. Frellesen StV 87, 23, Seelmann NK 18; abl. auch Arzt/Weber II 120, Schmidhäuser II 207, Spendel LK 24, Zieschang [o. 1] 344) Konstrukt eines unechten Unternehmensdelikts (hierzu Rudolphi SK 3, Schröder Kern-FS 465 f., Ulsenheimer StV 86, 203; s. a. § 11 RN 52 ff.; ähnlich Armin Kaufmann aaO 230 ff., Welzel 471: Versuchstatbestand) – wird aufgegeben.

Aus dem Maius-minus-Verhältnis zu den unechten Unterlassungsdelikten ergibt sich weiter, daß die **3** strafrechtliche Verantwortlichkeit aus § 323 c die des unechten Unterlassungsdelikts nicht übersteigen darf. Das bedeutet einmal, daß die **Strafe nicht höher** sein darf **als die des unechten Unterlassungsdelikts**, ein Problem, das zB gegenüber § 303 auftauchen könnte, jedoch durch die u. 5 vorgenommene Interpretation des Begriffs „Unglücksfall" ausgeschaltet wird. Praktisch bedeutsam war vor Inkrafttreten des 6. StrRG, daß bei der einfachen Körperverletzung der Versuch straflos blieb und deshalb § 323 c bei drohenden Körperschäden dann unanwendbar war, wenn die Unterlassung nach allgemeinen Regeln nur ein Versuch wäre. Entsprechende Konsequenzen müssen auch für sonstige gegenüber § 323 c günstigere Regelungen des unechten Unterlassungsdelikts gezogen werden, so zB beim **Antragserfordernis** (Analogie zu § 323 a III).

II. Die Notsituation. Erforderlich ist zunächst das Vorliegen von Unglücksfällen, gemeiner Gefahr **4** oder Not. Es wird nicht vorausgesetzt, daß sich eine Person in hilfloser Lage befindet (RG **75** 359).

1. Unglücksfälle sind nach der Definition des RG (DR **42**, 1223), die vom BGH übernommen **5** wurde (BGH **6** 147, NStE **Nr. 1**), plötzlich (zutr. krit. hierzu: Geilen Jura 83, 89 f. Küper 289, Vermander aaO 53) eintretende Ereignisse, die erhebliche Gefahren für Menschen oder Sachen hervorrufen oder hervorzurufen drohen, zB ein Verkehrsunfall (BGH **11** 136, GA **56**, 121) oder das Liegen eines Betrunkenen auf der Fahrbahn (Bay NJW **53**, 556, **63**, 62, Köln VRS **24** 54). Dieser Definition kann insoweit gefolgt werden, als es sich um *Gefahren für Menschen* handelt. Es ist nicht erforderlich, daß bereits irgendein Schaden eingetreten ist (Geilen Jura 83, 87 f.). Auch ein bevorstehendes Unglück ist ein Unglücksfall. In diesen Fällen kann es nicht darauf ankommen, ob Leib oder Leben oder andere persönliche Rechtsgüter, wie zB die Freiheit, die sexuelle Selbstbestimmung oder die Ehre (Spendel LK 30), in Gefahr sind, wobei geringfügige Gefährdungen auszuscheiden haben (BGH NStE **Nr. 1**). Dagegen kann eine *Sachgefahr* nur ausnahmsweise für § 323 c in Betracht kommen. Zusammen mit dem Satz, daß auch deliktische Angriffe Unglücksfälle sein können (vgl. u. 7), würde sich sonst die Konsequenz ergeben, daß jedermann gegen Sachbeschädigungen, Diebstähle usw einzuschreiten hätte. Es besteht aber auch kriminalpolitisch kein Bedürfnis, von jedem Menschen zu verlangen, daß er die Ladung eines verunglückten Lkw oder die Ernte, die vom Gewitterregen bedroht ist, in Sicherheit zu bringen hilft. Man wird aber eine Sachgefahr dann als ausreichend ansehen können, wenn die Voraussetzungen einer gemeinen Gefahr (vgl. darüber u. 8) vorliegen (weitergehend Mösl LK⁹ § 330 c RN 10: auch Sachen von bedeutendem Wert, Rudolphi SK 5). Die Richtigkeit dieses Standpunkts ergibt sich auch daraus, daß in § 138 keine Anzeigepflicht bei geplanten Vermögens- und Eigentumsdelikten besteht; wie hier Spendel, Dt. Landesreferate zum VI. Intern. Kongreß f. Rechtsvergl. (1962) 366, LK 43, Kreuzer Ärztliche Hilfeleistungspflicht 375 f.; enger (kein Sachgüterschutz) Harzer aaO 105, Vermander aaO 24 ff., 50, Seelmann NK 12 (nur bei Gefährdung der bürgerlichen Existenz). Ob ein Unglücksfall vorliegt, ist unabhängig davon zu bestimmen, ob eine Hilfsmöglichkeit besteht (Stuttgart MDR **64**, 1024). Das Merkmal **bei** einem Unglücksfall verlangt kein räumliches Näheverhältnis des Hilfspflichtigen zum Unfallopfer (Geilen Jura 83, 139, Seelmann NK 15), so daß sich etwa ein außerhalb des Bereitschaftsdienstes fern des Unglücksorts alarmierter Arzt (entsprechendes gilt selbstredend auch für andere Berufsgruppen, etwa Schlosser [zur Türöffnung]) strafbar machen kann, u. 25.

§ 323 c 6–8   Bes. Teil. Gemeingefährliche Straftaten

6 a) Nicht jede **Erkrankung** ist als Unglücksfall anzusehen (Bay NJW **53**, 556, Bockelmann in: Ponsold Lb. 3, Spendel LK 47); im Rahmen einer Erkrankung kann aber eine plötzliche und sich rasch verschlimmernde Wendung eintreten, die ein Unglücksfall ist (RG **75** 71 m. Anm. Kallfelz DR 41, 927, BGH **6** 152, NJW **83**, 351, NStZ **85**, 122, 409 m. Anm. Frellesen StV 87, 22, NJW **95**, 799, Düsseldorf NJW **95**, 799, Rudolphi SK 6), zB bei sich steigernden und unerträglich werdenden Schmerzen in der Bauchhöhle (Hamm NJW **75**, 604). Dieselben Grundsätze müssen gelten, wenn die „Fortentwicklung einer Schwangerschaft zu einem plötzlichen Ereignis mit Schadensdrohung führt" (RG **75** 162, BGH JZ **83**, 151, Düsseldorf NJW **91**, 2979 m. zust. Anm. Meurer JR 92, 38). Es wird also nicht vorausgesetzt, daß das Ereignis von außen her auf das verletzte Gut einwirkt. Für die „Plötzlichkeit", an die ohnehin keine zu hohen Anforderungen zu stellen sind (BGH **6** 152) wird man sich nicht am bisherigen Krankheitsverlauf, sondern an der Gegenwärtigkeit der Gefahr, die infolge Zuspitzung der Krise ein sofortiges Eingreifen erfordert, zu orientieren haben (Geilen Jura 83, 90, Seelmann NK 24). Gegen diese Rspr. und gegen die Auffassung, daß sich aus § 323 c etwas Maßgebendes über die ärztliche Pflicht zum Helfen entnehmen lasse, Eb. Schmidt, Die Besuchspflicht des Arztes unter strafrechtlichen Gesichtspunkten (1949). Vgl. dazu auch BGH **2** 298, Kreuzer Ärztliche Hilfeleistungspflicht 41 ff., 73 ff.

7 b) Ein Unglücksfall kann auch dann vorliegen, wenn das Unglück **in verbrecherischer Absicht verursacht** worden ist (zB versuchter Mord [RG **71** 189], versuchte Vergewaltigung [BGH **3** 66, GA **71**, 336, MDR/H **93**, 721, Düsseldorf NJW **83**, 767]; vgl. noch Schmid DStR 36, 427). Sind in einem solchen Falle zugleich die Voraussetzungen des § 138 gegeben, so geht diese Bestimmung, wie sich aus § 139 IV ergibt, vor (Spendel LK 197; and. [Idealkonkurrenz] Vermander aaO 64). Dagegen fehlt es grds. an einem Unglücksfall, wenn der Betroffene absichtlich und frei verantwortlich das Unglück herbeigeführt hat (nicht aber zB bei Flucht vor Angriffen, vgl. BGH MDR **56**, 114). So ist zB der nur den Suizidenten bedrohende **Selbstmordversuch** nicht als Unglücksfall anzusehen, wenn er aufgrund freier, unbeeinflußter Entscheidung erfolgt; diese ist in der Weise zu respektieren, daß eine unterlassene Verhinderung der Selbsttötung straflos bleibt (BGH **2** 150, Friebe GA 59, 165 f., Heinitz JR **54**, 405, Lackner/Kühl 2, Krey I 51, Rudolphi SK 8, Schweiger NJW **55**, 816, Spendel LK 49 ff., W-Hettinger 17, Welzel 471, Wagner ZRP 76, 4, Pawlik GA 95, 368 f.; and. BGH [GrS] **6** 147, **13** 162 m. Anm. Maurach JR 56, 347, Geilen Jura 79, 209, Kauczor NJW 62, 479, Mösl LK[9] § 330 c RN 5, Dölling NJW 86, 1012); aus ärztlicher Sicht hierzu Spann ua Bockelmann-FS 488 ff. Dies gilt auch dann, wenn der Lebensmüde die Herrschaft über den von ihm veranlaßten Geschehensablauf verloren hat (and. Gallas JZ 54, 642 u. 60, 691; offengelassen von W-Hettinger 17). In den Fällen des Selbstmordversuchs wird von der Gegenmeinung trotz Bejahung eines Unglücksfalls die Straflosigkeit mangelnder Hilfeleistung teilweise mit der Unzumutbarkeit begründet (BGH **32** 367 m. Anm. Schultz JuS 84, 270 und Schmitt JZ 84, 867, Rengier II 47; vgl. auch 39 ff. vor § 211); teilweise aber auch derart, daß die Verhinderung des Suizids nicht als erforderliche „Hilfe" iSd § 323 c gewertet werden könne, sofern der Suizident bis zuletzt frei verantwortlich gehandelt hat (vgl. hierzu München NJW **87**, 2945 m. zust. Anm. Herzberg JZ 88, 187, Arzt/Weber I 82, Gössel J 48; diff. zwischen Bilanz- und Appellsuizid Neumann JA 87, 254 f.). In diesen Fällen liegt jedoch ein Unglücksfall vor, wenn Dritte durch den Selbstmordversuch gefährdet werden (zB bei Aufdrehen des Gashahnes) oder der Selbstmörder seinen Entschluß ändert (zB Hilferuf eines Ertrinkenden). Dasselbe kann gelten bei einem mißglückten Selbstmordversuch, wenn der eingetretene Erfolg von dem Geschehensablauf, den sich der Täter vorgestellt hat, erheblich abweicht. Nach den gleichen Grundsätzen ist ohne Rücksicht auf § 101 I 2 StVollzG ein Hungerstreik zu beurteilen (Rudolphi SK 9); zu dieser Problematik vgl. Böhm JuS 75, 287, Link NJW 75, 18, MDR 75, 714, Wagner ZRP 76, 1, Weis ZRP 75, 83, Arndt/ v. Olshausen JuS 75, 143, Geppert Jura 82, 177, Nöldeke/Weichbrodt NStZ 81, 281. Entsprechend löst auch eine risikobewußte Selbstgefährdung (zB Rauschgiftmißbrauch) keine Hilfspflicht aus (Spendel LK 55; and. wohl Stuttgart GA **81**, 273, Geilen Jura 83, 88, Rengier II 49).

8 2. Unter **gemeiner Gefahr** (vgl. 19 vor § 306) ist eine konkrete Gefährdung einer unbestimmten Mehrzahl von Menschen oder bedeutenden Sachwerten sowie Gütern der Allgemeinheit, aber auch die konkrete Gefährdung eines für die Allgemeinheit repräsentativen Einzelnen (zB der einzelne Passant, der von einem Baum erschlagen zu werden droht) zu verstehen (Spendel LK 59 mit instruktiven Beispielen 61 ff.; enger Rudolphi SK 10 sowie 25. A. RN 8). Läßt jemand einen Toten und dessen Fahrrad auf der Fahrbahn einer Straße liegen, so begründet dies eine gemeine Gefahr (BGH **1** 269, Spendel LK 67). Hat auch der Täter den Tod selbst herbeigeführt, so tritt § 323 c gegenüber § 315 b I Nr. 3 (begangen durch Unterlassen) zurück (wohl übersehen von BGH DAR/M **60**, 67); Beispiele bei Spendel LK 61 ff.; ob der Infektiosität einer HIV-infizierten Person eine (welche „Hilfspflichten" auslösende?) gemeine Gefahr darstellt, erscheint zweifelhaft (s. aber Lackner/Kühl 3). **Gemeine Not** (zusf. Spendel LK 70 ff.) ist eine die Allgemeinheit betreffende Notlage, wobei im Unterschied zur sich spontan ereignenden Gemeingefahr ein eher längerfristiger Vorgang erforderlich ist (s. Harzer aaO 150); vgl. noch RG ZAkDR **41**, 382 m. Anm. Bewer. Die Pflicht zur Hilfeleistung ist nicht auf die Fälle der zumindest latenten Gefahr für Leib oder Leben beschränkt (zB Abgeschnittensein von Ortschaften, Ausfall der Trinkwasserversorgung, Überschwemmung, Giftgaswolke); sie besteht auch bei allgemeiner Gefahr für Sachgüter, zB bei Feuersbrünsten, auch wenn keine Menschenleben in Gefahr sind, insb. auch bei Waldbränden.

3. In allen Fällen ist erforderlich, daß die **Gefahr weiterer Schäden** besteht, deren Verhinderung **9** oder Verminderung durch Einsatz des Hilfspflichtigen jedenfalls generell möglich erscheint. Daher besteht keine Hilfeleistungspflicht, wenn das Schadensereignis abgeschlossen ist und weitere Schäden nicht eintreten können, zB, wenn der Verletzte bereits tot ist (vgl. RG **71** 203, BGH **1** 269, VRS **13** 125) oder ein Unfall bloßen Sachschaden zur Folge gehabt hat, der keine weitere Gefahr für Personen oder Sachen in sich trägt (BGH NJW **54**, 728). Das gleiche gilt (BGH DAR/M **61**, 76) auch dann, wenn der Verunglückte so schwer verletzt ist, daß der Tod auch für einen Laien unabwendbar erscheint. Besteht die Möglichkeit, daß bei Einsetzen der Hilfspflicht der endgültige Schaden bereits eingetreten war, oder ist nicht feststellbar, ob aus Sicht eines objektiven Dritten ein Eingreifen des Täters die mögliche Schadensentwicklung beeinflußt hätte, so ist nach dem o. 2 Dargelegten eine Bestrafung aus § 323 c nicht möglich

III. Die Hilfeleistungspflicht. Bestraft wird, wer bei einer der genannten Lagen **nicht Hilfe** **10** **leistet, obwohl dies erforderlich und zumutbar ist.** Wann dies der Fall ist, ist nach objektiven Gesichtspunkten ohne Rücksicht auf die subjektive Meinung des Täters (zum etwa fehlenden Vorsatz u. 28 f.) zu entscheiden. Dies hat auch der BGH dadurch anerkannt, daß er als Voraussetzung der Hilfspflicht die Möglichkeit genügen läßt, rascher und wirksamer Hilfe zu leisten (BGH **2** 298). Eine vorausgegangene Aufforderung zur Hilfeleistung, zB durch die Polizei, ist – anders als in der früheren Fassung – nicht mehr erforderlich.

1. Der Begriff des **Hilfeleistens** bezeichnet eine Tätigkeit, die der Intention nach auf Abwehr **11** weiterer Schäden gerichtet ist. Ob die Tätigkeit ausreicht, um wirkliche Hilfe zu sein, ob sie unzweckmäßig ist und damit trotz der Handlung des Täters evtl. doch keine „Hilfeleistung" vorliegt, ist nach objektiven Maßstäben zu beurteilen (vgl. u. 13 ff.). Vgl. noch Georgakis aaO 9, Eb. Schmidt, Der Arzt im Strafrecht (1939) 82 f., Bockelmann in: Ponsold Lb. 4.

2. Den **Umfang der Hilfspflicht** bestimmt das Gesetz durch zwei Begriffe: Die Hilfe muß **12** erforderlich und sie muß zumutbar sein.

a) **Erforderlich** ist die Hilfeleistung dann, wenn ohne sie die Gefahr besteht, daß die durch § 323 c **13** charakterisierte Unglückssituation sich zu einer nicht ganz unerheblichen Schädigung von Personen oder Sachen von bedeutendem Wert auswirkt (vgl. BGH NJW **54**, 728; zT and. Maurach JR 56, 349, der das Gebot humanitärer Solidarität maßgebend sein läßt).

α) Voraussetzung ist also zunächst, daß eine Situation vorhanden ist, in der die **Gefahr weiterer** **14** **Schäden** besteht. Vgl. dazu o. 9. Als weitere Schäden sind auch Schmerzen des Verunglückten zu werten (vgl. BGH **14** 216, Hamm NJW **75**, 604). Daher schließt die Tatsache, daß der Tod des Verletzten nicht abgewendet werden kann, die Erforderlichkeit einer (ärztlichen) Hilfeleistung nicht unbedingt aus (BGH JR **56**, 347 m. Anm. Maurach, Schröder JR 58, 186; vgl. weiter BGH **14** 216, VRS **14** 196; and. Kreuzer Ärztliche Hilfeleistungspflicht 121 ff., NJW 67, 279).

β) Erforderlich ist eine Hilfe, wenn der Täter die **objektive Möglichkeit** hatte, durch seinen **15** Einsatz den **Geschehensablauf** zu **beeinflussen**, also der Notlage zu beheben oder wenigstens abzumildern (s. Spendel LK 82). Steht fest, daß aus objektiver ex ante-Sicht (o. 2) eine Einflußnahme dem Täter unmöglich gewesen wäre, dann ist seine Hilfeleistung nicht erforderlich. Wenn der Täter nur irrtümlich davon ausgeht, seine Hilfe sei erforderlich, kann § 323 c keine Anwendung finden; and. 25. A. RN 15 (§ 323 c als „unechter" Unternehmenstatbestand).

Nicht erforderlich ist die Hilfe, wenn das Opfer erkennbar sich ohne weiteres selbst helfen kann **16** (vgl. Vermander aaO 73) oder von **anderer Seite** bereits ausreichend **Hilfe** geleistet wird (BGH JZ **52**, 116, DAR/M **60**, 67, VRS **22** 271, **24** 191, Hamm NJW **68**, 212). Das gilt nicht, wenn der Täter „wirksamer und rascher" helfen könnte (BGH **2** 298, DAR/M **60**, 67). Durch nachträgliche Hilfsmaßnahmen Dritter wird die Pflichtverletzung des Täters nicht berührt (BGH **2** 300, GA **56**, 121, VRS **14** 193, Hamm VRS **20** 233; and. Meister MDR 54, 598, der darauf abstellt, ob infolge der verzögerten Hilfe eine schädliche Wirkung für den Verunglückten eingetreten ist). Entscheidend ist, ob in dem Augenblick, in dem die Hilfspflicht an sich entstehen würde, Hilfe von dritter Seite in ausreichendem Maße zu erwarten ist (Schröder JR 58, 186 f.; unrichtig Bay MDR **73**, 68 m. abl. Anm. Blei JA 73, 177); dabei können zeitliche Differenzen nur insoweit eine Rolle spielen, als sie die Wirksamkeit der Hilfe beeinflussen. Über die Hilfspflicht bei Hilfeleistungsmöglichkeiten durch Dritte vgl. BGH VRS **14** 193 u. Scheffler NJW 95, 234, Spendel LK 92: Tatbestandsverwirklichung durch Behinderung von Rettungsfahrzeugen durch Schaulustige. Kommen viele Hilfsmöglichkeiten in Betracht (Unfall auf belebter Straße), so bedarf die Hilfspflicht einer konkreten Begründung (Hamm JMBlNRW **54**, 59; vgl. auch Schleswig SchlHA/L-T **91**, 121). Jedoch kann sich bei mehreren gleichermaßen zur Hilfe tauglichen Personen die eine nicht auf die Hilfeleistung der anderen verlassen (Bay NJW **57**, 354). Zu Leistungen, die mit der Hilfe nur in losem Zusammenhang stehen, besteht regelmäßig keine Verpflichtung, und zwar auch dann nicht, wenn sie vom Hilfsbedürftigen oder für ihn beansprucht werden (vgl. auch BGH VRS **4** 119). Insb. besteht keine Pflicht zu einem Verhalten, das nur eine Annehmlichkeit bedeutet (RG DR **44**, 727), s. aber u. 19 a. Auch entfällt die Erforderlichkeit, wenn ein dispositionsfähiger Verunglückter die Hilfe (konkludent) ablehnt, s. a. Lackner/Kühl 5.

γ) Die **Erforderlichkeit** der Hilfe bezieht sich nicht nur auf deren Ob, sondern auch auf deren **17** **Ausmaß.** Es muß also nicht nur Hilfe notwendig sein, sondern es muß auch das zur zweckmäßigen

Cramer/Sternberg-Lieben

§ 323 c 18–21   Bes. Teil. Gemeingefährliche Straftaten

Hilfe Erforderliche getan werden. Der Täter genügt daher seiner Pflicht zur Hilfeleistung nicht damit, daß er zum Zwecke der Rettung irgend etwas unternimmt. Vielmehr ist nach objektiven Maßstäben festzustellen, ob das als erforderlich Anzusehende im Rahmen des ihm Möglichen getan und auf die wirksamste Weise geholfen worden ist (BGH 21 54, MDR/H 93, 722; and. RG DR 43, 1103, Mösl LK[9] § 330 c RN 12, wonach es auf die Zweckmäßigkeit der Hilfeleistung nur bedingt ankommt). Zur Hilfspflicht gehört uU auch die Prüfung der Frage, was zur Hilfe getan werden kann (BGH 21 53, Köln NJW 57, 1610, Bockelmann in: Ponsold Lb. 4; and. Armin Kaufmann aaO 112). Die erforderliche Hilfe kann auch in der Bereitstellung von Hilfsmitteln bestehen (Bay NJW 74, 1520: Telefon zur Benachrichtigung des Arztes) oder in einem Appell an den potentiellen Täter, eine Straftat nicht durchzuführen, wenn der Hilfspflichtige die berechtigte Erwartung haben kann, dadurch deren Verwirklichung zu verhindern (BGH MDR/H 93, 721). Zur unverzüglichen Verständigung eines Notarztes über Funk durch einen Busfahrer vgl. BGH NJW 95, 799.

18 δ) Als Hilfe genügt uU die **Benachrichtigung** einer zur Hilfe geeigneteren Person (**Arzt, Feuerwehr**). Wann das zulässig ist, bestimmt sich nach den Maßstäben der Erforderlichkeit. Der Hilfspflichtige muß sich vergewissern, daß die andere Person gewillt ist, Hilfe zu leisten. Seine Hilfspflicht lebt wieder auf, wenn er erfährt, daß Hilfe nicht erbracht wird.

19 b) Der Täter ist zwar an sich verpflichtet, das zur Hilfeleistung Erforderliche zu tun, jedoch wird seine Pflicht durch die ihm zur Verfügung stehenden Möglichkeiten begrenzt. Das objektiv Erforderliche muß also dem Täter **möglich** sein; dies ist ungeschriebenes Tatbestandsmerkmal des § 323 c als Unterlassungsdelikt. Wäre die erforderliche Maßnahme die Anwendung eines bestimmten Medikaments oder eine ärztliche Maßnahme (zB Blutübertragung), so hat der Täter seine Hilfspflicht nicht verletzt, wenn ihm die Ausführung dieser Maßnahmen unmöglich gewesen ist. Entsprechendes gilt, wenn physische Gründe der Leistung des Erforderlichen entgegenstehen. „Von einem Schwerkranken oder einem Blinden erfordert das Gesetz keine Hilfe" (RG 74 200). Ein Betrunkener kann aber uU noch imstande sein, Hilfe zu leisten (vgl. Bay NJW 74, 1520: Unterlassene Hilfeleistung als Rauschtat [vgl. § 323 a RN 14]).

19 a c) In Ausnahmefällen kann die Hilfeleistung auch in einer **seelischen Unterstützung** durch Zuspruch usw bestehen, wo sie geeignet erscheint, den Selbsterhaltungswillen des in Not Befindlichen zu stärken und ihm die Überwindung der Gefahr durch eigenen Einsatz zu ermöglichen (vgl. Stuttgart MDR 64, 1024).

20 d) Die Hilfe muß **zumutbar** sein. Maßgebend dafür ist nicht das allgemeine Sittlichkeitsempfinden (BGH 11 136, 354, Hamm NJW 68, 212, 25. A. RN 20; krit. auch Pawlik GA 95, 371, der eine Parallelisierung des Zumutbarkeitskriteriums mit der Regelung des § 34 vorschlägt), sondern eine anhand positivierter Wertentscheidungen durchgeführte Abwägung der widerstreitenden Interessen, so daß die Zumutbarkeit bei einer rechtlich nicht mehr angemessenen Überforderung des Täters entfällt (Geilen Jura 83, 147; s. a. Lackner/Kühl 7). Hierbei sind u. a. zu berücksichtigen (vgl. Stree Lenckner-FS 407 f., Lackner/Kühl 7): Art und Ausmaß des drohenden Übels, Schadensnähe, konkrete Rettungschancen einerseits, Art und Umfang der aufzuopfernden Interessen sowie das mit der Rettungshandlung verknüpfte Risiko andererseits. Da es hierfür immer auf eine Gesamtabwägung aller Einzelfallumstände ankommt, ist bei der als strafbarkeitseinschränkendem Korrektiv anzusehenden fast schon Leerformel der Zumutbarkeit der Rechtsanwender letztlich auf topische Rechtsfindung verwiesen. Weitergehend will Seelmann NK 48 die Zumutbarkeit bereits bei jedem als legitim anzuerkennenden – also nicht einmal gleichwertigen – Gegeninteresse entfallen lassen (so auch Geilen Jura 83, 145). Dabei sollen die persönlichen Grenzen der Zumutbarkeit je nach der Stellung zum Gefährdeten verschieden sein, so sei zB Angehörigen, Polizeibeamten usw ein größeres Maß an Einsatz zuzumuten als anderen Personen (Rudolphi SK 25, Seelmann NK 48; s. aber auch Stree Lenckner-FS 404). Auch die Besonderheiten, die sich aus der Zugehörigkeit zu einem anderen Kulturkreis, insb. zu einer anderen Religion oder Weltanschauung ergeben, können berücksichtigt werden (vgl. LG Mannheim NJW 90, 2212 m. Anm. Sonnen JA 90, 358 ff.). Es besteht zB die Pflicht, bei einem schweren Unglücksfall auch in der Nacht seinen Fernsprecher zum Herbeirufen von Hilfe zur Verfügung zu stellen (Bay NJW 74, 1520, LG Bielefeld DStR 39, 217). Vgl. ferner RG 74 71, 75 73. Zu weitgehend Stuttgart MDR 64, 1024, wo der Gesichtspunkt der Zumutbarkeit nicht hinreichend berücksichtigt ist. Der Maßstab der Zumutbarkeit gilt auch bei der Verpflichtung, das elterliche Sorgerecht bei Unglücksfällen des Kindes auszuüben (Hamm NJW 68, 212 m. abl. Anm. Kreuzer NJW 68, 1201). Auch dem in Notwehr Verletzten muß grds. Hilfe geleistet werden, da auch einem Rechtsbrecher der Anspruch auf Hilfeleistung verbleibt (BGH 23 328, NStZ 85, 501 m. Anm. Ulsenheimer StV 86, 201; and. Spendel LK 46); dies gilt allerdings nicht, wenn und so lange die, sei es auch entfernte Möglichkeit weiterer Angriffe besteht (Spendel LK § 32 RN 334). Zur systematischen Stellung der Zumutbarkeit als Tatbestandsmerkmal: Geilen Jura 83, 145, Stree Lenckner-FS 396, Tröndle/Fischer 10; 155 vor § 13; für Schuldmerkmal Spendel LK 159; vgl. Rudolphi SK 24; vgl. auch Naucke Welzel-FS 761 ff.

21 α) **Nicht zumutbar** ist die Hilfeleistung, wenn sich der Täter dadurch einer erheblichen eigenen Gefahr aussetzten (vgl. Köln VRS 24 58) oder wenn er andere Personen wichtigere Pflichten verletzen würde. Unter **eigener Gefahr** ist die Bedrohung eines Rechtsgutes des Täters oder naher Angehöriger zu verstehen, zB eine Gefahr für Gesundheit, Leben, Freiheit oder Vermögen. Eigene Gefahr kann zB auch darin bestehen, daß der Täter sich oder einen Angehörigen (vgl. BGH **11** 138 m. Anm. Schröder JR 58, 186) durch die Hilfe einer Strafverfolgung (vgl. u. 23) oder als Jedermann (nicht aber als garantenpflichtiger Arzt) der Gefahr der Ansteckung mit einer schweren Krankheit (RG DR **44**, 726), zB mit Aids (vgl. dazu Spendel LK 123, Spengler DRiZ 90, 259) aussetzen würde. Auch eine **Verletzung anderer wichtiger Pflichten** kann vom Täter nicht verlangt werden. So ist zB dem Ehemann, dessen Ehefrau eine Heilbehandlung aus religiöser Überzeugung ablehnt, nicht zuzumuten, daß er sie von ihrem Verzicht abzubringen sucht; vgl. BVerfGE **32** 98; and. Stuttgart MDR **64**, 1025; vgl. auch Ranft aaO; 120 vor § 32. Die Rspr. verneint die Zumutbarkeit der Hilfspflicht in den Fällen eines Abwägungssuizids (BGH **32** 367); vgl. Gropp NStZ 85, 100, Dölling NJW 86, 1015, doch fehlt es insoweit bereits an einem Unglücksfall (o. 7). Besondere Probleme ergeben sich, wenn eine Garantenpflicht mit einer Hilfspflicht kollidiert; vgl. hierzu 75 vor § 32. Ist der Täter an sich zur Erfolgsabwendung verpflichtet (unechtes Unterlassungsdelikt), entfällt aber eine strafrechtliche Ahndung dafür, so ist die Berufung auf mangelnde Zumutbarkeit dem Täter versagt, wenn sie ihm gegenüber der Erfolgsabwendungspflicht nicht zuzubilligen wäre (BGH **11** 357; dagegen Welzel JZ 58, 496). Für den Umfang des Einsatzes von Vermögenswerten kann die Regelung des § 904 BGB herangezogen werden (and. Vermander aaO 91).

β) Zwischen der eigenen Gefährdung und der zu behebenden Gefahr muß ein **angemessenes** 22 **Verhältnis** bestehen; dies nicht iSe Güterabwägung, sondern lediglich als Forderung angemesser Proportion. Was daher im Einzelfall an Opfern vom Täter verlangt werden kann, richtet sich danach, in welchem Verhältnis die drohende Gefahr zum voraussichtlichen Opfer steht. Je größer die Gefahr ist, um so mehr kann dem Täter an Einsatz und Opfer zugemutet werden (BGH **11** 137, 354). Das gilt auch für das Verhältnis zwischen drohender Strafverfolgung und abzuwendender Gefahr (vgl. Welzel JZ 58, 496). Probleme werfen vor allem die Fälle auf, in denen der Hilfspflicht des § 323 c religiöse oder Gewissensbedenken entgegenstehen. Vgl. dazu 120 vor § 32. Die gegen eine Hilfspflicht sprechenden, letztlich aber nicht durchschlagenden Täterinteressen sind bei der Strafzumessung zu berücksichtigen (Stree Lenckner-FS 408).

γ) Bestritten sind auch die Fälle, in denen sich der Täter durch die Hilfeleistung einer **Strafverfolgung** 23 aussetzen könnte. Hier kann sich der Täter auf seine Gefährdung nur dann berufen, wenn die Straftat in keinem Zusammenhang mit dem Unglücksfall steht (BGH MDR/H **82**, 448; gegen Berücksichtigung Rudolphi SK 27, Ulsenheimer GA 72, 26; aber auch dann wird regelmäßig eine anonyme Unterrichtung hilfswilliger Dritter zumutbar sein [BGH **11** 139], so daß auch keine Strafmilderung angezeigt ist [Ulsenheimer aaO]). Andernfalls, dh, wenn die Gefahrenlage von ihm selbst schuldhaft herbeigeführt worden ist, ist es zumutbar, die Gefahr der Strafverfolgung zu tragen (BGH GA **56**, 120, BGH **39** 166, Tröndle/Fischer 7; s. a. Lackner/Kühl 7, Seelmann NK 44); jedoch wird in diesen Fällen häufig ein unechtes Unterlassungsdelikt (Rechtspflicht aus vorangegangenem Tun) vorliegen, so daß dann § 323 c als subsidiär zurücktritt (vgl. u. 34 f.). Auch bei schuldloser Verursachung der Gefahr kann die Inkaufnahme eines Ermittlungsverfahrens wegen dieser Handlung zumutbar sein (BGH **11** 353, DAR/M **60**, 67; and. Welzel JZ 58, 496).

e) Ungeschriebenes, aber aus der Forderung nach wirksamer Hilfeleistung sich notwendig ergebendes Tatbestandsmerkmal ist ferner die **Rechtzeitigkeit** der Hilfe. Nicht immer hat der Hilfspflichtige 24 sofort zu helfen (so aber BGH **14** 213, **21** 50), uU hat er einen zeitlichen Spielraum, innerhalb dessen er helfen kann (and. wohl Schaffstein Dreher-FS 153), so daß nicht zwingend die erste Rettungsmöglichkeit ergriffen werden muß (Seelmann NK 50). Dessen Ausmaß richtet sich nach der Wirksamkeit der Hilfe; nicht rechtzeitig ist die Hilfeleistung, die zu einer weniger wirksamen Gefahrenabwehr iSe Verringerung der Rettungschancen führen würde (Spendel LK 96 ff., Rudolphi SK 17). Diese Feststellung ist von besonderer Bedeutung für die Vollendung (vgl. u. 30) und den Vorsatz. Hat zB der Täter die Vorstellung, zu einem späteren Zeitpunkt gleich wirksam helfen zu können, so entfällt sein Vorsatz.

f) **Nicht** erforderlich ist, daß der Unterlassende in einer **räumlich-nachbarlichen Beziehung** zum 25 Unglück oder zum Betroffenen steht (so aber Eb. Schmidt, Die Besuchspflicht des Arztes usw. [1949] 14, Harzer aaO 214; ähnlich Köln NJW **57**, 1610, Bockelmann in: Ponsold Lb. 3, M-Schroeder II 49, Welzel 472). Diese Auffassung engt den Täterkreis in einer mit dem Gesetz nicht zu vereinbarenden Weise ein; so muß zB von einer entfernter wohnenden Person, die zur Hilfeleistung erforderliche Hilfsmittel oder Kenntnisse besitzt, Hilfe verlangt werden können. Der Umfang der Hilfspflicht kann nur durch die Begriffe „erforderlich" und „zumutbar" begrenzt sein. Wie hier iE RG **75** 73, DR **44**, 726, BGH **2** 298, **21** 52, Geilen Jura 83, 139, Kreuzer Ärztliche Hilfeleistungspflicht 76 ff., NJW 67, 279, Lackner/Kühl 4, Seelmann NK 15, Spendel LK 107, Vermander aaO 73 ff.

g) Für **Ärzte** ergibt sich aus § 323 c keine erweiterte Berufspflicht (BGH **2** 296, **21** 52, RG **75** 72, 25 a 160, Koblenz NJW **48**, 489, Tröndle/Fischer 5). Sie haben die allgemeine Beistandspflicht, wenn die konkreten Umstände ein Handeln gerade für sie als notwendig und zumutbar erscheinen lassen (vgl. auch BGH **2** 298, **21** 52, Bockelmann in: Ponsold Lb. 2 ff., Gallas JZ 52, 396; and. Lenckner, Medizinische Klinik [1966] 315), wobei allerdings ihre erhöhte Leistungsfähigkeit das Ausmaß der ihnen möglichen Hilfeleistung bestimmt (Lackner/Kühl 6). Insb. besteht keine Verpflichtung des Arztes, einen Patienten gegen seinen Willen zu behandeln oder unter Bruch der ihm obliegenden Verschwiegenheitspflicht eine Behandlung herbeizuführen (vgl. dazu u. 26). Über die Pflichten des

§ 323 c 26–31 a

Krankenhausarztes bei Einlieferung eines Schwerverletzten vgl. Köln NJW **57**, 1609; vgl. ferner Kreuzer, Ärztliche Hilfeleistungspflicht 73 ff., Ulsenheimer MedR **92**, 131; zur Pflicht des Hausarztes vgl. Karlsruhe NJW **79**, 2360 m. Anm. Bruns JR **80**, 297; weiter Rspr.-Beispiele bei Spendel LK 111 f.

26   h) **Weigert** sich der Gefährdete, die Hilfe anzunehmen, so entfällt die Hilfspflicht, soweit er über das bedrohte Rechtsgut verfügen kann (vgl. Köln VRS **24** 58, Lackner/Kühl 5, M-Schroeder II 50). So kann zB der Unfallverletzte Hilfe zurückweisen, nicht dagegen der Eigentümer beim Brand seines Wohnhauses. IE ebenso Maurach JR **56**, 349. Besteht für den Verletzten Lebensgefahr, so entfällt bei seiner Weigerung, Hilfe anzunehmen, die Hilfspflicht nach den gleichen Grundsätzen, die für die unterlassene Hilfeleistung beim Selbstmord gelten (vgl. o. 7). Demgegenüber soll nach BGH (NJW **83**, 351 m. Anm. Geiger JZ **83**, 153, Kreuzer JR **84**, 294 u. Ulrich MedR **83**, 137 u. Lilie NStZ **83**, 314, zurecht krit. auch Eser NStZ **84**, 57; vgl. auch Ulsenheimer MedR **84**, 164 u. **92**, 131) ein Arzt, für den erkennbar ist, daß ein lebensgefährlich Erkrankter sich entgegen seinem Rat nicht sofort in eine Klinik begeben wird, zu weiteren Maßnahmen verpflichtet sein, die eine Krankenhausbehandlung sicherstellen. Wird die angebotene Hilfe aus Gründen, die in der Person des Anbietenden liegen (deutlich erkennbare Alkoholisierung) abgelehnt, so ist nach öst. OGH ÖJZ **63**, 273 uU eine andere Art der Hilfe zumutbar. Vgl. auch 154 vor § 13.

27   i) Aus der Pflicht zur Hilfeleistung kann die Haftung wegen eines **unechten Unterlassungsdelikts** nicht begründet werden (vgl. § 13 RN 57; unrichtig daher RG **71** 189, **75** 160; gegen diese Entscheidungen mit Recht BGH **3** 66, JR **56**, 347).

28   **IV.** Für den **subjektiven Tatbestand** ist Vorsatz erforderlich (Rudolphi SK 23, Spendel LK 141, Tröndle/Fischer 10, RG **71** 204, **74** 71, **75** 163, BGH VRS **24** 191). Zum Vorsatz gehört die Kenntnis des Unglücksfalls (also der die Gefahrenprognose begründenden Umstände) – nicht notwendig der medizinischen Details (Düsseldorf NJW **95**, 700) – sowie der tatsächlichen Voraussetzungen der Hilfeleistungspflicht (vgl. RG **75** 163, **77** 305, auch noch RG DR **40**, 154, ZAkDR **41**, 382 m. Anm. Bewer), insb. Kenntnis der Umstände, die die Erforderlichkeit der Hilfeleistung (Hamm JMBlNRW **56**, 189, Köln NJW **91**, 764) sowie die Zumutbarkeit begründen (Seelmann NK 49; s. a. Spendel LK 149, 175). **Bedingter Vorsatz** genügt (RG DR **42**, 1787, BGH MDR/D **68**, 552), so zB, wenn der Täter nur mit der Möglichkeit rechnet, daß der Verunglückte noch am Leben ist und daher der Hilfe bedarf (vgl. BGH VRS **14** 194). Die irrige Annahme von Umständen, die das Handeln als unzumutbar erscheinen lassen (zB Annahme einer HIV-Ansteckungsgefahr durch blutendes Unfallopfer), schließt den Vorsatz aus (155 vor § 13). Vgl. jedoch Hamm NJW **68**, 212 (Verbotsirrtum) m. krit. Anm. Kreuzer NJW **68**, 1201. Zum Bewußtsein der Verpflichtung als solcher vgl. § 15 RN 93 ff.; zum Gebotsirrtum s. LG Mannheim NJW **90**, 2212. Irrt der Täter über die Erforderlichkeit seiner Hilfeleistung, so entfällt der Vorsatz. Entsprechendes gilt für die Fehlvorstellung, das zur Gefahrenabwehr Erforderliche bereits getan zu haben (BGH MDR/H **93**, 722). Zur Erkennbarkeit der Nothilfevoraussetzungen vgl. Vermander aaO 75 ff.

29   Der Täter muß sich im Widerstreit der Interessen zur Unterlassung entschlossen haben, also von der eigenen Gefahr oder der drohenden Verletzung anderer Pflichten gewußt haben. Nahm er irrtümlich an, sich durch sein Eingreifen zu gefährden, so entfällt der Vorsatz. Dieser Irrtum ist Tatbestandsirrtum, da die Zumutbarkeit ein Tatumstand ist; ebenso Mösl LK[9] § 330 c RN 22; für Schuldmerkmal Spendel LK 159, 174 ff. (zum Irrtum).

30   **V. Vollendet** ist die Tat, wenn der Unterlassende innerhalb des maßgeblichen Zeitraums (vgl. o. 24) die Hilfeleistung nicht erbracht hat (enger BGH **14** 213, **21** 55, VRS **25** 42, Rudolphi SK 17, Schaffstein Dreher-FS 153, Seelmann NK 50; vgl. auch Maihofer GA **58**, 296). Entschließt sich der Täter nach seiner Weigerung, Hilfe zu leisten, doch noch zur Hilfe, so kann, da die Tat formell vollendet ist, § 24 keine Anwendung mehr finden, wohl aber sollten (da auch bei Einräumen einer gewissen Handlungsfrist – s. Spendel LK 96 – es bei einem frühen Vollendungszeitpunkt bleibt) die Grundsätze der tätigen Reue analog auf diesen Fall übertragen werden (Lackner/Kühl 11, Rengier II 275, Küpper I 162; vgl. § 24 RN 116; krit. Berz Stree/Wessels-FS 335 ff.; and. BGH **14** 217, Schaffstein Dreher-FS 154, Rudolphi SK 29, Spendel LK 103). Wer also an einem Verunglückten vorbeifährt in der Absicht, nicht Hilfe zu leisten, und dann nach 500 m umkehrt, bleibt straflos, wenn sein Zögern unschädlich gewesen ist. Das gilt auch dann, wenn ein anderer ihm zuvor gekommen ist und die erforderliche Hilfe erbracht hat.

31   **VI. Täter** kann jedermann sein, also zB nicht nur der Kraftwagenlenker, der als Unfallverursacher in Betracht kommt, sondern auch sein Mitfahrer (RG **74** 200, DR **42**, 1223, BGH **11** 137 m. Anm. Schröder JR **58**, 186, VRS **32** 437, Hamburg MDR **52**, 629, Hamm NJW **53**, 234). Wer als pflichtwidriger Verursacher der Gefahr Garant für die Abwendung des Erfolges ist (vgl. § 13 RN 32 ff., 43), macht sich uU wegen eines unechten Unterlassungsdelikts strafbar; vgl. u. 34/35.

31 a   Eine **Teilnahme** wird hier zwar **selten** in Frage kommen, da jeder, der zur Hilfe imstande ist, seinerseits als Täter des § 323 c angesehen werden muß. Denkbar ist aber zB eine Anstiftung durch den, der selbst zur Hilfe nicht imstande und deshalb auch nicht verpflichtet ist; auch Beihilfe durch Bestärken im Tatentschluß sowie mittäterschaftliche Begehung ist möglich (Spendel LK 182 f.); zu einem Fall mittelbarer Täterschaft Spendel LK 179.

Bestritten ist, ob Täter auch sein kann, wer die **Gefahr vorsätzlich herbeigeführt** hat, zB nach einem Tötungsversuch oder einer vorsätzlichen Körperverletzung das Opfer hilflos liegen läßt (vgl. BGH GA 56, 121). Soweit die aus der Tat entspringende Gefahr im Rahmen des vom Vorsatz erfaßten Erfolges bleibt, ist § 323 c aus Konkurrenzgründen nicht anwendbar (Subsidiarität; vgl. BGH **14** 285 und u. 34/35), so zB nicht, wenn jemand einen anderen besinnungslos schlägt und ihn dann ohne Hilfe läßt (Frankfurt NJW 57, 1847; and. [Realkonkurrenz] wohl RG **75** 359). Kann dem Täter die Vorsatztat nicht nachgewiesen werden, so bleibt es angesichts dann fehlender Subsidiarität bei der Anwendung von § 323 c (BGH **39** 164, NStZ 97, 127, W-Hettinger 265; ggf. für Wahlfeststellung Arzt/Weber II 130; für Straflosigkeit Tag JR 95, 136). Besteht die Gefahr, daß denn ein erweiterter Tatbestands eintritt, also ein Erfolg, der vom ursprünglichen Vorsatz nicht umfaßt wird, zB der Tod nach einer Körperverletzung, so ist § 323 c an sich anwendbar (BGH **14** 282). Zumeist wird in diesen Fällen allerdings ein unechtes Unterlassungsdelikt (Rechtspflicht aus vorangegangenem Tun) vorliegen, so daß § 323 c als subsidiäres Delikt zurücktritt (vgl. u. 34/35). 32

VII. Idealkonkurrenz soll mit § 142 möglich sein; vgl. dagegen § 142 RN 91. Beim Zusammentreffen mit § 138 geht dieser als lex specialis vor (o. 7; and. [Idealkonkurrenz] Vermander aaO 64). 33

Zu einer **Begehungstat**, die auf den **gleichen Erfolg gerichtet** ist, steht § 323 c regelmäßig im Verhältnis der Subsidiarität (BGH **3** 68, **14** 285, **39** 166 m. Bspr. Tag JR 95, 135 f.); dies gilt auch gegenüber dem Versuch. Wer bei einer Vergewaltigung dem Täter zur Hilfe eilt, anstatt dem Opfer beizustehen, ist wegen Beihilfe zur Vergewaltigung, nicht wegen der hierin liegenden Nichthilfe nach § 323 c zu bestrafen (BGH **3** 68); drohen dem Opfer der Begehungstat anschließend keine weiteren Schäden (dann Tatmehrheit: BGH **16** 203), so tritt § 323 c als straflose Nachtat zurück (Spendel LK 201). Subsidiarität liegt auch im Verhältnis zu einem unechten Unterlassungsdelikt vor (BGH **14** 284, M-Schroeder II 48, Spendel LK 202 f.; and. Maurach BT 44 [Idealkonkurrenz], Oehler JuS 61, 156; wieder and. Lackner/Kühl 8, Pfannmüller MDR 73, 727: fehlende Tatbestandsmäßigkeit); dies gilt auch gegenüber dem Versuch. Die weitergehende Pflicht, den Erfolg zu verhindern, schließt die auf bloße Hilfeleistung gerichtete notwendig in sich. Wer zB seinen Ehegatten nach einem Unglücksfall verbluten läßt, ist nur aus §§ 211 ff., 13 zu verurteilen. Tritt der Täter vom Versuch des unechten Unterlassungsdelikts zurück, so gilt für § 323 c das o. in 30 Gesagte. Idealkonkurrenz mit § 323 c liegt dagegen vor, wenn das unechte Unterlassungsdelikt (zB bezüglich des Erfolges) nur fahrlässig begangen ist. 34/35

Treten bei **einem Unglücksfall mehrere Gefahren** auf, die ein Eingreifen des Täters erforderlich machen, so bestimmt sich die Reihenfolge seines Handelns nach der Größe der Gefahren und dem Wert der gefährdeten Rechtsgüter. Bei Gleichwertigkeit (zB mehrere Verletzte) liegt **Idealkonkurrenz** vor, wenn der Täter keinem hilft. 36

Neunundzwanzigster Abschnitt. Straftaten gegen die Umwelt

Vorbemerkungen zu den §§ 324 ff.

Schrifttum: Albrecht/Heine/Meinberg, Umweltschutz durch Strafrecht, ZStW 96, 943. – *Backes*, Umweltstrafrecht, JZ 73, 337. – *ders.*, Fehlstart im Umweltstrafrecht, ZRP 75, 229. – *Baumann*, Ein Nachtrag zu den Personengefährdungsdelikten des AE, ZRP 72, 51. – *ders.*, Der strafrechtliche Schutz der menschlichen Lebensgrundlagen, ZfW 73, 63. – *Bergmann*, Zur Strafbewehrung verwaltungsrechtlicher Pflichten im Umweltstrafrecht, 1993. – *Bloy*, Die Straftaten gegen die Umwelt im System des Rechtsgüterschutzes, ZStW 100, 485. – *ders.*, Umweltstrafrecht: Geschichte – Dogmatik – Zukunftsperspektiven, JuS 97, 577. – *Bottke*, Das zukünftige Umweltschutzstrafrecht, JuS 80, 539. – *Brauer*, Die strafrechtliche Behandlung genehmigungsfähigen, aber nicht genehmigten Verhaltens, 1988. – *Breuer*, Die Entwicklung des Umweltschutzrechts seit 1977, NJW 79, 1862. – *ders.*, Empfehlen sich Änderungen des strafrechtlichen Umweltschutzes insbesondere in Verbindung mit dem Verwaltungsrecht?, NJW 88, 2072. – *ders.*, Probleme der Zusammenarbeit zwischen Verwaltung und Strafverfolgung auf dem Gebiete des Umweltschutzes, AöR 115, 448. – *ders.*, Verwaltungsrechtlicher und strafrechtlicher Umweltschutz – vom Ersten zum Zweiten UKG, JZ 94, 1077. – *Buckenberger*, Strafrecht und Umweltschutz, 1975. – *Busch*, Unternehmen und Umweltstrafrecht, 1997. – *Cramer*, Schutz gegen Verkehrslärm, Arbeiten zur Rechtsvergleichung Bd. 89, 1978. – *Dahs/Pape*, Die behördliche Duldung als Rechtfertigungsgrund im Gewässerstrafrecht (§ 324 StGB), NStZ 88, 393. – *Dahs/Redeker*, Empfehlen sich Änderungen im strafrechtlichen Umweltschutz, insbesondere in Verbindung mit dem Verwaltungsrecht, DVBl 88, 804. – *Dannecker/Streinz*, Umweltpolitik und Umweltrecht: Strafrecht, in: Rengeling (Hrsg.), HdB zum europäischen und deutschen Umweltrecht Bd I, 1998, 114. – *Daxenberger*, Kumulationseffekte, 1997. – *Dölling*, Umweltstrafrecht und Umweltverwaltung, JZ 85, 461. – *ders.*, Empfehlen sich Änderungen des Umweltstrafrechts?, ZRP 88, 334. – *Ensenbach*, Probleme der Verwaltungsakzessorietät im Umweltstrafrecht, 1989. – *Erdt*, Das verwaltungsakzessorische Merkmal der Unbefugtheit in § 324 StGB und seine Stellung im Deliktsaufbau, 1997. – *Faure/Oudijk*, Strafgerichtliche Überprüfung von Verwaltungsakten im Umweltstrafrecht, JZ 94, 86. – *dies./Koopmans*, Ökonomische Analyse der Amtsträgerstrafbarkeit, wistra 92, 121. – *Fluck*, Die Duldung des unerlaubten Betreibens genehmigungsbedürftiger Anlagen, NuR 90, 197. – *Forkel*, Grenzüberschreitende Umweltbelastungen und deutsches Strafrecht, 1987. – *Franzheim*, Die Bewältigung der Verwaltungsrechtsakzessorietät in der Praxis, JR 88, 319. – *ders.*, Umweltstrafrecht, 1991. – *Frisch*, Verwaltungsakzessorietät und Tatbestandsverständnis im Umweltstrafrecht, 1993. – *Galonska*, Amtsdelikte im Umweltrecht, 1986. – *Gentzcke*, Informales Verwaltungshandeln und Umweltstrafrecht, 1990. – *Geulen*, Grundlegende Neuregelung des Umweltstrafrechts, ZRP 88, 323. – *Groß/Pfohl*, Zur Strafbarkeit von Bürgermeistern im Bereich kommunaler Abwasserreinigungsanlagen, NStZ 92, 119. – *Gürbüz*, Zur Strafbarkeit von Amtsträgern im Umweltstrafrecht, 1997. – *Hallwaß*, Die behördliche Duldung als Unrechtsausschließungsgrund im Umweltstrafrecht, 1987. – *Hamm*, Stellungnahme zum Referentenentwurf eines . . . Strafrechtsänderungsgesetzes – 2. Gesetz zur Bekämpfung der Umweltkriminalität, StV 90, 223. – *Heider*, Die Bedeutung der behördlichen Duldung im Umweltstrafrecht, 1994. – *Heine*, Zur Rolle des strafrechtlichen Umweltschutzes, ZStW 101, 722. – *ders.*, Verwaltungsakzessorität des Umweltstrafrechts, NJW 90, 2425. – *ders.*, Verwaltungsakzessorietät im deutschen Umweltstrafrecht, ÖJZ 91, 370. – *ders.*, Geltung und Anwendung des Strafrechts in den neuen Bundesländern am Beispiel der Umweltdelikte, DtZ 91, 423. – *ders.*, Umweltstrafrecht im Rechtsstaat, ZUR 1995, 63. – *ders.*, Die strafrechtliche Verantwortlichkeit von Unternehmen, 1995. – *ders.*, Strafrecht zwischen staatlicher Risikolenkung und gesellschaftlicher Selbstregulierung: Kollektiv-Verantwortlichkeit als neue Steuerungsform, in: Lange (Hrsg.), Gesamtverantwortung statt Verantwortungsparzellierung im Umweltrecht, 1998, 207. – *ders.*, Die Berücksichtigung der Natur im Rahmen der Straftheorien, in: Nida-Rümelin/v. d. Pfordten, 293. – *ders.*, Kommentierung von §§ 61 f. KrW-/AbfG, in Brandt/Ruchay/Weidemann, Kreislaufwirtschafts- und Abfallgesetz, Kommentar, Bd. 3, Stand Juni 1999. – *Heine/Meinberg*, Empfehlen sich Änderungen im strafrechtlichen Umweltschutz, insbesondere in Verbindung mit dem Verwaltungsrecht?, DJT-Gutachten 1988. – *dies.*, Das Umweltschutzstrafrecht – Grundlagen und Perspektiven einer erneuten Reform, GA 90, 1. – *Hermes/Wieland*, Die staatliche Duldung rechtswidrigen Verhaltens, 1988. – *Herrmann*, Die Rolle des Strafrechts beim Umweltschutz in der Bundesrepublik Deutschland, ZStW 91, 281. – *Herzog*, Gesellschaftliche Unsicherheit und strafrechtliche Daseinsvorsorge, 1991. – *Himmel/Sanden*, Undichte Abwasserkanäle als strafrechtliches Risiko, ZfW 94, 449. – *Hohmann*, Das Rechtsgut der Umweltdelikte, 1991. – *ders.*, Konsequenzen einer personalen Rechtsgutsbestimmung im Umweltstrafrecht, GA 92, 76. – *Hopf*, Umweltstrafrecht und die Duldungspraxis in der Umweltverwaltung, IUR 90, 64. – *Hoppe/Beckmann*, Umweltrecht, 1989. – *Horn*, Strafbares Fehlverhalten von Genehmigungs- und Aufsichtsbehörden?, NJW 81, 1. – *ders.*, Umweltschutz-Strafrecht: eine After-Diszplin?, UPR 83, 362. – *ders./Hoyer*, Rechtsprechungsübersicht zum Umweltstrafrecht, JZ 91, 703. – *ders.*, Rechtsprechungsübersicht zum Umweltstrafrecht, JZ 94, 1022. – *Hübms-Krusche/Krusche*, Die strafrechtliche Erfassung von Umweltbelastungen, 1982. – *dies.*, Die Effektivität gesetzgeberischer Initiative im Umweltstrafrecht, ZRP 84, 61. – *Hüper*, Spannungsverhältnis Umweltstrafrecht – Umweltverwaltungsrecht?, Schleswig-FS, 371. – *Hüting*, Die Wirkung der behördlichen Duldung im Umweltstrafrecht, 1996. – *Hug*, Umweltstrafrechtliche Verantwortlichkeiten in Kommunen, 1996. – *Hundt*, Die Wirkungsweise der öffentlichrechtlichen Genehmigung im Strafrecht, 1994. – *Iburg*, Zur strafrechtlichen Verantwortlichkeit von Amtsträgern der Gewerbeaufsicht, UPR 89, 128. – *Immel*, Strafrechtliche Verantwortlichkeit von Amtsträgern im Umweltstrafrecht: Umweltuntreue, 1987. – *ders.*, Die Notwendigkeit eines Sondertatbestandes im Umweltstrafrecht – Umweltuntreue, ZRP 89, 105. – *Jünemann*, Rechtsmißbrauch im Umweltstrafrecht, 1998. – *Just/Dahlmann*, Stiefkind des Strafrechts: Umweltschutz, Sarstedt-FS, 81. – *Kareklas*, Die Lehre vom Rechtsgut und das Umweltstrafrecht, 1990. – *Kegler*, Umweltschutz durch Strafrecht, 1989. – *Keller*, Umweltschutz und Strafrecht unter besonderer Berücksichtigung des Verwaltungsrechts, 1987. – *ders.*, Zur strafrechtlichen Verantwortlichkeit des Amtsträgers für fehlerhafte Genehmigungen im Umweltrecht, Rebmann-FS 241. – *Kindhäuser*, Rechtstheoretische Fragen des Umweltstrafrechts, Helmrich-FS 967. – *Klages*, Meeresumweltschutz und Strafrecht, 1989. – *Kleine-Cosack*, Kausalitätsprobleme im Umweltstrafrecht, 1988. – *Kloepfer*, Umweltrecht unter Berücksichtigung des Umweltstrafrechts, 2. A. 1998. – *ders./Vierhaus*, Umweltstrafrecht, 1995. – *Knopp*, Zur Strafbarkeit von Amtsträgern in Umweltverwaltungsbehörden, DÖV 94, 676. – *Krüger*, Die Entstehungsgeschichte des 18. Strafrechtsänderungsgesetzes zur Bekämpfung der Umweltkriminalität, 1995. – *Krusche*, Verschärfung des Umweltrechts – Konsequenzen für die Unternehmen, JR 89, 489. – *Kube/Seitz*, Zur „Rentabilität" von Umweltdelikten oder: Viel passiert, wenig geschieht, DRiZ 87, 41. – *Kühl*, Probleme der Verwaltungsakzessorietät des Strafrechts, insbesondere des Umweltstrafrechts, Lackner-FS 815. – *ders.*, Anthropozentrische oder nicht anthropozentrische Rechtsgüter im Umweltstrafrecht?, in: Nida-Rümelin/v. d. Pfordten (s. dort), 245. – *Kuhlen*, Zum Umweltstrafrecht in der Bundesrepublik Deutschland, WuV 91, 183, 92, 217. – *ders.*, Umweltstrafrecht – Auf der Suche nach einer neuen Dogmatik, ZStW 105, 679. – *Laufhütte*, Frühstart von Backes, ZRP 76, 24. – *ders.*, Überlegungen zur Änderung des Umweltstrafrechts, DRiZ 89, 337. – *Laufhütte/Möhrenschlager*, Umweltstrafrecht in neuer Gestalt, ZStW 92, 912. – *Leibinger*, Der strafrechtliche Schutz der Umwelt, ZStW Beiheft 1978, 69. – *Lenckner*, Behördliche Genehmigungen und der Gedanke des Rechtsmißbrauchs im Strafrecht, Pfeiffer-FS 27. – *Malitz*, Zur behördlichen Duldung im Strafrecht, 1995. – *Martin*, Strafbarkeit grenzüberschreitender Umweltbeeinträchtigungen, 1989. – *ders.*, Umweltstrafrecht im Umbruch?, IUR 91, 141. – *ders.*, Grenzüberschreitende Umweltbeeinträchtigungen im deutschen Strafrecht, ZRP 92, 19. – *Marx*, Die behördliche Genehmigung im Strafrecht, 1993. – *Meinberg*, Amtsträgerstrafbarkeit bei Umweltbehörden, NJW 86, 2220. – *ders.*, Empirische Erkenntnisse zum Vollzug des Umweltstrafrechts, ZStW 100, 112. – *Meinberg/Link*, Umweltstrafrecht in der Praxis: Falldokumentation zur Erledigung von Umweltstrafsachen, 1988. – *Meinberg/Möhrenschlager/Link* (Hrsg.), Umweltstrafrecht, 1989. – *Meurer*, Umweltschutz durch Umweltstrafrecht?, NJW 88, 2065. – *Michalke*, Umweltstrafsachen, 2. A. 2000. – *dies*, Strafbarkeit von Amtsträgern wegen Gewässerverunreinigung (§ 324) und umweltgefährdender Abfallbeseitigung (§ 326) in neuem Licht, NJW 94, 1693. – *Möhrenschlager*, Konzentration des Umweltstrafrechts, ZRP 79, 97. – *ders.*, Die Verankerung von Umweltstraftaten im Strafgesetzbuch, Umwelt 79, 476. – *ders.*, Neuere Entwicklungen im Umweltstrafrecht des Strafgesetzbuches, NuR 83, 209. – *ders.*, Kausalitätsprobleme im Umweltstrafrecht des Strafgesetzbuches, WuV 84, 47. – *ders.*, Revision des Umweltstrafrechts – Das 2. UKG, NStZ 94, 513, 566. – *Müller*, Zur Haftung von Amtsträgern und politischen Mandatsträgern im Umweltstrafrecht, UPR 90, 367. – *Mumberg*, Der Gedanke des Rechtsmißbrauchs im Umweltstrafrecht, 1989. – *Nappert*, Die strafrechtl. Haftung von Bürgermeistern und Gemeinderäten im Umweltstrafrecht, 1997. – *Nestler*, Die strafrechtliche Verantwortlichkeit eines Bürgermeisters für Gewässerverunreinigungen, GA 94, 514. – *Nida-Rümelin/v. d. Pfordten*

Schutz der Umwelt Vorbem. §§ 324 ff.

(Hrsg.), Ökologische Ethik und Rechtstheorie, 1995. – *Ocker*, Das unerlaubte Betreiben von genehmigungsbedürftigen Anlagen iSd Bundes-Immissionsschutzgesetzes (§ 327 II Nr. 1 StGB), 1994. – *Odenthal*, Strafbewehrter Verwaltungsakt und verwaltungsgerichtliches Eilverfahren, NStZ 91, 418. – *Odersky*, Zur strafrechtlichen Verantwortlichkeit für Gewässerverunreinigungen, Tröndle-FS, 291. – *Odersky/Brodersen*, Empfehlen sich Änderungen des strafrechtlichen Umweltschutzes, insbesondere in Verbindung mit dem Verwaltungsrecht?, ZRP 88, 475. – *Oehler*, Die internationalstrafrechtlichen Bestimmungen des künftigen Umweltstrafrechts, GA 80, 241. – *Ossenbühl*, Verwaltungsrecht als Vorgabe für Zivil- und Strafrecht, DVBl 90, 963. – *ders./Huschens*, Umweltstrafrecht – Struktur und Reform, UPR 91, 161. – *Otto*, Grundsätzliche Problemstellungen des Umweltrechts, Jura 91, 308. – *ders.*, Das neue Umweltstrafrecht, Jura 95, 134. – *Pfohl*, Strafbarkeit von Amtsträgern wegen Duldung unzureichender Abwasserreinigungsanlagen, NJW 94, 418. – *ders.*, Schutz der Umwelt, in: Müller-Gugenberger/Bieneck, Wirtschaftsstrafrecht 3. A. 2000, 1398. – *Paeffgen*, Verwaltungsakt-Akzessorietät im Umweltstrafrecht, Stree/Wessels-FS 586. – *Paetzold*, Die Neuregelung rechtsmißbräuchlich erlangter Verwaltungsakte durch § 330 d Nr. 5, NStZ 96, 170. – *Papier*, Strafbarkeit von Amtsträgern im Umweltrecht, NJW 88, 1113. – *Papier/Kessal*, Umweltschutz durch Strafrecht, 1987. – *Perschke*, Die Verwaltungsakzessorietät des Umweltstrafrechts nach dem 2. UKG, wistra 1996, 161. – *Pfeiffer*, Verunreinigungen der Luft nach § 325 StGB, 1996. – *Rademacher*, Die Strafbarkeit wegen Verunreinigung eines Gewässers (§ 324 StGB), 1989. – *Ransiek,* Unternehmensstrafrecht, 1996. – *Reinhardt*, Der strafrechtliche Schutz vor den Gefahren der Kernenergie und den schädlichen Wirkungen ionisierender Strahlen, 1989. – *Rengier*, Die öffentlich-rechtliche Genehmigung im Strafrecht, ZStW 101, 874. – *ders.*, Zur Bestimmung und Bedeutung der Rechtsgüter im Umweltstrafrecht, NJW 90, 2506. – *ders.*, Das moderne Umweltstrafrecht im Spiegel der Rechtsprechung, 1992. – *Rogall*, Das Gesetz zur Bekämpfung der Umweltkriminalität (18. StRÄG), JZ-GD 80, 101. – *ders.*, Gegenwartsprobleme des Umweltstrafrechts, Köln-FS 505. – *ders.*, Strafbarkeit von Amtsträgern im Umweltbereich, 1991. – *ders.*, Die Duldung im Umweltstrafrecht, NJW 95, 922. – *ders.*, Die Verwaltungsakzessorietät des Umweltstrafrechts – Alte Streitfragen, Neues Recht, GA 95, 299. – *ders.,* Probleme des Umweltstrafrechts in Deutschland, in: Hirsch/Hofmanski ua (Hrsg.), Neue Erscheinungsformen der Kriminalität, 1996, 171. – *Ronzani*, Erfolg und individuelle Zurechnung im Umweltstrafrecht, 1990. – *Rotsch*, Individuelle Haftung in Großunternehmen 1998. – *Rudolphi*, Probleme der strafrechtlichen Verantwortlichkeit von Amtsträgern für Gewässerverunreinigungen, Dünnebier-FS, 561. – *ders.*, Primat des Strafrechts im Umweltschutz, NStZ 84, 193, 248. – *Rühl,* Grundfragen der Verwaltungsakzessorietät, JuS 99, 521. – *Rüther*, „Immanente" oder „radikale" Reform des Umweltstrafrechts?, KritV 93, 227. – *Rumpel*, Abschied von der „modifizierenden Auflage" im Umweltverwaltungs- und Umweltstrafrecht, NVwZ 88, 502. – *Sack*, Das Gesetz zur Bekämpfung der Umweltkriminalität, NJW 80, 1424. – *ders.*, Novellierung des Umweltstrafrechts (Zweites Gesetz zur Bekämpfung der Umweltkriminalität), MDR 90, 286. – *Samson*, Kausalitäts- und Zurechnungsprobleme im Umweltstrafrecht, ZStW 99, 617. – *ders.*, Konflikte zwischen öffentlich- und strafrechtlichem Umweltschutz, JZ 88, 800. – *Sander*, Gesetz zur Bekämpfung der Umweltkriminalität, DB 80, 1249. – *ders.*, Umweltstraf- und Ordnungswidrigkeitenrecht, 1981. – *Sangenstedt*, Garantenstellung und Garantenpflicht von Amtsträgern, 1989. – *Schall*, Umweltschutz durch Strafrecht: Anspruch und Wirklichkeit, NJW 90, 1263. – *ders.*, Möglichkeiten und Grenzen eines verbesserten Umweltschutzes durch Strafrecht, wistra 92, 1. – *ders.*, Systematische Übersicht der Rechtsprechung zum Umweltstrafrecht, NStZ 92, 209, 209, 265 u. NStZ 97, 420, 462, 577, NStZ-RR 98, 353. – *ders.*, Zur Strafbarkeit von Amtsträgern in Umweltverwaltungsbehörden, JuS 93, 720. – *ders.*, Probleme der Zurechnung von Umweltdelikten in Betrieben, in: Schünemann (Hrsg.), Deutsche Wiedervereinigung, Arbeitskreis Strafrecht, Bd. III Unternehmenskriminalität, 1996, 99 (zit. Zurechnung). – *Scheele*, Zur Bindung des Strafrichters an fehlerhafte Genehmigungen im Umweltstrafrecht, 1993. – *Scheller*, Bericht über das Kolloquium „Zur Rolle des strafrechtlichen Umweltschutzes. Rechtsvergleichende Beobachtungen zu Hintergründen, Gestaltungsmöglichkeiten und Trends", ZStW 101, 788. – *Schild*, Probleme des Umweltstrafrechts, Jura 79, 421. – *ders.*, Umweltschutz durch Kriminalstrafrecht?, JurBl 79, 12. – *Schink*, Vollzug des Umweltstrafrechts durch die Umweltbehörden, DVBl. 86, 1073. – *Schittenhelm*, Neue Reaktionen auf umweltdeliktisches Verhalten, 1998. – *Schlüchter*, Der Kaufmann als Garant im Rahmen der unerlaubten Gewässerverunreinigung, Salger-FS 139. – *Schmeken/Müller*, Umweltstrafrecht in den Kommunen, 1993. – *Schmidt-Salzer*, Umwelthaftpflicht und Umwelthaftpflichtversicherung (II/2), VersR 90, 124. – *Schmidt/ Schöne*, Das neue Umweltstrafrecht, NJW 94, 2514. – *Schmitz*, Verwaltungshandeln und Strafrecht, 1992. – *Schöndorf*, Umweltschutz durch Strafrecht – Bestandsaufnahme und Perspektiven, NJ 91, 527. – *Scholl*, Strafrechtliche Verantwortlichkeit von Gemeinde-, Kreisräten und Mitgliedern der Zweckverbandsversammlungen im Umweltrecht – §§ 324, 326 Abs. 1, 327 Abs. 2 Nr. 3 StGB, 1996. – *Schröder, M.* Verwaltungsrecht als Vorgabe für Zivil- und Strafrecht, VVdStRL 50, 197. – *Schünemann*, Die strafrechtliche Verantwortlichkeit der Unternehmensleitung im Bereich von Umweltschutz u. techn. Sicherheit, in: Umweltschutz u. techn. Sicherheit, UTR 26, 1994, 137. – *ders.*, Zur Dogmatik und Kriminalpolitik des Umweltstrafrechts, Triffterer-FS, 437. – *Schulz*, Das anthroporelationale „Rechtsgut" im Strafrecht, in: Nida-Rümelin/v. d. Pfordten, 265. – *Schwarz*, Zum richtigen Verständnis der Verwaltungsakzessorietät im Umweltstrafrecht, GA 93, 318. – *Schwind/Steinhilper* (Hrsg.), Umweltschutz und Umweltkriminalität, 1986. – *Seelmann*, Atypische Zurechnungsstrukturen im Umweltstrafrecht, NJW 90, 1257. – *ders.*, Die Berücksichtigung der Natur im Rahmen der Straftheorien, in: Nida-Rümelin/v. d. Pfordten, 281. – *Stegmann,* Artenschutz-Strafrecht, 2000. – *Tiedemann*, Die Neuordnung des Umweltstrafrechts, 1980. – *Tiedemann/Kindhäuser*, Umweltstrafrecht – Bewährung oder Reform?, NStZ 88, 337. – *Tiessen*, Die „genehmigungsfähige" Gewässerverunreinigung, 1987. – *Triffterer*, Die Rolle des Strafrechts beim Umweltschutz in der Bundesrepublik Deutschland, ZStW 91, 309. – *ders.*, Umweltstrafrecht, 1980. – *Tröndle*, Verwaltungshandeln und Strafverfolgung – konkurrierende Instrumente des Umweltrechts?, Meyer-GS 607. – *Vierhaus*, Die Reform des Umweltstrafrechts durch das 2. UKG, ZRP 92, 161. – *Vogel*, Zum Umweltrecht in der Bundesrepublik Deutschland, ZRP 80, 178. – *Wasmuth/Koch*, Rechtfertigende Wirkung der behördlichen Duldung im Umweltstrafrecht, NJW 90, 2434. – *Weber*, Strafrechtliche Verantwortlichkeit von Bürgermeistern und leitenden Verwaltungsbeamten im

Umweltrecht, 1988. – *Weimar*, Umweltrechtliche Verantwortung des GmbH-Geschäftsführers, GmbHR 94, 82. – *Wenner*, Die behördliche Duldung im deutschen Recht – Ein neues Instrument informeller Verwaltungshandelns?, UTR 31, 295. – *Wernicke*, Zur Strafbarkeit der Amtsträger von Wasseraufsichtsbehörden bei Unterlassungen, ZfW 80, 261. – *Wiedemann*, Der Gefahrguttransport-Tatbestand im neuen Umweltstrafrecht: § 328 III Nr. 2 StGB, 1995. – *Wimmer*, Die Strafbarkeit grenzüberschreitender Umweltbeeinträchtigungen, ZfW 91, 141. – *ders.*, Strafbarkeit des Handelns aufgrund einer erschlichenen behördlichen Genehmigung, JZ 93, 67. – *ders.*, Jüngste Entwicklungen bei der Novellierung des Umweltstrafrechts, in: Baumann/Roßnagel/Weinzierl, Rechtsschutz für die Umwelt im vereinigten Deutschland, 1992. – *Winkelbauer*, Zur Verwaltungsakzessorietät im Umweltstrafrecht, 1985. – *ders.*, Die strafrechtliche Verantwortung von Amtsträgern im Umweltstrafrecht, NStZ 86, 149. – *ders.*, Die Verwaltungsabhängigkeit des Umweltstrafrechts, DÖV 88, 723. – *ders.*, Die behördliche Genehmigung im Strafrecht, NStZ 88, 201. – *ders.*, Umweltstrafrecht und Unternehmen, Lenckner-FS 645. – *Wittkämper/Wulff-Nienhuser*, Umweltkriminalität – heute und morgen, 1987. – *Wohlers*, Der Erlaß fehlerhafter Genehmigungsbescheide als Grundlage mittelbarer Täterschaft, ZStW 108, 61. – Vgl. auch die Schrifttumsangaben bei §§ 324 ff.

1   I. Die wichtigsten Tatbestände des Umweltstrafrechts sind durch das 18. StÄG, das 31. StÄG – 2. UKG und das 6. StrRG in den neuen 29. Abschnitt zum Schutz der Umwelt aufgenommen worden (zur Entstehungsgeschichte vgl. Krüger aaO, Steindorf LK 1 ff., Triffterer, Umweltstrafrecht 16 ff.); vgl. auch die Literaturübersicht bei Heinz NStZ 81, 253. Er faßt die Vorschriften zusammen, die zuvor im Nebenstrafrecht, zB im WHG, BImSchG, AbfG oder AtomG geregelt waren; diese Vorschriften sind zT erheblich verändert und erweitert worden. Neben den Vorschriften dieses Abschnitts und §§ 311 ff. bleiben weitere Umweltschutzbestimmungen in den verwaltungsrechtlichen Spezialgesetzen bestehen, zB in § 148 GewO, §§ 63 ff. BSeuchG, § 74 TierSG, § 17 TierSchutzG, §§ 51 f. LMBG, § 39 PflanzenSchG, § 7 DDT-G. Zu aufgrund des EV fortgeltendem Umweltrecht der DDR vgl. Kloepfer DVBl 91, 1. Die sich aus der durch Art. 19 V EV angeordneten Fortgeltung von vor Beitritt der DDR ergangenen Verwaltungsakten in diesem Zusammenhang ergebenden Fragen erörtert Heine DtZ 91, 423.

2   **1. Ziel der Reform** durch das **18. StÄG 1980** war – neben der Erweiterung der Verfolgungsmöglichkeiten – eine Vereinheitlichung der Materie und eine Präzisierung der Tatbestände sowie die Schärfung des Bewußtseins der Öffentlichkeit für die Sozialschädlichkeit von Umweltbelastungen (vgl. BT-Drs. 8/2382 S. 9 ff., 8/3633 S. 19). Dieses Reformziel ist überwiegend auf Zustimmung gestoßen (vgl. Lackner/Kühl 2, Möhrenschlager ZStW 92, 912, Tiedemann aaO 13, Triffterer, Umweltstrafrecht 30, Kühl Lackner-FS 824); dessen praktische Verwirklichung durch Exekutive und Judikate ließ jedoch zu wünschen übrig (Hümbs-Krusche/Krusche aaO 284 ff., ZRP 84, 61, Albrecht/Heine/Meinberg ZStW 96, 943, 996, Heine, ZUR 95, 63, Kube/Seitz DRiZ 87, 41, Meinberg ZStW 100, 112 ff., Laufhütte DRiZ 89, 337 ff.), daher war die der Reformbedürftigkeit der neuen Vorschriften schon seit längerem unbestritten. Auch die durch das 2. UWG und das 6. StrRG (näher u. 7) erfolgten Teilreformen haben sich unter Verzicht auf eine grundlegende Neugestaltung auf die im wesentlichen unbestrittenen Reformanliegen beschränkt (Tiedemann/Kindhäuser NStZ 88, 337 ff., Meinberg ZStW 100, 112 ff.). Im Ergebnis werden heute immer noch verhältnismäßig viele Bagatellverstöße verfolgt, während erhebliche Industrieverschmutzungen von Wasser, Luft usw. aus mannigfachen Gründen auf Schwierigkeiten bei der Aufklärung und Ahndung stoßen (vgl. dazu Schmidt-Salzer VersR 90, 124 ff., Busch aaO 52 ff., Hamm StV 90, 220, Heine ZUR 95, 63, MG/Pfohl 1506 f.). Hieran anknüpfend wird die Berechtigung des strafrechtlichen Umweltschutzes zT im Grundsatz bestritten. Die Konturenlosigkeit der das Umweltstrafrecht kennzeichnenden überindividuellen Rechtsgüter führe von verstärktem Einsatz abstrakter Gefährdungsdelikte, zu im Hinblick auf den Bestimmtheitsgrundsatz fragwürdigen Tatbestandsstrukturen und insgesamt zum „Bruch mit der rechtsstaatlich-liberalen Kultur strafrechtlicher Zurechnung" und damit zu „Strafrechtsschäden durch Umweltstrafrecht" (Herzog aaO, 141 ff.). Das geltende Umweltstrafrecht wird daher als Verstoß gegen den Grundsatz der Subsidiarität und die Funktion des Strafrechts als „ultima ratio" kritisiert, der seine Erklärung im Übergang zu einem aktionistischen, nur auf Setzung politischer Symbole bedachten Stil der Strafrechtspolitik finde (Hassemer ZRP 92, 378). Obwohl die Mängel des geltenden Umweltstrafrechts nicht zu übersehen sind, und auch die späteren Reformen nicht völlig befriedigten, kann letztlich auf den Einsatz des Strafrechts auf diesem Gebiet jedoch nicht verzichtet werden (vgl. Schmidt/Schöne NJW 94, 2516, Rengier NJW 90, 2510, Meinberg NJW 90, 1281, Kindhäuser Helmrich-FS 976 f.). Freilich ergeben sich vielfältige Folgewirkungen, insbesondere auf die allgemeinen Grundlagen und die Verfahrensstrukturen, die noch nicht hinreichend ausgelotet sind (vgl. Heine, Verantwortlichkeit, 89 ff.). Entlastung brächte jedenfalls die Einbeziehung von Unternehmen als solchen.

3   **2. Gegen die Konzeption als ganze,** wie gegen einzelne Vorschriften, sind zahlreiche, teilweise allerdings unbegründete **Einwände** erhoben worden:

4   a) So im Hinblick auf die **Gesetzestechnik.** Diese ist durch eine enge Verzahnung der sanktions- und verwaltungsrechtlichen Vorschriften gekennzeichnet (Lackner/Kühl 1, Tröndle/Fischer 4; rechtsvergl. hierzu Heine NJW 90, 2425 ff.), welche die rechtsstaatlich gebotene Rücksichtnahme auf den Sachzusammenhang vermissen lasse (Lenzen JR 80, 137) und wegen der zahlreichen Verweisungen zu Vorschriften führe, die in ihrer Diktion schwerfällig und für den Laien unverständlich seien (Sack NJW 80, 1427, Sander DB 80, 1249). Bedenklich sei diese Art der Gesetzgebung, die weitgehend in

Blankettvorschriften mündet, weil der Strafgesetzgeber einen Blankoscheck ausstelle, den auszufüllen der verwaltungsrechtlichen Fachkompetenz zustehe, und er sich dadurch selbst entmachte (Tröndle/Fischer 4, vgl. auch Hassemer Lenckner-FS 114, Horn UPR 83, 363, Schünemann Triffterer-FS 444). Richtig an dieser Kritik ist, daß die Umweltschutzbestimmungen wegen des unvermeidlichen Maßes an strafrechtlicher Abhängigkeit von verwaltungsrechtlichen Normen und behördlichen Entscheidungen sehr kompliziert und teilweise undurchsichtig geworden sind (Kühl Lackner-FS 817); aus verfassungsrechtlicher Sicht ist damit die Grenze des Zulässigen zwar erreicht, aber noch nicht überschritten (Kühl aaO, Heine/Meinberg DJT-Gutachten D 53). Eine Verletzung des verfassungsrechtlichen Bestimmtheitsgebots (Art. 103 II, 104 GG) sowie des Gewaltenteilungsgrundsatzes (Art. 20 II GG) stellen die Umweltstrafbestimmungen nicht dar. Dies hat das BVerfGE **75**, 329 für § 327 II Nr. 1 mit auch auf andere Umweltnormen übertragbaren Erwägungen bestätigt (ebenso BGH **42** 221, vgl. auch BVerfG NJW **93**, 1910 zu § 34 I 3 AWG). Von einer Selbstentmachtung des Strafgesetzgebers, dem es im Rahmen seiner Kompetenz jederzeit freistehe, die Materie erneut an sich zu ziehen, kann aber keine Rede sein (so auch Meurer NJW 88, 2067, Steindorf LK 27, Tiedemann/Kindhäuser NStZ 88, 344; diff. Perschke wistra 96, 163). Bedenklich ist allenfalls, daß durch die Anhäufung von Blankettgesetzen (dazu 3 vor § 1), die für diesen Abschnitt signifikant ist, der Anwendungsbereich der Vorschriften nicht nur in die Kompetenz verschiedener, namentlich auch landesrechtlicher Verordnungsgeber gelegt, sondern auch von Verwaltungsakten (Anordnungen, Auflagen usw., vgl. § 330 d Nr. 4 c–e) abhängig gemacht wird. Mit Recht weisen Lackner/Kühl (3) hin auf die damit verbundene, verfassungsrechtlich bedenkliche Abhängigkeit des Umweltstrafrechts von der Umweltpolitik der verschiedenen bundes- oder landesrechtlichen Gesetz- und Verordnungsgeber sowie einer mehr oder minder strengen Verwaltungspraxis der Umweltbehörden (allerdings liegt darin nach BVerfGE **75**, 329, 340 ff. grundsätzlich noch keine Verletzung des Grundrechts der Gleichheit vor dem Gesetz), die auch durch sachfremde Einfluß- oder Rücksichtnahmen bestimmt sein kann, zB bei einer Verfilzung von Aufsichtsbehörden und Privatindustrie (vgl. auch Faure/Oudijk/Koopmans wistra 92, 126). Indessen läßt sich diese Abhängigkeit der Verbotsmaterie von außerstrafrechtlichen Normsetzungs- und Verwaltungsakten im jetzigen System u. a. wegen des Prinzips der Einheit der Rechtsordnung kaum vermeiden; im Gegenteil kann die grundsätzliche Beachtlichkeit verwaltungsrechtlicher Vorgaben nach dem Zweck der jeweiligen Strafnorm sogar geboten sein (Kindhäuser Helmrich-FS 981 f., vgl. BVerfG NJW **90**, 39).

Zusätzliche Schwierigkeiten ergeben sich aus den unterschiedlichen Entscheidungsmaximen von **4 a** Strafrecht und Verwaltungsrecht. Das für weite Bereiche des Umweltverwaltungsrechts geltende Opportunitätsprinzip läßt Formen flexiblen, „informellen" Verwaltungshandelns zu, bei denen im Sinne einer Kooperationsmaxime in rechtmäßiger Weise von der sofortigen Durchsetzung materiellrechtlicher Anforderungen abgesehen wird. Für das Strafrecht ergibt sich daraus die Alternative, entweder in Durchsetzung des Legalitätsprinzips Handlungsspielräume der Verwaltung zu verkürzen, oder zu dogmatisch ungesicherten Behelfen wie der Anerkennung einer „rechtfertigenden Duldung" (vgl. u. 20) Zuflucht zu nehmen (vgl. Breuer AöR 115, 460, JZ 94, 1085, Hopf IUR 90, 67, Hüting aaO, Lackner/Kühl 3, Samson JZ 88, 801, Schmitz aaO).

b) Bedenken werden weiterhin gegen die Verselbständigung zahlreicher **unbestimmter Rechts-** **5** **begriffe** vorgebracht, deren Übereinstimmung mit entsprechenden verwaltungsrechtlichen Begriffen nicht gewährleistet, zT nicht einmal beabsichtigt ist (vgl. Frisch aaO 121, Ronzani 129). Dies betrifft etwa Erfolge wie „Veränderungen der Luft" (§ 325 I), die nicht identisch sind mit § 31 IV BImSchG, Tatobjekte wie „Anlage" (vgl. Sack JR 95, 37) oder „Abfall" (vgl. § 326 RN 2 g) bzw. Tathandlungen wie „sonst beseitigen" (vgl. § 326 RN 10) u. v. m. Gewiß ist mit Blick auf das verfassungsrechtliche Bestimmtheitsgebot der Bedrohlichkeitsgrad der geschützten Gemeinwohlinteressen, die Komplexität der Materie und der besondere Kenntnis- und Sachverstand von Normadressaten angemessen gewichtig in Rechnung zu stellen. Überweiten von Tatbeständen, etwa bei § 326 I (dort RN 8), könnten aber materiell korrigiert werden. Jedenfalls ergeben sich weitreichende Folgewirkungen für Funktionen der Strafverfolgungsorgane und des Strafverfahrensrechts. Hohe Einstellungsquoten sind Beleg nicht bloß für die tatbestandlich nicht hinreichend garantierte (oder garantierbare) Ausgrenzung von Bagatellverstößen (so aber Frisch aaO 121), sondern, da Einstellungen häufig unter Bedingungen u. ä. erfolgen, für modifizierte Aufgaben der Umweltstaatsanwälte (eingeh. Schirrmacher aaO 95 ff., 273 ff., Heine ZUR 95, 67): Entsprechend wird die Effizienz des Umweltstrafrechts maßgebend an spürbaren Effekten außerhalb förmlicher Verurteilungen gemessen (Steindorf LK 8 ff., MG/Pfohl 1512 ff., empirisch zuletzt Schirrmacher aaO).

c) Dem Gesetzgeber ist weiterhin vorgehalten worden, er habe die **schwierigsten Fragen** des **6** Umweltschutzes **ungelöst** gelassen. Dies betrifft zunächst den *Kreis der Normadressaten*. In den Blickpunkt geraten alle Personen, die an Risikoentscheidungen und Umweltbelastungen direkt und indirekt beteiligt sind: Neben Allgemeinpersonen und betrieblich Tätigen auch Amtsträger, Mitglieder von Fachbehörden und Fachgremien, Bürgermeister sowie Gemeinde- und Kreisräte. Der Gesetzgeber hat keine Sonderregelungen getroffen, so daß allgemeine Grundsätze zur Anwendung gelangen, die bislang nicht hinreichend Klarheit geschaffen haben (dazu u. 24, 29 ff.). Dies betrifft weiter Unklarheiten bei der Zuweisung von *Verantwortung* im Verhältnis *staatliche Behörden/Private*, sei es infolge des Kooperationsprinzips und flexibler Vollzugsformen (u. 20), sei es infolge der Inanspruchnahme Privater bei der Erfüllung öffentlicher Aufgaben (u. 41 a). Weiter sind *gravierende*

Umweltbeeinträchtigungen häufig Resultat entweder von Kumulationseffekten, wobei einzelne Handlungen im Rahmen der erteilten Genehmigungen erfolgen (Lackner/Kühl 3), oder von betrieblichen Fehlentwicklungen über die Zeit, die sich nicht punktuell auf einzelne personale Fehlentscheidungen zurückführen lassen (Heine, in: Lange 208 ff.). Generell erweist sich als Grundproblem des Umweltrechts, erhebliche Umweltzerstörungen ausschließlich als Frage von Einzeltatschuld zu begreifen. Eine gewisse Entlastung könnte die gesetzliche Anerkennung einer umfassenderen Verantwortlichkeit von nicht-personalen Einheiten erbringen, insoweit internationalen Entwicklungen folgend (Heine, Verantwortlichkeit, 256 ff., o. 118 ff. vor § 25).

6 a d) Weiterhin wird kritisiert, daß der Gesetzgeber bei §§ 325 Abs. 5, 329 Abs. 1 S. 3 pauschal die Immissionen von **Verkehrsfahrzeugen** aus dem Umweltstrafrecht ausgenommen hat (Tröndle/ Fischer 7, Triffterer, Umweltstrafrecht 199 f., 222; vgl. auch Rogall JZ-GD 80, 109), ohne daß insoweit im Hinblick auf einen effizienten Umweltschutz ausreichende Verkehrsvorschriften geschaffen wurden; vgl. hierzu Cramer aaO 9.

7 3. Die Grundkonzeption wurde bei den **Folgereformen** beibehalten, sie erstrebten insbesondere die Harmonisierung der Schutzgegenstände, die Schließung von Strafbarkeitslücken, angemessene Sanktionen und Klarstellungen bei der Verwaltungsakzessorietät.

7 a a) Das *31. StÄG – 2. UKG* war Folge der Erörterungen des 57. Juristentages und Vorarbeiten einer interministeriellen Arbeitsgruppe „Umwelthaftungs- und Umweltstrafrecht" v. 19. 12. 1988 (zum langwierigen Gesetzgebungsverfahren s. 25. A. u. Steindorf 8 a). Ein ursprünglich vorgesehener Sondertatbestand für Amtsträger im Umweltbereich wurde nicht weiterverfolgt. Um die Umweltgüter möglichst gleichwertig zu schützen, wurden ein Tatbestand gegen Bodenverunreinigung (§ 324 a) geschaffen, die Strafvorschriften über Luftverunreinigung (§ 325) und Lärm (§ 325 a) erweitert, die Strafbarkeit umweltgefährdender Abfallbeseitigung europäischen Vorgaben angepaßt (§ 326) und Strafbarkeitslücken bei §§ 327–329 geschlossen. Neu formuliert wurden § 330 (Besonders schwerer Fall einer Umweltstraftat) und § 330 a (unter Ausdehnung auf Leichtfertigkeit). Erweitert wurden Tätige Reue (§ 330 b) und Einziehungsmöglichkeiten (§ 330 c). Am Prinzip der Verwaltungsakzessorietät wurde festgehalten, darüber hinaus aber die Bedeutung der Umweltverwaltungsordnung durch das Erfordernis eines Verstoßes gegen „verwaltungsrechtliche Pflichten" in vielen Tatbeständen hervorgehoben und eine klarstellende Definition in § 330 d Nr. 4 beigefügt. Neu ist auch die gesetzliche Regelung von Formen des „Rechtsmißbrauchs" (§ 330 d Nr. 5) mit einer eigenständigen strafrechtlichen Lösung (zu deren strukturellen Folge u. 16 a). Zur Verbesserung der Bekämpfung von Kriminalität als Organisationen (o. 6) wurde allein das Ordnungswidrigkeitenrecht verschärft (§§ 30, 107, 130 OWiG). Zur Bewertung der Entwürfe des 2. UKG vgl. Sack, MDR 90, 286, Hamm StV 90, 223 (scharf kritisch), Ossenbühl/Huschens, UPR 91, 161, Schöndorf NJ 91, 527, Martin IUR 91, 141, Vierhaus ZRP 92, 161, Wimmer, Jüngste Entwicklungen, 201 ff. Zur Gesetz gewordenen Fassung vgl. Schmidt/Schöne NJW 94, 2516, Möhrenschlager NStZ 94, 513, 566, Breuer JZ 94, 1077 (mit Schwerpunkt auf Problemen der Verwaltungsakzessorietät), Knopp BB 94, 2219, Otto Jura 95, 134.

7 b b) Das *6. StrRG* erbrachte Änderungen vor allem im Bereich der schweren Umweltkriminalität. Der „Besonders schwere Fall einer Umweltstraftat" (§ 330) wurde neu austariert, und § 330 a, ebenfalls neu abgestuft, erfuhr eine Aufwertung zum Verbrechen. Die Überschrift von § 326 (Unerlaubter Umgang mit gefährlichen Abfällen) wurde geändert, im Anliegen, Änderungen durch das KrW-/ AbfG Rechnung tragen zu können.

7 c c) Durch das *UVNVAG* v. 23. 7. 1998 wurden Verpflichtungen aus dem Vertrag vom 24. 9. 1996 über das umfassende Verbot von Nuklearversuchen (UVNV, Zustimmungsgesetz v. 9. 7. 1998, BGBl. II 1210) erfüllt und die Verursachung einer nuklearen Explosion samt Teilnahmehandlungen unter Strafe gestellt (§ 328 Abs. 2 Nr. 3 u. 4, Abs. 6). Zudem wurde die Strafbarkeit insoweit auf Auslandstaten Deutscher erstreckt (§ 5 Nr. 11 a).

7 d d) Das am 24. 11. 1998 verabschiedete **Übereinkommen** zum Schutz der Umwelt mittels Strafrecht des Europarats (ETS Nr. 172, vgl. Möhrenschlager, wistra 1/99, VI) wird Konsequenzen auch für den 29. Abschnitt des StGB haben. Dies betrifft insbesondere eine Erweiterung der Tathandlungen bei § 326 II u. bei § 328 (vgl. Art. 2 Abs. 1 lit. c).

8 II. Als geschützte **Rechtsgüter** dieses Abschnitts werden die in den Vorschriften genannten Medien der Umwelt (Wasser, Luft, Boden) und ihre sonstigen Erscheinungsformen (Pflanzen- und Tierwelt) verstanden (vgl. BT-Drs. 8/2362 S. 10, Tröndle/Fischer 3, Lackner/Kühl 7, Möhrenschlager ZRP 79, 98, Rudolphi ZfW 82, 197, NStZ 84, 194). Allerdings wird die Umwelt nicht um ihrer selbst willen, sondern zur Erhaltung humaner Lebensbedingungen der gegenwärtigen und künftigen Generationen geschützt (vgl. Rogall JZ-GD 80, 104, Köln-FS 509, Tiedemann aaO 18, Triffterer, Umweltstrafrecht 33 ff., 70 f., Cramer aaO 9, Schittenhelm GA 83, 311, Bloy ZStW 100, 496 ff., JuS 97, 579, Kindhäuser Helmrich-FS 967, Müssig aaO [vor § 306] 149 ff.; nach Stratenwerth ZStW 103, 693 f. soll dagegen hinter den Umweltdelikten nicht der Schutz von Rechtsgütern, sondern von „Lebenszusammenhängen" stehen); umfassend zu den unterschiedlichen Sichtweisen bei der Bestimmung der umweltstrafrechtlichen Rechtsgüter Rengier NJW 90, 2506 ff., Kareklas aaO, Kühl aaO 252 ff. Diese Letztbezüglichkeit auf den Menschen wird bestätigt durch die am 15. 11. 1994 in Kraft getretene *Staatszielbestimmung* zum *Schutz der Umwelt (Art. 20 a GG*, BGBl I 3146, dazu Kloepfer DVBl 96, 76,

Murswiek NVwZ 95, 225), wonach der „Staat auch in Verantwortung für die künftigen Generationen die natürlichen Lebensgrundlagen ... schützt." Diese im Kern anthropozentrische Sichtweise hindert jedoch nicht, den (Lebens- bzw. Gesundheits-) Schutz des Menschen durch überindividuelle Schutzgüter zu mediatisieren, wie dies etwa auch bei der Verkehrssicherheit (vgl. § 315 RN 1) oder der Wirtschaftsordnung heute als selbstverständlich geschieht. Verfassungsrechtlich sollten keine Zweifel bestehen, über die existentiellen Individualrechtsgüter hinaus auch Gemeinwohlinteressen zur Abwendung von Gefahren für die humanen Lebensbedingungen gegenwärtiger und zukünftiger Generationen relativ selbständige Umweltgüter anzuerkennen (Lagodny aaO 440). Unter Legitimitätsgesichtspunkten steht deshalb nichts im Wege, bei den §§ 324 ff. einen doppelten Rechtsgutsbezug mit fließenden Übergängen und unterschiedlichen Akzentuierungen anzunehmen, der zukunftsbezogen und mit den realen Verhältnissen wandelbar ist (Ronzani aaO 43): einerseits bald der Mensch selbst, andererseits bestimmte Umweltgüter in ihrer Funktion für die Allgemeinheit (so oder ähnlich die hM, zB Kareklas aaO 110, Kühl aaO 262, Kuhlen ZStW 105, 703, Lackner/Kühl 7, Rengier NJW 90, 2509, Steindorf LK 12 f., vgl. auch BGH NStZ **87**, 323, stärker ideell Martin aaO 33; and. Hohmann aaO u. GA 92, 76, der von einem zu engen, allein personale Rechtsgüter umfassenden Rechtsgutsbegriff ausgehend die Umweltdelikte als abstrakte Leibesgefährdungsdelikte deuten will, vgl. auch Hassemer ZRP 92, 383; krit. Kuhlen ZStW 105, 703, Müssig aaO 221 ff., Schünemann GA 95, 205, Vogel StV 96, 110; diff. Schulz aaO 277). Zu beachten ist, daß die Funktion der ökologischen Rechtsgüter je nach Tatbestand bald eher relativ selbständig, zB § 324, bald stärker konturiert durch staatliche Umwelt-Schutzprogramme, zB § 324a, zu begreifen ist bzw. ihr Gehalt auch maßgebend (mit-) bestimmt wird durch (gesetzlich präzisierte) Entscheidungs- und Kontrollbefugnisse der Verwaltungsbehörden, zB § 327 (weitergehend Kindhäuser Helmrich-FS 983, Perschke, wistra 96, 164, Rengier NJW 90, 2513, Tröndle/Fischer § 327 RN 1, vgl. Heine/Meinberg, DJT-Gutachten D 38, Winkelbauer JuS 88, 693; and. zB Schünemann, Triffterer-FS 452). Zu beachten ist weiter, daß sich, wiederum tatbestandsspezifisch, Schwierigkeiten ergeben, adäquate Begrenzungen vorzunehmen (auf straftheoretischer Grundlage Seelmann, in: Nida-Rümelin/v. d. Pfordten, 281, Wohlers aaO [vor § 306] 142 ff. Ferner Heine, in Nida-Rümelin/v.d.Pfordten 293 auch mit Hinweisen auf Konsequenzen auf den AT-StGB und das Verfahrensrecht, dazu auch Heine ZUR 95, 66).

III. Das Umweltstrafrecht enthält vorwiegend **Gefährdungsdelikte.** Ein Erfolg in Gestalt einer **9** feststellbaren Beeinträchtigung des Umweltgutes wird u. a. in §§ 324 (Gewässerverunreinigung), 324a (Bodenverunreinigung) sowie bei den Regelbeispielen des § 330 Abs. 1 S. 2 Nr. 1 u. 3 (besondere Beeinträchtigung von Umweltgütern, nachhaltige Schädigung von Tier- oder Pflanzenbeständen) vorausgesetzt; zur Kausalität zwischen den Tathandlungen und den Gefährdungserfolgen vgl. Möhrenschlager WuV 84, 55. Klassische Erfolge sind als Qualifikationsmerkmale in §§ 330 Abs. 2 Nr. 2 u. 330a Abs. 2 vorgesehen. Neben konkreten Gefährdungsdelikten (vgl. 2, 5 ff. vor § 306), wie §§ 328 III, 330a, gibt es Tatbestände, die zu ihrer Vollendung die Herbeiführung eines Zustandes oder Handlungen voraussetzen, die geeignet sind, das jeweils geschützte Rechtsgut zu schädigen. Dabei kann zweifelhaft sein, ob der Zustand als solcher schon die Beeinträchtigung eines Umweltgutes (§§ 325, 325a: Reinheit der Luft, Ruhe) und damit einen Erfolg darstellt (vgl. § 325 RN 1). So setzt § 325 zB Veränderungen der Luft oder § 325a eine Lärmverursachung voraus, die geeignet ist, die Gesundheit anderer zu schädigen. Diese Delikte werden überwiegend als potentielle (so etwa Tröndle/Fischer § 325 RN 1, Lackner/Kühl § 325 RN 1) oder abstrakt-konkrete Gefährdungsdelikte bezeichnet (vgl. BT-Drs. 8/3633 S. 27, Rogall JZ-GD 80, 104, Steindorf LK § 325 RN 1, Tiedemann aaO 31; diff. Zieschang aaO [vor § 306] 205); in Wahrheit handelt es sich jedoch nur um eine Spielart der abstrakten Gefährdungsdelikte (vgl. 3 vor § 306, Martin aaO 98, Pfeiffer aaO 14), bei denen der Richter auf der Grundlage eines naturgesetzlich abgesicherten Erfahrungswissens beurteilen muß, ob das Verhalten oder der Zustand die Schädigung des jeweils geschützten Rechtsguts befürchten läßt. Es ist nicht erforderlich, daß die konkreten Faktoren, aus denen sich die Schädigungseignung ergibt, schon einmal zu einem Schaden geführt haben (Steindorf LK § 325 RN 5; and. Horn SK § 325 RN 5, Rudolphi NStZ 84, 250). Ein Erfahrungssatz, der eine Gefährlichkeitsprognose zuläßt, kann gebildet werden, ohne daß die Gefahr in der Vergangenheit schon einmal zu einem Schaden geführt hat; so war die Gefährlichkeit einer Reaktorüberhitzung evident, auch bevor es zu einer Katastrophe gekommen war (Tschernobyl). Schwieriger ist die Frage zu beantworten, auf welche Einzelfaktoren das Eignungsurteil zu stützen ist. So stellt sich etwa bei der Luftverunreinigung nach § 325 die Frage, ob neben der Schädlichkeit der emittierten Stoffe auch die Besiedlungsdichte, die Höhe des Schornsteins oder gar die Wetterverhältnisse zur Tatzeit bei der Beurteilung zu berücksichtigen sind (vgl. hierzu Tiedemann aaO 31 f., Pfeiffer aaO 177 ff.); diese Frage kann verbindlich nur für den jeweiligen Tatbestand geklärt werden (vgl. etwa § 324a RN 11, § 325 RN 18, § 326 RN 8 [zu Abs. 1 Nr. 4]), allgemeine Grundsätze lassen sich bislang nicht aufstellen. Zum Eignungsurteil Hoyer aaO (vor § 306) 163 ff., vgl. auch Zieschang aaO (vor § 306) 105 ff.

Bei den Umweltdelikten sind die oben 3a vor § 306 genannten Prämissen zu berücksichtigen, **10** wonach auch bei überindividuellen Rechtsgütern ausnahmsweise Beschränkungen der Strafbarkeit erfolgen (and. 25. A.). Anderes folgt für den Umweltschutzbereich auch nicht aus der Minimalklausel des § 326 VI (Martin aaO 106 f., Schittenhelm GA 83, 320, Triffterer aaO 215; and. Lackner/Kühl § 326 RN 12, Laufhütte/Möhrenschlager ZStW 92, 960), die einen **objektiven Strafausschließungsgrund** für jene Fälle bringt, in denen schädliche Umwelteinwirkungen (allein) wegen der

„geringen Menge" der Abfälle „offensichtlich ausgeschlossen sind". Sie stellt eine Restriktion ansonsten weitergehender Einschränkungsmöglichkeiten dar und hat eine (mißglückte) Funktion nur im Zusammenhang der Abfallvorschriften zu erfüllen. Denn die Ausrichtung auf die Quantität der Abfälle ist schon deshalb ein gesetzgeberischer Fehlgriff, weil sie eine sinnvolle Abgrenzung zu den Ordnungswidrigkeiten des § 61 I Nr. 1 u. Nr. 2 KrW-/AbfG erschwert (Heine in: Brandt u. a. KrW-/AbfG, § 61 RN 26; zu Einzelheiten vgl. § 326 RN 8, 17 ff.). Zu weiteren Fällen einer Beschränkung der Strafbarkeit o. 62, 130 a vor 32. Zur Genehmigungsfähigkeit u. 19.

11   **IV.** Aus der bereits o. 4 beschriebenen **Verknüpfung des Verwaltungsrechts mit den Umweltstrafbestimmungen** erwächst eine Vielzahl von Problemen. Dabei stellt sich zunächst die Frage nach dem systematischen Standort der verwaltungsrechtlichen Merkmale (Tatbestand, Rechtswidrigkeit), was insb. für Vorsatz- und Irrtumsfragen (vgl. dazu u. 23) von Bedeutung ist. Weiterhin ist zu klären, an welchem verwaltungsrechtlichen Bezugspunkt (materielle Rechtmäßigkeit, Bestandskraft) die strafrechtliche Akzessorietät zu orientieren ist. Schließlich ist zu erörtern, welche Auswirkungen die Beseitigung rechtswidriger Verwaltungsakte auf die Strafbarkeit hat; zu den sich aus der Akzessorietät ergebenden Problemen vgl. Samson JZ 88, 800 ff., Heine NJW 90, 2425 ff., Otto Jura 91, Rühl JuS 99, 521, 308, M. Schröder VVdStRL 50, 197, Paeffgen Stree/Wessels-FS 587, rechtsvergleichend Faure/Oudijk JZ 94, 86, Heine ZStW 101, 722, ders. Duke Environmental and Policy Forum 1992, 106, ders./Catenacci ZStW 101, 163, ders./Waling JR 89, 402 sowie die von Heine herausgegebene Reihe des Max-Planck-Instituts für ausländisches und internationales Strafrecht Freiburg „Arbeiten zum Umweltrecht", u. a. mit Landesberichten zu den wichtigsten Industrienationen und Entwicklungsländern. Ferner Faure/Heine, Environmental Criminal Law in the European Union, 2000 (mehrsprachig).

12   **1.** Der Gesetzgeber hat die Bestimmungen des Umweltstrafrechts im Hinblick auf die **Verknüpfung mit dem Verwaltungsrecht** auch nach der durch das 31. StÄG herbeigeführten Vereinheitlichung durch verstärkte Bezugnahme auf die Legaldefinition der „verwaltungsrechtlichen Pflichten" (§ 330 d Nr. 4) noch teils unterschiedlich formuliert (krit. Breuer JZ 94, 1090). In der Mehrzahl der Tatbestände muß das Verhalten „unter Verletzung verwaltungsrechtlicher Pflichten" erfolgen (§§ 311 I, 324 a I, 325 I, 325 a, 328 III), wobei zT zusätzlich eine „grobe" Pflichtverletzung vorausgesetzt wird (§§ 311 III Nr. 2, 325 II, 328 III). Während damit auch Verstöße gegen Rechtsnormen erfaßt sind, kommen bei einem Verhalten „entgegen einer vollziehbaren Untersagung" (§§ 327, 328 I, II) allein Zuwiderhandlungen gegen Verwaltungsakte in Betracht. Diese im Einzelfall unterschiedlichen Verbindungen des Umweltverwaltungsrechts mit den Strafvorschriften stellen zunächst sicher, daß sich jedenfalls derjenige grundsätzlich (zu Ausnahmen vgl. u. 17 und § 330 d Nr. 5) nicht strafbar macht, der sein Verhalten nach den einschlägigen Rechtsvorschriften und Verwaltungsentscheidungen ausrichtet (hM, vgl. Frisch aaO 10 f., Heine/Meinberg DJT-Gutachten D 46 ff., Triffterer Umweltstrafrecht 83 f.). § 330 d Nr. 4 garantiert zudem, anders als im Ordnungsrecht (Heine in: Brandt u. a. § 61 RN 72), eine bestimmte Qualität behördlichen Handelns. Damit ist jedoch nicht gesagt, ob bereits die Tatbestandsmäßigkeit fehlt oder erst die Rechtswidrigkeit des Verhaltens ausgeschlossen wird. Diese Frage des **systematischen Standorts** ist für jeden Straftatbestand gesondert zu beantworten (so auch Bloy ZStW 100, 501). Dabei dürften folgende Gesichtspunkte leitend sein:

13   a) Soweit der Gesetzgeber – wie bei den meisten Umwelttatbeständen – ein Handeln gegen bestimmte Rechtsvorschriften oder Verwaltungsakte oder ohne Genehmigung in der Strafnorm selbst ausdrücklich voraussetzt, soll insoweit bereits die **Tatbestandsmäßigkeit** eingegrenzt werden (vgl. Horn SK 6, Steindorf LK § 324 a RN 58, 325 RN 26, Tiedemann aaO 25, Triffterer Umweltstrafrecht 94 ff., Tröndle/Fischer 4 b, Ensenbach aaO 31 ff.; diff. Martin aaO 184 ff.); vgl. auch § 330 d RN 9 ff. Für diese Auffassung sprechen vor allem die Gesetzesformulierungen und Materialien (vgl. etwa u. § 325 BT-Drs. 8/2362 S. 15). Für den Fall, daß zwar die erforderliche Genehmigung – zB nach § 7 AtomG i. R. d. § 327 – nicht vorliegt, wohl aber ein das Verhalten gestattender rechtswidriger Verwaltungsakt – zB ein Vorab-Bescheid – will das LG Hanau (NJW **88**, 571, NStZ **88**, 179 m. krit. Bspr. Dolde NJW 88, 2329, Horn NJW 88, 2335 u. Winkelbauer JuS 88, 691, vgl. auch Schünemann Triffterer FS 450) eine Rechtfertigung annehmen.

14   b) Hingegen erweist sich die Einordnung bei den Straftatbeständen als schwieriger, die ein **„unbefugtes"** Verhalten voraussetzen (§§ 324, 326). Die wohl hM sieht hierin durchweg ein allgemeines Deliktsmerkmal der Rechtswidrigkeit (so etwa Lackner/Kühl § 324 RN 8, Horn SK § 324 RN 6, Sack § 324 RN 59 ff., Schall NStZ 97, 578, Tröndle/Fischer 4 b, § 324 RN 7, § 326 RN 10, Tiedemann aaO 15, 25, Tiedemann/Kindhäuser NStZ 88, 343, Ensenbach aaO 20, 135, Steindorf LK § 324 RN 73, § 326 RN 133, Schünemann wistra 86, 238 u. Triffterer-FS 454; krit. Triffterer, Umweltstrafrecht 84 ff., Erdt aaO 91 ff. [Fehlen einer Genehmigung als objektive Strafbarkeitsbedingung], Hundt aaO 85 ff., Frisch aaO, 34 ff.). Vgl. BGH NJW **94**, 671. Hiergegen könnte eingewandt werden, daß diesem Merkmal dort, wo – wie etwa im Wasserhaushaltsrecht hinsichtlich Sondernutzungen (Einleitung wasserbelastender Stoffe) – verwaltungsrechtlich ein Verbot mit Genehmigungsvorbehalt existiert, die gleiche Funktion zukommt, wie dem Merkmal „ohne Genehmigung". Sieht man das tatbestandsmäßige Verhalten in einem nachteiligen Verändern der Wassereigenschaften entgegen verwaltungsrechtlichen Vorschriften, so wäre das Genehmigungserfordernis Tatbestandsmerkmal. Schließlich könnte dem Merkmal eine Doppelfunktion zukommen (vgl. 65 ff § 13, § 326

RN 16). Schon nicht tatbestandsmäßig wäre dann die Einleitung wasserbelastender Stoffe, wenn sie mit Genehmigung der das Wasser als Umweltgut verwaltenden Behörde erfolgt; im übrigen würde das Merkmal auf mögliche Rechtfertigungsgründe, etwa § 34, hinweisen. Bei § 326 (vgl. dort RN 16) besitzt das Merkmal eine Doppelfunktion; soweit nämlich bestimmte Abfälle außerhalb einer Anlage beseitigt werden dürfen, begrenzt diese „Befugnis" den Tatbestand. Im Falle des § 324 dürfte folgende Überlegung maßgeblich sein: Da § 324 von einer Verunreinigung oder nachteiligen Eigenschaftsänderung spricht, also als tatbestandsmäßiges Verhalten und als Erfolg eine objektiv feststellbare Umweltveränderung beschreibt, ist der Tatbestand gegeben, wenn der Täter den genannten Erfolg herbeiführt. Von hier aus betrachtet kann dem Merkmal „unbefugt" die Funktion eines allgemeinen Verbrechensmerkmals der Rechtswidrigkeit zuerkannt werden (diff. Winkelbauer, Verwaltungsakzessorietät 24).

2. Für alle Fallgestaltungen stellt sich die Frage, ob es auf die Rechtmäßigkeit oder aber die Wirksamkeit der Verwaltungsentscheidung ankommt, bzw. inwieweit die verwaltungsrechtlichen Normen in das Strafrecht hineinwirken (**"Verwaltungsrechts-Akzessorietät"**, vgl. Heine/Meinberg DJT-Gutachten D 125 f.). **15**

a) Im Vordergrund steht hier die Frage, wie sich die **Fehlerhaftigkeit** einer Verwaltungsentscheidung auf die Strafbarkeit des im Einklang mit dieser Entscheidung handelnden Täters auswirkt, d. h. welchen Einfluß sie auf Tatbestandsmäßigkeit oder Widerrechtlichkeit hat. Im Schrifttum werden hier höchst kontroverse Standpunkte vertreten. **16**

α) Nach hM ist im **Einklang** mit **verwaltungsrechtlichen Grundsätzen** zwischen Wirksamkeit und Nichtigkeit eines Verwaltungsaktes zu unterscheiden. Im Sinne des § 44 VwVfG nichtige Verwaltungsakte sind auch strafrechtlich unbeachtlich. Bei nicht auf der inhaltlichen Unrichtigkeit des Verwaltungsakts bezogenen Nichtigkeitsgründen (zB § 44 II Nr. 1, 3 VwVfG) kann dies allerdings zu Härten führen. Der Vorschlag, wie bei sonstigen formellen Fehlern zugunsten des Täters nur für das geschützte Rechtsgut erhebliche Inhaltsmängel auf das Strafrecht durchschlagen zu lassen, verdient jedenfalls dann Beachtung, wenn Straflosigkeit nicht schon wegen mangelnder Kenntnis bzw. Erkennbarkeit der Nichtigkeit eintritt (vgl. Kuhlen WuV 92, 226, Paeffgen Stree/Wessels-FS 592, Rogall GA 95, 310). Bei belastenden Verwaltungsakten, wie Untersagungen, Anordnungen oder Auflagen, kann es nur auf die Wirksamkeit der Entscheidung ankommen, da auch rechtswidrige Verwaltungsakte, sofern sie nicht nichtig sind, mit Erlangung der Bestandskraft oder wegen sofortiger Vollziehbarkeit von den Betroffenen zu beachten sind (vgl. BGH **23** 91, Heine/Meinberg DJT-Gutachten D 48 f., Horn SK 7, NJW 81, 2, Kloepfer/Vierhaus aaO RN 33, MG/Pfohl 1443, Steindorf LK 39, Tröndle/Fischer 4 b, Tiedemann aaO 39, Lackner/Kühl § 325 RN 7, Rudolphi ZfW 82, 202, NStZ 84, 197, Ensenbach aaO 141 ff., Keller Rebmann-FS 246 ff.). Auch bei begünstigenden Verwaltungsakten wie Genehmigungen (allgemein dazu vgl. 61 ff. vor § 32) kommt es grundsätzlich – d. h. in dem von § 330 d Nr. 5 gezogenen Rahmen – auf die Bestandskraft und nicht auf die materielle Richtigkeit der Entscheidung an (Heine/Meinberg DJT-Gutachten D 49, Horn SK 7, NJW 81, 2, Immel Umweltuntreue 130 ff., Nappert aaO 181 ff., Rogall Köln FS 525, Rühl JuS 99, 526, Steindorf LK 39, Tröndle/Fischer § 324 RN 7; vgl. auch LG Hanau NJW **88**, 571, NStZ **88**, 179 m. Bspr. Dolde NJW 88, 2329, Horn NJW 88, 2335 u. Winkelbauer JuS 88, 691, StA Stuttgart NStE **Nr. 9** zu § 327; and. wohl Frankfurt NJW **87**, 2756, Rademacher aaO 165 ff., Schall NJW 90, 1267, Schmitz aaO 49 ff.). Auch der Gesetzgeber ist bei Einfügung von §§ 330 d Nr. 5 durch das 31. StÄG von der Geltung dieser fundamentalen staatlichen Ordnungsprinzipien ausgegangen (vgl. B/W-Mitsch 366, Nappert aaO 186, Rogall GA 95, 317, Rühl JuS 99, 526, Steindorf LK § 324 RN 56, o. 62 vor § 32 u. § 330 d Nr. 26, 30; anders wohl Fortun aaO 133, Lackner/Kühl § 324 RN 10). **16 a**

β) Hiervon abweichend, freilich bislang ohne Auslotung der Konsequenzen aus Schaffung des § 330 d Nr. 5, will eine starke Mindermeinung die Frage der Beachtlichkeit der Verwaltungsentscheidung nach genuin **strafrechtlichen Gesichtspunkten** entscheiden, wobei die Lösungswege verschieden sind. So wird für eine eigenständige, vom Verwaltungsrecht gelöste „Nichtigkeitsprüfung" plädiert (vgl. Lorenz DVBl. 71, 170 [für belastende Verwaltungsakte], Schünemann wistra 86, 239 [für begünstigende Verwaltungsakte]) mit dem Ergebnis, daß nicht bloß die nach § 44 VwVfG als nichtig zu beurteilenden Verwaltungsakte unbeachtlich sind, sondern auch solche, die strafrechtlichen Grundsätzen widersprechen (Schünemann aaO). Dies kann aber nicht bedeuten, daß jede sachwidrige Ermessensentscheidung schon zur strafrechtlichen Nichtigkeit führt. Im Ergebnis würde diese Auffassung dazu führen, daß ein Teil der wirksamen Verwaltungsakte im Strafrecht unbeachtlich bliebe, weil sie spezifisch strafrechtlichen Grundsätzen (welchen?) zuwiderliefen. Außerdem könnte dies dazu führen, daß der gleiche Verwaltungsakt durch verschiedene Strafgerichte in seiner Beachtlichkeit unterschiedlich beurteilt würde. Damit ist der Rechtsunsicherheit aber Tür und Tor geöffnet. **16 b**

Eine andere Lösung geht dahin, die Strafbarkeit auf Verstöße gegen **rechtmäßige belastende Verwaltungsakte** zu beschränken (Arnhold JZ 77, 789, Gerhards NJW 78, 86, Ostendorf JZ 81, 167, Perschke wistra 96, 164 f., Wüterich NStZ 87, 107, Schmitz aaO 67 ff.; diff. Rühl JuS 99, 528). Dem liegt der Gedanke zugrunde, daß auch die Verwaltungsbehörde an das Gesetz gebunden ist, der Täter also nur einen Gesetzesverstoß (Art. 103 GG) begeht, wenn der verletzte Tatbestand durch eine gesetzeskonforme Entscheidung der Verwaltungsbehörde ergänzt ist (Kühl Lackner-FS 853, Bergmann aaO 179 ff.). Trotz dieser bemerkenswerten Argumente kann dem aber nicht gefolgt werden, weil die etwaige Rechtswidrigkeit eines existent gewordenen Verwaltungsaktes erst festgestellt werden muß. Ob die Behörde gesetzeskonform oder gesetzwidrig entschieden hat, muß dabei der Beurteilungs- **16 c** kompetenz der Verwaltungsgerichte überlassen bleiben (and. Kühl Lackner-FS 855). Bei Ermessensentscheidungen kann der Beurteilungsrahmen nicht durch die Strafgerichte ausgefüllt werden. Auf der Grundlage dieser Auffassung bleibt überdies die Möglichkeit divergierender Strafentscheidungen. Der Täter müßte einen wirksamen, aus seiner Sicht aber rechtswidrigen Verwaltungsakt nicht einmal anfechten; er könnte sich auf § 16 berufen, wenn er glaubt, die Untersagung usw. sei rechtsfehlerhaft. Mit dem Prinzip der Einheit der Rechtsordnung, zu deren Bestandteil auch die Beurteilungskompetenz von Verwaltungsakten gehört, ist diese Auffassung nicht in Einklang zu bringen. Otto (Jura 91, 312) will diesen Nachteil durch Annahme eines aber seinerseits systemkonform nicht begründbaren ,Strafaufhebungsgrunds eigener Art' bei positiver Kenntnis des Täters von der materiellen Rechtswidrigkeit des belastenden Verwaltungsaktes vermeiden. Schließlich liegt – entgegen Perschke wistra 96, 165 und Wiedemann aaO 278, 284 ff. unter Berufung auf BVerfG NJW **93**, 582 – bei Zugrundelegung der hM (o. 16 a) kein Verstoß gegen das verfassungsrechtliche Bestimmtheitsgebot vor, weil sich jedenfalls aus einem Umkehrschluß aus § 330 d Nr. 5 der maßgebende Bezugspunkt (o. 16 a) hinreichend deutlich ergibt. Bei **begünstigenden Verwaltungsakten** (Genehmigungen), deren Rechtmäßigkeit nach dieser Auffassung ebenfalls nach strafrechtsspezifischen Gesichtspunkten zu beurteilen ist, wird dem Täter als Erlaubnisadressaten überdies das Prüfungs- und Beurteilungsrisiko aufgebürdet, was zu unerträglichen Konsequenzen führt (vgl. Immel Umweltuntreue 131, 136). Daher geht der Vorschlag zu weit, unter Aufgabe der Verwaltungsaktakzessorietät für die strafrechtliche Betrachtungsweise allein auf die Wertungen des materiellen Verwaltungsrechts abzustellen, das geltende Umweltstrafrecht also verwaltungsnormakzessorisch zu deuten (dafür Schall NJW 90, 1267, wistra 92, 1, NStZ 92, 213, Schöndorf NJ 91, 129, Schünemann aaO u. Triffterer-FS 447, Schmitz aaO, Frisch aaO 52 f., Schwarz GA 93, 318, Horn SK 11 a; diff. Perschke wistra 96, 165; krit. Rogall GA 95, 313). Nach dieser Lösung sollen strafrechtlich beachtlich allein die Wertungen des materiellen Verwaltungsrechts sein, während belastende wie begünstigende rechtswidrige Verwaltungsakte die strafrechtliche Beurteilung nicht binden. Daß selbst tatbestandsausschließende Genehmigungen im Falle der Rechtswidrigkeit nicht die im Sinne des jeweiligen Tatbestands „erforderliche" Genehmigung darstellen sollen, wird damit begründet, daß das Erforderlichkeitsurteil nicht an das Verwaltungsverfahren anzuknüpfen habe, sondern auch hier allein die nach materiellen Verwaltungsrecht bestehenden Verhaltenspflichten maßgeblich seien (Frisch aaO 112 ff., Schmitz aaO 62 ff., Schwarz GA 93, 327; krit. Jünemann aaO 63, Rogall GA 95, 315, Scheele aaO 137). Da auch die Annahme, bei Unkenntnis der Rechtswidrigkeit sei ein Tatbestands- bzw. Erlaubnistatbestandsirrtum anzunehmen (Schmitz aaO 36 f., 74), für den Normadressaten keine ausreichende Begrenzung des Beurteilungsrisikos bewirkt, führt diese Auffassung jedoch allenfalls dann zu befriedigenden Ergebnissen, wenn der Bürger von ihm veranlaßte Unrichtigkeit der Entscheidung kennt (vgl. Schünemann UTR 26, 168; ferner § 330 d RN 23 f.). Diesen Bestrebungen zu einer Ablösung von der Verwaltungsakt-Akzessorietät kann daher nicht gefolgt werden, weil die gesetzlichen Vorgaben des geltenden Umweltrechts in so starkem Ausmaß auf eine verbindliche Konkretisierung durch Verwaltungsentscheidungen angelegt sind, daß Rechtssicherheit und gebotener Vertrauensschutz des Normadressaten gefährdet werden, wenn die vorrangige Konkretisierungskompetenz der Umweltverwaltungsbehörden mißachtet wird (Rogall GA 95, 315, Rühl JuS 99, 526, M. Schröder DÖV 90, 1057, VVDStRL 50, 211 ff., Breuer AöR 115, 448 ff., JZ 94, 1083 f.; aus Vertrauensschutzerwägungen iE für grundsätzliche Beachtlichkeit rechtswidriger begünstigender Verwaltungsakte daher auch Frisch aaO 69 ff., Schwarz GA 93, 325). Aus den gleichen Gründen kann auch der Ansicht von Winkelbauer (aaO 68 ff.) nicht gefolgt werden, der mit vielen Differenzierungen zwischen zutreffenden und unzutreffenden Verwaltungsakten sowie danach unterscheidet, ob durch eine Genehmigung der Tatbestand oder die Widerrechtlichkeit ausgeschlossen ist (gegen ihn Schünemann wistra 86, 240). Einen vermittelnden Lösungsweg will Geulen (ZRP 88, 325) beschreiten. Soweit eine Genehmigung nach verwaltungsrechtlichen Maßstäben rechtmäßig sei, könne eine Strafbarkeit nicht in Betracht kommen, da jedenfalls ein Rechtfertigungsgrund vorliege. Dagegen könne – entgegen der hM – eine rechtswidrige Genehmigung die Erfüllung eines objektiven Straftatbestandes nicht rechtfertigen. Korrekturen seien hier lediglich über die Anwendung der Grundsätze des Verbotsirrtums möglich (ähnlich Weber aaO, der dem Genehmigungsempfänger im Interesse der Rechtssicherheit und des Vertrauensschutzes einen persönlichen Strafausschließungsgrund iSd § 28 zuerkennt).

17 Schon bislang sollte sich nach hM auf eine Genehmigung nicht berufen dürfen, wer dadurch **rechtsmißbräuchlich** handelt (Horn SK 15, NJW 81, 3, Hill GewA 81, 188, Rudolphi ZfW 82, 202, Ostendorf JZ 81, 175; krit. Rogall Köln-FS 526, M. Schröder VVdStRL 50, 225, Frisch aaO 70 ff., Kuhlen WuV 92, 245 ff.). Für Umweltstraftaten nach §§ 324 ff. hat die Frage durch die in § 330 d Nr. 5 getroffene gesetzgeberische Entscheidung zwar ihre Bedeutung grundsätzlich verloren (vgl. § 330 d RN 23). Da § 330 d jedoch nur für den 29. Abschnitt und dort gilt, wo er – wie in § 311 I – ausdrücklich in Bezug genommen ist, stellt sich die Frage, wie die mit der Verwaltungsakzessorietät verbundenen Probleme in den übrigen, ungeregelt gebliebenen Fällen zu behandeln sind (vgl. Paetzold NStZ 96, 170). Daß die weitgehend deklaratorische Vorschrift des § 330 d Nr. 4 auf diese Tatbestände unanwendbar ist, wirkt sich nur insoweit aus, als Verstöße gegen Verpflichtungen aus öffentlichrechtlichen Verträgen nicht erfaßt werden können, weil die hierfür konstitutive Regelung des § 330 d Nr. 4 e außerhalb des 29. Abschnitts nur bei ausdrücklicher Bezugnahme gilt. Dagegen bereitet die Behandlung rechtsmißbräuchlich erlangter Genehmigungen Schwierigkeiten. Eine entsprechende Anwendung der in § 330 d Nr. 5 getroffenen Regelung verbietet sich schon wegen des Analogieverbots (Art. 103 II GG). Andererseits verbietet sich mangels jedes entsprechenden Anhaltspunkts in Wortlaut und Entstehungsgeschichte des § 330 d Nr. 5 jedoch auch der Umkehrschluß, außerhalb des Anwendungsbereichs dieser Vorschrift solle die Anwendung des ungeschriebenen Rechtsmißbrauchsgedankens für die Zukunft ausgeschlossen werden. Richtigerweise ist vielmehr davon auszugehen, daß insbes. für die außerhalb des 29. Abschnitts angesiedelten nebenstrafrechtlichen Umweltstraftatbestände und Ordnungswidrigkeiten die vor Einführung des § 330 d Nr. 5 entwickelten Grundsätze ihre Gültigkeit auch für die Zukunft behalten haben. Zwar hat sich die Diskussion bislang auf die §§ 324 ff. konzentriert. Die dort gewonnenen Ergebnisse sind jedoch für den gesamten Bereich des Straf- und Ordnungswidrigkeitenrechts maßgeblich. Die genaue Tragweite des Rechtsmißbrauchsgedankens muß hier weiterhin umstritten bleiben (zusf. zum bisherigen Streitstand Paeffgen Stree/Wessels-FS, 587 ff., Hundt aaO 22 ff., Jünemann aaO 40 ff., Kuhlen WuV 92, 222 ff., 245 ff., Rogall GA 95, 299, Weber Hirsch-FS 795). Richtigerweise wird man hier von folgenden Grundsätzen ausgehen müssen (vgl. auch Paetzold NStZ 96, 170):

Wegen Art. 103 II GG kann der **Mißbrauchsgedanke**, soweit der Tatbestand betroffen ist, ohne **17 a** gesetzliche Festschreibungen, wie sie nunmehr in §§ 330 d Nr. 5 StGB, 34 VIII AWG, 16 VI CWÜAG erfolgt sind, **keine Rolle spielen** (Lenckner Pfeiffer-FS 32 f., Heine ÖJZ 91, 373, Jünemann aaO 156, Rengier ZStW 101, 885, Rogall GA 95, 308 f.; and. Schmitz aaO 62 ff., Frisch aaO 112 ff., Schwarz GA 93, 327 f., Rudolphi DVBl 96, 303, Keller Rebmann-FS 258). Seine Berücksichtigung kommt allenfalls in Betracht, sofern die behördliche Erlaubnis als Rechtfertigungsgrund dient (Lenckner Pfeiffer-FS 37 ff., Horn SK 19; auch insoweit ablehnend Rengier ZStW 101, 888, Kuhlen WuV 92, 245 ff., Scheele aaO 101 ff., 142 ff., Steindorf Salger-FS 180 f.). Im Bereich des Nebenstrafrechts und Ordnungswidrigkeitenrechts spielt die rechtfertigende Genehmigung aber kaum eine Rolle, weil bei den hier vorherrschenden Blankettatbeständen das Genehmigungserfordernis fast durchweg als Tatbestandsmerkmal fungiert. Daß § 330 d Nr. 5 auf außerhalb des 29. Abschnitts angesiedelte Tatbestände unanwendbar ist, hat daher zB zur Folge, daß zwar der Betrieb einer aufgrund einer rechtsmißbräuchlich erlangten Genehmigung errichteten Anlage nach § 327 StGB strafbar sein kann, die fehlerhaft genehmigte Errichtung oder Änderung selbst dagegen nicht nach § 62 I Nr. 1 u. 4 BImSchG usw. faßbar ist (and. Weber Hirsch-FS 806 ff.). Ähnlich ist bei Scheitern des Nachweises der in § 324 a vorausgesetzten Schädigungseignung zB ein Handeln aufgrund einer rechtsmißbräuchlich erlangten Genehmigung zur Ausbringung von Klärschlamm usw. nicht über § 61 I Nr. 5 KrW-/AbfG iVm § 9 Klärschlamm-VO (v. 15. 4. 1992, BGBl. I 1912) ahndbar (Heine, in Brandt u. a. aaO § 61 RN 39). Die Schaffung einer nicht bereichsspezifischen Regelung der Problematik im Allgemeinen Teil des StGB wäre daher vorzugswürdig gewesen (Wimmer JZ 93, 72, Steindorf Salger-FS 183). De lege lata bleiben jedoch außerhalb des abschließend umgeschriebenen Anwendungsbereichs des § 330 d Nr. 5 (vgl. dazu 330 d RN 25) weiterhin die inhaltlich nicht unerheblich von dem in § 330 d Nr. 5 gewählten Regelungskonzept abweichenden allgemeinen Grundsätze zur Behandlung rechtsmißbräuchlich erlangter fehlerhafter Genehmigungen maßgeblich; vgl. näher 63 ff. vor § 32.

Die Rechtsmißbrauchsproblematik läßt sich teilweise durch genaue **Beachtung** der **verwaltungs-** **17 b** **rechtlichen Grenzen** von Genehmigungen entschärfen (Heine NJW 90, 2431 f., Rengier ZStW 101, 900, Rogall aaO 183, Kuhlen WuV 92, 242 f.). Schon verwaltungsrechtlich nämlich steht einer fehlenden Genehmigung eine vorhandene Genehmigung gleich, die nicht den rechtlich geforderten Umfang hat; in diesen Fällen bedarf es der durch § 330 d Nr. 5 anerkannten Rechtsmißbrauchslösung nicht. Vorrang hat daher stets die durch Auslegung des Genehmigungsinhalts zu klärende Frage, welche Verhaltensweisen vom Genehmigungsumfang überhaupt umfaßt sind. Hierzu ist der Strafrichter eigenverantwortlich, aber unter Beachtung verwaltungsrechtlicher Grundsätze (zu diesen Fluck VerwArch 79, 420, Kuhlen WuV 92, 242, Hirsch LK 165 vor § 32) verpflichtet, vgl. BGH **31** 314. Da gerade nicht das Prinzip gilt, daß alles erlaubt ist, was in der Genehmigung nicht verboten ist, sondern verboten ist, was von der Genehmigung nicht gestattet wird, ist vom Umfang einer umweltrechtlichen Genehmigung nur erfaßt, was vom Antragsteller zur Genehmigung gestellt und worüber folglich von der Behörde entschieden worden ist (BVerwGE **84** 220, 226, Pudenz UPR 90 331). Vom Antragsteller verschwiegene oder auch nur übersehene Betriebs- oder Funktionsweisen oder Gefährdungsarten der zur Genehmigung gestellten Anlage schränken daher, sofern sie nicht nur bloße Genehmigungsvoraussetzungen betreffen, sondern in deren Inhalt eingegangen sind, den Umfang der Genehmigung entsprechend ein. In diesem Fall ist der in Wahrheit gegebene Sachverhalt schon gar nicht als genehmigt anzusehen (Braunschweig ZfW **91**, 52, Heine NJW 90, 2433, Rengier ZStW 101, 900, Seibert, Die Bindungswirkung von Verwaltungsakten, [1989], 319 ff.; vgl. Düsseldorf NStZ **88**, 321, Holthausen NStZ 88, 206, 256). Daß der objektive Erklärungsgehalt der Genehmigung im Erteilungszeitpunkt deren Umfang bestimmt, kann auch dazu führen, daß eine Altgenehmigung im Genehmigungszeitpunkt unbekannte, erst später erkennbar werdende Gefährdungsfolgen des Anlagenbetriebs schon gar nicht legalisieren wollte (Braunschweig ZfW **91**, 52, OVG Hamburg GewArch **92**, 350, Rogall aaO 185; zur Auslegung von Altgenehmigungen vgl. auch Düsseldorf wistra **94**, 73). Eine zusätzliche Begrenzung der Tatbestandswirkung umweltrechtlicher Genehmigungen ergibt sich, wenn man die strafrechtliche Beachtlichkeit von Genehmigungen entsprechend den bei der polizeilichen Gefahrenabwehr geltenden Grundsätzen daran ablehnt, wenn trotz bestehender Genehmigung ein Einschreiten aufgrund der polizeilichen Generalklausel möglich wäre (Heine NJW 90, 2431 u. DtZ 91, 426, Rengier ZStW 101, 895, Otto Jura 91, 312; and.

Vorbem. §§ 324 ff. 18–20

Steindorf LK 36, der eine Polizeiverfügung verlangt; dagegen Scheele aaO 159; vgl. auch Frisch aaO 84 f., Peine JZ 90, 201).

18 b) Ist eine Genehmigung **befristet** und setzt der Täter die ursprünglich erlaubte Handlung nach Ablauf der Befristung fort, so ist dieses Verhalten tatbestandsmäßig bzw. rechtswidrig (vgl. auch Stuttgart NJW **77**, 1408 m. Anm. Sack JR 78, 295), weil die erforderliche Genehmigung zum Tatzeitpunkt nicht mehr vorliegt.

19 c) Auf die **Genehmigungsfähigkeit,** d. h. auf Umstände, welche die Erteilung einer Genehmigung rechtfertigen würden, kann es ebenfalls nicht ankommen, so daß Handlungen, die vor Erteilung der Genehmigung vorgenommen werden, grundsätzlich tatbestandsmäßig bzw. rechtswidrig sind (vgl. Horn SK 9, MG/Pfohl 1442 f., Perschke wistra 96, 167, Rogall Köln-FS 525, Rengier ZStW 101, 902 ff., M. Schröder VVDStRL 50, 226, Steindorf LK 43; krit. Bloy JuS 97, 586, Otto Jura 95, 141, vgl. auch § 331 RN 51 ff.). Maßgeblich ist allein die öffentlichrechtliche Rechtslage im Tatzeitpunkt, nicht, ob das Täterverhalten uU genehmigt worden wäre (BGH **37** 28). Abweichend hiervon nimmt Brauer aaO 123 ff. bei Genehmigungsfähigkeit bloßen Versuch an. Wird nachträglich durch eine Gerichtsentscheidung festgestellt, daß die Behörde zur Erteilung der Genehmigung verpflichtet war, kommt ein Strafaufhebungsgrund in Betracht (and. Rengier ZStW 101, 904); vgl. u. 21.

20 d) Bei **behördlichen Duldungen** geht es um Arten informellen Verwaltungshandelns, die in der Praxis besondere Bedeutung erlangt haben (zum Wandel im Umweltverwaltungsrecht Heine, in: Lange aaO 212 f.), gesetzlich nur ansatzweise geregelt sind (vgl. die Überblicke bei Gentzcke aaO 13 ff., Hüting aaO 16 ff.) und deshalb in ihren rechtlichen Konsequenzen bislang mehr Fragen aufwerfen als konsentierte Antworten bereithalten (Überblick zur Rspr. bei Hüting aaO 111 ff., Malitz aaO 28 ff., vgl. auch Frankfurt NStZ-RR **96**, 104). Allgemein kann eine bloße behördliche Duldung im Regelfall nicht den Tatbestand bzw. die Rechtswidrigkeit ausschließen (zB Hallwaß aaO, Hermes/Wieland aaO 103 ff., Hirsch LK 172 vor § 32, Kloepfer/Vierhaus aaO 39 f., Lackner/Kühl § 324 RN 12, Laufhütte/Möhrenschlager ZStW 92, 931 f., MG/Pfohl 1447 f., Sack § 324 RN 112 ff., Steindorf LK 46). Vgl. ferner hier 24. A., 63 a vor § 32; and. Wernicke NJW 77, 1664; diff. zwischen rechtmäßiger und rechtswidriger informaler Duldung Gentzcke aaO 210 ff., vgl. auch Hüting aaO 175 f.). Das muß jedenfalls dann gelten, wenn die Behörde von den fraglichen Vorgängen keine Kenntnis hat, oder diese nur stillschweigend hinnimmt (BGH **37** 28). Diese Ablehnung einer tatbestands- bzw. rechtswidrigkeitsausschließenden Wirkung einer behördlichen Duldung wird vor allem damit begründet, daß die Genehmigungstatbestände in den jeweiligen Gesetzen abschließende Regelungen seien (vgl. Sack § 324 RN 112, JR 78, 295, Steindorf LK 48). Folglich kann auch nicht danach differenziert werden, ob die Duldung die Bedeutung einer konkludenten Erlaubnis hat, oder nicht (so aber Rudolphi ZfW 82, 197, NStZ 84, 198), weil eine konkludente Erlaubnis nur wirksam und damit strafrechtlich beachtlich ist, wenn die Behörde zu dieser Art informellen Verwaltungshandelns ermächtigt ist. Anderenfalls wäre der Behörde im Ergebnis eine Disposition über die Strafbarkeit eingeräumt, die sich nicht auf das Gesetz stützen läßt (Rogall Köln-FS 525, Breuer DÖV 87, 181). Eine Deutung der Duldung als konkludent erteilter Erlaubnis ist damit in den Bereichen des Umweltverwaltungsrechts, die Schriftformerfordernisse und ähnliche zwingende Verfahrensförmlichkeiten kennen, ausgeschlossen (Breuer AöR 115, 465, JZ 90, 1086, Gentzcke aaO 44 f., Heider aaO 26, Perschke wistra 96, 168, Wasmuth/Koch NJW 90, 2438). Die strafrechtliche Beachtlichkeit rechtmäßiger Duldungsentscheidungen kann sich in engen Grenzen jedoch aus Grundsätzen der Verwaltungsakzessorietät des Umweltstrafrechts ergeben, die strafrechtlich eine Anerkennung einer „genehmigungsähnlichen" Wirkung der Duldung auch dort verlangen, wo die Erteilung einer konkludenten bzw. vorläufigen Genehmigung ausgeschlossen ist (Rengier ZStW 101, 906, Rogall NJW 95, 922). Allemal sind jedoch die strukturellen Besonderheiten der Duldung und Vorgaben des jeweiligen Tatbestandes zu beachten. So dürfen gesetzlich vorgesehene besondere förmliche Verfahren, zB bei § 327 I Nr. 1 (kerntechnische Anlagen), nicht durch informelles Verwaltungshandeln ausgespielt werden (Hüting aaO 132 ff., 156). Auch kann verwaltungsrechtlich (materiell) unzulässigen Duldungsentscheidungen keine genehmigungsähnliche Wirkung zugestanden werden (Gentzcke aaO 214 ff., Heine NJW 90, 2434, Hüting aaO 175 f., Perschke wistra 96, 168, Rengier ZStW 101, 906, Schmitz aaO 116; and. Rogall NJW 95, 924, der strukturelle Unterschiede zwischen Duldung und Genehmigung zu Unrecht einebnet, Ransiek aaO [118 vor § 25] 147), ebensowenig einem bloß widersprüchlichen oder mit dem Grundsatz von Treu und Glauben unvereinbaren Verhalten der Behörde (vgl. Sack JR 78, 295, Rogall Köln-FS 524; aber auch Stuttgart NJW **77**, 1408). In diesem Fall kann die Duldung allenfalls zu einem Verbotsirrtum auf Seiten der Betroffenen führen, zB bei Erhebung einer Abwasserabgabe in Kenntnis der Tatsache, daß eine wasserrechtliche Genehmigung zur Einleitung von Abwässern fehlt (AG Lübeck StV **89**, 348 f.; and. Braunschweig ZfW **91**, 62 für im Umgang mit Umweltverwaltungsbehörden erfahrene Unternehmen). Macht dagegen die Behörde gegenüber dem Betroffenen durch ihr Verhalten objektiv erkennbar, daß sie gegen ihr bekannte rechtswidrige Zustände vorerst bewußt nicht einschreiten wolle (sog. „aktive Duldung"; vgl. dazu Dahs/Pape NStZ 88, 393, 395, Odersky Tröndle-FS 301, Wasmuth/Koch NJW 90, 2438 f., Fluck NuR 90, 198, Rogall NJW 95, 922), so steht dies strafrechtlich einer Bewertung des Täterverhaltens als rechtswidrig entgegen, sofern diese Entscheidung der Behörde verwaltungsrechtlich auf der Grundlage des dort geltenden Opportunitätsprinzips, das die vorläufige Hinnahme rechtswidriger Zustände zuläßt, rechtmäßig ist (Fluck NuR 90, 202, Gentzcke aaO 221, Giesecke/Czychowski § 324 RN 39, Heider aaO

169 ff., Heine NJW 90, 2433 f., Lackner/Kühl § 324 RN 12, Malitz aaO 135 f., Nisipeanu ZfW 90, 365, Odersky Tröndle-FS 300 f., Rengier ZStW 101, 906, Schmitz aaO 112 ff., Wasmuth/Koch NJW 90, 2438, Wenner aaO 318 ff., Winkelbauer NStZ 88, 203; and. 24. A. 63 a vor § 32, Steindorf LK 48). Will man dieses Ergebnis nicht schon unmittelbar aus den die Verwaltungsakzessorietät des Umweltstrafrechts tragenden Prinzipien folgern (so Schmitz aaO 115 f., Rogall NJW 95, 924), so muß doch zumindest im Anschluß an LG Bonn NStZ 88, 225 m. Bspr. Dahs/Pape NStZ 88, 393 ff. die zeitweilige behördliche Duldung als Rechtfertigungs- oder Strafausschließungsgrund behandelt werden (vgl. Hirsch LK 170 vor § 32, Gentzcke aaO 192 ff., Kuhlen WuV 92, 231 f.; and. Hüting aaO 124 ff.: „unrechtsausschließende Einwilligung").

3. Verstößt der Täter **gegen eine vollziehbare Anordnung** oder **Untersagung** oder handelt er, **21** obwohl die beantragte Genehmigung abgelehnt wurde, so stellt sich die Frage, welche Auswirkungen es auf dieses tatbestandsmäßige bzw. rechtswidrige Verhalten (vgl. o. 11 ff.) hat, wenn der vollziehbare **Verwaltungsakt wegen Rechtswidrigkeit aufgehoben** bzw. festgestellt wird, daß die Genehmigung zu erteilen gewesen wäre. Daß die Strafbarkeit an einen noch nicht bestandskräftigen, sondern nur vollziehbaren Verwaltungsakt anknüpft, ist verfassungsrechtlich nicht zu beanstanden (BVerfG NJW **90**, 37, zu BVerfG NJW **93**, 582 o. RN 16 c). Nach hM ist die spätere Aufhebung eines fehlerhaften Verwaltungsaktes für die Strafbarkeit bedeutungslos (vgl. Horn SK 17, Laufhütte/Möhrenschlager ZStW 92, 921, Dölling JZ 85, 466, Tröndle/Fischer § 330 d RN 9; Köln wistra **91**, 74). Diese Auffassung stützt sich auf BGH **23** 86, wonach die Beseitigung einer durch Verkehrszeichen getroffenen Anordnung der Ahndung eines Verstoßes gegen das fehlerhaft aufgestellte Verkehrszeichen nicht im Wege steht (ebenso Bay VRS **35** 195; and. Frankfurt NJW **67**, 262); vgl. auch Hamburg JZ **80**, 110, Karlsruhe NJW **78**, 116 (Hausverbotsfälle). Indessen ist zweifelhaft, ob die vom BGH für den Verkehrsbereich aufgestellten Grundsätze sich ohne weiteres auf die §§ 324 ff. übertragen lassen. Die auch von der fehlerhaften Allgemeinverfügung ausgehende faktische Ordnungsfunktion darf von einzelnen Verkehrsteilnehmern im Interesse aller anderen nicht unterlaufen werden; diese Funktion könnte über § 1 StVO selbst nichtigen Anordnungen zugebilligt werden. Schon dies zeigt, daß eine differenzierende Betrachtung erforderlich ist (vgl. Gerhards NJW 78, 86, Schenke JR 70, 449; näher 25. A.). Im Umweltschutzbereich stellt sich das Problem wie folgt: Die rechtswidrige Versagung einer Erlaubnis hat unmittelbare Auswirkung nur für den Betroffenen, kann für ihn aber auch zur Existenzfrage werden, was im Verkehrsbereich mit dem Gebot zur Beachtung fehlerhafter Anordnungen gewiß nicht der Fall ist. Ein Unternehmer etwa, dem eine befristete Genehmigung zur Ableitung der Abwässer entgegen der materiellen Rechtslage nicht verlängert wird, würde uU gezwungen sein, seinen Betrieb zu schließen. Daher dürfte aus den hier genannten Gründen (62, 130 a vor § 32) ein objektiver **Strafaufhebungsgrund** anzunehmen sein, wenn ein belastender Verwaltungsakt nachträglich als rechtswidrig aufgehoben oder festgestellt wird, daß eine Genehmigung zu erteilen war (Winkelbauer aaO 65, NStZ 88, 203, DÖV 88, 726, Wüterich NStZ 87, 108, Heine/Meinberg DJT-Gutachten, D 50, zust. Michalke aaO 126; krit. Rogall Köln-FS 528, Steindorf LK 40; für Tatbestandsausschluß Bloy JuS 97, 586, Perschke wistra 96, 167; für Strafunrechtsausschließungsgrund Fortun aaO [61 vor § 32] 141 f.); vgl. zum Ganzen Tiessen aaO 118 ff., zu Abfall-OWi Heine in Brandt u. a. aaO § 61 RN 19. Daraus ergibt sich, daß das Risiko einer Bestrafung zu tragen hat, wer entgegen einer vollziehbaren Anordnung oder Untersagung handelt, daß jedoch ohne Strafe bleibt, wem es gelingt, die Rechtswidrigkeit des ihn belastenden Verwaltungshandelns feststellen zu lassen (zur Behandlung des Irrtums vgl. u. 23). Im einzelnen dürfte wie folgt zu differenzieren sein:

Soweit der Täter einem **belastenden** Verwaltungsakt zuwiderhandelt, der später wegen Rechtswid- **22** rigkeit aufgehoben wird, ist jedenfalls dann ein Strafaufhebungsgrund anzunehmen, wenn die **Anfechtung aus materiellen Gründen** erfolgreich ist. Bei gebundenem Verwaltungshandeln, bei dem die Behörde nur zu einer **begünstigenden** Entscheidung kommen kann, ist nach dem hier vertretenen Standpunkt (130 a vor § 32) ein Strafaufhebungsgrund gegeben; gleiches gilt, wenn das Ermessen zugunsten des Täters auf Null zusammengeschrumpft ist (Bloy ZStW 100, 506 f. plädiert in diesen Fällen für eine restriktive Interpretation des Genehmigungserfordernisses, d. h. für die Ersetzung des Merkmals „Genehmigung" durch „Genehmigungsfähigkeit", vgl. aber o. 19). Zweifelhaft sind hingegen die Fälle, in denen ein belastender Verwaltungsakt mit der von der Behörde gegebenen Begründung nicht haltbar, mit einer anderen jedoch im Rahmen des Ermessensspielraums liegen würde. Hier dürfte dem Täter ein Strafaufhebungsgrund versagt bleiben. Zu den prozessualen Möglichkeiten einer Fortsetzungsfeststellungsklage nach § 113 I 4 VwGO vgl. Eyermann-Fröhler, VwGO § 113 RN 50 ff. Bei einer Aufhebung des belastenden Verwaltungsaktes aus formellen Gründen ist die Annahme eines Strafaufhebungsgrundes zweifelhaft.

V. Da zahlreiche Vorschriften dieses Abschnitts verwaltungsrechtliche Normen oder die Existenz **23** eines Verwaltungsaktes voraussetzen, stellt sich die Frage, auf welche Umstände sich die Vorstellung des Täters erstrecken muß, um ihm die Tat als **vorsätzlich** begangenes Unrecht zurechnen zu können. So ist u. a. umstritten, ob bei §§ 311, 325 das Genehmigungserfordernis vom Vorsatz umfaßt sein muß oder ob es ausreicht, daß der Täter die in der Vorschrift beschriebene Handlung mit Wissen und Wollen verwirklicht, also zB eine Schadstoffe emittierende Anlage betreibt. Nach den zum Vorsatz bei Blankettgesetzen aufgestellten Grundsätzen (vgl. § 15 RN 100 ff.), wonach der Vorsatz die pflichtbegründenden Merkmale der verwaltungsrechtlichen Vorschriften oder den Inhalt eines Verwaltungsaktes (vollziehbare Anordnung, Auflage, Untersagung) umfassen muß, befindet sich in einem vorsatzausschließenden Irrtum, wer zB nicht weiß, daß eine vollziehbare Untersagung erlassen wurde, oder wer den Inhalt einer Auflage nicht kennt (vgl. § 325 RN 26, § 329 RN 48). Ferner ist aus der Tatbestandsstruktur verwaltungsakzessorischer Tatbestände die Folgerung zu ziehen, daß ein das tatbestandliche Unrecht mitbegründendes Genehmigungserfordernis auch vom Tatvorsatz umfaßt sein muß (Steindorf Salger-FS 184, Puppe GA 90, 145, vgl. § 17 RN 12 a). Dagegen kann die Duldung der zuständigen Behörde zu einem Verbotsirrtum auf Seiten des Täters führen (so auch StA Mannheim NJW **76**, 586, Laufhütte/Möhrenschlager ZStW 92, 932, MG/Pfohl 1449, Steindorf LK 47 f.). Wer auf die Wirksamkeit einer nichtigen Erlaubnis vertraut, befindet sich im Tatbestandsirrtum (Winkelbauer aaO 68; vgl. auch o. 16 a). Zu den Irrtumsfragen eingehend Schünemann (wistra 86, 245) und Kuhlen (WuV 92, 286).

24   **VI.** Für **Täterschaft** und **Teilnahme** gelten die allgemeinen Regeln, von denen für die Tatbestände dieses Abschnitts die nachfolgenden besonderen Beachtung verdienen:

25   1. Zahlreiche Vorschriften enthalten **Sonderdelikte** (vgl. 84 f. vor § 25). Dies gilt zB für jene Tatbestände, die die „Verletzung verwaltungsrechtlicher Pflichten" voraussetzen (§ 325; vgl. auch § 330 d Nr. 4 a)–d)); freilich enthalten die meisten Tatbestände dieser Konstruktion auch Allgemeindelikte, sofern die beschriebene Tätigkeit ohne besondere Genehmigung als solche inkriminiert ist. Den Sonderdeliktscharakter erhält ein derartiger Tatbestand also erst, wenn die strafrechtlich sanktionierte Pflicht durch Auflagen, Untersagungen usw. konkretisiert ist. Im übrigen gelten für diese Tatbestände die für Herrschaftsdelikte geltenden Grundsätze, weshalb zB Täter nach § 326 ist, wer – ohne in der Verantwortung für die ordnungsgemäße Abfallbeseitigung zu stehen – die entsprechende Beseitigungshandlung vornimmt (vgl. dort RN 21). Welche Tatbestände Pflichtdelikte enthalten (o. 84 a vor § 25), ist eine Frage der Auslegung. In Frage kommen Tatbestände, welche verwaltungsrechtliche Pflichtverstöße voraussetzen, sofern der Norminhalt, wie bei §§ 325 f., eine entsprechende Interpretation erlaubt (Verletzung einer einschlägigen Pflicht als Anlagenbetreiber und „verursachen"; and. Renzikowski aaO [vor § 25] 29). Zu bejahen ist dies weiter für § 326 III, weil Täter hier nur sein kann, wem die Ablieferungspflicht bezüglich radioaktiver Abfälle obliegt (u. § 326 RN 13, 21), bei § 326 I u. II für den Besitzer und Gewahrsamsinhaber von Abfällen (§§ 5, 11 KrW-/AbfG, u. § 326 RN 21) und bei § 328 I Nr. 1 für die Ablieferungspflicht aus § 5 AtomG (vgl. zum Ganzen Winkelbauer Lenckner-FS 657 ff.). Gleiches gilt für den Betreiber iSd § 327, wobei sich die besondere Pflichtigkeit entgegen Schünemann (in UTR, 149) nicht aus einem „sozialen Status" (?) ergibt, sondern aus dem Gesetz (§ 7 AtomG, § 5 BImSchG, iE ebenso Horn SK § 327 RN 8, vgl. auch Kuhlen WuV 91, 237 f., Schall, Zurechnung 120) und für § 329 (Bay **94** 75).

26   a) **Täter** eines Sonderdelikts kann nur sein, wer durch die Verwaltungsvorschrift oder einen Verwaltungsakt (vollziehbare Anordnung, Auflage, Untersagung) in Pflicht genommen ist. Der Sonderpflichtige ist aber stets Täter, gleichgültig wie sein Tatbeitrag sich nach den allgemeinen Beteiligungsregeln darstellen würde (vgl. 84 vor § 25).

27   b) Da die dem Täter obliegenden verwaltungsrechtlichen Pflichten keine unrechtsrelevanten personalen, sondern sachbezogene Merkmale sind, ist § 28 I nicht anwendbar (Lackner/Kühl § 325 RN 12, Steindorf LK § 325 RN 70; and. Tröndle/Fischer § 330 d RN 5, Horn SK § 325 RN 14).

28   2. Trifft die Pflicht eine **juristische Person,** eine Personenhandelsgesellschaft usw., so kommt nach § 14 eine Haftung der Vertreter, Organe, Geschäftsführer oder besonders Beauftragten in Betracht (vgl. Frankfurt NJW **87**, 2754 zu § 324, der allerdings als Allgemeindelikt konzipiert ist); vgl. die Erl. zu § 14. Soweit der in § 14 genannte Personenkreis Pflichten des Unternehmens oder Betriebes zu erfüllen hat, geht die Sonderpflicht in vollem Umfang auf den Vertreter über (vgl. BGH NJW **92**, 122, Heine Verantwortlichkeit 121 ff., Kuhlen WuV 91, 238 ff.), so daß auch dieser bei einem Pflichtverstoß ohne Rücksicht darauf, ob sein Beitrag sich phänotypisch als Anstiftung oder Beihilfe darstellen würde, stets als Täter anzusehen ist.

28 a   3. Bei der **innerbetrieblichen Verantwortung** läßt sich allgemein sagen, daß, je weniger lokalisierbar und je bedrohlicher die Gefahrenquelle ist, je umfangreicher sich die Tragweite von Entscheidungen darstellt, desto eher die Verantwortung in der **Führungsetage** des Unternehmens verbleibt. Dies folgt aus der Pflicht, mit dem Betrieb verbundene, aus betrieblichen Funktionen erwachsene, besondere Gefahrenquellen unter eigenverantwortlicher Kontrolle zu halten (Heine Verantwortlichkeit, 124 f., zust. Jung in Eser/Huber aaO [vor § 25] 183, vgl. auch Busch aaO 326, 349, Frisch Tatbestandsmäßiges Verhalten 208 ff., Rudolphi Lackner-FS 874, Ransiek aaO [vor § 25] 51 ff., Schlüchter Salger-FS 146 f., Winkelbauer Lenckner-FS 655, vgl. auch (organisationsbezogen) Schweiz. BGE **122** IV 126 f.). Insofern bedarf der mißverständliche Grundsatz der Generalverantwortung und Allzuständigkeit der Geschäftsleitung, jedenfalls in Krisen- und Ausnahmesituationen (BGH **37** 124, Schmidt-Salzer VersR 90, 126, NJW 90, 2967; 96, 1, vgl. auch zB Goll/Winkelbauer aaO [vor § 25] 792, Kuhlen WuV 91, 242 ff., Schall Zurechnung 115, je mwN), der Präzisierung und Limitierung. Gelegentliche forsche Kritik (zB Rotsch aaO 203 ff.) verkennt, daß bis zur Auferlegung eines personalen Schuldverdikts weitere Maximen der strafrechtlichen Wertungsstufen zu prüfen sind, deren Voraussetzungen mit Zunahme der Differenziertheit der Betriebsstruktur und der Art der betrieblichen Risiken immer weniger vorliegen (eingeh. Heine aaO 140 ff., vgl. Achenbach Coimbra-Symposium [vor § 25] 296). Soweit im Rahmen zulässiger Delegation an andere betriebliche Abteilungen Pflichten gleichsam mitwandern, tritt eine Befreiung von Verantwortung nur insoweit ein, als bei der Delegation das verlangte Sicherheitsniveau nicht maßgeblich vermindert wird (Busch aaO 457, Heine aaO 121 ff., Schall aaO 114, Winkemann aaO [§ 324] 125 ff.). Im übrigen läßt sich strafrechtliche Verantwortung dort recht unproblematisch festlegen, wo ein Betrieb streng hierarchisch aufgebaut und linear strukturiert ist und Anordnungen/Unterlassungen (o. § 13 RN 43, 54, 109 a vor § 25, § 25 RN 25) eines Prinzipal unmittelbar auf die direkte Handlungsebene durchschlagen (vgl. BGH **43** 231, zum Ganzen bereits Schünemann Unternehmenskriminalität 97 ff., 107 ff.). Zur Organisationsherrschaft vgl. § 25 RN 25.

Auf der Ebene des **mittleren Management** wird Verantwortung nicht abschließend durch den **28 b** betrieblichen Organisationsplan festgelegt. Vielmehr sind strafrechtliche Kautelen und damit grundsätzlich die Herrschaftsmacht maßgebend (vgl. zB Heine Verantwortlichkeit 135 ff., Tiedemann NJW 86, 1843 f., Schünemann Unternehmenskriminalität 151 f.). Dabei ergeben sich je nach Tatbestandsstruktur unterschiedliche Zurechnungswege bei Vertretung: Bei Allgemeindelikten, wie zB § 324 (vgl. aber auch diff. Winkelbauer Lenckner-FS 658), gelten die allgemeinen Delegationsgrundsätze (vgl. o. § 14 RN 4 f.). Wo es dagegen um echte Sonderpflichten geht (o. 25), muß mit ein „ausdrücklicher Auftrag" für die Verantwortungsübertragung vorliegen (§ 14 II Nr. 2). Bei dem praktisch bedeutsamen „Hin und Her in der innerbetrieblichen Zuweisung von Verantwortung" (Krauß Plädoyer 1/89, 42), also einerseits Zeichnungsvorbehalt des Vorgesetzten und andererseits gleichsam blindes Gebrauchmachen von der Zuständigkeit (Unterzeichnen) im Vertrauen auf die Kompetenz des Vertreters, ist der Beauftragte dann verantwortlich, wenn er typischerweise davon ausgehen mußte, daß die von ihm vorgeschlagene umweltbelastende Maßnahme praktisch automatisch umgesetzt würde. Denn mit dieser faktischen Potenz steht allemal seine Tatmacht fest. Zu den Schwierigkeiten bei dezentralen Organisationsstrukturen vgl. Busch aaO 455 f., Heine aaO 138 f., Rotsch aaO 71 ff., 147 ff.

Bei betrieblichen **Tätigkeiten „vor Ort"** wird der einzelne die Tragweite seiner isolierten Hand- **28 c** lung, etwa ob die Gewässerverunreinigung unter Verstoß gegen spezifische Auflagen erfolgte, vielfach für Strafbarkeit nicht ausreichend übersehen können. Vergleichbares gilt für Wissensmängel aufgrund unzureichender Information des Tatmittlers über betriebliche Geschehnisse. Daher kann sich eine ganze Kette mittelbarer Täter (o. § 25 RN 25, 38) bilden bis hin zu einem Prinzipal, der die Grundentscheidungen trifft und sie auf geradem Weg betrieblich nach unten weitergibt (vgl. Heine in Arnold [vor § 25] 64 f., Krauß Plädoyer 1/89, 41, Roxin LK § 25 RN 128). Soweit demgegenüber ein (infolge Informationssplitting und aus Beweisgründen allein) vollinformierter Techniker eine Schleuse öffnet und dadurch Chemikalien ein Gewässer verunreinigen, ist er Täter, auch sofern nach dem Organisationsplan die Kontrolle von Abwasser nicht zu seinem Tätigkeitsbereich gehört (and. wohl Jakobs GA 96, 259, Rudolphi Lackner-FS 869). Bei Sonderdelikten (o. 25) kommt dagegen nur Beihilfe des weisungsabhängigen Arbeitnehmers in Betracht. Um Strafbarkeitslücken bei vorsätzlichem eigenmächtigen Handeln (fehlende Haupttat, keine Ausdehnung der Strafbarkeit nach § 14) und fahrlässigem Verhalten des Arbeitnehmers zu verhindern, will Winkelbauer (Lenckner-FS 650) den Arbeitnehmer, der durch seine Arbeitstätigkeit eine Anlage unmittelbar in Gang setzt, als „Betreiber" und damit (ggfalls) als (Mit-)Täter erfassen. Jedenfalls bei § 327, bei dem das Tatunrecht durch gesetzlich präzisierte Entscheidungs- und Kontrollbefugnisse der Behörde geprägt wird (u. § 327 RN 1), verbietet sich eine teleologische Ausdehnung über den Personenkreis hinaus, der die Gesamtanlage aufgrund der tatsächlichen Herrschaftsverhältnisse bzw. des faktisch maßgebenden Einflusses innehat. Dieser Schutzzweck ist gekoppelt mit jenem besonderen Status (vgl. Bay **94** 55, Steindorf LK § 327 RN 25, Weber in Koch/Scheuing 138 vor § 62, o. § 14 RN 5). Im übrigen vermag die weitergehende Ansicht die Lücken nicht zu schließen. Denn wenn die dem Prinzipal erteilte Genehmigung auf den Arbeitnehmer „ausstrahlt" (Winkelbauer aaO 651), so existiert aus guten Gründen kein Grundsatz, der dem Arbeitnehmer die Berufung auf die wirksame Genehmigung dann verbietet, wenn er selbst (bloß) fahrlässig handelt (vgl. dazu zutreffend Winkelbauer, Verwaltungsakzessorietät 71, JuS 88, 694, DöV 88, 727 u. o. 63 c vor § 32; and. aber Winkelbauer Lenckner-FS 652), ganz abgesehen davon, daß bei der tatbestandsausschließenden Erlaubnis eine normative Bewertung als Handeln ohne Genehmigung gegen das Gesetzlichkeitsprinzip verstößt (o. 63 a vor § 32 u. Winkelbauer NStZ 88, 201, DöV 88, 727).

Zu sog. **neutralen Beihilfehandlungen,** etwa durch einen Zulieferer, der von dem Unternehmer **28 d** weiß, daß dieser ständig gegen Umweltvorschriften verstößt, vgl. allgemein 10 a vor § 27 u. Roxin Miyazawa-FS 513; für extensivere Strafbarkeit Niedermair ZStW 107, 528, Otto Lenckner-FS 208.

VII. Nicht ausdrücklich geregelt durch das 18. StÄG ist die strafrechtliche **Haftung von Amts- 29 trägern** für Umweltschädigungen Dritter und für behördliche Planungsfehler oder fehlerhafte Genehmigungen (BT-Drs. 8/3633 S. 20; krit. Tiedemann aaO 43, Trifferer Umweltstrafrecht 133). Nach Auffassung des Gesetzgebers ist eine Ungleichbehandlung der Amtsträger der Umweltschutzbehörden gegenüber anderen Amtsträgern nicht gerechtfertigt. Eine *Sonderregelung,* wie sie der SPD-Entwurf vorsah (§ 329 a, BT-Drs. 12/376), zuvor verschiedentlich gefordert wurde (vgl. Immel Umweltuntreue 215, ZRP 89, 110 [Straftatbestand der Umweltuntreue]; Rogall aaO 263 ff. u. Köln-FS 528 [für die Erteilung fehlerhafter Genehmigungen], Sack MDR 90, 289 f., Tiedemann/Kindhäuser NStZ 88, 345, jüngst Gürbüz aaO 278) und auch im Ausland gelegentlich verwirklicht ist (Artt. 322, 329 StGB Spaniens), hat auch das 31. StRÄndG/2. UKG abgelehnt, u. a. um eine Verunsicherung der Umweltverwaltung zu vermeiden und deren Kooperationsbereitschaft zu stützen (vgl. BT-Drs. 12/7300, S. 27). Auch von einer weitgehenden Umgestaltung der Sonderdelikte in All-

Vorbem. §§ 324 ff. 29 a, 30   Bes. Teil. Straftaten gegen die Umwelt

gemeindelikte, wie sie der SPD-Entwurf vorsah (BT-Drs. 12/376, S. 9), der entsprechende Empfehlungen des 57. Deutschen Juristentags 1988 übernahm (siehe dazu Brodersen JZ 89, 33 f., Odersky/Brodersen ZRP 88, 475 ff.), wurde abgesehen. Gleiches gilt für eine gesetzliche Regelung von *Strafanzeigepflichten* für Amtsträger bei Umweltdelikten, wie sie von Tiedemann (aaO 43) in Parallele zu § 6 SubvG vorgeschlagen wurde (zust. Geulen ZRP 88, 325, Hümbs-Krusche/Krusche aaO 288, einschr. Schall NJW 90, 1272 krit. Heine/Meinberg DJT-Gutachten D 147) und über § 258 (siehe dort RN 19) strafbewehrt gewesen wäre (vgl. auch § 19 I 3 AtG). Stattdessen legen den Amtsträgern Ministerialerlasse in vielen Bundesländern Mitteilungspflichten gegenüber den Strafverfolgungsbehörden auf (vgl. zB MBl. Bay. 88, 783, MBl. NRW 85, 1232, JBl. Rh.-Pf. 90, 72, Nachw. b. Breuer JZ 94, 1086 u. AöR 115, 471 ff. Krit. mit Blick auf die Gesetzgebungskompetenz Schink DVBl. 86, 1073). Bestehende Divergenzen sollten zugunsten von einheitlichen Kooperationsstandards gelöst werden (siehe Heine/Meinberg DJT-Gutachten D 157), praktischen Erfahrungen von Nachbarländern folgend (zu den Niederlanden Heine/Waling JR 89, 403 f.).

29 a   Wegen fehlender spezialgesetzlicher Regelung können Amtsträger sich wegen Umweltdelikten nur nach den allgemeinen Grundsätzen im Rahmen von Täterschaft und Teilnahme strafbar machen (zur Anwendbarkeit von § 258 vgl. Scheu NJW 83, 1707, Meinberg NStZ 86, 225, zur Verletzung von Individualrechtsgütern vgl. o. 63 d vor § 32). Trotz intensiver wissenschaftlicher Befassung und obgleich der BGH 1992/93 in zwei Entscheidungen für bestimmte Sachverhalte eine Strafbarkeit von Amtsträgern bejahte (BGH **38** 325 u. **39** 381, bestätigt durch BVerfG NJW **95**, 185), sind viele Fragen noch nicht zufriedenstellend geklärt. Dies betrifft insb. die rechtliche Qualität und den Umfang der Einstandspflicht bei Wahrnehmung von Genehmigungs- bzw. Überwachungsaufgaben, neuerdings auch Probleme im Zusammenhang mit Privatisierung auf kommunaler Ebene. Zu beachten ist, daß es hier immer um personale Verantwortung geht, während unter den Voraussetzungen des § 30 OWiG eine Geldbuße auch gegen eine Juristische Person des Öffentlichen Rechts, zB eine Gemeinde, verhängt werden kann (vgl. Mitsch, Recht der Ordnungswidrigkeiten, 1995, 119, Többens NStZ 99, 6). Bei der Strafbarkeit von Amtsträgern ist zwischen den folgenden Fallgruppen zu unterscheiden. Zu Einzelfragen bei Amtsträgern in Gemeinden, bei denen sich (auch kommunalrechtliche) Besonderheiten ergeben können, vgl. BGH **38** 330 ff., Hug aaO 90 ff., Nappert aaO 49 ff., Scholl aaO 190 ff., Schmeken/Müller aaO, Weber aaO.

30   1. Streitig ist, ob ein Amtsträger sich durch die **Erteilung einer materiell fehlerhaften,** aber verwaltungsrechtlich wirksamen **Erlaubnis** (o. RN 16 a) wegen eines Umweltdelikts strafbar machen kann (vgl. hierzu Frankfurt NJW **87**, 2757, BGH **39** 381 m. Anm. Rudolphi NStZ 94, 433, Horn JZ 94, 636 u. Bespr. Michalke NJW 94, 1693, Knopp DÖV 94, 680). Hier ist zunächst allgemein festzustellen, daß der Gesetzgeber durch die Notwendigkeit und die Einzelausgestaltung des Verfahrens bei der Planfeststellung, Genehmigung, vorübergehenden Gestattung usw. sicherstellen wollte, daß die Umweltgüter, deren Schutz im Interesse der Allgemeinheit dem Staat anvertraut ist, in möglichst weitgehendem Umfang geschützt werden (vgl. auch Art. 20 a GG). Trotz Geltung von Kooperationsprinzipien und vielfältiger Einbindung von Privaten trifft den Staat letztlich eine besondere Zuständigkeit (vgl. Heine Verantwortlichkeit 278 f.). Diese Primärverantwortung des Staates wird idR repräsentiert durch bestimmte Umweltschutzbehörden und dort durch die zuständigen Amtsträger. Sie schlägt sich teilweise ausdrücklich gesetzlich nieder (vgl. zB § 18 a II 1 WHG, dazu BGH **38** 335), teils normativ-faktisch durch behördliche Rechtsgestaltung und Schaffung von Vertrauenspositionen. Nur in diesem Rahmen sind Amtsträger verpflichtet, den Belangen des Umweltschutzes den gebührenden Rang einzuräumen. Daraus folgt aber nicht, daß jeder Fehler, der einem Amtsträger im Genehmigungsverfahren unterläuft, schon zu strafrechtlichen Konsequenzen führen müßte. Denn überspannte Anforderungen an die Sorgfaltspflicht der Amtsträger würde eine Verwaltungsbehörde in ihrer Funktion lahmlegen (so auch StA Landau NStZ **88**, 554, Steindorf LK 52; krit. Tiedemann/Kindhäuser NStZ 88, 345). Allgemeiner Maßstab ist das materielle Umweltverwaltungsrecht (Verwaltungsrechtsakzessorietät), wobei bloß formelle, nicht rechtsgutsbezogene Verstöße von vornherein ausscheiden (Fischer/Leirer ZfW 96, 353 f., Nappert aaO 235, Winkelbauer NStZ 86, 152). Absolut zu respektieren sind weiter materiellrechtlich gewährte Entscheidungsspielräume. Umstritten ist jedoch, unter welchen Voraussetzungen bei **verwaltungsrechtlichen Beurteilungs- und Ermessensentscheidungen** Strafbarkeit droht. Nach verbreiteter Auffassung liegt rechtswidriges Handeln von Amtsträgern bei im Sinne der §§ 40 VwVfG, 114 VwGO ermessensfehlerhaften Entscheidungen vor, wobei im Streit ist, ob eine Ermessensreduzierung auf Null notwendig ist (bejahend GenStA Hamm NStZ **84**, 219 m. abl. Anm. Zeitler, GenStA Zweibrücken MDR **84**, 1042, wohl auch Rudolphi NStZ 84, 198, vgl. auch BGH **38** 335 f.; verneinend Horn NJW 81, 7, Fischer/Leirer ZfW 96, 360, Hohmann aaO 12, Lackner/Kühl 11, Meinberg NJW 86, 2226, Möhrenschlager NuR 83, 213, Nappert aaO 236, Rogall aaO 168, Winkelbauer NStZ 86, 155, DöV 88, 729). Demgegenüber wird gelegentlich (objektiv) eine besondere Gewichtigkeit des Rechtsverstoßes (Keller Rebmann-FS 247, Steindorf LK 51 f., § 324 RN 57, vgl. auch StA Mannheim NJW **76**, 588, LG Bremen NStZ **82**, 164 f., Kuhlen WuV 92, 297) oder (subjektiv) ein bewußt umwelttreuwidriges Verhalten (hier 25. A.) gefordert (krit. Fischer/Leirer ZfW 96, 351 f., Nappert aaO 235). Richtigerweise ist eine restriktive Interpretation geboten. Dies gebietet nicht allein mittelbar die gesetzgeberische Entscheidung in § 330 d Nr. 5 (o. RN 16 a). Hinzu kommt, daß es um komplexe Abwägungsvorgänge geht, eine Entscheidungspflicht besteht und Initiativen, Neuland zu betreten, bis zu einem gesetzlich verträgli-

chen Maße zu fördern sind. Deshalb ist die Strafbarkeitsgrenze erst überschritten, wenn eindeutig gegen rechtsgutsbezogene, zwingende Vorschriften des Umweltverwaltungsrechts verstoßen wurde und die Entscheidung ggf. auch unter Berücksichtigung von Verhältnismäßigkeit und Vertrauensschutz rechtswidrig war (vgl. Frankfurt NStZ-RR **96**, 105, Kuhlen WuV 92, 297, Michalke aaO 52; and 25. A.). Eindeutige Ermessensfehler sind notwendige Bedingung dafür, daß keine andere Entscheidung ergehen durfte. Weitergehende Einschränkungen sind Sache des Gesetzgebers (zu entsprechenden Vorschlägen o. 29).

a) Soweit im Tatbestand ein Handeln gegen eine vollziehbare Anordnung, Auflage oder Untersagung vorausgesetzt wird, d. h. bei **verwaltungsakt-akzessorischen Sonderdelikten** (vgl. o. 25), kommt eine Haftung des Amtsträgers grundsätzlich nicht in Betracht, sofern der unmittelbar Handelnde sich im Rahmen der zwar fehlerhaften, aber wirksamen Genehmigung usw. bewegt (Gürbüz aaO 19 f., Lackner/Kühl 9, Winkelbauer NStZ 86, 150; and. Weber aaO 45, Keller Rebmann-FS 253). **31**

α) Eine **Teilnahme** scheidet mangels rechtswidriger Haupttat aus (hM, Lackner/Kühl 9, Geisler NJW 82, 12). Ist zB eine Genehmigung ohne eine an sich erforderliche Auflage erteilt worden, so handelt tatbestandsmäßig, wer von der Genehmigung Gebrauch macht, auch wenn er weiß, daß die Genehmigung ohne Auflage nicht hätte erteilt werden dürfen. Das gleiche gilt, wenn ein Betrieb im Rahmen einer erteilten Genehmigung fortgeführt wird, obwohl inzwischen die Voraussetzungen für eine Untersagung eingetreten sind, die von der Behörde aber nicht ausgesprochen wird. **32**

Auch bei der durch unrichtige oder unvollständige Angaben **erschlichenen Erlaubnis** scheidet Teilnahme aus. Zwar liegt wegen der Fiktion des § 330d Nr. 5 eine rechtswidrige Haupttat vor, doch ist wegen der Täuschung der von §§ 26, 27 vorausgesetzte Teilnehmervorsatz nicht gegeben. Durchschaut der Amtsträger nach Erteilung der Genehmigung die Täuschung, so kommt Teilnahme durch Unterlassen in Betracht, wenn er die Genehmigung nicht widerruft. Bei **Bestechung** oder **kollusivem Zusammenwirken** (vgl. BGH **39** 381) kann das Vorliegen der subjektiven Voraussetzungen der Teilnahme zweifelhaft sein. **33**

β) Auch eine **Täterschaft** kommt in diesem Bereich nicht in Betracht, weil dem Amtsträger der Genehmigungsbehörde die zur Erfüllung des Tatbestandes erforderliche Tätereigenschaft fehlt; die auf den Bürger im konkreten Fall zugeschnittenen sanktionierten Pflichten können nicht durch den verletzt werden, der eine solche – inhaltlich fehlerhafte – „Pflicht" aufgestellt hat (siehe aber § 324a 18). Damit scheiden die meisten Umweltschutztatbestände wegen ihres Sonderdeliktscharakters für den Amtsträger von vornherein aus. **34**

b) Bei **Allgemeindelikten** (§§ 324, 326, 330a) kommt dagegen auch täterschaftliche Beteiligung des Amtsträgers in Frage. Daß somit das Strafbarkeitsrisiko des Amtsträgers davon abhängig ist, ob sein Tätigkeitsbereich von Sonder- oder von Allgemeindelikten erfaßt wird, ist verfassungsrechtlich nicht zu beanstanden (BVerfG NJW **95**, 186). Soweit Entscheidungen kommunaler Gremien (vgl. Hug aaO 90ff., Müller UPR 90, 371) in Frage stehen, können sich bei Mehrheitsentscheidungen Zurechnungsprobleme ergeben, die sich nach der zur strafrechtlichen Produkthaftung entwickelten Grundsätzen beurteilen (Nappert aaO 49ff., Pfohl NJW 94, 420, Scholl aaO 190ff.; vgl. BGH **37** 105 u. § 25 RN 76). In Betracht kommen alle Formen täterschaftlicher Beteiligung, also zB auch Mittäterschaft, soweit eine funktionale Rollenverteilung vorliegt und die dem Genehmigungsempfänger erteilte rechtswidrige Erlaubnis wegen kollusiven (vgl. § 330d RN 37 f.) Zusammenwirkens mit einem Amtsträger strafrechtlich als unbeachtlich gilt (BGH **39** 381 m. Anm. Horn JZ 94, 636, Rudolphi NStZ 94, 433; krit. Gürbüz aaO 75ff., Michalke NJW 94, 1697, Schirrmacher JR 95, 388). Liegt nur beiderseitige Kenntnis der Rechtswidrigkeit ohne Zusammenwirken der Beteiligten vor, kommt allenfalls Beihilfe des Amtsträgers in Betracht, vgl. Pfohl NJW 94, 421, Wohlers ZStW 108, 65 f. Von größerer praktischer Bedeutung ist jedoch die Frage, ob ein Amtsträger, der eine materiell rechtswidrige Erlaubnis erteilt, als mittelbarer Täter bestraft werden kann. Dies wird von der hM bejaht (BGH **39** 386 m. Anm. Rudolphi NStZ 94, 435, Horn JZ 94, 636, 1097, (krit.) Schirrmacher JZ 95, 386, u. Bspr. Michalke NJW 94, 1693, Knopp DÖV 94, 680; Frankfurt NStZ **87**, 510, Horn NJW 81, 4f., Lackner/Kühl 9, Rudolphi NStZ 84, 198, Möhrenschlager NuR 83, 212, Meinberg NJW 86, 2222, Nappert aaO 228, Steindorf LK § 324 RN 59, Winkelbauer NStZ 86, 150, Rademacher aaO 186ff., Kuhlen WuV 92, 295; and. Tröndle Meyer-FS 609, Gürbüz aaO 73, Immel Umweltuntreue 144ff., ZRP 89, 107, Weber aaO 42f., Rogall aaO, 198ff., Otto Jura 95, 140, Wohlers ZStW 108, 85; krit. auch Papier NJW 88, 1144), sofern der fehlerhafte Genehmigungsakt ein „tatbestandsmäßiges Verhalten des Bürgers bewirkt", wobei es nicht darauf ankommen soll, ob dieser selbst vorsätzlich, fahrlässig, befugt oder rechtswidrig, schuldhaft oder im unverschuldeten Verbotsirrtum handelt. Nach BGH **39** 381 sollen dabei auch Amtsträger in nicht unmittelbar entscheidungszuständigen Fachbehörden (und somit auch sonstige externe Gutachter; vgl. Horn JZ 94, 197), die die Genehmigungsbehörde durch Täuschung zu einer fehlerhaften Entscheidung veranlaßt haben, jedenfalls dann als mittelbare Täter in Betracht kommen, wenn die Genehmigungsbehörde ihre Vorschläge regelmäßig ungeprüft übernimmt (krit. Michalke NJW 94, 1693 u. Knopp DÖV 94, 682, da mangels Entscheidungsbefugnis derartiger Fachgutachter die Tatherrschaft nur bei der Genehmigungsbehörde liegen könne). Mittelbare Täterschaft läßt sich hier jedoch nur auf der Grundlage solcher Konzeptionen begründen, die die fehlende faktische Herrschaft über den Genehmigungsempfänger durch normativ-wertende Erwägungen ersetzen wollen (vgl. Wohlers ZStW 108, 80 ff.); auf diesem Stand- **35**

Vorbem. §§ 324 ff. 36–38 a

punkt steht seit BGH **35** 353 insbes. die Rspr., für die die Voraussetzungen mittelbarer Täterschaft ein „offenes Wertungsproblem" darstellt. Nach dieser Auffassung besitzen Genehmigungsbehörden mit ihren Gestaltungs- und Zwangsrechten eine so beträchtliche Macht, daß ihre Amtsträger bei wertender Betrachtung als Beherrscher des Tatgeschehens und damit als Täter anzusehen sind, weil die Vornahme der Umweltbeeinträchtigung mit der Genehmigungserteilung „steht und fällt" (vgl. BGH **39** 388). Während BGH **39** 381 im Ergebnis zugestimmt werden kann, sofern hinreichende Elemente einer Täuschungs- bzw. Irrtumsherrschaft über die Amtsträger der Genehmigungsbehörde bzw. den gutgläubigen Genehmigungsempfänger tatsächlich vorlagen, gibt die hier vertretene Täterschaftslehre keine Möglichkeit mehr, mittelbare Täterschaft des materiell unrichtig entscheidenden Beamten ohne weiteres anzunehmen bei gutgläubig handelndem Genehmigungsempfänger bzw. (vice versa) wenn letzterer voll informiert selbst vorsätzlich und uneingeschränkt verantwortlich handelt (and. Rudolphi Dünnebier-FS 566, Steindorf LK § 324 RN 59, Winkelbauer NStZ 89, 150 f.) Mittelbare Täterschaft stützt sich auf eine vertikale Zurechnung fremder Tatbeiträge unter den in § 25 RN 6 a ff. genannten Voraussetzungen. Die „rechtliche Freigabe" des Umweltverstoßes begründet *allein* noch keine Tatherrschaft des Amtsträgers über den Genehmigungsempfänger (Immel, Umweltuntreue 165, ZRP 89, 107, Otto Jura 95, 140, Renzikowski aaO [vor § 25] 93, Wohlers ZStW 108, 82, vgl. Michalke aaO 49). Täterschaft kommt damit nur bei Vorliegen zusätzlicher tatherrschaftsbegründender Umstände in Betracht, zB in Form der Wissensüberlegenheit dann, wenn allein der Amtsträger kraft überlegener Sachkunde die Unrichtigkeit der Genehmigung erkennen kann (vgl. Rogall, in Hirsch u. a. aaO 192, Schall NJW 90, 1269 u. JuS 93, 721, Tröndle/Fischer 6 a).

36   2. Streitig ist weiterhin, ob der Amtsträger strafrechtlich zur Verantwortung gezogen werden kann, wenn er eine von seiner Behörde erteilte **Erlaubnis,** die von Anfang an oder in einem späteren Zeitpunkt der materiellen Rechtslage widerspricht, **nicht zurück nimmt oder widerruft.**

37   a) Bei **Sonderdelikten** kommt eine Täterschaft des Amtsträgers aus den schon genannten Gründen (vgl. o. 34) auch hier nicht in Betracht. Solange eine fehlerhaft gewordene, aber noch bestandskräftige Erlaubnis vorliegt, bewegt sich ein entsprechendes Verhalten des Bürgers im Rahmen des Zulässigen, weshalb eine Teilnahme des Amtsträgers ebenfalls ausscheidet (vgl. o. 32).

38   b) Bei **Allgemeindelikten** kann hingegen ein Unterlassen der Aufhebung einer fehlerhaften Erlaubnis zur Täterschaft führen, soweit die speziell für den Umweltschutz zuständigen Beamten in bezug auf die ihnen anvertrauten Umweltgüter gesetzlich geradezu auf „Posten gestellt" sind und daher eine Garantenstellung haben (vgl. StA Mannheim NJW **76**, 585, AG Hechingen NJW **76**, 1222, AG Hanau wistra **88**, 199 f., AG Hof BayVBl **89**, 763; von BGH **38** 325 [vgl. u. 40] für Amtsträger in Umweltbehörden ausdrücklich offen gelassen; bejahend nunmehr BGH **39** 381, 389 m. Anm. Rudolphi NStZ 94, 435, Horn JZ 94, 636; so auch Horn NJW 81, 5, Schultz Amtswalterunterlassen 1984, 166, Rudolphi NStZ 84, 199, Meinberg NJW 86, 2223, Winkelbauer NStZ 86, 151, Müller UPR 90, 370, Schall JuS 93, 721, Pfohl NJW 94, 421, Rogall aaO 201, Nestler GA 94, 523, Otto Jura 95, 140, Steindorf LK § 324 RN 64, Lackner/Kühl 11, Nappert aaO 239; and. Tiedemann aaO 43, Erdt aaO [vor § 324] 147 f., Immel Umweltuntreue 169 ff., ZRP 89, 108 f., Tröndle Meyer-GdS 619). Nach Karlsruhe wistra **92**, 270 soll eine derartige Wächterstellung auch in den behördlichen Entscheidungsvorgang eingeschalteten Sachverständigen zukommen. Die gegen eine generelle Einschreitenspflicht von Amtsträgern erhobenen Bedenken (vgl. Rudolphi SK § 13 RN 36, Gürbüz aaO 183) lassen sich ausräumen, wenn die konkreten verwaltungsrechtlichen Pflichten des Amtsträgers spezifisch auf den Schutz derjenigen Umweltgüter bezogen sind, die auch Bezugspunkt des strafrechtlichen Normgebots sind (Rogall aaO 202 ff., Hohmann NuR **91**, 8, Tremel GA 94, 523, Fischer/Leirer ZfW 96, 353 f. und o. 30; für die u. 39 f. erörterte Konstellation ebenso BGH **38** 325). Zur Frage, ob und unter welchen Voraussetzungen (neben einer möglichen Beschützergarantenstellung auf vorherrschender Ansicht) Ingerenz in Frage kommt vgl. den Überblick b. Rogall aaO 195 ff., Gürbüz aaO 196 ff. sowie Dahs NStZ 86, 100, Nestler GA 94, 527, Rudolphi Dünnebier-FS 571, Schall JuS 93, 721, Tröndle/Fischer 6. In jedem Fall sind die Garantenpflichten stark eingeschränkt durch den verwaltungsrechtlichen Pflichtenkreis (o. 30). Eine Verpflichtung zur Rücknahme ist nur in dem Fall gegeben, daß verwaltungsrechtlich die Rücknahme die einzig mögliche Entscheidung ist (Frankfurt NJW **87**, 2756), d. h. also bei einer Ermessensreduzierung auf Null (GenStA Celle NJW **88**, 2394 f., Papier NJW 88, 1114, Rogall aaO 214; str., siehe o. 30). Eine strafrechtliche Haftung scheidet folglich aus, wenn die Behörde verwaltungsrechtlich, zB aus Gründen des Vertrauensschutzes, nicht imstande ist, den begünstigenden Verwaltungsakt in Gestalt der Erlaubnis zurückzunehmen. Entsprechendes gilt, wenn nur die Gründe für die frühere Genehmigung weggefallen sind, die Erlaubnis aber aus anderen Erwägungen aufrecht erhalten werden könnte (vgl. Gürbüz aaO 221 f., Winkelbauer DÖV 88, 729 f. u. JuS 88, 696).

38 a   Im Rahmen des **fahrlässigen Unterlassens** von Amtsträgern folgt der Umfang der Sorgfaltspflichten den o. 30 genannten Grundsätzen. Eine Sorgfaltspflichtverletzung kann nicht schon aus der bloßen Fehlerhaftigkeit der Verwaltungsentscheidung gefolgert werden, sondern bedarf selbständiger Begründung (Rogall aaO 199). Eine Verwaltungsbehörde würde in ihrer Funktion lahmgelegt, wenn sie tagtäglich überprüfen müßte, ob eine erteilte Genehmigung noch aufrechterhalten werden kann oder widerrufen werden muß. Das Unterlassen eines Widerrufs kann dem zuständigen Beamten folglich nur zur Last gelegt werden, wenn sich ihm begründete Zweifel an der Rechtmäßigkeit einer Erlaubnis aufdrängen. Dies setzt in aller Regel voraus, daß Mißstände auf der Hand lagen, deren

Beseitigung nur durch den Genehmigungswiderruf oder durch Auflagenerteilung sichergestellt werden können, folglich ihm nur und ab dem Zeitpunkt zur Last gelegt werden können, ab dem sich ihm begründete Zweifel an der Übereinstimmung der Erlaubnis mit der materiellen Rechtslage aufdrängen mußten. Vorausgesetzt wird weiter, daß die bekanntgewordenen Mißstände mit ausreichender Sicherheit gerade durch den tatsächlich auch vollziehbaren Genehmigungswiderruf oder durch Auflagenerteilung beseitigt worden wären. Sind danach die Voraussetzungen einer Haftung zu bejahen, so kommt es allerdings nicht darauf an, ob der (jetzt) zuständige Beamte die fehlerhafte Erlaubnis schon erteilt hat oder ob sie von einem anderen Amtsträger erteilt wurde. Dies gilt jedenfalls, soweit die Widerrufspflicht auf der vom Staat der Behörde auferlegten besonderen Verantwortung beruht, zu deren Wahrnehmung der zuständige Beamte aufgerufen ist (o. 30, Nappert aaO 239 f.). Soweit Ingerenz in Frage kommt, soll gleiches gelten, weil der Amtsträger in die Garantenstellung der Behörde kraft Übernahme einrücke (Rudolphi Dünnebier-FS 578, Schall JuS 93, 721, Weber aaO 52, Winkelbauer NStZ 86, 153; and. Gürbüz aaO 220, Nappert aaO 260, Rogall aaO 211, Otto Jura 91, 315, Tröndle/Fischer 6 b).

3. Problematisch ist schließlich das **Nichteinschreiten gegen rechtswidrige Umweltdelikte** 39 durch Dritte. Geht man – wie hier (vgl. o. 30) – prinzipiell von einer Beschützergarantenstellung bestimmter Behörden und ihrer Amtsträger aus (and. Gürbüz aaO 193, Immel aaO 191, Rudolphi Dünnebier-FS 580, Tröndle Meyer-GdS 619,Weber aaO 56; wie hier die wohl hM Frankfurt NJW **87**, 2757 m. Anm. Keller JR 88, 174, Düsseldorf MDR **89**, 923, LG Hanau NStE § 324 **Nr. 10**, Kuhlen WuV 92, 298, Meinberg NJW 86, 2223, Nappert aaO 268, Otto Jura 91, 315, Rengier aaO 43, Steindorf LK § 324 RN 63, Winkelbauer NStZ 86, 151, zusf. Schall NStZ 92, 267, JuS 93, 722) so kommt bei Allgemeindelikten Täterschaft, bei Sonderdelikten Teilnahme in Betracht, da eine Beschützerpflicht eine entsprechende Überwachungspflicht mitumfaßt.

Der Umfang der **Rechtspflicht** ist auch hier durch den verwaltungsrechtlichen Pflichtenkreis 40 **begrenzt** (Frankfurt NJW **87**, 2756, u. NStZ-RR **96**, 104, Meurer NJW 88, 2070, Lackner/Kühl 12, Rogall aaO 226, Pfohl NJW 94, 421, o. 30; vgl. auch Möhrenschlager NuR 83, 212, Schall NJW 90, 1270, Müller UPR 90, 370). Grundlage für den Umfang der Handlungspflicht sind die jeweiligen Dienststelle zugewiesenen Verwaltungsaufgaben. Obliegt etwa der Gemeinde die Aufgabe, für die ordnungsgemäße Abwasserbeseitigung Sorge zu tragen, sind die zuständigen Gemeindeorgane verpflichtet, alle zur Abwendung ungenehmigter Einleitungen erforderlichen Maßnahmen zu ergreifen (BGH **38** 325 m. Anm. Schwarz NStZ 93, 285 u. Bspr. Schall JuS 93, 719, Michalke NJW 94, 1613, Knopp DÖV 94, 678, Tremel GA 94, 527, Horn JZ 94, 1097, Hug aaO 155 ff.; vgl. ferner Himmel/Sanden ZfW 94, 449). Das kann uU nicht nur die Pflicht zum Erlaß einer Abwassersatzung umfassen, sondern auch zur Ermittlung der für ungenehmigte Abwassereinleitungen Verantwortlichen verpflichten, um deren Tun mittels Verwaltungszwang zu unterbinden. Bei Bindung an Vorgaben der zuständigen Wasserbehörde kann sich die Gemeinde nicht auf das wasserhaushaltsrechtliche Bewirtschaftungsermessen berufen; das hat zur Folge, daß ihr kein Ermessen über das „Ob" des Einschreitens mehr zusteht (BGH aaO; krit. Michalke aaO 57 f., Schwarz NStZ 93, 285, Tremel GA 94, 527). Vorausgesetzt wird auch hier, daß bei Ergreifen der gebotenen Maßnahmen der verpönte Zustand mit ausreichender Sicherheit beseitigt worden wäre, wobei ggf. auch der Ausgang von Verwaltungsstreitverfahren zu berücksichtigen ist (Frankfurt NStZ-RR **96**, 105, vgl. auch BGH **38** 338). Wer beauftragt ist, in einem Waldstück nach wild abgelagerten Abfällen zu suchen oder aus Gewässer Proben zu entnehmen, hat weitergehende Pflichten als ein Behördenleiter, dem es obliegt, solche Spüraktionen anzuordnen und gegebenenfalls zu überwachen. Folglich kann der Wasserschutzbeamte vor Ort uU nach § 324 III strafbar sein, wenn er fahrlässig eine Wasserverschmutzung nicht erkennt und den Verursacher an weiteren Verunreinigungen nicht hindert (vgl. AG Hanau wistra **88**, 199 f.). Den vorgesetzten Beamten trifft eine Haftung uU erst dann, wenn ihm ein Umweltverstoß gemeldet wird und er daraufhin nicht reagiert. Jedoch kann er seine Organisations- und Aufsichtspflichten nicht vollständig auf untergeordnete Stellen verlagern (Himmel/Sanden ZfW 94, 449). Einzelheiten sind hier noch nicht abschließend geklärt (vgl. GenStA Hamm NStZ **84**, 219 m. Anm. Zeitler, LG Bremen NStZ **82**, 164 m. Anm. Möhrenschlager, AG Hechingen NJW **76**, 1223, Bickel ZfW 79, 148, Rogall JZ-GD 80, 101 ff., Wernicke ZfW 80, 261, Laufhütte/Möhrenschlager ZStW 92, 921, Dölling ZRP 88, 338, Weber aaO 55 ff., Papier NJW 88, 115). Dies gilt vor allem für die Aufteilung der Verantwortungsbereiche innerhalb der Behörden und die Geschäftsverteilung innerhalb der gleichen Behörde (dazu Triffterer, Umweltstrafrecht 136, Rogall aaO 230, Winkelbauer NStZ 86, 153; Hug aaO 24 ff., Scholl aaO 122 ff. zur Kommunalverwaltung).

4. Betreibt eine **Körperschaft** oder Anstalt des öffentlichen Rechts eine Schadstoffe emittierende 41 Einrichtung, so sind die für die Anlage verantwortlichen Amtsträger unmittelbare Normadressaten der §§ 324 ff. (für Amtsträger einer Gemeinde BGH **38** 330, vgl. auch BGH NStZ **97**, 189, eingeh. Nappert aaO 41 ff. zu Kommunalorganen, vgl. auch Hug aaO 84 ff., Scholl aaO 152 ff. zu Gemeindegremien); gegebenenfalls ergibt sich ihre Haftung aus § 14 (Lackner/Kühl 8, Rogall aaO 147, Scholl aaO 129 ff., Steindorf LK § 324 RN 50). Für Amtsträger übergeordneter Aufsichts- und Genehmigungsbehörden kommt in diesem Fall Beihilfe in Betracht (Pfohl NJW 94, 421). So kann sich etwa der Leiter eines städtischen Schlachthofes nach § 324 strafbar machen, wenn er die Anweisung gibt, entgegen einer Auflage nicht vorgeklärte Abwässer in das Kanalnetz zu leiten. Ferner macht sich der für die Verwaltung eines Schwimmbades zuständige Amtsträger nach § 324 strafbar, wenn er es

§ 324

unterläßt, für den gebotenen Anschluß dieses Schwimmbades an die Kanalisation Sorge zu tragen (Köln NJW **88**, 2119). Auch der Leiter eines Klärwerks, der bei Überschreitung des höchstzulässigen pH-Wertes der einlaufenden Abwässer entgegen den ihm erteilten Dienstanweisungen weder sofort die fachlich zuständige Behörde verständigt noch sonst etwas unternimmt, kann sich der fahrlässigen Verunreinigung eines Gewässers schuldig machen (Stuttgart NStZ **89**, 122). Soweit nur ein Unterlassen von Amtsträgern in Betracht kommt, findet deren Garantenpflicht auch hier ihre Grenze in den vom materiellen Verwaltungsrecht eingeräumten Handlungsmöglichkeiten. Stößt zB ein Bürgermeister nach Amtsübernahme auf rechtswidrige Zustände im Bereich der gemeindlichen Abwasserkanalisation, ist er nicht wegen Unterlassens strafbar, soweit er nach Ausschöpfung seiner Befugnisse gezwungen ist, den Dingen ihren Lauf zu lassen (Saarbrücken NStZ **91**, 531 m. abl. Anm. Franzheim ZfW 91, 325, Kühne NJW 91, 3020, Hoyer NStZ 92, 387, Groß/Pfohl NStZ 92, 119, Scholl aaO 73 ff.; vgl. Odersky Tröndle-FS 291). Auch bei der kommunalen Finanzplanung sind strafrechtlich die verwaltungsrechtlichen Pflichtenkreise strikt zu beachten (Pfohl NJW **94**, 420, vgl. Nappert aaO 88, Scholl aaO 91 ff., aber auch Hug aaO 121 f.). Sind erforderliche Mittel, etwa für eine notwendige Kläranlagenerweiterung, nicht aufzubringen, kann dies zur tatsächlichen Unmöglichkeit führen.

41 a 5. Noch wenig geklärt sind Haftungsfragen, die sich aus der **Privatisierung von Verwaltungsaufgaben durch Kommunen** ergeben (dazu aus verwaltungsrechtlicher Sicht zB Schmidt-Aßmann, in Hoffmann-Riem/Schmidt-Aßmann/Schuppert, Reform des Allgemeinen Verwaltungsrechts – Grundfragen, 1993, 11 ff., Schink VerwArch 85, 251, Schoch DVBl. 94, 962). Es geht insbesondere um die Bereiche Abfallentsorgung und Abwasserbeseitigung, wobei die Gesetzgeber zusehends Möglichkeiten zur Privatisierung schaffen (vgl. zB § 16 I, II KrW-/AbfG). Zunächst ist zu berücksichtigen, daß es innerhalb des gesetzlichen Rahmens keinen numerus clausus der Privatisierungsform gibt, und mit dem Grad der Selbständigkeit und eigenverantwortlichen Pflichtenwahrnehmung durch private Rechtsformen (zB Betreibermodell, bei dem der private Betreiber eine entsprechende Anlage nicht nur baut und finanziert, sondern sie auch eigenverantwortlich betreibt) einerseits sich entsprechende Pflichten der Amtsträger wandeln und andererseits Pflichten von Privaten übernommen werden. Bspw. entfällt bei Übertragung der tatsächlichen Sachherrschaft über Abfälle auf private Dritte die daraus resultierende Sonderpflichtigkeit der entsorgungspflichtigen Körperschaft als Abfallbesitzerin (vgl. u. § 326 RN 21). § 16 I 2 KrW-/AbfG steht insoweit nicht entgegen, weil nur deklaratorisch auf bestehende Pflichten hingewiesen wird (Frenz KrW/AbfG § 16 RN 34, 51). Aus dieser Sonderpflichtigkeit ergeben sich aber bei Verantwortungsverlagerung auf der Grundlage von BGH **40** 84 gewisse Auswahlpflichten, wobei § 8 II EfbV Leitlinien gibt. Ob und inwieweit darüber hinaus Überwachungspflichten bestehen, hängt nicht von der (remedurbedürftigen) verwaltungsrechtlichen Terminologie wie „Erfüllungsgehilfe" oder „Verwaltungshelfer" ab (vgl. aber Hug aaO 127). Allgemein sollte klar sein, daß bei materieller Privatisierung mit eigenverantwortlicher Aufgabenwahrnehmung keine generelle Straftatverhinderungspflicht seitens der entsorgungspflichtigen Körperschaft besteht. Vielmehr bestimmt sich strafrechtlich eine verbleibende Einstandspflicht nach der Qualität der Abschirmung von Umweltgefahren bei Delegation bzw. Übernahme und deren gesetzlichen Voraussetzungen (vgl. Heine Verantwortlichkeit 124 f.). Dies kann zur Folge haben, daß eine Strafbewehrung erst dann eintritt, wenn auf bekanntgewordene Mißstände nicht adäquat reagiert wird (zum Ganzen auch Nappert aaO 107 ff., Scholl aaO 16 ff.).

42 VIII. Eine **Geldbuße** gegen **juristische Personen** und Personenvereinigungen nach § 30 OWiG ist dann in Betracht zu ziehen, wenn ein vertretungsberechtigtes Organ der juristischen Person, ein Mitglied eines solchen Organs, ein vertretungsberechtigter Gesellschafter, ein Generalbevollmächtigter oder ein in leitender Stellung tätiger Prokurist bzw. Handlungsbevollmächtigten eine Umweltstraftat begangen hat, durch die Pflichten der juristischen Person oder Personenvereinigung verletzt wurden oder eine solche bereichert worden ist oder bereichert werden sollte (vgl. auch o. 120 vor § 25). Ist das Organ usw. selbst nicht strafbar, so kommt § 30 OWiG in Betracht, wenn ihm nach § 130 OWiG eine Aufsichtspflichtverletzung zur Last gelegt werden kann (vgl. dazu Heine in Brandt/Ruchay/Weidemann § 61 RN 101 ff., Ransiek [118 vor § 25] 103 f., Többens NStZ 99, 3 f.). Zulässig ist auch eine sog. anonyme Verbandsgeldbuße, wenn der Täter den konkreten Anknüpfungstat nicht zu ermitteln ist, aber feststeht, daß jemand aus dem Kreis des § 30 OWiG allein als Täter in Frage kommt und die Voraussetzungen erfüllt (BGH wistra **94** 233). Eine Geldbuße gegen die juristische Person oder Personenvereinigung ist vor allem dann in Betracht zu ziehen, wenn ein Umweltverstoß bei einem Unternehmen zu einer Kostenersparnis geführt hat, die ihrerseits zu einer Wettbewerbsverzerrung im Verhältnis zu umwelttreuen Unternehmen führt. Eine Bestrafung des Täters reicht in solchen Fällen vielfach nicht aus, um einen wirksamen Umweltschutz zu erreichen; erst einem an den wirtschaftlichen Verhältnissen des Unternehmens oder an dessen Gewinnen aus dem Verstoß (§§ 30 III, 17 II OWiG) orientiertes Bußgeld kommt eine erheblich höhere abschreckende Wirkung zu. Ein Umweltverstoß darf sich wirtschaftlich nicht auszahlen (Kube/Seitz DRiZ 87, 44).

§ 324 Gewässerverunreinigung

(1) **Wer unbefugt ein Gewässer verunreinigt oder sonst dessen Eigenschaften nachteilig verändert, wird mit Freiheitsstrafe bis zu fünf Jahren oder mit Geldstrafe bestraft.**

(2) **Der Versuch ist strafbar.**

(3) Handelt der Täter fahrlässig, so ist die Strafe Freiheitsstrafe bis zu drei Jahren oder Geldstrafe.

Schrifttum: Bickel, Die Strafbarkeit der unbefugten Gewässerverunreinigung nach § 38 WHG, ZfW 79, 139. – *Brahms*, Definition des Erfolgs der Gewässerverunreinigung, 1994. – *Braun*, Die kriminelle Gewässerverunreinigung (§ 324 StGB), 1990. – *Breuer*, Öffentliches und privates Wasserrecht, 2. A., 1987. – *Christiansen*, Grenzen der behördlichen Einleiteerlaubnis und Strafbarkeit nach § 324 StGB, 1996. – *Czychowski*, Problematik und Auswirkungen der §§ 19 g bis l WHG (4. Novelle) über Anlagen zum Lagern, Abfüllen und Umschlagen wassergefährdender Stoffe, ZfW 77, 84. – *ders. u. a.*, Das neue Wasserstrafrecht im Gesetz zur Bekämpfung der Umweltkriminalität, ZfW 80, 205. – *Dahs*, Zur strafrechtlichen Haftung des Gewässerschutzbeauftragten nach § 324 StGB, NStZ 86, 97. – *ders.*, Der Überwachungswert im Strafrecht – ein untauglicher Versuch, NStZ 87, 440. – *ders.*, Strafrechtliche Haftung des „Zustandsstörers" für Altlasten, Redeker-FS 475. – *Franzheim*, Die Umgrenzung der wasserrechtlichen Einleitungserlaubnis als Rechtfertigungsgrund des Straftatbestandes der Gewässerverunreinigung, NStZ 87, 437. – *ders.*, Der Überwachungswert im Strafrecht – ein brauchbares Instrument, NStZ 88, 208. – *Gieseke/Czychowski*, WHG, 6. A., 1992. – *Hill*, Die befugte Gewässerbenutzung nach dem WHG, GewerbeA 81, 155, 183. – *H. Hohmann*, Wasserrechtliche Pflichten und Strafbarkeit der Wasserbehörden, NuR 91, 8. – *Kasper*, Die Erheblichkeitsschwelle im Bereich des Umweltstrafrechts, insbesondere bei § 324 StGB, 1997. – *Kloepfer/Brandner*, Rechtsprobleme der Grenzwerte für Abwassereinleitungen, ZfW 89, 1. – *Krebs/Oldiges/Papier*, Aktuelle Probleme des Gewässerschutzes, 1990. – *Kühne*, Strafrechtlicher Gewässerschutz, NJW 91, 3020. – *Kuhlen*, Der Handlungserfolg der strafbaren Gewässerverunreinigung, GA 86, 389. – *ders.*, Zur Rechtfertigung von Gewässerverschmutzungen, StV 86, 544. – *Meinberg/Möhrenschlager/Link (Hrsg.)*, Umweltstrafrecht, 1989. – *Niering*, Der strafrechtliche Schutz der Gewässer, 1993. – *Nisipeanu*, Nach § 324 StGB strafbare Gewässerverunreinigungen bei Überschreitung der wasserrechtlichen (sonderordnungsrechtlichen) Überwachungswerte oder/und der abwasserabgabenrechtlichen Höchstwerte?, NuR 88, 225. – *ders.*, Abwasserrecht, 1993. – *Odersky*, Zur strafrechtlichen Verantwortlichkeit für Gewässerverunreinigungen, Tröndle-FS 291. – *Papier*, Gewässerverunreinigung, Grenzwertfestsetzung, Strafrecht, 1984. – *Peters*, Meßungenauigkeiten – ein nicht zu lösendes Problem im Rahmen des § 324 StGB?, NuR 89, 167. – *Pfohl*, Strafbarkeit wegen unerlaubten Einleitens in öffentliche Abwasseranlagen, wistra 94, 6. – *Rademacher*, Die Strafbarkeit wegen Verunreinigung eines Gewässers (§ 324 StGB), 1989. – *Rengier*, Zur Reichweite von Sorgfaltspflichten und verwaltungsrechtlichen Pflichten im Umweltstrafrecht, Boujong-FS, 791. – *Riegel*, Die neuen Vorschriften im Umweltrecht, NJW 76, 783. – *Rogall*, Gegenwartsprobleme des Umweltstrafrechts, Uni Köln-FS 505. – *Rudolphi*, Schutzgut und Rechtfertigungsprobleme der Gewässerverunreinigung i. S. des § 324 StGB, ZfW 82, 197. – *ders.*, Probleme der strafrechtlichen Verantwortlichkeit von Amtsträgern für Gewässerverunreinigungen, Dünnebier-FS, 561. – *ders.*, Primat des Strafrechts im Umweltschutz?, NStZ 84, 193. – *ders.*, Strafrechtliche Verantwortlichkeit von Bediensteten von Betrieben für Gewässerverunreinigungen und ihre Begrenzung durch den Einleitungsbescheid, Lackner-FS 863. – *Sander*, Die Bedeutung der wasserrechtlichen „Überwachungswerte", ZfW 93, 204. – *Sangenstedt*, Garantenstellung und Garantenpflicht von Amtsträgern, 1989. – *Scholz*, Gewässerverunreinigung durch Indirekteinleitungen, 1996. – *Schuck*, Zur Auslegung des Rechtswidrigkeitsmerkmals „unbefugt" in § 324 StGB, MDR 86, 811. – *Schünemann*, Die Strafbarkeit von Amtsträgern im Umweltstrafrecht, wistra 86, 235. – *Sieder/Zeitler*, WHG, 2. A., 1988. – *Truxa*, Rechtsstellung und Funktion von Betriebsbeauftragten für Gewässerschutz nach §§ 21 a ff. WHG, ZfW 80, 220. – *Vogelsang-Rempe*, Umweltstrafrechtliche Relevanz der Altlasten, 1991. – *Wachenfeld*, Wasserrechtliches Minimierungsgebot und Gewässerstrafrecht, 1993. – *Wernicke*, Das neue Wasserstrafrecht, NJW 77, 1662. – *ders.*, Zur Strafbarkeit der Amtsträger von Wasseraufsichtsbehörden bei Unterlassungen, ZfW 80, 261. – *Winkemann*, Probleme der Fahrlässigkeit im Umweltstrafrecht, 1991. – Vgl. im übrigen die Schrifttumsangaben vor § 324.

Vorbem.: Abs. 3 geänd. durch 31. StÄG/2. UKG v. 27. 6. 1994, BGBl. I 1440.

I. Die Vorschrift beinhaltet einen umfassenden **Gewässerschutz**, der zuvor in einer Vielzahl von verstreuten Einzelvorschriften geregelt war, wie § 38 WHG, § 7 II FestlandsockelG v. 24. 7. 64 (BGBl. I 497), Art. 8 des Ges. zu den Übereink. von 1972 zur Verhütung der Meeresverschmutzung v. 11. 2. 77 (BGBl. II 165), Art. 3 des Ges. zum Genfer Übereink. über die Hohe See v. 21. 9. 72 (BGBl. II 1089), Art. 6 des Ges. über das Intern. Übereink. zur Verhütung der Verschmutzung der See durch Öl idF v. 19. 1. 79 (BGBl. II 62). Das 2. UKG erhöhte den Strafrahmen in Abs. 3 und erweiterte den Schutzbereich (§ 330 d Nr. 1). Die Vorschrift wird wegen der u. 8 f. näher beschriebenen Voraussetzungen überwiegend als ein **Erfolgsdelikt** eingestuft (BGH NJW 92, 123, Frankfurt NStZ-RR 96, 103, Köln NJW 88, 2121, Horn SK 2 a, Lackner/Kühl 1; and. Rogall Köln-FS 517, der wegen Trivialisierung des Erfolgs zur Deutung als potentielles Gefährdungsdelikt kommt, ebenso Zieschang aaO [vor § 306], 236, der jedoch die Herbeiführung eines konkret gefährlichen Zustandes verlangt; Kuhlen GA 86, 407 [Kumulationsdelikt], ebenso und vertiefend Wohlers aaO [vor § 306] 318 ff.). Schutzgut ist nach hM das Gewässer in seiner „Funktion für Mensch und Umwelt" (Karlsruhe JR 83, 339 ff. m. Anm. Triffterer/Schmoller, BGH NStZ 87, 324 m. Anm. Rudolphi, Hamburg ZfW 83, 112, Celle NJW 86, 2326 ff., Frankfurt NJW 87, 2753 ff. m. Anm. Keller JR 88, 172, Steindorf LK 3 ff.; Horn SK 2; Sack, Umweltschutz – Strafrecht, § 324 RN 6, Tröndle/Fischer 2. Aus dem wasserrechtlichen Schrifttum vgl. Gieseke/Czychowski, WHG § 324 RN 5, Siedler/Zeitler, WHG, Anh. III 4, § 324 RN 4, 9, Breuer aaO RN 833 m krit. Bem. zur hL in RN 834, 835). Dies bedeutet, daß das Gewässer nicht um seiner selbst Willen geschützt ist (vgl. 8 or § 324). Angriffsobjekt ist das konkrete Gewässer in seiner konkreten Beschaffenheit. Dies ergibt sich daraus, daß das Strafrecht nur eine Verschlechterung des jeweiligen status quo verhindern will. Nach anderer Auffassung soll das „klare Schutzgut des § 324" die „Funktion der zuständigen Behörden, den Wasserhaushalt zum Wohl der Allgemeinheit ... zu bewirtschaften" (Rudolphi ZfW 82, 200) bzw. das nach Maßgabe des WHG bewirtschaftete Gewässer (Brahms aaO 137 f., Papier aaO 10 ff.) sein. Diese den gesetzgeberischen Absichten widersprechende Auffassung findet im Wortlaut der Vorschrift jedoch keinen Anhalt (BGH NStZ 87, 324, Erdt aaO [vor § 324] 40 f., Kasper aaO 64 f., Kuhlen WuV 91, 189); zudem weist das WHG seit seinen letzten Novellierungen eine verstärkt umweltbezogene Zielrichtung auf, die eine Entgegensetzung von wasserwirtschaftlicher und ökologischer Sichtweise wenig überzeugend macht (Hohmann NuR 91, 8). Drastische Kritik an der Ausgestaltung der Vorschrift übt Herzog aaO [vor § 324] 141 ff., der die Vorschrift für „Blendwerk" hält, das zu „Strafrechtsschäden durch Umweltstrafrecht" führe.

2   § 324 enthält **zwei Tatbestände**. Der erste stellt die vorsätzliche Gewässerverunreinigung unter Strafe (Abs. 1, 2), der zweite pönalisiert das entsprechende Fahrlässigkeitsdelikt (Abs. 3) (zur Deliktsstruktur vgl. Rogall Köln-FS 517 ff.). Nach der hM, der iE zuzustimmen ist, genügt die Tatbestandsformulierung „verunreinigen" bzw. „nachteilig verändern" dem **verfassungsrechtlichen Bestimmtheitsgebot** nach Art. 103 II GG (vgl. BGH **30** 287 f., Tiedemann aaO 15, Steindorf LK 25, krit. Kasper aaO 116 ff.). Dennoch bleiben die weit gefaßten Tatbestände problematisch (grdl. Kasper aaO 83 ff. mit Reformvorschlägen, Frisch aaO [vor § 324] 125, Heine/Meinberg, DJT-Gutachten, D 132; Lackner/Kühl 6, and. 25. A.). Sie erschweren eine gleichförmige Ausgrenzung von Bagatellfällen, müssen zur Rechtsfindung das Verfahrensrecht (§§ 153 ff. StPO) bemühen (Heine ZUR 95, 69 f.) und können unterschiedliche Strafbarkeitsrisiken (private/betriebliche Gewässerverunreinigung) schwerlich unterbinden. Freilich dürfte sich die ursprünglich uneinheitliche Praxis (vgl. Kasper aaO 94 ff.) spürbar konsolidiert haben, was sich nicht zuletzt darin niederschlägt, daß § 324 seine Spitzenstellung in der Praxis verloren hat (Heine ZUR 95, 65).

3   **II. Schutzobjekte** des § 324 sind Gewässer. Nach der Definition des § 330 d Nr. 1 sind hierunter oberirdische Gewässer und das Grundwasser sowie das Meer zu verstehen. Die Legaldefinition entstammt § 1 WHG, ist jedoch dieser Vorschrift gegenüber insoweit erweitert worden, als auch die Hohe See erfaßt wird und die Befugnis der Länder, Ausnahmeregelungen zu schaffen (§ 1 II WHG), entfallen ist (zu den Motiven hierfür vgl. BT-Drs. 8/2382 S. 26). Als Gewässer kommen demnach in Betracht:

4   **1. oberirdische Gewässer.** Darunter sind die ständig oder zeitweilig in Betten fließenden oder stehenden oder aus Quellen wild abfließenden Wasser zu verstehen (§ 1 I Nr. 1 WHG). Demzufolge wird Wasser, das sich in festen Behältnissen (wie zB Schwimmbecken, Köln ZfW **89**, 46), Feuerlöschteichen, Erdbecken für landwirtschaftliche Sickersäfte (Oldenberg NuR **92**, 41) Kläranlagen (vgl. dazu Bay JR **88**, 344 m. Anm. Sack) oder in Leitungssystemen (zB Wasserversorgungs- oder Abwasserleitungen, dazu BGH NStZ **97**, 189) befindet, durch § 324 nicht geschützt. Auf die Größe des Gewässers kommt es nicht an, so daß auch ein kleiner, zum Lebensraum von Tieren gewordener Teich geschützt wird (Stuttgart NStZ **94**, 590). Fraglich kann sein, ob das Gewässereigenschaft durch Verrohrung verlorengeht. Hier wird zu differenzieren sein: Wird das Wasser nur zeitweilig durch Rohre geführt, verliert es seine Gewässereigenschaft nicht (vgl. Sack JR **88**, 344 f. für den Fall, daß verunreinigtes Wasser aus einem Klärbecken in den Wasserkreislauf gelangt), anders aber, wenn es zB einer Kläranlage zugeführt wird und somit völlig aus dem natürlichen Wasserkreislauf ausscheidet (vgl. Gieseke/Wiedemann/Czychowski § 1 WHG RN 26, Sack aaO 12, Steindorf LK 14). Bei derartigen Indirekteinleitungen kommt als Tatobjekt allerdings das der Kläranlage verbundene Gewässer in Betracht, wenn diese die eingeleiteten Abwässer nicht mehr bewältigen kann (Franzheim JR **88**, 344, Pfohl wistra **94**, 6, Niering aaO 32, Scholz aaO 67). Ebenfalls aus dem Gewässerbegriff scheidet Wasser aus, das sich nur gelegentlich ansammelt, wie Regenpfützen, sich ansammelnde Feuchtigkeit in Baggerlöchern, Baugruben oder Fahrspuren, wenn keine Verbindung mit dem Grundwasser besteht (Wernicke NJW **77**, 1664). Auch das Gewässerbett wird (mittelbar) durch § 324 geschützt, nämlich insoweit, als dessen Verunreinigung auch das enthaltene Wasser nachteilig beeinflußt (Lackner/Kühl 2, Wernicke NJW **77**, 1664, Steindorf LK 10, Tröndle/Fischer 2); daher umfaßt § 324 a Gewässerböden insoweit nicht (vgl. § 324 a RN 3). Zum räumlichen Schutzbereich bei oberirdischen Gewässern und Grundwasser vgl. § 330 d RN 1 ff.; die ursprünglich bestehende Beschränkung des Tatbestands auf inländische Gewässer (BGH **40** 81) ist durch das 2. UKG entfallen (vgl. MG/Pfohl 1452).

5   **2. Grundwasser.** Hierunter ist das gesamte unterirdische Wasser zu verstehen (BT-Drs. 8/2382 S. 26). Ohne Belang ist, ob ein stehendes oder fließendes Wasser vorliegt oder dieses sich in Erdhöhlen befindet (vgl. Tröndle/Fischer 3). Um Grundwasser iSv § 324 handelt es sich auch, wenn Wasser in Niederungen aus dem Boden tritt (so auch Sack 13; and. Gieseke/Wiedemann/Czychowski § 1 WHG RN 42 [oberirdisches Gewässer]). Zum räumlichen Geltungsbereich vgl. § 330 d RN 1 f.

6   **3. das Meer.** Hierzu gehören alle Küstengewässer und die Hohe See ohne räumliche Begrenzung (§ 330 d Nr. 1). Es wird jedoch nicht das Weltrechtsprinzip (vgl. 8 vor §§ 3–7) für diesen Tatbestand eingeführt; vielmehr sind die §§ 3 ff. als Einschränkung des weiten Tatbestandes zu verstehen, so daß nur Deutsche gem. § 7 II Nr. 1 bestraft werden können sowie Ausländer, die die Tat auf einem die deutsche Bundesflagge führenden Schiff oder im Bereich der ausschließlichen Wirtschaftszone der Bundesrepublik Deutschland begangen haben (vgl. § 5 Nr. 11), oder im Inland betroffene Ausländer, die nicht ausgeliefert werden (§ 7 II Nr. 2); vgl. Sack 22, Steindorf LK 20 ff. sowie § 5 RN 18 a. Vgl. ferner § 330 d RN 2 f.

III. Der **objektive Tatbestand** setzt voraus, daß ein Gewässer verunreinigt oder sonst dessen 7
Eigenschaften nachteilig verändert werden, wobei sich zwischen dem Oberbegriff der 2. Alt. und dem
Verunreinigen Überschneidungen ergeben können.

1. Verunreinigt ist ein Gewässer, wenn (als notwendige Bedingung) es sich in seinem äußeren 8
Erscheinungsbild nach dem Eingriff des Täters als weniger „rein" darstellt als zuvor (Karlsruhe JR **83**,
339 m. Anm. Triffterer/Schmoller, Horn SK 3, Sack 26; enger Wernicke NJW 77, 1663), also insb.
bei Trübung, Schaumbildung und Ölspuren (Gieseke/Czychowski 9). Im Gegensatz zu § 38 I WHG
aF spricht die Vorschrift nicht mehr von einer „schädlichen" Verunreinigung, um zu verhindern, daß
an den Begriff der Verunreinigung zu hohe Anforderungen gestellt werden (BT-Drs. 8/2382 S. 14).
Demzufolge ist es nicht notwendig, daß der eingeleitete Stoff einen Schaden begründet hat. Vielmehr
kann die schlichte Unsauberkeit des Wassers ausreichen (vgl. Stuttgart NJW **77**, 1406 m. Anm. Sack,
Karlsruhe Justiz **82**, 164, JR **83**, 339 m. Anm. Triffterer/Schmoller). Jedoch unterfällt nicht jede
geringfügige Verunreinigung § 324, da das „Verunreinigen" dem „nachteiligen Verändern" der Gewässereigenschaften gleichzuachten ist (Frankfurt NJW **87**, 2754, ebenso Kuhlen GA 86, 391, Steindorf LK 39). Deshalb scheidet zB eine geringfügige Trübung des Wassers durch Sand oder Lehm aus
(Horn SK 3; vgl. auch Laufhütte/Möhrenschlager ZStW 92, 931, Möhrenschlager Umwelt 79, 477,
BT-Drs. 8/2382 S. 14). Ebenso scheitert die starke Verschmutzung eines nur geringfügigen Teils des
Gewässers an der Erheblichkeitsschwelle (Horn SK 3), während im übrigen auch eine teilweise
Verunreinigung ausreichend ist, so daß auch eine 400 m² große, auf dem Rhein treibende schadstoffbelastete Flüssigkeitsschicht ausreichen kann (BGH NStZ **91**, 282). Für die Frage der Verunreinigung
des Gewässers ist somit entscheidend, welche (nachteiligen) Auswirkungen die Tathandlung auf die
Qualität des Wassers hat. Ob dies der Fall ist, läßt sich nur nach den konkreten Umständen des
Einzelfalls, wie Größe und Tiefe des Gewässers, Wasserführung, Geschwindigkeit des fließenden
Gewässers und Menge und Gefährlichkeit des eingebrachten Stoffes, entscheiden (Karlsruhe JR **83**,
339 m. Anm. Triffterer/Schmoller, BT-Drs. 8/2382 S. 14; vgl. auch BayVGH BayVBl **74**, 590,
Lackner/Kühl 4, Tröndle/Fischer 5); weiter ebenso gehend stellt Kuhlen (GA 86, 407) darauf ab, ob die
Verunreinigung, würde sie in großer Zahl vorgenommen, das Gewässer ökologisch nachteilig beeinträchtigen würde (krit. zu dieser Figur des Kumulationsdeliktes Samson ZStW 99, 635 m. Erwiderung
Kuhlen WuV 91, 195 u. ZStW 105, 711 ff., dagegen Daxenberger aaO 66, 83 ff.). Begrifflich nicht
notwendig ist es aber, daß das Wasser vor dem Einbringen des Stoffes sauber war (BT-Drs. aaO,
Stuttgart DVBl. **76**, 799, AG Frankfurt MDR **88**, 338, Möhrenschlager ZRP 79, 99, M-Schroeder II
73), so daß auch verschmutztes Wasser weiter verunreinigt werden kann. Entscheidend ist die
qualitative Veränderung des „status quo" (GenStA Celle NJW **88**, 2394). Zu weitgehend ist es,
scharfkantige Gegenstände, die im Flußbett versenkt werden und Schiffahrt oder Badende gefährden,
jedoch die Wasserqualität nicht beeinflussen, unter den Begriff „Verunreinigung" zu fassen (so aber
Sack 35); jedoch soll hier eine „sonst nachteilige Veränderung" vorliegen (Rengier aaO [vor § 324]
17). Dem steht jedoch entgegen, daß auch diese Tatalternative eine Beeinträchtigung der Gewässerqualität voraussetzt (Lackner/Kühl 4; Michalke aaO 19, Steindorf LK 37). Zur Frage der Kumulation
mehrerer Ableitungen von Stoffen in Gewässer vgl. Samson ZStW 99, 617 ff., der mit Recht darauf
hinweist, daß jedem einzelnen Täter nur das zugerechnet werden kann, was er selbst eingeleitet hat
(zust. Kuhlen WuV 91, 195 ff., vgl. eingeh. Daxenberger aaO 168 f., der immissionsbezogen ausschließlich die einzelne Belastungserhöhung zurechnen will; vgl. 83, 93, 101 f. vor § 13; and.
Möhrenschlager WuV 84, 63, Wegscheider ÖJZ 83, 95).

2. Der Verunreinigung gleichzuachten ist die **„sonst nachteilige Veränderung der Gewässer-** 9
eigenschaften" (krit. zur Formulierung der Tatbestandsalternativen Triffterer, Umweltstrafrecht
180). Diese Alternative bildet den Oberbegriff, so daß unter die nachteilige Veränderung diejenigen
Beeinträchtigungen fallen, die vom „Verunreinigen" nicht erfaßt werden können (Karlsruhe JR **83**,
339 m. Anm. Triffterer/Schmoller, Celle NJW **86**, 2327, Lackner/Kühl 5, Gieseke/Czychowski 8,
Rudolphi NStZ 84, 194, Wernicke NJW 77, 1665, Steindorf LK 27). Jedoch kann nicht jede Beeinträchtigung von Benutzungsmöglichkeiten genügen. Und ebensowenig genügt jegliche Gewässerbenutzung, wie zB das Einleiten von Stoffen als solches, weil sonst eine Abgrenzung zu den Bußgeldvorschriften des § 41 WHG unmöglich wäre. Vielmehr ist stets eine Verschlechterung der Wasserqualität erforderlich (and. Rengier aaO [vor § 324] 17). Gemeint sind also insb. eine Verschlechterung
der physikalischen, chemischen oder biologischen Beschaffenheit des Wassers (BGH NStZ **87**, 324 m.
Anm. Rudolphi, Frankfurt NStZ-RR **96**, 103 LG Kleve NStZ **81**, 266, Lackner/Kühl 4). Hierunter
fallen nachteilige Erwärmung oder Abkühlung, Beschleunigung oder Hemmung des Wasserabflusses
usw. (weitere Bsp. bei Sack 27 ff., Wernicke NJW 77, 1665). Erforderlich ist auch hier nicht, daß
konkrete Schäden, wie zB ein Fischsterben, eintreten (BT-Drs. 8/2382 S. 14, Stuttgart MDR **76**, 690,
Celle NJW **86**, 2327 m. Anm. Lamberg NJW 87, 421, Horn SK 3). Eine nachteilige Veränderung
liegt vielmehr bereits dann vor, wenn sich die Eigenschaften durch das Einbringen des Stoffes nicht
bloß unerheblich verschlechtert haben. Zu Recht wird aber überwiegend die Feststellung eines
„Minus an Wassergüte" verlangt (Celle NJW **86**, 2326, Frankfurt NStZ-RR **96**, 103, Horn UPR 83,
364, Lackner/Kühl 4, Steindorf LK 36, Tröndle/Fischer 6), wobei bei dieser Änderung des status quo
genügt, daß sie geeignet ist, weitergehende Nachteile (auch ökologische) zu verursachen (Stuttgart
NJW **77**, 1407 m. Anm. Sack, Köln NJW **88**, 2119, Lackner/Kühl 4, Rogall Köln-FS 517, Scholz

aaO 69). Anhaltspunkte können sich aus § 3 II Nr. 2 WHG ergeben (Steindorf LK 36). Deshalb bedarf es des Nachweises, daß eine bestimmte Menge eines Stoffes in das Gewässer eingebracht worden ist, dann nicht, wenn bei Veränderung der Wassergüte feststeht, daß die eingeleiteten Substanzen generell geeignet sind, entsprechende Nachteile zu verursachen. Der weitergehenden Auffassung (Horn SK 4), die darüber hinaus die abstrakte Möglichkeit einer Schadensverursachung für Mensch, Tier oder Pflanzen verlangt, kann nicht gefolgt werden, da nach der Tatbestandsformulierung die erforderliche Nachteilsmöglichkeit nicht auf Lebewesen und Pflanzen beschränkt ist. So genügt auch die Gefahr der Entstehung erheblicher Kosten bei der Wasseraufbereitung, also die eines bloßen Vermögensschadens. Eine nachteilige Veränderung liegt beispielsweise auch vor, wenn die natürliche Regenerationsfähigkeit des Gewässers herabgesetzt wird (Frankfurt NJW 87, 2755, Horn SK 4). Dabei kann auch ein verunreinigtes oder sonst in seinen Eigenschaften nachteilig beeinflußtes Gewässer Gegenstand der Tat sein (Frankfurt NStZ-RR 96, 103, Stuttgart DVBl 76, 799, Sack 45, BT-Drs. 8/2382 S. 14). Eine sonst nachteilige Veränderung der Gewässereigenschaften soll nach Oldenburg Nds. Rpfl. 90, 156, Stuttgart NStZ 94, 590 auch die zwecks Trockenlegung erfolgte Absenkung des Wasserspiegels von Kleingewässern sein können; krit. Horn JZ 94, 1098 u. Lackner/Kühl 5, da eine derartige Beseitigung des Gewässers nur von § 329 III Nr. 3 erfaßt werde.

10 3. Als **Tathandlung** kommt jedes Verhalten in Betracht, das für eine Gewässerverunreinigung oder für die nachteilige Veränderung seiner Eigenschaften ursächlich geworden ist (vgl. Lackner/Kühl 4, Horn SK 5, Steindorf LK 32, Kahl, in Meinberg/Möhrenschlager/Link Umweltstrafrecht 88, Tröndle/Fischer 5; and. Wernicke NJW 77, 1663, der eine final auf die Gewässerverunreinigung gerichtete Handlung verlangt; vgl. dazu auch Sack 55, Düsseldorf JR 94, 123 m. Anm. Rengier). Darunter fallen alle Handlungen, durch die die verunreinigenden Stoffe dem Gewässer unmittelbar zugeführt werden. Tatbestandsmäßig handelt aber auch, wer die Schadstoffe dem Gewässer mittelbar, also zB über eine Gemeindekanalisation (Hamm NJW 75, 747, eingeh. zu Indirekteinleitungen Scholz aaO 67, vgl. o. 4), zuführt, wer Altöl in einen Sickerschacht abläßt (Düsseldorf VRS 44 236), Benzin aus einem Fahrzeug auslaufen läßt (Tröndle/Fischer 5), einen Öltank durch Erdarbeiten beschädigt (Düsseldorf NJW 91, 1123) oder Silagesaft im Erdreich versickern läßt (Celle NJW 86, 2326). Zur Frage inwieweit die Einleitung flüssiger Abfälle erfaßt wird vgl. Salzwedel ZfW 83, 84. Ein tatbestandliches Verunreinigen bzw. Herbeiführen nachteiliger Veränderungen ist auch dann verursacht, wenn sich die genannten Folgen erst aus dem Zusammenwirken von an sich unbedenklichen Einleitungen mit bereits in dem Gewässer befindlichen Stoffen ergeben (Stuttgart MDR 76, 690, NJW 77, 1406 m. zust. Anm. Sack). Der Tatbestand kann auch durch **Unterlassen** (§ 13) verwirklicht werden (hM, vgl. BGH NJW 92, 122, Lackner/Kühl 4, Sack 197 ff., Horn SK 10 f.), zB dadurch, daß es der Täter unterläßt, Sicherheitsvorkehrungen gegen das Überlaufen seines Öltanks vorzusehen. Daher kommt auch eine Garantenstellung desjenigen in Betracht, der die Sachherrschaft über altlastenverseuchte Grundstücke ausübt (Franzheim aaO 87 f., Vogelsang-Rempe aaO 97 f., Wüterich BB 92, 2449; einschr. Dahs Redeker-FS 481). § 324 beinhaltet bei bereits laufenden Gewässerverunreinigungen jedoch nur eine Erfolgsabwendungspflicht hinsichtlich der Verhinderung weiterer drohender Verschmutzungen; der Unterlassende kann nicht verpflichtet sein, den bereits eingetretenen Erfolg wieder zu beseitigen, zB das Gewässer zu reinigen oder die nachteiligen Veränderungen der Wasserbeschaffenheit rückgängig zu machen (Dahs Redeker-FS 481, Horn SK 10 f.). Da die Verantwortung für das Grundwasser gefährdende Altlasten danach in erster Linie den Betriebsinhaber trifft, beurteilt sich das Einrücken von Betriebsleitern usw. in die Garantenstellung (soweit nicht Übernahme in Frage kommt, o. § 14 RN 6) uU nach § 14 II, so daß es stets konkreter Feststellungen zur Position des Täters in der Betriebshierarchie bedarf (BGH NJW 92, 122, vgl. Schall NStZ 92, 212). Hinsichtlich der Garantenstellung gelten im übrigen die allgemeinen Grundsätze (vgl. § 13 RN 17 ff.). Zur Kausalität der Tathandlung für die Verunreinigungen usw. vgl. Möhrenschlager WuV 84, 57 f.

11 IV. Die **Rechtswidrigkeit** kann ausgeschlossen sein durch eine besondere Befugnis oder durch allgemeine Rechtfertigungsgründe; das Merkmal „unbefugt" ist allgemeines Verbrechensmerkmal (vgl. 14 vor § 324). Über die Behandlung dieses Merkmals in der Rspr. vgl. Schall, NStZ 92, 213.

12 1. Die Rechtswidrigkeit der Gewässerverunreinigung entfällt, wenn sie durch eine behördlich erteilte **Erlaubnis**, Bewilligung, Zulassung oder Genehmigung nach dem WHG (vgl. §§ 7, 8, 9 a WHG) gedeckt ist (grds. hierzu Rudolphi ZfW 82, 207, NStZ 84, 196, Kuhlen WuV 92, 241 ff.). Zur Frage der verwaltungsrechtlichen Bestandskraft der Erlaubnis und zur bloßen Erlaubnisfähigkeit vgl. 15 ff. zu §§ 324, 330 d RN 23 ff. Wie stets, ist die Reichweite einer Gestattung abzuklären. Dies bedeutet bspw., daß *kommunale Abwassersatzungen,* welche die Benutzungsbedingungen der Abwasseranlage festlegen und deren Aufgabe sich im wesentlichen auf die Funktionsfähigkeit der kommunalen Einrichtung beschränkt (Lübbe-Wolff NVwZ 89, 207), grundsätzlich keine Befugnis iSd § 324 verleihen (vgl. Scholz aaO 78 ff., Steindorf LK 99, 101; and. Breuer aaO 837, Michalke aaO [vor § 324] 65). Zur umfassenden Wirkung der wasserrechtlichen Genehmigung des Abwasseranlagenbetreibers s. Scholz aaO 89 ff. Handelt der Täter im **Ausland**, ist zu unterscheiden: Tritt ein Verunreinigungserfolg (nur oder auch) an inländischen Gewässern ein, handelt es sich gem. § 9 I um eine Inlandstat. In diesem Fall kann sich der Täter auf ausländische Genehmigungen nur in den o. 24 vor § 3 dargestellten Grenzen berufen. Nicht um den dort behandelten Fall grenzüberschreitender Umweltbeeinträchtigungen geht es jedoch, wenn auch der Erfolgsort allein im Ausland liegt; bei

derartigen reinen Auslandstaten (vgl. o. 4 u. § 330 d RN 7) ist für die Frage der Befugnis allein die Rechtslage am Tatort maßgeblich, so daß ausländische Genehmigungen usw. in vollem Umfang beachtlich sind. Es kommen auch alte Rechte iSv §§ 15 ff. WHG als Rechtfertigungsgründe in Betracht (vgl. dazu im einzelnen Sack 68 ff.). Sofern durch den Gemeingebrauch (vgl. § 23 WHG) minimale Verschmutzungen gedeckt sind (in der Regel wird in diesen Fällen aber bereits der Tatbestand entfallen; vgl. o. 8), können diese ebenfalls nicht rechtswidrig sein (vgl. Laufhütte/Möhrenschlager ZStW 92, 931, Sack 62, 83 ff., Steindorf LK 96; and. Horn SK 9), denn wer sich innerhalb des Rahmens einer jedermann gestatteten Benutzung des Gewässers hält, kann nicht unbefugt handeln (iE ähnlich [Sozialadäquanz] BT-Drs. 8/2382 S. 14, Lackner/Kühl 14). Die von einer behördlichen Erlaubnis usw. gedeckte Gewässerverunreinigung wird nicht schon dadurch zu einer unbefugten, daß irgendwelche Auflagen iSd § 36 VwVfG, die mit der Erlaubnis usw. verbunden waren, verletzt werden (Stuttgart NJW **77**, 1407, Rudolphi ZfW 82, 204, Tröndle/Fischer 7; and. unter Berufung auf BT-Drs. aaO, Sack NJW **77**, 1407; vgl. auch § 330 d RN 16), sondern allenfalls insoweit, als die verletzte Auflage die Gewässerverschmutzung minimieren oder sonst dem Schutz des Wasserhaushalts dienen sollte. Eine Überschreitung der in der Einleitungsbefugnis (§§ 2, 3, 7 WHG) genannten Höchstwerte kann unbefugt sein (Frankfurt NJW **87**, 2255 m. Anm. Keller JR 88, 172, AG Frankfurt MDR **88**, 338 f., Tröndle/Fischer 7, diff. Rudolphi Lackner-FS 886). Das gilt jedenfalls für aufgrund §§ 6, 27, 36 b WHG festgelegte Höchstwerte (Gieseke/Czychowski 33). Der Mindestinhalt des Einleitungsbescheids ergibt sich aber nicht aus dem WHG, sondern aus § 4 I 2 AbwAG. Der dort vorgesehene Überwachungswert wird in den neuen Rechtsverordnungen, ergangen nach § 7 a I 3 WHG, festgelegt. Maßgebend ist dabei anstelle der früheren Wertevielfalt neuerdings die sog. begrenzte „Vier-aus-fünf-Regelung" (BVerwGE **80** 85). Nach Nr. 2.2.4 Rahmen-Abwasser VwV (idF v. 31. 7. 96, GMBl. 729) gilt der Überwachungswert als eingehalten, wenn die Ergebnisse der letzten fünf Überprüfungen in vier Fällen diesen Wert nicht überschreiten und kein Ergebnis diesen Wert um 100% übersteigt (s. auch § 6 AbwV). Sofern im Genehmigungsbescheid zur Umgrenzung der Einleitungsbefugnis auf diesen Wert Bezug genommen worden ist, kann unbefugt handeln, wer den jeweiligen Höchstwert überschreitet (BVerwGE **80** 83, Düsseldorf NuR **91**, 281, Kloepfer/Brandner ZfW 89, 12 ff., Kuhlen WuV 92, 281, MG/Pfohl 1445, Franzheim aaO 17 ff., Steindorf LK 104, and. Gieseke/Czychowski 33, Lackner/Kühl 11, Michalke 73 f.). Zum sog. arithmetischen Mittelwertkonzept s. 4. Abwasser VwV v. 17. 3. 1981, GMBl. 139 und 25. A. Zum Ganzen Christiansen aaO 95 ff., Ransiek aaO [vor § 25] 139 ff., sowie zum Problem von Meßungenauigkeiten Peters NuR 89, 167 ff., Samson ZfW 88, 201. Nach Bay JR **83**, 120 m. abl. Anm. Sack kann die Rechtswidrigkeit auch durch Gewohnheitsrecht ausgeschlossen sein; zweifelhaft ist allerdings, ob ein solches auf bayrische Wasserstraßen beschränktes Recht zur Ableitung von Schiffsabwässern nach Einführung des WHG noch besteht (vgl. auch Möhrenschlager NuR 83, 218, Steindorf LK 97); nach BGH NStZ **91**, 282 stehen der Abschaffung dieses Privilegs noch Gewohnheitsrecht, zwischenstaatliche Verträge und technische Probleme entgegen. Dies soll allerdings nicht für festliegende Restaurations- oder Hotelschiffe gelten (Köln NStZ **86**, 225 m. Anm. Kuhlen StV 86, 554). Zum behördlichen Dulden vgl. 20 vor § 324, 63 a vor § 32, Lackner/Kühl 12, Sack 112 ff., Kuhlen WuV 92, 215 ff., 266 ff. Zur Reichweite von Genehmigungen bei Verletzung von Rechtsgütern s. 63 d vor § 32, Heine NJW 90, 2432, Lackner/Kühl 13, MG/Pfohl 1449 f., Steindorf LK 107.

2. Von den **allgemeinen Rechtfertigungsgründen** (vgl. 4 ff. vor § 32) kommen insb. rechtfertigender Notstand (§ 34) und rechtfertigende Pflichtenkollision (o. 71 ff. vor § 32, vgl. BGH **38** 331) in Betracht. Zu beachten sind aber Entscheidungsprärogativen der zuständigen Wasserbehörden, die in früherer Rspr. teilweise nicht hinreichend berücksichtigt wurden (vgl. Stuttgart ZfW **77**, 122 f., LG Bremen NStZ **82**, 164 m. krit. Anm. Möhrenschlager). Soweit in den bundes- und landesrechtlichen Vorschriften der Wasserwirtschaft die behördliche Vorkontrolle vorgesehen ist (wobei dem Erlaubnis- und Bewilligungserfordernis des § 2 WHG fast alle wesentlichen Gewässerbenutzungen unterworfen sind, für bestimmte Indirekteinleiter aber Scholz aaO 96), ist deren Aufgabe die Entscheidung der widerstreitenden Interessen, und zwar einerseits an optimaler Wasserreinheit (krit. Erdt aaO [vor § 324] 125) und andererseits an effektiver Gewässernutzung, namentlich im Hinblick auf wirtschaftliche Standortvorteile bzw. Aufrechterhaltung der Produktion. Bei der erforderlichen Abwägung (o. § 34 RN 40 f.) innerhalb der genannten Rechtfertigungsgründe hat dieses behördliche Zulassungsverfahren zur Folge, daß die Rechtfertigung einer Gewässerverunreinigung, etwa zum Zweck der Arbeitsplatzsicherung, in aller Regel ausscheidet, wenn die dafür erforderliche Erlaubnis nicht eingeholt oder verbindlich versagt wurde (einschr. Sack 132 a). Insb. bei abgelehnten Änderungsgenehmigungen ist hierbei mit Blick auf Produktionserweiterungen die Reichweite des Bescheids sorgfältig zu prüfen (iE wohl hL vgl. zB Horn SK 9, Kuhlen WuV 92, 278, Möhrenschlager NStZ 82, 165, MG/Pfohl 1450 f., Steindorf LK 100) wobei zT dem Wasserrecht eine § 34 prinzipiell verdrängende spezialgesetzliche Konkretisierung entnommen wird (Lackner/Kühl 14, Rudolphi ZfW 82, 209 ff. u. NStZ 84, 196, Schall, in Achenbach, Recht der Wirtschaft, 1985, 5). Daher sind es insoweit nicht erfaßte Vorkommnisse, also insbesondere nicht vorhersehbare Stör- und Katastrophenfälle, bei denen der allgemeine Notstand in Frage kommt (zsf. Steindorf LK 110, Malitz aaO 129, Tröndle/Fischer 7, and. Michalke 77). Speziell zur Bedeutung der Sicherung von Arbeitsplätzen s. StA Mannheim NJW **76**, 586, Sack 128 ff., vgl. auch BGH MDR/D **75**, 723 [gesundheitsschädliche Emissionen]. Zu öffentlichen Anlagenbetreibern Nappert aaO (vor § 324) 84 ff.

14 V. Der **subjektive Tatbestand** des Abs. 1 setzt Vorsatz voraus; bedingter Vorsatz genügt. Hierzu gehört die Vorstellung des Täters, daß sein Verhalten ursächlich wird für den Erfolg in Gestalt der Verunreinigung oder nachteiligen Veränderung eines Gewässers. Ein Irrtum über die Befugnis zur Einleitung von Schadstoffen in Gewässer ist ein nach § 17 zu behandelnder Verbotsirrtum und berührt den Vorsatz nicht (Braunschweig ZfW **91**, 61). Dagegen ist der Irrtum über die tatsächlichen Voraussetzungen einer Befugnis analog § 16 zu behandeln (vgl. § 16 RN 16ff.); ein solcher Irrtum liegt zB vor, wenn eine zeitlich begrenzte behördliche Erlaubnis inzwischen abgelaufen ist, der Täter aber weiterhin von deren Wirksamkeit ausgeht.

15 VI. Die **fahrlässige Gewässerverunreinigung** stellt Abs. 3 unter Strafe. Hierzu ist zunächst der Eintritt eines der in Abs. 1 genannten Erfolge notwendig. Dieser muß kausal auf einer Sorgfaltspflichtverletzung beruhen, und es muß ein gewässerspezifischer Schutzzweckzusammenhang bestehen. Dabei genügt, daß der Schutz von Gewässern mitumfaßt ist, weshalb neben speziellen betriebsbezogenen Vorschriften auch die Verletzung bestimmter StVO-Normen ausreicht (vgl. Rengier Boujong-FS 796f., Lackner/Kühl 8; and. Winkemann aaO 101ff.). Deshalb kommen zB Betriebs- oder Verkehrsunfälle in Betracht, bei denen Öl, Benzin oder Chemikalien in ein Gewässer gelangen (Hamburg NStZ **83**, 170, Horn SK 17, Gieseke/Czychowski 55, Sack 155ff., Steindorf LK 122ff., Riegel NJW 76, 785, Rengier JR **94**, 125). Zu beachten ist aber, daß „hinter" vielen Ordnungsvorschriften zwangsläufig natürliche Lebensgrundlagen stehen. Soll der Schutzzweck von § 324 (und die objektive Zurechnung) nicht Konturen verlieren, darf ein bloßer „Schutzreflex" nicht genügen (vgl. zB Heine JR **96**, 303). Deshalb reicht die Verletzung von Geschwindigkeitsregeln eines Sonntagsfahrers als solche entgegen Rengier aaO 792 nicht aus (vgl. § 1 II StVO), hinzu kommen müssen Umstände, welche die Pflichtigkeit gerade gegenüber der Umwelt erhöhen (vgl. auch Horn 17), was jedenfalls bei Fahrten mit gefährlichen Gütern vorliegt. Zum Umfang der Sorgfaltspflicht beim Einsatz von Großgeräten im Bereich heizölführender Rohrleitungen vgl. Düsseldorf NJW **91**, 1124f. m. Anm. Möhrenschlager JR **91**, 342. Häufig wird sich die Sorgfaltspflichtverletzung aus der Mißachtung gesetzlicher Betreiberpflichten bzw. vorgeschriebener technischer Anforderungen ergeben (vgl. Düsseldorf JR **94**, 123 m. Anm. Rengier, Winkemann aaO, 80ff., Michalke 83ff.), deren Einhaltung eine Fahrlässigkeitshaftung aber nicht notwendigerweise ausschließt (Franzheim aaO [vor 324], 38). Bei Fehlen derartiger Sondernormen ist auf die Sorgfalt eines umweltbewußten Rechtsgenossen abzustellen (Stuttgart NStZ **89**, 122, Celle NJW **95**, 3197, ZfW **90**, 304, **91**, 254, MG/Pfohl 1456). Weil somit zB der Betreiber wassergefährdender Anlagen unabhängig von behördlichen Prüf- und Überwachungsmaßnahmen für die Anlagensicherheit einzustehen hat, kann er auch dann fahrlässig handeln, wenn ein bestellter Sachverständiger ihm seinerseits die Ordnungsmäßigkeit eines Öltanks unter Mißachtung von Prüfvorschriften bescheinigt hat (Karlsruhe wistra **92**, 270).

16 VII. **Vollendet** ist die Tat, wenn der Erfolg der Verunreinigung oder der sonstigen nachteiligen Veränderung der Eigenschaften in dem o. 8f. erläuterten Sinne eingetreten ist. Die **Strafbarkeit des Versuchs** (Abs. 2) kommt vor allem in Frage, wenn der Nachweis der Kausalität, etwa bei Indirekteinleitungen, nicht zu führen ist.

17 VIII. Für **Täterschaft** und **Teilnahme** gelten die allgemeinen Regeln. Zur Strafbarkeit der Organe eines Unternehmens vgl. 28 vor § 324, Steindorf LK 59ff. vor § 324, Winkelbauer, Lenckner-FS 658. Der Gewässerschutzbeauftragte iSv §§ 21a ff. WHG ist in dieser Funktion bei dem Regelfall des unechten Unterlassungsdelikts nur Teilnehmer, da er lediglich eine Kontroll- und Überwachungsfunktion, aber keine Schutzpflichten besitzt (§ 21b WHG; vgl. auch Truxa ZfW 80, 224, Dahs NStZ **86**, 97, Michalke 60, Steindorf LK 49 und § 14 RN 35). Diese hat vielmehr die „entscheidende Stelle" iSv § 21e WHG. Der Gewässerschutzbeauftragte ist also als „Überwachungsgarant" (vgl. Frankfurt NJW **87**, 2756, Schall Zurechnung 118, 92 vor § 25, § 25 RN 4) anzusehen; für ihn kommt nur eine Bestrafung als Teilnehmer in Betracht (so auch Tröndle/Fischer 9, Wernicke NJW 77, 1663; and. [Täterschaft] Horn SK 11, Sack 196, Rudolphi Lackner-FS 880; vgl. auch Bickel ZfW 79, 148, Czychowski ZfW 80, 205, Lackner/Kühl 16, Leibinger ZStW 90 (Beiheft), 84, Salzwedel ZfW 80, 213). Eine täterschaftliche Verantwortung ist möglich, wenn dem Gewässerschutzbeauftragten neben seinen Überwachungsaufgaben nach § 21b WHG im Rahmen der Betriebsorganisation auch Entscheidungs- und Anordnungsbefugnisse tatsächlich übertragen worden sind (vgl. AG Frankfurt NStZ **86**, 74 m. krit. Anm. Wernicke NStZ **86**, 222 u. Meinberg NStZ **86**, 224, Schall Zurechnung 120, vgl. auch MG/Pfohl 1507). Mittelbare Täterschaft durch positives Tun kann hingegen gegeben sein, wenn der Gewässerschutzbeauftragte bewußt der „entscheidenden Stelle" iSv § 21e WHG falsche Daten liefert und so erreicht, daß der Entscheidungsbefugte Anordnungen trifft, die zu einer unbefugten Gewässerverunreinigung führen (AG Frankfurt aaO; vgl. Dahs NStZ **86**, 98, Horn JZ **94**, 636). Eine ‚Wächterfunktion' soll nach Karlsruhe wistra **92**, 270 etwa auch einem bei der Vorbereitung behördlicher Entscheidungen tätigen Sachverständigen zukommen. Vgl. Horn JZ **94**, 636. Zur Strafbarkeit eines Amtsträgers vgl. 29ff. vor § 324.

18 IX. **Idealkonkurrenz** kommt u. a. in Betracht mit §§ 326 I Nr. 1–3, 4b, 328 I, 329 II, III, sowie mit §§ 303 ff., 313, 314, 316b I Nr. 2, 318, 319. Auch mit § 330a ist Idealkonkurrenz möglich, da diese Vorschrift als konkretes Gefährdungsdelikt primär Leben und Gesundheit von Menschen schützt und das Gewässer nur das Umweltmedium darstellt, in dem das Gift freigesetzt wird, nicht jedoch selbständigen Schutz genießt (vgl. Rogall JZ-GD 80, 113f., Horn SK § 330a RN 1, 15). Dagegen wird das Gefährdungsdelikt des § 326 I Nr. 4 von § 324 verdrängt, wenn bei der Abwasserbeseitigung

Bodenverunreinigung 1-3 § 324 a

eine nachhaltige Gewässerverunreinigung eintritt (BGH **38** 325, Tröndle/Fischer § 326 RN 18, and. Lackner/Kühl 18). **Besonders schwere Fälle** vgl. § 330.

§ 324 a Bodenverunreinigung

(1) **Wer unter Verletzung verwaltungsrechtlicher Pflichten Stoffe in den Boden einbringt, eindringen läßt oder freisetzt und diesen dadurch**
1. **in einer Weise, die geeignet ist, die Gesundheit eines anderen, Tiere, Pflanzen oder andere Sachen von bedeutendem Wert oder ein Gewässer zu schädigen, oder**
2. **in bedeutendem Umfang**

verunreinigt oder sonst nachteilig verändert, wird mit Freiheitsstrafe bis zu fünf Jahren oder mit Geldstrafe bestraft.

(2) **Der Versuch ist strafbar.**

(3) **Handelt der Täter fahrlässig, so ist die Strafe Freiheitsstrafe bis zu drei Jahren oder Geldstrafe.**

Vorbem.: Neu eingefügt durch das 31. StÄG/2. UKG v. 27. 6. 1994, BGBl. I 1440.

Schrifttum: Bartholme, Der Schutz des Bodens im Umweltstrafrecht, 1995. – *Bickel,* Bundes-Bodenschutzgesetz, Kommentar, 1999. – *Erbguth/Stollmann,* Die Bodenschutz- und Altlastengesetze der Länder, UPR 96, 281. – *Heiermann,* Der Schutz des Bodens vor Schadstoffeintrag, 1993. – *Hofmann,* Bodenschutz durch Strafrecht?, 1996. – *ders.,* Verunreinigung des Bodens (§ 324 a StGB), wistra 97, 89. – *Kauch,* Bodenschutz aus bundesrechtlicher Sicht, 1993. – *Ott,* Der Entwurf der Bundesregierung für ein Bodenschutzgesetz, ZUR 94, 53. – *Sanden,* Die Bodenverunreinigung (§ 324 a StGB), wistra 96, 283. – *Vierhaus,* Das Bundes-Bodenschutzgesetz, NJW 98, 1262. – Vgl. im übrigen die Nachweise vor §

I. Die durch das 2. UKG eingefügte Vorschrift schafft nach dem Vorbild des bis zu seiner 1 Aufhebung durch Art. 12 des 2. UKG im Gebiet der ehem. DDR in der Fassung des Einigungsvertrags (EV II Kap. III C II) fortgeltenden § 191 a StGB-DDR (idF d. 6. StÄG v. 29. 6. 1990, GBl. – DDR I 526; Wortlaut vgl. 25. A. 44 vor § 324; erläutert in 24. A. § 326 RN 23) erstmals einen eigenständigen Bodenschutztatbestand. Noch der Gesetzgeber des 18. StÄG war davon ausgegangen, daß das Umweltmedium Boden nur in Abhängigkeit von Art und Maß seiner Nutzung schutzwürdig sei (BT-Dr. 8/2382 S. 11). Beeinträchtigungen des Bodens waren daher bislang nur partiell in §§ 326, 329 III Nr. 1, 2, 330 a (dazu Bartholme aaO 59 ff.) und nebenstrafrechtlichen Straf- und Bußgeldtatbeständen des ChemG, DDT-G, PflSchG usw. erfaßt. Die Schaffung eines selbständigen Bodenschutz-Tatbestandes entspricht schon seit längerem bestehenden Forderungen der Literatur (Heine/Meinberg GA 90, 22 mwN). § 324 a ist als verwaltungsakzessorischer Tatbestand stärker (als § 324) konturiert durch einschlägige Bodenschutznormen (vgl. u. 13). Dazu gehört das neue BBodSchG v. 17. 3. 1998, das am 1. 3. 1999 vollständig in Kraft getreten ist, wobei freilich das untergesetzliche Regelwerk noch aussteht (vgl. Überblick bei Vierhaus NJW 98, 1262). Schutzziel ist allein der sog. qualitative Bodenschutz, d. h. der Schutz der ökologisch bedeutsamen Funktionen des Bodens für Mensch und Umwelt (vgl. § 2 II BBodSchG) vor Beeinträchtigungen durch Zuführung von Fremdstoffen (BT-Drs. 12/192 S. 16, Lackner/Kühl 1, Möhrenschlager NStZ 94, 516). Der Schutz des Bodens vor übermäßigem Flächenverbrauch und Versiegelung (sog. quantitativer Bodenschutz) ist im Gegensatz zum weiter gefaßten Referentenentwurf eines 2. UKG nicht mehr erfaßt, da dies insbes. zur im Ergebnis unangemessenen Strafbarkeit ungenehmigter Schwarzbauten führen würde (BT-Drs. 12/192 S. 16, vgl. Wimmer, Jüngste Entwicklungen, aaO [vor § 324] 268]). Verstöße gegen Vorschriften des quantitativen Bodenschutzes sind allenfalls in § 329 unter Strafe gestellt. Der Schutzgegenstand Boden ist zwar nicht auf den räumlichen Geltungsbereich des Gesetzes beschränkt (vgl. aber BGH **40**, 79 zu § 326 I Nr. 3 aF), jedoch können sich infolge des Erfordernisses der „Verletzung verwaltungsrechtlicher Pflichten" Beschränkungen auf das Inland ergeben (Rengier JR 96, 36, Steindorf LK 6). Es handelt sich bei § 324 a um ein Erfolgsdelikt, wobei in Abs. 1 Nr. 1 zusätzlich das Merkmal der Gefährdungseignung voraussetzt, so daß es sich insoweit um eine Kombination von Verletzungs- und potentiellem Gefährdungsdelikt handelt (vgl. Bartholme aaO 206 f., Lackner/Kühl 1, Michalke 90, Tröndle/Fischer 2, Zieschang aaO [vor § 306] 231; and. Sanden wistra 96, 284). Krit. zu § 324 a Hofmann aaO 135 ff.; Vorschlag einer Neufassung bei Bartholme aaO 231 f.

II. Der **objektive Tatbestand** knüpft an die Verursachung einer nachteiligen Veränderung des 2 Bodens durch Fremdstoffzuführungen an.

1. Der Begriff des **Bodens** ist vom Schutzzweck der Vorschrift her weit auszulegen. Erfaßt ist die 3 obere Schicht der Erdkruste einschließlich ihrer flüssigen oder gasförmigen Bestandteile, soweit sie als Träger ökologischer Funktionen Bestandteil des Naturhaushalts ist (vgl. § 2 I, II BBodSchG, Möhrenschlager NStZ 94, 516, Lackner/Kühl 2). Die Vorschrift dient der Erhaltung aller ökologisch bedeutenden Bodenfunktionen. Geschützt ist damit nicht nur die als Lebensraum für Kleinstlebewesen dienende oberste Bodenschicht, sondern der gesamte menschlichen Einwirkungen offenstehende Bereich, da auch die unbelebten Tiefschichten des Bodens als Schadstoffpuffer und -filter gegenüber wasserführenden Schichten dienen (vgl. MG/Pfohl 1461; krit. Michalke 92). Erfaßt wird daher neben

dem unbebauten auch der bebaute Boden (Ott ZUR 94, 57). Böden von Binnengewässern und der Meeresgrund sind nicht durch § 324 a, sondern über § 324 geschützt, soweit nachteilige Auswirkungen für den Gewässerhaushalt in Betracht kommen (Horn SK 4, Möhrenschlager NStZ 94, 517 u. o. § 324 RN 4; and. Steindorf LK 15 f.).

4   2. Als **Tathandlung** wird das **Einbringen, Eindringenlassen** und **Freisetzen** von **Stoffen** in den Boden erfaßt.

5   a) Der Begriff des **Stoffes** ist wie bei § 224 (vgl. § 224 RN 3, Bartholme aaO 209) weit zu verstehen. Hierunter sind nicht nur Gifte, sondern alle festen, flüssigen oder gasförmigen Substanzen zu verstehen, die zu einer nachteiligen Beeinflussung der physikalischen, chemischen oder biologischen Bodenbeschaffenheit geeignet sind, was anders als in § 326 I Nr. 1 etwa auch Erreger nicht übertragbarer Krankheiten einschließt (vgl. Steindorf LK 27). Einwirkungen durch ionisierende Strahlen usw. sind jedoch nicht erfaßt (vgl. § 224 RN 3, Bartholme aaO 209).

6   b) Die genannten Tathandlungen sollen zusammen alle Verhaltensweisen erfassen, durch die mittels Stoffe der Boden nachteilig verändert wird (krit. Hofmann wistra 97, 90). Nicht tatbestandsmäßig sind solche für die Umwelt nachteiligen Bodenveränderungen, die den nicht von § 324 a anvisierten Schutz des Bodens vor Flächenverbrauch und Versiegelung betreffen (zB Schwarzbauten), oder die Bodeneigenschaften ohne Zuführung von Fremdstoffen verschlechtern (zB Abgrabungen und Aufschüttungen); vgl. o. 1.

7   Die Tatmodalität des **Einbringens** erfaßt nur den finalen Stoffeintrag, zB das mit Entledigungswillen vorgenommene Ablassen oder Ablagern von flüssigen oder festen Abfällen, den übermäßigen Einsatz von Pflanzenschutz- oder Düngemitteln und ähnliche unmittelbar auf den Boden zielende Handlungen (vgl. Lackner/Kühl 6, Michalke 95, Steindorf LK 32, Tröndle/Fischer 4; and. Horn SK 10). Das **Freisetzen** umfaßt in Anlehnung an § 330 a (vgl. § 330 a RN 4) alle übrigen Handlungen, durch die eine Lage geschaffen wird, in der sich der Stoff ganz oder teilweise unkontrollierbar vom Boden aus in die Umwelt ausbreiten kann (Lackner/Kühl 6, Michalke 98, Steindorf LK 36). Hier sind insbes. auch mittelbare Bodenbeeinträchtigungen erfaßt, die nicht im Wege des Einbringens erfolgen, zB die Verursachung von Schadstoffemissionen durch Fahrzeugabgase oder mittels industrieller oder technischer Anlagen, die sich über das Umweltmedium der Luft im Boden anreichern. Durch die Tatmodalität des **Eindringenlassens** soll hervorgehoben werden, daß alle Formen der pflichtwidrig unterlassenen Verhinderung von Bodenverunreinigungen durch Stoffe ebenfalls vom Tatbestand erfaßt sind. Unter diese Alternative fallen damit auch solche Verhaltensweisen, die nach allgemeinen Regeln als Freisetzen oder Einbringen durch unechtes Unterlassen aufzufassen wären. Es handelt sich dabei um ein besonders geregeltes Unterlassungsdelikt, so daß auch hier die Voraussetzungen einer Garantenstellung iSd § 13 (vgl. dort RN 7 ff.) vorliegen müssen (Horn SK 10, Lackner/Kühl 6, Sanden wistra 96, 289; and. Steindorf LK 33, Winkelbauer Lenckner-FS 656). In Frage kommt uU auch das ungesicherte Liegenlassen einer **Altlast** (vgl. Lackner/Kühl 6, Sanden wistra 96, 288 mwN, vgl. auch u. § 330 a RN 4), wobei sich eine Garantenstellung aus der *Verantwortung für Gefahrenquellen* ergeben kann, so etwa bei tatsächlicher Sachherrschaft über das bodenverunreinigte Grundstück (Sanden wistra 96, 288 f., vgl. auch Langkeit WiB 94, 711, MG/Pfohl 1463, § 324 RN 10, § 326 RN 11). Damit zusammenhängende Fragen sind bislang kaum erörtert. In jedem Fall ist der Umfang begrenzt durch Sanierungspflichten aus § 4 III ff. iVm § 2 VII BBodSchG (dazu Bickel § 4 BBodSchG 12 ff.) und uU aus landesrechtlichen Regelungen (dazu Erbguth/Stollmann UPR 96, 288 ff.) – wobei sich bislang mangels Anpassung der Landesrechte, sei es bei Festlegung des Sanierungspflichtigen (zB §12 HessAltlastenG) oder der Frage der Grundpflichten (so § 4 BBodSchG, während die Landesgesetze eine behördliche Anordnung verlangen), zahlreiche Ungereimtheiten und Widersprüche ergeben –, weil der strafrechtliche Schutz nicht weitergehen kann als der verwaltungsrechtliche. Umgekehrt folgt das Strafrecht bei der Begründung und dem Umfang besonderer strafbewehrter Handlungspflichten unbesehen weder der Erweiterung des Kreises der „Zustandsverantwortlichen" nach § 4 III ff. BBodSchG (and. Steindorf LK 35) noch den entsprechenden Sanierungspflichten (vgl. auch Michalke 97 f.). Jedenfalls soweit es dort maßgebend um Beseitigung bereits eingetretener Schäden und um Verhinderung einer Kostenabwälzung auf die Allgemeinheit geht (vgl. Bickel § 4 BBodSchG RN 12, Droese UPR 99, 86 f., Spieth/Wolfers NVwZ 99, 259), ist der Schutzzweck von § 324 a nicht berührt (vgl. auch Horn SK 10). Im Ergebnis gilt gleiches, wenn der ursprüngliche Eigentümer sein Eigentum aufgegeben (§ 4 III S. 2. HS BBodSchG), der Staat sich das Objekt angeeignet und auf einen informierten neuen Eigentümer übertragen hat. Ordnungsrechtlich stellt sich das Problem der pflichtgemäßen Störerauswahl (Droese UPR 99, 90, Gärtner UPR 97, 452 f.). Strafrechtlich entlastet zwar nicht Dereliktion per se (o. § 13 RN 50), wohl aber idR eigenverantwortliche Pflichtenübernahme. – Von Bedeutung kann ferner die Reichweite früherer Genehmigungen sein, eine Genehmigung nach § 18 GewO konnte zB auch den Verbleib von Abfällen regeln (vgl. Bickel § 4 BBodSchG RN 6). – Zur Frage, ob die ausdrückliche Hervorhebung der Unterlassungsalternative die Milderungsmöglichkeit nach § 13 II ausschließt, vgl. § 13 RN 1 a.

8   III. Durch die Tathandlung muß eine **nachteilige Veränderung** der Bodeneigenschaften verursacht worden sein.

1. Nachteilig ist jede Veränderung der physikalischen, chemischen oder biologischen Bodenbe- 9
schaffenheit, die die ökologisch bedeutsamen Bodenfunktionen (zu diesen vgl. § 2 II BBodG) beeinträchtigt. Das setzt einen Vergleich der Bodenqualität vor und nach dem Eintritt voraus (Horn SK 5, Steindorf LK 38; krit. Hofmann aaO 74 ff.). Ein bloßer Unterfall der nachteiligen Veränderung ist die nur der größeren Plastizität des Tatbestandes wegen ausdrücklich hervorgehobene **Verunreinigung** (vgl. § 324 RN 9). Eine Verunreinigung liegt bei jeder äußerlich wahrnehmbaren Veränderung der Bodenzusammensetzung vor, die sich ökologisch nachteilig auswirkt (Lackner/Kühl 3, Sanden wistra 96, 284). Die mit dem Merkmal der **Nachteiligkeit** vorausgesetzte ökologische Relevanz der Veränderung der Bodeneigenschaften erfordert nicht, daß es sich um eine nachhaltige Veränderung handeln muß, so daß auch zwar nach Art und Umfang bedeutsame, aber zeitlich schnell vorübergehende Verschlechterungen, zB die Zuführung rasch ins Grundwasser versickernder Giftstoffe, erfaßt sind (Möhrenschlager NStZ 94, 517).

2. Das vom Tatbestand vorausgesetzte Ausmaß der Beeinträchtigung wird durch die in Abs. 1 Nr. 1 10
und 2 genannten Umstände näher konkretisiert.

a) Nach Abs. 1 Nr. 1 liegt eine tatbestandsmäßige Bodenverunreinigung nur dann vor, wenn der 11
Eingriff die dort genannte **Schädigungseignung** besitzt. Durch das Merkmal der **Eignung** (vgl. 9 vor § 324, 325 RN 18, 326 RN 8) wird ausgedrückt, daß die konkrete Gefahr einer Schädigung nicht erforderlich ist, sondern die nach den Umständen nicht fern liegende (generelle) Möglichkeit einer Schädigung der genannten Schutzgüter ausreicht (Bartholme aaO 212 f., Steindorf LK 42 f.). Es handelt sich insoweit um ein potentielles Gefährdungsdelikt (3 vor § 306). Erforderlich ist die Eignung, eines der genannten Schutzgüter zu **schädigen**. Bloße Belästigungen und Störungen sind noch kein Schaden (Möhrenschläger NStZ 94, 517). Geschützt werden zum einen die **Gesundheit** (vgl. § 325 RN 14), zum anderen unabhängig von den Eigentumsverhältnissen **Tiere, Pflanzen** und andere **Sachen**, sofern sie nur von bedeutendem Wert sind. Der Begriff des **bedeutenden Wertes** ist hier anders als im Rahmen der §§ 315 ff. (vgl. 15 vor § 306) nicht rein ökonomisch zu verstehen. Vielmehr sind neben wertvollen auch nach materiellen Kriterien wertlose, aber für den Naturhaushalt bedeutsame Tatobjekte geschützt (vgl. BT-Drs. 12/7300 S. 22, Rengier Spendel-FS 570 ff.), wobei an die ökologische Bedeutung keine gesteigerten Anforderungen zu stellen sind (Tröndle/Fischer 8, BT-Drs. 12/192 S. 45; enger Otto II 431: gewichtiges Allgemeininteresse an der Erhaltung erforderlich; vgl. auch Stegmann aaO [vor § 324] 218 f.; s. auch § 325 RN 16). Zum Begriff des **Gewässers** vgl. § 324 RN 3 f.

b) In Abs. 1 Nr. 2 wird ein **bedeutender Umfang** der nachteiligen Veränderung vorausgesetzt. 12
Die im Rechtsausschuß zustandegekommene Ersetzung der noch im Regierungsentwurf (BT-Drs. 12/192 S. 16) enthaltenen „sonst nachteiligen" Veränderung durch dieses Merkmal erstrebt in Anlehnung an den aufgehobenen § 191 a StGB-DDR eine zusätzliche Einengung des Tatbestands (BT-Drs. 12/7300 S. 22). Neben dem rein quantitativen Ausmaß der Beeinträchtigung ist auch die ökologische Relevanz der Veränderung maßgeblich, denn das Merkmal soll sicherstellen, daß nur in ihrer Bedeutung qualitativ den in Nr. 1 umschriebenen Rechtsgutbeeinträchtigungen vergleichbare Verhaltensweisen erfaßt werden (BT-Drs. 12/7300 S. 22). Andererseits sind geringere Anforderungen zu stellen, als von § 330 I S. 2 Nr. 1 gefordert werden (vgl. § 330 RN 7); auch bedarf es anders als bei der in § 326 I Nr. 4 genannten „nachhaltigen Veränderung" keiner längerfristigen Dauer oder eines erheblichen Beseitigungsaufwands, sondern es ist allein das Ausmaß der Beeinträchtigung maßgeblich (Möhrenschlager NStZ 94, 517, vgl. Bartholme aaO 215). Daß damit ein praktikabler Maßstab gewonnen ist, muß jedoch bezweifelt werden (vgl. Tröndle/Fischer 10). Klarheit ergibt sich (entgegen Sanden wistra 96, 286) auch nicht durch eine Bindung an den Begriff der „schädlichen Bodenveränderungen" iSd § 2 III BBodSchG, weil keine begriffliche Akzessorietät besteht und zudem das Eignungsurteil teilweise auf anderen Rechtsbegriffen fußt. Immerhin kann der Terminus als Auslegungshilfe dienen.

IV. Die umschriebene Tathandlung muß **unter Verletzung verwaltungsrechtlicher Pflichten** 13
(§ 330 d Nr. 4, 5) erfolgen. Zum Begriff vgl. § 330 d RN 9 ff. Die in Betracht kommenden Quellen derartiger Pflichten sind bei § 324 a trotz Inkrafttretens des BBodSchG (o. 1) schwer überschaubar. Zusammenfassende Darstellung der verwaltungsrechtlichen Regelungen des Bodenschutzes bei Hofmann aaO 141 ff., Kauch aaO 104 ff., vgl. auch BT-Drs. 11/8410 S. 4 ff. Zu den landesrechtlichen Bodenschutz- und Altlastengesetzen, die gegenüber dem BBodG uU noch subsidiäre Bedeutung haben (vgl. § 21 BBodSchG), s. Erbguth/Stollmann UPR 96, 281, Sanden wistra 96, 285. Die Umsetzung des BBodSchG, insb. die entsprechenden Verordnungen, werden die Wirksamkeit des § 324 a, auch mit Blick auf die Bestimmtheit, verbessern.

In Betracht kommt jede Vorschrift, die vorrangig oder doch als Nebenzweck dem Schutz des 14
Umweltmediums Boden zu dienen bestimmt ist, und eine hinreichend bestimmte Verhaltensanweisung enthält, die den Normadressaten das von ihm geforderte Verhalten erkennen läßt (vgl. § 330 d RN 20 f.). Nicht erfaßt sind damit Verstöße gegen auf Konkretisierung durch untergesetzliche Rechtsakte angewiesene Programmsätze, zB die allgemeine Vorsorge- und Gefahrabwehrpflicht der §§ 4 I, 7 S. 1 BBodSchG (Vierhaus NJW 98, 1264), die in § 1 a I, II DüngemittelG und § 6 I PflanzenschutzG geforderte Wahrung der „guten fachlichen Praxis", § 1 a II WHG (Celle NStZ-RR **98**, 209), oder die allgemeinen Betreiberpflichten der §§ 5, 22 BImSchG, soweit diese nicht durch behördliche Verfügungen konkretisiert worden sind (Bartholme aaO 216, Lackner/Kühl 7, Sanden

§ 325

wistra 96, 285). Als pflichtenkonkretisierende Vorschriften kommen im landwirtschaftlichen Bereich dagegen in Betracht die aufgrund §§ 4, 7 ergangene Bodenschutz- und Altlastenverordnung, auch mit Blick auf die Festlegung von Grenzwerten (Vierhaus NJW 98, 1264), die aufgrund § 7 PflSchG erlassene Pflanzenschutz-AnwendungsVO (v. 10. 11. 1992, BGBl. I 1887) bzw. die auf § 5 DüngemittelG gestützte DüngemittelVO (v. 9. 7. 1991, BGBl. I 1450) sowie § 1 DDT-G, ferner die aufgrund § 15 II, III AbfG erlassenen Gülle-Verordnungen der einzelnen Bundesländer sowie die Klärschlamm-VO (v. 15. 4. 1992, BGBl. I 912). Im gewerblichen Bereich können herangezogen werden zB die aufgrund § 7 bzw. 23 BImSchG erlassenen Verordnungen, insbes. die StörfallVO (12. BImSchVO); daneben auch die Vorschriften des Gefahrgut-Transportrechts (vgl. dazu § 328 RN 20 f.). Doch sind auch Regelungen erfaßt, die in hinreichend deutlich erkennbarer Weise den Bodenschutz als bloßen Nebenzweck anvisieren (vgl. § 330 d RN 20). Wegen der Wechselwirkungen zwischen Bodenschutz und Grundwasserschutz sind über § 324 a strafbar zB auch Verletzungen von grundwasserschützenden Vorschriften des WHG (vgl. §§ 19 a ff. WHG BT-Drs. 12/192 S. 17, Lackner/Kühl 7, Sanden wistra 96, 285; krit. Hofmann aaO 113). Straßenverkehrsrechtliche Vorschriften erfüllen diesen hinreichenden Bezug zum Bodenschutz nicht generell (so aber Rengier Boujong-FS 803 f.), sondern nur im Einzelfall, zB § 42 StVO Zeichen 354, vgl. auch Bartholme aaO 217. Bei Handeln in Befolgung einer einschlägigen *Genehmigung* ist eine Verletzung verwaltungsrechtlicher Pflichten in der Regel (vgl. aber § 330 d Nr. 5) ausgeschlossen.

15 V. Zur **Rechtswidrigkeit** vgl. § 324 RN 11, 325 RN 25.

16 VI. Der subjektive Tatbestand setzt in Abs. 1 **vorsätzliche** Begehung voraus. **Besonders schwerer Fall** vgl. § 330. Wie bei § 324 III wird auch hier zusätzlich in Abs. 3 die **fahrlässige** Begehung unter Strafe gestellt. Für den Sorgfaltsmaßstab gelten die zu § 324 RN 15 dargestellten Grundsätze entsprechend.

17 VII. **Vollendet** und **beendet** ist die Tat, wenn die nachteilige Bodenverunreinigung eingetreten ist (vgl. Sanden wistra 96, 288). Eine weitere Ausbreitung der Stoffe bei eingetretenem Erfolg schiebt den Beginn der Verjährungsfrist nicht auf (and. Sack 59; diff. Steindorf LK 70). Abgesehen von weitreichenden Konsequenzen bei der Verjährung (§ 78 a, infolge typischerweise schleichender Veränderungsprozesse im Boden wäre eine Beendigung kaum jemals anzunehmen, vgl. Steindorf aaO), spricht dagegen vor allem, daß es an den für ein Dauerdelikt maßgebenden Voraussetzungen mangelt (scil. willentliche Aufrechterhaltung eines rechtswidrigen Zustandes, vgl. 81 f. vor § 52). Und auch eine Fortsetzung des Begehungsdelikts durch unechtes Unterlassen infolge Vergrößerung der Gefahr (vgl. BGH 36 258) kann ohne Rücksicht auf Handlungsmöglichkeit, Zumutbarkeit und Willensentschluß nicht in Frage kommen. – Der **Versuch** ist nach Abs. 2 strafbar. Die Möglichkeit tätiger Reue nach § 330 b ist bei § 324 a nicht gegeben (vgl. § 330 b RN 1).

18 VIII. Als **Täter** kommt nur in Betracht, wer Adressat der jeweils verletzten verwaltungsrechtlichen Bodenschutzregelung ist. Soweit ein Verwaltungsakt die entsprechenden Pflichten konkretisiert, handelt es sich also um ein Sonderdelikt desjenigen, an den dieser Verwaltungsakt gerichtet ist. Durch § 14 wird der Täterkreis zusätzlich auf die dort umschriebenen Vertreter erstreckt (vgl. § 325 RN 29). Infolge der Anknüpfung an eine Verletzung „verwaltungsrechtlicher Pflichten" handelt es sich zwar um ein Sonderdelikt. Dieses ist aber nicht auf die Mißachtung von Genehmigungserfordernissen beschränkt (vgl. § 330 d Nr. 4), so daß sich auch **Amtsträger** nach den o. 29 ff. vor § 324 dargestellten Grundsätzen strafbar machen können, sofern sie im Einzelfall zum Adressatenkreis der konkreten Bodenschutznorm zählen (ebenso Wohlers ZStW 108, 18, vgl. auch Michalke aaO 42; and. Horn SK 13, Steindorf LK, Tröndle/Fischer 5 vor § 324). Das kommt etwa in Frage bei gemeindlichen Sanierungspflichten, wobei bei Beauftragung Dritter Auswahlpflichten zu beachten sind (vgl. BGH 40 84, Sanden wistra 96, 289). Die Anknüpfung der Strafbarkeit an die verwaltungsrechtliche Pflichtenstellung dient nur zur Kennzeichnung des Tatunrechts, so daß § 28 auf Außenstehende nicht anzuwenden ist (vgl. § 325 RN 30; näher § 14 RN 8, § 28 RN 18).

19 IX. **Konkurrenzen.** Mit § 329 II, III ist angesichts des unterschiedlichen Schutzziels (vgl. o. 1) Tateinheit möglich. Idealkonkurrenz besteht weiter mit §§ 303 ff., 316 b I Nr. 2 und §§ 314, 318, 330 a (vgl. Tröndle/Fischer 13). Das Gefährdungsdelikt des § 326 tritt hinter § 324 a als ein Verletzungsdelikt zurück. Eine **Einziehung** ist nicht nur aufgrund §§ 74 ff. möglich, sondern uU aufgrund § 21 I 2 OWiG iVm § 40 III PflSchG, 62 KrW-/AbfG, 30 b BNatSchG, 7 III BenzinBleiG auch bei fahrlässiger Begehung.

§ 325 Luftverunreinigung

(1) **Wer beim Betrieb einer Anlage, insbesondere einer Betriebsstätte oder Maschine, unter Verletzung verwaltungsrechtlicher Pflichten Veränderungen der Luft verursacht, die geeignet sind, außerhalb des zur Anlage gehörenden Bereichs die Gesundheit eines anderen, Tiere, Pflanzen oder andere Sachen von bedeutendem Wert zu schädigen, wird mit Freiheitsstrafe bis zu fünf Jahren oder mit Geldstrafe bestraft. Der Versuch ist strafbar.**

(2) **Wer beim Betrieb einer Anlage, insbesondere einer Betriebsstätte oder Maschine, unter grober Verletzung verwaltungsrechtlicher Pflichten Schadstoffe in bedeutendem Um-**

fang in die Luft außerhalb des Betriebsgeländes freisetzt, wird mit Freiheitsstrafe bis zu fünf Jahren oder mit Geldstrafe bestraft.

(3) **Handelt der Täter fahrlässig, so ist die Strafe Freiheitsstrafe bis zu drei Jahren oder Geldstrafe.**

(4) **Schadstoffe im Sinne des Absatzes 2 sind Stoffe, die geeignet sind,**
1. **die Gesundheit eines anderen, Tiere, Pflanzen oder andere Sachen von bedeutendem Wert zu schädigen oder**
2. **nachhaltig ein Gewässer, die Luft oder den Boden zu verunreinigen oder sonst nachteilig zu verändern.**

(5) **Die Absätze 1 bis 3 gelten nicht für Kraftfahrzeuge, Schienen-, Luft- oder Wasserfahrzeuge.**

Vorbem.: Neugefaßt durch 31. StÄG/2. UKG v. 27. 6. 1994, BGBl. I 1440.

Schrifttum: Bergmann, Zur Strafbewehrung verwaltungsrechtlicher Pflichten im Umweltstrafrecht, dargestellt an § 325 StGB, 1993. – *Engelhardt/Schlicht,* Bundesimmissionsschutzgesetz, 4. A. 1997. – *Feldhaus,* Bundesimmissionsschutzrecht, 1977. – *Heine,* in Meinberg/Möhrenschlager/Link, Umweltstrafrecht I, 1989, 109. – *Jarass,* Bundes-Immissionsschutzgesetz, 4. A. 1999. – *Koch/Scheuing,* Gemeinschaftskommentar zum BImSchG, Loseblattsammlung. – *Landmann-Rohmer,* Gewerbeordnung und ergänzende Vorschriften, Bd. III Umweltrecht, Loseblattausgabe. – *Pfeiffer,* Verunreinigung der Luft nach § 325 StGB, 1992. – *ders.*, Der neue Straftatbestand zum Schutz der Luft-Vertane Chance? DRiZ 95, 299. – *Ule/Laubinger,* Bundesimmissionsschutzgesetz, Loseblattsammlung ab 1974. – Vgl. ferner die Angaben vor § 324.

I. Die Vorschrift ist durch das 31. StÄG erheblich verändert worden (vgl. dazu Pfeiffer DRiZ 95, 299). Unverändert geblieben ist der **Zweck** des § 325, Beeinträchtigungen der menschlichen Gesundheit und der menschlichen Umwelt (Tiere, Pflanzen und andere Sachen) entgegenzuwirken. Um einen möglichst umfassenden Schutz zu erzielen, ist deren Schutz ins Vorfeld potentieller Schädigungen vorverlegt worden. Bereits die Schädigungseignung der verursachten Luftverunreinigung genügt nach Abs. 1 zur Tatbestandserfüllung (**abstraktes Gefährdungsdelikt,** vgl. 3 aE vor § 306 und Steindorf LK 1 a mwN; enger Zieschang aaO [vor § 306] 286, der einen konkret gefährlichen Zustand verlangt). Noch weiter vorverlegt ist der Schutz in Abs. 2, nach dem es nur auf ein bestimmtes Freisetzen von Schadstoffen in die Luft ankommt (Lackner/Kühl 1; and. Weber in Koch/Scheuing § 325 RN 5 [potentielles Gefährdungsdelikt], Pfeiffer DRiZ 95, 301 [Verletzungsdelikt]). Die (Reinheit der) Luft in ihrer Funktion für menschliche Gesundheit und menschliche Umwelt ist als geschütztes Rechtsgut anzusehen (vgl. dazu 8 vor § 324, Dölling JZ 85, 466, Rengier NJW 90, 2511, Steindorf LK 2; and. Breuer NJW 88, 2075), was sich klar in Abs. 2 abzeichnet (hier für Luft als geschütztes Rechtsgut auch Breuer JZ 94, 1081). Tatbestandlich vorausgesetzt wird allemal die Verletzung einer Pflicht, die dem Schutz vor Luftverunreinigungen dient (u. 7 ff.), und zwar beim Betrieb einer Anlage (u. 3 ff.).

II. Luftverunreinigung (Abs. 1)

1. Als Luftverunreinigung erfaßt Abs. 1 eine für Menschen oder deren Umwelt nachteilige **Veränderung der Luft.** In erster Linie kommen die in § 325 aF noch ausdrücklich aufgezählten Beispiele in Betracht, nämlich die Veränderung der Luft durch Freisetzen von Staub, Gasen, Dämpfen oder Geruchsstoffen (näher dazu Feldhaus aaO § 3 Anm. 3, Kutscheidt in Landmann-Rohmer aaO § 3 BImSchG RN 22). Mit dem Verzicht auf Erwähnung dieser Beispiele sollte der Tatbestand vereinfacht werden. Zugleich sollte das Absehen von einem Hinweis auf die natürliche Zusammensetzung der Luft entsprechend § 325 aF sicherstellen, daß auch Fälle erfaßt werden, bei denen es zweifelhaft sein könnte, ob die natürliche Zusammensetzung der Luft verändert wird, etwa bei der radioaktiven Kontaminierung von Luftbestandteilen (vgl. BT-Drs. 12/192 S. 18). Das Entfallen des Ansatzpunktes „natürliche Zusammensetzung" läßt es auch zu, Temperaturänderungen als mögliche Veränderung der Luft zu werten (and. 24. A.). Weitere Beispiele für verändernde Einwirkungsmittel sind Rauch, Ruß und Aerosole (vgl. dazu Feldhaus aaO). Auch eine bereits nachteilig veränderte Luft kann (noch weiter) nachteilig verändert werden. Die weitere Veränderung muß dann so erheblich sein, daß die tatbestandlich erforderliche Eignung, Menschen oder deren Umwelt zu schädigen, sich nicht nur geringfügig verstärkt hat. Es kommt somit auf die konkreten Veränderungswerte in ihrer Bedeutung für die schädliche Eignung an. Unerheblich ist, ob die Veränderung durch Hinzufügen von Stoffen erfolgt oder durch Entziehen von Luftbestandteilen, etwa durch Verminderung des Sauerstoffgehalts.

2. Die nachteilige Veränderung der Luft muß beim **Betrieb einer Anlage** verursacht worden sein. Auswirkungen auf die Luft vor Inbetriebnahme oder nach Stillegung einer Anlage werden von § 325 nicht erfaßt. Der Gesetzgeber hat bei Neufassung des § 325 bewußt am Merkmal des Betreibens einer Anlage festgehalten (BT-Drs. 12/192 S. 18).

a) Der weit auszulegende Begriff der **Anlage** erstreckt sich auf sachliche Funktionseinheiten, die, auf längere Dauer vorgesehen, bestimmten Zwecken dienen und deren Betrieb sich auf die Umgebung auswirken kann (vgl. Koblenz MDR **86,** 162, Lackner/Kühl 2, Tröndle/Fischer 4). Er ist zwar bewußt von § 3 V BImSchG gelöst worden (vgl. BT-Drs. 8/2382 S. 34); in erster Linie umfaßt er aber die dort genannten Anlagen (MG/Pfohl 1466; and. Pfeiffer aaO 17: nur technische Funktionseinheiten, Steindorf LK 18). Hierzu gehören die als Beispiel erwähnten Betriebsstätten, dh die Einrichtungen, die als räumliche Zusammenfassung der Ausübung eines stehenden Betriebes dienen (Kutscheidt in Landmann-Rohmer aaO § 3 BImSchG RN 25), sowie sonstige **ortsfeste Einrichtungen** einschließlich der fest eingebauten Maschinen. Neben Fabriken, ähnlichen industriellen Werken und handwerklichen Betriebsstätten einschließlich örtlich verbundener Nebeneinrichtungen (Materiallager usw.) fallen hierunter etwa Feuerungsanlagen, Müllverbrennungsanlagen, Abfallaufbereitungsanlagen, Klärwerke, Motorsportanlagen, Kompostwerke, Schweinemästereien. Anlagen sind ferner **ortsveränderliche technische Einrichtungen,** insb. Maschinen und Geräte, wie Bagger, Planierraupen, Betonmischer, sonstige Baumaschinen, mobile Pumpen. Ausgenommen sind Verkehrsfahrzeuge (vgl. u. 20), auch bei Ladung gefährlicher Güter (zB Giftfässer), von denen bei einem sachgemäßen Transport keine Immissionen ausgehen (Koblenz MDR **86**, 162). Außerdem gehören **Grundstücke** unabhängig von baulichen und technischen Einrichtungen, vgl. Bay **84**, 49) zu den Anlagen, soweit auf ihnen Stoffe gelagert oder abgelagert oder emissionsträchtige Arbeiten durchgeführt werden (Sack 20, Tröndle/Fischer 4). Nicht erforderlich ist, daß das Grundstück insgesamt oder überwiegend solchen Zwecken dient (vgl. Bay **84**, 49). **Lagern** bedeutet die für eine gewisse Dauer, dh für einen nicht unerheblichen Zeitraum (vgl. Bay **84**, 49), vorgesehene Aufbewahrung von Stoffen zwecks späterer anderweitiger Verwendung oder Beseitigung, insb. die Zwischenlagerung (vgl. BGH NJW **91**, 1622 zu § 326). Abgelagert werden Stoffe, wenn sie an einem Ort niedergelegt werden, um sich ihrer für immer zu entledigen (vgl. BGHZ **46** 17). Ein nur kurzfristiges Abstellen von Sachen ist noch kein Lagern. Das Merkmal einer gewissen Stetigkeit ist auch für die emissionsträchtigen Arbeiten maßgebend. Nur gelegentlich vorgenommene Tätigkeiten auf einem Grundstück (Verbrennen von Gartenabfällen oder Stroh, Düngen eines Ackers usw.) machen dieses daher nicht zu einer Anlage (Bay **78**, 53, Steindorf LK 21), auch dann nicht, wenn sie sich in größeren zeitlichen Abständen wiederholen (vgl. Bay **84**, 49). Beispiele für Grundstücke als Anlagen: Kohlenhalden, Mülldeponien, Schrottplätze, Autofriedhöfe, Lagerplätze, Baustellen, Flächen mit Dunglagerung (Misthaufen).

5 Das Merkmal der Anlage setzt nicht voraus, daß ihr Betrieb gewerblichen Zwecken dient (vgl. § 4 I 2 BImSchG, 4. BImSchV) oder nach dem BImSchG genehmigungsbedürftig ist (§§ 4, 22 BImSchG, Steindorf LK 19). Unmaßgeblich sind zudem die Anwendungsbeschränkungen für das BImSchG bzw. für die auf ihm beruhenden RechtsVOen (Lackner/Kühl 2, Steindorf LK 20). Als Anlagen sind daher auch Einrichtungen, die der Luft radioaktive Stoffe zuführen, sowie öffentliche Verkehrswege und Flugplätze anzusehen (Laufhütte/Möhrenschlager ZStW 92, 941).

6 b) Die Luftverunreinigung muß beim **Betrieb** einer Anlage erfolgen. Diese wird betrieben, wenn und solange sie für ihre Zwecke in Gebrauch ist, also von der Inbetriebnahme bis zur vollständigen faktischen Stillegung (BayObLG NuR **98**, 446 [zu § 327 II Nr. 3], Stuttgart NStZ **91**, 590, Lackner/Kühl 2, Michalke aaO 115, Steindorf LK 25). Der zweckdienliche Gebrauch beschränkt sich nicht auf die Verwendung einer Anlage in ihrer bestimmungsgemäßen Funktion (enger Schall NStZ 97, 420). Er umfaßt auch den mittelbar hierfür wesentlichen Gebrauch, wie die Erprobung einer Anlage (zB Belastungsprüfung), deren Wartung oder Reparaturen. Unerheblich ist, wer die Anlage in Betrieb gesetzt hat. Ein Grundstück kann uU dann zu einer Anlage in Betrieb werden, wenn Dritte dort ohne Einvernehmen mit dem Grundstücksbesitzer emissionsträchtige Stoffe abgelagert haben. Zur Stillegung einer Anlage kann uU eine völlige Beseitigung der emissionsträchtigen Faktoren notwendig sein, etwa bei Mülldeponien (vgl. AG Cochem NStZ **85**, 505).

7 3. Das die Luftverunreinigung bewirkende Verhalten (Tun oder Unterlassen) muß **verwaltungsrechtliche Pflichten verletzen.** Zum Sinn dieses den Strafbereich einschränkenden Tatbestandsmerkmals vgl. BT-Drs. 8/3633 S. 27, Dölling JZ 85, 467, Steindorf LK 26 sowie 11 ff. vor § 324. Was unter Verletzung verwaltungsrechtlicher Vorschriften zu verstehen ist, umschreibt § 330 d Nr. 4, 5.

8 a) Der **Kreis der verwaltungsrechtlichen Pflichten** ist in § 330 d Nr. 4 gegenüber dem aufgehobenen § 325 IV aF erweitert worden. So ist nicht mehr wie nach früherem Recht neben vollziehbaren Anordnungen und Auflagen allein das aus einer Rechtsvorschrift hervorgehende Genehmigungserfordernis zu beachten, sondern vielmehr jede Pflicht, die sich aus einer Rechtsvorschrift ergibt. Als für § 325 I maßgebliche Rechtsvorschrift kommt allerdings, wie das tatbestandliche Erfordernis einer für Menschen oder deren Umwelt nachteiligen Veränderung der Luft erkennen läßt, nur eine Vorschrift in Betracht, die dem Schutz vor gefährlichen Luftverunreinigungen außerhalb einer Anlage dient (vgl. BT-Drs. 12/192 S. 18). Einschlägig sind insbes. § 3 I BImSchG iVm den auf ihm beruhenden RechtsVOen (Nachw. bei Göhler Lexikon 154 C, D). Andere Rechtsquellen kommen in Frage, wenn diese Zweckrichtung – neben anderen Zielen – mit verfolgt wird (BT-Drs. 8/2382 S. 16, 34, Lackner/Kühl 6, Steindorf LK 36). Die Rechtsvorschrift muß, wie jede andere Grundlage einer verwaltungsrechtlichen Pflicht, hinreichend bestimmt sein. Nur ein solcher pflichtbegründender Akt vermag den Tatbestand des § 325 so auszufüllen, daß die Strafnorm dem Bestimmtheitsgebot des Art. 103 II GG entspricht und für den Betroffenen erkennbar ist, welches Verhalten ihn strafbar werden läßt (vgl. § 330 d RN 13). Diesen Anforderungen genügen allgemeine Grundpflichten für Anlagenbetreiber nicht (§§ 5, 22 BImSchG, vgl. Michalke aaO 114). Bloße Verwaltungsvorschriften, wie zB die Technische Anleitung zur Reinhaltung der Luft v. 27. 2. 1986 (GMBl 95), reichen trotz Bestimmtheit nicht aus (Steindorf LK 30 a). Einschlägige Anordnungen können etwa

nach § 24 BImSchG für „nicht genehmigungsbedürftige" Anlagen oder als sog. nachträgliche A. nach § 17 BImSchG ergehen, wobei grundsätzlich Vollziehbarkeit zu verlangen ist (§ 80 VwGO). Eine verwaltungsrechtliche Pflicht wird auch bei Handeln ohne Genehmigung verletzt, wenn eine Rechtsvorschrift iSd § 330d Nr. 4a dieses Erfordernis vorsieht (u. 9, Horn SK 9, Lackner/Kühl 10, Steindorf LK 31). Einem Handeln ohne Genehmigung, Planfeststellung oder sonstige Zulassung steht nach § 330d Nr. 5 ein Handeln auf Grund einer Genehmigung, Planfeststellung oder sonstigen Zulassung gleich, die durch Drohung, Bestechung oder Kollusion erwirkt oder durch unrichtige oder unvollständige Angaben erschlichen worden ist. Vgl. im einzelnen zu den verwaltungsrechtlichen Pflichten § 330d RN 9ff.

b) Ein **Handeln ohne Genehmigung** (o. 8) ist gegeben, wenn zur Zeit der Tat die aufgrund einer 9 einschlägigen Rechtsvorschrift erforderliche Genehmigung nicht vorliegt. Zum Kreis der Rechtsvorschriften allgemein o. 8. Bedeutsam ist vor allem § 4 BImSchG iVm den hierzu ergangenen Rechtsverordnungen, insbesondere die 4. BImSchVO v. 24. 7. 1985, BGBl. I 1586 idF v. 14. 3. 1997, BGBl. I 504 samt Anlagen. Umstritten ist, ob die Genehmigungsbedürftigkeit sich bei einer Gesamtanlage auf alle Teile erstreckt, etwa auch auf Nebeneinrichtungen (vgl. dazu Ule/Laubinger aaO § 3 RN 3, § 4 RN 6a, Hansmann in Landmann-Rohmer II 4. BImSchV RN 14 mwN). Bei einer genehmigungsbedürftigen Anlage bedarf auch die wesentliche Änderung ihrer Lage, ihrer Beschaffenheit oder ihres Betriebs der Genehmigung (§ 16 I BImSchG). Infolge Gesetzesänderung v. 9. 10. 1996 (BGBl. I 1498) genügt bei Änderungen, die nicht die Voraussetzungen des § 16 I 1 BImSchG erfüllen, eine rechtzeitige schriftliche Anzeige bei der zuständigen Behörde (§ 15 I 1 BImSchG, dazu Kutscheidt NVwZ 97, 111. Zur Wirkung des Schweigens der Behörde vgl. Führ in Koch/Scheuing § 15 RN 57). Bei beabsichtigtem Überschreiten einer Anlagegröße oder Leistungsgrenze mit der dadurch eintretenden Folge der Genehmigungsbedürftigkeit ist nicht Anzeige zu erstatten, sondern eine Neugenehmigung für die gesamte Anlage zu beantragen (vgl. § 1 V. BImSchV). Eine Anlage wird nicht nur dann ohne Genehmigung betrieben, wenn diese nicht erteilt oder wirksam zurückgenommen worden ist oder im Fall einer befristeten Genehmigung der Betrieb nach Fristablauf fortgesetzt wird, sondern auch, wenn eine mit der Genehmigung verbundene einschlägige Bedingung (vgl. § 12 I BImSchG) nicht erfüllt oder eine auflösende Bedingung eingetreten ist. Gleiches gilt für ein Zuwiderhandeln gegen wesentliche Genehmigungsvoraussetzungen, ohne die der Genehmigungsbescheid im Kernbereich qualitativ verändert würde (sog. modifizierende Auflagen; vgl. Laufhütte/Möhrenschlager ZStW 92, 939, Steindorf LK 50, aber auch die Einschränkung bei Bay **87**, 79). Dabei ist nicht entscheidend, ob die Anlage genehmigungsfähig ist, sondern nur, ob sie tatsächlich genehmigt ist (Lackner/Kühl 10, Steindorf LK 34, o. 19 vor § 324). Ebensowenig vermag das bloße Dulden durch die zuständige Behörde die erforderliche Genehmigung zu ersetzen (Karlsruhe ZfW **96**, 409). Umstritten ist, ob nur die gesetzlich vorgesehene, förmliche Genehmigung (mit entsprechend formalisiertem Verfahren) den Tatbestand ausschließt oder diese Wirkung auch Gestattungssurrogaten, wie zB Vorabzustimmungen, und sonstigen verwaltungsrechtlichen Eingriffsschranken zukommt (so Lackner/Kühl 10, vgl. Winkelbauer JuS 88, 693; and. zB Bergmann aaO 50, Kuhlen WuV 91, 224, Palme JuS 89, 944, Pfeiffer aaO 114, 124, Steindorf LK 32, vgl. auch LG Hanau NJW **88**, 572 zu § 327 I). Nach dem Schutzzweck der Vorschrift (o. 1, 8) wird die Berücksichtigung solcher Rechtsakte auf Tatbestandsebene ausscheiden, die nicht dem „Funktionstypus" der gesetzlich vorgesehenen Genehmigung entsprechen (vgl. auch u. § 327 RN 12; enger 25. A.). Zu den Voraussetzungen einer ausnahmsweise rechtfertigenden Wirkung o. 20 vor § 324.

c) Anders als nach § 325 aF genügt prinzipiell bereits **jeder** umweltgefährdende **Verstoß gegen** 10 eine verwaltungsrechtliche **Pflicht** den tatbestandlichen Voraussetzungen. Ein grob pflichtwidriges Verhalten, wie § 325 aF bei einem Verstoß gegen eine vollziehbare Anordnung oder Auflage vorausgesetzt hatte, ist nicht mehr erforderlich. Der Gesetzgeber hat wie bei der Gewässerverunreinigung das schuldhafte Herbeiführen einer gefährlichen Luftverunreinigung unabhängig von der Art des Pflichtenverstoßes für strafwürdig gehalten (vgl. BT-Drs. 12/192 S. 19). Eine grobe Pflichtwidrigkeit kann sich aber im Rahmen der Strafzumessung auswirken. Zum Merkmal der groben Pflichtverletzung vgl. u. 24.

d) Fraglich ist, wie sich eine **fehlerhafte Anordnung,** Auflage, Untersagung oder Nichterteilung 11 einer Genehmigung auf die Strafbarkeit der o. 8ff. genannten Verstöße auswirkt. Vgl. dazu 16, 19, 21 f. vor § 324, Steindorf LK 44 f. Andererseits fragt sich, ob dem Genehmigungserfordernis (o. 9) auch eine fehlerhafte Genehmigung entspricht. Vgl. dazu o. 9 u. 16 ff. vor § 324.

4. Das Betreiben einer Anlage unter Verletzung verwaltungsrechtlicher Pflichten muß die Luft- 12 verunreinigung etc. **verursacht** haben. Das pflichtwidrige Verhalten (Tun oder Unterlassen) muß mithin kausal für eine Veränderung der Luft gewesen sein. Zu möglichen Schwierigkeiten beim Kausalitätsnachweis, etwa bei kumulierenden Umweltbelastungen, vgl. BT-Drs. 8/3633 S. 28. Im Fall eines Verstoßes gegen eine vollziehbare Anordnung oder Auflage ist die (qualifizierte) Luftverunreinigung dem Täter im Rahmen des § 325 nur zurechenbar, wenn die Beachtung der Anordnung (Auflage) zum Ausbleiben oder jedenfalls zur (nicht unerheblichen) Verminderung der gefährlichen Luftverunreinigung geführt hätte (vgl. StA Landau b. Schall NStZ **97**, 421, Jarass § 63 BImSchG RN 6, Steindorf LK 29).

13 5. Die verursachte Luftverunreinigung muß **geeignet** sein, außerhalb des zur Anlage gehörenden Bereichs die Gesundheit eines anderen, Tiere, Pflanzen oder andere Sachen von bedeutendem Wert **zu schädigen**. Hierbei kommt es nicht allein auf den Sachwert als solchen an, sondern auf einen bedeutenden Sachschaden, wobei Wertmaß weitergehend als bei den §§ 315 ff. nicht bloß wirtschaftliche Interessen sind (vgl. 15 vor § 306; and. 25. A.), sondern auch ökologische, historische und wissenschaftliche (zutr. Lackner/Kühl 13, Steindorf LK 11 f.). Es reicht nicht aus, wenn die Eignung sich nur auf geringfügige Beeinträchtigungen bedeutender Sachwerte erstreckt (Steindorf LK 12).

14 a) Als **Gesundheitsschädigung** ist jede Beeinträchtigung der Gesundheit iSv § 223 anzusehen. Unmaßgeblich ist nach allgemeiner Meinung der von der Weltgesundheitsorganisation verwendete Begriff, der auch Beeinträchtigungen des sozialen Wohlbefindens einbezieht (vgl. BT-Drs. 8/3633 S. 28). In Betracht kommt somit nur das Hervorrufen oder Steigern eines (auch vorübergehenden) pathologischen Zustands. Hustenreiz, Atembeschwerden, Kopfschmerzen, Übelkeit, Benommenheit, Nies- und Tränenreiz reichen aus, soweit sie nicht unerheblich sind, ebenfalls psychische Beeinträchtigungen, die sich in nicht unerheblicher Weise nachteilig auf den Körper auswirken (Lackner/Kühl 13, Sack 32).

15 b) Schäden bei **Tieren** (auch Insekten) oder **Pflanzen** liegen vor, wenn diese eingehen oder verkümmern. Die betroffenen Tiere und Pflanzen müssen (einzeln oder zusammen) von bedeutendem Wert sein (vgl. BT-Drs. 8/2382 S. 16), dh einzeln oder zusammen einem bedeutenden Sachschaden ausgesetzt sein. Bei der Wertbeurteilung sind nicht nur wirtschaftliche, sondern auch ökologische Faktoren (einschließlich Arterhaltung) zu berücksichtigen. Von wesentlicher Bedeutung ist daher ua, ob die Schäden zu nachteiligen Änderungen im Tier- oder Pflanzenhaushalt eines bestimmten Gebiets führen. Da der ökologische Zustand als solcher nicht geschützt ist, reicht das Abwandern von Tieren allein nicht aus (Steindorf LK 11; and. Tröndle/Fischer 9); es kann aber mittelbar im Rahmen des Merkmals der Eignung zur Schadensverursachung Bedeutung erlangen (vgl. u. 18). Ebensowenig genügen bloße ästhetische Auswirkungen (zB durch Staub) ohne nachweisbare potentielle Folgen für den Naturhaushalt. Unwesentlich ist, ob fremde, tätereigene oder herrenlose Sachen betroffen sind.

16 c) **Andere Sachen von bedeutendem Wert** können sowohl unbeweglich wie auch beweglich sein. Betroffen sein können vor allem Gebäude, sonstige Bauwerke und Kunstwerke, aber auch der Boden, etwa ein Acker. Neben dem wirtschaftlichen Wert (vgl. 15 vor § 306) kann auch ein kultureller Wert bedeutsam sein, etwa bei einem Denkmal. Schäden können insb. infolge einer durch die Luftverunreinigung verursachten Korrosion eintreten (BT-Drs. 8/2382 S. 15). Die gefährdeten Sachen brauchen nicht notwendig in fremdem Eigentum zu stehen (Tröndle/Fischer 10). Tätereigene Sachen werden nach dem Sinn des § 325 aber nur erfaßt, wenn mit ihrer Gefährdung Allgemeininteressen bedroht sind (Rengier Spendel-FS 572). Sie sind keine ausreichenden Gefährdungsobjekte, wenn ausschließlich wirtschaftliche Verluste für den Täter einzutreten drohen (Rengier aaO 571).

17 d) Erheblich sind nur die schädlichen Wirkungen der genannten Art, die **außerhalb des zur Anlage gehörenden Bereichs** eintreten können. Andererseits bleibt sich gleich, ob die Allgemeinheit als unbestimmte Mehrheit von Betroffenen oder die Nachbarschaft als ein bestimmter Kreis Betroffener den schädlichen Immissionen ausgesetzt ist. Die Nachbarschaft beschränkt sich nicht auf den unmittelbar an die Anlage angrenzenden Bereich. Zu ihr zählt vielmehr der gesamte Bereich in der Nähe der Anlage, der unter gewöhnlichen Umständen von den Immissionen unmittelbar erfaßt wird (vgl. Ule/Laubinger aaO § 3 RN 5). Unmaßgeblich sind dagegen schädliche Auswirkungen innerhalb des Anlagenbereichs (vgl. aber Horn SK 6). Hierbei ist von dem Betriebsbereich auszugehen, zu dem die Anlage gehört, auf die sich die verletzten verwaltungsrechtlichen Pflichten beziehen. Das kann auch die Betriebsstätte insgesamt sein (BT-Drs. 8/2382 S. 16, Steindorf LK 16).

18 e) Für die Tatbestandserfüllung ist weder der Eintritt eines Schadens (o. 14 ff.) noch eine konkrete Gefährdung der menschlichen Gesundheit usw. (dann uU § 330 II Nr. 1) erforderlich. Es genügt die (nach gesicherten naturwissenschaftlichen Erkenntnissen bestehende) **Eignung** der Luftverunreinigung **zur Schadensverursachung** (Karlsruhe ZfW **96**, 407, Lackner/Kühl 13, Steindorf LK 4; einschr. Hoyer aaO [vor § 306] 165 u. Zieschang aaO [vor § 306] 206). Die Luftverunreinigung muß also für die menschliche Gesundheit oder für Tiere usw. nur generell gefährlich sein, wofür es genügt, daß die möglichen gesundheitsschädlichen Auswirkungen sich auf besonders anfällige Personengruppen wie Alte, Kranke, etwa an Asthma Leidende, Gebrechliche, Säuglinge beschränken (vgl. Scholl JBl 90, 690). Hierbei können besondere Tatumstände konstanter Art (generalisierend) berücksichtigt werden (BT-Drs. 8/2382 S. 16), etwa die Beschaffenheit und die Lage einer Anlage (zweifelnd Laufhütte/Möhrenschlager ZStW 92, 942 FN 120), wie die Höhe eines Schornsteins und die Entfernung zu Ansiedlungen oder korrosionsanfälligen Bauwerken, auch die Geländesituation (Beckenlage usw.; vgl. Scholl JBl 90, 688), zur Entlastung jedoch nicht variable Faktoren, etwa die Wetterverhältnisse (Tiedemann aaO 32, Steindorf LK 6; and. Rogall Köln-FS 516) oder der Umstand, daß sich zur Tatzeit keine Risikopersonen im Immissionsbereich aufgehalten haben (vgl. OLG Linz JBl **90**, 463 m. Anm. Kienapfel), da solche Faktoren sich jederzeit ändern können. Unerheblich ist, ob die luftverunreinigende Emission für sich allein generell gefährlich ist oder ob die vorausgesetzte Eignung sich aus dem Zusammenwirken mit anderen Luftverunreinigungen ergibt (Kumulations- oder Summationseffekt; zur Problematik vgl. Möhrenschlager WuV 84, 62 ff., Steindorf LK 6). Beim Zusammenwirken mit bereits vorhandenen Luftverunreinigungen muß die zusätzliche Veränderung der Luft jedoch so erheblich sein, daß die schädliche Eignung sich nicht nur geringfügig verstärkt hat. Minimale Steigerungen der Umweltbelastung sind vom Tatbestand auszunehmen (Möhrenschlager aaO 64, Rudolphi NStZ 84, 250 FN 39). Für die Eignung zur Schadensverursachung reicht aus, wenn die Luftverunreinigung sich erst mittelbar schädlich auswirken kann, zB Schadstoffbelastung des Bodens mit möglichen Folgewirkungen für Pflanzen und die sie verzehrenden Tiere (Laufhütte/Möhrenschlager ZStW 92, 943; and. Michalke aaO 118) oder für Menschen durch Genuß solcher Pflanzen und Tiere. Gleiches gilt für das mögliche Abwandern von Tieren, sofern hierdurch der Naturhaushalt sich nachteilig ändert und infolgedessen Tiere oder Pflanzen Schaden erleiden. Die generelle Eignung muß feststehen (vgl. Möhrenschlager aaO 65: naturwissenschaftlich gesicherter Erfahrungssatz, vgl. auch Denicke aaO (vor § 13) 98 ff.); eine bloße Vermutung oder Wahrscheinlichkeit genügt nicht (Rudolphi NStZ 84, 250, vgl. o. 9 vor § 324).

Die Eignung zur Schadensverursachung ist – idR mit Hilfe eines Sachverständigen – an Hand der **19** Umstände des Einzelfalles unter Einschluß der Emissionen benachbarter Anlagen zu beurteilen. Anhaltspunkte hierfür liefern die Immissionsgrenzwerte in der – von der BReg. als Verwaltungsvorschrift erlassenen –TA Luft (o. 8). Ungeachtet des Umfangs der Bindungswirkung in verwaltungsrechtlichen Zusammenhängen (dazu Di Fabio Risikoentscheidungen im Rechtsstaat, 1994, 354 ff.) und der Einstufung als „antizipiertes Sachverständigengutachten" (BVerwGE **55** 256) bzw. als „normkonkretisierende Verwaltungsvorschrift" (BVerwGE **72** 320 f.) folgt aus dem Überschreiten der entsprechenden Grenzwerte nicht, daß zwangsläufig die von § 325 vorausgesetzte Eignung vorläge. Andernfalls würde der kompromißhafte, Verwaltungszwecken dienende Charakter dieser Anleitung vernachlässigt, die eben nicht nur naturwissenschaftlichem Erkenntnisinteresse dient (Kloepfer aaO 141 mwN). Es bedarf daher noch der Herausarbeitung eigenständiger strafrechtlicher Grenzwerte (Lackner/Kühl 15, Rudolphi NStZ 84, 251), praktisch sind deshalb regelmäßig Sachverständigengutachten einzuholen (vgl. MG/Pfohl 1467). Zur TA Luft vgl. auch BVerwG NuR **96**, 523, OVG Münster NJW **76**, 2363, BGH NJW **85**, 49, Bergmann aaO 23 ff., Kalmbach/Schmölling, TA Luft 4. Aufl. 1994, Steinhoff, Zur Bindungswirkung der Emissionswerte der TA Luft zugunsten des Anlagenbetreibers, 1991.

5. Ausgenommen sind Luftverunreinigungen durch den Betrieb von **Kraftfahrzeugen** sowie **20** von Schienen-, Luft- und Wasserfahrzeugen (Abs. 5). Für diese Fahrzeuge sind die besonderen Regeln des Verkehrsrechts maßgebend (krit. Pfeiffer DRiZ 95, 301, Tröndle/Fischer 7 vor § 324). Dementsprechend können von der Ausnahmeregelung nur Fahrzeuge betroffen sein, die den besonderen Regelungen des Verkehrsrechts unterliegen (vgl. zB zu den Kraftfahrzeugen § 1 StVG, vgl. Koblenz MDR **86**, 162). Andere Fahrzeuge sind dem § 325 zuzuordnen. Das gilt insb. für Fahrzeuge, die ausschließlich außerhalb des öffentlichen Verkehrs betriebsgebunden eingesetzt werden, etwa in einer Betriebsstätte als Arbeitsgerät.

III. Freisetzen von Schadstoffen (Abs. 2)

1. Abs. 2 enthält eine zusätzliche Tatbestandsvariante zum Schutz vor Luftverunreinigungen. Die **21** Regelung stellt auf **schadstoffhaltige Emissionen** ab, und zwar unter Verzicht auf eine Eignungsklausel iSv Abs. 1. Bei dem von Abs. 2 erfaßten abstrakten Gefährdungsdelikt kommt es allein darauf an, daß unter grober Verletzung von verwaltungsrechtlichen Pflichten Schadstoffe in bedeutendem Umfang in die Luft außerhalb des Betriebsgeländes freigesetzt werden. Aus dem Fehlen einer dem Abs. 1 entsprechenden Eignungsklausel und aus der Umschreibung der Schadstoffe in Abs. 4 ergibt sich, daß es allein auf die Gefährlichkeit der freigesetzten Stoffe ankommt, nicht auch wie nach Abs. 1 (vgl. o. 18) auf die Verhältnisse am Tatort (Pfeiffer DRiZ 95, 301, Steindorf LK 55). Ob etwa in der Nachbarschaft der Betriebsstätte potentiell gefährdete Menschen wohnen oder anfällige Sachen sich befinden, spielt keine Rolle. Ebensowenig wie Abs. 1 gilt auch Abs. 2 für Kraftfahrzeuge, Schienen-, Luft- oder Wasserfahrzeuge (Abs. 5). Das o. 20 hierzu ausgeführte ist entsprechend für Abs. 2 maßgebend.

2. Was unter **Schadstoffen** zu verstehen ist, besagt Abs. 4. Danach zählen hierzu zum einen alle **22** Stoffe, die geeignet sind, die Gesundheit eines anderen, Tiere, Pflanzen oder andere Sachen von bedeutendem Wert zu schädigen (Abs. 4 Nr. 1), also potentiell auf diese Güter eine schädliche Wirkung ausüben. Zu den Gefährdungsobjekten vgl. o. 14 ff. Das dort Ausgeführte gilt hier entsprechend. Wie nach Abs. 1 kommt es auch bei den Tieren und Pflanzen hinsichtlich der möglichen Schadens auf einen bedeutenden Wert an. Dieser Wert kann bereits bei einem Einzelobjekt vorhanden sein; er kann aber auch aus der Anzahl der gefährdeten Objekte hervorgehen (Gesamtwert). Zum anderen gehören zu den Schadstoffen alle Stoffe, die geeignet sind, nachhaltig ein Gewässer, die Luft oder den Boden zu verunreinigen oder sonst nachteilig zu verändern (Abs. 4 Nr. 2). Zum Gewässer vgl. § 324 RN 4 ff.; zur Gewässerverunreinigung (nachteiligen Veränderung) vgl. § 324 RN 8 f. Zu beachten ist, daß die Verunreinigung nachhaltiger Art sein muß, also nicht als Intensität und Dauer der Verunreinigung zu größeren Schäden kommen kann (vgl. § 326 RN 7). Zur Bodenverunreinigung (Veränderung) vgl. § 324 a RN 3, 9 mit der Maßgabe, daß es sich um eine nachhaltige Beeinträchtigung handeln muß. Die Luft wird nachhaltig verunreinigt oder sonst nachteilig verändert, wenn sie sich in erheblichem Maß zum Nachteil der Menschen oder deren Umwelt verschlechtert. Die erforderliche Eignung ergeben sich aus der Art, der Beschaffenheit oder der Menge der freigesetzten Stoffe (vgl. Möhrenschlager NStZ 94, 518). Sie muß einem freigesetzten Stoff anhaften, so daß sonstige nachteilige Einwirkungen auf die Luft nicht unter Abs. 2 fallen. So werden Temperaturände-

§ 325 23–26

rungen ebensowenig erfaßt wie das Entziehen von Stoffen aus der Luft, etwa die Verminderung des Sauerstoffgehalts.

23 3. Die Schadstoffe müssen in bedeutendem Umfang in die Luft außerhalb des Betriebsgeländes **freigesetzt** werden. Freigesetzt sind die Stoffe, wenn sie sich unkontrolliert außerhalb des Betriebsgeländes in der Luft verbreiten können. Es genügt nicht, daß die Stoffe nur innerhalb eines Betriebsgeländes verbleiben, mögen sie auch die sie freisetzende Anlage verlassen haben, wie es insb. bei mehreren Anlagen auf einem Betriebsgelände der Fall sein kann (Lackner/Kühl 14, Steindorf LK 59). Das Freisetzen von Schadstoffen muß ein erhebliches Ausmaß angenommen haben. Erst wenn die freigesetzten Stoffe einen bedeutenden Umfang aufweisen, ist der Tatbestand des Abs. 2 erfüllt. Der **bedeutende Umfang** (vgl. o. § 324 a RN 12) bemißt sich nicht allein nach der Menge der freigesetzten Stoffe. Bedeutsam können auch die Art und die Beschaffenheit der Stoffe sein. Je gefährlicher ein Stoff für die potentiellen Gefährdungsobjekte ist, desto eher läßt sich der freigesetzten Menge ein bedeutender Umfang zumessen. Anhaltspunkte können sich aus § 29 I 2 BImSchG ergeben (dazu Jarass § 29 BImSchG RN 6).

24 4. Das Freisetzen der Schadstoffe muß beim Betrieb einer Anlage, insb. einer Betriebsstätte oder Maschine, erfolgen. Zu dieser Tatbestandsvoraussetzung vgl. o. 6. Ferner muß dies unter **grober Verletzung verwaltungsrechtlicher Pflichten** iSv § 330d Nr. 4, 5 geschehen. Die grobe Pflichtwidrigkeit kann sich aus dem Grad der Pflichtwidrigkeit oder aus der Bedeutung der verletzten Pflicht ergeben (zust. MG/Pfohl 1469). Eine grobe Verletzung einer verwaltungsrechtlichen Pflicht liegt demnach vor, wenn die jeweilige Pflicht in besonders schwerem Maß mißachtet wird (vgl. BGH GA 71, 246) oder der Verstoß sich gegen eine besonders gewichtige Pflicht richtet (vgl. BT-Drs. 8/2382 S. 16, Steindorf LK 64, Tröndle/Fischer 14). Je gewichtiger die Pflicht ist, desto mehr Verantwortung obliegt dem Pflichtigen, so daß dementsprechend schon ein geringerer Grad der Nachlässigkeit zur groben Pflichtwidrigkeit führt. Eine grobe Pflichtverletzung kommt auch bei einem Unterlassen in Betracht, etwa dann, wenn Unbefugte die Schadstoffe freigesetzt haben und der Verantwortliche für den Betrieb der Anlage ein weiteres Freisetzen nicht unterbindet. An einer groben Pflichtverletzung fehlt es ua, wenn Unzumutbares nicht erfüllt wird (zB gesetzte Frist für Schutzmaßnahmen ist zu kurz bemessen).

25 IV. Die **Rechtswidrigkeit** wird nur ausnahmsweise auf Grund allgemeiner Rechtfertigungsgründe entfallen. So greift zB § 34 nicht schon dann ein, wenn das Betreiben einer gesundheitsgefährdenden Anlage entgegen verwaltungsrechtlichen Pflichten erfolgt, um die Produktion fortsetzen und die Arbeitsplätze erhalten zu können (vgl. BGH MDR/D 75, 723, auch Stuttgart DVBl 76, 800, vgl. § 34 RN 35, 41 ff., § 324 RN 13). Rechtfertigend wirkt ebensowenig das Nichteinschreiten der Behörden bei einem Verstoß gegen verwaltungsrechtliche Pflichten trotz Kenntnis von der Sachlage (vgl. dazu 20 vor § 324, auch zu den Voraussetzungen einer [ausnahmsweise] rechtfertigenden Wirkung). Keine Rechtfertigung ergibt sich ferner aus einer Einwilligung, etwa aller in der Nachbarschaft wohnenden Personen, die den schädlichen Immissionen ausgesetzt sind. Sie können über das geschützte Rechtsgut (vgl. o. 1) nicht frei verfügen (vgl. Rengier NJW 90, 2512); zudem steht nicht fest, daß die Gefährdung sich auf die Einwilligenden beschränkt.

26 V. Der **subjektive Tatbestand** erfordert Vorsatz (Abs. 1, 2) oder Fahrlässigkeit (Abs. 3). Für das Vorsatzerfordernis genügt bedingter **Vorsatz** hinsichtlich aller Tatbestandsmerkmale. Der Vorsatz muß auch die Verletzung verwaltungsrechtlicher Pflichten und im Fall des Abs. 1 zudem die Schädigungseignung sowie im Fall des Abs. 2 die Schadstoffvoraussetzungen gem. Abs. 4 umfassen. Vorsätzliche Mißachtung einer verwaltungsrechtlichen Pflicht setzt Kenntnis davon voraus, daß eine der in § 330d Nr. 4 genannten Voraussetzungen für eine Pflicht vorliegt (zust. Michalke aaO 131). Außerdem muß der Täter den Inhalt des pflichtbegründenden Akts, etwa einer vollziehbaren Auflage, kennen. Legt er dessen Inhalt in wesentlichen Punkten irrig zu eng aus und erfüllt er demgemäß nur das von ihm Erkannte, so schließt die Fehlvorstellung als Tatbestandsirrtum den Vorsatz aus. Beim Fehlen einer erforderlichen Genehmigung handelt der Täter nicht vorsätzlich, wenn er hiervon keine Kenntnis hat. Das ist zumindest der Fall, wenn der Täter irrtümlich von einer vorhandenen Genehmigung ausgeht. Einem vorsatzausschließenden Irrtum unterliegt daher zB, wer bei einer Anlageveränderung iSv § 16 BImSchG meint, die für die bisherige Anlage erteilte Genehmigung gelte auch für die veränderte Anlage (zust. Michalke aaO 131; and. Horn SK 11: Verbotsirrtum). Fraglich ist, ob ein Vorsatzausschluß ebenfalls bei völliger Unkenntnis von einem Genehmigungserfordernis anzunehmen ist (bejahend Lackner/Kühl 16, Pfeiffer aaO 197, Rengier ZStW 101, 884, Tröndle/Fischer 22, zust. Steindorf LK 73 b; verneinend Horn SK 11, Sack 143: Verbotsirrtum; vgl. noch Heine in Meinberg/Möhrenschlager/Link 114). Die Frage ist zu bejahen, da das Genehmigungsmoment als Merkmal der verwaltungsrechtlichen Pflicht den sonstigen pflichtbegründenden Akten gleichstimmt und somit bei den subjektiven Tatbestandsvoraussetzungen gleich zu behandeln ist. Der Täter, dem das Genehmigungserfordernis unbekannt ist und der somit gar nicht weiß, daß er eine genehmigungsbedürftige Anlage betreibt, setzt sich ebensowenig bewußt über eine verwaltungsrechtliche Pflicht hinweg wie der Täter, der einer ihm nicht bekannten Anordnung oder Untersagung zuwiderhandelt. Er irrt nicht über das Verbotensein seines Handelns, sondern über einen für das Verbot maßgeblichen Tatumstand, nämlich die Genehmigungsbedürftigkeit der von ihm betriebenen Anlage. Dagegen handelt es sich um einen Verbotsirrtum, wenn der Täter glaubt, mangels Abmahnung durch die zuständige Behörde einem vollziehbaren Verwaltungsakt oder einer vollziehbaren Auflage zuwiderhandeln zu dürfen. Beim Erfordernis der groben Pflichtwidrigkeit nach Abs. 2 brauchen nur die hierfür maßgeblichen Umstände vom Vorsatz umfaßt zu sein. Die Fehlbeurteilung, das Verhalten sei nicht grob pflichtwidrig, läßt als Irrtum über ein gesamttatbewertendes Merkmal (vgl. § 15 RN 22) den Vorsatz unberührt (Lackner/Kühl 16; vgl. auch Bay NJW **69**, 565, Steindorf LK 73).

Zur **Fahrlässigkeit** vgl. allgemein § 15 RN 111 ff. Fahrlässiges Verhalten liegt etwa vor, wenn **27** verwaltungsrechtliche Pflichten aus Unachtsamkeit verletzt und dadurch Umweltbelastungen verursacht werden oder ein vorsatzausschließender Irrtum bei gehöriger Sorgfalt vermeidbar gewesen wäre. Wer eine genehmigungsbedürftige Anlage gutgläubig in Betrieb nimmt, handelt fahrlässig, wenn vorherige Erkundigungen nach einem Genehmigungserfordernis von ihm erwartet werden konnten. Eine Fahrlässigkeitstat liegt auch vor, wenn die Fahrlässigkeit sich nur auf eines der Tatbestandsmerkmale erstreckt und im übrigen Vorsatz gegeben ist, so zB, wenn der Täter sich bewußt über eine verwaltungsrechtliche Pflicht hinwegsetzt und voreilig glaubt, auf andere, für ihn günstigere Weise die Umweltbelastung vermeiden zu können.

VI. Vollendet ist die Tat nach Abs. 1 mit Eintritt der umweltbelastenden Luftverunreinigung. **28** Beendet ist sie, wenn die umweltbelastenden Emissionen gestoppt werden, uU also erst bei vollständiger Stillegung der Anlage. Strafbar ist auch der **Versuch** (Abs. 1 S. 2). Zur Tatbestandsverwirklichung setzt zB unmittelbar an, wer eine ungenehmigte Anlage in Betrieb setzt oder einer sonstigen verwaltungsrechtlichen Pflicht zuwiderhandelt, etwa die Frist zum Einbau eines Schmutzfilters verstreichen läßt, eine umweltbelastende Luftverunreinigung aber noch nicht bewirkt hat (Tröndle/Fischer 21). Ferner kann die irrige Annahme eines Tatbestandsmerkmals einen Versuch begründen. Im Fall des Abs. 2 ist die Tat mit dem Freisetzen von Schadstoffen vollendet, sowie ein bedeutender Umfang erreicht ist. Beendet ist sie, wenn keine Schadstoffe (auch nicht solche geringeren Umfangs) mehr freigesetzt werden. Der Versuch einer Tat nach Abs. 2 ist nicht strafbar.

VII. Täter ist, wer die umweltbelastende Anlage unter Verletzung verwaltungsrechtlicher Pflichten **29** in Betrieb setzt oder sie in Gang hält, ebenso wer bei einer in Betrieb befindlichen Anlage unter Mißachtung einer verwaltungsrechtlichen Pflicht die schädliche Veränderung der Luft oder das Freisetzen von Schadstoffen in die Luft ermöglicht. Unterlassungstäterschaft kommt bei Garanten in Betracht, so bei einem Grundstücksbesitzer, der entgegen einer Anordnung auf seinem Grundstück (auch von Dritten) abgelagerte Stoffe nicht unschädlich macht. Außer dem unmittelbar Handelnden kann Täter auch sein, wer für die Anlage als Betreiber verantwortlich ist und auf dessen Weisung oder mit dessen Kenntnis sie betrieben wird (weitergehend Winkelbauer Lenckner-FS 650 ff. für Arbeitnehmer als Mittäter). Zu beachten ist insoweit § 14. Immissionsschutzbeauftragte (vgl. §§ 53 ff. BImSchG) werden hiervon nicht erfaßt (Weber in Koch/Scheuing 151 vor § 62 BImSchG). Soweit sie ihren Überwachungsaufgaben nicht nachkommen und gegenüber umweltbelastenden Emissionen untätig bleiben, können sie aber Teilnehmer sein (Lackner/Kühl 18, zust. Jarass § 63 RN 8 BImSchG; and. [Täterschaft] Sack 196). Amtsträger scheiden als Täter aus, soweit sie keine verwaltungsrechtliche Pflicht iSv § 330 d Nr. 4 trifft (Wohlers ZStW 108, 62, Steindorf LK 68). Zu beachten ist weiter die Betriebsereignung. Zum Problem der Verantwortung vgl. 32 f., 39 f. vor § 324.

Für die **Teilnahme** gelten die allgemeinen Regeln. Da dem Täter obliegenden verwaltungs- **30** rechtlichen Pflichten keine unrechtsrelevanten personalen, sondern sachbezogene Merkmale sind, ist § 28 I nicht anwendbar (Lackner/Kühl 12, Steindorf LK 70; and. Horn SK 14, Tröndle/Fischer § 330 d RN 5).

VIII. Bei der **Strafzumessung** ist zu beachten, daß für besonders schwere Fälle einer Vorsatztat **30 a** nach Abs. 1 u. 2 in § 330 eine erhöhte Freiheitsstrafe angedroht ist, etwa für die dort als Qualifikation eingestufte Verursachung des Todes oder Gefahr einer schweren Gesundheitsschädigung eines Menschen. Vgl. im einzelnen die Anm. zu § 330. Schädigungen oder konkrete Gefährdungen eines von § 325 geschützten Rechtsguts, die noch nicht als besonders schwerer Fall zu beurteilen sind (§ 330 I S. 2), wirken idR innerhalb des Strafrahmens von § 325 strafschärfend. Erhebliche Bedeutung für die Strafzumessung hat auch das Ausmaß der Pflichtverletzung. Für Fahrlässigkeitstaten ist in Abs. 3 das Höchstmaß einer Freiheitsstrafe durch das 31. StÄG auf 3 Jahre angehoben worden. Hier können für die Strafzumessung insb. neben dem Ausmaß der Pflichtverletzung angerichtete Schäden oder konkrete Gefährdungen besonders Gewicht erlangen, aber auch das Vorliegen des Vorsatzes bei einem Teil der Tatbestandsmerkmale.

IX. Konkurrenzen: Idealkonkurrenz ist ua möglich mit §§ 223 ff., 229, 303, 304, 324, 325 a, **31** 326, 329. § 327 II Nr. 1 tritt hinter § 325 I zurück (and. Lackner/Kühl 19), mit § 325 III ist Tateinheit möglich. § 325 III geht § 327 III Nr. 2 vor, soweit eine Anlage iSv § 327 II Nr. 1 betrieben wird. Im übrigen kann § 325 mit § 327 in Tateinheit stehen.

§ 325 a Verursachen von Lärm, Erschütterungen und nichtionisierenden Strahlen

(1) Wer beim Betrieb einer Anlage, insbesondere einer Betriebsstätte oder Maschine, unter Verletzung verwaltungsrechtlicher Pflichten Lärm verursacht, der geeignet ist, außerhalb des zur Anlage gehörenden Bereichs die Gesundheit eines anderen zu schädigen, wird mit Freiheitsstrafe bis zu drei Jahren oder mit Geldstrafe bestraft.

§ 325 a 1–5

(2) Wer beim Betrieb einer Anlage, insbesondere einer Betriebsstätte oder Maschine, unter Verletzung verwaltungsrechtlicher Pflichten, die dem Schutz vor Lärm, Erschütterungen oder nichtionisierenden Strahlen dienen, die Gesundheit eines anderen, ihm nicht gehörende Tiere oder fremde Sachen von bedeutendem Wert gefährdet, wird mit Freiheitsstrafe bis zu fünf Jahren oder mit Geldstrafe bestraft.

(3) Handelt der Täter fahrlässig, so ist die Strafe
1. in den Fällen des Absatzes 1 Freiheitsstrafe bis zu zwei Jahren oder Geldstrafe,
2. in den Fällen des Absatzes 2 Freiheitsstrafe bis zu drei Jahren oder Geldstrafe.

(4) **Die Absätze 1 bis 3 gelten nicht für Kraftfahrzeuge, Schienen-, Luft- oder Wasserfahrzeuge.**

Vorbem.: Eingefügt durch 31. StÄG/2. UKG v. 27. 6. 1994, BGBl. I 1440.

Schrifttum: Moench, Lärm als kriminelle Umweltgefährdung, 1980. – S. ferner Angaben zu § 325.

1 I. § 325 a ergänzt § 325 mit dem Erfassen anderer für Menschen oder deren Umwelt **gefährlicher Immissionen** als Luftverunreinigungen. Er gewährt in Abs. 2 strafrechtlichen Schutz gegen konkrete umweltbezogene Gefährdungen durch Mißachtung verwaltungsrechtlicher Pflichten, die dem Schutz vor Lärm, Erschütterungen oder nichtionisierenden Strahlen dienen. Ins Vorfeld potentieller Schädigungen der menschlichen Gesundheit ist zudem in Abs. 1 der Schutz des Menschen gegen Lärmverursachung vorverlegt worden (abstraktes Gefährdungsdelikt [vgl. 3 vor § 306], vgl. Lackner/Kühl 1 u. Steindorf LK 2 [potentielles Gefährdungsdelikt]; iE enger Zieschang aaO [vor § 306] 221). **Geschützte Rechtsgüter** sind in Abs. 2 die menschliche Gesundheit und die menschliche Umwelt (Tiere, Sachen) in ihrer Funktion für die Allgemeinheit. Mit Abs. 1 wird zumindest die menschliche Gesundheit geschützt. Daneben läßt sich aber auch die (rekreative) Ruhe als lebenswichtiger Umweltfaktor als geschütztes Rechtsgut ansehen (vgl. dazu Rengier NJW 90, 2511).

2 II. Die Vorschrift des Abs. 1 über das **Verursachen von Lärm** entspricht weitgehend § 325 I Nr. 2 aF. Eine Abweichung besteht darin, daß als Verletzung verwaltungsrechtlicher Pflichten, soweit vollziehbare Anordnungen oder Auflagen mißachtet werden, nicht nur wie bisher grob pflichtwidrige Verstöße tatbestandsmäßig sind, sondern bereits jedes pflichtwidrige Verhalten. Außerdem ist durch das 31. StÄG das Höchstmaß der Strafe von 5 Jahren auf 3 Jahre Freiheitsstrafe gesenkt worden.

3 Unter **Lärm** sind hörbare, durch Schallwellen verbreitete Einwirkungen zu verstehen, die nach Art, Ausmaß oder Dauer einen durchschnittlich empfindlichen Menschen stören (vgl. Lackner/Kühl 5, Steindorf LK 7, Rogall KK OWiG § 117 RN 13 ff.). Vgl. auch die technische Anleitung zum Schutz gegen Lärm (TA Lärm v. 26. 8. 1998, GMBl 503, die im Unterschied zur aF aber nicht mehr von „Lärm", sondern von „schädlichen Umwelteinwirkungen durch Geräusche" (Nr. 2.1) spricht. Die Überempfindlichkeit einzelner Personen bleibt unberücksichtigt (BT-Drs. 8/2382 S. 16, Michalke aaO 135; and. Steindorf LK § 325 RN 6), ebenso die Geräuschunempfindlichkeit.

4 2. Der Lärm muß beim **Betrieb einer Anlage** unter Verletzung verwaltungsrechtlicher Vorschriften **verursacht** worden sein. Das in § 325 RN 4 ff., 7 ff., 12 zu diesen Tatbestandsmerkmalen zur Luftverunreinigung Ausgeführte ist entsprechend auf Lärmverursachung zu beziehen. Als Anlagen kommen demgemäß ua in Betracht: Betriebsstätten mit lärmverursachenden Maschinen, motorbetriebene Geräte wie Planierraupen, Preßlufthammer und -bohrer, Motorsportanlagen, Schießstände, Schlagwerke von Turmuhren (BVerwG NJW 92, 2779), Industrienähmaschinen in Wohnung (AG Dieburg NStZ-RR 98, 73), auch Gegenstände, die in Landesimmissionsschutzgesetzen einer Regelung unterworfen sind, zB Tonübertragungsgeräte u. Musikinstrumente (Laufhütte/Möhrenschlager ZStW 92, 941 FN 187; and. Schall NStZ 97, 422). Ausgenommen sind Kraftfahrzeuge, Schienen-, Luft- oder Wasserfahrzeuge (Abs. 4; vgl. dazu § 325 RN 20). Die Lärmverursachung muß auf den bestimmungsgemäßen Betrieb einer Anlage zurückgehen, weshalb bloße menschliche Lärmerzeugung in mittelbarem Zusammenhang mit dem Betreiben, wie etwa Grölen auf einem Industriegelände, nicht genügt (vgl. Steindorf LK 10; and. wohl 25. A.). Zum Glockengeläute einer Kirche vgl. BVerwG JZ 84, 228 (im herkömmlichen Rahmen zumutbare sozialadäquate Einwirkung) und zum nächtlichen Schlagen von Kirchturmuhren vgl. BVerwG NJW 92, 2779 (BImSchG maßgebend).

5 3. Der verursachte Lärm muß **geeignet** sein, außerhalb des zur Anlage gehörenden Bereichs die **Gesundheit** eines anderen **zu schädigen.** Zu diesen Tatbestandsmerkmalen vgl. § 325 RN 14, 17 ff. Das dort Ausgeführte gilt entsprechend für § 325 a. Ob ein bestimmter Lärmpegel bereits generell die erforderliche schädliche Eignung aufweist, ist nach dem Erfahrungsstand der Wissenschaft zu beurteilen (vgl. Steindorf LK § 325 a RN 9). Daß die Feststellung einer schädlichen Eignung Schwierigkeiten bereiten kann, hat der Gesetzgeber in Kauf genommen (krit. Heine/Meinberg DJT-Gutachten D 142 f.); erforderliche Präzisierung ergebe sich durch das Erfordernis der Verletzung verwaltungsrechtlicher Pflichten (BT-Drs. 12/292 S. 18 f.). Eine Eignung zur Gesundheitsbeschädigung ist bei möglichen Hörschäden zu bejahen. Inwieweit sonstige Gesundheitsschäden auf Lärm beruhen können, ist nach wie vor noch weitgehend ungeklärt (vgl. BT-Drs. 8/1938 S. 235 f.). In Betracht kommen etwa nervlich krankhafte Zustände (Göhler § 117 OWiG RN 15 mwN; vgl. auch Moench aaO 39 f. mwN), aber auch andere Erkrankungen (vgl. Moench aaO 97 f. mwN, auch BT-Drs. 8/2382 S. 16 mwN). Bloße Beeinträchtigungen des seelischen Wohlbefindens genügen nicht (Göhler aaO), während die Eignung zur Herbeiführung von dauerhaftem Schlafentzug (mit psycho-physiologischen organischen Störungen) ausreicht (AG Dieburg NStZ-RR **98**, 73). Auch die Bedeutung von Meßwerten ist noch nicht hinreichend gesichert. Die Schädigungseignung kann bei einem Dauerschallpegel von 80 Dezibel (dB[A]), uU aber schon bei einer Einzeleinwirkung mit einem Schallpegel von 100 dB(A) eintreten. Bei einem 2½ stündigen Rockkonzert mit Schalleinwirkungen von 65 dB(A) sind die Voraussetzungen nicht sicher zu belegen (StA Hannover NStZ **87**, 176). Die Richtwerte der neuen TA Lärm (o. RN 3) bieten Interpretationshilfe (o. § 325 RN 19), sie unterliegen freilich noch einem anderen Maßstab und besitzen eine andere Zielrichtung.

Bei den **verwaltungsrechtlichen Pflichten** (§ 330 d Nr. 4) kommen alle Rechtsquellen in Frage, **6** bei denen es zumindest mittelbar um den Schutz vor Lärm geht (vgl. o. § 325 RN 8). Einschlägig sind zB RasenmäherlärmVO idF v. 13. 7. 1992, BGBl. I 1248, 1346, BaumaschinenlärmVO v. 10. 11. 1986, BGBl. I 1729, zuletzt geändert durch VO v. 14. 3. 1996, BGBl. I 513, SportanlagenlärmschutzVO v. 18. 7. 1991, BGBl. I 1588,1790, die bei Göhler, § 117 OWiG RN 17, angeführten speziellen Vorschriften zur Lärmbekämpfung sowie die Lärmverordnungen der Länder, zB Hamburg LärmVO v. 6. 1. 1981, GVBl. 4, Berlin LärmVO idF v. 6. 7. 1994, GVBl. 231. – Unzulässiger Lärm wird als OWi geahndet (§ 117 OWiG).

III. Die Regelung des **Abs. 2** stimmt im wesentlichen mit dem Inhalt des § 330 I 1 Nr. 2 aF **7** überein und bezieht sich ebenso auf ein **konkretes Gefährdungsdelikt** (Horn SK 7, Michalke aaO 134, Steindorf LK). Sie beschränkt sich aber im Gegensatz zum früheren Recht auf die Verletzung von Pflichten, die dem Schutz vor Lärm, Erschütterungen oder nichtionisierenden Strahlen dienen. Zu den Änderungen durch das 31. StÄG vgl. 25. A.

1. Der **objektive Tatbestand** setzt voraus, daß beim Betrieb einer Anlage unter Verletzung **8** bestimmter verwaltungsrechtlicher Pflichten die Gesundheit eines anderen, dem Täter nicht gehörende Tiere oder fremde Sachen von bedeutendem Wert gefährdet werden. Anders als Abs. 1, der bereits eine abstrakte Gefährdung erfaßt, setzt Abs. 2 eine konkrete Gefährdung eines der geschützten Rechtsgüter voraus.

a) Zum Betrieb einer Anlage vgl. § 325 RN 4 ff. Zur Verletzung verwaltungsrechtlicher Pflichten **9** vgl. o. RN 6 u. § 325 RN 7 ff. Die verletzten Pflichten müssen dem Schutz vor **Lärm, Erschütterungen oder nichtionisierenden Strahlen** dienen. Zum Lärm vgl. 1. Der Schutz gegen Erschütterungen ist zusätzlich zum Abs. 1 in Abs. 2 einbezogen worden, weil der Lärm entsprechende Erschütterungen sich nicht nur auf Menschen, sondern auch auf Tiere und Sachen schädlich auswirken kann (vgl. BT-Drs. 12/192 S. 20). Zudem ist die Lärmverursachung nach Abs. 2 gegenüber Abs. 1 einem erhöhten Strafrahmen unterworfen. Gefährliche Erschütterungen können sowohl durch Bodenschütterungen als auch durch Druckwellen bewirkt werden. Zu den nichtionisierenden Strahlen gehören namentlich solche elektromagnetischer Art wie Radarstrahlen, aber auch Laserstrahlen, ferner Lichtstrahlen. Umwelteinwirkungen durch Wärme, die von § 330 I 1 Nr. 2 aF ebenfalls erfaßt waren, sind nicht in Abs. 2 einbezogen worden; sie können jedoch unter § 325 fallen (vgl. dort RN 2).

b) Die Pflichtverletzung muß entweder die **Gesundheit eines anderen**, dem Täter nicht gehö- **10** rende **Tiere** oder **fremde Sachen** von **bedeutendem Wert** (konkret) **gefährden**, dh einem nahe liegenden Schaden ausgesetzt haben. Zur konkreten Gefährdung vgl. allg. 5 vor § 306. Zur Gesundheitsbeeinträchtigung vgl. § 325 RN 14. Bei der Gefährdung von Tieren ist unwesentlich, ob diese oder herrenlose Sachen, etwa Wild, betroffen sind (Horn SK 7, Steindorf LK 23; and. Tröndle/Fischer 6). Allein die Gefährdung tätereigener Tiere reicht nicht aus, auch dann nicht (and. als nach § 325), wenn sie für die Allgemeinheit von Nutzen sind. Fraglich ist, ob es bei den Tieren wie bei den fremden Sachen auf einen bedeutenden Wert ankommt, also der drohende Schaden einen bedeutenden Wert haben muß. Ein Vergleich mit § 325 legt es trotz des abweichenden Wortlauts nahe, auch bei der Gefährdung von Tieren auf einen bedeutenden Wert abzustellen. Es wäre unverständlich, wenn bei Lärm-, Erschütterungs- und Strahlenschäden ein geringeres Maß als bei Schäden auf Grund einer Luftverunreinigung vorauszusetzen ist, obwohl andererseits der Kreis der geschützten Tiere in § 325 umfassender ist (auch tätereigene Tiere erfaßt). Die Gefahr geringfügiger Schäden genügt daher noch nicht (zust. Kloepfer/Vierhaus Umweltstrafrecht 72, Steindorf LK 23). Wie bei § 325 reicht es jedoch aus, wenn der drohende Schaden erst auf Grund der Anzahl der betroffenen Tiere einen bedeutenden Wert erlangt. Maßgebend für den Wert können wirtschaftliche oder ökologische Faktoren sein (vgl. dazu § 325 RN 16). Soweit Sachen gefährdet werden, beschränkt sich der Tatbestand auf Sachen im Eigentum eines anderen (auch Miteigentum). Daraus folgt, daß der bedeutende Wert des drohenden Schadens ausschließlich nach den Eigentümerinteressen zu bemessen ist (zust. Tröndle/Fischer 6; and. Steindorf LK 24). Obwohl § 325 a zum Abschnitt „Straftaten gegen die Umwelt" gehört, müssen anders als nach § 325 Allgemeininteressen, etwa das Interesse an der Erhaltung kultureller Werte, unberücksichtigt bleiben. Wenn sie nämlich bei tätereigenen Sachen bedeutungslos sind, können sie auch nicht bei fremden Sachen den Ausschlag geben. Da der drohende Schaden maßgeblich ist, genügt der einem bedeutenden Sachwert drohende geringe Schaden nicht (vgl. BGH NJW **90**, 295).

c) Die Gefährdungen müssen **nicht außerhalb des Anlagenbereichs** eintreten (and. 24. A. § 330 **11** RN 22). Eine Beschränkung auf den Außenbereich wie in Abs. 1 und in § 325 ist in Abs. 2 nicht enthalten. Zudem spricht § 330 d Nr. 4 aE, wonach außer den schädlichen Einwirkungen auf die

§ 326

Umwelt der Schutz vor Gefahren genannt ist, für die Einbeziehung des Innenbereichs (vgl. Möhrenschlager NStZ **94**, 518). Es reicht demnach aus, wenn die Verletzung einer Schutzpflicht im Anlagenbereich die Gesundheit der Arbeitnehmer gefährdet (Steindorf LK 27, zust. Michalke aaO 137).

12 2. Abs. 2 gilt ebenso wie Abs. 1 **nicht für Kraftfahrzeuge**, Schienen-, Luft- oder Wasserfahrzeuge (Abs. 4). Vgl. dazu § 325 RN 20.

13 IV. Der **subjektive Tatbestand** erfordert Vorsatz (Abs. 1 u. 2) oder Fahrlässigkeit (Abs. 3). Für das Vorsatzerfordernis genügt bei allen Tatbestandsmerkmalen bedingter Vorsatz. Zum **Vorsatz** hinsichtlich der Verletzung verwaltungsrechtlicher Pflichten vgl. § 325 RN 26; das dort Gesagte gilt für § 325 a entsprechend. Bei der Lärmverursachung nach Abs. 1 muß sich der Täter der gesundheitsschädlichen Eignung bewußt gewesen sein oder sie jedenfalls in Kauf genommen haben. Bei der Tat nach Abs. 2 muß sich der Vorsatz auch auf die konkrete Gefährdung erstrecken. Unerheblich ist, wenn andere Güter als die vorgestellten gefährdet werden, sofern die verletzte Pflicht ebenfalls ihrem Schutz dient. Hält der Täter jedoch nur nicht geschützte Güter für gefährdet, etwa eigene Sachen, so fehlt es am erforderlichen Vorsatz (Steindorf LK 33). Die irrige Annahme, konkrete Gefährdungen innerhalb des Anlagenbereichs seien nicht tatbestandsmäßig, ist ein Subsumtionsirrtum, der uU mit einem Verbotsirrtum verbunden sein kann. Der Vorsatz entfällt daher nicht, wenn bei konkreter Gefährdung eines geschützten Rechtsguts außerhalb des Anlagenbereichs der Täter davon ausgegangen ist, es könnten allenfalls im Innenbereich Rechtsgüter gefährdet werden.

14 Zur **Fahrlässigkeit** vgl. allg. § 15 RN 111 ff. Beispiele für fahrlässiges Verhalten sind ua Verletzungen verwaltungsrechtlicher Pflichten aus Unachtsamkeit oder ein vermeidbarer Tatbestandsirrtum. Um eine Fahrlässigkeitstat handelt es sich auch, wenn die Tat teils vorsätzlich, teils fahrlässig begangen wird, zB bei vorsätzlicher Verletzung einer verwaltungsrechtlichen Pflicht in der vermeidbaren irrigen Vorstellung, es würden weder Menschen noch Tiere und fremde Sachen gefährdet.

15 V. **Vollendet** ist die Tat nach Abs. 1 mit der Verursachung des gesundheitsschädlichen Lärms. Beendet ist sie mit Einstellung des Lärms. Kurze Unterbrechungen der Lärmverursachung lassen den Handlungskomplex als rechtliche Handlungseinheit (vgl. 17 vor § 52) unberührt. Die Tat nach Abs. 2 ist mit Eintritt einer konkreten Gefahr für eines der geschützten Rechtsgüter vollendet. Sie ist beendet, wenn jede weitere konkrete Gefährdung gestoppt ist. Es genügt somit, wenn die Einwirkungen so weit vermindert werden, daß keine konkreten Gefahren mehr bestehen. Der Versuch ist abweichend von § 330 I 1 Nr. 2, III aF nicht strafbar.

16 VI. **Täterschaft** und **Teilnahme** sind nach den allgemeinen Regeln zu bestimmen. Vgl. dazu auch § 325 RN 29 f.; das dort Gesagte gilt für § 325 a entsprechend. § 28 I ist für Teilnehmer ebensowenig anwendbar wie bei § 325.

17 VII. Der in Abs. 1 u. 2 unterschiedlich festgesetzte **Strafrahmen** erhöht sich nach § 330 auf ein gleiches Maß bei Vorliegen eines besonders schweren Falles. Vgl. dazu im einzelnen die Anm. zu § 330. Bei einer Tat nach Abs. 2 kann gem. § 330 b die Strafe gemildert oder von ihr abgesehen werden, wenn der Täter freiwillig die verursachte Gefahr beseitigt, bevor ein erheblicher Schaden entsteht **(tätige Reue).** Geschieht dies bei einer Fahrlässigkeitstat nach Abs. 3, so entfällt eine Bestrafung. Ein freiwilliges und ernsthaftes Bemühen, die Gefahr zu beseitigen, genügt, wenn sie ohne Zutun des Täters gebannt worden ist. Vgl. hierzu näher die Anm. zu § 330 b.

18 VIII. **Konkurrenzen:** Tateinheit ist ua mit §§ 211 ff., 223 ff., 303 ff., 325, 329 möglich. Zwischen Abs. 1 u. 2 liegt Tateinheit vor, wenn die Lärmverursachung geeignet ist, einen größeren Personenkreis als die konkret Gefährdeten in der Gesundheit zu schädigen, oder wenn nur Tiere (Sachen) konkret gefährdet werden. Sonst tritt Abs. 1 hinter Abs. 2 zurück (vgl. Weber in Koch/Scheuing aaO [vor § 325] 32).

§ 326 Unerlaubter Umgang mit gefährlichen Abfällen

(1) Wer unbefugt Abfälle, die
1. Gifte oder Erreger von auf Menschen oder Tiere übertragbaren gemeingefährlichen Krankheiten enthalten oder hervorbringen können,
2. für den Menschen krebserzeugend, fruchtschädigend oder erbgutverändernd sind,
3. explosionsgefährlich, selbstentzündlich oder nicht nur geringfügig radioaktiv sind oder
4. nach Art, Beschaffenheit oder Menge geeignet sind,
    a) nachhaltig ein Gewässer, die Luft oder den Boden zu verunreinigen oder sonst nachteilig zu verändern oder
    b) einen Bestand von Tieren oder Pflanzen zu gefährden,

außerhalb einer dafür zugelassenen Anlage oder unter wesentlicher Abweichung von einem vorgeschriebenen oder zugelassenen Verfahren behandelt, lagert, ablagert, abläßt oder sonst beseitigt, wird mit Freiheitsstrafe bis zu fünf Jahren oder mit Geldstrafe bestraft.

(2) Ebenso wird bestraft, wer Abfälle im Sinne des Absatzes 1 entgegen einem Verbot oder ohne die erforderliche Genehmigung in den, aus dem oder durch den Geltungsbereich dieses Gesetzes verbringt.

§ 326 Unerlaubter Umgang mit gefährlichen Abfällen

(3) **Wer radioaktive Abfälle unter Verletzung verwaltungsrechtlicher Pflichten nicht abliefert, wird mit Freiheitsstrafe bis zu drei Jahren oder mit Geldstrafe bestraft.**

(4) **In den Fällen der Absätze 1 und 2 ist der Versuch strafbar.**

(5) **Handelt der Täter fahrlässig, so ist die Strafe**
1. **in den Fällen der Absätze 1 und 2 Freiheitsstrafe bis zu drei Jahren oder Geldstrafe,**
2. **in den Fällen des Absatzes 3 Freiheitsstrafe bis zu einem Jahr oder Geldstrafe.**

(6) **Die Tat ist dann nicht strafbar, wenn schädliche Einwirkungen auf die Umwelt, insbesondere auf Menschen, Gewässer, die Luft, den Boden, Nutztiere oder Nutzpflanzen, wegen der geringen Menge der Abfälle offensichtlich ausgeschlossen sind.**

Vorbem.: Geändert und erweitert durch das 31. StÄG/2. UKG v. 27. 6. 1994, BGBl. I 1140. § 191a StGB-DDR, der in dem Beitrittsgebiet zunächst weitergegolten hatte, wurde durch Art. 12 aufgehoben. Neue Überschrift durch das 6. StrRG.

Schrifttum: Bartlsperger, Die Entwicklung des Abfallrechts in den Grundfragen von Abfallbegriff und Abfallregime, VerwArch 1995, 32. – *Brandt/Ruchay/Weidemann*, Kreislaufwirtschafts- und Abfallgesetz, Loseblattsammlung, Stand Juni 99. – *B. Breuer*, Der In- und Export von Abfällen innerhalb der Europäischen Union aus umweltstrafrechtlicher Sicht, 1998. – *Christ*, Rechtsfragen der Altautoverwertung, 1998. – *Dahs*, Strafrechtliche Haftung des „Zustandsstörers" für Altlasten?, Redeker-FS (1993) 475. – *Dieckmann*, Das Abfallrecht der Europäischen Gemeinschaft, 1994. – *Dolde/Vetter*, Abgrenzung von Abfallverwertung und Abfallbeseitigung nach dem Kreislaufwirtschafts-/Abfallgesetz, NVwZ 97, 937. – *Fluck*, Reststoffverwertung und Strafrecht, ZfW 90, 260. – *ders.*, Zum Abfallbegriff im geltenden und im werdenden deutschen Abfallrecht, DVBl. 93, 590. – *ders.*, Der neue Abfallbegriff – eine Einkreisung, DVBl. 95, 537. – *ders. u. a.*, Kreislaufwirtschafts- und Abfallrecht, Loseblattsammlung. – *Franzheim*, Strafrechtliche Probleme der Altlasten, ZfW 87, 9. – *ders.*, Die Bewältigung der Verwaltungsakzessorietät in der Praxis, JR 88, 319. – *ders./Kreß*, Die Bedeutung der EWG-Richtlinien über Abfälle für den strafrechtlichen Abfallbegriff, JR 91, 402. – *ders.*, Der europäische Abfallbegriff im Umweltstrafrecht als Auslöser einer abfallwirtschaftlichen Problemlawine, in: Gutke (Hrsg.), Abfallwirtschaft im EG-Binnenmarkt, 1993, 207. – *Frenz*, Kreislaufwirtschafts- und Abfallgesetz, 1996. – *Fritsch*, Kreislaufwirtschafts- und Abfallgesetz, 1996. – *Hallwaß*, Das Merkmal „nachhaltig" i. S. von § 326 Abs. 1 Nr. 3 StGB, NJW 88, 880. – *Hecker*, Die Abfallstraf- und bußgeldrechtliche Verantwortlichkeit für illegale Müllablagerungen Dritter, 1991. – *ders.*, „Wilde" Müllablagerungen Dritter als Problem abfallstrafrechtlicher Unterlassungshaftung, NJW 92, 873. – *ders.*, Umweltstrafrecht: das Risiko des Entsorgungspflichtigen bei der Beauftragung ungeeigneter Dritter, MDR 95, 757. – *Heine*, Strafrecht und „Abfalltourismus", Triffterer-FS (1996) 265. – *ders.*, Auswirkungen des Kreislaufwirtschafts- und Abfallgesetzes auf das Abfallstrafrecht, NJW 98, 3665. – *Heine/Martin*, Die Beseitigung radioaktiv kontaminierten Klärschlamms als strafrechtliches Problem, NuR 88, 325. – *Hösel/v. Lersner*, Recht der Abfallbeseitigung des Bundes und der Länder, Loseblattsammlung. – *Hoffmann*, Grundfragen der grenzüberschreitenden Verbringung von Abfällen, 1994. – *Hohmann*, Nochmals: Zur Unterlassungsstrafbarkeit im Abfallstrafrecht bei „wilden" Müllablagerungen, NJW 89, 1254. – *Hugger*, Zur strafbarkeitserweiternden richtlinienkonformen Auslegung deutscher Strafvorschriften, NStZ 93, 421. – *Iburg*, Zur Anwendbarkeit des § 326 Abs. 1 Nr. 3 StGB auf grundwassergefährdende Gülleaufbringung und Silosickersaftbeseitigung, ZfW 86, 347. – *ders.*, Zur Unterlassungstäterschaft im Abfallstrafrecht, bei „wilder" Müllablagerung, NJW 88, 2338. – *ders.*, Die „Wirtschaftsspeiserede" – Schlupfloch für Abfallstraftäter?, ZfW 89, 67. – *ders.*, Zur Stellung des Autowracks im repressiven Abfallrecht, NJW 94, 894. – *Klett u. a.*, Erste Erfahrungen bei der Anwendung der EG-Abfallverbringungsverordnung, WuV 95, 40. – *Köhne*, Die richtlinienkonforme Auslegung im Umweltstrafrecht – dargestellt am Abfallbegriff des § 326 StGB, 1997. – *v. Köller u. a.*, EG-Abfallverbringungsverordnung, 1994. – *Kunig*, Der Abfallbegriff, NVwZ 97, 209. – *Kunig/Paetow/Versteyl*, Kreislaufwirtschafts- und Abfallgesetz, 1998. – *Lamberg*, Umweltgefährdende Beseitigung von Gärfuttersickersäften, NJW 87, 421. – *ders.*, Die Tathandlung nach § 326 I StGB in den Fällen des § 1 III Nr. 5 AbfG, NJW 91, 1996. – *Müggenborg*, Abfallerzeuger und Abfallbesitzer, NVwZ 98, 1121. – *Ohm*, Der Giftbegriff im Umweltstrafrecht, 1985. – *Pauly*, Das Altauto als Wirtschaftsgut nach geltendem deutschem Abfallrecht, NJW 94, 2200. – *Petersen*, Kreislaufwirtschafts- und Abfallgesetz – quo vadis? NVwZ 98, 1113. – *Petersen/Ried*, Das neue Kreislaufwirtschafts- und Abfallgesetz, NJW 95, 7. – *Pfohl*, Strafbarkeit von unerlaubten Einleitungen in öffentliche Abwasseranlagen, wistra 94, 6. – *ders.*, Ordnungswidrigkeitsrechtliche und strafrechtliche Haftung in: Klett/Schmitt-Gleser, 5. Kölner Abfalltage, 1996, 231. – *Riettiens*, Der Abfallbegriff im Strafrecht, 1994. – *Rogall*, Grundprobleme des Abfallstrafrechts, NStZ 92, 360, 561. – *ders.*, Die Auswirkungen des neuen Kreislaufwirtschafts- und Abfallgesetzes auf das Umweltstrafrecht, Boujong-FS, 807. – *Sack*, Die Problematik des Begriffs „Abfall" im Abfallbeseitigungsgesetz, insbes. aus strafrechtlicher Sicht, JZ 78, 17. – *ders.*, Strafrechtliche umweltgefährdender Beseitigung von Hausmüll?, NJW 87, 1248. – *Schittenhelm*, Probleme der umweltgefährdenden Abfallbeseitigung nach § 326 StGB, GA 83, 310. – *Schmitz*, „Wilde" Müllablagerungen und strafrechtliche Garantenstellung des Grundstückseigentümers, NJW 93, 1167. – *Seibert*, Zum europäischen und deutschen Abfallbegriff, DVBl. 94, 229. – *ders.*, Der Abfallbegriff im neuen Kreislaufwirtschafts- und Abfallgesetz sowie im neugefaßten § 5 III Nr. 1 BImSchG, UPR 94, 415. – *Szelinski/Schneider*, Grenzüberschreitende Abfallverbringungen, 1995. – *Triffterer*, Umweltstrafrecht, 1980. – *Versteyl*, Auf dem Weg zu einem neuen Abfallbegriff, NVwZ 93, 961. – *ders./Wendenburg*, Änderungen des Abfallrechts, NVwZ 94, 833. – *Vogelsang-Rempe*, Umweltstrafrechtliche Relevanz der Altlasten, 1992. – *Wendenburg*, Die Umsetzung des europäischen Abfallrechts, NVwZ 95, 833. – *Wessel*, Die umweltgefährdende Abfallbeseitigung durch Unterlassen, 1993. – *Winkelbauer*, in: Meinberg/Möhrenschlager/Link, Umweltstrafrecht, 1989. – *ders.*, Aspekte des Abfallrechts – OLG Zweibrücken NJW 1992, 2841, JuS 94, 112. –

§ 326   1–2 a

Winter, Die neue Abfallverbringungs-Verordnung der EG, UPR 95, 161. – *Wolfers*, Produkt oder Abfall? NVwZ 98, 225. – Vgl. im übrigen die Schrifttumsangaben vor § 324.

1   I. Die an die Stelle der früheren §§ 16 AbfG, 45 AtomG getretene Vorschrift wurde durch das **31. StÄG** (s. Vorbem.) ergänzt und in Details geändert (zur Gesetzgebungsgeschichte vgl. Möhrenschlager NStZ 94, 513, 518 f.; zu dem weitergehenden Vorschlag, den Anwendungsbereich des § 326 allgemein auf den Umgang mit gefährlichen Gütern auszuweiten, vgl. BT-Drs. 12/376 S. 20). In **Abs. 1** wurden die gefährlichen Abfälle der Nr. 1 neu umschrieben und in Nr. 2 und Nr. 4 b um zwei zusätzliche Abfallgruppen erweitert. Der bereits mit Wirkung v. 14. 10. 1994 durch Art. 3 des AusführungsG v. 30. 9. 1994 (BGBl. I 2771) zum Basler Übereinkommen v. 22. 3. 1989 über die Kontrolle gefährlicher Abfälle usw. eingeführte und inhaltsgleich in das am 1. 11. 1994 in Kraft getretene 31. StÄG übernommene **Abs. 2** stellt die früher nach § 18 I Nr. 10 AbfG aF, § 87 I Nr. 1 c StrSchVO nur bußgeldbewehrte ungenehmigte grenzüberschreitende Verbringung von Abfällen („illegaler Abfalltourismus") unter Strafe. In **Abs. 3** – Nichtablieferung radioaktiver Abfälle – wird nunmehr in Angleichung an die Tatbestandsstruktur anderer Umweltdelikte an eine Verletzung verwaltungsrechtlicher Pflichten iSd neuen § 330 d Nr. 4 angeknüpft, was zugleich eine Ausweitung der strafbewehrten Pflichten mit sich bringt (vgl. BT-Drs. 12/192 S. 21). Übersicht über weitere Änderungen in 25. A. Mit der allgemeineren Fassung der Überschrift durch Art. 1 Nr. 89 6. StrRG soll zum Ausdruck gebracht werden, daß § 326 nicht nur „Abfälle zur Beseitigung" erfaßt (BT-Drs. 13/8587 S. 52). Denn das am 7. 10. 1996 in allen Teilen wirksam gewordene KrW-/AbfG (BGBl. III 2129-27) unterscheidet zwischen „Abfällen zur Beseitigung" und „Abfällen zur Verwertung" (§ 3 I 2). Das AbfG ist am selben Tag außer Kraft getreten, mit Ausnahme der altölrechtlichen Vorschriften, § 64 KrW-/AbfG. Zu Auswirkungen des KrW-/AbfG auf § 326 vgl. Heine NJW 98, 3665, Rogall Boujong-FS 807. Die § 326 I zugrunde liegende Idee dürfte sein, Zustände zu verhindern, in denen gefährliche Abfälle der gesetzlich vorgesehenen Abfallentsorgung entzogen werden (oder diese jedenfalls erheblich gefährdet wird) und dadurch die Gefahr eines unkontrollierten Freisetzens der enthaltenen Schadstoffe erhöht wird (vgl. Heine NJW 98, 3665, u. RN 10).

1 a   Die Vorschrift enthält einen **abstrakten Gefährdungstatbestand** (BGH 36 257, **39** 385, NJW **92**, 123, NStZ **97**, 189, m. Anm. Sack JR 97, 254, Celle NStZ **96**, 192, Rspr. – Übersicht b. Schall NStZ 97, 422, Steindorf LK 1 u. näher dazu Schittenhelm GA 83, 317 f., Zieschang aaO [vor § 306] 222 ff.; vgl. Wohlers aaO [vor § 306] 311 ff., 339 [konkretes Gefährlichkeitsdelikt]), mit dem, soweit möglich, alle wirklich gefährlichen Fälle einer unzulässigen Abfallbeseitigung erfaßt werden sollen (vgl. BT-Drs. 8/2382 S. 16 f.; vgl. dort auch zur Unzulänglichkeit eines konkreten Gefährdungstatbestands, wie ihn § 16 AbfG bis zur Neufassung durch das Ges. v. 21. 6. 1976 [BGBl. I 1601] enthalten hatte). Das geschützte **Rechtsgut** ist kein einheitliches (vgl. näher Kuhlen WuV 91, 205, Schittenhelm GA 83, 311 ff., and. Lackner/Kühl 1, Rogall NStZ 92, 363, Steindorf LK 2). Während einzelne Begehungsmodalitäten des § 326 eher den Charakter abstraktgefährlicher Delikte haben – so braucht zB die unzulässige Ablagerung von Krankenhaus- oder explosionsgefährlichen Abfällen nicht notwendig für die ökologische Umwelt gefährlich zu sein –, ist unmittelbares Schutzobjekt bei anderen die Umwelt in ihren verschiedenen Medien (Wasser, Luft, Boden) und ökologisch besonders bedeutsamen Erscheinungsformen (Tier- und Pflanzenwelt; vgl. auch Abs. 6 u. näher 7 vor § 324).

2   II. Der Begriff des **Abfalls** ist im StGB nicht eigens definiert (krit. dazu schon Sack NJW 80, 1426; nicht zum Gesetz wurde auch die im RegE eines Ges. zur Vermeidung von Rückständen usw. [BT-Drs. 12/5672] vorgesehene Abfalldefinition in § 330 d Nr. 1 a, mit der u. a. im Anschluß an BGH **37** 21 f. u. 333 f. klargestellt werden sollte, daß Abfall im strafrechtlichen Sinn auch dann vorliegt, wenn er wiederverwendet oder weiterverarbeitet werden kann [S. 28, 55]). Bei der Bestimmung seines Inhalts ist zwischen Abs. 1, 2 und Abs. 3 (u. RN 2 h) zu unterscheiden:

2 a   1. Den Tatbeständen der **Abs. 1, 2** liegt ein gemeinsamer eigenständiger strafrechtlicher **Abfallbegriff** zugrunde. Er ist für beide Absätze inhaltsgleich, weil sich die Verweisung des § 326 II auf „Abfälle im Sinne des Abs. 1" nicht nur auf die dort in Nr. 1–4 enthaltenen Gefahrenmerkmale bezieht, sondern den Abfallbegriff des Abs. 1 mitumfaßt, dieser also auch für Abs. 2 gilt (u. 12 b; vgl. auch BT-Drs. 7300 S. 23, Möhrenschlager NStZ 94, 519; diff. zwischen innerstaatlicher und grenzüberschreitender Abfallverbringung B. Breuer aaO 89 ff., 101 f., die ua jedoch einen zu engen inländischen Abfallbegriff zugrundelegt, vgl. BVerwG ZUR **99**, 110). Daß der strafrechtliche Abfallbegriff selbständig zu bestimmen ist, folgt daraus, daß es hier keine Verwaltungsakzessorietät des Strafrechts schon deshalb nicht gibt, weil sich die gesetzlichen Abfalldefinitionen des Umweltverwaltungsrechts auf eine Festlegung dessen beschränken, was jeweils „Abfälle im Sinne dieses Gesetzes sind" (früher § 1 I AbfG aF, ab 7. 10. 1996 im Anschluß an das EG-Recht § 3 I–IV KrW-/AbfG für die grenzüberschreitende Abfallverbringung wortgleich § 2 I–IV AbfVerbrG; zum EG-Recht vgl. Art. 2 lit. a VO/EWG Nr. 259/93 zur Überwachung und Kontrolle der Verbringung von Abfällen in der, in die und aus der Europäischen Gemeinschaft v. 1. 2. 1993, ABl. EG Nr. L 30 S. 1 [künftig EG-AbfVerbrVO] iVm der Richtl. 91/156/EWG v. 18. 3. 1991 zur Änderung der Richtl. 75/442/EWG, ABl. EG Nr. L 78 S. 32). Dies schließt zwar nicht aus, daß der Abfallbegriff des § 326 I, II in Anlehnung an die genannten Legaldefinitionen des Abfallrechts gebildet werden kann; eine unmittelbare Abhängigkeit von diesen besteht jedoch nicht, weshalb Abfälle iSd abfallrechtlichen Begriffsbestimmungen nicht auch solche iSd Abs. 1, 2 zu sein brauchen (vgl. BGH **37** 21 m. Bspr. Lamberg NJW 91, 1996, NStZ **97**, 544 u. im übrigen u. 2 g). Erst recht ohne Bedeutung für den Abfallbegriff sind Vorschriften in den Abfallgesetzen, die unabhängig von der Abfalleigenschaft der fraglichen Sache lediglich den Anwendungsbereich abfallrechtlicher Regelungen auf diese ausdehnen (früher zB AbfG aF § 5 I [Autowracks]; § 5a AbfG iVm § 64 KrW-/AbfG [Altöl], u. § 15 IV KrW-/AbfG, dazu Schink in: Brandt u. a. aaO § 15 RN 178, vgl. u. 2 g); ob es sich hier zugleich um Abfall handelt, ist deshalb nach den dafür maßgeblichen Regeln (u. 2 b ff.) zu bestimmen (zu Autowracks vgl. unter Geltung des AbfG aF Bay **92** 144, NVwZ **93**, 240, NVwZ **95**, 935, GewArch **95**, 497, Braunschweig NStZ-RR **98**, 175 m. Anm. Brede NStZ 99, 137 u. NVwZ **94**, 934, Celle Nds Rpfl. **96**, 41, **97**, 177 m. Anm. Sack NStZ **98**, 198, Iburg NJW 94, 854, Pauly NJW 94, 2200; unter Geltung KrW-/AbfG Bay NuR **97**, 414, **98**, 446 [je zu § 61 I Nr. 1 f. KrW-/AbfG], Heine in: Brandt/Ruchay/Weidemann aaO § 61 RN 22 ff.; zu Klärschlamm usw. auf landwirtschaftlichen Böden zB Bay **89** 3, Stuttgart JR **92**, 478 m. Anm. Franzheim, Zweibrücken JR **91**, 436 m. Anm. Meinberg u. Sack NStZ 91, 337, Iburg ZfW 86, 349, Winkelbauer aaO 72 zu § 15 I AbfG aF). Im einzelnen gilt folgendes:

a) Nach den **abfallrechtlichen Begriffsbestimmungen (§§ 3 I 1 KrW-/AbfG, 2 I 1 Abf-** 2 b **VerbrG**; s. o. 2 a) sind Abfälle *alle* beweglichen Sachen – d. h. feste, flüssige oder gasförmige Stoffe, die letzteren freilich nur, wenn sie in Behältern, Röhren usw. gefaßt sind (vgl. ua. Horn SK 4, Lackner/Kühl 3, Steindorf LK 19; and. Triffterer aaO 212) –, deren sich der Besitzer entledigt oder entledigen will (§ 3 I 1, 1. u. 2. Alt. KrW-/AbfG, § 2 I 1, 1. u. 2. Alt. AbfVerbrG, sog. *gewillkürter Abfall, subjektiver Abfallbegriff*) oder deren sich der Besitzer entledigen muß (§ 3 I 1, 3. Alt. KrW-/AbfG, § 2 I 1, 3. Alt. AbfVerbrG, sog. *Zwangsabfall, objektiver Abfallbegriff*; vgl. aber auch Horn JZ 91, 887 u. zur Terminologie krit. Steindorf LK 24). Keine eigenständige Bedeutung hat das in den neuen abfallrechtlichen Begriffsbestimmungen (KrW-/AbfG, AbfVerbrG) jeweils genannte weitere Erfordernis, daß die fragliche Sache unter die in Anhang I aufgeführten Gruppen fallen müsse, da der Abfallbegriff mit der Auffangklausel im Anhang I Q 16 nach wie vor auch für solche „Stoffe oder Produkte aller Art" offen ist, „die nicht zu einer der oben erwähnten Gruppen gehören" (vgl. Fluck in: Fluck u. a. aaO § 3 RN 104, 260, Kunig in: Kunig u. a. § 3 RN 17, Petersen/Ried NJW 95, 8, ferner Heine NJW 98, 3666, Rogall Boujong-FS 821). Trotz der im Wortlaut weitgehend übereinstimmenden Definition des Abfallbegriffs in § 1 I 1 AbfG aF und in den §§ 3 I 1 KrW-/AbfG, 2 I 1 AbfVerbrG – im neuen Recht als Oberbegriff für die Abfälle zur Verwertung und zur Beseitigung (§ 3 I 2 bzw. § 2 I 2 u. dazu u. 12 c f.) – führten die letzteren zu einer *Konkretisierung* und *Erweiterung* des Abfallbegriffs (vgl. dazu BVerwG NVwZ **96**, 1010, Dolde/Vetter NVwZ 97, 937, Kunig aaO § 3 RN 10, Petersen/Ried aaO 7 ff. mwN), eine Entwicklung, die sich, bedingt durch EG-Recht (o. 2 a) u. die Rspr. des EuGH (NVwZ **91**, 660, 661), auf dem Wege sog. EG-richtlinienkonformer Auslegung freilich schon im bisherigen Recht angebahnt hatte (vgl. u. a. BGH **37** 21, **37** 335 m. Anm. Horn JZ 91, 886, Sack JR 91, 338, BVerwGE **92** 353, 358, **96** 84, ferner Bartlsperger VerwArch 95, 46 ff., Fluck DVBl. 93, 595, Franßen Redeker-FS 457, Kersting DVBl. 92, 343, Krieger NuR 95, 171, 343 f.; zur EG-konformen Auslegung Danneker/Streinz in: Rengeling aaO (vor § 324) 151 f., Köhne aaO 71 ff., Kühl ZStW 109, 783). Während es im früheren Recht um die Alternative „Abfall oder Wirtschaftsgut" ging, soll nun die Frage „Abfall oder Produkt" im Vordergrund stehen (vgl. näher Krieger NuR 95, 171 f., Petersen/Ried NJW 95, 8, Wendenburg NVwZ 95, 836 f., Wolfers NVwZ 98, 225), was allerdings nicht heißen kann, daß sich das Problem des „Wirtschaftsguts" damit auch in der Sache erledigt hätte (u. 2 f). Geblieben ist auch die Beschränkung des Abfallbegriffs auf bewegliche Sachen, womit wesentliche Bestandteile von Grundstücken erst mit ihrer Trennung zu Abfall werden können, verseuchte Erde daher erst mit ihrer Aushebung oder „Auskofferung" (BGH NJW **92**, 122, Düsseldorf NuR **94**, 462, Kunig NVwZ 97, 211, Steindorf LK 19; zum Problem bei sog. „Altlasten", wenn sie derart in den Boden gelangt sind, daß sie im Laufe der Zeit fest mit ihm verbunden sind, vgl. Sack 25, 146 c mwN u. zum Ganzen auch Riettiens aaO 57 ff.). Was die Einzelheiten der beiden Abfallbegriffe betrifft, so setzen sich die früheren Meinungsverschiedenheiten in neuem Gewand fort (zu § 1 I AbfG vgl. näher Hösel/von Lersner aaO § 1 AbfG RN 6 ff., Schwermer in: Kunig u. a. aaO § 1 AbfG RN 3 ff., zu 3 KrW-/AbfG vgl. Fluck in: Fluck u. a. aaO RN 77 ff., Kunig in: Kunig u. a. § 3 RN 19, Petersen NVwZ 98, 1113. Ferner Lackner/Kühl 2 a, Steindorf LK 24 ff. u. in: Erbs/Kohlhaas § 3 KrW-/AbfG [künftig aaO] RN 3 ff.). – Änderungen im europäischen Abfallrecht bei der Einstufung als gefährliche Abfälle stehen einer behördlichen Anordnung zur Abfallbeseitigung als polizeiliche Maßnahme der Gefahrenabwehr nicht entgegen, weil dadurch nicht der gemeinschaftsrechtliche Tatbestand der „gefährlichen Abfälle" erweitert (zur EG-konformen Auslegung s. o.), sondern eine „verstärkte Schutzmaßnahme" (Art. 76 EGV – Amsterdam) ergriffen wird (so BGH **43** 226 f., vgl. Michalke aaO 151, Schall NStZ-RR 98, 355). Im übrigen ist zu den abfallrechtlichen Begriffsbestimmungen folgendes hervorzuheben:

α) Von dem **subjektiven Abfallbegriff** des § 1 I 1, 1. Alt. AbfG aF unterscheidet sich die 2 c Begriffsbestimmung der §§ 3 I 1 KrW-/AbfG, 2 I 1 AbfVerbrG zunächst dadurch, daß hier dem „Sich-Entledigen-Wollen" das „Sich-Entledigen" der Sache hinzugefügt ist. Mehr als eine – letztlich überflüssige – inhaltliche Klarstellung ist dies jedoch nicht (das tatsächliche „Sich-Entledigen" enthält immer zugleich ein „Sich-Entledigen-Wollen" [and. Rogall Boujong-FS 821 f.]; zu diesem s. u. 2 d). An Substanz gewonnen hat die neue Abfalldefinition dagegen dadurch, daß nunmehr auch der in § 1 I AbfG aF höchst unscharfe Begriff der „Entledigung" näher umschrieben wird: Eine solche liegt danach vor, wenn der Besitzer die Sache 1. einer Verwertung iSd Anhangs II B oder 2. einer

Beseitigung iSd Anhangs II A zuführt oder 3. die tatsächliche Sachherrschaft über sie unter Wegfall jeder weiteren Zweckbestimmung aufgibt (§§ 3 II KrW-/AbfG, 2 II AbfVerbrG). Gemeinsam ist diesen drei Entledigungsformen, daß der Besitzer die Sache, so wie sie ist, nach Wegfall oder Aufhebung ihres Verwendungszwecks „loswerden" will; daß sie noch verwendbar ist bzw. wiederverwendbar gemacht werden könnte oder daß sie objektiv deshalb noch „etwas wert" ist, weil durch ihre Verwertung die in ihr enthaltenen Stoffe gewonnen werden können, schließt die Abfalleigenschaft deshalb nicht aus. Dies gilt nicht nur für das geltende Abfallrecht (BGH NStZ **97**, 545, vgl. BVerwG NVwZ **96**, 1010), sondern wird seit BGH **37** 334 (vgl. auch BGH **40** 85) auch für den früheren Abfallbegriff des § 1 I 1, 1. Alt. AbfG aF angenommen: „Gewillkürter" Abfall i. S. dieser Bestimmung liegt danach auch vor, „wenn ein Stoff nach seiner Entsorgung zwar weiterverwendet oder weiterverarbeitet werden kann, der Besitzer sich aber des Stoffes entledigen will, weil dieser für ihn wertlos geworden ist" (BGH aaO [Ls] m. Anm. Horn JZ 91, 886, Sack JR 91, 438 u. – dort auch zu den EG-rechtlichen Gesichtspunkten – Franzheim/Kreß JR 91, 402, Hugger NStZ 93, 421, Steindorf LK 40; vgl. ferner Bay **92** 146, LG Kiel NStZ **97**, 496, Franzheim aaO [vor § 324] 51, Heine NJW 98, 3667, Horn SK 5, Kuhlen WuV 91, 207, Lackner/Kühl 2 a, Rengier aaO [vor § 324] 25, Riettiens aaO 116 ff., Rogall NStZ 92, 346, Tröndle/Fischer 2 a, Winkelbauer JuS 94, 114; zur früheren Rspr. vgl. zB Bay **83** 45, Düsseldorf MDR **89**, 391, Köln NJW **86**, 1117, Zweibrücken OLGSt § 1 AbfG S. 3). Auch daß für die Sache ein Entgelt bezahlt wird (zB Verkauf von Schrott oder Altpapier), schloß deshalb schon bisher die Abfalleigenschaft nicht aus (vgl. zB Bay NJW **75**, 367, Köln NJW **86**, 1118, Horn SK 5, zusf. Schall NStZ **97**, 463). Nicht um Abfall iSd subjektiven Abfallbegriffs handelt es sich dagegen, solange – wenn auch zunächst noch ganz vage (vgl. aber auch Düsseldorf MDR **84**, 250) – die Weiterverwendung der Sache zu ihrem ursprünglichen oder einem neuen, nicht erst über eine Abfallverwertung erreichbaren Verwendungszweck in Aussicht genommen ist, und zwar auch dann nicht, wenn dabei unwesentliche Bestandteile beseitigt werden oder später beseitigt werden sollen (vgl. zum Abbrennen ummantelter Kupferkabel Bay **78** 53, MDR **86**, 341, Celle ZfW **94**, 504, Koblenz MDR **83**, 601; zu weit Düsseldorf MDR **89**, 931). Um Abfall handelt es sich aber dann, wenn die Verwertung durch Dritte nur vorgeschoben ist (BGH NStZ **97**, 545). Eine dem bisherigen Abfallrecht unbekannte „Fiktion" (zB Düsseldorf NVwZ **99**, 572, Fluck in: Fluck u. a. aaO § 3 RN 138, Kunig in: Kunig u. a aaO § 3 RN 33 ff., Müggenborg NVwZ 98, 1124, Schink VerwArch 97, 245 mwN) oder „Vermutung" (zB Kersting UPR 1995, 325; s. auch u. 2 g) des Entledigungswillens enthalten die §§ 3 III KrW-/AbfG, 2 III AbfVerbrG, wonach ein solcher „anzunehmen ist" – iE läuft dies auf einen veröjektivierten Abfallbegriff hinaus –, wenn 1. die fraglichen Sachen bei der Energieumwandlung, Herstellung, Behandlung usw. von Stoffen und Erzeugnissen oder bei Dienstleistungen anfallen, ohne daß – wie es bei Neben-, Co-, Koppel- u. Zwischenprodukten der Fall sein kann – der Zweck der jeweiligen Handlung zumindest auch darauf gerichtet ist, oder 2. die ursprüngliche Zweckbestimmung der Sache entfällt oder aufgegeben wird, ohne daß ein neuer Verwendungszweck unmittelbar an deren Stelle tritt, wobei für die Beurteilung der Zweckbestimmung die Auffassung des Erzeugers oder Besitzers unter Berücksichtigung der Verkehrsanschauung zugrunde zu legen ist (vgl. näher dazu Fluck aaO RN 133 ff. m. Beisp. RN 187 ff., Kunig NVwZ 97, 212).

2 d   Im übrigen bedarf sowohl die bisherige wie die neue Legaldefinition des Abfallbegriffs der **Einschränkung:** Daß der Besitzer sich der Sache „entledigen will", kann nicht heißen, daß dafür schon der bloße (innere) Entledigungswille genügt, vielmehr muß dieser auch nach außen hin zum Ausdruck kommen, was nicht erst mit dem Entledigungsvorgang selbst der Fall ist – die „Entledigung" ist in der neuen Abfalldefinition der §§ 3 I 1, 1. Alt. KrW/AbfG, 2 I 1, 1. Alt. AbfVerbrG eigens aufgeführt –, sondern mit jedem den Entledigungswillen hinreichend manifest machenden ausdrücklichen oder schlüssigen Verhalten (zB entsprechender Umgang mit der Sache, uU auch ein Unterlassen; vgl. BVerwG NuR **90**, 215, Bay **92** 145, Braunschweig NVwZ **94**, 934, Karlsruhe NuR **91**, 347, Müggenborg NVwZ 98, 1124, Steindorf LK 37 u. aaO [o. 2 b] 27) und daher spätestens mit der Vornahme der in § 326 I, II genannten Handlungen (vgl. auch Horn SK 5, Lackner/Kühl 2 a). Daraus, daß man sich einer Sache nur „entledigen" kann, wenn man sie „hat", folgt ferner, daß der Betreffende die tatsächliche Sachherrschaft haben muß, wozu hier auch ein entsprechender – zumindest genereller – Herrschaftswille gehört, da das „Entledigen-Wollen" (in dem „Entledigen" des § 3 I 1, 1. Alt. KrW-/AbfG usw. mitenthalten, s. o. 2 c) notwendigerweise zugleich Ausdruck eines dahingehenden Herrschaftswillens ist. Im Sinne der §§ 3 I 1 KrW-/AbfG, 2 I 1 AbfVerbrG ist „Besitzer der Sache", die zu gewillkürtem Abfall werden soll, daher der jeweilige Besitzer iSd BGB (vgl. zB auch Steindorf LK 35 u. aaO [o. 2 b] 25; zu dem für den Besitz notwendigen Besitzwillen vgl. zB Palandt/Bassenge, BGB, 59. A., § 854 RN 5), wobei dies auch ein unrechtmäßiger Besitzer sein kann (zB der Besitzdiener, der sich durch verbotene Eigenmacht den Besitz verschafft und sich dessen dann entledigt; zum Besitzdiener im übrigen vgl. Riettiens aaO 111 ff.). Schon mangels eines Besitzwillens fällt deshalb zB Hundekot in freier Natur, auf Straßen usw. idR nicht unter den subjektiven Abfallbegriff, auch wenn das „Abkoten" in Gegenwart des Hundebesitzers erfolgt (vgl. Celle NdsRPfl. **90**, 231 [offengelassen in NJW **79**, 227], Sack NJW 79, 938; and. Düsseldorf NStZ **91**, 335, AG Düsseldorf NStZ **89**, 532, Hecker NStZ 90, 327, NStZ 93, 348; vgl. dort auch zur objektiven Abfalleigenschaft und dazu ferner Frankfurt NStZ **93**, 348 m. Anm. Hecker, Sack 15). Daß hier bei der Bestimmung des subjektiven Abfallbegriffs an den Besitz iSd BGB anzuknüpfen ist, bedeutet im übrigen nicht, daß der zivilrechtliche Besitzbegriff für das Abfallrecht durchgehend maßgebend sein müßte (so aber Fluck aaO § 3 RN 309 ff. mwN); dazu, daß in anderem Zusammenhang vielmehr von einem öffentlich-rechtlichen Besitzbegriff ohne Besitz(begründungs)wille auszugehen ist – auch die Legaldefinition des „Besitzers von Abfällen" in §§ 3 VI KrW-/AbfG, VI AbfVerbrG steht dem nicht entgegen – vgl. u. 11.

β) Der **objektive Abfallbegriff** des *§ 1 I 1, 2. Alt. AbfG* aF – Sachen, deren geordnete Entsorgung zur Wahrung des Wohls der Allgemeinheit, insbes. des Schutzes der Umwelt, geboten ist – ist von der Rspr. dahingehend konkretisiert worden, daß die fragliche Sache in ihrem konkreten Zustand typischerweise umweltgefährdend sein muß und daß diese Gefährdung nur durch eine geordnete, d. h. nach Maßgabe der gesetzlichen Vorschriften durchzuführende Entsorgung behoben werden kann (vgl. dazu insbes. BVerwGE **92** 353 ff. [Bauschutt], 359 ff. [Altreifen], ferner zB Bartlsperger VerwArch 95, 48 ff. u. zusf. 25. A.). Auf der Grundlage dieser Rspr. zu § 1 I 1, 2. Alt. AbfG ist auch die *neue Begriffsbestimmung* des Zwangsabfalls in *§§ 3 IV KrW-/AbfG, 2 IV AbfVerbrG* gefaßt (vgl. BT-Drs. 12/7284 S. 12 f., vgl. BVerwG NJW **98**, 1004, Kunig NVwZ 97, 21, Müggenborg NVwZ 98, 1123, vgl. BGH NStZ **97**, 545). Ein solcher liegt danach vor, wenn drei Voraussetzungen erfüllt sind: 1. Die fragliche Sache wird nicht mehr entsprechend ihrer ursprünglichen Zweckbestimmung verwendet, wobei für die abfallrechtliche Begründung der Abfalleigenschaft allerdings nur dann von selbständiger Bedeutung ist, wenn nach dem Entfallen oder der Aufgabe der ursprünglichen Zweckbestimmung unmittelbar ein anderer Verwendungszweck an deren Stelle tritt, weil die Sache andernfalls bereits fiktiver bzw. vermuteter (o. 2 c) gewillkürter Abfall iSd §§ 3 III Nr. 2 KrW-/AbfG, 2 III Nr. 2 AbfVerbrG ist (vgl. Fluck in: Fluck u. a. aaO § 3 RN 218; and. Kunig in: Kunig u. a. aaO § 3 RN 47); 2. die Sache ist aufgrund ihres konkreten Zustandes (Sacheigenschaften und -beschaffenheit, aber auch ihre „Situationsgebundenheit" wie Aufbewahrungsort usw., vgl. Fluck aaO § 3 RN 225, Kunig NVwZ 97, 21) geeignet, gegenwärtig oder künftig das Wohl der Allgemeinheit, insbes. die Umwelt, zu gefährden (wobei sich die Gefährdung nicht lediglich als theoretische und fernliegende Möglichkeit darstellen darf, vgl. BVerwGE **92** 362 [offengelassen], **96** 80, VGH München NuR 93, 444, Bay **92** 147, **95** 50, JR **91**, 216, vgl. auch OLG Schleswig NStZ **97**, 546. Ferner VG Bremen GewArch **97**, 173, Kunig aaO § 3 RN 49); 3. ihr Gefährdungspotential kann nur durch eine ordnungsgemäße und schadlose Verwertung oder gemeinwohlverträgliche Beseitigung nach den abfallrechtlichen Vorschriften ausgeschlossen werden (vgl. Heine NJW 98, 3667, Kunig aaO § 3 RN 44 ff., Müggenborg NVwZ 98, 1123).

Im einzelnen heißt dies: Der objektive Abfallbegriff umfaßt demnach im Abfallrecht solche Sachen, die, bezogen auf ihren ursprünglichen Verwendungszweck, „ausgedient" haben und die wegen des durch ihren konkreten Zustand begründeten Gefahrenpotentials auch gegen den Willen ihres Besitzers – andernfalls ist bereits der subjektive Abfallbegriff einschlägig – einer abfallrechtlich geordneten Verwertung zugeführt werden müssen oder als Abfall auf die Schutthalde „gehören" bzw. sonst zu beseitigen sind. Nur wenn für Gefährdungen dieser Art bereits das herkömmliche Ordnungsrecht zuständig ist (Immissionsschutz-, Baurecht usw., vgl. BT-Drs. 12/7284 S. 13) oder eine private Weiter- oder Wiederverwendung gemeinwohlunschädlich erfolgen kann, fehlt es an der Voraussetzung, daß iSd §§ 3 IV KrW-/AbfG, 2 IV AbfVerbrG das Gefährdungspotential der Sache „nur" durch eine ordnungsgemäße und schadlose Verwertung oder gemeinwohlverträgliche Beseitigung ausgeschlossen werden kann (vgl. aber auch Bay **92** 147 f., **97** 15, Schleswig NStZ **97**, 546 m. Anm. Iburg). Ob dies anzunehmen ist, ist eine nach objektiven Maßstäben zu beurteilende Frage des Einzelfalls. Dabei kann, was die private Weiter- oder Wiederverwendung betrifft, ein gewichtiges Indiz für das Nichtgebotensein einer abfallrechtlichen Entsorgung etwa der Umstand sein, daß für die betreffenden Altstoffe ein Markt besteht – hier kann regelmäßig davon ausgegangen werden, daß bei der Weiterveräußerung an verwendungs- oder verwertungsbereite Dritte ebenso wie sonst im Wirtschaftsverkehr mit potentiell gefährlichen Gütern die einschlägigen Fachgesetze zur Wahrung des Allgemeinwohls ausreichen –, während die fehlende Marktgängigkeit ein Hinweis darauf ist, daß die Weitergabe solcher Stoffe an Dritte typischerweise mit Gefahren verbunden ist, die eine Entsorgung als Abfall gebieten, so vor allem bei Stoffen mit „negativem Wert", bei denen in besonderem Maß die Besorgnis besteht, daß sie aus Kostengründen umweltgefährdend verwertet oder beseitigt werden (so BVerwGE **92** 357 u. 363). Aus demselben Grund sind das Wohl der Allgemeinheit gefährdende Sachen, die in ihrem gegenwärtigen Zustand – d. h. also ohne ordnungsgemäße Entsorgung – ohne objektiven Gebrauchswert sind, stets als Abfall iSd objektiven Abfallbegriffs anzusehen, und zwar auch dann, wenn der Besitzer den Stoff oder seine Bestandteile nach der Entsorgung wiederverwenden oder verwerten will (vgl. BGH **37** 27 u. 334 f. m. Anm. Horn JZ 91, 886, NJW **94**, 2161, Bay **92** 117 u. 146, **94** 79, **95** 51, **97** 15, Celle ZfW **96**, 478 [Autowrack] JR **91**, 216 m. Anm. Schmoller, MDR **91**, 76, Braunschweig ZfW **91**, 57, NVwZ **94**, 934, Düsseldorf MDR **89**, 931, wistra **94**, 74, NVwZ **99**, 672 [Autowrack], KG ZfW **94**, 239, Koblenz NStZ-RR **97**, 364 [Pferdemist], Zweibrücken NStZ **91**, 336 m. Anm. Sack, Heine NJW 98, 3668, Horn SK 6, Lackner/Kühl 2 a, Rengier aaO [vor § 324] 20 ff., Rogall NStZ 92, 364 u. Boujong-FS 822, Steindorf LK 53 ff. u. aaO [o. 2 b] 42 ff.; zum Begriff des mit dem wirtschaftlichen Wert nicht identischen Gebrauchswerts vgl. Bay **92** 117, **94** 79). Umgekehrt ist deshalb alles, was in seinem konkreten gegenwärtigen Zustand unmittelbar für einen anderen (noch) sinnvollen Gebrauchszweck (Fall der „Umwidmung") oder sonst wirtschaftlich nutzbar gemacht wird oder gemacht werden soll – letzteres, weil der bloße Wille nicht genügt (zB BGH **37** 26, Bay **94** 79), unter der Voraussetzung, daß der Besitzer dazu in angemessener Zeit

§ 326   2 g, 2 h   Bes. Teil. Straftaten gegen die Umwelt

tatsächlich in der Lage ist – auch dann kein Zwangsabfall, wenn davon Gefahren für die Umwelt ausgehen (vgl. auch BVerwGE **92** 364 u. jedenfalls iE weitgehend ebenso oder ähnl. zB Bay NuR **81**, 181, **82**, 114, **84**, 246, Braunschweig NStZ-RR **98**, 175, ZfW **91**, 97, Celle NStZ-RR **98**, 208 [Putenmist], Nds. Rpfl. **97**, 177 [Oldtimer] m. Anm. Sack NStZ 98, 198, Düsseldorf MDR **89**, 931, Hamm NuR **79**, 41, **80**, 134, Koblenz VRS **59** 239, **60** 239, NStZ-RR **96**, 9 [Autowrack], Rogall NStZ **92**, 364; näher dazu Steindorf LK 63 u. aaO [o. 2 b] 58 ff. mwN). Dagegen entfällt die Abfalleigenschaft nicht deshalb, weil die fragliche Sache durch die – heute bei fast allen Produkten denkbare – Verarbeitung ihrer Substanz wieder dem Wirtschaftskreislauf zugeführt werden kann, da sich die Nutzbarkeit hier nicht mehr auf die Sache selbst in ihrem gegenwärtigen Zustand, sondern auf ihre Verwertungsmöglichkeit als Abfall bezieht (vgl. zB auch BGH **37** 335, BVerwGE **92** 358, Bay **92** 145, **93** 78, **95**, 15 [Autowrack], Celle Nds. Rpfl. **96**, 41 [Autowrack], Stuttgart OLGSt. § 4 AbfG S. 1, Schleswig SchlHA **89**, 99, ZfW **96**, 478, VG Bremen GewArch **97**, 173, Lackner/Kühl 2 a, Rengier aaO [vor § 324] 21 f., Sack 51 ff., Versteyl NVwZ 93, 962, Winkelbauer JuS 94, 114; and. Braunschweig NStZ-RR **98**, 175 [Autowrack] mit krit. Anm. Brede NStZ 99, 137). Auch verliert eine Sache ihre Eigenschaft als Zwangsabfall nicht schon deshalb, weil sie an einen andern veräußert oder zB ein PKW ausgeschlachtet wird und Teile davon weiterverwertet werden, sondern erst, wenn bei objektiver Betrachtung hinreichend gesichert ist, daß der Abfallbesitzer zu einer ordnungsgemäßen Verwertung in der Lage ist (vgl. § 5 III KrW-/AbfG), d. h. daß er in rechtlicher, tatsächlicher, organisatorischer, finanzieller, personeller und unternehmerischer Hinsicht die Sachen alsbald einer umweltunschädlichen Verwertung zuführen kann (vgl. BVerwGE **92** 359, Bay NuR **98**, 447, VG Bremen GewArch **97**, 173, Heine in: Brandt u. a. aaO § 61 RN 24, Steindorf LK 63). Denn allgemein soll der betreffende Stoff so lange dem Abfallregime unterliegen, bis der „Verwertungserfolg" eingetreten ist (BVerwG ZUR **99**, 111, vgl. auch EuGH ZUR **97**, 267). – Zu den Einzelfragen des objektiven Abfallbegriffs vgl. im übrigen das abfallrechtliche Schrifttum (o. 2 b KrW-/AbfG usw. Eckert NVwZ 97, 966, Fluck in: Fluck u. a. aaO 211 ff., Kunig NVwZ 97, 21, u. in Kunig u. a. aaO § 3 RN 44, Müggenborg NVwZ 98, 1121), ferner zB Michalke aaO 149 ff., Riettiens aaO 73 ff., Sack 40 ff. (m. Rspr.-Übersicht 107 ff. u. Schall NStZ 97, 462 ff.), näher zu Autowracks Heine aaO u. RN 8.

2 g   b) Der **strafrechtliche Abfallbegriff** des § 326 I, II folgt den abfallrechtlichen Vorschriften (o. 2 b ff.) nur mit Einschränkungen. So können die in § 2 II KrW-/AbfG aufgeführten Stoffe unter den o. 2 b ff. genannten Voraussetzungen strafrechtlich „Abfall" sein, obwohl für sie die Vorschriften des KrW-/AbfG „nicht gelten", womit sie, weil dazu auch die §§ 3 I–III gehören, auch keine Abfälle i. S. dieser Gesetze sind (vgl. [zu § 1 III AbfG aF] zB BGH **37** 24 m. krit. Bspr. Lamberg NJW 91, 1996, Celle NJW **86**, 2386, ZfW **89**, 303, Karlsruhe NStZ **90**, 129, Oldenburg wistra **88**, 200, Pfohl wistra 94, 7, Schall NStZ 97, 462, [zu § 2 II KrW-/AbfG] Heine NJW 98, 3668, Lackner/Kühl 2 a, Steindorf LK 67, Tröndle/Fischer 2 a). Abfall iSd § 326 können daher als für § 326 III Nr. 6 KrW-/AbfG auch (feste oder flüssige) Stoffe einschließlich Abwässer sein, die in Gewässer oder Abwasseranlagen eingeleitet oder eingebracht werden (zu § 1 III Nr. 5 AbfG aF vgl. BGH **37** 24, NStZ **97**, 189, Celle ZfW **89**, 303, Koblenz OLGSt § 324 **Nr. 2** m. Anm. Möhrenschlager, Franzheim JR 88, 320, aaO [vor § 324] 80 ff., MG/Pfohl 1475, Riettiens aaO 66 ff., zu § 2 II Nr. 6 KrW-/AbfG Fluck ZfW 96, 489, Steindorf LK 66. Vgl. aber zu § 61 I Nr. 1 u. 2 KrW-/AbfG Heine in: Brandt u. a. § 61 RN 17). Da sich die Zulässigkeit des Einleitens usw. solcher Substanzen nunmehr allein nach Wasserrecht richtet, ist eine wasserrechtliche Genehmigung (vgl. § 324 RN 12) zugleich auch als Befugnis (u. 16) iSd § 326 anzusehen (and. noch aufgrund des früheren Rechts StA Frankfurt NuR **82**, 114 gegen VG Köln DÖV **83**, 254, OVG Münster ZfW **85**, 195), wobei sich diese allerdings nicht auch auf die Behandlung und Lagerung von Abfällen auf dem Betriebsgrundstück erstreckt (Bay **87** 66). – Enger ist der strafrechtliche Abfallbegriff dagegen insofern, als die abfallrechtliche Erweiterung durch Abfallfiktionen für ihn ohne Bedeutung ist (Winkelbauer aaO 71, JuS 94, 114). Im früheren Abfallrecht gehörte dazu § 5 II AbfG aF. Dasselbe gilt im neuen Recht für die Fiktionen (nach anderer Auffassung: Vermutung; s. o. 2 c) der §§ 3 III KrW-/AbfG, 2 III AbfVerbrG; daß diese bereits den Abfallbegriff mitbestimmen, ist ohne Bedeutung, da die Fiktion eines bestimmten Sachverhalts mit Wirkung für das Strafrecht dort selbst eine entsprechende Grundlage haben müßte (vgl. § 330 d Nr. 5, vgl. Heine NJW 98, 3668, Lackner/Kühl 2 a, Steindorf LK 68). Auch die unter den Umständen des § 15 IV KrW-/AbfG (insoweit ebenso wie in § 5 II AbfG aF) abgestellten Kraftfahrzeuge usw. sind strafrechtlich daher nicht schon deshalb Abfall, weil hier die Merkmale des Abfallbegriffs iSd § 3 III I Nr. 2 erfüllt sind (vgl. dazu Fluck in: Fluck u. a. aaO § 15 RN 144, Kunig in: Kunig u. a. aaO § 15 RN 35 ff., Schink in: Brandt u. a. aaO § 15 RN 187; vgl. aber für § 61 I Nr. 1 u. 2 KrW-/AbfG Bay **97** 13, NuR **98**, 446; diff. Düsseldorf NVwZ **99**, 572, Heine in: Brandt u. a. aaO § 61 RN 17, 23; and. Steindorf aaO [o. 2 b] 38).

2 h   2. Im Unterschied zu Abs. 1 u. 2 bestimmt sich der **Abfallbegriff** des **Abs. 3,** der an eine Ablieferungspflicht anknüpft, die ihre Grundlage im AtomG hat, ausschließlich nach Atomrecht (vgl. BT-Drs. 12/5672 S. 55, Celle NStE **Nr. 5,** Lackner/Kühl 3 a). Maßgebend dafür sind § 9 a AtomG (anfallende radioaktive Reststoffe sowie aus- oder abgebaute radioaktive Anlagenteile, die sich nach atomrechtlichen Gesichtspunkten als unverwertbar erwiesen haben) und die Begriffsbestimmung in Anl. I zur StrlSchVO (radioaktive Stoffe, die beseitigt werden sollen oder aus Strahlenschutzgründen geordnet beseitigt werden müssen), wobei deren 1. Alt. auch für § 326 III die Einbeziehung gewillkürter Abfälle erlaubt (vgl. Steindorf LK 127, Wagner DVBl. 1983, 575, offengelassen von Celle aaO). Kein Abfall iSd Atomrechts und damit auch des Abs. 3 ist zB ein radioaktives Material enthaltendes meßtechnisches Gerät, wenn es voll funktionstüchtig und betriebssicher ist und nach dem Willen des Besitzers nicht der Beseitigung zugeführt werden soll, und zwar auch dann nicht, wenn die Gefahr besteht, daß es in falsche Hände gerät (BGH NJW **94**, 2161, Celle aaO). Radioaktiv kontaminierte Sachen sollen nach hM nicht zu den Kernbrennstoffen und sonstigen radioaktiven Stoffen iSd § 2 I AtomG gehören (Czaja NVwZ 87, 559, Kopp NVwZ 91, 42, Kunig in: Kunig u. a. § 2 RN 23, Schwermer in: Kunig u. a. § 1 AbfG aF 2. A. RN 61; vgl. auch BT-Drs. 10/6639 S. 17; and. Heine/ Martin NuR 88, 326, Fluck in: Fluck u. a. aaO § 2 RN 103, Sack 234). Danach gilt Abs. 3 auch nicht für Abfälle, die nicht beim Umgang mit Kernbrennstoffen und sonstigen radioaktiven Stoffen anfallen, sondern erst anderweit radioaktiv verseucht werden (zB durch Austritt von Radioaktivität bei einem Atomkraftwerksunfall verseuchter Klärschlamm oder kontaminierte Lebensmittel [Molkepulver]); in Betracht kommt hier jedoch Abs. 1 Nr. 3 (u. 5). Andererseits ist der (atomrechtliche) Abfallbegriff des Abs. 3 insofern weiter als der in Abs. 1, 2, als er auch gasförmige (radioaktive) Abfälle umfaßt, die bei einem Produktionsprozeß anfallen und entgegen § 46 StrlSchVO abgeleitet werden (vgl. BT-Drs. 8/2382 S. 19, Steindorf LK 127).

III. **Der Tatbestand** des **Abs. 1** – zum subjektiven Tatbestand u. 14 f. – erfaßt die **ungeordnete** 3 **Beseitigung** bestimmter **besonders gefährlicher Abfälle.**

1. Nach **Nr. 1** gehören zu den gefährlichen Abfällen (zum Abfallbegriff vgl. o. 2 a ff.) zunächst 4 solche, die entweder **Gifte** oder **Erreger von auf Menschen oder Tiere übertragbaren gemeingefährlichen Krankheiten** enthalten oder hervorbringen können (zur Ergänzung durch Nr. 2, um die bei Nr. 1 verbleibenden Lücken zu schließen, vgl. u. 4a). Als *Gifte* sind nach BT-Drs. 8/2382 S. 17 ebenso wie in § 224 (vgl. dort RN 3) und in § 16 I Nr. 1 AbfG 1972 nur solche Stoffe anzusehen, die unter bestimmten Bedingungen nach ihrer Beschaffenheit und Menge geeignet sind, durch chemische oder chemisch-physikalische Einwirkung die Gesundheit von Menschen zu zerstören (ebenso zB Horn SK 9, Laufhütte/Möhrenschlager ZStW 92, 9, Sack 149, Steindorf LK 71; vgl. aber auch Triffterer aaO 208 sowie Ohm aaO 30, 63 ff.; zu cyanidhaltigem Abwasser vgl. LG Frankfurt NStZ **83**, 171). Dabei muß der fragliche Stoff zur Gesundheitszerstörung nach Art und Menge generell geeignet sein (Ohm aaO 55); daß er erst infolge der besonderen körperlichen Beschaffenheit einzelner diese Eignung hat, genügt – insoweit abweichend von § 224 (vgl. dort RN 4) – nicht (ebenso Sack 149, Steindorf LK 71). Obwohl nach dem Wortlaut nicht zwingend, ist die Nichteinbeziehung von Giften, die nur für Tiere oder Pflanzen schädlich sind, damit zu rechtfertigen, daß sie, soweit nicht zugleich die Voraussetzungen der Nr. 4 erfüllt sind, idR nur eine Gefahr für einzelne Tiere oder Pflanzen bedeuten, dies aber für § 326 nicht genügen kann (ebenso Michalke aaO 154, Ohm aaO 34 ff., Steindorf LK 73). – Mit der Neufassung von Nr. 1, 2. Alt. – Abfälle, die *Erreger von auf Menschen oder Tiere übertragbare gemeingefährliche Krankheiten* enthalten usw. – wurden Strafbarkeitslücken der aF beseitigt (vgl. hier 24. A. mwN). Mit den „auf Menschen oder Tiere übertragbaren Krankheiten" sind nunmehr nach der Gesetzesbegründung in Anlehnung an § 1 BSeuchenG alle Krankheiten erfaßt, die unmittelbar oder mittelbar durch Krankheitserreger von Tieren auf Menschen und umgekehrt durch Krankheitserreger übertragen werden können; einbezogen sind auch Krankheiten, die durch Vermittlung von Pflanzen oder durch ein unbelebtes Agens übertragen werden, während es gleichgültig ist, ob der Erreger von dem infizierten Menschen oder Tier weiterübertragen werden kann (vgl. BT-Drs. 12/192 S. 20, ferner zB Lackner/Kühl 4, Sack 153, Steindorf LK 76). Klargestellt ist mit der nF weiter, daß neben der Übertragbarkeit der Krankheit das weitere Merkmal der Gemeingefährlichkeit nicht alternativ, sondern kumulativ zu verstehen ist. In diesem weiteren Erfordernis liegt eine Einschränkung in zweifacher Hinsicht: Gemeingefährlich ist die Krankheit nur, wenn sie von einiger Erheblichkeit ist und wenn sie außerdem – ohne daß es sich deshalb um Infektionskrankheiten unter Menschen bzw. Tieren handeln müßte (s. o.; zB Kadaver eines tollwütigen Tieres als Infektionsquelle für Menschen) – einer größeren Anzahl von Menschen oder Tieren droht (vgl. auch Tröndle/Fischer 3). Bei den nach § 3 BSeuchenG meldepflichtigen Erkrankungen sind diese Voraussetzungen immer erfüllt (speziell zu Krankenhausabfällen vgl. Sack 154 mwN), ebenso bei den nach § 10 TierseuchenG (idF v. 20. 12. 1995, BGBl. I 2038) iVm der VO v. 22. 5. 1991 (BGBl. I 1178; letzte ÄndVO v. 21. 3. 1996, BGBl. I 528) anzeigepflichtigen Tierseuchen. Doch sind nicht nur die dort unter dem Gesichtspunkt einer Meldepflicht aufgeführten Krankheiten, die für Nr. 1, 2. Alt. von Bedeutung sein können. So gehören zu den auf Menschen übertragbaren gemeingefährlichen Krankheiten auch die Geschlechtskrankheiten (vgl. Steindorf LK 77, Tröndle/Fischer 3) und Aids. Ebenso besteht nach Wortlaut und Gesetzeszweck kein Anlaß, den Anwendungsbereich der Nr. 1, 2. Alt. auf die anzeigepflichtigen Tierkrankheiten der in § 1 TierseuchenG genannten Art (Seuchen bei Haustieren oder Süßwasserfischen, bei anderen Tieren dagegen nur im Fall der Übertragbarkeit auf diese) zu beschränken, wogegen hier im übrigen auch Abs. 6 spricht: Sind dort u. a. die „Nutztiere" (u. 19) aufgeführt, so muß dieser weitere Tierbegriff auch dem Abs. 1 Nr. 1, 2. Alt. zugrundeliegen, weshalb auf Tiere übertragbare gemeingefährliche Krankheiten iSd § 326 auch solche sein können, die ausschließlich innerhalb anderer Tiergattungen auftreten, ohne zugleich auf Haustiere und Süßwasserfische übertragbar zu sein. Nicht erfaßt sind in Nr. 1 dagegen die Erreger ausschließlich unter Pflanzen übertragbarer Krankheiten (zust. Steindorf LK 74, vgl. dazu jedoch u. 7 a). – Die Gifte bzw. Seuchenerreger müssen in den Abfällen entweder schon

enthalten sein – daß sie dort lediglich enthalten sein können, genügt nicht (vgl. Düsseldorf NStZ **91**, 335, Hecker NStZ 90, 327 gegen AG Düsseldorf NStZ **89**, 532 [Hundekot], Horn SK 10) – oder von diesen *hervorgebracht,* d. h. durch chemische, physikalische oder biologische Eigenreaktionen oder auf Grund natürlicher Umwelteinflüsse erzeugt werden können (ebenso Ohm aaO 78 f., Steindorf LK 72). Auch diese Eignung muß schon zur Tatzeit vorhanden sein; die Möglichkeit, daß sie erst später auf Grund weiterer Handlungen (Zufügen neuer Stoffe als „Auslöser") entstehen kann, genügt mithin nicht (vgl. Horn SK 10, Steindorf LK 72). Ohne Bedeutung ist andererseits, wann die Gifte oder Krankheitserreger tatsächlich entstanden wären.

4 a 2. Die durch das 31. StÄG (s. Vorbem.) neu eingefügte **Nr. 2** – Abfälle, die **für Menschen krebserregend, fruchtschädigend** oder **erbgutverändernd** sind – dient der Schließung von Strafbarkeitslücken, die bei Nr. 1 bleiben, insbes. im Hinblick auf die naturwissenschaftliche Relativität des Giftbegriffs (vgl. Sack 149 mwN), wenn eine chemische oder chemisch-physikalische Einwirkung nicht oder nur schwer nachweisbar ist (vgl. BT-Drs. 12/192 S. 22). Die Einbeziehung auch von Tieren und Pflanzen wurde hier für entbehrlich gehalten, da die wirklich gravierenden Fälle in diesem Bereich durch Abs. 1 Nr. 4b erfaßt seien (BT-Drs. wie o.). Die genannten Merkmale lehnen sich an den Begriff des „gefährlichen Stoffes" in § 7 a WHG und § 3 a I Nr. 2–14 ChemG an, der über die schon unter Nr. 1 fallenden Gifte (o. 4) insoweit hinausreicht, als weder der Nachweis einer akuten Toxizität noch einer allein chemischen oder chemisch-physikalischen Einwirkung erforderlich ist. Zur inhaltlichen Präzisierung der genannten Gefahrmerkmale kann auf § 4 I Nr. 12–14 GefahrstoffVO idF v. 26. 10. 1993 (BGBl. I 1782; letzte ÄndVO v. 12. 6. 1998, BGBl. I 1286), § 1 Nr. 12–14 ChemGefMerkV v. 17. 7. 1990 (BGBl. I 1422) zurückgegriffen werden (vgl. BT-Drs. wie o.). *Krebserzeugend* ist ein Stoff danach, wenn er beim Einatmen, Schlucken oder der Aufnahme durch die Haut Krebs erregen oder die Krebshäufigkeit erhöhen kann (wobei vom Gesetzgeber die Anpassung der Begriffe, vgl. § 4 I 2 Nr. 13 GefahrstoffVO, offensichtlich übersehen worden ist). *Fruchtschädigend* ist er, wenn er auf diesem Wege nichtvererbbare Schäden der Nachkommenschaft hervorrufen oder deren Häufigkeit erhöhen kann. *Erbgutverändernd* ist ein Stoff, wenn er vererbbare genetische Schäden zur Folge haben oder deren Häufigkeit erhöhen kann. Die Aufnahme eines Stoffes in Anh. 2 der GefahrstoffVO (s. o.) hat hierfür nur indizielle Bedeutung (vgl. BT-Drs. 12/192 S. 20).

5   **3. Nr. 3** betrifft Abfälle (o. 2 a ff.), die **explosionsgefährlich, selbstentzündlich** oder **nicht nur geringfügig radioaktiv** sind. Für den Begriff der *Explosionsgefährlichkeit* sind die §§ 1 ff. SprengstoffG maßgebend (BT-Drs. 8/2382 S. 18; krit. dazu Sack NJW 80, 1426); hierher gehören deshalb die in den Anlagen zum SprengstoffG (VO v. 10. 4. 81, BGBl. I 388) genannten und durch § 3 SprengstoffG gleichgestellten Stoffe (vgl. auch § 3 a I Nr. 1 ChemG u. § 4 I 2 Nr. 1 GefahrstoffVO). *Selbstentzündlich* ist ein Stoff, der deshalb besonders brennbar und daher (feuer-)gefährlich ist, weil er unter den von der Natur gegebenen Bedingungen ohne besondere Zündung sich erhitzen und schließlich entzünden kann (vgl. § 1 Nr. 4j der früheren ArbeitsstoffVO idF v. 11. 2. 82, BGBl. I 144, BT-Drs. 8/2382 S. 18). *Radioaktive* Abfälle sind solche Abfallstoffe, die kernbrennstoffhaltig sind oder sonst spontan ionisierende Strahlen aussenden (vgl. § 2 I AtomG), wobei nur geringfügig radioaktive Stoffe mangels hinreichender Gefährlichkeit vom Tatbestand jedoch ausgenommen sind (vgl. zur Abgrenzung etwa §§ 45, 46 StrlSchVO). Den Tatbestand des Abs. 3 ergänzt diese Alternative der Nr. 3 in mehrfacher Hinsicht: Da hier der Abfallbegriff des Abs. 1 maßgebend ist, sind damit im Anwendungsbereich des Abs. 3 auch solche Abfälle erfaßt, die, weil sie keine radioaktiven Stoffe sind, dem atomrechtlichen Abfallbegriff des Abs. 3 (o. 2 d) nicht unterfallen (Kunig in: Kunig u. a. aaO § 2 RN 23). Von Bedeutung ist Nr. 3 aber auch für (nicht nur geringfügig) radioaktive Abfälle, die an sich zwar zugleich Abfälle iSd Abs. 3 sind (zB radioaktive Reststoffe, aus- oder abgebaute Anlageteile), die aber nach § 83 StrlSchVO iVm §§ 6, 7, 9 AtomG § 3 I StrlSchVO nicht der in Abs. 3 vorausgesetzten Ablieferungspflicht unterliegen (Kunig aaO § 2 RN 24, Steindorf LK 85). Ebenso ist Abs. 1 Nr. 1 anwendbar, wenn ablieferungspflichtige und ordnungsgemäß abgelieferte radioaktive Abfälle bei den dafür vorgesehenen Sammelstellen oder von beauftragten Dritten nicht ordnungsgemäß entsorgt werden.

6   **4.** Gegenstand der **Nr. 4** sind zwei weitere Gruppen **besonders umweltgefährdender Abfälle,** wobei Nr. 4a der Nr. 3 aF entspricht, während Nr. 4b aus Gründen eines effektiveren Umweltschutzes – hier Schutz der belebten Natur – erst durch das 31. StÄG (s. Vorbem.) eingefügt wurde (vgl. dazu BT-Drs. 12/192 S. 20). Vielfach wird hier von „Sonderabfällen" gesprochen (zB Tröndle/Fischer 5, für Nr. 4a zB auch Stuttgart JR **92**, 480, Lackner/Kühl 6). Mit den abfallrechtlichen „überwachungsbedürftigen Abfällen" des § 41 I KrW-/AbfG (o. 2a), die gesetzlich einer Sonderbehandlung unterliegen, deckt sich dieser strafrechtlicher „Sondermüll" jedoch nur zu einem Teil – dies gilt schon für Nr. 4a, erst recht aber für Nr. 4b –, da sich § 41 I KrW-/AbfG nur auf Abfälle aus gewerblichen Unternehmen usw. bezieht und zB auch Abfälle betrifft, die nach Art, Beschaffenheit oder Menge in besonderem Maße gesundheitsgefährdend, explosiv, brennbar usw. sind, während umgekehrt die den bodengefährdenden Abfälle dort fehlen (vgl. auch u. 7 aE). Schon aus diesem Grund ist auch die in der Anlage der Bestimmungsverordnung besonders überwachungsbedürftiger Abfälle zu § 41 I, III KrW-/AbfG v. 10. 9. 1996, BGBl. I 1366 enthaltene Liste von Abfallarten für Nr. 4 nur von begrenztem Wert. Die dort genannten Abfälle sind daher nicht automatisch solche iSd Nr. 4, mögen sie dafür auch ein Indiz sein, umgekehrt ist der Katalog der BestimmungsVO aber auch nicht als abschließend zu verstehen (vgl. Laufhütte/Möhrenschlager ZStW 92, 958 f., MG/Pfohl

1476, Kunig in: Kunig u. a. § 41 RN 6, vgl. Steindorf LK 86 [Richtschnur]). Strafrechtliche „Sonderabfälle" iSd Nr. 4 sind vielmehr alle Abfälle, welche nach Wortlaut und Gesetzeszweck die hier genannten Voraussetzungen erfüllen (vgl. zu Nr. 3 aF – jetzt Nr. 4 – zB BGH **34** 211 m. Anm. Rudolphi NStZ 87, 324, Schmoller JR 87, 473 u. Bspr. Hallwaß NJW 88, 880, Sack NJW 87, 1248, Bay **87** 64, Stuttgart JR **92**, 478 m. Anm. Franzheim, Zweibrücken NJW **88**, 3029, Horn SK 16, Lackner/Kühl 6, Schall NStZ 97, 464, Steindorf LK 86, Sack 172; offengelassen von Celle NJW **86**, 2326 [Silagesaft]). Obwohl die Entstehungsgeschichte auf das Gegenteil hindeutet (vgl. BT-Drs. 8/3633 S. 29), können daher zB auch Hausmüll und hausmüllähnliche Abfälle unter Nr. 4 fallen (BGH aaO, Zweibrücken aaO; vgl. u. 8), ebenso zB Fäkalschlamm (Bay aaO) oder eine große Menge von Rindergülle (Bay NJW **89**, 1290 [über 10 000 l an einem Tag und an derselben Stelle]). Im einzelnen gilt für die Abfälle der Nr. 4 folgendes:

a) Die in Nr. **4 a** genannten Abfälle müssen nach Art, Beschaffenheit usw. geeignet sein (u. 8), ein **7** **Gewässer**, die **Luft** oder den **Boden nachhaltig** zu **verunreinigen** oder sonst **nachteilig zu verändern**. Umfaßt sind vom Schutzbereich der Nr. 4 a auch Gewässer, Boden und Luft im *Ausland*. Während § 330 d Nr. 1 aF den Schutz von Gewässern mit Ausnahme des Meeres noch auf das Inland beschränkt hatte und die räumliche Reichweite des deutschen Strafrechts wegen der Gleichwertigkeit der Umweltmedien und einer vielfach gleichzeitigen Betroffenheit daher auch bezüglich Luft und Boden nicht ausgedehnt werden konnte (vgl. BGH **40** 79 m. Anm. Michalke StV 94, 428, Otto NStZ 94, 437 u. Rengier JR 96, 34), werden nach der Streichung dieser Einschränkung für Gewässer in § 330 d Nr. 1 nF konsequenterweise die beiden anderen Umweltgüter vom deutschen Strafrecht im Ausland ebenfalls geschützt (vgl. § 330 d RN 2, eingeh. B. Breuer aaO 75 ff.). Warum dem die Eignungsklausel der Nr. 4 entgegenstehen soll (BT-Drs. 12/192 S. 30), ist nicht ersichtlich (vgl. § 330 d RN 4, Tröndle/Fischer 5 a), und ebensowenig gibt es sonst sachliche Gründe dafür, die im bisherigen Recht angelegte Aufspaltung des Umweltschutzes je nach Abfällen der Nr. 1–3 einerseits – für diese gelten die in RN 13 ff. vor § 3 genannten Grundsätze – und für solche nach Nr. 4 andererseits auch für die Zukunft festzuschreiben (vgl. Heine Trifferer-FS 407, Horn SK 2, Rengier JR 96, 34, Tröndle/Fischer 5 a, zust. Lackner/Kühl 6; and. Kloepfer/Vierhaus aaO [vor § 324] 96, Steindorf LK 94). Im übrigen entscheidet sich die Strafbarkeit einer Auslandstat nach §§ 3 ff., wobei Probleme insbes. bei der Beurteilung der Bedeutung ausländischer Genehmigungen bzw. Verfahren (dazu vor § 3 RN 4) sowie beim Auffinden einer identischen Norm auftreten können (vgl. Heine aaO 406). – Zum Begriff der *nachteiligen Veränderung* usw. von Gewässern, wozu auch das Ufer und das Gewässerbett gehören (vgl. BT-Drs. 8/2382 S. 18, Steindorf LK 92), vgl. § 324 RN 3 ff. Entsprechendes gilt für den Boden (einschließlich des Pflanzenwachstums) und die Luft, bei dieser ohne die zusätzlichen Voraussetzungen des § 325 I (Eignung zur Gesundheitsschädigung usw.), an deren Stelle hier das einschränkende Erfordernis der Eignung zu einer „nachhaltigen" Verunreinigung tritt. Auch in Nr. 4 a sind deshalb nur solche Veränderungen der biologischen, chemischen oder physikalischen Beschaffenheit gemeint, durch welche die Eigenschaften eines betroffenen Mediums gegenüber dem natürlichen oder vorherigen Zustand nachteilig beeinflußt werden (für Gewässer BGH NStZ **97**, 189 m. Anm. Sack JR 97, 254). Nicht ausreichend ist damit die bloße Beeinträchtigung des Orts- und Landschaftsbilds (zB Unrat im Wald, vgl. Horn SK 13, Heine in: Brandt u. a. aaO § 61 RN 25); hier gilt § 61 I Nr. 1, 2 KrW-/AbfG. – Nicht erforderlich ist – insoweit anders als in § 324 –, daß der Erfolg einer Verunreinigung usw. tatsächlich eintritt (BGH **39** 385, NStZ **97**, 189, zumindest mißverständl. insoweit Zweibrücken NJW **92**, 2841 m. Bspr. Winkelbauer JuS 94, 112 u. Anm. Weber/Weber NStZ 97, 36 u. krit. dazu auch Horn JZ 94, 1099). Weil hier schon die bloße Eignung dafür ausreicht (u. 8), verlangt Nr. 4 a als Ausgleich jedoch, daß die Verunreinigung usw. *nachhaltig* ist, wodurch eine Beschränkung auf die wirklich gefährlichen Abfälle erreicht wird (Laufhütte/Möhrenschlager ZStW 92, 958). „Nachhaltig" ist die Verunreinigung usw. nur, wenn es bei den genannten Umweltgütern nach Intensität und Dauer der Verunreinigung usw. zu größeren Schäden kommen kann (vgl. dazu mit zT graduellen Unterschieden BGH **34** 212, Celle ZfW **94**, 380, NStZ **96**, 191, NZV **97**, 405 m. Anm. Sack NStZ 98, 198, Koblenz NStZ-RR **96**, 9, Schleswig SchlHA **89**, 100, Zweibrücken NStZ **86**, 411 m. Anm. Sack [„beträchtlicher Schaden"], NJW **88**, 3029, AG Hamburg NStZ **88**, 365 m. Anm. Meinberg, Czychowski ZfW 77, 84, Lackner/Kühl 6, Sack 179, Schall NStZ 97, 465, Steindorf LK 88; krit. Trifferer aaO 210; zu weitgehend AG Lübeck NJW **91**, 1125 u. Anm. dazu Kuhlen WuV 91, 212). Auszuscheiden haben demnach Fälle, in denen eine nur vorübergehende oder eine zwar länger dauernde, in ihrer Intensität aber nur unerhebliche Schadenswirkung eintreten kann (Steindorf aaO; vgl. auch Weber/Weber NStZ 94, 36). Dafür, ob die genannten Voraussetzungen vorliegen, ist die Aufnahme in die – allerdings nicht abschließende – Liste der o. 6 genannten Anl. zur VO zu § 41 I KrW-/AbfG ein Indiz (vgl. näher o. 6). Bei wassergefährdenden Stoffen kann im übrigen auf die in § 19 g V WHG genannten Beispiele und, soweit das Meer betroffen ist, auf die in Anl. I u. II zu den Übereinkommen von 1972 (BGBl. 1977 II 165, 180) zurückgegriffen werden, wobei hier dann auch für Menschen nicht gefährliche und deshalb nicht unter Nr. 1 fallende Gifte genügen können (vgl. BT-Drs. 8/2382 S. 18, Bay **86** 4, Iburg ZfW 86, 353, Lackner/Kühl 6, Steindorf LK 91). Eine Beschränkung auf Verunreinigungen, die für die menschliche Gesundheit oder für Sachen von bedeutendem Wert gefährlich sein können (vgl. §§ 324 a I Nr. 1, 325 I bei der Boden- bzw. Luftverunreinigung), ist der Nr. 4 a nicht zu entnehmen (zust. Steindorf LK 89, vgl. jedoch Tröndle/Fischer 5 a). Wegen des einschränkenden Merkmals einer „nachhaltigen" Verunreinigung

§ 326 7a, 8

usw. wird man allerdings verlangen müssen, daß diese zu einer zumindest ganz erheblichen Belästigung führt oder führen kann (vgl. Zweibrücken NStZ **86**, 411 m. Anm. Sack [Beeinträchtigung der Atmungsorgane durch Hustenreiz], Lackner/Kühl aaO, Möhrenschlager NuR 83, 218, Sack 181; vgl. aber auch Zweibrücken NJW **88**, 3029 [die Nachbarschaft belästigende Rauchentwicklung durch Verbrennen von Holzkisten und Papiertüten]).

7a b) Die hinzugekommene **Nr. 4 b** (o. 6) erfaßt Abfälle, die nach Art, Beschaffenheit usw. geeignet sind (u. 8), einen **Bestand von Tieren** oder – hier ergänzend zu § 39 PflSchG v. 15. 9. 1986 (BGBl. I 1505 idF v. 14. 5. 1998, BGBl. I 971) – **Pflanzen** zu gefährden. Nach der Gesetzesbegründung ist unter einem „Bestand" in Anlehnung an § 39 PflSchG eine Tier- oder Pflanzenpopulation in einem bestimmten Gebiet zu verstehen (BT-Drs. 12/192 S. 20, vgl. Stegmann aaO 222), wofür bei § 39 PflSchG bereits „mehr als einzelne oder wenige Pflanzen" in einer räumlich zusammengehörenden Einheit (zB Acker, Wiese, Gehölz) genügen sollen (vgl. Lorz in: Erbs/Kohlhaas § 39 PflSchG RN 6) und Entsprechendes dann auch für Tiere zu gelten hätte. Problematisch ist die Vorschrift aber nicht nur deshalb und wegen der Schwierigkeiten einer annähernd zuverlässigen Grenzziehung (krit. dazu auch Lackner/Kühl 6 a, Michalke aaO 158, Steindorf LK 95), denn während § 39 PflSchG, von weiteren Einschränkungen abgesehen, wenigstens eine konkrete Gefährdung voraussetzt, genügt hier schon die bloße Eignung zur Bestandsgefährdung. Wertungswidersprüche bestehen auch innerhalb des § 326 I im Verhältnis zu Nr. 4 a, wo die Eignung zu einer nachhaltigen bzw. nachteiligen Veränderung der geschützten Umweltmedien erforderlich ist, während Nr. 4 b jedenfalls nach seinem Wortlaut keine gesteigerten Anforderungen an Umfang und ökologische Bedeutung des betroffenen Bestands verlangt. Soweit es sich um Abfall mit Erregern von auf Tiere übertragbaren gemeingefährlichen Krankheiten handelt, hat Nr. 4 b neben Nr. 1, 2. Alt. keine eigenständige Bedeutung mehr, wohl aber sind mit Krankheitserregern verseuchte Abfälle, die einen Pflanzenbestand schädigen können, ausschließlich von Nr. 4 b erfaßt (zu Nr. 1, 2. Alt. vgl. o. 4).

8 c) Die Abfälle müssen **nach Art, Beschaffenheit** oder **Menge geeignet** sein, die genannten Umweltschäden herbeizuführen. Genügend dafür ist das Bestehen einer generellen Möglichkeit (vgl. Schleswig NuR **90**, 93, AG Hamburg NStZ **88**, 365 m. Anm. Meinberg, AG Lübeck NJW **91**, 1126, Franzheim JR 92, 481, Pfohl wistra 94, 7 [zu Abwässern], Steindorf LK 90, aber auch Hoyer, Die Eignungsdelikte [1987] 188 ff., Michalke aaO 155 f., vgl. dazu auch 9 vor § 324, § 325 RN 18). Anzunehmen ist dies, wenn der Ist-Zustand des Abfalls so beschaffen ist, daß das in ihm enthaltene Schadstoffpotential selbsttätig, wenn auch erst unter bestimmten Umweltbedingungen, mit den genannten Folgen freigesetzt werden kann (vgl. aber auch AG Hamburg m. Anm. Meinberg aaO). Die von den zuständigen Stellen unter dem Gesichtspunkt des Schutzes vor ökologischen Gefahren festgelegten Grenzwerte können dafür eine Richtschnur sein (vgl. zu den wasserrechtlichen Verwaltungsvorschriften bei der Gewässerverunreinigung Pfohl wistra 94, 7 u. zu einer städtischen Abwassersatzung LG Frankfurt NStZ **83**, 171). Dabei genügt es, wenn sich die Eignung unter einem der drei in Nr. 4 genannten Aspekten ergibt, nämlich entweder aus der *Art des Abfalls* (d. h. aus dessen generellen Eigenschaften unabhängig von der Menge) oder aus seiner *Beschaffenheit* (d. h. der konkreten Zusammensetzung und Verfassung im Hinblick auf den Gehalt an Schadstoffen; vgl. Braunschweig NVwZ **94**, 934) oder aus seiner *Menge*, womit auch Abfälle erfaßt sind, die in kleineren Mengen unschädlich sind (vgl. Bay NStZ **89**, 270, Zweibrücken NJW **88**, 3029, Steindorf LK 93). Der normale(!), einem Privathaushalt anfallende Hausmüll besitzt diese Eignung im allgemeinen noch nicht (vgl. BT-Drs. 8/3633 S. 29, Celle NJW **86**, 2326, Horn SK 16, Lackner/Kühl 6, Michalke aaO 155 f., Steindorf LK 86, aber auch Sack 183; offengelassen in BGH **34** 211 m. Anm. Rudolphi NStZ 87, 324, Schmoller JR 87, 473 u. Bespr. Hallwaß NJW 88, 880, Sack NJW 87, 1248), wohl aber dann, wenn er (verbotswidrig) in großen Mengen auf einer (Erd-)Deponie gelagert wird (BGH aaO [organische Abfälle]). Dasselbe kann für hausmüllähnliche Abfälle wie Holzkisten, Papier usw. (Zweibrücken NJW **88**, 3029) oder für im üblichen Ausmaß anfallende Haushaltsabwässer (Celle ZfW **92**, 517) gelten. Voraussetzung für die Bejahung des Geeignetseins ist im übrigen immer, daß es einen entsprechenden, naturwissenschaftlich hinreichend abgesicherten Erfahrungssatz gibt (was idR die Zuziehung eines Sachverständigen notwendig macht; vgl. dazu auch Stuttgart JR **92**, 480 m. Anm. Franzheim), nicht aber die Feststellung, daß es auf Grund der die Eignung begründenden Faktoren schon einmal zu einer Verunreinigung usw. gekommen ist (vgl. Steindorf LK 88). Erst recht ist die Eignung nicht deshalb zu verneinen, weil sich die Schädlichkeit des Abfalls erst nach langer Zeit – zB infolge eines nur langsam verlaufenden Zersetzungsprozesses – auswirken kann (vgl. AG Lübeck NJW **91**, 1126, Kuhlen WuV 91, 213). – Die Faktoren, auf die das Eignungsurteil zu stützen ist, sind nach dem Gesetzeswortlaut ausschließlich die Art bzw. die Beschaffenheit bzw. die Menge der Abfälle. Demgegenüber sollen nach BT-Drs. 8/2382 S. 18 (zu Nr. 3 aF, jetzt Nr. 4 a) solche Abfälle ausgeschlossen sein, die in dem Bereich, in den sie gelangen, nicht wenigstens für eines der in Nr. 4 a genannten Schutzgüter generell gefährlich sind, so wenn Abfall, der nur im Wasser gefährlich ist, in der Landschaft gelagert wird und eine Berührung mit dem Grundwasser oder sonstigen Gewässern ausgeschlossen ist (ebenso Lackner/Kühl 6, Kuhlen WuV 91, 215, Rogall NStZ 92, 562, Tröndle/Fischer 5). Eine solche Einschränkung wäre, obwohl aus dem Wortlaut nicht ersichtlich, zwar sinnvoll und stünde iE im Einklang mit den sonst bei abstrakten Gefährdungsdelikten geltenden Grundsätzen (vgl. Schittenhelm GA 83, 319 f., Trifferer aaO 211 u. o. 3 a vor § 306). Sie widerspricht aber Abs. 6, aus dem folgt, daß die Ungefährlichkeit, die sich lediglich aus dem Ort und den sonstigen Umständen der Beseitigung (zB besondere Vorkehrungen) ergibt, die Strafbarkeit nicht ausschließt (vgl. u. 18; ebenso Bay **89** 3, AG Lübeck NJW **91**, 1125, Franzheim JR 92, 481, Ohm aaO 103 ff., Rengier aaO [vor § 324] 27, Zieschang aaO [vor § 306] 222 ff., 231; enger Hoyer aaO 190 ff.). Da nach Abs. 6 strafbar bleibt, wer in einem Wasserschutzgebiet wassergefährliche Abfälle in einem absolut sicheren Behälter lagert, kann nichts anderes gelten, wenn solche Stoffe in einem Gebiet gelagert werden, in dem dank der Beschaffenheit des Bodens eine Gewässerverunreinigung ausgeschlossen ist (vgl. auch Horn SK 9). Erst recht haben bei der Eignungsprüfung sonstige konkrete Umstände des Einzelfalls außer Betracht zu bleiben (Schittenhelm GA 83, 118, vgl. Steindorf LK 93). Ohne Bedeutung sind daher zB auch Klima- und Wetterverhältnisse (Meinberg NStZ 88, 366), ebenso der Grad der Sauerstoffzufuhr, der beim Verbrennen von Polyurethanschaumstoffen und Autoreifen unterschiedliche chemische Verbindungen mit unterschiedlicher toxischer Wirksamkeit zur Folge haben kann (and. AG Hamburg NStZ **88**, 365 m. Anm. Meinberg). Entsprechendes gilt für *Autowracks*. Eine Verneinung des Eignungsurteils mit Blick auf eine fehlende gegenwärtige Gefahr infolge derzeit noch ausreichend dichter Flüssigkeitsbehälter (Braunschweig NStZ-RR **98**, 176 m. krit. Anm. Brede NStZ **99**, 137, Koblenz NStZ-RR **96**, 9) bzw. Abstellen des Tatobjekts auf einen Zementfußboden (Braunschweig ZfW **95**, 114, Celle Nds. Rpfl. **97**, 177 m. krit. Anm. Sack NStZ 98, 198, zust. Brede aaO) ist mit Abs. 6 nicht vereinbar. Anderes folgt auch nicht aus Bay **92** 147, JR **91**, 216, NVwZ **95**, 936 (vgl. auch NuR **95**, 432), Schleswig NStZ **97**, 546 (krit. auch Brede aaO, Schall NStZ-RR **98**, 356), wo nicht die besondere Eignung, sondern bereits die objektive Abfalleigenschaft mangels hinreichender Gefahr (o. RN 2 e aE) verneint wurde (zu Unrecht krit. daher Horn JZ 94, 1099 u. Franzheim aaO [vor § 324] 60). In Betracht kommt in diesen Fällen auch § 327 Abs. 2 Nr. 1 (dort RN 15). – Erfolgt das Beseitigen durch mehrere Einzelhandlungen, so kann die Gesamtmenge dem Eignungsurteil nur dann zugrundegelegt werden, wenn es sich dabei um eine tatbestandliche Handlungseinheit handelt (vgl. 12 ff. vor § 52).

d) Da sich die Tat nur auf gefährliche Abfälle in dem genannten Sinn bezieht, müssen diese die fragliche Eignung bereits **im Zeitpunkt der Tathandlung** (Beseitigung usw.) haben (vgl. Horn SK 16). Werden sie gefährlich iSd Nr. 4 erst durch eine bestimmte Art und Weise der Beseitigung, so ist zu unterscheiden: Kein Fall der Nr. 4 liegt vor, wenn sich die Eignung nicht aus einem in dem Abfall selbst enthaltenen Stoff, sondern aus den bei seiner Beseitigung (sachwidrig) verwendeten Mitteln ergibt. Werden dagegen in dem Abfall selbst enthaltene schädliche Stoffe erst durch ein bestimmtes Beseitigungsverfahren freigesetzt (vgl. Zweibrücken NStZ **86**, 411 m. Anm. Sack: Verbrennen von Styropor; vgl. auch AG Hamburg NStZ **88**, 365 m. Anm. Meinberg: Abbrennen eines Autos), so ist dieser in seinem Ausgangszustand zwar gleichfalls kein gefährlicher Abfall iSd Nr. 4, weil eine nur potentielle Eignung dafür nicht genügt (andernfalls wäre zB auch das Ablagern von Styroporabfällen in einem Wald nach Nr. 4 strafbar; vgl. aber auch Sack 185). Hier kann sich aber eine Strafbarkeit nach Nr. 4 daraus ergeben, daß der ursprünglich die Voraussetzungen der Nr. 4 nicht erfüllende Abfall diese Eigenschaft während des Beseitigungsvorgangs erlangt, was spätestens bis zu der im Abschluß der Beseitigung liegenden Tatbeendigung (u. 20) möglich ist (vgl. Zweibrücken NStZ **86**, 411 m. Anm. Sack, Horn SK 16, Lackner/Kühl 6, Rengier aaO [vor § 324] 31).

5. Die **Tathandlung** besteht in dem auf bestimmte Weise erfolgenden Beseitigen der genannten Abfälle, wobei die in Abs. 1 weiter aufgezählten Handlungen des Behandelns, Lagerns, Ablagerns und Ablassens nur Unterfälle des Beseitigens („sonst") sind.

a) Das **Beseitigen** von Abfällen als Oberbegriff in § 326 I ist nicht dasselbe wie die Abfallbeseitigung iS § 10 II KrW-/AbfG, dies u. a. schon deshalb nicht, weil das dort gleichfalls miteinbezogene Einsammeln und Befördern von Abfällen (über § 61 I Nr. 3 KrW-/AbfG ordnungsrechtlich erfaßt) jedenfalls nach der ratio legis noch keine Beseitigung iSd § 326 sein kann (Heine NJW 98, 3669, Lackner/Kühl 7, Steindorf 97). Zu eng ist es aber, wenn der Begriff des Beseitigens definiert wird als eine Handlung, die unmittelbar zur endgültigen Beseitigung führt (BT-Drs. 8/2382 S. 18, Tröndle/ Fischer 7). Schon das als Unterfall aufgeführte „Lagern" i. S. einer Zwischenlagerung (u. 10 a) ist damit nicht erfaßt, vor allem aber bringt eine solche nicht einseitig am Zweck der endgültigen Beseitigung von Abfällen orientierte Umschreibung nicht zum Ausdruck, daß mit § 326 auch Vorgänge erfaßt werden sollen, die darauf abzielen, Abfälle nach der Entsorgung als Stoffe ganz oder teilweise wieder dem Wirtschaftskreislauf zuzuführen (Beseitigung zur Verwertung; vgl. BGH **37** 335, 337 m. Anm. Horn JZ 91, 886, u. Sack JR 91, 338, Franzheim aaO [vor § 324] 62 f., NStZ **97**, 545, Schall NStZ **97**, 466 u. 98, 354). Dies klarstellend, hat der Gesetzgeber durch das 6. StRG die Überschrift angepaßt (s. Vorbem.). Anknüpfend an die im KrW-/AbfG geregelten Pflichten des Abfallbesitzers und im Hinblick auf den Kontext des „Beseitigens" in Abs. 1 („außerhalb einer dafür zugelassenen Anlage" usw.) ist entsprechend davon auszugehen, daß dieses objektiv das Schaffen eines Zustands voraussetzt, in dem die Abfälle der gesetzlich vorgesehenen Abfallentsorgung entzogen sind oder diese jedenfalls erheblich gefährdet ist und deshalb die Gefahr eines unkontrollierten Freisetzens der enthaltenen Schadstoffe erhöht wird (ebenso Düsseldorf wistra **94**, 76, eingeh. Heine NJW 98, 3666 mwN; vgl. auch MG/Pfohl 1478, Steindorf LK 97 f., 109: Nichterfüllung der Überlassungspflicht an den gesetzlich zur Entsorgung Verpflichteten, Rogall NStZ 92, 561, zust. Lackner/Kühl 7 a; ähnl. Horn SK 18, Kuhlen WuV 91, 218, Rengier BT II 307). Nicht erforderlich ist dafür eine Substanzvernichtung oder -veränderung (Köln NJW **86**, 1119), ebensowenig eine Aufgabe der Sachherrschaft (wenngleich eine solche immer genügt; vgl. Köln aaO) oder daß die Abfälle der Natur

§ 326   10 a   Bes. Teil. Straftaten gegen die Umwelt

überlassen werden (Köln aaO), und auch auf eine Ortsveränderung kommt es hier – iU etwa zu den §§ 134, 315 – nicht an (vgl. BT-Drs. 8/2382 S. 18, Tröndle/Fischer 7, Lackner/Kühl 7 a). Immer aber muß der genannte „Beseitigungserfolg" (Horn SK 17) ähnlich gravierend sein wie bei den vom Gesetz ausdrücklich genannten Beseitigungsarten des Behandelns, Lagerns usw. (vgl. BT-Drs. aaO, Köln aaO, Sack 201). An diesen Kriterien sind auch Verwertungsvorgänge zu messen (and. Lackner/ Kühl 7 a, M-Schroeder II 91, Michalke aaO 152 f., Rogall Boujong-FS 824 ff., Steindorf LK 16). In Frage kommen etwa bestimmte Abfälle zur Verwertung, soweit besondere Überlassungspflichten bestehen (§ 13 IV 2 KrW-/AbfG, Heine NJW 98, 3670, Pfohl in Klett/Schmitt-Gleser 237 f., vgl. Rengier BT II 308); zu Mischabfällen vgl. Koblenz NVwZ **99**, 573. Mangels Gefährdung der gesetzlich vorgesehenen Abfallentsorgung bzw. eines entsprechenden „Beseitigungserfolgs" scheiden aber tatsächliche Verwertungen, wie zB das innerbetriebliche Einbinden in Erzeugnisse oder die Verwertung bestimmter Produktionsrückstände als Rekultiviermaterial, aus (vgl. BVerwG DVBl. **94**, 1013, Weidemann in: Brandt u. a. aaO § 4 RN 96 ff., aber auch AG Dachau NStZ **96**, 546 m. Anm. Schroth).

10 a   Als vom Gesetz ausdrücklich genannte Beseitigungsart umfaßt das **Behandeln** das Aufbereiten, Zerkleinern, Kompostieren, Verbrennen, Entgiften und sonstige qualitative oder quantitative Veränderungen von Abfällen (zum Vermischen mit nicht verunreinigtem Material vgl. BGH **37** 28, Franzheim aaO [vor § 324] 63), wenn dabei die o. 10 genannten Voraussetzungen erfüllt sind. Daß damit der Zweck wirtschaftlicher Verwertung verfolgt wird, schließt ein Behandeln iSd Beseitigens nicht aus (so jedoch – auf der Grundlage des AbfG aF – BT-Drs. 8/2382 S. 18, Michalke aaO 159; vgl. auch Lackner/Kühl 7 b), wenn dies außerhalb einer dafür zugelassenen Anlage oder unter wesentlicher Abweichung von einem vorgeschriebenen usw. Verfahren geschieht (vgl. Horn SK 18). – **Lagern** ist das Zwischenlagern, d. h. die vorübergehende Aufbewahrung zum Zweck einer anderweitigen Beseitigung (vgl. BT-Drs. aaO, BGH **36** 258, **37** 337 m. Anm. Horn JZ 91, 886 u. Sack JR 91, 338, StV **94**, 427 m. Anm. Michalke, S. Cramer NStZ 95, 186 u. Otto NStZ 94, 427, Düsseldorf NVwZ **99**, 572, Lackner/Kühl 7 a, Steindorf LK 100). Ob die Beseitigung selbst später im Inland oder – und damit vor Inkrafttreten des 31. StÄG (s. Vorbem.) nach der Rspr. straflos (o. 7) – im Ausland erfolgen soll, ist ohne Bedeutung (vgl. BGH StV **94**, 427 m. Anm. wie o. [and. hier S. Cramer aaO]). Auch braucht die anderweitige Beseitigung nicht die anschließende endgültige Beseitigung der Abfallstoffe zu sein; sollen diese nach einer entsprechenden Aufbereitung dem Wirtschaftskreislauf wieder zugeführt werden, so ist es nach dem Sinn der Vorschrift ein Lagern vielmehr auch, wenn schon jetzt eine ordnungsgemäße Entsorgung geboten wäre (vgl. BGH **37** 337 m. Anm. wie o., Sack 195 u. zum Lagern iSd AbfG aF Köln NStZ **87**, 462 mwN). Nicht erforderlich ist, daß die Abfälle auf dem Erdboden liegen (Köln aaO), wohl aber muß das Zwischenlagern in seiner Gefährlichkeit (zB Möglichkeit des Verbreitens von Krankheitserregern durch Ungeziefer, Eindringen von Schadstoffen in das Erdreich) den anderen Beseitigungsarten in etwa entsprechen, wobei seine Dauer und die Art der Abfälle und der Lagerung eine wesentliche Rolle spielen. Ein nur ganz vorübergehendes Lagern genügt deshalb im allgemeinen nicht (zB Ansammeln von verschrottungsreifem Abfall für die Zeit von wenigen Tagen, vgl. Steindorf LK 104 mwN). Kein Lagern ist auch das Zusammentragen und Bereitstellen zur Erfüllung der gesetzlichen Überlassungspflicht gem. § 13 KrW-/AbfG (vgl. Bay **81** 39, **83** 124, Stuttgart Justiz **74**, 591, Möhrenschlager NuR 83, 217, Sack 195, Schall NStZ 97, 466, Steindorf aaO mwN). Ist dagegen der Besitzer verpflichtet, selbst für eine gemeinwohlverträgliche Abfallbeseitigung zu sorgen (vgl. § 11 I KrW-/AbfG), so ist es eine Frage des Einzelfalls, wann die Grenze des erlaubten Bereitstellens zum verbotenen Lagern überschritten ist. Von Bedeutung dafür sind insbes. die Gefährlichkeit des Abfalls, die Art und Dauer des Aufbewahrung und ob bereits ein Abnehmer vorhanden ist, mit dessen Erscheinen alsbald gerechnet werden kann (vgl. dazu auch BGH **37** 337, Bay MDR **91**, 78, NStZ-RR **98**, 114, Düsseldorf MDR **82**, 868, Franzheim aaO [vor § 324] 63 f., Heine NJW 98, 3670, Steindorf LK 104). Zu unterscheiden ist auch beim *Umlagern* bereits gelagerter Abfälle, bei dem es darauf ankommt, ob sich das Aufbewahren an dem anderen Ort lediglich als Fortsetzung des bisherigen Lagerns oder als ein erneutes und damit eigenständiges Lagern darstellt. Nicht entscheidend kann dafür sein – mit dem Charakter eines abstrakten Gefährdungsdelikts wäre dies unvereinbar –, ob der Abfall an dem neuen Ort gefährlicher ist (vgl. BGH StV **94**, 427 m. Anm. wie o., Steindorf LK 102; and. Köln JR **91**, 523 m. Anm. Sack u. dazu auch Horn JZ 94, 1099); auch wenn er dies nicht ist, ist die räumliche Veränderung ein erneutes Lagern und damit tatbestandsmäßig, wenn sie dazu führt, daß die betroffenen Güter nunmehr andere sind (zB anstatt des Bodens am Ort X der Boden am Ort Y; zur Möglichkeit, das Ausbleiben einer Gefahrerhöhung bei einer saldierenden Betrachtungsweise in der Strafzumessung zu berücksichtigen, vgl. BGH aaO). Maßgeblich kann daher nur sein, ob die mit der Umlagerung verbundene Ortsveränderung so geringfügig ist, daß auch die damit einhergehende Verschiebung des räumlichen Gefahrenbereichs nicht mehr ins Gewicht fällt, so zB wenn, wie in dem Fall von Köln aaO, der in einem Gebäude zwischengelagerte Abfall in den dazu gehörenden Garten umgelagert wird (vgl. Otto NStZ 94, 437). – Um ein **Ablagern** handelt es sich, wenn die Abfälle mit dem Ziel gelagert werden, sich ihrer auf diese Weise endgültig zu entledigen (vgl. BT-Drs. 8/2382 S. 18, ferner zB Braunschweig ZfW **95**, 115, Köln OLGSt. § 1 AbfG S. 2, Sack 197, Steindorf LK 108). Das bloße Liegenlassen von Abfällen ist nur bei einer entsprechenden Garantenstellung (u. 11) ein strafbares Ablagern (Hecker aaO 67; mißverständl. Bay **73** 168, **83** 125, Frankfurt NJW **74**, 1666). – Der dem Internat. Abkommen zur Verhütung der Verschmutzung der See durch Öl (BGBl. 1954 II 381) entnommene Begriff des **Ablassens** bezieht sich auf Flüssigkeiten

(nach Steindorf LK 108 auch rieselfähige Stoffe) und erfaßt deren Ausfließen ohne Rücksicht auf die Ursache (BT-Drs. aaO). − Zum Merkmal des („sonst") **Beseitigens,** das Auffangcharakter hat, vgl. o. 10. Hierher gehört etwa das Einbringen von Abfällen in ein Gewässer oder in die Luft (vgl. Sack 201). Ein Beseitigen kann es auch schon sein, wenn dem Abfall einem gutgläubigen Dritten zur endgültigen Wegschaffung übergeben wird, sofern der Täter auf diesen keinerlei Einwirkungsmöglichkeiten mehr hat (Köln NJW **86,** 1117). Gleiches dürfte bei Sonderpflichtigkeit gelten (and. 25. A.), wenn Abfälle an ein Unternehmen weitergegeben werden, das seinerseits keine Erlaubnis zur Abfallbeseitigung hat (vgl. iE BGH **43** 231 f., Düsseldorf wistra **94,** 73, Schall NStZ-RR 98, 357, Winkelbauer Lenckner-FS 657; vgl. u. 21).

Unter den Voraussetzungen des § 13 kann der Tatbestand auch durch **Unterlassen** (pflichtwidriges **11** Nichtbeseitigen von Abfällen) verwirklicht werden. Dabei kommt als Grundlage für eine Garantenpflicht zunächst die *Ingerenz* (vgl. § 13 RN 32 ff.) in Betracht, die allerdings nicht schon damit begründet werden kann, daß der Täter den Tatbestand des § 326 durch Begehen erfüllt hat (vgl. BGH **36** 258, Horn SK 23, Rogall NStZ 92, 562; geht es bei § 326 um ein Zustandsdelikt [u. 20; zum Ablagern auch BGH aaO], so ist es entgegen Rogall aaO FN 132 auch keineswegs selbstverständlich, daß hier etwas anderes gilt, wenn sich die Gefahr oder der Schaden infolge des Untätigbleibens zu erweitern droht; zur Ingerenz vgl. auch Frankfurt NuR **89,** 405). Eine Garantenstellung kann sich ferner aus der *Verantwortung für Gefahrenquellen* ergeben. Schon nach allgemeinen Grundsätzen (vgl. § 13 RN 44, aber auch Hecker NStZ 92, 873) und hier speziell aufgrund der öffentlich-rechtlichen Sonderpflichten als Abfallbesitzer (vgl. §§ 5 II, 11 I, 13 I KrW-/AbfG) kann danach auch der Eigentümer oder Nutzungsberechtigte eines Grundstücks Garant für den auf diesem von einem anderen abgelagerten Abfall sein (vgl. Braunschweig NStZ-RR **98,** 177, Frankfurt NJW **74,** 1666, Stuttgart NJW **87,** 1282, LG Koblenz NStZ **87,** 281, ferner − mit Unterschieden im einzelnen − zB Geidies NJW 89, 821, Hecker aaO 92 u. NJW 92, 873, Hohmann NJW 89, 1254, Iburg NJW 88, 2338; Nappert aaO [vor § 324] 104 f., Rogall NStZ 92, 562, Schmitz NJW 93, 1167, Sack 202, Schall NStZ 97, 577, Steindorf LK 106). Daß die abfallrechtlichen Sonderpflichten den Grundstückseigentümer auch in diesem Fall zum Garanten machen können, setzt allerdings voraus, daß er trotz des fehlenden Herrschaftswillens als Besitzer des „wild" abgelagerten Abfalls angesehen werden kann, was nur möglich ist, wenn der Begriff des Besitzers im Abfallrecht hier nicht iSd BGB, sondern wegen seiner anderen Funktion i. S. eines öffentlich-rechtlichen Besitzbegriffs verstanden wird (so zB BVerwGE **67** 11 f., NJW **84,** 817, **89,** 1295, **98,** 1005, BGH[Z] JZ **85,** 689, Hecker NStZ 90, 327, Kunig in: Kunig u. a. aaO § 3 RN 57; Steindorf LK 34 u. aaO [o. 2 b] 10 f.; and. Fluck in: Fluck u. a. aaO § 3 RN 309 mwN; vgl. auch o. 2 d). Auch dann bleibt es freilich dabei, daß ein solcher Besitz ein „Mindestmaß an Sachherrschaft an dem Grundstück, das zugleich tatsächliche Gewalt über die dort lagernden Gegenstände vermittelt", voraussetzt (BVerwG NJW **89,** 1296, **98,** 1005), woran es bei für die Allgemeinheit aufgrund von Betretungsrechten frei zugänglichen Grundstücken fehlt (Wald- und Flurgrundstücke iU zB zu Stadtgrundstücken; vgl. näher BVerwGE **67** 11 f.). In solchen Fällen läßt sich eine Garantenpflicht daher jedenfalls abfallrechtlich nicht begründen (AG Kreuznach NStZ **98,** 571, Heine in: Brandt u. a. aaO § 61 RN 30, MG/Pfohl 1479). Aber auch die allgemeinen Grundsätze der Gefahrenquellenverantwortung führen hier nicht zu einer Garantenstellung, dies schon deshalb nicht, weil für das Bestehen einschlägiger Pflichten die Abfallgesetze eine abschließende Regelung enthalten, über die auch das Strafrecht nicht hinausgehen kann (vgl. zB Schmitz NJW 93, 1168); im übrigen wäre auch ohne solche Vorgaben bei der Frage einer strafrechtlichen Garantenpflicht zu berücksichtigen, daß bei Grundstücken, für die das Recht im Allgemeininteresse dem Besitzer die Last der freien Zugänglichkeit auferlegt, nicht dieser, sondern − vom Verursacher abgesehen − gleichfalls nur die Allgemeinheit „zuständig" sein kann (vgl. auch BVerwG NJW **89,** 1296). Das Nichtbeseitigen von „wilden" Müllablagerungen in freier Flur durch den Grundstückseigentümer ist daher nicht tatbestandsmäßig iSd § 326, und ebensowenig das Unterlassen entsprechender Maßnahmen, durch welche das Ablagern weiterer Abfälle unterbunden werden könnte (vgl. Schmitz aaO 1169; and. insoweit Hohmann NJW 89, 1257 f., Iburg NJW 88, 2338; dazu, daß auch keine Meldepflicht im geltenden Recht keine Grundlage hat, vgl. Schmitz aaO 1170 gegen Hecker NJW 92, 875, M-Schroeder II 92). Zweifelhaft kann nur sein, ob dies auch für Menschen schwer gefährdende Abfälle gilt (zB explosionsgefährliche Abfälle, Abs. 1 Nr. 3, vgl. Steindorf LK 106) oder ob hier nicht doch, bejaht man in solchen Fällen eine strafrechtliche Haftung für den eingetretenen Erfolg, zugleich ein strafbares Unterlassen in dem von § 326 erfaßten Vorfeld anzunehmen ist. − Zur Garantenstellung des Bürgermeisters für eine von der Gemeinde betriebene Müllkippe vgl. Stuttgart OLGSt. § 327 **Nr. 1,** LG Koblenz NStZ **87,** 282, AG Cochem NStZ **85,** 506, Weber, Strafrechtliche Verantwortlichkeit von Bürgermeistern usw. [1988] 24 ff., Winkelbauer NStZ 86, 151 und zu dessen Verantwortung für die Beseitigung von Abwässern BGH **38** 325 m. Anm. Schwarz NStZ 93, 285, Jung JuS 93, 346 u. Bspr. Michalke NJW 94, 1693, Nestler GA 94, 514; Nappert aaO (vor § 324) 63ff., Scholl aaO 174 f., zu Beamten von Umweltbehörden BGH **39** 381 m. Anm. Horn JZ 94, 633, Rudolphi NStZ 94, 432, Schirrmacher JR 95, 383 (zur Frage der Unterlassungstäterschaft von Amtsträgern vgl. im übrigen 36 ff. vor § 324, Weber aaO 49 ff.); zur Garantenstellung des Hundebesitzers bezüglich des Hundekots (vgl. dazu die Nachw. o. 2 d), wo − entgegen AG Düsseldorf NStZ **89,** 532 − gleichfalls nur ein Unterlassen in Betracht kommt, vgl. Hecker NStZ 90, 328, Heine in: Brandt u. a. aaO § 61 RN 30; zum Ganzen vgl. auch Wessel aaO.

12   b) Tatbestandsmäßig ist das Beseitigen nur, wenn es **außerhalb einer dafür zugelassenen Anlage** (1. Alt.) oder unter **wesentlicher Abweichung von einem vorgeschriebenen oder zugelassenen Verfahren** (2. Alt.) erfolgt. Als *Anlagen* (vgl. § 325 RN 4) iSd *1. Alt.* kommen nicht nur Abfallbeseitigungsanlagen nach § 27 I KrW-/AbfG (nach S. 2 jeweils iVm § 4 BImSchG), sondern auch andere Einrichtungen in Betracht, so zB die Tierkörperbeseitigungsanstalten nach § 1 I Nr. 4 TierkörperbeseitigungsG v. 2. 9. 1975 (BGBl. I 2313) und die Anlagen nach § 9 a III AtomG, vgl. Steindorf LK 112. *Zugelassen* ist die Anlage, wenn für sie eine wirksame Genehmigung bzw. bei Deponien eine bestandskräftige Planfeststellung vorliegt (vgl. § 31 KrW-/AbfG, §§ 9 b, 9 c AtomG), wenn sie als Altanlage von der zuständigen Behörde nicht untersagt wurde und nicht gegen Auflagen usw. verstößt (§ 9 AbfG aF bzw. § 35 KrW-/AbfG; zu den noch nach DDR-Recht genehmigten Anlagen vgl. Heine DtZ 91, 423) oder wenn sie nach sonstigen Rechtsvorschriften zulässig (vgl. zB § 38 BBahnG v. 13. 12. 1951, BGBl. I 955, oder Zwischenlager für Abfälle, die allenfalls noch einer baurechtlichen Genehmigung bedürfen, vgl. MG/Pfohl 1480) oder nicht ausdrücklich verboten ist (vgl. für bestimmte bewegliche Abfallbeseitigungsanlagen, die das von § 4 I I BImSchG vorausgesetzte Gefährdungspotential nicht aufweisen, Paetow in: Kunig u. a. § 31 RN 24). Da die Anlage „dafür" zugelassen sein muß, ist der Tatbestand jedoch nur ausgeschlossen, wenn sich die Zulassung gerade auf die Art und Menge des zu beseitigenden Abfalls bezieht (BGH 43 221 f., vgl. StA Landau NStZ 84, 553, Horn SK 20, Sack 214, Steindorf LK 113). – Demgegenüber ist es bei der *2. Alt.* gleichgültig, wo die Abfälle beseitigt werden. Tatbestandsmäßig ist danach jede Beseitigung von Abfällen iSd Nr. 1–4, wenn sie unter *wesentlicher Abweichung von einem* – durch Rechtsvorschriften oder Verwaltungsakt (Celle NJW 86, 2327, Karlsruhe NStZ 90, 128, Schall NStZ 97, 466) – *vorgeschriebenen oder zugelassenen Verfahren* erfolgt. Zwar könnte die Gesetzesbegründung (vgl. BT-Drs. 8/2328 S. 19) darauf hindeuten, daß damit nur solche Fälle erfaßt werden sollten, in denen die Beseitigung schädlicher Abfälle außerhalb einer Anlage zugelassen (zB § 5 II TierkörperbeseitigungsG, § 3 I StrlSchVO iVm § 9 III AtomG) und damit iSd 1. Alt. nicht mehr „unbefugt" ist (so zB Steindorf LK 115 mwN). Aus dem Wortlaut ergibt sich eine solche Einschränkung, gegen die auch die ratio legis spricht (o. 1), aber nicht. Anzuwenden ist die 2. Alt. daher auch, wenn bei der Beseitigung innerhalb einer dafür vorgesehenen Anlage wesentlich von dem vorgeschriebenen usw. Verfahren abgewichen wird (so zB auch Karlsruhe NStZ 90, 128, Horn SK 21, Jünemann aaO [vor § 324] 154, Lackner/Kühl 8, Möhrenschlager NuR 83, 217, Rogall NStZ 92, 563, Sack 218). Immerhin setzt die 2. Alt. voraus, daß es ein vorgeschriebenes oder zugelassenes Beseitigungsverfahren überhaupt gibt (nur dann kann von einem solchen „abgewichen" werden). Ist dies nicht der Fall und gibt es für die fragliche Abfallart auch keine dafür zugelassene Anlage, so ist jedoch immer die 1. Alt. erfüllt (vgl. Bay 89 13, 94 191, Celle MDR 89, 842 [unter Aufgabe von NJW 86, 2327], Oldenburg NJW 88, 2391, wistra 88, 200 [vgl. dazu BGH wistra 88, 354], Breuer NJW 88, 2083, Horn SK 19, Lackner/Kühl 8, Lamberg NJW 87, 422 f., Rogall NStZ 92, 563; and. noch Celle NJW 86, 2327 [Ablassen von Silagesaft; vgl. dazu jetzt § 19 g II WHG]; hier kann aber § 34 in Betracht kommen (u. 16), auch kann es im Fall des Beseitigens durch Unterlassen schon an der Handlungsmöglichkeit, jedenfalls an der Zumutbarkeit fehlen. „Wesentlich" ist die Abweichung nicht schon, wenn zwingende Vorschriften verletzt sind (so jedoch Rogall JZ-GD 80, 100): Auch bei diesen begründen geringfügige Verstöße noch keine wesentliche Abweichung, sondern nur dann, wenn die Gefährlichkeit des Abfalls wegen der Reststoffe nicht im wesentlichen ausgeschaltet wird oder wenn mit der Art und Weise der Behandlung eine Umweltgefährdung verbunden ist, die durch das vorgeschriebene usw. Verfahren vermieden worden wäre (vgl. auch BT-Drs. 8/2382 S. 19, StA Landau NStZ 84, 553, GenStA Zweibrücken NStZ 84, 554, Horn SK 21, Lackner/Kühl 8, Möhrenschlager NuR 83, 217, Steindorf LK 116; krit. Sack NJW 80, 1427).

12 a   IV. Der durch das 31. StÄG geschaffene **Tatbestand** des neuen – iU zum 31. StÄG bereits am 14. 10. 1994 in Kraft getretenen – **Abs. 2** (o. 1; zum subjektiven Tatbestand vgl. u. 14 f.) betrifft die **verbotene und ungenehmigte grenzüberschreitende Abfallverbringung**. Er dient der wirksameren Bekämpfung von Auswüchsen des sog. Abfalltourismus, besonders deutlich beim Verbringen hochtoxischer Abfälle in ein Land, in dem eine ungefährliche Entsorgung schon wegen des Fehlens entsprechender Spezialbetriebe nicht möglich ist (vgl. BT-Drs. 12/192 S. 20 f.).

12 b   1. **Abfälle** iSd Abs. 2 sind, wie sich aus der ausdrücklichen gesetzlichen Verweisung ergibt, solche i. S. des Abs. 1. Klargestellt ist damit nicht nur, daß der Abfall die in Abs. 1 Nr. 1–4 genannten besonderen Eigenschaften aufweisen muß (o. 4 ff.), sondern daß auch der Abfallbegriff selbst hier wie dort derselbe ist (o. 2 a ff.; zum Problem der bis zum Inkrafttreten des KrW-/AbfG divergierenden abfallrechtlichen Begriffsbestimmungen vgl. 25. A. 2 b, 2 g).

12 c   2. Tathandlung ist das **grenzüberschreitende** („in den, aus dem oder durch den Geltungsbereich dieses Gesetzes") **Verbringen** von Abfällen, sofern dies **entgegen einem Verbot** oder **ohne** die erforderliche **Genehmigung** erfolgt. Dabei ist das *Verbringen* jede Beförderung i. S. einer Ortsveränderung (and. als in § 328 – vgl. dort RN 7 – jedoch nicht schon das Beladen, gleichgültig, durch wen (Abfallerzeuger, gewerbliches Transportunternehmen usw.; zur Frage der Täterschaft vgl. u. 21) und mit welchen Transportmitteln (LKW, Eisenbahn, Schiff usw.) dies geschieht (Lackner/Kühl 8, Steindorf LK 123). Das Verbringen *in den, aus dem oder durch den* Geltungsbereich dieses Gesetzes entspricht dem Ausführen, Einführen oder Durchführen in anderen Gesetzen (vgl. zB – dort zT mit zusätzlichen Besonderheiten – § 4 II Nr. 3–5 AWG, § 11 I BtMG, § 22 a I Nr. 4 KWKG; zur

Unerlaubter Umgang mit gefährlichen Abfällen   **12 d § 326**

Vollendung vgl. u. 20). Für das zur Klarstellung (vgl. BT-Drs. 12/7300 S. 23) eingefügte „Verbringen durch …" ist wesentlich, daß Herkunfts- und Bestimmungsort in verschiedenen fremden Hoheitsgebieten liegen, wobei die Abfälle iU zum „Verbringen in …" während des Transports durch das Inland zu keinem Zeitpunkt dem Durchführenden oder einer dritten Person tatsächlich zur Verfügung stehen und der zur Beförderung notwendige Aufenthalt im Inland auf die zur Durchfuhr erforderliche Zeit beschränkt ist (vgl. zum Durchführen nach § 29 I Nr. 5 BtMG u. a. zB BGH **31** 375, **34** 183, NJW **94**, 61, Fuhrmann in: Erbs/Kohlhaas § 4 AWG RN 17; vgl. dazu auch § 11 I BtMG). *Verbote* – gemeint sind damit absolute Verbringungsverbote – iSd Abs. 2 sind vor allem die in der Bußgeldvorschrift des § 14 I Nr. 5 AbfVerbrG genannten Verbote des EG-AbfVerbrVO (o. 2 a; zu den Anwendungsbeschränkungen vgl. jedoch Art. 1 II, III, dazu B. Breuer aaO 125). Die iSd Abs. 2 *erforderliche Genehmigung* muß eine solche sein, die speziell für das grenzüberschreitende Verbringen von Abfällen vorgeschrieben ist (so die Genehmigungen nach § 11 StrlSchVO [kernbrennstoffhaltige Abfälle] und der EG-AbfVerbrVO); Verstöße gegen andere beförderungsbezogene Genehmigungspflichten, zB nach dem Gefahrgutrecht, können uU jedoch nach § 328 strafbar sein. Hat im grenzüberschreitenden Abfallverkehr eine ausländische Behörde die Genehmigung zu erteilen, so ist dies die nach Abs. 2 erforderliche Genehmigung (B. Breuer aaO 135 f., Heine Trifftterer-FS 419); soweit es einer in- und ausländischen Genehmigung bedarf, ist auch Abs. 2 nur dann ausgeschlossen, wenn beide vorliegen. Für Genehmigungen im Anwendungsbereich der EGAbfVerbrVO sieht diese iVm § 4 AbfVerbrG ein detailliert geregeltes Verfahren vor mit außerordentlich komplexen Kontrollsystemen und unterschiedlichen Anforderungen je nach Art des Abfalls (zur Beseitigung oder zur Verwertung bestimmte Abfälle; mißverständl. insofern § 2 I 2 AbfVerbrG, wo für die Unterscheidung beider Abfallgruppen darauf abgestellt wird, ob die Abfälle tatsächlich verwertet werden, obwohl es im Stadium des Verbringens ebenso wie beim bloßen Bereitstellen nur auf die subjektive Zwecksetzung ankommen kann [vgl. B. Breuer aaO 108 u. zu § 3 I 2 KrW-/AbfG auch Fluck u. a. aaO § 3 RN 114]), nach der Gefährlichkeit des Abfalls (Bildung von Abfallgruppen) und den jeweils beteiligten bzw. betroffenen Staaten (grenzüberschreitender Abfallverkehr innerhalb der EG oder mit Drittländern). Im einzelnen gilt danach folgendes:

Für das Verbringen von **Abfällen zur Beseitigung innerhalb der EG** ist nach Art. 5 I EG-   **12 d**
AbfVerbrVO eine nach Durchführung des sog. Notifizierungsverfahrens (Art. 3 f.) von der zuständigen Behörde am Bestimmungsort erteilte schriftliche Genehmigung erforderlich. Liegt diese vor, so ist das Verbringen, da Art. 5 I nur auf die Genehmigung abstellt, auch dann nicht nach § 326 strafbar, wenn sie ungeachtet der von einer anderen betroffenen Behörde gem. Art. 4 II erhobenen Einwände entgegen Art. 4 II a Unterabs. 2 dennoch erteilt wurde (vgl. B. Breuer aaO 139, Szelinski/Schneider aaO 150). – Beim grenzüberschreitenden Verbringen von **Abfällen zur Verwertung innerhalb der EG** ist zu unterscheiden: Die in Anhang II (Grüne Liste) genannten Abfälle unterliegen grundsätzlich nicht dem Kontrollverfahren der VO (Art. 1 III); für sie besteht daher auch kein Genehmigungserfordernis, abgesehen davon, daß sie schon wegen ihres relativ geringen Gefährdungspotentials ohnehin nicht die besonderen Abfallvoraussetzungen des § 326 erfüllen dürften. Bei den Abfällen des Anhangs III (Gelbe Liste) – für § 326 II gleichfalls nur unter den Voraussetzungen des Abs. 1 Nr. 1–4 von Bedeutung – kommt es zwar zu einem Notifizierungsverfahren (Art. 6 f.; zu den innerhalb von 30 Tagen zu erhebenden Einwänden bzw. zur schriftlichen „Zustimmung" der betroffenen zuständigen Behörden vgl. Art. 7 II, VI), hier gegenüber den Abfällen zur Beseitigung u. a. aber mit dem Unterschied, daß, vorbehaltlich eines Beschlusses nach Art. 8 I Unterabs. 2 (s. u.), die Verbringung nach Ablauf der 30tägigen Frist schon dann erfolgen darf, wenn keine Einwände erhoben worden sind. Ausgeschlossen ist damit auch eine Strafbarkeit nach § 326 II; ob deshalb, weil hier die „stillschweigende Zustimmung" (Art. 8 I Unterabs. 1 S. 2) ohne Rücksicht auf die Genehmigungsfähigkeit als Genehmigung iSd Abs. 2 anzusehen ist (vgl. B. Breuer aaO 147 ff., Heine aaO 420 f., Szelinski/Schneider aaO 50, 150) oder weil es in diesem Fall einer vorherigen Genehmigung im eigentlichen Sinn nicht (mehr) bedarf (vgl. Winter UPR 95, 164), ist iE ohne Bedeutung (für diese zweite Deutung könnte allerdings § 14 I Nr. 2 AbfVerbrG sprechen, weil dort sonst für Art. 8 dessen Abs. 1 insgesamt zu nennen gewesen wäre). Beschließen dagegen nach Art. 8 I Unterabs. 2 die zuständigen Behörden die Erteilung einer schriftlichen „Zustimmung" (was ja wohl nur i. S. eines entsprechenden Vorbehalts zu verstehen sein kann, um damit die mit einer „stillschweigenden Zustimmung" verbundenen Konsequenzen zu vermeiden), so soll eine Verbringung erst erfolgen dürfen, sobald alle erforderlichen „Zustimmungen" eingegangen sind. Obwohl § 326 II iU zu dem Bußgeldtatbestand des § 14 I Nr. 2 AbfVerbrG, der an das Verbringen „ohne Genehmigung oder Zustimmung" anknüpft, nur auf die Genehmigung abstellt, kann es hier jedoch allein darauf ankommen, daß das Verbringen gem. Art. 8 I Unterabs. 2 mit dem Eingang aller Zustimmungen bei der notifizierenden Person erlaubt ist, womit eine Strafbarkeit nach § 326 entfällt (vgl. B. Breuer aaO 150; das Nebeneinander von „Genehmigung" und „Zustimmung" in der EG-AbfVerbrVO ist nur schwer durchschaubar; vgl. auch die einander widersprechenden Darstellungen b. Szelinski/Schneider aaO 50 einerseits, von Köller u. a. aaO Art. 7 RN 3, Winter UPR 95, 164 andererseits). Handelt es sich schließlich um die hochgiftigen oder noch keiner der anderen Listen zugeordneten Abfälle des Anhangs IV (Rote Liste), so findet gleichfalls ein Notifizierungsverfahren nach Art. 6 bis 8 statt, hier jedoch mit dem Unterschied, daß das Verbringen nur bei Vorliegen einer schriftlichen „Zustimmung" aller betroffenen Behörden erfolgen darf (Art. 10). Eine „stillschweigende Zustimmung" wie bei den Abfällen des Anhangs III gibt es hier mithin nicht. Zur Verbringung von Abfällen zur Beseitigung oder Verwertung *innerhalb der*

§ 326   12 e, 13   Bes. Teil. Straftaten gegen die Umwelt

EG mit einer *Durchfuhr durch Drittländer* vgl. Art. 12 (Erteilung der Genehmigung nach Zustimmung des Drittlandes; zu den hier möglichen Fallkonstellationen vgl. von Köller u. a. aaO Art. 12 RN 3). – Für die **Ausfuhr** in **Nicht-EG-Mitgliedstaaten,** die **Ein-** und **Durchfuhr** aus solchen ist – bei der Aus- und Einfuhr auch hier mit der Unterscheidung zwischen Abfällen zur Beseitigung und zur Verwertung – ein ähnlich differenziertes Verfahren vorgesehen (zur Ausfuhr vgl. Art. 14 ff., zur Einfuhr Art. 19 ff., zur Durchfuhr Art. 23 f.; zur Genehmigung und – ggf. stillschweigenden – Zustimmung vgl. Art. 15 III, VII, 17 IV, VI, VIII, 20 II, VI, 22 I, II, 23 III, 24 V). Zu den Einzelheiten vgl. die Kommentierung von Köller u. a. aaO, Szelinski/Schneider aaO 15 ff., ferner zB Klett u. a. WuV 95, 40, Winter UPR 95, 161.

12 e   Bei einer **auf unlautere Weise** (Täuschung, Drohung usw.) **erlangten Genehmigung** gilt folgendes: Hat eine *deutsche Behörde* die Genehmigung erteilt, so ist § 330 d Nr. 5 anzuwenden (vgl. dort RN 23 ff.), d. h. der Betreffende wird in den dort genannten Fällen mittels einer Fiktion strafrechtlich so behandelt, wie wenn er ohne Genehmigung handeln würde. Entsprechendes gilt für die „Zustimmung" der EG-AbfVerbrVO (o. 12 d), die jedenfalls eine sonstige Zulassung iSd § 330 d Nr. 5 ist, vorausgesetzt, daß sie als begünstigender Verwaltungsakt (vgl. § 330 d RN 23) und nicht lediglich als Rechtmäßigkeitsvoraussetzung der zu erteilenden Genehmigung anzusehen ist (in diesem Fall könnte dann allerdings die Genehmigung mittelbar durch Täuschung usw. erlangt sein). Daß in Art. 26 I c der VO nur die durch Fälschung, falsche Angaben oder Betrug (!) erlangte „Zustimmung" (nicht: „Genehmigung", die jedoch mitgemeint sein muß) und damit nur ein Teil der in § 330 d Nr. 5 erfaßten Fälle aufgeführt ist, steht dem nicht entgegen, da dieser Katalog, wie schon der besonders gravierende, dort aber fehlende Fall einer durch Drohung erwirkten Genehmigung zeigt, nicht den Anspruch einer abschließenden Aufzählung (and. von Köller u. a. aaO Art. 26 RN 1) mit entsprechenden Vorgaben für die Mitgliedstaaten erheben kann (vgl. auch B. Breuer aaO 143 unter Hinweis auf Abs. 130 t EGV). – Bei den auf unlautere Weise erlangten Genehmigungen einer *ausländischen Behörde* ergibt sich folgendes: Zwar verpflichtet die EG-AbfVerbrVO die Mitgliedstaaten, die „illegale Abfallbeseitigung" iSd Art. 26 I durch geeignete rechtliche Maßnahmen zu verbieten und zu ahnden (Abs. 2). Sofern dies nicht geschehen ist – die Pönalisierung zB der Falschdeklaration, durch welche die Genehmigung erlangt wurde, als solche genügt dafür nicht (zum bisherigen Stand im Ausland vgl. Heine Trifftterer-FS 420) –, gelangt § 326 II aber nicht wegen Art. 26 zur Anwendung. Daß bei einer durch Fälschung erlangten Genehmigung die Abfallverbringung in Art. 26 als „illegal" bezeichnet und mit einer Rückführungspflicht verbunden wird, ist noch kein generelles Verbot iSd Abs. 2, und ebensowenig könnte hier ohne eine ausdrückliche Regelung ohne weiteres das Fehlen der erforderlichen Genehmigung fingiert werden. Jedoch ist § 330 d Nr. 5 prinzipiell anwendbar, auch soweit durch die auf unlautere Weise erlangte Genehmigung die für eine zulässige Abfallverbringung notwendige Entscheidung einer deutschen Stelle nicht mitbetroffen ist. Zwar kann das völkerrechtliche Prinzip der beschränkten territorialen Souveränität und Integrität in gewissem Umfang dazu verpflichten, ausländische Hoheitsakte anzuerkennen (vgl. Vitzthum, Völkerrecht 1997, 484 ff. mwN). Hieraus kann sich uU eine Verpflichtung zur Duldung von Umweltbeeinträchtigungen, die vom Ausland herrühren, ergeben (vgl. o. 24 vor §§ 3–7) – wobei Grundsatz die Unzulässigkeit grenzüberschreitender Umweltbelastungen ist –, keinesfalls aber die Hinnahme einer gefährlichen Verbringung im Inland auf Grund eines unlauter erwirkten ausländischen Hoheitsakts (vgl. B. Breuer aaO 142, Dannecker/Streinz, in: Rengeling aaO [vor § 324] 165, Lackner/Kühl § 330 d Nr. 5, vgl. auch Jünemann aaO [vor § 324] 160 f., vgl. allgemein BGH **39** 5; and. 25. A.). Auch EU-Recht, insbesondere Art. 176 EGV (Amsterdam), steht nicht entgegen (näher B. Breuer aaO 143 f.). Dies gilt vor allem deshalb, weil den Empfängerstaaten die Befugnis eingeräumt ist, für Import in das eigene Staatsgebiet ein höheres Kontrollniveau zu verlangen (BVerwG ZUR **99**, 111).

13   V. Der **Tatbestand** des **Abs. 3** (zum subjektiven Tatbestand vgl. u. 14) setzt das **pflichtwidrige Nichtabliefern radioaktiver Abfälle** voraus (echtes Unterlassungsdelikt), wobei die Vorverlagerung der Strafbarkeit durch die Anknüpfung an die bloße Verletzung der Ablieferungspflicht mit der besonderen Gefährlichkeit solcher Abfälle zu erklären ist (BT-Drs. 8/2382 S. 19). Mit der durch das 31. StÄG (s. Vorbem. u. o. 1) erfolgten Anknüpfung an die Verletzung verwaltungsrechtlicher Pflichten (vgl. § 330 d Nr. 4 u. dort RN 9 ff.) wurde der Anwendungsbereich des Abs. 3 gegenüber Abs. 2 aF erweitert, indem nunmehr neben der Nichtbefolgung gesetzlicher bestehender Ablieferungspflichten auch Verstöße gegen solche Ablieferungspflichten in den Tatbestand einbezogen sind, die durch die in § 330 d Nr. 4 genannten Formen des Verwaltungshandelns begründet werden. Eine *gesetzliche Ablieferungspflicht* (§ 330 d Nr. 5 a) bezüglich radioaktiver Abfälle (zu diesen vgl. o. 2 h, 5) besteht nach § 9 a II AtomG für den Besitzer solcher Abfälle, wobei der Begriff des Besitzes hier nicht auf den unmittelbaren Besitz iSd BGB beschränkt sein kann (vgl. Celle NStE **Nr. 5,** aber auch Steindorf LK 128), sondern nach den Sinn der Vorschrift entsprechend o. 11 in dem weitergehenden öffentlich-rechtlichen Sinn zu verstehen ist. Ausnahmen von der Ablieferungspflicht (u. a. bei nur geringfügig radioaktiven Abfällen) und Fälle, in denen diese ruht, ergeben sich aus § 83 I StrlSchVO iVm den dort genannten Vorschriften. Soweit es sich dabei um bestimmte Genehmigungen handelt, die mit Bedingungen oder Auflagen versehen sein können, gelten bei einem Verstoß die unterschiedlichen Folgen der in RN 62 vor § 32 genannten Grundsätze (vgl. aber auch BT-Drs. 8/2382 S. 19). Im Unterschied zu § 5 III AtomG verlangt § 9 a II keine „unverzügliche" Ablieferung. Der Hinweis in BT-Drs. aaO, die Ablieferung habe „so rechtzeitig zu erfolgen, daß der Eintritt von Gefahren vermieden wird", ist

nichtssagend und unvereinbar damit, daß es sich bei § 326 um ein abstraktes Gefährdungsdelikt handelt. Angesichts der besonderen Gefährlichkeit radioaktiver Abfälle, die den Gesetzgeber auch zu einer Vorverlagerung der Strafbarkeit veranlaßt hat, ist vielmehr anzunehmen, daß die Ablieferungspflicht zu erfüllen ist, sobald der Täter Besitz an dem Abfall erlangt hat (§ 9 a II S. 1 AtomG) und ihm die Ablieferung möglich und zumutbar ist (ebenso Lackner/Kühl 9, vgl. auch Heine/Martin NuR 88, 332; krit. Steindorf LK 129, der jedoch übersieht, daß Handlungsmöglichkeit und Zumutbarkeit allgemeine Voraussetzungen jeder Unterlassungsstrafbarkeit sind [vgl. 141 ff., 155 f. vor § 13]), was in der Sache auf eine unverzügliche Ablieferung hinausläuft (Horn SK 27, Lackner/Kühl 9, Trifftster aaO 214). – Durch einen *Verwaltungsakt* kann eine Ablieferungspflicht zB nach § 19 III AtomG begründet werden. Hierher gehört ferner zB der Abruf zwischengelagerter radioaktiver Abfälle nach § 86 StrlSchVO, sofern es sich bei diesem um einen Verwaltungakt handelt (vgl. BT-Drs. 12/192 S. 21).

VI. Für den **subjektiven Tatbestand** der Abs. 1 bis 3 ist **Vorsatz** erforderlich; bedingter Vorsatz **14** genügt (Horn SK 22, Lackner/Kühl 10, Tröndle/Fischer 14). Im Fall des **Abs. 1** bedeutet dies: Der Täter muß zunächst wissen, daß es sich um Abfall handelt. Dazu gehört nicht nur die Kenntnis der tatsächlichen Umstände, welche die Abfalleigenschaft begründen, sondern auch die entsprechende Bedeutungskenntnis, während es sich um einen bloßen Subsumtionsirrtum handelt – von Bedeutung für § 17 –, wenn er bei zutreffender „Parallelwertung in der Laiensphäre" in Verkennung des gesetzlichen Abfallbegriffs die fragliche Sache nicht als Abfall ansieht, so (Beisp. b. Sack 273) wenn er meint, weil die Sache noch für andere Zwecke verwendbar sei, könne sie kein Abfall sein (vgl. dazu Bay **93** 80, Braunschweig ZfW **91**, 63, Schleswig NStZ **97**, 547 m. Anm. Iburg, NuR 87, 42, Iburg ZfW 89, 69, Rengier aaO [vor § 324] 85, Schall NStZ **97**, 578 u. NStZ **98**, 357 u. im übrigen § 15 RN 43 ff.). Hinzukommen muß das Wissen, daß es sich bei den Abfällen um gefährliche Abfälle iSd Nr. 1–4 handelt. Nicht notwendig dafür ist eine zutreffende Vorstellung über die konkrete Zusammensetzung und Wirkungsweise der Abfälle, wohl aber sind hier die Regeln über den Irrtum über Tatbestands-Alternativen (vgl. § 16 RN 11) zu beachten. Unbeachtlich sind danach Fehlvorstellungen, wenn die vom Täter fälschlich angenommene und die von ihm tatsächlich verwirklichte Tatbestandsalternative qualitativ vergleichbar sind, was zB für die verschiedenen, ausschließlich umweltbezogenen Varianten der Nr. 4 oder bezüglich der nur für Menschen gefährlichen Abfälle nach Nr. 1 gilt (vgl. o. 1 a): Daher kein Vorsatzausschluß, wenn der Täter einen für den Boden gefährlichen Abfall für wassergefährdend oder einen Krankheitserreger iSd BSeuchenG enthaltenden Abfall für giftig hält (vgl. näher Schittenhelm GA 83, 313 f., ferner Sack 275). Dagegen liegt ein Tatbestandsirrtum vor, wenn er von einem für Menschen gefährlichen Abfall iSd Nr. 1 fälschlich glaubt, dieser sei lediglich umweltgefährdend iSd Nr. 4 (weitergehend für Berücksichtigung auch der generell potentiell gefährdenden Wirkungsweise hier aber Schittenhelm aaO 314 ff.); in Betracht kommt hier jedoch Abs. 5 Nr. 1 in Tateinheit mit einem Versuch. Was die Beseitigung außerhalb einer dafür zugelassenen Anlage oder unter wesentlicher Abweichung von einem vorgeschriebenen usw. Verfahren betrifft, so ist gleichfalls zu unterscheiden: Um einen Tatbestandsirrtum handelt es sich, wenn der Täter die tatsächlichen Umstände der konkreten Beseitigungshandlung nicht kennt, wenn er fälschlich von einer für die fragliche Abfallbeseitigung „zugelassenen" Anlage (o. 12) ausgeht (vgl. Kuhlen WuV 91, 221, Sack 273) oder wenn er infolge einer Verkennung des Sachverhalts nicht weiß, daß er wesentlich von dem vorgeschriebenen usw. Verfahren abweicht (vgl. auch Sack 273, Steindorf LK 138). Nur ein Verbotsirrtum kommt dagegen in Betracht, wenn der Täter bei zutreffender Sachverhalts- und Bedeutungskenntnis lediglich den gesetzlichen Begriff der Beseitigung bzw. einer dafür zugelassenen Anlage verkennt (Subsumtionsirrtum; vgl. Braunschweig ZfW **91**, 63), ebenso wenn er glaubt, Abfälle dürften beliebig – also auch außerhalb der dafür eingerichteten Anlagen – oder schon im Hinblick auf das bloße Stellen eines Genehmigungsantrags für eine Kompostieranlage beseitigt werden (vgl. Bay **93** 81), und nur ein Verbotsirrtum soll es sein, wenn der Täter das Verfahren der Abfallbeseitigung regelnden Vorschriften (zB § 5 II TierkörperbeseitigungsG) nicht kennt (vgl. Sack 278, weitgehend ebenso Steindorf LK 137; zu einem Fall des Verbotsirrtums vgl. auch BGH **37** 29 u. dazu, daß das Untätigbleiben der zuständigen Überwachungsbehörden nicht zur Unvermeidbarkeit eines Verbotsirrtums führt, Braunschweig ZfW **91**, 52). – Im Fall des **Abs. 2** muß der Täter zunächst wissen, daß Gegenstand der Verbringung Abfall iSd Abs. 1 sind (s. o.), ferner daß es sich um ein grenzüberschreitendes Verbringen handelt. Im übrigen gelten die o. § 325 RN 26 dargelegten Grundsätze (and. 25. A.). Das Tatunrecht wird nicht allein durch das Verbringen von Abfällen geprägt, sondern durch das Handeln entgegen einem Verbot oder ohne die erforderliche Genehmigung. Andernfalls wären kontrollfreie oder kontrollgelockerte Tathandlungen (o. 12 d) kaum erklärbar. Derjenige Täter, der fälschlich annimmt, das fragliche Verhalten sei durch die Genehmigung gedeckt, erfaßt den normativen Sinngehalt des Tatbestandes ebensowenig wie jener Täter, dem das Genehmigungserfordernis unbekannt ist: Tatbestandsirrtum (vgl. Lackner/Kühl 10, Steindorf LK 139, Tröndle/Fischer 14; ferner Neumann AK § 17 RN 95, eingeh. Rengier ZStW 101, 884; insoweit offen gelassen von BGH NJW **94**, 61 [zur rechtfertigenden Genehmigung nach § 22 a KWKG: Verbotsirrtum; krit. Holthausen/Hucko NStZ-RR 98, 201]). Gleiches dürfte gelten, wenn nach der EG-AbfVerbrVO die Zustimmung mehrerer Behörden erforderlich ist (o. 12 d), der Täter aber glaubt, schon nach Eingang einer Zustimmung handeln zu dürfen (and. 25. A.). – Im Fall des **Abs. 3** muß der Täter nicht nur die Umstände kennen, aus denen sich seine Ablieferungspflicht ergibt (vgl. o. 13), sondern aus den

§ 326 15–17 Bes. Teil. Straftaten gegen die Umwelt

gleichen Gründen wie zB bei § 170 b (vgl. dort RN 34) auch die Pflicht selbst (ebenso Lackner/Kühl 10, Steindorf LK 140; and. Horn SK 28, Sack 274, 278, u. hier die 22. A.).

15 Nach **Abs. 5** ist im Rahmen entsprechend abgestufter Strafdrohungen auch die **fahrlässige Begehung** der in den Abs. 1–3 genannten Taten strafbar (Abs. 5 Nr. 1 für die Fälle der Abs. 1 u. 2, Nr. 2 für die des Abs. 3). Abs. 5 Nr. 1 kommt zB in Betracht, wenn der Täter aus Fahrlässigkeit die Gefährlichkeit des Abfalls iSd Abs. 1 Nr. 1–4 nicht kennt, wenn er den Beseitigungserfolg fahrlässig verursacht (zu fahrlässigen Indirekteinleitungen vgl. Pfohl wistra 94, 9) oder wenn die Art der Beseitigung den dafür geltenden Sorgfaltsregeln nicht entspricht. Um eine fahrlässige Begehung des Abs. 2 handelt es sich zB, wenn der Täter bei Beachtung der erforderlichen Sorgfalt hätte erkennen können, daß sich unter den transportierten Abfällen solche befinden, für welche die Genehmigung nicht erteilt war (vgl. Karlsruhe NJW **91**, 3104). Beauftragt der für die Abfälle Verantwortliche einen Dritten mit deren Beseitigung, so muß er sich positiv davon überzeugen, daß dieser – uU unter Einschaltung weiterer Personen – zu der angebotenen endgültigen Entsorgung tatsächlich imstande und rechtlich befugt ist (BGH **40** 87 m. Anm. Michalke StV 95, 137 u. Bspr. Hecker MDR 95, 757, Schmidt JZ 95, 545, Versteyl NJW 95, 1070, BGH **43** 231, vgl. auch LG Kiel NStZ **97**, 497; vgl. ferner B. Breuer aaO 175, Hecker aaO 157 ff., Schall NStZ 97, 579). Für die Beauftragung Dritter hat das KrW-/AbfG gesetzliche Voraussetzungen aufgestellt, die Anhaltspunkte auch für Handeln Privater untereinander ergeben (vgl. § 16 I, II KrW-/AbfG, § 8 II EntsorgungsfachbetriebsV v. 10. 9. 1996, BGBl. I 1421, vgl. auch oben 41 a vor § 324). Die Auswahl- und Nachforschungspflichten sind zudem dadurch erleichtert, daß für gewerbsmäßige Vermittlung und Transport von Abfällen Genehmigungserfordernisse statuiert sind (§§ 49 f. KrW-/AbfG, vgl. Heine NJW 98, 3671, auch zur Bedeutung von Gütezeichen einer Entsorgungsgemeinschaft bzw. von Zertifizierung nach § 51 KrW-/AbfG). Gibt bspw. ein Abfallbesitzer seinen Abfall einem ihm seit längerem als seriös bekannten Abfallunternehmen, das jüngst eine Entsorgungsgenehmigung erhalten hat, so reicht es in der Regel aus, wenn er fristgerecht den „altgoldenen Begleitschein" (vgl. § 15 III Nr. 1 NachwV) vom Abfallentsorger zurückerhält. – Zu den sich aus dem Abfallrecht ergebenden Sorgfaltspflichten vgl. Fluck in: Fluck u. a. aaO § 16 KrW-/AbfG RN 73 ff., Versteyl in: Kunig u. a. aaO § 16 RN 15 ff., Schink in: Brandt u. a. aaO § 16 RN 87 ff. Entgegen Pfohl (in Klett/Schmitt-Gleser 244) ergibt sich bei illegaler Entsorgung eines Produkts (zB Kühlschrank) durch den Verbraucher idR keine Fahrlässigkeitsverantwortung des Herstellers, und zwar selbst dann nicht, wenn die Produktionsmethode gegen eine nach § 22 IV KrW-/AbfG (noch zu erlassende) RVO verstößt (zB überhöhter Anteil von FCKW). Denn weder ist ein Pflichtwidrigkeitszusammenhang gegeben, noch eine objekte Zurechnung bei vorsätzlicher illegaler Beseitigung durch Verbraucher möglich (vgl. Goll/Winkelbauer aaO [vor § 25] 806, allgemein 93 vor § 13).

16 **VII. Rechtswidrigkeit.** Das Merkmal „**unbefugt**" in **Abs. 1** hat eine Doppelfunktion (vgl. auch 65 vor § 13, 14 vor § 324): Soweit die Beseitigung bestimmter Abfälle außerhalb einer Anlage generell zulässig ist, weil dies vom Gesetz als unbedenklich angesehen wird (so zB § 5 II TierkörperbeseitigungsG, vgl. o. 12), begrenzt die „Befugnis" hierzu schon den Tatbestand dieser Alt. des § 326 (Winkelbauer, Zur Verwaltungsakzessorietät des Umweltstrafrechts [1985] 25 f.; vgl. auch Sack 244; and. Horn SK 133, Steindorf LK 24). Im übrigen bezeichnet „unbefugt" in Abs. 1 das allgemeine Deliktsmerkmal der Rechtswidrigkeit. Diese ist zB ausgeschlossen durch eine Ausnahmegenehmigung nach § 27 II KrW-/AbfG (zur Rechtfertigung bei der Einleitung von Abwässern vgl. Pfohl wistra 94, 8). Eine bloße Duldung durch die Behörde genügt nicht (vgl. 62 vor § 32, 20 vor § 324). Ohne Bedeutung ist ferner die Einwilligung des jeweils betroffenen Grundstückseigentümers (vgl. Hamm NJW **75**, 1042, Köln OLGSt § 4 AbfG **Nr. 1**). Von den allgemeinen Rechtfertigungsgründen kommt im wesentlichen nur § 34 (uU auch Pflichtenkollision, vgl. 71 ff. vor § 32) in Betracht. Bei der hier erforderlichen Abwägung (vgl. § 34 RN 22 ff.) ist insbes. auch Art und Ausmaß der vom Gesetz nur generell umschriebenen Gefährlichkeit zu berücksichtigen (zB Ablagerung eines explosionsgefährlichen Abfalls an einer einsamen oder an einer von Menschen häufig begangenen Stelle; Umfang der möglichen schädlichen Auswirkungen auf die Umwelt). Wie bei den §§ 324 ff. gilt auch bei § 326, daß die Sicherung der Produktion und Arbeitsplätze eines Betriebs die Tat im allgemeinen nicht rechtfertigt (BGH NStZ **97**, 190 m. Anm. Sack JR 97, 255); vielmehr kommt es auch hier im wesentlichen nur besondere Not- und Katastrophenfälle in Betracht, in denen § 34 in Betracht kommt (vgl. dazu § 34 RN 23, 35, 41, § 324 RN 13, § 325 RN 25 MG/Pfohl 1450, Rudolphi ZfW 82, 210 f., NStZ 84, 196, 253, Schall, Osnabrücker Rechtswissenschaftl. Abh., Bd. 1 [1985] 1 ff., Steindorf LK 135). – Bei **Abs. 2** sind Rechtfertigungsgründe kaum denkbar; dasselbe gilt für **Abs. 3**.

17 **VIII.** Einen sachlichen **Strafausschließungsgrund** („Die Tat ist nicht strafbar ...“; vgl. 131 vor § 32) enthält die sog. Minimalklausel des **Abs. 6** (BT-Drs. 8/3633 S. 29, Lackner/Kühl 12, Tröndle/Fischer 17; Steindorf LK 144 [Straffreierklärung sui generis]). Unabhängig davon, ob es sich dabei um die Bestätigung oder Durchbrechung eines allgemeinen Prinzips bei abstrakten Gefährdungsdelikten handelt (vgl. 3 a vor § 306, 10 vor § 324), gibt die Vorschrift jedoch wenig Sinn (vgl. zB Lackner/Kühl 12, Rogall JZ-GD 80, 110, NStZ 92, 563, Tiedemann aaO [vor § 324] 37, Triffterer aaO 214 ff.; krit. auch Michalke aaO 167, Sack 304, NJW 80, 1427, Schittenhelm GA 83, 318 f., Steindorf LK 146, Winkelbauer aaO 77). Wenig einleuchtend ist schon die Beschränkung auf das Kriterium der Abfallmenge, obwohl sich die offensichtliche Ungefährlichkeit auch aus anderen

Umständen ergeben kann (vgl. zB o. 8). Davon abgesehen wird das, was in der Sache gemeint ist, mit dem Abstellen auf die Abfallmenge ohnehin nur unzulänglich zum Ausdruck gebracht (vgl. u. 18). Vor allem aber macht die Beschränkung auf die Abfallmenge Abs. 6 praktisch weitgehend bedeutungslos. Jedenfalls in den Fällen des Abs. 1 Nr. 1, 2, 4 ist unter den Bedingungen des Abs. 6 schon der Tatbestand nicht verwirklicht, während umgekehrt bei Vorliegen der in Abs. 1 Nr. 1, 4 genannten Tatbestandsalternativen die Voraussetzungen des Abs. 6 nicht mehr erfüllt sein können (enthält der Abfall zB Gift iSd Abs. 1 Nr. 1, d. h. einen nach Beschaffenheit und Menge zur Zerstörung der menschlichen Gesundheit geeigneten Stoff [o. 4], so kann er nicht mehr wegen der geringen Menge offensichtlich ungefährlich sein, und dasselbe gilt, wenn der konkrete Abfall nach Art, Menge oder Beschaffenheit iSd Abs. 1 Nr. 4 zu Umweltschäden führen kann. Kaum anders verhält es sich auch in den Fällen des Abs. 1 Nr. 3 3. Alt. und des Abs. 3. Im übrigen – es bleibt im wesentlichen Abs. 1 Nr. 3 1. und 2. Alt. (ebenso Steindorf LK 146) – gilt folgendes:

1. Straflosigkeit tritt nur ein, wenn schädliche Einwirkungen auf die Umwelt **wegen der geringen Menge der Abfälle** ausgeschlossen sind. Daß sich die Ungefährlichkeit aus anderen Gründen ergibt – zB Ort oder Art der Beseitigung –, genügt mithin nicht (vgl. Bay 89 3; vgl. o. 8); angesichts der vom Gesetz offensichtlich gewollten Beschränkung ist hier auch eine Analogie nicht möglich (vgl. zB Horn SK 36, Lackner/Kühl 12, aber auch Ohm aaO 91). Obwohl Abs. 6 nach seinem Wortlaut auf die geringe Menge der Abfälle abstellt, kann damit nur die Menge der in diesen enthaltenen Schadstoffe gemeint sein: Enthält zB ein Kanister einen geringen Rest eines explosionsgefährlichen Stoffs, so kann es keinen Unterschied begründen, ob dieser als Teil eines größeren, im übrigen jedoch – auch in Verbindung mit diesem – ungefährlichen Haufens Abfall („keine „geringe Menge der Abfälle") oder als einzelner Abfall (geringe Abfallmenge) abgelagert wird (ebenso Schittenhelm GA 83, 319, Steindorf LK 147; and. wohl Sack 306). Andererseits gilt Abs. 6 nicht, wenn der Abfall trotz der geringen Menge an Schadstoffen wegen sonstiger schadensrelevanter Umstände gefährlich bleibt (zB Ablagerung einer geringen Menge eines selbstentzündlichen Stoffs im dürren Laub eines Walds; vgl. auch Horn SK 36, Sack 306, Steindorf LK 147).

2. Notwendig ist, daß **schädliche Einwirkungen auf die Umwelt** aus den genannten Gründen **offensichtlich** – d. h. ex ante ohne weiteres erkennbar – **ausgeschlossen** sind. Zweifel gehen hier deshalb zu Lasten des Täters (vgl. BT-Drs. 8/2382 S. 19, Sack 307), allerdings nicht, soweit es sich um die der Beurteilung zugrundeliegenden Tatsachen handelt (Lackner/Kühl 12, Steindorf LK 145). Auch kommt es hier allein auf die objektive Sachlage an; die irrige Annahme der Voraussetzungen des Abs. 6 schließt daher nicht den Vorsatz nicht aus, ebenso wie umgekehrt ihre Unkenntnis keinen strafbaren Versuch begründet (vgl. Horn SK 37, Steindorf LK 145; vgl. auch 132 vor § 32, 3 a vor § 306). Die gesetzliche Aufzählung schädlicher Einwirkungen „auf die Umwelt, insbesondere auf Menschen, Gewässer, die Luft, den Boden, Nutztiere oder Nutzpflanzen" verdeutlicht zwar die geschützten Rechtsgüter, ist aber insofern mißverständlich, als der Mensch nicht lediglich Teil der Umwelt ist (vgl. Schittenhelm GA 83, 311); irreführend ist auch das Wort „insbesondere", da die Umweltgüter in Abs. 6 erschöpfend aufgeführt sind (ebenso Horn SK 35, Steindorf LK 148). Die Begriffe „Nutztiere" und „Nutzpflanzen" sind hier im ökologischen Sinn zu verstehen (Schittenhelm aaO). „Nutztiere" iSd Abs. 6 sind daher nicht nur solche Tiere, die von Menschen unmittelbar „genutzt" werden können (zB als Arbeitstiere oder als Nahrungsmittel), sondern alle, die im Gesamthaushalt der Natur irgendwie „nützlich" sind. Entsprechendes gilt für die „Nutzpflanzen". Da damit nur noch die reinen Schädlinge ausgenommen sind, ist die Beschränkung auf Nutztiere oder Nutzpflanzen ohne nennenswerte Bedeutung, da Fälle einer Abfallbeseitigung, in denen nur Schädlinge betroffen sein könnten, kaum vorkommen dürften.

IX. Vollendet ist die Tat nach **Abs. 1,** sobald der Abfall wenigstens teilweise beseitigt ist (Lackner/Kühl 13, Steindorf LK 117, Tröndle/Fischer 12). Die Möglichkeit einer tätigen Reue ist seit dem 31. StÄG (s. Vorbem.) in § 330 b ausdrücklich vorgesehen, war aber auch schon für das frühere Recht anzunehmen (vgl. die 24. A.). **Beendet** ist die Tat nach Abs. 1 mit dem Abschluß der Beseitigungshandlung (vgl. zB BGH **36** 255 m. Anm. Laubenthal JR 90, 513, BGH NJW **92**, 123, Bay wistra **93**, 313, Düsseldorf NJW **89**, 537 [zu § 330], Lackner/Kühl 13, Schittenhelm GA 83, 322, zust. M-G/Pfohl 1482, Steindorf LK 117; and. für das Lagern jedoch Iburg NJW 88, 2340, Sack 323 u. JR 91, 525 [in BGH **36** 258 offengelassen; vgl. dazu sogleich u.]). Die Tat ist kein Dauerdelikt, das erst mit dem Aufhören des durch die Tat geschaffenen gefährlichen Zustands endet, wie aber iE Heinrich GA 99, 83); auch das Problem der sog. Altlasten – vgl. dazu zB Franzheim ZfW 87, 9, Kloepfer NuR 87, 7, Vogelsang-Rempe aaO mwN – dürfte sich bei § 326 deshalb kaum stellen. Abgesehen von den weitreichenden Konsequenzen bei der Verjährung (§ 78 a; zB der im Wald abgelagerte Giftmüll wird erst nach Jahrzehnten gefunden), spricht dagegen vor allem, daß der Täter hier mit der unerlaubten Abfallbeseitigung zwar einen rechtswidrigen Zustand schafft, diesen aber nicht willentlich in dem für Dauerdelikte maßgeblichen Sinn aufrechterhält (vgl. auch 81 f. vor § 52), zumal dies zu kaum einleuchtenden Differenzierungen führen müßte, je nachdem, ob der durch die Tat geschaffene Zustand vom Täter wieder beseitigt werden könnte oder nicht (zB Ablagern fester Stoffe einerseits, Verbrennen oder Ablassen einer sofort im Boden versickernden Flüssigkeit andererseits; vgl. BGH **36** 257 f. u. näher Schittenhelm GA 83, 323 ff.). Etwas anderes gilt auch nicht für die Begehungsmodalität des Lagerns (o. 10 a; vgl. Bay wistra **93**, 313 u. näher Horn SK 23, zust. Steindorf LK 156; and. das o. genannte Schrifttum, wogegen aber auch in BGH **36** 258 Zweifel geäußert werden). Auch bei diesem besteht der (äußere) Sachverhaltsunwert (57 vor § 13) ausschließlich im Schaffen eines Zustands, bei dem der Abfall einer ordnungsgemäßen Entsorgung entzogen oder diese jedenfalls gefährdet ist (o. 10), und nicht zusätzlich in Aufrechterhalten dieses Zustands. Daß der Täter hier subjektiv in der Absicht handelt, den Abfall durch eine weitere Handlung endgültig loszuwerden, ändert daran nichts; nimmt er diese vor, so ist dies, wenn dadurch andere konkrete Umweltgüter betroffen sind, eine neue Tat. Dasselbe gilt für die in einer Veränderung des Lagerorts bestehende Umlagerung (vgl. auch Köln JR **91**, 523 m. Anm. Sack u. Otto NStZ 94, 473 sowie o. 10 a). – In den Fällen des **Abs. 2** hängt der Zeitpunkt der Vollendung und Beendigung davon ab, um welche Variante der grenzüberschreitenden Abfallverbringung es sich handelt. Das „*Verbringen in . . .*" ist – entsprechend der Einfuhr in anderen Gesetzen (o. 12 c) – vollendet, sobald die Grenze des Hoheitsgebiets der Bundesrepublik Deutschland überschritten ist (vgl. BGH **31** 254, **34** 180, NStZ **86**, 274 zu § 30 I Nr. 4 BtMG, Düsseldorf wistra **93**, 196 zu § 22 a I Nr. 7 KWKG); beendet ist die Tat hier, wenn die Abfälle zur Ruhe gekommen, d. h. an ihren endgültigen Bestimmungsort gelangt sind. Entsprechendes gilt für das „*Verbringen aus . . .*" (Ausfuhr): Eintritt der Vollendung mit dem Passieren der Grenze zum Ausland (vgl. Szelinski/Schneider aaO 150 u. zu § 4 II Nr. 3 AWG Fuhrmann in: Erbs/Kohlhaas RN 11), Beendigung bei der Ankunft am Bestimmungsort (vgl. Fuhrmann aaO; and. Szelinski/Schneider aaO: Abschluß der Beseitigung). Beim „*Verbringen durch . . .*" (Durchfuhr; zum Begriff vgl. o. 12 c) ergibt sich schon aus dem Wortsinn, aber auch bei einem Vergleich mit der Ausfuhr, daß vom Zeitpunkt des Grenzübertritts in die Bundesrepublik bis zum Verlassen des inländischen Hoheitsgebiets zunächst nur ein Versuch vorliegt; vollendet und beendet ist die Tat hier erst mit dem Überschreiten der Grenze ins Ausland (and. Karlsruhe NJW **91**, 3105 zu dem Bußgeldtatbestand des § 18 I Nr. 10 AbfG aF, wo der Versuch nicht ahndbar war). Eine auch in den Fällen des Abs. 2 mögliche tätige Reue (§ 330 b) kann zB darin bestehen, daß der Täter nach Überschreitung der Grenze den Transport abbricht und der zuständigen Stelle eine entsprechende Mitteilung macht. – Zur Vollendung der Tat nach **Abs. 3** vgl. o. 13. Soll § 330 b nach seinem Grundgedanken ein Anreiz zur Beseitigung von Situationen sein, in denen sich in einem gewissen Zeitraum uU eine abstrakte zu einer konkreten Gefahr verdichten und letztlich zu Schäden führen kann (vgl. BT-Drs. 12/192 S. 29), so muß unter diesen Voraussetzungen eine tätige Reue bei Abs. 3 auch durch ein Nachholen der Ablieferung möglich sein.

20 a   Nach **Abs. 4** ist der **Versuch** nur in den Fällen der Abs. 1 u. 2 strafbar. Um einen Versuch nach *Abs. 1* handelt es sich zB, wenn der Täter im Begriff ist, die Abfälle aus einem Transportmittel zu entladen und dadurch zu ihrer unzulässigen Beseitigung unmittelbar ansetzt (vgl. BT-Drs. 8/2382 S. 19) oder wenn die nach Abs. 1 Nr. 4 erforderliche Eignung während der Tathandlung entfällt (Steindorf LK 141). In den Fällen des *Abs. 2* beginnt der Versuch beim „Verbringen in . . .", wenn der Transport in der Nähe der Grenze angelangt ist und unmittelbar zum Grenzübertritt angesetzt wird (B. Breuer aaO 154 f., vgl. BGH **36** 249, NJW **85**, 1036, NStZ **83**, 426 zum Einführen gem. § 30 I Nr. 4 BtMG, Tröndle/Fischer § 22 RN 17 a mwN). Beim „Verbringen aus . . ." beginnt der Versuch dagegen bereits früher, nämlich beim unmittelbaren Ansetzen zum Abtransport der Abfälle an deren Lagerort im Ausland (vgl. Tölle NStZ 97, 325; and. B. Breuer aaO; zum Ausführen nach § 34 AWG vgl. BGH **20** 150: bereits beim Verladen auf ein zum Transport bereites Fahrzeug). Beim versuchten „Verbringen durch . . ." beginnt der Versuch entsprechend dem „Verbringen in . . ." mit dem unmittelbar bevorstehenden Grenzübertritt in das Inland.

21   **X. Täterschaft und Teilnahme.** Während Abs. 3 (o. 13) ein Sonderdelikt enthält (vgl. Winkelbauer Lenckner-FS 657), kann die Tat nach Abs. 1 u. 2 – ebenso wie zB bei § 324 – sowohl Pflicht- als auch Herrschaftsdelikt sein (vgl. zu Abs. 1 näher Schittenhelm GA 83, 320 ff., vgl. auch B. Breuer aaO 166 ff., iE auch Sack 290, Steindorf LK 131; and. Scholl aaO [vor § 324] 244 f.). Täter nach Abs. 1 ist daher, unabhängig von der Art seines Tatbeitrags, zB der Besitzer oder Gewahrsamsinhaber von Abfällen, da er für eine ordnungsgemäße Beseitigung verantwortlich und insofern Sonderpflichtiger ist (vgl. 84 vor § 25; ebenso Horn SK 30, Lackner/Kühl 10). Daraus ergibt sich zB die Täterschaft eines Betriebsinhabers, der einen Angestellten mit einer unzulässigen Abfallbeseitigung beauftragt (vgl. Schittenhelm aaO 322, Sack 290, Winkelbauer aaO 658 f.) oder Abfälle von Dritten entsorgen läßt, ohne sich zu vergewissern, ob sie dazu tatsächlich imstande und rechtlich befugt sind (vgl. dazu auch BGH **40** 84, dazu Heine NJW 98, 3670 f., Hecker MDR 95, 758, Krieger DB 96, 614, Versteyl NJW 95, 1071; **43** 231 [mittelbare Täterschaft des GmbH-Geschäftsführers, dazu Michalke aaO 167, Schall NStZ-RR 98, 357]), und Täter ist danach auch der Betreiber einer Deponie, auf dessen Veranlassung verbotswidrig gefährliche Abfälle in seiner Anlage abgelagert werden (vgl. auch StA Landau NStZ 84, 554). Diese Pflichtstellung entfällt, wenn er – zB durch Insolvenzeröffnung – die Herrschaft über den Betrieb verliert (Celle NStE **Nr. 5**). Täterschaft nach allgemeinen Regeln liegt aber auch bei demjenigen vor, der, ohne für die ordnungsgemäße Abfallbeseitigung verantwortlich zu sein, die Beseitigungshandlung mit Tatherrschaft vornimmt (zB ein Dritter läßt aus dem ordnungsgemäß zur Abholung bereitgestellten Tank das dort gesammelte Altöl ab). Entsprechendes gilt für Abs. 2: Sonderpflichtiger Täter ist der für den Abfall verantwortliche Besitzer, in dessen Auftrag die grenzüberschreitende Abfallverbringung erfolgt (eingeh. B. Breuer aaO 170 ff.). Nach allgemeinen Regeln ist Täter, wer die Abfälle selbst – zB als selbständiger Spediteur, aber auch als auf Weisung handelnder Fahrer – transportiert (vgl. Sack 290). Für die Verantwortlichkeit des „Betriebsbeauftragten für Abfall" (§§ 54 ff. KrW-/AbfG) gilt Entsprechendes wie beim Gewässer-

schutzbeauftragten im Rahmen des § 324 (vgl. dort 17, ferner Michalke aaO 168). Zur Beteiligung von Amtsträgern vgl. 29 ff. vor § 324.

XI. Konkurrenzen. Tateinheit bei *Abs. 1* ist u. a. möglich mit §§ 324, 324 a, 325, 327 II Nr. 3, 22 328 I, 329 II, 330 a (vgl. Lackner/Kühl 17, Steindorf LK 157, Tröndle/Fischer 18), ferner mit § 39 PflSchG. Gegenüber dem Erfolgs- und Verletzungsdelikt des § 324 tritt das abstrakte Gefährdungsdelikt des Abs. 1 Nr. 4 a jedoch zurück, wenn nur ein Gewässer – also nicht zugleich der Boden oder die Luft – betroffen ist (vgl. BGH **38** 338 für dem Abfallbegriff unterfallende Abwässer, was aber auch für andere Stoffe gelten muß), wobei weitere Voraussetzung dann allerdings ist, daß der von Nr. 4 a erfaßte räumliche Bereich über den der tatsächlich eingetretenen Gewässerverunreinigung nicht hinausgeht. Entsprechendes gilt im Verhältnis zum Erfolgsdelikt des § 324 a; ebenso tritt Nr. 4 a hinter § 39 PflSchG (konkretes Gefährdungsdelikt) nur insoweit zurück, als nach der Eignungsklausel der Nr. 4 a nicht weitere Pflanzenbestände betroffen sind. – Bei *Abs. 2* kommt Idealkonkurrenz mit Delikten in Betracht, die mit dem Verbringen zusammentreffen und mit diesem in einem funktionalen Zusammenhang stehen (zB Nötigung eines Grenzbeamten, den Transport passieren zu lassen), nicht aber mit solchen Handlungen, die nur gelegentlich des Verbringens begangen werden (zB § 316). – Bei *Abs. 3* gelten die für Unterlassungsdelikte maßgeblichen Regeln (vgl. 28 vor § 52, § 52 RN 19). Mit §§ 327 I, 328 II besteht daher nicht Ideal-, sondern Realkonkurrenz (and. Steindorf LK 157, Tröndle/Fischer 18).

§ 327 Unerlaubtes Betreiben von Anlagen

(1) **Wer ohne die erforderliche Genehmigung oder entgegen einer vollziehbaren Untersagung**
1. **eine kerntechnische Anlage betreibt, eine betriebsbereite oder stillgelegte kerntechnische Anlage innehat oder ganz oder teilweise abbaut oder eine solche Anlage oder ihren Betrieb wesentlich ändert oder**
2. **eine Betriebsstätte, in der Kernbrennstoffe verwendet werden, oder deren Lage wesentlich ändert,**

wird mit Freiheitsstrafe bis zu fünf Jahren oder mit Geldstrafe bestraft.

(2) **Mit Freiheitsstrafe bis zu drei Jahren oder mit Geldstrafe wird bestraft, wer**
1. **eine genehmigungsbedürftige Anlage oder eine sonstige Anlage im Sinne des Bundes-Immissionsschutzgesetzes, deren Betrieb zum Schutz vor Gefahren untersagt worden ist,**
2. **eine genehmigungsbedürftige oder anzeigepflichtige Rohrleitungsanlage zum Befördern wassergefährdender Stoffe im Sinne des Wasserhaushaltsgesetzes oder**
3. **eine Abfallentsorgungsanlage im Sinne des Kreislaufwirtschafts- und Abfallgesetzes**

ohne die nach dem jeweiligen Gesetz erforderliche Genehmigung oder Planfeststellung oder entgegen einer auf dem jeweiligen Gesetz beruhenden vollziehbaren Untersagung betreibt.

(3) **Handelt der Täter fahrlässig, so ist die Strafe**
1. **in den Fällen des Absatzes 1 Freiheitsstrafe bis zu drei Jahren oder Geldstrafe,**
2. **in den Fällen des Absatzes 2 Freiheitsstrafe bis zu zwei Jahren oder Geldstrafe.**

Vorbem.: Fassung des 31. StÄG; Abs. 2 Nr. 3 geändert durch G vom 27. 9. 94, BGBl. I 2705.

Schrifttum: Fischerhof, Deutsches Atomgesetz und Strahlenschutzrecht, Bd. I, 2. Aufl. 1978. – *Kutscheidt*, Zulassung von Abfallentsorgungsanlagen, NVwZ 94, 209. – *ders.*, Die wesentliche Änderung industrieller Anlagen, NVwZ 97, 111. – *Ocker*, Das unerlaubte Betreiben von genehmigungsbedürftigen Anlagen oder sonstigen Anlagen im Sinne des Bundes-Immissionsschutzgesetzes usw. (§ 327 Abs. 2 Nr. 1 StGB), 1995. – *Winters*, Atom- und Strahlenschutzrecht, 1978. – Vgl. ferner die Hinweise vor § 324 und zu § 326.

I. Die Vorschrift enthält Tatbestände, die zuvor im jeweiligen verwaltungsrechtlichen Kontext (zB 1 § 63 I Nr. 1 u. 2 BImSchG) geregelt waren. Die Regelung des Abs. 1 Nr. 2 ist durch das 2. UKG aus der bisherigen § 328 I Nr. 1 vorletzte und letzte Alternative hierher übernommen worden (BT-Drs. 12/7300 S. 23). Unter Strafe gestellt ist der unerlaubte Betrieb von Anlagen, von denen unmittelbar oder mittelbar, etwa durch Beeinträchtigung von Gewässern, Luft oder Boden, Gefahren für Leib oder Leben von Menschen eintreten können (zum Rechtsgut, wobei das Tatunrecht durch gesetzlich präzisierte Entscheidungs- und Kontrollbefugnisse mitgeprägt wird, vgl. 8 vor § 324 sowie Braunschweig NStZ-RR **98**, 177, Rengier NJW **90**, 2513, Steindorf LK 1, Tröndle/Fischer 1; vgl. auch Ocker aaO 51 ff., Horn SK 2, Erdt aaO [vor § 324] 76 [ausschließlich verwaltungsrechtliche Kontrollmechanismen]). Die Vorschrift beschreibt **abstrakte Gefährdungsdelikte**, da es nicht darauf ankommt, daß die Tathandlung zu einer konkreten Gefahr oder gar zu einer Verletzung geführt hat (vgl. BT-Drs. 8/2382 S. 19, Köln wistra **91**, 75 sowie das o. genannte Schrifttum, vgl. auch Schünemann Triffterer-FS 455 [Organisationsdelikt]; krit. Marx aaO [vor § 324] 143). Die Verfassungsmäßigkeit der Vorschrift ist zu Unrecht bezweifelt worden (AG Nördlingen, Vorlagebeschluß, NJW **86**, 315; als unbegründet verworfen von BVerfGE **75** 329).

2　　II. Der **objektive Tatbestand** des **Abs. 1** knüpft in Nr. 1 an das ungenehmigte Betreiben einer kerntechnischen Anlage bzw. ein dem gleichgestellten Verhalten an. Nr. 2 erfaßt ungenehmigte Änderungen an sonstigen Betriebsstätten, in denen Kernbrennstoffe verwendet werden.

3　　1. Als Tatobjekt nach **Nr. 1** kommen nur **kerntechnische Anlagen** in Betracht. Darunter ist nach der Legaldefinition des § 330 d Nr. 2 „eine Anlage zur Erzeugung oder zur Bearbeitung oder Verarbeitung oder zur Spaltung von Kernbrennstoffen oder zur Aufarbeitung bestrahlter Kernbrennstoffe" zu verstehen. Diese geht zurück auf § 7 I, V AtomG. Zu den Kernbrennstoffen vgl. § 328 RN 2. Ob die Anlage ortsfest oder -veränderlich ist, ist unerheblich (vgl. § 7 AtomG, Steindorf LK 4). Nach vorherrschender Meinung werden dabei nur nuklearspezifische Teile der Einrichtung einbezogen (vgl. BVerwG DVBl. **86**, 198, **88**, 973, Steindorf, in: Erbs/Kohlhaas § 7 AtomG RN 2 mwN), so daß funktionsneutrale, dh mit den typischen Gefahren der Kernenergie nicht zusammenhängende Anlageteile (zB Bürogebäude), nicht erfaßt werden, vgl. Steindorf LK 4.

4　　2. Als **Tathandlungen** umfaßt Nr. 1

5　　a) das **Betreiben** einer kerntechnischen Anlage. Zum Betreiben vgl. § 325 RN 6. Da dieses erst mit dem Ingangsetzen der Anlage beginnt (vgl. Stuttgart NStZ **91**, 590), wird das Errichten einer kerntechnischen Anlage – im Gegensatz zu § 45 I Nr. 4a aF AtomG – durch den Tatbestand nicht erfaßt (BT-Drs. 8/2382 S. 20; krit. Triffterer, Umweltstrafrecht 217 f.; beachte § 46 I Nr. 2 AtomG). Notwendig sind Handlungen, die der bestimmungsgemäßen Nutzung dienen (vgl. Bay NStZ **98**, 465, Zweibrücken NJW **92**, 2842). Weitergehend will Horn SK 4 bereits solche Handlungen als Betreiben ansehen, durch die eine Anlage unmittelbar in Gang gesetzt werden soll; hierfür kommt jedoch nur die 2. Alt. der Nr. 1 in Betracht (vgl. u. 6, zust. Steindorf LK 6).

6　　b) das **Innehaben** einer betriebsbereiten oder stillgelegten Anlage. Dieser Begriff soll nach hM alle weiteren Möglichkeiten des Besitzes abdecken (Fischerhof § 7 AtomG RN 9, Mattern-Raisch § 7 AtomG RN 4, Sack 38, Steindorf LK 7 ff.). Demgegenüber deutet Horn SK 4 das Verbot des Innehabens nicht als Handlung, sondern als Gebot an den Inhaber, sich der Anlage vorschriftsgemäß zu entledigen (echtes Unterlassungsdelikt) und damit den rechtswidrigen Zustand zu beseitigen. Für die hM spricht der Gesetzeswortlaut; nach dem Sinn der Vorschrift hat derjenige die Anlage inne, der sie aufgrund der tatsächlichen Herrschaftsverhältnisse bzw. seines faktisch maßgebenden Einflusses (vgl. Jarass BImSchG § 3 RN 70 f.) alsbald in Betrieb setzen kann (vgl. Steindorf LK 5).

7　　Die kerntechnische Anlage muß **betriebsbereit** oder **stillgelegt** sein. Damit kommt eine noch nicht betriebsbereite oder eine nie betriebene Anlage als Tatobjekt nicht in Betracht, selbst wenn sie sehr rasch betriebsbereit gemacht werden kann (vgl. Steindorf LK 7). Als Begründung dafür wird angeführt, daß von einer solchen Anlage noch keine Gefahren ausgehen können (BT-Drs. 8/2382 S. 20; krit. Triffterer, Umweltstrafrecht 217). Dann wird man aber auch wohl bei stillgelegten Anlagen die Einschränkung machen müssen, daß von der Anlage als typische Gefahr noch ein gewisses Strahlenrisiko ausgehen muß (vgl. auch Rogall JZ-GD 80, 110, der unter stillgelegten sofort reaktivierbare Anlagen versteht).

8　　c) der **gänzliche oder teilweise Abbau** einer kerntechnischen Anlage. Diese gegenüber § 45 I Nr. 4 aF AtomG zusätzlich aufgenommene Tatmodalität betrifft Eingriffe in die Sachsubstanz; das bloße Abschalten eines Reaktors etwa reicht nicht aus (zust. Michalke aaO 177).

9　　d) Eine wesentliche **Änderung** einer solchen Anlage (vgl. dazu o. 7) oder ihres Betriebes. Eine Anlage wird geändert, wenn z.B. deren technische oder bauliche Einrichtungen beseitigt, durch konstruktive andere Elemente ersetzt oder vorhandene technische Apparaturen manipuliert werden (Sack 41, Steindorf LK 10); freilich liegt hier häufig auch ein Abbau vor (vgl. dazu o. 8). Als Betriebsänderungen kommen etwa in Betracht Leistungserhöhung des Reaktors, Verwendung anderer Brennelemente oder auch Verzicht auf betriebsbezogene Sicherheitsvorkehrungen (vgl. BVerwG JZ **97**, 203 m. Anm. Böhm; Kutscheidt NVwZ 97, 511).

10　　Die Änderung muß **wesentlich** sein (Heine, in: Meinberg/Möhrenschlager/Link Umweltstrafrecht 116, Winkelbauer JuS 88, 695). Da § 327 die von einer kerntechnischen Anlage eventuell ausgehenden Gefahren verhindern will, setzt dies voraus, daß durch die Änderung die abstrakte Gefahr erhöht wird (vgl. Martin aaO [vor § 324] 203, Steindorf LK 10, Winkelbauer aaO). So kommen etwa selbst erhebliche bauliche Veränderungen nicht in Betracht, wenn sie als Verstärkung der bisher schon vorhandenen Sicherheitseinrichtungen darstellen (zust. Michalke aaO 177).

11　　3. Von **Nr. 2** sind **Betriebsstätten** erfaßt, in denen Kernbrennstoffe verwendet werden (vgl. dazu § 328 RN 15). Zum Begriff des **Kernbrennstoffs** vgl. § 328 RN 2. Der Begriff der Betriebsstätte ist enger als der der Anlage zu verstehen. Erfaßt werden nur zu einem stehenden Betrieb räumlich zusammengefaßte Einrichtungen; vgl. § 325 RN 4. Als Tathandlungen werden andere als in Nr. 1 nur die **wesentliche Änderung** der in der Genehmigung bezeichneten **Betriebsstätte** oder deren **Lage** (vgl. § 9 I 2 AtomG) genannt, nicht aber Änderungen in der Betriebsweise der unverändert gebliebenen Anlage (Steindorf LK 10 a). Zur Änderung der Betriebsstätte vgl. o. RN 9. Die Lage wird geändert, wenn eine Anlage auf ein anderes Grundstück verlegt wird; nicht ausreichend ist aber, wenn das Grundstück, auf dem die Anlage steht, nur um ein anderes Grundstück erweitert wird (insoweit auch Sack 59).

12　　4. Die genannten Tathandlungen müssen **ohne die erforderliche Genehmigung** (vgl. §§ 7, 9 AtomG) oder **entgegen einer vollziehbaren Untersagung** (vgl. § 19 III AtomG) erfolgt sein (vgl.

auch § 330 d RN 15). Nicht auf dem AtomG beruhende Genehmigungserfordernisse scheiden aus, vgl. Laufhütte/Möhrenschlager ZStW 92, 967. Dabei ist nicht entscheidend, ob die Anlage usw. genehmigungsfähig, sondern nur ob sie tatsächlich genehmigt ist (Rogall JZ-GD 80, 110, Heine, in: Meinberg/Möhrenschlager/Link Umweltstrafrecht 116, Steindorf LK 22). Unter einer Genehmigung iSd § 327 I sind dabei nicht jegliche Gestattungsakte zu verstehen (hier: sog. Vorab-Zustimmungen; and. Kuhlen WuV 91, 229 f., Lackner/Kühl 2, Winkelbauer JuS 88, 697), sondern nur solche, die dem Typus nach eine Genehmigung iSd § 7 AtomG darstellen und deren Funktion entsprechen (vgl. LG Hanau NJW **88**, 571, NStZ **88**, 179 m. krit. Bspr. Dolde NJW 88, 2329, Horn NJW 88, 2335 u. Winkelbauer aaO, Palme JuS 89, 944, vgl. auch Michalke aaO 175 f.; enger Steindorf LK 23 a, vgl. o § 325 RN 9, aber auch 62 vor § 32), weil das Tatunrecht mitbestimmt wird nicht durch allgemeine, sondern durch gesetzlich präzisierte Entscheidungs- und Kontrollbefugnisse (vgl. auch Jena NStZ-RR **97**, 316 zur Frage der rechtswidrigen Vereitelung der verwaltungsrechtlichen Wirksamkeit). Zur Auswirkung fehlerhaften Verwaltungshandelns auf die Tat vgl. 16 ff. vor § 324; 330 d RN 23 ff.

III. Der **objektive Tatbestand** des **Abs. 2** betrifft das Betreiben anderer Anlagen; vgl. hierzu § 325 RN 4. **13**

1. Abs. 2 stellt **nur** das **Betreiben** iSd bestimmungsgemäßen Nutzung (vgl. Bay **84** 48, NStZ **98**, 465 u. o. 5) einer der genannten Anlagen unter Strafe. Innehaben, Abbauen usw. sind hier im Gegensatz zu Abs. 1 nicht erfaßt (Heine, in: Meinberg/Möhrenschlager/Link Umweltstrafrecht 116). Strafbar ist das Betreiben einer Anlage, für welche die zur Errichtung oder zum Betrieb erforderliche Genehmigung nicht vorliegt (vgl. BT-Drs. 8/3633 S. 30 f., Rogall JZ-GD 80, 110 f., Tröndle/Fischer 5; and. Steindorf LK 21, Ocker aaO 133 ff. [nur Fehlen der Betriebsgenehmigung erfaßt]), also nicht schon das ungenehmigte Errichten oder Ändern der erfaßten Anlagen, sondern erst der ungenehmigte Betrieb selbst (Sack 71, zust. Michalke aaO 180). Die nicht tatbestandsmäßigen Verhaltensweisen des ungenehmigten Errichtens oder Änderns der Anlage sind jedoch idR als Ordnungswidrigkeit erfaßt (vgl. § 62 I Nr. 1, 4 BImSchG, § 43 I Nr. 3 WHG). Unter den Voraussetzungen des § 13 kommt Unterlassen in Frage; wer als Inhaber wildes Müllablagern auf einer stillgelegten Abfallbeseitigungsanlage nicht verhindert, soll nach Stuttgart NJW **87**, 1282 das Merkmal des Betreibens durch Unterlassen verwirklichen (Nappert aaO [vor § 324] 99 f.), vgl. dazu § 326 RN 11. **14**

2. Tatgegenstand nach Abs. 2 **Nr. 1** sind zunächst **genehmigungsbedürftige Anlagen iSd BImSchG.** Nach § 4 I BImSchG fallen hierunter die in der 4. BImSchV v. 24. 7. 1985 idF v. 14. 3. 1997 (BGBl. I 504) genannten Anlagen; diese Aufzählung ist insoweit abschließend (Steindorf LK 12). Darin wird praktisch alle Einrichtungen erfaßt, von denen schädliche Immissionen ausgehen können (zur Abgrenzung zu Anlagen iSd § 326 vgl. Celle ZfW **94**, 504). Durch Art. 6 Nr. 1 des Investitionserleichterungs- und WohnbaulandG v. 22. 4. 1993 (JWG BGBl. I 466, 482) sind nunmehr mit Ausnahme der Deponien (u. 17) auch sämtliche bislang unter Nr. 3 fallende **Abfallentsorgungsanlagen** dem immissionsschutzrechtlichen Genehmigungsverfahren unterworfen worden, wie § 31 I Hs. 2 KrW-/AbfG klarstellt (vgl. Kutscheid NVwZ 94, 209). Da das KrW-/AbfG nur noch die Zulassung von Abfallbeseitigungsanlagen und nicht – wie das AbfG aF – von Abfallentsorgungsanlagen regelt, sind Abfallverwertungsanlagen unabhängig von der Verweisung des § 31 I KrW-/AbfG immissionsschutzrechtlich zulassungspflichtig (vgl. Paetow, in: Kunig u. a. § 31 RN 17). Damit ist die Frage, welche Abfallentsorgungsanlagen (vgl. § 3 VII KrW-/AbfG) einer Genehmigung bedürfen, nach § 4 BImSchG verlagert worden (vgl. eing. Rogall Boujong-FS 814 f., Lackner/Kühl 3, Pfohl, in: Klett/Schmitt-Gleser 239 f., Steindorf LK 12 a). Soweit solche Abfallentsorgungsanlagen der 4. BImSchVO nicht unterfallen, ist ihr Betrieb idR genehmigungsfrei (wobei die bloße Genehmigungsfreiheit einer Anlage nach BImSchG jedoch nicht per se für die Zulässigkeit der Abfallbeseitigung genügt, vgl. § 27 I S. 3 KrW-/AbfG, dazu Paetow aaO § 27 RN 10 f., 48). Genehmigungsbedürftig sind nur diese Anlagetypen (vgl. zB für Autolagerplätze 4. BImSchV Anlage Nr. 8.9, Braunschweig NStZ-RR **98**, 117). Der daneben erfaßte Betrieb **sonstiger** (nicht genehmigungsbedürftiger iSd § 22 ff. BImSchG) **Anlagen** kann nach §§ 24, 25 BImSchG beschränkt oder untersagt werden (vgl. MG/Pfohl 1471). Das Erfordernis einer **zum Schutz vor Gefahren** erfolgten Untersagung soll zum Ausdruck bringen, daß hier allein auf § 25 II BImSchG gestützte Untersagungsverfügungen erfaßt werden sollen, nicht dagegen die zur Durchsetzung nachträglicher Anforderungen aufgrund §§ 24 iVm 25 I BImSchG ergangene Untersagungen; deren Mißachtung ist nur nach § 62 I Nr. 6 BImSchG unterfällt (BT-Drs. 12/192 S. 21, Steindorf LK 15 e; weitergehend Ocker aaO 122 f.). **15**

Nr. 2 bezieht sich auf die in §§ 19 a ff. WHG erfaßten Rohrleitungsanlagen. Auch hier ist strafbar nur der ungenehmigte Betrieb; das ungenehmigte Errichten bzw. Ändern ist ebenso wie der Verstoß gegen gem. § 19 b WHG vollziehbare Auflagen eine bloße Ordnungswidrigkeit nach § 41 I Nr. 3 WHG (Steindorf LK 15 b). In der Regel wird sich ein Genehmigungserfordernis aus § 19 a WHG ergeben. Der Betrieb derartiger genehmigter Anlagen kann aufgrund § 19 c WHG untersagt werden. Eine bloße Anzeigepflicht besteht allein für schon bestehende Rohrleitungsanlagen, die aufgrund § 19 e I WHG keiner Genehmigung bedürfen (vgl. dazu Gieseke/Czychowski § 19 e WHG RN 7). Der Verstoß gegen diese Anzeigepflicht ist jedoch nur als Ordnungswidrigkeit nach § 41 I Nr. 5 WHG erfaßt. Strafbar sind bei solchen nur anzeigepflichtigen Anlagen erst Zuwiderhandlungen gegen aufgrund § 19 e II S. 5 WHG aus Gründen des Gewässerschutzes ergangene Untersagungsverfügun- **16**

gen. Daß es dann häufig zu Überschneidungen mit § 329 II Nr. 1, 2 kommen wird, ist vom Gesetzgeber so gewollt (vgl. BT-Drs. 12/192 S. 22).

17   **Nr. 3** nennt als Tatobjekte **Abfallentsorgungsanlagen iSd KrW-/AbfG**, das diesen Begriff aber so nicht kennt; dessen §§ 27 ff. betreffen „Abfallbeseitigungsanlagen". Zu beachten sind die Änderungen durch das IWG und das KrW-/AbfG, durch die Anlagen weitergehend aus dem abfallrechtlichen Zulassungsregime herausgenommen und in das BImSchG überführt wurden (o. 15). Wird das Tatunrecht durch die *gesetzlich konkretisierten* Entscheidungs- und Kontrollbefugnisse mitgeprägt (o. RN 1, vgl. insbes. das Abstellen auf die nach dem „jeweiligen" Gesetz erforderliche Genehmigung etc.), so ergibt sich eine Beschränkung auf die nach dem KrW-/AbfG zulassungspflichtigen Anlagen (Lackner/Kühl 3, Rogall Boujong-FS 815, Steindorf LK 16 c; and. Michalke aaO 184, Tröndle/Fischer 4). Eine abfallrechtliche Planfeststellung (§ 31 II KrW-/AbfG) oder an deren Stelle eine Genehmigung (§ 31 III KrW-/AbfG) für „unbedeutende" Anlagen kommt nur noch für Deponien in Betracht. Für Deponien, d. h. Abfallbeseitigungsanlagen zur Endablagerung von Abfällen (§ 29 I S. 3 Nr. 2 KrW-/AbfG, vgl. auch Nr. 2.2.1 TA Abfall v. 12. 3. 1991, GMBl. 139: „zeitlich unbegrenzte" Ablagerung), steht, anders als bei Anlagen nach § 4 BImSchG (für Abs. 2 Nr. 1, o. RN 15), kein Katalog zur Verfügung. Deshalb stellten sich Abgrenzungsfragen zu Abs. 2 Nr. 1 und zu § 326 I (Ablagern von Abfällen) oder Betreiben einer „unbedeutenden" Deponie [o. § 326 RN 10 a]. Um eine Deponie handelt es sich nur, wenn das Grundstück als sachliche Funktionseinheit (o. § 325 RN 4) zur zeitlich unbegrenzten Ablagerung genutzt werden soll. Neben diesem Zeitfaktor ist die Art und Menge der abgelagerten Stoffe maßgebend. Insgesamt muß die Endlagerung auch aus der Sicht eines durchschnittlichen Betrachters typisches, die Nutzung prägendes Merkmal des Grundstücks sein (vgl. Fluck in: Fluck u. a. aaO § 27 RN 109, Paetow in: Kunig u. a. aaO §27 RN 17, 31 ff., Spoerr in: Brandt u. a. § 31 RN 168 f. mwN). Zum AbfG aF vgl. Bay **84** 48, MDR **91**, 78, Zweibrücken NJW **92**, 2841 m. Anm. Weber/Weber NStZ 94, 36 u. Bspr. Winkelbauer JuS 94, 112. Demgemäß fehlt es an der Endlagerung, wenn der Eigentümer lediglich aufgrund eines besonderen Ausnahmezustandes nur für die Dauer eines Monats eine Ladung Schrott auf seinem Grundstück deponiert (vgl. Bay MDR **91**, 78). Aber auch kleinere, auf Dauer abgelagerte Mengen, wie zB das gelegentliche Aufbringen von Klärschlamm (vgl. Stuttgart NStZ **91**, 590 m. Anm. Franzheim JR 92, 481), oder das Ablagern gewisser Mengen von Bauschutt auf neu bebauten Grundstücken, machen das Grundstück noch nicht zu einer Deponie (Fluck aaO). Gleiches gilt für das zwecks späteren Verkaufs erfolgte Sammeln kontaminierten Altöls, das nach AbfG aF einschlägig sein konnte (Düsseldorf wistra **94**, 76). In diesem Fall ist aber ebenso wie bei Autowracks, die nicht in Gestalt einer Deponie abgelagert werden (vgl. Bay NStZ **98**, 465), uU Abs. 2 Nr. 1 einschlägig und damit eine Prüfung nach Immissionsschutzrecht notwendig (vgl. Steindorf LK 16 c, vgl. o. RN 15). – Nach Bay NJW **92**, 925 (ebenso AG Kreuznach NStZ **98**, 571, jew. zu AbfG aF) setzt eine Abfallentsorgungsanlage voraus, daß die Zweckbestimmung zur Lagerstätte vom hierzu berechtigten Eigentümer oder Besitzer ausgeht; bei „wilden" Müllablagerungen soll es daher am Vorliegen einer Anlage fehlen (krit. Sack JR 92, 518, nach dem es auf eine derartige subjektive Zweckwidmung durch den Betreiber nicht ankommen soll, vgl. auch StA Landau MDR **94**, 935, Fluck aaO § 27 RN 109 [Duldung durch Besitzer notwendig] u. o. § 326 RN 11).

18   **3.** Die in Abs. 2 genannten Anlagen müssen **ohne die** nach dem jeweiligen Gesetz **erforderliche Genehmigung** (vgl. §§ 4 I, 15 BImSchG, § 19 a WHG, § 31 II KrW-/AbfG) **oder Planfeststellung** (vgl. § 31 II KrW-/AbfG) **oder entgegen einer vollziehbaren Untersagung** (§§ 20, 25 II BImSchG, §§ 19 c, 19 e V WHG, § 35 I 2 KrW-/AbfG) betrieben werden (vgl. auch o. 11 und § 325 RN 9 ff.). Danach sind genehmigungsbedürftig auch wesentliche Änderungen, so daß die Fortsetzung des geänderten Betriebs tatbestandsmäßig ist (Steindorf LK 15). Die Mißachtung echter Auflagen (§ 36 II Nr. 4 VwVfG) ist nicht als ungenehmigtes Verhalten faßbar, wohl aber kann in Verstößen gegen unechte (sog. „modifizierende") Auflagen, die den Genehmigungsinhalt einschränken, eine ungenehmigte wesentliche Änderung liegen (BT-Drs. 12/192 S. 19, Steindorf LK 22). Daher kann erst eine sorgfältige Auslegung des Verwaltungsakts zeigen, welche anlagenbezogenen Anordnungen der Behörde zum Genehmigungsinhalt zählen, und welche als echte Auflagen nicht strafbewehrt sind (Bay MDR **88**, 252, krit. Rumpel NVwZ **88**, 502; vgl. Ocker aaO 195 ff., ferner § 330 d RN 16). Ändern sich die maßgeblichen Vorschriften nach der Tathandlung zugunsten des Täters, kommt § 2 IV in Betracht (StA Stuttgart wistra **94**, 271; vgl. § 2 RN 26 ff.).

19   **IV.** Der **subjektive Tatbestand** setzt Vorsatz (Abs. 1 und 2) oder Fahrlässigkeit (Abs. 3) voraus.

20   **1.** Der **Vorsatz** muß sich nicht nur auf Tatobjekt und -handlung, sondern auch auf die Verbotswidrigkeit beziehen (Braunschweig NStZ-RR **98**, 177 m. Anm. Brede NStZ 99, 137, Kuhlen WuV 91, 225, Steindorf LK 28, vgl. § 325 RN 26; aber auch Braunschweig ZfW **91**, 52: Unkenntnis des Genehmigungserfordernisses bloßer Verbotsirrtum); bedingter Vorsatz genügt. Wer Reststoffe irrig als Wirtschaftsgut und nicht als Abfall ansieht, handelt im Verbotsirrtum (Braunschweig ZfW **91**, 63). Zur Behandlung weiterer möglicher Irrtumsfragen vgl. 23 vor § 324.

21   **2. Fahrlässigkeit** wird, da allen Tathandlungen ein finales Element innewohnt, praktisch nur als fahrlässige Unkenntnis der jeweiligen rechtlichen Anforderungen vorkommen. Zu dieser Fahrlässigkeit bei Irrtümern bezüglich der Verbotswidrigkeit vgl. § 325 RN 27.

V. Die **Rechtswidrigkeit** wird nur selten entfallen. Bei verwaltungsrechtlich zulässigem Handeln 22 entfällt bereits der Tatbestand; auf die Genehmigungsfähigkeit kommt es auch hier nicht an (vgl. o. 11; so bej. LG Bremen NStZ **82**, 163 den Tatbestand selbst bei Verbesserung der Umweltsituation; dagegen Martin aaO 204). Eine rechtfertigende Duldung kommt bei § 327, soweit es um besondere förmliche Verfahren geht, von vornherein nicht in Betracht (vgl. Braunschweig NStZ-RR **98**, 177 m. Anm. Brede NStZ 99, 137, Hütting aaO [vor § 324] 132 ff., 156, vgl. auch Franzheim aaO 73, 90; and. Winkelbauer, JuS 88, 696; vgl. 20 vor 324). Als Rechtfertigungsgrund ist allenfalls an § 34 zu denken; vgl. dazu § 324 RN 13.

VI. Die Tat wird von Bay (NJW **96**, 1422, ZfW **98**, 393) als **Dauerstraftat** eingestuft, mit der 22 a Folge, daß die Beendigung und damit der Verjährungsbeginn (§ 78 a S. 1) erst mit der Beseitigung des Gefährdungspotentials eintritt (vgl. u. § 329 RN 51).

VII. Täter ist zunächst der Betreiber der Anlage, gleiches gilt nach Abs. 1 auch für den Besitzer 23 oder den sonst für die Anlage oder deren Betrieb besonders Verantwortlichen (Schünemann, in Umweltschutz und technische Sicherheit 149, Winkelbauer Lenckner-FS 655 f., zum Charakter als Pflichtdelikt s. o. 25 vor § 324). Aufgrund der verwaltungsakzessorischen Ausgestaltung des Tatbestands liegt kein Gemeindelikt vor, so daß der Täterkreis nicht mit den Mitteln einer faktischen Betrachtungsweise (vgl. § 14 RN 4 f.) über den Kreis der Adressaten des Genehmigungserfordernisses hinaus ausgedehnt werden kann (Horn SK 9; and. Schünemann aaO, Steindorf LK 25, Schünemann LK § 14 RN 20, weitergehend auch Winkelbauer Lenckner-FS 651 ff. [Mittäterschaft des Arbeitnehmers auch bei fehlender Personalkonzession], dazu o. 28 c vor § 324). Auf Organe und Vertreter findet jedoch § 14 Anwendung (AG Cochem NStZ **85**, 505: Ortsbürgermeister; Scholl aaO [vor § 324] 132 ff., Nappert aaO [vor § 324] 96 ff. zur Verantwortung von Gemeindeorganen für fehlerhaften Anlagenbetrieb). Das Fehlen der Genehmigung ist tatbezogen, weshalb § 28 I nicht anwendbar ist (and. Horn SK 9); vgl. 27 vor § 324.

VIII. Zur **Einziehung** vgl. § 330 c. Liegt eines der in § 330 S. 2 genannten **Regelbeispiele** vor, 24 kann sich bei Vorsatztaten der Strafrahmen verschärfen.

IX. Idealkonkurrenz ist etwa möglich mit §§ 324–326, 328 f. (vgl. Düsseldorf wistra **94**, 73), bei 25 Abs. 2 Nr. 2 auch mit § 329; sowie mit den Verletzungsdelikten. §§ 307, 309 gehen vor (Steindorf LK 33; and. Lackner/Kühl 8 [Tateinheit]).

§ 328 Unerlaubter Umgang mit radioaktiven Stoffen und anderen gefährlichen Stoffen und Gütern

(1) Mit Freiheitsstrafe bis zu fünf Jahren oder mit Geldstrafe wird bestraft,
1. wer ohne die erforderliche Genehmigung oder entgegen einer vollziehbaren Untersagung Kernbrennstoffe oder
2. wer grob pflichtwidrig ohne die erforderliche Genehmigung oder wer entgegen einer vollziehbaren Untersagung sonstige radioaktive Stoffe, die nach Art, Beschaffenheit oder Menge geeignet sind, durch ionisierende Strahlen den Tod oder eine schwere Gesundheitsschädigung eines anderen herbeizuführen,

aufbewahrt, befördert, bearbeitet, verarbeitet oder sonst verwendet, einführt oder ausführt.

(2) Ebenso wird bestraft, wer
1. Kernbrennstoffe, zu deren Ablieferung er auf Grund des Atomgesetzes verpflichtet ist, nicht unverzüglich abliefert,
2. Kernbrennstoffe oder die in Absatz 1 Nr. 2 bezeichneten Stoffe an Unberechtigte abgibt oder die Abgabe an Unberechtigte vermittelt,
3. eine nukleare Explosion verursacht oder
4. einen anderen zu einer in Nr. 3 bezeichneten Handlung verleitet oder eine solche Handlung fördert.

(3) Mit Freiheitsstrafe bis zu fünf Jahren oder mit Geldstrafe wird bestraft, wer unter grober Verletzung verwaltungsrechtlicher Pflichten
1. beim Betrieb einer Anlage, insbesondere einer Betriebsstätte oder technischen Einrichtung, radioaktive Stoffe oder Gefahrstoffe im Sinne des Chemikaliengesetzes lagert, bearbeitet, verarbeitet oder sonst verwendet oder
2. gefährliche Güter befördert, versendet, verpackt oder auspackt, verlädt oder entlädt, entgegennimmt oder anderen überläßt

und dadurch die Gesundheit eines anderen, ihm nicht gehörende Tiere oder fremde Sachen von bedeutendem Wert gefährdet.

(4) Der Versuch ist strafbar.

(5) Handelt der Täter fahrlässig, so ist die Strafe Freiheitsstrafe bis zu drei Jahren oder Geldstrafe

(6) Die Absätze 4 und 5 gelten nicht für Taten nach Absatz 2 Nr. 4.

§ 328   1–9   Bes. Teil. Straftaten gegen die Umwelt

Vorbem.: Fassung des 31. StÄG/2. UKG. Nach Art. 6 des 2. UKG (G v. 27. 6. 94, BGBl. I 1444) gilt Abs. 1 Nr. 1 mit der Maßgabe, daß einer Genehmigung oder Untersagung im Sinne dieser Vorschrift eine entsprechende ausländische Genehmigung oder Untersagung gleichsteht. Art. 2 des UVNVAG v. 23. 7. 1998, BGBl. I 1882, hat in Abs. 2 die Nr. 3 und 4 eingefügt und einen neuen Abs. 6 hinzugefügt.

Schrifttum: Vgl. *Bartholme,* Strafrechtliche Aspekte des „Plutoniumtourismus", JA 96, 730. – *Bieneck,* Handbuch des Außenwirtschaftsrechts mit Kriegswaffenkontrollrecht, 1998. – *Holthausen,* Zum Tatbestand des Förderns in den neuen Strafvorschriften des Kriegswaffenkontrollgesetzes (§§ 16–21 KWKG). – *ders./ Hucko,* Das Kriegswaffenkontrollgesetz und das Außenwirtschaftsrecht in der Rechtsprechung, NStZ-RR 1998, 193. – *Mattausch/Baumann,* Nuklearkriminalität – Illegaler Handel mit radioaktiven Stoffen NStZ 94, 462. – *Meine,* Die Strafbarkeit von Embargoverstößen nach § 34 AWG, wistra 96, 43. – *Pottmeyer,* Kriegswaffenkontrollgesetz, 2. Aufl. 1994. – *Wiedemann,* Der Gefahrguttransport-Tatbestand im neuen Umweltstrafrecht (§ 328 III Nr. 2 StGB), 1995. – Vgl. ferner die Nachweise vor § 324.

1   I. Die Vorschrift übernimmt in Abs. 1 u. 2 im wesentlichen die Regelung des (inzwischen aufgehobenen) § 45 I Nr. 1–3, 5, II Nr. 1, 2 AtomG über den unerlaubten Umgang mit Kernbrennstoffen, ergänzt durch Art. 2 UVNVAG (Abs. 2 Nr. 3, 4; Abs. 6, s. Vorbem.). Durch das 2. UKG wurde der bisherige Gefahrguttransport-Tatbestand des § 330 I 1 Nr. 4 zu Abs. 3 Nr. 2 umgestaltet; Abs. 3 Nr. 1 ergänzt § 27 I ChemG (vgl. zu diesem Ambs in: Erbs/Kohlhaas, StrNG; and. 25. A. [Qualifikation]) an. Die Vorschrift wurde damit zur zentralen Strafnorm über den Umgang mit Gefahrstoffen umgestaltet (zu den geschützten Rechtsgütern vgl. o. 8 vor § 324). Abs. 2 Nr. 3 u. 4, Abs. 6 dienen der Umsetzung des Vertrages v. 24. 9. 1996 über das umfassende Verbot von Nuklearversuchen (UVNV, Zustimmungsgesetz v. 9. 7. 1998, BGBl. II 1210). Zugleich wurde § 5 Nr. 11a ergänzt, der die Strafbarkeit für Taten nach Abs. 2 Nr. 3 u. 4, Abs. 4 u. 5 auf Auslandstaten Deutscher erstreckt. Über die vertraglichen Verpflichtungen hinaus werden bei Abs. 2 Nr. 3 auch Versuch und fahrlässiges Handeln mit Strafe bedroht. Die ursprünglich vom Gesetzgeber geplante (vgl. RegE 2. UKG, BT-Drs. 12/192) Ausgestaltung des Abs. 3 als potentielles Gefährdungsdelikt ist nicht Gesetz geworden, vielmehr handelt es sich in Abs. 1 u. 2 um ein **abstraktes**, in Abs. 3 um ein **konkretes** Gefährdungsdelikt (Horn SK 2, Lackner/Kühl 1, Steindorf LK 21).

2   II. **Tatobjekt** aller Tatmodalitäten des **Abs. 1** sind einmal unter **Nr. 1 Kernbrennstoffe.** Dies sind die in der Legaldefinition des § 2 I Nr. 1 AtomG genannten Substanzen, wie Plutonium 239 und 241, Uran 233 oder bestimmte Isotopenanreicherungen und -mischungen. Unerheblich ist, ob das spaltbare Material als Metall, Legierung oder chemische Verbindung (vgl. Anlage 1 zum AtomG) vorliegt (vgl. auch Sack 12); maßgebend ist, ob es infolge seines Reinheitsgrades zur Aufrechterhaltung einer sich selbst tragenden Kettenreaktion verwendbar ist (vgl. BVerwG DVBl. 95, 245 ff.). Dabei ist eine konkrete Umweltgefährdung oder gar -schädigung nicht zur Tatbestandserfüllung erforderlich; es handelt sich hier um ein **abstraktes Gefährdungsdelikt** (Horn SK 2; Heine in: Meinberg/Möhrenschlager/Link Umweltstrafrecht 119, Steindorf LK 2).

3   Unter **Nr. 2** sind nunmehr auch alle übrigen **radioaktiven Substanzen** erfaßt, soweit sie zur Herbeiführung des Todes oder schwerer Gesundheitsbeschädigung **geeignet** (vgl. 9 vor § 324, § 327 RN 7, § 325 RN 18) sind. Die **schwere Gesundheitsschädigung** deckt sich nicht mit der schweren Körperverletzung nach § 226, sondern meint jede erhebliche oder längerfristige Beeinträchtigung der Gesundheit oder Arbeitsfähigkeit, vgl. § 225 RN 18, § 330 RN 3, Steindorf LK 4a, Tröndle/Fischer 2a. Radioaktive Substanzen sind im Sinne der Legaldefinition des § 2 I Nr. 2 AtomG alle nicht schon unter Nr. 1 fallenden Substanzen, die spontan ionisierende Strahlen (dazu § 311 RN 3) aussenden. Daß das Gesetz hier – anders als zu Nr. 1 – auf eine Gefährdungseignung abstellt, dient der Ausschaltung von nicht strafwürdigen Bagatellfällen. Die Tat ist insoweit **potentielles Gefährdungsdelikt** (vgl. Horn SK 2, Steindorf LK 2, Tröndle/Fischer 2 a, 3 vor § 306).

4   III. Als **Tathandlungen** nennt die Vorschrift in **Abs. 1**

5   a) die **Bearbeitung, Verarbeitung** oder **sonstige Verwendung** (vgl. dazu u. 15). Ein bestimmtes Ziel der Behandlung, etwa für die Verwendung des Kernbrennstoffes in einem Reaktor, wird dabei nicht vorausgesetzt (vgl. Steindorf LK 11; and. Sack 22).

6   b) das **Aufbewahren** von Kernbrennstoffen oder sonstigen radioaktiven Stoffen (vgl. o. 2, 3). Diese Tatmodalität ist, soweit Kernbrennstoffe betroffen sind, im Zusammenhang mit § 5 I AtomG zu sehen, wonach Kernbrennstoffe grundsätzlich staatlich verwahrt werden. Unter Verwahrung ist die Innehabung von Sachherrschaft zu verstehen (vgl. Steindorf LK 6; enger Sack 15).

7   c) das **Befördern.** Darunter ist jede Herbeiführung einer Ortsveränderung zu verstehen einschließlich des Be- und Entladens (vgl. Sack 18, Steindorf LK 9). Zu beachten ist § 4 AtomG, der ein Genehmigungserfordernis (nur) außerhalb eines abgeschlossenen Geländes vorsieht (vgl. Bartholme JA 96, 732, Steindorf LK 7; u. 9).

8   d) das **Einführen** oder **Ausführen.** Diese Merkmale dienen insbesondere (vgl. u. RN 9) der Absicherung von § 3 I AtomG. Sie betreffen das Verbringen in den bzw. aus dem Geltungsbereich dieses Gesetzes, gleichgültig mit welchem Transportmittel dies geschieht (vgl. Bartholme JA 96, 732, Steindorf LK 12).

9   3. Die Tathandlungen des Abs. 1 müssen im Falle der **Nr. 1 ohne die erforderliche Genehmigung** oder **entgegen einer vollziehbaren Untersagung** begangen werden (vgl. auch § 327

RN 11). Die Genehmigungserfordernisse richten sich allein nach den Vorschriften des AtomG (vgl. Laufhütte/Möhrenschlager ZStW 92, 967), insbes. §§ 3 ff., 9 AtomG. Im einzelnen liegt bei Befördern von Kernbrennstoffen *innerhalb* eines abgeschlossenen Geländes kein Verstoß gegen Art. 4 AtomG, der nur Vorgänge außerhalb erfaßt, vor; im übrigen sind §§ 6, 7 AtomG und die Reichweite der Genehmigung zu beachten (vgl. Steindorf LK 7, der freilich mit dieser Maßgabe das Merkmal Befördern restriktiv interpretiert, wozu jedoch kein Anlaß besteht). Für Abweichungen von Genehmigungen gilt folgendes: Teilweise enthält das AtomG spezielle Regelungen (§§ 7 I, 9 I 2). Soweit sie den Anlagenbetrieb betreffen, sind sie nur unter den Voraussetzungen des § 327 I bedeutsam (o. § 327 RN 9 ff.). Im übrigen (§ 9 I 2 1. Alt. AtomG) gilt, daß eine (neue) Genehmigung erforderlich ist, soweit eine wesentliche Abweichung vorliegt. Dies ist dann der Fall, wenn sich durch die geänderten Modalitäten das Gefährdungspotential so erhöht hat, daß das bisherige Sicherheitsniveau nicht genügt (vgl. Steindorf LK 13). Soweit es um Abweichungen von der nach § 4 AtomG genehmigten Art und Weise der Beförderung geht, ist nach den o. § 325 RN 9 genannten Grundsätzen maßgebend, ob der Kernbereich des Regelungsgehalts der Genehmigung berührt ist (wohl weitergehend Steindorf LK 10; and. 25. A. RN 7, Michalke aaO 192 f.). – Zwecks Erfüllung völkerrechtlicher Pflichten aus Art. 7 des Übereinkommens vom 26. Okt. 1979 über den physischen Schutz von Kernmaterial (vgl. AusführungsG v. 24. 4. 1990, BGBl. II 326) kommen als Quelle derartiger Pflichten bei Nr. 1 daneben auch ausländische Regelungen in Betracht (vgl. Vorbem. u. Wimmer ZfW 91, 147).

Bei **Nr. 2** ist zwischen einer **vollziehbaren Untersagung** (vgl. § 19 III AtomG, vgl. o. § 327 RN 12, § 330 d RN 15) und dem Handeln **ohne die erforderliche Genehmigung** zu unterscheiden. Der im letzteren Fall erforderlichen **groben Pflichtwidrigkeit** bedarf es nicht, sofern dem Täter durch eine an ihn gerichtete Untersagungsverfügung seine Pflichten verdeutlicht wurden. Unter einem grob pflichtwidrigen Verhalten ist hier im wesentlichen wie bei § 325 (dort RN 24) ein Verhalten zu verstehen, das entweder schon als solches einen besonders hohen Grad an Pflichtwidrigkeit darstellt, oder eine besonders wichtige Verhaltenspflicht betrifft. Als Quelle derartiger Verhaltenspflichten kommen das AtomG und die hierauf beruhenden Verordnungen (StrlSchVO, RöntgVO) in Betracht (Tröndle/Fischer 3).

10

IV. In **Abs. 2 Nr. 1 u. 2** werden als weitere Verhaltensweisen genannt: **11**

1. das **nicht unverzügliche Abliefern** von Kernbrennstoffen trotz gesetzlicher Verpflichtung **12** (echtes Unterlassungsdelikt, vgl. Steindorf LK 17). Die Ablieferungspflicht ergibt sich aus § 5 III, IV AtomG. Unverzüglich bedeutet ohne schuldhaftes Zögern. Im Hinblick auf die Gefährlichkeit der Stoffe ist grundsätzlich eine sofortige Ablieferung zu verlangen (vgl. Bartholme JA 96, 732, Steindorf LK 17 u. o. § 326 RN 13). Der Unterlassenstatbestand wird deshalb nicht nur durch Nichtablieferung, sondern auch durch verspätete Ablieferung verwirklicht. Gleiches gilt wegen § 5 II AtomG (mit Ausnahmen Nr. 1–3) auch für die unvollständige Ablieferung. Als *Normadressat* nennt § 5 III AtomG den unmittelbaren Besitzer (Bartholme aaO), wobei nach dem Sinn der Regelung kein Unterschied zu § 9a II AtomG zu machen sein dürfte (vgl. § 326 RN 13). Zur Nichtablieferung radioaktiver Abfälle vgl. § 326 III und dort RN 13. Zum Charakter als Pflichtdelikt o. 25 vor § 324.

2. die **Abgabe** bzw. **Vermittlung der Abgabe** von Kernbrennstoffen oder radioaktiven Stoffen **13** im Sinne des Abs. 1 Nr. 2 (vgl. o. RN 2 f.) an Unberechtigte. Unter **Abgabe** ist wie unter der früher geforderten Herausgabe die bewußte Gewahrsamsübertragung auf einen anderen zu verstehen (Horn SK 6). Ob der Empfänger Unberechtigter ist, beurteilt sich nach § 5 V AtomG. Eine Unterlassungsverantwortung kann sich unter den Voraussetzungen des § 13 ergeben, wobei insbesondere die öffentlich-rechtlichen Sonderpflichten als Besitzer von Kernbrennstoffen in Frage kommen (vgl. § 5 II, III AtomG u. o. §§ 13 RN 44, 326 RN 11, iE ebenso Steindorf LK 19; and. Horn SK 6, Lackner/Kühl 4). Das **Vermitteln** der Abgabe an Unberechtigte stuft Handlungen zur Täterschaft hoch, die sonst allenfalls Teilnahme- oder Vorbereitungshandlungen zur Abgabe darstellen würden. Hierdurch soll der Anbahnung illegaler Geschäfte schon im Vorfeld begegnet werden (BT-Drs. 12/192 S. 24). Das darf jedoch nicht zu einer uferlosen Ausweitung dieses Merkmals führen, zumal Abs. 4 den Versuch unter Strafe stellt. Vollendung setzt daher die Herbeiführung der Abgabebereitschaft bzw. die Herstellung eines Kontakts zu Abgabeinteressenten voraus, so daß das Nennen einer Beschaffungsmöglichkeit oder die Werbung für eine solche allein nicht genügt (vgl. § 180 RN 8, 181 a RN 15); zur eigentlichen tatsächlichen Abgabe muß es aber nicht mehr kommen.

3. Abs. 2 Nr. 3 u. 4, eingefügt durch UVNAG v. 23. 7. 1998 (o. Vorbem. 7 c vor § 324), welche **13 a** die **Verursachung** einer **nuklearen Explosion** und Teilnahmehandlungen inkriminieren, nehmen eine Sonderstellung ein. In Erfüllung von Art. I und III Abs. 1 des Nuklearversuchsverbotsvertrags v. 24. 9. 1996 (BGBl. II 1209) sollen bestehende Lücken durch Einführung eines *absoluten Verbots* einer Nuklearexplosion geschlossen werden (BT-Drs. 13/10076 S. 11). Dazu wurde auch § 5 Nr. 11a neu hinzugefügt, der die Strafbarkeit für Taten nach Abs. 2 Nr. 3 u. 4, Abs. 5 (auch in Verbindung mit § 330) auf Auslandstaten Deutscher erstreckt, unabhängig von einer Strafbewehrung am Tatort. Ergänzt werden durch die Reform §§ 307, 309, §§ 19, 22a KWKG und Art. 2 G v. 26. 10. 1979 über den physischen Schutz vor Kernmaterial (BGBl. II 326). Überobligationsmäßig im Hinblick auf die völkerrechtlichen Verpflichtungen, aber in Angleichung an die ansonsten in § 328 erfaßten Fälle werden auch der Versuch und sogar fahrlässiges Handeln mit Strafe bedroht **(Nr. 3)**. Bestimmte vorsätzliche Teilnahmehandlungen, sofern vollendet (Abs. VI), erfaßt **Nr. 4** als selbständige Vergehen.

§ 328 13 b–13 d Bes. Teil. Straftaten gegen die Umwelt

Hintergrund des zügigen Gesetzgebungsverfahrens waren im Mai 1998 von Indien und Pakistan durchgeführte Testversuche von Atomwaffen, welche die Risiken nuklearer Proliferation nochmals deutlich werden ließen (BT-Drs. 13/10 872, 13/10 869). Nr. 3 u. 4 zielen auf die Verhinderung von Explosionen durch unkontrollierbare Freisetzung von Kernenergie zum Schutz von Mensch, Umwelt und Sachgütern durch Strafbewehrung auch von Unterstützungshandlungen. Es handelt sich um ein **abstraktes Gefährdungsdelikt** (vgl. BT-Drs. 13/10 076 S. 11), weil zwar die Verursachung einer Nuklearexplosion, damit aber kein spezifischer Verletzungserfolg (iSd Verletzung eines bestimmten Rechtsguts bzw. Objekts) oder konkreter Gefährdungserfolg verlangt wird, freilich mit der Besonderheit, daß der abstrakte Gefährdungstatbestand das Bewirken eines von der Handlung (Verursachen, Verleiten, Fördern) trennbaren Erfolgs in der Außenwelt voraussetzt (vgl. Tröndle/Fischer 6 a u. b, vgl. o. 72, 130 vor § 13). Entsprechend ist ein besonderer Zurechnungszusammenhang notwendig (u. 13 c). Die Tathandlungen sind (anders als die sonstigen Vorschriften des § 328) unabhängig von besonderen verwaltungsrechtlichen Pflichten. – Erhebliche Bedenken erweckt die weite und unstrukturierte Tatbestandsfassung, die gebotene Begrenzungen, insbes. bei Teilnahmehandlungen, erschwert (u. 13 b f.).

13 b a) **Tathandlung** von **Nr. 3** ist das **Verursachen einer Nuklearexplosion.** Der Begriff des Verursachens ist für sich ebenso unrechtsneutral wie derjenige des „Bewirkens" in § 311 I Nr. 2 und des „Herbeiführens" in §§ 308, 313. Er umfaßt nicht jedes Setzen einer für die Explosion kausalen Ursache (vgl. aber Lackner/Kühl 4 a), sondern nur die *täterschaftliche Herbeiführung*, wie sich aus Nr. 4 ergibt (vgl. BT-Drs. 13/10 076 S. 11, Michalke aaO 195, Tröndle/Fischer 6 b, vgl. auch o. 6 vor § 25). Erfaßt werden nicht bloß Personen, welche die Explosion unmittelbar auslösen, sondern auch solche, welche unter den o. 70 ff. vor § 25 genannten Voraussetzungen anordnen bzw. organisatorisch hinreichenden Einfluß haben (zur Frage der Bewertung einer Vielzahl komplexer Einzelhandlungen vgl. Holthausen NStZ 97, 292). Dies bedeutet umgekehrt, daß das Leisten von technischen oder wissenschaftlichen Vorarbeiten, wie zB das Fertigen von Plänen oder die Beratung beim Bau von Anlagen, die Zulieferung von Geräten und Material, die Vermittlung von know-how für die Produktion von einschlägigen Stoffen oder die Verbreitung von Kenntnissen in Wissenschaft und Forschung (vgl. Holthausen NJW 91, 207) mangels hinreichender Tatherrschaft für Nr. 3 nicht genügt. In Frage kommt insoweit auch nicht § 27, sondern Nr. 4. Vorausgesetzt wird nach allgemeinen Grundsätzen (o. 91 ff. vor § 13) im übrigen, daß der Täter durch seine Handlung verbotswidrig ein entsprechendes Erfolgsrisiko bzw. eine rechtlich relevante Gefahr geschaffen hat, Nr. 3 kann kein reines Verursachungsverbot bedeuten (and. Lackner/Kühl 4 a, vgl. auch o. 13 a). Daraus folgt etwa der regelmäßige Ausschluß einer Verantwortung bei eklatantem Mißbrauch eines Produkts durch Dritte für Zwecke der Nuklearexplosion (vgl. Goll/Winkelbauer aaO [vor § 25] 806).

13 c **Nukleare Explosion** ist ein Vorgang, bei dem durch Kernspaltungs- oder Kernfusionsvorgänge die in den Atomkernen gebundene Energie freigesetzt wird und die Freisetzung in Gestalt ionisierender Strahlung erfolgt (vgl. Hänsel/Neumann, Physik, 1995, 492, 502, wobei eine Explosion eine Druckwelle mit großer Beschleunigung voraussetzt: s. o. § 307 RN 3). Der Vertrag über das umfassende Verbot von Nuklearversuchen (G v. 24. 9. 1996, o. 13 a) zielt zwar auf die „Einstellung sämtlicher Versuchsexplosionen von Kernwaffen" und die „Verhinderung jeder Form der Verbreitung von Kernwaffen". Indes werden nicht allein Kernwaffen erfaßt. Denn nach Art. 1 I umfaßt die vertragliche Verpflichtung nicht bloß das Verbot der Versuchsexplosionen von Kernwaffen, sondern auch „andere nukleare Explosionen", so daß auch „zivile" nukleare Explosionsstoffe grundsätzlich in Frage kommen. Begrenzungen ergeben sich aus allgemeinen Grundsätzen (vgl. o. 92 vor § 13). Kontrollierte Vorgänge in Reaktoren kommen ebensowenig in Betracht wie Laborexperimente im Teilchenbereich (vgl. Michalke aaO 195, Tröndle/Fischer 6 a). Hier fehlt es an der rechtlich mißbilligten abstrakten Gefahr für die geschützten Rechtsgüter.

13 d b) **Nr. 4** erfaßt das **Verleiten** eines anderen zu einer Handlung nach Nr. 3 und die **Förderung** einer solchen Handlung. Vorbilder des Gesetzgebers waren § 19 I Nr. 1 a, 2 KWKG, § 17 I Nr. 2, 3 AusführungsG zum Chemiewaffenübereinkommen (CWÜ), § 34 III AWG (BT-Drs. 13/10 076 S. 11), die ihrerseits sich an § 120 anlehnten (BT-Drs. 11/4609 S. 10, Hamburg b. Meine wistra **96**, 44 f., Holthausen NJW 91, 203). Dieser Ausgangspunkt im StGB trifft auf dem Umweg über das Nebenstrafrecht nunmehr auf veränderte Strukturen und Sachverhalte, so daß eine sinnvolle Deutung erschwert ist (vgl. bereits Steindorf in: Erbs/Kohlhaas § 19 Anm. 4 KWKG). Mit den beiden Tathandlungen werden Anstiftungs- und Beihilfehandlungen zu selbständigen, der Täterschaft gleichgestellten Vergehen. Es geht darum, eine Strafbarkeit der Teilnahme nicht am Akzessorietätserfordernis scheitern zu lassen. Von Bedeutung soll dies insbes. bei Beteiligung eines Deutschen an der Haupttat eines Ausländers sein, die im Ausland nicht rechtswidrig ist, vgl. BT-Drs. 13/10 076 S. 11 (die täterschaftliche Auslandstat eines Deutschen ist wegen § 5 Nr. 11 a strafbar). Zur Vereinbarkeit mit Völkerrecht vgl. Holthausen NJW 91, 204, aber auch Pottmeyer aaO §§ 19–22 RN 22 ff. Auf die Rechtswidrigkeit oder Strafbarkeit der Handlung (vgl. Hamburg b. Meine wistra **96**, 44, Stuttgart NStZ **97**, 288, LG Stuttgart NStZ **97**, 290 m. Anm. Holthausen, Kreuzer; Holthausen NJW 91, 203, Pottmeyer aaO §§ 16–17 RN 13, je zu KWKG) der Handlung nach Nr. 3 kommt es insoweit nicht an. Nach der ratio dieses verselbständigten Teilnahmedelikts wirken sich (ausnahmsweise) vorliegende Rechtfertigungsgründe beim Haupttäter, findet auf die Haupttat deutsches Strafrecht Anwendung (§§ 3, 4, 5

Nr. 11 a), auf die Tat nach Nr. 4 aus. Insoweit gilt das Akzessorietätserfordernis der §§ 26, 27 (vgl. Tröndle/Fischer 6 c).

d) **Verleiten** bedeutet vorsätzliche Bestimmung eines anderen zu einer Handlung nach Nr. 3 und bestimmt sich der Sache nach entsprechend den Grundsätzen des § 26 (vgl. v. Bubnoff LK § 120 RN 28 [zu § 120], Pottmeyer aaO §§ 16–17 RN 13 [zu §17 I Nr. 1 a KWKG], vgl. o. § 26 RN 4 ff.). Das Verleiten muß ursächlich sein und eine rechtlich relevante Gefahr geschaffen haben (näher o. § 26 RN 4); war der Täter nach Nr. 3 zur Handlung bereits fest entschlossen, scheidet eine Strafbarkeit aus, da der Versuch nicht strafbar ist (Abs. 6). Was dabei das Stadium der Haupttat nach Nr. 3 angeht, so könnte aus dem fehlenden Verweis auf Abs. 4 abgeleitet werden, daß Vollendung erforderlich ist (vgl. Bieneck aaO § 27 RN 32 für den Parallelfall nach § 34 III AWG). Jedoch bezieht sich das Verleiten auf die „Handlung" nach Nr. 3. Nach allgemeinen Grundsätzen der Teilnahme muß die Haupttat mindestens in das Versuchsstadium gelangt sein, womit andererseits bloße Vorbereitungshandlungen nach Nr. 3 nicht genügen (o. 25 vor § 25). Bei fehlender Rechtswidrigkeit oder Strafbarkeit im Ausland (o. 13 d) sind diese Grundsätze ebenfalls anzuwenden. Zur **tätigen Reue** s. § 330 b. – Bei der Kettenanstiftung besteht kein Grund, § 26 nicht anzuwenden. **13 e**

β) **Fördern** stellt sachlich eine Beihilfehandlung dar (vgl. BGH NStZ **95**, 551 [zu § 34 III AWG], zur Förderungsformel der Rspr. o. § 27 RN 8 u. Hamburg b. Meine wistra **96**, 44, Düsseldorf NStZ-RR **98**, 154, Stuttgart NStZ **97**, 288 m. Anm. Holthausen, Holthausen NJW 91, 204, Holthausen/ Hucko NStZ-RR 98, 200 [je zu § 20 I Nr. 2 KWKG], Bieneck aaO § 27 Rdnr. 27 [zu § 34 III AWG]). Sie kann durch Rat und Tat erfolgen, wobei die häufig schwierige Abgrenzung zwischen psychischer Beihilfe und Anstiftung wegen des gleichgestellten Verleitens (o. 13 e) hier ohne wesentliche Bedeutung ist. Nr. 4 verlangt nur eine Förderung der Handlung, schließt sich damit auch dem Standpunkt der Rspr. zur Beihilfe an (o. § 27 RN 8). Entsprechend § 27 RN 9 a ff. u. o. 13 b ist aber auch hier erforderlich, daß die Förderung für die Handlung nach Nr. 3 wenigstens mitursächlich geworden ist *und* sie dabei eine rechtlich relevante Gefahr für den Erfolg der Haupttat geschaffen hat (vgl. auch Holthausen NJW 91, 207: „wesentliche Förderung" [zu §§ 19 I 2, 20 I 2 KWKG]). Daraus folgt etwa, daß die Verbreitung von wissenschaftlicher Wissensvermittlung, soweit es den Alltagsfall universitärer Tätigkeit im Wege von Veröffentlichungen, Vorträgen, Vorlesungen etc. angeht, nicht als Fördern anzusehen ist (Holthausen aaO; and. Pottmeyer aaO §§ 16–17 RN 14). Im übrigen erfaßt die Vorschrift die o. 13 b genannten Tathandlungen. Vorausgesetzt wird auch hier, daß die Tat nach Nr. 3 mindestens in das Versuchsstadium gelangt ist (vgl. Düsseldorf NStZ-RR **98**, 154, Stuttgart NStZ **97**, 288, LG Stuttgart NStZ **97**, 289 m. Anm. Holthausen [je zu § 20 KWKG] u. o. RN 13 e). Die **versuchte** Förderung ist ebensowenig strafbar wie die **fahrlässige** Unterstützung (Abs. 6). Zur **tätigen Reue** s. § 330 b. **13 f**

V. In **Abs. 3** sind früher nur in § 27 ChemG bzw. in § 330 I 1 Nr. 2 aF (Bay NJW **95**, 540 m. Anm. Heine JR 96, 301) **(Nr. 1)** bzw. dem § 330 I 1 Nr. 4 aF **(Nr. 2)** erfaßte Verhaltensweisen zu einem konkreten Gefährdungstatbestand zusammengeführt worden. **14**

1. a) Die Tathandlung der **Nr. 1** bildet einen Ergänzungstatbestand zur daneben fortbestehenden Vorschrift des § 27 I Nr. 1 ChemG (vgl. die Subsidiaritätsklausel des § 27 VI ChemG), der an die genannten Gefährdungserfordernisse anknüpft, im Vergleich zu § 27 I Nr. 1 ChemG aber umfassenderen Schutz gewährleisten will (Heine JR 96, 303). Das ChemG kennt keinen eigenständigen Begriff der **Anlage**, vgl. auch § 325 RN 4 f. **Technische Einrichtungen** sind nicht nur Maschinen, sondern zB auch Kühleinrichtungen, Heizungen u. ä. Geräte (Tröndle/Fischer 11). **Lagern, Bearbeiten** und **Verarbeiten** sind nur als exemplarische Beispielsfälle des **Verwendens** gemeint, das die eigentliche Tathandlung darstellt. Die in § 3 Nr. 10 ChemG enthaltene Legaldefinition dieses Begriffs ist hier zwar nicht unmittelbar verbindlich, kann aber zur Auslegung des Verwendungsbegriffs herangezogen werden, so daß § 27 RN 4 auch den genannten Ab- und Umfüllen auch hier erfaßt (Bay NJW **95**, 540 m. Anm. Heine JR 96, 301; vgl. Möhrenschlager NStZ 94, 567, BT-Drs. 12/192 S. 24). **15**

Die Vorschrift stellt nicht auf das Vorliegen gefährlicher Güter im Sinne des § 330 d Nr. 3 ab, sondern knüpft an den in §§ 19 II iVm 3 a ChemG (vgl. ferner §§ 3 ff. GefahrstoffVO idF v. 26. 10. 93, BGBl. I 1782) definierten Begriff des **Gefahrstoffs** an, der sich mit dem Gefahrgutbegriff des § 2 I GBG (vgl. u. 19) nicht deckt (Steindorf LK 24). Gefahrstoffe im Sinne des ChemG sind nicht nur explosionsfähige usw. Materialien, sondern nach § 3 a I Nr. 15, II ChemG auch umweltgefährdende Stoffe, zB Heizöl (vgl. Bay NJW **95**, 540 m. Anm. Bartholme JA 95, 924, Heine JR 96, 301) oder Krebs erzeugende Stoffe (§§ 3 a I Nr. 12, 19 II Nr. 1 ChemG), zB Asbest (Kuchenbauer NJW 97, 2010). Erfaßt werden auch Zubereitungen und Erzeugnisse, die nicht schon für sich genommen, sondern erst dadurch gefährlich werden, daß bei ihrer Herstellung oder Verwendung Material entstehen oder freigesetzt werden kann, das eines der in § 3 a ChemG genannten Gefahrmerkmale erfüllt. Der Aufnahme des jeweiligen Stoffes in Anl. VI der GefahrstoffVO kommt dabei allenfalls indizielle Bedeutung zu. Daneben sind vom Tatbestand auch – von § 27 ChemG abweichend – alle nicht unter den Gefahrstoffbegriff des § 19 II ChemG fallenden **radioaktiven Stoffe** (vgl. o. u. § 2 I Stoffe (vgl. o. RN 3 u. § 2 I Nr. 2 AtomG) erfaßt. **16**

b) **Nr. 2** entspricht im wesentlichen dem früheren **Gefahrguttransport**-Tatbestand des § 330 I 1 Nr. 4 aF (vgl. zu diesem Bottke TransportR 92, 390). Die bisherige Ausgestaltung als Sonderdelikt, dessen Täterkreis auf den Führer eines Fahrzeugs oder die für die Sicherheit oder die Beförderung Verantwortlichen beschränkt war, hat der Gesetzgeber im Anschluß an die hieran geübte Kritik (vgl. **17**

Triffterer Umweltstrafrecht 234) beseitigt. Als Täter kommt nunmehr grundsätzlich jede in den Transportvorgang eingeschaltete Person in Betracht, die Adressat der einschlägigen verwaltungsrechtlichen Pflichten ist (vgl. BT-Drs. 12/192 S. 24, Lackner/Kühl 4, Steindorf LK 63, Wiedemann aaO 76), nicht ohne weiteres aber der aufgrund der Gefahrgutbeauftragten-Verordnung (GbV v. 12. 12. 89, idF v. 26. 3. 1999, BGBl. I 648) bestellte Beauftragte (zu dessen Rechtsstellung Vierhaus NStZ 91, 466, Bottke TransportR 92, 402, Steindorf LK 64; vgl. auch § 324 RN 17). Die Tatmodalitäten knüpfen im wesentlichen an § 2 II GBG an, so daß die in § 1 I Nr. 1 GBG ausgenommenen rein innerbetrieblichen Transporte auch hier nicht als Befördern erfaßt werden (BT-Drs. 12/192 25, Steindorf LK 32, Wiedemann aaO 116). Tathandlung (vgl. dazu Bottke TransportR 92, 394) ist in erster Linie das verbotswidrige Befördern von gefährlichen Gütern durch Kfz-Führer oder sonstige Verantwortliche (vgl. LG München NStZ **82**, 470). Wie in § 2 II GBG wird unter **Beförderung** nicht nur eine Ortsveränderung verstanden. Erfaßt sind auch das **Versenden, Verpacken oder Auspacken, Verladen oder Entladen, Entgegennehmen oder anderen überlassen,** d. h. die Übertragung der tatsächlichen Gewalt auf einen anderen, wobei Mitbesitz genügt (vgl. Steindorf LK 39, Wiedemann aaO 119). Das noch in § 330 I Nr. 4 aF ausdrücklich genannte Unterlassen der Kennzeichnung ist nicht mehr gesondert genannt, da Verstöße gegen Kennzeichnungspflichten nur unter gleichzeitiger Verwirklichung einer der genannten Tatmodalitäten denkbar sind (BT-Drs. 12/192 S. 25).

18   Der Begriff des **gefährlichen Gutes** ist in § 330 d Nr. 3 definiert. Gefährliche Güter iSd § 2 I GBG sind „Stoffe und Gegenstände, von denen aufgrund ihrer Natur, ihrer Eigenschaften oder ihres Zustands im Zusammenhang mit der Beförderung Gefahren für die öffentliche Sicherheit oder Ordnung, insb. für die Allgemeinheit, für wichtige Gemeingüter, für Leben und Gesundheit von Menschen sowie für Tiere und Sachen ausgehen können". Dieser Begriff wird in Einzelbereichen durch ergänzende Vorschriften zum GBG präzisiert; insb. durch die GefahrgutVO-Straße (GGVS) v. 12. 12. 1996 (BGBl. I 1886), die GefahrgutVO-Eisenbahn (GGVE) v. 12. 12. 1996 (BGBl. I 1876) und die GefahrgutVO-See (GGVSee) v. 4. 3. 1998 (BGBl. I 419), die Verordnung über die Beförderung gefährlicher Güter auf Binnengewässer (GGVBinSch) v. 21. 12. 1994 (BGBl. I 2853) sowie (vgl. § 1 III GGVS) die Anlagen A und B zum Europäischen Übereinkommen v. 30. 9. 1957 idF v. 29. 3. 1996 (BGBl. II Anlage Nr. 15) über die internationale Beförderung gefährlicher Güter auf der Straße (ADR-Übereinkommen). Hierbei handelt es sich um eine durch komplexe Überlagerungen nationaler und internationaler Regelungen gekennzeichnete Spezialmaterie, so daß insoweit auf die einschlägige Literatur zu verweisen ist (Taschenmacher, Polizei und gefährliche Güter, 7. Aufl. 1994; TÜV Rheinland [Hrsg.], Gefahrgutrecht-GGVS, 3. Aufl. 1994, K. Ridder, GGVS, 8. Aufl. 1994). Erfaßt werden vor allem bestimmte explosive Stoffe, Zündwaren, Feuerwerkskörper und Stoffe, die in Berührung mit Wasser entzündliche Gase entwickeln, selbstentzündliche, entzündbare, entzündend wirkende, giftige, radioaktive, ätzende sowie ansteckungsgefährliche und ekelerregende Stoffe.

19   2. Gemeinsame Voraussetzung ist der Eintritt einer konkreten **Gefahr** für die genannten Rechtsgüter; fehlt es hieran, kommen allenfalls § 27 ChemG bzw. § 10 des G. über die Beförderung gefährlicher Güter (GBG v. 6. 8. 1975, idF v. 29. 9. 1998, BGBl. I 3114; vgl. dazu Bottke TransportR 92, 398) in Betracht.

20   Dem Täter **nicht gehörende Tiere** sind nicht nur solche, die im Eigentum Dritter stehen, sondern auch wildlebende, also herrenlose Tiere (o. § 325 a RN 10). Der Gesetzgeber hat damit eine zuvor bestehende Strafbarkeitslücke geschlossen, da das bislang bestehende Erfordernis der Fremdheit diese uU ökologisch bedeutsamen Schutzobjekte vom strafrechtlichen Schutz ausnahm (vgl. zur früheren Rechtslage LG Ellwangen NStZ **82**, 468 m. Anm. Möhrenschläger, AG Öhringen NJW **90**, 2481). Dem Täter gehörende Tiere sind auch dann nicht geschützt, wenn sie bedeutenden Wert haben (Rengier Spendel-FS 574, o. § 325 a RN 10). Zur **fremden Sache von bedeutendem Wert** (vgl. o. § 325 a RN 10, aber auch Rengier (aaO 570), wonach bei wirtschaftlich wertlosen Objekten auf den ökologischen Wert für die Umwelt abzustellen ist. Bei Bodenverunreinigungen fehlt es hieran, wenn schon vor der Tat eine Bodensanierung erforderlich gewesen wäre (BGH NJW **90**, 194). Die tatbestandlich vorausgesetzte Gefahr muß jeweils auf der Gefährlichkeit des Gefahrstoffs oder Gefahrguts beruhen (Bottke TransportR 92, 394).

21   3. Die Tat muß „**unter Verletzung verwaltungsrechtlicher Pflichten**" im Sinne des § 330 d Nr. 4 erfolgen, wobei hier wegen des nicht auf den Schutz der Allgemeinheit und der Nachbarschaft beschränkten, sondern auch den Schutz vor Gefahren für Menschen oder Sachen im Betrieb umfassenden Schutzwecks der Vorschrift auch Vorschriften des Arbeits- und Gesundheitsschutzes erfaßt sind (BT-Drs. 12/192 S. 23, Lackner/Kühl 2, Sack 75; vgl. § 330 d RN 20 f.). Stets ist aber eine **grobe Pflichtwidrigkeit** (vgl. § 325 RN 8, 330 d RN 10) erforderlich.

22   Da es sich bei **Nr. 1** im Gegensatz zu § 27 I ChemG nicht um eine allein an aufgrund des ChemG ergangene Rechtsverordnungen anknüpfende Blankettvorschrift handelt, werden hier auch Verstöße gegen nicht aus dem ChemG, sondern zB aus §§ 7, 23 BImSchG oder § 19 g WHG (vgl. dazu Bay NJW **95**, 540 m. Anm. Heine JR 96, 303) abgeleitete Verhaltenspflichten erfaßt. Für radioaktive Stoffe kommen als Quelle entsprechender Pflichten vor allem die aufgrund des AtomG ergangenen StrlSchVO und RöntgVO in Betracht.

23   Für **Nr. 2** ist in erster Linie bedeutsam der gesamte Bereich des aufgrund § 2 I GBG ergangenen Gefahrgutrechts, vgl. o. 18. Da nach § 330 d Nr. 4 Verstöße prinzipiell gegen jede der Gefahrenabwehr dienende Vorschrift unabhängig von ihrer umweltschützenden Zielrichtung erfaßt sind (vgl.

§ 330 d RN 20; and. MG/Pfohl 1492), kommen hier aber auch zB Regelungen der StVO (Rengier Boujong-FS 799), deren Einbezug nach bisherigem Recht zweifelhaft war (vgl. AG Offenbach NStE § 330 **Nr. 1,** Franzheim aaO 108, Rengier Umweltstrafrecht 34) und der gesamte Bereich des technischen Arbeitsschutzes (zB § 14 ArbeitsstättenVO), in Betracht (vgl. BT-Drs. 12/192 S. 24, Lackner/Kühl 2). Angesichts der nahezu unüberschaubaren Weite der damit erfaßten Pflichten, denen zT jede umweltrechtliche Relevanz fehlt, hat die mit dem Merkmal der „groben Pflichtwidrigkeit" eröffnete Möglichkeit, nicht strafwürdige Bagatellverstöße auszuscheiden, besondere Bedeutung.

VI. Zur **Rechtswidrigkeit** vgl. § 327 RN 19 u. § 307 RN 11. 24

VII. Für Abs. 1 und 2 ist **Vorsatz** erforderlich; bedingter Vorsatz genügt. In Abs. 5 ist auch 25
fahrlässiges Handeln mit Strafe bedroht (vgl. im übrigen § 327 RN 19 f. sinngemäß).

VIII. Der **Versuch** der in Abs. 1, 2 Nr. 1–3, 3 genannten Handlungen ist nach Abs. 4 strafbar; bei 26
den verselbständigten Teilnahmeformen des Abs. 2 Nr. 4 ist Versuch nicht möglich (Abs. 6). Da
früher nur der Versuch der nunmehr in Abs. 3 Nr. 2 geregelten Verhaltensweisen nach § 330 Abs. 3
aF strafbar war, liegt darin eine nicht unerhebliche Vorverlagerung des strafbaren Bereichs. Ist ein
Rücktritt (§ 24) nicht mehr möglich, eröffnet § 330 b die Möglichkeit **tätiger Reue;** das gilt nach
§ 330 b S. 2 auch für die in Abs. 5 geregelte fahrlässige Begehungsweise entsprechend (vgl. § 330 b
RN 1).

IX. Die **Strafe** ist für vorsätzliche und fahrlässige Begehung unterschiedlich angedroht. Im Falle 27
einer vorsätzlichen Begehung kommt ein **besonders schwerer Fall** (§ 330) in Betracht. Zur **Einziehung** vgl. § 330 c.

X. **Idealkonkurrenz** ist etwa möglich mit §§ 311, 324–327, 329 sowie mit den Verletzungsdelik- 28
ten. §§ 307, 309 gehen vor (Sack 129; and. Lackner/Kühl 7, Tröndle/Fischer 16, die auch hier
Idealkonkurrenz annehmen).

§ 329 Gefährdung schutzbedürftiger Gebiete

(1) Wer entgegen einer auf Grund des Bundes-Immissionsschutzgesetzes erlassenen Rechtsverordnung über ein Gebiet, das eines besonderen Schutzes vor schädlichen Umwelteinwirkungen durch Luftverunreinigungen oder Geräusche bedarf oder in dem während austauscharmer Wetterlagen ein starkes Anwachsen schädlicher Umwelteinwirkungen durch Luftverunreinigungen zu befürchten ist, Anlagen innerhalb des Gebietes betreibt, wird mit Freiheitsstrafe bis zu drei Jahren oder mit Geldstrafe bestraft. Ebenso wird bestraft, wer innerhalb eines solchen Gebiets Anlagen entgegen einer vollziehbaren Anordnung betreibt, die auf Grund einer in Satz 1 bezeichneten Rechtsverordnung ergangen ist. Die Sätze 1 und 2 gelten nicht für Kraftfahrzeuge, Schienen-, Luft- oder Wasserfahrzeuge.

(2) Wer entgegen einer zum Schutz eines Wasser- oder Heilquellenschutzgebietes erlassenen Rechtsvorschrift oder vollziehbaren Untersagung
1. betriebliche Anlagen zum Umgang mit wassergefährdenden Stoffen betreibt,
2. Rohrleitungsanlagen zum Befördern wassergefährdender Stoffe betreibt oder solche Stoffe befördert oder
3. im Rahmen eines Gewerbebetriebes Kies, Sand, Ton oder andere feste Stoffe abbaut,

wird mit Freiheitsstrafe bis zu drei Jahren oder mit Geldstrafe bestraft. Betriebliche Anlage im Sinne des Satzes 1 ist auch die Anlage in einem öffentlichen Unternehmen.

(3) Wer entgegen einer zum Schutz eines Naturschutzgebietes, einer als Naturschutzgebiet einstweilig sichergestellten Fläche oder eines Nationalparks erlassenen Rechtsvorschrift oder vollziehbaren Untersagung
1. Bodenschätze oder andere Bodenbestandteile abbaut oder gewinnt,
2. Abgrabungen oder Aufschüttungen vornimmt,
3. Gewässer schafft, verändert oder beseitigt,
4. Moore, Sümpfe, Brüche oder sonstige Feuchtgebiete entwässert,
5. Wald rodet,
6. Tiere einer im Sinne des Bundesnaturschutzgesetzes besonders geschützten Art tötet, fängt, diesen nachstellt oder deren Gelege ganz oder teilweise zerstört oder entfernt,
7. Pflanzen einer im Sinne des Bundesnaturschutzgesetzes besonders geschützten Art beschädigt oder entfernt oder
8. ein Gebäude errichtet

und dadurch den jeweiligen Schutzzweck nicht unerheblich beeinträchtigt, wird mit Freiheitsstrafe bis zu fünf Jahren oder mit Geldstrafe bestraft.

(4) Handelt der Täter fahrlässig, so ist die Strafe
1. in den Fällen der Absätze 1 und 2 Freiheitsstrafe bis zu zwei Jahren oder Geldstrafe,
2. in den Fällen des Absatzes 3 Freiheitsstrafe bis zu drei Jahren oder Geldstrafe.

Vorbem.: IdF des 31. StÄG/2. UKG v. 27. 6. 94, BGBl. I 1440.

§ 329   1–7   Bes. Teil. Straftaten gegen die Umwelt

Schrifttum: Bernatzky/Böhm, BNatSchG, Loseblatt. – *Breuer,* Verwaltungsrechtlicher u. strafrechtlicher Umweltschutz – Vom 1. zum 2. UKG, JZ 94, 1077. – *Dipper/Ott/Schlesmann/Schröder/Schumacher,* WaldG-BW, Stand Januar 1993. – *Erbs/Kohlhaas,* Strafrecht. Nebengesetze, Bd. II, III, Stand September 1998. – *Feldhaus,* BImSchG, Bd. 1, Stand April 1999. – *Jarass,* BImSchG, 3. Aufl. 1999. – *Kolodziejcok/Recken,* Naturschutz, Landschaftspflege, Stand August 1993. – *Landmann/Rohmer,* Umweltrecht I, Stand Oktober 1998. – *Möhrenschlager,* Revision des Umweltstrafrechts, NStZ 94, 513, 566. – *Müller-Tuchfeld,* Die Probleme der Verschärfung (usw.). KritV 95, 69. – *Sauter/Holch/Krohn/Kiess,* LandBauO für BW, Stand Sept. 1993. – *Sieder/Zeitler/DahmeKnopp,* WHG, Bd. I 1. Hbbd., 2. Hbbd., Stand Feb. 1999. – *Wernicke,* Das Einbringen und Einleiten sowie das Lagern u. Ablagern von Stoffen im WHG, ZfW 63, 270. – *Wüsthoff/Kumpf,* Hdb. d. dt. Wasserrechts Bd. I, Stand Juni 1994. – Vgl. im übrigen die Schrifttumsangaben vor und zu § 324.

1   **I.** Die Vorschrift bezweckt den **Schutz ökologisch besonders empfindlicher Gebiete gegenüber schädlichen Umwelteinwirkungen** (vgl. BT-Drs. 8/2382 S. 20, 12/376 S. 26). Daß dies jeweils nur insoweit geschieht, als das zu schützende Gebiet durch Rechtsverordnung oder verwaltungsrechtliche Einzelanordnung formell ausgewiesen ist (vgl. u. 10, 13, 36), bedeutet nicht, daß es damit lediglich um den Schutz überindividueller Verwaltungsinteressen ginge; vielmehr handelt es sich auch hier um einen *durch verselbständigte ökologische Rechtsgüter vermittelten Individualschutz* (vgl. Rogall JZ-GD 80, 104 sowie 8 vor § 324). Dieser ist in § 329 je nach Art und Bedrohung der betroffenen Gebiete durch **drei selbständige Tatbestände** erfaßt, die ihrerseits im wesentlichen schon bisher vorhandenen Spezialvorschriften nachgebildet sind: So in Abs. 1 der aus § 63 I Nr. 3 aF BImSchG übernommene und die §§ 325, 325 a ergänzende Schutz *besonders luftverschmutzungs- und lärmanfälliger Gebiete,* in Abs. 2 der den § 19 WHG konkretisierende, das Landesrecht verstärkende und den § 324 ergänzende Schutz von *Wasser- und Heilquellenschutzgebieten* sowie in Abs. 3 der das einschlägige Bundes- und Landesrecht zusammenfassende Schutz von *Naturschutzgebieten* und den durch das BNatSchG besonders geschützten Tieren und Pflanzen (vgl. Rogall aaO 111, Rengier NJW 90, 2514).

2   **II. Verbotswidriges Betreiben von Anlagen in besonders luftverschmutzungs- und lärmanfälligen Gebieten (Abs. 1).**
Der Tatbestand steht zwischen der Ordnungswidrigkeit des § 62 I Nr. 8 BImSchG einerseits, indem nicht schon das bloße Errichten, sondern erst das **Betreiben** einer Anlage sanktioniert wird, und dem abstrakten Gefährdungstatbestand der §§ 325, 325 a andererseits, indem es hier nicht auf den Nachweis einer umweltgefährdenden Veränderung oder Lärmverursachung (vgl. dort RN 12 ff.) ankommt, sondern bereits das verbotswidrige Anlagebetreiben als solches genügt. Insofern handelt es sich hier um einen den Umweltschutz noch weiter ins Vorfeld verlagernden **abstrakten Gefährdungstatbestand,** der die Unversehrtheit von Menschen, Tieren, Pflanzen und anderen Sachen vor schädlichen Umwelteinwirkungen schützen und dementsprechend dem Entstehen solcher Gefahren vorbeugen will (vgl. § 1 BImSchG, Lackner/Kühl 1, Tröndle/Fischer 1, Zieschang aaO [vor § 306] 246).

3   **1. Schutzgegenstand** sind zwei Arten von Gebieten:

4   a) Zum einen **luftreinhaltungs- und geräuschfreihaltungsbedürftige Gebiete iSv § 49 I BImSchG:** Ihr Schutz setzt **formell** voraus, daß sie durch (bislang noch nicht vorhandene) Länder-RVO als Gebiete ausgewiesen sind, in denen bestimmte Anlagen nicht betrieben werden dürfen, soweit sie zur Hervorrufung umweltschädlicher Luftverunreinigungen oder Geräusche geeignet sind, die mit dem besonderen Schutzbedürfnis dieser Gebiete (zB wegen nutzungsbedingter Schutzbedürftigkeit oder bereits hoher Umweltbelastung) nicht vereinbar sind und auch durch entsprechende Auflagen nicht verhindert werden können. Dafür kommen insbes. Kurorte, Erholungs- und Klinikbereiche (vgl. Hansmann, in Landmann/Rohmer I § 49 BImSchG 11) sowie Landschaftsschutzgebiete (wie etwa Naturparks) in Betracht (vgl. Feldhaus § 49 BImSchG 4).

5   b) Zum anderen sog. **Smog-Gebiete iSv § 49 II BImSchG:** Das sind Gebiete, in denen während austauscharmer Wetterlagen ein starkes Anwachsen schädlicher Umwelteinwirkungen durch Luftverunreinigung zu befürchten ist, weil sie bereits derart stark umweltbelastet sind, daß schon bei einer geringfügigen Erhöhung der Immissionen – wie etwa bei Inversionswetterlagen – erhebliche nachteilige Umweltbeeinträchtigungen eintreten (vgl. BT-Drs. 8/2382 S. 21). Auch hier setzt die Tatbestandsmäßigkeit **formell** voraus, daß die zu schützenden Gebiete durch landesrechtliche RVO festgelegt sind und (zusätzlich) im Einzelfall die austauscharme Wetterlage von der zuständigen Behörde bekannt gemacht wurde (eingeh. Steindorf LK 7).

6   Einzelnachw. zu den landesrechtlichen SmogVOen bei Göhler/Buddendiek/Lenzen RN 154 G. Eine austauscharme, dh eine luftaustauschverhindernde Wetterlage liegt vor, wenn in einer Luftschicht, deren Untergrenze weniger als 700 m über dem Erdboden liegt, die Temperatur der Luft mit der Höhe zunimmt (Temperaturumkehr) und die Windgeschwindigkeit in Bodennähe während der Dauer von 12 Stunden im Mittel kleiner als 3 m/sec. ist (zB RhP-SmogVO § 2). Der Beginn und das Ende einer solchen Wetterlage werden durch Rundfunk, Fernsehen und/oder Presse bekanntgegeben (vgl. BW-SmogVO § 5).

7   **2.** Als **Tathandlung** ist das **verbotswidrige Betreiben einer Anlage** innerhalb der vorgenannten Schutzgebiete erforderlich.

a) Unter **Anlagen** sind solche iSv § 3 V BImSchG zu verstehen (vgl. BT-Drs. 8/3633 S. 31, Steindorf LK 9). Dazu zählen neben Betriebsstätten und sonstigen ortsfesten Einrichtungen auch Maschinen, Geräte und uU sonst auf Grundstücke, sofern die Lagerung von Stoffen bzw. die Durchführung von potentiell emitierenden Arbeiten typisches Merkmal der Nutzung der betreffenden Grundstücksfläche ist (vgl. Bay VRS **67** 228). Zu Ausnahmen bei Fahrzeugen vgl. u. 11. 8

b) Die Anlage wird **betrieben,** wenn und solange sie zweckentsprechend in Gebrauch ist (vgl. § 325 RN 6). Da jedoch hier eine Schädigungswirkung nicht einzutreten braucht (vgl. o. 2), genügt bereits der Probebetrieb, wie etwa zur Belastungsprüfung (Gieseke/Wiedemann/Czychowski § 19 a WHG 4, ausführl. Sieder/Zeitler/Dahme/Knopp § 19 a WHG 37); denn für das Betreiben ist lediglich wesentlich, daß nach der Verkehrsauffassung die jeweilige Anlage als technisches Hilfsmittel benutzt wird, die Handlung also mit technischen Prozessen unmittelbar zusammenhängt (vgl. Kutscheid in Landmann/Rohmer § 3 BImSchG 24, zust. Steindorf LK 9). Es handelt sich um ein Sonderdelikt (Bay **94** 55, u. o. 25 vor § 324). 9

c) Verbotswidrig ist der Betrieb der Anlage, wenn sie **entgegen** einer einschlägigen **RVO** (Abs. 1 S. 1) oder einer darauf gestützten **vollziehbaren Einzelanordnung** (Abs. 1 S. 2) betrieben wird. Das ist der Fall, wenn der Täter dem Verbot entweder überhaupt nicht, nicht richtig, nicht vollständig oder nicht rechtzeitig nachkommt (ebenso Steindorf LK 10; vgl. auch Sack § 325 RN 64 mit Beschränkung auf eine zumutbare Frist). Zu Betriebsbeschränkungen im Wege vollziehbarer Anordnungen vgl. zB BW-SmogVO § 11, NW-SmogVO § 12. Weitere Einzelheiten zur Wirksamkeit bzw. Vollziehbarkeit von Anordnungen vgl. 11 ff. vor § 324. 10

3. Bereits **tatbestandlich ausgenommen** ist der Betrieb von **Kraftfahrzeugen, Schienen-, Luft- oder Wasserfahrzeugen** (Abs. 1 S. 3), und zwar aus gleichen Gründen wie bei § 325 I–III (vgl. dort RN 20). 11

III. Verbotswidriger Betrieb von Anlagen bzw. Abbau fester Stoffe in Wasser- und Heilquellenschutzgebieten (Abs. 2).

Da sich die in diesem Tatbestand erfaßten Handlungen nicht nur auf die Güte, sondern auch auf die Menge und Abflußverhältnisse des Wassers auswirken können (vgl. BT-Drs. 2/2072 S. 29, Sieder/Zeitler/Dahme/Knopp § 19 WHG 3), ist Schutzgut hier nicht nur die Reinheit des Wassers (so aber Rogall JZ-GD 80, 111), sondern das Gesamtgewässer in seiner Funktion für Mensch und Umwelt (Steindorf LK 2; vgl. auch LG Kleve ZfW-Sonderh. **71** II Nr. 72). Wegen der Gefährlichkeit der erfaßten Handlungen für die besondere Immissionsempfindlichkeit der betroffenen Gebiete ist auch dieser Tatbestand als abstraktes Gefährdungsdelikt ausgestaltet (Lackner/Kühl 1). 12

1. Schutzgegenstand sind als **Wasserschutzgebiete** Zonen, in denen zur Wahrung der Menge und Güte des Wassers und seiner Abflußverhältnisse bestimmte Handlungen zu dulden und zu unterlassen sind (vgl. § 19 WHG), sowie als **Heilquellenschutzgebiete** Zonen, in denen natürlich zutage tretende oder künstlich erschlossene Wasser- oder Gasvorkommen ihrer Heilwirkung wegen schutzbedürftig sind (vgl. Gieseke/Wiedemann/Czychowski § 19 WHG 112 zu den im wesentl. gleichlautenden Bestimmungen der Landes-WasserGe). **Formell** ist für die Festlegung solcher Gebiete eine räumliche Abgrenzung (vgl. OVG Koblenz NuR **84**, 313) sowie die Festsetzung bestimmter Schutzanordnungen erforderlich (vgl. Gieseke/Wiedemann/Czychowski § 19 WHG 15). Diese Schutzanordnungen können bereits in den LandeswasserGen selbst enthalten sein oder sich aus **Rechtsvorschriften,** wie zB speziellen Wasser- und HeilquellenschutzgebietsVOen, aus allgemeinen Lager-VOen der Länder zur Ausführung der §§ 26 II, 34 II WHG oder künftigen VOen über Anlagen zum Lagern, Abfüllen und Umschlagen wassergefährdender Stoffe zur Ausführung der §§ 19 g ff. WHG ergeben (ebenso Steindorf LK 16). Daneben kommt (aufgrund der nF durch das 2. UKG) auch eine Schutzanordnung durch eine (nicht vom Begriff der „Rechtsvorschrift" erfaßte) **vollziehbare Untersagung** in Betracht. Dazu gehören nicht nur solche, die auf landesrechtliche Schutzanordnungen gestützt werden, sondern vielmehr alle vollziehbaren Untersagungen, die zumindest auch mit dem Ziel erlassen wurden, das betreffende Wasser- oder Heilquellenschutzgebiet gegen störende Einflüsse abzusichern (so zB eine Anordnung nach § 19 e II 5 WHG zur Untersagung einer Rohrleitungsanlage und ein Verstoß gegen diesen Verwaltungsakt; vgl. dazu wie auch zur Ausdehnung auf vollziehbare Untersagungen durch das 2. UKG BT-Drs. 12/192 S. 25). 13

2. a) Als **Tathandlung** ist in **Nr. 1** das verbotswidrige **Betreiben einer betrieblichen Anlage zum Umgang mit wassergefährdenden Stoffen** unter Strafe gestellt. 14

aa) Aufgrund eines **umfassenden Anlagebegriffes,** mit dem das 2. UKG der entsprechenden Erweiterung des § 19 g I WHG durch das 5. ÄndG des WHG v. 25. 7. 86 (BGBl. I 1165) Rechnung getragen hat, werden nicht nur „Anlagen zum Lagern, Abfüllen und Umschlagen wassergefährdender Stoffe" (vgl. Bay JR **95**, 35 m. Anm. Sack), sondern auch „Anlagen zum Herstellen und Behandeln wassergefährdender Stoffe" sowie „Anlagen zum Verwenden wassergefährdender Stoffe im Bereich der gewerblichen Wirtschaft und im Bereich öffentlicher Einrichtungen" erfaßt (vgl. BT-Drs. 12/192 S. 25, Gieseke/Wiedemann/Czychowski § 19 g WHG 2, Müller-Tuchfeld KritV 95, 88; zur Erstreckung auf öffentliche Unternehmen vgl. u. 16). Er umfaßt daneben sowohl ortsfeste als auch ortsbewegliche, aber ortsfest benutzte Einrichtungen (VGH-BW ZfW **88**, 278, Gieseke/Wiedemann/Czychowski § 19 g WHG 2, Roth in Wüsthoff/Kumpf § 19 g WHG 7). Darüber hinaus werden aber 15 auch Grundstücke einbezogen, sofern die jeweilige Anlagefunktion nicht nur vorübergehend ausgeübt wird (Gieseke/Wiedemann/Czychowski aaO, Sack 58; einschr. Sieder/Zeitler/Dahme § 19 g WHG 68 auf Anlagen mit einem gewissen technischen Aufwand und Konzeption; offen gelassen von Bay aaO). Daher kann auch zB die Lagerung von Streusalz auf einer unbefestigten Bodenfläche ohne zusätzliche technische Vorkehrungen tatbestandsmäßig sein; denn daß zwar ein Grundstück mit einem gewissen technischen Aufwand und damit möglicherweise auch mit gewissen Absicherungen gegen Emissionen eine Anlage sein soll, nicht dagegen die weitaus gefährlichere Lagerung wassergefährdender Stoffe auf einer unbefestigten und ungesicherten Bodenfläche, ist weder vom Schutzzweck her einzusehen noch vom Wortlaut geboten (ähnl. Steindorf LK 23). Im übrigen ergibt sich eine im Einzelfall notwendige Korrektur daraus, daß der auf dem Grundstück gelagerte Stoff bei nur geringer Menge möglicherweise nicht nachhaltig wassergefährdend ist (vgl. § 324 RN 9) oder es am betrieblichen Charakter der Anlage fehlt.

16 Als **betrieblich** ist sie zu betrachten, wenn sie in einer nicht nur vorübergehenden organisatorischen, meist auch räumlich zusammengefaßten Einheit von Personen und Sachmitteln unter einheitlicher Leitung zu dem arbeitstechnischen Zweck verwendet wird, bestimmte Leistungen hervorzubringen oder zur Verfügung zu stellen (zust. Bay aaO, vgl. auch § 14 RN 28). Betrieblich ist daher umfassender als gewerblich (Czychowski ZfW 500, 209, Tröndle/Fischer 7; and. Rogall JZ-GD 80, 109). Nicht notwendig ist die Absicht der Gewinnerzielung; doch gehören ausschließlich dem Privatgebrauch dienende Anlagen nicht hierher (vgl. BT-Drs. 8/2382 S. 21, Steindorf LK 24). Dagegen sind Anlagen in einem **öffentlichen Unternehmen** (dazu § 264 RN 23 f.) ausdrücklich den betrieblichen Anlagen gleichgestellt (so aufgrund des durch das 2. UKG hier eingefügten Abs. 2 S. 2 anstelle des inhaltsgleichen § 330 d Nr. 3 aF).

17 Zum **Betreiben** der Anlage vgl. o. 9. Das bloße **Errichten** verbotswidriger Anlagen (vgl. zB § 99 NRW-WasserG) ist auch hier nur als Ordnungswidrigkeit sanktioniert (vgl. § 41 I Nr. 2 iVm § 19 II Nr. 1 WHG). Soweit in Länderbestimmungen neben dem Errichten nicht zugleich auch das Betreiben der genannten Anlagen (Nr. 1) bzw. das Befördern wassergefährdender Stoffe in Rohrleitungsanlagen (Nr. 2) verboten ist, steht dies einer Anwendung von Abs. 2 nicht entgegen, da das Errichtungsverbot zugleich auch auf das Verbot des Betreibens oder Beförderns bei verbotswidrig errichteten Anlagen enthält (BT-Drs. 8/2382 S. 21, Tröndle/Fischer 6).

18 bb) Der **Betriebszweck** der Anlage ist nach Änderung von Abs. 2 Nr. 1 durch das 2. UKG nicht mehr ausdrücklich festgelegt. Aber auch wenn nunmehr allgemein von **Umgang** mit wassergefährdenden Stoffen die Rede ist, kommt dafür auch weiterhin in erster Linie das **Lagern** in Betracht. Dazu gehört insbes. das Aufbewahren zu späterer Verwendung oder Wiederverwendung (vgl. BT-Drs. 8/2382 S. 21, Gieseke/Wiedemann/Czychowski § 26 WHG 18, Sieder/Zeitler/Dahme/Knopp § 19 g WHG 53 ff., ferner BGHZ **46** 17, Hamm BB **62**, 1106). Ausreichend dafür ist der spätere Ge- und Verbrauch ebenso wie eine spätere Aufbereitung oder Bearbeitung eines Stoffes zu seiner schadlosen Beseitigung oder ein Verbringen an einen anderen Ort, um sich seiner zu entledigen. Entscheidend ist dabei allein, daß eine nochmalige gezielte menschliche Einwirkung auf den Stoff beabsichtigt ist (vgl. Sieder/Zeitler/Dahme/Knopp § 19 g WHG 53).

19 Bei **Transportvorgängen** ist ein Lagern allerdings nicht schon dann gegeben, wenn der wassergefährdende Stoff sich nicht mehr in Bewegung befindet (zB bei kurzen Transportpausen), sondern erst, wenn nach der Verkehrsanschauung der Transport tatsächlich unterbrochen ist, dh der Schwerpunkt auf dem „Aufbewahren" liegt. Mangels dieses Elements fehlt es auch bei Isolier-, Kühl- und Schmiermitteln und sonstigen Stoffen, die dem Betrieb von Maschinen und Geräten dienen, am Merkmal des Lagerns (Czychowski ZfW 76, 87, Sieder/Zeitler/Dahme/Knopp § 19 g WHG 57). Dementsprechend sind betriebliche Anlagen zum Lagern **beispielsweise** Lagerhallen, ortsbewegliche und ortsfeste Lagerbehälter (wie Tanks, Fässer, Container, Kanister oder andere Gefäße), aber auch für eine gewisse Dauer abgestellte Tankfahrzeuge, Eisenbahnkesselwagen und Aufsetztanks (vgl. Anh. II zur VO über brennbare Flüssigkeiten idF v. 13. 12. 1996, BGBl. I 447).

20 Als Betriebszweck kommt ferner das **Abfüllen** in Betracht, so insbes. das Überleiten eines Stoffes aus seinem bisherigen Behältnis in ein anderes. Im Unterschied zum Umschlagen (u. 21) setzt das Abfüllen jedoch einen Vorgang voraus, der nicht mit einem Transport in Verbindung steht (Gieseke/Wiedemann/Czychowski § 19 g WHG 4, Tröndle/Fischer 7; and. wohl BT-Drs. 8/2382 S. 21, Steindorf LK 21). Die Gefährlichkeit dieser Tätigkeit liegt darin, daß es dabei Übergangsstadien gibt, in denen die Kontrolle über den Überleitungsstoff entgleiten kann. Demnach handelt es sich um eine betriebliche Anlage zum Abfüllen dann, wenn der Stoff zB zu Lagerungszwecken ein- oder umgefüllt, ausgeschüttet oder ausgegossen wird, zudem aber auch, wenn der Stoff in eine Anlage verbracht wird, um ihn dort als Betriebsmittel zu verwenden (zB in Fahrzeugtank, als Kühlungsflüssigkeit in einem Kühlsystem, in Kühlschrank oder Produktionskühlanlage, Transformatoren oder als Hydraulikflüssigkeit in einer Hebevorrichtung; ebenso Steindorf LK 21).

21 Des weiteren werden vom möglichen Betriebszweck des Umgangs auch Vorgänge des **Umschlagens** erfaßt, wodurch Stoffe in Transportanlagen (wie Fahrzeuge), Beförderungsanlagen (wie etwa Pipelines) sowie in festen Anlagen, den dem Bereitstellen oder Aufbewahren zum Transport oder Befördern dienen, überführt werden (BT-Drs. 8/2382 S. 21, Czychowski ZfW 87, 87). Entscheidend ist demnach der Zusammenhang mit Transportvorgängen, so daß ein Umschlagen zu verneinen ist, wenn der Stoff (wie vor allem Benzin im Fahrzeugtank) zum Betreiben des aufnehmenden Fahrzeugs

benötigt wird (BT-Drs. aaO, Gieseke/Wiedemann/Czychowski § 19 g WHG 7; vgl. aber auch o. 20 und Steindorf LK 22). Demnach sind betriebliche Umschlaganlagen insbes. Befüllungsvorrichtungen von Tankfahrzeugen sowie Beladungseinrichtungen von Transportmitteln.

Als weitere Betriebszwecke kommen schließlich das **Herstellen** und **Behandeln** sowie der Betrieb 21a von Anlagen zum **Verwenden** wassergefährdender Stoffe in Betracht (vgl. zu diesem Anlagebegriff Gieseke/Wiedemann/Czychowski § 19 g WHG 2).

cc) **Betriebsgegenstand** der Anlage müssen **wassergefährdende Stoffe** sein, dh solche, die 22 geeignet sind, nachhaltig die physikalische, chemische oder biologische Beschaffenheit des Wassers nachteilig zu verändern (vgl. BT-Drs. 8/2382 S. 21, Tröndle/Fischer 7, Gieseke/Wiedemann/Czychowski § 19 g WHG 17). Zum **Veränderungs**effekt des Stoffes und seiner **Nachteiligkeit** vgl. § 324 RN 9). Der **Aggregatzustand** des Stoffes (fest, flüssig, gasförmig) ist gleichgültig (vgl. Sieder/Zeitler/Dahme/Knopp § 19 g WHG 38). Doch dürfte es bei gasförmigen Stoffen im Hinblick darauf, daß sie in die Luft entweichen, regelmäßig an der Nachhaltigkeit der Wassergefährdung fehlen, es sei denn, daß sie ins Gewicht fallende Mengen von schädlichen Begleitstoffen enthalten, mit Wasser chemische Verbindungen eingehen (zB Cyan) oder wasserlöslich sind (wie zB Äthylen, Ammoniak, Chlor, Giftgas, Merkaptane oder Schwefeldioxyd).

Dieser Begriff der wassergefährdenden Stoffe entspricht dem § 19 g WHG, dessen Katalog nicht als 23 abschließend („insbes.") zu verstehen ist und daher durch Länder „LagerVOen" ergänzt werden kann (Einzelnachw. auch zu weiteren einschlägigen Vorschriften und Richtlinien bei Sieder/Zeitler/Dahme/Knopp § 19 g WHG 34). Ausdrücklich **ausgenommen** sind durch § 19 g VI WHG **Abwasser, Jauche** und **Gülle** (vgl. auch u. 29) sowie Stoffe, die hinsichtlich der Radioaktivität die Freigrenzen des Strahlenschutzrechts überschreiten (vgl. BT-Drs. 8/2382 S. 21, zust. Sack 66; and. Sieder/Zeitler/Dahme/Knopp 2. Hbbd. Anh. III 4 § 329 StGB 7). Doch können letztere uU durch § 327 erfaßbar sein.

b) Nr. 2 erfaßt das verbotswidrige Betreiben von Rohrleitungsanlagen zum Befördern wasserge- 24 fährdender Stoffe oder das bloße Befördern solcher Stoffe.

aa) Zu den **Rohrleitungsanlagen** gehören zunächst die Rohrleitungen als solche, dh jeder um- 25 schlossene Hohlraum, durch den ein Stoff fließen kann, ohne Rücksicht auf das Material der umschließenden Hülle (vgl. Frankfurt ZfW **76**, 305), darüber hinaus aber auch alle Einrichtungen, die zu jedem Betreiben gehören, wie zB die Pump-, Molch-, Übergabe-, Verteiler- und Sicherheitsstationen, ferner die Sicherheits- und Entleerungstanks sowie die technischen Einrichtungen der Kopf- und Endstation, soweit diese im Hinblick auf den Schutzzweck – nämlich die Verhinderung des Auslaufens wassergefährdender Stoffe in den genannten Schutzgebieten – im weitesten Sinne von Bedeutung sein können (vgl. Gieseke/Wiedemann/Czychowski § 19 a WHG 1, Sieder/Zeitler/Dahme/Knopp § 19 a WHG 21, aber auch Gossrau BB 64, 948, wonach die Rohrleitungsanlage mit der Rohrleitung gleichbedeutend sei). Mit der Kennzeichnung als „Anlage" ist das Moment einer gewissen Dauer verbunden (vgl. Frankfurt aaO, Steindorf LK 27). Soweit Anlagenteile Zubehör einer Anlage zum Lagern wassergefährdender Stoffe sind (vgl. o. 18), fallen sie allein unter Abs. 2 Nr. 1 (vgl. § 19 a I 2 WHG, Sieder/Zeitler/Dahme/Knopp § 19 a WHG 25).

Zum **Betreiben** der Anlage vgl. zunächst o. 9. Dazu zählt im Hinblick auf die abstrakte Gefahr des 26 möglichen Auslaufens bereits das erstmalige Füllen des Rohres mit dem wassergefährdenden Stoff; dies gilt erst recht für den sog. Probebetrieb zur Belastungsprüfung (vgl. Kohlhaas ZfW 64, 155, Gieseke/Wiedemann/Czychowski § 19 a WHG 4), es sei denn, daß es sich lediglich um eine Druckprobe mit anderen nicht wassergefährdenden Stoffen handelt (vgl. Sieder/Zeitler/Dahme/Knopp § 19 a WHG 37, Steindorf LK 27).

Unter dem Betriebszweck des **Beförderns** ist das Verbringen der Stoffe von einem Ort zu einem 27 anderen mittels Durchsetzens durch die Rohrleitung zu verstehen (vgl. Sieder/Zeitler/Dahme/Knopp § 19 a WHG 26, zust. Sack 77, Steindorf LK 27).

bb) Beförderungsgegenstand müssen **wassergefährdende Stoffe** iSv § 19 a II WHG sein (vgl. BT- 28 Drs. 8/2382 S. 21, Tröndle/Fischer 8, Rogall JZ-GD 80, 111; and. Sieder/Zeitler/Dahme/Knopp 2. Hbbd. Anh. III 4 § 329 Anm. 10). Dazu gilt im wesentlichen dasselbe wie zu Nr. 1 iVm § 19 g V WHG (o. 22), mit dem Unterschied jedoch, daß hier keine nachhaltige Änderung der Beschaffenheit des Wassers erforderlich ist, also insbes. eine gewisse zeitliche Wirkung nicht vorausgesetzt wird (vgl. Tröndle/Fischer 8, Steindorf LK 28). Auch sind die wassergefährdenden Stoffe – dem Anlagencharakter von Nr. 2 entsprechend – auf solche im flüssigen oder gasförmigen Aggregatzustand beschränkt, wobei es auf den Zeitpunkt des Beförderns ankommt. Daher kommt auch ein normalerweise fester Stoff in Betracht, sofern er (gerade) zum Zweck des Beförderns durch Erhitzen, Zugabe von Flüssigkeit u. dgl. in einen flüssigen oder gasförmigen Zustand versetzt wird (vgl. Sieder/Zeitler/Dahme/Knopp § 19 a WHG 27, Steindorf aaO).

Nach dem **Enumerationskatalog** des § 19 a II WHG zählen dazu Rohöle, Benzine, Dieselkraft- 29 stoffe und Heizöle sowie die in einschlägigen RVOen genannten Stoffe (vgl. insbes. VO über wassergefährdende Stoffe bei der Beförderung in Rohrleitungsanlagen idF v. 5. 4. 76, BGBl. I 915). Da darin bislang weder **Abwasser** noch Jauche oder Gülle aufgeführt sind, ist ihre Beförderung durch Nr. 2 nicht erfaßt, und zwar ohne daß es dafür eine dem § 19 g VI WHG entsprechenden Ausnahmeregelung bedürfte (vgl. o. 23). Entsprechendes gilt – trotz ihrer möglichen wassergefährdenden Eigenschaft – auch für **Getränke** wie Bier, Wein oder Milch (zust. Steindorf LK 28).

29 a cc) Aufgrund der nF durch das 2. UKG ist der Begriff des **Beförderns** nicht mehr nur auf Rohrleitungsanlagen beschränkt, sondern erfaßt auch das *sonstige* Befördern wassergefährdender Stoffe entgegen einer Schutzanordnung oder vollziehbaren Untersagung, um damit spektakulären Unfällen (zB von Tanklastzügen; vgl. BT-Drs. 12/192 S. 26) und neueren Schutzanordnungen der Länder Rechnung zu tragen, die bereits den Transport von wassergefährdenden Stoffen in dem geschützten Gebiet untersagen (vgl. zB § 3 I Nr. 11 RVO des IM/BW und des LRA Bodenseekreis v. 8. 7. 87, BW-GBl. 263 ff.).

30 c) **Nr. 3** erfaßt den **gewerblichen Abbau fester Stoffe**.

31 aa) Als **Tatobjekt** kommen neben dem beispielhaft aufgezählten **Kies, Sand** oder **Ton** jegliche Arten von abbaufähigen **festen Stoffen** in Frage, nämlich solche, die in ihrem Aggregatzustand weder flüssig noch gasförmig sind (vgl. Gieseke/Wiedemann/Czychowski § 3 WHG 22). Dazu zählen neben Erde, Torf und Humus auch Schlamm, der (wie zB Heilschlamm) selbst aus unverfestigten, feinkörnigen, tonreichen, viel Wasser enthaltenden Gesteinsstoffen besteht; denn im Unterschied zu § 26 I WHG, wo im Hinblick auf die Gewässerreinhaltung schlammige Stoffe von den festen Stoffen ausgenommen sind, ist eine solche Einschränkung hinsichtlich des hier wesentlichen Gebietsschutzes nicht veranlaßt (vgl. Gieseke/Wiedemann/Czychowski § 3 WHG 23, § 329 Anm. 17, Sieder/Zeitler/Dahme/Knopp § 3 WHG 15, zust. Sack 80; and. Wernicke ZfW 63, 271).

32 bb) Unter **Abbauen** ist hier jede Tätigkeit zu verstehen, die durch Abgrabung, Aushebung oder ähnliche Maßnahmen auf die Förderung oder Gewinnung fester Stoffe gerichtet ist. Im Unterschied zum bloßen Entfernen ist dafür eine gewisse zeitliche Konstanz erforderlich. Aber auch in qualitativer Hinsicht wird eine nur geringfügige Bestandsverminderung noch nicht als Abbau zu betrachten sein (ebenso Gieseke/Wiedemann/Czychowski § 329 Anm. 16; and. Steindorf LK 30).

33 cc) Erforderlich ist jedoch ferner, daß der Abbau **im Rahmen eines Gewerbebetriebs** erfolgt. Dies deshalb, weil der private Abbau regelmäßig unerheblichen Umfangs ist, eine abstrakte Gefährdung für das Grundwasser oder geschützte Quellen aber erst bei erheblichen Eingriffen droht (vgl. BT-Drs. 8/2382 S. 21 f., Czychowski ZfW 80, 210). Gewerblich ist jede auf Gewinnerzielung gerichtete, für eine gewisse Dauer fortgesetzte, selbständige und erkennbar am Wirtschaftsleben teilhabende Tätigkeit (vgl. BGH **1** 383, Sack 81; and. Steindorf LK 31), ohne daß es dabei – im Unterschied zum Zulässigkeitserfordernis des § 1 GewO – auf die generelle rechtliche Erlaubtheit dieser Tätigkeit ankommen kann (zust. Gieseke/Wiedemann/Czychowski § 329 Anm. 18; vgl. aber Czychowski aaO, Ambs in Erbs/Kohlhaas § 1 GewO 2 b). Ebensowenig ist erforderlich, daß der Abbau unmittelbar mit dem Zweck des Gewerbebetriebs zusammenhängt; vielmehr genügt, daß die Stoffe gewerblich tatsächlich genutzt werden. Dagegen sind Maßnahmen der **öffentlichen** Verwaltung bei Erfüllung von Hoheitsaufgaben (wie zB der Wasser- und Schiffahrtsverwaltung) *nicht* als gewerblich zu betrachten (ebenso Steindorf aaO). Zur (berechtigten) Kritik an der Beschränkung auf Gewerbebetriebe vgl. Triffterer aaO 223.

34 3. Auch in Abs. 2 muß die jeweilige Tathandlung **verbotswidrig**, nämlich durch eine Schutzanordnung (o. 13) ausdrücklich untersagt sein. Zur Wirksamkeit solcher Schutzvorschriften und Einzelanordnungen vgl. 15 ff. vor § 324. Aufgrund des 2. UKG werden aber auch **Handlungen außerhalb** des geschützten Gebiets erfaßt, da wassergefährdende Tätigkeiten in der Nachbarschaft betroffener Gewässer ebenso schädlich sein können wie Handlungen in dem bestimmten Schutzgebiet (vgl. Möhrenschlager NStZ 94, 568). Man denke etwa für den Fall, daß in unmittelbarer Nähe eines Wasserschutzgebiets in großen Mengen Kies abgebaut und dadurch das Grundwasser in seiner Qualität oder Quantität nicht unerheblich beeinträchtigt wird. Einige Landeswassergesetze tragen diesem Umstand Rechnung, indem sie Schutzanordnungen auch außerhalb des Schutzgebiets zulassen (vgl. § 29 III Hess-WG, § 13 IV RhP-WG und für Heilquellenschutzgebiete § 16 IV NRW-WG). Auch diese Anordnungen – deren Wirkung außerhalb des Schutzgebiets eintritt (vgl. zu den Formen der möglichen Anordnungen o. 13) – werden jetzt durch Abs. 2 abgesichert (vgl. BT-Drs. 12/192 S. 25).

IV. Verbotswidrige Landschaftseingriffe innerhalb von Naturschutzgebieten und gleichgestellten Flächen (Abs. 3).

35 Im Hinblick auf die ökologische Bedeutung des Naturhaushalts für die gegenwärtigen und künftigen Lebensbedingungen des Menschen sind hier mittelbares Schutzgut die Natur, Landschaft, Tiere und Pflanzen in dem sich aus dem BNatSchG ergebenden Umfang (vgl. 8 vor § 324; enger Horn SK 17). Der Tatbestand bringt eine (teils verschärfende) Vereinheitlichung des bisherigen Naturschutzrechts: Während § 21 RNatSchG jede unbefugte Veränderung in einem Naturschutzgebiet als Straftat behandelte, hatten die das RNatSchG ersetzenden Landesvorschriften selbst bei schwerwiegenderen Eingriffen zum Teil nur Bußgelddrohungen vorgesehen (Nachw. bei Göhler/Buddendiek/Lenzen RN 552). Durch Abs. 3 werden zwar nur noch ausdrücklich verbotene Eingriffe, diese aber als Straftat erfaßt (vgl. Rogall JZ-GD 80, 111). Abs. 3 ist in Form eines potentieller Umweltgefährdung vorbeugenden Verletzungstatbestandes ausgestaltet (vgl. Albrecht/Heine/Meinberg ZStW 96, 950; Stegmann aaO 149, Steindorf LK 33; and. Horn SK 1 u. Lackner/Kühl [abstraktes Gefährdungsdelikt], Zieschang aaO [vor § 306] 257 [potentielles Gefährdungsdelikt mit konkret gefährlichem Zustand]).

1. Schutzgegenstand sind in erster Linie die **Naturschutzgebiete,** dh rechtsverbindlich festgesetzte Gebiete, in denen ein besonderer Schutz von Natur und Landschaft in ihrer Ganzheit oder in einzelnen Teilen zur Erhaltung von Lebensgemeinschaften oder Lebensstätten bestimmter wildwachsender Pflanzen oder wildlebender Tierarten aus wissenschaftlichen, naturgeschichtlichen oder landeskundlichen Gründen oder wegen ihrer Seltenheit, besonderen Eigenart oder hervorragenden Schönheit erforderlich ist (vgl. § 14 BNatSchG). Die Schutzerklärungen sind entweder als förmliches Gesetz, aufgrund einer entsprechenden Ermächtigung als RVO (§ 12 BNatSchG) oder durch Satzung (Erbs/Kohlhaas/Lorz § 12 BNatSchG 3 a) zu erlassen. Vergleichbares gilt für **Nationalparks** als rechtsverbindlich festgesetzte, einheitlich zu schützende Gebiete, die großräumig und von besonderer Eigenart sind, im überwiegendem Teil ihrer Fläche die Voraussetzungen eines Naturschutzgebietes erfüllen, sich in einem für Menschen nicht oder wenig beeinflußten Zustand befinden und vornehmlich der Erhaltung eines möglichst artenreichen heimischen Pflanzen- oder Tierbestandes dienen (§ 14 BNatSchG): so bspw. die Nationalparks „Bayerischer Wald" (seit 1973) und „Berchtesgaden" (seit 1978). Gleichgestellt sind die **als Naturschutzgebiet einstweilig sichergestellten Flächen** (§ 12 III Nr. 2 BNatSchG), und zwar deshalb, weil ein Gebiet gerade in der Zeit zwischen dem Bekanntwerden einer beabsichtigten Unterschutzstellung und der Verwirklichung dieses Vorhabens irreversiblen Schäden ausgesetzt sein kann, mit der Folge, daß uU sogar auf die endgültige Erklärung zum Naturschutzgebiet zu verzichten wäre. Zum Sicherstellungsverfahren vgl. zB § 60 BW-NatSchG. 36

Diese Ausdehnung des Abs. 3 auf einstweilig sichergestellte Flächen ist auf Anregung des BR erfolgt (vgl. BT-Drs. 8/3633 S. 32), nachdem der RegE in Verkennung von § 2 IV geglaubt hatte, daß die einstweilige Sicherstellung als befristete Maßnahme allein kraft Zeitablaufs ihre Wirkung verlieren könne (vgl. BT-Drs. 8/2382 S. 32, 35). Die Veränderungsverbote sind in den Ländern unterschiedlich befristet (1 Jahr zB § 23 II Berlin-NatSchG; 2 Jahre zB Art. 48 II Bay-NatSchG; 3 Jahre zB § 18 Hess-NatSchG), jedoch jeweils mit Verlängerungsmöglichkeit. **Nicht geschützt** durch Abs. 3 sind sonstige Landschaftsschutzgebiete, Naturparks und Landschaftsbestandteile iSd §§ 15, 16, 18 BNatSchG; doch sind insoweit bestimmte Landschaftseingriffe durch die Landes-NatSchGe bußgeldbewehrt (Nachw. b. Göhler/Buddendiek/Lenzen RN 552). 37

2. Als **Tathandlungen** kommen acht Arten von Landschaftseingriffen in Betracht: 38

a) **Nr. 1** stellt den **Abbau oder die Gewinnung von Bodenschätzen oder anderen Bodenbestandteilen** unter Strafe. Mit den **Bodenschätzen** werden die Lagerstätten abbauwürdiger, natürlicher Anhäufungen von Mineralien, Gasen (zust. Sack 89; and. Steindorf LK 39) oder Gesteinen erfaßt, so insbes. Brennstoffe wie Steinkohle, Braunkohle, Torf und Erdöl, aber auch Kies, Sand und Erze (vgl. Kolodziejcok-Recken § 2 BNatSchG 19). Durch die Schutzausweitung auf **andere Bodenbestandteile** wird klargestellt, daß sämtliche Eingriffe in die Pflanzendecke, den Mutterboden sowie die Oberflächengestaltung erfaßt werden. Dabei ist Boden die oberste von Tieren und Pflanzen belebte Schicht der Erdoberfläche, und zwar sowohl auf festem Land als auch unter der Wasserfläche in Bächen, Flüssen und Seen. Da eine Beeinträchtigung dieser Grundlage allen pflanzlichen und tierischen Lebens sich besonders negativ auf ein Naturschutzgebiet auswirken kann, ist der Begriff des Bodens im weitesten Sinne zu verstehen (zust. Sack 89). Zum **Abbauen** vgl. o. 32. Anders als in Abs. 2 Nr. 3 kommt es hier auf die Gewerblichkeit nicht an. Insbes. soll auch der sog. Kleintagebau (vgl. § 13 I Nr. 1 BW-NatSchG, § 13 I Nr. 1 SchlH-LandschPflegeG) erfaßt werden. Ob der Abbau oberirdisch oder unterirdisch geschieht, ist gleichgültig. Unter **Gewinnung** sind alle Arbeitsgänge zu verstehen, die mit der unmittelbaren Loslösung der Bodenschätze oder Bodenbestandteile aus dem natürlichen Verbund zusammenhängen und auf Förderung ausgerichtet sind (zust. Sack 89, Steindorf LK 38). Anders als zum bloßen Entfernen wird man für Abbau und Gewinnung eine gewisse zeitliche Konstanz sowie einen technischen Mindeststandard verlangen müssen. 39

b) Unter der durch **Nr. 2** erfaßten **Vornahme von Abgrabungen oder Aufschüttungen** sind einerseits Vertiefungen des Bodenniveaus (wie zB Sand- oder Kiesgruben: vgl. BW-VGH ESVGH **16** 123), andererseits Erhöhungen der Bodengestalt (wie insbes. durch Auffüllungen) zu verstehen; auch Auf- oder Abspülungen gehören dazu (vgl. BT-Drs. 8/3633 S. 32). Wesentlich ist dabei, daß die Veränderungen tendenziell längerfristig vorgenommen sein müssen, so daß nur kurzfristige Lagerungen, wie etwa von Erde, Stein oder Kies, noch keine Aufschüttung darstellen (vgl. Sauter/Holch/Krohn/Kiess § 2 BW-LBauO 19; zust. Sack 91; and. Steindorf LK 40). Ebensowenig ist das mit einer Veränderung der Bodengestalt verbundene Bewässern von Trockengebieten tatbestandsrelevant, da der Endzustand der Eingriffe iSv Nr. 2 eine gewisse Festigkeit verlangt (vgl. BT-Drs. 8/3633 S. 32, ferner § 13 I Nr. 2 BW-NatSchG, § 5 I Nr. 1 Hess-NatSchG). 40

c) Durch **Nr. 3** werden mit dem **Schaffen, Verändern oder Beseitigen von Gewässern** erfahrungsgemäß besonders gefährliche Landschaftseingriffe erfaßt. Zum Begriff des **Gewässers** vgl. § 330 d Nr. 1 sowie § 324 RN 3 ff.). Doch abweichend von dem auch das Meer umfassenden Gewässerbegriff des § 330 d Nr. 1 werden hier nur solche Gewässer erfaßt, die im Geltungsbereich der naturschutzrechtlichen Vorschriften liegen. Das ist hinsichtlich der hohen See sowie fremder Küstengewässer zu verneinen (vgl. BT-Drs. 8/2382 S. 22, Horn SK 18, Sack 93, Steindorf LK 21; and. Tröndle/Fischer 14). Den Tathandlungen ist gemeinsam, daß durch Eingriffe in den Gewässerbestand der natürliche Wasserhaushalt nicht bloß minimal verändert wird. Dies geschieht beim **Schaffen** eines Gewässers dadurch, daß die entstehende Wasseransammlung die Merkmale eines Gewässers erfüllt und für eine gewisse Zeit bestehen bleibt (ebenso Sack 94). Dies ist auch dann der Fall, wenn 41

§ 329 42–44 b

das zunächst geschaffene Gewässer später wieder zugeschüttet werden soll (vgl. Gieseke/Wiedemann/Czychowski § 31 WHG 4). Die **Veränderung** setzt eine Umgestaltung des Gewässers im weitesten Sinne voraus, ohne daß durch diese Maßnahme das gesamte Gewässer betroffen sein muß; ausreichend ist daher bereits die Veränderung eines Teils des Gewässers (wie zB des Gewässerbettes), sofern dadurch das Beeinträchtigungserfordernis erfüllt wird (vgl. u. 46). **Beseitigen** bedeutet die Aufhebung des äußeren Zustandes des Gewässers, wie etwa durch Abdämmung oder Verfüllung einer Flußschleife, aber auch durch Einbeziehen in ein Kanalisationssystem, weil dadurch das Gewässer aus dem natürlichen Wasserkreislauf abgesondert wird (vgl. Gieseke/Wiedemann/Czychowski § 31 WHG 5, Sack 80 a).

42 Tatbestandsmäßig ist somit **beispielsweise** als **Schaffen** eines Gewässers das Anlegen von künstlichen Teichen und Seen, Kanälen oder Durchstichen, aber auch durch das Freilegen von Grundwasser, wie etwa bei Kiesgewinnung, weil dadurch ein oberirdisches Gewässer hergestellt wird (vgl. Gieseke/Wiedemann/Czychowski § 31 WHG 4). Eine **Gewässerveränderung** kann entstehen durch Ableiten von natürlichen Wasserläufen, unzulässige Eingriffen in Küstengewässern, Beseitigung von Inseln, Einbau von Buhnen, Erweiterung eines vorhandenen Teichs durch Kiesabbau (vgl. BVerwG ZfW 78, 364), Bau von Talsperren oder Hochwasserrückhaltebecken, aber auch durch Maßnahmen, die zu einer Hebung oder Senkung des Wasserspiegels führen, weil gerade dadurch die Schutzgebiete besonders beeinträchtigt werden können (vgl. aber zu § 31 WHG Gieseke/Wiedemann/Czychowski RN 6). Ein **Beseitigen** liegt insbes. im Zuschütten stehender Gewässer.

43 d) **Nr. 4** erfaßt die **Entwässerung von Mooren, Sümpfen, Brüchen oder sonstigen Feuchtgebieten,** zu denen neben Tümpeln, Streuwiesen (BVerwG DVBl. **83**, 897), Rieden oder Auwäldern insbes. auch die Verlandungsbereiche stehender Gewässer gehören (zust. Sack 102). Ein **Entwässern** liegt vor, wenn der in diesen Biotopen vorhandene Überschuß an Wasser abgeführt wird (vgl. Burghartz § 34 WHG 4, aber auch Steindorf LK 42), wie insbes. infolge von großflächigen Auffüllungen, Abtorfungen oder Trockenlegungen (vgl. BT-Drs. 8/2382 S. 22). Das Mittel und die Art der Entwässerung sind unerheblich (ähnl. Steindorf aaO).

44 e) **Nr. 5** erfaßt das **Roden von Wald.** Unter **Wald** ist jede mit Forstpflanzen (Waldbäume und Waldsträucher) bestockte Grundfläche zu verstehen (vgl. § 2 BWaldG, Sack 102). Diese Ansammlung von wild oder aufgrund forstwirtschaftlichen Anbaus wachsenden Laub- und Nadelbaumarten muß einen flächenartigen Eindruck vermitteln (vgl. BT-Drs. 7/889 S. 25). Die Mindestgröße einer Waldfläche läßt sich zahlenmäßig nicht festlegen; doch dürften ein Anhalt die in der Begr. zum BWaldG genannten 0,2 ha sein (vgl. BT-Drs. aaO). Daher sind schützenswerte Einzelbäume lediglich über die Landeswald- bzw. LandesforstGe geschützt (Steindorf LK 43). Ein **Roden** liegt vor, wenn mit der Räumung der Bestockung eine Entfernung des Knollen- und Wurzelwerkes der Forstpflanzen verbunden ist (vgl. Dipper/Ott/Schlessman/Schröder/Schumacher § 9 BW-WaldG 18, ebenso Sack 103). Doch dürfte bei Eingriffen von unerheblichem Umfang idR am Beeinträchtigungserfordernis (u. 46) fehlen (vgl. BT-Drs. 8/2382 S. 22, Tröndle/Fischer 16).

44 a f) **Nr. 6** stellt **das Töten und Fangen von Tieren einer iSd BNatSchG besonders geschützten Art** sowie das **Nachstellen** diesen gegenüber unter Strafe. Dem steht es gleich, wenn ihr **Gelege ganz oder teilweise zerstört oder entfernt** wird. Solche **Tiere** sind die nach § 20 e BNatSchG iVm der VO z. Schutz wildlebender Tier- und Pflanzenarten (BArtSchV), in deren Anlage die jeweiligen Arten genau spezifiziert werden (vgl. Kolodziejcok/Recken § 20 e BNatSchG 3), ferner die vom Washingtoner Artenschutzübereinkommen geschützten Tiere (vgl. BT-Drs. 12/192 S. 26), vgl. auch EG-VO Nr. 3626/82 u. dazu BGH **42** 219. Als Tathandlung kommen neben dem **Töten** auch das **Fangen** und **Nachstellen** in Betracht. Zum *Fangen* gehört, ein Tier seiner Freiheit zu berauben mit der Absicht, ihm diese nicht alsbald und am Ort des Zugriffs wiederzugeben, also auf einige Dauer Herrschaft über das Tier und Gewahrsam an ihm haben zu wollen. Beim *Nachstellen* handelt es sich in Anlehnung an § 292 StGB um unmittelbare Vorbereitungen zum Töten oder Fangen, wie zB das Aufstellen von Fangvorrichtungen (Netze, Schlingen, Fallen usw.), das Auslegen von Ködern, das Nacheilen, Anschleichen, Auflauern und Anlocken (vgl. zu den Tathandlungen Kolodziejcok/Recken § 20 f BNatSchG 5 f., BT-Drs. 12/192 S. 26). Ferner wird das **Gelege** der genannten Tiere vor *teilweiser oder ganzer Zerstörung* von Abs. 2 Nr. 6 unter Schutz gestellt. Damit werden nicht nur die Tiere selbst, sondern auch ihre Entwicklungsformen geschützt, deren typischste explizit genannt ist, das *Gelege*. Dazu gehört jede Nist-, Brut-, Wohn- und Zufluchtstätte der geschützten Tiere (vgl. dazu ausführl. Kolodziejcok/Recken § 20 f BNatSchG 6 u. 7), bzw. die darin befindliche Gesamtheit der Eier, die eierlegende Tiere (zB Vögel, Kriechtiere, Insekten) an diesen Stellen abzulegen pflegen (enger Steindorf LK 44 e). Tatbestandsmäßig ist schließlich auch das **Zerstören,** welches die teilweise oder völlige Vernichtung des Geleges beschreibt, sowie das **Entfernen;** von letzterem ist auch das Verbringen einzelner Eier aus dem Gelege erfaßt (vgl. BT-Drs. 12/192 S. 26).

44 b g) **Nr. 7** stellt die **Beschädigung oder Entfernung von nach dem BNatSchG besonders geschützten Pflanzen** (dazu BNatSchG samt Anlage, vgl. o. 44 a) unter Strafe. Als Tathandlung werden das Beschädigen und das Entfernen dieser Pflanzen genannt. Ein **Beschädigen** liegt in jeder nicht nur unerheblichen Einwirkung auf die Pflanze, durch die ihre Substanz verletzt oder ihre Lebensfunktion beeinträchtigt wird. Mit **Entfernen** sind alle Handlungen gemeint, durch welche die Pflanze aus dem geschützten Gebiet verbracht wird. Nicht erfaßt sind damit die Fälle, in denen die

Pflanze nur innerhalb des Schutzgebiets umgesetzt wird, ohne sonst in ihrer Funktionsfähigkeit beeinträchtigt zu werden (so auch BT-Drs. 12/192 S. 26).

h) **Nr. 8** stellt die **Errichtung von Gebäuden** innerhalb eines Schutzgebietes unter Strafe. Dadurch soll – ähnlich wie nach landesrechtlich möglichen Untersagung von baulichen Anlagen (vgl. ua § 10 I Nr. 2 BW-NatSchG; § 5 I Nr. 1 Hess-NatSchG; § 10 II Nr. 4 Saarl-NatSchG) – die von Gebäuden ausgehende nachteilige Wirkung auf das jeweilige Schutzgebiet unterbunden werden. **44 c**

3. Gemeinsame Voraussetzung aller vorgenannten Tathandlungen ist, daß sie **verbotswidrig** **45** sind, dh entgegen einer zum Schutz dieses Gebietes erlassenen Rechtsvorschrift oder vollziehbaren Untersagung erfolgen. Das kann, braucht aber nicht (mehr) unbedingt von **innerhalb** des betreffenden Schutzgebiets zu geschehen (zu den unbefriedigenden Konsequenzen dieser Beschränkung auf interne Handlungen vgl. die Einstellungsverfügung der StA Stuttgart v. 27. 2. 87 bzgl. Bauten am Rande eines Naturschutzgebiets, die dessen Grundwasserspiegel senken und auf dem Gebiet befindliche Bäume zerstören). Ferner kommen aufgrund der nF durch das 2. UKG – ähnlich wie in Abs. 2 (vgl. o. 34) – auch **von außerhalb in das betreffende Gebiet hineinwirkende** Tathandlungen in Betracht, da diese den Schutzzweck in gleichem Maße beeinträchtigen können wie Taten im Innenbereich (so auch BT-Drs. 12/192 S. 26; vgl. auch Breuer JZ 94, 1082). Ein Teil der Naturschutzgesetze der Länder sieht deshalb auch ausdrücklich vor, daß in der das Naturschutzgebiet festsetzenden Rechtsvorschrift auch das Verbot von Handlungen angeordnet werden kann, die von außen in das Schutzgebiet hineinwirken (vgl. § 21 IV BW-NatSchutzG, § 19 II 2 Berlin-NatSchutzG, § 24 III 2 Nds-NatSchutzG).

4. Ferner ist für die Tatbestandsmäßigkeit von Abs. 3 erforderlich (aber aufgrund der nF durch das **46** 2. UKG auch ausreichend), daß der Schutzzweck iSv § 12 II 2 BNatSchG **nicht unerheblich beeinträchtigt** wird. Anders als nach dem schwer handhabbaren aF (vgl. BT-Drs. 12/192 S. 27) brauchen also nicht unbedingt „wesentliche Bestandteile" des Schutzgebietes beeinträchtigt zu werden. Vielmehr ist unmittelbar auf den Schutzzweck eines geschützten Gebiets (vgl. o. 36) abzuheben, wie er sich unmittelbar aus den jeweiligen Schutzanordnungen der Länder ergibt. Eine entsprechende Beeinträchtigung ist demnach gegeben, wenn nicht nur vorübergehende Störungen von einer gewissen Intensität vorliegen, die das Eintreten konkreter Gefahren für die in der Schutzanordnung näher beschriebenen Güter hinreichend wahrscheinlich machen (enger Steindorf LK 51), wobei die fragliche Handlung stets mit Rücksicht auf das jeweilige Gebiet zu bewerten ist. Dabei kann jedoch keine entscheidende Rolle spielen, ob das Schutzgebiet, in dem die ökologisch schädliche Handlung vorgenommen wurde, bereits beeinträchtigt war oder nicht, da anderenfalls besonders ökologieschädliche Kumulationseffekte nicht erfaßt würden (vgl. Sack 116, vgl. auch § 324 RN 8 f.). Im übrigen kann sich die Erheblichkeit der Störung sowohl aus der quantitativen Intensität eines Eingriffs wie auch daraus ergeben, daß durch einen umfangmäßig kleineren Eingriff Ökologiearten betroffen sind, deren Vorkommen Rückschlüsse auf den ökologischen Gesamtzustand des Biotopensystems ermöglichen und die daher als Bioindikatoren von erheblicher Bedeutung sind (vgl. Engelhardt Prot. 8 Nr. 73 Teil II S. 51 ff.) oder die gerade wegen ihrer ausgesprochenen Singularität Einzigartigkeit Grund und Anlaß für die Erklärung zum Schutzgebiet waren (ähnl. Steindorf aaO). Andererseits wird nach diesen Grundsätzen eine Beeinträchtigung etwa dann zu verneinen sein, wenn zwar eine kleine Baumgruppe gerodet wurde, dies jedoch in einem Gebiet geschah, das zur Erhaltung typischer Taltypen oder Gesteinsformationen und somit aus geographisch-geologischen Gründen zum Schutzgebiet erklärt worden war (vgl. Bernatzky/Böhm § 13 BNatSchG 4 mwN).

V. Der **subjektive Tatbestand** setzt Vorsatz (Abs. 1 bis 3) oder Fahrlässigkeit (Abs. 4) voraus. **47**

1. Der **Vorsatz,** wofür bedingter genügt, muß sich nicht nur auf das Vorliegen der technischen **48** Tatbestandsmerkmale erstrecken, sondern auch auf die Tatsachen, aus denen sich die Verbotswidrigkeit der Tathandlung ergibt (Steindorf LK 55; vgl. auch Lackner/Kühl 9, Sack 121 ff., aber auch Tröndle/Fischer 17). Dazu gehört neben der Kenntnis, daß das betroffene Gebiet zum Schutzgebiet erklärt ist, auch das Wissen um etwaige Schutzanordnungen oder Untersagungen, wobei wie auch sonst eine Parallelwertung in der Laiensphäre genügt (vgl. § 15 RN 45 mwN). Dementsprechend handelt zB vorsätzlich iSv Abs. 1 S. 1 Alt. 2, wer in Kauf nimmt, daß die ausgerufene Smogalarm auch die von ihm weiter betriebene Anlage betreffen könnte. Zu **Irrtümern** hinsichtlich der Wirksamkeit oder Vollziehbarkeit von Anordnungen vgl. 23 vor § 324. Für den bei Abs. 3 erforderlichen **Beeinträchtigungsvorsatz** (vgl. o. 46) ist erforderlich, aber auch ausreichend, daß der Täter das Vorliegen einer schutzrelevanten Funktionsstörung und die damit verbundene Wahrscheinlichkeit der konkreten Gefahr für die betroffenen Gebietsteile in Kauf nimmt (vgl. § 315 c RN 42 mwN). Das ist idR schon dann anzunehmen, wenn sich der Täter bewußt geworden ist, daß er nicht mehr in der Hand hat, eine Integritätsschädigung des Schutzgebiets mit hoher Wahrscheinlichkeit abzuwenden, daß also Eintritt oder Ausbleiben von konkreten Gefahren nur noch vom Zufall abhängt (vgl. Sack 123).

2. Zur **Fahrlässigkeit** (Abs. 4) vgl. allg. § 15 RN 111 ff. Danach kommt Strafbarkeit nach Abs. 4 **49** Nr. 1 insbes. dann in Betracht, wenn der Täter aus vermeidbarer Unkenntnis des Umfangs eines Schutzgebietes oder einer Schutzanordnung eine verbotene Anlage betreibt. Im Falle von Abs. 3 ist er strafbar, wenn er sich sorgloserweise der beeinträchtigenden Wirkung seines Landschaftseingriffs (ähnl. Steindorf LK 56) oder seines Eingriffs in die Tier- oder Pflanzenwelt nicht bewußt wird. Vgl. auch § 325 RN 26 f.

50 **VI.** Die **Rechtswidrigkeit** kann ausgeschlossen sein, wenn zB bei Abs. 3 der Landschaftseingriff in ein Schutzgebiet durch behördliche Bewilligung oder im Rahmen einer Planfeststellung (zB nach dem BFernStrG oder WasserStrG) erlaubt war (vgl. Steindorf LK 54). Zu Wirksamkeitsproblemen solcher Erlaubnisse wie auch sonstigen Rechtfertigungsgründen vgl. 12 ff. vor § 324.

51 **VII.** Die Tat ist **vollendet,** sobald ein **Betreiben** iSd Abs. 1 oder 2 vorliegt (vgl. o. 17, 26) bzw. aufgrund eines Landschaftseingriffs iSv Abs. 3 der betreffende Schutzzweck nicht unerheblich beeinträchtigt ist (vgl. Sack 142, ferner o. 46). Das Betreiben einer Anlage ist Dauerstraftat (Bay JR **95**, 37); die **Beendigung** und damit der Verjährungsbeginn (§ 78 a S. 1) tritt mit faktischer Stillegung ein (vgl. o. § 327 RN 22 a). Der **Versuch** ist **nicht** strafbar.

52 **VIII.** Für **Täterschaft** und **Teilnahme** gilt das zu § 325 RN 29 f. Ausgeführte entsprechend. Zur Verantwortlichkeit von Amtsträgern sowie von Immissions-, Gewässer- oder Naturschutzbeauftragten vgl. 29 ff. vor § 324.

53 **IX.** Zu einer **Strafausschließung analog § 326 VI** (vernein. Rogall JZ-GD 80, 110, Tröndle/Fischer 18) vgl. 10 vor § 324. Zum **besonders schweren Fall** vgl. § 330.

54 **X. Tateinheit** ist möglich zwischen **Abs. 1** und §§ 325, 327 II Nr. 1, zwischen **Abs. 2** und §§ 304, 324, 326 I, 327 II sowie zwischen **Abs. 3** und §§ 304, 324, 327 II (ebenso Horn SK 14, Sack 153, Steindorf LK 58).

§ 330 Besonders schwerer Fall einer Umweltstraftat

(1) In besonders schweren Fällen wird eine vorsätzliche Tat nach den §§ 324 bis 329 mit Freiheitsstrafe von sechs Monaten bis zu zehn Jahren bestraft. Ein besonders schwerer Fall liegt in der Regel vor, wenn der Täter
1. ein Gewässer, den Boden oder ein Schutzgebiet im Sinne des § 329 Abs. 3 derart beeinträchtigt, daß die Beeinträchtigung nicht, nur mit außerordentlichem Aufwand oder erst nach längerer Zeit beseitigt werden kann,
2. die öffentliche Wasserversorgung gefährdet,
3. einen Bestand von Tieren oder Pflanzen der vom Aussterben bedrohten Arten nachhaltig schädigt
oder
4. aus Gewinnsucht handelt.

(2) Wer durch eine vorsätzliche Tat nach den §§ 324 bis 329
1. einen anderen Menschen in die Gefahr des Todes oder einer schweren Gesundheitsschädigung oder eine große Zahl von Menschen in die Gefahr einer Gesundheitsschädigung bringt oder
2. den Tod eines anderen Menschen verursacht,

wird in den Fällen der Nummer 1 mit Freiheitsstrafe von einem Jahr bis zu zehn Jahren, in den Fällen der Nummer 2 mit Freiheitsstrafe nicht unter drei Jahren bestraft, wenn die Tat nicht in § 330 a Abs. 1 bis 3 mit Strafe bedroht ist.

(3) In minder schweren Fällen des Absatzes 2 Nr. 1 ist auf Freiheitsstrafe von sechs Monaten bis zu fünf Jahren, in minder schweren Fällen des Absatzes 2 Nr. 2 auf Freiheitsstrafe von einem Jahr bis zu zehn Jahren zu erkennen.

Vorbem.: Fassung des 6. StrRG (o. 7 b vor § 324).

1 **I.** Die Vorschrift betrifft **schwere Fälle** der **Umweltgefährdung.** Die ursprüngliche Fassung war aufgrund ihrer Unübersichtlichkeit und schweren Handhabbarkeit besonders umstritten (vgl. Sack NJW 80, 1428, Triffterer, Umweltstrafrecht 226). Vorschlägen des 57. DJT 1988 folgend wurde § 330 durch das 31. StÄG/2. UKG grundlegend umgestaltet. Die Vorschrift stellte anstelle des früheren Qualifikationstatbestandes insgesamt eine unselbständige Strafzumessungsregel dar, die an Regelbeispiele anknüpfte. Fahrlässigkeitstaten werden seither nicht mehr erfaßt, stattdessen wurden die Strafrahmen für fahrlässige Begehung durchweg verschärft (vgl. Möhrenschlager JR 91, 343). Ua, ist § 330 Nr. 4 in § 328 III aufgegangen, aufgrund der damit bestehenden Identität des Unrechtskerns iSd § 2 III (vgl. § 2 RN 24 ff.) sind Alttaten weiterhin ahndbar (vgl. Bay NJW **95**, 540 m. Anm. Heine JR 96, 303). Das 6. StrRG hat die bisherigen Regelbeispiele Nr. 1, 2 in Qualifikationstatbestände umgewandelt (Abs. 2 Nr. 1, 2) und durch die Möglichkeit eines „minder schweren Falles" (Abs. 3) ergänzt (BT-Drs. 13/9064 S. 23). Der Entwurf der BReg sah in Abs. 2 Nr. 1 die leichtfertige Verursachung des Todes oder einer schweren Gesundheitsschädigung vor (BT-Drs. 13/8587 S. 52). Der Verzicht auf das Erfordernis der Leichtfertigkeit und die Strafrahmenerhöhung bei Todesverursachung entspricht dem Vorschlag des BR (BT-Drs. 13/8587 S. 75). – Daß es sich bei den in Abs. 1 S. 2 ausdrücklich genannten Begehungsweisen um bloße Regelbeispiele handelt, also keine abschließendzwingende Regelung vorliegt, hat zwar zur Folge, daß kein Hindernis besteht, im Einzelfall bei vergleichbar schwerwiegenden Begehungsarten einen unbenannten besonders schweren Fall nach S. 1 anzunehmen (vgl. zu den Voraussetzungen dieser Möglichkeit auch § 243 RN 42 a). Nach Vorstellung des Gesetzgebers sollen aber Verhaltensweisen, die – wie zB die in Abs. 1 S. 2 Nr. 2 anders als im

Besonders schwerer Fall einer Umweltstraftat 2–6 § 330

früheren § 330 I aE nicht mehr genannte Beeinträchtigung von Heilquellen – nur nach der bisherigen Gesetzesfassung den Qualifikationstatbestand des § 330 verwirklicht haben, künftig grundsätzlich nur nach §§ 324ff. geahndet werden (BT-Drs. 12/192 S. 27). Derartige, jetzt nicht mehr genannte Tatmodalitäten dürfen daher nur zurückhaltend als „unbenannt schwere Fälle" den verbliebenen Regelbeispielen gleichgestellt werden; vgl. jedoch u. 4.

II. Abs. 1 knüpft ausschließlich an **vorsätzliche** Straftaten nach §§ 324–329 an; daher ist deren 2 fahrlässige Begehung nicht ausreichend. Gem. § 12 II erfaßt sind dagegen auch Vorsatz-Fahrlässigkeitskombinationen. Ein **Regelbeispiel** nach Abs. 1 S. 2 liegt vor,

1. wenn die in **Nr. 1** genannte **schwer behebbare Beeinträchtigung** eines der genannten 3 Gebiete eingetreten ist. Die Vorschrift beruht zT auf früher in § 330 II enthaltenen Qualifikationsmerkmalen. Jedoch wurde die Umschreibung der möglichen Tatobjekte wesentlich vereinfacht und zugleich erweitert. Bezweckt wird der Schutz der ökologisch bedeutsamen Eigenschaften von Gewässern sowie von Böden und Schutzgebieten vor Verschlechterung. Der Begriff des **Gewässers** ist in § 330 d Nr. 1 definiert (zu Einzelheiten vgl. § 324 RN 3ff.). Da das Gesetz nunmehr nicht auf die Beeinträchtigung der Gewässernutzung abstellt, kommt neben dieser jede Verschlechterung der ökologisch bedeutsamen Gewässereigenschaften (vgl. § 324 RN 9) in Betracht. Die schon bisher kritisierte (vgl. Triffterer Umweltstrafrecht 235) gesetzliche Beschränkung der Nutzungsarten bei **Böden** (zum Begriff vgl. § 324 a RN 3) ist nunmehr entfallen, so daß eine land- oder forstwirtschaftliche Nutzung nicht erforderlich ist, sondern selbst bebaute oder Fabrikgelände erfaßt sind (vgl. aber Sack 66). Zu den daneben genannten **Schutzgebieten** iSd § 329 III vgl. § 329 RN 35 f.

Das Gewässer usw. muß durch den Umweltverstoß **beeinträchtigt** werden. Dies erfordert eine in 4 mehr als nur geringfügigem Ausmaß nachteilige Beeinflussung der jeweiligen Schutzobjekts im Vergleich zu dem Zustand vor dem Eingriff; vgl. § 324 RN 9f., § 329 RN 46. Daran fehlt es, wenn das Tatobjekt schon vor der Tat in einem solchen Ausmaß beeinträchtigt war, daß die Auswirkungen der neuen Tat im Vergleich dazu keinen besonders schweren Fall mehr darstellen (Tröndle/Fischer 5, BT-Drs. 12/192 S. 28). Nach Vorstellung des Gesetzgebers soll die nicht mehr ausdrücklich genannte längerfristige Aufhebung der Nutzbarkeit (vgl. § 330 II Nr. 1 aF) der schwer zu beseitigenden Beeinträchtigung uU gleichstehen können, wenn nicht die Aufhebung der bisherigen Nutzung schon geplant war, oder schon erhebliche Vorbeeinträchtigungen bestanden (BT-Drs. 12/192 S. 28; zust. Möhrenschlager NStZ 94, 568, Lackner/Kühl 2, Tröndle/Fischer 3). Als Beeinträchtigung kommen alle Handlungen in Betracht, die für den Fortbestand oder die Fortentwicklung eines tatbestandlich erfaßten Naturbereichs – etwa eines Binnengewässers oder eines Waldgebietes – in erheblicher Weise nachteilig wirken können (vgl. zu § 330 aF BT-Drs. 8/2382 S. 25), zB Vergiftungen mit ökosystemfremden Stoffen (Blei, Cadmium, Quecksilber usw.); Entwässerung eines Moores; übermäßige Zufuhr von Fremdenergie (Eutrophierung) und ähnlich schwere Störungen.

Die Beeinträchtigung muß derart sein, daß sie **nicht, nur mit außerordentlichem Aufwand** 5 **oder erst nach längerer Zeit** wieder beseitigt werden kann (vgl. Zweibrücken NJW **92**, 2841). Hiermit wird klargestellt, daß der dem Naturhaushalt zugefügte Nachteil besonders schwerwiegend, dh nicht nur schwer reversibel sein muß (Lackner/Kühl 3, Steindorf LK 15, Tröndle/Fischer 3). Ein außerordentlicher Aufwand kann auch in den zur Wiederherstellung des früheren Zustands erforderlichen Kosten liegen. Das Merkmal der **längeren Zeit** ist unter dem Gesichtspunkt des Art. 103 II GG bedenklich unbestimmt (vgl. Michalke aaO 215; and. Steindorf LK 9). Zwar läßt sich ein genereller Maßstab nicht angeben, da Art und Intensität der Beeinträchtigung sehr unterschiedlich sein können (vgl. Sack NJW 80, 1429). Der Zeitraum muß aber unangemessen lang sein, was etwa bei einer nur mehrstündigen oder auch -tägigen Unterbrechung der Gewässernutzung wegen eines Ölunfalls regelmäßig noch nicht der Fall ist (vgl. zu § 330 II aF Sieder/Zeitler 23, Sack NJW 80, 1429; krit. Steindorf LK 9). Ebenso wird häufig bei Einleitungen in fließende Gewässer die Minderung der Wasserqualität durch den Zufluß neuen Wassers in relativ kurzer Zeit behoben sein. Hingegen kann man beim „Umkippenlassen" eines stehenden Gewässers keinen Zweifel an der Tatbestandsmäßigkeit hegen (vgl. Steindorf LK 9, Wernicke NJW 77, 1667).

2. wenn die in **Nr. 2** genannte **öffentliche Wasserversorgung** gefährdet wird. Erforderlich ist 6 eine **Gefährdung**, dh der Eintritt einer konkreten Gefahr für ihre Funktionsfähigkeit. Durch den Schutz der **öffentlichen Wasserversorgung** soll die ständige Versorgung anderer mit Trink- und Brauchwasser in einem bestimmten Gebiet (vgl. die Legaldefinition in § 14 der 10. DVO zum Lastenausgleichsgesetz v. 29. 6. 1954 [BGBl. I 161], vgl. auch Bay VGH ZfW **96**, 390) sichergestellt (vgl. BT-Drs. 8/2382 S. 23) und Gefahren wie etwa der Verseuchung von Trinkwasserspeichern mit anschließender Wasserrationierung entgegengetreten werden (vgl. BGH NStZ **91**, 490). Die Wasserversorgung muß der Allgemeinheit dienen, dh jedermann in einem Versorgungsgebiet (Giesecke/Czychowski aaO [vor § 324] § 6 WHG RN 38, Tröndle/Fischer 4). Ebenso ist wohl für die Eigenversorgung von Krankenhäusern, Kasernen usw. im Gegensatz zur industriellen Eigenversorgung (etwa für Fertigung oder Beregnung) zu entscheiden (vgl. Gieseke/Czychowski aaO, zust. Steindorf LK 16). Nicht erfaßt wird aber die – praktisch unerhebliche – private Trinkwasserversorgung, etwa durch einen Brunnen (vgl. BT-Drs. 8/2382 S. 23); hierfür gewährleistet § 314 einen hinreichenden Schutz (vgl. Steindorf LK 16). Zur Frage, ob die Beeinträchtigung der bisher genannten staatlich anerkannten Heilquellen dem als unbenannt schwerer Fall gleichgestellt werden kann, vgl. o. 1.

7 3. **wenn die in Nr. 3 genannten Tier- bzw Pflanzenbestände** nachhaltig **geschädigt** werden. Der Begriff der **vom Aussterben bedrohten Art** entspricht der Legaldefinition in § 20 e BNatSchG aF (BT-Drs. 12/192). Gemeint sind daher nur die entweder in einer Rechtsverordnung aufgrund § 20 e I BNatSchG aF (vgl. zB § 1 Bundesartenschutzverordnung – BArtSchVO, v. 18. 9. 1989, BGBl I, 2011) oder gem. § 20 e III 2 BNatSchG in der EG-VO Nr. 3188/89 bzw. dem Washingtoner Artenschutzübereinkommen ausdrücklich als vom Aussterben bedroht aufgeführten Arten. Wie bei § 20 e BNatSchG aF (vgl. Lorz/Stöckel in: Erbs/Kohlhaas § 20 e RN 2 BNatSchG) gilt auch hier, daß ein bestehendes Schutzbedürfnis ebenso wie dessen Wegfall ohne Anpassung der genannten Rechtsakte unerheblich ist (zur Notwendigkeit einer gesetzlichen Anpassung an § 20 a I Nr. 8 BNatSchG nF Stegmann aaO [vor § 324] 155). Der Begriff des **Bestands** ist aus § 39 PflSchG übernommen und hier ebenso wie in § 326 (vgl. dort RN 5 a, ferner Lorz, in: Erbs/Kohlhaas § 39 PflSchG RN 6) zu verstehen, setzt also ein räumlich zusammenhängendes, mehr als nur vereinzeltes Vorkommen der geschützten Arten in einem bestimmten Gebiet voraus (vgl. o. § 326 RN 7 a). **Nachhaltig geschädigt** werden muß der Bestand, so daß die Vernichtung einzelner Individuen aus der Gesamtpopulation allein noch nicht ausreicht. Erforderlich ist ein mehr als nur kurzfristiger, vorübergehender oder unbeträchtlicher Schaden (Tröndle/Fischer 5), was entsprechende tatrichterliche Feststellungen voraussetzt (Zweibrücken NJW 92, 2841). Wenn diese Voraussetzungen nicht vorliegen, kommt jedoch eine Strafbarkeit nach § 30 a II BNatSchG in Betracht.

8 4. **wenn der Täter nach Nr. 4 aus Gewinnsucht** handelt. Dieses Regelbeispiel geht auf Anregungen des Bundesrats (vgl. BT-Drs. 12/192 S. 41) zurück, der neben der Gewinnsucht zusätzlich gewerbsmäßiges Handeln und die auch vom 57. DJT 1988 vorgeschlagene beharrliche Zuwiderhandlung gegen verwaltungsrechtliche Pflichten erfassen wollte. Dem hat sich der Gesetzgeber nur für das Merkmal der Gewinnsucht angeschlossen (vgl. BT-Drs. 12/192 S. 45, BT-Drs. 12/7300 S. 24). Diese Entscheidung würde unterlaufen, wenn in den nicht Gesetz gewordenen Fällen ohne weiteres ein sonstiger schwerer Fall nach S. 1 angenommen würde. Unter **Gewinnsucht** ist (vgl. § 236 RN 11, § 283 e RN 3) ein auf ein sittlich anstößiges Ausmaß gesteigertes Gewinnstreben zu verstehen (zust. Steindorf LK 19), so daß das Merkmal nicht schon dann vorliegt, wenn der Täter um der Kostenersparnis willen umweltrechtliche Anforderungen mißachtet, sondern zusätzlich etwa ein besonderer Umfang der Tat oder ein planmäßig-systematisches Vorgehen erforderlich ist.

9 III. Abs. 2 stuft die bisherigen Regelbeispiele des I Nr. 1 und Nr. 2 durch das 6. StrRG als **Qualifikationen** ein. Zur Verwirklichung der angestrebten Strafrahmenharmonisierung wurde die Mindestfreiheitsstrafe bei Nr. 1 auf ein Jahr angehoben, bei Nr. 2 auf drei Jahre (BT-Drs. 13/8587 S. 52). Angeknüpft wird ausschließlich an **vorsätzliche Straftaten** nach §§ **324–329**. Gegenüber § 330 a I–III ist Subsidiarität angeordnet (krit. Tröndle/Fischer 9).

9 a 1. Nr. 1 verlangt wie bisher den Eintritt **konkreter Gefährdungserfolge** an Menschen (vgl. § 330 I 2 Nr. 2 aF), wobei das Gesetz anstelle von Gefahrverursachung den Begriff In-Gefahr-bringen verwendet. Zur konkreten Gefahr vgl. BGH wistra 87, 296 u. o. 5 vor § 306. **Schwere Gesundheitsschädigung** setzt keine schwere Körperverletzung iSd § 226 voraus. Vielmehr genügt die konkrete Gefahr des Eintritts einer langwierigen ernsten Krankheit, einer erheblichen Beeinträchtigung der Arbeitsfähigkeit für längere Zeit oder vergleichbarer schwerer Folgen (vgl. Lackner/Kühl 6, Steindorf LK 3, Tröndle/Fischer 7, vgl. BT-Drs. 12/192 S. 28; vgl. auch o. § 225 RN 21). Bei Lebensgefahr oder der Gefahr einer schweren Gesundheitsschädigung genügt die Gefährdung einer Einzelperson. Allein wenn nur eine einfache **Gesundheitsschädigung** (o. § 223 RN 5) droht, kommt es auf die Gefährdung einer **großen Zahl** von Menschen an. Der Begriff „große Zahl" ist bedenklich unbestimmt, er sollte deshalb nur in eindeutigen Fällen zur Anwendung gelangen (vgl. BGH wistra 87, 296 zu § 95 III S. 2 Nr. 1 AMG). Eine numerische Angabe kann immer nur Richtschnur für den verlangten Gefährdungserfolg sein, sie schwankt zwischen „unübersehbar" iSd § 309 II (Sack 54, was aber angesichts der abweichenden Formulierung fern liegt), „mindestens einer dreistelligen Zahl" (Pelchen, in: Erbs/Kohlhaas § 95 RN 41 AMG), 50 (Tröndle[48] 4) und 20 Personen (Steindorf LK 6, Tröndle/Fischer 7). Zu § 306 hat BGH **44** 178 m. Anm. Rüping JR 99, 213 „jedenfalls 14 Personen" als ausreichend angesehen, er hat aber zutr. eine tatbestandsspezifische Auslegung vorgenommen (vgl. o. 13 a vor § 306). Eine mit § 306 b gleiche Richtgröße ist die gesetzliche Gleichstellung der hier in Frage stehenden Qualifikationen mit der schweren Gesundheitsschädigung eines anderen Menschen. Anders als dort werden aber Mindest- und Höchststrafen deutlicher angehoben. Hinzu kommt, daß anders als bei § 306 b eine konkrete Gefährdung genügt. Beides zusammengenommen rechtfertigt es, die Mindestzahl höher als bei § 306 b anzusetzen (20 Personen).

10 2. Nr. 2 ist eine *Erfolgsqualifikation* bei **Todesverursachung**. Im Unterschied zur bisherigen Regelung (Leichtfertigkeit) genügt Fahrlässigkeit (§ 18). Zum notwendigen Zusammenhang der vorsätzlichen Straftaten nach §§ 324–329 mit dem Todeserfolg vgl. § 18 RN 4 ff. u. § 227 RN 7.

11 3. Abs. 3 sieht für minder schwere Fälle des Abs. 2 niedrigere Strafrahmen, gesondert für Nr. 1 und Nr. 2 vor. Zu dieser unbenannten Strafänderung vgl. 48 vor § 38.

12 IV. In subjektiver Hinsicht ist hinsichtlich der *Regelbeispiele* des Abs. 1 (Quasi-, vgl. dazu § 243 RN 43) **Vorsatz** erforderlich. Für Nr. 2 folgt dies schon daraus, daß eine bloße Gefährdung kein Erfolg iSd § 18 StGB ist (vgl. BGHSt **26** 176 u. § 113 RN 67). Auch für die restlichen Tatmodalitäten gilt jedoch, daß § 18 eine auf echte Erfolgsqualifikationen zugeschnittene Regelung enthält, die auf

Regelbeispiele nicht paßt (vgl. § 18 RN 1; and. Triffterer Umweltstrafrecht 240 mwN). Entsprechend ist auch beim **Qualifikationstatbestand** des Abs. 2 Nr. 1 Gefährdungsvorsatz zu verlangen, dolus eventualis genügt (ebenso Tröndle/Fischer 7, vgl. BT-Drs. 13/9064 S. 26).

V. Soweit der **Versuch** der Straftaten nach §§ 324 ff. strafbar ist, kommen sowohl der Strafrahmen 13 des § 330. Abs. 1 als auch § 330 Abs. 2 ebenfalls für versuchte Umweltstraftaten in Betracht. Zum Versuch bei besonders schwerem Fall als Regelbeispiel und zur Frage, wann die Teilverwirklichung eines Regelbeispiels zur Begründung der Regelwirkung ausreichen kann, vgl. § 243 RN 44 ff. u. BGH 33 370. Bei § 330 Abs. 2 ist ein Versuch bei bloß versuchter Umweltstraftat nicht etwa durch den Wortlaut ausgeschlossen (vgl. § 11 I Nr. 5 mit Beinhaltung der jeweiligen Versuchsstrafbarkeit). Die vor Inkrafttreten des 31. StrÄG/2. UKG bestehende Beschränkung auf vollendete Taten beruhte auf einer eingeschränkten Verweisung (Möhrenschlager JR 91, 343 FN 6). – Übt der Täter hinsichtlich eines *Regelbeispiels* **tätige Reue**, beseitigt er zB die nach Abs. 1 S. 2 Nr. 2 geschaffene Gefahr freiwillig, ist § 330 b zwar unanwendbar; jedoch wird hier in der Regel ein die Nichtanwendung des Regelbeispiels rechtfertigender atypischer Sonderfall vorliegen (BT-Drs. 12/192 S. 29, Tröndle/Fischer § 330 b RN 1, zust. Steindorf LK 19, vgl. 44 a vor § 38). Bei Abs. 1 ist Abs. 3 (minder schwerer Fall) näher zu prüfen.

VI. Für die **Teilnahme** sind nicht die nur bei echten Tatbestandsmerkmalen geltenden allgemeinen 14 Grundsätze der Akzessorietät maßgeblich; vielmehr sind bei Abs. 1 die bei 44 d vor § 38 dargestellten Sonderregeln zu beachten. Nr. 4 ist daher in entsprechender Anwendung des § 28 (vgl. § 28 RN 9) nur auf den Beteiligten anzuwenden, der selbst aus Gewinnsucht handelt (vgl. § 283 RN 10).

§ 330 a Schwere Gefährdung durch Freisetzen von Giften

(1) **Wer Stoffe, die Gifte enthalten oder hervorbringen können, verbreitet oder freisetzt und dadurch die Gefahr des Todes oder einer schweren Gesundheitsschädigung eines anderen Menschen oder die Gefahr einer Gesundheitsschädigung einer großen Zahl von Menschen verursacht, wird mit Freiheitsstrafe von einem Jahr bis zu zehn Jahren bestraft.**

(2) **Verursacht der Täter durch die Tat den Tod eines anderen Menschen, so ist die Strafe Freiheitsstrafe nicht unter drei Jahren.**

(3) **In minder schweren Fällen des Absatzes 1 ist auf Freiheitsstrafe von sechs Monaten bis zu fünf Jahren, in minder schweren Fällen des Absatzes 2 auf Freiheitsstrafe von einem Jahr bis zu zehn Jahren zu erkennen.**

(4) **Wer in den Fällen des Absatzes 1 die Gefahr fahrlässig verursacht, wird mit Freiheitsstrafe bis zu fünf Jahren oder mit Geldstrafe bestraft.**

(5) **Wer in den Fällen des Absatzes 1 leichtfertig handelt und die Gefahr fahrlässig verursacht, wird mit Freiheitsstrafe bis zu drei Jahren oder mit Geldstrafe bestraft.**

Vorbem.: Fassung des 6. StrRG (o. 7 b vor § 324).

I. Die Vorschrift enthält einen allgemeinen Tatbestand der Herbeiführung einer **konkreten Lebens-** 1 oder schweren **Gesundheitsgefahr** durch Freisetzen von Gift (vgl. Kindhäuser Helmrich-FS 981, Wisuschil ZRP 98, 63). Sie ergänzt insbesondere § 326 I Nr. 1 und §§ 325 f. Das 2. UKG hatte zunächst ihren Anwendungsbereich durch Einführung der Versuchsstrafbarkeit und Erfassung leichtfertigen Handelns erweitert. Sie ist durch das 6. StrRG zum **Verbrechen** aufgewertet worden, die nunmehr überflüssige ausdrückliche Anordnung der Versuchsstrafbarkeit konnte entfallen (Abs. 2 aF) und Abs. 2 u. 3 wurden neu eingefügt. Es geht darum, angemessenen Lebensraum zu gewährleisten, und um eine Angleichung an die Strukturen von § 314, insbes. dessen Abs. 2 (BT-Drs. 13/8587 S. 52 f.). Die Vorschrift ist im Gegensatz zu den übrigen Vorschriften des Abschnitts nicht verwaltungsakzessorisch ausgestaltet (Horn SK 2, Steindorf LK 2 a, Tröndle/Fischer 1). Weder hängt die Tatbestandserfüllung vom Verstoß gegen verwaltungsrechtliche Genehmigungen oder Versagungen ab, noch kann hoheitlichen Genehmigungen rechtfertigende Wirkung zukommen (vgl. u. 8). Dies wird damit begründet, daß eine behördliche Genehmigung wohl die Verursachung von Immissionen, nicht aber die Herbeiführung schwerster Gefahren für Leben oder Gesundheit anderer Menschen rechtfertigen könne (BT-Drs. 8/2382 S. 25).

II. Abs. 1 setzt voraus, daß der Täter Stoffe, die Gifte enthalten oder hervorbringen können, 2 verbreitet oder freisetzt und dadurch eine Lebens- oder schwere Gesundheitsgefahr herbeiführt.

1. Zu dem Begriff des „**Gifts**" vgl. § 224 RN 3. Ionisierende Strahlen werden vom Tatbestand 3 nicht umfaßt (BT-Drs. 8/2382 S. 26, Tröndle/Fischer 2), da die strafrechtliche Schutz bei einer Gefährdung bzw. Schädigung durch ionisierende Strahlen durch § 328 I, II bzw. § 309, bei nichtionisierenden Strahlen von § 325 a wahrgenommen wird. Tatbestandsmäßig ist – entgegen dem insoweit mißverständlichen Wortlaut – bereits die Verbreitung eines einzigen Giftstoffes (Steindorf LK 3). Auch daß es sich um eine größere Menge, wie man aus dem Begriff „Gifte" schließen könnte, handeln muß, verlangt die Vorschrift nicht (Horn SK 3).

2. Ein Gift ist **verbreitet** oder **freigesetzt**, wenn es unkontrollierbar geworden ist, sich also nicht 4 mehr im Gewahrsam oder Einwirkungsbereich des Täters befindet (BT-Drs. 8/2382 S. 26, Horn SK

§ 330a 5–8

3, Tröndle/Fischer 3, vgl. auch Hilgendorf, Strafrechtliche Produzentenhaftung in der „Risikogesellschaft" [1993] 169). Verbreiten und Freisetzen lassen sich nicht voneinander abgrenzen (Lackner/Kühl 3, Tröndle/Fischer 3; and. Michalke aaO 223, Sack 12 f., Steindorf LK 5). Der Verzicht auf die früher genannten Beispielsfälle der Vergiftung von Luft, des Gewässers und Bodens dient allein der Vereinfachung des Tatbestands; eine sachliche Änderung war damit nicht beabsichtigt (BT-Drs. 12/192 S. 28). Wie unter Geltung des 18. StÄG sind neben den damals ausdrücklich genannten Umweltmedien alle anderen erfaßt; zB nicht unter den Begriff des Gewässers fallendes, in Leitungen oder Behältern gefaßtes Wasser (Lauhütte/Möhrenschlager ZStW 92, 935), der Körper von Schlachtvieh oder Obst und Gemüse. Als von § 330 a mit Strafe bedrohtes Verhalten kommt insbes. in Betracht: das Ablassen giftiger Gase oder Dämpfe in die Atmosphäre, das Einbringen giftiger Stoffe in ein Gewässer, in die Kanalisation (Tröndle/Fischer 3) oder in den Erdboden. Da die „Zwischenvergiftung" eines Umweltmediums nicht notwendig ist, unterfällt auch die unsachgemäße Anwendung von Insektiziden und Herbiziden dem Tatbestand (BT-Drs. 12/192 S. 28; vgl. Tröndle/Fischer 3, Steindorf LK 7), selbst wenn Boden oder Luft nicht mitvergiftet werden. Auch das Vergraben von Gift in Behältnissen („Giftfässer") kann uU ausreichen, wenn die Örtlichkeit nicht bewacht wird und Nichtsahnende das Gift freisetzen können (Horn SK 3; and. Steindorf LK 7) oder die Verbreitungsmöglichkeit durch Korrosion an den Behältern besteht (zum – zu trennenden – Erfordernis einer konkreten Gefahr u. RN 7). Entscheidend ist, daß eine auch für den Verwender unkontrollierte oder unkontrollierbare Verbreitungsmöglichkeit besteht, so daß zB Rattengift, das mit einer kontrollierbaren Wirkung auf oder in den Boden gebracht wird, den Tatbestand des § 330 a nicht erfüllt (BT-Drs. 8/2382 S. 26, Lackner/Kühl 3). Werden gifthaltige Stoffe, zB nach Anwendung Dioxindämpfe freisetzendes Holzschutzmittel, durch Veräußerung in Verkehr gebracht, liegt nicht schon hierin ein Freisetzen (so aber Hilgendorf aaO 169 f.), sondern erst in der in ihren Auswirkungen für den Verbraucher unkontrollierbaren Anwendung (LG Frankfurt ZUR **94**, 37 m. Anm. Schulz 29, Lackner/Kühl 3; zu eng LG Frankfurt NStZ **90**, 592, Michalke aaO 223). Weitergehend will Wisuschil (ZRP 98, 63 f.) sogar den ungeschützten Sexualverkehr eines HIV-Infizierten erfassen.

5   3. Daß es genügt, wenn der Stoff das Gift **hervorbringen** (vgl. § 326 RN 4) kann, soll ausdrücklich klarstellen, daß es entgegen einer zu § 330 a aF vertretenen Auffassung (vgl. Horn SK 3) ausreicht, wenn ein Stoff, der erst unter besonderen Voraussetzungen durch eine chemische Reaktion zu einem Gift wird (und als solcher oder in bestimmten Medien ungefährlich ist), unter Verhältnissen freigesetzt wird, in denen er sich zu einem Gift entwickeln kann (BT-Drs. 12/192 S. 28). Zu denken ist zB an Fälle, in denen ein ohne Kontakt mit Wasser bzw. Luftsauerstoff ungefährlicher Stoff mit diesem in Berührung gebracht wird. Demgegenüber wirkt etwa Asbest mechanisch (Kuchenbauer NJW 97, 2011).

6   4. Der Tatbestand kann auch durch **Unterlassen** erfüllt werden. Dies ist einmal dann möglich, wenn der Täter entgegen einer Garantenpflicht das Freiwerden des Giftes nicht verhindert, aber auch, wenn er bei bereits freigesetztem Giftstoff nichts unternimmt, um den Eintritt der Gefahrenlage zu verhindern (vgl. Horn SK 8, Steindorf LK 9). Dies ist der Fall, wenn giftige chemische Abfallstoffe nicht beseitigt werden oder die Reparatur schadhaft gewordener Sicherheitsvorkehrungen nicht vorgenommen wird. Notwendig ist nach § 13 aber stets, daß den Unterlassenden eine Rechtspflicht zum Handeln trifft. Das ist bei demjenigen der Fall, der dafür einzustehen hat, daß aus einer Gefahrenquelle für andere keine Gefahr oder kein Schaden entsteht, zB demjenigen, dem die tatsächliche Verfügungsmacht über das Gift zusteht oder dem in Unternehmen oder Betrieben Überwachungspflichten über gefährliche Substanzen obliegen (vgl. Heine Verantwortlichkeit [vor § 324] 118 ff.). Zur Rückrufpflicht des Produzenten im vorliegenden Zusammenhang BGH **37** 119 ff., Hilgendorf aaO [RN 3], 169 f., LG Frankfurt ZUR **94**, 37 m. Anm. Schulz 29 u. Braum KritV 94, 179; krit. Schünemann, in Umweltschutz u. techn. Sicherheit, UTR Bd. 26, 152, 164; vgl. auch § 15 RN 223.

7   5. Der Gefährdungserfolg entspricht den Voraussetzungen des § 330 Abs. 2 Nr. 1 (vgl. BT-Drs. 12/192 S. 28). Vgl. daher zum Begriff der mit § 226 nicht identischen **schweren Gesundheitsschädigung** und zur Gefahr (zum Gefahrenbegriff vgl. 7 ff. vor § 306) für eine **große Zahl** von Menschen § 330 RN 9 a. Erforderlich ist eine konkrete Gefahr (s. 5 vor § 306). Bei der Vergrabung von Giftfässern genügt also nicht, daß die Fässer im Boden versenkt wurden und dort eine Gefahrenquelle für die Zukunft bilden; vielmehr muß das Gift entwichen sein und eine konkrete Gefahr für Leib und Leben von Menschen verursachen (vgl. Steindorf LK 7). Zur Kausalität vgl. Möhrenschlager WuV 84, 55.

7 a   III. **Abs. 2** ist durch das 6. StrRG eingefügt worden (o. 1); er enthält eine *Erfolgsqualifikation,* die in ihren Voraussetzungen § 330 II Nr. 2 entspricht, vgl. daher dort RN 10. Hinsichtlich der schweren Folge genügt Fahrlässigkeit (§ 18).

7 b   IV. **Abs. 3,** ebenfalls eingefügt durch das 6. StrRG (o. 1), enthält abgestufte unbenannte Strafmilderungen für minder schwere Fälle der Vorsatzdelikte nach Abs. 1 und 2.

8   V. Die **Rechtswidrigkeit** kann bei Abs. 1 durch die Einwilligung des allein Gefährdeten ausgeschlossen sein (Horn SK 9, Weber in: Koch/Scheuing aaO [vor § 324] 18; and. Steindorf LK 14). Eine Rechtfertigung nach § 34 kommt zumindest dann, wenn durch die Tat Leben aufs Spiel gesetzt wird, kaum jemals in Betracht, ist aber selbst bei zu besorgenden schweren Gesundheitsgefährdungen

nicht gänzlich ausgeschlossen, zB beim Ablassen giftiger Gase mit Gefahr für andere, wenn nur dadurch die Explosion einer Industrieeinrichtung verhindert werden kann, die den sicheren Tod der dort arbeitenden Menschen verursacht hätte. Ebenso scheidet behördliche Erlaubnis als Rechtfertigungsgrund aus (Bloy ZStW 100, 501 f., Horn SK 9, Lackner/Kühl 7, Steindorf LK 15, Tröndle/Fischer 1; vgl. auch Frisch aaO [vor § 324] 81 f., Jünemann aaO [vor § 324] 93, Ransiek aaO [vor § 324] 28). Die Gegenauffassung (Tiedemann aaO 26 f., Rogall JZ-GD 80, 114, Sack 23; vgl. auch Weber Hirsch-FS 801) will die rechtfertigende Wirkung einer behördlichen Genehmigung grundsätzlich bejahen, bei vorsätzlicher Herbeiführung der Gefahr [Abs. 1] aber entfallen lassen. Sofern man dem noch bloß fehlende Genehmigungsfähigkeit – die vorausgesetzte schwere Gefährdung ist nicht erlaubnisfähig und somit auch nicht durch eine Genehmigung zur Verursachung von Emissionen gedeckt (so o. g. Schrifttum) – oder die fehlende verwaltungsakzessorische Ausgestaltung der Vorschrift entgegenhält – Rechtfertigungswirkung ebensowenig wie bei §§ 212, 222 (vgl. Kuhlen WuV 92, 238, vgl. auch Düsseldorf OLGSt § 222 Nr. 10) –, läßt sich die fehlende rechtfertigende Wirkung entweder mit Teilnichtigkeit – Wirksamkeit nicht unter dem Aspekt der konkreten Gefährdung von Individualrechtsgütern (Winkelbauer NStZ 88, 205 f.) – oder mit mangelnder Legalisierungswirkung der Erlaubnis bei konkret drohenden Individualgefahren (Heine NJW 90, 2432) begründen (vgl. auch o. 63 d vor § 32).

VI. Der **subjektive Tatbestand** erfordert in **Abs. 1 Vorsatz** sowohl hinsichtlich der Eigenschaften des freigesetzten Stoffes wie auch bei der Herbeiführung der Gefahr; bedingter Vorsatz genügt, so daß zB der Suizident, der durch Gas einen Selbstmord versucht und hinsichtlich der Vergiftungsgefahr für andere mit dolus eventualis handelt, nach § 330 a zu bestrafen ist (BT-Drs. 8/2382 S. 26, Horn SK 7). Setzt der Täter vorsätzlich das Gift frei, handelt er hinsichtlich der Herbeiführung der Gefahr jedoch fahrlässig (vgl. LG Frankfurt ZUR **94**, 37), so kommt **Abs. 4** in Betracht. Da es nach Auffassung des Gesetzgebers nicht hinnehmbar war, fahrlässige Handlungen zB im häuslich-privaten Bereich, die ansonsten von §§ 324 ff. nicht erfaßt sind, von der Strafbarkeit ganz auszunehmen (BT-Drs. 12/192 S. 28), erfaßt **Abs. 5** nunmehr auch ein **fahrlässiges Freisetzen** des Giftes; jedoch zur Vermeidung einer Überkriminalisierung nur in der Form, daß der Täter hinsichtlich der Verbreitungshandlung leichtfertig (vgl. § 15 RN 202) handelt, und den Gefährdungserfolg fahrlässig herbeiführt. Zu **Abs. 3** o. RN 7 b. 9

VII. Täter kann jeder sein, nicht nur derjenige, der das Gift befugtermaßen in Gewahrsam hat, also zB auch der Dieb des Giftstoffes (vgl. Steindorf LK 12). Teilnahme ist nach den allgemeinen Regeln, also auch am Delikt nach Abs. 2 (vgl. § 315 c RN 36 b) möglich, da die Tat im Rechtssinne (§ 11 II) Vorsatztat ist. Da es sich um nicht verwaltungsakzessorisches Allgemeindelikt handelt, gelten für eine Strafbarkeit von Amtsträgern die allgemeinen Regeln; vgl. 29 ff. vor § 324. 10

VIII. Die ausdrückliche Anordnung der Strafbarkeit des **Versuchs** (§ 330 a II aF) konnte nach der Einstufung der Vorschrift als Verbrechen durch das 6. StrRG entfallen. Zur **tätigen Reue**, deren Anwendungsbereich durch das 6. StrRG auf die Abs. 1, 3 und 4 erstreckt wurde, vgl. § 330 b I 1 u. (weitergehend) 2 (bezüglich § 330 a V). 11

IX. Idealkonkurrenz ist möglich mit §§ 211 ff., 223 ff., 324 ff., 330 II Nr. 1, 2 hinsichtlich Abs. 4 auch mit den Fahrlässigkeitstatbeständen der §§ 222, 229 (Tröndle/Fischer 8). § 314 geht vor (Horn SK 11, Lackner/Kühl 8; zweifelnd Laufhütte/Möhrenschlager ZStW 92, 935). 12

§ 330 b Tätige Reue

(1) **Das Gericht kann in den Fällen des § 325 a Abs. 2, des § 326 Abs. 1 bis 3, des § 328 Abs. 1 bis 3 und des § 330 a Abs. 1, 3 und 4 die Strafe nach seinem Ermessen mildern (§ 49 Abs. 2) oder von Strafe nach diesen Vorschriften absehen, wenn der Täter freiwillig die Gefahr abwendet oder den von ihm verursachten Zustand beseitigt, bevor ein erheblicher Schaden entsteht. Unter denselben Voraussetzungen wird der Täter nicht nach § 325 a Abs. 3 Nr. 2, § 326 Abs. 5, § 328 Abs. 5 und § 330 a Abs. 5 bestraft.**

(2) **Wird ohne Zutun des Täters die Gefahr abgewendet oder der rechtswidrig verursachte Zustand beseitigt, so genügt sein freiwilliges und ernsthaftes Bemühen, dieses Ziel zu erreichen.**

Vorbem.: Geänd. durch 31. StrÄG/2. UKG v. 27. 6. 1994, BGBl. I 1440, technische Änderung durch das 6. StrRG (o. 7 b vor § 324) und das AusführungsG Nuklearversuche (Fassungshinweis bei § 328).

I. Die Vorschrift hatte bislang infolge ihrer auf konkrete Gefährdungen nach §§ 330, 330 a aF beschränkten Fassung (schon bislang krit. zu dieser Einschränkung Rogall JZ-GD 80, 114, Triffterer Umweltstrafrecht 77; zu deren Entstehung vgl. Kleinert ZRP 80, 129 ff.) kaum praktische Bedeutung erlangt. Im Rechtsausschuß ist sie noch über den RegE hinaus erweitert worden (vgl. BT-Drs. 12/7300 S. 25). Nunmehr eröffnet sie die Möglichkeit einer Strafreduzierung oder des Absehens von Strafe bei tätiger Reue (vgl. auch § 310 und die dortigen Erl.) auch bei den abstrakten Gefährdungstatdelikten nach §§ 326, 328 (dazu krit. Sack MDR 90, 290) und erfaßt mit Abs. 1 S. 2 auch den Fall fahrlässiger Begehung. Ein Einbezug der Verletzungstatbestände nach §§ 324 ff. und des schlichten Tätigkeitsdelikts des § 327 in die Regelung erschien dem Gesetzgeber unangemessen (vgl. 1

§ 330 c 1, 2   Bes. Teil. Straftaten gegen die Umwelt

BT-Drs. 12/192); hier kann tätige Reue nur bei der Strafzumessung berücksichtigt werden (Tröndle/Fischer 1). Bezüglich der Regelbeispiele des § 330 I 2 hat sich dessen Einbezug erübrigt (vgl. BT-Drs. 12/192 S. 30, § 330 RN 12), bezüglich § 330 II, der in § 330 b nicht einbezogen ist, ist ein Wertungsunterschied zu § 330 a I u. II nicht ersichtlich. Korrekturen sind über § 330 III möglich. Zur Reform durch das 31. StÄG/2. UKG vgl. Möhrenschlager NStZ 94, 568, Schmidt/Schöne NJW 94, 2518.

2   II. Die **Voraussetzung** der tätigen Reue ist bei den konkreten Gefährdungsdelikten nach §§ 325 a, 328 III, 330 a, daß der Täter **freiwillig** (vgl. hierzu § 24 RN 44 ff.) die **Gefahr abwendet,** bevor ein erheblicher Schaden entsteht (vgl. § 314 a RN 8 f.). Dies ist zB dann der Fall, wenn der Täter das durch Freisetzen von Gift gefährdete Opfer so rechtzeitig ins Krankenhaus bringt, daß kein ernsthafter Gesundheitsschaden eintritt. Bei den abstrakten bzw. potentiellen Gefährdungsdelikten nach §§ 326, 328 I, II, die an den vorschriftswidrigen Umgang mit gefährlichen Stoffen anknüpfen, und dem Eintritt möglicherweise gefahrträchtiger Zustände entgegenwirken wollen, muß der Täter diesen freiwillig (s. o.) **beseitigen.** Das Erfordernis eines abzuwendenden **Zustands** (vgl. o. § 326 RN 10) soll dabei zum Ausdruck bringen, daß solche Verhaltensweisen von der Möglichkeit tätiger Reue ausgeschlossen bleiben sollen, die sich im ansonsten folgenlosen Vollzug der Tathandlung erschöpfen, also keine fortdauernde, einer Verdichtung zu einer konkreten Gefahrensituation fähige Lage zur Folge haben (Tröndle/Fischer 2, BT-Drs. 12/192 S. 29); hier gibt es nichts, was zu beseitigen wäre. Die **Beseitigung** des geschaffenen Zustands kann zB darin liegen, daß der Täter nachträglich selbst oder durch zuverlässige Beauftragte (vgl. BT-Drs. 12/192 S. 29) zB für die ordnungsgemäße Beseitigung illegal abgelagerter Abfälle (§ 326) sorgt, oder die beim vorschriftswidrigen Umgang mit Gefahrstoffen (§ 328 III) entstandene Lage potentieller Gefahr wieder bereinigt.

3   Ein **erheblicher Schaden,** der die Anwendung des § 330 b in beiden Fällen ausschließt, ist bei Personenschäden von einigem Gewicht auch dann anzunehmen, wenn sie unterhalb der Schwelle des § 226 liegen (Horn SK 3, vgl. auch § 306 e RN 7); bei Sachwerten wird ein erheblicher Schaden dann anzunehmen sein, wenn es im bedeutender Wertverlust (vgl. 14 ff. vor § 306) eingetreten ist. Der Eintritt eines mittelbaren Vermögensnachteils, zB die Folgekosten für Reinigung oder Wiederinstandsetzung, schließt die Anwendbarkeit des § 330 b nicht aus (Steindorf LK 6; and. Horn SK 3), ebensowenig bei abstrakten Gefährdungen, daß es bereits zum Eintritt einer konkreten Gefahr gekommen ist (and. noch der Reg.-E, BT-Drs. 12/192 S. 29).

4   Die Abwendung der Gefahr durch den Täter muß für das Ausbleiben des erheblichen Schadens **ursächlich** gewesen sein. Wird ohne Zutun des Täters die Gefahr abgewendet, so genügt nach Abs. 2 sein freiwilliges und ernsthaftes Bemühen, dieses Ziel zu erreichen (Tröndle/Fischer 2). Wird schon der Gefahreintritt verhütet, so kommt Versuch mit Rücktritt nach § 24 in Betracht (Lackner/Kühl 2).

5   III. **Folge** der tätigen Reue ist bei den in Abs. 1 S. 1 genannten **Vorsatztaten,** daß das Gericht die Möglichkeit hat, entweder die Vergünstigung gar nicht eintreten zu lassen, oder die Strafe nach seinem Ermessen zu mildern (§ 49 II) bzw. von einer Bestrafung abzusehen. Im Falle der nunmehr zusätzlich eröffneten Möglichkeit tätiger Reue bei **fahrlässiger Begehung** ist nach Abs. 1 S. 2 zwingend von Strafe abzusehen (persönlicher Strafaufhebungsgrund). Die tätige Reue schließt eine Bestrafung nach anderen Vorschriften nicht aus (vgl. Lackner/Kühl 3). Eine **Einziehung (§ 330 c)** bleibt auch bei Anwendung dieser Vorschrift möglich (Tröndle/Fischer 6, § 314 a RN 15).

§ 330 c Einziehung

Ist eine Straftat nach den §§ 326, 327 Abs. 1 oder 2, §§ 328, 329 Abs. 1, 2 oder 3, dieser auch in Verbindung mit Abs. 4, begangen worden, so können
1. Gegenstände, die durch die Tat hervorgebracht oder zu ihrer Begehung oder Vorbereitung gebraucht worden oder bestimmt gewesen sind, und
2. Gegenstände, auf die sich die Tat bezieht,

eingezogen werden. § 74 a ist anzuwenden.

Vorbem.: Fassung des 31. StÄG/2. UKG v. 27. 6. 1994, BGBl. I 1440.

1   I. Die Vorschrift war nach ursprünglicher Fassung in ihrem Anwendungsbereich fast bis zur Bedeutungslosigkeit eingeschränkt. Sie ist nunmehr durch den verstärkten Einbezug von Fahrlässigkeitstaten und die Ermöglichung einer Dritteinziehung nach § 74 a (vgl. S. 2) erheblich ausgeweitet worden. Zugleich wurden die Möglichkeiten zur Einziehung von Verbandseigentum in § 75 nF erweitert. Die Vorschrift ersetzt § 18 a AbfG und § 48 AtomG, soweit die dort genannten Tatbestände ins StGB übernommen wurden, und paßt den Regelungsgehalt an bereits weitergehende OWi-Tatbestände des Nebenrechts an (zB § 30 b BNatSchG, § 62 KrW-/AbfG, § 40 III PflSchG). Es handelt sich um eine „besondere" Vorschrift nach § 74 IV, die die Einziehungsmöglichkeiten ausdehnen will. Die schon aufgrund § 74 I bei vorsätzlichen Straftaten gemäß § 324 ff. bestehende Einziehungsmöglichkeit bleibt daher für die in § 330 c nicht ausdrücklich genannten Tatbestände erhalten.

2   II. Für **Vorsatztaten** nach §§ 326 I, II, 327 I, 328 I, II, 329 I–III wiederholt die Vorschrift in S. 1 **Nr. 1** nur, was sich ohnehin schon aus § 74 I ergibt (Tröndle/Fischer 2).

III. Selbständige Bedeutung hat erst die für **Fahrlässigkeitstaten** nach §§ 326 V, 328 V, 329 III **3** iVm IV durch S. 1 Nr. 1 eröffnete Möglichkeit der Einziehung von Tatprodukten (vgl. o. § 74 RN 8) und Tatwerkzeugen (vgl. o. § 74 RN 9 ff.). Schon nach dem Wortlaut der Vorschrift nicht erfaßt sind aber Fahrlässigkeitstaten nach §§ 327 III, 329 I, II iVm III; dem Gesetzgeber erschien ihr Einbezug sinnlos, weil beim unerlaubten Betrieb von Anlagen deren Einziehung aus Anlaß einer bloßen Fahrlässigkeitstat im Regelfall an §74 b scheitern werde (BT-Drs. 12/192 S. 30). Die Erstreckung auf die genannten Fahrlässigkeitstaten ist bereits im Hinblick darauf sachgerecht, daß eine Einziehung bei fahrlässigen Ordnungswidrigkeiten zT schon aufgrund o. RN 1 erwähnten Sondervorschriften des Nebenrechts möglich ist (BT-Drs. 12/192 S. 30, zu § 62 KrW-/AbfG Heine, in: Brandt u. a. aaO [vor § 324] § 62 RN 4 ff.); vgl. auch § 21 I S. 2 OWiG, der diese Einziehungsmöglichkeiten beim Zusammentreffen mit Straftaten aufrechterhält.

IV. Hinsichtlich des **Umfangs der Einziehung** deckt sich § 330c S. 1 **Nr. 1** mit § 74. Darüber- **4** hinaus werden die Einziehungsmöglichkeiten nach S. 1 **Nr. 2** auf **Beziehungsgegenstände** (vgl. § 74 RN 12 a) erweitert, zB auf Kernbrennstoffe (§ 328), Abfälle (§ 326) oder Gefahrstoffe (§ 328). In **S. 2** wird durch Bezugnahme auf § 74 a nunmehr auch eine über die engen Voraussetzungen des § 74 II Nr. 2 hinausgehende **Dritteinziehung** ermöglicht. Der Gesetzgeber wollte damit der Möglichkeit von Manipulationen und verdeckten Handlungen durch Dritte entgegenwirken und verhindern, daß es der Täter durch Anmieten oder Leasen von Tatwerkzeugen und Anlagen in der Hand hat, sich dem Zugriff der Einziehung von vornherein zu entziehen (BT-Drs. 12/192 S. 30, vgl. Schall/Schreibauer NuR 96, 442). Die vom Gesetzgeber gewollte Begrenzung des Eingriffs in täterfremdes Eigentum auf „krasse Fälle" (BT-Drs. aaO) fordert hier strenge Wahrung des Verhältnismäßigkeitsgrundsatzes nach § 74 b.

§ 330 d Begriffsbestimmungen

Im Sinne dieses Abschnitts ist
1. ein Gewässer:
   ein oberirdisches Gewässer, das Grundwasser und das Meer;
2. eine kerntechnische Anlage:
   eine Anlage zur Erzeugung oder zur Bearbeitung oder Verarbeitung oder zur Spaltung von Kernbrennstoffen oder zur Aufarbeitung bestrahlter Kernbrennstoffe;
3. ein gefährliches Gut:
   ein Gut im Sinne des Gesetzes über die Beförderung gefährlicher Güter und einer darauf beruhenden Rechtsverordnung und im Sinne der Rechtsvorschriften über die internationale Beförderung gefährlicher Güter im jeweiligen Anwendungsbereich;
4. eine verwaltungsrechtliche Pflicht:
   eine Pflicht, die sich aus
   a) einer Rechtsvorschrift,
   b) einer gerichtlichen Entscheidung,
   c) einem vollziehbaren Verwaltungsakt,
   d) einer vollziehbaren Auflage oder
   e) einem öffentlich-rechtlichen Vertrag, soweit die Pflicht auch durch Verwaltungsakt hätte auferlegt werden können,
   ergibt und dem Schutz vor Gefahren oder schädlichen Einwirkungen auf die Umwelt, insbesondere auf Menschen, Tiere oder Pflanzen, Gewässer, die Luft oder den Boden, dient;
5. ein Handeln ohne Genehmigung, Planfeststellung oder sonstige Zulassung:
   auch ein Handeln auf Grund einer durch Drohung, Bestechung oder Kollusion erwirkten oder durch unrichtige oder unvollständige Angaben erschlichenen Genehmigung, Planfeststellung oder sonstige Zulassung.

Vorbem.: Nr. 1 neu gefaßt, bisherige Nr. 3 gestrichen und durch bisherige Nr. 4 ersetzt, Nr. 4 und 5 angefügt durch 31. StÄG/2. UKG v. 27. 6. 1994, BGBl. I 1440, Nr. 5 berichtigt durch Gesetz v. 20. 2. 1995 (BGBl. I 249).

Schrifttum: Weber, Zur Reichweite sektoraler gesetzlicher „Mißbrauchsklauseln", insbesondere des § 330 d Nr. 5 StGB, Hirsch-FS 795. – Wegener, Verwaltungsakzessorietät im Umweltstrafrecht – zur Auslegung von § 330 d Nr. 5 StGB, NStZ 1998, 608. – Vgl. im übrigen die Angaben vor § 324.

I. Der Schutzbereich der §§ 324 ff. wird durch **Nr. 1** nunmehr auch auf im Ausland belegene **1** Grundwasserbestände und Oberflächengewässer erstreckt.

1. Durch Wegfall der bislang bestehenden Beschränkung auf inländische Gewässer werden diese **2** ausländischen Umweltgüter nunmehr in den Schutzbereich des deutschen Umweltstrafrechts einbezogen. Der Gesetzgeber ging dabei in Übereinstimmung mit der bislang überwiegenden Auffassung (vgl. Heine/Meinberg Gutachten DJT 1988, D 143) davon aus, daß ohnehin die in § 330 d Nr. 1 nicht ausdrücklich genannten Umweltmedien Luft und Boden in den durch §§ 3 ff. gezogenen Grenzen auch im Ausland vom Schutzzweck der §§ 324 ff. umfaßt seien, und deshalb eine Verschie-

§ 330 d 3–10   Bes. Teil. Straftaten gegen die Umwelt

denbehandlung im Ausland erfolgter Gewässerbeeinträchtigungen nicht länger zu rechtfertigen sei (BT-Drs. 12/192 S. 30; schon bislang krit. Möhrenschlager NuR 83, 211). Noch vor Inkrafttreten des 2. UKG haben jedoch BGH **40** 79 (m. Anm. Otto NStZ 94, 337, Michalke StV 94, 428, krit. Heine Trifterer-FS 407, Rengier JR 96, 35) u. BGH **40** 89 aus Entstehungsgeschichte und Systematik der §§ 324 ff. gefolgert, daß mit Ausnahme des nicht eingeschränkten Meeresbegriffs (vgl. § 5 RN 18 a; § 324 RN 6) außerhalb des deutschen Hoheitsgebiets belegene Umweltgüter nicht in den Schutzbereich deutscher umweltstrafrechtlicher Normen fallen, weshalb zB im Ausland erfolgte bodenbeeinträchtigende Abfallbeseitigungen von § 326 nicht erfaßt seien (krit. Tröndle/Fischer § 326 RN 5 a).

3 Dieser Standpunkt kann nicht aufrechterhalten werden (vgl. auch Rengier JR 96, 34). Der dafür tragende Gesichtspunkt, für eine nach einzelnen Umweltmedien unterschiedliche Beurteilung des räumlichen Schutzbereichs der §§ 324 ff. bestehe kein Anlaß, zwingt für die nunmehr geltende Rechtslage zu der Annahme, daß auch die in § 330 d Nr. 1 nicht ausdrücklich genannten Umweltgüter Luft und Boden im Ausland geschützt sind (vgl. Dannecker/Streinz in: Rengeling aaO [vor § 324] 142).

4 2. Zu beachten ist jedoch, daß für die Strafbarkeit von Auslandstaten der Umstand, daß der Schutzbereich der Norm auch ausländische Rechtsgüter umfaßt, eine bloße **Vorfrage für die Strafbarkeit** darstellt (13 ff. vor § 3). Daher kann eine Strafbarkeit von Auslandstaten bei tatbestandlich verwaltungsakzessorischen Blankettnormen wie zB § 329 III Nr. 3 schon daran scheitern, daß allein der Verstoß gegen im Inland geltende Verwaltungsnormen erfaßt ist (Rengier JR 96, 36, Tröndle/Fischer 2). Weiter soll sich aus den Eignungsklauseln der §§ 325 a, 326 I Nr. 4 a eine Schutzbereichsbeschränkung auf inländische Umweltgüter ergeben (BT-Drs. 12/192 S. 30, Steindorf LK 94). Dem kann jedoch nicht gefolgt werden, weil kein Grund dafür besteht, bei im Inland vorgenommenen Handlungen die Eignung der Tat zur Beeinträchtigung ausländischer Umweltgüter außer Betracht zu lassen (B. Breuer aaO [vor § 326] 75 ff., Rengier JR 96, 34, Tröndle/Fischer § 326 RN 5 a zust. Lackner/Kühl § 326 RN 6, vgl. auch o. § 326 RN 7).

5 3. Die Änderung der Nr. 1 verfolgt im wesentlichen den Zweck, gewässerbeeinträchtigende Auslandstaten (§ 7 II) Deutscher zu erfassen, da Art. 16 GG deren Auslieferung entgegensteht (BT-Drs. 12/192 S. 30). Daher ist es dabei geblieben, daß mangels Geltung des Weltrechtsprinzips (§ 6) im Ausland durch Ausländer verübte Gewässerbeeinträchtigungen außer im Falle des § 7 II Nr. 2 nicht bestraft werden können (vgl. Tröndle/Fischer 2).

6 Allerdings ist aufgrund des Beitritts der Bundesrepublik zum **UN-Seerechtsübereinkommen** (VertragsG-SRÜ v. 2. 9. 1994, BGBl. II 1789, DurchfVO v. 4. 10. 1994, BGBl. II 2565; näher Klages aaO, 143 ff., Möhrenschlager wistra 94, H. 9, VI) der räumliche Anwendungsbereich der §§ 324, 326, 330, 330 a zusätzlich über den schon bislang erfaßten Festlandssockel hinaus auf den Bereich der noch zu proklamierenden deutschen **ausschließlichen Wirtschaftszone** (Art. 213 ff. SRÜ) erstreckt worden (vgl. § 5 RN 18 a). Gemäß Art. 12 des AusführungsG-SRÜ (G. v. 6. 6. 1995, BGBl. I 1995, 786) sind die genannten Vorschriften zudem nach Maßgabe der Art. 218, 228 SRÜ im gesamten Bereich der Nord- und Ostsee anwendbar, sofern ein Verstoß gegen auf völkerrechtlicher Grundlage beruhende Pflichten zum Schutz des Meeres vorliegt (vgl. dazu BT-Drs. 13/193 S. 24). Außerhalb dieser Sonderfälle gilt deutsches Umweltstrafrecht bei Auslandshandlungen nur, soweit ein inländischer **Erfolgsort** vorliegt, was Auswirkungen der Tat auf inländisch geschützte Umweltgüter voraussetzt (vgl. § 9 RN 6).

7 4. Für die Frage der **Beachtlichkeit ausländischer Genehmigungen** usw. ist zu unterscheiden: Tritt ein Verunreinigungserfolg (nur oder auch) an inländischen Gewässern usw. ein, handelt es sich gem. § 9 I um eine Inlandstat. In diesem Fall kann sich der Täter auf die Rechtfertigungswirkung ausländischer Genehmigungen nur in den o. 24 vor § 3 dargestellten Grenzen berufen (vgl. auch Dannecker/Streinz aaO [o. 3] 143 f., 160, Jünemann aaO [vor § 324] 158 ff., Lackner/Kühl 14 vor § 324). Nicht um den dort behandelten Fall grenzüberschreitender Umweltbeeinträchtigungen geht es jedoch, wenn auch der Erfolgsort allein im Ausland liegt; bei derartigen, nur über § 7 II erfaßten reinen Auslandstaten (o. 1) ist für die Frage der Befugnis die Rechtslage am Tatort maßgeblich (Dannecker/Streinz aaO 160; vgl. jedoch § 7 RN 17).

8 II. Zum Begriff der **kerntechnischen Anlage** nach **Nr. 2** vgl. § 327 RN 3; zum **gefährlichen Gut** nach **Nr. 3** vgl. § 328 RN 18. Die früher in Nr. 3 enthaltene Begriffsbestimmung der **betrieblichen Anlage** findet sich nunmehr in § 329 II S. 2.

9 III. Eine Legaldefinition des Begriffs der **verwaltungsrechtlichen Pflicht**, wie ihn zB §§ 311, 324 a, 325, 325 a, 326 III, 328 III verwenden, enthält die durch das 18. StÄG eingefügte **Nr. 4**. Sie gilt jedoch nur für den 29. Abschnitt (§§ 324 ff.), weshalb in § 311 I ausdrücklich auf Nr. 4 u. 5 verwiesen worden ist. Zur Frage der Bedeutung dieser Legaldefinition für Tatbestände außerhalb dieses Abschnitts vgl. 17 vor § 324.

10 Durch die abgesehen von Nr. 4 e) rein deklaratorische Regelung sollen die früheren, ua in §§ 311 d IV, 325 IV, 330 I Nr. 1, 2 aF enthaltenen Begriffsbestimmungen vereinheitlicht werden. Soweit einzelne Tatbestände auf engere Formen von Pflichtverletzungen abstellen, etwa ein Handeln ohne Genehmigung oder entgegen einer vollziehbaren Untersagung verlangen (§§ 327 I, 328 I, II) 1, oder eine „grobe" Verletzung voraussetzen, liegt darin eine bloße Modifikation dieser Legaldefinition (BT-Drs. 12/192 S. 31; krit. zur dadurch bewirkten Uneinheitlichkeit Breuer JZ 94, 1090). Eine „grobe"

Pflichtverletzung ist nur dort erforderlich, wo dies (zB in § 311 III Nr. 2, 325 II, 328 I Nr. 2, III) ausdrücklich verlangt wird (Tröndle/Fischer 5); vgl. zu diesem Merkmal § 315 c RN 25 f. Die in diesem Rahmen erforderliche Verhaltensbewertung kann zu dem Ergebnis führen, daß genehmigungsloses, aber materiell rechtmäßiges Verhalten und Verstöße gegen sofort vollziehbare, rechtswidrige Verwaltungsakte mangels Zumutbarkeit nicht als „grobe" Pflichtverletzung anzusehen sind (Dölling JZ 85, 467, Tiedemann/Kindhäuser, NStZ 88, 343, Lackner/Kühl § 325 RN 11; krit. Ensenbach aaO [vor § 324] 82 ff.).

1. Die Pflicht muß sich aus einer der in a)–e) genannten Rechtsquellen ergeben. Die durch Verwaltungsakt erfolgte Normkonkretisierung hat (vorbehaltlich der Regelung in Nr. 5) Vorrang vor Spezifizierungen der gesetzlichen Vorgaben in Rechtsnormen, so daß gegenüber begünstigenden Verwaltungsakten der Durchgriff auf strengere Anforderungen in Rechtsvorschriften nicht zulässig ist (vgl. Jünemann aaO [vor § 324] 60, Ransiek aaO [vor § 324] 134 f. u. o. 62 vor § 32). **11**

a) **Rechtsvorschriften** sind alle Rechtsnormen mit Außenwirkung, also nicht nur förmliche Parlamentsgesetze, sondern auch materielle Gesetze (Satzungen und Rechtsverordnungen, aber auch Verordnungen der Europäischen Gemeinschaft [vgl. BGH **42** 221]), jeweils unter der selbstverständlichen Voraussetzung ihrer Rechtsgültigkeit. Nicht erfaßt sind dagegen nur im verwaltungsinternen Bereich geltende Verwaltungsvorschriften, insbes. die unterschiedlichen Technischen Anleitungen, zB TA Lärm, TA Luft usw. Auch wenn diesen als „normkonkretisierenden" Verwaltungsvorschriften in verwaltungsrechtlichen Zusammenhängen eine begrenzte Außenwirkung zukommen mag (vgl. o. § 325 RN 19), sind sie jedenfalls zur Begründung strafrechtlicher Pflichten nicht geeignet (Bergmann aaO [vor 324] 23 ff., Michalke aaO 239 u. o. § 325 RN 8, 19, § 325 a RN 5; and. Schmidt-Aßmann in: Maunz-Dürig-Herzog, Art. 103 GG RN 215, Schröder VVDStRL 50, 218, Breuer DÖV 87, 178). **12**

Da das **strafrechtliche Bestimmtheitsgebot** gem. Art. 103 II GG strengere Anforderungen stellt, als sie im sonstigen Umweltverwaltungsrecht statthaft sind, kommt nicht jede gültige Rechtsvorschrift zugleich als unmittelbarer Anknüpfungspunkt strafrechtlicher Pflichten in Betracht. Stets muß der Normadressat der Vorschrift eine hinreichend konkrete Verhaltensanweisung entnehmen können, so daß allgemein gehaltene Programmsätze (zB §§ 6 PflSchG, 1 a DüngemittelG), die dem strafrechtlichen Bestimmtheitsgrundsatz nicht genügen, als Quelle verwaltungsrechtlicher Pflichten ebenso ausscheiden wie die nicht näher spezifizierten Betreiberpflichten der §§ 5, 22 BImSchG (Lackner/Kühl § 325 RN 6, BT-Drs. 12/192 S. 18, 31 u. o. § 324 RN 13, § 325 RN 8, § 325 a RN 6). Insoweit kann eine Strafbarkeit erst an die zur Konkretisierung der gesetzlichen Vorgaben ergangenen Rechtssätze und Verwaltungsakte anknüpfen. Als hinreichend bestimmt anzusehen sind dagegen zB §§ 7, 23 BImSchG iVm den entsprechenden RVOen, 17 ChemG iVm der GefahrstoffVO, 7 PflSchG iVm der PflanzenschutzVO, 10–12 AtomG iVm der StrahlenschutzVO. **13**

b) Der erst im Rechtsausschuß zustandegekommene Einbezug von **gerichtlichen Entscheidungen** hat nur klarstellende Bedeutung (BT-Drs. 12/7300 S. 25), eine Änderung des bisherigen Rechtszustands war nicht gewollt. In Frage kommt bspw. auch eine rechtskräftige einstweilige Anordnung (Weber, in: Koch/Scheuning aaO [vor § 324] § 325 RN 20). **14**

c) Der Begriff des **Verwaltungsakts** entspricht der Definition in § 35 VwVfG. Dieser Oberbegriff macht die ausdrückliche Auflistung aller derartiger hoheitlicher Einzelfallentscheidungen mit Außenwirkung, wie etwa Anordnungen, Genehmigungen, Untersagungsverfügungen usw. entbehrlich. Voraussetzung ist stets, daß der Verwaltungsakt **vollziehbar** ist (vgl. auch KK-OWiG/Rengier § 11 RN 18, Heine, in: Brandt u. a. aaO [vor § 324] § 61 RN 18). Der strafrechtliche Begriff der Vollziehbarkeit setzt mehr als die gem. § 43 VwVfG schon mit Bekanntgabe eintretende Wirksamkeit voraus, und deckt sich weitgehend mit dem Eintritt der verwaltungsrechtlichen Vollstreckbarkeit. Erforderlich ist entweder der Eintritt der Unanfechtbarkeit iSd § 80 I VwGO durch Ablauf der Widerspruchs- bzw. Klagefrist, oder der Ausschluß der aufschiebenden Wirkung kraft Gesetzes (§ 80 II Nr. 1–3 VwGO) bzw. aufgrund einer dem Verwaltungsakt beigefügten Anordnung der sofortigen Vollziehbarkeit gem. § 80 II Nr. 4 VwGO (vgl. Odenthal NStZ 91, 418, Ocker aaO 222 f.). Daß die Strafbarkeit auch an den Verstoß gegen für sofort vollziehbar erklärte, aber noch nicht unanfechtbar gewordene Verwaltungsakte anknüpfen kann, hat BVerfG NJW **90** 37, 39 bestätigt. In diesem Fall steht der Strafbarkeit auch ein noch nicht beschiedener Antrag auf Wiederherstellung der aufschiebenden Wirkung (§ 80 V VwGO) nicht entgegen (BVerfG NJW **90**, 3139). Zur Frage einer rechtswidrigen Vereitelung der verwaltungsrechtlichen Wirksamkeit durch Bekanntmachung vgl. Jena NStZ-RR **97**, 316. Zu den Folgen des Verstoßes gegen rechtswidrige vollziehbare Anordnungen usw. vgl. ferner 21 vor § 324. **15**

d) Die **Auflage** ist formell unselbständige Nebenbestimmung eines Verwaltungsakts (§ 36 II Nr. 4 VwVfG), materiell Verwaltungsakt, so daß ihrer ausdrücklichen Nennung nur klarstellende Funktion zukommt (Horn SK 10, Tröndle/Fischer 10). Die **Vollziehbarkeit** beurteilt sich nach den für Verwaltungsakte geltenden Grundsätzen; die Anordnung sofortiger Vollziehbarkeit gem. § 80 II Nr. 4 VwGO ist auch hier möglich. Setzt der Tatbestand ein Handeln ohne Genehmigung usw. voraus, sind damit nicht zugleich Verstöße gegen echte Auflagen erfaßt (Hirsch LK 167 vor § 32, Horn SK 10 vor § 324). **16**

17 Da die Verwaltungspraxis oft auch Einschränkungen des Genehmigungsinhalts als (sog. „modifizierende") Auflagen bezeichnet, kann nur eine Auslegung des Bescheids klären, was von der Behörde objektiv gewollt war (vgl. dazu Stelkens/Bonk/Leonhardt, VwVfG, 4. Aufl., § 36 RN 39 ff.; Bay MDR **88**, 252 m. Anm. Rumpel NVwZ 88, 502, Ocker aaO 195 ff., Schall NStZ 92, 214, Schmehl UPR 98, 334); Fehlbezeichnungen gehen zu Lasten der Behörde und begründen im Regelfall einen Tatbestandsirrtum (§ 16). Anders liegt es bei rechtfertigenden Genehmigungen, da als „unbefugtes" Verhalten auch Auflagenverstöße gewertet werden können (vgl. Frankfurt NJW **87**, 2755 u. o. § 324 RN 12).

18 e) Der Einbezug von Pflichten aus **öffentlich-rechtlichen Verträgen** beruht auf einer vom Rechtsausschuß aufgegriffenen Anregung des Bundesrats (vgl. BT-Drs. 12/192 S. 42, BT-Drs. 12/7300 S. 25). Die Regelung knüpft an die Erfahrung der Verwaltungspraxis an, daß gerade im Bereich des Umweltverwaltungsrechts die Auferlegung von Pflichten durch Vertrag nicht selten leichter als durch Erlaß eines Verwaltungsakts durchsetzbar ist (Beispiele aus der umweltrechtlichen Verwaltungspraxis und Überblick bei Kloepfer aaO [vor § 324] 286 ff. mwN, vgl. auch Schoch DVBl. 94, 10 f.). Doch darf dies nicht allein deshalb Straflosigkeit zur Folge haben, weil sich die Behörde statt der Handlungsform des Verwaltungsakts des öffentlich-rechtlichen Vertrags bedient hat.

19 Daß nur solche Pflichten aus öffentlich-rechtlichen Verträgen erfaßt sind, die **auch durch Verwaltungsakt hätten auferlegt werden** können, soll den Bereich möglicher Strafbarkeit auf diese Fälle einer ansonsten drohenden Umgehung eingrenzen. Nicht erfaßt werden sog. „überobligatorische" Pflichten, dh solche, die nicht durch einen Verwaltungsakt gleichen Inhalts hätten auferlegt werden können (BT-Drs. 12/7300 S. 25). Ein Bedürfnis für diese Einschränkung besteht deshalb, weil nach § 54 S. 2 VwVfG zulässig auch Vertragspflichten sind, deren Inhalt durch Verwaltungsakt nicht hätte auferlegt werden dürfen. Zudem ist ein öffentlich-rechtlicher Vertrag nicht schon deshalb nichtig, weil ein Verwaltungsakt gleichen Inhalts rechtswidrig wäre (vgl. § 59 II Nr. 2 VwVfG). Daß die Behörde gleichartige Pflichten ggf. auch durch Erlaß eines zwar rechtswidrigen, aber wirksamen Verwaltungsakts hätte auferlegen „können", muß außer Betracht bleiben. Zu fragen ist vielmehr, ob die konkrete Pflicht auch durch einen rechtmäßigen Verwaltungsakt gleichen Inhalts hätte begründet werden „dürfen" (zu Recht krit zur Abgrenzung Steindorf LK 52). Dem Privatrecht unterliegende Verträge der Verwaltung sind nicht erfaßt.

19 a Ob und inwieweit die Verletzung verwaltungsrechtlicher Pflichten auch auf **ausländisches Verwaltungsrecht** gestützt werden kann, ist noch nicht abschließend geklärt (vgl. zB Dannecker/Streinz aaO 143 f., Jünemann aaO 158 u. Nachw. b. Lackner/Kühl 14 vor § 324, vgl. auch o. 24 vor § 3). Soweit der Geltungsanspruch ausländischer Verwaltungsakte auf das dortige Hoheitsgebiet (wie regelmäßig) beschränkt ist, kann, soweit im 29. Abschnitt ein Zuwiderhandeln gegen Verwaltungsakte erforderlich ist, schwerlich Fremdrechtsanwendung betrieben werden. Umgekehrt schließt das Vorliegen einer ausländischen Genehmigung, etwa bei § 326, die Strafbarkeit nicht zwangsläufig aus. Entscheidend ist, ob die ausländischen Hoheitsakte unter Berücksichtigung der Vorgabe des Völkerrechts und der EU anzuerkennen sind (dazu zB Dannecker/Streinz aaO 125 f., 143 mwN, vgl. auch o. § 326 RN 12 e).

20 2. Zielrichtung der jeweiligen Pflicht muß entweder der **Schutz vor Gefahren** oder der **Schutz vor schädlichen Einwirkungen auf die Umwelt** sein. Beides sind gesondert zu betrachtende Bezugspunkte für die Umschreibung der erfaßten Rechtspflichten (BT-Drs. 12/192 S. 45). Die Vorschrift hat insoweit nur die Funktion eines klarstellenden Rahmens. Eine selbständige Umgrenzung der in Betracht kommenden Pflichten folgt aus ihr noch nicht. Zwar geht es bei den in §§ 324 ff. genannten Straftatbeständen idR um die Sicherstellung der Beachtung von Pflichten, die dem Schutz vor schädlichen Einwirkungen auf die Umwelt dienen. Hierauf sind diese Tatbestände jedoch nicht durchweg beschränkt (ebenso Steindorf LK § 325 RN 29 a, Tröndle/Fischer 12, wohl auch Horn SK 11; and. Lackner/Kühl 4). Andernfalls wäre zB die Einbeziehung des Arbeitsschutzrechts bei § 328 III (o. § 328 RN 21) entweder kaum erklärbar, oder die Umweltbezogenheit würde uferlos.

21 Der Begriff der **Gefahr** setzt keine konkrete Gefahr in dem 5 ff. vor § 306 genannten Sinn voraus, so daß neben an das Merkmal der konkreten Gefahr anknüpfenden Vorschriften auch der Abwehr abstrakter Gefahren dienende Regelungen erfaßt werden. Umfaßt sind neben dem Schutz vor für die Umwelt nachteiligen Gefahren im Grundsatz Gefahren für jedes Rechtsgut. Welche Gefahren im Einzelfall erfaßt sein sollen, ergibt sich nicht aus Nr. 4, sondern aus dem vom Rechtsgut her zu bestimmenden Schutzbereich der einzelnen Strafnorm (BT-Drs. 12/192 S. 31, Horn SK 11, Tröndle/Fischer 12), so daß die für die bislang in § 330 I aF geregelten Tatbestände hier angenommene Beschränkung auf Gefahren für außerhalb des Anlagenbereichs befindliche Rechtsgüter der Allgemeinheit und der Nachbarschaft (vgl. 25. A. § 330 RN 22; and. Bay NJW **95**, 540 m. Anm. Heine JR 96, 301) dort nicht mehr erklärbar ist, sofern der Schutzzweck des Tatbestands etwas anderes ergibt. Dieser kann auch Vorschriften erfassen, die nicht umweltspezifisch sind (enger Lackner/Kühl § 325 RN 6). So kommt etwa im Rahmen des auch auf den Schutz von Menschen oder Sachen im Betrieb ausgerichteten § 328 III der gesamte Bereich des Arbeitsschutzrechts in Betracht, für den Gefahrguttransport-Tatbestand des § 328 III Nr. 2 daneben auch das Straßenverkehrsrecht (o. § 328 RN 22 f.).

22 **Schädliche Einwirkungen auf die Umwelt** umfassen gem. § 3 I BImSchG nicht nur Schäden, sondern bereits erhebliche Nachteile und Belästigungen. Die Frage, welche Einwirkungen Bezugspunkt der erfaßten Pflichten sein müssen, kann nur für den konkreten Einzeltatbestand beantwortet werden. Die Umschreibung der „insbesondere" genannten Umweltgüter ist nur beispielhaft gemeint (Tröndle/Fischer 12). Aus dem Schutzzweck der einzelnen Strafnorm kann sich eine zusätzliche Einschränkung auf den Schutz vor Einwirkungen auf bestimmte Umweltbestandteile ergeben; so erfaßt § 325 I nur Vorschriften, die dem Schutz vor gefährlichen Luftverunreinigungen dienen (o. § 325 RN 8). Allgemein ist jedoch zu bedenken, daß im Regelfall umweltrechtliche Vorschriften in ihrem Schutzziel nicht auf einzelne Umweltmedien beschränkt sind, sondern häufig mittelbar auch andere Umweltgüter mitumfassen. So können Vorschriften des Gewässerschutzes zugleich iSd § 324 a dem Schutz des Bodens vor Verunreinigungen dienen (vgl. BT-Drs. 12/192 S. 17; vgl. o. § 324 a RN 14).

IV. Die Frage der **Beachtlichkeit rechtsmißbräuchlich erlangter Verwaltungsakte** hat nun- 23 mehr in § 330 d Nr. 5 eine für den auf §§ 324 ff., 311 beschränkten Anwendungsbereich der Vorschrift verbindliche Regelung gefunden (vgl. Jünemann aaO [vor § 324] 155, Paetzold NStZ 96, 170). Über den Begriff der **sonstigen Zulassung** sind unabhängig von ihrer verwaltungsrechtlichen Bezeichnung als **Genehmigung, Planfeststellung** (vgl. §§ 72 ff. VwVfG) usw. alle begünstigenden Verwaltungsakte erfaßt, durch die dem Täter die Vornahme umweltbeeinträchtigender oder sonst von §§ 324 ff. geschützte Rechtsgüter gefährdender Handlungen gestattet wird, nicht dagegen auch das Unterlassen belastender Verwaltungsakte (Weber Hirsch-FS 801). Der Anwendungsbereich erstreckt sich sowohl auf tatbestandsausschließende als auch auf rechtfertigende „Zulassungen" (Weber aaO 797 f., Wegener NStZ 98, 609 f.; and. Perschke wistra 96, 166 u. eingeh. Jünemann aaO 149 ff. [§ 330 d Nr. 5 nur bei tatbestandsausschließender Genehmigung, ansonsten allgemeiner Mißbrauchsgedanke]). Duldungsentscheidungen ohne Legalisierungswirkung fallen daher von vornherein nicht unter den Begriff der Zulassung; dies ist auch unerheblich, da rechtswidrige Duldungen strafrechtlich idR ohnehin unbeachtlich sind (vgl. 20 vor § 324; and. Rogall NJW 95, 924). Für die von Nr. 4 e) erfaßten Verwaltungsverträge nach sind nach § 62, S. 2 VwVfG die zivilrechtlichen Unwirksamkeitsgründe nach §§ 123, 124, 242 BGB maßgeblich, soweit sie die von § 330 d Nr. 5 erfaßten Fälle abdecken (vgl. Kopp VwVfG § 62 RN 4, 6), was bei Vertragsschluß mit einer örtlich unzuständigen Behörde nicht der Fall ist (Jünemann aaO 143 f., 157). Zur Frage, inwieweit der ungeschriebene Rechtsmißbrauchsgedanke außerhalb des Anwendungsbereichs der Nr. 5 eine Rolle spielen kann, vgl. Weber Hirsch-FS 801, 17 vor § 324 u. 63 vor § 32.

1. Die **Rechtsmißbrauchsklausel** in Nr. 5 soll nach Absicht des Gesetzgebers die anerkennungs- 24 würdigen Fallgruppen des Rechtsmißbrauchs umschreiben. Sie entzieht zugleich dem Einwand den Boden, die Anwendung des Rechtsmißbrauchsgedankens sei auf der Tatbestandsebene mit Art. 103 II GG unvereinbar. Die Vorschrift hat ihr Vorbild in § 34 VIII AWG (vgl. dazu Wimmer JZ 93, 67; Tiedemann Spendel-FS 598 f., Paeffgen Stree/Wessels-FS 608, Steindorf Salger-FS 182); eine ähnliche Regelung ist nunmehr auch in § 16 IV des Ausführungsgesetzes zum Chemiewaffenübereinkommen (CWÜG) getroffen worden (vgl. dazu BT-Drs. 12/7207 S. 18).

Die Gesetz gewordene Regelung ist zugleich **abschließend** in dem Sinne, daß weitergehenden 25 Vorschlägen der Literatur zur Anerkennung eines Rechtsmißbrauchs eine Absage erteilt wurde (BT-Drs. 12/7300 S. 25, Möhrenschlager NStZ 94, 515, Rogall GA 95, 317, Paetzold NStZ 96, 171). Mit der Regelung des § 330 d Nr. 5 unvereinbar wäre es daher insbesondere, auch weiterhin bei bloßer Kenntnis der Rechtswidrigkeit einen Rechtsmißbrauch anzunehmen, so daß die Entscheidungen LG Hanau NJW **88**, 576 u. NStZ **88**, 181 durch die Neuregelung überholt sind (Jünemann aaO 118 f.). Ebensowenig können (and. SPD-Entwurf, BT-Drs. 12/367 S. 35) Fälle der Ausnutzung einer veralteten Genehmigung als Rechtsmißbrauch erfaßt werden (Jünemann aaO 123, MG/Pfohl 1446). Vgl. weiter 17 a vor § 324.

2. Die **Neuregelung** läßt sich auf folgende **Grundgedanken** zurückführen: Ein auf rechtsmiß- 26 bräuchliche Weise erlangter Verwaltungsakt ist nach materiellem Verwaltungsrecht zwar uU gem. § 48 VwVfG aufhebbar, aber nach § 43 VwVfG bis zum Zeitpunkt der Rücknahmeentscheidung wirksam. Eine derartige Aufhebung des bestandskräftigen Verwaltungsakts setzt § 330 d Nr. 5 jedoch gerade nicht voraus. Da es in der Hand des Gesetzgebers liegt, in welchem Umfang rechtswidrige Verwaltungsakte auch für die strafrechtliche Verhaltensbeurteilung maßgeblich sein sollen, handelt es sich damit bei § 330 d Nr. 5 der Idee nach um eine auf das Gebiet des Umweltstrafrechts begrenzte Modifizierung des in § 43 VwVfG niedergelegten Grundsatzes, daß wirksame Verwaltungsakte wegen der von ihnen ausgehenden Tatbestandswirkung auch im Falle ihrer Rechtswidrigkeit vom Strafrichter zu beachten sind (vgl. BT-Drs. 12/7300 S. 21, 25, Wimmer JZ 93, 72 [zu § 34 VIII AWG], Martin IUR 91, 142, Rogall GA 95, 316).

Dem Grundgedanken nach durchbricht die Vorschrift das Regelungssystem der §§ 43, 48 VwVfG 27 für den Bereich des Strafrechts, wenn der Täter nach Einschätzung des Gesetzgebers einen Anspruch auf Schutz des Vertrauens in die Bestandskraft des Verwaltungsakts wegen seines Verhaltens verwirkt hat (Bloy JuS 97, 585, Otto Jura 95, 139, Paetzold NStZ 96, 172, Wimmer JZ 93, 72, vgl. auch Paeffgen Stree/Wessels-FS 601; and. Jünemann aaO 111 ff., der auf die befugnisverleihende Wirkung einer Genehmigung abstellt und – mit beachtlichen Gründen – den für Strafrecht und Verwaltungsrecht gemeinsamen materiellen Geltungsgrund in der Zuständigkeit und Fähigkeit der Behörde erblickt, eine sachgerechte Entscheidung zu treffen). Der Gesetzgeber unterliegt insoweit zwar im Hinblick auf die in verfassungsrechtlichen Grundsätzen wurzelnden Prinzipien der Widerspruchsfreiheit der Rechtsordnung und des Vertrauensschutzes gewissen äußersten Grenzen, die einer völligen Ablösung der strafrechtlichen von der verwaltungsrechtlichen Beurteilung entgegenstehen dürften (vgl. M. Schröder VVDStRL 50, 211 ff., Scheele aaO 86 ff.). Diese Grenzen werden aber noch nicht dadurch überschritten, daß die Bestandskraft eines rechtswidrigen und damit nach § 48 VwVfG aufhebbaren Verwaltungsaktes in bestimmten Fällen vom Strafrecht nicht anerkannt wird, da in diesem Fall die Rechtswidrigkeit auf dem Genehmigungsempfänger zurechenbaren Gründen beruht (vgl. Schünemann aaO [vor § 324] 168, Paeffgen Stree/Wessels-FS 601 ff.).

28 Diese Grundgedanken hat § 330 d Nr. 5 freilich nicht (ausdrücklich) dadurch umgesetzt, daß nur das Gebrauchmachen von der in den genannten Fällen erlangten Rechtsposition unzulässig, dh strafrechtlich eine Berufung auf die verwaltungsrechtliche Wirksamkeit ausgeschlossen wäre. Vielmehr ist ein Handeln „ohne Genehmigung" etc. auch ein Handeln auf Grund einer im Wege der Fallgruppen erlangten Zulassung. Bezugspunkt dieser gesetzlichen Fiktion (krit. Jünemann aaO 89) und Auslegung sind umstritten. Es geht darum, ob und inwieweit die Fiktion Nichtigkeit der Zulassung fingiert (Weber Hirsch-FS 802, vgl. auch Michalke StV 93, 266 [zu § 34 VIII AWG] u. o. 62 ff. vor § 32), ob die Vorschrift gleichwohl jedenfalls nach den Grundgedanken des Rechtsmißbrauchs auszulegen ist (Otto Jura 95, 139, Steindorf LK 6, vgl. auch B. Breuer aaO [vor § 326] 139 ff.) bzw. sich die Fiktion allein auf die strafrechtliche Bewertung der ansonsten fortwirkenden Genehmigung bezieht (Paetzold NStZ 96, 171, vgl. auch Rogall GA 95, 318, wohl auch Möhrenschläger NStZ 94, 515 u. Rühl JuS 99, 526). Konsequenzen ergeben sich nicht nur für Dritte (u. 39), sondern auch für das Verhältnis zum Verwaltungsrecht. Im Lichte der Rechtsmißbrauchslösungen wird die verwaltungsrechtliche Beurteilung der Wirksamkeit des Verwaltungsakts durch § 330 d Nr. 5 nicht berührt (partielle [strafrechtsbezogene] Nichtigkeit [vgl. Steindorf, Otto, je aaO] bzw. bloß strafrechtlich andere Bewertung). Um Spannungslagen zwischen strafrechtlicher und verwaltungsrechtlicher Beurteilung des Sachverhalts gering und den Gedanken der Einheit der Rechtsordnung möglichst aufrecht zu erhalten, wird dabei unter Durchbrechung der Verwaltungsakt-Akzessorietät unmittelbar an das in § 48 VwVfG zum Ausdruck gebrachte Rechtswidrigkeitsurteil des materiellen Verwaltungsrechts angeknüpft (dafür Paeffgen Stree/Wessels-FS 601 f., Rogall GA 95, 318, vgl. [zu § 34 VIII AWG] auch Wimmer JZ 93, 70, Tiedemann Spendel-FS 600). Demgegenüber sieht die Gegenposition § 330 d Nr. 5 als gegenüber den §§ 43 ff. VwVfG spezielle Regelungen an, mit dem aus der Einheit der Rechtsordnung folgenden Ergebnis, daß der Betroffene auch verwaltungsrechtlich so zu behandeln ist, wie wenn die Genehmigung nie erteilt worden wäre (o. 63 b vor § 32). Diese weitreichenden Konsequenzen dürften nicht dem Sinn der Vorschrift entsprechen. Unter Zugrundelegung der Grundgedanken des Rechtsmißbrauchs (vgl. 17 f. vor § 324) ergibt sich daher folgendes:

29 3. Die Regelung knüpft zur Umschreibung der Fallgruppen eines ausgeschlossenen Vertrauensschutzes an die in § 48 II S. 3 Nr. 1 u. 2 VwVfG genannten Einwirkungsformen der **Drohung, Bestechung** und **Täuschung** an, deren Begriffsinhalt sich nicht notwendig mit dem eingeführten strafrechtlichen Verständnis deckt (and. Rogall GA 95, 318, Steindorf LK 6). Die Vorschrift ist vielmehr in enger Anlehnung an die für § 48 II S. 3 VwVfG anerkannten Grundsätze auszulegen.

30 a) Ungeschriebenes Tatbestandsmerkmal der Vorschrift ist als Anknüpfungspunkt des Rechtsmißbrauchsgedankens die materielle **Rechtswidrigkeit** des Verwaltungsakts (Möhrenschläger NStZ 94, 515, Rogall GA 95, 318, Schmidt/Schöne NJW 94, 2514, Wimmer JZ 93, 72; krit. Steindorf LK 6). Die Einwirkung des Täters ist bei gebundenen Entscheidungen folglich stets unschädlich, wenn die Behörde noch rechtmäßig entscheidet.

31 b) Erforderlich ist weiter, daß die Rechtswidrigkeit durch die unlautere Einwirkung des Täters auf den Amtsträger **verursacht** worden ist (Rogall GA 95, 318, Wimmer JZ 93, 72). Durchschaut der Amtsträger zB unrichtige tatsächliche Angaben des Genehmigungsempfängers, hält diese aber seinerseits wegen falscher rechtlicher Beurteilung für ohnehin unerheblich, und entscheidet er deshalb – rechtswidrig – im Sinne des Antragstellers, so fehlt es an diesem inneren Zusammenhang; da dies dem Täter aber im Regelfall nicht bekannt sein wird, kommt ein untauglicher Versuch in Betracht (Paeffgen Stree/Wessels FS 607, vgl. auch Jünemann aaO 169).

32 c) Nach dem Gesetzeswortlaut ist für den Fall der **unrichtigen oder unvollständigen Angaben** anders als in § 48 II 3 Nr. 2 VwVfG eine „wesentliche" Unrichtigkeit nicht erforderlich; dies ist im Sinne der bisher anerkannten Grundsätze, die eine rechtsgutsbezogene Erheblichkeit der Falschangaben forderten (vgl. Paeffgen Stree/Wessels-FS 602), korrigierend auszulegen (Steindorf LK 6). Weiter ist hier – anders als für § 48 II. 3 Nr. 2 – eine **vorsätzliche** Falschangabe erforderlich (Steindorf LK 6, Weber Hirsch-FS 802; and. Jünemann aaO 121 [Fahrlässigkeit], weshalb dieses Merkmal weitgehend dem der arglistigen Täuschung nach § 44 VwVfG Nr. 1 VwVfG entspricht.

33 d) Die Fälle der **Drohung oder Bestechung** entsprechen den in § 48 II S. 2 Nr. 1 VwVfG genannten Fällen ausgeschlossenen Vertrauensschutzes. Gemeinsamer Bezugspunkt dieser Einwirkungsformen ist, daß der behördliche Erklärungswille verfälscht worden ist, weil der Amtsträger nicht bereit oder fähig ist, sich bei seiner Entscheidung an den Vorgaben des materiellen Rechts zu orientieren.

34 Zum Begriff der **Drohung** vgl. 30 ff. vor § 234; wendet der Täter Zwang im Sinne des § 35 oder Gewalt an, ist der Verwaltungsakt bereits nach § 44 VwVfG nichtig (vgl. Kopp VwVfG § 44 RN 15), so daß es der Anwendung des Rechtsmißbrauchsgedankens nicht mehr bedarf.

Der Begriff der **Bestechung** hat im Hinblick auf den § 330 d Nr. 5 zugrundeliegenden Grundgedanken wie in § 48 II S. 3 Nr. 1 VwVfG eine von §§ 331 ff. abweichende Bedeutung (Frisch aaO [vor § 324] 110 f., Schmitz aaO [vor § 324] 57). Eine Bestechung im hier gemeinten Sinn ist bei Ermessensentscheidungen nur gegeben, wenn der Amtsträger das Angebot oder den Empfang eines Vorteils tatsächlich zur Grundlage seiner Entscheidung gemacht hat (vgl. auch Jünemann aaO 122). Die nur vorgetäuschte Bereitschaft hierzu reicht zwar für eine Strafbarkeit gem. § 332 aus (vgl. dort Rn 18). Daß der Amtsträger nur den äußeren Eindruck der Bestechlichkeit erweckt, stellt aber noch keinen inhaltlichen Ermessensfehler dar, so daß die Entscheidung in diesen Fällen materiell rechtmäßig bleibt, und allenfalls der Verfahrensfehler der Mitwirkung eines befangenen Amtswalters nach § 21 VwVfG vorliegt, der nach dem hier zugrundezulegenden, die formelle Rechtswidrigkeit ausschließenden Rechtswidrigkeitsbegriff (vgl. 30 vor § 324) unerheblich ist. 35

Der Täter muß den Verwaltungsakt durch Drohung oder Bestechung **erwirkt** oder durch falsche Angaben **erschlichen** haben. Dies setzt ziel- und zweckgerichtetes Handeln voraus, so daß fahrlässiges Handeln nicht ausreicht, sondern **Vorsatz** erforderlich ist (vgl. Rogall GA 95, 318, Wimmer JZ 93, 72, BT-Drs. 12/7300 S. 25; and. Weber Hirsch-FS 802); da dessen Bezugspunkt allein die Erlangung des Verwaltungsakts ist, kann § 330 d auch bei Fahrlässigkeitstaten anwendbar sein. Erkennt der Täter nachträglich fehlerhafte Angaben, kommt entsprechend den bisherigen Grundsätzen (vgl. 17 vor § 324) uU ein Erschleichen durch unterlassene Aufklärung der Behörde in Betracht (zweifelnd Rogall GA 95, 318). 36

Die Fallgruppe der **Kollusion** war bislang auch innerhalb der Meinungsgruppe umstritten, die sich im Grundsatz zur Unbeachtlichkeit rechtsmißbräuchlich erlangter Genehmigungen bekannte. Kollusion soll vorliegen, wenn die Genehmigung in bewußtem Zusammenwirken mit der pflichtwidrig handelnden Behörde unter beiderseitiger vorsätzlicher Mißachtung des geltenden Rechts erlangt ist (Dölling JZ 85, 469, Winkelbauer NStZ 86, 151, Bloy ZStW 100, 504; ablehnend Paeffgen Stree/Wessels-FS 603 f., Rogall aaO 182, Lenckner Pfeiffer-FS 38). Dem hat sich BGH **39** 381 (m. Anm. Rudolphi NStZ 94, 433, Horn JZ 93, 636, Bspr. Michalske NJW 94, 1693, Knopp DÖV 94, 680) angeschlossen, ohne aber seinerseits die Konturen dieser Fallgruppe näher zu konkretisieren. 37

Die Aufnahme in § 330 d Nr. 5 beruht darauf, daß der Gesetzgeber im Rahmen der grundsätzlich abschließend gemeinten Regelung der Rechtsmißbrauchsproblematik in Nr. 5 Raum für diese Rechtsprechung und ihre Fortentwicklung lassen wollte. Auch nach Auffassung des Gesetzgebers kann „die Reichweite der Fallgestaltungen, die von diesem Begriff erfaßt werden, noch nicht als abschließend geklärt angesehen werden", weshalb von einer präzisierenden Definition abgesehen und alles der künftigen Rechtsentwicklung überlassen wurde (BT-Drs. 12/7300 S. 25; mit Recht krit. Tröndle/Fischer 6, Breuer JZ 94, 1091). Das Merkmal setzt nicht mehr voraus, als daß der Täter im Sinne von § 264 S. 2, Nr. 3 StGB, § 370 III Nr. 3 AO „die Mithilfe eines Amtsträgers ausnutzt, der seine Befugnisse oder seine Stellung mißbraucht" (vgl. dazu § 264 RN 78). Die Mithilfe eines Amtsträgers, den der Täter für gutgläubig hält, genügt nicht. Auch die bloße beiderseitige Kenntnis der Rechtswidrigkeit ist nicht ausreichend (Möhrenschlager NStZ 94, 515). Erforderlich ist vielmehr ein bewußtplanmäßiges Zusammenwirken mit der Behörde zwecks gemeinschaftlicher Umgehung des geltenden Rechts (vgl. Paetzold NStZ 96, 173, zust. Jünemann aaO 137). Das setzt zwar die beiderseitige Absprache der Kollusionspartner, jedoch nicht notwendig Mittäterschaft voraus, so daß auch eine vereinbarte Mitwirkung am Rechtsbruch des Amtsträgers, die die Qualität einer bloßen Anstiftung oder Beihilfe des Genehmigungsempfängers hat, genügen kann (Rogall GA 95, 318). Kollusion liegt nicht nur vor, wenn der Begünstigte in diesem Sinne mit einem Bediensteten der Genehmigungsbehörde zusammenwirkt. Erfaßt ist auch der in BGH **39** 381 zur Entscheidung stehende Fall, daß mit einem Bediensteten in einer Fachbehörde zusammengewirkt wird, dessen Vorschlägen die Genehmigungsbehörde ungeprüft folgt. Nur mit Einschränkungen kann entsprechend im Gesetzgebungsverfahren geäußerten Vorstellungen (vgl. BT-Drs. 12/7300 S. 25) hierunter jedoch auch der Fall gefaßt werden, daß mit einem von der Behörde beauftragten privaten Sachverständigen „kollusiv" zusammengewirkt wird (vgl. auch Jünemann aaO 138). Allenfalls wenn dieser – was nicht der Fall ist (vgl. dazu Lenckner ZStW 106, 502, 530 ff., o. § 11 RN 21) – als im Sinne des § 11 Nr. 2 c zur Wahrnehmung von Verwaltungsaufgaben bestellt anzusehen ist, liegt die für die Annahme von Kollusion unabdingbare Voraussetzung vor, daß das Verhalten des Kollusionspartners rechtlich der Behörde zuzurechnen ist (vgl. Rogall GA 95, 318). 38

4. Nach dem an die Verwirkung des durch §§ 43, 48 VwVfG gewährleisteten Vertrauensschutzes anknüpfenden Grundgedanken der Vorschrift und entsprechend schon bislang anerkannten Grundsätzen (vgl. Rudolphi ZfW 82, 203, Mumberg aaO 93 f.) kann weiter nur ein dem Täter zurechenbares Verhalten Rechtsmißbrauch begründen, weshalb Rechtsmängel der Genehmigung unerheblich sind, die nicht auf dem Genehmigungsempfänger bzw. dessen Vertretern iSd § 14 zurechenbares Fehlverhalten zurückgehen (vgl. Schünemann aaO [vor § 324] 168, Rogall GA 95, 318). Zwar genügt es, wenn der Begünstigte sich als Anstifter oder Gehilfe oder sonst durch **Einschaltung eines Dritten** an der Drohung usw. beteiligt hat. Jedoch dürfte nicht der Fall erfaßt sein, daß ein **Rechtsnachfolger** des Genehmigungsempfängers nur um die rechtsmißbräuchliche Erlangung der Genehmigung durch den Vorgänger weiß (Paetzold NStZ 96, 173; and. Jünemann aaO 125 ff., 168, Otto Jura 95, 140, Rogall GA 95, 318, Weber Hirsch-FS 803), denn von der Übernahme der in § 48 II Nr. 3 VwVfG enthaltenen Fallgruppe schlichter Kenntnis der Rechtswidrigkeit als Rechtsmißbrauch 39 begründenden Sachverhalt hat der Gesetzgeber gerade abgesehen. Da schon verwaltungsrechtlich der Ausschluß des Vertrauensschutzes gem. § 48 II S. 3 VwVfG nicht statthaft ist, wenn der Begünstigte erst nachträglich Kenntnis von einer durch ihn nicht veranlaßten Täuschung usw. erlangt hat (vgl. Kopp, VwVfG, § 48 RN 67, Stelkens/Bonk/Leonhardt, VwVfG, § 48 RN 107, 110, 114), und auch nach zivilrechtlichen Grundsätzen Rechtsmißbrauch ein dem Rechtsinhaber zurechenbares Vorverhalten voraussetzt (MünchKomm/Roth 3. A. 1994, § 242 BGB RN 257), ist für eine derartige Zurechnung von Drittverschulden im Strafrecht ohne besondere Rechtspflicht kein Raum.

40   5. Zur Frage der Anwendbarkeit auf **ausländische Hoheitsakte** vgl. Dannecker/Streinz, in Rengeling aaO [vor § 324] 165, Jünemann aaO 160 f., u. o. § 326 RN 12 e. S. auch BGH **39** 5. – De lege ferenda s. Jünemann aaO 186, der – ausländischen Vorbildern folgend – die unredliche Genehmigungsherbeiführung als solche in einem neuen § 329 a unter Strafe stellen will.

Dreißigster Abschnitt. Straftaten im Amt

Vorbemerkungen zu den §§ 331 ff.

*Schrifttum: Bohne,*Amtsdelikte, in: Handwörterbuch der Rechtswissenschaft Bd. I (1926) 126. – *Cortes-Rosa,* Teilnahme am unechten Sonderverbrechen, ZStW 90, 413. – *Geppert,* Amtsdelikte, Jura 81, 42, 78. – *Langer,*Das Sonderverbrechen, 1972. – *Maiwald,* Die Amtsdelikte, JuS 77, 353. – *Stock,* Entwicklung und Wesen der Amtsverbrechen, 1932. – *Wachinger,* Birkmeyer ua, Die Verbrechen im Amt, VDB IX, 193. – *Wagner,* Amtsverbrechen, 1975. – *ders.,* Die Rechtsprechung zu den Straftaten im Amt seit 1975, JZ 87, 594, 658. – *Welzel,* Der Irrtum über die Amtspflicht, JZ 52, 208. Vgl. auch die Angaben bei den einzelnen Vorschriften.

1   I. Der 30. (bis zum Gesetz v. 13. 8. 1997 [BGBl. I 2038] der 29. Abschnitt, der die Überschrift „Straftaten im Amt" behalten hat, enthält die wichtigsten (echten und unechten) Sonderdelikte für Amtsträger usw., die durch eine Verletzung des Treueverhältnisses zum Staat oder des Vertrauens der Öffentlichkeit in die Integrität des Beamtenapparates gekennzeichnet sind, ist aber insofern nicht vollständig, als es auch außerhalb dieses Abschnitts Amtsdelikte gibt (zB §§ 120 II, 133 III, 258 a). Der Unrechtsgehalt der Amtsdelikte besteht damit in dem Verstoß gegen die **Ordnungsgemäßheit** der **Amtsführung** und in der Beeinträchtigung des Staatsinteresses an dem Erscheinungsbild eines rechtsstaatlichen Verwaltungsapparates. Darüber hinaus läßt sich ein **einheitliches Rechtsgut** der Amtsdelikte **nicht bestimmen;** denn in den einzelnen Tatbeständen tritt wechselnd einmal der eine, ein anderes Mal der andere Gesichtspunkt stärker in den Vordergrund (vgl. Jescheck LK 8; Blei II 455 f., Rudolphi SK 7, Stock aaO 342, M-Maiwald II 264). Neben den Amtsdelikten sind wegen des Sachzusammenhangs in diesem Abschnitt Tatbestände geregelt, deren Verwirklichung nicht die Eigenschaft als Amtsträger usw. voraussetzt, wie zB die Vorteilsgewährung und Bestechung (§§ 333, 334), die Gebührenüberhebung (§ 352), soweit sie durch Anwälte oder Rechtsbeistände begangen wird, der Parteiverrat (§ 356), die unbefugte Weitergabe geheimer Gegenstände oder Nachrichten (§ 353 b II) oder die verbotene Mitteilung über Gerichtsverhandlungen (§ 353 d). Die Bestechungsdelikte sind durch das KorrBG vom 13. 8. 1997 (BGBl. I 2038) erheblich geändert und verschärft worden (vgl. § 331 RN 1); außerdem ist deren Anwendungsbereich außerhalb des StGB durch das EG-FinanzschutzG vom 10. 9. 1998 (BGBl. II 2322) und das Gesetz zur Bekämpfung internationaler Bestechung vom 10. 9. 1998 (BGBl. II 2327) auf Bestechungen mit ausländischem Bezug erweitert worden (vgl. § 331 RN 3). § 340 wurde durch das 6. StrRG verschärft.

2   1. Erforderlich und genügend ist es, daß der Täter die Eigenschaft als **Amtsträger** usw. zur **Zeit der Tat** innehat. Scheidet der Täter nach der Tat aus, so ist er trotzdem zu bestrafen (RG **41** 6). Eine Handlung, die ein Amtsträger usw. erst nach seinem Ausscheiden aus dem Amt begeht, ist auch dann kein Amtsdelikt, wenn sie in Beziehung zu dem früheren Amte steht (RG **35** 75; vgl. auch BGH **11** 345); dies gilt allerdings nicht, wenn sich aus dem Tatbestand unmittelbar ergibt, daß auch Handlungen nach einem Ausscheiden aus dem Amt bestraft werden sollen (vgl. § 353 b RN 10).

3   2. Eine Straftat im Amt setzt voraus, daß sie von dem **Inhaber** eines **inländischen Amtes** begangen wird. Unerheblich ist dabei, ob der Täter selbst Inländer oder Ausländer ist. Der Verwalter eines ausländischen Amtes kann sich nicht wegen einer Straftat im Amt schuldig machen; für ihn kommt ggf. nur der dem Amtsdelikt zugrunde liegende Grundtatbestand in Betracht. Für Bestechungsfälle mit Auslandsbezug vgl. jedoch § 331 RN 3.

4   3. Der Täter muß von einer **nach öffentlichem Recht zuständigen Stelle** zu seiner Tätigkeit **bestellt** worden sein (OGH **2** 370, Schleswig SchlHA **49**, 297). Auf die Aushändigung einer Ernennungs- oder Anstellungsurkunde kommt es nicht an (BGH NJW **52**, 191). Es genügt nicht, daß der Täter rein tatsächlich Funktionen ausübt, die staatliche Hoheitstätigkeit sein würden, sich also diese Aufgabe lediglich anmaßt. Das Urteil muß erkennen lassen, welche zuständige Behörde den Täter angestellt hat (BGH LM **Nr. 1**). Der durch privatrechtlichen Vertrag in die Vorbereitung einer öffentlichen Ausschreibung zur Vergabe von Werkleistungen durch eine Gebietskörperschaft eingeschaltete freiberufliche Prüf- und Planungsingenieur ist kein Amtsträger, wenn kein besonderer

öffentlich-rechtlicher Bestellungsakt vorliegt. Die Bestellung muß den Betroffenen entweder zu einer über den einzelnen Auftrag hinausgehenden längerfristigen Tätigkeit oder zu einer organisatorischen Eingliederung in die Behördenstruktur führen (BGH **43** 96).

4. Bestritten ist, ob jemand ein Amtsdelikt begehen kann, wenn seine **Anstellung** als Amtsträger **nichtig** oder vernichtbar ist, zB weil sie aufgrund einer Täuschung erfolgte (vgl. §§ 11 ff. BBG, 8 BRRG). Verneint hat dies das RG **22** 39 (Nichtigkeit der Anstellung eines Kommunalbeamten bei Fehlen der staatlichen Bestätigung), dagegen bejahen mit Recht die Amtsträgerschaft iSd Strafrechts auch bei nichtiger oder fehlerhafter Anstellung RG **50** 19, Braunschweig NdsRpfl. **50**, 127, Jescheck LK 6, M-Schroeder II 182, W. Jellinek, Der fehlerhafte Staatsakt (1908) 85. Das Fehlen der Amtsträgereigenschaft wurde daraus hergeleitet, daß die Nichtigkeit im Innenverhältnis zwischen dem Amtsträger und dem Staat ex tunc wirkt. Diese Begründung beachtet nicht genügend die Möglichkeit strafrechtlicher Eigenbegriffsbildung. Für die Amtsträgerschaft iSd Strafrechts kommt es in erster Linie nicht auf das Innenverhältnis an; entscheidend ist vielmehr das Außenverhältnis, da die erhöhte Strafwürdigkeit des Amtsträgers im Mißbrauch der ihm übertragenen Amtsgewalt nach außen liegt. Solange bei Nichtigkeit der Anstellung die weitere Führung der Dienstgeschäfte nicht verboten worden ist, sind die Amtshandlungen gültig (vgl. § 14 BBG) und müssen somit gegen Mißbrauch dem erhöhten strafrechtlichen Schutz unterliegen. Es muß daher jede tatsächliche Ausübung eines übertragenen Amtes, das noch nicht wieder entzogen worden ist, als Voraussetzung für die Amtsträgereigenschaft genügen. Infolgedessen kommt hier auch eine Bestrafung wegen Amtsanmaßung nicht in Betracht. Die gleichen Grundsätze müssen dann gelten, wenn es sich um Straftaten gegen Amtsträger handelt, da auch insoweit die Staatsautorität Respekt erheischt.

II. Bei den Straftaten dieses Abschnitts ist zwischen den **echten** und den **unechten Amtsdelikten** zu unterscheiden, die sich als besondere Fälle der echten oder unechten Sonderdelikte darstellen.

1. Echte Amtsdelikte sind solche, bei denen nur ein Amtsträger usw. Täter sein kann (zB §§ 331, 332, 344, 345, 348). Dabei spielt es keine Rolle, ob dieser die Tat selbst oder in mittelbarer Täterschaft durch einen anderen ausführen läßt. Die Eigenschaft als Amtsträger usw. ist hier strafbegründendes besonderes persönliches Merkmal iSd § 28 I; beteiligt sich ein Extraneus (Anstiftung oder Beihilfe) an der Tat eines Amtsträgers usw., so ist er nach dieser Vorschrift milder zu bestrafen. Vgl. § 28 RN 28.

2. Unechte Straftaten im Amt sind solche, die auch von anderen Tätern begangen werden können, die jedoch für den Amtsträger usw. eine Qualifizierung darstellen. Maßgebend für die Strafschärfung bei den unechten Amtsdelikten ist einmal die Verletzung der erhöhten Verpflichtung des Täters aus dem öffentlich-rechtlichen Dienst- und Treueverhältnis, zum anderen der Mißbrauch des Amtes als Mittel der Verbrechensbegehung, der darin liegt, daß die Staatsgewalt zum Mittel des Verbrechens entwürdigt wird. Die früheren Fälle, in denen es zweifelhaft war, ob ein echtes oder unechtes Amtsdelikt vorliegt, sind durch die Neufassung der Vorschriften der §§ 331 ff. durch das EGStGB 74 weitgehend geklärt worden. Die Eigenschaft als Amtsträger ist bei den unechten Straftaten im Amt ein strafhöhendes besonderes persönliches Merkmal, so daß § 28 II zur Anwendung kommt (Lackner/Kühl § 28 RN 1, Samson SK § 28 RN 6 a, b, vgl. auch § 28 RN 13; and. Cortes Rosa ZStW 90, 413, Roxin LK § 28 RN 4 f., Rudolphi SK 5 vor § 331).

3. Weiterhin ist zu unterscheiden zwischen **allgemeinen** und **besonderen Amtsdelikten** (Tröndle/Fischer 6, Jescheck LK 13), wobei jene durch jeden Amtsträger, diese aber nur durch einen solchen in der vom Gesetz genannten Stellung (zB §§ 339, 343) begangen werden können. Die spezielle Amtsstellung bei den besonderen Amtsdelikten ist ein besonderes persönliches Merkmal iSv § 28 I, weshalb sich die Teilnahme eines in einer sonstigen Amtsträger usw., der nicht die besondere Amtsstellung innehat, nach dieser Vorschrift regelt.

4. Die Einteilung Wagners (vgl. die Übersicht aaO 236) in „Staatszurechnungsdelikte" (zB §§ 336 aF [zum Nachteil einer Partei], 340, 343, 344 f., 353, 355), „individualrechtsgutsverletzende Nichtstaatszurechnungsdelikte" (zB §§ 331 [Fordern], 339 [begangen durch Schiedsrichter], 352) und reine „Nichtstaatszurechnungsdelikte" (§§ 331 [Sichversprechenlassen, Annehmen], 339 [zum Vorteil einer Partei], 258 a, 348, 353 a f.) bringt für die Auslegung der einzelnen Vorschriften nichts entscheidend Neues (Jescheck LK 9). Auch die aus dieser Unterscheidung gezogenen Konsequenzen für Tatbestandsmäßigkeit, Rechtswidrigkeit und Teilnahme an Amtsdelikten können nicht immer überzeugen. So kann nicht einleuchten, daß die irrtümliche Annahme einer Befugnis zum hoheitlichen Zwangseingriff stets einen vorsatzausschließenden Irrtum (§ 16) beim Amtsdelikt darstelle, im Rahmen der von ihm sog. „Gemeindelikttatbestände" aber uU als Verbotsirrtum anzusehen sei (aaO 321). Nicht überzeugend ist auch, daß hoheitliche Maßnahmen, soweit sie objektiv berechtigt sind, stets schon den Tatbestand eines Amtsdelikts ausschließen (aaO 323), so etwa im Bereich des § 340 (vgl. aaO 354 ff.); das gleiche gilt für die Teilnahme von Nichtbeamten am Amtsdelikt (aaO 386 ff.), weil Wagner den Extraneus wegen Teilnahme am unechten Amtsdelikt bestrafen will (aaO 398), wobei die Strafe allerdings (wegen der nach seiner Auffassung verfehlten Vorschrift des § 28 II; vgl. aaO 401 f.) dem Grundtatbestand entnommen werden soll.

§ 331 Vorteilsannahme

(1) **Ein Amtsträger oder ein für den öffentlichen Dienst besonders Verpflichteter, der für die Dienstausübung einen Vorteil für sich oder einen Dritten fordert, sich versprechen läßt oder annimmt, wird mit Freiheitsstrafe bis zu drei Jahren oder mit Geldstrafe bestraft.**

(2) **Ein Richter oder Schiedsrichter, der einen Vorteil für sich oder einen Dritten als Gegenleistung dafür fordert, sich versprechen läßt oder annimmt, daß er eine richterliche Handlung vorgenommen hat oder künftig vornehme, wird mit Freiheitsstrafe bis zu fünf Jahren oder mit Geldstrafe bestraft. Der Versuch ist strafbar.**

(3) **Die Tat ist nicht nach Absatz 1 strafbar, wenn der Täter einen nicht von ihm geforderten Vorteil sich versprechen läßt oder annimmt und die zuständige Behörde im Rahmen ihrer Befugnisse entweder die Annahme vorher genehmigt hat oder der Täter unverzüglich bei ihr Anzeige erstattet und sie die Annahme genehmigt.**

Schrifttum: Banchrowitz, Der immaterielle Vorteilsbegriff der Bestechungsdelikte des StGB, 1988. – *Baumann,* Zur Problematik der Bestechungstatbestände, BB 61, 1057. – *Bell,* Die Teilnahme Außenstehender an Bestechungsdelikten, MDR 79, 719. – *Bottke,* Korruption u. Kriminalrecht in der Bundesrepublik Deutschland, ZRP 98, 215. – *Braum,* Korruption im demokratischen Rechtsstaat, NJ 96, 450. – *Claussen,* Korruption im öffentl. Dienst, 1995. – *Creifelds,* Beamte u. Werbegeschenke, GA 62, 33. – *Dahs,* Differenzierungen im subjektiven Tatbestand der aktiven Bestechung, NJW 62, 177. – *Dauster,* Private Spenden zur Förderung von Forschung u. Lehre: Teleologische Entschärfung des strafrechtl. Vorteilsbegriffs nach § 331 StGB u. Rechtfertigungsfragen, NStZ 99, 63. – *Dieners,* Selbstkontrolle der Wirtschaft zur Verhinderung von Korruption, JZ 98, 181. – *Dornseifer,* Die Vorteilsgewährung (einfache aktive Bestechung) nach dem EGStGB, JZ 73, 267. – *Duttge,* „Diu rehte mâz" – auch bei der Bekämpfung der Korruption!, ZRP 97, 72. – *Ebert,* Verletzung der amtl. Schweigepflicht als Bezugshandlung der Bestechungstatbestände? GA 79, 361. – *Eser/Überhofen/Huber,* Korruptionsbekämpfung durch Strafrecht: ein rechtsvergleich. Gutachten zu den Bestechungsdelikten, 1997. – *H. Fuhrmann,* Die Annahme von sog. Aufmerksamkeiten durch Beamte, GA 59, 97. – *ders.,* Einzelfragen zu der Rspr. über den „Ermessensbeamten", GA 60, 105. – *ders.,* Berechtigung der Rspr. des RG u. des BGH zu § 332 StGB über den Ermessensbeamten, ZStW 72, 534. – *E. Fuhrmann,* Die Bestechungstatbestände, JR 60, 454. – *Geerds,* Über den Unrechtsgehalt der Bestechungsdelikte und seine Konsequenzen für Rechtsprechung und Gesetzgebung, 1961. – *ders.,* Über Änderungen und Bekämpfung krimineller Korruption, JR 96, 309. – *Goldmann,* Die behördliche Genehmigung als Rechtfertigungsgrund, 1967. – *Graupe,* Die Systematik und das Rechtsgut der Bestechungsdelikte, 1988. – *Gribl,* Der Vorteilsbegriff bei den Bestechungsdelikten, 1993 (Diss. Augsburg). – *Hardtung,* Erlaubte Vorteilsannahme, 1994 (Diss. Bochum). – *Henkel,* Die Bestechlichkeit von Ermessensbeamten, JZ 60, 507. – *Hettinger,* Das Strafrecht als Büttel?, NJW 96, 2263. – *Hetzer,* Finanzbehörden gegen Geldwäsche und organisierte Kriminalität, JR 99, 141. – *Hofmann/Zimmermann,* Steuerliche Behandlung von Schmiergeldern als Hindernis für die effiziente Korruptionsbekämpfung, ZRP 99, 49. – *Jaques,* Die Bestechungstatbestände unter besonderer Berücksichtigung des Verhältnisses der §§ 331 ff. StGB zu § 12 UWG, 1996. – *Jutzi,* Genehmigung der Vorteilsannahme bei nicht in einem öffentlich-rechtlichen Amtsverhältnis stehenden Amtsträgern, NStZ 91, 105. – *Kaiser,*-Spenden an politische Parteien und strafbare Vorteilsannahme, NJW 81, 321. – *Kerner/Rixen,* Ist Korruption ein Strafrechtsproblem?, GA 96, 355. – *Kirschbaum/Schmitz,* Grenzen der Bestechungstatbestände, GA 60, 321. – *Klug,* Psychologische Vereinfachung u. strafrechtliche Folgerungen bei der Auslegung der Bestechungstatbestände, JZ 60, 724. – *König,* Empfehlen sich Änderungen des Straf- und Strafprozeßrechts, um der Gefahr von Korruption in Staat, Wirtschaft und Gesellschaft zu begegnen?, DRiZ 96, 357. – *ders.,* Neues Strafrecht gegen die Korruption, JR 97, 397. – *Korte,* Bekämpfung der Korruption und Schutz des freien Wettbewerbs mit den Mitteln des Strafrechts, NStZ 97, 513. – *ders.,* Kampfansage an die Korruption, NJW 97, 2556. – *ders.,* Der Einsatz des Strafrechts zur Bekämpfung der internationalen Korruption, wistra 99, 81. – *Littwin,* Maßnahmen zur Bekämpfung der nationalen und internationalen Korruption, ZRP 96, 308. – *Loos,* Zum Rechtsgut der Bestechungsdelikte, Welzel-FS 879. – *Lüderssen,* Antikorruptions-Gesetz und Drittmittelforschung, JZ 97, 112. – *Maiwald,* Belohnung für eine vorgetäuschte pflichtwidrige Diensthandlung, NJW 81, 2777. – *Merges,* Die Strafausschließungsgründe der Bestechungsdelikte, 1996. – *Möhrenschlager,* Strafrechtliche Vorhaben zur Bekämpfung der Korruption auf nationaler und internationaler Ebene, JR 96, 822. – *Niederreuther,* Der strafrechtliche Schutz gegen Bestechung, DJ 40, 352. – *Ostendorf,* Bekämpfung der Korruption als rechtliches Problem oder zunächst moralisches Problem?, NJW 99, 615. – *Pelke,* Die strafrechtliche Bestimmung der Merkmale „Übel" und „Vorteil": Zur Abgrenzung der Nötigungsdelikte von den Bestechungsdelikten und dem Wucher, 1989. – *Pfeiffer,* Von der Freiheit der klinischen Forschung zum strafrechtlichen Unrecht?, NJW 97, 782. – *Ransiek,* Strafrecht und Korruption, StV 96, 446. – *Richter,* Lobbyismus und Abgeordnetenbestechung. Legitimität und Grenzen der Einflußnahme von Lobbyisten auf Abgeordnete, 1997. – *Roxin/Stree/Zipf/Jung,* Einführung in das neue Strafrecht, 1974. – *Rudolphi,* Spenden an politische Parteien als Bestechungsstraftaten, NJW 82, 1417. – *Schaefer,* Vorbildfunktion, NJW 96, 2489. – *Schaupensteiner,* Gesamtkonzept zur Eindämmung der Korruption, NStZ 96, 409. – *Scheu,* Parteispenden und Vorteilsannahme, NJW 81, 1195. – *Eberhard Schmidt,* Die Bestechungstatbestände in der höchstrichterlichen Rechtsprechung von 1879 bis 1959, 1960. – *Schmidt-Leichner,* Die Bestechungstatbestände in der höchstrichterlichen Rechtsprechung von 1879–1959, NJW 60, 846. – *Rudolf Schmitt,* Die Bestechungstatbestände im Entwurf 1960, ZStW 73, 414. – *Schröder,* Das Rechtsgut der Bestechungsdelikte und die Bestechlichkeit eines Ermessensbeamten, GA 61, 289. – *Schwieger,* Der Vorteilsbegriff in den Bestechungsdelikten des StGB, 1996. – *Stein,* Der Streit um die Grenzen der Bestechungsdelikte und die Bestechlichkeit eines Ermessensbeamten, NJW 61, 433. – *Überhofen,* Korruption und Bestechungsdelikte im staatlichen Bereich, 1999. – *Wagner,* Amtsverbrechen, 1975. – *ders.,* Die Rechtsprechung zu den Straftaten im Amt seit 1975, JZ 87, 594,

658. – *Walter*, Medizinische Forschung mit Drittmitteln – lebenswichtig oder kriminell?, ZRP 99, 292. – *Zieschang*, Das EU-Bestechungsgesetz und das Gesetz zur Bekämpfung internationaler Bestechung, NJW 99, 105.

Vorbem.: Neugefaßt durch das KorrBG vom 13. 8. 1997, BGBl. I 2038.

I. Die Bestechungstatbestände sind seit 1974 laufend verschärft worden und haben folgende **Entwicklung** durchlaufen: 1

1. Die Bestechungstatbestände sind in ihrem **Kernbereich** grundlegend durch das **EGStGB 74** 1 a neu gefaßt worden, wobei dies in enger Anlehnung an die §§ 260 ff. Entw. 62 geschah. Seit der damaligen Neufassung regelten die §§ 331 und 332 die Strafbarkeit des Vorteilsnehmers, während die §§ 333 und 334 die Strafbarkeit des Vorteilsgebers erfaßten. Auf Seite der passiven Bestechung erfaßte § 331 die Vorteilsannahme für eine Diensthandlung, während § 332 die Vorteilsannahme für eine pflichtwidrige Diensthandlung unter Strafe stellte. Diesen Vorschriften entsprachen §§ 333 und 334, die allerdings nur teilweise korrespondierend zu der passiven Bestechung hinsichtlich der aktiven zwischen der Vorteilsgewährung für zukünftige und schon begangene bzw. in der Zukunft liegende pflichtwidrige Diensthandlungen differenzierten. Eine Ausdehnung der Strafbarkeit lag auch in § 333, der die Vorteilsgewährung für zukünftige Ermessenshandlungen ohne Rücksicht darauf unter Strafe stellte, ob der Vorteilsgeber eine pflichtwidrige Ermessensausübung versprach oder nicht. Diese Vorschrift war als Auffangtatbestand zu § 334 aufzufassen (vgl. § 333 RN 1). Zur Reform der Bestechungstatbestände vgl. die Tagungsberichte zum 61. DJT im JZ **97**, 135, NJW **96**, 2995, NJW **96**, 2989, sowie Schaefer NJW 96, 2489, Korte NJW 97, 2556, Duttge ZRP 97, 72, Dieners JZ 98, 181, Hetzer JR 99, 141, Wolters, JuS 98, 1100, Hofmann/Zimmermann, ZRP 99, 49.

Durch das Gesetz zur **Bekämpfung der Korruption** vom 13. 8. 97 (BGBl. I 2038), das am 20. 8. 1 b 97 in Kraft getreten ist, sind die Straftatbestände des §§ 331 ff. erweitert worden; sie stellen die strengeren Vorschriften iSv § 2 III dar (KG NJW **98**, 1877). Bemerkenswert ist zunächst, daß in allen Straftatbeständen der §§ 331 bis 334 nunmehr auch der Fall unter Strafe gestellt ist, daß der Amtsträger den Vorteil nicht für sich, sondern für einen Dritten erstrebt, bzw. der Vorteil einem Dritten angeboten oder zugänglich gemacht wird. Diese Regelung war notwendig geworden, weil es die Rechtsprechung abgelehnt hatte, auch altruistische Taten der Amtsträger als passive Bestechung zu erfassen (so BGH **35** 133; für das alte Recht bereits so. Rudolphi NJW 82, 1417), mit der jetzigen Fassung werden allerdings auch Fälle erfaßt, die nicht als strafwürdig erscheinen (vgl. u. 53 a). Weiterhin muß der Vorteil nicht mehr als Gegenleistung für eine bestimmte Diensthandlung gefordert werden usw.; es genügt vielmehr, daß er ganz allgemein für Dienstausübungen erstrebt oder gewährt wird. Schließlich ist § 333 dahin erweitert worden, daß er korrespondierend zu § 331 alle den verschiedenen Formen der Vorteilsannahme entsprechenden Formen der Vorteilsgewährung unter Strafe stellt (vgl. dazu § 333 RN 1). Weiterhin sind die Strafen für alle Taten nach §§ 331–334 verschärft und für Delikte nach § 332 und § 334 Vermögensstrafe und erweiterter Verfall vorgesehen worden (§ 338). Zur Reform vgl. Braum NJ 96, 450; Fätkinhäuser Kriminalistik 95, 285; Geerds JR 96, 309; Hettinger NJW 96, 2263; Kerner/Rixen GA 96, 355; König DRiZ 96, 357; Littwin ZRP 96, 308; Möhrenschlager JZ 96, 822; Ransiek StV 96, 446; Schaupensteiner NStZ 96, 407; Kriminalistik 96, 237.

Für die Anwendbarkeit der Tatbestände auf **Bestechungsfälle mit Auslandsbezug** (grundlegend 1 c zu dieser Problematik Korte wistra 99, 81) gilt folgendes: Am 26. 7. 95 ist von den **Mitgliedstaaten** der EU das Übereinkommen über den Schutz der finanziellen Interessen der Europäischen Gemeinschaften unterzeichnet worden (vgl. dazu Dannecker ZStW 108, 577; JZ 96, 869; Zieschang EuZW 97, 78, vgl. BR-Drs. 557/98, 267/98). Dieses Übereinkommen ist durch zwei Protokolle ergänzt worden, von denen das erste Protokoll vom 27. 9. 96 nunmehr durch das EU-BestechungsG vom 10. 9. 98 (BGBl. II 2340) in deutsches Recht umgesetzt worden ist. Durch dieses EU-BestechungsG wird die Anwendbarkeit der §§ 332, 334 bis 336, 338 nunmehr auch bezogen auf künftige richterliche Handlungen oder Diensthandlungen eines anderen EU-Mitgliedstaates oder Mitglieder eines Gerichts der EG, Gemeinschaftsbeamte und Mitglieder der Kommission sowie des Rechnungshofs der EG und Amtsträger eines anderen Mitgliedstaates der EU, soweit deren Stellung der eines Amtsträgers im Sinne des § 11 I Nr. 2 entspricht. Die Ausdehnung der Tatbestände auf den erwähnten Personenkreis erfolgt unabhängig davon, ob durch die Tat die finanziellen Interessen der EG geschädigt werden können. Allerdings gelten die §§ 332, 334 bis 336 für Auslandstaten nur, wenn der Täter zur Zeit der Tat Deutscher ist oder zwar Ausländer ist, aber Amtsträger im Sinne des § 11 I Nr. 2 oder als Gemeinschaftsbeamter einer Einrichtung mit Sitz in Deutschland angehört. Zudem gelten die genannten Strafbestimmungen für Auslandtaten, wenn die Tat gegenüber einem Richter, einem sonstigen Amtsträger oder einer über Art. 2 § 1 I EU-Bestechungsgesetz gleichgestellten Person begangen wird, soweit diese Deutsche sind.

Dieses EU-Bestechungsgesetz wird ergänzt durch das Gesetz zur Bekämpfung **internationaler** 1 d **Bestechung** (IntBestG) v. 10. 9. 98 (vgl. BGBl. II 2327), das zu dem Übereinkommen der OECD vom 17. 12. 97 verabschiedet wurde. Zu den Auswirkungen dieses Gesetzes vgl. Zieschang NJW **99**, 105. Im wesentlichen gilt folgendes: In Art. 2 § 1 IntBestG ist bestimmt, daß die (aktive) Bestechung gemäß § 334 – soweit sie auf eine zukünftige richterliche Handlung oder Diensthandlung bezogen ist und begangen wird, um sich oder einem Dritten einen Auftrag oder unbilligen Vorteil im internationalen Geschäftsverkehr zu verschaffen oder zu sichern – auf Richter, Amtsträger und Soldaten eines

Cramer

ausländischen Staates oder einer internationalen Organisation ausgeweitet wird. Aufgrund des weit gefaßten Amtsträgerbegriffs in Art. 1 IV a des Übereinkommens schafft das Gesetz zur Bekämpfung internationaler Bestechung zudem einen neuen Tatbestand „Bestechung ausländischer Abgeordneter im Zusammenhang mit internationalem geschäftlichen Verkehr" (Art. 2 § 2 IntBestG): Danach macht sich strafbar, wer in der Absicht, sich oder einem Dritten einen Auftrag oder unbilligen Vorteil im internationalen geschäftlichen Verkehr zu verschaffen oder zu sichern, einem Abgeordneten eines ausländischen Gesetzgebungsorgans oder einer parlamentarischen Versammlung einer internationalen Organisation einen Vorteil für diesen oder einen Dritten als Gegenleistung dafür anbietet, verspricht oder gewährt, daß er eine mit seinem Mandat oder seinen Aufgaben zusammenhängende Handlung oder Unterlassung künftig vornehme. Auch der Versuch ist strafbar (vgl. dazu BT-Drs. 13/10 973 S. 4. Das IntBestG ist am 15. 2. 1999 in Kraft getreten (BGBl. II 87). Aus den Gesetzesmaterialien vgl. BT-Drs. 13/6424 S. 8, S. 13, BT-Drs. 13/10 424 S. 6, BT-Drs. 13/10 970 S. 4, BT-Drs. 13/10 428 S. 6, BT-Drs. 13/10 973 S. 4.

1 e   II. Streitig ist die Frage, welches **Rechtsgut** durch § 331 geschützt ist (zum Stand der Meinungen vgl. Geerds aaO 43, Loos Welzel-FS 879 ff., Rudolphi SK 2 ff., Ebert GA **79**, 370, Graupe aaO 76 ff., W-Hettinger II/1 1106), von deren Beantwortung jedoch die Auslegung dieser und der folgenden Vorschriften entscheidend abhängt.

2   1. Geschützt wird nicht die „Unentgeltlichkeit der Amtsführung", da ein erheblicher Teil von Dienst- oder richterlichen Handlungen nur gegen Gebühr vorgenommen wird (Schröder GA 61, 289; and. Birkmeyer VDB IX, 311, Bohne SJZ 48, 697, ferner für § 331 Henkel JZ 60, 508, Baumann BB 61, 1058); dies zeigt vor allem der Fall des Schiedsrichters, der von den Parteien einen persönlichen Vorteil erlangt (vgl. auch § 335 a RN 2). Ebensowenig ist das Rechtsgut mit dem Begriff der „Reinhaltung der Amtsausübung" (vgl. zB RG **72** 176, BGH **10** 241) hinreichend gekennzeichnet, da dies den spezifischen Unrechtsgehalt der Tatbestände der §§ 331 ff. gegenüber den sonstigen Amtsdelikten nicht erfaßt (Henkel JZ 60, 508, Schröder GA 61, 290). Die §§ 331 ff. richten sich aber auch nicht gegen die „Verfälschung des Staatswillens", die in der unlauteren Beeinflussung des Amtsträgers liegen müßte; mit dieser Auffassung wäre die Existenz des § 331, 333 ebenso unvereinbar wie die Tatsache, daß auch die nachträgliche Annahme von Vorteilen, die auf die Diensthandlung des Amtsträgers usw., der eine solche Entlohnung nicht von vornherein ins Auge gefaßt hat, keinen Einfluß mehr haben kann, nach §§ 331 ff. strafbar ist (Schröder GA 61, 290, vgl. auch BGH **15** 97). Nach Wagner aaO 233 ff. soll das Rechtsgut je nach der Handlungsmodalität bestimmt werden; beim Fordern liege ein Angriff auf das „Grundrecht der persönlichen Handlungsfreiheit (Art. 2 I GG) vor", während beim Sichversprechenlassen und Annehmen zwar keine Individualrechtsgutsverletzung vorliege (aaO 324), wohl aber ein „Verstoß gegen den Grundsatz, daß Amtshandlungen nur mit gesetzlich vorgesehenen Leistungen des Bürgers entgolten werden dürfen" (aaO 334; and. jedoch 271, wo gesagt wird, das Rechtsgut des § 331 sei mit dem des § 352 identisch). Dies alles ist widersprüchlich. Einerseits ließe sich die gleiche Rechtsfolge des § 331 für die nach Wagner aaO 271 ff. ungleichwertigen Handlungen nicht erklären; andererseits schützt § 331 nicht das Vermögen wie § 352 (vgl. u. 19).

3   2. Gemeinsamer **Unrechtskern** aller Bestechungstatbestände ist vielmehr die aus der verbotenen Beziehung zwischen Bestecher und Bestochenem sich ergebende **generelle Gefährdung des Staatsapparates,** dessen Ansehen durch die Annahme von Geschenken für eine Dienstausübung beeinträchtigt ist, da dadurch das Vertrauen der Allgemeinheit in die Sachlichkeit staatlicher Entscheidungen leidet (BGH **15** 96 f., 354, NJW **87**, 1342, Jescheck LK 17 vor § 331, M-Maiwald II 263 f., H. Fuhrmann ZStW **72**, 534, Schröder GA 61, 291, St. Cramer WiB 96, 107; vgl. auch RG **39** 201, DStR **34**, 346; krit. Loos aaO, Rudolphi SK 2 ff.). Dieses Vertrauen ist ein Wert, der jede Staatstätigkeit trägt und garantiert. Dies ist der gemeinsame Grundgedanke der §§ 331, 332, so daß § 332 lediglich als erschwerter Fall anzusehen ist (insoweit ebenso Geerds aaO 54, Rudolphi SK 5, Jescheck LK 16 vor § 331; and. Baldus LK[9] 21 ff. vor § 331); erschwert deswegen, weil hier in der Beziehung zwischen (pflichtwidriger) Amtshandlung und Geschenkannahme eine verstärkte Erschütterung des Vertrauens der Öffentlichkeit in die staatliche Tätigkeit begründet liegt (Rudolphi SK § 332 RN 1, Schröder GA 61, 291, Stein NJW 61, 436; and. RG DR **43**, 757, BGH **12** 147, Baumann BB 61, 1057, Eb. Schmidt aaO 114, 147, Henkel JZ 60, 509, Bockelmann ZStW **72**, 257: Selbständigkeit von § 331 und § 332). Mit Recht haben BGH **15** 97, 242, 355, NStZ **84**, 24, StV **94**, 243, BGHR § 332 I 1 Unrechtsvereinbarung **4** in den Mittelpunkt der Bestechungstatbestände die **„Unrechtsvereinbarung"** gestellt (vgl. schon Binding Lehrb. II 2, 715, ebenso Jescheck LK 17 vor § 331), durch die Bestochener und Bestecher erklären, für amtliche Tätigkeit Vorteile zu geben und zu nehmen (Frankfurt NJW **89**, 847). Als Entgelt für eine bestimmte Amtshandlung muß der Vorteil bei Abs. 1 allerdings nicht vorgesehen sein, schon gar nicht im Sinne eines do ut des.

4   Dabei ist freilich hervorzuheben, daß eine „Vereinbarung" i. e. S. nicht verlangt werden kann, da entscheidend nicht die beiden korrespondierenden Erklärungen, sondern die Tatsache ist, daß der Beamte seine Bestechlichkeit erklärt oder der Bestecher ihn dazu auffordert; entscheidend ist daher der Inhalt der einseitigen Erklärung. Das ist für das Fordern in §§ 331, 332 und das Anbieten in §§ 333, 334 unbestreitbar und unbestritten. Es muß aber auch für die übrigen Formen der Bestechung gelten, also zB beim Annehmen von Vorteilen ausreichen, daß der Beamte seine eigene Bestechlichkeit in der Annahme erklärt, der aktive Bestecher sei von dem Zusammenhang unterrichtet. Ein „Dissens" kann daher die Tatbestände der §§ 331 ff. nicht ausschließen (and. die hM vgl. u. 26 ff.).

3. Aus dieser Entscheidung ergeben sich verschiedene Konsequenzen. Einmal war bis BGH **40** 138 **5**
wegen der grundsätzlichen **Gleichartigkeit der Tatbestände** Fortsetzungszusammenhang zwischen
den §§ 331, 332 einerseits (BGH NStZ **84**, 24, wistra **83**, 258, NJW **87**, 509; and. BGH **12** 146,
Baumann BB 61, 1058, Arthur Kaufmann JZ 59, 375, Eb. Schmidt aaO 147 ff.), andererseits aber
auch zwischen den §§ 333, 334 möglich (ebenso Rudolphi SK 5). Daraus ergibt sich ferner, daß ein
Amtsträger, der sich durch denselben Vorteil für eine pflichtwidrige und pflichtgemäße Handlung
bezahlen läßt, nur nach § 332 zu bestrafen ist (Tröndle/Fischer 36, Rudolphi SK 5), während bei der
von der Rspr. angenommenen Verschiedenheit der beiden Tatbestände Idealkonkurrenz anzunehmen
wäre. Weiterhin ist es nur bei dieser Auffassung denkbar, den bestechlichen Amtsträger nach § 331 zu
bestrafen, wenn ihm das Bewußtsein der Pflichtwidrigkeit der Amtshandlung gefehlt hat oder nicht
nachgewiesen werden kann (Blei II 459, Jescheck LK § 332 RN 10, Rudolphi SK 5; nicht folgerichtig, aber iE zutreffend daher RG **56** 401; and. Eb. Schmidt aaO 114, nach dem hier nur eine
dienststrafrechtliche Ahndung möglich sein soll). Schließlich ist der innere Vorbehalt des Amtsträgers,
die angesonnene und angebotene Pflichtwidrigkeit nicht zu begehen, unerheblich (vgl. BGH **15** 88,
Jescheck LK 17 vor § 331).

III. Der **objektive Tatbestand** nach **Abs. 1** erfordert, daß ein Amtsträger (§ 11 I Nr. 2, § 48 **6**
WStG) oder für den öffentlichen Dienst besonders Verpflichteter (§ 11 I Nr. 4) für seine Dienstaus-
übung für sich oder einen Dritten einen Vorteil fordert, sich versprechen läßt oder annimmt. Zum
Amtsträger vgl. § 11 RN 14 ff. Zu den für den öffentl. Dienst besonders Verpflichteten vgl. § 11
RN 34 ff. In **Abs. 2** wird die Vorteilsannahme usw. als Gegenleistung für eine richterliche Handlung
durch einen Richter (§ 11 I Nr. 3) oder Schiedsrichter (§§ 1025 ff. ZPO, 101–110 ArbGG) erfaßt.

1. Die Tat nach **Abs. 1** muß sich auf die **Dienstausübung** beziehen. Anders als nach bisherigem **7**
Recht ist nicht erforderlich, daß der Täter den Vorteil als Gegenleistung für die Diensthandlung
fordert usw. Dies bedeutet, daß als Gegenstand der Unrechtsvereinbarung nicht mehr eine bestimmte,
bereits vorgenommene oder künftige Diensthandlung ins Auge gefaßt sein muß (vgl. BGH wistra **99**,
224). Erfaßt werden nach Abs. 1 jetzt auch solche Zuwendungen, die in dem Bewußtsein vorgenommen werden, daß der Amtsträger hierfür irgendeine dienstliche Tätigkeit vorgenommen hat oder
künftig vornehmen werde (Rudolphi SK 9). Der Gesetzgeber beabsichtigte damit, jede Vorteilsannahme „im Zusammenhang" mit dem Amt unter Strafe zu stellen (BT-Drs. 10/3353 S. 5, 11). Es muß
sich jedoch stets um dienstliche Tätigkeiten handeln, weshalb Wolters JuS 98, 1105 zu Recht darauf
hinweist, daß „Anbahnungszuwendungen" regelmäßig nicht für Dienstausübungen bestimmt sind.

a) Unter Dienstausübung iSv § 331 ist jede Tätigkeit zu verstehen, die ein Amtsträger oder **8**
besonders Verpflichteter im öffentlichen Dienst zur Wahrnehmung der ihm übertragenen Aufgaben
entfaltet (RG **70**, Rudolphi SK 10). Eine Diensthandlung liegt also vor, wenn die Tätigkeit des
Amtsträgers usw. in den Bereich seiner amtlichen Funktionen fällt und von ihm vermöge seines
Amtes vorgenommen werden kann (vgl. BGH NJW **83**, 462 m. krit. Anm. Amelung/Weidemann
JuS 84, 595); vgl. auch Rudolphi SK 10, Wagner JZ 87, 598. Ohne Bedeutung ist dabei, ob die
amtliche Tätigkeit nur eine vorbereitende oder unterstützende gegenüber der ausschlaggebenden
Tätigkeit eines anderen Beamten ist (RG **68** 255, BGH NJW **57**, 1079, BGHR § 332 I 1 Un-
rechtsvereinbarung **4**; vgl. aber auch Dahs NJW 62, 180, Rudolphi SK 10) oder ob sie hoheitlichen
oder fiskalischen Charakter hat. Zu Diensthandlungen, die in einem Unterlassen bestehen, vgl. u. 13.

b) Nicht erforderlich ist, daß der Amtsträger usw. für die Bezugshandlung **sachlich** und **örtlich** **9**
zuständig ist (Blei II 459, Tröndle/Fischer 5, Jescheck LK 11, Welzel 539). Während die Rspr.
ursprünglich das Vorliegen einer Diensthandlung nach den konkreten, dem Beamten durch Gesetz
und Dienstvorschriften übertragenen dienstlichen Aufgaben bestimmte (RG **39** 197, **56** 402), lassen es
spätere Entscheidungen genügen, daß die Handlung ihrer Natur nach mit dem Aufgabenbereich in
einer nicht nur äußerlich losen Beziehung steht (RG **68** 255, BGH **14** 125, **16** 38, KG NJW **98**,
1877; vgl. auch BGH **3** 134), daß die Vornahme der Handlung dem Amtsträger durch seine Amtsstellung erleichtert wird (RG GA Bd. **69**, 401) oder daß sie zum Geschäftsbereich seiner Behörde
gehört und die Bearbeitung solcher Angelegenheiten ihrer Art nach in seinen amtlichen Tätigkeitsbereich fällt, auch wenn durch die Geschäftsverteilung gerade die fragliche Amtshandlung einem anderen
Amtsträger zugewiesen ist (vgl. RG **77** 75, eingehend Eb. Schmidt aaO 23 ff.). Dieser Rspr. kann
jedoch nur insoweit gefolgt werden, als noch eine funktionelle Verbindung mit den dem Amtsträger
unmittelbar obliegenden amtlichen Aufgaben besteht (vgl. BGH b. Eb. Schmidt aaO 39, Hamm NJW
73, 716); liegt sie vor, so kommt es auf die Zuständigkeit im übrigen oder die interne Geschäftsverteilung (BGH **16** 38) nicht an (Rudolphi SK 11), ebensowenig darauf, ob der Amtsträger die
Diensthandlung außerhalb der Dienststunden oder der Diensträume vornimmt (BGH **15** 352).

c) **Nicht** unter §§ 331 ff. fallen **Privathandlungen,** die völlig außerhalb des Aufgabenbereiches **10**
des Amtsträgers liegen. Ebensowenig genügen Handlungen, die der Amtsträger als Privatperson
vornimmt, selbst wenn das Amt Gelegenheit dazu bietet oder ihre Vornahme unter Ausnutzung im
Amt erworbener Fachkenntnisse oder unter Einsatz des amtlichen Einflusses oder Ansehens erfolgt.
Täuscht der Amtsträger nur eine Diensthandlung vor, so soll nach BGH **29** 300 (m. Anm. Geerds
JR 81, 301 u. Dölling JuS 81, 570, Maiwald NJW 81, 2777, BGH NStZ **84**, 24) § 331 nicht
vorliegen; vgl. u. 28 und § 332 RN 4. **Keine Dienstausübung** ist daher das Besorgen von Getränken
für Reisende durch einen Eisenbahnschaffner (Blei II 459), die Anfertigung einer Berufungsschrift

durch den Amtsträger eines Versorgungsamts (Karlsruhe HRR **28** Nr. 1953), das Entwerfen von Bauzeichnungen für Bauanträge durch den Amtsträger einer Baubehörde, sofern er selbst nur mit der Prüfung von Bauanträgen – jedoch nicht in dem betreffenden Fall – befaßt ist (BGH **11** 125; vgl. auch BGH **18** 59, 267), nicht zu dem Aufgabenbereich des Amtsträgers gehörende Hilfeleistungen beim Ausfüllen von Formularen (BGH GA **62**, 214) oder die Erteilung von Privatunterricht durch einen Lehrer (RG **28** 427). Auch die Vereinbarung eines Notars über eine Gebührenteilung mit einem Mandanten ist keine Amtshandlung (Stuttgart NJW **69**, 170). Solche Privathandlungen werden auch dann nicht zu Amtshandlungen, wenn sie unter Verletzung einer Amts- oder Dienstpflicht, zB ohne die erforderliche Genehmigung oder gegen ein ausdrückliches Verbot vorgenommen werden (RG **16** 42, **50** 257, BGH **18** 267, GA **62**, 214).

10 a IV. Der **objektive Tatbestand** des **Abs. 2** setzt voraus, daß ein Richter oder Schiedsrichter einen Vorteil für sich oder einen Dritten als Gegenleistung dafür fordert, sich versprechen läßt oder annimmt, daß er eine richterliche Handlung vorgenommen hat oder künftig vornehme.

10 b 1. Der Täter muß also Richter (§ 11 I Nr. 3) oder Schiedsrichter (§§ 1025 ff. ZPO, 101–110 ArbGG) sein.

11 a) **Richterliche Handlungen** sind solche, die nach den jeweils geltenden Rechtsvorschriften dem Richter zur Entscheidung zugewiesen sind, d. h. in seinen Zuständigkeitsbereich fallen. Eine weitere qualitative Differenzierung richterlicher Handlungen, etwa danach, ob es sich der Sache nach um Verwaltungshandlungen, zB die Befreiung von einem Eheverbot oder die Zulassung als Prozeßagent, oder um eine Wahrnehmung spezifisch der Dritten Gewalt obliegender Aufgaben handelt, ob nach Ermessensgrundsätzen oder nach Rechtsgrundsätzen zu entscheiden ist oder die Vornahme der Handlung in den Bereich derjenigen Pflichten fällt, die durch die richterliche Unabhängigkeit geschützt sind (so Tröndle/Fischer 24, Lackner/Kühl 12, Rudolphi SK 13 f. unter Berufung auf BT-Drs. 7/550 S. 271), ist nicht mehr möglich. Dies ergibt sich aus der gegenüber § 334 aF veränderten Konzeption des Abs. 2. Während das alte Recht als Bezugshandlung die Entscheidung in einer „Rechtssache" dem Tatbestand zugrunde legte, spricht Abs. 2 nur noch von einer „richterlichen Handlung", einem Begriff also, dem alles unterfällt, was ein Richter in dieser Eigenschaft tut. Dies ergibt sich u. a. daraus, daß etwa die im Laufe der Prozeßgeschichte wechselnde Zuständigkeitsverteilung zwischen Richter und Rechtspfleger nach ZPO oder FGG, zwischen Richter und Staatsanwalt im Vorverfahren oder Vollstreckungsverfahren der StPO nach Zweckmäßigkeitsgesichtspunkten erfolgt und keineswegs nur am Bild des durch seine Unabhängigkeit geprägten Richters orientiert ist. Folglich kommt es zu richterlichen Handlungen in allen Angelegenheiten, die von einem Gericht oder Schiedsgericht nach Rechtsgrundsätzen zu entscheiden sind. Dazu gehören auch die richterlichen Ermessensentscheidungen (zB Strafzumessung, Zubilligung von Schmerzensgeld, Hausratsverteilung nach Ehescheidung); ebenso Entscheidungen des Richters über die Aussetzung der Strafvollstreckung, selbst wenn er dabei lediglich als Organ der Justizverwaltung tätig wird (and. Schleswig HESt. **2** 349 zu § 334 aF, vgl. auch RG **71** 315). Zu den Rechtssachen gehören zB Zivil- und Strafsachen, Angelegenheiten der freiwilligen Gerichtsbarkeit, der Verwaltungs-, Arbeits-, Sozial- oder Finanzgerichtsbarkeit oder der Verfassungsgerichtsbarkeit. Es kommen nicht nur Urteile, sondern auch Beschlüsse und Verfügungen, zB Haftbefehle, in Betracht. Auch die Erteilung sicheren Geleits im Rahmen eines Strafverfahrens ist daher eine richterliche Handlung (BGH **12** 191). Ferner gehören hierher rein prozessuale Maßregeln wie Terminsverlegungen und Vertagungen. Vgl. aber Rudolphi SK 14.

12 b) Neben der Tätigkeit der staatlichen Rechtsprechungsorgane kommen auch Akte der **privatrechtlichen Schiedsgerichtsbarkeit** (Rudolphi SK 6), zB nach §§ 1025 ff. ZPO, nach §§ 101–110 ArbGG, die Schlichtungstätigkeit nach §§ 368 ff. RVO zwischen kassenärztlichen Vereinigungen und Krankenkassen oder die Tätigkeit der Sportgerichte, als Bezugshandlungen in Betracht. Da diese Arten der privaten Gerichtsbarkeit sich am Bilde des Schiedsrichters der ZPO orientieren, ist es notwendig, daß dem Schiedsrichter eine Entscheidungsbefugnis eingeräumt wird, wobei gleichgültig ist, ob diese Entscheidung endgültig oder anfechtbar ist; es genügt insoweit also eine vorläufige Bestandskraft. Folglich fällt die Tätigkeit aufgrund einer tarifvertraglich geregelten Schlichtungsvereinbarung nicht unter § 331, weil der Schlichter nur einen unverbindlichen Schlichtungsvorschlag unterbreiten kann; aus denselben Gründen gehören nicht hierher die Schiedsmänner nach den Schiedsordnungen des Landesrechts. Schwierigkeiten bereitet die Unterscheidung zwischen privaten und richterlichen Handlungen eines Schiedsrichters, da dieser nicht Amtsträger ist, dem kraft Gesetz bestimmte Zuständigkeiten zugewiesen sind. Man wird hier auf den Schiedsvertrag oder die sonstige Beauftragung oder Rechtsgrundlage abstellen müssen, wobei entscheidend ist, welche Handlungen danach sachgerecht nur auf der Grundlage der Unparteilichkeit des Schiedsrichters vorgenommen werden können. Darunter fallen nicht nur die Entscheidung selbst, sondern auch die diese vorbereitenden Handlungen, wie die Terminsbestimmung, Führung der Beweisaufnahme usw. Strafbar ist die Annahme eines Vorteils usw. durch einen Schiedsrichter allerdings nach § 335 a (vgl. dort RN 3) nur, wenn sie „hinter dem Rücken" einer Partei geschieht.

12 a c) Erforderlich ist – im Gegensatz zu Abs. 1 – daß der geforderte Vorteil usw. **als Gegenleistung** für eine bereits vorgenommene oder künftig vorzunehmende **richterliche Handlung** vorgesehen ist. Daraus ergibt sich, daß zwischen dem geforderten Vorteil usw. und der richterlichen Handlung ein synallagmatisches Verhältnis bestehen muß. Es genügt also nicht irgendeine richterliche Tätigkeit,

Vorteilsannahme　　　　　　　　　　　　　　　　　　　　　　　　　　　13–19 **§ 331**

sondern der Vorteil muß für eine bestimmte richterliche Handlung angenommen usw. werden. Die richterliche Handlung kann also schon vorgenommen sein (RG 63 369 m. Anm. Bohne JW 31, 1703; RG **77**, 76, Celle SJZ **48**, Sp. 685 m. Anm. Bohne Sp. 697) mit der Vorteilsannahme zusammenfallen oder noch bevorstehen (R **4** 555). Nimmt der Richter einen Vorteil für eine künftige Diensthandlung an, so kommt es nicht darauf an, ob er sie später tatsächlich ausführt (Tröndle/Fischer 22, Jescheck LK 14, Rudolphi SK 17 a).

d) Nach § 336 steht die **Unterlassung** der Vornahme **einer Diensthandlung** oder richterlichen 13 Handlung gleich (vgl. dort RN 1). Unerheblich ist daher, ob die Bezugshandlung in einem Tun oder Unterlassen besteht. Da der Anwendbarkeit der §§ 331, 332 die Unterscheidung zwischen pflichtgemäßen und pflichtwidrigen Handlungen zugrunde liegt, kommt für § 331 nicht jedes Untätigbleiben, sondern nur ein solches in Betracht, dessen Auswirkungen nicht rechtswidrig sind; dies ist vor allem dann der Fall, wenn sich durch die Vornahme der gebotenen Diensthandlung die Rechtslage nicht ändern würde. Wird zB ein Antrag auf Erteilung einer Baugenehmigung nicht beschieden, so ist dieses Unterlassen nur dann nicht pflichtwidrig iSv § 331, wenn die Voraussetzungen für die Erteilung der Baugenehmigung nicht gegeben waren, bei der Bescheidung der Antrag also hätte abgelehnt werden müssen; waren die Genehmigungsvoraussetzungen hingegen gegeben, so ist das Unterlassen einer Diensthandlung ebenso pflichtwidrig wie die Versagung der Genehmigung. Bei der Frage der Pflichtwidrigkeit eines Unterlassens iS der §§ 331, 332 kommt es also in Fällen dieser Art nicht darauf an, ob der Amtsträger überhaupt hätte tätig werden müssen – das ist grundsätzlich zu bejahen –, sondern darauf, ob das Ergebnis der an sich gebotenen Diensthandlung zu einer Änderung der Rechtslage geführt hätte (mißverständlich insoweit 17. A. RN 13); vgl. § 336 RN 8. Stets ist jedoch notwendig, daß eine Diensthandlung der unterlassenen Art überhaupt vorgenommen werden kann (RG DR **39**, 994, Rudolphi SK 16); wer zB Vorteile dafür annimmt, daß er während der Dienstzeit nicht raucht, kann nicht strafrechtlich belangt werden. Läßt sich ein Amtsträger dafür bezahlen, daß er eine pflichtwidrige Diensthandlung unterläßt, so ist § 331 anwendbar (Rudolphi SK 16, Welzel, 539; and. 17. A. RN 13), weil das Unterlassen des pflichtwidrigen Handelns als solches pflichtgemäß ist.

V. Die **Tathandlung** besteht darin, daß ein Amtsträger für eine Dienstausübung, ein Richter als 16 Gegenleistung für eine richterliche Handlung einen Vorteil für sich oder einen Dritten fordert, sich versprechen läßt oder annimmt.

1. Vorteil ist jede unentgeltliche Leistung materieller oder immaterieller Art, die den Täter besser 17 stellt und auf die er keinen rechtlich begründeten Anspruch hat (BGH **31** 279, **35** 133, BGHR § 332 I 1 Unrechtsvereinbarung **4**, Zweibrücken JR **82**, 381 m. Anm. Geerds, Tröndle/Fischer 11, Jescheck LK 7, Rudolphi SK 19; Wagner JZ 87, 602).

a) Wie bisher spielt allerdings der **wirtschaftliche Vorteil** die praktisch bedeutsamste Rolle. Die 18 Höhe des Vermögenswertes ist nicht entscheidend (Hamburg HESt. **2** 340, Baumann BB 61, 1059; and. Kaiser NJW 81, 321, der Geschenke bis 50,– DM nicht als Vorteil ansieht); auch kleinere Aufmerksamkeiten wie Notizbücher, Bleistifte und andere geringwertige sog. Werbeartikel gehören hierher (H. Fuhrmann GA 59, 98, Creifelds GA 62, 34, 37, Rudolphi SK 20), jedoch kann deren Annahme im Rahmen der Sozialadäquanz liegen (vgl. u. 53). Nicht entscheidend ist, daß die Zuwendung rechtlich wirksam ist (zB Überlassung gestohlener Sachen [vgl. Rudolphi SK 20]). Auch genügen Zuwendungen im Rahmen eines Freundschaftsvertrages. Nicht erforderlich ist, daß Art und Maß derselben bereits fest bestimmt sind (RG LZ **19** Sp. 269) oder daß der Zuwendende eine sein Vermögen mindernde Verfügung vornimmt (BGH LM **Nr. 1** zu § 332). Auch sog. Gefälligkeiten sind dann Geschenke oder andere Vorteile, wenn die Zuwendung als Gegenleistung oder Entgelt für die amtliche Tätigkeit anzusehen ist. Ob dies zutrifft, ist nach dem Umfang der Zuwendung, nach ihrem Wert im Zusammenhang mit der Verkehrssitte und der allgemeinen Lebenserfahrung zu entscheiden (Celle SJZ **48** Sp. 685; and. Hamburg SJZ **48** Sp. 689 m. abl. Anm. Bohne SJZ **48** Sp. 694). Zu den Vorteilen gehören auch die Stundung des Kaufpreises auf unbestimmte Zeit (vgl. BGH **16** 40), der Mitgenuß von Speisen und Getränken, es sei denn, der Beamte zahle seinen Anteil (BGH GA **67**, 154), die unentgeltliche Überlassung des Gebrauchs einer Sache (zB Leihwagen), das Zuwenden einer nur angemessen bezahlten Nebenbeschäftigung (RG **77** 78), regelmäßig auch die Gewährung eines Darlehens, gleichgültig, wie die Rückzahlungsbedingungen beschaffen sind (BGH GA **59**, 176). Hat der Täter einen Anspruch auf die Leistung, so kommt § 331 nicht in Betracht (RG **51** 87). Folglich ist die Bezahlung einer Schuld durch einen zahlungsunwilligen Schuldner kein Vorteil iSv § 331 (and. RG DR **43**, 77); macht der Täter die Vornahme der Diensthandlung von der vorherigen Begleichung der Schuld abhängig, so kommt Nötigung in Betracht (Rudolphi SK 19). Nötigt der Täter den anderen zu einer Zuwendung, auf die er keinen Anspruch hat, so verliert diese nicht die Eigenschaft eines Vorteils (Jescheck LK 10, Lackner/Kühl 7, Rudolphi SK 19; and. Bohne SJZ 48 Sp. 697); es liegt dann Idealkonkurrenz mit § 253 vor (vgl. u. 54).

b) Darüber hinaus kommen auch **Vorteile immaterieller Art** in Betracht (RG **77** 77, BGH NJW 19 **59**, 346, Krönig MDR 49, 658, Kirschbaum/Schmitz GA 60, 324 ff., Bauchrowitz aaO 145, Rudolphi SK 19; and. Binding Lehrb. 2, 720, Klug JZ 60, 724, Eb. Schmidt aaO 20, Geerds aaO 67), wie zB eine Einladung zur Jagd. Diese müssen allerdings noch einen objektiv meßbaren Inhalt aufweisen und den Täter in irgendeiner Weise besserstellen (vgl. auch Baumann BB 61, 1059, Rudolphi SK 21). Dies soll zB der Fall sein, wenn der Täter sich Karrierechancen erhält (BGH NJW **85**, 2656 m.

Anm. Marcelli NStZ 85, 500), oder die Gunst seines Vorgesetzten erringen will (RG DR **43**, 76); auch bloße Befriedigung des Ehrgeizes und der Eitelkeit soll unter diesen Voraussetzungen genügen (vgl. Hamburg HESt. **2** 344; weitergehend RG **77** 78, BGH **14** 128; dagegen Rudolphi SK 21, Kaiser NJW **81**, 322); mit Recht weist jedoch Jescheck LK 9 darauf hin, daß diese sehr weitgehende Rspr. praktisch nur in der Form von obiter dicta besteht, die hier aufgezeigten Grundsätze also nicht entscheidungserheblich waren. Nur die Duldung unzüchtiger Handlungen oder die Gewährung des Geschlechtsverkehrs waren bisher Anlaß zu einer Bestrafung nach § 331 (RG **9** 166, **64** 291, **71** 396, BGH NJW **89**, 915, BGHR Vorteil **1**, Hamm DRZ **48**, 449), eine einmalige flüchtige Zärtlichkeit (Umarmung oder Kuß) wurde dagegen ebensowenig als ausreichend angesehen (BGH NJW **59**, 1834) wie die bloße Gelegenheit zu unentgeltlichem sexuellen Kontakt mit Prostituierten (BGH NJW **89**, 915); vgl. auch Eb. Schmidt aaO 5 ff. Die bloße Vermeidung eines Übels, das angedroht worden ist, ist regelmäßig kein Vorteil iSd § 331 (RG **64** 375), wohl aber die Abwendung sonstiger Nachteile.

20 c) Nach der Neufassung der §§ 331, 332 reicht es aus, wenn der Täter den Vorteil **für sich** oder **einen Dritten** fordert, sich versprechen läßt oder annimmt. Damit werden über die Fälle der bisher sog. mittelbaren Bestechung auch solche Fälle erfaßt, in denen dem Täter kein unmittelbarer oder mittelbarer Nutzen zugeflossen ist, sondern der Vorteil von vornherein einem Dritten zugute kommen sollte. Damit soll dem angeblichen Grundsatz Rechnung getragen werden, daß auch der altruistisch handelnde Amtsträger gegen den Grundsatz von Sachlichkeit und Gesetzmäßigkeit der Verwaltung verstößt und damit das Vertrauen der Bevölkerung in die Sachlichkeit der staatlichen Entscheidungen erschüttert werden kann (Wolters JuS 98, 1105). Zur Problematik dieser Erweiterung vgl. u. 53 a ff., § 333 RN 1.

20 a Gleichwohl ist die Unterscheidung zwischen der „mittelbaren Bestechung" zugunsten des Amtsträgers und der altruistischen Bestechung zugunsten eines Dritten für die Frage der Strafzumessung von Bedeutung, weil die eigennützige Vorteilsannahme regelmäßig gravierender ist als ein altruistisches Verhalten des Amtsträgers. Bei der sog. **mittelbaren Bestechung,** besser als mittelbare Vorteilsannahme bzw. mittelbare Bestechlichkeit gekennzeichnet, genügt es, daß dem Amtsträger durch das Geschenk ein mittelbarer Nutzen zufließt. So reichen zB Geschenke an einen Angehörigen des Beamten aus (BGH NJW **59**, 346, Jescheck LK 6, Rudolphi SK 22) oder ein Vorteil, der unmittelbar nur die Dienstbelange fördert, mittelbar aber auch dem Amtsträger zugute kommt (vgl. Oldenburg NdsRpfl. **50**, 179). Allerdings muß der dem Dritten zufließende Vorteil wirtschaftlich auch beim Amtsträger in irgendeiner Form zu Buche schlagen, zB darin, daß dieser sich irgendwelche Aufwendungen erspart, mögen diese notwendig sein oder nicht (Pelzmantel an Ehefrau). Bei Vereinigungen setzt dies voraus, daß die durch den Vorteil bedachte Organisation so klein ist, daß der ihr gewährte Vorteil sich auch auf den Amtsträger als ihr Mitglied auswirkt; nach BGH ist dies eine Frage des Einzelfalles, zu dessen Beurteilung insb. das persönliche Interesse an dem der Vereinigung gewährten Vorteil von Bedeutung sein kann (BGH **33** 340, **35** 135 m. krit. Anm. Tenckhoff JR **89**, 33, Sonnen JA **88**, 232, Kuhlen NStZ **88**, 433). Bei Parteispenden dürfte dies in aller Regel nicht der Fall sein (Kaiser NJW **81**, 322; and. Scheu NJW **81**, 1195, 24. A.) In den Fällen eines mittelbaren Vorteils ist erforderlich, daß die Zuwendungen mit Einverständnis des Amtsträgers erfolgen. Das ist der Fall, wenn dieser es geschehen läßt, daß ein Angehöriger ein Geschenk annimmt (RG **13** 398). Erfährt der Beamte nachträglich von der Annahme eines Geschenks durch einen Angehörigen, so hat er es selbst erst angenommen, wenn er dessen Verwendung billigt und somit den mittelbaren Nutzen in Anspruch nimmt. Allein die Freude des Beamten an der Erfüllung eines besonderen Zwecks (dienstliche Belange, Linderung der Not eines Hilfsbedürftigen) reicht zur Annahme eines Vorteils iSd §§ 331 ff. nicht aus (vgl. Hamburg HESt. **2** 343). Ebensowenig ist ausreichend, daß der Amtsträger die Vorteile nur entgegennimmt, um einem anderen zuwenden läßt, um den aktiven Bestecher zu überführen (vgl. RG **58** 266, BGH **15** 97).

21 2. Die **einzelnen Handlungsmodalitäten** bestehen darin, daß der Täter den Vorteil fordert, sich versprechen läßt oder annimmt.

22 a) **Fordern** ist das einseitige Verlangen einer Leistung. Das Verlangen kann – und wird häufig – in versteckter Form erfolgen (R **7** 287, Rudolphi SK 24). Notwendig ist, daß der Täter erkennen läßt, daß er den Vorteil für seine Handlung begehrt (RG **77** 76); erforderlich ist daher, daß dieses Begehren dem potentiellen Geber oder seinem Mittelsmann zur Kenntnis gebracht wird (RG **39** 198). Ob diesem der Zusammenhang mit der Diensthandlung bewußt wird oder bewußt werden kann, ist unerheblich (RG **70** 172, BGH **10** 241, **15** 88). Ebenso bedeutungslos ist eine positive Reaktion des anderen Teils. Entscheidend ist nur, daß der Fordernde, wenn auch nur mit dolus eventualis, will, daß sein Partner sich des Zusammenhangs zwischen Vorteil und Diensthandlung bewußt werde (BGH **10** 242). Über den Zusammenhang zwischen Fordern und Diensthandlung vgl. u. 26 ff.

23 b) **Sichversprechenlassen** bedeutet die Annahme des Angebots von noch zu erbringenden Vorteilen, mag auch die spätere Hingabe von Bedingungen abhängig gemacht sein (RG **57** 28); macht allerdings der Täter die spätere Annahme von der Genehmigung abhängig, so kommt Abs. 3 in Betracht. Beim Amtsträger muß der Wille zur Entgegennahme vorhanden sein (Hamm MDR **73**, 68, Jescheck LK 5, Rudolphi SK 25). Zum Zusammenhang zwischen Sichversprechenlassen und Diensthandlung vgl. u. 26 ff.

c) **Annehmen** bedeutet die tatsächliche Entgegennahme des Vorteils mit dem zumindest nach 24
außen erklärten Ziel, eigene Verfügungsgewalt darüber zu erlangen; vgl. RG **58** 266. Entsprechend
den o. 4 genannten Grundsätzen kommt es allein darauf an, welchen Inhalt die Erklärung des Amtsträgers gegenüber dem Geber hat. Ihr muß zu entnehmen sein, daß der Amtsträger den Vorteil zu
eigener Verfügung will. Daher reicht es nicht aus, daß er erklärt, den Vorteil für einen anderen
Beamten einziehen zu wollen (BGH **14** 127), daß er angibt, er brauche den Vorteil, um andere
Amtsträger zu bestechen (RG HRR **40** Nr. 195), oder vorspiegelt, der Vorteil solle dritten Personen
zufließen (RG **65** 53, BGH **8** 214, **10** 241); vgl. aber auch Baumann BB 61, 1060. Im letzteren Fall
kommen die §§ 352 f., 263, nicht aber §§ 331 f. in Betracht. Nimmt sich der Amtsträger einen nicht
geforderten Vorteil mit Gewalt oder eigenmächtig, so scheidet § 331 aus, in Betracht kommen dann
§§ 242, 249.

Ein Annehmen ist auch dann möglich, wenn sich der **Amtsträger vorbehält,** den Vorteil **nicht** 25
endgültig zu **behalten,** sondern ihn gegebenenfalls zurückzugeben (Rudolphi SK 26); denn auch
hier nimmt er den Vorteil mit dem Ziel entgegen, nach eigenem Ermessen über ein späteres Schicksal
zu entscheiden (BGH GA **63**, 147). Macht er allerdings die endgültige Annahme von der Genehmigung der zuständigen Behörde abhängig (Abs. 3), so kann zweifelhaft sein, ob schon ein Annehmen
vorliegt, weil hier die Disposition darüber, ob der Vorteil dem Amtsträger zufließen soll, der Behörde
überlassen bleibt; vgl. hierzu u. 49. Über den Fall, daß der Amtsträger den Vorteil annimmt, um den
Geber zu überführen, vgl. o. 20. Gelangt ein Geschenk ohne Wissen des Amtsträgers in seine Hände
(Zusendung durch die Post) oder erkennt er die Bestechungsabsicht zunächst nicht, so liegt eine
Annahme vor, wenn er später zu erkennen gibt, daß er das Geschenk als Bestecherlohn behalten will
(vgl. BGH **15** 103, Köln MDR **60**, 156). Ist der Gegenstand inzwischen guten Glaubens verbraucht,
der Amtsträger also nicht mehr bereichert, so wird er durch die nachfolgende Kenntnis nicht strafbar
(vgl. Köln MDR **60**, 156), und zwar selbst dann nicht, wenn beide Teile nachträglich darüber
einigen, daß die frühere Zuwendung Einfluß auf die Amtstätigkeit haben solle (and. RG **47** 68); dies
gilt allerdings nicht, wenn der Vorteil in anderer Form noch vorhanden ist. Nicht erforderlich ist, daß
der Beamte den Vorteilsgeber schon im Augenblick der Geschenkannahme kennt, sofern feststeht,
daß das Geschenk für eine Amtshandlung gewährt wird (vgl. BGH **15** 185).

VI. Ein Amtsträger usw. muß nach Abs. 1 den **Vorteil für** eine **Dienstausübung,** ein Richter 26
usw. nach Abs. 2 **als Gegenleistung für** eine **richterliche Handlung** fordern, sich versprechen
lassen oder annehmen. Durch die Neufassung der Bestechungstatbestände ist damit der Zusammenhang zwischen Dienstausübung und Vorteilsannahme für Amtsträger usw. nach Abs. 1 gelockert
worden. Somit stellt sich jetzt die Frage, wie weit die Dienstausübung konkretisiert sein muß.

1. Schon nach bisherigem Recht war allgemein anerkannt, daß die Diensthandlung nach Anlaß, 27
Zeit oder Ausführungsweise nicht in allen Einzelheiten genau bestimmt zu sein braucht (BGH **32**
291, StV **94**, 243, BGHR § 332 I 1, Unrechtsvereinbarung **2,** Hamburg HESt **2** 338). Im übrigen
verlangte die Rechtsprechung jedoch, daß es sich um eine „bestimmte Amtshandlung oder eine
Mehrheit bestimmter Amtshandlungen" handeln müsse (BGH **15** 223; vgl. auch BGH **15** 250:
„bestimmt oder bestimmbar"); dabei dürften die Anforderungen an die Bestimmtheit, insb. bei
Vorteilen für künftige Diensthandlungen, nicht überspannt werden (BGH **32** 290, BGHR § 332 I 1
Unrechtsvereinbarung **4**). Nach dieser Rechtsprechung sollte es ausreichen, wenn ein „bestimmter
Kreis von Lebensbeziehungen" feststehe, „in dem sich der Beamte in gewisser Richtung durch
einzelne Handlungen betätigen solle" (RG **64** 335 f., BGH NJW **60**, 831, OGH **2** 110) oder die „ins
Auge gefaßte Diensthandlung ihrem sachlichen Gehalt nach nur in groben Umrissen erkennbar und
festgelegt" sei (BGH **32** 291, **39** 47, NStZ **89**, 74); enger Kohlrausch/Lange III: „konkrete" Amtshandlungen.

Dieser Rechtsprechung ist nunmehr durch die Neufassung der Boden entzogen worden. Sie 28
berücksichtigt stärker als das bisherige Recht das durch die Bestechungstatbestände geschützte Rechtsgut (vgl. o. 3), wonach es genügen muß, wenn zwischen den Beteiligten Übereinstimmung besteht,
daß der Vorteil für irgendeine in den Zuständigkeitsbereich des Beamten fallende Tätigkeit gewährt
wird. Dies wird durch eine „Lockerung der Unrechtsvereinbarung" erreicht, wie sie in Abs. 1 zum
Ausdruck kommt. Dadurch sollen auch Fälle erfaßt werden, bei denen nicht nachzuweisen ist, daß der
Vorteil als Gegenleistung für hinreichend bestimmte Diensthandlung gefordert wird (BT-Drs. 13/80
79 S. 15); König JR 97, 397, 399, Korte NStZ 97, 513 f.; Bottke ZRP 98, 215, 220, W-Hettinger
II/1 1100, 1109.

Der Bundesrat wollte noch weitergehen und in den Bestechungstatbestand Vorteile einbeziehen, 29
die „im Zusammenhang mit dem Amte" stehen (BT-Drs. 13/3353 Art. 1 Nr. 2); dieser Vorschlag
wurde jedoch nicht aufgegriffen, da er die Gefahr barg, nicht strafwürdige Handlungen zu erfassen
(BT-Drs. 13/8079 S. 15). Zu den typischen Fallgestaltungen, die durch die Neufassung erfaßt werden
sollen, sind die schon genannten Beraterverträge, Zuwendungen zur „Klimapflege" (Rengier 31) oder
Anbahnungszuwendungen beim sog. „Anfüttern" zu zählen, sofern sie sich auf Diensthandlungen
beziehen (vgl. Wolters JuS 98, 1105). Insbesondere genügt es, wenn der Täter den Vorteil in dem
Bewußtsein annimmt, daß ihm dieser im Hinblick auf eine amtliche Tätigkeit gewährt wird, die er
irgendwann einmal im Rahmen des Aufgabenbereichs seiner Behörde für den Vorteilsgeber vorgenommen hat oder in Zukunft möglicherweise einmal für ihn vornehmen soll. Es reicht also aus, daß
der Vorteilsgeber lediglich das allgemeine Wohlwollen des Beamten erwerben will und dieser den

Vorteil in Kenntnis dieser Absicht sich versprechen läßt oder annimmt (and. BGH **15** 218, wistra **83**, 258, MDR **84**, 297, StV **94** 243).

29 a Das Merkmal „Dienstausübung" erfaßt sowohl vergangenes wie zukünftiges Handeln, obwohl dies in Abs. 1 nicht mehr ausdrücklich hervorgehoben ist (and. die Formulierung in Abs. 2 und § 332 I).

29 b 2. Hingegen muß nach Abs. 2 bei der Vorteilsannahme für die richterliche Handlung ein Äquivalenzverhältnis zwischen Diensthandlung und Vorteil bestehen, d. h. die richterliche Handlung muß in groben Umrissen konkretisiert sein. Dies ergibt sich daraus, daß nach Abs. 2 der Vorteil „als Gegenleistung dafür", d. h. für eine „vorgenommene" richterliche Handlung oder eine solche, die in der Zukunft liegt, vorgesehen ist. Erforderlich ist daher ein Beziehungsverhältnis zwischen dem Vorteil und einer bestimmten gescheheneh oder künftigen richterlichen Handlung. Maßgeblich ist folglich, daß ein Richter usw. den Vorteil für eine „bestimmte oder bestimmbare" (BGH **15** 250) richterliche Handlung usw. fordert. Aber auch insoweit dürfen die Anforderungen an die Bestimmtheit insbesondere bei künftigen richterlichen Handlungen nicht überspannt werden. Mit dem Merkmal „als Gegenleistung dafür" wird die Rechtsprechung zum früheren Recht bestätigt, nach der das sich Versprechenlassen und das Annehmen Teil einer Unrechtsvereinbarung sind (BGH **15** 88, 97, Frankfurt NJW **89**, 847, Schlüchter Geerds – FS, 713, 721, eingehend Kuhlen NStZ 88, 433; kritisch dazu Otto GA **94**, 186, 188).

29 c 3. Bei sog. **Werbegeschenken** ist allerdings besonders zu prüfen, ob ein Zusammenhang mit der Amtstätigkeit besteht (Creifelds GA **62**, 38). Über die Frage, in welchem Umfang solche Zuwendungen im Rahmen der Sozialadäquanz liegen, vgl. u. 53. Eine Zuwendung nur bei Gelegenheit einer Amtshandlung genügt ebensowenig (RG **63** 368, BGH **15** 251, **39** 46, Hamburg HESt **2** 340; vgl. näher Baumann BB 61, 1061), wie ein Vorteil, der nicht für die Diensthandlung selbst, sondern ausschließlich für die Art und Weise, in der diese erbracht wurde (freundliches, höfliches Verhalten der Amtsperson), gewährt wird (BGH **39** 48 f. m. Anm. Geerds JR 93, 211 u. Wagner JZ 93, 473). Bei derartigen Höflichkeiten und Gefälligkeiten sind die Verkehrssitte und der Wert der Zuwendung maßgebliche Anhaltspunkte (BGH **15** 251, **39** 47 f., Lackner/Kühl 10, Geerds JR 93, 212).

29 d 4. Inwieweit die für die **Bestechungsvereinbarung** erforderlichen Erklärungen beider Teile **korrespondieren** müssen, kann zweifelhaft sein. Für das Fordern, das eine positive Reaktion eines anderen Teils nicht voraussetzt, ist unbestreitbar, daß die einseitige Kundgabe seitens des Beamten genügt. In ihr muß allerdings der Wille enthalten sein, eine korrespondierende Erklärung des anderen Teils herbeizuführen (BGH **15** 97). Beim Annehmen und sich Versprechenlassen fordert die hM eine „vertragsmäßige" Willensübereinstimmung beider Teile (RG **16** 45, **65**, 278, BGH **4** 297, **10** 241, **39** 45); genügen soll stillschweigendes Einverständnis (RG **39** 199, Celle SJZ **48** Sp. 686). Dies überzeugt schon deswegen nicht, weil damit die Fälle, in denen die Initiative vom Amtsträger ausgeht (fordern), anders zu behandeln wären als diejenigen, bei denen der Vorteilsgeber Leistungen anbietet (vgl. auch Geerds JR 93, 212 FN 8; and. BGH **10** 242). Entsprechend der Zielsetzung der Bestechungstatbestände muß es ausreichen, daß der Amtsträger usw. seinen Willen zu erkennen gibt, für seine dienstliche oder als Gegenleistung für seine richterliche Tätigkeit Vorteile entgegenzunehmen und dies in der Erwartung tut, daß eine Willensübereinstimmung über diesen Sachverhalt herbeizuführen (vgl. RG **72** 72). Sein Wille muß objektiv erkennbar sein. Dagegen kommt es weder darauf an, ob der andere Teil die Erklärung richtig versteht, noch ob er sie verstehen kann (BGH **10** 241). Die praktische Bedeutung dieser Unterscheidung ist freilich auf die Fälle beschränkt, in denen die Initiative nicht vom Amtsträger ausgeht, sondern vom Vorteilsgeber. Nach der hier vertretenen Auffassung, kommt es in solchen Fällen nicht darauf an, daß die Erklärung des Gebers objektiv ein Bestechungsangebot darstellt, sondern nur darauf, ob er sie versteht und eine entsprechende Erklärung abgibt (and. RG **72** 72, wo in einem solchen Fall nur Versuch angenommen wird).

30 VII. Für den **subjektiven Tatbestand** ist Vorsatz erforderlich. Der Täter muß das Bewußtsein haben, daß der Vorteil für eine Dienstausübung (Abs. 1) oder als Gegenleistung für eine richterliche Handlung (Abs. 2) von ihm gefordert wird. Darauf, ob der Amtsträger die Handlung wirklich vornehmen will oder vorgenommen hat, kommt es nicht an (vgl. § 332 RN 24). Der Vorsatz muß sich auf die Umstände erstrecken, die den Täter zum Amtsträger oder für den öffentlichen Dienst besonders Verpflichteten machen. Der Täter muß ferner wissen, daß es sich um einen rechtlich nicht begründeten Vorteil als Gegenleistung für eine Diensthandlung usw. handelt. Zu den im Zusammenhang mit dem Genehmigungserfordernis (Abs. 3) oder der Sozialadäquanz entstehenden Irrtumsfragen vgl. u. 51.

31 VIII. **Vollendet** ist die Tat, sofern es sich um die Annahme eines Vorteils handelt, mit der Entgegennahme (RG **39** 199). Beim Sichversprechenlassen genügt es zur Vollendung, wenn der Amtsträger durch sein Verhalten dem Versprechenden seine Bestechlichkeit nach außen zu erkennen gibt (Niederreuther aaO 354 mN). Beim Fordern ist die Tat vollendet, sobald das Verlangen des Täters zur Kenntnis des anderen Teiles gelangt (BGH **10** 243, Baumann BB 61, 1060, Rudolphi SK 51).

32 **Beendet** ist die Tat erst mit der Annahme des letzten Vorteils (vgl. BGH **10** 243, **11** 346, **16** 209, BGHR Konkurrenzen **5**). Hat der Amtsträger ein unbefristetes Darlehen erhalten, so ist die Tat damit auch beendet; das Belassen des Darlehens ist demgegenüber kein weiterer Vorteil, wenn es nicht nach einer Rückforderung erneut gestundet wird (BGH **16** 207). Dies ist von Bedeutung für die Verjährung und Teilnahme. Ist jedoch der Amtsträger vor Annahme des letzten Vorteils aus dem Amt ausgeschieden, so ist seine Tat mit dem Zeitpunkt seines Ausscheidens endgültig beendet (BGH **11** 347).

Der **Versuch** ist strafbar im Falle der Vorteilsannahme durch einen Richter oder Schiedsrichter 33 (Abs. 2 S. 2). Beim Fordern eines Vorteils beginnt er, wenn der Täter damit beginnt, sein Ansinnen zu erklären; die Erklärung muß dem anderen Teil nicht zugegangen sein. Im übrigen gelten die zur versuchten Anstiftung (vgl. § 30 RN 17 ff.) entwickelten Grundsätze entsprechend.

IX. Täter nach Abs. 1 kann nur ein Amtsträger (vgl. BGH **31** 264, § 11 RN 16 ff.) oder für den 34 öffentlichen Dienst besonders Verpflichteter (vgl. § 11 RN 34 ff.), nach Abs. 2 nur ein Richter (vgl. § 11 RN 32) oder Schiedsrichter (vgl. o. 12) sein; die Tat nach Abs. 2 ist besonderes Amtsdelikt (vgl. hierzu 9 vor § 331), für die Teilnahme eines sonstigen Amtsträgers an der Tat eines Richters gilt daher § 28 I. Der Tatbestand kann auch dann erfüllt sein, wenn das Annehmen usw. von einer Person erfolgt, die noch nicht Amtsträger usw. ist, aber demnächst ernannt werden soll (and. Rudolphi SK 7). Es genügt jedoch hier nicht, daß nachträglich eine entsprechende Vereinbarung getroffen wird; vielmehr muß der Bestochene nach seiner Ernennung eine Diensthandlung mit Rücksicht auf die ihm früher zu diesem Zweck zugesagten Vorteile vornehmen. Ist umgekehrt ein Beamter aus dem Amte ausgeschieden und läßt er sich nunmehr mit Rücksicht auf seine frühere Amtstätigkeit Vorteile versprechen oder gewähren, so ist § 331 nicht mehr gegeben, da das Rechtsgut der Bestechungsdelikte durch einen Nichtbeamten nicht gefährdet werden kann (BGH **11** 347). Zur Straflosigkeit des Soldaten vgl. § 333 RN 17.

Nach bisherigem Recht konnte **Mittäter** nur sein, wer für sich selbst Vorteile annahm usw. (BGH 35 **14** 123); außerdem war erforderlich, daß die Diensthandlung, für die der Vorteil floß oder fließen sollte, bei jedem Mittäter mindestens teilweise in sein Amt einschlug (BGH aaO). Nach der Neufassung der Vorschrift muß es ausreichen, daß zwei oder mehrere Amtsträger für ihre Dienstausübungen den Vorteil für einen von ihnen fordern usw. (Abs. 1) oder mehrere Richter als Gegenleistung für eine richterliche Handlung, an der alle beteiligt sind, sich für einen von diesen versprechen lassen (Abs. 2). Mittäterschaft liegt aber auch dann vor, wenn eine einheitliche Vorteilsannahme (zB ein Scheck) durch zwei Amtsträger für zwei selbständige Dienstausübungen erfolgt.

Zur Frage der **Teilnahme** durch den Vorteilsgeber oder Dritten vgl. § 332 RN 26. 36

X. Keine strafbare Vorteilsannahme durch einen Amtsträger liegt vor, wenn der Täter einen 37 nicht von ihm geforderten Vorteil sich versprechen läßt oder annimmt und die **zuständige Behörde** im Rahmen ihrer Befugnisse entweder die Annahme vorher genehmigt hat oder der Täter unverzüglich bei ihr Anzeige erstattet und sie die **Annahme** nachträglich **genehmigt (Abs. 3).** Zur Frage der Genehmigung der Vorteilsannahme bei einem nicht in einem öffentlich rechtlichen Amtsverhältnis stehenden Amtsträger vgl. Jutzi NStZ 91, 105 ff.

1. Nicht anwendbar ist Abs. 3 (Zustimmung, nachträgliche Genehmigung) auf 38

a) **richterliche Handlungen** nach Abs. 2, auch wenn diese unter keinem rechtlichen Gesichts- 39 punkt zu Beanstandungen Anlaß geben; vgl. jedoch u. 43 aE. Ein Schiedsrichter, der regelmäßig nicht Amtsträger ist, darf sich zB nach seiner Entscheidung von keiner Partei oder deren Anwalt zum Essen einladen oder in dessen Wagen nach Hause fahren lassen, wenn er sich dadurch Kosten erspart. Ein Haftrichter, der einen Unschuldigen aus der U-Haft entlassen hat, muß ein ihm aus Dankbarkeit übersandtes Blumenarrangement zurückschicken usw. Diese Konsequenzen ergeben sich jedenfalls dann, wenn man nicht neben Abs. 3 einen Bereich anerkennt, in dem die Annahme von geringfügigen Vorteilen als sozialadäquat bezeichnet wird (vgl. u. 53).

b) **Vorteile,** die ein Amtsträger **fordert.** Folglich sind durch Abs. 3 die Fälle nicht gedeckt, in 40 denen Postboten, Müllmänner (sofern sie für den öffentlichen Dienst besonders Verpflichtete sind) usw. mit den üblichen Weihnachts- oder Neujahrswünschen eine Gabe schlüssig fordern. Auch in diesen Fällen kann die Annahme eines Vorteils nur über die Sozialadäquanz aus dem Strafbarkeitsbereich ausgeschieden werden (vgl. Tröndle/Fischer 20).

c) **Pflichtwidrige Handlungen** nach § 332; dies ist selbstverständlich. Nicht genehmigungsfähig 41 ist insb. auch die Annahme eines Vorteils für eine Ermessenshandlung nach § 332 III Nr. 2; vgl. dort RN 23.

2. Höchst problematisch ist hingegen der **positive Anwendungsbereich** des Abs. 3. Hier ist 42 einerseits das Verhältnis zu den beamtenrechtlichen Bestimmungen zu klären, andererseits zwischen der vorherigen und nachträglichen Genehmigung zu unterscheiden usw.; (grds. hierzu 61 vor 32). Im einzelnen gilt das Folgende:

a) Zunächst ist festzustellen, daß Abs. 3 mit den **beamtenrechtlichen Vorschriften** über die 43 Verpflichtung zur Einholung einer Genehmigung für die Annahme eines Geschenks nicht in Einklang zu bringen ist (vgl. auch Rudolphi SK 35 f.). Die entscheidende Vorschrift, der die bundesrechtlichen (vgl. § 70 BBG) und landesrechtlichen Bestimmungen nachgebildet sind, findet sich in § 43 BRRG. Danach darf ein Beamter, auch nach Beendigung des Beamtenverhältnisses, Belohnungen oder Geschenke in bezug auf sein Amt nur mit Zustimmung seines gegenwärtigen oder letzten Dienstherrn annehmen. Nach einhelliger Auffassung ist unter „Zustimmung" nur die vorherige Genehmigung gemeint (vgl. Plog-Wiedow-Beck, § 70 BBG RN 6 f.); eine nachträgliche Genehmigung kann also nicht erteilt werden (vgl. jedoch Hardtung aaO 159). Insofern ist nicht ersichtlich, wie sich die

Genehmigungsbehörde „im Rahmen ihrer Befugnisse" halten soll, was Abs. 3 voraussetzt, wenn sie nachträglich die Annahme eines Vorteils genehmigen will. Hier klafft also der erste Widerspruch zwischen Abs. 3 und den beamtenrechtlichen Vorschriften. Diese schließen weiterhin, im Gegensatz zu Abs. 3, eine Genehmigung nicht aus, wenn der Beamte den Vorteil gefordert hat. Dazu folgendes Beispiel: Ein Feuerwehrmann im Einsatz rettet unter Lebensgefahr ein Kind vor dem Verbrennungstod. Als er dies den Eltern mitteilt, bieten ihm diese als Belohnung 50 DM. Der Beamte lehnt entrüstet ab, läßt aber deutlich durchblicken, daß ihm eine angemessene Belohnung durchaus gelegen käme; darauf bieten die beschämten Eltern 1000 DM. Auf seinen Antrag wird die Annahme dieser Belohnung genehmigt; strafrechtlich ist diese Genehmigung nach dem Wortlaut von Abs. 3 unbeachtlich, obwohl der Beamte nach dem BeamtenG den Vorteil annehmen darf. Ein Beamter kann also bei einer nachträglichen Genehmigung der Vorteilsannahme zwar disziplinarrechtlich, nicht aber strafrechtlich, bei der Genehmigung eines von ihm geforderten Vorteils zwar strafrechtlich, aber nicht disziplinarisch verfolgt werden, es sei denn, man wolle die entsprechenden Vorschriften der BeamtenG durch § 331 III eingeschränkt sehen. Die beamtenrechtlichen Vorschriften sind überdies unmittelbar nur auf Beamte im staatsrechtlichen Sinn, nicht aber auf Personen anwendbar, die für den öffentlichen Dienst besonders verpflichtet sind; sie regeln ferner nicht die Genehmigungsfähigkeit des Sichversprechenlassens. Endlich erklären die Richtergesetze (vgl. § 46 DRiG) die für Beamte geltenden Vorschriften für entsprechend anwendbar, sofern nicht abweichende Regelungen getroffen werden. Da dies hinsichtlich der Genehmigung einer Geschenkannahme nicht erfolgt ist, gelten die beamtenrechtlichen Vorschriften insoweit auch für Richter. Auch dies führt zu einem Widerspruch zu § 331 III, der die Vorteilsannahme durch einen Richter für schlechthin verboten und eine Genehmigung für unbeachtlich erklärt.

44 Aus alledem folgt, daß Abs. 3, dessen Anwendungsbereich nur partiell mit dem der BeamtenG übereinstimmt, nach eigenständig strafrechtlichen Gesichtspunkten zu interpretieren ist. Den Vorschriften über den Genehmigungsvorbehalt in den BeamtenG und in § 43 BRRG kommt nur die Funktion einer Auslegungsregel zu.

45 b) Umstritten ist die **Rechtsnatur** der Genehmigung nach Abs. 3. Die Frage ist in der Begründung zu § 331 offengelassen (vgl. BT-Drs. 7/550 S. 272), Jung Roxin-Stree-Zipf-Jung aaO 126 nimmt einen Tatbestandsausschluß an, obwohl der Täter einen Vorteil annimmt, also tatbestandsmäßig handelt. Wagner aaO 305 begründet die tatbestandsausschließende Wirkung der Genehmigung damit, daß die Genehmigungsvorschrift Bestandteil des Normenkomplexes selbst sei, der die Vorteilsannahme für pflichtgemäße Amtshandlungen regele. Beide Auffassungen übersehen, daß diese Konstruktion bei der nachträglichen Genehmigung völlig versagt. Lackner/Kühl 14 nehmen „mindestens in der Regel" einen Rechtfertigungsgrund, teilweise auch einen Tatbestandsausschluß an, während Tröndle/Fischer 30 f. zwischen Fällen der Rechtfertigung, des Verbotsirrtums und Strafausschließungsgrundes differenziert. Bei der Frage der Rechtsnatur ist zunächst zwischen vorheriger und nachträglicher Genehmigung zu unterscheiden.

46 α) Die **vorherige Genehmigung** wirkt weder tatbestandsausschließend, da der Täter den Vorteil für die Dienstausübung annimmt, noch ist sie bloßer Entschuldigungs- oder Strafausschließungsgrund, was auch hinsichtlich der Teilnahme zu unmöglichen Konsequenzen führen würde; vielmehr ist die Zustimmung ein Rechtfertigungsgrund (ebenso Blei II 462, Jescheck LK 16, W-Hettinger II/1 1113), weil der Amtsträger den Vorteil annehmen darf (Tröndle/Fischer 30, so grundsätzlich auch Maiwald JuS 77, 356, Rudolphi SK 40). Der Grund für die Rechtfertigung liegt darin, daß in bestimmten Fällen das staatliche Interesse an der Belassung des Vorteils gegenüber dem Interesse an der Verhinderung an sich unerwünschter Vorteilsannahme überwiegen kann, zB bei einem achtenswerten Motiv für eine Zuwendung, zB Dankbarkeit für die Lebensrettung durch einen Polizeibeamten (Lackner/Kühl 14) oder die Löschung des Hauses durch die Feuerwehr, aber auch wegen einer im staatlichen Interesse liegenden Respektierung andersartiger Gebräuche im Ausland bei internationalen Verhandlungen oder im diplomatischen Dienst. Als Rechtfertigungsprinzip kommt aber auch ein mangelndes Interesse am Verbot unverfänglicher, weil das Rechtsgut der Bestechungsdelikte (vgl. o. 3) nicht beeinträchtigender Vorteilsannahmen, in Betracht. Dieser Gesichtspunkt spielt insbes. eine Rolle bei Weihnachts- oder Neujahrsgeschenken an Verkehrspolizisten auf der Straßenkreuzung, Postboten, Müllwerker usw. (Lackner/Kühl 14). Teilweise wird dagegen in diesen Fällen der „üblichen" oder „sozialadäquaten" Vorteile die Tatbestandsmäßigkeit mit der Begründung verneint, daß für das geschützte Rechtsgut ungefährlichen Handlungen materiell nicht dem vom Tatbestand beschriebenen Unrechtstyp entsprechen (Maiwald JuS 77, 356, Rudolphi SK 40, vgl. auch u. 53).

47 Trotz dieser Gesichtspunkte läßt sich Abs. 3, soweit er die vorherige Zustimmung betrifft, nicht nahtlos ins System der Rechtfertigungsgründe einordnen, weil auch bei überwiegenden staatlichen Interessen für eine Tolerierung der Vorteilsannahme diese von der in Abs. 3 geforderten Genehmigung der Behörde abhängig ist (vgl. Rudolphi SK 41). Die Behörde kann ihrerseits aber nicht frei über das durch § 331 geschützte Rechtsgut disponieren, sondern muß nach ihrem pflichtgemäßen Ermessen prüfen, ob nach Lage des Falles zu besorgen ist, daß „die Annahme der Zuwendung die objektive Amtsführung des Beamten beeinträchtigen oder bei Dritten, die von der Zuwendung Kenntnis erlangen, den Eindruck seiner Befangenheit entstehen lassen könnte" (Runderlaß des Bundesministers des Innern vom 20. 3. 1962, zit. nach Plog-Wiedow-Beck aaO 6), was letztlich bedeutet, daß für die Entscheidung der Behörde die oben genannten Gründe für die Genehmigungsfähigkeit

maßgeblich sein müssen. Dies bedeutet, daß die genannten Rechtfertigungsprinzipien zwar die Genehmigungsfähigkeit der Vorteilsannahme betreffen, nicht aber die Dispositionsbefugnis der Behörde berühren, die ihrerseits nach pflichtgemäßem Ermessen entscheiden muß, ob sie die Genehmigung erteilen will oder nicht.

Aus den Gesichtspunkten der Genehmigungsfähigkeit einerseits und des Vorrangs der Dispositionsbefugnis der Behörden andererseits ergeben sich für die vorherige Genehmigung folgende Grundsätze. Ein Amtsträger darf nur dann ohne weitere Voraussetzungen sich einen Vorteil versprechen lassen oder ihn annehmen, wenn eine generelle Genehmigung (vgl. u. 52) für die Annahme der in Frage stehenden Geschenke vorliegt. Mangels einer generellen Genehmigung kann er sich einen Vorteil versprechen lassen, sofern dieser nach den oben genannten Grundsätzen genehmigungsfähig ist und dies unter dem Vorbehalt der behördlichen Genehmigung geschieht; annehmen darf er den Vorteil allerdings erst, wenn die Genehmigung erteilt ist. Besteht die Initiative des Gebers darin, daß er dem Amtsträger nicht bloß etwas anbietet, sondern ihm den Vorteil gleich zuwendet, so liegt auf seiten des Amtsträgers noch kein Annehmen vor, wenn er den Vorbehalt erklärt, den Vorteil wieder zurückzugeben, wenn dessen Entgegennahme nicht genehmigt wird (vgl. o. 25). Ist die Erklärung dieses Vorbehaltes nicht zumutbar, wie zB bei Zuwendungen im diplomatischen Verkehr, so darf ein Amtsträger den Vorteil nur annehmen, wenn er genehmigungsfähig ist und er nach der bisherigen Praxis der Genehmigungsbehörde von einer Genehmigung ausgehen durfte. Das gleiche gilt für Vorteile, die nicht zurückgegeben oder zur Verfügung der Behörde gehalten werden können, wie zB eine Einladung zum Essen oder Theaterbesuch; vgl. u. 49.

β) Eine nachträgliche Genehmigung kann als solche eine vorausgegangene Vorteilsannahme nicht rechtfertigen, da die Rechtswidrigkeit oder Rechtmäßigkeit im Zeitpunkt der Handlung feststehen muß (vgl. Rudolphi SK 42). Dies bedeutet jedoch nicht, daß jede **Vorteilsannahme ohne Genehmigung** stets rechtswidrig wäre. Praktisch bedeutsam wird die Frage einer Rechtfertigung ohne vorherige Genehmigung vor allem in den zuletzt genannten Konfliktsfällen (keine Erklärung des Genehmigungsvorbehaltes, nur sofort verbrauchbare Vorteile); vgl. o. 48. Hier sind aus dem Abs. 3 zugrundeliegenden Grundgedanken (vgl. o. 46) Rechtfertigungsprinzipien zu entwickeln. Kann nämlich eine vorherige Genehmigung nicht in zumutbarer Weise eingeholt werden, so muß der Amtsträger selbst entscheiden, ob überwiegende staatliche Interessen für die Annahme des Vorteils bestehen (vgl. o. 46). Dies ist dann der Fall, wenn es sich nach den gesetzlichen Vorschriften und der bestehenden Verwaltungspraxis um einen genehmigungsfähigen Vorteil handelt. Nimmt er einen solchen Vorteil an, so ist er gerechtfertigt, sofern er in der Absicht handelt, die Genehmigung nachträglich einzuholen (krit. zu dieser Absicht Maiwald JuS 77, 357). Diese Absicht ist als subjektives Rechtfertigungsmerkmal deswegen erforderlich, weil die Dispositionsbefugnis der Behörde auch in diesen Fällen nicht völlig aufgehoben, sondern in einer Art Kontrollbefugnis weiterbesteht. Unerheblich für die Rechtfertigung ist hingegen, ob die Genehmigung des genehmigungsfähigen Vorteils jedoch, die Genehmigung später tatsächlich erfolgt (zust. Lackner/Kühl 16, Rudolphi SK 49, Maiwald JuS 77, 356 f.; and. D-Tröndle[48] 21: Verbotsirrtum), weil sonst in Konfliktsfällen, in denen der Täter selbst entscheiden muß – und nur darum geht es hier –, seine Strafbarkeit in unangemessener Weise vom Willen einer Behörde abhängen würde. Dies gilt um so mehr, als § 333 III eine der Sache nach gleichlautende Vorschrift für den Vorteilsgeber bringt und es in höchstem Maße unerträglich wäre, wenn trotz Genehmigungsfähigkeit des Geschenks die Strafbarkeit des Nichtamtsträgers von einer Ermessensentscheidung der Behörde abhinge.

γ) Sind die genannten Voraussetzungen (vgl. o. 46 ff.) nicht erfüllt, so bleibt die Tat rechtswidrig. Eine dennoch **nachträglich erteilte Genehmigung** nach Abs. 3 ist aber nicht unbeachtlich, sondern wirkt als **Strafaufhebungsgrund** (ebenso Tröndle/Fischer 31, Lackner/Kühl 16, Rudolphi SK 50). Zur Frage der Rechtswidrigkeit der Genehmigung vgl. u. 51.

c) Nach dem Wortlaut von Abs. 3 ist eine Genehmigung nur wirksam, wenn die Genehmigungsbehörde sich „**im Rahmen ihrer Befugnisse**" hält. Wann dies der Fall ist, entscheidet sich nach öffentlichem, insb. nach Beamtenrecht. In diesem Zusammenhang stellt sich die Frage, wie sich eine fehlerhafte Genehmigung auf die Strafbarkeit des Amtsträgers auswirkt. Zunächst ist festzustellen, daß dieser sich grundsätzlich nicht auf die Genehmigung berufen kann, die er erschlichen hat, zB durch eine Täuschung über den Wert des Vorteils oder des Anlasses, aus dem er gewährt werden soll (Tröndle/Fischer 27; zur Problematik vgl. RN 61 vor § 32. Sonstige fehlerhafte Genehmigungen können im Dienstwege zwar aufgehoben werden, hinsichtlich ihrer Wirkung ist jedoch zu unterscheiden. Eine nichtige Genehmigung (vgl. Wolff-Bachof, Verwaltungsrecht, § 51 III d, Eyermann-Fröhler, VwGO, § 42 Anh. RN 1) ist unbeachtlich; hat der Amtsträger die Nichtigkeit nicht erkannt, handelt er in Verbotsirrtum, der vorwerfbar ist, wenn er die Nichtigkeit hätte erkennen können. Sonst fehlerhafte Genehmigungen können zwar aufgehoben werden, haben aber bis zu ihrer Aufhebung Bestandskraft (vgl. Wolff-Bachof aaO § 50 I b 2, Eyermann-Fröhler aaO § 42 RN 21), so daß ihre spätere Aufhebung, wenn sie nicht vor der Vorteilsannahme erfolgt, die Rechtmäßigkeit der Tat oder ihre strafausschließende Wirkung unberührt läßt (vgl. RN 61 vor § 32). Demgegenüber steht die hM auf dem Standpunkt, daß die zu Unrecht erteilte Genehmigung keine Wirkung entfalte, da die Behörde damit den „Rahmen ihrer Befugnis" überschritten habe (Tröndle/Fischer 28, Lackner/Kühl 17, Maiwald JuS 77, 356, Rudolphi SK 46).

§ 331

52 d) Die **Genehmigung** kann **generell** für bestimmte Arten von Vorteilen oder für den **Einzelfall** erteilt werden (Rudolphi SK 45). Weiß der Amtsträger von einer generellen Genehmigung nichts und nimmt er dennoch einen Vorteil an, so ist er straflos, weil der Versuch bei Abs. 1 nicht unter Strafe gestellt ist (vgl. 15 vor § 32). Auch eine schlüssige oder stillschweigende Genehmigung kommt in Betracht (vgl. RG JW **34**, 2469 m. Anm. Wagner, Jescheck LK 15, Rudolphi SK 45; speziell für Werbegeschenke H. Fuhrmann GA 59, 101, Creifelds GA 62, 41); nicht jedes Dulden durch die oberste Dienstbehörde ist aber schon eine stillschweigende Erlaubnis (BGH JR **61**, 507, Creifelds GA 62, 41).

53 3. Zweifelhaft ist, ob neben einer **Rechtfertigung** nach Abs. 3 ein Strafbarkeitsausschluß **kraft Gewohnheitsrechts** (Baumann BB 61, 1067 zu § 331 aF) oder aufgrund einer Verkehrssitte (vgl. Eb. Schmidt aaO 144 ff., Schmidt-Leichner NJW 60, 850; vgl. auch Creifelds GA 62, 36 f., ferner Geerds aaO 73 ff., der schon im Tatbestandsbereich weitergehend den Gedanken der sozialen Adäquanz berücksichtigt wissen will, ebenso Rudolphi SK 23) oder nach den Grundsätzen der Sozialadäquanz (vgl. 107 a vor § 32) in Betracht kommt. Grundsätzlich kann, nachdem die Problematik durch Abs. 3 geregelt ist, nur davon ausgegangen werden, daß ein Strafbarkeitsausschluß aus übergesetzlichen Gründen nur in dem schmalen Bereich in Betracht kommt, der sich einer exakten gesetzlichen Regelung entzieht. Dies sind grundsätzlich nur die Fälle, in denen die Annahme eines geringfügigen Vorteils, sofern er überhaupt als Gegenleistung für eine Dienstleistung in Betracht zu ziehen ist (vgl. o. 46), Regeln der Höflichkeit oder Erkenntlichkeit folgt, wie zB in dem o. 48 genannten Fall einer Einladung zum Essen. Auch ohne Genehmigung nicht strafbar ist die Annahme der üblichen Neujahrsgeschenke durch Briefträger (vgl. Hirsch ZStW 74, 126); weitergehend will Kaiser NJW 81, 321 bei Geschenken bis 50,– DM den Vorteilcharakter verneinen. Die Gepflogenheiten innerhalb der Wirtschaft dürfen jedoch nicht auf die Beziehungen zur öffentlichen Verwaltung übertragen werden (H. Fuhrmann GA 59, 101). Im Interesse einer sauberen Amtsführung kann es sich immer nur um Sonderfälle handeln, die strenge Maßstäbe fordern (vgl. BGH LM **Nr. 1**). Über sog. Gefälligkeiten vgl. o. 29.

53 a 4. Nach der Neufassung der Vorschrift ergibt sich die Frage, ob weitere Rechtfertigungsgründe in Betracht zu ziehen sind. Diese Problematik resultiert daraus, daß vom Wortlaut der Vorschrift auch Vorteile für einen Dritten erfaßt sind, und daß dazu auch solche Vorteile gehören, die ausschließlich für den Staat oder die Behörde des Amtsträgers gedacht sind, zB in Gestalt der finanziellen Förderung einer Tagung sowie Vorteile, die ausschließlich wohltätigen Organisationen (vgl. dazu Dölling aaO C 68 und König JR 97, 397, 399) oder kulturellen, sportlichen, kirchlichen, wissenschaftlichen, sozialen, ökologischen oder ähnlich bedeutsamen gesellschaftspolitischen Veranstaltungen zugute kommen, wie zB beim Sponsern von Theatern und Opern (vgl. hierzu Volk Verhandlungen des 61. DJT Bd. II 1996 L 41 und 122). Hierher gehört auch die finanzielle Unterstützung von Forschungsvorhaben. An der unbeschränkten tatbestandlichen Einbeziehung von Drittvorteilen wird wieder einmal spürbar, daß sich die heutige Gesetzgebung bei Fassung einer Norm vorwiegend, gelegentlich sogar ausschließlich, an einer einzigen Fallkonstellation orientiert und dabei übersieht, daß die auf den Fall konzipierte, aber abstrakt formulierte Regelung auch eindeutig nicht strafwürdige Fälle (vgl. auch § 333 RN 1) erfaßt (Lackner Tröndle-FS 51 ff.). Die in der Literatur vorherrschende Meinung löst dieses Problem durch eine einschränkende Auslegung des Tatbestandes hinsichtlich des Begriffs des Vorteils für einen Dritten. Indessen ist jedoch unbestreitbar, daß die finanziellen Zuwendungen an Organisationen, Behörden, Theaterunternehmen usw. als Zuwendungen anzusehen sind, die auch bei großzügigster sozialadäquater Auslegung nicht aus dem Vorteilsbegriff ausgeklammert werden können (and. Schroth BT 209).

53 b Diese Sachlage ist teilweise unter verfassungsrechtlichen Gesichtspunkten, teilweise in Anlehnung an Grundsätze des Steuerrechts sowie verschiedener anderer Gesetze zu problematisieren und zu lösen. So ist etwa im Steuerrecht anerkannt, daß finanzielle Aufwendungen, der Verwirklichung karitativer, kultureller, kurz dem Gemeinwohl dienender Aufwendungen am steuerpflichtigem Einkommen ganz oder teilweise abgesetzt werden können (vgl. BMF-Schreiben vom 18. 2. 98 BStBl. I 98, 212), für Parteispenden gelten etwa die Beschränkungen des § 10 b II EStG. Das Steuerrecht steht dabei auf dem Standpunkt, daß grundsätzlich zwar rechtswidrige Einnahmen (zB Bestechungsgelder, Dirnenlohn usw.) als sonstige Einkünfte (§ 2 I S. 1. Nr. 7 EStG) der Steuerpflicht unterliegen, jedoch Aufwendungen nur dann abzugsfähig sind, wenn sie sich in einem rechtlich zulässigen Raum bewegen. Dies ergibt sich u. a. aus § 4 V Nr. 10 EStG, wonach Zuwendungen, die eine Bestrafung ermöglichen, prinzipiell nicht als Betriebsausgaben Berücksichtigung finden können. Daraus ergibt sich, daß Bestechungsgelder, die dem Amtsträger zufließen, von diesem grundsätzlich zu versteuern sind, der Vorteilsgeber die Zuwendung jedoch nach § 4 V Nr. 10 EStG genannten Grundsätzen nicht steuerlich absetzen kann. Hieraus läßt sich der Umkehrschluß ziehen, daß Zuwendungen, die zur Verwirklichung von staatlichen, kulturellen oder karitativen usw. Zwecken bestimmt sind und daher abgesetzt werden können, nicht als rechtswidrige Vorteile in Betracht zu ziehen sind. Dabei ist bei der Auslegung dieser steuerrechtlichen Vorschrift nach wie vor vom früheren Rechtszustand auszugehen, da die Vorschriften des EStG nicht an das KorrBG angepaßt wurden. Daraus ergibt sich, daß etwa ein Landrat, der im Zusammenhang mit seiner Dienstausübung eine Parteispende annimmt und diese an die Partei weiterleitet, nicht nach § 331 bestraft werden kann. Ebensowenig kann ein Nichtbeamter, der einem Landrat eine Parteispende zukommen läßt, nach § 333 bestraft werden.

Besonders deutlich wird die Problematik bei der Beurteilung des Verhaltens eines Staatsanwalts, der für eine (endgültige) Einstellung nach § 153 a StPO (= Dienstausübung) eine Geldbuße an einen gemeinnützigen Verein (= einen Dritten) fordert. Soll er etwa wegen Vorteilsannahme bestraft werden, der Verteidiger wegen Vorteilsgewährung nach § 333, wenn er eine Geldbuße anbietet? Strafwürdig ist die Annahme bzw. das Gewähren von Vorteilen für Dritte grundsätzlich nur im Rahmen der §§ 332, 334, weil hier die Entgeltlichkeit von pflichtwidrigen Amts- und richterlichen Handlungen in Frage steht. Um im Rahmen von §§ 331, 333 zu vernünftigen Ergebnissen zu gelangen, ist also von einem übergesetzlichen Rechtfertigungsgrund, wie er etwa in Gestalt des übergesetzlichen Notstandes, der vom Reichsgericht anerkannt war (vgl. RG **61**, 242, 254, **62**, 137; eingehend hierzu Jescheck/Weigend 359 f) der, dann eingreift, wenn überwiegende Interessen einer Vorteilsgewährung an Dritte der Strafbarkeit nach §§ 331, 333 entgegenstehen, auszugehen.

Zuwendungen, die zur Unterstützung der klinischen Forschung oder der Drittmittelforschung an den Universitäten dienen, unterfallen der wissenschaftlichen Forschungsfreiheit nach Art. 5 III GG. Sie stehen folglich unter dem Schutz der Verfassung und können deshalb schon von daher nicht bestraft werden. Speziell zur Frage der Drittmittelforschung vgl. Lüderssen JZ 97, 112, StV **97**, 318, 322, Pfeiffer NJW 97, 782, Ostendorf NJW 99, 615, 617, Dauster NStZ 99, 63, Walter ZRP 99, 292.   **53 c**

XI. Zum Verfall des Empfangenen vgl. §§ 73–73 d sowie BGH **30** 46.   **54**

XII. **Idealkonkurrenz** ist möglich mit Betrug (vgl. BGH **15** 99) und Untreue (Bay StV **97**, 191). Bei gleichzeitiger Drohung liegt Idealkonkurrenz zwischen Vorteilsannahme und Erpressung vor (vgl. o. 18, BGH **9** 245). Vgl. hierzu auch Rudolphi SK 54. Läßt sich der Beamte durch ein Geschenk für eine pflichtwidrige und eine pflichtgemäße Handlung bestechen, so erfolgt Bestrafung nur aus § 332. Vgl. o. 5.   **55**

Im Verhältnis der verschiedenen Tatmodalitäten gilt nach BGH NStZ **95**, 92 folgendes: Die Begehungsmodalitäten des Forderns und des Sichversprechenlassens gehen nicht in der Annahme des Vorteils auf; und zwar auch dann nicht, wenn sie sich auf dieselbe Unrechtsvereinbarung zurückführen lassen. Wird durch diese allerdings der zu erbringende Vorteil in seinem Umfang genau festgelegt, so besteht eine tatbestandliche Handlungseinheit auch dann, wenn er in Teilleistungen erbracht wird (BGH NStZ-RR **96**, 12; vgl. auch BGH wistra **99**, 271), wobei allerdings zu beachten ist, daß nicht alle Bestechungstaten die auf ein und dieselbe Unrechtsvereinbarung zurückgehen stets eine Tat im Rechtssinne darstellen, sofern der versprochene Vorteil von der künftigen Entwicklung abhängt, also „open-end"-Charakter trägt.   **56**

§ 332 Bestechlichkeit

(1) **Ein Amtsträger oder ein für den öffentlichen Dienst besonders Verpflichteter, der einen Vorteil für sich oder einen Dritten als Gegenleistung dafür fordert, sich versprechen läßt oder annimmt, daß er eine Diensthandlung vorgenommen hat oder künftig vornehme und dadurch seine Dienstpflichten verletzt hat oder verletzen würde, wird mit Freiheitsstrafe von sechs Monaten bis zu fünf Jahren bestraft. In minder schweren Fällen ist die Strafe Freiheitsstrafe bis zu drei Jahren oder Geldstrafe. Der Versuch ist strafbar.**

(2) **Ein Richter oder Schiedsrichter, der einen Vorteil für sich oder einen Dritten als Gegenleistung dafür fordert, sich versprechen läßt oder annimmt, daß er eine richterliche Handlung vorgenommen hat oder künftig vornehme und dadurch seine richterlichen Pflichten verletzt hat oder verletzen würde, wird mit Freiheitsstrafe von einem Jahr bis zu zehn Jahren bestraft. In minder schweren Fällen ist die Strafe Freiheitsstrafe von sechs Monaten bis zu fünf Jahren.**

(3) **Falls der Täter den Vorteil als Gegenleistung für eine künftige Handlung fordert, sich versprechen läßt oder annimmt, so sind die Absätze 1 und 2 schon dann anzuwenden, wenn er sich dem anderen gegenüber bereit gezeigt hat,**
1. **bei der Handlung seine Pflichten zu verletzen oder,**
2. **soweit die Handlung in seinem Ermessen steht, sich bei Ausübung des Ermessens durch den Vorteil beeinflussen zu lassen.**

Vorbem.: Neugeregelt durch das KorrBG vom 13. 8. 1997, BGBl. I 2038.

Schrifttum: Vgl. die Angaben zu § 331.

I. Die Vorschrift regelt die **erschwerte Form** der **passiven Bestechung** und enthält damit   **1**
Qualifikationstatbestände zu § 331 Abs. 1, 2 (BGH NStZ **84**, 24). Von der Vorteilsannahme (§ 331) unterscheidet sich die Bestechlichkeit in zwei Punkten. Zunächst ist Bezugspunkt der Vorteilsgewährung bei § 332 eine bestimmte Diensthandlung oder richterliche Handlung und zum anderen muß der Täter nach § 332 als Gegenleistung einen Vorteil fordern, sich versprechen lassen oder annehmen für eine dienstliche oder richterliche Handlung, durch die er seine Dienstpflichten verletzt haben muß oder verletzen werde. Diese Formulierung stellt klar, daß die engere Auslegung der Unrechtsvereinbarung, wie sie von der Rechtsprechung zum alten Recht entwickelt wurde, maßgeblich (vgl. § 331 RN 12 a) ist. Bestechlichkeit ist folglich ein Tätigkeitsdelikt und kein Erfolgsdelikt. Tatort ist deshalb nur der Ort, an dem die Unrechtsvereinbarung getroffen oder realisiert wurde, nicht jedoch der Ort

der pflichtwidrigen Diensthandlung (Stuttgart NJ **97**, 503). Im Gegensatz zur Regelung in §§ 331, 333 ist hier die durch das KorrBG eingeführte Erweiterung, daß der Vorteil auch für einen Dritten gefordert usw. werden kann, kriminalpolitisch vertretbar (vgl. § 331 RN 53 a) Außerdem wurde die Strafe auf Freiheitsstrafe von 6 Monate bis zu 5 Jahren erhöht, auch wurden sowohl minder schwere Fälle (Abs. 1) als auch besonders schwere Fälle (§ 335) eingeführt. Ferner besteht nun auch die Möglichkeit einer Anordnung des erweiterten Verfalls sowie der Vermögensstrafe (§ 338). Zum Rechtsgut der Bestechungsdelikte vgl. § 331 RN 3. Nach Wagner (aaO 277) ist die Vorschrift ein „Sammeltatbestand", der kein bestimmtes Rechtsgut sondern „alle staatlichen Güter" schützt; dem kann nicht zugestimmt werden.

2 **II.** Der **objektive Tatbestand** erfordert, daß ein Amtsträger oder für den öffentlichen Dienst besonders Verpflichteter für eine zurückliegende, gleichzeitig vorgenommene (vgl. u. 6, 15) oder künftige Diensthandlung, die pflichtwidrig ist, einen Vorteil fordert, sich versprechen läßt oder annimmt (Abs. 1). In Abs. 2 wird die Vorteilsannahme usw. für eine pflichtwidrige richterliche Handlung durch einen Richter oder Schiedsrichter erfaßt.

3 1. Die Tat muß sich auf eine **Diensthandlung** oder **richterliche Handlung** beziehen.

4 a) Durch den Wortlaut wird verdeutlicht, daß die Bezugshandlung eine Diensthandlung (Abs. 1) sein muß (so schon zu § 332 aF RG **68** 71, **69** 394). **Privathandlungen** des Beamten scheiden selbst dann aus, wenn sie unter Verletzung einer Amts- oder Dienstpflicht vorgenommen werden (RG **70** 182, BGH **18** 267). Nicht unter die Vorschrift fällt zB ein Lehrer, der gegen ein ausdrückliches Verbot seines Vorgesetzten Privatunterricht erteilt (RG **16** 47, BGH GA **66**, 377) oder ein Kriminalbeamter, der entgegen einer Weisung im privaten Auftrag Ermittlungen führt (vgl. jedoch RG **16** 42). Die Erstattung von Gutachten kann eine reine Privathandlung (RG **70** 172), aber auch eine Diensthandlung darstellen (RG HRR **40** Nr. 872; vgl. auch BGH **3** 147). Vgl. im einzelnen § 331 RN 8 ff. Täuscht der Täter die Diensthandlung vor, so soll nach BGH **29** 300 § 332 ausscheiden; vgl. dazu § 331 RN 28.

5 2. Die **Bezugshandlung** muß die **dienstlichen** (Abs. 1) oder **richterlichen** (Abs. 2) **Pflichten** des Täters **verletzen.** Bei zurückliegenden oder mit der Unrechtsvereinbarung zeitlich zusammenfallenden (vgl. u. 6, 15) Handlungen muß festgestellt werden, worin die Pflichtwidrigkeit liegt; läßt sich diese Feststellung nicht treffen, so kommt nur § 331 in Betracht. Für künftige Handlungen genügt nach Abs. 3 die Feststellung, daß der Täter sich dem anderen gegenüber bereit gezeigt hat, bei der in Aussicht genommenen Handlung seine Pflichten zu verletzen oder, soweit die Handlung in seinem Ermessen steht, sich bei Ausübung des Ermessens durch den Vorteil beeinflussen zu lassen. Zur Bedeutung des Abs. 3 vgl. u. 15. Bei der Tathandlung ist daher zwischen schon vorgenommenen und künftigen Bezugshandlungen zu unterscheiden.

6 Der frühere Streit, ob die Vorteilsannahme usw. der pflichtwidrigen Handlung nachfolgen kann (vgl. dazu Schröder GA 61, 298), der insb. bei Ermessenshandlungen eine Rolle spielte, hat sich durch die Neufassung erledigt. § 332 liegt deshalb auch dann vor, wenn der Täter einen bestimmten Bewerber aus sachfremden Erwägungen bevorzugt und später unter Hinweis darauf einen Vorteil verlangt. Gleichgültig ist, ob er dies von vornherein vorhatte oder nicht. Dagegen reicht nicht aus, daß der Beamte für eine an sich korrekte Ermessensentscheidung sich nachträglich einen Vorteil gewähren läßt; hier kommt nur § 331 in Betracht.

7 a) Eine **Diensthandlung** ist **pflichtwidrig,** wenn sie gegen Gesetze, Verwaltungsvorschriften, Richtlinien, allgemeine Dienstanweisungen oder Anweisungen des Vorgesetzten (H. Fuhrmann GA 60, 108) verstößt. Abzulehnen ist die von Amelung/Weidemann (JuS 84, 596 f.) aufgestellte Unterscheidung zwischen absolut verbotenen Handlungen, die nicht als Bezugshandlungen eines Bestechungsdeliktes in Betracht zu ziehen sind und relativ pflichtwidrigen Handlungen, denen ein pflichtgemäßes Korrelat entspricht und die daher als Dienstausübung zu betrachten sind (and. Wagner JZ 97, 598), weil auch Handlungen, die absolut unzulässig sind, als Pflichtverstoß gewertet werden müssen (Rudolphi SK § 331 RN 10). Im einzelnen ist zu unterscheiden:

8 α) Im Falle **gebundenen Handelns** ist die Dienstpflicht verletzt, wenn die Diensthandlung den dafür maßgebenden Rechts- oder Verwaltungsvorschriften usw. zuwiderläuft (BGH **15** 92). Dies gilt auch bei der Anwendung unbestimmter Rechtsbegriffe (zB Zuverlässigkeit des Bewerbers um eine Konzession), so daß eine Pflichtverletzung nur vorliegt, wenn das Ergebnis sachlich unrichtig ist (vgl. auch H. Fuhrmann GA 60, 109). Notwendig ist, daß die Amtshandlung so, wie sie vorgenommen wurde oder vorgenommen werden soll, den maßgebenden Rechts- oder Dienstvorschriften widerspricht; es genügt nicht, daß der Amtsträger sie nur als pflichtwidrig hinstellt, da hier im Hinblick auf die objektive Meßbarkeit der Handlung an den einschlägigen Vorschriften das öffentliche Vertrauen in die Ordnungsmäßigkeit der Amtsführung nicht über den Rahmen des § 331 hinaus erschüttert werden kann.

9 **Einzelfälle:** Eine **Pflichtverletzung** liegt zB in der verbotswidrigen Beförderung eines Gefangenenbriefes durch einen Gefängnisbeamten (RG **36** 56), in der Belieferung eines nach § 63 Untergebrachten mit Alkohol (BGH MDR/H **81**, 631), in der Mitwirkung eines zur Bekämpfung von Steuerdelikten verpflichteten Finanzbeamten bei der Abgabe falscher Steuererklärungen (RG **72** 72, BGH **3** 147), in der Fälschung der Submissionsunterlagen bei einer öffentlichen Ausschreibung (BGHR Diensthandlung **1**, vgl. auch BGHR Unrechtsvereinbarung **4**), in der pflichtwidrigen Rech-

nungsprüfung durch einen städtischen Bediensteten (BGH Urt. v. 26. 10. 93 – 4 StR 347/93), in der pflichtwidrigen Mitteilung von Amtsgeheimnissen (BGH **4** 294, **14** 123, Beschl. v. 28. 4. 94 – 1 StR 173/94 [Bekanntgabe interner Schätzpreise] Hamm NJW **73**, 716; and. Ebert GA 79, 366) und zwar auch dann, wenn der Täter diese durch Geheimnisverrat eines anderen Amtsträgers erfahren hat (BGH **14** 124), in der zeitlich bevorzugten Erledigung eines Antrags vor früher eingegangenen Anträgen anderer, wenn diese dadurch benachteiligt werden (BGH **15** 371, **16** 37), sowie in der Weitergabe von Informationen an einen von mehreren Wettbewerbern (BGH Beschl. v. 28. 4. 94 – 1 StR 173/94, Hamm NJW **73**, 716).

Keine Pflichtwidrigkeit liegt dagegen in der Erteilung harmloser, aber auch nicht gegen Datenschutzvorschriften verstoßender Auskünfte durch einen Beamten des Einwohnermeldeamtes (RG **37** 355); dasselbe gilt für das Nichtstellen eines Strafantrags wegen Amtsbeleidigung (RG **20** 416 [Ermessensentscheidung]), für den Strafantrag nach § 194 oder für die falsche Zeugenaussage über dienstlich wahrgenommene Vorgänge, da es insoweit an einer Diensthandlung fehlt (Eb. Schmidt aaO 28; and. Celle NdsRpfl. **49**, 159). Auch die Erledigung eines Dienstgeschäfts, das nach der behördlichen Geschäftsverteilung zur Zuständigkeit eines anderen Amtsträgers gehört, ist nicht ohne weiteres schon deshalb eine Pflichtverletzung, weil es vom Täter vorgenommen wird (BGH **16** 37). Auch die nur in der Vorteilsannahme nach § 331 liegende Pflichtverletzung begründet für sich allein noch keine Pflichtwidrigkeit iSd § 332 (BGH **3** 146, **15** 91, 239, **16** 39, JR **61**, 508). Eine Verletzung der Dienstpflicht liegt ferner nicht vor, wenn der Beamte irrtümlich einen Sachverhalt annimmt, bei dem seine Diensthandlung pflichtwidrig wäre (Jescheck LK 6, Rudolphi SK 10, Eb. Schmidt aaO 114; and. BGH **2** 173). Hier kommt daher nur Versuch des § 332 in Tateinheit mit Vollendung von § 331 in Betracht (Creifelds GA 62, 36; and. [Wahndelikt] Welzel 542). Anders ist es nur dann, wenn die Dienstpflicht nicht an einen objektiven Sachverhalt anküpft, sondern an bestimmte Vorstellungen des Beamten. So ist ein Polizeibeamter schon dann zur Anzeige verpflichtet, wenn er das Vorliegen einer strafbaren Handlung annimmt; unterläßt er die Anzeige, so ist diese Unterlassung pflichtwidrig, auch wenn eine strafbare Handlung in Wirklichkeit nicht begangen worden ist (RG **10** 67; vgl. auch RG JW **22**, 296 m. Anm. Kitzinger).

β) Bei **Ermessenshandlungen** kann eine Pflichtwidrigkeit zunächst in dem Akt als solchem 10 liegen, so bei Ermessensmißbrauch und Ermessensüberschreitung. Darüber hinaus ist die Dienstpflicht auch dann verletzt, wenn zwar die Entscheidung nicht iE, wohl aber in der Art ihres Zustandekommens zu beanstanden ist, weil der Beamte neben sachlichen auch sachfremden Erwägungen Einfluß auf seine Entscheidung eingeräumt hat (Blei II 463; zT and. Baumann BB 61, 1062). Dies ist zB der Fall, wenn der Täter einem an sich durchaus qualifizierten Bewerber vor anderen deshalb den Vorzug gibt, weil er derselben Partei angehört (Schröder GA 61, 298). An der Pflichtwidrigkeit fehlt es jedoch, wenn der Amtsträger einen Bewerber bei der Vergabe öffentlicher Aufträge nur nach dem dafür maßgeblichen Verteilerschlüssel berücksichtigen will (BGH NStZ **94**, 488 m. Anm. Maiwald); zweifelhaft ist bei dieser Konstellation allerdings, ob es sich um eine – von BGH angenommene – Ermessensentscheidung handelt (vgl. Maiwald aaO). Zur Definition des Ermessensbeamten vgl. Frankfurt NJW **90**, 2074.

γ) Das **Unterlassen** einer pflichtgemäß gebotenen Diensthandlung wird durch § 336 dem pflicht- 11 widrigen Tun gleichgestellt; vgl. dort RN 1, § 331 RN 13.

δ) Ist die Vornahme einer Handlung in das **freie Belieben** gestellt, so liegt eine Dienstpflicht- 12 verletzung auch dann nicht vor, wenn sich der Amtsträger bei seiner Entscheidung auch von außerdienstlichen Beweggründen leiten läßt (BGH **3** 143, Lackner/Kühl 3, Rudolphi SK 8). Insoweit kommt daher nur § 331 in Betracht.

b) Eine **richterliche Handlung** (vgl. dazu § 331 RN 11) ist pflichtwidrig, wenn durch sie das 13 materielle oder formelle Recht dadurch verletzt wird, daß eine ungültige Norm zur Anwendung gebracht, eine gültige Norm nicht oder nicht richtig zur Anwendung gebracht wird oder eine Ermessensüberschreitung oder ein Ermessensmißbrauch vorliegt. Bei objektiv mehrdeutigen Rechtsnormen kann von einer Pflichtwidrigkeit nur gesprochen werden, wenn sich das Ergebnis nicht mehr im Rahmen der zulässigen Interpretation hält, d. h. nicht mehr vertretbar ist (BGH **3** 110).

Eine Rechtsbeugung (vgl. § 339 RN 4 ff.), bei welcher der Täter in einer „Rechtssache" zugunsten 14 oder zum Nachteil einer Partei das Recht beugt, ist nicht erforderlich, weil der Begriff der richterlichen Handlung (vgl. § 331 RN 11) weiter ist als der der „Leitung oder Entscheidung einer Rechtssache" (vgl. hierzu § 339 RN 3).

c) Bezieht sich die Bestechlichkeit auf eine **künftige dienstliche** oder **richterliche Handlung,** so 15 kommt es für die Strafbarkeit nicht auf die Feststellung an, daß der Täter später tatsächlich eine Pflichtwidrigkeit begangen hat, sondern darauf, daß er sich zu einer solchen bereit gezeigt hat (vgl. § 331 RN 12a). Dies ist der Fall, wenn die in Aussicht gestellte Diensthandlung bei zutreffender Würdigung des dabei dargestellten SV als pflichtwidrig zu beurteilen wäre; ergibt sich aus den mitgeteilten tatsächlichen Umständen die Pflichtmäßigkeit der Amtshandlung, so kommt § 332 auch dann nicht in Betracht, wenn der Amtsträger behauptet, sein in Aussicht gestelltes Verhalten sei pflichtwidrig (vgl. BGH NStZ **84**, 24). Dies ergibt sich aus Abs. 3, dessen Funktion verschieden gesehen wird. Nach Tröndle/Fischer 7 ist Abs. 3 nur eine Bestätigung der Notwendigkeit einer sich aus Abs. 1, 2 ergebenden Unrechtsvereinbarung, nach Lackner/Kühl 4 läßt die Vorschrift „lediglich die praktisch bedeutungslose Frage offen, ob Gegenstand ... [einer solchen] Unrechtsvereinbarung wirklich eine pflichtwidrige Diensthandlung ist oder ob Abs. 3 Fälle des Bereitzeigens einer solchen lediglich gleichstellt". Beide Auffassungen verkürzen das Problem. Nach Abs. 1 müßte ein Amtsträger den Vorteil dafür annehmen usw., daß er eine Diensthandlung in Zukunft vornehme, durch die er objektiv seine Dienstpflichten verletzen würde. Dies würde bedeuten, daß einerseits die künftige Handlung schon so weit konkretisiert sein müßte, daß deren Pflichtwidrigkeit festgestellt werden kann (vgl. hierzu u. 17 f.) und der Täter nach Abs. 2 andererseits nur wegen Versuchs nach § 332 (in Idealkonkurrenz mit § 331) bestraft werden könnte, wenn er die versprochene Handlung (bewußt oder irrtümlich) als pflichtwidrig darstellen würde, während sie dies in Wahrheit nicht ist. Dies würde den Kern der Unrechtsvereinbarung verfälschen. Bei ihr kommt es nur darauf an, was der Beamte erklärt; was später geschieht, was er später tun will, ob er überhaupt pflichtwidrig handeln will usw. ist uninteressant (vgl. u. 18). Dies bringt Abs. 3 dadurch zum Ausdruck, daß er hinsichtlich künftigen Handelns das Bereitzeigen zur Pflichtwidrigkeit ausreichen läßt. Abs. 3 ist also notwendige Ergänzung zu Abs. 1 und 2. Zweifelhaft kann allerdings sein, was bei gleichzeitig vorgenommenen Handlungen gelten soll. Fällt die Pflichtverletzung mit der Tathandlung zeitlich in der Weise zusammen, daß das Bereitzeigen zur Pflichtverletzung sich schlüssig nur aus der Vornahme zur Diensthandlung ergibt (Strafgefangener zeigt Geldschein, Wärter öffnet darauf die Gefängnistür), so ist deren Pflichtwidrigkeit wie bei zurückliegenden Handlungen festzustellen.

16 Diese Regelung entspricht der in diesem Kommentar schon zum früheren Recht vertretenen Auffassung (vgl. 17. A. RN 13) und ergibt sich aus der hier vertretenen Konzeption der Bestechungsdelikte, die maßgeblich auf die **Unrechtsvereinbarung** zwischen Bestecher und Bestochenem abstellt. Maßgeblich ist also nicht, was der Täter will, sondern was er erklärt; seine Mentalreservation, dem Vorteil keinen Einfluß einräumen zu wollen, ist deshalb unbeachtlich, was sich jetzt unmittelbar aus Abs. 3 ergibt, nach früherem Recht aber nicht aus § 116 BGB zu folgern war (so jedoch Krönig NJW 60, 2083, Stein NJW 61, 463), sondern daraus, daß das Vertrauen der Allgemeinheit in die Sachlichkeit der Staatstätigkeit in der für § 332 erforderlichen Weise schon dadurch gefährdet wird, daß das Verhalten des Amtsträgers so verstanden werden muß, als sei er bereit, pflichtwidrig zu handeln oder den Vorteil bei seiner Entscheidung zu berücksichtigen (Schröder GA 61, 297). Gibt er deshalb, wenn auch nur stillschweigend, durch die bloße Annahme des Vorteils usw. zu verstehen, er werde pflichtwidrig handeln oder bei seiner Entscheidung den Vorteil berücksichtigen, so ist damit der Tatbestand des § 332 erfüllt (BGH **15** 97, 239, 354, JR **61**, 508); kann dies nicht mit Sicherheit festgestellt werden, so ist § 331 anzuwenden (Schröder GA 61, 298; vgl. auch § 331 RN 5).

17 α) Bei **gebundenem Handeln** (vgl. o. 8) muß der Täter seine Bereitschaft zeigen, bei der in Aussicht genommenen Handlung pflichtwidrig zu handeln; nicht notwendig ist, daß er im einzelnen sagt, gegen welche Vorschriften usw., die für die betreffende Handlung maßgeblich sind, er verstoßen wird (Rudolphi SK 15). Die Bereitschaft kann ausdrücklich erklärt, schlüssig zum Ausdruck gebracht werden oder sich aus den Umständen ergeben. Nicht notwendig ist, daß der andere die Pflichtwidrigkeit erkennt (BGH **15** 355, Rudolphi SK 15); dies spielt bloß für seine Strafbarkeit (§ 333 oder § 334) eine Rolle (vgl. jedoch RG **74** 255, DR **43**, 77, wo verlangt wird, der Bestecher müsse als Gegenleistung eine „pflichtwidrige Amtshandlung" erwartet haben). Dabei genügt es, daß der Täter vorspiegelt, Diensthandlungen der erwarteten Art vornehmen zu können (Tröndle/Fischer 7).

18 β) Für den Fall der **Ermessensentscheidung** bestimmt Abs. 3, daß sich der Täter bereit zeigen muß, bei Ausübung des Ermessens sich durch den Vorteil beeinflussen zu lassen. Daraus ergibt sich zunächst, daß eine Pflichtwidrigkeit nicht schon damit begründet werden kann, daß der Amtsträger überhaupt einen Vorteil angenommen hat (zB BGH **15** 91, 239, Schröder GA 61, 295). Andererseits ist nicht erforderlich, daß der Amtsträger bei der späteren Ermessenshandlung durch die Vorteilsgewährung tatsächlich beeinflußt worden ist. Denn die Pflichtwidrigkeit der Amtshandlung muß schon in dem für die Vollendung maßgeblichen früheren Zeitpunkt des Annehmens, Forderns usw. ersichtlich sein, auch braucht es zu der Amtshandlung ebenso wie in § 331 überhaupt nicht zu kommen (o. 15). Da der Amtsträger schließlich die Diensthandlung nicht einmal zu wollen braucht (o. 15), kann auch nicht entscheidend sein, ob er zZ der Vorteilsannahme usw. die Absicht hatte, der Zuwendung Einfluß auf seine Ermessensausübung einzuräumen (and. zu § 332 aF Baumann BB 61, 1063 f., Henkel JZ 60, 509, Klug JZ 60, 67, Eb. Schmidt aaO 55). Anders als beim gebundenen Handeln (vgl. o. 8) kann die Pflichtwidrigkeit hier vielmehr allein aus dem gefolgert werden, was der Täter als Gegenleistung für den Vorteil verspricht; liegt diese in dem genannten Bereitzeigen, so ist § 332 erfüllt.

19 Als **Ermessenbeamte** (vgl. dazu BGH NStZ-RR **98**, 269, Frankfurt NJW **90**, 2074, Naumburg NJW **97**, 1593) sind von der Rspr. beispielsweise angesehen worden: Angestellte des Wohnungsamts (RG **56** 368), Prüfungsbeamte des Finanzamts (RG **72** 72), Preisprüfer (RG **77** 75), Angestellte der Devisenstelle (RG JW **37**, 883), Postbeamte bei gewissen Entscheidungen (RG JW **34**, 1499). Hierher gehört auch die Entscheidung über ein Gnadengesuch (RG **58** 263), ferner darüber, welches Angebot das günstigste sei (BGH NJW **60**, 831, H. Fuhrmann GA 60, 107). Dagegen genügt es nicht, wenn ein Amtsträger aus eigenem Ermessensspielraum nur die Grundlagen für die Ermessensentscheidung eines anderen zusammenstellt (BGH GA **59**, 374); vgl. dazu auch H. Fuhrmann GA 60, 107.

20 γ) Für **richterliche Handlungen,** die auch in einer Ermessenshandlung liegen können, gilt Entsprechendes.

Vorteilsgewährung **§ 333**

3. Die Tathandlung besteht darin, daß der Täter als Gegenleistung für die pflichtwidrige Handlung für sich oder einen Dritten einen Vorteil fordert, sich versprechen läßt oder annimmt. Zum **Fordern, Sichversprechenlassen** und **Annehmen** vgl. § 331 RN 22 ff. Zum Begriff des **Vorteils** vgl. § 331 RN 17 ff. Erforderlich ist, daß der Vorteil die **Gegenleistung** für die **pflichtwidrige Handlung** ist; daran kann es fehlen, wenn der Amtsträger aus der pflichtwidrigen Handlung selbst den Vorteil ziehen soll (zB Mittäterschaft eines Polizisten am Bankeinbruch); vgl. hierzu BGH **1** 182, **16** 39, NStZ **87**, 326 m. Anm. Letzgus NStZ **87**, 309: Vorteil aus Vermögensstraftat. § 332 ist dagegen erfüllt, wenn der Amtsträger die sachliche Richtigkeit einer fingierten Rechnung bescheinigt und dadurch die Bezahlung eigener Schulden aus der Amtskasse veranlaßt; der Vorteil ergibt sich hier nämlich nicht unmittelbar aus der pflichtwidrigen Handlung, sondern daraus, daß der Gläubiger die Zahlung der Dienststelle als Erfüllung gelten läßt (BGHR Vorteil **4**). 21

III. Für den **subjektiven Tatbestand** ist Vorsatz erforderlich. Der Täter muß bei zurückliegenden oder gleichzeitig vorgenommenen Handlungen insb. das Bewußtsein haben, daß die Handlung eine dienstliche oder richterliche Pflicht verletzt. Irrt sich der Täter über die Pflichtwidrigkeit der Amtshandlung, so kommt § 331 zur Anwendung (vgl. § 331 RN 5). Bei künftigen Handlungen genügt es, daß er weiß, daß er sich für eine Pflichtwidrigkeit bereitzeigt. Der Ermessensbeamte handelt daher vorsätzlich, wenn er sich bewußt ist, er erwecke nach außen hin den Eindruck, sich bei seiner Entscheidung durch die Zuwendung mitbestimmen zu lassen (BGH **15** 356). Dies ist idR anzunehmen, wenn der Amtsträger usw. erkennt, daß der ihm zugewandte Vorteil seine Ermessensausübung beeinflussen soll, diesen aber gleichwohl annimmt (vgl. RG **74** 251, BGH **11** 130, **15** 353). Dagegen braucht sich der Beamte nicht einer tatsächlich vorhandenen, durch die Zuwendung bedingten inneren Unfreiheit bewußt zu sein, da die Vornahme der ihm angesonnenen Pflichtwidrigkeit nicht zum Tatbestand des § 332 gehört (vgl. BGH GA **59**, 177). Zum Verbotsirrtum vgl. BGH **15** 356. 22

IV. Für den vorliegenden Tatbestand kann – anders als für § 331 (vgl. dort RN 37) – eine etwaige **Genehmigung** der vorgesetzten Behörde die **Rechtswidrigkeit nicht ausschließen** (BGH NJW **60**, 831, Hamburg HESt. **2** 341). 23

V. Für die **Vollendung** ist nicht erforderlich, daß der Täter aufgrund der Bestechung eine Pflichtwidrigkeit begeht (RG **64** 292, Hamburg HESt. **2** 338, 340, H. Fuhrmann ZStW 72, 536 mwN) oder überhaupt begehen will (RG **77** 78; BGH **11** 130, **15** 88 [m. N. aus Entstehungsgeschichte u. Rspr.], 353, NJW **53**, 1401, **60**, 831, 2154, GA **59**, 177, Hamburg HESt. **2** 338, 339, Tröndle/Fischer 8, H. Fuhrmann ZStW 72, 567, Kirschbaum/Schmitz GA 60, 344; and. Klug JZ 60, 725, Eb. Schmidt aaO 79 ff., Bockelmann ZStW 72, 257) oder daß er bei einer nachträglichen Zuwendung die Amtspflichtverletzung tatsächlich begangen hat (vgl. auch § 331 RN 31). Vgl. hierzu auch Rudolphi SK 14. 24

VI. Täter kann auch hier nur sein, wer Amtsträger, für den öffentlichen Dienst besonders Verpflichteter, Richter, Schiedsrichter oder Soldat (§ 48 II WStG) ist; vgl. § 331 RN 34 und § 11 RN 14 ff. Mittäterschaft nach § 332 setzt voraus, daß die Diensthandlung (richterliche Handlung) für jeden der Täter pflichtwidrig ist (RG **69** 395); jedoch ist eine Mittäterschaft zwischen §§ 332, 331 nicht ausgeschlossen (Tröndle/Fischer 11, Jescheck LK 15). 25

Anstiftung und **Beihilfe** sind im § 334 zu Sonderdelikten erhoben, soweit die Handlung im Anbieten, Versprechen oder Gewähren von Vorteilen besteht. Eine Teilnahme an der Tat des Beamten kommt daher in diesem Rahmen nicht in Betracht (Hamburg HESt. **2** 341, Jescheck LK 16). Über Teilnahme durch Handlungen, die nicht unter § 334 fallen, vgl. dort RN 12 ff. Die Unterstützung des Täters bei der pflichtwidrigen Handlung ist nicht schon als solche Teilnahme an § 332 (BGH **18** 265). 26

VII. Für die **Strafzumessung** ist u. a. bedeutsam, ob der Täter die pflichtwidrige Handlung begangen hat (BGH GA **59**, 176, H. Fuhrmann ZStW 72, 536) oder ob er sie begehen wollte (BGH **15** 97). Mängel der Dienstaufsicht bilden bei der Strafzumessung in der Regel keinen Milderungsgrund (BGH NJW **89**, 1938). Über den **Verfall** des Empfangenen vgl. §§ 73–73 d sowie BGH **30** 46, über den **Verlust** der **Amtsfähigkeit** vgl. § 358. 27

VIII. Idealkonkurrenz ist möglich mit §§ 174 a, 174 b, 180 a (BGHR Konkurrenzen **1**), Betrug (RG HRR **40** Nr. 195), Untreue (BGH MDR/H **85**, 627), ferner mit § 30 II, sofern sich der Beamte zu einer pflichtwidrigen Amtshandlung bereit erklärt, die ein Verbrechen darstellt. Realkonkurrenz besteht in der Regel zwischen der Bestechlichkeit und der pflichtwidrigen Handlung, falls diese zugleich die Merkmale einer Straftat erfüllt (RG GA Bd. **54**, 293, BGH **7** 150, GA **59**, 177, wistra **93**, 190, BGHR Konkurrenzen **2**). Zum Verhältnis von § 332 zur Strafvereitelung vgl. § 258 a RN 23. Über das Verhältnis zu §§ 331, 253 vgl. § 331 RN 55. 28

§ 333 Vorteilsgewährung

(1) **Wer einem Amtsträger, einem für den öffentlichen Dienst besonders Verpflichteten oder einem Soldaten der Bundeswehr für die Dienstausübung einen Vorteil für diesen oder einen Dritten anbietet, verspricht oder gewährt, wird mit Freiheitsstrafe bis zu drei Jahren oder mit Geldstrafe bestraft.**

(2) **Wer einem Richter oder Schiedsrichter einen Vorteil für diesen oder einen Dritten als Gegenleistung dafür anbietet, verspricht oder gewährt, daß er eine richterliche Handlung**

Cramer

§ 333 1–7

vorgenommen hat oder künftig vornehme, wird mit Freiheitsstrafe bis zu fünf Jahren oder mit Geldstrafe bestraft.

(3) **Die Tat ist nicht nach Absatz 1 strafbar, wenn die zuständige Behörde im Rahmen ihrer Befugnisse entweder die Annahme des Vorteils durch den Empfänger vorher genehmigt hat oder sie auf unverzügliche Anzeige des Empfängers genehmigt.**

Vorbem.: Neugefaßt durch das KorrBG vom 13. 8. 1997, BGBl. I 2038.

Schrifttum: Vgl. die Angaben zu § 331.

1 I. Die Vorschrift bildet nach ihrer Neufassung durch das KorrBG das **spiegelbildliche Gegenstück** zu § 331 (König JR 97, 397, 400, Lackner/Kühl 1, Rudolphi SK 1). Damit hat die aktive Bestechung seit der Neufassung der Bestechungsdelikte durch das EGStGB 74 eine Ausdehnung erfahren, die kriminalpolitisch kaum noch vertretbar erscheint. Bis zum Inkrafttreten des EGStGB 74 fehlte im StGB eine Vorschrift, die als Gegenstück zu § 331 angesehen werden konnte. § 333 betraf nämlich in seiner ursprünglichen Fassung nur die Vorteilsgewährung an Beamte, um sie „zu einer Handlung, die eine Verletzung der Amts- oder Dienstpflicht enthält, zu bestimmen". Nicht erfaßt war daher die Bezahlung vergangener – pflichtwidriger oder pflichtgemäßer – Diensthandlungen sowie die Vorteilsgewährung für künftige, aber pflichtgemäße Diensthandlungen. Durch das EGStGB 74 wurde die Vorteilsgewährung für künftige Ermessenshandlungen unter Strafe gestellt, ohne Rücksicht darauf, ob der Täter in der Absicht handelte, den Amtsträger zu veranlassen, bei der Ausübung des Ermessens sich durch den Vorteil beeinflussen zu lassen. Insoweit war die Vorschrift des § 333 also eine Art Auffangtatbestand zu § 334, der in der insoweit heute noch gültigen Fassung die schwere passive Bestechung beschreibt. Der heutige § 333 erfaßt demgegenüber die Gewährung eines Vorteils an den Amtsträger oder einen Dritten für vergangene oder künftige „Dienstausübungen", ohne Rücksicht darauf, ob der Vorteil als Gegenleistung für eine bestimmte Handlung gedacht ist, und erfaßt zudem auch die Vorteilsgewährung an einen Dritten und damit Fälle, die keinesfalls durchweg als strafwürdig zu bezeichnen sind. Strafbar macht sich u. a. ein Unternehmer, der aus Dankbarkeit für die völlig korrekte Erteilung einer Baugenehmigung der betreffenden Gemeinde ein Schwimmbad stiftet. Diese Erweiterung führt zu erheblichen Auslegungsschwierigkeiten (vgl. § 331 RN 53 a).

2 II. Die **Tathandlungen** sind **spiegelbildlich** zu denen des § 331 zu sehen.

3 1. Das **Anbieten** korrespondiert mit dem Fordern in § 331 (BGH **15** 88, 102, Lackner/Kühl 3); es besteht in der auf den Abschluß einer Unrechtsvereinbarung gerichteten ausdrücklichen oder stillschweigenden Erklärung (BGH **16** 40, 46, Widmaier JuS 70, 241, 242). Diese Erklärung, die auch in vorsichtig formulierten Fragen bestehen kann (Hamm JMBlNW **70**, 190), muß dem Amtsträger usw. zugehen (vgl. unten RN 9). Das **Versprechen** korrespondiert mit dem sich Versprechenlassen, das **Gewähren** mit dem Annehmen.

4 a) Es ist nicht erforderlich, daß der Täter mit dem Amtsträger usw. in unmittelbare Verbindung tritt. Das Anbieten, Versprechen oder Gewähren kann auch durch eine **Mittelsperson** erfolgen (Beckemper wistra 99, 173). Immer aber ist erforderlich, daß das Anbieten zur Kenntnis des anderen kommt (Lackner/Kühl 3; and. Tröndle/Fischer 4). Solange dies nicht der Fall ist (das Geschenk wird im Vorzimmer abgegeben, der Brief mit dem Angebot ist noch nicht gelesen), liegt nur strafloser Versuch vor (vgl. BGH **8** 261). Hat der Täter eine Forderung zunächst ohne Bestechungsabsicht gestundet und entschließt er sich später, die Forderung weiter zu stunden, so ist er nach § 333 erst strafbar, wenn er dieses Ansinnen an den Beamten heranträgt (vgl. BGH **16** 41). Will der Täter durch die Zuwendung nur eine Mittelsperson beeinflussen, so kommt § 333 nicht in Betracht (RG **13** 396). Wer nur als Bote auftritt, also eine fremde Erklärung überbringt, kommt zwar als Teilnehmer, nicht aber als Täter in Betracht; vgl. u. 18.

5 b) Nicht erforderlich ist, daß der Amtsträger usw. den Inhalt der Erklärung versteht (BGH **15** 88, vgl. auch BGH **16** 40). Dies ergibt sich daraus, daß die **Unrechtsvereinbarung** (vgl. § 331 RN 4) nur einseitig bestehen, d. h. nur auf das korrespondierende Verhalten des anderen gerichtet sein muß. Die Tathandlung nach § 333 muß auf Herstellung der Übereinstimmung darüber gerichtet sein, daß zwischen Vorteil und Dienstausübung (vgl. § 331 RN 4) bzw. konkreter inhaltlicher Handlung (vgl. § 331 RN 11) ein Zusammenhang besteht (BGH **15** 88, 184). Beim Versprechen und Gewähren ist ein tatsächlicher Konsens der beiden Beteiligten nicht erforderlich. Es reicht aus, daß die Erklärung des Gebers auf einen solchen gerichtet war bzw. einen solchen voraussetzte; and. auch hier die hM.

6 Der Vorteil muß für die Dienstausübung (Abs. 1) oder als Gegenleistung für eine richterliche Handlung (Abs. 2) gewährt werden usw. Insoweit gilt das zur Unrechtsvereinbarung in § 331 Ausgeführte entsprechende. Da auch Vorteile für eine pflichtgemäße Dienstausübung ausreichen, ist zB das Anbieten kräftigender Suppe an Soldaten bei einem Katastropheneinsatz, zB bei Überschwemmungen, vom Tatbestand erfaßt (vgl. u. § 331 RN 53 ff.). Nicht mehr erforderlich ist, daß das Bezugsobjekt der Tathandlung nach Abs. 1 zukünftige (Naumburg NJW **97**, 1593) Ermessenshandlungen sind. Wie bei § 331 reicht die zurückliegende, gegenwärtige oder zukünftige Dienstausübung (Abs. 1) oder richterliche Handlung (Abs. 2) aus.

7 Ausreichend ist zudem, was der spiegelbildlichen Fassung zu § 331 entspricht, daß der Vorteil dem Amtsträger usw. oder Richter usw. oder einem Dritten angeboten, versprochen oder gewährt wird.

III. Für den **subjektiven Tatbestand** ist Vorsatz erforderlich, bedingter Vorsatz genügt. Dieser **8** muß sich darauf erstrecken, daß der Vorteil für die Dienstausübung oder als Gegenleistung für eine richterliche Handlung gewährt wird usw. Dazu gehört auch die Bedeutungskenntnis davon, daß Gegenstand der Unrechtsvereinbarung eine Dienstausübung, im Falle des Abs. 2 eine richterliche Handlung ist. Abweichungen im Vorstellungsbild hinsichtlich der Frage, ob der Vorteil für eine schon begangene oder noch bevorstehende Dienstausübung gewährt wird, sind unerheblich. Nicht erforderlich ist, daß der Täter die Absicht hat, einen angesonnenen oder versprochenen Vorteil tatsächlich zu gewähren, eine entsprechende Mentalreservation ist unbeachtlich (vgl. auch § 331 RN 30).

IV. Vollendet ist die Tat mit dem Anbieten, Versprechen usw. Ob der andere bereit ist, sich den **9** Vorteil gewähren zu lassen, die angesonnene Handlung auszuführen, ob er dies trotz ursprünglicher Bereitschaft tut oder nicht tut, ist belanglos (vgl. RG 74 255). Gleichgültig ist folglich, ob der Amtsträger usw. nach §§ 331, 332 strafbar ist (BGH 15 184). Der Versuch ist straflos. Im übrigen gilt Entsprechendes wie bei § 331; vgl. dort RN 31.

V. Täter kann jedermann sein, auch ein anderer Amtsträger. Die Tat kann nicht nur gegenüber **10** dem in § 331 genannten Personenkreis (vgl. dort RN 34), sondern auch gegenüber Soldaten der Bundeswehr (§ 1 I SoldG) begangen werden. Da diese in § 331 nicht genannt sind und § 48 WStG hinsichtlich § 331 zwar Offiziere und Unteroffiziere, nicht aber Mannschaften den Amtsträgern gleichstellt, ergibt sich die eigenartige Konsequenz, daß bei einer Vorteilsgewährung an Soldaten zwar der aktive Teil der Unrechtsvereinbarung nach § 333 bestraft wird, der passive jedoch nur disziplinarisch verfolgt werden kann; diese Regelung und die hierfür ins Feld geführten Gründe (vgl. BT-Drs. 7/550 S. 275) überzeugen nicht; vgl auch Rudolphi SK 2.

Soldat ist, wer entweder aufgrund der Wehrpflicht oder aufgrund freiwilliger Verpflichtung in **11** einem **Wehrdienstverhältnis** steht (vgl. § 1 I SoldG). Die Voraussetzungen für das Wehrdienstverhältnis, insb. sein Beginn und sein Ende, sind im SoldG und im WehrpflG geregelt. Das Wehrdienstverhältnis aufgrund der Wehrpflicht umfaßt neben dem Grundwehrdienst die Wehrübungen mit Einschluß des Wehrdienstes während der Verfügungsbereitschaft sowie den unbefristeten Wehrdienst im Verteidigungsfall (vgl. § 4 WehrpflG). Die Tatsache, daß ein Wehrpflichtiger der Wehrüberwachung unterliegt, begründet jedoch kein Wehrdienstverhältnis (§ 24 WehrpflG). Ein Wehrdienstverhältnis aufgrund freiwilliger Verpflichtung besteht bei Berufssoldaten, bei Soldaten auf Zeit (§ 1 III SoldG) sowie bei Soldaten und Beamten der früheren Wehrmacht und den sogenannten Außenseitern während einer Eignungsübung (§ 60 SoldG).

VI. Nicht strafbar ist die Vorteilsgewährung nach Abs. 1, wenn die **zuständige Behörde** im **12** Rahmen ihrer Befugnisse entweder die Annahme des Vorteils durch den Empfänger vorher genehmigt oder sie auf unverzügliche Anzeige des Empfängers **genehmigt (Abs. 3).**

1. Die Vorschrift entspricht im wesentlichen § 331 III, weicht aber von diesem insofern im Wort- **13** laut ab, als sie nicht erwähnt, daß eine Genehmigung nicht in Betracht kommt, wenn der Beamte den Vorteil fordert (vgl. § 331 RN 40). Neben den im Rahmen des § 331 anfallenden Streitfragen (vgl. dort RN 42 ff.), taucht hier also die zusätzliche Frage auf, ob Abs. 3 für den Vorteilsgeber auch dann von Bedeutung sein kann, wenn die Initiative vom Vorteilsnehmer ausgeht, der Täter also zB den von einem Amtsträger geforderten Vorteil verspricht oder gewährt. Im übrigen ist der praktische Anwendungsbereich der Vorschrift außerordentlich gering, weil die Genehmigung einer Vorteilsannahme für eine künftige Ermessenshandlung, die allein durch Abs. 1 betroffen ist, kaum jemals in Betracht kommt. Berücksichtigt man weiterhin, daß Abs. 1 nur als Auffangtatbestand zu § 334, bei dem eine Genehmigung unbeachtlich ist, eine praktische Funktion zu erfüllen hat, so zeigt sich ebenfalls die Bedeutungslosigkeit des Abs. 3. Die Vorschrift wirft also weniger Fragen ihres praktischen Anwendungsbereichs als solche der Irrtumsproblematik auf; vgl. hierzu u. 23. Auf richterliche Handlungen (Abs. 2) ist sie nicht anwendbar. Wie bei § 331 ist zwischen der vorherigen und nachträglichen Genehmigung zu unterscheiden.

a) Wird die **Genehmigung** zur Annahme von Vorteilen dem Beamten erteilt, **bevor** der **Vorteils-** **14** **geber tätig** wird, was praktisch nur bei einer wohl nie zu erreichenden generellen Genehmigung in Betracht kommen könnte, so ist die Tat des Vorteilsgebers (Anbieten, Versprechen, Gewähren) gerechtfertigt. Dies ohne Rücksicht darauf, ob der Amtsträger den Vorteil gefordert hat, weil die Strafbarkeit des Vorteilsgebers nicht davon abhängen kann, von wem die Initiative ausgeht. Offeriert der Vorteilsgeber die Zuwendung, macht er also deren endgültige Gewährung von der Genehmigung abhängig, so ist die Tat gerechtfertigt, wenn die Vorteilsannahme genehmigt wird, bevor die Zuwendung endgültig dem Vermögen des Amtsträgers usw. zufließt; auch in diesem Fall ist es gleichgültig, ob der andere den Vorteil gefordert hat. Im übrigen gelten die zu § 331 II aufgestellten Grundsätze entsprechend.

b) Die **nachträgliche Genehmigung** hat bei § 333 ebenso wie bei § 331 nur subsidiäre Bedeu- **15** tung. Danach ist der Vorteilsgeber gerechtfertigt, wenn er einen nur sofort zuwendbaren Vorteil (vgl. § 331 RN 49) gewährt, sofern die Zuwendung genehmigungsfähig ist und der Vorteilsgeber in der Erwartung handelt, daß die Genehmigung von Beamten beantragt und erteilt wird. Ob dies dann tatsächlich geschieht, ist für die Rechtfertigung belanglos (Rudolphi SK 14, Tröndle/Fischer 11), weil nachträgliche Umstände das auf den Tatzeitpunkt zu fällende Rechtswidrigkeitsurteil nicht beeinflussen können; vgl. im übrigen § 331 RN 49. Hat der Täter mit einer späteren Genehmigung nicht

§ 334   1–4   Bes. Teil. Straftaten im Amt

gerechnet, zB weil er den Vorteil nicht für genehmigungsfähig hielt, kommt es dann aber doch zu einer Genehmigung, so liegt ein Strafaufhebungsgrund vor; Einzelheiten hierzu bei § 331 RN 50. Zur **fehlerhaften Genehmigung** usw. vgl. § 331 RN 51.

16   c) Die **Zuständigkeit** für die Genehmigung von Vorteilen, die einem Dritten gewährt werden, ist ungeklärt (König aaO, Lackner/Kühl 7).

17   d) Geht der Täter **irrtümlich** von einer generellen Genehmigung oder davon aus, der unter Vorbehalt offerierte Vorteil sei vor seiner endgültigen Zuwendung genehmigt worden, so liegt ein Irrtum über die Voraussetzungen eines Rechtfertigungsgrundes (vgl. § 16 RN 19) vor. Dasselbe gilt bei einem Irrtum über die tatsächlichen Voraussetzungen der Genehmigungsfähigkeit eines Vorteils, zB einem Irrtum über den Wert der Zuwendung, was bei einem Vorteilsgeber allerdings kaum denkbar ist. Ansonsten ist der Irrtum über die Genehmigungsfähigkeit, die Genehmigungspraxis der Behörde usw. Verbotsirrtum. Die bloße Hoffnung, ein nicht genehmigungsfähiger Vorteil würde gleichwohl genehmigt, ist unbeachtlich. Beim Irrtum über die Genehmigung sind nur die Vorstellungen des Täters, nicht jedoch die des Vorteilsempfängers erheblich. Zur Frage, wann ein Verbotsirrtum in Betracht zu ziehen ist, vgl. König aaO.

18   2. Zur Rechtfertigung unter **übergesetzlichen Gesichtspunkten** vgl. § 331 RN 53 ff.

§ 334 Bestechung

(1) Wer einem Amtsträger, einem für den öffentlichen Dienst besonders Verpflichteten oder einem Soldaten der Bundeswehr einen Vorteil für diesen oder einen Dritten als Gegenleistung dafür anbietet, verspricht oder gewährt, daß er eine Diensthandlung vorgenommen hat oder künftig vornehme und dadurch seine Dienstpflichten verletzt hat oder verletzen würde, wird mit Freiheitsstrafe von drei Monaten bis zu fünf Jahren bestraft. In minder schweren Fällen ist die Strafe Freiheitsstrafe bis zu zwei Jahren oder Geldstrafe.

(2) Wer einem Richter oder Schiedsrichter einen Vorteil für diesen oder einen Dritten als Gegenleistung dafür anbietet, verspricht oder gewährt, daß er eine richterliche Handlung
1. vorgenommen und dadurch seine richterlichen Pflichten verletzt hat oder
2. künftig vornehme und dadurch seine richterlichen Pflichten verletzen würde,

wird in den Fällen der Nummer 1 mit Freiheitsstrafe von drei Monaten bis zu fünf Jahren, in den Fällen der Nummer 2 mit Freiheitsstrafe von sechs Monaten bis zu fünf Jahren bestraft. Der Versuch ist strafbar.

(3) Falls der Täter den Vorteil als Gegenleistung für eine künftige Handlung anbietet, verspricht oder gewährt, so sind die Absätze 1 und 2 schon dann anzuwenden, wenn er den anderen zu bestimmen versucht, daß dieser
1. bei der Handlung seine Pflichten verletzt oder,
2. soweit die Handlung in seinem Ermessen steht, sich bei der Ausübung des Ermessens durch den Vorteil beeinflussen läßt.

Vorbem.: Neugeregelt durch das KorrBG vom 13. 8. 1997, BGBl. I 2038.

Schrifttum: Vgl. die Angaben zu § 331.

1   I. Der **objektive Tatbestand** setzt nach Abs. 1 voraus, daß der Täter einem Amtsträger, einem für den öffentlichen Dienst besonders Verpflichteten oder Soldaten der Bundeswehr als Gegenleistung für eine pflichtwidrige Diensthandlung einen Vorteil anbietet, verspricht oder gewährt. Nach Abs. 2 wird ein entsprechendes Verhalten für pflichtwidrige richterliche Handlungen erfaßt. Zu Bestechungshandlungen mit Auslandsbezug vgl. § 331 RN 1 b.

2   1. Die Bezugshandlung ist eine Handlung, durch welche die dienstlichen oder richterlichen Pflichten verletzt wurden oder verletzt werden sollen; vgl. hierzu § 332 RN 5 ff. Wie bei § 332 ist zwischen zurückliegenden und künftigen Diensthandlungen usw. zu unterscheiden (vgl. § 332 RN 5, 15).

3   a) Bei einer Vorteilsgewährung für **zurückliegende Handlungen** ist deren Pflichtwidrigkeit festzustellen; es gelten die zu § 332 RN 5 genannten Grundsätze. Bei Ermessenshandlungen ist ebensowenig wie bei § 332 zu fordern, daß sie iE unrichtig sind. Folglich ist § 334 auch dann anwendbar, wenn der Beamte zB – ohne vorheriges Einverständnis – einen Parteifreund berücksichtigt und dieser sich später durch die Gewährung eines Vorteils erkenntlich zeigt (vgl. § 332 RN 6).

4   b) Bei **künftigen Handlungen** muß das Ansinnen an den Amtsträger usw., eine Pflichtwidrigkeit zu begehen, erkennbar werden (Unrechtsvereinbarung). Abs. 3 drückt dies so aus, daß die Vorschrift „schon dann anwendbar" ist, wenn der Täter den anderen „zu bestimmen versucht", seine Pflichten zu verletzen (Nr. 1) oder bei der Ausübung des Ermessens sich durch den Vorteil beeinflussen zu lassen (Nr. 2). Der Vorteil muß also gerade dafür gewährt werden, daß der andere pflichtwidrig handeln soll. Hierbei ist unerheblich, welche Erfolgschance der Täter sich für seinen Bestimmungsversuch ausrechnet. Abs. 3 ist also auch dann gegeben, wenn der Täter auch mit der Möglichkeit rechnet, der Amtsträger werde die ihm angesonnene Handlung ablehnen (Lackner/Kühl 3).

Bestechung 5–12 § 334

Bei der Interpretation von Abs. 3 wird man von folgenden Grundsätzen ausgehen müssen: 5

α) Das Merkmal **„zu bestimmen versucht"** kann hier keine andere Bedeutung haben als in § 30 6 (vgl. dort RN 18). Folglich ist nur erforderlich, daß mit dem Anbieten, Versprechen oder Gewähren des Vorteils der Versuch verbunden ist, in dem anderen den Entschluß zu erwecken, bei einer gebundenen Diensthandlung (vgl. § 332 RN 8) seine Pflichten zu verletzen (Nr. 1) oder bei einer Ermessenshandlung (vgl. § 332 RN 10) dem Vorteil Einfluß auf die Ermessensausübung einzuräumen (Nr. 2); vgl. hierzu Lackner/Kühl 3, BT-Drs. 7/550 S. 276. Ob der Bestimmungsversuch in einer ausdrücklichen Erklärung besteht oder schlüssig erfolgt usw., ist gleichgültig. Unerheblich ist auch, ob der andere den Entschluß faßt, ihn schon gefaßt hat, zur Vornahme der Pflichtwidrigkeit überhaupt imstande ist usw. (Lackner/Kühl 3).

β) Die Vorschrift des Abs. 3 korrespondiert in seiner Funktion im wesentlichen mit § 332 III 7 (Lackner/Kühl 3). Während dort das „Bereitzeigen zur käuflichen Pflichtwidrigkeit" den Kern der Unrechtsvereinbarung ausmacht, erfüllt hier der **„Bestimmungsversuch zur Pflichtwidrigkeit"** dieses Merkmal der Bestechungsdelikte. Daraus ergibt sich allerdings ein nicht unwesentlicher Unterschied. Während es bei § 332 nur auf die Erklärung des Amtsträgers, nicht aber darauf ankommt, was er später tun und ob er überhaupt eine Pflichtwidrigkeit begehen will (vgl. § 332 RN 15), ist auf seiten des aktiven Teils erforderlich, daß er die künftige Pflichtwidrigkeit des anderen will, da andernfalls von einem Anstiftungsversuch hierzu nicht gesprochen werden kann. Eine Mentalreservation im Hinblick auf die angesonnene Pflichtwidrigkeit, um zB den Amtsträger der Bestechlichkeit zu überführen, ist daher beachtlich. Zu weiteren Vorsatzfragen vgl. u. 9 f.

2. Die **Tathandlung** besteht darin, daß der Täter **als Gegenleistung** für die pflichtwidrige Diensthandlung usw. **Vorteile anbietet, verspricht** oder **gewährt** (Düsseldorf NJW **87**, 1213 m. Anm. 8 Geerds JR 87, 169), vgl. hierzu § 331 RN 26 ff., § 332 RN 21 ff. u. § 333 RN 3.

II. Für den **subjektiven Tatbestand** ist Vorsatz erforderlich. Bei zurückliegenden Diensthandlungen oder richterlichen Handlungen muß der Täter mindestens bedingt vorsätzlich davon ausgehen, 9 daß der andere seine Pflichten verletzt hat (vgl. RG **77** 77, Hamburg HESt. **2** 346). Fehlt es hieran, so ist der Betreffende straflos, da § 333 die Vorteilsgewährung für zurückliegende Handlungen nicht erfaßt; geht im umgekehrten Fall der Täter von einer pflichtwidrigen Handlung aus, obwohl sie pflichtgemäß war, so liegt Versuch vor, der nur in den Fällen des Abs. 2 strafbar ist (vgl. u. 17). Bedingter Vorsatz genügt auch im Hinblick auf die Eigenschaft des Bestechungsadressaten als Amtsträger, Richter usw.; geht der Täter irrtümlich davon aus, sein Partner sei tauglicher Bestechungsadressat, so liegt ein nach Abs. 1 strafloser, nach Abs. 2 strafbarer Versuch vor. Bedingter Vorsatz genügt auch für die Annahme des Täters, der Partner werde den Zusammenhang von Vorteil und dienstlicher oder richterlicher Handlung erkennen, mag diese schon vorgenommen sein oder noch bevorstehen.

Schwierigkeiten bereitet die Frage der **subjektiven Voraussetzungen** und der Versuchssituation 10 bei **künftigen Handlungen**. Diese Fragen müssen unter Berücksichtigung des Abs. 3 geklärt werden. Bietet der Täter Vorteile für eine Handlung, welche die dienstlichen oder richterlichen Pflichten tatsächlich verletzen würde, so genügt schon nach Abs. 1 und 2, daß er im Hinblick auf die Pflichtwidrigkeit bedingt vorsätzlich handelt (RG **77** 77, Hamburg HESt. **2** 346); es genügt also, wenn er mit einer Pflichtwidrigkeit rechnet, sie in Kauf nimmt und dafür einen Vorteil anbietet usw. (vgl. § 15 RN 72). Würden die Pflichten tatsächlich nicht verletzt, so wäre dies nach Abs. 1 ein strafloser, nach Abs. 2 ein strafbarer Versuch. Für diese Fälle bestimmt jedoch Abs. 3, daß die genannten Vorschriften schon anwendbar sind, wenn der Täter seinen Partner zu einer Pflichtwidrigkeit usw. zu bestimmen versucht (BGH wistra **98**, 108). Folglich ist hinsichtlich der rechtlichen Qualität des angesonnenen künftigen Verhaltens nicht die objektive Sachlage maßgebend (Hamburg HESt. **2** 346). Es genügt, daß sich der Täter das Verhalten seines Partners als eine Pflichtwidrigkeit vorstellt (vgl. BGH **15** 357, Dahs NJW 62, 178); deshalb ist § 334 auch dann gegeben, wenn der Täter nur irrtümlich annimmt, dies sei der Fall (vgl. Lackner/Kühl 4, § 332 RN 6; and. Baumann BB 61, 1066, Jescheck LK 7, Rudolphi SK 8, Eb. Schmidt aaO 139, Welzel 542); während umgekehrt § 334 entfällt, wenn der Täter das dem anderen angesonnene Verhalten irrtümlich nicht für pflichtwidrig hält, insb. wenn er den Beamten zur Erfüllung seiner vermeintlichen Pflichten veranlassen (BGH **15** 350) oder ungerechtfertigte Nachteile von sich abwenden will. Bisher war unbestritten, daß dies selbst dann gilt, wenn der Täter dabei in Kauf nimmt, der Partner könne die Vorteilsgewährung möglicherweise auch pflichtwidrig zu seinen Gunsten berücksichtigen (vgl. auch BGH **16** 41); diese Auffassung kann nicht mehr vertreten werden, weil im Hinblick auf die Pflichtwidrigkeit keine Absicht verlangt wird, sondern wie bei der Anstiftung (vgl. § 26 RN 12) jede Art des Vorsatzes ausreicht (Tröndle/Fischer 7). Dies ergibt sich daraus, daß das Merkmal „Bestimmen" in § 334 nicht anders ausgelegt werden kann als in § 26.

III. **Täter** kann jeder, auch ein anderer Amtsträger sein. Der Bestochene ist niemals Teilnehmer an 11 der Tat des § 334, und zwar auch dann nicht, wenn die Initiative von ihm ausgegangen ist und seine Beteiligung das unerläßliche Maß übersteigt. Dagegen ist von seiten dritter Personen Teilnahme an der Tat des § 334 nach allgemeinen Regeln möglich.

1. Auch nach neuem Recht stellt sich die Frage, ob der Bestecher oder dritte Personen sich wegen 12 Beteiligung an der Tat eines Amtsträgers usw. nach § 331 oder § 332 strafbar machen können. Hier ist

Cramer 2591

zunächst davon auszugehen, daß die schwersten Formen einer möglichen Beteiligung, nämlich das Anbieten, Versprechen oder Gewähren von Vorteilen, in §§ 333, 334 verselbständigt sind, wobei die Strafdrohungen dieser Vorschriften regelmäßig milder sind, als diejenigen, die sich aus §§ 331, 332 iVm §§ 26, 27 ergeben würden. Ergibt sich unter Berücksichtigung von § 28 I eine geringere Strafe, so ist von ihr auszugehen. Außerdem ist zu berücksichtigen, daß der Vorteilsgewährung an einen Soldaten (§ 334 I) auf seiten der Vorteilsannahme (§ 331) kein Straftatbestand entspricht (vgl. § 333 RN 17). Daraus läßt sich als Grundposition gegenseitiger Teilnahmefragen ableiten, daß für Amtsträger, Richter usw. nur die §§ 331, 332 in Betracht kommen, für den Vorteilsgeber und Dritte nur die §§ 333, 334, bzw. die Strafnormen dieser Vorschriften, und daß es zugleich auf seiten dieses Personenkreises – trotz §§ 26, 27 – einen Bereich der Straflosigkeit geben muß, soweit nämlich § 333 keine dem § 331 korrespondierenden Tatbestände enthält. Hier kann nichts anderes gelten als bei der Straflosigkeit des Soldaten auf der Nehmerseite trotz Strafbarkeit eines Nichtamtsträgers auf der Geberseite (§ 333 RN 17).

13/14 weggefallen

15 2. Für den Bereich der **durch § 334 erfaßten Bezugstaten** ergeben sich folgende Konsequenzen: Der Vorteilsgeber ist nur aus dieser Vorschrift zu bestrafen, nicht gleichzeitig wegen Anstiftung oder Beihilfe zu § 332. Für den Dritten ergeben sich die gleichen Folgerungen wie bei den Bezugstaten des § 333, so daß auch er – gleichgültig in welcher Form er sich beteiligt und für welche Partei er sich engagiert – nur aus § 334 bestraft werden kann (and. Bell MDR 79, 719). Das gilt auch für den, der für den Amtsträger gegenüber dem potentiellen Vorteilsgeber die Bereitschaft zur Pflichtwidrigkeit erklärt (§ 332 III), weil auch dieses Verhalten nicht schwerer zu beurteilen ist als der Bestimmungsversuch zur Pflichtwidrigkeit nach § 334 III. Für die Beihilfe ist § 27 II zu beachten.

16 3. Da das IntBestG (vgl. § 331 RN 4c) nur die Strafbarkeit der aktiven Bestechung erfaßt, soweit die Tat durch einen Deutschen begangen wurde, kann der bestochene Ausländer nicht wegen Beteiligung bestraft werden (§ 3 IntBestG); entsprechendes gilt für die nach § 2 EuBestG an Auslandstaten jeweils Beteiligten.

17 IV. **Vollendet** ist die Tat mit dem Anbieten usw.; vgl. hierzu § 333 RN 16. In den Fällen des Abs. 3 mit dem Bestimmungsversuch; vgl. hierzu § 30 RN 18 f. Der **Versuch** ist strafbar nach Abs. 2. Zu weiteren Versuchsproblemen vgl. o. 9 f.

18 V. Bei der **Strafe** ist zu beachten, daß nur Abs. 1 eine Strafreduzierung bei minder schweren Fällen kennt. Bei der Strafzumessung ist zu berücksichtigen, ob der Täter mit seiner Bestechung Erfolg hatte (vgl. BGH GA **59**, 176).

19 VI. **Idealkonkurrenz** ist möglich mit § 185. Erfüllt die Verletzung der dienstlichen oder richterlichen Pflicht einen Straftatbestand, so kann Anstiftung zu der Straftat mit der Bestechung in Idealkonkurrenz stehen (RG **13** 182, **55** 182); wird die angesonnene Pflichtwidrigkeit nicht verwirklicht, so kommt Idealkonkurrenz mit § 30 in Betracht, sofern diese in einem Verbrechen bestehen sollte (BGH **6** 311); beachte jedoch § 30 RN 14. Realkonkurrenz liegt bei der Bestechung mehrerer Amtsträger des gleichen Amtes durch mehrere Handlungen vor.

§ 335 Besonders schwere Fälle der Bestechlichkeit und Bestechung

(1) **In besonders schweren Fällen wird**
1. eine Tat nach
   a) § 332 Abs. 1 Satz 1, auch in Verbindung mit Abs. 3, und
   b) § 334 Abs. 1 Satz 1 und Abs. 2, jeweils auch in Verbindung mit Abs. 3, mit Freiheitsstrafe von einem Jahr bis zu zehn Jahren und
2. eine Tat nach § 332 Abs. 2, auch in Verbindung mit Abs. 3, mit Freiheitsstrafe nicht unter zwei Jahren

bestraft.

(2) **Ein besonders schwerer Fall im Sinne des Absatzes 1 liegt in der Regel vor, wenn**
1. **die Tat sich auf einen Vorteil großen Ausmaßes bezieht,**
2. **der Täter fortgesetzt Vorteile annimmt, die er als Gegenleistung dafür gefordert hat, daß er eine Diensthandlung künftig vornehme, oder**
3. **der Täter gewerbsmäßig oder als Mitglied einer Bande handelt, die sich zur fortgesetzten Begehung solcher Taten verbunden hat.**

Vorbem.: Eingefügt durch das KorrBG vom 13. 8. 1997, BGBl. I 2038.

1 I. Abs. 1 enthält eine Strafschärfung für **besonders schwere Fälle** der (passiven) Bestechlichkeit und der (aktiven) Bestechung; zu besonders schweren Fällen vgl. RN 47 vor § 38. Zur Bedeutung des Regelbeispiels vgl. RN 44 ff. vor § 38. Für Bestechung eines Amtsträgers usw. (§ 334 I 1) sowie eines Richters usw. (§ 334 II) ist bei Vorliegen eines besonders schweren Falles jetzt ein Strafrahmen von 1 Jahr bis zu 10 Jahren vorgesehen. Dieser Strafrahmen gilt auch für die Bestechlichkeit eines Amtsträgers usw. nach § 332 I 1, während die Bestechlichkeit eines Richters (§ 332 II), bei Vorliegen eines besonders schweren Falles sogar Freiheitsstrafe nicht unter 2 Jahren nach sich zieht.

II. In Abs. 2 nennt das Gesetz drei Fälle, in denen **in der Regel** ein besonders schwerer Fall 2
vorliegt. Ein solcher kommt in Betracht, wenn

1. die Tat sich auf einen **Vorteil großen Ausmaßes** bezieht (Abs. 2 Nr. 1). In Betracht zu ziehen 3
sind hier nur materielle Vorteile (vgl. § 331 RN 17 ff.) Sie müssen ein Ausmaß erreicht haben, bei
dem sich der Amtsträger oder Richter nicht mehr oder nur unter erheblicher Selbstdisziplinierung
einer Pflichtwidrigkeit entziehen kann (ähnlich Rudolphi SK 3). Ob dies der Fall ist, ist u. a. auch
nach dem Einkommen und den sonstigen wirtschaftlichen Verhältnissen des Vorteilsnehmers zu
bemessen, da nicht der objektive Wert des gebotenen Vorteils maßgeblich ist, sondern der Wert, den
der Vorteil für den Amtsträger usw. hat (Rudolphi SK 3; and. Tröndle/Fischer 6). Danach dürften in
der Regel nur Werte von mehr als DM 50 000 in Betracht zu ziehen sein. Es genügt, daß ein
erheblicher Vorteil gefordert oder versprochen wird; ob Geld dann tatsächlich floß, ist unerheblich
(Tröndle/Fischer aaO).

2. der Täter **fortgesetzt Vorteile annimmt,** die er als Gegenleistung dafür gefordert hat, daß er 4
eine Diensthandlung künftig vornehme; krit. zu diesem Regelbeispiel Tröndle/Fischer 8. Die Vorschrift spricht hier von Dienstleistungen; da jedoch § 335 besonders schwere Fälle von § 332 regelt,
muß die Dienstleistung in einer Diensthandlung bestehen. Diese muß überdies, obwohl dies im
Gesetz nicht ausdrücklich gesagt ist, die Dienstpflichten des Vorteilsnehmers verletzen. Dies ergibt
sich aus der Bezugnahme auf § 332 und § 334, die beide nur pflichtwidrige Taten als Bezugshandlungen des Vorteils nennen. Das Regelbeispiel betrifft nur den Vorteilsnehmer; es setzt voraus, daß der
Täter fortgesetzt Vorteile annimmt, und zwar entweder für eine oder mehrere zukünftige pflichtwidrige Diensthandlungen (Rudolphi SK 4), wobei der Gesetzestext sprachlich verunglückt ist
(Tröndle/Fischer 8).

3. der Täter **gewerbsmäßig** (vgl. dazu § 260 RN 2) oder als **Mitglied einer Bande** handelt (vgl. 5
dazu § 244 RN 23), die sich zur fortgesetzten Begehung solcher Taten verbunden hat (Abs. 2 Nr. 3).
Als Beispiel kommt hier etwa eine „Führerscheinmafia" in Betracht, die gegen Entgelt Führerscheine
unberechtigterweise ausstellt und hierzu gefälschte Akten anlegt. In diesem Falle liegt sowohl Gewerbsmäßigkeit, als auch Bandenbildung vor.

III. Auch wenn bei Vorliegen der Voraussetzungen von Abs. 2 Nr. 1–3 idR ein besonders schwerer 6
Fall anzunehmen ist, ist auch hier eine Gesamtabwägung erforderlich (vgl. zur Parallelproblematik bei
§ 263 dort RN 188 i).

§ 336 Unterlassen der Diensthandlung

Der Vornahme einer Diensthandlung oder einer richterlichen Handlung im Sinne der
§§ 331 bis 335 steht das Unterlassen der Handlung gleich.

I. Die Vorschrift bringt die Klarstellung, daß eine Diensthandlung oder richterliche Handlung auch 1
in einem Unterlassen bestehen kann (so auch die hM zum alten Recht, vgl. BGH **9** 245).

II. Für die Anwendung von § 336 ist zunächst von Bedeutung, unter welchen Voraussetzungen ein 2
Unterlassen Bezugstat der Bestechungsdelikte ist. Sodann ist für die Abgrenzung von §§ 331, 332
einerseits und §§ 333, 334 andererseits von Bedeutung, nach welchen Kriterien sich die Frage der
Pflichtwidrigkeit bzw. Pflichtmäßigkeit des Unterlassens beurteilt. Die Antwort hierauf ergibt sich
nicht aus § 336, sondern aus den Vorschriften des §§ 331 ff., auf welche sie sich bezieht; vgl. § 331
RN 13.

1. Erforderlich ist zunächst, daß das Unterlassen in den **dienstlichen** oder **richterlichen Bereich** 3
des Täters fällt; ein bloßes privates Untätigbleiben reicht also nicht aus (vgl. § 331 RN 13, 10). Daraus
ergibt sich aber, daß von einer der Diensthandlung usw. gleichzustellenden Unterlassen nur gesprochen werden kann, wenn der Täter zu einer dienstlichen oder richterlichen Tätigkeit verpflichtet ist,
zB eine Strafanzeige erstatten, einen Antrag bescheiden muß, und damit die Vornahme einer in sein
Amt einschlagenden pflichtwidrigen oder pflichtgemäßen Handlung unterläßt (vgl. u. 6 ff.); vgl.
BGH NStZ **98**, 194 m. Bespr. Böse JA 98, 630. Läßt ein Amtsträger sich dafür bezahlen oder soll ihm
ein Vorteil dafür gewährt werden, daß er ein bisheriges Unterlassen beendet, also zB einen U-Häftling
die ihm zustehenden, aber bisher vorenthaltenen Rechte künftig gewährt, so ist Bezugstat der
§§ 331 ff. nicht das Unterlassen, sondern die Diensthandlung usw., für deren Vornahme der Vorteil
gewährt oder gefordert wird (vgl. Jescheck LK § 335 RN 3).

2. Da das Unterlassen in den Pflichtkreis des Täters fallen muß, kann die Verletzung der Pflicht, 4
dienstlich oder richterlich tätig zu werden, als solche noch nicht dafür maßgebend sein, ob das
Untätigbleiben als Pflichtwidrigkeit iSv § 332 zu bewerten ist (and. Rudolphi SK 5). Hier ist vielmehr
zu unterscheiden:

a) Führt das Unterlassen einer an sich gebotenen Diensthandlung zu keiner Änderung der materiell 5
dem Recht entsprechenden Rechtslage, so ist das Unterlassen als solches nicht pflichtwidrig iSv
§ 332. Läßt zB ein Beamter der Baubehörde sich von einem Nachbarn des Antragstellers dafür
bezahlen, daß er über den Bauantrag nicht entscheidet, so ist dieses Unterlassen nicht rechtswidrig iSv
§ 332, wenn dem Antrag ohnehin nicht hätte stattgegeben werden dürfen (and. Rudolphi SK 5). Dies
gilt selbst dann, wenn der Antragsteller ein Interesse an einer baldigen Entscheidung hat, um beispiels-

weise zu wissen, woran er ist oder Möglichkeit eines Widerspruchs wahrnehmen zu können. Der Grund hierfür liegt darin, daß in Fällen dieser Art die Unrechtsvereinbarung (vgl. § 331 RN 29) nicht den Eindruck erweckt, der Amtsträger werde für ein iE rechtswidriges Verhalten bezahlt (and. Rudolphi SK 5).

6   Gleiches gilt, wenn der Täter dafür einen Vorteil fordert oder erhalten soll, daß er eine Pflichtwidrigkeit unterläßt, weil das Unterlassen pflichtwidrigen Handelns pflichtgemäß ist (vgl. § 331 RN 13). Wer zB von einem Anzeigeerstatter einen Vorteil dafür annimmt, daß er es unterläßt, einen Haftbefehl aufzuheben, der deswegen nicht aufgehoben werden darf, weil die Voraussetzungen für die U-Haft fortbestehen, kann nur nach § 331 bestraft werden.

7   Stets ist jedoch bei der Beurteilung der Unrechtsvereinbarung zu beachten, daß es auf den Inhalt der Erklärung ankommt (vgl. § 331 RN 4). Stellt der Täter die Sachlage so dar, daß er gegenteilig hätte entscheiden müssen, sagt der Beamte im Beispielsfall, er müsse die Genehmigung erteilen, so zeigt er sich zu einer Pflichtwidrigkeit bereit (§ 332 III; vgl. dort RN 8) und ist aus § 332 zu bestrafen.

8   b) Pflichtwidrig ist ein Unterlassen, wenn die gebotene Handlung in ihren Auswirkungen materielle Konsequenzen in Gestalt einer Änderung der bisherigen Rechtslage hätte. Wird ein Vorteil zB dafür geboten, daß ein tatsächlich nicht eingetretener Betriebsverlust nicht zum Anlaß einer nachträglichen Änderung des Steuerbescheides genommen wird (§ 94 I Nr. 2 AO), so ist das Unterlassen pflichtwidrig; gleiches gilt, wenn ein Polizeibeamter veranlaßt wird, trotz hinreichender Anhaltspunkte (§ 163 StPO) nicht einzuschreiten (zB Festnahme, Anzeigeerstattung). Zum Problem der Ermessensentscheidung vgl. § 332 RN 10 ff.

§ 337 Schiedsrichtervergütung

Die Vergütung eines Schiedsrichters ist nur dann ein Vorteil im Sinne der §§ 331 bis 335, wenn der Schiedsrichter sie von einer Partei hinter dem Rücken der anderen fordert, sich versprechen läßt oder annimmt oder wenn sie ihm eine Partei hinter dem Rücken der anderen anbietet, verspricht oder gewährt.

1   I. Die Vorschrift soll nach der Vorstellung des Gesetzgebers klarstellen, daß eine **Schiedsrichter- „vergütung"** (vgl. u. 3) nur dann als Vorteil iSd Bestechungstatbestände anzusehen ist, wenn sie „**hinter dem Rücken**" einer Partei angenommen bzw. gewährt wird usw. Obwohl die Vorschrift sich auf §§ 331–335 bezieht, hat sie praktische Bedeutung nur bei der Entlohnung zurückliegender oder zukünftiger pflichtwidriger Handlungen eines Schiedsrichters, weil bei pflichtgemäßem Verhalten die Voraussetzungen des § 337 kaum jemals gegeben sein werden.

2   II. Selbstverständlich ist zunächst, daß der **Vergütungsanspruch des Schiedsrichters,** der auf §§ 612, 614 BGB beruht und sich gegen die Parteien als Gesamtschuldner richtet (RGZ **94** 212), von vornherein **kein Vorteil** iSv § 331 ff. ist. Dies ergibt sich nicht aus § 337 (so aber Tröndle/Fischer), sondern daraus, daß auf diese Leistungen ein rechtlich begründeter Anspruch besteht (vgl. § 331 RN 17). Daß die Vorschrift von „Vergütung" spricht, ist mindestens insoweit mißverständlich. Da es sich um eine Gesamtschuld handelt, kommen die §§ 331 ff. auch dann nicht in Betracht, wenn der Schiedsrichter diesen Anspruch bei einer Partei fordert, ohne die andere zu benachrichtigen, oder wenn ein Schuldner ohne Wissen des anderen den Anspruch befriedigt. Dies ist das gute Recht des Schiedsrichters als Gläubiger (vgl. § 421 BGB), wie auch die rechtlich anerkannte Möglichkeit einer Befriedigung der Gesamtschuld durch einen Schuldner (§ 422 BGB). Entsprechendes gilt – jeweils im Verhältnis zu der schuldenden Partei – für einen etwaigen Anspruch des Schiedsrichters auf Vergütungsvorschuß (vgl. RG JW **28**, 737) oder Auslagenersatz nach §§ 669 f. BGB. Zur Frage der zivilrechtlichen Gültigkeit des Schiedsvertrages vgl. BGH NJW **53**, 303.

3   III. Die Vorschrift kann also, wie sich aus dem Vorteilsbegriff (vgl. § 331 RN 17) ergibt, nur Leistungen betreffen, auf die kein rechtlich begründeter Anspruch besteht. Damit ist auch gesagt, daß in § 335 a nicht die einverständlich mit beiden Parteien vereinbarte Vergütung (§ 612 BGB) gemeint ist, auch wenn sie über den üblichen Sätzen liegt, sondern ein **einseitig gefordertes** oder **angebotenes „Schmiergeld",** das von der einen Partei hinter dem Rücken der anderen kommt oder kommen soll (Rudolphi SK 3).

4   1. **Praktische Bedeutung** hat die Vorschrift im wesentlichen also nur im **Bereich der §§ 332, 334,** weil das einseitige Fordern oder Anbieten des Vorteils usw., wenn es hinter dem Rücken der anderen Partei geschieht, in der Regel zum Ausdruck bringt, daß der Schiedsrichter sich zu einer Pflichtwidrigkeit bereit zeigt (§ 332 III) oder eine solche von ihm expressis verbis oder schlüssig erwartet wird. Der Fall, daß ein Schiedsrichter nach einer pflichtgemäßen richterlichen Handlung einen Vorteil fordert, sich versprechen läßt oder annimmt, wird – von den Fällen sozialadäquaten Verhaltens abgesehen (vgl. § 331 RN 53) – selten sein, weil er kaum damit rechnen kann, daß seiner Bitte entsprochen wird. Ebenso unwahrscheinlich ist, daß eine Partei hinter dem Rücken der anderen einen Vorteil anbietet, verspricht oder gewährt (§ 333 II), um den Schiedsrichter zu einem pflichtgetreuen Verhalten zu animieren; wozu sollte sie dies, da jener ohnehin zu einem unparteilichen Handeln verpflichtet ist.

2. Hinter dem Rücken der **anderen Partei** bedeutet ohne deren Wissen und mit dem Willen, sie 5
zu hintergehen (BT-Drs. 7/550 S. 276, Rudolphi SK 4). Wer als Schiedsrichter also einer Partei
mitteilt, die Sache sei grundsätzlich zu ihren Gunsten entschieden, sie solle ihm aber noch 10.000,–
DM schicken, damit er sich zu einer endgültigen Entscheidung durchringen könne, ist nicht strafbar,
wenn er einen Durchschlag dieses Schreibens der anderen Partei zuschickt.

§ 338 Vermögensstrafe und Erweiterter Verfall

(1) **In den Fällen des § 332, auch in Verbindung mit den §§ 336 und 337, ist § 73 d anzuwenden, wenn der Täter gewerbsmäßig oder als Mitglied einer Bande handelt, die sich zur fortgesetzten Begehung solcher Taten verbunden hat.**

(2) **In den Fällen des § 334, auch in Verbindung mit den §§ 336 und 337, sind die §§ 43 a, 73 d anzuwenden, wenn der Täter als Mitglied einer Bande handelt, die sich zur fortgesetzten Begehung solcher Taten verbunden hat. § 73 d ist auch dann anzuwenden, wenn der Täter gewerbsmäßig handelt.**

Vorbem.: Eingefügt durch das KorrBG vom 13. 8. 1997, BGBl. I 2038.

Die Vorschrift entspricht § 302 (BT-Drs. 13/8079 S. 15); vgl. die dortigen Ausführungen. Auf die Möglichkeit der Verhängung der Vermögensstrafe auf Vorteilsnehmer iSd § 332 hat der Gesetzgeber verzichtet, weil der Zweck des § 43 a angeblich bei der Bestrafung von Amtsträgern wegen Bestechlichkeit nicht erreicht werden könne (BT-Drs. aaO S. 16; krit. König JR 97, 397, 400, Bottke ZRP 98, 215, 220).

§ 339 Rechtsbeugung

Ein Richter, ein anderer Amtsträger oder ein Schiedsrichter, welcher sich bei der Leitung oder Entscheidung einer Rechtssache zugunsten oder zum Nachteil einer Partei einer Beugung des Rechts schuldig macht, wird mit Freiheitsstrafe von einem Jahr bis zu fünf Jahren bestraft.

Schrifttum: Arndt, Strafrechtliche Verantwortlichkeit ehemaliger Richter an Sondergerichten, NJW 60, 1140. – *Begemann,* Das Haftungsprinzip des Richters im Strafrecht, NJW 68, 1361. – *ders.,* NS-Justiz und Richterprivileg, SchlHA 93, 182. – *Behrendt,* Die Rechtliche Unabhängigkeit, JuS 89, 945. – *Bemmann,* Zur Rechtsbeugung des Schiedsrichters, ZStW 74, 295. – *ders.,* Über die strafrechtliche Verantwortlichkeit des Richters, Radbruch-GedS 308. – *ders.,* Zum Wesen der Rechtsbeugung, GA 69, 65. – *ders.,* Wie muß der Rechtsbeugungsvorsatz beschaffen sein, JZ 73, 547. – *ders.,* Zu aktuellen Problemen der Rechtsbeugung, JZ 95, 123. – *Bemmann/Seebode/Spendel,* Rechtsbeugung – Vorschlag eines notwendigen Gesetzesreform, ZRP 97, 307. – *Dellian,* Haftungsprivileg des Richters im Strafrecht?, ZRP 69, 51. – *Evers,* Die Strafbarkeit des Richters wegen Anwendung unsittlicher Gesetze, DRiZ 55, 187. – *Gritschneder,* Rechtsbeugung. Die späte Beichte des Bundesgerichtshofs, NJW 96, 1239. – *Hartung,* Rechtsbeugung im Besteuerungs- und im Steuerstrafverfahren, FR 56, 390. – *Haver,* Rechtsbeugung im Steuerverwaltungsverfahren, NJW 56, 1092. – *Heinitz,* Probleme der Rechtsbeugung, 1963. – *Hupe,* Der Rechtsbeugungsvorsatz. Eine Untersuchung zum subjektiven Tatbestand des § 336 StGB unter besonderer Berücksichtigung des richterlichen Haftungsprivilegs, 1995. – *Kaiser,* Verantwortlichkeit von Richtern und Staatsanwälten wegen ihrer Mitwirkung an rechtswidrigen Urteilen, NJW 60, 1328. – *Krause,* Richterliche Unabhängigkeit und Rechtsbeugungsvorsatz, NJW 77, 285. – *Letzgus,* Die strafrechtliche Verantwortlichkeit von Richtern, Staatsanwälten und Untersuchungsorganen der ehemaligen DDR wegen Rechtsbeugung; Helmrich-FS 73. – *Marx,* Zur strafrechtlichen Verantwortlichkeit des Spruchrichters, JZ 70, 248. – *Maiwald,* Rechtsbeugung im SED-Staat, NJW 93, 1881. – *Maurach,* Zur Problematik der Rechtsbeugung durch Anwendung sowjetzonalen Rechts, ROW 58, 177. – *Mohrbotter,* Zur strafrechtlichen Verantwortlichkeit des Spruchrichters und Staatsanwalts usw., JZ 69, 491. – *Müller,* Der Vorsatz der Rechtsbeugung, NJW 80, 2390. – *Rasehorn/Lehwald,* Das Verfahren gegen Rehse und die Problematik des § 336 StGB, NJW 69, 457. – *Roggemann,* Richterstrafbarkeit und Wechsel der Rechtsordnung, JZ 94, 769. – *Rudolphi,* Zum Wesen der Rechtsbeugung, ZStW 82, 610. – *Sarstedt,* Fragen der Rechtsbeugung, Heinitz-FS 427. – *Scheffler,* Gedanken zur Rechtsbeugung, NStZ 96, 67. – *Schlösser,* Strafrechtliche Verantwortlichkeit ehemaliger Richter an Sondergerichten NJW 60, 943. – *Eb. Schmidt,* Politische Rechtsbeugung und Richteranklage, in: Justiz und Verfassung, Sonderveröffentlichungen des ZJBl. Nr. 4 (1948) 55. – *Schmidt-Speicher,* Hauptprobleme der Rechtsbeugung, 1982. – *Schmittmann,* Zwei aktuelle Urteile des BGH zu den Voraussetzungen der Rechtsbeugung, NJW 97, 1426. – *Scholderer,* Rechtsbeugung im demokratischen Rechtsstaat, 1993 (Diss. Ffm.). – *Schreiber,* Probleme der Rechtsbeugung, GA 72, 193. – *Schulz,* Rechtsbeugung und Mißbrauch staatlicher Macht, StV 95, 206. – *Seebode,* Rechtsblindheit und bedingter Vorsatz bei der Rechtsbeugung, JuS 69, 204. – *ders.,* Das Verbrechen der Rechtsbeugung, 1969. – *ders.,* Die Haftungsprivilegierung des Richters im Rahmen des § 336 StGB, 1991 (Diss. Gießen). – *Spendel,* Zur Problematik der Rechtsbeugung, Radbruch-GedS 312. – *ders.,* Justizmord durch Rechtsbeugung, NJW 71, 537. – *ders.,* Zur strafrechtlichen Verantwortlichkeit des Richters, Heinitz-FS 445. – *ders.,* Richter und Rechtsbeugung, Peters-FS 163. – *ders.,* Rechtsbeugung durch Rechtsprechung, 1984. – *ders.,* Rechtsbeugung im Jugendstrafverfahren, JR 85, 485. – *ders.,* Rechtsbeugung und BGH – eine Kritik, NJW 96, 809. – *ders.,* DDR-Unrechtsurteile in der neuen BGH-Judikatur – eine Bilanz, JR 96, 177.

§ 339 1–5   Bes. Teil. Straftaten im Amt

– *ders.*, Zur Aufhebung von NS-Unrechtsurteilen, ZRP 97, 41. – *Wagner,* Amtsverbrechen, 1975. – *ders.,* Die Rechtsprechung zu den Straftaten im Amt seit 1975, JZ 87, 658.

Vorbem.: Umnummerierung durch das KorrBG v. 13. 8. 1997, BGBl. I 2038.

1 I. Die Vorschrift der Rechtsbeugung bildet ein **echtes Amtsdelikt** bzw., soweit die Schiedsrichter einbezogen sind, ein echtes Sonderdelikt. Geschütztes Rechtsgut ist die innerstaatliche Rechtspflege (BGH **40** 275); zu Taten in der ehemaligen DDR vgl. RN 106 vor § 3. Über mehrere Sonderfälle vgl. §§ 343–345. Zur Frage einer fahrlässigen Rechtsbeugung vgl. v. Weber NJW 50, 272. Zur Frage der Aufhebung von NS-Unrechtsurteilen vgl. Spendel ZRP 97, 41. Zur Reformbedürftigkeit vgl. Bemmann/Seebode/Spendel ZRP 97, 307.

2 II. Die **Handlung** besteht in der Rechtsbeugung zugunsten oder zum Nachteile einer Partei bei Leitung oder Entscheidung einer Rechtssache.

3 1. Unter **Rechtssachen** sind alle Rechtsangelegenheiten zu verstehen, die zwischen mehreren Beteiligten mit – mindestens möglicherweise – entgegenstehenden rechtlichen Interessen in einem rechtlich geordneten Verfahren nach Rechtsgrundsätzen verhandelt und entschieden werden (BGH **5** 304, **12** 191, **14** 147, NJW **60**, 253, Rudolphi SK 7). Hierzu rechnen nicht die von den Gerichten zu entscheidenden Strafsachen und Rechtsstreitigkeiten, sondern auch Angelegenheiten der freiwilligen Gerichtsbarkeit, die Verfahren in den anderen Gerichtsverfahren (Arbeits-, Sozial-, Verwaltungs-, Finanzgerichtsbarkeit usw.), ferner Verfahren vor Verwaltungsbehörden, sofern für ihre Erledigung Rechtsgrundsätze maßgebend sind, wobei gleichgültig ist, ob es um gebundenes Handeln oder Ermessenshandeln (vgl. § 331 RN 11) geht. Zu den Rechtssachen gehören also Entscheidungen nach dem OWiG mit Ausnahme der Einstellung nach § 47 II OWiG, nicht jedoch das im Ermessen des Betroffenen gebundene Verwarnungsverfahren nach § 56 OWiG (Hamm NJW **79**, 2114). Nicht zu den Rechtssachen gehört ferner das Steuerveranlagungs- oder -festsetzungsverfahren (BGH **24** 326 m. krit. Anm. Bemmann JZ 72, 599, Rudolphi SK 7, Celle NStZ **86**, 513; and. RG **71**, 315, hier 22. Aufl.), Dienststrafverfahren, auch wenn nur eine Ordnungsstrafe zu erwarten ist (RG **69** 213), Verfahren von Vollzugsbehörden über die Gewährung von Vollzugslockerungen (Tröndle/Fischer 4 b, Lackner/Kühl 3, Laubenthal JuS 89, 831; and. Rössner JZ 84, 1070), Meisterprüfverfahren nach der HandwO (Koblenz MDR **93**, 1104), Verfahren vor dem Ausgleichsausschuß wegen Hausratsentschädigung (BGH NJW **60**, 253), sowie Verfahren vor der Zentralstelle für die Vergabe von Studienplätzen (Deumeland, Hochschulrahmengesetz, Kommentar [1979] Erl. zu § 31 I). Es kommen nicht nur Entscheidungen in Betracht, die ein Verfahren abschließen, sondern auch solche in vorbereitenden Verfahren, in Zwischenverfahren, bei Erlaß einer auf die Untersuchungshaft bezüglichen Entscheidungen (Halle NJW **49**, 96). Daher fällt auch ein Ermittlungsverfahren der StA unter § 339 (RG **69** 214, BGH NJW **60**, 253, BGH **32** 357, **40** 177, für das Verdachtsprüfungsverfahren gem. § 95 StPO-DDR Brandenburg NJ **94**, 376, Spendel LK[10] 30). Auch ein Schiedsverfahren (vgl. § 331 RN 12) gehört hierher. Vgl. auch Rudolphi SK 3 (jedoch teilw. and.).

4 2. Der Täter muß das **Recht beugen.** Dies kann sowohl durch **Sachverhaltsverfälschung** (BGH NJW **60**, 253, BGH **40** 181) als auch durch **falsche Anwendung von Rechtsnormen** geschehen, und zwar ebenso in bezug auf das materielle (für DDR-Alttaten BGH **40** 42 f., LG Neubrandenburg NJ **94**, 590; vgl. auch Maiwald NJW 93, 1886 f.) wie in bezug auf das Verfahrensrecht (BGH **38** 383, **40** 43, LG Berlin MDR **95**, 192, Wagner JZ 87, 658, Wolf NJW **94**, 687; zu einzelnen Fallgruppen bei Taten aus der Liquidationsmasse der DDR vgl. Weber GA 93, 220, Roggemann JZ 94, 776). Rechtsbeugung ist auch durch **Ermessensmißbrauch** bei allen Ermessensentscheidungen möglich, so insb. bei der Strafzumessung (BGH NJW **71**, 571, vgl. dazu Spendel NJW 71, 537, BGH **40** 43, **40** 279; vgl. auch BGH **3** 110, **4** 66, **10** 300, LM **Nr. 5** zu § 359, GA **58**, 241, M-Maiwald II 247, Maurach ROW 58, 181, Spendel LK[10] 64). So liegt eine Rechtsbeugung vor, wenn ein Jugendstaatsanwalt eine Vereinbarung herbeiführt, das Verfahren gegen den Vollzug einer „Prügelstrafe" einzustellen (BGH **32** 359 m. Anm. Fezer NStZ 86, 29, Spendel JR 85, 485, Wagner JZ 87, 661). Auch die **Unterlassung** rechtlich gebotener Handlungen kann Rechtsbeugung sein, zB die Nichtstellung sachgemäßer Fragen (RG **57** 35, **69** 216), die Vorenthaltung sachgemäßer Verteidigung (BGH **10** 298), die Nichtvorlage einer Beschwerde an das Beschwerdegericht (LG Berlin MDR **95**, 192) oder die Nichtvorlegung eines für verfassungswidrig gehaltenen Gesetzes gem. Art. 100 GG (Rudolphi SK 11). Besteht keine Rechtspflicht, in einem Auslieferungsantrag mitzuteilen, daß wegen des Verdachts der Steuerhinterziehung ermittelt werde, so liegt im Unterlassen der entsprechenden Mitteilung auch keine Rechtsbeugung (Köln GA **75**, 341). Ein Kollegialrichter ist nur strafbar, wenn er der rechtsbeugenden Entscheidung zugestimmt hat (BGH GA **58**, 241). Über die Rechtsbeugung durch Schiedsrichter vgl. Schönke-Kuchinke, Zivilprozeßrecht[9] 454. Zur Verantwortlichkeit der Richter an ehemaligen Sondergerichten vgl. Schlösser NJW 60, 943, Arndt NJW 60, 1140, Kaiser NJW 60, 1328.

5 Außer dem positiven Recht kommen aber auch **überpositive ungeschriebene Rechtsnormen** in Betracht, so daß Rechtsbeugung auch durch Anwendung offensichtlich ungültiger Normen begangen werden kann (vgl. BGH **40** 276 m. Anm. Schoreit StV 95, 195, Heinitz aaO 9 ff., 16, Rudolphi SK 10, Eb. Schmidt, StPO, Teil I, Nr. 506 ff., Seebode aaO, Welzel 544 f. mwN; and. Evers DRiZ 55, 189 ff., Schlösser NJW 60, 945, wohl auch Grünwald ZStW 76, 1 ff.). Aus diesen Gründen sind die Entscheidungen des Volksgerichtshofs während der NS-Zeit vom Bundestag für null und

nichtig erklärt worden (BT-Drs. 10/2368; Plenarprot. 10/118). Näher zu diesen Fragen und der Bedeutung des KRG Nr. 10 Radbruch, Coing, v. Hodenberg, Wimmer in SJZ 46 Sp. 105 u. 47 Sp. 61, 113 ff., Kiesselbach MDR 57, 2, Eb. Schmidt aaO 71, OGH **2** 271 m. Anm. v. Weber NJW 50, 272; vgl. auch Güde DRZ 47, 115, Begemann NJW 68, 1363. Zum Ganzen ausführlich Spendel LK[10] 49 ff.

3. Das Recht ist **gebeugt,** wenn eine Entscheidung ergeht, die **objektiv** im Widerspruch zu Recht und Gesetz steht. Es genügt nicht, daß der Richter gegen seine rechtliche Überzeugung gehandelt hat, soweit es sich nicht um Ermessensentscheidungen handelt (objektive Theorie; ihr neigt auch die Rspr. zu, vgl. Seebode JR 94, 1 mwN; vgl. auch Bemmann GA 69, 65, Spendel Radbruch-GedS 316, Hirsch ZStW 82, 428, Krause NJW 77, 286). And. die sog. subjektive Rechtsbeugungstheorie (vgl. Rudolphi ZStW 82, 610, Sarstedt Heinitz-FS 427; gegen ihn Spendel Peters-FS 167 ff.); der Gegensatz entspricht in etwa dem zwischen objektiver und subjektiver Eidestheorie im Rahmen der §§ 153 ff. Vgl. auch Schreiber GA 72, 193, Behrendt JuS 89, 949; Wagner aaO 195 ff. hält beide Theorien für falsch; krit. Rudolphi SK 13; zum Ganzen eingehend Schmidt-Speicher aaO 60 ff. 5 a

Eine fehlerhafte Rechtsanwendung ist objektiv nur dann Rechtsbeugung, wenn die Auffassung des Richters nicht einmal mehr vertretbar erscheint (KG NStZ **88,** 557). Auch der BGH läßt nicht jede unrichtige Rechtsanwendung genügen, da der Begriff der „Beugung" ein normatives, einschränkendes Element enthalte; erforderlich sei ein **elementarer Verstoß** gegen die Rechtspflege. Rechtsbeugung begehe daher nur der Amtsträger, der sich bewußt in schwerwiegender Weise vom Gesetz entferne und sein Handeln statt am Gesetz und Recht an Maßstäben ausrichte, die im Gesetz keinen Ausdruck gefunden haben (BGH **32** 364, **34** 149, **38** 383, im Zusammenhang mit DDR-Taten vgl. BGH **40** 40 m. krit. Anm. Bandel NStZ 94, 439, Lamprecht NJW 94, 562, Wolf NJW 94, 1390, BGH **40** 178, **40** 283 m. abl. Anm. Schoreit StV 95, 195, BGH **41** 247, 317; vgl. auch LG Berlin NJ **94,** 472, LG Erfurt NStZ **95,** 91). Zusammenfassend läßt sich sagen, daß nach Ansicht des BGH ein DDR-Richter Rechtsbeugung nur dann begig, wenn er sich bewußt (BGH NStZ **96,** 127, NStZ-RR **97,** 359) und in schwerwiegender Weise von Recht und Gesetz entfernte (BGH **41** 317, 319, NStZ-RR **96,** 65, **98,** 172, 301, 362; krit. zu dieser Rspr. insb. zu BGH **40** 169, Spendel NJW 96, 809, JR **96,** 177). Die Gesetze der DDR konnten nur dann keine Geltung beanspruchen, wenn sie in einem offensichtlichen und unerträglichem Widerspruch standen zu elementaren Geboten der Gerechtigkeit, wie sie in völkerrechtlich geschützten Menschenrechten ihren Ausdruck gefunden haben (BGH **40** 272, NJW **95,** 2728, 2734, NStZ-RR **96,** 65). Unter Hinweis auf Radbruch (SJZ 46, 105 f.) nimmt der BGH § 339 an bei einer Überdehnung der Straftatbestände, einem Mißverhältnis zwischen Strafe und abgeurteilter Handlung (BGH NStZ-RR **99,** 42) oder einer schweren Menschenrechtsverletzung (BGH **41** 317, 319, NJ **99,** 327 [Waldheim Prozesse]). Dem ist im Hinblick auf die Schwere der Strafdrohung zuzustimmen (vgl. Lackner/Kühl 5; and. Bemmann JZ 95, 127, Brammsen NStZ 93, 542, Schulz StV 95, 208, Seebode JR 94, 2, Spendel JR 94, 221; krit. auch Tröndle/Fischer 6). Zur Verfolgbarkeit von Taten in der ehemaligen DDR vgl. RN 106 f. vor § 3. 5 b

4. Die Rechtsbeugung muß zugunsten oder zum Nachteile einer **Partei** erfolgen. Partei ist hier nicht im technischen Sinne zu verstehen; gemeint ist jeder am Verfahren Beteiligte (Kassel HESt. **2** 180). Zu den Parteien gehören daher zB auch der Nebenintervenient im Zivilprozeß, der Nebenkläger und der Einziehungsinteressent im Strafverfahren. Zeugen und Sachverständige sind nur für den Fall eines Zwischenstreits im Zivilprozeß (§§ 387, 402) als Beteiligte anzusehen (Rudolphi SK 18). Bei einem Verstoß gegen Verfahrensrecht kommt § 339 dann in Betracht, wenn der Richter durch sein Verhalten nicht lediglich die abstrakte Gefahr einer falschen Endentscheidung, sondern die konkrete Gefahr eines unrechtmäßigen Vor- oder Nachteils für eine Partei schafft. Eine solche konkrete Gefahr kann bestehen, wenn der Richter gegen Bestimmungen über die Zuständigkeit oder die Anhörung Verfahrensbeteiligter verstößt, um den zuständigen Richter von der Entscheidung oder die Staatsanwaltschaft von der Mitwirkung auszuschließen (BGH **42** 343 m. Anm. Volk NStZ 97, 412); vgl. weiter BGH NJ **99,** 317. Verstößt ein Richter gegen die Bindungswirkung des § 358 I StPO, so ist dies nicht Rechtsbeugung (BGH NJW **97,** 1455). Zum Ganzen vgl. Schmittmann NJW 97, 1426. 6

III. Für den **subjektiven Tatbestand** ist Vorsatz erforderlich. Der Vorsatz muß sich nicht nur auf die Verletzung einer Rechtsnorm beziehen, sondern auch auf die Begünstigung oder Benachteiligung einer Partei (vgl. BGH NStZ **88,** 218 m. Anm. Doller zu dem Fall, daß nach § 47 OWiG eine Geldbuße eingestellt wird). Bedingter Vorsatz muß als ausreichend angesehen werden, nachdem in der Neufassung der Vorschrift die die Festschreibung der früher hM, daß wenigstens dolus directus erforderlich sei (vgl. dazu 17. A. RN 7), bezweckenden Worte „absichtlich oder wissentlich" der Regierungsvorlage gestrichen worden sind (vgl. BT-Drs. 7/1261 S. 22; ebenso BGH **40** 276, Tröndle/Fischer 8, Lackner/Kühl 9, Rudolphi SK 20, Spendel LK[10] 77, Schmidt-Speicher aaO 82 ff., Maiwald JuS 77, 357, Behrendt JuS 89, 949, Scholderer aaO 638 f., Seemann aaO 63, offengelassen von Düsseldorf NJW **90,** 1375 m. Anm. Hassemer JuS 90, 766; für Taten in der ehemaligen DDR ist nach § 244 StGB-DDR, Art. 315 I EG StGB iVm § 2 dagegen direkter Vorsatz erforderlich [BGH **40** 276]). Für Einbeziehung des dolus eventualis bereits früher Eb. Schmidt aaO 76, Bemmann Radbruch-GedS 308, JZ 73, 547, Marx JZ 70, 248, Seebode aaO 107 ff. (dazu Hirsch ZStW 82, 432 ff.), JuS **69,** 207, ZRP **73,** 239, Spendel Heinitz-FS 455, NJW **71,** 541, Dellian ZRP 69, 51, Rasehorn NJW 69, 457. 7

§ 339 8–11 Bes. Teil. Straftaten im Amt

Für dolus eventualis muß ausreichen, daß der Täter die Möglichkeit der Fehlerhaftigkeit seiner Entscheidung erkennt und sich mit ihr abfindet (vgl. § 15 RN 72 ff.). Dies führt allerdings zu einer unvertretbaren Ausweitung der Strafbarkeit, da bei Zweifeln an der Richtigkeit der Entscheidung in aller Regel dolus eventualis und damit wenigstens strafbarer Versuch der Rechtsbeugung vorliegt (and. Krause NJW 77, 285, der eine Beschränkung auf dolus directus im Wege verfassungskonformer Auslegung vorschlägt; Müller NJW 80, 2390). Dieses Ergebnis läßt sich nicht dadurch vermeiden, daß verlangt wird, der Täter müsse auch dann seinem Standpunkt entsprechend entschieden haben, wenn er von dieser Fehlerhaftigkeit überzeugt gewesen wäre (so Lackner/Kühl 9, Tröndle/Fischer 8, Bokkelmann II/3 82; vgl. auch Rudolphi SK 20, der das Problem bereits auf der Ebene des objektiven Tatbestandes zu lösen versucht); damit würden Elemente des direkten Vorsatzes zur zusätzlichen Voraussetzung des dolus eventualis erhoben, der hier jedoch keine Sonderstellung gegenüber seiner allgemeinen Begriffsbestimmung einnehmen kann. Dementsprechend entfällt nunmehr auch die Begrenzungsfunktion, der § 336 idF EGStGB 74 für andere durch die Rechtsbeugung begangene Delikte zuerkannt wurde (vgl. 17. A. RN 9, BGH **10** 297, Bamberg SJZ **49** Sp. 491, Bemmann Radbruch-GedS 308), wie hier Schmidt-Speicher aaO 90; and. Düsseldorf NJW **90**, 1375 m. Anm. Hassemer JuS 90, 766; Tröndle/Fischer 11, Schroeder GA 93, 391; gegen ein Haftungsprivileg für DDR-Richter Wassermann Spendel-FS 645; krit. zur Sperrwirkung bei Taten aus der NS-Zeit Begemann SchlHA 93, 184). Zur Frage, wann bei einer Nichtjuristin mit eineinhalbjähriger Ausbildung zur Volksrichterin bei der Anwendung von „Staatsschutzrecht" der DDR Rechtsbeugungsvorsatz angenommen werden kann, vgl. BGH NStZ-RR **98**, 360.

8 Eine auf Begünstigung oder Benachteiligung gerichtete Absicht wird neben dem Vorsatz nicht verlangt (RG **25** 278, LG Düsseldorf NJW **59**, 1336). Die irrtümliche Annahme, eine Rechtsnorm sei verbindlich, ist Tatbestandsirrtum (vgl. Heinitz aaO 17 f., Lackner/Kühl 8, Herdegen LK[9] 18, Seebode JuS 69, 205; and. Maurach ROW **54**, 177, Spendel Radbruch-GedS 320; ebenso der Irrtum über das Tatbestandsmerkmal „Recht" (so Düsseldorf NJW **90**, 1375 m. Anm. Hassemer JuS 90, 766).

9 **IV. Täter** kann jeder Richter, sonstige Amtsträger, zB ein Staatsanwalt (vgl. BGH **32** 357 m. Anm. Fezer NStZ 86, 29, 38 282, 40 177, 40 272, Bremen NStZ **86**, 120, Köln GA **75**, 341, § 11 RN 17 ff., 33, 35 ff.; and. Vorbaum, Der strafrechtliche Schutz des Strafurteils [1987], 339) oder Schiedsrichter sein, dem die Leitung oder Entscheidung einer Rechtssache obliegt. Bei Staatsanwälten kommt eine Rechtsbeugung auch in Betracht, sofern sie strafbare Handlungen nicht verfolgen (BGH **43** 182), zu Unrecht nach DDR-Recht einen Haftbefehl erlassen (BGH NJW **98**, 2616), oder aus sachfremden Erwägungen einstellen (BGH NJW **99**, 1122). Umstritten ist hingegen, ob der Rechtspfleger hierzu gehört; bejaht wird dies von BGH **35** 224 m. Anm. Otto JZ 88, 884, verneint hingegen von Koblenz MDR **87**, 605, Düsseldorf MDR **87**, 604. Dagegen ist ein Gerichtsvollzieher nicht tauglicher Täter einer Rechtsbeugung (Düsseldorf NJW **97**, 2124). Auch bei einem städtischen Wasserrechtsdezernenten fehlt oder die Tätereigenschaft (and. AG Frankfurt NStZ **86**, 75 m. abl. Anm. Wernicke u. Meinberg NStZ 86, 224), ebenso bei einem für die Vergabe von Sozialhilfe zuständigen Beamten der Stadtverwaltung (Koblenz GA **87**, 553, vgl. auch BGH **34** 146). Grundsätzlich kann jedoch auch ein Verwaltungsbeamter Täter iSd § 339 sein, so zB die Beamten einer atomrechtlichen Genehmigungsbehörde (vgl. LG Hamm NStE **Nr. 6**, LG Hanau NStZ **88**, 179 m. abl. Anm. Bickel; and. Tröndle/Fischer 4, Lackner/Kühl 3, Breuer NJW 88, 2084). Erforderlich ist nämlich, daß die Tätigkeit des Amtsträgers im Hinblick auf seinen Aufgabenbereich und seine Stellung mit der eines Richters vergleichbar ist (BGH **34** 146, Bremen NStZ **86**, 120). Zur Leitung einer Rechtssache ist berufen, wer das Verfahren in der Hand hält, zB der Vorsitzende eines Gerichts oder der Staatsanwalt im Ermittlungsverfahren; mit der Entscheidung ist betraut, wer an einem richterlichen Akt mitwirkt. Mit der Leitung und Entscheidung der Rechtssache ist ein Staatsanwalt aber nicht mehr nach einer Verfahrenseinstellung gem. § 153 a StPO betraut; daher erfüllt die pflichtwidrige Nichtweiterleitung des zur Erfüllung der Geldauflage hingegebenen Schecks nicht den Tatbestand (BGH **38** 384 m. Anm. Brammsen NStZ 93, 543). Im Antrag auf übermäßig harte Bestrafung kann Beihilfe durch den Staatsanwalt liegen (BGH **41** 247, NStZ-RR **99**, 42, 43). Über die Voraussetzungen im Besteuerungsverfahren vgl. Hartung FR 56, 390. Über die Verantwortlichkeit von Richtern, denen die verfassungsmäßige Unabhängigkeit wegen der politischen Verhältnisse fehlt, vgl. BGH **14** 147, GA **58**, 241, Heinitz aaO 6, Maiwald NJW 93, 1885; über Richter an Sondergerichten vgl. Schlösser NJW 60, 943, Arndt NJW 60, 1140, Kaiser NJW 60, 1328, Maiwald NJW 93, 1885; über Richter am ehemaligen Volksgerichtshof vgl. auch Gribbohm JuS 69, 55, 109. Weisungsfreiheit des Täters wird nicht vorausgesetzt (BGH **14** 148, Rudolphi SK 5, Spendel LK[10] 15, Hirsch ZStW 82, 429 f.; and. Seebode aaO 64 ff., 71 ff., JuS 69, 206).

10 Durch die Neufassung ist nun klargestellt, daß auch **Schöffen, Handelsrichter, Sozialrichter, Arbeitsrichter** oder **sonstige Beisitzer** eines Gerichts von der Vorschrift erfaßt werden (vgl. Tröndle/Fischer 4, Lackner/Kühl 2, so schon früher Heinitz aaO 6, Seebode aaO 49 ff., Hirsch ZStW 82, 430, Spendel LK[10] 14). Für **Teilnehmer** ohne die Sondereigenschaft des § 339 gilt § 28 I.

11 **V. Realkonkurrenz** ist mit § 332 möglich, wenn die Bestechlichkeit zur Rechtsbeugung führt (vgl. dort RN 28). Zum Verhältnis zu § 334 vgl. dort RN 20. Idealkonkurrenz kommt mit anderen Delikten in Betracht, sofern durch die Rechtsbeugung in speziell geschützte Interessen eingegriffen wird (BGH NJW **68**, 1339); auch zwischen § 339 und 258 a besteht Idealkonkurrenz. Dagegen gehen

wegen Gesetzeskonkurrenz §§ 343–345 vor (vgl. 1; and. [Idealkonkurrenz] Tröndle/Fischer 12, Rudolphi SK 22; ausführlich dazu Spendel LK[10] 122 ff.).

VI. Auf dem Gebiet der ehemaligen DDR ist die Vorschrift des **§ 238 StGB-DDR** über die **Beeinträchtigung der richterlichen Unabhängigkeit** bislang noch in Kraft geblieben (vgl. dazu Schneiders MDR 90, 1052, Eser GA 91, 251). Bei einem Zusammentreffen mit vollendeter oder versuchter Anstiftung zur Rechtsbeugung liegt wegen des gegenüber § 339 anders gelagerten Schutzzwecks der Vorschrift (Schutz der richterlichen Unabhängigkeit vor Angriffen von außen) Tateinheit vor (vgl. Lackner/Kühl 14). 12

§ 340 Körperverletzung im Amt

(1) **Ein Amtsträger, der während der Ausübung seines Dienstes oder in Beziehung auf seinen Dienst eine Körperverletzung begeht oder begehen läßt, wird mit Freiheitsstrafe von drei Monaten bis zu fünf Jahren bestraft. In minder schweren Fällen ist die Strafe Freiheitsstrafe bis zu fünf Jahren oder Geldstrafe.**

(2) **Der Versuch ist strafbar.**

(3) **Die §§ 224 bis 229 gelten für Straftaten nach Absatz 1 Satz 1 entsprechend.**

Vorbem.: Neugefaßt durch das 6. StrRG v. 26. 1. 1998, BGBl. I 164.

I. Der Tatbestand der **Körperverletzung im Amt** war bis zur Änderung durch das 6. StrRG ein erschwerter Fall der vorsätzlichen Körperverletzung. Nachdem der Tatbestand nunmehr auch fahrlässig begangen werden kann, hat sich das Schutzgut der Vorschrift verschoben. Geschützt wird jetzt der Einzelne gegen die Beeinträchtigung seiner körperl. Integrität, was insb. Auswirkungen für die Bedeutung der Einwilligung hat. Die Vorschrift enthält ein unechtes Amtsdelikt (Rudolphi SK 2, Lackner/Kühl 1, Tröndle/Fischer 1). Zu den Merkmalen der §§ 223 ff. muß hinzukommen, daß der Täter Amtsträger ist und daß die Straftat in Ausübung seines Dienstes oder in Beziehung auf seinen Dienst begangen ist. Täter kann nur ein Amtsträger (vgl. § 11 RN 14 ff.) oder ein Offizier oder Unteroffizier der Bundeswehr (vgl. § 48 I WStG) sein. 1

II. Die **Handlung** besteht darin, daß ein Amtsträger während der Ausübung seines Dienstes oder in Beziehung auf seinen Dienst eine Körperverletzung selbst begeht oder begehen läßt. 2

1. Während der Dienstausübung begeht ein Amtsträger eine Körperverletzung, wenn er diese in Ausübung seiner dienstlichen Tätigkeit verübt; es muß also ein sachlicher Zusammenhang zwischen der Körperverletzung und der Dienstausübung bestehen (and. Wagner ZRP 75, 274). Es ist hierfür nicht entscheidend, ob sich der Beamte im Dienstanzug oder in Zivil befindet (vgl. RG 60 6). **In Beziehung auf den Dienst** ist die Körperverletzung begangen, wenn die Tat zwar nicht äußerlich einen Teil der Dienstausübung darstellt, aber doch durch diese in erkennbarer Weise veranlaßt ist; zwischen der Dienststellung und der Körperverletzung muß ein innerer Zusammenhang bestehen (RG 17 166; vgl. BGH NJW 83, 462; and. Tröndle/Fischer 2). Demgegenüber will Wagner aaO einen zeitlichen Zusammenhang zwischen Dienstausübung und Körperverletzung ausreichen lassen, § 340 also anwenden, wenn ein Beamter während der Dienstzeit aus privaten Gründen einen Kollegen ohrfeigt; diese Auffassung ist unhaltbar. 3

2. Eine Körperverletzung **läßt** nicht nur **begehen,** wer die Vollziehung anordnet, sondern auch, wer sie geschehen läßt, sofern er zur Verhinderung als Amtsträger verpflichtet war (BGH NJW **83**, 462, Braunschweig NdsRpfl. **48**, 50, OGH NJW **50**, 196, 436, JR **50**, 565, Herzberg JuS 84, 937, Hirsch LK[10] 10 f.; krit. Amelung/Weidemann JuS 84, 595, and. noch RG **59** 86). Dem Diensthabenden einer Rettungsleitstelle obliegt keine Amtspflicht, durch den Einsatz eines Rettungsfahrzeuges künftige vorsätzliche Körperverletzungen zu verhindern, die dem Opfer erst nach seinem Notruf durch einen Dritten zugefügt werden; uU ist er jedoch verpflichtet, die Polizei zu informieren (BGHR Amtspflicht **1**). Eine Beteiligung (Anstiftung, Beihilfe) wird wie Täterschaft bestraft (RG **66** 60); eine Strafmilderung (§ 27 II) kommt nicht in Betracht (vgl. Horn SK 3). Demgegenüber will Hirsch LK[10] 9 alle Fälle grundsätzlich als mittelbare Täterschaft durch ein qualifikationsloses Werkzeug auffassen. 4

3. Durch die entsprechende Anwendbarkeit von §§ 224–229 (Abs. 3) wird klargestellt, daß die Vorschrift auch eingreift, wenn der Amtsträger einen qualifizierten Fall der Körperverletzung begeht oder begehen läßt (Wolters JuS 98, 582, 586). Hinsichtlich der fahrlässigen Körperverletzung (§ 229) spielt diese Erweiterung praktisch keine Rolle, da das Begehenlassen Finalität voraussetzt; der Sorgfaltsverstoß kann jedoch auch in einer Dienstpflichtwidrigkeit bestehen. Außerdem hat die Bezugnahme auf §§ 224 ff. zur Folge, daß der Schuldspruch gegebenenfalls als „gefährliche Körperverletzung im Amt", „fahrlässige Körperverletzung im Amt" usw. lauten muß. Hingegen ist die Strafe bei der Anwendbarkeit von §§ 224 ff nicht erhöht; jedoch muß die Amtsträgereigenschaft bei der Strafzumessung berücksichtigt werden, ein Verstoß gegen das Doppelverwertungsverbot liegt darin nicht. 4a

III. Über den Ausschluß der Rechtswidrigkeit vgl. § 223 RN 11 ff. Da die Vorschrift die körperliche Integrität des Einzelnen, d. h. ein Individualrechtsgut, schützt, kommt einer Einwilligung rechtfertigende, einem Einverständnis tatbestandsausschließende Wirkung zu. Die frühere Einschränkung der Wirkung einer Einwilligung (vgl. BGH NJW **83**, 462, NStZ **93**, 591, Hirsch LK 14) ist 5

§ 343   1–4   Bes. Teil. Straftaten im Amt

nach der Neufassung nicht mehr vertretbar (so schon zum früheren Recht Amelung, Dünnebier-FS 487). Die Einwilligung spielt insbesondere eine Rolle bei der Tätigkeit eines beamteten Arztes. Hier gelten die zu § 223 aufgestellten Grundsätze (vgl. § 223 RN 27 ff.) entsprechend. Auch die an die Sittenwidrigkeit der Tat iSd § 228 (vgl. dort RN 5 ff.) zu stellenden Voraussetzungen sind die gleichen wie beim nichtbeamteten Arzt. Trotz Vorliegens einer wirksamen Einwilligung vermag eine Überschreitung der durch das (öffentliche) Dienstrecht bestimmten Grenzen disziplinarische oder arbeitsrechtliche Konsequenzen nach sich zu ziehen. Zum Züchtigungsrecht der Lehrer vgl. § 223 RN 19. Neben der Einwilligung kommen u. a. strafprozeßuale Zwangsmittel in Betracht, zB nach den §§ 81 a, c StPO. Die Anordnung einer Blutentnahme (§ 81 a StPO) ist nicht deswegen rechtswidrig, weil nach Verwaltungsanordnungen zuvor durchzuführende Alkoholatemtest unterlassen wurde (Köln NStZ **86**, 234).

6   **IV.** Für den **subjektiven Tatbestand** genügt bedingter Vorsatz (OGH NJW **50**, 196). Bei Fahrlässigkeit gilt Abs. 2 iVm § 229.

6 a   **V.** Der **Versuch** ist strafbar nach Abs. 2.

7   **VI.** Da es sich hier um einen erschwerten Fall der Körperverletzung handelt, gilt weder die Vorschrift des § 232 über den **Strafantrag** noch die des § 233 über die Aufrechnung. Über den Verlust der **Amtsfähigkeit** vgl. § 358.

8   **VII. Gesetzeskonkurrenz** besteht mit § 223, ferner auch zwischen Abs. 3 und §§ 224–229; als das speziellere Gesetz geht § 340 vor. Im Falle des Begehenlassens wird § 357 verdrängt (Lackner/Kühl 7).

§§ 341, 342 *aufgehoben*

§ 343 Aussageerpressung

(1) **Wer als Amtsträger, der zur Mitwirkung an**
1. **einem Strafverfahren, einem Verfahren zur Anordnung einer behördlichen Verwahrung,**
2. **einem Bußgeldverfahren oder**
3. **einem Disziplinarverfahren oder einem ehrengerichtlichen oder berufsgerichtlichen Verfahren**

berufen ist, einen anderen körperlich mißhandelt, gegen ihn sonst Gewalt anwendet, ihm Gewalt androht oder ihn seelisch quält, um ihn zu nötigen, in dem Verfahren etwas auszusagen oder zu erklären oder dies zu unterlassen, wird mit Freiheitsstrafe von einem Jahr bis zu zehn Jahren bestraft.

(2) **In minder schweren Fällen ist die Strafe Freiheitsstrafe von sechs Monaten bis zu fünf Jahren.**

Schrifttum: *Erbs*, Unzulässige Vernehmungsmethoden, NJW 51, 386. – *Hoffmann*, Bemerkungen zur Aussageerpressung, NJW 53, 972. – *Siegert*, Zur Tragweite des § 136 StPO, DRiZ 53, 98.

1   **I.** Die Aussageerpressung, die nach dem Sprachgebrauch des StGB eigentlich Aussagenötigung heißen müßte, ist ein **unechtes Amtsdelikt** (Welzel 524; and. Tröndle/Fischer 1, Lackner/Kühl 1, Jescheck LK[10] 1, Horn SK 2). Dies ergibt sich daraus, daß die Vorschrift sich hinsichtlich der Zwangsmittel weitgehend und zwar auch hinsichtlich des psychischen Terrors in Form des Quälens, mit der des § 240 deckt und das Ziel der Handlung in einer Nötigung zur Aussage bzw. dem Unterlassen einer Aussage besteht. Als **Rechtsgut** wird überwiegend oder in erster Linie die Rechtspflege angesehen (Tröndle/Fischer 1, Jescheck LK 1, Lackner/Kühl 1). Dies ist jedoch zu eng. Ähnlich wie bei § 164 (vgl. dort RN 1) schützt die Vorschrift alternativ sowohl die Rechtspflege wie den Tatbetroffenen. Der Tatbestand ist daher erfüllt, auch wenn der Tatbetroffene in die Zwangsmittel einwilligt, wofür auch die Regelung in § 136 a StPO spricht; andererseits ist § 343 anwendbar, wenn ein deutscher Amtsträger im Rahmen eines ausländischen Auslieferungsverfahrens, zB bei der Vernehmung im Ausland festgenommener Straftäter, zu den Mitteln des § 343 greift. Wie bei § 164 reicht es daher aus, wenn jeweils eines der alternativ geschützten Rechtsgüter tangiert ist; vgl. § 164 RN 2.

2   **II.** Der **objektive Tatbestand** setzt voraus, daß ein Amtsträger in einer der in § 343 aufgezählten Verfahrensarten zum Zwecke der Aussagenötigung Zwangsmittel anwendet.

3   **1.** Die Vorschrift erfaßt folgende **Verfahrensarten:**

4   a) **Strafverfahren** oder Verfahren zur Anordnung einer **behördlichen Verwahrung** (Abs. 1 Nr. 1). Zum **Strafverfahren** gehören alle Verfahrensarten der StPO einschließlich des Verfahrens zur Anordnung einer Maßnahme iSv § 11 I Nr. 8 (vgl. §§ 413 ff., 430 ff. StPO), des Verfahrens über die Aussetzung eines Strafrestes oder einer Maßregel (§§ 449 ff. StPO), des Erlasses oder der Aussetzung des Vollzuges des Haftbefehls (§§ 116 ff. StPO) sowie die Haftprüfung und das Wiederaufnahmeverfahren. An sonstigen Strafverfahrensarten kommen u. a. in Betracht das Steuerstrafverfahren, das Verfahren nach dem Wehrstrafgesetz sowie das Jugendstrafverfahren. Nicht erforderlich ist die förmliche Einleitung eines solchen Verfahrens; es genügt jede Maßnahme, die auf eine solche gerichtet ist (BGH MDR/H **80**, 630).

Zum Verfahren zur Anordnung einer **behördlichen Verwahrung** außerhalb eines Strafverfahrens (Abs. 1 Nr. 1 2. Alt.) gehört vor allem die Unterbringung nach den landesrechtlichen Unterbringungsgesetzen, die Einweisung in ein Krankenhaus nach § 18 GeschlKG, die Abschiebungshaft und Haft nach § 57 AuslG sowie die Verwahrung nach den landesrechtlichen Polizei- und Ordnungsgesetzen (vgl. im übrigen § 174 b RN 8). 5

b) **Bußgeldverfahren** nach dem OWiG (vgl. §§ 35 ff., 46 ff. OWiG). 6

c) **Disziplinarverfahren** zB nach der BundesdisziplinarO, der WehrdisziplinarO oder dem RichterG (§ 63 DRiG), ehrengerichtliche Verfahren wie zB §§ 116 ff. BRAO, §§ 95 ff. BNotO sowie berufsgerichtliche Verfahren etwa nach §§ 89 ff. StBerG. 7

2. Die **Handlung** besteht darin, daß der Täter einen anderen körperlich mißhandelt, gegen ihn sonst Gewalt anwendet, ihm Gewalt androht oder ihn seelisch quält. 8

a) Zur **körperlichen Mißhandlung** vgl. § 223 RN 3 f. Eine körperliche Berührung ist nicht erforderlich; hierzu rechnen auch die Verhinderung des Schlafes (das ist nicht ohne weiteres bei einer nächtlichen Vernehmung der Fall; vgl. BGH **1** 376), das Anstrahlen mit grellem Scheinwerferlicht sowie das Hungern- und Durstenlassen, das Unterbringen in einer Steh- oder Dunkelzelle; dagegen noch nicht eine ermüdende Vernehmung oder ein Rauchverbot (vgl. auch Horn SK 6). 9

b) Zur **Gewaltanwendung** vgl. § 240 RN 6 ff. Zur Gewalt rechnet hier nur die Gewalt gegen die Person des Tatbetroffenen; Gewalt gegen Sachen, zB die Zerstörung der Habseligkeiten des Betroffenen, kann aber ein seelisches Quälen sein (vgl. u. 12). Zur Gewalt gehört das Fesseln; Gewalt ist ferner in sonstiger körperlicher Eingriff, etwa eine gegen den Willen (and. Horn SK 7: Das Einverständnis des Betroffenen nimmt dem Vorgehen nicht den Charakter der Gewalt) verabreichte sog. Wahrheitsspritze oder Narkoseanalyse, nicht aber die bloße Verwendung eines Lügendetektors (vgl. hierzu BGH **5** 332) sowie die Hypnose. 10

c) Zur **Gewaltandrohung** vgl. § 113 RN 45. Das angedrohte Übel muß in einer Gewaltanwendung bestehen; die Drohung mit einem sonstigen Übel reicht nicht mehr aus (and. die hM zu § 343 aF; vgl. 17. A. RN 6). Auch die Drohung mit einer an sich zulässigen Maßnahme, die sich als Übel darstellt, kann Zwangsmittel iSd § 343 sein (BGH LM **Nr. 1**). Das jedoch nur dann, wenn die Maßnahme im Ermessen des Täters steht und dieser zum Ausdruck bringt, er werde sein Ermessen von der Reaktion des Opfers und nicht allein von der sachlichen Notwendigkeit abhängig machen. Ergibt sich dagegen aus dem Verhalten des Opfers (zB Verweigern jeder Auskunft) eine sachliche Notwendigkeit zu einer bestimmten Maßnahme, so liegt darin, daß der Beamte hierauf aufmerksam macht, keine unzulässige Drohung iSd § 343, sondern eine berechtigte Warnung. Das kann etwa der Fall sein beim Hinweis auf eine wegen Fluchtgefahr oder eines zu erwartenden Angriffs notwendige Fesselung. Vgl. weiter BGH **1** 387, MDR/D **53**, 723. 11

d) Zum **seelischen Quälen** vgl. § 225 RN 12. Gemeint sind hier alle seelischen Peinigungen, die geeignet sind, die geistigen und seelischen Widerstandskräfte zu zermürben (vgl. BT-Drs. 7/550 S. 279). Dazu gehört zB die Drohung, daß Angehörige ungerechtfertigten Verfolgungen oder Mißhandlungen ausgesetzt werden (Tröndle/Fischer 9), daß dem Beschuldigten die für seine Verteidigung notwendigen Sachen weggenommen werden, Schreckensnachrichten usw. Nach BGH **15** 187 (zu § 136 a StPO) soll auch das Hinführen des Täters zur Leiche seines Opfers ein „Quälen" sein, wenn angesichts der Umstände der Anblick der Leiche für ihn besonders schmerzbereitend ist; dem kann allerdings nur zugestimmt werden, wenn der Täter sich in einer außergewöhnlichen psychischen Belastungssituation befindet und diese Maßnahme nicht aus prozessualen Gründen geboten ist. Denn die mit einem Verfahren notwendig verbundenen psychischen Belastungen sind durch § 343 nicht erfaßt. Dies gilt auch für die Belastung einer wegen der besonderen Umstände des Falles notwendigen Isolierhaft (vgl. jedoch Tröndle/Fischer 9). 12

e) Die **weiteren** in § 136 a StPO genannten **prozessual verbotenen Mittel** der Willensbeeinflussung, insb. das Versprechen gesetzlich nicht vorgesehener Vorteile und die Täuschung, **kommen bei § 343 nicht in Betracht** (Tröndle/Fischer 9, Maiwald JuS 77, 358). 13

III. Für den **subjektiven Tatbestand** ist Vorsatz erforderlich; bedingter Vorsatz genügt. 14

1. Streitig ist die Behandlung des **Irrtums** über die Widerrechtlichkeit des Zwangsmittels. Da sich aus § 136 a StPO ergibt, daß der Untersuchungszweck die Anwendung der dort genannten Beeinflussungsmittel niemals rechtfertigt, kommt eine Anwendung der Maßstäbe des § 240 II (Korrektur des Tatbestandes, vgl. dort RN 28) hier nicht mehr in Betracht. Folglich ist der Irrtum über die Erlaubtheit des Mittels Verbotsirrtum (BGH **2** 194, Horn SK 10, M-Maiwald II 253); die Auffassung von RG **71** 374 m. Anm. Mezger JW 38, 33 ist überholt. 15

2. Weiterhin muß der Täter in der **Absicht** handeln, den Tatbetroffenen zu einer Aussage oder Erklärung oder zu einer Unterlassung derselben zu nötigen. Die Begriffe **Aussage** und **Erklärung** sind synonym, weil jede Erklärung zugleich eine Aussage ist. Die frühere Unterscheidung zwischen Geständnis und Aussage (vgl. 17. A. RN 10 f.) ist damit überholt. In Betracht kommt jede Bekundung eines Beschuldigten, Betroffenen, Zeugen, Sachverständigen usw., wobei gleichgültig ist, ob eine wahre oder unwahre Bekundung abgenötigt werden soll. Weiterhin wird die Nötigung zu einer **Unterlassung** einer **Bekundung** gleichgestellt (so schon die 17. A. RN 12 zu § 343 aF). Gleich- 16

§ 344   1–3   Bes. Teil. Straftaten im Amt

gültig ist, ob der Tatbetroffene versteht, worauf es dem Täter ankommt (vgl. auch Horn SK 11). Nicht erforderlich ist, daß der Täter sein Ziel erreicht; vgl. u. 18.

17   IV. Die **Einwilligung** des Betroffenen ist **kein Rechtfertigungsgrund** und kann auch den Tatbestand nicht ausschließen, so zB bei der Anwendung der Narkoanalyse oder der Hypnose (and. 17. A. RN 13). Zwar betrifft § 136a III StPO nur das Verwertungsverbot und hat daher für § 343 keine unmittelbare Wirkung, wohl aber ergibt sich dies daraus, daß das Rechtsgut (vgl. o. 1) der Rechtspflege auch dann tangiert ist, wenn der Tatbetroffene einwilligt. Wird durch das Einverständnis des Tatbetroffenen allerdings der Maßnahme der Charakter der Gewalt genommen, so fehlt es am Tatbestand.

18   V. Zur **Vollendung** ist nicht erforderlich, daß die Nötigung Erfolg hat. Dies kann jedoch bei der Strafzumessung berücksichtigt werden. Anders als in § 240 ist das Delikt bereits mit Anwendung der Zwangsmittel vollendet. Der Teilnehmer ohne Täterqualität kann aber in diesen Fällen nur wegen Teilnahme am Versuch (§ 240 III) bestraft werden. Der **Versuch** ist strafbar, da die Tat Verbrechen ist.

19   VI. **Täter** können jeder **Amtsträger** (vgl. § 11 RN 14 ff.) oder die diesem gleichgestellten Offiziere und Unteroffiziere (§ 48 I WStG) sein, sofern sie zur Mitwirkung an einem der oben genannten Verfahren berufen sind (vgl. auch § 258a RN 4 f.). Als Täter kommen also nicht nur **Richter**, **Staatsanwälte**, sondern zB auch **Polizeibeamte**, Beamte der Bußgeldstellen usw. in Betracht (RG **25** 366, **71** 374). Erforderlich und ausreichend ist es, daß der Täter nach seinem dienstlichen Aufgabenbereich allgemein an Verfahren der betreffenden Art, und zwar auf der Seite der Verfahrensführung, mitzuwirken hat (vgl. Tröndle/Fischer 2, Jescheck LK[10] 3; enger Horn SK 14; vgl. auch OGH **3** 12, NJW **50**, 713 zu § 343 aF), so daß etwa Verteidiger und Zeugen als Täter ausscheiden; zum Sachverständigen vgl. § 344 RN 8. **Teilnehmer** werden (unechtes Amtsdelikt, vgl. o. 1) gem. § 28 II nur nach § 240 bestraft.

20   VII. **Gesetzeskonkurrenz** ist mit § 339 anzunehmen (and. Tröndle/Fischer 12: Idealkonkurrenz). Mit § 340 besteht **Idealkonkurrenz**. Gegenüber § 240 geht § 343 auch dann vor, wenn es zu einer vollendeten Nötigung gekommen ist (and. Horn SK 16). Erfüllt das abgenötigte Verhalten einen Deliktstatbestand (zB eine Begünstigung oder Falschaussage), so kommt Idealkonkurrenz mit Anstiftung zu diesem Delikt oder mit mittelbarer Täterschaft in Betracht.

21   VIII. Bei der Strafzumessung ist eine etwaige Einwilligung (vgl. o. 17) des Tatbetroffenen (minder schwerer Fall nach Abs. 2), aber auch dessen etwaige Provokation zu berücksichtigen. Ferner ist von Bedeutung, ob die Nötigung Erfolg hatte. Zum Verlust der Amtsfähigkeit vgl. § 358.

§ 344 Verfolgung Unschuldiger

(1) Wer als Amtsträger, der zur Mitwirkung an einem Strafverfahren, abgesehen von dem Verfahren zur Anordnung einer nicht freiheitsentziehenden Maßnahme (§ 11 Abs. 1 Nr. 8), berufen ist, absichtlich oder wissentlich einen Unschuldigen oder jemanden, der sonst nach dem Gesetz nicht strafrechtlich verfolgt werden darf, strafrechtlich verfolgt oder auf eine solche Verfolgung hinwirkt, wird mit Freiheitsstrafe von einem Jahr bis zu zehn Jahren, in minder schweren Fällen mit Freiheitsstrafe von drei Monaten bis zu fünf Jahren bestraft. Satz 1 gilt sinngemäß für einen Amtsträger, der zur Mitwirkung an einem Verfahren zur Anordnung einer behördlichen Verwahrung berufen ist.

(2) Wer als Amtsträger, der zur Mitwirkung an einem Verfahren zur Anordnung einer nicht freiheitsentziehenden Maßnahme (§ 11 Abs. 1 Nr. 8) berufen ist, absichtlich oder wissentlich jemanden, der nach dem Gesetz nicht strafrechtlich verfolgt werden darf, strafrechtlich verfolgt oder auf eine solche Verfolgung hinwirkt, wird mit Freiheitsstrafe von drei Monaten bis zu fünf Jahren bestraft. Satz 1 gilt sinngemäß für einen Amtsträger, der zur Mitwirkung an

1. einem Bußgeldverfahren oder
2. einem Disziplinarverfahren oder einem ehrengerichtlichen oder berufsgerichtlichen Verfahren

berufen ist. Der Versuch ist strafbar.

Schrifttum: Geerds, Verfolgung Unschuldiger (§ 344 StGB), Spendel-FS 503. – *Krause,* Die Verfolgung Unschuldiger, SchlHA 69, 77. – *Langer,* Zur Klageerzwingung wegen Verfolgung Unschuldiger, JR 89, 95.

1/2   I. § 344 schützt dieselben **Rechtsgüter** wie § 343; vgl. dort RN 1. Im Gegensatz zu § 343 handelt es sich aber um ein **echtes Amtsdelikt**, da die Verfolgung Unschuldiger einen besonderen Fall der Rechtsbeugung (§ 336) darstellt (Kassel SJZ **47** Sp. 443 zu § 344 aF, Geerds Spendel-FS 504).

3   II. Der **objektive Tatbestand** setzt voraus, daß ein Amtsträger in einer der in § 344 genannten Verfahrensarten jemanden verfolgt oder darauf abzielende Maßnahmen gegenüber jemandem ergreift, der nach den bestehenden Gesetzen nicht verfolgt werden darf. Unter dem Gesichtspunkt der Sozialadäquanz wird von München (NStZ **85**, 549) der Tatbestand auf ein pflichtwidriges Handeln eingeschränkt; daran soll es bei einer Verfolgungshandlung aufgrund einer irrtums- und mißverständnisbehafteten Wahrnehmung fehlen; vgl. Herzberg JR 86, 6.

Verfolgung Unschuldiger 4–13 § 344

1. Die Vorschrift erfaßt insgesamt dieselben Verfahrensarten, wie sie in § 343 genannt sind, vgl. 4
dort RN 3 ff. Die **Strafdrohung** ist allerdings **nach** den verschiedenen **Verfahrensarten abgestuft**
(krit. hierzu sowie zur Einbeziehung einzelner Verfahrensarten Geerds Spendel-FS 506).

Abs. 1 der Vorschrift gilt für **Strafverfahren** (vgl. hierzu Schroeder GA 85, 485) mit Ausnahme 5
des Verfahrens nach § 11 I Nr. 8 (vgl. dort RN 64 ff.) sowie für Verfahren zur Anordnung einer
behördlichen Verwahrung und bedroht die unberechtigte Verfolgung in diesen Verfahrensarten mit
Freiheitsstrafe von einem bis zu zehn Jahren. Hierher gehört auch das Steuerstrafverfahren. Abs. 1 ist
somit Verbrechen.

Abs. 2 der Vorschrift betrifft das Verfahren zur Anordnung einer nicht freiheitsentziehenden **Maß-** 6
nahme nach § 11 I Nr. 8 (vgl. dort RN 64 ff.) sowie das **Bußgeldverfahren** (LG Hechingen NJW
86, 1823), ferner **Disziplinarverfahren** sowie ehren- und berufsgerichtliche Verfahren (vgl. zu den
einzelnen Verfahrensarten § 343 RN 6 f.). Die Vorschrift ist im Gegensatz zu Abs. 1 Vergehen. Der
Versuch ist jedoch durch Abs. 2 S. 3 unter Strafe gestellt.

2. Der **Täterkreis** entspricht dem des § 343. Täter kann hier wie dort jeder Amtsträger sein (zum 7
Begriff des Amtsträgers vgl. § 11 RN 14 ff.), der zur Mitwirkung an dem betreffenden Verfahren
berufen ist. Neben Richtern oder Staatsanwälten kommen auch deren Hilfsorgane wie zB Polizeibeamte in Betracht (BGH **1** 255 zu § 344 aF, Oldenburg MDR **90**, 1135). Über den Staatsanwalt als
Täter vgl. Less JR 51, 193, Mohrbotter JZ 69, 491 zu § 344 aF.

Zweifelhaft kann sein, ob ein **Sachverständiger**, soweit er zB als Amtsarzt Amtsträger ist, zum 8
Täterkreis des § 344 gehört; etwa wenn ein Amtsarzt als zugezogener Sachverständiger über eine
gesunde Person wider besseres Wissen ein unwahres Zeugnis über ihren Geisteszustand ausstellt, damit
sie in einer Heil- oder Pflegeanstalt untergebracht werde. Dies ist im allgemeinen zu verneinen,
obwohl der Sachverständige als Gehilfe des Richters und damit auf der Seite der Verfahrensführung
tätig wird und für ihn § 136 a StPO gilt (zur Stellung des Sachverständigen vgl. im übrigen K-Meyer
23 ff. vor § 72). Der Grund hierfür liegt darin, daß der Sachverständige nicht in seiner Eigenschaft
als Amtsträger, sondern als Sachkundiger in den Prozeß eingeführt wird (ebenso Horn SK 11). Etwas
anderes gilt, wenn die **Mitwirkung** eines Amtsträgers als Sachverständiger **gesetzlich vorgeschrieben** ist, etwa nach §§ 83 III, 91, 92 I StPO (Horn SK 11). Das kann weiterhin möglich sein nach den
Unterbringungsgesetzen der Länder (vgl. zB §§ 17, 19 PsychKrankenG NRW, § 6 I Nr. 2 hess.
FreihEntzG). Demgegenüber lehnen Tröndle/Fischer 2 die Tätereigenschaft grundsätzlich ab, da er nicht auf der Seite der Verfahrensführung mitwirke (ebenso Jescheck LK[10] 2,
Geerds Spendel-FS 507), während nach der Begründung (BT-Drs. 7/550 S. 280) die Tatsache, daß
der Sachverständige Amtsträger ist, ausreichen soll. Während Tröndle/Fischer die besondere Stellung
des Sachverständigen für das Gericht nicht genügend berücksichtigen, verkennt die Begründung, daß
zwischen der Beauftragung als Sachverständiger und der Amtsträgereigenschaft nicht notwendig ein
Zusammenhang bestehen muß.

Die Vorschrift gilt nicht für **Disziplinarvorgesetzte** der **Bundeswehr**, hier greift ausschließlich 9
§ 39 WStG ein.

3. Die **Tathandlung** besteht in strafrechtlicher Verfolgung oder im Hinwirken auf eine solche 10
Verfolgung. Gleichgestellt ist die Verfolgung usw. in den sonstigen in der Vorschrift genannten Verfahrensarten (vgl. Abs. 1 S. 2 u. Abs. 2 S. 2).

a) **Verfolgung** in diesem Sinne ist jedes dienstliche Tätigwerden im Rahmen des Strafverfahrens 11
bzw. der anderen Verfahrensarten, das eine Bestrafung oder Maßregelung bezweckt oder das Verfahren
in bezug darauf fördert. Dabei richtet sich der Beginn des Verfahrens jeweils nach den Bestimmungen,
die für die einzelnen Verfahrensarten in Frage kommen. Nach dem Zweck der Vorschrift, die neben
dem Tatbetroffenen auch die Rechtspflege schützt, ist der Beginn jedoch früh anzusetzen, und zwar
allgemein mit der Einleitung der ersten Ermittlungen. Eine Verfolgungshandlung soll auch in der
Übersendung eines Anhörungsbogens liegen (LG Hechingen NJW **86**, 1823). Ferner verwirklicht den
Tatbestand der Verfolgung eines Unschuldigen auch ein Polizeibeamter, der in einem dienstlichen
Bericht wahrheitswidrig die Begehung einer Straftat durch einen anderen behauptet, und zwar auch
dann, wenn er selbst der angeblich Geschädigte ist und danach zu erwarten steht, daß er im weiteren
Verlauf des Verfahrens mit der Bearbeitung nicht mehr befaßt sein wird (Oldenburg MDR **90**, 1135).
Eine Verfolgung ist nur bis zum rechtskräftigen Abschluß des Verfahrens möglich, bei später vorge-
nommenen Maßnahmen kommt der Tatbestand der Vollstreckung gegen Unschuldige (§ 345) in Betracht.

Die Tathandlungen müssen grundsätzlich gegen eine **bestimmte Person** gerichtet sein. Dies ergibt 12
sich daraus, daß § 344 nicht etwa nur eine sachlich nicht gerechtfertigte Ermittlungs- bzw. Verfol-
gungstätigkeit der Behörden vermeiden, sondern neben der Rechtspflege in erster Linie den einzelnen
Bürger schützen will. Im Falle der selbständigen Anordnung von Verfall, Einziehung oder Unbrauchbarmachung (§ 76 a) genügt es, daß sich die Maßnahme gegen ein bestimmtes Objekt richtet (vgl.
Lackner/Kühl 4; and. Tröndle/Fischer 3), im Rahmen des § 30 OWiG genügen Maßnahmen gegen
die jur. Person und die Personenvereinigung.

b) Mit dem Begriff des **Hinwirkens auf** die **Verfolgung** ist klargestellt, daß auch solche Amts- 13
träger tatbestandsmäßig im Sinne der Vorschrift handeln können, die nicht Träger der Verfolgung oder
im konkreten Fall mit der Wahrnehmung von Ermittlungstätigkeiten betraut sind, zB wenn ein nach
dem Dienstverteilungsplan an sich nicht zuständiger Polizeibeamter den nach dem Dienstplan zuständigen Kollegen zur Einleitung oder Fortführung von Verfolgungsmaßnahmen veranlaßt (vgl. auch

§ 345

Oldenburg MDR 90, 1135). Krit. dazu Horn SK 12, der eine wenigstens rudimentäre Tatherrschaft verlangt.

14   4. Beide Alt. sind auch durch **Unterlassen** begehbar. Die Tathandlung besteht dann in der Nichtaufhebung einer gebotenen Maßnahme, zB der Freilassung des Betroffenen oder im Falle des Hinwirkens auf die Verfolgung im Unterlassen eines Hinweises an den Träger der Verfolgung. Hier wird allerdings der Schwerpunkt der Problematik in der Frage der Garantenstellung zu suchen sein (vgl. die Erl. zu § 13).

15   5. Die Tat muß sich entweder gegen einen **Unschuldigen oder** gegen jemanden richten, der aus anderen Gründen **nicht verfolgt werden darf**. Gemeinsam ist beiden, daß gegen den Betroffenen ein Verfahren mit dem Ergebnis seiner Verurteilung nicht durchgeführt werden darf.

16   a) **Unschuldig** ist, wer aus materiellrechtlichen Gründen nicht verfolgt werden darf, sei es, daß er die Straftat, die Ordnungswidrigkeit oder den Disziplinarverstoß nicht begangen hat, daß er nach deutschem Recht nicht strafbar ist, oder daß ihm ein Rechtfertigungs-, Entschuldigungs-, Strafausschließungs- oder Strafaufhebungsgrund zur Seite steht. Unschuldig ist auch, wer nur einer geringeren Straftat schuldig ist als die, um derentwillen er verfolgt wird, zB eines einfachen Diebstahls statt eines Raubes. Demgegenüber will Geerds (Spendel-FS 511 ff.) allein auf die prozessuale Unzulässigkeit der Strafverfolgungsmaßnahme abstellen.

17   b) Andere **Gründe**, aus denen der Tatbetroffene **nicht verfolgt werden darf**, sind insb. das Vorliegen von Prozeßhindernissen, zB Fehlen des Strafantrages, fehlende Ermächtigung, Rechtskraft, Immunität, Exterritorialität (vgl. zum früheren Recht Krause SchlHA 79, 77). Zur Frage, ob darüberhinaus alle strafprozessual unzulässigen Strafverfolgungen umfaßt sind vgl. Langer JR 89, 98.

18   III. Für den **subjektiven Tatbestand** ist erforderlich, daß der Täter entweder absichtlich oder wissentlich handelt; bedingter Vorsatz genügt lediglich in Bezug auf die Stellung des Täters als Verfolgungsorgan (vgl. Tröndle/Fischer 5, Jeschek LK[10] 10, Geerds Spendel-FS 514).

19   1. **Absichtlich** handelt der Täter, wenn es ihm auf die Verfolgung des Unschuldigen ankommt. Absichtliches Verfolgen liegt auch dann vor, wenn die Verfolgung nur Zwischenziel zur Erreichung eines weiteren außertatbestandlichen Endzweckes ist (vgl. Mohrbotter JZ 69, 491 zu § 344 aF). Handelt der Täter in diesem Sinne absichtlich, so braucht er keine sichere Kenntnis von der Unschuld des Verfolgten zu haben, es genügt in diesem Fall die bloße Möglichkeitsvorstellung (vgl. dazu näher § 15 RN 67).

20   2. Im Gegensatz zur Absicht kann beim **wissentlichen Handeln** dem Täter der Erfolg auch unerwünscht sein. Hier reicht die Gewißheitsvorstellung, daß der Verfolgte unschuldig ist (Langer JR 89, 96, vgl. im übrigen dazu § 15 RN 68).

21   3. Nimmt der Täter irrig an, daß der Verfolgte unschuldig ist, so liegt untauglicher **Versuch** vor, der sowohl nach Abs. 1 (Verbrechen) wie Abs. 2 strafbar ist (Abs. 2 S. 3).

22   IV. Mit § 339 besteht **Gesetzeskonkurrenz**, § 344 geht vor (Horn SK 15, Jescheck LK 13, Geerds Spendel-FS 516; and. Tröndle/Fischer 7). Ebenso geht § 344 dem § 164 vor (BGHR Konkurrenzen 1, Oldenburg MDR 90, 1135). Hinter § 39 WStG tritt § 344 zurück.

§ 345 Vollstreckung gegen Unschuldige

(1) Wer als Amtsträger, der zur Mitwirkung bei der Vollstreckung einer Freiheitsstrafe, einer freiheitsentziehenden Maßregel der Besserung und Sicherung oder einer behördlichen Verwahrung berufen ist, eine solche Strafe, Maßregel oder Verwahrung vollstreckt, obwohl sie nach dem Gesetz nicht vollstreckt werden darf, wird mit Freiheitsstrafe von einem Jahr bis zu zehn Jahren, in minder schweren Fällen mit Freiheitsstrafe von drei Monaten bis zu fünf Jahren bestraft.

(2) Handelt der Täter leichtfertig, so ist die Strafe Freiheitsstrafe bis zu einem Jahr oder Geldstrafe.

(3) Wer, abgesehen von den Fällen des Absatzes 1, als Amtsträger, der zur Mitwirkung bei der Vollstreckung einer Strafe oder einer Maßnahme (§ 11 Abs. 1 Nr. 8) berufen ist, eine Strafe oder Maßnahme vollstreckt, obwohl sie nach dem Gesetz nicht vollstreckt werden darf, wird mit Freiheitsstrafe von drei Monaten bis zu fünf Jahren bestraft. Ebenso wird bestraft, wer als Amtsträger, der zur Mitwirkung bei der Vollstreckung

1. eines Jugendarrestes,
2. einer Geldbuße oder Nebenfolge nach dem Ordnungswidrigkeitenrecht,
3. eines Ordnungsgeldes oder einer Ordnungshaft oder
4. einer Disziplinarmaßnahme oder einer ehrengerichtlichen oder berufsgerichtlichen Maßnahme

berufen ist, eine solche Rechtsfolge vollstreckt, obwohl sie nach dem Gesetz nicht vollstreckt werden darf. Der Versuch ist strafbar.

Schrifttum: Franzheim, Der rechtswidrige Vollzug von Untersuchungshaft erfüllt den Tatbestand der Vollstreckung gegen Unschuldige (§ 345 StGB), GA 77, 69. – *Hermes,* Strafrechtliche Folgen einer Verletzung der Spezialitätsbindung im Auslieferungsverkehr?, NStZ 88, 396. – *Krause,* Zur unzulässigen Strafvollstrekkung, SchlHA 64, 271. – *Reiß,* Gedanken zur Neufassung des § 345 StGB, Rpfleger 76, 201. – *Seebode,* Zwischenhaft, ein vom Gesetz nicht vorgesehener Freiheitsentzug (§ 345 StGB), StV 88, 119.

I. Die Vorschrift stuft die Strafdrohung nach der Bedeutung der vollstreckten Maßnahme ab. Im Aufbau des Tatbestandes sowie in der Abgrenzung des Täterkreises ist die Vorschrift dem § 344 nachgebildet. § 345 ist **echtes Amtsdelikt** und nicht (auch bei Abs. 1 nicht) ein bloß qualifizierter Fall des § 239, weil die Tat sich nicht in der bloßen Freiheitsentziehung erschöpft, sondern in der rechtswidrigen Vollstreckung staatlicher Sanktionen und Maßnahmen besteht. Geschützt wird neben der persönlichen Freiheit des Tatbetroffenen vor allem die Rechtspflege (ähnl. Horn SK 2; and. Franzheim GA 77, 69). **1**

II. Der **objektive Tatbestand** setzt voraus, daß ein Amtsträger, der zur Mitwirkung bei der Vollstreckung von Strafen usw. berufen ist, eine der in der Vorschrift genannten Sanktionen vollstreckt, obwohl sie nach dem Gesetz nicht vollstreckt werden darf. **2**

1. Sanktionen nach Abs. 1 der Vorschrift sind neben den **Freiheitsstrafen** die **freiheitsentziehenden Maßregeln** der Besserung und Sicherung wie zB die Unterbringung in einem psychiatrischen Krankenhaus, die Unterbringung in einer Entziehungsanstalt sowie die Unterbringung in der Sicherungsverwahrung (vgl. § 61 ff.). Die behördliche Verwahrung betrifft die freiheitsentziehenden Maßnahmen außerhalb des Strafverfahrens, hierzu zählt insb. die Unterbringung nach den landesrechtlichen Unterbringungsgesetzen oder die Abschiebungshaft und Haft nach § 57 AuslG (vgl. weiter § 343 RN 5). Hingegen ist die Untersuchungshaft keine Sanktion, die unter § 345 fällt (BGH **20** 64 m. Anm. Stratenwerth JZ 65, 325 zu § 345 aF, Jescheck LK 5, Horn SK 3; and. Tröndle/Fischer 5). In diesen Fällen kommt § 344 in Betracht. **3**

2. Sanktionen nach Abs. 3 der Vorschrift sind neben den **nicht freiheitsentziehenden Strafen** wie zB Geldstrafe oder Fahrverbot die Maßnahmen des § 11 Nr. 8. Zu den nicht freiheitsentziehenden Maßregeln der Besserung und Sicherung gehören hier insb. die Entziehung der Fahrerlaubnis sowie das Berufsverbot (vgl. im übrigen § 11 RN 64 ff.). Außerdem enthält Abs. 3 noch in drei Fällen die Vollstreckung freiheitsentziehender Maßnahmen, die jedoch weniger gravierend sind als die unter Abs. 1 genannten Maßnahmen. In der Regel sind es Maßnahmen von kurzer Dauer. Es handelt sich um den Jugendarrest, die Ordnungshaft und den Arrest nach der Wehrdisziplinarordnung (WDO). Zum Jugendarrest vgl. § 16 JGG, zu Ordnungsgeld und Ordnungshaft vgl. §§ 51, 70, 95 StPO sowie §§ 177, 178 GVG, zum Arrest nach der WDO vgl. § 22 WDO, zu den übrigen Disziplinarmaßnahmen sowie ehren- und berufsgerichtlichen Maßnahmen siehe § 5 BundesdisziplinarO sowie die Disziplinargesetze der Länder, ferner zB § 204 BRAO, zu den Geldbußen und Nebenfolgen des Ordnungswidrigkeitenrechts vgl. Göhler § 66 RN 19 ff. **4**

3. Tathandlung ist die Vollstreckung einer Strafe, Maßnahme usw., die nach dem Gesetz nicht vollstreckt werden darf. Zur Vollstreckung gehört die Gesamtheit der Maßnahmen, welche die Verbüßung durchführen; sie umfaßt also nicht nur die Anordnung der Verbüßung, sondern auch ihre Durchführung und Überwachung (Kassel HESt **2** 180). Der Täter vollstreckt eine Strafe oder Maßregel unberechtigt, wenn er bei der Vollstreckung von der maßgebenden Entscheidung abweicht, sei es auch nur nach Art und Maß der Strafe, zB Freiheitsstrafe statt Strafarrest. In Betracht kommt vor allem die Vollstreckung nicht rechtskräftiger Urteile (Ausnahme § 178 GVG) oder bereits vollstreckter Urteile oder die Vollstreckung trotz Strafaussetzung zur Bewährung, aber auch die **Verlängerung einer Strafvollstreckung** (vgl. jedoch zum Fall einer aus verwaltungstechnischen Gründen um einen Tag später erfolgten Überführung eines Gefangenen in die Sicherungsverwahrung die zu Recht ablehnende Entscheidung Hamburg GA **64**, 247). Ferner ist auch an eine Vollstreckung unter Verletzung der Spezialitätsbindung im Auslieferungsverkehr zu denken (Hermes NStZ 88, 396). § 345 gilt nicht nur für quantitative oder qualitative Modifizierungen einer an sich verhängten Strafe, Maßnahme usw., sondern auch für die Fälle, in denen gegen den Betroffenen überhaupt keine Strafe usw. verhängt ist. In allen Fällen wird vorausgesetzt, daß die Vollstreckung zum Nachteil des Betroffenen erfolgt; § 345 ist daher nicht anwendbar, wenn zB statt Freiheitsstrafe Untersuchungshaft vollstreckt wird, die auf die Strafe anzurechnen ist (vgl. Düsseldorf StV **88**, 110; and. Seebode StV 88, 119 ff.). Eine zu Unrecht festgesetzte Strafe, Maßnahme usw., deren Rechtmäßigkeit die vollstreckende Behörde nicht nachprüfen darf, gehört ebenfalls nicht hierher (RG **16** 221; **63** 168). Eine Begehung durch Unterlassen ist ebenfalls möglich, wenn der Täter eine Garantenstellung hat, zB der Leiter der Vollzugsanstalt, der nicht für die Entlassung des Inhaftierten nach Ablauf der Strafzeit sorgt. **5**

III. Täter können nur der **Amtsträger** (vgl. § 11 RN 14 ff.) oder die diesem gleichgestellten Offiziere und Unteroffiziere (§ 48 I WStG) sein, die zur Mitwirkung bei der Vollstreckung der genannten Sanktionen berufen sind (vgl. § 343 RN 19). Darunter ist keine konkrete Zuständigkeit zu verstehen, sondern es reicht die allgemeine Zuständigkeit zur Vornahme der betreffenden Handlung aus (Jescheck LK 2). Jede Art der amtlichen Mitwirkung ist ausreichend, eine Mitwirkung an leitender Stelle ist nicht erforderlich (RG **63** 176; and. Krause SchlHA 64, 271 zu § 345 aF). Täter kann daher auch der Amtsträger sein, der im Strafvollzug etwa bloß mit der Führung des Vollstreckungskalenders betraut ist (RG **30** 135, Kassel HESt **2** 180). **6**

IV. Für den **subjektiven Tatbestand** kommt Vorsatz (Abs. 1, 3) oder Leichtfertigkeit (Abs. 2) in Betracht. Der **Vorsatz** erfordert das Bewußtsein, daß es sich um die Vollstreckung einer Strafe usw. handelt und daß sie unzulässig ist. Bedingter Vorsatz genügt. Zur **Leichtfertigkeit,** die allerdings nur **7**

§ 348   1-8

für den Tatbestand des Abs. 1 genügt, vgl. § 15 RN 205. Nicht jeder vermeidbare Irrtum über das Vorliegen der Vollstreckungsvoraussetzungen begründet bereits den Vorwurf der Leichtfertigkeit (Köln MDR 77, 66, Reiß Rpfleger 76, 201, Jescheck LK 7).

8 V. Der **Versuch** ist für das Verbrechen des Abs. 1 wie auch für das Vergehen des Abs. 3 (S. 3) strafbar.

9 VI. Mit § 239 besteht in den Fällen der Freiheitsentziehung **Gesetzeskonkurrenz**, § 345 geht vor; zum Verhältnis zu § 339) vgl. dort RN 11.

§§ 346, 347 *aufgehoben*

§ 348 Falschbeurkundung im Amt

(1) Ein Amtsträger, der, zur Aufnahme öffentlicher Urkunden befugt, innerhalb seiner Zuständigkeit eine rechtlich erhebliche Tatsache falsch beurkundet oder in öffentliche Register, Bücher oder Dateien falsch einträgt oder eingibt, wird mit Freiheitsstrafe bis zu fünf Jahren oder mit Geldstrafe bestraft.

(2) **Der Versuch ist strafbar.**

1 Die **Falschbeurkundung im Amt** ist das Gegenstück zu § 271 und bezweckt den Schutz des allgemeinen Vertrauens in die Wahrheitspflicht der mit der Aufnahme öffentlicher Urkunden betrauten Amtspersonen (BGH **37** 209). Mit Strafe bedroht wird die Herstellung einer echten Urkunde, die einen unwahren Inhalt hat (Hoyer SK 1, Pikart NStZ 86, 122). Insoweit steht also die **schriftliche Lüge** unter Strafe; die Vorschrift ist daher **echtes Amtsdelikt** (Puppe NK 1).

2 I. **Täter** kann nur ein Amtsträger (dazu § 11 RN 14 ff.) sein, der zur Aufnahme öffentlicher Urkunden befugt ist (Hoyer SK 3).

3 1. Über **öffentliche Urkunden** vgl. § 271 RN 4 ff., 11 ff. und u. 8. **Öffentlich** iS dieser Vorschrift ist eine Urkunde nur dann, wenn sie den für öffentliche Urkunden dieser Art vorgeschriebenen Formvorschriften genügt (RG DJ **38**, 947, HRR **39** Nr. 62).

4 2. **Aufnehmen** einer Urkunde bedeutet an sich, daß der Beamte Erklärungen zu beurkunden hat, die ein anderer vor ihm abgibt, oder Wahrnehmungen, die er selbst gemacht hat (vgl. RG **1** 312). Daraus hat die Rspr. gefolgert, Beamte, die lediglich zur **Ausstellung** öffentlicher Urkunden befugt seien, fielen nicht unter § 348 (ebenso Tröndle LK[10] 4, Tröndle/Fischer 2, Lackner/Kühl 2, Hoyer SK 3, Puppe NK 2; offengelassen von RG **71** 226). Da jedoch eine solche Einschränkung bei der Charakterisierung der Tat nicht gemacht wird, erscheint es nicht sinnvoll, die **Zuständigkeit** des Amtsträgers zu beschränken, dagegen seine **Tätigkeit** uneingeschränkt unter § 348 fallen zu lassen, solange es sich um öffentliche Beurkundung handelt. Daher ist davon auszugehen, daß der Begriff Aufnahme auch das Ausstellen von Urkunden bezeichnet (ähnlich iE ebenso RG DR **43**, 1041).

5 3. **Befugt** zur Aufnahme öffentlicher Urkunden ist ein Amtsträger, wenn er sachlich und örtlich zuständig ist, Erklärungen oder Tatsachen mit voller Beweiskraft zu beurkunden (BGH **12** 86, **37** 211, M-Schroeder II 160, Tröndle LK[10] 6, Hoyer SK 4). Es wird nicht vorausgesetzt, daß er zur Aufnahme gerade der betreffenden Urkunde befugt ist; es genügt vielmehr, daß er zur Aufnahme von öffentlichen Urkunden solcher Art berufen ist (RG **71** 227). Auch wenn die Tätigkeit des Täters verwaltungsrechtlich fehlerhaft ist, kann trotzdem eine Beurkundung innerhalb seiner Zuständigkeit vorliegen (RG **72** 179, Celle HannRPfl. **47**, 51 betr. Tätigkeit in eigener Sache).

6 4. Täter können nicht nur die eigentlichen Urkundenbeamten wie Standesbeamte, Notare usw., sondern auch andere Amtsträger sein, soweit sie befugt sind, öffentliche Urkunden aufzunehmen (Puppe NK 37). Als solche kommen zB Vollstreckungsbeamte, Gerichtsvollzieher (Hamm NJW **59**, 1333), Vollziehungsbeamte eines Finanzamtes (RG **71** 46), Briefträger (Zustellungsurkunden) und Fleischbeschauer (BGH LM **Nr. 2**, Karlsruhe Justiz **67**, 152) in Betracht. **Andere Personen** als befugte Amtsträger können als Anstifter oder Gehilfen strafbar sein (§ 28 I), falls der Amtsträger vorsätzlich handelt. Ist dies nicht der Fall, dann kommt eine Bestrafung nach § 271 in Betracht. Ist der Amtsträger nicht schuldfähig, so kommt gleichfalls § 271 zur Anwendung, falls der Nicht-Beamte diesen Zustand kennt und ausnutzt (vgl. § 25 RN 30 ff.).

7 II. Die **Handlung** besteht darin, daß der Amtsträger innerhalb seiner Zuständigkeit eine rechtlich erhebliche Tatsache falsch beurkundet oder in öffentliche Register, Bücher oder Dateien falsch einträgt oder eingibt. Ein Gebrauchmachen von der Urkunde durch den Amtsträger oder durch Dritte ist ebensowenig erforderlich wie eine dahingehende Absicht (vgl. Puppe NK 23).

8 1. Der Amtsträger **beurkundet** eine Tatsache, wenn er sie in der vorgeschriebenen Form in einer Weise feststellt, die dazu bestimmt ist, Beweis für und gegen jedermann zu begründen (RG **72** 378, BGH **37** 209; krit. dazu Freund JuS 94, 306); das ist etwa bei der Eintragung des nächsten Hauptprüfungstermins in einen Kraftfahrzeugschein der Fall (BGH **26** 11). Hieran fehlt es dagegen beim Prüfbericht des TÜV (Bay NStZ **99**, 79, Hamm VRS **47** 432). Die Beurkundung muß den Erfordernissen der öffentlichen Urkunde entsprechen (RG HRR **39** Nr. 62). Eine Tatsache, die sich erst durch eine gedankliche Schlußfolgerung ergibt, ist nicht beurkundet (Hamm VRS **47** 430 [TÜV-Prüfplakette], Köln JR **79**, 255 m. Anm. Puppe [Paßstempelung zur Aufenthaltsverlängerung]). Feststellungen, die nur für den inneren Dienstverkehr bestimmt sind, kommen hier nicht in Betracht (RG **71** 46, BGH **33** 193, Bay **78** 137 [Fundanzeige]). Falschbeurkundung und nicht § 267 liegt auch dann vor, wenn ein Amtsträger eine öffentliche Urkunde, die er befugtermaßen ausgestellt und in den Verkehr gegeben hat, nachträglich dahin abändert, daß sie den Vorgang, den sie bezeugen soll, nunmehr anders als geschehen beurkundet (and. RG **69** 28 u. hL); es kann jedoch keinen Unterschied machen, ob der Amtsträger von vornherein oder erst nachträglich etwas Falsches beurkundet (vgl. im übrigen § 267 RN 54).

2. Eine Tatsache ist **falsch** beurkundet, wenn sie überhaupt nicht oder in anderer Weise geschehen ist (vgl. eingehend zu diesem Merkmal Freund JuS 94, 307). Bei der Beurkundung von Erklärungen kommt es allerdings nicht auf deren Wahrheit an, sondern allein darauf, ob sie so beurkundet abgegeben worden sind (BGHR Notar **1** m. Anm. Schumann JZ 87, 522, Puppe JZ 91, 611, Freund JuS 94, 307). Nach § 8 BeurkG muß bei der Beurkundung von Willenserklärungen eine Niederschrift über die Verhandlung aufgenommen werden. Dies schließt allerdings nicht aus, daß der Notar die Urkunde vorbereitet und die so vorbereitete Niederschrift nach § 13 BeurkG verliest. Die Niederschrift muß in Gegenwart des Notars den Beteiligten vorgelesen, von ihnen genehmigt und eigenhändig unterschrieben werden (BGH DNotZ **99**, 350). Anschließend bestätigt der Notar durch seine Unterschrift, daß dies geschehen ist. Für die Änderung vorbereiteter Niederschriften gilt jetzt § 44a BeurkG. Danach sind Zusätze zu oder Änderungen an einem vorbereiteten Text am Schluß vor den Unterschriften oder am Rande zu vermerken und sollen vom Notar besonders unterschrieben werden. Beim Einsatz von Datenverarbeitungs- oder Schreibautomaten genügt es, wenn die veränderten Teile der Erklärung verlesen werden (and. BGH aaO), weil durch den Datenträger technisch garantiert ist, daß die übrigen Teile der verlesenen Urkunde sich nicht geändert haben. Nach LG Stralsund (NJW **97**, 3178) genügt das Verlesen vom Bildschirm eines PC; diese Auffassung ist konsequent, wenn man auf die Übereinstimmung zwischen der Willenserklärung und dem Urkundeninhalt abstellt und das Medium, in dem die Erklärungen verkörpert sind, unberücksichtigt läßt. Zulässig ist auch der Austausch einer verschmutzten Seite der Niederschrift durch Kopie derselben ohne nochmalige Verlesung. Falsch beurkundet ist eine Tatsache zB, wenn der Urkundsbeamte eine gar nicht vorhandene Urkunde ausfertigt (RG **71** 226) oder wenn der Amtsträger der Durchschrift einen anderen Inhalt gibt als der Urschrift und bescheinigt, daß beide Fertigungen übereinstimmen (RG **64** 249), wenn der Notar fälschlich beurkundet, daß die Parteien vor ihm erschienen, die Urkunde von ihm verlesen (BGH **26** 47, DNotZ **69**, 178) oder eine Unterschrift vor dem Notar vollzogen oder anerkannt worden sei (Frankfurt NStZ **86**, 121 m. Anm. Pickart). Bei der Neuausstellung eines Führerscheins ist ferner falsch die „Erweiterung" auf eine Klasse, für die eine Fahrerlaubnis nicht besteht (BGH **37** 211), nach BGH **34** 301 auch die Eintragung eines unzutreffenden Geburtsdatums im Führerschein (abl. Freund JuS 94, 307). Demgegenüber ist die Umschreibung eines ausländischen Führerscheins in einen deutschen nicht bereits deshalb falsch, weil die Voraussetzungen des § 15 StVZO nicht vorliegen, da eine von der Verwaltungsbehörde pflichtwidrig erteilte Fahrerlaubnis grundsätzlich wirksam ist (BGH **37** 210).

3. Auch bei öffentlichen Urkunden besitzt der bloße **Entwurf keine Urkundenqualität.** Dies gilt auch, wenn der bereits in der gehörigen Form hergestellt und unterzeichnet ist. Zur Urkunde wird er erst dann, wenn der Amtsträger ihm dadurch die Eigenschaft eines Beweismittels verleiht, daß er ihn aus seiner Verfügungsgewalt in den Rechtsverkehr gelangen läßt (vgl. RG **64** 136, Puppe NK 24). Deshalb begeht der Amtsträger keine Falschbeurkundung, wenn er in dem Entwurf etwas noch nicht Geschehenes als bereits geschehen wiedergibt, sofern nur sichergestellt ist, daß der Entwurf erst nach Eintritt der noch fehlenden Voraussetzung in den Rechtsverkehr gelangt. Dies gilt zB für die vorbereitete und unterschriebene notarielle Beurkundung, für das vorbereitete Zustellungsprotokoll des Gerichtsvollziehers (RG **19** 243) oder für die Fälle, in denen der Fleischbeschauer das Fleisch abstempelt, seine Verwendung aber davon abhängig macht, daß erst nachfolgende Untersuchung keine Beanstandung ergibt (RG **64** 136). In diesen Fällen kann es nicht darauf ankommen, daß der Amtsträger die Urkunde gerade in seinem eigenen Gewahrsam behalten hat; es genügt, daß er auf irgendeine Weise sicherstellt, daß der Entwurf nicht vor Eintritt der fehlenden Voraussetzungen in den Rechtsverkehr gelangt (vgl. RG **64** 136). Zu eng deshalb Karlsruhe Justiz **67**, 152. Kommt in derartigen Fällen der Entwurf ohne Willen des Amtsträgers noch vor Eintritt der fehlenden Voraussetzungen in den Rechtsverkehr, so soll nach RG **19** 243, HRR **34** Nr. 450 Falschbeurkundung durch Unterlassen vorliegen, wenn der Amtsträger die Urkunde nicht zurückzieht.

4. Die beurkundete Tatsache muß **rechtlich erheblich** sein. Dies ist vor allem bei den Tatsachen der Fall, zu deren Feststellung der Amtshelfer durch Gesetz oder Dienstanweisung verpflichtet ist (RG **17** 170, Hamm NJW **59**, 1334). Beispielsweise stellt bei Grundbuchanträgen die Zeit des Eingangs eine rechtlich erhebliche Tatsache dar (RG **48** 417); ebenso der in den Kraftfahrzeugschein eingetragene Termin der nächsten Hauptuntersuchung des Fahrzeugs (BGH **26** 11). Die Beglaubigung einer Unterschrift oder eines Handzeichens betrifft einen Vorgang, nämlich die Tatsache, daß die Unterschrift vor der Urkundsperson vollzogen oder anerkannt wurde (Jansen, Beurkundungsgesetz, 1971, § 40 RN 11), weshalb eine sog. Fernbeglaubigung durch § 348 erfaßt wird (BGH DNotZ **77**, 762, Köln DNotZ **77**, 763, Frankfurt NStZ **86**, 121 m. Anm. Pickart, Heinitz JR 68, 307, Tröndle GA **73**, 338, Blei JA 75, 452; and. BGH **22** 32, überholt durch § 40 BeurkG, Röhmel JA 78, 200 f.). Dagegen sollen unrichtige Angaben über den Zeitpunkt des Vollzugs oder der

§ 352 1

Anerkennung der Unterschrift nicht tatbestandserheblich sein (Karlsruhe NJW **99**, 1044), ebensowenig die wahrheitswidrige Angabe, die Beurkundung sei am Ort des Amtssitzes des Notars geschehen, BGH NStZ **98**, 620. Bei der Beurkundung von Rechtsgeschäften bestätigt der Notar überdies, daß er bei der Verlesung der Niederschrift anwesend war (BGH **26** 47). Außerdem ist erforderlich, daß die Urkunde für die beurkundete Tatsache **beweiserheblich** ist (vgl. § 271 RN 19 ff., BGH **12** 88). Dies trifft zB nicht auf die von einem Notar beurkundete Geschäftsfähigkeit dessen zu, der vor ihm eine Erklärung abgibt (BGH GA **64**, 309). Ebensowenig ist die Erklärung des Gerichtsvollziehers im Räumungsprotokoll, die Entfernung der dem Schuldner gehörenden Gegenstände habe in seiner ununterbrochenen Gegenwart stattgefunden, vom öffentlichen Glauben umfaßt (Bay NJW **92**, 1842).

12 5. Die **Eintragung oder Eingabe in öffentliche Bücher, Register oder Dateien** (§ 271 RN 14 a) ist eine besondere Art der Beurkundung. **Öffentlich** sind die Bücher, Register und Dateien, die öffentlichen Glauben haben, die Beweis für und gegen jedermann begründen. Hierhin gehören zB die Annahmebücher der Postanstalten über Wertsendungen (RG **21** 311, **67** 271), Quittungskarten der Invalidenversicherung (RG HRR **39** Nr. 536), das Tagebuch des amtlich bestellten Fleischbeschauers (RG DR **40**, 1419), amtliche Wiegebücher (BGH MDR/D **58**, 140). **Nicht** dagegen kommen zB, weil nur für den inneren Dienst bestimmt, in Betracht Eisenbahnversandbücher (RG **61** 36), Dienstregister des Gerichtsvollziehers (RG **68** 201), Eichbücher (RG **73** 328).

13 III. Für den **subjektiven Tatbestand** ist **Vorsatz** erforderlich, bedingter Vorsatz genügt (Puppe NK 26). Der Täter muß das Bewußtsein haben, daß er innerhalb seiner Zuständigkeit eine rechtlich erhebliche Sache falsch beurkundet oder in öffentliche Bücher oder Register falsch einträgt. Eine weitergehende Absicht, insbes. eine Gebrauchsabsicht iSd § 267, verlangt das Gesetz nicht.

14 IV. Das Delikt ist **vollendet,** wenn der Amtsträger die Beurkundung oder Eintragung bewirkt hat. Demgegenüber soll nach BGH NJW **52**, 1064 für die Vollendung noch das Erfordernis hinzukommen, daß der Täter die Urkunde der Benutzung im Rechtsverkehr zugänglich macht oder dies gestattet (ebenso Hoyer SK 5, M-Schroeder II 162). Ebensowenig wie bei der Urkundenfälschung, bei der unbestritten die Tat bereits mit der Herstellung der unechten Urkunde vollendet ist (§ 267 RN 45, 94), kann es jedoch hier auf die Begebung der Urkunde ankommen; sie ist kein Tatbestandsmerkmal des § 348. Eine Ausnahme gilt nur für in voller Urkundenform hergestellte Entwürfe; vgl. dazu o. 10. Kein Entwurf ist jedoch die Beurkundung im Irrtum über die Richtigkeit der beurkundeten Tatsachen; mit der Unterschrift ist die Beurkundung als solche abgeschlossen. Daher erfüllt der Täter nicht mehr den Tatbestand des § 348, wenn er nachher seinen Irrtum entdeckt und die Urkunde dennoch dem Rechtsverkehr zugänglich macht (and. BGH NJW **52**, 1064, Puppe NK 25). In einem solche Falle kommt § 271 II in Betracht.

15 V. Über den **Verlust der Amtsfähigkeit** vgl. § 358.

16 VI. Mit § 267 kommt normalerweise wegen der unterschiedlichen Tatbestandsmerkmale nicht in Frage (Tröndle LK[10] 25, Tröndle/Fischer 10, vgl. auch Puppe NK 39; and. Lackner/Kühl 11). Zum Verhältnis zwischen § 271 und § 348 vgl. RG **60** 154, sowie zwischen § 348 und § 271 II vgl. § 271 RN 37. Über das Verhältnis zu § 26 Nr. 3 FleischbeschauG vgl. BGH LM **Nr. 2.**

§§ 349, 351 *aufgehoben*

§ 352 Gebührenüberhebung

(1) **Ein Amtsträger, Anwalt oder sonstiger Rechtsbeistand, welcher Gebühren oder andere Vergütungen für amtliche Verrichtungen zu seinem Vorteil zu erheben hat, wird, wenn er Gebühren oder Vergütungen erhebt, von denen er weiß, daß der Zahlende sie überhaupt nicht oder nur in geringerem Betrag schuldet, mit Freiheitsstrafe bis zu einem Jahr oder mit Geldstrafe bestraft.**

(2) **Der Versuch ist strafbar.**

Vorbem.: Nach § 42 des Ges. zur Umsetzung von Richtlinien der Europäischen Gemeinschaft auf dem Gebiet des Berufsrechts der Rechtsanwälte (BGBl. I 2000, 182) stehen für die Anwendung der Vorschrift europäische Rechtsanwälte den deutschen Rechtsanwälten und Anwälten gleich.

1 I. Bei der **Gebührenüberhebung** (übermäßiges Sportulieren) handelt es sich um ein echtes Amtsdelikt, durch das das Vermögen geschützt wird (Lackner/Kühl 1, Hoyer SK 1). Im Vergleich zum Betrug, dessen Voraussetzungen hier an sich zumeist gegeben sind (vgl. u. 14), droht § 352 eine erheblich mildere Strafe an. Diese Privilegierung ist im wesentlichen historisch zu erklären (vgl. RG **18** 220). Sie beruht darauf, daß der Anreiz zur Tat für den im § 352 genannten Personenkreis infolge der günstigen äußeren Umstände besonders groß sein mag, der Zahlende andererseits aber sich jederzeit über den gesetzlichen Umfang seiner Zahlungspflicht informieren kann, ferner darauf, daß es sich bei den überhobenen Beträgen zumeist um verhältnismäßig geringfügige Summen handeln dürfte (vgl. RG **18** 223). Zwingend sind derartige Erwägungen indessen nicht, da der erstgenannte Umstand und die hervorgehobene Stellung des Täters die Tat ebensogut als besonders strafwürdig erscheinen lassen könnte. Für die Streichung der Vorschrift wegen geringer praktischer Bedeutung Kuhlen NK 1.

Gebührenüberhebung 2–14 **§ 352**

II. Täter können Amtsträger (§ 11 RN 16 ff., 32, 34 ff.), Anwälte oder sonstige Rechtsbeistände 2 sein, die Gebühren oder andere Vergütungen für amtliche Verrichtungen zu ihrem Vorteil zu erheben haben.

1. Als **Amtsträger** kommen hier zB in Betracht Notare, Gerichtsvollzieher, beamtete Tierärzte, als 3 **Anwälte** auch die Patentanwälte (vgl. auch Kuhlen NK 16). Bestritten ist, wer zu den **sonstigen Rechtsbeiständen** gehört. Teilweise (zB RG **73** 126, Frankfurt NJW **64**, 2318) werden hierzu nur solche Beistände gezählt, denen eine amtliche Eigenschaft zukommt. Prozeßagenten (§ 157 ZPO) und Rechtsbeistände, die aufgrund des Rechtsberatungsgesetzes vom 13. 12. 1935 (RGBl. I 1478) zugelassen sind, sollen danach ausscheiden. Ebensowenig wie in § 356 (vgl. dort RN 2) ist aber die Eigenschaft als Amtsträger für die Täterschaft entscheidend. Nachdem nunmehr den Rechtsbeiständen aufgrund des Art. IX des Ges. vom 26. 7. 1957, BGBl. I 861, (modifizierte) Gebühren und Auslagen nach der BRAGebO zustehen, besteht kein Anlaß mehr, sie von der Geltung des § 352 auszunehmen (ebenso Bay NJW **64**, 2433, Tröndle/Fischer 1, Lackner/Kühl 2, Kuhlen NK 15, Hoyer SK 2, Träger LK¹⁰ 4, Welzel 556).

2. **Amtliche Verrichtungen** sind Handlungen, die der Amtsträger, Anwalt oder Rechtsbeistand 4 kraft seiner Amts- oder Berufsstellung vornimmt.

3. Der Täter muß berechtigt sein, Gebühren oder andere Vergütungen **zu seinem Vorteil** zu 5 erheben. Es genügt, wenn die erhobenen Leistungen dem Täter mittelbar zufließen (RG **40** 380). Hat er nur das Recht, Gebühren für eine öffentliche Kasse zu erheben, so kommt § 353 in Betracht (vgl. hierzu Köln NJW **88**, 503).

III. Die **Handlung** besteht in der Erhebung einer Gebühr oder Vergütung, von der der Anneh- 6 mende weiß, daß sie der Zahlende überhaupt nicht oder nur in geringerem Betrage schuldet.

1. Unter **Vergütung** ist das Entgelt zu verstehen, das für die Vornahme amtlicher Verrichtungen zu 7 entrichten und dem Grunde oder Betrage nach gesetzlich festgelegt ist. Dazu gehören nicht Vergütungen eines Vormunds, Betreuers oder Pflegers nach §§ 1836, 1908 e, 1908 h, 1915 (vgl. BGH **4** 235). Auf zulässige Honorarvereinbarungen ist § 352 nicht anwendbar (Hoyer SK 7, Träger LK¹⁰ 12; vgl. auch u. 8), wohl aber auf unzulässige, wie zB die Vereinbarung eines Erfolgshonorars (Bay NJW **89**, 2902, Karlsruhe NStZ **91**, 239; and. Hoyer SK 5). **Gebühren** sind Vergütungen, die ihrer Höhe nach durch Gesetz oder Verordnung festgelegt sind. **Auslagen,** deren Ersatz der Täter zu beanspruchen hat, sind nur dann Vergütungen, wenn sie ohne Rücksicht auf die Höhe des wirklich entstandenen Aufwandes tarifmäßig festgesetzt werden, zB die Tagegelder des Rechtsanwalts nach § 28 BRA-GebO; andere Auslagen (zB Portoauslagen) rechnen nicht zu den Vergütungen (RG **17** 172, **19** 66, **40** 382; vgl. auch BGH MDR/He **55**, 650), ihretwegen kommt aber § 263 in Betracht.

2. **Erheben** von Gebühren bedeutet nichts anderes als Fordern und Empfangen (Kuhlen NK 14); 8 es ist unerheblich, ob die Forderung mit Klage und Zwangsvollstreckung beigetrieben wird oder nicht (RG **14** 372). Gebühren werden auch dadurch erhoben, daß ein Anwalt von einem an seinen Auftraggeber abzuliefernden Geldbetrag als von ihm beanspruchte kürzt (RG HRR **27** Nr. 764) oder gegen Vorschüsse usw. verrechnet (RG JW **36**, 2143; vgl. wegen einer Aufrechnung auch BGH LM **Nr. 3**). Eine Gebühr erhebt auch der einer Partei im Wege der Prozeßkostenhilfe beigeordnete Rechtsanwalt, wenn er sich von ihr ein Honorar geben läßt, indem er sie in den Irrtum versetzt, daß er dies rechtmäßig verlangen könne (RG HRR **36** Nr. 372, **37** Nr. 1061, DR **43**, 758).

Erforderlich ist, daß der Täter gegen den angeblichen Schuldner ein **eigenes Recht** geltend macht. 9 An dieser Voraussetzung fehlt es, wenn ein Rechtsanwalt vom **Gegner** zu hohe Gebühren einfordert (RG **19** 30, JW **33**, 1777, **36**, 660). In diesen Fällen kann Betrug vorliegen. Ferner ist erforderlich, daß der Zahlende die Vergütung leistet, um seine Schuld zu tilgen (RG **18** 221; vgl. auch BGH **2** 37).

IV. Für den **subjektiven Tatbestand** ist Vorsatz erforderlich. Bedingter Vorsatz genügt hier nicht 10 (Hoyer SK 9; and. RG HRR **36** Nr. 372, Träger LK¹⁰ 21, Tröndle/Fischer 8, Lackner/Kühl 6; vgl. auch Kuhlen NK 28). Der Täter muß das Bewußtsein haben, daß übermäßig, nicht geschuldete Gebühren erhoben werden (RG **16** 365, Bay **62**, 79). Die Absicht, sich einen Vermögensvorteil zu verschaffen, oder eine betrügerische Absicht braucht nicht gegeben zu sein (RG HRR **41** Nr. 951, Kuhlen NK 29).

V. Ein strafbarer **Versuch** kann bereits in der erfolglosen Aufforderung zur Zahlung nicht geschul- 11 deter Gebühren liegen (RG R **8** 776, Kuhlen NK 30); über einen weiteren Fall vgl. BGH LM **Nr. 3**

VI. Über den **Verlust der Amtsfähigkeit** vgl. § 358. 12

VII. Für die **Teilnahme** gelten Akzessorietätsregeln; der teilnehmende Nichtbeamte wird daher 13 ebenfalls aus § 352 bestraft (§ 28 I); jedoch ist die Strafe zu mildern (§ 49).

VIII. Da die Privilegierung des § 352 gegenüber § 263 u. a. gerade darauf beruht, daß sich der 14 Zahlende jederzeit über den gesetzlichen Umfang seiner Zahlungspflicht unterrichten kann, geht § 352 immer dann vor (**Spezialität**), wenn sich die in der Gebührenüberhebung zugleich enthaltene Täuschung lediglich auf die rechtlichen Voraussetzungen für das Entstehen und die Höhe der Zahlungspflicht erstreckt, wie sie aus den maßgeblichen Gebühren-, Tarifordnungen usw. ohne weiteres ersichtlich sind (Bay NJW **90**, 1002, Düsseldorf NJW **89**, 2901). Deshalb kann etwa der Anwalt, der entgegen § 33 BRAGebO für eine unstreitige Verhandlung eine volle Gebühr berechnet, nur nach § 352 bestraft werden, nicht aber nach § 263, da sonst für den § 352 mit seiner milderen

Strafdrohung praktisch kein Anwendungsbereich bliebe. Anders ist es jedoch dann, wenn der Täter über die genannte Weise hinaus zusätzlich tatsächliche Umstände vorspiegelt, die der Zahlende nicht ohne weiteres nachprüfen kann. Daher ist **Idealkonkurrenz** zwischen § 263 und § 352 anzunehmen, wenn der Anwalt Tages- und Abwesenheitsgelder berechnet, obwohl er die Reise überhaupt nicht unternommen hat (vgl. RG **18** 223, **72** 123, BGH **2** 36, **4** 236, Träger LK[10] 24, Tröndle/Fischer 9, Lackner/Kühl 7, M-Maiwald II 282; and. noch Maurach BT 770, nach dem immer Idealkonkurrenz vorliegen soll). Idealkonkurrenz ist ferner mit § 266 möglich (BGH NJW **57**, 596, and. Karlsruhe NStZ **91**, 239 [Spezialität v. § 352]).

§ 353 Abgabenüberhebung; Leistungskürzung

(1) **Ein Amtsträger, der Steuern, Gebühren oder andere Abgaben für eine öffentliche Kasse zu erheben hat, wird, wenn er Abgaben, von denen er weiß, daß der Zahlende sie überhaupt nicht oder nur in geringerem Betrag schuldet, erhebt und das rechtswidrig Erhobene ganz oder zum Teil nicht zur Kasse bringt, mit Freiheitsstrafe von drei Monaten bis zu fünf Jahren bestraft.**

(2) **Ebenso wird bestraft, wer als Amtsträger bei amtlichen Ausgaben an Geld oder Naturalien dem Empfänger rechtswidrig Abzüge macht und die Ausgaben als vollständig geleistet in Rechnung stellt.**

1   I. Die Vorschrift faßt zwei Tatbestände zusammen: Die **übermäßige Erhebung von Abgaben** (Abs. 1) und die **Verkürzung amtlicher Leistungen** (Abs. 2). Beide sind **echte Amtsdelikte** (Kuhlen NK 4). Rechtsgut ist das Vermögen (Lackner/Kühl 1); darüberhinaus wird die Korrektheit der öffentl. Kassenführung geschützt (Kuhlen NK 3).

2   II. Die **Abgabenüberhebung** (Abs. 1) unterscheidet sich von § 352 dadurch, daß hier die Steuern usw. für eine öffentliche Kasse zu erheben sind, während es sich in § 352 um Gebühren usw. handelt, die dem Erhebenden persönlich zufließen. Das Delikt hat eine doppelte Angriffsrichtung: Gegen den Staat, dessen Vermögen dadurch verletzt wird, daß die erhobenen Beträge nicht in seine Kasse kommen (insoweit abl. Träger LK[10] 1), und gegen das Publikum, das zahlen muß, was es nicht schuldet (krit. hierzu Kuhlen NK 2 f.).

3   1. **Täter** kann nur ein Amtsträger sein, der Abgaben für eine öffentliche Kasse zu erheben hat. Es genügt, daß er diese Befugnis nach irgendeiner Richtung hat; es ist nicht notwendig, daß sich seine Zuständigkeit gerade auf die Erhebung der geforderten Abgabe erstreckt (RG **41** 94). Dagegen ist nicht ausreichend, daß bei einer Behörde die „Übung" besteht, wonach der Amtsträger Gelder entgegennimmt (BGH NJW **57**, 638). **Öffentliche Kassen** sind alle Kassen des Staates, der Kommunalbehörden oder sonstiger öffentlicher Körperschaften und Anstalten (Kuhlen NK 5 [mit Beispielen]).

4   2. Unter **Abgaben** sind alle vermögensrechtlichen Leistungen zu verstehen, die einen öffentlich-rechtlichen Charakter haben. Steuern und Gebühren unterscheiden sich dadurch, daß die ersteren dem Zahlungspflichtigen ohne Gegenleistung auferlegt werden, bei den letzteren dagegen eine Gegenleistung gewährt wird (vgl. auch § 1 I AO). Der öffentlich-rechtliche Charakter der Gebühren kann sich auch daraus ergeben, daß für die Festsetzung ihrer Höhe nicht nur gewerbliche, sondern politische und volkswirtschaftliche Grundsätze maßgebend sind (RG **22** 308, Träger LK[10] 13). Zu den Gebühren rechnen alle amtlich festgelegten Tarife für die Benutzung öffentlich-rechtlicher Einrichtungen oder Dienste, wie zB Schreibgebühren für Abschriften. Auch die Verwarnungsgelder des Straßenverkehrsrechts gehören hierher (BVerfGE **22** 125).

5   3. Die strafbare Tätigkeit besteht aus **zwei Akten**.

6   a) Erforderlich ist einmal die **Erhebung von Abgaben**, von denen der Täter weiß, daß der Zahlende sie überhaupt nicht oder in geringerem Betrage schuldet. Der Täter erhebt Abgaben auch dann, wenn er Vorschüsse oder Abschlagszahlungen auf diese einfordert und erhält (RG **41** 92). Der Täter muß den Schuldner über dessen Gebührenpflicht getäuscht haben; weiß dieser, daß er den geforderten Betrag nicht schuldet, leistet er aber aus anderen Gründen, so kann § 353 keine Anwendung finden (BGH **2** 37; and. RG **22** 308). Vgl. auch BGH LM **Nr. 3** zu § 352, Kuhlen NK 9.

7   b) Erforderlich ist weiter, daß der erhobene Betrag **ganz oder teilweise nicht zur Kasse gebracht** wird. Dies ist nicht nur dann der Fall, wenn der Täter das Geld unterschlägt, sondern auch dann, wenn der Betrag zwar in die Kasse gelangt, seine Herkunft jedoch unterdrückt wird, um einen Fehlbetrag teilweise zu verdecken (RG **26** 260), oder wenn der Betrag nur vorübergehend und ohne Buchung in die Kasse gelegt wird, um ihn später unterschlagen zu können (RG **75** 380, BGH NJW **61**, 1171). Voraussetzung ist aber stets, daß das Geld, das tatsächlich in die Kasse gelangt, nicht oder nur teilweise verbucht wird. Verbucht der Täter überhöhte Beträge, die in die Kasse gelegt werden, ordnungsgemäß, so kann § 353 keine Anwendung finden (dies verkennt Köln NJW **66**, 1373). Vollendet ist die Tat, wenn das überhobene Geld ordnungswidrig nicht in die Kasse gelangt.

8   III. Die **Leistungskürzung** (Abs. 2). 1. **Täter** kann nur ein Amtsträger sein, der selbst die Ausgabe oder Auszahlung bewirkt (RG **66** 247).

9   2. Die **Handlung** besteht aus zwei Teilen.

Verletzung d. Dienstgeheimnisses u. einer bes. Geheimhaltungspfl. **§§ 353 a, 353 b**

a) Der **erste Teil** besteht darin, daß der Amtsträger dem Empfänger von Geld oder Naturalien rechtswidrig Abzüge macht. Gleichzustellen ist dieser Verkürzung der Leistung die völlige Unterlassung der Leistung (Tröndle/Fischer 5). Dieser erste Akt richtet sich gegen die Person des Empfängers (RG **66** 247). 10

b) Der **zweite Teil** der Handlung besteht darin, daß der Amtsträger bei der Abrechnung diejenige Behörde, für die er die Leistung bewirkt, mit der Volleistung belastet, obwohl nur eine Teilleistung vorlag. Dieser zweite Akt richtet sich gegen den Staat oder die Behörde, für die der Amtsträger bei der Auszahlung tätig geworden ist (RG **66** 248). 11

IV. Für den **subjektiven Tatbestand** ist in beiden Fällen **Vorsatz** erforderlich. Bedingter Vorsatz genügt nicht (Hoyer SK 9, Kuhlen NK 16; and. Träger LK[10] 19). 12

V. Über den **Verlust der Amtsfähigkeit** vgl. § 358. 13

VI. **Idealkonkurrenz** oder **Realkonkurrenz** kommt in Betracht mit § 246 (RG **61** 40, BGH **2** 37, NJW **61**, 1171), da weder nach Abs. 1 noch nach Abs. 2 erforderlich ist, daß der Täter **sich** das Geld zueignet, so daß § 353 kein Spezialtatbestand gegenüber § 246 ist (and. zB Frank I). Nach der Entscheidung BGH (GrS) **14** 38 müßte der BGH zu einem Vorrang des § 353 kommen (Köln NJW **66**, 1374). Mit Betrug ist Idealkonkurrenz ausnahmsweise dann möglich, wenn zur Abgabenüberhebung (Abs. 1) noch eine sonstige Täuschung hinzutritt; regelmäßig geht Abs. 1 als Sondervorschrift dem § 263 vor (BGH **2** 36, NJW **61**, 1171, Köln NJW **66**, 1374; and. RG **65** 55, **75** 380). Vgl. näher § 352 RN 14. Auch bei Abs. 2 ist Betrug gegenüber dem Empfänger regelmäßig ausgeschlossen. 14

§ 353 a Vertrauensbruch im auswärtigen Dienst

(1) **Wer bei der Vertretung der Bundesrepublik Deutschland gegenüber einer fremden Regierung, einer Staatengemeinschaft oder einer zwischenstaatlichen Einrichtung einer amtlichen Anweisung zuwiderhandelt oder in der Absicht, die Bundesregierung irrezuleiten, unwahre Berichte tatsächlicher Art erstattet, wird mit Freiheitsstrafe bis zu fünf Jahren oder mit Geldstrafe bestraft.**

(2) **Die Tat wird nur mit Ermächtigung der Bundesregierung verfolgt.**

I. **Zweck** der 1876 anläßlich eines Strafverfahrens gegen den früheren deutschen Botschafter in Paris, Graf Arnim, in das StGB eingefügten Vorschrift („Arnimparagraph"; zur Entstehungsgeschichte vgl. Heinrich, Bismarcks Zorn – Inhalt und Bedeutung eines „vergessenen" Tatbestands, ZStW 110, 327 ff., der sich aaO 346 ff. für die Abschaffung ausspricht [krit. auch Kuhlen NK 2]) ist der Schutz der Bundesrepublik vor Nachteilen infolge diplomatischen Ungehorsams oder diplomatischer Falschberichte sowie allgemein der Schutz der Kompetenzverteilung bei der auswärtigen Vertretung (vgl. Heinrich ZStW 110, 338, Hoyer SK 1, Kuhlen NK 2, M-Maiwald II 313, Tröndle/Fischer 1). Es handelt sich um ein abstraktes Gefährdungsdelikt, so daß auch der Nachweis konkreter Ungefährlichkeit den Tatbestand nicht ausschließt (s. auch 4 vor § 306). 1

II. Der **objektive Tatbestand** setzt ein *Zuwiderhandeln* gegen eine auf die auswärtige Vertretung der Bundesrepublik bezogene amtliche Anweisung, das auch in einem Unterlassen bestehen kann, oder die *Erstattung* eines *unwahren Berichts* voraus (vgl. näher Heinrich ZStW 110, 341 ff.). Bei dem diplomatischen Falschbericht muß es sich stets um Tatsachen (vgl. dazu § 186 RN 3 f.) handeln; die wahrheitswidrige Äußerung eines Urteils, einer Ansicht oder einer Meinung genügt nicht. 2

III. Für den **subjektiven Tatbestand** ist beim *amtlichen Ungehorsam* Vorsatz erforderlich und ausreichend. Beim *diplomatischen Falschbericht* muß darüber hinaus die Absicht (zielgerichtetes Handeln; vgl. § 15 RN 66 ff.) der Irreführung vorliegen. 3

IV. **Täter** können Beamte und Nichtbeamte sein, welche die Bundesrepublik gegenüber einer fremden Regierung, einer Staatengemeinschaft oder einer zwischenstaatlichen Einrichtung – wenn auch nicht notwendig als Bevollmächtigte (Heinrich ZStW 110, 340, Träger LK[10] 2) – vertreten. 4

V. Über **Nebenfolgen** vgl. § 358. 5

VI. Die Tat wird nur mit **Ermächtigung** (vgl. § 77 e m. Anm.) der Bundesregierung verfolgt, die von dem zuständigen Fachminister (Bundesminister des Auswärtigen; Art. 65 S. 2 GG) zu erteilen ist (Heinrich ZStW 110, 345 f., Kuhlen NK 6, Träger LK[10] 5). 6

§ 353 b Verletzung des Dienstgeheimnisses und einer besonderen Geheimhaltungspflicht

(1) **Wer ein Geheimnis, das ihm als**
1. **Amtsträger,**
2. **für den öffentlichen Dienst besonders Verpflichteten oder**
3. **Person, die Aufgaben oder Befugnisse nach dem Personalvertretungsrecht wahrnimmt,**

anvertraut worden oder sonst bekanntgeworden ist, unbefugt offenbart und dadurch wichtige öffentliche Interessen gefährdet, wird mit Freiheitsstrafe bis zu fünf Jahren oder

mit Geldstrafe bestraft. Hat der Täter durch die Tat fahrlässig wichtige öffentliche Interessen gefährdet, so wird er mit Freiheitsstrafe bis zu einem Jahr oder mit Geldstrafe bestraft.

(2) Wer, abgesehen von den Fällen des Absatzes 1, unbefugt einen Gegenstand oder eine Nachricht, zu deren Geheimhaltung er

1. auf Grund des Beschlusses eines Gesetzgebungsorgans des Bundes oder eines Landes oder eines seiner Ausschüsse verpflichtet ist oder
2. von einer anderen amtlichen Stelle unter Hinweis auf die Strafbarkeit der Verletzung der Geheimhaltungspflicht förmlich verpflichtet worden ist,

an einen anderen gelangen läßt oder öffentlich bekanntmacht und dadurch wichtige öffentliche Interessen gefährdet, wird mit Freiheitsstrafe bis zu drei Jahren oder mit Geldstrafe bestraft.

(3) Der Versuch ist strafbar.

(4) Die Tat wird nur mit Ermächtigung verfolgt. Die Ermächtigung wird erteilt

1. von dem Präsidenten des Gesetzgebungsorgans
    a) in den Fällen des Absatzes 1, wenn dem Täter das Geheimnis während seiner Tätigkeit bei einem oder für ein Gesetzgebungsorgan des Bundes oder eines Landes bekanntgeworden ist,
    b) in den Fällen des Absatzes 2 Nr. 1;
2. von der obersten Bundesbehörde
    a) in den Fällen des Absatzes 1, wenn dem Täter das Geheimnis während seiner Tätigkeit sonst bei einer oder für eine Behörde oder bei einer anderen amtlichen Stelle des Bundes oder für eine solche Stelle bekanntgeworden ist,
    b) in den Fällen des Absatzes 2 Nr. 2, wenn der Täter von einer amtlichen Stelle des Bundes verpflichtet worden ist;
3. von der obersten Landesbehörde in allen übrigen Fällen der Absätze 1 und 2 Nr. 2.

Vorbem. Fassung des 17. StÄG v. 21. 12. 1979, BGBl. I 2324

1 I. Durch das **17. StÄG** (vgl. Vorbem.) wurden die Tatbestände des § 353 b a. F. (jetzt: § 353 b I) und des § 353 c II a. F. (jetzt: § 353 b II) ohne wesentliche sachliche Änderungen in einer Vorschrift zusammengefaßt, nachdem sich der Gesetzgeber auf Grund der immer wieder erhobenen Kritik (vgl. die Nachw. in der 20. A. § 353 c RN 1) zu einer Streichung des § 353 c I a. F. – Gefährdung wichtiger öffentlicher Interessen durch unbefugte Weitergabe formell sekretierter Gegenstände – entschieden hatte (vgl. näher dazu Jung JuS 80, 308, Kuhlen NK 1 ff., Möhrenschlager JZ 80, 161, Rogall NJW 80, 751, Tröndle/Fischer 1; aus den Materialien vgl. insbes. BT-Drs. 8/3067, 8/3313). **Rechtsgut** der Vorschrift (zur Verfassungsmäßigkeit des Abs. 1 vgl. BVerfGE **28** 191 m. Anm. R. Schmid JZ 70, 686, Blei JA 70, 185) ist nicht schon das Dienstgeheimnis (Abs. 1; so jedoch Kuhlen NK 6; s. auch Maiwald JuS 77, 360) bzw. das nach Abs. 2 bestehende Geheimhaltungsinteresse als solches und auch nicht primär das Vertrauen der Allgemeinheit in die Verschwiegenheit staatlicher und anderer Stellen als Voraussetzung für das Funktionieren einer geordneten Verwaltung (so jedoch Hoyer SK 2, Laufhütte GA 74, 58, Tröndle/Fischer 1; vgl. auch BVerfG aaO, Düsseldorf NStZ **81**, 25). § 353 b ist mehr als nur eine Sanktionierung der Pflicht zur Wahrung des Amtsgeheimnisses usw. (vgl. §§ 61 BBG, 39 BRRG), da hier zusätzlich eine Gefährdung „wichtiger öffentlicher Interessen" verlangt wird, die mit dem allgemeinen Vertrauen in die Verschwiegenheit von Amtsträgern und amtsnahen Personen nicht identisch sind (u. 6). Geschützt sind letztlich vielmehr diese Interessen selbst, wenn auch nur – und insofern wird zugleich durch eine besondere Vertrauensverletzung gekennzeichnet – vor Gefährdungen durch Verletzung der Pflicht zur Amtsverschwiegenheit bzw. einer nach Abs. 2 auferlegten Geheimhaltungspflicht (ebenso Lackner/Kühl 1, M-Maiwald II 314, Otto II 42, Träger LK[10] 2). Die Tat ist zwar ein echtes Sonderdelikt, wegen des in Abs. 1 Nr. 3 und Abs. 2 erfaßten Täterkreises aber kein eigentliches Amtsdelikt (and. Otto II 472 und für Abs. 1 Lackner/Kühl 2); zur Teilnahme Dritter vgl. u. 23.

2 II. Der **objektive Tatbestand** des **Abs. 1** besteht in der Gefährdung wichtiger öffentlicher Interessen durch Offenbaren eines Geheimnisses, das dem Täter als Amtsträger usw. anvertraut worden oder sonst bekanntgeworden ist.

3 1. Zum Begriff des **Geheimnisses** vgl. zunächst § 203 RN 5 ff., wobei jedoch für § 353 b nur solche Angelegenheiten in Betracht kommen, welche mit Rücksicht auf wichtige öffentliche Interessen geheimhaltungsbedürftig sind (u. 6 f.). Erforderlich ist demnach im einzelnen:

4 a) Die fragliche Angelegenheit darf nur einem **begrenzten Personenkreis** bekannt sein (vgl. § 203 RN 5, Köln NJW **88**, 2490). Um einen *geschlossenen* Personenkreis (zB Bereich einer Behörde) braucht es sich dabei nicht zu handeln: Ein Geheimnis verliert diese Eigenschaft daher nicht, weil es zB außerhalb einer Behörde noch einzelnen Mitwissern bekannt ist (ebenso Kuhlen NK 10, Träger LK[10] 7). Auch allgemeine, aber noch unbestätigte Gerüchte beseitigen den Geheimnischarakter nicht (RG **62** 70, **74** 111). Andererseits endet dieser – anders als die Verschwiegenheitspflicht nach §§ 61 BBG, 39 BRRG usw. – nicht erst mit der „Offenkundigkeit" der fraglichen Tatsache (vgl. aber auch

Köln aaO; zu weitgehend auch RG **74** 111, wonach es genügen soll, wenn die in einer Behörde bekannte Angelegenheit an anderen Stellen noch unbekannt ist).

b) Materielle Voraussetzung ist auch hier zunächst, daß die fragliche Angelegenheit nach ihrer Bedeutung **geheimhaltungsbedürftig** ist. §§ 61 BBG, 39 BRRG, 10 BPersonalvertretungsG usw. formulieren dies lediglich negativ, indem dort Tatsachen von der Pflicht zur Verschwiegenheit ausgenommen werden, die ihrer Bedeutung nach keiner Geheimhaltung bedürfen (vgl. auch Köln GA **73**, 57 mwN: Fehlende Geheimhaltungsbedürftigkeit zB bei belanglosen Beschwerdebriefen). Förmliche Maßnahmen – zB gesonderte Anordnung oder kundgetaner Geheimhaltungswille des primären Geheimnisträgers – haben lediglich indizielle Bedeutung für die Geheimhaltungsbedürftigkeit (weiter dagegen MB-Niemeyer 834). Andererseits können auch Tatsachen, die im Widerspruch zur Rechtsordnung stehen, Gegenstand eines Geheimnisses sein („illegales Geheimnis"; vgl. auch BGH **20** 342, BVerfGE **28** 191 m. Anm. R. Schmid JZ 70, 686, Blei JA 70, 185, Kuhlen NK 13), doch kann es hier beim Offenbaren an einer Gefährdung wichtiger öffentlicher Interessen oder jedenfalls am Merkmal „unbefugt" fehlen (u. 21). Dies gilt auch bei Tatsachen i. S. des § 93 II, da diese, wie § 97 zeigt, keineswegs schlechthin freigegeben sind (vgl. auch Träger LK[10] 35; and. Hoyer SK 5). Gleichgültig ist die Art der geheimzuhaltenden Angelegenheit. Geheimnisse i. S. des § 353 b sind daher nicht nur Staatsgeheimnisse (vgl. zB BGH **20** 342) und Amtsgeheimnisse (vgl. zB RG **74** 112, BGH **10** 108 [Leistungen und Fähigkeiten eines Beamten], **10** 276, Oldenburg NdsRpfl. **80**, 226 [Ermittlungsmaßnahmen in einem Strafverfahren], BGH **11** 401 [Prüfungsaufgaben], Zweibrücken NStZ **90**, 495 m. Anm. Keller JR 91, 293 [für Halterabfragen beim Kraftfahrzeugbundesamt erforderliches Codewort]), sondern auch Geheimnisse, die den privaten Bereich einer Person betreffen und damit zugleich Geheimnisse i. S. des § 203 II sind. Nicht hierher gehört aber das richterliche Beratungsgeheimnis (§ 43 DRiG) als solches, weil sich dieses nicht auf wichtige öffentliche Interessen i. S. des § 353 b bezieht (u. 6; ebenso MB-Niemeyer aaO, i. E. auch Düsseldorf NStZ **81**, 25; and. Hoyer SK 4, Kuhlen NK 17, Lackner/Kühl 6, M-Maiwald II 313, Träger LK[10] 11, Wagner JZ 87, 665).

c) Eine Einschränkung ergibt sich jedoch aus dem Erfordernis einer Gefährdung **„wichtiger öffentlicher Interessen"**, durch das, obwohl als eigenständiges Tatbestandsmerkmal formuliert, zugleich der **Gegenstand des Geheimnisses** entsprechend gekennzeichnet wird: Geheimnisse i. S. des § 353 b sind danach nur solche, bei denen der geheimzuhaltende Sachverhalt ein „wichtiges öffentliches Interesse" betrifft. Demgegenüber genügt nach wohl hM auch die Preisgabe von für solche Interessen inhaltlich belanglosen Daten und damit schon die bloße *Tatsache eines Geheimnisbruchs,* wenn durch diesen bei seinem Bekanntwerden *mittelbar* „wichtige öffentliche Interessen" in Gestalt des Ansehens der Behörde bzw. des öffentlichen Vertrauens in die Integrität, Verläßlichkeit und Verschwiegenheit der Verwaltung gefährdet werden (so mit Unterschieden im einzelnen RG DStR **38**, 321, BGH **11** 404, Bay NStZ **99**, 568, Düsseldorf NStZ **85**, 169 m. Anm. Schumann, NJW 89, 1872 m. Anm. Krüger NStZ 90, 283, Köln GA **73**, 57, NJW **88**, 2489, Hamm NJW **00**, 1280, Zweibrücken NStZ **90**, 495 m. Anm. Keller JR 91, 293 [Preisgabe des für Kfz-Halterabfragen erforderlichen Codeworts, wo es deshalb aber nicht um die genannte „mittelbare Folge" des Geheimnisbruchs ging], LG Bremen AfP **97**, 563, LG Kreuznach CR **91**, 37, LG Ulm NJW **00**, 823, Träger LK[10] 26, Tröndle/Fischer 13; gegen eine solche nur mittelbare Gefährdung wichtiger öffentlicher Interessen jedoch Düsseldorf NJW **82**, 2883, Blei II 467 f., Hoyer SK 8, Kuhlen NK 14, 25, 28 [der jedoch die gebotene Einschränkung bei der „Gefährdung" vornimmt], M-Maiwald II 313 u. näher Schumann aaO; vgl. krit. auch Wagner JZ 87, 666).

Dabei verfährt die hM dann allerdings keineswegs folgerichtig, wenn sie bei der Gefährdung eines so verstandenen „wichtigen öffentlichen Interesses" nicht nur das (tatsächliche) Bekanntwerden des Geheimnisbruchs in der Öffentlichkeit, sondern überwiegend auch eine (tatsächliche) Erschütterung des Vertrauens in die Integrität usw. der Behörde voraussetzt (zB Köln NJW **88**, 2489 u. wohl auch BGH **11** 404; s. auch Bay NStZ **99**, 568, Düsseldorf NStZ **85**, 169, LG Ulm NJW **00**, 823), obwohl es für eine bloße Gefährdung genügen müßte, daß in concreto mit der entsprechenden Möglichkeit zu rechnen ist (zum Erfordernis einer konkreten Gefahr vgl. u. 9). Davon abgesehen ist der hM aber auch aus prinzipiellen Gründen zu widersprechen. Daß die Funktionsfähigkeit der Verwaltung das Vertrauen der Bevölkerung in die Verschwiegenheit der Behörden und damit „die strikte Beachtung des Verbots der Offenbarung dienstlich bekannt gewordener Tatsachen" voraussetzt (Düsseldorf NStZ **85**, 170; ähnl. Köln NJW **88**, 2491, Zweibrücken NStZ **90**, 496 m. Anm. Keller JR 91, 293), ist der Grundgedanke, auf dem bereits § 203 II beruht, wenn das fragliche Geheimnis zugleich das (Privat-)Geheimnis eines Dritten ist (vgl. § 203 RN 3 u. entsprechend zu §§ 206, 355 dort RN 1 bzw. 2). Die Erschütterung dieses Vertrauens (bzw. die konkrete Gefahr einer solchen, vgl. o.) kann dort deshalb zwar ein Strafzumessungsgesichtspunkt sein, ist im übrigen aber nichts, was dem bereits mit § 203 II erfaßten Unrecht der Geheimnisverletzung einen qualitativ oder quantitativ neuen Aspekt hinzufügen würde (weshalb es zB entgegen Köln NJW **88**, 2489 bei Auskünften eines Polizeibeamten an einen Privaten über polizeilich unter einer „KA-Nummer" erfaßte Personen nur um § 203 II gehen kann). Die gegenüber § 203 II wesentlich höhere Strafdrohung und die Pönalisierung der nur fahrlässigen Gefährdung wichtiger öffentlicher Interessen in § 353 b sind damit jedenfalls nicht zu erklären, und sie sind dies deshalb auch dann nicht, wenn die Verletzung der Amtsverschwiegenheit, weil nicht zugleich das Geheimnis eines Dritten betreffend (vgl. § 203 RN 44 a), nicht schon nach § 203 II strafbar ist. Ähnlich verhält es sich mit dem (tatsächlich bzw. konkret drohenden) Verlust an Ansehen der Behörde bzw. an allgemeinem „Systemvertrauen" (Schumann aaO 173) in die Integrität usw. der Verwaltung, weil Einbußen dieser Art die mittelbaren Folgen *aller* Amtsdelikte sein können und keine Besonderheit des § 353 b sind: Haben sie dort, von der Strafzumessung abgesehen, keinen eigenen Stellenwert, so können daher auch entsprechend negative Reaktionen der Öffentlichkeit auf für sich straflose oder nur nach § 203 II strafbare Schweigepflichtverletzungen nicht den besonderen Tatbestand des § 353 b konstituieren. Gegen die hM sprechen schließlich die Ergebnisse, zu denen sie folgerichtig führen muß, daß nämlich der Strafbarkeit gem. § 353 b von dem sachfremden Gesichtspunkt abhängt, ob es dem Täter gelingt, seinen Geheimnisbruch zu verschleiern oder ob dieser aufgedeckt und bekannt wird. Die Korrektur, die BGH **11** 404 mit Hilfe des subjektiven Tatbestands vorzunehmen versucht, ist unbefriedigend: Für die Strafbarkeit kann es hier nicht darauf ankommen, ob der Täter damit gerechnet hat bzw. damit rechnen mußte, daß sein Verhalten aufgedeckt werde, da dies zu einer Privilegierung des besonders geschickt handelnden Täters führen würde, der mit seiner Entdeckung nicht zu rechnen braucht. Aus alledem folgt, daß die Wendung: „... ein Geheimnis ... offenbart und dadurch wichtige öffentliche Interessen gefährdet" einer teleologischen Reduktion bedarf: Weil mit dem „dadurch" nicht schon die Ursächlichkeit zwischen der Tatsache einer beliebigen Geheimnisverletzung und dem Eintritt der Gefahr gemeint sein kann – eine solche besteht auch in den genannten Fällen einer lediglich mittelbaren Gefährdung (o. 2) –, kann das Gesetz nur so verstanden werden, daß es gerade der Inhalt des preisgegebenen Geheimnisses sein muß, der dazu führt, daß durch den Geheimnisbruch wichtige öffentliche Interessen gefährdet werden.

7 2. Das Geheimnis muß dem Täter **als Amtsträger usw. anvertraut** oder **sonst bekannt geworden** sein. *Anvertraut* ist das Geheimnis, wenn es dem Täter aus dienstlichem Anlaß auf Grund des ihm gerade in seiner Eigenschaft als Amtsperson usw. entgegengebrachten Vertrauens zur Kenntnis gebracht wird (vgl. auch Träger LK[10] 13; zu den Kenntnissen über den Ermittlungsstand bei den Angehörigen einer Sonderkommission vgl. Krüger NStZ 90, 283). Gleichgültig ist, ob dies durch einen Vorgesetzten, einen anderen Angehörigen der Behörde oder einen Privaten geschieht. *Sonst bekanntgeworden* ist das Geheimnis dem Täter als Amtsträger usw., wenn seine dienstliche Tätigkeit die Kenntnis der fraglichen Tatsache mit sich bringt oder wenn die Erlangung der Kenntnis in einem inneren Zusammenhang zu seinen Verrichtungen steht. Dies ist auch der Fall, wenn er auf Grund seiner dienstlichen Tätigkeit die Möglichkeit hat, an das Geheimnis heranzukommen, selbst wenn er diese dann unbefugt ausnutzt (zB durch Öffnen eines Briefes, Belauschen von Gefangenen in der Haftanstalt; vgl. RG **61** 334, **74** 112, Düsseldorf NJW **82**, 2883); nicht ausreichend ist es freilich, wenn er sich die Kenntnis erst durch Überwinden besonderer Verschluß- oder Sicherungsvorrichtungen (zB Aufbrechen eines Schreibtisches) verschafft (and. Kuhlen NK 16); vgl. im übrigen auch § 203 RN 12 ff., § 206 RN 7.

8 3. Das Geheimnis ist **offenbart,** wenn es in irgendeiner Weise (Mitteilung usw.) an einen anderen gelangt ist (vgl. dazu § 203 RN 19). Kein Offenbaren liegt jedoch vor, wenn der Empfänger bereits sichere Kenntnis von der fraglichen Tatsache hat (vgl. auch § 203 RN 19), was bei § 353 b im übrigen schon daraus folgt, daß in diesem Fall auch keine wichtigen öffentlichen Interessen in dem o. 6 f. genannten Sinn gefährdet werden können (ebso. Kuhlen NK 17; and. Träger LK[10] 21). Kein Offenbaren ist es nach der ratio legis auch, wenn die Angelegenheit im innerdienstlichen Bereich auf dem dafür vorgesehenen Weg weitergegeben wird (zB an Dienstvorgesetzte, Mitarbeiter oder andere Behörden im Weg zulässiger Amtshilfe; vgl. auch § 61 I 2 BBG usw., BGH[Z] NJW **81**, 675). Hier entfällt deshalb nicht erst das Merkmal „unbefugt", sondern schon der Tatbestand (ebenso Träger LK[10] 22, Tröndle/Fischer 9; and. Kuhlen NK 18 f.: nicht „unbefugt" und deshalb Tatbestandsausschluß; s. auch Köln GA **73**, 57; offengelassen in E 62, Begr. 662; vgl. auch § 206 RN 8).

9 4. Durch das Offenbaren müssen **wichtige öffentliche Interessen gefährdet werden,** und zwar i. S. einer konkreten Gefahr (allg. M., zB BGH **20** 348, Bay NStZ **99**, 569, Düsseldorf NStZ **85**, 169 m. Anm. Schumann, NJW 89, 1872 m. Anm. Krüger NStZ 90, 283, Köln NJW **88**, 2489, Kuhlen NK 22, 27 f., Lackner/Kühl 11, Träger LK[10] 27, Tröndle/Fischer 13). Dazu, daß damit bereits der Gegenstand des Geheimnisses bestimmt wird, vgl. o. 6 f.: Nicht ausreichend ist danach, daß durch den Geheimnisbruch nur mittelbar bei dessen Bekanntwerden wichtige öffentliche Interessen in Gestalt des Ansehens der Behörde bzw. des öffentlichen Vertrauens in die Integrität, Zuverlässigkeit und Verschwiegenheit der Verwaltung gefährdet werden (so aber die hM, vgl. o. 6 f.). Von dieser Einschränkung abgesehen, kommen als *wichtige öffentliche Interessen* jedoch alle öffentlichen Belange von einigem Rang in Betracht. Hierher gehören zB der ordnungsgemäße Ablauf eines Ermittlungsverfahrens (BGH **10** 276; s. auch Hamm NJW **00**, 1280), die Sicherstellung der Hauptverhandlung durch Erlaß und Vollstreckung des Haftbefehls (Oldenburg NdsRpfl. **80**, 62), die Zusammenarbeit zwischen einem inländischen und einem ausländischen Nachrichtendienst (BGH **20** 381), das Erlangen von Informationen für die Aufgabenerfüllung von Sicherheitsbehörden durch geheimbleibende Informanten (vgl. BVerwG NJW **92**, 451), die Durchführung von Fahndungsmaßnahmen, Sicherheitsvorkehrungen, Planungsvorhaben u. ä. (Düsseldorf NStZ **85**, 170), der ungestörte Wettbewerb zwischen Anbietern gegenüber dem Fiskus (Tröndle/Fischer 13 mwN), die Sicherstellung der Ermittlung von Fahrzeug- und Halterdaten nur an Berechtigte mit Hilfe eines Codeworts (i. E. zutr. daher Zweibrükken NStZ **90**, 495 m. Anm. Keller JR 91, 293), die ordnungsgemäße Durchführung von Prüfungen für den öffentlichen Dienst (RG **74** 110) und anderen Prüfungen über die Qualifikation zur Ausübung bestimmter Berufe (vgl. auch Träger LK[10] 28; zu Aufnahmeprüfungen für höhere Schulen vgl. dagegen BGH **11** 401, wo jedoch eine mittelbare Gefährdung wichtiger öffentlicher Interessen – vgl. dazu o. 6 f. – angenommen wurde). Nicht um wichtige öffentliche Interessen i. S. des § 353 b handelt es sich dagegen, wenn die fragliche Tatsache ausschließlich im privaten Interesse eines Dritten geheimzuhalten ist (vgl. Düsseldorf NJW **82**, 2883 [Mitteilung von Vorstrafen an Private], Köln GA **73**, 57 [Paßangelegenheiten]; zur hM [Theorie der mittelbaren Gefährdung] vgl. aber o. 6 f.); hier kommt jedoch § 203 II in Betracht (vgl. dort RN 43 ff.). – Muß sich das Geheimnis selbst auf ein wichtiges öffentliches Interesse beziehen, so wird dieses mit dem Offenbaren vielfach auch schon konkret *gefährdet* sein (ebso. Kuhlen NK 31). Von Bedeutung ist hier insbes., wie zuverlässig der Empfänger ist, weshalb zB bei der Mitteilung an einen zur Verschwiegenheit verpflichteten Anwalt im Rahmen einer Konsultation, sofern nicht besondere Umstände hinzukommen, eine konkrete Gefährdung idR ausgeschlossen werden kann (vgl. auch Träger LK[10] 28; offengelassen in BGH **20** 348). Das gleiche gilt, wenn der andere das erlangte Wissen nach den Umständen des Falles nicht verwerten kann oder wenn er damit nichts anzufangen weiß. Dagegen ist eine konkrete Gefährdung in aller Regel zu bejahen, wenn das Geheimnis der Presse zugespielt und das Thema von einiger „Brisanz" ist (vgl. aber auch Bay NStZ **99**, 569). Noch kein Beweis für die Gefährdung wichtiger öffentlicher Interessen ist der Umstand, daß die Ermächtigung nach Abs. 4 erteilt wird (BGH **10** 276, Düsseldorf NJW **82**, 2883, Köln NJW **88**, 2491, Kuhlen NK 22, Tröndle/Fischer 13; and. RG **74** 111).

5. Täter nach Abs. 1 können nur Angehörige des in **Nr. 1–3 genannten Personenkreises** sein, nämlich nach Nr. 1 *Amtsträger* (vgl. § 11 I Nr. 2 und dort RN 16 ff.), denen nach § 2 SAEG-ÜbermittlungsschutzG v. 16. 3. 1993 (BGBl. I 336) die Bediensteten des Statistischen Amts der EG gleichstehen, nach Nr. 2 *für den öffentlichen Dienst besonders Verpflichtete* (vgl. § 11 I Nr. 4 und dort RN 34 ff.), wozu auch nur vorübergehend kraft eines Einzelauftrags (zB Gutachtertätigkeit) für eine Stelle i. S. des § 11 I Nr. 4 tätige Personen sowie gem. Art. 2 § 8 EuropolG bestimmte Europolbedienstete gehören (zum Bundesnachrichtendienst vgl. BGH MDR **64**, 68), nach Nr. 3 *Personen mit Aufgaben im Personalvertretungsrecht* (vgl. § 203 RN 59), die selbst nicht bei einer Behörde beschäftigt zu sein brauchen (zB Gewerkschaftsvertreter nach § 36 BPersonalvertretungsG). Zur Erweiterung des Täterkreises auf Soldaten der Bundeswehr vgl. § 48 WStG. Unerheblich ist, ob z. Z. der Tat das Verhältnis i. S. der Nr. 1–3 noch bestand; maßgeblich ist allein, daß der Täter z. Z. der Kenntniserlangung zu dem dort genannten Personenkreis gehörte, was seit dem 1. 1. 1975 (vgl. die Vorbem.) durch Einfügung des § 1 III WStG auch für Soldaten gilt. Eine Erweiterung des Anwendungsbereichs auf gewisse andere Personen ergibt sich zB aus Art. 194 Euratomvertrag v. 25. 3. 1957 (BGBl. II 753, 1014, 1114), Art. 9 lit. c des Übereinkommens zur Errichtung einer Sicherheitskontrolle auf dem Gebiet der Kernenergie v. 20. 12. 1957 (BGBl. 1959 II 585, 586, 594; vgl. dazu auch BT-Drs. 8/3067 S. 8, Träger LK[10] 4 mwN).

III. Der **objektive Tatbestand** des **Abs. 2** besteht in der Gefährdung wichtiger öffentlicher Interessen durch Weitergabe eines Gegenstands oder einer Nachricht, zu deren Geheimhaltung der Täter besonders verpflichtet worden ist. Dabei ist jedoch der Tatbestand auf solche Fälle beschränkt, die nicht schon unter Abs. 1 fallen.

1. Geschützt sind **Gegenstände,** d. h. körperliche Sachen (zB Schriften, Zeichnungen, Modelle; vgl. § 353 c a. F.) und **Nachrichten,** d. h. mündliche (and. Kuhlen NK 37: auch schriftliche) Mitteilungen über irgendwelche Vorgänge, Zustände usw., zu deren **Geheimhaltung** der Täter durch bestimmte Stellen **besonders verpflichtet worden ist.**

a) Die Geheimhaltungspflicht muß entweder durch einen entsprechenden **Beschluß eines Gesetzgebungsorgans** des Bundes oder eines Landes oder eines seiner Ausschüsse (Nr. 1) oder durch die **förmliche Verpflichtung einer anderen amtlichen Stelle** (Nr. 2) begründet worden sein. Dabei ist Voraussetzung in beiden Fällen, daß sich die Verpflichtung auf bestimmte Gegenstände oder Nachrichten bezieht, die freilich, sofern sie hinreichend konkretisiert sind, auch unter einer Sammelbezeichnung zusammengefaßt sein können; auch für künftige Gegenstände kann, wenn sie bereits bestimmt sind, eine Geheimhaltungspflicht begründet werden (vgl. Lüttger JZ 69, 583). Entspricht die Verpflichtung diesen Anforderungen nicht, so entfällt der Tatbestand.

α) Für die Begründung einer Geheimhaltungspflicht durch ein *Gesetzgebungsorgan des Bundes oder eines Landes* (vgl. § 105 RN 2) oder eines seiner *Ausschüsse* (Nr. 1) bedarf es nicht eines Einzel-Verpflichtungsakts, vielmehr genügt hier schon ein auf einer entsprechenden Rechtsgrundlage (vgl. für den Bundestag § 73 GeschäftsO) beruhender *Beschluß,* der für einen Beratungsgegenstand oder einen Teil davon die Geheimhaltung oder Vertraulichkeit vorsieht (vgl. Kuhlen NK 38, Lüttger JZ 69, 584). Welcher Personenkreis an einen solchen Beschluß gebunden ist, ergibt sich aus dem Parlamentsrecht; sieht man in der GeschäftsO der Parlamente mit der hM eine autonome Satzung, so kann ein darauf gestützter Geheimhaltungsbeschluß Außenstehende nicht verpflichten (vgl. näher Lüttger aaO; krit. Kuhlen NK 38).

β) Eine Geheimhaltungspflicht kann nach Nr. 2 ferner begründet werden durch die unter Hinweis auf die Strafbarkeit der Geheimnisverletzung erfolgende *förmliche Verpflichtung durch eine andere amtliche Stelle* (zu dieser vgl. § 95 RN 5; zur Verpflichtung durch militärische Vorgesetzte vgl. Weidinger NZWehrR 67, 151). Die von einem Privaten vorgenommene Verpflichtung genügt hier auch dann nicht, wenn sie von einer amtlichen Stelle veranlaßt ist. Da es sich bei der Verpflichtung um einen belastenden Hoheitsakt handelt, ist Voraussetzung entweder eine besondere gesetzliche Ermächtigung oder die Einwilligung des Betroffenen (Träger LK[10] 48, Tröndle/Fischer 6 u. näher Lüttger JZ 69, 582; teilw. and. Hoyer SK 10). Die militärische Befehlsgewalt gegen Soldaten reicht daher als solche ebensowenig aus wie Vorschriften, die nur eine Vereidigung oder Verpflichtung zur gewissenhaften Erfüllung von Amtspflichten erlauben (Lüttger aaO 583). Das Erfordernis einer „förmlichen" Verpflichtung bedeutet zunächst die Notwendigkeit einer inhaltlichen Formalisierung i. S. einer ausdrücklichen Erklärung, daß der Betreffende zur Geheimhaltung verpflichtet wird (vgl. Kuhlen NK 39). Darüber hinaus liegt darin aber auch ein äußerliches Formgebot, weshalb die Verpflichtung schriftlich erfolgen oder jedenfalls beurkundet werden muß (vgl. Lackner/Kühl 5, Tröndle/Fischer 6 und näher Lüttger aaO 583; weniger streng Hoyer SK 10, Kuhlen NK 40, Träger LK[10] 49); im Fall des § 174 III GVG dürfte die Aufnahme des entsprechenden Beschlusses in die Sitzungsniederschrift genügen (vgl. Möhrenschlager JZ 80, 165 FN 36, Träger LK[10] 50, aber auch Tröndle/Fischer 6). Entspricht die Verpflichtung diesen Voraussetzungen nicht oder fehlt es am ausdrücklichen Hinweis auf die Strafbarkeit der Geheimnisverletzung, so ist der Tatbestand nicht gegeben.

16   b) Da Abs. 2 nur auf die Auferlegung einer Geheimhaltungspflicht abstellt, wäre an sich unerheblich, ob der fragliche Gegenstand usw. auch **materiell geheimhaltungsbedürftig** ist. Daß der Täter zu schweigen hat, weil ihm dies durch einen verpflichtenden Hoheitsakt aufgegeben ist (Träger LK[10] 52), macht eine Verletzung dieser Verschwiegenheitspflicht auch i. V. mit dem weiteren Erfordernis einer Gefährdung wichtiger öffentlicher Interessen aber noch nicht strafwürdig, wenn dafür bereits eine mittelbare Gefährdung in Gestalt einer Erschütterung des allgemeinen „Systemvertrauens" genügen würde (so die hM zu Abs. 1, vgl. o. 6 f.). Hier kann deshalb nichts anderes gelten als für Abs. 1, d. h. der geheimzuhaltende Gegenstand usw. muß sich selbst auf ein wichtiges öffentliches Interesse beziehen (o. 6 f.), wobei dessen Gefährdung durch ein Gelangenlassen usw. dann aber nicht denkbar ist, wenn der Gegenstand usw. nicht auch materiell geheimhaltungsbedürftig ist (and. Kuhlen NK 37, Träger aaO, Tröndle/Fischer 11). Aus diesem Grund scheiden trotz formell fortbestehender Geheimhaltungspflicht auch Gegenstände usw. aus dem Anwendungsbereich des Abs. 2 aus, die nicht mehr geheimhaltungsbedürftig sind (vgl. auch Lackner/Kühl 11, Lüttger GA 70, 139).

17   2. Die Tathandlung besteht im **Gelangenlassen** des Gegenstands bzw. der Nachricht an einen anderen – worunter nur ein Unbefugter zu verstehen ist – oder im **öffentlichen Bekanntmachen**. Das *Gelangenlassen* bedeutet bei körperlichen Gegenständen Überführung in den Gewahrsam des Empfängers ohne Rücksicht auf Kenntnisnahme, im übrigen Kenntnisnahme durch den Empfänger; vgl. näher § 94 RN 9. Unter dem *öffentlichen Bekanntmachen* ist in erster Linie die inhaltliche Bekanntgabe zu verstehen, doch genügt zB auch das öffentliche Ausstellen des Gegenstands. Nicht erforderlich ist hier, daß ein anderer tatsächlich Kenntnis erlangt hat; zum Merkmal „öffentlich" vgl. im übrigen § 186 RN 19.

18   3. Zu der auch hier erforderlichen **Gefährdung wichtiger öffentlicher Interessen** vgl. o. 9.

19   4. **Täter** kann nach Abs. 2 nur derjenige sein, dem in der dort bezeichneten Weise (o. 13 ff.) eine Geheimhaltungspflicht auferlegt worden ist. Der Empfänger, an den der Täter den Gegenstand usw. hat gelangen lassen, macht sich, wenn er nicht selbst zur Geheimhaltung nach Abs. 2 verpflichtet ist, durch die Weitergabe an einen Dritten auch dann nicht strafbar, wenn ihm der Täter Schweigen geboten hatte (Lackner/Kühl 4, Träger LK[10] 56, Tröndle/Fischer 11); zur Teilnahme vgl. u. 23.

20   IV. Der **subjektive Tatbestand** verlangt bei **Abs. 1** zunächst Vorsatz hinsichtlich des Offenbarens des Geheimnisses, wobei bedingter Vorsatz genügt (BGH **11** 404). Nach *Abs. 1 S. 1* muß sich der Vorsatz außerdem auf die Gefährdung wichtiger öffentlicher Interessen erstrecken, was nach dem o. 6 f. Gesagten nicht denkbar ist, wenn der Täter nicht weiß bzw. nicht in Kauf nimmt, daß sich das Geheimnis selbst auf wichtige öffentliche Interessen bezieht (wie hier Kuhlen NK 34; and. nach der von der hM vertretenen Theorie der mittelbaren Gefährdung [o. 6 f.], nach der es genügt, wenn sich der – auch bedingte – Vorsatz auf diese beziehe [vgl. dazu BGH **11** 404]; zu den Anforderungen an das Urteil bei der Annahme eines bedingten Gefährdungsvorsatzes vgl. Düsseldorf NJW **89**, 1872). Dagegen genügt nach *Abs. 1 S. 2* hinsichtlich der konkreten Gefährdung des wichtigen öffentlichen Interesses auch Fahrlässigkeit, wobei der Strafrahmen entsprechend niedriger liegt. Kennzeichnet das Merkmal der Gefährdung wichtiger öffentlicher Interessen zugleich den Gegenstand des Geheimnisses, so gilt S. 2 zunächst, wenn der Täter in Kenntnis dieses besonderen Bezugs seines Geheimnisses handelt, dabei aber im Hinblick auf die Umstände der Geheimnisverletzung fahrlässig die Möglichkeit einer konkreten Gefährdung außer acht läßt (zB leichtfertig auf die Verschwiegenheit des Empfängers vertraut). Wegen der genannten „Ausstrahlungswirkung" der Gefährdung wichtiger öffentlicher Interessen auf das Geheimnis muß S. 2 aber auch anwendbar sein, wenn der Täter zwar weiß, daß er ein Geheimnis preisgibt, dabei aber infolge Fahrlässigkeit verkennt, daß sich dieses auf wichtige öffentliche Interessen bezieht, die durch das Offenbaren konkret gefährdet werden. Um einen Fall von Abs. 1 S. 2 handelt es sich schließlich, wenn der Täter in vermeidbarem Irrtum Umstände annimmt, die, wenn sie vorgelegen hätten, die Gefährdung wichtiger öffentlicher Interessen rechtfertigen würden (vgl. 21 vor § 32). – Der bei **Abs. 2** erforderliche (bedingte) Vorsatz muß sich insbes. auch darauf erstrecken, daß sich die Geheimhaltungspflicht gerade auf den fraglichen Gegenstand usw. bezieht und daß dieser wegen seines Bezugs zu wichtigen öffentlichen Interessen zugleich materiell geheimhal-

tungsbedürftig ist (o. 16); Fahrlässigkeit hinsichtlich der Gefährdung wichtiger öffentlicher Interessen genügt hier i. U. zu Abs. 1 nicht.

V. Unbefugt bedeutet hier das allgemeine Deliktsmerkmal der Rechtswidrigkeit (Hoyer SK 14, MB-Niemeyer 835, Otto II 472, Träger LK[10] 29, Tröndle/Fischer 12; and. Kuhlen NK 18, 42: Tatbestandsmerkmal). Unbefugt ist daher die Offenbarung und die dadurch bewirkte Gefährdung wichtiger öffentlicher Interessen, wenn kein Rechtfertigungsgrund vorliegt. Solche können sich zunächst aus besonderen gesetzlichen Offenbarungspflichten und -rechten ergeben (vgl. § 203 RN 53 ff.), die hier allerdings nur dann von Bedeutung sind, wenn das Geheimnis seinem Inhalt nach – jedenfalls auch – wichtige öffentliche Interessen betrifft (o. 6 f.; bei der Anzeigepflicht nach § 138 zB kaum denkbar). Daneben kommt als Rechtfertigungsgrund ferner § 34 in Betracht, wenn andere, im Vergleich zu den gefährdeten Interessen noch wichtigere Interessen nur durch eine Tat nach § 353 b geschützt werden können. Von Bedeutung ist dies insbes. auch für das Offenbaren illegaler Geheimnisse (o. 5); unter dem Gesichtspunkt der Erforderlichkeit kann die Tat hier allerdings nur gerechtfertigt sein, wenn schonendere Mittel keinen Erfolg versprechen, weshalb der Täter, der verfassungs- oder rechtswidrige Zustände rügen will, grundsätzlich verpflichtet ist, sich zunächst an seinen Vorgesetzten, erforderlichenfalls an den parlamentarisch verantwortlichen Minister oder mit einer Petition an das Parlament selbst zu wenden (BVerfGE **28** 199 m. Anm. R. Schmid JZ 70, 683; vgl. ferner BGH **20** 342, Kuhlen NK 45 ff., Träger LK[10] 35, Tröndle/Fischer 12; krit. Hoyer SK 16). Die Wahrnehmung berechtigter Interessen ist hier dagegen kein Rechtfertigungsgrund (vgl. 79/80 vor § 32, Kuhlen NK 45, Träger LK[10] 29, Tröndle/Fischer 12, aber auch BGH[Z] NJW **81**, 675). Ebensowenig genügt schon die Erlaubnis des Vorgesetzten als solche (ebso. Lackner/Kühl 13; and. Kuhlen NK 20, Träger LK[10] 30 und bei besonderer Anordnung der Schweigepflicht auch Tröndle/Fischer 12, MB-Niemeyer 835), da eine nach allgemeinen Grundsätzen rechtswidrige Geheimnisoffenbarung auch von dem Vorgesetzten nach §§ 61 BBG, 39 BRRG nicht genehmigt werden kann (vgl. dazu auch Plog/Wiedow/Beck, Komm. zum BBG § 61 RN 11), dieser sich hier vielmehr wegen Beteiligung selbst nach § 353 b strafbar machen würde. Etwas anderes gilt hier nur in den Fällen des Abs. 2 Nr. 2, wenn darin zugleich eine Aufhebung der förmlichen Verpflichtung liegt, ferner bei Zeugenaussagen vor Gericht (vgl. §§ 54 StPO, 376 ZPO), soweit hier die Aussagepflicht für den Untergebenen auch durch eine an sich unzulässige Aussagegenehmigung begründet wird (wobei es sich dann um eine rechtswidrige, aber verbindliche Befehl vgl. 89 vor § 32] vergleichbare Situation handeln würde). Auch soweit Privatgeheimnisse unter § 353 b fallen, weil sie zugleich wichtige öffentliche Interessen betreffen, genügt mit Rücksicht auf diese nicht schon die Einwilligung der fraglichen Privatperson (vgl. auch Kuhlen NK 45, Lackner/Kühl 13, Träger LK[10] 34; and. Otto II 472). Ebenso besteht hier eine das Offenbaren rechtfertigende Auskunftspflicht nach § 19 I BDSG nur, wenn das Auskunftsinteresse des Betroffenen die in § 19 IV genannten Geheimhaltungsinteressen überwiegt (zu verneinen zB für die von dem Betroffenen verlangte Benennung eines im Rahmen der Verbrechensbekämpfung für den Bundesgrenzschutz tätigen Informanten, der diesem personenbezogene Daten des Betroffenen verschafft hat, auch wenn diese sich dann als unzutreffend erweisen, sofern der Informant dabei nicht wider besseres Wissen oder leichtfertig gehandelt hat; vgl. dazu BVerwG NJW **92**, 451 m. Anm. Knemeyer JZ 92, 348).

VI. Der **Versuch** ist nach Abs. 3 strafbar, und zwar, wie durch § 11 II klargestellt wird (vgl. dort RN 76), auch in den Fällen des Abs. 1 S. 2 (Träger LK[10] 38, Tröndle/Fischer 14; and. auf der Grundlage des früheren Rechts Krey/Schneider NJW 70, 640). Versuch ist hier anzunehmen, wenn das Offenbaren des Geheimnisses, sofern es vollendet worden wäre, zu einer konkreten Gefährdung geführt hätte und gegen den Täter insoweit der Vorwurf der Fahrlässigkeit zu erheben gewesen wäre (ebenso Oldenburg NdsRpfl **80**, 227, Hoyer SK 9, Maiwald JuS 77, 360, Tröndle/Fischer 14; and. Kuhlen NK 36). **Vollendet** ist die Tat mit Eintritt der konkreten Gefahr für die öffentlichen Interessen (o. 9).

VII. Teilnahme Dritter ist bis zur Vollendung (o. 22) möglich (ebso. Kuhlen NK 49, Lackner/Kühl 13 a; weitergehend Bay NStZ **99**, 569, Träger LK[10] 40, Tröndle/Fischer 14, wonach eine solche bis zu einer – hier nicht anzuerkennenden – Beendigung in Gestalt der Erhöhung der eingetretenen Gefahr möglich sein soll, womit zB Journalisten, die das fragliche Geheimnis veröffentlichen, entgegen dem mit der Aufhebung des § 353 c I a. F. verfolgten Absichten praktisch meist als Teilnehmer strafbar werden dürften; vgl. dazu auch Möhrenschlager JZ 80, 165, Rogall NJW 80, 752). Auf den **Extraneus** soll nach hM § 28 I anwendbar sein (zB Herzberg GA 91, 167, 179, Hoyer SK 17, Kuhlen NK 9, 37, Lackner/Kühl 4, M-Maiwald II 314, Träger LK[10] 39, Tröndle/Fischer 1). Dagegen spricht jedoch im Fall des Abs. 1, daß das sonst für Amtsdelikte charakteristische Element einer besonderen personalen Pflichtverletzung hier wegen der Einbeziehung der in Nr. 3 genannten Personen (zB Gewerkschaftsvertreter, vgl. o. 10) ersichtlich keine Rolle spielt und die Verschwiegenheitspflicht als solche noch kein persönliches Merkmal i. S. des § 28 ist. Zu einem solchen führt auch nicht die besondere Verpflichtung i. S. des Abs. 2, vielmehr ist auch diese insofern tatbezogen, als sie lediglich dazu dient, den Bereich abzustecken, in dem ein strafrechtlich schutzwürdiges Rechtsgut vorhanden ist.

VIII. Konkurrenzen. Idealkonkurrenz besteht wegen der Verschiedenheit der Rechtsgüter mit §§ 203, 206, 355 (hM, zB Träger LK[10] 58). Möglich ist eine solche ferner mit den §§ 94 ff., 109 f, 109 g (vgl. zB Lackner/Kühl 14, Träger aaO; für Vorrang der §§ 94–98 gegenüber Abs. 2 jedoch

Tröndle/Fischer 20 u. der §§ 94–96 Lackner/Kühl 14). Anderseits geht Abs. 2, der eine konkrete Gefährdung verlangt, dem abstrakten Gefährdungsdelikt des § 353 d Nr. 2 – von Bedeutung im Fall des § 174 III i. V. mit § 172 Nr. 1 GVG – vor (Kuhlen NK 52; and. Träger LK[10] 50, Tröndle/ Fischer 20: Tateinheit). Zwischen Abs. 1 und 2 besteht das Verhältnis der Exklusivität, da bereits der Tatbestand des Abs. 2 auf solche Fälle beschränkt ist, die nicht unter Abs. 1 fallen.

25   IX. **Strafe.** Mängel bei der Dienstaufsicht sind idR kein Milderungsgrund bei der Strafzumessung (BGH NJW **89**, 1938). Zu den **Nebenfolgen** vgl. § 358.

26   X. Verfolgungsvoraussetzung ist gem. **Abs. 4** eine **Ermächtigung** (vgl. dazu § 77 e und die Anm. dort), für welche die Zuständigkeit durch das 17. StÄG (vgl. Vorbem.) neu geregelt wurde. Dabei geht Abs. 4 n. F. von dem Grundsatz aus, daß für die Zuständigkeit abweichend von §§ 77 a, 77 e nicht die Dienstherrneigenschaft z. Z. des Verrats maßgebend sein soll, sondern bei welcher Stelle dem Täter das Geheimnis in Ausübung einer entsprechenden Tätigkeit bekanntgeworden ist bzw. welche Stelle ihn zur Geheimhaltung besonders verpflichtet hat und daß sich an der dadurch begründeten Entscheidungskompetenz auch durch ein Ausscheiden des Täters aus seiner Tätigkeit nichts ändert (vgl. Möhrenschlager JZ 80, 166, Rogall NJW 80, 752). Erteilt wird die Ermächtigung danach je nachdem, ob es sich bei der fraglichen Stelle um ein Gesetzgebungsorgan, eine Bundes- oder Landesbehörde handelt, durch den Präsidenten des Gesetzgebungsorgans oder die oberste Bundes- oder oberste Landesbehörde. Zu diesen gehören vor allem die Bundes- oder Landesministerien, daneben aber auch andere Stellen, die nicht der Leitung und Beaufsichtigung eines Ministeriums unterliegen (zB Bundesbank, Bundesrechnungshof usw.; vgl. Tröndle/Fischer 18 f.). Bei einem den Amtsträgern gleichgestellten Bediensteten des Statistischen Amts der EG bedarf es vor der Ermächtigung durch die Bundesregierung eines entsprechenden Strafverlangens der Kommission der EG, bei Europolbediensteten des Direktors von Europol (vgl. o. 10).

§ 353 c [Unbefugte Weitergabe geheimer Gegenstände oder Nachrichten]; *aufgehoben durch das 17. StÄG v. 21. 12. 1979, BGBl. I 2324; zu Abs. 2 vgl. jetzt § 353 b II u. dort RN 1.*

§ 353 d Verbotene Mitteilungen über Gerichtsverhandlungen

Mit Freiheitsstrafe bis zu einem Jahr oder mit Geldstrafe wird bestraft, wer

1. entgegen einem gesetzlichen Verbot über eine Gerichtsverhandlung, bei der die Öffentlichkeit ausgeschlossen war, oder über den Inhalt eines die Sache betreffenden amtlichen Schriftstücks öffentlich eine Mitteilung macht,
2. entgegen einer vom Gericht auf Grund eines Gesetzes auferlegten Schweigepflicht Tatsachen unbefugt offenbart, die durch eine nichtöffentliche Gerichtsverhandlung oder durch ein die Sache betreffendes amtliches Schriftstück zu seiner Kenntnis gelangt sind, oder
3. die Anklageschrift oder andere amtliche Schriftstücke eines Strafverfahrens, eines Bußgeldverfahrens oder eines Disziplinarverfahrens, ganz oder in wesentlichen Teilen, im Wortlaut öffentlich mitteilt, bevor sie in öffentlicher Verhandlung erörtert worden sind oder das Verfahren abgeschlossen ist.

Schrifttum: Bottke, Bemerkungen zum Beschluß des BVerfG zu § 353 d Nr. 3 StGB, NStZ 87, 314. – Conrad, Reichsgesetz vom 2. Mai 1874 über die Presse, in: Stengleins Kommentar zu den strafrechtlichen Nebengesetzen des Deutschen Reiches, 5. A., 1928, Bd. I 359. – Derksen, Beschränkungen des Beweisverfahrens parlamentarischer Untersuchungsausschüsse durch § 353 d Nr. 3 StGB?, NStZ 93, 311. – Eser/Meyer, Öffentliche Vorverurteilung und faires Verfahren. Eine rechtsvergl. Untersuchung im Auftrag des BJM, 1986. – Feisenberger, Gesetz über die unter Ausschluß der Öffentlichkeit stattfindenden Gerichtsverhandlungen vom 5. April 1888, in: Stengleins Kommentar usw., Bd. II 342. – Häntzschel, Reichspressegesetz, 1927. – Hassemer, Vorverurteilung durch Medien, NJW 85, 1921. – Kübler, Strafverfolgung und Medienöffentlichkeit, Hassemer-FS 87. – Löffler, Presserecht, 2. A., Bd. I 1969, Bd. II 1968. – Mannheim, Presserecht, 1927. – Rebmann/Ott/Storz, Das baden-württembergische Gesetz über die Presse, 1964. – Rinsche, Strafjustiz u. öffentlicher Pranger, ZRP 87, 384. – Roxin, Strafrechtliche und strafprozessuale Probleme der Vorverurteilung, NStZ 91, 153. – Scheer, Deutsches Presserecht, 1966. – Schomburg, Das strafrechtliche Verbot vorzeitiger Veröffentlichung von Anklageschriften und anderen amtlichen Schriftstücken, ZRP 82, 142. – Schuppert, Zur Frage der Verfassungsmäßigkeit und verfassungskonformen Auslegung und Anwendung von § 353 d Nr. 3 StGB, AfP 84, 67. – Többens, Die Mitteilung und Veröffentlichung einer Anklageschrift (§ 353 d Nr. 3 StGB) und der Schutz der Anonymität eines Beschuldigten im Strafverfahren, GA 83, 97.

1   I. Die weitgehend dem § 453 E 62 entsprechende Bestimmung enthält – in Nr. 1 und 2 ergänzt durch §§ 171 b, 172, 174 GVG – eine Zusammen- und Neufassung einer Anzahl früher an verschiedenen Stellen geregelter strafbewehrter **Mitteilungsverbote über Gerichtsverhandlungen** (zu Nr. 1 vgl. Art. III des Ges. über die unter Ausschluß der Öffentlichkeit stattfindenden Gerichtsverhandlungen v. 5. 4. 1888 und § 184 b a. F.; zu Nr. 2 vgl. Art. II des genannten Ges., zu Nr. 3 die inzwischen aufgehobenen, auf § 17 ReichspresseG v. 7. 5. 1874 [RGBl. 65] zurückgehenden Bestimmungen der meisten Landespressegesetze, zB § 5 a. F. i. V. mit § 21 Nr. 1 a. F. LPG Bad.-Württ. [vgl.

dazu Löffler, Presserecht, Bd. I, 3. A., S. 300 f.]; s. auch Kuhlen NK 1 f.). Die Nr. 1–3 stellen eigenständige Tatbestände mit **unterschiedlichen Schutzzwecken** dar (vgl. u. 3, 23, 40, Hoyer SK 1, Träger LK[10] 1, Tröndle/Fischer 1; and. EEGStGB 282, wonach alle drei Bestimmungen dem Schutz der Rechtspflege dienen; vgl. auch Lackner/Kühl 1).

II. Nach **Nr. 1** macht sich strafbar, wer **entgegen einem gesetzlichen Verbot über eine** 2 **Gerichtsverhandlung,** bei der die Öffentlichkeit ausgeschlossen war, oder über den Inhalt eines die Sache betreffenden amtlichen Schriftstücks **öffentlich eine Mitteilung macht.** Ein derartiges gesetzliches Verbot ist z. Z. nur in § 174 II GVG enthalten, wo bestimmt ist: „Soweit die Öffentlichkeit wegen Gefährdung der Staatssicherheit ausgeschlossen wird, dürfen Presse, Rundfunk und Fernsehen keine Berichte über die Verhandlung und den Inhalt eines die Sache betreffenden amtlichen Schriftstücks veröffentlichen". Die Bestimmung gilt nicht nur für die Verfahren vor den ordentlichen Gerichten, sondern auch in Verfahren vor Gerichten anderer Rechtsprechungszweige (vgl. zB § 55 VwGO, § 52 II FGO).

1. Der Tatbestand enthält ein **abstraktes Gefährdungsdelikt gegen die Staatssicherheit.** Er soll 3 die Publikation solcher den Massenmedien durch ihre Erörterung in gerichtlichen Verfahren erleichtert zugänglichen Tatsachen verhindern, deren Bekanntwerden in der Öffentlichkeit typischerweise geeignet ist, die Staatssicherheit zu beeinträchtigen (weitergehend Hoyer SK 5, Kuhlen NK 4, Träger LK[10] 2: Einbeziehung auch der Funktionsfähigkeit der Rechtspflege, die jedoch allenfalls mittelbar geschützt ist). Der Begriff „Staatssicherheit" umfaßt alle wesentlichen Belange der inneren oder äußeren Sicherheit. Eine Gefährdung der Staatssicherheit ist also nicht erst anzunehmen, wenn die Existenz des Staates auf dem Spiel steht, andererseits aber auch nicht schon dann, wenn die öffentliche Sicherheit und Ordnung i. S. des Polizeirechts bedroht sind. Ebensowenig genügt eine Gefährdung des Ansehens des Staates, staatlicher Organe oder politischer Parteien (vgl. dazu RG GA Bd. **47**, 383, Schäfer/Wickern LR[24] § 172 GVG RN 2). Der Gefährdung der Staatssicherheit steht gem. Art. 38 II Zusatzabkommen zum NATO-Truppenstatut v. 3. 8. 1959 (BGBl. 1961 II 1218), der die §§ 172–175 GVG für entsprechend anwendbar erklärt, die Gefährdung der Sicherheit nichtdeutscher NATO-Truppen oder eines zivilen Gefolges gleich.

Daß das Gesetz nicht auf die im Interesse der Staatssicherheit gegebene Geheimhaltungsbedürftig- 4 keit der veröffentlichten Tatsachen, sondern auf das Vorliegen eines damit begründeten Ausschlusses der Öffentlichkeit abstellt, erklärt sich aus einer generellen Vermutung sachgerechter Handhabung dieser Ausschlußmöglichkeit durch die Gerichte. Deshalb ist auch *Straflosigkeit* anzunehmen, wenn diese Vermutung im Einzelfall widerlegt wird, weil das Gericht zu Unrecht eine Gefährdung der Staatssicherheit angenommen hat (vgl. 130 a v. 32 und u. 21; and. Kuhlen NK 12, Träger LK[10] 6 [dessen Hinweis auf die Aushöhlung des Strafschutzes in den Fällen eines Irrtums bei Annahme eines bloßen Strafausschließungsgrunds jedoch nicht zutrifft]).

2. Der Tatbestand setzt zunächst den **Ausschluß der Öffentlichkeit** aus einer Gerichtsverhand- 5 lung wegen Gefährdung der Staatssicherheit (vgl. dazu o. 3) voraus, wofür ein entsprechender, mit dieser Begründung versehener (§ 174 I 3 GVG) Gerichtsbeschluß erforderlich ist. Ist die Öffentlichkeit schon kraft Gesetzes ausgeschlossen (§§ 48 I JGG, 170, 171 I GVG), so gilt § 174 II GVG und damit auch § 353 d Nr. 1 nicht; für einen zusätzlichen Ausschluß nach § 172 Nr. 1 GVG, um auch die Tatbestandsvoraussetzungen des § 353 d Nr. 1 zu schaffen, besteht hier schon im Hinblick auf das in § 174 I GVG vorgeschriebene Verfahren kein Raum mehr (vgl. auch Hoyer SK 9, K-Meyer/Goßner § 174 RN 17 mwN; and. Kuhlen NK 13, Träger LK[10] 7).

Die gesetzwidrige Ausschließung der Öffentlichkeit durch den Vorsitzenden allein reicht nicht aus. 6 Unerheblich ist dagegen, ob entgegen § 174 I GVG über die Ausschließung in öffentlicher Sitzung verhandelt oder der Beschluß gem. S. 2 öffentlich verkündet wurde. Der Beschluß muß auch durchgeführt worden sein. Das Verbot des § 174 II GVG gilt nicht, wenn das Gericht entgegen § 175 II einer größeren Zahl von Personen den Zutritt zu der nichtöffentlichen Verhandlung gestattet oder die Anwesenheit beliebiger Personen duldet: Findet die Verhandlung tatsächlich öffentlich statt, so ist damit auch dem Berichterstattungsverbot der Presse die Grundlage entzogen (ebso. Hoyer SK 9; and. Träger LK[10] 6).

3. Das Verbot des § 174 II GVG richtet sich nur an **Presse, Rundfunk und Fernsehen,** so daß 7 Täter des Tatbestands der Nr. 1 nur sein kann, wer in den genannten Medien tätig ist (also zB nicht der Interview-Partner in Rundfunk oder Fernsehen, der Verfasser eines Leserbriefes). Es handelt sich um ein **Sonderdelikt,** auf dessen Teilnehmer § 28 I jedoch nicht anwendbar ist.

Der Begriff der Presse ist nicht auf die Gattung der Zeitungs- oder Zeitschriftenpresse („periodische Presse") 8 beschränkt (so aber Hoyer SK 8, Kuhlen NK 5, Tröndle/Fischer 2), sondern i. S. des weitgefaßten presserechtlichen Begriffs zu verstehen und umfaßt alle zur Verbreitung bestimmten Massenvervielfältigungen geistigen Sinngehalts („Druckwerke"), gleichgültig, ob sie durch die Buchdruckpresse oder sonstige Vervielfältigungsverfahren (wie zB Schallplatten) hergestellt werden (vgl. Bullinger in Löffler, Presserecht, 4. A., Einl. RN 13, § 1 LPG RN 68, M-Maiwald II 273, Träger LK[10] 10). Tauglicher Täter ist daher zB auch, wer durch Flugblatt über eine nichtöffentliche Verhandlung berichtet.

4. Die **Tathandlung** besteht in der gegen § 174 II GVG verstoßenden öffentlichen Mitteilung, 9 d. h. in der Veröffentlichung eines Berichts über die Verhandlung oder den Inhalt eines die Sache

§ 353 d 10–17 Bes. Teil. Straftaten im Amt

betreffenden amtlichen Schriftstücks. Dabei muß der Bericht in beiden Fällen auf der eigenen oder durch Dritte vermittelten Kenntnis des Inhalts der Verhandlung oder des Schriftstücks selbst beruhen (and. Kuhlen NK 8); auf andere Quellen (zB öffentliche Urteilsbegründung, verfahrensfremde Schriftstücke) zurückgehende Berichte sind nicht erfaßt.

10 a) Trotz des weitgefaßten Wortlauts des § 174 II GVG genügt als Mitteilung **über die Gerichtsverhandlung** nicht jeder Bericht über das, was in dem nichtöffentlichen Teil der Verhandlung („soweit die Öffentlichkeit ... ausgeschlossen wird") geschehen oder erörtert worden ist. Erforderlich ist vielmehr, daß gerade über die Tatsachen berichtet wird, um deren Bekanntwerden in der Verhandlung willen das Gericht die Öffentlichkeit ausgeschlossen hat (Hoyer SK 13, Kuhlen NK 7, M-Maiwald II 273; and. RG 38 303, Träger LK[10] 13, Tröndle/Fischer 3). Sonstige Mitteilungen, insbes. über den Gang des Verfahrens erfüllen den Tatbestand nicht (Feisenberger aaO Art. III Anm. 2, Art. II Anm. 4 c). Von der ratio legis her unnötig, vom Wortlaut jedoch geforderte Voraussetzung ist ferner, daß über die fragliche Tatsache als Gegenstand der jeweiligen Verhandlung berichtet wird (ebso. Kuhlen NK 8; and. Träger LK[10] 16, 33).

11 b) Gegenstand einer verbotenen Veröffentlichung kann ferner der **Inhalt eines die Sache betreffenden amtlichen Schriftstücks** des Verfahrens sein, in dem der Ausschließungsbeschluß ergangen ist. Im einzelnen gilt dafür folgendes:

12 α) **Schriftstücke** sind durch Schriftzeichen verkörperte Erklärungen. Die Veröffentlichung von Bildern aus den Prozeßakten (zB Tatortphotographie, beschlagnahmte pornographische Darstellungen usw.) erfüllt den Tatbestand nicht, sofern sie nicht einen Bericht über die Verhandlung darstellt (ebso. Hoyer SK 12, Kuhlen NK 9); das gleiche gilt für die Beschreibung oder bildliche Wiedergabe sonstiger nichtschriftlicher Beweisstücke (zB Tatwerkzeug) und – solange keine wortgetreue amtliche Niederschrift vorhanden ist – für die akustische oder schriftliche Wiedergabe von Tonaufnahmen (zB aus der Überwachung des Fernmeldeverkehrs des Beschuldigten, § 100 a StPO).

13 β) Obwohl vom Wortsinn her mehrdeutig, ist – ebenso wie in Nr. 3 – für die **„Amtlichkeit"** des Schriftstücks nach der ratio legis nicht dessen amtlicher Ursprung, sondern seine Zuordnung zu den Aufgaben und der Tätigkeit einer mit dem Verfahren befaßten amtlichen Stelle entscheidend, weshalb „amtlich" auch ein Schriftstück sein kann, das von einem Privaten herrührt (vgl. zB Hamburg NStZ 90, 283 m. Anm. Senfft StV 90, 411, Träger LK[10] 48 mwN, Tröndle/Fischer 4; and. AG Hamburg NStZ 88, 411 m. Anm. Strate, StV 88, 495, Hoyer SK 12, Kuhlen NK 10, Lackner/Kühl 4). Dabei ist im einzelnen zu unterscheiden: Soweit es sich um Schriftstücke handelt, die von einer an dem fraglichen Verfahren beteiligten Behörde (auch Gericht) selbst herrühren (im Strafprozeß zB polizeiliche, staatsanwaltliche oder richterliche Vernehmungsprotokolle, Anträge der Staatsanwaltschaft, Haftbefehle [RG 25 275], gerichtliche Beschlüsse [RG 44 279]), erhalten sie den amtlichen Charakter bereits mit ihrer Niederschrift. Das gleiche gilt für Schriftstücke, die im Auftrag einer solchen Stelle von einer anderen Behörde oder einem Privaten für die Zwecke des Verfahrens hergestellt werden (zB schriftliches Sachverständigengutachten; vgl. Träger LK[10] 45 f. mwN). Andere Schriftstücke – seien sie amtlichen oder privaten Ursprungs – werden zu amtlichen Verfahrensunterlagen dagegen erst, wenn sie zu Zwecken des Verfahrens in den Gewahrsam einer daran mitwirkenden Behörde gelangen, und zwar gleichgültig, ob dies auf Veranlassung einer solchen Behörde oder auf Initiative privater oder sonstiger amtlicher Stellen geschieht (zB beschlagnahmte Papiere [zu Nr. 3 vgl. Hamburg NStZ 90, 283: Aufzeichnungen eines Untersuchungshäftlings], beigezogene Akten anderer Verfahren, von Privaten oder Behörden schriftlich erstattete Strafanzeigen [RG 25 330], Schriftsätze des Verteidigers [RG 35 205]; vgl. auch Träger LK[10] 48 mwN). Mitteilungen ihres Inhalts vor diesem Zeitpunkt werden vom Tatbestand nicht erfaßt, auch wenn sie, wie zB der Verteidigerschriftsatz, mit Sicherheit Bestandteil der amtlichen Verfahrensakten werden.

14 γ) Das amtliche Schriftstück muß **die Sache betreffen**. „Sache" bedeutet hier nicht den Gegenstand des Verfahrens, sondern den Tatsachenkomplex, der für das Gericht den Grund zum Ausschluß der Öffentlichkeit gebildet hat (vgl. Kuhlen NK 11, Schafheutle, Niederschr. Bd. 13, 305, Träger LK[10] 15).

15/16 δ) **Gegen § 174 II GVG** verstößt ein Bericht, wenn er die in dem Schriftstück enthaltenen, die Sache betreffenden Informationen wiedergibt. Der Wortlaut der Bestimmung (Bericht „über" den Inhalt) bedarf einer Korrektur und ist i. S. v. Bericht des Inhalts zu verstehen (ebso. Kuhlen NK 11). Denn einerseits können Mitteilungen allgemeiner Art über den Inhalt eines Schriftstücks (zB es enthalte Staatsgeheimnisse o. ä.) nicht ausreichen, andererseits muß auch die wörtliche Wiedergabe des Originaltextes vom Tatbestand erfaßt sein. Daß das Schriftstück in dem Bericht als Informationsquelle erwähnt wird, ist nicht erforderlich.

17 c) Die **Veröffentlichung** des Berichts muß vom Täter (o. 7) in einer seinem jeweiligen Medium entsprechenden Form vorgenommen werden, bei Rundfunk und Fernsehen also durch Sendung, bei der Presse durch Verbreiten eines Druckwerks (o. 7) i. S. des Presserechts, was voraussetzt, daß zumindest ein Vervielfältigungsstück einem größeren Personenkreis durch öffentliches Anschlagen, Ausstellen oder Auslegen oder durch Inumlaufsetzen körperlich zugänglich gemacht wird. Läßt er den Bericht in einem ihm fremden Medium (zB der Rundfunkjournalist durch einen Leserbrief an eine Zeitung, der Zeitungsjournalist als Interview-Partner im Fernsehen) oder auf sonstige Weise (zB durch Vortrag in einer öffentlichen Versammlung) an die Öffentlichkeit gelangen, so erfüllt er den

Tatbestand nicht. Soweit eine Veröffentlichung gegen § 174 II GVG verstößt, ist sie zugleich als **öffentliche Mitteilung** i. S. d. Nr. 1 anzusehen. Entgegen dem hier sonst differenzierenden – vom Gesetzgeber bei der Formulierung des § 353 d jedoch offenbar übersehenen – Sprachgebrauch des StGB (vgl. zB §§ 80 a, 86 a, 90, 90 a, b, 111, 166, 184 I Nr. 5, 186) gilt dies auch für das Verbreiten von Schriften i. S. d. StGB (vgl. dazu § 184 RN 35, 57).

d) **Unerheblich** ist, ob die Veröffentlichung der fraglichen Tatsachen **tatsächlich geeignet** ist, die **18 Staatssicherheit zu gefährden** (vgl. auch RG 38 303). Dagegen ist der Tatbestand als ausgeschlossen anzusehen, wenn die Veröffentlichung illegale Staatsgeheimnisse i. S. des § 93 II betrifft (Hoyer SK 11, M-Maiwald II 273). Da die Publikation derartiger Geheimnisse bereits von den konkreten Gefährdungstatbeständen des Landesverrats usw. (§§ 94 ff.) ausgegangen ist, muß dies um so mehr für das abstrakte Gefährdungsdelikt des § 353 d Nr. 1 angenommen werden (and. Kuhlen NK 14, Träger LK[10] 18 [dessen Hinweis auf die Funktionsfähigkeit der Rechtspflege als weiteres Rechtsgut der Nr. 1 jedoch kein anderes Ergebnis rechtfertigt, weil diese – wenn überhaupt – nicht alternativ neben der Staatssicherheit, sondern nur kumulativ mit dieser geschützt wäre]). Dasselbe gilt, wenn die öffentliche Mitteilung i. S. der Nr. 1 ein zum Bereich der inneren Sicherheit gehörendes Geheimnis beinhaltet, das entsprechend § 93 II als illegal anzusehen ist. Als nicht tatbestandsmäßig ist ferner die Veröffentlichung solcher Tatsachen anzusehen, die zu diesem Zeitpunkt in der Öffentlichkeit bereits bekannt oder zugänglich sind (ebso. Kuhlen NK 6). Gleichgültig ist dabei, ob die fraglichen Tatsachen erst nach dem Publikationsverbot bekannt geworden sind (zB durch öffentliche Urteilsbegründung oder eine nach Nr. 1 strafbare Veröffentlichung) oder ob dies schon vorher der Fall war und das Gericht sie bei seinem Ausschließungsbeschluß irrtümlich nicht für geheim gehalten hat.

5. Als **Rechtfertigungsgrund** kommt § 34 in Betracht. Dies gilt insbes., wenn zwar illegale, aber **19** nicht die Voraussetzungen des § 93 II erfüllende Staatsgeheimnisse oder Geheimnisse aus dem Bereich der inneren Sicherheit veröffentlicht werden (vgl. dazu § 93 RN 27).

6. Der **Vorsatz** – wobei bedingter Vorsatz genügt – muß sich insbes. darauf erstrecken, daß der **20** Ausschluß der Öffentlichkeit wegen Gefährdung der Staatssicherheit erfolgt ist und gerade die Geheimhaltung derjenigen Tatsachen bezweckte, die den Gegenstand der Veröffentlichung bilden (krit. Träger LK[10] 13). Die Vorstellung, ihr Bekanntwerden gefährde die Staatssicherheit, braucht der Täter nicht zu haben. Vorsatzausschließend wirkt dagegen die irrtümliche Annahme der Illegalität der veröffentlichten Tatsache i. S. des § 93 II (jedoch kann hier Strafbarkeit gem. § 97 b i. V. mit § 94 in Betracht kommen); dasselbe gilt zB, wenn der Täter irrig von der Vorveröffentlichung der fraglichen Tatsache ausgegangen ist (vgl. o. 18).

7. Nach allgemeinen Grundsätzen (vgl. 130 a vor § 32 und o. 4) ist ein **Strafausschließungs-** **21** **grund** anzunehmen, wenn das Gericht bei dem Ausschluß der Öffentlichkeit zu Unrecht eine Gefährdung der Staatssicherheit bejaht hat, zB eine Gefährdung des Ansehens der Regierungsparteien für ausreichend ansah, und infolgedessen die Tat auch die Staatssicherheit nicht gefährdet haben kann.

III. Nach **Nr. 2** ist strafbar die **Verletzung** einer von einem Gericht auf Grund eines Gesetzes **22** **auferlegten Schweigepflicht.** Als gesetzliche Grundlage für die Auferlegung einer derartigen Schweigepflicht kommt derzeit allein § 174 III GVG in Betracht, wonach das Gericht, wenn die Öffentlichkeit „wegen Gefährdung der Staatssicherheit oder aus den in §§ 171 b, 172 Nr. 2 und 3 bezeichneten Gründen ausgeschlossen ist ... den anwesenden Personen die Geheimhaltung von Tatsachen, die durch die Verhandlung oder durch ein eine Sache betreffendes amtliches Schriftstück zu ihrer Kenntnis gelangen, zur Pflicht machen" kann.

Die **Rechtsgüter** der Vorschrift, die wie Nr. 1 auf der Vermutung sachlich begründeter Schweige- **23** befehle beruhen, ergeben sich demnach aus den hier genannten Bestimmungen über den Ausschluß der Öffentlichkeit, zu deren Ergänzung der Schweigebefehl vorgesehen ist. Zur Staatssicherheit (§ 172 Nr. 1 GVG) vgl. o. 3. Die §§ 171 b, 172 Nr. 2 GVG erlauben den Ausschluß der Öffentlichkeit, wenn Umstände aus dem persönlichen Lebensbereich eines Prozeßbeteiligten, Zeugen oder Verletzten oder ein wichtiges Geschäfts-, Betriebs-, Erfindungs- oder Steuergeheimnis zur Sprache kommen, durch deren öffentliche Erörterung überwiegende schutzwürdige Interessen verletzt würden (zur Frage des effektiven Schutzes von betrieblichen „Know-how"-Geheimnissen vgl. Pagenberg CR 91, 65). Geht es hier also um den Schutz der mit den genannten Geheimnissen verknüpften ideellen oder wirtschaftlichen Belange des betroffenen Einzelnen, so tritt dieser Aspekt in § 172 Nr. 3 GVG in den Hintergrund. Nach dieser Bestimmung kann die Öffentlichkeit ausgeschlossen werden, wenn ein privates Geheimnis erörtert wird, dessen unbefugte Offenbarung durch den Zeugen oder Sachverständigen mit Strafe bedroht ist. Einschlägige Strafvorschriften sind hier die §§ 203, 206, 355. Indem § 172 Nr. 3 GVG die Möglichkeit eröffnet, daß die von § 203 usw. erfaßten Personen ein ihnen anvertrautes usw. Geheimnis – unabhängig davon, ob das Geheimhaltungsinteresse des Betroffenen das Interesse an der Öffentlichkeit der Verhandlung überwiegt – unter Ausschluß der Öffentlichkeit aufdecken, dient er demselben, primär auf die Wahrung bestimmter Vertrauensverhältnisse gerichteten Schutzweck wie die genannten Tatbestände selbst (vgl. zB § 203 RN 3; and. M-Maiwald II 274). Die Funktionsfähigkeit der Rechtspflege wird durch Nr. 2 allenfalls mittelbar geschützt (and. Hoyer SK 5, Kuhlen NK 16, Träger LK[10] 21).

1. Die **Schweigepflicht** entsteht gem. § 174 III GVG durch **Verkündung eines entsprechen-** **24** **den Beschlusses,** der seinerseits den Ausschluß der Öffentlichkeit wegen Gefährdung der Staats-

§ 353 d 25–33   Bes. Teil. Straftaten im Amt

sicherheit oder aus den in §§ 171 b, 172 Nr. 2 oder 3 GVG genannten Gründen voraussetzt. Für Verhandlungen, die ohnedies nichtöffentlich sind (vgl. § 48 JGG, §§ 170, 171 II GVG), gilt § 174 III GVG und damit auch Nr. 2 nicht (mit Recht krit. Tröndle/Fischer 5); für einen zusätzlichen Beschluß zum Ausschluß der Öffentlichkeit ist hier kein Raum mehr (o. 5 u. Hoyer SK 16; and. Kuhlen NK 22, Träger LK[10] 7, 23).

25   Ein unzulässigerweise in anderen Fällen, etwa bei Öffentlichkeitsausschluß wegen Gefährdung der Sittlichkeit ausgesprochener Schweigebefehl genügt für Nr. 2 nicht. Ebensowenig reicht es aus, wenn das Schweigegebot bereits vor oder erst nach der mündlichen Verhandlung beschlossen oder nur vom Vorsitzenden erlassen wird (zB bei Mitteilung der Anklageschrift gem. § 201 I 1 StPO; so auch Schäfer/Wickern LR[24] § 174 GVG RN 28, i. E. auch Loesdau MDR 62, 773, Träger LK[10] 24). Ohne Bedeutung für die Schweigepflicht ist dagegen die Protokollierung des Beschlusses (§ 174 III 2 GVG) oder seine Anfechtung mit der fristlosen Beschwerde (§ 174 III 3, 4 GVG; vgl. dazu jedoch auch § 304 IV StPO). Die Pflicht endet, wenn das jeweils mit der Sache befaßte Gericht selbst (nach Abschluß des Verfahrens das zuletzt mit ihr befaßte Gericht) oder das Beschwerdegericht ihn aufhebt, und zwar auch dann, wenn dies zu Unrecht geschieht. Der letztgenannte Fall begründet für sie dahin begangene Verletzungen der Schweigepflicht einen Strafaufhebungsgrund (vgl. Feisenberger aaO Art. II Anm. 5; and. Kuhlen NK 23, Träger LK[10] 26).

26   **2.** Taugliche Täter der Nr. 2 sind die **durch den Schweigebefehl Verpflichteten** (Sonderdelikt ohne Anwendung des § 28 I auf Teilnehmer; vgl. § 353 b RN 23). Gem. § 174 III 1 GVG können dies nur die in der nichtöffentlichen Verhandlung Anwesenden sein. Ein Schweigebefehl, der auch Abwesende miteinbezieht (wie doch den zweiten Verteidiger des Angeklagten), begründet für diese keine Schweigepflicht. Gleichgültig ist der Grund der Anwesenheit.

27   Der Beschluß bindet nicht nur Zuhörer (§ 175 II GVG), Zeugen usw., sondern auch die Richter, die ihn erlassen haben (Feisenberger aaO Art. II Anm. 46). Von der Verpflichtung von vornherein auszunehmen ist sinnvollerweise in den Fällen der §§ 171 b, 172 Nr. 2 und 3 GVG derjenige, dessen Geheimnis gerade den Gegenstand des Schweigebefehls bildet, was freilich von praktischer Bedeutung nur dann ist, wenn es sich dabei um eine ihm selbst bisher unbekannte Tatsache handelt (zB eine erst vom Sachverständigen festgestellte Erkrankung). Das Erfordernis der Anwesenheit bezieht sich nur auf die nichtöffentliche Verhandlung. Anwesenheit auch bei der Verkündung des Beschlusses wird dagegen von Sinn und Wortlaut des § 174 III 1 GVG nicht gefordert. Allerdings ist für den hierbei Abwesenden (zB einen zuvor entlassenen Zeugen) die Geheimhaltungspflicht erst dann als begründet anzusehen, wenn er durch Zustellung oder formlose Mitteilung (§ 35 II StPO) die Möglichkeit der Kenntnisnahme von dem Beschluß erhalten hat (vgl. jedoch Feisenberger aaO).

28   **3. Gegenstand** der **Schweigepflicht** sind die in dem **Schweigebefehl bezeichneten Tatsachen.** Da der Schweigebefehl der Ergänzung des Öffentlichkeitsausschlusses dient, kommen allerdings nur solche Tatsachen in Betracht, die in der nichtöffentlichen Verhandlung zur Sprache gekommen oder zB durch Augenscheinseinnahme erkennbar geworden sind. Ferner müssen sie mit dem Verfahrensgegenstand im Zusammenhang stehen; unzulässig und für Nr. 2 nicht genügend ist daher zB ein Schweigebefehl über Verfahrensvorgänge (vgl. Feisenberger aaO Art. II Anm. 4 c; and. Kuhlen NK 19).

29   Unerheblich ist dagegen wie in Nr. 1, ob das Bekanntwerden der fraglichen Tatsache tatsächlich die Staatssicherheit usw. gefährden würde, während der Tatbestand ausgeschlossen ist, wenn sich der Schweigebefehl auf Tatsachen bezieht, die – sei es bereits bei dessen Verkündung, sei es erst im Zeitpunkt der Offenbarung durch den Schweigepflichtigen – einer unbestimmten Vielzahl von Personen bekannt oder jedenfalls zur Kenntnisnahme zugänglich sind. Ebenso wie bei Nr. 1 ist im Fall des Schweigebefehls aus Gründen der Staatssicherheit der Tatbestand ferner als ausgeschlossen anzusehen, wenn das fragliche Geheimnis die Voraussetzungen der qualifizierten Illegalität des § 93 II erfüllt (vgl. jedoch § 97 a).

30   **4.** Der Geheimhaltung unterworfen und Gegenstand der Tat der Nr. 2 sind ferner **nur solche Tatsachen,** die dem Adressaten des Schweigebefehls **durch die nichtöffentliche Verhandlung** oder ein **die Sache betreffendes amtliches Schriftstück zur Kenntnis gelangt** sind. Auf Tatsachen, von denen jemand bereits vorher wußte, also insbes. auf den Inhalt der eigenen Zeugenaussage, erstreckt sich die Schweigepflicht nicht (ebenso Hoyer SK 19, Träger LK[10] 29). Entsprechendes gilt, wenn der Schweigepflichtige unabhängig von seiner Kenntnisnahme durch die nichtöffentliche Verhandlung usw. noch einmal von der vom Schweigebefehl erfaßten Tatsache erfährt; hier ist nach der ratio legis die Schweigepflicht insoweit beendigt.

31   a) Durch die *nichtöffentliche Verhandlung erlangt* ist jede durch Verfahrensvorgänge (also nicht zB durch Privatgespräche von Zeugen) in der nichtöffentlichen Sitzung gewonnene Kenntnis, gleichgültig, ob die fragliche Tatsache durch Aussage eines Zeugen oder Sachverständigen, Erklärungen des Gerichts, Verlesen eines Schriftstücks usw. mitgeteilt oder durch Augenscheinseinnahme erkennbar wurde. Unerheblich ist auch, ob die Bekanntgabe prozessual und materiell-rechtlich zulässig war (zB Verlesung entgegen § 252 StPO, § 203 strafbare Aussage eines Arztes).

32/33   b) Mit der Alternative der *Kenntniserlangung durch ein die Sache betreffendes amtliches Schriftstück* soll der Fall erfaßt werden, daß dem in der nichtöffentlichen Verhandlung Anwesenden die der Geheimhaltungspflicht unterworfene Tatsache bereits zuvor aus den Verfahrensakten bekannt war. Das amtliche Schriftstück muß zu dem Verfahren gehören, in dem der Schweigebefehl erlassen wird (o. 13); Kenntniserlangen durch Akten anderer Verfahren reicht nicht aus. Daß es die Sache, d. h. die hier im Schweigebefehl bezeichneten Tatsachen betreffen muß, versteht sich von selbst. „Durch" das Schriftstück ist die durch Lesen gewonnene Kenntnis erlangt. Gleichgültig ist dabei, ob unmittelbar in die amtlichen Verfahrensakten oder in eine nichtamtliche Durchschrift usw. des amtlichen Schriftstücks Einsicht genommen wird (zB das dem Verteidiger gehörende Exemplar eines von ihm dem Gericht vorgelegten Sachverständigengutachtens). Jedoch muß die Einsichtnahme stets einen zum Verfahren gehörenden Vorgang darstellen, auf dessen prozessuale Zulässigkeit es freilich nicht ankommt (and. Kuhlen NK 19). Kenntnisnahme durch ein amtliches Schriftstück liegt daher nicht vor, wenn das Gericht Pressevertretern, die es gem. § 175 GVG zur nichtöffentlichen Verhandlung zulassen will, zuvor Einsicht in die Akten gewährt, wohl aber, wenn der Staatsanwalt den Schöffen unzulässigerweise Abschriften der Anklageschrift überreicht.

5. Tathandlung ist das **Offenbaren;** vgl. dazu § 203 RN 19 f. Kein Offenbaren liegt nach dem **34/35** Sinn der Geheimhaltungspflicht des § 174 III GVG vor, wenn die Tatsache einem Prozeßsubjekt, etwa einem in dem nichtöffentlichen Teil der Verhandlung abwesenden zweiten Verteidiger oder Staatsanwalt oder dem Angeklagten (vgl. § 231 a II StPO) mitgeteilt wird. Hier fehlt es bereits am Tatbestand und nicht erst an dem Merkmal „unbefugt" (and. Hoyer SK 20, Kuhlen NK 18, Träger LK[10] 35).

6. Unbefugt ist die nicht gerechtfertigte Offenbarung. Als Rechtfertigungsgrund kommt zB die **36** Aussagepflicht in einem anderen Prozeß in Betracht (M-Maiwald II 274), ferner § 34, so wenn bei Öffentlichkeitsausschluß wegen Gefährdung der Staatssicherheit eine illegale, jedoch nicht die Voraussetzungen des § 93 II erfüllende Tatsache der Geheimhaltung unterworfen wird (zu Nr. 1 vgl. o. 19). Im Fall der §§ 171 b, 172 Nr. 2 GVG ist vor allem eine rechtfertigende Einwilligung des Betroffenen möglich. Willigt dieser dagegen im Fall des § 172 Nr. 3 GVG ein, so wirkt dies ebenso wie bei den Tatbeständen, deren Ergänzung dieser Ausschließungsgrund und der anschließende Schweigebefehl dienen, als tatbestandsausschließendes Einverständnis (vgl. zB § 203 RN 21 f., § 206 RN 11, § 355 RN 22); ebenso wie dort begrenzt das Merkmal „unbefugt" daher auch hier schon den Tatbestand. In allen Fällen ist die Offenbarung gerechtfertigt, wenn im Schweigebefehl genannte Tatsache in einer in nichtöffentlichen Verhandlung gemachten Aussage enthalten ist, die zugleich einen Straftatbestand erfüllt (zB §§ 153, 154) und das Gericht gem. § 183 GVG verfährt (einschränkend Träger LK[10] 36).

7. Der **subjektive Tatbestand** erfordert – zumindest bedingten – Vorsatz. Der Täter muß wissen, **37** daß die offenbarte Tatsache dem Schweigegebot unterliegt. Auf die vom Gericht zu prüfenden Voraussetzungen des Schweigebefehls (Gefährdung der Staatssicherheit durch Bekanntwerden der Tatsache usw.) braucht sich der Vorsatz nicht zu beziehen. Eine Ausnahme gilt in Nr. 1 freilich insofern, als die irrtümliche Annahme des Täters, die Tatsache sei nicht mehr geheim, vorsatzausschließend wirkt (and. Träger LK[10] 37: Verbotsirrtum). Das gleiche gilt im Fall des Schweigebefehls aus Gründen der Staatssicherheit für den Irrtum über die Illegalität des Geheimnisses i. S. des § 93 II.

8. Nach allgemeinen Grundsätzen (vgl. 130 a vor § 32) und entsprechend dem o. 4, 21 Gesagten ist **38** auch hier ein **Strafausschließungsgrund** anzunehmen, wenn das Gericht die sachlichen Voraussetzungen des Schweigebefehls zu Unrecht angenommen hat (zur fehlenden Geheimniseigenschaft und zur Illegalität des Geheimnisses vgl. jedoch schon o. 29, 37). Zur strafaufhebenden Wirkung der Aufhebung des Schweigebefehls durch das Beschwerdegericht vgl. o. 25.

IV. Nach **Nr. 3** ist strafbar die **öffentliche Mitteilung amtlicher Schriftstücke eines Strafver- 39 fahrens** oder ähnlicher Verfahren, bevor sie in öffentlicher Verhandlung erörtert worden sind oder das Verfahren abgeschlossen ist.

Die Bestimmung soll die **Unbefangenheit** der an den genannten Verfahren **Beteiligten**, namentlich der Laienrichter und Zeugen schützen (EEGStGB 283 f.), ebenso schon die Motive zu § 17 ReichspresseG, Stenogr. Berichte ü. d. Verhandlungen des Dt. Reichstags, 2. Legislaturperiode, I. Session 1874, Bd. 3, 141, ferner BVerfGE **71** 206 m. Anm. Bottke NStZ 87, 315 u. krit. Bspr. Kübler, Hassemer-FS 87, Hamburg NStZ **90**, 284 m. Anm. Senfft StV 90, 411, Hamm NJW **77**, 967, Köln JR **80**, 473 m. Anm. Bottke, AG Nürnberg MDR **83**, 424 m. Anm. Waldner, Hoyer SK 4, Kuhlen NK 25, M-Maiwald II 274, Többens GA 83, 103, Tröndle/Fischer 1; vgl. aber auch LG Lüneburg NJW **78**, 117). Zwar kann diese auch schon durch das bloße Gewähren von Einblick in die in Nr. 3 genannten Schriftstücke beeinträchtigt werden (zB Überlassen des polizeilichen Schlußberichts an Zeugen). Weil strafbar aber nur deren öffentliche Mitteilung ist, beschränkt sich das Gesetz hier auf eine besonders gefährliche Form möglicher Beeinflussung: Verhindert werden soll, daß die Schriftstücke eines Strafverfahrens durch ihre Bekanntgabe vorzeitig zum Gegenstand *öffentlicher Diskussion* oder gar zum *Anlaß gezielter Beeinflussungen* werden, welche die Unvoreingenommenheit der Verfahrensbeteiligten besonders nachhaltig in Frage stellen können (ebenso zB Träger LK[10] 38; vgl. ferner BVerfGE **71** 206, RG **9** 193, **47** 243, DJZ **08**, 307, Schwarze, Stenogr. Berichte usw., Bd. 1, 456, Krille, Niederschr. Bd. 13, 301). Zweck der Bestimmung ist dagegen nicht auch der Schutz des von dem jeweiligen Verfahren Betroffenen vor vorzeitiger öffentlicher Bloßstellung (so jedoch BT-Drs. 7/1261 S. 23, BVerfGE **71** 206 m. Anm. Bottke NStZ 87, 315, LG Lüneburg NJW **78**, 117, LG Mannheim NStZ-RR **96**, 361, AG Weinheim NJW **94**, 1544 f. m. Bspr. Wilhelm NJW **94**, 1521, Bottke JR 80, 475, Kuhlen NK 25, Többens GA 83, 103 ff., Träger LK[10] 39, Tröndle/

Fischer 1, Waldner MDR 83, 424; wie hier Hoyer SK 6, M-Maiwald II 274 f. und i. E. Hamm NJW 77, 967). Denn das Publikationsverbot gilt nicht nur für belastende oder sonst nachteilige Schriftstücke, sondern zB auch für das Vernehmungsprotokoll eines Entlastungszeugen. Auch nimmt der Tatbestand den Beschuldigten selbst als Täter nicht aus (insoweit folgerichtig daher LG Lüneburg NJW 78, 117), weshalb auch dessen Einwilligung in die Veröffentlichung unbeachtlich ist (vgl. AG Nürnberg MDR 83, 424 m. Anm. Waldner; z. T. and. unter verfassungsrechtlichen Gesichtspunkten AG Weinheim NJW 94, 1545 m. Bspr. Wilhelm NJW 94, 1521), was nicht zu erklären wäre, wenn die Vorschrift i. S. eines kumulativen Rechtsgüterschutzes zugleich dem Schutz des Betroffenen dienen würde. Dagegen, daß nur die „justizförmige Rechtsfindung" (Többens GA 83, 108), nicht aber der Betroffene geschützt ist, spricht auch nicht die Beschränkung des Tatbestands auf die Schriftstücke von Straf- und verwandten Verfahren (so jedoch BVerfGE 71 206 [222 f.], Träger LK[10] 39), weil es erfahrungsgemäß gerade bei diesen Verfahren Beteiligten sind, deren Unvoreingenommenheit durch „Vorverurteilungen" in der Öffentlichkeit gefährdet wird.

41 Entsprechende – freilich auf Presseveröffentlichungen beschränkte – Bestimmungen enthielten früher § 17 ReichspresseG vom 7. 5. 1874 (RGBl. 65) und die meisten Landespressegesetze (vgl. o. 1). Schon an diesen Vorschriften wurde jedoch mit Recht kritisiert, daß sie ihren Zweck nur unvollkommen erfüllen (Mannheim aaO 80, Häntzschel aaO § 17 Anm. 1, Löffler aaO § 5 RN 12). Dieselbe **Kritik** ist aber auch gegenüber der Neufassung in § 353 d Nr. 3 angebracht. Zwar ist jetzt die von der Schutzfunktion her nicht berechtigte Beschränkung des Tatbestands auf Presseveröffentlichungen beseitigt und jede öffentliche Mitteilung einer Anklageschrift usw. verboten (vgl. dazu EEGStGB 283, Tröndle, Niederschr. Bd. 13, 300). Die Unzulänglichkeit der früheren Tatbestände wie des § 353 d Nr. 3 liegt jedoch in der Bezeichnung der Tathandlung begründet. Schon die Pressegesetze, in denen das Veröffentlichen der Anklageschrift usw., nicht aber das des Prozeßstoffes selbst unter Strafe gestellt war, boten hinlänglich Möglichkeiten zu dem Schutzzweck des Publikationsverbots zuwiderlaufenden vorzeitigen Presseberichten (vgl. dazu Mannheim aaO 81). Indem der Gesetzgeber den Tatbestand der Nr. 3 nunmehr auf die öffentliche Mitteilung „im Wortlaut" beschränkt hat, hat er ihm zwar gegenüber dem früheren Recht klarere Konturen gegeben und die Rspr. der in Grenzbereichen nahezu unlösbaren Aufgabe enthoben, zwischen strafloser Berichterstattung auf der Grundlage eines amtlichen Schriftstücks und seiner strafbaren Veröffentlichung zu unterscheiden (vgl. RG 22 278, 26 79, 28 416, JW 22, 1030), zugleich aber seinen Anwendungsbereich derart reduziert, daß es fraglich erscheint, ob die Bestimmung noch eine sinnvolle Funktion erfüllt (vgl. Tröndle[48] 6: „Schlag ins Wasser"). Ganz abgesehen davon, daß die Publikation amtlicher Schriftstücke ohnehin nicht die typische Methode darstellt, das Verhalten an einem Verfahren Beteiligter über die öffentliche Meinungsbildung zu beeinflussen, bringt die sinngemäße oder gar sinnentstellende Veröffentlichung solcher Unterlagen wohl kaum geringere Gefahren mit sich als gerade die wortgetreue (krit. auch Bottke JR 80, 474, Kübler JZ 84, 547, M-Maiwald II 275, Schomburg ZRP 82, 142, StV 84, 338, Waldner MDR 83, 424). Selbst wenn man dies aber wegen der „authentifizierenden Wirkung der Amtlichkeit" (Többens GA 83, 107; vgl. auch BVerfGE 71 216, Roxin NStZ 91, 156, 159), die einer textidentischen offiziellen Verlautbarung anhaftet, bejaht, bleibt Nr. 3 eine stumpfe Waffe, weil schon eine in unwesentlichen Einzelheiten abweichende, sonst aber wortgetreue Wiedergabe des Schriftstücks nicht mehr tatbestandsmäßig ist (u. 49), was zu mühelosen Umgehungen geradezu einlädt. Die u. a. deswegen unter dem Gesichtspunkt des Verhältnismäßigkeitsprinzips erhobenen verfassungsrechtlichen Bedenken gegen die Vorschrift (vgl. AG Hamburg NStZ **84**, 265 [Vorlagebeschluß] m. Anm. Rogall u. Schomburg StV 84, 338, Schuppert AfP 84, 67, hier die 22. A.; s. auch Kübler, Hassemer-FS 87 ff.) hat BVerfGE **71** 206 m. Anm. Hoffmann-Riem JZ 86, 495 jedoch nicht anerkannt, sondern die **Verfassungsmäßigkeit** der Nr. 3 sowohl im Hinblick auf Art. 5 GG als auch bezügl. Art. 3 GG bejaht (vgl. auch Hamburg StV **90**, 409 m. Anm. Senfft, Brugger VBlBW 98, 274 ff., Kuhlen NK 26). Daran, daß die Vorschrift mißglückt ist, weil der mit ihr erreichbare Schutz „wenig wirksam" ist (so auch BVerfG aaO 221), ändert dies nichts (vgl. zusfass. Schomburg ZRP 82, 142; zum Problem „öffentlicher Vorverurteilungen" und zur Frage möglicher Abhilfen vgl. ferner Hassemer NJW 85, 1921 mwN, Rinsche ZRP 87, 384, Roxin NStZ 91, 153).

42 1. Das Publikationsverbot gilt nur für **Straf-, Bußgeld-** und **Disziplinarverfahren**. Schriftstücke anderer Verfahren (zB Zivil-, Verwaltungsprozesse usw., Ehrengerichtsverfahren der Rechtsanwälte und Ärzte usw.) sind nicht erfaßt. Strafverfahren sind alle wegen des Verdachts einer i. S. eines Strafgesetzes tatbestandsmäßigen Handlung nach der StPO – gleichgültig in welcher Verfahrensart (zB Privatklage-, Sicherungsverfahren) – betriebenen Verfahren sowie das Steuerstrafverfahren (§§ 385 ff. AO) und das Jugendstrafverfahren (§§ 43 ff. JGG). Zum Bußgeldverfahren vgl. §§ 35 ff. OWiG. Disziplinarverfahren sind die in den Disziplinarordnungen des Bundes und der Länder zur Verfolgung dienstlicher Verfehlungen von Beamten, Soldaten und Richtern vorgesehenen Verfahren.

43 2. Tatobjekt sind **amtliche Schriftstücke** (vgl. dazu o. 12 f.) der o. 42 genannten Verfahren, zu denen auch die lediglich beispielhaft hervorgehobene Anklageschrift des Strafverfahrens zählt (§§ 170 I, 200 StPO). Soweit Schriftstücke erst mit Eingang bei Gericht, Staatsanwaltschaft usw. zu amtlichen werden, erfüllt ihre vorherige Veröffentlichung den Tatbestand nicht. Sind sie es aber geworden, so kommt es nicht darauf an, ob sich eine Veröffentlichung auf das bei dem Gericht, der Staatsanwaltschaft usw. befindliche amtliche Exemplar oder auf die in der Hand anderer verbliebenen Abschriften, Durchschriften o. ä. stützt (and. Träger LK[10] 49 und die hM zu den Pressegesetzen: RG

25 330, Löffler aaO II § 5 RN 32, Häntzschel aaO § 17 Anm. 4, Scheer aaO § 5 IV 3 c; krit. Mannheim aaO 81).

44 Dem Zweck des Tatbestands entsprechend können vom Publikationsverbot nur solche amtlichen Schriftstücke betroffen sein, die – sei es auch nur mittelbar – *für* den *Gegenstand* oder die *Gestaltung des Verfahrens* von *sachlicher Bedeutung* sein können, wie zB Glaubwürdigkeitsgutachten über einen Zeugen, Gutachten über die Verhandlungsfähigkeit des Angeklagten, Strafregisterauszüge (vgl. Düsseldorf JMBlNW **90**, 153), Befangenheitsanträge gegen einen Richter (weitergehend Träger LK[10] 50, der nur offensichtlich Nebensächliches ausnimmt). Schriftstücke rein formalen Inhalts (Ladungen, Zustellungsurkunden usw.) scheiden als Tatobjekt aus (Tröndle/Fischer 4, 6). Ohne Bedeutung ist dagegen, daß das Schriftstück *zuvor* bereits *an anderer Stelle* veröffentlicht wurde, weil dies eine (weitere) abstrakte Gefährdung des geschützten Rechtsguts (o. 40) nicht ausschließt (R **8** 570, RG **14** 342, Hamburg NStZ **90**, 283 m. Anm. Senfft StV **90**, 411, Träger LK[10] 56). Dies gilt unabhängig davon, ob auch die Vorveröffentlichung schon gegen das Publikationsverbot verstieß oder ob das Schriftstück, weil zunächst noch kein „amtliches" (zB Verteidigerschriftsatz vor Absendung an das Gericht, vgl. o. 13), zu diesem Zeitpunkt straflos veröffentlicht werden konnte.

45 **3.** Die **Tathandlung** der Nr. 3 besteht darin, daß das amtliche Schriftstück ganz oder in wesentlichen Teilen im Wortlaut öffentlich mitgeteilt wird. Vom Tatbestand auszunehmen sind jedoch Prozeßhandlungen, durch die amtliche Schriftstücke öffentlich (zB Verlesen in öffentlicher Verhandlung) mitgeteilt werden, und zwar gleichgültig, ob dies prozeß- und materiell-rechtlich zulässig ist oder nicht.

46 a) Die Mitteilung ist **öffentlich,** wenn sie von einem größeren, individuell nicht feststehenden oder jedenfalls durch persönliche Beziehungen nicht verbundenen Personenkreis wahrgenommen werden kann, gleichgültig, ob sie auch tatsächlich wahrgenommen wird (vgl. § 186 RN 19, aber auch Bottke NStZ **87**, 316 [„öffentlich" – entgegen dem Wortlaut – nur massenmediale Verbreitungsformen). Vom Tatbestand nicht erfaßt ist daher zB die Weitergabe der Anklageschrift an einen zahlenmäßig kleinen, dem Täter namentlich bekannten oder mit ihm persönlich verbundenen Kreis von 12 (LG Mannheim NStZ-RR **96**, 361) bzw. 5–6 Personen (AG Weinheim NJW **94**, 1544 m. Bspr. Wilhelm NJW 94, 1521), wenn sie nicht auf eine Weiterverbreitung (Kettenverbreitung) angelegt ist, und dasselbe gilt für Mitteilungen der Justizpressestelle in einer geschlossenen Pressekonferenz (Kuhlen NK 29, Träger LK[10] 56 mwN, Tröndle/Fischer 6; and. Többens GA 83, 100; vgl. auch AG Weinheim aaO m. Bspr. wie o.). Unerheblich ist, ob die öffentliche Mitteilung mündlich oder schriftlich (Plakat, Aushang), unmittelbar oder mittelbar (zB durch Hörfunk oder Fernsehen) gemacht wird. Als öffentlich i. S. der Nr. 3 ist – wie in Nr. 1 (o. 17) – auch das nicht eigens genannte Mitteilen durch Verbreiten von Schriften (vgl. dazu § 184 RN 57) anzusehen, wobei jedoch zu beachten ist, daß die Schrift hier ihrer Substanz nach und nicht nur bezüglich ihres Inhalts verbreitet werden muß; auch unter diesem Gesichtspunkt wäre daher der Aushändigung der Anklageschrift in einer geschlossenen Pressekonferenz nicht tatbestandsmäßig (and. Többens GA 83, 100).

47 b) Unerheblich ist, ob das Schriftstück **„ganz oder in wesentlichen Teilen"** öffentlich mitgeteilt wird (so schon die hM zu den Pressegesetzen; vgl. zB R **7** 214, RG **9** 193, **14** 342, **26** 79, Häntzschel aaO § 17 Anm. 5, Löffler aaO II § 5 RN 22, Scheer aaO § 5 Anm. V 3). *Wesentliche Teile* eines amtlichen Schriftstücks sind dann veröffentlicht, wenn gerade Partien, die – sei es auch nur mittelbar – für den Verfahrensgegenstand oder seine verfahrensmäßige Behandlung von Bedeutung sind oder sein können, insoweit wiedergegeben werden, daß sie Anlaß und Grundlage einer öffentlichen Diskussion über die sachliche Berechtigung getroffener Entscheidungen oder Maßnahmen, den möglichen Ausgang des Verfahrens, den Beweiswert von Zeugenaussagen usw. bilden können. Zu eng ist es daher, wenn nur belanglose Fragen und reine Formalien ausgeschieden werden, da dann die Verbindung mit dem Schutzgut aufgehoben wird und eine Bestrafung nur formaler Verstöße zu befürchten ist (so aber Träger LK[10] 59; hier hier Hoyer SK 23).

48 Nicht ausreichend ist daher zB die Veröffentlichung lediglich des Resümees eines Verteidigerschriftsatzes, das Beweismaterial reiche nicht einmal für eine Anklageerhebung aus, ebensowenig die des bloßen Anklagesatzes (Hamm NJW **77**, 967, Lackner/Kühl 4, M-Maiwald II 275; and. Kuhlen NK 30, Többens GA 83, 102 ff., Träger LK[10] 59, Tröndle/Fischer 6 a), eines Strafbefehls (Köln JR **80**, 473 m. Anm. Bottke) oder des Tenors eines Beschlusses, der ohnehin nur die Dokumentation von Verfahrensvorgängen darstellen, deren Geheimhaltung die Bestimmung nicht bezweckt (vgl. RG **22** 278, **76** 79, Häntzschel aaO § 17 Anm. 5, Löffler aaO II § 5 RN 20). Wesentliche Teile i. S. der Nr. 3 sind dagegen zB in einem Vernehmungsprotokoll enthaltene Angaben eines Zeugen über die äußeren Umstände, unter denen er seine Beobachtung gemacht hat, wenn sie für deren Verläßlichkeit bedeutsam sein können, die Darstellung der zugrundegelegten wissenschaftlichen Theorien und Untersuchungsmethoden in einem Sachverständigengutachten, ferner der Anklagesatz zusammen mit den wesentlichen Ermittlungsergebnissen (vgl. auch AG Nürnberg MDR **83**, 424 m. Anm. Waldner). Gleichgültig ist, ob die tatsächliche oder mögliche Bedeutung des veröffentlichten Teils auf dem Gebiet der Tatsachenfeststellung liegt oder ob es sich um Rechtsausführungen handelt, da auch deren öffentliche Erörterung namentlich bei Laienrichtern die innere Unabhängigkeit der Urteilsbildung gefährden kann.

49 c) Das Schriftstück oder ein wesentlicher Teil davon muß **im Wortlaut** mitgeteilt werden. Während als Veröffentlichung eines amtlichen Schriftstücks i. S. der presserechtlichen Tatbestände u. U.

§ 353 d 50–55   Bes. Teil. Straftaten im Amt

auch deren sinngemäße Wiedergabe angesehen wurde, ist Nr. 3 nur darauf gerichtet, authentische Texte aus der öffentlichen Diskussion herauszuhalten. Eine Veröffentlichung im Wortlaut setzt volle Übereinstimmung mit der Vorlage ohne Änderungen, Hinzufügungen oder Auslassungen voraus. Auch bei nur geringfügigen textlichen Veränderungen ist, so unbefriedigend dies i. E. ist (o. 41), das Merkmal nicht mehr gegeben (ebso Hoyer SK 24; and. Hamburg NStZ **90**, 283 m. Anm. Senfft StV **90**, 411, Kuhlen NK 30, M-Maiwald II 275, Träger LK[10] 58, Tröndle/Fischer 6). Davon Abstriche zu machen, verbietet schon der insoweit eindeutige Gesetzeswortlaut – daß Nr. 3 die öffentliche Mitteilung „in wesentlichen Teilen" genügen läßt, bezieht sich allein auf den Inhalt, wobei dieser dann aber „im Wortlaut", d. h. wortgetreu, wiedergegeben werden muß –, auch wird andernfalls eine Grenzziehung zur lediglich sinngemäßen Wiedergabe praktisch unmöglich. Erfüllt sind daher die Voraussetzungen der Nr. 3 nur, wenn der im Wortlaut mitgeteilte Text für sich bereits ein „wesentlicher Teil" des Inhalts des Schriftstücks ist (vgl. auch Hoyer aaO, Träger aaO).

50   d) Eine öffentliche Diskussion auf der Grundlage gerade des Originaltextes eines amtlichen Schriftstücks, wie Nr. 3 sie verhindern will, setzt voraus, daß der im Wortlaut mitgeteilte Teil **eine aus sich selbst verständliche Erklärung** enthält. Zitate einzelner Wörter oder sonstiger aus sich selbst heraus nicht verständlicher Passagen im Rahmen einer im übrigen lediglich sinngemäßen Wiedergabe erfüllen daher, mag es in dem Verfahren auch gerade auf sie ankommen, den Tatbestand nicht. Unerheblich ist dagegen, ob die Bedeutung, die dem Schriftstück oder dem daraus zitierten wesentlichen Teil in dem Verfahren zukommt oder zukommen kann, aus dem Zitat selbst oder – wie etwa bei Auszügen aus einem Sachverständigengutachten möglich – erst auf Grund beigefügter Erläuterungen erkennbar wird und ob sie im letztgenannten Fall zutreffend dargestellt wird.

51   e) Der öffentlich mitgeteilte Text muß **als der eines amtlichen Schriftstücks eines bestimmten Strafverfahrens usw. erkennbar** sein (and. R. **7** 214, **8** 570 zu § 17 ReichspresseG, der jedoch auch keine wörtliche Wiedergabe verlangte; vgl. auch RG **26** 79, **28** 416, DJZ **08**, 307, ferner Häntzschel aaO § 17 Anm. 5). Der genauen Bezeichnung des Schriftstücks bedarf es dazu nicht, ebensowenig der Namensnennung des Beschuldigten bzw. Betroffenen, wenn eine Identifikation des fraglichen Verfahrens möglich bleibt (vgl. RG **28** 416, aber auch Köln JR **80**, 473 m. Anm. Bottke). Nicht zu beanstanden ist dagegen zB eine wissenschaftliche Veröffentlichung eines Sachverständigen, die Zitate aus einem Gutachten enthält, sofern darin kein Hinweis auf das konkrete Verfahren enthalten ist; ebensowenig erfüllen auch Zitate aus Vernehmungsprotokollen den Tatbestand, wenn sie fälschlich als Äußerungen in einem Presseinterview ausgegeben werden.

52   f) Sind in einem amtlichen Schriftstück **Zitate** aus **nicht** dem **Publikationsverbot** der Nr. 3 **unterfallenden Schriften enthalten** (zB Zitate aus der höchstrichterlichen Rechtsprechung, Kommentaren oder Lehrbüchern in Verteidigungsschriftsätzen, aus der psychiatrischen Fachliteratur in einem entsprechenden Gutachten, die Wiedergabe der als pornographisch angesehenen Passagen eines Buches in der Anklageschrift [o. 44], Zitate aus dem angefochtenen Urteil in einer Revisionsrechtfertigung [vgl. dazu u. 56 f.]), so dürfen sie allerdings auch dann publiziert werden, wenn dabei auf ihre Verwendung in den amtlichen Schriftstücken des Verfahrens hingewiesen wird. Der Tatbestand der Nr. 3 ist hier erst erfüllt, wenn darüber hinaus auch eigenständige Teile des amtlichen Schriftstücks wiedergegeben werden.

53   4. Das **Verbot** öffentlicher Mitteilung gilt mit dem **Beginn** des **Verfahrens**, d. h. mit der Einleitung von Ermittlungen durch eine dazu berufene Behörde (Polizei, Staatsanwaltschaft, Finanzamt [§§ 386 ff. AO]; vgl. Träger LK[10] 51; überholt RG **22** 273, Häntzschel aaO § 17 Anm. 3 zu dem in § 17 ReichspresseG verwendeten Begriff „Strafprozeß") oder dem Eingang einer Anzeige oder eines Strafantrags. Anzeige und Strafantrag leiten ein vom Schutzzweck der Nr. 3 erfaßtes Verfahren freilich nur ein, wenn sie bei objektiver Beurteilung Anlaß geben, der Sache nachzugehen, nicht also zB, wenn der geschilderte Sachverhalt offenkundig keinen Straf- bzw. Bußgeldtatbestand erfüllt.

54   5. Das **Publikationsverbot endet,** wenn das amtliche Schriftstück in **öffentlicher Verhandlung erörtert** worden ist oder das **Verfahren abgeschlossen** ist. Schriftstücke, deren Inhalt in nichtöffentlicher Verhandlung erörtert wird, werden daher erst mit dem Abschluß des Verfahrens frei (u. 57).

55   a) Der bereits in den Landespressegesetzen verwendete Begriff „**Erörtern**" ist mißverständlich und bringt das vom Gesetzgeber Gemeinte nicht zutreffend zum Ausdruck. Mit ihm sollten die Voraussetzungen für das Freiwerden amtlicher Schriftstücke gegenüber § 17 ReichspresseG, der ein „Kundgeben" der Schriftstücke verlangte, nicht vermehrt, sondern reduziert werden (E 62, Begr. 640 f.). Ausreichend ist daher, daß der Inhalt des Schriftstücks – sei es wörtlich, sei es auch nur sinngemäß – in öffentlicher Verhandlung mitgeteilt wird, und zwar auch ohne daß dabei auf das Schriftstück Bezug genommen wird (so jedoch für das frühere „Kundgeben" RG **28** 412, GA Bd. **55**, 110; zum „Erörtern" vgl. Löffler aaO II § 5 RN 8 f., Rebmann aaO § 5 RN 11). Ob sich daran eine Erörterung, d. h. eine Besprechung des Inhalts des Schriftstücks mit den Prozeßbeteiligten anschließt, ist entgegen dem Wortlaut der Bestimmung unerheblich. Werden nur Teile eines Schriftstücks mitgeteilt (zB Vorhalte aus der Anklageschrift), so werden diese frei. Gleichgültig ist, ob die Verlesung usw. in *verfahrensrechtlich ordnungsgemäßer Art und Weise* erfolgt ist und ob sie überhaupt zulässig war (Hoyer SK 26, Kuhlen NK 31; and. Träger LK[10] 52). Nr. 3 dient nicht dazu, Außenstehende an von dem Gericht, dem Vorsitzenden oder sonstigen Verfahrensbeteiligten verletzte Verfahrensnormen zu bin-

den. Es genügt, daß der Inhalt des Schriftstücks tatsächlich in der öffentlichen Verhandlung bekanntgeworden und damit öffentlicher Diskussion zugänglich gemacht ist. Auch wenn ein Vernehmungsprotokoll ohne den gem. § 251 IV StPO erforderlichen Beschluß verlesen oder trotz des Verwertungsverbots des § 252 StPO etwa durch Vorhalte – sei es des Vorsitzenden, sei es des Staatsanwalts oder Verteidigers – in die Verhandlung eingeführt wird, wird es in entsprechendem Umfang zur öffentlichen Mitteilung frei. Unerheblich ist auch, ob der Vorsitzende bzw. das Gericht die Bekanntgabe für zulässig erachtet. Das Publikationsverbot endet auch dann, wenn zB Staatsanwalt oder Verteidiger trotz Zurückweisung dieser Fragestellung durch den Vorsitzenden eine Frage mit einem unzulässigen Vorhalt aus einem gem. § 252 StPO nicht verwertbaren Protokoll verbinden.

Eine *mündliche Urteilsbegründung* stellt auch dann eine *Erörterung der schriftlichen Urteilsgründe* dar, **56** wenn diese noch nicht vorliegen (wegen der Urteilsformel vgl. o. 48) und gibt daher – sofern in öffentlicher Verhandlung vorgenommen – das schriftliche Urteil zur Publikation frei (KG DJZ **13**, 170, Dresden GA Bd. **62**, 209, Hoyer SK 26, Träger LK[10] 52; and. Häntzschel aaO § 17 Anm. 6, Rebmann aaO § 5 RN 11: verfahrensfrei ist [als Verfahrensvorgang, vgl. o. 48] nur die mündliche Urteilsbegründung). Zu begründen ist dies damit, daß mündliche wie schriftliche Gründe das Beratungsergebnis wiedergeben und folglich sachlich übereinstimmen müssen. Auch wo dies tatsächlich nicht der Fall ist, kann der Verstoß gegen diese Forderung kein Publikationsverbot für das schriftliche Urteil begründen. Entsprechendes gilt für Protokolle öffentlicher Verhandlungen. Dazu, daß Urteile im übrigen auch wegen ihrer das Verfahren (d. h. die Instanz) abschließenden Funktion publikationsfrei werden, vgl. u. 57.

b) Sofern sie nicht in öffentlicher Verhandlung erörtert werden, ist die öffentliche Mitteilung **57** amtlicher Schriftstücke erst zulässig, wenn das **Verfahren abgeschlossen** ist. Zweifelhaft ist hier jedoch, ob unter „Abschluß" des Verfahrens dessen rechtskräftige Beendigung zu verstehen ist (so RG **28** 411, GA Bd. **44**, 55, Köln JR **80**, 473, Conrad aaO § 17 Anm. 7, Häntzschel aaO § 17 Anm. 7, Hoyer SK 27, Kuhlen NK 32, Rebmann aaO § 5 RN 12, Träger LK[10] 53, Tröndle/Fischer 6 a u. näher Bottke JR **80**, 474) oder ob der Abschluß in einer Instanz genügt (so Löffler aaO II § 5 RN 44 ff., Scheer aaO § 5 Anm. VII 3). Zwar mag die erstgenannte Auffassung, die auf die Möglichkeit nachteiliger Auswirkungen einer Veröffentlichung auf die an einer erneuten Verhandlung (zB Berufungsverhandlung, neue Hauptverhandlung nach aufhebender Revisionsentscheidung) Beteiligten hinweist, von der ratio legis her konsequent erscheinen. Jedoch würde sie dazu führen, daß bis zum rechtskräftigen Abschluß eines Verfahrens die schriftlichen Begründungen zuvor ergangener (zB zurückverweisender) Entscheidungen, wenn sie nicht in öffentlicher Verhandlung bekanntgegeben sind (so nach § 173 II GVG, § 349 IV StPO, § 48 JGG, § 79 V OWiG, ferner in Disziplinarsachen), auch in Fachzeitschriften oder Entscheidungssammlungen regelmäßig nicht veröffentlicht werden dürften (vgl. aber auch Bottke JR 80, 476, NStZ 87, 317, Hoyer SK 28, Träger LK[10] 62, wobei die dort vorgetragenen Gründe dafür, daß hier schon der Schutzzweck der Vorschrift nicht berührt sei, aber nicht zahlreiche andere, wenn auch nicht unter Nr. 3 eindeutig erfaßte Fälle zutreffen würde). Da dem Informationsbedürfnis der Allgemeinheit wie der Fachkreise zumindest bis zur rechtskräftigen Erledigung eines Verfahrens zumeist durch eine sinngemäße Wiedergabe von Urteilen genügt werden dürfte, würde eine Rechtfertigung wortgetreuer Veröffentlichungen gem. § 34 schon aus diesem Grund kaum jemals in Betracht kommen. Auch die Möglichkeit einer rechtfertigenden behördlichen Erlaubnis, die in einigen Landespressegesetzen (zB § 5 a. F. bad.-württ. PresseG) und in § 453 Nr. 3 E 62 vorgesehen war, ist in Nr. 3 nicht übernommen worden. Da dieses Ergebnis jedoch vom Gesetzgeber weder gesehen noch gar beabsichtigt worden sein dürfte, wird als Abschluß des Verfahrens i. S. der Nr. 3 der Abschluß einer Verfahrensinstanz (also nicht schon die vorläufige Einstellung gem. § 205 StPO) angesehen werden müssen, mit der Folge, daß damit sowohl die die abschließende Entscheidung (Einstellungsverfügung der Staatsanwaltschaft, Einstellungsbeschluß, Urteil usw.) enthaltenden Schriftstücke als auch alle anderen bis dahin entstandenen amtlichen Unterlagen zur Veröffentlichung frei werden. Bei Erlaß eines Strafbefehls ist, weil dessen instanzerledigende Wirkung zunächst noch in der Schwebe bleibt, das Verfahren erst mit der Rechtskraft des Strafbefehls abgeschlossen (Köln JR **80**, 473 m. Anm. Bottke), bei Einlegung eines Einspruchs mit dem Erlaß des Urteils usw.

6. Eine **Rechtfertigung** ist nach § 34 zwar nicht ausgeschlossen, setzt aber voraus, daß gerade die **58** wörtliche Mitteilung das erforderliche Mittel ist. Dies dürfte nur ausnahmsweise anzunehmen sein, so zB wenn der Wortlaut eines Vernehmungsprotokolls die Anwendung verbotener Verhörmethoden beweist oder wenn einen falschen Eindruck erweckenden Presseberichten nur durch eine Wortlautmitteilung der Anklageschrift entgegengetreten werden kann (vgl. AG Weinheim NJW **94**, 1545 m. Bspr. Wilhelm S. 1591), während die Suche des Angeklagten nach Entlastungszeugen i. d. R. wörtliche Zitate aus amtlichen Verfahrensschriftstücken nicht erfordern wird. Dies gilt auch für die Mitteilungen von Justizbehörden in den in der Begründung zu § 453 Nr. 3 E 62 genannten Fällen (S. 641), wo in aller Regel eine sinngemäße – und damit nicht tatbestandsmäßige – Wiedergabe denselben Zweck erfüllen dürfte (vgl. auch Bottke NStZ 87, 317). Kein Rechtfertigungsgrund ist die Genehmigung der zuständigen Behörde (Träger LK[10] 61 mwN; and. § 453 Nr. 3 E 62, wobei jedoch zu beachten ist, daß dort jede – nicht nur die wörtliche – Mitteilung erfaßt war). Auch das Grundrecht der Meinungs- und Pressefreiheit (Art. 5 GG) gibt als solches noch keine Mitteilungsbefugnis, und zwar auch dann nicht, wenn über Verfahren von hoher oder gar höchster Bedeutung berichtet wird (vgl. BVerfGE **71** 206 [221] m. Anm. Bottke aaO 315, ferner Träger LK[10] 60, Tröndle/Fischer 6, aber auch LG Lüneburg NJW 78, 117, Schuppert AfP 84, 67). Auf der Grundlage ihres besonderen verfassungsrechtlichen Auftrags zulässig ist dagegen die Verlesung von amtlichen Schriftstücken eines parallel laufenden Strafverfahrens in öffentlichen Sitzungen eines parlamentarischen Untersuchungsausschusses, soweit sie für den Untersuchungsauftrag von Bedeutung sind und ihre Verwertung nicht auf andere Weise möglich ist (vgl. Lackner/Kühl 4 u. näher – jedoch bereits für einen Tatbestandsausschluß – Derksen NStZ 93, 311). Ohne Bedeutung ist eine Einwilligung des von der Veröffentlichung Betroffenen (o. 40, Bottke aaO 316; vgl. auch AG Weinheim aaO m. Bspr. wie o.).

59   7. Der **subjektive Tatbestand** erfordert Vorsatz; bedingter Vorsatz genügt. Tatbestandsirrtum (§ 16) liegt zB vor, wenn der Täter fälschlich davon ausgeht, das Verfahren sei bereits abgeschlossen (vgl. Köln JR 80, 473 m. Anm. Bottke).

60   V. **Konkurrenzen:** Nr. 1 ist subsidiär gegenüber §§ 94 ff., 353 b (and. Kuhlen NK 35, Träger LK[10] 66: Idealkonkurrenz), während zu §§ 203, 355 Idealkonkurrenz möglich ist. Nr. 2 ist gegenüber den Tatbeständen, die den Verrat, die Offenbarung usw. der jeweiligen Tatsachen betreffen (zB §§ 203, 355, aber auch § 353 b II [vgl. dort RN 24]) subsidiär (and. Kuhlen aaO, Träger aaO: Idealkonkurrenz). Dagegen kann Nr. 3 zu diesen in Idealkonkurrenz treten (Träger LK[10] 66). Bei allen drei Tatbeständen ist Idealkonkurrenz zu §§ 185 ff. möglich. Für das Verhältnis der Tatbestände des § 353 d untereinander gilt folgendes: Idealkonkurrenz ist möglich zwischen Nr. 1 und 2 einerseits und Nr. 3 andererseits. Bei Zusammentreffen von Nr. 1 und 2 geht Nr. 1 als intensivere Form der Geheimnisverletzung vor (vgl. auch Kuhlen NK 35, Träger LK[10] 65).

61   VI. Soweit die Tatbestände des § 353 d durch die Presse verwirklicht werden, handelt es sich um **Presseinhaltsdelikte** mit der Folge der strafrechtlichen Haftung des verantwortlichen Redakteurs, der besonderen presserechtlichen Verjährung usw. (vgl. §§ 20, 24 bad.-württ. PresseG; näher Löffler, Presserecht, 4. A. § 20 LPG RN 20 ff. [Kühl], § 24 LPG RN 17 ff. [Wenzel]).

§ 354 Verletzung des Post- und Fernmeldegeheimnisses

aufgehoben durch das Begleitgesetz zum Telekommunikationsgesetz vom 17. 12. 1997 (BGBl. I 3108); vgl. jetzt § 206.

§ 355 Verletzung des Steuergeheimnisses

(1) Wer unbefugt
1. Verhältnisse eines anderen, die ihm als Amtsträger
   a) in einem Verwaltungsverfahren oder einem gerichtlichen Verfahren in Steuersachen,
   b) in einem Strafverfahren wegen einer Steuerstraftat oder in einem Bußgeldverfahren wegen einer Steuerordnungswidrigkeit,
   c) aus anderem Anlaß durch Mitteilung einer Finanzbehörde oder durch die gesetzlich vorgeschriebene Vorlage eines Steuerbescheides oder einer Bescheinigung über die bei der Besteuerung getroffenen Feststellungen
bekanntgeworden sind, oder
2. ein fremdes Betriebs- oder Geschäftsgeheimnis, das ihm als Amtsträger in einem der in Nr. 1 genannten Verfahren bekanntgeworden ist,

offenbart oder verwertet, wird mit Freiheitsstrafe bis zu zwei Jahren oder mit Geldstrafe bestraft.

(2) Den Amtsträgern im Sinne des Absatzes 1 stehen gleich
1. die für den öffentlichen Dienst besonders Verpflichteten,
2. amtlich zugezogene Sachverständige und
3. die Träger von Ämtern der Kirchen und anderen Religionsgesellschaften des öffentlichen Rechts.

(3) Die Tat wird nur auf Antrag des Dienstvorgesetzten oder des Verletzten verfolgt. Bei Taten amtlich zugezogener Sachverständiger ist der Leiter der Behörde, deren Verfahren betroffen ist, neben dem Verletzten antragsberechtigt.

Schrifttum: *Arndt,* Steuergeheimnis, steuerliche Unzuverlässigkeit und gewerberechtliches Untersagungsverfahren, GewArch 88, 281. – *Becker/Riewald/Koch,* Komm. zur Reichsabgabenordnung, 9. A., 1963. – *Blesinger,* Das Steuergeheimnis im Strafverfahren, wistra 91, 239, 294. – *Besson,* Das Steuergeheimnis und das Nemo-Tenetur-Prinzip im (steuer-)strafrechtlichen Ermittlungsverfahren, 1997. – *Bullmer,* Zulässigkeit der Verwertung von Steuergeheimnissen in einem Zivilprozeß wegen Amtspflichthaftung, BB 91, 365. – *Eilers,* Das Steuergeheimnis als Grenze des internationalen Auskunftsverkehrs, 1987. – *Felix,* Kollision zwischen Presse-Informationsrecht und Steuergeheimnis, NJW 78, 2134. – *Goll,* Steuergeheimnis und abgabenrechtliche Offenbarungsbefugnis, NJW 79, 90. – *Hartung,* Komm. zum Steuerstrafrecht, 3. A., 1962. – *Hetzer,* Denunziantenschutz durch Steuergeheimnis? NJW 85, 2991. – *Hübschmann/Hepp/Spitaler,* Komm. zur AO, Bd. II, Loseblslg. Stand 1999. – *Kalmes,* Konkurs- bzw. Zwangslöschungsanträge der Finanzbehörden und Steuergeheimnis, BB 90, 113. – *Klein,* Abgabenordnung, 6. A., 1998. – *Koch/Wolter,* Das Steuergeheimnis, 1958. – *Lührs,* Brauchen wir ein Gesetz über Mitteilungen in Strafsachen, die das Steuer- und Sozialgeheimnis berühren? MDR 96, 21. – *Mattern,* Das Steuergeheimnis, 1952. – *Niemeyer,* in: *Müller-Gugenberger/Bieneck* (Hrsg.), Wirtschaftsstrafrecht 3. A., 2000, 837. – *Nieuwenhuis,* Strafanzeige und Steuergeheimnis, NJW 89, 280. – *Pfaff,* Komm. zum Steuergeheimnis, 1974. – *Reiß,* Zwang zur Selbstbelastung nach der neuen Abgabenordnung, NJW 77, 1436. – *ders.,* Besteuerungsverfahren und Strafverfahren, 1987. – *H. Schäfer,* Das Steuergeheimnis, JA 96, 882. – *Schomburg,* Das Steuergeheimnis im Steuerstrafverfahren, NJW 79, 526. – *Strunk,* Konkursantrag und Steuergeheimnis, BB 90, 1530. – *Tipke/Kruse,* Komm. zur AO, Bd. I, Loseblsg. Stand 1999. – *Vultejus,* Das Datengeheimnis des Richters, ZRP 96, 329. – *Weyand,* Steuergeheimnis und Offenbarungsbefugnis der Finanzbehörden im Steuerstraf- und Bußgeldverfahren, wistra 88, 9. – *ders.,* Arzt- und Steuergeheimnis als Hindernis für die Strafverfolgung?, wistra 90, 4. – Entwurf einer Abgabenordnung (AO 1974), BT-Drs. 6/1982 bzw. 7/79.

I. Die Vorschrift – ursprünglich in den §§ 400, 22 AO a. F. enthalten – wurde im Anschluß an § 473 E 62 durch das EGStGB in das StGB übernommen, wobei die Neufassung dem § 5 des Entwurfs einer AO (BT-Drs. 6/1982 bzw. 7/79) angepaßt wurde; vgl. auch § 30 AO u. zur Entstehungsgeschichte Kuhlen NK 1. **1**

Rechtsgut ist zunächst das Vertrauen der Allgemeinheit in die Verschwiegenheit bestimmter Amtsträger als Voraussetzung für ein funktionstüchtiges und gesetzmäßiges Steuerwesen und damit letztlich das fiskalische Interesse an einem ungeschmälerten Steueraufkommen selbst, zum anderen aber auch das individuelle Geheimhaltungsinteresse des Steuerpflichtigen usw. (vgl. EEGStGB 287, BVerfGE **67** 100 [139 f.], BVerwG BStBl. **69**, 299, BFH JZ **70**, 184, Hamm NJW **81**, 357, KG NJW **85**, 1971, ferner zB Goll NJW 79, 90, Hetzer NJW 85, 2994, Hoyer SK 2, Kuhlen NK 4, Lackner/Kühl 1, Otto II 133, Schäfer LK[10] 2 ff., Tröndle/Fischer 1 u. näher Reiß aaO 85 ff.; vgl. auch Blesinger wistra 91, 239). Dabei ist der „hohe Rang" des Steuergeheimnisses (BVerfG aaO 140) und dessen im Vergleich zu § 203 II höherer Schutz nicht nur mit dem besonderen Gewicht des fiskalischen Besteuerungsinteresses, sondern auch damit zu erklären, daß das Steuergeheimnis „das Gegenstück" zu den weitgehenden Mitwirkungs- und Offenbarungspflichten des Steuerpflichtigen und auskunftspflichtiger Dritter darstellt (vgl. zB EEGStGB 476, BVerfG aaO 139, 142). Im übrigen entspricht die Unwertstruktur des Delikts jedoch der Verletzung von Privatgeheimnissen nach § 203 II, weshalb auch hier primärer Zweck der Schutz des genannten Allgemeininteresses ist (ebenso Goll NJW 79, 90; and. Schäfer LK[10] 4 [Gleichrangigkeit], Reiß aaO 96, Tipke/Kruse § 30 AO RN 4 [Vorrang des Individualinteresses]; offen gelassen von Kuhlen NK 4). – Die Tat ist ein **echtes Sonderdelikt,** wegen der Erweiterung des Täterkreises auf die in Abs. 2 Nr. 2, 3 Genannten aber kein eigentliches Amtsdelikt (s. auch Hoyer SK 3; and. Lackner/Kühl 2, Otto II 133, Tröndle/Fischer 1); zur Teilnahme Dritter vgl. u. 35. **2**

II. Der **objektive Tatbestand** verlangt in **Abs. 1** Nr. 1 a–c das Offenbaren bzw. die Verwertung von Verhältnissen eines anderen, die dem Täter als Amtsträger in einem Straf-, Bußgeld-, Verwaltungs- oder anderen gerichtlichen Verfahren in Steuersachen bzw. aus anderem Anlaß durch Mitteilung von Finanzbehörden oder durch Vorlage von Steuerbescheiden usw. bekanntgeworden sind; nach Nr. 2 gilt Entsprechendes für Betriebs- oder Geschäftsgeheimnisse, die zusammen mit den in Nr. 1 genannten Verhältnissen den Gegenstand des „Steuergeheimnisses" bilden (vgl. die Überschrift sowie § 30 AO), als dessen „Verletzung" hier allerdings nur das Offenbaren und Verwerten, nicht i. U. zu § 30 II Nr. 3 AO, aber nicht der unbefugte Abruf von Daten im automatisierten Verfahren erfaßt ist. **3**

1. Verhältnisse eines anderen (Nr. 1) sind alle Umstände, die in Beziehung zu einer bestimmten Person gesetzt werden können, unabhängig davon, ob es sich um eine natürliche oder juristische Person handelt und ob sie in dem konkreten Verfahren (zB im Hinblick auf Besteuerungsgrundlagen, Bestehen und Höhe der Steuerpflicht, Gegebensein der tatbestandlichen Voraussetzungen eines Steuervergehens usw.) von Bedeutung sind (vgl. auch RG **65** 46, Hoyer SK 7, Kuhlen NK 7, Schäfer LK[10] 6). Neben den Einkommens-, Vermögens- und Familienverhältnissen gehören hierher also zB auch alle sonstigen, steuerrechtlich nicht relevanten Verhältnisse wie Gesundheit, persönliche Zuverlässigkeit, Vorstrafen, Schweben eines Ermittlungsverfahrens wegen einer Steuerstraftat (Hamm NJW **81**, 358), Adressenangaben von konsultierten Ärzten usw. Der Inhalt von Verhandlungen in Steuersachen, der nach § 22 II Nr. 2 AO a. F. generell dem Steuergeheimnis unterlag, ist nur insoweit geschützt, als dabei Verhältnisse eines anderen (bzw. Betriebs- oder Geschäftsgeheimnisse) erörtert werden. **4**

a) Dabei wird es sich vielfach um **Privatgeheimnisse** i. S. von § 203 handeln (vgl. dort RN 5 ff.); notwendig ist dies jedoch nicht (ebso. Hoyer SK 7, Tröndle/Fischer 7). Allerdings sind hier die gleichen Einschränkungen zu machen wie bei den Daten i. S. des § 203 II 2 (vgl. dort RN 49): Auszuscheiden haben solche Verhältnisse, die bereits allgemeinkundig teils schon Gegenstand einer öffentlichen Gerichtsverhandlung erörtert wurden (vgl. auch MB-Niemeyer 838, Tipke/Kruse § 30 AO RN 31; and. Hoyer SK 11, Kuhlen NK 9, Klein/Rüsken § 30 AO Anm. 4 g, Felix NJW 78, 2136) oder an deren Geheimhaltung offensichtlich kein Beteiligter ein Interesse hat (vgl. auch Blesinger wistra 91, 240, Maiwald JuS 77, 362, M-Maiwald I 301, Niemeyer aaO, Schäfer LK[10] 7, Tröndle/Fischer 7). **5**

b) Verhältnisse „**eines anderen**" sind nicht nur diejenigen des Steuerpflichtigen (vgl. § 33 AO), sondern auch die Verhältnisse Dritter, wenn sie dem Täter in der in Abs. 1 genannten Weise bekanntgeworden sind (KG NJW **85**, 1971, Hoyer SK 7, Kuhlen NK 7, Schäfer LK[10] 8, Tröndle/Fischer 7; enger noch § 22 II AO a. F.; vgl. auch EAO 74, Begr. 100). Selbst der Finanzbeamte kann Dritter sein, wenn er außerdienstlich und unbefugt Hilfe in Steuersachen leistet (vgl. Kuhlen NK 7, **6**

§ 355 7–11   Bes. Teil. Straftaten im Amt

Weyand wistra 88, 10). Soweit es sich um Dritte handelt, können sich Einschränkungen allerdings aus der ratio legis (o. 2) ergeben, wenn Angaben nicht in Erfüllung einer Auskunftspflicht gemacht werden: Nur um ein Geheimnis i. S. des § 203 II handelt es sich daher, wenn der Anzeigeerstatter in einer Steuerstrafsache seine Person geheimzuhalten wünscht, da insoweit kein Unterschied zu sonstigen Strafanzeigen besteht (vgl. KG NJW **85**, 1971, Wagner JZ 87, 668; and. zB Hetzer NJW 85, 2993 f., Kuhlen NK 10, für sog. V-Leute auch Schäfer LK[10] 8 mwN; differenzierend Blesinger wistra 91, 296).

7   α) Sind mehrere Personen in einer **Rechtsgemeinschaft gesamthänderisch miteinander verbunden** (zB Personengesellschaften), so ist jeder Beteiligte im Verhältnis zu den übrigen **nicht „ein anderer"**, soweit die gemeinschaftliche Verbundenheit reicht (and. Kuhlen NK 7). Insoweit werden daher durch Auskünfte des Finanzamts auf Verlangen des einen auch nicht Verhältnisse „eines anderen" offenbart. Dagegen unterliegen dem Steuergeheimnis auch hier alle Verhältnisse, die geeignet sind, über die gemeinschaftliche Verbundenheit hinaus etwas über den Persönlichkeitsbereich oder die Vermögensverhältnisse des anderen auszusagen. Von Bedeutung ist dies bei der einheitlichen und gesonderten Gewinnfeststellung einer OHG oder KG (BFH BStBl. **65** III, 677, MB-Niemeyer 838; and. BFH BStBl. **97** II, 751, Tipke/Kruse § 30 AO RN 10), bei Gesellschaften des bürgerlichen Rechts sowie bei Gesamtschuldverhältnissen (FG Rheinland-Pfalz EFG **73** 334: bei Zwangsvollstreckung über die Frage hinaus, ob und mit welchen Ergebnissen vollstreckt worden ist, keine Auskunft zulässig; vgl. aber auch BFH BStBl. **64** III, 647 [650]). Soweit in Fällen, in denen der Steuerfeststellungsbescheid jedem der Beteiligten oder einem von ihnen mit Wirkung gegenüber allen zugestellt werden kann (zB bei Feststellungsbescheiden gegenüber einer Gesellschaft [§ 183 AO] und bei Gesamtschuldnern [zu diesen vgl. auch § 155 III AO]), ein entgegengesetzter Standpunkt vertreten wird (vgl. dazu Schäfer LK[10] 9, Tipke/Kruse § 30 AO RN 10), wird verkannt, daß es sich hierbei um Fragen einer – gesetzlichen – Mitteilungsbefugnis handelt, die erst im Bereich der Rechtfertigung von Bedeutung ist.

8   β) Dagegen sind bei **Kapitalgesellschaften** die Verhältnisse der Gesellschaft und der einzelnen Gesellschafter immer die „eines anderen" (zB MB-Niemeyer 838, Schäfer LK[10] 9), weshalb Verhältnisse der Gesellschaft ohne besondere Befugnis den Gesellschaftern nicht offenbart werden dürfen. Ebenso werden im Rahmen einer (rechtsgeschäftlichen oder gesetzlichen) **Vertretung** die Verhältnisse des Vertretenen nicht zu eigenen des Vertreters (so jedoch Tipke/Kruse § 30 AO RN 14), sondern bleiben die „eines anderen". Doch kann der Vertreter hier in den Grenzen seiner Vertretungsmacht für den Vertretenen in Mitteilungen an Dritte einwilligen (u. 22), auch kann er als Vertreter den Auskunftsanspruch geltend machen, den der Vertretene gegenüber der Finanzbehörde hat (zB ist dem Jugendamt als Amtsvormund Auskunft über steuerliche Verhältnisse des Mündels zu erteilen; vgl. i. E. auch Tipke/Kruse aaO).

9   2. Über den Begriff des **Betriebs- oder Geschäftsgeheimnisses** vgl. § 203 RN 11. Da nach Abs. 1 die Tathandlungen für Nr. 1 und Nr. 2 die gleichen sind (ebenso § 30 II AO), die Nr. 1 auch juristische Personen erfaßt und umgekehrt Träger von Geschäftsgeheimnissen auch eine Einzelperson sein kann, wird es sich bei den Betriebs- und Geschäftsgeheimnissen immer zugleich um Verhältnisse eines anderen handeln, so daß der Nr. 2 praktisch nur noch deklaratorische Bedeutung zukommt (ebenso Tröndle/Fischer 8; and. Kuhlen NK 11, Schäfer LK[10] 17).

10   3. Die Verhältnisse bzw. Betriebs- oder Geschäftsgeheimnisse müssen dem Täter **als Amtsträger in einem der in Abs. 1 Nr. 1 a–c genannten Verfahren bekanntgeworden** sein. Dies ist der Fall, wenn die dienstliche Mitwirkung an einem Verfahren, die auch in einer die Entscheidung lediglich vorbereitenden Tätigkeit bestehen kann, ihm Kenntnis des fraglichen Verhältnisses mit sich bringt oder wenn die Erlangung der Kenntnis in einem inneren Zusammenhang zu seiner dienstlichen Tätigkeit steht (vgl. Hamm NJW **81**, 358, Hoyer SK 5; vgl. auch § 353b RN 7, § 206 RN 7). Nicht erforderlich ist, daß sich das Verfahren gerade gegen denjenigen richtet, um dessen Verhältnisse es geht (vgl. auch o. 6); erfaßt sind vielmehr auch die Verhältnisse Dritter, von denen der Täter in einem solchen Verfahren erfährt, zB nach § 93 AO von dem Dritten selbst oder durch Beiziehung von Akten, ferner zB eine aus den Steuerakten sich ergebende unbefugte Hilfeleistung in Steuersachen (vgl. dazu Bilsdorfer wistra 84, 8, Weyand wistra 88, 10). Desgleichen muß das Verfahren nicht gerade zu dem Zweck geführt werden, diese Kenntnis zu erlangen (Weyand aaO 11), vielmehr genügt es auch, wenn die fraglichen Verhältnisse nur gelegentlich eines solchen bekannt werden (vgl. dazu auch Blesinger wistra 91, 240). Nicht ausreichend ist es dagegen, wenn der Täter ohne jeglichen dienstlichen Anlaß von einem Kollegen Verhältnisse eines Steuerpflichtigen mitgeteilt bekommt oder sich auf Grund seiner dienstlichen Stellung Kenntnis von ihm an sich nicht zugänglichen Akten verschafft (vgl. auch MB-Niemeyer 838). Handelt es sich um Schriftstücke, so setzt ein „Bekanntwerden" nicht voraus, daß der Täter diese gelesen hat; hier genügt es, daß sie sich in seinem Besitz befinden, so daß ein Offenbaren auch durch bloße Weitergabe begangen werden kann (vgl. § 206 RN 8; and. Hoyer SK 6). Im einzelnen muß die Kenntnis in einem der folgenden Verfahren erlangt sein:

11   a) Abs. 1 **Nr. 1 a** nennt das **Verwaltungsverfahren und gerichtliche Verfahren in Steuersachen**. *Verwaltungsverfahren* in Steuersachen sind zunächst die Steuern aller Art betreffenden Besteuerungsverfahren (§§ 155 ff. AO), Erhebungsverfahren (§§ 218 ff. AO) und Vollstreckungsverfahren (§§ 249 ff. AO), einschließlich des Verfahrens über außergerichtliche Rechtsbehelfe i. w. S. (Einspruch

[§§ 347 ff. AO], Antrag auf Wiedereinsetzung in den vorigen Stand [§ 110 AO] oder auf Aussetzung der Vollziehung [§ 361 II AO], Gegenvorstellungen, Dienstaufsichtsbeschwerden); zu den Verfahren in der früheren DDR vgl. Art. 97 a EinfGes. zur AO idF des EV I Kap. IV B II 7 (letztes ÄndG v. 21. 12. 1993, BGBl. I S. 2310). Hierher gehören ferner Verwaltungsverfahren, die keinen bestimmten Steuerpflichtigen und keinen einzelnen Steuerfall betreffen, aber mit Steuersachen unmittelbar zusammenhängen (zB Ermittlungen zur Festsetzung von Durchschnittssätzen nach § 23 UStG, Innenrevisionsprüfungen [vgl. Weyand wistra 88, 10 f.]). Zu den *gerichtlichen Verfahren in Steuersachen* zählen alle Verfahren vor den Finanzgerichten (§§ 33 ff. FGO) unter Einschluß der ordentlichen wie auch der außerordentlichen Rechtsbehelfe (zB Wiedereinsetzung gem. § 56 FGO, Antrag auf Aussetzung der Vollziehung gem. § 69 II, III FGO oder Wiederherstellung der hemmenden Wirkung nach § 69 V 3 FGO). Auch das Verfahren vor den Verwaltungsgerichten oder über eine Verfassungsbeschwerde in Steuersachen gehört hierher, weil der Sachbezug zum steuerrechtlich geschützten Geheimnisbereich unabhängig von funktionellen Zuständigkeitsregeln besteht.

b) Abs. 1 **Nr. 1 b** nennt **Straf- und Bußgeldverfahren wegen** einer **Steuerstraftat** bzw. **Steuerordnungswidrigkeit,** wozu das gesamte Erkenntnis- und Vollstreckungsverfahren gehört (zur Einleitung des Ermittlungsverfahrens vgl. § 397 AO; vgl. aber auch Celle NJW **90**, 1802, wonach der Finanzbehörde in ihrer Funktion als strafrechtliche Ermittlungsbehörde bekanntgewordene Tatsachen nicht dem Steuergeheimnis unterliegen sollen, was jedoch weder aus § 393 I AO folgt noch mit dem eindeutigen Wortlaut der Nr. 1 b – entsprechend § 30 II Nr. 1 b AO – vereinbar ist; wie hier Kuhlen NK 14). Für den Begriff der *Steuerstraftat* ist jetzt (zum früheren Recht vgl. die 18. A.) die Legaldefinition des § 369 AO maßgebend. § 355 selbst gehört nicht hierher (Franzen/Gast/Joecks, Steuerstrafrecht, 4. A., § 369 RN 5, Hoyer SK 9, Kuhlen NK 14), ebensowenig zB § 353 oder § 264 (hier auch dann nicht, wenn – wie zB nach § 20 BerlinförderungsG idF v. 2. 2. 1990, BGBl. I 174 – für die Strafverfolgung die Vorschriften der AO entsprechend gelten). *Steuerordnungswidrigkeiten* sind gem. § 377 AO Zuwiderhandlungen, die nach den Steuergesetzen mit Geldbuße geahndet werden können. Dazu gehören nicht nur die §§ 378 ff. AO, sondern zB auch die unbefugte Hilfeleistung in Steuersachen gem. § 160 SteuerberatungsG (Kuhlen NK 15, Klein/Gast-de Haan § 377 AO Anm. 1; and. Bilsdorfer wistra 84, 9, Tipke/Kruse § 30 AO RN 20 a, Weyand wistra 88, 12 u. i. E. Blesinger wistra 91, 298).

c) Abs. 1 **Nr. 1 c** bewirkt einen **„verlängerten Schutz des Steuergeheimnisses"** durch Einbeziehung von Amtsträgern, die aus anderem Anlaß durch Mitteilung einer Finanzbehörde (1. Alt.) oder durch die gesetzlich vorgeschriebene Vorlage eines Steuerbescheids oder einer Bescheinigung über die bei der Besteuerung getroffenen Feststellungen (2. Alt.) von dem Steuergeheimnis unterliegenden Tatsachen erfahren haben. Bei der 1. Alt. handelt es sich um Mitteilungen einer Finanzbehörde, die nicht anläßlich eines Verfahrens nach Nr. 1 a, b an eine andere Behörde gemacht werden; hier ist dann auch diese (bzw. der Amtsträger) an das Steuergeheimnis gebunden. Ob die Finanzbehörde von sich aus, auf Ersuchen im Wege der Amtshilfe oder auf Grund einer gesetzlichen Mitteilungspflicht tätig wird, ist unerheblich. Die 2. Alt. beruht auf der Überlegung, daß es sachlich keinen Unterschied bedeutet, ob dem außerhalb der Steuerverwaltung stehenden Amtsträger die Verhältnisse des Steuerpflichtigen von einer Steuerbehörde mitgeteilt oder ob sie ihm durch einen anderen gesetzlich vorgeschriebenen Vorgang bekannt werden (vgl. EEGStGB 288).

4. a) Als **Offenbaren** der Verhältnisse des Steuerpflichtigen usw. ist jede Art von Mitteilung anzusehen, die einen anderen erstmalig Verhältnisse eines anderen zur Kenntnis bringt (vgl. dazu § 203 RN 19 f.). Trotz unterlassener Namensangabe ist der Tatbestand erfüllt, wenn das Offenbarte eine Identifikation des Betroffenen ermöglicht. Bei Angaben über Verhältnisse einer Personenmehrheit kommt es deshalb darauf an, ob eine Zuordnung zu einer bestimmten Einzelperson noch möglich ist. Richtsätze und vergleichsweise herangezogene Betriebsergebnisse dürfen daher nur insoweit bekanntgegeben werden, als eine Identität anderer Steuerpflichtiger dadurch nicht erkennbar wird (BFH BStBl. **58** III, 229). Kein Offenbaren sind nach dem Sinn der Vorschrift Mitteilungen innerhalb derselben Behörde, mit denen die Angelegenheit zwecks ordnungsgemäßer Erledigung des Verfahrens, in dem die fraglichen Tatsachen bekanntgeworden sind, auf dem dafür vorgesehenen Weg weiteren Personen zur Kenntnis gebracht wird (vgl. Goll NJW 79, 91, MB-Niemeyer 839 u. entsprechend § 203 RN 45; and. Hoyer SK 15, Kuhlen NK 18, Tipke/Kruse § 30 AO RN 23, Weyand wistra 88, 11); einer besonderen Offenbarungsbefugnis bedarf es hier daher nur beim Übergang in ein anderes Verfahren (zB Abgaben an die Strafsachenstelle zur Einleitung eines Ermittlungsverfahrens; vgl. dazu auch Weyand aaO). Zur Mitteilung an andere Behörden in Steuersachen vgl. u. 20. Ein Offenbaren ist auch durch *Unterlassen* möglich, so wenn der Amtsträger in dem Bereich, für den er verantwortlich ist, die Einsichtnahme eines Dritten duldet (vgl. § 203 RN 20 und näher § 206 RN 7).

b) **Verwerten** ist jedes wirtschaftliche Ausnutzen der unter das Steuergeheimnis (einschließlich Betriebs- und Geschäftsgeheimnis) fallenden Verhältnisse eines anderen zum Zwecke der Gewinnerzielung, gleichgültig, ob dies zum eigenen oder fremden Vorteil geschieht (Bay NStZ **84**, 169 m. Anm. Maiwald, Hoyer SK 13, Kuhlen NK 21, 24; vgl. näher § 204 RN 5 f.); eine tatsächliche Bereicherung muß jedoch nicht eingetreten sein (vgl. Hoyer SK 13: unechtes Unternehmensdelikt). Ebenso wie bei § 204 (vgl. dort RN 3) ergibt sich auch für § 355 aus dem Begriff des „Verwertens", daß hier nur solche dem Steuergeheimnis unterfallenden Verhältnisse in Betracht kommen, die ihrer Natur nach zur wirtschaftlichen Ausnutzung geeignet sind, wobei es gerade diese wirtschaftlichen

Nutzungsmöglichkeiten sein müssen, die realisiert werden sollen (vgl. dazu auch Hoyer SK 12, Maiwald JuS 77, 362, MB-Niemeyer 839, Schäfer LK¹⁰ 26; and. Kuhlen NK 22, Tipke/Kruse § 30 AO RN 33). Kein Verwerten ist zB das Ausnutzen der Kenntnis über Verhältnisse des Steuerpflichtigen, um diesen für eine gewinnbringende Tätigkeit zu gewinnen (Hoyer SK 13; and. Bay NStZ **84**, 169 m. abl. Anm. Maiwald) oder zu erpressen (vgl. Hoyer SK 12, Maiwald aaO, Schäfer aaO; and. Kuhlen NK 22), und kein Verwerten, sondern ein Offenbaren ist auch die Vorlage von Steuerakten in dem von einem Steuerpflichtigen geführten Amtshaftungsprozeß gegen den Fiskus, von Bedeutung deshalb, weil die Befugnisse des § 30 IV AO nur für das Offenbaren bestehen (vgl. aber auch Bullmer BB 91, 365). Erfolgt das Verwerten durch ein Offenbaren (zB Verkauf eines Geschäftsgeheimnisses), so ist der Tatbestand zwar auch schon aus diesem Grunde erfüllt, doch bleibt das Ganze ein Verwerten, auf das § 30 IV AO (u. 19 ff.) nicht anwendbar ist.

16 5. **Täter** ist nach Abs. 1, wer als **Amtsträger** in einem der in Nr. 1 a–c genannten Verfahren (o. 8 ff.) von den Verhältnissen des Steuerpflichtigen Kenntnis erlangt hat; zum Begriff des Amtsträgers vgl. § 11 I Nr. 2 (entspr. § 7 AO) und dort RN 16 ff. Entscheidend ist, daß der Täter im Zeitpunkt der Kenntniserlangung in dem bezeichneten Verhältnis tätig war; unerheblich ist, ob er beim Offenbaren diese Stellung noch innehatte (Hoyer SK 4, Kuhlen NK 6, M-Maiwald I 301, Tröndle/Fischer 5).

17 III. **Abs. 2** stellt den Amtsträgern die für den **öffentlichen Dienst besonders Verpflichteten**, die **amtlich zugezogenen Sachverständigen** und die **Träger von Ämtern der Kirchen und anderer Religionsgesellschaften des öffentlichen Rechts** – i. U. zu § 30 III Nr. 1 a AO aber nicht die dort genannten Personen – gleich, soweit sie an einem Verfahren nach Abs. 1 Nr. 1 beteiligt sind. Zu den *für den öffentlichen Dienst besonders Verpflichteten* vgl. § 11 I Nr. 4 und dort RN 34 ff. Bei den *Sachverständigen* genügt die amtliche Zuziehung; daß sie öffentlich bestellt (vgl. § 203 RN 60) oder förmlich verpflichtet sind, ist nicht erforderlich (vgl. auch MB-Niemeyer 837). Hierher gehören insbes. die nach § 96 AO von den Finanzbehörden, nach § 385 AO i. V. mit §§ 72 ff. StPO von den Strafverfolgungsbehörden und nach § 81 FGO von den Finanzgerichten zugezogenen Sachverständigen. *Träger von kirchlichen Ämtern* usw. können Täter sein, soweit sie an einem Verfahren über die Erhebung von Abgaben durch die betreffende Kirche usw. mitwirken; zu den Kirchen und sonstigen Religionsgesellschaften des öffentlichen Rechts vgl. § 132a RN 15. Gleichgültig ist, ob der Kirche usw. die unter das Steuergeheimnis fallenden Verhältnisse nach § 31 AO durch Mitteilung der Finanzbehörde oder auf Grund von Angaben des Steuerpflichtigen bekannt werden.

18 Nicht nach § 355 geheimhaltungspflichtig sind dagegen die vom Steuerpflichtigen selbst zugezogenen Sachverständigen, ferner die sog. Abzugsverpflichteten (zB Arbeitgeber im Lohnsteuerabzugsverfahren), die Beteiligten i. S. des § 78 AO und ihre Bevollmächtigten sowie die für den Steuerpflichtigen tätigen Steuerberater bzw. -bevollmächtigten. Eine Schweigepflicht kann sich hier u. U. jedoch aus § 203 ergeben.

19 IV. Das Merkmal „**unbefugt**" hat dieselbe Doppelbedeutung wie in den §§ 203, 206 (vgl. dort RN 21 bzw. 11: als Handeln ohne Einverständnis des Betroffenen Tatbestandselement, im übrigen allgemeines Rechtswidrigkeitsmerkmal). Während diesbezüglich für die Tatbestandsalternative des Verwertens die allgemeinen Regeln gelten – als Ausschlußgrund kommt hier praktisch nur das Einverständnis in Betracht (vgl. auch Schäfer LK¹⁰ 31 mwN) –, enthält § 30 AO IV, V über die Zustimmung des Betroffenen hinaus einen Katalog spezieller Befugnisse i. S. eines Rechtfertigungsgrundes, wobei die dort genannten Voraussetzungen, unter denen eine Weitergabe „zulässig" ist, z. T. allerdings nur mit Hilfe eines Verweisungstatbestands (Abs. 4 Nr. 2) oder in einer ausfüllungsbedürftigen Generalklausel (Abs. 4 Nr. 5) umschrieben sind (für eine restriktive Interpretation des Abs. 4 im Hinblick auf grundrechtliche Geheimhaltungsansprüche Eilers aaO 3 ff. mwN). Umstritten ist, ob der Katalog des § 30 IV AO abschließend ist (bejahend zB Tipke/Kruse § 30 AO RN 35, Weyand wistra 89, 11; verneinend Hoyer SK 31 f., Kuhlen NK 28, Maiwald JuS 77, 362, M-Maiwald I 301, MB-Niemeyer 839, Otto II 134, Schäfer LK¹⁰ 30, Tröndle/Fischer 14). Dagegen spricht schon, daß § 30 IV AO zwar die Zustimmung des Betroffenen, nicht aber dessen mutmaßliche Einwilligung nennt, obwohl diese hier als Rechtfertigungsgrund nicht ausgeschlossen werden kann (s. auch Kuhlen NK 28). Zweifelhaft kann deshalb nur sein, ob § 30 AO bezüglich der auf einer Interessenkollision beruhenden Offenbarungsbefugnisse eine erschöpfende Regelung darstellt, wobei es konkret um die Frage geht, ob die in § 30 AO nicht genannte Offenbarung zum Schutz *privater* Interessen ausnahmsweise nach § 34 gerechtfertigt sein kann. Nach dem in § 34 RN 7 Gesagten wäre dies zu verneinen, wenn § 30 AO eine abschließende Interessenabwägung des Gesetzgebers dahingehend entnommen werden müßte, daß nur öffentliche (vgl. Abs. 4 Nr. 5), niemals aber private Interessen das Interesse an der Wahrung des Steuergeheimnisses überwiegen können. Eine solche Deutung liegt zwar deshalb nahe, weil auch nach der hM zum früheren Recht die Durchbrechung des Steuergeheimnisses zur Wahrung privater Interessen schlechterdings ausgeschlossen sein sollte (vgl. die Nachw. in RN 34 der 18. A.). Die Ergebnisse sind jedoch unbefriedigend, weil danach das Offenbaren zB auch dann rechtswidrig wäre, wenn nur auf diese Weise Machenschaften des Steuerpflichtigen vereitelt werden können, die auf den völligen wirtschaftlichen Ruin eines Dritten abzielen. Als ultima ratio muß deshalb auch ein Rückgriff auf § 34 zulässig sein (vgl. dazu auch Goll NJW 79, 93, Hoyer SK 32, Kuhlen NK 28, Lackner/Kühl 37, Niemeyer aaO, Schäfer LK¹⁰ 30, Tröndle/Fischer 14). Daß in Kollisionsfällen das Steuergeheimnis nicht schlechthin den Vorrang vor Privatinteressen hat, zeigen im übrigen zB auch § 406 e StPO (zur Akteneinsicht des Verletzten zum Zweck der Geltendmachung von Schadensersatzansprüchen, wenn davon das Steuergeheimnis betroffen ist, vgl. LG Bochum wistra **91**, 198, LG Kleve ebd. S. 160, Blesinger ebd. S. 297) und landesrechtliche Vorschriften, nach denen das Steuergeheimnis bei der Hundesteuer in Schadensfällen in der Weise zurücktritt, daß Namen und Anschriften von Hundehaltern an Schadensbeteiligte weitergegeben werden dürfen (vgl. dazu Mohl/München KStZ 94, 29).

1. Nach § 30 IV Nr. 1 AO ist die Offenbarung zulässig, wenn sie der **Durchführung eines** 20 **Verfahrens nach Abs. 1 Nr. 1 a, b** (o. 11 f.) **dient.** Da die dienstlichen Zwecken dienende behördeninterne Weitergabe von Geheimnissen usw. innerhalb desselben Verfahrens schon kein Offenbaren ist (o. 14), betrifft die Vorschrift Mitteilungen für andere Verfahren oder an Außenstehende. Von Bedeutung ist sie hier insbes. bei Mitteilungen an andere Finanzbehörden (zB sog. Kontrollmitteilungen; vgl. § 93 a AO i. V. m. der MitteilungsVO v. 7. 9. 1993, BGBl. I 1554, letzte ÄnderungsVO vom 26. 5. 1999, BGBl. I 1077), Rechnungshöfe, u. U. aber auch an sonstige Behörden oder dritte Personen (zB bei Zuziehung von Sachverständigen oder Auskunftspersonen), sofern dies in einem unmittelbaren funktionalen Zusammenhang mit einem der in Abs. 1 Nr. 1 a, b genannten Verfahren geschieht (wozu ein gewerberechtliches Untersagungsverfahren nach § 35 GewO nicht gehört [vgl. BFH NVwZ **88**, 476, BVerwGE **65** 1, OVG Hamburg MDR **81**, 697, Meier GewArch 85, 321, aber auch u. 32], ebensowenig ein Insolvenzverfahren, selbst wenn dieses von der Finanzbehörde beantragt und eine Befriedigung des Finanzamtes als Insolvenzgläubigerin zu erwarten ist [vgl. Kalmes BB 90, 114, aber auch App DStZ 83, 237 sowie u. 32]). Zulässig ist hier die Offenbarung von Verhältnissen usw. sowohl des Steuerpflichtigen als auch Dritter, soweit dies zur Erreichung des mit dem betreffenden Verfahren verfolgten Zwecks erforderlich ist (vgl. LG Bremen NJW **81**, 592, Hoyer SK 15, H. Schäfer JA 96, 884) und die dem Betroffenen entstehenden Nachteile dazu nicht in einem groben Mißverhältnis stehen (vgl. Tipke/Kruse § 30 AO RN 40). Zu den Einzelheiten vgl. Klein/Rüsken § 30 AO Anm. 5 a, Tipke/Kruse aaO RN 40 ff. u. speziell zu den des Steuergeheimnisses berührenden Informationen in und nach einem Steuerstraf- bzw. Steuerordnungswidrigkeitsverfahren Blesinger wistra 91, 294 ff.

2. Nach § 30 IV Nr. 2 AO ist die Offenbarung befugt, wenn sie **durch Gesetz ausdrücklich** 21 **zugelassen** ist. Daß die Offenbarungsbefugnis *ausdrücklich* im Gesetz enthalten sein muß, kann nicht bedeuten, daß sie expressis verbis ausgesprochen sein müßte; auch wenn sie sich nach allgemeinen Auslegungsgrundsätzen aus Sinn und Zweck eines Gesetzes ergibt, wird die Offenbarung von diesem „zugelassen" und ist damit nicht mehr unbefugt (zu den Anforderungen an die Normenklarheit vgl. aber Eilers aaO 37 f.). So gestattet § 138 nicht „ausdrücklich" die Offenbarung des Steuergeheimnisses, doch kann, wie sich auch aus § 139 ergibt, nicht zweifelhaft sein, daß diese hier zur Erfüllung der Anzeigepflicht zulässig ist. Das Erfordernis einer „ausdrücklichen" Regelung kann daher allenfalls den Sinn haben, daß die Offenbarungsbefugnis „eindeutig und unmißverständlich" aus dem Gesetz hervorgehen muß (vgl. Hamm NJW **81**, 358, Goll NJW 79, 91, Hoyer SK 16, Klein/Rüsken § 30 AO Anm. 5 b aa, Kuhlen NK 31, Schäfer LK[10] 34), besagt dann aber letztlich etwas Selbstverständliches. Auch ohne diesen Zusatz würde sich ergeben, daß zB die allgemeine Verpflichtung zur Amtshilfe (Art. 35 GG) oder sonstige Vorschriften, die nicht erkennbar den Charakter einer dem Steuergeheimnis vorgehenden Sonderregelung haben (zB §§ 156 ff. GVG, § 161 StPO, § 273 II Nr. 2 ZPO), in diesem Zusammenhang ausscheiden. *Gesetz* i. S. der Vorschrift sind auch Rechtsverordnungen (vgl. auch § 4 AO), wobei bezüglich des Inhalts der Ermächtigung die allgemeinen Grundsätze gelten (vgl. Art. 80 GG; s. auch Hoyer SK 16, Kuhlen NK 31, MB-Niemeyer 839; enger Tipke/Kruse § 30 AO RN 46). In Betracht kommen sowohl Steuergesetze (zB §§ 31, 31 a AO; zu § 116 AO vgl. Bilsdorfer ZRP 97, 137, Bock NJW 92, 101, Klos ZRP 97, 50, Vultejus ZRP 96, 329) als auch außersteuerrechtliche Vorschriften (zB § 21 IV SGB X, § 77 III AusländerG; vgl. im übrigen die Übersicht in EAO 74 S. 101 und b. Tipke/Kruse aaO RN 47 ff.); zur Zulässigkeit der Auskunftserteilung im Wege zwischenstaatlicher Rechts- und Amtshilfe in Steuersachen vgl. § 117 AO, Art. 2 EG-AmtshilfeG v. 19. 12. 1985, BGBl. I 2436 (näher dazu zB Tipke/Kruse § 30 AO RN 49 u. zu § 117 AO, ferner Blesinger wistra 91, 295 und – z. T. krit. – Eilers aaO 53 ff. mwN; vgl. auch Eilers/Roeder wistra 87, 92). Nicht hierher gehören jedoch die presserechtlichen Bestimmungen über den Informationsanspruch der Presse; Auskünfte in einem Steuerstrafverfahren von erheblicher Bedeutung können aber nach § 30 IV Nr. 5 AO (u. 32) gerechtfertigt sein (Hamm NJW **81**, 356; vgl. auch Felix NJW 78, 2134, H. Schäfer JA 96, 885, Schomberg NJW 79, 526).

3. Zulässig ist nach § 30 IV Nr. 3 AO die Offenbarung mit **Zustimmung des Betroffenen,** 22 womit jedoch nur die vorher (ausdrücklich oder konkludent) erklärte Einwilligung, nicht dagegen die nachträgliche Genehmigung gemeint ist (vgl. Schäfer LK[10] 40, Tipke/Kruse § 30 AO RN 52, Weyand wistra 88, 12; and. Koch/Wolter aaO 66; zur Frage, ob mit der Klageerhebung gegen die Finanzbehörde in einem Amtshaftungsprozeß eine konkludente Zustimmung zur Offenbarung von Steuergeheimnissen verbunden ist vgl. Bullmer BB 91, 367). Ebenso wie in §§ 203 (vgl. dort RN 22), 206 (vgl. dort RN 11) ist die Einwilligung auch hier nicht erst ein Rechtfertigungsgrund, sondern schließt als Einverständnis schon die Tatbestandsmäßigkeit aus, da in diesen Fällen auch das Vertrauen der Allgemeinheit in die Wahrung des Steuergeheimnisses nicht mehr berührt wird (ebenso Goll NJW 79, 92; and. Weyand wistra 88, 12; vgl. auch Schäfer LK[10] 39). Aus diesem Grund kommt es – unabhängig von der Frage der systematischen Einordnung – bei Vorliegen einer Einwilligung auch nicht mehr auf eine Abwägung der privaten gegen die öffentlichen Interessen an (Amelung, Dünnebier-FS 495, Goll aaO; and. Hübschmann/Hepp/Spitaler § 30 AO RN 66 ff.); andererseits wird das Erfordernis einer Einwilligung nicht durch das Bestehen einer Auskunftspflicht ersetzt (OVG Hamburg MDR **81**, 697). Das Einverständnis muß gegenüber der Stelle erklärt werden, die das Steuergeheimnis offenbart, was aber mittelbar auch über einen Dritten (zB bei Auskunftsersuchen einer anderen Behörde über diese) geschehen kann. Erstreckt sich das Steuergeheimnis auf die Verhältnisse mehrerer Personen (zB bei Gesamtschuldnerschaft), so muß jeder der Betroffenen zustimmen, soweit nicht einer der Beteiligten die anderen wirksam vertreten kann (so zB der vertretungsberechtigte Gesellschafter einer Personengesellschaft bezüglich solcher Verhältnisse, welche die gesamthänderische Verbundenheit betreffen; s. auch Kuhlen NK 32, H. Schäfer JA 96, 884).

23 Obwohl in § 30 AO nicht genannt, kommt als Rechtfertigungsgrund auch die **mutmaßliche Einwilligung** des Betroffenen (vgl. 54 ff. vor § 32, § 203 RN 27) in Betracht (näher Goll NJW 79, 92, i. E. auch Hoyer SK 17, Schäfer LK[10] 41; and. Weyand wistra 88, 11). Daß die in § 4 II Nr. 7 EAO 74 vorgesehene Bestimmung, die in der Sache einen Fall der mutmaßlichen Einwilligung betraf, wegen des fehlenden Bedürfnisses für eine solche Regelung (vgl. BT-Drs. 7/4292 S. 18) nicht in § 30 AO übernommen worden ist, steht dem nicht entgegen.

24 4. Nach § 30 IV Nr. 4 AO ist die Offenbarung von Steuergeheimnissen zulässig, wenn sie der **Durchführung eines Strafverfahrens wegen einer nichtsteuerlichen Straftat dient,** hier i. U. zu der immer zulässigen Offenbarung für ein Steuerstrafverfahren (Abs. 4 Nr. 1 i. V. mit Abs. 2 Nr. 1 b; vgl. o. 20) allerdings nur unter der **einschränkenden Voraussetzung,** daß die Kenntnis der fraglichen Tatsache auf bestimmte Weise erlangt ist. Auf Art und Schwere der Straftat kommt es hier – anders als in den Fällen des Abs. 4 Nr. 5 a, b – nicht an. Grundgedanke der Vorschrift ist, daß der Schutz des Steuergeheimnisses gegenüber Strafverfolgungsinteressen dort zurücktritt, wo das Erlangen entsprechender Kenntnisse nicht die Folge von Mitwirkungs- und Offenbarungspflichten des Betroffenen ist (vgl. BT-Drs. 7/4292 S. 18, Hoyer SK 18, Kuhlen NK 33).

25 a) Nach Nr. 4 a dürfen zum Zweck der Durchführung eines außersteuerlichen Strafverfahrens solche Kenntnisse grundsätzlich mitgeteilt werden, **die in einem Verfahren wegen einer Steuerstraftat oder Steuerordnungswidrigkeit** – und deshalb nicht als Folge einer Mitwirkungs- oder Offenbarungspflicht, weil es eine solche für den Beschuldigten dort nicht gibt – **erlangt** sind. Aus der ratio legis erklären sich auch die beiden Ausnahmen, die in Nr. 4 a vorgesehen sind: Danach gilt dies nicht für bereits vorher im Besteuerungsverfahren bekannt gewordene Tatsachen, ferner für solche Tatsachen, die der Steuerpflichtige in Unkenntnis der Einleitung des Verfahrens offenbart hat (vgl. dazu auch das prozessuale Verwertungsverbot in § 393 II AO u. näher zu diesem Blesinger wistra 91, 244), wobei dies nach dem Grundgedanken der Vorschrift auch für die nach §§ 93 ff. AO Auskunftspflichtigen gelten muß, die zwar nicht „Steuerpflichtige" i. S. des § 33 AO sind, die sich aber dennoch einer Steuerstraftat schuldig machen können (Schäfer LK[10] 46, Tipke/Kruse § 30 AO RN 57; krit. Reiß aaO 118). Zur Behandlung von Kenntnissen, die trotz Einleitung des Steuerstrafverfahrens durch weitere Ermittlungen im Besteuerungsverfahren erlangt sind, vgl. Reiß aaO 118 ff.; zur Weitergabe der bei einer Durchsuchung im Rahmen eines Steuerstrafverfahrens gemachten sog. Zufallsfunde an die Staatsanwaltschaft vgl. Bilsdorfer wistra 84, 9 f, ferner Weyand wistra 90, 7 (Weiterleitung einer Patientenkartei mit Hinweisen auf Nichtsteuerdelikte [zB § 218] sowohl des Arztes wie auch Dritter).

26 b) Offenbart werden dürfen für Zwecke eines nichtsteuerlichen Strafverfahrens nach Nr. 4 b ferner **ohne Bestehen einer steuerlichen Verpflichtung** oder **unter Verzicht auf ein Auskunftsverweigerungsrecht** erlangte Kenntnisse. Ohne steuerliche Verpflichtung (1. Alt.) sind insbes. freiwillige Angaben Dritter ohne entsprechendes Auskunftsverlangen der Finanzbehörde gemacht (vgl. Schäfer LK[10] 47), wobei es dem Bestehen einer steuerlichen Verpflichtung, welche die Offenbarung ausschließt, jedoch gleichstehen muß, wenn der Betroffene von der Finanzbehörde über das Fehlen einer Mitteilungspflicht im unklaren gelassen worden ist und er sich dieser deshalb gutgläubig offenbart hat (vgl. BT-Drs. 7/4292 S. 18, Goll NJW 79, 93, Hübschmann/Hepp/Spitaler § 30 AO RN 78). Dagegen sind Angaben des Steuerpflichtigen im Besteuerungsverfahren in aller Regel (zumindest subjektiv) in Erfüllung einer steuerlichen Verpflichtung gemacht – auch ein Auskunftsverweigerungsrecht nach § 103 AO steht ihm nicht zu –, weshalb sie unter dem Gesichtspunkt der Nr. 4 b auch nicht offenbarungsfähig sind (vgl. Kuhlen NK 34). Entsprechendes gilt für Auskünfte Dritter, soweit ihnen kein Auskunftsverweigerungsrecht (vgl. §§ 101 ff. AO) zustand. Dabei ist es nach dem Wortlaut der Nr. 4 b gleichgültig, ob der Steuerpflichtige bzw. die Auskunftsperson auch der Betroffene ist, weshalb sich hier die Frage einer teleologischen Reduktion stellt (vgl. dazu Reiß aaO 110 f.). Dagegen kann umgekehrt beim Verzicht auf ein Auskunftsverweigerungsrecht (2. Alt.) eine Offenbarungsbefugnis nicht generell verneint werden, auch wenn die verzichtende Auskunftsperson nicht selbst der Betroffene ist (Reiß aaO 115 f.; and. Schäfer LK[10] 47, Tipke/Kruse § 30 AO RN 58). – Zu unterscheiden ist bei der Anzeige von Straftaten, die zur Verhinderung der ordnungsgemäßen Vollstreckung von Steuerschulden begangen werden und die, weil sie keine Steuerstraftaten sind (sonst Nr. 1) und auch nicht unter Nr. 5 a, b fallen (zB §§ 113, 136, 288), nur unter den Voraussetzungen der Nr. 4 b offenbart werden dürfen: Hier ist zB bei § 113 zwar die Tatsache, daß der Steuerpflichtige dem Vollstreckungsbeamten Widerstand geleistet hat, keine solche, deren Kenntnis als Folge der Erfüllung einer steuerlichen Mitwirkungspflicht erlangt ist, und dasselbe gilt auch für die Kenntnis vom

Vorliegen eines vollziehbaren Steuerverwaltungsakts, wohl aber ist – ebenso unbefriedigend wie unpraktikabel – der steuerliche Hintergrund im übrigen von einer Offenbarung ausgeschlossen, soweit ihn die Steuerbehörde nur aufgrund von Mitwirkungs- und Offenbarungspflichten in Erfahrung gebracht hat (vgl. mit Recht krit. Nieuwenhuis NJW 89, 280, der hier deshalb ein unbenanntes „zwingendes öffentliches Interesse" i. S. der Nr. 5 annimmt [dazu aber u. 32] und de lege ferenda eine Ergänzung der Nr. 4 vorschlägt).

5. Nach § 30 IV Nr. 5 AO ist die Offenbarung befugt, wenn für sie ein **zwingendes öffentliches** **27** **Interesse** besteht (zu verfassungsrechtlichen Bedenken vgl. Benda DStR 84, 355, ferner Blesinger wistra 91, 242, aber auch Eilers aaO 38 ff.). Nach allgemeinen Rechtfertigungsprinzipien ist dies der Fall, wenn die Offenbarung das relativ mildeste Mittel zur Wahrung eindeutig überwiegender öffentlicher Interessen ist. Nach hM sind solche nur dann gegeben, wenn es sich um die Gefahr schwerer Nachteile für das allgemeine Wohl handelt (vgl. zB BFH HFR **65**, 381, NVwZ **88**, 476, BVerwGE **65** 6, Schäfer LK[10] 51, Tipke/Kruse § 30 AO RN 61 mwN), was jedoch dahin zu ergänzen ist, daß es der Begriff des zwingenden öffentlichen Interesses zuläßt, neben der Gefahrenabwehr i. S. der Erhaltung des Bestehenden auch den zum Wohl der Allgemeinheit unerläßlichen neuen Entwicklungen Rechnung zu tragen (vgl. auch § 203 RN 55). Einen – nicht abschließenden („namentlich"; vgl. aber auch u. 32) – Katalog von Fällen eines zwingenden öffentlichen Interesses enthalten die lit. a–c der Nr. 5, wobei die dort genannten Beispiele zugleich Anhaltspunkte dafür geben, wie schwer die Nachteile für das allgemeine Wohl sein müssen, wenn die Maßnahme, für welche die Auskunft erforderlich ist, unterbleibt. Zur Frage, ob auch der Schutz privater Interessen eine Offenbarung rechtfertigen kann, vgl. o. 19.

a) Nach Nr. 5 a besteht ein zwingendes öffentliches Interesse hinsichtlich der **Verfolgung** von **28** **Verbrechen** oder **vorsätzlichen schweren Vergehen gegen Leib und Leben oder gegen den Staat und seine Einrichtungen.** Die Tragweite der Vorschrift wird durch die Gesetzesfassung eher verdunkelt. Obwohl es nach dem Wortlaut nicht darauf ankommt, *von wem* die Behörde die entsprechende Kenntnis erlangt hat, müssen solche Fälle ausscheiden, in denen der Steuerpflichtige im Besteuerungsverfahren in Erfüllung seiner ihm nach §§ 90, 200 AO obliegenden Mitwirkungspflicht eine für die Besteuerung erhebliche Straftat offenbart hat (wozu er nach §§ 328, 393 I sogar gezwungen werden kann, soweit es sich bei der Tat nicht um eine Steuerstraftat handelt; s. auch Hoyer SK 22); denn nach rechtsstaatlichen Grundsätzen ist es undenkbar, daß an die für steuerliche Zwecke bestehende Pflicht, u. U. auch Straftaten zu offenbaren (zur Verfassungsmäßigkeit vgl. BVerfG wistra **88**, 302), die Befugnis der Behörde geknüpft wird, die auf solche Weise erlangte Kenntnis gegenüber Strafverfolgungsbehörden zu verwerten. Da ohne eine entsprechende Pflicht gemachte Angaben des Betroffenen bereits nach Nr. 4 b offenbart werden dürfen, wäre es deshalb an sich naheliegend, Nr. 5 a im Wege verfassungskonformer Auslegung auf solche Fälle zu beschränken, in denen die Finanzbehörde ihre Kenntnisse von einem Dritten (zB einem Angestellten des Steuerpflichtigen nach § 93 AO) erlangt hat (so hier noch die 22. A.). Wegen des klaren Wortlauts des den § 30 IV Nr. 5 ergänzenden § 393 II AO ist diese Möglichkeit jedoch zweifelhaft (zum Ganzen und zu den schwerwiegenden verfassungsrechtlichen Bedenken, die gegen die derzeitige Regelung bestehen und die entgegen Schäfer LK[10] 53 c auch durch das obiter dictum in BVerfGE **56** 47 nicht ausgeräumt sind, vgl. näher Reiß NJW 77, 1436 sowie aaO 128 f. u. pass.; vgl. auch BVerfG wistra **88**, 302, Blesinger wistra 91, 244, Hoyer SK 23). Unklar ist die Bestimmung auch, was den *Kreis der eine Offenbarung rechtfertigenden Straftaten* betrifft. Kein Anlaß besteht allerdings, diesen auf den Katalog der nach § 138 anzeigepflichtigen Verbrechen zu beschränken (so jedoch Tipke/Kruse § 30 AO RN 62, Weyand wistra 88, 12), weil es dort um die ganz andere Frage einer für jedermann bestehenden Anzeigepflicht besteht, die auch zur Verhütung bevorstehender Straftaten nur in engen Grenzen gerechtfertigt sein kann (vgl. Schäfer LK[10] 57 f.) Zweifelhaft aber ist nach der Gesetzesfassung bereits, ob es sich auch bei den Verbrechen und Vergehen gegen Leib, Leben, den Staat und seine Einrichtungen handeln muß. Im Hinblick auf die Entstehungsgeschichte der Nr. 5 a (vgl. BT-Drs. 7/79 S. 198) wird man dies trotz der dadurch entstehenden Ungereimtheiten – keine Offenbarung zB bei Straftaten nach §§ 181, 265 – bejahen müssen (Goll NJW 79, 94, Hoyer SK 24; and. Reiß aaO 124 f.). Trotz des insoweit ebenfalls nicht eindeutigen Gesetzeswortlauts ist ferner anzunehmen, daß Vergehen „gegen den Staat und seine Einrichtungen" nur solche sind, die sich speziell gegen staatliche Rechtsgüter richten, nicht aber Taten, von denen der Staat lediglich im Einzelfall betroffen ist, wie zB bei Eigentums- und Vermögensdelikten gegenüber dem Fiskus (ebenso Goll aaO, Reiß aaO 126 f., and. Klein/Rüsken § 30 AO Anm. 5 e aa; vgl. auch Schäfer LK[10] 60 f.); dies ergibt sich aus der Gleichstellung mit den Delikten gegen Leib und Leben sowie daraus, daß etwa die Vermögensdelikte nur unter den besonderen Voraussetzungen der Nr. 5 b erfaßt sind und diese, wenn sie gegenüber dem Staat begangen werden, nicht prinzipiell schwerer wiegen als solche gegen den einzelnen, so daß hier auch das Strafverfolgungsinteresse nicht grundsätzlich anders bewertet werden kann. Unklar ist schließlich, ob es für die „Schwere" des Vergehens auf die konkrete Tat oder auf die abstrakte gesetzliche Bewertung (Höhe der Strafdrohung) ankommt. Hier spricht die Gleichsetzung mit den Verbrechen für letzteres, wobei dann jedoch wieder minder schwere Fälle – gleichgültig, ob das Gesetz solche ausdrücklich vorsieht – auszuscheiden haben (vgl. Goll NJW 79, 94, Hoyer SK 24, Reiß aaO 126; and. Schäfer LK[10] 56). Nicht offenbart werden darf daher zB eine Vorteilsannahme nach § 331, aber auch nicht die Bestechlichkeit in einem minder schweren Fall nach § 332 I.

§ 355 29–32

29 b) Ein zwingendes öffentliches Interesse besteht nach Nr. 5 b ferner hinsichtlich der **Verfolgung besonders qualifizierter Wirtschaftsstraftaten.** Auch hier gilt jedoch die gleiche Einschränkung wie bei Nr. 5 a: Ist die Kenntnis auf Grund einer entsprechenden Mitteilungspflicht des betroffenen Steuerpflichtigen erlangt, so besteht kein Offenbarungsrecht (vgl. o. 28, Goll NJW 79, 95). Der schillernde Begriff der Wirtschaftsstraftat (vgl. Otto ZStW 96, 350 ff., 374 u. näher Tiedemann I 48 ff. mwN) kann im vorliegenden Zusammenhang nicht nach der an prozessualen und prozeßökonomischen Gesichtspunkten orientierten Regelung des § 74 c GVG (vgl. ebs. Abs. 1 Nr. 6) bestimmt werden (vgl. Hübschmann/Hepp/Spitaler § 30 AO RN 87, Weyand wistra 88, 13, aber auch Stuttgart wistra **86**, 192, ferner Schäfer LK[10] 64: maßgeblicher Anhaltspunkt, u. Hoyer SK 25: abschließender Katalog), auch nicht, wenn dabei zusätzlich noch an eine bestimmte, soziologisch fixierte Berufsrolle des Täters angeknüpft wird (so jedoch Tipke/Kruse § 30 AO RN 63). Geht es, wie hier, um die Frage, ob das Steuergeheimnis hinter den Strafverfolgungsinteressen zurücktreten soll, so kann es vielmehr nur darauf ankommen, ob das Strafbedürfnis wegen der besonderen Schutzwürdigkeit der durch die Tat betroffenen Güter und Interessen überwiegt. Unter diesem Gesichtspunkt aber sind als Wirtschaftsstraftaten nur solche Delikte anzusehen, bei denen entweder schon das geschützte Rechtsgut begriffsnotwendig dem überindividuellen Wirtschaftsleben zuzurechnen ist oder die jedenfalls geeignet sind, über die Schädigung von Einzelinteressen hinaus das Wirtschaftsleben oder die Wirtschaftsordnung insgesamt zu stören oder zu gefährden (näher zu dieser „strafrechtsdogmatischen" Begriffsbestimmung Tiedemann I 50 ff. mwN). Auch die in § 74 c GVG genannten Delikte müssen daher diese Voraussetzungen erfüllen; demnach stellen zwar zB der Subventions- und Kreditbetrug (§§ 264, 265 b) immer eine Wirtschaftsstraftat dar, ein Betrug nach § 263 dagegen nur, wenn er wegen der über die individuelle Rechtsgutsverletzung hinausreichenden Fernwirkung zugleich soziale Belange des Wirtschaftsgeschehens berührt (vgl. auch Goll NJW 79, 94 f., Weyand aaO).

30 Ein zwingendes öffentliches Interesse für die Offenbarung besteht nur bei einer *besonders schwerwiegenden* Wirtschaftsstraftat. Nach Nr. 5 b muß diese nach ihrer Begehungsweise oder wegen des Umfangs des verursachten Schadens geeignet sein, die wirtschaftliche Ordnung erheblich zu stören oder das Vertrauen der Allgemeinheit auf die Redlichkeit des geschäftlichen Verkehrs oder auf die ordnungsgemäße Arbeit der Behörden und der öffentlichen Einrichtungen erheblich zu erschüttern. Die Eignung zu einer erheblichen (!) Störung der wirtschaftlichen Ordnung (d. h. des wirtschaftlichen Gesamtgefüges) kann zB wegen der davon ausgehenden Breitenwirkung bei Großinsolvenzen anzunehmen sein (vgl. Meier GewArch 85, 322, Hoyer SK 26; weitergehend Schäfer LK[10] 66), nach Stuttgart wistra **86**, 192, MB-Niemeyer 840 f., ferner bei Straftaten nach § 82 GmbHG. Die 2. Alt. (erhebliche Erschütterung des Vertrauens der Allgemeinheit auf die Redlichkeit des geschäftlichen Verkehrs) kommt zB bei Serienbetrügereien durch Abschreibungs- und Anlagegesellschaften oder bei durch ihren besonderen Umfang gekennzeichneten Verstößen gegen das UWG in Betracht. Die 3. Alt. (erhebliche Erschütterung des Vertrauens auf die ordnungsgemäße Arbeit der Behörden) kann zB bei Subventionsbetrügereien unter Beteiligung von Amtsträgern (§ 264 II Nr. 2, 3) gegeben sein.

31 c) Nach Nr. 5 c besteht ein zwingendes öffentliches Interesse, wenn die Offenbarung erforderlich ist **zur Richtigstellung in der Öffentlichkeit verbreiteter unwahrer Tatsachen,** die geeignet sind, das Vertrauen in die Verwaltung erheblich zu erschüttern. Dabei muß es sich hier – ebenso wie in Nr. 5 b – um das Vertrauen der Allgemeinheit handeln; daß nur das Vertrauen einzelner gestört werden könnte, genügt nicht (s. auch Hoyer SK 27). Die „Eignung zu einer erheblichen (!) Störung" dieses Vertrauens „in die Verwaltung" – womit lediglich die Finanzverwaltung gemeint sein dürfte (vgl. Schäfer LK[10] 70, Tipke/Kruse § 30 AO RN 67) – ist nur in Ausnahmefällen anzunehmen (vgl. auch Goll NJW 79, 97 f.), wofür auch spricht, daß die Entscheidung über die Offenbarung der obersten Finanzbehörde im Einvernehmen mit dem Bundesminister der Finanzen vorbehalten ist. Dies gilt insbesondere dann, wenn die Verhältnisse eines an dem Verbreiten der unwahren Tatsachen unbeteiligten Dritten offenbart werden sollen. An der Erforderlichkeit kann es fehlen, wenn der Betroffene die unwahren Behauptungen gutgläubig aufgestellt hat, da hier die Möglichkeit einer (notfalls öffentlichen) Richtigstellung durch diesen besteht; das gleiche gilt, wenn sonst das Verlangen einer Berichtigung Erfolg verspricht. Schon aus diesem Grund ist das Unterlassen einer vorherigen Anhörung des Betroffenen entgegen der Sollvorschrift der Nr. 5 c (wo fälschlich nur von einer Anhörung des „Steuerpflichtigen" die Rede ist) idR ermessensfehlerhaft (vgl. auch Schäfer LK[10] 71); auf eine solche kann vielmehr nur dann ohne weiteres verzichtet werden, wenn der Betroffene sich trotz Aufforderung nicht äußert (vgl. Tipke/Kruse § 30 AO RN 67) oder wenn offensichtlich ist, daß er selbst zur einer Richtigstellung nicht bereit sein wird. Zum Aktenvorlageverlangen eines Untersuchungsausschusses, mit dem der Bundestag in der Öffentlichkeit verbreiteten Zweifeln an der Vertrauenswürdigkeit der Exekutive nachgeht, vgl. BVerfGE 67 100 m. Anm. Bogs JZ 85, 112, Köln NJW **85**, 336, H. Schäfer JA 96, 886, Seibert NJW 84, 1001 („Flickspenden-Affäre").

32 d) **Sonstige Fälle eines zwingenden öffentlichen Interesses** liegen vor, wenn die für eine Offenbarung sprechenden Gründe dasselbe Gewicht haben wie die in Nr. 5 a–c berücksichtigten öffentlichen Belange. Strafverfolgungsinteressen wegen anderer als der in Nr. 5 a, b aufgeführten Taten kommen dafür nicht mehr in Betracht, da Nr. 5 a, b insoweit als eine abschließende Exemplifizierung anzusehen ist (Hoyer SK 28, Schäfer LK[10] 55; and. Nieuwenhuis NJW **89**, 280 für Straftaten gegen die Ordnungsmäßigkeit der Steuerfestsetzung oder -vollstreckung [dazu o. 26]). Um einen Fall eines (unbenannten) wichtigen öffentlichen Interesses handelt es sich dagegen bei der Anzeige bevorstehender Straftaten i. S. der Nr. 5 a, b: Ist dort eine Offenbarung zum Zweck der Strafverfolgung zulässig, so muß dies erst recht für die Verhinderung solcher Taten gelten (wobei hier, soweit die Taten nicht zugleich solche i. S. des § 138 sind, jedoch keine Anzeigepflicht besteht; and. Hoyer SK 28). Darüber hinaus kann aber auch bei der Verhütung von Taten, die nicht unter Nr. 5 a, b fallen, ein zwingendes öffentliches Interesse zu bejahen sein (zB schwere Umweltstraftaten). Im übrigen kann ein solches zB zu bejahen sein bei Auskünften an die Presse über ein elementare Gemeinschaftsinteressen berührendes Strafverfahren (vgl. Hamm NJW **81**, 356 [„Parteispenden"], Hoyer SK 29, H. Schäfer JA 96, 885) oder wenn öffentliche Mittel zu Unrecht verausgabt oder nicht vereinnahmt würden (vgl. Klein/Rüsken § 30 AO Anm. 5 e dd; offengelassen von BVerwG DVBl. **68**, 796). Ebenso muß, wenn der Staat hier nicht schutzlos gestellt werden soll, in einem Amtshaftungsprozeß wegen (angeblicher) Fehler im Besteuerungsverfahren die Offenbarung von Steuergeheimnissen des Klägers zulässig sein, wenn und soweit dies zur Klageabwehr notwendig ist (ebso. Hoyer SK 29; and. Bullmer BB 91, 365). Dasselbe gilt für die Anmeldung bzw. Mitteilung von Steuerrückständen im Insolvenz- oder Zwangsversteigerungsverfahren (zum Insolvenzantrag der Finanzbehörde und der hier nach § 14 I InsO erforderlichen Glaubhaftmachung vgl. einerseits Kalmes BB 90, 113, andererseits Strunk BB 90, 1530) oder an die Paßbehörde, wenn der Betroffene sich seinen steuerlichen Verpflichtungen entziehen will (vgl. § 7 I Nr. 4, § 8 PaßG). Ein zwingendes öffentliches Interesse wird von der hM ferner angenommen bei der Mitteilung steuerlicher Unzuverlässigkeit an Gewerbebehörden im gewerberechtlichen Untersagungsverfahren nach § 35 GewO, dies jedoch nur im Rahmen des Verhältnismäßigkeitsprinzips und unter Beschränkung auf solche Steuerrückstände, die mit der Ausübung des Gewerbes, das untersagt werden soll, im Zusammenhang stehen (vgl. BFH NVwZ **88**, 474, ferner BVerwGE **65** 6, NVwZ **88**, 432, FG Hamburg EFG **70** 292, OVG Hamburg MDR **81**, 697, OVG Münster BB **76**, 771, Erl. d. BFinMin v. 17. 12. 1987 zur Auskunftserteilung an Gewerbebehörden in gewerberechtlichen Verfahren BStBl. I 1988, 2 [auch NVwZ **88**, 417], Koch/Wolter aaO 111, Lührs MDR 96, 22, Meier GewArch 85, 319, Mohl/München, Städte und Steuergeheimnis, Kommunale Steuer-Zeitschrift [KStZ] **94**, 29, Schäfer LK[10] 73; and. Arndt GewArch 88, 281, Goll NJW 79, 96, Tipke/Kruse § 30 AO RN 68). Noch kein zwingendes öffentliches Interesse an einer Offenbarung gegenüber der zuständigen Behörde begründen dagegen andere gewerberechtliche Verstöße (zB Fehlen einer Erlaubnis), wenn damit nicht erhebliche Gefahren für einzelne oder der Allgemeinheit verbunden sind. Nicht ausreichend ist ferner zB das Interesse an der Verfolgung bloßer Ordnungswidrigkeiten (arg. lit. a, b; vgl. Schäfer LK[10] 49; für Steuerordnungswidrigkeiten vgl. jedoch Abs. 4 Nr. 1), und auch bei Disziplinarverfahren dürfte ein zwingendes öffentliches Interesse allenfalls in besonders gravierenden Ausnahmefällen zu bejahen sein (vgl. auch Weyand wistra 88, 13).

6. Nach § 30 V AO dürfen ferner den Strafverfolgungsbehörden gegenüber **vorsätzlich falsche** 33 **Angaben des Betroffenen** offenbart werden. Grundgedanke der Vorschrift ist, daß zu einem Schutz des Steuergeheimnisses kein Anlaß besteht, wenn der damit verfolgte Zweck, von dem Steuerpflichtigen wahrheitsgemäße Angaben zu erlangen, nicht erreicht wird (vgl. Hoyer SK 30, Kuhlen NK 36, Klein/Rüsken § 30 AO Anm. 6). Gemeint sind deshalb in Abs. 5 nur vorsätzliche Falschangaben gegenüber der Finanzbehörde (Tipke/Kruse § 30 AO RN 59), und auch hier hat die Vorschrift wegen Abs. 4 Nr. 1 praktische Bedeutung nur, soweit die falschen Angaben nicht zugleich eine Steuerstraftat darstellen (zB falsche Anschuldigung). Wird durch die falschen Angaben lediglich ein früher begangenes Delikt verschleiert, ohne daß sie aber selbst einen Straftatbestand erfüllen (zB der Bestecherlohn wird als Honorar für eine erlaubte Nebentätigkeit deklariert), so gilt Abs. 5 gleichfalls nicht, da sonst die Beschränkung auf bestimmte Straftaten in Abs. 4 Nr. 5 a, b gegenstandslos wäre (Goll NJW 79, 96, Hoyer SK 30).

V. Für den **subjektiven Tatbestand** ist Vorsatz erforderlich; bedingter Vorsatz genügt. Zum Irrtum 34 über die Offenbarungsbefugnis vgl. § 203 RN 71, § 206 RN 40.

VI. Obwohl § 355 ein Sonderdelikt darstellt, findet § 28 auf **Teilnehmer** keine Anwendung (ebso. 35 MB-Niemeyer 841; and. Hoyer SK 4, Kuhlen NK 6, Maiwald JuS 77, 362, Otto II 133, Schäfer LK[10] 76, Tröndle/Fischer 1). Daß dem Täter die fraglichen Tatsachen in einer bestimmten Eigenschaft bekannt geworden sein müssen, begründet für sich allein noch kein besonderes persönliches Merkmal i. S. des § 28, weil damit lediglich die Beziehung gekennzeichnet ist, in der das Rechtsgut verletzt werden kann. Aber auch die spezielle Eigenschaft als Amtsträger im Fall des Abs. 1 muß hier außer Betracht bleiben, da diesem in Abs. 2 Personen gleichgestellt sind, bei denen das Element einer besonderen personalen Pflichtverletzung völlig fehlt (vgl. insbes. Abs. 2 Nr. 2). Vgl. auch § 203 RN 73, § 353 b RN 23, § 206 RN 38.

VII. Idealkonkurrenz ist möglich mit den §§ 353 b, 353 d Nr. 1 und Nr. 3, während § 353 d 36 Nr. 2 hinter § 355 zurücktritt (and. Hoyer SK 33, Kuhlen NK 40, Lackner-Kühl 8, Schäfer § LK[10] 77: Idealkonkurrenz). Ferner kommt Idealkonkurrenz zwischen § 334 und Anstiftung zu § 355 in Betracht (vgl. zu § 333 a. F. RG **71** 74; ebenso Tröndle/Fischer 17). Dagegen ist § 355 lex specialis gegenüber den §§ 203, 204 (Hoyer SK 33, Kuhlen NK 40, Lackner/Kühl 8).

VIII. Zum Verlust der **Amtsfähigkeit** vgl. § 358. 37

IX. Nach **Abs. 3** wird die Tat nur auf **Antrag** des Dienstvorgesetzten oder des Verletzten verfolgt, 38 bei amtlich zugezogenen Sachverständigen (Abs. 2 Nr. 2) mangels eines Dienstvorgesetzten auch auf

§ 356 1–3   Bes. Teil. Straftaten im Amt

Antrag des betreffenden Behördenleiters (vgl. auch MB-Niemeyer 842). Dies entspricht im Prinzip den §§ 205 (für § 203) und 353 b IV, nicht dagegen § 206 (Offizialdelikt). Die Berechtigung für diese Abweichung von § 206 wird darin gesehen, daß das Steuergeheimnis keinen Verfassungsrang besitze und dem Willen der Beteiligten hinsichtlich der Regelung der Rechtsbeziehungen und hinsichtlich der Lösung von Streitfragen im Verhandlungswege in Steuersachen eine weitaus größere Bedeutung zukomme als im Post- und Fernmeldeverkehr (vgl. EEGStGB 288). Zur Frage, wer als Verletzter antragsberechtigt ist, gilt Entsprechendes wie bei §§ 203, 205; vgl. § 205 RN 5. Die Antragsberechtigung des Dienstvorgesetzten ist unabhängig davon, ob das Dienstverhältnis noch besteht oder inzwischen erloschen ist; die Zuständigkeit bestimmt sich nach § 77 a (Dienstvorgesetzter z. Z. der Tat).

§ 356 Parteiverrat

(1) **Ein Anwalt oder ein anderer Rechtsbeistand, welcher bei den ihm in dieser Eigenschaft anvertrauten Angelegenheiten in derselben Rechtssache beiden Parteien durch Rat oder Beistand pflichtwidrig dient, wird mit Freiheitsstrafe von drei Monaten bis zu fünf Jahren bestraft.**

(2) **Handelt derselbe im Einverständnis mit der Gegenpartei zum Nachteil seiner Partei, so tritt Freiheitsstrafe von einem Jahr bis zu fünf Jahren ein.**

Schrifttum: Bauer, Kollisionsgefahr in Kfz-Haftpflichtprozessen, NJW 70, 1030. – *Cüppers*, Parteiverrat, NJW 47, 4. – *Dingfelder/Friedrich*, Parteiverrat, 1987. – O. *Geppert*, Der strafrechtliche Parteiverrat bei der Vertretung gemeinsamer Interessen, MDR 59, 352. – *ders.*, Der Täterkreis beim strafrechtlichen Parteiverrat, NJW 60, 1043. – *ders.*, Vorsatz und Irrtum beim strafrechtlichen Parteiverrat, MDR 60, 623. – *ders.*, Der strafrechtliche Parteiverrat, 1961. – *Gerhardt*, Kollisionsgefahr in Kfz-Haftpflichtprozessen, NJW 70, 313. – *Haferland*, Die strafrechtliche Verantwortlichkeit des Verteidigers, 1929. – *Holz*, Parteiverrat in Strafsachen, 1996. – *Knebel*, Probleme bei der Zusammenarbeit eines RA mit Unfallhelfern, VersR 72, 409. – *Neumeyer*, Prävarikation, VDB IX, 503. – *Pfeiffer*, Parteiverrat als straf- und standesrechtliches Problem, Koch-FG 127. – *Roesen*, Der Parteiverrat in der Rechtsprechung des Reichsgerichts, JW 38, 649. – *Schmidt-Leichner*, Zur Problematik der Parteiverrats, NJW 53, 404. – *ders.*, Strafverteidigung und Parteiverrat, NJW 59, 133. – *Thomas*, Der Begriff der Identität bei der Prävarikation, 1963. – *Welzel*, Der Parteiverrat und die Irrtumsprobleme, JZ 54, 276. – K. *Wolff*, Der Parteiverrat des Sachwalters, 1930.

Vorbem.: nach § 42 des Ges. zur Umsetzung von Richtlinien der Europäischen Gemeinschaft auf dem Gebiet des Berufsrechts der Rechtsanwälte stehen für die Anwendung der Vorschrift europäische Rechtsanwälte den deutschen Rechtsanwälten und Anwälten gleich.

1   I. Dem Tatbestand des **Parteiverrats** liegt der Gedanke zugrunde, daß Anwälte und Rechtsbeistände, wenn sie sich ihren Mandanten gegenüber pflichtwidrig verhalten, das Vertrauen der Öffentlichkeit in das ordnungsgemäße Funktionieren ihres Berufsstandes erschüttern; geschütztes Rechtsgut ist daher das Vertrauen der Allgemeinheit in die Zuverlässigkeit und Integrität der Anwalts- und Rechtsbeistandsschaft (BGH **15** 336, Bay NJW **59**, 2224, **81**, 832, Hübner LK[10] 9, Geppert, Parteiverrat 29 ff.). Die Schutzwürdigkeit dieses Rechtsguts folgt daraus, daß Anwälte und sonstige Rechtsbeistände unverzichtbare Aufgaben in unserem Rechtswesen zu erfüllen haben und die Rechtsuchenden zur Wahrung ihrer Interessen nicht nur weitgehend darauf angewiesen, sondern auch gesetzlich verpflichtet sind, sich bei der Durchsetzung ihrer Rechte eines Anwalts zu bedienen (Rudolphi SK 3). Freilich wird durch das Verbot, pflichtwidrig in derselben Rechtssache auch der Gegenpartei Beistand zu leisten, auch der Auftraggeber mittelbar geschützt. Dies findet insb. Berücksichtigung bei Abs. 2, der die Prävarikation durch einen Treubruch gegenüber der eigenen Partei hinsichtlich Abs. 1 qualifiziert (zum Verhältnis der beiden Tatbestände vgl. u. 3). Daraus kann jedoch nicht der Schluß gezogen werden, bei § 356 handele es sich um eine Art Untreuedelikt gegenüber der Partei; daraus folgt u. a., daß die Einwilligung der Partei unbeachtlich ist (vgl. BGH **15** 336, NStZ **85**, 74, Hübner LK[10] 131, Rudolphi SK 6).

2   Die Einreihung des § 356 in die Amtsdelikte beruht darauf, daß die Anwälte in einem großen Teil Deutschlands staatliche Beamte waren, als das StGB geschaffen wurde (zur historischen Entwicklung der „Prävarikation" vgl. Hübner LK[10] 2 ff.). Da diese Voraussetzungen fortgefallen sind, können aus der systematischen Stellung keine Folgerungen für die Auslegung des Tatbestands oder die Bestimmungen des Täterkreises gezogen werden. Beim Parteiverrat handelt es sich lediglich um ein Berufsvergehen für Anwälte und andere Rechtsbeistände (BGH **20** 42).

3   § 356 enthält **zwei Tatbestände**. In Abs. 1 ist der Fall geregelt, daß ein Anwalt in dieser Funktion für mehrere Parteien innerhalb der gleichen Rechtssache tätig wird. Insoweit liegt ein abstraktes Gefährdungsdelikt vor; es ist also unerheblich, ob durch seine Tätigkeit die Interessen der jeweils vertretenen Partei beeinträchtigt werden oder nicht; andererseits wird der Tatbestand nicht schon durch eine Standeswidrigkeit iSv §§ 45 Nr. 2, 177 II Nr. 2 BRAO erfüllt (Stuttgart NJW **86**, 348 m. Anm. Gatzweiler NStZ 86, 413 u. Dahs JR 86, 349). Abs. 2 enthält dagegen den Fall der „Untreue" des Sachwalters; es handelt sich insoweit um einen qualifizierten Fall des Parteiverrats, durch den Ansehen und Vertrauen in den Berufsstand in besonderem Maße in Mitleidenschaft gezogen werden (Hübner LK[10] 148, Rudolphi SK 4, Geppert, Parteiverrat 151 u. Welzel JZ 55, 455; and. 20. A. RN 2). Hier ist nicht erforderlich, daß der Anwalt für beide Parteien tätig wird, sondern daß er im Ein-

vernehmen mit einer anderen Partei die Interessen seiner Partei beeinträchtigt, zB durch absichtliches Verstreichenlassen einer Rechtsmittelfrist. Insoweit handelt es sich daher auch um ein Delikt gegen die vertretene Partei.

II. Täter kann nur sein, wer – erstens – Anwalt oder Rechtsbeistand ist und wem – zweitens – in dieser Eigenschaft Rechtsangelegenheiten anvertraut sind. Der Täterkreis wird also nicht bloß durch die Zugehörigkeit zu einem bestimmten Beruf, sondern auch durch die Begründung einer Treupflicht gekennzeichnet. Der Tatbestand enthält folglich ein echtes Sonderdelikt (Tröndle/Fischer 1, Hübner LK[10] 5); auf Beteiligte, die nicht diese besonderen Eigenschaften aufweisen, also zB auch ein Anwalt, der einen Kollegen zu § 356 anstiftet, kommt § 28 I zur Anwendung (vgl. u. 25).

1. Anwälte sind zunächst alle im Inland zugelassenen Rechts- und Patentanwälte (§§ 4ff. BRAO). Auch der Syndikus (§ 46 BRAO) eines privaten oder öffentlichen Unternehmens, der als Rechtsanwalt zugelassen ist, kommt als Täter in Betracht, sofern er als unabhängiges Organ der Rechtspflege tätig wird und nicht bloß weisungsgebundene Syndikusdienste leistet (Rudolphi SK 7, Hübner LK[10] 15; vgl. auch Stuttgart NJW **68**, 1975). Gleiches gilt für den Justitiaranwalt (§ 46 BRAO, BGH **22** 334), den Patentanwaltssyndikus (BGHZ **62** 154) und den im Inland zugelassenen ausländischen Anwalt oder Patentanwalt (Hübner LK[10] 15), nicht jedoch für den nur im Ausland zugelassenen Anwalt. Erfaßt werden von § 356 auch Notare, obwohl die Vorschrift angeblich noch nie auf sie angewendet wurde (vgl. Lüderssen, Triffterer-FS 343), der Anwaltsnotar und der Notaranwalt (§ 3 BNotO), der allgemein bestellte Anwaltsvertreter (§§ 53, 161 BRAO, Rudolphi SK 9; and. Hübner LK[10] 15).

Notwendig ist, daß der Anwalt seinen Beruf als unabhängiger Sachwalter von Parteiinteressen ausübt, weshalb ein Anwalt bei seiner Tätigkeit als Konkursverwalter (BGH **13** 231), Testamentsvollstrecker (EGH **14** 93, Rudolphi SK 7) oder Vormund (BGH **24** 191), bei der er unter Kontrolle des Konkurs-, Nachlaß- oder Vormundschaftsrichters ein ihm übertragenes Amt ausübt, nicht als tauglicher Täter des § 356 in Betracht kommt; entsprechendes gilt, wenn er sich als Makler (EGH **14** 103) oder Generalbevollmächtigter (EGH **30** 181) betätigt. Auch die Beratung in der privaten Sphäre begründet noch nicht die Pflichten des § 356; zum Parteiverrat gehört es, daß der Anwalt beiden Parteien beruflich in seiner Eigenschaft als Anwalt dient (BGH **20** 41; vgl. u. 8).

2. Rechtsbeistände sind Personen, die in einer vom Staat anerkannten Art beruflich Rechtsbeistand leisten oder die vor einer Rechtspflegebehörde kraft allgemeiner gesetzlicher Vorschrift oder kraft Zulassung im Einzelfall auftreten. Erforderlich ist nicht, daß der Rechtsbeistand zugleich eine amtsträgerähnliche Stellung innehat, sondern vielmehr, er ist unabhängiger Sachwalter von Parteiinteressen ist (Rudolphi SK 8, M-Maiwald II 257). Demzufolge gehören hierher der Rechtsbeistand nach dem Rechtsberatungsgesetz (M-Maiwald II 257, Hübner LK[10] 26, Rudolphi SK 9; and. Saarbrücken NJW **60**, 306, Bremen NJW **67**, 2418, Tröndle/Fischer 2), der Abwickler einer Anwaltskanzlei (§ 55 BRAO, Hübner LK[10] 24), der Prozeßvertreter vor dem Arbeits- oder Sozialgericht (§ 11 ArbGG, §§ 73, 166 SGG), der gem. §§ 141, 142 StPO zum Verteidiger bestellte Rechtskundige (Rudolphi SK 9, Tröndle/Fischer 2; and. Hübner LK[10] 29 mwN pro et contra), der Hochschullehrer als Verteidiger gem. § 138 StPO (M-Maiwald II 257, Lackner/Kühl 2; and. Hübner LK[10] 30) sowie der Prozeßagent gem. § 157 ZPO (Rudolphi SK 9, Hübner LK[10] 26, M-Maiwald II 257). Auch die ständig angestellten Rechtsbeistände höherer Verwaltungsbehörden (Justitiare) und die Verteidiger nach § 392 AO sind hierher zu rechnen. Dem Rechtsbeistand iSv § 356 unterfallen allerdings nicht diejenigen, die nicht zugelassen sind, also unerlaubt Rechtsrat erteilen (Hübner LK[10] 32). Zu Testamentsvollstreckern, Konkursverwaltern usw. vgl. o. 6. Ebensowenig gehört der Rechtspfleger, der im Rahmen seiner Zuständigkeit Rechtsantragstellern Rat erteilt, zum Täterkreis (and. Lappe Rpfleger 85, 94).

Von der hier dargestellten Auffassung abweichend wird zT angenommen, daß nur solche Personen als Täter in Betracht kämen, die als Amtsträger den Beamten gleichgestellt seien (RG **51** 220, **73** 126). Danach fielen die Prozeßagenten und die Rechtsbeistände nach dem Rechtsberatungsgesetz nicht unter § 356 (Blei II 447, Tröndle/Fischer 2; dagegen M-Maiwald II 257). Noch enger Geppert NJW 60, 1045, Parteiverrat 35ff., der nur Rechtsanwälte, Patentanwälte, Verwaltungsräte und deren amtlich bestellten Vertreter zum Täterkreis des § 356 rechnet. Hübner LK[10] will alle Gelegenheitsbeistände und -verteidiger § 356 ausscheiden, so daß der nach §§ 141, 142 StPO als Verteidiger bestellte Rechtskundige sowie der als Verteidiger gewählte Rechtslehrer nach § 138 StPO nicht zum tauglichen Täterkreis gehören würden.

3. Dem Anwalt usw. muß die Angelegenheit **anvertraut** sein, d.h. der Mandant muß ihm die Rechtssache (vgl. dazu Hübner LK[10] 109) zwecks Wahrnehmung seiner Interessen mitgeteilt haben; kein Anvertrauen liegt allerdings vor, wenn der Anwalt das Mandat unverzüglich zurückweist (Rudolphi SK 11). Ein Anvertrauen umfaßt nicht bloß die Mitteilung von Geheimnissen, sondern alle das Auftragsverhältnis betreffenden Tatsachen, unabhängig davon, ob sie dem Anwalt durch seinen Auftraggeber oder aus anderen Quellen bekannt geworden sind (BGH **18** 193, Rudolphi SK 11). Schriftliche Bevollmächtigung oder Erteilung eines Klageauftrages (RG **62** 291) sind keine Begriffsmerkmale des Anvertrauens (Hübner LK[10] 114), ausreichend ist vielmehr, daß dem Anwalt die Interessenwahrnehmung übertragen wurde. Auch die Übergabe zur Interessenwahrnehmung an einen Angestellten des Anwalts kann hierfür ausreichen (vgl. Rudolphi SK 11, Hübner LK[10] 115). In seiner Eigenschaft als Anwalt bzw. Rechtsbeistand muß die Angelegenheit dem Täter anvertraut worden

§ 356 9–12 Bes. Teil. Straftaten im Amt

sein; das ist der Fall, wenn die Mitteilung im Hinblick auf seine Stellung als Anwalt oder Rechtsbeistand erfolgt ist (RG 62 293). Das Anvertrautsein endet nicht mit Ende des Mandats, so daß der anvertraute Verfahrensstoff bei einem anderen Auftragsverhältnis wieder rechtliche Bedeutung gewinnen und einen Interessengegensatz (u. 17) herbeiführen kann (BGH 34 191; Bay 94 193.

9   Betraut der Mandant einen **Soziusanwalt** mit einer Rechtssache, so ist diese regelmäßig allen Sozien anvertraut (vgl. BGH 20 41, Hamm NJW 55, 803; vgl. auch BGHZ 56 355). Dies gilt aber nicht gegenüber später in die Sozietät eintretenden Anwälten, sofern diese sich nicht nach ihrem Eintritt mit der Sache befassen (vgl. Stuttgart NJW 86, 948 m. Anm. Dahs JR 86, 349 u. Gatzweiler NStZ 86, 413); zu den verschiedenen Konstellationen im Sozietätsverhältnis vgl. Dahs JR 86, 349; vertritt der später eintretende Sozius die Gegenpartei, so kommt eine Standeswidrigkeit in Betracht. Für das **Straf-** und **Bußgeldverfahren** hat das BVerfG (BVerfGE 43 79, 45 354) entschieden, daß diese Verfahren idR streng personenbezogen sind und somit verschiedene Beschuldigte auch durch die verschiedenen Anwälte einer Sozietät vertreten werden können (Pfeiffer Koch-FG 135). Die Prozeßvollmacht an sich begründe noch keine Verteidigerstellung, sondern gebe nur Auskunft darüber, wem der Beschuldigte der Verteidigerstellung angetragen, nicht aber, welcher Anwalt die Wahl angenommen habe. Dies folge üblicherweise erst daraus, daß der Anwalt sich im Verfahren ausdrücklich oder konkludent zum Verteidiger bestelle. Für das Anvertrautsein komme es nicht darauf an, daß ein Anwalt einer Sozietät die bloße Möglichkeit der Einsichtnahme in „gegnerische" Akten hat und so Kenntnis von Tatsachen erlangen kann, die im Interesse des Gegners zuwiderlaufen. Im Einklang mit dieser Rechtsprechung vertritt nunmehr auch der BGH (BGH 40 188) die Auffassung, daß eine Rechtssache nur einem Mitglied einer Sozietät anvertraut werden kann (and. Hübner LK[10] 38, Geppert Parteiverrat 110). Einer solchen ausdrücklichen oder schlüssigen Mandatsbeschränkung steht auch nicht entgegen, daß die Prozeßvollmacht auf die Namen aller Sozii lautet (BGH aaO). Dem ist zuzustimmen, weil es je nach Größe der Sozietät, Spezialisierung der Anwälte, Arbeitsverteilung nach Sozietätsvertrag sowie der konkret vorgenommenen und der Sozietät konkretisierten Mandatsverteilung angebracht sein kann, von der Beauftragung eines Anwalts innerhalb der Sozietät auszugehen (vgl. zum Strukturwandel der Sozietäten Dahs JR 86, 349). Bei bloßer Bürogemeinschaft erstreckt sich die Mandatierung ohnehin nicht auf die anderen Anwälte (Rudolphi SK 11, Pfeiffer Koch-FG 127, 134).

10   III. Die **Handlung** besteht darin, daß der Täter in derselben Rechtssache beiden Parteien durch Rat oder Beistand dient. Der Anwalt muß also für **beide** Parteien tätig geworden sein (Stuttgart NJW 86, 948, Gatzweiler NStZ 86, 414). Dieses Dienen ist neben dem Anvertrautsein als selbständiges Tatbestandsmerkmal festzustellen. Für die Sozietät bedeutet dies, daß auch für den Fall, daß eine Rechtssache allen Sozien anvertraut ist, das Dienen eines Sozietätsanwalts den anderen Sozien nicht als eigenes Dienen zugerechnet werden kann (OLG Stuttgart NJW 86, 949). Die bloße Mandatserteilung und Annahme, Ablehnung oder der Widerruf des Mandats sowie Handlungen, die in der Vorbereitung sachlicher Dienste steckenbleiben, stellen noch kein Beistandleisten iSv § 356 dar. Da die Tatsache, daß ein Anwalt auf der Prozeßvollmacht genannt ist, schon keine Aussage über das Anvertrautsein zuläßt, sind Rückschlüsse auf ein Dienen erst recht nicht zulässig (vgl. o. 9).

11   1. Es muß sich in beiden Fällen um **dieselbe Rechtssache** handeln. **Rechtssachen** sind alle Angelegenheiten, bei denen mehrere Beteiligte in (möglicherweise) entgegengesetztem Interesse einander gegenüberstehen können (BGH 18 192, Tröndle/Fischer 5). Auch Strafsachen gehören hierzu (BGH 5 285, 304, Holz aaO), weiter die Angelegenheiten der freiwilligen Gerichtsbarkeit und das Konkursverfahren (BGH 7 19). Weder auf die Form noch auf die Einheitlichkeit des Verfahrens kommt es an, so daß ein Zivilprozeß und ein Strafverfahren dieselbe Rechtssache zum Gegenstand haben können (BGH 5 304, GA 61, 203), zB wenn ein Anwalt den Schädiger in einem Ordnungswidrigkeiten- oder Strafverfahren und den Unfallgeschädigten gegenüber der gegnerischen Versicherung vertritt (Bay 94 193 mwN; zur Vertretung der einen Partei durch den Sozius vgl. o. 9).

12   Maßgebend dafür, ob **dieselbe** Rechtssache vorliegt, ist der sachlich-rechtliche Inhalt der **anvertrauten Interessen,** also das **materielle Rechtsverhältnis,** nicht nur der einzelne Anspruch daraus (RG 23 65, 60 299, 62 156, 294). Es muß sich um denselben Streitstoff handeln; entscheidend ist also die Identität des Sachverhalts, mag dieser auch in Verfahren verschiedener Art und Zielrichtung von Bedeutung sein (BGH 5 304, 9 341, 18 392, 34 191). Dieselbe Rechtssache liegt zB bei den Ansprüchen gegen Hauptschuldner und Ausfallbürgen vor (RG HRR 35 Nr. 633) oder bei der Durchsetzung einer gepfändeten Forderung gegen den Drittschuldner, den der Anwalt im Prozeß des Pfändungsschuldners vertreten hatte (Bay NJW 59, 2224), oder beim Wiederaufnahmeverfahren eines zu Strafe Verurteilten und dem Strafverfahren gegen einen Zeugen der früheren Hauptverhandlung (BGH 5 304); zur Frage, ob die Verteidigung eines Angeklagten und der Beistand gegenüber einem tatverdächtigen Zeugen zulässig ist vgl. Zweibrücken NStZ 95, 35 m. Anm. Dahs, NStZ 95, 16 u. Müller NStZ 97, 424, jedenfalls ist die gleichzeitige Vertretung des Beschuldigten und des Opferzeugen unzulässig. Das gleiche Rechtsverhältnis ist ferner dann gegeben, wenn der Anwalt nach einem Verkehrsunfall den Unfallverursacher im Bußgeld- oder Strafverfahren und den Unfallgeschädigten im Schadensersatzprozeß gegen den Haftpflichtversicherer vertritt (Bay NJW 95, 606, Müller NStZ-RR 98, 65), ferner dann, wenn ein Anwalt bei mehreren Unterhaltsprozessen vor einem Prozeßvergleich die eine, nach diesem die andere Partei vertritt (RG 60 298) oder wenn aus demselben Kaufabschluß wegen falscher Zusicherung des Verkäufers Ansprüche des Käufers gegen den Verkäufer selbst und

außerdem gegen den Vermittler verfolgt werden (RG JW **37**, 2964); weiter sind etwa die häuslichen und ehelichen Beziehungen zwischen Eheleuten, aus denen sich verschiedene Rechtsansprüche ergeben, dieselbe Rechtssache (RG JW **26**, 1570, HRR **40** Nr. 714). Vgl. ferner noch RG **58** 247, JW **29**, 1885, HRR **38** Nr. 1443, **39** Nr. 272, BGH NJW **53**, 430 m. zust. Anm. Schmidt-Leichner, Bay NJW **89**, 2903, München NJW **50**, 239 m. Anm. Cüppers, Koblenz NJW **85**, 1177, Geppert, Parteiverrat 59 ff.

2. In beiden Fällen müssen die **gleichen Parteien** beteiligt sein. Unter **Parteien** sind hier die an der Rechtssache als solcher beteiligten Personen zu verstehen, jedoch ist idR nicht eine Behörde, sondern das Gemeinwesen, das sie vertritt, Partei iSd § 356 (Bay GA **72**, 314). Die Parteien brauchen keine Prozeßparteien (RG **71** 115) oder sonst förmlich beteiligt zu sein; es genügt eine sachliche Identität der für die Parteien vertretenen Rechtsangelegenheiten in der Weise, daß sich der zugrunde liegende Sachverhalt in beiden Fällen ganz oder zT deckt, wobei gleichgültig ist, ob er im ersten Falle nur für einen oder beide Beteiligte rechtliche Konsequenzen gehabt hat (vgl. BGH AnwBl. **62**, 221, Hamm NJW **55**, 803). Im Strafprozeß sind Beschuldigter und der durch die Tat Verletzte Parteien (BGH **3** 400, **5** 285), auch wenn weder Privat- noch Nebenklage vorliegt. Dagegen sind nicht die anderen Beschuldigten Partei, gleichgültig, ob sie Mittäter, Nebentäter oder Teilnehmer waren (Frankfurt NJW **55**, 880, Rudolphi SK 20, Schmidt-Leichner NJW 59, 133; and. Oldenburg NStZ **89**, 533, Stuttgart NStZ **90**, 542 m. Anm. Geppert, Zweibrücken StV **94**, 487 [insb. für den als Alternativtäter in Betracht zu ziehenden Zeugen] m. Bsp. Dahs NStZ 95, 16, Dahs NStZ 91, 563, Geppert NJW 58, 1959, Parteiverrat 78 ff., M-Maiwald II 259, Tröndle/Fischer 5); daß eine bestimmte Person an einem bestimmten Parteiverlauf an der tatsächliche Interesse hat, macht sie nicht zur Partei (RG **66** 321). Zur Parteistellung im Strafverfahren vgl. eingehend Dahs NStZ 91, 561 ff. Im Konkursverfahren ist auch der Gemeinschuldner Partei (BGH **7** 19). Zwischen den Parteien braucht noch kein Streitpunkt hervorgetreten zu sein; es ist nicht erforderlich, daß sie einander kennen und von dem Widerstreit ihrer Belange etwas wissen (RG **66** 320, **71** 115). Berufliche eigene Interessen kann der Anwalt seinem früheren Mandanten gegenüber geltend machen; er darf dabei jedoch nicht zugleich fremde Interessen wahrnehmen, mögen diese auch auf demselben rechtlichen Grunde wie seine eigenen Ansprüche beruhen (BGH **12** 96).

3. Der Anwalt muß beiden Parteien **pflichtwidrig gedient** haben.

a) Unter **Dienen** ist die gesamte berufliche Tätigkeit eines Rechtsanwalts usw. durch Rat und Beistand zu verstehen (BGH **7** 19, NStZ **85**, 74). Das Dienen ist nicht auf die Prozeßvertretung beschränkt, sondern trifft auch die Erteilung eines Rates außerhalb des Prozesses (RG **45** 306, **62** 291, JW **37**, 3304). Ist jedoch der Anwalt zunächst nur unparteiischer Mittler der Parteien bei der Formulierung eines Vertrages gewesen, so hat er damit nicht **einer** Partei gedient; § 356 ist daher nicht gegeben, wenn er später bei Streitigkeiten aus dem Vertrag die eine Partei gegen die andere vertritt (BGH AnwBl. **55**, 69). Umstritten ist, ob als Dienen iSd § 356 auch eine Tätigkeit anzusehen ist, die außerhalb des eigentlichen Berufsbereiches liegt. Geht man davon aus, daß es sich bei § 356 um ein Berufsvergehen handelt (vgl. o. 2, Hübner LK[10] 4 f.), ist zu folgern, daß außerberufliches Dienen, etwa die private Erteilung eines Rechtsrates durch den Anwalt, keinen Parteiverrat begründet (BGH **20** 41, **24** 191, Hübner LK[10] 43, M-Maiwald II 259, Rudolphi SK 24; and. Geppert, Parteiverrat 117, hier 20. A.). Die Tätigkeit muß aber auch nicht typisch anwaltlich sein (Zweibrücken StV **94**, 488).

Der Anwalt dient einer Partei **nicht** schon dadurch, daß er, ohne für sie tätig zu werden, **objektiv in ihrem Interesse** handelt. Deshalb ist § 356 nicht erfüllt, wenn der Anwalt nur für eine Partei tätig wird, aber in einer Weise, die ihr zum Nachteil und der Gegenpartei zum Vorteil gereicht, zB einen Prozeß mangelhaft führt (Rudolphi SK 23; and. Geppert, Parteiverrat 115 ff.; vgl. auch RG HRR **37** Nr. 1281). In solchen Fällen kommt jedoch Abs. 2 in Betracht, vgl. o. 1 ff. und u. 26. Umgekehrt ist bei einem anwaltlichen Tätigwerden für die Gegenpartei Abs. 1 auch dann gegeben, wenn der Anwalt damit – wie zB bei einer unrichtigen Beratung – allein die Interessen seines ersten Auftraggebers fördert.

b) **Pflichtwidrig** ist das Dienen dann, wenn der Täter einer Partei Rat und Beistand leistet, nachdem er einer anderen Partei in derselben Sache, aber im entgegengesetzten Sinne, bereits Rat und Beistand gewährt hat (RG **23** 67, BGH **5** 286, 306, **7** 20); zur Beratung beider Parteien im Scheidungsverfahren vgl. BGH NStZ **82**, 332, **85**, 74, BGHR Rechtssache **1**. Dies gilt auch dann, wenn das alte Mandat erledigt ist (RG **66** 104, Bay NJW **89**, 2903, BGH **34** 191). Ein Rechtsanwalt dient auch dann beiden Parteien pflichtwidrig, wenn er im Rahmen zweier Mandate denselben Rechtsstandpunkt zu dem ihm anvertrauten Sachverhalt vertritt, dies aber nunmehr den Interessen des ersten Mandanten zuwiderläuft (BGH **34** 190 m. Anm. Dahs JR 87, 476). Entscheidend ist also der **Interessengegensatz** zwischen den Parteien, denen der Anwalt dient. Für Rechtsanwälte ist dieser Grundsatz ausdrücklich in § 45 Nr. 2 BRAO ausgesprochen; er gilt in gleicher Weise auch für andere Rechtsbeistände. Diese Bestimmung ist Bestandteil des Tatbestandes des § 356 (BGH **7** 263; vgl. auch u. 23 f.). Ob man dabei den Interessengegensatz der Parteien aus den Begriffen „dieselbe Rechtssache" und „beide Parteien" als dem Tatbestand immanent folgert (so Welzel JZ 54, 276, Geppert MDR 59, 161, Parteiverrat 87) oder § 356 als Blankettgesetz und durch § 45 BRAO ergänzt ansieht (so der BGH), macht iE nichts aus. Wann ein solcher Interessengegensatz vorliegt, kann zweifelhaft sein. Hierzu gelten folgende Grundsätze:

18 α) Ob die **Interessen** der Parteien objektiv, d. h. vom Standpunkt der Parteien unabhängig (Lackner/Kühl 7, Welzel 524 f., Geppert, Parteiverrat 99), oder subjektiv, d. h. von der Zielsetzung der Parteien her (BGH **5** 307, **7** 20), bestimmt werden müssen, ist umstritten. Zur Lösung wird zu differenzieren sein: Im Strafprozeß hat der Anwalt die Interessen des Angekl. auf Freispruch und auf eine milde Strafe zu verfolgen, er unterliegt aber nicht den Weisungen seines Mandanten, sondern dient auch den Interessen einer am Rechtsstaatsgedanken ausgerichteten Strafrechtspflege (BGH **29** 106), so daß eine subjektive Disposition des Mandanten über diese Interessen nicht möglich ist und nur eine **objektive** Bestimmung des Interessengegensatzes in Frage kommt (Kohlrausch-Lange III, Rudolphi SK 27, Hübner LK[10] 83, M-Maiwald II 259). Dies gilt nicht uneingeschränkt für Ehescheidungssachen, da das frühere Schuldprinzip durch das Zerrüttungsprinzip ersetzt wurde. Hiernach steht es den Ehegatten frei, einverständlich die Voraussetzungen einer Ehescheidung herbeizuführen, wenn sie neben dem Getrenntleben eine Übereinkunft über sämtliche Folgesachen, iSv § 630 I Nrn. 2, 3 ZPO herbeiführen (vgl. Bay NJW **81**, 833). In diesem Fall besteht zwischen den Parteien kein Interessengegensatz (Bay aaO, Rudolphi SK 27; and. Hübner LK[10] 83 f.; für das alte Scheidungsrecht auch BGH **4** 82, **17** 306), anders aber, wenn die Übereinkunft nicht sämtliche Folgesachen umfaßt (Bay aaO). **Subjektiv** sind die Interessen der Parteien überall dort zu bestimmen, wo der Streitstoff der Parteidisposition unterliegt, also insb. in bürgerlich-rechtlichen Vermögensangelegenheiten (Hübner LK[10] 82, Rudolphi SK 28, vgl. auch BGH **7** 20). Es ist daher durchaus möglich, daß eine Beschränkung oder bestimmte Ausrichtung des Mandates den Interessengegensatz beseitigt (vgl. RG **71** 234, **72** 140), wobei ein unbeeinflußter und einsichtiger Wille vorausgesetzt wird. Unter diesem Gesichtspunkt sind Fälle denkbar, in denen mit der Erledigung des Auftrags auch sein Gegenstand zu bestehen aufhört (vgl. RG **66** 103). Ist zB ein Auftrag darauf beschränkt, einen bereits feststehenden Vertragsinhalt schriftlich niederzulegen, so betrifft ein späterer Rechtsstreit zwischen den Vertragsparteien nicht die Rechtssache iSd § 356, mit der der Anwalt früher befaßt gewesen war (BGH AnwBl. **55**, 69). Ein subjektiver Interessengegensatz fehlt zB auch, wenn der mit der Beitreibung einer Forderung beauftragte Rechtsanwalt vom Schuldner das Mandat übernimmt, ein Moratorium mit allen übrigen Gläubigern herbeizuführen, sofern die vollständige Befriedigung des Erstmandanten vereinbart und dieser Erstauftrag auch erledigt ist (Karlsruhe NStZ-RR **97**, 236).

19 β) Die **Grenzen,** in denen der Anwalt das Interesse der Partei zu verfolgen hat, werden insb. in bürgerlich-rechtlichen Vermögensangelegenheiten durch diese selbst bestimmt. Der Anwalt ist regelmäßig nicht befugt, sie gegen den Willen der Partei auf das ihm gerecht erscheinende Maß zu reduzieren. Freilich sind hier die Grenzen fließend und im Einzelfalle schwierig zu bestimmen. Verhandelt der Anwalt mit beiden Parteien über den Abschluß eines Vergleichs, so muß er dabei über das einseitige Interesse seiner Partei hinaus ein höheres Interesse der Gerechtigkeit im Auge haben und sich um das bemühen, was er als einen gerechten Ausgleich ansieht. Bedenklich ist jedenfalls die allgemeine Formulierung in BGH **7** 21. Eine Pflichtwidrigkeit liegt sicher dann nicht vor, wenn die Partei sich mit Vergleichsbemühungen ihres Anwalts einverstanden erklärt hat (RG JW **29**, 3169); ebensowenig dann, wenn zwei Parteien gemeinsam einen Rat verlangen (RG **14** 379, JW **29**, 3169). Bei einem späteren Prozeß darf er jedoch nicht eine Partei vertreten, wenn er auch für die andere tätig war (vgl. o. 8 a. E., Geppert, Parteiverrat 95 ff.). Vgl. noch RG **45** 309, **66** 105, **71** 234, JW **11**, 246, BGH **4** 82, Geppert aaO. Der Anwalt, der im Auftrag eines Straftäters die Verteidigung eines Beschuldigten übernimmt, der nach einem mit dem Täter gefaßten Plan die Straftat auf sich nimmt, und der diese Verteidigungsstrategie hinnimmt und aufrechterhält, begeht, da er damit gleichlaufende, nicht aber entgegengesetzte Interessen wahrnimmt, keinen Parteiverrat (BGH NStZ **82**, 465). Zur Pflichtwidrigkeit bei gleichzeitigem Tätigwerden für den Angeklagten und den als Alternativtäter in Betracht zu ziehenden Zeugen vgl. Zweibrücken StV **94**, 488.

γ) Der Interessengegensatz muß zum Zeitpunkt der Tat bestehen; es kommt nicht darauf an, ob seine Entwicklung vorauszusehen war, solange das frühere Auftragsverhältnis bestand (BGH **34** 192, Tröndle/Fischer 8).

20 δ) Die Pflichtwidrigkeit des Dienens wird nicht dadurch ausgeschlossen, daß der erste **Mandant** sich mit der Vertretung des anderen **einverstanden** erklärt hat (RG **71** 254, **72** 139, BGH **4** 82, **5** 287, **17** 306, **18** 198), und zwar gleichgültig, ob das erste Mandat beendet war (BGH **66** 104) oder noch bestand. Nur ausnahmsweise vermag das Einverständnis beider das entgegenstehende Interesse und damit die Pflichtwidrigkeit zu beseitigen (BGH **15** 335), so insb. bei Vergleichsverhandlungen und subjektiver Begrenzung des Mandats (vgl. Rudolphi SK 29 und o. 18 f.). Zur Frage der Rechtfertigung eines Parteiverrats durch Nothilfe oder Notstand vgl. BGH **34** 193 m. Anm. Dahs JR **87**, 476.

21 ε) Ein Interessengegensatz besteht **nicht** bei der Erwirkung **rein formaler,** die Interessen des früheren Mandanten nicht unmittelbar berührender **Akte,** so zB wenn ein Anwalt einen Pfändungs- und Überweisungsbeschluß erwirkt, obwohl er den Drittschuldner im Prozeß des Pfändungsschuldners vertreten hat (Bay NJW **59**, 2224). Dagegen ist ihm die zwangsweise Durchsetzung der gepfändeten Forderung verwehrt. Zur Pflichtwidrigkeit von Anwälten als „Unfallhelfer" vgl. Knebel VersR **72**, 409.

22 IV. Für den **subjektiven Tatbestand** ist **Vorsatz** erforderlich. Eine bestimmte Absicht des Täters braucht nach Abs. 1 nicht vorzuliegen, insb. nicht die Absicht, zum Nachteil einer Partei zu handeln. Der Täter muß also zunächst wissen, daß es sich um **„dieselbe Rechtssache"** handelt. Der BGH unterscheidet bei der Kenntnis dieses normativen Tatumstandes (BGH **15** 338) zwischen solchen Fällen, bei denen der Täter infolge Irrtums über die Sachlage die alte Sache in der neuen nicht wiedererkennt („Tatsachen, die das Merkmal derselben Rechtssache erfüllen", BGH **7** 262, **18** 195) und solchen, bei denen er den Begriff derselben Rechtssache unrichtig interpretiert (BGH **7** 263). Im ersten Falle wird Tatbestandsirrtum (§ 16 I), im zweiten „Subsumtionsirrtum" angenommen, der jedoch nicht als unbeachtlich, sondern im Rahmen des Verbotsirrtums als beachtlich bezeichnet wird (BGH **7** 263, vgl. auch Dahs NStZ 91, 565).

Entsprechendes wird auch zum normativen Tatbestandsmerkmal der **„Pflichtwidrigkeit"** angenommen, die iSe zwischen den Parteien bestehenden Interessengegensatz verstanden wird. Tatbestandsirrtum liegt hier vor, falls der Täter den Interessengegensatz nicht erkannt hat (BGH **3** 400, **4** 80, **5** 288, **7** 22, 263, **15** 338, GA **61**, 203, BGHR Pflichtwidrigkeit **2**, Bay NJW **95**, 607). Dagegen soll „Subsumtionsirrtum" (BGH **7** 23) iSv Verbotsirrtum (BGH **7** 23, 265, **9** 347, **17** 306) gegeben sein, falls der Täter seine Pflichten anders interpretiert, als es der Richter tut. Im Rahmen der Vermeidbarkeit ist jedoch eine gesteigerte Prüfungspflicht des Rechtsanwalts zu beachten (BGH **18** 197, Bay **94** 193, Lackner/Kühl 8, Dahs NStZ 91, 565 f.). Jedoch wird von BGH **7** 263 auch die Möglichkeit anerkannt, daß „infolge rechtsirriger Bewertung der Belange die Gegensätzlichkeit der Interessen nicht erfaßt wird" (Tatbestandsirrtum); ebenso BGH **15** 338. 23

Demgegenüber ist darauf hinzuweisen, daß bei normativen Tatumständen wie denen „derselben Rechtssache" und des „pflichtwidrigen Dienens" gerade wegen der normativen Natur dieser Merkmale ein Tatbestandsirrtum in Betracht kommt. Die irrtümliche Annahme, das Einverständnis beider Parteien gestatte dem Anwalt die Vertretung, hatten RG **60** 302, **62** 158, **71** 254 als außerstrafrechtlichen Irrtum mit vorsatzausschließender Wirkung angesehen. Dem kann nicht gefolgt werden; daher nehmen BGH **3** 400, **5** 311 folgerichtig Verbotsirrtum an. Über die Vermeidbarkeit des Irrtums durch Einholung des Rates erfahrener Kollegen vgl. BGH NJW **62**, 1832, AnwBl. **62**, 221. Kritik an der Irrtumsrspr. des BGH üben Gutmann AnwBl. 63, 90 und Dahs NStZ 91, 565 f.; vgl. auch § 17. 24

V. Die Partei, die lediglich die strafbaren Dienste annimmt, ist als notwendige Teilnehmerin straflos. Geht sie aber darüber hinaus und fördert sie dadurch den Parteiverrat (etwa durch Zahlung eines übermäßigen Honorars), so ist sie wegen **Anstiftung** oder **Beihilfe** strafbar (vgl. RG **71** 116 m. Anm. Schwinge JW 37, 1810); die Strafe ist gemäß § 28 I zu mildern. Zur Beihilfe wegen Erteilung einer Rechtsauskunft durch einen Anwaltskollegen vgl. BGH NJW **92**, 3047. 25

VI. Den eigentlichen **Verratstatbestand** enthält **Abs. 2**; vgl. o. 3. Er liegt vor, wenn der Täter im Einverständnis mit der Gegenpartei zum Nachteil seiner Partei handelt. Im Einverständnis mit der Gegenpartei handelt der Täter bei gemeinsamem Schädigungsbewußtsein und gegenseitigem Einverständnis; ein Konspirieren braucht nicht vorzuliegen. Das Handeln zum Nachteil erfordert nicht den objektiven Eintritt eines Nachteils; es genügt, daß der Täter den Willen hat, einer Partei Nachteil zuzufügen (Hübner LK[10] 150, M-Maiwald II 261, Rudolphi SK 32; and. Frank IV). Als Nachteil ist jede Beeinträchtigung der Rechtsverfolgung anzusehen. In subjektiver Hinsicht genügt insoweit bedingter Vorsatz. Zur Strafzumessung vgl. Köln NStZ **82**, 382. 26

VII. Idealkonkurrenz ist möglich mit §§ 203, 263, 266, 352. 27

§ 357 Verleitung eines Untergebenen zu einer Straftat

(1) **Ein Vorgesetzter, welcher seine Untergebenen zu einer rechtswidrigen Tat im Amt verleitet oder zu verleiten unternimmt oder eine solche rechtswidrige Tat seiner Untergebenen geschehen läßt, hat die für diese rechtswidrige Tat angedrohte Strafe verwirkt.**

(2) **Dieselbe Bestimmung findet auf einen Amtsträger Anwendung, welchem eine Aufsicht oder Kontrolle über die Dienstgeschäfte eines anderen Amtsträgers übertragen ist, sofern die von diesem letzteren Amtsträger begangene rechtswidrige Tat die zur Aufsicht oder Kontrolle gehörenden Geschäfte betrifft.**

I. Die Vorschrift bedroht Fälle der **Beteiligung im weitesten Sinne** an Amtsdelikten als selbständige Handlungen mit Strafe. Sie geht den allgemeinen Vorschriften über Anstiftung und Beihilfe vor und kommt auch dann allein zur Anwendung, wenn daneben die Voraussetzungen des § 26 oder § 27 (RG **68** 92 m. Anm. Klee JW 34, 1359) oder des § 30 (OGH **2** 30) gegeben sind. Zur Konstruktion der Vorschrift vgl. Hoyer, Die strafrechtliche Verantwortlichkeit innerhalb von Weisungsverhältnissen, 1998, 20. Die Bedeutung dieser Sondervorschrift liegt einerseits darin, daß die Strafmilderungen der §§ 27, 30 entfallen, die Beteiligung des Vorgesetzten (Aufsichtspflichtigen) daher immer als Täterschaft gewertet wird, und andererseits darin, daß eine Beteiligung selbst dann als Täterschaft gewertet wird, wenn der Untergebene unvorsätzlich handelt (vgl. u. 9) und dem Vorgesetzten die zur Täterschaft notwendigen besonderen Eigenschaften als Amtsträger (vgl. zB § 348) fehlen. In diesem Bereich gibt es also noch eine Urheberschaft (vgl. 30 f. vor § 25), was sich aus dem Begriff „Verleiten" ergibt; vgl. § 160 RN 1, 7. Ist der Vorgesetzte oder Aufsichtsbeamte selbst auch **Täter** (mittelbarer Täter, Mittäter) des vom Untergebenen begangenen Delikts, dann kommt § 357 nicht in Betracht (RG **67** 177, OGH NJW **50**, 436). Dies gilt auch bei Unterlassungsdelikten. Für die Aufhebung der Vorschrift Will, Die strafrechtliche Verantwortlichkeit für die Verletzung von Aufsichtspflichten, 1998, 254. 1

2 II. **Täter** kann in den Fällen des Abs. 1 nur der **Dienstvorgesetzte** des Amtsträgers sein. Er muß zwar selbst **Amtsträger** iSd § 11 I Nr. 4 sein (Lackner/Kühl 1), braucht jedoch nicht die Sondereigenschaft des Untergebenen zu besitzen (zB bei §§ 343 ff., 348). Über LG-Präsidenten als Vorgesetzte vgl. OGH **2** 26. Nach Abs. 2 steht dem Vorgesetzten der **Aufsichts-** oder **Kontrollbeamte** gleich (vgl. RG **68** 290). Auch für Abs. 2 reicht der Versuch einer Verleitung des Untergebenen aus; dies ergibt die Verweisung auf Abs. 1

3 Erforderlich ist weiter, daß die **Untergebenen,** die für die jeweilige Straftat im Amte notwendigen Eigenschaften aufweisen. Sie müssen also nicht unbedingt Amtsträger sein (so aber OGH NJW **50,** 436 zu § 357 aF).

4 III. Das Gesetz regelt **drei verschiedene Fälle.** Eingehend zu den Tathandlungen Andrews, Verleitung und Geschehenlassen im Sinne des § 357 StGB, 1996, 44 ff.

5 1. Die **vorsätzliche Verleitung** zu einem Amtsdelikt, also eine erfolgreiche Einwirkung zur Begehung des Amtsdelikts. Zum Verleiten genügt jede Art der Einwirkung (OHG **2** 30); auch das Verleiten zur unvorsätzlichen Tat (vgl. o. 1). Es ist nicht erforderlich, daß der Verleitende selbst Täter sein könnte.

6 2. Das **Unternehmen der Verleitung** zu einem Amtsdelikt. Hier wird die erfolglose Einwirkung mit Strafe bedroht (vgl. OGH **2** 28), und zwar auch bei bloßen Vergehen. Für den subjektiven Tatbestand genügt es, daß der Täter sich die von seinem Untergebenen zu begehende Straftat im Amt in ihren Hauptmerkmalen vorgestellt hat (OGH **2** 32, 37). Vgl. weiter § 30 RN 8, § 11 Abs. 1 Nr. 6 u. dort RN 46 ff.

7 3. Das **wissentliche Geschehenlassen** eines Amtsdelikts, also regelmäßig die Beihilfe durch Unterlassen dazu (vgl. 98 ff., 106 vor § 25). Diese Beihilfe wird hier als Täterschaft bestraft; das gleiche muß aber auch für die positive Beihilfe (der Vorgesetzte stellt dem Täter Formulare für eine Falschbeurkundung zur Verfügung) gelten. Voraussetzung für die Bestrafung ist, daß der Vorgesetzte oder Aufsichtsbeamte rechtlich und tatsächlich in der Lage ist, die strafbare Handlung zu verhindern (Bay **51** 199, Rudolphi SK 9).

8 Der Täter muß den Vorsatz eines Gehilfen haben, d. h. wissen, daß infolge seines Nichteingreifens die Tat so, wie sie erfolgt, begangen werden kann; bedingter Vorsatz ist ausreichend (RG HRR **37** Nr. 773).

9 4. In allen Fällen muß sich die Tat des Vorgesetzten oder Aufsichtsbeamten auf eine Handlung beziehen, die der **Untergebene „im Amte"** begeht. Bestritten ist jedoch, ob es sich um Amtsdelikte iS der §§ 331 ff. handeln muß. Eine derartige Beschränkung ist trotz des Wortlauts (rechtswidrige Tat im Amt) zweckwidrig, da entscheidend nicht die zT willkürliche Auswahl der Amtsdelikte, sondern nur die Tatsache sein kann, daß der Vorgesetzte seine amtliche Stellung dazu benutzt, um die amtliche Tätigkeit seines Untergebenen zu korrumpieren. Daher ist lediglich erforderlich, daß die strafbare Handlung in Ausübung des Amtes erfolgt. Andernfalls würde zB das Unbrauchbarmachen einer Urkunde (§ 133 III) unter § 357 fallen, nicht dagegen die unter den gleichen Voraussetzungen vorgenommene Fälschung, die als Allgemeindelikt nur nach § 267 erfaßt ist. Wie hier zB BGH **3** 351, M-Schroeder II 380, Jescheck LK[10] 5, Rudolphi SK 4. Anders als in §§ 26, 27, 30 genügt es, daß der Untergebene eine rechtswidrige Tat begeht; sie braucht insb. nicht vorsätzlich zu sein (BGH **2** 169, Rudolphi SK 5). Allerdings kommt in solchen Fällen für den Vorgesetzten auch mittelbare Täterschaft in Betracht, sofern er selbst die für den jeweiligen Tatbestand erforderliche Täterqualität besitzt, so daß dann § 357 nicht zur Anwendung gelangt.

9a Die Straftat, auf die sich das wissentliche Geschehenlassen des Vorgesetzten bezieht, kann auch **Anstiftung** oder **Beihilfe** sein, zB zur Steuerhinterziehung eines Kunden einer Sparkasse. Allerdings ist bei solchen Teilnahmedelikten Vorsatz des Untergebenen erforderlich, da es eine „fahrlässige Anstiftung oder Beihilfe" nicht gibt. Da die Aufgaben einer Sparkassenzentralbank als solche der öffentlichen Verwaltung anzusehen sind (BGH **31** 271 ff., vgl. § 11 RN 22) machen sich folglich die Vorstände nach § 357 strafbar, wenn sie wissentlich Beihilfe zur Steuerhinterziehung eines Sparkassenangestellten geschehen lassen. Bei mehrgliedrigen Vorständen kommt eine Strafbarkeit eines jeden Einzelnen in Betracht, dagegen findet Abs. 2 nur auf denjenigen Anwendung, welchem eine Aufsicht oder Kontrolle über die Sparkassenangestellten übertragen ist.

10 IV. An dem Delikt des § 357 ist **Teilnahme** nach allgemeinen Regeln möglich, also auch seitens eines Nichtbeamten (echtes Sonderdelikt); dessen Strafe ist jedoch gemäß § 28 I zu mildern (vgl. § 28 RN 21). Eine Beteiligung des Untergebenen, zB in der Form der Anstiftung, tritt hinter die Bestrafung wegen der eigenen Straftat zurück.

11 V. Eine **Rücktrittsregelung** ist **nicht** vorgesehen. Allerdings soll nach Berz (Stree/Wessels-FS 335) hier tätige Reue in analoger Anwendung der §§ 83 a, 316 a II zur Strafmilderung führen (and. Weber ZStW 87 [Beiheft], 12).

12 VI. Die **Strafe** ist die für die Tat des Untergebenen angedrohte. Soweit bei der Tat des Untergebenen der **Versuch** strafbar ist, gilt dies auch für das Geschehenlassen. Über den **Verlust der Amtsfähigkeit** vgl. § 358.

§ 358 Nebenfolgen

Neben einer Freiheitsstrafe von mindestens sechs Monaten wegen einer Straftat nach den §§ 332, 335, 339, 340, 343, 344, 345 Abs. 1 und 3, §§ 348, 352 bis 353 b Abs. 1, 355 und 357 kann das Gericht die Fähigkeit, öffentliche Ämter zu bekleiden (§ 45 Abs. 2), aberkennen.

Vorbem. Technische Änderungen durch das BegleitG vom 17. 12. 1997 (BGBl. I 3108) u. KorrBG vom 13. 8. 1997 (BGBl. I 2038).

I. Neben einer Verurteilung wegen der in dieser Vorschrift genannten Delikte kann auf den Verlust der Fähigkeit, öffentliche Ämter zu bekleiden, erkannt werden. Im einzelnen gilt folgendes: 1

1. Notwendig ist die Verurteilung zu einer **Freiheitsstrafe** von **mindestens sechs Monaten**. Erfolgt eine Verurteilung wegen mehrerer Straftaten, die zu einer Gesamtstrafe führt, so kann auf die Nebenfolge nur erkannt werden, wenn für eine in der Vorschrift genannte Straftat die Einzelstrafe mindestens sechs Monate beträgt oder wenn für mehrere der genannten Straftaten eine Gesamtstrafe von mindestens sechs Monaten verhängt wird. Treffen mehrere der durch § 358 in Bezug genommenen Straftaten mit anderen Straftaten zusammen, so ist entscheidend, ob für die Taten nach § 358 eine Gesamtstrafe von mindestens sechs Monaten zu verhängen wäre. 2

2. Die Nebenfolge ist auch möglich bei einer **versuchten Straftat** oder einer Teilnahme an den hier genannten Straftaten; auch eine versuchte Teilnahme nach § 30 reicht aus. 3

II. Obwohl die Vorschrift auf § 45 II verweist, der sich auf § 45 I bezieht, betrifft § 358 **nur** die **Amtsfähigkeit,** nicht die Wählbarkeit und das Stimmrecht. Dies ergibt sich aus einem Vergleich zu § 92 a, in dem ausdrücklich auch die anderen Nebenfolgen genannt sind. 4

III. Die Nebenfolge kann auch gegen einen **Nichtamtsträger** ausgesprochen werden (vgl. Schäfer LK[9] 10, Tröndle/Fischer). 5

IV. Die Verhängung der Nebenfolge steht im **Ermessen** des **Gerichts.** 6

Anhang
I. Strafrechtsrelevante Bestimmungen des Einigungsvertrags – Fortgeltendes DDR-Strafrecht

Vorbemerkung: vgl. dazu auch Einf. 14 vor § 1 sowie 63 ff., insbes. 72–124 vor § 3.

1. Einigungsvertrag (EV)

Vertrag zwischen der Bundesrepublik Deutschland und der Deutschen Demokratischen Republik über die Herstellung der Einheit Deutschlands vom 31. 8. 1990 (BGBl. II 889) unter Berücksichtigung der Zusatzvereinbarung vom 18. 9. 1990 (BGBl. II 1239) und des Einigungsvertragsgesetzes vom 23. 9. 1990 (BGBl. II 885).

Art. 3 Inkrafttreten des Grundgesetzes

Mit dem Wirksamwerden des Beitritts tritt das Grundgesetz für die Bundesrepublik Deutschland in der im Bundesgesetzblatt Teil III, Gliederungsnummer 100–1, veröffentlichten bereinigten Fassung, zuletzt geändert durch Gesetz vom 21. Dezember 1983 (BGBl. I S. 1481), in den Ländern Brandenburg, Mecklenburg-Vorpommern, Sachsen, Sachsen-Anhalt und Thüringen sowie in dem Teil des Landes Berlin, in dem es bisher nicht galt, mit den sich aus Artikel 4 ergebenden Änderungen in Kraft, soweit in diesem Vertrag nichts anderes bestimmt ist.

Art. 4 Beitrittsbedingte Änderungen des Grundgesetzes

Das Grundgesetz für die Bundesrepublik Deutschland wird wie folgt geändert:

5. In das Grundgesetz wird folgender neuer Artikel 143 eingefügt:

„Art. 143

(1) Recht in dem in Artikel 3 des Einigungsvertrags genannten Gebiet kann längstens bis zum 31. Dezember 1992 von Bestimmungen dieses Grundgesetzes abweichen, soweit und solange infolge der unterschiedlichen Verhältnisse die völlige Anpassung an die grundgesetzliche Ordnung noch nicht erreicht werden kann. Abweichungen dürfen nicht gegen Artikel 19 Abs. 2 verstoßen und müssen mit den in Artikel 79 Abs. 3 genannten Grundsätzen vereinbar sein."

Art. 8 Überleitung von Bundesrecht

Mit dem Wirksamwerden des Beitritts tritt in dem in Artikel 3 genannten Gebiet Bundesrecht in Kraft, soweit es nicht in seinem Geltungsbereich auf bestimmte Länder oder Landesteile der Bundesrepublik Deutschland beschränkt ist und soweit durch diesen Vertrag, insbesondere dessen Anlage I, nichts anderes bestimmt wird.

Art. 9 Fortgeltendes Recht der Deutschen Demokratischen Republik

(1) Das im Zeitpunkt der Unterzeichnung dieses Vertrags geltende Recht der Deutschen Demokratischen Republik, das nach der Kompetenzordnung des Grundgesetzes Landesrecht ist, bleibt in Kraft, soweit es mit dem Grundgesetz ohne Berücksichtigung des Artikels 143, mit in dem in Artikel 3 genannten Gebiet in Kraft gesetztem Bundesrecht sowie mit dem unmittelbar geltenden Recht der Europäischen Gemeinschaften vereinbar ist und soweit in diesem Vertrag nichts anderes bestimmt wird. Recht der Deutschen Demokratischen Republik, das nach der Kompetenzordnung des Grundgesetzes Bundesrecht ist und das nicht bundeseinheitlich geregelte Gegenstände betrifft, gilt unter den Voraussetzungen des Satzes 1 bis zu einer Regelung durch den Bundesgesetzgeber als Landesrecht fort.

(2) Das in Anlage II aufgeführte Recht der Deutschen Demokratischen Republik bleibt mit den dort genannten Maßgaben in Kraft, soweit es mit dem Grundgesetz unter Berücksichtigung dieses Vertrags sowie mit dem unmittelbar geltenden Recht der Europäischen Gemeinschaften vereinbar ist.

(3) Nach Unterzeichnung dieses Vertrags erlassenes Recht der Deutschen Demokratischen Republik bleibt in Kraft, sofern es zwischen den Vertragsparteien vereinbart wird. Absatz 2 bleibt unberührt.

(4) Soweit nach den Absätzen 2 und 3 fortgeltendes Recht Gegenstände der ausschließlichen Gesetzgebung des Bundes betrifft, gilt es als Bundesrecht fort. Soweit es Gegenstände der konkurrierenden Gesetzgebung oder der Rahmengesetzgebung betrifft, gilt es als Bundesrecht fort, wenn

1. Einigungsvertrag **Anhang**

und soweit es sich auf Sachgebiete bezieht, die im übrigen Geltungsbereich des Grundgesetzes bundesrechtlich geregelt sind.

Art. 17 Rehabilitierung

Die Vertragsparteien bekräftigen ihre Absicht, daß unverzüglich eine gesetzliche Grundlage dafür geschaffen wird, daß alle Personen rehabilitiert werden können, die Opfer einer politisch motivierten Strafverfolgungsmaßnahme oder sonst einer rechtsstaats- und verfassungswidrigen gerichtlichen Entscheidung geworden sind. Die Rehabilitierung dieser Opfer des SED-Unrechts-Regimes ist mit einer angemessenen Entschädigungsregelung zu verbinden.

Art. 18 Fortgeltung gerichtlicher Entscheidungen

(1) Vor dem Wirksamwerden des Beitritts ergangene Entscheidungen der Gerichte der Deutschen Demokratischen Republik bleiben wirksam und können nach Maßgabe des gemäß Artikel 8 in Kraft gesetzten oder des gemäß Artikel 9 fortgeltenden Rechts vollstreckt werden. Nach diesem Recht richtet sich auch eine Überprüfung der Vereinbarkeit von Entscheidungen und ihrer Vollstreckung mit rechtsstaatlichen Grundsätzen. Artikel 17 bleibt unberührt.

(2) Den durch ein Strafgericht der Deutschen Demokratischen Republik Verurteilten wird durch diesen Vertrag nach Maßgabe der Anlage I ein eigenes Recht eingeräumt, eine gerichtliche Kassation rechtskräftiger Entscheidungen herbeizuführen.

Art. 31 Familie und Frauen

(4) Es ist Aufgabe des gesamtdeutschen Gesetzgebers, spätestens bis zum 31. Dezember 1992 eine Regelung zu treffen, die den Schutz vorgeburtlichen Lebens und die verfassungskonforme Bewältigung von Konfliktsituationen schwangerer Frauen vor allem durch rechtlich gesicherte Ansprüche für Frauen, insbesondere auf Beratung und soziale Hilfen besser gewährleistet, als dies in beiden Teilen Deutschlands derzeit der Fall ist. Zur Verwirklichung dieser Ziele wird in dem in Artikel 3 genannten Gebiet mit finanzieller Hilfe des Bundes unverzüglich ein flächendeckendes Netz von Beratungsstellen verschiedener Träger aufgebaut. Die Beratungsstellen sind personell und finanziell so auszustatten, daß sie ihrer Aufgabe gerecht werden können, schwangere Frauen zu beraten und ihnen notwendige Hilfen – auch über den Zeitpunkt der Geburt hinaus – zu leisten. Kommt eine Regelung in der in Satz 1 genannten Frist nicht zustande, gilt das materielle Recht in dem in Artikel 3 genannten Gebiet weiter.

EV Anlage I. Kapitel III. Sachgebiet C:

Abschnitt I

Von dem Inkrafttreten des Bundesrechts gemäß Artikel 8 des Vertrages sind ausgenommen:
1. Fünftes Gesetz zur Reform des Strafrechts v. 18. 6. 1974 (BGBl. I S. 1297) *(gegenstandslos geworden durch das SFHÄndG v. 21. 8. 1995; vgl. 47 vor § 218)*.
2. Verordnung zur Durchführung des Ges. über die innerdeutsche Rechts- und Amtshilfe in Strafsachen v. 23. 12. 1953 *(inzwischen gegenstandslos geworden)* in der im Bundesgesetzblatt III, Gliederungsnummer 312–3–1 veröffentlichten bereinigten Fassung.

Abschnitt II

Bundesrecht wird wie folgt aufgehoben, geändert oder ergänzt:
1. Das **Einführungsgesetz zum Strafgesetzbuch** vom 2. März 1974 (BGBl. I S. 469), zuletzt geändert durch Artikel 4 des Gesetzes vom 13. April 1986 (BGBl. I S. 393), wird wie folgt geändert:
   a) Nach Artikel 1 werden folgende Artikel 1a und 1b eingefügt:
   „**Art. 1a** *[idF des Ges. zur Rechtsvereinheitlichung der Sicherungsverwahrung – SichVG v. 16. 6. 1995]*
   Anwendbarkeit der Vorschriften über die Sicherungsverwahrung. Die Vorschriften des Strafgesetzbuches über die Sicherungsverwahrung finden auf die im Geltungsbereich des Strafgesetzbuches nach dem 1. August 1995 begangenen Taten uneingeschränkt, im übrigen Anwendung,
   1. wenn der Täter eine vorsätzliche Straftat, wegen der er

Anhang

I. Fortgelten des DDR-Strafrecht

    a) im Fall des § 66 Abs. 1 des Strafgesetzbuches zu zeitiger Freiheitsstrafe von mindestens zwei Jahren verurteilt wird,
    b) im Fall des § 66 Abs. 2 des Strafgesetzbuches zeitige Freiheitsstrafe von mindestens einem Jahr verwirkt hat,
nach dem 1. August 1995 begangen hat oder
2. soweit sie bereits vor dem 1. August 1995 anwendbar gewesen sind.

Art. 1 b Anwendbarkeit der Vorschriften des internationalen Strafrechts. Soweit das deutsche Strafrecht auf im Ausland begangene Taten Anwendung findet und unterschiedliches Strafrecht im Geltungsbereich dieses Gesetzes gilt, finden diejenigen Vorschriften Anwendung, die an dem Ort gelten, an welchem der Täter seine Lebensgrundlage hat."

  b) Artikel 315 EGStGB erhält folgende Fassung:

„**Art. 315 Geltung des Strafrechts für in der Deutschen Demokratischen Republik begangene Taten.** (1) Auf vor dem Wirksamwerden des Beitritts in der Deutschen Demokratischen Republik begangene Taten findet § 2 des Strafgesetzbuches mit der Maßgabe Anwendung, daß das Gericht von Strafe absieht, wenn nach dem zur Zeit der Tat geltenden Recht der Deutschen Demokratischen Republik weder eine Freiheitsstrafe noch eine Verurteilung auf Bewährung noch eine Geldstrafe verwirkt gewesen wäre. Neben der Freiheitsstrafe werden die Unterbringung in der Sicherungsverwahrung sowie die Führungsaufsicht nach § 68 Abs. 1 des Strafgesetzbuches nicht angeordnet. Wegen einer Tat, die vor dem Wirksamwerden des Beitritts begangen worden ist, tritt Führungsaufsicht nach § 68 f des Strafgesetzbuches nicht ein.

(2) Die Vorschriften des Strafgesetzbuches über die Geldstrafe (§§ 40 bis 43) gelten auch für die vor dem Wirksamwerden des Beitritts in der Deutschen Demokratischen Republik begangenen Taten, soweit nachfolgend nichts anderes bestimmt ist. Die Geldstrafe darf nach Zahl und Höhe der Tagessätze insgesamt das Höchstmaß der bisher angedrohten Geldstrafe nicht übersteigen. Es dürfen höchstens dreihundertsechzig Tagessätze verhängt werden.

(3) Die Vorschriften des Strafgesetzbuches über die Aussetzung eines Strafrestes sowie den Widerruf ausgesetzter Strafen finden auf Verurteilungen auf Bewährung (§ 33 des Strafgesetzbuches der Deutschen Demokratischen Republik) sowie auf Freiheitsstrafen Anwendung, die wegen vor dem Wirksamwerden des Beitritts in der Deutschen Demokratischen Republik begangener Taten verhängt worden sind, soweit sich nicht aus den Grundsätzen des § 2 Abs. 3 des Strafgesetzbuches etwas anderes ergibt.

(4) Die Absätze 1 bis 3 finden keine Anwendung, soweit für die Tat das Strafrecht der Bundesrepublik Deutschland schon vor dem Wirksamwerden des Beitritts gegolten hat."

  c) Nach Artikel 315 werden folgende Artikel 315 a bis 315 c eingefügt:

„**Art. 315 a** *[idF von Art. 2 des Ges. über das Ruhen der Verjährung bei SED-Unrechtstaten v. 26. 3. 1993 (BGBl. I 392) und des Ges. zur Verlängerung strafrechtlicher Verjährungsfristen v. 27. 3. 1993 (BGBl. I 1657); vgl. 110 ff. vor § 3, 9 vor § 78]*

Verfolgungs- und Vollstreckungsverjährung für in der Deutschen Demokratischen Republik verfolgte und abgeurteilte Taten.

(1) Soweit die Verjährung der Verfolgung oder der Vollstreckung nach dem Recht der Deutschen Demokratischen Republik bis zum Wirksamwerden des Beitritts nicht eingetreten war, bleibt es dabei. Dies gilt auch, soweit für die Tat vor dem Wirksamwerden des Beitritts auch das Strafrecht der Bundesrepublik Deutschland gegolten hat. Die Verfolgungsverjährung gilt als am Tag des Wirksamwerdens des Beitritts unterbrochen; § 78 c Abs. 3 des Strafgesetzbuches bleibt unberührt.

(2) Die Verfolgung von Taten, die vor Ablauf des 31. Dezember 1992 in dem in Artikel 3 des Einigungsvertrages genannten Gebiet begangen worden sind und die im Höchstmaß mit Freiheitsstrafe von mehr als einem Jahr bis zu fünf Jahren bedroht sind, verjährt frühestens mit Ablauf des 31. Dezember 1997, die Verfolgung der in diesem Gebiet vor Ablauf des 2. Oktober 1990 begangenen und im Höchstmaß mit Freiheitsstrafe bis zu einem Jahr oder mit Geldstrafe bedrohten Taten frühestens mit Ablauf des 31. Dezember 1995.

(3) Verbrechen, die den Tatbestand des Mordes (§ 211 des Strafgesetzbuches) erfüllen, für welche sich die Strafe jedoch nicht nach dem Recht der Deutschen Demokratischen Republik bestimmt, verjähren nicht.

Art. 315 b Strafantrag bei in der Deutschen Demokratischen Republik begangenen Taten. Die Vorschriften des Strafgesetzbuches über den Strafantrag gelten auch für die vor dem Wirksamwerden des Beitritts in der Deutschen Demokratischen Republik begangenen Taten. War nach dem Recht der Deutschen Demokratischen Republik zur Verfolgung ein Antrag erforderlich, so bleibt es dabei. Ein vor dem Wirksamwerden des Beitritts gestellter Antrag bleibt wirksam. War am Tag des Wirksamwerdens des Beitritts das Recht, einen Strafantrag zu stellen, nach dem bisherigen Recht der Deutschen Demokratischen Republik bereits erloschen, so

1. Einigungsvertrag **Anhang**

bleibt es dabei. Ist die Tat nach den Vorschriften der Bundesrepublik Deutschland nur auf Antrag verfolgbar, so endet die Antragsfrist frühestens am 31. Dezember 1990.
Art. 315 c Anpassung der Strafdrohungen. Soweit Straftatbestände der Deutschen Demokratischen Republik fortgelten, treten an die Stelle der bisherigen Strafdrohungen die im Strafgesetzbuch vorgesehenen Strafdrohungen der Freiheitsstrafe und der Geldstrafe. Die übrigen Strafdrohungen entfallen. § 10 Satz 2 des 6. Strafrechtsänderungsgesetzes der Deutschen Demokratischen Republik bleibt jedoch unberührt. Die Geldstrafe darf nach Art und Höhe der Tagessätze insgesamt das Höchstmaß der bisher angedrohten Geldstrafe nicht übersteigen. Es dürfen höchstens dreihundertsechzig Tagessätze verhängt werden."

5. Das **Gesetz über die innerdeutsche Rechts- und Amtshilfe in Strafsachen** vom 2. Mai 1953 in der im Bundesgesetzblatt III, Gliederungsnummer 312–3 veröffentlichten bereinigten Fassung, zuletzt geändert durch Artikel 1 des Gesetzes vom 18. August 1980 (BGBl. I S. 1503), wird mit folgenden Maßgaben aufgehoben:
   a) § 10 Abs. 1 des Gesetzes bleibt für die vor dem Wirksamwerden des Beitritts begangenen Taten anwendbar.
   b) Die am Tag des Wirksamwerdens des Beitritts nach § 15 des Gesetzes anhängigen Verfahren werden nach den Vorschriften dieses Gesetzes zu Ende geführt.

Abschnitt III

Bundesrecht tritt in dem in Artikel 3 des Vertrages genannten Gebiet mit folgenden Maßgaben in Kraft:
1. **Strafgesetzbuch** in der Fassung der Bekanntmachung vom 10. März 1987 (BGBl. I S. 945, 1160), zuletzt geändert durch Artikel 1 des Gesetzes vom 26. 6. 1990 (BGBl. I S. 1163),
mit folgender Maßgabe:
§ 5 Nr. 8, *soweit dort § 175 genannt ist,* § 5 Nr. 9, die Vorschriften über die Sicherungsverwahrung, §§ 144, *175, 182, 218 bis 219 d* und 236 sind nicht anzuwenden *[abgesehen von §§ 144, 236 sind die genannten Ausnahmen von der grundsätzlichen Geltungsbereichserstreckung durch zwischenzeitliche Rechtsvereinheitlichungen gegenstandslos geworden (vgl. Vorbem. vor § 5, 76, 78 vor § 3, 47 vor § 218)].*
2. **Einführungsgesetz zum Strafgesetzbuch** vom 2. März 1974 (BGBl. I S. 469), zuletzt geändert durch Artikel 4 des Gesetzes vom 13. April 1986 (BGBl. I S. 393),
mit folgender Maßgabe:
Artikel 14 bis 292, 298 bis 306, 312 bis 314, 317 bis 319 und 322 bis 326 sind nicht anzuwenden.

EV Anlage II. Kapitel III. Sachgebiet C:

Abschnitt I

Folgendes Recht der Deutschen Demokratischen Republik bleibt in Kraft:
1. §§ 84, 149, 153 bis 155, 238 des Strafgesetzbuches der Deutschen Demokratischen Republik – StGB – vom 12. Januar 1968 in der Neufassung vom 14. Dezember 1988 (GBl. I 1989 Nr. 3 S. 33), geändert durch das 6. Strafrechtsänderungsgesetz vom 29. Juni 1990 (GBl. I Nr. 39 S. 526) *[abgesehen von §§ 84, 238 sind die genannten Fortgeltungsanordnungen durch zwischenzeitliche Rechtsvereinheitlichungen gegenstandslos geworden (vgl. 76 vor § 3, 47 vor § 218)].*
2. §§ 8 bis 10 des 6. Strafrechtsänderungsgesetzes der Deutschen Demokratischen Republik vom 29. Juni 1990 (GBl. I Nr. 39 S. 526) *[zur partiellen Fortgeltung des 6. DDR-StÄG vgl. 123 vor § 3].*
4. § 1 Abs. 2 bis § 4 Abs. 1 sowie § 5 des Gesetzes über die Unterbrechung der Schwangerschaft vom 9. März 1972 (GBl. I Nr. 5 S. 89) *[allenfalls noch für Taten vor dem 30. 9. 1995 bzw. 31. 12. 1995 bedeutsam; vgl. 1, 47 vor § 218].*
5. § 1 bis § 4 Abs. 2 Satz 1 sowie § 4 Abs. 3 bis § 9 der Durchführungsbestimmung zum Gesetz über die Unterbrechung der Schwangerschaft vom 9. März 1972 (GBl. II Nr. 12 S. 149) *[allenfalls noch für Taten vor dem 30. 9. 1995 bzw. 31. 12. 1995 bedeutsam; vgl. 1, 47 vor § 218].*

Abschnitt II

Folgendes Recht der Deutschen Demokratischen Republik bleibt mit folgender Änderung in Kraft:
1. § 191 a des Strafgesetzbuches der Deutschen Demokratischen Republik *[aufgehoben durch das 31. StÄG v. 27. 6. 1994; vgl. 75 vor § 3, § 324 a RN 1].*

Anhang

I. Fortgeltendes DDR-Strafrecht

2. StGB der DDR

Strafgesetzbuch der Deutschen Demokratischen Republik

vom 12. 1. 1968 (GBl. I 1) in der Neufassung vom 14. 12. 1988 (GBl. I 1989, 33)

§ 57 Vermögenseinziehung

(1) Die Vermögenseinziehung kann wegen Verbrechens gegen die Souveränität der Deutschen Demokratischen Republik, den Frieden, die Menschlichkeit und die Menschenrechte oder schwerer Verbrechen gegen die Deutsche Demokratische Republik ausgesprochen werden. Sie ist auch zulässig wegen schwerer Verbrechen gegen die sozialistische Volkswirtschaft oder anderer schwerer Verbrechen, wenn diese unter Mißbrauch oder zur Erlangung persönlichen Vermögens begangen werden und den sozialistischen Gesellschaftsverhältnissen erheblichen Schaden zufügen. Die Vermögenseinziehung darf nur ausgesprochen werden, wenn wegen eines der genannten Verbrechen eine Freiheitsstrafe von mindestens drei Jahren ausgesprochen wird.

(2) Die Vermögenseinziehung soll dem Verurteilten die Möglichkeit nehmen, sein Vermögen zur Schädigung der sozialistischen Gesellschaftsverhältnisse zu mißbrauchen, ihm die Schwere seines Verbrechens bewußt machen sowie ihn und andere Personen von der Begehung weiterer Verbrechen zurückhalten.

(3) Die Vermögenseinziehung erstreckt sich auf das gesamte Vermögen des Täters mit Ausnahme der unpfändbaren Gegenstände. Sie kann auf einzelne, im Urteil genau zu bestimmende Vermögenswerte beschränkt werden. Das eingezogene Vermögen wird mit Rechtskraft des Urteils Volkseigentum.

(4) Die Vermögenseinziehung kann vom Gericht selbständig angeordnet werden, wenn gegen den Täter ein Verfahren zwar nicht durchführbar, vom Gesetz aber nicht ausgeschlossen ist.

Anmerkung: § 57 wurde durch § 1 iVm. Anlage 1 Nr. 27 des 6. StÄG (u. 3) aufgehoben, ist aber nach § 10 des 6. StÄG weiterhin anwendbar bei einer Verurteilung wegen verbrecherischen Vertrauensmißbrauchs (§ 165 StGB-DDR), soweit die Tat vor dem Inkrafttreten des 6. StÄG (1. 7. 1990) begangen und ein Strafverfahren eingeleitet wurde.

§ 84 Ausschluß der Verjährung für Verbrechen gegen den Frieden, die Menschlichkeit und die Menschenrechte und Kriegsverbrechen

Verbrechen gegen den Frieden, die Menschlichkeit und die Menschenrechte und Kriegsverbrechen unterliegen nicht den Bestimmungen dieses Gesetzes über die Verjährung.

Anmerkung: Zur Fortgeltung des § 84 vgl. 111 vor § 3.

Unzulässige Schwangerschaftsunterbrechung

§ 153

(1) Wer entgegen den gesetzlichen Vorschriften die Schwangerschaft einer Frau unterbricht, wird mit Freiheitsstrafe bis zu drei Jahren oder mit Verurteilung auf Bewährung bestraft.

(2) Ebenso wird bestraft, wer eine Frau dazu veranlaßt oder sie dabei unterstützt, ihre Schwangerschaft selbst zu unterbrechen oder eine ungesetzliche Schwangerschaftsunterbrechung vornehmen zu lassen. Die Strafverfolgung verjährt in drei Jahren.

§ 154

(1) Wer die Tat ohne Einwilligung der Schwangeren vornimmt oder wer gewerbsmäßig oder sonst seines Vorteils wegen handelt, wird mit Freiheitsstrafe von einem Jahr bis zu fünf Jahren bestraft.

(2) Ebenso wird bestraft, wer durch Mißhandlung, Gewalt oder Drohung mit einem schweren Nachteil auf eine Schwangere einwirkt, um sie zur Schwangerschaftsunterbrechung zu veranlassen.

§ 155 Schwere Fälle

Wer durch eine Straftat nach den §§ 153 oder 154 eine schwere Gesundheitsschädigung oder den Tod der Schwangeren fahrlässig verursacht, wird mit Freiheitsstrafe von zwei bis zu zehn Jahren bestraft.

2. StGB der DDR **Anhang**

Anmerkung zu den §§ 153–155: Diese Vorschriften wurden durch das SFHÄndG v. 21. 8. 1995 aufgehoben und sind allenfalls noch für Taten vor dem 30. 9. bzw. 31. 12. 1995 bedeutsam (vgl. 1, 47 vor § 218). Die in § 153 in Bezug genommenen „gesetzlichen Vorschriften" sind in RN 50 vor § 218 abgedruckt.

Straftaten gegen die Volkswirtschaft

§ 165 Vertrauensmißbrauch

(1) Wer eine ihm dauernd oder zeitweise übertragene Vertrauensstellung mißbraucht, indem er entgegen seinen Rechtspflichten Entscheidungen oder Maßnahmen trifft oder pflichtwidrig unterläßt oder durch Irreführung oder in anderer Weise Maßnahmen oder Entscheidungen bewirkt und dadurch vorsätzlich einen bedeutenden wirtschaftlichen Schaden verursacht, wird mit Freiheitsstrafe bis zu fünf Jahren oder mit Verurteilung auf Bewährung oder mit Geldstrafe bestraft.

(2) Wer
1. durch die Tat einen besonders schweren wirtschaftlichen Schaden verursacht;
2. die Tat zusammen mit anderen ausführt, die sich unter Ausnutzung ihrer beruflichen Tätigkeit oder zur wiederholten Begehung zusammengeschlossen haben,

wird mit Freiheitsstrafe von einem Jahr bis zu zehn Jahren bestraft.

(3) Ist die Tatbeteiligung nach Absatz 2 Ziffer 2 von untergeordneter Bedeutung, kann die Bestrafung nach Absatz 1 erfolgen.

(4) Der Versuch ist strafbar.

Anmerkung: § 165 wurde durch § 1 iVm Anlage 1 Nr. 46 des 6. StÄG (u. 3) aufgehoben, ist jedoch nach § 10 des 6. StÄG der Entscheidung über die strafrechtliche Verantwortlichkeit weiterhin zugrundezulegen, soweit die Tat vor Inkrafttreten des StÄG (1. 7. 1990) begangen und ein Strafverfahren eingeleitet wurde.

Wirtschaftsschädigung

§ 166

(1) Wer
1. Produktionsmittel oder andere Sachen, die wirtschaftlichen Zwecken dienen, zerstört, vernichtet, beschädigt, unbrauchbar macht oder in anderer Weise ihrem bestimmungsgemäßen Gebrauch entzieht,
2. *(entfallen)*

und dadurch vorsätzlich einen wirtschaftlichen Schaden verursacht, wird von einem gesellschaftlichen Organ der Rechtspflege zur Verantwortung gezogen oder mit öffentlichem Tadel, Geldstrafe, Verurteilung auf Bewährung oder mit Freiheitsstrafe bis zu zwei Jahren bestraft.

(2) Wer durch die Tat vorsätzlich erhebliche Produktionsstörungen oder eine schwere Schädigung der Volkswirtschaft verursacht, wird mit Freiheitsstrafe von einem Jahr bis zu acht Jahren bestraft.

(3) Der Versuch ist strafbar.

Anmerkung: § 166 wurde durch § 1 iVm Anlage 1 Nr. 46 des 6. StÄG (u. 3) aufgehoben, ist jedoch nach § 10 des 6. StÄG der Entscheidung über die strafrechtliche Verantwortlichkeit weiterhin zugrundezulegen, soweit die Tat vor Inkrafttreten des StÄG (1. 7. 1990) begangen und ein Strafverfahren eingeleitet wurde.

§ 167

(1) Wer durch vorsätzliche oder fahrlässige Verletzung seiner beruflichen Pflichten oder durch unbefugten Umgang Produktionsmittel oder andere Sachen, die wirtschaftlichen Zwecken dienen, zerstört, vernichtet, beschädigt, außer Betrieb setzt, verderben oder unbrauchbar werden läßt und dadurch fahrlässig einen schweren wirtschaftlichen Schaden verursacht, wird von einem gesellschaftlichen Organ der Rechtspflege zur Verantwortung gezogen oder mit öffentlichem Tadel, Geldstrafe, Verurteilung auf Bewährung oder mit Freiheitsstrafe bis zu zwei Jahren bestraft.

(2) Ebenso wird zur Verantwortung gezogen, wer vorsätzlich oder fahrlässig Daten oder Programme vernichtet, verändert, unterdrückt oder unbrauchbar macht oder die Steuerung technologischer Prozesse oder die Funktionsfähigkeit technischer Anlagen oder Geräte beeinträchtigt und dadurch fahrlässig einen schweren wirtschaftlichen Schaden verursacht.

(3) Wer
1. durch die Tat einen besonders schweren wirtschaftlichen Schaden verursacht;
2. die Tat durch besonders verantwortungslose Verletzung seiner beruflichen Pflichten begeht,

wird mit Freiheitsstrafe von einem Jahr bis zu fünf Jahren oder mit Verurteilung auf Bewährung bestraft.

Anhang I. Fortgeltendes DDR-Strafrecht

Anmerkung: § 167 wurde durch § 1 iVm Anlage 1 Nr. 46 des 6. StÄG (u. 3) aufgehoben, ist jedoch nach § 10 des 6. StÄG der Entscheidung über die strafrechtliche Verantwortlichkeit weiterhin zugrundezulegen, soweit die Tat vor Inkrafttreten des StÄG (1. 7. 1990) begangen und ein Strafverfahren eingeleitet wurde.

§ 168 Schädigung des Tierbestandes

(1) Wer durch vorsätzliche oder fahrlässige Verletzung seiner beruflichen Pflichten als Verantwortlicher für die Haltung, Fütterung und Pflege von Zucht- und Nutztieren oder für die Futtermittelherstellung Verluste oder Produktionsausfall herbeiführt und dadurch fahrlässig einen schweren wirtschaftlichen Schaden verursacht, wird von einem gesellschaftlichen Organ der Rechtspflege zur Verantwortung gezogen oder mit öffentlichem Tadel, Geldstrafe, Verurteilung auf Bewährung oder mit Freiheitsstrafe bis zu zwei Jahren bestraft.

(2) Wer
1. durch die Tat einen besonders schweren wirtschaftlichen Schaden verursacht;
2. die Tat durch besonders verantwortungslose Verletzung seiner beruflichen Pflichten begeht,
wird mit Freiheitsstrafe von einem Jahr bis zu fünf Jahren oder mit Verurteilung auf Bewährung bestraft.

Anmerkung: § 168 wurde durch § 1 iVm Anlage 1 Nr. 46 des 6. StÄG (u. 3) aufgehoben, ist jedoch nach § 10 des 6. StÄG der Entscheidung über die strafrechtliche Verantwortlichkeit weiterhin zugrundezulegen, soweit die Tat vor Inkrafttreten des StÄG (1. 7. 1990) begangen und ein Strafverfahren eingeleitet wurde.

§ 169 Wirtschafts- und Entwicklungsrisiko

Eine Straftat liegt nicht vor, wenn
1. die Handlung begangen wird, um einen bedeutenden wirtschaftlichen Nutzen zu erzielen oder einen bedeutenden wirtschaftlichen Schaden abzuwenden, und der Handelnde nach verantwortungsbewußter Prüfung der konkreten Handlungserfordernisse und -bedingungen den eingetretenen wirtschaftlichen Schaden für wenig wahrscheinlich oder für wesentlich geringer als den vorgesehenen wirtschaftlichen Nutzen halten durfte (Wirtschaftsrisiko);
2. der Handelnde in seinem Verantwortungsbereich zur Erzielung neuer wissenschaftlich-technischer Leistungen und Ergebnisse Forschungs- oder Entwicklungsarbeiten oder technisch-ökonomische Experimente durchführte und trotz Beachtung des wissenschaftlich-technischen Entwicklungsstandes und verantwortungsbewußter Abwägung der Entscheidungserfordernisse und -bedingungen einen wirtschaftlichen Schaden verursachte (Forschungs- und Entwicklungsrisiko).

Anmerkung: § 169 wurde durch § 1 iVm Anlage 1 Nr. 46 des 6. StÄG (u. 3) aufgehoben, ist jedoch nach § 10 des 6. StÄG der Entscheidung über die strafrechtliche Verantwortlichkeit weiterhin zugrundezulegen, soweit die Tat vor Inkrafttreten des StÄG (1. 7. 1990) begangen und ein Strafverfahren eingeleitet wurde.

§ 170 Verletzung der Preisbestimmungen

(1) Wer einen höheren als den gesetzlich zulässigen Preis fordert oder vereinnahmt und dadurch für sich oder andere einen erheblichen Mehrerlös beabsichtigt oder erlangt, wird mit öffentlichem Tadel, Geldstrafe, Verurteilung auf Bewährung oder mit Freiheitsstrafe bis zu zwei Jahren bestraft.

(2) Ebenso wird bestraft, wer fahrlässig einen höheren als den gesetzlich zulässigen Preis veranlaßt oder vereinnahmt und dadurch für sich oder andere einen erheblichen Mehrerlös herbeiführt oder erlangt.

(3) In schweren Fällen vorsätzlicher Verletzung der Preisbestimmungen wird der Täter mit Freiheitsstrafe von einem Jahr bis zu acht Jahren bestraft. Ein schwerer Fall liegt insbesondere vor, wenn der Täter für sich oder andere
1. einen besonders hohen Mehrerlös herbeigeführt oder erlangt hat;
2. unter wiederholter Verletzung der Preisbestimmungen einen erheblichen Mehrerlös herbeigeführt oder erlangt hat.

(4) Der Mehrerlös ist einzuziehen. Werden berechtigte Rückforderungsansprüche geltend gemacht, ist die Erstattung an den Geschädigten anzuordnen.

(5) Wer eine ihm obliegende Pflicht zur Führung des Nachweises über die Zulässigkeit und das Zustandekommen der von ihm berechneten Preise (Preisnachweispflicht) verletzt und dadurch vorsätzlich verursacht, daß die Einhaltung der gesetzlich zulässigen Preise nicht festgestellt werden kann, wird mit öffentlichem Tadel, Geldstrafe, mit Verurteilung auf Bewährung oder mit Freiheitsstrafe bis zu zwei Jahren bestraft.

Anmerkung: § 170 wurde durch § 1 iVm Anlage 1 Nr. 46 des 6. StÄG (u. 3) aufgehoben, ist jedoch nach § 10 des 6. StÄG der Entscheidung über die strafrechtliche Verantwortlichkeit weiterhin zugrundezulegen, soweit die Tat vor Inkrafttreten des StÄG (1. 7. 1990) begangen und ein Strafverfahren eingeleitet wurde.

§ 171 Falschmeldung und Vorteilserschleichung

Wer als Staatsfunktionär, als Leiter oder leitender Mitarbeiter eines wirtschaftsleitenden Organs, eines Kombinates oder Betriebes im Rahmen seiner Verantwortung wider besseres Wissen in Berichten, Meldungen oder Anträgen an Staatsorgane oder wirtschaftsleitende Organe oder Kombinate unrichtige oder unvollständige Angaben macht oder wer dies veranlaßt oder wer als Mitarbeiter eines Staatsorgans oder wirtschaftsleitenden Organs, eines Kombinates oder eines Betriebes durch Täuschung der Verantwortlichen unrichtige oder unvollständige Angaben in Berichten, Meldungen oder Anträgen an die genannten Organe bewirkt, um
1. Straftaten oder erhebliche Mängel zu verdecken;
2. Genehmigungen oder Bestätigungen für wirtschaftlich bedeutende Vorhaben zu erlangen;
3. zum Nachteil der Volkswirtschaft erhebliche ungerechtfertigte wirtschaftliche Vorteile für Betriebe oder Dienstbereiche zu erwirken,

wird mit öffentlichem Tadel, Geldstrafe, Verurteilung auf Bewährung oder mit Freiheitsstrafe bis zu zwei Jahren bestraft.

Anmerkung: § 171 wurde durch § 1 iVm Anlage 1 Nr. 46 des 6. StÄG (u. 3) aufgehoben, ist jedoch nach § 10 des 6. StÄG der Entscheidung über die strafrechtliche Verantwortlichkeit weiterhin zugrundezulegen, soweit die Tat vor Inkrafttreten des StÄG (1. 7. 1990) begangen und ein Strafverfahren eingeleitet wurde.

§ 173 Spekulation

(1) Wer
1. ohne Genehmigung oder unter Mißbrauch einer Genehmigung mit Waren, Erzeugnissen oder anderen Sachen, Berechtigungen oder Wertzeichen handelt;
2. *(entfallen)*
3. Rohstoffe oder Erzeugnisse in erheblichem Umfang über den persönlichen oder betrieblichen Bedarf hinaus aufkauft oder hortet,

um für sich oder andere unrechtmäßig einen erheblichen Gewinn oder sonstigen erheblichen Vorteil zu erlangen, wird mit Geldstrafe, Verurteilung auf Bewährung oder mit Freiheitsstrafe bis zu zwei Jahren bestraft.

(2) In schweren Fällen wird der Täter mit Freiheitsstrafe von einem Jahr bis zu acht Jahren bestraft. Ein schwerer Fall liegt insbesondere vor, wenn die Tat
1. in besonders großem Umfang oder wiederholt mit besonders großer Intensität durchgeführt wird;
2. die Volkswirtschaft oder die Versorgung der Bevölkerung erheblich beeinträchtigt;
3. zusammen mit anderen ausgeführt wird, die sich unter Ausnutzung ihrer beruflichen Tätigkeit oder zur wiederholten Begehung von Spekulationsstraftaten zusammengeschlossen haben.

(3) Ist die Tatbeteiligung nach Absatz 2 Ziffer 3 von untergeordneter Bedeutung, kann der Täter nach Absatz 1 bestraft werden.

Anmerkung: § 173 wurde durch § 1 iVm Anlage 1 Nr. 46 des 6. StÄG (u. 3) aufgehoben, ist jedoch nach § 10 des 6. StÄG der Entscheidung über die strafrechtliche Verantwortlichkeit weiterhin zugrundezulegen, soweit die Tat vor Inkrafttreten des StÄG (1. 7. 1990) begangen und ein Strafverfahren eingeleitet wurde.

§ 214 Beeinträchtigung staatlicher oder gesellschaftlicher Tätigkeit

(1) Wer die Tätigkeit staatlicher Organe durch Gewalt oder Drohungen beeinträchtigt oder in einer die öffentliche Ordnung gefährdenden Weise eine Mißachtung der Gesetze bekundet oder zur Mißachtung der Gesetze auffordert, wird mit Freiheitsstrafe bis zu drei Jahren oder mit Verurteilung auf Bewährung, Haftstrafe, Geldstrafe oder mit öffentlichem Tadel bestraft.

(2) Ebenso wird bestraft, wer gegen Bürger wegen ihrer staatlichen oder gesellschaftlichen Tätigkeit oder wegen ihres Eintretens für die öffentliche Ordnung und Sicherheit mit Tätlichkeiten vorgeht oder solche androht.

(3) Wer zusammen mit anderen eine Tat nach den Absätzen 1 oder 2 begeht, wird mit Freiheitsstrafe bis zu fünf Jahren bestraft.

(4) Ist die Tatbeteiligung von untergeordneter Bedeutung, kann der Täter mit Verurteilung auf Bewährung, Haftstrafe oder Geldstrafe bestraft werden.

(5) Der Versuch ist strafbar.

Anmerkung: § 214 wurde durch § 1 iVm Anlage 1 Nr. 48 des 6. StÄG (u. 3) aufgehoben, ist jedoch nach § 10 des 6. StÄG der Entscheidung über die strafrechtliche Verantwortlichkeit weiterhin zugrundezulegen, soweit die Tat vor Inkrafttreten des StÄG (1. 7. 1990) begangen und ein Strafverfahren eingeleitet wurde.

§ 238 Beeinträchtigung richterlicher Unabhängigkeit

(1) Wer auf einen Richter, einen Schöffen oder ein Mitglied eines gesellschaftlichen Gerichtes Einfluß nimmt, um sie zu einer ihre Rechtspflichten verletzenden gerichtlichen Entscheidung zu

Anhang

I. Fortgeltendes DDR-Strafrecht

veranlassen, wird mit Freiheitsstrafe bis zu zwei Jahren, Verurteilung auf Bewährung oder mit Geldstrafe bestraft.

(2) Ebenso wird bestraft, wer einen Richter, einen Schöffen oder ein Mitglied eines gesellschaftlichen Gerichtes wegen einer von ihm getroffenen gerichtlichen Entscheidung beleidigt, verleumdet oder bedroht.

(3) Wer die Tat nach Absatz 1 unter Mißbrauch seiner staatlichen Befugnisse, unter Anwendung von Gewalt oder Androhung von Gewalt oder eines anderen erheblichen Nachteils begeht, wird mit Freiheitsstrafe bis zu fünf Jahren bestraft.

(4) Der Versuch nach den Absätzen 1 und 3 ist strafbar.

Anmerkung: § 238 wurde durch § 1 iVm Anlage 1 Nr. 50 des 6. StÄG (u. 3) eingefügt.

3. Sechstes Strafrechtsänderungsgesetz (6. StÄG)

Gesetz zur Änderung und Ergänzung des Strafgesetzbuches, der Strafprozeßordnung, des Einführungsgesetzes zum Strafgesetzbuch und zur Strafprozeßordnung des Gesetzes zur Bekämpfung von Ordnungswidrigkeiten, des Strafregistergesetzes des Strafvollzugsgesetzes und des Paßgesetzes vom 29. 6. 1990 (GBl. der DDR I 526)

§ 1

Das Strafgesetzbuch der Deutschen Demokratischen Republik – StGB – vom 12. Januar 1968 in der Neufassung vom 14. Dezember 1988 (GBl. I 1989 Nr. 3 S. 33) wird gemäß der Anlage I geändert.

§ 8 Verwirklichung früherer Strafentscheidungen und Beendigung von Strafverfahren bei Wegfall der strafrechtlichen Verantwortlichkeit

(1) Eine vor Inkrafttreten dieses Gesetzes rechtskräftig ausgesprochene Strafe wegen einer Handlung, für die nach Inkrafttreten dieses Gesetzes keine strafrechtliche Verantwortlichkeit mehr vorgesehen ist, wird nicht verwirklicht. Eine bereits begonnene Verwirklichung endet spätestens am Tage des Inkrafttretens dieses Gesetzes. Im Strafregister deswegen erfolgte Eintragungen sind zu tilgen.

(2) Anhängige noch nicht rechtskräftig abgeschlossene Verfahren wegen Handlungen, für die nach Maßgabe dieses Gesetzes keine strafrechtliche Verantwortlichkeit mehr vorgesehen ist, sind spätestens mit Inkrafttreten dieses Gesetzes einzustellen.

§ 9

Eine vor Inkrafttreten dieses Gesetzes ausgesprochene Aufenthaltsbeschränkung, öffentliche Bekanntmachung der Verurteilung, Maßnahme zur Wiedereingliederung, Maßnahme der staatlichen Kontroll- und Erziehungsaufsicht und die Auferlegung von Pflichten zur Bewährung am Arbeitsplatz, zur Verwendung des Arbeitseinkommens oder anderer Einkünfte für Aufwendungen der Familie, für Unterhaltsverpflichtungen sowie für weitere materielle Verpflichtungen, zur Unterlassung des Umgangs mit bestimmten Personen oder Personengruppen, bestimmte Gegenstände nicht zu besitzen oder zu verwenden, bestimmte Orte oder Räumlichkeiten nicht zu besuchen oder in bestimmten Abständen dem Leiter, dem Kollektiv oder einem bestimmten staatlichen Organ über die Erfüllung der auferlegten Pflichten zu berichten sowie die gerichtlich bestätigte Bürgschaft eines Kollektivs enden mit Inkrafttreten dieses Gesetzes.

§ 10

Soweit vor Inkrafttreten dieses Gesetzes Straftaten nach den Vorschriften der §§ 165, 166 Absatz 1 Ziffer 1 und Absatz 2, 167 bis 171, 173 Absatz 1 Ziffern 1 und 3, Absätze 2 und 3, sowie 214 begangen und Strafverfahren eingeleitet wurden, sind in diesen Fällen die vorgenannten Bestimmungen der Entscheidung über die strafrechtliche Verantwortlichkeit weiterhin zugrunde zu legen. Zusätzlich zu einer Verurteilung wegen verbrecherischen Vertrauensmißbrauchs ist unter den im Gesetz genannten Voraussetzungen der Ausspruch und die Verwirklichung einer Vermögenseinziehung gemäß § 57 StGB weiterhin zulässig.

§ 11

Der Minister der Justiz wird beauftragt, den Text des Strafgesetzbuches der Deutschen Demokratischen Republik – StGB – in der nach dem Inkrafttreten dieses Gesetzes geltenden Fassung im Gesetzblatt bekanntzumachen.

4. Sechstes Überleitungsgesetz

**Gesetz zur Überleitung von Bundesrecht nach Berlin (West)
vom 25. 9. 1990 (BGBl. I 2106)**

Bundesrecht, das in Berlin (West) auf Grund alliierter Vorbehaltsrechte bisher nicht oder nicht in vollem Umfang gilt, gilt vom Inkrafttreten dieses Gesetzes an uneingeschränkt in Berlin (West), soweit sich aus den §§ 2 und 3 nicht etwas anderes ergibt. Entsprechendes gilt auch für bereits verkündetes, jedoch noch nicht in Kraft getretenes Bundesrecht vom Zeitpunkt des jeweils bestimmten Inkrafttretens an.

II. Transnationale Strafvorschriften

Vorbem.: Ausgewählte Vorschriften, die ohne Änderung des StGB den Geltungsbereich des Deutschen Strafrechts erweitern, indem sie zB ausländische Entscheidungsträger oder Bedienstete für die Anwendung von Vorschriften des StGB inländischen Amtsträgern (§ 11 I Nr. 2, 3), für den öffentlichen Dienst besonders Verpflichteten (§ 11 I Nr. 4) oder Soldaten der Bundeswehr (§ 48 WStG) unmittelbar gleichstellen.
– Auszüge –

1. Internationales Bestechungsgesetz

Gesetz zu dem Übereinkommen vom 17. Dezember 1997 über die Bekämpfung der Bestechung ausländischer Amtsträger im internationalen Geschäftsverkehr (Gesetz zur Bekämpfung internationaler Bestechung – IntBestG) v. 10. September 1998 (BGBl. II 2327).

Art. 2 §§ 1–4

§ 1 Gleichstellung von ausländischen mit inländischen Amtsträgern bei Bestechungshandlungen

Für die Anwendung des § 334 des Strafgesetzbuches, auch in Verbindung mit dessen §§ 335, 336, 338 Abs. 2, auf eine Bestechung, die sich auf eine künftige richterliche Handlung oder Diensthandlung bezieht und die begangen wird, um sich oder einem Dritten einen Auftrag oder einen unbilligen Vorteil im internationalen geschäftlichen Verkehr zu verschaffen oder zu sichern, stehen gleich:
1. einem Richter:
    a) ein Richter eines ausländischen Staates,
    b) ein Richter eines internationalen Gerichts;
2. einem sonstigen Amtsträger:
    a) ein Amtsträger eines ausländischen Staates,
    b) eine Person, die beauftragt ist, bei einer oder für eine Behörde eines ausländischen Staates, für ein öffentliches Unternehmen mit Sitz im Ausland oder sonst öffentliche Aufgaben für einen ausländischen Staat wahrzunehmen,
    c) ein Amtsträger und ein sonstiger Bediensteter einer internationalen Organisation und eine mit der Wahrnehmung ihrer Aufgaben beauftragte Person;
3. einem Soldaten der Bundeswehr:
    a) ein Soldat eines ausländischen Staates,
    b) ein Soldat, der beauftragt ist, Aufgaben einer internationalen Organisation wahrzunehmen.

§ 2 Bestechung ausländischer Abgeordneter im Zusammenhang mit internationalem geschäftlichen Verkehr

(1) Wer in der Absicht, sich oder einem Dritten einen Auftrag oder einen unbilligen Vorteil im internationalen geschäftlichen Verkehr zu verschaffen oder zu sichern, einem Mitglied eines Gesetzgebungsorgans eines ausländischen Staates oder einem Mitglied einer parlamentarischen Versammlung einer internationalen Organisation einen Vorteil für dieses oder einen Dritten als Gegenleistung dafür anbietet, verspricht oder gewährt, daß es eine mit seinem Mandat oder seinen Aufgaben zusammenhängende Handlung oder Unterlassung künftig vornimmt, wird mit Freiheitsstrafe bis zu fünf Jahren oder mit Geldstrafe bestraft.

(2) Der Versuch ist strafbar.

§ 3 Auslandstaten

Das deutsche Strafrecht gilt, unabhängig vom Recht des Tatorts, für folgende Taten, die von einem Deutschen im Ausland begangen werden:

Anhang   II. Transnationale Vorschriften

1. Bestechung ausländischer Amtsträger im Zusammenhang mit internationalem geschäftlichen Verkehr (§§ 334 bis 336 des Strafgesetzbuches in Verbindung mit § 1);
2. Bestechung ausländischer Abgeordneter im Zusammenhang mit internationalem geschäftlichem Verkehr (§ 2).

§ 4 Anwendung des § 261 des Strafgesetzbuches

In den Fällen des § 261 Abs. 1 Satz 2 Nr. 2 Buchstabe a des Strafgesetzbuches ist § 334 des Strafgesetzbuches auch in Verbindung mit § 1 anzuwenden.

2. EU-Bestechungsgesetz

Gesetz zu dem Protokoll vom 27. September 1996 zum Übereinkommen über den Schutz der finanziellen Interessen der Europäischen Gemeinschaften (EU-Bestechungsgesetz – EUBestG) v. 10. September 1998 (BGBl. II 2340).

Art. **2** §§ 1, 2

§ 1 Gleichstellung von ausländischen mit inländischen Amtsträgern bei Bestechungshandlungen

(1) Für die Anwendung der §§ 332, 334 bis 336, 338 des Strafgesetzbuches auf eine Bestechungshandlung für eine künftige richterliche Handlung oder Diensthandlung stehen gleich:
1. einem Richter:
    a) ein Richter eines anderen Mitgliedstaats der Europäischen Union;
    b) ein Mitglied eines Gerichts der Europäischen Gemeinschaften;
2. einem sonstigen Amtsträger:
    a) ein Amtsträger eines anderen Mitgliedstaats der Europäischen Union, soweit seine Stellung einem Amtsträger im Sinne des § 11 Abs. 1 Nr. 2 des Strafgesetzbuches entspricht;
    b) ein Gemeinschaftsbeamter im Sinne des Artikels 1 des Protokolls vom 27. September 1996 zum Übereinkommen über den Schutz der finanziellen Interessen der Europäischen Gemeinschaften;
    c) ein Mitglied der Kommission und des Rechnungshofes der Europäischen Gemeinschaften.

(2) Für die Anwendung von
1. § 263 Abs. 3 Satz 2 Nr. 4 und § 264 Abs. 2 Satz 2 Nr. 2 und 3 des Strafgesetzbuches und
2. § 370 Abs. 3 Satz 2 Nr. 2 und 3 der Abgabenordnung, auch in Verbindung mit § 12 Abs. 1 Satz 1 des Gesetzes zur Durchführung der Gemeinsamen Marktorganisationen,

steht einem Amtsträger ein in Absatz 1 Nr. 2 Buchstabe b bezeichneter Gemeinschaftsbeamter und ein Mitglied der Kommission der Europäischen Gemeinschaften gleich.

§ 2 Auslandstaten

Die §§ 332, 334 bis 336 des Strafgesetzbuches, auch in Verbindung mit § 1 Abs. 1, gelten unabhängig vom Recht des Tatorts auch für eine Tat, die im Ausland begangen wird, wenn
1. der Täter
    a) zur Zeit der Tat Deutscher ist oder
    b) Ausländer ist, der
        aa) als Amtsträger im Sinne des § 11 Abs. 1 Nr. 2 des Strafgesetzbuches oder
        bb) als Gemeinschaftsbeamter im Sinne des § 1 Abs. 1 Nr. 2 Buchstabe b, der einer gemäß den Verträgen zur Gründung der Europäischen Gemeinschaften geschaffenen Einrichtung mit Sitz im Inland angehört,
    die Tat begeht, oder
2. die Tat gegenüber einem Richter, einem sonstigen Amtsträger oder einer nach § 1 Abs. 1 gleichgestellten Person, soweit sie Deutsche sind, begangen wird.

3. Europol-Gesetz

Gesetz zu dem Übereinkommen vom 26. Juli 1995 auf Grund von Artikel K.3 des Vertrags über die Europäische Union über die Errichtung eines Europäischen Polizeiamts (Europol-Gesetz) v. 16. Dezember 1997 (BGBl. 1998 II 2150).

Art. 2

§ 8 Strafvorschrift

Für die Anwendung der Vorschriften des Strafgesetzbuches über Verletzung von Privatgeheimnissen (§ 203 Abs. 2 Satz 1 Nr. 1, Satz 2, Abs. 4 und 5, § 205), Verwertung fremder Geheimnisse (§§ 204, 205) sowie Verletzung des Dienstgeheimnisses (§ 353 b Abs. 1 Satz 1 Nr. 1, Satz 2, Abs. 3 und 4) stehen die Mitglieder des Verwaltungsrates, der Direktor, die Stellvertretenden Direktoren, der Finanzkontrolleur, die Mitglieder des Haushaltsausschusses und die Bediensteten von Europol sowie die Verbindungsbeamten den Amtsträgern, die anderen nach Artikel 32 Abs. 2 des Übereinkommens zur Verschwiegenheit oder zur Geheimhaltung besonders verpflichteten Personen den für den öffentlichen Dienst besonders Verpflichteten gleich. Ist dem Täter das Geheimnis während seiner Tätigkeit bei Europol bekannt geworden, wird die Tat nach § 353 b des Strafgesetzbuches nur verfolgt, wenn ein Strafverlangen des Direktors von Europol vorliegt und die Bundesregierung die Ermächtigung zur Strafverfolgung erteilt.

Stichwortverzeichnis

Für die 20. Aufl. zusammengestellt von Assessor Michael Preißer, München; in den folgenden Aufl. fortgeführt von den Mitarbeitern der Autoren

Die fetten Zahlen verweisen auf die Paragraphen, die mageren bezeichnen die Randnoten

Abartigkeiten, seelische – und Schuldunfähigkeit **20** 19 ff.
Abbildung – Begriff **202** 5, **11** 78 – Einziehung **74 d** pornographische ~ **176** 15, **184** 4 ff. – sicherheitsgefährdende ~ **109 g** 3
Abergläubischer Versuch 23 13 f.
Aberkennen von Rechten u. Fähigkeiten **45** 4, 13
Aberratio ictus 15 57 ff. – bei Teilnahme **47** vor **25** s. auch Abweichen des Kausalverlaufs
Abfall, unerlaubter Umgang mit gefährlichem ~ **326** – Begriff **326** 2 ff. – besondere Gefährlichkeitsmerkmale **326** 3 ff. – Beseitigen von ~ **326** 9 ff. (durch Behandeln usw. 10 a, durch Unterlassen 11) – Nichtabliefern von radioaktivem ~ **326** 13 – Verbringen, grenzüberschreitendes von ~ **326** 12 a ff.
Abfallentsorgungsanlage, unerlaubtes Betreiben einer ~ **327** 17 f.
Abgabenüberhebung 353 2 ff.
Abgeordnete – Bestechung **2** vor **105, 108 e** – Immunität der ~ **36** 2 – Indemnität der ~ **36** 1 – keine Amtsträger **11**, **20**, **23** s. auch Parlamentsmitglieder
Abgeschlossener Raum – Begriff **123** 7 – ~ zum öffentlichen Dienst, Verkehr bestimmt **123** 8 ff.
Abhängige Unternehmen 5 13
Abhängigkeitsverhältnis – Mißbrauch eines ~ses als Nötigungsmittel **108** 5 – Mißbrauch eines ~ses als sexueller Mißbrauch **174** 10, 14 – persönliches u. wirtschaftliches ~ bei Prostituierten **180 a** 8 ff. – bei Zuhälterei **181 a** 7
Abhören – des nichtöffentlichen Wortes **201** 24 f. – durch Strafverfolgungsbehörden **201** 34 f.
Abhörgerät 201 23
Ablationstheorie 242 37
Ablösen von amtlichen Siegeln **136** 24
Absatzhilfe 259 35 ff., 40 f. – Versuch der ~ **259** 52
Abschluß des Strafverfahrens **77 d I, 78 b** 12 f.
Abschrift – als Urkunde **267** 39 ff. – beglaubigte ~ **267** 40 a – einfache ~ **267** 40
Absehen von Strafe, allgemein 54 ff. vor **38** – als eigenes Rechtsinstitut **60** 1 ff. – bei Aussagenotstand i. F. e. Falschaussage **157** 12 – bei Berichtigung einer Falschaussage **158** 11 – bei Geldwäsche **261** 26 – bei Hochverrat **83 a** 13 – bei landesverräterischer Agententätigkeit **98** 27 – bei kriminellen Vereinigungen **129** 20 – bei Schwangerschaftsabbruch **218 a** 75 ff. – bei sexuellem Mißbrauch von Jugendlichen **182** 18, bei solchem von Schutzbefohlenen **174** 21 – bei Täter-Opfer-Ausgleich **46 a** 7 – bei Fortführen einer verfassungswidrigen Partei **84** 24 – bei Verstoß gegen Vereinigungsverbot **85** 13 – bei Verführung **182** 18 – bei Versuch **23** 18
Absetzen als Hehlereihandlung **259** 31 ff.

Absicht 15 25, 66 f. – verschiedener gesetzlicher Sprachgebrauch **15** 70 f. – als strafbegründendes persönliches Merkmal **28** 20 – als subjektives Rechtfertigungselement **16** f. vor **32**
Absichtsloses doloses Werkzeug, s. Werkzeug
Absichtsprovokation und Notwehr 32 55 ff.
Absichts- und Tendenzdelikte 22, 63 vor **13**
Absolut – ~e Antragsdelikte **77** 2 – ~e Strafdrohung **39** vor **38**
Absorptionsprinzip – kein ~ bei ungleichartiger Idealkonkurrenz **52** 35
Absprache, wettbewerbsbeschränkende – Begriff **298** 11 – rechtswidrige **298** 13, 18
Abstimmungen, parlamentarische **36** 4
Abstrakte Betrachtungsweise – bei Deliktsunterscheidung **12** 6 – bei Verfolgungsverjährung **78** 10
Abtreibung – Fremd~ **218** 1 ff., s. Fremdabbruch – Selbst~ **218** 1 ff., s. Selbstabbruch, s. auch Schwangerschaftsabbruch
Abtrennen eines Bundeslandes – Tathandlung bei Hochverrat **82** 4
Abweichen des Kausalverlaufs **88**, 96 vor **13**, **15** 55 ff.
Actio illicita in causa 23 vor **32**, **32** 54, 56, 60 f., **34** 42
Actio libera in causa, Arten der ~ **20** 33 ff., **21** 11 – Begriff der ~ **20** 33 – und Rauschtat **323 a** 31 ff. – fahrlässige ~ **20** 38 – und fahrlässiger Irrtum **16** 13 – Irrtumsprobleme bei ~ **20** 36 f. – Konstruktion der ~ **20** 35 ff. – Prinzip der ~ beim Notstand **35** 19 f. – Versuch einer ~ **22** 56 – vorsätzliche ~ **20** 36
Adäquanztheorie 87 f. vor **13**
Additionsklausel 302 a 30
Adoption – Angehörigeneigenschaft bei ~ **11** 12
Adoptivkinder – sexueller Mißbrauch von ~n **174** 11
Affekt – Grausamkeit bei Handeln im ~ **211** 28 – und Schuldfähigkeit **20** 15 f., **21** 9, 20
Affekttaten – als Handlung 40 vor **13** – und Vorsatz **15** 61 f. – und Schuldfähigkeit **20** 15, **21** 9, 20 – bei Tötung **211** 10, 25, 28, **213** 8, 13
Agent 87 4 ff., **99** 1
Agent provocateur 26 20 f., s. V-Mann – s. Verdeckter Ermittler
Agententätigkeit, geheimdienstliche 99 – Ausüben der ~ **99** 3 ff. – Sich-Bereit-Erklären zu **99** 24 – Besonders schwerer Fall der ~ **99** 30 ff. – „Probeaufträge" **99** 15 – tätige Reue bei ~ **99** 28 f. – Verjährung **99** 2
Agententätigkeit, landesverräterische 98 – Ausüben **98** 2 ff. – Sich-Bereit-Erklären zu **98** 12 ff. – tätige Reue bei ~ **98** 19 ff.
Agententätigkeit für Sabotagezwecke 87 – Agent **87** 3 ff. – vorbereitete Sabotagehandlungen **87** 12 ff. – eingeschränkte Verfolgung der ~ **91**

Stichwortverzeichnis

fette Zahlen = Paragraphen

AIDS Strafbarkeit wegen Infizierung **212** 3, **223** 7, **224** 12 a – Aufklärungspflicht **223** 34, 41, 42 – Offenbarung einer ~ -Infektion **203** 31 – Zurechenbarkeit der ~ -Infizierung **101** ff. vor **13**, 52 a, 107 vor **32** Vorsatzprobleme **15** 87 a
Akademische Grade – geschützte ~ **132 a** 7
Aktien – geschützte Wertpapiere **151** 5
Akzeptkredit 265 b 13
Akzessorietät, bei Teilnahme, allgemein 21 vor **25** – (echte) Durchbrechung der ~ **28** 8 f. – limitierte ~ 23 ff. vor **25**, **29** 1, 6 – bei Mord **211** 44 ff. – strenge ~ 22 vor **25**, – der §§ **324** ff. vom Verwaltungsrecht 15 vor **324**, s. auch Haupttat
Alkohol, s. Trunkenheit, Rauschzustand – im Straßenverkehr **315 c**, **316**
Alkoholkonzentration, s. Blutalkoholkonzentration
Alkoholiker – Unterbringung von ~ in Entziehungsanstalt **64** 3
Alleingewahrsam 242 32 f.
Allgemeine Strafgesetze – Begriff 7 vor **80**
Allgemeinheit – für ~ gefährlicher Täter **63** 13 ff., **66** 19 ff. – die ~ gefährdende Gegenstände **74** 29 ff.
Alternativ-Entwurf eines Strafgesetzes, **Einf.** 3
Alternative Konkurrenz 82 vor **13**
Alternativität 133 vor **52**
Alternativvorsatz 15 90 f.
Altlasten – als Bodenverunreinigung **324 a** 7
Amnestie, Geltungsbereich der ~ 59 vor **3**
Amt, öffentliches 11 14 ff., **132** 4 – unbefugtes Ausüben eines ~es **132** 5, 11 s. auch Amtstätigkeit
Amtliches Handeln, s. Hoheitliches Handeln
Amtliche Ausweise, Vorbereitung der Fälschung von ~ **275**
Amtlich geheimgehaltene Tatsachen **95** 4 ff., **97** 10 f., **99** 32 ff.
Amtsabzeichen – geschützte ~ **132 a** 12
Amtsanmaßung 132 – als eigenhändiges Delikt? **132** 12
Amtsbezeichnung – geschützte ~ **132 a** 5 f., 17
Amtsdelikte 331 ff. – allgemeine ~ 9 vor **331** – besondere ~ 9 vor **331** – echte ~ 7 vor **331** – unechte ~ 8 vor **331**
Amtsfähigkeit, Verlust der **45 ff.**
Amtshandlung, s. Diensthandlung
Amtshilfe – und Verletzung von Privatgeheimnissen **203** 52 f.
Amtskleidung – geschützte ~ **132 a** 12
Amtstätigkeit – unbefugtes Vornehmen einer ~ **132** 6 ff., 11
Amtsträger – Begriff **11** 16 ff. – Abgabenüberhebung durch ~ **353** – Anstellung als ~ **331** 4 – Aussageerpressung durch ~ **343** – Beleidigung von ~n **194** 10 ff. – amtliche Schweigepflicht **203** 58 f. – Bestechlichkeit von ~ **332** – Bestechung von ~n **334** – Falschbeurkundung durch ~ **348** – Garantenstellung **13** 30 a, 31 – Gebührenüberhebung durch ~ **352** – Haftung wg. Umweltstraftaten von ~n 29 ff. vor **324** – Kenntnis eines ~s von Straftaten **258 a** 9 ff. – Körperverletzung durch ~ **340** – Leistungskürzung durch ~ **353** II – Rechtsbeugung durch **339** – Mitwirkung von ~n bei Strafverfahren **258** 3 ff. – Mitwirkung von ~n bei Strafvollstreckung **258 a** 6 – Taten deutscher ~ im Ausland **5** 19 – Taten ausländischer ~ im Ausland **5** 20 – Taten gegen deutsche ~ im Ausland **5** 31 – Umweltstraftaten durch ~ 29 ff. vor **324** – Unterlassen einer Diensthandlung **336** – Verfolgung Unschuldiger durch ~ **344** – Verleitung von Untergebenen zu einer Straftat **357** – Verletzung von Dienstgeheimnissen **353 b** – Verletzung von Privatgeheimnissen durch ~ **203** 43 ff. – Verletzung des Steuergeheimnisses durch ~ **355** – Verletzung des Post- und Fernmeldegeheimnisses durch ~ **206** 32 ff. – Vollstreckung gegen Unschuldige durch ~ **345** – Vorteilsannahme durch ~ **331** – Vorteilsgewährung an ~ **333** – Widerstand gegen „Vollstreckungs"- ~ **113** 7 f., **10** ff., s. auch Amtsdelikte
Amtsträgereigenschaft – als besonderes persönliches Merkmal **331** 9
Amtsverhältnis, öffentlich-rechtliches, – ohne Beamteneigenschaft **11** 20
Amtsverlust – als Nebenfolge **45** 3 ff., **45 a** 1 ff. – bei Beamten **45** 10 – Wiederverleihung der Amtsfähigkeit **45 b** 1 ff.
Analogie – allgemein **1** 6, 24 ff. – Gesetzes- ~ **1** 24 – Grenzen zur Auslegung **1** 55 f. – bei Nebenfolgen **1** 28 – Rechts- ~ **1** 24 – ~ bei Regelbeispielen **1** 29 – bei Strafbarkeitsvoraussetzungen **1** 26 f. – bei Tatfolgen **1** 28 – des (Versuchs-)Rücktritts auf sonstige Rücktrittsregelungen **24** 117 ff. – zugunsten des Täters **1** 24 – zu Lasten des Täters **1** 24, s. auch Auslegung – zulässige ~ **1** 31 ff.
Anbieten – öffentliches ~ pornographischer Erzeugnisse **184** 29 f. – pornographischer Erzeugnisse ggüber Jugendlichen **184** 7 – pornographischer Erzeugnisse im Einzelhandel, in Kiosken, im Versandhandel und im Wege gewerblicher Vermietung **184** 16 ff. – harter Pornographie **184** 52 ff. – von Abtreibungsmitteln und -diensten **219 a** 2 ff.
Änderung – des Gesetzes **2** II – der Rechtsprechung **2** 9 f.
Androhen – Begriff **126** 5 – bestimmter Gewalttaten **126** 4 f.
Anfechtung eines Rechtsgeschäfts, zivilrechtliche, Bedeutung für Strafrecht **246** 4
Anforderungen – keine unzumutbaren ~ an den Verurteilten bei Auflagen und Weisungen **56 b** 19, **56 c** 5 ff., **68 b** 25
Angaben, vorteilhafte **264 a** 25
Angebot – Abgabe **298** 8
Angehörige, Begriff **11** I 1, **11** 3 ff. – als Antragsberechtigte **77** 12, **77 b** 16, **194** 3, **205** 8 – Diebstahl gegen ~ **247** 3 ff. – Hehlerei gegen ~ **259** 60 – bei Notstand **35** 18 f. – Straffreiheit bei Nichtanzeige bestimmter Taten **139** 4 – Strafvereitelung zugunsten eines ~n **258** 39 – als Widerspruchsberechtigte bei Strafverfolgung von Amts wegen **194** 7
Angemessenheit – der Entschädigung **74 f** 10 f. – der erbotenen Leistung statt Bewährungsauflage **56 b** III – bei Notstand **34** 46 f. – des Preises **263** 16 d, 17 c
Angriff – auf Kraftfahrer **316 a** 3 ff. – auf den Luft- und Seeverkehr **316 c** – ~ mehrerer **231** 4 – Abwendung eines ~s bei Notwehr **32** 3 ff., s. auch Notwehrlage – tätlicher ~, s. dort
Angriffskrieg – Begriff **80** 4 (humanitäre Intervention **80** 4) – Aufstacheln zum ~ **80 a** – Belohnung u. Billigung eines ~es **140** 2 – Nichtanzeige eines ~es **138** 7 – Vorbereitung eines ~es **80** 5 ff.

magere Zahlen = Randnummern

Stichwortverzeichnis

Anhalten – zur Prostitution **180 a** 20
Animus auctoris **56** ff. vor **25**
Animus socii **56** ff. vor **25**, s. auch subjektive Theorie
Ankaufen, als Tathandlung der Hehlerei **259** 30
Anklageschrift – öffentliche Mitteilung der ~ **353 d** 39 ff., s. auch öffentliche Klage
Ankündigen, – öffentliches ~ pornographischer Erzeugnisse **184** 30 ff. – harter Pornographie **184** 52 ff. – von Abtreibungsmitteln etc. **219 a** 2 ff.
Anlagen – der Landesverteidigung **109 e** 5 ff. – feuergefährdete ~ **306 f** 3 – militärische ~ **109 g** 7 – zum Schutz der Zivilbevölkerung **109 e** 6 ff. – Beschädigung wichtiger ~ **321** 2 ff. – Betreiben einer kerntechnischen ~ **327** 5 – Herstellen einer kerntechnischen ~ **312** – Betrieb von ~ **325** 6, **329** 9, 17, 26 – betriebliche ~ **329** 16 – Errichten von ~ **329** 17 – Innehaben einer betriebsbereiten oder stillgelegten ~ **327** 6 – kerntechnische ~ **327** 3 – Rohrleitungs ~ **329** 25 – in Schutzgebieten **329** 8, 15 – Umweltstrafrecht **325** 4 f. – unerlaubtes Betreiben von ~ **327**, **329** 7 ff. – Zerstörung von ~ des Straßenverkehrs **315 b** 5 ff. – Zerstörung von dem öffentlichen Verkehr dienenden ~ **316 b** 2 ff.
Anleitung zu Straftaten 130 a – durch Anleitungsschriften **130 a** 3 ff., 7 ff. – mündliche ~ **130 a** 8 – Sozialadäquanz bei ~ **130 a** 10
Annahme des Erbietens, zu einem Verbrechen **30** 24 – Rücktritt **31** 9
Anordnung, dienstliche als Rechtfertigungs- bzw. Entschuldigungsgrund **87** ff., **121** f. vor **32**
Anpreisen – öffentliches ~ pornographischer Erzeugnisse **184** 30 ff. – harter Pornographie **184** 52 ff. – von Abtreibungsmitteln und -diensten **219 a** 2 ff.
Anrechnung auf Strafe **51** – allgemein **51** 1 f. – ~ von Auslandsstrafen **51** III, **51** 28 ff. – automatische ~ (kraft Gesetzes) **51** 16 ff. – ~ auf die erkannte Strafe **51** 11 ff. – sonstiger Freiheitsentziehungen **51** 5 – von vorl. Entziehung der Fahrerlaubnis auf Fahrverbot **51** 36 – gerichtliche Versagung der ~ **51** 18 ff. – der Untersuchungshaft **51** 4 ff. – Grundsatz der Verfahrenseinheit **51** 8 ff. – ~ von Leistungen bei Widerruf der Strafaussetzung **56** f 18, **58** 13 – ~ von vollzogenen Maßregeln **67** 3
Anschlagen – als Verbreiten von Schriften **74 d** IV, – pornographischer usw. Schriften **184** 15, **131** 12
Ansetzen, unmittelbares – als Element des Versuchs, allgemein **22** 24 ff. – Grundlage und Bezugspunkt des ~s **22** 33 ff. – bei Teilverwirklichung des Tatbestandes **22** 37 f. – Unmittelbarkeitskriterium **22** 39 ff. – bei Schwangerschaftsabbruch **218** 47, s. auch Vorbereitungshandlung
Anstaltsunterbringung, allgemein, s. Unterbringung
Anstellungsbetrug 263 153 ff.
Anstiftung 26 – allgemein **26** 1 f., s. auch Teilnahme und Urheberschaft – doppelter Vorsatz bei ~ **26** 16 ff. – ~ und Haupttat **26** 24 ff. – mittelbare ~ (durch Werkzeug) **26** 5 f. – Ketten ~ **26** 13 – bei Umstimmen des Täters **26** 8 – Versuch der ~ **30** I, **26** 30, **30** 17 ff. (Irrtumsfragen **30** 8 ff.), s. auch Akzessorietät und Teilnahme

Antikonzeptionelle Mittel – keine Abtreibungsmittel **219 a** 4, **219 b** 2
Anti-Terroristen-Gesetze 2 vor **123**, **129 a** 1
Antrag, s. Strafantrag
Antragsdelikte, allgemein **77** 2, 4
Antragsmündigkeit 77 15 ff.
Anvertrauen – ein Geheimnis ~ **203** 12 ff. – eine Sache ~ **246** 24 – zur Erziehung, Ausbildung, Beaufsichtigung oder Betreuung **174 a** 5 – zur Beratung, Behandlung oder Betreuung **174 c** 5 – zur psychotherapeutischen Behandlung **174 c** 8
Anwalt s. Rechtsanwalt
Anwaltschaft – als öffentliches Amt **132** 4
Anwaltstand, Beleidigung ~es 3, 7 ff. vor **185**
Anwartschaft – als Gegenstand der Einziehung **74** 24 – Schutz der ~ bei Pfandkehr **289** 7 – als Vermögen **263** 86 ff.
Anwendungsbereich des Strafgesetzes, s. Geltungsbereich
Anwerben – gewerbsmäßiges ~ zur Prostitution **181** 13 f. – durch List **181** 8 ff. – für ausländischen Wehrdienst **109 h** 4 ff. – bei Menschenhandel **181** 8 f.
Anzeige – zur Entgegennahme von ~ zuständiger Amtsträger **164** 27 – und Gefahr politischer Verfolgung **241 a** 2 ff.
Apotheker – berufliche Schweigepflicht des ~s **203** 35
Approbation – Bedeutung der ~ bei Schwangerschaftsabbruch **218 a** 58, **218 b** 8
Apprehensionstheorie 242 37
Äquivalenztheorie 73 ff. vor **13**
Arbeit – gemeinnützige ~ zur Abwendung einer Ersatzfreiheitsstrafe **43** 1 – Weisungen bzgl. ~ **56 c** 7 f., **17**, **68 b** 19
Arbeitgeberbeiträge – Vorenthalten von ~ durch Ersatzkassenmitglieder **266 a** 16
Arbeitnehmerbeiträge – Vorenthalten von ~n durch Arbeitgeber **266 a** 3 ff.
Arbeitnehmerüberlassung 266 a 11, 26
Arbeitsentgelt – Vorenthalten und Veruntreuen von ~ **266 a**
Arbeitsmittel – Zerstörung technischer ~ **305 a**
Arbeitsverhältnis – als Abhängigkeitsverhältnis **174** 10 – als Fürsorgeverhältnis **225** 10
Arbeitskraft – als Vermögen **263** 96 f., 155
Ärgernis – Erregung (öffentlichen) ~ses **183 a**
Arglosigkeit 211 24, 25 b
Arzneimittelerprobung 223 50 a
Arzt – (schwangerschafts-)abbrechender ~ 28 vor **218**, **218 a** 58 ff. – beratender ~ 30 vor **218**, **218** 53, **218 a** 71, 79 f., **219** 19 – als Amtsträger **11** 17 f. – geschützte Berufsbezeichnung **132 a** 10 – Garantenstellung des ~es **13** 28 a, 31 – Hilfspflicht eines ~ **323 c** 25 a – Indikationen **29** vor **218**, **218** 53, **218 b** 1, 27 ff. – berufliche Schweigepflicht des ~es **203** 35 – Pflichtverletzung bei Schwangerschaftsabbruch **218 c** – Straffreiheit bei Nichtanzeige bestimmter Taten **139** 3 – Weigerungsrecht des ~es gegen Schwangerschaftsabbruch **218 a** 84 ff., **218 b** 17
Ärztliche Aufklärung – therapeutische ~ **223** 35 – Selbstbestimmungsaufklärung **223** 40 ff.
Ärztliche Beratung bei Schwangerschaftsabbruch **218 a** 1, 79 f., **218 c** 5 ff.
Ärztliche Eingriffe – Fahrlässigkeit bei ~ **15** 151 ff., **219** – und Körperverletzung, im beson-

Stichwortverzeichnis

fette Zahlen = Paragraphen

deren **223** 27 ff. (gelungene ~ **223** 32; ~ mit Substanzveränderungen **223** 33 ff.; mißglückte ~ **223** 33 ff.) – ~ lege artis **223** 35 f. – Einwilligung des Patienten bei ~ **223** 37 ff. s. auch ärztliche Aufklärung

Ärztliche Erkenntnis – maßgeblich bei Schwangerschaftsabbruch **218 a** 36, 50

Ärztliche Kunstregeln – Befolgung der ~ bei Heilbehandlung **223** 35 f. – und Fahrlässigkeit **15** 219 – Schwangerschaftsabbruch nur bei Beachtung der ~ **218 a** 59 f., 82

Asperationsprinzip 54 I – durch Bildung der Einsatzstrafe **54** 3 ff. – durch Erhöhung der Einsatzstrafe **54** 6 ff.

Asthenische Affekte 33 3 f.

Atemalkohol 20 16 f., **316** 16

Attentat – auf Flugzeuge und Schiffe **316 c** 23 ff.

Aufenthalt – Anordnungen bzgl. ~ **56 c** 17, **68 b** 5 f. – dienstlicher **5** 19 – gewöhnlicher **5** 12

Auffangtatbestand, – Lehre vom ~ **1**, 92

Aufforderung – frühere Bezeichnung für Bestimmen **30** 17 ff. – zu Gewaltmaßnahmen gegen Bevölkerungsteile **130** 5 b – öffentliche ~ zu rechtswidrigen Taten **111** 1 ff.

Aufgabe der (weiteren) Tatausführung bei Rücktritt **24** 37 ff.

Aufklärung s. ärztliche ~

Auflagen – bei Bewährung, s. Bewährungsauflagen – bei Verwarnung mit Strafvorbehalt, s. dort – im Umweltstrafrecht **324** 12, **330 d** 16 f.

Auflauern – als Versuchshandlung **22** 42

Aufnehmen auf Tonträger **201** 11 ff.

Aufrechterhaltung einer rechtswidrigen Vermögenslage – und Hehlerei **259** 1

Aufschub der Vollstreckung **79 a** 4

Aufsicht des Bewährungshelfers **56 d I**, **56 f I 2**, **57 III**, **67 g I 3**, **70 b I 3** – Inhalt der ~ **56 d** 2 f.

Aufsichtsstelle – als Organ der Führungsaufsicht **68 a** 2 ff. – Überwachungsaufgabe der ~ **68 a** 5 f. – Vorrang der ~ bei gleichzeitiger Führungsaufsicht und Strafaussetzung **68 g** 3 f.

Aufstacheln – Begriff **80 a**, **130** 5 a – zum Angriffskrieg **80 a** – zum Haß gegen Bevölkerungsteile **130** – zum Rassenhaß **130** 1, 12 ff., **131** 1

Aufzug – Teilnahme an ~ als Bannkreisverletzung **106 a** 3

Augenscheinsobjekt 267 4 – qualifiziertes ~ **267** 21

Ausbeuten – der Prostituierten **180 a** 21 – und Zuhälterei **181 a** 5 ff.

Ausbeutung – Begriff **302 a** 29 – des Mangels an Urteilsvermögen **302 a** 26 – der Unerfahrenheit **302 a** 25 – der erheblichen Willensschwäche **302 a** 27 – einer Zwangslage **302 a** 23

Ausbildung – Weisungen bzgl. ~ **56 c** 7 f., 17, **68 b** 7, 19

Ausbildungsverhältnis – als Abhängigkeitsverhältnis **174** 7, 10

Ausbruch, gewaltsamer – als Meuterei **121** 11 – Verhelfen zum ~ **121** 12 ff.

Ausführen – pornographischer Erzeugnisse **184** 49 – harter Pornographie **184** 52 ff.

Ausführung einer Tat – Strafbarkeit bei Nichtanzeige der ~ **138** 6 f. – von Kennzeichen verfassungswidriger Organisationen **86 a** 8 b

Auskundschaften von Staatsgeheimnissen **96** 8 ff.

Ausland – Begriff **25** ff., 33 vor **3** – im ~ begangene Taten **5**, **6**, **7** – im ~ gegen Deutsche begangene Taten **7** 4 ff. – ~-taten von Deutschen **7 II**, **7** 16 ff. – teilweise im ~ begangene Taten, s. internationale Distanzdelikte

Ausländer – Begriff **37** vor **3** – Bestrafung von ~ **4** vor **3**, **3** 5 – Strafaussetzung bei ~ **56** 24 d – Strafzumessung bei ~ **46** 36

Ausländerverein – verbotener **85** 9

Ausländische(r/s) Aburteilung **176 a** 8 ~ Amtsträger **5** 20, **11** 16 a – Führerschein **69 b** – Rechtsgüter **16** ff., **21** vor **3**, Tatortrecht **22**, **52** ff. vor **3**, **7** 7 ff., 23

Ausländische Staaten – Begriff **3** vor **102** – DDR als ~ **3** vor **102** – Flagge von ~ , Verletzung der **104** 2 – Hoheitszeichen von ~ , Verletzung der ~ **104** 3 – Organe (Angriff gegen **102** Beleidigung gegen **103**) Regierungsmitglieder ~ **102** 4 – Strafverfolgungsvoraussetzungen bei Delikten gegen ~ **104 a**

Ausländisches Staatsoberhaupt – Angriff gegen ~ **102** 3 – Beleidigung eines ~ **103** 3

Ausländisches Tatortrecht 22 ff. vor **3**

Ausländische Truppen 40 f. vor **3**, Sonderprobleme bei Verjährung **78 b** 9, s. auch NATO – Angehörige

Auslandsstrafen – Anrechnung von ~ **51 III**, **51** 28 ff.

Auslegung, allgemein **1** 36 ff. – ausdehnende ~ **1** 51 f. – einschränkende ~ **1** 51 – europarechtskonforme ~ **26** vor **1**, **1** 21 – folgenorientierte ~ **1** 54 – objektiv-teleologische ~ **1** 43 ff. – logisch-systematische ~ **1** 39 – richtlinienkonforme **26** vor **1** – vom Sinnzusammenhang aus **1** 39 ff. – subjektiv-historische ~ **1** 41 – Unterschied zur Analogie **1** 55 f. – verfassungskonforme ~ **1** 37, 42, 50 ~ vom Wortsinn aus **1** 37

Auslieferung 7 22 ff. – Auslieferungshaft **51** 35

Ausnützen – einer schutzlosen Lage zur sexuellen Nötigung **177** 8 f. – einer vom Täter geschaffenen Lage zur Erpressung **239 a** 18 ff. – einer vom Täter geschaffenen Lage zur Geiselnahme **239 b** 11 ff.

Aussage –~erpressung durch Amtsträgern **343** – falsche, uneidliche ~ **153** – Falschheit der ~ 3 ff., 7 f. vor **153**, **153** 3 – mehrdeutige ~ **18** vor **153** – ~notstand **157** s. dort – uneidliche ~ u. Verhältnis zum Meineid **153** 9, 15 ff. – Verleiten zu falscher uneidlicher ~ **160** 7 – unter Verletzung prozessualer Normen 19 ff. vor **153** – versuchte Anstiftung zu falscher uneidlicher ~ **159**, s. auch Aussagetheorien

Aussagedelikte – im Ausland **5** 18 – als eigenhändige Delikte 33 vor **153** – Teilnahme bei ~ 34 ff. vor **153** – Verleiten zu ~ **160**

Aussagenotstand 157 – zur Abwendung der Gefahr einer Verurteilung **157** 6 ff. – bei falscher uneidlicher Aussage **157** 5, 13 – bei Herbeiführung des ~ ? **157** 11 – bei Meineid **157** 5, 13

Aussagetheorien – modifizierte objektive ~ 4 ff. vor **153** – objektive ~ 4 ff. vor **153** – subjektive ~ 4 ff. vor **153**

Ausschreibung – Begriff **298** 4

Ausschuß, parlamentarischer **36** 4 – Berichte aus **37** – Schweigepflicht **203** 60

Außereheliche sexuelle Handlungen – Absicht der ~ bei Entführung **236** 11, **237** 6 – Tatbestandshandlung bei Entführung **237** 13 f.

magere Zahlen = Randnummern

Stichwortverzeichnis

Äußerung, parlamentarische 36 4
Außerrechtlich – außerrechtliche Normenkomplexe **1** 22 – außerrechtliche Wertungen bei Interessenabwägung beim Notstand **34** 44
Aussetzung 221 – durch Aussetzen Schutzbedürftiger **221** 6 f. – durch Verlassen **221** 7 f. – bei Lebens- und/oder Leibesgefährdung **221** 9 – qualifizierte ~ **221** 12 f. – Vorsatz zur ~ bei Menschenraub **234** 6
Aussetzung – der Strafe, s. Strafaussetzung – freiheitsentziehender Maßregeln, s. Unterbringung – des Berufsverbots, s. dort – und Ruhen der Verjährung **79 a** 5
Aussetzung des Strafrestes, s. Strafrest
Ausspähung – von Daten **202 a** – illegaler Geheimnisse **97 a** 10 ff. – landesverräterische ~ **96** 2 ff.
Ausspielung 287
Aussteller – Begriff **267** 16 – Individualisierung des ~ **267** 29
Ausstellen – von Schriften **74 d** 7, **131** 12, **184** 15
Ausweise – amtliche **275** 5 – amtliche ~ **273** – Sichverschaffen von ~ **276** – Verändern **273** – Verschaffen falscher amtlicher ~ **276** – Vorbereitung der Fälschung **275**
Ausweispapiere – Mißbrauch von ~ **281**
Autobahn – Wenden und Rückwärtsfahren auf ~ **315 c** 24
Automatenmißbrauch 242 36, **243** 25, **265 a** 4, 9, **266 b** 8
Automatisierte Verhaltensweisen – als Handlungen **41** f. vor **13**
Autonome Motive – beim Rücktritt **24** 43 f.

Bagatellkriminalität – Absehen von Strafe bei ~ 54 vor **38** – keine Sicherungsverwahrung bei ~ **66** 40 – bei Diebstahl **248 a** 1
Bahn – gefährliche Eingriffe in den ~-verkehr **315** – Gefährdung des ~-verkehrs **315 d**
Bande 244 24, **263** 188 a, **267** 105
Bandendiebstahl 244 23 ff. – schwerer **244 a** – Teilnahme **244** 27 f., 32
Bandenhehlerei 260 – gewerbsmäßige ~ **260 a**
Bandenraub 250 26
Bannkreis – Verletzung des ~ eines Verfassungsorgans **Einf.** 14, 2 vor **105**
Bannware – Schiffs-, Kraft- und Luftfahrzeugsgefährdung durch ~ **297**
Bankrott 283 – besonders schwerer Fall des ~ **283 a**, s. auch Gläubigerschädigung
Bargeldloser Zahlungsverkehr – Schutz des **266 b** 1
Baugefährdung 319
Bauleiter 319 8 – Regeln der Technik **319** 4
Bauwerke – Zerstörung von ~ **305**
Beamte, Begriff **11** 17 ff. – mit kirchlichen Aufgaben **11** 26, s. auch Amtsträger
Bedingter Vorsatz 15 72 ff., s. Eventualvorsatz
Bedingung – der Strafbarkeit, s. dort – Formel von der gesetzmäßigen ~ 75 vor **13**
Bedingungstheorie 73 ff. vor **13**
Bedrohung 241 – allgemein **241** 1 f. – Begriff, s. Drohung – von Menschen mit einer Gewalttätigkeit **125** 17 f. – mit Verbrechen **241** 5 – durch Vortäuschen **241** 9 ff.
Beeinträchtigung der Brauchbarkeit – einer versicherten Sache **265** 8

Beeinträchtigung richterlicher Unabhängigkeit – nach § 238 StGB-DDR durch Beleidigung von Richtern usw. 10 vor **185** – Verhältnis zur Teilnahme an Rechtsbeugung **339** 12
Beendeter Versuch 24 12 ff. – Rücktritt vom ~ **24** 58 ff. – bei Unterlassungsdelikten **24** 29
Beendigung der Tat – Begriff **4** ff. vor **22** – als Beginn der Verfolgungsverjährung **78 a** 1 – bei Fortsetzungszusammenhang u. Dauerdelikt **9** vor **22** – und zeitliche Geltung des StGB **2 II, 2 III** s. auch dort
Befehl, gefährlicher 90 vor **32**
Befehl, rechtmäßiger, s. hoheitliches rechtm. Handeln
Befehl, rechtswidriger – DDR-Schieß~ **89 a** vor **32** – Handeln auf ~ als Rechtfertigungsgrund (?) 87 ff. vor **32** – kein Entschuldigungsgrund **121** f. vor **32** – verbindlicher ~ **89** vor **32**
Beförderung 330 13 – für die ~ Verantwortliche **330** 14
Beförderungsleistung – Erschleichen einer ~ **265 a** 6, 11
Befreiung – durch Amtsträger oder durch Besonders Verpflichtete **120** 17 ff. – eines Gefangenen **120** 8 – Selbst~ **120** 9 ff., **121** 11 – Teilnahme an ~ **120** 9 ff.
Befriedetes Besitztum – Begriff **123** 6 f.
Befriedigung des Geschlechtstriebs 211 16
Befugnis zur Vermögensverfügung **266** 4 ff. – Mißbrauch der ~ **266** 14 ff.
Begehung der Tat – allgemein **1**, **2** 12 – maßgeblicher Ort **9** – maßgeblicher Zeitpunkt **8**
Begehungsdelikte 128, **134** ff. vor **13**
Begehungszeitraum 2 II, **2** 13 ff.
Beginn der Ausführungshandlung **22** 24 ff.
Begünstigung 257 – Begriff als sachliche ~ **257** 1 – Abgrenzung zur Beihilfe **257** 6 ff. – Antragserfordernis bei ~ **257** 37 f. – durch Beteiligten der Vortat **257** 31 f. – Gläubiger **283 c** – bei geringfügigem Vermögensvorteil **257** 38 – Verhältnis zu Hehlerei 4 vor **257**, **259** 62 – durch Hilfeleisten **257** 15 ff. – durch mittelbare Förderungshandlungen? **257** 19 – Schuldner~ **283 d** – rechtswidrige Vortat als Tatbestandsmerkmal der ~ **257** 3 ff. – Selbstbegünstigung, s. dort – durch Unterlassen **257** 17 f. – ~ zur Vorteilssicherung **257** 21 ff.
Behältnis – Diebstahl aus verschlossenem ~ **243** 21 ff. – Gewahrsam am verschlossenen ~ **242** 34 – ~ eines Schriftstücks **202** 17 f.
Beharrlich – Zuwiderhandeln gegen Verbotsanordnung der Prostitution **184 a** 5
Behaupten – von Tatsachen **185** 6, **186** 3 f.
Behinderte, sexueller Mißbrauch von geistig oder seelisch ~ **174 c** 2 ff.
Behörde, Begriff **11** 25, 57 ff. – Beleidigung einer ~ und Antrag **194** 16 – öffentliche ~ bei mittelbarer Falschbeurkundung **271** 5 – Verdächtigung gegenüber ~ **164** 24 ff.
Behördliche Duldung, s. Duldung
Behördliche Erlaubnis – Erschleichen einer ~ 63 c vor **32**, **324** 17 ff., **330 d** 23 ff. – Genehmigungsfähigkeit 62, 63 d vor **32** – mißbräuchliches Ausnützen einer ~ 63 ff. vor **32** – als Rechtfertigungsgrund 61 ff. vor **32** – rechtswidrige Versagung ~ 62, **130 a** vor **32** – strafrechtliche Bedeutung einer wirksamen, aber rechtswidrigen ~ 62 f. vor **32** – tatbestandsausschließende ~ 61

2663

Stichwortverzeichnis

fette Zahlen = Paragraphen

vor **32** – ~ und Verletzung von Individualrechtsgütern 63 d vor **32** s. Verwaltungsaktakzessorietät
Beibringen – von Gift etc. **224** 2 a
Beihilfe 27 I – Begriff **27** 1 ff. – ~ zur Beihilfe **27** 18 – Abgrenzung zur Begünstigung **257** 6 ff. – und doppelter Gehilfenvorsatz **27** 19 ff. – bei Exzeß des Haupttäters **27** 20 ff. – und Haupttat (Akzessorietät) **27** 26 ff. – Abgrenzung zur Hehlerei **258** 15 – Formen der Hilfeleistung **27** 11 ff. – mehrfache ~ **27** 35 ff. – neutrale Handlung **27** 10 a – psychische ~ **27** 12 – und Strafmilderung ~ **27 II**, **27** 32 – sukzessive ~ **27** 17 – durch Unterlassen **27** 15 f. – Ursächlichkeit der Hilfeleistung **27** 4 ff. – Abgrenzung zur Verfolgungsvereitelung **258** 5 f., s. auch Akzessorietät und Teilnahme
Beischlaf – mit Kindern **176** a 3 – bei Vergewaltigung **177** 20 – mit Widerstandsunfähigen **179** 14
Beischlaf zwischen Verwandten 173 – Begriff **173** 3 – zwischen Blutsverwandten **173** 4 – unter Minderjährigen **173** 9 – zwischen Geschwistern **173** 4 – bei Vergewaltigung **173** 7 – Täter des ~ **173** 8
Beiseiteschaffen – Begriff **283** 4 – von Vermögensbestandteilen **283** 3 (bei Schuldnerbegünstigung **283** d) – von Vermögensbestandteilen in der Zwangsvollstreckung **288** 14 ff. – einer versicherten Sache **265** 9
Beisetzungsstätten – Begriff **168** 10 – beschimpfender Unfug an ~ **168** 11 – Zerstörung einer ~ **168** 12
Bei-sich-Führen – Begriff **244** – einer Schußwaffe **125** a 3 ff., **244** 5 ff., **250** 3 ff. – einer Schutzwaffe **125** 1 – einer Waffe **113** 62 ff. – einer Waffe in Verwendungsabsicht **125** a 7 ff., **244** 15 ff., **250** 14 ff. – Zeitpunkt des ~ **244** 6, **250** 6 ff.
Beitreibung der Geldstrafe **43** 3 ff.
Bekanntmachungen, öffentliche – Verletzung ~ **134** 1 ff. – bei Abtreibungsmittel **219** a 3 ff. – bei falscher Verdächtigung **165** 6 ff. – bei öffentlicher Beleidigung **200** 1 f.
Bekanntwerden – eines Geheimnisses **203** 15
Bekenntnis – Begriff **166** 4 ff. – Beschimpfen eines ~ **166** 8 ff. – religiöses ~ **166** 5 – weltanschauliches ~ **166** 6
Bekräftigung, eidesgleiche – der Wahrheit einer Aussage **155** 3
Belästigung – durch exhibitionistische Handlungen **183** 4
Beleidigung – allgemein **185** 1 ff. – Antragserfordernis bei ~ **194** 1 ff. – Antrag bei „Amtsbeleidigung" **194** 10 ff. – ausländischer Staatsorgane und Vertreter **103** – Beleidigungsfähigkeit **185** 2 ff. – Bestreiten von Verfolgungsmaßnahmen durch eine Gewalt- oder Willkürherrschaft als ~ der Opfer **185** 3, **194** 1, 6 – „Behördenbeleidigung" und Antrag **194** 16 – im engsten Familienkreis 9 vor **185** – der Familie 4 vor **185** – Formal ~ **192** – von Gemeinschaften 3 ff. vor **185** – durch Glossen **185** 8 a – durch Karikatur **185** 8 a – unter einer Kollektivbezeichnung 5 ff. vor **185**, **194** 1, 6 – durch Kundgabe von Mißachtung **185** 8 – öffentliche ~ **200** 1, s. auch Bekanntmachung – von Richtern usw. nach § 238 StGB-DDR 10 vor **185** – öffentliche ~ durch Satire **185** 8 a – Sexual~ **185** 4 – durch Tatsachenbehauptung ggber Verletztem **185** 1, 6, s. dort – Verfolgung

von Amts wegen **194** 4 ff. – durch Unterlassen **185** 12 – durch Werturteile **185** 1, 7 s. dort – bei Wahrnehmung berechtigter Interessen? **185** 15, s. dort – wechselseitige ~ **199**, s. wechselseitige Beleidigungen
Beleidigung, schwere – und anschließende Tötung **213** 5 ff.
Belohnung schwerer Straftaten **140** 4
Sich-Bemächtigen, eines anderen – Begriff **234** 4, **239** a 7, **239** b 2 a
Bemühen ernsthaftes – bei Rücktritt **24** 68, 71, **31** 11, **83** a 12, **129** 21, **264** 68, **265** b II, **316** a II – zur Schadenswiedergutmachung **46** 40 – bei Täter-Opfer-Ausgleich **46** a 2
Beratervertrag – mit Amtsträger **331** 29
Beratung bei Schwangerschaftsabbruch – allgemein 7 ff., 17 vor **218**, **218** 64, **218** a 2 ff., 79, **219** 1 ff. – **Fristen 218** a 11 – Identitätsprobleme bei ~ durch Arzt 27 ff. vor **218**, **218** a 25, **218** c 10, **219** 1 – Straffreiheit nach ~ 6 ff., 17 vor **218**, **218** 33, **218** a 2 ff., **219** 22 ff.
Beratungsstelle bei Schwangerschaftsabbruch **218** a 71, **219** 18 ff., **219** a 10 – berufliche Schweigepflicht des Mitglieds einer ~ **203** 39
Berauschende Mittel 64 3, **316** 5
Berechtigte Interessen 193 8 ff. – Wahrnehmung ~ als allgemeiner Rechtfertigungsgrund! 79 f. vor **32** – bei Ehrverletzungsdelikten: Wahrnehmung ~ der Allgemeinheit **193** 13 – Grundsatz des relativ mildesten Mittels **193** 10 – Informationspflicht bei ~ **193** 11, 18 – beim Mitteilen des aufgenommen usw. Wortes **201** 27 – Wahrnehmung ~ durch Rechtsanwalt **193** 22 – Wahrnehmung durch Presse **193** 15 ff.
Bereicherung – Begriff **253** 17 – Absicht der ~ **253** 16 ff., 21, **259** 46 ff. – kumulative Geldstrafe bei ~ **41** 3 – rechtswidrige ~ **253** 19 – Stoffgleichheit bei ~ **253** 20, s. dort
Bereicherungsabsicht 271 42
Sich-Bereiterklären – zu einem Verbrechen **30** 23 – Rücktritt **31** 8 – zu geheimdienstlicher Tätigkeit **99** 24 – zu landesverräterischer Tätigkeit **98** 12 ff.
Berichte – parlamentarische ~ 1 vor **36**, **37 f.**
Berichterstatterprivileg – bei Gewaltverherrlichung **131** 15 f.
Berichtigende Auslegung bei Unterschlagung **246** 1
Berichtigung einer Falschaussage **158** – allgemein als erweiterter Rücktritt **158** 1 – Begriff **158** 5 – Rechtzeitigkeit der ~ **158** 7 ff.
Berufsbezeichnungen – geschützte ~ **132** a 10, 2
Berufsgeheimnis s. Schweigepflicht
Berufsrichter 11 32
Berufsverbot 61 Nr. 6, 70 – Aussetzung des ~ **70** a – für Beamte **70** 3 – Dauer des ~ **70** 18 ff. – Erledigung des ~ **70** b 10 – Gefährlichkeitsprognose bei ~ **70** 9 ff. – Gegenstand und Umfang des ~ **70** 15 ff. – lebenslanges ~ **70** 19 – für Journalisten **70** 4 – für Rechtsanwälte **70** 3 – selbständige Anordnung des ~ **71 II** – vorläufiges ~ **70** 21, 23, **70 a** 6 – Widerruf der Aussetzung **70 b** 1 ff. – Verstoß gegen ~ **145 c**
Berufung – auf eidesstattliche Versicherung **156** 20 ff. – auf früheren Eid **155** 4 f.
Besatzungsgerichtliche Urteile, 44 ff. vor **3–7**

magere Zahlen = Randnummern

Stichwortverzeichnis

Beschädigung – wichtiger Anlagen 318 – amtlicher Bekanntmachungen 134 – von Beisetzungsstätten 168 12 – von Landesverteidigungsanlagen 109 e 4 ff. – einer versicherten Sache 265 8 – von Wehrmitteln 109 e 3, 10 ff., s. auch Sachbeschädigung
Beschimpfender Unfug – an Beisetzungsstätten 168 9 ff. – an Leichen 168 9 ff. – an Orten, die dem Gottesdienst gewidmet sind 167 11 ff.
Beschimpfung – der BRep. usw., s. Verunglimpfung – eines Bekenntnisses 166 8 ff. – von Teilen der Bevölkerung 130 3 f., 5 – von Religionsgesellschaften 166 13 ff. – von Weltanschauungsvereinigungen 166 13 ff., s. auch Bekenntnis, Religion, Religionsgesellschaften, Weltanschauungsvereinigungen
Beschlagnahme – dienstliche ~ 136 7 – des Führerscheins, Anrechnung auf Fahrverbot 51 36 – richterliche Anordnung der ~ als Verjährungsunterbrechung 78 c 12
Beschreibung – sicherheitsgefährdende ~ 109 g 4
Beschützergarant 13 9
Beseitigen – von Wehrmittel 109 e 10 ff.
Besitz – als Vermögen 263 94 f., 157 f.
Besitzkehr (und -wehr) als Rechtfertigungsgrund 64 vor 32
Besonderes öffentliches Gewaltverhältnis – als geschütztes Rechtsgut 120 1, 121 1
Besondere persönliche Merkmale – Begriff 14 8 ff. – bei Teilnahme 28, 1 ff., 21 – bei „Vertreter"-Handeln 14 1 ff. s. auch strafbegründende pers. Merkmale sowie Strafschärfungsgründe
Besondere Schuldschwere 57 a 4 ff.
Besonders schwerer Diebstahl 243 – allgemein, Regelbeispiele 243 1 ff., 42 – Kein ~ bei geringwertiger Sache 243 48 ff. – Tenor bei ~ 243 64 – Versuch eines ~ 243 44 ff. – Vorsatzwechsel bei ~ 243 55 – Verhältnis zu Banden- und Waffendiebstahl 244 35
Besonders schwerer Fall – bei Strafrahmen, allgemein 47 vor 38 – ~ des Bankrotts 283 a
Besonders schwere Körperverletzung 225
Besondere Tatfolge 18, s. auch erfolgsqualifizierte Delikte
Besserung, Maßregeln der ~, s. dort
Bestand 330 a 9
Bestattungsfeier Begriff 167 a 3 – Störung einer ~ 167 a, s. auch Pietätsempfinden
Bestechlichkeit – besonders schwere Fälle der ~ 335 – im geschäftlichen Verkehr 299 4, 9
Bestechung – bei erlaubter Verwaltungsakt 330 35 – mittelbare ~ 331 20 a – ~svereinbarung 331 29 – von Amtsträgern 334 I – von Richtern 334 II – von Schiedsrichtern 334 II – im geschäftlichen Verkehr 299 9, 24
Bestechungsfälle – mit Auslandsbezug 331 1 c
Bestechungsvereinbarung 331 29 d
Bestrebungen, staatsfeindliche – Legaldefinition 92 13 ff.
Bestimmen – allgemein 26 3 ff., 30 17 – von Kindern zu sexuellen Handlungen 176 6 ff. – von Minderjährigen zu entgeltlichen sexuellen Handlungen 180 20 ff. – bei Tötung auf Verlangen 216 9 – (äußerer) Umstände der Prostitutionsausübung 181 a 9
Bestimmtheitsgebot, 1 6, 17 ff. – bei Deliktsfolgen, 1 23 – bei Rechtfertigungsgründen 25 vor 32 – bei Tatbestandsvoraussetzungen, 1 18 ff.

Bestimmungsnorm 43 vor 13
Bestürzung – bei Notwehrexzeß 33 5
Betäubungsmittel – Auslandstat 6 Nr. 5, 6 6
Beteiligter, Begriff, 29 3
Beteiligung, s. auch Teilnahme – als Mitglied einer kriminellen Vereinigung 129 13 – als Mitglied einer terroristischen Vereinigung 129 a – als Mitglied einer verfassungswidrigen Partei 84 15 – als Mitglied einer verfassungswidrigen Vereinigung 85 10
Beteiligung an Schlägerei 231 – Begriff der Beteiligung 231 6 ff., 15 – Notwehr bei ~ 231 8 ff. – Teilnahme an ~ 231 12
Betreuer 77 18
Betrieb – Handeln für ~ 14 27 ff. – Inhaber des ~ 14 38 ff. – Begriff des ~ bei Kreditbetrug 265 b 6 ff. – als Adressat von Subventionen 264 20 ff. – Störung öffentlicher ~ 316 b 2 ff. – vorgetäuschter ~ 265 b 2 ff. – von Anlagen 325 6, 330 5 – feuergefährdeter ~ 306 f 3
Betriebsgeheimnis – Begriff 203 10 f. – Unbefugte Offenbarung und Verwertung von ~ 203, 204, 355 – Verletzung des ~ im Ausland 5 13 s. auch Schweigepflicht
Betriebsinhaber – Garantenstellung 13 52
Betriebsstätte – Begriff 306 5
Betriebsstrafe (-justiz) 37 vor 38
Betrug 263 – allgemein, als unbewußte Selbstschädigung 263 3, 41 – Anstellungs~ 263 153 ff. – durch Arbeitnehmerüberlassung 263 21 – Bauwesen 104 4, Bettel~ 263 101 ff. – Beweismittel~ 263 146 f. – Abgrenzung zu Diebstahl 242 40 f., 75, 263 63 ff. – Dreiecks~ 263 65 ff. – Eingehungs~ 263 125 ff. – im elektronischen Lastschriftverfahren 263 29 f. – Erfüllungs~ 263 125, 135 ff. – Führungsaufsicht bei ~ 263 189 – geringwertiger Sachen 263 192 – Haus- und Familien~ 263 190 f. – und Herzklappenskandal 263 16 a – Kausalität bei ~ 263 5, 35, 54, 61 f., 77 – Kredit~ 265 b, s. dort – Prozeß~ 263 69 ff., 51 f., s. dort – Scheck~ 263 49 – Sicherungs~ als straflose Nachtat 263 184 – Submissions~ 263 137 a – Subventions~ 264 s. dort – durch Unterlassen 263 18 ff., 45, 58 – Vollendung 263 178, s. Täuschung, Irrtumserregung, Vermögensverfügung, Vermögensschaden, s. auch Stichwortverzeichnis vor 263
Bettelbetrug 263 101 ff.
Bevölkerung, Teile der – Begriff 130 3 f., 194 5 a
Bewährung, s. Strafaussetzung
Bewährungsauflagen 56 b – keine ~ bei Anerbieten des Verurteilten 56 b 26 ff. – Genugtuungsfunktion der ~ 56 3 ff. – (abschließender) Katalog der ~ 56 b II, 56 8 ff. – als repressives Instrument 56 b 2, 56 c 2 – Schranken für Anordnung von ~ 56 b 18 ff. – spätere Anordnung von ~ 56 e 3 ff.
Bewährungshelfer – Aufgaben 56 d 2 f. – Bestellung 56 d 5 f., nachträgliche Bestellung 56 e – als Organ der Führungsaufsicht 68 a 8 ff.
Bewährungshilfe 56 d
Bewährungsweisungen, s. Weisungen
Bewährungszeit 56 a, 59 a, 70 a – Verlängerung der ~ 56 a 4, 56 f 10 – Verkürzung der ~ 56 a 4
Beweiseignung – der Urkunde 267 8 ff.
Beweiserheblichkeit bei Eidesdelikten 15 ff. vor 153
Beweisfunktion der Urkunde 267 8 ff.

2665

Stichwortverzeichnis

fette Zahlen = Paragraphen

Beweismittelbetrug 263 51, 70, 75, 146 f.
Beweiszeichen – Urkundeneigenschaft von ~ **267** 20 f. – Einzelfälle **267** 23
Bewertungseinheit 12, 17 vor **52**
Bewußte Fahrlässigkeit 15 203
Bewußtlosigkeit – bei ~ keine Handlung 39 vor **13**
Bewußtsein der Rechtswidrigkeit 15 104, **17** 4 ff.
Bewußtseinsstörungen – und Schuldunfähigkeit **20** 12 ff., s. auch dort
Beziehen – pornographischer Erzeugnisse **184** 44 – harter Pornographie **184** 52 ff.
Beziehungen – friedensgefährdende **100** 2 ff. – zwischen Zuhälter und Prostituierten **181 a** 12, 16 ff.
Beziehungsgegenstände – grundsätzlich keine Einziehung bei ~ **74** 12 a f.
Bezugsrecht – Begriff **264 a** 8
Bigamie 172, s. Doppelehe
Bilanzen – allgemein **265 b** 35 – „unrichtige" ~ **265 b** 40 – mangelhaftes Aufstellen von ~ **283** 43, **283 b** 4
Bildträger, Begriff **11 III**, **11** 78 – Einziehung **74 d** 3
Bildung bewaffneter Gruppen 127 – Begriff der bewaffneten oder über gefährliche Werkzeuge verfügenden Gruppe **127** 2 – Neufassung u. Rechtsgut **127** 1 – Tathandlungen: unbefugtes Bilden **127** 3, unbefugtes Befehligen **127** 4, Sich-Anschließen **127** 5 – Versorgen mit Waffen oder Geld oder sonstige Unterstützung **127** 6
Bildung krimineller bzw. **terroristischer Vereinigungen** vgl. jeweils dort
Billigung schwerer Straftaten **140** 5 f.
Biologische Voraussetzungen der Schuldunfähigkeit 20 5 ff.
Blankettfälschung 267 62
Blankettstrafgesetz, allgemein **3** vor **1** – ~ und Änderung des Gesetzes **2** 10, 23, 26 f., 37 – Ausfüllung durch inter/supranationales Recht 22 f., 26 vor **1**; **1** 8 – Gesetzesvorbehalt bei ~ **1** 8 – rückwirkende Änderung **2** 10 – Tatbestandsbestimmtheit **1** 8, 18 a – Vorsatz und Irrtum bei ~ **15** 99 ff. – als Zeitgesetze **2** 2
Blutalkoholkonzentration – bei Trunkenheit im Verkehr **316** 8 ff., 15 ff. (Atemalkohol **316** 16) – und Schuldunfähigkeit **20** 16 ff. (Atemalkohol **20** 16 f.)
Blutschande 173 1, s. Beischlaf zwischen Verwandten
Boden 324 a 3
Bodenverunreinigung 324 a
Bordell, Betreiben eines ~ **180 a** 2 ff. – bei Abhängigkeit des Prostituierten **180 a** 8 – bei prostitutionsfördernden Maßnahmen **180 a** 9 ff.
Böswilligkeit 90 a 9, **225** 14
Brandgefahr – Herbeiführung einer ~ **306 f.**
Brandlegung – Zerstörung durch ~ **306** 15, **306 a** 1, 8
Brandstiftung 306 – schwere ~ **306 a** – besonders schwere ~ **306 b** – fahrlässige ~ **306 d** – durch Unterlassen **306 a** 18 – tätige Reue bei ~ **306 e** – Retterschäden **306 c** 5 ff. – Verhinderung der Löschung **306** 15 ff. – mit Todesfolge **306 c**
Brief – Begriff **202** 4 – verschlossener ~ **202** 7
Briefgeheimnis – als geschütztes Rechtsgut? **202** 2 – Verletzung des ~ **202**

Brunnen – Vergiftung von ~ **324**
Buchführungspflicht – Verletzung der ~ **283 b**
Buchprüfer – berufliche Schweigepflicht **203** 37
Bundesflagge 4 – Verunglimpfung ~ **90 a**
Bundespräsident – Nötigung des ~ **106** 1 f. – Verunglimpfen des ~ **90** 2 ff.
Bundesrepublik Deutschland – Beschimpfung der ~ **90 a** 4 ff. – Beeinträchtigung des Bestandes der ~ **92** 2 ff. – Bestrebungen gegen Bestand der ~, Legaldefinition **92** 14 – Bestrebungen gegen Sicherheit der ~, Legaldefinition **92** 15 – Sicherheit der ~ als Schutzobjekt **109 g** 10 – Schutzobjekt der Staatsschutzdelikte **4** vor **80** – schwerer Nachteil für Sicherheit der ~ und Landesverrat **93** 17 f., **94** 13 f. – gegen die ~ gerichtete Tätigkeit bei geheimdienstl. Agententätigkeit **99** 16 ff. – Territorium der ~ als Schutzobjekt des Hochverrats **81** 2
Bundestag – Indemnität der Äußerungen im ~ **36** 1, 3 ff. – Berichte über Sitzungen des ~ **37** 1 ff.
Bundesversammlung – Nötigung der ~ **105** 3
Bundeswehr – Funktionsfähigkeit der ~ als Schutzobjekt **109 d** 1 – Personalbestand der ~ als Schutzobjekt **109 a** 1 – Zersetzung der ~ **89** 4, 5 ff. – Störpropaganda gegen ~ **109 d** – Zerstörung eines Kraftfahrzeugs der ~ **305 a** 9
Bundeswehrangehörige – Vorteilsgewährung an ~ **333** 10 f.
Bundeszentralregister für Strafen – und Führungszeugnis **40** 2 – Vorstrafeneintragung im ~ 61 vor **38**
Bürgschaftsübernahme 265 b 17

Charakterschuld 106 vor **13**
Codekartenmißbrauch 1 24, **242** 36, **243** 25, **246** 6, **248 a** 7, **263** 29 a, 50, 53, **263 a** 10, 14, **265 a** 9, **266 b** 8
Computerbetrug 263 a – Internet **263 a** 20 c – Pay-TV-Programm **263 a** 20 b
Computerdateien, pornographische **184** 9, 15, 22, 65
Computerkriminalität 263 53, **269** 1
Computermanipulation – unbefugte Einwirkung auf den Ablauf **263 a** 2
Computersabotage 303 b – ~ Strafantrag **303 c**
Conditio-sine-qua-non – Formel 73 ff. vor **13**, s. auch Bedingungtheorie

Darlehen 265 b 12
Darstellungen, Begriff **11 III**, **11** 78 f. – Einziehung von ~ **74 d** 3
Datei, öffentliche **271** 14 a
Daten – Ausspähen von ~ **202 a** – Begriff **202 a** 2 ff., **268** 11, **269** 6, 8 – gespeicherte ~ **202 a** 4 – Sicherung von ~ **202 a** 7 ff. – Verschaffen von ~ **202 a** 10 – im Übertragungsstadium **202 a** 4
Datenbestand 269 18
Daten der öffentlichen Verwaltung – und Amtshilfe **203** 52 – geschützte ~ **203** 46 ff. – unbefugtes Offenbaren der ~ **203** 51 ff.
Datenspeicher 11 78 – -speicherung **269** 16
Datenträger – Beschädigung eines ~ **303 b** 12
Datenveränderung 269 17, **303 a** – Strafantrag **303 c**
Datenverarbeitungsanlage 303 b 13
Datenverarbeitungsvorgang 263 a 4

magere Zahlen = Randnummern

Stichwortverzeichnis

Dauerdelikte – allgemein 81 vor **52**, – Antragsfrist bei ~ **77 b** 8 – Abgrenzung zu Zustandsdelikten 82 vor **52** – Beendigung der ~ 9 vor **22**, 84 vor **52** – Konkurrenzen zwischen ~ und anderen Straftaten 88 ff. vor **52** – Unterbrechung (durch Verkehrsunfall) (?) 85 vor **52** – Verjährung 78 a 11
Dauerndes Begleitwissen – bei Vorsatz, allgemein **15** 51 f. – bei Betrug (Irrtumserregung) **263** 39
DDR 63 ff. vor **3–7**, 3 vor **102** (s. auch Interlokales Strafrecht) Rechtsbeugung in der ~ vor **3–7** 106 e., **336** 4, 5 a
DDR-Bürger 36 vor **3–7** – Rechtshilfeabkommen mit ~, 61 vor **3–7** – Rehabilitierung 121 vor **3**
Défense sociale 9 vor **38**
Delictum sui generis 59 vor **38**
Deliktsaufbau – dreistufiger **12** ff. vor **13** – zweistufiger **15** ff. vor **13**
Delikte – Dauer-~ s. dort – Durchgangs-~ 120 ff. vor **52** – Kollektiv-, ~ s. Sammelstraftat – mehraktige ~ und Handlungseinheit 14 vor **52** – Zustands~ 82 vor **52**
Deliktserfolg – einheitlicher 17 ff. vor **52**
Deliktstypus – Begriff 18, 45 vor **13**
Demonstrationen – Nötigung bei ~ **240** 26 ff., s. auch Gewalt
Demonstrationsstrafrecht 125 1
Denkmäler, öffentliche – Beschädigung ~ **304** 4
Deskriptive Tatbestandsmerkmale 64 vor **13**, **15** 17 ff., 39
Deutscher (Begriff), 34 ff. vor **3–7** – Auslandstaten gegen ~, **7 I**, **7** 4 ff.
Deutsche Straßenverkehrsvorschriften – Geltung der ~ (bei Verstößen) im Ausland, 19 ff. vor **3–7**
Diagnoseaufklärung 223 41 f. s. auch ärztliche Aufklärung
Dichotomie der Straftaten **12** 2
Diebstahl 242 – Antrag bei Haus- und Familien ~ **247**, bei geringwertigen Sachen **248 a** – Banden ~ **244**, s. Bande – besonders schwerer ~ **243**, s. dort – und Betrug **242** 75, **263** 63 ff. – Einbruchs-~ **243** 5 ff. – Führungsaufsicht bei ~ **245** – gemeinschädlicher ~ **243** 35 ff. – geringwertiger Sachen **248 a** 5 ff. s. auch dort – gewerbsmäßiger ~ **243** 31 – Wahlfeststellung zu Hehlerei **242** 78, **259** 65, **1** 94 ff. – ~ gegenüber Hilflosen **243** 38 ff. – Kirchen-~ **243** 32 ff. – von und aus Kraftfahrzeugen **243** 27 f. – strafbarer Gebrauchs-~ **248 b** 11, – „Strom"-~ **248 c** – Trick~ **242** 29 – Vollendung des ~ **242** 67 ff. – Waffen-~ **244**, s. Waffe und Schußwaffe, s. auch Stichwortverzeichnis vor **242**
Dienst – Beleidigung eines Amtsträgers in Bezug auf ~ **194** 14 – Beleidigung eines Amtsträgers während ~ **194** 13
Dienst, auswärtiger – Vertrauensbruch im ~ **353 a**
Dienstausübung 331 7 f.
Dienstbezeichnung – geschützte ~ **132 a** 5 f.
Dienstgeheimnis – Verletzung von ~ **353 b**
Diensthandlung – Begriff **331** 7 ff. – pflichtwidrige **332** 5 ff. – Rechtmäßigkeit einer ~, s. dort – Unterlassen von ~ **331** 13, **336** s. auch Vollstreckungshandlung und Amtsdelikte
Dienstlich – anvertraut **133** 21 – ~-es Schriftstück **134** 3 – zugänglich **133** 22
Dienstliche Anordnung als Rechtfertigungsgrund 87 ff. vor **32**

Dienstliche Beschlagnahme – Begriff **136** 7
Dienstliche Verfügung – Entziehung der ~ **133** 15
Dienstliche Verwahrung 133 5 ff.
Dienstpflicht, s. hoheitlich rechtmäßiges Handeln bzw. Befehl, rechtswidriger
Dienstverhältnis, öffentliches – ohne Amtsträgereigenschaft **11** 34 ff. – als Fürsorgeverhältnis **225** 10
Dienstverhältnis, als Arbeitsverhältnis, s. dort
Dienstvorgesetzter – Antragsrecht des ~ , allgemein **77 a** 2 ff., bei Beleidigung **194** 10 ff.
Differenzgeschäft 283 11
Diplomatische Beziehungen – als Strafbarkeitsbedingung **104 a** 2
Diplomatische Vertretung – Exterritorialität ~ 38 ff. vor **3** – Leiter einer ~ als Angriffsobjekt **102** 5 – Leiter einer ~ als Beleidigungsobjekt **103** 5
Direkter Vorsatz 15 65 ff.
Diskontierung 265 b 16
Dispositionsbefugnis (über Rechtsgut) – und Einwilligung 36 ff. vor **32**, **216** 13, **218** 34
Dispostionsschuld 106 vor **13**
Distanzdelikte 9 **12** ff.
dolus – alternativus **15** 90 f. – antecedens **15** 49 – cumulativus **15** 90 f. – directus **15** 65 ff. – eventualis **15** 72 ff., s. auch Eventualvorsatz – generalis **15** 58 – subsequens **15** 49
Doping 223 50 b, **228** 18
Doppelagent – Bestrafung wegen geheimdienstlicher Tätigkeit? **99** 25
Doppelehe 172 – strafbar nur bei zwei formell gültigen Ehen **172** 3, 5 – Tathandlung **172** 4
Doppelirrtum 17 11, **32** 65
Doppelselbstmord – Strafbarkeit des Überlebenden **216** 11
Doppelverwertung – ~ bei Strafmilderungsgründen **49** 6 – Verbot der ~ bei Strafzumessung **46** 45 ff. – Verbot der ~ bei Zusammentreffen eines minder schweren Falles und eines Strafmilderungsgrundes **50** 1 ff.
Dritteigentum – als Gegenstand **der Einziehung** 5, 16 vor **73**, **74 a** – Beihilfeklausel **74 a** 5 f., **74 f** 6 – Erwerbsklausel **74 a** 7 ff., **74 f** 7 – Entschädigung bei ~ **74 f** 2 ff. – als Gegenstand **des Verfalls 73** 39 ff.
Dritteinziehung, s. Dritteigentum
Drogen – ~einnahme und Schuldunfähigkeit **20** 11, 13, 17, 21 – ~einnahme und Selbstgefährdung 100 ff. vor **13**, **15** 155 ff. – Verschreibung von ~ **223** 50 b
Drohung – allgemein 30 ff. vor **234** – keine ~ bei Aberglauben 24 vor **234** – Hochverrat **81** 5 – bei objektiver Ernstlichkeit 33 vor **234** – bei sexueller Nötigung **177** 7 – mit empfindlichem Übel 24 vor **234** – durch/mit Unterlassen 35 vor **234** – bei Widerstand gegen Vollstreckungsbeamte **113** 45
Drucksätze – Unbrauchbarmachung von **74 d** 16 ff. – als Gegenstand der Geldfälschung **149** 3 f.
Druckstücke – Unbrauchbarmachung von ~ **74 d** 16 ff. – als Gegenstand der Geldfälschung **149** 3 f.
Duchesneparagraph 30
Duldung – behördliche ~ 62 vor **32** (passive), 20 vor **324** – ausländerrechtliche ~ **276 a**
Duldungspflichten bei Rechtfertigungsgründen allg. **10** ff., 86 vor **32**

2667

Stichwortverzeichnis

fette Zahlen = Paragraphen

Durchgangsdelikt 120 ff. vor **52**
Durchschrift als Urkunde **267** 41
Durchsuchung, richterliche Anordnung der – Verjährungs-Unterbrechung bei ~ **78 c** 12

Ehe – spätere ~ als Verfolgungshindernis **238** 6 ff.
Eheberater – berufliche Schweigepflicht **203** 38
Ehegatten – Angehörige **11** 9 f. – Angehörige nach Auflösung der Ehe **11** 9 – Garantenstellung zueinander und deren Umfang **13** 17 ff., 53
Ehrbegriff – normativer, sozialer, faktischer, normativ-faktischer, interpersonaler ~ **1** vor **185**, s. auch Einzelstichworte
Ehre – als geschütztes Rechtsgut **1** vor **185** – „äußere" ~ **1** vor **185** – „innere" ~ **1** vor **185**
Ehrenamtliche Richter **11** 32
Eid – den ~ ersetzende Bekräftigung **155** 3 – Erfordernisse eines ~ **21** vor **153** – Berufung auf früheren ~ **155** 4 ff. – Mündigkeit **25** f. vor **153**, **157** 14 – an ~-es Statt, s. Versicherung an Eides Statt – unter Verletzung prozessualer Normen **19** ff. vor **153** – zur Abnahme von ~-en zuständige Stelle **153** 5, **154** 6 ff., s. auch Aussagenotstand, Berichtigung
Eidesdelikte – im Ausland **5** 18 – als eigenhändige Delikte **33** vor **153** – Teilnahme bei ~ **34** ff. vor **153** – Verleiten zu ~-n **160**
Eidestheorien, s. Aussagetheorien
Eigenbedarf – bei Wohnungen **263** 22, 31 a
Eigenhändige Delikte – allgemein **132** vor **13** – Aussage- und Eidesdelikte als ~ **33** vor **153** – mittelbare Täterschaft bei ~ **25** 73/74 – Täter und Teilnehmer bei ~ **30** f., **74** vor **25**
Eigenschaften, persönliche – bei Organ- und Vertreterhaftung **14** 8 f. – bei Beteiligung **28** 12
Eigenständige Verbrechen **59** vor **38**
Eigentum – als geschütztes Rechtsgut **242** 1, **246** 1, **249** 1, **303** 1 – Gesamthandseigentum und Unterschlagung **246** 5 – Mit~ und Unterschlagung **246** 5 – Sicherungs~ s. dort – ~vorbehalt, s. Vorbehaltseigentum
Eigentumssanktionen als Maßnahmen **1**, 3 ff. vor **73**
Eigentumsübertragung, gesetzliche – als Rechtsfolge der Einziehung **74 e** 2 ff. – als Rechtsfolge des Verfalls **73 d** 2 f.
Eignungsdelikte **3** vor **306**
Einbrechen **243** 10 f.
Einbringen **324 a** 7
Eindringen – als Hausfriedensbruch s. dort – in den Körper bei sexuellem Mißbrauch **176 a** 3, **179** 14 u. bei sexueller Nötigung **177** 20 – mit falschen Schlüsseln bei Diebstahl **243** 13 ff. – kein ~ bei Erlaubnis zum Betreten **123** 22 ff. – lassen **324 a** 7 – von Pressevertretern zur Berichterstattung **123** 33, **124** 20 – Widerrechtlichkeit des ~ **123** 31 ff. – Zusammenrotten einer Menschenmenge und ~ **124** 4 ff. (dabei erforderliche Absicht **124** 11 ff.)
Eindruckstheorie **22** vor **22**, s. auch Versuchstheorien – und Täterplan **22** 34 – und Teilnehmerrücktritt **24** 102
Einführen – von Kennzeichen verfassungswidriger Organisationen **86 a** 3 – pornographischer Erzeugnisse, allgemein **184** 47 – pornographischer Erzeugnisse im Versandhandel **184** 26 f. – harter Pornographie **184** 59

Einführungsgesetz zum StGB – allgemein **Einf.** 5, 9 – Regelungen des ~ **17** ff., **36** ff., **58** vor **1**
Eingehungsbetrug **263** 128 ff.
Eingriffe, gefährliche – in den Bahnverkehr **315** 2, 9 ff. – in den Luftverkehr **315** 6, 9 ff. – in den Schiffsverkehr **315** 5, 9 ff. – in den Straßenverkehr **315 b**
Einheit der Rechtsordnung – und Rechtfertigungsgründe **27** vor **32** – und juristisch-ökonomischer Vermögensbegriff **263** 82 f.
Einheitliche Handlung, s. Idealkonkurrenz
Einheitsstrafe **26** vor **38**, **7** vor **52**
Einheitstäterbegriff – grundsätzlich kein ~ im StGB **4** vor **25** – bei Landfriedensbruch? **125** 12, im OWiG **7**, 11 f. vor **25**
Einheitstheorie – zum Verhältnis Körperverletzung und Tötung **212** 17
Einnistung s. Nidation
Einrichtungen – der Landesverteidigung **109 e** 4 ff. – militärische ~ **109 g** 7 f. – von Religionsgesellschaften **166** 17 f. – ~ zum Schutz der Zivilbevölkerung **109 e** 6 ff. – ~ zur Vornahme von Schwangerschaftsabbrüchen **218 a** 82
Einsatzstrafe (bei Realkonkurrenz) **54** 3 ff.
Einsichtsfähigkeit – bei Jugendlichen **20** 44 – keine ~ bei Kindern **19** 1 – keine ~ bei Erwachsenen **20** 25 ff. – verminderte **21** 4 ff.
Einsperrung **239** 5
Einsteigen **243** 12
Einstellung des Verfahrens – Verjährungs-Unterbrechung bei ~ **78 c** 18 f.
Einverleiben eines Bundeslandes – Tathandlung bei Hochverrat **82** 4
Einverständnis, tatbestandsausschließendes **31** ff. vor **32**
Einwilligung – allgemein **29** f. vor **32** – bei ärztlichen Heilbehandlungen **223** 37 ff. – in Aussetzung des Strafrestes **57** 18 – Form der ~ **43** vor **32** – als Einverständnis **30** f. vor **32**, s. auch dort – Fähigkeit zur ~ **39** f. vor **32** – in Körperverletzung **228** 1 ff., 5 ff. – bei Prügelei **228** 19 – als Rechtfertigungsgrund **33** ff. vor **32** – nur des Rechtsgutsinhabers **35 a** vor **32**, s. Dispositionsbefugnis – in riskante Handlungen **102** ff. vor **32** – durch gesetzlichen Vertreter **41** f. vor **32** – bei sportlichen Wettkämpfen **228** 16 ff. – Verstoß der ~ gegen gute Sitten **38** vor **32**, **228** 5 ff., s. auch Sittenwidrigkeit – Vollmacht **43** vor **32** – Widerruf der ~ **44** vor **32**, **223** 46 f. – und Willensmängel **45** ff. vor **32**, s. auch mutmaßliche Einwilligung
Einwilligungstheorie bei Eventualvorsatz **15** 81 f.
Einwilligungssperre **216** 13 s. auch Dispositionsbefugnis
Einwirken – agitatorisches ~ auf Menschenmenge **125** 19 ff. – zur Aufnahme der Prostitution **180 a** 20 – auf Kinder mit Pornographie **176** 14 ff.
Einzelfallgerechtigkeit (und Rechtssicherheit) – bei Wahlfeststellung **1**, 65 ff.
Einzelhandel – Verbreiten von Pornographie im ~ **184** 18 ff.
Einzelstrafen – bei Realkonkurrenz **53** 9 ff., **54** 2 ff.
Einziehung (Maßnahme) – allgemein **5**, 9 ff. vor **73**, **74** 1 – von Anwartschaften **74** 24 – Dritt-, ~ allgemein, **74 a** 1 ff., von Schriften **74 d** 8 ff. – Eigentumsübergang als Folge der ~ **74 e** 2 ff. –

magere Zahlen = Randnummern

Stichwortverzeichnis

Entschädigung Dritter bei ~ **74 f.** – fehlerhafte ~ **74 e** 4, **74 f.** 3 – von Gesundheitszeugnis **282** – der instrumenta sceleris **74** 9 ff. – (Sonderrecht der) bei Landesverrat **101 a** – nachträgliche ~ **76** 4 ff., **74** 45 – bei Organ- Handeln **75** 4 – der producta sceleris **74** 8 – Rechte Dritter bei ~ **74 e** 6 ff. – und Rückwirkungsverbot **2 V**, **2** 44 – von Schriften und entspr. Herstellungsmitteln **74 d** 3 ff. – bei Geld- und Wertzeichenfälschung **150**, **152 a V** – bei Sprengstoffdelikten u. a. **322** – selbständige ~ **74** 43, **76 a** 3 ff., 8 ff. – von Sicherungseigentum **74** 24 – Sonderrecht bei Staatsschutzdelikten **92 b** – bei Subventionsbetrug **264** 81 ff. – tätergerichtete ~ **74** 16 f. – Teil-~ **74 b** 11 f. – Tenor bei ~ **74** 44 – von technischen Aufzeichnungen **282** – unterschiedslose ~ (bei gefährlichen Gegenständen) **74** 29 ff. – von Urkunden **282** – Veräußerungsverbot als Folge der ~ **74 e** 5 – von Verbandseigentum **75** – Verhältnismäßigkeit, differenzierte ~ **74 b** 3 ff. – Verjährung **76 a** 82 – Vermögenseinziehung 8 b vor **3** – bei Vertreter-Handeln **75** 5 – von Vorbehaltseigentum **74** 24 – bei bestimmten „Wehrdelikten" **109 k** – des Wertersatzes bei Vereitelung der Original-~ **74 c** 3 ff., – nachträglich **76** 5 ff. – bei Umweltstraftaten **330 c**
Eisenbahnen – im Straßenverkehr **315 d** – Störung des Betriebs der ~ **316 b** 2/3 – Zerstörung **305** 3
Elektrische Energie **248 c** 3 ff. – Entziehung ~ mittels Leiter **248 c** 9 ff.
Elektronische Datenverarbeitung s. Daten
Elterliche Gewalt – als geschütztes Rechtsgut **235** 1
Eltern – Angehörige **11** 6
Embryo **218** 4 f., – Frühphase 10, 34 f. vor **218**, **218** 1 – Forschung 11 vor **218**
Embryonenschutzgesetz 10 f., 34 f. vor **218**, **218** 1, 18, s. auch Leibesfrucht
Embryopatische Indikation – allgemein 8, 37 vor **218**, **218 a** 20, 37 ff. – Frist 38 vor **218**, **218 a** 43 f.
Empfängnisfähigkeit – Verlust der ~ **226** 1 b
Empfängnisverhütung – keine Abtreibung **219** 10 – keine Abtreibungsmittel **219 a** 4, **219 b** 2
Empfängnisverhütungsmaßnahmen **223** 50 b, s. auch Sterilisation und Kastration
Empfindliches Übel, Drohung mit ~ 24 vor **234**, **240** 9
Entfernen vom Unfallort, s. Unfallflucht
Entführen – einer Frau, allgemein **237** 3 ff. – einer Minderjährigen **236** 3 ff. – bei Menschenhandel **181** 9 – bei erpresserischem Menschenraub **239 a** 6 – bei Geiselnahme **239 b** 2 a
Entführung **236** f. – Absicht bei ~ **236** 11, **237** 6 – Antragserfordernis bei ~ **237** 1 ff. – mit Willen der Entführten **236**, **236** 5 – gegen Willen der Entführten **237**, **237** 16 – spätere Eheschließung **238** 6 ff. – Verhältnis zu Freiheitsberaubung und Nötigung **237** 23 ff.
Entgelt **271** 40 f. – Begriff **11 I** 9, **11** 68 ff. – sexuelle Handlungen gegen ~ **180** 22 ff. – ~Klausel bei pornographischer Filmvorführung **184**, 38 a, 41 ff.
Entlassung, bedingte **57** 3 ff.
Entmannung **223** 56
Entreicherungsschaden **263** 139
Entschädigung – bei (Dritt-)Einziehung **74 f**

Entscheidung des Gerichts, Gesetzesänderung vor ~ **2 III**, **2** 31
Entschluß – als subjektiver Versuchstatbestand **22** 12 ff. – gemeinsamer Tat-~ bei Mittäterschaft **25** 70 ff.
Entschuldigungsgründe – allgemein 108 ff. vor **32** – Beispiele 112 ff. vor **32** – Irrtum über ~ **16** 29 ff.
Entsprechensklausel beim Unterlassungsdelikt **13** 4 – beim Betrug **263** 19
Entstellung – dauernde ~ des Verletzten **226** 4 ff. – von Tatsachen **263** 6 f.
Entwicklung – Gefahr einer erheblichen Schädigung der körperlichen oder seelischen ~ bei sexuellem Mißbrauch **176 a** 5, **179** 14, bei Verletzung der Fürsorgepflicht **171** 5 ff. – Schädigung der körperlichen oder seelischen ~ **225** 22
Entziehung – eines Minderjährigen **235** 5 ff. – elektrische Energie **248 c** 6 ff.
Entziehung der Fahrerlaubnis **69** – und Fahrverbot **44** 2 f., **69** 2 – trotz Nicht-Führen eines Kfz **69** 12, 15 – gesetzliches Indiz für ~ **69** 32 ff. – Rechtsmittel allein gegen ~ **69** 68 – selbständige Anordnung der ~ **71 II** – und Sperrfrist für Neu-Erteilung **69 a**, s. dort – Tat als Maßstab der Ungeeignetheit **69** 28, 45 f. – Umfang der ~ **69** 57 ff. – bei Ungeeignetheit des Täters **69** 27 ff. – Urteilsformel bei ~ **69** 66 f. – keine Geltung des Verhältnismäßigkeitsgrundsatzes **69** 56 – vorläufige ~ **69** 62
Entziehungsanstalt – Aufenthalt in ~ als Weisung in der Bewährungszeit **56 c** 29 – Unterbringung in ~ **64** – bei Alkoholikern und Rauschgiftsüchtigen **64** 3 f. – keine ~ bei Aussichtslosigkeit **64** 11 – Höchstdauer der ~ **67 d** 3 – selbständige Anordnung der ~ **71 I**
Entziehungskur – Aussichtslosigkeit einer ~ **64** 11 – nachträgliche Aussichtslosigkeit bei Unterbringung **67 d** 15 – Gefährdung einer ~ **323 b** – als Weisung während der Bewährung **56 c** 27 f. – als Weisung bei Verwarnung **59 a** 8
Erben – als Antragsberechtigte **205** 9 ff.
Erbieten zu einem Verbrechen **30** 24
Erfolg, tatbestandsmäßiger – ~ und Begehungsort der Tat **9** 6 f. – objektive Zurechnung des ~s **71** ff., 91 vor **13** – abzuwendender ~ **13** 3
Erfolgsabwendung – bei Rücktritt **24** 58 ff., 87 ff.
Erfolgsdelikte – allgemein 130 vor **13** – kupierte ~ und deren Beendigung 6 vor **22**
erfolgsqualifizierte Delikte **18** – Begriff **18** 1 f. – echte ~ **18** 2 – Beteiligung an ~ **18** 7 – Fahrlässigkeit bei ~ **18** 5 – Kausalität und objektive Zurechnung bei ~ **18** 4 – Konkurrenzfragen bei ~ **18** 6 – Leichtfertigkeit **18** 3 – unechte ~ **18** 2 – Unterlassen **18** 7 a – Versuch der ~ **18** 8 ff., 31 vor **22** – Vorsatz der ~ **15** 33
Erfolgsunwert – allgemein, 11, 30, 52, 57 ff. vor **13** – ~ bei Fahrlässigkeitsdelikten **15** 128 ff., 95 ff. vor **32**
Erforderlichkeit – der Notstandshandlung **34** 18 ff., **35** 13 ff. – der Notwehr **32** 34 ff.
Erfüllungsbetrug **263** – uneigentlicher ~ **263** 138
Erlaubnis, behördliche – allgemein s. behördliche Erlaubnis – beim Glücksspiel **284** 18 ff., **285** 3 – bei Lotterie und Ausspielung **287** 18 – im Umweltstrafrecht 15 ff. vor **324**
Erlaubnisirrtum **16** 9

2669

Stichwortverzeichnis

fette Zahlen = Paragraphen

Erlaubnissatz und Rechtfertigungsgründe 4 f. vor **32**
Erlaubnistatbestandsirrtum 19, 60 vor **13, 16** **14** ff., 21 vor **32** – bedingter ~ **16** 22 – Bedeutung des ~ beim Täter für Teilnahme 32 vor **25** – bei normativen Merkmalen **16** 21
Erlaubtes Risiko, s. Risiko
Erlaß der Strafe, s. Straferlaß
Ermächtigung (als Prozeßvoraussetzung) **77 e** 2 – bei Beleidigung eines Gesetzgebungsorgans **194** 17 ff. – sonstige Einzelfälle **90, 90 b, 97, 104 a, 353 a, b**
Ermessenshandlungen – pflichtwidrige **332** 10
Ermittlungsverfahren, Bekanntgabe, Anordnung des – Verjährungs-Unterbrechung bei ~ **78 c** 7 f.
Ermöglichungsabsicht bzgl. einer Straftat – bei Mord **211** 31 ff. – bei Brandstiftung **306 b** 10 ff.
Ernstlichkeit – des Erfolgsverhinderungsbemühens beim Rücktritt **24** 72, 101
Eröffnung des Hauptverfahrens – Verjährungs-Unterbrechung bei ~ **78 c** 15
Eröffnungsantrag – Abweisung mangels Masse als objektive Strafbarkeitsbedingung **283** 62
Eröffnungswehen – mit ~ Abschluß der Schwangerschaft 40 vor **218, 218** 20 – maßgeblicher Zeitpunkt für Geburtsbeginn 13 vor **211**
Erpresserischer Menschenraub 239 a – allgemein **239 a** 1 f. – Absicht **239 a** 10 ff. – Führungsaufsicht bei ~ **239 c** – Nötigungsmittel bei ~ **239 a** 12 ff. – Rücktritt bei ~ **239 a** 33 ff. – mit Todesfolge **239 a** 28 ff.
Erpressung 253 – von Aussagen durch Amtsträger **343** – abgenötigtes Verhalten bei ~ als Vermögensverfügung? **253** 8 ff. – Bereicherungsabsicht **253** 16 ff. – Verhältnis zu Betrug **253** 37 – doppelte Rechtswidrigkeit bei ~ **253** 10 ff. – Führungsaufsicht **256** – Verhältnis zu Raub **253** 31 f.
Erregen – eines Irrtums **263** 43 f.
Error in persona (vel obiecto) 15 59 f. – provozierter ~ beim Tatmittler **25** 23 – beim Tatmittler **25** 51 ff. u. **15** 59 a – Auswirkung beim Teilnehmer 45 vor **25, 26** 23 u. **15** 59 a
Ersatzfreiheitsstrafe 43 – allgemein **43** 1 f. – Einbeziehung in Gesamtstrafenbildung (?) **53** 26 f. – Umrechnungsmaßstab **43** 3 – bei Vermögensstrafe **46 a** 7 – Vollstreckung von ~ **43** 7 ff.
Ersatzgegenstände bei Geldwäsche 261 7
Ersatzhehlerei 259 14
Ersatzkassenmitglied, Vorenthalten von Sozialversicherungsbeiträgen durch ~ **266 a** 16
Ersatzorganisationen verfassungswidriger Parteien – Aufrechterhaltung der ~ **84** 6 f.
Erschleichen von Leistungen 265 a – Begriff des Erschleichens **265 a** 8 – eines Automaten **265 a** 4, 9 – eines öffentlichen Telekommunikationsnetzes **265 a** 5, 10 – von Veranstaltungen oder Einrichtungen **265 a** 7, 11 – eines Verkehrsunternehmens **265 a** 6, 11
Erstverbüßer – Aussetzung des Strafrestes **57** 23 a
Erweiterter Verfall 338
Erwerb – in verwerflicher Weise **74 a** 7 ff.
Erzeugnisse – Begriff **306** 10
Erzieherprivileg – bei Gewaltverherrlichung **131** 15 – bei Kuppelei **180** 12 ff. – beim Überlassen pornographischer Schriften **184** 9 a ff.
Erziehungsberater – berufliche Schweigepflicht **203** 38

Erziehungspflicht – Begriff **171** 3 – gröbliche Verletzung der ~ **171** 4 – Gefahr der Entwicklungsstörungen etc. **171** 5 ff.
Erziehungsverhältnis – als Abhängigkeitsverhältnis **174** 6, 10
Ethnische Gruppen – Zerstören von ~ **220 a** 3 f.
Eugenische Indikation, s. Embryopatische Indikation
Europ. Amtsträger 11 16a
Europ. Menschenrechtskonvention – Bedeutung der ~ für Rechtfertigungsgründe 24 vor **32** – und Notwehr **32** 62
Europ. Parlament – Wahlen zu ~ 2 vor **105, 108 a** 5, **108 d**
Europ. Strafrecht 22 ff., 26 vor **3**, 16 vor **3**
Europ. Union – Schutzinteressen und Einrichtungen Einf. 14, 26 vor **1**, 18, 21 vor **3**
Eurocheck 266 b 4 – Fälschung von Vordrucken **152 a**
Euroscheckkarten – Fälschung **152 a** – Mißbrauch **263 a** 10, **266 b** 9
Euthanasie – aktive ~ **24** ff. vor **211** – passive ~ **27** ff. vor **211** – „Früheuthanasie" 32 a vor **211**, **218 a** 43
Eventualvorsatz – allgemein **15** 72 ff. – als Inkaufnehmen und Für-möglich-Halten **15** 82 – Theorien über ~ **15** 75 ff. – Voraussetzungen des ~ **15** 84 (Indizien **15** 87 b) – und Rspr. **15** 65 ff.
Exemption – bei Exterritorialen 42 vor **3–7**
Exhibitionistische Handlungen 183 – Begriff **183** 3 – Belästigung durch ~ **183** 4 – erleichterte Bewährung bei Strafe wegen ~ **183** 11 ff.
Experimenteller ärztlicher Eingriff 223 50 a
Explosion Vorbereitung eines ~verbrechens **310** – explosionsgefährliche Abfälle **326** 5
extensive Auslegung 1 51 f.
Exterritoriale 38 ff. vor **3–7**, s. auch Exemption und Immunität
Extrakorporale Befruchtung 10 vor **218**
Exzeß des (Haupt-)Täters, Bedeutung für – Anstifter **26** 18 – Gehilfen **27** 20 ff. – mittelbaren Täter **25** 50 (Werkzeug!) – Mittäter **25** 90, 93, 95 – Notstands~ s. Notstand – Notwehr ~ s. Notwehr

Fahrerlaubnis – ausländische **69 b** 1 f. – Entziehung der ~, s. dort
Fahrlässiger Falscheid 163 2 ff.
Fahrlässige Körperverletzung 229 – Antragserfordernis **230** 1 ff. – im Straßenverkehr **15** 207 ff.,
Fahrlässige Tötung 222 – keine Einwilligung **222** 3
Fahrlässigkeit 15 105 ff. – und Vorsatz, allgemein **15** 1 ff. – und ärztliche Behandlung **15** 151 ff., 219 – bei Arbeitsteilung **15** 151 ff. – bewußte ~ **15** 203 – Elemente der ~ **15** 120 ff. – und erlaubtes Risiko, s. dort – im Handel und Gewerbe **15** 224 ff. – leichte ~ **15** 203 a – bei Produkthaftung **15** 223 f. – klassischer Begriff der ~ **15** 111 ff. – neuerer Begriff der ~ **15** 116 ff. – Schutzbereich der Sorgfaltspflicht **15** 130, 157 ff. (Dazwischentreten Dritter **15** 169 ff., Selbstgefährdung **15** 165 ff.) – im Skisport **15** 221 f. – und Sozialadäquanz, s. dort – im Sport **15** 220 – im Straßenverkehr **15** 207 ff., 149 f. – Übernahmeverschulden und ~ **15** 136, 198 – unbewußte ~ **15** 203, s. auch Stichwortverzeichnis vor **15**

magere Zahlen = Randnummern

Stichwortverzeichnis

Fahrlässigkeitsdelikt – Einwilligung bei ~ 102 ff. vor 32 – Erfolgsunwert beim ~ 120 f. vor **13, 15** 128 ff., 95 ff. vor 32 – Handlungsunwert beim ~ 54 vor **13, 15** 121 ff., 100 ff. vor 32 – Kausalität bei Erfolgs ~ **15** 155 ff. – Rechtswidrigkeit beim ~ **15** 188 ff., 92 ff. vor 32 – Pflichtwidrigkeitszusammenhang beim ~ **15** 173 ff., s. auch dort – Schuld beim ~ 120 f. vor **13, 15** 190 ff. – und Selbstgefährdung **15** 165 ff. – und Sorgfaltspflicht, Bestimmung bei ~ **15** 131 ff., s. dort – Unrechtsbewußtsein beim ~ **15** 193 – als Unterlassungsdelikt **15** 132, 143 – Vermeidbarkeit s. dort – Voraussehbarkeit s. dort – Zumutbarkeit beim ~ **15** 204, 126 vor **32**, s. auch Stichwortverzeichnis vor **15**
Fahrlässigkeitshaftung – Umfang der ~, Abgrenzung zu Eventualvorsatz **15** 109
Fahrlässigkeitsmaßstab – nach neuerem Verständnis **15** 117 ff. – doppelter Maßstab **15** 113, 118
Fahrlässigkeitsschuld 120 vor **13**
Fahrunsicherheit – absolute ~ **316** 8 ff., – relative ~ **316** 13 f., durch Betäubungsmittelkonsum **316** 6, – des Schiffs- und Flugzeugführers **315 a** 3 – durch Übermüdung **315 c** 11, s. auch **316** 3 oder körperlicher Mängel **315 c** 11, s. auch **316** 3
Fahrverbot 44 – allgemein, Verhältnis zur Entziehung der Fahrerlaubnis **44** 2 f. – ggüber Inhaber ausländischen Führerscheins **44** 28 f. – Beschränkung des ~ **44** 17 – gegenüber Jugendlichen **44** 9 – bei Trunkenheitsfahrt **44** 16 – Voraussetzungen des ~ **44** 4 ff. – vorläufige Entziehung der Fahrerlaubnis, Anrechnung auf ~ **51** 36 – weiteres ~ **44** 25 ff., s. auch Nebenstrafe
Fahrzeuge – Begriff **315 c** 5, **316** 21 – Zerstörung von ~ **315 b** 5 ff. – bewußte Zweckentfremdung von ~ **315 b** 8 – haltende ~ **315 c** 26 – liegengebliebene ~ **315 c** 26 – Führen von ~, s. dort Fahrzeugschein **276 a**
Fahrzeugpapiere 276 a – Verschaffen von ~ **276 a**
Faktischer Ehrbegriff 1 vor **185**
Faktischer Organ- u. Vertreterbegriff 14 42 ff.
Falschaussage, uneidliche s. Aussage, Aussagedelikte u. Aussagenotstand
Falschbeurkundung, mittelbare **271** – Schutzobjekte **271** 1 ff. – Bewirken der ~ **271** 25 ff. – Gebrauchmachen von einer ~ **271** 32 ff. – ~ im Amt **348**
Falsche Verdächtigung 164 – geschütztes Rechtsgut **164** 1 f. – durch Aufstellen falscher Behauptungen **164** 5 ff., 12 ff. – durch Schaffen falscher Beweislage **164** 8 – Einverständnis des Betroffenen **164** 23 – öffentliche Bekanntmachung bei öffentlicher Begehung oder durch Verbreiten von Schriften **165** – und Selbstbegünstigung **164** 34 – nur bei unwahren Tatsachen **164** 15 ff. – durch Unterlassen **164** 21 – ~ durch Verbreiten von Schriften **165** 3 – durch Verdächtigen **164** 5 ff., s. dort – wider besseres Wissen **164** 30
Falsche Versicherung an Eides Statt s. Versicherung an Eides Statt
Falscher Schlüssel 243 14
Falschmünzerei 146 4 ff.
Fälschung – beweiserheblicher Daten **269** – eines Gegenstandes u. ä. **100 a** 11 – von Blanketten **267** 62 – von technischen Aufzeichnungen **268** (durch Unterlassen **268** 54) – von Urkunden **267** – von Telegrammen **267** 61 – Vorbereitung der ~ von amtlichen Ausweisen **275** – von Vordrucken für Euroschecks und Euroscheckkarten **152 a** – (Nichtanzeige **138** 7) – von Gesundheitszeugnissen **277**
Fälschung, landesverräterische – durch Herstellen ver(ge)fälschter Gegenstände **100 a** 10 ff. – durch Übermitteln ver(ge)fälschter Nachrichten u. ä. **100 a** 2 ff. – Versuch der ~ **100 a** 15 ff.
Familie – Beleidigung der ~ 4 vor **185**
Familienberater – berufliche Schweigepflicht **203** 38
Familiendiebstahl 247
Fehlgeschlagener Versuch 24 7 ff.
Felddiebstahl 242 77
Feldschutzrecht, landesrechtliche Regelung, 47 vor **1**
Fernmeldeanlagen s. Telekommunikationsanlagen
Fernmeldegeheimnis – Verletzung des ~ **206** s. Geheimnis, Schweigepflicht
Festlandsockel 31 vor **3–7** s. auch Inland
Festnahmerecht, strafprozessuales – als Rechtfertigungsgrund 81 f. vor **32**
Feststellungen nach Verkehrsunfall – durch Angabe der Beteiligung **142** 30 – durch Anwesenheit **142** 28 f. – Umfang **142** 23 – unverzügliche, nachträgliche ~ **142** 56 ff. – Verzicht auf ~ **142** 53, 71 ff. – zugunsten der Feststellungsberechtigten **142** 24 ff., 58
Fetozid, s. Mehrlingsschwangerschaftsreduktion
Film 11 78 – Einziehung von ~ **74 d** 3
Filmvorführung – öffentlich, entgeltliche, pornographische ~ **184** 37 ff.
Finale Handlungslehre 28 ff. vor **13** – Täterbegriff nach ~ 10 vor **25**
Fischwilderei 293 – Strafantrag **294** – Einziehung der Geräte **295**
Flagge – ausländische, Verletzung **104** 3 – Bundes ~ **4** – Verunglimpfung der ~ **90 a** 14
Flaggenprinzip 5 vor **3–7**, **4** 1 f.
Flugzeug – ~entführung **316 c** 4 ff., s. auch Luftfahrzeug und Luftverkehr
Forderungen – Diebstahl von ~ **242** 3
Formalbeleidigung 192 – nur bei erbrachtem Wahrheitsbeweis **192** 3 – trotz Wahrnehmung berechtigter Interessen **193** 26 ff.
Formal-objektive Theorie – zur Abgrenzung Täterschaft/Teilnahme 53 ff. vor **25**
Formen – als Gegenstand der Geldfälschung **149** 3 f.
Forstdiebstahl 242 78
Forstschutzrecht, landesrechtliche Regelung 47 vor **1**
Fortbewegungsfreiheit – als geschütztes Rechtsgut **239** 1
Fortführung einer verfassungswidrigen Partei **84** 4 ff.
Fortgesetzte Handlung, s. Fortsetzungszusammenhang
Fortpflanzungsfähigkeit – Zerstörung der ~ **226** 1 b
Fortsetzungszusammenhang (Fortsetzungstat) 30 ff. vor **52**, s. auch Stichwortverzeichnis vor **52**
Fotokopie als Urkunde **267** 42
Frank'sche Formel – zum unmittelbaren Ansetzen des Versuchs **22** 27 – beim Rücktritt **24** 44
Freier Himmel – Versammlung unter ~ **106 a** 3

2671

Stichwortverzeichnis

fette Zahlen = Paragraphen

Freiheit – der Fortbewegung als geschütztes Rechtsgut **239** 1 – als notstandsfähiges Rechtsgut **35** 8 f., s. auch persönliche Freiheit
Freiheitlich demokratische Grundordnung – Begriff **86** 5 – Verstoß gegen ~ als sog. illegales Staatsgeheimnis **93** 26
Freiheitsberaubung 239 – allgemein **239** 1 f. – erfolgsqualifizierte Fälle der ~ **239** 12 – Mittel der ~ **239** 4 ff. – Selbstmord des Opfers **239** 12 – durch Unterlassen **239** 7 – Widerrechtlichkeit der ~ und Einwilligung **239** 8
Freiheitsentziehende Maßregeln, s. Unterbringung und Maßregeln
Freiheitsstrafe 38 f. – allgemein **38** 1 – Auswahl der ~ **46** 60 ff., **47** 1 ff. – Bemessung der ~ **39** 1 ff. – Ersatz-~, s. dort – Geldstrafe neben ~ **41** 1 ff. – bei Jugendlichen **38** 8 – kurzzeitige ~ **47**, **47** 1 ff. – lebenslange ~ **38** 2 f. – bei Strafarrest nach WStG **38** 7 – Unerläßlichkeit der kurzen ~ **47** 10 ff. – zeitige ~ **38** 4 f.
Freisetzen 324 a 7 – von Giften **330 a** – von Schadstoffen **325** 21 ff.
Freiverantwortlichkeit des Opfers – und Suizid **36** ff vor **211** – und Selbstverletzung **223** 9 f. – und Tötung auf Verlangen **216** 8
Freiwilligkeit – beim Rücktritt vom Versuch **24** 42 ff., 67, 72 – bei tätiger Reue bei landesverräterischer Tätigkeit **98** 224 ff.
Fremdabbruch der Schwangerschaft **218** 1 ff., 29, 51, 55 f.
Fremde Macht – Begriff der ~ im Staatsschutzrecht **93** 15 f., **99** 4 – Bedrängung durch ~ **98** 29 ff. – Mitteilung eines Staatsgeheimnisses an ~ **94** 4 ff. s. auch Landesverrat i. e. S.
Fremdgefährdung, einverständliche **102** ff. vor **32**
Fremdheit des Geheimnisses s. dort, des Gewahrsams s. dort, der Sache s. dort
Fremdrechtsanwendung 24 vor **3**
Friedensgefährdende Beziehungen 100 – Art der ~ **100** 2 ff. – subjektiver Tatbestand **100** 11 ff.
Friedensverrat 80 f. – allgemein 3 vor **80**, **80** 1 – bei Beteiligung der BRep. an Angriffskrieg **80** 3 ff. – Erweiterung der Einziehung bei ~ **92 b** – Sonderrecht der Nebenfolge bei ~ **92 a**
Frische Tat – Betroffen auf ~ **252** 4
Fristen – bei Geldstrafe **42** – für Maßregeln **65 IV**, **67 a IV**, **67 c II**, **67 d**, **67 e**, **68 e** – bei Nebenfolgen **45 a**, **45 b** – bei Schwangerschaftsabbruch 33 ff. vor **218**, **218** 10 ff., **218 a** 1 ff., 8, 11, 42 f., 53, 72, **218 b** 13, **219** 13 – für Strafantrag **77 b** – bei Strafrestaussetzung **57 VI**, **57 a IV** – Verjährungs~ **78**, **79**, s. jeweils Einzelstichworte
Fristenmodell 3 ff. vor **218**
Fruchtschädigung 218 20
Frühgeburt – Herbeigeführte ~ als Schwangerschaftsabbruch 40 vor **218**, **218** 22 ff.
Frühphase der Schwangerschaft 10, 34 f. vor **218** – kein Schwangerschaftsabbruch bei Eingriffen in ~ **218** 1
Führen eines Fahrzeugs – Begriff **316** 20 ff. – Entziehung der Fahrerlaubnis **69** 10 ff. – und Fahrverbot **44** 7
Führerschein, s. Fahrerlaubnis
Führungsaufsicht – allgemein **68** 1 ff., 9 ff. – Abkürzen der ~ **68 c** 1 – Aufsichtsstelle während ~, s. dort – bei Aussetzung einer freiheitsentziehenden Maßregel **68** 13 ff., **67 c** 10, **67 b** 9, **67 d** 13 –

Bewährungshelfer während ~ **68 a** 8 ff. – Dauer der ~ **68 c** 1 ff. – bei gesetzlich vorgesehener ~ **68** 5 ff. – nachträgliche Entscheidung über ~ **68 d** – Konkurrenz mit Bewährung **68 g** 1 – Ruhen der ~ **68 g** 8 ff. – keine ~ bei Straferlaß **68 g** 14 – Gefährlichkeitsprognose und ~ **68 e** 2 f., **68 f** 9 ff. – bei Vollverbüßung der Strafe **68 f** 1 ff. – Verstoß gegen Weisungen während **145 a** – vorzeitige Beendigung der ~ **68 e** 1 ff. – Weisungen während ~, s. dort – bei Betrug **263** 189 – bei Diebstahl **245** – bei erpresserischem Menschenraub **239 c** – bei gemeingefährlichen Straftaten **321** – bei Geiselnahme **239 c** – bei Geldwäsche **262** – bei Hehlerei **262** – bei Körperverletzungsdelikten **228** – bei Raubdelikten **256** – bei Sexualdelikten **181 b**
Furcht – Notwehrexzeß **33** 3
Fundunterschlagung 246 1, 10
Fürsorgepflicht – Begriff **171** 3 – gröbliche Verletzung der ~ **171** 4 – Gefahr von Entwicklungsstörungen etc. **171** 5 ff.
Fürsorgeverhältnis, s. Schutzbefohlene
Furtum usus 242 51 ff. – bei Kraftfahrzeugen **242** 54, **248 b** 1 ff.

Ganzheitsbetrachtung, s. Gesamtbetrachtung
Garantenpflicht – allgemein **13** 14 ff. – bei Betrug **263** 19 ff.
Garantenstellung bei Unterlassungsdelikten – allgemein **13**, 1, 7 ff. – kraft Autoritätsstellung, **13** 51 ff. – aus echten Unterlassungsdelikten **13** 57 – aus Eröffnung und Beherrschung von Gefahrenquellen **13** 43 ff. – aus Gemeinschaftsbeziehungen **13** 22 ff. – aus Ingerenz **13** 32 ff., 109 vor **25** – des Kfz-Halters **13** 43, 49 f. – aus persönlicher, enger Verbundenheit **13** 17 ff., **1** 04 ff. vor **25**, **25** 4 (Beschützergarant) – kraft besonderer Pflichtenstellung **13**, 31 – als strafbegründendes persönliches Merkmal **28** 19 – bei Verabreichung von Rauschmitteln **140** f. – als verantwortlicher Stellung in Räumlichkeiten **13** 47, 54 – kraft Übernahme **13** 26 ff. – Umfang der ~ bei ehelicher Lebensgemeinschaft **13** 53 – und Garantenpflicht, **13** 14 ff.
Garantiefunktion der Urkunde **267** 16 ff.
Garantietatbestand 1 17 ff.
Garantieübernahme 265 b 18
Gebäude 243 7, **305** 3, **306** 4 f., **308** 4
Gebietshochverrat – ggüber Bund **81** 2 ff. – gg ein Land **82** 2 ff.
Gebrauchen – einer unbefugten Tonträgeraufnahme ~ **201** 17
Gebrauch-Machen unechter oder verfälschter Urkunden – Begriff **267** 76 – mehrmaliges ~ **267** 79 b – durch Unterlassen **267** 77 – Verhältnis zur Fälschung **267** 79 ff. – von gefälschten Gesundheitszeugnissen **277**, **279**
Gebrauchsanmaßung – bei Pfandsachen **290**
Gebrauchsdiebstahl 248 b, **242** 51 ff., s. auch furtum usus – Antrag bei ~ **248 b** 11 – von Kraftfahrzeugen **242** 54, **248 b** 1 ff. – Subsidiaritätsklausel bei ~ **248 b** 12 ff.
Gebrechlichkeit – Aussetzung wegen ~ hilfloser Personen **221** 4 – Mißhandlung wegen ~ wehrloser Personen **225** 5
Gebührenüberhebung 352
Geburt – Beginn der ~ 13 vor **211** – in und gleich nach der ~ als Zeitpunkt der Kindestötung **213** 18 f., 40 f. vor **218**, **218** 19

magere Zahlen = Randnummern

Stichwortverzeichnis

Gefahr – gegenwärtige ~, Notstandslage, **34** 12 ff., **35** 10 f. – gemeine ~ **323 c** 8, 19 vor **306** – konkrete ~ 5 ff. vor **306** – Herbeiführen einer Brand~ **306 f.** – Bedeutung der ~ für Interessen (Güter-)abwägung **34** 27 f., s. auch Lebens-, Gesundheits- und Notlagengefahr

Gefährdung – der Allgemeinheit **74** 29 ff. – ~ der äußeren Sicherheit (Auslandstat) **5 Nr. 4** – schwere – durch Freisetzen von Giften **330 a** – ~ des Straßenverkehrs, s. dort

Gefährdungsdelikte, allgemein 129 f. vor **13,** 129 vor **52,** 3 ff. vor **306, 306** ff. – abstrakte ~ 3 ff. vor **306** – abstrakt-konkrete ~ 3 vor **306** – konkrete ~ 2 vor **306** – potentielle 3 vor **306** – Vorsatz **15** 98 a

Gefährdung des demokratischen Rechtsstaates 84 ff. – allgemein als Staatsschutzdelikt 3 vor **80,** 1 ff. vor **84** – Erweiterung der Einziehung **92 b** – Nebenfolge bei ~ **92 a** – als Auslandstat **5** 9

Gefährliche Körperverletzung 224 11 – gemeinschaftliche ~ **224** 11 – mit gefährlichem Werkzeug **224** 4 ff. – mittels hinterlistigem Überfall **224** 10 – mittels lebensgefährdender Behandlung **224** 12 – mit Messer **224** 9 – durch Unterlassen **224** 3 – mit Waffe **224** 4

Gefährliches Gut 330 a Nr. 3, 328 18

Gefährliches Werkzeug – Körperverletzung mit ~ **224** 4 ff. – sexuelle Nötigung u. Vergewaltigung mit ~ **177** 26 f.

Gefährlichkeitsprognose – bei Berufsverbot **70** 9 ff. – bei Führungsaufsicht **68** 7 f. – bei Maßregeln d. Besserung u. Sicherung 8 ff. vor **61** – des Hangtäters **66** 35 ff.

Gefangene – Begriff **120** 3, 5 f. – Befreien eines ~ **120** 8 – gemeinsame Flucht mehrerer ~ **120** 15 – Meuterei von ~ **121** 2 ff. – Selbstbefreiung von ~ **120** 9 ff, 14 ff., **121** 11 – sexueller Mißbrauch von ~ **174 a** 2 ff

Gegenleistung 11 I 9 – für richterliche Handlung **331** 12 a, s. auch Entgelt

Gegensatztheorie – zum Verhältnis Totschlag und Körperverletzung **212** 17

Gegenseitigkeit, Verbürgung der – als Strafbarkeitsbedingung **104 a** 2

Gegenstände – der Einziehung **74** 6 ff., **74 c** 3 – der Unbrauchbarmachung **74 b** 7, **74 d** – des Verfalls **73** 16 ff.

Gegenwärtigkeit – des Angriffs **32** 13 ff. – der Gefahr **34** 17, **35** 12

Geheimdienst – im engen Sinn **99** 5 f. – Tätigkeit für ~ einer fremden Macht **99,** s. auch Agententätigkeit, geheimdienstliche

Geheimhaltungsinteresse 203 7

Geheimnis – Berufs~ **203** 34 ff. – Betriebs- und Geschäfts~ **203** 11, **355** 3, 9 – Brief~, Verletzung **202** – dem ~ gleichgestellte Daten **203** 46 ff., 50 – des persönlichen Lebensbereichs **203** 10 – Post- u. Fernmelde~ **206** 6 – Privat~, Begriff **203** 5 ff. – Staats~ **93** 2 ff., s. dort – Steuer~ **355** 3 ff. – Verfügungsberechtigter über ~ **203** 22 ff., **206** 12, s. auch Schweigepflicht

Geheimnisträger – als verletzter Antragsberechtigter **205** 5 – Verletzung des Privatgeheimnisses nach Tod des ~ **203** 70

Gehilfe 27

Gehör – Verlust des ~ **226** 1 b

Geiselnahme 239 b – allgemein **239 b** 1, **239 a** 3 – Absicht **239 b** 3 – Führungsaufsicht **239 c** – Nötigungsmittel der ~ **239 b** 4 ff. – Rücktritt **239 b** 19, **239 a** 33 ff. – mit Todesfolge **239 b** 19, **239 a** 28 ff. – Verhältnis zu erpresserischem Menschenraub **239 b** 20

Geisterfahrer 315 b 10, **315 c** 25 a

Geisteskranke – Beleidigungsfähigkeit 2 vor **185** – sexueller Mißbrauch von ~ **174 c I** – Schuldfähigkeit **20** 5 ff., **21** 3 – Unterbringung in Anstalt **63**

Geisteskrankheit – Verfallen in ~ **226** 7

Geistig Behinderte – sexueller Mißbrauch von ~ **174 c I**

Geistige Behinderung – Verfallen in **226** 7

Geistigkeitstheorie 267 55

Geistlicher – Straflosigkeit des ~ bei Nichtanzeige geplanter Taten **139** 2

Gelangenlassen – unaufgefordertes ~ pornographischer Erzeugnisse an einen anderen **184** 36

Geld 146 2 f. – falsches ~ **146** 1 – einer fremden Währung, maßgebliches Recht **152** 2 – Unterschlagung von ~ **246** 6

Geldbuße – gegen juristische Personen **42** vor **324**

Geldfälschung – Belohnung u. Billigung der ~ **140** 2 – Einziehungsgegenstände **150** 1 ff. – durch Falschmünzerei **146** 4 f. – bei fremder Währung **152** 1 ff. – Geld **146** 2 f. – durch Münzverfälschung **146** 6 – Nichtanzeige der ~ **138** 7 – tätige Reue bei Vorbereitungshandlungen **149** 13 f. – durch Sich-Verschaffen von Falschgeld **146** 15 – durch In-Verkehr-Bringen **146** 20 ff., **147** 6 ff. – strafbare Vorbereitungshandlungen zur ~ **149** 6 f. – als Auslandstat **6** 8, 6 vor **146** s. auch Weltrechtsgrundsatz

Geldforderungen – Erwerb **265 b** 14 – Stundung **265 b** 15

Geldstrafe 40 ff. – Auswahl der ~ **46** 60 ff., **47** 1 ff. – „Ersatz"- ~ **47** 4 ff. – Fälligkeit der ~ **42** 1 – ~ neben einer Freiheitsstrafe **41** 1 ff. – nachträgliche Gesamt-~ **55** 37 a – Ratenzahlung, s. dort – Schätzung für Höhe der ~ **40** 20 ff. – Tagessatzsystem, s. dort – Tenor bei ~ **40** 22 – Verfallklausel **42** 7 – Vollstreckung von ~ **43** 6 ff., s. auch Ersatzfreiheitsstrafe – Zahlungserleichterungen bei ~, **42,** s. auch Ratenzahlung

Geldwäsche 261 – Auslandstaten als Vortat **261** 6 – Erwerbs-Besitz- u. Verwendungstatbestand **261** 2 – Verschleierungstatbestand **261** 2, 10 ff. – Tatobjekt **261** 4 – Ersatzgegenstände **261** 7

Geltungsbereich des Strafgesetzbuches 9 ff. vor **1** – persönlicher 14 vor **1,** – räumlicher 14 vor **1, 3** ff. (s. auch Inland) **1,** 32 f. vor **3–7, 3 ff.** (s. auch Inland) 16 vor **1,** – zeitlicher 13 vor **1, 2**

Geltungsbereich bei Staatsschutzdelikten 12 ff. vor **80**

Gemeinderat – als Amtsträger **11** 23

Gemeingefährliche Verbrechen – Anleitung zu bestimmten ~ 2 vor **123** – **130 a** – Androhen bestimmter ~ **126** 4 f. – Belohnung u. Billigung bestimmter ~ **140** 2 – Nichtanzeige bestimmter ~ **138** 7 – Vortäuschen bestimmter ~ **126** 4 f.

Gemeingefährliche Vergehen – Androhen bestimmter ~ **126** 4 f. – Vortäuschen bestimmter ~ **126** 6

Gemeingefährliche Mittel – Töten mit ~ **211** 29

Gemeingefährlichkeit des Täters – und Unterbringung in psychiatrischem Krankenhaus **63** 13 ff.

Stichwortverzeichnis

fette Zahlen = Paragraphen

Gemeinnützig – Geldbeträge zugunsten einer ~ Einrichtung, Bewährungsauflage **56 b** 11 f. – ~ Leistungen als Bewährungsauflage **56 b** 13 ff.
Gemeinschaftliche Begehungsweise, Abgrenzung zum Mittäter **25** 98 f. – bei Körperverletzung **224** 11 – bei sexuellem Mißbrauch **176 a** 4, **179** 14 – bei sexueller Nötigung **177** 24
Genehmigung, behördliche – allgemein s. behördliche Erlaubnis – der Vorteilsannahme durch Amtsträger **331** 43 ff. – Rechtsnatur **331** 45 – vorherige ~ **331** 46 – ausländische **330 d** 7, 40, s. auch Erlaubnis, behördliche
Generalbevollmächtigter – bei Verfall und Einziehung **75**
Generalprävention allgemein **2** vor **38** – Inhalt der ~ **12** ff. vor **38** – Konkurrenz mit spezialpräventiven Gedanken **19** ff. vor **38** – bei Strafaussetzung **56** 38 ff. – Strafzumessung **46** 5 – bei Strafrestaussetzung **57** 14
Genozid 220 a
Gentechnologie 223 50 b
Gerichte – als Behörde **11** 61 ff. – als zur Abnahme von Eiden befugt **154** 7 ff.
Gerichtsstand, Bestimmung des ~ **9** 1
Gerichtsverhandlung – verbotene Mitteilung über ~ **353 d**
Gerichtsvollzieher – Widerstand gegen ~ **113** 10, 14, 16
Geringfügigkeitsprinzip als Tatbestandsbegrenzung? **70 a** vor **13**
Geringwertige Sache – Begriff **248 a** 6 ff. – Diebstahl und Unterschlagung ~ **248 a** – ~ auch bei gleichzeitig höherwertigen Sachen? **248 a** 11 ff. – Umfang der ~ bei Fortsetzungszusammenhang **248 a** 13 f. – Bandendiebstahl von ~ **244** 1 – Kein besonders schwerer Diebstahl bei ~ **243** 48 ff. – Waffendiebstahl ~ **244** 1 – Hehlerei ~ **259** 60 – Betrug bei ~ **263** 192
Geringwertiger Vermögensvorteil – bei Begünstigung **257** 38
Gesamtbetrachtung – bei Abgrenzung Täter-Teilnehmer (Ganzheitsbetrachtung) **67** vor **25** – beim Versuch mehrerer Einzelakte **24** 17 ff.
Gesamtstrafe 53 ff. – und Bewährung **58** 1 ff. – Bildung der ~ **54**, s. Asperationsprinzip – Begrenzung der Erhöhung der Einsatzstrafe **54** II, **54** 6 ff. – Bedeutung der Einzelstrafen für ~ **53** 9 ff., **54** 2 ff. – bei Ersatzfreiheitsstrafe (?) **53** 26 f. – Höchstmaß **54** 10 ff. – nachträgliche Bildung einer ~ **55**, s. dort – keine Einbeziehung von Nebenstrafen etc. in ~ **53** 28 ff. – bei Realkonkurrenz, allgemein **53** 1, 6 ff. – Selbständigkeit der Einzelstrafen im Strafverfahren **54** 21 ff. – nochmalige Strafzumessung bei Bildung der ~ **54** 14 ff. – Urteilsformel bei ~ **53**, **54** 19 – und Verwarnung mit Vorbehalt **59 c** – ~ bei Zusammentreffen von Geld- und Freiheitsstrafe (?) **53** II, **53** 17 ff. – ~ mit lebenslanger Freiheitsstrafe **53** 25
Gesamt-Unrechtstatbestand 44 vor **13**
Gesamtvermögensstrafe 53 23
Gesandter – Exterritorialität **39** vor **3**
Geschäftsführung ohne Auftrag, s. mutmaßliche Einwilligung
Geschäftsgeheimnis – Verletzung des ~ **203** – Verletzung des ~ durch Amtsträger **355** – Verletzung des ~ im Ausland **5** Nr. **7**, **5** 13, s. auch Schweigepflicht

Geschäftsmäßiges Verbrechen – allgemein **97** vor **52**
Geschäftsraum – Begriff **123** 5
Geschäftsvorgang, einheitlicher **291** 31
Geschichte des Strafgesetzbuches, Einf. **1** ff. – Gesamtreformversuch, **Einf. 3** ff.
Geschlechtstrieb – Befriedigung des ~ **211** 16
Geschlechtsumwandlung 223 50 b
Geschwindigkeit, überhöhte **315 c** 22
Geschwister – Begriff **11** 7 – Antragsrecht der ~ **77 II, 77 d II**
Gesetz – Änderung des ~ während Begehung der Tat **2** II – mildestes ~ **2** III, **2** 16 ff. – Zeit-~ **2** IV, **2** 36 ff. – Zwischen-~ **2**, **2** 39
Gesetzeseinheit, s. Gesetzeskonkurrenz
gesetzlicher Tatbestand – allgemein **44** vor **13** – Vorsatz bzgl. ~ **15** 16 – Irrtum über ~ **16** 8/9
gesetzmäßige Bedingung, Formel der ~ **75** vor **13**, s. auch Kausalitätstheorien
Gesetzeskonkurrenz – allgemein **5** vor **52**, **102** ff. vor **52** – Beispiele für ~ **104** vor **52** – Rechtsfolge der ~ **134** ff. vor **52**
Gesetzesvorbehalt 1, 6, 8 ff.
Gesetzgebungsorgan, s. auch Bundestag – Bannkreis eines ~, Verletzung **106 a** – Beleidigung eines ~ **194** 17 ff. – Störung der Funktionsfähigkeit eines ~ **106 b** – Nötigung eines ~ **105** 3 – Verunglimpfung eines ~ **90 b** 2
Gesetzlicher Vertreter – als Handelnder **14** 24 – Einwilligung durch ~ **41** vor **32** – Strafantrag des ~ **77** 16 ff.
Gesinnung – als persönliche Eigenschaft **28** 14 – und Schuld **119, 122** vor **13** – des Täters **46** 16, s. auch Strafzumessung
Gesinnungsmerkmale – als Schuldmerkmale **122** vor **13** – und Vorsatz **15** 24
Gesinnungstäter 46 15
Geständnis des Täters **46** 41 a, s. auch Strafzumessung
Gesundheitsbeschädigung 223 5 f.
Gesundheitsgefahr – medizinische Indikation bei ~ der Schwangeren **218 a** 29 ff.
Gesundheitsschäden – Gefahr von ~ für Kind, embryopatische **218 a** 37 ff., s. dort – bei Luftverunreinigung **325** 14
Gesundheitsschädigung – Gefahr einer schweren ~ **176 a** 5, **177** 26, **179** 14 – einer großen Zahl von Menschen **13 a** vor **306**, **306 b** 4 – schwere ~ **225** 21
Gesundheitsschädliche Stoffe 224 2 c
Gesundheitszerstörung – zur ~ geeignete Stoffe **229** 3 ff.
Gesundheitszeugnisse – Begriff **277** 2 f. – Fälschen von ~ **277** – Gebrauch-Machen von unrichtigen ~ **279** – Ausstellen unrichtiger ~ **278** – Einziehung von ~ **282**
Gewähren – von Wohnungen an Prostituierte **180 a** 16 ff. – von Sicherheiten als Gläubigerbegünstigung **283 c** 6
Gewährleistungsnorm 49, 57 vor **13**
Gewahrsam – als Rechtsgut **242** 2 – Begriff **242** 23 ff. – Begründung neuen ~ **242** 37 ff. – und Besitz **242** 31, **246** 1, 10 – des Besitzdieners **242** 31 – Bruch fremden ~ **242** 35 f. – dienstlicher als geschütztes Rechtsgut **133** 1 – ~enklave **242** 34 f. – und Erbenbesitz **242** 23 – Fremdheit des ~ **242** 32 ff. – Mit- **242** 24 ff. – über- und unter-

magere Zahlen = Randnummern

Stichwortverzeichnis

geordneter ~ **242** 32 f. – an Leichen usw. **168** 6 – an verschlossenen Behältnissen **242** 34
Gewalt – Anleitung zu ~taten **130 a** – bei den Freiheitsdelikten, allgemein 6 ff. vor **234**, s. auch Gewaltbegriff – bei Nötigungsnotstand **35** 11 – fortdauernde ~ **249** 6 – durch Einwirkung auf Dritte 19 vor **234** – bei Hochverrat **81** 4 – gegen Personen 27 vor **234** – bei Raub **249** 4 f. – gegen Sachen 17 vor **234** – bei sexueller Nötigung und Vergewaltigung **177** 5 – ~darstellung **131** – bei Widerstand gegen Vollstreckungsbeamte **113** 42
Gewaltbegriff – fehlendes Einverständnis des Betroffenen 21 vor **234** – klassisch ~ 7, 10 f. vor **234** – Erforderlichkeit der Kraftentfaltung des Täters: 7 vor **234** – körperliche (physische) Beeinträchtigung des Opfers 17 vor **234** – Zwangseinwirkung und ~ 6, 9 vor **234**, s. auch vis absoluta und vis compulsiva
Gewaltdarstellung 131 – Begriff **131** 3 ff. – Berichterstatterprivileg **131** 15 – Erzieherprivileg **131** 16 – Kunstfreiheit **131** 17 – Rechtsgut **131** 1 – Tathandlungen **131** 12 ff.
Gewaltherrschaft – Verstrickung in ~ kein Entschuldigungsgrund 126 b vor **32** – Opfer einer ~ **194** 5, 9 a
Gewalttätigkeiten – Begriff **125** 5 ff., 28 vor **234** – mit vereinten Kräften **124**, **125** 10 – schwere Folgen von ~ **125 a** 11 – Schilderungen von ~ gegen Menschen **131**
Gewaltverhältnis, öffentlich-rechtliches – als geschütztes Rechtsgut **136** 2 f.
Gewalt- und Willkürmaßnahmen – Schäden durch ~ **234 a** 10 ff.
Gewässer – nachteilige Veränderung der ~ eigenschaften **324** 9 – oberirdische ~ **324** 4 – Verunreinigung eines ~ **324**, **324** 8 – ~ veränderte Maßnahmen in Schutzgebieten **329** 41 – Schutzbereich **330 d** 1 ff.
Gewerbeausübung – Verbot der ~, s. Berufsverbot
Gewerbliche Leistungen – Tadeln ~ als Wahrnehmung berechtigter Interessen **193** 5 – bei wettbewerbsbeschränkenden Absprachen **298** 5
Gewerbsmäßig – Diebstahl **243** 31 – Hehlerei **260**, **260** 2 – Förderung der Prostitution **180 a** 14 – Subventionsbetrug durch ~ handelnde Bandenmitglieder **264** 78 a – Verbrechen, allgemein 95 f. vor **52**
Gewerbsmäßige Hehlerei 260 – allgemein **260** 1 – gewerbsmäßige Bandenhehlerei **260 a** – Führungsaufsicht **262** – Wahlfeststellung zu Diebstahl **260** 7
Gewerbsmäßigkeit 263 189, 189 a, **267** 104
Gewinnsucht 235 17, **283 a** 4, **326** 10, **330** 8
Gewissensanspannung – bei Vermeidbarkeit des Verbotsirrtums **17** 14 f.
Gewissensentscheidung – als Entschuldigungsgrund (?) 118 ff. vor **32**
Gewissenstäter 118 f. vor **32**
Gewohnheitsmäßiges Verbrechen – allgemein 98 f. vor **52**
Gewohnheitsrecht – allgemein **1** 9 ff. – Strafbarkeitsausschluß kraft ~ (?) **331** 53
Gewöhnlicher Aufenthalt, s. Aufenthalt
Gift 224 2 b, **326** 4, s. auch gefährliches Werkzeug u. Vergiftung – Verbreiten oder Freisetzen von ~ **330 a** 4

Glaubensentscheidung als Entschuldigungsgrund (?) 118 ff. vor **32**
Gläubigerbegünstigung 283 c – durch Befriedigung oder Sicherung **283 c** 4 ff. – durch Unterlassen **283 c** 8
Gläubigerschädigung in der Insolvenz 283 – durch Spekulationsgeschäft **283** 10 – durch übermäßigen Verbrauch **283** 13 – durch unwirtschaftliche Ausgaben **283** 17 – durch Verlustgeschäfte **283** 9 – durch Vortäuschen v. Rechten anderer **283** 24 – durch Weiterveräußerung **283** 21 – durch unterlassene Buchführung **283** 28 ff. – durch Entziehen der Handelsbücher **283** 38 ff. – durch mangelhafte Bilanzaufstellung **283** 43 ff.
Gläubigerschädigung in der Zwangsvollstreckung 288
Gleichzeitigkeit von Anordnung und Aussetzung einer freiheitsentziehenden Maßregel **67 b**
Glied des Körpers – Verlust eines wichtigen ~ **226** 2
Glücksspiel – Begriff **284** 3 ff. – unerlaubte Veranstaltung eines ~ **284** – Beteiligung am ~ **285** – Einziehung der Gegenstände eines ~ **286**
Gnadenweg – bei Nebenfolge **45 a** III – Ruhen der Verjährung bei ~ **79 a** 5
Gottesdienst – Begriff **167** 4 – ~-liche Handlungen **167** 5 – dem ~ gewidmete Orte **167** 12 – Stören des ~ **167** 8
Gotteslästerung 1 vor **166**, **166** 4
Graffiti 303 8 c, **303 c** 7
Grausam – Mordmerkmal **211** 27 f. – Schilderung von ~ Gewalttätigkeiten **131** 7 ff.
Grenzbezeichnung, Veränderung einer ~ **274** 23 ff.
Grenzüberschreitende Umweltbeeinträchtigung 24 vor **3**
Grober Eigennutz bei Subventionsbetrug **264** 75
Grobe Fahrlässigkeit 15 205
Grobe Pflichtverletzung – bei Berufsverbot **70** 5, **70 b** 5 – bei Freisetzen von Schadstoffen **325** 24
Grober Unverstand bei Versuch **23** 12 ff., **30** 9
Gründen – einer kriminellen Vereinigung **129** 12 – einer terroristischen Vereinigung **129 a**
Grundrechtsschranken – bei Bewährungsauflagen **56 b** 21 ff. – bei Weisungen **56 c** 8
Grundwasser 324 5
Güterabwägung s. Rechtsgüterabwägung
Güterabwägungstheorie – beim Notstand **34** 2, 22
Gute Sitten 228 6, s. auch Sittenwidrigkeit
Gutgläubiger Erwerb, Betrug bei ~ (?) **263** 111, s. Makeltheorie

Habgier 211 17
Haftbefehl – Verjährungs-Unterbrechung bei ~ **78 c** 13
Handeln – auf Befehl 87 ff. vor **32** – im Interesse des Verletzten 54 ff. vor **32** – für einen anderen **14**
Handelsbücher – Begriff **283** 30 – Entziehen von ~ **283 b** 3, **283** 40 ff. – Nichtführen von ~ **283 b** 2, **283** 29 ff.
Handlung – im natürlichen Sinn 11 vor **52** – im Rechtssinn 12 vor **52** – richterliche ~ **331** 11 ff.
Handlungseinheit – allgemeine ~ 10 vor **52** – bei mehreren Äußerungen in einer Schrift (?) 20 vor **52** – natürliche ~ 22 ff. vor **52** – rechtliche ~

2675

Stichwortverzeichnis

fette Zahlen = Paragraphen

12 ff. vor **52**, s. auch Dauerdelikt – tatbestandliche ~ 13 ff. vor **52** – bei Unterlassungsdelikten 28 vor **52**
Handlungsbegriff – allgemein 23 ff. vor **13** – finaler ~ 28 ff. vor **13** – intentionaler ~ 36 vor **13** – kausaler ~ 26 f. vor **13** – kybernetischer ~ 28 vor **13** – negativer ~ 36 vor **13** – personaler ~ 36 vor **13** – sozialer ~ 33 ff. vor **13** – ~ und Nichthandlungen 37 ff. vor **13**
Handlungskomplex als Handlungseinheit 17 vor **52**
Handlungslehre, s. Handlungsbegriff
Handlungsmehrheit 53 4
Handlungsunfähigkeit 38 ff. vor **13**
Handlungsunwert – allgemein, 11, 30, 52 ff. vor **13** – bei Fahrlässigkeitsdelikten **15** 121 ff., 100 ff. vor **32**
Handlungszeitpunkt – maßgeblicher für Tatzeit **8** 2
Hang – zu Straftaten, s. Hangtäter – zum Rauschmittelgenuß **64** 3, s. Täterprognose
Hangtäter – Begriff **66** 22 ff., 32 ff.
Hardwaremanipulation 263 a 4 ff.
Harte Pornographie, s. Pornographie
Härte, unbillige – Entschädigung bei ~ **74 f** – kein Verfall bei ~ **73 c** 2
Härteausgleich – bei nachträglicher Gesamtstrafe **55** 16 a, 30 a
Hauptstrafe, allgemein 28 vor **38**
Haupttat (vorsätzlich, rechtswidrig begangene) – als Voraussetzungen für Teilnahme, 26 vor **25** – und Erlaubnistatbestandsirrtum des Täters 32 vor **25** – und Verbotsirrtum des Täters 33 vor **25**, s. auch Akzessorietät
Hauptverfahren, Eröffnung des ~ als Verjährungsunterbrechung **78 c** 15
Hauptverhandlung, Anberaumung der – Verjährungs-Unterbrechung bei ~ **78 c** 16
Haus- und Familiendiebstahl 247
Hausfriedensbruch – allgemein **123** – Antragserfordernis bei ~ **123** 38 – geschützte Räumlichkeiten **123** 3 ff. – bei Mietverhältnis **123** 17, 29, 33 – Rechtfertigungsgründe **123** 31 ff. – schwerer ~ **124** – Tathandlungen: Eindringen **123** 11 ff., Verweilen u. Sich-nicht-Entfernen trotz Aufforderung **123** 27 ff. – durch Unterlassen **123** 13, 27 ff.
Haushaltsuntreue 266 44
Hausrecht – als geschütztes Rechtsgut **123** 1, **124** 1 – Inhaber des ~ als Berechtigter i. S. d. Hausfriedensbruches **123** 16 ff. – in Parlamentsgebäuden, Störung **106 b** 1 – Schutzbereich des ~ bei schwerem Hausfriedensbruch **124** 13 – Übertragung der Ausübung des ~ **123** 21 – Umfang der Dispositionsbefugnis **123** 19 f.
Hausverbot 123 19 f.
Hebamme – Verletzung des Berufsgeheimnisses **203** 35
Hehlerei 259 – allgemein als Perpetuierungsdelikt **259** 1 ff. – Abgrenzung zur Beteiligung an Vortat **259** 15 – Bandenhehlerei **260** – Bereicherungsabsicht **259** 46 ff. – einvernehmliches Handeln mit Vorbesitzer **259** 42 f. – Ersatz~ **259** 14 – Führungsaufsicht **262** – geringwertiger Sachen **259** 60 – gewerbsmäßige ~ **260**, s. dort – bei rechtswidriger Besitzlage **259** 8 – bei rechtswidriger, gegen Vermögen gerichteter Vortat **259** 6 ff. –

Teilnehmer der Vortat als Täter der ~ (?) **259** 55 ff. – Wahlfeststellung zu Diebstahl **1 89** ff., **242** 78, **259** 65
Heilbehandlung – als Weisung für die Bewährungszeit **56 c** 26, **59 a** 8, **68 b** 22
Heileingriff s. ärztlicher Eingriff
Heilversuch 223 50 a
Heilquellen – staatlich anerkannte ~ **330** 21 – ~schutzgebiet **329** 13
Heimtücke 211 22 ff. – bei Ausnutzen von Arg- und Wehrlosigkeit **211** 23 ff. – bei feindseliger Willensrichtung **211** 25 a – nur bei verwerflichem Vertrauensbruch? **211** 26
Heiratsschwindel – als Betrug **263** 159 f.
Heranwachsender – Begriff **10** 3 – Geltung des StGB **10**
Herausgeber – als Drittbetroffener der Einziehung **74 d** 9
Herbeiführen – einer Brandgefahr **306 f** – einer Explosion durch Kernenergie **307** – einer lebensgefährdenden Überschwemmung **312** – einer seuchengefährdenden Überschwemmung **313** – fahrlässiges ~ einer Überschwemmung **314** – einer Sprengstoffexplosion **308**
Herrenlose Sache – Begriff **242** 15 ff.
Herrschaftsverhältnis, tatsächliches **242** 23 ff. – generelles ~ **242** 30
Herrschaftswille – und Gewahrsam **242** 29 ff.
Herstellen – einfacher Pornographie **184** 43 – harter Pornographie **184** 59 – von unechten Urkunden **267** 45, 48 ff. – von Kennzeichen verfassungswidriger Organisationen **86 a** 9 b
Herstellungsmittel für Schriften – Begriff **74 d** 3 – Unbrauchbarmachung von ~ **74 d** 3 ff., 16 ff.
Heteronome Motive – beim Rücktritt **24** 45 ff.
Hilfeleisten – zur Vorteilssicherung **257** 15 ff., 21 ff.
Hilfeleistung, unterlassene 323 c – Erforderlichkeit bei ~ **323 c** 16 ff. (Beurteilungsmaßstab **323 c** 2) – Konkurrenzen **323 c** 32 ff. – Notsituationen **323 c** 4 ff. (Beurteilungsmaßstab **323 c** 2) – Rechtzeitigkeit bei ~ **323 c** 24 – Zumutbarkeit bei ~ **323 c** 20 ff. (Gefahr der Strafverfolgung **323 c** 23)
Hilflosigkeit – nach Entführung **237** 7 ff. – Diebstahl unter Ausnützung der ~ **243** 39 ff. – und Menschenhandel **181** 12 f., 16 f.
Hilfsbeamte der Staatsanwaltschaft – Widerstand gegen ~ als Amtsträger **113** – Widerstand gegen ~ als Nicht-Amtsträger **114** 4
Hilfsbedürftige – sexueller Mißbrauch von ~ **174 a** 7 ff.
Hilfspersonal – Schweigepflicht des ~ bestimmter Berufe **203** 62 ff.
Hinterlistiger Überfall – Körperverletzung mittels ~ **224** 10
Hintermann – einer kriminellen Vereinigung **129** 25 – einer „Sabotage"-Gruppe **88** 14, 17 – einer terroristischen Vereinigung **129 a** 4 – einer verfassungswidrigen Partei **84** 11 – verfassungswidriger Vereinigungen **85** 2 ff.
Hirntod – als maßgeblicher Todeszeitpunkt 18 f. vor **211** – der Schwangeren **218** 27
Hirnverletzte 20 11
HIV-Infektion, s. AIDS
Höchstmaß – der Bewährungszeit **56 a** – der zeitigen Freiheitsstrafe **38** II – der Führungsaufsicht

magere Zahlen = Randnummern   **Stichwortverzeichnis**

68 c I – der Geldstrafe 40 I – der Gesamtstrafe 54 II – der Sperre für Fahrerlaubnis 69 a I – des Berufsverbots 70 I – der Vermögensstrafe 43 a 5
Hochverrat 81 ff. – allgemein als Staatsschutzdelikt 3, 10 vor 80, 1 ff. vor 81 – Billigung u. Belohnung des ~ 140 2 – Bundes-~ 81 – Erweiterung von Nebenfolge und Einziehung bei ~ 92 a, 92 b – Gebiets- ~ 81 2 ff. – Nichtanzeige des ~ 138 7 – Landes-~ 82 – Notwehrrecht des Bürgers bei ~ (?) 81 12, 32 6 f. – und Streik 81 4, s. auch Staatsnotstand – tätige Reue bei ~ 83 a 2 ff. – Verfassungs-~ 81 7 ff. – als Auslandstat 5 8
Hochverräterisches Unternehmen – Vorbereitung eines ~ 83, s. Vorbereitung
Hoheitliches, rechtmäßiges Handeln – als Rechtfertigungsgrund 83 ff. vor 32, s. auch Irrtumsprivileg des Staates
Hoheitszeichen – ausländische, Verletzung der ~ 104 3
Homosexuelle Handlungen 3 vor 174, 182 1
Humanexperiment 223 50 a
Hungerstreik 45 vor 211, 240 30
Hymne – Verunglimpfung der ~ 90 a 15
Hypnose 7 vor 234
Hypothetischer Kausalverlauf 80, 97 f. vor 13

Idealkonkurrenz 52 – allgemein 2 vor 52, 52 1 f. – gleichartige ~ 52 22 ff., 25 ff., 33 – bei Handlungseinheit 52 4 ff., 10 ff. vor 52 – durch Klammerwirkung vor 52, 52 14 ff. – und Kombinationsstrafdrohung 52 34 ff. – und prozessualer Tatbegriff 52 49 – selbständige Festlegung der ~ für Teilnehmer 52 20 f. – bei Teilidentität der Ausführungshandlungen 52 9 ff. – Tenor bei ~ 52 2, 48 – ungleichartige ~ 52 22, 34 f. – bei Unterlassungsdelikten 52 19
Ignorantia facti bei Betrug 263 36 f. – bei Erschleichen von Leistungen 265 a 11
Illegale Staatsgeheimnisse – Begriff 93 24 ff. – Ausspähung von ~ 97 a 10 ff. – Offenbaren von ~ 95 13 ff. – Irrtümliche Annahme von ~ 97 b – Verrat von ~ 97 a 4 ff.
Immaterielle Werte – kein Vermögen 263 98
Immissionsschutzbeauftragter 325 29
Immunität – allgemein 36 2, 78 b 8 – ~ bei Nato-Angehörigen 45 vor 3–7
Implantate – Diebstahl von – 242 10, 20
Inbrandsetzen – Begriff 306 13 ff.
Indemnität 2 vor 36, 36 1, 37 1
Indikation bei Schwangerschaftsabbruch – einzelne ~en als Rechtfertigungsgründe 18 vor 218, 218 a 21, 23 – embryopathische ~ 8, 37 vor 218, 218 a 20, 37 ff., 43 – (jeweilige) Abbruchfristen 218 a 42 f., 53 – kriminologische ~ 8, 37 vor 218, 218 a 20, 45 ff. – medizinisch-soziale 8, 37 vor 218, 218 a 20, 26 ff. – Notlagen- ~ 7 f. vor 218, 218 a 20, 54 ff. – soziale ~, s. Notlagenindikation – sonstige Rechtfertigungsvoraussetzungen 218 a 57 ff. s. jeweils Einzelstichworte
Indikationsfeststellung – allgemein 22 vor 218, 218 53, 218 a 81, 218 b 7 – Befugnis zur ~ 218 b 7 ff. – schriftliche ~ 218 b 6 – Schwangerschaftsabbruch ohne ~ 218 b 3 ff. – unrichtiger ~ 218 b 23 ff. – Verbot der ~ 218 b 32 ff.
Indikationsmodell 2 ff. vor 218, 218 a 1 – mit einer medizinisch-sozialen Gesamtindikation 218 a 23

Individualgutstheorie – bei falscher Verdächtigung 164 1 f.
Individualrechtsgüter – allgemein 9 vor 13 – als inländische Rechtsgüter 15 vor 3–7 – Notwehrfähigkeit der ~ 32 5 f.
In dubio pro reo – bei der Auslegung 1 52 – bei Bewährungsprognose 56 16 – bei Antragserfordernis 77 5, 48, 247 15 – bei Nichtanzeige geplanter Taten 138 21 – beim Rechtswidrigkeitszusammenhang eines Fahrlässigkeitsdelikts 15 171 – beim Rücktritt 24 55 – bei Tateinheit 52 48 – bei Teilnahmekonkurrenz 49 vor 25 – keine Geltung bei üble Nachrede 186 16 – bei Verfolgungsverjährung 78 13, 78 a 14, 78 b 10 – bei versuchter Beteiligung 30 16 – bei Insolvenzstraftaten 283 59
Industriespionage – kein Landesverrat bei reiner ~ 93 21
Ingerenz 13 32 ff.
Ingebrauchnehmen 248 b 4 ff.
Inhaberschuldverschreibungen – geschützte Wertpapiere 151 4
Inland 3, 26 ff. vor 3–7
Inländische Rechtsgüter 5, 15 vor 3–7, s. auch Schutzbereich des deutschen Straftatbestandes
Innerstaatliche Strafgewalt 1 vor 3
Inputmanipulation 263 a 4 ff.
Insemination 223 50 b, 218 7
Insolvenzstraftaten 283 ff. – keine Handlungseinheit 101 vor 52, 283 66
Insolvenzverfahren – Eröffnung als objektive Strafbarkeitsbedingung 283 59, 61
Instrumenta sceleris – Begriff 74 9 ff. – Abgrenzung zu Beziehungsgegenständen 74 12 a f.
Internet – Verbreiten pornographischer Schriften im ~ 184 9, 11, 15, 22, 32, 36, 43, 57, 66 b ff.
Intellektuelle Beihilfe – Begriff 27 12
Interesse, öffentliches – an der Offenbarung von Steuergeheimnissen 355 27 ff. – an der Strafverfolgung s. öffentliches Interesse
Interessen, berechtigte, s. berechtigte Int.
Interessen, öffentliche 353 10 – wichtige ~ 353 b 6 ff.
Interessen, überwiegende oder mangelnde – als Prinzip der Rechtfertigungsgründe 6 f. vor 32 – bei Fahrlässigkeitsdelikten 101 f. vor 32
Interessenabwägungsgrundsatz – beim Notstand 34 2, 22 ff.
Interessenkollision als Rechtfertigung 7 vor 32
Interlokales Strafrecht 47 vor 3–7 – ~ im Verhältnis BRD-DDR 66 ff. vor 3–7
Internationale Distanzdelikte, Anwendung des deutschen Strafrechts 9 12 ff.
Internationaler Führerschein, s. ausländischer Führerschein
Internationaler Strafgerichtshof 23 vor 1
Internationales Strafrecht vor 3–7, 1 ff.
Intimsphäre – als geschütztes Rechtsgut 184 3
Inverkehrbringen – von Falschgeld 146 21 – von illegalen Abtreibungsmitteln 219 b
Investmentzertifikate – geschützte Wertpapiere 151 6
Inzest 173; s. Beischlaf zwischen Verwandten
Ionisierende Strahlen – Freisetzen von ~ 311
Irrtum – aberratio ictus 15 57 ff. – allgemein 16 1 ff. – bei Antragsdelikt 16 36 – über Kausalverlauf und objektive Zurechnung 15 55 ff. – Ob-

2677

Stichwortverzeichnis

fette Zahlen = Paragraphen

jektsirrtum **15** 59 ff. – über die Rechtmäßigkeit einer Diensthandlung **113** 53 ff. – über Entschuldigungsgründe **16** 29 ff. – fahrlässiger ~ **16** 13, 22 – über objektive Strafbarkeitsbedingungen **16** 35 – über persönliche Strafausschließungsgründe **16** 34 – über privilegierende Umstände **16** II, **16** 26/27 – über qualifizierende Merkmale **16** 10 – über Rechtfertigungsgründe, allgemein **16** 14 ff. – über die tatbestandlichen Voraussetzungen von Rechtfertigungsgründen 19, 60 vor **13**, **16** 14 ff., 21 vor **32**, s. auch Erlaubnistatbestandsirrtum – über Tatbestandsalternativen **16** 11 – über Tatumstände **16** I, **16** 1, 7 ff. – über Schuldvoraussetzungen **16** 33 – umgekehrter ~, allgemein **16** 6 s. dort – über die Verwerflichkeit der Nötigung **240** 28 – und Verteidigungswille **16** 19 a, s. auch Stichwortverzeichnis vor **15**

Irrtumserregung oder -unterhaltung bei Betrug – durch Täuschungshandlung (Kausalität) **263** 35 – keine ~ bei ignorantia facti **263** 37 – Inhalt und Intensität der ~ **263** 36 ff. – durch Unterlassen **263** 45 – Kausalität zwischen ~ und Vermögensverfügung **263** 54

Irrtumsprivileg des Staates 12, 86 vor **32**

Jagdaufseher – Widerstand gegen ~ **114** 3
Jagdausübungsberechtigte – Widerstand gegen ~ **114** 3
Jagdwilderei 292 – Strafantrag **294**
Journalisten – Berufsverbot für ~ **70** 4
Jugendarrest 34 vor **38**, **51** 13, **66** 10
Jugendberater – berufliche Schweigepflicht **203** 38
Jugendgerichtsgesetz 14 vor **1**, **10**
Jugendlicher – Begriff **10** 2 – Geltung des StGB **10** – Schuldunfähigkeit **19** 6 – Schutz ~ s. Jugendschutz – sexueller Mißbrauch ~ unter 16 Jahren durch Personen über 18 Jahre **182** 3 ff., durch solche über 21 Jahre **182** 10 ff. mittels Ausnutzen einer Zwangslage **182** 5 bzw. gegen Entgelt **182** 6 bzw. unter Ausnutzung der fehlenden Fähigkeit zur sexuellen Selbstbestimmung **182** 11 ff. – als Tatmittler **25** 40
Jugendschutz 1 vor **174**, **180**, **180 a** 16 ff., **182**, **184** 3, **184 b** 1
Jugendstrafe 38 8, **51** 13, **53** 34, **53** 34
Juristische Personen – Handeln für ~ **14** 13 ff. – (eigene) strafrechtliche Verantwortlichkeit von ~ 118 f. vor **25** – Einziehung von Verbandseigentum der ~ **75** 4

Kandidatur, unbefugte **107 b** 5
Kapitalanlagebetrug 264 a – tätige Reue bei ~ **264 a** 39
Kapitalerhöhungsangebot 264 a 15
Karikatur als Beleidigung **185** 8 a
Kastration 223 55 ff. – durch Entmannung **223** 56 – durch sonstige Maßnahmen **223** 57 f.
Kausale Handlungslehre 26 f. vor **13**
Kausalität – Begriff 71 vor **13** – ~-theorien 73 ff. vor **13** – alternative ~ 82 vor **13** – Doppel~ 82 vor **13** – hypothetische ~ 80, 97 f. vor **13** – kumulative ~ 83 vor **13** – durch Opfer- oder Drittverhalten vermittelte ~ 77, 100 ff. vor **13** – überholende ~ 80 vor **13**, **13** 61 – Quasi-~ 71, 139 vor **13**, **13** 61 – ~ bei Fahrlässigkeitsdelikten 81, 86 vor **13** – ~ bei Unterlassungstaten **13** 61 – ~ bei Betrug **263** 5, 35, 54, 61 f., 77

Kausalzusammenhang – allgemein 73 ff. vor **13** – Abbrechen des ~ 78 vor **13** – Unterbrechen des ~ 77 vor **13** – Irrtum über ~ **15** 55 ff.
Kenntnis – der Strafbarkeit **17** 4 ff. – der Tatumstände, s. Irrtum über Tatumstände **16** – der Verbotsnorm **17** 10, 12 – eines Amtsträgers von Straftaten **258 a** 9 ff. – von zur Nutzung bereitgehaltenen fremden Inhalten durch Tele- und Mediendiensteanbieter **184** 66 h
Kenntnisverschaffen, sich – vom Inhalt eines verschlossenen Briefes etc. **202** 10 – vom Inhalt eines durch Behältnis gesicherten Briefes etc. **202** 19
Kennzeichen verfassungswidriger Organisationen – Begriff **86 a** 3 f. – zum Verwechseln ähnliche ~ **86 a** 4 – sozialadäquates Verhalten **86 a** 10 – Verwenden **86 a** 6 f. (als Inlandstat **86 a** 9)
Kennzeichen, allgemein – als Urkunden **267** 20 ff.
Kernbrennstoffe 328 2 – Einziehung von ~ **322** – unerlaubter Umgang mit ~ **328** – kernbrennstoffhaltige Abfälle **326** 5, 13
Kernenergieverbrechen – durch Herbeiführen einer Explosion **307** – erlaubtes Risiko bei ~ **307** 11 – Vorbereitung einer Kernenergieexplosion **310** – im Ausland **6** 3, s. auch Nuklearexplosion
Kernspaltungsvorgänge – Bewirken von ~ **311** 4
Kerntechnische Anlage – fehlerhafte Herstellung einer ~ **312**
Kettenanstiftung 26 13 – versuchte ~ **30** 3, 4, 10
Kinder – Angehörige **11** 6 – (übergegangenes) Antragsrecht bei ~ **77** II, **77 d** II – Beischlaf oder ähnliche sexuelle Handlungen mit ~ **176 a** 3 – Beleidigungsfähigkeit 2 vor **185** – Bestimmung von ~ zu sexuellen Handlungen an Dritten **176** 5 ff. – Einwirken auf ~ mit Pornographie **176** 14 ff. – Schwere körperliche Mißhandlungen der ~ bei sexuellen Handlungen **176 a** 12 – Sexualbeleidigung ggüber ~ **185** 4 – sexuelle Handlungen an ~ **176** 3, 9 – sexuelle Handlungen von ~ am Täter oder an Dritten **176** 4, 6 f. – sexuelle Handlungen vor ~ **176** 12 – sexuelle Handlungen von ~ an sich **176** 13 – sexueller Mißbrauch von ~ als Gegenstand harter Pornographie **184** 55, 60 ff. – gemeinschaftlicher sexueller Mißbrauch von ~ **176 a** 4 – Schuldunfähigkeit **19** – als Tatmittler **25** 39 – Todesfolge bei sexuellen Mißbrauch von ~ **176 b** – Todesgefahr bei sexuellem Mißbrauch von ~ **176 a** 13
Kindesentziehung 235 – Einverständnis bei ~ **235** 10 – gegenüber Inhaber der elterlichen Gewalt **235** 1 – aus Gewinnsucht **235** 17
Kindestötung – allgemein 7 vor **211**, **213** 5 f. – in und gleich nach der Geburt **213** 18 f. – eines nichtehelichen Kindes **213** 15 – Tatbeteiligung an ~ **213** 21 f.
Kiosk und vergleichbare Verkaufsstellen – Verbreiten von Pornographie in ~ **184** 21
Kirchen, s. Religionsgesellschaften – Diebstahl aus ~ **243** 33
Kirchliche Stellen, Amtsträger **11** 26
Kirchliche Amtszeichen u. a. – geschützte ~ **132 a** 14 f.
Kirchliche Verwahrung 133 12
Klageerhebung, s. öffentliche Klage
Klammerwirkung – bei tatbestandlicher Handlungseinheit 20 vor **52**, **52** 14 ff. – bei Wertgleichheit der verbundenen Tatbestände **52** 16 f.

magere Zahlen = Randnummern

Stichwortverzeichnis

Klinischer Tod – möglicher Todeszeitpunkt 16 f. vor **211**
Kollektivbeleidigung – allgemein 5 ff. vor **185**
Kollektivdelikt 93 ff. vor **52**
Kollektiventscheidung – und Mittäterschaft **25** 76 ff.
Kollusion 330 d 37
Kombinationsprinzip bei Idealkonkurrenz **52** 34 ff.
Kommissivdelikte 135 vor **13**; s. unechte Unterlassungsdelikte
Kommunen (Wohngemeinschaften) – Mitglieder keine Angehörigen **11** 11
Kompensation – bei Beleidigungen **199** 1 – bei Körperverletzung **223** 67
Kompetenz-Kompetenz, nationale 11 vor **3–7**
Konkrete Betrachtungsweise 12 6
Konkurrenz von Straftatbeständen – allgemein 1 vor **52** – Gesetzes~, Ideal~, Real~ s. jeweils dort – unechte ~ 102 vor **52**
Konkursstraftaten 283 ff. – keine Handlungseinheit 101 vor **52**
Konsolmanipulation 263 a 4 ff.
Konsumtion 131 ff. vor **52**
Konzern 5 13
Körper eines toten Menschen u. Teile eines solchen – Begriff **168** 3 – beschimpfender Unfug an ~ **168** 9 f. – Gewahrsam an ~ **168** 6 – unbefugte Wegnahme eines ~ bzw. von ~ **168** 4, 8
Körperglied – Verlust eines **226** 2
Körperliche Beeinträchtigung des Opfers – und Gewaltbegriff 17 vor **234**
Körperliche Mißhandlung 223 3 ff. – schwere ~ bei sexuellem Mißbrauch **176 a** 12, **179** 14 – bei sexueller Nötigung u. Vergewaltigung **177** 27
Körperliches Wohl – als geschütztes Rechtsgut **223** 1
Körperlichkeitstheorie 267 55
Körperverletzung – im Amt **340** – und ärztliche Heilbehandlung **223** 27 ff. s. auch ärztliche Eingriffe – gegen Aszendenten **223** 67 f. – Einwilligung in ~ **228** 1 ff. – fahrlässige ~ **229**, s. dort – gefährliche ~ **224** s. dort – durch Gesundheitsbeschädigung **223** 5 f. – durch körperliche Mißhandlung **223** 3 ff. – des Mitfahrers bei Verkehrsunfall **228** 21 f. – bei pränatalen Handlungen **223** 1 a – im Sport **228** 16 ff. – schwere ~ s. dort – gegenüber Schutzbefohlenen, s. Mißhandlung – Verhältnis zu Schwangerschaftsabbruch **218** 59 f. – mit Todesfolge **227**, s. dort – Verhältnis zu Totschlag **212** 17 f. – vorsätzliche ~ **223**, **223** 65 f. – wechselseitige ~ **233** 1 ff. – und Züchtigungsrecht **223** 16 ff.
Körperverletzungsdelikte – allgemein 1 ff., vor **223**, – Antragserfordernis **230** 9 ff. – öffentliches Interesse bei Verfolgung der ~ **230** 2 ff. s. dort – Verhältnis der qualifizierten ~ zueinander 2 vor **223** – Versuch **223** 66
Körperverletzung mit Todesfolge 227 – Kausalitätserfordernis **227** 2 ff., 5 – Versuch der ~ **227** 6
Korruptionsbekämpfungsgesetz 331 1 ff.
Kosmetische Operation 223 50 b
Kraftfahrer – räuberischer Angriff auf ~ **316 a**
Kraftfahrzeug, Begriff **69** 11, **248 b** 3 – Gebrauchsdiebstahl an ~ **248 b** 1 ff. – Zerstörung eines ~ der Polizei oder der Bundeswehr **305 a** 9 f.

Kraftfahrzeugverkehr, internationaler **69 b** s. auch ausländische Fahrerlaubnis
Kraftfahrzeuge, Führen eines – und Entziehung der Fahrerlaubnis **69** 10 ff. – und Fahrverbot **44** 7
Kranke – sexueller Mißbrauch von stationär aufgenommenen ~ **174 a** 7 ff. – sexueller Mißbrauch von geistig oder seelisch ~ **174 c** 2 ff., **179** 5 ff. – Mißhandlung von **225**
Krankhafte seelische Störungen **20** 6 ff.
Krankheit – als Unglücksfall **323 c** 6
Kredit 265 b 11 ff.
Kreditbetrug 265 b – durch unrichtigen Kreditantrag **265 b** 24 ff. – durch unrichtige Angaben oder Unterlagen **265 b** 29 ff. – durch unterlassene Mitteilung von Verschlechterungen **265 b** 44 ff. – kein ~ von und gegen Private **265 b** 1 – tätige Reue bei ~ **265 b** 49, s. auch Kredit, Kreditwesen
Kreditgefährdung 187 1, 4
Kreditkarte 266 b 5 – Fälschung **152 a**
Kreditkartenmißbrauch 263 29 a, **266** 12, **266 b**
Kreditvergabe, riskante **266** 20
Kreditwesen als geschütztes Rechtsgut? **265 b** 3
Kreditwucher 291 16
„Kreuzung" von Mordmerkmalen **211** 54
Krieg – Herbeiführen eines ~, Absicht **100** 11 ff., s. auch friedensgefährdende Beziehungen – im völkerrechtlichen Sinn **100** 12
Kriegsdienst – Werbung für ausländischen ~ **109 h** – Verbringen in auswärtigen ~ **234** 6
Kriminelle Vereinigung – Begehen von Straftaten als Hauptzweck der ~ **129** 5 ff. – Beteiligung als Mitglied einer ~ **129** 13 – Gründen einer ~ **129** 12 – Hintermann einer ~ **129** 25 – Rädelsführer einer ~ **129** 25 – tätige Reue bei ~ **129** 18 a ff. – Unterstützen einer ~ **129** 15 f. – Werben für ~ **129** 14 ff.
Kriminologische Indikation – allgemein 8, 37 vor **218**, **218 a** 20, 45 ff. – Befristung der ~ **218 a** 53 – bei bestimmten Sexualdelikten gegenüber der Schwangeren **218 a** 47 f.
Kriminologischer Verbrechensbegriff 12 22
Kronzeugenregelung 129 28, **129 a** 8
Kumulative Kausalität 83 f. vor **13**
Kunstfehler s. ärztliche Kunstregeln
Kunstgegenstände – Beschädigung von ~ **304**
Künstlerische Leistungen – Tadeln von ~ als Wahrnehmung berechtigter Interessen **193** 5
Kunstvorbehalt – bei Beschimpfen von Bekenntnissen **166** 10 – bei Ehrverletzung **193** 1, 19 – bei Gewaltverherrlichung **131** 17 – bei Pornographie **184** 5 a – bei Verunglimpfung des Staates **90 a** 19
Kuppelei an Minderjährigen **180** – an noch nicht 16jährigen **180** 5 ff. – zu entgeltlichen Handlungen **180** 19 ff. – an Schutzbefohlenen **180** 26 – durch Bestimmen **180** 20 f. – unter Mißbrauch der Abhängigkeit **180** 26 – durch Unterlassen **180** 11 – durch Vorschubleisten **180** 6 f. – bei „sexueller Beteiligung" des Kupplers? **180** 3 – Teilnahme des selbstbeteiligten Dritten? **180** 32 – Erzieherprivileg **180** 12 ff.
Kurpfuscherklausel – bei Schwangerschaftsabbruch **218** 59
Kurze Freiheitsstrafe 47
Küstengewässer 31 vor **3–7**, s. auch Inland

Lähmung – Verfallen in ~ **226** 7
Laienrichter 11 32

2679

Stichwortverzeichnis

fette Zahlen = Paragraphen

Land (der BRep.) – Beschimpfung eines ~ **90 a** – einbezogen als Schutzobjekte der Staatsschutzdelikte, allgemein? 4 vor **80** – Hochverrat gegen ~ **82**

Landesstrafrecht, 36 ff. vor **1** s. auch Interlokales Strafrecht

Landesverrat – allgemein als Staatsschutzdelikt 3, 10 vor **80**, 1 ff. vor **93** – im engeren Sinn **94** – Belohnung u. Billigung eines ~ **140** 2 – besonders schwerer Fall des ~ **94** 25 – Einziehung bei ~ **101 a** – Nebenfolgen bei ~ **101** – Nichtanzeige des ~ **138** 7 – „publizistischer" ~ **95** – selbständige Vorbereitungshandlung zum ~ **96 I** – Auslandstat **5** 10 (bei DDR-Taten 93 ff. vor **3**, **94** 1)

Landesverräterische – Ausspähung **96** 2 ff. (Rücktritt **96** 15 f.) – Agententätigkeit **98**, s. dort – Fälschung **100 a** – Konspiration, Begriff und Strafbarkeit **100** 1

Landesverteidigung – Straftaten gegen die ~, allgemein, 1 vor **109** (als Auslandstat **5** 11) – Anlagen, Einrichtungen zum Schutz der ~ **109 e** 4 ff. – Sonderregelung bei Delikten gegen ~ für Nebenfolge **109 i** – Sonderregelung bei Delikten gegen ~ für Einziehung **109 k**

Landfriedensbruch 125 – Androhen eines schweren ~ **126** 4 f. – aufwieglerischer ~ **125** 19 ff. – bedrohender ~ **125** 15 ff. – besonders schwerer Fall **125 a** – Beteiligung an besonders schwerem ~ **125 a** 17 – Billigung u. Belohnung des bes. schweren ~ **140** 2 – gewalttätiger **125** 4 ff., 9 – Irrtumssonderregelung bei ~ **125** 27 – erheblicher Sachschaden bei ~ **125 a** 14 – Täterschaft bei ~ **125** 12 ff., 25, 30 – Vortäuschen eines schweren ~ **126** 4, 6

Landtag – Indemnität **36** – Parlamentsberichte **37**

Lärm 325 a – Begriff des ~ **325 a** 3 – beim Betrieb einer Anlage **325 a** 4,9 – unter Verletzung verwaltungsrechtlicher Pflichten **325 a** 4 – Verursachung des ~ **325 a** 4, 9 – Schädigungseignung des ~ **325 a** 5

Lastschriftverfahren 263 30

Lebensbedarf eines Unterhaltsberechtigten – Gefährdung des ~ **170** 28 ff.

Lebensbeginn, -ende 12 ff. vor **211**

Lebensführungsschuld, Lebensentscheidungsschuld 106 vor **13**

Lebensgefahr – medizinische Indikation bei ~ **218 a** 28

Lebensgefährdende Behandlung – Körperverletzung mittels ~ **224** 12

Lebenslange Freiheitsstrafe 38 2 f. – Aussetzung des Strafrests bei ~ **57 a** – Gesamtstrafe **54**, **53** 25 – Aussetzung bei Gesamtstrafe **57 b**

Lebensverhältnisse, allgemein – Bedeutung für Strafaussetzung **56** 24 a – Bedeutung für Strafrestaussetzung **57** 12 f.

Legaldefinition, s. Sprachgebrauch

Lehrer – Züchtigungsrecht des ~ **223** 19, 20 ff. – s. auch Erzieherprivileg – Garantenstellung gegenüber Schülern **13** 30 a

Leibeigenschaft – Verbringung in ~ **234** 6

Leibesfrucht – Begriff und Gegenstand des Schwangerschaftsabbruchs **218** 5 ff. – Absterben der ~ **218** 19 ff., 44 – Wegnahme einer toten ~ aus dem Gewahrsam der Berechtigten **168**

Leiche – als Diebstahlsobjekt? **242** 10, 21, s. auch Körper eines verstorbenen Menschen

Leichtfertigkeit 15 106, 205 – bei erpresserischem Menschenraub **239 a** 31 – bei Geldwäsche **261** 19 – bei sexuellem Mißbrauch mit Todesfolge **176 b**, **179** 14 – bei sexueller Nötigung u. Vergewaltigung mit Todesfolge **178** – der Preisgabe von Staatsgeheimnissen **97** 10 ff. – bei Raub mit Todesfolge **251** 6 – bei Insolvenzdelikt **283** 57 – bei Subventionsbetrug **264** 63 ff.

Leihbücherei, gewerbliche – Vertrieb von Pornographie in ~ **184** 23

Leistungskürzung 353

Leiter, elektrischer – Stromentzug mittels ~ **248 c** 9 f.

Lernpersonal – Schweigepflicht des ~ bestimmter Berufe **203** 62 ff., 65

Lesezirkel – Vertrieb von Pornographie in ~ **184** 23

Leugnen – Bedeutung für Strafzumessung **46** 42

Letztes Wort des Angeklagten – Zeitpunkt für Antragsfrist bei wechselseitigen Taten **77 c** 4

Lex artis, s. ärztliche Kunstregeln

Lex certa, s. Bestimmtheitsgebot

Lex praevia, s. Rückwirkungsverbot

Lex scripta, s. Gesetzesvorbehalt und Gewohnheitsrecht

Lex stricta, s. Analogie und Auslegung

Lichtbildaufnahmen – Anfertigen von ~ aus Luftfahrzeug **109 g** 16 ff.

Liefern pornographischer Erzeugnisse **184** 45 – harter Pornographie **184** 59

Limitierte Akzessorietät 23 ff. vor **25**, **29** 1, 6

Liquidatoren einer Gesellschaft – Verantwortlichkeit der ~ **14** 17

List – allgemein 38 vor **234** – Mittel des Menschenhandels **181** 3, 10

Lockspitzel 26 21, s. agent provocateur, V-Mann

Löschen von Daten **303 a** 6

Lotterie, unerlaubte Veranstaltung einer ~ **287**

Luftfahrzeug – Begriff **109 g** 19 – Lichtbildaufnahmen aus ~ **109 g** 16 ff. – Taten in einem ~ mit Bundesflagge **4** 6

Luftpiraterie 316 c

Luftraum 31 vor **3** s. auch Inland

Luftverkehr – gefährlicher Eingriff in den ~ **315** – Gefährdung des ~ **315 a** – Angriff auf den ~ **316 c** (Auslandstat **6** 4)

Luftverunreinigung 325 – Begriff der ~ **325** 2 – beim Betrieb einer Anlage **325** 3 ff. – unter Verletzung verwaltungsrechtlicher Pflichten **325** 7 ff. – Verursachung der ~ **325** 12 – Schädigungseignung der ~ **325** 13 ff. – Freisetzen v. Schadstoffen ~ **325** 21 ff.

Lustmord 211 16

Mädchenhandel 6 5, 11, **180 b** 1 – Nichtanzeige **138** 7

Makeltheorie 263 111

Maßnahme – Begriff, **11 I** 8, **11** 64 ff. – Eigenbedeutung der ~ **52** 43, **53** 28 ff. – neue Entscheidung über ~ bei nachträglicher Gesamtstrafe **55** 53 ff. – Verjährung **78** 6, **79** 2, 7 f.

Maßnahmevereitelung 258 14 f., 26

Maßregeln der Besserung und Sicherung – allgemein 5, 23 vor **38**, 1 ff. vor **61** – Arten der ~ **61** – freiheitsentziehende ~ **61 Nr. 1–4**, **63 ff.** (s. auch Unterbringung) – Gefährlichkeitsprognose 8 ff. vor **61** – Verhältnis einzelner ~ zueinander

magere Zahlen = Randnummern **Stichwortverzeichnis**

72 1 ff.– Nebeneinander mehrerer ~ 72 5 ff. – reformatio in peius bei ~ 14 vor 61 – und Rückwirkungsverbot 2 VI, 2 41 f. – selbständige Anordnung einiger ~ 71 1 ff. – Verhältnismäßigkeitsgrundsatz bei ~ 62 1 ff.

Matrizen – als Einziehungsgegenstand 74 d 3 – als Gegenstand der Geldfälschung 149 3 f.

Mediendienste – Haftungsbeschränkungen für Anbieter von ~ 184 66 b ff.

Medikamente – Einnahme von ~ im Straßenverkehr 315 c 10 – Einnahme von ~ und Schuldfähigkeit 20 17

Medizinisch-soziale Indikation – allgemein 8, 37 vor 218, 218 a 20, 40 ff. – keine Befristung bei ~ 218 a 42 – bei Lebens- und Gesundheitsgefahr 218 a 28 – bei Unzumutbarkeit anderer Abwendung 218 a 32 ff.

Meer 324 6, 330 d, 330 d 3 – internationalstrafrechtlich 5 vor 3 – Meeresumweltbeeinträchtigung 5 18 a

Mehraktige Straftaten 22 59, 24 15 ff., 25 52

Mehrerlös – Verfall des ~ 73 17 f.

Mehrlingsschwangerschaftsreduktion 9 vor 218, 218 8, 218 a 31, 34, 40 f.

Meineid 154 – Aussagenotstand bei ~ 157 5 – ~ bei Verletzung prozessualer Normen! 19 ff. vor 153, 154 17 – durch falsches Schwören 154 3 ff. – Verleiten zu ~ 160 7, s. auch Fahrlässiger Falscheid

Meinungsbildung, freie politische – als Rechtsgut 1 vor 105

Mensch (als Tatobjekt) – geborener ~, maßgeblicher Zeitpunkt 13 vor 211 s. auch Geburt – Unbeachtlichkeit der Lebensfähigkeit 14 vor 211, s. auch Menschliches Leben

Menschenhandel 180 b – zu Prostitutionszwecken 180 b 4 ff., 15 ff. – zu sonstigen sexuellen Zwecken 180 b 11 ff. – durch Einwirken in Kenntnis einer Zwangslage des Opfers 180 b 6 f. bzw. seiner auslandsspezifischen Hilflosigkeit 180 b 12 f., 16 f. – mit Personen unter 21 Jahren 180 b 19 – als Auslandstat 6 5; s. auch schwerer Menschenhandel

Menschenmenge – Begriff 125 8 – agitatorische Einwirkung auf ~ 125 19 ff. – Gewalttätigkeiten aus einer ~ 125 7 ff. – Zusammenrotten einer ~ und Eindringen 124 3 ff., 6 ff.

Menschenraub 234 – Erpresserischer ~, s. dort

Menschenrechtskonvention, s. Europäische ~

Menschenwürde – als geschütztes Rechtsgut 130 1 1 f. – Angriff auf die ~ 130 5, 5 c, 6 f. – Verletzung der ~ bei Gewaltdarstellung 131 11

Menschliches Leben – als geschütztes Rechtsgut 12 vor 211, 9 ff. vor 218 – Beginn des ~ 9 vor 218, s. Embryo, Leibesfrucht – Ende des ~ 16 ff. vor 211, s. Todeszeitpunkt

Mensur 228 20

Merkmale – besondere persönliche ~ 14 8 ff. – des gesetzlichen Tatbestands 61 ff. vor 13 – keine doppelte Berücksichtigung bei Strafzumessung 46 45 ff.

Messer – Körperverletzung mit ~ 224 9

Meßwerte als technische Aufzeichnungen 268 12

Meutereihandlungen 121 6 ff. – besonders schwere Fälle 121 19 ff.

Mifegyne 218 21, 218 a 58

Milderes Gesetz 2 III, 2 16 ff. – bei Änderung der Strafdrohung 2 32 ff. – Sperrwirkung des ~ 141 vor 52

Milderungsgründe, s. Strafmilderung und Strafmilderungsgründe

Militärisch – ~e Anlagen 109 g 7 f. – ~e Vorgänge 109 g 8

Minder schwerer Fall 48 f. vor 38, 50 5 – des Totschlags 213 – Irrtum 16 27 a

Mindestmaß – der Bewährungszeit 56 a, 58 II – erhöhtes ~ 49 I, II – der Ersatzfreiheitsstrafe 43, 43 a III 2 – der Freiheitsstrafe 38 II – der Führungsaufsicht 68 c – der Geldstrafe 40 I, 47 II – der Sperre für Erteilung einer Fahrerlaubnis 69 a III – der Berufsverbotsfrist 70 II, – der Vermögensstrafe 43 a 5

Mischdelikt, s. Vorsatz-, Fahrlässigkeits-, Kombinationsdelikte

Mißbrauch – von Ausweispapieren 281 – ionisierender Strahlen 309 – von Notrufen 145 – von Scheck- und Kreditkarten 266 b – sexueller ~, s. dort – von Titeln, Berufsbezeichnungen, Abzeichen 132 a

Mißbrauchstatbestand bei Untreue 266 3 ff.

Mißhandlung – durch ~ provozierter Totschlag 213 5 ff. – rohe ~ 225 13 – Schutzbefohlener 225 1 ff.

Mißverhältnis – auffälliges ~ bei Wucher 291 11 ff., 32 f.

Mitbestrafte Vor- oder Nachtat 112 ff., 119 ff., 125 ff. vor 52

Mitgewahrsam – untergeordneter, übergeordneter ~ 242 24 ff.

Mitglieder von Organen – berufliche Schweigepflicht ~ 203 37 f. – Verantwortlichkeit von ~ 14 14 ff.

Mitglieder von Parteien – Erstreckung des Parteienprivilegs auf ~ bei organisationsbezogenem Handeln 5, 8 vor 80

Mitglieder von Verfassungsorganen – Nötigung ~ der 106

Mittäterschaft – allgemein 7 f. vor 25, 25 II – Begriff 80 ff. vor 25, 25 61 ff. – Exzeß eines Mittäters 25 90, 93, 95 – arbeitsteilige Mitwirkung 25 63 ff. – gemeinsamer Tatentschluß 25 70 ff. – fahrlässige 115 f vor 25 – im Vorbereitungsstadium 25 66 ff., 83 vor 25 – Abgrenzung zur gemeinschaftlichen Begehungsweise 25 98 f. – persönliche Täterqualität bei ~ 25 81 ff. – bei qualifizierten Tatbeständen 25 85 – sukzessive ~ 25 91; s. im übrigen Stichwortverzeichnis vor 25

Mitteilung – mit dem Ziel der politischen Verfolgung 241 a 2 ff. verbotene ~ über Gerichtsverhandlungen 353 d

Mittel zur Abwehr – Grundsatz der Geeignetheit des ~ 32 34 f., 34 18 f., 35 13 – Grundsatz des relativ mildesten ~ 32 36 f., 34 20, 35 13 f., 193 10

Mittel zum Schwangerschaftsabbruch – Begriff 218 13, 20 f., 219 a 4, 219 b 2 – Einziehung von ~ 219 b 11 – Inverkehrbringen von ~ 219 b 3 ff. – Werben für ~ 219 a 5 ff., 219 b

Mittel-Zweck-Relation 240 18 ff. s. auch Verwerflichkeit

Mittelbare Falschbeurkundung, s. Falschbeurkundung

Mittelbare Täterschaft – allgemein 6 f. vor 25 – Begriff 76 ff. vor 25, 25 6 a f. – bei absichtslos dolosem Werkzeug 77 ff. vor 25, 25 18 ff. – bei gutgläubigem (undolosem) Werkzeug 25 14 ff. –

2681

Stichwortverzeichnis

fette Zahlen = Paragraphen

fahrlässige ~ **25** 114 vor **25** – Formen der ~ **25** 8 ff. – bei Irrtum des Hintermannes 79 vor **25** – bei rechtmäßig handelndem Werkzeug ~ **25** 26 ff. – bei (Veranlassung der) Selbstschädigung des Werkzeugs **25** 8 ff. – bei Kenntnis der Schuldunfähigkeit des Vordermannes 37 vor **25** – bei nicht verantwortlichem Tatmittler **25** 30 ff. – im Falle des Täters hinter dem Täter **25** 21 ff. – bei Unterlassungsdelikten **25** 54 ff. – bei Verbotsirrtum des Vordermannes 33 vor **25**, **25** 36 ff. – kraft überlegenen Wissens **25** 34, 38 – Organisationsherrschaft **25** 25 f.
Mitverschulden des Verletzten – Bedeutung bei Strafzumessung **46** 24
Mitverzehr (Hehlerei?) **259** 24
Modalitätenäquivalenz 13 4
Möglichkeitstheorie beim Eventualvorsatz **15** 75
Mord – allgemein 3 ff. vor **211**, **211** 1 – Androhen von ~ **126** 4 f. – aufgrund bestimmter Ausführungsmodalitäten **211** 21 ff. – Belohnen u. Billigen des ~ **140** 2 – aufgrund besonderer Beweggründe **211** 15 ff. – negativ abschließender Mordkatalog? 9 ff. vor **211** – Nichtanzeige des ~ **138** 7 – positiv abschließender Mordkatalog 7 ff. vor **211** – bei gleichzeitiger Privilegierung? 11 vor **211** – Strafmilderung bei ~ **211** 58 – Teilnahme bei ~ **211** 44 ff. – durch Unterlassen **211** 3 – Verhältnismäßigkeitsgrundsatz bei ~ **211** 10 a – Vortäuschen von ~ **126** 6 ff. – Vorsatz hins. der Merkmale des ~ **211** 37 f. – durch bestimmte Zielsetzungen **211** 30 ff.
Mordlust 211 15
Mosaiktheorie und Staatsgeheimnis, **93** 11 ff., **99** 1
Motiv des Handelns **15** 65 f. – und Absicht **15** 66, 71 – als strafbegründendes persönliches Merkmal **28** 20 – bei Strafzumessung **46** 12 ff.
Motivbündelung – bei sexueller Handlung **184 c** 10
Mundraub 248 a 1
Muntbruch 235 1
Muntgewalt – Angriff auf ~ **236** 1
Münzverfälschung 146 6
Mutmaßliche Einwilligung – als Rechtfertigungsgrund 54 ff. vor **32**

Nachgehen der Prostitution **180 a** 5 f., **181 a** 3
Nachmachen von Geld **146** 5
Nachrichten, Sammeln von ~ **109 f** 2
Nachrichtendienst – militärischer ~ **109 f** 1 – Pressepriveleg bei ~ **109 f** 6
Nachrichtendienstliche Tätigkeit – Strafbarkeit einfacher ~ **99** 1 ff. – sicherheitsgefährdende ~ **109 f**. 2 ff.
Nachschlüssel, s. Falscher Schlüssel
Nachschulung alkoholauffälliger Kraftfahrer **69** 44, 52, **69 a** 10, 20
Nachtat, straflose (mitbestrafte) 112 ff. vor **52** – nach Diebstahl **242** 76 – Sicherungsbetrug als ~ **263** 184
Nachteil – Zufügung eines ~ bei Untreue **266** 39 ff. s. auch Vermögensschaden
Nachträgliche Gesamtstrafe 55 – allgemein **55** 1 f. – Bildung der ~ **55** 35 ff. – bei früherer Verurteilung der späteren Tat **55** 4 ff. – keine ~ bei endgültiger Erledigung der „früheren" Strafe **55** 19 – letztes tatrichterliches Sachurteil als Zeitpunkt der früheren Verurteilung **55** 6 ff., der späteren Verurteilung (?) **55** 25 f. – und Nebenstrafen etc. **55 II**, **55** 53 ff. – und Vermögensstrafe **55** 59 – bei Rechtskraft des früheren Urteils **55** 32 ff. – keine ~, aber Strafmilderung bei Erledigung der früheren Strafe **55** 28 – bei Teilerledigung der „früheren" Strafe **55** 27 – Härteausgleich **55** 16 a, 30 a – Tenor bei ~ **55** 50 – als zwingende Regelung **55** 72 ff.
Nachtrunk – bei Unfallflucht **142** 76 a
Nähekriterium bei der Ansatzformel des Versuchs **22** 41
Nahestehende Personen, dem Täter – Notstand für Täter **35** 15
Narkose als Gewalt 7 vor **234**
Nationale Gruppen – Zerstören von ~ **220 a** 3 f.
Nationalpark – Begriff **329** 36, s. Naturschutzgebiet
Nationalsozialistische Propagandamittel, – Verbreiten **86** 11
NATO-Angehörige 40 f. vor **3–7** (s. auch Immunität)
NATO-Vertragsstaaten, ausländische – als Schutzobjekt der Staatsschutzdelikte 17 ff. vor **80**
Naturalobligationen – als Vermögen **263** 91
Naturhaushalt – Bestandteile des ~ **330** 30
Naturdenkmäler 304 4
Naturschutzgebiet – Begriff **329** 36 f. – beeinträchtigende Handlungen innerhalb eines ~ **329** 38 ff.
Natürliche Handlungseinheit 22 ff. vor **52**
Natürliche Willensfähigkeit 32 vor **32**
Natürlicher Vorsatz 63 5
Nebenamt 11 28
Nebenfolgen der Strafe **45** ff. – allgemein 30 ff. vor **38**, **45** 1 s. auch Amtsunfähigkeit und Verlust des aktiven und passiven Wahlrechts – Eigenbedeutung der ~ **52** 43, **53** 28 ff. – neue Entscheidung über ~ bei nachträglicher Gesamtstrafe **55** 53 ff., 61 ff. – Sonderrecht bei bestimmten Delikten gegen Landesverteidigung **109 i** – Sonderrecht bei Staatsschutzdelikten **92 a**, **101** – bei Wahlstrafrecht **108 c**
Nebenstrafe – allgemein 29 vor **38**, **44** 1, siehe Fahrverbot – Eigenbedeutung der ~ **52** 43, **53** 28 ff. – neue Entscheidung über ~ bei nachträglicher Gesamtstrafe **55** 53 ff., 68, 71
Nebenstrafgesetze, 3 f. vor **1**
Nebentäter, Begriff **25** 100
Negative – als Einziehungsgegenstand **74 d** 3 – als Gegenstand der Geldfälschung **149** 3 f.
Negative Tatbestandsmerkmale, Lehre von den ~ 15 ff. vor **13**, **15** 35, 5 vor **32**
Nettoeinkommensprinzip 40 8 ff.
Neurosen – als seelische Abartigkeit **20** 20 ff. s. auch Schuldunfähigkeit und **21** 9 f.
Nichtanzeige von Straftaten 138 – bei bestehender Anzeigepflicht **138** 10 ff. – von der Ausführung **138** 6 – vom Vorhaben **138** 4 – in dubio pro reo bei Anzeigepflicht **138** 21 – Straflosigkeit der ~ **139** – und Wahlfeststellung **138** 29
Nichtehe – Doppelehe bei ~ **172** 3
Nichteheliches Kind 11 6 – Tötung eines ~ **213** 16
Nichthandlungen 37 ff. vor **13**
Nichtige Ehe 11 10 – s. auch Nichtehe
Nidation 34 ff. vor **218**, **218** 1, 10 f. – nach Abschluß der ~ strafbare Abtreibung 37 vor **218**, **218** 6 – ~zeitpunkt 37 vor **218**, **218** 11, 15

magere Zahlen = Randnummern **Stichwortverzeichnis**

Nidationshemmer – keine abortiven Mittel **218** 11, **219 a** 4, **219 b** 2
Niedrige Beweggründe 211 18 ff.
Normativer Ehrbegriff 1 vor **185**
Normativ-faktischer Ehrbegriff 1 vor **185**
Normative Merkmale, s. Tatbestandsmerkmale
Normativer Schuldbegriff 113 ff. vor **13**
Not, gemeine 323 c 8
Notar – als Amtsträger **11** 20 – öffentliches Amt **132** 4 – berufliche Schweigepflicht **203** 37
Nothilfe 32 25 – Erforderlichkeit der Verteidigungshandlung **32** 42 f. – der Polizei (Schußwaffengebrauch) **32** 42 a
Nötigung, Tatbestand 240 – durch Drohung mit einem empfindlichen Übel **240** 9 f., – Verhältnis zur Freiheitsberaubung **240** 39 – mit Gewalt **240** 4 ff., s. dort – Irrtumsprobleme **240** 35 ff. – Rechtswidrigkeit bei ~ **240** 15 ff. – abgenötigtes Verhalten **240** 12 ff. – Verhältnis zu Widerstand gegen Vollstreckungsbeamte **113** 69 – Verwerflichkeitserfordernis bei ~ **240** 15 ff., s. dort und Mittel-Zweck-Relation, s. auch Willensausübungs- und -entschließungsfreiheit
Nötigung, Tathandlung der – bei Erpressung **253** 3 ff., 8 – bei erpresserischem Menschenraub **239 a** 12 ff. – bei Geiselnahme **239 b** 4 ff. – bei schwerem Menschenhandel **181** 3 ff. – als Meuterei **121** 6 ff. – bei Raub **249** 3 ff., 6 a – bei räuberischem Diebstahl **252** 5 f. – zu Schwangerschaftsabbruch 7 f vor **218**, **240** 40 – sexuelle ~ s. dort – von Verfassungsorganen **105** 5 ff. – bei Vergewaltigung **177** 19 – von Wählern **108** 2 ff.
Nötigungsnotstand 34 41 b, **35** 11
Notlagenindikation 7 f. vor **218**, **218 a** 20, 26 ff.
Notruf 145 4 – Mißbrauch eines ~ **145** 5
Notsituation 323 c 4 ff.
Notstand bei gerichtlicher Aussage etc., s. Aussagenotstand
Notstand, entschuldigender 35 – allgemein **35** 1 f. – Notstandshilfe zugunsten von Angehörigen **35** 15, 27 ff. – ~-exzeß **35** 38 – Notstandshilfe zugunsten nahestehender Personen **35** 5, 27 ff. – Notstandslage **35** 3 ff. – Putativ- **35** 39 ff. – bei besonderem Rechtsverhältnis **35** 21 ff. – bei selbst verursachter Gefahr **35** 20 – Unverhältnismäßigkeit der Maßnahme **35** 33 – Zumutbarkeitsüberlegungen bei ~ **35** 13 f., 18 ff.
Notstand, rechtfertigender 34 – alte Rechtslage **34** 2 – Angemessenheitsklausel **34** 46 f. – Einzelfälle **34** 53 f. – Exzeß **34** 52 – Interessen-(Rechtsgüter-)abwägung **34** 22 ff., 36 ff. – Nötigungsnotstand **34** 41 – Notstandslage **34** 8 ff. (dabei Abwendbarkeitsproblem **34** 18 ff.) – Putativ ~ **34** 50 f. – Rettungswille **34** 48 f. – kein ~ bei Sozialnot **34** 41 – und Schweigepflicht bzgl. anvertrauter Geheimnisse **203** 30 ff. – bei staatlichem Handeln **34** 7 – Verhältnis zu anderen Rechtfertigungsgründen **34** 6 – verschuldete Herbeiführung **34** 42 – Wertmaßstab bei Interessenabwägung **34** 43 ff. – im Wirtschaftsstrafrecht **34** 23, 35; s. im übrigen Stichwortverzeichnis zu § 34
Notstand, übergesetzlicher – Begriff nach alter Rechtslage **34** 2 – entschuldigender ~ 115 ff. vor **32**
Notstand, zivilrechtlicher 67 ff. vor **32** – Agressiv ~ als Rechtfertigungsgrund 68 vor **32** – Defensiv ~ als Rechtfertigungsgrund 69 vor **32** – Auswirkung des ~ auf die Rechtsgüterabwägung des strafrechtlichen Notstandes **34** 26, 30 f., 38
Notwehr 32, **32** 1 – Geboten-Sein und Erforderlichkeit der ~ **32** 44 – keine Rechtsgüterproportionalität bei ~ **32** 1, 34, 50 (Ausnahme) – Präventiv ~ (auch notwehrähnliche Lage) **32** 16 ff. – Putativ ~ **32** 65 – Staats- **32** 6 f. – bei Schlägerei **231** 8 – im Straßenverkehr **32** 9 – subjektives Rechtfertigungselement (Verteidigungswille) bei ~ **32** 63 – und erforderliche Verteidigung **32** II, **32** 29 ff. – Ausschluß der ~ bei Unfugabwehr **32** 49 – grobem Mißverhältnis **32** 50 f. – Angriffen Schuldloser **32** 52 – Notwehrprovokation **32** 54 ff.; s. im übrigen Stichwortverzeichnis zu § 32
Notwehrhandlung – Proportionalität von Angriff und ~ **32** 36 ff., 43
Notwehrlage 32 2 ff. – bei Nothilfe **32** 25 ff. – Angriff bei Unterlassen (?) **32** 10 f. – Provozieren einer ~ **32** 54 ff. – schuldhaftes Herbeiführen einer ~ **32** 58 ff.
Notwehrexzeß 33 – allgemein 113 vor **32** – asthenische Affekte bei ~ **33** 3 f. – extensiver ~ **33** 1, 7 – intensiver ~ **33** 1, – Putativ~ **33** 8
Notwendige Teilnahme 46 ff. vor **25**
Notzeichen 145 4 – Mißbrauch eines ~ **145** 5
NS-Verbrechen, Verjährung **78 b** 5 ff.
Nuklearexplosion – Verursachung **328** 13 a ff.
Nullum crimen sine lege 1 1, 17 ff.
Nulla poena sine lege 1 1, 23, 28 – bei Rechtfertigungsgründen 25 vor **32**
Nutzungen – als Gegenstand des Verfalls **73** 30 f.

Objektive Auslegungstheorie 1 43 ff.
Objektive Erfolgszurechnung 71 ff., 91 ff. vor **13**
Objektive Strafbarkeitsbedingungen 124 ff. vor **13** – kein Vorsatz 126 vor **13** – Irrtum über ~ **16** 35 – bei Schlägerei **231** 13
Objektiver Tatbestand 61 vor **13**
Objektive Theorie – bei Aussage (Eides-)delikten 4 ff. vor **153** – beim Versuch 18 ff. vor **22** – bei Abgrenzung Täter – Teilnehmer – als formal- ~ 51 ff. vor **25** – als materiell- ~ 61 vor **25**
Objektsirrtum, s. error in persona (vel obiecto)
Offenbaren – Begriff **203** 19 ff. – von Privat-, Betriebs-, Geschäftsgeheimnissen usw. **203** 4 ff. – von Tatsachen aus Gerichtsverhandlung **353 d** – von Daten der öffentlichen Verwaltung **203** 46 ff. – von Dienstgeheimnissen **353 b** 8 – des Steuergeheimnisses – **203** 21 ff., 52 ff., **353 b** 21, **355** 19 ff.
Offenbarung – von Staatsgeheimnissen **95** 8 ff. – illegaler Staatsgeheimnisse **95** 13 ff.
Offenbarungsversicherung 156 21 ff. – nach fruchtloser Pfändung **156** 22 ff. – sonstige Fälle **156** 31 ff.
Offener Tatbestand 66 vor **13**
Öffentlich – Bekanntmachung – Beleidigung – Werbung für Schwangerschaftsabbruch – Zugängliches Machen, s. jeweils Einzelstichworte
Öffentliche Ämter – Begriff **11** 14 ff. – Verlust der ~ **45**
Öffentliche Aufforderung – erfolglose ~ **111** 21 – zu rechtswidrigen Taten **111** 3 ff.
Öffentlicher Dienst für ~ besonders Verpflichtete **11 I 4**, **11** 34 ff. (berufliche Schweigepflicht **203**

2683

Stichwortverzeichnis

fette Zahlen = Paragraphen

57) – Hausrecht bei für ~ usw. bestimmte Räume **123** 16, 19 ff.
Öffentlicher Friede – Begriff und geschütztes Rechtsgut **126** 1, **129** 1, **130** 1 a, **131** 1, 2 vor **166** – zur Störung des ~ geeignetes Androhen usw. bestimmter Straftaten ~ **126** 8 ff. – Aufstacheln zum Haß usw. gegen Bevölkerungsteile **130** 10, 22 – Beschimpfen von Bekenntnissen usw. **166** 12
Öffentliches Interesse an Strafverfolgung – Beispiele **230** 5 f. – bei Diebstahl geringwertiger Sachen **248 a** 25 ff. – bei Körperverletzungsdelikten **230** 2 ff. – bei Sachbeschädigung, Datenveränderung, Computersabotage **303 c** 6 ff. – richterliche Überprüfung **230** 3 f.
Öffentliche Klage, Erhebung der – ~ Verjährungs-Unterbrechung bei ~ **78 c** 14
Öffentliche Mittel 264 8
Öffentlich-rechtlich – ~es Gewaltverhältnis, s. dort
Öffentliche Sicherheit – als geschütztes Rechtsgut **124** 1, **125** 2
Öffentliche Urkunden – Begriff **271** 4 – Beweisfunktion **271** 8 – Form der ~ **271** 7 – Einzelfälle **271** 11 ff.
Öffentliche Verwaltung – Handeln als Beauftragter der ~ **14** 41
Offizialdelikt, Begriff **77** 1
Öffnen eines verschlossenen Schriftstücks **202** 8
Omnimodo facturus – und Anstiftung **26** 7
Omissio libera in causa 144 vor **13** – bei Verletzung der Unterhaltspflicht **170** 27 – Versuch der ~ **22** 57 – bei Vorenthalten von Arbeitsentgelt **266 a** 10
Operation, s. ärztliche Eingriffe
Optionsgeschäft 263 31 b, 114 a
Orden – kein Verlust der ~ bei Amtsverlust **45** 11 – unbefugtes Tragen von ~ **132 a** 2
Orderschuldverschreibungen – geschützte Wertpapiere **151** 4
Ordnungsstrafe 35 vor **38**
Ordnungswidrigkeiten – im Ausland **19** vor **3** – Verhältnis zu Straftatbeständen **21** vor **1**, **36** vor **38** – Herabstufung zu ~, frühere Übertretungen **12** 15 ff. – Täterbegriff bei ~ **11** f. vor **25**
Ordre public 23, **56** vor **3**
Organ (Körperteil) – Explantation von ~ Toter **168** 6 ff. – Transplantation **16**, **20** vor **211**
Organe – strafbares Handeln vertretungsberechtigter ~ für eine juristische Person **14** 14 ff. – Strafbarkeit faktischer ~ **14** 43 ff.
Organexplantation – Störung der Totenruhe(?) **168** 6
Organhaftung 14 1 ff. – faktische ~ **14** 43 ff. – bei Unterlassungsdelikten **14** 6
Organisationsherrschaft 25 25 f.
Organtransplantation, s. Transplantation
Ort der Tat 9 – bei positivem Tun **9** 4, 6 f. – bei Unterlassungsdelikten **9** 5, 8 – für den Teilnehmer **9** II, **9** 11, **26** 31 – bei Schlägerei **231** 13

Pädagogischer Notstand – und Erzieherprivileg **180** 13, 16
Papier – als Gegenstand der Geldfälschung **149** 3 f.
Papiere, aufenthaltsrechtliche 276 a – Verschaffen von **276 a**

Parallelwertung in der Laiensphäre 15 43 ff., 39 s. auch Subsumtionsirrtum
Parlamentarische – Äußerungen **36**, **36** 3 ff. – Berichte **37**, **37** 2 ff.
Parlamentsmitglieder – Indemnität **36** 1 – Immunität **36** 2 – Ruhen der Verjährung bei Straftaten der ~ **78 b** 8
Parteien, verfassungswidrige – Aufrechterhaltung ~ **84** 4 ff. – Entscheidungen des BVerfG zu ~, Zuwiderhandlungen **84** 19 f. – Ersatzorganisationen von ~ **84** 6 f. – Mitglieder von ~ **84** 14 f. – Unterstützen von ~ **84** 16 – eingeschränkte Verfolgung von Delikten der ~ **91**
Parteienprivileg – kein ~ bei allgemeinen Strafgesetzen 6 f. vor **80** – Tragweite des ~ bei Staatsschutzdelikten 5 ff. vor **80**
Parteiverrat 356
Patentanwalt – berufliche Schweigepflicht **203** 37
Perforation 41 vor **218**
Perpetuierungsdelikt, s. Aufrechterhaltung
Perpetuierungsfunktion der Urkunde **267** 2 ff.
Personalitätsprinzip, aktives ~ 6 vor **3–7**; **5** 1, passsives ~ 7 vor **3–7**, **7** 1 s. auch internationales Strafrecht
Personalvertretungsrechte – berufliche Schweigepflicht der Inhaber von ~ **203** 59
Personen – nahestehend **35** 15, **241** 6 – des politischen Lebens, besonderer Ehrenschutz **188**
Personengemeinschaften – Beleidigung von ~ 3 vor **185**
Personenhandelsgesellschaften – Handeln für ~ **14** 20 ff. – Einziehung des Verbandsvermögens der ~ **75** 5 – Beleidigung von ~ 3 vor **185**
Personenstand – als geschütztes Rechtsgut **169** 1 – Begriff **169** 2 – ~sbücher, Führung der **169** 6 – Fälschung des ~, allgemein **169** – falsche Angabe über ~ **169** 5 ff. – Unterdrücken eines ~ **169** 8 ff. – Unterschieben eines Kindes **169** 4
Persönliche Freiheit – als geschütztes Rechtsgut, allgemein 1 f. vor **234** – Androhung von bestimmten Delikten gegen ~ **126** 4 f. – Belohnung u. Billigung bestimmter Delikte gegen ~ **140** 2 – Nichtanzeige bestimmter Delikte gegen ~ **138** 7 – Vortäuschen bestimmter Straftaten gegen ~ **126** 4 ff.
Persönliche Merkmale, besondere 14 I, **28** 7, 11 ff. – strafbegründende (allgemein) **28** 21 ff. – strafbegründende, bei Organhaftung **14** 8 ff. – Abgrenzung zwischen tat- und täterbezogenen ~ **28** 13 ff.
Persönliche Strafausschließungsgründe – allgemein **131** vor **32**, **28** 14 – Irrtum über ~ **16** 34 – Wirkung ~ für Beteiligte **28** II, **28** 14
Persönliche und wirtschaftliche Verhältnisse d. Täters – maßgeblich für kumulative Geldstrafe **41** 4 f. – maßgeblich für Strafzumessung, allgemein **46** 34 ff. – maßgeblich für Tagessatzhöhe **40** 6 – maßgeblich für Zahlungserleichterungen **42** 2 ff.
Persönlichkeitsschuld 105 vor **13**
Persönlichkeitsstörungen, als seelische Abartigkeit **20** 20 f., **21** 10
Pfandkehr 289
Pfandleiher – Begriff **290** 2
Pfandsachen – unbefugter Gebrauch von ~ **290**
Pfändung – allgemein s. Verstrickung(sbruch) – als Unterschlagung **246** 17 f.
Pflanzenbestand – Schädigung des **330** 7, **326** 7 a

magere Zahlen = Randnummern

Stichwortverzeichnis

Pflegeeltern, Begriff **11** 13
Pflegekinder als Angehörige **11** 13
Pflichten – Verletzung verwaltungsrechtlicher ~ **311** 8, **325** 7, **330 d** 9 ff.
Pflichtenkollision – als Rechtfertigungsgrund 71 ff. vor **32** – bei kollidierenden Handlungspflichten 73 ff. vor **32** – bei kollidierenden Unterlassungspflichten 76 vor **32** – Maßgeblichkeit des Rangverhältnisses der Pflichten 74 f. vor **32** – Behandlung der ~ grundsätzl. nicht nach Notstandsregeln **34** 4 f.
Pflichtgemäße Prüfung – als subjektives Rechtfertigungselement 17 ff., 58 vor **32**, **34** 49
Pflichtverletzung – Bedeutung im Strafrecht 11 vor **13** – Maß der ~ strafzumessungserheblich **46** 17
Pflichtwidrige Tätigkeitsübernahme 15 136, 192
Pflichtwidrigkeit – beim Fahrlässigkeitsdelikt, s. Sorgfaltspflicht – bei Untreue **266** 35 ff. – Maß der ~ strafzumessungserheblich **46** 17
Pflichtwidrigkeitszusammenhang (Fahrlässigkeitsdelikt) – allgemein **15** 173 ff. – und Risikoerhöhungsprinzip **15** 179/179 a
Physische Beihilfe 27 12
Pietätsempfinden – als geschütztes Rechtsgut 2 vor **166**, **167 a** 1, **168** 1
Platten – als Gegenstand der Geldfälschung **149** 3 f.
Plündern – bei Landfriedensbruch **125 a** 13
Politiker – besonderer Ehrenschutz **188**
Politische Gründe – als niedrige Beweggründe **211** 20
Politische Verdächtigung 241 a – allgemein **241 a** 1 – Auslandstat **5** 12
Politisch Verfolgte, keine Auslieferung von ~ **7** 25
Polizeibeamte – Garantenstellung **13** 52 – Widerstand gegen ~ **113** 33 ff.
Polizeigewalt – in Parlamentsgebäuden, Störung **106 b** 1
Polizeifahrzeug – Zerstörung eines ~ **305 a** 9 f.
Polizeilicher Lockspitzel 26 21
Pornographie bzw. **pornographische Schriften,** Verbreiten von ~ **184** – Begriff der ~ **184** 4 f. – Besitz und Unternehmen der Besitzverschaffung von Kinder~ **184** 63 ff. – in Computerdateien **184** 9, 15, 22, 65 – sog. einfache ~ **184** 1, 6 ff. – Einziehung von ~ **184** 70 – Entgeltklausel b. Filmvorführung **184** 38 a, 41 ff. – Erweiterter Verfall von ~ **184** 70 – Erzieherprivileg **184** 9 a ff., 16 – sog. harte ~ **184** 1, 52 ff.: Gewalttätigkeiten 54, sexueller Mißbrauch v. Kindern 2, 5, 60 ff., sexuelle Handlungen mit Tieren 56 – im Internet **184** 9, 11, 15, 22, 32, 36, 43, 57, 66 b ff. – Kunst und ~ **184** 5 a – Tathandlungen b. einfacher ~ **184** 6 ff., b. harter ~ **184** 57 ff. – Verbreitung von ~ durch Rundfunk **184** 9, 12, 15, 38, 39 ff., 51, 66 – Verjährung **184** 69; s. im übrigen das Stichwortverzeichnis vor **184**
Positives Tun, s. Handlungsbegriff und Unterlassen
Post – als Sabotageobjekt **88** 4 – Störung des ~dienstleistungsbetriebes **316 b**
Postgeheimnis – Verletzung des ~ **206**, s. Geheimnis, Postsendungen, Schweigepflicht
Postpendenzfeststellung 1, 63, 96 ff. s. auch Wahlfeststellung – konkurrenzrelevante ~ **1** 98 f. – tatbestandsrelevante ~ **1** 98 f.

Postsendungen, Kenntnisverschaffung vom Inhalt von ~ **206** 16 Unterdrückung von ~ **206** 20
Pränatale Diagnose 218 a 38, 43
Pränatale Eingriffe – Anwendbarkeit der Tötungsdelikte 15 vor **211** – Körperverletzung bei ~ **223** 1 a
Präpendenzfeststellung 1 96
Prävention, s. Spezial- und Generalprävention
Präzisierungs-(Konkretisierungs-)gebot 1 20
Presse – Berufsverbot **70** 4 – Verstoß gegen Mitteilungsverbot durch ~ **353 d** – Verjährung von ~vergehen **78** 9, **78 a** 16 – Wahrnehmung berechtigter Interessen durch ~ **193** 15 ff.
Privatgeheimnis, Verletzung von ~ **203**, s. Stichwortverzeichnis dort
Privathandlungen von Amtsträgern **331** 10
Privilegierende Umstände – Irrtum über **16** 26/27 – Unkenntnis **16** 28 – Zusammentreffen mit qualifizierenden Umständen 53 vor **38**, **211** 11, **212** 25, s. auch Strafmilderung
Probation 56 5
Producta sceleris 74 8
Produkthaftung 15 223 f., **314** 12, 18, 22 – Garantenpflichten **13** 52
Prognose – als Gegenstand einer Täuschungshandlung **263** 9, s. Täterprognose
Programmanipulation 263 a 4 ff.
Programmgestaltung, unrichtige **263 a** 6
Prokurist – bei Verfall und Einziehung **75**
Promillediagnostik bei Schuldfähigkeit **20** 16 a ff.
Propagandamittel verfassungswidriger Organisationen – Begriff **86** 3 – mit nationalsozialistischer Zielsetzung **86** 11 – Sozialadäquanzklausel bei ~ **86** 17 – Verbreiten von ~ **86** 14 f. (Inlandstat **86** 15)
Proportionalität, s. Rechtsgüterabwägung
Prospekt 264 a 18
Prostituierte – Begriff **180 a** 5 – persönliche und wirtschaftliche (Bewegungs)freiheit der ~ als geschütztes Rechtsgut **180 a** 1, **180 b** 2, **181** 1, **181 a** 1
Prostitution – Begriff **180 a** 5 – Bestimmung äußerer Umstände der ~ **181 a** 9 – jugendgefährdende ~ **184 b** – Maßnahmen gegen Aufgabe der ~ **181 a** 10 – Überwachen der ~ **181 a** 8 – verbotene ~, Ausüben **184 a**
Prostitution, Förderung der – durch Anhalten zur ~ bei Wohnungsgewährung **180 a** 20 – durch Ausbeuten bei Wohnungsgewährung **180 a** 21 – durch Betreiben eines Bordells **180 a** 2 ff., s. dort – durch Gewähren von Wohnungen an minderjährige Prostituierte **180 a** 16 ff. – durch gewerbsmäßiges Anwerben **181** 13 ff. – durch Vermitteln sexuellen Verkehrs **181 a** 14 ff.; s. auch Menschenhandel u. schwerer Menschenhandel
Provokation – bei Notwehr **32** 54 ff. – und anschließende Tötung **213** 5 ff.
Prozeßbetrug 263 69 ff., 51 – im Versäumnis- und Mahnverfahren? **263** 74, 52
Prozeßpartei – als Täter von Eidesdelikten 12 vor **153**, **154** 4
Parteivernehmung – Falschaussage **154** 4, s. auch Prozeßpartei
Psychiatrisches Krankenhaus – Aufenthalt in ~ als Weisung in der Bewährungszeit **56 c** 29 – Unterbringung in ~ als Maßregel **63** – bei Gemeingefährlichkeit des Täters **63** 13 ff. – selbstän-

2685

Stichwortverzeichnis

fette Zahlen = Paragraphen

dige Anordnung der ~ **71 I, 71** 4 – bei verminderter Schuldfähigkeit **63** 10, 21
Psychische Beihilfe 27 12
Psychochirurgie 223 50 b
Psychodiagnostik – und Blutalkoholwert **20** 16 a ff.
Psychologe – berufliche Schweigepflicht des Berufs~ **203** 36
Psychologische Voraussetzungen der Schuldunfähigkeit 20 25 ff.
Psychopathien s. Persönlichkeitsstörungen
Psychopharmaka 223 50 b, **20** 14
Psychosen, als seelische Störungen **20** 11 ff. s. auch Schuldunfähigkeit
Publikationsverbot 353 d
„Publizistischer" Landesverrat 95 – selbständige Vorbereitungshandlung zum ~ **96 II**
Putativnotstand 34 50 f., **35** 39 ff.
Putativnotwehr 32 65
Putativnotwehrexzeß 33 8

Quälen 225 12
Qualifizierte Delikte – Mittäterschaft bei ~ **25** 85 – Versuch bei ~ **22** 58, s. auch Strafschärfungsgründe
Qualifizierte Erfolgsdelikte 18

Rädelsführer – einer kriminellen Vereinigung **129** 25 – einer „Sabotage"-Gruppe **88** 14, 17 – einer terroristischen Vereinigung **129 a** 4 – verfassungswidriger Parteien **84** 10 – verfassungswidriger Vereinigungen **85** 2 ff.
Rassenhaß – Aufstacheln zum ~ **130** 12
Rassische Gruppen, Zerstören von ~ **220 a** 3 f.
Rat, Beihilfe durch ~ **27** 12
Ratenzahlung der Geldstrafe – allgemein **42** 1 – unbeachtlich für Tagessatzhöhe **40** 16
Raub – allgemein **249** 1 f. – Androhung des ~ **126** 4 f. – Banden~ **250** 26 – Belohnung und Billigung des ~ **140** 2 – Führungsaufsicht **256** – gefährlicher ~ **250** 20 ff. – durch Gewalt etc. als Mittel der Wegnahme **249** 6 – Nichtanzeige des ~ **138** 7 – schwerer ~ **250** – mit Waffen **250** 4 ff. – mit Todesfolge **251** – Verhältnis zu Tötungsdelikten **251** 9 – Vortäuschen des ~ **126** 4, 6 – mit sonstigen Werkzeugen oder Mitteln **250** 14 ff.
Räuberischer Angriff auf Kraftfahrer 316 a – Ausnutzen einer verkehrseigentümlichen Gefahrenlage **316 a** 6 f. – Beteiligung **316 a** 14 a – Tathandlung **316 a** 2 ff. – tätige Reue **316 a** 10/14 – Todeserfolgsqualifikation **316 a** 9
Räuberischer Diebstahl 252 – allgemein **252** 1, 3 – Qualifikation des ~ **252** 12 – Täter des ~ **252** 9 ff.
Räuberische Erpressung 255 – als qualifizierte Erpressung **255** 1 – Anleitung zu ~ **130 a** – Androhung der ~ **126** 4 f. – Belohnung und Billigung einer ~ **140** 2 – Führungsaufsicht **256** – Konkurrenzen **255** 3 – Nichtanzeige einer ~ **138** 7 – Vortäuschen der ~ **126** 4, 6
Raufhandel 231 1
Raum – für öffentlichen Dienst und Verkehr **123** 7 ff. – umschlossener **243** 8 f.
Räumlicher Geltungsbereich des StGB **12** vor **1**, **32** f. vor **3**, **3** 3 ff.
Räumlichkeit – Begriff **306 a** 4 – zum Aufenthalt von Menschen **306 a** 8 – zur Wohnung von Menschen **306 a** 5 f. – gemischt genutzte **306 a** 11

Rauschgiftsüchtige – Unterbringung von ~ in Entziehungsanstalt **64** 4
Rauschmittel – bei Vollrausch **323 a** 7 ff.
Rauschtaten – als objektive Strafbarkeitsbedingung bei Vollrausch **323 a** 13 ff.
Rauschzustand – die Schuldfähigkeit ausschließender oder vermindernder ~ **20** 16 ff, **21** 9 – bei Vollrausch **323 a** 7 ff.
Reaktionszeit im Straßenverkehr 15 216, s. Schrecksekunde
Realkonkurrenz 53 – allgemein **3** f. vor **52, 53** 1 f. – und Gesamtstrafenbildung, s. dort – bei Handlungsmehrheit **53** 3 ff. – Rechtskrafterstreckung bei ~ **54** 25
Reanimation – Einfluß der ~ auf Todeszeitpunkt **16** f. vor **211**
Rechtfertigungselemente, subjektive, 13 ff. vor **32** – (besondere) Absicht bei ~ **16** f. vor **32** – Strafbarkeit bei Fehlen von ~ **15** vor **32** – bei Einwilligung **51** vor **32** – bei Fahrlässigkeitsdelikten **97** ff. vor **32** – bei Notstand **34** 48 f. – bei Notwehr **32** 63 f. – bei Pflichtenkollision **77** vor **32** – pflichtgemäße Prüfung als ~ bei mutmaßlicher Einwilligung **58** vor **32**
Rechtfertigungsgründe – allgemein **15** ff., **46** vor **13**, **4** vor **32** – Aufzählung einzelner ~ **28** vor **32** – Eingriffsrecht und Handlungsbefugnis aufgrund bestehender ~ **9** ff. vor **32** – bei Fahrlässigkeitsdelikten, allgemein, **92** ff. vor **32** – Grenzen der ~, deren Überschreiten, allgemein **22** vor **32** – Europäische Menschenrechtskonvention als ~ (?) **24** vor **32** – Prinzipien der ~ **6** f. vor **32** – provozierte Rechtfertigungslage, allgemein **23** vor **32** – subjektive Rechtfertigungselemente **13** ff. vor **32** – tatbestandliche Voraussetzungen der ~, Vorsatz diesbzgl. **15** 35 – Irrtum über die Existenz von ~ **17** 10, 12 – Irrtum über die tatbestandlichen Voraussetzungen von ~ **19**, **60**, **121** vor **13**, **16** 19 ff., **21** vor **32**; s. auch Stichwortverzeichnis vor **32**
Rechtfertigungsgrund, übergesetzlicher 331 53 b
Rechtmäßigkeit einer Diensthandlung – Bedeutung bei Widerstand **113** 18 ff. – Irrtum des Täters über ~ **113** 53 ff. – strafrechtlicher Maßstab für ~ **113** 21 ff. – bei Verstrickungs- und Siegelbruch **136** 28/32
Rechtsalternativität, reine **1** 64, s. auch Wahlfeststellung
Rechtsanalogie 1 24
Rechtsanwalt – kein Amtsträger **11** 20 – Berufsverbot für ~ **70** 3 – Garantenstellung des ~ **13** 31 – Gebührenüberhebung durch ~ **352** – geschützte Berufsbezeichnung **132 a I** – Parteiverrat durch ~ **356** – Schweigepflicht **203** 37 – Straffreiheit bei Nichtanzeige bestimmter Taten **139** 3 – Wahrnehmung berechtigter Interessen **193** 22 – fehlerhafte Auskunft als Beteiligung **26** 9, s. auch Anwalt
Rechtsbeistand – Parteiverrat durch ~ **356**
Rechtsbeugung 339
Rechtsfahrlässigkeit 121 vor **13**, **15** 104
Rechtsfolgen der Tat 38 ff.
Rechtsgut – Begriff **9** f. vor **13** – ökologisches ~ **8** vor **324**
Rechtsgutsverletzung, Verbrechen als ~ **9** vor **13**
Rechtsgüterabwägung – beim Notstand **34** 2, **2** ff. – grundsätzlich keine ~ bei Notwehr **32** 1 a,

2686

magere Zahlen = Randnummern

Stichwortverzeichnis

34, 47, 50 – dabei maßgebliches Rangverhältnis **34** 25 ff.
Rechtsmißbrauch – bei Notwehr **32** 46 ff. – bei Berufung auf erschlichene Verwaltungsakte 63 ff. vor **32**, 17 vor **324, 330 d** 23 ff.
Rechtsnormen – falsche Anwendung von ~ **339** 4
Rechtspflege – als geschütztes Rechtsgut **145 d** u. 1, 2 vor **153, 164** 1 f., **258** 1
Rechtspflegetheorie – bei falscher Verdächtigung **164** 2
Rechtspflicht, s. Garantenpflicht
Rechtsprechung, Änderung der ~ **2** 9 f.
Rechtssachen 339 3
Rechtsverordnung als Rechtsquelle **1** 8
Rechtswidrige Besitzlage 259 1, 8
Rechtswidrige Tat – Begriff **11** 40 ff. – Auffordern zu ~ **111** 11 ff. – bei Teilnahme 27 vor **25** – als Vortat der Begünstigung **257** 3 ff. – als Vortat der Geldwäsche **261** 4 – gegen Vermögen gerichtete ~ als Vortat der Hehlerei **259** 6 ff. – als Vortat der Strafvereitelung **258** 3 ff.
Rechtswidrigkeit – als allgemeines Verbrechensmerkmal 12, 48 ff. vor **13** – formelle ~ 50 vor **13** – materielle ~ 50 vor **13** – und Schuld 20 vor **13** – und Tatbestandsmäßigkeit 15 ff. vor **13**, s. auch Verbrechensbegriff – und Unrecht 51 vor **13** – des Angriffs bei Notwehr **32** 19 ff. – Bewußtsein der ~ **15** 104 f. – doppelte ~ bei Erpressung **253** 10 ff. – bei Nötigung **240** 15 ff.
Rechtswidrigkeitszusammenhang 91 ff. vor **13** – speziell bei Fahrlässigkeitsdelikten, s. Pflichtwidrigkeitszusammenhang
Reflexbewegungen – keine Handlung 40 vor **13**
Reformen des Strafrechts, Einf. vor **1** 2 ff.
Reformatio in peius, Verbot der – bei Fahrverbot und Entziehung der Fahrerlaubnis **44** 3, **69** 69 – bei Maßregeln der Besserung u. Sicherung 14 vor **61** – bei nachträglicher Gesamtstrafenbildung **55** 42 – bei Strafaussetzung zur Bewährung **56** 54 – bei Änderung von Tagessatz und -höhe **40** 23
Regelbeispiele – allgemein **1** 25, 31 u. 44 ff. vor **38** – beim besonders schweren Betrug 17 ff. vor **263, 263** 45 ff. – beim besonders schweren Computerbetrug **263 a** 44 ff. – bei besonders schwerer sexueller Nötigung **177** 18 ff. – bei Untreue **266** 53 – bei Urkundenfälschung **267** 100 ff. – beim besonders schweren Diebstahl **243** 1 f. – beim besonders schweren Subventionsbetrug **264** 72 f. – Wahlfeststellung bei ~ **1** 88
Regierung (Bundes- und Landes-) – Nötigung der ~ **105** 4 – Mitglieder der ~, Nötigung der ~ **106** 1 f. – Verunglimpfung der ~ **90 b** 2
Regreßverbot – Lehre vom ~ 77, 101 e vor **13**
Reisechecks – geschützte Wertpapiere **151** 8
Reklameanpreisungen 263 9
Relevanztheorie 90 vor **13**
Religion – (ungestörte) Ausübung der ~ als geschütztes Rechtsgut 2 vor **166**, s. auch Gottesdienst
Religionsgesellschaften – Begriff **166** 15 – Beschimpfung der ~ **166** 21 – geschützte Amtszeichen von ~ **132 a** 15 – Einrichtungen der ~ **166** 17 f. – Diebstahl bei ~ **243** 32 ff. – Kirchen als ~ **166** 15 – Beschädigung von Sachen einer ~ **304**
Religiöse Gruppen Zerstören von ~ **220 a** 3 f.
Reservursache und Kausalität 80, 97 vor **13**

Resozialisierung – günstige Prognose der ~ als Bewährungsvoraussetzung **56** 14 ff. – Prognose der ~ als Voraussetzung für Strafrest-Aussetzung **57** 9 ff.
Restitutionsvereitelung – als Wesen der Begünstigung **257** 1
Rettungsgeräte 145 18 – Beeinträchtigen von ~ **145** 19, **306 c** 16
Richter 331 10 b – Begriff **11** 32 – Berufs- ~ **11** 32 – Bestechlichkeit eines ~ **332** – Bestechungen von ~ **334** – ehrenamtliche ~ **11** 32 – Laien- ~ **11** 32 – Rechtsbeugung durch ~ **339** – Schiedsrichter **11** 33 – Vorteilsannahme durch ~ **331** – Vorteilsgewährung an ~ **333**
Richterliche Handlungen 331 11
Richterliche Rechtsfortbildung 1 10 ff. – bei Strafausschließungsgründen **1** 14
Risiko, erlaubtes – und Fahrlässigkeit **15** 144 ff., 104 f. vor **32** – und Handlungsbefugnis 11, 19 vor **32** – bei Vorsatztaten kein Rechtfertigungsgrund 107 b vor **32** – bei Arbeiten mit Kernenergie **307** 11 – bei industriell gefertigten Produkten **314** 12, 22
Risiko, rechtlich relevantes 70 c, 92 ff. vor **13**
Risikoerhöhung, nachträgliche – und Freiwilligkeit des Rücktritts **24** 49 ff.
Risikoerhöhungsprinzip – allgemein 91 ff. vor **13** – bei Fahrlässigkeit **15** 179/179 a – beim Unterlassen **13** 61
Risikoaufklärung – bei ärztlichem Eingriff **223** 41 f. s. auch ärztliche Aufklärung
Risikogeschäft – und Untreue **266** 20 – und Betrug **263** 16 e f.
Risikooperationen – ärztliche Kunstregeln bei ~ **223** 35
Risikoverringerung und Erfolgszurechnung 94 vor **13**
Risikozusammenhang bei Erfolgszurechnung 95 f. vor **13**
RU 486 s. Mifegyne
Rückfall – bei sexuellem Kindesmißbrauch **176 a** 6 ff.
Rückrechnung – Ermitteln der BAK durch ~ **20** 16 f
Rücksichtslosigkeit – im Straßenverkehr **315 c** RN 30
Rücktritt (vom Versuch) 24 – allgemein **24** 1 ff. – Abgrenzung zwischen beendetem und unbeendetem Versuch **24** 6 ff. – vom beendeten Versuch **24** 12, 58 ff. – dort – bei mehreren Einzelakten **24** 16 ff. – Freiwilligkeit beim ~ **24** 42 ff. – Irrtum über Wirksamkeit eines Tatbeitrags **24** 22 ff. – bei erpresserischem Menschenraub **239 a** 33 ff. – bei mittelbarer Täterschaft **24** 32, 106 – als persönlicher Strafausschließungsgrund **24** – prozessual **24** 115 a – Rechtsfolgen des ~ **24** 107 ff. – bei mehreren Tatbeteiligten **24 II, 24** 31, 73 ff., 111 – vom unbeendeten Versuch **24** 12, 37 ff., s. auch dort – bei Unterlassungsdelikten **24** 27 ff. – beim untauglichen Versuch **24** 85 ff., 94 ff. – bei vollendetem Delikt **24** 116 f. – von der versuchten Anstiftung **31**, **31** 2 ff., s. auch Tätige Reue
Rückwirkungsverbot – allgemein **1** 6, **2** 1 ff. – bei Änderung der Rechtsprechung **2** 8 f. – bei Rechtfertigungsgründen 26 vor **32** – hins. der Strafbegründung **2** 3 – hins. der Tatfolgen **2** 4 ff. – hins. des Verfahrensrechts **2** 6

2687

Stichwortverzeichnis

fette Zahlen = Paragraphen

Ruhen des Laufs der Strafantragsfrist **77 b** 22 – der Verjährung **78 b, 79 a**
Rundfunk – Verbreiten pornographischer Schriften durch ~ **184** 9, 12, 15, 38, 39 ff., 51, 66 d
Rüstungsbeschränkungen, zwischenstaatliche – Verstoß gegen ~ als sog. illegales Staatsgeheimnis **93** 26

Sabotage – ausgeführte ~ **88** s. verfassungsfeindliche Sab. – Vorbereitung von ~akten **87** s. Agententätigkeit für Sabotage
Sache – Begriff **242** 9, **303** 3 – Beschädigung einer ~ **303** 8 ff., **265** 8 – Entziehung einer ~ **303** 10 – fremde ~ **242** 12 ff., **246** 4 ff., **303** 4 – geringwertige ~, s. dort – Wegnahme einer gepfändeten ~ **289** – Teile einer ~ und Sachgesamtheit **246** 3 – versicherte ~ als Objekt des Versicherungsmißbrauchs **265** 3 ff. – wertlose ~ als Diebstahlsobjekt **242** 6
Sachbeschädigung 303 – gemeinschädliche ~ **304** – von Bauwerken **305** – Strafantrag **303 c**
Sachherrschaft – Garantenstellung aus ~ **13** 43 ff.
Sachurteil – letztes tatrichterliches ~, Bedeutung für nachträgliche Gesamtstrafe **55** 6 ff., 26
Sachverhaltsunwert s. Erfolgsunwert
Sachverständiger – Beauftragung eines ~ als Verjährungsunterbrechung **78 c** 11 – öffentlich bestellter ~ als geschützte Berufsbezeichnung **132 a** 11 – Schweigepflicht öffentlich bestellter ~ **203** 61 – als Täter der Aussagedelikte 13 vor **153, 153** 4 f. – als Täter der Eidesdelikte 13 vor **153, 154** 4
Sachwerte – bedeutende **14** ff. vor **306, 325** 16
Sachwerttheorie 242 49
Sammelstraftat – allgemein **93** f. vor **52** – keine Handlungseinheit bei ~ **100** vor **52**
Satire als Beleidigung **185** 8 a
SB-Tanken ohne zu zahlen **242** 12, 36, **246** 7, **263** 28, 63 b
Schaden – ~seinschlag, individueller **266** 43, s. auch Vermögensschaden – erheblicher ~ **5** ff. – Wiedergutmachung des ~ als Bewährungsauflage **56 b** 9 ff. – sowie als Strafmilderungsgrund **46** 40
Schadstoffe 325 22, Freisetzen von ~ **325** 21 ff.
Schädigungsabsicht 271 44
Schädigungsverbot bei Untreue **266** 36
Schätzung bei Geldstrafe **40** 20 ff. – bei Vermögensstrafe **43 a** 6
Schallplatten 11 78 – Einziehung von ~ **74 d** 3
Scheck, ungedeckter – als Betrug **263** 29, 49
Scheckkarte 266 b 3 f.
Scheckkartenmißbrauch 248 a 7, **263** 29 a, 50, **266** 12, **266 b**
Scheingeschäft 264 45 f.
Scheinwaffe – bei Diebstahl **244** 13 – bei Raub **250** 15
Schiedsrichter 331 10 b – keine Amtsträger **11** 32 – Vorteilsannahme durch ~ **331** 12
Schiedsrichtervergütung 337
Schießbefehl an der Grenze zur DDR **7** 10
Schiff – ~sentführung **316 c** 12 a ff. ~ sgefährdung durch Bannware **297** – Staats~ **4** 4, 9 – Taten auf ausländischen ~ **4** 8 ff. – Taten auf einem ~ mit Bundesflagge **4** 3 ff.
Schiffahrt – Gefährdung der ~ durch Bannware **297** – gefährlicher Eingriff in die ~ **315** – Gefährdung der ~ **315 a**

Schlägerei 231 3 – spezifische Gefährlichkeit der ~ für schwere Folge **231** 14
Schlagkraft der Truppe – Begriff **109 e** 12, **109 f** 5, **109 g** 1
Schlüssel, falscher **243** 14
Schöffen, Richter? **11** 32
Schonzeit – für jagdbares Wild **292** 24 – für herrenlose Wassertiere **293** 4
Schrecken – bei Notwehrexzeß **33** 3 f.
Schrecksekunde und Reaktionszeit, **15** 216
Schreibhilfe – bei Anfertigung von Urkunden **267** 57
Schriften – Begriff **11 III, 11** 78 f. – mit Anleitung zu Straftaten **130 a** – Einziehung von ~ **74 d** – pornographische ~ **184** 4 f. – Verbreitung von ~ **74 d** 5 ff.
Schriftstücke – Begriff **202** 4 – dienstliche ~ **134** 3 – als Urkunden **267** 7 – verbotene Veröffentlichung amtlicher ~ **353 d** – verschlossene **202** 7 – Verwahrungsbruch an ~ **133** 4
Schuld – und Verbrechensbegriff 12, 20 vor **13** – als Fahrlässigkeits~ 120 f. vor **13** – als Schuldidee 108 ff. vor **13** – als Strafbegründungsschuld 111 vor **13** – als Strafmaßschuld **46 I**, 112 vor **13** – als Vorsatz~ 120 f. vor **13** – als Vorwerfbarkeit 113 ff. vor **13** – Gesinnungsunwert und ~ 119 vor **13**
Schuldausschließungsgründe 108 vor **32** – Irrtum über ~ **16** 29 ff. – und Prävention 117 vor **13**
Schuldbegriff – funktionaler, komplexer, normativer, psychologischer, sozialer ~ 113 ff. vor **13**
Schuldfähigkeit, verminderte **21**
Schuldgrundsatz, im Sinne des Schuldstrafrechts 103 f. vor **13,** s. auch **21** 14 ff. u. 18 ff. vor **38**
Schuldmerkmale, allgemein s. Schuld – tatbestandlich typisierte ~ und deren Behandlung im Teilnahmebereich **28** 3, 5 f. – objektiv-gefaßte ~ 123 vor **13** – subjektiv-gefaßte ~ 123 vor **13,** s. auch Gesinnungsmerkmale
Schuldnerbegünstigung 283 d
Schuldschwere – besondere **57 a** 4 ff., **59 a** 5, als Strafmilderungsgrund **46** 40, **46 a** 2, 4
Schuldspruch, Verwarnung neben ~ **59**
Schuldstrafrecht 6 ff. vor **38,** s. auch 103 f. vor **13, 21** 14 ff., **46** 3
Schuldtheorie – allgemein 121/122 vor **13, 15** 35, 104, **16** 15, **17** 3 ff. – eingeschränkte ~ **16** 16 ff. – rechtsfolgeneinschränkende ~ **16** 17 f. – strenge ~ **16** 14 ff., s. auch Lehre von den negativen Tatbestandsmerkmalen
Schuldunfähigkeit – allgemeine Bedeutung 118 vor **13,** 20 – und actio libera in causa **20** 33 ff. – wegen anderer seelischer Abartigkeiten **20** 19 ff. – von Jugendlichen **19** 6, **20** 44 – von Kindern **19** – psychologische Voraussetzungen der ~ **20** 25 ff. – wegen seelischer (krankhafter) Störungen **20** 6 ff. – wegen tiefgreifender Bewußtseinsstörungen **20** 12 ff. – im Prozeß **20** 45 – bei Vollrausch **323 a,** s. dort; s. im übrigen das Stichwortverzeichnis vor § 19
Schußwaffe – Begriff **244** 3 – Bei-sich-Führen einer ~ **125 a** 3 ff. – Bei-sich-Führen einer ~ bei Diebstahl **244** 6 ff. – Bei-sich-Führen einer ~ bei Raub **250** 5
Schußwaffengebrauch (der Polizei) – und Nothilfe **32** 37 f., 42 b, 85 vor **32, 212** 7

magere Zahlen = Randnummern

Stichwortverzeichnis

Schutzbefohlene – Begriff 174 5 ff., 225 3 ff. – Mißhandlung von ~ 225 3 ff. – sexueller Mißbrauch von ~ 174 12 ff.
Schutzbereich des deutschen Straftatbestandes 13 ff. vor 3–7
Schutzbereich der Norm, allgemein 95 f. vor 13 s. auch Fahrlässigkeit
Schutzgebiete – im Umweltstrafrecht 329 3 ff., 36 ff.
Schutzprinzip 7 vor 3–7, 5 1 s. auch internationales Strafrecht
Schutzzweck der Norm 95 f. vor 13
Schutzvorrichtungen 145 17 – Beeinträchtigung der ~ 145 19
Schwachsinn – und Schuldunfähigkeit 20 18
Schwägerschaft, Angehörige 11 8
Schwangere – Abbruch gegen Willen der ~ 218 58 – Einwilligung der ~ in Abbruch 218 34, 58, 218 a 61 f., 84 – Entscheidungsfreiheit der ~ als geschütztes Rechtsgut 12 vor 218 – Gesundheit der ~ als geschütztes Rechtsgut 12 vor 218 – Gesundheitsschäden der ~ als Folge des Abbruchs 218 59 – Hirntote ~ 218 27 – Strafbarkeit der ~ 218 62 ff., 210 b 20, 218 c 12, 219 23, 219 b 8 – Unbeachtlichkeit des Schicksals der ~ für Abbruch 218 25 f.
Schwangerschaft – Abschluß der ~ 40 vor 218
Schwangerschaftsabbruch – durch abbrechenden Arzt 28 vor 218, 218 a 58 ff. – bei Absterben des Leibesfrucht 218 19 ff. – durch Arzt als Berater 30 vor 218 – Beihilfe am ~ 218 52 – besonders schwerer Fall des ~ 218 57 ff. – Bewirken durch Vorenthalten von Unterhalt 170 34 ff. – durch Dritte 32 vor 218 – Einrichtung zur Vornahme des ~ 218 a 82 – als Heileingriff 223 50 b – bei herbeigeführter Frühgeburt 218 22 ff. – Kurpfuscherklausel bei ~ 218 59 – durch Indikationsarzt 29 vor 218 – Irrtum 218 42 – partieller ~ 218 a 34, 40, s. auch Mehrlingsschwangerschaftsreduktion – Rechtfertigung durch Indikation 218 a 21, s. dort – Straffreiheit des ~ 218 16 ff. – Tatbestandsausschluß nach Beratung 17 vor 218, 218 a 4 ff., 12 ff. – Teilnahme am ~ 218 51 ff. – Verhältnis zur gleichzeitigen Körperverletzung 218 59 f. – Versuchsstrafbarkeit 218 45 ff. – und vorhergehende Beratung, s. dort – Weigerungsrecht gegen ~ 218 a 84 ff. – im Ausland 5 17, 42 ff. vor 218, s. auch Fremd- und Selbstabbruch, Stichwortverzeichnis vor 218
Schwangerschaftsberatung s. Beratung
Schwangerschaftsberatungsstelle s. Beratungsstelle
Schwangerschaftskonfliktgesetz 8 vor 218, 219 1
Schwarzfahren 263 37, 265 a 11
Schwarzhören 265 a 5, 11
Schweigepflicht – von Amts- u. amtsnahen Personen 203 58 ff., 353 b 7, 10, 206 32 ff., 355 16 ff. – von Angehörigen bestimmter Berufe 203 34 ff., 62 ff. – von Inhabern oder Beschäftigten eines Post- oder Telekommunikationsdienstunternehmens u. bestimmten unternehmensnahen Personen 206 7 ff., 27 ff. – auf Grund einer besonderen Verpflichtung 353 b 12 ff., 353 d 22 ff. – Verletzung des ~ durch unbefugtes Offenbaren 203 19 ff., 45, 353 b 8, 353 d 3 f., 355 14, 19 bzw. durch unbefugtes Mitteilen 206 10 ff., 31, 35 f. – durch unbefugtes Verwerten 204 5 ff., 355 15, 19 – und besondere Offenbarungs- bzw. Mitteilungsbefugnisse 203 21 ff., 52 ff., 353 b 21, 206 12 ff., 36, 355 19 ff.; s. auch Geheimnis u. Stichwortverzeichnis vor 203

Schwere Brandstiftung 306 a, s. dort
Schwerer Bandendiebstahl 244 a, s. dort
Schwerer Fall s. besonders schwerer Fall
Schwere Folge der Tat – Absehen von Strafe bei ~ 60 3 ff.
Schwerer Hausfriedensbruch 124, s. dort
Schwere Körperverletzung 226 – Versuch einer ~ 226 16 f. – nach Schlägerei 231 13 ff.
Schwerer Menschenhandel 181 – durch Nötigung oder Überlistung zur Prostitution 181 3 ff. – durch Anwerben oder Entführen zu sexuellen Zwecken in Kenntnis der auslandsspezifischen Hilflosigkeit des Opfers 181 7 ff. – zum Anwerben in dieser Kenntnis zu Prostitutionszwecken 181 13 ff.
Schwerer Raub 250, s. dort
Schwerer sexueller Mißbrauch von Kindern 176 a, s. sexueller Mißbrauch
Schwiegereltern als Angehörige 11 8
Schwören, falsches 154 3 ff.
Scelere quaesita – Begriff 73 8 – als Gegenstand des Verfalls 73 10
Seelische Störungen – krankhafte ~ als Schuldausschließungsgrund 20, 20 6 ff.
Seeverkehr – Angriff auf den ~ 316 c
Sehvermögen – Verlust des ~ 226 3
Sekretur, formelle – Begriff 353 b 13 ff. – Verzicht auf ~ beim Geheimnisbegriff 93 4
Sektion – als Störung der Totenruhe 168 6
Selbstabbruch der Schwangerschaft 218 1 ff., 30, 51
Selbständige Anordnung – von Maßregeln 71, s. im einzelnen jeweilige Maßregel – von sonstigen Maßnahmen 76 a – und Verjährungsunterbrechung 78 c 14
Selbstbedienungsladen – Diebstahl im ~ 242 34 f.
Selbstbefreiung von Gefangenen 120 9 ff., 121 11
Selbstbegünstigung, straflose – allgemein 257 29 f. – und falsche Verdächtigung 164 34 – bei Vortäuschen einer Straftat 145 d 15
Selbstgefährdung 100 ff. vor 13, 15 52 a, 165 ff., 107 vor 32
Selbsthilfe, zivilrechtliche – als Rechtfertigungsgrund 66 vor 32
Selbstmord, s. Selbsttötung
Selbstmordversuch – als Unglücksfall bei unterlassener Hilfeleistung 323 c 7
Selbsttanken ohne zu zahlen 242 12, 36, 246 7
Selbsttötung – allgemein 33 f. vor 211 – Freiverantwortlichkeit der ~ 33 ff. vor 211 – Geschehenlassen einer ~ als Unterlassensdelikt 39 ff. vor 211 – Teilnahme an ~ 35 ff. vor 211 – Verhinderung einer ~ 45 vor 211, 240 30 ff.
Selbstverstümmelung 109
Sexualbeleidigung 185 4
Sexualdelikte – geschützte Rechtsgüter der ~ 1 vor 174 – Führungsaufsicht bei bestimmten ~ 181 b – bei bestimmten ~ kriminologische Indikation 218 a 34 f. – Auslandsgeltung 5 Nr. 8, 5 14 f.
Sexuelle Entwicklung, ungestörte – als geschütztes Rechtsgut von Sexualdelikten 1 vor 174, 174 1, 176 1, 180 1, 180 a 1, 182 2, 184 3, 184 b 1

2689

Stichwortverzeichnis

fette Zahlen = Paragraphen

Sexuelle Freiheit s. sexuelle Selbstbestimmung
Sexuelle Handlungen, allgemein – Begriff **184 c** 5 ff. – gegen Entgelt **180** 22 ff., **182** 6 – Erheblichkeitsklausel **184 c** 14 ff. – öffentliche ~ **183 a** 4
Sexuelle Handlungen an – einem anderen **184 c** 17 ff. – sich **176** 13, **184 c** 25
Sexuelle Handlungen am Täter 184 c 19
Sexuelle Handlungen vor einem anderen **184 c** 20 ff. – Bewußtsein des sexuellen Charakters? **184 c** 21 f.
Sexuelle Handlungen Minderjähriger – Förderung ~ an oder vor Dritten **180**, s. Kuppelei
Sexueller Mißbrauch – von Adoptivkindern **174** 11 – durch Amtsträger **174 b** 1 ff. – von zur psychotherapeutischen Behandlung Anvertrauten **174 c** 7 ff. – von Gefangenen **174 a** 2 ff. – von Hilfsbedürftigen **174 a** 7 ff. – von Jugendlichen **182**, s. dort – von Kindern **176**, s. dort – gemeinschaftlicher ~ von Kindern **176 a** 4 – von Kindern als Gegenstand harter Pornographie **184** 55, 60 ff., 63 ff. – schwerer ~ von Kindern **176 a** – von Kindern mit Todesfolge **176 b** – von Kranken **174 a** 7 ff. – von geistig oder seelisch Kranken oder Behinderten **174 c** 2 ff. – von leiblichen Kindern **174** 11 – von Schutzbefohlenen unter 16 Jahren **174** 5 ff. – von Schutzbefohlenen unter 18 Jahren unter Mißbrauch der Abhängigkeit **174** 10, 14 – Tathandlungen, s. sexuelle Handlungen sowie **174** 12 ff. – von Verwahrten **174 a** 2 ff. – von Widerstandsunfähigen **179**, s. dort
Sexuelle Nötigung 177; s. auch 4 ff. vor **174** – unter Ausnutzung einer schutzlosen Lage **177** 8 ff. – mit Drohung **177** 7 – besonders schwerer Fall der ~ **177** 18 ff. – minder schwerer Fall der ~ **177** 32 ff. – Gefahr schwerer Gesundheitsschädigung durch ~ **177** 26 – Gefahr des Todes durch ~ **177** 27 – mit Gewalt **177** 5 f. – schwere körperliche Mißhandlung bei ~ **177** 27 – gemeinschaftliche Tatbegehung bei ~ **177** 24 – mit Todesfolge **178** – Vergewaltigung als besonders schwerer Fall der ~ **177** 19 ff. – mit Waffen oder Werkzeugen **177** 25 ff.
Sexuelle Selbstbestimmung – als geschütztes Rechtsgut der Sexualdelikte 1 vor **174, 174 a** 1, **177** 2, **180 b** 2, **181 a** 1
Sicherheit – Untergrabung der ~ der BRep. **89** 9 ff. – Gefährdung der ~ der BRep. **109 e** 12, **109 f** 5, **109 g** – Äußere ~ der BRep. **93** 17 ff.
Sicherheitsorgane – als Sabotageobjekte **88** 7 – Zersetzung der ~ **89** 1 ff.
Sicherung, – Maßregeln der, s. dort – von Beweisen und Verjährungsunterbrechung **78 c** 18
Sicherungseinziehung 74 29 ff.
Sicherungsbetrug 263 184
Sicherungseigentum – Diebstahl **242** 13 – Einziehung **74** 24 – Unterschlagung **246** 5, 17 – Veruntreuung **246** 24
Sicherungsverwahrung, Unterbringung in ~ **66** – keine ~ bei Bagatellkriminalität **66** 40 – Erledigterklärung der ~ **67 d** 4 – bei Tätern mit mehreren Vorverurteilungen **66** 4 ff. (u. a. Hangtätern **66** 19 ff.) – bei Tätern mit mehreren Vortaten **66** 47 ff. – keine ~ bei unterer (leichter) Kriminalität **66** 39 – Verfassungsmäßigkeit der ~ **66** 3 – Vollzug der ~ **67** 11, **67 c** 2 ff.
Siechtum – Verfallen in ~ **226** 7

Siegel – ~bruch **136** 18 ff. – dienstliches ~ **136** 19 ff. – Rechtmäßigkeit der ~ -anlegung **136** 28/32 – Unwirksammachen des durch ~ bewirkten Verschlusses **136** 25
Sittenwidrigkeit – der Einwilligung **228** 5 ff., 36 ff. vor **32**, s. auch Dispositionsbefugnis – Irrtum über ~ **228** 13
Sitzstreik – als Gewalt 7 ff., 14, 22 vor § **234**, **240** 26 ff., Gewalttätigkeit? **125** 6
Sklaverei – bei Menschenraub **234** 6
Smog-Gebiet – Begriff **329** 5 f.
Soldat – kein Amtsträger **11** 20 – Vorteilsgewährung an ~ **333** 10 f. – Widerstand gegen „Vollstreckungs"- ~ **113** 8, 10 ff.
Sonderdelikte, echte und unechte, – allgemein **131** vor **13** – Anstiftung **26** 26 – mittelbare Täterschaft bei ~ **25** 44 – Täter und Teilnehmer bei ~ 71 f. vor **25**
Sorgfaltspflicht bei Fahrlässigkeit 15 113, 116, 121 ff., 131 ff. – objektive ~ **15** 121 ff. – subjektive ~ **15** 194 ff. – Sorgfaltsmaßstab **15** 133 ff. (geltender Durchschnittsmaßstab **15** 134 ff. – individuelles Leistungsvermögen **15** 138 ff.) – und erlaubtes Risiko **15** 144 ff. – für Garanten **15** 154
Sozialadäquanz – Lehre von der ~ **69** f. vor **13** – bei Fahrlässigkeitsdelikten **15** 127 ff., 146 u. 94 vor **32** – kein Rechtfertigungsgrund 107 a vor **32** – ~ -Klausel beim Verbreiten verfassungswidriger Propagandamittel und Kennzeichen **86** 17, **86 a** 10
Sozialarbeiter – berufliche Schweigepflicht **203** 40
Soziale Handlungslehre 33 ff. vor **13**
Sozialnot bei Notstand **34** 41 d, **35** 35
Sozialpädagogen – berufliche Schweigepflicht **203** 40
Sozialprognose, s. Täterprognose
Sozialversicherungsbeiträge – Einbehalten von ~ **266 a** 13 – Nachentrichten von ~ **266 a** 26 – Nichtabführen von ~ **266 a** 16 – Vorenthalten von ~ **266 a** 9, 16
„Spätabtreibung" 13 vor **211**, 41 vor **218**, **218 a** 43
Sparbuch, – Diebstahl **242** 50 – Betrug **263** 16 b, 48
Spekulationsgeschäft, – Betrug **263** 114 – Bankrott **283** 10
Sperre für neue Fahrerlaubnis – Beschränkung der ~ **69 a** 3 f. – Bemessung der Frist für ~ **69 a** 11 ff. – Dauer der ~ **69 a** 5 ff. – gleichzeitige Anordnung der ~ mit Entziehung der Fahrerlaubnis **69 a** 1 – isolierte ~ **69 a** 23 ff. – lebenslange ~ **69 a** 9 – vorzeitige Aufhebung der ~ **69 a** 19 ff.
Spezialität von Gesetzen – allgemein 110 vor **52**, 135 vor **52** – gleichzeitiges Vorliegen verschiedener Qualifikationen **177** vor **52** – Folge bei privilegierender ~ 136 vor **52** – Folge bei qualifizierender ~ 137 vor **52** – im Verhältnis Widerstand und Nötigung **113** 68
Spezialkreditkarte s. Kreditkarte
Spezialprävention allgemein 2 vor **38** – Inhalt der ~ 15 ff. vor **38** – Konkurrenz mit generalpräventiven Gedanken 19 ff. vor **38**, s. auch Verteidigung der Rechtsordnung – bei kurzzeitiger Freiheitsstrafe **47** 11 ff. – Bedeutung für Strafzumessung **46** 5
Spielgemeinschaft 286 1, **13 b**
Spielraumtheorie 10 vor **38**

magere Zahlen = Randnummern

Stichwortverzeichnis

Sportliche Wettkämpfe – Verletzungen bei ~ **228** 16 ff.
Sprache, Sprechvermögen – Verlust **226** 1 b
Sprachgebrauch des StGB 1 ff. vor **11**
Sprechstundenhilfe – Schweigepflicht **203** 64
Sprengstoff – Begriff **308** 4 – ~ explosion **308** 3 – bei Flugzeugentführungen **316** c – Einziehung von ~ **322**
Sprengstoffverbrechen – Vorbereitung eines ~ **310** – als Auslandstat **6** 3
Staat – ausländische ~en 3 vor **102**, s. dort
Staatenlose 37 vor **3**
Staatsanwaltschaft – Hilfsbeamte der ~, s. dort
Staatsgeheimnis – Legaldefinition **93** 2 ff. – Auskundschaften von ~ **96** 8 ff. (Rücktritt **96** 15 f.) – Geheimhaltungsbedürfnis eines ~ vor fremder Macht **93** 14 ff. – sog. illegale ~ **93** 24 ff., s. dort – Irrtum des Täters über Rechtsnatur des ~ **97** b – materieller Begriff des ~ **93** 5 – Mitteilung eines ~ an fremde Macht **94** 4 ff. s. auch Landesverrat i. e. S. – Mosaiktheorie **93** 11 ff. – (bloßes) Offenbaren eines ~ **95** 8 ff., s. auch publizistischer Landesverrat – Offenbaren illegaler ~ **95** 13 ff. – öffentliche Bekanntmachung eines ~ **94** 11 – Preisgabe von ~ **97** 4 ff. – leichtfertige Preisgabe von ~ **97** 10 ff. – Quasi~ **97** a 1 f. – Unbefugter als Empfänger eines ~ **94** 8 ff.
Staatsgewalt – Widerstand gegen ~ 1 ff. vor **110**
Staatsnothilfe 32 6 f.
Staatsnotstand 34 11
Staatssicherheit, äußere – geschütztes Rechtsgut von Landesverrat und Friedensverrat 3 vor **80**, **80** 2, **80 a** 2, 1 f. vor **93**, **93** 17 ff.
Staatssicherheit, innere – geschütztes Rechtsgut von Hochverrat und Gefährdung des demokratischen Rechtsstaates 3 vor **80**, **81** 2
Staatsschutzdelikte – allgemein 1 ff. vor **80** – (teilweise) Erstreckung der ~ auf Nato-Vertragsstaaten 17 ff. vor **80** – Geltungsbereich, persönlicher und räumlicher, von ~ vor **12** ff. vor **80** – Erweiterung der Anordnung der Nebenfolge bei ~ **92 a** – Erweiterung der Einziehungsanordnung bei ~ **92 b** – Verfolgung (strafprozessuale) von ~ 16 vor **80**
Stasi-Vergangenheit – Täuschung über ~ **263** 21 a, 156
Stelle – sonstige ~ der öffentl. Verwaltung **11** 25 ff.– Handeln für ~ der öffentl. Verwaltung **14** 42 – Erwiderung einer Beleidigung auf der ~ **199** 8 ff. – Tötung auf der ~ nach Provokation **213** 9
Stellvertretende Strafrechtspflege, Grundsatz der ~ – 9 vor **3–7**, **6** 1, **7** 1
Sterbehilfe 21 ff. vor **211** – Anleitung zu **111** 11 – durch Hilfe zum Sterben 25 f. vor **211** – durch Hilfe im Sterben 23 vor **211** – durch aktive Lebensverkürzung 24 vor **211** – durch Sterbenlassen 27 ff. vor **211**, s. auch Euthanasie
Sterilisation 223 59 ff.
Steuergeheimnis – Verletzung des ~ **355**
Steuerberater, -bevollmächtigter – berufliche Schweigepflicht **203** 37
Steuerhehlerei 259 4
Steuerungsfähigkeit – Schuldunfähigkeit bei fehlender ~ **20** 29 f.
Stiefeltern als Angehörige **11** 8
Stiefkinder – als Angehörige **11** 8 – sexuelle Handlungen mit ~ **174** 6
Stimmabgabe, Täuschung bei der ~ **108 a**

Stimmenkauf 108 b 1 f.
Stimmrecht – Aberkennung des ~ **45** V
Stoffe 324 a 5 – gesundheitsschädliche **224** 2 c – radioaktive **328** 2 f.
Stoffe, gefährliche – unerlaubter Umgang mit ~ **328**
Stoffgleichheit – bei Betrug **263** 168 f. – bei Erpressung **253** 20 – keine ~ bei Hehlerei **259** 48
Störung – krankhafte seelische ~ **20** 6 ff. – tiefgreifende Bewußtseins~ **20** 12 ff. – öffentlicher Betriebe **318 b**
Strafantrag, – allgemein **77** 1 ff. – des Dienstvorgesetzten **77 a** 2 ff. – Form des ~ **77** 34 ff. – Frist des ~ **77 b** – Ruhen der Frist – **77 b** 22 – mehrerer Berechtigter **77** 33 – Inhalt des ~ (Auslegung) **77** 38 ff. – als Prozeßvoraussetzung **77** 8 f. – Rücknahme des ~ **77 d** (Form **77 d** 5 – Voraussetzungen **77 d** 6, 8) – Teilbarkeit (Beschränkung) des ~ **77** 42 ff., **77 d** 9 f. – Vertreter des Verletzten als Antragsberechtigter **77** 15 ff., 26 ff. – Verlust des ~ durch Verzicht **77** 31 – bei wechselseitigen Taten **77 c** – Wirkung des ~ **77** 47 ff. – bei Begünstigung **257** 37 f. – bei Beleidigungsdelikten **194** 1 ff. – bei Diebstahl **247** 12 ff., **248 a** 18 ff., **248 b**, **248 c** – bei Hausfriedensbruch **123** 38 – bei Hehlerei **259** 60 – bei Körperverletzungsdelikten **230** 9 ff. – bei Sachbeschädigung, Datenveränderung, Computersabotage **303 c** – bei sexuellen Mißbrauch von Jugendlichen **182** 17 – bei Verletzung des persönlichen Lebens- und Geheimnisbereiches **205** – bei Bestechung/Bestechlichkeit im geschäftlichen Verkehr **301**
Strafarrest 38 7
Strafaufhebungsgründe – allgemein 133 vor **32** – unmaßgeblich für Teilnahme 38 vor **25**
Strafausschließungsgründe – allgemein 127 ff. vor **32**, **16** 34 – irrige Annahme **16** 27 a – Irrtum über ~ 132 vor **32** – persönliche und sachliche ~ **131** vor **32** – Wirkung persönlicher ~ beim Beteiligten **28** 14 – unmaßgeblich für Teilnahme 38 vor **25**
Strafaussetzung zur Bewährung 56 – allgemein, Rechtsgedanke der ~ **56** 1 ff. – Erleichterung der ~ bei exhibitionistischen Handlungen **183** 10 ff. – und Gesamtstrafe **58** – nur bei kurzer Freiheitsstrafe **56** 8 ff. – bei kurzen Freiheitsstrafen **56** 33 ff. – bei längerer (bis 2 Jahre) Freiheitsstrafe **56** II, **56** 25 ff. – bei lebenslanger Freiheitsstrafe **57 a**, **57 b** – bei mehreren Freiheitsstrafen **57** 8 – bei günstiger Resozialisierungsprognose **56** 14 ff. – Straferlaß bei Bewährungsauflagen **56 g**, s. dort – Urteil bei ~ **56** 50 – Widerruf der ~ **56 f** 1 ff. – Zeitraum für Widerrufsentscheidung **56 f** 12 ff.
Strafbarkeitsbedingungen, objektive 124 ff. vor **13** – kein Vorsatz **15** 34 – unmaßgeblich für Teilnahme 39 vor **25** – bei Schlägerei **231** 1, 13
Strafbedürftigkeit 13 vor **13**
Strafbefehl – Verjährungs-Unterbrechung bei ~ **78 c** 17
Strafbegründende persönliche Merkmale – allgemein **28** 21 – bei Mittäterschaft **25** 83 – bei Organhaftung **14** 8 ff. – Abgrenzung zwischen tat- und täterbezogenen ~ **28** 15 ff. – bei der versuchten Beteiligung **30** 12
Strafbegründungsschuld 111 vor **13** – Unterschied zur Strafzumessungsschuld **46** 9 a
Strafbemessung, s. Strafzumessung

2691

Stichwortverzeichnis

fette Zahlen = Paragraphen

Strafdrohung – absolut bestimmte ~ 39 vor **38** – alternative ~ **46** 60 ff. – relativ bestimmte ~ 40, 42 ff. vor **38** – unbestimmte ~ 41 vor **38**
Strafe – allgemein 6 vor **1** – Absehen von ~ **54** ff. vor **38, 60** – Anrechnung auf , ~ s. dort – Auswahl der konkreten Strafart **46** 60 ff. – Betriebs~ 37 vor **38** – Disziplinar~, keine Geltung des StGB-Strafensystems 34 vor **38** – Freiheits, ~ s. dort – Geld~, s. dort – Gerechtigkeitserfordernis der ~ 3 f. vor **38** – Haupt~ s. dort – Neben~ s. dort – Bedeutung der Schuld für die ~ 6 ff. vor **38, 46** 8 ff. – ~ und Spielraumtheorie 10 vor **38** – Strafdrohungen 38 ff. vor **38** – ~ und Strafrahmen, s. dort – Strafzwecke 1 ff. vor **38**, s. auch Strafzumessung – Vorstrafe 61 vor **38** – Prinzip der Zweispurigkeit 23 f. vor **38**, 1 ff. vor **61**
Straferlaß 56 g – kein automatischer ~ nach Bewährungsende **56 g** 1 – Widerruf des ~ **56 g II, 56 g** 5 ff.
Straffreierklärungen – bei wechselseitigen Beleidigungen **199** 10
Strafgesetze, Allgemeine – und Parteienprivileg 6 f. vor **80**
Straflose Nachtat – allgemein 112 ff. vor **52** – Teilnahme an ~ 118 vor **52** – Wirkung 140 vor **52**
Straflose Vortat 119 ff. vor **52** – ausnahmsweise strafbar 125 ff. vor **52**
Strafmaßschuld 46 I, 112 vor **13, 46** 8 ff.
Strafmilderung 49 f. – allgemein **49** 1 – durch begrenzte Herabsetzung des Regelstrafrahmens **49 I, 49** 2 ff. – und besonders schwerer Fall **50** 7 – Verbot der Doppelverwertung **49** 6, **50** – bei Geldstrafen **49** 5 – mehrfache ~ bei mehreren Milderungsgründen **40** 6 – und minder schwerer Fall (Zusammentreffen) **50** 1 ff. – und Strafschärfungsgründe (Zusammentreffen) 53 vor **38** – ~ und Strafzumessung **49** 7 – unbeschränkte ~ **49 II, 49** 8 ff. – Unbeachtlichkeit der ~ bei Verbrechenseinteilung **12** 7 ff.
Strafmilderungsgründe (einzelne) – Aussagenotstand **157** 12 – Beihilfe **27** 32 – Berichtigung einer Falschaussage **158** 13 – doppelte Milderung **17** 26, **21** 13, **28** 25, **50** 6 – Fortführung einer verfassungswidrigen Partei **84** 24 – Hochverrat **83 a** 13 – bei Kompensation **233** 3 – Kriminelle Vereinigung **129** 20 – Landesverräterische Agententätigkeit **98** 27 – Putativnotstand (vermeidbar) **35** 43 – strafbegründende persönliche Merkmale **28** 25 ff. – Verbotsirrtum **17** 24 ff. – Vereinigungsverbot **85** 13 – verminderte Schuldfähigkeit **21** 12 ff. – Versuch **23** 3 ff. – versuchte Beteiligung **30** 42 f. – zumutbare Notstandsmaßnahme **35** 36 f.
Strafmodifizierende (schärfende, mildernde) Umstände – persönliche ~, Behandlung **28 II, 28** 23 – Bedeutung für Strafenbildung 42 a f. vor **38** – bei versuchter Beteiligung **30** 14
Strafrahmen – als relativ bestimmte Strafdrohung, allgemein 42 ff. vor **38** – Erweiterung des ~ ohne gesetzliche Normierung 46 ff. vor **38** – Herabsetzung des ~ **49** 2 ff. – Regelbeispiele und ~ 44 ff. vor **38** – strafmodifizierende Umstände und ~ 42 a f. vor **38** – bei eigenständigen Verbrechen 51 vor **38**
Strafrecht – formelles ~ 2 vor **1** – interlokales ~ 47 ff. vor **3–7** – internationales ~ 1 ff. vor **3** –

intertemporales ~ – **2** 10 ff. – kriminelles ~ Geltung des StGB-Strafensystems 34 vor **38** – materielles ~ 1, 3 ff. vor **1** – Ordnungs- und Verwaltungs~, keine Geltung des StGB-Strafensystems 35 vor **38**
Strafrechtsreform, Einf. 2 ff.
Strafrest, Aussetzung des 57 – allgemein als Strafvollstreckungsmaßnahme **57** 1 f. – bei Verbüßung von 2/3 der Strafe **57 I, 57** 3 ff. – bei Verbüßung der Hälfte der Strafe **57 II, 57** 21 ff. – bei vollzogenen Maßregeln **67** 4 – bei lebenslanger Freiheitsstrafe **57 a, 57 b**
Strafschärfungsgründe – Unbeachtlichkeit der unbenannten ~ bei Verbrechenseinteilung **12 III, 12** 7 ff. – Beachtlichkeit der benannten ~ bei Verbrechenseinteilung **12** 11 f. – Wirkung persönlicher ~ für Beteiligten **28 II, 28** 23 – Zusammentreffen mit strafmildernden Umständen **53** vor **38**, s. auch strafmodifizierende Umstände
Straftaten – auf Begehung von ~ gerichtete Vereinigung, s. kriminelle Vereinigung – Einteilung der ~ **12, 11** 40 ff., **127** ff. vor **13** – gegen die Umwelt vor **324** – Verleitung eines Untergebenen zu ~ im Amt **357**
Straftilgungsgründe – unmaßgeblich für Teilnahme 38 vor **25**
Strafvereitelung 258 – allgemein als persönliche Begünstigung **258** 1 – im Amt **258 a**, s. dort – zugunsten eines Angehörigen **258** 39 – und Fremdbegünstigung **258** 37 – keine ~ bei Selbstschutz **258** 33 ff. – und Schutzzweck der Norm **258** 21, 29 a – durch Strafverteidiger **258** 20 – durch Verfolgungsvereitelung, s. dort – durch Vollstreckungsvereitelung, s. dort
Strafvereitelung im Amt 258 a – allgemein als unechtes Amtsdelikt **258 a** 1 – kein Angehörigenprivileg **258 a** 18 – Selbstschutz bei ~ **258 a** 19 ff. – Verfolgungsvereitelung ~ **258 a** 3 ff., s. dort – Vollstreckungsvereitelung **258 a** 6, s. dort
Strafverfolgungshindernisse – allgemein **127** vor **32**
Strafverfolgungsinteresse – und Schweigepflicht **203** 32, s. auch öffentliches Interesse an der Strafverfolgung
Strafverlangen 77 e 3
Strafverteidiger – Straflosigkeit bei Nichtanzeige bestimmter Taten **139** 3 – und Strafvereitelung **258** 20
Strafvollstreckung – Zurückstellung der ~ **56** 2
Strafvorbehalt, siehe Verwarnung mit ~
Strafwürdigkeit 13 vor **13**
Strafzumessung 46 – allgemein **46** 1 f. – Abwägungsgebot strafmodifizierender Umstände **46** 6 ff. – Verbot der Doppelverwertung **46** 45 ff. – Gesinnung und ~ **46** 16 – mehrfache ~ bei Gesamtstrafe **54** 14 ff. – bei überlanger Verfahrensdauer **46** 57 – Bedeutung des „Mitverschuldens" für ~ **46** 24 – Bedeutung der Motive für ~ **46** 12 ff. – nicht abschließende Aufzählung der Strafzumessungsfaktoren **46** 10, 52 – gesetzlich nicht genannte Gründe bei ~ **46** 52 ff. – objektive Gründe bei ~ **46** 18 ff. – Persönlichkeit des Täters und ~ **46** 29 ff. – Bedeutung der Strafzwecke für ~ **46** 3 ff. – Urteilsgründe bei ~ und Revisibilität der ~ **46** 65 ff. – Verhalten nach der Tat **46** 39 ff. – Vorstrafen **46** 31 f., s. auch Stichwortverzeichnis vor **46**

magere Zahlen = Randnummern   **Stichwortverzeichnis**

Strafzumessungsschuld 46 9 a
Strafzweck 1 ff. vor 38
Strahlen 330 7
Strahlen, ionisierende – Mißbrauch ~ **309** – Freisetzen von ~ **311** – nicht ~, Gefährdung **325 a** 10
Strahlungsverbrechen – Vorbereitung eines ~ **310** – als Auslandstat **6 Nr. 2**, **6** 3
Straßenverkehr – Fahrlässigkeit im ~ **15** 149 f., 207 ff. – Angriff auf Kraftfahrer im ~ **316 a** – gefährlicher Eingriff in den ~ **315 b** (Zweckentfremdung **315 b** 8 ff.) – Gefährdung des ~ **315 c** (Einwilligung **315 c** 43 – konkrete Gefährdung **315 c** 33 ff. – Konkurrenzen **315 c** 8 ff.) – Nötigung im ~ **240** 24 – Schienenbahnen im ~ **315 d** – Trunkenheit im ~ **316**
Straßenverkehr, Gefährdung des **315 c** – und Entziehung der Fahrerlaubnis **69** 34 f.
Streik – als Hochverrat (?) **81** 4 – als Nötigungsmittel **106** 8 – als Arbeitskampfmittel **240** 6, 25, s. auch Sitzstreik
Strenge Akzessorietät 21 f. vor **25**
Strohmann 266 25, 33
Subjektive Rechtfertigungselemente allg. 13 ff. vor **32**, s. auch Notwehr, Notstand (rechtfertigender)
Subjektiv-historische Auslegungstheorie 1 41
Subjektiver Tatbestand 61, 63 vor **13**
Subjektive Theorie – bei den Aussage-(Eides-)delikten 4 ff. vor **153** – bei der Täterschaft 56 ff. vor **25** – beim Versuch 21 vor **22**
Subjektive Unrechtselemente 63 vor **13** – und Vorsatz **15** 23 f.
Subsidiarität (von Gesetzen) – allgemein 105 vor **52** – gesetzlich festgelegte ~ **106** vor **52** – Wirkung der ~ **138** ff. vor **52** – aus Zweck und Zusammenhang 107 ff. vor **52**
Substanztheorie 242 47
Subsumtionsirrtum – Begriff **15** 43 ff. – umgekehrter ~ **22** 82
Subventionen – Begriff **264** 6 ff., 26 – Adressaten der ~ **264** 20 ff. – nach Bundes- oder Landesrecht **264** 7 ff. – nach EG-Recht **264** 26 – als Leistungen ohne marktmäßige Gegenleistung **264** 9 ff. – „Wirtschafts"~ **264** 13 ff. – großes Ausmaß der ~ als besonders schwerer Fall **264** 74 – Erschleichen von ~ **263** 31 a
Subventionsbetrug 264 – Abgrenzung zu Betrug **264** 87 – durch unrichtige Angabe subventionserheblicher Tatsachen **264** 39 ff. – durch Gebrauchen einer unrichtigen Bescheinigung **264** 57 ff. – durch unterlassene Mitteilung **264** 50 ff. – durch zweckwidrige Verwendung von Gegenständen oder Geldleistungen **264** 49 a ff. – besonders schwerer Fall **264** 72 ff. – durch Amtsträger **264** 76 ff. – leichtfertiger ~ **264** 63 f. – Einziehung bei ~ **264** 81 ff. – tätige Reue **264** 66 ff. – als Auslandstat **6** 9, – gewerbsmäßiger ~ durch Bandenmitglieder **264** 78 a; s. auch Subventionen, subventionserhebliche Tatsachen u. im übrigen das Stichwortverzeichnis des § 264
Subventionserhebliche Tatsachen 264 27 ff., 55 – ausdrücklich kraft Gesetzes **264** 29 ff. – mittelbar kraft Gesetzes **264** 36 f.
Subventionsgeber 264 40 f.
Suchtberater – berufliche Schweigepflicht 203 38

Suchtkranke – sexueller Mißbrauch von ~ **174 c** 2 ff.
Suizid, s. Selbsttötung
Sukzessive Tatbegehung – des Gehilfen **27** 17 – des Mittäters **25** 85 – des Nebentäters **25** 92
Supranationales Strafrecht 22, 26 vor **1**
Surrogate – als Gegenstand des Verfalls **73** 32 f.
Symbole, Verunglimpfung staatlicher ~ **90 a**
Symptomtaten, Begriff **66** 30

Tagessatz – ~system, allgemein **40** 1 – Berücksichtigung außergewöhnlicher Belastungen **40** 15 – Bemessungsgrundlagen **40** 19 ff. – Höhe des ~ **40** 5 ff. – Nettoeinkommensprinzip **40** 8 ff. – Berücksichtigung von Unterhaltsverpflichtungen **40** 9, 14 – Berücksichtigung des Vermögens **40** 12 – Zahl der ~ **40** 2 ff.
Tarnorganisationen – des Geheimdienstes **99** 5
Tatbegriff, materieller, s. Handlungseinheit
Tatbegriff, prozessualer – keine Identität mit Idealkonkurrenz **52** 49
Tatbestand – als Deliktstatbestand 43 ff. vor **13** – als Gesamttatbestand 43 ff. vor **13** – als Garantietatstand 44 vor **13**, 17, 43 ff. vor **13** – als Erlaubnistatbestand 44 vor **13** 4, vor **32** – qualifizierter ~, Vorsatz diesbzgl. **15** 26 ff. – als Schuldtatbestand 44, 14 vor **13** – Prinzipien der Begrenzung des ~ 68 ff. vor **13**; s. auch Stichwortverzeichnis vor **13**
Tatbestandsausschluß bei Schwangerschaftsabbruch 17 vor **218**, **218 a** 4 ff., 12 ff.
Tatbestandseinschränkungsprinzipien 68 ff. vor **13**
Tatbestandsirrtum 16 I, **16** 1, 7 ff., s. auch Irrtum
Tatbestände, – Alternativität von ~ **1** 62, 85 ff. s. auch Wahlfeststellung – Stufenverhältnis von ~ **1** 89 – offene ~ 66 vor **13** – geschlossene ~ 66 vor **13**
Tatbestandsmäßigkeit – der Handlung 12 vor **13** – und Rechtswidrigkeit 15 ff. vor **13** (s. auch zwei-, bzw. dreistufiger Verbrechensbegriff)
Tatbestandsmerkmale – deskriptive ~ 64 vor **13**, **15** 17 ff., 39 – normative ~ 64 vor **13**, **15** 17 ff., 43 f. – negative ~, Lehre von den negativen ~ 15 ff. vor **13**, **15** 35, 46 f. – tatbestandliche Voraussetzungen der Rechtfertigungsgründe – objektive ~ 62 vor **13** – subjektive ~ 63 vor **13**
Tateinheit s. Idealkonkurrenz
Täter, allgemein 2 vor **25** – Strafbarkeit des Schreibtisch~ **25** 25 – hinter dem Täter **25** 21 ff. – im Wirtschaftsunternehmen 109 a ff. vor **25**, 28 ff. vor **324**, s. Stichwortverzeichnis vor **25**, s. auch mittelbare Täterschaft
Täterbegriff – doppelter ~ 10 vor **25** – extensiver ~ 8 f. vor **25** – nach der finalen Handlungslehre 10 vor **25** – restriktiver ~ 6 ff. vor **25**
Täter-Opfer-Ausgleich 46 a, 59 a 5
Täterpersönlichkeit – Bedeutung für Deliktsfolgen 6 f. vor **13**, **46** 3 – Bedeutung für Bewährung **56** 19 f.
Täterplan – Maßgeblichkeit des ~ für Versuch **22** 33 f. – Beurteilungsmaßstab für ~ **22** 34
Täterprognose – bei Aussetzung von Maßregeln **67 b** 4 ff. – bei Berufsverbot **70** 9 ff. – bei Strafaussetzung **56** 14 ff. – bei Führungsaufsicht **68** 7 f., **68 e** 2 f., **68 f** 9 ff. – bei Maßregeln der Besserung u. Sicherung (Gefährlichkeitsprognose) 8 ff.

2693

Stichwortverzeichnis

fette Zahlen = Paragraphen

vor **61** – bei Verwarnung mit Strafvorbehalt **59** 7 ␣ff.
Täterschaft, allgemein **1** ff., **5** ff. vor **25** – Abgrenzung zur Teilnahme **51** ff. vor **25** – Formen der ~ 6 vor **25** – mittelbare ~, s. dort
Täterstrafrecht – StGB kein ~ **3**, **105** vor **13**
Tätertypen – keine Strafbarkeit nach ~ **4** f. vor **13**
Täterwille – als Strafzumessungsfaktor **46** 16
Tatherrschaftslehre **62** ff. vor **25**
Tätige Reue – bei Brandstiftung **306** e – bei Herbeiführen einer Kernenergieexplosion **314** a – bei geheimdienstlicher Agententätigkeit **99** 28 f. – bei Geldfälschung u. a. **149** 13 ff., **152** a IV – bei gemeingefährlichen Straftaten nach **315** ff. **320** – bei Hochverrat **83** a 2 ff. – bei Kapitalanlagebetrug **264** a 39 – bei Kreditbetrug **265** b 49 – bei Bildung krimineller Vereinigungen **129** 18 ff. – bei landesverräterischer Agententätigkeit **98** 19 ff. – bei Mißbrauch ionisierender Strahlen **314** a – bei räuberischem Angriff auf Kraftfahrer **316** a 10/14 – bei Umweltstraftaten **330** b – bei Unfallflucht **142** 88 – bei Sprengstoffexplosionen **314** a – bei Subventionsbetrug **264** 66 ff. – bei Versicherungsmißbrauch **265** 5 – bei Versuch **24** 10, 44 – bei Vorbereitung des Hochverrats **83** a 11
Tätigkeitsdelikte, schlichte **130** vor **13**
Tätigkeitsübernahme – pflichtwidrige ~ **15** 136, 198
Tätlicher Angriff – auf Anstaltsbeamte als Meuterei **121** 9 – auf Vollstreckungsbeamte **113** 46 f.
Tatmehrheit, s. Realkonkurrenz
Tatmittler allgemein **25** 6 a – Kinder und Jugendliche als ~ **25** 39 f., s. auch mittelbare Täterschaft
Tatort, s. Ort der Tat
Tatortprinzip bei Anwendung des interlokalen Strafrechts **53** f. vor **3–7**
Tatsache – Begriff **186** 3 f., **263** 8 ff. – Aussage über äußere ~ 7 vor **153** – Befund~ 13 vor **153** – Aussage über innere ~ 7 vor **153**, **263** 10 – rechtlich erhebliche ~ **267** 12 ff., **268** 24 ff. – investitionserhebliche ~ **264** a 29 – subventionserhebliche ~ **264** VIII, **264** 27 ff. – Täuschung über ~ **263** 11 ff. – Unwahrheit der ~ und Verleumdung **187** 2 – Wahrheit der ~ und Beleidigung **185** 6 – Wahrheit der ~ und üble Nachrede **186** 10, 13 ff. – Zusatz~ 13 vor **153**
Tatsachenalternativität, reine **1** 61, 85 ff., s. auch Wahlfeststellung
Tatschuld **105** vor **13**
Tatstrafrecht 3 vor ~ **13** – StGB als ~ 3 vor **13** – Bedeutung für Strafzumessung **46** 4
Tatverantwortung – Lehre von der ~ **21** vor **13**
Tatumstände – Irrtum über ~ **16** 1 – straferhöhende ~ **16** 2 – Sonderregelung des Irrtums über ~ bei Landesverrat **97** b 1 ff.
Tatzeit, s. zeitliche Geltung, s. Zeit der Tat
Tatzeitprinzip **2** 11
Taubstumme – Schuldfähigkeit von ~ **20** 3
Täuschung (Tathandlung) – Begriff **263** 6 ff., 11 – bei Betrug, allgemein **263** 8 ff. – bei Bargeschäften **263** 28 – Kausalität zwischen ~ und Irrtum bei Betrug **263** 35 – konkludente ~ **263** 14 ff. – bei Kreditgeschäften **263** 24 ff. – bei Scheck- und Wechselhingabe **263** 29 f. – über Verwendungszweck **263** 31 – von Wählern **108** a 2 – und Wehrpflichtentziehung **109** a 7 ff., s. auch Entstellung, Unterdrückung, Vorspiegelung

Technische Arbeitsmittel **305** a 4
Technische Aufzeichnungen – Begriff **268** 6 ff. – Herstellen unechter ~ **268** 38 ff. – Verfälschen echter ~ **268** 40 ff. – Gebrauchen unechter bzw. verfälschter ~ **268** 60 ff. – einzelne ~ **268** 17 ff. – Beweisbezug von ~ **268** 19 ff., 34 – zusammengesetzte ~ **268** 27, 34 ff. – Verhältnis zur Urkunde **268** 28 – Fälschung von ~ durch Unterlassen **268** 54 – Unterdrückung von ~ **274** 1 ff. – Einziehung von ~ **282**
Technisches Gerät – Begriff **268** 13 ff. – Einziehung **282**
Teil(e) – der Bevölkerung, s. dort
Teileinziehung **74** b 11 ff.
Teilnahme, – allgemein **14** ff. vor **25** – Abgrenzung zur Täterschaft **51** ff. vor **25** – bei Abweichungen des Täters **44** f. vor **25** – an Bandendiebstahl **244** 27 f., 32 – besonders schwerer Fall **44** d vor **38** – bei Exzeß des Täters **43** vor **25** – fahrlässige ~ **12** ff. vor **25** – Konkurrenz bei mehreren Beteiligungsformen **49** f. vor **25** – am Mord **211** 44 ff. – notwendige ~ **46** ff. vor **25** – passive Beteiligung **47** a vor **25** – am Suizid **35** ff. vor **211** – ~theorien **17** ff. vor **25** – durch Unterlassen **101** ff. vor **25** – an Unterlassungsdelikten **99** f. vor **25** – an kombinierten Vorsatz-Fahrlässigkeitsdelikten **34** vor **25** – Versuch der ~ **30** I, **30** 1 ff. – am Waffendiebstahl **244** 21, 32
Teilrücktritt **24** 113
Teilzahlung, s. Ratenzahlung
Telephon, s. Telekommunikationsanlagen
Teledienste – Haftungsbeschränkungen für Anbieter von ~ **184** 66 b ff.
Telegrammfälschung **267** 61
Telekommunikationsanlagen Begriff **317** 2/3 – Störung von ~ **317**
Telekommunikationsnetz, öffentliches – Erschleichen der Leistung eines ~ **265** a 5, 10
Territorialprinzip **4** vor **3–7**, **3** 1 f.
Terrorismus, gesetzliche Maßnahmen zur Bekämpfung des ~ **2** vor **123**
Terroristische Vereinigung – Bildung einer ~ **129** a 5 – Zweck einer **129** a 2 – Hintermann einer ~ **129** a 4 – Kronzeugenregelung **129** a 8 – Nichtanzeige einer **138** 7 – kein Parteienprivileg bei ~ **129** a 3 – Rädelsführer einer ~ **129** a 4, s. im einzelnen auch kriminelle Vereinigung
Tiefgreifende Bewußtseinsstörung **20** 12 ff.
Tierbestand – Schädigung des **330** 7
Tiere – Notwehr gegen ~ **32** 3, s. auch zivilrechtlicher Notstand – Sachbeschädigung **303** 3
Tierarzt – berufliche Schweigepflicht des ~ **203** 35
Titel, geschützte **132** a 8
Todesfolge – als Erfolgsqualifizierung **10** vor **211**, s. auch erfolgsqualifizierte Delikte – erpresserischer Menschenraub mit ~ **239** a 28 ff. – Körperverletzung mit ~ **227** – Raub mit ~ **251** – nach Schlägerei **231** 13 ff. – nach Brandstiftung **306** e – Schwangerschaftsabbruch mit ~ **218** 44 ff. – sexueller Mißbrauch mit ~ **176** b, **179** 14 – sexuelle Nötigung u. Vergewaltigung mit ~ **178**
Todesstrafe – Abschaffung der ~ **27** vor **38**
Todeszeitpunkt **16** ff. vor **211** – maßgeblicher ~ bei Hirntod **18** vor **211** – möglicher ~ bei klinischem Tod **16** f. vor **211** – und Reanimation **16** f. vor **211** – und Transplantation **16** f. vor **211**

2694

magere Zahlen = Randnummern

Stichwortverzeichnis

Tonträger, Begriff **11 III**, **11** 78 – Aufnehmen auf ~ **201** 3 ff.
Totenruhe, Störung der 168 – Rechtsgut 2 vor 166 – Tathandlung (Abs. 1: unbefugte Wegnahme aus dem Gewahrsam des Berechtigten, Abs. 2: Zerstören usw., Verüben beschimpfenden Unfugs) **168** 4 ff. – Tatobjekte (Abs. 1: Körper oder Teile des Körpers eines Verstorbenen usw., Abs. 2: Beisetzungsstätten usw.) **168** 3, 12 – TransplantationsG **168** 1 f., 7 f.
Totschlag – allgemein 3 ff. vor **211**, **212** 1 f. – Androhen des ~ **126** 4 f. – vorhergehende schwere Beleidigung **213** 5 ff. – Belohnung u. Billigen des ~ **140** 2 – Verhältnis zur Körperverletzung **212** 17 ff. – minder schwerer Fall des ~ **213** 1 ff. – bei vorhergehender Mißhandlung **213** 5 ff. – Nichtanzeige eines ~ **138** 7 – nach Provokation **213** 4 ff. – besonders schwerer **212** 12 – sonstiger minder schwerer Fall des ~ **213** 13 f. – durch Unterlassen **212** 4 – Vortäuschen des ~ **126** 4 ff.
Tötungsdelikte – allgemein 1 ff. vor **211** – Dreiteilung der ~ 2 ff. vor **211**
Tötung auf Verlangen 216 – allgemein 7 vor **211**, **216** 1 f. – durch Unterlassen? **216** 10 – und Teilnahme an Selbsttötung **216** 11 ff.
Transitverbrechen, Tatort bei ~ **9** 6
Transnationales Strafrecht 1 f. vor **3**
Transplantate s. Implantate
Transplantation als ärztlicher Eingriff **223** 34, 50 c – Auslandstaten **5** 23 – Störung der Totenruhe **168** 1 f., 6 ff. – und Todeszeitpunkt 16, 19, 20 vor **211** – Transplantationsgesetz **Einf.** 14
Treubruchstatbestand bei Untreue **266** 22 ff.
Treueverhältnis 266 31 ff.
Treupflicht 266 23 ff.
Trichotomie der Straftaten **12** 2
Trickdiebstahl 242 35
Triebhaftigkeit – anomale ~ als seelische Abartigkeit **20** 20 ff., s. auch dort und **21** 10
Trunkenheit – die Schuldfähigkeit ausschließende bzw. mindernde ~ **20** 16 ff., **21** 9, 20 – im Straßenverkehr **316**, **316** 4 ff., 8 ff., **315 c** 10, 12
Trunkenheitsfahrt – allgemein **316**, **316** 4 ff., 8 ff. – und Entziehung der Fahrerlaubnis **69** 36 – und Fahrverbot **44** 16
Truppenvertrag – Exterritorialität aufgrund ~ 40 ff. vor **3**
Trutzwehr bei Notwehr **32** 30
Tun, positives 13 I, s. auch Unterlassen **158** vor **13**

Übergang des Antragsrechts **77** 15 ff.
Übergesetzlicher, entschuldigender **Notstand** – allgemein 115 ff. vor **32** – bei Gefahrengemeinschaft **34** 24 – rechtfertigender Notstand **34** 2
Überholen – falsches ~ **315 c** 17 ff.
Überlassen – pornographischer Schriften an Jugendliche **184** 8 – pornographischer Schriften im Einzelhandel, in Kiosken und im Versandhandel **184** 16 ff. – im Weg gewerblicher Vermietung **184** 24 a ff. – versicherter Sachen an andere **265 a** 10
Überschreiten der Notwehr **33**
Überschuldung 283 51
Überschwemmung 313
Übertretungen, Aufhebung der ~ **12** 2, 15 ff.
Überwachen – der Prostitutionsausübung **181 a** 9

Überwachungsgarant 13 9 – und Täterschaft **85**, 99 ff. vor **25**
Überweisung – von Anstalt in andere **67 a**
Überzeugungstäter – Strafzumessung bei ~ **46** 15 – und Verbotsirrtum **17** 7
Ubiquitätsprinzip 9 3
Üble Nachrede 186 – Antragserfordernis bei ~ **194** 1 ff. – öffentliche ~ **186** 19 – durch Tatsachenbehauptung **186** 3 ff. – gegen Politiker **187 a** 1 ff. – Verfolgung von Amts wegen **194** 4 ff. – Unwahrheit, Nichterweislichkeit der Tatsache und Wahrheitsbeweis **186** 10, 13 ff. – durch Verbreiten von Schriften **186** 20
Umgehungsgeschäft s. Scheingeschäft
Umgekehrter Irrtum – allgemein **16** 6, **22** 68 f. – über persönliche Eigenschaften des Täters **22** 75 f. – über Existenz eines Rechtfertigungsgrundes **16** 25, s. auch Wahndelikt – über die Subsumtion **16** 25 – über die tatbestandlichen Voraussetzungen eines Rechtfertigungsgrundes **16** 23, 15 vor **32** – über einen Tatumstand **22** 70 ff.
Umkehrprinzip – bei Irrtumsfällen **22** 69, s. auch untauglicher Versuch und Wahndelikt
Umschlossener Raum 243 8 f.
Umwelt – Straftaten gegen die ~ vor **324** – grenzüberschreitend 24 vor **3** – bes. schwerer Fall einer Umweltstraftat **330**
Umweltgefährdung – schwere ~ **330** 1
Umstände, persönliche – des Vertreters, Organs **14** 12
Unbeendeter Versuch 24 12 ff. – Rücktritt vom ~ **24** 37 ff. – bei Unterlassungsdelikten **24** 28, 41
Unbefugt – allgemein **65** vor **13** – ~e Abfallbeseitigung **326** 11 – ~es Abhören, Aufnehmen usw. des nichtöffentlich gesprochenen Worts **201** 13 f., 16, 29 ff. – ~e Amtsanmaßung **132** 11 – ~es Bilden bewaffneter Gruppen **127** 3 – ~es Führen von Amtsbezeichnungen u. ä. **132 a** 16 ff. – ~es Offenbaren von Geheimnissen **203** 21 ff., 52 ff., **206** 11 ff., 26, 31, 36, **353 b** 21, **355** 19 ff. – ~es Öffnen usw. eines Briefes etc. **202** 12 ff. – ~es Verwerten von Geheimnissen **204** 5 ff., **355** 19 – ~e Wegnahme von Leichenteilen usw. **168** 8
Unbillige Härte 73 c, **74 f**
Unbrauchbarmachung – allgemein 6, 15 vor **73** – von Daten **303 a** 4 – von Herstellungsmitteln für Schriften **74 d** 16 ff. – Rückwirkungsverbot bei ~ **2 V**, **2** 44 – selbständige ~ **76 a** 8 ff. – Verhältnis zur Einziehung **74 b** 7
Unechte Unterlassungsdelikte 13, 135 ff. vor **13**, **13** 1 ff. – Entsprechensklausel **13** 4 – Kausalität **13** 61 – Tatbestandsirrtum bei ~ **16** 10, s. auch Unterlassungsdelikte – Versuch bei ~, maßgeblicher Zeitpunkt **22** 47 ff.
Uneinbringliche Geldstrafe, s. Ersatzfreiheitsstrafe
Unerfahrenheit – Ausbeutung der ~ **302 a** 25
Unerlaubtes Entfernen vom Unfallort, s. Unfallflucht
Unfallbeteiligter 142 25, 20 ff., 82
Unfallflucht (unerlaubtes Entfernen vom Unfallort) – Beteiligung **142** 82 – Einwilligung bei ~ **142** 53, 71 ff. – durch Entfernen vor Ermöglichung der Feststellungen **142** 22 ff. – durch Entfernen vor Erfüllung der Wartepflicht **142** 31 ff. – und Entziehung der Fahrerlaubnis **69** 37 f. – durch Nichtermöglichen der späteren Feststellun-

2695

Stichwortverzeichnis

fette Zahlen = Paragraphen

gen **142** 48 ff. – Strafzumessung bei ~ **142** 85 ff. – Tätige Reue **142** 88 – Tatbestandsirrtum bei ~ **142** 78 – Verbotsirrtum bei ~ **142** 79 – zivilrechtliche Ersatzansprüche als geschütztes Rechtsgut bei ~ **142** 1, s. auch Verkehrsunfall, Feststellungen, Vorstellungspflicht, Wartepflicht, Unfallbeteiligter, s. auch Stichwortverzeichnis vor **142**
Unfallort 142 42 – Sichentfernen vom ~ **142** 41, 43 (berechtigtes ~ **142** 51 ff., entschuldigtes ~ **142** 54, unvorsätzliches ~ **142** 55), Rückkehr zum ~ **142** 68
Ungeeignetheit zum Führen eines Kfz **69** 27 ff.
Ungeschützter Geschlechtsverkehr – mit AIDS-Infiziertem **223** 6 a, s. auch AIDS – Strafzumessung bei Vergewaltigung **177** 31
Ungleichartige Konkurrenz, s. Ideal-, Realkonkurrenz
Unglücksfall – unterlassene Hilfeleistung bei ~ **323 c** 5 ff. – Krankheit als ~ **323 c** 6 – Selbstmordversuch als ~ **323 c** 7 – Vortäuschen erforderlicher Hilfe wegen **145** 8
Uniformen – geschützte ~ **132 a** 12, 18 f.
Universalitätsprinzip 8 vor **3**, **6** 1
Unlautere Bevorzugung – im geschäftlichen Verkehr **299** 19
Unmenschlich – Darstellung von ~ Gewalttätigkeiten **131** 7 ff.
Unmittelbarer Täter allgemein **6** f. vor **25** – Begriff **75** vor **25**, **25** 2 – bei Sonderdelikten **25** 5 – bei unechten Unterlassungsdelikten **25** 4
Unmittelbarkeit – des Ansetzens beim Versuch **22** 39 ff.
Unrecht – Begriff **51** ff. vor **13** – und Rechtswidrigkeit **51** vor **13** – personale Unrechtslehre **52** vor **13** – ~ -bewußtsein **15** 104, s. dort
Unrechtsausschließungsgründe 8 vor **32**
Unrechtsbewußtsein 15 104, 17 – kein abstraktes ~ **17** 8 – bedingtes ~ **17** 5 – Fälle fehlenden ~ **17** 10, 12 – Form des ~ **17** 9 – Inhalt des ~ **17** 4 ff. – als Schuldelement **17** 1 – Bedeutung für Schuldunfähigkeit **20** 25 ff. – Teilbarkeit des ~ **17** 8 – des Überzeugungstäters **17** 7
Unrechtsmerkmale – täterbezogene ~ als strafgründende persönliche Merkmale **28** 15 ff. – Abgrenzung zu tatbezogenen ~ **28** 15 ff.
Unrechtselemente, subjektive **63** vor **13** – und Vorsatz **15** 23 f.
Unrechtsvereinbarung – bei Vorteilsannahme **299** 16, **331** 3 ff.
Unrichtige Angaben – bei Kreditbetrug **265 b** 38 – bei Subventionsbetrug **264** 44
Unrichtige Indikationsfeststellung – Sonderdelikt des „Indikationsarztes" **218 b** 23 ff., **218 b** 30 – Unrichtigkeit **218 b** 27 – wider besseres Wissen **218 b** 29
Unschuldige – Verfolgung von ~ **344** – Vollstreckung gegen ~ **345**
Untauglicher Versuch – allgemein **22** 60 ff. – Gründe der Strafbarkeit **22** 62 ff. – Rücktritt vom ~ **24** 68 ff., 109 ff. – als umgekehrter Tatbestandsirrtum **22** 70 ff. – bei Untauglichkeit des Mittels und Objekts **22** 71 – bei Untauglichkeit des Subjekts **22** 71, 75 f. – und Wahndelikt **22** 78 ff., 90 ff., s. auch jeweils Einzelstichworte
Unterbrechung der Verjährung 78 c
Unterbringung (Maßregel) – Aussetzung der Vollstreckung **67 b** 1 ff., **67 d** 6 ff. – Auswechselbar-

keit der verschiedenen Maßregeln **67 a** – in Entziehungsanstalt **64**, s. dort – in psychiatrischem Krankenhaus **63**, s. dort – in Sicherungsverwahrung **66**, s. dort – Beendigung wegen Aussichtslosigkeit einer Entziehungskur **67 d** 15 – mehrfache Anordnung der gleichen Maßregel **67 f** 1 ff. – (gerichtliche) Überprüfung des weiteren Vollzugs der ~ **67 e** – Überweisung in Vollzug anderer Maßregel **67 a** 2 ff. – Vollzug der ~ allgemein **67** 1 ff. – (ausnahmsweise) Vorwegvollzug der Strafe **67** 7 f., **67 c** 2 ff. – Widerruf der Aussetzung der ~ **67 g** – Zeitdauer der ~ **67 d**
Unterdrückung – des Personenstandes **169** 8 ff. – von Tatsachen **263** 6 f. – von technischen Aufzeichnungen **274** 2 ff. – beweiserheblicher Daten **274** 22 a ff., **303 a** 4 – von Postsendungen **206** 20 – von Urkunden **274** 2 ff.
Untergebene – Verleitung von ~ zu Straftaten **357**
Unterhalten eines Irrtums **263** 45 f.
Unterhaltsanspruch, -gewährung, -schuld, siehe Unterhaltspflicht
Unterhaltspflicht – allgemein **170** 2 – Art und Höhe der ~ **170** 17 ff. – Auslandsbezug **170** 1 a – Bedarf des Berechtigten **170** 19 – sich der ~ entziehen **170** 27 – Ersatzansprüche von Dritten **170** 16 Irrtum über ~ **170** 33 a – Mehrheit von Berechtigten u. Verpflichteten **170** 23 ff. – gegenüber nichtehelichem Kind **170** 3 ff., 10 – und Leistungsfähigkeit des Verpflichteten **170** 20 ff. – rechtsgeschäftliche ~ **170** 15 – des Scheinvaters **170** 9, 12 – Verletzung der ~ und Gefährdung des Lebensbedarfs **170** 28 ff. – Verletzung der ~ und dadurch bewirkter Schwangerschaftsabbruch **170** 34 ff. – Bindung an Zivilurteile **170** 11 ff.
Unterlassen – als Tatbestandsverwirklichung, s. jeweils entsprechende Delikte
Unterlassen der Diensthandlung 336
Unterlassungsdelikte, allgemein **134** ff. vor **13** – echte ~, allgemein **134**, **137** vor **13** – Möglichkeit der geforderten Handlung **139** ff. vor **13** – Kausalität bei ~ **87**, **101** d vor **13**, **13** 61 – mittelbare Täterschaft bei ~ **25** 54 ff. – und omissio libera in causa **144** vor **13** – Unterscheidung zum positiven Tun **158** vor **13** – durch positives Tun **159** f. vor **13** – bei Suizid **39** ff. vor **211** – Tatbestandsmäßigkeit der ~ **146** ff. vor **13** – Teilnahme an ~ **85**, 99 f. vor **25** – unechte ~ allgemein **13**, **135** ff. vor **13**, s. auch dort – Unzumutbarkeit **155** f. vor **13** – (beendeter und unbeendeter) Versuch bei ~ **24** 27 ff. – Vorsatz bei ~ **15** 93 ff., s. auch jeweils Einzelstichworte
Unternehmen – Handeln für ~ **14** 25 ff. – Inhaber des ~ **14** 39 ff. – Begriff des ~ bei Kreditbetrug **265 b** 6 ff. – als Adressat von Subventionen **264** 21 ff. – öffentliche ~ **264** 23 f. – vorgetäuschtes ~ **265 b** 26
Unternehmen einer Tat 11 I 6, **11** 46 ff.
Unternehmensdelikt – Begriff **11 I 6**, **11** 46 ff., Anwendung der Versuchsgrundsätze bei ~ **11** 48 ff., 15 f. vor **22**
Unternehmensgeldbuße s. Geldbuße
Unechte Unternehmensdelikte 11 52 ff.
Unterschieben eines Kindes **169** 4
Unterschlagung 246 – „Amts"~ **246** 2, 12 – Antrag bei Haus- und Familien~ **247** – Berichtigende Auslegung **246** 1 – Fund~ **246** 1, 8 f. – veruntreuende ~ **246** 24 ff., – von Geld **246** 6 –

2696

magere Zahlen = Randnummern

Stichwortverzeichnis

von Sicherungseigentum 246 5 – wiederholte ~ 246 19, s. auch Veruntreuung – bei Zusammenfallen von Gewahrsamserlangung und Zueignung 246 1, 10, s. auch Zueignung
Unterstützen – einer kriminellen Vereinigung 129 15 f. – einer terroristischen Vereinigung 129 a – einer verfassungswidrigen Partei 84 16 – einer verfassungswidrigen Vereinigung 85 10
Untersuchungsausschuß, parlamentarischer – Schweigepflicht der Mitglieder eines ~ 203 60
Untersuchungshaft – Anrechnung der ~ auf Strafe 51 4 ff., 45 a 6, 56 13, 56 g 2, 57 6, 66 15 – im Ausland erlittene ~ 51 34
Untersuchungshandlung im Ausland – Verjährungs-Unterbrechung bei ~ 78 c 20
Untreue 266; s. das Stichwortverzeichnis dort
Unvermeidbarkeit des Irrtums 17 13 ff.
Unverstand, grober 23 III
Unverstandsklausel s. grober Unverstand
Unvollständige Angaben – bei Kreditbetrug 265 b 38 – bei Subventionsbetrug 264 44
Unwahre Behauptungen – Aufstellen ~ als Störpropaganda gegen Bundeswehr 109 d 4 ff. – Übermitteln von ~ als landesverräterische Fälschung 100 a 3 – Verbreiten von ~ als Störpropaganda gegen Bundeswehr 109 d 12 ff.
Unwirksame (sittenwidrige) Ansprüche – als Vermögen ? 263 92, 148 ff.
Unzumutbarkeit – bei Schwangerschaftsabbruch 218 a 34 f.
Unzumutbarkeit normgemäßen Verhaltens – als Prinzip der Entschuldigungsgründe 110 f. vor 32 – kein selbständiger Entschuldigungsgrund 122 ff. vor 32 – bei Fahrlässigkeitsdelikten 15 204, 126 vor 32 – bei Unterlassungsdelikten 155 vor 13, 125 vor 32
Urheberlehre – materielle ~ 267 55 – formelle ~ 267 55
Urheberschaft und Teilnahme 30 f. vor 25
Urkunde – Begriff 267 2 ff. – Beweiszeichen 20 ff. – Absichts~ 267 15 – Aussteller der ~ 267 16 – Gesamt~ 267 30 ff. – einer juristischen Person 267 17 a – Kennzeichen 267 20 ff. – nichtige ~ 267 9 – öffentliche 267 53, 271 4, 11 ff. – unechte ~ 267 48 ff. – Zufalls~ 267 15 – zusammengesetzte ~ 267 36 a, 65 a – Inhaltsveränderung von ~ 267 65 – Verfälschung von ~ 267 64 – Gebrauchmachen von ~ 267 74 ff. – Zugänglichmachen einer ~ 267 76 – Genehmigung zum Gebrauch einer unechten ~ 267 60 a – Beschädigung einer ~ 274 8 ff. – Unterdrückung von ~ 274 1 ff.
Urkundenfälschung 267 – durch Aussteller 267 68 f. – Abgrenzung zur Beschädigung 267 70 ff. – im Amt 348, Abgrenzung zur ~ 1 ff. vor 267, s. auch Stichwortverzeichnis vor 267
Urkundenunterdrückung 274 1 ff. – im Amt 348 1
Urteil – als Gegensatz zur Tatsache 263 9, 186 4
Urteilsvermögen, Ausbeutung des mangelnden ~ 302 a 26

Verabredung zu einem Verbrechen 30 25 – Rücktritt 31 9
Veränderungen – von Daten 303 a 4 – der Verfassungseinrichtungen als Hochverrat 81 11 – nachteilige Boden ~ 324 a

Veräußerungsverbot – gesetzliches ~ als Rechtsfolge der Einziehung 74 e 5 – gesetzliches ~ als Rechtsfolge des Verfalls 73 d 4 f.
Verantwortungsprinzip – als Begrenzung der Erfolgszurechnung 100 ff. vor 13, 15 171 ff. – bei Täterschaft 6, 20, 71, 109 b vor 25
Verbandssanktionen s. Juristische Personen
Verbergen von Geldwäschegegenständen 261 11
Verborgen – sich ~ halten, bei Führungsaufsicht 68 c 7, Regelbeispiel des schweren Diebstahls 243 18 ff.
Verbotsirrtum – Abgrenzung zum Tatumstandsirrtum 17 12 f. – allgemein 17, 121 vor 13, 17 1 f. – bei Ausländern 17 17 – und DDR-Unrecht 17 7 a – direkter ~ 17 10 – und Doppelirrtum 17 11 – Grenzirrtum als ~ 17 10, 12 – indirekter ~ 17 10 – Rechtsfolgen bei ~ 17 23 ff. – und Subsumtionsirrtum 15 44 – Strafmilderung bei ~ 17 24 ff. – Vermeidbarkeit des ~ 17 13 ff. – bei Unterlassungsdelikten 15 94 ff., s. auch Unrechtsbewußtsein
Verbotszeichen 145 14 – Beeinträchtigen von ~ 145 15
Verbrauchen einer Sache – als Unterschlagung 246 14 – als Sachbeschädigung? 303 10
Verbrechen – formeller Begriff 12 I – Abgrenzung zu Vergehen 12 5 ff. – Bedrohung mit ~ 241 4 ff. – sog. eigenständige ~ 59 vor 38 – als Pflichtverletzung 11 vor 13 – als Rechtsgutsverletzung 9 f. vor 13
Verbrechensbegriff allgemein 12 18 ff., 12 ff. vor 13 – dreistufiger ~ 15 ff. vor 13 – zweistufiger ~ 15 ff. vor 13
Verbreiten – von Tatsachen 186 8 – von unwahren Behauptungen als Störpropaganda 109 d 14
Verbreiten von Schriften u. ä. – Begriff 86 14, 184 57 – als Tathandlung 86, 86 a, 90, 90 a, 90 b, 111, 131 – Einziehung wegen ~ 74 d 7 – harter Pornographie 184 52 ff. – bei übler Nachrede 186 20, 200 1 f. – bei Verleumdung 187 7, 200 1 f.
Verbringen eines anderen 234 a 3
Verdächtigen – Begriff 164 5 ff. – einer Dienstpflichtverletzung 164 11 – einer rechtswidrigen Tat 164 10 – Weitergabe fremder ~ 164 19 f. – mit Ziel der politischen Verfolgung 241 a 2 ff.
Verdeckter Ermittler 34 41 c
Verdeckungsabsicht bzgl. einer Straftat – bei Mord 211 31 ff. – durch Verbergen der Täterschaft 211 34 – bei Brandstiftung 306 b 10 ff.
Verein, verfassungswidriger, s. Vereinigungsverbot – Ausländer ~ 85 9
Vereinigung – Begriff 129 4 – kriminelle ~, s. dort – terroristische ~, s. dort
Vereinigungsverbot – Verstoß gegen 85 – Begriff der Vereinigung 85 8 f. – eingeschränkte Verfolgung des ~ 91
Vereiteln – der Bestrafung 258 16 ff. – durch Unterlassen 258 19 – der Vollstreckung 258 27 f. – das Erfassen von Geldwäschegegenständen 261 11
Verfall (Maßnahme) – allgemein 4, 18 vor 73, 73 1 ff. – Bruttoprinzip/Nettoprinzip 2 a, 19 vor 73, 73 17 f., 37 a, 75 2 – erweiterter ~ 2, 4 vor 73, 73 d – als Quasi-Kondiktion 18 vor 73, 73 1 – Ausschluß des ~ bei Gegenansprüchen des Verletzten 73 23 ff. – des Dritteigentums (Drittver-

2697

Stichwortverzeichnis

fette Zahlen = Paragraphen

fallklausel) **73** 39 ff. – Gegenstand des ~ **73** 16 ff. – kein ~ bei geringem Wert **73 c** 5 – kein ~ bei Härte **73 c** 2 – von Nutzungen **73** 30 f. – Rückwirkungsverbot bei ~ **2 V**, **2** 44 – Schätzung des Umfangs des ~ **73 b** – selbständige Anordnung des ~ **73** 45, **76 a** 3 ff. – von Surrogaten **73** 32 f. – der Tatentgelte **73** 8 – der Tatgewinne **73** 9 – täterbezogener ~ **73** 4 ff. – Tenor bei ~ **73** 46 – bei Vertreter-Handeln **73** 34 ff. – bei Wegfall der Bereicherung? **73 c** 4 – Erstreckung des ~ auf Wertersatz **73 a** 2 ff. (nachträglich **76** 5 ff.) – Wirkung des ~ **73 e** – Vereiteln des ~ von Geldwäschegegenständen **261** 11
Verfälschung – eines Gegenstandes **100 a** 11 – von Geld **146** 6 – einer technischen Aufzeichnung **268** 40 ff. – einer Urkunde **267** 64
Verfassungsfeindlichkeit – und Parteienprivileg **5** ff. vor **80**
Verfassungsfeindliche Sabotage 88 – durch Außer-Funktion-Setzen wichtiger Versorgungsunternehmen **88** 2 ff. – durch einen einzelnen **88** 15 – durch Gruppe **88** 14 f.
Verfassungsgericht – Verletzung des Bannkreises eines ~ **106 a** – Nötigung eines ~ **105** 4 – Nötigung der Mitglieder eines ~ **106** 1 f. – Verunglimpfung eines Bundes- oder Landes ~ **90 b** 2
Verfassungsgrundsätze – Legaldefinition **92** 6 ff. – Bestrebungen gegen ~ **92** 16
Verfassungshochverrat – des Bundes **81** 7 ff. – des Landes **82** 5 ff.
Verfassungskonforme Auslegung 30 ff. vor **1**, **1** 37, 50
Verfassungsmäßige Ordnung – Begriff **81** 7 f. – Beschimpfung der ~ **90 a** – als geschütztes Rechtsgut der Staatsschutzdelikte 2 vor **80**, **81** 7 f.
Verfassungsorgane – Begriff **105** 2 ff. – Nötigung von ~ **105** – Nötigung der Mitglieder von ~ **106** – Verunglimpfung von ~ **90 b**
Verfassungsrecht und Strafrecht 27 ff. vor **1**
Verfassungswidrig – Kennzeichen ~ Organisationen – für ~ erklärte Parteien – Propagandamittel ~ Organisationen – Vereinigungen, s. jeweils Einzelstichworte
Verfolgung – aus politischen Gründen, **234 a** 9 – Unschuldiger **344**
Verfolgungsvereitelung 258 2 ff. – Abgrenzung zur Beihilfe **258** 5 f. – durch zur Mitwirkung am Strafverfahren berufenen Amtsträger **258 a** 3 ff. – als Bestrafungsvereitelung **258** 13 – als Maßnahmevereitelung **258** 14 f. – bei rechtswidriger Vortat **258** 3 ff. – durch Unterlassen **258** 19, **258 a** 9 ff., s. auch Vereiteln
Verfolgungsverjährung 78 ff. – Begriff 1 vor **78**, **78** 3 ff. – Beginn der ~ bei Beendigung der Tat **78 a** 1 ff. – Dauer der ~ **78** 7 ff. – bei fortgesetzter Handlung 33 vor **52**, **78 a** 9 – bei geheimdienstlicher Agententätigkeit **99** 2 – in dubio pro reo bei ~ **78** 13, **78 a** 14, **78 b** 10 – bei Pressedelikten **78** 9, **78 a** 16 – Ruhen der ~ **78 b** 3 ff. – Ruhen der ~ bei DDR-Alttaten 110 ff. vor **3** – bei NS-Verbrechen **78 b** 5 ff. – Ruhen der ~ bei Sexualdelikten gegen Minderjährige **78 b** 3 – und Teilrechtskraft **78** 5 – Unterbrechung der ~ **78 c** 1 ff. (Wirkung **78 c** 22 ff.) – bei Wiederaufnahme des Verfahrens **78 a** 15
Verfügung bei Untreue **266** 15 f.

Verfügungsberechtigter – als antragsberechtigter Verletzter des Briefgeheimnisses **205** 4 – über Geheimnis ~ **203** 22 ff.
Vergehen, Begriff, **12 II** – Abgrenzung zu Verbrechen **12** 5 ff.
Vergewaltigung s. sexuelle Nötigung – in der Ehe **177** 2, 5 ff. vor **174**
Vergiftung – Androhung der ~ **126** 4 f. – durch Beibringen von Gift usw. **224** 2 a – gemeingefährliche ~ **314** – Verhältnis zum Totschlag **212** 17 ff. – Vortäuschen der ~ **126** 4 ff.
Verhältnismäßigkeit, Grundsatz der – bei Bewährungsauflagen **56 b** 20 – keine Geltung des ~ bei Entziehung der Fahrerlaubnis **69** 56 – für Gesetzgeber **1** 21 – bei Maßregeln der Besserung u. Sicherung **62** 1 ff. – bei Mord **211** 10 a – bei Strafen **46** 74 – bei Weisungen **56 c** 10 – bei Widerruf der Strafaussetzung **56 f** 9 ff.
Verhältnisse, persönliche – des Vertreters, Organs **14** 10 f.
Verhandlungen des Bundestages, der Landtage – Berichte über ~ **37**
Verharmlosung von Gewalt **131** 9, s. auch Verherrlichung – des NS-Völkermords **130** 21
Verheimlichen von Vermögensbestandteilen **283** 5
Verherrlichung von Gewalt 131 3 ff., – Berichterstatterprivileg bei ~ **131** 15 ff. – Erzieherprivileg bei ~ **131** 15 – Kunstvorbehalt bei ~ **131** 17
Verhinderung der Vollendung beim Rücktritt – bei Alleintäter **24** 58 ff. – bei Tatbeteiligung Mehrerer **24** 87 ff.
Verjährung – allgemein 1 ff. vor **78** – Rechtsnatur 3 vor **78** – von Taten in der ehemaligen DDR 110 ff. vor **3** – Einstellung bei ~ 5 ff. vor **78** – Verfolgungs~, s. dort – Vollstreckungs~ s. dort
Verkehrsunfall 142 6 ff. – vorsätzliche Herbeiführung **142** 18 f.
Verkehrswidriges Verhalten 315 c 16 ff. – grob ~ **315 c** 28
Verlangen der Tötung **216** 4 ff. – ausdrückliches ~ **216** 7 – ernstliches ~ **216** 8
Verlassen von Schutzbedürftigen **221** 7 f.
Verleger als Drittbetroffener der Einziehung **74 d** 9
Verleitung – eines Untergebenen zu einer Straftat **357** – zur Falschaussage **160**
Verletzung – amtlicher Bekanntmachungen **134** – des Briefgeheimnisses **202** – der Erziehungspflicht **171** – der Fürsorgepflicht **171** – von Privatgeheimnissen **203**, des Post- u. Fernmeldegeheimnisses **206** – der Steuergeheimnisses **355**, s. auch Schweigepflicht – der Unterhaltspflicht **170**, s. auch dort – der Vertraulichkeit des Wortes **201**, s. jeweils Einzelstichworte
Verletzungsdelikte – allgemein 129 vor **13**
Verleumdung 187 – Antragserfordernis bei ~ **194** 1 ff. – durch Behaupten unwahrer Tatsachen **187** 2 ff. – durch Kreditgefährdung **187** 1, 4 – öffentliche ~ **187** 7 – gegen Politiker **188** 1 ff. – durch Verbreiten von Schriften **187** 7 – Verfolgung von Amts wegen **194** 4 ff.
Verlobte, Begriff **11** 10
Vermeidbarkeit – bei Fahrlässigkeitsdelikten **15** 124 – subjektive ~ **15** 194 ff., s. auch bewußte und unbewußte Fahrlässigkeit – bei Verbotsirrtum **17** 13 ff. – des Irrtums über die Rechtmäßigkeit einer Diensthandlung **113** 55 ff.

magere Zahlen = Randnummern

Stichwortverzeichnis

Verminderte Schuldfähigkeit 21 – allgemein 21 1 ff. – und actio libera in causa 21 11 – und Einsichtsfähigkeit 21 6 f. – und fakultative Strafmilderung 21 12 ff. – eines Jugendlichen 21 27; s. im übrigen das Stichwortverzeichnis vor 19
Vermischung vertretbarer Sachen – als Unterschlagung **246** 15
Vermittlung – von Partnern zu sexuellen Handlungen 180 8 – des sexuellen Verkehrs **181 a** 15
Vermögen – Begriff **263** 78 ff. – als geschütztes Rechtsgut **253** 1, **257** 2 (?), **259** 1, **263** 1, **264** 4, **265** 2, **265 a** 1, **265 b** 3, **266** 1, **266 a** 2, **266 b** 1 – gegen ~ gerichtete Vortat bei Hehlerei **259** 6 ff.
Vermögensanlageform 264 a 2
Vermögensbegriff – extrem wirtschaftlicher ~ **263** 80 – juristischer ~ **263** 79 – juristisch-ökonomischer ~ **263** 82 – personaler ~ **263** 81
Vermögensbestandteile – Beiseiteschaffen von ~ **283** 2 ff., **288** 13 ff. – Veräußerung von ~ **288** 15
Vermögensdelikte – Entwicklung 1 ff. vor 263
Vermögenseinziehung 8 b vor 3
Vermögensgefährdung 263 143 ff., **266** 45
Vermögensnachteil – bei Erpressung **253** 9 – bei Untreue **266** 39 ff
Vermögensschaden – allgemein **263** 99 – bei Nicht-Äquivalenz der Gegenleistung **263** 112 ff. – bei Anstellungsbetrug **263** 153 ff. – Beamtenstellung als ~ **263** 156 – bei einseitiger Leistung ~ **263** 100 ff. – Fangprämie eines Ladendiebes als ~ (?) **263** 118 – bei Gegenleistung **263** 106 ff. – dem ~ gleichgestellte Vermögensgefährdung **263** 143 ff. – bei Gutglaubenserwerb **263** 111, s. auch Makeltheorie – individueller Einschlag bei ~ **263** 121 ff. – bei Scheck- und Kreditkartenmißbrauch **266 b** 10 – trotz Sicherungsrechten **263** 162 a – als unmittelbare Folge der Verfügung **263** 140 f. – bei unsittlichen Rechtsgeschäften **263** 148 ff. – bei Untreue **266** 39 ff. – Maßgeblichkeit des Verkehrswerts **263** 109 f. – Vertragsabschluß und ~ **263** 128 ff., s. auch Eingehungsbetrug – Vertragserfüllung und ~ **263** 135 ff., s. Erfüllungsbetrug – s. Vermögen und Vermögensbegriff
Vermögensstrafe 43 a, 2 vor **73, 338** – Ersatzfreiheitsstrafe **43 a** 7 – Höchstmaß **43 a** 5 – Gesamtvermögensstrafe **53** 23 – Schätzung des Vermögenswertes **43 a** 10 – Zahlungserleichterungen **43 a** 10 – Verhältnis zu erweitertem Verfall **73** d 5
Vermögensübersicht 264 a 20
Vermögensverfügung – bei Betrug, allgemein, **263** 54 ff. – Identität zwischen Getäuschtem und Verfügendem **263** 65 f. – Kausalität zwischen ~ und Vermögensschaden **263** 61 f., 77 – keine Identität zwischen Verfügendem und Geschädigtem **263** 66 f., s. hierzu auch Prozeßbetrug – durch Unterlassen **263** 58 – bei Erpressung ? **253** 8 ff.
Vermögensverlust großen Ausmaßes 263 188 c, **267** 107
Vermögensvorteil 11 I Nr. 9, s. auch Entgelt – bei Betrug **263** 167 f., s. auch Stoffgleichheit **263** 168 – als Gegenstand des Verfalls **73** 6 ff. – bei Hehlerei **259** 47 – Motiv des Zuhälters **181 a** 15 – rechtswidriger ~ **263** 170 ff. – übermäßiger ~ **291** 33 ff.
Vernachlässigung der Sorgepflicht **171, 225** 14
Vernehmung – Verjährungs-Unterbrechung bei erster ~ des Beschuldigten **78 c** 5 f. – Verjährungs-Unterbrechung bei richterlicher ~ **78 c** 9 f.

Veröffentlichung von Schriftstücken eines Strafverfahrens **353 d** 39 ff.
Verpfändung einer fremden Sache – als Unterschlagung **246** 17
Versammlung – Aufforderung in einer ~ zu Straftaten **111** 7 – unter freiem Himmel als Bannkreisverletzung **106 a** 3 – Begriff der ~ bei Verunglimpfung des Bundespräsidenten **90** 5
Versandhandel – Einführen von Pornographie im ~ **184** 25 ff. – Vertrieb von Pornographie im ~ **184** 22
Versandschriften, Einziehung von **74 d** 11
Verschaffen – von Daten **202 a** 10 – sich oder einem anderen ~ (als Hehlereihandlung) **259** 18 ff. – von Geldwäschegegenständen **261** 13 – bei mittelbaren Herrschaftsverhältnissen **259** 21 f. – durch Verzehren der Diebesbeute? **259** 24
Verschlechterungsverbot (in Rechtsmittelinstanz) s. Reformatio in peius
Verschleierung unrechtsmäßiger Vermögenswerte **261** 11, s. auch Geldwäsche
Verschleppung 234 a – in politischer Verfolgungsabsicht **234 a** 9 ff. – Auslandstat **5** 12 f.
Verschuldeter Affektzustand und Schuldfähigkeit 20 15 a, **21** 20
Verschwägerte, Begriff **11** 8
Verschwiegenheit bestimmter **Berufsgruppen** – Vertrauen in ~ als geschütztes Rechtsgut **203** 3
Versichern – einer Sache **265** 6
Versicherungen – berufliche Schweigepflicht von Angehörigen der Kranken-, Unfall-, Lebens~ **203** 41
Versicherung an Eides Statt – Anwendungsbereich, allgemein **156** 2 – Begriff der ~ **156** 4 – für Abnahme der ~ zuständige Behörde **156** 6 ff. – im Bußgeldverfahren **163** 10 – falsche ~ **156** 5 – der freiwilligen Gerichtsbarkeit **156** 15 – als Offenbarungsversicherung **156** 21 ff. – in der öffentlichen Verwaltung **156** 17 – im Strafverfahren **156** 12 – Verleiten zu falscher ~ **160** 7 – versuchte Anstiftung zu falscher ~ **159** – im Verwaltungsgerichtsverfahren **156** 16 – im Zivilprozeß **156** 14
Versicherungsmißbrauch 265
Versorgungsunternehmen, öffentliche – als Sabotageobjekte **88** 6 – Störung von ~ **316 b**
Verstorbene – Verunglimpfung des Andenkens an ~ **189** – Antrag **194** 8 f. – Rechtsgut **189** 1 – Verfolgung von Amts wegen **194** 9 a – Verunglimpfen **189** 2
Verstrickung – der ~ entziehen **136** 12 f. – ordnungsgemäßer Zustand der ~ **136** 8 – Rechtmäßigkeit der ~ **136** 27 ff.
Verstrickungsbruch 136 I – dienstliche Beschlagnahme **136** 7 ff. (Pfändung **136** 8) – Rechtmäßigkeit der Diensthandlung **136** 28/32 – Tathandlungen **136** 10 ff.
Verstümmelung – Begriff **109** 10 ff. – Soldaten als Täter der ~ (?) **109** 17
Versuch – Ansatzformel bei ~ **22** 24 ff., s. auch Ansetzen – Begriff 12 vor **22, 22** – beendeter ~ **24** 13 f. – bei Beihilfe **27** 8 – Elemente des ~ **22** 2 ff. – Entschluß als subjektives Element **22** 12 ff. – bei erfolgsqualifizierten Delikten **18** 18, 31 vor **22, 226** 9, **227** 6, **231** 6 – fehlgeschlagener ~ **24** 6 ff. – kein ~ bei fahrlässigem Verhalten **22** 22 – irrealer (abergläubischer) ~ **23** 13 f. – in

2699

Stichwortverzeichnis

fette Zahlen = Paragraphen

mittelbarer Täterschaft **22** 54 – wegen Nichtvollendung der Tat **22** 5 ff. – bei (selbstschädigendem) Opferverhalten **22** 42 – Rücktritt vom ~ **24** – bei qualifizierten Delikten **22** 58 – bei Regelbeispielen **22** 58 – Strafgrund des ~ **17** ff. vor **22** – unbeendeter ~ **24** 12 ff. – bei Unterlassungsdelikten: echten **22** 53, unechten **22** 15, 47 ff. – untauglicher ~ **22** 60 ff. – durch Unterlassen **27** vor **22** – aus grobem Unverstand **23** III, **23** 12 ff. – des unentschlossenen Täters **22** 18 ff., s. auch jeweils Einzelstichworte

Versuchsgrundsätze, Anwendung der ~ auf Unternehmensdelikte **11** 47 ff., **24** 119

Versuchsstrafbarkeit – allgemein **23**, **23** 1 f. – und fakultative Strafmilderung **23** II, **23** 5 ff. – und konkrete Straffestsetzung **23** 8 ff. – Strafrahmenwahl als richterliche Ermessensentscheidung **23** 7 f. – und Unverstandsklausel **23** III, **23** 17

Versuchstheorien 18 ff. vor **22** – Eindruckstheorie **22** vor **22**, **22** 65 – Mangel am Tatbestand ~ 19 vor **22**, **22** 67 – objektive ~ 18 ff. vor **22**, **22** 26 f., 66 – gemischte individuell-objektive ~ **22** 31 ff. – subjektive ~ 21 vor **22**, **22** 29, 63 f. – Tätertheorie 21 vor **22** – vermittelnde Auffassung, s. auch Eindruckstheorie

Verteidiger, allgemein – berufliche Schweigepflicht **203** 37

Verteidigung bei Notwehr **32** II – allgemein **32** 29 ff. – Erforderlichkeit der ~ **32** 34 ff. – Grundsatz der Proportionalität von Angriff und ~ **32** 43 – unbeabsichtigte Notwehrfolgen **32** 38 f. – Verteidigungswille **32** 65, s. auch Notwehr

Verteidigung der Rechtsordnung – Bedeutung für Bewährung **56** 35 ff. – Bedeutung für kurzzeitige Freiheitsstrafe **47** 14 ff. – als Regulativ zu spezialpräventiven Strafzwecken 19 ff. vor **38** – bei Verwarnung mit Strafvorbehalt **59** 15

Vertrag, zivilrechtlicher ~ als Rechtfertigungsgrund **53** vor **32**

Vertragsabschluß über fremde Sachen – als Unterschlagung **246** 13

Vertrauensbruch – im auswärtigen Dienst **353 a**

Vertrauensgrundsatz – allgemein **15** 147, 151 ff. – bei ärztlicher Heilbehandlung **15** 152 f. – bei Produkthaftung **15** 223 f. – im Straßenverkehr **15** 149 f., 211 ff.

Vertraulichkeit des Wortes – Antragsrecht des Verletzten **205** 3 – Verletzung der ~ **201** – Verletzung der ~ durch Amtsträger **201** 28

Vertreter – strafbares Handeln als berechtigter ~ einer Personenhandelsgesellschaft **14** 20 ff. – strafbares Handeln als gesetzlicher ~ **14** 24 ff. – strafbares Handeln als ~ in Betrieben und Unternehmen **14** 27 ff. – faktischer ~ **14** 42 ff.

Vertreterhaftung 14 1 ff. – faktische ~ **14** 42 ff. – bei Unterlassungsdelikten **14** 6

Verunglimpfung – des Bundespräsidenten **90** – der Bundesrepublik **90 a** 3 (Beschimpfung, Kunstfreiheit **90 a** 19) – der Flagge **90 a** 14 – der Hoheitszeichen der BRep **90 a** 15 – eines Landes der BRep **90 a** 3 (Beschimpfung) – der verfassungsmäßigen Ordnung (Beschimpfung) **90 a** 3 – von Verfassungsorganen **90 b** – Verstorbener **189** (s. dort)

Verunreinigung – eines Gewässers **324** – Begriff **324** 8

Veruntreuen von Arbeitsentgelt **266 a**

Veruntreuung 246 29 f.

Verursachung s. Kausalität – einer Umweltgefahr **330** 1

Verurteilung, bedingte **56** 5

Verwahren von Geldfälschungsmitteln **149** 6 – von Geldwäschegegenständen **261** 13

Verwahrte (Personen) – Begriff **120** 4 ff. – Befreien eines ~ **120** 8 – Selbstbefreiung eines ~ **120** 9 ff., 14 ff. – sexueller Mißbrauch von ~ **174 a** 2 ff., s. auch Gefangener

Verwahrungsbruch 133 – Tathandlungen **133** 14 ff. – ~ von Amtsträgern **133** 18 ff., s. auch dienstliche Verwahrung

Verwaltungsaktsakzessorietät 62 ff. vor **32**, 16 c vor **324**, **330 d** 15, 23 ff.

Verwaltungsrechtliche Pflichten – Verletzung von ~ **311** 8, **324 a** 13, **330 d** 9 ff.

Verwaltungsrechts-Akzessorietät des Strafrechts 61 ff. vor **32**, 15 ff. vor **324**

Verwaltungsstrafrecht 35 f. vor **38**

Verwandter, Begriff **11** 6

Verwarnung mit Strafvorbehalt **59** – Auflagen bei ~ **59 a** 4 – Weisungen bei ~ **59 a** 7 – Bewährungszeit bei ~ **59 a** – (nur) bei Geldstrafe **59** 5 f. – bei Gesamtstrafe **59 c** 1 ff. – bei günstiger Täterprognose **59** 7 ff. – Tenor bei ~ **59** 17 – Verurteilung zu vorbehaltener Strafe trotz ~ **59 b** 1 ff.

Verweilen in fremden Räumen als Hausfriedensbruch s. dort

Verwenden verbotener Kennzeichen **86 a** 6 – falscher Wertzeichen **148** 12 – falscher Vordrucke für Euroschecks **152 a** 6 ff. – von Geldwäschegegenständen **261** 13 – zweckwidriges ~ von Subventionen **264** 49 a ff.

Verwendung von Daten – unrichtige oder unvollständige ~ **263 a** 7 – unbefugte ~ **263 a** 8

Verwendungszweck – Täuschung über **263** 16 f, 31

Verwerflichkeit zwischen Nötigungsmittel und -zweck – allgemein **240** 15 ff. – bei Demonstrationen **240** 26 f. – Irrtum über ~ **240** 35 – bei unrechtem Mittel **240** 19 – bei unrechtem Zweck **240** 21 f. – bei Mißverhältnis von erlaubtem Mittel und Zweck **240** 23 f. – im Straßenverkehr **240** 24

Verwerten – unbefugtes ~ fremder Geheimnisse **204** 5 ff. – unbefugtes ~ der Steuergeheimnisse **355** 15

Verzehren einer Sache – als Hehlerei? **259** 24 – als Unterschlagung **246** 12

Video-Recorder 11 78 – Einziehung von ~ **74 d** 3

Viktimodogmatisches Prinzip 70 b vor **13**

Vis absoluta – Begriff 13 f. vor **234** – keine ~ bei Erpressung **253** 3 a – keine Handlung bei ~ 38 vor **13**

Vis compulsiva – Begriff 15 ff. vor **234** – trotz ~ Handlung 38 vor **13**

Vis haud ingrata 177 12

V-Mann – Rechtfertigung durch Notstand **34** 41 – Strafbemessung bei Tatveranlassung durch ~ **46** 13, 16, 19, **59** 12

Völkerfriede – Schutzobjekt des Friedensverrats **80** 2, **80 a** 2

Völkermord 220 a – allgemein **220 a** 1 – Androhen des ~ **126** 4 f. – als Auslandstat, **6** 2 – Belohnung u. Billigung des ~ **140** 2 – Nichtanzeige des ~ **138** 7 – öffentliches Billigen, Leugnen oder

magere Zahlen = Randnummern

Stichwortverzeichnis

Verharmlosen des NS-~ als Volksverhetzung **130** 16 ff. – durch Zerstören von Volksgruppen **220 a** 3 f. – Vortäuschen des ~ **126** 4 ff.
Völkerrecht – Rechtfertigungsgründe aus dem ~ 91 vor **32**
Völkerstrafrecht und staatliches Strafrecht, 22 ff. vor **1**
Völkische Gruppen – Zerstören von ~ **220 a** 3 f.
Volksverhetzung 130 – durch Aufstacheln zum Haß, Aufforderung zu Gewalt- und Willkürmaßnahmen usw. gegen Teile der inländischen Bevölkerung **130** 2 ff., 12 ff. – gegen nationale, rassische usw. Gruppen **130** 12 ff. – durch öffentliches usw. Billigen, Leugnen usw. des NS-Völkermords **130** 16 ff.
Vollendung – Begriff 2 f. vor **22** – negative Abgrenzung **22** 5 ff.
Vollrausch 323 a – Beteiligung **323 a** 23 ff. – und Entziehung der Fahrerlaubnis **69** 39 – als konkretes Gefährdungsdelikt **323 a** 1 – Rausch **323 a** 7 ff. – Rauschtat **323 a** 13 ff. (Rücktritt **323 a** 21 – Vorsatz **323 a** 17 f.) – Reform **323 a** 2 – Strafe **323 a** 29 ff. – subjektiver Tatbestand **323 a** 10 – Verhältnis zu actio libera in causa **323 a** 31 ff.
Vollstreckungsbeamte – Begriff **113** 5 ff. – Beurteilungsspielraum für ~ und Rechtmäßigkeit der Handlung **113** 27 ff. – Irrtum des ~ über Rechtmäßigkeit der Diensthandlung **113** 29 – tätlicher Angriff auf ~ **113** 46 f. – Widerstand gegen ~, allgemein, **113** 1 ff.
Vollstreckungshandlung – von Nicht-Amtsträgern **114** 6 f. – Rechtmäßigkeit der ~ **113** 18 ff. – zur Unterstützung einer ~ zugezogene Personen **114** 15 ff. – Vornahme einer ~ und Widerstand gegen Vollstreckungsbeamte **113** 12 ff.
Vollstreckungsvereitelung 258 25 ff. – durch zur Mitwirkung an Strafvollstreckung berufenen Amtsträger **258 a** 6, 14 – im Wiederaufnahmeverfahren **258** 29
Vollstreckungsverjährung 79 ff. – Begriff 1 vor **78**, **79** 1 f. – Beginn der ~ **79** 3 – (gestaffelte) Dauer der ~ **79** 4 ff. – Ruhen der ~ **79 a** – Verlängerung der ~ **79 b**
Vorausgegangenes Tun s. Ingerenz
Voraussehbarkeit der Tatbestandsverwirklichung – bei Fahrlässigkeitsdelikten **15** 125 f., 180 ff. – ex ante – Maßstab **15** 185 – subjektive ~ **15** 199 ff.
Vorbehaltseigentum – Diebstahl bei ~ **242** 8 – Einziehung bei ~ **74** 24 – Unterschlagung **246** 6, 24
Vorbereitung eines Angriffskrieges 80 1 ff. – Begriff der Vorbereitung **80** 5 ff. – Auslandstat **5** Nr. 1, **5** 7
Vorbereitung eines hochverräterischen Unternehmens 83
Vorbereitungshandlung – allgemein 13 f. vor **22** – (negative) Abgrenzung anhand der Ansatzformel **22** 32 ff. – (ausnahmsweise) strafbare ~ **30 II**, **30** 22 ff. – Versuch einer ~ **28** ff. vor **22**
Vorenthalten von Arbeitsentgelt 266 a – Vorenthalten von Arbeitnehmerbeiträgen zur Sozialversicherung oder zur Bundesanstalt für Arbeit **266 a** 3 ff. – Verheimlichen des Nichtabführens sonstiger vom Arbeitgeber einbehaltener Lohnteile **266 a** 12 ff. – Vorenthalten der mit dem Lohn ausbezahlten Arbeitgeberbeiträge durch Ersatzkassenmitglieder **266 a** 16 – Absehen von Strafe und Strafaufhebungsgrund **266 a** 21 ff.
Vorfahrt – Mißachtung der ~ **315 c** 16
Vorgesetzte – als Antragsberechtigte **77 a**
Vorhaben einer Tat **138** 4 – Strafbarkeit bei Nichtanzeige von ~ **138** 7
Vorrätighalten – pornographischer Erzeugnisse **184** 46 – harter Pornographie **184** 52 ff. – verbotener Propagandamittel **86** 14 – verbotener Kennzeichen **86 a** 9 b
Vormund – Diebstahl gegen ~ **247** 5 ff.
Vorsatz 15 2 ff., 6 ff. – als aktuelles Bewußtsein **15** 48 ff. – Arten des ~ **15** 64 ff. – Begriff **15** 9 ff. – Bezugsobjekte des ~ **15** 15 ff. – direkter ~ **15** 65 ff. – dauerndes Begleitwissen beim **15** 52 f. – Eventual~, s. dort – Begründung des Handlungsunrechts durch ~ **15** 52 ff. vor **13** – intellektuelles Moment des ~ **15** 10, 38 ff. s. auch Wissenselement – Erstreckung des ~ auf Kausalverlauf/objektive Zurechnung **15** 54 ff. – hinsichtlich der Mordmerkmale **211** 37 f. – hins. privilegierender Umstände **15** 32 – bei Regelbeispielen **15** 27 – bei Rückfallvoraussetzungen **15** 30 – bei Strafzumessungstatsachen **15** 28 ff. – bei Strafzumessungsgründen **15** 31, 46 26 – bei Unterlassungsdelikten **15** 93 ff. – voluntatives Element des ~ **15** 11, 60 ff. (Willenselement), s. auch Dolus, Irrtum und Stichwortverzeichnis vor **15**
Vorsatz – Fahrlässigkeitskombinationsdelikte, **11 II**, **11** 73 ff., **15** 108 – Teilnahme an ~ **11** 75 – Versuch von ~ **11** 76, **18** 18, **22** 22 – beim Widerstand gegen Vollstreckungsbeamte? **113** 20
Vorsatzschuld 120 vor **13**
Vorsatztheorie 121 vor **13**, **15** 104, **17** 3
Vorschubleisten – zu sexuellen Handlungen **180** 6 ff.
Vorspiegeln von Tatsachen **263** 6 f., 13 ff.
Vorstellungspflicht nach Verkehrsunfall **142** 30
Vorstrafen – Bedeutung für Bewährung **56** 22 – Eintragung im Bundeszentralregister 61 vor **38** – Bedeutung für Strafzumessung, allgemein **46** 31 f.
Vortat, straflose 119 ff. vor **52** – ausnahmsweise strafbar 125 ff. vor **52**
Vortäuschen – Begriff **126** 6 – bestimmter Gewalttaten **126** 4 ff. – erforderlicher Hilfe wegen gemeiner Gefahr, Not oder Unglücksfall **145** 7 ff. – eines Verbrechens **241** 9 ff.
Vortäuschen einer Straftat 145 d – gegenüber Behörde oder sonst zuständiger Stelle **145 d** 4 f. – und Selbstbegünstigung **145 d** 15 – Täuschungshandlung **145 d** 9, 7 f., 16 ff. – Subsidiaritätsklausel bei ~ **145 d** 26 – Täuschung über Beteiligten **145 d** 12 ff., 20
Vorteile – Begriff **299** 11 f., **331** 17 ff. – für Dienstausführung **331** 26 ff. – für Dritte **331** 20 – immaterielle ~ **331** 19 – Annehmen von ~ **331** 24 – Fordern von ~ **299** 14, **331** 22 – Sichversprechenlassen von ~ **299** 14, **331** 23 – Gewähren **299** 28 – Anbieten **299** 27 – Versprechen **299** 27
Vorteilsannahme – durch Amtsträger **331** – durch Private **299** 14 – Genehmigung der ~ **331** 37 ff.
Vorteilssicherung – Absicht der ~ **257** 21 ff.
Vorverschulden 20 34
Vorwerfbarkeit s. Schuld

Waffen – Begriff **244** 3 f. – Beisichführen von ~ **113** 62 ff., **177** 26, **244** 6, **250** 5 – Beisichführen

Stichwortverzeichnis

fette Zahlen = Paragraphen

von ~ in Verwendungsabsicht **125 a** 7 ff., **244** 15 ff., **250** 4 ff. – Körperverletzung mit ~ **224** 4 – Schein~, s. dort – Verwendung von ~ **177** 27, **250** 29

Wahlen – Arten der ~, Legaldefinition **108 d** 2 f. – Behinderung von ~ **107**, Tathandlung **107** 3 ff. – Fälschung von ~ **107 a**, Tathandlungen **107 a** 2 ff. – Herbeiführen eines unrichtigen Ergebnisses von ~ **107 a** 5 – unrichtige Bekanntgabe der Ergebnisse von ~ **107 a** 7 – Verfälschen eines Ergebnisses von ~ **107 a** 6

Wählen – unbefugtes **107 a** 3 f.

Wähler – Bestechung von ~ **108 b** 2, (aktive **108 b** 2, passive **108 b** 3) – Nötigung der ~ **108** 2 ff. – Täuschung der ~ **108 a**

Wahlfeststellung – allgemein **1** 58 ff. – echte (ungleichartige) ~ **1** 62 – als „gemischtes" Rechtsinstitut **1** 69 – Tenor bei ~ **1** 113 f. – unechte (gleichartige) **1** 61 – zulässige ~ **1** 82 ff., 110 – zwischen Betrug und Hehlerei **263** 186 a – zwischen Diebstahl und Hehlerei **1** 89 ff., **242** 79, **259** 65, zwischen Betrug und Diebstahl **263** 186 a – Ausschluß der ~ (unzulässige) **1** 89 ff., 111

Wahlgeheimnis – Verletzung des ~ **107 c**

Wahlrecht – Verlust des aktiven ~ als Nebenfolge **45** 13, **45 a** 1 ff. – Verlust des passiven ~ als Nebenfolge **45** 3 ff., **45 a** 1 ff. – Wiederverleihung des aktiven und passiven ~ **45 b** 1 ff.

Wahlunterlagen – Fälschung von ~ **107 b**

Wahlvorgang – Begriff **107** 2

Wahndelikt – allgemein, **16** 25, **22** 78 ff. – Abgrenzung zum umgekehrten Erlaubnistatbestandsirrtum **22** 81 – als umgekehrter Rechtfertigungsirrtum **22** 80 ff. – als umgekehrter Subsumtionsirrtum **22** 82 – Abgrenzung zum untauglichen Versuch **22** 90 ff.

Wahrheitsbeweis – bei Beleidigungsdelikten **185** 6, **186** 14 ff., **189** 4 – bei Tatsache „Straftat" **190** 2 ff. – trotz ~ Beleidigung **192**, s. auch Formalbeleidigung

Wahrheitspflicht, prozessuale – richterliches Fragerecht und ~ **15** vor **153** – thematische Beschränkung der ~ **14** ff. vor **153** – der ~ unterliegende Personen **10** ff. vor **153**

Wahrnehmung berechtigter Interessen – als allgemeiner Rechtfertigungsgrund (?) 79 f. vor **32** – speziell bei Beleidigungsdelikten **193**, s. Stichwortverzeichnis dort

Wahrscheinlichkeitstheorie beim Eventualvorsatz **15** 76

Wappen – Verunglimpfung des ~ der BRep. **90 a** 15

Waren – Begriff **298** 5, **299** 22

Warenlager – Begriff **306** 6

Warentermingeschäft **263** 31 b, 114 a

Warenterminoption **264 a** 11

Warenzeichen, als Urkunden **267** 28

Warnung 31 vor **234**

Warnzeichen 145 14 – Beeinträchtigung von ~ **145** 15

Wartepflicht – gegenüber jeder feststellungsbereiten Person **142** 32 – Umfang **142** 33 ff. – keine ~ bei Unzumutbarkeit **142** 30 f.

Wassergefährdende Stoffe – Anlagen mit ~ in Schutzgebieten **329** 22 f., 28 ff.

Wasserschutzgebiet – Begriff **329** 13

Wasserstandszeichen – Veränderung von ~ **274** 28 ff.

Wasserversorgung – öffentliche ~ **330** 6

Wechsel – Wucher durch Wechselakzept **291** 47

Wechselseitige Beleidigung 199 – Anwendungsbereich **199** 2 ff. – bei Erwiderung auf der Stelle **199** 8 ff.

Wechselseitige Taten, Begriff **77 c** 2 – bei Körperverletzung und Beleidigung **233**

Wegnahme 242 22 ff. – durch Bruch fremden Gewahrsams **242** 35 ff. – durch Begründung neuen Gewahrsams **242** 37 ff. – Einwilligung in ~ **242** 36 – von Leichen usw. **168** 7

Wehrdienst – Ausschluß vom ~ bei bestimmten Staatsschutzdelikten **11** vor **80** – Anwerben für fremden ~ **109 h**

Wehrlosigkeit 211 24 a ff., 25 b

Wehrmittel – Begriff **109 e** 3 – fehlerhaftes ~ **109 e** 11 – Sabotagehandlungen an ~ **109 e** 10 ff. – sicherheitsgefährdende Abbildung von **109 g** 2 ff.

Wehrpflicht – Erfüllung der ~ **109** 5

Wehrpflichtentziehung – durch Täuschung **109 a** 7 ff. – durch Verstümmelung **109** 10 ff.

Wehrpflichtiger 109 3

Wehruntauglichkeit – ~ absolute **109** 6 – relative ~ (beschränkte Tauglichkeit) **109** 7 f.

Weigerungsrecht – gegen Schwangerschaftsabbruch **218 a** 84 ff.

Weisungen für Bewährungszeit 56 c – allgemein als Resozialisierungsmaßnahme **56 c** 1 f. – ~ mit Einverständnis der Verurteilten **56 c** 23 ff. – einzelne – **56 c** II, **56 c** 15 ff. – Maßregeln als ~ **56 c** 11 ff. – nachträgliche Anordnung von ~ **56 e** 2 – bei Verwarnung **59 a** 4 ff.

Weisungen während **Führungsaufsicht 68 b** – Arten der ~ **68 b** 1 – Berufsverbot als ~ (?) **68 b** 8 f. – Meldepflichten als ~ **68 b** 12 ff. – (abschließende) strafbedrohte ~ **68 b** 2 ff. – Vorrang der ~ bei gleichzeitiger Bewährung **68 g** 5 – weitere, nicht strafbedrohte ~ **68 b** 17 ff. – Zumutbarkeitserfordernis der ~ **68 b** 25 – Verstoß gegen ~ **145 a** 1 ff.

Weitergabe, unbefugte – geheimer Gegenstände **353 b** 17

Weltanschauung – (ungestörte) Ausübung einer ~ als geschütztes Rechtsgut 2 vor **166**

Weltanschauungsvereinigungen – Begriff **166** 16 – Beschimpfung der ~ **166** 21 – Einrichtungen der ~ **166** 17 f. – Feiern einer ~ **167** 6, Störung **167** 8

Weltrechtsprinzip 8 vor **3–7**, **6** 1 s. auch internationales Strafrecht

Werbegeschenke – für Amtsträger **331** 29 c – für Private **299** 20

Werben – für eine kriminelle Vereinigung **129** 14 a – für eine terroristische Vereinigung **129 a**

Werbung für Schwangerschaftsabbruch 219 a – Gegenstand der ~ **219 a** 2 ff. – keine ~ bei bestimmten Adressaten **219 a** 9 ff. – öffentliche ~ **219 a**

Werkzeug (Täterbegriff), allgemein **25** 6 a ff. – absichtslos-doloses ~ und mittelbare Täterschaft 77 f. vor **25** – Exzeß des ~ **25** 50 – qualifikationsloses ~ **25** 24, s. auch mittelbare Täterschaft

Wertersatz – als Gegenstand der Einziehung **74 c** – als Gegenstand des Verfalls **73 a** – nachträgliche Einziehung, nachträglicher Verfall des ~ **76**

magere Zahlen = Randnummern

Stichwortverzeichnis

Wertpapiere – Begriff **264 a** 5
Wertpapierfälschung 151 – Belohnung u. Billigung der ~ **140** 2 – Einziehung bei ~ **150** 3 – bei Wertpapieren fremden Währungsgebietes **152** 1 ff. – Nichtanzeige der ~ **138** 7 – Objekte der ~ **151** 3 ff. – als Auslandstat, **6** 8, 6 vor **146**, s. auch Weltrechtsgrundsatz
Werturteile – Begriff **186** 4, **263** 9
Wertzeichen, amtliche – Begriff **148** 2 – Briefmarke **148** 2 – Einziehungsgegenstände bei Fälschung von ~ **150** 1 ff. – ~fälschung, allgemein **148** 1 – Feilhalten falscher ~ **148** 13, 15 – fremder Währung **152** 1 ff. – Inverkehrbringen falscher ~ **148** 14 f. – Nachmachen von ~ **148** 4, 6 – Sichverschaffen falscher ~ **148** 10 – tätige Reue bei Vorbereitungshandlungen **149** 13 ff. – Verfälschen von ~ **148** 5 f. – Verwenden falscher ~ **148** 12, 15 – strafbare Vorbereitungshandlungen zur Fälschung von ~ **149** – Wiederverwendung entwerteter ~ **148** 19 ff.
Wettbewerb, freier 2 f. vor **298**, **298** 1 – Wettbewerbsbedingungen, lautere **299** 2
Wette, Abgrenzung zum Spiel **284** 4
Wichtiges Unternehmen – als Sabotageobjekt **87** 14
Wider besseres Wissen – falsche Verdächtigung ~ **164** 30 – Indikationsfeststellung ~ **219 b** 7 f. – Verleumdung ~ **187** 5
Widerspruch gegen Strafverfolgung von Amts wegen bei Beleidigungsdelikten **194** 6 a, 9 a
Widerstand ~-Leisten als Tathandlung **113** 39 ff. – gegen Nicht-Amtsträger **114** 3 f. – gegen Polizeibeamte **113** 33 ff. – gegen Staatsgewalt 1 ff. vor **110** – gegen Vollstreckungsbeamte, allgemein, **113** 1 ff. (Spezialtatbestand zur Nötigung **113** 3 f., 68) – gegen zur Unterstützung zugezogene Personen **114** 13 ff.
Widerstandsrecht (Staatsnotwehr) – als Rechtfertigungsgrund 65 vor **32**
Widerstandsunfähige – sexueller Mißbrauch von ~ **179** 7 – physisch ~ **179** 7 – psychisch ~ **179** 4 ff. – Mißbrauch unter Ausnutzung der Widerstandsunfähigkeit ~ **179** 8 ff. – qualifizierter Fall des sexuellen Mißbrauchs von ~ **179** 14
Wiedergutmachung **24** 116 – des Schadens **46** 40, s. auch Täter-Opfer-Ausgleich
Wiederherstellung des gesetzmäßigen Zustandes – als geschütztes Rechtsgut **257** 1
Wilderei – Fisch~ **293** – Jagd~ **292** – Einziehung von ~geräten **295**
Willensausübung, Freiheit der 4 vor **234** – als geschütztes Rechtsgut **240** 1 f.
Willensentschließung, Freiheit der 3 vor **234** – als geschütztes Rechtsgut **240** 1 f.
Willensfreiheit 108 ff. vor **13**
Willensmängel – Behandlung von ~ bei Einwilligung 45 vor **32**
Willensschwäche, Ausbeutung der erheblichen ~ **302 a** 27
Wirtschaft, ordnungsgemäße – Verstoß gegen Regeln einer ~ **283** 8, 12
Wirtschaftliche Not – Begriff **283 a** 6
Wirtschaftlicher Druck – als Nötigungsmittel **108** 6
Wirtschaftliche Verhältnisse – Begriff der ~ bei Kreditbetrug **265 b** 30 ff. – Täuschung über ~ **265 b** 33 ff.

Wirtschaftskriminalität 5 ff. vor **263**
Wirtschaftsprüfer – berufliche Schweigepflicht **203** 37
Wissenschaftliche Leistungen – Tadeln von ~ als Wahrnehmung berechtigter Interessen **193** 5
Wissenselement, allgemein **15** 38 ff. – und Bedeutungskenntnis des Sachverhalts **15** 40 ff. – bei deskriptiven Tatumständen **15** 39 – bei Komplexbegriffen **15** 46 – bei normativen Tatumständen **15** 43 ff., s. auch Subsumtionsirrtum
Wohnung – Begriff **123** 4
Wort – Abhören, Aufnehmen, Mitteilen des nichtöffentlich gesprochenen ~ **201**
Wörtliche Auslegung 1 37
Wohnsitzprinzip – bei Anwendung interlokalen Strafrechts 54 vor **3–7**
Wucher 291– gewerbsmäßiger ~ **291** 46 – Individual~ **291** 2 – Kredit~ **291** 16 – Leistungs~ **291** 7 – Lohn~ **291** 7, 18 – Miet~ **291** 13 – Sozial~ **291** 2 – sonstiger Leistungs~ **291** 18 – Vermittlungs~ **291** 17 – besonders schwerer Fall des ~s **291** 43 ff.
Würden, öffentliche – geschützte ~ **132 a** 9

Zahlungseinstellung 283 60
Zahlungserleichterungen bei Geldstrafe **42** – bei Vermögensstrafe **43 a** 10
Zahlungskarten, Fälschung von 152 a
Zahlungsunfähigkeit 283 52, drohende ~ **283** 53
Zahlungsverkehr, bargeldloser – Schutz des ~ gegen Scheck- u. Kreditkartenmißbrauch **266 b**
Zahnarzt – berufliche Schweigepflicht des ~ **203** 35
Zechprellerei – als Betrug **263** 16 a, 28, 39, 186
Zeitdiebstahl 263 a 11
Zeitliche Geltung des StGB 2
Zeitgesetz 2 IV, **2** 36 ff. – Nachwirkung des ~ **2** 39
Zeit der Tat 8 – maßgeblicher Zeitpunkt bei positivem Tun **8** 3 – maßgeblicher Zeitpunkt bei Rechtfertigungsgründen 26 vor **32** – maßgeblicher Zeitpunkt bei Unterlassungsdelikten **8** 4 – maßgeblicher Zeitpunkt für Teilnehmer **8** 5, 26 28 – maßgeblicher Zeitpunkt bei Dauerdelikten **8** 6
Zerstören von Bauwerken **305** – von Arbeitsmitteln **305 a** – einer Sache als Diebstahl? **242** 52, 55 – als Unterschlagung? **246** 14 – versicherter Sachen **265** 8
Zeuge – als Täter der Aussagedelikte 11 vor **153**, **153** 4 f. – als Täter der Eidesdelikte 11 vor **153**, **154** 4
Zeugungsfähigkeit – Verlust der ~ **226** 1 b
Zinsscheine – als geschützte Wertpapiere **151** 7
Zivildienst – als Bewährungsauflage **56 b** 16 – als Weisung **56 c** 6 – Verweigerung des ~ **118** ff. vor **32**
Ziviler Ungehorsam 79 vor **13**, **34** 41 a
Zivilschutz – Einrichtungen des ~ **109 e** 6 – Sabotagehandlung gegen ~einrichtungen **109 e** 10 ff.
Züchtigungsrecht – als Rechtfertigungsgrund, allgemein 78 vor **32**, – gegenüber fremden Kindern? **223** 25 f. – und Körperverletzung **223** 16 ff.
Zueignung – Begriff **242** 46 ff. **246** 11 ff. – Dritt~ **242** 56 f. – durch (vorübergehende) Aneignung **242** 47 – durch angemaßte Eigentümerstellung **242** 47, **246** 11 – durch (endgültige) Enteignung **242** 49, 51 ff. – Einwilligung in ~ **242** 36, 59 –

Stichwortverzeichnis

fette Zahlen = Paragraphen

der Elektrizität **248 e** 15, s. auch Stromdiebstahl – rechtswidrige ~ **242** 59, **246** 22 – wiederholte ~ **246** 19
Zueignungsabsicht 242 60 ff. – eigene ~ des Täters **242** 61 – ohne Konkretisierung der Objekte **242** 45, 62 – objektive Betätigung der ~ bei Unterschlagung **246** 11
Zugänglichkeit – einer Tatsache und Geheimnisbegriff **93** 8 f. – eines Ortes, für Jugendliche **184** 11 f., 32
Zugänglich-Machen – pornographischer Schriften für Jugendliche **184** 9, 15 – öffentliches ~ von Gewaltdarstellungen für Jugendliche **131** 12 – öffentliches ~ von „harter" Pornographie **184** 58 – einer unbefugten Tonträgeraufnahme **201** 17 – einer Urkunde **267** 73
Zuhälterei 181 a – ausbeuterische ~ **181 a** 3 ff. – Beziehungen zwischen Zuhälter und Opfer **181 a** 12 ff., 16 ff. – dirigierende ~ **181 a** 6 ff. – unter Ehegatten **181 a** 21 – fördernde (oder kupplerische) ~ **181 a** 13 ff. – gewerbsmäßige ~ **181 a** 20 – und Vermögensvorteil als Motiv **181 a** 11
Zumutbarkeit normgemäßen Verhaltens als Schuldgrundlage – Lehre von der ~ **116** vor **13**
Zulassung 330 d 23 ff.
Zurechnung des Erfolgs – allgemein **71** ff. vor **13** – Lehre von der objektiven ~ **91** ff. vor **13** s. auch Kausalitätstheorien

Zurechnungsprinzip bei Täterschaftsabgrenzung 7, 76, 80 vor **25**; **25** 6 a
Zurechnungsunfähigkeit, s. Schuldunfähigkeit
Zurückgelangenlassen des Opfers – in seinen Lebenskreis als Rücktritt des erpresserischen Menschenraubes **239 a** 33 ff.
Zurückstellung der Strafvollstreckung 56 2, **57** 2 a
Zusammenrotten – als Hausfriedensbruch **124** 4 ff., 19 ff. – als Meutereihandlung **121** 4 f.
Zustandsdelikte – keine Dauerdelikte **82** vor **52**
Zwangseinwirkung – und Gewaltbegriff 6, 8 vor **234**
Zwangsernährung 45 vor **211**
Zwangslage – Ausbeutung einer ~ **302 a** 23 ff.
Zwangsvollstreckung – Vereitelung der ~ **288**
Zwecktheorie – bei Rechtfertigungsgründen 6 f. vor **32**, **34** 2, 46 – bei der Nötigung **240** 15
Zweckverfehlungstheorie 266 44
Zweiergemeinschaften (unverheiratet) – keine Angehörigen **11** 11 – als nahestehenden Personen im Notstandsrecht **35** 15
Zwillingsschwangerschaft 218 a 31, 34, s. auch Mehrlingsschwangerschaft
Zwischengesetz 2 29
Zwischenstaatliche Abkommen, **6 Nr. 9**; **6** 10 f. – Strafverfolgungszuständigkeit aufgrund ~ 10 vor **3–7**

Buchanzeigen

Wabnitz/Janovsky
Handbuch des Wirtschafts- und Steuerstrafrechts

Herausgegeben von Dr. Heinz-Bernd Wabnitz, Leitender Oberstaatsanwalt, und Thomas Janovsky, Oberstaatsanwalt und Leiter der Abteilung für Wirtschafts- und Steuerstrafsachen.

2000. XL, 1438 Seiten. In Leinen DM 198,–
ISBN 3-406-45679-0

Wirtschaftskriminalität
ist in ihren Handlungsabläufen oft nur schwer zu erkennen und meist noch schwerer zu beweisen. Dabei lassen sich die Täterkreise immer neue „Maschen" einfallen, gestützt nicht zuletzt auf die rasante technologische Entwicklung.

Die Themen:
- Insolvenz, u. a.: Materielles Insolvenzrecht – Insolvenzstrafrecht
- Banken, u. a.: Innere Organisation von Banken und Zahlungsverkehr · Straftaten der Banker · Taten gegen die Bank · Taten unter Ausnutzung der Bank
- Straftaten in Zusammenhang mit Wertpapieren, u. a.: Straftaten in Zusammenhang mit der Aktienemmission · Insiderrecht · Kapitalanlagebetrug im weiteren Sinne · grauer Kapitalmarkt
- Organisierte Wirtschaftskriminalität/Geldwäsche, u. a.: Zeugenschutz · Besonderheiten bei der Fahndung
- Wirtschaftskriminalität im internationalen Bereich
- Domizilfirmen/Internationale Firmen, u. a. Internationale Firmengründungen · Umgehung nationaler Schutzvorschriften durch Domizilfirmen
- EG-Recht, u. a.: Struktur der EU · Europäischer Gesetzgeber · Europäischer Gerichtshof · Arten nationaler und internationaler Förderungsprogramme · Mißbrauch der Förderungsmöglichkeiten
- Zoll, u. a: Abwicklung des internationalen Warenverkehrs · Schmuggel · Außenwirtschaftsrecht · Marktordnungsrecht · Aufgaben und Befugnisse des Zolles, insbesondere im Strafverfahren
- Steuerstrafrecht, u. a.: materielles Steuerstrafrecht · formelles Steuerstrafrecht · Aufgaben und Befugnisse der Finanzbehörden in Steuerstrafsachen
- Gesundheitswesen, u. a.: Abrechnung im medizinischen Bereich · Abrechnungsbetrug · schwarzer Arzneimittelmarkt
- Korruption, u. a.: öffentlicher Bereich · Privatwirtschaft
- Unerlaubte Werbung
- Produkt- und Markenpiraterie
- Kartellrecht
- Betriebsspionage und deren Abwehr, u. a.: Angriffsmöglichkeiten · Abwehrmechanismen
- Illegale Beschäftigung, u. a.: illegale Arbeitnehmerüberlassung · illegale Ausländerbeschäftigung · Arbeitnehmerentsendegesetz · Leistungsmißbrauch · steuerliche Aspekte
- Computer und moderne Telekommunikation, u. a.: Nutzung neuer Technologien durch den Wirtschaftsstraftäter · Durchsuchung in Zusammenhang mit EDV
- Rechtshilfe, u. a.: Möglichkeiten und Grenzen der Rechtshilfe · Ablauf · Länderspezifische Besonderheiten
- Besonderheiten im Strafverfahrensrecht, u. a.: Haftsachen und Durchsuchungen · Beweisrecht · Der Deal in Wirtschaftsstrafsachen
- Verteidigung in Wirtschaftsstrafsachen
- Zusammenarbeit mit anderen Organisationen.

Auf die richtige Spur
bringt das Handbuch Rechtsanwälte, Staatsanwälte, Richter, Wirtschaftsunternehmen, Steuerrechtler und Polizisten.

Verlag C. H. Beck · 80791 München

»Körner« – die »Fünfte«

Körner

Betäubungsmittelgesetz
Arzneimittelgesetz

Von Dr. Harald Hans Körner, Oberstaatsanwalt bei der Staatsanwaltschaft beim Oberlandesgericht Frankfurt am Main, Leiter der Hessischen Zentralstelle für die Bekämpfung der Betäubungsmittelkriminalität (ZfB). Unter Mitarbeit von Prof. Dr. Dirk Scherp, Verwaltungsfachhochschule in Wiesbaden

5., neu bearbeitete Auflage. 2001
XXVII, 1960 Seiten. In Leinen DM 198,–
ISBN 3-406-46311-8

Auch in der 5. Auflage erfüllt dieses Standardwerk zum Betäubungsmittelrecht wieder alle Ansprüche des Praktikers. Der unentbehrliche, umfassende Kommentar

- erläutert neben den Vorschriften des BtMG und des AMG gewohnt zuverlässig und detailliert auch die Bestimmungen des 3. BtMG-Änderungsgesetzes vom 28. 3. 2000 (Einrichtung von Konsumräumen, Heroinprojekt und Methadon-Substitution)
- berücksichtigt bereits das 10. Gesetz zur Änderung des AMG vom 4. 7. 2000 und die 14. Betäubungsmittelrechts-Änderungsverordnung vom 27. 9. 2000
- kommentiert den verbotenen Umgang mit Dopingmitteln im Leistungssport
- beschreibt den verbotenen Umgang mit Betäubungsmittelgrundstoffen, Designerdrogen und Giften
- befaßt sich eingehend mit allen Arten von Geldwäschedelikten aus dem Drogenbereich
- erläutert auch den Handel mit Rauschpflanzen etc.
- setzt sich ausführlich auseinander mit der Bekämpfung der organisierten internationalen Rauschgiftkriminalität sowie der Förderung von Drogenhilfe und Drogentherapie
- erhöht den Praxisnutzen durch Gliederungen, Register und Literaturverzeichnisse, einen ausführlichen Anhang über die Drogenszene und Therapie sowie den Abdruck aller relevanten nationalen und internationalen Rechtsquellen.

»– ein Lichtblick im Kampf gegen die Drogen.«
Hannskarl Salger, in: Deutsche Richterzeitung 4/1995, zur Vorauflage.

»… ein wichtiges Nachschlagewerk für praktizierende Strafrechtler.«
Bundesanwalt a. D. Dr. Armin Schoreit, in: NJW 12/1996.

Vom gleichen Autor mitverfaßt:

Körner/Dach • Geldwäsche
Ein Leitfaden zum geltenden Recht
Von Dr. Harald Hans Körner, OStA, und Eberhard Dach, RA
1994. XI, 183 Seiten. Kartoniert DM 48,–
ISBN 3-406-38349-1

Verlag C. H. Beck · 80791 München